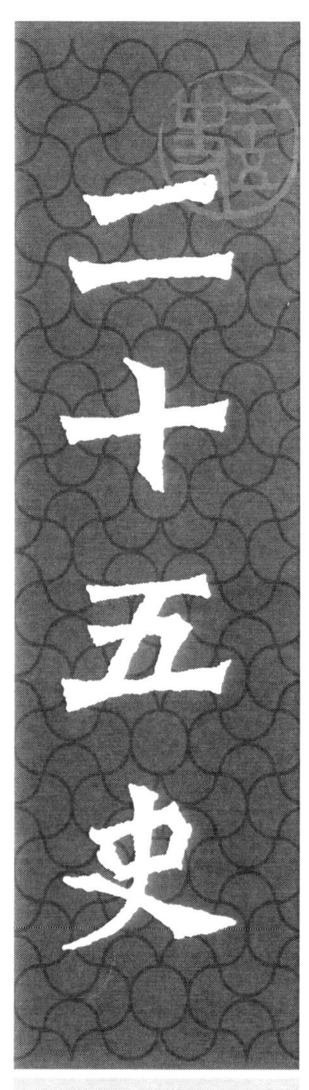

清史稿

（上）

上海古籍出版社
上海書店

清史稿

上

清史稿發刊綴言

爾巽承修清史十四年矣任事以來慄慄危懼蓋既非史學之專長復值時局之多故任大責重辭謝不獲蚊負貽譏勉爲擔荷開館之初經費尚充自民國六年政府以財政艱難銳減預算近年益復枯竭支絀情狀不堪縷述將伯呼助墊借俱窮日暮途遠幾無成書之一日竊以清史關係一代典章文獻失今不修後來益難著手則爾巽之罪戾滋重瞻前顧後寢饋不安事本萬難不敢諉卸乃竭力呼籲幸諸帥維持並敦促修書同人黽勉從事獲共諒苦衷各盡義務竭蹶之餘大致就緒本應詳審修正以冀減少疵纇奈以時事之艱虞學說之尨雜爾巽年齒之遲暮再多慎重恐不及待於是於萬不獲已之時乃有發刊清史稿之舉委託袁君金鎧經辦數月後當克竣事誠以史事繁鉅前史每有新編五證得失明史之修值國家承平時歷數十年而始成亦不無可議之處誠戞戞乎其難矣今茲史稿之刊未臻完整夫何待言然此急就之章較諸元史之成已多時日所有疏略紕繆處敬乞海內諸君子切實糾正以匡不逮用爲後來修正之根據蓋此稿乃大輅椎輪之先導並非視爲成書也除査出疏漏另刊修正表外其他均公諸海內與天下人以共見繩愆糾謬世多通人爾巽心力已竭老病危篤行與諸君子別矣言盡於此以上所述卽作爲史稿披露後向海內諸君竭誠就正之語幸共鑒之中華民國十六年丁卯八月二日趙爾巽時年八十四歲

清史館職名

館長趙爾巽

兼代館長總纂柯劭忞

總閱于式枚

總纂王樹枏　郭曾炘　李家駒　繆荃孫　吳士鑑　吳廷燮
馬其昶　夏孫桐　秦樹聲　金兆蕃

纂修鄧邦述　章鈺　王大鈞　袁勵準　萬本端　陶葆廉
王式通　顧瑗　楊鍾義　簡朝亮　張采田　何葆麟
陳曾則　姚永樸　夏曾佑　唐恩溥　袁克文　金兆豐

協修俞陛雲　羅惇曧　吳廣霈　吳懷清　張書雲　張啟後
韓樸存　李岳瑞　駱成昌　胡嗣芬　吳昌綬　朱孔彰
李景濂　姚永概　黃翼曾　檀璣　戴錫章　陳曾矩
李哲明　呂鈺　余嘉錫　邵瑞彭　奭良　瑞洵
陳田　葉爾愷　徐鴻寶　王崇烈　方履中　商衍瀛
陳能怡　王以慜　劉樹屏　朱師轍　史思培　趙文蔚
劉焜　陳敬第　藍鈺　陳毅　李葆恂　張仲炘
陳延韡　宋伯魯　李焜瀛　喩長霖　田應璜　趙世駿
楊晉　齊忠甲　朱希祖　吳璆　秦望瀾　李汝謙
羅裕樟　傅增淯　朱方飴

提調李經畬　陳漢第　金還　周肇祥　邵章

文牘科長伍元芝　圖書科長尹良　會計科長劉濟

庶務科長錫荫　收發處長張玉藻

校勘孟昭墉　諸以仁　奎善　劉景福　趙伯屏

收掌董清峻　胡慶松　秦化田　史錫華　惠澂

總理史稿發刊事宜總閱袁金鎧

辦理史稿校刻事宜總閱金梁

清史稿校刻記

甲寅年始設清史館以趙公爾巽爲館長修史者有總閱總纂纂修協修及徵訪等職先後延聘百數十人別有名譽職約三百人館中執事有提調收掌科長及校勘等職亦逾二百人可謂盛矣開館之初首商義例館內外同人如于君式枚梁君啟超吳君士鑑吳君廷燮姚君永樸繆君荃孫陶君葆廉金君兆蕃朱君希祖袁君勵準王君桐齡等皆多建議參酌衆見後乃議定用明史體裁略加通變先排史目凡本紀十二曰太祖太宗世祖聖祖世宗高宗仁宗宣宗文宗穆宗德宗而宣統紀初擬爲今上本紀後改定志十六曰天文災異時憲地理禮樂輿服附鹵簿選舉職官食貨河渠兵交通刑法藝文邦交初擬有國語氏族外教三志皆刪表十曰皇子公主外戚諸臣封爵藩部大學士軍機大臣部院大臣疆臣交聘初以大學士與軍機合稱宰輔後改列傳十五曰后妃諸王諸臣循吏儒林文苑疇人忠義孝義遺逸藝術列女土司藩部屬國初擬有明遺臣卓行貨殖客卿叛臣諸目皆刪併其取材則以實錄爲主兼采國史舊志及本傳而參以各種記載與夫徵訪所得務求傳信不尚文飾焉庚申初稿略備始排比復輯丙寅秋重加修正自開館至是已歲紀一週其難其慎蓋猶未敢爲定稿也丁卯夏袁君金鎧倣刊稿待正之議趙公韙之卽請袁君總理發刊事宜而以梁任校刻期一年竣事梁擬閱全稿先畫一而後付刊乃稿實未齊且待修正祗可隨修隨刻不復有整理之暇矣是時留館者僅十餘人於是公推以柯君劭忞總紀稿王君樹枏總志稿吳君廷燮總表稿夏君孫桐金君兆蕃分總傳稿而由袁君與梁校閱付刊本紀自太祖至世宗五朝爲鄧君邦述金君兆蕃原稿高宗至穆宗五朝爲吳君廷燮原稿德宗及宣統二朝爲瑞君洵原稿而太祖聖祖世宗仁宗文宗與宣統六紀爲奭君良復輯穆德二紀爲李君哲明復輯柯君皆多刪正志則天文時憲災異爲柯君稿地理爲秦君樹聲原稿王君樹枏復輯禮爲張君書雲王君大鈞萬君本端等分稿職官爲金君兆豐駱君成昌李君景濂徐君鴻寶等分稿皆金君復輯樂爲張君采田稿輿服爲何君葆麟稿選舉爲張君啟後朱君希祖袁君勵準等分稿張君書雲復輯食貨爲姚君永樸李君岳瑞李君哲明吳君懷清分稿河渠爲何君葆麟等原稿交通爲羅君惇曧等分稿皆吳君復輯兵爲俞君陛雲秦君望瀾田君應璜袁君克文等分稿俞君復輯刑法爲王君式通等分輯後用許君受衡稿藝文爲章君鈺吳君士鑑原稿朱君師轍復輯邦交爲李君家駒吳君廣霈劉君樹屏等分稿戴君錫章復輯表則諸王公主外戚爲吳君士鑑原稿諸臣封爵爲劉君師培原稿軍機大臣爲唐君邦治原稿餘皆吳君廷燮稿列傳則后妃諸王爲鄧君奭君及金君兆蕃原稿皆金君復輯諸臣原稿凡在館諸君多有分纂自開國至乾隆爲金君兆蕃復輯嘉道咸同爲夏君孫桐復輯光宣爲馬君其昶金君兆豐復輯而梁又重補輯之循吏及藝術皆夏君復輯儒林爲繆君荃孫稿文苑爲馬君稿梁皆補之疇人爲陳君年原稿柯君復輯忠義爲章君復輯孝義及列女爲金君兆蕃復輯遺逸爲王君樹枏及繆君原稿梁復輯之土司爲繆君稿藩部蒙古爲吳君廷燮稿西藏爲吳君燕紹稿屬國爲韓君樸存稿凡諸稿梁皆校閱並有參訂惜倉卒付刊不及從容討論耳昔萬季野參修明史總閱全書事必覈之實錄誤者正之漏者補之此修史公例不敢忽也是秋趙公去世柯君兼代館長一仍舊貫歲暮校印過半乃先發行至今夏全書告成幸未逾預定之期袁君倣議於先經營籌畫力任其難庶幾無負趙公之託其間數經艱亂皆幸無阻良非初料所及一代國史所關甚大其成否亦繫乎天焉初有議宣統紀從闕者梁以春秋不諱定哀力爭存之又議斷代爲史凡歿於辛亥以後者皆不入傳梁以明末遺臣史皆並著且清史實爲舊史結束後將別敍新史體例各異諸人與清室相終始豈容泯沒故所補獨多校刻既竣略記始末以備參考史稿本非定本望海內通人不吝指教當別撰校勘記爲將來修正之資幸甚幸甚戊辰端節金梁

清史稿目錄卷一

清史稿目錄卷二

清史稿目錄卷三

清史稿目錄卷四

清史稿目錄卷五

太祖本紀

太祖承天廣運聖德神功肇紀立極仁孝睿武端毅欽安弘文定業高皇帝姓愛新覺羅氏諱努爾哈齊其先蓋金遺部始祖布庫里雍順母曰佛庫倫相傳感朱果而孕稍長定三姓之亂衆奉爲貝勒居長白山東俄漠惠之野俄朵里城號其部族曰滿洲滿洲自此始元於其地置軍民萬戶府明初置建州衞越數世布庫里雍順之族不善撫其衆衆叛族被戕幼子范察走免又數世至都督孟特穆是爲肇祖原皇帝有智略謀恢復殲其仇且責地焉於是肇祖移居蘇克蘇滸河赫圖阿喇有子二長充善次褚宴充善子三長妥羅次妥義謨次錫寶齊篇古錫寶齊篇古子一都督福滿是爲興祖直皇帝興祖有子六長德世庫次劉闡次索長阿次覺昌安是爲景祖翼皇帝次包朗阿次寶實景祖承祖業居赫圖阿喇諸兄弟各築城近者五里遠者二十里環衞而居通稱寧古塔貝勒是爲六祖景祖有子五長禮敦次額爾袞次界堪次塔克世是爲顯祖宣皇帝次塔察篇古時有碩色納加虎二族爲暴於諸部景祖率禮敦及諸貝勒攻破之盡收五嶺東蘇克蘇滸河西二百里諸部由此遂盛顯祖有子五太祖其長也母喜塔喇氏是爲宣皇后孕十三月而生是歲己未明嘉靖三十八年也太祖儀表雄偉志意闊大沈幾內蘊發聲若鐘睹記不忘延攬大度鄰部古勒城主阿太爲明總兵李成梁所攻阿太王杲之子禮敦之女夫也景祖挈子若孫往視有尼堪外蘭者誘阿太開城明兵入殲之二祖皆及於難太祖及弟舒爾哈齊沒於兵間成梁妻奇其貌陰縱之歸途遇額亦都以其徒九人從太祖既歸有甲十三五城族人龍敦等忌之以畏明爲辭屢謀侵害遣人中夜狙擊侍衞帕海死焉額亦都安費揚古備禦甚謹嘗夜獲一人太祖曰縱之毋植怨也使人愬於明曰我先人何罪而殲於兵明人歸其喪又曰尼堪外蘭吾仇也願得而執之明人不許會薩爾虎城主諾米納嘉木瑚城主噶哈善哈思虎沾河城主常書率其屬來歸太祖與之盟莅妻以女於是有用兵之志焉是歲癸未明萬曆十一年也太祖年二十五

癸未夏五月太祖起兵討尼堪外蘭諾米納兵不至尼堪外蘭遁之甲版太祖兵克圖倫城尼堪外蘭遁之河口臺兵逐之近明邊明兵出尼堪外蘭遁之鵝爾渾兵出無功由於諸米納之背約且泄師期也殺諸米納及其弟奈喀達五城族人康嘉李岱等糾哈達兵來刼瑚濟寨太祖使安費揚古巴遜率十二人追之盡奪所掠而返

甲申春正月攻兆佳城報瑚濟寨之役也途遇大雪衆請還太祖曰城主李岱我同姓兄弟乃爲哈達導豈可恕耶進之卒下其城先是龍敦唆諾米納背約又使人殺噶哈善哈思虎太祖收其骨歸葬六月討薩木占爲噶哈善哈思虎復仇也又攻其黨訥申於馬兒墩寨攻四日殲之九月伐董鄂部大雪師還城中師出以十二騎敗之王甲部乞師攻翁克洛城中道赴之焚其外郭太祖乘屋而射敵兵鄂爾果尼射太祖貫胄中首拔箭反射殪其一人羅科射太祖穿甲中項拔箭鏃卷血肉迸落拄弓徐下飲水數斗創甚馳歸既愈復往攻克之求得鄂爾果尼羅科太祖曰壯士也授之佐領戶三百

乙酉春二月太祖略界凡將還界凡薩爾滸東佳把爾達四城合兵四百人來追至太蘭岡城主訥申巴穆尼策馬併進垂及太祖返騎迎敵訥申刃斷太祖鞭太祖揮刀斫其背墜馬迴射巴穆尼皆殪之敵不敢逼徐行而去夏四月征哲陳部大水令諸軍還以八十騎前進至渾河遙見敵軍八百憑河而陣包朗阿之孫扎親桑古里懼解甲與人太祖斥之曰爾平日雄族黨間今乃畏葸如是耶去之獨與弟穆爾哈齊近侍顏布祿武陵噶直前衝擊殺二十餘人敵爭遁追至吉林岡而還太祖曰今日之戰以四人敗八百乃天祐也秋九月攻安土瓜爾佳城克之斬其城主諾一莫渾

丙戌夏五月征渾河部播一混寨下之秋七月征服哲陳部托漠河城聞尼堪外蘭在鵝爾渾疾進兵攻下其城求之弗獲登城遙望一人氈笠青棉甲以爲尼堪外蘭也單騎逐之爲土人所圍被創力戰射殺八人斬一人乃出既知尼堪外蘭入明邊使人向邊吏求之使齋薩就斬之以畀人斯得始與明通貢焉明歲犒銀幣有差

丁亥春正月城虎闌哈達南岡始建宮室布教令於部中禁暴亂戢盜竊立法制六月攻哲陳部克山寨殺寨主阿爾太命額亦都帥師取把爾達城太祖攻洞城城主扎海降

戊子夏四月哈達貝勒扈爾干以女來歸蘇完部索爾果率其子費英東等雅爾古寨扈拉虎率子扈爾漢董鄂部何和禮俱率所部來歸皆厚撫之秋九月取完顏城王甲城葉赫貝勒納林布祿以女弟那拉氏來歸宴饗成禮是爲孝慈高皇后

己丑春正月取兆佳城斬其城主寗古親冬十月明以太祖爲建州衞都督僉事

辛卯春正月遣師略長白山諸路盡收其衆葉赫求地弗與葉赫以兵刼我東界洞寨

壬辰冬十月二十五日第八子皇太極生高皇后出也是爲太宗

癸巳夏六月葉赫哈達輝發烏拉四部合兵侵戶布察遣兵擊敗之秋九月葉赫以不得志於我也乃糾約扈倫三部烏拉哈達輝發蒙古三部科爾沁錫伯卦爾察長白二部訥殷朱舍里凡九部之兵三萬來犯太祖使武里堪偵敵至渾河將以夜渡河踰嶺馳以告太祖曰葉赫兵果至耶其語諸將以旦日戰及旦引兵出諭於衆曰解爾蔽手去爾護項毋自拘縶不便於奮擊又申令曰烏合之衆其志不一敗其前軍軍必反走我師乘之靡弗勝矣衆皆奮太祖令額亦都以百人挑戰葉赫貝勒布齊策馬拒戰馬觸木而踣我兵吳談斬之科爾沁貝勒明安馬陷淖中易驏馬而遁敵大潰我軍逐北俘獲無算擒烏拉貝勒之弟布占泰以歸冬十月遣兵征朱舍里路執其路長舒楞格遣額亦都等攻訥殷路斬其路長搜穩塞克什以二路之助敵也

甲午春正月蒙古科爾沁貝勒明安喀爾喀貝勒老薩遣使來通好自是蒙古通使不絕

乙未夏六月征輝發取多壁城斬其城主

丙申春二月明使至從朝鮮官二人待之如禮秋七月遣布占泰歸烏拉會其

貝勒爲部人所殺遂立布占泰爲貝勒

丁酉春正月葉赫四部請修好許之與盟九月使弟舒爾哈齊貢於明

戊戌春正月命弟巴雅拉長子褚英率師伐安褚拉庫以其貳於葉赫也冬十月太祖入貢於明十一月布占泰來會以弟之女妻之

己亥春正月東海渥集部虎爾哈路路長王格張格來歸獻貂狐皮歲貢以爲常二月始製國書三月開礦采金銀置鐵冶哈達與葉赫搆兵送質乞援遣費英東噶蓋戍之哈達又私於葉赫戍將以告秋九月太祖伐哈達攻城克之以其貝勒孟格布祿歸孟格布祿有逆謀噶蓋未以告並誅之

辛丑春正月明以滅哈達來責乃遣孟格布祿之子吳爾古岱歸主哈達哈達爲葉赫及蒙古所侵使訴於明明不應又使哈達以饑告於明亦不應太祖乃以吳爾古岱歸收其部衆哈達亡十二月太祖復入貢於明是歲定兵制令民間養蠶

癸卯春正月遷於赫圖阿喇肇祖以來舊所居也九月妃那拉氏卒即孝慈高皇后也始妃有病求見其母其兄葉赫貝勒不許來遂卒

甲辰春正月太祖伐葉赫克二城取其寨七明授我龍虎將軍

乙巳築外城蒙古喀爾喀巴約忒部恩格德爾來歸

丙午冬十二月恩格德爾會蒙古五部使來朝貢尊太祖爲神武皇帝是歲限民田

丁未春正月瓦爾喀斐悠城長穆特黑來以烏拉侵暴求內附命舒爾哈齊褚英代善及費英東揚古利率兵徙其戶五百烏拉發兵一萬遮擊擊敗之斬首三千獲馬五千匹師還優賚褚英等夏五月命子巴雅拉額亦都費英東扈爾漢征渥集部取二千人還秋九月太祖以輝發屢負約親征克之遂滅輝發

戊申春三月命褚英阿敏等伐烏拉克宜罕阿林城布占泰懼復通好執葉赫五十人以來並請婚許之是歲與明將盟各守境立石於界

己酉春二月遺明書謂鄰朝鮮而居瓦爾喀者乃吾屬也其諭令予我明使朝鮮歸千餘戶冬十月命扈爾漢征渥集呼野路盡取之

庚戌冬十一月命額亦都率師招渥集部那木都魯諸路路長來歸還擊雅攬路爲其不附又刼我屬人也取之

辛亥春二月賜國中無妻者二千人給配與金有差秋七月命子阿巴泰及費英東安費揚古取渥集部烏爾古宸木倫二路八月弟舒爾哈齊卒冬十月命額亦都何和里扈爾漢率師征渥集部虎爾哈俘二千人並招旁近各路得五百戶

壬子秋九月太祖親征烏拉爲其屢背盟約又以鳴鏑射帝女也布占泰禦於河駐師河東克六城焚積聚布占泰親出乞和太祖切責之許其納質行成而戍以師師還

癸丑春正月布占泰復貳於葉赫率師往征布占泰以兵三萬來迎太祖躬先陷陣諸將奮擊大敗之遂入其城布占泰至城不得入代善追擊之單騎奔葉赫遂滅烏拉使人索布占泰葉赫不與秋九月起兵攻葉赫使告明降兀蘇城焚其十九城寨葉赫告急於明明遣使爲解師還經撫順明游擊李永芳來迎與之書曰與明無嫌也

甲寅夏四月帝八子皇太極娶於蒙古科爾沁部莽古思之女也行親迎禮明使來稱都督上語之曰吾識爾爾遼陽無賴蕭子玉也吾非不能殺爾恐貽大國羞語爾巡撫勿復相詐冬十一月遣兵征渥集部雅攬西臨二路得千人

乙卯夏四月明總兵張承胤使人來求地拒之令各佐領屯田積穀秋閏八月帝長子褚英卒先是太祖將授政於褚英褚英暴伉衆心不附遂止褚英怨望焚表告天爲人所告自縊死冬十月遣將征渥集部東格里庫路得萬人是歲釐定兵制初以黃紅白黑四旗統兵至是增四鑲旗易黑爲藍置理政聽訟大臣五以扎爾固齊十人副之於是歸徠日衆疆域益廣諸貝勒大臣乃再三勸進焉

天命元年丙辰春正月壬申朔上即位建元天命定國號曰金諸貝勒大臣上尊號曰覆育列國英明皇帝命次子代善爲大貝勒弟子阿敏爲二貝勒五子莽古爾泰爲三貝勒八子皇太極爲四貝勒命額亦都費英東何和里扈爾漢安費揚古爲五大臣同聽國政諭以秉志公誠勵精圖治扈爾漢巡邊執殺盜蔘者五十餘人明巡撫李維翰止我使者綱古里方吉訥乃取獄俘十人戮於境上綱古里等得歸秋七月禁五大臣私家聽訟命扈爾漢安費揚古伐東海薩哈連部取三十六寨八月渡黑龍江江冰已合取十一寨徇使犬路諾洛路石拉忻路並取其人以歸

二年丁巳春正月蒙古科爾沁貝勒明安來朝待之有加禮是歲遣兵取東海散居諸部負險諸島各取其人以歸

三年戊午二月詔將士簡軍實頒兵法壬辰上伐明以七大恨告天祭堂子而行分兵左四旗趨東州馬根單二城下之上帥右四旗兵趨撫順明撫順游擊李永芳降以爲總兵官轄輯降人毀其城明總兵張承胤等來追回軍擊斬承胤等班師五月復伐明克撫安等五堡毀城以其粟歸七月入雅鶻關明將鄒儲賢等戰死冬十月東海虎爾哈部部長納哈哈來歸賜賚有差使犬各部路長四十人來歸賜宴賞賚並授以官

四年己未春正月伐葉赫取二十餘寨聞有明師乃還明經略楊鎬遣使來議罷兵覆書拒之楊鎬督師二十萬來伐並徵葉赫朝鮮之兵分四路進杜松軍由東路渡渾河出撫順薩爾滸劉綎軍由南路入董鄂偵者以告上曰明兵由南來者誘我南也其北必有重兵宜先破之命諸貝勒先行三月甲申朔清旦師行大貝勒代善議師行所向四貝勒皇太極言宜趨界凡我有築城萬五千人役夫多而兵少慮爲所乘額亦都曰四貝勒之言是也遂趨界凡向午至太蘭岡望見明兵分千人援界凡界凡之騎兵已乘明師半渡谷口擊其尾廻守吉林崖杜松留師壁薩爾滸而自攻吉林崖我軍至役夫亦下擊薄明軍是時上至太蘭察兵勢命大軍攻薩爾滸垂暮墮其壘入夜夾攻松軍松不支及其副王宣趙夢麟等皆死追北至勺琴山西路軍破是日馬林軍由東北清河三岔至尙間崖乙酉代善聞報以三百騎赴之馬林斂軍入壕外列火器護以騎兵別將潘宗顏屯飛芬山相犄角上率四貝勒逐杜松後隊殲其軍聞有林軍馳至上趨登山下擊代善陷陣阿敏莽古爾泰麾兵繼進上下交擊馬林遁副將麻岩戰死全軍奔潰移攻飛芬上率騎突入斬宗顏西北路軍破葉赫兵遁是時劉綎南路之軍由寬甸間道敗我戍將五百人乘勢深入上命扈爾漢將千兵往援戍將托保以餘兵會之丙戌復命阿敏將二千人繼往上至界凡刲八牛祭纛丁亥命大貝勒代善四貝勒皇太極南禦遇綎精騎萬餘前進四貝勒以突騎三十奪上布達里岡代善冒杜松衣幟入其軍軍亂四貝勒馳下會戰斬綎又敗其後軍乘勝至富察綎監軍道喬應乾以火器迎戰大風起烟燄返射復大破之應乾遁朝鮮兵降凡四日而破三路明兵其北路李如柏之軍爲楊鎬急檄引還至虎欄遇我游騎二十人登山鳴螺呼噪逐之如柏軍奔迸踐斃又千餘人甲辰釋朝鮮降將姜宏立歸以書諭其國王四月遂築界凡遣兵徇鐵嶺略千人五月朝鮮使來報謝六月先是遣穆哈連收撫虎爾哈部遺民至是得千戶上出城撫之賜以田廬牛馬上率兵攻開原克之斬馬林等殲其軍還駐界凡秋七月明千總王一屏等五人來降暨前降守備阿布圖各予之官上攻鐵嶺克之是夕蒙古喀爾喀部來援葉赫敗之追至遼河擒其貝勒介賽八月己巳征葉赫葉赫有二城貝勒金台什守東城其弟布揚古布爾杭古守西城分軍圍之隳其郛穴城城摧我軍入城命四貝勒領金台什之子德爾格勒諭降再四金台什終不從乃執而縊之布爾杭古降布揚古不遜殺之葉赫亡師還駐界凡冬十月蒙古察哈爾林丹汗使來書辭多嫚執其使喀爾喀五部來使約伐明上使大臣希福等五人蒞盟旋有五部下屬人來歸上卻之是歲明以熊廷弼爲經略

五年庚申春正月上報書林丹汗斥其嫚執我使臣上亦殺其使二月賜介賽子克什克圖色特希爾裘馬令其更代爲質三月論功更定武爵丙戌左翼都統總兵官一等大臣費英東卒上臨哭之夏六月諭樹二木於門欲訴者懸其辭於木民情盡達秋八月上伐明略瀋陽明兵不戰而退乃還九月甲申皇弟穆爾哈齊卒車駕臨奠因過費英東墓賜奠冬十月自界凡遷於薩爾滸是歲明神宗崩光宗立復崩熹宗立罷經略熊廷弼以袁應泰代之

六年辛酉春二月上伐明略奉集堡至武靖營三月壬子上大舉攻明瀋陽以舟載攻具自渾河下瀋陽守禦甚備環濠植籤我軍拔籤猛進明軍殊死戰陣斬總兵賀世賢以下乙卯入瀋陽復敗其援軍總兵陳策等於渾河敗總兵李秉誠於白塔鋪援軍盡走庚申乘勝趨遼陽袁應泰引水注濠環城列砲督軍出戰不支而退守城樓壬戌我右翼軍毀閘左翼軍毀橋右翼傅西城升陴左翼聞之畢登明軍猶列炬巷戰達旦皆潰袁應泰自焚死御史張銓被執不屈死癸亥入遼陽遼人具乘輿鼓樂迎上夾道呼萬歲命皇子德格類徇遼以南所至迎降兵宿城上不入民舍六月左翼總兵官一等大臣額亦都卒上臨奠哭之慟秋七月壬寅宴有功將士酌酒賜衣鎭江城人殺守將佟養眞降於明將毛文龍十一月乙卯命阿敏擊毛文龍敗之喀爾喀部台吉古爾布什來降明復以熊廷弼爲經略

七年壬戌春正月甲寅上伐明攻廣寧丙辰克西平堡明軍三萬來禦擊敗之斬其總兵劉渠祁秉忠巡撫王化貞遁游擊孫得功以城降庚申上入廣寧降其城堡四十進兵山海關熊廷弼盡焚沿塗郵堡而走乃移軍北攻義州克之

還駐廣寧蒙古厄魯特部十七貝勒來附上宴勞之授職有差喀爾喀五部同來歸二月癸未上還遼陽遼陽城圮遷於太子河濱秋七月乙未朔一等大臣安費揚古卒

八年癸亥春正月壬辰朔蒙古扎魯克部巴克來朝遣與質子俱還夏四月癸酉遣皇子阿巴泰德格類皇孫岳託率師討扎魯特貝勒昂安以其殺我使人也昂安攜孥遁達穆布逐之中槍卒我軍憤進殺昂安父子並以別部土桑妻子歸六月戒諸女已嫁毋凌其夫違者必以罪冬十月丁丑一等大臣扈爾漢卒上臨哭之

九年甲子春正月喀爾喀貝勒恩克格爾來朝求內遷許之以兵遷其民二月庚子皇弟貝勒巴雅拉卒上遣庫爾禪等與科爾沁台吉奧巴盟勿與察哈爾通四月營山陵於東京城東北陽魯山奉景祖顯祖遷葬焉是曰永陵五月毛文龍寇輝發戍將楞格禮蘇爾東安追擊殲之秋八月壬辰總兵官一等大臣何和里卒上聞之慟曰天何不遺一人送朕老耶毛文龍之衆屯田於鴨綠島使楞格禮襲其衆殲之

十年乙丑春正月癸亥命皇子莽古爾泰率師至旅順擊明戍兵隳其城二月科爾沁貝勒賽桑以女來歸四貝勒皇太極爲妃大宴成禮三月庚午遷都瀋陽凡五遷乃定都焉是曰盛京遣喀爾達等征瓦爾喀歸降其衆三百夏四月己卯宗室王善副將達朱戶車爾格征瓦爾喀凱旋宴勞備至六月癸卯毛文龍兵襲耀州戍將揚古利擊敗之秋八月遣土穆布城耀州明師來攻擊走之獲馬七百命博爾晉征虎爾哈降其戶五百雅護征卦察部獲其衆二千毛文龍襲海州張屯寨戍將戒沙擊走之上著酒戒頒於國中十月己卯皇子阿拜塔拜巴布泰征虎爾哈以千五百人歸十一月庚戌科爾沁奧巴告有察哈爾之師遣四貝勒皇太極及阿巴泰以精騎五千赴之林丹汗遁是年明使高第爲經略驅錦西人民入山海關寧前道袁崇煥誓守不去

十一年丙寅春正月戊午上起兵伐明寧遠至右屯守將遁收其積穀至錦州戍將俱先遁丁卯至寧遠寧前道袁崇煥偕總兵滿桂副將祖大壽嬰城固守天寒土凍鑿城不隳城上放西洋炮頗傷士卒乃罷攻遣武訥格將蒙古兵攻覺華島奪舟二千盡焚其軍儲班師二月壬午上還瀋陽語諸貝勒曰朕用兵以來未有抗顏行者袁崇煥何人乃能爾耶夏四月丙子征喀爾喀五部爲其背盟也殺其貝勒囊奴克進略西木輪獲其牲畜五月毛文龍兵襲安山驛及薩爾滸戍將巴布泰巴篤禮敗之擒其將李良美丁巳科爾沁貝勒奧巴來朝謝援師也上優禮之封爲土謝圖汗六月上書訓辭與諸貝勒秋七月上不豫幸清河湯泉八月丙午上大漸乘舟回庚戌至愛雞堡上崩入宮發喪在位十一年年六十有八天聰三年葬福陵初謚武皇帝廟號太祖改謚高皇帝累謚承天廣運聖德神功肇紀立極仁孝睿武端毅欽安弘文定業高皇帝

論曰太祖天錫智勇神武絕倫蒙難艱貞明夷用晦迨歸附日衆阻貳潛消自摧九部之師境宇日拓用兵三十餘年建國踐祚薩爾滸一役翦商業定遷都瀋陽規模遠矣比於岐豐無多讓焉

太宗本紀一

太宗應天興國弘德彰武寬溫仁聖睿孝敬敏昭定隆道顯功文皇帝諱皇太極太祖第八子母孝慈高皇后上儀表奇偉聰睿絕倫顏如渥丹嚴寒不栗長益神勇善騎射性耽典籍諮覽弗倦仁孝寬惠廓然有大度天命元年太祖以上爲和碩貝勒與大貝勒代善二貝勒阿敏三貝勒莽古爾泰爲四大貝勒上居四稱四貝勒太祖崩儲嗣未定代善與其子岳託薩哈廉以上才德冠世與諸貝勒議請嗣位上辭再三久之乃許天命十一年丙寅九月庚午朔即位於瀋陽詔以明年爲天聰元年初太祖命上名臆制之後知漢稱儲君曰皇太子蒙古嗣位者曰黃台吉音並闇合及即位咸以爲有天意焉辛未誓告天地以行正道循禮義敦友愛盡公忠勗諸大貝勒等甲戌諭漢官民有私計逋逃及令奸細往來者雖首告勿論後惟已逃被獲者論死丙子諭曰工築之興有妨農務前以城郭邊牆事關守禦有勞民力良非得已茲後止葺頹壞不復興築俾民專勤南畝滿洲漢人毋或異視訟獄差徭務使均一貝勒屬下人毋許邊外行獵市稅爲國費所出聽其通商貿易私往外國及漏稅者罪之丁丑令漢人與滿洲分屯別居先是漢人十三壯丁爲一莊給滿官爲奴至是每備禦止留八人餘悉編爲民戶處以別屯擇漢官廉正者理之設八固山額眞分領八旗以納穆泰爲正黃旗固山額眞額駙達爾漢爲鑲黃旗固山額眞額駙和碩圖爲正紅旗固山額眞博爾晉爲鑲紅旗固山額眞額駙顧三泰爲鑲藍旗固山額眞托博輝爲正藍旗固山額眞徹爾格爲鑲白旗固山額眞喀克篤禮爲正白旗固山額眞又設十六大臣贊理庶政聽八旗訟獄又設十六大臣參理訟獄行軍駐防則遣之乙未蒙古科爾沁土謝圖汗奧巴遣使來弔冬十月己酉以蒙古喀爾喀札魯特部敗盟殺掠私通於明命大貝勒代善等率精兵萬人討之先貽書聲其罪上送至蒲河山而還癸丑別遣楞額禮阿山率輕兵六百入喀爾喀巴林地以張軍勢丙辰科爾沁土謝圖汗奧巴及代達爾漢等十四貝勒各遣使來弔達朱戶征卦爾察部獲其人口牲畜以歸明寧遠巡撫袁崇煥遣李喇嘛及都司傅有爵等來弔並賀即位甲子大貝勒代善等大破札魯特斬其貝勒鄂爾齊圖獲貝勒巴克及其二子並拉什希布等十四貝勒而還十一月辛未上發瀋陽迎大貝勒代善師次鐵嶺樊河界癸酉行飲至禮論功頒賚將士戊寅上還瀋陽察哈爾阿喇克綽忒部貝勒圖爾濟率百戶來歸乙酉遣方吉納溫塔石偕李喇嘛往報袁崇煥且遺書曰頃停息干戈遣使弔賀來者以禮故遣官陳謝昔皇考往寧遠時曾致璽書言和未獲回答如其修好答書以實勿事文飾崇煥不以聞而令我使齎還卓禮克圖貝勒之子衛徵巴拜攜其家屬來歸科爾沁貝勒青巴圖魯桑阿爾齋台吉滿珠什哩各齎鞍馬牛羊來弔十二月庚子禁與蒙古諸瀋售賣兵仗壬戌黑龍江人來朝貢

天聰元年春正月丙子命二貝勒阿敏貝勒濟爾哈朗阿濟格杜度岳託碩托率兵征朝鮮上曰朝鮮累世得罪今明毛文龍近彼海島納我叛民宜兩圖之復遣方吉納溫塔石遺書明袁崇煥言興師由七大恨並約其議和及每歲餽報之數二月己亥以書招諭蒙古奈曼部袞出斯巴圖魯三月壬申阿敏等克朝鮮義州別遣兵搗鐵山明守將毛文龍遁走又克安州進至平壤城渡大同江朝鮮國王李倧遣使迎師阿敏等數其七罪仍遣使趣和倧懼率妻子遁江華島其長子李湼遁全州阿敏復遣副將劉興祚入島面諭倧倧遣其族弟原昌君李覺獻馬百匹虎豹皮百綿苧各四百布一萬五千庚子與朝鮮盟定議罷兵壬申明袁崇煥遣杜明忠偕方吉納等以書來並李喇嘛書欲釋恨修好惟請減金幣之數而以我稱兵朝鮮爲疑辛巳阿敏等遣使奏捷乙酉命留滿洲兵一千蒙古兵二千防義州滿洲兵三百蒙古兵一千防鎭江城並諭李倧曰我留兵義州者防毛文龍耳阿敏等旋師以李覺歸夏四月甲辰遣袁崇煥書曰釋恨修好固所願也朝鮮自尊輕我納我叛亡我遲之數年彼不知悔是以興討天誘其衷我軍克捷今已和矣而爾諭言修好仍遣哨卒偵視修葺城堡我國將帥實以此致疑夫講信修睦必藉物以成禮我豈貪而利此使爾國力不支可減其半歲時餽答當如前議則兩國之福也書成聞崇煥方築塔山大凌河錦州等城遂罷遣使而以書付杜明忠還更責崇煥曰兩國修好當分定疆域今又修葺城垣潛圖侵逼倘戰爭不息天以燕雲畀我爾主不幸奔竄身敗名裂爲何如也自古文臣不更事者徒爲大言每喪師殃民社稷傾覆前者遼左任用非人而河東西土地盡失今尙謂不足戒而謀動干戈耶癸丑阿敏等自朝鮮凱旋上迎於武靖營賜阿敏御衣一襲餘各賜馬一匹乙卯論征朝鮮將士功擢賞有差戊辰上還瀋陽乙丑以書諭察哈爾台吉濟農及奈曼袞出斯巴圖魯來和五月戊辰遣朝鮮國王弟李覺歸國設宴餞之並賜鞍馬裘帶等物辛未上聞明人於錦州大凌河小凌河築城屯田而崇煥無報書親率師往攻之乙亥至廣寧乘夜進兵丙子明大凌河小凌河兵棄城遁遂圍錦州明臺堡兵二千餘人來降悉縱之歸丁丑明鎭守遼東太監紀用總兵趙率教遣人詣師請命上開誠諭之并許紀用親來定議用不答遂攻錦州垂克明援兵至退五里而營遣人調瀋陽兵益師庚寅固山額眞博爾晉等以兵至癸巳攻寧遠城殲其步卒千餘人既明總兵滿桂出城而陣上欲擊之三大貝勒均諫止上怒趣諸將戴兜鍪率阿濟格疾馳而進敗其前隊追至寧遠城下盡殪之諸貝勒不及胄而從濟爾哈朗薩哈廉瓦克達俱被創錦州守兵亦出城合戰我軍復迎擊之游擊覺羅拜山備禦巴希陣歿上臨其喪哭而酹之我軍還駐雙樹鋪乙未復至錦州六月己亥攻錦州值天溽暑士卒死傷甚衆庚子班師丁未上還瀋陽是歲大饑斗米值銀八兩銀賤物貴盜賊繁興上惻然曰民饑爲盜可盡殺乎令鞭而釋之仍發帑賑民秋七月己巳蒙古敖漢瑣諾木杜稜塞臣卓禮克圖奈曼袞出斯巴圖魯舉國來附朝鮮國王李倧遣使報謝並獻方物命阿什達爾漢等往報之請以義州歸朝鮮是月明袁崇煥罷歸八月辛亥察哈爾阿喇克綽忒部貝勒巴爾巴圖魯諸門達賚吹爾扎木蘇率衆來歸是月明熹宗崩其弟信王嗣位是爲莊烈帝九月甲子朔諭國家大祀大宴用牛外其屠宰馬騾牛驢者悉禁之冬十一月庚午察哈爾大貝勒昂坤杜稜來降辛巳薩哈爾察部來朝貢十二月甲午朔察哈爾阿喇克綽忒貝勒圖爾濟伊爾登來降

二年春正月戊子格伊克里部長四人率其屬來朝二月癸巳朔以額亦都子

圖爾格費英東子察哈尼俱爲總兵官朝鮮國王李倧遣其總兵官李蘭等來獻方物並米二千石更以一千石在中江平糶庚子以往喀喇沁使臣屢爲察哈爾多羅特部所殺上率師親征丁未進擊多羅特部敗之多爾濟哈談巴圖魯被創遁獲其妻子殺台吉古魯俘萬一千二百人還丁巳以戰勝用八牛祭天三月戊辰上還瀋陽貝勒阿敏等率羣臣郊迎行抱見禮以弟多爾袞多鐸從征有功賜多爾袞號墨爾根戴青多鐸號額爾克楚虎爾庚寅以賜名之禮宴之戊子給國人無妻者金使娶以貝勒多爾袞爲固山貝勒夏四月丙辰巴林貝勒塞特爾台吉塞冷阿玉石滿朱習禮率衆來歸明復以袁崇煥督師薊遼崇煥素弗善毛文龍時文龍據皮島招集遼民有逃亡則殺以冒功遂得擢總兵便宜行事後更致書與我通好止遣科廓等賚書往報既文龍執科廓等送燕京崇煥以文龍私通罪給殺之五月辛未明人棄錦州貝勒阿巴泰等率兵三千略其地隳錦州杏山高橋三城毀十三站以東墩台二十一先是顧特塔布囊以其衆自察哈爾逃匿蒙古地遇歸附者輙殺之辛巳命貝勒濟爾哈朗豪格率兵討顧特塔布囊乙酉顧特伏誅俘其人口牲畜以萬計長白山迤東濱海虎爾哈部頭目里佛塔等來朝八月辛卯與喀喇沁部議和定盟乙未賜奈曼貝勒袞出斯號達爾漢札魯特喀巴海號衛徵乙卯朝鮮來貢九月庚申徵外藩兵共征蒙古察哈爾癸亥上率大軍西發丙寅次遼陽敖漢奈曼喀爾喀札魯特喀喇沁諸貝勒台吉各以兵來會己巳駐師綽洛郭爾甲戌宴來會諸貝勒科爾沁諸貝勒不至上謝圖汗額駙奧巴哈談巴圖魯滿朱習禮如約請先侵掠而後合軍上怒遣使趣之時奧巴違命徑歸滿朱習禮及台吉巴敦以所俘來獻上賜滿朱習禮號達爾漢巴圖魯巴敦號達爾漢卓禮克圖厚賚之丙子進兵擊席爾哈席伯圖英湯圖諸處克之獲人畜無算冬十月辛卯還師丙申論敖漢奈曼巴林札魯特諸貝勒毋得要殺降人違者科罰壬寅上還瀋陽以劉興祚詐稱縊死逃歸明繫其母及妻子於獄十二月丁亥朔遣土謝圖汗額駙奧巴書數其罪巴牙喇部長伊爾彪等來朝貢蒙古郭畀爾圖扎魯特貝勒塞本及其弟馬尼各率部來歸

三年春正月庚申上謝圖汗奧巴來請罪宥而遣之辛未勅科爾沁敖漢奈曼喀爾喀喀喇沁諸部悉遵國制丁丑論諸貝勒代理三大貝勒直月機務二月戊子論三大貝勒諸貝勒大臣毋得科歛民間財物犯者治罪己亥合葬太祖高皇帝孝慈高皇后於瀋陽之石嘴頭山妃富察氏祔喀爾喀札魯特貝勒戴靑桑土桑古爾桑噶爾寨等率衆來附甲辰上南巡閱邊境城堡圮薄者修築之戊申次海州有老人年一百三歲妻一百五歲子七十三歲召見賜牛種辛亥上還瀋陽三月戊午申蒙古諸部軍令夏四月丙戌朔設文館命巴克什達海及剛林等繙譯漢字書籍庫爾纏及吳巴什等記注本朝政事五月丁未奈曼札魯特諸貝勒越界駐牧自請議罰上宥之六月乙丑議伐明令科爾沁喀爾喀札魯特敖漢奈曼諸部會兵並令預採木造船以備轉餉丁卯喀喇沁布爾噶都戴靑台吉卓爾畢土默特台吉阿玉石等遣使朝貢辛巳土默特台吉卓爾畢泰等來朝貢秋七月辛卯喀爾喀台吉拜渾岱喇巴泰滿朱習禮自科爾沁來朝甲午孟阿圖率兵征瓦爾喀乙未庫爾喀部來朝貢八月庚午頒八旗臨陣賞罰令乙亥諭曰自古及今文武並用以文治世以武克敵今欲振興文教試錄生員諸貝勒府及滿漢蒙古所有生員俱令赴試中式者以他丁償之九月壬午朔初試生員拔二百人賞緞布有差免其差徭癸未貝勒濟爾哈朗等略明錦州甯遠諸路還俘獲以三千計丙戌阿魯部杜思噶爾濟農始遣使來通好癸卯喀喇沁布爾噶都來朝貢冬十月癸丑上親征明徵蒙古諸部兵以次來會庚申次納里特河察哈爾五千人來歸壬戌次遼河丙寅科爾沁奧巴以二十三貝勒來會上集諸貝勒大臣議征明與征察哈爾孰利皆言察哈爾遠於是征明辛未次喀喇沁之靑城大貝勒代善三貝勒莽古爾泰止諸貝勒帳外入見密議班師既退岳託等入白諸將在外候進取上不懌因曰兩兄謂我兵深入勞師襲遠若糧匱馬疲敵人環攻無爲歸計若等見及此而初不言朕既遠涉乃以此爲辭我謀且隳何候爲岳託堅請進師八固山額眞詣代善莽古爾泰議夜半議定諭曰朕承天命興師伐明拒者戮降者勿擾俘獲之人父母妻子勿使離散勿淫人婦女勿褫人衣服勿毀廬舍器皿勿伐果木勿酗酒違者罪無赦固山額眞等不禁罪如之乙亥次老河命濟爾哈朗岳託率右翼兵攻大安口阿巴泰阿濟格率左翼兵攻龍井關上與大貝勒代善三貝勒莽古爾泰率大兵繼之丁丑左翼兵克龍井關明副將易愛參將王遵臣來援皆敗死漢兒莊潘家口守將俱降戊寅上督兵克洪山口辛巳上至遵化莽古爾泰率左翼兵自漢兒莊來會遺書明巡撫王元雅勸降十一月壬午朔右翼諸貝勒率師來會先是濟爾哈朗等克大安口五戰皆捷降馬蘭營馬蘭口大安營三城明羅文峪守將李思禮降山海關總兵趙率教以兵四千來援阿濟格迎擊斬之甲申諸貝勒攻遵化正白旗小校薩木哈圖先登大兵繼之遂克其城明巡撫王元雅自經死上親酌金巵賜薩木哈圖擢備禦世襲罔替賜號巴圖魯有過赦免家固貧恤之蒙古兵擾害羅文峪民令曰凡貝勒大臣有掠歸降城堡財物者斬擅殺降民者抵罪強取民物計所取倍償之己丑敍克城功將士賞賚有差壬辰參將英俄爾岱文館范文程留守遵化大軍進逼燕京有蒙古兵殺人而褫其衣上命射殺之甲午徇薊州乙未徇三河丙申左翼貝勒赴通州視渡口明大同宣府二鎭援兵至順義貝勒阿巴泰岳託擊敗之順義降上至通州諭明士民曰我國夙以忠順守邊葉赫與我同一國耳明主庇葉赫而陵我大恨有七我知終不相容故告天興師天直我國賜我河東地我太祖皇帝猶願和好與民休息爾國不從天又賜我河西地及朕即位復徇爾國之請遂欲去帝稱汗趣製國印而爾國不從今我興師而來順者撫逆者誅是爾君好逞干戈猶爾之君殺爾也天運循環無往不復有天子而爲匹夫亦有匹夫而爲天子者天既佑我乃使我去帝號天其鑒之辛丑大軍逼燕京上營於城北土城關之東兩翼營於東北明大同總兵滿桂宣府總兵侯世祿屯德勝門甯遠巡撫袁崇煥錦州總兵祖大壽屯沙窩門上率右翼大貝勒代善貝勒濟爾哈朗岳託杜度薩哈廉等領白甲護軍蒙古兵進擊桂世祿遺左翼大貝勒莽古爾泰阿巴泰阿濟格多爾袞多鐸豪格等領白甲護軍蒙古兵迎擊崇煥大壽俱敗之癸卯遣明歸順王太監賚書與明議和乙巳屯南海子戊申袁崇煥祖大壽營於城東南隅樹柵爲衛我軍偪之而營上率輕騎往視諸貝勒請攻城諭曰路隘且險若傷我士卒雖得百城不足多也因止弗攻初獲明太監二人令副將高鴻中參將鮑承先甯完我等受密計至是鴻中承先坐近二太監耳語云今日撤兵乃上計也頃上單騎向敵敵二人見上語良久乃去意袁都堂有約此事就矣時楊太監佯臥竊聽翼日縱之歸以所聞語明帝遂下崇煥於獄大壽懼率所部奔錦州毀山海關而出諸貝勒大臣請攻城上曰攻則可克但恐傷我良將勁卒余不忍也遂止十二月辛亥朔大軍經海子而南且獵且行趣良鄉克其城壬子總兵吳訥格克固安辛酉遣貝勒阿巴泰薩哈廉以太牢祀金太祖世宗陵丙寅復趨燕京敗明兵於蘆溝橋殲其衆明總兵滿桂孫祖壽黑雲龍麻登雲以兵四萬柵永定門之南丁卯黎明師毀柵入斬桂祖壽及副將以下三十餘人擒黑雲龍麻登雲獲馬六千分賜將士戊辰遣達海賚書與明議和壬申貝勒阿巴泰濟爾哈朗略通州焚其舟攻張家灣克之遣海賚議和書二分置安定德勝門外乙亥復遣人賚書赴安定門俱不報丙子駐師通州丁丑岳託薩哈廉豪格率兵四千圍永平遂克香河馬蘭峪諸城復叛去己卯大軍趣永平

四年春正月辛巳朔大軍至榛子鎭沙河驛俱降壬午至永平先是劉興祚自我國逃歸匿崇煥所至是率所攜滿洲兵十五人蒙古兵五百欲往守沙河聞大兵至改趣永平之太平寨襲殺喀喇沁兵於途上怒其負恩遣貝勒阿巴泰等禽斬之裂其屍以徇癸丑上授諸將方略乘夜攻城城中火藥自發敵軍大亂黎明克之貝勒濟爾哈朗等入城安撫丙戌上率諸將入城官民夾道呼萬歲貝勒濟爾哈朗薩哈廉守永平以降官白養粹爲永平巡撫孟喬芳楊文魁爲副將縱鄉民還其家是日上率大軍趣山海關敖漢奈曼巴林札魯特諸部兵攻昌黎不克臺頭營鞍山堡遷安灤州以次降建昌參將馬光遠來歸丁酉明兵攻遵化貝勒杜度擊敗之明兵入三屯營先所下漢兒莊喜峰口潘家口洪家口復叛庚子達海等復漢兒莊貝勒阿巴泰守之辛丑喀喇沁布爾噶都爲明兵所圍遣軍往救未至布爾噶都自擊敗之其帥明兵部尙書劉之綸領兵至樹柵我軍礮毀其柵之綸屯山中大貝勒代善圍之勸之綸降不從破其營之綸被箭死壬寅移師馬蘭峪毀其近城屯堡丙午喀喇沁蘇布地上書明帝論和好之利且勸以愛養邊民優恤屬國之道不報樂亭復叛二月辛亥朔論貝勒諸臣凡將士驍勇立功者勿與攻城之役甲寅宴明降將麻登雲等於御幄謂之曰明主視爾等將士之命如草芥驅之死地朕屢遣使議和竟無一言相報何也登雲對曰明帝幼冲大臣各圖自保議和之事儻不見聽罪且不測故懼不敢奏上曰若然是天贊我也豈可棄之而歸但駐兵屯守妨農時爲可憫耳且彼山海關錦州防守尙堅今但取其無備城邑可也己未遣書明帝仍申和好並致書明諸臣勸其急定和議至是凡七致書矣甲子明楡林副將王世選來降上班師貝勒阿巴泰濟爾哈朗薩哈廉及文臣索尼甯完我等守永平鮑承先守遷安固山額眞圖爾格那木泰等守灤州察喀喇范文程等守遵化駐灤三日論功行賞壬申諭曰天以明土地人民予我其民即吾民宜飭軍士勿加侵害違者治罪上至永平降官郎中陳此心謀遁事覺論斬上赦之聽其所往三月壬午上還瀋陽庚寅遣三貝勒阿敏貝勒碩託率兵五千往守

永平四城貝勒阿巴泰等還庚子阿魯四子部遣使來盟夏四月壬子明兵攻灤州不克己卯貝勒阿巴泰濟爾哈朗等自永平還上問是役俘獲較前孰多對曰此行所獲人口甚多上曰財帛不足喜惟多得人爲可喜耳五月己丑諭諸臣厚撫俘衆壬辰阿敏碩託等棄永平四城歸時明監軍道張春錦州總兵祖大壽等合兵攻灤州那穆泰圖爾格湯古代等出戰屢敗明兵然兵少阿敏碩託畏不往援明兵用礮攻灤州那穆泰等不能支棄城奔永平會天雨我軍潰圍出無馬被創者死四百餘人阿敏碩託聞之恐遂殺降官白養粹等盡屠城中士民收其金幣乘夜出冷口察哈喇等亦棄遵化歸上方命貝勒杜度趣永平協守且敕阿敏善撫官民無枝慕將整兵親往庚子聞阿敏棄城且大肆屠戮乃止六月甲寅收繫棄城諸將數其罪乙卯御殿宣阿敏十六罪衆議當誅上不忍致法幽之碩託湯古代那穆泰巴布泰圖爾格等各奪爵革職有差諸將中有力戰殺敵者釋之先是阿敏既屠永平官民以其妻子分給士卒上曰彼既屠我歸順良民又奴其妻子耶命編爲民戶以房舍衣食給之秋九月戊戌申諭諸大臣滿漢官各勤職業冬十月辛酉諭編審各旗壯丁隱匿者罰之十一月甲午那堪泰部虎爾噶率家屬來歸阿魯四子部諸貝勒來歸壬寅阿魯伊蘇忒部聞上善養民留所部於西拉木輪河而偕我使臣察漢喇嘛來朝十二月戊辰科爾沁貝勒圖美衛徵來朝

五年春正月庚辰諭已故功臣無後者家產給其妻自贍壬午鑄紅衣大礮成鐫曰天祐助威大將軍軍中造礮自此始乙未以額駙佟養性總理漢人軍民事漢官聽其節制己亥幸文館入庫爾纏直房問所修何書對曰記註所行政事上曰如此朕不宜觀又覽達海所譯武銓見投醪飲河事曰古良將體恤士卒三軍之士樂爲致死若額駙顧三台對敵時見戰士歿者以繩曳之歸安能得人死力乎庚子朝鮮貢物不及額却之以書責其罪二月庚申敕邊臣謹斥堠甲戌孟阿圖征瓦爾喀奏捷三月乙亥朔鑲藍旗固山額眞額駙顧三台罷以太祖弟之子篇古代之書諭大貝勒代善三貝勒莽古爾泰及貝勒諸大臣求直言過失丁亥閱漢兵甲午誅劉興祚興治家屬赦其母丁酉朝鮮復遣使來貢辛丑遣漢達爾漢納密遺朝鮮王書索戰船助攻明不許六月癸亥定功臣襲職例黑龍江伊札訥薩克提期訥俄力喀康柱等五頭目來朝秋七月甲戌黑龍江虎爾哈部四頭目來朝貢庚辰始設六部以墨勒根戴青貝勒多爾袞貝勒德格類薩哈廉岳託濟爾哈朗阿巴泰等管六部事每部滿漢蒙古分設承政官其下設參政各八員啓心郎各一員改巴克什爲筆帖式其尙稱巴克什者仍其舊更定訐告諸貝勒者准其離主例其以細事訐訴者禁之諭貝勒審事冤抑不公者坐罪除職官有罪概行削職律嗣後有罪者分別輕重降罰有差並禁官民同族嫁娶犯者男婦以姦論又諭貝勒諸大臣省過改行求極諫甲申閣雷虎爾哈部四頭目來朝貢癸巳定小事賞罰例令牛彔額眞審理大者送部明總兵祖大壽等築大凌河城諸蒙古各率所部來會征之己亥大軍西發命貝勒杜度薩哈廉豪格留守庚子渡遼河申誡諸將恤士卒八月壬寅朔次舊遼河而營蒙古諸部率兵來會癸卯集蒙古諸貝勒申前令無擅殺掠於是分兵兩路貝勒德格類岳託阿濟格以兵二萬由義州入屯錦州大凌河之間上自白土塲入廣寧丁未會於大凌河乘夜攻城令曰攻城恐傷士卒當掘壕築壘困之彼若出與之戰外援至迎擊之乃分八旗兵合圍令蒙古兵承其隙辛亥明馬步兵五百人出城達爾哈擊敗之壬子射書城中招蒙古人出降癸丑明兵出城誘戰圖賴先入達爾哈繼之四面環攻貝勒多爾袞亦率兵入城內礮矢俱發圖賴被創副將孟坦屯布祿備禦多貝侍衛戈里戰歿上以圖賴等輕進切責之以紅衣礮攻明臺兵降者相繼乙卯遺祖大壽書曰往者我欲和爾國君臣以宋爲鑑不我應爾國非宋我亦非金何不達若此朕今厭兵革更以書往惟將軍裁之大壽不答丁巳明松山兵二千來援阿山勞薩土魯什擊敗之甲子貝勒阿濟格碩託邀擊明援兵丁卯明錦州兵六千來攻阿濟格營會大霧覿面不相識忽有青氣衝敵營闢若門我軍乘霧進大戰敗之擒游擊一盡獲其甲仗馬匹辛未上詣貝勒阿濟格營酌金巵勞諸將明兵突出師夾擊又大敗之九月丁亥上以兵趣錦州見塵起上命諸軍勿行自率擺牙喇兵二百與貝勒多鐸緣山潛進明錦州兵七千突出進上前上甫擐甲從者不及二百人渡河衝敵軍敵不能當潰走諸軍繼至又大敗之斬一副將而還己丑復以書招祖大壽庚寅上設伏山內誘大壽出將擒之大壽驚遁自是閉城不出時城中穀止百石馬死盡煮馬肉爲食以鞍代爨乙未明太僕寺卿監軍道張春總兵吳襄鍾緯等以馬步兵四萬來援壁小凌河戊戌明援兵趣大凌河距城十五里上率兩翼騎兵衝擊之不動右翼兵猝入張春營敵遂敗吳襄及副將桑阿爾寨先奔張春等復集潰兵立營會大風敵乘風縱火將及我軍天忽雨反風復戰遂大破之生擒張春及副將三十三人春不屈乞死上赦不殺是役也祖大壽仍以我爲誘敵故城中無應者是夕黑雲龍遁去冬十月丁未以書招祖大壽何可剛張存仁己酉再遺大壽書壬子以紅衣礮攻于子章臺臺最固三日臺毀守臺將王景降於是遠近百餘臺俱下甲寅遣降將姜新招祖大壽大壽亦遣游擊韓棟來會癸亥議三貝勒莽古爾泰上前持刃罪降貝勒奪所屬五牛彔乙丑祖大壽約我副將石廷柱議降丙寅大壽遣其子可法爲質戊辰大凌河舉城降獨副將何可剛不從大壽掖可剛至軍前殺之夜至御營上優遇之大壽遂獻取錦州策己巳遣兵隨大壽夜襲錦州會大霧失伍還十一月庚午朔縱大壽還錦州戊寅毀大凌河城己卯班師乙酉上還瀋陽丙戌察哈爾侵阿魯西拉木輪地貝勒薩哈廉豪格移師征之會察哈爾已去乃還閏十一月庚子朔諭曰我兵之棄永平四城皆貝勒等不學無術所致頃大凌河之役城中人相食明人猶死守及援盡城降而錦州松杏猶不下豈非其人讀書明理盡忠其主乎自今凡子弟年十五歲以下八歲以上皆令讀書遣庫爾纏等責朝鮮違約罪庚戌禁國中不得私立廟寺喇嘛僧違律者還俗巫覡星士並禁止之十二月壬辰參將寗完我請設言官定服制上嘉納之丙申用禮部參政李伯龍言更定元旦朝賀行禮班次

六年春正月癸亥閱漢兵二月壬申定儀仗制丁丑謁太祖陵行時享禮戊子諭海州等處城守官三年一赴瀋陽考察丁酉諭戶部貝勒德格類以大凌河漢人分隸副將以下給配撫養給還貝勒莽古爾泰所罰人口三月戊戌賚大凌河諸降將有差命達海分析國書音義庚戌定訐告諸貝勒者輕重虛實坐罪例禁子弟告父兄妻告夫者定貝勒大臣賜祭葬例丁巳征察哈爾征蒙古兵頒軍令夏四月戊辰朔上率大軍西發阿巴泰杜度揚古利伊爾登佟養性留守己巳次遼河丙子次西拉木輪河己卯次札滾烏達諸蒙古部兵以次來會乙酉次哈納崖察哈爾汗林丹聞我師至大懼驅歸化城富民牲畜渡河西奔盡委輜重而去庚寅次都勒河聞察哈爾林丹遠遁上趣歸化城丙申大軍自阿濟格和爾戈還趣察哈爾五月癸卯諭諸部貝勒大臣勿輕進勿退縮勿殺降勿分散人妻子勿奪人衣服財物甲辰次布龍圖布喇克丁未勞薩奏報察哈爾遁去已久逐北三日無所見上自布龍圖旋師戊申定議征明丙辰次朱兒格土時糧盡忽逢黃羊徧野遂合圍殺數萬脯而食之無水以一羊易杯水而飲上命各牛彔持水迎給之庚申次木魯哈喇克沁貝勒阿濟格率左翼略宣府大同貝勒濟爾哈朗率右翼略歸化城上與大貝勒代善貝勒莽古爾泰統大軍繼進甲子上至歸化城兩翼兵來會是日大軍馳七百里西至黃河木納漢山東至宣府自歸化城南至明邊境所在察哈爾部民悉俘之六月丁卯朔蒙古部民貧沙河堡上以書諭明守臣索之明歸我男婦三百二十牲畜千四百有奇辛未寗完我范文程馬國柱合疏言伐明之策宜先以書議和俟彼不從執以爲辭乘釁深入可以得志上嘉納之甲戌大軍發歸化城趨明邊丁丑明沙河堡守臣使賫牲幣來獻己卯庫爾纏等自得勝堡愛巴禮等由張家口分詣大同宣府議和書曰我之興兵非必欲取明天下也遼東守臣貪黷昏罔勸葉赫陵我遂娶七恨屢愬爾主而遼東壅不上聞我兵至此欲爾主察之也及攻撫順又因十三省商賈各遺以書慮其不克徑達則各以書進其省官吏冀有一聞乃縱之使去寂焉不復語云下情上達天下罔不治下情上壅天下罔不亂今所在征討爭戰不息民死鋒鏑雖下情不達之故抑豈天意乎我今開誠相告國雖褊小惟欲兩國和好互爲貿易各安畊獵以享太平若言不由衷天其鑒我前者屢致書問憤疾之詞固所不免此兵家之常不足道也幸速裁斷實國之福我駐兵十日以待庚辰駐大同邊外庫爾纏偕明得勝堡千總賫牲幣來獻上不納復遺書明守臣曰我仰體天意願中和好爾果愛民宜速定議若延時不報縱欲相待如軍中糧盡何至書中稱謂姑勿論我遜爾國我居察哈爾之上可耳癸未趨宣府守臣以明主所給察哈爾緞布皮幣一萬二千五百歸我庚寅駐張家口外列營四十里癸巳明巡撫沈棨總兵董繼舒遣人賫牛羊食物來獻上宴之遂定和議大市於張家口科爾沁部兵三人潛入明邊盜牛驢斬其首者鞭二人貫耳以徇甲午明巡撫沈棨遣使來請盟命大臣阿什達爾哈等涖之刑白馬烏牛誓告天地禮成遣啓心郎祁充格送明使歸明以金幣來獻晉封皇子豪格爲和碩貝勒是月遼東大水秋七月丁酉朔復以書約明張家口守臣信誓敦好善保始終且謂和議遼東地方在內爾須遣官往告上率大軍還庚子至上都河明以和議成來餽禮物酌納之辛丑蒙古諸貝勒辭歸庚戌次擺斯哈兒游擊巴克什達海卒庚申上還瀋陽八月丁卯召明諸生王文奎孫應時江雲入宮問以和事成否三人皆言明政日紊和議難必且中原盜賊蜂起人民離亂勸上宣布仁義用賢養民乘時弔伐以應天心癸酉六部署成頒銀印各一甲午命固山額眞察民疾苦清理刑獄

察哈爾檮納楚虎爾來歸九月癸卯修復蓋州城移民實之甲寅命戶部貝勒德格類兵部貝勒岳託展耀州舊界至蓋州迤南冬十月乙丑朔幸開原甲戌還瀋陽遣衞徵囊蘇喇嘛赴甯遠賚書致明帝曰我國稱兵非不知足而冀大位因邊臣欺侮致啟兵釁往征察哈爾時過宣府定和議我遂執越境盜竊之人戮之塞下我之誠心可謂至矣前邊臣未能細述今欲備言又恐疑我不忘舊怨如遣信使來將盡告之若謂已和不必語及往事亦惟命又與明諸臣書曰宣府守臣與我盟時約我毋侵遼東誓諸天地今爾乃有異議天可欺乎執政大臣宜通權變愼勿徒事大言坐失事機若堅執不從惟尋師旅生靈荼毒咎將誰歸十一月壬寅明甯遠守臣以我所遺書封固不敢以陳請露封許之辛亥阿祿部都思噶爾濟農所屬祁他特吹虎爾台吉來附壬子遣使往朝鮮定歲貢額十二月乙丑定朝服及官民常服制三貝勒莽古爾泰卒乙亥吳巴海征兀札喇遣使告捷

七年春正月庚子諭各牛彔額眞以恤貧訓農習射辛丑朝鮮來貢不及額丁未復書責之戊申皇長女下嫁敖漢部貝勒都喇爾巴圖魯子台吉班第乙卯征兀札喇師還二月癸亥朔阿魯科爾沁汗車根率固木巴圖魯達爾馬代袞等舉國來附己卯庫爾纏有罪誅癸未土魯什勞薩等略甯遠三月丁酉築轆塢攬盤通遠堡岫巖四城辛丑郭爾羅斯部台吉固木來朝丙辰明故總兵毛文龍部將孔有德耿仲明遣使來約降夏四月乙丑察哈爾兩翼大總管塔什海虎魯克寨桑來附乙亥使參將英俄爾岱等借糧朝鮮濟孔有德軍不從五月乙未吳喇忒台吉土門達爾漢等來朝壬子貝勒濟爾哈朗阿濟格杜度率兵迎孔有德耿仲明於鎭江命率所部駐東京六月壬戌諭將士毋侵擾遼東新附人民違者孥戮之癸亥召孔有德耿仲明入覲厚賚之丙寅遣英俄爾岱遺朝鮮王書曰往之借糧貴國王以孔有德等昔隸毛氏無輸糧養敵之理今有德歸我糧已足給惟兵卒守船輓運維艱近距貴國以糧給之甚便朕思王視明爲父視朕爲兄父兄相爭數年而王坐觀成敗是外有父兄之名而內懷幸禍之意若力爲解勸息兵成好不惟我兩國樂見太平卽貴國亦受其福若仍以兵助明合而禦我則搆兵實自王始己巳諭官民冠服遵制畫一癸酉以孔有德爲都元帥耿仲明爲總兵官並賜勅印戊寅英俄爾岱奏報朝鮮用明人計借兵倭國又於義州南嶺築城備我集諸貝勒大臣議之皆言宜置朝鮮而代明己卯貝勒岳託德格類率右翼楞額禮葉臣左翼伊爾登昂阿喇及石廷柱孔有德耿仲明將兵取明旅順口甲申東海使犬部額駙僧格來朝貢丁亥諭曰凡進言者如朕所行未協於義宜直言勿諱政事或有愆忌宜開陳無隱六部諸臣奸僞貪邪行事不公宜行糾劾諸臣有艱苦之情亦據實奏聞苟不務直言遠引曲喻勸襲紛然何益於事秋七月辛卯朔諭滿洲各戶有漢人十丁者授棉甲一以舊漢軍額眞馬光遠統之壬辰阿祿部孫杜陵子台吉古木思轄布寨桑吳巴什阿什圖巴達爾和碩齊等吳喇忒部台吉阿巴噶爾代皆來朝貢甲辰貝勒岳託等奏克旅順口八月庚申朔英俄爾岱等自朝鮮還以復書允糧濟我守船軍士壬戌貝勒阿巴泰阿濟格薩哈廉豪格等略明山海關外庚辰貝勒德格類岳託師還丁亥以副將石廷柱爲總兵官九月庚子貝勒阿巴泰等師還上以其不深入責之癸卯英俄爾岱等往朝鮮互市庚戌明登州都司蔡實等來降冬十月壬戌遣使外藩蒙古各部宣布法令丙寅大閱丁卯發帑賚八旗步兵己巳諭曰置官以來吏戶兵三部辦事盡善刑部訊獄稽延罔得實情禮部工部皆有缺失夫啟心郎之設欲其隨事規諫啟乃心也乃有差謬而不聞開導何耶又曰爾等動以航海取山東攻山海關爲言航海多險攻堅易傷是以空言相賺不啻爲敵計耳兵事無藉爾言惟朕與諸貝勒有過當極言耳又諭文館諸儒臣曰太祖始命巴克什額爾德尼造國書後庫爾纏增之慮有未合爾等職司紀載宜悉心訂正朕嗣大位凡皇考行政用兵之大不一一詳載後世子孫何由而知豈朕所以盡孝道乎丙子授明降將馬光遠爲總兵官王世選麻登雲爲三等總兵官馬光先孟喬芳等各授職有差癸未明廣鹿島副將尙可喜遣使來約降十一月甲辰英俄爾岱復賚書往朝鮮責以違約十事戊申遣季思哈吳巴海往征朝鮮接壤之虎爾哈部辛亥上獵於葉赫十二月辛未上還瀋陽

八年春正月庚寅諭蒙古諸貝勒令遵我國定制黑龍江羌圖里嘛爾干率六姓來朝貢癸巳詔宗人自興祖直皇帝出者爲六祖後免其徭役乙未正黃旗都統一等總兵官楞額禮卒癸卯漢人備禦訴漢人徭役重於滿洲戶部貝勒德格類以聞上命禮部貝勒薩哈廉集衆諭其妄漢總兵官石廷柱等執備禦八人請罪上曰若加以罪則後無復言者並釋之戊申塔布囊等征察哈爾潰衆於席爾哈席伯圖己酉蒿齊忒部台吉額林臣來歸丁巳免功臣身故無嗣者丁之半妻故始應役著爲令二月壬戌定喪祭例妻殉夫者聽仍予旌表逼妾殉者妻坐死遣貝勒多爾袞薩哈廉往迎降將尙可喜使駐海州丁卯都元帥孔有德劾耿仲明不法狀諭解之戊辰遣阿山等略錦州三月丁亥朔日有食之綠虹見辛卯命譚泰圖爾格略錦州壬辰副將尙可喜率三島官民降駐海州己亥大閱甲辰遣英俄爾岱往朝鮮互市令孔有德耿仲明尙可喜幟用白鑲皁以別八旗壬子考試漢生員夏四月辛酉升授太祖諸子湯古代等副將參將備禦有差又以哈達烏喇二部之後無顯職授哈達克什內爲副將烏喇巴彥爲三等副將詔以瀋陽爲天眷盛京赫圖阿喇城爲天眷興京改定總兵副將參將游擊備禦滿字官名丁丑尙可喜來朝命爲總兵官乙亥以太祖弟之子拜尹圖爲總管辛巳初命禮部考試滿洲漢人通滿漢蒙古書義者取剛林等十六人爲舉人賜衣一襲免四丁乙酉金繼孟等自明石城島來降以隸尙可喜五月丙戌朔黑龍江巴爾達齊來貢庚寅察哈爾台吉毛祁他特來朝定滿漢馬步軍名丙申議征明諸貝勒請從山海關入上曰不然察哈爾爲我軍所敗其貝勒大臣將歸我宜直趨宣大以逆之乃集各都統部署軍政遺國舅阿什達爾哈徵科爾沁兵以書招撫遺衆之在明境者壬寅定百官功次賜敕書其世襲及官止本身者分別開載有差甲辰季思哈吳巴海征虎爾哈部奏捷命貝勒濟爾哈朗留守盛京貝勒杜度守海州吏部承政圖爾格等渡遼河沿張古臺河駐防並扼敵兵俱授方略畢上率大軍前發己酉次都爾鼻諸蒙古外藩兵以次來會甲寅次訥里特河六月辛酉頒軍令於蒙古諸貝勒及孔有德耿仲明尙可喜曰行軍時勿離纛勿諠譁勿私出刼掠抗拒者誅之歸順者字之勿毀廟宇勿殺行人勿奪人衣服勿離人夫婦勿淫人婦女違者治罪先是察哈爾林丹西奔圖白特其部衆苦林丹暴虐逗遛者什七八食盡殺人相食屠刼不已潰散四出至是絡繹來附者前後數千戶辛未次庫黑布里都議覺羅布爾吉英俄爾岱擅殺察哈爾布顏圖部衆罪並奪其賜甲戌次喀喇拖落木命貝勒德格類率兵入獨石口偵居庸關期會師於朔州戊寅諭蒙古諸貝勒曰科爾沁噶爾珠塞特爾等叛往索倫爲其族兄弟等追獲被殺朕心惻然朕欲宣布德化使人民共登安樂今諸貝勒雖以罪誅亦朕教化所未洽也又命滅阿魯部達喇海等越界駐牧罪壬午察哈爾土巴濟農率其民千戶來歸喀爾喀部巴噶達爾漢來歸甲申命大貝勒代善等率兵入得勝堡略大同西至黃河副都統土魯什吳拜等還歸化撫察哈爾逃民俱會師朔州秋七月己丑命貝勒阿濟格多爾袞多鐸等入龍門會宣府上親統大軍自宣府趨朔州期四路兵尅期並進辛卯毀邊牆壬辰入上方堡至宣府右衞以書責明守臣負盟之罪仍諭其遣使議和癸巳駐城東南時阿濟格攻龍門未下令略保安丁酉營東城遺明代王書復約其遣使議和代善攻得勝堡克之明參將李全自縊死進攻懷仁井坪皆不克遂駐朔州丙午上圍應州令代善等趣馬邑土魯什至歸化城察哈爾林丹之妻率其八寨桑以一千二百戶來降庚戌阿濟格等攻保安州克之壬子德格類入獨石口取長安嶺攻赤城不克俱會師於應州八月乙卯命諸將略代州薩哈廉襲崞縣拔之丙辰碩托入圍平驛甲子阿巴泰等取靈邱縣之王家莊克之禮部承政巴都禮戰歿又攻應州之石家村堡克之丙寅上發應州圍明陽和總督張宗衡大同總兵曹文詔駐懷仁度是夜必奔大同令土魯什吳拜伏兵邀之師行遲宗衡等逸去上怒責之戊辰上至大同遺書文詔令贊和議又遺書衆官索察哈爾餘孽之在明者文詔挑戰擊敗之貝勒阿巴泰等拔靈邱明代王母楊氏與張宗衡曹文詔以書來請和辛未遣使以書報之壬申代善率師來會癸酉駐師大同遣明宗室朱乃廷及俘獲僧人入城三索報書俱不答縱乃廷妻子及朱乃振還丁丑營四十里鋪得明間諜書北樓口爲書報之曰來書以滿洲爲屬國卽予亦未嘗以爲非也惟遼東之官欺凌我國皇帝惑於臣下之誑雖干戈十數年來無一言詢及使我國之情不達若遣一信使判白是非則兵戈早息矣欲享太平只旦暮間事不然爾國臣僚壅蔽欺罔虛報斬伐以吾小國果受傷夷詎能數侵豈皇帝之聰明獨不能一忖度耶願和之誠黑雲龍自知之慮其恐結怨於大臣不盡告耳己卯大軍至陽和明總兵曹文詔詭以書誑張宗衡僞言敵傷我兵得纛一桿等語爲我邏者所獲上乃遺宗衡書曰予謂爾明當有忠臣義士實心謀國者乃一旦虛誑至此豈不愧於心乎今與公等約我兵以一當十能約期出戰當勒兵以俟若誑言欺君貽害生靈禍變將無窮矣壬午次懷遠癸未駐左衞閏八月丙戌以書責明宣府太監欺君誤國罪丁亥副都統土魯什被創卒攻萬全左衞克之庚寅班師察哈爾噶爾馬濟農等遣使乞降言其汗林丹病殂汗子及國人皆欲來歸於是命阿什達爾哈等往偵之丁酉移軍舊上都城庚戌移軍克蚌辛亥察哈爾寨桑噶爾馬濟農等率其國人六千奉豆土門福金來歸九月戊辰留守貝勒濟爾哈朗疏報季思哈吳巴海征虎爾哈俘

一千三百餘人阿魯部毛明安舉國來附辛未渡遼河壬申上還盛京冬十月己丑建太祖陵寢殿樹松立石獸壬辰論征宣大將士功罪己亥科爾沁台吉吳克善來歸其妹納之庚戌以八年征討克捷爲文告太祖壬子朝鮮國王李倧遣使以書來上以其言不遜復書切責之十一月乙丑六部官考績陞授有差十二月癸未朔朝鮮國王以書來謝罪壬辰命副都統霸奇蘭參領薩木什喀征黑龍江未服之地丙申分定宗室額駙等專管佐領有差丁酉黑勒根喇嘛以嘛哈噶喇金像來貢遣使迎至盛京癸卯察哈爾祈他特車爾貝塞冷布都馬爾等各率所部人民來歸遣吳巴海荆古爾代征瓦爾喀甲辰佐領劉學誠疏請立郊壇勤視朝上曰疏中欲朕視朝勤政是也至建立郊壇未知天意所在何敢遽行果成大業彼時議之未晚也

九年春正月丁卯上親送科爾沁土謝圖濟農等歸國癸酉免功臣徭役丁丑詔太祖庶子稱阿格六祖子孫稱覺羅覺羅繫紅帶以別之有詈其祖父者罪至死二月壬午令諸臣薦舉居心公正及通曉文藝可任使者丁亥編喀喇沁部蒙古壯丁爲十一旗每旗設都統一員下以副都統參領二員統之戊子諭曰邇來進言者皆請伐明朕豈不以爲念然亦須相機而行今察哈爾新附人心未輯城郭未修而輕於出師何以成大業且大兵一舉明主或棄而走或懼而請和攻拒之策何者爲宜其令高鴻中鮑承先甯完我范文程等酌議以聞己丑沈佩瑞請屯田廣甯閭陽造舟輓粟爲進取計上嘉納之乙未范文程甯完我請薦舉不實宜行連坐法丁未命多爾袞岳託豪格薩哈廉將精騎一萬收察哈爾林丹之子額爾克孔果爾額哲三月戊辰諭曰頃民耕耨愆期蓋由佐領有事築城民苦煩役所致嗣有濫役妨農者治其罪庚午察哈爾寨桑巴賴都爾等一千四百餘人來歸五月乙卯霸奇蘭薩木什喀征黑龍江虎爾哈部盡克其地編所獲人口以歸論功陞賞有差癸亥上以西征諸貝勒經宣大境度明必調甯錦兵往援遣貝勒多鐸率師入甯錦撓之己巳命文館譯宋遼金元四史壬申貝勒多鐸奏報殲明兵五百人於錦州松山城外殺其副將劉應選丙子貝勒多爾袞岳託薩哈廉豪格等奏報兵至西喇朱爾格遇察哈爾囊囊太妃暨台吉瑣諾木等以一千五百戶降遂抵額爾克孔果爾額哲所居其母率額哲迎降六月乙酉貝勒多鐸凱旋賜良馬五賞從征將士有差丁酉吳巴海荆古爾代師還論功亦如之明登州黃城島千總李進功來降辛丑諭曰太祖以人民付朕當愛養之諸貝勒非時修繕勞苦百姓民不得所寖以逃亡是違先志而長敵寇也今朝鮮賓服察哈爾舉國來附苟不能撫輯其衆後雖拓地何以處之貝勒大臣其各戢驕縱以副朕意壬寅察哈爾台吉瑣諾木率其屬六千八百人來歸癸卯諭曰太祖禁貝勒子弟郊外放鷹慮其踐田園擾牲畜也今違者日衆語曰涓涓不塞將成江河其嚴禁之秋七月癸酉論漢人丁戶增減擢參領李思忠等六員官高鴻中等十一員黜罰有差八月庚辰貝勒多爾袞岳託薩哈廉豪格以獲傳國玉璽聞先是元順帝北狩以璽從後失之越二百餘年爲牧羊者所獲後歸於察哈爾林丹汗林丹亦元裔也璽在蘇泰太妃所至是獻之時岳託以疾留歸化城多爾袞等率兵略明山西自平魯衛入邊毀長城略忻州代州至崞縣甲申繪太祖實錄圖成乙巳上率大貝勒代善及諸貝勒多爾袞等師次平魯堡丁未渡遼河閱巨流河城堡九月癸丑貝勒多爾袞等師還獻玉璽告天受之額爾克孔果爾額哲及其母來朝庚午上還宮壬申召諸貝勒大臣數代善罪衆議削大貝勒號及和碩貝勒奪十佐領其子薩哈廉奪二佐領哈達公主降庶人褫其夫瑣諾木濟農爵號上皆免之冬十月己卯以明議和不成將進兵遣使賫書諭明喜峯口董家口諸邊將管戶部事和碩貝勒德格類卒癸未命吳巴海多濟里札福尼吳什塔分將四路兵征瓦爾喀十一月丁未朔命額爾克孔果爾額哲奉母居孫島習爾哈十二月辛巳哈達公主莽古濟之僕冷僧機首告貝勒莽古爾泰生時與女弟莽古濟弟德格類謀逆公主之夫瑣諾木及屯布祿愛巴禮與其事會瑣諾木亦自首訊得實莽古濟莽古爾泰子額必倫及屯布祿愛巴禮皆伏誅莽古爾泰餘子德格類子俱爲庶人瑣諾木自首免罪授冷僧機三等副將丁酉謁太祖陵甲辰貝勒薩哈廉與諸貝勒及大貝勒代善盟誓請上尊號上不許會蒙古貝勒復來請上曰朝鮮兄弟國宜告之

十年春正月壬戌皇次女下嫁額爾克孔果爾額哲二月丁丑八和碩貝勒與外藩四十九貝勒各遣書朝鮮約其國王勸進尊號戊子遣使至明邊松棚路潘家口董家口喜峯口賫書致明帝索其報書定諸臣帽頂飾庚寅甯完我以罪免三月丙午朔清明節謁太祖陵辛亥改文館爲內國史內秘書內弘文三院乙卯遣貝勒阿濟格阿巴泰築噶海城庚申吳什塔等征瓦爾喀遣使奏捷諭曰蒙古深信喇嘛實乃妄人嗣後有懸轉輪結布旛者宜禁止之乙丑英俄爾岱等自朝鮮還言國王李倧不接見亦不納書以其報書及所獲倧諭邊臣書進諸貝勒怒欲加兵上曰姑遣人諭以利害質其子弟不從興兵未晚也丁卯外藩蒙古十六國四十九貝勒及孔有德耿仲明尚可喜俱以請上尊號至盛京夏四月己卯大貝勒代善和碩貝勒濟爾哈朗多爾袞多鐸岳託豪格阿巴泰阿濟格杜度率滿漢蒙古大臣及蒙古十六國四十九貝勒以三體表文詣闕請上尊號曰恭維我皇上承天眷祐應運而興當天下昏亂修德體天逆者威順者撫寬溫之譽施及萬姓征服朝鮮混一蒙古遂獲玉璽受命之符昭然可見上揆天意下協輿情臣等謹上尊號儀物俱備伏願俞允上曰爾貝勒大臣勸上尊號歷二年所今再三固請朕重違爾諸臣意弗獲辭朕既受命國政恐有未逮爾等宜恪恭贊襄羣臣頓首謝庚辰禮部進儀注壬午齋戒設壇德勝門外

太宗本紀二

崇德元年夏四月乙酉祭告天地行受尊號禮定有天下之號曰大清改元崇德羣臣上尊號曰寬溫仁聖皇帝受朝賀始定祀天太牢用熟薦遣官以建太廟追尊列祖祭告山陵丙戌追尊始祖爲澤王高祖爲慶王曾祖爲昌王祖爲福王考諡曰承天廣運聖德神功肇紀立極仁孝武皇帝廟號太祖陵曰福陵妣諡曰孝慈昭憲純德貞順成天育聖武皇后追贈族祖禮敦巴圖魯爲武功郡王追封功臣費英東爲直義公額亦都爲弘毅公配享丁亥羣臣上表賀諭曰朕以涼德恐負衆望爾諸臣宜同心匡輔各共厥職正己率屬克殫忠誠立綱陳紀撫民恤衆使君明臣良政治咸熙庶克荷天之休命羣臣頓首曰聖諭及此國家之福也以受尊號禮成大赦己丑多濟里扈習征瓦爾喀師還賞賚有差朝鮮使臣歸國初上受尊號朝鮮使臣羅德憲李廓獨不拜上曰彼國王將搆怨欲朕殺其使臣以爲詞耳其釋之至是遣歸以書諭朝鮮國王責之命送子弟爲質丁酉敘功封大貝勒代善爲和碩兄禮親王貝勒濟爾哈朗爲和碩鄭親王多爾袞爲和碩睿親王多鐸爲和碩豫親王豪格爲和碩肅親王岳託爲和碩成親王阿濟格爲多羅武英郡王杜度爲多羅安平貝勒阿巴泰爲多羅饒餘貝勒諸蒙古貝勒巴達禮爲和碩土謝圖親王吳克善爲和碩卓禮克圖親王固倫額駙額哲爲和碩親王布塔齊爲多羅札薩克圖郡王滿朱習禮爲多羅巴圖魯郡王袞出斯巴圖魯爲多羅達爾漢郡王孫杜稜爲多羅杜稜郡王固倫額駙班第爲多羅郡王孔果爾爲冰圖王東爲多羅達爾漢戴青俄木布爲多羅達爾漢卓禮克圖古魯思轄布爲多羅杜稜單把爲達爾漢耿格爾爲多羅貝勒孔有德爲恭順王耿仲明爲懷順王尚可喜爲智順王辛丑朝鮮使臣置我書於通遠堡不以歸札福尼征瓦爾喀師還五月丙午以希福爲內弘文院大學士范文程鮑承先俱爲內秘書院大學士剛林爲內國史院大學士壬子貝勒薩哈廉卒輟朝三日癸丑始薦櫻桃於太廟丁巳設都察院諭曰朕或奢侈無度誤誅功臣或畋獵逸樂不理政事或棄忠任奸黜陟未當爾其直陳無隱諸貝勒或廢職業黷貨偷安爾其指參六部或斷事偏謬審讞淹遲爾其察奏明國陋習此衙門亦賄賂之府也宜相防檢挾讐劾人例當加罪餘所言是卽行所言非不問壬戌追封薩哈廉爲和碩穎親王己巳以張存仁爲都察院承政祖澤洪爲吏部承政韓大勳爲戶部承政姜新爲禮部承政祖澤潤爲兵部承政李雲爲刑部承政裴國珍爲工部承政都統伊爾登罷以圖爾格爲鑲白旗都統庚午武英郡王阿濟格饒餘貝勒阿巴泰公揚古利等率師征明上御翔鳳閣面授方略且誠諭之癸酉師行六月甲戌朔授蒙古降人布爾噶都等世職有差己卯命豫親王多鐸管禮部事肅親王豪格管戶部事甲申封薩哈廉子阿達禮爲多羅郡王丙戌以國舅阿什達爾漢爲都察院承政尼堪爲蒙古承政秋七月己未檄外藩蒙古兵征明辛酉阿濟格等會師出延慶州俘人畜一萬五千有奇八月丁丑遣官祭孔子辛巳成親王岳託肅親王豪格以罪降多羅貝勒癸未睿親王多爾袞豫親王多鐸貝勒岳託豪格舉師征明九月戊申明兵入鰱場命吳善李思哈率兵禦之己酉阿濟格等奏

我軍經保定至安州克十二城五十六戰皆捷生擒總兵巢丕昌等人畜十八萬庚申伊勒愼等追明兵至娘娘宮渡口見敵船甚衆不敢進奏門命宜蓀往援復遣杜度率師助之辛酉蒙古達賴拜賀拜音代等自塔山來降己巳阿濟格等師還冬十月癸酉多爾袞等師還丁亥遣大學士希福等往察哈爾喀爾喀科爾沁諸部稽戶口編佐領讞庶獄頒法律禁姦盜戊戌朝鮮國王李倧以書來卻之十一月戊申復命岳託管兵部事豪格管戶部事己酉衛寨桑等自蒙古喀爾喀部還偕其使衛徵喇嘛等來貢辛亥徵兵外藩癸丑諭曰朕讀史知金世宗眞賢君也當熙宗及完顏亮時盡廢太祖太宗舊制盤樂無度世宗卽位恐子孫效法漢人諭以無忘祖法練習騎射後世一不遵守以訖於亡我國嫻騎射以戰則克以攻則取往者巴克什達海等屢勸朕易滿洲衣服以從漢制朕惟寬衣博褎必廢騎射當朕之身豈有變更恐後世子孫忘之廢騎射而效漢人滋足慮焉爾等謹識之乙卯太祖實錄成乙丑冬至大祀天於圜丘以將征朝鮮告祭天地太廟己巳頒軍令傳檄朝鮮十二月辛未朔外藩蒙古諸王貝勒率兵會於盛京鄭親王濟爾哈朗留守武英郡王阿濟格駐牛莊備邊饒餘貝勒阿巴泰駐噶海城收集邊民防敵壬申上率禮親王代善等征朝鮮大軍次沙河堡睿親王多爾袞貝勒豪格分兵自寬甸入長山口癸酉遣馬福塔等率兵三百爲商賈裝潛往圍朝鮮國都多鐸及貝子碩託尼堪以兵千人繼之郡王滿朱習禮布塔齊引兵來會己卯貝勒岳託公揚古利以兵三千助多鐸軍上率大軍距鎭江三十里爲營令安平貝勒杜度恭順王孔有德等護輜重居後庚辰渡鎭江至義州壬午上至郭山城其定州遊擊來援度不敵自刎死郭山降癸未至定州定州亦降乙酉至安州以書諭朝鮮守臣勸降己丑多鐸等進圍朝鮮國都朝鮮國王李倧遁南漢山城多鐸等復圍之並敗其諸道援兵辛卯瓦爾喀葉辰麻福塔居朝鮮聞大軍至以其衆來歸丁酉上至臨津江會天暖冰泮不可渡忽驟雨冰結大軍畢渡己亥命都統譚泰等搜剿朝鮮國都留蒙古兵與俱上以大軍合圍南漢城是歲土默特部古祿格楚虎爾鄂爾多斯部額林臣濟農台吉土巴等俱來朝

二年春正月壬寅朝鮮全羅道總兵來援岳託擊走之遣英俄爾岱馬福塔齎敕諭朝鮮閣臣數其前後敗盟之罪甲辰大軍渡漢江營於江滸丁未朝鮮全羅忠淸二道合兵來援多鐸揚古利擊走之揚古利被創卒庚戌多爾袞豪格軍克長山連戰皆捷以兵來會杜度等運礮車亦至朝鮮勢益蹙李倧以書數乞和上許其出降倧上書稱臣逡巡不敢出壬戌多爾袞軍入江華島得倧妻子護至軍前復諭倧曰來則室家可完社稷可保朕不食言否則不能久待倧聞江華島陷妻子被俘南漢城旦夕且下乃請降庚午朝鮮國王李倧率其子溰及羣臣朝服出降於漢江東岸三田渡獻明所給敕印上慰諭賜坐還其妻子及羣臣家屬仍厚賜之命英俄爾岱馬福塔送倧返其國都留其子溰淏爲質二月壬申班師貝子碩託恭順王孔有德等率朝鮮舟師取明皮島朝鮮國王李倧表請減貢額詔免丁丑戊寅兩年貢物自己卯秋季始仍貢如額甲戌諭多爾袞等禁掠降民違者該管官同罪辛卯上還盛京癸巳諭戶部平糶勸農三月甲辰殺朝鮮臺諫官洪翼漢校理尹集修撰吳達濟以敗盟故丁未武英郡王阿濟格率師助攻皮島戊午罷蓋州城工夏四月己卯睿親王多爾袞以朝鮮質子李溰李淏及朝鮮諸大臣子至盛京辛巳阿濟格師克皮島斬明總兵沈世魁金日觀甲申安平貝勒杜度率大軍後隊還丁酉命固山貝子尼堪羅託博洛等預議國政增置每旗議政大臣三人集羣臣諭之曰向者議政大臣額少或出師奉使而朕左右無人卑微之臣又不可使參國議今特擇爾等置之議政之列當以民生休戚爲念愼毋怠惰有負朝廷前蒙古察哈爾林丹悖謬不道其臣不諫以至失國朕有過失爾諸臣卽當面諍使面從而退有後言委過於上非純臣也又諭曰昔金熙宗循漢俗服漢衣冠盡忘本國言語太祖太宗之業遂衰夫弓矢我之長技今不親騎射惟耽宴樂則武備寖弛朕每出獵冀不忘騎射勤練士卒諸王貝勒務轉相告誡使後世無變祖宗之制閏四月癸卯蒙古貢異獸名齊赫特壬子武英郡王阿濟格師還五月庚午朝鮮國王李倧遣使奉表謝恩贖俘獲丁亥遣朝鮮從征皮島總兵林慶業歸國以敕獎朝鮮王丁酉章京尼堪等征瓦爾喀降之師行還朝鮮咸鏡道凡兩月始達至是還六月辛丑授喀喇沁歸附人阿玉石等官明千總王國亮都司胡應登百總李忠國等自海島來降莽古爾泰子光袞獲罪伏誅乙卯諭曰頃朝鮮之役兵行無紀見利卽前竟忘國憲自今宜思所以宣布法紀修明典制者丙辰以臣朝鮮克皮島祭告太廟福陵丁巳朝鮮國王李倧請平値贖俘不許甲子論諸將征朝鮮及皮島違律罪禮親王代善論革爵宥之鄭親王濟爾哈朗以下論罰有差秋七月己巳遣喀凱等分道征瓦爾喀癸酉戶部參政恩克有罪伏誅辛巳誡諭漢官以空言欺飾者智順王尚可喜自皮島師還壬午大赦癸未優恤朝鮮皮島陣亡將士揚古利等贈官襲職有差乙酉明都司高繼功等自石城島來降庚寅追封皇后父科爾沁貝勒莽古思爲和碩福親王壬辰以朝鮮及皮島之捷宣諭祖大壽乙未分漢軍爲兩旗以總兵官石廷柱馬光遠爲都統分理左右翼八月丙申朔再恤攻皮島朝鮮陣亡將士洪文魁等贈官襲職有差癸丑貝勒岳託以罪降貝子罰金解兵部任丙辰命睿親王多爾袞饒餘貝勒阿巴泰築都爾鼻城己未遣阿什達爾漢等往蒙古巴林札魯特喀喇沁土默特阿魯諸部會理刑獄九月辛未出獵撫案堡以書招明石城島守將沈志祥己丑兵部參政穆爾泰以罪褫職己丑貝勒豪格以逼勒蒙古台吉博洛罪罰金罷管部務冬十月乙未朔初頒滿洲蒙古漢字歷丙午厄魯特顧實車臣綽爾濟遣使來貢厄魯特道遠以元年遣使是年冬始至庚申遣英俄爾岱馬福塔達雲齎敕册封李倧爲朝鮮國王十一月庚午祀天於圜丘朝鮮國王李倧遣使來貢復表請歸其世子並陳國中災變困窮狀上不許敕諭賜賚之丁丑烏朱穆秦濟農聞上善養民率貝勒等舉國來附癸未追封揚古利爲武勳王庚寅出獵打草灘十二月甲辰葉克書星訥率師征卦爾察癸丑征瓦爾喀諸將奏捷戊午蒿齊忒部貝勒博羅特托尼洛率屬來歸阿濟格遣丹岱等敗明兵於淸河是歲虎爾哈部托科羅氏克益克勒氏𦔳野勒氏黑龍江索倫部博穆博果爾巴爾達齊精格里河扈育布祿俱來朝

三年春正月辛未命貝子岳託仍爲多羅貝勒管領旗務丁亥以德穆圖爲戶部承政甲午皇第九子生是爲世祖章皇帝二月丁酉親征喀爾喀豫親王多鐸武英郡王阿濟格從禮親王代善鄭親王濟爾哈朗睿親王多爾袞安平貝勒杜度居守丁未次喀爾占外藩諸王貝勒等以師來會喀爾喀聞之遁去上行獵達爾那洛湖西駐蹕乙卯次奎屯布喇克庚申明東江總兵沈志祥率石城島將佐軍民來降壬戌遣勞薩以書告明宣府守臣趣互市且以歲幣歸我三月甲子朔次博碩堆命留守諸王築遼陽城甲戌次義奚里庚辰至登努蘇特而還壬午次上都河源河西平地湧泉高五尺夏四月甲午朔次布克圖里葉克書等征黑龍江告捷乙未至遼河丁酉次杜稜城明山海關太監高起潛遣人詭議和戊戌次札哈納里式己亥次察木哈庚子次俄岳博洛都爾鼻城工竣改名屛城辛丑杜爾伯特部卦爾察札馬柰等來朝貢壬寅至遼陽閱新城乙巳上還盛京葉克書星訥征黑龍江師還癸丑命明降將沈志祥以其衆居撫順甲寅尼噶里等征虎爾哈師還五月癸酉修盛京至遼河道路以睿親王多爾袞饒餘貝勒阿巴泰董其役乙亥禮親王代善屬下人覺善有罪鄭親王濟爾哈朗等請誅之議削代善爵以細故不許並貸覺善六月庚申始設理藩院專治蒙古諸部事秋七月壬戌朔諭諸王大臣曰自古建國皆立制度辨等威今親王郡王貝勒貝子公主額駙名號等級均有定制乃皆不遵行違棄成憲誡何心耶昔金太祖太宗兄弟一心克成大統朕當創業之時爾等顧不能同心體國恪守典常乎諸王皆引罪丁卯喀爾喀使臣達爾漢囊蘇喇嘛歸諭之曰朕以兵討不庭以德撫有衆天以蒙古諸部與朕爾喀爾喀乃興兵犯歸化甚非分也爾不獲已有逃竄偷生耳爾所能至我軍豈不能至其速悔罪來歸否則不爾宥也壬申達雅齊等往明張家口議歲幣及互市丁丑諭禮部曰凡有不遵定制變亂法紀者王貝勒貝子議罰官繫三日民枷責乃釋之出入坐起違式及官階名號已定而仍稱舊名者戒飭之有效他國衣冠束髮裹足者治重罪又諭大學士希福等曰朕不尙虛文惟務實政今國家殷富政在養民凡新舊人內窮困無妻孥馬匹者或勇敢可充伍以貧不能披甲者許各陳訴驗實給與禁以陣獲良家子女鬻爲樂戶者丙戌更定部院官制專設滿洲承政以阿拜爲吏部承政英俄爾岱爲戶部承政滿達爾漢爲禮部承政宜蓀爲兵部承政郞球爲刑部承政薩木什喀爲工部承政貝子博洛爲理藩院承政阿什達爾漢爲都察院承政命布顏爲議政大臣八月甲午禮部承政祝世昌以罪褫職讁戍邊外丙申吳拜沙爾虎達連擊敗明兵於紅山口羅文峪又敗其密雲兵殲之丁酉地震戊申授中式舉人羅碩等十名佐領品級免四丁一等至三等秀才授護軍校品級免二丁各賜朝衣綢布有差未入部者免一丁庚戌阿魯阿霸垓部額齊格諾顏等蒿齊忒部博洛特諾木齊等並來朝貢癸丑以睿親王多爾袞爲奉命大將軍統左翼兵貝勒豪格阿巴泰副之貝勒岳託爲揚武大將軍統右翼兵貝勒杜度副之分道伐明諭之曰主帥爲衆所瞻自處以禮而濟之以和則蒙古朝鮮漢人之來附者自心悅而誠服若計一己之功而不恤國之名譽非所望焉丁巳岳託杜度師行己未以巴圖魯準塔爲蒙古都統九月癸亥多爾袞豪格阿巴泰師行壬申上親向山海關以撓明師徵孔有德耿仲明尚可喜兵丁丑定優免人丁例丁亥幸演武場閱兵較射冬十月丁酉岳託師自牆子嶺入遇明兵明總兵官吳國俊敗走戊戌多爾

袞軍入青山關己亥上統大軍發盛京甲辰次渾河科爾沁喀喇沁各率兵來會丙午遣沙爾虎達等率師趣義州己酉命濟爾哈朗多鐸各率師分趣前屯衞寧遠錦州上親向義州辛亥索海率師闌大凌河兩岸十四屯堡壬子上次義州遣孔有德耿仲明尚可喜石廷柱馬光遠以礮克其五臺乙卯次錦州丙辰多鐸克桑噶爾寨堡殺其守將孔有德等攻石家堡戚家堡並克之戊午孔有德等攻錦州西臺臺中礮藥自發臺壞克之十一月己未朔多鐸將與濟爾哈朗合師徑中後所會祖大壽往援北京乘夜襲我師庚申多鐸濟爾哈朗還至中後所大壽懼不敢出石廷柱馬光遠攻李雲屯柏士屯郭家堡開州井家堡俱克之孔有德招降大福堡又攻大臺克之辛酉大軍入山海關壬戌上次連山癸亥攻五里河臺明守備李計友等率衆降丁卯上至中後所遇祖大壽收兵入城使告之曰別將軍數載甚思一見至於去留終不相強將軍與我角勝爲將之道應爾朕不以此介意亦願將軍勿疑戊辰再遣使諭大壽皆不答己巳濟爾哈朗克摸龍關及五里堡屯臺庚午班師庚辰次圖爾根河遣蒙古軍各歸其部丙戌上還京丁亥地震十二月戊戌刑部承政耶球有罪解任以都察院參政索海代之是歲土默特部古祿格杜爾伯特部卦爾察札馬奈席北部阿拜阿閔兀札喇部井瑙馬考札柰桑吉察鄂爾多斯部額林臣濟農阿魯阿覇孩部額齊格諾顏蒿齊忒部博洛特諸顏齊黑龍江博穆博果可瓦代噶凌河均來朝貢

四年春正月乙丑貝子碩託以罪降輔國公甲戌皇第三女固倫公主下嫁科爾沁額駙祁他特己卯封沈志祥爲續順公蒙古喇克等自錦州來歸丁亥蘇尼特部台吉騰布褚等率部人來歸是月明以洪承疇總督薊遼二月丁酉命武英郡王阿濟格率師征明壬寅上親統大軍繼之丙午次翁啟爾渾阿濟格遣使奏捷蒙古奈曼等部率十三旗兵來會庚戌營松山孔有德耿仲明尚可喜石廷柱馬光遠以礮擊城外諸臺克之遣塔布囊布顏率師防烏欣河口壬子上登松山南岡授諸將方略癸丑列礮攻城雉堞悉毀明副將金國鳳拒守不下上命豎雲梯急攻之代善請俟明日上從之明人復完城堞我軍不得入乙卯命阿濟格尼堪羅托等師圍塔山連山三月戊午朔明軍援杏山我兵邀擊之斬五十人己未穿地道攻松山城乙丑命納海等馳略杏山石廷柱馬光遠攻觀民山臺降之丙寅多爾袞杜度等疏報自北京至山西界復至山東攻濟南府破之蹂躪數千里明兵望風披靡克府一州三縣五十七總督宣大盧象昇戰死擒德王朱由樻郡王朱慈瀕奉國將軍朱慈熒總督太監馮允昇等俘獲人口五十餘萬他物稱是是役也揚武大將軍貝勒岳託輔國公瑪瞻卒於軍上聞震悼輟飮食三日乙亥多爾袞杜度又報自遷安縣出青山關遇明兵二十四戰皆勝己卯復攻松山城明太監高起潛總兵祖大壽自寧遠遣副將祖克勇徐昌永等率兵趨錦州阿爾薩蘭等擊敗之上聞馳赴錦州督師斬徐昌永於陣擒祖克勇甲申解松山圍乙酉駐錦州多爾袞等師還盛京夏四月戊子朔阿濟格略連山壬辰會於錦州癸巳渡大凌河駐蹕己亥杜度等師還辛丑上還盛京哭岳託而後入輟朝三日戊申以阿賴庫魯克達爾漢馬喇希爲蒙古都統甲寅以索渾薩璧翰爲議政大臣丙辰追封多羅貝勒岳託爲多羅克勤郡王五月戊午以貝子篇古有罪削爵己未鄭親王濟爾哈朗率兵略錦州松山杏山辛酉蘇尼特台吉莽古斯俄爾寨率衆來歸丁卯席特庫沙爾虎達等敗明兵於錦州辛未濟爾哈朗奏入明邊九戰皆捷丙子濟爾哈朗師還庚辰以鎭國公艾度禮爲都統辛巳召豫親王多鐸數其罪宥之惟坐其征明失利及不親送睿親王出師降多羅貝勒六月戊子蒙古阿蘭柴桑噶爾寨等告岳託生前與其妻父瑣諾木謀不軌代善濟爾哈朗多爾袞皆請窮治上以岳託已死不問並貸瑣諾木勿治庚寅遣馬福塔巴哈納册封朝鮮國王李倧妻趙氏爲朝鮮王妃其長子溰爲世子丙申分漢軍爲四旗以石廷柱馬光遠王世選巴顏爲都統改蘇色辛亥焚哈達葉赫烏喇輝發前所受明敕書於篤恭殿壬子以伊爾登噶爾馬爲議政大臣星訥兼議政大臣秋七月丁巳遣官賚書與明帝議和並令朱由樻等各具疏進許其議成釋還辛未朝鮮國王李倧克熊島執加哈禪來獻乙亥諭滿漢蒙古有能衝鋒陷陣先登拔城者以馬給之八月己丑授宗室固山貝子鎭國公輔國公鎭國將軍奉國將軍等爵有差甲午命貝勒豪格管戶部事杜度管禮部事多鐸管兵部事薩爾糾等率兵征庫爾喀部乙巳歸化城土默特諸章京以所得明歲幣來獻九月乙卯朔以孫達理等八十三人從睿親王入關有功各授官有差賜號巴圖魯乙丑都統杜雷有罪褫職己巳復封貝勒豪格爲和碩肅親王癸酉阿濟格阿巴泰杜度率兵略錦州甯遠甲戌封岳託子羅洛宏爲多羅貝勒丙子以宗室賴慕布杜沙爲議政大臣英俄爾岱爲都統馬福塔爲戶部承政冬十月丙戌豪格多鐸率兵復略錦州甯遠庚寅蘇尼特部墨爾根台吉騰機思等率諸貝勒阿覇孩部額齊格諾顏等各率部衆自喀爾喀來歸辛卯出獵哈達癸丑以劉之源爲都統喀濟海爲議政大臣十一月甲寅朔豪格疏報參領阿藍泰率蒙古人來歸遇明兵於甯遠北岡擊敗之斬明總兵金國鳳辛酉遣索海薩木什喀等征索倫部丁卯出獵葉赫十二月甲午上還京是歲龍江額納布墨音額爾盆等喀爾喀部土謝圖俄木部額爾德尼等喀爾喀蘇尼特烏朱穆秦科爾沁克西克騰土特諸部遣使俱來朝貢

五年春正月甲子命朝鮮質子李溰歸省父疾仍令遣別子及溰子來質遣翁阿岱多濟里等戍錦州閏正月癸未朔令各旗都統分巡所屬屯堡察窮民理冤獄二月丙辰遣多濟里以甯古塔兵三百往征兀札喇部丁巳戶部承政馬福塔卒以車格爾代之覺羅錫翰爲工部承政丙寅朝鮮國王第三子㴭來質三月丙戌遣勞薩吳拜等略廣甯己丑勞薩吳拜以逗遛議罰有差薩穆什喀等征虎爾哈部克雅克薩城己亥命濟爾哈朗多鐸築義州城駐兵屯田進逼山海關辛丑戶部參政碩詹徵朝鮮水師糧米赴大凌小凌二河乙巳索海薩木什喀征索倫部奏捷夏四月壬子朔罷元日萬壽諸王貝勒獻物乙亥索海薩木什喀征索倫師還上宴勞於實勝寺庚辰上視師義州五月癸未渡遼河乙酉碩詹以朝鮮水師至癸巳上至義州丁酉蒙古多羅特部人蘇班代等自杏山遣人約降上命濟爾哈朗等率軍迎之戒曰此行勿領多人敵見我兵少必來拒戰我分兵爲三以前隊拒戰後二隊爲援至杏山祖大壽果遣劉周智吳三桂列陣逼我濟爾哈朗等僞卻縱兵反擊大敗之戊戌命勞薩吳拜等略海邊索倫部三百三十七戶續來降壬寅上率師攻克五里臺乙巳以紅衣礮攻錦州丁未刈其禾而還庚戌駕還京六月乙丑多爾袞豪格杜度阿巴泰濟爾哈朗等屯田義州戊辰朝鮮世子李溰至先是朝鮮遣總兵官林慶業等載米同我使洪尼喀等自大凌河運三山島遇風覆沒者半與明兵戰又失利乃命陸輓至蓋州耀州留其兵千五百人於海州癸酉多濟里喀柱征兀札喇部師還遣朝鮮王次子李淏歸省秋七月庚辰朔敍征索倫功索海等賞賚進秩有差癸未定征索倫違律罪薩木什喀等黜罰有差乙酉多爾袞等奏克錦州十一臺請分兵爲兩翼屯駐癸巳明總督洪承疇以兵四萬壁杏山遣騎挑戰多爾袞等擊敗之乙未遣吳拜往助多爾袞軍丙午席特庫濟席哈等率師征索倫部上幸安山溫泉己酉多爾袞奏敗明兵於錦州杜度又敗之甯遠八月己未遣希福等至張家口互市乙亥多爾袞奏敗明兵於錦州又敗之大凌河九月乙酉上還宮丙戌命濟爾哈朗阿濟格阿達禮多鐸羅洛宏代圍錦州松山辛卯多爾袞奏敗明兵於松山癸卯重修鳳凰城冬十月壬戌遣英俄爾岱等往朝鮮責罪壬申萬壽節大赦十一月戊寅朔詔免朝鮮歲貢米十之九乙酉濟爾哈朗奏敗明兵於塔山杏山及錦州城下癸巳阿敏卒於幽所戊戌朝鮮國王次子李淏來質十二月庚戌命多爾袞豪格杜度阿巴泰代圍錦州己未遣朝鮮國王三子李㴭歸席特庫濟席哈征索倫部擒博穆博果爾俘九百餘人壬申英俄爾岱等至自朝鮮械繫其尚書金聲黑尼等四人以歸是歲喀爾喀部查薩克圖遣使來朝貢

六年春正月庚辰朝鮮國王李倧上表謝罪壬辰席特庫濟席哈等師還癸巳晉席特庫爲三等總兵官甲午皇四女固倫公主雅圖下嫁科爾沁卓禮克圖親王吳克善子弼爾塔噶爾額駙丁酉二等副將勞薩有罪革碩翁科羅巴圖魯號降一等參將二月己未以八旗佐領下人多貧乏令戶部察明奏聞諭佐領毋沈湎失職其有因飮酒失業者四十八人並解任諭諸王大臣教子弟習射丙寅多爾袞等奏敗明兵三月己卯濟爾哈朗等代圍錦州丁酉降和碩睿親王多爾袞肅親王豪格爲多羅郡王多羅貝勒阿巴泰杜度以下罰銀有差是時祖大壽爲明守錦州屢招之不應上令諸王迭出困之而多爾袞等駐營錦州三十里外又時遣軍士還家故有是命己亥遣朝鮮總兵柳琳等率兵助濟爾哈朗軍壬寅濟爾哈朗奏克錦州外城初我軍環錦州而營深溝高壘絕明兵出入城中大懼蒙古貝勒諾木齊台吉吳巴什等請降且約獻東關爲內應祖大壽覺之謀執吳巴什等於是諸蒙古大譟與明兵搏戰我軍自外應之遂克其外城大壽退保內城甲辰諾木齊吳巴什等以蒙古六千餘人來歸至盛京夏四月丁未遣阿哈尼堪等率兵詣錦州助濟爾哈朗軍濟爾哈朗奏敗明援兵於松山庚戌遣孔有德尚可喜助圍錦州多爾袞等聞錦州蒙古降請効力贖罪不許五月丁丑明總督洪承疇以兵六萬援錦州屯松山北岡濟爾哈朗等擊走之斬首二千級丁亥索倫部巴爾達齊巴降己丑遣希福等閱錦州屯營濠塹壬寅諭駐防歸化城都統古祿格等增築外城建敵樓浚深濠以備守禦六月丁未命多爾袞豪格代圍錦州辛酉濟爾哈朗多爾袞等合軍敗明援兵於松山丙寅遣學士羅碩以祖澤潤書招祖大壽庚午多爾袞等又奏

敗明援兵於松山秋七月戊寅賜中式舉人滿洲鄂讀克圖蒙古杜當漢人崔光蔚等朝衣各一襲一二三等生員緞布有差甲申遣孔有德耿仲明尙可喜下副都統率兵助圍錦州乙酉議圍錦州功罪親王以下賞罰有差八月甲辰朔敘克錦州外城諸將功晉超拜勞薩伊爾登等秩復勞薩碩翁科羅巴圖魯號乙巳我軍與明合戰明陽和總兵楊國柱敗死祖大壽自錦州分所部爲三突圍不得出丁未封烏朱穆秦部布爾多濟濟農爲和碩蘇勒親王阿霸垓部多爾濟額齊格諾顏爲卓禮克圖郡王丁巳上以明洪承疇巡撫邱民仰等援錦州兵號十三萬壁松山上親率大軍禦之濟爾哈朗留守諸王貝勒大臣以明兵勢衆勸上緩行上笑曰但恐彼聞朕至潛師遁耳若不去朕破之如摧枯拉朽也遂疾馳而進戊午渡遼河洪承疇以兵犯我右翼豪格擊敗之壬戌上至戚家堡將赴高橋召多爾袞以兵來會多爾袞請駐蹕松杏間上從之幸松山明以一軍駐乳峯山由乳峯至松山列步軍七營騎兵則環城東西北壁壘甚堅我師自烏欣河南山至海橫截大路而軍上謂諸將曰敵衆食必不足見我斷其餉道必無固志設伏待之全師可覆也癸亥明兵來犯擊卻之又敗之塔山獲其積粟十二屯甲子明兵再犯又卻之時承疇以餉乏欲就食甯遠上知其將遁分路設伏戒諸將嚴陣以待扼其歸甯遠及奔塔山錦州路是夜明吳三桂等六總兵果潛師先奔昏黑中爲我伏兵所截大潰惟曹變蛟王廷臣返松山乙丑又克其四臺王樸吳三桂奔杏山曹變蛟棄乳峯山乘夜襲上營力戰變蛟中創走己巳吳三桂王樸自杏山奔甯遠遇我伏兵又大敗之三桂樸僅以身免是役也斬首五萬獲馬七千軍資器械稱是承疇收敗兵萬餘人入松山嬰城守不能戰我軍遂掘壕圍之是日札魯特部桑噶爾以兵至九月乙亥科爾沁卓禮克圖親王吳克善以兵至命多爾袞豪格分兵還守盛京戊寅略甯遠乙酉關雎宮宸妃疾上將還京留杜度阿巴泰等圍錦州多鐸阿達禮等圍松山阿濟格等圍杏山丙戌駕還庚寅宸妃薨辛卯上還京冬十月癸卯朔日有食之甲辰遣阿拜駐錦州南乳峯山丁未遣孔有德耿仲明尙可喜等助圍錦州己巳追封宸妃爲元妃謚敏惠恭和壬申封蘇尼特墨爾根台吉騰機思爲多羅墨爾根郡王十一月乙亥命多爾袞羅託屯齊駐錦州豪格滿達海等駐松山十二月甲寅濟爾哈朗多爾袞奏敗洪承疇於松山

七年春二月癸卯上出獵葉赫戊申明德王朱由榛卒以禮葬之戊午阿濟格奏敗明兵於甯遠辛酉豪格阿達禮多鐸羅洛宏奏拔松山擒明總督洪承疇巡撫邱民仰總兵王廷臣曹變蛟祖大樂遊擊祖大名大成等先是承疇援絕屢突圍不得出其副將夏承德約降且請爲內應以子夏舒爲質戊午夜半豪格等梯城破之捷聞上以所俘獲分賚官軍收軍器貯松山城壬戌上還宮三月癸酉殺邱民仰王廷臣曹變蛟諭洪承疇祖大樂來京而縱大名大成入錦州己卯克錦州祖大壽以所部七千餘人出降乙酉阿濟格等奏明遣職方郎中馬紹愉來乞和出明帝敕兵部尙書陳新甲書爲驗上曰明之筆札多不實且詞意夸大非有欲和之誠然彼眞僞不可知而和好固朕夙願朕爲百萬生靈計若事果成各君其國使民安業則兩國俱享太平之福爾等以朕意傳示之乙未諭多爾袞豪格駐杏山塔山濟爾哈朗阿濟格阿達禮等還京夏四月丁未敕諭吳三桂等降庚戌大小二日並出大者旋沒辛亥濟爾哈朗多爾袞豪格等奏克塔山甲子奏克杏山毀松山杏山塔山三城濟爾哈朗等班師以阿巴泰守錦州五月己巳朔濟爾哈朗等奏明遣馬紹愉來議和遣使迓之癸酉洪承疇祖大壽等至入見請死上赦之諭以盡忠報効承疇等泣謝上問承疇曰明帝視宗室被俘置若罔聞陣亡將帥及窮蹙降我者皆孥戮之舊規乎抑新例乎承疇對曰昔無此例近因文臣妄奏故然上曰君闇臣蔽枉殺至此夫將士被擒乞降使其可贖猶當贖之奈何戮其妻子承疇曰皇上眞仁主也戊寅禁善友邪教誅黨首李國梁等十六人壬午明使馬紹愉等始至六月辛丑都察院參政祖可法張存仁言明寇盜日起兵力竭而倉廩虛征調不前勢如瓦解守遼將帥喪失八九今不得已乞和計必南遷宜要其納貢稱臣以黃河爲界上不納以書報明帝曰向屢致書修好貴國不從事屬既往其又何言予承天眷自東北海濱以訖西北其間使犬使鹿產狐產貂之地暨厄魯特部斡難河源皆我臣服蒙古朝鮮盡入版圖用是昭告天地正位改元邇者兵入爾境克城陷陳乘勝長驅亦復何畏余特惓惓爲百萬生靈計若能各審禍福誠心和好自茲以往盡釋宿怨尊卑之分又奚較焉古云情通則明情蔽則暗使者往來期以面見情不壅蔽吉凶大事交相慶弔歲各以地所產互爲餽遺兩國逃亡亦互歸之以甯遠雙樹堡爲貴國界塔山爲我國界而互市於連山適中之地其自海中往來者則以黃城島之東西爲界越者各罪其下貴國如用此言兩君或親誓天地或遣大臣蒞盟唯命之從否則後勿復使矣遂厚賚明使臣及從者遣之後明議中變和事竟不成癸卯諭諸王貝勒凡行兵出獵踐田禾者罪之甲辰設漢軍八旗以祖澤潤等八人爲都統以貝子羅託爲都察院承政吳達海爲刑部承政郎球爲禮部承政乙巳多羅安平貝勒杜度卒秋七月庚午諭諸王貝勒大臣曰爾等於所屬賢否當已詳悉知而不舉何以示勸太祖時蘇完札爾固齊費英東等見人有善先自奬勵然後舉之見人不善先自斥責然後劾之故人無矜色無怨言今未有若斯之公直者矣王貝勒等皆謝罪辛未承政索海以罪褫職壬申以紐黑爲議政大臣丙子敘功晉多羅睿郡王多爾袞肅郡王豪格復爲和碩親王多羅貝勒多鐸爲多羅郡王鄭親王濟爾哈朗以下賞賚有差戊寅遣輔國公博和託代戍錦州乙酉議濟爾哈朗以下諸將征錦州違律罪上念其久勞悉宥之諭刑部愼讞獄己丑命多羅郡王阿達禮管禮部事八月己亥鑄礮於錦州癸卯鎭國將軍巴布海有罪廢爲庶人癸丑論克錦州松山杏山塔山諸將功晉秩有差九月敘外藩諸王貝勒大臣從征錦州功賞賚有差丁丑遣貝子羅託等代戍錦州壬午命沙爾虎達等征虎爾哈部冬十月癸卯遣英俄爾岱等鞫朝鮮閣臣崔鳴吉等罪辛亥以阿巴泰爲奉命大將軍與圖爾格率師伐明壬子師行丁巳上不豫赦殊死以下己未命多鐸阿達禮駐兵甯遠以敕諭吳三桂降又命祖大壽以書招之三桂大壽甥也甲子命鄭親王濟爾哈朗睿親王多爾袞肅親王豪格武英郡王阿濟格裁決庶政其不能決者奏聞十一月丁丑多鐸奏擊敗吳三桂兵丙申阿巴泰奏自墻子嶺入克長城敗明兵於薊州閏十一月甲辰上還京己酉沙爾虎達等降虎爾哈部一千四百餘人丙辰遣巴布泰等更戍錦州己未以宗室韓岱爲兵部承政定圍獵誤射人馬處分例十二月丁卯上出獵葉赫乙亥遣金維城率師戍錦州丁丑駐蹕開庫爾上不豫諸王貝子請罷獵不許丙戌月暈生三珥丁亥日暈生三珥癸巳上還京是歲杜爾伯特部札薩克塞冷來朝

八年春正月丙申朔上不豫命和碩親王以下副都統以上詣堂子行禮辛亥沙爾虎達等師還論功賞賚有差甲寅明甯遠總兵吳三桂答祖大壽書猶豫未決於是復降敕諭之乙卯遣譚布等更戍錦州辛酉多羅貝勒羅洛宏以罪削爵二月乙丑朔日有食之甲戌葬敏惠恭和元妃庚寅禁建寺廟三月丙申敕朝鮮臣民毋與明通丙午地震自西隅至東南有聲庚戌上不豫赦死罪以下遣阿爾津等征黑龍江虎爾哈部葉臣等更戍錦州辛酉更定六部處分例夏四月癸酉遣金維城等更戍錦州甲戌多鐸請暫息軍興輟工作務農業以足民用五月丙申復封羅洛宏爲多羅貝勒先是圖白忒部達賴喇嘛遣使修聘問禮留京八月至是遣還並賚其來使庚子努山敗明兵界嶺口癸卯阿巴泰奏我軍入明克河間順德兗州三府州十八縣六十七降州一縣五與明大小三十九戰殺魯王朱衣珮及樂陵陽信東原安邱滋陽五郡王暨宗室文武凡千餘員俘獲人民牲畜金幣以數十萬計籍數以聞丁巳阿爾津征虎爾哈奏捷六月癸酉多羅饒餘貝勒阿巴泰師還鄭親王濟爾哈朗睿親王多爾袞武英郡王阿濟格郊迎之甲戌賜阿巴泰及從征將士銀緞有差己卯諭諸王貝勒曰治生者務在節用治國者重在土地人民爾等勿專事俘獲以私其親其各勸農桑以敦本計艾度禮代戍錦州丁亥朝鮮國王李倧請戍錦州兵歲一更庚寅諭戶兵二部清察蒙古人丁編入佐領俱令披甲秋七月戊戌阿爾津等師還論功賞賚有差諭諸王勿以黃金飾鞍勒定諸王貝勒貝子公第宅制壬寅定諸王貝勒失誤朝會處分例丙辰定外藩王貝勒貝子公等與諸王貝勒貝子公相見禮丁巳以征明大捷宣諭朝鮮辛酉命滿達海掌都察院事八月丙寅貝子羅託有罪論辟免死幽之戊辰以宗室鞏阿岱爲吏部承政郎球爲禮部承政星納爲工部承政庚午上御崇政殿是夕亥時無疾崩年五十有二在位十七年九年壬子葬昭陵冬十月丁卯上尊謚曰應天興國弘德彰武寬溫仁聖睿孝文皇帝廟號太宗累上尊謚曰應天興國弘德彰武寬溫仁聖睿孝敬敏昭定隆道顯功文皇帝

論曰太宗允文允武內修政事外勤討伐用兵如神所向有功雖大勛未集而世祖卽位朞年中外卽歸於統一蓋帝之詒謀遠矣明政不綱盜賊憑陵帝固知明之可取然不欲亟戰以勤民命七致書於明之將帥屈意請和明人不量強弱自亡其國無足論者然帝交鄰之道實與湯事葛文王事昆夷無以異嗚呼聖矣哉

世祖本紀一

世祖體天隆運定統建極英睿欽文顯武大德弘功至仁純孝章皇帝諱福臨太宗第九子母孝莊文皇后方娠紅光繞身盤旋如龍形誕之前夕夢神人抱子納后懷曰此統一天下之主也寤以語太宗太宗喜甚曰奇祥也生子必建大業翼日上生紅光燭宮中香氣經日不散上生有異稟頂髮聳起龍章鳳姿神智天授八年秋八月庚午太宗崩儲嗣未定和碩禮親王代善會諸王貝勒貝子文武羣臣定議奉上嗣大位誓告天地以和碩鄭親王濟爾哈朗和碩睿親王多爾袞輔政丙子阿濟格尼堪等率師防錦州丁丑多羅郡王阿達禮固山貝子碩託謀立和碩睿親王多爾袞禮親王代善與多爾袞發其謀阿達禮碩託伏誅乙酉諸王貝勒貝子羣臣以上嗣位期祭告太宗丙戌以即位期祭告郊廟丁亥上即皇帝位於篤恭殿詔以明年爲順治元年肆赦常所不原者頒哀詔於朝鮮蒙古九月辛丑地震自西北而南有聲壬寅濟爾哈朗阿濟格征明攻寧遠衛丙午頒即位詔於朝鮮蒙古以太宗遺詔減朝鮮歲貢辛亥昭陵成乙卯大軍攻明中後所丁巳拔之庚申攻前屯衛冬十月辛酉朔克之阿濟格尼堪等率師至中前所明總兵官黃色棄城遁丁丑濟爾哈朗阿濟格師還壬午篇古博和託伊拜杜雷代戍錦州十二月壬戌明守備孫友白自寧遠來降辛未朝鮮來賀即位乙亥罷諸王貝勒貝子管部院事鄂羅塞臣巴都禮率師征黑龍江壬午譚泰準塔代戍錦州是歲朝鮮暨土默特部章京古祿格庫爾喀部達賴庫及炎楮庫牙喇氏二十六戶索倫部章京崇內喀爾喀部土謝圖汗馬哈撒嘛諦塞臣汗查薩克圖汗圖白忒部何齊喇嘛俱來貢

順治元年春正月庚寅朔御殿受賀命禮親王代善勿拜甲午沙爾虎達率師征庫爾喀己亥來達哈巴圖魯等代戍錦州鄭親王濟爾哈朗諭部院各官凡白事先啓睿親王而自居其次二月辛巳艾度禮戍錦州戊子祔葬太妃博爾濟錦氏於福陵改葬妃富察氏於陵外富察氏太祖時以罪賜死者三月丙申地震戊戌復震甲寅大學士希福等進刪譯遼金元史是月流賊李自成陷燕京明帝自經自成僭稱帝國號大順改元永昌夏四月戊午朔固山額眞何洛會等訐告肅親王豪格悖妄罪廢豪格爲庶人其黨俄莫克圖等皆論死己未晉封多羅饒餘貝勒阿巴泰爲多羅饒餘郡王辛酉大學士范文程啓睿親王入定中原甲子以大軍南伐祭告太祖太宗乙丑上御篤恭殿命和碩睿親王多爾袞爲奉命大將軍賜敕印便宜行事幷賜王及從征諸王貝勒貝子等服物有差丙寅師行壬申睿親王多爾袞師次翁後明山海關守將吳三桂遣使致書乞師討賊丁丑師次連山三桂復致書告急大軍疾馳赴之戊寅李自成率衆圍山海關我軍逆擊之敗賊將唐通於一片石己卯師至山海關三桂開關出迎大軍入關自成率衆二十餘萬自北山橫亙至海嚴陣以待是日大風塵沙蔽天睿親王多爾袞命擊賊陣尾以三桂居右翼大呼薄之風旋定賊兵大潰追奔四十餘里自成遁還燕京封三桂爲平西王以馬步軍一萬隸之直趨燕京誓諸將勿殺不辜掠財物焚廬舍不如約者罪之諭官民以取殘不殺之意民大悅竄匿山谷者爭還鄉里迎降大軍所過州縣及沿邊將吏皆開門款附乙酉自成棄燕京西走我軍疾追之五月戊子朔以捷書宣示朝鮮蒙古己丑大軍抵燕京故明文武諸臣士庶郊迎五里外睿親王多爾袞入居武英殿令諸將士乘城厮養人等毋入民家百姓安堵如故庚寅令兵部傳檄直省郡縣歸順者官吏進秩軍民免遷徙文武大吏籍戶口錢糧兵馬親賫至京觀望者討之故明諸王來歸者不奪其爵在京職官及避賊隱匿者各以名聞錄用卒伍欲歸農者聽之辛卯令官吏軍民爲明帝發喪三日後服除禮部太常寺具帝禮以葬壬辰俄羅塞臣巴都禮沙爾虎達等征黑龍江師還故明山海關總兵官高第來降癸巳令故明內閣部院諸臣以原官同滿洲官一體辦理乙未阿濟格等追擊李自成於慶都敗之譚泰準塔等追至眞定又破走之燕京迤北各城及天津眞定諸郡縣皆降辛丑徵故明大學士馮銓至京己酉葬故明莊烈帝后周氏妃袁氏熹宗后張氏神宗妃劉氏竝如制六月丁巳朔令洪承疇仍以兵部尚書同內院官佐理機務己未以駱養性爲天津總督庚申遣戶部右侍郎王鼇永招撫山東河南壬戌故明大同總兵官姜瓖斬賊首柯天相等以大同來降丙寅遣巴哈納石廷柱率師定山東免京城官用廬舍賦稅三年與同居者一年大軍所過州縣田畝稅之半河北府州縣三之一丁卯睿親王多爾袞及諸王貝勒貝子大臣定議建都燕京遣輔國公屯齊喀和託固山額眞何洛會奉迎車駕庚午遣固山額眞葉臣率師定山西甲戌故明三邊總督李化熙降壬午上遣使勞軍癸未艾度禮有罪伏誅甲申遷故明太祖神主於歷代帝王廟乙酉鑄各官印兼用國書秋七月丁亥考定曆法爲時憲歷戊子巴哈納石廷柱會葉臣軍定山西壬辰以吳孳昌爲宣大山西總督方大猷爲山東巡撫癸巳以遷都祭告上帝陵廟丁酉故明德王朱由櫱降時故明福王朱由崧即位江南改元弘光以史可法爲大學士駐揚州督師總兵劉澤清劉良佐黃得功高傑分守江北己亥山東巡按朱朗鑅啟新補官吏仍以紗帽圓領臨民蒞事睿親王多爾袞諭軍事方殷衣冠禮樂未遑制定近簡各官姑依明式庚子設故明長陵以下十四陵官吏辛丑免盛京滿漢額輸糧草布疋壬寅大赦除正額外一切加派癸卯罷內監徵收涿州實坻皇莊稅糧甲辰以楊方興爲河南總督馬國柱爲山西巡撫陳錦爲登萊巡撫免山東稅如河北例壬子睿親王以書致史可法勸其主削號歸藩可法答書不屈以王文奎爲保定巡撫羅繡錦爲河南巡撫裁六部蒙古侍郎癸丑雨雹是月建乾淸宮八月丙辰朔日有食之丁巳以何洛會爲盛京總管尼堪碩參統左右翼鎮守盛京辛酉大學士希福有罪免癸亥行總甲法戊辰免景州河間阜城靑縣本年額賦己巳定在京文武官薪俸乙亥車駕發盛京庚辰次蘇爾濟察哈爾固倫公主及蒙古王貝勒等朝行在壬午徵故明大學士謝陞入內院辦事癸未次廣寧給故明十三陵戶祭田禁樵牧九月甲午車駕入山海關丁酉次永平始嚴稽察逃人之令己亥建堂子於燕京庚子賊將唐通殺李自成親族乞降辛丑遣何託李率泰額孟格等率師定山東河南癸卯車駕至通州睿親王多爾袞率諸王貝勒貝子文武羣臣朝上於行殿甲辰上自正陽門入宮己酉太白晝見庚戌初定郊廟樂章睿親王多爾袞率諸王及滿漢官上表勸進故明福王遣其臣左懋第馬紹愉陳洪範齎白金十餘萬兩黃金千兩幣萬匹求成壬子奉安太祖武皇帝孝慈武皇后太宗文皇帝神主於太廟冬十月乙卯朔上親詣南郊告祭天地即皇帝位遣官告祭太廟社稷初頒時憲歷丙辰以孔子六十五代孫允植襲封衍聖公其五經博士等官襲封如故丁巳以睿親王多爾袞功最高命禮部建碑紀績辛酉上太宗尊謚告祭郊廟社稷壬戌流賊餘黨趙應元僞降入靑州殺招撫侍郎王鼇永何託等討斬之甲子上御皇極門頒詔天下大赦詔曰我國家受天眷佑肇造東土列祖創興宏業皇考式廓前猷遂舉舊邦誕膺新命迨朕嗣服越在冲齡敬念紹庭永綏厥位頃緣賊氛洊熾極禍中原是用倚任親賢救民塗炭方馳金鼓旋奏澄淸用解倒懸非富天下而王公列辟文武羣臣暨軍民耆老合詞勸進懇請再三乃以今年十月乙卯朔祗告天地宗廟社稷定鼎燕京仍建有天下之號曰大淸紀元順治緬維峻命不易創業尤艱況當改革之初爰沛維新之澤親王佐命開國濟世安民有大勳勞宜加殊禮郡王子孫弟姪應得封爵所司損益前典以聞滿洲開國諸臣運籌帷幄決勝廟堂汗馬著勳開疆拓土應加公侯伯世爵錫以誥券大軍入關以來文武官紳倡先慕義殺賊歸降亦予通行察敘自順治元年五月朔昧爽以前官吏軍民罪犯非叛逆十惡死在不赦者罪無大小咸赦除之官吏貪賄枉法剝削小民犯在五月朔以後不在此例地畝錢糧悉照前明會計錄自順治元年五月朔起如額徵解凡加派遼餉新餉練餉召買等項俱行蠲免大軍經過地方仍免正糧一半歸順州縣非經過者免本年三分之一直省起存拖欠本折錢糧如金花夏稅秋糧馬草人丁鹽鈔民屯牧地竈課富戶門攤商稅魚課馬價柴直棗株鈔貫果品及內供顏料蠟茶芝蔴棉花絹布絲緜等項念小民困苦已極自順治元年五月朔以前凡屬逋征槪予豁除兵民散居京城實不獲已其東中西三城已遷徙者准免租賦三年南北二城雖未遷徙亦免一年丁銀原有定額年來生齒凋耗版籍日削孤貧老弱盡苦役八十以上者給與絹緜米肉有德行著聞者給與冠帶鰥寡孤獨廢疾不能自存者官與給養孝子順孫義夫節婦有司諮訪以聞故明建言罷謫諸臣及山林隱逸懷才抱德堪爲世用者撫按薦舉來京擢用文武制科仍於辰戌丑未年舉行會試子午卯酉年舉行鄉試前明宗室首倡投誠者仍予祿養明國諸陵春秋致祭仍用守陵員戶帝王陵寢及名臣賢士墳墓毀者修之仍禁樵牧京外文武職官應得封誥廕敍一體頒給北直河南山東節裁銀山西太原平陽二府新裁銀前明已經免解其二府舊裁銀與各府新舊節裁銀兩又會同館馬站驘站館夫及遞運所車站夫價等銀又直省額解工部四司料銀匠價銀瓶料銀縈蔴銀車價銀葦夫銀葦課銀漁課銀野味銀翎毛銀活鹿銀大鹿銀小鹿銀羊皮銀弓箭銀撒袋折銀扣臕水腳銀牛角牛筋銀鵝翎銀天鵝銀民夫銀椿草子粒銀狀元袍服銀衣糧銀砍柴夫銀搬運木柴銀擡柴夫銀蘆課等折色銀盔甲腰刀弓箭弦條胖襖褲鞋狐麂兎狸皮山羊毛課鐵黃櫨榔桑胭脂花梨南棗楡杉條等木椴木桐木板枋冰窖物料蘆席蒲草榜紙藝罈槐花烏梅梔子筆管芒苗箬帚竹帚席草粗細銅絲鐵綫鍍白銅絲鐵條礶子靑花棉松香光葉書籍紙嚴漆罩漆桐油毛筆柴水斑等竹實心竹樅毛白

閩藤翠毛石磨川二珠生漆荷葉廣膠焰硝螺殼等木色錢糧自順治元年五月朔以前逋欠在民盡予蠲免以甦民困後照現行事例分別蠲除京師行商車戶等役每遇僉役頓至流離嗣後永行除豁運司鹽法遞年增加有新餉練餉雜項加派等銀深爲厲商盡行豁免本年仍免額引三分之一關津抽稅非欲困商淮免一年明末所增並行豁免直省州縣零星稅目概行嚴禁曾經兵災地方應納錢糧已經前明全免者仍與全免不在免半免一之例直省報解屯田司助工銀兩亦出加派淮予豁除直省領解錢糧被殘𣩊失在順治元年五月朔以前一併豁免山陝軍民被流寇要挾悔過自新概從赦宥脅從自首者前罪勿論巡按以訪拿爲名聽信衙蠹誣罰良民最爲弊政今後悉行禁革勢家土豪重利放債致民傾家蕩產深可痛恨今後有司勿許追比越訴誣告敗俗傷財大赦以後戶婚小事俱就有司歸結如有訟師誘陷愚民入京越訴者加等反坐贖鍰之設勸人自新追比傷生轉爲民害今後並行禁止不能納者速予免追惟爾萬方與朕一德播告遐邇咸使聞知加封和碩睿親王多爾袞爲叔父攝政王乙丑以雷興爲天津巡撫丁卯加封和碩鄭親王濟爾哈朗爲信義輔政叔王復封豪格爲和碩肅親王進封多羅武英郡王阿濟格爲和碩英親王多羅豫郡王多鐸爲和碩豫親王貝勒羅洛宏爲多羅衍禧郡王封碩塞爲多羅承澤郡王葉臣等克太原故明副將劉大受自江南來降辛未封貝子尼堪博洛爲多羅貝勒輔國公滿達海屯齊博和託屯齊喀和託尚善爲固山貝子定諸王貝勒貝子歲俸癸酉以英親王阿濟格爲靖遠大將軍率師西討李自成戊寅定攝政王冠服宮室之制己卯以豫親王多鐸爲定國大將軍率師征江南檄諭故明南方諸臣數其不能滅賊復讎擁衆擾民自生反側及無明帝遺詔擅立福王三罪十一月乙酉朔設滿洲司業助教官員子孫有欲習國書漢書者並入國子監讀書故明福王使臣陳洪範南還中途密啟請留左懋第馬紹愉自欲率兵歸順招徠南中諸將許之壬辰石廷柱巴哈納席特庫等敗賊於平陽山西悉平庚子封唐通爲定西侯甲辰罷故明定陵守者其十二陵仍設太監二名量給歲時祭品丁未祀天於圜丘庚戌封勒克德渾爲多羅貝勒遣朝鮮質子李淏歸國並制減其歲貢十二月丁巳出故明府庫財物賞八旗將士及蒙古官員葉臣等大軍平直隸河南山西府九州二十七縣一百四十一丁卯以太宗第六女固倫公主下嫁固山額眞阿山子夸扎戊辰多鐸軍至孟津賊將黃士欣等遁走濱河十五寨堡望風納款睢州賊將許定國來降己巳多鐸軍至陝州敗賊將張有曾於靈寶丁丑諭戶部淸查無主荒地給八旗軍士己卯遣何洛會等祭福陵鞏阿岱等祭昭陵告武成辛巳有劉姓者自稱明太子內監楊玉引入故明嘉定侯周奎宅奎以聞故明宮人及東宮舊僚辨視皆不識下法司勘問楊玉及附會之內監常進節指揮李時蔭等十五人皆棄市仍諭中外有以故明太子來告者給賞太子仍加恩養是歲朝鮮暨虎什喀里等八姓部鄂爾多斯部濟農索倫部章京敖爾拖木爾歸化城土默特部古祿格喀爾喀部塞臣綽爾濟古倫地瓦胡土克圖餘古折爾喇嘛土謝圖汗蘇尼特部騰極思阿喇海烏朱穆秦部台吉滿臍俱來貢

二年春正月戊子圖賴等破李自成於潼關賊倚山爲陣圖賴率騎兵百人掩擊多所斬獲至是自成親率馬步兵迎戰又數敗之賊衆奔潰己未大軍圍潼關賊築重壕堅壁以守穆成格俄羅塞臣先登諸軍繼進復大敗之自成遁走西安丙申阿濟格尼堪等率師抵潼關賊將馬世堯降旋以反側斬之丁酉命多羅饒餘郡王阿巴泰爲總統固山額眞準塔爲左翼梅勒章京譚泰爲右翼代豪格征山東庚子以太宗第七女固倫公主下嫁內大臣鄂齊爾桑子喇嘛思河南孟縣河淸二日壬寅多鐸師至西安自成奔商州癸卯大學士謝陞卒乙巳眞定大名順德廣平山賊悉平丙午命房山縣歲以太牢祭金太祖世宗陵丁未免山西今年額賦之半更國子監孔子神位爲大成至聖文宣先師孔子庚戌禁包衣大等私收投充漢人冒占田宅違者論死壬子免濟源武陟孟溫四縣今年額賦及磁安陽等九州縣之半癸丑免修邊民壯八千餘人二月丙辰阿巴泰敗賊於徐州己未修律例以李鑑爲宣大總督馮聖兆爲宣府巡撫降將許定國襲殺明興平伯高傑於睢州辛酉諭豫親王多鐸移師定江南英親王阿濟格討流寇餘黨丙寅禁管莊撥什庫毀民墳塋己巳以祁充格爲內弘文院大學士庚午阿濟格剿陝西餘寇克四城降三十八城丁丑多鐸師至河南賊將劉忠降三月甲申朔始祀遼太祖金太祖世宗元太祖明太祖於歷代帝王廟以其臣耶律曷魯完顏粘沒罕斡離不木華黎伯顏徐達劉基從祀庚寅多鐸師出虎牢關分遣固山額眞拜伊圖等出龍門關兵部尚書韓岱梅勒章京宜爾德侍郎尼堪等由南陽合軍歸德所過迎降河南悉平辛卯免山東荒賦庚子故明大學士李建泰來降乙巳遣八旗官軍番戍濟寗丙午朝鮮國王次子李淏歸己酉免薊州元年額賦壬子太行諸賊悉平夏四月丙辰遣漢軍八旗官各一員駐防盛京辛酉以王文奎爲陝西總督焦安民爲寗夏巡撫黃圖安爲甘肅巡撫故明尙書張忻爲天津巡撫郝晉爲保定巡撫雷興爲陝西巡撫甲子葬故明殉難太監王承恩於明帝陵側給祭田建碑乙丑多鐸師至泗州阿山等取泗北淮河橋明守將焚橋遁我軍遂夜渡淮丁卯諭曰流賊李自成殺君虐民神人共憤朕誕膺天命撫定中華尙復竊據秦川抗阻聲教爰命和碩豫親王移南伐之衆直擣崤函和碩英親王東西征之師濟自綏德旬月之間全秦底定憫茲黎庶咸與維新其爲賊所脅誤者悉赦除之并蠲一切逋賦大軍所過免今年額賦之半餘免三之一庚午豫親王多鐸師至揚州諭故明閣部史可法翰林學士衛允文等降不從甲戌以孟喬芳爲陝西三邊總督以太宗第八女固倫公主下嫁科爾沁士謝圖親王巴達禮子巴雅斯護朗丁丑拜尹圖圖賴阿山等克揚州故明閣部史可法不屈殺之辛巳初行武鄉試五月壬午朔河道總督楊方興進瑞黍上曰歲豐民樂即是禎祥不在瑞麥當惠養元元益加撫輯癸未以旱諭刑部慮囚命內三院大學士馮銓洪承疇李建泰范文程剛林祁充格等纂修明史丙戌多鐸師至揚子江故明鎭海伯鄭鴻逵等以舟師分守瓜洲儀眞我軍在江北拜尹圖圖賴阿山率舟師自運河潛濟梅勒章京李率泰乘夜登岸黎明我軍以次畢渡敵衆咸潰丁亥以王志正爲延綏巡撫免高密元年額賦賜諸王以下及百官冰著爲令己丑宣府妖民劉伯泗謀亂伏誅庚寅以王文奎爲淮陽總督趙福星爲鳳陽巡撫丙申多鐸師至南京故明福王朱由崧及大學士馬士英遁走太平忻城伯趙子龍大學士王鐸禮部尚書錢謙益等三十一人以城迎降興平伯高傑子元照廣昌伯劉良佐等二十三人率馬步兵二十三萬餘人先後來降丁酉以郝晉爲保定巡撫免平度壽光等六州縣元年額賦戊戌命滿洲子弟就學十日一赴監考課春秋五日一演射故明中書張朝聘輸木千章助建宮殿自請議敍諭以用官惟賢無因輸納授官之理令所司給直庚子免章邱濟陽京班匠價並令直省除匠籍爲民甲辰定叔父攝政王儀注凡文移皆曰皇叔父攝政王乙巳免皇后租並崇文門米麥稅庚戌宣平定江南捷晉乾淸宮成復建太和殿中和殿位育宮六月癸丑免興濟縣元年額賦甲寅免近畿圈地今年額賦三之二乙卯以丁文盛爲山東巡撫丙辰諭南中文武軍民薙髮不從者治以軍法是月始諭直省限旬日薙髮如律令辛酉豫親王多鐸遣軍追故明福王朱由崧於蕪湖明靖國公黃得功逆戰圖賴大敗之得功中流矢死總兵官田雄馬得功執福王及其妃來獻諸將皆降免永寗等四縣元年荒賦丙寅申薙髮之令免深衡水等七州縣元年荒賦丁卯陝西妖賊胡守龍倡亂孟喬芳討平之戊辰皇太妃薨辛未何洛會率師駐防西安命江南於十月行鄉試己卯詔曰本朝立國東陲歷有年所幅員既廣無意併兼昔之疆埸用兵本冀言歸和好不幸寇凶極禍明祚永終用是整旅入關代明雪憤猶以賊渠未殄不遑啟居爰命二王誓師西討而南中乘釁立君妄竊尊號亟行亂政重虐人民朕夙夜祗懼思拯窮黎西賊既摧迺事南伐兵無血刃循汴抵淮甫克維揚遂平江左金陵士女昭我天休既俘福藩南服略定特弘大賚嘉與維新其河南江北江南官民絓誤咸赦除之所有橫徵逋賦悉與蠲免大軍所過免今年額賦之半餘免三之一閏六月甲申阿濟格敗李自成於鄧州窮追至九江凡十三戰皆大敗之自成竄九宮山自縊死賊黨悉平故明甯南侯左良玉子夢庚總督袁繼咸等率馬步兵十三萬船四萬自東流來降丙戌定羣臣公以下及生員耆老頂戴品式己丑河決王家園庚寅詔阿濟格等班師辛卯改江南民解漕白二糧官兌官解壬辰諭曰明季臺諫諸臣竊名貪利樹黨相攻眩惑主心馴致喪亂今天下初定百事更始諸臣宜公忠體國各盡職業毋蹈前轍自貽顚越定滿洲文武官品級癸巳命大學士洪承疇招撫江南各省甲午定諸王貝勒貝子宗室公頂戴式乙未除割脚筋刑癸卯命吳惟華招撫廣東孫之獬招撫江西黃熙允招撫福建江禹緒招撫湖廣丁之龍招撫雲貴多鐸遣貝勒博洛及拜尹圖阿山率師趣杭州故明潞王出降淮王自紹興來降嘉興湖州嚴州寗波諸郡悉平分遣總兵官吳勝兆克廬州和州乙巳改南京爲江南省應天府爲江寗府命陝西於十月行鄉試秋七月庚戌朔享太廟壬子命貝勒勒克德渾爲平南大將軍同固山額眞葉臣等往江南代多鐸設明太祖陵守陵太監四人祀田二千畝癸丑故明東平侯劉澤淸率所部降乙卯以劉應賓爲安廬巡撫土國寶爲江寗巡撫丙辰命謝弘儀招撫廣西戊午禁中外軍民衣冠不遵國制己未以何鳴鑾爲湖廣巡撫高斗光爲偏沅巡撫潘士良撫治鄖陽甲子上太祖武皇帝孝慈武皇后太宗文皇帝玉冊玉寶於太廟乙丑免西安延安本年額賦之半餘免三之一戊辰西平賊首劉洪起伏誅汝寗州縣悉平河決兗西新築月堤己巳詔自今內外章奏由通政司封進丁丑以

陳錦提督操江兼管巡撫故明總漕田仰陷通州如皋海門鳳陽巡撫趙福星梅勒章京譚泰等討平之己卯以楊聲遠爲登萊巡撫八月辛巳免霸順義等八州縣災賦乙酉免彰德衞輝懷慶河南各府荒賦己丑英親王阿濟格師還賜從征外藩王台吉將佐金帛有差癸巳免眞定順德廣平大名災額賦丙午降將金聲桓討故明益王獲其從官王養正等誅之並獲鍾祥王朱孳磬等九人丁未以英親王阿濟格出師有罪降郡王譚泰削公爵降昂邦章京鼇拜等議罰有差九月庚戌故明魯王將方國安王之仁犯杭州張存仁擊走之癸丑命鎭國公傅勒赫輔國公札喀納等率師協防江西丁巳故明懷安王來降辛酉故明新昌王據雲臺山攻陷興化準塔討斬之甲子以河間灤州遵化荒地給八旗耕種故明勳戚內監餘地並分給之庚午田仰寇福山土國寶擊敗之丁丑江西南昌十一府平冬十月癸未以馬國柱爲宣大總督戊子故明翰林金聲受唐王敕起兵於徽州衆十餘萬洪承疇遣提督張天祿連破之於績溪獲金聲不屈殺之是時故明唐王朱聿鍵據福建魯王朱彝垓據浙江馬士英等兵渡錢塘結營拒命庚寅免寶坻縣荒賦壬辰免太原等府州災賦癸巳豫親王多鐸師還上幸南苑迎勞之丙申以苗胙土爲南贛巡撫乙巳以太宗次女固倫公主下嫁察哈爾汗子阿布鼐丙午以申朝紀爲山西巡撫李翔鳳爲江西巡撫蕭起元爲浙江巡撫戊申加封和碩豫親王多鐸爲和碩德豫親王賜從征王貝勒貝子公及外藩台吉章京金幣有差命孔有德耿仲明還盛京十一月壬子以張存仁爲浙閩總督羅繡錦爲湖廣四川總督癸丑故明大學士王應熊四川巡撫龍文光請降甲寅以吳景南爲河南巡撫命巴山康喀賴爲左右翼同洪承疇駐防江寧朱瑪喇駐防杭州貝勒勒克德渾率鞏阿岱葉臣討湖廣流賊二隻虎等己未朝鮮國王李倧請立次子淏爲世子許之丁卯朱瑪喇敗馬士英於餘杭何託敗方國安於富陽士英國安復窺杭州梅勒章京濟席哈等擊走之戊辰以何洛會爲定西大將軍遣巴顏李國翰帥師會之討四川流賊張獻忠戊寅以陳之龍爲鳳陽巡撫十二月己卯朔日有食之乙酉故明閣部黃道周寇徽州洪承疇遣張天祿擊敗之故明總兵高進忠率所部自崇明來降癸巳佟養和金聲桓進討福建分兵攻南贛敗故明永寧王羅川王閣部黃道周等數十萬衆丙午更定朝儀始罷內監朝參丁未朱瑪喇等敗方國安馬士英於浙東固原賊武大定作亂總兵官何世元等死之是歲朝鮮歸化城土默特部章京古祿格鄂爾多斯部喇塔爾尼齊烏朱穆秦部車臣親王席北部額爾格諾喀爾喀部土謝圖汗古倫迪瓦胡土克圖喇嘛石勒圖胡土克圖麻哈撒馬諦汗厄魯特部顧實汗子多爾機達賴巴圖魯台吉及回回國天方國俱來貢朝鮮四至

三年春正月戊午貝勒勒克德渾遣將敗流賊於臨湘進克岳州辛酉固山額眞阿山譚泰有罪阿山免職下譚泰於獄流賊賀珍孫守法胡向化犯西安何洛會等擊敗之金聲桓遣將攻故明永甯王於撫州獲之並獲其子朱孳榮等遂平建昌丙寅故明潞安王瑞昌王率衆犯江甯侍郎巴山等擊敗之戊辰以宋權爲國史院大學士己巳以肅親王豪格爲靖遠大將軍暨多羅衍禧郡王羅洛宏貝勒尼堪貝子屯齊喀滿達海等帥師征四川故明唐王朱聿釗兵犯徽州洪承疇遣張天祿等擊敗之獲其閣部黃道周殺之進克開化二月己卯貝勒勒克德渾破流賊於荆州奉國將軍巴布泰等追至襄陽斬獲殆盡大軍進次彝陵李自成弟李孜等以其衆來降辛巳免密雲荒賦甲申罷江南舊設部院差在京戶兵工三部滿漢侍郎各一人駐江甯分理部務乙酉明魯王將劉福援撫州梅勒章京屯泰擊敗之何洛會遣將破流賊劉文炳於蒲城賊渠賀珍奔武功戊子以柳寅東爲順天巡撫命肅親王豪格分兵赴南陽討流賊二隻虎郝如海等丙申遣侍郎巴山梅勒章京張大猷率師鎭守江甯甲喇章京傅夸蟾梅勒章京李思忠率師鎭守西安潛山太湖賊首石應璉擁故明樊山王朱常豙爲亂洪承疇遣將擊斬之丙午命貝勒博洛爲征南大將軍同圖賴率師征福建浙江三月辛亥譯洪武寶訓成頒行中外乙卯免近京居民田宅圈給旗人別行撥補者租賦一年丁巳何洛會敗賊劉體純於山陽己未以王來用總督山陜四川糧餉馬鳴佩總督江南諸省糧儲乙丑賜傅以漸等進士及第出身有差己巳何洛會擊賊二隻虎於商州大敗之昌平民王科等盜發明帝陵伏誅壬申多羅饒餘郡王阿巴泰薨癸酉封烏朱穆秦部塞冷蒿齊忒部薄羅特爲貝勒阿霸垓部多爾濟爲貝子豪格師抵西安遣工部尚書興能敗賊於邠州固山額眞杜雷敗賊於慶陽故明大學士張四知自江南來降夏四月己卯詔貝勒勒克德渾班師孔有德耿仲明尚可喜沈志祥各統所部來京甲申免錢塘仁和間架稅乙酉命今年八月再行鄉試明年二月再行會試丁亥免睢州祥符等四州縣災賦戊子除貫耳穿鼻之刑癸巳除明季加征太平府姑溪橋米稅金柱山商稅安慶府鹽稅乙未免靜海興濟青縣荒賦丙申江西浮梁餘干賊合閩賊犯饒州副將鄧雲龍等擊敗之戊戌攝政王多爾衮諭停諸王大臣啟本己亥以張尙爲甯夏巡撫罷織造太監辛丑諭曰比者蠲除明季橫征苛稅與民休息而貪墨之吏惡其害己而去其籍是使朝廷德意不下究而明季弊政不終釐也茲命大臣嚴加察核並飭所司詳定賦役全書頒行天下論汰府縣冗員甲辰修盛京孔子廟五月丁未蘇尼特部騰機思騰機特吳班代多爾濟思喀布嶸悟思額爾密克石達等各率所部叛奔喀爾喀部碩雷命德豫親王多鐸爲揚威大將軍同承澤郡王碩塞等率師會外藩蒙古兵討之四子部溫卜達爾漢卓禮克圖多克新等追斬吳班代等五台吉庚戌申隱匿逃人律戊午金聲桓克南贛獲其帥劉廣允辛酉豪格遣巴顏李國翰敗賊於延安壬戌故明魯王荆王衡王世子等十一人謀亂伏誅癸亥以葉克書爲昂邦章京鎭守盛京豪格遣貝勒尼堪等敗賊賀珍於雞頭關遂克漢中珍走西鄉乙丑貝勒博洛遣圖賴等擊敗故明魯王將方國安於錢塘魯王朱彝垓遁保台州庚午官軍至漢陰流賊二隻虎奔四川孫守法奔岳科寨巴顏李國翰追延安賊至張果老崖敗之辛未免沛蕭二縣元二年荒賦之半六月戊寅免懷柔縣荒賦丙戌禁白蓮大成混元無爲等教壬辰以高士俊爲湖廣巡撫乙未張存仁遣將擒故明大學士馬士英及長興伯吳日生等斬之秋七月甲寅貝勒勒克德渾師還丁巳多鐸破騰機思等於毆特克山斬其台吉毛害渡土喇河擊斬騰機思子多爾濟等盡獲其家口輜重又敗喀爾喀部土謝圖汗二子於查濟布喇克上游戊午碩雷子陣查濟布喇克道口貝子博和託等復大敗之碩雷以餘衆走塞冷格庚申李國翰圖賴等拔張果老崖壬戌江西巡撫李翔鳳進正一眞人符四十幅諭曰致福之道在敬天勤民安所事此其置之戊辰豪格遣貝子滿達海輔國公哈爾楚渾固山額眞準塔趨徽州階州分討流賊武大定高如礪蔣登雷石國璽王可臣等破之如礪遁登雷國璽可臣俱降八月丙子多羅衍禧郡王羅洛宏薨於軍丁丑豪格遣蘇章京哈甯阿攻武大定於三台山拔之丁亥博洛克金華衢州殺故明蜀王朱盛濃樂安王朱誼石及其將吳凱項鳴斯等其大學士謝三賓閣部宋之普兵部尚書阮大鋮刑部尚書蘇壯等降浙江平戊子以孔有德爲平南大將軍同耿仲明沈志祥金礪佟代率師征湖廣廣東廣西免太湖潛山二年及今年荒賦癸巳命尙可喜率師從孔有德南討九月己酉故明瑞昌王朱誼泐謀攻江甯官兵討斬之甲子免彝陵石首等十三州縣荒賦十之七荆門江陵等四州縣十之五興國廣濟等十六州縣十之三丙寅故明崇陽王攻歙縣副將張成功等敗之丁卯故明督師何騰蛟等攻岳州官軍擊敗之冬十月丙子鄭四維等克彝陵枝江宜都改湖廣承天府爲安陸府己卯和碩德豫親王多鐸師還上郊勞之辛巳金聲桓遣將擒故明王朱常游及其黨了悟等誅之甲申以胡全才爲甯夏巡撫章于天爲江西巡撫金聲桓遣將克贛州獲故明閣部揚廷麟殺之癸巳以李棲鳳爲安徽巡撫丁酉免懷甯等四縣災賦己亥免延綏莊浪災賦壬寅太和宮中和宮成十一月癸卯朔貝勒博洛自浙江分軍進取福建圖賴等敗故明閣部黃鳴駿於仙霞關遂克浦城建甯延平故明唐王朱聿鍵走汀州阿濟格尼堪等追斬之遂定汀州漳州泉州興化進克福州悉降其衆福建平癸丑免河間任邱及大同災賦丁巳祀天於圜丘己巳豪格師至南部時張獻忠列寨西充鼇拜等兼程進擊大破之斬獻忠於陣復分兵擊餘賊破一百三十餘營四川平十二月癸酉朔故明遂平王朱紹鯤及其黨楊權等擁兵太湖結海寇爲亂副將詹世勳等討斬之庚戌山東賊謝遷攻陷高苑總兵官海時行討平之壬午故明高安王朱常淇及其黨江於東等起兵婺源張天祿討平之丙戌以于清廉爲保定巡撫劉武元爲南贛巡撫免薊豐潤等五州縣災賦甲午位育宮成庚子明金華王朱由榷起兵饒州官軍擊斬之是歲朝鮮蒙古及歸化城土默特部古祿格厄魯特部多爾濟達來巴圖魯顧實汗喀爾喀部買達里胡土克圖額爾德尼哈談巴圖魯岱青哈談巴圖魯青台吉科爾沁部多羅冰圖郡王塞冷蒿齊忒部多羅貝勒額爾德尼索倫部使鹿部喇巴奇鄂爾多斯部濟農台吉查木蘇庫爾喀部賴達庫及達賴喇嘛土魯番俱來貢朝鮮厄魯特顧實汗達賴喇嘛皆再至

四年春正月戊申輔國公鞏阿岱內大臣吳拜等征宣府壬子命副都統董阿賴率師駐防杭州興國州賊柯抱冲結故明總督何騰蛟攻陷興國總兵官柯永盛遣將擒抱冲及其黨陳珩玉斬之乙卯以楊聲遠爲淮揚總督黃爾性爲陝西巡撫辛酉以朱國柱爲登萊巡撫壬戌陝西官軍擊延慶賊郭君鎭終南賊孫守法敗之洪承疇遣將擊賊帥趙正大破之二月癸酉以張儒秀爲山東巡撫乙亥佟養甲平梧州丁丑副將王平等擊賀珍劉二虎賊黨於興安敗之癸未詔曰朕平定中原惟浙東全閩尙阻聲教百姓辛苦墊隘無所控訴爰命

征南大將軍貝勒博洛振旅而前既定浙東遂取閩越先聲所至窮寇潛逋大軍掩追及於汀水聿釗授首列郡悉平顧惟僭號阻兵其民何罪用昭大賚嘉與維新一切官民罪犯咸赦除之橫征逋賦槪予豁免山林隱逸各以名聞錄用民年七十以上給絹米有差己丑洪承疇擒故明瑞昌王朱議貴及湖賊趙正斬之乙未朱聿釗弟聿鐭僭號紹武據廣州佟養甲李成棟率師討之斬聿鐭及周王肅㴵益王思焌遼王術雅鄧王器𡋟鉅野王壽鏳通山王蘊𨬆高密王宏楠仁化王慈𤈦鄖陵王肅汭南安王企壟等廣州平戊戌以佟國鼐爲福建巡撫三月戊午賜呂宮等進士及第出身有差己未以耿焞爲順天巡撫周伯達爲江寧巡撫趙兆麟撫治鄖陽庚申諭京官三品以上及督撫提鎭各送一子入朝侍衞察才任使無子者以弟及從子代之壬戌免崇明縣鹽課馬役銀乙丑大淸律成丙寅佟養甲克高雷廉三府丁卯命祀郊社太牢仍用腥己巳禁漢人投充滿洲庚午罷圈撥民間田宅已圈者補給夏四月丁丑田仰率所部降己卯高士俊克長沙昂邦章京傅喀蟾討劉文炳郭君鎭殲之乙酉貝勒博洛班師是役也貝子和託固山額眞公圖賴皆卒於軍甲午陝西官軍斬孫守法五月壬寅舟山海賊沈廷揚等犯崇明官軍討擒之己酉故明在籍通政使侯峒曾遣諜致書魯王僞許洪承疇土國寶以公侯共定江南爲反間計柘林游擊獲之以聞上覺其詐命江寧昂邦章京巴山等同承疇窮治其事庚戌免興國江夏等十州縣上年災賦癸丑以佟養甲爲兩廣總督兼廣東巡撫辛酉投誠伯常應俊總兵李際遇等坐通賊伏誅癸亥上幸南苑乙丑班代峨齊爾胡巴津自蘇尼特來降六月壬申免成安等七縣上年災賦丙子朝鮮國王李倧遣其子㴭來朝庚辰故明趙王朱由㰆來降戊子免綏德衞上年災賦己丑封貝勒博洛爲多羅郡王癸巳陝西賊武大定陷紫陽總兵官任珍擊敗之湖廣官軍克衡州常德及安化新化等縣甲午蘇松提督吳勝兆謀叛伏誅丁酉免山東上年荒賦秋七月辛丑加封和碩德豫親王多鐸爲輔政叔德豫親王癸卯建射殿於左翼門外甲辰免徐州上年荒賦己酉封敖漢部額駙班第子墨爾根巴圖魯爲多羅郡王癸丑以申朝紀爲宣大總督丁巳鄖陽賊王光代用永曆年號聚衆作亂命侍郞喀喀木等剿之戊午改馬國柱爲江南江西河南總督甲子詔曰中原底定聲教遐敷惟粵東尙爲唐藩所阻嶺海怨咨已非一日用移南伐之師席卷惠潮遂達省會念爾官民初非後至一切罪犯咸赦除之逋賦橫征槪與豁免民年七十以上加錫粟帛所在節孝者旌山林有才德者錄用南海諸國能嚮化者待之如朝鮮丙寅以祝世昌爲山西巡撫丁卯上幸邊外閱武是日駐沙河八月庚午金聲桓擒故明宗室麟伯王靄伯王於瀘溪山誅之甲戌次西巴爾台丙子次海流土河口壬午次察漢諾爾乙酉豪格遣貝勒尼堪等先後克遵義夔州茂州內江榮昌富順等縣斬故明王及其黨千餘人四川平丙戌次胡蘇台辛卯以張文衡爲甘肅巡撫丙申上還宮九月辛丑京師地震辛亥淮安賊張華山等用隆武年號嘯聚廟灣丁巳以李猶龍爲天津巡撫辛酉官軍討廟灣賊破之冬十月庚午以王懩爲安徽巡撫壬申喀喇沁部卓爾弼等率所部來降癸未以吳惟華爲淮揚總督線縉爲偏沅巡撫戊子定直省官三年大計壬辰以廣東採珠病民罷之十一月庚戌以陳泰爲靖南將軍同梅勒章京董阿賴征福建餘寇辛亥免山西代靜樂等十四州縣甯化等六所堡山東德歷城等十五州縣災賦裁山東明季牙雜二稅戊午五鳳樓成癸亥祀天於圜丘十二月戊辰免保定河間眞定順德災賦壬申以陳錦爲閩浙總督己卯以太宗十一女固倫公主下嫁喀爾嗎索納木甲申蘇尼特部台吉吳巴什等來歸丙戌大軍自岳州收長沙故明總督何騰蛟等先期遁次湘潭敗桂王將黃朝選衆十三萬於燕子窩又敗之於衡州斬之遂克寶慶斬魯王朱鼎兆等進擊武岡桂王由榔走追至靖州下其城復克沅州岷王朱埏峻以黎平降湖南平庚寅故明將鄭彩犯福州副將鄒必科等敗走之是歲科爾沁喀喇沁烏朱穆秦敖漢翁牛特蘇尼特札魯特郭爾羅斯蒿齊忒阿霸垓諸部來朝朝鮮暨喀爾喀部札薩克圖汗墨爾根綽爾濟額爾德尼綽爾濟邁達禮胡土克圖額爾德尼顧錫伊拉古克三胡土克圖麻哈薩瑪諦塞臣汗俄木布額爾德尼塞勒胡土克圖滿朱習禮胡土克圖札薩克圖汗下俄木布額爾德尼巴顏護衞舍晉班第邁達禮胡土克圖諾門汗下丹津胡土克圖土謝圖汗下澤卜尊丹巴胡土克圖碩磊汗下伊赫額木齊格隆額參德勒哈談巴圖魯厄魯特部台吉吳霸錫顧實汗羅布藏胡土克圖下巴漢格隆孟蘇克扎穆蘇阿布賚諾顏下訥門汗巴圖魯諾顏達雲綽爾濟鄂濟爾圖台吉蘇尼特部台吉魏正札魯特部台吉桑圖鄂爾多斯部濟農歸化城土默特部章京陀博克諾爾布唐古忒部及喇布札木綽爾濟喇嘛班第達等俱來貢

五年春正月辛亥故明宜春王朱議衍據汀州爲亂總兵官于永綬擒斬之癸丑免太原平陽潞安三府澤沁遼三州災賦癸亥和碩肅親王豪格師還衍禧郡王羅洛宏卒於軍至是喪歸輟朝二日二月甲戌金聲桓及王得仁以南昌叛辛巳江南官軍復無爲州福建官軍復連城順昌將樂等縣癸未免濟南兗州青州萊州上年災賦辛卯以固倫公主下嫁巴林部塞卜騰壬辰以呂逢春爲山東巡撫李鑑爲甯夏巡撫故明貴溪王朱常彪恢武伯向登位寇沅州蘇章京線國安等討斬之三月己亥貝子屯齊尙善等訐告和碩鄭親王濟爾哈朗罪連莽加博博爾岱鼇拜索尼等降濟爾哈朗爲多羅郡王莽加等降革有差辛丑和碩肅親王豪格有罪論死上不忍置之法幽繫之庚戌命譚泰爲征南大將軍同何洛會討金聲桓辛酉以耿焞爲宣大山西總督甲子武大定犯甯羌遊擊張德俊等大破之四月丁卯以楊興國爲順天巡撫戊辰免渭原金縣蘭州衞災賦壬申官軍復建甯斬故明鄖西王朱常湖等己卯封科爾沁杜爾伯特鎭國公色冷爲貝子庚辰遣固山額眞阿賴等駐防漢中壬午大軍克辰州遂破永甯至全州故明督師何騰蛟遁獲貴溪王朱常彪南威王朱寅衞長沙王朱由櫛等銅仁興安關陽諸苗猺來降丙戌命劉之源佟圖賴爲定南將軍駐防寶慶李國翰爲定西將軍駐防漢中丁亥吳三桂自錦州移鎭漢中閏四月戊戌復濟爾哈朗爵爲和碩鄭親王癸卯以李國英爲四川巡撫己未以遲日益爲湖廣巡撫癸亥命貝子屯齊爲平西大將軍同韓岱討陝西叛回五月己丑朔日有食之戊辰官軍破叛回於鞏昌復臨洮蘭州辛未遊擊張勇破叛回於馬家坪獲故明延長王朱識鏄斬之壬午以趙福星爲鳳陽巡撫癸未以朱延慶爲江西巡撫甲申官軍破金聲桓復九江饒州己丑以劉弘遇爲安徽巡撫六月甲午朔免西安延安平涼臨洮慶陽漢中上年災賦癸卯以周文業爲甘肅巡撫甲辰額塞等大破叛回於蘭州餘黨悉平丙辰京師地震有聲癸亥太廟成秋七月丁丑初設六部漢尙書都察院左都御史以陳名夏謝啓光李若琳劉餘祐黨崇雅金之俊爲六部尙書徐起元爲左都御史八月癸巳朔金聲桓王得仁寇贛州官軍擊走之己亥陳泰李率泰等敗鄭彩於長樂又敗之於連江復興化己巳命和碩英親王阿濟格多羅承澤郡王碩塞等討天津土賊丁未禁民間養馬及收藏軍器己酉以王一品爲鳳陽巡撫壬子令滿漢官民得相嫁娶乙卯以夏玉爲天津巡撫張學聖爲福建巡撫九月壬戌朔官軍獲故明巡撫吳江等於南康湖口斬之甲子和碩英親王阿濟格討曹縣土賊平之己巳封貝勒勒克德渾爲多羅順承郡王博洛爲多羅端重郡王壬申和碩鄭親王濟爾哈朗爲定遠大將軍討湖廣賊李錦丁丑封貝勒尼堪爲多羅敬謹郡王冬十月壬寅和碩禮親王代善薨甲辰佟圖賴復寶慶丙辰降將劉澤淸結曹縣賊叛澤淸及其黨李洪基等俱伏誅十一月甲子廣東叛將李成棟據南雄結峝蠻犯贛州巡撫劉武元等擊走之丙寅總兵官任珍擊賀珍破之戊辰祀天於圜丘以太祖武皇帝配追尊太祖以上四世高祖澤王爲肇祖原皇帝曾祖慶王爲興祖直皇帝祖昌王爲景祖翼皇帝考福王爲顯祖宣皇帝妣皆爲皇后上詣太廟上冊寶辛未以配天及上尊號禮成御殿受賀大赦辛未和碩英親王阿濟格多羅端重郡王博洛多羅承澤郡王碩塞等帥師駐大同備喀爾喀十二月辛卯朔命郡王瓦克達貝子尙善屯齊等詣阿濟格軍調八旗遊牧蒙古官軍之半戍阿爾齊土蘇門哈達癸巳姜瓖以大同叛總督耿焞走陽和丙申免平山隆平淸豐災賦戊戌阿濟格圍大同辛丑復遣梅勒章京阿喇善侍郞噶達渾詣阿濟格軍癸卯免大同災賦壬子楊捷等復都昌獲故明兵部尙書余應桂斬之丁巳以佟養量爲宣大總督是歲蘇尼特扎魯特等部來朝朝鮮喀爾喀部俄木布額爾德尼戴靑訥門汗喇嘛塞爾濟額爾德尼魏正碩雷汗邁達理胡土克圖扎薩克圖汗下額爾德尼哈談巴圖魯厄魯特部顧實汗錫勒圖綽爾濟諾門汗索倫部阿濟布鄂爾多斯部單達蘇尼特部騰機忒科爾沁貝勒張繼倫歸化城固倫第瓦胡土克圖丹津喇嘛額爾德尼塞桑土默特部古祿格烏思藏闡化王王舒克湯古特達賴喇嘛俱來貢朝鮮厄魯特顧實汗湯古特達賴喇嘛再至

六年春正月壬戌官軍復羅源永春德化等縣癸亥命多羅敬謹郡王尼堪等征太原戊辰諭曰朕欲天下臣民共登衽席日夕圖維罔敢怠忽往年流寇作亂慘禍已極入關討賊士庶歸心乃邇年不軌之徒揑作洗民訛言小民無知輕信惶惑逃散作亂者往往而有朕聞不嗜殺人能一天下書云衆非元后何戴后非衆罔與守邦君殘其民理所蔑有自元年來今六年矣甯有無故而屠戮民者民苟思之疑且冰釋至於自甘爲賊樂就死地必有所迫以致此豈督撫鎭按不得其人有司朘削民難自存歟將蠲免賦稅有名無實歟內外各官其確議興利除弊之策朕次第酌行之辛未姜瓖黨姚舉等殺冀甯道王昌齡陷忻州固山額眞阿賴破走之乙亥諭曰設關征稅原以譏察奸宄非與商賈

較輜銖也其各以原額起稅毋得橫征以充私槖違者罪之諭山西大同軍民無爲姜瓖脅誘來歸者悉予矜免戊寅行保舉連坐之法庚申諭言官論事不實者廷臣集議毋輒下刑部辛巳以金廷獻爲偏沅巡撫壬午譚泰何洛會復南昌金聲桓投水死王得仁伏誅九江南康瑞州臨江袁州悉平癸未山西賊黨劉遷寇代州阿濟格遣軍破走之二月癸卯攝政王多爾袞征大同免直隸省六年以前荒賦四川商民鹽課辛亥故明宗室朱森釜等犯階州吳三桂擊斬之三月癸亥多爾袞拔渾源州丙寅漢羌總兵官張天福平賊渠覃一涵獲故明山陰王等斬之丁卯土賊王永強陷延安楡林等十九州縣延綏巡撫王正志等死之己巳應州山陰降多爾袞旋師留阿濟格於大同辛未進封多羅承澤郡王碩塞多羅端重郡王博洛多羅敬謹郡王尼堪爲親王王永強陷同官壬申廣信府知府楊國楨等復玉山縣甯夏官軍克臨河等堡乙亥甘涼逆回米喇印丁國棟復作亂甘肅巡撫張文衡等死之丁丑輔政和碩德豫親王多鐸薨攝政王多爾袞師次居庸還京臨喪甲申減隱匿逃人律譚泰何洛會破賊於南康進克信豐叛將李成棟走死復撫州建昌江西平丙戌博洛遣鼇拜等大破姜瓖於大同北山吳三桂擊敗王永強復宜君同官夏四月庚寅遣羅碩封喇嘛駐防太原癸巳阿濟格復左衛乙未命貝子吳達海等代征大同丙申吳三桂克蒲縣癸卯福建官軍復平和詔安漳平甯洋甲辰賜劉子壯等進士及第出身有差乙巳皇太后崩壬子諭曰兵興以來地荒民逃流離無告其令所在有司廣加招徠給以荒田永爲口業六年之後方議徵租各州縣以招民勸耕之多寡道府以責成催督之勤惰爲殿最歲終撫按考核以聞癸丑以董宗聖爲延綏巡撫官軍克福甯福建平乙卯賊黨陷汾州命和碩端重親王博洛爲定西大將軍帥師討之和碩敬謹親王尼堪移師大同丁巳封貝子滿達海爲和碩親王五月辛酉遣屠賴率師赴太原軍丙子以李棲鳳爲廣東巡撫郭肇基爲廣西巡撫免太原平陽汾州三府遼澤二州災賦丁丑改封孔有德爲定南王耿仲明爲靖南王尚可喜爲平南王命孔有德征廣西耿仲明尚可喜征廣東各挈家駐防裁直隸江南山東浙江陝西同知十直隸江南河南湖廣江西浙江通判二十一免寶坻順義五年災賦辛巳吳三桂李國翰復延安壬午四川邊郡平乙酉和碩端重親王博洛復清源交城文水徐溝祁等縣六月庚子朝鮮國王李倧薨壬子免滄州清苑六年以前荒賦癸丑封張應京爲正一嗣教大眞人乙卯免江西四年五年逋賦秋七月戊午朔攝政王多爾袞復征大同乙丑滿達海瓦克達征朔州甯武丁卯免開封等府災賦辛未多爾袞至阿魯席巴爾臺校獵而還遣蘇章京索洪等益滿達海軍癸酉官軍平黃州賊三百餘砦斬故明王朱蘊鑗等甲申廣東餘寇犯南贛官軍擊却之丙戌吳三桂李國翰復延綏鎭城八月癸巳攝政王多爾袞還京山西賊黨陷蒲州及臨晉河津孟喬芳討平之甲午免眞定順德廣平大名災賦滿達海復朔州馬邑丁酉端重親王博洛拔孝義丙午鄭親王濟爾哈朗等克湘潭獲何騰蛟不屈殺之辰州寶慶靖州衡州悉平進克全州丁未封朝鮮世子李淏爲朝鮮國王辛亥以張孝仁爲直隸山東河南總督壬子遣英親王阿濟格貝子鞏阿岱等征大同癸丑梅勒章京根特等拔猗氏乙卯大同賊被圍久饑死殆盡僞總兵楊震威斬姜瓖及其弟琳來獻丙辰甯武關僞總兵劉偉等率衆降靜樂甯化山寨悉平九月戊午封鄂穆布爲多羅達爾漢卓禮克圖郡王蘇尼特部噶爾麻爲多羅貝勒甲子鄂爾多斯部額林臣布達岱顧祿阿濟格札穆蘇等來降封額林臣爲多羅郡王布達岱子伊廩臣顧祿子色冷爲固山貝子阿濟格札穆蘇爲鎭國公丙寅以夏玉爲山東巡撫癸酉封固倫額駙祁他特爲多羅郡王甲戌滿達海博洛克汾州平陽冬十月戊子封多尼爲和碩親王傑書爲多羅郡王壬辰京師地震甲午封勞親爲親王官軍復鄆城戊戌降將楊登州叛陷山陰己亥免山東東平長山等十八州縣五年災賦江西六年以前明季遼餉辛丑攝政王多爾袞征喀爾喀部二楚虎爾乙巳陝西總兵官任珍擊故明將唐仲亨於屠油墦斬之並誅故明王朱常淡朱由杠等丙午官軍復潞安丁未官軍克楡林己酉滿達海等拔沁遼二州庚戌命滿達海還京留瓦克達等定山西十一月丙寅免直隸開元城等縣逋賦陝西岷州災賦甲戌多爾袞自喀吞布喇克旋師免宣府災賦壬午耿仲明軍次吉安畏罪自殺十二月乙酉朔山西興芮城平陸三縣平戊子故明桂王將焦璉寇全州勒克德渾等擊敗之進克道州努山等拔烏撒城宜爾都齊等克黎平己酉官軍復鄰水大竹二縣庚戌甯波紹興台州土寇平是年朝鮮阿霸垓烏朱穆秦土默特諸部厄魯特部巴賴那顏績克什虎巴圖魯台吉顧實汗子下達賴烏巴什溫布塔布囊鄂爾多斯部郡王額林臣喀爾喀部土謝圖汗碩磊汗戴靑諾顏歸化城土默特部古祿格等伊喇古克三胡土克圖下戴靑溫布達爾漢囊蘇及達賴喇嘛俱來貢朝鮮喀爾喀土謝圖汗再至

七年春正月庚申官軍復永甯甯鄉壬戌官軍復南雄癸酉封鄂爾多斯部單達爲貝勒沙克查爲貝子甲戌故明德化王朱慈業石城王朱議㴋鄂大田官軍討平之丁丑和碩鄭親王濟爾哈朗師還二月丁亥上太后諡曰孝端正敬仁懿莊敏輔天協聖文皇后甲午以劉弘遇爲山西巡撫王一品爲廣西巡撫李建泰據太平叛官軍圍之出降伏誅平陽潞安澤州屬境俱平三月己未日赤色如血夏四月甲午孔有德擒故明將黃順林國瑞於興甯降其衆五萬丙申封科爾沁貝勒張繼倫爲郡王甲辰多羅謙郡王瓦克達師還六月乙酉保德州民崔耀等擒故明將牛化麟斬之以城降癸卯官軍復甯都石城秋七月壬子朔享太廟乙卯攝政王多爾袞議建邊城避暑加派直隸山西浙江山東江南河南湖廣江西陝西九省錢糧二百五十萬兩有奇辛酉幸攝政王多爾袞第多爾袞以貝子錫翰等擅請臨幸下其罪貝子錫翰降鎭國公冷僧機鼇拜等黜罰有差壬戌以馬之先爲陝西巡撫辛未免西甯各堡寨五年災賦八月丁亥降和碩端重親王博洛和碩敬謹親王尼堪爲多羅郡王己丑封巴林部塞卜騰蒿齊忒部孛羅特爲多羅郡王科爾沁國顧穆喀喇沁部古祿思喜布爲多羅貝勒改承澤親王碩塞親王勞親爲多羅郡王九月甲寅故明將鄭成功寇潮州總兵官王邦俊擊走之丙子免蘄麻城等七州縣五六兩年荒賦冬十月辛巳朔日有食之己亥定陝西茶馬例庚子官軍克邵武獲故明閣部揭重熙等斬之己酉免桐城等六縣荒賦十一月甲寅免甘肅去年災賦乙卯吳三桂復府谷斬故明經略高友才等餘衆降壬戌攝政王多爾袞有疾獵於邊外乙丑尚可喜復廣州餘衆降戊寅祀天於圜丘十二月戊子攝政和碩睿親王多爾袞薨於喀喇城壬辰赴聞上震悼臣民爲制服丙申喪至上親奠於郊己亥詔曰太宗文皇帝升遐諸王大臣籲戴攝政王王固懷撝讓扶立朕躬平定中原至德豐功千古無二不幸薨逝朕心摧痛中外喪儀合依帝禮庚子收故攝政王信符貯內庫甲辰尊故攝政王爲懋德修道廣業定功安民立政誠敬義皇帝廟號成宗乙巳諭曰國家政務悉以奏聞朕年尙幼闇於賢否尙書缺員其會推賢能以進若諸細務理政三王理之是年喀爾喀厄魯特烏斯藏諸部巴耶和羅齊達爾漢囊索岔挫堅挫等來朝朝鮮喀爾喀部碩磊汗札克薩圖汗土謝圖汗綽兌圖魏正諸顏戴靑諾顏那穆齊魏正諸顏察哈爾墨爾根台吉索那穆厄魯特部巴圖魯貝勒台吉鄂齊爾圖干布胡土克圖噶木布胡土克圖舒虎兒戴靑烏斯藏部闡化王索倫使鹿諸部歸化城土默特部古祿格俱來貢朝鮮再至

清史稿　本紀五

世祖本紀二

八年春正月己酉朔蒿齊忒部台吉噶爾馬撒望儲護爾率所部來歸辛亥以布丹爲議政大臣甲寅和碩英親王阿濟格謀亂幽之其黨郡王勞親降貝子席特庫等論死乙卯以蘇克薩哈詹岱爲議政大臣丙辰罷漢中歲貢柑及江南橘河南石榴戊午罷諸處織造督進官役及陝西歲貢羢褐皮革命和碩睿親王多爾袞子多爾博襲爵己未罷臨淸歲造城甎庚申上親政御殿受賀大赦詔曰朕躬親大政總理萬幾天地祖宗付託甚重海內臣庶望治甚殷自惟涼德夙夜祇懼天下至大政務至繁非朕躬所能獨理凡我諸王貝勒及文武羣臣其各殫忠盡職潔己愛人利弊悉以上聞德意期於下究百姓亦宜咸體朕心務本樂業共享泰甯之慶孔有德克桂林斬故明靖江王及文武官四百七十三人餘黨悉降壬戌罷江西歲進龍碗丙寅以夏一鶚爲江西巡撫丁卯升祔孝端文皇后於太廟追尊故攝政王多爾袞爲成宗義皇帝祔於太廟移內三院於禁城己巳以伊圖爲議政大臣免安州芝棉稅丁丑復封端重郡王博洛敬謹郡王尼堪爲和碩親王以鞏阿岱鼇拜爲議政大臣戊寅以巴圖魯詹杜爾瑪爲議政大臣二月庚辰進封滿達海爲和碩巽親王多尼爲和碩信親王羅可鐸爲多羅平郡王瓦克達爲多羅謙郡王傑書爲多羅康郡王更定錢制每百文準銀一錢辛巳免朔州渾源大同荒賦癸未羅什博爾惠有罪論死上欲宥其死羣臣執奏不可遂伏誅戊子上昭聖慈壽皇太后尊號己丑大赦免汶上等五縣六七兩年災賦辛卯罷邊外築城之役加派錢糧准抵八年正賦官吏捐輸酌給議敍併免之癸巳蘇克薩哈詹岱穆濟倫首告故攝政王多爾袞逆節皆實籍其家誅其黨何洛會胡錫甲午免山西荒賦戊戌封貝勒岳樂爲多羅安郡王己亥暴多爾袞罪於中外削其尊號及母妻追封撤廟享庚子調陳泰爲吏部尚書以韓岱爲刑部尚書辛丑上幸南苑壬寅命孔有德移駐桂林癸卯上還宮乙巳封和碩肅親王豪格子富壽爲和碩顯親王閏二月戊申朔湖南餘寇牛萬才率所部降庚戌封和碩鄭親王濟爾哈朗子濟度

爲多羅簡郡王勒度爲多羅敏郡王甲寅諭曰國家紀綱首重廉吏邇來有司貪汚成習百姓失所殊違朕心總督巡撫任大責重全在舉劾得當使有司知所勸懲今所舉多冒濫所劾多微員大貪大惡乃徇縱之何補吏治吏部其詳察以聞調黨崇雅爲戶部尚書金之俊爲兵部尚書劉餘佑爲刑部尚書謝啟光爲工部尚書免祥符等六縣七年災賦乙卯進封碩塞爲和碩承澤親王諭曰榷關之設國家藉以通商非苦之也稅關官吏擾民行私無異刦奪朕灼知商民之苦今後每關設官一員悉裁冗濫並不得妄咨勤勞更與銓補丙辰諭督撫甄別有司才德並優兼通文義者擢之不識文義任役作奸者黜之吏部授官校試文義不通者除名己未總兵官許爾顯克肇慶羅定徐成功克高州禁喇嘛貢佛象銅塔及番犬壬戌幽阿濟格於別室籍其家削貝子勞親爵爲庶人乙丑大學士馮銓尚書謝啟光等以罪免諭曰國家設官必公忠自矢方能裨益生民共襄盛治朕親政以來屢下詔令嘉與更始乃部院諸臣因仍前弊持祿養交朕親行黜陟與天下見之自今以後其淬礪前非各盡厥職若仍上下交欺法必不貸丙寅諭曰各省土寇本皆吾民迫於饑寒因而爲亂年來屢經撲勦而管兵將領殺良冒功貪盜未殲民乃荼毒朕深痛之嗣後各督撫宜勤撫並施勿藉捕擾民以稱朕意丁卯孔有德克梧州柳州戊辰大學士洪承疇兼都察院左都御史陳之遴爲禮部尚書張鳳翔爲工部尚書己巳裁江南陝西督餉侍郎淮安總理漕運侍郎庚午固山額眞阿喇善等勦山東賊壬申免涿良鄉等十三州縣圈地乙亥定阿附多爾袞諸臣罪剛林祁充格俱坐罪丁丑諭曰故明宗藩前以恣行不軌多被誅戮朕甚憫焉自後有流移失所甘心投誠者有司禮送京師加恩畜養鎭國將軍以下即其地占籍爲民各安厥業免宛平災賦三月壬午端重親王博洛敬謹親王尼堪以罪降郡王癸未命諸王貝勒貝子分管六部理藩院都察院事乙酉湖南保靖永順等土司來歸丙戌免武強上年災賦己丑以希福爲弘文院大學士陳泰爲國史院大學士改李率泰爲弘文院大學士甯完我爲國史院大學士以噶達渾爲都察院承政朱瑪喇爲吏部尚書雅賴爲戶部尚書譚布爲工部尚書藍拜爲鑲藍旗滿洲固山額眞辛卯定王公朝集例壬辰定襲爵例癸巳諭曰御史巡方職在安民察吏向來所差御史苞苴請託身已失檢何由察吏吏不能察民何以安今後各宜洗濯自新務盡職事並許督撫糾舉都察院考覈以聞癸巳定齋戒例丙午許滿洲蒙古漢軍子弟科舉依甲第除授夏四月庚戌詔行幸所過有司不得進獻遣官祭嶽鎭海瀆帝王陵寢先師孔子闕里土賊羅榮等犯虔州副將楊遇明討擒之乙卯幸沙河辛酉次赤城以王文奎總督漕運甲子次上都丙寅翁牛特部杜稜郡王等來朝己巳次俄爾峒庚午免朝鮮歲貢柑柚石榴巴林部固倫額駙色布騰郡王等來朝命故靖南王耿仲明子繼茂襲爵辛未還次上都河壬申次俄爾峒河五月丁丑朔次諤護里伊札里河夏一鶚擊明唐王故將傅鼎銓等追入福建擒鼎銓等斬之辛巳次庫爾奇勒河壬午烏朱穆秦部貝勒塞稜額爾德尼等來朝乙酉次西喇塔調噶達渾爲戶部尚書以覺善爲都察院承政綽貝爲鑲白旗蒙古固山額眞壬辰次孫河癸巳還宮丙申免英山五年至七年荒逋賦庚子復博洛尼堪親王爵甲辰御史張煊以奏劾尚書陳名夏論死六月丙午朔幸南苑官軍破陝西賊何柴山等於雒南丁巳阿喇善擊山東盈河山賊平之壬戌罷太和山貢符籙黃精乙丑定諸陵壇廟祀典庚午諭曰朕以有司貪虐命督撫察劾乃閱四五月之久而未奏聞毋乃受賕徇私爲有司所制或勢要挾持不敢彈劾歟此盜賊所由滋而黎民無起色也其即奉行前詔直陳無隱辛未詔故明神宗陵如十二陵以時致祭仍設守陵戶廣東官軍復廉州及永安等十二縣壬申命修繕祖陵設守戶定祭禮復朝日夕月禮秋七月丙子朔諭曰比者投充漢人生事害民朕甚恨之夫供賦役者編氓也投充者奴隸也今反厚奴隸而薄編氓如國家元氣及法紀何其自朕包衣牛彔下至王公諸臣投充人有犯法者嚴治其罪知情者連坐前有司責治投充人至獲罪譴今後與齊民同罰庶無異視使天下咸知朕意又諭曰大小臣工皆朝廷職官待之以禮則朝廷益尊今在京滿漢諸臣犯罪有未奉旨革職輒提取審問者殊乖大體嗣後各衙門遇官員有犯或被告訐皆先請旨革職然後送刑部審問毋得徑行提審著爲令戊子大學士陳泰李率泰以罪免以雅泰爲內國史院大學士杜爾德爲議政大臣乙未幸南苑己亥以陳名夏爲內弘文院大學士八月丙午朔上還宮丁未科爾沁卓禮克圖親王吳克善來朝己酉副將許武光請括天下藏金充餉上曰帝王生財之道在節用愛民掘地求金自古未有命逐去之乙卯以趙開心爲左都御史定順天鄉試滿洲蒙古爲一榜漢軍漢人爲一榜會試殿試如之戊午册立科爾沁卓禮克圖親王吳克善女博爾濟錦氏爲皇后壬戌更定馬步軍經制吏部尚書譚泰有罪伏誅籍其家乙酉大婚禮成加上太后尊號爲昭聖慈壽恭簡皇太后丙寅御殿受賀頒恩赦戊辰追復肅親王豪格爵己巳詔天下歲貢物產不便於民者悉罷之癸酉陳錦金礪等追故明魯王於舟山獲其將阮進九月庚辰定朝儀壬午命平西王吳三桂征四川陳錦金礪克舟山故明魯王遁走丙戌雅賴譚布覺善免以卓羅爲吏部尚書車克爲戶部尚書藍拜爲工部尚書俄羅塞臣爲都察左都御史趙國祚爲鑲紅旗漢軍固山額眞封阿霸垓部都司噶爾爲郡王固山額眞噶達渾征鄂爾多爾濟丁亥除永平四關荒屯賦壬辰改承天門爲天安門癸巳上獵於近郊辛丑還宮癸卯喀爾喀部土謝圖汗車臣汗塞臣汗等來貢冬十月己酉以和碩承澤親王碩塞多羅謙郡王瓦克達爲議政王辛亥免宣府災賦丁巳以額色黑爲國史院大學士庚申賜阿濟格死辛酉李國翰會吳三桂征四川以馬光輝爲直隸山東河南總督甲子免諸王三大節進珠貂鞍馬及衍聖公宣大各鎭歲進馬乙丑封肇祖興祖陵山曰啓運山景祖顯祖陵山曰積慶山福陵山曰天柱山昭陵山曰隆業山是日啓運山慶雲見十一月乙亥朔皇第一子牛鈕生丙子于大海率所部至彝陵請降丙戌尚可喜克雷州乙未免平陽潞安二府澤遼沁三州上年災賦戊戌以伊爾德爲正黃旗滿洲固山額眞佟圖賴爲正藍旗漢軍固山額眞庚子免陽曲等四縣上年災賦壬寅免甯晉荒賦十二月丙午免桐城等四縣上年荒賦丁卯以周國佐爲江甯巡撫是年朝鮮厄魯特部額爾德尼台吉昆都倫吳巴什阿巴賴喀爾喀部土謝圖汗車臣汗塞臣汗顧實汗台吉吳巴什達賴喇嘛俱來貢

九年春正月癸酉朔上幸南苑辛巳以陳泰爲禮部尚書壬午大學士陳名夏以罪免雪張煊冤命禮部議卹京師地震乙酉以陳維新爲廣西巡撫壬寅皇第一子牛鈕薨二月丁未以祜錫布爲鑲紅旗滿洲固山額眞噶達渾等討鄂爾多斯部多爾濟等於賀蘭山殲之戊申和碩巽親王滿達海薨追封和碩簡親王庚戌頒六諭臥碑文於天下庚申加封鄭親王濟爾哈朗爲叔和碩鄭親王辛酉以陳之遴爲弘文院大學士孫茂蘭爲甯夏巡撫三月乙亥以王鐸爲禮部尚書房可壯爲左都御史贈張煊太常寺卿仍錄其子如父官庚辰定官員封贈例丙戌罷諸王貝勒貝子管理部務追降和碩豫親王多鐸爲多羅郡王丁亥和碩端重親王博洛薨追封和碩定親王己丑以陳泰爲鑲黃旗滿洲固山額眞癸巳以遏必隆額爾克戴青趙布泰賴塔庫索洪爲議政大臣覺羅郎球胡世安爲禮部尚書鞏阿岱錫翰西訥布庫冷僧機以罪伏誅籍其產拜尹圖免死幽繫戊戌多羅順承郡王勒克德渾薨追封多羅恭惠郡王己亥賜滿洲蒙古貢士麻勒吉漢軍及漢貢士鄒忠倚等進士及第出身有差夏四月丙午以蔡士英爲江西巡撫丁未裁登萊靑府巡撫乙卯以韓岱爲吏部尚書藍拜爲刑部尚書星訥爲工部尚書阿喇善爲都察院左都御史戊午孔有德克廣西南甯慶遠思恩故明將陳邦傅以潯州降己未免府州縣官入覲庚申定諸王以下官名輿服之制乙丑允禮部議一月三朝春秋一舉經筵設宗人府官五月丁丑詔京察六年一舉行己卯免江陰靑浦牛稅壬午以喀喀木爲昂邦章京鎭守江甯庚子幸南苑六月丁未裁併直隸諸衞所戊申上還宮庚戌以和碩敬謹親王尼堪掌宗人府事貝勒尚善貝子吳達海爲左右宗正官軍討肇慶高州賊平之丁巳詔軍政六年一舉行丙寅設詹事府官追謚圖爾格爲忠義公圖賴爲昭勳公配享太廟秋七月癸酉故明將孫可望陷桂林定南王孔有德死之丙子名皇城北門爲地安門浙閩總督陳錦征鄭成功至漳州爲其下所殺庚辰免淮安六年七年牙行逋稅甲申以和碩敬謹親王尼堪爲定遠大將軍征湖南貴州定滿官喪制丁亥以巴爾處渾爲鑲紅旗滿洲固山額眞免磁祥符等八州縣及懷慶衞上年災賦吳三桂李國翰定漳臘松潘重慶遣梅勒章京戴都圍成都故明帥劉文秀舉城降己丑免臨邑四縣荒徭賦辛卯天全六番烏思藏等土司來降戊戌以祖澤遠爲湖廣四川總督八月乙巳更定王公以下婚娶禮丙午多羅謙郡王瓦克達薨丁巳命尼堪移師討廣西餘寇九月庚午朔以朱孔格阿濟賴伊拜爲議政大臣辛巳更定王以下祭葬禮癸未以纛章京阿爾津爲定南將軍同馬喇希征廣東餘寇甲申以劉清泰爲浙江福建總督王來用爲順天巡撫辛卯幸太學釋奠癸巳賚衍聖公五經博士四氏子孫祭酒司業等官有差勑曰聖人之道如日中天上之賴以致治下之資以事君學官諸生當共勉之冬十月庚子免沛縣六年至八年災賦尚可喜耿繼茂克欽州靈山故明西平王朱聿鐭縛賊渠李明忠來降高雷廉瓊諸郡悉平壬寅官軍復梧州癸卯以歲饑詔所在積穀禁遏糴旌輸粟丙午免三水等三縣六年災賦壬子以劉餘佑爲戶部尚書癸丑免霸州東安文安荒賦甲寅孫可望寇保甯吳三桂李國翰大敗之以希福范文程額色黑車克覺羅郎球明安達禮濟席哈星訥爲議政大臣巴哈納爲刑部尚書藍拜罷

戊午命和碩鄭親王世子濟度多羅信郡王多尼多羅安郡王岳樂多羅敏郡王勒都貝勒尚善杜爾祜杜蘭議政辛酉以阿爾津爲安西將軍同馬喇希移鎭漢中丙寅以李化熙爲刑部尚書丁卯尊太宗大貴妃爲懿靖大貴妃淑妃爲康惠淑妃十一月庚午以卓羅爲靖南將軍同藍拜等征廣西餘寇己丑祀天於圜丘庚寅故明將白文選寇辰州總兵官徐勇參議劉昇祚知府王任杞死之辛卯尼堪抵湘潭故明將馬進忠等遁寶慶追至衡山擊敗之又敗之於衡州尼堪薨於軍追封尼堪爲和碩莊親王乙未免忻樂平等州縣災賦十二月辛丑免太原平陽汾州遼沁澤災賦壬寅詔還淸苑民三百餘戶所撥投充人地仍免地租一年官軍復安福永新丙午撤卓羅等軍回京庚戌幸南苑戊午還宮廣東賊犯香山官軍討平之己未復命阿爾津爲定南將軍同馬喇希等討辰常餘寇甲子免長武災賦是年達賴喇嘛來朝朝鮮厄魯特部顧實汗巴圖魯諾顏喀爾喀部土謝圖汗下戴青諾顏喇嘛達爾達爾汗諸顏索倫部索耶阿達爾汗及班禪胡土克圖第巴巴喀胡土克圖喇嘛俱來貢厄魯特顧實汗三至

十年春正月庚午諭曰朕自親政以來但見滿臣奏事大小臣工皆朕腹心嗣凡章疏滿漢侍郎卿以上會同奏進各除推諉以昭一德辛未諭言官不得捃摭細務朕一日萬幾豈無未合天意未順人心之事諸臣其直言無隱當者必旌戇者不罪癸酉免韮浪紅城堡洮州衛災賦庚辰改洪承疇爲弘文院大學士陳名夏爲秘書院大學士庚辰以貝勒吞齊爲定遠大將軍統征湖南軍授以方略丙戌以多羅額駙內鐸爲議政大臣詔三品以上大臣各舉所知仍嚴連坐法庚寅調金之俊爲左都御史以劉昌爲工部尚書癸巳更定多羅貝勒以下歲俸丙申幸內苑閱通鑑上問漢高祖文帝光武及唐太宗宋太祖明太祖孰優陳名夏對曰唐太宗似過之上曰不然明太祖立法可垂永久歷代之君皆不及也二月庚子封蒿齊忒部台吉噶爾瑪薩望爲多羅郡王壬子大學士陳之遴免甲寅以陳之遴爲戶部尚書乙卯以沈永忠爲勦撫湖南將軍鎭守湖南己未裁各部滿尚書之複者庚申以高爾儼爲弘文院大學士費揚古爲議政大臣辛酉明安達禮劉餘祐有罪免甲子喀爾喀部土謝圖汗下賁塔爾袞布奔巴世希扎穆蘇台吉率所部來歸三月戊辰幸南臺較射上執弓曰我朝以此定天下朕每出獵期練習騎射今綜萬幾日不暇給然未嘗忘也賜太常寺卿湯若望號通玄教師免山西岢嵐保德七十四州縣六年逋賦代檢次十二州縣十之七己巳封喀爾喀部賁塔爾爲和碩達爾漢親王袞布爲卓禮克圖郡王奔巴世希爲固山貝子免薊豐潤等十一州縣九年災賦庚午幸南苑甲戌免五臺縣逋賦及八年額賦之半己卯免江西六年荒地逋賦辛巳設宗學親王郡王年滿十歲並選師教習乙酉還宮丙戌濟席哈免以噶達渾爲兵部尚書甲午復以馮銓爲弘文院大學士夏四月丁酉親試翰林官成克鞏等庚子御太和殿召見朝覲官諭遣之諭曰國家官人內任者習知紀綱外任者諳於民俗內外敭歷方見眞才今親試詞臣其未留任者量予改授照詞臣外轉舊例優予司道各官始諭吏部都察院舉京察甲辰免湖南六年至九年逋賦山西夏縣荒賦丙午以佟國器爲福建巡撫丁未以圖海爲弘文院大學士壬子以旱下詔求直言省刑獄甲寅命提學御史提學道淸釐學政定學額禁冒濫改折民間充解物料行一條鞭法丁巳定滿官離任持服三年例己未以成克鞏爲吏部尚書癸亥免福州等六府九年以前荒賦三之一五月甲戌停御史巡按直省免祥符等七縣九年災賦沔陽潛江景陵八年災賦乙亥封鄭芝龍爲同安侯子成功爲海澄公弟鴻逵爲奉化伯以喀喀木爲靖南將軍征廣東餘寇免歷城等六十九州縣八九年災賦丁丑定旌表宗室節孝貞烈例己卯詔曰天下初定瘡痍未復頻年水旱民不聊生飢寒切身迫而爲盜魁惡雖多豈無冤濫脅從沈陷自拔無門念此人民誰非赤子摧殘極易生聚綦難概行誅勦深可憫惻茲降殊恩曲從寬宥果能改悔咸與自新所在官司妥爲安插兵仍補伍民卽歸農不願還鄉聽其居住勿令失所咸使聞知庚辰定熱審例乙酉追封舒爾哈齊爲和碩親王額爾袞界堪雅爾哈齊祜塞爲多羅郡王免武昌漢陽黃州安陸德安荊州岳州九年災賦庚寅加洪承疇太保經略湖廣廣東廣西雲南貴州壬辰以張秉貞爲刑部尚書甲午免霸保定等三十一州縣九年災賦六月乙未朔追封塔察篇古穆爾哈齊爲多羅貝勒丁酉諭曰帝王化民以德齊民以禮不得已而用刑法者天下之平非徇喜怒爲輕重也往者臣民獲罪必下部議以士師之任職在明允乃或私心揣度事經上發則重擬以待親裁援引舊案又文致以流刻厲朕羣生在宥臨下以寬在飢寒爲盜之民尚許自首遐方未服之罪亦予招携況於吒庶朝臣豈忍陷茲冤濫自後法司務得眞情引用本律鉤距羅織悉宜痛革以臻刑措大學士高爾儼免癸卯復秋決朝審例乙巳命祖澤遠專督湖廣孟喬芳兼督四川丙午免慈谿等五縣八年災賦辛亥賜故明殉難大學士范景文戶部尚書倪元璐等及太監王承恩十六人諡並給祭田所在有司致祭改折天下本色錢糧行一條鞭法癸丑貝勒吞齊等敗孫可望於寶慶壬子以李率泰爲兩廣總督庚申慈甯宮成辛酉增置內三院漢大學士院各二人癸亥諭曰唐虞夏商未用寺人至周僅具其職司閽闥洒掃給令而已秦漢以來始假事權加之爵祿典兵干政貽禍後代小忠小信固結主心大憝大奸潛持國柄宮廷邃密深居燕閒淆是非以溷賢奸剌喜怒而張威福變多中發權乃下移歷覽覆車可爲鑒戒朕酌古準今量爲設置級不過四品非奉差遣不許擅出皇城外官有與交結者發覺一並論死閏六月丙寅以成克鞏爲秘書院大學士張瑞爲國史院大學士劉正宗爲弘文院大學士乙亥以金之俊爲吏部尚書庚辰諭曰考之洪範作肅爲時雨之徵天人感應理本不爽朕朝乾夕惕冀迓天休乃者都城霖雨匝月積水成渠壞民廬舍窮黎墊居艱食皆朕不德有以致之今一意修省祗懼天戒大小臣工宜相儆息秋七月甲午朔上以皇太后諭發節省銀八萬兩賑兵民潦災辛丑以宜永貴爲南贛巡撫庚戌皇第二子福全生辛酉以安郡王岳樂爲宣威大將軍率師駐防歸化城八月壬午以太宗十四女和碩公主下嫁平西王吳三桂子應熊尚可喜克化州吳川甲申定武職品級丙戌以雷興爲河南巡撫己丑廢皇后爲靜妃辛卯李定國犯平樂府江道周永緒知府尹明廷知縣涂起鵬華鍾死之九月壬子復刑部三覆奏例丙辰耿繼茂喀喀木克潮洲丁巳孟喬芳討故明宜川朱敬鑃於紫陽平之冬十月癸亥朔命田雄移駐定海乙丑馬光輝等討叛將海時行於永城時行伏誅丙寅遣濟席哈討山東土寇乙酉設粥廠賑京師饑民免通密雲等七州縣災賦戊子命大學士學士於太和門內更番入直十一月甲午祀天於圜丘戊戌鄭成功不受爵優諭答之戊申以亢得時爲河南巡撫己酉官軍討西寧叛回平之乙卯朱瑪喇金之俊免丙辰免江南災賦戊午劉淸泰勦九仙山賊平之己未免江西五十四州縣災賦十二月丙寅以陳泰爲寧南靖寇大將軍同藍拜鎭湖南丁卯以呂宮爲弘文院大學士博博爾代爲議政大臣馮聖兆爲偏沅巡撫辛未幸南苑甲戌免金華八縣九年災賦癸未設兵部督捕官以羅畢爲議政大臣甲申免開封彰德衛輝懷慶汝甯九年十年災賦丙戌鄭成功犯吳淞官軍擊走之丁亥還宮是夜地震有聲是年朝鮮琉球喀爾喀部土謝圖汗下索諾額爾德尼額爾德尼哈談巴圖魯厄魯特部顧實汗顧實汗下台吉諾穆齊索倫部巴達克圖富喇村宜庫達黑龍江烏默忒額爾多科烏思藏達賴喇嘛俱來貢朝鮮再至

十一年春正月辛丑罷織造官戊申免江甯安徽蘇松常鎭廬鳳淮徐滁上年災賦己酉以袁廓宇爲偏沅巡撫胡全才撫治鄖陽庚戌廣東仁化月峒賊平癸丑鄭成功犯崇明靖江泰興官軍擊走之甲寅以金礪爲川陝三邊總督乙卯鄭成功犯金山丁巳免順德廣平大名天津薊州上年災賦辛酉官軍擊賊於桃源誅僞總兵李陽春等二月癸亥朔日於東郊丙寅諭曰言官爲耳目之司朕屢求直言期遇綦切乃每閱章奏實心爲國者少比黨徇私者多朕甚不取其滌肺腸以新政治以金之俊爲國史院大學士庚午甄別直省督撫黜陟有差丙子始耕耤田戊寅免江西缺額丁賦辛巳命尚可喜專鎭廣東耿繼茂移駐桂林壬午以馬鳴珮爲宣大山西總督耿焞爲山東巡撫陳應泰爲山西巡撫林天擎爲湖廣巡撫黃圖安爲甯夏巡撫癸未官軍復平遠縣甲申諭曰比年以來軍興未息供億孔殷益以水旱小民艱食有司失於拊循流離載道朕心惻然不遑寢處卽核庫儲亟圖賑撫己丑免河南州縣衛所十年災賦庚寅以李蔭祖爲直隸山東河南總督三月壬辰官軍擊桂東賊擒其渠賴龍戊戌免湖廣襄陽黃州常德岳州永州荊州德安及辰常襄三衛山東濟南東昌十年災賦辛丑甯完我劾陳名夏罪鞫實伏誅乙巳以王永吉爲左都御史戊申皇第三子玄曄生是爲聖祖以蔣赫德爲國史院大學士乙卯以多羅慧哲郡王額爾袞多羅宣獻郡王界堪多羅通達郡王雅爾哈齊配享太廟以孟明輔爲兵部尚書夏四月壬戌賊渠曹志攀犯饒州官軍擊敗之志攀降庚午四川賊魏勇犯順慶官軍擊敗之壬申地震官軍擊故明將張名振等於崇明敗之癸酉免洛南上年災賦三之一己卯幸南苑賚所過農民金乙酉免保康等四縣上年被寇災賦丁亥以王永吉爲秘書院大學士秦世楨爲浙江巡撫戊子江南寇徐可進朱元等降五月壬辰上還宮甲午幸西苑賜大臣宴庚子以胡圖爲議政大臣甲辰免平涼衛上年災賦丙午起黨崇雅爲國史院大學士以龔鼎孳爲左都御史丁未遣官錄直省囚庚戌免興安漢陰平利等州縣上年災賦辛亥太白晝見丙辰以楊麒祥爲平南將軍駐防杭州六月己未朔河決大王廟丙寅陝西地震丁卯以朱瑪喇爲靖南將軍征廣東餘寇甲戌立科

爾沁鎭國公綽爾濟女博爾濟錦氏爲皇后。庚辰大赦。秋七月戊子朔封琉球世子尙質爲中山王壬辰免秦州朝邑安定災賦戊申免鎭原廣甯二縣災賦丙辰以佟代爲浙閩總督八月戊午朔免延安府荒賦己未官軍勦瑞金餘寇誅僞都督許勝可等庚申罷直省恤刑官命巡撫慮囚辛酉免眞甯縣十年災賦壬戌山東濮州陽穀等縣地震有聲甲戌以張中元爲江甯巡撫丙子以張秉貞爲兵部尙書庚辰以傅以漸爲秘書院大學士任濬爲刑部尙書壬午故明樂安王朱議溯謀反伏誅九月己丑范文程以病罷免西安平涼鳳翔三府十年災賦庚寅封綫國安爲三等伯壬辰申嚴隱匿逃人之禁癸巳免宣武萬全右衞災賦丙申以董天機爲直隸巡撫壬子以馮聖兆爲延綏巡撫冬十月丁巳朔享太廟辛未免廬鳳淮揚四府徐滁和三州災賦丁丑命重囚犯罪三法司進擬仍令議政王貝勒大臣詳議壬午賑畿輔被水州縣免祁陽等七縣逋賦李定國陷高明圍新會耿繼茂請益師十一月丁亥以陳泰爲吏部尙書阿爾津爲正藍旗滿洲固山額眞尙可喜遣子入侍壬寅詔曰朕纘承鴻緒十有一年治效未臻疆圉多故水旱疊見地震屢聞皆朕不德之所致也朕以眇躬託於王公臣庶之上政教不修瘡痍未復而內外章奏輙以聖稱是重朕之不德也朕方內自省抑大小臣工亦宜恪守職事共弭災患凡章奏文移不得稱聖大赦天下咸與更始癸卯幸南苑甲辰耿繼茂遣子入侍十二月辛酉和碩承澤親王碩塞薨戊辰免荆門鍾祥等六州縣災賦己巳免磁祥符等三十六州縣災賦壬申以濟度爲定遠大將軍征鄭成功尙可喜耿繼茂朱瑪喇敗李定國於新會定國遁走乙亥鄭成功陷漳州圍泉州丁丑命明安達禮征羅刹免西安五衞荒賦江西賊翟武等率衆降是年朝鮮流球厄魯特部阿巴賴諾顏諾門汗額爾德尼達雲綽爾濟索倫部索朗噶達爾漢湯古忒部達賴喇嘛諦巴班禪胡土克圖均來貢

十二年春正月戊子官軍敗賊於玉版巢又擊籐縣賊破之庚寅免東平濟陽等十八州縣上年災賦乙未免直隸八府河南彰德衞輝懷慶上年災賦戊戌詔曰親政以來五年於茲焦心勞思以求治理日望諸臣以嘉謨入告匡救不逮乃疆圉未靖水旱頻仍吏治墮汙民生憔悴保邦制治其要莫聞諸王大臣皆親見祖宗創業艱難豈無長策而未有直陳得失者豈朕聽之不聰虛懷納諫有未盡歟天下之大幾務之繁責在一人而失所輔導朕雖不德獨不念祖宗培養之澤乎其抒忠藎以慰朕懷辛丑以韓岱爲吏部尙書伊爾德阿喇善爲都統癸卯以于時躍爲廣西巡撫甲辰命在京七品以上在外文官知府武官副將以上各舉職事及兵民疾苦極言無隱辛亥修順治大訓二月庚申復遣御史巡按直省壬戌大學士呂宮以疾免癸亥免成安等六縣上年災賦己巳賑旗丁免平涼漢陰二縣上年災賦丙子封博穆博和爾爲和碩襄親王免濬甯陽等二十一州縣上年災賦己卯免滁和二州上年災賦庚辰以陳之遴爲弘文院大學士王永吉爲國史院大學士癸未耿繼茂尙可喜敗李定國於興業廣東高雷廉三府廣西橫州平三月戊子免湖廣石門縣上年災賦以戴明說爲戶部尙書庚子以佟國器爲南贛巡撫宜永貴爲福建巡撫壬寅免鄖陽襄陽二府上年被寇荒賦甲辰賜圖爾宸史大成等進士及第出身有差丁未創續順公沈永忠爵壬子諭曰自明末擾亂日尋干戈學問之道闕焉弗講今天下漸定朕將興文教崇儒術以開太平直省學臣其訓督士子博通古今明體達用諸臣政事之暇亦宜留心學問佐朕右文之治癸丑設日講官夏四月乙丑免沈邱及懷慶衞上年災賦丁丑進封尼思哈爲和碩敬謹親王齊克新爲和碩端重親王癸未詔修太祖太宗聖訓五月乙酉以圖海兼刑部尙書辛卯和碩鄭親王濟爾哈朗薨輟朝七日丁酉以石廷柱爲鎭海將軍駐防京口戊戌以胡沙爲鑲黃旗固山額眞庚子以覺羅巴哈納爲弘文院大學士辛丑靈邱縣地震有聲乙巳以覺羅郎球爲戶部尙書丙午以李際期爲兵部尙書丁未以恩格德爲禮部尙書己酉以衞周祚爲工部尙書六月甲寅免杭州甯波金華衢州台州災賦丁卯諭曰朕覽法司章奏決四日五六人或十餘人念此愚氓兵戈災祲之後復罹法網深可憫惻有虞之世民不犯於有司漢文帝唐太宗亦幾致刑措今犯法日衆豈風俗日偷歟抑朝廷德教未敷讞獄者有失入歟嗣後法司其明愼用刑務求平允戊辰免房山縣上年災賦桂王將劉文秀寇常德遣其黨犯岳州武昌官軍擊走之己卯封博果鐸爲和碩莊親王辛巳命內十三衙門立鐵牌諭曰中官之設自古不廢任使失宜遂貽禍亂如明之王振汪直曹吉祥劉瑾魏忠賢輩專權擅政陷害忠良出鎭典兵流毒邊境煽黨頌功謀爲不軌覆敗相尋深可鑒戒朕裁定內官職掌法制甚明如有竊權納賄交結官員越分奏事者凌遲處死特立鐵牌俾世遵守秋七月癸未朔日有食之壬辰復遣廷臣恤刑辛亥命直省繪進輿圖八月丙辰免靈邱縣災賦癸亥以阿爾津爲甯南靖寇大將軍同卓羅駐防荆州祖澤潤防長沙乙丑以多羅安郡王岳樂爲左宗正貝勒杜蘭爲右宗正癸酉諭曰畿輔天下根本部臣以運河決口議徵逋賦朕念畿內水旱相仍人民荼苦復供舊稅其何以堪今悉與蠲免工築之費別事籌畫免曹城武等七州縣及臨清衞齊河屯上年災賦九月癸未免鳳陽災賦壬寅定武會試中式殿試如文進士朱瑪喇敦拜師還丙午頒御製資政要覽範行恒言勸善要言儆心錄異姓公以下文三品以上各一部戊申免兩當甯遠二縣災賦冬十月辛亥朔設尙寶司官壬子免蔚州及陽和陽高二衞災賦己未免甘州肅州涼州西甯災賦辛酉命每年六月慮囚七月覆奏著爲令癸亥免磁獲嘉等八州縣災賦甲子免隆平十一年以前逋賦淄川等八縣災賦丙寅免宣府大同災賦戊辰詔曰帝王以德化民以刑輔治苟律例輕重失宜官吏舞文出入政平訟理其道曷由朕覽讞獄本章引用每多未愜其以現行律例繕呈朕將親覽更定之辛未以祝世允爲鑲紅旗滿洲固山額眞癸酉以孫廷銓爲兵部尙書乙亥修玉牒丙子龔鼎孳以罪免十一月壬午免濬堂邑等十三州縣災賦癸未鄭成功將犯舟山乙酉巡按御史顧仁坐納賄棄市丁亥諭曰國家設督撫巡按振綱立紀剔弊發奸將令互爲監察近來積習乃彼此容隱凡所糾劾止末員豈稱設官之意嗣有瞻顧徇私者併坐其罪鄭成功將陷舟山副將把成功降於賊戊子幸南苑免鄖陽襄陽逋賦汲淇胙城等縣災賦戊申免臨漳災賦十二月丙辰免耀州同官雒南災賦癸亥免安吉仁和等十州縣宣化八衞災賦乙丑頒大清滿字律免臨淸齊河等十州縣東昌衞災賦丙寅于時躍祖澤遠平九團兩都猺獞一百九十二寨己巳多羅敏郡王勒度薨癸酉免涿慶雲等三十三州縣永平衞災賦甲戌以宜爾德爲甯海大將軍討舟山寇以秦世禎爲安徽巡撫提督操江陳應泰爲浙江巡撫白如梅爲山西巡撫免臨海等十八縣祥符蘭陽二縣懷慶羣牧二衞災賦是年喀爾喀部額爾德尼諾穆齊台吉門章墨爾根楚虎爾台吉伊世希布額爾德尼台吉額爾克戴青台吉來朝朝鮮喀爾喀部畢席勒爾圖汗溫布額爾德尼澤卜尊丹巴胡土克圖丹津喇嘛車臣汗土謝圖汗土謝圖汗下喇嘛塔爾達爾漢諾顏厄魯特部杜喇爾渾台吉都喇爾渾津阿里衮克三拖因阿巴賴諾顏鄂齊爾圖台吉噶爾丹覊索倫部馬魯凱訥墨禮河頭目伊庫達黑龍江頭目庫拜班禪胡土克圖俄羅斯察幹汗遣使均來貢朝鮮三至厄魯特阿巴賴鄂齊爾圖台吉再至

十三年春正月庚辰朔幸南苑癸未諭修通鑑全書孝經衍義丙申免漢中鳳翔西安上年災賦己亥鄭成功將犯台州副將馬信以城叛降於賊庚子免廣德上年災賦十之一甲辰免富陽等六縣上年災賦己巳免江西八年逋賦二月戊午免荆州安陸常德武昌黃州上年災賦庚申免廣平上年災賦丙寅免嵩嵐五臺上年災賦戊辰命兩廣總督移駐梧州官軍敗李定國於南甯庚午定部院滿官三年考滿六年京察例以李率泰爲浙閩總督王國光爲兩廣總督甲戌以趙布泰爲鑲黃旗固山額眞丙子幸南苑較射免東平濮長山上年災賦己卯大學士馮銓致仕三月庚辰幸瀛臺癸未免景陵等九縣上年災賦癸巳以費雅思哈爲議政大臣馬之先爲川陝三邊總督乙未陳泰卒於軍以原官發盛京閒住癸卯諭曰朝廷立賢無方比來罷譴雖多南人皆以事論斥非有所左右也諸臣毋歧方隅毋立門戶毋挾忿肆誣毋摭嫌苛訐庶還蕩平之治丙午諭曰朕親政以來夙夜兢業每期光昭祖德蚤底治平克當天心以康民物方睿王攝政斥忠任奸百姓怨嗟望朕親政乃者冬雷春雪隕石雨土所在見告六載之中康乂未奏災祲時聞是朕有負於百姓也用是恐懼靡甯冀昭告於上帝祖宗實圖省戒有司其涓日以聞夏四月辛亥廣西故明永安王朱華堧及土司等來降乙卯以災變祭告郊廟辛酉官軍破賊姚黃於彝陵壬戌太康陽曲地震丁卯以覺羅科爾坤爲吏部尙書庚午免麟遊荒賦壬申以梁淸標爲兵部尙書丁丑尙可喜復揭陽普甯澄海三縣五月辛卯免大甯荒賦癸巳幸南苑己亥以羅託爲鑲藍旗滿洲固山額眞覺羅郎球免明安達禮爲理藩院尙書以張懸錫爲宣大總督免荆門京山等十一州縣衞上年災賦閏五月戊申幸瀛臺丙辰廣西都康等府土官來降己未乾淸宮坤甯宮交泰殿及景仁永壽承乾翊坤鍾粹儲秀宮成以郎廷佐爲江南江西總督劉漢祚爲福建巡撫丙寅以張朝璘爲江西巡撫六月己丑諭曰滿洲家人皆征戰所得故立嚴法以儆逋逃比年株連無已朕心惻焉念此僕隸亦人子苟以恩結甯不知感若任情困辱雖嚴何益嗣後宜體朕意壬辰莒州地震有聲庚子免桃源上年荒賦辛丑容美土司田吉麟降癸卯命固山額眞郎賽駐防福建撤直省督催稅糧滿官甯化賊帥黃素禾來降秋七月丁未朔享太廟戊申官軍敗明桂王將龍韜於廣西斬之己酉和碩襄親王博穆博果爾薨庚戌鄭成功將黃梧等以海澄來降壬子上初御乾淸宮癸丑大赦戊午以佟延

年爲甘肅巡撫八月戊寅免廣信饒州吉安上年災賦己丑免莆田仙遊興平衞十一十二兩年災賦辛卯賑畿輔壬辰封黃梧爲海澄公停滿官榷關癸巳鄭成功軍陷閩安鎭進圍福州官軍擊却之丁酉免順天比年災賦己亥免靖遠洮岷等衞災賦辛丑命三年大閱著爲令乙巳免大同上年災賦九月丙午官軍敗鄭成功將於夏關又敗之於衡水洋遂復舟山癸亥鄭成功將官顧忠來降壬申追封和碩肅親王豪格爲和碩武肅親王冬十月丁丑以將國柱爲安徽巡撫提督操江戊寅設登聞鼓己卯免宣府災賦延綏鎭神木縣十之三庚辰四川賊帥鄧希明張元凱率衆降甲午以胡全才爲湖廣總督乙未幸南苑丙申以張尚撫治鄖陽辛丑官軍復辰州壬寅免和順縣災賦十之三永順土司彭弘澍率所屬三州六司三百八十洞來降癸卯命陳之遴還京十一月丙午還宮丁未興京陵工成庚戌祀天於圜丘辛亥幸南苑申嚴左道之禁戊午免淸水縣鳳翔所災賦丙寅以張長庚爲湖廣巡撫免海州荒賦辛未免洛川災賦十二月丁丑册內大臣鄂碩女董鄂氏爲皇貴妃頒恩赦戊子還宮己丑封谻挫監挫爲闡化王乙未以李蔭祖爲湖廣總督丁酉加上皇太后尊號曰昭聖慈壽恭簡安懿章慶皇太后戊戌頒恩赦是年土謝圖親王巴達禮卓禮克圖親王吳克善達爾漢巴圖魯郡王滿朱習禮固倫額駙阿布鼐親王來朝朝鮮荷蘭土魯番烏斯藏闡化王喀爾喀部索特拔宜爾登諾顏喇嘛塔爾多爾濟達爾漢諾顏車臣汗土謝圖汗土謝圖汗下丹津喇嘛戴靑額爾德尼喇嘛厄魯特部達賴吳巴什台吉訥穆齊台吉阿巴賴訥顏察罕台吉馬賴台吉什虎兒戴靑額爾德尼台吉顧實汗下色稜諸顏索倫部達爾巴均來貢喀爾喀土謝圖汗宜爾登諾顏再至

十四年春正月辛亥祈穀於上帝以太祖武皇帝配癸丑以魏裔介爲左都御史甲寅宜爾德師還乙卯以張懸錫爲直隸山東河南總督官軍敗鄭成功將於烏龍江又敗之於惠安縣戊午諭曰制科取士計吏薦賢皆朝廷公典臣子乃以市恩甚無謂也師生之稱必道德相成授受有自方足當之豈可攀援權勢無端親暱考官所得及薦舉屬吏輒號門生賄賂公行徑竇百出鑽營黨附相煽成風朕欲大小臣工杜絕弊私恪守職事犯者論罪修金陵寢庚申以盧崇峻爲宣大總督甲子諭曰我國家之興治兵有法今八旗人民怠於武事遂至軍旅頹敝不及曩時皆由限年定額考取生童鄉會兩試即得錄用及各衙門考取他赤哈哈番筆帖式徒以文字得官遷轉甚速以故人樂趨之其一切停止丁卯封猛峨塔爾納爲多羅郡王多爾傅爲多羅貝勒皇貴妃父鄂碩爲三等伯二月戊寅祭社稷命儒臣纂修易經癸未故明崇陽王朱蘊鈐等來降丁酉祭歷代帝王廟己亥寬隱匿逃人律以賽音達理爲正白旗漢軍固山額眞庚子山西雲鎭地震有聲癸卯免沔陽益陽上年災賦三月己酉奉太宗文皇帝配享圜丘及祈穀壇多羅郡王塔爾納薨壬子奉太祖武皇帝太宗文皇帝配享方澤癸丑以配享禮成大赦天下甲寅詔求遺書丙辰復孔子位號曰至聖先師丁卯定遠大將軍濟度師還夏四月甲戌興甯縣雷連十二峒猺官龐國安等來降丁卯流鄭芝龍於甯古塔癸未四川保甯府威茂二州地大震乙酉以濟席哈爲正紅旗滿洲都統丁亥以久旱恤刑獄辛卯禱雨於郊壇未還宮大雨丁酉幸南苑戊戌置盛京奉天府五月癸卯朔日有食之丙午以道喇爲正紅旗蒙古固山額眞甲寅封濟度爲和碩簡親王丁巳以覺羅伊圖爲兵部尙書戊午還宮六月辛巳免彰德衞輝二府上年災賦壬午免武陵縣上年災賦辛丑洪承疇以疾解任秋七月丙辰削左都御史魏裔介職仍戴罪辦事庚申以朱之錫爲河道總督八月壬申命敦拜爲總管駐防盛京己丑免山西荒地逃丁徭賦丙申鄭成功犯台州紹台道蔡瓊枝叛降於賊丁酉賚八旗貧丁九月辛丑以亢得時爲漕運總督李國英爲川陝三邊總督丙午初御經筵以賈漢復爲河南巡撫癸丑以高民瞻爲四川巡撫停直省秋決丙寅官軍復閩安鎭丁卯京師地震有聲戊辰詔曰自古變不虛生率由人事朕親政七載政事有乖致災譴見告地震有聲朕躬修省文武羣臣亦宜協心盡職朕有闕失輔臣陳奏毋隱冬十月壬申以開日講祭告先師孔子於弘德殿免新樂上年災賦癸酉命固山額眞趙布泰駐防江甯丙子皇第四子生修賦役全書辛巳幸南苑乙酉閱武丁亥修孔子廟戊子還宮庚寅改梁化鳳爲水師總兵官駐防崇明甲午順天同考李振鄴張我樸等坐受賄棄市乙未昭事殿奉先殿成十一月壬寅幸南苑皇第五子常甯生丙午進安郡王岳樂爲親王庚戌免吉水等八縣災賦戊午免霸寶坻等二十八州縣保安等四衞災賦辛酉荆州賊田國欽等來降壬戌明桂王將孫可望來降固山貝子呑齊喀以罪削爵十二月癸酉復命洪承疇經略五省同羅託等取貴州免新建豐城災賦甲戌封孫可望爲義王癸未命吳三桂自四川趙布泰自廣西羅託自湖南取貴州丙戌明桂王將譚新傳等降丙申以皇太后疾愈賚旗兵賑貧民是年朝鮮喀爾喀部畢席爾圖汗冰圖台吉額爾德尼韋徵諾顏吳巴什諾顏土謝圖汗下完書克諾顏厄魯特部敖齊爾圖台吉子伊拉古克三班第大胡土克圖綽克圖台吉巴圖魯台吉達賴烏巴什台吉索倫部馬魯喀虎爾格吳爾達爾漢東夷託科羅氏南迪歐達賴喇嘛班禪胡土克圖均來貢朝鮮三至

十五年春正月庚子大赦詔曰帝王孝治天下禮莫大乎事親比者皇太后聖躬違和朕夙夜憂懼賴荷天眷今已大安遘茲大慶宜沛殊恩其自王公以下中外臣僚並加恩賚直省逋賦悉與豁免吏民一切詿誤咸赦除之壬寅停祭堂子以多羅信郡王多尼爲安遠靖寇大將軍率師征雲南戊午祀圜丘己未祀方澤辛酉祀太廟社稷以太后疾愈故皇第四子薨丙寅以周召南爲延綏巡撫二月甲戌賑畿輔甲申免武淸灤上年災賦己丑減遼陽稅額辛卯川東賊帥張京等來降甲午命部院官各條陳事宜乙未御經筵三月辛丑李定國黨門龍等陷橫州官軍擊走之甲辰內監吳良輔以受賄伏誅壬子免襄陽鄖陽荒賦戊午追封科爾沁巴圖魯王女爲悼妃甲子追封皇第四子爲和碩榮親王夏四月辛未賜孫承恩等進士及第出身有差丙子官軍敗賊於合州克重慶癸未免江夏等七縣十三年災賦丙戌較射於景山辛卯免湻化荒賦大學士王永吉以罪免壬辰大學士陳之遴復以罪流盛京五月丁酉朔日有食之癸卯調衞周祚爲吏部尙書戊申以劉昌爲工部尙書更定銓選法辛亥鄭成功將犯澄海遊擊劉進忠以城叛降於成功壬子免山東十一年以前竈丁逋課己未較射於景山辛酉裁詹事府官壬戌廣西賊將賀九義犯賓州官兵擊敗之癸亥以胡世安衞周祚李霨爲內院大學士甲子官軍復沅靖進取貴陽平越鎭遠等府南丹那地獨山等州撫甯土司俱降六月戊辰吳三桂等敗李定國將劉正國於三坡克遵義拔開州辛未以趙廷臣爲貴州巡撫壬申以佟國器爲浙江巡撫蘇弘祖爲南贛巡撫丙子官軍敗海寇於白沙辛巳以李棲鳳爲兩廣總督甲申以王崇簡爲禮部尙書壬辰免靖沅陵等十五州縣及平溪九衞所額賦癸巳鄭成功犯溫州陷平陽瑞安秋七月己亥裁宣大總督己酉以潘朝選爲保定巡撫庚戌沙爾虎達擊羅刹敗之改內三院大學士爲殿閣大學士設翰林院及掌院學士官增各道御史三十人己未免桂陽衡陽等十州縣上年災賦甲子以巴哈費揚古郭邁居祿會馬爾濟哈鄂莫克圖坤巴圖魯鄂布格德墨爾根袍喀蘭圖鄂色博洛塞冷巴特瑪巴泰俱爲內大臣趙國祚爲浙江總督李率泰專督福建八月癸酉以李顯貴爲鑲白旗漢軍固山額眞丙子勅諭多尼等授以方略李定國將王興及水西宣慰使安坤等來降癸巳御經筵九月丁酉以孫塔爲鑲藍旗蒙古固山額眞庚戌更定理藩院大辟條例己酉以能圖爲左都御史壬子賜鑲黃正黃正白三旗官校金甲寅改內院大學士覺羅巴哈納金之俊爲中和殿大學士額色黑成克鞏爲保和殿大學士蔣赫德劉正宗爲文華殿大學士洪承疇傅以漸胡世安爲武英殿大學士衞周祚爲文淵閣大學士李霨爲東閣大學士己未免福州興化建甯三府福甯州十二十三兩年荒賦癸亥發帑賜出征軍士家冬十月壬午以祖重光爲順天巡撫荆州襄陽安陸霪雨江溢漂沒萬餘人十一月甲戌朔海寇犯洛陽內港官軍擊敗之乙未免鄖陽襄陽荒賦庚子定宮中女官員額品級辛丑免林縣災賦十之三江南考官方猶錢開宗等坐納賄棄市十二月壬申以索渾爲鑲白旗滿洲固山額眞甲戌免五臺災賦壬午故明宗室朱議滃率衆降乙酉以鄔赫爲禮部尙書免山陰等八縣上年災賦戊子以明安達禮爲安南將軍率師駐防貴州己丑諭曰川湖雲貴之人皆朕臣庶寇亂以來久罹湯火今大軍所至有來歸者加意拊循令其得所能効力建功者不靳爵賞是年朝鮮喀爾喀部賓爾格齊諾顏噶爾當台吉土謝圖汗畢席勒爾圖汗丹津喇嘛厄魯特部阿巴賴諾顏車臣台吉下車臣俄木布鄂齊爾圖台吉索倫部達把代庫爾喀部塔爾善使犬國頭目替爾庫達賴喇嘛俱來貢朝鮮喀爾喀土謝圖汗厄魯特阿巴賴諾顏再至

十六年春正月甲午桂王將譚文犯重慶其弟譚詣殺之及譚宏等來降丁酉以徐永正爲福建巡撫庚子多尼克雲南以捷聞初多尼吳三桂趙布泰會師於平越府之楊老堡分三路取雲南多尼自貴陽入渡盤江至嶺衞與白文選遇大敗之三桂自遵義至七星關不得進乃由水西間道趨烏撒趙布泰自都勻至盤江之羅顏渡敗守將李成爵於山谷又敗李定國於雙河口所向皆捷遂俱抵雲南入省城李定國白文選奉桂王奔永昌癸卯以林天擎爲雲南巡撫甲辰以巴海爲昂邦章京駐防甯古塔辛亥賜外藩蒙古諸王貧乏者馬牛羊癸丑以趙廷臣爲雲貴總督卞三元爲貴州巡撫二月丙寅免潼關衞辛莊等屯上年災賦丁卯海寇犯溫州官軍擊敗之庚午以雲貴蕩平命今秋舉會試辛未免荆州潛江等九州縣及沔陽安陸二衞上年災賦丙子命羅託等班

師明安達禮駐防荊州壬午以許文秀爲山東巡撫三月丙申以蔣國柱爲江甯巡撫己亥以張仲第爲延綏巡撫戊申以朱衣助爲安徽巡撫鄭成功犯浙江太平縣官軍擊敗之己酉御經筵甲寅命吳三桂鎭雲南尙可喜鎭廣東耿繼茂鎭四川丁巳免襄陽等六縣災賦閏三月壬戌大學士胡世安以疾解任丁卯定犯贓例滿十兩者流席北應杖責者不准折贖甲申免鍾祥縣上年災賦圖海有罪免丙戌封譚弘爲慕義侯譚詣爲嚮化侯丁亥以張自德爲陝西巡撫夏四月甲寅多尼吳三桂軍克鎭南州白文選縱火燒瀾滄江鐵橋遁走我軍進克永昌李定國奉桂王走騰越伏兵於磨盤山我軍力戰復克騰越五月壬戌廣西南甯太平思恩諸府平己巳以劉秉政爲甯夏巡撫晉封滿朱習禮爲和碩達爾漢巴圖魯親王戊寅官軍擊成功於定關敗之斬獲甚衆辛巳發內帑銀三十萬兩以其半賑雲貴窮黎其半給征兵餉六月庚子朝鮮國王李淏薨壬子鄭成功陷鎭江府秋七月丁卯以達素爲安南將軍同索洪賴塔等率師征鄭成功丙子鄭成功犯江甯庚辰幸南苑甲申還宮八月己丑朔江南官軍破鄭成功於高山擒提督甘煇等燒敵船五百餘艘成功敗遁我軍追至瓜州敵兵大潰先是成功擁師十餘萬戰艦數千抵江甯城外列八十三營絡繹不絕設大礮地雷雲梯木柵爲久困之計軍容甚盛我軍噶褚哈馬爾賽等自荊州以舟師來援會蘇松水師總兵官梁化鳳及遊擊徐登第參將張國俊等各以軍至總督郎廷佐合軍會戰水陸並進遂以捷聞庚寅御經筵癸巳幸南苑以劉之源爲鎭海大將軍同梅勒章京張元勳等駐防鎭江以蔡士英爲鳳陽巡撫總督漕運宜永貴爲安徽巡撫提督操江丙申安南國都將武公悊遣使納款於洪承疇軍前戊戌還宮甲辰鄭成功復犯崇明官軍擊敗之乙巳幸南苑丙午還宮九月庚申免台州四年至十年被寇稅賦乙亥賜陸元文等進士及第出身有差丁丑以杜立德爲刑部尙書戊寅予故朝鮮國王李淏諡封世子棩爲國王庚辰以海爾圖爲鑲藍旗漢軍固山額眞辛巳尊興京祖陵爲永陵甲申幸南苑冬十月庚戌洪承疇以疾解經略任甲寅奈曼部達爾漢郡王阿漢以罪削爵爲庶人十一月己未論故巽親王滿達海端重親王博洛敬謹親王尼堪前罪削巽親王端重親王爵降其子爲多羅貝勒敬謹親王獨免壬戌以公漽赫公朴爾盆爲內大臣丙寅上獵於近畿壬申次昌平州上酹酒明崇禎帝陵遣學士麻勒吉祭王承恩墓甲戌遣官祭明帝諸陵並增陵戶加修葺禁樵採戊寅皇第六子奇授生己卯次湯泉甲申次三屯營追謚明崇禎帝爲莊烈愍皇帝丙戌吳三桂取沅江十二月戊戌還京乙巳定世職承襲例庚戌加公主封號壬子命耿繼茂移駐廣西是年朝鮮喀爾喀部丹津喇嘛土謝圖汗車臣汗畢席勒爾圖汗魯布臧諾顏車臣濟農昆都倫託音土謝圖汗下多爾濟台吉厄魯特部阿布賴諾顏達來吳霸西諾顏俄齊爾圖台吉黑龍江能吉勒屯頭目批理索倫部胡爾格烏爾達爾漢俱來貢朝鮮喀爾喀部土謝圖汗丹津喇嘛再至

十七年春正月丙寅以朱國治爲江甯巡撫庚辰京師文廟成以能圖爲刑部尙書辛巳詔曰自古帝王統御寰區治效已臻則樂以天下化理未奏則罪在朕躬敬天勤民道不越此朕纘承祖宗鴻緒兢兢圖治十有七年乃民生猶未盡遂貪吏猶未盡除滇黔伏戎未靖征調時聞反復思維朕實不德負上天之簡畀忝祖宗之寄託虛太后教育之恩孤四海萬民之望每懷及此罔敢即安茲以本年正月祭告天地太廟社稷抒忱引責自今以後元旦冬至及朕壽令節慶賀表章俱行停止特頒恩赦官民除十惡死罪外悉減一等軍流以下咸赦除之直省逋賦槪予豁免有功者錄孝義者旌誕告中外咸使聞知免洮州衞上年災賦甲申免莒甯陽十二州縣上年災賦二月戊子詔京官大學士尙書自陳其三品以下親加甄別吳三桂軍破賊於普洱征南將軍趙布泰師還壬辰尙書劉昌自陳年老致仕癸巳免貴陽等六府及土司上年災賦復設鳳陽巡撫駐泰州戊戌甄察直省督撫及京職三品以上漢官石申馮溥等錄敍黜降有差壬寅以林起龍爲鳳陽巡撫免淮揚鳳三府徐州上年災賦定每年孟春合祭天地日月及諸神於大享殿癸卯諭禮部向來孟春祈穀禮於大享殿舉行今既行合祭禮於大享殿以後祈穀禮於圜丘舉行壬子免梁城所上年災賦三月癸亥定平西靖南二藩兵制甲子以史紀功爲浙江巡撫辛未諭禮部朕裁稽舊制歲終祫祭之外有奉先殿合祭之禮自後元旦皇太后萬壽及朕壽節合祀於奉先殿其詳議禮儀以聞論陷鎭江罪革巡撫蔣國柱提督管效忠職免死爲奴協領費雅柱等棄市甲戌定固山額眞漢稱曰都統梅勒章京曰副都統甲喇章京曰參領牛彔章京曰佐領昂邦章京曰總管滿仍其舊以袁懋功爲雲南巡撫丙子御經筵癸未定王貝勒貝子公妻女封號甲申更定民公侯伯以下章京以上盔纓制夏四月丙戌免寶坻豐潤武清上年災賦甲午以張長庚爲湖廣總督丙申以劉祚遠爲保定巡撫張椿爲陝西巡撫辛丑詔定匿災不報罪癸卯以白秉貞撫治鄖陽丙午皇第七子隆禧生己酉合祀天地於大享殿五月乙卯朔以覺羅伊圖爲吏部尙書庚申免綏德膚施五州縣上年災賦甲子以阿思哈爲兵部尙書蘇納海爲工部尙書甲戌以佟壯年爲正藍旗漢軍都統郭爾泰爲鑲白旗蒙古都統免沅州鎭遠二衞上年災賦己卯詔曰前者屢詔引咎責躬由今思之皆具文而鮮實益且十二十三年間時有過舉經言官指陳雖加處分而此心介然未釋今上天示儆亢旱瘧疫災告疊至寇盜未息民生困悴用是深自刻責夙夜靡甯從前以言獲罪者吏部列名具奏凡國計民生利害及朕躬闕失各直言無隱庚辰以張天福爲正黃旗漢軍都統壬午覺羅巴哈納等以旱引罪自陳上曰朕以旱災迭見下詔責躬卿等合辭引罪是仍視爲具文非朕實圖改過意也卿等職司票擬僅守成規未能各出所見佐朕不逮是皆朕不能委任大臣之咎自後專加委任其殫力贊襄秉公持正以副朕懷多羅信郡王多尼師還癸未雲南土司那嵩來降六月乙酉始命翰林官於景運門入直以阿思哈兼攝左都御史事戊子遣官省獄以楊茂勳爲湖廣巡撫免澧巴陵十二州縣及岳州等衞上年災賦己丑增祀商中宗高宗周成王康王漢文帝宋仁宗明孝宗於歷代帝王廟罷遼太祖金太祖元太祖廟祀及宗臣潘美張浚從祀以蘇納海爲兵部尙書癸巳以穆里瑪爲工部尙書白色純署河道總督丙申上以禱雨步至南郊齋宿是日大雨戊戌祀天於圜丘又雨己亥大學士劉正宗成克鞏魏裔介以罪免辛丑命修舉天下名山大川古帝王聖賢祀典秋七月甲辰朔以霍達兼攝左都御史事和碩簡親王濟度薨戊午編降兵爲忠勇義勇等十營隸吳三桂以降將馬寶等統之丁卯移祀北岳於渾源州己巳免荊州祁陽十三州縣及衡州等衞上年災賦庚午免均保康七州縣及鄖襄二衞上年荒賦以楊義爲工部尙書丁丑命耿繼茂移駐福建甯古塔總管巴海敗羅刹於使犬部地招撫費牙喀十五村一百二十餘戶改徙席北流犯於甯古塔庚辰停遣御史巡按直省壬午以羅託爲安南將軍率師征鄭成功癸未能圖免八月丁亥以彭有義爲河南巡撫己丑免化茂名四州縣及高州所上年災賦庚寅免武岡上年災賦丙申雲南車里土司刀木禱來降戊戌以沈永忠爲掛印將軍鎭守廣東辛丑以愛星阿爲定西將軍征李定國壬寅皇貴妃董鄂氏薨輟朝五日甲辰追封董鄂氏爲皇后己酉降將郝承裔叛陷邛州圍嘉定官軍擊敗之辛亥以穆里瑪爲鑲黃旗滿洲都統九月癸丑朔安南國王黎維祺奉表來降甲子以佟鳳彩爲四川巡撫丁卯僞將鄧耀據海康官軍擊走之壬申以王登聯爲保定巡撫甲戌免保昌六縣及南韶二所十四年災賦戊寅幸昌平觀故明諸陵己卯還宮冬十月丁亥以覺羅雅布蘭爲刑部尙書戊子罷朝鮮貢鷹辛卯幸近郊甲午還宮己亥以郭科爲工部尙書丁未免睢商邱十一州縣及歸德睢陽二衞上年災賦十一月甲寅免趙柏鄉四州縣及眞定衞上年災賦乙卯免甯上饒四十六州縣上年災賦丁巳撤直省恤刑官安南將軍明安達禮師還辛酉大學士劉正宗以罪免壬戌復遣御史巡按直省乙丑敬謹親王尼思哈薨戊寅免睢虞城六州縣災賦庚辰免五河安東上年災賦十二月癸巳免邳宿遷四州縣災賦戊戌免慶都災賦甲辰皇第八子永幹生是歲朝鮮喀爾喀部丹津喇嘛土謝圖汗下萬舒克諾顏七旗厄魯特部鄂齊里汗達賴喇嘛班禪胡土克圖阿里祿克山托因虎爾哈部宜訥克俄羅斯部察罕汗使鹿索倫部頭目布勒蘇定噶索朗阿達爾漢子查木蘇來貢朝鮮再至

十八年春正月壬子上不豫丙辰大漸赦死罪以下丁巳崩於養心殿年二十四遺詔曰朕以涼德承嗣丕基十八年於茲矣自親政以來紀綱法度用人行政不能仰法太祖太宗謨烈因循悠忽苟且目前且漸習漢俗於淳樸舊制日有更張以致國治未臻民生未遂是朕之罪一也朕自弱齡即遇皇考太宗皇帝上賓教訓撫養惟聖母皇太后慈育是依隆恩罔極高厚莫酬朝夕趨承冀盡孝養今不幸子道不終誠悃未遂是朕之罪一也皇考賓天朕止六歲不能服衰絰行三年喪終天抱憾惟侍奉皇太后順志承顏且冀萬年之後庶盡子職少抒前憾今永違膝下反上廑聖母哀痛是朕之罪一也宗室諸王貝勒等皆太祖太宗子孫爲國藩翰理宜優遇以示展親朕於諸王貝勒晉接既疏恩惠復鮮情誼暌隔友愛之道未周是朕之罪一也滿洲諸臣或歷世竭忠或累年效力宜加倚託盡厥猷爲朕不能信任有才莫展且明季失國多由偏用文臣朕不以爲戒委任漢官即部院印信間亦令漢官掌管致滿臣無心任事精力懈弛是朕之罪一也朕夙性好高不能虛己延納於用人之際務求其德與己侔未能隨才器使致每歎乏人若舍短錄長則人有微技亦獲見用豈遂至於舉世無才是朕之罪一也設官分職惟德是用進退黜陟不可忽視朕於廷臣明知其不肖不即罷斥仍復優容姑息如劉正宗者偏私躁忌朕已洞悉於

心乃容其久任政地可謂見賢而不能舉見不肖而不能退是朕之罪一也國用浩繁兵餉不足而金花錢糧盡給宮中之費未嘗節省發施及度支告匱每令諸王大臣會議未能別有奇策止議裁減俸祿以贍軍餉厚己薄人益上損下是朕之罪一也經營殿宇造作器具務極精工無益之地糜費甚多乃不自省察罔體民艱是朕之罪一也端敬皇后於皇太后克盡孝道輔佐朕躬內政聿修朕仰奉慈綸追念賢淑喪祭典禮過從優厚不能以禮止情諸事太過踰濫不經是朕之罪一也祖宗創業未嘗任用中官且明朝亡國亦因委用宦寺朕明知其弊不以爲戒設立內十三衙門委用任使與明無異致營私作弊更踰往時是朕之罪一也朕性耽閒靜常圖安逸燕處深宮御朝絕少致與廷臣接見稀疏上下情誼否塞是朕之罪一也人之行事孰能無過在朕日理萬幾豈能一無違錯惟聽言納諫則有過必知朕每自恃聰明不能聽納古云良賈深藏若虛君子盛德容貌若愚朕於斯言大相違背以致臣工緘默不肯進言是朕之罪一也朕既知有過每自刻責生悔乃徒尚虛文未能省改過端日積愆戾愈多是朕之罪一也太祖太宗創垂基業所關至重元良儲嗣不可久虛朕子玄燁佟氏妃所生岐嶷穎慧克承宗祧茲立爲皇太子卽遵典制持服二十七日釋服卽皇帝位特命內大臣索尼蘇克薩哈遏必隆鼇拜爲輔臣伊等皆勳舊重臣朕以腹心寄託其勉矢忠藎保翊沖主佐理政務布告中外咸使聞知三月癸酉上尊謚曰體天隆運英睿欽文大德弘功至仁純孝章皇帝廟號世祖葬孝陵累上尊謚曰體天隆運定統建極英睿欽文顯武大德弘功至仁純孝章皇帝

論曰順治之初睿王攝政入關定鼎奄宅區夏然兵事方殷休養生息未遑及之也迨帝親總萬幾勤政愛民孜孜求治清賦役以革橫征定律令以滌冤濫蠲租貸賦史不絕書踐阼十有八年登水火之民於袵席雖景命不融而丕基已鞏至於彌留之際省躬自責布告臣民禹湯罪己不啻過之書曰亶聰明作元后元后爲民父母其世祖之謂矣

清史稿　本紀六

聖祖本紀一

聖祖合天弘運文武睿哲恭儉寬裕孝敬誠信功德大成仁皇帝諱玄燁世祖第三子也母孝康章皇后佟佳氏順治十一年三月戊申誕上於景仁宮天表英俊岳立聲洪六齡偕兄弟問安世祖問所欲皇二子福全言願爲賢王帝言願效法父皇世祖異焉順治十八年正月丙辰世祖崩帝卽位年八歲改元康熙遺詔索尼蘇克薩哈遏必隆鼇拜四大臣輔政二月癸未上釋服乙未誅有罪內監吳良輔罷內官丙申以嗣簡親王濟度子德塞襲爵三月丙寅詔曰國家法度代有不同太祖太宗創制定法垂裕後昆今或滿漢參差或前後更易其詳考成憲勒爲典章集議以聞四月予殉葬侍衛傅達理祭葬甲申命湖廣總督駐荊州乙酉命將軍線國安統定南部軍鎭廣西丙戌以拉哈達爲工部尚書癸卯安南國王黎維祺遣使入貢丙午大學士洪承疇乞休允之予三等輕車都尉世職戊申賜馬世俊等三百八十三人進士及第出身有差五月罷各省巡按官己巳以高景爲工部尚書劉良佐爲江安提督乙亥安南叛臣莫敬耀來歸封歸化將軍六月己卯江蘇巡撫朱國治疏言蘇省逋賦紳衿一萬三千五百十七人下部斥黜有差辛巳黑龍江飛牙喀部十屯來歸庚寅以嗣信郡王鐸尼子鄂扎襲爵癸巳大學士傅以漸乞休允之丁酉罷內閣復內三院戊戌吳三桂進勦象五却之詔停直省進獻閏七月庚辰以車克爲吏部尚書阿思哈爲戶部尚書甲午以傅維鱗爲工部尚書壬寅予蘇松提督梁化鳳男爵八月甲寅達賴喇嘛請通市許之九月丁未以卞三元爲雲南總督李棲鳳爲廣東總督郎廷佐爲江南總督梁化鳳爲江南提督十月己酉以林起龍爲漕運總督誅降將鄭芝龍及其子世恩世廕辛酉裁順天巡撫山東民于七作亂逮問巡撫許文秀總兵李永盛范承宗命靖東將軍濟世哈討平之十一月丙子朔上親祀天於圜丘己亥世祖章皇帝升祔太廟甲辰湖南巡按御史作劭昕坐贓棄市十二月丙午平西王吳三桂定西將軍愛星阿會報大軍入緬緬人執明永歷帝朱由榔以獻明將白文選降班師丁卯宗人府進玉牒是歲免直隸江南河南浙江湖廣陝西各州縣被災額賦有差朝鮮遣使進香入貢

康熙元年壬寅春正月乙亥朔乙酉享太廟庚寅錄大學士范文程等佐命功官其子承謨等俱內院學士二月壬子太皇太后萬壽節上率羣臣朝賀三月以滇南平告廟祭陵赦天下辛卯萬壽節己亥遣官安輯浙江福建廣東新附官民夏四月丙辰上太祖太宗尊謚五月戊寅夏至上親祭地於方澤六月丁未命禮部考定貴賤等威秋七月壬申朔以車克爲大學士甯古禮爲戶部尚書張杰爲浙江提督施琅爲福建提督八月辛丑朔大學士金之俊罷九月裁延綏巡撫冬十月壬寅以成克鞏爲大學士癸卯尊皇太后爲太皇太后尊皇后爲仁憲皇太后母后爲慈和皇太后十一月辛巳冬至祀天於圜丘免朝賀十二月辛酉命吳三桂總管雲南貴州兩省是歲天下戶丁一千九百一十三萬七千六百五十二徵銀二千五百七十二萬四千一百二十四兩零鹽課銀二百七十二萬一千二百一十二兩零鑄錢二萬九千萬有奇免直隸江南各州縣災賦有差朝鮮入貢

二年癸卯春正月己亥廣東總督盧崇峻請封民船濟師斥之二月庚戌慈和皇太后佟佳氏崩三月荷蘭國遣使入貢請助師討臺灣優賚之五月丙子以孫廷銓爲大學士乙酉雲南開局鑄錢丙戌詔天下錢糧統歸戶部部寺應用俱向戶部關領著爲令戊子以魏裔介爲吏部尚書甲午恭上大行慈和皇太后尊謚曰孝康慈和莊懿恭惠崇天育聖皇后六月葬世祖章皇帝於孝陵孝康皇后端敬皇后祔焉戊申以龔鼎孳爲左都御史乙卯故明將李定國子嗣興來降乙丑以哈爾庫爲浙江提督八月癸卯詔鄉會試停制義改用策論復八旗繙譯鄉試甲寅命穆里瑪爲靖西將軍圖海爲定西將軍率禁旅會四川湖廣陝西總督討鄖陽逋賊李來亨郝搖旗等冬十月壬寅耿繼茂施琅會荷蘭師船勦海寇克厦門取浯嶼金門二島鄭錦遁於臺灣十一月詔免諸國貢使土物稅乙酉冬至祀天於圜丘十二月壬戌祫祭太廟是歲免直隸江南江西河南陝西浙江湖廣四川雲南貴州等省二百七十餘州縣災賦朝鮮入貢進香

三年甲辰春正月賜朝正外藩銀幣鞍馬二月壬寅巡鹽御史張吉午請增長蘆鹽引斥之三月丙子耿繼茂等拔銅山丙戌賜嚴我斯等一百九十九人進士及第出身有差夏四月己亥輔臣等誣奏內大臣飛揚古子侍衛倭赫擅騎御馬飛揚古怨望幷棄市籍其家鰲拜以予其弟穆里瑪遣尚書喀蘭圖赴科爾沁四十七旗涖盟戊申裁鄖陽撫治五月甲子詔州縣私派累民上官容隱者併罪之六月庚申詔免順治十五年以前逋賦閏六月乙酉以王弘祚爲刑部尚書丙戌以漢軍京官歸入漢缺升轉秋七月丁未以施琅爲靖海將軍征臺灣八月甲戌浙江總督趙廷臣疏報擒獲明臣張煌言己卯穆里瑪圖海疏報進勦鄖陽茅麓山李來亨郝搖旗俱自焚賊平九月癸丑發倉粟賑給八旗莊田乙卯以査克旦爲領侍衛內大臣十一月壬辰冬至祀天於圜丘丁未以魏裔介爲大學士杜立德爲吏部尚書王弘祚爲戶部尚書龔鼎孳爲刑部尚書十二月戊午朔日有食之丙戌祫祭太廟是月彗星見張宿井宿胃宿奎宿金星見給事中楊雍建請修省是歲免直隸江南江西山東陝西浙江福建湖廣貴州等省一百二十一州縣被災額賦有差朝鮮入貢

四年乙巳春正月壬辰以郝惟訥爲左都御史己亥停榷關溢額獎敍辛丑封承澤親王碩色子博翁果諾爲惠郡王致仕大學士洪承疇卒予祭葬諡文襄二月乙丑太皇太后聖壽免朝賀己巳吳三桂疏報勦平水西烏撒土司擒其酋安坤安書聖丙戌以星變詔臣工上言闕失御史董文驥疏言大臣更易先皇帝制度非是宜一切復舊三月戊子京師地震有聲辛卯金星晝見以星變地震肆赦免逋賦山西旱有司不以聞下吏部議罪免其積逋及本年額賦壬辰詔禁州縣預徵隔年稅糧丙申詔曰郡縣災荒有司奏請蠲賦而小民先期已完是澤不下逮也自今被災者預緩徵額賦十之三甲辰萬壽節免朝賀丙午修歷代帝王廟太常寺少卿錢綎請簡老成耆德博通經史者數人出入侍從以備顧問夏四月丙寅詔凡災傷免賦者並免丁徭戊辰詔卿貳督撫員缺仍廷推五月丁未置直隸總督兼轄山東河南裁貴州總督歸雲南廣西總督歸廣東江西總督歸江南山西總督歸陝西鳳陽甯夏南贛巡撫悉裁之六月乙丑詔父子兄弟同役給復一年秋七月己酉吏部以山西徵糧如額請議敍詔曰曩以太原諸處旱災饑饉督撫不以聞議罪會赦得原豈可仍以催科報最惟未被災之地方官仍予紀錄八月庚午詔贓官遇赦免罪者不許復職九月辛卯册赫舍里氏爲皇后輔臣索尼之孫女也上太皇太后皇太后尊號加恩中外冬十月癸亥上幸南苑校射行圍甲戌還宮十一月丁酉祀天於圜丘十二月庚辰祫祭太廟是歲免直隸江南江西山東河南浙江廣東貴州等省一百二十一州縣衛災賦有差朝鮮琉球暹羅入貢索倫飛牙喀人來歸

五年丙午春正月庚寅以廣東旱發倉穀七萬石賑之以承澤親王碩色子恩克布嗣爵二月壬子朔置平遠大定黔西三府丁巳以十二月中氣不應詔求明歷法者乙丑詔自今漢軍官丁憂准解任持三年喪三月以胡拜爲直隸總督五月丙午以孫延齡爲廣西將軍接統定南部軍駐桂林六月庚戌朔日有食之癸酉傅維鱗病免以郝惟訥爲工部尚書辛未詔崇文門凡貨物出京者

弛其稅秋七月庚辰朔以朱之弼爲左都御史辛巳琉球來貢並補進漂失前貢上嘉其恭順命還之自今非其國產勿以貢八月己酉給事中張維赤疏請親政九月丁亥上行圍南苑癸卯還宮禮部尙書沙澄免以梁清標爲禮部尙書龔鼎孳爲兵部尙書郝惟訥爲刑部尙書朱之弼爲工部尙書冬十月詔起范承謨爲秘書院學士十一月丙申輔臣鰲拜以改撥圈地誣奏大學士管戶部尙書蘇納海直隸總督朱昌祚巡撫王登聯等罪逮下獄四大臣之輔政也皆以勳舊索尼年老遏必隆闒弱蘇克薩哈望淺心非鰲拜所爲而不能爭鰲拜橫暴又宿將多戰功敘名在末而遇事專橫屢興大獄雖同列亦側目焉十二月丙寅鰲拜矯旨殺蘇納海朱昌祚王登聯甲戌祫祭太廟是歲免直隸江南江西河南陝西浙江湖廣等省八十六州縣災賦有差朝鮮琉球入貢

六年丁未春正月己丑封世祖第二子福全爲裕親王丁酉上幸南苑行圍以明安達禮爲禮部尙書二月癸亥晉封故親王尼堪子貝勒蘭布爲郡王丁卯以宗室公班布爾善爲大學士起圖海復爲大學士錫故總督李率泰一等男爵三月己亥賜繆彤等一百五十人進士及第出身有差夏四月甲戌加索尼一等公甲子江南民人沈天甫撰逆詩誣告人誅之誣者皆不論御史田六善言奸民告訐於南人不曰通海則曰逆書北人不曰于七黨則曰逃人請鞫誣反坐從之五月辛酉吳三桂疏辭總理雲南貴州兩省事從之六月己亥禁採辦楠木官役生事累民秋七月己酉上親政御太和殿受賀加恩中外罪非殊死咸赦除之是日始御乾清門聽政甲寅命武職官一體引見己未輔臣鰲拜擅殺輔臣蘇克薩哈及其子姓癸亥賜輔臣遏必隆鰲拜加一等公九月丙午命修世祖實錄冬十月己卯盛京地震有聲十一月丁未冬至祀天於圜丘奉世祖章皇帝配饗丁巳加上太皇太后徽號十二月丙戌以塞白理爲廣東水師提督戊子以馬爾賽爲戶部增設尙書戊戌祫祭太廟是歲免直隸江南江西山東山西陝西甘肅浙江福建湖廣等省一百六十州縣災賦有差朝鮮荷蘭入貢

七年戊申春正月戊申以莫洛爲山西陝西總督劉兆麒爲四川總督戊午加鰲拜遏必隆太師二月辛卯上幸南苑三月丁未詔部院官才能卓越升轉毋拘常調夏四月庚辰浙江嘉善民郁之章有罪遣戍其子襃廣叩閽請代上並宥之五月壬子以星變地震下詔修省諭戒臣工六月癸酉金星晝見丁亥平南王尙可喜遣子之信入侍秋七月戊午前漕運總督吳維華請徵市鎭間架錢洲田招民出錢佃種上惡其言利下刑部議罪庚申以夸岱爲滿洲都統秋八月壬申戶部尙書王宏祚坐失察書吏僞印盜帑免九月庚子以吳瑪護爲奉天將軍額楚爲江寧將軍瓦爾喀爲西安將軍壬寅上將巡邊侍讀學士熊賜履給事中趙之符疏諫上爲止行仍令遇事直陳冬十月定八旗武職人員居喪百日釋縞任事仍持服三年庚午上幸南苑十一月癸丑冬至祀天於圜丘十二月癸酉以麻勒吉爲江南總督甘文焜爲雲南貴州總督范承謨爲浙江巡撫癸巳祫祭太廟是歲免奉天直隸江南山東河南浙江陝西甘肅等省二百十六州縣災賦有差朝鮮安南暹羅入貢

八年己酉春正月戊申修乾清宮上移御武英殿二月庚午命行南懷仁推算歷法庚午上巡近畿三月辛丑以直隸廢藩田地予民夏四月癸酉衛周祚免以杜立德爲大學士丁丑上幸太學釋奠先師孔子講周易尙書丁巳給事中劉如漢請舉行經筵上嘉納之五月乙未以黃機爲吏部尙書郝惟訥爲戶部尙書龔鼎孳爲禮部尙書起王宏祚爲兵部尙書戊申詔逮輔臣鰲拜交廷鞫上久悉鰲拜專橫亂政特慮其多力難制乃選侍衛拜唐阿年少有力者爲撲擊之戲是日鰲拜入見即令侍衛等掊而縶之於是有善撲營之制以近臣領之庚申王大臣議鰲拜獄上列陳大罪三十請族誅詔曰鰲拜愚悖無知誠合夷族特念效力年久迭立戰功貸其死籍沒拘禁其弟穆里瑪塞本得從子訥莫其黨大學士班布爾善尙書阿思哈噶褚哈濟世侍郎泰璧圖學士吳格塞皆誅死餘坐譴黜其弟巴哈宿衛淳謹卓布泰有軍功免從坐黜敬謹親王蘭布降鎭國公褫遏必隆太師一等公六月丁卯詔曰朕夙夜求治念切民依邇年水旱頻仍盜賊未息兼以貪吏朘削民力益殫朕甚閔焉部院科道諸臣其以民間疾苦作何裨益各抒所見以聞戊辰敕改造觀象臺儀器壬申詔復輔臣蘇克薩哈官及世職其從子白爾圖立功邊徼被枉尤酷復其世職均令其子承襲戊寅詔滿兵有規占民間房地者永行禁止仍還諸民以米思翰爲戶部尙書戊子詔宗人有罪遽絕屬籍心有不忍自順治十八年以來宗人削籍者宗人府詳察以聞秋七月壬辰朔裁直隸山東河南總督壬寅詔復大學士蘇納海總督朱昌祚巡撫王登聯原官並予謚八月甲申以索額圖爲大學士明珠爲左都御史九月甲午京師地震有聲丁未以勒貝爲滿洲都統塞白理爲浙江提督畢力克圖爲蒙古都統冬十月甲子上幸南苑詔行在勿得借用民物蘆溝橋成上爲文勒之石十一月己亥先是山西陝西總督莫洛陝西巡撫白清額均坐鰲拜黨罷至是西安百姓叩閽稱其清廉乞還任詔特許之壬子太和殿乾清宮成上御太和殿受賀入居乾清宮十二月己卯顯親王福壽薨丁亥祫祭太廟是歲免直隸江南河南山西陝西湖廣等省四十五州縣災賦有差朝鮮琉球入貢

九年庚戌春正月丙申予宋儒程顥程頤後裔五經博士丁酉饗太廟辛丑祈穀於上帝奉太祖高皇帝太宗文皇帝世祖章皇帝配饗起遏必隆公爵宿衛內廷己酉詔明藩田賦視民田輸納壬子上幸南苑二月癸酉以金光祖爲廣東廣西總督馬雄鎭爲廣西巡撫癸未詔尙陽堡甯古塔流徙人犯値十月至正月俱停發三月辛酉賜蔡啓僔等二百九十二人進士及第出身有差夏四月己丑以蔡毓榮爲四川湖廣總督己亥上幸南苑五月丙辰朔加上孝康章皇后尊謚升祔太廟頒發恩詔訪隱逸賜高年赦殊死以下丙子纂修會典六月丙戌朔以席卜臣爲蒙古都統丁酉以故顯親王福壽子丹臻襲爵己酉命大學士會刑部錄囚秋七月丁巳以王輔臣爲陝西提督丁巳奉祀孝康章皇后於奉先殿八月戊子祭社稷壇詔都察院糾察陪祀王大臣班行不肅者乙未復內閣復翰林院丁酉上奉太皇太后皇太后有事於孝陵壬子車駕還宮九月庚申以簡親王濟度子喇布襲爵冬十月庚巳頒聖諭十六條甲午改內三院復中和殿保和殿文華殿大學士丁酉諭禮部舉經筵十一月癸酉以艾元徵爲左都御史壬午以中和殿大學士魏裔介兼禮部尙書十二月癸卯以莫洛爲刑部尙書辛亥祫祭太廟是歲免河南湖廣江南福建廣東雲南等省二百五十三州縣衛災賦有差朝鮮入貢

十年辛亥春正月丁卯蒙古蘇尼特部四子部大雪饑寒遣官賑之癸酉封世祖第五子常甯爲恭親王庚辰大學士魏裔介罷以曹申吉爲貴州巡撫二月丁酉以馮溥爲大學士以梁清標爲刑部尙書乙巳召宗人覺羅年七十以上趙班等四人入見賜朝服銀幣戊申命編纂孝經衍義庚戌以尼雅翰爲滿洲都統三月壬子朔誥誡年幼諸王讀書習騎射勿恃貴縱恣癸丑置日講官庚午以無雨風霾下詔修省夏四月乙酉命纂修太祖太宗聖訓詔宗人閒散及幼孤者量予養贍著爲令丙戌詔清理庶獄減矜疑一等辛卯始開日講壬辰上詣天壇禱雨甲午雨五月庚申理藩院尙書喀蘭圖乞休加太子太保以內大臣奉朝請癸酉上幸南苑六月丁亥以靳輔爲安徽巡撫甲午金星晝見是月靖南王耿繼茂卒子精忠襲封仍鎭福建八月己卯朔日有食之丁未上御經筵戊申以王之鼎爲江南提督九月庚戌上以寰宇一統告成於二陵辛亥上奉太皇太后皇太后啟鑾蒙古科爾沁喀喇沁土默特敖漢諸部王貝勒公朝行在丁卯謁福陵昭陵戊辰祭福陵行告成禮庚午祭昭陵行告成禮辛未上幸盛京御清甯宮賜百官宴八十以上召前賜酒大賚奉天甯古塔甲士及於傷廢老病者白金民間高年亦如之曲赦死罪減一等軍流以下釋之山海關外蹕路所經勿出今年明年租賦遣官祭諸王諸大臣墓壬申上自盛京東巡冬十月辛巳駐蹕愛新召甯古塔將軍巴海諭以新附瓦爾喀虎爾哈宜善撫之己丑上迴蹕盛京再賜老人金辛卯謁福陵昭陵命文武官較射命來朝外藩較射壬辰上奉太皇太后皇太后迴鑾十一月庚戌還京壬申以明珠爲兵部尙書十二月丙午祫祭太廟是歲免直隸江南江西浙江山東河南陝西湖廣等省三百二州縣衛災賦逋賦有差朝鮮琉球入貢

十一年壬子春正月辛未上奉太皇太后幸赤城湯泉過八達嶺親扶慈輦步行下山二月戊寅奉太皇太后至湯泉辛卯上迴京丙申親耕耤田丁酉朝日於東郊戊戌上詣赤城三月戊辰上奉太皇太后還宮夏四月乙巳命侍衛吳丹學士郭廷祚巡視河工五月乙丑世祖實錄成丙寅上出德勝門觀麥六月庚寅命更定賦役全書秋七月己酉論征緬甸雲南貴州功予何建忠等一百二十七人世職丙辰上觀禾御史孟雄飛疏言孫可望窮蹙來歸濫膺王封及伊身死已襲二次今孫徵淳死宜令降襲詔降襲慕義公閏七月復封尙善爲貝勒丁亥詔治獄勿用嚴刑輕斃人命違者罪之八月壬子上幸南苑行圍癸丑詔曰帝王致治在維持風化辨別等威比來官員服用奢僭競相效尤其議禁之庚申上御經筵壬戌上奉太皇太后幸遵化湯泉甲子閱薊州官兵較射丁卯上謁孝陵九月丁丑閱遵化兵三屯營兵冬十月甲辰上奉太皇太后還宮壬子命范承謨爲福建總督十一月辛丑上幸南苑建行宮十二月丁未裕親王福全莊親王博果鐸惠郡王博翁果諾溫郡王孟峨疏辭議政允之戊午上召講官諭曰有人請令言官風聞言事朕思切中事理之言患其不多若借端生事傾陷擾亂深足害政與民休息道在不擾虛耗元氣則民生蹙矣己未康親王傑書安親王岳樂疏辭議政不許庚午祫祭太廟是歲免直隸江南浙

江山東山西河南湖廣等省一百四十一州縣衛災賦有差朝鮮入貢

十二年癸丑春正月庚寅上幸南苑大閱二月辛亥以吳正治爲左都御史壬子上御經筵命講官日直戊辰賜八旗官學繙譯大學衍義三月丁丑上視麥壬午平南王尚可喜請老許之請以其子之信嗣封鎮粵不許令其撤藩還駐遼東癸巳賜韓菼等一百六十六人進士及第出身有差夏四月丁巳遣官封暹羅國王五月壬申學士傅達禮等請以夏至輟講上曰學問之道宜無間斷其勿輟六月壬寅起張朝珍爲湖廣巡撫李之芳爲浙江總督丁未上御瀛臺召群臣觀荷賜宴乙卯禁八旗以奴僕殉葬秋七月庚午平西王吳三桂疏請撤藩許之丙子靖南王耿精忠疏請撤藩許之壬午命重修太宗實錄八月丁未試漢科道官於保和殿不稱職者罷壬子遣侍郎折爾肯學士傅達禮往雲南尚書梁清標往廣東侍郎陳一炳往福建經理撤藩丁巳諭禮部祭祀大典必儀文詳備乃可昭格其稽古典禮酌議以聞九月戊辰禮部尚書龔鼎孳乞休允之乙亥京師地震詔修省冬十月壬寅以王之鼎爲京口將軍己酉上幸南苑行圍十一月丁卯故明宗室朱議滦以蓄髮論死得旨免死入旗給與妻室房地庚午詔民間墾荒田畝以十年起科十二月壬子以姚文然爲左都御史吳三桂反殺雲南巡撫朱國治貴州提督李本深巡撫曹申吉俱降賊總督甘文焜死之丙辰反問至命前鋒統領碩岱率禁旅守荊州丁巳召梁清標陳一炳還停撤二藩命加孫延齡撫蠻將軍線國安爲都統鎮廣西命西安將軍瓦爾喀進守四川京師民楊起隆僞稱朱三太子圖起事事發覺起隆逸去捕誅其黨詔奸民作亂已平勿株連民勿驚避己未命順承郡王勒爾錦爲甯南靖寇大將軍討吳三桂執三桂子額駙吳應熊下之獄庚申命副都統馬哈達帥師駐兗州擴爾坤駐太原備調遣辛酉命直省巡撫仍管軍務壬戌詔削吳三桂爵宣示中外命都統赫業爲安西將軍會瓦爾喀守漢中以倭內爲奉天將軍吳三桂陷辰州甲子祫祭太廟是歲免直隸山東安徽浙江湖廣等省二十六州縣衛災賦有差朝鮮安南入貢

十三年甲寅春正月乙亥勒爾錦師行庚辰吳三桂陷沅州丁亥偏沅巡撫盧震棄長沙遁己丑以提督佟國瑤守鄖陽總兵吳之茂以四川叛巡撫羅森提督鄭蛟麟降之命總兵徐治都還守夷陵庚寅封世祖第七子隆禧爲純親王以席卜臣爲鎮西將軍守西安二月乙未朔太皇太后頒內帑犒軍丁酉欽天監新造儀象成壬寅賊犯澧州守卒以城叛提督桑峨退荊州陷常德命鎮南將軍尼雅翰率師守武昌癸丑上御經筵以趙賴爲貴州提督甲寅吳三桂陷長沙副將黃正卿叛應之旁陷衡州命都統覺羅朱滿守岳州未至岳州失辛西命刑部尚書莫洛加大學士銜經略陝西孫延齡以廣西叛殺都統王永年執巡撫馬雄鎮幽之三月乙丑命整飭驛站每四百里置一筆帖式接遞軍報探發塘報命左都御史多諾等軍前督餉戊辰吳三桂將犯夷陵勒爾錦遣兵擊敗之庚午以額駙華善爲安南將軍鎮京口庚辰耿精忠反執福建總督范承謨幽之巡撫劉秉政降賊癸未鄖陽副將洪福叛提督佟國瑤擊敗之壬辰襄陽總兵楊來嘉以穀城叛命希爾根爲定南將軍尚書哈爾哈齊副之命舒恕桑峩根特席布率師赴江西甲午西安將軍瓦爾喀克陽平關夏四月癸卯調西安副都統德業立守襄陽丁未吳三桂子應熊孫世霖伏誅初三桂倉卒起兵而名義不揚中悔至澧州頗前却至是方食聞報驚曰上少年乃能是耶事決矣推食而起詔削孫延齡職以阿密達爲揚威將軍駐江甯賴塔爲平南將軍赴杭州甲寅潮州總兵劉進忠以城叛戊午以根特爲平寇將軍赴廣西討孫延齡河北總兵蔡祿謀叛命阿密達襲誅之辛酉詔削耿精忠爵癸亥詔以分調禁旅遣將分防情形寄示平西王尚可喜五月丙寅皇子胤礽生皇后赫舍里氏崩戊寅安西將軍赫業等敗吳之茂於箭閣堡復朝天關壬午浙江平陽兵變執總兵蔡朝佐應耿精忠將曾養性圍瑞安命賴塔進兵討之壬辰副都統德業立敗洪福於武當六月丙午命貝勒尚善爲安遠靖寇大將軍率師赴岳州貝子準達赴荊州庚戌總兵祖宏勳以溫州叛金華副將牟大寅敗耿精忠將於常山壬子命將軍喇哈達守杭州乙卯命康親王傑書爲奉命大將軍赴浙江貝勒洞鄂爲定西大將軍赴四川浙江溫州黃巖太平諸營相繼叛命喇哈達守台甯七月辛未以郎廷佐爲福建總督段應舉爲提督癸酉賴塔敗耿精忠將於金華是時精忠遣其大將馬九玉曾養性犯浙江白顯忠犯江西所至土匪蠭應江西尤甚南瑞總兵楊富應賊董衛國誅之丁亥貝勒察尼大戰賊將吳應麒於岳州七里山敗之八月壬寅平寇將軍根特卒於軍以哈爾哈齊代之海澄公黃梧卒子芳度襲爵守漳州乙巳金光祖報孫延齡陷梧州督兵復之丙午上幸南苑九月壬戌上御經筵命每日進講如常耿精忠將以土寇陷清谿徽州江甯將軍額楚統領巴爾堪擊走之連戰入江西復樂平等縣命碩塔等駐安慶辛未麻城土寇鄒君升等作亂知府于成龍討平之命簡親王喇布爲揚威大將軍率師赴江西侍衛坤爲振武將軍副之廣西提督馬雄叛命安親王岳樂爲定遠平寇大將軍率師赴廣東宗室瓦山覺羅畫特副之冬十月壬辰喇布師行丙申岳樂師行壬寅上奉太皇太后幸南苑辛亥還宮十一月庚申朔莫洛報吳之茂兵入朝天關饟路中阻洞鄂退守西安命移西安軍守漢中河南軍守西安十二月庚寅朔傑書大敗曾養性於衢州又敗之於台州王輔臣叛經略莫洛死之上議親征王大臣以京師根本重地太皇太后年高力諫乃止徵盛京兵蒙古兵分詣軍前丁未命尚可喜節制廣東軍事戊午祫祭太廟是歲免直隸江南山東河南陝西等省七十八州縣災賦有差朝鮮琉球入貢

十四年乙卯春正月辛酉尚可喜報賊犯連州官兵擊敗之戊辰晉封尚可喜平南親王命其子之孝佩大將軍印討賊二月癸巳下詔切責貝勒洞鄂退縮失機飭令速定平涼秦州以通棧道乙巳康親王傑書遣兵復處州進復仙居王輔臣陷蘭州西甯總兵王進寶大戰於新城圍蘭州洞鄂復隴州關山關三月己未朔叛將楊來嘉犯南漳總兵劉成龍擊走之戊辰饒州賊犯祁門巡檢張行健被執不屈死之丁丑命張勇爲靖逆將軍會總兵孫思克等討王輔臣賊陷定邊城命提督陳福駐甯夏討賊丁亥蒙古布爾尼反命信郡王鄂扎爲撫遠大將軍大學士圖海爲副將軍討平之戊子以熊賜履爲大學士夏四月己丑以勒德洪爲戶部尚書署護軍統領郎賴等勦耿寇於五桂寨斬級二萬復餘干乙未封張勇靖逆侯王進寶一等男戊戌以左都督許貞鎮撫州建昌廣信戊申王輔臣遣兵援秦州官兵迎擊敗之辛亥上諭侍臣進講朕乃覆講互相討論庶有發明癸丑王進寶復臨洮孫思克復靖遠戊午紹興知府許宏勳招撫降衆五萬人五月庚午察哈爾左翼四旗來歸庚辰命畢力克圖援榆林王輔臣兵陷延安綏德甲申張勇復洮河二州閏五月癸巳上幸玉泉山觀禾楊來嘉洪福陷穀城斬守城不力之副將馬郎阿以徇削總兵金世需職隨軍效力壬子額楚復廣信樂平土寇復陷饒州將軍希爾根擊之復饒州六月畢力克圖復吳堡復綏德丁丑命將軍舒恕援廣東己卯命振武將軍佛尼勒開棧道援漢中庚辰上幸南苑行圍壬午張勇攻鞏昌江西官軍攻石峽失利副都統雅賴戰死甲申克蘭州畢力克圖復延安以軍興停陝西湖廣鄉試七月乙巳陳福勦定邊斬賊將朱龍庚戌江西官兵復浮梁樂平宜黃崇仁樂安諸縣八月戊午上幸南苑行圍洞鄂畢力克圖阿密達會攻王輔臣斬賊將郝天祥傅喇塔復黃巖壬申上奉太皇太后幸湯泉甲申上還京御經筵九月上次昌平詣明陵致奠長陵遣官分奠諸陵丙申上奉太皇太后還宮辛丑詔每歲正月停刑著爲令冬十月癸亥康親王兵復太平樂清諸縣丙寅上謁孝陵戊辰祭孝陵乙亥還宮陳福及王輔臣戰於固原不利副將太必圖戰沒論平布爾尼功封賞有差及助順蒙古王貝勒沙津以次各晉爵罰助逆奈曼等部十一月癸巳貝勒察尼復興山丁酉復設詹事府官壬寅叛將馬雄糾吳三桂兵犯高州連陷廉州命簡親王喇布自江西援廣東是月鄭錦攻陷漳州海澄公黃芳度死之戕其家十二月丙寅立皇子胤礽爲皇太子頒詔中外加恩肆赦乙亥以勒爾錦師久無功奪其參贊巴爾布以下職甯夏兵變提督陳福死之壬午祫祭太廟是歲免湖廣河南七府五州縣災賦有差朝鮮入貢

十五年丙辰春正月丁亥以王進寶爲陝西提督駐秦州甲午以建儲恭上太皇太后皇太后徽號乙未升甯夏總兵官爲提督以趙良棟爲之辛丑上幸南苑行圍二月丁巳詔軍中克城禁殺掠壬戌命大學士圖海爲撫遠大將軍統轄全秦自貝勒洞鄂以下咸受節制癸酉上如鞏華城諭扈從勿踐春田乙亥吳三桂將高大傑陷吉安戊寅安親王岳樂擊三桂將於萍鄉敗之復萍鄉辛巳上御經筵贈死事副將張國彥太子太保予世職三月癸未贈海澄公黃芳度郡王丙戌王進寶佛尼勒大敗吳之茂於北山庚寅傅喇塔圍溫州曾養性祖宏勳悉衆來犯副都統紀爾他布擊走之辛卯岳州水師克君山庚子勒爾錦渡江與三桂之衆戰迭敗之乙巳賜彭定求等二百九人進士及第出身有差己酉勒爾錦與三桂之衆戰於太平街不利退守荊州壬子移趙賴提督江西夏四月辛丑馬雄祖澤清糾滇賊犯廣東尚可喜老病不能軍屢疏告急援兵不時至至是賊逼廣州尚之信刼其父以降賊總督金光祖巡撫佟養鉅陳洪明提督嚴自明俱從降福建巡撫楊熙總兵拜音達奪門出舒恕莽依圖退至江西上聞廣東變作命移兵益江西五月壬午朔日有食之乙酉復設鄖陽撫治以楊茂勳任之丙戌鄂羅斯察漢汗使人來貢己亥撫遠大將軍圖海敗王輔臣於平涼六月壬子朔王輔臣降圖海以聞詔復其官授靖寇將軍立功自効諸將弁皆原之己卯耿繼善棄建昌遁上諭傑書曰耿精忠自撤其兵顯爲海寇所逼其乘機速進七月辛巳朔賜鄂羅斯使臣鞍馬服物大學士熊賜

屐免以慕天顏爲江蘇巡撫庚子以姚文然爲刑部尚書郎廷相爲福建總督振武將軍佛尼勒會張勇王進寶擊吳之茂於秦州大敗之賊衆宵遁八月甲寅穆占復禮縣壬戌上奉太皇太后幸湯泉乙亥賴塔擊馬九玉於衢州復江山九玉棄軍遁九月庚辰朔賴塔進擊馬九玉破之復常山進攻仙霞關賊將金應虎迎降復浦城連下建甯癸未張勇復階州乙未耿精忠戕前總督范承謨山西巡撫達爾布有罪免丙午命穆占爲征南將軍移軍湖廣冬十月辛酉上奉太皇太后還宮乙丑康親王傑書師次延平賊將耿繼美以城降耿精忠遣子顯祚獻僞印乞降傑書入福州疏聞上命復其爵從征海寇自効其將曾養性叛將祖宏勳俱降浙江官兵復溫處二府撤兗州屯兵癸酉命講官進講通鑑十一月丙戌海寇犯福州都統喇哈達擊敗之丙申官兵圍長沙甯海將軍貝子傅拉塔卒於軍十二月壬子遣耿昭忠爲鎭平將軍駐福州分統靖南藩軍叛將嚴自明犯南康舒恕擊走之丁巳尚之信使人詣簡親王軍前乞降且乞師疏聞許之吳三桂將吳世琮殺孫延齡踞桂林庚申海澄公黃芳世自賊中脫歸上嘉之加太子太保與其弟黃藍並赴康親王大軍討賊建威將軍吳丹復山陽辛未頒賞諸軍軍士金帛丙子祫祭太廟耿繼善棄邵武海寇據之副都統穆赫林擊之賊將彭世勳以城降是歲免直隸江南江西陝西各省三十四州縣災賦有差朝鮮入貢

十六年丁巳春正月丙申將軍額楚攻吉安失利命侍郎班迪馳勘軍狀二月己未上幸南苑行圍甲子大閱於南苑免福建今年租賦招集流亡丙寅以鄂內爲討逆將軍赴岳州丁卯康親王傑書敗鄭錦於興泉賊棄漳州遁復海澄遣郎中色度勞軍岳州察軍狀辛未以靳輔爲河道總督癸酉論花馬池勦寇功蒙古鄂爾多斯貝勒索諾木等晉爵有差乙亥上御經筵是月江西官軍復瑞金鉛山三月甲申以莽依圖爲鎭南將軍督兵廣東己丑諭禮部帝王克謹天戒凡有垂象皆關治理設立專官謹司占候今星辰凌犯霜露非時欽天監不以實告有辜職掌其察議以聞庚寅命翰林長於詞賦書法者以所業進呈乙未原任總兵劉進忠苗之秀詣康親王軍降命隨大軍勦賊癸未詔軍興以來文武官身殉封疆克全忠節其有旅櫬不能歸妻子不得養者深堪軫惻所在疆吏察明妥爲資送以昭褒忠至意甲辰含譽星見慶雲見乙巳吳三桂聚兵守長沙命勒爾錦進臨江圖海守漢中喇布鎭吉安莽依圖進韶州額楚駐袁州舒恕防贛州夏四月己未康親王傑書疏言處州府慶元縣民人吳臣任等不肯從賊結寨自固守義殺賊實爲可嘉已交浙江督撫效力者錄用歸農者獎賞其陣亡札委守備吳受南等並請恩卹從之辛酉上幸霸州行圍以伊桑阿爲工部尚書宋德宜爲左都御史丁卯提督趙賴敗土寇於泰和擒賊目蕭元戊辰予死事溫處道陳丹赤等官廕辛未上製大德景福頌書屏上太皇太后乙亥莽依圖師至南安嚴自明以城降遂克南雄入韶州五月己卯尚之信降命復其爵隨大軍討賊特擢謫戍知府傅宏烈爲廣西巡撫先是宏烈以首吳三桂反狀謫梧州及兵起宏烈上書陳方略故有是命旋加授撫蠻滅寇將軍與莽依圖規取廣西甲午額魯特噶爾丹攻敗喀爾喀車臣汗來獻軍實却之六月丁巳祖澤清以高州降秋七月庚子鄭錦將劉國軒自惠州犯東莞尚之信大敗之賊將陳璉以惠州降甲辰上御便殿召大學士等賜坐論經史因及前代朋黨之弊諭加警戒以明珠覺羅勒德洪爲大學士八月丁未明宗人朱統錩起兵陷貴谿瀘縣己未上御經筵丙寅冊立貴妃鈕祜祿氏爲皇后佟佳氏爲貴妃戊辰傅宏烈等復梧州九月丙子命宗室公溫齊提督周卜世赴湖廣協勦癸未命額駙華善率師益簡親王軍科爾科代接駐江甯丁亥上發京師謁孝陵巡近邊丙申次喀拉河屯庚子次達希喀布秦昂阿近邊蒙古敖漢部札穆蘇等朝行在獻駝馬賜金幣吳三桂將胡國柱馬寶寇韶州將軍莽依圖額楚夾擊破之賊遁追之過樂昌復仁化冬十月甲辰上次湯泉癸丑還宮傅宏烈敗吳世琮於昭平復潯州福建按察使吳興祚敗朱統錩於光澤其黨執統錩降癸亥始設南書房命侍講學士張英中書高士奇入直十一月己卯吳三桂將韓大任陷萬安護軍統領哈克山擊敗之庚子封長白山神遣官望祭是月官兵復茶陵攸縣十二月乙巳海寇犯泉州提督段應舉等禦之辛亥海寇犯欽州游擊劉士貴擊敗之命參贊勒貝將軍額楚進取郴永己巳以馮甦爲刑部侍郎辛酉金星晝見辛未祫祭太廟是歲免直隸江南江西陝西湖廣等省七十州縣災賦有差朝鮮入貢

十七年戊午春正月己丑副都統哈當總兵許貞擊韓大任於甯都大任遁之汀州詣康親王軍前降命執送京師壬辰以郭四海爲左都御史乙未詔曰一代之興必有博學鴻儒振起文運闡發經史以備顧問朕萬幾餘暇思得博通之士用資典學其有學行兼優文詞卓越之士勿論已仕未仕中外臣工各舉所知朕將親試焉於是大學士李霨等薦曹溶等七十一人命赴京齊集請旨二月甲辰傅宏烈疏言吳三桂兵犯廣西詔額楚勒貝守梧州己未上御經筵製四書講疏義序丁丑皇后鈕祜祿氏崩謚曰孝昭皇后辛未莽依圖及吳世琮戰於平樂失利退守梧州命尚之信及都統馬九玉會師守梧州三月丙子湖廣官兵擊楊來嘉洪福敗之復房縣丁丑海寇犯石門黃芳世擊敗之癸巳祖澤清復叛應吳三桂閏三月癸卯上巡近畿乙丑命內大臣喀代尚書馬喇往科爾沁四十九旗涖盟丁卯吳三桂將林興珠詣安親王軍前降詔封建義侯隨軍勦賊逮問副都統甘度海阿進泰以在江西勦賊失機也夏四月庚午海寇蔡寅陷平和進逼潮州甲戌祖澤清犯電白尚之信額楚擊之澤清遁庚寅慶陽土賊袁本秀作亂官兵擊斬之五月庚子朔海澄公黃芳世卒於軍命其弟芳泰襲爵戊申福建總督郎廷相巡撫楊熙提督段應舉俱免以姚啓聖爲福建總督吳興祚爲福建巡撫楊捷爲福建水陸提督甲寅上幸西郊觀禾額魯特部濟農爲噶爾丹所逼入邊張勇逐出之六月壬申尚善遣林興珠敗三桂舟師於君山丁亥上以盛夏亢旱步禱於天壇是日大雨壬辰吳三桂將犯永興都統伯宜理布統領哈克山與戰敗歿海寇犯廉州總兵班紹明等擊走之吳三桂兵犯郴州副都統碩岱與戰不利奔永興丁酉詔曰軍興以來將士披堅執銳盛暑祁寒備極勞苦朕甚憫焉其令兵部察軍中有負債責者官爲償之戰歿及被創者恤其家秋七月鄭錦陷海澄前鋒統領希佛副都統穆赫林提督段應舉死之甲辰鄭錦犯泉州甲寅以安珠護爲奉天將軍壬戌以魏象樞爲左都御史丙寅召翰林院學士陳廷敬侍讀學士葉方藹入直南書房是月吳三桂僭號於衡州八月己卯安遠靖寇大將軍貝勒尚善卒於軍命貝勒察尼代之庚午西洋國王阿豐肅使臣入貢癸未上御經筵以御製詩集賜陳廷敬等乙未吳三桂死永興圍解頒行康熙永年歷丙申詔曰逆賊倡亂仰服天誅詿誤之徒宜從寬典其有悔悟來歸者咸與勿治九月上奉太皇太后幸湯泉晉謁孝陵姚啓聖拉哈達大敗海寇於蜈蚣山劉國軒遁泉州圍解冬十月癸未上巡近邊次灤河閱三屯營兵己丑將軍鄂內敗吳應麒於石曰丁酉皇四子胤禛生是爲世宗母曰吳雅氏十一月己亥拉哈達疏言海賊斷江東橋兵援泉州難進在籍侍讀學士李光地爲大軍嚮導修通險路接濟軍需請議敘得旨李光地前當變亂之初密疏機宜茲又迎接大兵備辦糧米深爲可嘉即升授學士辛酉上奉太皇太后還宮癸亥命福建陸路提督楊捷加昭武將軍王之鼎爲福建水師提督十二月丁亥額楚傅宏烈及吳世琮戰於藤縣不利退守梧州乙未祫祭太廟是歲免直隸江南江西湖廣等省七十州縣災賦有差朝鮮西洋入貢

十八年己未春正月戊申遣官分賑山東河南甲寅貝勒察尼督水師圍岳州賊將吳應麒遁復岳州上御午門宣捷設隨征總兵官以處降將旋裁之壬戌劉國軒犯長樂總督姚啓聖偕紀爾他布吳興祚擊敗之甲子岳樂復長沙二月丙寅傅宏烈戰吳世琮於梧州賊遁己巳詔數江西奸民從逆之罪仍免其逋賦甲戌順承郡王勒爾錦督兵過江分復松滋枝江宜都澧州叛將洪福以舟師降戊寅簡親王喇布遣前鋒統領希佛復衡州賊將吳國貴夏國相遁庚辰詔軍前王大臣議進取雲貴事宜以周有德爲雲貴總督桑峨爲雲南提督趙賴爲貴州提督並隨王師進討以楊雍建爲貴州巡撫癸未以夸扎爲蒙古都統三月丙申朔御試博學鴻詞於保和殿授彭孫遹等五十人侍讀侍講編修檢討等官修明史以學士徐元文葉方藹庶子張玉書爲總裁丁酉上幸保定縣行圍甲辰以徐治都爲湖廣提督將軍穆占擊吳國貴於永州敗之復永州道州永明己酉上還宮戊午賜歸允肅等百五十一人進士及第出身有差庚申岳州陣歿諸將喪至遣侍衛迎奠福建陣沒將士喪亦如之夏四月丙寅以楊茂勳爲四川總督駐鄖陽戊辰以萬正色爲福建水師提督己卯旱甚上步禱於天壇是日大雨莽依圖擊吳世琮於潯州敗走之壬寅上出阜成門觀禾五月庚戌劉國軒犯江東橋賴塔大戰敗之六月辛未詔曰盛治之世餘一餘三蓄倉廩足而禮教興水旱乃可無虞比聞小民不知積蓄一逢歉歲率致流移夫興儉化民食時用禮惟良有司是賴督撫等其選吏教民用副朕意己卯以希佛爲蒙古都統秋七月甲午靳輔疏報淮揚壩工成涸出田地招民種之丁未上視純親王隆禧疾隆禧薨乙卯額楚敗吳世琮於南甯世琮遁庚申京師地震詔發內帑十萬賑卹被震廬舍官修之壬戌召廷臣諭曰朕躬不德政治未協致茲地震示警悚息靡甯勤求致災之由豈牧民之官苛取以行媚歟大臣或朋黨比周引用私人歟領兵官焚掠勿禁歟蠲租給復不以實歟問刑官聽訟或枉平民歟王公大臣未能束其下致侵小民歟有一於此皆足致災惟在大法而小廉政平而訟理庶幾仰格穹蒼弭消沴戾用是昭布朕心願與中外大小臣工共勉之八月癸亥朔將軍穆占復新甯甲子傅宏烈復柳

城融縣庚辰提督趙國祚將軍林興珠大破吳國貴於武岡國貴死復武岡州九月庚戌以地震禱於天壇辛亥命簡親王喇布守桂林甲寅金光祖執叛鎭祖澤清送京及其子良楩磔誅之冬十月辛未詔將軍張勇王進寶提督趙良棟孫思克取四川王進寶克武關復鳳縣趙良棟復兩當十一月戊戌王進寶擊叛將王屛藩遁之廣元復漢中庚子趙良棟復略陽進克陽平關丁酉以許貞爲江西提督十二月壬戌以蔡毓榮爲綏遠將軍進定雲貴將軍佛尼勒吳丹克梁河關賊將韓晉卿遁復興安平利紫陽石泉漢陰洵陽白河及鄖陽之竹山竹溪丁卯上幸南苑辛未詔安親王岳樂率林興珠班師壬午授趙良棟勇略將軍乙丑祫祭太廟是歲免順天江南山東山西河南浙江湖廣等省二百六十一州縣災賦有差朝鮮琉球安南入貢

十九年庚申春正月甲午趙良棟復龍安府進至綿竹僞巡撫張文等迎降遂入成都詔以良棟爲雲貴總督王進寶克朝天關復廣元王屛藩縊死生擒吳之茂壬子上幸鞏華城遣內大臣賜奠昭勳公圖賴墓二月辛酉朔詔吳丹會趙良棟進取雲南王進寶鎭四川勒爾錦取重慶徐治都守荊州乙丑佛尼勒收順慶府潼川中江南部蓬縣廣安西充諸縣悉下丁卯詔莽依圖督馬九玉金光祖高承蔭進兵雲南己巳上幸南苑丙子大閱以于成龍爲直隸巡撫徐治都大敗叛將楊來嘉復巫山進取夔州楊茂勳復大昌大甯癸未萬正色敗海寇於海壇三月辛卯吳丹復重慶達州奉鄉諸州縣悉定楊來嘉降送京乙未以伊闢爲雲南巡撫丁酉安親王岳樂師旋上勞於蘆溝橋辛丑馬承蔭誘執傅宏烈先是馬雄踞柳州死其子承蔭以柳州降至是復叛執宏烈送貴陽不屈死之平南將軍賴塔復銅山命守潮州備承蔭萬正色擊海寇於平海嶼克之進克湄州南日崇武諸嶼朱天貴降拉哈達擊劉國軒敗之遁廈門僞將蘇堪迎降進平玉洲石馬海澄馬州等十九寨復偕吳興祚取金門己酉察尼下辰龍關蔡毓榮復銅仁夏四月庚申朔以賴塔爲滿洲都統癸亥穆占董衛國敗吳應麒復沅州靖州進復黎平丁卯上以學士張英等供奉內廷日備顧問下部優敘高士奇杜訥均授翰林官己巳命南書房翰林每日晚講通鑑丙子上祈雨天壇翌日雨己卯頒行尙書講義王進寶以病回固原以其子總兵用予統軍駐保寗庚辰宗人府進玉牒五月壬辰命甘肅巡撫治蘭州乙巳莽依圖會軍討馬承蔭復降命執送京師己酉山海關設關收稅六月甲子蔡毓榮復思南丁丑命五城粥廠再展三月遣太醫官三十員分治飢民疾疫壬午副都統馬爾哈齊營總馬順德以縱兵殺人論罪秋七月甲午停捐納官考選科道褒卹福建總督范承謨廣西巡撫馬雄鎭贈官予諡廕乙巳以折爾肯爲左都御史己酉解順承郡王勒爾錦大將軍撤還京八月戊辰上御經筵己巳命賴塔移駐廣州以博濟軍益之戊寅大學士索額圖免壬午將軍莽依圖卒於軍以勒貝代之甲申尙之信以屬人王國光訐告其罪擅殺之詔賜之信死其弟之節其黨李天植皆伏誅家口護還京師閏八月乙未命各將帥善撫綠旗軍士壬子以王永譽爲廣東將軍九月癸亥吳世璠使其將夏國杜馬寶潛寇四川譚宏復叛應之連陷瀘州永州夔州土匪應之命將軍吳丹噶爾漢提督范達理徐治都分道討之乙丑以賴塔爲平南大將軍率師進雲南戊寅吳丹復瀘州冬十月仁懷失守罷吳丹以鄂克濟哈領其軍戊戌以阿密達爲蒙古都統噶爾漢復巫山壬寅大將軍康親王傑書師旋上郊勞之戊申彰泰穆占敗吳世璠於鎭遠噶爾漢擊譚宏於鐵開峽敗之是月王大臣議上師行玩誤之王貝勒大臣罪得旨勒爾錦革去王爵籍沒羈禁尙善察尼均革去貝勒蘭布朱滿革去鎭國公餘各褫官奪世職鞭責籍沒有差十一月丙辰朔冬至祀天於圜丘彗星見詔求直言甲子貝子彰泰進復平越遂入貴陽逆渠吳世璠及吳應麒等夜遁安順石阡都勻三府皆下庚午以達哈里爲蒙古都統丙子川北總兵高孟敗彭時亨於南溪橋復營山進圍靈鷲寨斬僞將魏卿武甲申提督周卜世復思南十二月壬辰以徐元文爲左都御史甲午高孟復渠縣乙未提督桑峨大敗吳世璠於永寗追至鐵索橋賊焚橋遁土官龍天祐沙起龍造盤江浮橋濟大軍壬寅高孟復廣安州庚戌以郝浴爲廣西巡撫癸丑祫祭太廟是歲免直隸江南山東山西陝西江西福建湖廣等省一百八十六州縣災賦有差朝鮮琉球入貢

二十年辛酉春正月壬申叛將李本深降械送京師癸酉總兵高孟復達州甲戌將軍噶爾漢復雲陽譚宏死進復忠州萬縣開縣乙亥命侍郎溫代治通州運河丙子將軍穆占提督趙賴擊夏國相等走之復平遠辛巳增置講官詔法司愼刑是月鄭錦死其子克塽繼領所部二月己丑貝子彰泰師至安南衛擊賊將線緎於江西坡賊列象陣拒戰官兵分三隊奮擊大破之賊遁公圖達漢泰追擊復敗之復普安州新興所壬辰副都統莽奕祿敗賊張足法等於三山甲午詔凡三藩往事爲民害者悉除之蠲奉天鹽引大將軍賴塔師至廣西大破賊於黃草壩復安籠入曲靖高孟復東鄉敗彭時亨於月城寨戊戌增欽天監滿監副一員都統希福馬紐碩塔復馬龍州楊林城入嵩明州賊遁穆占復黔西大定斬其僞將張維堅乙巳貝子彰泰大將軍賴塔將軍蔡毓榮先後入滇賊將胡國柄劉起龍迎拒官軍分擊敗之斬國柄起龍辛亥謁孝陵三月甲辰宣威將軍鄂克濟哈以失援建昌自劾詔以覺羅紀哈里代之辛酉葬仁孝皇后孝昭皇后於昌瑞山陵詔行在批閱章奏令大學士審梭壬戌胡國柱犯建昌將軍佛尼勒擊走之復馬湖癸亥馬寶棄遵義犯瀘敘詔佛尼勒趙良棟急擊滇賊勿令回援丙寅贈卹福建死事運使高天爵知府張瑞午等官廕戊辰土官陸道清以永甯降癸酉上奉太皇太后幸遵化湯泉夏四月甲辰朔王用予復納谿江安仁懷合江己酉貝子彰泰遣使招撫諸路武定大理臨安永順姚安皆降壬子上奉太皇太后還宮五月癸丑朔提督周卜世取遵義降僞官金仕俊等復眞安州仁懷桐梓綏陽等縣己未遣官察閱蒙古蘇尼特等旗被旱災狀乙丑詔行取州縣曾陷賊中者勿選科道辛巳大將軍貝子彰泰報抵雲南省城僞將李發美以鶴慶麗江二府降六月戊子除山西陝西房號銀秋七月丁巳以禮部尙書郭四海兼管刑部庚申詔四川民田爲弁兵所占者察還之辛酉都統希福提督桑峨擊馬寶於烏木山大敗之馬寶降械送京師誅之乙丑趙良棟遣總兵李芳述擊敗胡國柱復建昌入雲南戊辰詔圖海率王輔臣還京壬申賜宴瀛臺員外郎以上皆與焉賜綵幣己卯以施琅爲福建水師提督規取臺灣改萬正色陸路提督八月辛巳朔日有食之乙巳上御經筵九月辛亥上巡幸畿甸故平南王尙可喜喪至通州賜銀八千兩遣官致茶果戊午上次雄縣召見知州吳鑑問渾河水決居民被災狀丙寅上還京詔停本年秋決壬申復運丁工銀冬十月癸未偏沅巡撫韓世琦敗賊將黃明於古州甲申額魯特噶爾丹入貢乙酉大學士圖海師旋上嘉勞之壬辰詔撤平南靖南兩藩弁兵還京癸卯詔免土魯番貢犬馬十一月辛亥詔從賊諸人除顯抗王師外餘俱削官放還以諾邁爲漢軍都統癸亥定遠平寇大將軍貝子彰泰平南大將軍都統賴塔勇略將軍總督趙良棟綏遠將軍總督蔡毓榮疏報王師於十月二十八日入雲南城吳世璠自殺傳首吳三桂析骸示中外誅僞相方光琛餘黨降雲南平是日以昭告孝陵車駕次薊州丁卯祭孝陵辛未召貝子彰泰將軍趙良棟還京乙亥上獵於南山發矢殪三虎己卯迴鑾十二月戊子設滿洲將軍駐荊州漢軍將軍駐漢中癸巳羣臣請上尊號勅曰自逆賊倡亂荼民嚮應師旅疲於征調閭閻敝於轉輸加以水旱頻仍災異叠見此皆朕躬不德所致賴宗社之靈削平庶孽方當登進賢良與民休息而乃侈然自足爲無謂之潤色能勿恧乎其勿行補廣西鄉試戊戌大學士圖海卒己亥上御太和門受賀宣捷中外癸卯加上太皇太后皇太后徽號頒發恩詔賜宗室賚外藩予封贈廣解額舉隱逸旌節孝恤孤獨罪非常赦不原者悉赦除之以于成龍爲江南江西總督吳興祚爲廣東廣西總督丁未祫祭太廟是歲免直隸江南江西山東山西浙江福建等省七十五州縣災賦有差丁戶一千七百二十三萬徵銀二千二百一十八萬三千七百六十兩有奇鹽茶課銀二百三十九萬九千四百六十八兩鑄錢二萬三千一百三十九萬朝鮮厄魯特入貢

清史稿　本紀七

聖祖本紀二

二十一年壬戌春正月壬戌上元節賜廷臣宴觀燈用柏梁體賦詩上首唱云麗日和風被萬方廷臣以次屬賦上爲製昇平嘉宴詩序刊石於翰林院丙寅調蔡毓榮爲雲貴總督戊辰王大臣奏曰耿精忠累世王封甘心叛逆分擾浙贛及於皖徽設非師武臣力蔓延曷極李本深劉進忠等多年提鎭高官厚祿不能革其鴞音俯首從賊抑有何益均宜從嚴懲治大爲之防以爲世道人心之範謹擬議請旨得旨耿精忠曾養性白顯中劉進忠李本深均磔死梟首耿精忠之子耿繼祚李本深之孫李象乾李象坤其姪李濟祥李濟民暨祖宏勳等俱處斬爲賊絓誤之陳夢雷李學詩金境田起蛟均減死一等己巳特封安親王岳樂子岳希爲僖郡王二月庚辰以達都爲左都御史癸未以平滇遣官告祭嶽瀆古帝陵先師闕里甲申上御經筵丙戌以佟國維爲領侍衛內大臣辛卯上齋居景山爲太皇太后祝釐癸巳上東巡啓鑾皇太子胤礽從蒙古王

貝勒等請上尊號，不許。以穆占爲蒙古都統。妖人朱方旦伏誅。戊戌，次山海關，遣大臣祭伯夷叔齊廟。三月壬子，上謁福陵昭陵，駐蹕盛京。甲寅，告祭於福陵。丙辰，告祭於昭陵。大賚將軍以下至守陵官年老致仕官及甲兵廢閒者。曲赦盛京甯古塔。蠲蹕路所過租稅。己未，上謁永陵，行告祭禮。上具啓太皇太后皇太后進奉鰱魚鰝魚。庚申，上由山道幸烏拉行圍。辛酉，望祭長白山。乙亥，泛舟松花江。夏四月辛巳，上回鑾。賜甯古塔將軍副都統宴，賚致仕官及甲士。乙巳，次中後所，流人王廷試子德麟叩閽乞代父戍，部議不准。上諭：「王德麟所言情甚可憫，遇朕來此，亦難得之遭。其父子俱讀書人，可均釋回。」五月辛亥，上還京。壬子，詔甯古塔地方苦寒，流人改發遼陽。己未，大學士杜立德乞休，溫旨允之。丙寅，免吉林貢鷹，減省徭役。戊辰，以王熙爲大學士。六月乙酉，以佟國瑤爲福州將軍。庚寅，以公倭赫爲蒙古都統。甲辰，大學士馮溥乞休，溫旨允之，差官護送馳驛回籍。秋七月庚戌，以杭艾爲左都御史。甲寅，命刑部尚書魏象樞、吏部侍郎科爾坤巡察畿輔，豪強虐民者拘執以聞。乙卯，以三逆蕩平宣示蒙古。八月丙子，詔內閣學士參知政事。癸卯，譚宏之子譚天祕、譚天倫伏誅。九月戊申，賜蔡升元等一百七十六人進士及第出身有差。甲子，詔每日御朝聽政，春夏以辰初，秋冬以辰正。冬十月甲申，定遠大將軍貝子彰泰、征南大將軍都統賴塔凱旋，上郊勞之。己丑，以黃機、吳正治爲大學士。辛卯，詔重修太祖實錄，纂修三朝聖訓、平定三逆方略。十一月甲寅，以李之芳爲兵部尚書，希福爲西安將軍，瓦岱爲江甯將軍。戊午，詔廣西建雙忠祠，祀巡撫馬雄鎭、傅宏烈。庚申，以趙賴爲漢軍都統。戊辰，以施維翰爲浙江總督，以噶爾漢爲滿洲都統。十二月己卯，前廣西巡撫陳洪起從賊論死，命流甯古塔。癸未，以許貞爲廣東提督。戊子，錄遼海之孫陳布祿爲刑部郎中。癸巳，論行軍失律罪，簡親王喇布奪爵，餘遣戍降黜有差。庚子，郎談使黑龍江還，上羅刹犯邊事狀，命甯古塔將軍巴海、副都統薩布素率師防之，建木城於黑龍江呼馬爾，分軍屯田。是歲，免直隸、江南、江西、山東、山西、浙江、湖廣等省七十八州縣衛被災額賦有差。朝鮮、安南入貢。

二十二年癸亥春正月乙卯，宴賚廷臣。己未，上閱官校較射。二月癸酉，帥顏保罷，以介山爲禮部尚書，喀爾圖爲刑部尚書。甲申，上幸五臺山。三月戊申，還京。戊午，以噶爾漢爲荊州將軍，彭春爲滿洲都統。夏四月乙亥，命提鎭諸臣以次入覲。庚辰，命巴海迴駐烏拉，薩布素、瓦禮祜帥師駐額蘇里備邊。辛卯，以公坡爾盆爲蒙古都統。五月丙午，設漢軍火器營。甲子，命施琅征臺灣。六月丁丑，上閱內庫，頒賚廷臣幣器。戊寅，以伊桑阿爲吏部尚書，杭艾爲戶部尚書。癸未，上奉太皇太后避暑古北口。閏六月戊午，施琅克澎湖。庚申，諭飭刑官勘獄勿淹繫。秋七月，車駕次胡圖克圖，賜隨圍蒙古王公冠服、兵士銀幣。甲午，上奉太皇太后還宮。八月庚子，命經筵大典大學士以下侍班。戊申，以哈占爲兵部尚書，科爾坤爲左都御史。戊辰，施琅疏報師入臺灣，鄭克塽率其屬劉國軒等迎降，臺灣平。詔錫克塽、國軒封爵，封施琅靖海侯，將士擢賚有差。九月癸酉，以丁思孔爲偏沅巡撫。己卯，上奉太皇太后幸五臺山。壬辰，次長城嶺，太皇太后以道險迴鑾，上如五臺山。限額魯特入貢人數。冬十月，上至五郎河行宮，奉太皇太后還京。丁未，羣臣以台灣平請上尊號，不許。癸亥，以薩布素爲新設黑龍江將軍。乙丑，詔沿海遷民歸復田里。十一月癸未，授羅刹降人宜番等官。戊子，上以海寇平，祭告孝陵。癸巳，上巡幸邊界。十二月甲辰，上還京。丁未，從逆土司陸道清伏誅。壬子，以紀爾他布爲蒙古都統。乙卯，易經日講成，上製序頒行。尚書朱之弼、都御史徐元文以薦舉非人免。乙丑，祫祭太廟。是歲，免山東、山西、甘肅、江西、湖廣、廣西等省二十州縣災賦有差。朝鮮、琉球入貢。

二十三年甲子春正月辛巳，上幸南苑行圍。丙戌，加封安親王岳樂子袁端爲勤郡王。壬辰，命整肅朝會禮儀。羅刹踞雅克薩、尼布潮二城，飭斷其貿易，薩布素以兵臨之。二月乙巳，上御經筵。癸丑，上巡幸畿甸。丙寅，還駐南苑。大學士黃機罷。乙丑，給事中王承祖疏請東巡，命查典禮以聞。三月壬申，以劉國軒爲天津總兵官，陛辭，賜白金二百、緞四三十、內廐鞍馬一。丁亥，上製五臺山碑文，召示廷臣，諭之曰：「近人每一文出，不樂人點竄，此文之所以不工也。」夏四月己酉，設台灣府縣官，隸福建行省。壬子，刑部左侍郎宋文運乞休，命加太子少保致仕。庚申，諭凡一事經關兩部，俱會同具奏。乙丑，諭講官講章以精切明晰爲尙，毋取繁衍。「朕閱張居正尚書四書直解，義俱精實，無泛設之詞，可爲法也。」江南江西總督于成龍卒，予祭葬，謚清端。五月丁卯，裁浙江總督。以公瓦山爲滿洲都統。己巳，修大清會典。丙子，以孫思克爲甘肅提督。辛巳，命廷臣察舉清廉官，九卿舉格爾古德、蘇赫、范承勳、趙崙、崔隼、張鵬翮、陸隴其。癸未，起巴海爲蒙古都統。甲申，上幸古北口，詔蹕路所經勿踐田禾。乙未，惠郡王博翁果諾坐陪祀不謹削爵。王大臣議奏侍郎宜昌阿、巡撫金儁查看尚之信家產，隱蝕銀八十九萬，並害殺商人沈上達，應斬；郎中宋俄託、員外郎卓爾圖及番譟不實之侍郎禪塔海應絞。從之。詔追銀勿入內務府，交戶部充餉。六月丁未，琉球請遣子弟入國子監讀書，許之。甲寅，暹羅國王森列拍臘照古龍拍臘馬呼陸坤司由提呀菩挨遣陪臣言，貢船到虎跳門阻滯日久，每致損壞，乞諭粵省官吏准其放入河下，早得登岸貿易採辦，勿被攔阻。從之。諭一等侍衞阿南達曰：「朕視外旗蒙古與八旗一體。今巡行之次，見其衣食困苦，深用惻然。爾即傳諭所過地方，蒙古無告者許其來見，詢其生計。」於是蒙古扶老攜幼叩首行宮門，上詳問年齒生計，給與銀兩布疋。乙卯，上閱牧羣，賜從臣馬。刑部尚書魏象樞再疏乞休，允之。丁巳，以湯斌爲江蘇巡撫。七月乙亥，以宋德宜爲大學士。辛巳，上駐蹕英尼湯泉。以佟佳爲蒙古都統。八月戊申，上還京。甲寅，大學士李霨卒，遣官奠茶酒，賜祭葬，謚文勤。甘肅提督靖逆侯張勇卒，予祭葬，謚襄壯。九月甲子朔，停本年秋決。丙寅，以張士甄爲刑部尚書，博濟爲滿洲都統。以錢貴更鑄錢，減四分之一，聽民採銅鉛勿稅。丁卯，改粱清標爲兵部尚書，余國柱爲戶部尚書。庚午，以蒙古都統阿拉尼兼理藩院尚書。癸酉，以陳廷敬爲左都御史，莽奕祿爲蒙古都統。丁亥，詔南巡，車駕所過賜復一年。辛卯，上啓鑾。冬十月壬寅，上次泰安，登泰山，祀東嶽。辛亥，次桃源，閱河工，慰勞役夫，戒河吏勿侵漁。臨視天妃閘，與河臣靳輔論治河方略。壬子，上渡淮。甲寅，次高郵湖，登岸行十餘里，詢耆老疾苦。丙辰，上幸焦山、金山，渡揚子江，舟中顧侍臣曰：「此皆戰艦也，今以供巡幸，然艱難不可忘也。」丁巳，弛海禁。戊午，上駐蘇州。庚申，幸惠山，諭巡撫：百姓遮道來觀，其不能歸者賚遣之。十一月壬戌朔，上駐江甯。癸亥，詣明陵致奠。乙丑，迴鑾，泊舟燕子磯，讀書至三鼓。侍臣高士奇請曰：「聖躬過勞，宜少節養。」上曰：「朕自五齡受書，誦讀恒至夜分，樂此不爲疲也。」丁卯，命伊桑阿、薩穆哈視察海口，諭曰：「海口沙淤年久，遂至壅塞，必將水道疏通，始免昏墊，即多用經費，亦所不惜。」辛未，臨閱高家堰。次宿遷，過白洋河，賜老人白金。戊寅，上次曲阜。己卯，上詣先師廟，入大成門，行九叩禮。至詩禮堂，講易經。上大成殿，瞻先聖象，觀禮器。至聖蹟殿，覽圖書。至杏壇，觀植檜。入承聖門，汲孔井水嘗之。顧問魯壁遺迹，博士孔毓圻占對甚詳，賜官助教。詣孔林墓前酹酒。書「萬世師表」額，留曲柄黃蓋。賜衍聖公孔毓埏以次日講諸經各一。免曲阜明年租賦。庚寅，上還京。以馬哈達爲滿洲都統。十二月壬辰朔，以石文炳爲漢軍都統。癸卯，命公瓦山視師黑龍江，佛寶、佛可托副之，備羅刹。甲辰，賜公鄭克塽、伯劉國軒、馮錫范田宅，隸漢軍。丙午，命流人值冬令過嚴寒時乃遣。丙辰，上謁陵，賜守陵官兵牛羊。己未，還京。是歲，免直隸、江南、江西、河南、湖廣等省二十六州縣災賦有差。朝鮮、暹羅入貢。

二十四年乙丑春正月癸酉，享太廟。諭曰：「贊禮郎讀祝，讀至朕名，聲輒不揚，失父前子名之義。自今俱令宣讀。」癸未，命公彭春赴黑龍江督察軍務，命侯林興珠率福建籐牌兵從之，以班達爾沙、佟寶、馬喇參軍事。乙丑，試翰詹官於保和殿，上親定甲乙，其不稱者改官。戊子，命蒙古科爾沁十旗所貢牛羊送黑龍江軍前。二月庚子，命周公後裔東野氏爲五經博士，予祀田。以額赫納爲滿洲都統。癸卯，上御經筵。乙卯，上巡幸畿甸。庚申，還京。再賜劉國軒第宅。以范承勳爲廣西巡撫。三月壬戌，上撰孔子廟碑文成，親書立碑。重修賦役全書。辛巳，賜陸肯堂等一百二十一人進士及第出身有差。夏四月辛卯，予宋儒周敦頤裔孫五經博士。丙申，授李之芳輕車都尉世職。戊戌，馬喇以所俘羅刹上獻，命軍前縱遣之。辛丑，詔以直隸連年旱災，逋賦六十餘萬盡免之，並免今年正賦三分之一。詔醫官博採醫林載籍，勒成一書。庚戌，設內務府官學。五月癸未，詔厄魯特濟農達離本部嚮化而來，宜加愛養，予之田宅，修政治典訓。甲申，以原廣西巡撫郝浴歷官廉潔，悉免應追帑金。彭春等攻雅克薩城，羅刹來援，林興珠率籐牌兵迎擊於江中，破之，沈其船，頭人額里克舍乞降。六月庚寅朔，上巡幸塞外。啓鑾。戊戌，上還京。癸卯，詔曰：「鄂羅斯入我邊塞，侵擾鄂倫春、索倫、赫哲、飛牙喀等處，人衆盤踞雅克薩四十年，今克奏厥績，在事人員咸與優叙。應於何地永駐官兵，即會議具奏。」上試漢軍筆帖式監生，曳白八百人均斥革，令其讀書再試。乙巳，上巡幸塞外。秋七月壬申，設吉林黑龍江驛路，凡十九驛。八月丙午，上駐蹕拜巴哈昂阿河，賜朝行在蒙古王貝勒冠服銀幣。九月戊午朔，上聞太皇太后違豫，回鑾。己未，上馳回京，趨侍醫藥，旋即康復。辛巳，陝西提督王進寶卒，贈太子太保，予祭葬，謚忠勇。甲申，命副都統溫代納秦駐防黑龍江，博定修築墨爾根城，增給夫役，兼令屯田。乙酉，以吳英爲四川提督。冬十月甲午，上幸南苑。戊戌，厄魯特使人伊特木坐殺人棄市。己亥，以瓦代爲滿洲都統。庚子，定外藩王以下歲貢羊一隻、酒一瓶。丙午，慶雲見。己酉，靳輔請下河涸出田畝佃民收價償工費，上曰：「如是則累民矣，其勿取。」甲寅，以博霽爲江甯將軍。十一月丁巳朔，日有食之。庚申，以莽奕祿爲滿洲都統，塔爾岱爲蒙古都統。甲戌，上大閱於盧溝橋。丙子，靳輔、于成龍遵召至京，會議治河方略。靳輔議開六河，建長隄于成龍請開濬海口故道大學士以聞上云二說俱有理可詢高寳七州縣京官孰利民侍讀喬萊奏從于成龍議則工易成而百姓有利上令于成龍輿工旋以民情不便而止己卯上賜鄂內坤巴圖魯散秩大臣聽其家居二人皆太宗朝舊臣也乙酉詔曰日蝕於月朔越十六日月食一月之中薄蝕互見天象示儆宜亟修省廷臣集議以聞十二月庚寅以察尼爲奉天將軍己亥謁孝陵癸卯上還宮甲寅祫祭太廟是歲免江南江西山東山西湖廣等省七十四州縣衛災賦有差朝鮮琉球噶爾丹入貢

二十五年丙寅春正月丙申命馬喇督黑龍江屯田鄂羅斯復據雅克薩命薩布素率師逐之二月甲辰重修太祖實錄成丁未詔曰國家剷平逆孽戡定遐荒惟宜宣布德意勤其畏懷近見雲貴川廣大吏不善撫綏頗行苛虐貪黷生事假借邀功朕思土司苗蠻既歸王化有何杌隉格鬭靡常其務推示誠信化導安輯以副朕撫馭遐荒至意停四川採運木植己酉文華殿成壬子告祭至聖先師於傳心殿癸丑上御經筵以津進爲領侍衛內大臣三月戊午命修棲流所己未命纂修一統志甲戌以湯斌爲禮部尚書兼管詹事府夏四月乙酉朔命阿拉尼往喀爾喀七旗涖盟庚寅詔曰趙良棟前當逆賊盤踞漢中首先入川功績懋著復領兵直抵雲南攻克省城之後獨能恪守法紀廉潔自持深爲可嘉今已衰老解任應復其勇略將軍兵部尚書總督以示眷注命耶談班達爾沙馬喇赴黑龍江參贊軍務卹陝西死事平逆將軍畢力克圖參贊阿爾瑚世職甲午詔求遺書戊申調萬正色雲南提督以張雲翼爲福建陸路提督辛亥始令順天等屬旗莊屯丁編查保甲與民戶同閏四月辛未以范承勳爲雲南貴州總督五月丁亥詔毀天下淫祠六月乙亥錄平南大將軍賴塔都統趙賴以次功各予世職有差戊寅以阿蘭泰爲左都御史秋七月戊申錫荷蘭國王耀漢連氏甘勃氏文綺白金命其使臣賫書致鄂羅斯吏部奏定侍讀庶子以下各官學問不及者以同知運判外轉從之辛亥上巡幸塞外八月辛未上駐蹕烏爾格蘇台丙子上還京以索額圖爲領侍衛內大臣丁丑詔薩布素圍雅克薩城遏其援師以博定參軍事戊辰詔天下學宮崇祀先儒庚辰詔增孔林地十一頃有奇從衍聖公孔毓埏請也除其賦九月己丑以班達爾沙爲蒙古都統乙巳以圖納爲四川陝西總督丁未以陳廷敬爲工部尚書馬齊爲山西巡撫己酉鄂羅斯察漢汗使來請解雅克薩之圍許之是月內大臣拉篤祜奉詔與羅卜藏濟農及噶爾丹定地而還冬十月丙辰調張士甄爲禮部尚書以胡昇猷爲刑部尚書十一月庚子上謁孝陵賞蒙古喀喇沁兵征浙江福建有功者十二月癸丑上還宮丙辰命侍郎薩海督察鳳凰城屯田癸亥諭糾儀御史糾察必以嚴設朕躬不敬亦當舉奏戊寅祫祭太廟是歲免直隸江南浙江湖廣甘肅等省二十七州縣被災額賦有差朝鮮安南荷蘭吐魯番入貢

二十六年丁卯春正月戊子遣醫官往治雅克薩軍士疾羅刹願就醫者並醫之丙申蒙古土謝圖汗車臣汗及濟農合疏請上尊號不許乙巳大學士吳正治乞休允之二月癸丑上大閱於盧溝橋原任湖廣總督蔡毓榮隱藏吳三桂孫女爲妾匿取逆財減死鞭一百枷號三月籍沒並其子發黑龍江原讞尚書禧佛等坐隱庇黜革有差甲寅以余國柱爲大學士庚申命八旗都統副都統更番入值紫禁城丁卯以張玉書爲刑部尚書壬申戶部奏滸墅關監督桑額溢徵銀二萬一千餘兩得旨設立榷關原爲稽察奸宄桑額多收額銀乃私封便民橋以致擾害商民著嚴加議處嗣後司榷官有額外橫徵者該部其嚴飭之三月己丑以董訥爲江南江西總督癸巳以王鴻緒爲左都御史癸卯上御太和門視朝諭大學士等詳議政務闕失僉以無弊可陳對上曰堯舜之世府修事和然且兢兢業業不敢謂已治已安漢文帝亦古之賢主賈誼猶指陳得失直言切諫今但云主聖臣賢政治無闕豈國家果無一事可言耶大小臣工各宜盡心職業視國事如家事有所見聞入陳無隱以馬世濟爲貴州巡撫夏四月己未上諭大學士曰纂修明史諸臣曾參看前明實錄否若不參看實錄虛實何由悉知明史成日應將實錄並存令後世有所考證丙寅以田雯爲江蘇巡撫癸酉罷科道侍班五月己亥宗人府奏平郡王納爾都打死無罪屬人折傷手足請革爵圈禁得旨革爵免圈禁庚辰詔曰今茲仲夏久旱多風陰陽不調災孰大焉用是減膳撤樂齋居默禱雖降甘霖尚未霑足皆朕之涼德不能上格天心政令有不便於民者更之罪非常赦不原者咸赦除之戊子上召陳廷敬湯斌十二人各試以文諭曰朕閒與熊賜履講論經史有疑必問繼而張英陳廷敬以次進講大有裨益德格勒每好評論時人學問朕心以爲不然故茲召試茲判然矣壬辰上製周公孔子孟子廟碑文御書勒石六月丁酉上素服步行祈雨於天壇是夜雨辛丑改祀北海於混同江以楊素蘊爲安徽巡撫秋七月戊子鄂羅斯遣使議和命薩布素退兵丙午戶部請裁京員公費得旨勿裁八月己酉上巡幸塞外癸丑次博洛和屯行圍甲戌賜外藩銀幣九月己卯上還京辛巳于成龍進嘉禾上曰今夏乾旱幸而得雨未足爲瑞也壬午以李之芳爲大學士乙未調湯斌爲工部尚書起徐元文爲左都御史冬十月癸丑上巡幸畿甸甲子上還駐暢春園十一月甲申以李正宗爲漢軍都統丙申太皇太后不豫上詣慈寧宮侍疾十二月乙巳朔上爲太皇太后不豫親製祝文步行禱於天壇癸亥以王永譽爲漢軍都統乙丑湖廣巡撫張汧爲御史陳紫星劾其貪婪侍郎色楞額初按不實至是命于成龍馬齊開音布馳往提鞫究擬論死陳紫星內升己巳太皇太后崩上哭踊視殮割辮服衰居慈寧宮廬次甲戌除夕羣臣請上還宮不允是歲免直隸山東山西江西等省四州縣災賦有差朝鮮入貢

二十七年戊辰春正月戊子上居乾清門外左幕次乙未釋服丁酉聽政二月壬子大學士勒德洪明珠余國柱有罪免李之芳能御史郭琇具疏論列也尚書科爾昆佛倫熊一瀟俱能甲寅以梁清標伊桑阿爲大學士李天馥爲工部尚書張玉書爲兵部尚書徐乾學爲刑部尚書定宗室襲封年例三月乙亥以馬齊爲左都御史辛巳上召廷臣及董訥靳輔于成龍佛倫熊一瀟等議河務次日亦如之乙酉色楞額以按張汧獄欺罔論死總督徐國相以徇庇侍郎王遵訓等以濫舉俱免官己丑以王新命爲河道總督辛卯裁湖廣總督丁酉論河工在事互訐諸臣董訥熊一瀟靳輔慕天顏孫在豐俱削官并趙吉士陳潢罪之己亥增遣督捕理事官張鵬翮兵科給事中陳世安會內大臣索額圖與鄂羅斯議約定界壬寅賜沈廷文等一百四十六人進士及第出身有差李光地坐妄舉德格勒議處得旨李光地前於台灣一役有功仍以學士用夏四月癸卯朔日有食之戊申以傅拉塔爲江南江西總督己酉上躬送太皇太后梓宮奉安暫安奉殿其後起陵是曰昭西陵迴蹕至薊州除髮甲寅以厄魯特侵喀爾喀使諭噶爾丹戊辰上還宮庚午命侍郎成其範徐廷璽查閱河工五月己卯吏部尚書陳廷敬刑部尚書徐元文以疾罷甲午以紀爾他布爲兵部尚書丙申上謁祭暫安奉殿六月甲辰湖廣督標裁兵夏逢龍作亂踞武昌巡撫柯永昇投井死署布政使糧道葉映榴罵賊遇害命瓦岱佩振武將軍印討之庚申阿喇尼奏噶爾丹侵厄爾德尼招哲卜尊丹巴土謝圖汗遁發兵防邊戊辰起熊賜履爲禮部尚書徐元文爲左都御史以翁叔元爲工部尚書秋七月癸酉以輔國公化善爲蒙古都統乙酉湖廣提督徐治都大敗夏逢龍於應城於鯉魚套焚賊舟賊遁黃岡丙戌上巡幸塞外戊子南陽總兵史孔華復漢陽庚寅瓦岱復黃州獲夏逢龍磔誅之賊平壬午雲南提督萬正色侵冒兵餉按律論死上念其前陷賊時抗志不屈行間血戰勞績甚多免死革提督仍留世職壬辰上駐喀爾必哈哈達有峰名納哈里高百數十丈上發數矢皆過峰頂賜今名八月癸卯上駐巴顏溝行圍葉映榴遺疏至贈工部侍郎下部優卹乙卯張玉書奏查閱河工多用靳輔舊議九月壬申遣彭春諾敏率師駐歸化城防邊是時喀爾喀爲噶爾丹攻破徙近邊內遣阿喇尼往宣諭之並運米賑撫辛卯上還京癸巳復設湖廣總督以丁思孔爲之冬十月癸卯移楊素蘊爲湖廣巡撫庚戌以輔國公綽克託爲奉天將軍乙卯上大行太皇太后尊謚曰孝莊文皇后辛酉升祔太廟頒詔中外十一月辛卯荊州將軍噶爾漢等坐討賊逗遛奪職鞭一百官吏從賊受官者逮治餘貸之十二月庚子以希福爲蒙古都統甲辰建福陵昭陵聖德神功碑御製碑文上謁孝莊山陵乙巳以尼雅翰爲西安將軍乙巳進張玉書爲禮部尚書徐元文刑部尚書再進戶部尚書丙寅上還京兵部工部會疏福建前造砲船核減工料銀二萬餘兩應著落故總督姚啟聖名下追賠上以姚啟聖經營平臺甚有功績毋庸著追是歲免江南江西湖廣雲南貴州等省三十三州縣災賦有差朝鮮琉球入貢

二十八年己巳春正月庚午詔南巡臨閱河工丙子啟鑾詔所過勿令民治道獻縣民獻嘉禾壬午詔免山東地丁額賦甲申上駐濟南乙酉望祀泰山庚寅次郯城閱中河壬辰次清河癸巳詔免江南積欠二十餘萬乙未上駐揚州詔曰朕觀風問俗鹵薄不設扈從僅三百人頃駐揚州民間結綵盈衢雖出自愛敬之誠不無少損物力其前途經過郡邑宜悉停止二月辛丑上駐蘇州丁未駐杭州詔廣學額賚軍士復因公降謫官賜扈從王大臣以次銀幣賜駐防耆民金辛亥渡錢塘江至會稽山麓壬子祭禹陵親製祭文書名行九叩禮製頌刊石書額曰地平天成癸丑上還駐杭州閱騎射賜將軍以及官兵大酺丁巳次蘇州故湖廣糧道葉映榴之子敷迎鑾爲其父請謚上書忠節二大字賜之松江百姓建碑祈壽獻進碑文江南百姓籲留停蹕獻土物爲御食委積岸上令取米一撮果一枚爲留一日浙江巡撫金鋐有罪削職遣戍以張鵬翮爲浙江巡撫增設武昌荊州常德岳州水師癸亥上駐蹕江甯甲子祭明陵賜江甯京口駐防高年男婦白金乙丑上閱射賜酺上詣觀星臺與學士李光地咨論

星象參宿在觜宿之先恒星隨天而動老人星合見江南非隱見也江甯士民籲留聖駕爲留二日三月戊辰朔發江甯甲戌閱高家堰指授治河方略丙戌上還京閏安親王岳樂之喪先臨其第哭之乃還宮丁亥命八旗科舉先試騎射戊子詔靳輔治河勞績昭然可復原官丁酉增設八旗火器營副都統領之閏三月壬子予安親王岳樂祭葬立碑謚曰和己未上謁陵丙午謁孝莊皇后山陵謁孝陵辛酉上還京夏四月乙亥朔上製孔子贊序及顏曾思孟四贊頒於學宮壬辰復命索額圖等赴尼布楚與鄂羅斯定邊界喀爾喀外蒙古內附告饑命內大臣伯費揚古往賑撫之命臺灣鑄錢五月乙巳以阿蘭泰徐元文爲大學士顧八代爲禮部尚書郭琇爲左都御史壬戌頒行孝經衍義癸亥命歸化城屯兵備邊六月乙亥以佟寶爲甯古塔將軍兩廣總督吳興祚以鼓鑄不實黜官秋七月以石琳爲兩廣總督癸卯册立貴妃佟氏爲皇后甲辰皇后崩謚曰孝懿八月癸酉上巡幸邊外戊寅駐博洛和屯賜居民銀米九月癸卯上還京戊午以倭赫爲蒙古都統額駙穆赫爲漢軍都統冬十月丙寅以郎談爲滿洲都統辛未增設喀爾喀兩翼扎薩克招集流亡編置旗隊癸酉左都御史郭琇以致書本省巡撫請託降官甲戌葬孝懿皇后上臨送是月岷州生番內附十一月丙申上還宮辛酉孝懿皇后祔奉先殿十二月乙丑詔免雲南二十一年至二十三年民欠丙寅上朝皇太后於慈甯新宮戊辰以張英爲工部尚書乙亥內大臣索額圖疏報與鄂羅斯立約定尼布楚爲界立碑界上以五體文書碑是歲免直隸浙江湖北等省十一州縣災賦有差朝鮮入貢

二十九年庚午春正月癸丑上幸南苑庚申遣官賑蒙古喀爾喀二月甲子以岳樂子馬爾渾嗣封安郡王乙丑遣大臣巡視直隸災區流民五城粥廠寬期倍發銀米增置處所己巳上謁孝莊山陵謁孝陵庚午大雨癸酉上還京甲戌上御經筵戊子起陳廷敬爲左都御史三月壬辰朔除長蘆新增鹽課乙未詔修三朝國史癸卯命都統額赫納護軍統領馬頡前鋒統領碩鼐率師征厄魯特先是噶爾丹兵侵喀爾喀迭詔諭解不從兵近邊塞至是命額赫納等蒞邊禦之辛亥除雲南黑井加增鹽課以張思恭爲京口將軍夏四月丁丑以旱赦殊死以下繫囚甲申建子思子廟於闕里大清會典成五月辛卯朔命九卿保舉行取州縣堪爲科道者六月癸酉大學士徐元文免戊寅噶爾丹追喀爾喀侵入邊命內大臣蘇爾達赴科爾沁徵蒙古師備禦命康親王傑書恪慎郡王岳希師駐歸化城秋七月庚寅朔以張英爲禮部尚書以董元卿爲京口將軍辛卯噶爾丹入犯烏珠穆秦命裕親王福全爲撫遠大將軍皇子胤禔副之出古北口恭親王常甯爲安遠大將軍簡親王喇布信郡王鄂扎副之出喜峯口內大臣佟國綱索額圖明珠彭春等俱參軍事阿密達阿拉尼阿南達俱會軍前己亥以陳廷敬爲工部尚書于成龍爲左都御史癸卯上親征發京師己酉上駐博洛和屯有疾迴鑾八月乙未朔日有食之撫遠大將軍裕親王福全大敗噶爾丹於烏蘭布通噶爾丹以喇嘛濟隆來請和福全未卽進師上切責之乙丑上還京丙子噶爾丹以誓書來獻上曰此虜未足信也其整師待之九月癸巳先是烏蘭布通之戰內大臣公佟國綱戰歿於陣至是喪還命皇子率大臣迎之凡陣亡官咸賜奠賜卹有差戊申停今年秋決壬子弛民間養馬之禁冬十月己未上疾少愈召大學士諸臣至乾清宮輪對乙亥以鄂倫岱爲漢軍都統辛巳翰林院學士張英失察編修楊瑄撰擬佟國綱祭文失當削禮部尚書楊瑄褫官戍邊入旗十一月己亥以熊賜履爲禮部尚書甲辰達賴喇嘛請上尊號不許並卻其貢己酉裕親王福全等至京聽勘王大臣議上上薄其罪輕罰之將士仍敘功十二月丁丑上謁陵行孝莊文皇后三年致祭禮庚辰還京是歲免直隸江南浙江甘肅等省三十二州縣衞災賦有差朝鮮入貢

三十年辛未春正月戊申封阿祿科爾沁貝勒楚依爲郡王以與厄魯特力戰受傷被執不屈而脫歸也其十二旗陣亡台吉俱贈一等台吉賜號達爾漢子孫承襲噶爾丹復掠喀爾喀命瓦岱爲定北將軍駐張家口郎談爲安北將軍駐大同川陝總督會西安將軍駐兵甯夏備之命在籍勇略將軍趙良棟參軍事乙卯以馬齊爲兵部尚書二月丁巳朔日有食之乙丑上御經筵命步軍統領領巡捕三營兼轄五城督捕戊午厄魯特策旺阿拉布坦使來噶爾丹之姪也厚賚其使比旋遣郎中桑額護其行三月戊子繙譯通鑑綱目成上製序文己酉賜戴有祺等一百四十八人進士及第出身有差夏四月戊午左都御史徐乾學致私書於山東巡撫錢鈺事發並褫職丁卯上以喀爾喀內附躬蒞邊外撫綏是日啟鑾五月丙戌上駐多羅諾爾喀爾喀來朝先是喀爾喀土謝圖汗聽哲卜尊丹巴唆殺其同族扎薩圖汗得克得黑墨爾根阿海內亂迭興爲厄魯特所乘至是遣大臣按其事土謝圖汗哲卜尊丹巴具疏請罪上赦之以扎薩圖汗七旗之長飭其弟策旺扎布襲汗號封爲親王丁亥上御行幄土謝圖汗哲卜尊丹巴入覲俯伏請罪大臣宣赦泣涕謝恩賜茶賜宴賜坐大合樂九叩首而退戊子復召土謝圖汗哲卜尊丹巴策旺札布車臣汗及喀爾喀諸部濟農偉徵諾顏阿玉錫諸大台吉三十五人賜宴諭曰朕欲熟識爾等故復饗宴賜之冠服策旺扎布年幼以皇子衣帽數珠賜之以車臣汗之叔扎薩克濟農納穆扎爾前勸車臣汗領十萬衆歸順身爲之倡請照四十九旗一例殊爲可嘉許照舊扎薩克去其濟農之號封爲郡王餘各封爵有差傳諭喀爾喀曰爾等困窮至極互相偷奪朕已拯救愛養今與四十九旗一體編設各處扎薩克管轄稽察其各遵守如再妄行則國法治之矣己丑上御甲胄乘馬徧閱各部下馬親射十矢九中次大閱滿洲兵漢軍兵古北口兵列陣鳴角鳥鎗齊發聲動山谷衆喀爾喀環矚駭歎曰眞神威也科爾沁喀爾喀各蒙古王貝勒請上尊號不許庚寅上按閱喀爾喀營寨賚牛羊及其窮困者辛卯遣官編輯喀爾喀佐領予之遊牧烏珠穆秦台吉車吉車根等以降附厄魯特按實罪之壬辰上迴鑾癸卯還京辛亥分會試中卷南左南右北左北右中左中右從御史江蘩之言也壬子羣臣請上尊號不許六月乙卯以李天馥爲吏部尚書陳廷敬爲刑部尚書高爾位爲工部尚書秋七月甲申西安將軍尼雅翰奉詔督兵遷巴圖爾額爾克濟農於察哈爾濟農憚行遁去尼雅翰追之不及按問論死命總督葛思泰追討之朝鮮使人以買一統志發其國論罪致仕大學士杜立德卒予祭葬謚文端閏七月丙辰葛思泰疏報濟農之弟博濟在昌甯湖經總兵柯彩派兵勦敗生擒博濟及前禁之格隆等均斬之乙亥上巡幸邊外九月辛酉上迴鑾道遵化謁孝莊山陵謁孝陵乙丑還京庚午以公阿靈阿爲蒙古都統甲戌命侍郎博濟李光地徐廷璽偕靳輔視河冬十月庚寅謝爾素番盜殺參將朱震西甯總兵官李芳述擒盜首華木爾加誅之癸巳以巴德渾爲滿洲都統杭奕祿爲荆州將軍丁未甘肅提督孫思克討阿奇羅卜藏斬之先是使於厄魯特之侍讀學士達虎還及嘉峪關爲阿奇羅卜藏所害命思克討之至是捷聞十一月丁巳以索諾和李振裕爲工部尚書以伊勒慎爲滿洲都統己未詔曰朕崇尚德教蠲滌煩苛大小諸臣咸被恩禮卽因事罷退仍令曲全鄉里近來交爭私怨糾結不已顯有黨同伐異之習豈欲釀明季門戶之禍耶其各蠲私忿共矢公忠有怙終者朕必窮治之是時徐元文徐乾學王鴻緒既罷而傅臘塔等抉摘瑣隱鉤連興獄故特詔儆飭焉甲戌詔曰欽天監奏來歲正月朔日食天象示儆朕甚懼焉其罷元日筵宴諸禮諸臣宜精白供職助朕修省十二月甲申詔曰朕撫馭區宇惟以愛養蒼生俾臻安阜爲念比歲地丁額賦迭經蠲免而歲運漕米尚在輸將時切軫念除河南已經蠲免外其湖廣江蘇浙江安徽山東漕米以次各免一年用紓民力丁亥移旗莊壯丁赴古北口外達爾河墾田遣侍郎阿山德珠等往陝西監賑壬辰諭督撫提鎭保舉武職堪任用及曾立功者在內八旗旗員令都統等舉之是歲免直隸江南江西河南山東陝西湖廣雲南等省一百八十八州縣災賦有差朝鮮安南琉球入貢

三十一年壬申春正月辛亥朔日有食之免朝賀甲寅上御乾清門出示太極圖五音八聲八風圖因言律呂新書徑一圍三之法用之不合徑一尺圍當三尺一寸四分一釐積至百丈所差至十四丈外矣甯可用耶惟隔八相生之說試之悉合又論河道閘口流水晝夜多寡可以數計又出示測日晷表畫示正午日影至處驗之不差諸臣皆服庚午上幸南苑行圍二月辛巳以靳輔爲河道總督乙酉以陝西旱災發山西帑銀襄陽米石賑之丁亥上巡幸畿甸辛卯陝西巡撫薩弼以賑災不實褫職戊戌上還京己亥上御經筵乙巳以馬齊爲戶部尚書三月丙辰遣內大臣阿爾迪理藩院尚書班迪赴邊外設立蒙古驛站乙丑命府丞徐廷璽協理河工加甘肅提督孫思克太子少保予世職致仕大總士馮溥卒予祭葬謚文敏以阿席坦爲滿洲都統置雲南永北鎭夏四月庚辰朔以希福爲滿洲都統護巴爲蒙古都統己丑發帑銀百萬賑陝西尚書王騭沙穆哈往視加賑戊戌上幸瀛臺召近臣觀稻田及種竹河道總督靳輔請建新莊仲家淺各一閘下部議行五月庚寅諭戶部山西平陽豐收可遣官購買備荒命王維珍董其事癸卯定喀爾喀部爲三路土謝圖爲北路車臣爲東路扎薩克圖爲西路屬部各從其分地畫爲左右翼六月庚辰以宋犖爲江甯巡撫乙未蒙古科爾沁進獻錫伯卦爾察打虎爾一萬餘戶給銀酬之秋七月乙亥上巡幸塞外八月己丑以翁叔元爲刑部尚書以博濟爲西安將軍李林隆爲固原提督李芳述爲貴州提督九月戊申噶爾丹屬人執我使臣馬迪戕之庚戌上還次湯泉己未還京丁卯上御經筵壬申上大閱於玉泉山冬十月己卯詔曰秦省比歲凶荒加以疾疫多方賑濟未甦積困所有明年地丁稅糧悉予蠲免從前逋欠一概豁除用稱朕子惠元元至意庚辰以李天馥爲大學士壬午上謁陵曲赦陝西非十惡及軍前獲譴者皆免死減一等以佛倫爲

川陝總督宗室董額爲滿洲都統庚寅上還京癸巳以熊賜履爲吏部尚書張英爲禮部尚書庚子停直省進鮮茶暨賫送表箋十一月庚戌以阿靈阿爲滿洲都統甲寅命熊賜履勘察淮揚濬河涸田丙寅加孫思克振武將軍以覺羅席特庫爲蒙古都統十二月壬午河道總督靳輔卒予祭葬謚文襄以于成龍爲河道總督董訥爲左都御史壬辰以郎化麟爲漢軍都統辛丑以西安饑運襄陽米平糶加希福建威將軍移戍右衞召科爾沁蒙古王沙津入京面授機宜使誘噶爾丹是歲免陝西江南四川等省十三州縣災賦有差朝鮮入貢

三十二年癸酉春正月甲子詔朝鮮歲貢黃金木棉永行停止二月乙亥朔發帑金招商販米西安平市價丙子遣內大臣坡爾盆等往督歸化城三路屯田詔修南河周橋隄工往年靳輔與陳潢所經度者至是閱河大臣繪圖進呈特詔修之策旺阿拉布坦遣使入貢報告使臣馬喇被害及噶爾丹密事以綵緞賚之癸未上御經筵改宣府六廳十衞爲一府八縣戊子命郎談爲昭武將軍偕阿南達碩鼐帥師赴甯夏將軍博濟孫思克參軍事庚寅上巡幸畿甸閱霸州苑家口隄工諭巡撫郭世隆修之庚子上還京貴州巡撫衞既齊疏報勦辦土司失實奪職戍黑龍江三月丙午遣皇子胤禔祭華山丁未移饒州府駐景德鎮乙卯罷廣東運司湖州運同庚午詔趙良棟係舊臣可暫領甯夏總兵夏四月丙戌喀爾喀台吉車凌扎布自鄂羅斯來歸賚之袍服賜克魯倫游牧癸巳命檢直省解送物料共九十九項減去四十項免解丁酉以心裕爲蒙古都統五月庚戌命內大臣伯費揚古爲安北將軍駐歸化城六月乙亥廣八旗鄉會中額八月甲戌免廣西四川貴州雲南四省明年地丁稅糧癸未上巡幸塞外行圍蒙古科爾沁諸部朝行在賜冠服銀幣九月丁未修盛京城丙寅琉球來貢遣其質子還國丁卯上還京冬十月壬申詔曰給事中彭鵬奏劾順天考官請朕親訊是大臣皆不可信矣治天下當崇大體若朕事事躬親則庶務何由畢理乎壬辰上大閱於玉泉山丁酉鄂羅斯察漢汗來貢上諭大學士曰外藩朝貢固屬盛事傳至後世未必不因而生事惟中國安甯則外患不生當培養元氣爲根本耳十一月辛丑上奉皇太后謁孝莊山陵孝陵庚申還宮甲子詔免順天河間保定永平四府明年稅糧十二月辛未以宗室公楊岱爲蒙古都統丁亥上幸南苑行圍諭滿州官兵近來不及從前之精銳故比年親加校閱間以行圍頃見諸士卒行列整齊進退嫻熟該軍校等賞給一箇月錢糧該管官賞給緞疋以激戎行丁酉祫祭太廟是歲免直隸江南江西浙江山西湖廣等省六十九州縣災賦有差朝鮮琉球入貢

三十三年甲戌春正月乙卯盛京歉收命馬齊馳往以倉穀支給兵丁海運山東倉穀濟民食丙辰召見河道總督于成龍問曰爾前言減水壩不宜開靳輔糜費錢糧今竟何如成龍曰臣前誠妄言今所辦皆照靳輔而行上曰然則爾所言之非靳輔所行之是何以不明白陳奏尚留待排陷耶因諭大學士曰于成龍前奏靳輔未曾種柳河隄朕南巡時指河干之柳問之無辭以對又奏靳輔放水淹民田朕復至其地觀之斷不至淹害麥田而王騭董訥等亦附和于成龍言之下部議將于成龍革職枷責上曰伊經手之工未完應革職留任王騭休致董訥革職二月辛未上御經筵癸酉大學士請間三四日一御門聽政上曰昨諭六十以上大臣間日奏事乃優禮老臣耳若朕躬豈敢暇逸其每日聽政如常丁丑以諾穆圖爲漢軍都統庚辰上巡幸畿甸勅修通州至西沽兩岸隄工三月辛丑上還京禮部尚書沙穆哈以議皇太子祀奉先殿儀注不敬免官辛酉賜胡任輿等一百六十八人進士及第出身有差以范承勳爲左都御史夏四月庚午理藩院奏編審外藩蒙古四十九旗人丁二十二萬六千七百有奇辛巳以查木揚爲杭州將軍五月戊寅步軍統領凱音布奏天壇新修之路勿令行人來往上曰修路以爲民也若不許行修之何益後若毀壞令步兵隨時葺治順天學政李光地丁母憂令在京守制甲辰命翰林院詹事府國子監日輪四員入直南書房辛亥以紀爾他布爲滿洲都統噶爾瑪爲蒙古都統甲寅詔修類函丁巳上巡幸畿甸閱視河隄諭扈從衞士魚貫而行勿踐田禾戊午上閱龍潭口己未閱化家口黃須口八百戶口王家甫口筐兒港口白駒場口薄弱之處咸令增修庚申閱桃花口永安口李家口信艾口柳灘口等處新隄上曰觀新隄甚屬堅固百姓可免數年水患矣壬戌上還京閏五月庚午上試翰林出身官於豐澤園六月辛丑加湖廣提督徐治都鎭平將軍丙辰以范承勳爲江南江西總督秋七月丁卯以蔣宏道爲左都御史轉王士禎戶部左侍郎王掞戶部右侍郎巴圖爾額爾克濟農奏報降人祁齊克逃遁遣兵追斬之丁亥上求文學之臣大學士舉徐乾學王鴻緒高士奇及韓菼唐孫華以對上曰韓菼非謫降之人當以原官召補徐乾學王鴻緒高士奇可起用修書並召徐秉義來他日試唐孫華詩佳授禮部主事翰林院行走己丑江南江西總督傅拉塔卒贈太子太保予祭葬謚清端庚寅上巡幸塞外八月己未上駐蹕拜巴哈昂阿喀爾喀哲布尊丹巴來朝賜之冠服九月己巳廣八旗入學學額己卯上還京壬午以石文炳爲漢軍都統以王繼文爲雲南貴州總督冬十月丙申以吳赫爲四川陝西總督乙巳以金世榮爲福州將軍十一月丁卯溫僖貴妃鈕祜祿氏薨癸酉以張旺爲江南提督戊寅起陳廷敬爲戶部尚書十二月庚戌以覺羅席特庫爲滿洲都統杜思噶爾爲蒙古都統是歲免直隸山東等省十二州縣災賦有差朝鮮入貢

三十四年乙亥春正月丁亥以護巴爲滿洲都統二月己亥以郭世隆爲浙江福建總督丁巳太和殿工成休致大學士李之芳卒予祭葬謚文襄三月丙戌以石文英爲漢軍都統夏四月丁酉平陽府地震甲辰遣使册立班禪胡土克圖己酉追敍趙良棟平蜀滇功授一等子世職其部將陞賞有差己未以李輝祖爲河南巡撫五月壬寅朔遣尚書馬齊察賑地震災民巡撫噶世圖以玩災免辛未命在京八旗分地各造屋二千間住兵壬申上巡幸畿甸閱新隄及海口運道建海神廟戊子還京六月丁酉策封皇太子胤礽妃石氏庚子以久雨詔廷臣陳得失禮部祈晴庚申漕運總督王樑奏參衞千總楊奉漕船裝帶貨物諭曰商人裝帶貨物於運何妨王樑乃將貨物搜出棄置兩岸所行甚暴即解任秋七月己丑以覺羅舒恕爲甯夏將軍鄂羅順爲江甯將軍趙良棟告赴江南就醫命給與南巡舊船八月壬辰上巡幸塞外辛丑博濟奏報噶爾丹屬下回子五百人闌入三岔河汛界肅州總兵官潘育龍盡俘之拘於肅州丙午次克勒和洛命宗室公蘇努都統阿席坦護巴領兵備噶爾丹己酉次克勒烏理雅蘇台調董安國爲河道總督桑額爲漕運總督九月辛巳上還京癸未詔順天保定河間永平四府水潦傷稼免明年地丁錢糧仍運米四萬石前往平糶冬十月丁未命內大臣索額圖明珠視察噶爾丹十一月己未朔日有食之壬戌命大軍分三路備噶爾丹裹八十日糧其駝馬米糧令侍郎陳汝器前左都御史于成龍分督之丙寅停今年秋決庚午命李天馥復爲大學士庚辰上大閱於南苑戊子命安北將軍伯費揚古爲撫遠大將軍遣大臣如蒙古徵師示師期十二月己亥命將軍博濟孫思克師出鎭彝乙巳平陽地震命蠲本年糧額並免山西陝西江南浙江江西湖廣廣東福建等省逋賦赦殊死以下其政令有不便於民者令督撫以聞以齊世爲滿洲都統是歲免直隸山西江西福建廣東等省十二州縣災賦有差朝鮮琉球入貢

三十五年丙子春正月甲午下詔親征噶爾丹賚隨征大臣軍校宴甲申命公彭春參贊西路軍務二月丁亥朔上謁陵辛卯上還京壬辰以碩鼐爲蒙古都統癸丑告祭郊廟社稷甲寅命皇太子胤礽留守丙辰上親統六師啓行三月戊辰上出行宮觀射辛未次滾諾大雨雪上露立俟軍士結營畢乃入行幄軍中畢炊乃進膳以行帳糧薪留待後至者庚辰予故巡撫王維珍祭葬謚敏慤夏四月辛卯上次格德爾庫壬辰上駐塔爾奇拉諭茲已抵邊界自明日始均列環營前哨報噶爾丹在克魯倫命蒙古兵先進據河五月丙辰朔上駐蹕拖陵布拉克辛酉次枯庫車爾壬戌偵知噶爾丹所在上率前鋒先發諸軍張兩翼而進至燕圖庫列圖駐營其地素乏水至是山泉湧出上親臨視癸亥次克魯倫河上顧大臣曰噶爾丹不知據河拒戰是無能爲矣前哨中書阿必達探報噶爾丹不信六師猝至登孟納爾山望見黃幄網城大兵雲屯漫無涯際大驚曰何來之易耶棄其廬帳宵遁驗其馬矢似遁二日矣上率輕騎追之沿途什物駝馬婦孺委棄甚衆上顧謂科爾沁王沙津曰虜何倉皇至是沙津曰爲逃生耳喀爾喀王納木扎爾曰臣等當日逃難即是如此上上書皇太后備陳軍況並約期回京追至拖納阿林而還令內大臣馬思喀追之戊辰上班師是日晨五色雲見癸酉次中拖陵撫遠大將軍伯費揚古大敗噶爾丹於昭莫多斬級三千陣斬其妻阿奴噶爾丹以數騎遁癸未次察罕諾爾召見蒙古諸王獎以修道鑿井監牧之勞各賜其人白金六月癸巳上還京是役也中路上自將走噶爾丹西路費揚古大敗噶爾丹唯東路薩布素以道遠後期無功甲午論喀爾喀郡王善巴盡以馬匹借軍功晉封親王貝子盆楚克偵敵有勞封爲郡王諸臣行慶賀禮乙未賜察哈爾護軍月餼加一金喀爾喀人六金限給三年詔停本年秋審壬子以吳琠爲左都御史調張旺爲福建水師提督張雲翼爲江南提督秋七月戊午以平定朔漠勒石太學以李輝祖爲湖廣總督癸亥廣直省鄉試解額戊辰改吳英福建陸路提督岳昇龍爲四川提督八月丁酉索諾和以乏軍興免以凱音布爲兵部尚書九月甲寅朔回回國王阿卜都里什克奏臣仗天威得以出降遣臣回國葉爾欽請救策旺阿拉布坦勿加虐害乙卯賜厄魯特降人官秩衣糧壬申上巡幸塞外丙子次沙城詔年來宣化所屬牧養軍馬供億甚繁深勞民力其悉蠲明年額賦丁丑副都統祖良璧敗噶爾丹部人丹濟拉於翁金冬十月甲申朔遣官齎賜西路軍士衣裘牛羊丁亥

次昭哈賜右衞大同陣亡軍士白金庚寅大將軍費揚古獻俘至賜銀贖出令其完聚戊申上臨視右衞軍士賜食傳諭曰昭莫多之役爾等乏糧步行而能禦敵故特賜食悉免所借庫銀其傷病之人另頒賜之衆叩首歡謝庚戌上駐蹕鼇蘇上皇太后書謝賜裘服十一月戊寅噶爾丹遣使乞降其使格壘沽英至蓋微探上旨也上告之曰俟爾七十日過此即進兵矣庚辰迴鑾十二月壬寅上還京以宗室費揚固爲右衞將軍祁布爲滿洲都統雷繼尊爲漢軍都統庚戌詔陝甘沿邊州縣衞所當師行孔道供億繁多閭閻勞苦其明年地丁銀米悉行蠲免是歲免江南江西等省三十二州縣災賦有差朝鮮入貢

三十六年丁丑春正月丙辰上幸南苑行圍戊辰哈密回部擒噶爾丹之子塞卜騰巴爾珠爾來獻己巳遣官存問勇略將軍趙良棟賜人葠鹿尾甲戌諭朕覩明史一代並無女后預政以臣陵君之事我朝事例因之者多朕不似前人輒譏亡國也現修明史其以此諭增入敕書二月丁亥上親征噶爾丹啟鑾是日次昌平阿必達奏哈密擒獲厄魯特人土克齊哈什哈係害使臣馬迪之首犯命誅之子女付馬迪之家爲奴戊戌上駐大同丁未次李家溝戊申詔免師行所過嵐保德河曲等州縣今年額賦是日次犛鄖村山泉下湧人馬霑足庚戌遣官祭黃河之神三月丙辰上駐蹕屈野河厄魯特人多爾濟達拉代等先後來降賜哈密回王金幣冠服丁巳趙良棟卒上聞之嗟悼良久語近臣曰趙良棟偉男子也辛酉次榆林戊辰次安邊城甯夏總兵王化行請上獵於花馬池上曰何如休養馬力以獵噶爾丹乎辛未次花馬池丙子上自橫城渡河遣皇長子胤禔賜奠趙良棟及前提督陳福丁丑上駐蹕甯夏察卹昭莫多翁金陣亡弁兵己卯祭賀蘭山庚辰上閱兵命侍衞以御用食物均賜戰士閏三月辛巳朔日有食之庚寅康親王傑書薨甯夏百姓聞上將行懇留數日上曰邊地磽瘠多留一日即多一日之擾爾等誠意已知之矣夏四月辛亥上次狼居胥山甲寅迴鑾庚申命直省選文行兼優之士爲拔貢生送國子監甲子費揚古疏報閏三月十三日噶爾丹仰藥死其女鍾齊海率三百戶來降上率百官行拜天禮敕諸路班師是日大雨厄魯特降人請慶賀止之先是上將探視甯夏黃河由橫城乘舟行至湖灘河朔登陸步行率侍衞行獵打魚射水鴨爲糧至包頭鎭會車騎五月乙未上還京丁酉以傅拉塔爲刑部尙書席爾達左都御史翁叔元罷以吳琠爲刑部尙書張鵬翮左都御史癸卯禮部請上尊號不許六月甲寅禮部請於師行所過名山磨崖紀功從之予故勇略將軍一等子趙良棟祭葬謚襄忠秋七月癸未羣臣請上皇太后徽號三上不允乙未以朔漠平定遣官祭告郊廟陵寢先師賜李蟠等一百五十人進士及第出身有差晉封大將軍伯費揚古一等公參贊以下各授世職辛丑免旗兵借帑乙巳遣官賚外藩四十九旗兵丁未上巡幸塞外八月乙亥上駐巴圖舍里賜蒙古王公台吉銀幣九月癸未厄魯特丹濟拉來歸上獨御氈幄召見之丹濟拉出語人曰我罪人也上乃不疑眞神人也甲午上還京庚子以都統凱音布兼步軍統領壬寅上御經筵乙巳振平將軍湖廣提督徐治都卒贈太子少保予祭葬謚襄毅賑黑龍江被水居民以席爾達爲兵部尙書哈雅爾爲左都御史冬十月己巳始令宗室應鄉會試壬戌詔曰比年師行出入皆經山西地方有行齋居送之勞其免山西明年額賦敘從征鎭國公蘇努功晉封貝子庚午上謁陵甲戌內監劉進朝以詐人論死十一月辛巳上還京丙戌和碩恪靖公主下嫁喀爾喀郡王敦多布多爾濟戊戌朝鮮告糴命運米三萬石往賑甲辰詔直省報災卽察實以聞十二月丁卯改宗室董額爲滿洲都統乙亥祫祭太廟是歲免直隸江南安徽江西等省五十九州縣災賦有差朝鮮琉球安南入貢

三十七年戊寅春正月庚寅策旺阿拉布坦奏陳第巴匿達賴喇嘛圓寂之事斥班禪而自尊懇請睿鑒上荅之曰朕曾敕責第巴具奏認罪若怙終不悛朕不輕恕也幷遣侍讀學士伊道等齎敕往癸卯上巡幸五臺山甲辰次涿州命皇長子胤禔大學士伊桑阿祭金太祖世宗陵二月辛亥詔免山西三十六年逋賦癸丑上駐蹕菩薩頂乙丑遣官賑山東戊辰上還京三月丙子朔上御經筵丁丑封皇長子胤禔爲直郡王皇三子胤祉爲誠郡王皇四子胤禛皇五子胤祺皇七子胤祐皇八子胤禩俱爲貝勒戊子禁造燒酒辛卯直隸巡撫于成龍奏偕西洋人安多等履勘渾河幫修挑濬繪圖呈進得旨於六月內完工夏四月癸亥減廣東海關稅額己巳詔溫郡王延壽行止不端降爲貝勒貝子袁端削爵壬申以貝子蘇努管盛京將軍癸酉上閱漕河五月甲戌武清民請築外隄上曰築外隄恐損民田民曰河決之害更甚於損田上曰水潦將降暫立木椿護隄開小河洩水俟明春雨水前爲爾等成之癸未上還京壬寅裁上林苑以李林盛爲陝西提督張旺爲廣西提督是月策旺阿拉布坦上言與哈薩克搆兵及將丹津鄂木布拘禁各緣由命示議政大臣六月辛亥移吳英爲福建水師提督丁巳改四川粱萬營爲化林營設參將以下官己未雲南巡撫石文晟奏三藩屬人奉旨免緝者准其墾田應試從之秋七月癸酉朔張玉書丁母憂以吳琠爲大學士王士禛爲左都御史辛卯命吏部月選同通州縣官引見癸巳霸州新河成賜名永定河建河神廟己亥以盧崇耀爲廣州將軍殷化行爲廣東提督庚子以蘇爾發爲滿洲都統辛丑上奉皇太后東巡取道塞外八月癸丑上奉皇太后臨幸喀拉沁端靜公主第賜金幣及其額駙噶爾臧甲子皇太后望祭父母於發庫山己巳賜端敏公主及其額駙達爾漢親王班第金幣湖南山賊黃明犯靖州陳丹書犯茶陵州官兵討平之九月壬申上次克爾蘇臨科爾沁故親王滿珠習禮墓前酹酒孝莊皇后之父也癸巳上駐扎星阿賜黑龍江將軍薩布素等金幣冠服庚子停盛京烏拉本年決囚冬十月癸卯上行圍射殪二虎其一虎隔澗射之穿其脇丁未上行圍槍殪二熊是日駐蹕輝發己酉裁雲南永甯府置永北府癸巳上駐蹕興京甲寅上謁永陵遣官賜奠武功郡王禮敦墓改貴州水西土司置大定平遠黔西三流官丁巳上謁福陵昭陵臨奠武勳王揚古利直義公費英東宏毅公額亦都墓免奉天今年米豆壬戌上奉皇太后迴鑾十一月癸未上奉皇太后還宮丙戌詔曰朕巡幸所經敖漢奈曼阿祿科爾沁扎魯特諸蒙部水草甚佳而生計窘迫蓋因牲畜被盜不敢夜牧耳朕卽遣郎中李學聖等往爲料理盜竊衰止其他處蒙古亦宜照此差遣旗員有願往蒙古教導者准其前往命盜各案同聽決之庚寅以張鵬翮爲江南江西總督十二月辛丑朔命徐廷璽協理河務命尙書馬齊侍郎喩成龍常綬察視河工庚戌諭宗人府閒散宗室材力幹濟精於騎射及貧無生計者各察實以聞詔官民妻女緣事牽連勿拘訊著爲令改四川東川土司爲東川府設知府以下官戊午詔八旗察訪孝子節婦己未以巴錫爲雲南貴州總督馬自德爲京口將軍己巳祫祭太廟是歲免直隸江南福建浙江湖廣等省三十五州縣災賦有差朝鮮入貢

三十八年己卯春正月辛卯詔朕將南巡察閱河工一切供億由京備辦預飭官吏勿累閭閻二月壬寅詹事尹泰以不職解任癸卯上奉皇太后南巡啟鑾戊申以天津總兵潘育龍訓練有方賜御服貂裘三月庚午上次淸口奉皇太后渡河辛未上御小舟臨閱高家堰歸仁隄爛泥淺等工截漕糧十萬石發高郵寶應等十二州縣平糶壬申上閱黃河隄丙子車駕駐揚州諭隨從兵士勿踐麥禾壬午詔免山東河南逋賦曲赦死罪以下癸未車駕次蘇州辛卯車駕駐杭州丙申上閱兵較射戊戌上奉皇太后迴鑾夏四月庚子朔迴次蘇州詔免鹽課關稅加增銀兩特廣江浙二省學額乙巳以丹岱爲杭州將軍己酉車駕次江甯上閱兵庚申次揚州辛酉以彭鵬爲廣西巡撫丙寅渡黃河上乘小舟閱新埽五月辛未次仲家閘書聖門之哲額懸先賢子路祠乙酉上奉皇太后還宮丁亥以馬爾漢爲左都御史王鴻緒爲工部尙書六月戊戌朔起郭琇爲湖廣總督以鎭國公英奇爲蒙古都統秋七月甲申河決淮揚閏七月戊戌敏妃張佳氏薨誠郡王胤祉其所出也不及百日薙髮降貝勒癸丑先是苗賊黃明屢報獲報死仍報犯事至是遣官按鞫幷其夥陳丹書吳思先等三十餘人誅之其奏報不實之督撫麻勒吉等降黜有差上巡幸塞外九月丙午上還京丙辰上御經筵改揚岱爲滿洲都統魯伯赫拖倫崇古禮俱爲蒙古都統戊午大學士阿蘭泰卒上悼惜之遣皇長子胤禔視疾賜奠加祭謚文淸冬十月癸酉上巡視永定河工庚辰上還宮大學士李天馥卒予祭葬謚文定十一月乙巳上謁陵壬辰以馬齊佛倫熊賜履張英爲大學士陳廷敬爲吏部尙書李振裕爲戶部尙書杜臻爲禮部尙書馬爾漢范承勳爲兵部尙書王士禛爲刑部尙書壬寅命滿漢給事中各四員侍班丙午令寶源局收買廢錢十二月戊辰上還京癸巳祫祭太廟是歲免直隸江南江西浙江福建陝西湖廣等省七十三州縣災賦有差朝鮮琉球入貢

三十九年庚辰春正月己未朝鮮國王李焞以遣回難民進方物上還之癸亥上閱永定河工二月甲戌上乘舟閱郎城柳岔諸水道水淺易艇而前指示修河方略壬午還京己丑命內大臣費揚古伊桑阿考試宗室子弟騎射三月甲午上御經筵吏部奏安徽巡撫李鈵被參一案請交將軍提督查按上曰將軍提督不與民事部議不合嚴飭之尙書庫勒納旋罷癸卯改張鵬翮爲河道總督鵬翮請撤協理官及效力員部臣寬文法以責成功從之甲寅以宗室特克新爲蒙古都統丙辰賜汪繹等三百一人進士及第出身有差四川巡撫于養志提督岳昇龍互訐遣官按鞫俱削職夏四月庚辰上閱永定河命八旗兵丁協助開河以直郡王胤禔領之僖郡王岳希等五人偕往壬午上閱子牙河壬辰還京五月丁未以阿山爲江南江西總督甲寅以阿靈阿爲蒙古都統六月癸亥張鵬翮報修浚海口工成河流暢遂改攔黃壩爲大通口建海神廟杜臻罷以王澤弘爲禮部尙書李枬爲左都御史丁亥停宗室科舉秋七月甲午理

藩院議覆喇嘛商南多爾濟所奏策旺阿拉布坦遣兵往青海一事毋庸議上曰此事目前甚小將來關繫甚大該部擬以勿庸議倘青海問商南多爾濟何以答之策旺阿拉布坦爲人狡猾素行奸惡鄰近諸部俱與仇讎其稱往征第巴道遠險多或虛張聲勢以恫嚇青海未可知也要使不敢搆衅爲是乙巳定翰林官編檢庶吉士月給銀三兩例學道缺出較俸派出壬子故振武將軍孫思克卒命皇長子胤禔奠酒賜鞍馬二匹銀一千兩謚襄武丁巳上巡幸塞外命李光地張鵬翮郭琇彭鵬詳議科場事宜八月辛未上次齊老圖九月癸巳停今年秋決詔張鵬翮專理河工范成勳等九人撤回給事中穆和倫請禁服用奢侈閣臣票擬申飭上曰言官耳目之職若因言而罪之誰復言者惟其言奢侈在康熙十年後則非乃在輔臣時耳今少息矣冬十月辛酉皇太后六旬萬壽節上製萬壽無疆賦親書圖屏進獻癸酉上巡閱永定河戊寅上還京己卯命本年行取科道未補官者作爲額外御史隨班議事十一月庚寅命青海鄂爾布圖哈灘巴圖爾移駐甯夏詔侍郎溫達查視陝甘驛站王澤宏免以韓菼爲禮部尙書命大臣及清要官子弟應試者編爲官號限額取中辛亥上巡幸邊外命卓異官如行取例引見戊午四川打箭爐土蠻作亂遣侍郎滿丕偕提督唐希順討之十二月己未朔上駐蹕煖泉賜外藩王以下至官兵白金戊辰上還京癸酉移蕭永藻爲廣西巡撫彭鵬爲廣東巡撫壬午故安親王岳樂坐前審擬貝勒諾尼一案失入追降郡王子僖郡王岳希貝子吳爾占俱降鎮國公丁亥祫祭太廟是歲免直隸江南安徽陝西浙江等省五十七州縣災賦有差朝鮮入貢

四十年辛巳春正月辛亥以河伯效靈封金龍四大王甲寅以心裕爲滿洲都統二月己未朔上巡閱永定河諭李光地曰河水洶必致淤塞此甚難治當徐議之乙丑滿丕唐希順討打箭爐土蠻平之蠻民萬二千戶內附庚辰上還宮三月戊子上御經筵丁酉張鵬翮請以治河方略纂集成書上斥之曰朕於河務之書罔不披閱大約坐言則易實行則難河性無定豈可執一法以繩之編輯成書非但後人難以倣行即揆之己心亦難自信張鵬翮試編輯之給事中馬士芳劾湖北布政使任風厚年老調來引見年尙未衰上因諭曰坐而辦事必得老成練達者方能得當州縣官則不可耳夏四月己未調李林盛爲甘肅提督擢潘育龍爲固原提督移藍理爲天津總兵官以曹秉桓爲漢軍都統丙子刑部尙書王士禛請假回籍上諭大學士曰山東人性多偏執好勝詩仇惟王士禛無之其詩甚佳居家惟讀書若令回籍殊爲可惜給假五月不必開缺丁丑上閱永定河諭李光地隆冬冰結可照常開浚清水流於冰下爲冰所逼衝刷河底愈深閱大灣口諭石隄尙未興工可以南來杉木排樁爾等勿忽閱子牙河乙酉上還京五月癸巳黑龍江管水手官員缺部臣擬補遣戍道員周昌上曰周昌既遣戍矣又補官烏拉是終身不得歸也可令八旗官願效力者爲之戊申御史張瑗請毀前明內監魏忠賢墓從之丙辰上巡幸塞外六月庚辰授宋儒邵雍後裔五經博士秋七月丁亥領侍衞內大臣公費揚古隨扈患病上爲停鑾一日親往視疾隨以不起聞賜鞍馬三匹散馬四匹銀五千兩遣大臣護送還京予祭葬謚襄壯八月乙丑上幸索岳爾濟山詔曰此山形勢崇隆允稱名勝嗣後此處禁斷行圍甲申上次馬尼圖行圍一矢穿兩黃羊並斷拉哈里木蒙古皆驚九月辛丑簡親王雅布隨扈薨命大臣送還京皇長子胤禔皇三子胤祉出迎遣官治喪賜銀四千兩皇子合助銀三千兩發引時皇子侍衞往送予祭葬立碑謚曰脩乙巳上還京庚戌上御經筵大學士王熙以衰疾乞休溫旨慰諭加少傅致仕噶爾丹之女鍾齊海到京命與其兄一等侍衞色卜騰巴爾珠爾同居配二等侍衞蒙古沙克都市冬十月戊午以宗室特克新爲滿洲都統迓圖佈爾塞爲蒙古都統己未召大學士張玉書還朝詔免甘肅來年額賦庚申以梁鼐爲福建陸路提督辛酉免江蘇明年額賦起岳昇龍爲四川提督辛未改普奇爲滿洲都統孫渣齊爲蒙古都統以華顯爲四川陝西總督癸酉大學士張英乞休溫旨慰諭令致仕御史靳讓疏言爲州縣者須令家給人足方爲良吏命改靳讓通州知州詔總督郭琇張鵬翮桑額華顯巡撫李光地彭鵬徐潮各舉賢能平悼郡王訥爾福薨子訥爾素襲爵十一月甲午詔朕詳閱秋審重案字句多誤廷臣竟未察出一二刑部尤爲不慎其議罰之十二月壬申廣東連山猺匪作亂命都統嵩祝討之辛巳祫祭太廟是歲免直隸江南河南陝西廣東等省四十二州縣災賦有差朝鮮琉球入貢

四十一年壬午春正月壬寅詔修國子監丙午詔繫囚經緩決者減一等以雅爾江阿襲封簡親王庚戌上巡幸五臺山二月庚申次射虎川士民請於菩薩頂建萬壽亭祝釐不許丁卯上巡視子牙河三月壬午上還京以瓦爾岱爲滿洲都統吳達禪馬思哈滿丕爲蒙古都統丁亥上御經筵夏四月甲戌賜致仕大學士王熙御書匾對傳旨曰卿先朝舊臣其強餐食愼醫藥以慰朕念五月癸巳定發配人犯歸籍僉遣流犯死配所妻子許還鄉里辛丑顯親王丹臻薨遣皇子及大臣治喪賜銀萬兩謚曰密子衍璜襲壬寅先是廉州府連山猺人作亂御史叅奏命都統嵩祝率禁旅會討並命尙書范承勳勘狀至是嵩祝奏官兵一到猺人乞降先後投出猺人一萬九千餘名獻出戕官黎貴等九人即於軍前正法降猺安插交總督料理范承勳奏猺人滋事副將杜芳傷死總兵劉虎先行退回應擬斬提督殷化行應革職得旨殷化行有戰功改原品致仕劉虎免死丙午召廷臣至保和殿頒賜御書六月壬子貴州葛彝寨苗人爲亂官軍討平之戊午上製訓飭士子文頒發直省勒石學宮乙未上奉皇太后幸熱河乙丑四川提督岳昇龍疏報大涼山猓目馬比必率衆內附請授土千戶給印信閏六月辛丑木鴉番民萬九千餘戶內附請置安撫使副使土百戶等職均從之八月庚辰朔增順天浙江湖廣鄉試中額戊申上奉皇太后還宮九月辛亥以李正宗盧崇耀馮國相爲漢軍都統壬子定五經中式例癸丑停本年秋決辛酉以齊世嵩祝爲滿洲都統莽喀爲漢軍都統車納福爲蒙古都統甲子詔南巡閱河所過停供張禁科歛官吏無相餽遺百姓各守本業督撫布告使明知朕意己巳以席哈納爲大學士敦拜爲吏部尙書席爾達爲禮部尙書溫達爲左都御史管源忠爲廣州將軍鎮筸諸生李豐等叩閽言紅苗殺人有司不問詔侍郎傅繼祖甘國樞巡撫趙申喬馳驛按問癸酉上南巡啟鑾冬十月壬午次德州皇太子胤礽有疾上迴鑾癸卯上還宮丙午以郭世隆爲廣東廣西總督金世榮爲浙江福建總督十一月丙辰詔免陝西安徽明年額賦甲子大學士伊桑阿乞休命致仕壬申廣西巡撫蕭永藻疏劾布政使教化新虧空倉穀應令賠補上曰米穀必有收貯之地乃可經久若無倉廒積於空野難免朽爛況南方卑溼之地乎其別定例以聞命修禹陵十二月壬辰廷臣以明年五旬萬壽請上尊號上不許戶部議駁奉天報災上曰晴雨原無一定始者雨水調和其後被災亦常事耳可准其奏乙未改趙申喬爲偏沅巡撫以趙宏燦爲廣東提督王世臣爲浙江提督孫徵灝爲漢軍都統壬寅厄魯特丹津阿拉布坦來朝厚賚之封爲郡王賜地遊牧是歲免江南河南浙江湖廣甘肅等省十州縣災賦有差朝鮮琉球入貢

四十二年癸未春正月壬子大學士諸臣賀祝五旬萬壽恭進萬壽無疆屏卻之收其寫冊壬戌上南巡閱河丁卯以俞益謨爲湖廣提督庚午次濟南觀珍珠泉賦三渡齊河詩壬申次泰安登泰山詔免蹕路所經及歉收各屬去年逋賦二月丁丑運漕米四萬石賑濟甯泰安閱宿遷堤工己卯自桃源登舟徧閱河隄甲申渡江登金山丙戌次蘇州遣官奠大學士宋德宜墓庚寅上駐杭州閱射辛丑次江甯三月戊申上閱高家堰翟家壩隄工己酉上閱黃河南龍窩烟墩等隄庚申上還京癸亥萬壽節上朝皇太后宮免廷臣朝賀頒恩詔錫高年蠲額賦察孝義恤困窮舉遺逸罪非常赦所不原者咸赦除之頒賜親王郡王以下文武百官有差庚午以洞鄂襲封信郡王辛未上御經筵賜內廷修書舉人汪灝何焯蔣廷錫進士一體殿試夏四月辛巳賜王式丹等一百六十三人進士及第出身有差四川威州龍溪十八寨生番歸化納糧丁亥大學士熊賜履乞休命解官食俸留備顧問傅繼祖等察審湖廣紅苗搶掠一案得旨總督郭琇提督杜本植隱匿不報均革職巡撫金璽降官以喻成龍爲湖廣總督癸巳致仕大學士王熙卒予祭葬謚文靖丙申以陳廷敬爲大學士兼吏部尙書戊戌詔原任侍郎任克溥年逾九十洵爲耆碩加尙書銜以李光地爲吏部尙書仍巡撫直隸以莽喀爲荊州將軍諸羅布爲杭州將軍宗室愛音圖爲漢軍都統孫渣齊翁俄里爲蒙古都統己亥諭八旗人等朕不惜數百萬帑金爲旗丁償逋贖地籌畫生計爾等能人人以孝弟爲心勤儉爲事則足仰慰朕心

矣倘不知愛惜仍前游蕩飲博必以嚴法處之親書宣諭其尙欽遵五月壬子裕親王福全有疾上連日視之癸亥內大臣索額圖有罪拘禁於宗人府己巳上巡幸塞外六月辛巳恭親王常寧薨命皇子每日齊集賜銀一萬兩遣官造墳立碑壬寅裕親王福全薨上聞之兼程迴京秋七月乙巳朔上臨裕親王喪哭之慟自蒼震門入居景仁宮王大臣請還乾淸宮上曰居便殿乃祇遵成憲也居五日命皇長子等持服命御史羅占造墳建碑謚曰憲子保泰襲爵戊申以山東大雨遣官分賑庚戌上巡幸塞外己巳發帑金三十萬兩截漕五十萬石賑山東山東有司不理荒政停其升轉八月癸巳停本年秋審九月壬子予故侍郞高士奇勵杜訥祭葬己巳命尙書席爾達督辦紅苗冬十月癸未上西巡啓鑾命給事中滿普御史顧素在後行查僕從生事即時鎖拿庚寅喇麻請廣洮州衛廟上曰取民地以廣廟宇有碍民生其永行禁止癸巳過井陘次柏井驛驛向乏泉至是井泉湧溢丁酉駐太原戊戌詔免山西逋賦百姓集行宮前籲留車駕上爲再停一日十一月乙巳上次洪洞遣官祭女媧陵壬子渡黃河次潼關遣官祭西嶽賜迎駕百歲老人白金甲寅次渭南閱固原標兵射賜提督潘育龍以下加一級丙辰上駐西安丁巳閱駐防官兵射遣官祭周文王武王祭文書御名遣官奠提督張勇梁化鳳墓己未上大閱於西安賜將軍博濟御用弓矢賜官兵宴軍民集行宮前籲留上爲留一日賜盩厔徵士李顒御書操志淸潔匾額免陝甘逋賦癸亥上迴鑾己巳次陝州命皇三子胤祉往閱三門底柱十二月乙亥上次修武閱懷慶營伍不整逮總兵官王應統入京論死庚辰次磁州御書賢哲遺休額懸先賢子貢墓庚寅上還京辛卯定外任官在本籍五百里內者迴避封常甯子海善爲貝勒是歲免直隸江南山東河南陝西浙江湖廣等省九十一州縣災賦有差朝鮮琉球安南入貢

四十三年甲戌春正月辛酉詔曰朕諮訪民瘼深悉力作艱難耕三十畝者輸租賦外約餘二十石衣食丁徭取給於此幸逢廉吏猶可有餘若誅求無藝則民無以爲生是故察吏所以安民要在大吏實心體恤也戊辰詔漢軍一家俱外任者酌改京員己巳上謁陵二月甲戌封淮神爲長源佑順大淮之神御書靈濬安瀾額懸之癸巳上還宮以李基和爲江西巡撫能泰爲四川巡撫三月辛丑上御經筵己酉詔停熱審辛酉以吳洪爲甘肅提督賚送山東饑民回籍丙寅以溫達爲工部尙書夏四月癸酉命侍衛拉錫察視河源己卯上幸孝髻山遂閱永定河子牙河丙申上還京五月辛酉以于準爲貴州巡撫六月乙亥上巡幸塞外秋九月癸卯詔督撫調員違例者罪之侍郞常授招撫廣東海盜阿保位等二百三十七名就撫爲兵戊午刑部尙書王士禛以失出降官癸亥上還宮丁卯侍衛拉錫察視河源還自星宿海繪圖以進冬十月戊辰朔濬楊村舊河甲戌詔免順天河間二府及山東浙江二省明年稅糧庚辰以李振裕爲禮部尙書徐潮爲戶部尙書席爾達爲兵部尙書王掞爲刑部尙書吳涵爲左都御史癸未頒內製銅斗銅升於戶部命以鐵製頒行戊子以趙宏燮爲河南巡撫己丑命濬汾淯買魯諸河辛卯上閱永定河十一月丁酉朔日有食之上還宮上以儀器測驗與七政曆不符欽天監官請罪免之郞中費仰嘏以貪婪棄市辛亥定吏部行取知縣例停督撫保薦戊午湖廣巡撫劉殿衡建御書樓上斥其糜費並嚴禁藉修建侵帑累民者四川陝西總督博霽疏參涼州總兵官魏勳年老上曰魏勳前有軍功兵民愛戴與師帝賓麥良璽潘育龍俱係舊臣難得何可參耶壬戌誡修明史史臣覈公論明是非以成信史十二月乙酉天津總兵官藍理請沿海屯田從之甲午以御製詩集賜廷臣是歲免直隸江南山東湖廣廣東等省一百九州縣災賦有差鮮朝入貢

四十四年乙酉春正月戊午古文淵鑑成頒賜廷臣及於官學癸亥上幸湯泉二月乙丑朔上還宮癸酉上南巡閱河詔曰朕留意河防屢行閱視獲告成功玆黃水暢流尙須察驗形勢即循河南下所至勿繕行宮其有科歛累民者以軍法治罪壬午次靜海遣官奠故侍郞勵杜訥墓予謚文恪三月己亥諭山東撫臣曰百姓歡迎道左者日數十萬人計日迴鑾正當麥秀其各務稼穡毋致妨農乙巳上駐揚州授河臣張鵬翮方略辛亥上駐蘇州命選江南浙江舉貢生監善書者入京修書賜公福善大學士張玉書陳廷敬在籍大學士張英都統愛音圖白金賜大學士馬齊等皇輿表己未次松江閱射上書聖迹遺徽額賜青浦孔氏賜故侍郞高士奇謚文恪夏四月丙寅上駐杭州閱射庚午詔赦山東江蘇浙江福建死罪減一等戊寅御書至德無名額懸吳太伯祠並書季札董仲舒焦先周敦頤范仲淹蘇軾歐陽修胡安國米芾宗澤陸秀夫各匾額懸其祠乙酉上駐江甯閏四月癸卯上閱高家堰隄工辛酉上還京五月戊寅上親鞫郞中陳汝弼一案原汝弼罪刑部尙書安布祿左都御史舒輅以失獄免職庚辰以貝和諾爲雲南貴州總督丙戌上巡幸塞外六月甲午命行取知縣非再任者不得考選科道庚戌停廣東開礦丙辰上駐蹕熱河秋七月壬申河決淸水溝韓莊命河臣察居民田舍以聞八月甲午免八旗借支兵餉銀七十萬兩戊午喻成龍免以石文晟爲湖廣總督庚申上發博洛河屯閱牧羣九月己巳進張家口丙子還京甲申以希福納爲左都御史達佳爲江甯將軍冬十月辛卯朔重修華陰西嶽廟成上製碑文丙午以富甯安爲漢軍都統十一月辛酉命蒙古公丹濟拉備兵推河察視策旺阿拉布坦己巳以李光地爲大學士宋犖爲吏部尙書調趙宏燮爲直隸巡撫癸酉詔免湖廣明年額賦及以前逋賦甲戌國子監落成御書彝倫堂額庚辰以汪灝爲河南巡撫乙酉上謁陵巡幸近塞戊子設雲南廣南麗江二府學官許士人應試十二月壬寅上臨裕親王福全葬以阿靈阿兼理藩院尙書己酉上還宮丙辰以祖良璧爲福州將軍是歲免直隸江南湖廣廣東等省四十六州縣災賦有差朝鮮琉球入貢

四十五年丙戌春正月乙酉命孫渣齊徐潮督濬淮揚引河順天考官戶部侍郞汪霦贊善姚士藟以取士不公褫職二月癸巳上巡幸畿甸丁未次靜海閱子牙河壬子還駐南苑以諸滿爲江甯將軍以王然爲浙江巡撫江南江西總督阿山劾江甯知府陳鵬年安奉聖訓不敬部議應斬先是乙酉年南巡陳鵬年遵旨不治行宮阿山故假他事劾之上命入京修書戊午上還宮三月庚申上御經筵辛巳賜施雲錦等二百八十九人進士及第出身有差詔直省建育嬰堂夏四月戊子朔日有食之加貴州提督李芳述鎭遠將軍乙未吳涵罷以梅鋗爲左都御史五月己未以金世榮爲兵部尙書甲戌詔免直隸山東逋賦丁丑以梁鼐爲福建浙江總督戊寅上巡幸塞外六月丁亥朔詔修功臣傳癸巳命梅鋗二鬲按容美土司田舜年獄壬寅命凡部寺咨取錢糧非由奏請者戶部月會其數以聞以藍理爲福建陸路提督辛亥四川巡撫能泰疏報安樂鐵索橋告成移化林營千總駐守秋七月庚申上駐蹕熱河甲子以德昭嗣封信郡王八月壬辰高家堰車邏壩淵河河隄告成九月己亥上還京冬十月乙酉朔敎拜罷以溫達爲吏部尙書希福納爲工部尙書庚寅武殿試諭曰今天下承平日久曾經戰陣大臣已少知海上用兵者益少他日台灣不無可慮朕甲子南巡由江甯登舟至黃天蕩江風大作朕獨立船頭射江豚了不爲意迨後渡江漸覺心動去歲渡江則心悸矣皆年爲之也問之宿將亦然今使高年舊勇効命何可得耶壬寅命大學士席哈納侍郞張廷樞蕭永藻覆按土司田舜年獄丁未以逬圖爲滿洲都統己酉詔免山西陝西江蘇安徽江西浙江福建湖北湖南廣東十省逋賦十一月癸酉命尙書金世榮侍郞巴錫范承烈督濬淸河免八旗官兵貸官未歸銀三百九十五萬六千六百兩有奇甲戌以阿山爲刑部尙書庚辰上謁陵辛巳以邵穆布爲江南江西總督癸未以山東私鑄多聽以小錢完正賦責有司運京鼓鑄甲申上巡幸塞外西藏達賴喇嘛卒其下第巴匿之又立僞達賴喇嘛拉藏汗殺第巴而獻其僞喇嘛西甯喇嘛商南多爾濟以聞十二月壬寅上還宮詔罪囚緩決至三四年者減一等辛亥郭世隆罷以趙宏燦爲廣東廣西總督是歲免直隸江南福建江西湖廣等省三十二州縣災賦有差朝鮮入貢

四十六年丁亥春正月丁卯詔南巡閱河往返舟楫不御室廬所過勿得供億丁巳梅鋗免以蕭永藻爲左都御史戊戌次臺莊百姓來獻食物召耆老前詳詢農事生計良久乃發癸卯上閱溜淮套由淸口登陸如曹家廟見地勢毗連山嶺不可疏鑿而河道所經直民廬舍墳墓悉當毀壞詰責張鵬翮等遂罷其役道旁居民驩呼萬歲命別勘視天然壩以下河道三月己未上駐江甯乙巳上駐蘇州夏四月甲申上駐杭州詔曰朕頃因視河駐蹕淮上江浙二省官民籲請臨幸朕勉徇羣情涉江而南方今二麥垂熟百姓沿河擁觀不無踐踏其令停迎送示朕重農愛民至意戊申以鄂克遜爲江甯將軍殷泰爲甘肅提督五月壬子朔上次山陽示河臣方略癸酉上還京丙子解阿山尙書削張鵬翮宮保戊寅贈故河道總督靳輔太子太保予世職加福建提督吳英威略將軍贈死難運司高天爵官予謚忠烈以達爾占爲荊州將軍六月丁亥上巡幸塞外以巢可託爲左都御史起郭世隆爲湖廣總督七月壬子上駐蹕熱河丁卯車駕發喀拉河屯巡幸諸蒙古部落外藩來朝各賜衣幣八月甲辰次洮爾畢拉賜迎駕索倫總管塞首察克杜拉圖及打牲人銀幣貴州三江苗人作亂討平之九月癸亥上駐和爾博圖噶岔甲子閱察哈爾巴爾虎兵丁射冬十月辛巳以江蘇浙江旱發帑市米平糶截漕放賑免逋賦外藩獻駝馬卻之戊戌上還京己亥戶部議增雲南礦稅命如舊額庚子金世榮免以蕭永藻爲兵部尙書十一月己酉朔詔曰頃以江浙旱災隨命減稅蠲逋截漕其江浙兩省明年應出丁錢悉予蠲免被災之處並免正賦使一年之內小民絕迹公庭優游作息副朕惠愛黎元至意己未詔台灣客民乏食願歸者聽附公務船內渡以汪悟禮爲漢軍都統己亥詔江浙諸郡縣興修水利備旱澇十二月丙戌以溫達

爲大學士馬爾漢爲吏部尚書耿額爲兵部尚書巢可託爲刑部尚書富甯安王九齡爲左都御史丙午賜親王以次內大臣侍衞白金有差是歲免直隸江南江西福建湖廣等省三十二州縣衞災賦有差朝鮮琉球入貢

四十七年戊子春正月庚午浙江大嵐山賊張念一朱三等行刼慈谿上虞嵊縣官兵捕平之辛未重修南嶽廟成御製碑文以覺羅孟俄洛爲奉天將軍乙亥詔截留湖廣江西漕糧四十萬石留於江南六府平糶二月庚寅上御經筵壬辰遣侍郞穆丹按大嵐山獄學士二鬲按紅苗獄甲午上巡畿甸丙午詔暹羅使臣挈帶土貨許隨處貿易免徵其稅三月丙辰上還駐暢春園戊午以希思哈李繩宗爲漢軍都統閏三月戊寅朔重修北鎭廟成御製碑文乙未以施世驃爲廣東提督席柱爲西安將軍夏四月己酉宋犖罷以徐潮爲吏部尚書以齊世武爲四川陝西總督戊午山東巡撫趙世顯報捕獲朱三父子解往浙江上曰朱三父子游行教書寄食人家若因此捕拿株連太多可傳諭知之辛酉湖廣提督俞益謨密請勦除紅苗上以紅苗無大罪不許以阿喇衲爲蒙古都統李林盛爲漢軍都統內大臣明珠卒命皇三子胤祉奠茶酒賜馬四匹五月甲申以王鴻緒爲戶部尚書富甯安爲禮部尚書穆和倫爲左都御史丙戌上巡幸塞外乙未詔免大嵐山賊黨太倉人王昭駿伯叔兄弟連坐罪六月丁未上駐蹕熱河丁巳九卿議覆大嵐山獄上得旨誅其首惡者朱三父子不可留緣坐可改流徙巡撫王然提督王世臣俱留任受傷官兵俱議敍丁卯淸文鑑成上製序文秋七月丁丑諭刑部免死流人在配犯罪者按誅之癸未平定朔漠方略成上親製序文壬辰上行圍二鬲奏按紅苗殺人之廖老宰等斬梟擅自遣兵前往苗寨之守備王應瑞遣戍從之八月甲辰朔日有食之壬戌上迴鑾駐永安拜昂阿九月乙亥上駐布爾哈蘇台丁丑召集廷臣行宮宣示皇太子胤礽罪狀命拘執之送京幽禁己丑上還京丁酉廢皇太子胤礽頒示天下冬十月甲辰削貝勒胤禩爵乙卯以王掞爲工部尚書張鵬翮爲刑部尚書辛酉上幸南苑行圍以辛泰爲蒙古都統十一月癸酉朔削直郡王胤禔爵幽之己卯致仕大學士張英卒予祭葬諡文端辛巳副都御史勞之辨奏保廢太子奪職杖之丙戌召集廷臣議建儲貳阿靈阿鄂倫岱揆敍王鴻緒及諸大臣以皇八子胤禩請上不可戊子釋廢太子胤礽己丑王大臣請復立胤礽爲皇太子丙申以宗室發度爲黑龍江將軍庚子復胤禩貝勒十二月甲辰褒卹死難生員嵇永仁王龍光沈天成范承譜附祀范承謨祠承謨子巡撫范時崇請之也丁巳以陳詵爲湖廣巡撫蔣陳錫爲山東巡撫黃秉中爲浙江巡撫劉蔭樞爲貴州巡撫是歲免山東福建湖廣等省六十州縣災賦有差朝鮮入貢

四十八年己丑春正月癸巳召集廷臣問舉立胤禩孰爲倡議者羣臣皇恐莫敢對乃進大學士張玉書而問之對曰先聞之馬齊上切責之次日列馬齊罪狀宥死拘禁已而上徐察其誣釋之丙申上幸南苑己亥命侍郞赫壽駐藏協辦藏事初拉藏汗與青海爭立達賴喇嘛不決特命大臣往監臨之王鴻緒李振裕免二月己酉上巡幸畿甸以宗室楊福爲黑龍江將軍覺羅孟俄洛爲甯古塔將軍王文義爲貴州提督戊午以嵩祝署奉天將軍戊辰上還宮庚午以張鵬翮爲戶部尚書張廷樞爲刑部尚書三月辛巳復立胤礽爲皇太子昭告宗廟頒詔天下甲午賜趙熊詔等二百九十二人進士及第出身有差夏四月甲辰以富甯安爲吏部尚書穆和倫爲禮部尚書穆丹爲左都御史移禁胤禔於公所遣官率兵監守丁卯上巡幸塞外五月甲戌上駐蹕熱河六月戊午康親王椿泰薨諡曰悼子崇安襲封秋七月庚寅以殷泰爲四川陝西總督噶禮爲江南江西總督江琦爲甘肅提督師懿德爲江南提督戊戌上行圍八月己亥朔日有食之加陝西提督潘育龍鎭綏將軍九月庚寅上還京以年羹堯爲四川巡撫冬十月壬寅詔福建廣東督撫保舉深諳水性熟知水師者戊午册封皇三子胤祉誠親王皇四子胤禛雍親王皇五子胤祺恆親王皇七子胤祐淳郡王皇十子胤䄉敦郡王皇九子胤禟皇十二子胤祹皇十四子胤禵俱爲貝勒壬戌詔免江蘇被災之淮揚徐山東之兗州河南之歸德明年地丁額賦十一月丙子詔各省解部之欵過多可酌量截留以備急需安郡王馬爾渾薨諡曰懿子華玘襲己卯加漕運總督桑額太子太保庚寅上與大學士李光地論水脈水源奏岱諸山自長白山來泲水伏流黃河未到積石亦是伏流蒙古人有書言之甚詳江源亦自崑崙來至於岷山乃不伏流耳遣張鵬翮噶敏圖按江南宜思恭虧帑獄十二月己亥上謁陵己未上還宮命馬齊管鄂羅斯貿易事刑部尚書巢可託免是歲免直隸江蘇安徽山東河南湖廣等省五十三州縣災賦有差朝鮮琉球入貢

四十九年庚寅春正月庚寅命修滿蒙合璧淸文鑑二月丁酉上巡幸五臺山吏部尚書徐潮乞休允之三月己巳上還京乙亥命編纂字典詔以故大學士李霨嫡孫主事李敏啟擢補太常寺少卿戊寅勑封西藏胡必爾汗波克塔爲六世達賴喇嘛辛巳詔免浙江杭湖二府未完漕米三萬九千餘石夏四月乙巳調蕭永藻爲吏部尚書王掞爲兵部尚書五月己酉朔上巡幸塞外癸酉次花峪溝閱吉林黑龍江官兵丁丑上駐蹕熱河六月己亥命諸皇子恭迎皇太后至熱河避暑戊午刑部尚書張廷樞免秋七月壬午按事湖南尚書蕭永藻等疏報巡撫提督互訐案查審俱實得旨俞益謨休致趙申喬革職留任閏七月甲寅上行圍八月乙亥詔福建漳泉二府旱運江浙漕糧三十萬石賑之並免本年未完額賦丙戌上還駐熱河庚寅以范時崇爲福建浙江總督額倫特爲湖南提督九月辛丑上奉皇太后還宮辛亥希福納免時戶部虧蝕購辦草豆銀兩事覺積十餘年歷任尚書侍郞凡百二十人虧蝕至四十餘萬上寬免逮問責限償完希福納現任尚書特斥之以穆和倫爲戶部尚書貝和諾爲禮部尚書冬十月甲子詔曰朕臨御天下垂五十年誠念民爲邦本政在養民迭次蠲租數萬萬以節儉之所餘爲渙解之宏澤惟體察民生未盡康阜良由生齒日繁地不加益宜沛鴻施藉培民力自康熙五十年始普免天下錢糧三年而徧直隸奉天浙江福建廣東廣西四川雲南貴州九省地丁錢糧察明全免歷年逋賦一體豁除其五十一年五十二年應蠲省分屆時候旨地方大吏以及守令當體朕保乂之懷實心愛養庶幾昇平樂利有可徵矣文到其刊刻頒布咸使聞知丁卯諭外藩已朝行在勿庸朝正丙子以郭瑮爲雲南貴州總督以郭世隆爲刑部尚書鄂海爲湖廣總督癸未諭大學士江南虧空錢糧多至數十萬兩此或朕數次南巡地方挪用張鵬翮謂俸工可以抵補牧令無俸仍以累民莫若免之爲善其會議以聞十一月辛卯朔詔凡遇蠲賦之年免業主七分佃戶三分著爲令大學士陳廷敬以老乞休溫旨慰諭命致仕乙巳上謁陵以蕭永藻爲大學士王掞爲禮部尚書徐元正爲工部尚書丁未以孫徵灝爲兵部尚書乙卯以桑額爲吏部尚書十二月癸酉以赫壽爲漕運總督戊寅上還京辛巳詔曰朕因朝列舊臣漸次衰謝順治年間進士去職在籍者已無多人王士禛江皋周敏政葉矯然徐淑嘉皆以公過屏廢俱復還原官以趙申喬爲左都御史是歲免直隸江南等省七州縣災賦有差朝鮮安南入貢

五十年辛卯春正月癸丑上巡畿甸視通州河堤二月辛酉以班迪爲滿洲都統善丹爲蒙古都統丁卯閱筐兒港命建挑水壩次河西務上登岸步行二里許親置儀器定方向釘樁木以紀丈量之處諭曰用此法可以測量天地日月交食算法原於易用七九之奇數不能盡者用十二二十四之偶數乃能盡之即取象十二時二十四氣也庚午上還京辛巳上御經筵三月庚寅王大臣以萬壽節請上尊號自平滇以來至是凡四請矣上謙挹有素終不之許夏四月庚申徐元正養親回籍以陳詵爲工部尚書庚辰上奉皇太后避暑熱河乙未命禮部祈雨庚子大雨丙午留京大學士張玉書卒上悼惜賦詩一篇遣官治喪賜銀一千兩加祭葬諡文貞己酉詔免江蘇無著銀十萬兩有奇丙辰召致仕大學士陳廷敬入閣辦事增鄉會試五經中額六月戊辰設廣西西隆州儒學訓導秋七月丙辰上行圍八月庚午高宗純皇帝生以王原祁爲掌院學士設先賢子游後裔五經博士九月戊申上奉皇太后還宮藍理有罪免以楊琳爲福建陸路提督馬際伯爲四川提督停本年秋決冬十月丙辰詔免台灣五十一年應徵稻穀貝和諾免以嵩祝爲禮部尚書戊午詔前旨普免天下錢糧五十一年輪及山西河南陝西甘肅湖北湖南六省地丁錢糧及逋欠俱行蠲免庚午以碩鼐爲滿洲都統瑚世巴馬爾賽爲蒙古都統戊寅免朝鮮白金豹皮歲貢庚辰詔舉孝義辛巳命張鵬翮置獄揚州按江南科場案壬午鄂繕耿額齊世武悟禮等有罪褫職拘禁趙申喬疏劾新科編修戴名世恃才放蕩語多悖逆下部嚴審十一月丙戌以殷特布爲漢軍都統隆科多爲步軍統領張谷貞爲雲南提督丁未上謁陵賜守陵官役馬匹白金十二月癸酉上還宮癸未祫祭太廟是歲免直隸安徽等省八州縣災賦有差朝鮮琉球入貢丁戶二千四百六十二萬一千三百二十四田地六百九十三萬四十四頃三十四畝徵銀二千九百九十萬四千六百五十二兩八錢鹽課銀三百七十二萬九千二百二十八兩鑄錢三萬七千四百九十三萬三千四百有奇

五十一年壬辰春正月丙午擢編修張逸少爲翰林院侍讀學士故大學士張玉書之子也壬子命內外大臣具摺陳事摺奏自此始癸丑上巡幸畿甸詔右衞將軍宗室費揚古辦事誠實供職年久且係王子可封爲輔國公二月丁巳詔宋儒朱子配享孔廟在十哲之次江蘇巡撫張伯行與總督噶禮互訐俱解任交張鵬翮赫壽查審福建浙江總督范時崇疏陳沿海漁船只許單桅不許越省行走交地方文武鈐束上曰此事不可行漁戶併入水師營則兵弁侵欺之矣盜賊豈能盡除竊發何地無之只視有益於民者行之不當以文法爲捕具也戊寅命卓異武官照文職引見庚辰上還京壬午詔曰承平日久生齒日

緊嗣後滋生戶口勿庸更出丁錢即以本年丁數爲定額著爲令三月辛卯諭大學士繙譯本章甚有關繫昨見本內假官二字竟譯作僞官舛錯殊甚其嚴飭之丁酉上御經筵夏四月丁巳賜王世琛等百七十七人進士及第出身有差甲子以康泰爲四川提督定會試分省取中例壬申諭故大學士熊賜履夙學舊臣身歿以後時軫於懷聞其子已長成可令來京錄用壬戌予故一等侍衞海青副都統銜予祭葬謚果毅致仕大學士陳廷敬卒命皇三子奠茶酒御賦輓詩命南書房翰林勵廷儀張廷玉齎奠予治喪銀一千謚文貞詔明年六旬萬壽二月特行鄉試八月會試以嵩祝爲大學士黑碩咨爲禮部尚書滿篤爲工部尚書以王掞爲大學士陳詵爲禮部尚書起張廷樞爲工部尚書丙子上奉皇太后避暑熱河啟鑾壬午上駐蹕熱河五月壬寅命有司稽察流民徙邊種地者以穆丹爲左都御史鄂代爲蒙古都統六月癸丑朔日有食之丁巳命穆和倫張廷樞覆按江南督撫互訐案湖廣鎭筸紅苗吳老化率毛都塘等五十二寨內附辛酉以張朝午爲廣西提督秋八月癸丑上行圍戊寅詔朝鮮遇有中國漁船逆禁至界汛許拘執以聞鎭筸苗民續內附八十三寨九月庚戌上奉皇太后還宮皇太子胤礽復以罪廢錮於咸安宮冬十月壬戌穆和倫等覆按江南獄上上命奪噶禮職張伯行復任以揆敘爲左都御史赫壽爲江南江西總督十一月乙酉前福建提督藍理獄上應死上念征台灣功特原之己亥羣臣以萬壽六旬請上尊號不許丁未以復廢皇太子胤礽告廟宣示天下己酉上謁陵賜守陵大臣白金十二月甲戌上還京是歲免直隸江南山東浙江等省二十三州縣災賦有差朝鮮入貢

五十二年癸巳春正月戊申詔封後藏班禪胡土克圖喇麻爲班禪額爾得尼二月庚戌趙申喬疏言太子國本應行册立上以建儲大事未可輕定宣諭廷臣以原疏還之乙卯上巡幸畿甸編修戴名世以著述狂悖棄市進士方苞以作序干連免死入旗旋赦出之乙亥上還駐暢春園三月戊寅朔諭王大臣朕昨還京見各處爲朕保釐乞福者不計其數實覺愧汗萬國安卽朕之安天下福卽朕之福祝延者當以玆爲先朕老矣臨深履薄之念與日俱增敢滿假乎又諭各省祝壽老人極多倘有一二有恙者可令太醫看治朕於十七日進宮經棚老人已得從容瞻覲十八日正陽門行禮不必再至龍棚各省漢官傳諭知悉甲午上還宮各省臣民夾道俯伏歡迎上駐輦慰勞之乙未萬壽節上朝慈甯宮御太和殿受賀頒詔覃恩錫高年舉隱逸旌孝義蠲逋負鰥寡孤獨無告者官爲養之罪非殊死咸赦除焉壬寅召直省官員士庶年六十五以上者賜宴於暢春園皇子視食宗室子執爵授飲扶掖八十以上老人至前親視飲酒諭之曰古來以養老尊賢爲先使人人知孝知弟則風俗厚矣爾耆老當以此意告之鄉里昨日大雨田野霑足爾等速回無誤農時是日九十以上者三十三人八十以上者五百三十八人各賜白金加祝釐老臣宋犖太子少師田種玉太子少傅甲辰宴八旗官員兵丁閒散於暢春園視食授飲視飲賜金同前是日九十以上者七人八十以上者一百九十二人夏四月甲寅以鄂海爲陝西四川總督額倫特爲湖廣總督高其位爲湖廣提督四川提督岳昇龍請入籍四川許之丁卯遣官告祭山川古陵闕里五月丙戌上奉皇太后避暑熱河調張廷樞爲刑部尚書王頊齡爲工部尚書頒賚蒙古老人白金辛丑詔停本年秋決閏五月乙卯賚熱河老人白金御史陳汝咸招撫海寇陳尙義入見詢海上情勢及洋船形質命於金州安置置水師營六月丁丑修律算書秋七月壬子詔宗人削屬籍者子孫分別繫紅帶紫帶載名玉牒丙寅上行圍八月丁丑蒙古鄂爾多斯王松阿拉布請於察罕託灰遊牧不許命遊牧以黃河爲界從總兵范時捷請也九月甲子上奉皇太后還宮辛未以江南漕米十萬石分運廣東福建平糶冬十月丙子以張鵬翮爲吏部尚書乙酉賜王敬銘等一百四十三人進士及第出身有差十一月己酉詔免廣東福建甘肅二十一州縣衞明年稅糧癸亥上謁陵十二月己卯以赫奕爲工部尚書辛卯令文武科目願兼應者許改試一科壬辰上還京甲午以五哥爲蒙古都統辛丑祫祭太廟是歲免浙江十州縣災賦有差朝鮮琉球入貢

五十三年甲午春正月己未命修壇廟殿廷樂器癸亥戶部請禁小錢上曰凡事必期便民若不便於民而惟言行法雖厲禁何益戊辰上巡幸畿甸丁卯以何天培爲京口將軍二月甲戌詔停今年秋審矜疑人犯審理具奏配流以下減等發落乙酉上還京癸丑命侍郎常泰少卿陳汝咸赴甘肅賑撫災民丁巳前尚書王鴻緒進明史列傳二百八十卷命付史館夏四月戊子改師懿德爲甘肅提督辛卯上奉皇太后避暑熱河六月乙亥詔拉藏汗年近六十二子在外宜防外患善自爲謀癸未以災暑免從臣晚朝秋七月辛卯詔以江南暵旱浙江米貴河南歉收截漕三十萬石分運三省平糶八月乙亥上行圍九月丙寅上奉皇太后還宮冬十月己巳朔命張鵬翮阿錫鼐往按江南牟欽元獄己丑命大學士南書房翰林考定樂章十一月勅戶部截漕三十餘萬石於江南浙江備賑戊申免甘肅靖邊二十八州縣衞明年額賦誠親王胤祉等以御製律呂正義進呈得旨律呂歷法算法三書共爲一部名曰律歷淵源甲寅冬至祀天於圜丘奏新樂丙辰上巡幸塞外貝勒胤禩屬下人雅齊布有罪伏誅遣何國棟測量廣東雲南等省北極出地及日景十二月癸酉上駐特布克賜隨圍蒙古兵銀幣己丑上還京辛卯洮岷邊外生番喇子等一十九族內附是歲免江南河南甘肅浙江湖廣等省百二十二州縣災賦有差朝鮮入貢

五十四年乙未春正月甲子停五經中式例封阿巴台台吉德木楚克爲輔國公詔貝勒胤禩延壽溺職停食俸二月戊辰朔張伯行緣事解任交張鵬翮審理己巳以施世綸爲漕運總督辛未上巡幸畿甸諭巡撫趙宏燮曰去年臘雪豐盈今年春雨應節民田想早播種但慮起發太盛或有二疸之虞可示農民芸耨宜疏以防風霾又諭朕時巡畿甸見民生差勝於前但誦讀者少風俗攸關宜令窮僻鄉壤廣設義學勸令讀書爾有司其留意甲午以杜呈泗爲江南提督穆廷栻爲福建陸路提督三月己亥以蒙古馬拉忒等部十四旗雪災命尚書穆和倫運米往賑教之捕魚爲食庚子以趙宏燮爲直隸總督任巡撫事以睦森爲甯古塔將軍夏四月庚午賜徐陶璋等一百九十人進士及第出身有差己卯師懿德奏策旺阿拉布坦兵掠哈密遊擊潘至善擊敗之命尚書富甯安將軍席柱率師援勦祁里德赴推河諭喀爾喀等備兵庚辰徵外藩兵集歸化城調打牲索倫兵赴推河己丑諭議政大臣朕曾出塞親征周知要害今討策妄阿喇布坦進兵之路有三一由噶斯直抵伊里河源趨其巢穴一越哈密吐魯番深略敵境一取道喀爾喀至博克達額倫哈必爾漢度嶺扼險三路並進大功必成壬午漕運總督郎廷極卒上稱其撫恤運丁歷運無阻予祭葬謚溫勤辛卯上奉皇太后避暑熱河乙未命富甯安分兵戍噶斯口總兵路振聲駐防哈密五月丙午黑龍江將軍宗室楊福卒賜銀一千兩命侍衛尙崇義傅森馳驛賜奠謚襄毅命其子三官保暫署父任戊午內閣侍讀圖里琛使於鄂羅斯使備兵六月壬申命都統圖斯海等赴湖灘河朔運糧甲戌富甯安席柱疏報進兵方略得旨明年進兵丁亥兵部尚書孫徵灝卒賜鞍馬二散馬二銀五百兩謚清端秋七月甲午朔命和托輝公博貝招撫烏梁海辛酉命公傅爾丹往烏蘭古等處屯田八月辛未大學士李光地乞假歸上賦詩送之癸酉上行圍壬辰撤噶斯口戍兵還肅州九月己酉博貝招撫烏梁海部來歸冬十月丙寅上諭大學士朕右手病不能寫字用左手執筆批答奏摺期於不洩漏也辛巳上奉皇太后還宮詔順天保定河間永平宣化今歲雨溢穀耗不登所有五府應完五十五年稅糧悉蠲除之十一月甲午以范時崇爲左都御史覺羅滿保爲浙江福建總督宗室巴塞爲蒙古都統庚子停京師決囚辛丑以宋臣范仲淹從祀孔廟己未冬至祀天於圜丘始用御定雅樂十二月己巳以塔拜爲杭州將軍命護軍統領晏布帥師駐西甯甲申張伯行以疑贓誣參論罪應死上原之起爲倉場侍郎是歲免江南湖南二省二十四州縣衞災賦有差朝鮮琉球入貢

五十五年丙申春正月壬子上幸湯泉二月乙丑命副都統蘇爾德經理圖呼魯克等處屯田癸酉上還駐暢春園丙子詔免安南歲貢犀角象牙己卯上巡幸畿甸庚寅定丁隨地出例三月丁酉卹贈廣西右江勦猺傷亡參將王啓雲官廕庚子上還宮乙巳召席柱還以晏布代之路振聲參軍事癸丑蒙古圖爾胡特貝子阿拉布珠爾請從軍命率蒙古戍噶斯口貴州巡撫劉蔭樞疏請罷兵命乘傳詣軍周閱議奏閏三月癸亥以額倫特署西安將軍滿丕署湖廣總督丁丑以左世永爲廣西提督壬午發京倉米二十萬石賑順天永平五城粥廠展期至秋命禮部祈雨夏四月癸卯上奉皇太后避暑熱河五月庚申上駐熱河齋居祈雨起馬齊爲大學士穆和倫爲戶部尚書壬戌發倉米平糶預發八旗兵糧甲子雨上曰宋儒云求雨得雨旱豈無因此言可味也己巳京師遠近雨足上復常膳乙酉赫奕免以孫渣齊爲工部尚書六月丙辰上幸湯泉秋七月辛未命移噶斯口防軍分戍察罕烏蘇噶順癸未上行圍八月乙卯前奉天府尹董宏毅坐將承德等九州縣米豆改徵銀兩致倉儲闕乏黜官九月庚午以蔣陳錫爲雲南貴州總督甲申上奉皇太后還宮冬十月丁亥朔詔刑部積歲緩決長繫人犯分別減釋之停本年秋決戊子以托留爲黑龍江將軍趙宏燦爲兵部尚書癸巳詔近以策妄阿喇布坦侵入哈密徵兵備邊一切飛芻輓粟經過邊境不無借資民力所有山西陝西甘肅四十八州縣衞應徵明年銀米穀草及積年逋欠悉與蠲除丁酉詔肅州與布隆吉爾毗連迤北西吉木達里圖金塔寺等處招民墾種以楊琳爲廣東廣西總督以宗室巴賽爲滿州都統晏布爲蒙古都統丙午策旺阿喇布坦執青海台吉羅卜藏丹濟布犯噶

斯口官兵擊走之命額倫特駐師西甯分兵戍噶斯口布隆吉爾散秩大臣阿喇衲赴巴爾庫爾參贊軍事十一月乙丑以傅爾丹額爾錦爲領侍衛內大臣戊辰上謁陵甲申上巡行塞外盜發明陵命置之法十二月己酉上還京詔免順天永平三十五州縣明年地丁稅糧其積年逋賦併除之是歲免直隸江南山東浙江江西湖廣等省六十三州縣災賦有差朝鮮安南入貢

五十六年丁酉春正月丁卯修周易折中成頒行學宮壬午以徐元夢爲左都御史朱軾爲浙江巡撫二月丙戌朔上巡幸畿甸乙未徵奉天吉林兵益祁爾德軍癸卯上還駐暢春園丁未定盜案法無可寬情有可原例順承郡王諾羅布薨諡曰忠子錫保襲封左都御史揆敘卒予祭葬諡文端三月丁巳上御經筵戊寅以富甯安爲靖逆將軍傅爾丹爲振武將軍祁爾德爲協理將軍視師防邊壬午上巡視河西務隄夏四月乙酉上還駐暢春園乙未發通州倉米分貯直隸州縣備賑丙申碣石鎮總兵陳昂奏天主教堂各省林立宜行禁止從之以孫柱范時崇爲兵部尚書辛丑上奉皇太后避暑熱河五月庚申九卿議王貝勒差人出外查無勘合即行參究六月壬子傅爾丹襲擊厄魯特博羅布爾哈蘇斬俘而還兵部尚書趙宏燦卒予祭葬諡清端秋七月丙辰策妄阿喇布坦遣其將策零敦多布侵掠拉藏癸亥富甯安襲擊厄魯特於通俄巴錫進及烏魯木齊毀其田禾還軍遇賊畢留圖擊敗之陣亡灰特台吉扎穆畢追封輔國公八月壬午朔上行圍九月辛未以振路揚署四川提督河南奸民亢珽滋事官兵捕之珽走死命尚書張廷樞學士勒什布往鞫得前巡撫李錫貪虐激變狀以聞李錫褫職論死賊黨伏誅冬十月乙酉命侍郎梁世勷海壽往督巴爾庫爾屯田庚子上奉皇太后還宮乙巳命內大臣公策旺諾爾布將軍額倫特侍衛阿齊圖等率師戍青海以宗室公吞珠爲禮部尚書蔡升元爲左都御史十一月壬子命停決囚乙丑皇太后不豫上省疾慈甯宮辛未詔曰帝王之治必以敬天法祖爲本合天下之心以爲心公四海之利以爲利制治於未亂保邦於未危夙夜兢兢所以圖久遠也朕八齡踐祚在位五十餘年今年近七旬矣當二十年時不敢逆計至三十三十年時不敢逆計至四十賴宗社之靈今已五十七年矣非涼德所能致也齒登耆壽子孫衆多天下和樂四海乂安雖未敢謂家給人足俗易風移而欲使民安物阜之心始終如一殫竭思慮耗敝精力殆非勞苦二字所能盡也古帝王享年不永書生每致譏評不知天下事煩不勝其勞慮也人臣可仕則仕可止則止年老致仕而歸猶得抱子弄孫優游自適帝王仔肩無可旁委舜歿蒼梧禹殂會稽不遑甯處終鮮止息洪範五福終於考終命以壽考之難得也易遯六爻不及君主人君無退藏之地也豈當與臣民較安逸哉朕自幼讀書尋求治理年力勝時挽強決拾削平三藩綏輯漠北悉由一心運籌未嘗妄殺一人府庫帑金非出師賑饑未敢妄費巡狩行宮不施采繢少時即知聲色之當戒佞倖之宜遠幸得粗致謐安今春頗苦頭暈形漸羸瘦行圍塞外水土較佳體氣稍健每日騎射亦不疲乏復以皇太后違和頭暈復作步履艱難倘一時不諱不得悉朕衷曲死者人之常理要當於明爽之時舉平生心事一爲吐露方爲快耳昔人每云帝王當舉大綱不必兼綜細務朕不謂然一事不謹即貽四海之憂一念不謹即貽百年之患朕從來蒞事無論鉅細莫不愼之又愼惟年既衰暮祗懼五十七年憂勤惕勵之心隳於末路耳立儲大事豈不在念但天下大權當統於一神器至重爲天下得人至難是以朕垂老而惓惓不息也大小臣工能體朕心則朕考終之事畢矣茲特召諸子諸卿士詳切言之他日遺詔備於此矣甲戌免八旗借支銀二百萬兩丙子詔免直隸安徽江蘇浙江湖廣陝西甘肅等省積年逋賦江蘇安徽並免漕項銀米十分之五十二月甲申皇太后病勢漸增上疾七十餘日矣脚面浮腫扶掖日朝甯壽宮丙戌皇太后崩頒遺誥上服衰割辮移居別宮己酉上還宮是歲朝鮮入貢

五十七年戊戌春正月乙卯上有疾幸湯泉戊寅賜防邊軍士衣二萬襲二月庚寅拉藏乞師命侍衛色楞會青海兵往援癸卯以路振聲爲甘肅提督檢討朱天保上疏請復立胤礽爲皇太子上於行宮親訊之曰爾何知而違旨上奏朱天保曰臣聞之臣父臣父令臣言之上曰此不忠不孝之人也命誅之丁未上還宮碣石鎮陳昂疏請洋船入港先行查取大礮方許進口貿易部議不行三月癸丑減大興宛平門廠房稅辛酉上大行皇后諡曰孝惠仁憲端懿純德順天翊聖章皇后丙寅以顏壽爲右衛將軍黃秉鉞爲福州將軍戊辰裁起居注官甄別不職學政叢澍等七員俱褫職丁丑命浙江南北新關稅交同知管理戊寅浙江巡撫朱軾請修海甯石塘從之夏四月乙酉葬孝惠章皇后於孝東陵丁亥賜汪應銓等一百七十一人進士及第出身有差辛卯上幸熱河穆和倫免以孫渣齊爲戶部尚書五月癸丑以徐元夢爲工部尚書丁巳額倫特奏拉藏汗被陷身亡二子被殺達賴班禪均被拘己未浙江福建總督滿保疏台灣一郡有極衝口岸九處次衝口岸十五處派人修築酌移員弁設淡水營守備從之六月壬辰遣使冊封琉球故王曾孫尙敬爲中山王己丑大學士李光地卒命皇五子恆親王胤祺往奠茶酒賜銀一千兩徐元夢還京護其喪事諡文貞丁未賜哈密軍士衣四百襲秋七月己未打箭爐外墨裏喇麻內附甲戌修省方盛典八月壬子索倫水災遣官賑之孟光祖伏誅戊子上行圍甲午禮部尚書吞珠卒予祭葬諡恪敏總兵官仇機有罪伏誅閏八月戊辰詔曰夷虜跳梁大兵遠駐西邊一切征繕秦民甚屬勞苦所有陝西甘肅明年地丁糧稅俱行蠲免歷年逋賦亦盡除之九月己卯命都統阿爾納總兵李耀率師赴噶斯口柴旦木駐防丙戌以王頊齡爲大學士陳元龍爲工部尚書甲辰上還京將軍額倫特侍衛色楞會師喀喇烏蘇屢敗賊賊愈進師無後繼矢竭力戰歿於陣冬十月甲寅停本年決囚丙辰命皇十四子貝子胤禵爲撫遠大將軍視師青海命殉難總督甘文焜知府黃庭柏建祠列祀甲子詔四川巡撫年羹堯軍興以來辦事明敏即升爲總督命翰林科道輪班入直戊辰上駐湯泉命皇七子胤祐皇十子胤䄉皇十二子胤祹分理正黃正白正藍滿蒙漢三旗事務十一月丙子上還駐暢春園福建巡撫陳瑸卒贈禮部尚書諡清端以宜兆熊爲漢軍都統十二月丙辰上謁陵己未孝惠章皇后升祔太廟位於孝康章皇后之左頒詔天下雲南撤甸苗人歸順己巳上還宮是歲免江南福建甘肅湖廣等省二十六州縣衞災賦有差朝鮮琉球安南入貢

五十八年己亥春正月甲戌朔日有食之詔曰日食三始垂象維昭宜修人事以儆天戒臣工其舉政事闕失以聞乙未上幸湯泉庚子上還駐暢春園辛丑詔立功之臣退閒世職准子弟承襲若無應襲之人給俸終其身壬寅命截漕米四十三萬石留江蘇安徽備荒二月己巳上巡幸畿甸己卯學士蔣廷錫表進皇輿全覽圖頒賜廷臣庚申上還駐暢春園辛未命都統法喇撫輯裏塘巴塘護軍統領噶爾弼同理軍事三月乙未侍郎色爾圖以運餽遲延罷命巡撫噶什圖接管夏四月乙巳命撫遠大將軍胤禵駐師西甯癸丑上巡幸熱河五月戊寅以麥大熟命民間及時收貯庚辰以揚都爲蒙古都統浙江正考官索泰賄賣關節在籍學士陳恂說合陳鳳墀賓緣中式均論死並罪其保薦索泰爲考官者南陽標兵執辱知府沈淵總兵高成革職游擊王洪道論死兵處斬六月甲辰以貝勒滿篤祜爲滿洲都統丁未年羹堯噶爾弼法喇先後奏副將岳鍾琪招輯裏塘巴塘就撫命法喇進駐巴塘年羹堯撥兵接應丙寅以馬見伯爲固原提督秋七月癸未以宗查木爲西安將軍八月庚戌上行圍庚申振威將軍傅爾丹奏鄂爾齋圖二處築城設站命尚書范時崇往董其役九月乙未諭西甯見有新胡畢勒罕實係達賴後身令大將軍遣官帶兵前往西藏安禪戊戌安郡王華玘薨諡曰節冬十月丁未上還京壬子命蒙養齋舉人王蘭生修正音韻圖甲寅固原提督潘育龍卒贈太子少保予祭葬諡襄勇十一月丙子禮部尚書陳詵致仕庚寅增江西解額十二月壬寅以蔡升元爲禮部尚書田從典爲左都御史戊申西安將軍額倫特之喪至京命皇五子恆親王胤祺皇十二子貝子胤祹迎奠庚申命截湖廣漕糧十萬石留於本省備荒辛酉詔曰比年興兵西討遠歷邊陲居送行齎民力勞瘁所有沿邊六十六州縣衞所明年額徵銀米俱行蠲免是歲免江蘇安徽等省十三州縣災賦有差朝鮮琉球入貢

五十九年庚子春正月丁酉命撫遠大將軍胤禵移師穆魯斯烏蘇以宗室延信爲平逆將軍領兵進藏以公策旺諾爾布參贊軍務命西安將軍宗查木駐西甯平郡王訥爾素駐古木二月甲辰上巡幸畿甸癸丑命噶爾弼爲定西將軍率四川雲南兵進藏冊封新胡畢勒罕爲六世達賴喇嘛辛酉上還駐暢春園三月己丑命雲南提督張谷貞駐防麗江中甸丙申命靖逆將軍富甯安進師烏魯木齊散秩大臣阿喇衲進師吐魯番祁里德領七千兵從布婁爾傅爾丹領八千兵從布拉罕同時進擊準噶爾夏四月戊申上巡幸熱河五月辛巳以旱求言壬午雨六月己亥陝西饑運河南積穀往賑丙辰保安懷來地震遣官賑之秋七月丙寅朔日有食之癸酉富甯安擊賊於阿克塔斯伊爾布爾和諾敗之擒其台吉垂木拍爾阿喇衲師至齊克塔木遇賊擊破之盡虜其衆進擊皮禪城降之師至吐魯番番酋阿克蘇爾坦率衆迎降丙戌傅爾丹擊賊於格爾厄爾格斬獲六百陣擒宰桑貝肯焚其積聚而還貝肯送京祁里德敗賊於鏗額爾河降其宰桑色布騰等二千餘人八月戊戌上行圍庚子琉球請令其陪臣子弟入國子監讀書許之癸丑平逆將軍延信連敗賊衆於卜克河丁巳又敗賊衆於綽馬喇賊將策零敦多布遁定西將軍噶爾弼率副將岳鍾琪自拉里進兵戊午克西藏執附賊喇嘛百餘斬其渠五人撫諭唐古特土伯特西藏平以高其倬爲廣西巡撫九月壬申平逆將軍延信以兵送達賴喇嘛入

西藏坐牀富寧安兵入烏魯木齊哈西哈回人迎降軍迴至烏蘭烏蘇戊寅雲貴總督蔣陳錫巡撫甘國璧以饋餉後期褫職仍令運米入藏冬十月癸卯上還京詔再以河南積穀運往陝西放賑明年河南漕糧照數補還倉穀其餘漕糧留貯河南甲辰朝鮮國王李焞薨詔曰李焞襲封五十年奉藩恭謹撫民慈愛茲聞溘逝惻悼實深即令王子李昀襲封所進貢物悉數帶回仍查卹典具奏詔陝西甘肅兩省康熙六十年地丁銀一百八十八萬兩零通行蠲免沿邊歉收米價昂貴兵力拮据並豫發本年兵餉賚進藏官兵甲寅戶部尙書趙申喬卒予祭葬謚恭毅丁巳詔撫遠大將軍胤禵會議明年師期戊午以陝西甘肅歉收命銀糧兼賑以麥收爲止十一月辛未遣官致祭朝鮮國王李焞特謚僖順册封世子李昀爲朝鮮國王戊寅以田從典爲戶部尙書朱軾爲左都御史以楊名時爲雲南巡撫辛巳詔大兵入藏其地俱入版圖山川名號番漢異同應卽考訂明覈傳信後世上因與大學士講論河源江源及於禹貢三危庚寅以隆科多爲理藩院尙書仍兼步軍統領十二月甲辰廷臣再請行六十年慶賀禮不允壬子授先賢子夏後裔五經博士甲寅以誠親王胤祉子弘晟恆親王胤祺子弘昇爲世子辛酉祫祭太廟是歲免直隸江蘇陝西浙江四川等省五十六州縣衛災賦有差朝鮮琉球入貢

六十年辛丑春正月乙亥上以御極六十年遣皇四子胤禛皇十二子胤祹世子弘晟告祭永陵福陵昭陵二月乙未上謁孝莊山陵孝陵孝東陵行告祭禮遣官告祭郊廟社稷乙卯上還京山東鹽徒王美公等作亂捕斬之己未命公策旺諾爾布駐防西藏論取藏功封第巴阿爾布巴康濟鼐爲貝子第巴隆布奈爲輔國公三月乙丑羣臣請上萬壽節尊號上不許曰加上尊號乃相沿陋習不過將字面上下轉換以欺不學之君耳本朝家法惟以愛民爲事不以景星慶雲芝草甘露爲瑞亦無封禪改元之舉現今西陲用兵兵久暴露民苦轉輸朕方修省經營之不暇何賀之有庚午賜舉人王蘭生留保進士一體殿試甲戌先是大學士王掞密疏復儲至是御史陶彝任坪范長鄒圖雲陳嘉猷王允晉李允符范允鈵高玢高怡趙成穮孫紹曾疏請建儲上不悅並掞切責之命其子詹事王奕清及陶彝等十二人爲額外章京軍前効力夏四月甲午以李麟爲固原提督乙未賜鄧鍾岳等一百六十三人進士及第出身有差丙申詔釐定歷代帝王廟崇祀典丁酉命張鵬翮陳鵬年赴山東閱河以賴都爲禮部尙書托賴爲刑部尙書丙午上幸熱河戊午命定西將軍噶爾弼駐藏五月壬戌命撫遠大將軍胤禵移師甘州丙寅台灣奸民朱一貴作亂戕總兵官歐陽凱癸酉以署參將管永甯協副將岳鍾琪爲四川提督乙亥改思明土州歸廣西太平府戊寅詔停本年進兵以常授爲理藩院額外侍郎辦事西甯乙酉以年羹堯爲四川陝西總督賜弓矢發帑金五十萬賑山西陝西命朱軾盧詢董其事六月壬辰改高其位爲江南提督魏經國爲湖廣提督丙申詔曰平逆將軍延信朕之姪也統兵歷從古未到之烟瘴絕域殲滅巨虜平定藏地允稱不辱宗支可封爲輔國公乙卯吐魯番回人拖克拖麻穆克等來歸命散秩大臣阿喇衲率兵護之福建水師提督施世驃平台灣擒朱一貴解京詔獎淡水營守備陳策固守功超擢台灣總兵閏六月庚申朔日有食之丙寅令刑部弛輕繫戊辰以噶爾弼爲蒙古都統秋七月己酉上行圍八月甲戌命副都統莊圖率兵二千進駐吐魯番益阿喇衲軍丙戌河決武陟入沁水九月辛卯命副都統穆克登將兵二千赴吐魯番甲午噶爾弼以病罷命公策旺諾爾布署定西將軍駐藏以阿寶武格參軍事丙申策旺阿喇布坦犯吐魯番阿喇衲擊走之丙午賑河南山東直隸水災乙卯上還京丙辰命副都御史牛鈕侍講齊蘇勒員外郎馬泰築黃河決口引沁水入運河丁巳以阿喇衲爲協理將軍上製平定西藏碑文冬十月壬戌置巡察台灣御史詔本年秋審俱已詳覽其直省具題緩決之案九卿已加核定朕不忍覆閱恐審求之或致改重也丙寅召撫遠大將軍胤禵來京辛未詔大學士熊賜履服官清正學問博通朕久而弗忘常令周恤其家今其二子來京觀其氣質尙可讀書宜加造就可傳諭九卿知之以鍾世臣爲浙江提督姚堂爲福建水師提督馮毅署廣東提督十一月辛卯以陳鵬年署河道總督戊戌以馬武伊爾哈岱爲蒙古都統己酉上幸南苑詔將軍額倫特侍衞色楞副都統查禮渾提督康泰等殺敵殉國俱賜卹十二月壬申四川提督岳鍾琪征郭羅克番人平之丁丑上還駐暢春園遣鄂海永泰往視吐魯番屯田是歲免江南河南陝西甘肅福建浙江湖廣等省一百二十三州縣災賦有差朝鮮琉球安南入貢丁戶二千九百一十四萬八千三百五十九又永不加賦後滋生人丁四十六萬七千八百五十徵銀二千八百七十九萬零鹽課銀三百七十七萬二千三百六十三兩零鑄錢四萬三千七百三十二萬五千八百有奇

六十一年壬寅春正月戊子召八旗文武大臣年六十五以上者六百八十人已退者咸與賜宴宗室授爵勸飲越三日宴漢官年六十五以上三百四十人亦如之上賦詩諸臣屬和題曰千叟宴詩戊申上巡幸畿甸二月庚午以高其倬署雲南貴州總督丙子上還駐暢春園三月丙戌以阿魯爲荊州將軍夏四月甲子遣使封朝鮮國王李昀弟吟爲世弟丁卯上巡幸熱河己巳撫遠大將軍胤禵復涖軍癸未福州駐防兵譁將軍黃秉鉞不能約束褫職斬爲首者五月戊戌施世綸卒以張大有署漕運總督六月以奉天連歲豐稔弛海禁暹羅米賤聽入內地免其稅辛未命直隸截漕二十萬石備賑丙子趙宏燮卒以其兄子郎中趙之垣加僉都御史銜署直隸巡撫秋七月丁酉征西將軍祁里德上言烏蘭古木屯田事宜請益兵防守命都統圖拉率兵赴之壬寅命色爾圖赴西藏統四川防兵戊申以蔡珽爲四川巡撫予故直隸總督趙宏燮祭葬謚肅敏八月丙寅停今年決囚故提督藍理妻子先以有罪入旗至是上念平台灣功貰還原籍交欵免追己卯上駐蹕汗特木爾達巴漢昂阿賜來朝外藩銀幣鞍馬隨圍軍士銀幣九月甲申上駐熱河乙酉諭大學士曰有人謂朕塞外行圍勞苦軍士不知承平日久豈可遂忘武備軍旅數興師武臣力克底有功此皆勤於訓練之所致也甲午年羹堯噶什圖請量加火耗以補有司虧帑上曰火耗只可議減豈可加增此次虧空多由用兵官兵過境或有餽助其始挪用公欵久之遂成虧空昔年曾有寬免之旨現在軍需正急卽將戶部庫帑撥送西安備用戊戌上迴鑾丁未次密雲閱河隄庚戌上還京冬十月辛酉命雍親王胤禛弘昇延信孫渣齊隆科多查弼納吳爾占察視倉廒壬戌以覺羅德爾金爲蒙古都統安鮐爲杭州將軍辛未以查弼納爲江南江西總督癸酉上幸南苑行圍以李樹德爲福州將軍黃國材爲福建巡撫十一月戊子上不豫還駐暢春園以貝子胤祹輔國公吳爾占爲滿洲都統庚寅命皇四子胤禛恭代祀天甲午上大漸日加戌上崩年六十九卽夕移入大內發喪雍正元年二月恭上尊謚九月丁丑葬景陵

論曰聖祖仁孝性成智勇天錫早承大業勤政愛民經文緯武寰宇一統雖曰守成實同開剏焉聖學高深崇儒重道幾暇格物豁貫天人尤爲古今所未覯而久道化成風移俗易天下和樂克致太平其雍熙景象使後世想望流連至於今不能已傳曰爲人君止於仁又曰道盛德至善民之不能忘於戲何其盛歟

清史稿　本紀九

世宗本紀

世宗敬天昌運建中表正文武英明寬仁信毅睿聖大孝至誠憲皇帝諱胤禛聖祖第四子也母孝恭仁皇后烏雅氏生有異徵天表魁偉舉止端凝康熙三十七年封貝勒四十八年封雍親王六十一年十一月聖祖在暢春園不豫命代祀圜丘甲午聖祖大漸召於齋宮宣詔嗣位聖祖崩辛丑上卽位以明年爲雍正元年命貝勒胤禩皇十三弟胤祥大學士馬齊尙書隆科多總理事務召撫遠大將軍胤禵來京命兵部尙書白潢協理大學士以楊宗仁爲湖廣總督年希堯署廣東巡撫十二月戊午停止直省貢獻方物壬戌封貝勒胤禩爲廉親王胤祥爲怡親王胤祹爲履郡王廢太子胤礽之子弘晳爲理郡王更定歷代帝王廟祀典癸亥詔古今圖書集成一書尙未竣事宜速舉淵通之士編輯成書以輔國公延信爲西安將軍署撫遠大將軍事甲子詔直省倉庫虧空限三年補足逾限治罪命富寧安爲大學士隆科多爲吏部尙書廉親王胤禩管理藩院尙書事壬申以張廷玉爲禮部尙書予大學士馬齊二等伯爵賜名敦惠

雍正元年癸卯春正月辛巳朔頒詔訓飭督撫提鎭文吏至於守令武將至於參游凡十一道丙戌時享太廟辛卯祈穀於上帝壬寅頒賜提鎭副將大行遺念弓矢橐鞬刑部尙書陶賴張廷樞坐審訊陳夢雷一案釋其二子降官甲辰封淳郡王長子弘春爲貝子乙巳大學士王掞乞休允之二月辛亥朔以佛格勵廷儀爲刑部尙書壬子以張鵬翮爲大學士乙卯以皇十六弟胤祿出嗣莊親王博果鐸襲其爵以博果鐸之姪球琳爲貝勒庚申訓飭貝子胤禟乙丑封輔國公延信爲貝子定部院書吏考滿回籍聽選例勅科道官每日一人具摺奏事辛未以宜兆熊爲福州將軍趙之垣免以李維鈞爲直隸巡撫己卯副將軍阿喇衲奏羅卜腦兒回人投順三月甲申撤西藏防兵戍察木多加隆科多馬齊年羹堯太保命督撫疏薦幕賓封年羹堯三等公壬辰命故安和親王岳樂之孫吳爾占色亨圖經希及其子移居盛京除屬籍夏四月辛亥大行梓宮

奉安饗殿命貝子胤䄉留護丙辰命怡親王胤祥總理戶部封其子弘昌爲貝子設鄉會試繙譯科乙丑復置起居注官封皇十七弟胤禮爲果郡王丁卯初御乾清門聽政制詔訓飭大學士領侍衞內大臣文武大臣凡三道丙子晉封淳郡王胤祐爲親王勅總兵官具摺言事五月庚辰詔免雲南入藏兵丁應補倒斃馬匹癸卯御太和殿視朝李維鈞請以州縣歲入彌補積虧上曰州縣官令少從容方可責之盡心興舉豈可勸爲他人補虧缺耶乙酉勅理郡王弘晳移住鄭家莊丁酉命尚書徐元夢署大學士辛丑仁壽皇太后崩帝之生母也奉安梓宮於寧壽宮封貝子胤禵爲恂郡王六月丁巳以左世永爲漢軍都統己未加封孔子五世王爵辛酉命八旗無恒產者移居熱河墾田壬戌青海郡王額爾得尼爲羅卜藏丹津所破率屬來投遣官撫之其姪噶爾丹達錫續來歸附命同居於蘇油壬申勅李維鈞畿甸之內旗民雜處旗人暴橫頗苦小民爾當整飭不必避忌旗漢形迹畏懼王公勳戚皆密奏以聞丙子勅八旗人員有爲本旗都統本管王公刁難苛索者許其控訴秋七月己卯命侍郎常壽諭和羅卜藏丹津乙酉遣官赴盛京江西湖廣糶米運京己丑詔免江西漕糧腳耗運費誤追者壬辰改國語固山額眞爲固山昂邦伊都額眞爲伊都章京辛巳停本年秋決除紹興惰民丐籍頒行孝經衍義壬寅命隆科多王頊齡監修明史徐元夢張廷玉爲總裁八月丁巳以楊琳爲廣東總督孔毓珣爲廣西總督甲子召王大臣九卿面諭之曰建儲一事理宜夙定去年十一月之事倉卒之間一言而定聖祖神聖非朕所及今朕親寫密封緘置錦匣藏於正大光明匾額之後諸卿其識之庚午常壽疏報行抵青海諭和羅卜藏丹津不從詔年羹堯備兵辛未上謁陵九月丁丑朔葬聖祖仁皇帝於景陵孝恭皇后祔焉是日五色雲見己卯上還京辛巳以郝玉麟爲雲南提督壬午以張廷玉爲戶部尚書張伯行爲禮部尚書癸巳以裕親王保泰管鑲黃旗事務命纂修律例丙申以阿喇衲爲蒙古都統冬十月戊申勅授年羹堯撫遠大將軍改延信爲平逆將軍癸亥羅卜藏丹津執我使臣常壽筆帖式多爾濟死之癸酉以阿爾松阿爲禮部尚書尹泰爲左都御史十一月丁丑賜于振等二百四十六人進士及第出身有差戊寅羅卜藏丹津入寇西寧守備馬有仁參將宋可進敗之於申中堡賊遁丙戌年羹堯奏總兵楊盡信進勦番賊於莊浪椅子山斬賊數百得旨嘉獎辛丑冬至祀天於圜丘奉聖祖仁皇帝配享十二月丙午朔以吳爾占等怨望不准承襲安郡王並撤所屬佐領辛酉年羹堯奏賊人來犯參將孫繼宗擊敗之安插洋人於澳門改天主堂爲公所嚴禁入教丁卯册嫡妃那拉氏爲皇后封年氏爲貴妃鈕祜祿氏爲熹妃耿氏爲裕嬪甲戌祫祭太廟是歲免直隸江南等省四十九州縣災賦有差朝鮮琉球入貢丁戶二千五百三十二萬六千二百七十又永不加賦後滋生人丁四十八萬五百五十七田賦徵銀三千二十二萬三千九百四十三兩有奇鹽課銀四百二十六萬一千九百三十三兩有奇鑄錢四十九萬九千二百有奇

二年甲辰春正月辛巳祈穀於上帝奉聖祖仁皇帝配享詔大學士圖海配享太廟常壽自羅卜藏丹津處回命監禁西安丁亥命岳鍾琪爲奮威將軍專征青海丁酉以高其佩爲漢軍都統庚子建孔子廟於歸化城二月丙午御製聖諭廣訓頒行天下戊午岳鍾琪兵至青海擒阿爾布坦溫布等三虜收撫逃散部落詔以青海軍事將竣策旺阿拉布坦恭順罷阿爾泰及烏蘭古木兵辛酉詔臨雍大典改幸學爲詣學癸亥上耕耤田三推畢復加一推甲子勅州縣舉老農予頂戴年羹堯奏涼莊道蔣泂勦平阿岡部落加按察使銜丙寅高其倬奏中甸番夷就撫庚午上祈雨於黑龍潭三月乙亥朔上詣太學釋奠御彝倫堂講尚書大學廣太學鄉試中額丁丑祭歷代帝王廟庚辰上謁陵岳鍾琪師抵賊巢羅卜藏丹津遁獲其母阿爾泰喀屯青海平封年羹堯一等公岳鍾琪三等公發帑金二十萬犒軍乙酉清明節上詣景陵行敷土禮丁亥還宮夏四月丁未以孔毓珣爲兩廣總督李紱爲廣西巡撫庚戌召王大臣訓飭廉親王胤禩令其改行並令王大臣察其善惡據實奏聞己巳敦郡王胤䄉有罪削爵拘禁閏四月丁丑續修會典丙戌以嵇曾筠爲河道副總督丁酉以蘇丹爲蒙古都統癸未青海叛虜阿爾布坦溫布吹拉克諾木齊藏巴扎布械繫至京上御午門受俘五月癸卯朔夏至祭地於方澤奉聖祖仁皇帝配享貝勒布蘭復降爲輔國公丙辰貝子蘇努坐廉親王黨削爵並其子俱發右衞辛酉詔川陝湖廣雲貴督撫提鎭朕聞各處土司鮮知法紀苛待屬人生殺任性方今海宇樂利而土民獨切向隅朕心不忍宜嚴飭土司勿得肆爲殘暴以副朕子惠元元至意壬戌以那敏爲滿洲都統戊辰貝子弘春削爵六月癸未勅八旗勿擅毆死家人乙酉以青海平定勒石太學戊戌上以闕里廟災致祭先師遣官監修降貝子胤䄉爲鎭國公李光復罷以李永紹爲工部尚書秋七月丁巳御製朋黨論頒示諸臣壬戌以丁壽爲阿爾泰駐防將軍癸亥副將軍阿喇衲卒於軍上念其久勞於外加予世職八月甲戌命鄉會試迴避士子一體考試別派大臣閱取壬午停本年秋決庚寅以田文鏡署河南巡撫九月辛丑朔以阿爾泰軍功予丁壽世職停戶部捐納事例甲寅命山西丁銀攤入地糧徵收其後各省以漸行之冬十月乙亥賜陳德華等二百九十九人進士及第出身有差戊寅封明裔朱之璉爲一等侯世奉明祀癸未詔京師建忠義祠乙未詔厄魯特郡王額駙阿寶賜往青海遊牧設寧夏駐防丙申刑部尚書阿爾松阿以無心效力奪職削爵發往盛京以其伯音德襲果毅公暹羅國貢稻種果樹設直隸布政司按察司以巡撫李維鈞爲總督庚子以音德夸岱俱爲領侍衞內大臣丁未以蘇丹爲寧夏將軍十一月庚戌弘晟有罪削爵乙卯以綽奇爲蒙古都統噶爾弼爲漢軍都統丁巳高其倬奏官兵進勦狆苗平之辛酉定稱孝莊文皇后山陵爲昭西陵十二月癸酉命太學立進士題名碑癸未廢太子胤礽薨封理親王謚曰密以綽奇爲奉天將軍己丑裕親王保泰有罪削爵以其弟子廣寧襲封裕親王設湖南學政戊戌祫祭太廟是歲免江南浙江等省五十七州縣衞災賦有差朝鮮安南暹羅入貢

三年乙巳春正月癸丑詔以固安官地二百頃爲井田遣八旗閑散受耕壬戌以蔡珽爲左都御史癸亥以阿齊圖爲步軍統領二月庚午日月合璧五星聯珠庚辰上以三年服闋行祫祭禮丁亥詔責年羹堯未能撫卹青海殘部倘有一二人逃入準噶爾者必重罪之乙未鄂倫岱坐廉親王黨奪職削爵發往盛京以其弟夸岱襲一等公丁酉召廷臣宣示胤禩罪狀並及胤禟胤䄉胤禵三月丁未以馬會伯爲貴州提督策旺阿拉布坦遣使入貢設安徽學政癸丑大學士張鵬翮卒禮部尚書張伯行卒丁巳蠲蘇松浮糧四十五萬兩滿保奏台灣生番七十四社歸化辛酉年羹堯表賀日月合璧五星聯珠將朝乾夕惕寫作夕惕朝乾詔切責之曰年羹堯非粗心者是直不以朝乾夕惕許朕耳則年羹堯青海之功亦在朕許與不許之間未可知也顯係不敬其明白迴奏乙丑敍總理王大臣怡親王胤祥予一子郡王隆科多馬齊加予世職廉親王胤禩不與並嚴詔訓責之夏四月己卯調年羹堯爲杭州將軍以岳鍾琪爲川陝總督遣學士衆佛保副都統查史往準噶爾定界以董吉那爲江甯將軍辛卯以田從典爲大學士五月癸亥以左都御史尹泰爲盛京禮部侍郎兼理奉天府尹六月癸酉詔年羹堯之子年富年興隆科多之子玉柱俱褫職乙亥命上三旗世職及登城巴圖魯之子二十以下十四以上揀選引見錄用削年羹堯太保褫其一等公秋七月丁未削隆科多太保壬戌大學士白潢罷以高其位爲大學士張廷玉署大學士命隆科多往阿蘭山修城壬戌杭州將軍年羹堯黜爲閑散旗員癸亥貝子胤禟有罪削爵八月辛未李維鈞以黨年羹堯逮鞫以李紱爲直隸總督壬辰上駐圓明園加怡親王胤祥俸果郡王胤禮護衞九月甲寅以朱軾爲大學士改蔡珽爲吏部尚書仍管兵部都察院事丙辰逮繫年羹堯下刑部冬十月戊辰命巡撫不與總督同城者參劾屬員自行審結丙子封恒親王胤祺子弘晊輔國公庚寅以楊名時爲雲貴總督管巡撫事鄂爾泰爲雲南巡撫管總督事十一月庚子上謁陵戊申還宮癸亥以噶爾弼爲奉天將軍十二月丁卯降郡王胤禵爲貝子甲戌廷臣議上年羹堯罪九十二款得旨年羹堯賜死其子年富立斬餘子充軍免其父兄緣坐辛巳汪景祺以謗訕處斬癸未以覺羅巴延德爲天津水師營都統壬辰祫祭太廟是歲免直隸江蘇河南浙江廣東等省二十七州縣災賦有差朝鮮琉球西洋國入貢

四年丙午春正月甲午上御太和殿受朝賀朝正外藩依先朝例賚予銀幣丁酉宣詔罪狀皇九弟胤禟戊戌集廷臣宣詔罪狀皇八弟胤禩易親王爲民王褫黃帶絕屬籍革其婦烏雅氏福晉逐回母家復革民王拘禁宗人府勅令易名名曰阿其那名其子弘旺曰菩薩保甲寅削隆科多職仍令赴鄂羅斯議界乙卯贈故尚書顧八代太傅謚文端上之授讀師也二月甲子以孫柱爲吏部尚書兼管兵部以法海爲兵部尚書福敏爲左都御史貝子魯賓鎭國公永謙俱以議胤禩獄依違削爵尋起魯賓爲輔國公大學士朱軾有母喪賜白金四千庀葬事乙酉簡親王雅爾江阿削爵以其弟神保住襲封庚寅以張廷玉爲大學士蔣廷錫爲戶部尚書以申穆德爲右衞將軍三月丁丑命丁壽屯兵特斯備策旺阿拉布坦壬戌侍講錢名世投詩年羹堯事發革去職銜上親書名教罪人四字懸其門並令文臣作爲文詩刺惡之夏四月己卯以范時繹爲兩江總督五月癸巳禁錮皇十四弟胤禵及其子白起於壽皇殿側以子白起爲輔國公誅鄂倫岱阿爾松阿於戍所乙巳改胤禟名爲塞思黑拘於保定己酉命順承郡王錫保食親王俸封皇十五弟胤禑爲貝勒皇二十弟胤禕爲貝子六月癸亥以輔國公巴賽爲振武將軍備邊乙丑以查弼納爲兵部尚書秋七月癸巳釋回軍前御史陶彝等十三人辛亥命蔡珽專管都統以查弼納

楊名時爲吏部尚書平郡王訥爾素有罪削爵以其子福彭襲封八月丙寅停本年秋決丁亥李紱奏塞思黑卒於保定九月壬辰以宜兆熊爲湖廣總督尋命福敏代之以蔡良爲福州將軍貝子滿都護降爲輔國公撤出佐領丁酉輔國公阿布蘭以違例謝恩削爵撤出佐領戊戌重九節上御乾清宮賜宴廷臣賦柏梁體詩己亥錫保奏阿其那卒於禁所癸丑起復大學士朱軾在內閣行走乙卯侍郎查嗣庭以謗訕下獄冬十月甲子設浙江觀風整俗使命鄉試五經取中之副榜及兩次取中副榜准作舉人戊辰詔廷臣皇考臨御六十餘年躬節行儉宮廷地毯用至三四十年猶然整潔服御之物一惟質樸絕少珍奇昨檢點舊器及取回避暑山莊陳設思慕盛德實無終已用特書此以詔我子孫辛巳裕親王廣寧削爵永錮宗人府甲申以普雄苗地界連川滇命川陝總督移駐成都以鄂爾泰爲雲貴總督憲德爲湖北巡撫丙戌琉球國謝賜匾額貢方物十一月己亥大學士高其位罷壬子敍富寧安久戍功封一等侯乙卯詔浙江士習敝壞工爲懷挾停其鄉會試十二月庚申王大臣請將阿其那塞思黑妻子正法諭曰阿其那塞思黑雖大逆不道而反叛事蹟未彰免其緣坐塞思黑之妻逐回母家禁錮其餘眷屬交內務府養贍辛酉命河南陝西四川均攤丁銀入地併徵乙丑御史謝濟世疏劾田文鏡十罪詔褫職遣戍壬申鄂爾泰奏勦辦狆苗就撫者二十一寨查出熟地荒地三萬餘畝壬午以李紱爲工部右侍郎以宜兆熊爲直隸總督劉師恕協辦以毛文銓爲京口將軍丙戌祫祭太廟是歲免直隸山東安徽江西湖廣等省六十三州縣衛災賦有差朝鮮琉球蘇祿入貢

五年丁未春正月戊子朔時享太廟壬寅赦年羹堯之子之戍邊者甲辰王大臣奏黃河清請朝賀上不許加文武官一級敕八旗交納銅器三年限滿隱匿者罪之乙巳以孫柱署大學士丙辰以沈近思爲左都御史兼吏部侍郎二月丁卯上謁陵甲辰廣州駐防兵丁滋事將軍李杕以徇庇論死甲戌上還京甲申上御經筵丙戌命李紱往廣西擒捕逸犯羅文綱文綱自投來歸三月庚寅勅本年會試於三月舉行給與薑湯木炭以廣祿襲裕親王戊戌上宣示蔡珽罪狀下刑部拘訊辛丑開閩省洋禁丙午鄂羅斯察罕汗遣使臣薩瓦表賀登極進貢方物賞賚如例內大臣馬武卒大學士高其位卒閏三月乙丑揀選下第舉人分發直省以州縣用戊辰以宜兆熊爲吏部尚書邁柱爲湖廣總督癸酉烏蒙鎭雄兩土府改設流官己卯以覺羅伊禮布爲奉天將軍常壽爲江寧將軍丙戌弘昇有罪削爵夏四月戊子吐魯番回酋請進貢不許爲已撤兵又以其地許策旺阿拉布坦也以福敏爲吏部尚書黃國材署兵部尚書辛卯賜彭啓豐等二百二十六人進士及第出身有差癸巳命州縣會學官舉優行生乙巳設宗室御史二員五月戊午以拉錫爲滿洲都統查嗣庭死於獄戮其屍乙亥敍烏蒙鎭雄功予鄂爾泰世職六月庚子移盛京副都統一員駐錦州設熊岳副都統封誠親王胤祉子弘景爲鎭國公隆科多以罪削爵以其弟慶復襲一等公秋七月乙卯以富寧安爲漢軍都統己未李永紹罷以黃國材爲工部尚書加田文鏡尚書爲河南總督己巳以夸岱爲工部尚書丙子晉封輔國公弘旺鄂齊熙良爲鎭國公已革貝勒蘇努涂抹聖祖硃諭經王大臣刑部參奏得旨蘇努怙惡不悛竟令其子蘇爾金庫爾陳烏爾陳信從西洋之教諭令悛改伊竟抗稱願甘正法不能改教今又查出昔年聖祖硃批奏摺敢於狂書涂抹見者髮指即應照大逆律概行正法但伊子孫多至四十人悉行正法則有所不忍倘分別去留又何從分別暫免其死仍照前禁錮八月己丑上御經筵庚寅賴都罷以常壽爲禮部尚書癸卯追封故平南大將軍賴塔爲一等公其孫博爾屯襲乙巳喀爾喀郡王額駙策凌與鄂羅斯使臣薩瓦定界以恰克圖爲貿易之所理藩院派員管理九月丙寅定官員頂戴之制以孫柱爲大學士查弼納爲兵部尚書己巳鄂爾泰奏花苗內附勦辦滇蕖平之威遠猓苗內附戊寅刑部議上蔡珽獄大罪十八應立斬妻子入辛者庫得旨改監候冬十月乙酉命科道及吏部司官不必專用科目丁亥王大臣會審隆科多獄上大罪五十應斬立決妻子入辛者庫財產入官得旨隆科多著禁錮以博爾屯爲蒙古都統十一月癸丑命查郎阿邁祿備邊丁巳加浙江巡撫李衛爲總督丁卯復蔡拜一等公令其孫達福襲勅修執中成憲戊辰鄂爾泰奏貴州長寨後路克猛等一百八十四寨生苗內附乙亥守護景陵大學士蕭永藻坐失察公衡廣善越分請安褫職仍依前守陵庚辰遣官清丈四川地畝順承郡王錫保以徇庇延信奪親王俸仍停郡王俸三年十二月壬午朔以那蘇圖爲黑龍江將軍乙酉命直省學政每六年拔取生員一次王大臣審擬貝勒延信大罪二十應斬決得旨延信免死與隆科多一處監禁辛丑范時繹奏太倉州屬之七浦士民願自行修濬上不許曰民間之生計卽國計也國用不敷之時不得不藉資民力方今國用充裕仍發帑銀給之戊戌左都御史沈近思卒壬寅以唐執玉爲左都御史庚戌祫祭太廟是歲免直隸江蘇江西浙江福建湖廣廣東等省三十四州縣災賦有差朝鮮鄂羅斯入貢

六年戊申春正月己未高其倬疏陳閩省械鬬情形得旨此等處須鼓舞屬員實心盡力方能有濟設遇一二有爲者甫欲整理輒目爲多事屬員窺見其隱誰肯任怨向前須知其難而終任之二三年後始有成效也乙丑晉封貝勒球琳爲惠郡王鎭國公弘春爲貝子己卯命杭奕祿任蘭枝使安南二月丙戌晉封果郡王胤禮爲親王癸巳上御經筵庚子以來文爲江甯將軍壬寅賜歸流永順土司彭肇槐世職幷白金萬兩庚戌以嵇曾筠爲兵部尚書仍辦河工三月丁巳大學士田從典罷以蔣廷錫爲大學士庚午以進藏官兵駐劄西寧命巡撫杭奕祿督之夏四月甲申以陳泰爲滿州都統予告大學士田從典卒癸卯以查郎阿稽曾筠爲吏部尚書壬寅詔地方官私徵耗羨難以裁革惟在督撫審愼用之不可以歸公若歸公則地方官又重複取民矣五月癸丑以郭鉷爲廣西巡撫鄂爾泰奏勦辦東川逆苗祿天祐祿世豪平之壬戌詔八法內年老一條義有未盡凡年老而能辦事者勿入八法丁卯創富甯安侯爵仍爲大學士命馬爾賽在大學士內辦事乙亥以田文鏡爲河東總督兼轄山東以耿化祚爲漢軍都統六月庚辰詔六部員外郎主事作爲公缺勿庸按旗升轉癸未置先賢仲弓後裔五經博士丙戌以蔡良爲廣州將軍石禮哈爲福州將軍尹繼善協辦江南河工癸巳以張廣泗爲貴州巡撫岳濬署山東巡撫己亥誠親王胤祉有罪降郡王拘其子弘晟於宗人府封理密親王子弘曣爲輔國公秋七月辛亥命李衛兼理江蘇緝捕戊午鄂爾泰奏遣兵勦平川境米貼逆苗命以其事屬四川提督黃廷桂辛酉岳鍾琪奏頗羅鼐兵至西藏喇嘛擒獻阿爾布巴隆布奈扎爾鼐等西藏平戊辰以紀成斌爲固原提督壬申大學士富寧安卒賜故大學士寧完我三世孫甯蘭驍騎校房一所銀五百四世孫甯邦璽拜唐阿八月甲申上御經筵以尹繼善署江蘇巡撫乙酉改湖廣桑植保靖二土司爲流官以馬爾賽爲大學士甲午以祖秉衡爲京口將軍丁未詔復浙江鄉會試九月癸丑命八旗勳舊子孫有犯法虧帑者察實以聞漢員中陣亡盡節及居官清正之子孫同此察報天津水師營都統公鄂齊以失察兵丁傷官削爵降三等侍衞丁卯查郎阿奏領兵至藏會同副都統馬喇學士僧格訊明逆首阿爾布等立時正法餘衆處置訖冬十月丁亥以鄂爾泰勦平廣西八達寨逆苗兼督雲貴廣西三省發帑銀十萬犒滇黔兵辛卯發內帑九十四萬代西征軍士賠償追款以石文焯爲禮部尚書路振揚爲兵部尚書乙未岳鍾琪奏建昌喇汝窩番賊作亂討平之詔湖廣土司甚多供職輸將與流官無異該督撫勿得輕議改流以蔡仕舢爲浙江觀風整俗使癸巳諭停諸王管理旗務十一月丙辰設咸安宮官學包衣子弟肄業庚申停本年決囚戊辰江西巡撫布蘭泰以不職免添設欽天監西洋人監副一十二月甲午免四川崇慶州七年額賦丙申大清律集解附例成丁酉以定藏功封頗羅鼐爲貝子理後藏事揀選噶隆二人理前藏事賞其兵丁銀三萬兩庚子命侍郎王璣彭維新往江南清查逋賦甲辰祫祭太廟是歲免直隸江南陝西四川等省二十六州縣災賦有差朝鮮入貢

七年己酉春正月辛亥鄂爾泰奏萬壽節日雲南慶雲見命宣付史館丁巳命陳元龍尹泰爲大學士壬申復蒙古恩格德爾侯爵爲三等公以其曾孫噶爾薩襲蒙古二等伯明安晉封一等侯令其孫馬蘭泰襲壬申都統伯四格有罪監禁上念其祖莽固爾岱之功釋之癸酉命侍郎法保等察修直隸至江南大道二月丁丑命出征官兵行糧外仍給坐糧以尹繼善爲河道總督戊寅以多索禮爲奉天將軍甲申上謁陵庚寅還京設直隸巡農御史己亥命怡親王等查八旗世職有以絕嗣除爵者許以族人紹封乙未上御經筵以李杕爲漢軍都統蠲浙江本年額賦六十萬兩三月乙巳朔以孔毓珂爲江南河道總督郝玉麟爲廣東總督岳鍾琪奏勦平雷波叛苗一百餘寨戊申鄂爾泰奏勦平丹江九股等處生苗蠲河南本年額賦四十萬兩辛亥以嵇曾筠爲河南山東總督丙申上以準噶爾噶爾丹策零稔惡藏奸終爲邊患命傅爾丹爲靖邊大將軍北路出師岳鍾琪爲寧遠大將軍西路出師征討準噶爾甲子以鄂善莽鵠立俱爲蒙古都統辛酉詔公巴遜爲副將軍順承郡王錫保爲振武將軍陳泰袞泰石禮哈岱豪達福海蘭爲參贊旗兵六千三省兵八千蒙古兵八百歸北路駐紮阿爾泰總兵官魏麟閃文繡領車騎營兵八千赴西路布爾庫夏四月甲午以查郎阿署川陝總督史貽直署福建總督勅建雲雨風雷壇廟四川天全土司改流設州高其倬劾海澄公黃應纘行賄承襲應革職銜詔寬免之五月戊午湖南保靖桑植永順三土司改流設府縣甲子令漕船順帶商貨於舊例六十石外許至百石乙丑先是岳鍾琪疏言有湖南人張熙投遞逆書訊由

其師曾靜所使命提督曾靜張熙至京九卿會訊曾靜供因讀已故呂留良所著書陷溺狂悖至是明詔斥責呂留良並令中外臣工議罪六月己卯以唐執玉署直隸總督乙酉以甘肅四川雲南貴州廣西轉輸勞費免庚戌全年額賦陝西免十分之三秋七月丙午貴州都匀生苗及獞狆生苗內附甲寅以果親王胤禮管工部莊親王胤祿管滿洲都統己巳減暹羅國貢賦閏七月乙酉以阿里袞爲杭州將軍八月癸卯以王釴爲京口將軍己酉上御經筵九月戊子改廣西鎭安爲流冬十月庚戌賜漢大臣子蔣溥等十三人舉人甲子詔曰江南清查逋賦一案歷降諭旨甚明重在分別官侵民欠乃派往之員辦理不善有以紳衿帶徵之項指爲官侵者有吏書侵蝕之項議令富戶攤賠者又有將帶征錢糧加增火耗者甚且以停征之項概令征收者惠民之政轉而擾民豈非司其事者之咎乎其恪遵前旨妥辦倘再犯諸弊從重治罪戊辰以內外諸臣勤愼奉職加怡親王儀仗一倍張廷玉少保蔣廷錫太子太傅勵廷儀太子少傅傅爾丹岳鍾琪鄂爾泰俱少保田文鏡太子太傅李衛查郎阿席伯俱太子少保十一月甲戌發帑金百萬兩修高家堰石工以馬會伯爲兵部尚書仍留軍前戊寅免功臣子孫施世驃等贓銀五十餘萬以內庫銀撥補其應得遣戍監追籍沒及妻子入官等罪咸赦除之戊子停本年決四十二月戊申設廣東觀風整俗使及肇高學政戊辰給祭太廟是歲免江南江西浙江福建湖南雲南甘肅等省二十四州縣災賦有差朝鮮琉球入貢

八年庚戌春正月丁丑以總理陵寢事務領侍衛內大臣尚崇廙爲盛京五部尚書以那蘇圖爲奉天將軍常德爲寧古塔將軍卓爾海爲黑龍江將軍以慶復爲漢軍都統甲午景陵瑞芝生丁酉唐執玉奏正月二十日鳳凰見於房山得旨此事已據府尹孫家淦奏報又據尙崇廙報稱天台山中見一神鳥高五六尺毛羽如錦羣鳥環繞向北飛去朕躬德薄未足致此上瑞發國子監膏火銀六千兩歲以爲常二月庚子朔定外戚錫爵曰承恩公甲辰上御經筵己酉復賴士公爵丁巳復誠郡王胤祉爲誠親王貝勒胤禑爲愉郡王貝子胤禕爲貝勒皇二十一弟胤禧皇二十二弟胤祜爲貝子皇二十三弟胤祁爲鎭國公戊辰南掌國遣使來貢請定貢期上優詔答之命五年一貢三月丁亥命張廷玉蔣廷錫管理三庫事務甲午以史貽直署兩江總督頒行聖祖御纂書經傳說上製序文夏四月涓親王胤祐薨諡曰度以子弘曣襲郡王癸卯賜周澍等三百九十九人進士及第出身有差丁未定大學士爲正一品左都御史爲從一品癸亥以嵇曾筠署江南河道總督田文鏡兼理東河總督五月辛未怡親王胤祥薨上痛悼之親臨其喪諡曰賢配享太廟丁丑噶爾丹策零遣使通問命暫緩師期召傅爾丹岳鍾琪來京移高其倬爲兩江總督劉世明爲福建總督壬午上再臨怡賢親王喪詔曰朕諸兄弟之名皆皇考所賜即位之初胤祉援例陳請更改上一字奏明母后勉強行之今怡親王薨逝王名仍書原字誌朕思念辛卯先是誠親王胤祉會怡賢親王之喪遲到早散面無戚容交宗人府議處至是議上請削爵正法得旨削爵拘禁癸巳以岳超龍爲湖廣提督乙未晉封貝子胤禧爲貝勒理郡王弘晳爲親王公弘景爲貝勒復胤祹郡王六月戊戌朔日有食之壬寅賜怡賢親王忠敬誠直勤愼廉明八字加於諡上戊申鄂爾泰奏黎平都匀生苗內附癸亥馬會伯免以唐執玉爲兵部尚書史貽直爲左都御史秋七月戊寅命建賢良祠壬辰遣官賑江南湖南直隸山東等處被水災民癸巳命巡撫班次在副都統之上八月丙午以山東被水較重特免通省漕糧辛亥命怡賢親王子弘曉襲封親王弘晈別封郡王均世襲乙卯京師地震康親王崇安停管宗人府事以裕親王廣祿管宗人府九月丁卯以京師地震賜百官半俸賜八旗銀各三萬兩乙酉以高其倬相視太平峪吉地予世職辛卯鄂爾泰奏猛弄白氏孟揔子內附冬十月庚子再定百官帽頂一品官珊瑚頂二品官起花珊瑚頂三品官藍色明玻璃頂四品官靑金石頂五品官水晶頂六品官硨磲頂七品官素金頂八品官起花金頂九品未入流起花銀頂辛亥命查弼納爲副將軍往北路軍營壬子鄂爾泰奏恢復烏蒙府城苗黨平甲寅以馬爾賽張廷玉蔣廷錫久參機務各予伯爵世襲闕里文廟成命皇五子弘晝涓郡王弘曣前往告祭十一月己巳設孔廟執事官乙亥命各省落地稅契稅勿苛索求盈丙子明詔申飭漢軍勳裔獲咎大員范時繹尚崇廙李永陞等戊子勅各省解部銀兩留其半以充公用十二月丁酉命傅爾丹岳鍾琪各回本軍乙卯紀成斌奏準噶爾賊衆犯闊舍圖卡倫總兵樊廷擊敗之予樊廷世職銀一萬兩其張朝佐等並予世職賞銀有差是歲免直隸江南山西湖南貴州等省十八州縣衛災賦又免直隸江南山東河南漕糧各有差朝鮮安南南掌入貢

九年辛亥春正月庚寅詔撥揚州鹽義倉積穀二十萬石加賑上年邳宿被水災民二月乙未愉郡王胤禑薨諡曰恪子弘慶襲郡王撥通倉米十五萬石奉天米二十萬石採買米五萬石運往山東備賑戊戌命常賚爲鎭安將軍率甘涼兵駐安西戊午以田文鏡年老多病命侍郎王國棟前往河南賑濟被水災民壬戌專設四川總督以黃廷桂補授三月乙酉以三泰爲禮部尚書鄂爾奇爲左都御史戊子命揀選八旗家人二千以伊禮布統之爲西路副將軍夏四月庚子命史貽直杭奕祿前往陝西宣諭化導丙辰鄂彌達奏瓊山儋州生黎內附五月甲子以石雲倬爲西路副將軍命趙之垣馬龍督運西路糧餉六月丙午傅爾丹奏準噶爾入寇扎克賽河率兵迎擊辛亥岳鍾琪奏準噶爾犯吐魯番率兵赴援賊遁留兵屯戍甲寅上祈雨是日雨秋七月丁卯召鄂爾泰來京以高其倬爲雲貴總督尹繼善爲兩江總督己巳黃廷桂奏瞻對番賊作亂遣兵勦平之癸酉傅爾丹奏官兵進擊準噶爾不利退至科布多是役也輕進中伏傅爾丹棄大軍先退至於大敗副將軍查弼納公巴遜參贊公達福等均死之甲戌命馬爾賽爲撫遠大將軍勅錫保固守察罕廋爾岳鍾琪奏督兵進烏魯木齊八月己亥以鄂彌達爲靑州將軍丙午移科布多兵駐察罕廋爾己酉晉封錫保爲順承親王甲寅岳鍾琪奏兵至納隣河距烏魯木齊二日程探知賊遁大兵即旋命從優議敘九月乙亥命康親王崇安前往軍營給備裝銀萬兩戊子以劉於義爲直隸總督沈廷玉爲直隸河道總督朱藻爲河東河道總督己巳皇后那拉氏崩册諡曰孝敬皇后冬十月丙午錢以塏乞休以魏廷珍爲禮部尚書準噶爾入寇克魯倫侵掠游牧親王丹津多爾濟額駙郡王策凌合兵擊之擒斬無算上嘉之各賜銀萬兩晉策凌爲親王十一月癸亥命順承親王錫保爲靖邊大將軍降傅爾丹爲振武將軍降馬爾賽爲綏遠將軍命康親王崇安攝撫遠大將軍乙丑以史貽直爲兵部尚書彭維新爲左都御史十二月庚寅朔日有食之己酉聖祖實錄聖訓告成甲寅以馬士傑署廣州將軍準泰署福州將軍丁巳給祭太廟是歲免直隸江南河南福建陝西湖南廣西甘肅等省九十三州縣衛災賦有差朝鮮琉球入貢

十年壬寅春正月癸亥孟春享太廟皇四子弘曆行禮壬午命鄂爾泰爲大學士甲申以軍前統領達爾濟爲建勳將軍駐兵白格爾二月以王朝恩爲直隸河道總督魏廷珍爲漕運總督己亥封鄂爾泰一等伯世襲庚子岳鍾琪奏準噶爾犯哈密遣總兵曹勷往援敗之賊由無克克嶺遁副將軍石雲倬坐不邀擊逮問癸丑以張廣泗爲西路副將軍劉世明參軍事三月丁丑大學士等疏劾岳鍾琪奏報不實情詞互異下部嚴議夏四月辛卯置貴州古州鎭清江鎭總兵各一員乙巳以海壽爲戶部尚書性桂爲刑部尚書降三等公岳鍾琪爲三等侯仍護大將軍丙午以張大有爲禮部尚書范時繹爲工部尚書乙卯詔修雲南嵩明州尋甸州水利五月戊辰以武格爲揚武將軍劉世明副之閏五月甲辰恒親王胤祺薨諡曰溫子弘晊襲恒親王原誠親王胤祉卒於景山禁所賜銀五千兩照郡王例殯葬吏部尚書勵廷儀卒庚戌台灣北路西番滋事官兵討平之癸丑以李衛署刑部尚書六月丙辰以莽鵠立爲漢軍都統壬申高其倬奏雲南思茅土夷勾結元江夷人寇普洱郡城遣總兵董芳率兵勦之辛巳辦理軍機大臣議奏郵贈戰歿喀爾喀台吉策勒克輔國公其子密什克襲軍機大臣之設始於此秋七月丙戌馬喇免以武格爲工部尚書丁亥山東鉅野牛產瑞麟己丑賜顧八代子孫銀一萬兩丁酉命鄂爾泰經略軍務召岳鍾琪來京以劉於義爲陝西總督李衛爲直隸總督辛丑準噶爾入犯烏孫珠爾傅爾丹迎擊失利下大將軍錫保覈敗狀以聞乙巳大學士蔣廷錫卒己酉以福敏協理大學士唐執玉兼理刑部尚書八月丙辰復恭親王之子海善貝勒原銜庚午西藏邊外巴爾布國雅木葉楞庫庫穆三汗遣使進貢優勅答之壬申北路副將軍親王丹津多爾濟額駙親王策凌奏追擊準夷至額爾得尼招殺賊萬餘賊向推河遁去甲申撥帑銀二百萬兩解赴北路軍前備賞九月乙酉朔論擊準夷功加丹津多爾濟智勇名號加策凌超勇名號封其子車布登扎布爲輔國公餘升授有差以馬爾賽縱賊失機褫爵職處斬己酉削傅爾丹爵職冬十月壬戌停本年決四削岳鍾琪爵職逮京交兵部拘禁十一月丙戌以常德爲靖邊左副將軍乙未封土魯番額敏和卓爲輔國公賜七世同居湖南沅江縣生員譙衿御書匾額十二月乙卯賜卹北路陣亡諸臣查弼納馬爾薩海蘭達福等有差侍郎孫嘉淦有罪論死命在銀庫處行走乙丑治呂留良罪與呂葆中嚴鴻逵俱戮屍斬呂毅中沈在寬其孫發邊遠爲奴朱羽采等釋放丙寅武格以造言撤兵逮問辛巳給祭太廟是歲免直隸江南山東湖南等省七十五州縣災賦有差丁戶二千五百四十一萬二千二百八十九永不加賦後滋生人丁九十三萬六千四百八十六田地八十九萬四百十六頃四十畝徵銀二千九百八十七萬二千三百三十二兩六錢茶三十四萬二千三百五十一引鹽課銀三百九十八萬八千八百五十一兩鑄錢六萬八千四百

三十六萬二千有奇朝鮮巴布爾國入貢

十一年癸丑春正月戊子命海望李衛察勘浙江海塘修范公隄壬辰頒直省書院膏火銀各千兩以高其倬爲兩江總督尹繼善爲雲貴總督庚子命鄂爾泰巡閱北路軍務丁未上謁陵二月壬子上見沿道安設水缸蓄水灑道上諭之曰蹕路所經雖有微塵何礙地方官當以牧養生民爲重若移奉上之心以撫百姓豈不善乎癸丑上還京丙辰以保明查爾泰伊勒慎俱爲滿洲都統己未上御經筵封皇二十四弟胤祕爲諴親王皇四子弘曆爲寶親王皇五子弘晝爲和親王貝勒弘春晉封泰郡王壬戌命彭維新協辦內閣以吳士玉爲禮部尙書涂天相爲左都御史夏四月壬子特賜任啟運翰林在阿哥書房行走癸丑賜陳倓等三百二十八人進士及第出身有差乙卯以嵇曾筠爲大學士仍管河督以劉於義爲吏部尙書涂天相爲刑部尙書張照爲左都御史己未徵舉博學鴻詞五月甲申高其倬奏普思苗人刁興國叛討平之命編修張若靄庶吉士鄂容安鄂倫俱在辦理軍機處行走乙未命額駙策凌爲靖邊左副將軍常德副之塔爾岱爲靖邊右副將軍永福副之同戌科布多續修會典成壬寅黑龍江將軍杜賚奏海島特門奇圖山等處綽敏六姓內附歲貢貂皮己酉誅前提督紀成斌六月戊午蘇祿國王臣母漢未母拉律林奏伊遠祖東王於明永樂年間來朝歸至山東德州病歿長子歸國嗣王次子安都祿三子溫哈喇留守墳墓其子孫分爲安溫二姓歲領額設祭祀銀八兩請以其後裔爲奉祀生從之戊寅哈元生奏討平九股逆苗秋七月乙酉大學士陳元龍以年逾八旬乞休加太子太傅致仕李徽以越職言事褫職裁湖南觀風整俗使戊子順承親王錫保削爵子熙良仍襲郡王以平郡王福彭爲定邊大將軍降親王丹津多爾濟爲郡王撤去勇號八月丁卯以顧琮爲直隸河道總督趙宏恩爲兩江總督高其倬爲江蘇巡撫己巳置順天府四路捕盜同知九月辛丑鄂爾奇革職查訊以慶復爲戶部尙書鄂長署步軍統領冬十月辛酉以扣婁爲蒙古都統忠達公馬禮善爲刑部尙書十一月甲辰命果毅公訥親在辦理軍機處行走十二月戊午詔曰前鄂彌達條奏台灣建城郝玉麟奏稱台灣莿竹栽植可以成城台灣變亂率自內生賊匪無城可踞乃易盪平惟鹿耳門爲台郡門戶於此建築砲臺足資備禦栽植莿竹相爲藩籬其淡水等處砲臺並應建造以時增修己未以史貽直爲戶部尙書張照爲刑部尙書徐本爲左都御史壬戌以高斌爲江南河道總督丙子祫祭太廟是歲免直隸江蘇安徽江西山東等省二十九州縣衛災賦又免江蘇鹽場二十五引鹽課各有差朝鮮安南蘇祿入貢

十二年甲寅春正月辛丑平郡王福彭進馬五百匹解軍備用壬寅侍郎查克旦辦理車臣汗部落諸務得宜加尙書銜賜銀五千兩入官房地人口給還二月癸丑上御經筵己未晉封貝子胤祜爲貝勒乙丑命侍讀春山給事中李學裕册封安南國王壬申命額駙策凌總理前敵軍務癸酉元展成奏坡東坡西苗寨一百六十內附旌廣東興寧縣老民辛登運年一百二歲其子五人各七八十歲一門眉壽加賜上用緞一匹三月丁丑工部尙書范時繹免戊戌河南學政兪鴻圖以婪贓處斬其父侍郎兪兆晟褫職尹繼善奏勦平普思叛苗招撫投誠人衆得旨凡事懈於垂成忽於既定勉之夏四月丁未湖廣容美土司田民如有罪革退改土歸流康親王崇安薨以伊叔巴爾圖襲爵封其子永恩爲貝勒庚午禁廣東象牙席並禁民間購用五月己卯施南宣撫司改設流官癸巳以李禧爲漢軍都統乙未以準噶爾使來停止進兵己亥命內務府總管來保前赴車臣汗部協同查克旦辦事六月丁未湖廣忠峝等十五土司改設流官秋七月癸巳命果親王胤禮經理達賴喇嘛駐藏並至直隸山西陝西四川閱兵詔西北二路用兵年久或乘此兵力直進賊境或遣使往彼諭以利害廷臣集議以聞康親王巴爾圖等一議進兵大學士張廷玉等一議遣使上乃宣示用兵始末從後議遣使八月丙午遣傅鼐阿克敦往準噶爾宣諭壬戌降貝子胤禕爲公奉郡王弘春降爲貝子九月甲申命侍郎呂耀曾卿德福往貴州宣諭苗蠻命雲南開爐鼓鑄冬十月丙午果親王胤禮疏言臣工條奏宜據實敷陳不當摭拾塞責得旨所言甚是曉諭輪班條奏官知之丁未以鄂彌達署天津都統阿里袞爲青州將軍傅森爲杭州將軍戊午以郝玉麟爲浙閩總督以三泰徐本俱協辦內閣事己巳景陵瑞芝生十一月壬申朔前直郡王胤禔卒命照貝子治喪封其子弘時爲鎮國公丙寅勅續修皇清文穎壬午特詔福建漳泉二府化其強悍勿再聚族械鬬戊子封理密親王子弘晀爲輔國公十二月癸丑朔勅廣西仍歸廣東總督兼轄丁巳以魏廷珍爲兵部尙書顧琮爲漕運總督朱藻爲直隸河道總督白鍾山爲河東河道總督高斌爲江南河道總督庚午祫祭太廟是歲免直隸安徽等省十四州縣災賦又直隸鹽場十四引鹽課各有差朝鮮琉球入貢

十三年乙卯春正月己丑以覺羅柏修爲盛京將軍那蘇圖爲黑龍江將軍赫星爲寧夏將軍二月己酉上御經筵庚戌以魏廷珍爲禮部尙書癸丑上謁陵己未還京甲子以巴泰協辦大學士三月丁巳上親耕耤田戊子詔曰地方編立保甲必須俯順輿情徐爲勸導若過於嚴急則善良受累矣爲政以得人爲要不得其人雖良法美意徒美觀聽於民無濟也夏四月乙巳聖祖文集刊成頒賜廷臣丁巳停止廣東開採閏四月丁酉準噶爾遣使臣納木喀賫表進貢勅令定界己亥建先蠶壇於北郊五月戊申給三姓八旗兵丁餉銀丁巳以貴州古州台拱逆苗滋事命哈元生爲揚威將軍統領四省官兵討之甲子命果親王皇四子皇五子大學士鄂爾泰張廷玉等辦苗疆事務工部尙書巴泰褫職命刑部尙書張照副都御史德希壽稽勘苗疆事務丁卯哈元生奏勦辦逆苗黃平施秉悉平六月乙亥勅戶部清查各省耗羨癸未以查克旦爲工部尙書甲申准土司由生員出身者一體應試辛卯減各省進獻方物呂宋國饑請糴許之丙申命董芳爲副將軍協勦苗匪秋七月乙卯鄂爾泰請辭伯爵大學士許之給假養病仍食俸署甘州提督劉世明以失察兵丁搶刼論斬丙辰命朱軾往勘浙江海塘辛酉以邁柱查郎阿爲大學士張廣泗爲湖廣總督八月己巳詔曰從前經理苗疆本爲乂安民生乃經理不善以致逆苗肆出勾結熟苗搶刼居民是以安民之心成虐民之政返之初心能勿愧乎所有貴州本年錢糧通行蠲免其被賊州縣蠲免三年以示撫綏捄卹之意丁亥上不豫戊子上大漸宣旨傳位皇四子寶親王弘曆己丑上崩年五十八是歲十一月丁未恭上尊謚曰敬天昌運建中表正文武英明寬仁信毅睿聖大孝至誠憲皇帝廟號世宗乾隆二年三月葬泰陵

論曰聖祖政尙寬仁世宗以嚴明繼之論者比於漢之文景獨孔懷之誼疑於未篤然淮南暴伉有自取之咎不盡出於文帝之寡恩也帝研求治道尤患下吏之疲困有近臣言州縣所入多宜釐剔斥之曰爾未爲州縣惡知州縣之難至哉言乎可謂知政要矣

清史稿 本紀十

高宗本紀一

高宗法天隆運至誠先覺體元立極敷文奮武欽明孝慈神聖純皇帝諱弘曆世宗第四子母孝聖憲皇后康熙五十年八月十三日生於雍親王府邸隆準頎身聖祖見而鍾愛命讀書宮中受學於庶吉士福敏過目成誦復學射於貝勒允禧學火器於莊親王允祿木蘭從獮命侍衛引射熊甫上馬熊突起上控轡自若聖祖御鎗殪熊入武帳顧語溫惠皇太妃曰是命貴重福將過予雍正元年八月世宗御乾清宮密書上名緘藏世祖所書正大光明扁額上五年娶孝賢皇后富察氏十一年封和碩寶親王時準噶爾役未竟又有黔苗兵事命上綜理軍機諮決大計十三年八月丁亥世宗不豫時駐蹕圓明園上與和親王弘晝朝夕謹侍戊子世宗疾大漸召莊親王允祿果親王允禮大學士鄂爾泰張廷玉領侍衛內大臣豐盛額訥親內大臣戶部侍郎海望入受顧命己丑崩王大臣請奉大行皇帝還宮莊親王允祿等啓雍正元年立皇太子密封宣詔即皇帝位尋諭奉大行皇帝遺命莊親王允祿果親王允禮鄂爾泰張廷玉輔政並令鄂爾泰復任以鄂爾泰因病請假也以遺命尊奉妃母爲皇太后復奉懿旨以上元妃爲皇后召大學士朱軾回京命大學士嵇曾筠總理浙江海塘工趙宏恩署江南河道總督大行皇帝大殮命以乾清宮南廡爲倚廬庚寅命總理事務王大臣議行三年喪命履郡王允祹暫管禮部事務召張照回京以張廣泗總理苗疆事務大學士邁柱署湖廣總督諭大將軍查郎阿駐肅州與劉於義同掌軍務北路大將軍平郡王福彭堅守飭揚威將軍哈元生等勦撫苗疆癸巳頒大行皇帝遺詔九月丁酉朔日食高起憲德俱罷仍帶尙書銜以鄂爾泰總理兵部事果親王允禮總理刑部事莊親王允祿總理工部事甘汝來爲漢兵部尙書傅鼐署滿兵部尙書己亥上即位於太和殿以明年爲乾隆元年庚子定三年喪制却羣臣以日易月之請命大學士朱軾協同總理事務王大臣辦事辛酉召史貽直來京壬寅止進獻方物禁內廷行走僧人招搖頒乾隆元年時憲書鑄乾隆通寶遣官頒詔朝鮮丙辰賑甘肅蘭州平涼等處

旱災。丙午，命慶復往北路軍營代回福彭。手勅額駙策淩勿離軍營。丁未，大行皇帝梓宮安奉雍和宮。戊申，上詣雍和宮行禮，自是日至乙卯以爲常。己酉，賞莊親王允祿、果親王允禮雙俸，鄂爾泰、張廷玉世襲一等輕車都尉，朱軾世襲騎都尉。庚戌，召楊名時來京。辛亥，命海望署戶部尚書，傅鼐署刑部尚書。乙卯，上詣雍和宮行大祭禮。奉皇太后居永仁宮。是日，上移居養心殿。命廷臣輪班條奏，各舉所知。戊午，賞李紱侍郎銜，命管戶部三庫事。己未，上詣雍和宮梓宮前行月祭禮，自是迄奉移，每月如之。再免民欠丁賦，並諭官吏侵蝕者亦免之。逮傅爾丹下獄。庚申，開鄉會試恩科。免貴州被擾州縣之額賦，未擾者停征。辛酉，上詣田村孝敬皇后梓宮前致祭。以本年鄉試弊多，逮治考官顧祖鎭、戴瀚。大學士馬齊乞休，允之。癸亥，召署河東鹽政孫家淦來京，以侍郞用。冬十月丙寅朔，饗太廟，遣裕親王廣保代行。命副將軍常德赴北路軍營。丁卯，申禁各省貢獻。以張廣泗爲征苗經略、揚威將軍，哈元生副將軍，董芳以下俱聽節制。庚午，命履郡王允祹管禮部。召原任尚書涂天相來京。辛未，以任蘭枝爲禮部尚書。壬申，免江南等省漕糧蘆課及學租雜稅。命治曾靜、張熙罪。加左都御史福敏太子太保。以王大臣辦事遲延疏縱，申諭嚴明振作，毋與用寬之意相左。調徐本爲刑部尚書，涂天相爲工部尚書。丙子，以劉勷爲直隸河道總督。丁丑，起彭維新爲左都御史。命徐本軍機處行走。癸未，停諸王兼管部院事。甲申，授海望戶部尚書。己丑，命來保署工部尚書，兼管內務府。癸巳，傅爾丹、岳鍾琪、石雲倬、馬蘭泰論斬。甲午，改訥親、海望、徐本爲協辦總理事務，納延泰行走如班第等例。豐盛額、莽鵠立罷。庚子，張照下獄鞫治。壬寅，湖北忠峒等十五土司改土歸流，分置一府五縣，於恩施縣建府治，名曰施南府，分設縣治，名曰宣恩、來鳳、咸豐、利川。乙巳，申諭薦舉博學鴻詞。丁未，上大行皇帝尊謚曰敬天昌運建中表正文武英明寬仁信毅大孝至誠憲皇帝，廟號世宗。次日，頒詔覃恩有差。免四川巴縣等旱災額賦。戊申，召邁柱來京，以史貽直署湖廣總督。庚戌，以孫家淦爲左都御史。癸丑，命慶復爲定邊大將軍，赴北路軍營。命孫家淦仍兼管吏部。諭赦降苗罪。免貴州三年內耗羨。丙辰，上詣田村，上孝敬憲皇后尊謚曰孝敬恭和懿順昭惠佑天翊聖憲皇后。次日，頒詔覃恩有差。改河東總督仍爲河南巡撫，以傅德爲之。丁巳，授鍾保湖南巡撫，俞兆岳江西巡撫。命岱林布爲右衛將軍。己未，以平郡王福彭協辦總理事務。董芳、元展成、德希壽褫職逮問。奪哈元生揚威將軍，命經略張廣泗兼貴州巡撫。癸亥，賞阿其那、塞思黑子孫紅帶，收入玉牒。甲子，以王大臣會刑部夾訊李禧、耿韜，命審訊大臣宜存大體。十一月丙寅朔，以博第爲吉林將軍，吳禮布爲黑龍江將軍。復設川陝總督，裁四川總督。戊辰，賑安徽泗州、湖北潛江水災。癸酉，免浙江、山東、福建、廣東鹽場欠課。戊寅，上皇太后徽號曰崇慶皇太后。次日，頒詔覃恩有差。己卯，以準噶爾遣使請和，命喀爾喀扎薩克等詳議定界事宜。庚辰，調傅鼐爲刑部尚書，仍兼管兵部。甲申，磔曾靜、張熙於市。都統李禧以贓，尚書高起以欺罔，俱論斬。丙戌，命嵇曾筠兼管浙江巡撫，以高斌爲江南河道總督。設歸化城將軍及副都統。辛卯，晉封訥親一等公世襲。

乾隆元年春正月丙申朔，上詣堂子行禮，至觀德殿更素服，詣雍和門行禮畢，率諸王大臣詣慈寧宮行禮。御太和殿受朝，不作樂，不宣表。戊戌，命北路參贊大臣薩木哈回京。辛丑，祈穀於上帝，親詣行禮，自是每年如之。癸卯，建京師先蠶壇。準噶爾台吉噶爾丹策零遣使貢方物。丁未，準噶爾貢使吹納木喀入覲。召大將軍慶復回京，命伊勒慎、阿成阿、哈岱爲參贊大臣，協同額駙策凌辦事，駐鄂爾坤。命都統王常、侍郎柏修往鄂爾坤勘屯田。丙辰，以顧琮署江蘇巡撫。己未，署湖南永州鎭總兵崔起潛妄劾鄂爾泰、張廣泗，褫職逮治。南掌入貢。庚辰，上啟蹕謁陵。癸亥，上謁昭西陵、孝陵、孝東陵、景陵。賑臺灣諸羅縣地震災民。賑甘肅固原、四川忠州等州縣旱災。二月丙寅，上還京師。戊辰，祭大社、大稷，上親詣行禮，自是每年如之。以補熙署漕運總督。甲戌，遣準噶爾來使歸，詔以遵皇考諭旨酌定疆界齎示噶爾丹策零。乙卯，賜準噶爾台吉噶爾丹策淩敕書，斥所請以哲爾格西喇呼魯蘇爲界及專令喀爾喀內徙。庚辰，命邁柱兼管工部。申飭陳奏謬妄之謝濟世、李徽、陳世倌等。加楊名時禮部尚書銜，管國子監祭酒事。辛酉，朝鮮國王李昑遣使進香，賞賚如例。甲申，命改嵇曾筠爲浙江總督，兼管兩浙鹽政，郝玉麟以閩浙總督專管福建事。戊子，定世宗山陵名曰泰陵。己丑，達賴喇嘛及貝勒頗羅鼐遣使貢方物。辛卯，以程元章爲漕運總督。癸巳，尹繼善奏克空稗台雄等寨，張廣泗奏克大小丹江等處。三月庚子，釋汪景琪、查嗣庭親族回籍。乙巳，加上太祖尊謚曰太祖承天廣運聖德神功肇紀立極仁孝睿武端毅欽安弘文定業高皇帝，孝慈皇后尊謚曰孝慈昭憲敬順仁徽懿德慶顯承天輔聖高皇后，太宗尊謚曰太宗應天興國弘德彰武寬溫仁聖睿孝敬敏昭定隆道顯功文皇帝，孝端皇后尊謚曰孝端正敬仁懿哲順慈僖莊敏輔天協聖文皇后，孝莊皇后尊謚曰孝莊仁宣誠憲恭懿至德純徽翊天啟聖文皇后，世祖尊謚曰世祖體天隆運定統建極英睿欽文顯武大德弘功至仁純孝章皇帝，孝惠皇后尊謚曰孝惠仁憲端懿慈淑恭安純德順天翼聖章皇后，孝康皇后尊謚曰孝康慈和莊懿恭惠溫穆端靖崇天育聖章皇后，聖祖尊謚曰聖祖合天弘運文武睿哲恭儉寬裕孝敬誠信中和功德大成仁皇帝，孝誠皇后尊謚曰孝誠恭肅正惠安和淑懿儷天襄聖仁皇后，孝昭皇后尊謚曰孝昭靜淑明惠正和安裕欽天順聖仁皇后，孝恭皇后尊謚曰孝恭宣惠溫肅定裕慈純贊天承聖仁皇后。丁未，免四川涼山等處番民額賦。己酉，免肅州威魯堡回民舊欠。庚戌，以固原提督樊廷爲駐哈密總督。乙卯，免廣東歸善等四縣加增漁稅及通省逋賦。夏四月丙寅，免江南阜寧等州縣緩征漕糧。壬申，命王常、海瀾爲參贊大臣，協同額駙策淩辦事。以高其倬爲湖北巡撫，暫署湖南巡撫。戊寅，以王士俊爲四川巡撫。辛巳，貴州提督哈元生褫職逮問。裁直隸副總河，以總督兼管河務。戊子，賜金德瑛等三百三十四名進士及第出身有差。壬辰，布魯克巴部諾顏林沁齊壘喇布濟至西藏請上安，並貢方物。五月丁未，賑河南永城縣水災。壬子，命江南副總河移駐徐州。甲寅，免四川南溪等州縣被風雹額賦。乙卯，朝鮮國王李昑表賀登極及尊崇皇太后，並進方物。乙巳，暹羅國王參立拍照廣拍馬嘑六坤司尤提雅菩挨表謝賜扁，並貢方物。庚辰，免甘肅伏羌等州縣地震傷亡缺額丁銀。六月戊辰，賑江蘇蕭縣等州縣水災。己巳，以慶復署吏部尚書，仍兼署戶部事。癸酉，授張廣泗貴州總督，兼管巡撫事。以尹繼善爲雲南總督。秋七月癸巳朔，以貴州流民多就食沅州，免沅州額賦。甲午，召總理事務王大臣九卿等宣諭密書建儲諭旨，收藏於乾清宮正大光明扁額上。己亥，免貴州通省本年額賦。辛丑，除古州等處苗賦。甲辰，免崔起潛罪。丙午，賑江西安福水災。辛亥，追謚明建文皇帝爲恭閔惠皇帝。賑江南蕭、碭等州縣衛水災。丁巳，賑甘肅隴西等州縣水雹災。戊午，調鍾保爲湖北巡撫，高其倬爲湖南巡撫。賑湖北漢川等五州縣衛水災。癸酉，逮問王士俊，尋論斬。賑廣東南海、潮陽等縣水災。八月戊辰，祭大社、大稷，上親詣行禮，自是每歲如之。準噶爾部人孟克來降。庚午，尚書傅鼐有罪免。乙卯，賑河南南陽等五縣水災。乙酉，賑喀喇沁飢。丁亥，兵部尚書通智免，以奉天將軍那蘇圖代之。調博第爲奉天將軍，以吉爾黨阿爲寧古塔將軍。賑陝西神木、府谷雹災。辛卯，賑浙江蘭溪等六縣、江南溧水等二十四州縣、湖北潛江等九州縣衛水災。九月丙申，免張照、哈元生、董芳、元展成、德希壽貽誤苗疆罪。丁酉，禮部尚書楊名時卒。戊戌，以慶復爲刑部尚書，兼管吏部，命傅鼐暫署兵部尚書。庚子，停本年秋決。癸卯，賑浙江安吉等四縣水災。丙午，上臨大學士朱軾第視疾。免江西安福水災額賦。庚戌，大學士朱軾卒，上親臨賜奠。壬子，賑安徽宿州等二十州縣衛水災。致仕大學士陳元龍卒。乙卯，賑江蘇蕭縣等三州縣水災。己未，御試博學鴻詞一百七十六人於保和殿，授劉綸等官。賑江蘇無錫等十三州衛水災。準噶爾台吉車林等來降。冬十月壬戌，以邵基爲江蘇巡撫。乙丑，除浙江仁和等州縣水災額賦。庚午，調岳濬爲江西巡撫，以法敏爲山東巡撫。辛未，上奉皇太后送世宗梓宮至泰陵。庚辰，上奉皇太后還京師。十一月甲午，上始御乾清門聽政。加嵇曾筠太子太傅。命徐本爲東閣大學士，仍兼管刑部，以孫家淦爲刑部尚書，楊汝穀爲左都御史。以額爾圖爲黑龍將軍。丙申，免雲南楚雄等四府州縣額賦。丁酉，賑安徽霍邱等三縣衛、湖北漢川等十三縣衛水災。己酉，冬至，祀天於圜丘，上親詣行禮，自是每年如之。己未，賑陝西定邊雹災，江南長洲等十二州縣衛水災。十二月辛酉，賑巴林郡王等四旗旱災。甲子，賑江蘇婁、溧水等十三州縣水災。乙丑，改江南壽春協爲鎭，設總兵。己巳，免陝西府谷、神木本年雹災額賦。移南河副總河駐徐州。丁丑，免安徽泗州衛屯田、長蘆廣雲竈地水災額賦。丁亥，岱林布改江寧將軍，以王常爲建威將軍，雅爾圖爲參贊大臣。免兩淮莞瀆等三場水災額賦。是歲，朝鮮、南掌、暹羅、安南來貢。

二年春正月庚寅朔，免朝賀。庚子，召趙宏恩來京，以慶復爲兩江總督，調那蘇圖爲刑部尚書，以納親爲兵部尚書。乙巳，以楊超曾爲廣西巡撫。丙午，釋王士俊。戊子，李衛劾治誠親王府護衛囑託，上嘉之，賞四團龍褂。二月丙寅，安南國王黎維祜卒，嗣子黎維禕遣使告哀，並貢方物。癸酉，賑江蘇高郵水災。戊寅，遣翰林院侍讀嵩壽、修撰陳倓册封黎維禕爲安南國王。庚辰，孝敬憲皇后發引，上奉皇太后送至泰陵。三月庚寅，葬世宗於泰陵，孝敬憲皇后祔。壬辰，上還京師。癸巳，世宗憲皇帝、孝敬憲皇后升祔太廟，頒詔覃恩有差。辛丑，命保德等頒升祔詔於朝鮮。甲辰，涂天相罷，以趙宏恩爲工部尚書，以顧琮協辦吏部尚書。戊申，命翰林科道輪進經史奏議。庚戌，移右衛將軍駐歸化新城，增副都統二。辛亥，調碩色爲四川巡撫。壬子，調楊永斌爲湖北巡撫。四月甲子，以旱命刑部清理庶獄乙卯訓飭建言諸臣己巳疏濬清口並江南運河賑江蘇江寧常州二府旱災甲戌祀天於圜丘奉世宗配饗次日頒詔覃恩有差是日雨釋傅爾丹陳泰岳鍾琪丙子免順天直隸額賦己卯召尹繼善來京以張允隨署雲南總督甲申免湖北漢川等五州縣衞水災額賦南掌入貢丁亥免江蘇蕭碭二縣水災額賦五月壬辰賜于敏中等三百二十四人進士及第出身有差癸巳免湖北荆州安陸二府水災額賦乙未賑河南南陽等十二州縣水災戊戌御試翰林詹事等官擢陳大受等三員爲一等餘各陞黜有差准本年新進士條奏地方利弊戊申免山東正項錢糧一百萬兩辛亥祭地於方澤奉世宗配饗除廣東開建恩平二縣米稅乙卯除湖南永州等處額外稅免安徽宿州水災額賦免浙江仁和等四州縣水災額賦賑陝西商南膚施等縣雹災甲戌以御門聽政澍雨優渥賜執事諸臣紗疋有差辛酉命直隸試行區田法戊戌賑安徽石埭等六州縣水災秋七月戊子以永定河決遣侍衞策楞等分赴蘆溝橋良鄉撫恤災民癸卯命侍衞松福等往文安霸州等處撫恤災民乙未命顧琮勘永定河衞決各工丙申賑山東德平陽穀等州縣旱雹各災壬寅賑順直宛平清苑等八十一州縣衞旱災御試續到博學鴻詞於體仁閣授萬松齡等官丙辰命各省蠲免額賦已輸者抵作次年正賦著爲令賑安徽黟縣等十四州縣水災八月丁巳朔賑陝西安塞等三縣等災湖南城步縣猺匪平賑撫甘肅平番等四縣旱災命巡漕御史四員分駐淮安濟寧天津通州甲戌命鄂爾泰詳勘直隸河道水利丙子以顧琮署直隸河道總督丁丑免江蘇碭山水災未完額賦十分之七壬午復設貴州威寧鎮總兵官築浙江魚鱗大石海塘免山東歷城等二十八州縣衞本年旱災額賦甲申賑甘肅會寧旱災福建霞浦等州縣水災九月辛卯調北路參贊大臣哈岱回京以瑪尼代之乙未準噶爾回民米爾哈書爾來降乙未以楊永斌爲江蘇巡撫己亥賑福建閩縣等沿海風災甲辰訓飭科道毋挾私言事召史貽直入都以德沛爲湖廣總督元展成爲甘肅巡撫賑山西興縣等十二州縣旱災辛亥賑甘肅寧夏縣水災癸丑免雲南寧州上年夏稅乙卯以那蘇圖署兵部尚書閏九月癸亥免河南西華等四縣本年水災額賦丁卯以尹繼善爲刑部尚書兼辦兵部事調慶復爲雲南總督以那蘇圖爲兩江總督甲戌賑長蘆蘆台等場水災竈戶除江西袁州饒州二府雜稅丙子馬蘭峪陵工竣辛巳賑福建霞浦等二縣風災壬午賑奉天小清河驛水災以雲南布政使陳宏謀瀆奏本省糧務下部嚴議賑江蘇上元等二十五州縣水災並加賑有差賑貴州安順等府廳縣雹災冬十月乙酉朔賑山西永濟等三縣霜災丁亥修盛京三陵戊子上詣東陵辛卯上謁昭西陵孝陵孝東陵乙未上還京師丙申安西鎮總兵張嘉翰坐剝削軍需論斬以崔紀爲陝西巡撫尹會一爲河南巡撫張楷爲湖北巡撫己亥大學士尹泰乞休溫諭留之癸卯賑山東齊河等二十八州衞水災免江南淳縣本年蟲災額賦桃源等三縣未完銀米丁未賑黑龍江水災戊申修奉先殿辛亥免甘肅平番旱災額賦十一月乙卯賑安徽壽州霍邱旱災免陝西靖邊等八州縣本年水災額賦丁巳朝鮮國王李昑請封世子李愃禮部言年未及歲上特允之癸亥賑貴州郎岱等三廳縣雹災乙丑除山西河津被水額賦丙寅賑安徽太平等十一州縣衞水災辛未上詣泰陵改總管爲副都統免江南銅山碭山二縣逋賦壬寅祭告泰陵上釋服乙亥賑甘肅環縣蘭州廣東三水等十縣旱災上還京師戊寅皇太后聖壽節御慈寧宮上率諸王大臣行慶賀禮自是每年如之己卯免山西興縣等四州縣旱災丁銀庚辰命仍設軍機處以大學士鄂爾泰張廷玉尚書訥親海望侍郎納延泰班第爲軍機大臣十二月甲申朔漕運總督補熙免以查克丹代之以來保爲工部尚書免江南阜寧上年水災額賦丁亥上御太和殿册立嫡妃富察氏爲皇后戊子奉皇太后御慈寧宮上率諸王大臣行慶賀禮畢上御太和殿羣臣慶賀頒詔覃恩有差辛卯免江蘇溧水等十二州縣水災額賦壬辰賑陝西府谷等三縣雹災甲午以册立皇后禮成加上皇太后徽號曰崇慶慈宣皇太后奉皇太后御慈寧宮上率諸王大臣行慶賀禮次日頒詔覃恩有差己亥免直隸本年旱災竈課免甘肅寧夏水災額賦壬寅鄂爾泰封三等伯賑福建閩縣等六縣廣東海康等七縣風潮災大學士邁柱乞病許之琉球貢方物癸卯張廷玉封三等伯辛亥賑涿州水災

三年春正月甲寅朔上初舉元正朝賀率王以下文武大臣詣壽康宮慶賀皇太后禮成御太和殿受賀自是每年元正如之乙卯以福敏爲武英殿大學士馬爾泰爲右都御史辛酉祈穀於上帝奉世宗配享癸亥命舉行經筵甲子上初幸圓明園奉皇太后居暢春園戊辰御正大光明殿賜朝正外藩及內大臣大學士宴癸酉以朱藻爲直隸河道總督顧琮協理河道事丁丑準噶爾噶爾丹策零遣使奉表至京並進貂皮遣侍郎阿克敦充正使御前侍衞旺扎爾乾清門台吉額默根充副使齎敕往準噶爾議定界乙卯上自圓明園還宮辛巳以謁泰陵命鄂爾泰在京總理事務二月丁亥釋奠先師孔子戊子幸圓明園癸巳準噶爾使入覲賞銀幣有差戊戌上謁泰陵己亥上祭泰陵辛丑上幸南苑行圍壬寅上還京師丙午舉行經筵自是每季仲月舉行一次歲以爲常丁未免山東齊河等三十二州縣衞水災額賦辛亥上親耕耤田加一推自是每年如之壬子趙宏恩以納賄奪職以高其倬爲工部尚書張照爲湖南巡撫三月癸丑朔賑福建閩縣等八縣颶風災甲寅上詣太學釋奠御彝倫堂命講中庸尚書乙卯調崔紀爲湖北巡撫張楷爲西安巡撫己未免江蘇六合等十二州縣水災額賦廣東三水等十州縣旱災額賦辛酉賑江蘇上元等二十五州縣衞水災並免額賦丁卯上詣黑龍潭祈雨辛未免甘肅蘭州等處旱災額賦壬申以旱命刑部清理庶獄癸酉免安徽太平等十一州縣衞水災額賦丁丑免湖北沔陽州逋賦夏四月甲申以旱申命求言停督撫貢獻理藩院尚書僧格休致以納延泰代之己丑調孫家淦爲吏部尚書以趙國麟爲刑部尚書孫國璽爲安徽巡撫壬辰命顧琮往直隸會同朱藻辦理河工免長蘆蘆臺等場衞水等州縣水災額賦五月癸丑賑陝西蒲城等十州縣雹災己未賑山東章邱等州縣衞雹災庚申賑陝西維南等八州縣雹災壬戌貴州定番州苗阿沙等作亂張廣泗討平之辛未調額爾圖爲奉天將軍博第爲黑龍江將軍乙亥免江南松江府額賦辛巳賑陝西靖邊等八州縣旱災六月庚寅賑山東東平等四州縣雹災丙午左都御史楊汝穀乞休允之秋七月壬子起前左都御史彭維新爲原官丁巳免福建詔安縣旱災額賦癸亥免浙江溫州等衞漕欠乙丑調史貽直爲工部尚書高其倬爲戶部尚書丁卯命查郎阿入閣辦事調鄂彌達爲川陝總督以馬爾泰爲兩廣總督查克丹爲左都御史託時爲漕運總督大學士尹泰乞休允之八月丙戌江蘇海州山東郯城等州縣蝗賑湖南石門縣甘肅武威等三縣水災己丑海望丁憂以訥親暫署戶部尚書己亥奉皇太后謁泰陵癸卯上詣泰陵行三周年祭禮丙午上奉皇太后駐蹕南苑上行圍戊申賑安徽望江等四十八州衞旱災九月庚戌朔上奉皇太后還宮免陝西長安等十五州縣雹災額賦賑山東招遠縣雹災戊午免福建漳浦上年旱災額賦辛酉命嵇曾筠入閣辦事兼理永定河務裁浙江總督復設巡撫以郝玉麟仍爲閩浙總督盧焯爲浙江巡撫甲子朱藻解任遣訥親孫家淦往鞫之以顧琮管總河印務安南入貢己巳大學士尹泰卒編修彭樹葵進十思箴上嘉賚之賑甘肅碾伯等處旱災丁丑免江蘇江寧等五十二州縣衞水災額賦並賑之戊寅賑臺灣旱災冬十月庚辰朔賑陝西安定等六州縣雹災辛巳免山東鄒平等八州縣本年雹災額賦壬午免直隸被水州縣逋賦免江蘇安徽被災各州縣逋賦辛卯皇次子永璉薨輟朝五日以御極後親書永璉爲皇太子密旨一切典禮如皇太子儀賑安徽懷寧等五十州縣衞旱災壬辰戶部尚書高其倬卒丙申調任蘭枝爲戶部尚書趙國麟爲禮部尚書史貽直爲刑部尚書以趙殿最爲工部尚書丁酉謚皇太子永璉爲端慧皇太子直隸總督李衞以病免命孫家淦署之己亥賑浙江吉安等州縣旱災庚子朝鮮國王李昑表賀上皇太后徽號並册封皇后又表謝恩封世子附進方物壬寅上幸田村奠端慧皇太子癸卯免江南江西河南漕欠乙巳授孫家淦直隸總督以甘汝來爲吏部尚書兼兵部楊超曾爲兵部尚書丙午授顧琮直隸河道總督十一月己酉朔復廣東海南道爲雷瓊道改高雷道爲高廉道庚戌以孫家淦劾貝勒允祜上嘉之予議敍允祜下宗人府嚴議壬子賑江蘇華亭等六縣衞旱災賑湖南石門縣旱災癸丑免奉天寧遠等四州縣蟲災額賦賑浙江歸安烏程陝西綏德等四州縣雹災湖北孝感等六州縣旱災癸丑免河南信陽等八州縣旱災額賦賑湖北應山四川忠州等三州縣旱災乙丑免江南淮安徐州二府湖灘額租免山東招遠縣雹災額賦庚午大學士嵇曾筠以病乞休允之壬申甘肅寧夏地震水涌新渠寶豐縣治沈沒發蘭州庫銀二十萬兩命兵部侍郎班第往賑之乙亥吏部尚書性桂乞休允之丁丑免直隸宣化各府州逋賦十二月乙卯朔調訥親爲吏部尚書庚辰賑四川射洪等六縣水災賑兩淮鹽塲本年旱災丙戌彭維新褫職以魏廷珍爲左都御史丁亥甘肅寧夏地震甲午賑甘肅平番蟲災命大理寺卿汪漋往江南總辦河工琉球國王尚敬遣使表賀登極入貢戊戌準噶爾台吉噶爾丹策零遣哈柳等從侍郎阿克敦等至京師進表乙巳準噶爾使哈柳等入覲諭曰所奏游牧不越阿爾台朕甚嘉之托爾和布延圖卡倫內移不可行

四年春正月己酉上御乾清宮西暖閣召王大臣翰林科道及督撫學政在京者九十九人賜宴賦柏梁體詩丁卯免甘肅寧夏等五縣地震被災額賦壬申大學士嵇曾筠卒趙國麟爲大學士調任蘭枝爲禮部尚書以陳悳華爲戶部尚書二月己卯調張渠爲江蘇巡撫以馮光裕爲湖南巡撫丙戌免直隸滄州

等四州縣與國等四場水災竈地額賦免貴州郎岱等四廳州縣雹災額賦乙未免甘肅靖遠風災額賦丙申準噶爾部人孟克特穆爾等來降免陝西咸寧鎮安水災甘肅柳溝衞蟲災額賦戊戌免湖南永順永綏新闢苗疆鹽課免浙江上虞等縣逋賦庚子準噶爾台吉噶爾丹策零請以阿爾泰山為界許之免湖北鍾祥等五縣衞旱災額賦三月丁未朔己酉召雅爾圖來京以阿蘭泰為北路參贊大臣免安徽宿州等四州縣逋賦吏部奏行取屆期上命尚書都御史侍郎保舉如陸隴其彭鵬者免湖北應山上年旱災額賦甲子設熱河兵備道駐承德州命訥親協辦大學士戊辰以旱災特免直隸江蘇安徽三省額賦壬申以魏廷珍為工部尚書賑直隸文安等六縣水災夏四月丁卯免安徽壽州上年旱災額賦戊寅免江蘇丹陽等七縣旱災額賦辛巳賜莊有恭等三百二十八人進士及第出身有差壬午免長蘆上年旱災逋賦丙戌以旱申命求言命刑部清理庶獄減徒以下罪甲午免四川忠州等三州縣旱災額賦乙未以陳世倌為左都御史癸卯西藏巴爾布部庫庫木顏布葉楞三汗入貢五月甲子朝鮮國王李昑謝賜本國列傳進方物戊辰改築浙江海寧石塘辛未致仕大學士馬齊卒癸酉加鄂爾泰張廷玉福敏太保徐本訥親太子太保甘汝來海望鄂善尹繼昌徐元夢孫嘉淦慶復太子少保六月庚辰調碩色為山東巡撫方顯為四川巡撫甲辰免甘肅赤金所上年被災額賦山東濟南等七府蝗曹縣河決仍賑被水六州縣災民甘肅秦安等六州縣雹災秋七月戊申額駙策凌奏率兵駐鄂爾海西拉烏蘇華分兵駐鄂爾坤河齊齊爾里克額爾德尼招塔密爾烏里雅蘇臺附近防範準噶爾庚戌以甘肅秦安等十五州縣雹災命無論已未成災悉免本年額賦辛酉賑河南祥符等四十七州縣水災壬戌賑山東海豐等縣場竈戶甲子賑江蘇睢寧等十三州縣衞水雹各災湖北房縣旱災丙寅吏部尚書甘汝來卒以郝玉麟為吏部尚書宗室德沛為閩浙總督以班第為湖廣總督己巳賑安徽宿州雹災庚申安南馬郎叛人矣長等來降賑山東利津等二縣雹災壬申賑直隸開州等州縣江蘇海州等州縣水災江蘇淮安安徽鳳陽等府州蝗八月丙子御史張湄劾諸大臣阻塞言路上斥為漸染方苞惡習召見滿漢奏事大臣諭之辛巳賑河南商邱等州縣水災壬午敘張廣泗經理苗疆功授三等輕車都尉黃廷桂等加銜加級有差戊子賑山東歷城等六十六州縣衞所水災停征新舊額賦庚寅江蘇金壇縣貢生蔣振生進手鈔十三經賜國子監學正銜九月乙巳朔署廣西提督譚行義以安南鄭氏專柄清化鎭郡公及黎鶱起兵與鄭氏內鬨奏聞丙午免江蘇海州贛榆二州被水漕糧戊申賑河南祥符等三十七州縣水災有差丁巳上奉皇太后謁陵庚申上謁昭西陵孝陵孝東陵景陵賑山東臨邑等縣水災癸亥賑甘肅張掖東樂堡水災賑河南鄧州等四州縣水災山西榆次等三縣旱災命停征江蘇安徽漕糧上奉皇太后還宮庚午上以疾命和親王弘晝代行孟冬時饗禮免甘肅秦安等十五州縣糧草三分之一及靈州碾伯等州縣本年水雹各災額賦冬十月丁丑準噶爾回人伊斯拉木定來降庚辰以江蘇海州等四州縣水災免逋賦甲申端慧皇太子周年上幸田村奠酒乙酉賑山東歷城等六十六州縣水災給葺屋銀丁亥免陝西興平等十六州縣雹災額賦己丑莊親王允祿理親王弘皙等緣事宗人府議削爵圈禁上曰莊親王寬免理親王弘皙貝勒弘昌貝子弘普俱削爵弘昇永遠圈禁弘晈王爵係奉皇考特旨從寬留王號停俸丙申釋馬蘭泰己亥額魯特札薩克多羅郡王和碩額駙阿寶之妻和碩格格進顧實汗所傳玉璽諭還之壬寅召定邊左副將軍額駙策零來京封弘曕郡王襲理親王爵癸卯上幸南苑行圍十一月丙午上行大閱禮連發五矢皆中的賜在事王大臣銀幣有差戊申以郝玉麟署兩江總督庚戌召尹會一來京以雅爾圖為河南巡撫賑江蘇安東等十五州縣水災有差壬申免寧夏次年額賦十二月癸酉朔免山東金鄉等六州衞水災額賦丙子免浙江安吉等州縣漕糧河南羅山旱災額賦戊寅弘皙坐問安泰準噶爾能否到京上壽算如何擬立絞諭免死永遠圈禁安泰論絞免陝西榆林等十一州縣逋賦癸未免河南祥符等四十四州縣水災額賦乙酉晉封貝勒顒羅鼐為郡王庚寅免河南商邱等十州縣水災額賦壬辰哈柳等入覲甲午召軍臣汗達瑪林等賜茶

五年春正月丁未賑安徽宿州等八州縣廬江等十州縣衞旱災有差丁卯朝鮮入貢辛未命烏赫圖巴靈阿護準噶爾人赴藏熬茶湖南綏寧苗作亂命馮光裕等勦之二月琉球入貢乙亥命額駙策凌等定各部落接準噶爾游牧邊界哈柳歸召入賜茶以和議成嘉獎之辛巳以伊勒愼為綏遠城將軍癸未工部尚書魏廷珍罷申諭九卿毋蹈模棱覆轍免山東章邱等六十州縣衞水災額賦戊子免湖北襄陽縣衞上年額賦壬辰免上年安徽宿州雹災山東滕縣等五縣水災額賦戊戌以韓光基為工部尚書辛丑免湖北漢陽等四縣上年旱災額賦三月庚戌以尹繼善為川陝總督鄂善署刑部尚書壬子免直隸雄縣上年水災額賦甲子免山東霑化等縣場水災額賦庚午湖南栗林鬼冲各寨苗匪平夏四月丙戌賑兩淮板浦等場災戊子御史褚泰坐受賄論斬免陝西葭州懷遠旱災額賦己丑以那蘇圖為刑部尚書甲午以旱召九卿面諭直陳政事闕失改山東河道為運河道兗沂曹道為分巡兗沂曹三府管河工戊戌任蘭枝及太常寺卿陶正靖坐朋比下部嚴議五月甲寅上詣黑龍潭祈雨丙辰命刑部清理庶獄甲子以楊超曾署兩江總督丁卯諭馮光裕及湖廣提督杜愷剿捕城步綏寧猺匪六月癸酉命阿里袞朱必堦查勘山東沂州等處水旱災戊寅命山東江蘇安徽捕除蝻子召張廣泗來京壬辰賑甘肅秦州水災戊戌福州將軍隆昇坐收餽遺褫職鞫治閏六月甲辰廣西義寧苗作亂諭馬爾泰赴桂林調度兵事辛亥以喀爾吉善為山西巡撫命杜愷統率湖南兵至軍前乙卯命張廣泗赴湖南會辦軍務甲子準噶爾台吉噶爾丹策零遣使進表秋七月癸酉調張渠為湖北巡撫以徐士林為江蘇巡撫調方顯為廣西巡撫碩色為四川巡撫朱定元為山東巡撫乙亥賜噶爾丹策零敕書諭準噶爾使以阿爾泰山為界山南游牧之人仍居舊地設甘肅安西提督駐哈密丁丑以補熙為綏遠城將軍辛巳詔停今年秋決甲申張廣泗留辦湖南善後賑安徽宣城衞饑己丑免安徽鳳陽等十九州縣衞水災無為等四州縣旱災額賦甲午賑山西徐溝饑丁酉賑甘肅武威等三縣饑戊戌班第奏總兵劉策名等連克長坪各苗寨獲首倡妖言黎阿蘭等八月己亥朔廣西宜山縣蠻匪平庚子諭曰朕閱江省歲額錢糧雜辦款目沿自前明賦役全書亦未編定官民交受其累其悉予豁免庚戌班第奏勦平鹽井口苗匪各寨壬戌上奉皇太后駐南苑賑福建永定饑免河南中牟等十四州縣水災額賦戊辰譚行義奏安南人立龍彪為王僭元景興癸酉調楊超曾為吏部尚書仍署兩江總督史貽直為兵部尚書韓光基為刑部尚書陳世倌為工部尚書辛巳協辦大學士禮部尚書三泰乞休慰留之賑福建上杭饑賑浙江餘杭等十六州縣廳衞所水災丙戌江蘇宿遷縣朱家閘河決命築挑水壩丁亥築江蘇寶山縣吳家瀆海塘石壩賑陝西葭州等州縣饑以王安國為左都御史永定河復歸故道冬十月戊戌朔以常安為漕運總督壬寅上謁泰陵乙巳上還京師賑四川綿竹等三縣水災甲寅免甘肅平羅本年水災額賦仍免寧夏寧朔半賦丙辰僉都御史劉藻奏請停減圓明園營造上嘉納之賑福建臺灣諸羅風災丁卯張廣泗奏獲苗匪粟賢宇等及附猺匪之戴名揚等克平溪等寨十一月己巳以那蘇圖署湖廣總督庚午調來保為刑部尚書哈達哈為工部尚書丙子楊超曾劾江西巡撫岳濬命高斌往會鞫之己卯召王謩來京命王安國以左都御史管廣東巡撫事命阿里袞同高斌勘鞫岳濬以劉吳龍為左都御史乙酉命廷臣各舉所知如湯斌陸隴其陳瑸彭鵬諸人賑陝西葭州等六州縣饑十二月壬寅張廣泗進勦湖南城步綏寧廣西義寧苗猺悉平之免安徽宣城宣州二縣衞雹災額賦免托克托城等處雹災額賦壬子免山東蒲臺逋賦

六年春正月甲戌裁安西總兵設提督丙子免福建閩縣等五縣逋賦甲申命鄂爾泰訥親會同孫家淦顧琮勘視永定河工命參贊大臣阿岱駐烏里雅蘇臺以慶泰為北路軍營參贊大臣戊子免霸州雄縣額賦甲午命班第仍在軍機處行走二月御史叢洞請暫息行圍上以飭兵懷遠之意訓之丙午以完顏偉為南河副總河免湖北鍾祥等四縣衞水災額賦甲寅免陝西葭州等三州縣雹災額賦庚申增設山西歸化城分巡道三月壬申命侍郎楊嗣璟往山西會鞫山西學政喀爾欽賄賣生員之獄甲申以御史仲永檀劾鄂善受賄命怡親王等鞫之鄂善褫職逮問辛卯擢仲永檀為僉都御史夏四月乙未朔大學士趙國麟乞休不允免江蘇豐縣等十州縣衞水災蟲災民屯蘆課甲辰免順天直隸霸州等十州縣上年水災額賦以慶復署兩廣總督張允隨署雲貴總督己酉賜鄂善自盡五月戊寅免福建臺灣逋賦賑江西興國等縣水災貴州仁懷平越水災六月甲午朔免陝西葭州等六州縣上年水災額賦丙申江蘇巡撫徐士林給假省親調陳大受署之改張楷為安徽巡撫庚子命王安國勘廣東徵糧積弊乙巳以御史李慎劾甘肅匿災命會同尹繼善勘之己酉浙江巡撫盧焯解任命德沛及副都統汪扎勒鞫之賑安徽宿州等十二州縣水災江蘇山陽等州縣水災趙國麟以薦舉非人降調秋七月免江蘇蘇州等府屬逋賦甲子喀爾欽處斬丙子薩哈諒論斬戊寅甘肅巡撫元展成以御史胡定劾解任命副都統新柱往會尹繼善鞫之癸未詔停今年秋決戊子上初舉秋獮奉皇太后幸避暑山莊免經過額賦十分之三自是每年皆如之減行圍所過州縣額賦辛卯賑江西武寧等二縣水災壬辰上至古北口閱兵賑廣東永安歸善二縣饑八月癸巳賑安徽宿州等十九州縣衞水災庚子上駐蹕張三

營辛丑上行圍賑江蘇山陽等十八州縣莞瀆等場水災己酉召楊超曾回京調那蘇圖爲兩江總督孫嘉淦爲湖廣總督以高斌爲直隸總督完顏偉爲江南河道總督裁直隸河道總督命高斌兼理直隸河務辛亥召甯古塔將軍吉黨阿來京以鄂爾達代之九月癸亥朔以陳宏謀爲甘肅巡撫乙丑上奉皇太后回駐避暑山莊賑廣東南海等二十六州縣廳饑上奉皇太后回蹕壬申授王恕福建巡撫楊錫紱廣西巡撫甲戌調陳宏謀爲江西巡撫黃廷桂爲甘肅巡撫免江蘇安徽乾隆三四年被災漕糧己卯調韓光基爲工部尚書以劉吳龍爲刑部尚書辛巳原任江蘇巡撫徐士林卒授陳大受江蘇巡撫張楷安徽巡撫賑福建福清等八縣及長福等鎭營饑丁亥以劉統勳爲左都御史冬十月庚子賑廣東瓊山等二十四州縣颶災丁未賑安徽宿州等三十一州縣衛水災並免宿州等三州縣額賦漕糧己酉賑甘肅靈州等處饑丙辰賑熱河四旗丁水災十一月甲子賑兩淮竈戶饑乙丑南掌國王島孫遣使入貢丙寅賑甘肅平番等十四州縣雹水災己巳御史李愼陳奏甘肅饑饉情形不實部議革職上曰與其懲言官而開諱災之端寧從寬假以廣耳目命革職留任戊寅免江蘇山陽等十五州縣衛水災額賦賑句容等三十四州縣衛饑丙戌皇太后五旬聖壽節御慈寧宮上率諸王大臣等行慶賀禮十二月乙未劉統勳請停張廷玉近屬陞轉減訥親所管事務上嘉之丙申大學士張廷玉請解部務不許辛丑免甘肅武威等二縣五年被水額賦賑江蘇江浦等州縣旱災免湖南湘鄉等二縣被水額賦乙巳免浙江仁和等十九州縣本年額賦丁未免山東歷城等十六州縣衛旱災額賦庚戌免甘肅永昌等三縣旱災額賦琉球入貢調常安爲浙江巡撫顧琮爲漕運總督命劉統勳往浙江會勘海塘賑浙江嵊縣等十七州縣仁和等場水旱災

七年春正月壬戌調史貽直爲吏部尚書任蘭枝爲兵部尚書以趙國麟爲禮部尚書庚午定綏遠城右衛歸化城土默特察哈爾共挑兵四千名內扎薩克首隊兵四千五百名二隊兵六千五百名援應北路軍營並於額爾德尼昭沿途置駝馬備用戊寅以那克素三十九部番民備辦準噶爾進藏官兵駝馬免本年額賦甲申賑安徽鳳陽潁州二府泗州一州屬饑民庚寅準噶爾入貢二月辛卯朔上詣泰陵乙未上謁泰陵是日回蹕丙申朝鮮入貢戊戌上幸南苑行圍己亥琉球入貢己酉禮部尚書趙國麟乞休不允乙卯以吉黨阿爲歸化城都統三月庚申朔上憂旱申命求言並飭九卿大臣體國盡職丁卯命大學士九卿督撫舉如馬周陽城者爲言官乙亥以旱命刑部清理庶獄各省如之以晏斯盛爲山東巡撫辛巳準噶爾台吉噶爾丹策零遣使吹納木喀等奉表貢方物乞勿限年貿易壬午以噶爾丹策零表奏狡詐諭西北兩路軍營大臣加意防之戊子上詣黑龍潭祈雨以兩江總督那蘇圖辦賑遺漏切責之夏四月庚寅朔準噶爾貢使吹納木喀等入覲裁八溝獨石口副都統各一增天津副都統一以古北口提督管獨石口外臺站免河南永城等三縣上年被水額賦甲午賜金甡等三百二十三人進士及第出身有差調德沛爲兩江總督那蘇圖爲閩浙總督乙未撥安徽賑銀三十萬兩有奇並淮採買湖廣米備糶辛丑賑安徽宿州等州縣衛水災甲辰賜準噶爾台吉噶爾丹策零敕書申誡以追論舊事屢違定約並諭將此次奏請貿易改道噶斯等事停止仍賞賚如例甲寅除河南淅川等十一縣水衝地賦免福建福清等七縣颶災額賦丙辰刑部尚書劉吳龍卒以張照爲刑部尚書五月己未朔以順天保定等八府易州等五州缺雨命停征新舊錢糧定移駐滿兵屯墾拉林阿勒楚喀事宜設副都統以巴靈阿爲之戊辰以御史胡定劾寢趙宏恩補刑部侍郎之命癸酉定雩祭典禮御製樂章免江蘇沛縣昭陽湖水沈田畝額賦丙戌禁奏章稱蒙古爲夷人以琉球國王賚送江南遭風難民嘉獎之張允隨奏猛遮界外孟艮酋長召賀罕被逐遁入緬甸六月甲寅諭督撫董率州縣經畫地利戊申訓飭地方官實心經理平糶秋七月己未命賚送日本遭風難民歸國免廣西梧州等三府屬逋賦辛酉除山西繁峙廣西武緣荒地額賦乙丑禮部尚書趙國麟乞休上責其矯飾褫職調任蘭枝爲禮部尚書陳悳華爲兵部尚書徐本兼管戶部尚書丙寅命大學士鄂爾泰兼領侍衛內大臣命賑江蘇山陽等州縣水災命撫恤江蘇阜寧等州縣水災癸未命高斌周學健往江南查辦災賑水利甲申賑湖北漢川襄陽等州縣衛水雹災並停徵額賦丙戌賑江蘇江浦等十八州縣衛安徽臨淮等州縣衛撫恤江西興國等州縣浙江淳安等州縣湖南醴陵等八州縣山東嶧縣等十州縣衛甘肅狄道等四州縣廳災民八月戊子江南黃淮交漲命疆吏拯救災黎毋拘常例訓飭愼重軍政撥江蘇安徽賑銀二百五十萬兩有奇庚寅免江蘇安徽被水地方本年額賦辛卯定皇后親蠶典禮戊戌免直隸江蘇安徽福建甘肅廣東等省雍正十三年逋賦並免江南浙江未完雍正十三年漕項庚子諭河南等省撫恤江南流民壬寅上奉皇太后幸南苑上行圍癸卯賑江西興國水災乙巳上奉皇太后幸晾鷹臺閱圍九月丁巳朔撥江蘇運山東截留漕米十萬石備淮徐鳳潁各屬賑糶賑湖北潛江等十州縣水災辛酉免廣東崖州等二州縣風災額賦免安徽鳳潁泗三府州本年水災地方漕賦不成災者折徵之賑湖南湘陰等九縣水災丁卯上詣東陵庚午上謁昭西陵孝陵孝東陵景陵免江蘇山陽等二十一州縣本年被水漕賦壬申上幸盤山賑恤江蘇安徽災銀二百九十萬兩米穀二百二十萬石各有奇命再撥鄰省銀一百萬兩備明春接濟乙亥上幸孥嶨山戊寅上回蹕冬十月丙戌撥山東河南明年運漕米各五萬石備江南賑仍由直隸赴古北口外如數採買補運己丑免山東歷城等十九州縣旱災額賦庚寅命江南截留癸亥年漕糧二十萬石仍撥山東漕糧二十萬石河南倉米二十萬石運江南備賑癸巳浙江提督裴鉽等以侵欺褫職鞫治壬辰賑江蘇山陽等二十八州縣衛饑甲午命清理滯獄乙未命撥山東沿河倉穀十萬石運江南備賑丁酉賑安徽鳳陽二十四州縣衛水災甲辰朝鮮國王李昑表謝國人金時宗等越境犯法屢荷寬典上曰此朕柔遠之恩若恃有寬典犯法滋多非朕保全外藩之本意王其嚴加約束毋俾干紀以塞楞額爲陝西巡撫己酉賑河南永城等十三州縣饑辛亥上詣順懿密太妃宮問疾壬子賑江蘇山陽等七州縣衛水災十一月丙辰朔大學士等奏纂輯明史體例上曰諸卿所見與朕意同繼春秋之翼道昭來茲之鑒觀我君臣其共勉之賑湖北漢川等十二州縣水災饑戊午賑浙江瑞安等縣廳場湖南湘陰等九縣水災庚申福建漳浦縣會匪戕殺知縣命嚴治之壬戌賑山東膠州十州縣衛水災癸亥賑甘肅狄道等州縣水雹災乙亥命持法寬嚴務歸平允命陳世倌會同高斌查勘江南水利戊寅諭明春奉皇太后詣盛京謁陵庚辰以初定齋宮禮是日詣齋宮十二月丙戌朔賑山東濟寧等七州縣衛饑丁亥命考試薦舉科道人才周學健舉三人皆同鄉論飭之命左副都御史仲永檀會同周學健查賑壬辰上奉皇太后幸瀛臺丙子仲永檀鄂容安以漏洩機密逮交內務府愼刑司命莊親王等鞫治免福建尤溪等四縣荒田溢額銀己亥召安徽巡撫張楷來京調喀爾吉善代之命寬鄂爾泰黨庇仲永檀罪免直隸薊州等三州縣水災額賦丁未撥運吉林烏拉倉糧接濟齊齊哈爾等處旱災庚戌賑奉天承德等五州縣饑免山東膠州等十州縣衛水災額賦辛亥調完顏偉爲河東河道總督白鍾山爲江南河道總督乙卯諭曰江南水災地畝涸出耕種刻不容緩疆吏其勸災民愛護田牛或給貲飼養毋得以細事置之

八年春正月丁巳免鄂容安發軍台命仍在上書房行走仲永檀死于獄召孫嘉淦來京以阿爾賽爲湖廣總督甲子陳世倌等奏修江蘇淮徐揚海安徽鳳潁泗各屬河道水利下大學士鄂爾泰等大臣議行之己卯命軍機大臣徐本班第那彥泰隨往盛京辛巳召參贊大臣阿岱塔爾瑪回京以拉布敦烏爾登代之壬辰內閣學士李紱致仕陛辭以愼終如始對賜詩嘉之辛卯以考選御史杭世駿策言內滿外漢忤旨褫職調劉於義爲山西巡撫命孫嘉淦署福建巡撫丙申命尹繼善署兩江總督協同白鍾山料理河務癸卯命侍講鄧時敏給事中倪國璉爲鳳潁泗宣諭化導使編修涂逢震御史徐以升爲淮徐揚海宣諭化導使乙巳免湖北漢川等十一州縣衛水災額賦准趙國麟回籍癸丑遣和親王弘晝代祀先農壇用中和韶樂與上親祭同著爲例賑山東滕縣等六州縣饑庚午調喀爾吉善爲山東巡撫晏斯盛爲湖北巡撫范璨爲安徽巡撫丙子上詣壽祺皇太妃宮問疾夏四日甲申朔壽祺皇太妃薨輟朝十日上欲持服莊親王等祈免訓飭九卿勤事申命各督撫陳奏屬員賢否乙酉上詣壽祺皇貴太妃宮致奠辛卯命奉宸苑試行區田法丁酉賑安徽鳳陽六府州屬水災饑免湖北襄陽等三縣水災額賦庚子裁江蘇海防道設淮徐海道駐徐州府以蘇松巡道兼管塘工揚州府隸常鎭道原設淮徐揚二道專管河工閏四月甲寅朔琉球入貢丁巳御試翰林詹事等官擢王會汾等三員爲一等餘各陞黜有差辛酉免河南鄭州等十三州縣本年水災額賦甲戌除江蘇吳江等二縣坍沒田蕩額賦五月癸未朔諭鑾輿巡幸令扈從護軍等加意約束不得踐踏田禾乙酉御史沈懋華以進呈經史講義召見已去下部嚴議丁亥命河南停徵上年被水地方錢糧己亥免江蘇山陽等十三州縣牙稅免臨清商民運徵米船科及銅補商補辛丑賑山東歷城等十八州縣衛饑丙午以碩色爲河南巡撫紀山爲四川巡撫戊申調慶復爲川陝總督以馬爾泰爲兩廣總督授張允隨爲雲南總督兼管巡撫事辛酉蘇祿國王麻喊末阿禀勝寗表請三年一修職貢命仍遵五年舊例六月壬子朔御史陳仁請以經史考試翰詹不宜用詩賦上嘉之甲寅改南掌爲十年一貢乙卯除江蘇沛縣水沈地賦丙辰以旱求言戊午命阿里袞暫署河南巡撫丁卯以御史胡定劾湖南巡

撫許容一案究出督撫誣陷扶同予敍壬申諭督撫率屬重農秋七月乙酉上詣順懿密太妃宮問疾丙戌以安南不靖擾及雲南開化都竜廠命張允隨等嚴防之開化鎭總兵賽都請討安南不許戊子上奉皇太后由熱河詣盛京謁陵免經過之直隸奉天地方錢糧撥通倉米四十萬石賑直隸旱災壬辰免山東歷城等十六州縣衞旱災額賦乙未停今年勾決上奉皇太后駐避暑山莊丙申除福建連江等二縣水衝地賦己亥上奉皇太后詣盛京癸卯上行圍於永安莽喀乙巳上行圍於愛里丙午上行圍於錫拉諾海命嚴除州縣徵漕坐倉之弊戊申免直隸滄州被雹竈戶額賦上奉皇太后駐蹕嗎嗎塔喇己酉上行圍至己卯皆如之嚴督撫等漏洩密奏之禁賑湖北興國等三州縣水災並免額賦癸亥萬壽節上詣皇太后行幄行禮御行幄扈從諸王以下大臣官員暨蒙古王以下各官慶賀賜諸王大臣蒙古王等宴甲子上駐蹕巴雅爾圖塔剌乙丑上行圍戊辰上行圍壬申上駐蹕伊克淖爾上行圍至丙子如之甲戌賑四川西昌水災定直隸被旱州縣賑恤事宜賑廣東始興等十六州縣水災己卯上行圍於巴彥親射殪虎九月庚辰朔上行圍於伍什杭阿親射殪虎辛巳上行圍威準壬午上行圍黃科癸未上行圍阿蘭以哲布尊丹巴呼圖克圖未奏往額爾德尼招禮拜土謝圖汗敦丹多爾濟均下理藩院議處甲申賑陝西商州水災饑乙酉上行圍舍里丙戌上行圍善顏倭赫丁亥上行圍巴彥鄂彌達改荆州將軍調博第爲吉林將軍富森爲黑龍江將軍戊子上行圍尼雅滿珠己丑上行圍珠敦庚寅上行圍英額邊門外是日駐蹕烏蘇河甲午許容以劾謝濟世貪縱各款皆虛孫家淦以扶同定案均褫職署糧道倉德以通揭鞫實予敍上駐蹕穆奇村乙未上奉皇太后謁永陵丙申行大饗禮命停顧琮議限民田賑河南祥符等二十一州縣山東齊東等十八州縣衞旱災並免額賦有差辛丑謁福陵壬寅行大饗禮謁昭陵癸卯行大饗禮上奉皇太后駐蹕盛京朝鮮國王李昑遣陪臣至盛京貢方物甲辰上率羣臣詣皇太后宮行慶賀禮御崇政殿受賀賜羣臣及朝鮮使臣宴御大政殿賜酺頒詔覃恩有差乙巳上詣文廟釋奠幸講武臺大閱諭王公宗室大臣等潔蠲禮典訓導兵民毋忘淳樸舊俗丙午上親奠克勤郡王岳託及武勳王揚古利墓遣官望祭長白山北鎭醫巫閭山及遼太祖陵戊申上親奠宏毅公額宜都直義公費英東墓免河南帶征乾隆七年以前民欠冬十月庚戌朔上御大政殿賜扈從王大臣宴於鳳凰樓前諭王公宗室等革除陋習恪守舊章免盛京興京等十五處旗地本年額賦及乾隆七年逋賦御製盛京賦辛亥上奉皇太后回蹕乙丑賑廣東南海等七縣水災是日上登望海樓駐文殊菴丁卯命直隸被災各屬減價平糶己巳命部院大臣京察各舉賢自代以劉於義爲戶部尚書阿里袞爲山西巡撫命徐本仍兼管戶部調陳宏謀爲陝西巡撫塞楞額爲江西巡撫庚午賑河南祥符等十四州縣旱災甲戌上奉皇太后還京師丁丑上以謁陵禮成率羣臣詣皇太后宮行慶賀禮御太和殿王大臣各官進表朝賀十一月賑安徽無爲水災並免額賦壬午賑甘肅狄道等二十四州縣水蟲風雹災庚寅安南國王黎維褘表謝賜祭及襲封恩進貢方物辛丑賑廣東萬州等十四州縣水災福建臺灣等三縣旱災壬寅貸黑龍江被旱被霜兵丁等倉糧賑山西曲沃等十一州旱災癸卯賑直隸天津等二縣旱災丁未賑安徽壽州等九州縣衞旱災己酉免謁陵經過額賦十分之三十二月庚戌朔賑廣東吳川縣旱災辛亥命史貽直協辦大學士乙卯賑山東陵縣等十二州縣衞旱災葬端慧皇太子於朱華山寢園辛酉大學士福敏乞退溫諭慰留甲子準噶爾遣貢使圖爾都等至京謝進藏人由噶斯路行走賜助牲畜恩並貢方物乙丑以陳悳華隱匿其弟陝西按察使陳悳正申辨參案密奏下部嚴議悳正褫職鞫治丁卯以星變示儆詔修省

九年春正月辛巳以徐本病命史貽直爲大學士以劉於義爲吏部尚書協辦大學士張楷爲戶部尚書陳悳華罷以王安國爲兵部尚書壬午幸瀛臺御大幄次賜準噶爾使圖爾都宴命立首班大臣末以喀爾丹策零恭順圖爾都誠敬可嘉召圖爾都近前賜飲三爵錫賚有加訓飭各省州縣教養兼施丁亥賑直隸天津等十一州縣災庚子王安國憂免以彭維新爲兵部尚書以許容署湖北巡撫授史貽直文淵閣大學士朝鮮入貢給訥親欽差大臣關防癸卯上奉皇太后詣泰陵丙午上詣泰陵是日奉皇太后回蹕二月上奉皇太后幸南苑丙辰以給事中陳大玠等奏寢許容署湖北巡撫之命留晏斯盛任仍申誡言官扶同糾論免安徽桐城等九州縣上年水災額賦免福建臺灣等三縣旱災額賦並賑之甲子陳悳華降調丁卯賑雲南霑益二州縣水災丁丑戶部尚書張楷卒以阿爾賽代之鄂彌達爲湖廣總督三月癸未以汪由敦爲工部尚書丁亥免江蘇沛縣河南中牟等六縣旱災額賦丁酉調博第爲西安將軍以巴靈阿爲寧古塔將軍乙巳賑山東德州等五州縣衞旱災以訥親奏查閱河南江南營伍廢弛上曰可見外省大吏無一不欺朕者不可不懲一儆百戊申朔始建先蠶壇成乙卯上詣圜丘行大雩禮特詔貶損儀節以示虔禱以旱命省刑寬禁辛未賑山東德平等八州縣旱災己卯諭曰一春以來雨澤稀少皇太后以天時久旱憂形於色今日從寢宮步行至圜內龍神廟虔禱朕惶恐戰慄即刻前往請安諄懇謝罪特諭內外臣工知之戊子祭地於方澤不乘輦不設鹵簿庚寅雨壬寅大學士九卿議覆御史柴潮生請修直隸水利命協辦大學士劉於義往保定會同高斌籌畫六月己酉大學士徐本以病乞休允之癸丑賑山東歷城等三十二州縣旱災蘭山等六州縣雹災秋七月丙子朔諭直隸災重之天津等十六州縣本年停征新舊錢糧丙戌免江蘇安徽雍正十三年逋賦壬辰額爾圖以不職免以達勒黨阿爲奉天將軍八月己酉撫恤安徽歙縣等二十州縣水災戊申免江蘇淮安安徽鳳陽二府雍正十三年逋賦癸丑賑四川成都等州縣水災乙丑予告大學士徐本回籍上賜詩寵行賞賚有加並諭行幸南苑之日親臨慰問丙寅免直隸天津等三十一州縣上年逋賦己巳上奉皇太后幸南苑上行圍九月己亥朔以翰林院編修黃體明進呈講章牽及搜檢太嚴隱含諷刺下部嚴議褫職乙未免山西清水河本年雹災額賦癸卯賑山東博興等縣旱災丁未改明年會試於三月舉行己酉以陳世倌假滿命入閣辦事賑山西文水等縣水災庚戌以四川學政蔣蔚實心教士命留任乙卯上奉皇太后幸湯山江南河南山東蝗癸亥上幸盤山丁卯上奉皇太后還宮庚午重修翰林院工竣上幸翰林院賜宴分韻賦詩復御製柏梁體詩首句羣臣以次賡續賜掌院大學士鄂爾泰張廷玉御書匾額及翰林詹事諸臣書幣有差是日幸貢院賜御書聯額復幸紫微殿觀象臺賑直隸保定等十八州縣水蟲雹等災賑江蘇靖江等十二州縣衞潮災安徽歙縣二十一州縣衞水災庚辰起孫嘉淦爲宗人府府丞辛巳除直隸涿州等三州縣水衝地賦丙戌山東登州鎭總兵馬世龍以科派兵丁鞫實論絞賑甘肅河州等三十五州縣衞雹水各災辛卯以江西學政金德瑛取士公明命留任己亥以貴州學政佟保守潔士復命留任丙午鄂爾泰議覆劉於義奏勘直隸水利命撥銀五十萬兩興修丁未免浙江仁和等三十一州縣所旱災額賦並賑之辛亥賑成都等三十州縣水災壬子允準噶爾貢使哈柳等隨帶牛羊等物在肅州貿易甲子免山東歷城等三十二州縣衞本年旱雹等災額賦乙丑免直隸保定等十一州縣廳本年水旱蟲雹災額賦丙寅賞雷鋐額外諭德食俸戊辰張照丁憂調汪由敦爲刑部尚書以趙宏恩爲工部尚書免安徽歙縣等二十一州縣衞水災額賦辛未以福建閩縣等縣火災諭責疆吏不嚴火備羅卜藏丹怎就獲

十年春正月丙子召大學士內廷翰林於重華宮聯句改會試於三月著爲令乙未大學士鄂爾泰以病乞解任溫諭慰留己亥準噶爾遣使哈柳貢方物庚子召高斌來京以劉於義署直隸總督己酉賑浙江淳安等四縣上年水災朝鮮入貢辛亥上幸內右門直廬視鄂爾泰疾己未上謁昭西陵孝陵孝東陵景陵庚申免廣東海陽等二縣上年水災額賦甲子免江蘇丹徒等十州縣衞上年水災額賦丁卯上還京師己巳免山東博興等二縣乾隆九年旱災額賦庚午高斌回直隸總督三月癸酉朔日食乙亥改殿試於四月著爲令賑雲南白鹽井水災庚辰上幸鄂爾泰第視疾辛巳加鄂爾泰太傅己丑協辦大學士禮部尚書三泰乞休允之庚寅命訥親協辦大學士調來保爲禮部尚書以盛安爲刑部尚書癸巳免浙江仁和等三十州縣上年旱災額賦甲午以安南莫康武作亂攻陷太原高平等處命那蘇圖等嚴防邊隘乙未加史貽直陳世倌來保高斌太子太保劉於義張允隨張廣泗太子少保夏四月癸卯朔發江南帑銀五十六萬兩濬河道己巳免山東海豐等二縣被旱額徵竈課乙卯大學士鄂爾泰卒上臨奠輟朝二日命遵世宗遺詔配饗太廟召那蘇圖來京以策楞爲兩廣總督調準泰爲廣東巡撫以魏定國爲安徽巡撫庚申召將溥來京以楊錫紱爲湖南巡撫壬戌飭沿海各省訓練水師癸亥以旱命刑部清理庶獄戊辰策試貢士詔能深悉時政直言極諫者擢己巳慶復紀山奏進勦瞻對番五月壬申朔賜錢維城等三百三十三人進士及第出身有差丁亥除江蘇蘇州等九府州沒蘆課頒御製太學訓飭士子文於各省學宮同世祖臥碑文聖祖聖諭廣訓世宗朋黨論朔望宣講命訥親爲保和殿大學士辛卯戶部尚書阿爾賽爲家奴所害磔家奴於市以高斌爲吏部尚書那蘇圖爲直隸總督命高斌劉於義仍辦直隸水利河道以梁詩正爲戶部尚書己亥命劉於義兼管戶部事務六月丁未普免全國錢糧諭曰朕臨御天下十年於茲撫育蒸黎躬行儉約薄賦輕徭孜孜保治不敢稍有暇逸今寰宇敉寧左藏有餘持盈保泰莫先足民天下之財止有此數不聚于上卽散于下我皇祖在位六十一年蠲租賜復之詔史不絕書普免天下錢糧一次我皇考無日不下減賦寬征

之令如甘肅一省正賦全行豁免者十有餘年朕以繼志述事之心際重熙累洽之後欲使海澨山陬俱沾大澤爲是特頒諭旨丙寅年直省應徵錢糧其通蠲之庚戌免安徽鳳陽等州府連年被災地方耗羨命戶部侍郎傅恒在軍機處行走辛酉御史赫泰請收回普免錢糧成命上斥其悖謬褫職癸亥上詣黑龍潭祈雨秋七月辛未朔免甘肅寧夏等三縣逋賦癸酉以順直宛平等六十四廳州縣缺雨命停征錢糧乙酉命高斌仍兼直隸河道總督戊子賑安徽壽州等十八州縣衛水災雹災壬辰上奉皇太后幸多倫諾爾免經過州縣額賦十分之四戊戌上奉皇太后駐避暑山莊賑安徽宿州等州縣衛水災八月癸卯賑兩淮莞瀆等三場水災停征湖北漢川等十七州縣水災光化等二縣雹災額賦並賑之上奉皇太后幸木蘭行圍甲辰上駐波羅河屯賜青海蒙古王公宴並賚之丁未上行圍永安莽喀戊申上行圍畢雅喀拉己酉上行圍溫都里華辛亥上行圍額爾袞郭賜蒙古王額駙台吉等宴癸丑上行圍布爾噶蘇台甲寅上行圍巴彥溝乙卯上行圍烏里雅蘇台賜王大臣蒙古王額駙台吉等宴丙辰上行圍畢圖舍爾賑直隸宣化府屬旱災丁巳上行圍阿濟洛鴆和洛戊午上行圍僧機圖己未上行圍永安湃庚申上行圍英圖和洛辛酉上行圍薩達克圖口壬戌賑湖北宜城等三州縣衛水災癸亥上行圍老圖博勒齊爾乙丑上行圍庫爾奇勒丙寅賑甘肅安定等三縣廣東電白等二縣旱災海豐蟲災南澳風災上駐多倫諾爾丁卯賜王大臣蒙古王額駙台吉等宴賑山西曲沃等十二州縣水災九月庚午朔上行圍額爾托昂色欽辛未上行圍多倫鄂博圖壬申遣祭明陵上行圍古哲諾爾癸酉張允隨以猛緬土司奉廷徵等通緬莽請改土歸流命詳議上行圍塔奔陀羅海乙亥賑河南永城等五縣水災上行圍札瑪克圖丙子上行圍吧爾呼丁丑賑直隸故城等十五州縣衛旱災癸未上駐宣化府甲申上閱宣化鎮兵丁亥賑山東濟寧等六州縣衛水災海豐旱災癸巳上奉皇太后還京師甲午授鄂彌達湖廣總督賑兩淮廟安場水災丁酉以普免錢糧命査各省歷年存餘銀以抵歲需戊戌授尹繼善兩江總督命修明愍帝陵賑江蘇淮徐海被災州縣慶復奏收撫上瞻對進剿下瞻對班滾克加社丫等卡及南路各寨賑陝西長安等六縣水災冬十月丁未以甘肅甘山道歸併肅州道戊申賑河南商邱等五縣水災辛亥裁通政使司漢右通政一丙辰命塞陳家浦決口戊午命四川嚴査嘓匪禮部尚書任蘭枝乞休允之癸亥免江蘇海州等七州縣漕糧甲子給江南災民葺屋銀賑江蘇江浦等二十一州縣衛水災乙丑賑湖南湘陰等三縣湖北漢川等二十一州縣衛旱災丙寅除湖北當陽等二縣衛水衝地賦十一月庚午賑順直香河等四十八州廳縣旱災陝西興平等六縣水災辛未賑山東滕縣等七州縣衛水災壬申以王安國爲禮部尚書甲戌賑兩淮廟灣等場水災乙亥傅清奏準噶爾台吉噶爾丹策零與阿卜都爾噶里木汗搆兵丁丑賑山西大同等十八州縣旱霜雹災湖北巡撫晏斯盛乞養以開泰代之辛巳賑廣西思恩等縣旱災壬午準噶爾台吉噶爾丹策零卒命西北兩路籌備邊防乙酉賑廣東海豐等四場風災戊子免安徽宿州等五州縣水災地方漕糧庚寅陳家浦決口合龍癸巳賑直隸宣化府屬及慶雲縣旱災十二月辛亥大學士福敏乞休優詔允之加太傅壬子命慶復爲文華殿大學士留川陝總督任命高斌協辦大學士賑陝西隴西等州縣旱災賑淮北板浦等場水災乙卯命協辦大學士高斌侍郎蔣溥均在軍機處行走

高宗本紀二

十一月春正月庚午以紀年開袠命減刑癸未命慶復進勦瞻對爲李質粹聲援辛卯賑江蘇銅山安徽宿州等州縣飢甲午朝鮮入貢李質粹進攻靈達班滾之母赴營乞命仍縱歸上飭其失機諭慶復督兵前進二月戊戌賑山西大同等十二州縣飢辛丑召北路軍營參贊大臣拉布敦烏勒來京以塔爾瑪善努登代之癸卯上幸南苑行圍丁未免廣東新甯等州縣雲南鶴慶府水災額賦辛亥以三月朔日食詔修省以實定皇后不行親蠶禮之年遣妃代行丙辰免河南永城等五縣水災額賦庚申西藏台吉冷宗鼐以攻瞻對擅徹兵論斬諭宥其死三月己巳免直隸鹽山等八州縣水災額賦甲戌賑雲南白鹽井水災乙亥準噶爾台吉策旺多爾濟那木札勒以新立遣使哈柳貢方物請派人往藏熬茶戊寅慶復至打箭鑪劾李質粹等老師糜寇請續調官兵進勦允之辛巳遣內大臣班第等赴瞻對軍營壬午賜哈柳等宴召見允其往藏熬茶頒如意賚之甲申賜準噶爾台吉策旺多爾濟那木札勒敕予故台吉噶爾丹策零布施丙申免湖北潛江等州縣上年水災額賦慶復奏進駐靈雀閏三月丁酉朔飭陝西修列代陵墓庚子召白鍾山來京命顧琮署江南河道總督高斌暫管之以劉統勳署漕運總督賑直隸宣化府飢賑甘肅隴西等十二州縣水旱雹霜災丙午命汪由敦署左都御史癸丑左都御史杭奕祿休致以阿克敦代之夏四月丁丑白鍾山褫職發南河効力戒軍機處漏洩機密以鄂昌署廣西巡撫丁亥免湖南湘陰等五縣水災額賦己丑免廣東新寧等四州縣水災額賦五月丙申朔以盛安爲左都御史阿克敦爲刑部尚書丁酉諭顧琮查明南河虛糜之款令白鍾山賠補壬寅免山西大同等十八州縣上年旱霜各災額賦丙午慶復奏進攻瞻對番酋班滾計日授首加慶復太子太保戊申免甘肅靖遠等三縣上年旱災額賦己酉永除直隸慶雲縣每年額賦十分之三乙卯達賴喇嘛等請宥班滾不許以傅清代奏嚴飭之六月丙寅慶復奏班第等會攻了魯尼日寨克之班滾自焚死丁卯以打箭鑪口內外番從征効力再免貢賦二年丙子京城地震壬辰命送還俄羅斯逃人于恰克圖秋七月丙申加那蘇圖策楞太子少傅銜周學健太子少保銜丁酉命高斌赴江蘇察看黃運工程劉於義署直隸河道總督壬寅四川大乘教首劉奇以造作逆書磔於市庚戌周學健奏捕天主教二千餘人上以失綏遠之意宥之壬戌賑湖北漢川等七縣水災癸亥以雲南張保太傳邪教蔓延數省諭限被誘之人自首其仍立教堂者捕治之丁卯召吉林將軍巴靈阿來京命阿蘭泰代之賑直隸慶雲等七縣塲旱災己巳以四川提督李質粹進勦瞻對欺飾罷之免廣甯等處旗地水災賦辛未賑湖南益陽等四州縣水災癸酉加賞江蘇安徽被水災民修葺房屋銀乙酉賑山東金鄉等十一州縣衛水災庚寅上御瀛臺賜宗室王公等宴改崇雅殿爲敦敍殿辛卯上御瀛臺賜大學士九卿翰林科道等宴宣示七言律詩四章壬辰福建上杭縣民羅日光等糾衆請均佃租滋事捕治之癸巳允朝鮮國王請停奉天設牝牛哨汛兵九月甲午朔除浙江歸安等三縣沙積坍卸地賦戊戌訓督撫實心行政賑山東滕縣等三州縣兩淮板浦等六塲水災己亥命高斌往奉天疏濬河道辛丑停今年秋決以周學健爲江南河道總督調陳大受爲福建巡撫以安甯署江蘇巡撫定欽差大臣巡閱各省營伍例賑河南鄭州等三州縣水災壬寅命訥親兼管戶部免甘肅隴西等九州縣水災額賦癸卯上奉皇太后啟蹕詣泰陵並巡幸五臺山丁未上謁泰陵己酉阿里袞患病以班第署山西巡撫庚戌賚經過直隸州縣耆民甲寅賑江蘇豐縣等三州縣雹災乙卯上駐蹕五臺山射虎以山西風俗醇樸諭彊吏教養兼施小民崇習禮讓丙辰免山西五臺縣明年額賦十分之三丁巳召馬爾泰來京以喀爾吉善爲閩浙總督調塞楞額爲山東巡撫陳宏謀爲江西巡撫以徐杞爲陝西巡撫庚申上奉皇太后回蹕壬戌召鄂彌達來京以塞楞額爲湖廣總督調阿里袞爲山東巡撫愛必達爲山西巡撫賑河南鄢陵等二十六州縣水災冬十月甲子賑山西陽曲等二十二州縣水雹各災丁卯上閱滹沱河隄賑湖北漢川等九州縣衛水災庚午上奉皇太后駐蹕保定府壬申上閱兵賜銀幣有差甲戌以張廣泗發擿逆犯魏王氏劉奇等予敍定加山西歸綏道兵備銜稽査靖遠營戊寅上奉皇太后還京師調開泰爲江西巡撫陳宏謀爲湖北巡撫庚辰免張廷玉帶領引見並諭不必向早入朝及勉強進內壬午命汪由敦軍機處行走癸未御史萬年茂以劾學士陳邦彥等獻媚傅恒不實褫職戊子免安徽壽州等二十三州縣水災額賦辛卯撥賑江蘇淮揚徐海各屬災民銀糧二百二十萬兩石有奇十一月癸巳寢甄別科道之命御史李兆鈺下部議處乙未以河南學政汪士鍠考試瞻徇褫職免江蘇山陽等二十四州縣衛水災額賦並分別蠲緩漕糧有差乙巳除奉天錦縣等二縣衝壓地賦己酉予故內閣學士張若靄治喪銀並諭張廷玉節哀自愛辛亥李質粹發軍前効力戊午慶復奏大金川土司莎羅奔擾小金川倘不遵剖斷惟有用番力以收功上是之十二月癸亥召班第來京以陶正中護山西巡撫甲子賑湖北潛江等七州縣衛水災乙丑以傅清奏達賴喇嘛看茶之綏綳喇嘛鎮壓郡王頗羅鼐賜手敕慰解之並諭以與達賴喇嘛同心協力保安地方戊辰以瑚寶爲駐防哈密總兵甲戌免直隸靜海蟲災額賦並賑之丁丑以張廷玉年老命其子庶

吉士張若澄在南書房行走俾資扶掖戊寅賑甘肅安定等州縣旱災免山東金鄉等八州縣水災額賦庚辰除廣西永福水衝地賦癸未準噶爾台吉策妄多爾濟那木札爾遣使瑪木特等入覲召見於太和齋己丑賑蘇尼特阿巴噶等旗災陳大受奏蘇祿國遣番官齎謝恩表番字漢字二道與例不符卻之仍優給番官令回國上嘉爲得體

十二年春正月壬辰命王保辦理準噶爾使赴藏事務甲午免山西太原等六府八州及歸化城額征本色十分之三大同朔平二府全蠲之乙未賜瑪木特宴於豐澤園戊戌免江蘇海州等三州縣及板浦等六場民竈舊欠丁未賑山東壽光等十三州縣飢乙卯賜準噶爾台吉策旺多爾濟那木札勒敕允所遣西藏念經人在哈集爾得卜特爾過冬及貿易二月辛酉朔免吉林上年旱災應交租穀壬申上謁昭西陵孝陵孝東陵景陵祀山奏大金川土司侵革布什咱土司誘奪小金川土司澤旺印信諭飭修守禦毋輕舉動甲戌上幸盤山庚辰賑山東蘭山饑壬午除河南孟縣衝坍衛地額賦癸未上還京師戊子原任內務府大臣丁皂保年屆百齡賜御書匾額朝服綵幣免湖北棗陽上年水災額賦三月免山西陽曲等二縣上年水災額賦辛丑召慶復入閣辦事調張廣泗爲川陝總督復設雲貴總督以張允隨爲之命圖爾炳阿爲雲南巡撫孫紹武爲貴州巡撫賑河南水災以大金川土司掠革布什咱明正各土司擾及汎地命慶復留四川同張廣泗商進勦並飭張廣泗撫馭郭羅克曲曲烏瞻對巴塘諸番免江蘇淮安等四府州屬上年水災額賦大學士查郎阿乞休允之乙巳西藏郡王頗羅鼐卒以珠爾默特那木札勒襲封郡王丙午以高斌爲文淵閣大學士來保爲吏部尚書調海望爲禮部尚書傅恒爲戶部尚書命索拜駐藏協同傅清辦事免安徽壽州等二十三州縣衛上年水災額賦丁未命副都統羅山以原銜管阿爾泰軍臺並都達布遜諾爾馬廠事務己酉命張廣泗進勦大金川土司莎羅奔西路軍營參贊大臣保德期滿以那蘭泰代之庚戌免直隸薊州等十四州縣廳上年水災額賦戊辰命高斌往江南會同周學健查勘河工並清理錢糧積弊己巳以那蘇圖署直隸河道總督壬午給訥親欽差大臣關防命往山西會同愛必達讞安邑等二縣聚衆之獄甲申召雅爾圖回京丁亥五月辛卯召準泰來京以策楞兼管廣東巡撫丙申賑山東安邱等二縣飢甲辰祭地於方澤以旱屏鹵簿乙巳命刑部清理庶獄減徒以下罪己酉上詣黑龍潭祈雨辛亥愛必達免調準泰爲山西巡撫壬子以福建山東江南廣東山西迭出挾制官長之獄諭頑民聚衆干犯刑章不得不引爲己過各督撫其諄切化導使愚民知敬畏官長服從教令六月庚申朔諭來春奉慈輿東巡親奠孔林命各衙門豫備事宜辛未命貴州巡撫節制通省軍務崔備以不查劾州縣虧空褫職發軍臺効力壬申賑山東益都等七州縣飢丙子小金川土司澤旺率衆降並歸沃日三寨官兵進勦大金川攻毛牛及馬桑等寨克之召慶復回京秋七月己丑朔撫恤山東歷城等二十州縣衛水雹各災命高斌等疏濬江蘇六塘等河丙申命納延泰賑蘇尼特等六旗旱災癸卯停劉於義兼管戶部以訥親代之丙午賑順直固安等七十五廳州縣水旱雹災戊申上奉皇太后幸避暑山莊癸丑張廣泗進駐小金川美諸寨分路攻勦受小金川降乙卯上奉皇太后駐避暑山莊戊午賑長蘆永利等三場旱災竈戶八月辛酉上奉皇太后幸木蘭行圍丙寅賑長蘆海豐等二縣竈戶戊辰上行圍溫都爾華賜蒙古王公台吉等宴辛未採買熱河八溝等處米賑蘇尼特六旗旱災癸酉賑江蘇蘇松等屬潮災丙子命賑蘇尼特六旗銀均用庫帑免扣王貝勒等俸辛巳慶復奏進攻刮耳厓連戰克捷諭小小破碉克寨何以慰朕壬午賑浙江壽昌等三縣水災乙酉賑順直霸州等十五州縣廳水災賑湖南來陽等九縣陝西朝邑廣東順德等三縣水災九月戊子朔免經過地方額賦十分之三賑甘肅伏羌等十縣雲南安寧等三州縣旱災上奉皇太后回駐避暑山莊癸巳以江蘇崇明潮災淹斃人民一萬二千餘口免明年額賦仍賑之乙巳賑安徽歙縣等八州縣衛河南通許等二十七州縣山東齊河等八十七州縣水災丁酉上奉皇太后回蹕乙巳撥奉天糧十萬石賑山東丁未致仕大學士查郎阿卒戊申諭江蘇淸查積欠以陳維新與侍郎陳悳華規避均褫職壬子賑河南許州水災甲寅以顧琮爲浙江巡撫蘊著爲漕運總督乙卯賑兩淮呂田等二十場水災丁巳以陳大受爲兵部尚書調潘思榘爲福建巡撫以納敏爲安徽巡撫冬十月辛酉以蘇祿復遣番人至福建申理呂宋番目劫奪貢使事諭島夷互爭可聽其自辦不必有所袒護乙丑上以皇太后疾詣慈寧宮問安視藥是日宿慈寧宮每日視藥三次至辛未皆如之庚午賑江蘇阜寧等二十州縣衛水災丁丑免吉林被水地方額賦戊寅賑浙江海寧等十一縣水災己卯以準噶爾赴藏熬茶宰桑巴雅期瑚朗等至得卜特爾交易召慶復回京壬午賑江蘇常熟等十九州縣衛潮災上元等十五州縣衛旱災命江蘇復截明歲漕糧四十萬石備賑癸未諭張廣泗勿受莎羅奔降十一月丁亥朔上詣皇太后視藥日三次至己丑皆如之召阿里袞來京以赫赫護山東巡撫癸巳賑浙江壽昌等三縣飢補豁被災額賦己酉額駙策凌薨以塔爾瑪善暫署定邊左副將軍庚戌賑江蘇崇明等縣災民有差癸丑賑山東東平等州縣衛災民辛酉賑安徽歙縣等州縣衛水災己巳召徐杞來京調陳宏謀爲陝西巡撫以彭樹葵署湖北巡撫賑山東齊河等八十五州縣水災辛未予告大學士徐本卒乙亥以張廣泗進勦大金川命黃廷桂署陝甘總督賑直隸天津等六州縣水災張廣泗奏莎羅奔請降告以此次用兵不滅不已上以用卿得人勉之己卯以大學士慶復進勦瞻對奏報班滾自焚不實命褫職待罪以班第努三均奏班滾自焚罷御前行走庚辰以來保爲武英殿大學士

十三年春正月壬辰賑江蘇阜寧等縣安徽宿州等五州縣水災庚子命傅恒兼管兵部尚書事辛丑命訥親赴浙江同高斌會鞫巡撫常安乙巳命阿克敦協辦大學士傅恒協辦巡幸內閣事務戊申上至曹八屯甲寅大學士張廷玉乞休溫諭慰留之停兼理吏部以來保代之二月戊午上東巡奉皇太后率皇后啟鑾癸亥上駐蹕趙北口奉皇太后閱水圍朝鮮琉球入貢甲子賑直隸天津等十五州縣水災丙寅常安坐婪收褫職壬申福建甌甯會匪作亂總兵劉啓宗捕勦之癸酉加經過山東被災州縣賑一月罷奇通阿領侍衛內大臣以阿里袞代之乙亥免直隸山東經過直隸山東州縣額賦十分之三戊寅上駐蹕曲阜縣免駐蹕之山東曲阜泰安歷城三縣己巳年額賦己卯上釋奠禮成謁孔林詣少昊陵周公廟致祭命留曲柄黃繖供大成殿賜衍聖公孔昭煥及博士等宴壬午上駐蹕泰安府癸未上祭岱嶽廟奉皇太后登岱三月乙酉減直隸山東監候緩決及軍流以下罪丁亥命班第赴金川軍營協商軍務諭張廣泗班第調岳鍾琪赴軍營以總兵用戊子上至濟南府幸趵突泉己丑上奉皇太后閱兵謁帝舜廟庚寅上閱城幸歷下亭免浙江餘姚等五縣潮災本年漕糧壬辰上奉皇太后率皇后回蹕癸巳免安徽歙縣等七州縣衛上年被水額賦乙未上至德州登舟皇后崩命莊親王允祿和親王弘晝奉皇太后回京上駐蹕德州召完顏偉回京以顧琮爲河東河道總督愛必達爲浙江巡撫協辦大學士吏部尚書劉於義卒辛丑還京師大行皇后梓宮至京奉安於長春宮上輟朝九日壬寅四川成都等二十三州縣廳地震甲辰皇太后至京師上迎還壽康宮乙巳上至長春宮大行皇后梓宮前致奠丙午上親定大行皇后謚曰孝賢皇后以皇長子居喪未能盡禮罰師傅諳達等俸有差丁未上至長春宮大行皇后梓宮前行殷奠禮命高斌劉統勳查辦山東賑務己酉大行皇后梓宮移觀德殿頒大行皇后敕諭於各省遣官賚敕諭於朝鮮及內札薩克喀爾喀哈密青海等處辛亥調愛必達爲貴州巡撫以方觀承爲浙江巡撫丁巳加傅恒那蘇圖張廣泗班第太子太保喀爾吉善太子少保庚申召駐藏副都統傅清來京以拉布敦代之正白旗領侍衛內大臣伊勒慎卒以那蘇圖旺札勒署來保免兼領侍衛內大臣以豐安代之壬戌上至觀德殿祭大行皇后甲子命訥親經略四川軍務協辦大學士阿克敦免以傅恒代之並兼管吏部尚書哈達哈署兵部尚書免上年江蘇常熟等十六州縣衛潮災上元等十四州縣衛旱災額賦乙丑調梁詩正爲兵部尚書以蔣溥爲戶部尚書免江蘇山陽等十八州縣衛上年被災額賦丁卯軍機大臣蔣溥免以陳大受代之癸酉以陳大受協辦大學士達勒當阿爲刑部尚書乙亥起原任川陝總督岳鍾琪赴金川軍營賞提督銜調阿蘭泰爲盛京將軍以索拜爲甯古塔將軍丙子起傅爾丹爲內大臣赴金川軍營加賑福建臺灣等二縣旱災戊寅晉一等侯富文爲一等公庚辰裁都察院僉都御史通政司右通政大理寺少卿詹事府少詹事太僕寺少卿國子監司業漢缺各一改通政司滿參議一缺爲右滿漢左通政爲通政副使五月甲申朔賜梁國治等二百六十四人進士及第出身有差乙酉免直隸文安等三十二州縣廳上年被水額賦丙戌命傅恒署戶部三庫事庚寅阿克敦論斬辛卯張廣泗奏克戌布寨之捷丁酉免河南通許等二十八州縣水災額賦壬寅免安徽旌德等七州縣衛上年旱災額賦甲辰上至觀德殿冊謚大行皇后曰孝賢皇后頒詔丙午釋阿克敦於獄命署工部侍郎戊申免山東永利等八場上年水災額賦壬子免山西永濟等十二州縣上年水雹災額賦六月丙辰李垣以祭祀久不到班奪伯爵申誡旗員庚申御試翰林詹事等官擢齊召南等三員爲一等餘陞黜有差御試由部院入翰林詹事等官擢少詹事世貴記名陞用癸亥賑陝西耀州等二十二州縣旱災戊辰四川汶川縣典史謝應龍駐沃日土司阻鎮將移營上嘉之予州同銜己巳命兆惠兼管戶部事庚午裁歸化城土默特左右翼副都統甲戌諭禁廷臣請立皇太子並責皇長子於皇后大事無哀慕之誠上至觀德殿孝賢皇后梓宮前奠

酒行百日致祭禮秋七月癸未朔皇太后懿旨嫻貴妃那拉氏繼體坤寧先册立爲皇貴妃攝行六宮事丁亥免福建長樂等二縣上年旱災額賦戊子諭訥親等速奏進兵方略壬辰貸山東農民籽種銀免江蘇宿遷上年水災額賦甲午命高斌會周學健勘河湖疏洩事宜乙未以山西永濟等五縣歉收撫恤之戊戌德沛免調達勒黨阿爲吏部尚書以盛安爲刑部尚書辛丑賑直隸靑縣等二十九州縣旱災癸卯阿里袞請減飢民掠奪罪諭斥爲寬縱養奸不許賑山東歷城等二十九州縣水雹等災丙午常安論絞閏七月癸丑朔以阿克敦署刑部尚書德通爲左都御史丙辰免直隸薊州固安水災額賦賑湖南益陽等八州縣水災戊午以彭樹葵爲湖北巡撫戊辰周學健以違制薙髮逮下獄命高斌管南河總督尹繼善以瞻徇褫職留任己巳上幸盤山以新柱署湖廣總督召安寧來京以尹繼善兼理江蘇巡撫寧古塔將軍索拜還古北口提督以永興代之辛未以訥親奏金川進剿持兩議諭斥之並申飭傅爾丹岳鍾琪班第等壬申上駐蹕盤山癸酉調準泰爲山西巡撫阿里袞爲山東巡撫鄂昌爲江蘇巡撫舒輅爲廣西巡撫塞楞額以違制薙髮逮下獄丁丑賑雲南昆陽等州縣水災戊寅召阿里袞來京以唐綏祖護山東巡撫己卯免江蘇元和等十縣本年雹災額賦庚辰上還宮八月甲申以班第署四川巡撫乙酉以謁泰陵命莊親王允祿等總理在京事務癸巳追議征瞻對誑奏罪下慶復於獄許應虎論斬庚子諭撫恤四川打箭爐地震災民命來保兼管工部尚書辛丑上詣泰陵甲辰召安寧來京乙巳上謁泰陵丙午免直隸慶雲等二縣九年逋賦丁未命戶部侍郎兆惠赴四川軍營督運訥親請調兵三萬進勦不許戊申命倉場侍郎張師載往江南隨高斌學習河務己酉上還京師九月壬子朔調鄂昌爲四川巡撫命策楞高斌會鞫周學健戊午賜塞楞額自裁己未召北路參贊大臣塔爾瑪善努三來京以穆克登額薩布哈善代之訥親等奏克申札申達諸城調策楞爲兩江總督尹繼善爲兩廣總督辛酉召訥親張廣泗來京命傅爾丹護四川總督與岳鍾琪相機進討甲子起董邦達在內廷行走命尚書班第赴軍營同傅爾丹岳鍾琪辦理軍務命軍營內大臣以下聽傅爾丹節制丁卯召黃廷桂來京以瑚寶署甘肅巡撫兼辦陝甘總督事己巳上幸靜宜園閱兵壬申簡親王神保住以淩虐兄女奪爵癸酉命德沛襲簡親王丁丑諭責訥親張廣泗老師糜餉飭訥親繳經略印己卯命傅恆暫管川陝總督事赴軍營命侍郎舒赫德軍機處行走庚辰訥親張廣泗以貽誤軍機褫職逮問召張廣泗來京發訥親北路軍營効力以傅恆爲經略統金川軍務辛巳命來保暫管戶部冬十月壬午朔調滿洲兵五千名赴金川軍營諸王大臣請治訥親罪諭責訥親負國負恩候回奏再行降旨乙酉召尹繼善來京以碩色爲兩廣總督鄂容安署河南巡撫賑湖南新寧縣水災丙戌班第以不劾訥親罪降調以舒赫德爲兵部尚書丁亥命傅恆爲保和殿大學士兼管戶部戊子移孝賢皇后梓宮於靜安莊上如靜安莊奠酒乙丑賑山東鄒平等三十州縣衛水災以尹繼善爲戶部尚書辛卯上幸豐澤園賜經略傅恆並從征將士宴岳鍾琪奏克跟雜之捷壬辰調開泰爲湖南巡撫以唐綏祖爲江西巡撫甲午賑山西陽曲等十五州縣旱災戊戌上幸實諦寺閱八旗演習雲梯兵丁未賑安徽阜陽等州縣衛災己酉命尹繼善協辦大學士壬子幸重華宮賜經略傅恆宴癸丑上詣堂子行祭告禮及祭吉爾丹纛甲寅賑江蘇銅山縣湖北漢川等八州縣衛水災丙辰命各省巡撫皆兼右副都御史銜丁巳上幸南苑行圍戊午上閱兵戊辰賜周學健自裁平郡王福彭卒輟朝二日己巳命尹繼善在軍機處行走賑福建晉江等十四縣旱潮等災庚午免直隸文安等三縣水災地租癸酉上幸豐澤園賜東三省兵隊宴幷賞賚有差以策楞爲川陝總督雅爾哈善署兩江總督以傅恆日馳二百餘里嘉勞之甲戌給尹繼善欽差大臣關防署川陝總督丁丑以訥親請命張廣泗岳鍾琪分路進兵責以前後矛盾逮治之己卯以用兵金川勞費密諭傅恆息事甯人庚辰分設四川陝甘總督以尹繼善爲陝甘總督策楞爲四川總督管巡撫事鄂昌爲甘肅巡撫調舒赫德爲戶部尚書瑚寶爲兵部尚書十二月甲申定內閣大學士滿漢各二員協辦大學士滿漢一員或二員改所兼四殿二閣爲三殿三閣乙酉加傅恆太保命阿克敦協辦大學士丁亥以黃廷桂爲兩江總督上御瀛臺親鞫張廣泗戊子遣舒赫德逮訥親赴軍營會傅恆嚴鞫之以海望署戶部尚書哈達哈署兵部尚書步軍統領辛卯慶復李質粹論斬大學士陳世倌罷壬辰張廣泗處斬丙寅密諭傅恆明年三月不能奏功應受降撤兵丁酉命川陝督撫皆聽傅恆節制班第專辦巡撫事務兆惠專辦糧運免高斌大學士仍留南河總督任癸卯命傅恆等訊明訥親以其祖遏必隆刀於軍前斬之甲辰賑陝西耀州等二十五州縣旱災

十四年春正月辛亥諭傅恆岳鍾琪由黨壩進勦傅爾丹辦理卡撒一路癸丑以大學士張廷玉年老命五日一進內備顧問諭傅恆以四月爲期納降班師乙卯賑山東金鄉等州縣災丁巳命傅爾丹達勒黨阿舒赫德尹繼善策楞參贊大金川軍務戊午命瑚寶署陝甘總督侍郎班第褫職仍署四川巡撫甲子召傅恆還京命尚書達勒黨阿舒赫德尹繼善均回任策楞岳鍾琪辦理大金川軍務丙寅以傅爾丹請深入嚴飭之丁卯以大金川莎羅奔郎卡乞降命傅恆班師特封忠勇公丙子諭傅恆受莎羅奔等降丁丑南掌國王島孫進牙象二月乙酉唐綏祖請率屬捐廉助餉上以不知政體嚴飭之丙戌加來保太子太傅陳大受舒赫德策楞尹繼善太子太保汪由敦梁詩正太子太師達勒黨阿納延泰阿克敦哈達哈太子少師壬辰傅恆奏於二月初五日設壇除道宣詔受大金川土司莎羅奔土舍郎卡降賜傅恆四團龍補服加賜豹尾槍二親軍二岳鍾琪加太子少保癸巳以岳鍾琪親至勒烏圍招莎羅奔等來降諭特嘉之丙申召拉布敦衆佛保來京庚子命舒赫德査閱雲南等省營伍會同新柱勘金沙江工程以瑚寶署湖廣總督乙巳上幸豐澤園演耕莎羅奔進番童番女各十人詔卻之三月癸丑命皇長子及裕親王等郊迎傅恆乙卯上奉皇太后至靜安莊孝賢皇后梓宮前臨奠丁巳上率經略大學士公傅恆詣皇太后宮問安封岳鍾琪爲三等公加兵部尚書銜己未命傅恆兼管理藩院來保兼管兵部命那木札勒德保仍爲總管內務府大臣辛酉上詣東陵甲子上謁昭西陵孝陵孝東陵景陵丁卯上至南苑行圍癸酉上謁泰陵甲戌賑湖北漢川等六州縣水災乙亥免直隸保安等十州縣廳旱災額賦丁丑裁直隸河道總督兼理加入關防敕書富森改西安將軍以傅爾丹爲黑龍江將軍四月壬午上御太和殿奉皇太后命册封嫻貴妃那拉氏爲皇貴妃攝六宮事甲申改來保兼管刑部召藴著來京以顧琮署漕運總督命納延泰等勘察哈爾災乙酉加上皇太后徽號曰崇慶慈宣康惠皇太后次日頒詔覃恩有差辛卯免山東鄒平等二十州縣水災甘肅皋蘭等十二廳州縣雹災額賦召彭樹葵來京調唐綏祖爲湖北巡撫以阿思哈爲江西巡撫命倉場侍郎張師載以原銜協辦江南河務戊戌以瑚寶爲漕運總督命唐綏祖署湖廣總督調哈達哈爲兵部尚書以三和爲工部尚書免山東王家岡等四場額賦己亥命江西巡撫兼提督銜庚子召納敏來京以衛哲治爲安徽巡撫乙巳賑福建臺灣等三縣災免湖南新寧上年水災額賦五月乙卯免甘肅皋蘭等十三廳州縣旱災額賦丙辰免安徽阜陽等十三州縣衛上年旱災額賦辛酉上至黑龍潭祈雨六月丙申賑甘肅渭源等州縣旱災己亥廣西學政胡中藻以裁缺怨望命來京候補仍下部嚴議秋七月戊申賑福建光澤等二縣水災庚戌免湖北漢川等六州縣上年水災額賦辛亥直隸總督那蘇圖卒免湖北晉江等九縣潮災額賦壬子以方觀承爲直隸總督陳大受署之永貴署山東巡撫命來保兼管吏戶二部阿克敦兼署步軍統領庚申上奉皇太后駐避暑山莊辛酉命傅恆陳大受譯西洋等國番書丁卯上奉皇太后木蘭行圍乙亥補蠲山西永濟等六州縣被災額賦八月庚辰上行圍巴顏溝蒙古諸王等進筵宴壬午賑湖北羅田等二縣水災癸卯賑河南延津等七縣水災甲辰賑湖北潛江等十三州縣水災九月乙卯上奉皇太后回蹕乙丑授鄂容安河南巡撫丙寅瞻對番目班滾降賜慶復自裁冬十月甲午賑浙江錢塘等二十二州縣廳鮑郎等十八場水災賞傅淸都統銜同紀山駐藏掌欽差大臣關防丁酉召八十五來京以卓鼐爲歸化城都統戊戌飭四川嚴緝嘓匪以珠爾默特那木札爾縱恣諭策楞岳鍾琪傅淸紀山防之喀爾喀台吉額林沁之子旺布多爾濟獲額魯特逃人上嘉賚之免江蘇阜寧等二十三州縣漕糧有差己亥免直隸薊州等十八州縣廳水災額賦並賑之甲辰召原任左副都御史孫嘉淦來京十一月丁未命梁詩正兼管吏部尚書癸亥命刑部尚書汪由敦署協辦大學士戊辰大學士張廷玉乞休允之庚辰以劉統勳爲工部尚書辛巳起彭維新爲左都御史癸未賜張廷玉詩申配饗之命丁亥汪由敦以漏洩諭旨免協辦大學士留尚書任以梁詩正協辦大學士辛卯削致仕大學士張廷玉宣勤伯爵以大學士原銜休致仍准配享太廟調哈達哈爲工部尚書舒赫德爲兵部尚書海望爲戶部尚書以木和蘭爲禮部尚書新柱爲吉林將軍永興爲湖廣總督乙未召衛哲治來京調圖爾炳阿爲安徽巡撫岳濬爲雲南巡撫以蘇昌爲廣東巡撫

十五年春正月丙午免直隸山西河南浙江未完耗羨江蘇安徽山東耗羨十分之六丁未命張允隨爲東閣大學士碩色爲雲貴總督陳大受爲兩廣總督梁詩正爲吏部尚書李元亮爲兵部尚書甲寅上幸瀛臺紫光閣賜準噶爾使尼瑪宴乙卯召紀山回京命拉布敦同傅淸駐藏辦事壬戌命工部侍郎劉綸在軍機處行走李質粹處斬王世泰羅于朝論斬二月乙亥上奉皇太后西巡五臺免經過地方額賦三分之一庚辰丁丑朝鮮入貢丙戌上奉皇太后駐

蹕五臺山菩薩頂己丑定邊左副將軍喀爾喀超勇親王策凌卒命貝勒羅布藏署定邊左副將軍丁酉再免山西蒲縣等二縣上年被災額賦十分之三戊戌上駐趙北口行圍辛丑採訪經學遺書癸卯上閱永定河隄工三月丙午加張允隨太子太保蔣溥方觀承黃廷桂太子少保再免直隸薊州等十七州縣額賦十分之三己酉上奉皇太后還京師甲寅孝賢皇后二周年上詣靜安莊致奠乙卯致仕大學士張廷玉回籍優賚有加令散秩大臣領侍衞十員護送之戊午免安徽貴池等三十州縣衞十四年水災額賦並賑之乙丑免湖北潛江等四州縣十四年水災額賦庚午免山東鄒平等二十七州縣衞十四年水災額賦夏四月丙子雲南省城火藥局災壬辰起阿桂在吏部員外郎上行走乙未罷致仕大學士張廷玉配享免安徽貴池等三十州縣衞十四年水災額賦戊戌召拉布敦來京命班第駐西藏紀山駐青海五月庚戌上詣黑龍潭祈雨辛亥命刑部清理庶獄減徒杖以下罪直隸亦如之癸丑諭九卿科道直陳闕失甲寅召新柱來京以卓鼐爲吉林將軍衆佛保爲歸化城都統庚午上詣黑龍潭祈雨六月丙子以喀爾喀親王成袞札布爲定邊左副將軍丙申賑直隸樂亭水災以保德爲北路軍營參贊大臣秋七月丙午廣東巡撫岳濬褫職命圖爾炳阿衞哲治仍留雲南安徽巡撫任己酉命劉統勳赴廣東查折米收倉積弊庚申汪由敦降兵部侍郎以劉統勳爲兵部尚書孫嘉淦爲工部尚書乙丑緬甸入貢八月壬申上御太和殿奉皇太后懿旨册立皇貴妃那拉氏爲皇后癸酉以册立皇后上率王大臣奉皇太后御慈寧宮行慶賀禮加上皇太后徽號曰崇慶慈宣康惠敦和皇太后丁亥上奉皇太后率皇后謁陵並巡幸嵩洛戊子命紀山赴西寧辦事班第赴藏辦事代拉布敦回京庚寅上奉皇太后謁昭西陵孝陵孝東陵景陵甲午左都御史德通彭維新左副都御史馬靈阿以瞻徇傅恒議處降革有差丁酉賑山東嶧縣等七州縣水災九月庚子朔以梅㲄成爲左都御史壬寅上奉皇太后率皇后謁泰陵癸卯御史索祿等以劾蔣炳矯飾論斥其有心亂政褫職丙午吏部奏原任大學士張廷玉黨援門生又與朱荃聯姻應革職治罪上特免之己酉上駐正定府閱兵辛亥以拉布敦爲左都御史丙辰免河南經過地方額賦十分之三丁巳上駐蹕彰德府幸精忠廟辛酉上駐蹕百泉奉皇太后幸白露園準噶爾台吉策旺多爾濟那木札勒爲部人所弒立其兄喇嘛達爾札癸卯再免河南歉收地方額賦十分之五乙丑賑福建閩縣等九縣水災己巳免河南祥符等縣明年額賦雲南河陽地震冬十月辛未幸嵩山丙子上奉皇太后駐蹕開封府戊寅上幸古吹臺加鄂容安爲內大臣賑浙江富安水災甲申調愛必達爲雲南巡撫開泰爲貴州巡撫以楊錫紱爲湖南巡撫乙酉免江蘇清河等九州縣水災額賦戊子免山西應州等三州縣水災額賦甲午免順直固安等四十六廳州縣水雹各災額賦仍賑貸有差戊戌賑江蘇溧陽等州縣水災十一月辛丑上奉皇太后率皇后還京師己酉賑甘肅平涼等十八廳州縣旱災壬子免山東蘭山等縣旱災額賦並賑之癸丑珠爾默特那木扎勒謀作亂駐藏都統傅清左都御史拉布敦誘誅之其黨卓呢羅卜藏扎什等率衆叛傅清拉布敦遇害甲寅命策楞岳鍾琪率兵赴藏調尹繼善赴四川經理糧餉命侍郎那木扎勒同班第駐藏逮紀山來京命舒明駐青海衆佛保署之乙卯宣諭珠爾默特那木扎勒戕其兄車布登及悖逆諸狀追贈傅清拉布敦爲一等伯封傅清子明仁拉布敦子根敦爲一等子世襲命侍郎兆惠赴藏同策楞辦善後事宜丙辰命舒赫德仍在軍機處行走調穆和藺爲左都御史以伍齡安爲禮部尚書召雅爾哈善來京以王師爲江蘇巡撫丁巳命策楞擇藏番目與班第協辦噶布倫事務乙丑以阿里袞爲湖廣總督調阿思哈爲山西巡撫衞哲治爲廣西巡撫以定長爲安徽巡撫戊辰以捕獲卓呢羅布臧扎什等亂已定止岳鍾琪進藏命駐打箭鑪十二月庚午朔賑盛京高麗堡等六站水災壬申始命漢大臣梁詩正等恩廕分部學習戊寅賑兩淮莞瀆等三場水災庚辰命舒赫德勘浙江海塘壬午烏里雅蘇台參贊大臣薩布哈沙褫職以寶德代之戊子賑盛京遼陽等七城承德等六州縣水災並蠲緩額賦有差癸巳唐綏祖被劾免以嚴瑞龍護湖北巡撫

十六年春正月庚子以初次南巡免江蘇安徽元年至十三年逋賦浙江本年額賦減直省緩決三次以上人犯罪以上年巡幸嵩洛免河南十四年以前逋賦辛丑賑安徽宿州等州縣上年水災癸卯以江蘇逋賦積至二百二十餘萬諭釐革催徵積弊丙午免甘肅元年至十年逋賦以嚴瑞龍署湖北巡撫辛亥上奉皇太后南巡癸丑免經過直隸山東地方本年額賦十分之三自是南巡皆如之壬戌卓呢羅布藏札什等伏誅癸亥賑安徽歙縣等十五州縣旱災甲子免山東鄒平等縣逋賦及倉穀二月辛未賑山東蘭山等七州縣旱災癸酉免兩淮竈戶逋賦乙亥命喀爾喀親王德沁扎布爲喀爾喀副將軍公車布登扎布爲參贊大臣丙子上奉皇太后渡河閱天妃閘丁丑閱高家堰辛巳免山東嶧縣等七州縣水災額賦有差乙酉上幸焦山丙戌調定長爲廣西巡撫己丑上駐蹕蘇州諭三吳士庶各敦本業力屏浮華辛卯宣布珠爾默特那木札勒叛逆罪狀懲辦如律嚴瑞龍褫職命阿里袞兼湖北巡撫壬辰免江蘇武進等縣新舊田租免興化縣元年至八年逋賦癸巳準噶爾使額爾欽等覲於蘇州行宮三月戊戌朔上奉皇太后幸杭州府貸黑龍江呼蘭地方水災旗民免官莊本年額賦免浙江淳安縣水災本年漕糧己亥以張師載爲安徽巡撫庚子上幸敷文書院幸觀潮樓閱兵甲辰裁杭州漢軍副都統乙巳上祭禹陵丙午上奉皇太后還駐杭州府丁未閱兵戊申命高斌仍以大學士銜管河道總督事庚戌諭浙江士庶崇實敦讓子弟力田命班第掌駐藏欽差大臣關防辛亥東閣大學士張允隨卒癸丑上奉皇太后駐蹕蘇州府甲寅賑廣東海康等縣水災乙卯幸宋臣范仲淹祠賜園名曰高義賞後裔范宏興等貂幣辛酉上奉皇太后幸江寧府壬戌上祭明太祖陵乙丑賜紀山自裁丁卯起陳世倌爲文淵閣大學士免江蘇江浦等十五州縣被災額賦有差夏四月辛未吉林將軍卓鼐改杭州將軍以永興代之免甘肅皋蘭等九廳州縣十三年被災額賦癸酉上閱蔣家壩免江南沛縣九年以前逋賦甲戌賑浙江永嘉等十州縣場衞水災賑廣東龍川等十二州縣十五年水災丙子賑江蘇山陽等二十四州縣衞十五年水災己卯免甘肅狄道等二十廳州縣十四年被水旱雹霜災額賦有差以恒文爲湖北巡撫癸未免河南鄢陵等十六州縣十四年水災額賦乙酉永興褫職逮問吉林將軍卓鼐降調以傅森代之丙戌上駐蹕泰安府祀東嶽戊子詔以五月朔日食行在徹懸齋戒己丑遣履親王允裪代行常雩禮五月丁酉朔日食丁未上臨奠都統傅清左都御史拉布敦戊申以永興等誣劾唐綏祖給還籍產召來京辛亥賜吳鴻等二百四十三人進士及第出身有差丁巳免廣東海康等十一州縣十五年風災額賦己未嚴瑞龍以誣告唐綏祖論斬癸亥賑山東掖縣等六州縣潮災閏五月戊寅調黃廷桂爲陝甘總督尹繼善爲兩江總督戊子以永貴爲浙江巡撫壬辰命保舉經學之陳祖范吳鼎梁錫璵顧棟高進呈著述願赴部引見者聽癸巳直隸河間等州縣蝗是月免山西太原等十九州縣上年水雹等災額賦有差賑山東壽光等六縣官臺等三場福建寧化等二縣水災雲南劍川等七州縣地震災六月己亥起唐綏祖爲山西按察使壬子賑江蘇靖江縣雹災賑廣東英德等四州縣水災賑山西鳳臺高平水災甲寅免江蘇沛縣上年水災額賦丙辰免浙江永嘉等七廳州衞上年旱災額賦賑福建寧化等縣水災庚申緬甸入貢辛酉免安徽壽州等二十五州縣水災額賦甲子準噶爾部人布圖遜林特古斯來降秋七月庚午賑福建歸化等縣水災壬申上奉皇太后秋獮木蘭戊寅上奉皇太后駐蹕避暑山莊己卯河南陽武十三堡河決庚辰上奉皇太后巡幸木蘭行圍乙卯免山西清水河廳雹災額賦丙戌賑陝西朝邑縣水災己丑賑山東平度等州縣水災壬辰賑山西鳳臺等九縣水災八月乙未賑浙江海寧等六十五州縣衞所及大嵩等場旱災賑江西上饒等七縣被旱災賑湖北天門旱災丙申賜陳祖范顧棟高國子監司業銜戊戌以碩色舉發僞撰孫嘉淦奏稿假造硃批諭方觀承等密緝之己酉上奉皇太后回駐避暑山莊辛亥命修房山縣金太祖陵世宗陵丁巳上奉皇太后還京師己未賑河南商邱等十四縣水災庚寅準泰以徇隱僞奏褫職逮問調鄂容安爲山東巡撫舒輅爲河南巡撫鄂昌爲江西巡撫以楊應琚爲甘肅巡撫命高斌赴河南辦陽武河工辛酉以莊有恭爲江蘇巡撫癸亥免甘肅平涼等五州縣雹災額賦乙丑定明年二月各省舉行恩科鄉試詔停本年秋決癸酉賑山東鄒平等五十三州縣水災丙子上奉皇太后詣泰陵丁丑賑福建福安等二縣水災庚辰上奉皇太后謁泰陵是日回蹕甲申命舒赫德赴江南查辦僞撰孫嘉淦奏稿事庚寅命陳世倌兼管禮部兩廣總督陳大受卒調阿里袞代以永常爲湖廣總督辛卯賑河南上蔡等州縣水災癸巳賑福建霞浦等四縣潮災冬十月戊戌以范時綬署湖南巡撫壬寅賑長蘆屬富國等七場山東王家岡等三場水災甲寅賑安徽歙縣等十八州衞旱災丙辰賑江蘇銅山等八州縣水災調陳宏謀爲河南巡撫舒輅爲陝西巡撫賑山東齊東等七州縣本年水災榮成縣雹災戊午賑直隸武清等二十六州縣水雹災癸亥免山東官臺二場竈潮災十一月甲戌賑河南祥符等五縣水災乙亥賑直隸東明等三州縣本年水災庚辰陽武決口合龍乙酉以皇太后六旬萬壽上徽號曰崇慶慈宣康惠敦和裕壽皇太后頒詔覃恩有差丙戌命高斌汪由敦會勘天津河工戊子皇太后聖壽節上奉皇太后御慈寧宮率王公大臣行慶賀禮十二月癸巳朔以烏爾登爲北路軍營參贊大臣丁酉濬永定河引河戊戌賑吉林琿春地方本年水災庚子賑山東鄒平等五十五州縣水災壬寅以雅爾哈善爲浙江巡撫甲辰濬直隸南北兩運減河命

多爾濟代班第駐藏辦事辛亥賑浙江鄞縣等六十州縣廳衛所大嵩等八場旱蝗災

十七年春正月乙亥賜準噶爾使圖卜濟爾哈朗等宴庚戌設盛京總管內務府大臣以將軍兼管甲申以準噶爾達瓦齊阿睦爾撒納內訌增兵阿爾泰邊隘命舒赫德玉保查閱北路軍營丙戌以阿巴齊達清阿爲北路參贊大臣丁亥賑江蘇銅山等六州縣安徽歙縣等九州縣被災貧民辛卯修直隸永定河下口及鳳隄二月乙未以鍾音爲陝西巡撫己亥釋準泰甲寅上詣東陵丙辰布魯克巴之額爾德尼第巴貢方物丁巳上謁昭西陵孝陵孝東陵景陵戊午上駐蹕盤山己未賑山西山陰應州被災貧民辛酉修房山縣金太祖世宗陵三月戊辰以浙東災重諭雅爾哈善加賑毋令流移庚午上還宮壬申以莫爾歡爲歸化城都統戊寅福建巡撫潘思榘卒調陳宏謀爲福建巡撫以蔣炳爲河南巡撫夏四月甲午免山東齊東等十二州縣衛上年水災額賦乙巳免直隸武清等二十三廳州縣上年水災額賦庚戌免浙江海寧等七十三州縣衛及大嵩等十三場上年水災額賦丁巳免直隸永利等四場山西山陰等縣上年水災額賦五月辛未直隸東光武清等四十三州縣蝗庚辰賑河南祥符等十四縣水災己丑賑甘肅狄道等十四州縣上年水災山東濟南等八府蝗江南上元等十二州縣生蝻六月甲午準噶爾部人呢雅斯來降丁未御試翰林詹事等官擢汪廷璵等三員爲一等餘陞黜有差試滿洲由部院改入翰林詹事等官擢德爾泰爲一等餘降用有差丙辰以鄂樂舜爲甘肅巡撫秋七月丁丑上奉皇太后秋獮木蘭己卯免所過州縣錢糧十分之三癸未上奉皇太后駐避暑山莊丁亥賑江蘇銅山等縣水災八月丙申順天鄉試內簾御史蔡時田舉人曹詠祖坐交通關節處斬壬寅撫賑福建晉江等廳縣風災甲辰上奉皇太后巡幸木蘭行圍丙午命黃廷桂查辦陝西賑恤乙卯賑陝西咸寧等二十一州縣旱災九月辛酉西洋波爾都噶爾亞國遣使入貢四川雜谷土司蒼旺作亂命岳鍾琪率兵勦之庚午蘇祿番目所齎入貢國書不合飭喀爾吉善等遣回國甲戌四川官軍克雜谷腦降番寨一百有六予策楞岳鍾琪優敍戊寅減甘肅張掖等五縣偏重額賦賑河南被災飢民己卯上奉皇太后還京師庚辰協辦大學士吏部尚書梁詩正請終養許之以孫嘉淦爲吏部尚書協辦大學士汪由敦爲工部尚書辛巳準噶爾喇嘛根敦林沁等來降丁亥召尹繼善來京以莊有恭署兩江總督蒼旺伏誅冬十月戊子朔賜秦大士等一百四十一人進士及第出身有差召鄂昌來京以鄂容安署江西巡撫楊應琚署山東巡撫壬寅阿思哈奏平陽紳民捐賑災銀諭不忍令災地富民出貲飭還之調定長爲山西巡撫以李錫泰爲廣西巡撫己酉上詣東陵並送孝賢皇后安地宮壬子上謁昭西陵孝陵孝東陵景陵丁巳賑江蘇上元等十九州縣山西臨晉等十州縣湖北鍾祥等二十五州縣衛旱災四川雜谷黑水後番上下寨來降十一月庚申上還京師甲子命刑部尚書劉統勳在軍機處行走戊辰賑山西聞喜等五州縣旱災庚辰以鄂容安爲江西巡撫十二月戊子賑甘肅皋蘭二十一廳州縣水雹災己丑修陝西永壽等九縣城以工代賑賑河南武陟縣水災黑龍江將軍富爾丹卒以綽爾多代之乙巳御史書成請釋傳鈔僞奏稿人犯忤旨褫職諭陳宏謀毋究捕天主教民

十八年春正月戊午賑陝西耀州等三十七州縣山西永濟等十一州縣旱災丙寅廣東東莞縣匪莫信豐等福建平和縣匪蔡榮祖等作亂捕治之戊寅調黃廷桂署四川總督尹繼善署陝甘總督以鄂容安兼署兩江總督班第署兩廣總督辛巳鄂昌等褫職逮問乙酉免山東章邱等三十一州縣衛積年逋賦二月丁亥朔以岳鍾琪請用兵郭羅克諭黃廷桂議奏丙申上謁泰陵丁酉上祭金太祖世宗陵江南千總盧魯生坐僞撰孫嘉淦奏稿磔於市己亥皇太后自暢春園啟蹕至涿州上詣行宮請安壬寅上奉皇太后御舟至蓮花淀閱水圍丙午免河南夏邑等五縣十六年被水額賦丁未命兆惠赴藏辦事戊申上閱永定河工庚戌上幸南苑行圍辛亥免江蘇上元等十州縣十七年水災額賦三月癸亥以雅爾哈善于查辦僞奏稿不加詳鞫下部嚴議戊寅賑安徽壽州等十一州縣衛上年旱災飢民己卯以開泰署湖廣總督定常署貴州巡撫辛巳賑湖北十九州縣衛上年旱災夏四月丁亥錢陳羣諫查辦僞奏稿上斥以沽名並飭勿存稿以爾子孫將不保首領諭之己丑西洋博爾都噶里雅遣使貢方物優詔答之以恒文署湖廣總督甲午賜西洋博爾都噶里雅貢使宴乙未免雲南劍川州十六七年地震水災額賦有差並賑恤之辛丑賜西洋博爾都噶里雅國王敕加賚文綺珍物丙午以旱命刑部清理庶獄減徒以下罪直隸亦如之丁未上詣黑龍潭祈雨壬子命永常努三往安西給欽差大臣關防五月癸亥減秋審朝審緩決三次以上罪丁卯山東濟寧汶上等州縣蝻免廣東豐順等三縣上年水災額賦辛未免浙江仁和等六縣仁和塲上年水災額賦並賑恤之辛未準噶爾台吉喇嘛達爾札與達瓦齊相攻被執達瓦齊自爲台吉六月癸巳以策楞署兵部尚書乙未浙江上虞人丁文彬以衍聖公孔昭煥發其造作逆書鞫實磔之丙申天津等州縣蝗秋七月甲子順天宛平等三十二州縣衛蝗壬申江南邵伯湖減水二閘及高郵車邏壩同時並決命策楞劉統勳會同高斌查辦水災賑安徽歙太湖等縣水災庚辰命莊有恭賑高郵寶應水災壬午停各省分巡道兼布政使司參政參議按察使司副使僉事等銜及陞用鴻臚寺少卿八月戊子命履親王允祹代祭大社大稷賑兩淮板浦等場水災戊戌上奉皇太后秋獮木蘭庚子高斌免以策楞署南河河道總督同劉統勳查辦河工侵虧諸弊辛丑命永常開泰各回本任甲辰上奉皇太后駐蹕避暑山莊乙巳撥江西湖北米各十萬石賑江南災丁未上奉皇太后巡幸木蘭行圍庚戌高斌張師載褫職留河工効力以衛哲治爲安徽巡撫辛亥賑江蘇銅山十二州縣水災山東蘭山等縣水災九月庚申賑湖北潛江等三縣水災壬戌河南陽武十三堡河決丁卯以扈從行圍畏葸不前褫豐安公爵田國恩侯爵阿里袞罷領侍衛內大臣以弘昇爲正白旗領侍衛內大臣庚午以皇后至盤山命舒赫德爲領侍衛內大臣管理內務府大臣隨往江蘇銅山河決壬申命舒赫德協辦江南河工以阿里袞署領侍衛內大臣隨扈盤山以尹繼善爲江南河道總督鄂容安爲兩江總督調永常爲陝甘總督開泰爲湖廣總督黃廷桂爲四川總督以定常爲貴州巡撫胡寶瑔爲山西巡撫范時綬爲江西巡撫楊錫紱爲湖南巡撫召班第來京以策楞爲兩廣總督癸酉上奉皇太后駐避暑山莊甲戌左都御史梅瑴成休致丙子諭將貽誤河工之同知李焞守備張賓斬於銅山工次命策楞等縛高斌張師載令目睹行刑訖釋放丁丑賑山東利津等縣水災冬十月庚寅蘇祿國王遣使勞獨萬查剌請內附下部議辛卯召劉統勳來京乙未賑山東海豐等六縣本年潮災命鍾音署陝甘總督辛丑以楊錫紱爲左都御史調胡寶瑔爲湖南巡撫恒文爲山西巡撫以張若震爲湖北巡撫癸卯免江蘇阜寧等二十六州縣衛新舊額賦有差乙巳賑安徽太湖等三十州縣衛水災庚戌免浙江錢塘等二十八州縣廳衛所旱災額賦有差十一月己未召蘇昌來京以鶴年爲廣東巡撫癸亥江西生員劉震宇以所著治平新策有更易衣服制度等語處斬甲子賑甘肅皋蘭等二十九州縣衛所水雹災並免額賦有差甲戌以楊應琚爲山東巡撫準噶爾杜爾伯特台吉車凌烏巴什等率所部來降丙子賑浙江玉環廳旱災庚辰安徽池州府知府王岱因虧空褫職潛逃拒捕處斬十二月丙戌賑兩淮富安等場旱災命歸降杜爾伯特台吉車凌等移居呼倫貝爾丁亥協辦大學士吏部尚書孫嘉淦卒命玉保努三薩喇勒爲北路參贊大臣命舒赫德赴鄂爾坤軍營庚寅命戶部尚書蔣溥協辦大學士以黃廷桂爲吏部尚書仍管四川總督鄂爾達署之丙申江南張家馬路及邵伯湖二閘決口同日合龍庚子以準噶爾台吉達瓦齊未遣使來京諭永常暫停貿易

十九年春正月壬子賑安徽宿州等十五州縣衛江蘇阜甯等十五州縣衛上年水災壬戌命薩喇勒等討入卡之準噶爾烏梁海乙亥命楊錫紱署吏部尚書罷鄂彌達兼管丁丑琉球入貢己卯準噶爾台吉車淩等入覲二月丙申賑山東蘭山十八年水災戊戌蘇祿入貢命廣東督撫檄國王毋以內地商人充使賑山東昌邑等四縣永豐等五場潮災癸卯召策楞來京乙巳準噶爾烏梁海庫木來降己酉命策楞赴北路軍營三月辛亥朔以白鍾山爲河東河道總督楊應琚署之準噶爾台吉阿睦爾撒納等與達瓦齊內鬨戊午命舒赫德成袞札布薩喇勒來京喀爾喀親王額琳沁多爾濟管理喀爾喀兵事庚申四川提督岳鍾琪卒賑湖北潛江等四州縣衛水災並蠲賦有差癸亥免直隸大城等十廳州縣十八年水雹旱災額賦庚午免安徽太平等二十五州縣衛十八年水災額賦並賑之乙亥賑兩淮富安等十二場竈戶夏四月庚辰朔加劉統勳汪由敦太子太傅方觀承喀爾吉善黃廷桂太子太保鄂容安開泰太子少傅永常碩色太子少保命準噶爾台吉車淩等入覲庚寅成袞札布降喀爾喀副將軍以策楞爲定邊左副將軍辛卯召班第回京以楊應琚署兩廣總督丙午命都統德寧準噶爾台吉色布騰爲北路軍營參贊大臣是月免長蘆滄州等二場上年旱災竈戶直隸滄州等二州上年水災竈戶額賦賑甘肅皋蘭等十五州縣上年旱災賑安徽宿州等十二縣州江蘇阜寧等二十三州縣上年水災閏四月庚戌朔賜莊培因等二百三十三人進士及第出身有差己未免湖北潛江等四州縣衛上年水災額賦辛未色布騰入覲命大學士傅恒至張家口傳旨迎勞封貝勒壬申京師雨五月辛巳命清保爲黑龍江將軍以準噶爾內亂諭兩路進兵取伊犁召永常策楞來京面授機宜甲申上奉皇太后巡幸盛京戊子免安徽太平等二十五州縣衛上年水災額賦庚寅上奉皇太后

駐蹕避暑山莊封準噶爾台吉車淩爲親王車淩烏巴什爲郡王車淩孟克爲貝勒孟克特穆爾拜音根敦爲貝子癸巳免浙江廟灣等十一場十八年被水竈戶額賦災重者賑之丁酉免長蘆屬永阜等三場上年水災竈戶額賦戊戌召陳宏謀來京命劉統勳協同永常辦理陝甘總督事務調陳宏謀爲陝西巡撫鍾音爲福建巡撫己亥召雅爾哈善來京調鄂樂舜爲浙江巡撫以鄂昌爲甘肅巡撫六月壬子賑福建龍溪等州縣水災庚申賑甘肅皋蘭等五州縣旱災壬戌阿睦爾撒納等爲達瓦齊所敗奔額爾齊斯蒙博和碩之地諭策楞等接應歸附壬申命雅爾哈善署戶部侍郎在軍機處行走秋七月辛巳賑直隸薊州等州縣水災壬午上奉皇太后詣盛京癸未命護軍統領塔勒瑪善副都統扎勒杭阿爲北路軍營參贊大臣丙戌以烏梁海人巴朗逃降車布登爲貝子參贊大臣安崇阿德寧論斬丁酉阿睦爾撒納率部衆來降命薩喇勒迎勞己亥上駐蹕彰武臺河東大營奉皇太后御行幄庚子以喀爾喀台吉丹巴札布失機命處斬召策楞舒赫德色布騰薩喇勒來京以額琳沁多爾濟署將軍兆惠爲參贊大臣壬寅命阿睦爾撒納入覲丙午以班第爲兵部尚書署定邊左副將軍以阿里袞爲步軍統領賑江蘇興化等州縣水災八月辛亥授楊應琚兩廣總督癸丑命達勒黨阿爲黑龍江將軍甲寅上駐蹕吉林乙卯上詣溫德亨山望祭長白山松花江丁巳召鄂容安赴行在以尹繼善署兩江總督己未賑齊齊哈爾等三城水災庚申賑甘肅皋蘭等五州縣旱災丙寅上閱輝發城丁卯命阿睦爾撒納游牧移鄂爾坤塔密爾癸酉以策淩孟克及策淩烏巴什訥默庫爲西路參贊大臣乙亥北路以達勒黨阿烏勒登努三兆惠爲參贊大臣西路以薩喇勒阿蘭泰玉保爲參贊大臣九月丁丑朔賑兩淮角斜等場竈潮災辛巳上奉皇太后率皇后謁永陵薩喇勒等征烏梁海甲申免甘肅皋蘭等十五州縣被水被雹額賦丙戌謁昭陵福陵丁亥上奉皇太后駐蹕盛京戊午上率羣臣詣皇太后行慶賀禮御崇政殿受賀免奉天府所屬本年丁賦自山海關外及寧古塔等處已結未結死罪均減等軍流以下悉免之朝鮮國王李昑遣使詣盛京貢獻己丑停本年秋決辛卯上謁文廟癸巳上御大政殿盛京宗室覺羅將軍等進御膳甲午上奉皇太后率皇后自盛京回蹕己亥減直隸武清等四縣額賦辛丑以班第爲定邊右副將軍鄂容安爲參贊大臣癸卯命車淩烏巴什訥默庫車淩孟克等赴西路在參贊大臣上行走喀爾喀王巴雅爾什第等在北路軍營領隊上行走冬十月癸丑賑山東惠民等十六州縣衞永和等三場水災甲寅調衞哲治爲廣西巡撫鄂樂舜爲安徽巡撫以周人驥爲浙江巡撫乙卯賑安徽壽州等十九州縣衞本年水災山西馬邑雹災丙辰上奉皇太后還宮戊午上御太和殿受王以下文武百官進表朝賀己未以工部尚書汪由敦管刑部尚書辛酉賑江蘇阜寧等十六州縣衞水災並蠲賦有差辛未移京城滿洲兵三千駐阿勒楚喀等處屯墾增副都統一協領一庚午以鄂彌達署吏部尚書十一月戊寅賑福建諸羅等二縣風災上幸南苑蘇祿國王蘇老丹嘛喊味麻安柔律噒遣使貢方物準噶爾克爾咨特台吉阿布達什來降庚辰賑順天直隸武清等十五州縣被水被雹飢民並免額賦有差乙酉上幸避暑山莊丁亥輝特台吉阿睦爾撒納杜爾伯特台吉訥默庫等率降衆於廣仁嶺迎駕是日上召見阿睦爾撒納等賜宴賞賚有差戊子封阿睦爾撒納爲親王訥默庫班珠爾爲郡王杜爾伯特台吉剛多爾濟巴圖博羅特輝特台吉札木參齊木庫爾爲貝勒杜爾伯特台吉布圖克森額爾德尼羅壘原端輝特台吉德濟特普爾普克什克爲貝子輝特台吉根敦札布等杜爾伯特布顏特古斯等爲公杜爾伯特台吉烏巴什等輝特台吉伊什等爲一等台吉以輝特親王阿睦爾撒納爲北路參贊大臣郡王訥默庫爲西路參贊大臣命額林沁多爾濟爲西路參贊大臣召班第來京命阿睦爾撒納署將軍額駙色布騰巴勒珠爾協辦命車淩同車淩烏巴什往西路軍營訥默庫同阿睦爾撒納班珠爾往北路軍營戊戌上還京師十二月戊申以班第爲定北將軍阿睦爾撒納爲定邊左副將軍永常爲定西將軍薩喇勒爲定邊右副將軍辛亥上幸大學士來保子告大學士福敏第視疾以親王固倫額駙色布騰巴勒珠爾親王銜額琳沁郡王訥默庫班珠爾郡王銜靑滾雜卜尙書公達勒黨阿總督伯鄂容安護軍統領烏勒登爲北路參贊大臣親王額琳沁多爾濟車淩郡王車淩烏巴什貝勒車淩孟克色布騰貝子扎拉豐阿公巴圖孟克瑪什巴圖將軍阿蘭泰爲西路參贊大臣癸亥安南國王黎維禕進方物賑甘肅河州等十五廳州縣衞水災丙寅調鄂容安爲西路參贊大臣命阿蘭泰庫克新瑪木特爲北路參贊大臣

二十年春正月丁丑命定邊左副將軍阿睦爾撒納率參贊大臣額駙色布騰巴勒珠爾郡王品級靑滾雜卜內大臣瑪木特奉天將軍阿蘭泰由北路進征定邊右副將軍薩喇勒率參贊大臣郡王班珠爾貝勒品級札拉豐阿內大臣鄂容安由西路進征癸未以阿里袞署刑部尚書癸卯免烏梁海札哈沁包沁等貢賦一年二月乙巳朔日食命兆惠留烏里雅蘇台協辦軍務在領隊大臣上行走丙午朝鮮貢方物乙卯上謁東陵戊午上謁昭西陵孝陵孝東陵景陵至孝賢皇后陵奠酒己未召范時綬來京調胡寶瑔爲江西巡撫以楊錫紱署湖南巡撫蔣溥署吏部尚書賑山東惠民等十二州縣衞水災庚申準噶爾噶勒雜特部人齊倫來降丁卯賑雲南易門石屏地震災民己巳賑江蘇高郵等州縣衞上年災民三月丙子永常等奏額魯特業克明安巴雅爾來降戊寅免江蘇江浦等二十二州縣衞十九年水災額賦己卯上詣泰陵召鄂昌來京調陳宏謀爲甘肅巡撫以台柱署陝西巡撫壬午上謁泰陵乙酉上駐蹕吳家莊閱永定河隄丙戌上幸晾鷹台行圍殪熊一虎二召大學士九卿翰詹科道諭胡中藻詩悖逆張泰開刊刻鄂昌唱和諸罪命嚴鞫定擬庚寅上還京師鄂昌褫職逮問壬辰高斌卒釋張師載回籍乙未扎哈沁得木齊巴哈曼集宰桑敦多克等來降庚子免直隸霸州等六州縣廳本年旱災額賦壬寅準噶爾台吉噶爾藏多爾濟等來降夏四月丙午額林哈畢爾噶宰桑阿巴噶斯等來降壬子致仕太保大學士張廷玉卒命遵世宗遺詔配饗太廟甲寅胡中藻處斬乙丑吐魯番伯克莽噶里克來降免長蘆永利等三場海豐一縣水災額賦丙寅免山東惠民等十六州縣水災額賦丁卯綽羅斯台吉袞布什卜等並葉爾羌等回部和卓木來降戊辰琉球國世子尙穆遣使入貢請封允之壬申集賽宰桑齊巴汗來降五月甲戌朔免安徽壽州等十九州縣衞水災額賦喀爾喀車臣汗副將軍公格勒巴木丕勒褫爵留營効力以扎薩克郡王得木楚克代之戊寅賑奉天承德等七州縣水災庚辰命翰林院侍講全魁編修周煌往琉球册封辛巳和通額默根宰桑鄂哲特等來降壬午庫圖齊納爾宰桑薩賚來降甲申準噶爾宰桑烏魯木來降戊子阿勒闢沁鄂拓克宰桑塔爾巴來降己丑達瓦齊遁特克斯庚寅史貽直原品休致賜鄂昌自盡辛卯命黃廷桂爲武英殿大學士仍留四川總督任調王安國爲吏部尚書以楊錫紱爲禮部尚書何國宗爲左都御史調陳宏謀爲湖南巡撫以吳達善爲甘肅巡撫圖爾炳阿爲河南巡撫壬辰阿睦爾撒納奏克定伊犂賞阿睦爾撒納親王雙俸封其子爲世子晉封班第薩喇勒爲一等公瑪木特爲三等公賞色布騰巴勒珠爾親王雙俸封扎拉豐阿爲郡王車布登扎布普爾普爲貝勒賞車淩親王雙俸封車淩烏巴什班珠爾訥默庫爲親王策楞孟克爲郡王再授傅恒一等公爵軍機大臣等俱優敘有差賑江蘇清河銅山等州縣水災癸巳召達勒黨阿來京協辦大學士以綽勒多署黑龍江將軍大學士傅恒辭公爵允之封班第爲誠勇公薩喇勒爲超勇公瑪木特爲信勇公六月癸卯朔以平定準部告祭太廟遣官告祭天地社稷先師孔子命四衞喇特如喀爾喀例每部落設盟長及副將軍各一人丙午阿睦爾撒納奏兵至格登山大敗達瓦齊之兵封喀喇巴圖魯阿玉錫巴圖濟爾察哈什等男爵並授散秩大臣餘賞賚有差己酉加上皇太后徽號曰崇慶慈宣康惠敦和裕壽崇禧皇太后頒詔覃恩有差癸丑阿克敦免以鄂彌達爲刑部尚書仍署吏部尚書阿里袞署兵部尚書降永常爲侍郎命大學士黃廷桂爲陝甘總督調開泰爲四川總督召劉統勳來京以碩色署湖廣總督愛必達署雲貴總督己未羅卜藏丹津等解送京師遣官告祭太廟行獻俘禮庚申上御午門受俘宥羅卜藏丹津罪巴朗孟克特穆爾伏誅甲子以班第等奏阿睦爾撒納與各頭目往來詭秘擅殺達瓦齊衆宰桑圖據伊犂溫旨令即行入覲戊辰獲達瓦齊準部平秋七月戊寅杜爾伯特台吉伯什阿噶什等來降丁亥烏蘭泰以獲達瓦齊封男爵黑龍江將軍綽勒多改荊州將軍以達巴代之八月丙午賑江蘇海州等七州縣水災雹災丁未上奉皇太后巡幸木蘭壬子上奉皇太后駐蹕避暑山莊甲寅賑山東金鄉等二十二州縣衞水災封準噶爾台吉伯什阿克什爲親王丁巳上奉皇太后至木蘭行圍庚申召尹繼善來熱河九月壬申朔免福建臺灣等三縣上年被水額賦甲戌上御行殿綽羅斯噶勒臧多爾濟等入覲賜宴阿睦爾撒納入覲至烏隴古叛掠額爾齊斯台站丙子準噶爾頭目額布噶斯等叛起永常爲內大臣仍辦定西將軍事策楞玉保扎拉豐阿爲參贊大臣命哈達哈留烏里雅蘇台會同阿蘭泰辦事丁丑阿睦爾撒納犯伊犂庚辰頒招撫阿睦爾撒納諭壬午上奉皇太后回駐避暑山莊癸未賜噶勒臧多爾濟等冠服封噶勒臧多爾濟爲綽羅斯特汗車淩爲杜爾伯特汗沙克都爾曼濟爲和碩特汗巴雅爾爲輝特汗晉封喀爾喀郡王桑齋多爾濟爲親王命哈達哈等討阿睦爾撒納丁亥命策楞爲定西將軍以哈爾哈郡王巴雅爾什第等捕誅包沁叛賊台拉克等晉封巴雅爾什第爲親王沙克都打布爲貝勒達爾扎諾爾布扎布爲貝子賑浙江山陰等十五州縣曹娥等五場湖州一所雲南劍川一州本年被水災民賑湖北江

陵等八州縣衛本年被水災民庚寅逮永常來京降策楞爲參贊大臣以扎拉豐阿爲定西將軍劉統勳舍巴里坤退駐哈密切責之丙申逮劉統勳來京命方觀承往軍營辦理糧餉以鄂彌達署直隸總督噶勒臧多爾濟之子諸爾布琳沁討阿巴噶斯敗之獲木齊班咱加封郡王封貝勒齊木庫爾爲郡王以阿里袞署刑部尚書調汪由敦爲刑部尚書戊戌戶部尚書海望卒冬十月辛丑朔策楞褫職逮問命副都統莽阿納哈甯阿爲西路領隊大臣甲辰以衛哲治爲工部尚書鄂寶署廣西巡撫戊申賑浙江會稽等州縣場所水災命富德爲參贊大臣壬子宥劉統勳策楞發軍營以司員効力癸丑賑山東鄒縣等十九州縣衛官臺等四場水災丁巳達瓦齊等解至京遣官告祭太廟社稷行獻俘禮戊午上御門樓受俘釋達瓦齊等賑安徽無爲等三十二州縣被水饑民命李元亮署工部尚書辛酉起策楞爲參贊大臣署定西將軍命進勦阿睦爾撒納甲子將軍班第尚書鄂容安敗績於烏蘭庫圖勒死之副將軍薩喇勒被執丙寅命哈達哈爲定邊左副將軍雅爾哈善爲參贊大臣達勒黨阿爲定邊右副將軍阿蘭泰爲烏里雅蘇台參贊大臣十一月辛未以杜爾伯特貝勒色布騰爲北路參贊大臣癸酉以策楞爲內大臣兼定西將軍扎拉豐阿爲定邊右副將軍達勒黨阿爲參贊大臣宥青滾雜卜罪甲戌以鄂勒哲依哈薩克錫喇爲參贊大臣尼瑪爲內大臣兼參贊大臣雲南劍川州地震壬午調鄂樂舜爲山東巡撫高晉爲安徽巡撫錫特庫爲巴里坤都統癸未宥達瓦齊罪封親王賜第京師甲午噶勒雜特得木齊丹畢來降十二月癸卯起烏勒登爲領隊大臣以盧焯署陝西巡撫丙午命侍郎劉綸往浙江查辦前巡撫鄂樂舜並查江南浙江賑務戊申免伊犁本年貢賦以吉林將軍傅森爲兵部尚書額勒登代之己未賑索倫達呼爾水災霜災賑湖北潛江等六州縣衛水災賑兩淮徐瀆等十二場山西岢嵐州本年水災各有差

高宗本紀三

二十一年春正月庚午以額駙科爾沁親王色布騰巴勒珠爾貽悞軍機褫爵禁錮貽喀爾喀親王額琳沁多爾濟以疏縱阿睦爾撒納處斬己卯以準噶爾故總台吉達什達瓦之妻率衆來降封爲車臣默爾根哈屯命尹繼善往浙江會審鄂樂舜丁亥阿巴噶斯得木齊哈丹等來降乙未命哈達哈由阿爾泰進兵協勦原任副將軍薩喇勒由珠勒都斯來歸命與鄂勒哲依同掌副將軍印命協辦大學士達勒黨阿由珠勒都司進兵協勦丁酉致仕協辦大學士阿克敦卒二月癸卯授巴里坤辦事大臣和起欽差大臣關防戊申以楊廷璋爲浙江巡撫辛亥上啟蹕謁孔林以策楞奏報獲阿睦爾撒納命改謁泰陵甲寅上謁泰陵免直隸山東經過州縣錢糧十分之三歉收地方免十分之五乙卯上幸山東詣孔林免山東海豐等三縣潮災額賦壬辰賑山東蘭山等州縣水災癸亥賑浙江仁和等十五州縣場水災甲子工部尚書衛哲治病免以趙宏恩代之策楞以誤傳獲阿睦爾撒納奏聞丁卯命薩喇勒以副將軍駐特訥格爾戊辰授碩色爲湖廣總督郭一裕爲雲南巡撫三月己巳朔上至曲阜謁先師孔子廟授清保爲盛京將軍庚午釋奠禮成謁孔林少昊陵元聖周公廟免曲阜丁丑年額賦辛未賑山東鄒縣等十七州縣衛水災丙戌免江蘇宿遷被災河租湖北潛江等五州縣上年水災額賦丁亥命哈達哈進兵烏梁海布延圖以青滾雜卜車布登爲參贊大臣策楞等奏復伊犁戊子免安徽宿州等二十一州縣衛江蘇阜甯等七十二州縣衛上年水災額賦壬辰上謁昭西陵孝陵景陵詣孝賢皇后陵奠酒丙申賜鄂樂舜自盡丁酉上還京師夏四月壬子免山東鄒縣等十九州縣衛上年潮災額賦命達勒黨阿由西路哈達哈由北路進征哈薩克以哈甯阿鄂實爲參贊大臣癸丑命大學士傅恒赴額林哈畢爾噶整飭軍務策楞玉保逮問以烏勒登疏縱阿睦爾撒納處斬甲寅命尚書阿里袞在軍機處行走丁巳召傅恒回京富德奏敗哈薩克于塞伯蘇台壬戌免山西岢嵐州二十年霜災額賦癸亥軍機大臣雅爾哈善劉綸罷命裘曰修在軍機處行走乙丑召劉統勳回京五月戊辰朔玉保降領隊大臣以達勒黨阿爲定邊右副將軍巴祿爲參贊大臣乙亥免浙江仁和等十三州縣上年被災額賦庚辰上詣黑龍潭祈雨乙酉以莽阿納達什車凌爲參贊大臣丁亥免甘肅甘州等三府本年民屯額賦賑甘肅皋蘭等二十廳州縣上年霜雹災辛丑噶勒雜特宰桑根敦等來降壬子以莽阿納爲歸化城都統癸丑何國宗降調以趙宏恩爲左都御史調汪由敦爲工部尚書劉統勳爲刑部尚書丙辰伯什阿噶什屬宰桑賽音伯克來降癸亥杜爾伯特台吉伯什阿噶什遣使來降命封親王乙丑封杜爾伯特台吉烏巴什爲貝子秋七月戊辰免安徽無爲等三十二州衛上年水災額賦壬申特楞古特宰桑敦多克及古爾班和卓等於濟爾瑪台詐降哈達哈等率兵殄之授哈達哈領侍衛內大臣車布登扎布郡王唐喀祿舒赫德副都統三都布多爾濟公爵餘議叙有差庚辰漕運總督瑚寶卒以張師載代之丁亥上幸清河至班第鄂容安喪次賜奠壬辰以青滾雜卜叛跡已著諭舒明成袞扎布等捕勦之癸巳庫車伯克鄂對等來降八月壬寅以綽爾多爲黑龍江將軍乙巳命喀爾喀親王成袞扎布爲定邊左副將軍舒明阿蘭泰桑齋多爾濟德沁扎布塔勒瑪善爲參贊大臣辛亥命納木扎布德木楚克爲參贊大臣以保德署綏遠城將軍癸丑上奉皇太后秋獮木蘭磔阿巴噶斯等于市戊午賑車臣汗部落扎薩克輔國公成袞等六旗旱災額魯特達瑪琳來降庚申上奉皇太后巡幸木蘭行圍授瑚圖靈阿富昌保德哲庫納阿爾賓爲參贊大臣隨成袞扎布辦事以保雲署綏遠城將軍壬戌台吉伯什阿噶什入覲召見行殿賜宴癸亥予成袞扎布等議叙甲子以喀爾喀貝勒品級車木楚克扎布接續台站封爲貝勒乙丑哈達哈等征哈薩克大敗之授扎拉豐阿爲貝子明瑞爲副都統賑陝西長安等十三廳州縣雹災九月甲戌達瓦齊近族台吉巴里率人戶來降命附牧扎哈沁地方丁丑土爾扈特台吉敦多布達什遣使臣吹扎布入貢上召見於行幄賜宴戊子免甘肅乾隆元年至十五年積年欠賦及甯夏安西等二十二州縣衛本年額賦有差庚寅上奉皇太后回駐避暑山莊授杜爾伯特親王伯什阿噶什爲盟長乙未暹羅國王遣使貢方物賑山東魚台等縣水災閏九月癸卯封羅卜藏車楞之子塔木楚克扎布爲貝勒戊申上奉皇太后回蹕庚戌授阿桂爲北路參贊大臣准借黑龍江被水人戶籽種口糧甲寅上奉皇太后還京師賑安徽宿州等十二州縣衛水災辛酉免江蘇清河十二州縣衛被災漕項冬十月戊辰命哈達哈以參贊大臣隨同成袞扎布辦事阿里袞富德回京壬申以富勒赫未能豫防河決召來京命愛必達爲河道總督劉統勳署之調鶴年爲山東巡撫授尹繼善兩江總督兼管河務癸酉以滿福爲巴里坤都統丙子兆惠以回部霍集占叛狀遣阿敏道等進兵戊寅輝特台吉巴雅爾叛掠洪霍爾拜扎哈沁命甯夏將軍和起討之己卯賑直隸延慶等八州縣衛本年水災雹災乙酉致仕大學士福敏卒十一月丁未賑甘肅皋蘭等二十六廳州縣水雹災辛亥調陳宏謀爲陝西巡撫圖勒炳阿爲湖南巡撫甲寅命仍逮問策楞玉保降封扎拉豐阿公爵以達勒黨阿爲定西將軍兆惠爲定邊右副將軍永貴爲參贊大臣庚申哈薩克錫喇巴瑪及回人莽噶里克率衆襲將軍和起于闢展和起力戰死之命如傅清拉布敦例䘏己未黃廷桂奏備馬三萬匹增兵駐哈密等處上以明決擔當嘉之賞黃廷桂雙眼花翎騎都尉世職壬戌王安國病免以汪由敦署吏部尚書趙宏恩署工部尚書何國宗署左都御史十二月甲子朔策楞玉保逮京途次爲額魯特人所害庚午賑山西汾陽等縣水災辛未諭哲布尊丹巴胡圖克圖加號敷教安衆喇嘛壬申以盧焯爲湖北巡撫賑山東金鄉等二十一州縣衛水災甲戌免陝西盩厔等四縣本年水災民屯額賦馬廠地額賦之半戊寅獲青滾雜卜于杭噶獎噶斯賞成袞扎布黃帶封子一人爲世子封納木扎勒一等伯己卯召瑚圖靈阿等回京以獲青袞雜卜功晉貝勒車木楚克扎布郡王品級賞貝勒旺布多爾濟等雙眼花翎丙戌達勒黨阿罷協辦大學士以鄂彌達代之

二十二年春正月甲午以南巡免江蘇安徽浙江累年逋賦以成袞扎布爲定邊將軍由巴里坤進勦車布登扎布署北路定邊左副將軍舒赫德富德鄂實爲參贊大臣色布騰巴勒珠爾阿里袞明瑞等爲領隊大臣乙未賑江蘇清河等十九州縣水災戊戌命嵩椿爲荆州將軍以莽吉賚爲參贊大臣赴北路軍營己亥命哈達哈爲參贊大臣駐科布多庚子以哈甯阿永貴爲參贊大臣癸卯上奉皇太后南巡甲辰授汪由敦吏部尚書調何國宗爲禮部尚書秦蕙田爲工部尚書趙宏恩仍回左副都御史白鍾山爲江南河道總督張師載爲河東河道總督楊錫紱爲漕運總督授愛必達江蘇巡撫丙午免直隸靜海等三州縣逋賦丁未免經過直隸山東地方本年錢糧十分之三被災地方十分之五壬子賑山東濟甯五州縣衛水災癸丑以阿思哈爲北路參贊大臣己未以稽璜爲江南副總河命阿桂留烏里雅蘇台辦事壬戌噶勒藏多爾濟達什車淩等叛二月癸亥朔免經過江南浙江地方本年錢糧十分之三被災地方十分之五甲子賑江蘇清河十四州縣衛安徽宿州等四州縣衛災民丙寅兆惠全師至烏魯木齊封一等伯世襲丁卯上奉太皇后渡河至天妃閘閱木龍免江南乾隆十年以前漕項積欠免兩淮竈戶乾隆十七年至十九年未完折價銀兩乙亥上奉皇太后渡江癸未幸宋臣范仲淹高義園甲申上奉皇太后幸

蘇州府乙酉上奉皇太后臨視織造機房調富森爲吏部尚書以納木札勒爲工部尚書降阿里袞爲侍郎以兆惠爲戶部尚書領侍衞內大臣舒赫德爲兵部尚書命成袞札布兆惠分路捕勦額魯特叛衆丙戌上閱兵於嘉興府後教場丁亥上閱兵於石門鎭己丑上奉皇太后幸杭州府庚寅上閱兵辛卯免山東齊河等三州縣民欠及山西汾陽等二縣江蘇淸河等十二州縣水災額賦三月丁酉噶勒藏多爾濟陷伊犁命成袞札布討之庚子上奉皇太后駐蹕蘇州府己酉上奉皇太后幸江甯府免江南之江甯蘇州浙江之杭州三府附郭諸縣本年額賦庚戌上奠明太祖陵輝特台吉車布登多爾濟叛哈達哈討獲之命盡誅丁壯以女口賞喀爾喀辛亥以哈達哈爲兵部尚書癸丑上奉皇太后渡江甲寅召原任大學士史貽直入閣辦事黃廷桂仍以大學士兼管陝甘總督丙辰免陝西潼關等廳州縣上年水雹災額賦召劉統勳赴行在己未上奉皇太后渡河夏四月壬戌朔直隸總督方觀承劾奏巡檢張若瀛擅責內監僧人上斥爲不識大體仍諭內監在外生事者聽人責懲乙丑免江蘇淮安等三府州地畝額賦命劉統勳督修徐州石工侍郞夢麟督修六塘以下河工副總河嵇璜督修昭關滾壩支河均會同督撫總河籌辦召成袞札布兆惠舒赫德等來京以雅爾哈善爲參贊大臣掌定邊右副將軍印命阿里袞駐巴里坤辦事丙寅上至孫家集閱隄工唐喀祿獲車布登多爾以普爾普部人賞烏梁海丁卯上渡河至荆山橋韓莊閘閱河工戊辰免直隸延慶等州縣衞二十一年雹災水災額賦庚午減山東海豐縣屬黎敬等五莊糧額並免十一年至二十年逋賦以松阿里爲綏遠城將軍獲普爾普辛未上至闕里釋奠先師孔子上奉皇太后駐蹕靈巖命史貽直仍以文淵閣大學士兼吏部尚書乙亥改松阿里爲涼州將軍以保德爲綏遠城將軍戊寅免山東濟甯等五州縣逋賦己卯調蔣炳爲河南巡撫以阿思哈爲湖南巡撫庚辰免河南夏邑等四縣逋賦辛巳以夏邑生員段昌緒藏吳三桂僞檄命方觀承赴河南會同圖勒炳阿嚴鞫之乙酉何國宗罷丁亥上還京師命秦蕙田署禮部尚書戊子以前布政使彭家屛藏明末野史褫職逮問以歸宣光爲禮部尚書庚寅福建廈門火丁酉上詣藍靛廠迎皇太后居暢春園乙巳賜蔡以臺等二百四十二人進士及第出身有差丁未霍集占叛副都統阿敏死之六月辛酉朔以胡寶瑔爲河南巡撫阿思哈署江西巡撫壬戌免甘肅及河南夏邑等四縣明年額賦癸亥以愛必達爲雲貴總督調陳宏謀爲江蘇巡撫明德爲陝西巡撫定長爲山西巡撫甲子賑河南鄢陵等州縣水災戊辰彭家屛論斬丁丑賞達什達瓦部落兩月口糧癸未喀爾喀達瑪琳叛命桑齋多爾濟討之己丑賑安徽宿州等十六州縣衞水災甘肅碾伯等三十八州縣廳水雹災秋七月辛卯朔賑山東館陶等州縣水災壬辰以劉藻爲雲南巡撫癸卯賜彭家屛自盡命史貽直仍兼工部乙巳賑安徽宿州等十州縣水災雹災丙午賑山東東平州等五州縣水災以獲巴雅爾授富德內大臣封貝勒羅布藏多爾濟爲郡王丁未以楊應琚爲閩浙總督以鶴年爲兩廣總督蔣洲爲山東巡撫塔永甯爲山西巡撫哈薩克汗阿布賚遣使入貢戊申上奉皇太后巡幸木蘭癸丑額魯特台吉渾齊等殺札那噶爾布以其首來降戊午賑山東濟甯等三十二州縣衞水災福建龍巖等二州縣水災八月丙寅哈薩克霍集伯爾根等降丁卯以薩喇善爲吉林將軍傅森署之戊辰賑甘肅柳溝等三衞旱災乙亥上奉皇太后巡幸木蘭行圍賑山西汾陽水災辛巳巴雅爾達什車淩伏誅九月癸巳克埒特烏魯特各部俱平甲午上御行殿哈薩克阿布賚等使臣入覲賜宴戊戌以富勒渾爲湖南巡撫琿齊等復叛庚子額魯特沙喇斯瑪呼斯二宰桑叛命都統滿福討之以雅爾哈善爲兵部尚書辛丑上奉皇太后回駐避暑山莊壬寅磔尼瑪等於故將軍和起墓前丁未命劉統勳赴山東江南辦理河工辛亥上奉皇太后還京師冬十月壬戌上幸南苑行圍癸亥琉球入貢乙丑以雅爾哈善署定邊右副將軍丁卯召車布登扎布來京以納木扎勒署定邊右副將軍阿桂赴科布多以莽古賚爲北路參贊大臣辛未以兆惠爲定邊將軍車布登扎布爲定邊右副將軍丙戌以永貴爲陝西巡撫十一月丙申以喀爾喀親王德沁扎布爲北路參贊大臣壬子以吳拜爲左都御史戊午賑甘肅皋蘭等二十二廳州縣霜雹等災十二月癸亥以陳宏謀爲兩廣總督李侍堯署之託恩多爲江蘇巡撫阿爾泰爲山東巡撫己巳大學士陳世倌乞休許之乙亥封車木楚克扎布爲郡王丁丑賑扎魯特阿嚕科爾沁三旗災庚辰舒赫德以失機褫職甲申加史貽直陳世倌太子太傅鄂彌達劉統勳太子太保是歲朝鮮暹羅琉球入貢

二十三年春正月己丑賑河南衞輝等府屬災民一月免甘肅乾隆十六年至二十二年逋賦庚寅命兆惠車布登扎布勦沙喇伯勒雅爾哈善額敏和卓征回部辛卯賑江蘇淸河等十八州縣安徽宿州等十州縣災民有差癸酉賑直隸大名等州縣災民丙午以俄羅斯呈驗阿睦爾撒納屍及哈薩克稱臣納貢宣諭中外己酉吏部尚書汪由敦卒上親臨賜奠壬子以劉統勳爲吏部尚書調秦蕙田爲刑部尚書以嵇璜爲工部尚書調鍾音爲廣東巡撫周琬爲福建巡撫周人驥署貴州巡撫癸丑命雅爾哈善爲靖逆將軍額敏和卓哈甯阿爲參贊大臣順德訥愛隆阿玉素布爲領隊大臣征回部命永貴定長以欽差大臣關防辦理屯田事務二月庚申朝鮮入貢癸亥賑陝西葭州等八州縣旱災乙丑賑德州等三十七州縣衞所災民三月庚寅上謁西陵癸巳上謁昭西陵孝陵孝東陵景陵庚子上謁泰陵辛丑兆惠等進兵沙喇伯勒獲扎喇沁哈拉拜盡殲其衆舍楞遁命和碩齊唐喀祿追捕之壬寅免江蘇山陽等二十五州縣衞額賦有差乙巳御試翰林詹事等官擢王鳴盛等三員爲一等餘陞黜有差試由部院改入翰林等官擢德爾泰爲一等餘陞黜有差丁未以吳士功爲福建巡撫鍾音爲陝西巡撫托恩多爲廣東巡撫莊有恭署江蘇巡撫馮鈐爲湖北巡撫夏四月壬戌免甘肅皋蘭等六府州縣乾隆三年至十年逋賦戊辰復封額駙色布騰巴勒珠爾爲親王免直隸霸州等三十三州縣廳乾隆十年至二十年逋賦庚午致仕大學士陳世倌卒壬申命李元亮兼署戶部尚書免直隸魏縣等二十九州縣廳上年水災額賦丙子命陳宏謀回江蘇以總督銜管巡撫事以馮鈐爲湖南巡撫莊有恭署湖北巡撫李侍堯署兩廣總督庚辰上詣黑龍潭祈雨壬午以旱命刑部淸理庶獄減徒以下罪直隸如之五月戊子免甘肅通省二十四年額賦癸丑賑陝西延安等三府州旱災六月辛未免陝西榆林等八州縣逋賦癸未免陝西靖邊等八州縣上年額賦直隸元城等州縣蝗秋七月丁亥免甘肅安西等三廳衞二十二年風災額賦己丑毛城鋪河決庚寅霍集占援庫車雅爾哈善等擊敗之免福建臺灣縣旱災額賦丙申加黃廷桂少保楊應琚開泰太子太保楊錫紱太子少師陳宏謀高晉胡寶瑔太子少傅白鍾山愛必達吳達善太子少保戊戌賑山西靜樂等州縣水雹災庚子上奉皇太后秋獮木蘭壬寅舍楞奔俄羅斯召阿桂還癸卯右翼布魯特瑪木特呼里比米隆遣其弟舍爾伯克入覲諭縛獻哈薩克錫喇乙巳以納木札勒爲靖邊將軍三泰爲參贊大臣諭兆惠赴庫車丙午上奉皇太后駐避暑山莊戊申賞車布登扎布親王品級壬子賑陝西延安等十七州縣旱雹災八月丙寅雨己巳上奉皇太后木蘭行圍甲戌以都賚爲兵部尚書丁丑賑甘肅皐蘭等二十四州縣廳旱災壬午緬甸國王莽達喇爲得楞野夷所害木梳鋪土官甕藉牙自立九月己丑賜布魯特使臣舍爾伯克宴提督馬得勝以攻庫車失機處斬庚寅右部哈薩克圖里拜及塔什干回人圖爾占等來降丙申奉皇太后駐避暑山莊甲戌調歸宣光爲左都御史以嵇璜爲禮部尚書命梁詩正署工部尚書命駐防伊犁大臣兼理回部事務己亥賑浙江仁和等縣水災甲辰哈喇哈勒巴克回部來降庚戌和闐城伯克霍集斯等來降壬子烏什城降冬十月癸亥賑浙江錢塘等十六縣塲水災山西朔平府屬霜災丁卯賑直隸大城等九縣水雹霜災兆惠自巴爾楚克進兵葉爾羌甲戌吳拜病免以德敏爲左都御史賑直隸滄州等六州縣塲水災十一月甲申朔右部哈薩克遣使來朝賜宴乙酉上回蹕丙戌上幸南苑行圍戊子上大閱己丑以阿里袞爲參贊大臣赴兆惠軍營辛卯賑江蘇海州等五州縣水旱潮災丁酉兆惠至葉爾羌城外陷賊圍中授富德爲定邊右副將軍阿里袞愛隆阿福祿舒赫德爲參贊大臣往葉爾羌策應己亥以十二月朔望日月並蝕諭修省辛丑克里雅伯克阿里木沙來降甲辰以兆惠深入鏖戰封一等武毅謀勇公晉額敏和卓郡王品級霍集斯貝子加貝勒品級丁未訥木扎三泰奎瑪岱策應兆惠途次遇賊死之加贈納木扎勒公爵三泰子爵奎瑪岱世職以舒赫德爲工部尚書庚戌富德赴葉爾羌十二月癸丑朔日蝕左副都御史孫灝奏請明年停止巡幸上斥其識見舛繆改用三品京堂並以效法皇祖練武習勞諭中外賑福建台灣等四縣風災加賑浙江仁和等七縣所水災壬戌裘日修罷軍機處行走丁卯除甘肅張掖等四廳縣水衝田畝額賦戊辰晉封喀爾喀扎薩克郡王齊巴克雅喇木丕勒爲親王壬申免浙江錢塘等七縣本年水災額賦

二十四年春正月甲申免甘肅通省明年額賦及積年各項積欠癸巳雅爾哈善處斬己亥大學士伯黃廷桂卒以吳達善爲陝甘總督明德爲甘肅巡撫暫護總督授李侍堯兩廣總督癸卯命蔣溥爲大學士仍管戶部尚書梁詩正爲兵部尚書歸宣光爲工部尚書陳惪華爲左都御史李元亮兼管兵部滿尚書蘇昌署滿工部尚書二月壬戌哈甯阿論斬癸亥賑車都布等三旗旱災甲子豆斌等世職命舒赫德回阿克蘇辦事己巳富德兵至葉爾羌會兆惠兵進攻富德阿里袞與霍集占戰呼爾璊大敗之封富德爲三等伯予舒赫德阿里袞晉封富德一等伯命車布登扎布爲副將軍福祿車木楚克扎布爲參贊大臣鄂斯滿等陷克里雅諭巴祿援和闐庚辰以兆惠富德回阿克蘇嚴責之三月

癸未命舒赫德同霍集斯駐和闐葳賊竄路己丑以頭等侍衞烏勒登副都統齊努渾爲北路參贊大臣壬辰召楊應琚來京以楊廷璋署閩浙總督甲午彗星見己亥明瑞晉封承恩毅勇公江蘇淮安等三府州蝗夏四月辛亥富德等援和闐癸丑以阿桂爲富德軍營參贊大臣丁巳常雩祀天於圜丘上以農田望澤命停止鹵簿步行虔禱以楊應琚爲陝甘總督吳達善以總督銜管巡撫事戊午以楊廷璋爲閩浙總督莊有恭爲浙江巡撫庚申免浙江錢塘等十六縣場上年風災額賦辛酉展賑甘肅河州等處旱災命刑部清獄減刑甘肅亦如之甲子賑甘肅狄道等二十三廳州縣衞旱災雹災丁卯上臨原任大學士黃廷桂喪癸酉免山西陽等五州縣上年水災雹災額賦丁丑禁織造貢精巧絺繡命舒赫德仍回駐阿克蘇五月辛巳免陝西瀆關等六十五廳州縣本年額賦有差辛卯上詣黑龍潭祈雨丁酉賑陝西咸寧等州縣旱災己亥詔諸臣修省仍直言得失辛丑上素服詣社稷壇祈雨丁未上以雨澤未沛不乘輦不設鹵簿由景運門步行祭方澤乙酉賑甘肅皐蘭等州縣被旱災民六月庚戌綏常犯奏請處決甲寅以恆祿爲綏遠城將軍戊午賑陝西楡林等十一州縣旱災庚申上以久旱步至圜丘行大雩禮是日大雨命兆惠進兵喀什噶爾富德進兵葉爾羌甲戌江蘇海州等州縣山東蘭山等縣蝗諭裘曰修海明捕蝗丙子英吉利商船赴甯波貿易莊有恭奏卻之諭李侍堯傳集外商示以禁約六月丙戌免福建台灣等三縣上年風災額賦丁酉賑甘肅皐蘭等州縣旱災庚子布拉呢敦棄喀什噶爾遁甲辰霍集占棄葉爾羌遁丙午以劉綸爲左都御史戊申以甘肅旱停發本年巴里等處遣犯秋七月己酉朔兆惠等奏喀什噶爾達爾羌回衆迎降布拉呢敦霍集占遁巴達克山命阿里袞等率兵攻巴爾楚克庚戌論兆惠等追捕布拉呢敦霍集占命車布登扎布駐伊犁防霍集占等入俄羅斯辛亥以捕蝗不力奪陳宏謀總督銜壬子上奉皇太后啟蹕秋獮木蘭己未上奉皇太后駐蹕避暑山莊停徵山西陽曲等三十九廳州縣旱災額賦丁丑改西安總督爲川陝總督四川總督爲四川巡撫甘肅巡撫爲甘肅總督管巡撫事以開泰爲川陝總督楊應琚爲甘肅總督山西平定等州縣蝗八月己卯明瑞追勦霍集占等於霍斯庫魯克嶺大敗之壬午賑甘肅皐蘭等四十廳州縣本年旱災己丑申禁英吉利商船逗遛甯波壬辰富德等奏追勦霍集占於阿勒楚爾大敗之癸巳上奉皇太后幸木蘭行圍庚子富德奏兵至葉什勒庫勒諾爾霍集占竄巴達克山九月庚戌賑浙江江山等縣水災論勦賊功晉封回人鄂對爲貝子阿什默特哈岱默特爲公復敏珠爾多爾濟公爵癸丑定西域祀典命阿桂赴阿克蘇辦事晉封玉素布爲貝勒丙寅改甘肅安西鎭爲安西府上奉皇太后還京師以蘇昌爲湖廣總督除回城霍集占等苛歛冬十月己卯頒給阿桂欽差大臣關防癸未賑山西陽曲等五十六廳州縣旱災丁亥賜哈甯阿自盡戊子禁州縣捕蝗派累民間癸巳免山西助馬路莊頭本年旱災額賦十分之七乙未以鄂弼爲山西巡撫賑盛京開原等城承德等七州縣旱災撫恤長蘆滄州等六州縣嚴鎭等五塲被水竈戶均蠲額賦有差免甘肅狄道等二十二廳州縣上年水災雹災額賦丙申賑順天直隸固安等四十七州縣廳水霜雹蟲災並蠲額賦有差丁酉諭國家承平百年休養滋息生齒漸繁今幸邊陲式廓萬有餘里以新闢之土疆佐中原之耕鑿又化兇頑之敗類爲務本之良民一舉而數善備各督撫其通飭所屬安插巴里坤各城人犯分別懲治勿以縱釋有罪爲仁使良法不行己亥賑江蘇上元等十九州縣廳衞水蟲風潮災庚子富德奏巴達克山素勒坦沙獻霍集占首級全部投誠命宣諭中外將軍兆惠加賞宗室公品級鞍轡將軍富德晉封侯爵並賞戴雙眼花翎參贊大臣公明瑞公阿里袞賞戴雙眼花翎舒赫德以下均從優議敘晉封額敏和卓爲郡王賞玉素布郡王品級辛丑以平定準回兩部用兵本末製開惑論宣示中外賑浙江嘉興等二十州縣衞所雙穗等九塲水災蟲災壬寅却諸王大臣請上尊號賑陝西定邊等九縣旱雹霜災癸卯召喀爾喀杜爾伯特諸部落汗王公等赴太平嘉宴十一月辛亥以平定回部上率諸王大臣詣皇太后壽康宮慶賀御太和殿受朝賀頒詔中外覃恩有差辛酉楊應琚加太子太師乙丑除山東濟甯州魚臺縣水淹地賦癸酉命各回城伯克等輪班入覲哈爾塔金布魯特來降十二月甲子賑甘肅皐蘭等十四廳州縣及東樂縣丞屬本年旱災癸巳免兩淮丁溪等七塲被災應納折價十分之七甲午賑山東海豐等十六州縣衞永阜等三塲本年水災潮災丁酉免浙江江山等三縣本年水災額賦

二十五年春正月戊申以西師凱旋再免來歲甘肅額賦己酉賑甘肅皐蘭等州縣旱災庚戌命烏魯木齊屯田乙卯霍罕額爾德尼伯克遣使陀克塔瑪特等入覲丙辰巴達克山素勒坦沙遣使額穆爾伯克等及齊哩克博羅爾使入覲定邊將軍兆惠等以霍集占首級來上並俘酋捫多索不等至京丁巳上御午門行獻俘禮命霍集占首級懸示通衢宥捫多索不等罪己未布魯特阿濟比遣使錫喇噶斯等入覲二月丁丑命侍郞裘曰修伊祿順淸查甘肅各州縣辦理軍需賑札薩克圖汗等四旗部落飢癸未上啟蹕詣東陵乙酉賑山西陽曲等州縣上年旱災丙戌上謁昭西陵孝陵孝東陵景陵丁亥以清馥遷延諱匿命正法辛卯免盛京等十九驛旱災額賦並賑之癸巳上還京師丙申命車布登札布以副將軍統兵勦捕哈薩克巴魯克巴圖魯以瑪瑺車木楚克札布爲參贊大臣上詣泰陵己亥上謁泰陵以兆惠富德爲御前大臣壬寅兆惠等凱旋上至良鄉郊勞癸卯上還京師甲辰賜哈密扎薩克郡王品級貝勒玉素布等冠服有差三月丙午朔上御太和殿受凱旋朝賀丁未試辦伊犁海努克等處屯田設烏魯木齊至羅克倫屯田村莊免安徽懷甯等十七州縣衞上年水蟲災額賦壬子以阿布都拉爲烏什阿奇木伯克阿什默特爲和闐阿奇木伯克噶岱默特爲喀什噶爾阿奇木伯克鄂對爲葉爾羌阿奇木伯克甲寅頒阿桂關防駐伊犁辦事常亮等協同辦事丁巳免浙江仁和等十州縣衞所雙穗等九塲上年水災蟲災額賦辛酉賑江蘇上元等五十五州縣衞上年水災甲子上臨和碩和婉公主喪次賜奠丙寅上幸皇六子永瑢第戊辰命新柱往葉爾羌辦事己巳晉封純貴妃爲皇貴妃以巴圖濟爾噶勒爲內大臣庚午免山東海豐等十六州縣永阜等三塲上年潮水災額賦夏四月戊子以山東蘭山等縣蝻生命直隸豫防之己亥內大臣薩喇勒卒五月甲辰朔日食詔修省丙午諭陝甘總督轄境止烏魯木齊飭楊應琚仍回內地壬子詔曰內地民人往蒙古四十八部種植設禁之是厲民今烏魯木齊各處屯政方興客民前往各成聚落汗萊闢而就食多大裨國家牧民本圖無識者又疑勞民特爲宣諭癸丑賜畢沅等一百六十四人進士及第出身有差丁巳免安徽懷甯等十七州縣衞上年水災蟲傷額賦乙丑裁陝西楡葭道改延綏道爲延楡綏道移駐楡林府以鄜州隸督糧道己巳哈薩克阿布勒巴木比特遣使入覲賜勅書卻所請游牧伊犁及居住巴爾魯克等地前掠烏梁海之巴魯克巴圖魯服罪獻還所獲仍錫賚之六月乙亥免甘肅徽本年及來年耗羨丁酉召阿里袞回京命海明赴喀什噶爾辦事秋七月癸卯朔諭熱河捕蝗甲辰山西甯遠等廳直隸廣昌等州縣蝗甲寅伯什克勒木等莊回人邁喇木呢雅斯叛阿里袞勦平之以阿思哈爲江西巡撫乙卯賑江蘇高郵等州縣水災戊辰以楊甯爲喀什噶爾提督己巳以俄羅斯駐兵和甯嶺喀屯河額爾齊斯阿勒坦諾爾四路聲言分界論阿桂車布登札布等來歲以兵逐之八月丙戌命烏魯木齊駐剳大臣安泰定長永德爲總辦列名奏事其大臣侍衞等均如領隊大臣例專任一事咨安泰等轉奏己丑上奉皇太后秋獮木蘭壬辰以阿桂總理伊犁事務授爲都統丙申上奉皇太后駐避暑山莊戊戌上奉皇太后幸木蘭行圍己亥增設江蘇江甯布政使駐江甯府分轄江淮揚徐通海六府州以蘇州布政使分轄蘇松常鎭太五府州安徽布政使回駐安慶命託庸調補江甯布政使命戶部侍郞于敏中在軍機處行走九月乙卯喀爾喀車臣汗札薩克旺沁扎布以不能約束屬人革札薩克降貝子爲鎭國公丙辰恒春引見以舒明署綏遠城將軍丁巳三姓副都統巴岱以挖蔘人衆滋事不能捕治反給牌票上以畏懦責之命正法庚申命德爾格駐闢展辦事癸亥哈薩克汗阿布賚使都勒特克埒入覲冬十月壬申朔上奉皇太后回駐避暑山莊乙亥以蘇州布政使蘇崇阿刑求書吏妄奏侵蝕七十餘萬劉統勳等鞫治皆虛革發伊犁戊寅以恒祿爲吉林將軍如松爲綏遠城將軍乙酉賑安徽宿州等十三州縣衞本年水災辛卯上奉皇太后還京師以阿里袞爲領侍衞內大臣癸巳免直隸宣化等七州縣本年水雹災額賦己亥賑湖南常甯等十二州縣衞旱災十一月癸卯免江蘇山陽等二十五州縣衞本年水災額賦有差丁未除山東永利等二場並海豐縣潮衝竈地額賦庚申賑甘肅洮州等二十七廳州縣衞本年水災丙寅以常鈞署江西巡撫庚午允塈肅州隣邊荒地開渠溉田十二月丙戌西安將軍松阿哩以受屬員餽遺褫職論絞命甘肅總督仍改爲陝甘總督以伊犂葉爾羌等處均駐大臣無須更置道員歸總督轄停四川總督兼管陝西調胡寶瑔爲江西巡撫吳達善爲河南巡撫以明德爲甘肅巡撫丁亥大學士蔣溥以病乞休溫諭慰留壬辰上幸瀛臺賜入覲葉爾羌諸城伯克薩里等食至重華宮賜茶果壬辰阿思哈論絞丙申德敏遷荊州將軍以永貴爲左都御史命赴喀什噶爾辦事代舒赫德回京是年朝鮮南掌入貢

二十六年春正月壬寅紫光閣落成賜畫像功臣並文武大臣蒙古王公等宴賑湖南零陵等七州縣江蘇清河等六州縣水災丙午以愛必達劉藻兩年所出屬員考語相同下部嚴議浙江提督馬龍圖以挪用公項解任鞫治甲寅尹繼善陛見高晉護兩江總督調海明赴阿克蘇同辦事命舒赫德赴喀什噶爾

辦事永貴赴葉爾羌辦事癸亥以傅森署左都御史癸酉上臨大學士蔣溥第視疾鄂寶以廻護陸川縣縱賊一案下部嚴議以託庸爲廣西巡撫永泰署湖南巡撫庚辰上奉皇太后西巡五台壬午免所過州縣額賦十分之三甲申上奉皇太后謁泰陵乙酉安南國王黎維禕卒封其姪黎維褍爲安南國王丁亥免直隸宣化萬全等八州縣乾隆八年至十八年逋賦癸巳上奉皇太后駐臺麓寺己亥免山東濟甯等三州縣上年水災額賦貸甘肅淵泉等三縣農民豌豆籽種令試種三月庚子希布察克布魯特額穆爾比自安集延來歸遣使入覲乙巳上幸正定府閱兵戊申江南河道總督白鍾山卒以高晉代之調託庸爲安徽巡撫以熊學鵬爲廣西巡撫己酉設喀什噶爾駐劄辦事大臣命伊勒圖協同永貴辦事庚戌賑安徽宿州等十三州縣衞水災壬子上幸平陽淀行圍乙卯免直隸宣化等二縣上年雹災額賦丁卯授阿桂內大臣改綏遠城建威將軍曰綏遠城將軍己巳南掌國王蘇嗎喇薩提拉准第駕公滿遣使表賀皇太后聖壽皇上萬壽並貢方物夏四月庚午上臨莊親王第大學士蔣溥第視疾辛未莊有恭奏劾參將安廷召不以保舉在前姑容於後諭嘉之己卯大學士蔣溥卒命旌額理阿思哈赴烏魯木齊辦事達桑阿赴阿克蘇辦事代安泰定長納世通回京戊子免湖南常甯等十二州縣上年旱災額賦有差庚寅上閱健銳營兵壬辰以李侍堯爲戶部尚書調蘇昌爲兩廣總督愛必達爲湖廣總督以吳達善爲雲貴總督常鈞爲河南巡撫癸巳命劉藻暫署雲貴總督甲午賜王杰等二百一十七人進士及第出身有差五月丁未以劉統勳爲東閣大學士兼管禮部事梁詩正爲吏部尚書協辦大學士劉綸爲兵部尚書金德瑛爲左都御史戊午以定長爲福建巡撫楊廷璋兼署之六月癸未賑雲南新興等二州縣地震災壬辰免江蘇句容等十八州縣衞坍地額賦秋七月辛丑協辦大學士鄂彌達卒命兆惠協辦大學士調舒赫德爲刑部尚書兆惠署以阿桂爲工部尚書阿里袞署癸丑上啓蹕秋獮木蘭命諴親王允祕扈皇太后駕壬戌上駐避暑山莊以皇太后巡幸木蘭直隸沿途地方文武玩忽規避飭下部嚴議丙寅河南祥符等州縣河溢八月丁丑賑湖北漢川等十三州縣衞水災戊寅以湯聘爲湖北巡撫胡寶瑔爲河南巡撫常鈞爲江西巡撫庚辰命高晉赴河南協辦河工辛卯上奉皇太后幸木蘭壬辰薩噶爾巴噶什兩部伯克之兄子孟克及雅爾木古齊入覲九月丁酉停今年勾決辛丑命明瑞赴伊犁辦事代阿桂回京癸卯山東曹縣二十堡黃河及運河各漫口均合龍丙午賑湖南武陵等州縣水災戊申河南懷慶府丹沁二河溢入城衝沒人口千三百有奇賑被災人民壬子賑湖北沔陽等十一州縣衞水災乙卯以竇光鼐于會讞大典紛呶謾詈下部嚴議己未命素誠赴烏什辦事代永慶回京以札拉豐阿爲烏里雅蘇臺參贊大臣雅郎阿赴科布多辦事代札隆阿福祿回京庚申命傅景赴西藏辦事代集福回京乙丑賑山東齊河等四十五州縣水災河南祥符等五十四州縣本年水災冬十月戊辰除甘肅臯蘭等三十二廳州縣水衝田畝額賦並免山丹等五縣水衝撥運糧米辛未上奉皇太后還京師壬辰召裘曰修回京賑江蘇銅山等縣水災周人驥奏仁懷等處試織繭紬各屬倣行上嘉之十一月乙未朔賑順直固安等六十九州縣本年水災丁酉以英廉爲總管內務府大臣己亥河南楊橋漫口合龍辛丑調嵩椿爲察哈爾都統以舒明爲綏遠城將軍癸卯免山西陽曲等三十八州縣大同管糧等十四廳二十四年水災隨征耗銀丁未免河南祥符等四十三州縣漕糧漕項有差辛亥減江蘇山陽等二十一州縣衞水沈地畝並除民屯學田湖蕩草灘額賦癸丑禮部尚書五齡安以讀表錯誤褫職甲寅上奉皇太后御慈甯宮加上徽號曰崇慶慈宣康惠敦和裕壽純禧恭懿皇太后翌日頒詔覃恩有差以永貴爲禮部尚書阿里袞署之丙辰上奉皇太后御慈甯宮率王大臣行慶賀禮進製聖母七旬萬壽連珠奉皇太后懿旨停止進獻以勒爾森爲左都御史十二月丁卯以雲南江川等二州縣地震成災命加倍賑之仍免本年額賦辛未免江蘇南滙等六州縣二十三年水旱災額賦甲戌賑山西文水等十三州縣水災甲申賑湖北漢川等二縣衞水災

二十七年春正月丙申以奉皇太后巡省江浙詔免江蘇安徽浙江逋賦賑河南祥符等州縣災民有差丁酉以科爾沁敏珠爾多爾濟旗災貸倉穀濟之丙午上奉皇太后南巡發京師免直隸山東經過地方本年錢糧十分之三上年被災處十分之五戊申左都御史金德瑛卒以董邦達代之賑順直文安等二十八州縣上年水災甲寅賑山東曹齊河等二縣水災有差召多爾濟回京命容保駐西甯辦事丁巳綏遠城將軍舒明卒調蘊著代之戊午免山東惠民等十五州縣衞歷年民欠穀銀己未以周人驥固執開南明河荒農累民罷之命喬光烈爲貴州巡撫癸亥命淸查俄羅斯疆界二月己巳賑江蘇高郵等十一州縣安徽太和等五州縣水災庚午命尹繼善爲御前大臣壬申上奉皇太后渡河閱淸口東壩惠濟閘命阿里袞爲御前大臣高晉爲內大臣丙子朝鮮入貢丁丑哈薩克使策伯克等入覲行在賜冠服有差庚辰上奉皇太后渡江閱京口兵辛巳上幸焦山乙酉上奉皇太后臨幸蘇州府丙戌免河南祥符等四十三州縣上年水災額賦戊子上謁文廟三月甲午朔上奉皇太后臨幸杭州府乙未上幸海甯閱海塘丁酉賑湖北潛江等九州縣衞水災戊戌上閱兵庚子免江浙節年未完地丁屯餉漕項並水鄉竈課銀辛丑賑山東齊河等五州縣上年水災壬寅上幸觀潮樓賜浙江召試貢生沈初等二人舉人與進士孫士毅等二人並授內閣中書癸卯上奉皇太后臨視織造機房丙午回蹕丁未加錢陳羣刑部尚書銜甲寅上奉皇太后渡江乙卯命濬築直隸各河隄以工代賑丙辰移山西歸綏道駐綏遠城己未上祭明太祖陵閱兵幸兩江總督尹繼善署庚申免江蘇江甯蘇州杭州附郭諸縣本年額賦辛酉賜江南召試諸生程晉芳等五人舉人與進士吳泰來等三人並授內閣中書壬戌上奉皇太后渡江夏四月庚午上閱高家堰諭濟運壩至運口接建磚工上奉皇太后渡河以大理寺少卿顧汝修奏使安南擅移書詰責國王褫職癸酉命莊親王允祿等由水程奉皇太后回蹕上登陸由徐州閱河甲戌免浙江仁和等十縣湖州一所仁和等五場上年水災額賦庚辰上祭孟子廟謁先師廟辛巳上謁孔林賑甘肅安定等十州縣上年雹災壬午免山東齊河等四十四州縣衞所上年水災額賦戊子皇太后登陸駐蹕德州行宮己丑上送皇太后登舟庚寅命劉統勳會勘景州疏築事宜辛卯免順直大興等十州縣廳逋賦五月甲午以乾清門行走額魯特鄂爾奇達遜奮勉勇往賞三等伯爵賑安徽壽州等十州縣衞上年水災乙未上至涿州哈薩克陪臣阿塔海等入覲賜冠服有差賑長蘆屬滄州等七州縣及嚴鎭等七場上年水災竈戶並免賦有差辛丑上詣黃新莊迎皇太后居暢春園賑湖南武陵等四州縣上年水災並免額賦有差癸卯除安徽虹縣等四州縣衞水占窪地額賦戊申調鄂弼爲陝西巡撫以札拉豐阿爲正白旗領侍衞內大臣癸丑以倭和爲總管內務府大臣閏五月癸亥朔以清保年老召來京調格舍圖爲盛京將軍朝銓署之丁卯免湖北潛江等九州縣衞上年水災額賦辛巳籍沒納延泰財產辛卯命西安將軍如松襲封信郡王以德昭之子修齡襲如松公爵改察哈爾都統嵩椿爲西安將軍以巴爾品代之六月丁酉免直隸固安七十四州縣廳上年水災額賦壬寅召此次南巡接駕休致之編修沈齊禮來京及因事降革之馮鎬等十三員引見乙巳以庫爾勒伯克等進貢論計直頒賞仍通諭各城非盛典進方物者皆止之己酉以原任將軍班第參贊大臣鄂容安在伊犁竭忠全節命於伊犁關帝廟後設位致祭秋七月壬戌以朝鮮三水府滋事逃人越境命恆祿等赴邊境查勘癸亥免安徽壽州等十六州縣衞上年水災額賦戊辰上奉皇太后巡幸木蘭免經過地方本年錢糧十分之五乙亥霍罕侵據額德格訥阿濟畢布魯特之鄂斯等處諭永慶檄霍罕還之八月庚子建伊犂之固勒札烏哈爾里克兩城賜名綏定安遠上奉皇太后回駐避暑山莊甲辰託恩多丁憂調明山署廣東巡撫蘇昌兼署湯聘爲江西巡撫以宋邦綏爲湖北巡撫愛必達兼署壬子免順直文安等十七州縣廳逋賦及甯河等五縣本年水災額賦丙辰賜察哈爾都統敕書黑龍江將軍綽勒多卒調國多歡代之九月癸亥賞自哈薩克來投之塔爾巴哈沁額魯巴桑銀綺庚午上奉皇太后回蹕辛未巴達克山素勒坦沙遣使入覲丁丑命乾清門侍衞明仁帶御醫馳視胡寶瑔疾賑山東齊河等三十五州縣衞水災幷免額賦甲申建烏魯木齊城堡賜城名曰甯邊輯懷堡名曰宣仁懷義樂全寶昌惠徠屢豐戊子理藩院尚書領侍衞內大臣富德以索取蒙古王公馬畜褫職逮問己丑以新柱爲理藩院尚書明瑞爲正白旗領侍衞內大臣冬十月辛卯調陳宏謀爲湖南巡撫宋邦綏署之莊有恭爲江蘇巡撫熊學鵬爲浙江巡撫馮鈐爲廣西巡撫顧濟美護之癸巳緬甸宮裏雁以焚殺孟連土司刀派春全家命處斬傳首示衆癸卯以愛烏罕汗哈默特沙遣使入貢諭沿途督撫預備筵宴幷命額勒登額護送乙巳設總管伊犂等處將軍以明瑞爲之命築科布多城己酉賑順直霸州等六十三州縣廳水雹霜災免江蘇淸河等十七州縣衞本年水災額賦甲寅賑浙江仁和等二十八州縣衞塲水災丁巳奉天府府尹通福壽以徇縱治中高錦勒索商人解任鞫治十一月己未朔濬山東德州運河庚申設伊犂參贊大臣以愛隆阿伊勒圖爲之辛酉設伊犂領隊大臣命明瑞等率兵驅逐塔爾巴哈台山陰之哈喇巴哈等處越牧哈薩克戊辰以薩魯布魯特頭目沙巴圖交還所掠霍罕貿易人等馬匹諭永貴等酌賞之呼叶齊布魯特爲霍罕所侵來投命移於阿拉圖呼勒等處游牧庚午命博斯和勒爲杜爾伯特盟長設副將軍二員以車淩烏巴什爲右翼副將軍巴桑爲左翼副將軍辛未建喀什噶爾新城壬申改山西平魯

營參將爲都司裁原設中軍守備及井坪營都司丙子哈薩克努爾賚烏爾根齊城哈雅克等遣使入覲甲申諭方觀承仿河南濬道路溝洫賑甘肅皐蘭等二十廳州縣本年冰雹霜雪災戊子濬山東壽張等州縣河道溝渠十二月庚寅大學士史貽直以老病乞休優詔慰留命不必兼攝工部以示體恤丙申克什密爾呢斯雅伯克請入覲允之霍罕呈書以布魯特鄂斯故地爲已有諭永貴等嚴檄令給還辛丑以霍罕伯克復永貴等書謂前遣使人奉旨稱爲汗欲以喀什噶爾爲界諭嚴檄斥駁之丁未工部尚書歸宣光卒以董邦達代之壬子命納世通赴喀什噶爾辦事代永貴回京癸丑巴達克山侵闢博羅爾諭新柱等嚴檄責令息兵並索獻布拉尼敦妻孥

二十八年春正月庚申賑順直屬之薊州等三十五州縣山東齊河等三十州縣衞水災有差甲子上御紫光閣賜愛烏罕巴達克山霍罕哈薩克各部使人宴丁卯上大閱暢春園之西廠命各部使人從觀以法起爲歸化城都統壬申命阿桂在軍機處行走壬午河南巡撫胡寶瑔卒以葉存仁爲河南巡撫甲申以納世通爲參贊大臣駐喀什噶爾總理回疆事務壬辰命方觀承赴河南會勘漳河工程戊戌改西安滿洲漢軍副都統爲左右翼副都統壬寅裁西甯辦事大臣庚戌上謁昭陵孝陵孝東陵景陵是日回蹕改烏魯木齊副將爲總兵乙卯命侍郎裘曰修督辦直隸水利三月己未上還京師壬戌免山東齊河等三十一州縣衞水災額賦丁卯上謁泰陵是日回蹕賞甯津縣百有三歲壽民李友益及其子姪孫銀牌緞疋有差丁丑設伊犂額魯特總管三員副總管以下員額有差戊寅命福德赴庫倫同桑齋多爾濟辦事丙戌免江蘇清河等十四州縣衞水災額賦夏四月壬辰賑浙江錢塘等十七州縣場上年水災癸卯上詣黑龍潭祈雨乙巳雨戊申法起以贓免以傅良爲歸化城都統壬子賜秦大成等一百八十八人進士及第出身有差甲寅裁歸化城都統五月辛酉圓明園火癸亥命尚書阿桂往直隸霸州等處會同侍郎裘曰修總督方觀承督辦疏濬事以舒赫德署工部尚書甲子封朝鮮國王孫李算爲世孫己巳果親王弘瞻以干與朝政削王爵仍賞給貝勒和親王弘晝以儀節僭妄罰俸三年庚午大學士史貽直卒壬申上試翰林詹事等官擢王文治等三員爲一等餘各陞黜有差甲戌上奉皇太后秋獮木蘭以李侍堯爲湖廣總督輔德爲湖北巡撫陳宏謀兼署之調劉綸爲戶部尚書仍兼署兵部以陳宏謀爲兵部尚書調喬光烈爲湖南巡撫來朝署之乙亥以崔應階爲貴州巡撫己卯調明德爲江西巡撫以和其衷爲山西巡撫丙戌命福德往庫倫辦事仍帶署理藩院侍郎銜以額爾景額爲參贊大臣往葉爾羌辦事六月庚寅山東歷城等州縣蝗壬辰賑甘肅狄道等三十廳州縣水旱霜雹災戊戌開泰以恇怯規避免以鄂弼爲四川總督明山爲陝西巡撫阿里袞署之阿思哈爲廣東巡撫蘇昌兼署命阿思哈先署廣西巡撫壬寅四川總督鄂弼卒以阿爾泰爲四川總督崔應階爲山東巡撫圖勒炳阿爲貴州巡撫吳達善兼署雲南巡撫以梁詩正爲東閣大學士劉綸協辦大學士調陳宏謀爲吏部尚書彭啓豐爲兵部尚書張泰開爲左都御史甲辰上幸簡親王第視疾壬子簡親王奇通阿卒秋七月庚申英廉丁憂命舒赫德兼署戶部尚書劉綸留部治事戊辰仍設西甯辦事大臣以七十五爲之己巳順直大城滄州等州縣蝗庚辰履親王允祹卒八月癸巳賜烏魯木齊城名曰迪化特訥格爾城名曰阜康辛丑上奉皇太后幸木蘭行圍九月乙卯朔日食乙丑上奉皇太后迴駐避暑山莊庚午上奉皇太后回蹕癸酉改甘肅臨洮道爲驛傳道兼巡蘭州府洮岷道爲分巡鞏秦階道丙子上奉皇太后還京師冬十月甲申加梁詩正高晉太子太傅兆惠劉綸阿里袞舒赫德秦蕙田阿桂陳宏謀楊錫紱楊廷璋李侍堯蘇昌阿爾泰太子太保莊有恭劉藻太子少保丙戌上臨奠履親王允祹丁未免江蘇銅山等九州縣水災額賦十一月甲寅朔召成袞扎布來京以扎拉豐阿署烏里雅蘇臺將軍雅郎阿留科布多辛酉河東河道總督張師載卒以葉存仁代之調阿思哈爲河南巡撫明山爲廣東巡撫明德爲陝西巡撫輔德爲江西巡撫常鈞爲湖北巡撫以楊應琚兼署甘肅巡撫丁卯大學士梁詩正卒己卯以楊廷璋爲體仁閣大學士仍留閩浙總督任十二月乙酉免直隸延慶等十州縣雹旱災額賦丁亥賑甘肅皐蘭等十二廳縣旱災飢民辛卯賑山東濟甯等八州縣衞水災乙未召多歡來京調富僧阿爲黑龍江將軍庚子休致左都御史梅瑴成卒丁未命綽克托赴烏魯木齊辦事代額旌里回京

二十九年春正月癸丑朔賑山東濟甯等七州縣衞甘肅永昌等二十四廳州縣災民甲戌加賑雲南江川等五州縣地震災民並免額賦己卯朝鮮入貢二月丁亥命阿敏爾圖駐藏辦事代福鼐回京甲午上謁泰陵乙未命觀音保赴伊犂代愛隆阿回京己亥上還京師己酉免上年直隸薊州雹災萬全縣旱災額賦辛亥免湖北沔陽等三州縣衞上年水災額賦三月癸丑太子太傅大學士來保卒乙卯移陝甘總督駐蘭州兼管甘肅巡撫事裁甘肅巡撫移固原提督回駐西安改河州鎮總兵爲固原鎮總兵免山東濟甯等七州縣衞上年水災額賦庚申上臨故大學士來保第賜奠免江蘇銅山等二十八州縣衞上年水災額賦壬戌命兆惠署工部尚書阿桂赴西甯會同七十五及章嘉呼圖克圖選派郭羅克頭目夏四月甲午賑甘肅金縣等縣旱災五月壬子朔諭粵海關官貢毋進珍珠等物辛酉以託恩多署兵部尚書六月癸未賑湖南武岡等州縣水災甲申命玉桂赴北路代扎拉豐阿回京丁亥河東河道總督葉存仁卒以李宏代之庚寅奉天甯遠等州縣蝗丁酉賑廣東英德等縣水災甲辰調蘇昌爲閩浙總督李侍堯爲兩廣總督明山署之調吳達善爲湖廣總督以劉藻爲雲貴總督乙巳調常鈞爲雲南巡撫以王檢爲湖北巡撫丁未命阿爾泰回四川總督秋七月辛亥朔以楊應琚爲大學士留陝甘總督任陳宏謀協辦大學士壬子命常鈞暫兼署湖廣總督劉藻兼署雲南巡撫甲子湖北黃梅等州縣江溢命撫卹災民丙寅湖南湘陰等州縣湖水溢命賑恤災民丁卯上奉皇太后秋獮木蘭癸酉上奉皇太后駐蹕避暑山莊丁丑賑安徽當塗等州縣水災八月辛巳免甘肅皐蘭等三十二州縣廳本年旱災額賦壬辰諭阿爾泰等曉諭綽斯甲布九土司會攻金川戊戌上奉皇太后巡幸木蘭行圍秦蕙田以病解任以劉綸兼署禮部尚書庚子增伊犂雅爾等處領隊大臣各二員以綽克托爲塔爾巴哈台參贊大臣命伍彌泰等仍留烏魯木齊辦事九月己未命刑部侍郎阿永阿會同吳達善讞湖南新甯縣民傳帖罷市獄癸亥賑江西南昌等八縣水災並免額賦丙寅刑部尚書秦蕙田卒以莊有恭代之暫留江蘇巡撫任己巳上奉皇太后回駐避暑山莊冬十月癸巳喬光烈以新甯罷市獄褫職調圖勒炳阿爲湖南巡撫以方世儁爲貴州巡撫丙申以托恩多爲理藩院尚書辛丑山東進牡丹壬寅賑江蘇上元等六州縣災民癸卯召鍾音回京調富明安赴葉爾羌辦事甲辰賑安徽懷甯等十九州縣衞水災十一月壬子賑甘肅皐蘭等二十廳州縣旱災癸丑築呼圖壁城成賜名曰景化丙辰免湖南武岡等二州縣水災額賦賑甘肅皐蘭等十五廳州縣水雹災乙丑協辦大學士戶部尚書兆惠卒上臨奠丁卯以阿里袞爲戶部尚書協辦大學士調託恩多爲兵部尚書以五吉爲理藩院尚書兆德爲正黃旗領侍衞內大臣十二月戊寅朔以常復爲烏里雅蘇臺參贊大臣戊子賑湖北黃梅等州縣水災甲子禮部尚書陳悳華病免調董邦達代之以楊廷璋爲工部尚書

三十年春正月戊申以皇太后四巡江浙免江蘇安徽浙江歷年因災未完丁漕賑甘肅皐蘭等二十九廳州縣旱災湖北監利等四縣水災有差癸丑劉綸丁憂命莊有恭以刑部尚書協辦大學士以于敏中爲戶部尚書調明德爲江蘇巡撫和其衷爲陝西巡撫以彰寶爲山西巡撫文綬護之壬戌上奉皇太后啟蹕南巡癸亥免直隸山東經過州縣額賦十分之三二月戊子上奉皇太后渡河閱清口東壩木龍惠濟閘命阿桂赴伊犂辦事壬辰免江蘇州縣乾隆二十八年以前熟田地丁雜款舊欠經過州縣本年額賦之半丙申上奉皇太后渡江己亥朝鮮入貢閏二月丙午朔上奉皇太后臨幸蘇州府上謁文廟己酉免江甯蘇州杭州附郭諸縣本年丁銀免浙江經過州縣本年額賦之半辛亥丑達改葉爾羌辦事命素琳赴庫倫辦事以額爾景額爲喀什噶爾參贊大臣壬子上奉皇太后臨幸杭州府乙卯烏什回人作亂戕辦事大臣素誠丁巳加沈德潛錢陳羣太子太傅命明瑞進勦烏什庚申命明瑞額爾景額總理烏什軍務明瑞節制各軍命阿桂明亮赴伊犂辦事辛酉舒赫德留京辦事以託恩多署工部尚書戊辰調明山爲江西巡撫王檢爲廣東巡撫李侍堯兼署以李因培爲湖北巡撫己巳賜伊犂新築駐防城名曰惠遠哈什回城曰懷順乙亥免江蘇上元等五縣上年水旱災額賦三月丙子朔賑湖北漢陽等七州縣上年水災上幸焦山戊寅上奉皇太后駐江甯府壬午上詣明太祖陵奠酒辛尹繼善署觀音保勦烏什逆回失利甲申以馮鈐爲湖南巡撫宋邦綏爲廣西巡撫丙戌上奉皇太后渡江丁亥果郡王弘瞻卒甲午以京察予大學士傅恆等敍乙未上閱高家堰堤奉皇太后渡河召尹繼善入閣辦事以高晉爲兩江總督調李宏爲江南河道總督以李清時爲河東河道總督壬寅追論素誠貪淫激變罪籍產戍其子於伊犂以納世通卞塔海諱匿敗狀籍產治罪命永貴赴喀什噶爾辦事以託恩多署禮部尚書癸卯上渡河夏四月丙午朔賑甘肅河州等三十六廳州縣上年雹水旱霜災庚戌免湖北漢陽等十二州縣衞上年水災額賦辛亥追予故刑部尚書王士禛謚文簡丁巳上奉皇太后駐德州庚申裁江蘇淮徐海道丙寅上還京師庚午上迓皇太后居暢春園辛未哈薩克使臣鄂托爾濟等入覲五月乙亥晉封喀爾喀郡王羅布藏多濟爲親王乙酉上臨果郡王弘瞻殯所及簡勤親王奇通阿園寢賜奠以和闐辦事大臣和誠

婪索回人奪職逮問命伊勒圖赴塔爾巴哈台辦事辛卯京師地震丁酉免安徽懷寧等十九州縣衛上年水災額賦甲辰納世通卡塔海貽誤軍務正法六月己酉以楊廷璋署兩廣總督明山暫署董邦達署工部尚書乙卯晉封令貴妃魏氏爲皇貴妃己巳諭明瑞勿受烏什逆回降秋七月辛巳上奉皇太后秋獮木蘭戊子以官保爲左都御史乙未前和闐辦事大臣和誠以貪婪鞫實正法丁酉奪喀爾喀親王桑齋多爾濟爵八月甲辰朔減朝審秋審緩決三次以上刑己未上幸木蘭行圍庚申賑甘肅靖遠等十一廳縣旱災甲子甘肅寧遠等州縣地震命賑恤並免本年額賦九月丙子賑山東章邱等二十一州縣水災戊寅命尹繼善管兵部劉統勳管刑部烏什叛回以城降乙酉以高恒爲總管內務府大臣辛卯以明瑞等未將烏什叛人殄誅送往伊犂下部嚴議辛丑以李侍堯署工部尚書冬十月己酉明瑞阿桂以辦烏什事務錯繆褫職留任賑長蘆屬滄州等三場水災己巳楊應琚陛見命和其衷署陝甘總督湯聘署陝西巡撫十一月癸酉免江蘇海州等六州縣本年旱災額賦乙酉以吏部尚書傅森年老授內大臣調托恩多代之以托庸爲兵部尚書調馮鈐爲安徽巡撫庚寅丑達以扶同桑齋多爾濟私與俄羅斯貿易正法明瑞等以盡誅烏什附逆回衆奏聞辛卯賑山東章邱等十八州縣水災甘肅狄道等十二州縣雹霜災甲午以阿桂爲塔爾巴哈台參贊大臣代安泰回京丁未解阿桂工部尚書以蘊著代之以嵩椿爲綏遠城將軍戊申賑甘肅靖遠等十一廳縣旱災并免額賦乙卯賑山東齊河等十五州縣水災丁卯命托恩多兼署兵部尚書壬辰封皇五子永祺爲榮親王十二月戊午以陝西涇陽縣貢生張璘七世同居賜御製詩章緞匹

清史稿　　本紀十三

高宗本紀四

三十一年春正月壬申朔詔以御宇三十年函夏謐甯寰宇式闢自本年始普免各省漕糧一次甲戌免甘肅靖遠等十四廳州縣陝西延安等三府州屬積年逋賦丙戌雲南官軍勦莽匪于猛仵失利調楊應琚爲雲貴總督吳達善爲陝甘總督以和其衷護之調劉藻爲湖廣總督湯聘署陝西巡撫癸巳刑部尚書莊有恭以讞段成功案不實褫職下獄籍產調李侍堯爲刑部尚書以張泰開爲禮部尚書范時綬爲左都御史二月壬寅劉藻降湖北巡撫仍與雲南提督達啟下部嚴議以定長爲湖廣總督調李因培爲福建巡撫常鈞爲湖南巡撫湯聘爲雲南巡撫庚戌上謁東陵辛亥和其衷以彌補段成功虧空褫職逮問以舒赫德署陝甘總督命四達赴陝西會彰寶審辦段成功虧空一案調明山爲陝西巡撫以吳紹詩爲江西巡撫庚申上還京師辛酉莊有恭論斬壬戌上謁泰陵癸亥劉藻褫職留滇効力甲子以鄂甯爲湖北巡撫戊辰上還京師三月丁亥劉藻畏罪自殺己丑楊應琚以復猛籠等土司內附奏聞夏四月辛丑楊應琚奏大猛養頭人內附官軍進取整欠孟艮壬寅以莽匪整欠平宣諭中外丙午和其衷論斬段成功處斬丁未免雲南普藤等十三土司本年額賦及猛籠逋賦甲子賜張書勳等二百一十三人進士及第出身有差五月甲戌上詣黑龍潭祈雨戊寅命正一眞人視三品秩丙戌上詣黑龍潭祈雨六月丙午楊應琚奏猛勇頭目召齋及猛龍沙頭目叭護猛等內附戊申予故三品銜西洋人郎世甯侍郎銜秋七月丙子上奉皇太后秋獮木蘭己卯以阿里袞于敏中從扈命舒赫德兼署戶部尚書壬午上奉皇太后駐蹕避暑山莊是日皇后崩癸未諭以皇后上年從幸江浙不能恪盡孝道喪儀照皇貴妃例癸巳御史李玉鳴奏皇后喪儀未能如例忤旨戍伊犂丁酉楊應琚奏補哈大頭目噶第牙翁猛撒頭目喇鮓細利內附八月己亥賑湖南湘陰等十三縣衛水災癸丑上幸木蘭行圍宥莊有恭罪起爲福建巡撫甲寅伊犂蝗乙卯江蘇銅山縣韓家堂河決癸亥裁察哈爾副都統留一員駐張家口九月壬申免甘肅靖遠等九縣紅水東樂二縣被旱額賦己卯賑山東歷城等五十五縣東昌等五衛所水災並蠲新舊額賦乙未楊應琚赴永昌受木邦降冬十月己亥上奉皇太后還京師戊申楊應琚奏整賣景線景海各部頭人內附辛亥韓家堂決口合龍兵部尚書彭啟豐降補侍郎甲寅以陸宗楷爲兵部尚書壬戌增設雲南迤南道十一月乙亥楊應琚奏緬甸大小猛育猛答各部頭人內附戊寅以楊應琚病命楊廷璋赴永昌接辦緬匪癸巳命侍衛福靈安帶御醫往視楊應琚病十二月乙巳調鄂甯爲湖南巡撫以鄂寶爲湖北巡撫癸丑以巴祿爲綏遠城將軍是歲朝鮮琉球入貢

三十二年春正月乙亥雲南官軍勦緬匪於新街失利諭楊廷璋回廣東二月乙未以楊應琚病命其子江蘇按察使楊重英赴永昌襄理軍務丙午雲南官軍與緬匪戰于底麻江失利逮提督李時升下獄戊申調鄂甯爲雲南巡撫甲寅莊親王允祿卒丙辰上臨奠己未上巡幸天津癸亥賑奉天承德等五州縣及興京鳳凰城災民三月乙丑朔上閱子牙河堤召楊應琚入閣辦事以明瑞爲雲貴總督丙寅調託庸爲工部尚書以明瑞爲兵部尚書己巳免直隸全省逋賦庚午上閱天津駐防滿洲兵以阿桂爲伊犂將軍壬申上閱綠營兵庚辰上還京師辛巳大學士楊應琚褫職壬午以緬匪入寇蠻達隴川宣示楊應琚貽誤罪狀癸未命鄂甯赴普洱辦軍務庚寅以李侍堯爲兩廣總督召楊廷璋爲刑部尚書癸巳以鄂甯署雲貴總督夏四月己酉上詣黑龍潭祈雨庚戌以雲南邊境瘴盛命暫停進兵庚申命張泰開以禮部尚書管左都御史事嵇璜署禮部尚書五月己巳以鄂寶爲貴州巡撫定長兼署湖北巡撫庚午以范時綬爲湖北巡撫調張泰開爲左都御史嵇璜爲禮部尚書壬申命陳宏謀管工部丙子雲南官軍失利于木邦楊甯等退師龍陵庚寅李時升朱崙處斬六月辛酉以額爾景額爲參贊大臣遣赴雲南秋七月福建巡撫莊有恭卒調崔應階代之以李清時爲山東巡撫裘曰修爲禮部尚書壬午上奉皇太后秋獮木蘭戊子上奉皇太后駐蹕避暑山莊己丑盛京將軍舍圖肯免以新柱代之閏七月甲寅賜楊應琚自盡丙辰緬匪渡小猛崙江入寇雲南茨通八月癸酉調裘曰修爲工部尚書董邦達爲禮部尚書丁丑上幸木蘭乙酉以鍾音爲廣東巡撫己丑諭明瑞以額勒登額代譚五格分路進兵九月庚子賑湖北江夏等二十七縣武昌等七衛水災甲寅命託恩多署兵部尚書冬十月壬戌賜李因培自盡己卯諭明瑞以將軍管總督十一月壬寅賑甘肅平涼等三十四廳州縣被雹災民壬子調鄂寶爲湖北巡撫丁巳密諭明瑞以阿瓦不能遽下退師木邦十二月甲戌楊甯褫職戍伊犂戊寅明瑞奏渡大疊江進軍錫箔波龍等處土司頭人羅外耀等內附

三十三年春正月辛卯明瑞奏克蠻結壬辰封明瑞一等誠毅嘉勇公賜黃帶紅寶石頂四團龍補服丁酉明瑞進軍宋賽庚子調彰寶爲山東巡撫以蘇爾德爲山西巡撫丙午盛京將軍新柱卒調明福代之閩浙總督蘇昌卒丁未命阿里袞爲參贊大臣往雲南軍營以崔應階爲閩浙總督富尼漢爲福建巡撫甲寅緬人圍木邦二月丙寅諭用兵緬甸輕敵致衂引爲已過令明瑞等班師額勒登額譚五格褫職逮問命鄂甯回雲南阿里袞署雲貴總督駐永昌緬人陷木邦珠魯訥死之戊寅上還圓明園丙戌明瑞等敗績於猛育死之召阿桂來京以伊勒圖署伊犂將軍命傅恒爲經略阿里袞阿桂爲副將軍舒赫德爲參贊大臣赴雲南以鄂甯爲雲貴總督調明德爲雲南巡撫以福隆安爲兵部尚書命在軍機處學習行走以永德爲浙江巡撫調彰寶爲江蘇巡撫富尼漢爲山東巡撫鄂寶爲福建巡撫程燾爲湖北巡撫三月癸巳免山東高苑等三縣三十二年被水額賦乙巳調鄂寶爲廣西巡撫鍾音爲福建巡撫良卿爲廣東巡撫錢度爲貴州巡撫巴祿爲察哈爾都統傅良爲綏遠城將軍癸丑免江西南昌等十三縣三十二年被水額賦夏四月丁卯調錢度爲廣東巡撫己巳免安徽安慶等七府州屬三十二年被水額賦壬申御試翰林詹事等官擢吳省欽等三員爲一等餘陞黜有差試由部院入翰林等官擢覺羅學爲一等餘陞擢有差甲申磔額勒登額於市譚五格處斬乙酉上臨奠明瑞扎拉豐阿觀音保五月庚申命明德赴永昌乙丑色布騰巴勒珠爾病免以伊勒圖爲理藩院尚書庚午改命官保署理藩院尚書辛巳以范時綬爲左都御史壬午以阿桂爲雲貴總督尹繼善高晉以兩淮鹽務積弊匿不以聞均下部嚴議秋七月癸巳上奉皇太后秋獮木蘭甲午調託庸爲兵部尚書以官保爲刑部尚書仍兼署理藩院尚書己亥上奉皇太后駐蹕避暑山莊辛丑以伊勒圖爲伊犂將軍仍兼理藩院尚書壬子紀昀以漏洩籍沒前運使盧見曾諭旨褫職戍烏魯木齊八月丁卯允俄羅斯于恰克圖通商辛未上幸木蘭行圍壬申直隸總督方觀承卒以楊廷璋代之調裘曰修爲刑部尚書以蔡新爲工部尚書甲戌李侍堯奏暹羅爲緬人所破其國王之孫詔萃奔安南河仙鎮土官莫士麟留養之內地人甘恩敕據暹羅乞封勅嘉獎莫士麟命甘恩敕求其主近支立之不得自王乞封號己卯加託恩于敏中崔應階太子太保託庸楊廷璋太子少保九月戊子以嵩椿署伊犂將軍乙未上回駐避暑山莊戊戌高恆普福論斬丁未上奉皇太后還京師以鄂甯爲山西巡撫黑龍江將軍傅僧阿改西安將軍以傅玉代之冬十月己未免甘肅平涼等十二州縣三十二年被災額賦辛未以宮兆麟爲廣西巡撫辛巳高恆普福達色處斬改海明等緩決十一月戊戌以

緬人來書不遜諭阿里袞等進勦十二月己未以富明安爲山東巡撫授義署湖北巡撫漕運總督楊錫紱卒以梁鴻翥署之乙丑湖廣總督定長卒調吳達善代之彰寶兼署兩江總督明山爲陝甘總督調阿思哈爲陝西巡撫以文綬爲河南巡撫丁卯召明福來京以額爾德蒙額署盛京將軍甲戌賑奉天承德等四州縣水災壬午留阿思哈爲河南巡撫改文綬爲陝西巡撫

三十四年春正月丙戌免雲南官兵所過地方及永昌等三府州本年額賦其非經過地方免十分之五幷免湖北湖南貴州三省官兵經過地方本年額賦十分之三庚寅以緬人書詞桀驁命副將軍阿桂與副將軍阿里袞協助傅恆征勦辛卯命明德爲雲貴總督駐永昌喀甯阿爲雲南巡撫壬辰阿里袞等敗緬人於南底壩撥運通倉米二十萬石賑霸州等十二州縣災甲午右部哈薩克阿勒比斯子卓勒齊等來朝乙未調恆祿爲盛京將軍傅良爲吉林將軍常在爲綏遠城將軍辛丑傅恆赴雲南命官保署戶部尚書裁甯夏右翼副都統吉林拉林副都統命常靑署綏遠城將軍癸卯賜傅恆御用盔甲戊申命官保協辦大學士以福隆安署刑部尚書癸丑以南掌國王之弟召翁遣使請兵復仇諭阿桂等預備由南掌分路進兵二月甲寅朔嵇璜緣事降調以程景伊爲工部尚書乙丑以富尼漢爲安徽巡撫癸未命傅恆整飭雲南馬政以諾倫爲綏遠城將軍三月乙酉命伊犂將軍伊勒圖往雲南軍營己丑命伊勒圖爲烏里雅蘇台參贊大臣辛丑正白旗領侍衛內大臣福祿罷以阿桂代之丙午命阿桂署雲貴總督丁未右部哈薩克阿斡里蘇勒等入覲命坐賜茶賚冠服有差戊申賑甘肅皐蘭等二十九州縣廳上年災民蠲安徽合肥等十六州縣及廬州等五衛上年額賦夏四月己未以溫福爲福建巡撫壬申傅恆進兵老官屯阿桂進兵猛密丁丑賜陳初哲等一百五十一人進士及第出身有差五月己丑裁江甯副都統一六月丙辰以阿思哈爲雲貴總督喀甯阿爲河南巡撫丁巳傅恆奏猛拱土司內附戊寅湖北黃梅江堤決命湖廣總督吳達善湖北巡撫授義勘之秋七月丁亥以明德署雲貴總督移駐騰越經理軍務辛卯設伊犂巴彥岱城領隊大臣一傅恆奏猛密土司內附甲午李侍堯奏暹羅仍爲甘恩敕所踞丁酉禮部尚書董邦達卒己亥調陸宗楷爲禮部尚書蔡新爲兵部尚書以吳紹詩爲刑部尚書海明爲江西巡撫梁國治爲湖北巡撫己酉李侍堯檄莫士麟會暹羅土目討甘恩敕八月乙丑上幸木蘭行圍己巳以蔡琛自縊獄中褫福建按察使孫孝愉職發軍台九月丙戌阿桂進抵蠻暮己丑上回駐避暑山莊己未上奉皇太后回鑾己亥命阿桂伊勒圖自蠻暮迓傅恆會師壬寅命劉統勳會勘山東運河癸卯傅恆奏猛拱土司渾覺率衆來降上嘉之特賞三眼孔雀翎戊申傅恆進抵猛養阿桂奏克哈坎渡江戊申命阿桂據新街勦賊冬十月乙卯命彰寶署雲貴總督明德署雲南巡撫調永德爲江蘇巡撫起熊學鵬署浙江巡撫以増海署伊犂將軍丁巳傅恆奏攻克猛養癸亥梁國治兼署湖廣總督甲子以阿桂不能克老官屯奪副將軍爲參贊大臣命伊勒圖爲副將軍調喀甯阿爲貴州巡撫富尼漢爲河南巡撫以胡文伯爲安徽巡撫乙丑傅恆奏進抵新街命彰寶駐老官屯壬申調永貴爲禮部尚書託庸爲吏部尚書伊勒圖爲兵部尚書以託庸兼署調吳紹詩爲禮部尚書以裘曰修爲刑部尚書十一月乙酉副將軍戶部尚書阿里袞卒於軍命阿桂仍在副將軍上行走並以伊勒圖爲副將軍烏三泰長靑爲參贊大臣調官保爲戶部尚書以素爾納爲刑部尚書託恩多署左都御史戊子傅恆等進攻老官屯癸巳以黃登賢爲漕運總督丙申以緬地烟瘴官軍損失大半命班師屯野牛壩召經略傅恆還阿桂留辦善後己亥起觀保署左都御史丁未傅恆等攻老官屯不克其土官以緬酋猛駮蒲葉書詣軍營乞降上命班師十二月辛亥免雲南辦理軍需地方及永昌等三府州明年錢糧十分之五其直隸河南湖北湖南貴州等省官兵經過州縣並免十分之三調宮兆麟爲湖南巡撫以德保爲廣東巡撫陳輝祖爲廣西巡撫乙卯傅恆等奏緬酋猛駮稱臣納貢諭俟來京時降旨己巳上以來年奉皇太后謁東陵巡幸天津免經過地方及天津府屬乾隆三十五年錢糧十分之三以阿桂爲禮部尚書

三十五年春正月己卯朔以上六十壽辰明歲皇太后八十萬壽詔普蠲各省額征地丁錢糧一次辛卯以增海爲理藩院尚書丁未授喀爾喀和碩親王成袞扎布世子拉旺多爾濟爲固倫額駙二月乙丑上奉皇太后謁東陵庚午上奉皇太后回鑾駐盤山壬申以緬酋猛駮貢表不至諭彰寶備之並嚴禁通市三月己卯上奉皇太后還京師起吳紹詩爲刑部郎中辛巳調宮兆麟爲貴州巡撫吳達善以湖廣總督兼署湖南巡撫壬午上奉皇太后謁泰陵巡幸天津丙戌上謁泰陵己丑免經過州縣及天津府屬乾隆三十一年至三十三年積欠地糧銀及常借災借穀石直隸乾隆三十一年至三十三年積欠地糧銀及折色銀兩減直隸軍流以下罪免直隸乾隆三十一年至三十三年因災緩徵銀穀甲午上奉皇太后駐蹕天津府丙申上閱駐防兵經略大學士傅恆還京師命與福隆安俱仍爲總管內務府大臣戊戌調永德爲河南巡撫薩載署江蘇巡撫癸卯上奉皇太后還京師己酉以緬酋索木邦土司綫甕團等諭責哈國興粉飾遷就召來京以長靑代爲雲南提督己未召傅良來京命富椿爲吉林將軍丙寅天津蝗命楊廷璋督捕庚午上詣黑龍潭祈雨是月蠲浙江仁和等八州縣杭嚴嘉湖二衛陝西定遠縣三十四年被水被雹額賦五月丁丑朔日食壬午以皇八子擅自進城褫上書房行走觀保湯先甲職並戒諭之乙未以祈雨命刑部清理庶獄減軍流以下罪閏五月丙午朔命裘曰修赴薊州寶坻一帶捕蝗戊申京師大雨己未命溫福爲吏部侍郎在軍機處行走甲子裘曰修以捕蝗不力免調程景伊爲刑部尚書以范時綬爲工部尚書張若溎爲左都御史六月甲申諭阿桂等調海蘭察哈國興進兵丙戌河南永城江蘇碭山安徽宿州等州縣蝗丁亥調官保爲刑部尚書素爾納爲戶部尚書壬辰命豐昇額署兵部尚書甲午貴州古州苗香要等伏誅命侍郎伍納璽往古北口會同提督王進泰查勘水災發帑銀二萬兩卹之並開倉賑糶秋七月乙巳朔李侍堯奏河仙鎭土官莫士麟請宣諭緬番恢復暹羅不許丙午以増海爲黑龍江將軍溫福爲理藩院尚書命和爾精額伍納璽往古北口籌辦河工壬子以小金川與沃克什土司構釁命四川總督阿爾泰傳集小金川土司勸諭之癸丑上臨和親王弘晝第視疾丁巳和親王弘晝卒太保大學士傅恆卒戊午賞來京祝嘏之百十二歲原任浙江遂昌縣學訓導王世芳國子監司業銜並在籍食俸辛酉以裴宗錫爲安徽巡撫甲子截漕糧二十萬石賑武清等六縣水災以諾穆親爲雲南巡撫八月戊寅以副將軍阿桂辦事取巧褫領侍衛內大臣禮部尚書鑲紅旗漢軍都統以內大臣革職留任辦副將軍事己卯以永貴爲禮部尚書觀保爲左都御史阿爾泰奏僧格桑伏罪交出達木巴宗地方及所掠番民辛巳命劉統勳兼管吏部丙戌萬壽節上詣皇太后宮行禮御太和殿王以下文武各官進表行慶賀禮奉旨停止筵宴命豐昇額在軍機處行走己丑上奉皇太后幸熱河乙未上奉皇太后駐蹕避暑山莊己亥上幸木蘭九月丙午命阿爾泰爲武英殿大學士仍留辦四川總督事戊午上迴駐避暑山莊甲子命高晉兼署漕運總督冬十月癸酉朔上奉皇太后回鑾辛巳召崔應階來京命鍾音署閩浙總督壬午召阿爾泰來京以德福署四川總督吳達善兼署湖南巡撫召薩載來京命李湖署江蘇巡撫甲午阿桂等奏老官屯緬目遣使致書請停今歲進兵允之丁酉大學士陳宏謀以衰病乞休溫旨慰留十二月甲戌免新疆本年額糧十分之三丙子以崔應階爲漕運總督丙戌諭阿桂彰寶密議進勦緬匪庚寅以李湖爲貴州巡撫

三十六年春正月甲辰免福建臺灣府屬本年額徵粟米乙巳免廣東廣州韶州等府州屬本年官租十分之一廣西桂林七府州屬本年官租及桂林平樂等府州學租十分之三丁未免四川甯遠等四府州屬建昌鎭標各營雷波等廳民番本年額糧己未調德福署雲貴總督命阿爾泰回四川總督任二月甲戌上奉皇太后東巡庚辰命內大臣巴圖濟爾噶勒會同集福黻烏梁海副都統莫尼扎布等互控之案辛巳大學士陳宏謀以病乞休允之加太子太傅免直隸滄州等十五州縣民欠借穀並武清縣本年錢糧十分之五癸未命侍郎裘曰修會同楊廷璋周元理籌辦直隸河工丙戌免山東經過州縣本年額賦十分之三災地十分之五免山東泰安等二縣本年地丁錢糧庚寅免山東濟南各屬民欠借穀及東平州東平所逋賦以阿桂請大舉征緬申飭之辛卯免山東濟南等六府屬民欠麥本銀兩命劉綸爲大學士兼管工部于敏中協辦大學士調程景伊爲吏部尚書范時綬爲刑部尚書以裘曰修爲工部尚書丙申上奉皇太后謁岱嶽廟上登泰山乙巳上至曲阜謁先師孔子廟丙午上釋奠先師孔子丁未上謁孔林祭少昊陵元聖周公廟賜衍聖公孔昭煥族人銀幣有差戊申上奉皇太后回鑾乙卯予大學士尹繼善等尚書官保等總督楊廷璋等巡撫鍾音等議敘內閣學士陸宗楷等原品休致戊午以富明安爲閩浙總督周元理爲山東巡撫庚申以甘肅比歲偏災免通省民欠籽種口糧倉穀甲子上至捷地閱堤乙丑納遜特古斯處斬己巳以阿桂奏辦非於本年大舉征緬下部嚴議夏四月辛未朔以李侍堯爲內大臣甲戌命戶部侍郎桂林在軍機處行走丁丑上奉皇太后還京師乙酉以旱命刑部清理庶獄減軍流以下罪直隸亦如之丙戌上詣黑龍潭祈雨壬辰大學士尹繼善卒乙未賜黃軒等一百六十一人進士及第出身有差五月辛丑朔調吳達善爲陝甘總督文綬署之勒爾謹護陝西巡撫調富明安爲湖廣總督永德爲湖南巡撫以何煟爲河南巡撫兼管河務鍾音爲閩浙總督余文儀爲福建巡撫癸卯命減秋審緩決三次人犯罪甲辰諭立決人犯當省刑之際暫緩行刑著爲令乙巳阿

桂以畏葸褫職降兵丁効力命溫福馳赴雲南署副將軍事壬戌以高晉爲文華殿大學士兼禮部尚書仍留兩江總督任召阿爾泰入閣辦事以德福爲四川總督六月辛未直隸北運河決甲戌以努三爲正黃旗領侍衛內大臣戊寅命巴圖濟爾噶勒赴伊犁辦土爾扈特投誠事宜己卯諭土爾扈特投誠大台吉均令來避暑山莊朝覲命額駙色布騰巴勒珠爾馳驛迎之壬午致仕大學士陳宏謀卒癸巳命土爾扈特部衆暫駐博羅博拉以金川土舍索諾木請賞給革布什咱土司人民命阿爾泰詳酌機宜毋姑息秋七月壬寅阿爾泰等奏小金川土舍闍攻沃克什命勦之乙巳命侍郎桂林帶銀一萬兩赴古北口會同提督王進泰賑水災丙午永定河決丁未命舒赫德署伊犁將軍戊申上秋獮木蘭以小金川復侵明正土司諭阿爾泰等進勦丁巳上奉皇太后啓鑾癸亥上奉皇太后駐避暑山莊丙寅以此次巡幸木蘭沿途武職懈忽楊廷璋王進泰等均下部嚴議八月己丑定邊左副將軍喀爾喀扎薩克和碩親王成袞扎布卒以車布登扎布爲定邊左副將軍額駙拉旺多爾濟襲扎薩克和碩親王罷德福軍機處行走庚寅召大學士兩江總督高晉來京查勘永定河工命薩載兼署兩江總督壬辰永定河決口合龍癸巳上幸木蘭行圍丁酉命阿爾泰仍管四川總督事召德福回京九月戊戌朔停本年勾決癸卯命理藩院侍郎慶桂在軍機處行走乙巳土爾扈特台吉渥巴錫等入覲賞頂戴冠服有差命副將軍溫福參贊大臣伍岱赴四川軍營會商進勦辛亥封渥巴錫爲烏納恩素珠克圖舊土爾扈特部卓哩克圖汗策伯克多爾濟爲烏納恩素珠克圖舊土爾扈特部布延圖親王舍楞爲青塞特奇勒圖新土爾扈特部弼哩克圖郡王巴木巴爾爲畢錫呼勒圖郡王餘各錫爵有差甲寅上回駐避暑山莊丁卯以文綬爲四川總督勒爾謹爲陝西巡撫調永德爲廣西巡撫梁國治爲湖南巡撫陳輝祖爲湖北巡撫冬十月戊辰朔以三寶爲山西巡撫己巳上奉皇太后回鑾以舒赫德爲總統伊犁等處將軍伊勒圖爲塔爾巴哈台參贊大臣安泰爲烏什參贊大臣甲戌宥紀昀賞翰林院編修乙亥上奉皇太后還京師己卯高晉等奏桃源廳陳家道口河工合龍上嘉之命高晉裘曰修楊廷璋查勘南運河丁亥召楊廷璋爲刑部尚書以周元理爲直隸總督徐績爲山東巡撫甲午陝甘總督吳達善卒調文綬代之十一月己酉董天弼奏攻取小金川牛廠丙辰上奉皇太后御慈寧宮恭上徽號曰崇慶慈宣康惠敦和裕壽純禧恭懿安祺皇太后頒詔覃恩有差以溫福爲武英殿大學士兼兵部尚書桂林爲四川總督丁巳調索爾納爲理藩院尚書以舒赫德爲戶部尚書辛酉皇太后萬壽聖節上詣壽康宮率王大臣行慶賀禮壬戌董天弼進攻達木巴宗失利甲子小金川番復陷牛廠十二月庚午溫福奏進駐向陽坪攻小金川巴朗拉山磵卡不克桂林奏克小金川約咱寨褫四川提督董天弼職以阿桂署之乙亥蠲甘肅隴西等三十三州縣三十三年被水旱雹霜等災額賦丙戌以大金川酋僧格桑遣土目赴桂林軍營獻物命給賞遣歸己丑溫福奏克巴朗拉磵卡癸巳溫福奏進駐日隆宗地方董天弼收復沃克什土司各寨

三十七年春正月辛丑免奉天錦州二府額征米豆免浙江玉環海甯兩廳縣額徵銀穀免山西大同等二府額徵兵餉米豆穀麥並太原等十四府州及歸化城各屬十分之三壬寅免和林格爾等處及太僕寺牧廠地畝額徵銀並清水河廳額徵銀及太僕寺牧廠地畝額徵米豆十分之三癸卯刑部尚書楊廷璋卒以崔應階爲刑部尚書嘉謨署漕運總督乙巳溫福奏攻克小金川曾頭溝卡了磵卡丁未桂林奏克郭松甲木各磵卡庚戌以恒祿爲內大臣癸丑建烏魯木齊城駐兵屯田癸亥命尚書裘曰修協同直隸總督周元理濬永定河北運河二月丁卯以阿桂爲四川軍營參贊大臣甲戌上幸盤山丙戌上回鑾幸圓明園丁亥以色布騰巴勒珠爾爲四川軍營參贊大臣乙未免陝西西安等十二府州上年額徵本色租糧三月丙申朔免江蘇金壇等十一州縣六年至十年逋賦戊戌以索諾木策凌爲烏魯木齊參贊大臣德雲爲領隊大臣命俱受伊犁將軍節制乙巳以豐昇額爲四川軍營參贊大臣己酉河南羅山縣在籍知縣查世柱以藏匿明史輯要論斬壬子桂林奏攻克大金川所據革布什咱土司之木巴拉等處乙卯溫福奏攻克小金川資哩磵寨丁巳桂林奏攻克吉地官寨溫福奏攻克小金川阿克木雅寨桂林奏攻克革什土司之黨哩梁等寨豁甘肅節年民欠倉糧三百七十六萬石有奇壬申桂林奏盡復革布什咱土司之地及攻克小金川格烏等處諭溫福桂林進勦索諾木乙亥授李湖雲南巡撫圖思德貴州巡撫壬午改安西道爲巴里坤屯田糧務兵備道甘肅道爲安肅兵備道涼莊道爲甘涼兵備道裁烏魯木齊糧道庚寅賜金榜等一百六十二人進士及第出身有差甲午桂林攻小金川達烏東岸山梁失利五月乙未朔以溫福劾色布騰巴勒珠爾貽悞軍務褫爵職丙申免直隸滄州等十五州縣廳積年逋賦丁酉以舒赫德爲領侍衛內大臣命福隆安赴四川查辦阿爾泰劾桂林乖張揑飾一案命託庸暫兼管兵部尚書索爾訥署工部尚書壬寅命戶部侍郎福康安在軍機處行走癸卯命海蘭察等赴四川西路軍營鄂蘭等赴四川南路軍營調容保爲綏遠城將軍桂林以隱匿挫衂褫職逮問以阿爾泰署四川總督己未上奉皇太后幸避暑山莊甲子湖廣總督富明安卒以海明爲湖廣總督海成爲江西巡撫免直隸大興等十五州縣額賦有差六月乙丑朔上奉皇太后駐避暑山莊溫福等攻克小金川東瑪寨諭阿桂督上中下雜谷及綽斯甲布各土司進勦金川丁丑蠲甘肅皋蘭等二十五廳縣旱災額賦辛巳盛京將軍恆祿卒調增海代之以傅玉爲黑龍江將軍甲申調文綬爲四川總督海明爲陝甘總督以勒爾謹署之命阿爾泰署湖廣總督丙戌阿爾泰罷調海明爲湖廣總督以勒爾謹署陝甘總督調富勒渾爲陝西巡撫命倉場侍郎劉秉恬赴四川西路軍營督餉辛卯湖廣總督海明卒以富勒渾代之陳輝祖署命巴延三爲陝西巡撫秋七月乙未命刑部侍郎鄂寶赴四川南路軍營督餉授勒爾謹陝甘總督八月己巳阿桂奏攻克小金川甲爾木山梁磵卡以阿桂爲內大臣賞布拉克底土司安多爾恭順名號巴旺土婦伽讓恭懿名號壬申溫福等奏小金川賊襲瑪爾迪克運路海蘭察等敗之己丑小金川犯黨壩官寨阿桂遣董天弼援之九月壬寅溫福奏進至木蘭壩賊燬南北兩山磵卡衆守路頂宗山梁諭嚴防後路阿桂奏綽斯甲布土司分兵進攻勒烏圍上送皇太后回鑾戊申上自避暑山莊回鑾甲寅上奉皇太后還京師冬十月壬申董天弼奏攻克穆陽岡等卡壬午阿桂奏攻克小金川甲爾木山梁十一月乙未溫福等奏攻克路頂宗及喀木色爾磵寨丙申除四川樂山等九州縣三十五年坍廢鹽井額賦辛丑廣州將軍秦璜以納僕婦爲妾褫職逮訊設涼州副都統裁西安副都統一丙午溫福等奏克博爾根山等磵寨戊申阿桂奏攻克翁古爾壟等城寨己酉命富勒渾赴四川以陳輝祖兼署湖廣總督癸丑阿桂奏攻克得里等磵寨丁巳阿桂奏攻克邦甲拉宗等處那約各寨番人降十二月癸亥阿桂奏攻克僧格宗磵寨癸酉以溫福爲定邊將軍阿桂豐昇額俱爲副將軍舒常海蘭察哈國興俱爲參贊大臣福康安爲領隊大臣復興等爲溫福一路領隊大臣興兆等爲阿桂一路領隊大臣董天弼等爲豐昇額一路領隊大臣賞給綽斯甲布土司工噶諾爾布尊追歸丹名號丙子溫福奏攻克明郭宗等磵卡丁丑阿桂奏攻克美諾磵寨庚辰溫福奏彭魯爾等寨番人就撫辛巳溫福等奏克布朗郭宗底木達磵寨澤旺降僧格桑逃往金川乙酉秦璜以婪贓論斬丙戌授薩載江蘇巡撫丁亥文綬以袒徇褫職命劉秉恬爲四川總督仍督餉以富勒渾署之

三十八年春正月壬辰召永德來京調熊學鵬爲廣西巡撫三寶爲浙江巡撫鄂寶仍授山西巡撫以小金川平綏四川官兵經過之成都等五十一廳州縣三十八年額賦及分辦夫糧之溫江等九十廳州縣三十七年蠲剩額賦番民賦貢一體緩之溫福等進勦金川分由喀爾薩爾喀拉依綽斯甲布三路進兵甲辰哈薩克博羅特使臣入覲以阿爾泰婪贓賜自盡戊午調永貴署戶部尚書以阿桂爲禮部尚書二月庚申朔諭溫福等檄索諾木擒獻僧格桑三月庚寅朔日食壬辰上詣泰陵奉皇太后巡幸天津免所過地方及天津府屬本年錢糧十分之三癸巳上閱永定河隄丁酉上謁泰陵戊戌上命簡親王豐訥亨奉皇太后自暢春園啓鑾免蹕路所經之宛平等二十州縣及天津府屬各州縣三十三年至三十六年逋賦己亥免直隸三十三年至三十五年逋賦庚子上閱淀河乙巳上奉皇太后駐蹕天津己酉上奉皇太后廻鑾免通州寶坻等九州縣三十六年逋賦壬子上閱永定河丙辰上奉皇太后還京師閏三月己巳以扎拉豐阿爲御前大臣命劉統勳等充辦理四庫全書總裁乙酉以素爾訥署工部尚書夏四月戊戌以綽克托爲烏什參贊大臣庚戌命索琳以署禮部侍郎在軍機處行走辛亥命慶桂以理藩院侍郎副都統爲伊犁參贊大臣丙辰諭高晉賑清河等州縣及大河長淮二衛被水災民戊午加大學士溫福戶部尚書舒赫德工部尚書福隆安太子太保禮部尚書王際華工部尚書裘曰修太子少傅禮部尚書阿桂署兵部尚書豐昇額直隸總督周元理閩浙總督鍾音四川總督劉秉恬太子少保五月辛酉工部尚書裘曰修卒以嵇璜代之丙寅上奉皇太后啓鑾免經過地方本年錢糧十分之三壬申上奉皇太后駐蹕避暑山莊乙亥盛京將軍增海卒調弘晌代之丁丑改烏魯木齊參贊大臣爲都統以索諾木策凌爲之仍聽伊犁將軍節制己卯猛遮土目叭立齊等內附癸未召車布登扎布來京命拉旺多爾濟署烏里雅蘇台將軍乙巳阿桂等奏金川番賊陷喇嘛寺糧台襲據底木達布朗郭宗己酉鄂寶奏金川番賊襲據大板昭壬子定邊將軍溫福四川提督馬全署貴州提督牛天界敗績于

木果木俱死之癸丑以阿桂爲定邊將軍贈溫福一等伯小金川酋僧格桑父澤旺伏誅大學士劉綸卒甲寅以富勒渾爲四川總督起文綬爲湖廣總督丙辰阿桂奏勦洗小金川番賊盡殲碉寨諭嘉之秋七月戊午朔召舒赫德來京以伊勒圖爲伊犂將軍慶桂爲塔爾巴哈台參贊大臣己未金川番賊陷美諾明郭宗海蘭察退師日隆諭阿桂由章谷退師豐昇額退駐巴拉朗等處癸亥命富德爲參贊大臣赴軍營命阿桂撤噶爾拉之師甲子命舒赫德爲武英殿大學士調阿桂爲戶部尚書永貴爲禮部尚書丙寅齊齊哈爾蝗丁卯以溫福乖方僨事革一等伯爵仍予卹典褫劉秉恬職命議卹木果木陣亡提督馬全牛天畀副都統巴朗阿爾素納總兵張大經及各文武員弁丙戌諭阿桂先復小金川分三路進勦八月戊子以阿桂爲定西將軍命于敏中爲文華殿大學士舒赫德管刑部劉統勳專管吏部己丑命程景伊協辦大學士調王際華爲戶部尚書蔡新爲禮部尚書嵇璜爲兵部尚書以閻循琦爲工部尚書戊戌以明亮爲定邊右副將軍富德爲參贊大臣壬寅上幸木蘭行圍九月壬戌降海蘭察爲領隊大臣甲子上回駐避暑山莊戊辰上送皇太后回鑾己巳索諾木挾僧格桑歸大金川以其兄岡達克往美諾諭阿桂乘機收復允戶部請開金川軍需捐例壬申上自避暑山莊回鑾甲戌以多敏爲科布多參贊大臣車木楚克扎布爲烏里雅蘇台參贊大臣戊寅上奉皇太后還京庚辰吏部尚書託庸致仕調官保爲吏部尚書以英廉爲刑部尚書仍兼管戶部侍郎事冬十月乙巳和碩誠親王允祕卒己酉褫車布登扎布定邊左副將軍職仍留親王銜以瑚圖靈阿代之十一月丁卯阿桂等奏進勦小金川攻克資哩山梁等處收復沃克什官寨戊辰命福祿往西甯辦事召伍彌泰回京己巳阿桂等奏克復美諾命進勦金川辛未軍機大臣大學士劉統勳卒上親臨賜奠贈太傅壬申召梁國治來京在軍機處行走調巴延三爲湖南巡撫以畢沅爲陝西巡撫癸酉明亮等奏克復僧格宗等碉寨十二月癸巳以彰寶爲雲貴總督辛丑命李侍堯爲武英殿大學士仍管兩廣總督事是歲朝鮮安南來貢

三十九年春正月丙子以姚立德爲河東河道總督丁丑阿桂等克贊巴拉克等山梁二月甲申朔命豐昇額等助阿桂進攻烏勒圍丁亥明亮等奏克木豁等山梁戊戌豐昇額等克莫爾敏山梁乙巳蠲江蘇山陽等十州縣衞三十八年水災額賦有差丁未上詣東陵並巡幸盤山庚戌謁昭西陵孝陵孝東陵景陵至孝賢皇后陵奠酒臨故大學士公傅恆塋賜奠辛亥上駐蹕盤山三月庚申阿桂等克羅博瓦山梁加阿桂太子太保以海蘭察爲內大臣額森特爲散秩大臣甲子上幸南苑行圍辛未阿桂等克得斯東寨庚辰明亮等克喀咱普等處上嘉賚之夏四月乙酉順天大興等州縣蝗辛亥以京師及近畿地方旱命刑部清理庶獄減軍流以下罪直隸如之戊戌以御史李漱芳劾福隆安家人滋事上嘉之予敘五月癸丑朔命刑部減秋審朝審緩決一二次以上罪丙寅彰寶以病解任以圖思德署雲貴總督戊辰上奉皇太后秋獮木蘭甲戌上奉皇太后駐蹕避暑山莊癸卯阿桂等奏克穆爾渾圖碉卡秋七月甲寅阿桂等克色淜普山碉卡己未阿桂等克喇穆喇穆山等碉卡壬戌阿桂等克日則雅口等處寺碉乙丑烏魯木齊額魯特部蝗庚午明亮等克達爾圖山梁碉卡甲戌以于敏中未奏太監高雲從囑託公事下部嚴議以阿思哈爲左都御史乙亥命阿思哈在軍機處行走太監高雲從處斬辛巳阿桂等克格魯瓦覺等處碉寨八月壬午朔日食壬辰富德等克穆當噶爾羊圈等處碉卡丁酉上幸木蘭行圍癸卯金川頭人綽窩斯甲降獻賊目僧格桑屍九月乙卯山東壽張縣奸民王倫等謀逆命山東巡撫徐績勦捕之丁巳命大學士舒赫德赴江南同高晉塞決口戊午上回駐避暑山莊命舒赫德先赴山東勦捕王倫庚申命額駙拉旺多爾濟左都御史阿思哈帶侍衞章京及健銳火器二營兵往山東會勦王倫辛酉王倫圍臨清屯閘口壬戌上送皇太后回鑾癸亥以天津府七縣旱命撥通倉米十萬石備賑丙寅上自避暑山莊迴鑾丁卯山東兗州鎮總兵惟一德州城守尉格圖肯以臨陣退避處斬庚午以江蘇山陽等四縣水災命免明年額賦壬申上奉皇太后還京師丙子山東臨清賊平王倫自焚死冬十月辛巳朔以楊景素爲山東巡撫壬辰免臨清新城本年未完額賦幷舊城未完額賦十分之五丙午以徐績爲河南巡撫十一月癸丑明亮等克日旁等碉寨甲寅以舒赫德爲御前大臣阿桂等克日爾巴當噶碉寨以阿桂爲御前大臣海蘭察爲御前侍衞丙辰以四川成都等一百四十府廳州縣行軍運糧免歷年額賦有差戊辰阿桂克格魯古丫口等處碉寨是歲朝鮮琉球來貢

四十年春正月甲戌阿桂等克康爾薩山梁二月己卯阿桂等克甲爾納等處碉寨丙戌阿桂克斯莫思達碉寨癸巳以李瀚爲雲南巡撫三月辛亥上幸盤山甲寅上駐蹕盤山蠲江南句容等十九州縣淮安大河二衞三十九年水旱災額賦壬申蠲長蘆屬滄州等六州縣嚴鎮等六場河南信陽等五州縣三十五年旱災額賦夏四月戊寅朔蠲安徽合肥等十四州縣廬州等四衞三十九年旱災額賦丙戌四川軍營參贊大臣領侍衞內大臣和碩親王固倫額駙色布騰巴珠爾卒己丑命明山爲烏里雅蘇臺參贊大臣壬寅賜吳錫齡等一百五十八人進士及第出身有差癸卯阿桂等克木思工噶克丫口等處城碉明亮等克甲索宜喜乙巳明亮等克達爾圖等處碉寨以明亮福康安爲內大臣五月己酉蠲直隸霸州保定等三十九州縣三十九年旱災額賦甲寅阿桂等奏克巴木通等處碉卡丁巳明亮奏克茹寨甲索等處碉卡戊辰阿桂等奏克噶爾丹等碉寨壬申上幸木蘭奉皇太后駐湯山行宮明亮等奏克巴舍什等處碉寨乙亥阿桂等奏克遜克爾宗等處碉寨加封定邊右副將軍果毅公豐昇額爲果毅繼勇公六月丁丑朔蠲湖北漢陽等十五州縣武昌等六衞一所三十九年旱災額賦戊寅上駐避暑山莊癸未上詣廣仁嶺萬壽亭迎皇太后駐蹕避暑山莊壬辰以豐昇額爲兵部尚書丙申領隊大臣額爾特特褫職逮治庚子設管理烏魯木齊額魯特部落領隊大臣以全簡爲之秋七月壬戌阿桂等奏攻克崑色爾等處山梁碉寨丁卯阿桂等克章噶等碉寨額洛木寨頭人革什甲木參等率衆來降庚午蠲甘肅皐蘭等七廳州縣三十九年被水被旱額賦阿桂等克直古腦一帶碉寨八月丙子朔日食丁丑阿桂等克隆斯得寨明亮等克扎烏古山梁己卯以霸州等三十餘州縣被水撥直隸藩庫銀五十萬兩賑之辛卯上幸木蘭行圍己亥阿桂等奏克勒烏圍之捷進勦噶喇依賊巢上命優敍將軍阿桂副將軍豐昇額參贊大臣海蘭察額森特等功辛丑召舒赫德赴熱河行在癸卯封羅卜藏錫喇布爲貝子乙巳命侍郎袁守侗等赴貴州讞知府蘇墧稟揭總督藩臬袒護同知席縉一案九月庚戌蠲湖北鍾祥等十二州縣並武昌等七衞三十九年旱災額賦癸丑上回駐避暑山莊丁巳上送皇太后回鑾辛酉以圖思德劾蘇墧浮收勒索命袁守侗等嚴鞫之丙寅以明亮請赴西路失機嚴斥之仍奪廣州將軍丁卯上奉皇太后還京師阿桂等克噶克當底等處碉寨己卯召駐藏辦事伍彌泰以留保住代之己丑以霸州等六州縣被災較重命即於閏十月放賑庚寅蠲甘肅皐蘭等十七州縣廳水雹霜災額賦壬辰上還宮丙申調裴宗錫爲貴州巡撫命袁守侗暫署圖思德署雲南巡撫李質穎爲安徽巡撫閏十月壬子蘇墧以侵稅誣訐處斬壬戌明亮等奏克扎烏古山梁甲子阿桂等奏克西里山黃草坪等處碉卡總兵曹順死之命袁守侗赴四川同阿揚阿讞冀國勳一案復封慶恆爲克勤郡王壬申明亮等克耳得谷寨十一月明亮等克甲索諸處碉卡乙酉福祿以立塔爾一案未能鞫實革戍伊犂己丑阿桂克西里第二山峯並進圍鴉瑪朋寨落壬辰明亮等奏克爾甲爾古等處碉卡壬寅阿桂等奏克舍勒固租魯科思果木阿爾古等處碉寨十二月甲辰朔日食丁未工部尚書閻循琦卒調嵇璜爲工部尚書蔡新爲兵部尚書以曹秀先爲禮部尚書阿桂等克薩爾歪等寨落丙辰以阿桂爲鑲黃旗領侍衞內大臣調熊學鵬爲廣東巡撫以吳虎炳爲廣西巡撫甲子明亮等由達撤谷進兵連克險要山梁及沿河格爾則寨落丙寅阿桂等克格隆古等處寨落庚午阿桂等由索隆克進據噶占山梁直擣噶喇依其頭人色木里雍中及布籠普阿納木來降壬申明亮等克甲雜等隘口並後路巴堅布日蓋古洛進抵獨松隘口剋日會擣噶喇依其頭人達固拉得爾瓦等來降

四十一年春正月癸酉朔富德克打噶咱普德爾窩馬爾邦等碉卡明亮等克獨松等碉卡甲戌定郡王綿德以交結禮部司員削爵命綿恩承襲阿桂克喇烏喇等碉卡及舍齊等寺己卯阿桂率諸軍進圍噶喇依索諾木之母及其姑姊妹出降命封阿桂一等誠謀英勇公予四團龍補服金黃帶加賞果毅繼勇公豐昇額一等子封明亮一等襄勇伯海蘭察一等超勇侯額森特一等男和隆武三等果勇侯福康安普爾普三等男加賞奎林一等男豐昇額明亮海蘭察奎林和隆武仍各予雙眼花翎賞于敏中一等輕車都尉均世襲阿桂請安插降衆於綽斯甲布十二土司地方從之壬午賞阿桂紫韁甲申調明善爲科布多參贊大臣以法福里爲烏里雅蘇臺參贊大臣己丑吏部尚書協辦大學士官保以病乞休允之以阿桂爲吏部尚書協辦大學士調豐昇額爲戶部尚書福隆安爲兵部尚書以綽克托爲工部尚書庚寅嘉謨遷倉場侍郎命阿思

哈署漕運總督永貴署吏部尚書英廉署戶部尚書二月己酉授文綬四川總督調富勒渾爲湖廣總督庚戌命嗣後社稷壇祭時或值風雨於殿內致祭蠲江蘇上元等三十九州縣鎮江等五衛四十年旱災額賦辛亥上謁東陵以祇謁兩陵並巡幸山東免經過州縣本年額賦十分之三甲寅上謁昭西陵孝陵孝東陵景陵詣孝賢皇后陵奠酒阿桂等奏索諾木等出降檻送京師兩金川平乙卯命永貴回禮部尚書仍兼署吏部事丙辰命圖平定金川前後五十功臣像於紫光閣命新設將軍駐雅州四川提督桂林駐金川丁巳上還京師戊午上謁泰陵命袁守侗赴四川會同阿桂查辦參贊大臣富德壬戌上謁泰陵設雲南騰越鎮總兵官丁卯上奉皇太后巡幸山東己巳免順天直隸通州等二十八州縣未完地糧倉穀庚午停湖北勘丈湖地免直隸霸州等二十一州縣未完地糧倉穀辛未減直隸軍流以下人犯罪三月丁丑免山東泰安曲阜二縣本年額賦戊寅免山東鄒平等三十九州縣衛各項民欠額賦己卯增設成都將軍以明亮爲之辛巳減山東軍流以下人犯罪壬午免山東德州等十一州縣緩征漕米漕項癸未以薩載爲江南河道總督楊魁爲江蘇巡撫甲申勒爾謹陛見命畢沅署陝甘總督丙戌上駐蹕泰安謁岱廟命還督撫貢物仍嚴飭之設金川勒烏圍總兵丁亥上登泰山辛卯戶部尚書王際華卒以袁守侗代之免四川通省上年額賦及本年夾賦有差蠲河南武陟縣四十年水災額賦乙未上至曲阜謁孔子廟蠲安徽懷寗等三十二州縣建陽等七衛四十年水旱額賦丙申釋奠先師孔子告平兩金川功丁酉上謁孔林調李質穎爲廣東巡撫以閔鶚元爲安徽巡撫戊戌富德褫職逮治己亥雲南車里逃夷刀維屏等悔罪自歸論免死錮之庚子命戶部侍郎和珅軍機處行走辛丑上奉皇太后自濟甯登舟夏四月癸卯以平定金川遣官祭告天地太廟社稷以英廉兼署戶部尚書命劉墉會同陳輝祖查勘湖北沔陽州衛潰隄工甲辰予告協辦大學士吏部尚書官保卒丁未上閱臨清州舊城辛亥命阿桂仍在軍機處行走癸丑蠲直隸薊州等五十二州縣四十年水災額賦有差乙卯以平定金川遣官告祭昭西陵孝陵孝東陵景陵泰陵孝賢皇后陵丙辰遣官告祭孔子闕里壬戌遣官告祭永陵福陵昭陵甲子以阿思哈爲漕運總督素爾訥爲左都御史索琳爲理藩院尚書仍留庫倫辦事命豐昇額署理藩院尚書乙丑上送皇太后自寶稼營還京師丙寅獻金川俘馘於廟社丁卯定西將軍阿桂等凱旋戊辰上幸良鄉城南行郊勞禮賜將軍及隨征將士等宴并賞阿桂等御用鞍馬各一上還京師己巳受俘上御瀛臺親鞫俘囚索諾木等皆磔於市上御紫光閣行飲至禮賜凱旋將士及王大臣等宴賜將軍阿桂以下銀幣有差庚午斬番目布籠普古巴雅瑪朋阿庫魯等於市五月辛未朔上奉皇太后御慈甯宮上徽號曰崇慶慈宣康惠敦和裕壽純禧恭懿安祺甯豫皇太后頒詔覃恩有差戊寅富德以誣訐阿桂悖逆處斬辛巳豁山西石樓等三縣丁徭虛額銀癸未上奉皇太后啟鑾秋獮木蘭己丑上駐蹕避暑山莊六月庚子朔定文淵閣官制壬子以甘肅皋蘭等二十九州縣旱災命多留市米以供民食庚申黃邦甯論斬逮治前護廣西巡撫蘇爾德署按察使廣德秋七月庚申索琳以不職鐫級以伍彌泰爲理藩院尚書丁亥授巴延三山西巡撫調鄂寶爲湖南巡撫八月丁未召瑚圖靈阿以巴林王巴圖爲定邊左副將軍以額駙拉旺多爾濟爲伊犂參贊大臣乙卯上幸木蘭行圍九月丙子上回駐避暑山莊庚辰上送皇太后回鑾庚寅上奉皇太后還京師冬十月己亥朔命豐昇額爲步軍統領福隆安仍兼管壬寅綏遠城將軍容保罷以伍彌泰代之甲辰命英誠公阿克棟阿在領侍衛內大臣上行走以奎林爲理藩院尚書戊申左都御史張若溎病免辛亥調崔應階爲左都御史以余文儀爲刑部尚書壬子阿思哈病免以鄂寶爲漕運總督癸丑以敦福爲湖南巡撫丙辰命三寶查浙江漕糧積弊甲子以甘肅皋蘭等二十九廳州縣旱災豁歷年積欠倉糧四百萬有奇十一月甲申命四庫全書館詳覈違禁各書分別改燬諭曰明季諸人書集詞意抵觸本朝者如錢謙益等均不能死節妄肆狂狺自應查明燬棄劉宗周黃道周立朝守正熊廷弼材優幹濟諸人所言若當時採用敗亡未必若彼其速惟當改易字句無庸銷燬又直臣如楊漣等即有一二語傷觸亦止須酌改實不忍並從焚棄十二月庚子命戊戌年八月舉行繙譯鄉試次年三月舉行會試丙午命明亮軍機處行走伍彌泰遷西安將軍博成署綏遠城將軍戊申以雅朗阿爲綏遠城將軍甲寅蠲山東德州等三十州縣衛所本年被災額賦丙辰緬目得魯蘊請送還內地官人准其入貢諭令進京乞恩戊午上幸瀛臺庫車阿奇木伯克哈薩克使人及四川明正土司等瞻覲各賜冠服有差

四十二年春正月戊辰朔蠲甘肅乾隆二十三年至三十五年民欠銀八十四萬兩有奇丙子上御閱武樓閱兵命諸王大臣外藩蒙古及回部庫車哈薩克使臣金川土司等從觀辛巳以皇太后不豫詣長春仙館問安奉皇太后幸同樂園侍晚饍自是每日詣長春仙館請安乙酉以圖思德奏緬番內附命阿桂往雲南籌辦調李侍堯爲雲貴總督以楊景素爲兩廣總督郝碩爲山東巡撫圖思德回貴州巡撫裴宗錫回雲南巡撫己丑宥熊學鵬罪蘇爾德廣德論斬庚寅皇太后崩奉安於慈甯宮正殿上以含清齋爲倚廬頒大行皇太后遺詔諭穿孝百日王大臣官員等二十七日除服辛卯尊大行皇太后謚號爲孝聖憲皇后推恩普免錢糧一次壬辰定二十七月內郊廟社稷遣官致祭用樂之制乙未尊大行皇太后陵曰泰東陵丙申移大行皇太后梓宮於暢春園奉安於九經三事殿上居圓明園二月丁酉朔上詣安佑宮行告哀禮上居無逸齋苫次己亥上還居圓明園庚子上詣九經三事殿大行皇太后梓宮前供奠諸王大臣請間一二日行禮不允甲辰諭二十七日內停止元旦朝賀其百日後尋常御殿視朝屆日請旨乙巳定百日內與二十七月內御用服色及臣下服色制甲寅高晉會同阿揚阿赴安徽查案楊魁兼署兩江總督蠲安徽宿州等八州縣鳳陽等三衛四十一年水災額賦丁巳上詣九經三事殿大行皇太后梓宮前行月祭禮以顏希深爲湖南巡撫三月辛未左都御史素爾訥大理寺卿尹嘉銓休致壬申以薩載赴京命德保兼署江南河道總督戊寅以邁拉遜爲左都御史壬午上大行皇太后尊謚曰孝聖慈宣康惠敦和敬天光聖憲皇后戊子以恆山保爲烏里雅蘇臺參贊大臣夏四月戊戌以緬番投誠反覆召阿桂回京留緬目所遣孟幹等戊申上詣九經三事殿孝聖憲皇后梓宮前行祖奠禮己酉孝聖憲皇后發引上送往泰東陵免經過州縣本年額賦十分之七癸丑上謁泰陵是日孝聖憲皇后梓宮至泰東陵奉安於隆恩殿丙辰上詣泰東陵孝聖憲皇后梓宮前行百日祭禮丁巳大學士舒赫德卒戊午命永貴署大學士兼吏部尚書辛酉蠲安徽宿州等八州縣長河等三衛四十一年水災額賦壬戌命福隆安兼署吏部尚書甲子上還京師五月乙丑朔孝聖憲皇后神牌升祔太廟翌日頒詔覃恩有差戊辰上臨舒赫德喪次賜奠壬申蠲直隸清苑等十州縣逋賦戊寅以普蠲全國錢糧免福建臺灣府屬官莊租息十分之三甲申馬蘭鎮總兵滿斗於東陵掘牆通路論斬丁亥命阿桂爲武英殿大學士兼管吏部事英廉協辦大學士命尚書果毅繼勇公豐昇額之父阿里袞原襲果毅公爵號亦加繼勇二字調永貴爲吏部尚書以富勒渾爲禮部尚書三寶爲湖廣總督王亶望爲浙江巡撫蠲順天直隸大興等三十三廳州縣被災額賦六月乙卯以吉林將軍富椿調杭州將軍命福康安代之己未上詣黑龍潭祈雨秋七月蠲甘肅皋蘭等二十九廳州縣四十一年被災額賦丙戌命甘肅應征各屬番糧草束免十分之三暹羅頭目鄭昭進貢送所獲緬番論楊景素以請封檄諭之八月庚子免烏魯木齊各州縣戶民額糧十分之三庚申命侍郎金簡赴吉林會同福康安查辦事件九月丙子上謁泰陵泰東陵壬午上還京師冬十月戊戌戶部尚書果毅繼勇公豐昇額卒調英廉爲戶部尚書仍兼管刑部命德福爲刑部尚書乙巳詔陝西民屯租糧草束屆輪免錢糧之年一體蠲免庚申設密雲副都統一駐防兵二千辛酉命袁守侗赴浙江查審歸安縣知縣劉均被控案命侍郎周煌阿揚阿赴四川查審大足縣知縣趙憲高被控案十一月丙寅廣德處斬戊辰海成以縱庇王錫侯褫職以郝碩爲江西巡撫國泰爲山東巡撫壬申刑部尚書余文儀乞休允之甲戌調袁守侗爲刑部尚書梁國治爲戶部尚書乙酉蠲甘肅甯夏等七廳縣本年被災額賦二月丁酉蠲甘肅皋蘭等十七州縣四十一年被災額賦癸丑賑甘肅皋蘭等三十二廳州縣被旱災民

四十三年春正月壬戌朔免朝賀癸亥以鄭大進爲河南巡撫辛未追復睿親王封爵及豫親王多鐸禮親王代善鄭親王濟爾哈朗肅親王豪格克勤郡王岳託原爵並配享太廟己卯上謁西陵免經過地方本年額賦十分之三癸未上謁泰陵泰東陵甲申上謁泰東陵行期年禮二月丁酉朝鮮琉球入貢己酉以特成額爲禮部尚書調綽克托爲吏部尚書富勒渾爲工部尚書特成額遷成都將軍以鍾音爲禮部尚書調楊景素爲閩浙總督桂林爲兩廣總督李質穎護之戊午以誠親王弘暢爲正白旗領侍衛內大臣三月甲子上詣西陵戊辰上謁泰陵泰東陵己巳上親祭泰東陵乙亥上閱健銳營兵己丑以李湖爲湖南巡撫夏四月辛卯以河南旱命減開封等五府軍流以下罪壬寅命先免河南四十五年田賦癸卯肅親王蘊著卒乙巳上詣黑龍潭祈雨辛亥命減河南軍流以下罪乙卯賜戴衢亨等一百五十七人進士及第出身有差五月庚申朔以山東荒歉命預免四十五年錢糧丁卯命山西巡撫兼理河東鹽政戊辰怡親王弘曉卒六月乙未以九江關監督全德浮收逮治之閏六月癸亥河南祥符河決秋七月癸巳河南儀封考城河決乙未命袁守侗往河南會同河督姚立德巡撫鄭大進查辦河工戊戌命高晉督辦隄工丁未上詣盛京謁陵

免經過直隸奉天各州縣本年額賦十分之三八月癸酉以儀封決河下注安徽鳳陽各州縣諭薩載等賑災民甲戌上謁永陵乙亥行大饗禮己卯上謁福陵免奉天所屬府州縣明年丁賦庚辰行大饗禮上謁昭陵辛巳行大饗禮命奉天吉林黑龍江各屬已結未結死罪均減等軍流以下悉宥之癸未上臨奠克勤郡王岳託墓甲申上臨奠武勳王揚古利宏毅公額亦都直義公費英東墓乙酉上詣文廟行禮九月甲午錦縣生員金從善以上言建儲立后納諫施德忤旨論斬戊戌禮部尚書鍾音卒金從善以妄肆詆斥處斬己亥以德保爲禮部尚書丁未申諭立儲流弊及宣明歸政之期壬子上還京師甲寅高樸以婪贓論斬綽克托以失察高樸褫職命永貴爲吏部尚書乙卯命邁拉遜署吏部尚書冬十月己未以庚子年七旬萬壽巡幸江浙命舉恩科鄉會試並普蠲錢糧甲戌江蘇布政使陶易以徇縱徐述夔褫職論斬丙子免甘肅皐蘭等三十二廳州縣四十二年旱災額賦十一月戊子禁貢獻整玉如意及大玉壬辰定驛務歸巡道分管裁甘肅驛傳道賑廣西興安等九州縣本年旱災庚子免甘肅寗下等七廳州縣四十二年被災額賦十二月庚申河南儀封隄工塌壞高晉等下部嚴議丙寅諭國泰嚴治山東冠縣義和拳教匪甲戌賑安徽當塗等三十四州縣衛本年水旱災湖南湘陰等十五州縣衛旱災並蠲額賦有差

四十四年春正月丙戌朔調陳輝祖爲河南巡撫鄭大進爲湖北巡撫乙未大學士兩江總督高晉卒命三寶爲東閣大學士仍留湖廣總督任薩載爲兩江總督李奉翰爲江南河道總督癸卯上詣西陵免經過地方本年丁賦十分之三裁福州副都統乙巳命阿桂赴河南査勘河工丁未上謁泰陵泰東陵辛亥上還京師二月癸亥左都御史邁拉遜病免丙子以增福爲福建巡撫申保爲左都御史庚辰命輯明季諸臣奏疏諭曰各省送到違礙應燬書籍如徐必達南州草蕭近高疏草宋一韓掖垣封事切中彼時弊病者俱無悖骨鯁雖其君置若罔聞而一時廢弛瞀亂之迹痛切敷陳足資考鏡朕以爲不若擇其較有關係者別加編錄名爲明季奏疏勒成一書永爲殷鑒諸臣在勝國言事於我國家間有干犯之語不宜深責應量爲改易選錄餘仍分別撤燬壬午建江南龍泉莊等處行宮三月丙申命英廉署直隸總督丁酉命德福署協辦大學士調楊景素爲直隸總督三寶爲閩浙總督以圖思德爲湖廣總督舒常爲貴州巡撫乙巳以譚尚忠署山西巡撫己酉賑湖北江夏等三十九州縣衛上年旱災夏四月己未改闢展辦事大臣爲吐魯番領隊大臣戊辰上詣西陵壬申上謁泰陵泰東陵丁丑改甘肅驛傳道爲分巡蘭州道戊寅以袁守侗爲河東河道總督胡季堂爲刑部尚書己卯上閱健銳營兵庚辰上還京師五月乙未上秋獮木蘭免經過地方本年丁賦十分之三丙申以李世傑爲廣西巡撫辛丑上駐避暑山莊丙午以富綱爲福建巡撫丁未上詣文廟行釋奠禮六月丁卯免甘肅乾隆二十七年至三十七年逋賦銀二十三萬五千兩糧一百零五萬石各有奇戊辰河南武陟河內沁河決庚辰建吐魯番滿城秋七月乙未以孫士毅爲雲南巡撫八月戊辰上幸木蘭行圍辛未命和珅在御前大臣上學習行走甲戌以宗室永瑋爲黑龍江將軍乙亥寧壽宮成九月庚子上還京師冬十月壬戌免陝西延安等三府州屬乾隆二十年至三十七年民欠社倉穀免西藏那克舒三十九族番子等應交馬銀乙亥免甘肅莊浪等十七廳州縣被災額賦十一月甲申免安徽亳州等十一州縣額賦戊戌杭州將軍嵩椿坐耽於逸樂褫職仍通諭申儆癸卯賑甘肅皐蘭等十二廳州縣災民並蠲本年額賦丙午以姚成烈爲廣西巡撫以伍彌泰護送班禪至熱河給欽差大臣關防十二月癸丑命侍郎德成至河南會辦河工甲寅命戶部侍郎董誥在軍機處行走乙卯兩廣總督桂林卒以巴延三代之雅德爲山西巡撫戊午大學士于敏中卒湖廣總督圖思德卒以富勒渾代之綽克托代爲工部尚書丙寅賑湖北沔陽等七州縣衛本年水災己巳命程景伊爲文淵閣大學士調嵇璜爲吏部尚書協辦大學士周煌爲工部尚書辛未直隸總督楊景素卒以袁守侗代之調陳輝祖爲河東河道總督榮柱爲河南巡撫

四十五年春正月庚辰朔以八月七旬萬壽頒詔覃恩有差辛巳免河南儀封等十三州縣被災額賦辛卯上巡幸江浙免直隸山東經過地方本年額賦十分之三壬辰免直隸順德等四府屬逋賦己亥免山東歷城等二十八州縣逋賦及倉穀己酉朝鮮國王李祘表賀萬壽優詔答之修浙江仁和海甯塘工二月癸丑命舒常同和珅喀甯阿查辦海甯劾李侍堯各款甲寅免江南浙江經過地方本年額賦十分之三免兩江所屬四十三年以前逋賦丙辰調李奉翰爲河東河道總督陳輝祖爲江南河道總督丁巳免臺灣府屬本年額穀免兩淮竈戶災欠及川餉未繳銀己未上渡江閱清口東壩隄工甲子免江南浙江省會附郭諸州縣本年額賦戊辰上幸焦山壬申上幸蘇州府儀封決口合龍己卯免浙江仁和等縣逋賦三月辛巳上幸海甯州觀潮壬午上幸尖山召索諾木策凌來京以奎林爲烏魯木齊都統癸未上幸杭州府甲申上幸秋濤宮閱水師以博清額爲理藩院尚書壬辰調李質穎爲浙江巡撫李湖爲廣東巡撫以劉墉爲湖南巡撫以京察屆期予阿桂等議敘左都御史崔應階等原品休致癸巳以羅源漢爲左都御史丁酉李侍堯褫職逮問孫士毅褫職發伊犁効力以福康安爲雲貴總督索諾木策凌爲盛京將軍辛丑命英廉爲東閣大學士和珅爲戶部尚書丙午上詣明太祖陵奠酒夏四月己酉朔上渡江壬子山東壽光人魏塾以著書悖妄處斬丁巳上至武家墩閱高家堰堤工渡河免山西太原等十六府州並歸化城等廳應徵額賦十分之三大同朔平及和林格爾等屬全免之辛酉調楊魁爲陝西巡撫劉秉恬署雲南巡撫顏希深爲貴州巡撫吳壇爲江蘇巡撫丁卯調楊魁爲河南巡撫雅德爲陝西巡撫喀甯阿爲山西巡撫五月甲申以大學士九卿改和珅所擬李侍堯監候爲斬決諭各督撫各抒所見定擬題奏丁亥上還京師癸巳賜汪如洋等一百五十五人進士及第出身有差丁酉宥孫士毅罪己亥上秋獮木蘭乙巳上駐蹕避暑山莊甲寅免湖北沔陽等五州縣本年水災額賦乙卯召大學士三寶入閣辦事調富勒渾爲閩浙總督舒常爲湖廣總督丁卯以和珅爲正白旗領侍衛內大臣庚午江蘇睢甯郭家渡河決秋七月丁丑起孫士毅爲編修丁酉班禪額爾德尼自後藏入覲上御清曠殿賜坐賜茶戊戌順天良鄉永定河決庚子上御萬樹園賜班禪額爾德尼及王公大臣蒙古王貝勒貝子公額駙台吉等宴並賜冠服金幣有差辛丑山東曹縣及河南考城河決壬寅以李本爲貴州巡撫八月戊申賑河南寧陵等四縣水災乙卯大學士程景伊卒丁巳永定河決口合龍湖北巡撫鄭大進貢金器不納切責之己未上七旬萬壽節御澹泊敬誠殿王公大臣及蒙古王貝勒貝子額駙台吉等行慶賀禮癸酉調閔鶚元爲江蘇巡撫農起爲安徽巡撫甲戌上詣東西陵免經過地方本年額賦十分之三賑浙江諸暨等七縣水災九月以嵇璜爲文淵閣大學士蔡新爲吏部尚書協辦大學士調周煌爲兵部尚書以周元理爲工部尚書壬午上謁昭西陵孝陵孝東陵景陵詣孝賢皇后陵奠酒辛卯上謁泰陵泰東陵睢甯郭家渡決口合龍乙未上還京師乙巳賑吉林琿春水災冬十月戊申定李侍堯斬監侯調雅德爲河南巡撫辛酉免河南儀封等六縣本年水災額賦壬戌免直隸霸州等六十三州縣本年水災額賦免江蘇清河等八州縣衛本年水旱額賦免甘肅皐蘭等三十五廳州縣四十四年水災額賦甲戌命博清額署左都御史和珅仍兼署理藩院尚書十一月庚辰命博清額爲欽差大臣護送班禪額爾德尼往穆魯烏蘇地方壬午以慶桂爲烏里雅蘇台將軍癸未班禪額爾德尼卒於京師十二月乙卯賑甘肅皐蘭等十八廳州縣饑民庚申以會同四譯館屋壞壓斃朝鮮人禮部尚書等下部嚴議丁卯命阿桂會同陳輝祖富勒渾李質穎勘視海塘

四十六年春正月己卯定蒙古喀爾喀青海杜爾伯特土爾扈特和碩特回部王公札薩克台吉等世襲爵秩丙申朝鮮國王李祘表謝賜緞匹仍貢方物溫諭受之癸卯召富勒渾李質穎來京以陳輝祖爲閩浙總督兼管浙江巡撫督辦塘工調李奉翰爲江南河道總督韓鑅爲河東河道總督二月丙辰免浙江諸暨水災額賦癸亥命阿桂勘視江南河南河工乙丑上西巡五臺山免經過地方本年額賦十分之三丙寅免順天保定七府州縣逋賦己巳調雅德爲山西巡撫庚午以富勒渾爲河南巡撫王燧論絞三月甲戌朔上幸正定府閱兵乙亥免安徽亳州等九州縣鳳陽等三衛水災額賦有差丙子免江蘇清河等八州縣衛水災額賦有差戊寅召慶桂來京以巴圖署烏里雅蘇台將軍辛巳上駐蹕五臺山己丑免甘肅皐蘭等十五廳州縣雹災額賦有差甲午以宗室嵩椿爲綏遠城將軍庚子上還京師壬寅甘肅循化廳撒拉爾回匪蘇四十三等作亂陷河州命西安提督馬彪同勒爾謹勦之癸卯回匪犯蘭州命阿桂往甘肅調度勦賊機宜夏四月甲申朔命尚書和珅額駙拉旺多爾濟領侍衛內大臣海蘭察並巴圖魯侍衛等赴甘肅勦賊乙巳命安徽巡撫農起往甘肅辦理軍需宥李侍堯罪賞三品頂戴赴甘肅己酉甘肅官軍收復河州仁和縣進援省城庚申休致大理寺卿尹嘉銓坐妄請其父從祀孔廟及著書狂悖處絞免直隸霸州等五十廳州縣水災額賦戊辰賜錢棨等一百六十九人進士及第出身有差庚午逮勒爾謹以李侍堯管理陝甘總督事未至以阿桂兼管之召和珅回京辛未免安徽壽州等十二州縣衛河南儀封等五縣水災額賦五月辛卯諭阿桂等除回民新教閏五月癸卯朔勒爾謹論斬己酉免江蘇阜寧等七縣衛逋賦庚戌上秋獮木蘭丙辰上駐蹕避暑山莊六月庚辰江蘇睢甯魏家莊河決己丑以甘肅累年冒賑命刑部嚴鞫勒爾謹逮王亶望至都壬辰免陝西西安等十二府州民欠倉穀癸巳甘肅回匪蘇四十三等伏誅秋七月

壬寅朔，江蘇崇明太倉等州縣海溢。甘肅布政使王廷贊以冒賑浮銷褫職逮治。丙午，以奎林爲烏里雅蘇台將軍，明亮爲烏魯木齊都統。己酉，河南萬錦灘及儀封曲家樓河決。庚申，暹羅國長鄭昭遣使齎表貢方物。辛酉，命阿桂閱視河南山東河工。乙丑，南掌國王弟召翁貢方物。庚午，王亶望處斬，賜勒爾謹自盡，王廷贊論絞。免江蘇崇明縣本年額賦。賑江蘇崇明等九廳州縣、河南儀封縣水災。八月甲戌，賑甘肅隴西等四縣水災。免金縣等七縣額征牛賦。己卯，袁守侗等坐查監糧失實，下部嚴議。壬午，調福康安爲四川總督，以富綱爲雲貴總督，楊魁署福建巡撫。乙酉，賑湖北潛江等四州縣水災。丙戌，上幸木蘭行圍。魏家莊決口合龍。九月戊申，王廷贊處絞。丁卯，賑山東金鄉水災。冬十月丙子，賑江蘇銅山等縣水災。丁丑，賑山東鄒平等二十九州縣濟甯等三衞永阜等三場水災。乙酉，賑直隸滄州等四州縣嚴鎭等四場水災。戊子，賑河南祥符十三縣水災。庚寅，賑湖北江夏等十七州縣水旱災。癸巳，賑安徽靈壁等二十四州縣衞水旱災。丁酉，上以御史劉天成奏，論曰：「均田之法，勢必致貧者未富，富者先貧。我君臣惟崇儉尙樸，知愧知懼，使四民則傚而已。」罷陝西貢皮。十一月庚子，工部尙書周元理予告，以羅源漢代之，以劉墉爲左都御史，仍暫管湖南巡撫。丙午，以李世傑爲湖南巡撫。戊辰，以鄭大進爲直隸總督。十二月己巳朔，調姚成烈爲湖北巡撫，以朱椿爲廣西巡撫。丁丑，以雅德爲廣東巡撫，譚尙忠爲山西巡撫。戊子，大學士等議駁嵇璜請復黃河故道，上韙之。庚寅，畢沅以御史錢澧劾，降三品頂戴留任。辛卯，調農起爲山西巡撫，譚尙忠爲安徽巡撫。

四十七年春正月庚子，陳輝祖、閔鶚元降三品頂戴留任。乙卯，建盛京文溯閣。丙寅，四庫全書成。二月己巳，上御文淵閣，賜四庫全書總裁等官宴，賞賚有差。丁亥，命乾淸門侍衞鄂彌達探河源。三月庚子，上幸盤山。壬寅，上駐蹕盤山。癸丑，調雅德爲福建巡撫，以尙安爲廣東巡撫。甲寅，上還京師。乙卯，免甘肅積年逋賦糧二百四十五萬石、銀三十萬兩各有奇。戊午，免江蘇常熟等二十八廳州縣衞水災額賦。癸亥，免直隸天津等三十九州縣廳水災額賦。夏四月戊辰，命和珅、劉墉同御史錢澧查辦山東虧空。戊寅，免山東壽光等五縣水災額賦。己卯，山東巡撫國泰褫職逮問，以明興代之。辛巳，上閱火器營兵。甲申，免山西永濟縣水災額賦。丁亥，上閱健銳營兵。壬辰，協辦大學士吏部尙書蔡新乞假，允之，以劉墉署吏部尙書。甲午，羅源漢罷，以劉墉爲工部尙書，王杰爲都察院左都御史，慶桂爲盛京將軍。五月丁酉，召阿桂來京，命韓鑅、富勒渾籌辦河工。己亥，賑山東曹州兗州濟甯等府州、江蘇徐州豐沛等縣水災。辛丑，免河南祥符等六縣水災額賦。定新建巴爾噶遜城名曰嘉德。戊申，上幸木蘭。庚戌，免安徽懷甯等十八州縣安慶等五衞水災額賦。甲寅，上駐蹕避暑山莊。六月丙子，國泰、于易簡論斬。以富躬爲安徽巡撫。秋七月丙申朔，命阿桂仍督辦河工。戊戌，索諾木策凌論斬。癸卯，國泰、于易簡賜自盡。甲辰，以李侍堯、國泰所辦貢物過優，皆致罪戾，諭各督撫等惟當潔淸自矢，毋專以進獻爲能。己未，以何裕城署河東河道總督。癸亥，免甘肅隴西等四縣四十六年水災額賦。八月丁卯，以福康安爲御前大臣。癸酉，以宗室永瑋爲吉林將軍，宗室恆秀爲黑龍江將軍。甲戌，加英廉、嵇璜、和珅、李侍堯、福康安太子太保，梁國治、鄭大進太子少傅，薩載太子少保。壬午，賑江蘇沛縣等州縣、山東鄒嶧二縣被水災民。癸未，上幸木蘭行圍。乙酉，賜索諾木策凌自盡。壬辰，賑山東兗州等府縣被水災民。九月丙申，建浙江文瀾閣。壬寅，上回駐避暑山莊。癸卯，刑部尙書德福卒，以喀甯阿代之，命英廉暫管刑部。乙巳，調宗室永瑋爲盛京將軍，慶桂爲吉林將軍。辛亥，陳輝祖褫職逮問，調富勒渾爲閩浙總督，福長安署之，調李世傑爲河南巡撫，以查禮爲湖南巡撫。己未，賑浙江玉環等處海溢災民。辛酉，免奉天承德等五廳縣水災額賦。冬十月癸酉，新建庫爾喀喇烏蘇城名曰慶綏，晶河城名曰安阜。丁卯，賑河南汝陽等十六縣水災。甲申，直隸總督鄭大進卒，以袁守侗署之。以福崧爲浙江巡撫。賑安徽壽州等十六州縣衞水旱災。十二月癸亥朔，陳輝祖及國棟等論斬。甲申，常靑遷杭州將軍，以烏爾圖納遜爲察哈爾都統。

四十八年春正月甲午，以伊星阿爲湖南巡撫。戊申，以薩載爲兩江總督，畢沅爲陝西巡撫，劉秉恬爲雲南巡撫。二月甲子，賜陳輝祖自盡，王燧處斬。乙丑，以毓奇爲漕運總督。丙寅，以拉旺多爾濟爲御前大臣。戊辰，命建辟雍於太學。辛未，上詣西陵，免經過地方額賦十分之三。乙亥，上詣泰陵、泰東陵。戊子，賜明遼東經略熊廷弼五世孫先爲儒學訓導。三月辛丑，予大學士阿桂等議敍，禮部侍郎錢載等原品休致，予總督袁守侗等、巡撫農起等議敍。召朱椿來京，以劉峩爲廣西巡撫。甲寅，免江蘇銅山等十九州縣淮安等三衞水旱災額賦。夏四月乙丑，御前大臣喀喇沁郡王札拉豐阿卒，以拉旺多爾濟爲御前大臣。乙亥，上閱火器營兵。辛巳，召福康安來京。五月壬辰，以福康安爲正黃旗領侍衞內大臣，予李奉翰兵部尙書右都御史銜。甲辰，以朱椿爲左都御史。丙午，協辦大學士吏部尙書永貴卒。免安徽壽州等十一州縣上年水災額賦。丁未，直隸總督袁守侗卒，以劉峩代之，以孫士毅爲廣西巡撫，伍彌泰爲吏部尙書、協辦大學士。己酉，上有疾，命永瑢代祀方澤。癸丑，上幸木蘭。庚申，上駐蹕避暑山莊。六月乙丑，體仁閣火。乙酉，免山東永阜等五場上年水災額賦。丁亥，賑湖北廣濟等六州縣水災。秋七月戊戌，命海祿署伊犁將軍，圖思義署烏魯木齊都統。乙卯，命蔡新爲文華殿大學士，梁國治協辦大學士，劉墉爲吏部尙書。八月甲午，賜達賴喇嘛玉册玉寶。甲戌，明亮、巴林泰等褫職逮問，以海祿爲烏魯木齊都統。乙亥，上自避暑山莊詣盛京謁陵，免經過地方本年額賦十分之五。庚辰，太子太保大學士英廉卒。辛巳，上駐蹕哈那達大營，喀喇沁郡王喇特納錫第等迎駕，賞賚有差。丁亥，上駐五里屯大營，科爾沁親王恭喇布坦、巴林郡王巴圖等迎駕，賞賚有差。戊子，予明遼東經略袁崇煥五世孫炳以八九品官選補。九月己丑朔，上駐蹕四堡子東大營閱射，命皇十一子永瑆等迎册寶至盛京，藏於太廟。癸巳，上駐老邊大營閱射。朝鮮國王遣使貢方物。乙未，免奉天各屬乾隆四十九年額賦。戊戌，上謁永陵。己亥，行大饗禮，閱興京城。免盛京戶部各莊頭倉糧，免盛京等處旗地應納米豆草束十分之五，減奉天等處死罪，免軍流以下罪。癸卯，上謁福陵。甲辰，行大饗禮，上謁昭陵，臨奠武勳王揚古利墓。乙巳，行大饗禮。丙午，上臨奠克勤郡王岳託墓。丁未，上臨奠宏毅公額亦都、直義公費英東墓。戊申，上御崇政殿受慶賀，御大政殿賜扈從皇子王公大臣等宴，賞賚有差。己酉，上詣淸甯宮祭神，賜皇子王公大臣等食胙。庚戌，上回蹕。戊午，申諭詹事府備詞臣陞轉之階，及建儲之必不可行。冬十月壬戌，賑陝西榆林八州縣等旱災。癸亥，上駐蹕文殊菴行宮。壬申，上謁昭西陵、孝陵、孝東陵、景陵。乙亥，上還京師。十一月己亥，釋國棟。庚子，以福隆安病未痊，命福康安協同辦理兵部尙書。辛丑，命劉峩查辦南宮縣義和拳邪教。己酉，以阿克棟阿爲烏里雅蘇臺參贊大臣，那爾瑚善爲塔爾巴哈台參贊大臣。十二月丙寅，命福康安赴廣東會同永德讞鹽商獄。

四十九年春正月丁未，上南巡，免直隸山東經過地方本年錢糧十分之三。戊申，免直隸順天等十二府州屬逋賦。甲寅，調孫士毅爲廣東巡撫，以吳垣爲廣西巡撫。丙辰，免山東利津等二十一州縣衞逋賦。召巴延三來京，調舒常爲兩廣總督，以特成額爲湖廣總督，保甯爲成都將軍。二月壬戌，上幸泰安府，詣岱廟行禮。丙寅，上謁少昊陵，至曲阜，謁先師廟。丁卯，釋奠先師，詣孔林酹酒，祭元聖周公廟。壬申，免江甯蘇州安徽各屬逋賦，免江南浙江經過地方本年錢糧十分之三。以永保爲貴州巡撫。賚江南浙江耆民。戊寅，祭河神，上渡河。減江蘇安徽浙江三省軍流以下罪。壬午，免江南江甯蘇州、浙江杭州等附郭諸縣額賦。甲申，免兩淮竈戶四十五六兩年逋賦。三月丙戌朔，祭江神，上渡江，幸金山。丁亥，上幸焦山。調周煌爲左都御史。己丑，以王杰爲兵部尙書，俟服闋後供職。辛卯，上幸蘇州府。壬辰，免湖北江夏等二十四州縣衞三十年至四十四年逋賦。乙未，上詣文廟行禮。丁酉，再免浙江杭州嘉興湖州三府屬額賦十分之三。己亥，上幸海甯州，祭海神。以福建欽賜進士郭鍾岳年屆一百四歲，來浙迎鑾，賞國子監司業。庚子，上幸尖山觀潮，閱視塘工。辛丑，上幸杭州府。癸卯，上詣聖因寺，祭聖祖神御。戊申，上閱福建水師。庚戌，上自杭州回鑾。改慶桂爲福州將軍，以都爾嘉爲吉林將軍。增西安副都統一。甲寅，上駐蹕蘇州府。巴延三褫職。閏三月丙辰朔，兵部尙書福隆安卒，以福康安爲兵部尙書，復興署工部尙書。壬戌，上幸江甯府。甲子，祭明太祖陵。乙丑，上閱江甯府駐防兵。戊辰，上渡江。丙子，上祭河神，渡河。以伊齡阿爲總管內務府大臣。是月，免江蘇上元等八州縣衞、安徽懷甯等十州縣安慶等三衞上年水旱災額賦。夏四月丙戌，免直隸宛平等五州縣上年水災額賦。庚寅，上祭禹廟。壬寅，以李綬爲江西巡撫。甲辰，以河南衞輝等屬旱，免汲縣等十六縣逋賦。乙巳，免直隸大名等七州縣逋賦。丙午，甘肅新教回人田五等作亂，命李侍堯剿之。丁未，上還京師。以海祿爲烏什參贊大臣。庚戌，免陝西甘肅三十八年至四十六年逋賦。辛亥，調李綬爲湖南巡撫，以伊星阿爲江西巡撫。甲寅，賜茹棻等一百十二人進士及第出身有差。是月，免湖北黃梅等四縣武昌等三衞上年水災額賦。五月丙辰，綽克托以緣事褫職逮問，以慶桂爲工部尙書，調常靑爲福州將軍，以永鐸爲杭州將軍。己未，命慶桂在軍機處行走。壬戌，上秋獮木蘭。癸亥，免陝西延安等三府州逋賦。戊辰，上駐蹕避暑山莊。己巳，命福康安、海蘭察赴甘肅勦捕回匪。甲戌，命阿桂領火器健銳兩營兵往甘肅勦叛回，以阿桂爲將軍，福康安、海蘭察、伍岱並爲參贊大臣。乙亥，甘肅回匪陷通渭縣，尋復之。以舒亮爲領隊大臣。庚辰，李侍堯坐玩誤褫職，以福康安爲陝甘總督。剛塔以失機褫職逮問。辛巳，調慶桂爲兵部尙書，復興爲工部尙書，以阿揚阿爲左都御史。癸未，江南巡撫郝碩坐貪婪逮問是月免山東兗州等三府州屬上年水災額賦六月庚寅免甘肅本年額賦甲午賑湖南茶陵攸縣水災壬寅東閣大學士三寶卒戊申以書麟爲安徽巡撫是月免安徽懷甯等十三州縣衞上年水旱額賦秋七月甲寅朔日食丁巳禮部尚書曹秀先卒以姚成烈爲禮部尚書調李綬爲湖北巡撫以陸燿爲湖南巡撫己未賜郝碩自裁甲子甘肅石峯堡回匪平俘賊首張文慶等予阿桂輕車都尉晉封福康安嘉勇侯擢海蘭察子安祿二等侍衞授伍岱都統俱給騎都尉和珅再給輕車都尉餘各甄敍有差丙寅以常青爲烏魯木齊都統癸酉以伍彌泰爲東閣大學士調和珅爲吏部尚書協辦大學士兼管戶部以福康安爲戶部尚書仍留陝甘總督任戊寅命頒行軍紀律癸未李侍堯論斬宥剛塔罪戍伊犂是月免陝西榆林等八州縣上年旱災額賦八月己丑河南睢州河決命阿桂督治之癸巳免甘肅積年逋賦銀三十五萬兩糧四十七萬石各有差乙未以河南偃師縣任天篤九世同居賜御製詩御書扁額己亥上幸木蘭行圍辛丑張文慶等伏誅甲辰暹羅國長鄭華遣陪臣貢方物乞封九月癸丑朔賑安徽宿州等處水災乙卯以回匪平封和珅一等男庚申上駐蹕避暑山莊甲子調烏爾圖納遜爲察哈爾都統積福爲綏遠城將軍甲戌上還京師丙子宥綽克托罪庚辰命內大臣西明翰林院侍讀學士阿肅使朝鮮册封世子是月賑陝西華州等三州縣水災冬十月辛卯命重舉千叟宴戊戌賑江西南昌等六縣水災己酉減京師朝審情實句到逾三次人犯罪十一月乙丑諭秋審朝審各犯緩決至三次者分別減等壬申睢州河工合龍庚辰命留保住爲駐藏大臣以福祿爲西甯辦事大臣十二月甲辰諭預千叟宴官民年九十以上者許其子孫一人扶掖大臣年逾七十者如步履稍艱亦許其子孫一人扶掖是歲朝鮮琉球暹羅安南來貢

五十年春正月辛亥朔上以五十年國慶頒詔覃恩有差丙辰舉千叟宴禮宴親王以下三千人於乾清宮賞賚有差丁巳左都御史周煌致仕以紀昀爲左都御史調吳垣爲湖北巡撫以孫永清爲廣西巡撫戊辰召奎林來京以拉旺多爾濟署烏里雅蘇台將軍甲戌喀什噶爾阿奇木伯克阿里木以潛與薩木薩克交通事覺處斬乙酉賑江西萍鄉等三縣水災丁亥上釋奠先師臨辟雍講學戊子免河南汲縣等十四縣逋賦己丑御試翰林院詹事府官擢陸伯焜吳璥爲一等餘陞黜有差試六部陞用翰詹等官擢慶齡爲一等餘陞黜有差辛卯調畢沅爲河南巡撫何裕城爲陝西巡撫甲辰免江南江甯等六府州逋賦是月賑江西萍鄉等三縣福建建安等二縣水災河南汲縣等十四縣旱災三月壬子上幸盤山甲寅上詣明長陵奠酒丁巳上駐蹕盤山辛酉截河南山東漕糧三十萬石賑河南衞輝旱災甲子免江蘇安東阜甯逋賦丙寅上還京師丁卯以永鐸爲伊犂參贊大臣常青爲西安將軍奎林爲烏魯木齊都統復興爲烏里雅蘇臺將軍以舒常爲工部尚書孫士毅兼署兩廣總督乙亥免直隸薊州等四十九州縣逋賦丙子免河南商邱等六州縣上年水災額賦夏四月甲申甘肅肅州等處地震賑恤之壬辰上閱健銳營兵丁酉刑部尚書喀甯阿胡季堂侍郎穆精阿姜晟以檢驗失實降四品頂戴戊戌大學士蔡新致仕是月免河南汲縣等旱災額賦賑祥符等州縣旱災五月壬子免河南祥符等十六州縣鄭州等三十二州縣新舊額賦積欠甲寅調永保爲江西巡撫陳用敷爲貴州巡撫己未撥兩淮運庫銀一百萬兩交河南備賑丙寅上秋獮木蘭丁卯山西平陽等屬饑給貧民兩月糧壬申上駐蹕避暑山莊丙子命梁國治爲東閣大學士兼戶部尚書劉墉協辦大學士以曹文埴爲戶部尚書丁丑柘城盜匪平是月賑江蘇銅山等十六州縣山東陵縣等四十州縣旱災六月壬午以漕運遲誤薩載等下部嚴議分別賠償乙酉理藩院尚書博清阿卒丙戌以留保住爲理藩院尚書辛丑以奎林署伊犂將軍永鐸署烏魯木齊都統乙巳命再截留江西漕糧十萬石於安徽備賑是月賑安徽亳州等八州縣旱災秋七月己酉調富勒渾爲兩廣總督以雅德爲閩浙總督浦霖爲福建巡撫庚戌調浦霖爲湖南巡撫以徐嗣曾爲福建巡撫辛酉以李慶棻爲貴州巡撫乙丑撥戶部銀一百萬兩交河南備賑辛未賑山西代州等六州縣水災乙亥以奎林爲伊犂將軍永鐸爲烏魯木齊都統八月乙酉命阿桂赴河南勘災兼赴江南山東查辦河運癸巳上幸木蘭行圍庚子賑陝西朝邑縣水災癸卯以伊桑阿爲山西巡撫九月己酉命福康安赴阿克蘇安輯回衆以慶桂爲烏什參贊大臣署陝甘總督降海祿爲伊犂領隊大臣命明亮以伊犂參贊大臣署烏什參贊大臣甲寅上駐蹕避暑山莊戊午調永保爲陝西巡撫何裕城爲江西巡撫戊辰上還京師壬申賑江蘇長洲等五十六州縣衞旱災冬十月丁丑朔召勒保松筠回京命佛住駐庫倫會同蘊端多爾濟辦事庚辰賑湖南巴陵等十州縣旱災辛丑賑安徽亳州五十一州縣並鳳陽等九衞旱災是月免甘肅皋蘭等十二廳州縣衞本年雹水災額賦賑直隸平鄉等十六州縣水旱災河南永城等十二州縣旱災十一月乙亥以乾隆六十年乙卯正旦推算日食宣諭定次年歸政是月賑山東嶧縣等九州縣旱災甘肅河州等七州縣水雹災十二月丁丑以御史富森阿條陳地丁錢糧請收本色諭斥爲斷不可行罷之丙戌以明亮爲烏什參贊大臣慶桂爲塔爾巴哈台參贊大臣壬寅禁廣東洋商及粵海關監督貢獻是月賑陝西朝邑等三縣水災是歲朝鮮來貢

清史稿　本紀十五

高宗本紀六

五十一年春正月丙午朔日食免朝賀戊申命戶部撥銀一百萬兩解往安徽備賑辛酉禮部尚書姚成烈卒以彭元瑞代之丙寅以普福爲駐藏大臣庚午江西巡撫何裕城奏糧價日昂由江楚販運過多所致上以意存遏糴切責之命范建中往哈密辦事二月庚辰上御經筵賜宴命工歌新譜抑戒詩歲爲例加福建水師提督黃仕簡太子太保乙酉上幸南苑行圍辛卯命尚書曹文埴侍郎姜晟伊齡阿往浙省盤查倉庫壬辰上詣西陵巡幸五臺山免經過地方額賦十分之三丙申上謁泰陵泰東陵丁酉免直隸順德廣平大名三府屬上年災欠銀米己亥以圖薩布爲湖北巡撫癸卯免山西忻州等六州縣逋賦三月丙午上駐蹕五臺山丙辰兩江總督薩載卒調李世傑代之以保寧爲四川總督鄂輝爲成都將軍己未上閱滹沱河閱正定鎮兵壬戌上祭帝堯廟癸亥命李侍堯署戶部尚書甲子賑陝西朝邑等三縣災民庚午上還京師辛未以伊齡阿爲浙江巡撫夏四月己卯命大學士阿桂往江南籌辦河工乙酉浙江學政竇光鼐奏嘉興海鹽平陽三縣虧空各逾十萬郡縣採買倉儲俱折收銀兩以便挪移命曹文埴等嚴查覆奏賑山西代州等六州縣水災己丑命竇光鼐會同曹文埴等查辦浙江虧空五月丙午命阿桂赴浙會同曹文埴等查辦虧空並勘海塘丙辰富勒渾褫職交阿桂等審訊丁巳以孫士毅爲兩廣總督調圖薩布爲廣東巡撫以李封爲湖北巡撫己未以李侍堯署湖廣總督辛未上秋獮木蘭賑四川打箭爐等地震災是月免江蘇上元等五十六州縣衞上年旱災額賦六月丁丑上駐蹕避暑山莊乙酉以福崧署山西巡撫丁亥湖南常德府沅江溢辛丑調富綱爲閩浙總督以特成額爲雲貴總督以畢沅爲湖廣總督江蘭爲河南巡撫秋七月戊申免河南商邱等十二州縣上年旱災額賦壬子江蘇清河李家莊河溢丁巳命阿桂由浙江赴清口會同李世傑等辦理堵築事宜己巳曹錫寶劾和珅家人劉全不能指實加恩革職留任閏七月庚辰大學士伯伍彌泰卒召劉秉恬來京以譚尚忠爲雲南巡撫己丑浙江學政吏部右侍郎竇光鼐褫職庚寅富勒渾論斬乙未命和珅爲文華殿大學士管理戶部事福康安爲吏部尚書協辦大學士仍留陝甘總督任福長安爲戶部尚書綽克托署兵部尚書戊戌賑湖南武陵龍陽水災八月丙辰上幸木蘭行圍庚申調嵩椿爲綏遠城將軍積福爲甯夏將軍九月戊寅上駐蹕避暑山莊丁亥以勒保爲山西巡撫戊子以永保爲塔爾巴哈臺參贊大臣以巴延三爲陝西巡撫壬辰上還京師甲午調福長安署兵部尚書以綽克托署戶部尚書乙未以琅玕爲浙江巡撫己亥皇長孫貝勒綿德卒賑安徽五河等十七州縣並鳳陽等五衞水災冬十月辛丑朔調富綱爲雲貴總督以常青爲閩浙總督丁未降畢沅仍爲河南巡撫江蘭仍爲河南布政使授李侍堯湖廣總督丁巳免直隸安州等四州縣被災額賦有差十一月賑安徽合肥等十七州縣水災十二月辛丑福建南靖縣匪徒陳薦等作亂捕治之壬子大學士梁國治卒命兵部尚書王杰在軍機處行走戊午封鄭華爲暹羅國王丙寅福建彰化縣賊匪林爽文作亂陷縣城知縣俞峻死之命常青徐嗣曾等勦辦是歲朝鮮琉球暹羅來貢

五十二年春正月辛未林爽文陷諸羅竹塹癸酉命鄂輝署四川總督乙亥宥富勒渾罪丁丑調李侍堯爲閩浙總督常青爲湖廣總督仍留福建督辦軍務命舒常署之癸未林爽文陷鳳山知縣湯大全死之甲申常青以守備陳邦光督義民守鹿仔港收復彰化奏聞丁亥命王杰爲東閣大學士管禮部事調彭元瑞爲兵部尚書以紀昀爲禮部尚書庚寅允戶部尚書曹文埴終養以董誥代之辛卯命松筠往庫倫辦事丁酉命常青渡臺勦匪二月壬寅林爽文復陷鳳山犯臺灣府柴大紀督兵民禦之癸卯以李綬爲左都御史乙巳以長麟爲山東巡撫壬子免臺灣府屬本年額賦丙辰復諸羅甲子上詣東陵丁卯上謁昭西陵孝陵孝東陵景陵三月癸酉上回蹕丙子以重修明陵成上臨閱申禁樵採辛巳復鳳山辛卯以姜晟爲湖北巡撫黃仕簡以貽誤軍機褫職令其長孫嘉謨襲公爵乙未逮黃仕簡下獄夏四月辛丑以常青爲將軍恒瑞藍元枚爲參贊調藍元枚爲福建水師提督柴大紀署陸路提督戊午上詣黑龍潭祈

雨壬戌賜史致光等一百三十七人進士及第出身有差甲子上閱火器營兵五月丁卯朔烏里雅蘇台參贊大臣貢楚克扎布病免以三不勒多爾濟代之戊辰授蘭第錫河東河道總督甲戌上秋獮木蘭庚辰上駐蹕避暑山莊湖南鳳凰廳苗作亂總兵尹德禧討平之六月庚戌免浙江仁和場潮衝蕩地額課壬子授柴大紀福建陸路提督兼管台灣總兵事丙辰召福康安赴行在以勒保署陝甘總督秋七月壬辰以海蘭察爲參贊大臣舒亮普爾普爲領隊大臣率侍衛章京等赴台灣勦賊癸巳賑安徽懷遠鳳陽等州縣水災賑山西豐鎭等九廳州縣旱災八月常青免命福康安爲將軍赴台灣督辦軍務辛亥上幸木蘭行圍九月壬申上回駐避暑山莊庚辰上回蹕壬午調柴大紀爲福建水師提督以蔡攀龍爲福建陸路提督並授參贊辛卯以諸羅仍未解圍催福康安徑勦大里杙賊並分兵進大甲溪冬十月丁未命福長安署工部尚書戊申朔修福陵丁未睢州下汛決口合龍丙辰命阿桂赴江南勘高堰等處堤工戊午免江蘇清河等二十三州縣及淮安等五衛本年水災漕項漕米有差辛酉以福州將軍恒瑞勦賊怯懦召來京調鄂輝代之賑直隸保安等七州縣旱災壬戌命江蘇浙江撥濟福建軍需錢各五萬貫十一月甲子朔加李侍堯孫士毅太子太保柴大紀太子少保賜台灣廣東莊泉州莊義民御書扁額壬申以柴大紀固守嘉義封一等義勇伯世襲免台灣嘉義縣五十四年額賦以巴延三奏達賴喇嘛遣使稱夷使申飭之乙酉奎林以婪贓褫職逮問以保寧爲伊犁將軍調李世傑爲四川總督以書麟爲兩江總督陳用敷爲安徽巡撫十二月丁未福康安等敗賊於崙仔頂莊等處解嘉義圍晉封福康安海蘭察公爵各賞紅寶石頂四團龍補褂己酉遷常青福州將軍以舒常爲湖廣總督福長安爲工部尚書以福康安劾柴大紀蔡攀龍戰守之功多不確實諭柴大紀堅持定見竭力固守蔡攀龍奮勇殺賊竟抵縣城或在福康安前禮節不謹致爲所憎豈可轉沒其功遽加無名之罪以孫士毅調兵運械不分畛域賞雙眼花翎戊午以德成奏稱柴大紀貪縱廢弛命福康安李侍堯據實參奏並以喀什噶爾辦事大臣雅德在福建時徇隱逮之庚申伍拉納護福建巡撫以永鐸爲盛京將軍尚安爲烏魯木齊都統

五十三年春正月丁卯免兵差經過之福建晉江等二十縣本年額賦有差辛未明興奏山西永寧等處河清丙戌柴大紀褫職逮問福州將軍常青以徇隱柴大紀褫職二月甲午朔獲林爽文賞福康安海蘭察御用佩囊議敘將弁有差晉封大學士和珅三等伯爵大學士阿桂王杰尚書福長安董誥議敘予孫士毅輕車都尉世職乙未釋黃仕簡任承恩壬寅伊犁參贊大臣海祿以劾奎林失實褫職與奎林俱罰在拜唐阿上効力乙巳立先賢有子後裔五經博士辛亥上巡幸天津庚申獲台灣賊首莊大田議敘提督許世亨等有差辛酉免天津府屬逋賦壬戌上御閱武樓閱兵三月戊辰命侍郎穆精阿赴湖北會同舒常查案壬申林爽文伏誅癸未再賞福康安海蘭察紫韁金黃瓣珊瑚朝珠及福康安金黃腰帶夏四月辛丑以旱命刑部減徒以下罪丙午上閱健銳營兵庚戌免江蘇清河等十八州縣淮安等五衛上年水災額賦有差己未富勒渾雅德以失察柴大紀論絞五月丁卯蠲河南商邱等六州縣上年水災額賦有差癸酉蠲直隸保安等七州縣上年水災民田旗地額賦庚辰上秋獮木蘭癸未宥常青罪庚寅賑臺灣難民六月丙申富綱奏緬甸孟隕差頭目業渺瑞洞等齎金葉表文進貢諭護送迅來行在戊戌賑湖南漵浦縣水災免安徽鳳陽等四府州衛上年水災額賦有差辛丑賑湖北長陽縣水災丁未免陝西華州等三州縣五十一年水災額賦戊申安南人阮惠等叛逐其國王黎維祁維祁來求援命孫士毅赴廣西撫諭之免山西大同等九州縣上年旱災額賦秋七月辛酉朔以安南牧馬官阮輝宿奉黎維祁之母及子來奔諭孫士毅等撫恤之壬戌賑山東膠州壽光水災湖北荊州江溢府城及滿城均浸沒諭舒常等查勘撫恤丁丑賞還閩浙總督李侍堯伯爵予現襲之李奉堯提督銜戊寅湖北武昌漢陽江溢以畢沅爲湖廣總督伍拉納爲河南巡撫明興爲烏什辦事大臣賑安徽懷寧等州縣水災柴大紀處斬召姜晟來京以惠齡爲湖北巡撫戊子廓爾喀據後藏濟嚨聶拉木命成德與穆克登阿勦之八月甲辰賑湖北監利石首水災丙午上幸木蘭庚戌以木蘭大水停行圍癸丑廓爾喀復陷宗喀以鄂輝爲將軍成德爲參贊大臣剿之丙辰安南阮岳等遁命孫士毅督許世亨進剿命富綱統兵進駐蒙自戊午上回駐避暑山莊九月壬戌緬甸番目細哈覺控等入覲諭暹羅緬甸現均內附二國應修好不得仍前搆兵戊辰賑湖北沔陽黃岡水災癸酉免安徽宿州等二十一州縣衛上年水災額賦冬十月庚寅廓爾喀侵後藏薩喀命孫士毅出關督剿甲午賑湖北潛江水災丙申賑湖北江夏等三十六州縣水災己亥以黎維祁闇弱諭孫士毅選擇黎裔入京朝貢庚子命雲南提督烏大經統兵出關檄諭阮惠等來歸癸卯調舒濂爲駐藏大臣以恒瑞爲伊犁參贊大臣調都爾嘉爲盛京將軍恒秀爲吉林將軍改嵩椿爲西安軍將以興兆代之琳寗爲黑龍江將軍乙卯李侍堯病命福康安署閩浙總督十一月辛酉免安徽望江等二十六州縣衛本年被水額賦有差癸亥李侍堯卒以福康安代之以勒保爲陝甘總督海寧爲山西巡撫丙子修湖北江陵公安各隄免湖北江陵等三十六州縣本年水災額賦有差十二月己丑釋富勒渾雅德孫士毅奏敗賊於壽昌江癸巳又敗賊於市球江丙申收復黎城復封黎維祁安南國王封孫士毅爲一等謀勇公許世亨爲一等子戊申命孫士毅班師

五十四年春正月己未以元日受賀朝班不肅褫糾儀御史等職尚書德保摘翎頂都察院鴻臚寺堂官均下部嚴議成德以收復宗喀濟嚨克聶拉木奏聞癸酉禮部尚書德保卒以常青代之甲戌以緬甸孟隕悔罪投誠諭令睦鄰修好並賜暹羅國王鄭華綵幣令其解仇消釁免福建淡水等六廳縣災欠額賦癸未阮惠復陷黎城廣西提督許世亨等死之召孫士毅來京削公爵調福康安爲兩廣總督以伍拉納爲閩浙總督梁肯堂爲河南巡撫以海祿爲廣西提督甲申安南國王黎維祁復來奔命安插廣西丙戌褫孫士毅職命仍以總督頂戴在鎭南關辦事二月庚寅以京察屆期予大學士阿桂等議敘內閣學士謝墉等下部議處理藩院侍郎福祿原品休致予總督福康安等議敘丁酉勒保陛見以巴延三署陝甘總督和闐領隊大臣格綳額以婪索鞫實處斬甲寅調蘭第錫爲江南河道總督李奉翰爲河東河道總督乙卯以安南瘴癘炎荒不値用兵詳諭福康安三月甲子免甘肅積年逋賦及未完籽種口糧免陝西延安等三府州未完倉穀諭福康安檄阮惠縛獻戕害提鎭之匪乙丑劉墉以上書房師傅曠職降侍郎銜以彭元瑞爲吏部尚書孫士毅爲兵部尚書丁卯上幸盤山夏四月戊子免奉天廣寧鳳凰二城屬上年水災額賦仍賑恤有差丙申晉贈許世亨伯爵令其子承襲召孫士毅回京庚子以恒瑞爲烏里雅蘇台將軍福長安署兵部尚書諭福康安安插安南黎氏宗族舊臣予從軍出力之諒山都督潘啟德以都司用壬寅命阿桂覆勘荊州堤工丁未宣諭安南水土惡劣決計不復用兵阮惠已三次乞降果赴闕求恩可量加封號朕撫馭外夷無不體上天好生之德從未敢窮兵黷武辛亥賜胡長齡等九十八人進士及第出身有差調都爾嘉爲黑龍江將軍嵩椿爲盛京將軍恒秀爲綏遠城將軍琳寗爲吉林將軍癸丑以阮惠不親來籲懇遣阮光顯入關進貢諭福康安卻之丙辰豁直隸宣化等四縣上年旱災額賦五月己未免官兵經過之廣柳西州等五府屬本年額賦福康安等奏安南阮惠遣其姪阮光顯賚表貢乞降並籲懇入覲許之却其貢乙酉增伊犂惠遠城惠寧城閏五月庚寅上秋獮木蘭辛卯免奉天廣寧等七城上年水災額賦甲午賑雲南通海等五州縣地震災民六月免安徽安慶等七府州五十三年水災額賦甲子以管幹貞爲漕運總督戊辰賑直隸蠡縣水災庚午命兵部尚書孫士毅軍機處行走壬申以郭世勳爲廣東巡撫癸酉以陳步瀛爲貴州巡撫丙子福康安奏阮惠即阮光平因赦其前罪准令降附具表謝恩進貢並求於明年到京祝釐上以其情詞肫切册封爲安南國王並賜敕諭免湖北江夏等二十四州縣上年水災額賦秋七月乙酉朔以決河下注泗州一帶諭賑恤災民丁酉賑直隸安州等八州縣水災庚子戶部尚書綽克托卒丙午以巴延三爲戶部尚書秦承恩爲陝西巡撫戊申安南貢使阮光顯等入覲八月乙丑賑河南永城臨漳等縣水災戊辰賑安徽宿州水災己巳上幸木蘭行圍甲戌賑直隸清苑等三十四州縣水災九月己丑廓爾喀貢使入覲封拉特納巴都爾王爵巴都爾薩野公爵庚寅上回駐避暑山莊辛卯賑江蘇銅山等十一州縣水災丙申賑吉林屬琿春水災豁應交義倉糧石及上年借給倉穀丁酉上回蹕丙午安南黎維祁自保樂襲牧馬爲阮光平所敗諭福康安如黎維祁來奔收納之辛亥左都御史阿揚阿卒以舒常代之冬十月癸丑察哈爾都統烏爾圖納遜罷以保泰代之命伍彌伍遜爲科布多參贊大臣乙卯以佛住爲烏里雅蘇台參贊大臣賑吉林打牲烏拉等處水災己未睢甯決口合龍辛酉賑湖南華容等縣水災十一月乙西安南國王阮光平以受封進謝恩貢物允之丙戌免安徽宿州等十四州縣衛逋賦庚寅命福康安將黎維祁及其屬人送京師隸漢軍旗籍以黎維祁爲世管佐領癸巳四川總督李世傑病命侍衛慶成帶醫診視以孫士毅署之彭元瑞署兵部尚書戊戌免盛京等五城借倉穀十二月庚申追奪故大學士馮銓等諡辛未上以來年八旬萬壽命鐫八徵耄念之寶

五十五年春正月壬午朔以八旬萬壽頒詔覃恩有差普免各直省錢糧己丑頒恩詔於朝鮮安南琉球暹羅等國壬辰賞大學士和珅黃帶四開禊袍賜安南國王阮光平金黃鞓帶乙巳朝鮮國王李祘表賀萬壽貢方物己酉琉球國

王尙穆進表謝恩貢方物二月壬子朔以河南考城城工錯繆降江蘭道員畢沅等褫職仍留任癸丑免直隸永淸武淸五十四年水災額賦己未上詣東陵西陵巡幸山東免經過直隸州縣錢糧十分之三壬戌上謁昭西陵孝陵孝東陵庚午上謁泰陵泰東陵辛未免直隸各屬節年因災緩徵錢糧壬申命福康安帶同阮光平入覲郭世勳兼署兩廣總督乙亥免雲南通海等五州縣五十四年分地震災田額賦並除傍海震沒田賦免經過山東錢糧十分之三降直隸總督劉峩侍郎以梁肯堂爲直隸總督調穆和藺爲河南巡撫戊寅免山東各屬因災緩徵銀兩以福崧爲安徽巡撫三月乙酉上登岱甲午上謁少昊陵至曲阜謁先師廟乙未釋奠賜衍聖公孔憲培及孔氏族人等章服銀幣有差丙申上謁孔林庚子免烏魯木齊各州縣額徵地糧十分之一乙巳緬甸國長孟隕遣使表賀萬壽貢馴象請封號命封爲緬甸國王免直隸昌平等七州縣水災旗地租銀南掌國王召溫猛表賀萬壽貢馴象己酉免直隸長蘆等五場上年水災竈課夏四月丁巳上幸天津府諭伍拉納査浙江浮收漕糧情弊己未大學士嵇璜重與恩榮宴御製詩章賜之辛酉命吉慶會同嵩椿勘明英額邊至靉陽邊乙丑免安徽宿州靈璧等八州縣衞上年水災額賦上還京師丙寅上詣黑龍潭祈雨閔鶚元罷調福崧爲江蘇巡撫何裕城爲安徽巡撫庚午以書麟覆奏欺飾下部嚴議仍留任閔鶚元褫職逮問壬申免河南永城五十四年水災額賦癸酉以孫士毅爲四川總督李世傑爲兵部尙書乙亥賜石韞玉等九十七人進士及第出身有差己卯免山西太原遼州等十六府州並歸化城等處額賦十分之三庚寅上幸避暑山莊庚子賞黎維祁三品職銜壬寅免西藏所屬三十九部落錢糧己酉書麟褫職逮問福崧兼署兩江總督韓鑅赴江南幫辦河工六月壬子調孫士毅爲兩江總督保寧署四川總督永保署伊犂將軍乙卯以陳用敷爲廣西巡撫閔鶚元論斬丁巳免直隸霸州等五十四廳州縣並各屬旗地上年水災額賦戊午除湖南乾州等五廳縣苗民雜糧秋七月己丑安南國王阮光平入覲庚寅以朱珪爲安徽巡撫甲午賑直隸朝陽天津水災丙申賑奉天錦州九關臺山東平原禹城等縣水災丁酉兵部尙書李世傑以失察書吏休致己亥起劉峩爲兵部尙書戊申上還京師賑江蘇碭山等縣安徽宿州河南永城夏邑水災江蘇碭山王平莊河決命福崧赴宿州辦河工丁未賑山東臨淸水災八月庚戌暹羅國王鄭華表賀萬壽貢方物琅玕以失察漕糧自劾罷之調海甯爲浙江巡撫書麟爲山西巡撫辛酉上八旬萬壽節御太和殿王貝勒貝子公文武大臣蒙古汗王貝勒貝子公額駙台吉回部王公台吉伯克哈薩克安南國王朝鮮緬甸南掌貢使各省土司臺灣生番等行慶賀禮禮成寧壽宮乾淸宮賜宴如儀己巳刑部尙書喀寧阿卒以明亮代之命舒常兼署九月戊寅賑安徽泗州水災癸未命安南國王阮光平歸黎維祁親屬及舊臣之在其國者己丑上閱健鋭營兵甲午賑山東平原等二十七州縣水災庚子長麟以讞獄不實褫職調惠齡爲山東巡撫以福甯爲湖北巡撫畢沅兼署之冬十月丙辰賑山東平原等二十七州縣水災甲子命保寧回伊犂將軍以鄂輝爲四川總督壬申以福崧爲浙江巡撫起長麟署江蘇巡撫賑甘肅皋蘭等三縣霜災十一月丁丑朔以浦霖爲福建巡撫馮光熊爲湖南巡撫丙戌加大學士王杰太子太保尙書彭元瑞董誥胡季堂福長安將軍保寧太子少保乙未釋富勒渾雅德戊戌命慶成同尹壯圖往山西盤査倉庫壬戌賑奉天錦縣等三州縣水災戊辰命吏部尙書彭元瑞協辦大學士

五十六年春正月丁丑賑江蘇蕭縣等三縣安徽宿州等三州縣上年水災己卯賑直隸文安等三十州縣山東平原等二十七州縣水災乙酉以尹壯圖覆奏欺罔褫職治罪戊戌袁鳳鳴處斬朝鮮暹羅緬甸均遣使謝恩貢方物賞賚筵宴如例己亥以保寧爲御前大臣甲辰調劉墉爲禮部尙書紀昀爲左都御史二月己酉諭朕孜孜求治兢惕爲懷尹壯圖逞臆妄言亦不妨以謗爲規加恩免尹壯圖治罪以內閣侍讀用戊午御試翰林詹事等官擢阮元等二員爲一等餘陞黜有差乙亥賑奉天錦州等處上年水災旗地人戶並蠲租有差戊寅上幸盤山甲申免甘肅皋蘭等三縣上年霜災額賦丁酉以永保爲內大臣夏四月丁卯免山東臨淸等三十州縣衞上年水災額賦辛未彭元瑞以瞻徇降侍郎命孫士毅爲吏部尙書以書麟爲兩江總督長麟暫署調馮光熊爲山西巡撫以姜晟爲湖南巡撫五月庚寅以長麟爲江蘇巡撫乙未上秋獮木蘭辛丑上駐蹕避暑山莊六月甲辰朔免直隸霸州等六十九廳州縣上年水災額賦秋七月庚辰免江蘇江寧等五府州屬因災積逋半賦甲申以緬甸國王孟隕資送羈留內地人民嘉賚之己亥蠲安徽宿州等十九州縣衞上年水災額賦辛丑蠲陝西朝邑等二縣逋賦八月丁未命喇特納錫第爲喀喇沁札薩克一等塔布囊戊午上幸木蘭行圍甲子上行圍廓爾喀以逋欠誘圍喇嘛噶倫布擾西藏命四川總督鄂輝將軍成德勦之命孫士毅署四川總督己巳命福康安來京祝其母生辰郭世勳署兩廣總督廓爾喀陷西藏定日各寨據濟嚨九月丙子上回駐避暑山莊庚辰召嵩椿回京以琳寧爲盛京將軍調恒秀爲吉林將軍丙戌上回蹕戊子唐古忒兵與達木蒙古兵禦廓爾喀失利唐古忒公札什納木札勒及達木協領澤巴傑等死之命乾淸門侍衞額勒登保等赴西藏軍營壬辰以保泰懦怯褫職命奎林赴藏辦事賞舒濂副都統銜協同辦理以達賴喇嘛等堅守布達拉嘉獎之命劉墉署吏部尙書甲午以廓爾喀圍扎什倫布諭鄂輝等進勦辛丑豁奉天廣寧縣逋賦冬十月乙巳宥閔鶚元罪丁未廓爾喀入扎什倫布尋遁去癸丑戶部尙書巴延三以浮估城工褫職調福長安代之以金簡彭元瑞爲滿漢工部尙書丙辰以安南開關通市改廣西龍州通判爲同知乙丑諭王大臣不必兼議政虛銜十一月癸酉授福康安爲將軍海蘭察奎林爲參贊征廓爾喀辛巳鄂輝成德褫職以惠齡爲四川總督奎林爲成都將軍吉慶爲山東巡撫癸未以陳淮爲貴州巡撫十二月辛亥命海蘭察等及索倫達呼爾兵由西寧進藏丁卯召都爾嘉回京以明亮爲黑龍江將軍明興爲喀什噶爾參贊大臣

五十七年春正月壬申賞七代一堂致仕上駟院卿李質穎御書扁額免奉天直隸安徽湖南廣東逋賦乙亥以達賴喇嘛復遣丹津班珠爾等私與廓爾喀議和諭止之丙子追論巴忠與廓爾喀議和擅許歲銀罪甲午以蘇凌阿爲刑部尙書二月壬寅成德奏敗賊於拍甲嶺癸卯予大學士阿桂等尙書福長安等侍郎德明等總督福康安等巡撫長麟等敘裁河東鹽政鹽運使等官移山西河東道駐運城丁未命皇十五子嘉親王祭先師孔子免奉天錦州府屬上年旱災額賦己巳命侍郎和琳管理藏務鄂輝等奏收復聶拉木諭以遲延斥之三月丁丑上詣西陵巡幸五臺山免經過地方本年錢糧十分之三戊寅允濟嚨呼圖克圖慧通禪師法號以帕克哩營官番衆收復哲孟雄宗木賚之辛巳上謁泰陵泰東陵壬午免直隸大興等八州縣積欠米穀甲申加福康安大將軍庚寅免五臺本年錢糧十分之五大同朔平二府屬未完逋賦辛卯上駐蹕五臺山夏四月己亥朔以和闐辦事大臣李侍政失察逃瑪特尼雜爾下部嚴議甲辰上閱滹沱河以貢楚克扎布爲烏里雅蘇臺參贊大臣丁未上祭帝堯廟甲寅上還京師乙卯上詣黑龍潭祈雨命刑部淸理庶獄減徒以下罪閏四月甲申以久旱諭臺灣及沿海各省詳鞫命盜各案毋有意從嚴蠲河南湯陰等五縣上年旱災額賦丙申以久旱下詔求言丁酉雨以失陷札什倫布治仲巴呼圖克圖及孜仲喇嘛等罪命和琳鄂輝宣諭達賴喇嘛等五月辛丑定安南國兩年一貢六年遣使一朝丁未上幸避暑山莊免經過地方錢糧十分之五戊申調長麟爲山西巡撫以奇豐額爲江蘇巡撫辛亥允霍罕額爾德尼伯克那爾巴圖遣使入貢癸丑上駐蹕避暑山莊六月甲戌福康安奏克廓爾喀所踞擦木要隘丁丑賑江西南豐廣昌水災福康安奏殄瑪噶爾轄爾甲山梁之賊己卯福康安等奏克濟嚨辛巳調陳淮爲江西巡撫馮光熊爲貴州巡撫丙戌福康安等奏攻克熱索橋丁酉福康安等奏攻克協布魯寨秋七月甲辰賑直隸河間等處旱災順直宛平玉田等州縣蝗己酉福康安等克廓爾喀東覺山梁並雅爾賽拉等處營卡成德等克扎木鐵索橋等處八月辛未以成克多洛卡隴岡等處命孫士毅駐前藏督糧運癸酉福康安爲武英殿大學士孫士毅爲文淵閣大學士調金簡劉墉爲吏部尙書和琳爲工部尙書紀昀爲禮部尙書竇光鼐爲左都御史庚辰以博興爲庫倫辦事大臣丙戌福康安等奏克噶勒拉堆補木城卡阿滿泰墨爾根陣亡成德等克利底大山賊卡戊子福康安奏廓爾喀酋拉特納巴都爾等乞降上以其悔罪乞降許之命班師丙申賑陝西咸寧等六州縣旱災九月丁酉上還京師己亥論征廓爾喀功賞福康安一等輕車都尉晉海蘭察二等公爲一等議敘孫士毅等各有差丙午上命福康安孫士毅等會商西藏善後事宜命御前侍衞惠倫等齎金奔巴瓶往藏貯呼畢勒罕名姓由達賴喇嘛等對衆拈定壬子復廓爾喀王公封爵定五年一貢冬十月戊辰廓爾喀貢使入覲己巳賑河南安陽等十六縣災民蠲緩新舊額賦有差己卯免嵇璜阿桂翰林院掌院學士以和珅彭元瑞代之壬午賑直隸河間任邱五州縣旱災並免順天等十三府州屬被災旗民額賦乙酉郭世勳奏英吉利遣使請由天津進貢允之丁亥以鄂輝隱匿廓爾喀謝恩表貢褫職交福康安等嚴鞫之賑陝西咸陽等十四州縣旱災癸巳調桑阿爲綏遠城將軍十一月丙午賑山東德州等二十州縣旱災十二月庚午定唐古忒番兵訓練事宜鑄銀爲錢文曰乾隆寶藏甲戌免長蘆興國等五場並洽州等七州縣被災竈地額賦丙子以長麟爲浙江巡撫蔣兆奎爲山西巡撫以伊犂回民地畝雪災免本年額穀癸未賑河南安陽等二十五縣旱災辛卯命永遠枷號鄂輝等於西藏

五十八年春正月丙申賑河南林縣等五縣陝西咸寧等三州縣旱災己亥賑直隸保定等二十一州縣旱災庚子改杭州織造爲鹽政兼管織造事改鹽道爲運司南北兩關稅務歸巡撫管理以全德爲兩浙鹽政恒秀回吉林將軍乙巳敕諭安南國王阮光平睦鄰修好慎守封疆賜以綵幣丙辰安南國王阮光平卒以世子阮光纘嗣乙亥免河南安陽等二十五縣上年旱災額賦壬午命喀什噶爾阿木奇伯克作爲喀什噶爾協辦大臣三月丁酉上幸盤山庚子上駐蹕盤山甲辰禮部尚書常靑卒以德明代之戊申諭於雍和宮設金奔巴瓶飭理藩院堂官掌印札薩克喇嘛等公同掣蒙古所出之呼畢勒罕丁未上回蹕乙卯調馮光熊爲雲南巡撫以英善爲貴州巡撫戊午領侍衛內大臣海蘭察卒夏四月壬申命松筠爲內務府總管大臣在御前侍衛上行走辛巳通諭設金奔巴瓶於前藏大昭及雍和宮公同掣報出呼畢勒罕以除王公子弟私作呼畢勒罕陋習乙酉刪除大學士兼尙書銜翰林院掌院學士兼禮部侍郎銜順天府府丞兼提督學政銜丁亥賜潘世恩等八十一人進士及第出身有差戊子命於乾隆五十九年秋特開鄉試恩科六十年春爲會試恩科庚寅廓爾喀歸西藏底瑪爾宗地方以西藏卡外之拉結撤黨兩處歸廓爾喀五月乙未命廣西按察使成林赴安南昇隆城賜奠册封丁未上幸避暑山莊己酉以明興未奏遣回人赴霍罕等處辦理外藩事件罷喀什噶爾參贊大臣調永保代之以伍彌伍遜爲塔爾巴哈台參贊大臣貢楚克札布爲科布多參贊大臣以特成額爲烏里雅蘇台參贊大臣辛酉加封福康安爲一等忠銳嘉勇公癸丑上駐蹕避暑山莊六月己卯賑四川秦寧地震災乙酉英吉利貢船至天津戊子於通州起陸命在天津筵宴之秋七月癸巳命和珅稽覈藏商出入壬寅命英吉利貢使等住宏雅園金簡伊齡阿於圓明園分別安設貢件己酉以旱命刑部清理庶獄減徒以下罪庚午上御萬樹園大幄英吉利國正使馬戛爾尼副使斯當東等入覲辛未調福康安爲四川總督以惠齡暫代長麟爲兩廣總督調吉慶爲浙江巡撫惠齡爲山東巡撫壬午免長蘆官臺等二場潮災竈地額賦丙戌上還京師戊子以慶桂爲兵部尙書庚寅諭英吉利貢使由內河水路赴廣東澳門附船回國九月丁酉加長麟太子少保命松筠護送英吉利使臣等至浙江定海甲辰調福寧爲山東巡撫惠齡爲湖北巡撫丙午以安徽無爲等三州縣水災賞口糧有差冬十月癸亥安南國王阮光纘表進謝恩貢物二分納其一戊子以長麟奏英吉利使稱再進表章貢物呈總督轉奏諭係援例而行並無他意國王可安心再來表貢亦不拘定年限十一月甲午命和甯赴藏幫同和琳辦事戊午以上年各省奏報民數三萬七百四十六萬有奇較康熙四十九年增十五倍諭生之者寡食之者衆勢必益形拮据各省督撫及有牧民之責者務當勸諭化導俾皆儉樸成風服勤稼穡惜物力而盡地利共享升平之福己未以安南等國進象已多諭雲貴兩廣督撫徼卻象貢十二月癸未伍拉納陛見命吉慶署閩浙總督

五十九年春正月庚寅免直隸山東河南逋賦十分之三庚戌管幹貞病免命書麟兼署漕運總督乙卯恒秀以伎胬褫職調寶琳爲吉林將軍松筠署之戊午安置安南內附人黎維治於江南二月庚申以明年元旦上元值日月食諭修省毋舉行慶典癸亥廓爾喀遣使進表貢丁亥增造廣東水師戰船三月己丑恒秀論絞庚子上巡幸天津免經過地方及天津府屬額賦十分之三免天津府屬逋賦免大興等十三州縣逋賦十分之四壬子上駐蹕天津府夏四月壬戌常雩命皇八子儀郡王永璇代行禮癸亥上還京師丁丑上詣黑龍潭祈雨五月丙申京師雨甲辰郭世勳病免調朱珪爲廣東巡撫陳用敷爲安徽巡撫丙午以直隸保定等八十三州縣旱命賞給一月口糧減奉天商販豆麥等項經過直隸山東關津稅辛亥上幸避暑山莊免經過地方錢糧有差六月丙辰朔以山東歷城等五十一州縣旱給貧民一月口糧除山東臨清州水衝地畝田賦丁巳上駐蹕避暑山莊庚午設唐古忒西南外番布魯克巴哲孟雄作木朗洛敏湯廓爾喀各交界鄂博秋七月戊子保定河決庚寅河南丹沁二河決辛卯賑山西平定等處水災己亥賑山東臨清等州縣水災辛丑賑直隸天津等處水災癸卯南河豐北廳曲家莊河決甲辰書麟以徇隱鹽政巴寧阿交結商人褫職調富綱爲兩江總督命蘇凌阿署之調福康安爲雲貴總督以和琳爲四川總督孫士毅署之以駐藏辦事松筠爲工部尙書乙巳命馮光熊署雲貴總督大學士嵇璜卒召孫士毅入閣辦事癸丑停本年及明年木蘭行圍免直隸保定等府屬河南衞輝等府屬山東臨清等五州縣山西代州等三州縣被水額賦八月丁巳以直隸天津河間二府水災重免因災緩征額賦戊午永定河南工決口合龍己巳以明歲御宇屆六十年普免各省漕糧一次甲戌上回蹕調福甯爲河南巡撫穆和藺爲山東巡撫江蘭護之福康安奏四川大甯教匪謝添秀等傳習邪教蔓延陝西湖北河南諭嚴爲捕治丁丑免直隸通州等二十三州縣逋賦甲申畢沅降山東巡撫罰繳湖廣總督養廉五年以福甯爲湖廣總督穆和藺留爲河南巡撫九月己丑賑湖北沔陽等州縣水災丙申以秀林爲吉林將軍己亥賑福建漳泉二府水災減直隸遵化內務府官地租命福甯駐襄陽督緝邪教案犯辛丑以校正石經加彭元瑞太子少保銜癸卯賑廣東高要等縣水災以湖北來鳳縣教匪段漢榮等糾衆拒捕諭責畢沅廢弛戊申免齊齊哈爾等三城水災逋賦冬十月丙辰免河南汲縣等九縣山東臨清等十州縣逋賦壬戌勒保奏獲邪教首犯劉松命安徽嚴緝其徒劉之協癸亥荷蘭入貢乙丑免福建漳州府屬四廳州縣本年水災額賦戊辰命將科布多威豁爾等七卡移駐原處北界餘地賞杜爾伯特汗瑪克素爾札布等游牧己卯調陳用敷爲湖北巡撫惠齡爲安徽巡撫辛巳釋恒秀罪十一月丙戌以河南扶溝縣知縣劉清鼐疏防劉之協潛逃革逮穆和藺下部嚴議壬辰免山東臨清等州縣本年漕賦壬寅命富綱署刑部尙書甲辰穆和藺褫職發烏魯木齊効力以阿精阿爲河南巡撫十二月丙辰普免各省積年逋賦丙子吏部尙書金簡卒以保甯代之以明亮爲伊犂將軍戊寅命舒亮爲黑龍江將軍改綏遠城將軍圖桑阿爲西安將軍以永琨代之

六十年春正月甲寅朔日食免朝賀乙酉賑直隸天津等二十州縣河南汲縣等十四縣山東臨清等十州縣上年被水貧民有差丙戌召蘇凌阿來京調福甯爲兩江總督復以畢沅爲湖廣總督玉德爲山東巡撫戊子調陳用敷爲貴州巡撫英善爲湖北巡撫畢沅兼署乙未以固倫額駙豐紳殷德爲內務府大臣辛丑免山東積年逋賦庚戌免江蘇積年逋賦免江西應緩征銀穀二月癸丑朔免廣東積年逋賦陳用敷以查拏要犯劉之協辦理錯謬褫職逮問調姚棻爲貴州巡撫以成林爲廣西巡撫丙辰免陝西積年逋賦貴州松桃廳苗匪石柳鄧等湖南永綏苗匪石三保等作亂戊午湖南苗匪陷乾州廳同知宋如椿等死之命福康安往勦畢沅駐常德籌辦糧餉庚申以大學士阿桂等書上諭不能稱旨停甄叙侍郎成策等下部議處予總督福康安等議叙辛酉貴州苗匪圍鎭遠鎭總兵珠隆阿於正大營免奉天廣甯錦州旗地逋賦免甘肅臯蘭等四十五州縣積年逋賦丙寅命四川總督和琳赴酉陽州備苗孫士毅仍留四川辦理報銷丁卯免浙江積年民地竈地逋賦己巳苗匪陷永綏廳鴉西寨鎭筸鎭總兵明安圖等死之辛未湖南永順苗匪張廷仲等作亂擾永靖瀘溪丙子免安徽積年逋賦壬午貴州苗匪擾思南印江一帶竄入四川秀山福康安赴銅仁督勦命德楞泰領巴圖魯侍衛等赴貴州軍營閏二月乙酉福康安奏解正大營之圍壬辰馮光熊留爲貴州巡撫調姚棻爲雲南巡撫以苗匪亂免貴州銅仁府屬松桃正大等處額賦乙未上詣東陵免經過地方錢糧十分之三戊戌上謁昭西陵孝陵孝東陵景陵己亥福康安奏解嗅腦圍乙巳福康安奏攻克石城勦除巖洞苗匪丁未上謁泰陵泰東陵奠孝賢皇后陵免兩淮場竈積欠戊申福康安奏解松桃脂圍三月乙卯和琳奏肅清秀山後路命往松桃與福康安會剿以孫士毅署四川總督己未福康安奏殄除長冲卡落苗匪進兵楚境命額勒登保迅赴福康安軍營己卯福康安奏解湖南永綏匪圍夏四月辛卯臺灣彰化匪徒陳周全等作亂陷縣城尋復之癸巳竇光鼐以會試衡文失當降調以朱珪爲左都御史仍留廣東巡撫任己亥以魁倫勦洋盜肆行命浦霖來京候旨調姚棻爲福建巡撫以魁倫署之江蘭爲雲南巡撫庚子賜王以銜等一百十一人進士及第出身有差癸卯賞會試薦卷文理較優之舉人徐炘傅淦李端內閣中書戊申上詣廣潤祠祈雨是夜雨丁未免貴州官兵經過地方本年額賦有差福康安等奏克黃瓜寨己酉以福甯惠齡經理湖南軍務未竣命蘇凌阿仍署兩江總督費淳爲安徽巡撫庚戌免福建龍溪等四年上年水災額賦有差匪首陳周全等伏誅五月丙辰上幸避暑山莊伍拉納浦霖以辦理災賑不善褫職鞫治命魁倫兼署閩浙總督免經過地方本年錢糧十分之三丁巳調費淳爲江蘇巡撫仍留惠齡爲安徽巡撫福康安等奏克構皮寨及蘇皮寨等處調福康安爲閩浙總督勒保爲四川總督以宜綿爲陝甘總督壬戌上駐蹕避暑山莊甲子以福建倉庫虧缺查實申飭科道無人奏及並命嗣後陳奏地方重大事件毋忝言責召阿精阿來京以景安爲河南巡撫丁卯召惠齡來京以汪新爲安徽巡撫戊辰命蘇凌阿駐清江浦兼署江蘇巡撫辛未以于敏中營私玷職褫輕車都尉世職六月壬午以湖南苗匪擾鎭筸後路諭責福甯怯懦劉君輔株守命惠齡仍署湖北巡撫戊子以旱命刑部清理庶獄減徒以下罪承德府如之庚寅福康安等奏克沙兜多喜等處苗寨乙未賑廣東南海等縣水災戊申姚棻以質訊解任命魁倫兼署福建巡撫長麟署閩浙總督秋七月庚申德明以罣累滋陽縣知縣陳照自縊論絞乙丑免湖北江陵等十二州縣衛上年水災額賦丙寅以福康安等奏連克苗

寨渡大烏草河賚珍物壬申哲布尊丹巴呼圖克圖等入覲召見賜茶八月壬午調永琨爲烏里雅蘇台將軍恆瑞爲綏遠城將軍癸未賜南掌國王召溫猛緬甸國王孟隕敕諭均賚文綺丙申允兵部尚書劉峨乞休以朱珪代之仍留廣東巡撫任以金士松爲左都御史丁未免直隸通州等五十二州縣積欠旗租福康安等進駐楊柳坪九月辛亥上御勤政殿召皇子皇孫王公大臣等入見宣示立皇十五子嘉親王爲皇太子明年爲嗣皇帝嘉慶元年撫恤江蘇海州等七州縣水災壬子皇太子及王公內外文武大臣蒙古王公等各奏籲請俟壽躋期頤再舉行歸政典禮不允丙辰富勒渾雅德以前爲總督婪贓均褫職分別發熱河伊犂効力己未上閱健銳營兵晉封福康安忠銳嘉勇貝子和琳一等宣勇伯庚申上命皇太子謁東陵西陵乙丑黑龍江將軍舒亮以婪索褫職鞫治調永琨代之命圖桑阿爲烏里雅蘇臺將軍改恆瑞爲西安將軍以烏爾圖納遜代之命博興爲察哈爾都統調特克愼爲庫倫辦事大臣策巴克爲西甯辦事大臣丙寅明亮以任黑龍江時侵漁貂皮褫職命保寧爲伊犂將軍己巳舒亮論絞明亮留烏魯木齊効力癸酉以奉天山西四川湖南貴州廣西賦無逋欠免明年正賦十分之二乙亥免福建龍溪等六縣華封羅溪二縣上年被水額賦冬十月戊寅朔頒嘉慶元年時憲書庚辰福康安等奏擒匪首吳半生賞福康安之子德麟副都統銜和琳黃帶餘議敘賞賚有差甲申以伍拉納等貪黷敗檢戍其子於伊犂長麟以徇庇伍拉納浦霖褫職命來京以魁倫署閩浙總督姚棻署福建巡撫乙酉普免天下嘉慶元年地丁錢糧丙戌伍拉納浦霖處斬辛卯壬辰以額勒登保德楞泰勦捕苗匪奮勇授內大臣乙未命定丙辰年傳位典禮癸卯命明年正月初吉重舉千叟宴十一月丁巳福康安等奏克天生寨等處加和琳太子少保銜賞福康安和琳上用黃裏元狐端罩各一庚申賑奉天金州熊岳錦州三城甯海等三州縣旱災旗民免額賦有差乙丑上命皇太子居毓慶宮十二月戊寅朔諭曰朕於明年歸政後凡有繕奏事件俱書太上皇帝其奏對稱太上皇戊子賑貴州銅仁被擾難民福康安等奏克天星等苗寨壬寅允朱珪收英吉利國王表貢賜敕嘉賚交英商波郎齎回並以其表言勸廓爾喀投順于賜敕內以無須英國兵力告之甲辰賜琉球國王尙溫敕諭丁未以來歲元旦傳位皇太子爲嗣皇帝前期遣官告祭天地宗社是歲緬甸南掌暹羅安南英吉利琉球廓爾喀來貢嘉慶元年正月戊申朔舉行授受大典立皇太子爲皇帝尊上爲太上皇帝軍國重務仍奏聞秉訓裁決大事降旨敕宮中時憲書用乾隆年號三年冬上不豫四年正月壬戌崩壽八十有九是年四月乙未上尊諡曰法天隆運至誠先覺體元立極敷文奮武孝慈神聖純皇帝廟號高宗九月庚午葬裕陵

論曰高宗運際郅隆勵精圖治開疆拓宇四征不庭揆文奮武於斯爲盛享祚之久同符聖祖而壽考則逾之自三代以後未嘗有也惟耄期倦勤蔽於權倖上累日月之明爲之歎息焉

仁宗本紀

仁宗受天興運敷化綏猷崇文經武孝恭勤儉端敏英哲睿皇帝諱顒琰高宗第十五子也母魏佳氏追尊孝儀皇后乾隆二十五年十月初六日生五十四年封嘉親王六十年九月冊立爲皇太子高宗將傳位焉以明年爲嘉慶元年

嘉慶元年丙辰春正月戊辰朔舉行內禪上侍高宗偏禮於堂子奉先殿壽皇殿高宗御太和殿授璽上卽位尊高宗爲太上皇帝訓政頒詔天下賜宴宗藩庚戌立皇后喜塔拉氏甯壽宮舉行千叟宴太上皇帝蒞焉九十以上者召至御座賜卮酒如故事辛酉祈穀於上帝癸亥上奉太上皇帝賜廷臣宴於正大光明殿凡賜宴皆如之辦理苗疆大學士福康安等奏攻克朗坡進攻平隴湖北枝江宜都教匪起二月丁丑朔釋奠先師孔子戊寅祭社稷庚辰初舉經筵辛巳敕甘肅貴德廳建文廟戊子春分朝日於東郊己丑上御乾清門聽政園居則御勤政殿以爲常己亥湖北當陽教匪起戕官西安將軍恆瑞率兵二千勦之辛丑祭歷代帝王廟丙午湖北巡撫惠齡奏獲教匪聶傑人三月庚戌停四川續徵軍需銀兩辛亥上耕耤田四推壬子上奉太上皇帝謁陵丁卯車駕還京己巳皇后祀先蠶癸酉恆瑞奏收復湖北竹山壬申留保住免以烏爾圖納遜爲理藩院尙書富銳爲綏遠城將軍永慶爲蒙古都統夏四月丙子朔時享太廟命宜綿永保恆瑞孫士毅等分勦湖北教匪辛巳常雩祀天於圜丘以勦來鳳功晉四川總督孫士毅三等男勑伊犂貢馬由草地行丁酉上侍太上皇帝祈雨黑龍潭是日雨庚子賜趙文楷等一百一人進士及第出身有差五月戊申詔額魯特來京有出痘者嗣後由草地赴熱河覲見辛酉祭地於方澤壬戌上奉太上皇帝避暑木蘭乙丑以富綱爲漕運總督壬申大學士貝子福康安卒於軍六月乙亥朔日有食之以魁倫爲閩浙總督朱珪爲兩廣總督以紀昀爲兵部尙書金士松爲禮部尙書沈初爲左都御史丙子調福昌爲福州將軍以明亮署廣州將軍丁丑除山西代州三州縣水冲田賦戊寅和琳奏獲苗匪石三保解京誅之癸巳江南豐汛河決秋七月辛亥明亮奏勦平孝感縣教匪大學士四川總督三等男孫士毅卒於軍八月丙子以雨停秋獮壬寅和琳卒於軍命明亮鄂輝接統軍務九月乙巳車駕還京冬十月戊寅上萬壽節詣太上皇帝行禮禮成受廷臣賀己卯以董誥爲大學士王杰以足疾疏辭軍機處南書房禮部事允之命沈初爲軍機大臣辛巳贈征苗陣亡提督花連布太子少保予世職丙戌調沈初爲兵部尙書以紀昀爲左都御史十一月庚戌豐汛河工合龍復決予湖北死事巡檢王翼孫訓導甘杜典史浦寶光世職甲子冬至祀天於圜丘乙丑江西巡撫陳淮有罪逮問遣戍己巳以湖北教匪倫渡滾河入秦褫永保職逮問以惠齡統其軍十二月戊子湖南苗匪平封明亮伯爵額勒登保侯爵及德楞泰等世職有差庚子祫祭太廟辛丑上奉太上皇帝御太和殿賜宴朝正外藩是歲免順天江蘇山西湖南福建等省三十九廳州縣災賦逋賦各有差會計天下民數二萬七千五百六十六萬二千四十四名口穀數三千七百二十萬六千五百三十九石一升二合七勺朝鮮入貢

二年丁巳春正月丁卯貴州南籠种苗夷婦王囊仙作亂命總督勒保勦之庚午觀成奏四川教匪徐添德侵擾達州東鄉命總兵朱射斗等勦之二月癸酉上御經筵江南豐汛復報合龍戊寅皇后崩奉太上皇帝誥素服七日不摘纓廷臣如之近臣常服不挂珠辛巳叙景安勦擒教匪功晉三等伯戊戌冊諡大行皇后曰孝淑皇后惠齡奏獲匪首劉起等解京誅之三月戊申上謁西陵丁巳還京癸亥以劉墉爲大學士調沈初爲吏部尙書朱珪爲兵部尙書以福長安慶桂爲滿洲都統德楞泰爲漢軍都統巴克坦布慶成奏由應山追賊入豫查明賊首李全王廷詔姚之富均在其內諭令擒捕夏四月壬申設湖南鎭筸鎭總兵官改保靖土縣爲流官辛巳追贈侍郎奉寬太師禮部尙書上受書師也五月戊辰上奉太上皇帝避暑木蘭己巳惠齡奏教匪姚之富等由白馬石搶渡漢江入川詔罷總統慶成恆瑞等各降官以宜綿爲總統明亮德楞泰爲幫辦六月癸酉勒保奏勦辦南籠种苗迭克水烟坪卡子河等處得旨亟將苗首仙姑等擒獲閏六月庚子吉慶奏克西隆州亞稿苗寨丙午勒保奏進克普坪檜甕匪首解南籠圍詔獎紳民堅守危城深明大義改南籠府爲興義府勒保續報解黃草壩圍滇黔路通壬戌軍機章京吳熊光戴衢亨均加三品卿銜與侍郎傅森一體在軍機大臣上學習行走秋七月己巳永定河決己卯命喀什噶爾英吉沙爾二回城儲糧備荒癸未都統巴克坦布卒於軍乙酉免四川運送軍糈奉節六州縣明年額賦八月甲辰永定河合龍丙辰范宜恆卒調沈初爲戶部尙書紀昀爲禮部尙書己未大學士誠謀英勇公阿桂卒丙寅上奉太上皇帝還京九月戊辰勒保奏攻克种苗賊巢獲賊首王囊仙等解京誅之封勒保三等侯丁丑上臨奠故大學士阿桂甲申以蘇凌阿爲大學士李奉翰爲兩江總督庚寅詔宜綿勒保秦承恩景安等分募鄉勇入伍勦賊癸巳詔曰聞賊每逼平民入夥迎拒官軍官軍報捷所稱殺賊多係平民非眞賊也故日久無功領兵大員尙其設法解散勿令玉石俱焚甲午以湖北恩施利川四川奉節士民奮勇殺賊再免一年錢糧冬十月戊戌明亮德楞泰請廣修民堡以創賊勢詔斥其迂緩丙辰乾清宮交泰殿災辛酉命勒保總統四川軍務十一月丙寅朔予陣亡散秩大臣佛柱護軍統領阿爾薩朗世職十二月戊申以康基田爲江南河道總督司馬騊爲東河河道總督予陣亡總兵明安圖副將曾攀桂伊薩納等世職甲子祫祭太廟是歲免順天湖廣陝西雲南甘肅等省五十七州縣災賦有差朝鮮琉球暹羅入貢

三年戊午春正月庚午以梁肯堂爲兵部尙書胡季堂爲直隸總督甲申調勒保爲四川總督乙丑額勒登保奏獲賊首覃加耀上責其遲延奪額勒登保爵職並以疏防奪明亮德楞泰爵職奪舒亮穆克登阿職籍其家均隨軍自効二月丁未上釋奠文廟臨雍講學以鄂奇泰爲黑龍江將軍慶霖爲江甯將軍辛亥柯藩烏爾圖納遜坐縱陝賊渡漢入楚褫職壬子以吳省欽爲左都御史乙卯命內閣學士那彥成在軍機處學習行走三月丁丑德楞泰奏追勦賊首齊王氏姚之富投崖死予明亮副都統銜己丑以勦賊遲延褫觀成劉君輔職以富成爲成都將軍夏五月丙寅免福建全省遠年逋賦己巳截留江西漕糧接賑山東曹縣等十三州縣被水災民甲戌上奉太上皇帝避暑木蘭六月己酉以勦賊遲延盡奪德楞泰爵職予副都統銜自効甲寅雲貴總督三等男鄂輝

辛秋七月庚午富楞泰卒以德格楞貴爲寧夏將軍以雨停秋獮八月以獲教匪王三槐功晉勒保及和珅公爵福長安侯爵己酉張誠基奏江西西寧州教匪作亂勦平之九月癸亥上奉太上皇帝還京己卯祀明總制袁崇煥於賢良祠冬十月庚子新建乾清宮交泰殿成十一月丁亥左都御史舒常卒十二月乙巳惠齡奏獲賊首羅其清羅其書戊午祫祭太廟是歲免陝西貴州等省四十八廳州縣災賦有差朝鮮琉球暹羅入貢

四年春正月壬戌太上皇帝崩上始親政丁卯大學士和珅有罪及尚書福長安俱下獄鞫訊晉儀郡王永璇親王貝勒永璘爲慶郡王綿億封履郡王奕綸奕紳在上書房讀書綿志等各封賞有差詔中外陳奏直達朕前不許副封關會軍機處命成親王永瑆大學士董誥尚書慶桂在軍機處行走沈初免直成親王永瑆管戶部丁丑和珅賜死於獄福長安論斬己卯特詔申明軍紀命勒保爲經略明亮額勒登保爲參贊幷査詢劉清居官具實保奏吳省欽免以劉權之爲左都御史以保寧爲大學士仍管伊犁將軍慶桂協辦大學士書麟爲吏部尚書松筠爲戶部尚書敘斬賊首冉文儔功獎敘惠齡德楞泰丙戌宜綿解任以恒瑞爲陝甘總督丁亥贈原任御史曹錫寶副都御史廕一子召前內閣學士尹壯圖來京二月己丑以松筠爲陝甘總督布彥達賚爲戶部尚書辛卯詔曰自教匪滋事以來迫脅良民焚毀田舍民非甘心從賊欲逃無歸歸亦無食亟宜招撫解散而非空言所能收效應如何綏輯安插令勒保詢之劉清及其他良吏籌議良法俾可施行速具以聞甲午弛私售和闐玉禁辛丑秦承恩以貽誤軍事褫職逮問李奉翰卒以費淳爲兩江總督乙巳復宗室鄉會試例增部院郎官宗室額缺壬子釋同徐述夔王錫侯子孫緣坐發遣者丁巳錄用故大學士朱軾孫嘉淦子孫三月己未朔蘇淩阿免以慶桂爲大學士成德爲刑部尚書傅森爲左都御史庚申戶部尚書沈初卒以范建中爲戶部尚書癸亥以書麟爲閩浙總督協辦大學士甲子調慶霖爲福州將軍福昌爲江寧將軍戊辰許直省道員密摺上奏庚午解景安任以倭什布爲湖廣總督吳熊光爲河南巡撫丙子額勒登保奏勦滅教匪蕭占國張長更上嘉之予二等男敘獎裨將朱射斗楊遇春等戊寅定侍衞軍政壬午追贈皇四兄履端郡王永珹爲親王皇七兄悼敏皇子永琮爲哲親王皇十二兄永璂爲貝勒癸未勒保奏勦滅教匪冷天祿得旨旬日之內連殲三酋深爲可嘉額勒登保晉一等男免河南被匪之鄧州二十州縣新舊額賦甘肅布政使廣厚奏勦斃賊目張世龍夏四月己丑朔欽天監言四月朔日月合璧五星聯珠上曰躔度偶逢兵戈未息何足言瑞予尹壯圖給事中准回籍養親丙申恭上大行皇帝尊謚禮成頒詔覃恩丁酉免陝西被賊之孝義等三十五廳州縣新舊額賦己亥免四川被賊之奉節等三十六廳州縣新舊額賦辛酉詔遵奉皇考勅旨於庚申辛酉舉鄉會恩科癸丑賜姚文田等二百二十人進士及第出身有差丙辰以慶成爲成都將軍五月戊午朔停本年秋決甲子免湖北被賊之孝感等四十七州縣衞新舊額賦庚午江蘭罷以初彭齡爲雲南巡撫庚辰以傅森爲兵部尚書阿迪斯爲左都御史辛巳克勤郡王恒謹以不謹削爵甲申以董誥爲大學士丁亥勅費淳訪劾貪吏詔免伯德爾格回民增納金錢及葡萄折價六月己丑增設步軍統領左右翼總兵官庚寅詔曰朕聞湖北隨州未被賊擾因民人掘溝壘山足資捍禦民間郡堡儘可照辦勒保松筠吳熊光即曉諭百姓知之辛卯吳熊光吳典請加徵河工稭料運費銀得旨申飭下部議處庚戌卹陝西陣亡總兵官保興等世職秋七月辛酉調山西兵三千赴湖北盛京兵三千額勒亨額統之赴四川勦賊癸亥勒保奏獲賊首包正洪予朱射斗騎都尉世職壬申經略勒保以玩誤軍務奪職逮問以明亮爲經略魁倫爲四川總督乙亥削景安伯爵遣戍伊犁免甘肅被賊隴西等四十八州縣新舊額賦辛巳停中秋節貢八月己丑富俊免以興奎爲烏魯木齊都統壬辰調盛京兵二千吉林黑龍江兵各一千赴湖北勦賊癸巳以長麟爲雲貴總督乙未勒保奏德楞泰生擒賊目龔文玉給騎都尉世職癸卯罷明亮經略命額勒登保以都統銜爲經略乙巳命修撰趙文楷中書李鼎元册封琉球國王尚溫己酉慶成永保以督軍不力逮問命那彥成往陝西督辦癸丑編修洪亮吉致書成親王私論國政遣戍伊犁九月丙辰朔卹陣亡貴州副將孫大猷世職丙寅怡親王永琅薨庚午大行梓宮發引上恭送啟鑾庚午葬高宗純皇帝於裕陵癸酉還京甲戌高宗純皇帝孝賢純皇后孝儀純皇后升祔太廟頒詔覃恩辛巳故湖廣總督畢沅坐濫用軍需削世職奪廕官壬午明亮以勦賊不力罷參贊褫都統予副都統勦賊冬十月壬辰調朱珪爲戶部尚書劉權之爲吏部尚書范建中爲左都御史丁酉明亮奏獲賊首張漢潮湖北道員胡齊崙以侵盜錢糧處斬壬寅德楞泰奏獲賊首高均德高二予德楞泰二等男丁未成親王永瑆免值軍機處命傅森仍爲軍機大臣辛亥命廷臣保舉賢良壬子勒保論斬解京監候十一月甲子故超勇公海蘭察子公安祿於四川勦賊陣亡詔優卹之名其子恩特赫默扎拉芬襲超勇公癸酉免直隸積年逋賦戊寅興肇慶成以帶兵不力遣戍賞額勒登額銀一萬兩德楞泰銀五千兩庚辰冬至祀天於圜丘奉高宗純皇帝配享頒詔覃恩十二月壬辰漕運總督蔣兆奎以率請加賦濟運罷卹陣亡副將丁有成德亮等世職甲午福寧以殺降報捷景安以縱賊殃民俱褫職逮問丙申額勒登保奏獲教匪王登廷辛丑姜晟奏獲湖南苗匪吳陳受得旨嘉獎加太子少保壬子祫祭太廟是歲免河南湖北被兵六十七州縣新舊額賦徵兵經過直隸河南湖北田賦又除江蘇湖北各一縣坍田額賦吉林三姓黑龍江雲南石屛州災賦普免天下積年逋賦朝鮮暹羅入貢

五年庚申春正月甲寅朔上謁陵丙辰詣裕陵行初期祭禮庚申上還京命額勒登保勦辦陝西教匪德楞泰魁倫勦辦四川教匪辛酉以松筠爲伊犁將軍仍留陝西勦賊調長麟爲陝甘總督以玉德爲閩浙總督阮元爲江蘇巡撫壬戌詔清查庫欵從容彌補勿以嚴急而致累民士金松卒以張若渟爲兵部尚書辛未祈穀於上帝奉高宗純皇帝配享解倭什布任以姜晟爲湖廣總督移松筠勦湖北賊戊寅以景熠爲黑龍江將軍二月丁亥命那彥成參贊甘肅軍務辛卯以汪承霈爲左都御史癸巳勅新疆鑄乾隆錢壬寅卹四川陣亡副將關聯陞等世職丁未追論縱賊諸臣秦承恩宜綿戍伊犁庚戌予告大學士蔡新卒三月庚申上謁陵辛酉解七十五任逮京治罪甲子清明節上行敷土禮乙丑阿迪斯以擁兵玩誤逮問起勒保護成都將軍丁卯上幸南苑德楞泰奏截勦渡江教匪獲匪首冉添元晉三等子壬申上謁西陵乙亥還京辛巳甄錄賢良祠大臣後裔以縱賊渡嘉陵江復過潼河奪魁倫職逮問以勒保署四川總督起明亮藍翎侍衞從軍夏四月癸未朔日有食之乙酉阿迪斯遣戍伊犁以德楞泰爲成都將軍庚子雲南猓夷平加書麟太子太保閏四月甲寅命刑部查久禁官犯及禁錮子孫與久戍者寬減之丙午上步禱祈雨乙卯釋洪亮吉回籍丙辰釋安南人黎侗等於獄安置火器營給月餼是日雨丙寅卹四川陣亡提督達三泰世職戊辰以那彥成不任戎務罷直軍機處召回京五月壬戌朔夏至祀地於方澤奉高宗純皇帝配享己丑經略額勒登保以勦辦匪目劉允恭等功晉三等子丙午那彥成到京奏對無狀降爲翰林院侍講六月壬戌額勒登保奏獲賊首楊開甲丁卯以張若渟爲刑部尚書汪承霈爲兵部尚書馮光熊爲左都御史甲戌賜魁倫自盡戍其子扎拉芬於伊犁秋七月辛卯命右翼總兵長齡統吉林黑龍江兵赴湖北協勦教匪琅玕奏青苗楊文泰作亂勦平之馬慧裕奏獲傳教首犯劉之協解京誅之丙申禮部尚書德明卒以達椿爲禮部尚書己酉額勒登保奏獲賊目陳傑八月丙辰固原提督王文雄勦賊陣亡予三等子九月壬午上謁東陵戊子還京丁未卹四川陣亡副將李錫命世職冬十月戊辰胡季堂卒以姜晟爲直隸總督書麟爲湖廣總督琅玕爲雲貴總督十一月乙酉睿親王淳穎薨己亥卹陣亡革職將軍富成等世職十二月甲寅陝西教匪徐添德竄湖北湖北教匪冉學勝竄陝西降責德楞泰勒保等丁巳德楞泰奏獲教匪楊開第等丙子祫祭太廟是歲免順天江蘇四川雲南甘肅等省七十廳州縣災賦及兵差經過坍田額賦各有差朝鮮琉球入貢

六年辛酉春正月壬午以傅森爲戶部尚書明安爲步軍統領辛卯遣少卿窩星阿賚行簡犒額勒登保德楞泰軍丁酉德楞泰以勦山陽教匪功復一等子甲辰德楞泰奏獲賊首高二王儒乙巳勒保奏獲黃藍白三號賊目徐萬富等二月乙卯勒保奏獲賊首王士虎丙辰書麟奏明亮獲賊目卜興昂戊午賜賢良後裔尚書魏象樞六世孫煜尚書楊名時曾孫景曾巡撫徐士林孫從旭舉人戊辰上謁陵行敷土禮壬申上還京改湖廣提督爲湖南提督置湖北提督駐襄陽改襄陽鎭總兵爲鄖陽鎭總兵癸酉傅森卒以成德爲戶部尚書軍機大臣乙亥額勒登保奏獲賊首王廷詔三月庚辰詔被賊裹脅匪徒多係良民凡投出者悉貸其死軍前大臣仰體朕意廣爲宣示務使周知卹陣亡總兵多爾濟扎布李紹祖等世職丁酉賜賢良後裔大學士李光地四世孫維翰尚書湯斌四世孫念曾舉人巡撫傅宏烈六世孫縣丞徵璐知縣己亥詔朕將謁陵春苗暢發令大臣監護民田勿許踐踏禾苗敘江西士民協勦教匪劉聯登功改西寧州爲義寧州辛丑上謁陵乙巳行釋服禮夏四月丁未朔上還京己未以四川民人輸資急公免遂寧等八十六廳州縣明年額賦辛酉册立皇后鈕祜祿氏壬戌協辦大學士湖廣總督書麟卒以吳熊光爲湖廣總督德楞泰奏獲賊首張允壽丙寅以獲王廷詔高二馬五功晉額勒登保二等子楊遇春騎都尉戊辰以兩廣總督吉慶協辦大學士辛未賜顧皋等二百七十五人進士及第出身有差五月己卯賜賢良後裔大學士王熙曾孫元洪舉人甲申上祭

文昌廟始命列入祀典乙酉卹四川陣亡總兵朱射斗視提督予世職丙戌命總兵官輪班入覲奉天府丞視學政三年更任乙巳以額勒登保爲理藩院尚書六月壬子大雨永定河決分遣卿員撫恤被水災民以水災停本年秋獮姜晟免發永定河効力起陳大文署直隸總督丙辰復雨西安將軍恆瑞卒辛未上步禱社稷壇祈晴是日晴勒保奏東鄉靑藍號匪悉數殲除七月庚辰特發在京兵丁口糧一月甲申命那彥寶巴寧阿修築永定河工勒保奏獲匪目徐添壽王登高戊戌賑熱河水災八月丁巳額勒登保奏獲匪首王士虎冉添泗勒保奏七十五獲賊目劉清選湯步武等甲子勒保奏獲賊首冉學勝等封三等男九月己丑續修大清會典冬十月丙午永定河合龍癸丑額勒登保奏獲賊首辛斗德楞泰奏斃賊首龍紹周癸亥詔甄敍川陝軍勞晉額勒登保三等伯德楞泰二等伯賽沖阿騎都尉溫春雲騎尉十一月甲申貴州巡撫伊桑阿以驕黷欺罔賜死癸巳詔曰軍務即日告蕆安插鄉勇爲善後要事其通籌詳議以聞乙未額勒登保奏獲賊首高見奇戊戌七十五以縱賊奪職逮問己亥升四川達州爲綏定府太平營爲太平協十二月癸卯朔慶成奏獲茍文明股匪丁未詔曰前奉皇考特旨査攷本朝殉節諸臣未得世職者業經査出一百四十餘員補給恩騎尉世職茲又續査得九百九十餘員開單呈覽均係抗節效忠之臣其子孫俱即給與恩騎尉世職支給俸餉除投標當差外有願應試者准作文武生員一體應試癸亥詔獎劉淸特授四川建昌道壬申額勒登保奏勦辦通江賊匪斃匪目茍朝獻辛未祫祭太廟是歲免直隸山西浙江安徽四川雲南甘肅等省二百三十一廳州縣衞額賦有差朝鮮暹羅入貢

七年壬戌春正月癸酉朔上謁裕陵行三期祭禮賜所過貧民棉衣甲戌定祭社稷壇用上戊戊寅上還京壬午以松筠爲伊犁將軍甲午額勒登保奏獲首逆辛聰餘黨悉平吳熊光奏獲匪首張允壽子得貴撲滅藍號賊股明安以貪黷褫職遣戍伊犁以祿康爲步軍統領解刑部尚書額勒登保以疏防茍文明竄渡漢江降男爵庚子上御經筵二月癸卯以茍文明竄南山老林飭領兵大臣堵勦地方官嚴密査拏勿令蔓延丁未釋奠先師孔子壬戌優卹陣亡副將韓自昌與其弟副將韓加業飭地方官爲建雙烈祠賜其母銀三百兩丙寅額勒登保奏劉清獲賊首李彬辛文加按察使銜花翎三月癸酉勒保奏獲賊首張添倫魏學盛陳國珠丁丑德楞泰奏獲匪首龔其堯李世漢李國珍餘黨悉平壬午上謁泰陵庚寅還京壬辰成德卒以祿康爲戶部尚書夏四月戊申以顏檢爲直隸總督乙丑賜吳廷琛等二百四十八人進士及第出身有差丁卯慶成奏獲賊首魏洪升張喜白庸五月己卯睿親王寶恩薨琅玕奏獲猓匪首逆臘者布壬午勒保奏獲匪首庹向瑤徐添陪張思從甲午慶成奏搜捕餘匪獲康二麻張昌元加太子太保六月己酉德楞泰奏教匪樊人傑溺水死俘其妻拏餘匪殲盡晉封三等侯甲寅命劉權之德瑛爲軍機大臣乙卯達椿卒以長麟爲禮部尚書命保寧管理兵部以祿康恭阿拉爲漢軍統都秋七月辛未勒保奏勦殲黃白靑藍四號賊匪晉一等男庚辰陝西貢生何泰條陳黜奢崇儉挽回風氣得旨可採賞大緞二匹甲申大學士王杰致仕加太子太傅在籍食俸戊子上秋獮木蘭癸巳詔曰廣東博羅監犯越獄一案經朕硃諭査詢始據該督撫據實陳奏則天下事之不發覺者多矣殊堪感歎更深懍畏除分別懲治外尙其大法小廉用副澂敍官方至意以興奎爲西安將軍明亮爲烏魯木齊都統甲午額勒登保奏獲逆首茍文明諭適到木蘭便聞捷音教匪起事諸犯只餘此賊今既授首不難肅淸額勒登保晉一等伯楊遇春以下各優予敍賚張若渟卒以熊枚爲刑部尙書轉汪承霈爲左都御史戴衢亨爲兵部尙書八月己亥朔日有食之詔曰月朔日食月望月食天象示儆兢惕時深朕躬有闕失歟勦捕邪匪餘孽未盡其應靖以兵威或迪以德化歟政事有不便於民者或一時行之日久則滋流弊歟其各讜言無隱至月食修刑惟當於明法勑罰力求詳愼所當與內外諸臣交勉焉以朱珪協辦大學士癸卯以嵇承志爲東河河道總督以劉淸爲四川按察使乙卯上行圍越南農耐阮福映率屬內附繳前藩勑印詔許其入貢辛酉德楞泰奏獲賊首蒲添寶九月庚辰上迴鑾戊子上謁陵辛卯還京丙申吳熊光奏斃黃號匪首唐明萬冬十月己酉杭州將軍弘豐卒以張承勳爲杭州將軍壬子勒保奏獲白號賊首張簡藍號賊首湯思蛟丁巳德楞泰奏斃賊首戴四獲賊目趙鑑十一月戊辰朔德楞泰奏獲賊首陳傳學庚午詔以吉慶辦理博羅會匪奏報不實免協辦大學士命那彥成査辦尋解總督勑瑚圖理署理丙戌額勒登保奏獲賊首景英晉三等侯十二月戊戌朔安徽宿州盜匪作亂費淳等討平之癸丑詔額勒登保德楞泰勒保惠齡吳熊光會報川陝楚教匪蕩平封額勒登保德楞泰一等侯勒保一等伯明亮一等男賽沖阿楊遇春以次封賚幷推恩成親王永瑆等軍機大臣慶桂董誥等乙丑祫祭太廟是歲免直隸陝西江西四川等省五十六廳州縣災賦除江蘇福建山東十縣衞坍田額賦朝鮮入貢

八年癸亥春正月庚午以倭什布爲兩廣總督丁丑命伊犁廣開民田張誠基以勦辦義寧州土匪陳奏不實論絞乙酉賜貧民棉衣甲午上御經筵二月己未上謁東陵閏二月戊寅上還駐圓明園乙酉還宮入順貞門奸人陳德突出犯駕定親王綿恩額駙拉旺多爾濟及丹巴多爾濟等擒獲之交廷臣嚴鞫獎賚綿恩等有差丁亥祀先農上親耕耤田己丑詔曰陳德之事視如猘犬不必窮鞫所慚愳者德化未昭始有此警予之事耳即按律定擬是日陳德及其二子伏誅予告大學士王杰陛辭賜玉鳩杖御書詩章馳驛回籍庚寅嚴申門禁三月丙申御試翰林甲辰甘肅提督穆克登布以勦捕餘匪陣亡贈二等男卹湖北陣亡總兵王懋賞等世職庚申皇后行躬桑禮四月丙戌上祈雨丁亥雨五月乙未建宗室覺羅住房癸丑以富俊爲吉林將軍六月戊子尙書彭元瑞乞休允之仍總裁高宗實錄以費淳爲兵部尙書陳大文爲兩江總督己丑封阮福映爲越南國王秋七月乙巳以那彥成爲禮部尙書丁未以三省餘匪肅淸優敍額勒登保德楞泰及軍機大臣壬申上巡幸木蘭八月壬午調富俊爲盛京將軍以停止行圍迴鑾辛卯上還京九月戊申致仕尙書前協辦大學士彭元瑞卒冬十月壬申琅玕奏獲首犯恆乍綳猓猓匪平癸未葬孝淑皇后於山陵十一月戊戌朱珪等請纂敬一亭明代碑文上不許十二月己丑祫祭太廟是歲免直隸山東河南江蘇安徽陝西湖北四川雲南甘肅等省四百十八廳州縣衞災賦逋賦有差朝鮮越南入貢

九年甲子春正月丁未調興奎爲寧夏將軍賽沖阿爲西安將軍二月壬戌上御經筵癸亥上臨幸翰林院賜宴賦柏梁體詩戊子上謁東陵三月壬辰幸盤山壬寅詣明陵奠洒長陵甲辰上還京夏四月己巳上閱健銳營兵丙子召嵇承志來京以徐端署河東河道總督五月甲午上祈雨黑龍潭丁酉雨丁未鐵保奏進八旗詩一百三十四卷賜名熙朝雅頌集六月壬戌玉德等奏海盜蔡牽擾及鹿耳門突入汕木寨得旨追擒務獲戊辰以祿康協辦大學士明亮爲工部尙書長麟爲刑部尙書費淳爲吏部尙書德瑛罷直軍機處以那彥成英和爲軍機大臣乙亥惠齡卒以那彥成爲陝甘總督卹捕海盜陣亡總兵胡振聲贈提督予世職錄用其子秋七月丙午上巡幸木蘭庚子初彭齡以誣參吳熊光褫職癸丑以歲周浹甲停本年決囚八月己未淸査湖北濫支軍需追罰福康安和琳之子並畢沅等丁丑上迴鑾謁陵九月庚寅上幸南苑行圍辛卯以搜捕三省餘匪淨盡甄敍額勒登保以次有差甲午上還京冬十月癸酉廣西武緣知縣孫廷標匿傷縱兇特旨處絞臬司公峩遣戍烏魯木齊己卯上御惇敍殿賜宴宗室諸王十一月戊申調那彥成爲兩廣總督倭什布爲陝甘總督十二月丁卯調徐端爲江南河道總督庚辰大學士劉墉卒甲申祫祭太廟是歲免直隸湖北四川等省二十一廳州縣災賦有差朝鮮暹羅入貢

十年乙丑春正月乙未予告大學士王杰因賜壽來京卒優詔卹贈辛亥以朱珪爲大學士紀昀協辦大學士以鐵保爲兩江總督詔內務府大臣嚴行約束內監稽其出入纂入宮史著爲令二月己未上御經筵己巳禮親王永恩薨子昭槤襲協辦大學士紀昀卒調劉權之禮部尙書協辦大學士三月己丑上幸南苑行圍己亥上謁泰陵丙午迴鑾閱健銳營兵戊申上還京以弘康爲廣州將軍夏四月辛巳御史蔡維鈺疏請査禁西洋人刻書傳教得旨一體査禁戊寅賜彭浚等二百四十三人進士及第出身有差五月甲申朔詔內務府大臣管理西洋堂未能嚴切稽査任令傳教下部議處其經卷檢査銷毀習教之佟瀾等罪之戊申追敍剿平教匪淸野功加勒保太子太保明亮一等子六月庚申顏檢以失察虧帑黜免調吳熊光爲直隸總督百齡爲湖廣總督丁丑永定河決閏六月癸未劉權之免以費淳協辦大學士秦承恩爲左都御史戊戌永定河合龍乙巳以淸安泰爲浙江巡撫秋七月壬辰上詣盛京謁陵啟鑾八月丙戌上祭北鎭廟乙未上謁永陵丙申行大饗禮閱吉林官兵射庚子上謁福陵行大饗禮辛丑上謁昭陵行大饗禮臨奠克勤郡王岳託武勳王揚古利宏毅公額亦都直義公費英東墓上駐蹕盛京詣實册前行禮甲辰詣天壇地壇行禮乙巳上御崇政殿受賀御前大臣三等公額勒登保卒建祠京師以慶成爲成都將軍丙午上御大政殿賜扈從王大臣及朝鮮陪臣宴御製盛京頌八章賜朝鮮國王李玜御書匾額戊申上迴鑾九月己巳上謁東陵壬申還京丙子臨奠額勒登保冬十月甲午命戴均元馳赴南河勘工丙申英吉利國王入貢賜勑並文綺辛丑那彥成免調吳熊光爲兩廣總督裘行簡署直隸總督癸卯以賽沖阿爲廣州將軍十一月丙辰百齡免以全保爲湖廣總督己未以慶溥爲湖北提督十二月丁未祫祭太廟是歲免直隸山西陝西等省三十四州縣災賦及兩淮十一場額課有差會計天下民數三萬三千二百一十八萬一

千四百三名口穀數二千九百四十一萬一千九百九十九石七升三合二勺

朝鮮英吉利入貢

十一年丙寅春正月壬子海盜蔡牽陷鳳山縣命玉德勦辦調廣州將軍賽沖阿馳往督辦丙子那彥成以在署演戲濫收海盜奪職戍伊犂二月癸未上御經筵辛卯上謁東陵甲辰上幸南苑行圍戊申還京三月己丑台灣總兵愛新泰克復鳳山縣予世職夏四月辛卯上閱健銳營兵癸巳李亨特免以吳璥爲河東河道總督丙申續纂皇清文穎五月丙寅玉德罷以阿林保爲閩浙總督六月戊寅調姜晟爲工部尚書秦承恩爲刑部尚書庚辰慶成以奏對失實削職戍黑龍江以特清額爲成都將軍庚寅以戴均元爲江南河道總督徐端爲副總河庚子命德楞泰管理兵部秋七月癸亥寧陝鎭新兵陳逢順糾黨戕官陷洋縣擾及寧羌命德楞泰統巴圖魯侍衞索倫兵勦之丁卯上巡幸木蘭八月庚寅上行圍甲辰李長庚奏勦殲蔡牽匪黨多名蔡牽逸九月乙巳發巴圖魯侍衞索倫等兵赴陝西癸丑論直隸失察侵帑案顏檢戍烏魯木齊降姜晟陳大文熊枚四品京堂起初彭齡爲安徽巡撫庚申起劉權之爲左都御史癸亥上還京冬十月丁丑德楞泰奏勦平洋縣叛兵甲申以全保爲陝甘總督汪志伊爲湖廣總督曹振鏞爲工部尚書丁亥以溫承惠爲直隸總督起阮元署福建巡撫以病辭調張師誠爲福建巡撫金光悌爲江西巡撫癸巳以和寧爲烏魯木齊都統大學士保寧乞休優詔致仕予食公俸十一月庚申以祿康爲大學士長麟協辦大學士文寧爲步軍統領詔以德楞泰勦辦叛兵寬大受降切責之降楊遇春寧陝鎭總兵楊芳遣戍伊犂即押降兵赴戍十二月戊寅大學士朱珪卒己卯上臨第賜奠庚辰特詔旗民力求節儉辛丑祫祭太廟是歲免直隸四川等省三十五廳州縣災賦有差朝鮮琉球入貢

十二年丁卯春正月丙午以費淳爲大學士戴衢亨協辦大學士癸亥詔曰從前勦辦邪匪鄉勇過多迨事平遣散爲難多令入伍充兵今陝之寧陝川之綏定迭報新兵滋事隨時勦平此等獷悍之徒必須隨時懲創勿令別生事端戊辰陝西瓦石坪新兵滋事討平之二月甲戌上御經筵戊子積拉堪罷削爵壬辰上謁東陵三月壬辰上幸南苑行圍辛亥謁西陵甲寅還京丁巳高宗實錄聖訓成辛巳上祈雨甲子雨夏四月丙戌上閱健銳營兵庚子上祈雨五月己丑雨己未以長齡爲陝甘總督薩彬圖爲漕運總督丙寅增定河工料價雍正以來常年工費率六十萬自此驟增百六十萬六月乙未禁督撫幕友朦保入官秋七月乙巳命編修齊鯤給事中費錫章册封琉球國王戊午上巡幸木蘭八月乙酉上行圍九月丙午上還駐木蘭暹羅私招商人貿易降勅訓止之辛亥上迴鑾甲寅閱古北口兵丙辰還京冬十月乙未令武鄉會試內場罷策論默寫武經十一月辛丑塞陳家浦壩口導黃河由故道入海十二月癸未調清安泰爲河南巡撫以阮元爲浙江巡撫癸巳祫祭太廟是歲免直隸江蘇四川甘肅等省四十七州縣災賦鹽課除江蘇福建山西五縣水沖坍田額賦朝鮮琉球南掌入貢

十三年戊辰春正月戊午浙江提督李長庚追擊海盜卒於軍贈伯爵以部將王得祿爲浙江提督二月丁卯命皇次子釋奠先師孔子庚午上御經筵丙子予告大學士保寧卒戊寅特詔獎敍湖南辰沅永靖道傅鼐加按察使銜三月庚子上謁東陵壬午上巡閱天津長隄丙辰以徐端爲南河河道總督己未上閱天津鎭兵丙寅上幸南苑行圍命長麟戴衢亨勘察南河夏四月戊辰上還京辛卯賜吳信中等二百六十一人進士及第出身有差五月癸卯長麟戴衢亨奏查勘河工請用一百三十餘歲張姓老民指出新輔舊於天然閘東建閘二座驗有壩基擬請修復得旨照准賞老民銀緞庚申修闕里孔廟閏五月壬午湖南提督仙鶴翎以表賀生皇長孫失辭罷六月甲辰御製耕織圖詩刋於授時通考乙巳秦承恩免以吳璥爲刑部尚書秋七月庚辰上巡幸木蘭八月己酉上行圍甲寅郵廣東捕盜被戕總兵林國良世職九月己卯上還京冬十月癸巳朔日有食之十一月壬午吳熊光罷以永保爲兩廣總督庚寅以興肇爲杭州將軍十二月壬辰朔命皇次子詣大高殿祈雪己亥上祈雪乙巳雪以周興岱爲左都御史己未祫祭太廟是歲免直隸四川等省十三廳州縣災賦逋賦除直隸江蘇浙江福建雲南甘肅等省十一廳州縣沖田額賦浙江福建二塲坍地額課朝鮮琉球入貢

十四年己巳春正月辛酉朔上五旬萬壽節頒詔覃恩加封儀親王永璇子綿志成親王永瑆孫奕綸爲貝勒加恩藩臣廷臣有差丁卯以百齡爲兩廣總督壬申廣興有罪處斬子蘊秀成吉林籍其家緣以降黜者多人長齡戍伊犂以和寧爲陝甘總督二月壬辰上御經筵壬寅上製崇儉詩義利辨頒示廷臣丁未上謁東陵丁巳福建總兵許松年殲斃海盜朱濆予世職己未上還京三月癸亥上謁西陵丙子還京西安將軍三等公德楞泰卒己卯松筠奏遣戍叛兵蒲大芳馬友元等一百餘人在戍不法均分起誅訖上責其濫殺奪職以晉昌爲伊犂將軍興肇爲荆州將軍夏四月甲寅賜洪瑩等二百四十一人進士及第出身有差吳熊光戍伊犂百齡劾之也孫玉庭罷五月丁丑特詔切責廷臣泄沓戊寅巡漕御史英綸以貪婪卑污處絞六月乙未倉塲黑檔盜米事發責黜歷任侍郎有差丁未以松筠爲陝甘總督秋七月戊辰詔停本年秋決江蘇查賑知縣李毓昌爲山陽知縣王伸漢毒斃下部鞫實王伸漢立斬知府王轂立絞家丁李祥等均極刑總督鐵保奪職遣戍巡撫汪日章奪職上製憫忠詩賜其嗣子李希佐舉人控訴得申武生李淸泰武舉調阿林保爲兩江總督以方維甸爲閩浙總督壬申給事中花杰以參劾軍機大臣戴衢亨徇私不得直降官乙亥詔曰朕痌瘝在抱每直省報災無不立霈恩施多方賑恤乃督撫不加查察致有冒賑之事如近日寶坻山陽二案竟謀斃持正委員豈可不加以懲治非有所靳惜也御史周鉞因請報災之處另委道府詳查不知道府又安盡賢能見在寶坻一案該管東路同知歸恩燕即向索銀三千兩山陽一案該管知府王轂收銀二千兩設遇此類道府又可信乎道府亦不能徧歷村莊仍委之委員益不足憑矣其要惟在督撫得人耳至若以查災爲難因而相率諱災則其咎更重矣將此通諭知之壬午上巡幸木蘭八月庚戌浙江學政侍郎劉鳳誥以監臨舞弊褫職戍黑龍江巡撫阮元以徇隱奪職九月己未以慶成爲福州將軍庚申上還京己巳張師誠疏報王得祿邱良功合勦海盜蔡牽竄逼賊船衝斷船尾蔡牽落海淹斃予王得祿子爵邱良功男爵壬申百齡疏請粵鹽改陸運從之冬十月癸巳上萬壽節御太和殿受賀賜宴庚戌阿林保疏請漕糧加折收納上嚴斥之十一月壬辰以松筠爲兩江總督那彥成爲陝甘總督十二月戊戌以失察工部書吏冒領戶部內務府官銀祿康費淳以次降黜甲寅祫祭太廟是歲免直隸江蘇等省二十四州縣災賦除順天文安窪地浙江錢清塲湖南茶州坍地田賦朝鮮琉球暹羅越南南掌入貢

十五年丙子以劉權之爲協辦大學士二月己丑上御經筵壬辰長麟以疾免以瑚圖禮爲刑部尚書托津爲工部尚書丙申召勒保來京以常明爲四川總督丙子詔以鴉片烟戕生通飭督撫斷其來源三月甲子上謁東陵戊寅上幸南苑行圍癸未還京夏四月丁酉上閱健銳營兵五月癸亥勒保以不奏匿名書罷大學士降工部尚書復以祿康爲大學士明亮協辦大學士以戴衢亨爲大學士費淳爲工部尚書六月戊戌改熱河副都統爲都統以積拉堪補授壬子百齡以擒解海盜烏石二功予輕車都尉世職秋七月甲寅永定河溢壬申上巡幸木蘭辛巳以徐端爲南河河道總督修改雲梯關海口命馬慧裕督辦八月戊戌上行圍壬子以皂保爲蒙古都統設廣東水師提督陽江鎭水師總兵九月己未以汪志伊爲閩浙總督馬慧裕爲湖廣總督恭阿拉爲工部尚書甲子永定河漫口合龍己巳上還京乙亥增河南稭料價銀冬十月甲午江南高堰山盱兩隄決壩丁酉定部院直日例十一月壬戌前吉林將軍秀林以盜用蔘銀賜死十二月丙申廣西疏報壽民藍祥一百四十二歲特賜御製詩章御書匾額六品頂戴銀五十兩丁酉馬慧裕奏雲梯關大工合龍河歸正道入海得旨嘉奬己亥以陳鳳翔爲江南河道總督壬寅調興肇察哈爾都統己酉祫祭太廟是歲免直隸七州縣災賦除江蘇丹徒上海坍田安徽無爲州廢田田賦朝鮮暹羅入貢

十六年辛未春正月戊午以雲梯關馬港新築長堤增設淮海道海安海阜二廳同知癸酉以百齡爲刑部尚書松筠調兩廣總督勒保爲兩江總督二月壬午上御經筵丁亥釋奠先師孔子詔曰朕因連年南河工糜費至四千餘萬特命托津初彭齡前往查察茲據奏覆查勘工帳銀款出入尚屬相符而工程未盡堅固此實歷任河臣之咎吳璥徐端俱降革有差在工人員一併斥革其未發銀六十萬幷著停發三月丙寅上謁西陵壬午謁陵禮成西巡五臺山乙亥工部尚書費淳卒贈大學士以肅親王永錫爲蒙古都統閏三月庚辰上駐蹕五臺山乙酉上迴鑾丙申上謁堯母陵帝堯廟行禮戊戌上閱直隸綠營兵幸蓮池書院遣官祭明臣楊繼盛祠癸卯上還京夏四月戊申大學士戴衢亨卒甲子上祈雨致仕協辦大學士長麟卒壬申賜蔣立鏞等二百三十七人進士及第出身有差以福慶爲漢軍都統崇祿爲蒙古都統五月辛巳以劉權之爲大學士鄒炳泰協辦大學士劉鐶之兵部尚書丁亥上再詣天神壇祈雨庚寅雨六月壬午明亮以覆奏不實降副都統以松筠爲協辦大學士癸丑祿康以覆奏不實降副都統以勒保爲大學士管理吏部吉綸爲工部尚書步軍統領乙丑湖南按察使傅鼐卒贈巡撫許建專祠秋七月戊寅命光祿寺少卿盧蔭溥入直軍機處加四品卿銜壬辰禁西洋人潛居內地丙申上巡幸木蘭癸丑江南李家樓河決乙巳興肇以老免起貢楚克扎布爲察哈爾都統八月壬

戌上行圍九月己卯建興安大嶺神祠春秋致祀戊子上迴鑾乙未以松筠爲吏部尚書蔣攸銛爲兩廣總督丁酉上謁陵庚子上還京辛丑四川十二支嶺夷向化改土歸流十一月庚子勑改運河邳宿工程復歸河員管理十二月癸丑以和寧爲盛京將軍癸酉祫祭太廟是歲免順天江蘇河南等省八州縣災賦除甘肅逋賦又除喀什噶什噶爾回莊田賦朝鮮琉球暹羅緬甸入貢

十七年壬申春正月壬午時享太廟命皇次子行禮二月甲辰朔上御經筵三月丙子上謁東陵己丑上幸南苑行圍辛卯以明亮爲西安將軍壬辰上御晒鷹營大閱八旗官兵丙申上還京夏四月甲辰詔曰八旗生齒日繁亟宜廣籌生計朕聞吉林土膏沃衍地廣人稀柳條邊外荒塲移墾其間空曠之地不下千有餘里多屬腴壤流民時有前往耕植應援乾隆年間拉林成案將閑散旗丁送往吉林撥給地畝或耕或佃以資養贍農暇仍可練習騎射以備當差教養兩得其益該將軍等盡心籌畫區分棲止詳度以聞丙辰上閱健銳營兵癸亥護軍統領扎克塔爾卒予銀三百兩五月戊子溫承惠奏灤州拏獲金丹八卦邪教董懷信等得旨從嚴懲辦六月乙巳移閑散宗室於盛京居住築室給田給銀秋七月戊子上巡幸木蘭八月壬子陳鳳翔以不職免以黎世序爲江南河道總督甲寅以阮元爲漕運總督丙辰上行圍九月戊子上還京甲午慶桂以年老罷以松筠爲軍機大臣冬十月丁卯以恭阿拉爲禮部尚書十一月辛未以景安爲理藩院尚書兼漢軍都統十二月壬子以鐵保爲禮部尚書潘世恩爲工部尚書甲寅以興肇爲江寧將軍是歲免順天奉天直隸河南安徽等省二十七州縣災賦逋賦旗租臺灣噶瑪蘭水沖田賦朝鮮暹羅入貢

十八年癸酉春正月乙亥軍機大臣松筠罷爲御前大臣以勒保爲軍機大臣二月庚子上御經筵三月丁丑上幸南苑行圍丙戌上謁西陵丙申上還京夏四月己亥以明亮爲蒙古都統甲寅上祈雨癸亥以富俊爲黑龍江將軍五月庚辰上祈雨壬辰雨六月乙卯賜進書生員鮑廷博舉人庚申以松筠爲伊犂將軍秋七月甲戌申嚴販運鴉片烟律食者弁罪之丁丑御史焉大中疏言中外臣工辦事遲延怠緩請旨稽覈上是之壬午上巡幸木蘭八月庚戌上行圍九月甲子上以陰雨減圍癸酉上迴鑾乙亥河南睢州河溢河南滑縣八卦教匪李文成糾衆謀逆知縣強克捷捕繫獄其黨馮克善牛亮臣陷縣城克捷死之直隸長垣山東曹縣賊黨咸應上命高杞同興防堵溫承惠佩欽差大臣關防勦之召楊遇春統兵北上賊黨徐安幗陷長垣戕知縣趙綸金鄉知縣吳堦捕賊崔士俊等戊寅上行次孥髻山是日奸人陳爽數十人突入紫禁城將逼內宮皇次子用槍殪其一人一賊登月華門牆執旗指揮皇次子再用槍擊之墜貝勒綿志續殪其一王大臣率健銳火器營兵入盡捕斬之己卯詔封皇次子爲智親王綿志郡王銜論捕賊功各予獎敘奪吉綸職以英和爲步軍統領庚辰詔曰朕紹承大統不敢暇逸不敢爲虐民之事自川楚教匪平後方期與吾民共享承平之福乃昨九月十五日大內突有非常之事漢唐宋明之所未有朕實恧焉然變起一朝禍積有素當今大患惟在因循怠玩雖經再三誥誡舌敝筆禿終不足以動諸臣之聽朕惟返躬修省耳諸臣願爲忠良即盡心力匡朕之咎正民之志切勿依前尸位益增朕失通諭知之命那彥成爲欽差大臣勦賊河南以提督楊遇春副都統富僧德總兵楊芳帶兵協勦辛巳首逆林清就擒壬午上還京癸未以松筠曹振鏞爲大學士托津百齡協辦大學士鐵保章煦爲吏部尚書丙戌首逆林清通逆內監劉進亭等伏誅冬十月丙申祖之望免以韓崶爲刑部尚書癸卯山東鹽運使劉清大破賊於扈家集侍衞蘇爾慎復定陶曹縣御史張鵬展疏陳百姓不敢出首邪匪由於地方官規避處分不爲受理或反坐誣上是之己酉那彥成奏各路調兵再行進勦上嚴斥之甲寅命托津往督河南軍務桂芳入直軍機處丁巳卹禁城拒賊傷亡侍衞那倫等世職己未祿康裕瑞失察屬人從逆發盛京禁錮辛酉謫降漢軍籍直隸籍之科道官壬戌以明亮爲兵部尚書十一月甲子朔那彥成奏攻克道口賊巢進圍滑城丙寅勅刪減公罪則例壬申通逆都司曹綸伏誅戊子那彥成奏楊芳等攻克司寨山賊寨殲斃首犯李文成十二月丙申命松筠長齡籌議新疆經費丙午那彥成奏攻克滑城賊渠宋元成等伏誅生擒牛亮臣等予那彥成三等男楊遇春等以次獎敘有差命托津留辦長垣賊匪是歲免直隸河南湖南等省二十六州縣災賦除江蘇河南湖南廢田田賦朝鮮琉球越南暹羅入貢

十九年甲戌春正月壬午以吳璥爲河東河道總督二月甲午上御經筵乙未以晉昌爲盛京將軍壬寅成都將軍賽沖阿以勦陝西賊匪苗小一等予三等男長齡輕車都尉楊遇春晉一等男壬子以富俊爲吉林將軍特依順保爲黑龍江將軍丙辰鐵保免以英和爲吏部尚書奕紹爲漢軍都統以戴均元爲左都御史閏二月甲子以和寧爲禮部尚書己丑予死事滑縣知縣強克捷教諭呂秉鈞巡檢劉斌等世職四月乙亥上閱健銳營兵豫親王裕豐失察屬人祝現入教謀逆已發覺不入奏削爵以其弟裕興襲封以興肇爲漢軍都統壬午漕運總督桂芳卒丙戌賜龍汝言等二百二十六人進士及第出身有差五月癸亥以和寧爲熱河都統六月庚申朔日有食之庚辰以劉鐶之爲戶部尚書初彭齡爲兵部尚書署江蘇巡撫八月甲子上御經筵辛未大學士威勤伯勒保再乞致仕許之命食伯俸以托津爲大學士明亮協辦大學士戊寅上謁陵甲申上還京九月乙未以景安爲戶部尚書冬十月乙丑以慶溥爲左都御史己巳江西巡撫阮元以擒捕土匪加太子少保十一月癸丑命開墾伊犂吉林荒地十二月癸未百齡罷協辦大學士以章煦爲協辦大學士乙酉祫祭太廟是歲免直隸二縣河南二縣黑龍江各城災賦除奉天岫岩浙江西安四縣廢田田賦朝鮮琉球入貢

二十年乙亥春正月甲午時享太廟命智親王行禮二月己未上御經筵三月庚寅上謁東陵戊申上還京甲午初彭齡以參劾百齡不實又代茅豫乞病降官旋經百齡查覆參奏奪職己酉兩廣總督蔣攸銛疏陳查禁鴉片烟章程得旨洋船到澳門時按船查驗杜絕來源官吏賣放及民人私販者分別治罪夏四月己巳上閱健銳營兵壬午上製官箴二十六章宣示臣工五月丁亥刑部疏審明知府王樹勳即僧明心朦混捐保職官得旨枷號兩個月遣戍黑龍江入教侍郎蔣予蒲褫職六月戊辰上製勤政愛民論宣示中外己卯常明奏中瞻對土番洛布七力滋事改委總兵羅思舉由下瞻對前往勦辦其勦辦不力之總兵羅聲皋及揑禀之都司圖棠阿均褫職逮問秋七月甲午總兵羅思舉勦辦瞻對土番洛布七力竣事下部議敘癸卯上巡幸木蘭八月戊辰上行圍百齡以捕獲編造逆詞首犯方榮升功晉三等男九月己亥上還京冬十月庚申召松筠來京以長齡爲伊犂將軍癸亥命侍郎那彥寶往勘山西地震災十一月丁亥禮親王昭槤以刑比佃丁欠租削爵圈禁以麟趾襲十二月己卯祫祭太廟是歲免直隸等省二縣災賦除江蘇寶山靖江山西靜樂廢田田賦會計天下民數三萬二千六百五十七萬四千八百九十五名口存倉穀數三千八十萬二千八百六十九石九斗一升七合五勺朝鮮琉球暹羅入貢

二十一年丙子春正月丙戌特詔諸親王郡王勿令內監代爲奏事致開交結之端二月壬子上御經筵甲戌上謁東陵庚辰上還京三月庚寅上謁西陵辛丑上臨故大學士朱珪墓賜奠丁未上還宮夏四月丙子張師誠以父疾具奏不候旨即回籍罷以胡克家爲江蘇巡撫五月辛卯以馬慧裕爲左都御史孫玉庭爲湖廣總督丁未以鄂勒哲依圖爲御前大臣六月丁丑休致大學士慶桂卒戊寅那彥成緣事褫職逮問以方受疇爲直隸總督閏六月戊戌釋昭槤於禁所壬寅以戴均元爲吏部尚書秋七月乙卯和世泰穆克登額蘇楞額以帶領英吉利國使臣不諳事體不克入覲俱黜降以松筠爲滿洲都統和寧爲工部尚書乙丑上巡幸木蘭八月壬辰上行圍九月戊午上迴鑾閱古北口兵壬戌上還京冬十月戊子命松筠署兩江總督章煦爲軍機大臣十一月壬子百齡卒調孫玉庭爲兩江總督阮元爲湖廣總督丙辰以綿志爲領侍衞內大臣十二月癸卯祫祭太廟是歲免直隸河南浙江湖南等省五十六州縣災賦有差朝鮮琉球英吉利入貢

二十二年己卯春正月壬申上御經筵二月丁丑釋奠先師孔子癸未以長齡爲陝甘總督晉昌爲伊犂將軍富俊爲盛京將軍三月甲辰朔以董教增爲閩浙總督戊申增設天津水師營總兵官專轄水師兩營壬子上謁東陵己巳上還京辛未章煦免以戴均元協辦大學士盧蔭溥爲兵部尚書汪廷珍爲左都御史夏四月丁亥上閱健銳營兵庚寅停伊犂仲夏進馬辛卯雲南夷匪平加伯麟太子少保戊戌賜吳其濬等二百五十五人進士及第出身有差五月辛酉上祈雨壬戌雨以玉麟爲駐藏大臣丁卯福建布政使李賡芸被誣自縊遣熙昌王引之鞫其事得實奉旨總督汪志伊巡撫王紹蘭俱奪職壬申上製望雨省愆說六月甲戌松筠疏請停止明年奉謁祖陵奉旨嚴斥罷大學士黜爲察哈爾都統以明亮爲大學士伯麟協辦大學士和寧爲兵部尚書以賽沖阿爲御前大臣德寧阿爲成都將軍秋七月庚申上巡幸木蘭以蘇楞額爲工部尚書和世泰爲理藩院尚書八月丁亥上行圍壬辰積拉堪罷以毓秀爲杭州將軍九月癸丑常明卒以蔣攸銛爲四川總督阮元爲兩廣總督慶保爲湖廣總督庚申上還京庚午上製諫臣論頒都察院冬十月辛未朔日有食之十一月乙丑以伊沖阿爲熱河都統十二月甲戌免雲南銅廠逋銀丁酉祫祭太廟是歲免直隸八縣黑龍江三城災賦除奉天承德直隸定州江蘇丹徒江陰江西豐城河南孟縣福建侯官等縣水沖河壓田賦朝鮮琉球越南入貢

二十三年戊寅春正月戊申特詔松筠勿沽名市惠以保桑榆甲寅詔明亮年

逾八旬，宜節勞頤養，勿庸常川入直，並免帶領引見承旨。二月庚午，命戴均元、和寧爲軍機大臣，大學士董誥致仕，命食全俸。庚辰，上御經筵。己丑，上閱火器營兵。三月庚子，上謁西陵。庚戌，以章煦爲大學士，汪廷珍爲禮部尚書，吳芳培爲左都御史。戊午，上還京。四月戊辰朔，日有食之。乙亥，風霾。丙子，詔曰：「昨日酉初三刻，暴風自東南來，塵霾四塞，然燭始能辨色，其象甚異。朕心震懼，惕思上蒼示警之因。稽諸洪範咎徵，蒙恆風若之義，皆朕蒞事不明，用人不當之所致也。有言責者，體朕遇災而懼之心，剴切論列，無有所隱。即下民有冤抑者，亦可據事代爲直陳，以副朕修德弭災之意。」給事中盧浙疏言風沙示警，請禁員弁貪功妄捕，擾累平民。得旨：「所奏甚是。林清案內逸犯飭緝，承緝員弁輒以他犯塞責，番役兵丁乘機肆虐，誣陷牽攀，無所不至，比到官審明，業已皮骨僅存，貲產蕩盡，甚有因而殞命者，冤苦莫訴，宜致斯災。所有次要五十餘犯，概令停緝。即祝現等六犯，亦只交刑部存記，獲日辦理。嗣後捕役有犯前情，該管官嚴刑重懲，以其家產付諸被誣之家，庶可儆惡習而安良懦。」己卯，欽天監疏言：「謹按天文正義，天地四方昏濛若下塵，雨名曰霾。故曰天地霾，君臣乖，大旱，又主米貴。」得旨：「初八日之事，正與正義之象相同。惟朕恪遵成憲，日日召見臣工，前席周諮，似不致於乖離。但此其迹也，其實與朕同心望治有幾人哉？不敢面諍，退有後言，貌合而情暌，是即乖也。其於同寮，不爲君子之和，而爲小人之同，是亦乖也。我君臣其交儆焉。」庚辰，上祈雨。戊子，上再祈雨。辛卯，雨。五月戊戌，詔曰：「館臣呈進勅修明鑑，於萬歷、天啓載入先朝開創之事，又加按語頌揚，於體例均爲未合。副總裁侍郎秀寧降爲侍衛，新疆換班，正總裁曹振鏞等各予薄罰，另行纂輯。」六月壬申，武陟沁河溢，旋報合龍。七月甲子，上東巡啓鑾。八月丁卯朔，詔以取道民田，免經過奉天、承德四州縣額賦。戊子，頒行皇朝通禮。壬午，上祭北鎮。辛卯，謁永陵，行大饗禮。九月丙申朔，謁福陵。丁酉，謁昭陵，均行大饗禮。詣寶册前行禮。上製再舉東巡慶成記。臨奠克勤郡王岳託、武勳王揚古利、宏毅公額亦都、直義公費英東墓，加恩額亦都後裔五人、費英東後裔一人。庚子，上謁天壇、堂子行禮。辛亥，上廻鑾。丁巳，以富俊爲吉林將軍，賽沖阿爲盛京將軍。冬十月庚午，上駐蹕興隆寺。辛未，萬壽節，行宮受賀。癸酉，上謁東陵。丙子，上還京。辛巳，予告大學士董誥卒，上臨第賜奠。十一月戊申，以奕灝爲蒙古都統。辛亥，詔曰：「國家臨御年久，宜加意於人心風俗。而人心之正，風俗之醇，則繫於政教之得失。其間消息甚微，繫於國脉甚重，未可視爲迂圖也。天下事有萬殊，理歸一是。從嚴從寬，必準諸理，施行所及，乃能大畏民志。民志定，民心正矣。凡我君臣，當以憂盛危明之心，不爲苟且便安之計，其於風俗之淳薄，尤當時時體察，潛移默化，整綱飭紀，正人心以正風俗。亮工熙績，莫重於斯，期與內外臣工交勉之。」十二月戊辰，上祈雪。戊子，以八十六爲廣州將軍，松筠爲禮部尚書，以劉鐶之爲左都御史。壬辰，祫祭太廟。是歲，免順天、直隸、山東、安徽、甘肅、雲南等省七十九州縣災賦有差。朝鮮、琉球入貢。

二十四年己卯春正月甲午朔，上六旬萬壽，頒詔覃恩，賜廷臣宴。封皇三子綿愷爲惇親王，皇四子綿忻爲瑞親王，皇長孫奕緯爲貝勒，晉封綿志、奕紹等有差。丁巳，和寧免直軍機，以侍郎文孚爲軍機大臣。二月甲子，上御經筵。三月己亥，上謁東陵。壬子，上幸南苑行圍。己未，上謁西陵。夏四月甲子，上還京。庚辰，上閱健銳營兵。丙戌，賜陳沆等二百二十四人進士及第出身有差。戊子，罷鳳陽、九江兩關監督，由巡道兼理。己巳，上祈雨。庚寅，以松筠爲內大臣。閏四月己酉，上詣天神壇祈雨，是日雨。五月乙酉，成親王永瑆以告祭禮愆罷職，削俸歸第。以英和、和世泰俱爲滿洲都統。六月癸卯，調松筠爲工部尚書。秋七月壬戌，以鄭親王烏爾恭阿爲漢軍都統。庚申，上巡幸木蘭。壬午，永定河決，命吳璥、那彥寶勘築。八月辛卯，河南蘭陽北岸河溢。予告大學士威勤伯勒保卒，贈一等侯。九月壬戌，上還京。癸酉，罷松筠御前大臣，爲盛京將軍。冬十月乙未，萬壽節，上御太和殿受賀。侍郎周系英因參劾湖南客民焚殺，兼致私書，革職，並斥革其子舉人。十一月乙巳，晉封明亮三等侯。十二月庚子，吳邦慶以奏覆湖南客民焚殺案不實，降官。丙午，董教增疏請洋船准販茶葉，得旨斥駁。丙辰，祫祭太廟。是歲，免直隸、浙江、湖南等省三十九州縣衛災賦旗租有差，除江蘇川沙廳、寶山縣廢地田賦。朝鮮、琉球、越南、暹羅、南掌入貢。

二十五年庚辰春正月壬申，詔優恤老臣明亮、和寧等，毋庸來園帶領引見。二月己丑，上御經筵。癸卯，章煦以疾致仕，以戴均元爲大學士，吳璥協辦大學士。戊申，上閱火器營兵。乙卯，慶郡王永璘有疾，上臨視，晉封親王。三月甲子，上謁東陵。兵部遺失行印，事聞，明亮以次罰降有差。乙丑，上詣明成祖、宣宗、孝宗陵奠酒。己巳，慶親王永璘薨。戊寅，上還京，臨故慶親王第賜奠，命其子綿慜襲郡王。夏四月甲午，上詣八里莊慶僖親王殯所賜奠。庚戌，賜陳繼昌等二百四十六人進士及第出身有差。六月癸卯，禁王公私設諳達及買民女爲妾。松筠黜爲驍騎校。秋七月壬申，上巡幸木蘭。方受疇等疏呈嘉禾。戊寅，駐蹕避暑山莊。己卯，上不豫。翌夕，大漸，宣詔立皇次子智親王爲皇太子。日加戌，上崩於行宮，年六十有一。八月乙巳，奉移梓宮還京。十月甲辰，恭上尊謚曰受天興運敷化綏猷崇文經武孝恭勤儉端敏英哲睿皇帝，廟號仁宗。道光元年三月癸酉，葬昌陵。

論曰：仁宗初逢訓政，恭謹無違。迨躬蒞萬幾，鋤奸登善，削平逋寇，捕治海盜，力握要樞，崇儉勤事，闢地移民，皆爲治之大原也。詔令數下，諄切求言，而吁咈之風未遠睹焉，是可嘅已。

宣宗本紀一

宣宗效天符運立中體正至文聖武智勇仁慈儉勤孝敏寬定成皇帝，諱旻寧，仁宗次子，母孝淑睿皇后。乾隆四十七年八月初十日，生上於擷芳殿。幼好學，從編修秦承業、檢討萬承風先後授讀，又與禮部右侍郎汪廷珍、翰林侍讀學士徐頲朝夕講論。乾隆五十六年八月，高宗行圍威格遜爾，上引弓獲鹿，高宗大喜，賜黃馬褂、花翎。嘉慶元年，娶孝穆成皇后。四年四月戊戌，仁宗遵建儲家法，親書上名，緘藏鐍匣。十三年正月，孝穆成皇后薨，繼娶孝慎成皇后。十八年九月，從幸秋獮木蘭，上先還京師，而教匪林清黨犯闕之變作。是月戊寅，賊入內右門，至養心殿南，欲北竄，上御槍斃二賊，餘賊潰散，亂始平。飛章上聞，仁宗欣慰，封上爲智親王，號所御槍曰威烈。諭內閣曰：「忠孝兼備，豈容稍靳恩施。」上謙冲不自滿假，謝恩奏言：「事在倉猝，又無禦賊之人，勢不由己，事後愈思愈恐。」其不矜不伐如此。二十五年秋七月，仁宗秋獮熱河，上隨扈。戊寅，仁宗不豫。己卯，大漸，御前大臣賽冲阿、索特納木多布齋，軍機大臣托津、戴均元、盧蔭溥、文孚，總管內務府禧恩、和世泰，公啓鐍匣，宣示嘉慶四年御書「立上爲皇太子」。仁宗崩，即日奉大行皇帝梓宮回京。辛巳，尊母后爲皇太后，晉封惇郡王緜愷爲惇親王，緜愉爲惠郡王。癸未，奉皇太后懿旨：「大行皇帝龍馭上賓，皇次子智親王仁孝聰睿，英武端醇，見隨行在，自當上膺付託，撫馭黎元。但恐倉卒之中，大行皇帝未及明諭，而皇次子秉性謙冲，予所深知，爲降諭旨，傳諭留京王大臣馳寄皇次子，即正尊位。」上奏懿旨，恭摺覆奏，並將御前大臣等啟鐍匣所藏嘉慶四年四月立皇太子硃諭進呈。召在籍翰林院侍講秦承業來京。八月乙酉，命遵古制，行三年之喪，臣民仍照定例持服。免直隸承德府屬及經過宛平等五州縣明年額賦。癸巳，允王大臣請，持服百日。乙未，大行皇帝梓宮還京師。御史袁銑疏陳定規模、正好惡七事，上優詔嘉納之。加方受疇太子太保。戊申，大學士九卿等奏上大行皇帝廟號尊謚曰仁宗受天興運敷化綏猷崇文經武孝恭勤儉端敏英哲睿皇帝。頒大行皇帝遺詔於朝鮮、琉球、暹羅、越南、緬甸諸國。庚戌，上即皇帝位於太和殿，告祭天地、太廟、社稷，頒詔天下，以明年爲道光元年，加恩中外，非常赦不原者咸赦除之。加黃鉞、劉鐶之、賽冲阿、孫玉庭、蔣攸銛太子少保。辛亥，停本年秋決。是月，賑河南許州地震災，貸盛京彰武臺邊門等處被淹兵丁一年錢糧，並給修屋費，貸巨流河等處一月口糧。九月己未，尊大行皇帝陵曰昌陵。庚申，切責軍機大臣以擬遺詔錯誤，罷托津、戴均元軍機大臣，文孚、盧蔭溥仍留軍機大臣，均下部嚴議。斌靜奏冲巴噶什布魯特蘇爾奇糾薩木薩克之子張格爾作亂，命慶祥兼程赴喀什噶爾勦之。命大學士曹振鏞、尚書黃鉞、英和在軍機大臣上行走。壬戌，以那彥成爲理藩院尚書。命吏部尚書協辦大學士吳璥督理河南儀封河工。調劉鐶之爲吏部尚書，茹棻爲兵部尚書，盧蔭溥爲工部尚書，黃鉞爲戶部尚書，汪廷珍爲禮部尚書，顧德慶爲左都御史，起松筠爲左副都御史。戊辰，以秦承業爲翰林院侍講學士，命在上書房行走。庚午，上始御西廠幄次，引見廷臣。詔開鄉會試恩科。命臣工切實言事。丁丑，豫親王裕興以罪奪爵圈禁。壬午，加提督楊遇春太子少保，賞雙眼花翎是月賑河南睢州等七州縣水災並給睢州等四州縣一月口糧冬十月戊子調英和爲戶部尚書那彥成爲吏部尚書穆克登額爲工部尚書普恭爲禮部尚書和世泰爲理藩院尚書松筠爲左都御史辛丑上大行皇帝尊謚廟號翌日頒詔天下覃恩有差甲辰賑江蘇被水江寗等八州縣安徽被水鳳陽等府所屬州縣戊申以德英阿爲烏魯木齊都統是月賑江南海州安徽泗州等八州縣及屯衛水旱災給浙江蕭山等三十三縣貧民口糧十一月丙辰上奉皇太后居壽康宮戊辰以魏元煜爲江蘇巡撫左輔爲湖南巡撫庚午冬至祀天於圜丘自是每歲如之癸酉以誠安爲左都御史松筠爲熱河都統甲戌誠安改鑲黃旗漢軍都統以文孚爲左都御史丁丑翰林院侍講學士顧純奏松筠宜置左右忤旨下部嚴議十二月甲申上皇太后徽號曰恭慈皇太后翌日頒詔天下覃恩有差諭奉皇太后懿旨立皇帝繼妃佟佳氏爲皇后丙戌和世泰改福州將軍以晉昌爲理藩院尚書調慶保爲閩浙總督以史致光爲雲貴總督韓克均爲雲南巡撫顏檢爲福建巡撫庚寅河南儀封決口合龍癸巳加上孝敬憲皇后孝聖憲皇后高宗純皇帝孝賢純皇后孝儀純皇后尊謚英和罷軍機大臣照舊供尚書等職丙申以汪廷珍湯金釗方受疇將攸銛言查陋規不便予議敍孫玉庭奏尤爲剴切温諭褒之起李鴻賓爲安徽巡撫召張映漢來京以陳若霖爲湖廣總督帥承瀛爲浙江巡撫是歲朝鮮琉球來貢

道光元年春正月癸丑御太和殿受朝樂設而不作不讀賀表丙辰賞刑部員外郎初彭齡禮部侍郎銜裁浙江鹽政以巡撫兼管己未以文孚爲禮部尚書那清安爲左都御史丁卯越南進香表賀貢方物詔止之丙子朝鮮國王李玜奉表慰唁廓爾喀王熱尊達爾畢噶爾瑪薩野奏仁宗升遐成服貢金緞賜敕嘉賚之二月壬午朔日食班禪額爾德尼進貢物賜敕褒嘉賚之戊戌協辦大學士吳璥予告庚子命孫玉庭爲協辦大學士仍留兩江總督加陝甘總督長齡太子少保甲辰免江西豐城等六縣民借耔種口糧逋穀三月辛亥朔欽天監奏本年四月初一日日月合璧五星聯珠詔益勵寅恭與內外臣工共圖上理不必宣付史館壬子以送仁宗睿皇帝梓宮至山陵命莊親王綿課等留京辦事癸丑再免經過地方本年旗租並給麥田耔種辛酉仁宗睿皇帝發引上奉皇太后送至昌陵壬戌廓爾喀進登極表貢命與道光二年例貢同進丙寅上謁泰陵泰東陵昌陵隆恩殿上孝淑睿皇后尊謚曰孝淑端和仁莊慈懿光天佑聖睿皇后丁卯命成都將軍瑪呢善赴雲南幫辦軍務癸酉葬仁宗睿皇帝於昌陵加托津曹振鏞太子太傅丁丑上奉皇太后還京師戊寅仁宗睿皇帝孝淑睿皇后升祔太廟己卯以升祔禮成頒詔天下覃恩有差命貴州提督羅思舉赴雲南軍營協勦是月貸山西岢嵐等十州縣甘肅狄道等五州縣上年災民倉穀口糧夏四月丙戌常雩祀天於圜丘仁宗睿皇帝配享自是歲以爲常庚寅授瑪呢善爲欽差大臣督辦雲南永北軍務授那清安左都御史大學士三等侯明亮致仕命戴均元穆克登額阿克當阿相度萬年吉地甲辰雲南大姚拉古賊平丁未上詣大高殿祈雨戊午撥江蘇海州等州縣賑銀四十五萬六千兩命伯麟爲大學士管兵部以長齡爲協辦大學士仍留陝甘總督任癸亥詔停本年秋決甲子授伯麟體仁閣大學士曹振鏞武英殿大學士丙寅封阮福晈爲越南國王以松筠爲兵部尚書慶惠爲熱河都統壬申夏至祭地於方澤仁宗睿皇帝配享自是歲以爲常癸酉雲南永北大姚賊平六月辛巳以張師誠爲廣東巡撫甲申安定門災庚寅上御太和門命鄭親王烏爾恭阿順承郡王倫杜齎册寶詣孝穆皇后殯宮行册謚禮戊戌召成齡來京以李鴻賓爲漕運總督孫爾準爲安徽巡撫除河南新鄉縣地賦以琦善爲山東巡撫秋七月庚戌刑部尚書和瑛卒調那彥成爲刑部尚書松筠爲吏部尚書晉昌爲兵部尚書以穆克登布爲理藩院尚書己未嚴烺以三品頂戴署河東河道總督丁卯調毓岱爲江西巡撫以楊懋恬爲湖北巡撫庚午上奉皇太后謁西陵免經過地方額賦十分之三壬申上奉皇太后還京師是月賑甘肅甯夏等四縣水旱災並免上年額賦八月庚辰順天鄉試於九月舉行丁亥命松筠在軍機大臣上行走以特依順保爲烏里雅蘇台將軍癸巳兵部尚書茹棻卒以初彭齡代之乙未霍罕遣使請入覲卻之丙午調張師誠爲安徽巡撫孫爾準爲廣東巡撫九月戊辰暹羅國王鄭佛遣使進香貢方物溫諭止之己巳召長齡來京以朱勳署陝甘總督是月賑安徽宿州等三州縣水災冬十月己卯上御乾清門聽政自是歲以爲常丁亥調孫爾準爲安徽巡撫嵩孚爲廣東巡撫十一月己未貴州巡撫陳若霖奏請歲減民苗佃租二萬二千石給苗疆會試舉人川費允之壬戌以河防功加黎世序太子太保銜十二月戊子以邱樹棠爲山西巡撫癸巳吏部尚書劉鐶之卒調盧蔭溥爲吏部尚書免軍機大臣調初彭齡爲工部尚書以戴聯奎爲兵部尚書是歲朝鮮越南琉球來貢

二年春正月丁未朔方受疇病免以顏檢爲直隸總督長齡署之以葉世倬爲福建巡撫辛酉祈穀於上帝仁宗睿皇帝配享自是每歲如之庚午召特依順保來京調奕顥爲烏里雅蘇台將軍松筠爲黑龍江將軍以晉昌爲盛京將軍那清安署兵部尚書辛未以三載考績予曹振鏞等議敍罷侍郎那彥寶善慶吳芳培降左都御史顧德慶以王鼎爲左都御史命長齡回陝甘總督以松筠署直隸總督那彥成署吏部尚書二月丁亥以謁陵命莊親王綿課等留京辦事癸巳兵部尚書戴聯奎卒以王宗誠代之三月丙午撥江蘇上元等二十州縣賑銀五十四萬兩丁未上謁東陵免經過地方額賦十分之三庚戌上謁昭西陵孝東陵景陵裕陵詣端慧皇太子園寢奠酒調穆克登額爲禮部尚書文孚爲工部尚書癸丑上還京師甲寅上奉皇太后謁西陵免經過地方額賦十分之三乙卯以裕陵工程不慎降莊親王綿課爲郡王解戴均元太子太保及管刑部褫蘇楞額職令在工次聽差仍分成賠繳有差戊午上謁泰陵泰東陵昌陵己未清明節上詣昌陵行敷土禮壬戌上詣孝穆皇后殯宮前奠酒奉皇太后還京師閏三月戊寅穆克登布免理藩院尚書乙酉以禧恩爲理藩院尚書庚子賜戴蘭芬等二百二十二人進士及第出身有差是月蠲緩奉天甯遠等三州廳額賦夏四月辛未上孝敬憲皇后孝聖憲皇后高宗純皇帝孝賢純皇后孝儀純皇后尊謚藏册寶於太廟盛京太廟並藏仁宗睿皇帝孝淑睿皇后册寶於盛京太廟壬午青海番賊平以阿霖爲江西巡撫乙酉以倉場侍郎莫晉奏事妄言硃批駮斥降內閣學士是月蠲緩河南睢州等十六州廳縣沙壓隄占水占地賦直隸滄州等五州縣並嚴鎭海豐二塲被水賦課六月癸丑大學士伯麟原品休致命戴均元仍管刑部己未命那彥成署陝西巡撫調嵩孚爲貴州巡撫以羅含章爲廣東巡撫以那清安署刑部尚書壬戌褫松筠吏部尚書軍機大臣命以六部員外郎候補戊辰命長齡爲大學士兼管理藩院以英和協辦大學士調文孚爲吏部尚書禧恩爲工部尚書以那清安爲兵部尚書玉麟爲左都御史己巳以富俊爲理藩院尚書松筠爲吉林將軍德英阿爲黑龍江將軍英惠爲烏魯木齊都統是月賑山西興縣水災秋七月以程祖洛爲河南巡撫王鼎署之以程國仁爲陝西巡撫是月賑直隸霸州等二十一州縣水災八月癸卯召雲貴總督史致光來京以明山代之河南新蔡縣教匪朱麻子作亂命程祖洛捕誅之戊申召慶保來京以趙愼畛爲閩浙總督盧坤爲廣西巡撫庚戌以盧坤署陝西巡撫戊辰賞廓爾喀國王寶石頂戴噶箕畢木興塔巴三品頂戴辛未召長齡松廷來京以那彥成署陝甘總督是月給河南安陽等三縣直隸霸州等十二州縣山西歸化城薩拉齊二廳山東恩縣等三縣水災口糧貸土默特被水蒙古口糧蠲緩山東高唐等四十一州縣衛雲南鶴慶劍川二州災歉賦課九月壬申朔允暹羅進本年例貢甲戌撥通倉米十萬石賑直隸被水災民乙酉四川果洛克番賊平授嚴烺河東河道總督庚寅以蔣攸銛署刑部尚書調陳若霖爲四川總督李鴻賓爲湖廣總督以魏元煜爲漕運總督韓文綺爲江蘇巡撫庚子調盧坤爲陝西巡撫以成格爲廣西巡撫是月給江西瑞昌縣河南武陟原武二縣災民口糧冬十月丙午謁陵命莊親王綿課等留京辦事授那彥成陝甘總督蔣攸銛刑部尚書乙卯上以釋服奉皇太后謁西陵免經過地方額賦十分之三己未上謁泰陵泰東陵昌陵庚申上謁昌陵行釋服禮癸亥上奉皇太后還京師是月賑甘肅河州安徽宿州直隸霸州等四十三州縣江蘇海州湖北天門二縣水災貸給盛京廣甯縣山東濮州等五州縣黑龍江城庫木爾等二站水災口糧蠲緩甘肅靜甯等六州縣河南儀封等二十三廳縣湖北沔陽等十三州縣山東濮州等五十一州縣衛直隸通州等十八州縣江蘇海州等三十四廳州縣衛被水災新舊額賦墨爾根布特哈舊欠糧石長蘆及江蘇松江府屬正溢鹽課十一月辛未朔以玉麟署禮部尚書癸未撫恤廣東省城火災貧民蛋戶乙酉以玉麟爲禮部尚書慶保爲左都御史丙戌立繼妃佟佳氏爲皇后翌日頒詔天下覃恩有差戊子起松筠爲光祿寺少卿壬辰上詣大高殿祈雪丁酉以册立皇后禮成上皇太后徽號曰恭慈康豫皇太后翌日頒詔天下覃恩有差是月賑安徽宿州等七州縣及屯坐各衛河南武陟縣水旱災給安徽泗州等八州縣甘肅河州等十一州廳縣災民口糧蠲緩安徽宿州等十七州縣及屯坐各衛河南武陟陽武二縣甘肅狄道等六州廳縣江西南昌等七縣並南昌九江二衛湖南澧州浙江海甯等四州縣被災新舊額賦長蘆被水引地兩淮板浦等九塲被水新舊額賦十二月丙午上詣大高殿祈雪癸丑上以祈雪未應命再禱七日熱河都統成德卒以慶保代之賞松筠二品頂戴爲左都御史調程含章爲山東巡撫以陳中孚爲廣東巡撫甲寅河南虞城縣匪徒盧照常等作亂捕誅之庚申免江蘇安徽嘉慶二十三年以前民欠攤徵銀調德英阿爲綏遠城將軍祿成爲黑龍江將軍乙丑內閣漢票簽處火是月給直隸大城縣水災口糧貸直

隸駐紮災區兵丁餉銀蠲緩直隸隆平等三縣江蘇山陽等四縣水災旱災額賦是歲朝鮮暹羅琉球來貢

三年春正月壬申御重華宮宴羣臣及內廷翰林調孫爾準爲福建巡撫以陶澍爲安徽巡撫以廓爾喀額爾德尼王遣噶箕達納彭咱邦禮等來賀登極進表貢賜詔嘉勉仍優賚之壬午幸圓明園乙未命大學士長齡在軍機大臣上行走以史致光爲左都御史是月賑奉天小黑山白旗堡旗戶直隸霸州等三十六州縣江蘇海州水災給江蘇邳州等八州縣衛水災安徽宿州等十二州縣衛水災旱災河南武陟縣水災山東濮州等六州縣災民一月口糧貸浙江海鹽長興二縣旱災陝西留壩等十一廳州縣雹災水災甘肅靜甯等十七州縣地震災兩淮板浦等九場水災河南武陟等三縣黑龍江齊齊哈爾墨爾根城旗丁水災籽種糧石二月辛丑朔命以原任大學士阿桂配饗太廟調嵩孚爲湖南巡撫以程國仁爲貴州巡撫丁未釋奠先師孔子辛亥以原任尚書湯斌從祀文廟癸丑上詣文廟釋奠臨辟雍講學加禮部尚書汪廷珍太子太保銜是月加給直隸大城縣口糧三月壬申上御勤政殿聽政乙亥上親耕耤田加一推丙子上奉皇太后幸南苑上行圍辛巳上奉皇太后還宮甲午上奉皇太后閱健銳營兵戊戌調程含章爲江西巡撫以琦善署山東巡撫是月加給直隸文安縣災民一月口糧夏四月甲辰召顏檢來京以蔣攸銛爲直隸總督調那清安爲刑部尚書玉麟爲兵部尚書以戶部左侍郎穆克登額爲禮部尚書癸亥上禱雨於覺生寺甲子賜林召棠等二百四十六人進士及第出身有差五月辛未賑直隸霸州等州縣災是月賑直隸霸州等三十六州縣災民六月命署工部侍郎張文浩會同蔣攸銛查勘南北運河並永定大清滹沱各河戊午以果勒豐額爲烏里雅蘇台將軍永定河決壬戌北運河決是月加給直隸靜海靑縣二縣災民兩月口糧貸河南汝陽正陽二縣倉穀秋七月戊辰以陸以莊爲左都御史己巳以直隸霸州等十州縣被淹較重飭撥銀米先行撫恤飭琦善撲蝗壬午以江蘇水災免各關商米稅銀免河南應攤川楚及衛案軍需四百六十萬兩是月給江西德化縣湖北黃梅縣江蘇太倉等十七州廳縣水災一月口糧加賑直隸通州等二十一州縣水災八月己亥初舉經筵乙卯以浙江杭州等三府屬水災免海運商米船稅並留各關稅銀備賑是月賑安徽無爲等十六州縣水災給河南濬縣等十三縣水災一月口糧九月壬申以謁陵命托津英和盧蔭溥汪廷珍留京辦事丁丑永定河決口合龍壬午上奉皇太后謁西陵丙戌謁泰陵泰東陵昌陵丁亥免直隸通州二十七州縣水災額賦己丑奉皇太后還京師壬辰以松筠爲吉林將軍穆彰阿爲左都御史是月賑直隸通州等四十州縣山東臨清等五州縣水災加賑江西德化縣湖北黃梅縣河南武陟等五縣水災給江蘇儀徵等四縣湖北江陵等三縣水災口糧蠲緩山東臨清等十六州縣衛直隸薊州五十州縣水災新舊額賦河南武陟縣湖北黃梅縣水災額賦及屯坐各衛應徵新舊額賦並給修屋費冬十月賑湖北江陵等三縣衛水災並免新舊額賦給修屋費貸奉天錦州旗民山東武城縣水災一月口糧直隸天津鎭三營及紫荊關各汛被水兵丁銀米乙亥以綳岱爲廣西巡撫是月貸甘肅靜甯等十六州縣災民口糧蠲緩湖南澧州等五州縣等水災甘肅宜禾縣旱災新舊額賦癸丑以緝盜功加陝西陝安道嚴如熤按察使銜是月貸江蘇蘇州等五府駐紮災區兵丁銀米是歲朝鮮琉球暹羅緬甸來貢

四年春正月壬申命停今歲木蘭秋獮癸酉享太廟命皇子奕緯代行禮癸未撥戶部銀八萬兩貸直隸貧民口糧是月賑直隸通州等三十八州縣上年雹災河南武陟縣濬縣旱災各一月給江蘇太倉等三十州縣衛安徽無爲等十七州縣衛浙江海甯等十二州縣橫浦等四場兩淮安豐等九場水災山東臨清等五州縣雹災一月口糧貸河南武陟等十二縣上年水災籽種口糧倉穀江西德化等十四縣湖北黃梅等三縣及各屯衛湖南澧州等四州縣甘肅秦州等十州縣齊齊哈爾等三城被災軍民籽種口糧江蘇泰興營兵丁兩月錢糧二月丁酉召松筠爲都察院左都御史以富俊爲吉林將軍穆彰阿爲理藩院尚書軍機大臣江南河道總督黎世序卒以張文浩代之己亥御經筵甲寅上奉皇太后幸南苑丁巳上行圍己未上奉皇太后還宮是月給江蘇銅山縣災民一月口糧調綳岱爲江西巡撫以康紹鏞爲廣西巡撫丁亥上閱健銳營兵初彭齡罷以陳若霖爲工部尚書夏四月壬戌貸湖北武昌府屬道士洑營荊州城守等營兵丁倉穀江南徐州鎭標中營等駐紮災區兩月錢糧五月己巳上詣黑龍潭祈雨甲戌雨增致祭堂子禮戊寅增皇太后萬壽告祭太廟後殿禮六月癸巳朔日食乙巳以張師誠爲山西巡撫甲寅暹羅國王鄭佛卒秋七月丙子韓崶免以陳若霖爲刑部尚書陸以莊爲工部尚書姚文田爲左都御史辛巳大學士戴均元致仕是月貸湖北衛昌德安二營兵丁倉穀閏七月辛丑江蘇巡撫韓文綺降調調張師誠爲江蘇巡撫以朱桂楨爲山西巡撫壬寅以韓克均兼署雲貴總督丁未命孫玉庭爲大學士以蔣攸銛爲協辦大學士均仍留總督任成都將軍呢瑪善卒以奕顥爲綏遠城將軍辛亥以福緜爲山西巡撫乙卯免安徽無爲等三十一州縣上年水災旱災額賦是月貸江南二營銀米八月壬戌命江蘇按察使林則徐濬浙江水道己巳御試翰林詹事等官擢朱方增五員一等餘升黜有差戊寅御經筵庚辰以蘇明阿爲貴州巡撫丙戌予告大學士伯麟卒丁亥以成格爲江西巡撫是月蠲緩長蘆興國等七場滄州等七州縣上年水災竈課甘肅宜禾縣旱災額賦九月壬寅以黃鳴傑爲浙江巡撫癸卯免安徽無爲等十一州縣被災學田租銀是月給陝西甯羌等四州縣災民口糧貸江蘇瓜州營被災兵丁銀米陝西安定等縣水災雹災倉穀冬十月乙丑回酋張格爾入烏魯克卡倫官軍失利侍衛花山等陣亡丙子巴彥巴圖等率兵勦張格爾敗之張格爾奔喀拉提錦甲申予告大學士章煦卒以孫玉庭奏開王營減水壩命相機速辦十一月己酉以高堰十三堡決口張文浩交部嚴議辛亥命文孚汪廷珍往江南查看高堰決口調嚴烺爲江南河道總督以張井署河東河道總督甲寅孫玉庭坐徇隱張文浩免兩江總督以魏元煜署命兵部尚書玉麟在軍機大臣上行走是月給安徽宿州靈璧縣及屯坐各衛災民口糧貸江甯八旗兩江督標協標兵丁餉銀甘肅靜甯等十三州縣及東樂縣丞所屬災民口糧十二月己未朔上復詣大高殿祈雪戊辰授魏元煜兩江總督以顏檢爲漕運總督己卯召明山來京以長齡爲雲貴總督高堰決口合龍以慶保爲烏里雅蘇台將軍那清安爲熱河都統明山爲刑部尚書穆彰阿署是月給雲南太和等三縣災民景東廳屬鹽川竈戶一月口糧及修屋費江蘇高郵等五州縣災民並清河廳災民一月口糧是歲朝鮮琉球來貢

五年春正月授戴三錫四川總督辛亥以三載考績予托津長齡曹振鏞黃鉞英和汪廷珍蔣攸銛那彥成嚴烺議敘加琦善總督銜是月給江蘇高郵等四州縣安徽天長縣泗州衛上年水災旱災軍民口糧貸直隸文安大城二縣河南汝陽淮甯二縣陝甘甯羌等七州縣甘肅狄道等四十州廳縣及肅州州同莊浪等縣丞所屬水災旱災雹災籽種口糧兩淮中正場水災竈戶口糧雲南景東廳被水鹽井修費並免上年額課二月庚申御經筵甲子以謁陵命莊親王托津盧蔭溥汪廷珍留京辦事戊寅上奉皇太后謁陵免經過地方額賦十分之三上謁昭西陵孝陵孝東陵景陵裕陵至寶華峪閱視萬年吉地回鑾甲申幸南苑行圍是月給安徽天長縣災民一月口糧三月戊子朔上還京師以琦善爲山東巡撫甲辰以程含章爲浙江巡撫壬子王鼎以一品銜署戶部左侍郎丙辰免河南積年民欠並河工加價攤銀是月貸直隸寶坻靜海二縣甘肅洮州廳十七廳州縣及莊浪縣丞所屬災隸籽種口糧齊齊哈爾被災旗人耕牛銀夏四月乙丑免直隸積年逋賦辛未以伊里布爲陝西巡撫是月貸駐紮歉區山西甯武等二營湖北安陸等三營荊州水師營提標後營兵丁倉穀五月甲午太監馬進喜以在滸墅關僞稱奉旨進香交刑部治罪諭各督撫凡遇通緝太監當認眞緝捕有僞稱奉差者迅即奏辦丁酉黃鉞以年老免軍機大臣專辦部務仍直南書房命王鼎在軍機大臣上行走調張師誠爲安徽巡撫陶澍爲江蘇巡撫戊申孫玉庭顏檢罷調魏元煜爲漕運總督以琦善爲兩江總督調伊里布爲山東巡撫以鄂山爲陝西巡撫甲寅以本年漕運遲誤諭切責孫玉庭等玉庭交部嚴議魏元煜顏檢議處是月賑貴州鎭遠府屬州縣水災並免額賦貸兵丁餉銀給城衙修費貸湖北荊州駐守等四營駐紮災區兵丁倉穀六月命蔣攸銛爲大學士仍留直隸總督任以禮部尚書汪廷珍協辦大學士丁卯降魏元煜三品頂戴仍留漕運總督任孫玉庭顏檢均交琦善督令挑濬運河工費命玉庭檢元煜分償甲戌魏元煜卒以理藩院尚書穆彰阿署漕運總督前江甯將軍普恭署理藩院尚書乙酉以陶澍奏停江南折漕仍議河海並運是月貸福建提標五營泉州城守營穀價秋七月丁未以德英阿爲烏里雅蘇台將軍和世泰爲察哈爾都統是月減免直隸等七州縣積水地額賦八月以嵩孚爲刑部尚書調康紹鏞爲湖南巡撫以蘇成額爲廣西巡撫己未御經筵以陳中孚爲漕運總督調成格爲廣東巡撫以武隆阿爲山西巡撫九月乙酉召那彥成鄂山署陝甘總督調長齡爲陝甘總督趙慎畛爲雲貴總督以孫爾準爲閩浙總督調韓克均爲福建巡撫以伊里布署雲南巡撫調武隆阿爲山東巡撫韓文綺爲江蘇巡撫以嵩溥爲貴州巡撫庚子以張井爲河東河道總督甲辰以德英阿署伊犂將軍松筠署烏里雅蘇台將軍普恭署左都御史喀什噶爾幫辦大臣巴彥巴圖等率兵勦張格爾妄殺布魯特部人其酋汰列克糾衆圍巴彥巴圖等於喀什噶爾慶祥使穆克登布等援之命

慶祥綏來京。是月，賑陝西綏德等四州縣雹災，蠲直隸開州等十五州縣旱災雹災新舊額賦。冬十月庚辰，以長齡署伊犂將軍，楊遇春署陝甘總督，鄂山回陝西巡撫，命德英阿赴烏里雅蘇台，召松筠來京。辛巳，召蔣攸銛，以那彥成爲直隸總督。是月，賑陝西榆林等三縣雹災。十一月壬辰，以暹羅國貢船漂沒，詔免其補貢，封世子鄭福爲暹羅國王。庚子，免托渾管刑部，以蔣攸銛代之，並命爲軍機大臣。乙巳，上詣大高殿祈雪。丙午，除直隸昌黎縣捍禦灤河地額賦。丁未，雪。命慶祥以將軍銜署喀什噶爾參贊大臣。壬子，以慶祥爲喀什噶爾參贊大臣兼鑲黃旗漢軍都統，未任前以穆克登布署之。授長齡伊犂將軍。是月，賑甘肅岷州等六州縣水災雹災。十二月己巳，免山東章邱、鄒平二縣被水逋賦。戊寅，命科爾沁郡王僧格林沁御前行走。是月，賑奉天錦州府旱災蟲災。是歲，朝鮮、琉球、暹羅、越南入貢。

六年春正月甲申，以雙城堡屯田，加富俊太子太保。是月，賑奉天錦州中前所等處旗戶水災，給江蘇沛縣災民口糧，貸奉天甯遠州旗民、河南鄢陵等七縣、甘肅岷州等十二州縣、山西襄垣縣、直隸寶坻等三縣水災旱災雹災籽種口糧倉穀。二月戊午，以謁陵，命托津、英和、汪廷珍、盧蔭溥留京辦事。甲戌，上謁西陵，免經過地方額賦十分之三。戊寅，謁泰陵、泰東陵、昌陵。辛巳，上還圓明園。三月癸巳，調張井爲江南河道總督。庚戌，賞潘錫恩三品頂戴，爲南河副總河。是月，貸山西靈邱縣、湖北荊州等五營被災兵丁倉穀。夏四月甲子，上詣黑龍潭神祠祈雨。甲戌，以鄧廷楨爲安徽巡撫。丙子，賜朱昌頤等二百六十五人進士及第出身有差。是月，給江蘇沛縣災民口糧，貸江蘇徐州鎮三營、湖北德安宜都二營災區兵丁錢穀。五月乙未，禮部尚書穆登額免，以松筠代之，以那清安爲左都御史，以明山爲熱河都統。戊戌，雲貴總督趙慎畛卒，調阮元代之，以嵩孚爲湖廣總督，明山爲刑部尚書，慶惠爲熱河都統。壬寅，免直隸河間等五縣積水地畝逋賦。是月，給山東堂邑等十二縣旱災口糧，貸直隸廣平等五縣、山東堂邑等十二縣、河南臨漳等十二縣、山西隰州營口糧籽種倉穀。六月，賑湖北江陵、當陽二縣水災，給河南臨漳等七縣旱災口糧，貸直隸大名鎮標等七營被旱兵餉。秋七月癸巳，張格爾糾安集延、布魯特回衆入卡，喀什噶爾回衆響應之。命楊遇春爲欽差大臣勦之，鄂山署陝甘總督，命武隆阿爲欽差大臣赴台灣。己亥，以德英阿爲伊犂參贊大臣，倫布多爾濟署烏里雅蘇台將軍。庚子，張格爾陷和闐城，領隊大臣奕湄、幫辦大臣桂斌等死之。甲辰，命長齡爲揚威將軍，以武隆阿爲欽差大臣，與楊遇春參贊軍務。乙巳，以德英阿署伊犂將軍。是月，賑江蘇高郵等六州縣水災，給湖南醴陵等三州縣、山西歸化城水災口糧，貸陝西西鄉、盩厔二縣水災籽種，奉天錦州府屬各驛馬乾銀。八月，回酋巴布頂等陷英吉沙爾。甲戌，張格爾陷喀什噶爾城，參贊大臣慶祥、幫辦大臣舒爾哈善等死之；進陷葉爾羌，辦事大臣音登額、幫辦大臣多隆武等死之。是月，賑江蘇海州等五州縣水災，給拉薩齊廳水災口糧，貸山西綏遠城、渾津黑河水災口糧。九月己卯朔，黃鉞免，以王鼎爲戶部尚書。辛巳，幸南苑。命固原提督楊芳、甘肅提督齊慎赴阿克蘇軍營。丁亥，還圓明園。戊子，以博啟圖爲察哈爾都統。辛卯，召穆彰阿來京，以楊懋恬署漕運總督。乙未，以長清爲阿克蘇辦事大臣。己亥，慶廉奏敗賊於阿察他克臺。辛丑，免阿克蘇附近回莊本年應交麥石。癸卯，調格布舍爲烏里雅蘇台將軍。是月，給貴州松桃廳、山西歸化廳、江蘇山陽鹽城二縣、江西蓮花等七廳縣水災口糧銀穀。冬十月庚申，贈喀什噶爾死事參贊大臣慶祥太子太保。壬戌，免兩淮富安等十四場水災竈課。甲子，撥江蘇藩關道庫銀一百四十五萬兩，賑高郵等二十州縣水災。是月，給安徽宿州等八州縣衛被災口糧，蠲緩江蘇高郵等四十七州廳縣衛災民新舊額賦。十一月戊子，長齡等奏敗賊于阿克蘇之柯爾坪。己丑，以台灣平，加孫爾準太子少保。是月，賑湖南茶陵等三州縣災民，貸甘肅秦州等十三州縣災民口糧，蠲緩盛京牛莊等處水災糧租、湖南茶陵等五州縣水災新舊額賦。十二月戊申朔，以楊健爲湖北巡撫，以訥爾經額爲漕運總督。丙辰，回部扎薩克親王伊什楚克魯布以僭妄削爵。戊午，調英和爲理藩院尚書，禧恩爲戶部尚書，穆彰阿爲工部尚書。是歲，琉球、朝鮮入貢。

七年春正月丁酉，和闐回衆降，命優賚之，尋復爲張格爾所陷。庚子，以惠顯爲駐藏辦事大臣。是月，展賑江蘇高郵等二十三州縣衛軍民、兩淮丁谿等九場竈戶水災，給安徽泗州五河縣及屯坐各衛、奉天白旗堡小黑山二處災歉口糧，貸直隸開州等十州縣、甘肅秦州等十七州廳縣、河南原武等四縣、兩淮富安等五場、江西蓮花等五廳縣災歉口糧籽種，河南修武、封邱二縣、山西薩拉齊廳災民倉穀，江蘇川沙廳等三營、青村等八營銀米。二月甲戌，上詣黑龍潭祈雨。是月，貸江蘇狼山等三營毗連災區兵餉。三月己丑，賑江蘇高郵等州縣水災。丙申，長齡等奏敗賊於洋阿爾巴特，晉長齡太子太保。丁酉，上詣黑龍潭祈雨。己亥，長齡等敗賊于沙布都爾，獲安集延回目色提巴爾第。命蔣攸銛、穆彰阿查勘南河，以那清安署工部尚書。癸卯，以惠顯爲駐藏大臣。甲辰，雨。是月，賑江蘇高郵等州縣災民，貸甘肅張掖等三縣、直隸開州等六州縣貧民口糧。夏四月丙午朔，日食。戊申，長齡等奏敗賊于阿克瓦巴特，予長齡紫韁，加楊遇春太子太傅，武隆阿太子少保。壬子，長齡等克喀什噶爾，張格爾遁。辛酉，進克英吉沙爾。以張格爾未獲，褫長齡紫韁、楊遇春太子太傅、武隆阿太子少保。五月庚辰，楊芳克和闐，獲回目噶爾勒等，誅之。壬午，陸以莊免，以王引之爲工部尚書。癸未，琦善、張井、潘錫恩嚴議，琦善免兩江總督，以蔣攸銛代之，以托津管刑部。丁亥，命穆彰阿在軍機大臣上學習行走。閏五月乙巳朔，免回疆八城新舊額賦。丙午，命楊遇春回，以楊芳爲參贊大臣。戊申，調奕顥爲盛京將軍，晉昌爲綏遠城將軍。是月，貸湖北黃州協、道士洑營兵丁穀石。六月壬午，上詣白龍潭祈雨。丙戌，雨。秋七月壬子，協辦大學士、禮部尚書汪廷珍卒。晉昌免正黃旗領侍衛內大臣，以鄭親王烏爾恭阿代之。丙辰，以姚文田爲禮部尚書，湯金釗爲左都御史。丁巳，命盧蔭溥協辦大學士。己未，英和以失察家丁，褫協辦大學士、理藩院尚書、紫韁，召富俊爲理藩院尚書、協辦大學士，以博啟圖爲吉林將軍，以安福爲察哈爾都統。辛酉，熱河都統昇寅免，以那清安代之。癸亥，那清安仍爲左都御史，褫太子太保，降英和二品頂戴，爲熱河都統。乙丑，以武隆阿爲喀什噶爾參贊大臣，以盧坤爲山東巡撫。戊辰，免甘肅兵差過境之各州縣額賦、協濟軍需之甘肅陝西各州縣額賦十分之六。庚午，論喀什噶爾等四城收復功，復楊遇春太子太保，加鄂山、盧坤太子少保。壬申，以再定回疆，晉曹振鏞太子太師，蔣攸銛、文孚太子太保，加王鼎、玉麟太子少保。是月，給奉天錦州等三府州縣水災旗民口糧。八月癸未，萬壽節，停筵宴。丙申，調盧坤爲山西巡撫，以琦善爲山東巡撫。是月，賑陝西略陽縣、湖北江陵監利二縣水災，給江、淮等處被災營丁月糧，蠲緩江蘇高郵等四十七州縣衛廳被水新舊額賦。九月癸丑，以孝穆皇后梓宮移寶華峪，命皇長子奕緯祖奠。丙辰，上詣孝穆皇后梓宮前奠酒。授伊里布雲南巡撫。戊午，免兵差過境之陝西華州等二十二州廳縣額賦十分之六。庚申，上謁東陵，免經過地方本年額賦十分之五。癸亥，謁昭西陵、孝陵、孝東陵、景陵、裕陵。召長齡，以德英阿爲伊犂將軍，晉戴均元太子太師。是日回鑾。庚午，以楊國楨爲河南巡撫。免兵差過境之盛京省城及所屬開原等十四處旗民額賦十分之四。是月，加賑陝西略陽縣水災。冬十月庚辰，免嘉慶二十五年至道光五年各省民欠正雜錢糧。壬午，皇太后萬壽聖節，奉懿旨停筵宴。丙戌，禮部尚書姚文田卒，以湯金釗代之，以潘世恩爲都察院左都御史。庚寅，巴綳阿免，以額勒津爲科布多參贊大臣。丁酉，以綸布多爾濟爲庫倫蒙古辦事大臣。是月，賑湖北江陵監利二縣及屯坐各衛水災，給奉天廣寧縣被水站丁口糧，貸山西定襄潞城二縣旱災雹災倉穀、黑龍江墨爾根城歉收口糧。十一月乙巳，命長齡督同楊芳辦理回疆善後事宜。丙午，召那彥成。庚戌，授那彥成欽差大臣，會同長齡籌辦回疆善後事宜，以屠之申署直隸總督。己巳，免奉天遼陽等七州廳縣地丁銀十分之四。是月，賑甘肅岷州等六州縣水災雹災。十二月，以彥德爲烏里雅蘇臺將軍。是歲，朝鮮、琉球、暹羅入貢。

八年春正月丙午，以松筠署熱河都統，那清安署禮部尚書。戊申，授劉彬士浙江巡撫。壬戌，長齡奏獲張格爾。癸亥，封長齡威勇公，授御前大臣；封楊芳果勇侯。調果齊斅爲綏遠城將軍。乙丑，晉曹振鏞太傅，文孚太子太傅，玉麟太子太保，加穆彰阿太子少保，並充軍機大臣。授楊遇春陝甘總督。丙寅，晉蔣攸銛太子太傅，復英和太子太保。命那彥成仍以欽差大臣赴喀什噶爾，偕楊芳辦善後。丁卯，加禧恩太子少保。是月，給江蘇沛縣貧民口糧，貸直隸滄州等九州縣災歉口糧，湖北江陵監利二縣及屯坐各衛籽種，山西定襄等四縣倉穀，江蘇江甯京口駐防修屋費。二月乙亥，羣臣以再定回疆上尊號，卻之，命議上皇太后徽號。都察院左都御史史致光卒。三月庚子朔，日食。乙巳，上行圍，至丁巳皆如之。戊申，上還宮。是月，貸直隸開州等六州縣貧民口糧。夏四月，調果齊斅爲黑龍江將軍，以特依順保爲綏遠城將軍。是月，貸山西代州等二十四州縣歉收、湖北駐兵災區荊州水師各營倉穀。五月己酉，以獲張格爾，遣官告祭太廟社稷，行獻俘禮。庚戌，御午門受俘。晉長齡太保，加楊芳太子太保。壬子，上廷訊張格爾，罪磔於市。丁巳，命圖平定回疆四十功臣及軍機大臣曹振鏞、文孚、王鼎、玉麟像於紫光閣。是月，貸湖北駐紮歉區黃州協兵丁倉穀。六月癸酉，揚威將軍大學士長齡凱旋，命鄭親王烏爾恭阿等迎勞。丙子，命長齡管理藩院。秋七月甲辰，朝鮮國王李玜以回疆平定，遣使表賀，進方物。丙午，以昇寅爲熱河都統，以那清安署禮部尚書。八月丁丑，萬壽節，停止筵宴。己卯，以成格爲熱河都統，調盧坤爲廣東巡撫，以徐炘爲山西巡撫。甲申，命奕紹、托津、富俊、陳若霖留京辦事是月給浙江淳安等四縣水災口糧貸長蘆被淹竈戶工本蠲緩浙江淳安等四縣新舊額賦九月戊戌朔日食丙午上謁東陵免經過地方額賦十分之三丁未以寶華峪工程不慎褫英和職降戴均元三品頂戴己酉謁昭西陵孝陵孝東陵景陵裕陵並祭孝穆皇后殯宮褫戴均元職庚戌謁裕陵行大饗禮辛亥下英和於獄籍其家癸丑上還圓明園甲寅上謁西陵免經過地方額賦十分之三丁巳謁泰陵泰東陵昌陵戊午謁昌陵行大饗禮庚申逮戴均元下獄籍其家辛酉上還圓明園調特依順保爲黑龍江將軍以那彥寶爲綏遠城將軍達淩阿爲塔爾巴哈臺參贊大臣是月賑兩淮海州屬中正等三塲竈戶水災貸回疆西四城兵丁茶價銀冬十月庚午英和遣戍黑龍江甲午復惇郡王綿愷爲惇親王是月賑江蘇海州等三州縣衞浙江建德等五縣水災給江蘇高郵等九州縣安徽泗州等二十六縣水災旱災一月口糧貸奉天廣甯等處水災旗民口糧浙江富陽縣貧民穀石齊齊哈爾等處旗營官莊銀糧蠲緩江蘇海州等三十六州廳縣衞安徽泗州等二十六州縣浙江海甯等十三州縣旱災水災新舊額賦十一月甲辰上皇太后徽號曰恭慈安豫康成皇太后乙巳以加上皇太后徽號禮成頒詔天下覃恩有差己未釋戴均元是月賑浙江富陽縣水災給盛京甯古塔等處水災口糧十二月辛巳那彥成奏招降附霍罕之額提格訥部落諭嘉之令妥爲撫馭是歲琉球朝鮮入貢

九年春正月丁未皮察克布魯特阿仔和卓來降壬子楊芳加太子太傅是月給安徽泗州等五州縣並屯坐衞江蘇海州等十五州縣衞災民口糧賑兩淮板浦等三場被災貧丁貸山西代州解州水災籽種河南上蔡縣水災倉穀二月己巳御經筵庚午上奉皇太后幸圓明園霍罕西南達爾瓦斯部落遣使內附諭嘉獎卻之甲午命吉林將軍博啓圖爲御前大臣以瑚松額代之三月丙午上幸南苑丁未上行圍至辛亥皆如之辛亥西藏徼外拉達克部長呈進奏表壬子上還圓明園甲寅上御閱武樓閱京營兵戊午召琦善以訥爾經額爲山東巡撫朱桂楨爲漕運總督夏四月癸酉召戴三錫以琦善爲四川總督壬午屠之申以讞獄錯誤降松筠署直隸總督丙戌奉皇太后御含輝樓閱皇子及侍衞等騎射戊子賜李振鈞等二百二十一人進士及第出身有差是月貸湖南乾州等五廳州縣上年旱災口糧籽種山西朔州等二十三州廳縣歉收倉穀五月丁酉移孝穆皇后梓宮於寶華峪正殿神牌於東配殿是月貸湖北荆州城守水師二營及宜都營被水倉穀六月乙丑以福緜爲科布多參贊大臣己巳免西藏喀喇烏蘇等處雪災番族貢馬銀並撫恤達木八旗被災官兵戶口甲戌伊犂將軍德英卒以玉麟代之調松筠爲兵部尚書以博啓圖爲禮部尚書丁丑召安福以福克精額署察哈爾都統是月貸三姓地方上年被水倉穀七月己亥申嚴粵海關官銀出洋私貸入口禁以扎隆阿爲喀什噶爾參贊大臣丁巳越南國王以母老乞葠芪上嘉賚之是月賑廣西維容永福二縣水災免安徽泗州五河縣鳳陽泗州二衞上年被水錢糧十分之一八月癸亥以謁盛京祖陵命奕紹托津湯金釗明山留京辦事庚辰上奉皇太后謁盛京祖陵九月壬辰朔日食免蹕路經過之承德等五廳州縣本年額賦及幫辦差務之岫巖等九廳州縣額賦十分之五壬寅朝鮮貢使李相璜等迎覲乙巳上親射並閱盛京官兵等騎射丁未上謁永陵戊申行大饗禮閱興京城己酉博啓圖降調以耆英爲禮部尚書上謁福陵臨奠宏毅公額亦都墓加恩後裔博克順等癸丑行大饗禮上至盛京詣太廟寶册前行禮乙卯上詣天壇堂子奉皇太后幸嘉蔭堂臨奠克勤郡王岳託墓朝鮮國王李玜遣使貢方物戊午詣地壇臨奠直義公費英東墓己未上御大政殿賜扈從王公大臣蒙古王貝勒貝子公及盛京文武官員宴賞有差十月以潘世恩署禮部尚書辛未皇太后聖壽節上率扈從王公大臣詣皇太后行宮行慶賀禮上奉皇太后幸澄海樓壬午謁裕陵甲申以吳光悅爲江西巡撫乙酉上奉皇太后還宮是月給安徽泗州等五州縣衞一月口糧十一月丁巳召英惠調成格爲烏魯木齊都統以裕恩爲熱河都統是月賑奉天遼陽等五處被災旗民口糧十二月甲子緬甸國王孟旣遣使表賀乙亥撫恤西藏三十九族成災番民是月賑山東益都臨朐二縣地震災蠲直隸隆平甯晉二縣窪地額賦之五

十年春正月丁巳暹羅國王鄭福遣使表賀並貢方物是月賑江蘇沛縣安徽盱眙等六州縣衞旱災水災貸直隸滄州鹽山二州縣甘肅皋蘭等十四州縣旱災水災銀穀二月壬戌上御經筵丁卯命緝捕河南梟匪捻匪丁丑命緝捕江西上猶縣會匪三月庚寅以謁西陵命奕紹托津長齡盧蔭溥留京辦事己亥免湖南澧州濱湖淤田額賦並前借籽種銀壬寅上奉皇太后謁西陵以昇寅爲綏遠城將軍甲辰調瑚松額爲盛京將軍以福克精阿爲吉林將軍武忠額爲察哈爾都統丙午上謁泰陵泰東陵昌陵己酉上幸南苑庚戌上行圍至壬子如之壬子以哈薩克汗阿勒坦沙喇等請遣其子入覲命至熱河陛見四月辛未申禁外省才不勝任之員改京職五月辛酉河南直隸毗連十四州縣地震命加意撫恤六月辛卯蔣攸銛有疾以陶澍署兩江總督乙未以程祖洛爲湖南巡撫七月丙子暹羅遣使賀萬壽貢方物免江蘇海州四州縣舊欠額賦八月乙未萬壽節停筵宴庚戌召蔣攸銛來京授陶澍兩江總督調盧坤爲江蘇巡撫以朱桂楨爲廣東巡撫命吳邦慶以三品銜署漕運總督是月加賑湖北監利等四縣水災戊午安集延回匪復入喀什噶爾幫辦大臣塔斯哈戰敗死之遂圍喀什噶爾城命玉麟等往勦命楊遇春駐肅州楊芳胡超率陝甘兵協勦以鄂山署陝甘總督徐炘署陝西巡撫阿勒精阿署山西巡撫己未以楊遇春爲欽差大臣督辦軍務以英惠署黑龍江將軍丁卯命長齡爲欽差大臣率桂輪阿勒罕保等赴新疆辛未以玉英署黑龍江將軍乙亥上閱火器營兵丁丑大學士蔣攸銛以讞獄誤降侍郎召徐炘來京以顏伯燾署陝西巡撫以盧蔭溥爲大學士李鴻賓協辦大學士仍留兩廣總督任調湯金釗爲吏部尚書王引之爲禮部尚書潘世恩爲工部尚書朱士彥爲左都御史是月賑直隸磁州等三州縣地震災四川彭城等二縣水災十月以盧蔭溥爲體仁閣大學士戊子以富呢揚阿爲浙江巡撫乙未仍授長齡爲揚威將軍命哈哴阿楊芳參贊軍務庚子以樂善爲烏里雅蘇台將軍辛丑以軍事遲誤褫伊犂參贊大臣容安職並所襲子爵壬寅以恩銘爲烏里雅蘇台參贊大臣癸卯回匪犯葉爾羌璧昌等擊敗之丁未逮容安壬子召富呢揚阿來京是月賑直隸大城文安二縣災民給安徽蕪湖等五州縣衞口糧貸黑龍江等三處旗民倉穀甘肅皋蘭等十一州縣貧民口糧十一月以楊懌曾爲湖北巡撫乙亥申諭李鴻賓等查辦廣東會匪丁丑諭吳光悅查辦江西贛南會匪壬午嵩孚降調以富坤爲湖廣總督調程祖洛江蘇巡撫蘇成額湖南巡撫以祁𡎴爲廣西巡撫以阿勒精阿爲江西巡撫是月賑河南安陽等三縣地震災給江西廬陵縣水災修屋費十二月癸巳托津免管刑部以盧蔭溥代之丙申喀什噶爾英吉沙爾回匪平予死事喀什噶爾幫辦大臣塔斯哈都統銜是月賑雲南嶍峩縣水災貸江蘇蘇州等四府州屬駐近災區兵丁銀米

清史稿　本紀十八

宣宗本紀二

十一年春正月辛酉扎隆阿免以哈哴阿楊芳護理喀什噶爾參贊大臣乙丑容安論斬丙子以魏元烺爲福建巡撫朝鮮國王李玜請封其孫奐爲世孫貢方物是月給江蘇沛縣安徽蕪湖等八州縣衞浙江富陽縣被災口糧貸三姓雙城堡兵民直隸磁州等九州縣湖南安鄉華容二縣河南武安縣甘肅會甯等五縣被災口糧屋費籽種蠲緩吉林等四處兵民新舊額賦二月己丑御經筵辛卯以謁西陵命奕紹等留京辦事那彥成以驅逐安集延回民啓衅褫太子太保並褫其子容照侍郎乙未褫那彥成職調琦善爲直隸總督王鼎署以鄂山爲四川總督那彥寶署史譜爲陝西巡撫戊戌申禁各省種罌粟鴉片辛丑上謁西陵乙巳謁泰陵泰東陵昌陵上閱視萬年吉地賜名龍泉峪丙午上再謁昌陵行敷土禮御隆恩殿行大饗禮是月貸湖北荆門營上年被水兵丁倉穀三月癸丑朔釋英和並其子奎照奎耀回京廣東黎匪作亂命李鴻賓勦之辛酉以廣東貿易英吉利人違禁令命李鴻賓等查復是月貸湖北督標撫標暨武昌黃州各營兵丁倉穀夏四月戊子上閱健銳營兵癸卯上詣黑龍潭祠祈雨廣東黎匪平五月丙寅湯金釗緣事降並罷上書房總師傅調潘世恩爲吏部尚書朱士彥工部尚書白鎔都察院左都御史戊辰命長齡赴喀什噶爾商辦勦撫及善後事宜辛未雨七月丙申申定官民買食鴉片煙罪例己亥賑安徽泗州等二十五州縣水災庚戌以湖北沔陽等二十州縣水災命平糶倉穀免湖北關津米稅是月給江蘇上元等九縣衞水災口糧貸江蘇淮安衞災屯籽種秋七月戊午命陶澍偕程祖洛辦江蘇災賑以安徽水災准鄧廷楨買鄰省米麥平糶並備兵糈癸酉以誣陷回王伊薩克叛逆扎隆阿論斬辛未移回疆參贊大臣及和闐領隊大臣駐葉爾羌添設總兵駐巴爾楚克己卯命穆彰阿朱士彥往江南查辦賑務是月給湖南武陵等五州縣貴州桐梓縣石峴衞水災口糧貸江蘇江寧等六營災區兵餉八月己丑萬壽節上詣皇太后宮行禮御正大光明殿王以下文武各官蒙古王公外藩使臣等行慶賀禮停

筵宴辛卯晉長齡太傅乙未松筠病免調穆彰阿兵部尚書富俊工部尚書以博啟圖爲理藩院尚書辛丑暹羅國王遣貢使載內地遭風官民回廣東溫諭獎賚之癸卯以保昌爲熱河都統以吳榮光爲湖南巡撫是月給江蘇甘泉等十一州縣湖北江夏等十六州縣江西德化等二十縣水災口糧籽種貸江南江寧駐防及溧陽營兵米九月甲子福克精阿緣事褫職以寶興爲吉林將軍丁丑越南國王遣使送遭風難民回福建溫諭獎賚之冬十月嚴烺病免以林則徐爲河東河道總督乙未命截留江西漕米八萬石賑南昌九江飢民己丑改喀什噶爾幫辦大臣爲領隊大臣乙未截留江西漕米八萬石賑南昌九江飢民是月賑安徽無爲等二十三州縣江蘇上元等二十六州縣浙江仁和等七縣衛兩淮丁谿等六場水災給安徽桐城等十州縣湖南武陵等五縣江西德化縣口糧修屋費貸甘肅皋蘭等十八州廳縣口糧湖南武陵龍陽二縣民隄修費十一月丙辰大學士托津病免授吳邦慶漕運總督己巳松筠罷內大臣降三品頂戴休致是月貸奉天鐵嶺等五州廳及巨流河四處口糧江西南昌等六縣修隄費蠲緩寧古塔雙城堡雹災霜災新舊額賦十二月乙酉以富俊爲大學士管兵部文孚協辦大學士調穆彰阿爲工部尚書以那清安爲兵部尚書昇寅爲都察院左都御史彥德爲綏遠城將軍乙巳以吳邦慶爲江西巡撫蘇成額爲漕運總督是月展賑湖北江夏等十六州縣水災給江蘇上元等二十五州縣衛及丁谿十五場水災口糧貸江蘇鎭江等二十七營湖南常德澧州各營水災兵餉

十二年春正月辛酉免浙江杭州等三府商船米稅丁卯陳若霖免以戴均元署刑部尚書癸酉王引之丁憂以汪守和爲禮部尚書是月賑安徽懷寧等二十一州縣水旱災並給懷寧等十七縣衛貧民口糧貸直隸大名等四州縣河南商邱等三縣災民米穀陝西葭州等四州縣江西南昌等十六縣湖北江夏等二十州縣衛湖南武陵等十州廳縣衛甘肅渭源等七州縣貴州桐梓縣災民口糧籽種二月戊寅湖南江華縣猺賊趙金龍作亂命盧坤等勦之己卯御經筵甲申梁中靖奏查辦邪教株連寃抑諭斥之辛卯鍾昌降調授戴均元刑部尚書乙未閩浙總督孫爾準卒以程祖洛爲閩浙總督林則徐爲江蘇巡撫吳邦慶爲河東河道總督周之琦爲江西巡撫丙申命李鴻賓勦猺賊壬寅以謁東陵命奕紹等留京辦事三月己酉湖南提督海陵阿副將馬韜等勦猺賊于寧遠失利死之壬子上謁東陵免經過地方額賦十分之三乙卯上謁東陵孝陵孝東陵景陵裕陵丙辰召瑚松額以奕顥署盛京將軍己未上幸南苑行圍庚申召長齡癸亥上還京師庚午命戶部尚書禧恩赴湖南勦猺賊以文孚署戶部尚書是月展賑湖北江夏漢川二縣水災給安徽青陽縣災民口糧貸甘肅皋蘭等七州縣災民湖南乾州等五州縣屯丁口糧籽種湖北督標提標及武昌城守營被災兵丁倉穀夏四月癸巳祈雨戊戌雨辛丑賜吳鍾駿等二百六人進士及第出身有差乙巳盧坤等敗猺賊於羊泉盡殲之獲趙金龍子及賊首五十餘人是月再給江蘇揚州水災倉穀五月丁未減福建水陸各營及浙江馬步兵有差壬子以趙金龍已斃餘賊悉平賞盧坤羅思舉雙眼花翎一等輕車都尉世職加湖南提督余步雲太子少保乙卯教匪尹老須等伏誅庚申上祈雨於黑龍潭戊辰上詣天神壇祈雨己巳詔刑部清釐庶獄是月貸山西大同等三縣被災兵民倉穀六月庚辰上步詣社稷壇祈雨壬午求直言丁亥上詣黑龍潭祈雨壬辰以廣東提督劉榮慶勦連州猺賊失利褫職李鴻賓褫職留任癸巳上步詣方澤祈雨乙未富俊以旱乞罷不允丙申霍罕遣使進表歸所擄喀什噶爾回民丁酉復松筠頭品頂戴癸卯上自齋宮步詣圜丘行大雩禮是日雨甲辰命禧恩瑚松額自湖南赴廣東勦猺賊是月貸江蘇淮安衛水災屯田籽種秋七月丁未宥容安遣戍吉林戊申以鍾昌爲科布多參贊大臣命程祖洛清理浙江鹽政和闐回塔瓦克等糾衆作亂捕誅之乙丑廣西賀縣猺盤均華等作亂祁𡎴勦平之是月賑福建澎湖廳風災給湖北天門縣水災口糧八月陶澍奏英船再入內洋或不遵約束當嚴懲諭以啓衅斥之甲午李鴻賓褫職並提督劉榮慶逮問調盧坤爲兩廣總督命阮元協辦大學士仍留雲貴總督任以訥爾經額爲湖廣總督鍾祥爲山東巡撫是月賑山西朔州水災蠲緩安徽懷寧等二十九州縣衛上年水災旱災額賦九月甲辰朔以尹濟源爲山西巡撫丙午南河龍窩汎隄決命穆彰阿會同陶澍查辦張井褫職留任丁未以英吉利船闌入內洋命沿海整飭水師甲寅以特依順保爲伊犁將軍戊午廣東連州猺平湖南猺趙幅金等伏誅是月給江蘇桃源縣湖北天門縣等七縣衛水災口糧貸山西山陰縣歉收倉穀閏九月丁亥上簡閱健銳營兵壬寅以朝鮮國王李玜卻英吉利貿易下詔褒獎之是月賑直隸阜平等十州縣災民貸河南祥符等七州縣陝西興安府水災口糧貸齊齊哈爾等處被旱兵丁銀穀冬十月乙巳廣東曲江乳源兩縣盜匪作亂勦平之丙午命朱士彥敬徵往江南查辦事件乙丑命穆彰阿至湖北會同訥爾經額查辦事件是月賑直隸吳橋東光二縣江蘇桃源等三州縣湖北漢川等四縣衛安徽五河縣兩淮板浦等三場水災旱災給江蘇海州等四州縣安徽五河等十一縣衛湖南安鄉華容二縣奉天錦州府屬旗民口糧貸山西大同鎭災區駐防倉穀蠲緩直隸吳橋等十七州縣江蘇桃源等六十三州廳縣衛安徽五河等三十九州縣衛浙江海寧等二十二州縣衛仁和場兩淮富安等十四場湖南安鄉等七州縣衛山西隰州等六州縣湖北漢川等二十六州縣衛水災旱災雹災新舊額賦十一月戊寅命署福州將軍瑚松額爲欽差大臣都統哈哴阿爲參贊大臣赴臺灣勦匪丙申撥京倉米一萬石賑順天府武淸等八州縣災民丁酉李鴻賓遣戍烏魯木齊劉榮慶遣戍伊犁是月貸陝西漢中等五府州廳屬甘肅宜和縣被災口糧吉林等七處籽種蠲緩甘肅宜禾縣逋租十二月甲辰撥浙江江西倉穀二十萬石濟福建民食丙午盧蔭溥予假命王鼎管刑部己巳以孝順岱爲科布多參贊大臣是月貸直隸災區各營兵餉山西豐鎭等六州廳縣災民倉穀是歲朝鮮南掌琉球暹羅入貢

十三年春正月丁丑臺灣嘉義匪首陳辦伏誅己卯昇寅等查覆西安將軍徐錕贓款屬實褫職丁酉以麟慶爲湖北巡撫桃南廳決口合龍二月甲辰上御經筵己未四川越巂等處夷匪作亂命那彥寶桂涵勦之庚申賑被災多倫諾爾租種蒙古地貧民並諭此後口外偏災不得援請壬戌以汪守和兼署吏部尚書是月賑直隸薊州等七州縣災民貸陝西漢中等五府州廳貧民倉穀三月丙子大學士盧蔭溥致仕辛巳上閱火器營兵丙申盧坤奏獲越南盜陳加海等洋面肅清戊戌以麟慶爲江南河道總督以鄂順安爲湖北巡撫庚子雨是月貸直隸紫荆關營兵奉天錦州府屬兵丁湖南乾州等五廳縣屯丁苗佃倉穀夏四月壬寅調鄂順安爲山西巡撫尹濟源爲湖北巡撫樂善遷福州將軍調慶山爲烏里雅蘇台將軍丁未雨戊申瑚松額還成都將軍調寶興爲盛京將軍保昌爲吉林將軍以蘇成額爲熱河都統貴慶爲漕運總督己酉命潘世恩爲體仁閣大學士管戶部調朱士彥爲吏部尚書以白鎔爲工部尚書湯金釗爲左都御史乙卯免道光十一年十二年喀什噶爾葉爾羌額貢己巳皇后佟佳氏崩是月貸盛京義州兵米湖南新田縣民猺籽種五月辛未朔賜汪鳴相等二百二十人進士及第出身有差丁丑楊芳勦越巂夷匪大敗之進勦峩邊夷匪己丑峩邊匪首桑樹格等伏誅丁酉禧恩免御前大臣戶部尚書改爲理藩院尚書命大學士長齡管戶部潘世恩管工部調穆彰阿爲戶部尚書博啟圖爲工部尚書己亥四川峩邊夷匪平六月庚子朔日食是月貸直隸博野等三縣雹災籽種七月庚午甲申御試翰林詹事官擢田嵩年三員爲一等餘升黜有差壬辰册謚大行皇后爲孝愼皇后調祁𡎴廣東巡撫以惠吉爲廣西巡撫是月賑貴州古州等四廳縣水災八月是月賑貴州都江等二廳水災九月庚午移孝愼皇后梓宮于田村上臨送乙亥晉楊芳一等侯壬辰以貴慶爲熱河都統調嵩溥爲漕運總督調史譜爲貴州巡撫以楊名颺爲陝西巡撫甲午免雲南昆明等十州縣地震災本年額賦並賑之是月賑江蘇上元等六縣水災十月戊午調布彥泰爲伊犁參贊大臣常德爲塔爾巴哈台參贊大臣己未以湯金釗爲工部尚書史致儼爲左都御史是月賑江蘇上元等十二縣衛湖南安鄉華容二縣直隸曲陽縣黑龍江三處災民賑湖北武昌等六縣水災給安徽懷遠等六縣災民口糧十一月丙戌上詣大高殿祈雪以裕泰爲貴州巡撫丁亥以武忠額爲熱河都統以凱音布署察哈爾都統十二月丁巳減免直隸河間等五縣水淹地賦是月賑江蘇上元等十二縣衛水災是歲朝鮮越南琉球緬甸入貢

十四年春正月丁卯朔辛未文孚免正黃旗領侍衛內大臣以載銓代之丁丑緬甸貢使聶紐耶公那牙卒於京師庚辰廣東儋州黎匪作亂飭盧坤勦之甲申以浙江杭州等府災免外商及浙民運米關稅福建永安等縣土匪擄人勒贖捕治之允浙江杭州湖州兩府所屬漕糧紅白兼收秈稉並納丁亥命潘世恩在軍機大臣上行走戊子以三載考績予長齡等議敘命松筠以都統銜休致祁𡎴奏越南諒山解圍七泉夷州知州阮文泉等求入關拒之是月賑直隸曲陽縣貧民給江蘇上元等八縣浙江海甯等四州縣江西南昌等二十二縣上年災歉口糧籽種貸山西朔州等十州縣陝西葭州等十四州廳縣江西南昌等六縣湖北武昌等十八州縣衛湖南澧州等四州縣甘肅皋蘭等九州廳縣上年被災倉穀口糧籽種二月丙申朔朱士彥給假省親以湯金釗署吏部尚書改巴克楚克換防總兵爲副將己亥上御經筵癸卯昇寅等查辦山東河南事件以敬徵署左都御史乙巳釋李鴻賓劉榮慶回籍丙午以江蘇糧價增昂免四川湖廣商米各關船稅戊申以廣東學政李奉交自縊命盧坤徹查己

酉定山東運河查泉章程庚戌以謁西陵命奕紹等留京辦事壬子命凱音布查辦烏里雅蘇台事件以蘇勒通阿署察哈爾都統辛酉朱士彥憂免調湯金釗爲吏部尚書以汪守和爲工部尚書史致儼爲禮部尚書何淩漢爲左都御史乙丑大學士富俊卒是月給江蘇上元等八縣衞上年被災口糧貸貴州古州廳上年被災秄種三月庚午明山病免以成格爲刑部尚書那清安兼署以長清爲烏魯木齊都統興德爲葉爾羌參贊大臣癸酉上謁西陵詣田村孝慎皇后梓宮前奠酒免經過額賦十分之三丁丑上謁泰陵泰東陵昌陵庚辰上還京師壬午上臨故大學士富俊第賜奠乙酉以喀爾喀游牧被災准凱音布請緩勘地界免四川夷匪滋擾之清溪等三廳縣並甯越越嶲兩營上年額賦夏四月丁酉以給事中黃爵滋奏命各省督撫興復書院選擇山長查保甲修水利籌積貯嚴禁扣餉派兵積弊查究偷漏洋稅并禁紋銀出洋及私鑄洋銀戊戌除直隸樂亭縣水衝官地租賦丁未儀郡王綿志卒甲寅臨故儀順郡王綿志第賜奠以其子奕綱襲貝勒丁巳命侍郎趙盛奎在籍前河督嚴烺會同富呢揚阿查勘浙江塘工辛酉以蘇清阿爲伊犁參贊大臣甲子上詣田村孝慎皇后梓宮前行周年祭禮是月貸山西岳陽等十二州廳縣歉收民屯倉穀五月己巳以恩銘署漕運總督壬申授凱音布察哈爾都統癸酉免雲南昆明等十州縣上年地震災賦辛巳上至田村孝慎皇后梓宮前奠酒丙戌命盧坤等驅逐英吉利販鴉片躉船勿任停泊庚寅修山東闕里至聖孔子林廟甲午申諭多爾濟喇布坦等與俄羅斯交涉事件務遵舊章是月貸淮安大河二衞歉收屯田秄種六月戊申以福建省城水災淮運古田福清二縣倉穀及廈門商販米平糶癸丑以鄂爾多斯達拉特旗私租蒙地民人拒捕傷台吉命鄂順安捕治之壬戌實授恩銘漕運總督是月蠲緩葉爾羌等三城回戶逋糧秋七月乙丑飭查漕運虧短積弊並申禁京城私販接濟回漕丁卯博啟圖給假以奕顥署工部尚書戊辰霍罕伯克以准通商免稅遣使表貢並請年班入覲允之庚午命蘇清阿查勘巴爾楚克喀什噶爾墾田免福建台匪滋擾之四縣暨淡水廳抄叛各產租穀壬申命特依順保等妥議沿邊會哨章程程祖洛奏獲洋盜劉四等誅之甲戌四川峩邊廳支夷作亂命瑚松額楊芳等查辦賑江西水災丙子工部尚書博啟圖卒調耆英爲工部尚書昇寅爲禮部尚書敬徵爲左都御史壬午以桂良爲河南巡撫戊子東河朱家灣決口是月賑江西南昌等十三縣水災給湖南武陵等七縣衞被水軍民口糧並修屋費八月己酉改建浙江北海塘爲石塘癸丑以武忠額爲烏里雅蘇台將軍倫布多爾濟署以嵩溥爲熱河都統庚申四川峩邊支夷平盧坤奏英商勞卑來粵致書稱大英國請暫停貿易諭是之辛酉上詣孝慎皇后梓宮前奠茶酒是月賑盛京蓋州等三處浙江建德淳安二縣江西南昌等二十五縣水災貸甘肅皋蘭等六縣旱災倉穀蠲緩江西南昌等二十五州縣新舊額賦九月乙丑英吉利兵船入廣東內河褫盧坤職留任庚午上閱健銳營兵癸酉英吉利兵船出口復盧坤太子少保仍革職留任是月賑直隸宛平等七州縣水災奉天新民等四州縣廳水災貸廣東廣州肇慶二府水災秄種打牲烏拉被水旗民倉穀蠲緩直隸大城等五十一州縣山西太原縣水災新舊額賦十月己酉立皇貴妃鈕祜祿氏爲皇后頒詔加恩有差壬子上皇太后徽號曰恭慈安豫康成莊惠皇太后頒詔覃恩有差辛酉那清安病免以敬徵爲兵部尚書奕顥爲左都御史是月賑湖北黃梅等三縣衞湖南安鄉等四縣衞水災貸甘肅皋蘭等八州縣旱災雹災口糧十一月乙丑調汪守和爲禮部尚書史致儼爲工部尚書壬申禮部尚書昇寅卒以奕顥爲禮部尚書恩銘爲左都御史調朱爲弼爲漕運總督丙子以棍楚克策楞爲塔爾巴哈台參贊大臣己卯刑部尚書戴敦元卒調史致儼代之以王引之爲工部尚書庚辰以烏爾恭額爲浙江巡撫丙戌以文孚爲大學士管吏部調穆彰阿爲吏部尚書協辦大學士耆英爲戶部尚書敬徵爲工部尚書奕顥爲兵部尚書以載銓爲禮部尚書工部尚書王引之卒丁亥以何淩漢爲工部尚書吳椿爲左都御史是月賑浙江麗水縣水災蠲緩浙江建德等十六州縣衞水災新舊額賦十二月癸巳霍罕復侵色埒庫勒命興德等諭之命文孚爲東閣大學士丙申四川峩邊夷匪復叛降楊芳二等侯褫御前侍衞以總兵候補甲辰黑龍江將軍富僧德調西安將軍以奕經代之癸丑上詣大高殿祈雪是月貸直隸災區各營兵餉江甯八旗官兵銀米廣東南海等九縣秄種並闈基修費是歲朝鮮琉球緬甸暹羅入貢

十五年春正月甲子大學士曹振鏞卒壬午長齡以受霍罕餽送罷御前大臣管戶部事丙戌陝甘總督楊遇春致仕仍溫諭來京以瑚松額爲陝甘總督調寶興成都將軍以奕經爲盛京將軍保昌爲黑龍江將軍蘇清阿爲吉林將軍是月賑奉天牛莊等三處被災旗戶給江西南昌等九縣甘肅靖遠等六州縣口糧貸山西太原等三州縣江西南昌等二十六州縣湖南安鄉等四州縣甘肅秦州靖遠縣被災倉穀秄種二月丙申以阮元爲大學士管刑部王鼎協辦大學士伊里布爲雲貴總督何煊爲雲南巡撫庚子以奇明保署黑龍江將軍丁未命長齡管理藩院文孚管戶部潘世恩管工部阮元改管兵部王鼎管刑部以朝鮮世孫李奐襲封朝鮮國王戊午吉林將軍蘇清阿卒調保昌代之以祥康爲黑龍江將軍三月山西趙城縣匪曹順作亂知事楊延亮死之遂圍霍州命鄂順安勦辦乙亥上親耕耤田幸南苑行圍庚辰上還京師是月給甘肅皋蘭等五州縣廳災歉口糧夏四月四川峩邊支夷平晉鄂山太子太保賞雙眼花翎甲寅賜劉繹等二百七十六人進士及第出身有差丁巳上詣黑龍潭神祠祈雨五月丁卯致仕陝甘總督楊遇春晉封一等侯予食全俸辛未趙城縣匪首曹順等伏誅丁丑上復詣黑龍潭神祠祈雨以栗毓美爲河東河道總督庚辰雨是月貸山西鳳台沁水二縣被旱倉穀六月丙午減江蘇丹徒被水蘆田額賦閏六月丁卯敬徵降調以載銓爲工部尚書恩銘爲禮部尚書武忠額爲左都御史調保昌爲烏里雅蘇台將軍祥康爲吉林將軍哈豐阿爲黑龍江將軍己巳停本年秋決秋七月甲辰文孚免軍機大臣仍命以大學士管吏部改潘世恩管戶部穆彰阿管工部命刑部右侍郎趙盛奎工部右侍郎賽尚阿在軍機大臣上學習行走是月給陝西沔縣洛川縣被水湖南華容等三縣衞被旱口糧八月甲子以皇太后六旬萬壽普免各省逋賦庚辰諭科道中馮贊勳金應麟黃爵滋曾望顏擢任京卿所以廣開忠諫務當不避嫌怨於民生國計用人行政闕失仍隨時據實直陳以資採納兩廣總督盧坤卒以鄧廷楨爲兩廣總督祁𡎴署色卜星額爲安徽巡撫甲申上謁西陵是日移孝慎皇后梓宮由田村啟行免經過地方額賦十之五是月給陝西府谷縣雹災口糧九月己丑孝穆皇后孝慎皇后梓宮至龍泉峪上臨奠庚寅上回鑾戊戌授麟慶江南河道總督丙午朱爲弼病免以恩特亨額爲漕運總督是月給兩淮板浦中正二場被水竈丁口糧緩徵陝西榆林縣葭州雹災江西金谿等九縣旱災額賦冬十月戊午以毓書爲科布多參贊大臣甲子以皇太后六旬聖壽上徽號曰恭慈康豫安成莊惠壽禧皇太后乙丑皇太后六旬聖壽節上率王公大臣詣壽康宮行慶賀禮上御太和殿羣臣進表行慶賀禮詔天下覃恩有差以富呢揚阿爲烏魯木齊都統癸未御史湯鵬以劾載銓忤旨罷予告大學士托津卒是月給山西陽曲等五州縣湖南岳州衞州浙江海甯等十三州縣被災口糧貸奉天金州水師營兵穀蠲緩湖南華容等十四州縣衞浙江海甯等三十一州縣衞被災新舊額賦雜款十一月戊戌臨大學士託津第賜奠是月給吉林等三處歉區口糧十二月己未上再詣大高殿祈雪乙丑孝穆皇后孝慎皇后梓宮奉安地宮乙亥以樂善爲吉林將軍是月貸江蘇撫標及城守劉河二營災區兵餉蠲緩貴州松桃廳被水額賦是歲朝鮮琉球入貢

十六年春正月乙未以車倫多爾濟爲庫倫蒙古辦事大臣壬寅撥山東司庫銀五萬兩賑登萊青三府飢乙巳調裕泰爲湖南巡撫以賀長齡爲貴州巡撫是月賑浙江義烏等三縣水旱災給奉天廣甯等處水災旗民口糧貸甘肅金州等十四州縣江西蓮花等五十一廳縣陝西葭州等九州廳縣湖南灃州等四州縣山西保德等十五州縣水旱雹災口糧秄種倉穀二月丙辰調周之琦爲湖北巡撫以陳鑾爲江西巡撫己未以謁東陵命肅王等留京辦事己巳上閱火器營兵癸酉上謁東陵免經過地方額賦十分之三丙子上謁昭西陵孝陵孝東陵景陵裕陵湖南武岡州匪藍正樽等作亂命吳榮光會同訥爾經額勦之戊寅免四川峩邊廳逋賦己卯上還京師夏四月癸亥以梁章鉅爲廣西巡撫丁丑賜林鴻年等一百七十二人進士及第出身有差是月貸甘肅秦州等八州縣被災口糧五月丙申上詣黑龍潭祈雨戊戌禮部尚書汪守和卒以吳椿爲禮部尚書李宗昉爲左都御史丁未上詣靜明園龍王廟祈雨是月貸直隸寶坻縣歉收口糧秋七月癸未以鍾祥爲閩浙總督經額布爲山東巡撫乙酉以哈豐阿舉發都統高喀加鼐干預公事書信加太子太保己丑高喀加鼐褫職遣戍熱河丙申大學士文孚致仕庚子命穆彰阿爲大學士管工部琦善協辦大學士仍留直隸總督任調耆英爲吏部尚書奕顥爲戶部尚書禧恩爲兵部尚書武忠額爲理藩院尚書凱音布爲左都御史樂善爲察哈爾都統壬寅恩銘免尚書都統趙盛奎免軍機大臣及侍郎以貴慶爲禮部尚書九月壬辰以富呢揚阿爲陝西巡撫廉敬爲烏魯木齊都統庚子上閱健銳營兵戊申圓明園三殿災己酉以耆英受太監屬託褫尚書都統內務府大臣以奕經爲吏部尚書寶興爲盛京將軍左都御史凱音布遷成都將軍以敬徵代之是月賑盛京白旗堡等處山西朔州等十一州廳縣貴州松桃廳災民展賑陝西神木縣災民蠲免山西朔州等十一州廳縣陝西榆林府屬被災新舊額賦冬十月丙辰加長清太子太保貸甘肅涇州等八州縣山西山陰縣災歉口糧倉

穀籽種𧟚綏直隸景州等十二州縣水旱災新舊額賦十一月壬午以敬徵爲工部尚書調武忠額爲左都御史以奕紀爲理藩院尚書癸卯上詣大高殿祈雪是月給陝西府谷等四縣霜雹災口糧𧟚綏直隸安州等三州縣水災額賦十二月丁巳上再詣大高殿祈雪癸亥雪是歲朝鮮暹羅來貢

十七年春正月己卯朔命奕紀爲御前大臣賞長齡四開衩袍加潘世恩太子太保壬辰兵部尚書王宗誠卒以朱士彥代之丁酉山東濰縣教匪馬剛等作亂捕獲之庚子降訥爾經額湖南巡撫以林則徐爲湖廣總督調陳鑾爲江蘇巡撫裕泰爲江西巡撫是月貸山西朔州等十一州廳縣陝西葭州等九州縣甘肅金州等十三州縣水災旱災蝗災雹災霜災倉穀口糧籽種二月乙卯福建臺義縣教匪沈知等作亂捕誅之是月貸山西吉州等七州縣倉穀三月戊寅朔以詣孥髫山命惇親王綿愷等留京辦事庚寅上奉皇太后幸孥髫山免經過地方本年額賦十分之三甲午上奉皇太后還圓明園以耆英爲熱河都統乙未上詣明陵丙申上詣明長陵獻陵泰陵景陵永陵奠酒以明裔延恩侯書桂爲散秩大臣丁酉上還圓明園夏四月庚申命彥德鞫治茂明安署札薩克貝勒丹不勒等訐控盟長之獄甲子以顏伯燾爲雲南巡撫是月貸山東濮州等二十四州縣衞山西寧武縣倉穀五月戊寅貴慶病免調奕紀爲禮部尚書以武忠額爲理藩院尚書奎照爲左都御史以周天爵署漕運總督六月庚戌以御史朱成烈奏廣東海口每歲出銀三千餘萬福建浙江江蘇各海口出銀不下千萬天津海口出銀亦二千餘萬命沿海各督撫及各監督嚴飭稽查戊午命左都御史奎照戶部侍郎文慶在軍機大臣上學習行走己未命琦善署直隸總督壬申四川馬邊廳夷匪作亂命鄂山勦之甲戌奕山等奏獲霍罕賊目阿達那等誅之是月貸江蘇淮安大河二衞被災籽種秋七月丙子朔命侍郎倭什納等冊封朝鮮王妃壬午樂善遷荊州將軍以賽尚阿爲察哈爾都統辛卯諭栗毓美東河甎工改辦碎石丁巳西寧辦事大臣穆楞額遷荊州將軍以蘇勒芳阿代之甲戌廓爾喀年貢逾例溫諭卻之九月庚寅授周天爵漕運總督癸巳召訥爾經額來京甲午以錢寶琛爲湖南巡撫甲辰免直隸邢臺阜城二縣被旱額賦十分之五冬十月丙午上臨大學士長齡第視疾辛未停吉林珠貢是月給陝西保安縣被災籽種口糧並貸綏德等四州縣倉穀𧟚綏山西應州等十州縣齊齊哈爾等三城被災新舊額賦十一月辛卯晉封長齡一等威勇公是月貸甘肅金州等九州縣貧民江西南昌等十三縣陝西葭州等五州縣被災籽種口糧倉穀十二月丁未涼山夷匪平己巳李宗昉憂免以卓秉恬爲左都御史庚午彥德以年老留京以棍楚克策楞爲綏遠城將軍是月貸陝西定邊安定二縣來春口糧籽種是歲朝鮮琉球暹羅越南來貢

十八年春正月甲戌朔命奎照文慶爲軍機大臣乙亥太傅大學士一等公長齡卒丙子上臨長齡第賜奠乙酉四川夷匪平是月貸甘肅固原等十四州廳縣山西平定等五州縣災民口糧籽種倉穀二月癸卯朔命琦善爲大學士仍署直隸總督以雲貴總督伊里布協辦大學士仍留任乙巳史致儼病免以祁墳爲刑部尚書怡良爲廣東巡撫壬戌修喀喇沙爾城戊辰修浙江海塘是月貸陝西懷遠府谷二縣歉收籽種三月乙亥以謁陵命肅親王等留京辦事戊子上奉皇太后謁西陵免經過地方額賦十分之三壬辰上謁泰陵泰東陵昌陵詣孝穆皇后孝愼皇后陵寢奠酒乙未上奉皇太后還京師丙申上幸南苑行圍至戊戌皆如之庚子上還京師辛丑噶勒丹錫埒圖薩瑪第巴克什入貢是月貸山西遂州等十三州廳縣上年歉收倉穀夏四月庚申以富呢阿等建烏魯木齊書院議處有差申命新疆將軍都統大臣認眞教練使人人習於戰陣毋舍實政務虛名甲子以伍長華爲湖北巡撫丙寅賜鈕福保等一百九十四人進士及第出身有差辛未以奕山爲伊犂將軍端多布爲伊犂參贊大臣閏四月丙子上詣黑龍潭祈雨辛巳雨鴻臚寺卿黃爵滋奏請將內地吸食鴉片者俱罪死命盛京吉林黑龍江將軍直省督撫各抒所見議奏己丑褫禧恩太子太保衔兵部尚書調成格爲兵部尚書以鄂山爲刑部尚書寶興爲四川總督耆英爲盛京將軍惠吉爲熱河都統庚寅調奕紀爲戶部尚書成格爲禮部尚書奕顥爲兵部尚書五月丙午上詣黑龍潭祈雨己酉雨癸丑大學士阮元致仕命王鼎爲大學士仍管刑部湯金釗爲戶部尚書協辦大學士朱士彥爲吏部尚書卓秉恬爲兵部尚書姚元之爲左都御史戊辰惇親王綿愷免內廷行走宗令罰親王俸三年六月辛未免四川馬邊雷波二廳逋賦及各廠應解銅鉛丁丑降惇親王綿愷爲郡王己卯命端多布爲塔爾巴哈台參贊大臣關福爲伊犂參贊大臣是月給貴州鎮遠府屬被水兵民口糧秋七月戊申刑部尚書鄂山卒以寶興爲刑部尚書蘇廷玉署四川總督八月丙戌以林則徐等奏查獲烟販收繳烟具情形諭嘉之己丑成格免以奎照爲禮部尚書恩銘爲左都御史命奕紀管理藩院以賽尚阿署理藩院尚書布彥泰爲察哈爾都統九月給陝西安定府谷二縣災民口糧九月丙午莊親王奕賓等坐食鴉片革爵丁未上閱健銳營兵己酉太常寺少卿許乃濟請弛鴉片禁命休致召林則徐來京以伍長華署湖廣總督辛酉調錢寶琛爲江西巡撫裕泰爲湖南巡撫吏部尚書朱士彥卒調湯金釗爲吏部尚書吳椿爲戶部尚書以龔守正署禮部尚書是月給山東濰縣災民口糧冬十月庚寅以盛貴爲烏里雅蘇台參贊大臣是月𧟚緩直隸深州等十三州縣江西南昌等二十二縣安徽壽州等三十四州縣衞河南內黃等十一縣湖南澧州等八州縣衞奉天寧遠州被災新舊額賦十一月壬寅命伊里布等查禁雲南種罌粟壬子以寶興爲四川總督恩銘爲刑部尚書裕誠爲左都御史癸丑命林則徐爲欽差大臣查辦廣東海口事件節制該省水師以周天爵署湖廣總督鐵麟署漕運總督丁巳上詣大高殿祈雪以固慶爲科布多參贊大臣乙丑兵部尚書奕顥褫職調裕誠爲兵部尚書以隆文爲左都御史丙寅召哈豐阿來京以舒倫保署黑龍江將軍是月賑陝西懷遠安定二縣寧古塔三姓地方兵民口糧十二月戊辰朔貴州仁懷縣匪謝法眞等作亂命伊里布勦之辛未惇郡王綿愷卒追復親王爵上親臨其喪三次賜奠乙亥上再詣大高殿祈雪丙戌上復詣大高殿祈雪庚寅移庫倫幫辦大臣駐科布多爲科布多幫辦大臣辛卯授賽尚阿理藩院尚書乙未左都御史姚元之免以龔守正代之以匪亂平賞伊里布雙眼花翎晉余步雲太子太保是歲朝鮮琉球暹羅來貢

十九年春正月戊戌朔晉封惠郡王綿愉爲親王戊午召奕山來京以關福署伊犂將軍是月貸湖南武陵縣陝西葭州等九州縣甘肅固原等五州縣水旱災雹災口糧籽種二月壬午御試翰林詹事等官擢李國杞四員爲一等餘升黜有差丙戌以謁東陵命肅親王敬敏等留京辦事命林則徐赴虎門澳門防外海洋船進口及內匪出洋三月庚子上謁東陵免經過地方額賦十分之三辛丑吳椿病免調何淩漢爲戶部尚書以陳官俊爲工部尚書龔守正爲禮部尚書廖鴻荃爲右都御史癸卯上謁昭西陵孝陵孝東陵景陵裕陵詣端慧太子園寢奠酒乙巳陶澍病免調林則徐爲兩江總督以陳鑾署之裕謙署江蘇巡撫以桂良爲湖廣總督朱樹爲河南巡撫丙午上幸南苑行圍辛亥上還京師乙卯林則徐等奏躉船呈繳煙土諭嘉之予敘准林則徐奏暫緩議斷互市烏魯木齊都統廉敬還成都將軍以惠吉代之以恩銘爲熱河都統隆文爲刑部尚書丙辰以鐵麟爲左都御史夏四月辛未以吳文鎔爲福建巡撫丁丑調周天爵爲河南巡撫朱樹爲漕運總督戊子上詣萬壽山殿祈雨丁酉以直隸旱免奉天山東河南來直米稅五月辛丑雨予告大學士盧蔭溥卒是月賑雲南浪穹鄧川二州縣地震災額賦六月丙寅閩浙總督鍾祥以關防被竊褫職以周天爵代之以牛鑑爲河南巡撫丁亥太子少保前兩江總督陶澍卒辛卯調周天爵爲湖廣總督秋七月壬子命林則徐以禁販鴉片檄諭英吉利國及各國在粵洋商是月給湖南華容縣水災口糧八月庚午經額布遷成都將軍以托渾布爲山東巡撫召烏里雅蘇台將軍保昌來京以廉敬代之是月給陝西葭州等三州縣被災口糧九月庚子命托渾布查辦山東登州海賊整頓水師辛丑上閱健銳營兵己酉哈豐阿還廣州將軍調棍楚克策楞爲黑龍江將軍德克金布爲綏遠城將軍冬十月山西巡撫申啓賢卒予卹如尚書例以楊國楨爲山西巡撫是月賑安徽無爲等十一州縣及屯坐各衞水災賑湖北黃梅等三縣災民給湖北沔陽等九州縣山東蒙陰縣陝西府谷神木二縣湖南華容縣九州衞水災旱災口糧𧟚緩安徽無爲等三十二州縣湖北沔陽等二十六州縣河南睢州等二十一州縣湖南澧州等九州縣衞水災新舊額賦十一月庚子英船入廣東海港林則徐督官軍擊走之停其貿易以程楙來爲安徽巡撫戊申德克金布還廣州將軍以松溥爲綏遠城將軍舒倫保爲黑龍江將軍庚戌命濟克默特赴庫倫迎哲布尊丹巴呼圖克圖來觀是月給江西德化等七縣山西應州等四州縣災民口糧𧟚緩江西南昌等二十三縣山西應州等八州縣直隸安州等五州縣被災新舊額賦十二月癸亥署兩江總督陳鑾卒調鄧廷楨爲兩江總督林則徐爲兩廣總督裕謙署江蘇巡撫癸酉哲布尊丹巴呼圖克圖等覲見調伊里布爲兩江總督鄧廷楨爲雲貴總督癸未命刑部尚書隆文在軍機大臣上行走調鄧廷楨爲閩浙總督桂良爲雲貴總督戊子陳官俊免以廖鴻荃爲工部尚書軍機大臣文慶免是歲朝鮮琉球入貢

二十年春正月壬辰朔加王鼎太子太保戊戌以阿勒精阿爲熱河都統己亥理藩院禁哲布尊丹巴呼圖克圖用旗纛並未奏明奕紀褫御前大臣戶部尚書總管內務府大臣並紫韁免管理藩院賽尚阿降二品頂戴調隆文爲戶部尚書壬寅皇后鈕祜祿氏崩戊申諡大行皇后爲孝全皇后庚戌奕紀逮問庚

中以奕紀收沙布朗餽送銀遣戍黑龍江賽尚阿等均下部嚴議二月癸亥以阿勒精阿爲刑部尚書訥爾經額爲熱河都統哈豐阿爲西甯辦事大臣丁卯戶部尚書何淩漢卒以卓秉恬代之以祁寯藻爲兵部尚書沈岐爲左都御史丁丑河東河道總督栗毓美卒以文沖爲河東河道總督是月給安徽桐城縣貧民口糧貸山西河保等營兵丁穀石三月命何汝霖在軍機大臣上學習行走召奕山來京以布彥泰爲伊犁將軍辛亥以璧昌爲察哈爾都統是月貸山西吉州等九州廳縣倉穀夏四月辛酉朔册謚孝全皇后翼日頒詔己巳調經額布爲吉林將軍丙子以祥康爲庫倫辦事大臣戊寅上詣黑龍潭祈雨乙酉賜李承霖等一百八十人進士及第出身有差戊子上詣廣潤祠祈雨是月貸直隸紫金關及所屬浮圖峪等三營弁兵倉穀六月丁卯以色克津阿爲綏遠城將軍丁丑林則徐等奏擊燬截煙洋艇庚辰英船入浙洋闖定海縣城命余步雲會烏爾恭額等援之甲申英人陷定海縣知縣姚懷祥等死之褫烏爾恭額及浙江提督祝廷彪職仍留任調瑚松額爲熱河都統訥爾經額爲陝甘總督秋七月癸巳英船犯浙江乍浦海口命奇明保率兵禦之英師犯福建廈門砲台參將陳勝元等擊卻之丙申褫浙江巡撫烏爾恭額職以劉韻珂代之丁酉命伊里布爲欽差大臣赴浙江勦辦以裕謙兼署兩江總督以湍多布爲伊犁參贊大臣花山太爲塔爾巴哈台參贊大臣甲辰英船泊天津口外遞信與琦善訴屈命琦善接收仍飭勿進口丙午花山太遷喀什噶爾辦事領隊大臣調湍多布爲塔爾巴哈台參贊大臣以福興阿爲伊犁參贊大臣庚戌林則徐等奏續獲販煙人犯諭以空言搪塞切責之乙卯英船至山海關等處丙辰命伊里布等英人如有投遞書信卽接受馳奏是月賑湖北沔陽等三州縣水災八月甲子以邵甲名署浙江巡撫丙子英人復侵福建廈門提督陳階平等擊走之己卯命琦善爲欽差大臣赴廣東查辦並諭伊里布及沿海督撫防守要隘洋船停泊外洋勿問調訥爾經額署直隸總督以瑚松額署陝甘總督庚辰廉敬遷成都將軍以德楞額爲烏里雅蘇台將軍辛巳裕謙奏英人呈遞原書不敢上聞諭切責之是月給江蘇上元等十四縣水災口糧並修屋費九月庚寅林則徐鄧廷楨命交部嚴加議處以琦善署兩廣總督辛卯以托渾布奏英船南去命耆英托渾布酌撤防兵召鄧廷楨來京以顏伯燾爲閩浙總督張澧中爲雲貴巡撫甲午諭周天爵等卹湖北各州縣水災乙未褫林則徐鄧廷楨職命赴廣東候查問己亥英船入浙江慈谿餘姚二縣內洋伊里布等擊走之以烏爾恭額不代奏英人書信逮問是月給江蘇泰興縣水災口糧十月壬申以謁陵命莊王等留京辦事壬午以孝全皇后梓宮奉安龍泉峪上詣觀德殿行祖奠禮乙酉調祿普爲烏里雅蘇台將軍是月賑直隸滄州等三州縣災民給安徽東流含山二縣軍民口糧貸奉天白旗堡小黑山水災口糧蠲緩直隸滄州等三十三州縣湖北沔陽等八州縣衞水災新舊正雜額賦十一月庚寅上謁西陵免經過地方額賦十分之五甲午上謁泰陵泰東陵昌陵並詣孝穆皇后孝慎皇后陵寢奠酒孝全皇后梓宮前行遣奠禮乙未孝全皇后梓宮奉安地宮上臨視命皇子行禮己亥上還京師癸卯祿普改荊州將軍調奕湘爲烏里雅蘇台將軍英人陷定海戊申烏爾恭額論絞壬子伊里布奏英人要求澳門定海貿易諭琦善令英人退還定海癸丑以周天爵擅用非刑褫職遣戍伊犁以裕泰爲湖廣總督以吳其濬爲湖南巡撫是月賑江蘇上元等十六縣直隸天津縣水旱災貸江蘇江甯駐防及督飭各營駐紮災區兵餉黑龍江墨爾根城水災屯丁口糧屋費蠲緩江蘇泰州等七十二州縣衞直隸天津縣山西河曲縣新舊額賦十二月以孝全皇后升祔奉先殿上親詣告祭翼日命皇四子行禮戊辰調余步雲爲浙江提督以鐵麟爲察哈爾都統恩桂爲左都御史以璧昌爲伊犁參贊大臣己卯調吳文鎔爲湖北巡撫以劉鴻翱爲福建巡撫癸未召瑚松額來京以恩特亨額署陝甘總督是月給福建龍谿南靖二縣水災口糧屋費貸江蘇江陰等三營兵餉蠲緩浙江長興等四縣水旱災新舊正雜額賦是歲朝鮮入貢

清史稿　本紀十九

宣宗本紀三

二十一年春正月己丑英人寇廣東虎門副將陳連陞及其子舉鵬死之庚寅以奕山爲御前大臣辛卯琦善以虎門陷下部嚴議褫提督關天培頂戴命奕山爲靖逆將軍隆文楊芳爲參贊大臣督辦廣東海防命賽尚阿在軍機大臣上行走庚子命訥爾經額駐天津督辦海防命哈哴阿赴山海關督辦海防命耆英等勤哨探己巳命伊里布回兩江總督任以裕謙爲欽差大臣辦浙江軍務辛亥琦善褫大學士仍下部嚴議是月賑奉天白旗堡水災旗戶給江蘇江都丹徒二縣水災倉穀奉天小黑山站丁江蘇廟灣場竈丁安徽東流繁昌二縣水旱災口糧貸湖北沔陽等八州縣衞湖南武陵縣甘肅金州等五州廳縣水災籽種江蘇上元等十一縣甘肅皋蘭縣水災口糧山西河曲縣雹災倉穀庚申以伊里布遷延不進下部嚴議辛酉琦善逮問仍籍其家以祁𡎴爲兩廣總督怡良兼署李振祜署刑部尚書授訥爾經額直隸總督恩特亨額陝甘總督丙寅越南國王阮福晈卒詔停貢方物戊辰英人去定海以伊里布庸懦褫協辦大學士留兩江總督任命寶興爲大學士仍留四川總督以奕經協辦大學士戊寅命齊慎爲參贊大臣赴廣東會勦壬午英人陷廣東虎門砲台及烏涌卡遷廣東水師提督關天培署湖南提督祥福等死之是月展賑江蘇江甯通州二府州災民三月丙戌朔釋周天爵赴廣東軍營甲午上謁西陵免經過地方額賦十分之三乙未致仕大學士文孚卒丙申英人兵船入廣東內港楊芳等擊走之戊戌上謁泰陵泰東陵昌陵至龍泉峪孝穆皇后孝慎皇后孝全皇后陵寢奠酒己亥上再謁昌陵行敷土禮詣隆恩殿行大饗禮壬寅上還京師丙午上臨故大學士文孚第賜奠戊申准米里堅等國通商庚戌以裕謙奏命沿海通商口岸照舊准商民貿易壬子楊芳等請仍准英國商船在廣東貿易不許命將楊芳怡良嚴議閏三月乙卯朔褫楊芳怡良職仍留任丙寅湯金釗降調調卓秉恬爲吏部尚書協辦大學士祁寯藻爲戶部尚書以許乃普爲兵部尚書丁卯召伊里布來京以裕謙爲兩江總督命定海防務交劉韻珂辦理調梁章鉅爲江蘇巡撫以周之琦爲廣西巡撫乙亥諭奕山等撫恤各國洋商是月貸山西吉州等十州縣暨和林格爾廳上年歉收倉穀蠲緩江蘇宿遷縣被水灘租夏四月己丑命裕謙仍爲欽差大臣督辦浙江海防英人陷廣東城外砲台甲辰禮部尚書奎照病免以色克精額爲禮部尚書賜龍啟瑞等二百二人進士及第出身有差辛亥命睿親王等大學士軍機大臣各部尚書會同刑部訊伊里布癸丑以廣東省城圍急准奕山等奏令英人通商是月緩徵山西朔州等六州廳縣逋賦五月丙辰英船入浙洋命裕謙申嚴各海口兵備癸亥鄧廷楨林則徐遣戍伊犁癸酉英船去廣東虎門穆彰阿免管理藩院命賽尚阿代之參贊大臣戶部尚書隆文卒于軍庚辰調敬徵爲戶部尚書賽尚阿爲工部尚書恩桂爲理藩院尚書壬午調吳文鎔爲江西巡撫錢寶琛爲湖南巡撫以奕興爲綏遠城將軍六月准祁𡎴等奏定商船赴天津等處章程庚寅褫伊里布職發軍台效力贖罪准奕山等奏分期撤兵戊戌琦善論斬癸卯河南下南廳河決辛卯褫文沖職仍留河東河道總督任牛鑑下部嚴議七月丙辰命王鼎等赴東河督工壬戌以李振祜爲刑部尚書丁卯以達賴喇嘛于四月坐床頒敕書戊辰命前甯夏將軍特依順保爲參贊大臣赴廣東辛未以河水汎濫命牛鑑移民賑恤己卯南掌入貢庚辰英人陷福建廈門總兵江繼芸等死之以故越南國王阮福晈子阮福暶爲越南國王命廣西按察使寶淸往册封八月癸未以桂輪爲熱河都統丁亥英人寇浙江庚寅以朱襄爲河東河道總督辛卯萬壽節上詣皇太后宮行禮御正大光明殿皇子及王以下文武大臣蒙古使臣外藩王公行慶賀禮褫文沖職枷號河干以王鼎署河東河道總督英人去廈門丁酉英人寇浙江雙澳石浦等處裕謙督兵擊走之命怡良赴福建查辦軍務以梁寶常署廣東巡撫庚子以趙炳言爲湖北巡撫辛丑英人復大舉寇浙江戊申英人再陷定海總兵王錫朋鄭國鴻葛雲飛等死之裕謙余步雲下部嚴議是月免陝西華州大荔二州縣河南睢州等八州廳縣水災額賦九月乙卯英人陷鎮海欽差大臣裕謙死之提督余步雲遁命奕經爲揚威將軍哈哴阿胡超爲參贊大臣督辦浙江海防命怡良爲欽差大臣會同顏伯燾劉鴻翱督辦浙江海防以牛鑑署兩江總督鄂順安署河南巡撫丁巳命文蔚爲參贊大臣赴浙江胡超仍駐天津命特依順爲參贊大臣赴浙江哈哴阿仍駐山海關命祁寯藻在軍機大臣上行走授牛鑑兩江總督辛酉英人陷浙江甯波府己巳上閱火器營兵是月賑奉天遼陽等六州縣水災冬十月戊子命僧格林沁等巡視天津海口辛卯英船入台灣海口達洪阿等擊退之命王得祿赴台灣協勦是月賑湖南華容縣岳州衞江西德化等十縣水災加賑湖北沔陽等九州縣山西薩拉齊廳災民江蘇上元等十五縣衞災民並免額賦給安徽無爲等十二州縣水災口糧屋費幷免額賦十一月庚午以程矞采署江蘇巡撫以青海玉樹番族雪災免應徵銀二年戊寅英人陷浙江餘姚縣復入慈谿是月賑江蘇上元江甯二縣災民十二月戊子褫顏伯燾職以楊國楨爲閩浙總督己丑以梁萼涵爲山西巡撫癸巳英人陷浙江奉化縣壬寅湖北崇陽縣匪鍾人杰作亂攻陷縣城命裕泰等督兵討之以程矞采爲江蘇巡撫丙午英船寇浙江乍浦戊申英船寇台灣淡水雞籠達洪阿等擊退之是

月賑江蘇新陽縣災民展賑河南祥符等六縣江蘇上元等十縣災民貸河南睢州柘城縣貧民籽種口粮並平糶淮寧縣倉穀緩徵江西南昌等二十二縣逋賦浙江橫浦浦東二場竈課是歲朝鮮琉球南掌入貢

二十二年春正月丙辰楊國楨病免以怡良爲閩浙總督梁寶常爲廣東巡撫甲子盛京將軍耆英改廣州將軍以禧恩署之己巳湖北崇陽賊匪陷通山裕泰遣兵擊敗之丁丑克復湖北崇陽縣獲匪首鍾人杰是月賑安徽無爲等十二州縣衞奉天遼陽等六處新民等四廳縣災民給安徽泗州等二十二州縣衞浙江海寧等七州縣水災口糧貸江西德化等七縣湖南武陵縣湖北嘉魚等九縣衞陝西葭州等五州縣水災籽種口糧山西薩拉齊廳歉收倉穀江蘇災區京右等營兵餉蠲緩浙江海甯等九州縣衞水災新舊額賦二月丙戌命林則徐仍戍伊犁丙申奕經等進攻寧波失利釋伊里布赴浙江軍營命耆英署杭州將軍王鼎乞假命齊愼仍爲參贊大臣辦理浙江軍務丙午命耆英爲欽差大臣會同特依順守浙江省城弁命劉韻珂會辦防務責成奕經等守沿海各口岸是月賑盛京遼陽等處江蘇上元等八縣災民三月壬子上幸南苑癸丑上行圍翼日如之丁巳上還圓明園恩特亨額卒以富呢揚阿爲陝甘總督壁昌爲陝西巡撫以慶昌爲伊犁參贊大臣是月蠲緩河南鄭州積潦地畝逋賦夏四月癸未英人復寇台灣達洪阿等擊走之加達洪阿太子太保己丑英人去寧波府甲午上詣黑龍潭神祠祈雨乙未英人陷浙江乍浦同知韋逢甲死之庚子褫余步雲職逮問丙午鍾人杰伏誅是月貸湖南鳳凰等五廳縣屯丁苗佃籽種口糧山西吉州等十四州縣倉穀緩徵山西陽曲縣薩拉齊廳逋穀五月己酉大學士王鼎暴卒丙辰降湯金釗爲光祿寺卿丁巳湯金釗乞休允之戊午奕山以查奏不實褫左都御史並祁墳梁寶常褫職留任己未禮部尙書色克精額卒以恩桂代之以吉倫泰爲理藩院尙書以奎照爲左都御史壬戌英人陷江蘇寶山縣提督陳化成死之命耆英伊里布赴江蘇會同牛鑑防勦丁卯英人陷上海縣典史楊慶恩死之命賽尙阿爲欽差大臣會同訥爾經額防勦是月貸江蘇山陽縣及淮安等二縣衞歉收籽種六月戊寅朔日食蠲緩湖北被匪滋擾之崇陽等五縣衞新舊額賦己丑辛卯以文慶爲庫倫辦事大臣壬辰蠲緩浙江被擾之定海等十二縣新舊額賦癸巳英船寇京口丙申英船寇鎭江齊愼等遁丁酉英人陷鎭江副都統海齡死之秋七月甲寅英船寇江寧省城命伊里布等議款命奕經進駐常州己未耆英奏與英兵官瑪禮遜等議罷兵諭朕以民命爲重令妥行定議癸亥耆英等請與英兵官定約鈐御寶諭朕因億萬生靈所繫允所請庚午江南桃北廳河決是月賑巴里坤地震災八月戊寅耆英奏廣州福州廈門甯波上海各海口與英國定議通商戊子麟慶以貽誤河防褫職留任命敬徵廖鴻荃赴江南查勘河工是月貸巴里坤地震災修屋費九月丁未沈岐乞終養允之以李宗昉爲左都御史己酉授禧恩盛京將軍戊午朱樹乞終養允之命周天爵以二品頂戴署漕運總督己未兩江總督牛鑑褫職逮問命耆英代之召奕山來京以伊里布爲欽差大臣廣州將軍辦理善後事宜辛酉河東河道總督朱襄卒以慧成署之癸亥召奕經文蔚來京命齊愼回四川提督甲戌命伊里布議通商稅課事宜乙亥壁昌還福州將軍以李星沅爲陝西巡撫冬十月庚辰上閱圓明園八旗槍兵丙戌奕山奕經文蔚交刑部治罪特依順齊愼下部嚴議庚寅減免江蘇濱海被兵太倉等四十廳州縣衞新舊額賦有差甲午奕山奕經文蔚均奪職論斬特依順齊愼褫職留任乙未命戶部尙書敬徵協辦大學士調恩桂爲吏部尙書以麟魁署禮部尙書戊戌慶郡王奕綵緣事奪爵不入八分輔國公綵性奪爵發盛京是月賑江蘇桃源沭陽二縣水災給湖北江陵等四縣山西保德等三州廳縣災民口粮貸奉天牛莊等處災民口粮蠲緩江蘇海州等五州縣湖南澧州等八州縣衞新舊額賦十一月丁未召科布多參贊大臣固慶來京以果勒明阿代之召烏里雅蘇台參贊大臣盛貴來京以樂斌代之召駐藏大臣孟保來京以海樸代之以潘錫恩爲江南河道總督授慧成河東河道總督丙辰允周天爵回籍守制以廖鴻荃署漕運總督甲子命怡良查辦達洪阿等妄殺被難洋人丁卯牛鑑論斬甲戌給江蘇濱江被兵等丹徒六縣貧民口糧屋費並免通州等十三州縣廳額賦有差是月給江蘇蕭縣徐州衞水災口粮蠲緩浙江淳安等三縣新舊額賦十二月辛巳召廖鴻荃來京以李湘棻署漕運總督己丑設通永鎭總兵駐盧台以向榮爲通永鎭總兵庚寅召程矞采來京以孫善寶爲江蘇巡撫乙未托渾布病免以程矞采爲山東巡撫戊戌申命大學士九卿科道議余步雲罪處斬己亥調梁寶常爲山東巡撫程矞采爲廣東巡撫是月給福建峯市等三縣廳水災口糧屋費是歲廓爾喀朝鮮琉球來貢

二十三年春正月辛亥命李僡成剛赴南河會同潘錫恩督工壬子英兵官樸鼎查回香港留馬禮遜等候議約命伊里布等籌辦通商事宜命李湘棻會同耆英籌辦江北善後事宜是月賑江蘇蕭縣桃源縣災並給沭陽等六縣衞口糧貸湖北江陵等三縣衞湖南澧州洞庭二營水災子種口糧二月乙未欽差大臣廣州將軍伊里布卒命祁墳接辦通商稅則丁酉烏里雅蘇台將軍奕湘改廣州將軍以祿普代之辛丑調奕興爲烏里雅蘇台將軍祿普爲綏遠城將軍是月貸湖北荊州被水駐防倉穀三月庚戌命耆英爲欽差大臣辦理江浙通商事宜壁昌署兩江總督丁巳御試翰林詹事等官擢萬青藜五員爲一等餘升黜有差乙丑祿普遷鑲紅旗蒙古都統調奕興爲綏遠城將軍以桂輪爲烏里雅蘇台將軍起琦善爲熱河都統丙寅起文蔚爲古城領隊大臣起奕經爲葉爾羌幫辦大臣丁卯怡良奏達洪阿姚瑩並無戰功命褫職逮問尋免達洪阿姚瑩治罪是月貸山西絳州等六州縣湖北荊州駐防被災倉穀江寧駐防暨督協各營災歉兵丁銀湖南鳳凰等五廳縣苗佃屯丁子種口糧夏四月甲戌朔以維勤爲烏魯木齊都統丙子授麟魁禮部尙書丁丑以御史陳慶鏞劾仍奪琦善文蔚奕經職奎照病免以特登額爲左都御史薩迎阿爲熱河都統庚子命耆英與英人會議通商戊辰怡良病免以劉韻珂爲閩浙總督調吳其濬爲浙江巡撫以陸費瑔爲湖南巡撫六月乙亥湖南武岡州賊匪曾如炷作亂戕知州徐光弼命吳其濬討捕之甲午曾如炷伏誅秋七月乙巳河決東河中牟九堡慧成下部嚴議允耆英奏定通商稅則先在廣州市易改命敬徵何汝霖赴東河查勘丙午命鄂順安振沿河被水災民閏七月戊寅直隸永定河決乙酉中牟決口未塞命枷慧成河干以鍾祥爲河東河道總督丙戌召法豐阿來京以德興爲西寧辦事大臣丁亥命廖鴻荃往河南會同督辦河工己丑起麟慶赴東河督辦河工庚寅命敬徵等議製紙鈔甲午調吳其濬爲雲南巡撫以管遹羣爲浙江巡撫八月乙巳申諭程懋采撫卹安徽被水各州縣災民是月賑陝西汭縣等三縣水災雹災九月甲午命李湘棻以三品頂戴署漕運總督是月賑山東福山縣水災蠲緩直隸景州等二十七州縣山東福山縣水災雹災正雜額賦冬十月己酉耆英奏通商事竣命回兩江總督任辦善後及上海通商事宜祁墳等辦粵省未盡事宜庚戌起琦善爲駐藏辦事大臣甲子起達洪阿爲哈密辦事大臣是月賑安徽太和等三縣山西岢嵐州水災雹災貸安徽太和等四縣齊齊哈爾等四處歉收口糧蠲緩奉天遼陽等六州廳縣瀋陽等三處齊齊哈爾等四處山東臨淸等二十七州縣衞安徽泗州等三十七州縣衞山西岢嵐等七州縣湖南澧州等六州縣衞被災新舊正雜額賦十一月己巳朔日食己卯以王植爲浙江巡撫壬午調程懋采爲浙江巡撫以王植爲安徽巡撫丁酉上詣大高殿祈雪是月賑江蘇沭陽縣大河衞災民貸江西南昌等十五縣陝西綏德等九州縣子種口糧倉穀蠲緩直隸新河等四縣江蘇高郵等六十八州廳縣衞水旱災新舊額賦十二月辛丑議定意大利亞國通商章程甲辰調梁寶常爲浙江巡撫以崇恩爲山東巡撫丙午雪丁巳命劉韻珂辦寧波通商事宜禮部尙書龔守正病免以陳官俊代之是月蠲緩河南睢州等十六州縣被水新舊正雜額賦是歲朝鮮緬甸暹羅入貢

二十四年春正月辛卯貸陝西葭州等四州縣山西大同等三縣水災雹災子種二月戊戌朔祁墳病免調耆英爲兩廣總督以壁昌署兩江總督庚子以謁東陵命肅親王敬敏等留京辦事庚戌以中牟壩工復蟄褫麟魁廖鴻荃職給七品頂戴仍留河工鍾祥褫職留東河總督任鄂順安降三品頂戴以特登額爲禮部尙書文慶爲左都御史調陳官俊爲工部尙書以李宗昉爲禮部尙書杜受田爲左都御史癸丑甲寅命穆彰阿留京辦事以程矞采奏米利堅使欲來天津朝覲並議通商章程命耆英赴廣東會同程矞采妥辦米利堅等國通商事宜丁卯免經過地方田賦十分之三是月給江蘇海州等三州縣衞民屯口粮三月壬申命耆英爲欽差大臣辦理通商善後事宜仍令程矞采諭止米里堅來京丙戌鍾祥等奏河工善後事宜諭一夫失所辜在朕躬卿等善爲之是月貸山西平定等十一州廳縣歉收倉穀夏四月己酉修廣東虎門各內洋砲台壬子臺灣匪平辛酉賜孫毓溎等二百有九人進士及第出身有差是月加給河南睢州等十五州縣水災三月口粮六月丁酉直隸永定河決壬寅湖南耒陽縣匪楊大鵬等作亂命陸費瑔等討捕之己酉定米利堅通商條約是月緩徵山東臨淸等二十二州縣並德州東昌二衞被災新舊額賦有差秋七月辛巳富呢揚阿及提督周悅勝下部嚴議甲申湖南耒陽縣匪平匪首楊大鵬伏誅戊子湖北荊州萬成隄決辛卯召奕興來京以鐵麟署綏遠城將軍阿彥泰署察哈爾都統是月加給河南中牟等九縣水災三月口粮貸陝西葭州雹災子種八月賑山西汾陽縣水災雹災並蠲緩汾陽等三縣額賦九月給河南淮寧等三縣三月水災口粮冬十月甲午朔准布魯特阿希木襲四品翎頂己酉葉爾羌參贊大臣奕經改伊犁領隊大臣以麟魁代之壬戌伊犁參贊大

臣達洪阿病免命林則徐赴阿克蘇烏什庫車和闐等處勘議開墾事宜癸亥以舒興阿爲伊犁參贊大臣是月賑直隸霸州汝清二州縣旗民給奉天錦州等八州廳縣水災口糧緩直隸霸州等三十七州縣奉天金州等八州縣廳湖北沔陽等二十九州縣衞水旱災雹災新舊額賦十一月乙丑允桂良來覲以吳其濬兼署雲貴總督前刑部侍郎黃爵滋以員外郎等官用甲申上詣大高殿祈雪是月貸盛京金州水師營歉收口糧十二月癸巳朔上再詣大高殿祈雪庚子申命林則徐赴喀什噶爾查勘開荒辛丑上詣大高殿祈雪命卓秉恬爲大學士以陳官俊爲禮部尚書協辦大學士杜受田爲工部尚書祝慶蕃爲左都御史是月加給河南睢州等十五州縣被災口糧並貸籽種倉穀貸江寧駐防兵丁江蘇各營兵匠銀米是歲朝鮮暹羅入貢

二十五年春正月乙丑河南中牟河工合龍庚午調李星沅爲江蘇巡撫惠吉爲陝西巡撫以程矞采爲漕運總督黃恩彤爲廣東巡撫戊子召容照來京以麟慶爲庫倫辦事大臣是月給直隸霸州永清二州縣災民口糧貸江西德化等五縣湖北江陵等六縣衞湖南沅江安鄉二縣軍民籽種庚戌以福濟爲總管內務府大臣癸丑睿親王仁壽坐濫保海樸褫宗人府左宗正領侍衞內大臣內廷行走敬徵坐濫保孟保褫協辦大學士戶部尚書命兩廣總督耆英協辦大學士調賽尙阿爲戶部尚書裕誠爲工部尚書以文慶爲兵部尚書成剛爲左都御史調僧格林沁爲鑲黃旗領侍衞內大臣以車登巴咱爾爲正黃旗領侍衞內大臣甲寅調惠吉爲福建巡撫以鄧廷楨爲陝西巡撫乙丑頒發五口通商章程己巳上閱圓明園八旗槍兵癸未麟慶病免以成凱爲庫倫辦事大臣是月貸山西忻州等十七州縣廳歉收倉穀夏四月癸卯桂良留京以賀長齡爲雲貴總督甲辰調吳其濬爲福建巡撫惠吉爲雲南巡撫以喬用遷爲貴州巡撫丙午上詣黑龍潭祈雨壬子富呢揚阿卒以惠吉爲陝西巡撫鄧廷楨署之以鄭祖琛爲雲南巡撫乙卯賜蕭錦忠等二百十七人進士及第出身有差丙辰裕誠許乃普降調以敬徵爲工部尚書何汝霖爲兵部尚書五月丙戌雨丁亥上再詣黑龍潭祈雨是月給山東樂安等六縣水災口糧六月甲午允比利時國通商詔停本年秋決丙申命崇恩勤捕濮州鄆城等處捻匪辛丑賑台灣彰化縣地震災民癸丑阿克蘇辦事大臣輯瑞以墾荒未奏率即興工褫職己未江蘇中河廳桃源汛河決甘肅西寧鎭總兵慶和遇番賊於金羊嶺死之命惠吉勦捕番賊是月緩徵山東濱州等四十二州縣衞被災逋賦秋七月辛未允丹麻爾國通商命大學士卓秉恬管兵部丙戌命達洪阿赴甘肅查辦番賊八月壬辰詔皇太后七旬萬壽免道光二十年以前實欠正雜田賦辛丑調鄭祖琛爲福建巡撫梁萼涵爲雲南巡撫吳其濬爲山西巡撫敬徵病免調特登額爲工部尚書以保昌爲禮部尚書丙戌召林則徐回京以四五品京堂候補禧恩病免調奕湘爲盛京將軍冬十月甲午加上皇太后徽號曰恭慈康裕安成莊惠壽禧崇祺皇太后上進册寶率皇子及王公大臣等行慶賀禮戊戌皇太后七旬聖壽上率皇子王公大臣行慶賀禮辛丑李宗昉病免以祝慶蕃爲禮部尚書魏元烺爲左都御史癸卯以上皇太后徽號禮成頒詔覃恩有差丙午免直隸道光二十年以前民欠各項旗租是月賑直隸寶坻等四縣災民十一月辛酉陝甘總督惠吉卒以布彥泰爲陝甘總督林則徐署之薩迎阿爲伊犁將軍桂良爲熱河都統癸亥御史陳慶鏞降調是月貸熱河圍塲歉收兵丁銀十二月辛卯上詣大高殿祈雪戊戌免台灣道光二十年以前民欠租穀糧米癸卯上再詣大高殿祈雪癸丑上復詣大高殿祈雪是歲朝鮮越南入貢

二十六年春正月庚辰命賽尙阿周祖培查勘江防辛巳弛天主教禁以陸建瀛爲雲南巡撫是月給奉天鳳凰城岫巖廳旗民直隸寶坻等四縣口糧貸甘肅靜寧等十三縣災民籽種二月己丑雲南永昌回匪作亂命提督張必祿勦之乙卯以謁陵命定郡王載銓等留京辦事三月癸亥上謁西陵免經過地方額賦十分之三丁卯上謁泰陵泰東陵昌陵至孝穆皇后孝愼皇后孝全皇后陵奠酒庚午上幸南苑行圍辛未上行圍翌日如之乙亥上還京師興平倉火乙酉上詣黑龍潭祈雨以林則徐爲陝西巡撫是月貸山西平定等九州縣歉收倉穀夏四月辛丑以雲南永昌回民藉端尋衅命賀長齡查辦丙午上詣黑龍潭祈雨庚戌以端充爲科布多參贊大臣五月壬戌上詣黑龍潭祈雨乙丑張必祿敗回匪於永昌以上年殺永昌內應回民過多賀長齡下部議處丁卯上復詣黑龍潭祈雨英人退出舟山閏五月乙酉朔青海黑錯四溝番作亂命布彥泰勦之癸巳永昌回匪遁入猛庭賀長齡督兵勦之戊申以麟魁爲烏里雅蘇台參贊大臣六月戊午命祁寯藻文慶查辦天津鹽務壬午以予告大學士阮元重逢鄉舉晉太傅食全俸癸未達洪阿勦竄匿果岔番賊敗之秋七月辛卯禧恩以失察奸民褫公爵降鎭國將軍壬寅上閱吉林黑龍江官兵馬步射癸卯以雲南漢回積嫌未釋命賀長齡持平辦理勿分畛域辛亥申嚴門禁是月賑三姓及寧古塔等處水災八月壬申命盛京直隸江南浙江福建山東廣東七省將軍督撫籌辦練兵儲餉癸酉上閱火器營兵乙亥賀長齡以防勦無功降河南布政使命李星沅爲雲貴總督調陸建瀛爲江蘇巡撫以張日晸爲雲南巡撫丙子布魯特匪入喀什噶爾卡倫命賽什雅勒泰勦之九月己亥湖南新田縣匪王棕獻等作亂捕誅之戊申以楊殿邦署漕運總督辛亥江蘇昭文縣匪金得順等作亂捕誅之是月賑山東東平萊蕪二州縣災民賑三姓琿春水災旗民給山東汶上等四縣災民口糧蠲緩奉天遼陽等十三州廳縣直隸霸州等三十五州縣山東東平等四州縣災歉新舊額賦十月丁巳免黑錯四溝番民額賦丙寅以徐繼畬爲廣西巡撫是月給河南汲縣等八縣陝西府谷神木二縣災民口糧蠲緩湖南澧州等五州縣暨岳州衞被災額賦十一月乙酉桂輪改荆州將軍以特依順爲烏里雅蘇台將軍乙未上詣大高殿祈雪丙午命璧昌等籌議江蘇漕糧酌分海運己酉黃恩彤以奏請賜應試年老武生職銜下部嚴議辛亥命山東嚴緝虜人勒贖匪是月賑山西垣曲縣災民蠲緩山西保德等六州縣暨歸化城等三處浙江餘杭等四十四縣衞直隸安州等六州縣被災新舊額賦十二月癸丑黃恩彤褫職調徐廣縉爲廣東巡撫以程矞采爲雲南巡撫楊殿邦爲漕運總督癸亥雲南猛統回匪竄入緬寧命陸建瀛查辦甲子西寧辦事大臣達洪阿病免以哈勒吉那代之戊辰以王兆琛爲山西巡撫庚午命清釐刑部及直隸山東山西河南陝西甘肅各省庶獄命寶興留京管刑部賞琦善二品頂戴爲四川總督丙子調鄭祖琛爲廣西巡撫徐繼畬爲福建巡撫是月給浙江縉雲宣平二縣水災口糧是歲朝鮮琉球入貢

二十七年春正月癸未調成凱爲塔爾巴哈台參贊大臣乙酉鐵麟遷荆州將軍以裕誠爲察哈爾都統是月給浙江富陽等六縣衞安徽五河等三縣江蘇桃源等五縣衞上年災歉口糧河南河內等十三縣水旱災口糧籽種並貸輝縣等八縣倉穀貸陝西葭州等三州縣直隸霸州等三十九州縣災歉籽種口糧倉穀二月己未雲南雲州回匪作亂命李星沅勦之癸亥以謁陵命載銓等留京辦事丙子以福建海盜刦殺洋商命劉韻珂等搜捕戊寅上謁東陵免經過地方額賦十分之三是月給河南汲縣等五縣被災口糧乙未璧昌遷內大臣調李星沅爲兩江總督以林則徐爲雲貴總督楊以增爲陝西巡撫戊戌英船退出虎門乙巳以魏元烺爲禮部尚書賈楨爲左都御史夏四月戊午布魯特匪復攻色埒庫勒伯克巴什等擊走之賽什雅勒泰等奏英人據音底努普爾各部咸附之丙寅免熱河豐寧縣逋賦及旗租銀癸酉賜張之萬等二百三十一人進士及第出身有差是月貸江西上高新昌二縣湖南鳳凰等五廳縣屯丁苗佃籽種口糧五月丙戌御試翰林詹事等官擢王慶雲四員爲一等餘升黜有差何汝霖憂免調魏元烺爲兵部尚書以賈楨爲禮部尚書孫瑞珍爲左都御史丁亥命文慶陳孚恩在軍機大臣上行走辛卯以廣東民情與洋人易啟衅端命擇紳士襄辦交涉事宜丁未擢曾國藩爲內閣學士六月理藩院奏俄羅斯達喇嘛請在塔爾巴哈台伊犁喀什噶爾通商不許秋七月己卯命林則徐讞雲南回民控訴香匪殺無辜一萬餘人之獄乙未命林則徐讞雲南回民杜汶秀控訴被誣從逆之獄癸卯以河南旱災發庫銀十萬兩並撥鄰省銀二十萬兩賑之八月己酉安集延匪犯喀什噶爾吉明等擊走之賽什勒雅泰自殺調奕山爲葉爾羌參贊大臣癸亥以布彥泰赴肅州調度命楊以增署陝甘總督恆春署陝西巡撫甲子以喀什噶爾卡外布魯特安集延匪作亂命布彥泰爲定西將軍奕山爲參贊大臣討之以善燾爲烏里雅蘇台參贊大臣以吉明署葉爾羌參贊大臣戊辰奕湘改杭州將軍調奕興爲盛京將軍以英隆爲綏遠城將軍以河南災廣再撥內帑銀三十萬兩並命戶部撥銀三十萬兩賑之丙子安集延匪圍英吉沙爾城命布彥泰駐肅州遣兵討之是月賑甘肅西寧縣水災緩徵山東樂安等六縣被水額賦並水利等四場竈課九月丁丑朔日食戊寅命文慶張澧中赴河南查賑辛巳吉明等遣兵援喀什噶爾擊安集延匪大敗之乙巳以法蘭西兵船入朝鮮命耆英言於法使令其退兵是月給河南禹州等四十一州縣旱災口糧蠲緩直隸安州等三十六州縣水旱災雹災新舊額賦冬十月辛酉湖南新甯縣猺人雷再浩等作亂陸費瑔等捕討之乙丑上閱健銳營兵戊辰奕山等勦安集延匪于葉爾羌之科熱依瓦特大敗之庚午又敗之於英吉沙爾壬申安集延匪遁走喀什噶爾辦事領隊大臣開明阿等褫職逮問是月蠲緩安徽泗州等三十九州縣水旱災新舊額賦十一月甲申調英隆爲黑龍江將軍成玉爲綏遠城將軍壬辰以張澧中爲山東巡撫乙未湖南新寧賊平庚子湖南道州匪竄廣西灌陽縣命鄭祖琛勦捕

之是月給山西絳州等十一州廳縣口糧蠲緩直隸安州等三州縣山西絳州等十一州廳縣河南禹州等六十四州縣被災新舊正雜額賦十二月戊午湖南乾州廳苗匪作亂命裕泰等勦捕之甲戌召耆英還以徐廣縉署兩廣總督及欽差大臣辦理通商是月給河南祥符等十七縣水災口糧並貸鄭州等倉穀是歲朝鮮琉球來貢

二十八年春正月丁丑加潘世恩太傅寶興太保保昌阿勒精阿李振祜成剛太子太保甲申湖南乾州廳苗匪降命裕泰分別懲辦仍搜餘匪辛卯命廓爾喀使附朝鮮暹羅使筵宴戊戌越南國王阮福曔卒停本年例貢免喀什噶爾民回各戶正雜逋賦是月展賑直隸鹽山等五縣災民給安徽鳳陽等三縣水旱災口糧貸湖南安鄉縣山西寧遠等四廳縣甘肅皋蘭等七縣災民口糧籽種二月壬子吏部尚書恩桂卒文慶罷軍機大臣調爲吏部尚書以麟魁爲禮部尚書桂良改正白旗漢軍都統以惠豐代爲熱河都統以保昌爲兵部尚書壬戌江西長寧崇義兩縣匪作亂命吳文鎔勦捕之甲子以謁陵命睿親王仁壽等留京辦事三月戊寅雲南趙州匪作亂命林則徐勦捕之以奕山爲伊犁參贊大臣吉明爲葉爾羌參贊大臣壬午上謁西陵免經過地方額賦十分之三丙戌上謁泰陵泰東陵昌陵詣孝穆皇后孝慎皇后孝全皇后陵寢奠酒庚寅上還京師癸卯裕誠遷荊州將軍以雙德爲察哈爾都統是月貸山西吉州等七州縣歉收倉穀夏四月戊辰雲南保山匪平辛未廣西灌陽平樂朔縣等縣匪平六月癸卯朔以徐澤醇爲山東巡撫丙午命耆英留京管禮部授徐廣縉兩廣總督欽差大臣辦理通商以葉名琛爲廣東巡撫癸丑調耆英管兵部甲寅上詣黑龍潭祈雨戊辰以傅繩勛爲江西巡撫庚午調吳文鎔爲浙江巡撫秋七月庚寅加林則徐太子太保賞花翎八月丁巳河南巡撫鄂順安褫職以潘鐸代之辛酉俄羅斯商船請在上海貿易却之九月甲戌潘錫恩免以楊以增爲江南河道總督陳士枚爲陝西巡撫召成玉來京以盛壎署綏遠城將軍賑江甯等三府水災乙酉賑湖北水災癸巳召喬用遷來京以羅繞典署貴州巡撫是月給湖南武陵等四縣水災口糧屋費冬十月甲寅文華殿大學士寶興卒丁卯修巴爾楚克城是月賑直隸通州等七州縣安徽無爲等十六州縣水災給安徽和州等十四州縣湖南華容縣岳州衛災民口糧貸湖南安鄉縣澧州災民籽種蠲緩直隸通州等五十二州縣湖北沔陽等三十九州縣衛湖南澧州等九州縣安徽泗州等二十四州縣被災新舊額賦十一月乙亥封故越南國王阮福曔子福時爲越南國王己卯命耆英爲大學士管兵部以琦善爲協辦大學士仍留四川總督任召瑞元來京以慧成爲科布多參贊大臣御史張鴻升請鑄大錢下部議辛巳命定郡王載銓侍郎季芝昌查辦直隸鹽務大學士耆英侍郎朱鳳標查辦山東鹽務丁亥授耆英文淵閣大學士丁酉以托明阿爲綏遠城將軍是月給江西德化等二十縣水災口糧貸湖南提標及常德等協營災區兵餉蠲緩江蘇泰州等七十七州廳縣衛兩淮呂泗等二十場江西德化等二十二縣直隸安州等六州縣水災新舊額賦十二月丙午上詣大高殿祈雪甲寅上詣大高殿祈雪辛酉上詣天壇祈雪壬戌以侍郎陳孚恩前署山東巡撫不收公費賞一品頂戴並御書扁額乙丑以倭什訥爲吉林將軍陝西巡撫成剛爲禮部尚書柏葰爲左都御史丙寅以張祥河爲陝西巡撫是月賑直隸通州等十四州縣災民是歲朝鮮琉球暹羅越南入貢

二十九年春正月癸未以奕格爲烏里雅蘇台將軍辛卯命耆英季芝昌查閱浙江營伍及倉庫是月加賑安徽無爲等十四州縣衛水災給湖南澧州等六州縣安徽和州等十三州縣水災口糧貸江西南昌等十二縣湖南澧州等六州縣水災籽種二月庚子朔日食辛丑命劉韻珂撫恤臺灣北路水災震災丙午諭李星沅辦江蘇賑務辛亥穆彰阿潘世恩陳官俊免上書房總師傅命祁寯藻杜受田爲上書房總師傅受田仍授皇四子讀丙辰四川中瞻對番工布朗結作亂命琦善勦之以裕誠兼署四川總督是月貸江蘇災區京左等八營一季兵餉三月庚寅徐廣縉等奏兵民互相保衛內河外海現飭嚴防英人進省城一事萬不可行諭嘉納之夏四月壬寅李星沅病免以陸建瀛爲兩江總督調傅繩勛爲江蘇巡撫以費開綬爲江西巡撫丙午陸建瀛等奏南漕毋庸改折從之丁未徐廣縉奏英人罷議進城封徐廣縉子爵葉名琛男爵均一等世襲諭嘉獎粵人深明大義閏四月辛未以顏以燠署河東河道總督癸酉調趙炳言爲湖南巡撫以羅繞典爲湖北巡撫辛巳琦善勦中瞻對番敗之壬午以德齡爲葉爾羌參贊大臣五月乙巳移廣東澳門稅口於黃埔己酉雲南騰越廳野夷作亂林則徐討平之己未山西巡撫王兆琛以受賕褫職逮問以季芝昌爲山西巡撫是月貸山東滕縣雹災倉穀六月丙子廣東陽山英德等縣匪平己丑禮部尚書成剛卒庚寅調毓書爲烏魯木齊都統以惟勤爲熱河都統秋七月丙申朔福建閩縣匪林仕等作亂捕誅之戊戌協辦大學士吏部尚書陳官俊卒調賈楨爲吏部尚書以孫瑞珍爲禮部尚書王廣蔭爲左都御史以馮集馨爲湖南巡撫己亥命祁寯藻協辦大學士辛亥命湖南布政使萬貢珍賑武陵等縣被水災民丙辰王兆琛遣戍新疆己未林則徐病免以程矞采爲雲貴總督張日晸爲雲南巡撫降侍郎戴熙三品頂戴休致是月給江西德化等五縣湖南澧州等九州縣衛水災口糧蠲緩江蘇川沙等二十二廳縣新舊額賦八月丁丑陸建瀛奏辦賑及水退情形諭臣民之福即朕之福丙戌召季芝昌來京以龔裕署山西巡撫是月給奉天錦州旗民江西鄱陽等九縣湖南澧州等十州縣衛水災口糧九月甲辰布彥泰病免以琦善署陝甘總督裕誠署四川總督丙午授顏以燠河東河道總督戊申命署吏部右侍郎季芝昌在軍機大臣行走己酉授琦善陝甘總督以徐澤醇爲四川總督陳慶偕爲山東巡撫癸丑雲南保山界外小宇江等處野夷作亂程矞采勦平之戊午命服闋尚書何汝霖仍在軍機大臣上行走是月給貴州桐梓縣水災口糧並蠲緩額賦冬十月庚午以故朝鮮國王李奐子昪襲爵命瑞常和色本往册封甲申大學士潘世恩請開缺命免軍機大臣庚寅以廣福署熱河都統是月給湖南澧州等七州縣山西徐溝縣被災口糧蠲緩直隸薊州等三十七州縣浙江富陽等二十一縣山西薩拉齊等三廳縣被災新舊額賦十一月甲午朔湖南新寧縣匪李沅發作亂命馮德馨勦之丙申太傅予告大學士阮元卒甲辰調龔裕爲湖北巡撫以兆那蘇圖爲山西巡撫乙巳阿哥所火庚戌臺灣嘉義縣匪徒吳吮等作亂捕誅之是月賑江西德化等十四縣水災給齊齊哈爾等六城旗民浙江仁和等八場竈丁口糧蠲緩江蘇泰州等七十三州廳縣衛江西德化等二十一縣被災新舊額賦浙江海沙等十四場竈課十二月庚午湖南道州匪黃三等作亂命裕泰勦之以扎拉芬泰爲塔爾巴哈台參贊大臣辛未皇太后不豫上詣慈寧宮問安自是每日如之甲戌皇太后崩乙亥奉安大行皇太后梓宮於慈寧宮上居倚廬席地寢苫諸王大臣請還宮不允甲申移皇太后梓宮於綺春園迎暉殿自是上居慎德堂苫次乙酉李振祜病免以陳孚恩爲刑部尚書丁亥湖南新寧賊分竄廣西鄭祖琛遣兵防勦是歲朝鮮琉球越南入貢

三十年春正月甲午朔日食丙申以祁寯藻等查覆陝甘總督布彥泰淸查關防不密下部嚴議丁酉以王大臣再請停止親送大行皇太后梓宮諭從之戊戌上大行皇太后尊謚曰孝和恭慈康豫安成熙聖睿皇后庚子上詣迎暉殿孝和睿皇后梓宮前行大祭禮甲辰上詣梓宮前行周月祭禮乙巳尊孝和睿皇后陵曰昌西陵丙午上不豫丁未上疾大漸召宗人府宗令載銓御前大臣載垣端華僧格林沁軍機大臣穆彰阿賽尚阿何汝霖陳孚恩季芝昌總管內務府大臣文慶公啓鐍匣宣示御書皇四子立爲皇太子是日上崩於圓明園慎德堂苫次硃諭封皇六子奕訢爲親王四月甲戌上尊謚曰效天符運立中體正至文聖武智勇仁慈儉勤孝敏成皇帝廟號宣宗咸豐二年二月壬子葬慕陵

論曰宣宗恭儉之德寬仁之量守成之令辟也遠人貿易搆釁興戎其視前代戎狄之患蓋不侔矣當事大臣先之以操切繼之以畏葸遂遺宵旰之憂所謂有君而無臣能將順而不能匡救國步之瀕肇端於此嗚呼悕矣

清史稿　本紀二十

文宗本紀

文宗協天翊運執中垂謨懋德振武聖孝淵恭端仁寬敏顯皇帝諱奕詝宣宗第四子也母孝全成皇后鈕祜祿氏道光十一年六月初九日生二十六年用立儲家法書名緘藏三十年正月丁未宣宗不豫宣召大臣示硃筆立爲皇太子宣宗崩己未上即位頒詔覃恩以明年爲咸豐元年尊皇貴妃爲孝慈皇貴妃追封兄貝勒奕緯奕綱奕繼爲郡王封弟奕訢恭親王奕譞醇郡王奕詥鍾郡王奕譓孚郡王定縞素百日素服二十七月二月戊辰命左都御史柏葰內務府大臣基溥營建昌西陵爲孝和皇后山陵初宣宗遺詔毋庸升配升祔交廷臣議議上詔曰先帝謙讓所不敢從曲體先懷宜定限制即以三祖五宗爲斷嗣後不復舉行湖南土匪李沅發作亂詔惠親王係朕之叔免叩拜禮示敬長親親庚辰勅沿海整頓水師詔責巡緝壬辰大理寺卿倭仁應詔陳言上嘉其直諫三月癸巳朔保昌卒以柏葰爲兵部尚書花沙納爲左都御史壬寅通

政使羅惇衍應詔陳言上優詔答之癸卯副都御史文瑞疏陳四事並錄進乾隆元年故大學士孫嘉淦三習一弊疏禮部侍郎曾國藩疏陳用人三事均嘉納之辛亥濬江蘇白茅河移建海口石牐於老牐橋壬戌禮親王全齡薨子世鐸襲夏四月乙丑俄羅斯請於塔爾巴哈台通商允之己巳內閣學士車克慎疏陳敬天繼志用人行政凡十條優詔答之癸酉戶部疏陳整頓財政臚陳各弊得旨實力革除庚辰英吉利國船至江蘇海口遞公文卻之乙酉船至天津五月丙申起碇南旋丁酉詔曰州縣親民之官責任綦重近年登進冒濫流品猥雜多倚胥吏而朘閭閻民生何賴焉督撫大吏其加意考察荐進廉平勤斥貪茸庶民困漸蘇以副朕望獲湖南逆首李沅發解京誅之詔鄭祖琛廣西會匪四起應時捕勦疏報勿得諱飾辛亥改山東登州鎭爲水師總兵兼轄陸路癸丑詔東南兩河勘籌民堰甲寅以固慶爲吉林將軍六月癸亥永定河溢大學士潘世恩致仕食全俸以祁寯藻爲大學士杜受田協辦大學士孫瑞珍爲戶部尚書王廣蔭爲兵部尚書季芝昌爲左都御史甲戌除甘肅民番升科畸零地銀甲申勑督撫舉劾屬員臚列事實勿以空言是月廣東花縣人洪秀全在廣西桂平縣金田起事秋七月辛卯勑沿海督撫籌防海口丙辰尚書文慶坐延請妖人薛執中治病免八月丁卯洪秀全竄修仁荔浦勑鄭祖琛勦之調向榮爲廣西提督勦賊甲申詔曰各省糾衆滋事重案層見疊出該地方官所司何事即如河南捻匪結黨成羣甚至擾及鄰省橫行刼掠自應合力捕治淨絕根株若封疆大吏玩縱於前復諱飾於後以致釀成鉅患朕必將該督撫從重治罪凛之九月丙申以廣西賊勢蔓延調湖南雲南貴州兵各二千赴勦並勸諭紳民舉辦團練辛丑命林則徐爲欽差大臣勦賊廣西甲辰以廣東游匪滋事命徐廣縉勦之丙午大行梓宮發引辛亥暫安宣宗成皇帝於隆恩殿冬十月壬午以彌縫釀患奪鄭祖琛職林則徐署廣西巡撫甲子永定河漫口合龍丙戌詔曰大學士穆彰阿柔佞竊位傾排異己沮格戎機罔恤國是即行褫職協辦大學士耆英無恥無能降員外郎頒示中外以賽尚阿協辦大學士十一月戊戌以奕山爲伊犂將軍庚子欽差大臣林則徐道卒以周天爵署廣西巡撫命前兩江總督李星沅爲欽差大臣赴廣西勦賊乙巳勑各省藩庫積存雜款撥充軍需暫緩開捐劉韻珂免以裕泰爲閩浙總督程矞采爲湖廣總督吳文鎔爲雲貴總督獲廣西匪首鍾亞春誅之十二月己巳孝德皇后冊謚禮成追封后父富泰爲三等公勑奕山酌定俄羅斯通商條例以聞庚午勑江蘇四府漕糧暫行海運甲戌向榮勦賊橫州敗之己卯卹廣西陣亡副將伊克坦布等世職丙戌祫祭太廟是歲免直隸浙江湖南等省六十七州縣災賦有差朝鮮琉球入貢

咸豐元年辛亥春正月戊子朔御太和殿受朝賀詔直省查明道光三十年以前正耗錢糧實欠在民者開單請旨命賽尚阿爲大學士壬寅上謁慕陵行周年大祭禮庚戌還京辛亥詔翰詹諸臣分撰講義進呈給事中蘇廷魁疏請推誠任賢愼始圖終上嘉納之二月乙丑詔免直省民欠錢糧已入奏銷者及於江蘇民欠漕糧悉予蠲免杜受田疏陳整軍威募精勇勸鄉團察地形四事發軍前大臣庚午李星沅奏勦賊金田獲勝己卯詔曰今年節過春分寒威未解朕返躬內省未能上感天和因思去冬禮部彙題烈婦一本內閣票擬雙籤遂用不必旌表之籤發下該烈婦等舍生取義足激薄俗而重綱常所有烈婦彭氏等三十七口准其一體旌表以慰貞魂命廣州副都統烏蘭泰帶所製軍械赴廣西勦賊三月丙申命大學士賽尚阿佩欽差大臣關防馳往湖南辦理防堵都統巴清德副都統達洪阿隨往庚子上御紫光閣閱射辛丑御拱辰殿步射閱大臣侍衛射己酉河南巡撫潘鐸奏拿獲捻匪姚經年二百餘名庚戌調廣東湖南四川兵赴廣西助勦壬子發內帑銀一百萬兩備廣西軍儲發四川倉穀碾運湖南夏四月戊午命賽尚阿馳赴廣西接辦軍務己未命戶部左侍郎舒興阿爲軍機大臣庚申上御乾清門聽政卹廣西中伏陣亡副將齊清阿等世職詔以李星沅等毫無成算中賊奸計切責之以鄭祖琛養癰貽患遣戍伊犂丙寅周天爵奏洪秀全等衆皆散處山險路熟伺間衝突即敗不足以大創此時兵力不足專飭防守須兵有餘力乃可連營偪勦得旨務當嚴防勿令竄逸賽尚阿師行賜遏必隆刀命天津鎭總兵長瑞涼州鎭總兵長壽從征庚午免直隸道光三十年民欠錢糧周天爵奏劾右江鎭總兵惠慶右江道慶吉勦賊不力均奪職甲戌李星沅奏勦滅上林墟會匪癸未李星沅卒烏蘭泰奏四月初三日抵武宣軍營查詢賊勢類皆烏合惟武宣東鄉會匪有衆萬餘蓄髮易服有僞王僞官名目實廣西腹心之患得旨賊情狡獪務當持重五月戊子周天爵奏武宣東鄉逸賊竄入象州詔切責之各予薄譴詔湖南提督余萬清協同堵勦庚寅卓秉恬奏請行堅壁清野之法下賽尚阿及督撫知之甲午周天爵奏勦平泗城股匪陳亞等投誠追賊入合浦丁酉烏蘭泰奏四月十七日馳至象州堵截逸賊甲辰陝甘總督琦善以勦辦番族率意妄殺奪職逮問乙巳以季芝昌爲閩浙總督以戶部尚書裕誠協辦大學士己酉詔停中外一切工程命工部右侍郎彭蘊章爲軍機大臣乙卯上詣大高殿祈雨六月丁巳賽尚阿報抵長沙詔曰象州之賊宜重兵合圍分竄南寧太平之賊應分兵追勦其尚審度地勢人材聯絡布置糧台尤關緊要並宜分置以利轉輸丙寅烏蘭泰奏五月初十日賊陷貴州兵營當日奪回其南山屯集之賊亦經迎擊南竄陣亡官十五員兵二百餘名附單請卹首先敗退之貴州參將佟攀梅等褫職辛未撥江海關稅銀十五萬兩解備湖北過境兵差乙亥賽尚阿奏六月初四日馳抵桂林通籌全局上嘉其均合機宜丁丑河南南陽捻匪四出滋擾詔所司捕之辛巳西寧番匪搶掠勑薩迎阿遣將勦捕秋七月丙戌賽尚阿奏賊由象州回竄東鄉派兵堵勦庚寅御史焦友瀛疏言吏治因循宜綜覈名實得旨如果牧令得人何至奸宄潛聚釀成巨患嗣後有似此者惟督撫是問庚子賽尚阿奏進勦新墟賊匪七戰皆捷賞還烏蘭泰秦定三花翎命湖廣四川督撫嚴查會匪教匪丁未勑南河歲修工程以三百萬爲率己酉賽尚阿奏查明軍將功過烏蘭泰先勝後敗由於猛追中伏賊人壅流設伏後軍死流湍者百餘向榮初到桂時連獲勝仗每勝賞兵銀人各一兩李星沅既至減爲三錢衆兵譁然誓不出戰現已分別汰除務知持重安徽巡撫蔣文慶奏壽州匪犯程六麻與合肥捻匪高四八作亂庚戌調鮑起豹爲湖南提督榮玉材爲雲南提督重綸爲貴州提督八月乙卯賽尚阿奏進勦新墟賊巢奪貼豬仔峽雙髻山得旨嘉獎乙丑山東巡撫陳慶偕奏登州水師船被賊擄副將落水得旨速往追勦並勑奕興訥爾經額嚴防海口禮部尚書惠豐卒閏八月甲申朔新墟衆首洪秀全陷永安州踞之僭號太平天國陸建瀛奏請禁天主教得旨與外夷交涉當愼之於始原約所有者仍應循守舊章戊子程矞采奏陽山賊匪竄撲宜章乳源飭總兵孫應照往勦予廣西殉難巡檢馮元吉世職建祠其子尉溥附祀甲午南河豐北三堡河決庚子定考試軍機章京例壬寅賽尚阿奏新墟賊翻山竄出陷永安州詔切責之下部議處己酉命河北鎭總兵董光甲鄖陽鎭總兵邵鶴齡馳赴廣西勦賊庚戌常大淳奏盜船在石浦肆刼知府羅鏞擊走之辛亥以舒興阿爲陝甘總督九月庚午賽尚阿奏巴清德向榮託病諉卸進兵遲延得旨均奪職自劾丙子詔議河海並運漕米章程冬十月戊戌勑建定海陣亡總兵葛雲飛鄭國鴻專祠十一月己卯葉名琛奏勦辦英德賊匪淨盡加太子少保十二月丁酉賽尚阿奏向榮進紮龍眼塘己酉陸建瀛奏海盜布興有繳械投誠撥營安插庚戌祫祭太廟是歲普免道光三十年以前民欠錢糧又免直隸六十一州縣民欠旗租浙江五十一州縣帶徵銀米又免奉天十五廳州縣吉林四城黑龍江一城湖南七廳州縣災賦又免浙江福建鹽場欠課又免廣西被賊八十六州縣額賦朝鮮琉球入貢

二年壬子春正月壬子朔封奕劻貝子奉慶親王永璘祀乙卯以裕誠爲大學士訥爾經額協辦大學士禧恩爲戶部尚書壬戌賽尚阿奏距永安州城三里安營督戰辛未命侍郎全慶副都統隆慶冊封朝鮮國王妃二月丁亥陳慶偕病免以李僡爲山東巡撫辛丑上詣西陵三月壬子大葬宣宗成皇帝於慕陵丁巳上還京恭奉宣宗成皇帝孝穆孝愼孝全三皇后神牌升祔太廟頒詔覃恩庚申鄒鳴鶴奏永安踞匪全數東竄烏蘭泰追賊不利總兵長瑞長壽董光甲邵鶴齡均死之得旨賽尚阿等下部議處勑程矞采派兵在湖南防堵卹長瑞等四總兵世職建祠廣州副都統烏蘭泰卒於軍贈都統照陣亡例賜卹丙子卹廣西死事副將阿爾精阿等世職庚辰內閣學士勝保疏言遊觀之所煥然一新小民竊議有累主德上優容之夏四月壬午常雩祀天於圜丘恭奉宣宗成皇帝配享甲申府尹王慶雲疏陳河東鹽務永禁簽商可募鉅款下部議行丙戌上謁慕陵行釋服禮命徐廣縉爲欽差大臣接辦廣西軍務辛卯程矞采奏郴州匪徒劉代偉作亂參將積拉明捕誅之癸巳常大淳奏鹽梟拒捕戕斃副將張蕙知縣德成經提督善祿知府畢承昭派兵攻擊斬擒百餘餘匪逃散予張蕙德成世職太僕寺少卿徐繼畬疏陳釋服之後宜防三漸一土木之漸一宴安之漸一壅蔽之漸得旨置諸座右時時省覽己亥減乾隆朝所增名糧兵六萬六千餘名庚子程矞采奏洪秀全撲全州進撲永州分股竄永福義寧檄提督鮑起豹劉長清分禦之並咨照賽尚阿一同堵禦辛丑特登額免以桂良爲兵部尚書乙巳賜章鋆等二百三十九人進士及第出身有差琦善遣戍吉林丙午鄒鳴鶴以留兵守城不令追賊奪職以勞崇光爲廣西巡撫己酉命截留漕米六十萬石分運江蘇山東備賑五月辛亥布彥泰奏庫存回布四十萬匹請變通折征允之甲寅夏至祭地於方澤恭奉宣宗成皇帝配享庚申賊陷湖南道州賽尚阿留守桂林檄江忠源張國樑移兵湖南六月甲申查辦

山東賑務杜受田怡良疏言漕船入東先行起卸以資散放丙戌命賽尚阿赴湖南督辦軍務徐廣縉接辦廣西軍務丁亥策立皇后鈕祜祿氏癸巳僧格林沁奏劾御前大臣鄭親王端華修改大考侍講學士保清試卷阻止不聽驕矜亢愎難與共事詔端華退出御前大臣保清褫職戊戌以慧成爲河東河道總督秋七月己未廣東羅鏡凌十八股匪勦平上嘉獎之烏什辦事大臣春熙奏回匪鐵全庫黑霍卓竄擾烏什官兵擊退詔參贊詳査以聞甲子詔軍務未竣需材孔亟其有知兵之人所在保舉錄用詔直省修整城垣丙寅協辦大學士杜受田卒丁卯羅繞典奏行抵長沙聞知賊由道州竄出江華永明桂陽嘉禾誠恐衡郡有失省垣亦應預防得旨即妥籌辦理戊辰給事中袁甲三劾定郡王載銓尚書恒春侍郎書元迭査有迹各予譴責其題詠載銓息肩圖各員並下部議處庚午奕山布彥泰奏回匪倭里罕糾約布魯特奕入卡倫官兵擊卻之壬申洪秀全攻陷郴州甲戌常大淳奏岳州宜籌防堵詔徐廣縉撥兵前往以麟魁爲刑部尚書八月己卯朔向榮以稱病規避奪職遣戍新疆尋留軍自効以福興爲廣西提督癸未初舉經筵甲申詔湖廣督撫湖南之洞庭湖湖北之大江均有捕魚小船及經商大船數千百隻亟宜收集免爲賊用其各船水手習於風濤堪充水勇其即留心招集己丑羅繞典駱秉章奏賊匪陷安仁攸縣進圍省城勅賽尚阿速解省圍庚寅命廷臣會籌軍儲調常大淳爲山西巡撫以羅繞典爲湖北巡撫張芾署江西巡撫甲辰命暫免四川江西商販運往湖北米稅調福建浙江兵一千名赴江西防堵九月己酉詔賽尚阿視師無功貽誤封疆褫職逮問籍其家辛亥以載銓爲步軍統領以訥爾經額爲大學士禧恩協辦大學士甲寅獲西寧番賊阿里克公住斬之命駱秉章暫留湖南會辦戊午上謁東陵卹湖南陣亡總兵福誠等世職己未常大淳奏賊將北竄防禦兵單命徐廣縉撥兵赴岳州助防丁卯上還京冬十月辛巳上臨贈大學士杜受田第賜奠加其父杜堮禮部尚書銜甲申黃宗漢奏請浙江新漕改由海運從之壬辰季芝昌免以吳文鎔爲閩浙總督十一月丁未朔日有食之丁巳賊陷岳州戊午起琦善署河南巡撫辛酉詔徐廣縉分兵防守武昌漢陽荆州陸建瀛蔣文慶各就地勢扼要嚴防癸亥以賊近湖北勅琦善嚴防河南邊境詔張芾嚴防沿江要隘甲子以文慶爲戶部尚書癸酉賊陷漢陽命陸建瀛馳赴上海防堵乙亥復向榮提督銜詔在籍侍郎曾國藩督辦團練調福珠洪阿爲江南提督十二月丁丑勅各省紳士在籍辦理團練命四品京堂勝保從軍河南癸巳賊陷武昌巡撫常大淳死之上切責督軍大臣不籌全局擁兵自衛逮徐廣縉治罪以向榮爲欽差大臣督辦軍務張亮基署湖廣總督以葉名琛爲兩廣總督柏貴爲廣東巡撫癸卯向榮奏賊連陷武漢搭有浮橋必須多備砲船將橋焚毀方可進勦得旨刑部郎中盧應翔所帶砲船暫在長沙擊賊即迅赴軍前甲辰吉林黑龍江徵兵到京得旨每起間二日起行帶兵官嚴守紀律不得多索車輛騷擾驛站給祭太廟是歲免直隸四十二州縣山西一府災賦浙江四十八州縣緩徵銀米各有差朝鮮暹羅入貢

三年癸丑春正月丁未調青州副都統常青兵移防豫楚戊申張亮基奏賊目蕭朝貴實在長沙城外轟斃起獲尸身驗明梟剉己酉蔣文慶奏城薄兵單移調東西粱山兵勇來城防禦癸丑向榮奏武昌踞賊擡砲上船意欲逃竄陸應穀奏偵得賊匪開年有東竄安慶江寧之信勅向榮多方偵備迎擊兜勦甲寅勅步軍統領前鋒統領整備軍實盤詰奸宄甲子賊陷九江陸建瀛退守江寧賽尚阿論斬革其子崇綺等官職丁卯命工部左侍郎呂賢基回安徽辦防加周天爵侍郎銜會辦防務壬申陸建瀛褫職逮問以祥厚爲欽差大臣癸酉以山西陝西四川三省紳民捐輸軍餉加鄉試中額生員學額甲戌賊陷安慶蔣文慶死之命周天爵署安徽巡撫予江西陣亡總兵恩長世職二月丙子朔詔京師八旗營兵十五萬之多該管大臣勤加訓練贈卹湖北殉難學政馮培元加侍郎謚文介布政使梁星源謚敏肅按察使瑞元謚端節及知府以下官各予世職建專祠提督雙福總兵官王錦繡附常大淳祠丁丑釋奠先師孔子遣少卿雷以誠侍講學士晉康往南河少詹事王履謙赴東河會辦防務癸未上臨雍講學加衍聖公孔繁灝太子太保丁亥勅文臣三品以上養廉以四成武臣二品以上以二成充軍餉戶部請辦商捐戶輪上不許壬辰賊陷江寧將軍祥厚提督福珠洪阿等死之以怡良爲兩江總督命慧成馳赴江南防勦調托明阿爲江寧將軍文斌爲綏遠城將軍瑞昌爲杭州將軍鄧紹良爲江南提督丙申命琦善會防淮揚勅湖北行鹽暫用川鹽二千引勅李僡査拿山東兗沂曹三府捻匪命內閣學士勝保幫辦江北防務三月乙巳賊陷鎭江揚州丙午孝和睿皇后升祔太廟辛亥上耕耤田壬子命湖北按察使江忠源幫辦江南軍務丙辰勅侍郎奕經統密雲兵赴山東會防丁巳勅各省團練格殺土匪勿論以駱秉章復爲湖南巡撫勅江寧布政使陳啓邁在徐州設立糧台庚申向榮擊賊於江寧敗之以施得高爲福建水師提督壬戌以廬州爲安徽省會周天爵勦賊妥速琦善進攻連獲勝仗均嘉賚之勅直隸奉天備防海口丙寅向榮奏迭勝城賊進據鍾山上優獎之命奕經托明阿赴淸江防勦命瑞昌統盛京兵赴淮徐會防恩華統吉林兵駐防直隸辛未勅廣東招募紅單船遴將帶赴江南勦賊以羅濟爲漕運總督夏四月庚辰日見黑暈己丑賊陷浦口滁州甲午命琦善統制江北諸軍逮治楊文定庫倫喀爾喀蒙古哲布尊丹巴喇嘛進馬三千匹及西林盟長進馬均溫諭止之己亥賜孫如僅等二百二十二人進士及第出身有差癸卯賊陷鳳陽安徽捻匪竄擾蒙城五月戊申始製銀鈔壬子王懿德奏海澄會匪陷同安安谿廈門嚴飭之周天爵奏收復鳳陽癸丑李嘉端奏金陵賊船上竄得旨此與向榮疏報不同令確切査探駱秉章奏江西上猶縣匪首劉洪義聚衆在桂東滋擾毘連廣東湖南得旨三省會勦丙辰陸應穀奏亳州失守賊撲汴梁勅江忠源馳赴河南勦賊王懿德奏漳州鎭道被賊戕害永安沙縣先後失守丁巳命勝保統兵馳赴河南戊午釋賽尚阿徐廣縉於獄從軍自効楊殿邦但明倫均留淸江浦辦防周天爵奏鳳陽逸匪竄擾而西即日赴援得旨周天爵素稱勇敢所保臧紆青練勇可當一面獨不能與賊決一死戰耶陸應穀恩華奏竄賊由曹河搶渡犯及山東得旨調陝西兵應援仍令固守潼關門戶賊陷歸德己未賊復陷安慶詔江忠源防守九江徵蒙古兵及其所進馬五千匹集於熱河壬戌詔以賊匪北竄勸諭北地紳民練團自衛如能殺賊出力並與論功命僧格林沁花紗納達洪阿穆蔭督辦京城巡防癸亥以許乃普爲刑部尚書翁心存爲工部尚書甲子以河南兵民固守省城優詔嘉勉丁卯命訥爾經額防守河北桂良赴保定辦理防守己巳開封解嚴賊南竄中牟朱仙鎭勅托明阿等追之辛未始鑄當十大錢六月乙亥福建紳商克復漳州優詔嘉之查明給獎戊寅河南賊犯汜水分股渡河陷溫縣托明阿擊之復汜水己卯金陵賊船上陷南康進圍南昌辛巳溫縣紳勇敗賊復其城復會官軍敗賊於武陟命訥爾經額爲欽差大臣督辦河南河北軍務恩華托明阿副之黃河再決豐北甲申雲南東川回匪作亂福建台灣土匪作亂戊子美國使人求入覲詔止之河南賊圍懷慶官軍解許州圍賊走羅山福建官軍收復永安沙縣托明阿等敗賊於懷慶乙未鎭江官軍失利奪提督鄧紹良職以和春署江南提督戊戌優卹揚州攻城傷亡總兵雙來世職銀兩廣西全州土匪作亂秋七月甲辰朔廣西土匪陷興安靈川分撲桂林官軍敗之復靈川興安丙午勅慧成回淸江浦防勦丁未命勝保幫辦河南軍務丙辰勅東南河臣收撤渡船防賊偷渡卹江西陣亡總兵馬濟美世職丁巳詔江西湖廣新漕折價解京辛酉賊竄湖北安徽勅怡良於上海設關收稅癸亥卹提督福珠洪阿世職甲子詔紳士辦團禦賊捐軀者一體恩卹乙丑福建官軍復尤谿八月丙子官軍解懷慶圍賊竄山西戊寅調吳文鎔爲湖廣總督裕瑞爲四川總督樂斌爲成都將軍庚辰賊陷垣曲癸未李僡卒以張亮基爲山東巡撫駱秉章授湖南巡撫甲申江西賊陷饒州郡城吉安土匪遙應之丙戌賊陷絳縣曲沃進圍平陽哈芬免以恒春爲山西巡撫庚寅賊陷平陽勝保兵至敗之復平陽賊由洪洞東竄癸巳命勝保爲欽差大臣賜神雀刀恩華托明阿副之丁酉托明阿敗賊於陳留九月癸卯朔再敗之潞城黎城賊竄直隸入臨洺關奪訥爾經額職逮問以桂良爲直隸總督丙午賊陷柏鄉江西南昌圍解賊復竄踞安慶丁未調魁麟爲禮部尚書花沙納爲工部尚書以勝保爲漢軍都統江蘇土匪陷淸浦寶山官軍復之戊申命截留漕糧備山東災賑以軍務方急緩修豐北河工辛亥命惠親王爲奉命大將軍賜銳捷刀科爾沁郡王僧格林沁爲參贊大臣賜納庫尼素刀恭親王奕訢定郡王載銓內大臣壁昌會辦巡防乙卯賊由趙州稾城陷深州命於河間涿州通州設防辛酉李嘉端罷以江忠源爲安徽巡撫甲子僧格林沁復深州丙寅陸應穀罷以英桂爲河南巡撫己巳周天爵卒於軍辛未賊陷獻縣交河滄州進撲天津知縣謝子澄督帶練勇迎擊死之所部敗賊三十里特贈謝子澄布政使並建祠優獎練勇警聞京師戒嚴僧格林沁駐軍於武淸冬十月甲戌命曾國藩督帶練勇赴湖北勦賊丙子賊陷黃州漢黃德道徐豐玉死之連陷漢陽進圍武昌丁丑賊踞獨流鎭勝保督軍至連擊敗之戊寅命恭親王奕訢在軍機處行走解麟魁軍機大臣以瑞麟穆蔭爲軍機大臣乙卯加給事中袁甲三三品卿銜勦辦安徽捻匪壬辰武昌解嚴江忠源赴皖命署臬司唐樹義江面勦賊癸巳賊陷桐城戊戌豫征山西陝西四川三省糧賦尋止之十一月壬寅朔以王慶雲爲陝西巡撫丙午福建官軍克復厦門安徽賊陷舒城辦團大臣侍郎呂賢基死之庚戌賊陷儀徵癸丑命侍郎曾國藩督帶水師勦賊安徽丁卯勝保勦賊獨流不利陣歿副都統佟鑑贈將軍賜卹十二月甲戌揚州賊潰圍出官軍復其城琦善慧成

等均褫職從軍。乙亥，詔以黃州賊麕集，飭吳文鎔出省勦賊。戊子，琦善復儀徵。己丑，賊陷廬州，江忠源死之。以福濟爲安徽巡撫，邵燦爲漕運總督。丙申，以侍郎杜翰爲軍機大臣。翁心存罷，以趙光爲工部尚書。己亥，祫祭太廟。是歲，免奉天、直隸、山東、山西、浙江、湖北、湖南、廣西、雲南、甘肅等省三百四十四廳州縣衞災賦，又免甘肅中衞地震銀糧草束各有差。朝鮮、琉球、暹羅、越南、緬甸、南掌入貢。

四年甲寅春正月辛丑朔，蒙古各盟長親王郡王迭次報効軍需銀兩，溫旨嘉獎，均卻還之。乙巳，撥內庫銀三十萬兩解赴勝保軍營。庚戌，官軍克獨流鎭，踞匪回竄。壬子，張芾罷，以陳啟邁爲江西巡撫。王履謙疏陳河南吏治廢弛，軍需浮冒，河工糜費，下英桂查覆。丙辰，浙江海運漕米改由劉河口放洋，命江蘇派員設局。己未，命福濟經理淮北鹽務。以王懿德爲閩浙總督，呂佺孫爲福建巡撫。辛酉，袁甲三疏請事關籌饟由軍機處徑交所司，勿發內閣，從之。乙丑，命廣東購辦夷砲運赴武昌。丙寅，賊踞東村，嚴詔僧格林沁、勝保迅速勦擒。丁卯，湖北進攻黃州兵潰，總督吳文鎔、署按察使前布政使唐樹義死之。戶部議覆四川學政何紹基捐廉疏，上違式用駢文，上責祁寯藻曰：「當閱何紹基疏時，卿亦議其迂拘，何爲尤而效之？大學士管部乃不能動司官稿一字乎？」賊竄獻縣東城莊，僧格林沁、勝保合軍擊之，賊竄陷阜城，分股竄山東。己巳，江蘇六合縣紳團力保危城，詔嘉之，免一年錢糧。二月丁丑，上御經筵。己卯，許乃普罷直南書房，降內閣學士。以朱鳳標爲刑部尚書，周祖培爲左都御史，起翁心存爲吏部左侍郎。辛巳，以台湧爲湖廣總督。壬午，曾國藩奏統帶水陸師萬七千人自衡州起程，馳赴湖北。癸巳，奕興罷，以英隆爲盛京將軍。曾國藩疏請前巡撫楊健之孫楊江捐銀二萬兩，准楊健入祀鄉賢祠，得旨：「楊健係休致之員，鄉賢鉅典非可以捐納得之，曾國藩不應遽爲陳請。」下部議處。軍興以來，饟空事棘，而帝於名器猶慎之如此。予殉難安徽布政使劉裕鈖世職，諡勤壯。癸未，前協辦大學士湯金釗、兵部尚書特登額重宴鹿鳴，加宮銜，賜御書匾額。丙戌，張亮基奏獲戕害大員之賊目王小湧，摘心遙祭，得旨即傳知佟鑑、謝子澄家屬告祭。命托明阿幫辦僧格林沁軍務。癸巳，以青麐爲湖北巡撫，崇綸丁憂，仍同守城。戊戌，張亮基奏捻賊渡河，由豐縣竄入單縣，官兵迎擊獲勝，復陷金鄉。三月庚子朔，張亮基奏賊陷鉅野、鄆城。辛丑，命載齡帶兵一千駐防河間，桂良、台祿帶馬步兵千五百駐防德州。駱秉章奏賊陷岳州，曾國藩回省防堵，留候補道胡林翼楚南勦賊。壬寅，賊陷陽穀，知縣文穎蒞任五日，死之，優卹建祠。甲辰，賊由陽穀、冠縣竄至清河之小灘，又分竄至臨清之李官屯。乙巳，命勝保迎擊山東竄賊，布政使崇恩奏帶兵扼守臨清州。辛亥，上耕耤田。丁巳，賊陷臨清，越十日，官軍復之，潰匪南竄，勝保追擊。曾國藩奏勦賊岳州失利，回守長沙，下部議處。夏四月庚辰，順承郡王春山薨。阜城賊竄連鎭，僧格林沁追擊圍之。壬午，勝保奏馬隊追勦臨清潰匪全數殄滅，得旨嘉獎，加太子少保，德勒克色楞、善祿黃馬褂。己丑，予告大學士潘世恩卒。內大臣壁昌卒。辛卯，鮑起豹罷，以塔齊布署湖南提督。曾國藩奪職勦賊。曾國藩克復湘潭，塔齊布、彭玉麟、楊載福勦賊大勝，靖港賊退。五月己亥朔，葛雲飛祠成，賜御書匾額。廓爾喀國王表請出兵勦賊，溫詔止之。辛丑，孫瑞珍免，以朱鳳標爲戶部尚書，趙光爲刑部尚書，彭蘊章爲工部尚書。副都統綿洵追賊於豐縣，敗之，賜巴圖魯勇號。乙巳，連鎭賊首李開方竄陷高唐州，勝保督兵追之。壬申，上祈雨大高殿。丁巳，祈雨天神壇。庚申，荊州將軍官文奏官軍收復監利縣、宜昌府城。勅塔齊布統軍赴湖北勦賊。前湖北巡撫崇綸以託病奪職。壬戌，雨。癸亥，和春、福濟奏收復安徽六安州城。六月戊辰朔，賜臨清、冠縣被賊難民一月口糧。江西賊竄湖北德安。庚辰，許乃釗免，以吉爾杭阿爲江蘇巡撫。詔曰：「中國海口除通商五口外，夷船向不駛入，近日乃有闌入金陵、鎭江之事，意欲何爲？葉名琛即向各國夷酋止言阻止。」辛巳，詔直省團練殺賊者建立總坊，入祀忠義祠，婦女遇難捐軀者入祀節孝祠。癸未，賊陷武昌，台湧罷，以楊霈爲湖北巡撫，署總督。命曾國藩由岳州進勦，英桂赴信陽防堵。副都統達洪阿卒於軍，贈都統。辛卯，勅葉名琛勦捕廣東會匪盜船。鑄鐵錢、鉛錢。秋七月辛丑，湖北賊陷岳州，連陷常德。壬子，詔青麐棄城逃走，遠赴長沙，飭官文傳旨正法。副都統特爾清額卒於軍。庚申，湖南水師克復岳州。予革職侍郎曾國藩三品銜，命道員胡林翼攻勦常德。壬戌，楊霈奏克復沔陽，賊陷安陸。閏七月戊辰，湖北官軍克復安陸。丁丑，欽差大臣琦善卒於軍，以托明阿爲欽差大臣，督辦揚州軍務。庚辰，楊霈奏克復京山、孝感、天門、黃陂、麻城等城。向榮奏官軍收復高淳。丙申，和春奏克復太平。八月庚子，官文奏連復嘉魚、蒲圻。癸卯，廣東土匪陷肇慶，調湖南、福建兵勦之。甲寅，湖南官軍由城陵磯進攻通城。癸亥，英、美二國兵船抵天津海口，命桂良蒞事。九月辛未，湖北、湖南官軍攻克武昌、漢陽。授楊霈湖廣總督，曾國藩以二品銜署湖北巡撫，塔齊布賜黃馬褂，李孟羣、羅澤南、李續賓並陞敘有差。殉難布政使岳興署按察使李卿穀均予諡建祠。壬午，湖北官軍克復黃州。命曾國藩以兵部侍郎銜會塔齊布督軍東下。甲申，裕瑞罷，以黃宗漢爲四川總督，何桂清爲浙江巡撫。戊子，安徽官軍收復廬江。乙未，魏元烺卒，以翁心存爲兵部尚書。冬十月丙辰，以花沙納爲吏部尚書，全慶爲工部尚書，領國子監，調文慶爲滿洲都統，奕興爲漢軍都統，奕山爲內大臣。丁巳，曾國藩奏水陸軍攻半壁山賊，斃賊萬餘。戊午，以扎拉芬泰爲伊犂將軍。甲子，曾國藩等奏攻克田家鎭，予楊載福、彭玉麟升敘。湖北軍收復蘄州。十一月丁丑，上詣大高殿祈雪。庚辰，楊霈奏克復廣濟、黃梅。戊子，羅繞典卒，以恒春爲雲貴總督，王慶雲爲山西巡撫，吳振棫陝西巡撫。綏遠城將軍善祿卒於軍。庚寅，大學士、軍機大臣祁寯藻致仕，以賈楨爲大學士，翁心存爲吏部尚書，周祖培爲兵部尚書，許乃普爲左都御史。癸巳，湖北賊陷安徽英山，安慶賊竄九江、湖口及於吳城。十二月乙未，曾國藩奏攻克小池口，上嘉獎之，賜狐腋黃馬褂。戊戌，和春奏克復英山，以克復英、霍兩縣均資民力，免三年漕糧。辛丑，袁甲三奏舉人臧紆青進攻桐城，力竭陣亡，贈三品銜，予世職。乙卯，封奕紀之子載中貝勒，嗣隱志郡王，改名載治。貴州官兵擊賊敗之，解興義城圍。辛酉，安徽官軍克復含山。僧格林沁奏攻毀西連鎭賊巢。癸亥，祫祭太廟。是歲，免河南、山東、山西、福建、湖南、廣西等省一百二十九州縣，又廣西土州縣十二災賦有差。朝鮮、琉球入貢。

五年乙卯春正月己巳，四川官軍克復貴州桐梓。壬申，貴州官軍勦匪雷台山，擒匪首陳良模。甲戌，以江浙漕米不敷京倉支放，命怡良開辦米捐解京。戊寅，吉爾杭阿奏克復上海縣城，詔嘉獎之。辛巳，湖北賊由黃梅回竄漢口，楊霈退守德安，奪職仍留任。癸未，江西官軍克復武甯。乙酉，僧格林沁奏攻克連鎭，首逆林鳳祥就擒，封僧格林沁親王，移軍山東，攻勦高唐踞匪。欽差大臣勝保師久無功，褫職逮問。丙戌，浙江樂淸土匪滋事，勦平之。敘連鎭功，西淩阿、瑞麟、慶祺、綿洵、拉木棍布扎布、棍楚克林布各予優賚。二月甲午朔，王懿德奏夷商來閩販茶，租賃民房久居，藉收茶稅，從之。以法將剌尼樂助攻上海，賚綢四端、銀一萬兩，從吉爾杭阿請也。己亥，上御經筵。僧格林沁奏克復高唐州，餘匪竄入馮官屯。辛丑，福建匪徒作亂，勦平之。戊午，鄂賊北竄，勅僧格林沁調撥馬步兵三四千赴河南助防。三月甲子，廣東官軍復海豐。晥賊陷徽州。乙丑，上謁西陵。賊陷武昌，巡撫陶恩培死之，以胡林翼署湖北巡撫。辛未，上還京。辛卯，貴州匪首楊鳳捕誅，餘匪平。夏四月乙未，安徽官軍收復婺源。以額駙景壽爲御前大臣。丁未，江西賊陷廣信。庚戌，僧格林沁等奏攻克馮官屯賊巢，擒獲首逆李開芳，餘匪盡殲，得旨欣慰，僧格林沁即以親王世襲，許乘肩輿，德勒克色楞加貝勒銜，餘各陞敘。江西官軍復弋陽。浙江賊陷開化。己未，西安將軍扎拉芬在湖北勦賊陣亡，優卹之。褫楊霈職，以官文爲湖廣總督，綿洵爲荊州將軍，瑞麟爲西安將軍，以西淩阿爲欽差大臣，赴湖北勦賊。庚申，江西官軍復饒州、廣信及興安。辛酉，廣東官軍勦匪獲勝，水陸股匪悉平。五月丙寅，卹福建陣亡知縣高鴻飛，入祀京師昭忠祠，並於台灣建祠。丁卯，向榮奏勦賊三山，勝之。戊辰，廣東官軍復河源等縣，殲賊於三水。辛未，上御乾淸門，奉命大將軍惠親王綿愉、參贊大臣親王僧格林沁恭繳大將軍印、參贊關防。壬申，詔曰：「興辦團練，原以保衞鄉閭，而河南迭有抗糧抗官之事，似此相率效尤，流弊甚大，各督撫其尙加意整頓，勿令日久釀患。」是時山東已有黑團之害，尙未上聞，其後卒以兵力平之。乙亥，以柏葰爲熱河都統。戊寅，楊霈軍復隨州。癸未，河南軍收復光山。丁亥，胡林翼奏分督水陸各軍力攻武漢，四戰四勝，得旨迅圖克復。詔曰：「朕聞雲南回民易滋事端，屢有聚衆抗糧之事，春恒、舒興阿務將首要各犯懲處，勿令日久蔓延。」以李鈞爲東河河道總督。六月乙未，江西賊陷義甯。丁酉，提督鄧紹良克復休甯。乙巳，廣東官軍收復封川，殲賊於虎門洋面。丙辰，河南蘭陽河溢。己未，勅安徽徽甯池廣道照台灣道專摺奏事。辛酉，官文奏官軍克復雲夢、應城。秋七月壬戌朔，尊皇貴太妃爲康慈皇太后。廣東賊陷湖南郴州、宜章。癸亥，陳啟邁奪職，以文俊爲江西巡撫。己巳，向榮奏克復蕪湖。庚午，皇太后崩。丁丑，西淩阿進勦德安賊匪不利，退守隨州，命都興阿自馮官屯移軍勦之。辛巳，恭親王奕訢罷直軍機，回上書房讀書，以文慶爲軍機大臣。癸未，廣東官軍收復肇慶府、德慶州。甲申，山西陽城土匪滋事，勦平之。丁亥，官文奏克復漢川。八月辛卯朔，胡林翼督軍攻克漢鎭，進圍漢陽。甲午，英桂奏邱聯恩擒獲捻首易添富、王黨等，誅之。己亥，湖南提督塔齊布卒於軍，贈將軍。庚子，上大行皇太后尊諡曰孝靜康慈皇后。喀什噶爾回匪入卡，倭什琿布派兵逐出之。戊申，廣東官軍連復連州、三山、連山，解永安城圍。九月甲子，大學士卓秉恬卒。乙丑，以劉鈺爲漢軍都統。庚午，命文慶、葉名琛協辦大學士。癸酉，發內帑十萬兩續賑直隸山東災民壬午四川馬邊廳夷匪滋事官軍勦平之癸未捻首張落刑由歸德南竄命提督武隆額勦之乙酉命官文爲欽差大臣督辦湖北軍務浙軍克復安徽休寧石埭戊子調鄧紹良爲固原提督冬十月丁酉和春福濟奏克復廬州府城得旨嘉獎賜和春黃馬褂福濟太子少保免合肥三年額賦辛丑貴州苗匪陷都江壬寅官文奏克復德安戊申石達開回竄湖北胡林翼堵勦之壬子永免河南攤徵河工加價銀四十萬兩十一月甲子胡林翼奏羅澤南李續賓迎擊石達開韋俊於羊樓洞敗之請購洋砲擊賊勑葉名琛採購洋砲六百尊由湖南水運湖北應用辛未廓爾喀夷人占踞後藏濟嚨德興卒調麟魁爲刑部尚書以瑞麟爲禮部尚書戊子官文奏攻克咸寧金口并報江西賊陷義寧檄飭羅澤南回勦得旨羅澤南正在攻勦武漢喫緊不可回勦詔令曾國藩等遣周汝筠前赴崇通爲羅澤南後路援應和春等奏捻匪李兆受竄踞英山道員何桂珍密謀會捕不克死之十二月辛卯上詣大高殿祈雪丙申江西賊陷臨安瑞州勑曾國藩撥兵勦之戊戌留江蘇漕米二十萬石濟江南軍癸卯廣西官軍收復興安貴州賊徐廷杰陷鎮筸分陷思南乙巳命文慶葉名琛爲大學士桂良彭蘊章協辦大學士柏葰爲戶部尚書奕興爲盛京將軍英隆爲熱河都統丙午以鄭親王端華爲滿洲都統奕山爲黑龍江將軍命西凌阿赴河南防勦庚戌捻匪張落刑回竄歸德癸丑命英桂督勦豫東皖三省捻匪景淳奏陳防夷情形上嘉奬之駐藏大臣赫特賀奏馳抵後藏籌禦大略得旨江孜定日馬布如各地均屬中道要害即宜扼守噶布倫中擇其爲夷情信仰者令協同辦事以輔兵力之不及生擒夷人暫留營中令來往通信以示羈縻樂斌等所擬六條下該大臣知之丁巳祫祭太廟是歲免直隸山東湖北廣西貴州等省二府一百五十八州縣乂廣西三十八土州縣災賦江蘇鹽場場課各有差朝鮮琉球入貢

六年丙辰春正月己未朔惇郡王奕誴復親王以奕山爲御前大臣貝勒載治御前行走壬戌楊以增卒以庚長爲江南河道總督壬申賊擾湖南晃州麻陽官軍擊走之斬賊首何祿乙亥詔駱秉章檄知知府劉長佑赴江西勦賊戊寅廣東提督昆壽勦歸善賊平之辛巳提督秦定三攻克舒城二月壬辰詔湖南苗弁勦匪出力准其留營序補戊戌上御經筵辛丑順天府尹蔣琦淳疏進克己復禮二箴上嘉納之丙午英美二國求改條約下葉名琛知之丁未調吉林黑龍江察哈爾綏遠城兵赴山東河南勦賊己酉酌增直省文員減成養廉壬子命福興幫辦江南軍務丙辰廓爾喀請能兵丁巳貴州官軍攻克銅仁三月己未瓜州賊出竄運河托明阿追勦之奕湘免以慶祺爲盛京將軍壬戌湖南官軍克復永明江華劉長佑軍入江西復萍鄉江西賊陷吉安癸亥上耕耤田甲子江南賊再陷揚州奪托明阿雷以誠職授德興阿欽差大臣少詹事翁同書副之乙丑石達開陷瑞州詔廣東堵勦丁卯釋賽尙阿訥爾經額於戍所乙亥提督鄧紹良力攻揚州克之命幫辦德興阿軍務賊竄江浦丁丑羅澤南力攻武昌陣亡贈巡撫賜卹予諡戊寅賊陷江西建昌命浙江學政萬青藜布政使晏端書督辦三衢防務庚辰穆宗生母懿嬪那拉氏晉封懿妃曾國藩攻賊樟樹失利下部議處癸未恒春奏軍務省分督撫請許單銜奏事從之丙戌張國樑軍攻克浦口夏四月戊子粵賊復陷儀徵官軍尋復之甲午貴洲軍復郎岱丙申雲南楚雄漢回構衅己亥江西軍復進賢辛丑奉天金州地震癸卯安徽賊陷寧國丙午前協辦大學士致仕光祿寺卿湯金釗卒贈尙書辛亥賜翁同龢等二百一十六人進士及第出身有差丙辰德興阿奏官軍攻賊三汊河毀其巢五月辛酉以穆克德訥爲廣州將軍都興阿爲江寧將軍壬戌湖北通城官軍失利道員江忠濟死之江蘇巡撫吉爾杭阿擊賊鎭江之黃泥州不勝死之贈總督以趙德轍署江蘇巡撫甲子江南賊撲九華山營盤陷之河南軍復光州復西凌阿都統袁甲三復三品卿丁丑賊陷溧水六月丙戌朔金陵賊撲陷大營官軍退守丹陽奪向榮福興職戊子以按察使徐宗幹幫辦安徽防務命怡良僱募火輪船入江勦賊勑河南廣東撥兵和春傅振邦赴援江南丁未葉名琛奏英美法各國公使以定約十二年請赴京重修條約詔酌允變通阻止來京辛亥永定河溢江西賊陷饒州秋七月辛酉廣東援軍連復江西上猶雩都解贛州城圍王懿德呈進美國國書得旨更換條約難以准行仍令回廣東商訂丁卯命總兵張國樑幫辦向榮軍務壬申江西官軍連復南康饒州癸酉欽差大臣向榮卒於軍丙子甘肅撒拉回匪滋事官軍勦平之命和春馳赴丹陽勦賊鄭魁士接辦安徽軍務湖北援軍克復江西新昌上高赫特賀奏廓爾喀與唐古忒和成撤回戍兵八月戊子黃宗漢罷以吳振棫爲四川總督譚廷襄爲陝西巡撫癸巳命舒興阿嚴辦回匪舉行鄉團癸卯廣西官軍復上思州貴縣丁未貴州賊陷都勻施秉進陷古州戊申安徽官軍攻克三河己酉江西會匪攻陷廣昌南豐新昌瀘溪九月乙卯朔日有食之戊午京師米貴開五城飯廠並撥倉穀制錢賑固安六州縣饑民己巳雲南土匪陷浪穹庚午江南官軍攻高淳克之癸酉安徽官軍復無爲州丁丑文慶等疏進孟保繙譯大學衍義命梓刊頒行壬午西寧黑番族滋事提督索文勦平之易棠病免以樂斌爲陝甘總督有鳳爲成都將軍東純爲福州將軍冬十月丙戌貴州賊陷台拱黃平庚寅官文勦襄陽匪徒平之甲午命英桂秦定三會勦渦河蒙城捻匪丁酉安徽官軍克復和州雲南大理回匪戕官踞城壬寅襄樊賊犯鄧州河南賊由夏邑趨擾徐州甲辰浙江官軍再復休寧予前巡撫張芾三品卿丁未廣西右江鎭標兵變勞崇光討平之壬子何桂清奏浙軍進克黟縣徽州肅清邵燦奏官軍擊退捻匪徐州解圍以常清爲伊犂將軍十一月乙卯朔宣宗實錄成以彭蘊章爲大學士翁心存協辦大學士許乃普爲工部尙書朱嶟爲左都御史辛酉雲南官軍克復姚州乙丑升文昌入中祀命鄭魁士移軍會英桂勦捻匪秦定三會福濟勦皖匪丙寅命勝保赴安徽軍營辛未大學士文慶卒英人在廣東以查船構衅放砲攻城紳團憤擊之殲數百人勑葉名琛相機辦理壬申命柏葰爲軍機大臣乙亥江西賊陷撫州戊寅楚軍道員劉長佑連復江西袁州分宜加按察使銜予其父母三品封典予巡撫駱秉章花翎英桂奏攻破雉河集賊巢庚辰上臨大學士文慶第賜奠壬午胡林翼克復武昌癸未官文克復漢陽均得旨嘉獎貴州軍攻克都勻十二月乙酉湖北官軍攻克老河口丙戌上祈雪戊子以肅親王華豐爲內大臣己丑詔曰湖北累爲賊踞小民兵燹餘生瘡痍可念現在武漢既復亟宜援救民瘼錢糧分別蠲緩災黎作何撫恤其速籌議以聞湖北官軍連復武昌縣黃州府城甲午胡林翼奏陳湖北兵政吏治得旨既能確有所見即當實力舉行丙申官文奏勦辦隨州土匪匪首就擒續報官軍連復興國大冶蘄水蘄州廣濟辛丑皖浙官軍克復寧國賜何桂清花翎癸卯以湖南官軍勦除湖北崇通賊匪加候選道王鑫按察使銜甲辰官文奏官軍在九江焚毀賊船詔曾國藩激厲將士由湖出江以便合勦戊申山東官軍勦斃捻首王方雲湖北官軍克復黃梅己酉命桂良爲大學士柏葰協辦大學士以譚廷襄爲直隸總督曾望顏爲陝西巡撫壬子祫祭太廟是歲免直隸江蘇山東山西河南湖南貴州等省一百六十五州縣被災被賊額賦又免江蘇六場鹽課各有差朝鮮入貢

七年丁巳春正月庚午怡良奏傅振邦克復高淳張國樑進取句容何桂清奏浙省援勦內防本境外保鄰封得旨嘉奬調全慶爲兵部尙書文彩爲工部尙書肅順爲左都御史廣西太平府土匪平丙子召西凌阿崇安回京加勝保副都統銜幫辦勦匪事宜王履謙回籍命李鈞接辦河防己卯葉名琛奏防勦英夷獲勝得旨控制外夷非內地可比定海前事可取爲鑒其務操縱得宜勿貽後悔朕不爲遙制也下蘇直閩浙各督撫知之二月乙酉曾國藩奏克復建昌丙戌上御經筵辛卯湖北官軍收復宜昌甲午雲南貴州回匪作亂甲辰湖北賊陷遠安荊門官軍擊走之丁未安徽賊匪上犯黃梅都興阿擊敗之安徽匪陷六安壬子英桂勝保奏勦辦捻匪奪回烏龍集進規固始三月癸巳朔曾國藩丁父憂給假治喪命楊載福暫統水軍彭玉麟副之丙辰湖北官軍唐訓方巴揚阿勦南彰匪徒敗之賊首劉尙義降貴州提督孝順兵潰於都勻死之己未襄樊賊陷河南內鄉官軍擊復之詔怡良密查張國樑是否與和春意見不合軍中統帥全在能得人心倘駕馭無方使健將不肯出力貽誤非輕癸亥上耕耤田丁卯以耆齡爲江西巡撫庚午敘克復武漢功協領多隆阿以副都統用辛未恒春奏回匪滋擾將領乏員請調鄖陽鎭總兵王國材來滇協勦從之壬申江西官軍攻景德鎭不利都司畢金科戰歿劉長佑復敗於新喻辛巳廣西橫州土匪滋事廣東官軍勦平之葉名琛奏英船退出省河得旨總宜弭此衅端不可使生邊患夏四月甲申恒春奏迤西回匪降德勒克多爾濟奏俄國請遣使來京詔止之丁亥江西賊竄福建陷邵武光澤癸巳怡良以病免命何桂清爲兩江總督乙未貴州賊陷永從丁酉湖南援軍劉長佑攻克江西新喻五月丙辰薩迎阿卒以劉鈺署西安將軍湖北官軍克復江西奉新靖安安義癸亥李孟羣奏赴援廬州克復英山福建賊陷汀州丙子德勒克多爾濟奏俄使由天津來京勑譚廷襄羈縻之閏五月甲申和春奏克復溧水乙酉曾國藩奏請終制溫旨留之仍令迅赴江西視師庚寅雲南武定州回匪滋事官軍勦平之李孟羣奏擊敗霍邱竄賊得旨嘉獎丁酉勝保攻正陽關不利道員金光筯死之贈布政使庚子俄人以兵至海蘭泡建營安礟要求通商命奕山拒之辛丑何桂清奏請知府溫紹原復官辦理六合鄉團詔吉林黑龍江兵久勞於外酌量撤回壬寅慶英奏浩罕勾結回匪占踞英吉沙爾城集兵勦之以張國樑爲湖南提督癸卯福建官軍收復光澤汀州踞匪出竄連城擊敗之六月壬子召舒興阿來京以桑春榮爲雲南巡撫癸丑福建官軍收復邵武乙卯江南

官軍克復句容加和春太子少保賜張國樑黃馬褂辛酉王鑫援江西吉安連戰勝之賜巴圖魯勇號丁卯河南南陽土匪平癸酉福建官軍收復泰寧建寧俄夷至天津遞國書命文謙卻之永定河決乙亥雲南回匪犯省城恆春自盡事聞調吳振棫爲雲貴總督以王慶雲爲四川總督恆福爲山西巡撫丙子江西官軍收復龍泉戊寅命許乃釗幫辦江南軍務張亮基予五品銜幫辦雲南勦匪事宜秋七月乙酉李孟羣奏收復霍山己丑河南官軍收復鄧州癸巳命奕山會集俄使勘定黑龍江兩岸邊界甲午貴州官軍收復錦屏湖北官軍攻勦黃梅大勝總兵王國材力戰陣歿贈提督賜卹建祠甲辰命都興阿幫辦官文軍務八月己酉朔日有食之壬子福建官軍收復寧化癸丑江西官軍克復瑞州丁丑法福理奏克復英吉沙爾回城解漢城圍戊寅官文胡林翼奏湖北全境肅清得旨胡林翼親督所部攻克小池口賊城即乘此聲威規復九江以振全局先是林翼密奏欲保鄂省而復金陵惟有先取九江次復安慶始握要領故明詔從之九月庚辰湖南援贛道員王鑫卒於軍贈布政使壬午勝保奏克復正陽關又奏鳳臺生員苗沛霖藉團聚衆得旨正當示之不疑藉消反側丙戌法福理奏收復喀什噶爾回城庚寅湖北賊陷舒城河南捻匪陷南陽丙申江西官軍克復東鄉丁未湖南援黔官軍克復黎平冬十月戊申朔官文胡林翼奏李續賓等水陸齊進攻克江西湖口縣城勝保袁甲三奏總兵朱連泰史榮椿等攻勦捻匪平毀韓圩賊巢蔣霨遠佟攀梅奏勦辦苗匪教匪斬擒多名都勻賊退河南官軍敗賊於南召進勦裕州泌陽餘匪己未李孟羣勦捻匪於獨山不利兵潰乙丑湖北援軍李續賓等攻克彭澤廣西官軍收復南寧戊辰胡林翼奏漕糧積弊請改章徵收以濟軍需從之庚午河南賊入武勝關直撲商南陝西官軍擊走之甲戌以楊載福爲福建陸路提督以李續賓爲浙江布政使十一月戊寅朔英桂奏德楞泰敗賊於盧氏邱聯恩敗賊於淅川安徽賊陷和州霍山楊載福克復望江東陵銅陵乙酉駱秉章奏蔣益澧江忠濬援勦廣西連戰獲勝進圍平樂戊子胡林翼疏荐布衣萬斛泉宋鼎鄒金粟等甲午廓爾喀奉表輸誠頒賞珍物丙申德興阿等奏克復瓜州得旨嘉勉賜雙眼花翎騎都尉世職翁同書以侍郎用鞠殿華加提督銜戊戌和春奏同張國樑克復鎭江賜和春雙眼花翎輕車都尉世職張國樑騎都尉世職何桂清太子太保庚子英桂奏敗賊於汝州豫西肅清辛丑永定河合龍十二月辛亥耆齡奏曾國荃攻克吉水駱秉章勞崇光會奏官軍攻克平樂廣西賊陷慶遠丙辰督辦三省勦匪副都統勝保奏請皖兵悉歸節制得旨勝保尙屬勇敢若不其躁氣斂其驕心可爲有用之材何庸自行瀆請庚申英人入廣東省城劫總督葉名琛以去詔革名琛職以黃宗漢爲兩廣總督柏貴署理乙亥李孟羣奏豫捻合股東竄偪近商固命勝保嚴防之丙子給祭太廟是歲免直隸江蘇山東山西河南陝西湖南廣西等省二百三十五廳州縣衞廣西四十縣被災被賊額賦有差朝鮮琉球入貢

八年戊午春正月己卯佟攀梅罷以將玉龍爲貴州提督丙戌勅王懿德籌備海防庚寅江西官軍收復臨江二月庚午官軍克復秣陵關進圍金陵加和春太子太保張國樑雙眼花翎陣亡總兵虎坤元優卹世職三月丁丑朔勝保奏勦賊獲勝固始解圍得旨嘉獎戊寅俄船至天津勅譚廷襄防堵癸未江北官軍克復江浦道員溫紹原復官庚寅福濟奏收復和州貴州賊陷都勻前提督佟攀梅死之夏四月丙午朔譚廷襄奏俄人不守興安舊約請以烏蘇里河綏芬河爲界使臣仍請進京得旨分界已派大員會勘使臣非時不得入京駁之丁未江西賊竄入福建陷政和松谿戊申俄人請由陸路往來英人法人請隔數年進京一次詔不許勝保奏捻首李兆受乞降許之己酉安徽賊陷麻城另股陷蒙亳懷宿詔袁甲三勦之詔許俄人通商不許進京庚戌賊陷和州雲南大理回匪陷順寧戊申詔譚廷襄告知英人法人減稅增市俟之粵事結日彼時再議來京庚戌江西賊陷常山開化命總兵周天受加提督銜專辦浙防道員饒廷選防守衢州辛亥譚廷襄呈進美國國書詔許減稅率增口岸仍不許入京乙卯英法兵船入大沽官軍退守命僧格林沁備兵通州戊午江西官軍復雩都樂安崇化宜黃辛酉英法船抵津關命大學士桂良尙書花沙納往辦夷務江西賊竄浙江陷處州及永康壬戌湖北官軍克復九江加官文胡林翼太子少保李續賓加巡撫銜乙丑英法兵退三汊河與俄美來文請求議事大臣須有全權便宜行事始可開議桂良等以聞詔許便宜行事丙寅命僧格林沁佩帶欽差大臣關防辦理防務戊辰勝保奏克復六安乙巳勅各省軍營挑練馬隊庚午命和春兼辦浙江軍務英船開出大沽桂良等奏英人之約於鎭江漢口通商長江行輪擇地設立領事國使駐京上久而許之五月丙子皖匪陷湖北黃安桂良花沙納奏英使堅偪立約不見耆英耆英請回京詔止之戊寅捻匪陷懷遠己卯奕山奏請黑龍江左岸曠地劃界俄人甲申桂良等奏俄允代轉圜先允俄人陸行丁亥命廷臣集議和戰二者兩害取其輕戊子桂良等奏英人謂我徒事遷延即棄和言戰大學士裕誠卒上親臨賜奠庚寅桂良等奏進英法訂約五十一款並請先訂俄美條約壬辰湖北官軍復黃安麻城福建官軍復光澤廣東官軍復廣西梧州勅耆齡檄調蕭啟江張運蘭王開化各軍由祁門進援浙江癸巳耆英擅回京賜自盡太傅杜堮卒上親臨賜奠乙未命曾國藩辦理浙江軍務丁酉桂良花沙納奏進俄美英法四國條約得旨既已蓋用關防今復硃批依議宜示四國照此辦理至通商稅則在上海議之庚子江北官軍克復江浦來安甲辰夷船全數退出內河命吏部侍郎匡源內閣學士文祥在軍機大臣上行走六月己酉命桂良花沙納侍郎基溥武備院卿明善前往江蘇會議通商稅則江西官軍復新城金谿癸丑福建匪陷建寧福興罷以周天受統其軍赴援福建召桑春榮來京以張亮基爲雲南巡撫甲寅廣西軍復象州丁巳浙江賊陷壽昌官軍尋復之福濟以不職奪宮銜解任以翁同書爲安徽巡撫庚申諭天津失事狀譚廷襄解任提督張殿元遣戍以慶祺爲直隸總督玉明爲盛京將軍丁卯福建道員趙印川勦匪死之浙江官軍復常山開化江西援軍復浙江武義永康衢州紹興城圍解嚴瑞麟請籌款修築天津營壘礮臺下僧格林沁辦理辛未俄人請停辦驛站羊隻詔庫倫大臣援舊事拒之壬申賞刑部員外郎段承實五品卿銜幫辦會議稅則曾國藩奏由九江登陸赴浙詔嘉勉之浙江軍復縉雲秋七月甲戌朔奕山景淳奏俄人闖越黑河口欲入松花江於烏蘇里建屋安礮詔勘明吉黑地界據理拒絕乙亥以李孟羣署安徽巡撫丁丑從法福理請升喀什噶爾領隊大臣爲辦事大臣周天受攻復浙江處州移軍福建癸未詔曾國藩俟衢嚴肅清改援福建乙酉楊載福收復安徽建德癸巳湖北巡撫胡林翼丁母憂詔在任守制給假給銀治喪丙申賊陷廬州李孟羣奪職留軍以勝保爲欽差大臣督辦安徽軍務袁甲三援勦三省捻匪丁酉福建軍復建陽光澤賊陷寧化庚子召晏端書來京以胡興仁爲浙江巡撫壬寅張芾軍復龍泉賜花翎八月癸卯朔復設天津水師甲辰福建軍復政和松谿勝保奏髮逆僞英王陳玉成竄店埠梁園直撲定遠庚戌李定太勦賊玉山勝之解其圍辛亥蔣益澧援軍復廣西慶遠擢按察使丙辰周天受援福建克復浦城進克寧化捻匪陷豐縣辛酉捻匪竄山東陷單縣調英桂爲山西巡撫恆福爲河南巡撫乙丑官軍復豐縣捻匪陷曹縣尋復之何桂清請以海關盈餘用充軍餉允之壬申江北軍在浦口失利奪德興阿鞠殿華職和春奏浦口失利已飛調援浙之師徑赴六合探聞閩省回竄之賊將由寧太以援金陵明保城賊圍急令其部衆到處竄擾以分我兵力請飭各路自行援勦勿致掣動全局上是之九月癸酉朔湖北官軍多隆阿克復太湖乙亥詔以天長儀徵相繼失陷六合危急溫紹原雖素得民心日久亦恐難支即調周天培一軍分援六合德安一軍前往援應辛巳官文胡林翼奏李續賓都興阿分路克復桐城潛山多隆阿進攻石牌鮑超力攻雷公埠均屬得手詔令聯絡水師進規安慶湖南官軍克復吉安予同知曾國荃等升敍有差壬午明誼奏俄案議結互換文憑開辦通商賊陷揚州奪德興阿世職命柏葰翁心存爲大學士官文周祖培協辦大學士調瑞麟爲戶部尙書肅順爲禮部尙書朱鳳標爲戶部尙書陳孚恩爲兵部尙書瑞常爲理藩院尙書綿森爲左都御史勅總兵毛三元成明幫辦德興阿軍務甲午張國樑攻克揚州續復儀徵慶端奏攻克邵武閩省肅清戊戌荊州將軍綿洵卒調都興阿爲荊州將軍和春爲江寧將軍張國樑爲江南提督己亥賊陷六合知縣溫紹原死之紹原孤守危城數年百餘戰力竭而陷上悼惜之贈布政使優卹建祠予諡冬十月癸卯朔浙江寧海土匪滋事提督阿麟保勦平之乙巳勝保奏克復天長李兆受在事出力得旨李兆受賜名李世忠予三品銜花翎以參將補用己酉御史孟傳金奏劾舉人平齡硃墨不符派載垣端華謁貞查辦丁巳僧格林沁奏天津礮臺工竣上嘉之賜御服己未江南官軍復溧水壬戌命李續賓幫同勝保辦理安徽軍務戊辰詔本年鄉試主考同考官荒謬已極覆試應議之卷竟有五十本之多正考官柏葰先革職副考官朱鳳標程庭桂暫行解任聽候查辦命莊親王奕仁在御前大臣上學習行走十一月壬申朔移吉林馬隊益袁甲三軍乙亥袁甲三請於山東東三府抽釐助餉許之己卯徐澤醇卒以朱嶟爲禮部尙書張祥河爲左都御史乙酉援閩浙軍復浦城順昌予周天培提督銜丙戌恆福奏官軍勦捻大勝豫境肅清總兵傅振邦擢提督編修袁保恆賜巴圖魯勇號丁酉內閣副本庫被盜己亥吳振棫以病免以張亮基爲雲貴總督徐之銘爲雲南巡撫庚子予陣亡提督鄧紹良優卹建祠十二月丁未以宋丞相陸秀夫從祀文廟庚辰提督李翔斌收復安徽東流建德賜巴圖魯勇號永州鎭總兵樊燮以乘肩輿劾免丙辰以鄭魁士爲浙江提督督辦寧國軍務己

未李續賓進勦安徽敗績於三河集死之贈總督建祠予謚同知曾國華贈道員予謚丁卯以何桂清爲欽差大臣辦理通商事宜趙德轍免以徐有壬爲江蘇巡撫庚午以瑞麟爲大學士調肅順爲戶部尙書麟魁爲禮部尙書瑞常爲刑部尙書祫祭太廟是歲免直隸安徽福建湖北貴州等省九十二廳州縣被災被賊額賦又免江蘇六場鹽課各有差朝鮮琉球入貢

九年己未春正月壬申朔桂良等奏英人藉口廣東有事罷議回粤乙亥召袁甲三來京以傅振邦督勦三省捻匪伊興阿副之壬午江西官軍復瑞金解安遠圍別賊陷南安桂良等奏和約四事勑俟英使回滬妥議庚寅福建匪周灴爔等降遂復連城乙未安徽官軍復建德丁酉勑湖北採買馬匹訓練馬隊戊戌桂良等奏英使堅欲進京勑僧格林沁嚴防海口辛丑都興阿請假以多隆阿接統其軍詔海運漕船探避夷輪二月丁未捻匪薛之元舉江浦降會李世忠攻克浦口賜名薛成良予花翎三品銜擢李世忠副將癸丑築奉天沿海礮臺鄭魁士攻克灣沚黃池賊壘甲寅上召廷臣宣示戊午科場舞弊罪狀依載垣端華所擬主考官大學士柏葰坐家人掉換中卷批條處斬同考官浦安坐聽從李鶴齡賄屬羅鴻繹行賄得中均處斬乙卯張芾奏官軍攻克婺源賊目張宗相等乞降丁巳翁同書奏賊陷六安慶祺卒以恒福爲直隸總督瑛棨爲河南巡撫癸亥張國樑奏攻克揚州儀徵回軍連克溧水特詔嘉獎予輕車都尉世職李若珠賜黃馬褂乙丑曾國藩奏軍抵南康蕭啟江克復南安得旨嘉獎予蕭啟江巴圖魯勇號詔編修李鴻章交伊興阿差委三月辛未朔前布政使李孟羣兵潰於官亭死之復官予卹甲戌奕山景淳奏俄人徑至烏蘇里江綏芬河擇地建屋並請會勘詔不許丙子捻匪犯河南西華舞陰前總兵邱聯恩死之贈提督予卹丁丑桂良等奏英使兵船北上阻止不聽己卯四川裏塘頭人作亂恩慶討平之誅其夷目鄧珠甲申上祈雨庚寅以旱求言辛卯李鈞卒以黃贊湯爲東河河道總督乙未俄人在黑龍江通商許免征稅不許闌入烏蘇里綏芬夏四月辛丑朔勝保奏克復六安伊興阿解幫辦以關保幫辦傅振邦軍務壬寅調王慶雲爲兩廣總督黃宗漢爲四川總督江西賊竄湖南郴州桂陽劉長佑擊走之癸卯勝保奏捻匪張元龍降收復鳳陽府縣並復臨淮關築甯河礮臺戊申浙江餘姚土匪作亂討平之甲寅俄使賽善由察哈爾陸路入京請助槍礮致於恰克圖丙辰上再祈雨己未邵燦病免以袁甲三署漕運總督調勞崇光爲廣東巡撫兼署總督賊陷天長前提督德安死之復官予卹辛酉奕山奏俄船由黑龍江入松花江東駛入海得旨不許入綏芬令特普欽派員阻之壬戌王懿德免以慶端爲閩浙總督羅遵殿爲福建巡撫癸亥兩乙丑賜孫家鼐等一百八十人進士及第出身有差戊辰廣東官軍復嘉應竄賊擾連平陷樂昌五月丙子詔駱秉章仍令田興恕回援貴州兆琛一軍撤回己卯勑奕山更正俄人條約辛巳勑慶昀密查張家口白城居住俄人壬午以周天受督辦甯國軍務甲申俄人請赴三姓貿易詔責奕山辦理輭弱革副都統吉拉明阿職枷號烏蘇里地方庚寅官文奏探聞石達開將犯四川詔曾國藩移軍夔州辛卯桂良花沙納奏英酋於本月十三日起碇入京桂良等即日馳驛回京大學士翁心存乞休允之復以賈楨爲大學士調許乃普爲吏部尙書張祥河爲工部尙書沈兆霖爲左都御史癸巳駱秉章奏石達開竄湖南劉長佑江忠義田興恕諸軍擊走之丙申僧格林沁奏英船鳴礮闖入大沽我軍開礮轟擊沈多船並有步隊上岸擣戰我軍徑前奮擊斃數百名其兵頭赫姓並被礮傷我軍亦傷亡提督史榮椿副將龍汝元等夷船即時出口得旨將弁齊心協力異常奮勇先獎賞銀五千兩並查明保奏戊戌詔夷人雖經懲創仍宜設法撫馭即派恒福專辦撫局僧格林沁仍辦防務六月己亥朔賜僧格林沁御用珍服庚子捻匪陷盱眙官軍尋復之壬寅特普欽奏俄人在三姓者倔強不肯折回命景淳前往查辦癸卯廣西官軍復上林匪陷賓州甲辰張亮基奏回匪馬淩漢伏誅丙午恒福奏美人進京換約許之癸巳英法兵船全數開行庚申以李若珠爲福建陸地提督辛酉何桂清奏英法陸續回滬乙丑陳玉成陷定遠丙寅和春奏水師勦賊獲勝秋七月庚午曾國藩奏克景德鎭復浮梁戊寅勝保奏翁同書潰敗情形得旨汝爲統帥只知炫己之長不顧援人之失日日衆訟庸何濟乎己卯美使華若翰遞國書和約用寶在北塘交換庚辰詔曰朕聞勝保專以招降爲能事降衆未盡薙髮張元瀧且四外打糧叉報克復盱眙該縣並無城池賊因無糧退出虛報邀功此次姑不深究即約束反側力改前非凜之癸未御史趙元模奏黃河北流淵出濱河田畝三四千頃請辦屯田寓兵於農較勝團練上是之下袁甲三庚長議奏乙酉詔曰王大臣續陳審明科場舞弊之大員父子及𥔲送關節之職員分別定擬此案程炳采於伊父程庭桂入闈後接收關節令家人轉遞場內程庭桂並不舉發程炳采處斬程庭桂免死遣戍軍臺謝森墀潘祖同潘敦儼等俱免死發遣新疆己丑駱秉章奏石達開圍寶慶李續宜援之立解城圍癸巳命李若珠幫辦江南軍務八月戊戌朔崇恩罷以文煜爲山東巡撫己亥上御經筵乙巳勑恒祺留辦廣東通商勝保奏李世忠勦賊獲勝解定遠滁州圍詔擢李世忠總兵廣東官軍復連山開建庚戌命曾國藩駐軍湖口命都興阿蒞江甯將軍視事多隆阿接統所部總理前敵事務甲寅景淳奏俄人船在三姓者現令折回在烏蘇里者未肯聽命詔體察輿情妥爲辦理己未美人請先開市以英法約議未定却之辛酉駱秉章奏石達開南陷江華永明將入廣西現飭劉長佑統軍追勦得旨田興恕一軍援黔李續宜一軍回湖北備調壬戌髮逆捻匪會攻壽州官軍擊却之御史陳慶松奏科場案內大員子弟陳景彥等贖罪太驟請仍發遣嚴旨斥之甲子廣東官軍復靈山九月戊辰安徽賊陷霍山盱眙勝保擊退之勝保丁母憂留營視軍甲戌胡興仁罷調羅遵殿爲浙江巡撫戊寅王慶雲病免以勞崇光爲兩廣總督庚辰官文胡林翼奏多隆阿攻破安徽石牌擊破援賊獲賊目霍天燕石廷玉得旨嘉獎己丑傅振邦奏追勦捻匪敗之甲午曹澍鍾奏石達開圍廣西省城蕭啟江蘇鳳文會合蔣益澧分途勦擊敗之立解城圍冬十月丁酉朔時享太廟上親詣行禮駱秉章奏賊中投出難民給予免死護照資遣回籍願効力者准其留營得旨各省均可照辦戊戌雲南官軍克復嵩明陣斬賊首孫漢鼎庚子以曾望顏署四川總督譚廷襄署陝西巡撫辛丑以袁甲三爲欽差大臣督辦安徽軍務以侍郎匡源內閣學士文祥爲軍機大臣癸卯河南捻匪陷蘭儀圍考城通許擾尉氏分竄直隸山東戊申命總兵田在田幫辦傅振邦軍務乙卯授袁甲三漕運總督丙辰勝保克復懷遠江蘇官軍勦六合失利奪李若珠職戊午美使請開潮州臺灣通商口岸庚申河南官軍勦平鄢陵捻匪西路肅清壬戌以明誼爲烏里雅蘇臺將軍景廉爲伊犂參贊大臣崇實爲駐藏大臣乙丑命官文曾國藩胡林翼妥籌四路規皖十一月戊辰滇匪犯敘州奪萬福職以皂陞爲四川提督辛未何桂清奏探聞英法明春必來尋衅恒祺奏英兵續行至粤詔僧格林沁加意津防丁丑賊陷浦口總兵周天培死之予世職癸未特普欽奏俄人在黑龍江左岸占踞五十餘屯請調西丹墨爾根布特哈兵交那爾胡善訓練聯絡旗民參夫有事抵禦從之丙戌命張芾督辦皖南軍務己丑曾國藩奏韋志俊以池州降滇匪陷敘州另股陷酉陽秀山庚寅四川官軍復筠連慶符高縣乙未戶部災十二月丙申朔蔣霨遠奏石達開糾黨十餘萬由桂犯黔將以窺蜀詔田興恕勦之戊戌上詣大高殿祈雪雲南邱北土匪滋事戕官官軍討平之庚子和春奏官軍攻破江浦賊壘揚州西界肅清壬寅吏部尙書花沙納卒丙午何桂清報英法兵船到滬以田興恕爲貴州提督辛未援黔湘軍攻復鎭遠庚申景淳奏請招集流民參夫給地設卡以助邊防從之壬戌袁甲三奏攻克臨淮關得旨嘉勉下部議敘穆騰阿加都統銜甲子祫祭太廟是歲免直隸河南山東浙江貴州等省一百五十七州縣被災被賊額賦有差朝鮮琉球入貢

十年庚申春正月丙寅上三旬萬壽頒詔覃恩詔先朝壽節有告祭之禮升殿之儀本年勿庸舉行外吏外藩並停來京祝嘏加恩親藩惇郡王奕誴晉親王貝子奕劻晉貝勒餘各封賚及於廷臣疆臣戊辰前甯夏將軍托雲保卒己巳解勝保欽差大臣專辦河南勦匪袁甲三專辦安徽丁丑瑛棨以遲解京餉降官以慶廉爲河南巡撫己丑刑部主事何秋濤呈進所纂北徼彙編八十卷上嘉與之賜名朔方備乘入直懋勤殿壬辰有鳳免以全亮爲成都將軍占泰爲四川提督甲午御史白恩佑言津防重大請預籌後路以保萬全得旨所奏固是然駐兵籌餉甚覺爲難現在津防周備可勿庸議特普欽奏請召集鄂倫春人入伍從之扎拉芬泰奏請與俄廓合攻印度上曰俄非和好也廓豈英敵二月丁酉上御經筵庚子以劉源灝爲貴州巡撫袁甲三奏克復鳳陽賜黃馬褂辛丑何桂清奏上海英人經華商開導索兵費一百萬津約不能更易入京換約如不見許即開船北駛詔僧格林沁嚴備津防後路海運漕糧暫緩放洋丙午湖南官軍克復貴州鎭遠庚戌捻匪陷桃隙上竄清江庚長退守淮安壬子援桂湘軍克復柳州柳城加道員劉坤一按察使銜甲寅張芾奏官軍復建德匪陷涇縣旌德連陷太平己巳以倭什琿布爲禮部尙書春佑爲熱河都統辛酉詔和春分兵援浙三月乙丑朔袁甲三奏官軍復清江庚子命提督張玉良統軍援浙丙子賊陷杭州巡撫羅遵殿死之越六日將軍瑞昌復其城重賚瑞昌張玉良等以王有齡爲浙江巡撫丁亥上耕耤田辛卯浙江官軍克復長興臨安孝豐甲午何桂清奏夷船北犯閏三月癸卯四川官軍克復蒲江賊陷石山丙午命曹澍鍾督軍四川以劉長佑爲廣西巡撫丁未賊陷溧水連陷句容以張玉良爲廣西提督留蘇督軍尋令折回杭州庚申和春等奏陳玉成率衆突犯大營城賊出而合犯官軍力不能支退守鎭江壬戌以王夢齡爲漕運總

督夏四月丙寅以明儒曹端從祀文廟癸酉賊陷丹陽張國樑死之和春走常州戊寅詔直省舉辦團練命都興阿督辦江北軍務癸未詔兩江總督何桂清屢失城池褫職逮問以曾國藩署兩江總督擢兵部郎中左宗棠四品京堂襄辦曾國藩軍務乙酉賊犯常州和春迎戰受傷卒以魁玉署江寧將軍會巴棟阿扼守鎭江辛卯賊陷建平張玉良兵潰於無錫壬辰賜鍾駿聲等一百八十三人進士及第出身有差癸巳賊陷蘇州巡撫徐有壬死之五月甲午朔以薛煥爲江蘇巡撫暫署總督己亥江蘇常熟縣知縣周沐潤招募沙勇克復江陰辛丑賊陷浙江長興閩湖州蕭翰慶赴援失利死之甲辰曾國藩奏陳三路進兵規蘇保浙並調沈葆楨差遣上嘉允之以東純兼署四川總督丙午賊陷吳江崑山及浙之嘉興玉明奏金州岫岩海口有洋船六十餘停泊刼掠牲畜庚戌勑王夢齡督同喬松年開辦江北糧臺辛亥郵殉難在籍侍郎戴熙賜尙書予世職建專祠謚文節甲寅命毛昶熙辦河南團練杜翰辦山東團練戊午李若珠奏薛成良投誠復叛捕誅之己未曾國藩奏隨調鮑超朱品隆進駐祁門鄂軍不宜再調從之玉明奏洋船到金州海面一百餘艘文煜奏英法兵到烟台者約有萬人探聞有由海豐大山北犯之說均下僧格林沁知之六月癸亥朔勑准巴爾虎旗人一體考試甲子英船駛入北塘丙寅賊陷靑浦松江己巳劉長佑奏復慶遠石達開南竄庚午瑞昌奏復廣德辛未萬壽節御殿受賀壬申大學士彭蘊章罷直軍機命邵燦劉繹晏端書龐鍾璐各在原籍舉辦團練戊寅王有齡奏在籍道員趙景賢克復湖州薛煥奏克復松江庚辰英法兵登岸遂踞北塘裁南河河道總督暨淮海道各官壬午僧格林沁奏英法勢大志驕難望議和得旨以撫事責之恒福以顧大局丙戌命曾國藩爲欽差大臣實授兩江總督己丑夷人犯新河官軍退守塘沽命駱秉章馳赴四川督辦軍務辛卯手詔僧格林沁曰握手言別倏逾半載大沽兩岸危急諒汝憂心如焚惟天下大本在京師不在海口若有挫失總須退保津通萬不可寄身命於礮臺爲一身之計握管淒愴汝其勉遵勑西淩阿固守天津瑞麟伊勒東阿赴通州防堵秋七月癸巳命巴棟阿援金壇戊戌大沽礮臺失守提督樂善死之優卹建祠庚子僧格林沁退守通州辛丑英人陷天津浙江賊陷臨安餘杭四川賊陷邛蒲新津甲辰江蘇賊復陷松江丁未以崇實署四川總督己酉裕瑞奏浩罕請依前通商許之以常清爲伊犁將軍辛酉金壇陷知縣李淮守三年援兵不至力竭死之紳民從死者逾千人命勝保督馬隊守通州八月癸亥洋兵至通州截垣誘擒英使巴夏禮解京戊辰瑞麟等與洋兵戰於八里橋不利命恭親王奕訢爲欽差大臣辦理撫局己巳上幸木蘭自圓明園啟鑾丁丑上駐蹕避暑山莊李世忠以擒叛將薛成良擢授江南提督戊寅詔曰江南提督張國樑謀勇兼優忠義奮發在軍十年戰功卓著東南半壁倚爲長城本年大營潰散回援擊賊受傷沒水先後奏報朕猶冀其不確迄今數月其爲効死捐軀無疑若使張國樑尙在蘇常一帶何至糜爛若此追念藎勞益深愴惻贈太子太保入祀昭忠祠分建專祠子孫幾人送部錄用己卯命都興阿帶兵入衛從官文請也命玉明成凱樂斌文煜英桂督兵入衛辛巳命恒福駐古北口備防吳廷棟接轉文報壬午浙江官軍克復平湖嘉善廣東官軍克復樂昌仁化癸未江蘇賊陷常熟圓明園災常嬪薨內務府大臣尙書文豐死之庚寅恭親王奏請還巴夏禮於英軍薛煥奏劾馮子材赴援金壇擁兵不進致令城陷詔薄譴之九月壬辰命勝保爲欽差大臣總統援軍勑恭親王奕訢照會英人勿修城北礮臺速行議約甲午英使法使入城大學士彭蘊章尙書許乃普以病乞免許之己亥命慶廉英桂兵駐直備調辛丑賊陷寧國周天受死之甲辰命左宗棠督辦浙江軍務乙巳撫局成恭親王奕訢奏請宣示中外如約遵行許俄人駐烏蘇里綏芬停各省援兵勑英桂來京議西巡戊申李若珠奏克復江陰辛亥賊陷徽州守城道員李元度棄城走癸丑直隸山東河南賊匪並起命僧格林沁討之庚申恭親王奕訢奏洋人退至天津籲請迴鑾冬十月辛酉朔詔天氣漸寒暫緩迴鑾以田興恕爲貴州提督予陣亡提督周天受周天培世職建祠予謚附祀道員福咸等壬戌以劉源灝爲雲貴總督鄧爾恒爲貴州巡撫甲子勑文謙恒祺辦理通商事宜吳廷棟督辦防務以文安爲湖南提督以馮子材督辦鎭江軍務丙寅恭親王奕訢奏換俄人和約請用御寶從之辛未俄羅斯致槍礮癸酉勑樂斌英桂回任庚辰以嚴樹森爲河南巡撫毛昶熙督辦河南捻匪辛巳命都興阿督辦江北軍務李若珠副之以總兵田在田接辦徐宿勦匪淮徐道吳棠幫同辦理十一月辛卯勝保奏以大順廣道聯英專辦河防准其奏報從之癸巳翁同書奏陳謹天戒固邦本收人才練京營爭形勢得旨收人才一條利少弊多餘留覽甲午浙江賊陷新城臨安富陽乙未王夢齡奏勦賊獲勝三河蕭淸并請節制黃開榜水師從之庚子曾國藩奏鮑超等克復黟縣辛丑李若珠乞養親以曾秉忠代之癸卯以杭州解嚴優賚瑞昌王有齡等瑞昌奏陳慶端力保浙疆請加優獎得旨不分畛域皆爾大吏分內之事甄敍督撫出自朝旨非汝所得擅請戊申命成琦會景淳查勘俄羅斯東界癸丑浙軍張玉良攻復嚴州甲寅官文胡林翼奏陳玉成圖犯懷桐多隆阿會合李續宜迎勦大敗之殺賊萬餘多隆阿賜黃馬褂李續宜加二品銜十二月辛酉命西淩阿國瑞幫辦僧格林沁軍務丙寅命張亮基留辦雲南軍務己巳始置總理各國通商事務衙門命恭親王奕訢桂良文祥管理以崇厚充三口通商大臣薛煥兼辦上海等處通商事務准旗人學習外國語言文字己巳以田興恕爲欽差大臣督辦貴州軍務丙子左宗棠奏督軍克復江西德興安徽婺源予三品京卿乙酉以官文周祖培爲大學士肅順協辦大學士沈兆霖爲戶部尙書朱鳳標爲兵部尙書戊子給祭太廟是歲免江蘇浙江安徽三省額賦逋賦又直隸山東河南江西湖北湖南福建廣西等省四百一州縣衛災被賊額賦有差會計天下民數二萬六千零九十二萬四千六百七十五名口存倉穀數五百二十三萬一千九百二十石四斗六升五合一勺朝鮮入貢

十一年辛酉上在木蘭春正月庚寅朔上御綏成殿受賀辛酉詔二月十三日迴鑾乙未曾國藩奏楊載福勦賊克都昌解南陵圍田在田奏捻匪犯碭山擊走之加提督銜丙申召翁同書來京以李續宜爲安徽巡撫丁酉以福濟爲成都將軍辛丑賊陷孝豐杭州戒嚴壬寅詔紀年開秩應予特赦非常赦所不原者咸減除之癸卯左宗棠兵復饒州暨都梁乙巳恒福以病免以文煜爲直隸總督譚廷襄爲山東巡撫鄧爾恒爲陝西巡撫何冠英署貴州巡撫丁未僧格林沁奏捻匪竄入山東派隊追勦及於荷澤失利得旨僧格林沁督帶重兵北地倚爲屏障乃以飢疲之卒追方張之寇旁無援應宜其敗也勇往有餘未能持重尙其汰兵選將扼要嚴防謀定後動勿再輕進戊申詔袁甲三等捻匪裹脅良民未便概行誅戮可剴切曉諭設法解散投誠者免罪殺賊者敍功並傳知李世忠一體招撫辛亥貴州官軍克復獨山壬子翁同書奏陳撫練苗沛霖叛擾壽州跋扈異常詔李續宜酌辦河南捻匪竄擾東明長垣二月己未朔雲南官軍克復晉寧壬戌復置奉天金州水師營丙寅詔淮山東抵還法國教堂地基並勑直省遇有交涉即行酌辦請旨勿許推諉丁卯張玉良軍克復江山常山庚午曾國藩奏左宗棠敗賊於景德鎭鮑超敗賊於石門洋塘壬申浙軍克復富陽熱河朝陽盜匪陷城命克興阿勦之命明誼明緒會勘俄界英蘊奎英辦理俄人通商捻匪撲汶河副都統伊興阿總兵滕家勝逆戰陣歿乙亥陳玉成糾合捻匪由英山犯湖北蘄水詔胡林翼回兵擊之丁丑庚辰詔曰前經降旨訂日迴鑾旬日以來體氣未復緩俟秋間再降諭旨壬午朝鮮國王遣使朝覲行在溫諭止之頒賜文綺珍器及其使臣癸未詔挑選兵丁演習俄國送到槍礮甲申裁撤黑龍江團丁歸農三月己丑朔詔派辦約大臣崇綸崇厚給與全權便宜行事勑侍郎成琦赴興凱湖會勘俄人分界事宜予道員聯捷四品京卿辦理河防壬辰恭親王奕訢請赴行在祇叩起居上手詔答之曰別經半載時思握手而談惟近日欬嗽不止時有紅痰尙須靜攝未宜多言且俟秋間再爲面話丙申詔皇長子於四月七日入學以李鴻藻充師傅戊戌都興阿奏鎭揚水師船隻年久損壞請飭廣東購運紅單船應用從之庚子命勝保督辦直隸山東勦匪以賈臻署安徽巡撫庚戌英法兩國兵退出廣東省城辛亥以前大學士彭蘊章署兵部尙書甲寅浙江賊陷海鹽平湖乍浦副都統錫齡阿死之丙辰廣西土匪陷太平府養利州夏四月己未朔嚴樹森奏賊犯汝寧道員張曜擊走之戊辰山東捻匪教匪連陷館陶七縣僧格林沁入滕縣固守詔勝保分兵援之甲戌詔曰朕聞各處辦捐有指捐借捐礮船捐畝捐米捐釐捐隄工捐船捐房捐鹽捐板捐活捐名目滋多員司猥雜其實取民者多歸公者寡近年軍餉浩繁不得已而借資民力商力然必涓滴歸公撙節動用始得實濟若似此徵求無藝朘薄民生尙復成何政體各大臣督撫尙其嚴密稽查剔除奸蠹以副朕意乙亥左宗棠敗賊於樂平庚辰山東教匪撲圍大名聯捷擊走之癸未皖賊復竄浙江陷常山玉山進偪衢州五月癸巳田在田奏苗練犯符離勑僧格林沁分兵援之甲午鄧爾恒被戕於曲靖飭劉源灝查辦以瑛棨爲陝西巡撫庚子勝保奏克復館陶辛丑命賈臻李世忠幫辦袁甲三軍務甲辰命多隆阿幫辦官文胡林翼軍務乙巳賊陷浙江壽昌金華龍游湯谿長興進陷蘭谿武義詔催左宗棠赴援六月戊午朔日有食之庚申曾國藩胡林翼奏安慶省城自我軍長圍逆酋陳玉成率黨回援安慶於集賢關外赤岡嶺堅築四壘經鮑超成大吉會合多隆阿馬隊奮力進勦晝夜轟擊五月初一日三壘俱降釋去脅從將長髮老賊概行正法其踞第一壘之賊劉滄琳乘夜潛遁經鮑超殲於馬踏石餘爲水師斬戮殆盡並將劉滄琳驗明支解梟示得旨嘉獎布魯斯亞國換約通商辛酉許俄人在庫倫恰克圖通商乙丑欽天監奏

八月初一日日月合璧五星聯珠得旨不必宣付史館甲戌賊陷浙江遂昌松陽永康丙子回匪撲擾喀什噶爾詔景廉赴阿克蘇防勦丙戌浙江官軍克復長興秋七月丁亥詔每年秋間王公致祭兩陵如遇山水漲發可在途守候道路通時即行前往屆期不到由守護之貝勒公等行禮甲午曾國藩奏收復安徽徽州戊戌予四川陣亡侍衞昭勇侯楊炘建祠辛丑上不豫壬寅上大漸召王大臣承寫硃諭立皇長子爲皇太子癸卯上崩於行宮年三十一十月奉移梓宮至京十二月恭上尊謚同治四年九月葬定陵

論曰文宗遭陽九之運躬明夷之會外強要盟內孽競作奄忽一紀遂無一日之安而能任賢擢材洞觀肆應賦民首杜煩苛治軍慎持馭索輔弼充位悉出廟算嚮使假年御宇安有後來之伏患哉

清史稿 本紀二十一

穆宗本紀一

穆宗繼天開運受中居正保大定功聖智誠孝信敏恭寬毅皇帝諱載淳文宗長子母孝欽顯皇后那拉氏咸豐六年三月二十三日生於儲秀宮十一年就學編修李鴻藻授讀七月文宗不豫壬寅疾大漸召御前大臣載垣端華景壽肅順軍機大臣穆蔭匡源杜翰焦佑瀛宣諭立爲皇太子命載垣端華景壽肅順穆蔭匡源杜翰焦佑瀛贊襄政務癸卯文宗崩召陳孚恩文煜赴行在甲辰尊皇后及聖母並爲皇太后諭軍機處於各摺片後署贊襄政務王大臣乙巳免惇親王恭親王醇郡王鍾郡王孚郡王尋常召對及宴賚叩拜停各省貢獻方物丙午展順天文鄉試於九月舉行恩科武會試於十月順天武鄉試於十一月授駱秉章四川總督督辦軍務召雲貴總督劉源灝來京以福濟代之以崇實爲成都將軍旋命協辦四川軍務湖北官軍復武昌咸寧通城等縣及江西義甯州戊申以景紋爲駐藏辦事大臣己酉允恭親王赴行在叩謁梓宮庚戌薛煥請招商試運淮鹽濟餉議行辛亥粵匪陷吉安廣西官軍復賓州癸丑如上宣宗帝后尊謚甲寅粵匪陷靖安武甯義甯各州縣乙卯定年號祺祥八月丁巳朔日月合璧五星聯珠粵匪陷嚴州旋復之戊午官軍復新昌奉新瑞州上高己未命景廉赴葉爾羌查辦英蘊歛錢擅殺事允曾國藩請以上海見艙輪船駛往皖江歸其軍練習辛酉湖北官軍復德安壬戌江西官軍復武甯靖安癸亥頒大行皇帝遺詔勝保軍復濮州丁卯捻匪渡運河諭勝保與僧格林沁等截剿毋任北竄戊辰胡林翼以疾乞假命李續宜暫署湖北巡撫庚午御史董元醇請皇太后權理朝政簡親王一二人輔弼載垣等擬旨駁飭甲戌曾國荃軍復安慶戊寅廣西官軍復潯州庚辰四川番賊陷松潘辛巳論復安慶功加官文曾國藩太子少保胡林翼太子太保並予騎都尉世職賞李續宜黃馬褂楊載福多隆阿雲騎尉世職癸未上大行皇帝尊謚曰協天翊運執中垂謨懋德振武聖孝淵恭端仁寬敏顯皇帝廟號文宗苗沛霖陷正陽霍邱圍壽州九月丙戌朔上母后皇太后徽號曰慈安聖母皇太后徽號曰慈禧辛卯楊載福軍復池州壬辰捻匪竄汜水鞏縣官軍擊退之召張亮基來京金州地震甲午川軍剿平會理回匪丁酉允樂斌等奏撤拉回匪降撤回官軍庚子川軍復名山壬寅多隆阿曾國荃等復桐城宿松蘄州黃梅廣濟彭玉麐成大吉等復黃州湖北巡撫胡林翼卒調李續宜爲湖北巡撫仍駐鄂皖交界督辦軍務擢彭玉麐爲安徽巡撫癸卯浙江官軍復於潛昌化粵匪竄嚴州張玉良等軍潰甲辰英法撤廣州駐兵英撤駐天津馬隊乙巳僧格林沁剿平靑州等處竄捻賞還御前大臣並黃韁戊申上奉大行皇帝梓宮返京師免承德及宛平各府縣田賦己酉苗沛霖反命袁甲三會賈臻諸軍討之甲寅上奉母后皇太后聖母皇太后還宮乙卯以擅改諭旨力阻垂簾解載垣端華肅順任罷景壽穆蔭匡源杜翰焦佑瀛軍機命恭親王會同大學士六部九卿翰詹科道按律覈奏賈楨周祖培沈兆霖趙光疏請政權操之自上並議皇太后召見臣工禮節及辦事章程勝保疏請皇太后親理大政並簡親王輔政命王大臣大學士等定議以聞召醇郡王奕譞來京是日奪載垣端華肅順爵職逮問議罪命睿親王仁壽醇郡王奕譞逮肅順解京詔文武各衙門自十月十六日以後輪班值日飽超軍復鉛山是月免西甯碾伯被擾額賦冬十月丙辰朔命恭親王奕訢爲議政王在軍機處行走大學士桂良戶部尚書沈兆霖侍郎寶鋆文祥並爲軍機大臣鴻臚寺少卿曹毓瑛在軍機大臣上學習行走召盛京戶部侍郎倭仁來京丁巳諭求言申嚴門禁戊午大行皇帝梓宮至京奉安於乾清宮庚申詔改祺祥爲同治辛酉恭親王等擬請載垣端華肅順照大逆律凌遲詔賜載垣端華自盡肅順處斬褫景壽穆蔭匡源杜翰焦佑瀛職穆蔭遣戍軍臺壬戌褫陳孚恩黃宗漢劉崐成琦德克津太富績職諭不究既往諸臣毋再請察辦黨援申誡王公內外文武大臣招權納賄甲子上御太和殿即皇帝位受朝頒詔天下以明年爲同治元年加恩中外罪非常赦所不原者咸赦除之免惇親王恭親王醇郡王鍾郡王孚郡王諭旨及奏疏稱名乙丑懿旨以物力維艱誡內務府宮闈器用力行節儉賞還僧格林沁博多勒噶台親王命刑部覈結五字鈔票案通諭中外淸理庶獄丙寅苗沛霖陷壽州東南方有聲如雷諭熱河未竟工程即時停止丁卯申誡各路統將粉飾遷延縱寇殃民補行咸豐十年恩科武會試己巳命總兵馮子材督辦鎭江軍務庚午諭議政王等贊理庶務毋避小嫌壬申諭統兵大臣實核功罪信賞必罰癸酉粵匪陷嚴州餘杭命曾國藩統轄蘇皖贛浙軍務節制巡撫提督以下各官瑞昌稽辦浙江軍務太常寺少卿左宗棠赴浙江剿賊調遣提鎭以下官丙子申諭郊配仍以三祖五宗爲定皇考祔廟稱宗起用予告大學士祁寯藻翁心存前太常寺卿李棠階籍陳孚恩家下獄治罪官軍復無爲及隨州丁丑申誡廷臣遇事因循諭官文曾國藩等妥籌剿撫苗練粵匪陷蕭山紹興及江山常山趣左宗棠軍速援己卯釋貝子德勒克色倫於獄辛巳廷臣議上垂簾章程懿旨依議詔開恩科初烏拉停捕珠八年至是諭仍停辦壬午陳孚恩戍新疆命侍郎寶鋆董恂在總理各國事務衙門辦事甲申法兵去天津十一月乙酉朔上奉慈安皇太后慈禧皇太后御養心殿垂簾聽政丙戌諭各省習教交涉分別良莠持平辦理丁亥諭定戶部五字鈔票侵款者罪復熙麟等官庚寅命各軍保薦將才壬辰山東教匪作亂成祿等剿平之匪首延秀輪伏誅甲午先是張亮基言雲南副將何有保戕鄧爾恒疑徐之銘主使至是之銘飾奏軍功爲有保請獎諭福濟察辦撤任嚴參乙未石達開竄敍甯庚子諭中外舉人才以曾國藩胡林翼駱秉章爲法辛丑粵匪陷紹興諸暨褫王履謙職逮問壬寅福濟以畏葸取巧褫職賞潘鐸二品頂戴署雲貴總督僧格林沁剿壽張等處會匪大捷癸卯命彭玉麐幇辦袁甲三軍務官軍復來安乙巳給事中高延祜劾徐之銘貪淫荒謬及滇省練黨縱恣諭潘鐸查辦丁未詔各省察舉循良並訪學行該備之士庚戌以吳棠爲江甯布政使兼署漕運總督督辦江北糧台癸丑粵匪陷處州十二月甲寅朔諭曾國藩通籌進剿機宜乙卯諭譚廷襄赴東昌籌河防濮范教匪平丁巳勝保奏收撫匪首劉占考宋景詩戊午國瑞軍復范縣粵匪陷甯波鎭海暨紹興各屬己未諭整頓鹽務辛酉命左宗棠迅速援杭張運蘭歸調遣得專奏軍事壬戌命江甯副都統魁玉幇辦鎭江軍務以毛鴻賓言諭督撫及統兵大臣因地選將毋專恃楚勇袁甲三軍復定遠允廓爾喀例貢改丁卯年呈進乙丑福建會匪陷福鼎壽甯之河南捻匪竄霍陽丁卯曾國藩辭節制四省軍務不允己巳上孝德皇后尊謚曰孝德溫惠誠順慈莊恭天贊聖顯皇后兵部侍郎慶英有罪褫職戍新疆以靑海札薩克貝勒綳僧却多布爲左翼盟長辛未褫毓科職擢沈葆楨爲江西巡撫命恭親王醇親王督瑞麟文祥等管理神機營曾國藩奏派道員李鴻章統水陸軍赴鎭江規復蘇常允之定登萊靑道駐烟台監督東海關稅務壬申降端華載垣世爵爲不入八分輔國公甲戌免安徽江蘇浙江被賊來年額賦乙亥允江忠義終制田興恕兼署貴州巡撫旋以韓超署任命張亮基督辦雲南軍務徐之銘免雲南巡撫以亮基署之丁丑多隆阿軍進攻廬州石達開竄沅江黔陽偪川境諭駱秉章田興恕合擊之兩淮粵匪陷杭州瑞昌王有齡死之褫閩浙總督慶端職留任以左宗棠爲浙江巡撫彭玉麐辭巡撫請專辦賊許之以爲水師提督調李續宜爲安徽巡撫嚴樹森爲湖北巡撫以鄭元善爲河南巡撫戊寅祁寯藻以大學士銜爲禮部尚書改彭玉麐以兵部侍郎候補庚辰捻匪圍潁州勝保論劾嚴樹森諭令反躬自責保全名節副皇考委任之意以薛煥言諭總理各國事務衙門與英法籌商借兵剿賊壬午追封皇弟二阿哥爲憫郡王趣左宗棠進取浙江命勝保率部赴潁州癸未僧格林沁擊竄匪於曹州河南岸殄之

同治元年壬戌春正月甲申朔慈安皇太后慈禧皇太后御慈甯宮上率王大臣行禮御乾淸宮受賀自是每歲皆如之命麟魁曾國藩協辦大學士乙酉詔酌撤畝捐釐捐循從征將士家室撫慰傷亡兵勇子孫以江西肅淸賞鮑超黃馬褂李世忠復六合賞亦如之丙戌諭曾國藩左宗棠保衢州進解徽州圍命曾國藩還將保上海調蔣益澧部赴左宗棠軍庚寅勝保移軍潁州命副都統遮克敦布道員王榕吉接辦防務辛卯川軍復丹稜匪首藍潮鼎伏誅官軍復平越壬辰李世忠軍復天長癸巳粵匪李秀成陷奉賢南匯川沙命都興阿以綏師阨吳淞口丙申樂斌以縱匪殃民解任訊辦命麟魁署陝甘總督與沈兆霖剿撫撒回粵匪竄偪上海薛煥言英法各員協同防剿上嘉之丁酉初綿性請改徵回賦景廉赴阿克蘇勘辦之及是景廉覆劾緜性坐褫職尋戍吉林

回子郡王愛瑪特解回庫車管束申誡回疆各大臣勿再攤徵命英蘊察禁私典阿克蘇各城回地戊戌粵匪犯鎭江馮子材軍擊退之捻匪竄沭陽諭僧格林沁南北兼顧官軍復莘縣己亥麟魁卒李世忠軍克江浦浦口撤慶端任命耆齡赴閩接辦援浙軍務庚子擢鮑超爲浙江提督馮子材爲廣西提督癸卯命喬松年督辦沿江團練丙午前安徽巡撫翁同書以失壽州定遠褫職逮問尋論斬丁未加鑄阿克蘇錢戊申文煜等上北塘防守事務允行英法留兵駐大沽砲臺雲南官軍復麗江回匪竄昆明庚戌粵匪竄松江官軍合外兵迎剿大敗之洋將美人華爾願隸中國籍賞四品頂戴花翎壬子命張亮基募軍赴滇癸丑諭遮克敦布等會剿河套捻匪二月甲寅朔官軍復來鳳乙卯懿旨皇帝在弘德殿入學讀書祁寯藻翁心存授讀丙辰擢曾國荃江蘇布政使並令辦理軍務毋庸迴避丁巳粵匪陷黃巖官軍解鎭江徽州圍辛酉西甯辦事大臣多慧提督成瑞以飾言撤匪投誠並褫職議罪尋論斬樂斌以庇護褫職戍新疆壬戌命都興阿遣兵駐天長六合李世忠移軍江浦浦口和衷共濟粵匪陷安義旋復之癸亥捻匪圍杞縣甲子以倭仁所進古帝王事蹟及古今臣工奏議陳弘德殿講肄乙丑僧格林沁軍擊捻匪大捷賊由杞縣竄通許追剿之戊辰石達開竄酆都允田興恕請解欽差大臣率部赴川歸駱秉章節制命韓超籌貴州防剿事己巳薛煥言會英法軍剿高橋賊壘克之美人白齊文願入華籍賞四品頂戴花翎壬申金陵粵匪渡江擾江浦等處諭曾國藩都興阿抽調師船截擊之癸酉多隆阿軍進攻廬州丙子以上海泗涇陷褫提督曾秉忠職上海官軍會英法軍剿除蕭塘賊壘命崇厚成明督辦天津海防丁丑復鄭親王怡親王世爵諭李續宜安集皖北流亡是月免汀州等處被擾夏額三月癸未朔捻匪竄太和甲申允英法派師船往長江協同防剿丙戌粵匪竄上海薛煥軍擊敗之戊子賊陷靑田允鄭元善請以丁憂布政使張曜專辦剿匪庚寅自正月以來不雨詔修省求直言左宗棠復遂安宋景詩降衆叛於蘭儀壬辰粵匪犯廬和及江浦甲午勝保軍進援潁州大捷丙申鄭元善言招回宋景詩令帶罪圖効允之戊戌命李續宜鄭元善督辦勝保軍務辛丑前府尹蔣琦齡應召陳崇正學疏通正途限制津貼抽釐籌軍實等十二策議行惟停養廉查陋規以妨政體不許詔各省舉孝廉方正務求眞儒癸卯命沈兆霖督軍赴西甯剿撤匪乙巳萬壽節停受賀丙午趣曾國藩分軍援湖州丁未彙纂帝王政治及前史垂簾事跡書成名治平寶鑑己酉命副都御史晏端書赴廣東督辦釐金吳棠督辦江北團練命薛煥以頭品頂戴充通商大臣以李鴻章署江蘇巡撫京口副都統海金剿賊失利死之壬子免回疆新舊應進貢物是月上躬詣大高殿祈雨者三四月甲寅諭統兵大臣愼重餉糈汰除浮費景其濬上歷代君鑑上嘉納之乙卯允駱秉章奏留田興恕仍辦貴州軍務丁巳粵匪陷宜陽尋復之戊午雨鮑超軍復靑陽曾國荃軍復巢縣含山和州己未普承堯戍軍臺曾國藩等言蘇紳請借英法兵規復蘇常斷不可行上韙其議令李鴻章裁制華爾常勝軍粵匪李世賢竄江西沈葆楨赴廣信督辦防剿比利時請換約諭薛煥妥酌籌辦庚申上孝靜成皇后尊謚曰孝靜康慈懿昭端惠弼天撫聖成皇后壬戌命薛煥爲全權大臣辦理比國通商事務癸亥賊陷漢中乙丑川軍復靑神左宗棠解衢州江山圍丙寅捻首張落刑北竄諭僧格林沁等籌防以閩軍失利慶端諱報切責之戊辰曾貞幹復繁昌鮑超復石埭太平涇縣上海軍會英法軍平南翔賊壘復嘉定庚午都興阿擊敗揚州竄匪官軍復潁上粵匪陷孝義鎭安豫軍復永甯辛未以葉爾羌阿奇木克伯郡王阿克拉伊都違例攤捐擅殺回衆奪郡王治英蘊罪壬申西安副都統烏蘭都剿賊失利諭官文鄭元善分兵赴陝丙子臺灣會匪陷彰化粵匪竄偪西安趣官文鄭元善飭兵會剿丁丑上慈安皇太后慈禧皇太后徽號頒詔覃恩有差戊寅多隆阿軍克廬州匪首陳玉成遁至壽州境苗沛霖誘擒之命免沛霖罪己卯張運蘭軍復旌德曾貞幹軍復南陵撤回圍攻巴燕戎格沈兆霖援剿之上海官軍復靑浦庚辰何桂清逮至京命大學士會刑部審擬是月免安州等州縣被水逋賦五月壬午朔官軍復甯波鎭海癸未鄭元善移軍汝甯粵匪陷陝西山陽命多隆阿督辦陝西軍務甲申雨命吳振棫趣山西協辦防剿乙酉命明誼速赴塔城與俄會勘地界徐宗幹剿臺灣匪丙戌賜徐郙等一百九十三人進士及第出身有差丁亥以諸暨農民包立身練勇殺賊諭左宗棠酌用之李世忠軍截剿江南援賊大捷己丑廣西官軍復太平劉長佑赴潯州督剿粵匪陷渭南壬辰戍王履謙新疆粵匪圍溫州瑞安諭慶端等進援並令左宗棠兼顧粵匪犯潼關諭沈兆霖檄馬德昭援陝乙未彭玉麐曾國荃各軍復太平暨蕪湖城金柱關東梁山各隘賞李成謀黃馬褂官軍會英法軍克南橋柘林奉賢各城南橋攻克時法提督卜羅德陣沒上嘉悼之賜祭賞其家屬珍物丙申粵匪竄陝州以銅仁石阡苗教各匪猖獗諭毛鴻賓韓超會剿戊戌命侍郎恒祺會崇厚辦理葡國通商事務時英國擬調印度兵助剿諭曾國藩等迅克金陵蘇常以杜覬覦己亥粵匪陷興義官軍復霍邱庚子前太常寺少卿李棠階疏請於師傅匡弼之餘預杜左右近習之漸並講御批通鑑輯覽及大學衍義優詔答之辛丑官軍復台州府仙居黃巖等六縣賊目吳建瀛等以南匯降官軍復川沙賊陷嘉定免直隸積欠旗租壬寅官軍進攻雨花臺甲辰允曾國藩議仍以安慶爲省治設長江水師提督駐蕪湖命恆祺爲辦理葡國通商全權大臣總理各國事務衙門言法使照會田興恕虐害教民命駱秉章勞崇光查辦乙巳陳玉成解京師詔於中途磔之汝州練目李瞻謀叛官軍剿滅之丙午李世忠軍渡江克龍潭等處賊壘進攻九洑洲諭曾國藩節制諭明誼按條約地圖與俄剖析界務錫霖襄辦北路分界事宜丁未官軍復陝西山陽戊申踞山陽賊竄鄖西戍英蘊盛京川匪陷太平廳竄擾陝西定遠張芾撫叛回于臨潼縣被執死之辛亥彭玉麐曾國荃等軍克秣陵關諸隘進偪金陵粵匪陷湖州在籍福建糧道趙景賢死之六月壬子朔耆齡以援浙逗留褫職仍留任乙卯諭李續宜調度淮北剿捻事並約束苗沛霖丙辰僧格林沁等軍克金樓賊壘戊午命六部九卿再議何桂清罪庚申川匪陷西鄉官軍復定遠李鴻章督程學啓等軍剿粵匪大敗之西安同州漢回械鬬燒殺渭北村鎭諭分別剿撫但辨曲直不論漢回壬戌川軍復太平癸亥粵匪陷鄖西甲子何桂清論斬乙丑直隸蝗丙寅粵匪由伊洛南竄命勝保督剿之陝回撲西安及同州趣雷正綰入關戊辰申誡統兵大臣欺飾濫保督撫嚴禁州縣藉災請緩仍復私征庚午賊匪陷天柱癸酉大學士桂良卒贈太傅頒廓爾喀王獎勵敕書甲戌詔難民陷賊來歸者槪予免罪申嚴失守城池律定比利時通商條約常淸等言俄人稱哈薩克汗阿克坦沙拉已屬俄諭查實酌辦令各台吉別舉襲汗爵者乙亥嚴諭文煜等緝直隸馬賊諭譚廷襄赴兗沂督剿各匪及竄捻丙子官軍復靑田丁丑允僧格林沁請收撫苗沛霖己卯石達開竄綦江官軍大敗之遂竄珙高等縣庚辰趣多隆阿援西安剿回匪毋爲撫議所誤仍解散被脅良回是月免直隸河南逋欠及雜糧秋七月壬午朔甲申安集延匪倭里罕入喀什噶爾卡滋擾官軍剿敗之浩罕亂伯克邁里被殺丁亥命景紋調達木蒙古兵及夥爾等族番兵赴藏己丑以陝回慘殺漢民促多隆阿等入關尋諭責其遷延令勝保分軍援陝袁甲三以病免命李續宜爲欽差大臣督辦軍務庚寅李鴻章軍克金山衞辛卯甘肅撤回降安集延賊遁出卡俄人稱哈薩克布魯特爲其國地命常淸察覈總理各國事務衙門剖理明緒會明誼勘西界事宜壬辰命倭仁協辦大學士甲午川匪陷洋縣戊戌川軍復長甯命愛仁王茂蔭密察陝西吏治擢知州秦聚奎大順廣道會遮克敦布辦直東防務己亥以縱兵劫掠褫總兵田在田職庚子沈兆霖督剿撤回還至平番山水暴發卒粵匪竄南陽命勝保入陝督辦軍務節制各軍命熙麟爲陝甘總督允馮子材請簡汰鎭江軍癸卯毛鴻賓剿黔匪連捷諭韓超規復失地劉長佑解散猺人毛鴻賓會剿黔桂各匪甲辰閩軍復宣平松陽瑞安以慶端爲福州將軍耆齡爲閩浙總督乙巳李續宜毋喪詔奪情署安徽巡撫丙午彗星見西北方中葡商約成命僧格林沁統豫魯軍務節制督撫以下與李續宜商辦安徽剿匪事宜總理各國事務衙門請設同文館習外國語言文字允之丁未鮑超軍復甯國官軍復景甯雲和鄂軍復鄖西諭刑部淸理庶獄初廣東恩平陽春新興等縣土客互鬬九年未解至是諭勞崇光諭止之豫籌善後戊申以星變詔求直言庚戌林福祥米興朝以失守逃避處斬諭都興阿實覈沿江釐稅雲南回匪陷永昌龍陵騰越是月免江西義甯等州縣逋賦蘆課八月辛亥朔以台州民團克復郡縣詔蠲同治元二年錢糧壬子李鴻章軍克靑浦申諭督撫痛除捐輸抽釐逼勒諸弊癸丑淮京官俸減成搭放見金甲寅回匪圍郃陽等城諭勝保入潼關督剿乙卯褫哷徵呼克圖名號及黃韁以藏事敉平停調番兵及川餉詔順直捕蝗己未徐之銘請阻張亮基帶兵入滇諭責其爲回人挾制不允辛酉諭嚴防陝匪句結甘回壬戌諭勝保分兵赴山西英桂籌晉省防務癸亥諭勝保剿渭北多隆阿剿渭南回匪兼顧鎭平甲子賚遺林自淸練衆回滇乙丑陝回圍朝邑特普欽等言呼蘭墾民日衆請設理事同知等職議行命傅振邦襄辦譚廷襄軍務丙寅諭各省淸查流品丁卯李續宜給假治喪以唐訓方暫代命福濟會景紋辦理藏事命僧格林沁節制淮北軍剿撫苗捻辛未陝回西竄同州朝邑路通逆酋洪容海詣鮑超軍降率所部克廣德壬申北新涇圍解滬防肅淸癸酉甘回竄鳳翔粵捻合犯淅川陷竹谿竹山甲戌允王大臣請停送奉移山陵命議近支親王恭代典禮鎭江設關徵洋稅丙子諭勝保檄馬德昭軍駐長武一帶防回匪竄甘擢雷正綰陝西提督丁丑臺灣軍解嘉義圍官軍復處州及縉雲命總兵黃開榜接統田在田軍戊寅允直隸增募馬勇緝馬賊官

軍復靑谿命耆齡專辦援浙軍務己卯山東軍剿捻匪大捷勝保奏敗回匪於斜口西安解圍匪竄渭北諭以自便責之命雷正綰襄辦勝保軍務復浙江餘姚廣西陽朔以粵匪竄閿鄉促鄭元善軍赴河洛閏八月辛巳朔慶端軍復縉雲甲申多隆阿軍克荆紫關乙酉鄂軍復竹山竹谿黔軍復天柱邛水粵匪竄老河口回匪圍涇陽飭雷正綰軍進剿西安解嚴丁亥法庫門回民互鬭玉明等解散之趣文煜譚廷襄捕直東界馬賊戊子回匪復攻西安滇匪由川竄塼坪粵匪由閿鄉竄永寧允河南收長蘆鹽釐濟餉己丑洪容海降衆復叛踞廣德辛卯多隆阿軍剿捻匪大捷解商南圍調駐南苑吉黑馬隊赴山西壬辰諭韓超與提督江忠義商辦貴州軍務塔截林自淸擁衆入黔命李棠階爲軍機大臣以德勒克多爾濟等增兵巡河防甲午諭各省裁革州縣浮費命京控案件專責按察使訊鞫乙未詔薦舉人才命薛煥李鴻章辦理普國換約事宜飭各省迅解京餉丙申命倭仁爲大學士諭多隆阿扼守武關戊戌多隆阿剿亳潁西竄捻匪大捷賞黃馬褂粵匪復陷慈谿官軍合英法軍復之華爾沒於陣庚子諭勞崇光等籌濟京倉米穀江蘇等省新漕征收本色解京張亮基劾徐之銘岑毓英跋扈允法將勒伯勒東留防寧波諭潘鐸安撫雲南漢回辛丑允袁甲三回籍命唐訓方赴臨淮接辦軍務馬新貽暫統甲三軍曾國藩請簡大臣會辦軍務上不許仍慰勉之並傳旨存問疾疫將士諭景綸等嚴緝吉林教匪壬寅命富明阿馳赴揚州襄辦都興阿軍務癸卯勝保請撫三原等處回匪不許甲辰以劉長佑爲兩廣總督允田興恕暫留貴州剿匪乙巳石達開竄綦江等處官軍剿擊敗之回匪竄邠州實雞等處丙午河南捻匪李如英降戊申石達開竄仁懷己酉命官文爲文華殿大學士倭仁爲文淵閣大學士九月辛亥孝靜成皇后升祔太廟頒詔覃恩有差豫捻竄內鄉新野壬子御史劉慶請以招流亡墾地畝課州縣治績從之甲寅允沈葆楨請挑練額兵酌籌津貼乙卯以文宗奉移山陵蠲經過州縣額賦諭文煜選良有司籌辦畿輔水利丙辰直隸妖人王守青等編造逆書事發伏誅丁巳諭鄭元善毛昶熙夾剿西南兩路捻匪曾國藩言駁苗沛霖宜赦其罪而不貸其力覽之戊午廣東土匪黃金寵李植槐等倡亂官軍討平之趣多隆阿督所部入陝其竄隨棗之匪令穆圖善軍剿之己未勝保請調苗沛霖入陝助剿不許川匪竄甯陝官軍敗之於子午谷庚申石達開竄桐梓癸亥以閩粵魯省玩視軍餉予疆臣嚴議並嚴定欠解京餉處分甲子粵酋李秀成大舉援金陵陳得才陷應城孝感官軍復之安徽軍克湖溝賊巢丙寅僧格林沁軍克亳州捻巢陝回圍鳳翔庚午馮子材克湯岡賊巢靈州回亂趣李續宜赴軍壬申回衆擾同朝諭勝保親往督剿雷正綰督剿咸陽以北癸酉浙軍復壽昌甲戌以勒索回商褫庫倫大臣色克通額職戍新疆革庫倫茶票陋規李鴻章軍合英法軍復嘉定允荷蘭立約通商乙亥鄂軍復京山粵匪竄黃陂黃安諭曾國藩等選武弁在上海甯波習外國兵法令閩越等省仿行丙子豫軍克龍井賊巢召蘇廷魁曾望顏劉熙載黃彭年朱琦等來京仍命各省舉行團練丁丑詔畿輔行堅壁淸野法諭曾國藩等豫選將弁演習外國船礮己卯享太廟冬十月庚辰朔川軍克龍究場匪首李詠等伏誅賞提督胡中和黃馬褂辛巳粵匪大股圍南翔等處滬軍勝保赴潼關剿匪癸未湖南援軍會復修仁命勞崇光赴黔察辦田興恕殺教民案以張凱嵩接辦廣西軍務丙戌文宗顯皇帝孝德顯皇后升祔奉先殿上親詣行禮戊子命瑞常協辦大學士己丑命曹毓瑛爲軍機大臣庚寅豫軍剿捻勝之解臨潁圍趣勝保赴同朝剿匪勝保仍請調苗沛霖赴陝諭嚴斥之官軍復奉化徐之銘言招撫興義回匪諭稱其爲滇回所制令潘鐸截回委員毋俾之銘預黔事辛卯延安回匪作亂英桂辦河曲保德團防命李鴻章選將統常勝軍實授江蘇巡撫甘回竄逼花馬池癸巳黔軍剿敗石達開遵義圍解石達開竄仁懷乙未諭奉天嚴緝盜匪裁故洋將華爾所部兵勇准俄兵船在上海助剿毋入江定嗣後外人領兵毋易服色例德楞額軍潰於山東詔褫職查辦丙申甯夏軍剿回失利陝回竄淸水戊戌命僧格林沁剿山東幅匪己亥江南軍擊退金柱關賊庚子譚廷襄罷命丁憂按察使閻敬銘署山東巡撫辦理軍務癸卯命穆騰阿襄辦勝保軍務乙巳諭刑部今年例停句決何桂淸統兵失律僅予斬候已屬法外之仁茲已屆期若因停句再緩久稽顯戮何以謝死事者暨億萬生靈著即處決自後如遇停句之年情罪重大之犯仍特奏聞取旨初徐之銘委回人馬聯升署安義鎭回匪因踞普安城至是事聞諭之銘撤回馬聯升迅查釀變情形具奏十一月己酉朔日有食之以沈宏富署貴州提督接辦田興恕軍務庚戌擢長沙知府丁寶楨署山東按察使壬子鄭元善以廢弛降道員命張之萬署河南巡撫諭毛昶熙裁所部兵勇臺灣會匪陷斗六門甲寅褫黃彬職撤其幫辦命吳全美接統水師歸曾國藩都興阿節制丙辰翁心存卒贈太保曾國荃軍剿金陵援賊大捷賞國荃及蕭孚泗黃馬褂戊午官軍合英法軍復上虞嵊新昌己未彭蘊章卒庚申金陵粵匪竄擾高資馮子材軍擊退之壬戌勝保坐驕恣欺罔褫職逮問諭直隸舉行保甲諭瑞麟嚴緝熱河匪徒癸亥秦聚奎剿匪冠縣沒於陣九洑洲賊復陷和州含山巢縣乙丑宣示勝保罪狀籍其貲賞所部兵勇授多隆阿欽差大臣接統勝保所部各軍丙寅川匪陷佛坪官軍復之川匪復陷略陽己巳粵匪竄陷祁門平羅回匪亂辛未閻敬銘請終制不允乙亥山東降衆叛陷濮州命張亮基以總督銜署貴州巡撫兼署提督撤署巡撫韓超署提督田興恕任候查辦丙子石達開陷筠連川匪陷兩當旋復之丁丑法使以教士被戕責田興恕抵償不許十二月戊寅朔諭江浙等處被賊脅從誠心歸順者無論從賊久暫均許投誠諭曾國藩唐訓方分軍駐正陽關壽州庚辰白齊文有罪褫頂帶逮治之辛巳多隆阿破回匪于同州壬午命荆州副都統薩薩布赴直魯剿賊癸未江南軍復績溪祁門鮑超丁母憂命改爲署職仍留營官軍復濮州乙酉左宗棠軍復嚴州丙戌命雷正綰幫辦多隆阿軍務將軍穆騰阿會瑛棨辦理省城防守事宜丁亥諭左宗棠等保舉湘籍人才廣西匪陷西甯戊子回匪陷涇陽宋景詩叛於山西調阿拉善鄂爾多斯蒙部兵助剿甯夏平羅回匪申諭舉孝廉方正粵匪竄平利河州回匪肆擾恩麟剿之允普魯士換約滇匪陷景東改令席寶田軍援江西諭江忠義節制援桂各軍山東竄匪擾冀州棗強諭文煜等合剿甲午廣東舉人桂文燦進經學叢書詔嘉勉丙申官軍復新甯復霍邱石達開再陷高縣旋復之丁酉命侍郎崇厚幫辦直隸防剿召劉長佑來京命晏端書崑壽商辦廣東軍務戊戌粵匪由鄖陽竄興安諭多隆阿等會剿庚子賊目駱國忠等以常熟昭文降壬寅諭穆騰阿瑛棨辦理西安防剿多隆阿兼顧省防甘匪竄陷隴州知州鄧輔死之癸卯召薛煥來京以李鴻章暫署通商大臣甲辰賊匪竄永年邯鄲等處以遷延貽誤褫文煜遮克敦布職並遣戍以劉長佑爲直隸總督晏端書署兩廣總督諭提督實山接辦直東交界事務乙巳祫祭太廟丙午粵匪復竄甯陝丁未粵匪圍興安分竄漢中是月免四川滎昌等縣福建甌甯等縣被擾額賦江南湖灘積欠地租是歲朝鮮琉球入貢

二年癸亥春正月戊申朔免朝賀授張之萬河南巡撫辛亥予紹興傷亡洋將勒伯勒東優卹甲寅詔曾國藩都興阿等舉堪勝水師總兵者匪陷武邑官軍旋復之廣西軍復蓮塘戊午粵匪陷西安府鎭兩城陝西回匪竄鄠縣從瑛棨請留馬德昭辦省防丙寅鮑超等軍復靑陽戊辰命李桓赴陝接辦漢南軍務庚午瞻對酋糾德爾格忒土司擾巴塘裏塘辛未畿南竄匪平甲戌以鳳翔圍守半年詔責瑛棨貽誤趣雷正綰馳救解圍二月丁丑朔左宗棠軍復金華湯溪龍游蘭谿戊寅以李鴻章言諭兩湖用漕折購米運京免其稅庚辰李秀成等渡江北犯官軍擊敗之川軍剿石達開破之貴州回匪陷安南興義辛巳吉林軍敗朝陽流匪於興凱湖諭毋令竄入俄界多隆阿剿回匪大捷克羌白鎭等賊巢壬午陝西團勇復興安粵匪竄漢陰紫陽李世忠請褫職贖勝保罪不許粵匪竄陷褒城旋復之癸未復永康武義乙酉譚廷襄赴東昌剿匪丁亥左宗棠移軍蘭谿東陽義烏浦江踞賊均遁己丑僧格林沁軍克雉河集賊巢捻首張落刑伏誅得旨嘉獎仍以親王世襲罔替免蒙亳等屬錢漕二年庚寅甯夏平羅回匪投誠辛卯以慶昀爲甯夏將軍癸巳畿南匪張錫珠竄大名以崇厚失機切責之趣劉長佑赴直隸馮子材敗賊於鎭江乙未左宗棠軍復紹興桐廬丙申滿慶等剿辦瞻對逆匪黃國瑞軍克郟城縣長城匪巢以追賊遲延褫崇厚職留任東匪竄曲周平鄉庚子諭恩麟等甘肅回匪毋輕議撫壬寅允平瑞請墾烏魯木齊等處閒荒馬廠升科濟餉以屯田之地分給屯兵癸卯粵匪陷江浦廣東匪踞信宜崑壽剿之甲辰浙東肅淸蠲新復各府州縣錢漕二年乙巳趣閻敬銘赴東昌辦理軍務回匪馬化龍糾黨圍靈州旋赴固原投誠石達開由滇竄敍永丙午詔疆臣愼選牧令薄賦輕徭刪除煩苛與民更始是月免靑神兵擾二年逋賦三月戊申申禁河南豫征錢糧辛亥命崇厚回三口通商大臣任壬子命劉長佑節制直隸諸軍諭沈葆楨辦交涉當持平毋令紳民生衅癸丑諭曾國藩統籌江北軍務乙卯陝南粵匪陷紫陽旋復之雲南迤西逆匪犯昆明潘鐸死之以賈洪詔爲雲南巡撫丙辰李鴻章軍克福山口命英將戈登約束常勝軍丁巳捻匪陷麻城戊午偪武昌省垣飭楚豫合軍攻剿己未蠲浙江西安錢糧二年庚申丹國遣使拉斯那弗議立商約洋將達耳第福陣亡優卹回匪圍平涼以甘肅剿賊遷延褫署提督安定職逮問甲子耆齡遷福州將軍以左宗棠爲閩浙總督節制兩省軍務以曾國荃爲浙江巡撫仍統兵規金陵宗棠兼署之停福建本年例貢乙丑命王大臣覆覈勝保情罪甯國粵匪竄東流建德予秦儒毛亨明儒呂枬從祀文廟丙寅蒙城捻首賈文彬伏誅陝南粵匪陷沔縣貴州總兵羅孝連軍復定番長寨獨山荔波丁卯曾國

藩以失守江浦等城鐫級褫李世忠幫辦實授吳棠漕運總督仍節制江北軍務諭拊循江北難民己巳萬壽節停受賀庚午苗沛霖復叛官文等截剿蘄州竄賊癸酉褫徐之銘職逮問予潘鐸世職以雨澤稀少詔清理庶獄甲戌命福濟景紋查辦西藏啟衅事乙亥李鴻章軍復太倉隆德回匪亂黃國瑞軍平沂州梘匪丙子詔察卹陝甘殉難被害良善回衆壽詔雲南亦如之是月上連詣大高殿祈雨夏四月戊寅御史吳台壽以疏奏袒勝保褫職苗沛霖陷懷遠山東匪劉得培踞淄川己卯官軍剿繖南匪張錫珠等竄高唐壽伏誅庚辰粤捻各匪竄擾廬江桐舒及黃州諭曾國藩駐守安慶勿撤金陵之圍壬午多隆阿軍克孝義匪巢飭劉蓉統軍援陝免浙江被陷各地額糧甲申苗沛霖圍壽州六安趣僧格林沁討之粤匪踞太平石埭左宗棠沈葆楨會防多隆阿軍克倉頭匪巢陝東肅清苗沛霖陷穎上犯蒙城命劉長佑督辦直魯豫交界剿匪事務乙酉劉典軍復黟縣命侍郎薛煥在總理各國事務衙門辦事戊子允英桂回駐太原庚寅劉長佑言匪首楊明嶺等投誠甘肅回匪陷鹽茶犯靜甯馬德昭赴慶陽進勦壬辰贛軍敗賊祁門逆酋胡鼎文伏誅癸巳李續宜請開署缺允之以唐訓方爲安徽巡撫李鴻章遣程學啓等軍薄崑山涇州軍擊回匪勝之甲午禮部議定先賢先儒祀典位次頒行各省乙未開舉直隸新城一帶稻田閻敬銘赴淄川督勦捻匪回竄河南總兵余際昌等死之命張曜接統其軍丁酉以皖匪紛竄江鄂安慶可虞詔曾國藩搘拄艱難倍加謹慎左宗棠軍復黟縣以勞崇光爲雲貴總督逮治田興恕以謝法人庚子粤捻各匪犯鳳台定遠官軍擊退之辛丑賜翁曾源等二百人進士及第出身有差停四川畝捐癸卯程學啓等軍復崑山新陽官軍敗賊酋李秀成於石澗埠乙巳回匪復犯西安擊退之是月連祈雨免太倉等州縣額賦五月戊申苗沛霖圍蒙城己酉鮑超軍復巢縣庚戌賞郎中李雲麟京卿節制漢南防兵及川省援兵壬子粤捻合犯天長官軍擊敗之甲寅命江忠義統軍援江西丁巳鄒縣教匪平獲匪首劉雙印粤匪陷古州戊午俄兵入科布多境執台吉壬戌雨癸亥粤匪擾富陽官軍擊退之總兵熊建益等陣沒官軍援平涼失利趣多隆阿分軍速援乙丑甯夏撫回再叛鮑超軍復克巢和含山召宴端書來京以毛鴻賓爲兩廣總督惲世臨爲湖南巡撫予明臣方孝孺從祀文廟戊辰諭購置輪船歸曾國藩李鴻章節制己巳曾國藩爲弟國荃辭浙江巡撫上褒勉不允所辭西甯回蒙句結撒匪攻丹噶爾廳惠遠回匪亂官軍捕誅之定丹國通商條約壬申彭玉麟等軍復江浦浦口及九洑洲乙亥廣西軍復潯州六月丙子朔黔軍復普安安南丁丑命明誼赴塔城會明緒等辦分界事戊寅詔曾國藩左宗棠等議減江蘇常鎮浙江杭嘉湖屬漕糧庚辰以復城池功賞李朝斌等及宋國永等黃馬褂停陝西例貢丁亥川軍勦賊於大渡河獲石達開誅之晉駱秉章太子太保銜擢總兵唐友耕提督辛卯平羅回衆復叛瓦亭回匪圍隆德擊退之河決開州考城菏澤甲午苗沛霖陷壽州知州毛維翼死之乙未陝軍復甯羌己亥以俄人強占住牧趣常清等定界勸俄兵撤回撫綏求內附之哈薩克布魯特壬寅官軍復淄川獲劉得培等誅之甲辰寶慶土匪平命四川布政使劉蓉督辦漢南軍務是月免福建順昌等縣屬被擾額賦江西義甯等州縣屬逋賦雜課

秋七月乙巳苗沛霖偪臨淮唐訓方擊之丙午李鴻章軍復吳江震澤豫軍克張岡匪巢瑛棨有罪褫職命劉蓉爲陝西巡撫張集馨署之甲寅命李鴻章暫兼南洋通商大臣戊午黔軍復古州辛酉袁甲三卒於軍壬戌賜勝保自盡甲子官軍克沙窩等處匪巢允江北漕米仍征折色乙丑命劉蓉並節制湖北援軍丁卯官軍擊退狠山苗衆蒙城路通命崇厚爲全權大臣辦理荷蘭通商條約滇回陷平彝岑毓英軍復之癸酉命明誼等會同俄使辦分界諸務山東白蓮池教匪平文煜予釋捻匪逼開封是月免都勻等府廳州縣屬被擾新舊額賦並鳳凰等廳縣灘地積欠租銀八月丙子程學啓等軍大破賊於太湖楓涇等處進偪蘇州丁丑陝西曹克忠軍克附省等處賊巢戊寅西甯狄道河州漢回互鬬哈薩克句結俄兵擾伊犁趣四川何勝必軍援甘庚辰皖軍克長淮衛辛巳以畏葸褫馬德昭職多隆阿軍抵西安渭南肅清命陳國瑞幫辦吳棠軍務丙戌蘇軍克江陰丁亥戍瑛棨新疆都興阿遣軍援臨淮己丑以勦辦臺灣賊匪調度乖方褫吳鴻源職逮問辛卯李鴻章赴江陰督勦諭陳國瑞援蒙城調善慶部馬隊援臨淮熙麟遣軍援平涼乙未允多隆阿請以曹克忠補河州總兵並令嗣後提鎮缺勿擅請簡宋景詩竄開州命張集馨會穆騰阿籌辦西安防守丁酉黔軍克桐梓賊巢普安陷旋復之命劉蓉節制毛震壽李雲麟各軍調烏魯木齊阿克蘇兵助伊犁軍禦俄允哈薩克綽坦承襲汗爵己亥趣林文察渡臺剿匪庚子回匪陷平涼辛丑閻敬銘移軍東昌定荷蘭換約劉長佑赴景州督勦是月免沁州等州廳縣屬逋賦九月乙巳朔命馬德昭赴慶陽營沈葆楨乞病慰留給假戊申允李鴻章調知縣丁日昌來滬督製火器石泉知縣陸堃聯團勦賊詔嘉之庚戌浙軍克富陽辛亥粤軍克廣海寨城癸丑諭僧格林沁以礮隊赴蒙城助勦甲寅粤匪陷城固捻首張總愚等由汝州南竄乙卯多隆阿軍復高陵丙辰穆隆阿以覆奏失實褫職調多隆阿爲西安將軍以富明阿爲荊州將軍辛酉多隆阿軍克蘇家溝渭城賊巢甲子粤匪陷會同綏甯旋復之陝西兵團復沔縣乙丑李秀成援無錫程學啓等擊退之己巳僧格林沁勦宋景詩匪悉平景詩遁以援陝川軍敗褫提督蕭慶高職留營以漢中失事褫布政使毛震壽職諭劉長佑閻敬銘辦直魯善後庚午御史馬元瑞條陳薄賦稅慎訟獄善拊循勤曉諭四事如所請行是月免直隸滄州等州縣山東海豐等場未完竈課冬十月乙亥閻敬銘請終制不許官軍獲直東股匪朱登峯等悉誅之丙子捻首張總愚由魯山南召南竄己卯陶茂林軍解鳳翔圍實授茂林甘肅提督命丁憂總兵成祿留營撤退李泰國以赫德辦理總稅務司辛巳粤匪竄龍勝總兵胡元昌死之甲申諭駱秉章分軍勦瞻對疏通藏路諭阻法教士入藏傳教丁亥朝陽餘匪竄擾昌圖詔臣工力求節儉趣賈洪詔赴昭通以捐備馬匹賞扎薩克台吉明珠爾多爾濟貝子銜戊子李雲麟軍失利粤匪陷陝西山陽張總愚竄鄧州穎曹諸酋竄鳳縣兩當庚寅左宗棠軍擊敗杭州餘杭踞賊壬辰藍逆陷盩厔癸巳上釋服逾期祁寯藻倭仁李鴻藻請黜浮靡以固聖德懿旨屏斥玩好遊觀興作諸務祁寯藻等其各朝夕納誨養成令德以端治本而懋躬行逆酋古隆賢就撫收復石埭太平旌德曾國荃等軍復秣陵關丙申桂軍復容縣丁酉程學啓等軍攻克滸墅關己亥官軍剿昌圖匪失機諭責玉明諱飾辛丑英桂還福州將軍以沈桂芬署山西巡撫癸卯李秀成援蘇州李鴻章等軍擊敗之命富明阿幫辦僧格林沁軍務是月免廣西永安等州廳縣被擾新舊額賦十一月丙午奉天匪竄吉林玉明等會剿皖軍復懷遠及蚌埠丁未僧格林沁督諸軍攻剿苗沛霖誅之李鴻章督軍復蘇州粤酋郜雲官等降加鴻章太子少保銜程學啓世職並賞黃馬褂戊申逆酋楊友清等以高淳甯國建平溧水降李雲麟等復山陽粤軍復信宜己酉劉典等軍復昌化庚戌藍逆竄商南癸丑張總愚竄浙川甲寅僧格林沁軍復下蔡壽州丙辰李鴻章誅郜雲官等遣散降衆丁巳李鴻章軍克無錫金匱庚申李續宜卒邱縣匪張本功等糾衆抗糧捕誅之實授閻敬銘山東巡撫沂陽回衆降壬戌官軍復潁上正陽癸亥馬化龍陷甯夏靈州論平苗逆功復李世忠職曾國荃軍克淳化等隘進駐孝陵丙寅官軍克嘉善張涇匯丁卯逆回圍甯夏滿城庚午蘇軍復平湖賊目以乍浦嘉善降是月免山東泗水等州縣災擾錢糧直隸武清等州縣被災額賦賑吉林打牲烏拉災十二月丁丑提督江忠義卒於江西軍次庚辰蘇軍克平望辛巳唐訓方罷以喬松年爲安徽巡撫戊子以唐友耕爲雲南提督令赴昭通辛卯譚廷襄言統籌黃河下游地勢請濬支渠以減漲水培土埝以衛民田諭劉長佑閻敬銘會同籌辦癸巳陝回粤匪紛竄甘境甲午允蘇松太漕糧減價折徵乙未上御撫辰殿大幄賜蒙古王公宴賞賚有差每歲皆如之復彰化臺灣兩路賊平丙申翁同書加恩遣戍命左宗棠剔除浙東地丁積弊飭陝鄂川會勦漢南逆匪是月免山東陝西被擾州縣新舊額賦並孝義等廳縣倉糧是歲朝鮮入貢

三年甲子春正月癸卯朔上率王大臣慶賀兩宮皇太后禮成御太和殿受朝自是每歲皆如之甲辰李鴻章軍擊常州援賊於奔牛鎮大捷丙午鳳翔回民乞撫許之商南匪竄鄖西調湖北石清吉軍赴陝援陝川軍失利於青石關庚戌河南捻匪竄隨州癸丑豫軍勦張總愚於趙莊山口失利己未官軍復修文及册亨庚申調直晉兵援甯夏諭阿拉善旗禁蒙民與回匪勾結甲子李世賢竄績溪丙寅命都興阿赴綏遠會辦防務富明阿赴揚州接辦軍務己巳浙軍復海甯彰化匪首戴萬生伏誅粤匪竄石泉漢陰甯陝是月免安州等處歉收逋賦二月壬申朔官軍復漢中留壩黔軍復龍里乙亥粤匪竄廣信建昌庚辰甯夏回匪犯中衛等處熙麟分兵援之壬午廣東三山土匪平癸未粤匪陷鎮安旋復之丁亥多隆阿圍盩厔久未下切責之停山東畝捐從閻敬銘請也戊子桂軍克蒼梧等縣庚寅曾國荃等軍克鍾山石壘合圍金陵蔣益澧軍復桐鄉粤匪偪閩境張運蘭軍援之壬辰豫軍克息縣光州賊寨甲午粤匪竄廣豐弋陽庚子陝南匪竄內鄉三月壬寅程學啓等軍克嘉興贛軍復金谿江南軍復溧陽陝軍克盩厔多隆阿以傷賜假穆圖善暫督軍務雷正綰等軍進剿逆回川匪藍二順竄洵陽丙午僧格林沁統全軍赴豫進至許州江南軍復廣德嘉義匪首林翰晟伏誅己酉戈登攻金壇受創命慰問岑毓英等軍克他郎鎮沅庚戌命多隆阿督辦陝甘軍務壬子蔣益澧各軍克復杭州及餘杭加左宗棠太子少保銜賞益澧黃馬褂尋予世職甲寅免杭嘉新復各地錢糧二年命穆圖善幫辦多隆阿軍務暫署欽差大臣川軍攻松潘匪復疊溪營城丁巳滇

軍復景東元謀及楚雄癸亥贛匪竄福建乙丑逆首藍大順伏誅丙寅浙軍復武康德清石門諭左宗棠收養杭州難民己巳提督程學啓卒於軍庚午張總愚竄鎭平甘肅回匪馬三娃陷赤金堡官軍剿平之是月免貴州各府廳州縣被擾逋賦夏四月辛未朔日有食之壬申鮑超軍復句容丙子命都興阿赴定邊接統訥欽所部各軍進剿甯靈踞匪丁丑李世賢等竄江西鮑超軍復金壇捻粵各匪合竄棗陽陝南匪竄河南陷荊子關戊寅湘軍會復古州辛巳殲滅紹興浮收錢糧著爲永例甲申李鴻章督軍克常州馮子材等軍復丹陽以故朝鮮王李昪世子㷩襲爵命侍郎阜保副都統文謙往封丙戌以侍郎薛煥通政使王孫五計均予降調並申誡臣工官文赴安陸督師嚴樹森辦省城防守庚寅多隆阿卒於軍命都興阿督辦甘肅軍務雷正綰幫辦之辛卯贛軍解玉山圍癸巳嚴樹森以官文劾降以吳昌壽爲湖北巡撫唐訓方署之命楊岳斌督辦江西皖南軍務辛卯僧格林沁會楚軍剿粵捻於隨州大敗之丁酉以江防下游肅清裁汰師船並弛封江之禁戊戌粵匪陷弋陽陝南粵逆竄德安府僧格林沁軍追剿之己亥申誡統兵大臣奏報粉飾是月免武進陽湖本年額賦五月庚子朔黔匪陷長寨定番廣順旋復之甲辰粵匪竄天門應城德安隨州乙巳粵匪陷甯化旋復之熙麟病免以楊岳斌爲陝甘總督都興阿署之丁未允日斯巴尼亞立無通商命薛煥崇厚充全權大臣妥爲辦理諭李鴻章撥勁旅助攻金陵己酉李世賢犯撫州官軍擊走之復弋陽賞戈登黃馬褂花翎並提督章服汰留常勝軍撤遣外國兵官辛亥官軍復都江上江等城粵匪竄逼西安癸丑褫劉蓉雲麟職留任命穆圖善留西安會籌防剿黔匪竄秀山戊午鮑超乞假葬親詔慰留李世賢陷宜黃崇仁南昌戒嚴庚申回匪陷狄道旋復之壬戌粵匪竄黃陂官文移軍孝感癸亥懿旨瑞常寶鋆載齡單懋謙徐桐輪直進講治平寶鑑粵匪再陷建甯甯化旋復之丁卯雷正綰軍復平涼戊辰諭疆吏不分畛域會緝邊匪命李恒嵩劉郇膏與丹使壁勒在上海換約己巳桂軍克貴縣賊巢潯州肅清六月壬申申誡各部院大臣毋得仍前泄沓癸酉粵匪竄麻城黃岡丁丑雨蘇軍復長興黔軍復普安馬如龍岑毓英各軍剿逼西回匪復中甸維西思茅威遠及石膏井等賊巢戊寅庫車漢回亂辦事大臣文藝回子郡王愛默特死之安置哈薩克衆於齋桑淖爾東南戊子贛軍克貴溪賊壘曾國荃軍克金陵外城辛卯雨回匪陷布古爾庫爾勒諭撤納欽等軍癸巳浙軍復孝豐戊戌官軍克復江甯洪秀全先自盡其子福瑱遁獲賊酋洪仁達李秀成江南平遣醇郡王詣文宗几筵代祭告上詣兩宮賀捷論功晉封曾國藩一等侯曾國荃一等伯加太子少保銜提督李臣典一等子賞黃馬褂蕭孚泗一等男均賞雙眼花翎按察使劉連捷等賞世職升敘有差命戮洪秀全屍傳首各省論各路剿賊功封僧格林沁子伯彥訥謨祜爲貝勒官文一等伯李鴻章一等伯駱秉章一等輕車都尉均賞雙眼花翎加楊岳斌彭玉麐太子少保並鮑超均一等輕車都尉都興阿富明阿馮子材騎都尉魁玉雲騎尉回逆陷喀喇沙爾辦事大臣依奇哩等均死之是月免福建建甯等縣屬被擾逋賦秋七月庚子以江南平論功晉封議政王恭親王子載澂貝勒載濬不入八分輔國公載瀅不入八分鎭國公加軍機大臣文祥太子太保銜寶鋆李棠階太子少保銜加恩宗親及御前大臣內務府大臣餘賚錄有差辛丑以歲逢甲子詔停句情實人犯諭江南新復民生彫敝有司招徠撫恤之其軍務未靖諸省統兵大臣督撫等須激厲將士奮勉圖効俄兵入科布多卡倫執委員及扎薩克壬寅禁宗室覺羅潛往外城甲辰追論附苗沛霖罪總兵博崇武等戍新疆按察使張學醇戍軍臺粵匪竄踞羅田桂匪陷歸順己酉詔修明太祖陵裁江北釐金復兩淮鹺務庚戌實授沈桂芬山西巡撫以鄭敦謹爲河東河道總督辛亥丹國換約成壬子洪仁達李秀成伏誅汪海洋竄踞許灣癸丑洪福瑱入湖州鹽茶固原回匪復叛北竄甯靈擾中衛靖遠撤回句結陷循化廳吐魯番屬托克遜漢回亦變亂甲寅戶部侍郎吳廷棟言金陵告捷請益加敬懼嘉納之丁巳以廣西道梗止越南入貢奇台漢回作亂古城烏魯木齊同時不靖文永等軍進援庫車失利覆於烏沙塔克拉死之庚申狄河回匪結撒回擾河州贛軍復崇仁東鄉辛酉復金谿壬戌祁寯藻因病乞休命仍以大學士銜直弘德殿官軍獲昌圖盜匪劉發好等誅之癸亥復鄭親王怡親王襲爵錄已故諸臣功予胡林翼一等輕車都尉李續賓二等輕車都尉塔齊布張國樑江忠源程學啓三等輕車都尉加賞江忠濟羅澤南多隆阿曾國華一雲騎尉贛軍復宜黃甲子克許灣乙丑僧格林沁敗賊麻城曾國荃乞病溫諭止之李臣典以傷卒於軍是月免江蘇安徽各屬被擾逋賦八月己巳朔定諸王位次著爲令贛軍復南豐庚午烏魯木齊參將反提督業普沖額死之伊犁危急調塔爾巴哈台喀爾喀蒙兵援之諭劉蓉專辦陝西軍務穆圖布統所部赴甘與雷正綰籌辦軍務趣楊岳斌即赴陝甘任辛未諭張集馨赴固原鹽茶辦撫回事宜癸酉蘇浙官軍會克湖州及安吉乙亥贛軍復新城陳炳文降辛巳官軍復廣德賞郭松林世職楊鼎勳周盛波黃馬褂貴縣匪平擢劉銘傳爲直隸提督壬午回匪陷古城漢城癸未雷正綰軍克張家川賊巢甲申僧格林沁剿羅山竄賊失利都統舒通額等死之丁亥雲南巡撫賈洪詔以藉病規避褫職己丑調土謝圖汗車臣汗蒙兵赴烏魯木齊等處助剿壬辰浙軍追賊於昌化淳安擒賊酋黃文金等誅之以林鴻年爲雲南巡撫癸巳詔新疆各路大臣分別剿撫以回郡王伯錫爾聯絡各城殺賊嘉獎之庫爾喀喇烏蘇等處回匪亂官軍失利甲午命麟興辦烏里雅蘇臺立界事宜乙未僧格林沁剿賊失利總兵巴揚阿等死之丙申雷正綰攻蓮花城不利回匪復陷固原丁酉河狄回匪竄犯蘭州及金縣九月己亥朔劉銘傳各軍擊敗甯國等處竄匪庚子贛軍復雩都以李雲麟乞病規避褫職撤所統隴軍壬寅曾國荃以疾乞免允之命馬新貽爲浙江巡撫留辦安慶防守事宜癸卯命穆圖善幫辦都興阿軍務甲辰楊岳斌乞病溫諭止之李世賢犯南安官軍擊走之乙巳回匪陷葉爾羌署參贊奎棟死之喀什噶爾英吉沙爾武弁同叛己酉西甯回衆降庚戌張家川回匪犯慶陽辛亥贛賊竄南雄壬子粵匪陷開化竄江西黃麻匪竄商城乙卯日斯巴尼亞換約丙辰諭內務府力求撙節命札克通阿署哈密大臣丁巳西甯回匪復叛戊午粵匪蔡得榮等竄陷階州庚申詔修曲阜聖廟及各省學宮辛酉修浙江海塘甲子捻匪竄蘄水鄂軍失利總兵石清吉死之乙丑俄兵闌入阿爾泰淖爾丁卯沈桂芬請籌費移屯以恤旗民冬十月戊辰朔允楊岳斌回籍省親並募勇赴甘命刑部尚書綿森戶部侍郎吳廷棟往治察哈爾獄己巳改烏魯木齊提督文祥名爲文祺辛未褫將軍常清職命明緒代之以聯捷爲參贊大臣命武隆阿統援救烏魯木齊各軍節制領隊大臣以下壬申鮑超軍擊賊大捷賞雙眼花翎席寶田軍獲賊酋洪仁玕等皖南北肅清乙亥回匪陷烏魯木齊滿城及綏來都統平瑞等死之哈密漢回亂命保恆署烏魯木齊都統李鴻章署兩江總督吳棠署江蘇巡撫富明阿署漕運總督戊寅獲洪福瑱於石城誅之賞沈葆楨一等輕車都尉封鮑超一等子論恢復全浙功封左宗棠一等伯賞蔣益澧騎都尉粵匪陷瑞金旋復之庚辰粵匪陷漳州龍巖南靖武平按察使張運蘭等死之劉蓉分軍守邠州等處乙酉明誼與俄使換分界約科布多城卡外蒙古阿爾泰淖爾烏梁海均屬俄給鮑超假所部宋國永等軍援閩歸左宗棠節制丁亥雷正綰軍克蓮花城賞曹克忠黃馬褂僧格林沁剿賊大捷賞郭寶昌等黃馬褂賊首馬融和以衆降己丑四川援軍復仁懷庚寅粵匪陷平和辛卯陷嘉應大埔丙寅諭曾國藩仍駐金陵李鴻章等回本任是月免河南信陽等處被擾額賦浙江西安等縣逋賦十一月己亥豁江甯所屬糧賦三年壬寅回匪陷河州癸卯築濮州金隄乙巳文祺伯錫爾剿平哈密回己酉免江蘇歷年州縣攤賠銀兩永禁派攤名目壬子沈葆楨請飭援閩兼防賊回竄甲寅粵軍復武平命閩浙贛軍會剿毋縱入海回匪陷阿克蘇烏什辦事大臣富珠哩文興等死之癸亥僧格林沁擊襄棗竄匪不利髮捻各匪遂竄鄧州甲子諭飭劉連捷劉銘傳各軍前進歸僧格林沁調遣乙丑雷正綰等軍剿敗固原回匪丙寅文祺等剿巴里坤回匪平之回匪陷庫爾喀喇烏蘇伊犂戒嚴丁卯滿慶言汪曲結慶卒請賞靑饒汪曲諸們罕名號協理西藏商上事務允之是月免江蘇上元等縣被擾逋賦十二月戊辰朔閩軍剿漳州匪失利林文察等死之己巳命吳棠仍兼管江北事務庚午肇慶客匪平都興阿等軍克清水堡甲戌停河南例貢蠶實築浙江海塘乙亥回匪陷金縣曹克忠軍克鹽關戊寅伊犂官軍敗績領隊大臣托克托奈等死之允明緒請借俄兵助剿己卯濟木薩官軍失利庚辰予諸暨義民包立身等優卹允吳棠請試行河運乙酉陶茂林軍復金縣丙戌戍李元度軍臺己丑僧格林沁移軍寶豐剿賊勝之甲午官軍剿回匪大捷伊犂解圍賞明緒黃馬褂是月免浙江瑞安被擾逋賦江蘇太倉等州廳縣淮安等衛被擾災賦是歲朝鮮琉球入貢

四年乙丑春正月丁酉朔官軍克靜甯賊巢回匪陷古城漢城庚子巴彥岱城被圍官軍不利釋陳孚恩樂斌命襄辦伊犂兵餉事壬寅從曾國藩請調劉銘傳軍赴閩鮑超募川軍赴甘追予死事道員何桂楨知州劉騰鴻游擊畢金科甲辰烏魯木齊提督文祺卒于巴里坤回匪陷木壘等處丁未張集馨以罪褫職復已革提督馬德昭原官平固回匪竄擾靈臺及汧陽隴州戊申命伯錫爾署哈密幫辦大臣辛亥臺灣會匪平甲寅粵匪陷永定雲霄丙辰復設淮陽河務兵備道改設徐海河務兵備道丁巳粵捻並竄魯山護軍統領恆齡等死之癸亥回匪陷濟木薩甲子黔匪陷定番旋復之又陷黔西乙丑回匪竄永昌二月辛未以蒙兵援古城戰不利諭撤已調各兵均回旗壬申陝軍敗回匪於醴泉命胡中和總統進剿戊寅以雲南臨安官紳不附回逆諭嘉之己卯允沈葆

楨假歸省癸未以直隸諸省雷雹災異詔修省雷正綰軍復克固原等處貴州參將曹元興謀逆伏誅甲申長陽土匪平丙戌復永定龍巖武隆額等軍援巴彥岱城失利己丑黔西匪陷大定苗匪陷天柱古州以馬如龍岑毓英肅清曲靖尋甸擒斬逆首馬聯陞等奬敘有差癸巳福建官軍勦李世賢汪海洋各股於古田漳州大捷三月丁酉以田興恕玩視軍務慘殺教民遣戍新疆辛丑陶茂林勦平郭家驛等處回匪諭僧格林沁駐軍指揮調度勿輕臨前敵致蹈危機壬寅恭親王罷軍機撤議政命文祥等辦總理各國事務衙門事宜粵匪陷詔安知縣趙人成死之癸卯涼州回衆叛勦平之允英法在江甯通商命鮑超籌備西征淮專奏惇親王言恭親王被參不實下王公大學士等詳議以聞乙巳塔城回亂錫霖乞病罷之命赴伊犁由明緒調遣提督譚勝達以剋扣勇糧褫職仍命赴鮑超軍以武隆額署塔爾巴哈台參贊大臣丁未巴里坤領隊大臣色普詩新以兵援古城遇賊失利死之己酉閩軍敗汀州連城踞賊庚戌甘軍擊退古浪平番回匪辛亥從王大臣請命恭親王仍在內廷行走並管總理各國事務衙門丙辰諭官文簡汰兵勇己未命楊岳斌赴甘沈葆楨丁母憂詔奪情署江西巡撫辛酉西甯回匪復叛陷大通壬戌桂軍復永淳癸亥命毛昶熙回京是春免直蘇皖贛災擾諸處額賦及逋課夏四月乙丑朔禁熱河圍場舉紅椿內地肅州回匪踞嘉峪關肅州城撫彝回匪亦起丁卯彭玉麟疏辭漕督請專辦水師允之留吳棠漕運總督任辦清淮防務己巳官軍復鹽茶廳免己革提督成瑞罪庚午回匪陷古城領隊大臣惠慶等死之乙亥臺灣肅清丁丑黔軍復玉屏天柱命恭親王仍直軍機毋復議政甘州回匪陷永固堡壬午粵匪再陷沭宿遷軍十八營不願西征潰於金口止鮑超西征命招集潰勇赴閩勦賊乙酉甯夏官軍勦賊大捷丙戌粵捻並回竄兗濟命劉銘傳赴直隸設防己丑賜崇綺等二百六十五人進士及第出身有差壬辰以山東賊勢蔓延命曾國藩出省督師會僧格林沁軍南北合擊癸巳僧格林沁勦賊於菏澤南吳家店失利及內閣學士全順總兵何建鼇等均死之事聞輟朝三日特予配饗太廟命曾國藩督師勦賊李鴻章署兩江總督五月乙未朔諭成祿進勦肅州踞匪霆營叛勇由江西竄福建粵捻並竄開州東明丙申陶茂林軍潰回匪闌安定蘭州戒嚴戊戌命曾國藩節制直豫魯三省軍防甘肅潰勇竄擾陝西乙巳免李元度遣戍丁未粵捻並渡運河東竄濟甯兗泰戊申嚴諭盛京吉林勦辦馬賊己酉以勦賊無功褫官文張之萬毛昶熙職均留任並撤官文宮銜趣鮑超赴江西辛亥命侍讀學士衛榮光赴東昌督辦沿河民團壬子官軍克漳州南靖允沈葆楨終制曾國藩辭節制三省軍務不許回匪陷肅州粵捻分竄豐沛諭整頓沿海水師竄陝潰勇平諭劉長佑駐直境崇厚駐東昌部署沿河防務黔匪陷廣順旋復之甲寅兩粵匪闌永定乙卯蘇軍復漳浦以劉坤一為江西巡撫庚申以防勦遲延褫提督劉銘傳職仍留任楊岳斌請開缺不允仍命赴甘壬戌奇台官軍復濟木薩癸亥官軍復階州閏五月甲子朔起沈葆楨督辦江西防勦乙丑粵匪由福建竄嘉應戊辰粵軍復平和詔安川軍復正安壬申泗城匪平甲戌減杭嘉湖屬漕米二十六萬石丁丑汪海洋回竄永定官軍失利總兵丁長勝等死之己卯回匪踞阜康張總愚南竄至雉河集諭劉銘傳吳棠等會勦粵匪陷廣東鎮平遵義匪降丙戌鄂爾多斯蒙兵擊退花馬池回匪黔匪陷綏陽己丑上臨僧忠親王喪賜奠賞其孫那爾蘇貝勒溫蘇都輔國公曾國藩駐軍臨淮特克慎卒命阜保查巴爾虎爭界事恩合為吉林將軍庚寅以久旱諭修省求言癸巳諭耆英獲咎毋庸昭雪禁肅順之子出仕以耆英子慶錫鳴冤謂其死由肅順也六月甲午朔增設安徽安廬滁和道改鳳廬潁道為鳳潁六泗道仍兼鳳陽關監督命劉長佑回保定潘鼎新軍駐濟甯丙申甘肅民勇復嘉峪關以安西玉門諸縣回亂諭楊岳斌進駐蘭州己亥申諭各省甄別牧令壬寅塔爾巴哈台回匪誘戕參贊錫霖等圍城為喇嘛棍噶札拉參兵擊退調武隆額為塔爾巴哈台參贊大臣以額騰額為葉爾羌參贊大臣丙午兩論載華等辦工侵蝕罪奪載華貝子恩粥輔國公仍圈禁二年己酉沈桂芬以憂免命曾國荃為山西巡撫黔匪復陷天柱擾湖南會同勞崇光李瀚章合勦之黔軍復黔西在獨山失利壬子岷州回匪亂戕知州增啟等擾洮州乙卯援黔川軍復正安丁巳奇台哈密陷哈密辦事大臣札克當阿死之文麟退巴里坤諭楊岳斌成祿聯捷軍進擊肅州匪回子台吉陸布沁投誠丁巳御史穆緝香阿請慎選侍御僕從諭內務府稽察有便僻側媚者舉實嚴懲是夏免陝西浙江福建等州縣被擾額賦及哈密兵擾糧課秋七月癸亥朔諭劉蓉嚴防定邊鄜延邠隴楊岳斌防範回酋赫明堂甲子回匪陷巴燕岱伊犁領隊大臣穆克登額等死之褫助逆伯克都魯素等職官軍復庫爾喀喇烏蘇命布爾和德署領隊大臣援塔城雷正綰各軍攻金積堡失利退至韋州丁卯武隆額勦禮拜寺回逆平之黔匪陷石阡知府嚴謹陣沒官軍旋復其城癸酉命董恂崇厚為全權大臣辦理商約事務己卯賞科爾沁親王伯彥那謨祜世襲博多勒噶台親王號壬午御史蔡壽祺以妄言褫職黔匪陷大定旋復之己丑奉天馬賊擾遵化薊州罷玉明子嚴議以恩合署盛京將軍換荷蘭約庚寅諭禁法教士干預軍事壬辰陳國瑞罷幫辦軍務八月庚子以議撫貽誤褫恩麟職戍成瑞黑龍江祁寯藻致仕粵捻各逆竄皖豫境壬寅設機器局于上海癸卯回匪犯巴里坤訥爾濟擊走之文麟軍于奎蘇失利甲辰裏塘夷務竣予四川總督駱秉章假命崇厚署之嚴諭麟興親勘唐努烏梁海立界乙巳命左宗棠駐粵節制贛粵閩三省各軍丙午命曾國藩進駐許州會勦豫捻辛亥令伊犁捕誅從逆官兵予勦賊出力額魯特總管蒙庫巴雅爾等奬敘有差癸酉褫玉明職郭嵩燾請開缺以語多負氣嚴飭之減江西丁漕浮收裁州縣捐攤繁費粵酋汪海洋殺李世賢乙卯粵匪陷廣東長樂英法還天津海口礮臺丙辰都興阿辭督辦軍務不許丁巳諭李鴻章等妥議江北新漕河海並運庚申蘇松杭嘉湖屬水賑恤之予龍溪鄉團殉難男婦建祠賜名忠義鄉辛酉諭崇實等查辦酉陽教案九月甲子上躬送定陵奉安命肅親王華豐等留京辦事長樂賊以城降粵軍丙寅免定陵奉安經過地方田賦戊辰以捻首張總愚及賴任各逆竄擾豫魯命李鴻章會勦吳棠署兩江總督李宗羲署漕運總督命曾國藩仍駐徐州己巳允招商辦雲南銅廠庚午調江南礮船赴山西河防教習水戰壬申好水川回衆降官軍解南陽圍陶茂林軍再潰甲戌官軍復鎮平丙子雷軍部將胡大貴雷恆叛圍涇州提督周顯承擊退之馬化龍與胡大貴等分竄陝境授張之萬河東河道總督己卯上奉兩宮皇太后啓鑾粵匪犯龍南劉坤一赴贛州督勦甲申葬文宗於定陵乙酉回變奇台知縣恆頤以民勇復奇台濟木薩古城三城丁亥上還宮戊子文宗帝后升祔太廟翼日頒詔覃恩有差庚寅褫甘肅提督陶茂林職以曹克忠代之逮治總兵陶生林等左宗棠辭節制三省不允是秋免陝西孝義浙江蘭谿等處被擾逋賦冬十月壬辰朔藏兵克瞻對回匪犯慶陽官軍擊退之癸巳定比利時條約甲午命徐繼畬以三品京堂在總理各國事務衙門行走命廓爾喀例貢俟六年並進庚子減浙江漕米南米浮收壬寅粵匪陷和平乙巳王榕吉言潞鹽壅滯請分別停減續加課票議行丁未回匪圍鞏昌甯遠己酉浙軍克南田賊壘辛亥命劉蓉署陝西巡撫壬子以升祔禮成祫祭太廟醇親王辭八旗練兵諭仍稽察校閱勤加訓練甲寅馬賊偪奉天官軍失利庚申命福興統吉黑馬隊及神機營兵赴勦辛酉釋綿性十一月癸亥賴任各匪竄舞陽郾城與張總愚股合諭鄂豫夾擊丙寅減徵蘇松常鎮太倉米豆五十四萬石有奇壬寅奉軍勦馬賊失利李棠階卒命李鴻藻在軍機大臣上學習行走湖北巡撫鄭敦謹入為戶部侍郎以李鶴年代乙亥治不顧主將罪成保論斬戍郭寶昌新疆丙子奉天匪首徐點復叛于廣甯庚辰粵匪陷嘉應鞏昌解圍丙戌官軍失利于濟木薩恆頤死之丁亥諭劉長佑駐邊隘督勦馬賊己丑川軍勦松潘番賊平之黔匪犯敘永綦江庚寅命左宗棠親往嘉應視師十二月壬辰朔曾國藩移軍周家口允明緒遣榮全如俄借兵貸糧甲午黔匪陷清鎮軍旋復之命周達武為貴州提督乙未聯捷坐貪擾撤幫辦軍務以侍衛隸成祿軍己亥黎獻軍潰於肅州辛丑馬賊回竄昌圖允戶部請撥鹽課諸款增內廷用費三十萬壬寅熱河軍復朝陽癸卯命伯彥訥謨祜回旗會各盟長撤蒙兵協勦馬賊以文麟為哈密辦事大臣乙巳瞻對逆酋工布朗結等伏誅三瞻均歸達賴管理丙午金州匪僞降竄鐵嶺命文祥等辦奉天防守事宜壬子以雪澤愆期詔清理庶獄瘞暴露骸骨乙卯恩合以貽誤軍事褫職提督成大吉軍潰於麻城丙辰粵軍會復越南甯海府城調都興阿為盛京將軍命穆圖善督辦甘肅軍務接都統興阿所部各軍庚申上御保和殿賜朝正外藩等宴自是每歲皆如之滇軍復麗江鶴慶是冬免四川松潘湖南茶陵等廳州縣被擾逋賦

五年丙寅春正月辛酉朔停筵宴甲子捻匪擾鄂曾國藩檄劉銘傳援黃州馬化龍乞撫獻甯夏漢城乙丑桂軍復那檀免福建例貢己巳命穆圖善辦撫回善後事宜庚午雲南巡撫林鴻年赴昭通乙亥馬賊入踞伯都訥旋及雙城堡吉林危急文祥實善檄黑龍江兵暨馬隊援之己卯黃巖總兵剛安泰巡洋遇艇匪死之癸未林鴻年坐畏葸貽誤褫職劉嶽昭代之左宗棠督諸軍復嘉應粵匪平左宗棠以次論功賞敘丙戌馬賊竄陷阿勒楚喀及拉林城富明阿往吉林勦之命特普欽回黑龍江布防守吳昌壽降調李鶴年為河南巡撫曾國荃為湖北巡撫戊子奉軍復八面城己丑諭嚴緝軍營哥老會匪二月辛卯朔詔左宗棠等綏撤江閩各軍備調北路助勦捻回諸匪黔回陷永甯旋復之壬辰命兆琛赴鎮遠辦軍務辛丑官軍復黃陂丁未都興阿坐部勇肆殺褫職留任戊申命廣東陸路提督高連陞赴任勦辦土匪伯彥訥謨祜勦馬賊于鄭家

屯大捷諭馬新貽籌辦海塘辛亥定安軍剿馬賊于長春勝之詔復副都統壬子德英夔免以富明阿爲吉林將軍丙辰召郭嵩燾來京以蔣益澧署廣東巡撫己未湖南軍擊退黔苗三月壬戌曾國藩移軍濟甯督剿張總愚乙丑復阿勒楚喀伯都訥雙城堡三城己巳奉軍剿南北路馬賊大敗之蠲奉天吉林被擾諸地銀米庚午明誼乞病命麟興統蒙兵援伊犂乙亥賴文光等竄偪開封戊寅免隨征黑龍江牲丁貢貂諭內外臣工講求律例己卯馬賊竄擾熱河庚辰允馬化龍等投誠甲申張總愚竄濮范賴文光等由豫竄鄆城鉅野諭曾國藩等守運河喬松年軍截剿乙酉馬賊陷牛莊丙戌曹毓瑛卒丁亥閩軍復崇安建陽戊子命李鴻藻爲軍機大臣胡家玉在軍機學習是春免河南積欠錢糧直隸安州奉天新民等州縣被水被擾額賦夏四月己丑朔奉天北路匪首馬傻子伏誅降其餘衆官軍復牛莊粵捻犯直隸河岸擊退之辛卯允曾國荃請裁兵併餉並調劉聯捷彭毓橘米南桂郭松林赴湖北丙申回目以洮州降曹克忠軍戊戌命馬如龍署雲南提督庚子召文祥福興回京命都興阿接辦奉天軍務節制各軍辛丑訥爾濟復木壘奇台古城招募民勇防守癸卯官軍復綏陽甲辰回匪陷靖遠戊申諭奉天吉林會剿山內外賊匪己酉譚玉龍軍潰命曹克忠兼統其軍壬子回匪回竄慶陽披楞大舉悉兵衆迫布魯克巴命景紋赴邊隘查辦甲寅武緣匪平丙辰粵捻擾銅沛及泗州靈壁勞崇光進駐昆明杜文秀復陷麗江鶴慶劍川戊午回匪犯蘭州官軍擊退之五月壬戌黔匪復陷興義貞豐永甯俄使堅請黑龍江內地通商諭特普欽整頓營伍乙丑大考翰詹擢孫毓汶四人一等餘升黜有差戊辰馬朝清降靈州復辛未回匪翟二等回竄鳳岐官軍擊退之諭楊岳斌劉蓉合擊毋再任入陝甲戌回匪陷塔爾巴哈台武隆額死之以德興阿爲參贊大臣奎昌署科布多參贊嚴諭成祿迅速出關乙亥回匪陷伊犂明緒等死之以榮全署伊犂將軍命庫克吉泰督辦新疆軍務丁丑詔清庶獄壬午以久不雨詔求直言禁凌虐罪囚甲申諭保舉盡心民事官吏丁亥官軍復荔波是月免廣東嘉應等處被擾逋賦六月庚寅雨允左宗棠請在閩建廠試造輪船壬辰諭內外大臣勤職辛丑成祿軍進闈肅州壬寅諭富明阿搜捕山場餘匪甲辰靈山匪平戊申烏里雅蘇臺將軍明誼病免己酉以德勒克多爾濟爲烏里雅蘇臺將軍福興爲綏遠將軍庚戌鹽固回匪投誠辛亥凌雲陽萬土匪平乙卯諭楊岳斌剿狄河回匪秋七月庚申褫廣鳳圖爾庫職速訊命侍郎魁齡等使朝鮮册封王妃壬戌官軍復哈密甲子諭整頓廣東吏治軍務釐稅乙丑李鴻藻丁母憂懿旨令百日後仍直弘德殿軍機處庚午湘軍克思南賊巢壬申李鴻藻請終制不許癸酉減蘇松常太浮收米三十七萬餘石浮收錢百六十七萬餘貫丙子崇厚會日斯巴尼亞使換約己卯黔匪陷石阡旋復之庚辰免烏梁海七旗應納半貢乙酉河南河決胡家屯八月戊子劉蓉病免調喬松年爲陝西巡撫以英翰爲安徽巡撫己丑濮州河決庚寅潯鬱匪平裁山海關監督改設奉錦山海道辛丑賞李雲麟頭等侍衛幫辦新疆軍務癸卯楊岳斌病免調左宗棠爲陝甘總督吳棠爲閩浙總督張之萬爲漕運總督實授瑞麟兩廣總督甲辰官軍克大孤山賊巢徐宗禮伏誅乙巳官軍剿敗張牛諸捻以月食示儆飭廷臣修省丁未從御史慶福請積粟張家口綏遠城轉運新疆以濟民食九月丁巳朔命譚廷襄會崇厚辦義國商約事務癸亥福建興化土匪平甲子諭李雲麟與麟興等整頓北路防軍命阜保赴歸化督運新疆餉款回匪陷阜康祁寯藻卒辛未滇回陷安甯等州縣癸未左宗棠請將閩浙綠營減兵加餉就餉練兵允之是秋免貴州廣東山東福建被擾江西被災等處額賦浙江等縣逋賦冬十月辛卯命劉長佑嚴覈畿輔兵額癸巳張總愚由陝州竄平陸官軍擊退之乙未命沈葆楨總司福建船政事務命劉典幫辦左宗棠軍務己亥張總愚西竄陷華陰渭南甘回竄宜君三水詔責曾國藩任賊蔓延辛丑允李鴻藻病假命富明阿辦吉林善後事宜汪元方爲軍機大臣壬寅黔回陷興義旋復之並復安平鎭甯乙巳曾國藩乞病請開各缺在營效力並注銷侯爵諭慰之命病痊陛見諭穆圖善援應陝西丙午修海甯石塘是月免安徽壽州等州縣被水新舊額賦十一月丙辰命曾國藩回兩江總督署通商大臣授李鴻章欽差大臣節制湘淮各軍專任勦匪戊午予山東巡撫閻敬銘假以丁寶楨署之庚申劉銘傳等剿任賴各匪於金鄉大捷乙酉三札兩盟西征蒙兵潰李雲麟回烏城諭庫克吉泰統吉黑軍速進丁卯川軍克桐梓賊巢丁酉曾國荃劾官文貪庸驕蹇命撤任查辦己卯定福建船政章程十二月丁亥以給事中尋鑾煒參劾失實切責之因諭科道愼重言事己丑郭松林等大破任賴諸匪於德安庚寅以黃河趨北諭蘇廷魁周歷履勘並會同直魯豫三省籌辦堤工甘回復陷哈密罷胡家玉軍機褫職留任以受官文賄也甲午曾國藩復疏請開缺溫旨慰留己亥雷正綰軍復平涼呼蘭匪平庚子援黔湘軍勦苗匪於銅仁大捷己酉回匪圍慶陽提督周顯承等力戰死之甲寅陝西勦張總愚失利於灞橋總兵蕭德陽等死之以捻勢披猖命曾國藩等廣籌方略是歲朝鮮琉球入貢

穆宗本紀二

六年丁卯春正月己未任賴諸匪竄孝感德安官軍失利總兵張樹珊死之壬戌復靖遠丙寅革官文總督召來京以李鴻章爲湖廣總督調李瀚章爲江蘇巡撫以劉崐爲湖南巡撫己巳張錫嶸剿捻匪於西安魚化鎭死之劉松山軍大捷命喬松年專辦陝西軍務辛未命左宗棠爲欽差大臣督辦陝甘軍務賞劉典三品銜幫辦軍務乙亥哈密回匪竄巴里坤官軍擊退之訥爾濟病免以伊勒屯爲巴里坤領隊大臣丙子命徐繼畬仍在總理各國事務衙門行走管新設同文館事務己卯官軍復鎭雄二月乙酉朔劉銘傳追剿任賴于鍾祥失利鮑超進擊大敗之庚寅命李鴻章督軍赴豫壬辰京師疫甲午擢劉松山爲廣東陸路提督丁酉陝回馬生彥等降減廣州屬徵收米折銀十九萬有奇著爲令乙巳桂軍復泗城庚戌以丁寶楨爲山東巡撫辛亥洮州復陷壬子雲貴總督勞崇光卒以張凱嵩代之三月丁巳鄂軍剿賊于蘄水失利道員彭毓橘等死之癸亥總兵段步雲軍潰於鄜州戊辰鮑超累乞病諭仍赴黃州乙亥命倭仁在總理各國事務衙門行走辭不允丁丑諭李雲麟等安頓新疆難民辛巳曹克忠軍復洮州壬午回匪馬占鼇等犯西甯是春免浙江仁和等塲被擾逋課山西平定等處民欠倉穀夏四月丁亥允琉球國子弟入監讀書予鮑超病假戊子何琯軍復哈密己丑周祖培卒癸巳吉林馬賊平丙申日斯巴尼亞使來換約壬寅劉松山大破捻回於同州丙午贈哈密殉難扎薩克郡王伯錫爾親王建祠德勒克多爾濟病免命麟興爲烏里雅蘇台將軍調榮全爲參贊丁未瞻對番目大蓋折布伏誅庚戌貴德回匪叛陷廳城五月甲寅哈密回匪竄玉門官軍擊退之以旱命恤難民育嬰孩掩暴露贍陣亡者家屬戊午諭廣購書籍並重刊御纂欽定經史頒發各學己未郭寶昌劉松山兩軍破張總愚於朝邑免郭寶昌遣戍辛酉命曾國藩爲大學士駱秉章協辦大學士丙寅詔清理庶獄丁卯桂軍復荔波義甯戊辰詔求直言覈減宮廷用款己巳捻匪渡運河予丁寶楨嚴議庚午賊竄長垣官軍擊退之癸酉以剿賊無功褫曾國荃頂戴與李鶴年下部議嚴諭李鴻章戴罪圖功京師地震庚辰董福祥陷陝西甘泉六月甲辰總理各國事務衙門言俄人窺伺新疆下大學士尚書左都御史會總理王大臣妥議丙戌申禁州縣浮收漕糧甲午倭仁乞病罷職務仍以大學士直弘德殿乙未官軍敗捻匪於即墨庚子順直久旱饑賑卹之允鮑超回籍辛丑李鴻章檄劉銘傳潘鼎新等軍防運河扼膠萊命成祿節制黃祖淦王仁和兩軍以畿內亢旱撥閩廣贛釐捐三十萬浙閩海關洋稅三十五萬備賑需癸卯甘回陷陝西華亭旋復之丁未免昌平例貢果品己酉自三月不雨以來上頻祈雨至是日雨是月免陝西乾州等屬災擾額賦秋七月己未雨陝軍復甘泉庚午永定河決己卯以捻匪過膠萊河諭各路扼守河運兩防奪丁寶楨職仍留任是月免湖南晃州被擾逋賦八月丙戌停奉天冬圍戊子湖北匪首劉漢忠伏誅庚寅命黎培敬會辦貴州剿撫及屯田事宜壬辰奉軍剿平孤山法庫等處賊匪辛卯署貴州提督趙德光剿賊於安平死之丙申穆隆阿等軍剿梟匪於文安失利濟陽土匪作亂剿平之丁酉迤西回犯姚州戊戌貴州巡撫張亮基開缺嚴議命曾璧光署之布政使嚴樹森以逗遛褫職壬寅召陳國瑞來京丙午以淮楚各軍所至驛騷諭李鴻章嚴申軍律己酉裁熱河木稅庚戌創建福建船塢九月壬子允左宗棠調曹克忠赴陝丙辰賴任諸匪犯運河牛師韓軍擊退之丁巳河狄西甯回衆投誠庚申停山東例貢辛酉安置額魯特游牧於額爾齊斯河甲子總理各國事務衙門言預籌修約事諭曾國藩等各抒所見以聞己巳命丁日昌赴上海辦理義國換約壬申撫恤巫山被水災民丁丑命榮全與棍噶札拉參籌辦哈薩克剿撫機宜己卯命馮子材赴左江專辦南太軍務賑襄陽等府災民冬十月癸未諭各路統兵大臣及各督撫嚴申軍律甲申察哈爾都統色爾固善卒以庫倫辦事大臣文盛代之乙酉以張廷岳爲庫倫辦事大臣丙戌陝軍復甯條梁及宜君飭席寶田軍赴沅州統援黔軍務壬辰迤西回陷定遠大姚癸巳汪元方卒命沈桂芬在軍機大臣上學習行走丙申曾國荃病免以郭柏蔭爲湖北巡撫蘇鳳文爲廣西巡撫賑山東被水災民乙巳派美前使蒲安臣往有約各國辦理中外交涉己酉回匪

陷寶雞正寧旋復之十一月庚戌朔命道員志剛郎中孫家穀往有約各國充辦理交涉事務大臣壬子劉銘傳等軍剿賊贛榆大捷任柱伏誅癸丑以梟匪蔓延褫劉長佑職仍責自效命官文署直隸總督丙辰陝軍剿捻洛川遇回匪失利提督李祥和死之癸亥張總愚陷延川綏德甲子增設布倫托海辦事大臣以李雲麟爲之明瑤爲幫辦福濟爲科布多幫辦甲寅劉銘傳軍剿賊於諸城大捷丁丑陝軍復延川綏德十二月壬午張總愚竄吉州左宗棠趙長齡均褫職留任成祿剿回匪於肅州失利總兵黃祖淦死之癸未賞陳國瑞頭等侍衞隸左宗棠軍劉銘傳等剿賊於壽光大捷進西回陷祿豐廣通元謀己丑官軍復吉州壬辰直隸梟匪平甲午賞劉長佑三品頂戴命率所部回籍永定河隄工合龍丙申命蔣益澧以按察使候補隸左宗棠軍率楚勇回籍丁酉駱秉章卒劉松山等敗張總愚於洪洞調吳棠爲四川總督以馬新貽爲閩浙總督李瀚章調浙江巡撫丁日昌爲江蘇巡撫戊戌淮軍剿賊高郵大捷獲賴文光等誅之辛丑東捻平加賚李鴻章曾國藩世職賞劉銘傳英翰及郭松林楊鼎勳善慶世職有差復曾國荃頂戴壬寅以左宗棠督師入晉命庫克吉泰喬松年劉典督辦陝西軍務甲辰命楊占鼇署甘肅提督接辦西路軍務戊申左宗棠檄喜昌劉松山等赴磁州迎剿諭張曜劉銘傳等會剿己酉命鄭敦謹往山西查辦事件是月免浙江仁和等場未墾竈課雲南嵩明等屬歉收額糧是歲朝鮮琉球入貢

七年戊辰春正月庚戌朔捻首李允等率衆降於盱眙詔誅之遣散餘衆命朱鳳標協辦大學士乙卯回匪復陷正寧丙辰喜昌等擊張總愚於河內大捷西寧回陷北川李雲麟乞病不許以錫綸爲布倫托海幫辦大臣辛酉張總愚北竄定州保定戒嚴官文左宗棠均褫職留任諭玉亮統神機營兵剿賊壬戌張總愚犯清苑劉松山郭寶昌等軍繞賊前剿之予優敍陳國瑞宋慶張曜均以軍至保定達賴請宥裏塘犯東登工布死罪允之命賈楨等設團防總局癸亥諭令天津洋槍練軍各隊赴河間與山東軍聯絡防剿甲子李鴻章遣周盛波等軍北援趣左宗棠赴保定北方督剿命恭親王會同神機營王大臣辦巡防壬申允英翰入衞畿疆命統牛師韓軍駐黃河以南飭程文炳軍赴河間會剿癸酉張總愚陷饒陽旋復之賈楨以病致仕乙亥命左宗棠總統各路官軍二月辛巳官軍復涓源癸未命恭親王節制各路統兵大臣戊子回匪復陷甯條梁己丑回匪竄伊克巴沙爾官軍擊退之褫趙長齡陳湜職遣戍壬辰陝軍復寶雞癸巳滇軍解鎭雄圍進西回陷楚雄乙未豫皖各軍敗張總愚于束鹿庚子左宗棠李鴻章等軍剿賊迭破之回匪陷懷遠神木壬寅白泥井苗匪降乙巳以朝鮮請嚴邊禁命延煦奕榕赴奉天會都興阿勘展邊事宜三月壬子張凱嵩乞病諭責其逗留規避褫職回匪陷鄜州劉典駐三原督勦癸丑以劉嶽昭爲雲貴總督岑毓英爲雲南巡撫乙卯陝軍復鄜州癸亥諭庶吉士散館仍試詩賦戊辰張總愚竄延津封邱劉松山郭寶昌擊敗之辛未命沈桂芬爲軍機大臣乙亥命朱鳳標爲大學士丙子進西回陷易門丁丑張總愚竄滑縣擊敗之是月免直隸安州等處澇地逋賦夏四月己卯朔哈密回陷五堡官軍擊退之甲申張總愚陷南皮丁亥諭左宗棠李鴻章丁寶楨等督各軍於運河東西分路防剿己丑苗匪何正觀降庚寅陝軍剿回匪於邠州失利譚玉龍死之己巳永定河決乙未召都興阿來京戊戌黎平苗犯晃沅各境官軍擊退之辛丑甯條梁回擾鄂爾多斯游牧貝子札那格爾濟擊退之回匪犯哈密伊勒屯等會擊退之癸卯賜洪鈞等二百七十人進士及第出身有差是月免四川各土司三年租賦閏四月戊申朔進西回竄陷昆陽新興晉甯呈貢嵩明戊午回匪復陷神木癸亥陝軍復延長甲子董福祥投誠諭立功自贖乙丑回匪踞烏審旗分擾準噶爾旗偪托克托城丁卯程文炳陳國瑞劉松山等軍擊張總愚于高唐茌平博平大捷賊竄東光己巳回匪再陷慶陽及甯州合水知縣楊炳華死之辛未命都興阿爲欽差大臣會同左宗棠李鴻章剿捻調遣春喜陳國瑞張曜宋慶四軍崇厚幫辦軍務五月戊寅劉松山等軍剿張總愚於鹽山海豐大捷己卯創設長江水師置岳州漢陽湖口瓜州四鎭總兵官癸未陝軍擊退竄邠鳳回匪壬辰北山土匪犯延安官軍失利副將劉文華等陣沒庚子滇軍復元謀武定祿勸羅次是月免湖南晃州被擾逋賦六月己未郭松林等剿捻於臨邑濱州陽信大捷諭水師嚴扼運防辛酉桂軍復歸順癸亥金匪竄甯古塔界官軍勦平之甲子陝軍克宜川丙寅張總愚犯運河岸官軍擊敗之捻衆多降戊辰又擊之於商河大捷乙亥李雲麟褫職查辦命明瑤爲布倫托海辦事大臣浙江海塘工竣秋七月丁丑蠲直魯豫被擾各州縣田賦己卯春壽以欺飾褫職壬午撫卹滄州等處被擾難民乙酉張總愚赴水死捻匪平加李鴻章左宗棠太子太保銜鴻章以湖廣總督協辦大學士丁寶楨英翰崇厚並加太子少保銜復官文銜翎晉劉銘傳一等男郭松林一等輕車都尉賞宋慶善慶二等輕車都尉劉松山黃馬褂三等輕車都尉郭寶昌張曜溫德勒克西騎都尉黃翼升加一雲騎尉復陳國瑞提督世職餘升敍有差命惇親王祭告定陵允彭玉麟回籍終制丙戌召左宗棠李鴻章入覲丁亥滎澤河決辛卯毛昶熙言軍務漸平宜益思寅畏旋御史張緒楷疏請保泰持盈及時講學並嘉納之壬辰允左宗棠請賚遣降衆回籍癸巳武陟沁河堤決乙未調曾國藩爲直隸總督馬新貽爲兩江總督以英桂爲閩浙總督命彭玉麟赴江皖會籌長江水師事宜戊戌諭蘇皖豫魯各屬修圩寨飭鄉團庚子予宋儒袁燮從祀文廟援黔川軍復龍里貴定川軍剿越嶲夷匪勝之俘其酋勒烏立授曾璧光貴州巡撫辛丑布倫托海變民竄烏隴古河德勒克多爾濟卒癸卯撫恤滎鄭災民甘回擾白水郃陽陝軍擊退之甲辰援黔湘軍復甕安八月乙巳朔褫御史德泰職以奏請修理園庭也庫守貴祥妄陳希利發黑龍江爲奴永定河決己酉諭明瑤等規復布倫托海舊制命馬新貽兼辦理通商事務大臣壬子延安土匪扈彰降癸亥諭左宗棠兼顧山西軍務戊辰諭吉林嚴定開墾圍荒界限辛未諭金順專辦援陝軍務是月免皖蘇魯豫鄂被擾積年逋賦九月壬午官軍復慶陽甲申肅州回攻敦煌官軍擊退之諭伊勒屯等籌辦巴里坤屯田乙酉援黔川軍會復平越辛卯命延煦出關查辦奉天展邊事宜癸巳滇軍復晉甯呈貢是月免浙江橫浦等場歉收竈課冬十月丁未回匪犯涇州靈臺擊退之乙卯文麟抵哈密諭與辦蔡巴什湖等處屯田丙辰穆圖善克河州賑濟南武定水災丁巳戍李雲麟黑龍江戊午命李鴻藻仍直弘德殿及軍機庚申以守科布多功加土爾扈特郡王淩札棟魯布親王銜己巳黔苗復陷興義旋復之十一月甲戌援黔川軍復麻哈丁亥涼州總兵周盛波以不戢所部褫職回匪擾鄂爾多斯等旗竄榆林諭定安等截勦壬辰諭除吏胥積弊己亥黔軍克都勻賞張文德黃馬褂庚子臺灣英領事縱洋將掠船踞營署焚局庫勒兵費諭總署詰辦飭英桂等遴員交涉壬寅熱河匪平免吉林雙城堡被水屯田租賦十二月甲辰朔川軍勦西昌夷匪連捷各夷部降援黔湘軍復天柱丙午回匪犯包頭蒙軍失利丁未熱河匪首彌勒僧格伏誅甲寅以曾國藩言川私病楚諭籌止川鹽濟楚章程撤局停稅丁巳滇軍復澂江庚申申諭各省禁種罌粟壬戌黔苗竄擾河池官軍擊退之乙丑諭朝審緩決三次以上者並減等永定河工竣戊辰麟慶罷以慶春爲熱河都統庚午劉松山剿賊大理川大捷壬申截鄂餉二十一萬賑河南災是月免江蘇荒地糧賦山東泰安河南汝甯等屬被擾逋糧是歲朝鮮入貢

八年己巳春正月癸酉朔停筵宴丁丑川湘黔桂各軍會勦苗匪黔軍復長寨戊寅滇軍克富民己丑劉松山等軍擊土回各匪敗之於清澗成祿克肅州與楊占鼇並賞黃馬褂甲子滎工合龍丙申劉松山軍敗賊于靖邊董侍有等以鎭靖堡及靖邊降進西回犯昆明岑毓英等擊退之辛丑雷正綰克涇州董家堡二月戊申命袁保恒督辦西征糧餉三月癸酉朔林自清戕興義知縣提督陳希祥誘誅之賞希祥黃馬褂甲戌援黔湘軍復鎭遠府衞兩城戊寅甘肅提督馬連陞部兵變戕連陞部將周紹濂擊逆黨於同官殄之乙酉諭督撫於克復州縣愼選牧令拊循流亡庚寅回匪陷磴口甲午吐魯番回匪犯哈密官軍迭敗之乙未桂軍克憑祥己亥懿旨大婚典禮力崇節儉是春免江蘇山陽直隸安州等屬災擾額賦兩淮富安等場逋欠竈課夏四月癸卯朔進西回陷楊林營劉嶽昭退守曲靖嚴責之乙巳麟興以畏事褫職以福濟爲烏里雅蘇臺將軍文碩爲布倫托海辦事大臣己酉雷正綰黃鼎軍復鎭原慶陽援黔川軍復甕安己未援黔湘軍會復清江庚申允劉銘傳乞病辛酉免陳湜遣戍是月免山東東昌等屬逋賦五月庚辰援黔湘軍復施秉進攻黃飄賊壘失利按察使黃潤昌道員鄧子垣提督劉長槐死之壬午回匪陷澂江甲申杜嘎爾等軍大破賊於杭錦旗辛卯命李鴻章赴四川察辦吳棠劾案申誡岑毓英任用通賊練目苛斂民捐以馬如龍爲雲南提督丙申官軍剿匪於保安大捷匪首袁大魁等伏誅自春正月不雨至於是月上頻禱祈丁酉雨六月辛亥援軍會克尋甸壬子命董恂崇厚辦理奧斯馬加換約甲寅永定河決戊午予黃飄死事提督榮惟善總兵羅志宏等世職加等辛酉武英殿災癸亥倭仁徐桐翁同龢請勤修聖德以弭災變上嘉納之丙寅諭督撫考課農桑庚午回匪犯阿拉善定遠營蒙兵失利秋七月辛未朔日有食之癸酉張曜等軍敗回匪於察漢淖爾命吳坤修赴沿江各屬撫卹災民甲戌滇軍復嵩明克白鹽井甲申桂軍會越南軍克九葑洛陽等隘乙酉諭錫綸賑卹額魯特人衆丙戌朝鮮請鴨綠江北禁游民建屋墾田趣都興阿等妥辦壬辰何琯軍敗賊于木壘河等處是月免晃州被擾逋賦八月庚子朔俄商船泊呼蘭河口求吉黑內地通商諭總署按約止之禁軍民私與貿易癸卯內監安得海出京丁寶楨奏誅之黔匪復陷

都勻丙午桂軍會復越南高平庚戌申諭約束太監壬子官軍勦平杭錦旗屬竄回癸丑甯夏官軍勦賊失利副將方大順陣亡戊午棍噶札拉參軍復布倫托海賊首張懋等伏誅己未官軍勦達拉特旗竄匪殄之是月賑浙江杭湖各屬湖南安鄉等縣水災九月庚午高臺勇潰褫成祿職留任壬申撥京餉三十萬濟武漢等屬工賑甲戌馬化龍復叛襲陷靈州官軍復威戎堡水洛城戊寅滇軍復易門壬午免暹羅補歷年貢品庚寅烏魯木齊匪竄哈密何琯等擊敗之乙未福建新造第一輪船成命崇厚勘驗戊戌諭福濟等額魯特各安舊居僧衆居阿爾泰山南俗衆居靑格里河冬十月庚子劉松山敗回匪於吳忠堡等處辛丑金順又敗之於納家牐命楊占鼇署甘肅提督辦肅州善後事宜法使羅淑亞與其水師提督以兵船赴贛鄂川省查教案諭所在按約待之乙巳雷正綰黃鼎敗回匪於固原鹽茶丁未命毛昶熙沈桂芬在總理各國事務衙門行走辛丑命文碩等會勘布倫托海分界事宜董恂辦理美國換約甲寅滇軍復楚雄南安定遠劉嶽昭移軍昆明己未哈密官軍勦西路回匪大捷甲子鳳凰城匪首王慶等伏誅乙丑劉松山軍復靈州是月賑雲南水災直隸旱災十一月丙子茌平教匪孫上汶等謀逆捕誅之丁丑裁新設布倫托海辦事大臣庚辰賑江甯水災癸未免科布多屬貢貂甲申滇軍復昆陽丙戌甘軍復靖遠庚寅永定河口合龍乙未命文碩來京改奎昌辦理分界是月免直隸東明被淹被擾安徽無爲等州縣衛被水逋賦十二月庚子援滇川軍克魯甸乙巳劉松山軍攻金積堡總兵簡敬臨等死之乙卯披楞侵占哲孟雄各地廓爾喀與唐古特搆嫌諭恩麟防維開導布魯克巴內閧並諭恩麟解釋撫綏丁巳越南匪平諭蘇鳳文嚴申邊禁癸亥賑畿南災是歲朝鮮越南琉球入貢

九年庚午春正月丁卯朔停筵宴癸酉滇軍復祿豐甲戌甘軍擊敗援賊於王家疃己卯回匪陷定邊癸未神武門木庫火詔修省庚寅回匪陷安定陝軍復定邊甲午馬德昭留辦潼關防務二月辛丑劉松山督勦金積堡回匪中砲卒賞道員劉錦棠三品卿銜接統其軍以俄官往齊齊哈爾吉林商界務諭富明阿德英據約待之毋遷就乙巳回匪分竄安邊淸澗陝軍擊走之丙午又分竄花馬池楡林宋慶軍勦之戊申官軍擊敗米脂竄匪壬子命李鴻章赴陝西督辦軍務甲寅回匪竄同官宜君陝軍勦敗之丙辰法使因教案藉兵要挾諭各疆吏通商大臣迅結交涉事宜辛酉甯夏各堡降回復叛三月丁卯朔回匪竄準噶爾旗馬玉崑擊敗之辛巳雷正綰以疏防峽口褫職留營諭誡西征各軍貪功銳進乙酉滇軍復彌渡賓川麗川緬甯辛卯回匪分擾岐鳳李輝武擊敗之夏四月甲辰譚廷襄卒五月庚午命崇實赴貴州會同曾璧光查辦教案癸酉始允英國設置沿海各口電綫甲戌援黔川軍克黃飄白堡等苗寨庚寅天津人與天主教啟釁焚毀教堂毆斃法領事命曾國藩與崇厚會商辦理乙未諭疆吏飭禁播謠惑衆保護通商傳教各區李鴻章督軍入關請調郭寶昌軍允之命崇厚爲出使法國大臣以成林署三口通商大臣是月免直隸安州等屬逋賦六月戊戌奎昌赴塔爾巴哈台與俄使勘辦立界壬寅賽音諾顏部蒙兵勦回匪失利丁未滇軍復威遠己酉命彭玉麟赴江南會同沿江督撫整頓長江水師庚戌甘軍敗回匪於鞏昌乙卯永定河決庚申以疏防民教啟釁褫天津知府張光藻知縣劉傑職下部治罪辛酉滇軍復姚州癸亥命毛昶熙會同曾國藩查辦教案曾國藩言善全和局爲保民之道備禦不虞爲立國之基諭旨嘉勉命丁日昌赴天津幫辦洋務秋七月戊辰以琿春邊務事繁加協領副都統銜爲定制丙子法使羅淑亞以曾國藩不允府縣論抵回京諭國藩迅緝原兇從速辦結丁丑召崇厚還命毛昶熙署三口通商大臣甲申周盛傳等勦散北山餘匪丙戌諭曰海上水師與江上水師截然不同欲捍外侮圖自強非二十年之久未易收效然因事端艱鉅畏縮不爲則永無自強之日近年內外臣工值事急時徒事張皇禍患略平又爲苟安之計即擬立戰守章程而奉行不力使朝廷謀議均屬具文積習因循焦憂曷釋茲閩滬兩廠輪船告成馬新貽丁日昌英桂沈葆楨各擇統將出洋窮年練習以備不虞廣東亦應籌備輪船瑞麟李福泰務切實辦理將校有熟諳風濤沙線者隨時擇保即山野中或長於海戰亦當隨時物色量材超擢各督撫其統籌全局以副委任庚寅南路甘軍復渭源狄道是月免晃州被擾逋賦八月丁酉汝陽人張汶祥刺殺馬新貽命曾國藩爲兩江總督李鴻章調直隸總督李瀚章爲湖廣總督戊戌設黃河水師庚子北山匪首李凡覺伏誅壬寅命張之萬會同魁玉訊張汶祥己酉召毛昶熙還命李鴻章會曾國藩查辦天津教案癸丑桂軍勦平安邊河陽賊匪梁添錫伏誅允越南進方物及馴象己未命李成謀爲新設輪船統領九月戊辰滇軍復新興庚午諭崇實仍赴遵義辦教案甲戌治天津民教啟釁罪張光藻劉傑遣戍誅逞兇殺害之犯十五人是秋川東荆州熱河被水賑撫之冬十月乙未沈葆楨丁憂命百日後仍經理船政丙申命劉銘傳督辦陝西軍務諭嚴禁四川州縣苛派攤欵續賑北山難民辛丑以江北漕船阻淺由陸路轉運臨淸甲辰天津製造局成庚戌日本請立約通商允總署遴員議約辛亥免科布多貢貂壬子裁三口通商大臣命直隸總督經理如南洋大臣例給欽差大臣關防嚴諭疆吏愼密交涉有漏洩者立誅之丙辰以水旱疊見詔修省戊午移周盛傳軍衛畿輔陝回禹生彥等竄平番官軍失利提督張萬美等死之庚申設直隸津海關道劉錦棠各軍克漢伯等堡合圍金積堡閏十月乙丑俄使倭退嘎哩來京庚午湘潭會匪平乙亥滇軍復永北鶴慶鎭南楚雄回匪陷烏里雅蘇台丙子永定河合龍諭曾國藩籌河運戊寅越南吳亞終等伏誅十一月癸巳命鄭敦謹會鞫張汶祥獄尋定讞磔張汶祥于江甯丁酉回匪竄涼州副將謝元興陣沒王仁和擊退之辛丑援黔湘軍復台拱戊申福濟榮全以匪入烏里雅蘇台褫職留任命曾國藩兼通商大臣庚戌甘肅總兵周東興侵賑命斬於軍前庚申劉坤一以漏洩密諭褫職留任十二月甲子諭嚴禁河工偷減侵蝕諸弊辛未滇軍復鄧川浪穹回目馬源發戕提督丁賢發等捕誅之是冬免貴州興義等州縣衛陝西綏德等州縣災擾逋賦是歲朝鮮入貢

十年辛未春正月辛卯朔停筵宴壬辰官軍克河西王疃賊壘賞金順黃馬褂加張曜一雲騎尉乙未黔軍平貴定等處賊壘克都勻賞提督林從泰總兵何雄輝黃馬褂己亥諭馮子材赴太平進勦牧馬諒山匪壬寅官文卒是月免直隸安州等屬被水額賦二月壬戌劉錦棠等軍克金積堡匪首馬化龍等伏誅加左宗棠一騎都尉賞劉錦棠雲騎尉黃馬褂開復雷正綰處分及陳湜原官賞黃鼎金運昌黃馬褂置就撫陝回於華亭之化平川設通判都司以綏靖之前知靈州彭慶章坐爲賊主謀處斬壬午獲叛將宋景詩誅之丁亥調江蘇按察使應寶時赴津籌辦日本通商事命瑞常爲大學士文祥協辦大學士三月癸巳金順等軍克甯夏匪首馬萬選伏誅己丑滇軍復澂江克江那土城匪首馬和等伏誅辛丑普使李福斯致國書以德意志各國及自主之三漢謝城共復一統受尊稱爲德意志皇帝復書賀之丁未以倭仁爲文華殿大學士瑞常爲文淵閣大學士自春初至於是月上連祈雨庚戌雨夏四月丙寅援黔湘軍復新城嚴明司等城克高坡等苗寨己巳甯夏納家牐回衆降己卯陝回竄擾平番碾伯官軍擊退之辛巳倭仁卒甲申賜梁耀樞等三百二十三人進士及第出身有差築大沽北塘礮臺乙酉福濟革職以金順爲烏里雅蘇台將軍丙戌回匪復竄擾賽音諾顏部焚掠固爾班賽汗等處五月庚寅朔雨乙未左宗棠請禁絕回民新教不許戊戌苗酋聞國興等降八寨等城俱復壬寅回匪擾烏拉特杜嘎爾薩薩布軍合擊之丙午援黔湘軍復丹江凱里等城賞蘇元春黃馬褂己酉以李世忠尋仇鬭很陳國瑞演劇生事褫世忠職降國瑞都司併勒回籍畀有司管束辛亥鄭親王承志有罪褫爵逮訊命李鴻章辦日本商約應寶時陳欽爲幫辦乙卯金順乞假守制葬親不許己未滇軍復雲龍六月壬戌太白晝見益陽等處會匪平己巳陝回白彥虎結西甯回衆擾河州庚午黔軍克永甯鎭甯歸化苗寨破耶岱水城各崗寨乙亥命瑞麟爲大學士仍留兩廣總督任己卯阜陽匪擾沈邱汝陽官軍捕誅之辛巳以廣東盜賊橫行諭飭嚴緝丁亥德宗生於醇邸戊子賑天津災秋七月己丑朔桂軍勦越南竄匪克長慶斬匪首趙雄才壬辰杜嘎爾軍勦賊於布拉特勝之甲午永定河復決丙申穆圖善赴北山勦賊金運昌軍勦烏拉特竄匪勝之丁未河內沁河決乙卯昌圖賊匪竄擾都興阿遣軍勦平之八月壬申以副都統慶至襲封鄭親王甲戌桂軍克安世賊寨追勦太原竄匪蘇國漢赴廣東乞降丁丑詔各省設局收養流寓孤寡九月丙申革高郵征糧弊習丁酉甘軍克康家庄要隘趣榮全赴伊犁給劉銘傳假三月壬寅諭奉吉整頓吏治嚴緝盜賊命恩錫往上海辦奥國換約丁未喬松年等會堵侯家林決口是秋賑順直各屬及菏澤等州縣災免濮州被水晃州被擾逋賦冬十月戊午朔達爾濟以撤營縱賊褫職逮治命曹克忠接統劉銘傳軍赴肅州防勦庚申以湖南匪變命李鴻章查辦壬辰命景廉爲烏魯木齊都統癸未詔免伊犁被脅官吏軍民等罪以參領貢果爾接統達爾濟軍十一月癸巳甘軍克河州禹得彥等降丁未西甯回匪竄烏拉特及中衛張曜軍擊退之乙卯肅州回匪復犯敦煌文麟援勦之十二月辛未予先儒張履祥從祀文廟丁丑番山匪徒曾大鵝幅等作亂捕誅之是歲朝鮮琉球越南入貢

十一年壬申春正月丙戌朔停筵宴己丑以紀年開秩諭減刑文碩以乞病褫職辛卯桂軍復越南從化克鎭山癸巳甘軍連破甘坪大貝坪等處賊壘進攻太子寺庚子黔軍克淸平黃平重安辛丑援黔湘軍克黃飄白堡苗寨辛亥命侍郎崇厚太常寺少卿夏家鎬在總理各國事務衙門行走二月庚申允江蘇辦米試行河運漕白二糧仍由海運丙寅曾國藩卒贈太傅戊辰褫劉銘傳職

以前功仍留一等男爵庚午起彭玉麟巡閱長江水師甲申侯家林決口合龍越南匪首蘇國漢等伏誅是月賑四川各屬災三月乙酉朔黔軍復貞豐丙戌甘軍剿太子寺回匪失利提督傅先榮徐文秀死之褫提督楊世俊黃馬褂降參將甲午免達爾濟等罪仍褫職效力丁酉以奉匪擾朝鮮境嚴緝之辛丑瑞常卒是春免湖北黃陂直隸安州甘肅河州等處被擾逋賦夏四月丙辰回匪竄定邊靖邊陝軍擊退之己未西甯回目馬占鼇陝回崔三米拉溝回目治成林等先後乞降丙寅停淮關傳辦活計諭內務府力求撙節己卯通政司副使王維珍疏陳先意承志孝思維則予嚴議尋褫職是月免貴州興義等屬被擾逋賦五月甲申朔日有食之免熱河驍騎旗民租課三年乙酉自二月初旬慈禧太后弗豫月餘不視朝至是御史李宏謨請勤召對諭責其冒昧嚴飭之癸巳徐占彪軍剿肅回屢捷左宗棠劾成祿縻餉遷延命穆圖善查辦乙未貴州苗匪平賞席寶田騎都尉丙申陝回宋全德等降予伊犁殉難已革尚書陳孚恩暨其眷屬旌䘏加等庚子命李鴻章爲大學士仍留直隸總督任乙巳滇軍克永平及雲南六月甲午朱鳳標致仕命文祥爲大學士全慶協辦大學士丁卯諭停本年秋審朝審句決以單懋謙協辦大學士秋七月癸未朔滇軍會克興義己丑免廓爾喀例貢賑達木蒙古及三十九族被災兵民戊戌回匪竄擾甯夏西路及阿拉善旗官軍擊退之己亥直隸呈進瑞麥御史邊寶泉疏論之諭李鴻章勤恤民隱補救偏災毋飾張瑞應庚子永定河北下汎溢是月免湖南晃州被擾逋賦八月庚午截江北漕米十萬餘石賑畿輔被水災民癸酉金順以遷延罷長順署烏里雅蘇臺將軍辛巳以單懋謙爲大學士九月癸未滇軍克趙州蒙化並大理上下關賞楊玉科李維述黃馬褂左宗棠言地產瑞麥瑞穀諭却之乙未冊立皇后阿魯特氏自王大臣以次推恩加賚頒詔天下覃恩有差永定河工合龍丙午允彭玉麟乞病回籍仍命每年巡閱長江水師庚戌榮全請令慶符招撫纏民英廉等馬隊駐庫爾喀喇烏蘇酌募民勇允之丁巳甘肅潰勇首犯馮高等伏誅己未加上兩宮皇太后徽號戊辰廣西隆安岑溪土匪西隆苗匪平壬寅諭統兵大臣約束委員治騷擾逾限者罪允恭親王請復軍機處舊制丙子何璟憂免以張樹聲署兩江總督十一月乙酉朝鮮匪船越境侵擾都興阿等水師紺剿之回匪擾哈密東山官軍剿勝之禁殿廷鄉會考試請託冒替己卯瓊州土匪平誅匪首何亞萬等辛卯滇軍剿館驛等踞匪進東進南肅清乙未肅回竄札薩克汗各旗官軍擊走之黔軍會克新城下江苗匪亂張文德軍剿除之全黔底定丙申捻匪竄擾太湖水師剿平之允軍民入哥老會者自首免罪丁酉申禁各省種罌粟辛丑劉錦棠等軍剿回匪大捷丁未陝軍剿陝北二道河等處竄匪殄之李鴻章奏設招商局試辦輪船分運江浙漕糧十二月己未駐藏幫辦德泰坐事褫職回旗丙辰諭吏部兵部理藩院親政後各署有請旨及軍務摺片均用漢文丁卯釋田興恕回丙子左宗棠乞病溫旨不許己卯祫祭太廟是歲朝鮮入貢

十二年癸酉春正月辛巳朔官軍擊回匪於那瑪特吉幹昭敗之丙戌以李宗羲爲兩江總督兼通商大臣辛酉成祿以苛捐誣叛褫職逮問趣金順接統其軍甲辰滇軍克大理目酋杜文秀楊榮蔡廷棟等伏誅賞岑毓英黃馬褂騎都尉世職開復劉嶽昭處分賞楊玉科騎都尉乙巳兩宮皇太后以親政屆期懿旨勉上祗承家法講求用人行政毋荒典學勗廷臣及中外臣工公忠盡職宏濟艱難丙午上親政詔恪遵慈訓敬天法祖勤政愛民己酉諭內務府核實撙節於歲費六十萬外不得借支二月庚戌朔軍機大臣六部九卿會議黃運兩河辦法諭李鴻章悉心籌辦奏聞下詔修省求直言諭直省舉賢才杜僥倖戊午加上兩宮皇太后徽號翌日頒詔覃恩有差劉錦棠軍克大通向陽堡庚午以謁東陵命惇親王等留京辦事乙亥金順軍抵肅州剿回匪敗之三月癸未上奉兩宮皇太后謁東陵丁亥回鑾免蹕路經過本年額賦己丑大通巴燕戎格及五工撒拉各回衆降西甯匪首馬桂源等伏誅庚寅上奉兩宮皇太后還宮丙申回匪白彥虎等竄甘州命議定各國公使覲見禮節榮全乞病不許庚子以英廉爲塔爾巴哈台參贊大臣丁未滇軍克順甯是春免江蘇邳州陝西鄜州等屬被擾逋賦夏四月乙卯設廉州北海關丙辰日本換約成乙丑回匪竄阿拉善旗及阿畢爾米特諭定安遣軍會防兵夾擊己巳官軍克肅州塔爾灣賊巢五月庚寅滇軍克雲州丁酉允各國公使覲見癸卯成祿交刑部治罪丙午命成瑞署烏魯木齊提督六月壬子上幸瀛臺日使副島種臣俄使倭良嘎哩美使鏤斐迪英使威妥瑪熱福哩荷使費果蓀覲見於紫光閣呈遞國書庚申嚴趣金順出關丁卯甘軍復循化匪目馬玉連等伏誅閏六月甲申李鴻章覆陳黃運兩河淮徐故道難復請仍海運其舊河涸地酌重升課議行丙戌朱鳳標卒滇軍克騰越予岑毓英一等輕車都尉賞劉嶽昭黃馬褂楊玉科一等輕車都尉以雲南軍興十有八年郡縣多爲賊蹂躪詔免十一年以前積欠糧賦並永遠停徵濟軍鹽穀諭劉嶽昭愼選牧令察吏安民甲午京畿久雨上新晴丙申詔查各省畝捐釐捐及丁漕違制者次第豁除庚子甘軍剿白彥虎等于敦煌失利副將李天和等死之永定河決免阿爾泰烏梁海七旗貢貂秋七月辛亥桂軍剿西甯西隆匪平之甲子賑順天災是月免山東青城被水新舊額賦八月丁丑朔都興阿乞病慰留之辛巳直隸運河隄決榮全復以病乞免不許富和有罪褫職戊子白彥虎等陷馬蓮井營堡召劉嶽昭入覲以岑毓英兼署雲貴總督壬辰白彥虎等圍哈密犯巴里坤官軍失利乙未諭景廉督軍赴援調錫綸爲烏魯木齊領隊大臣以明春爲哈密幫辦大臣是月賑直隸各屬永順府屬暨公安水災九月丙寅命軍機大臣會刑部審擬成祿罪癸酉永定河合龍冬十月丙子朔御史沈淮疏請緩修圓明園諭令內務府僅治安佑宮爲駐蹕殿宇餘免興修己亥官軍克肅州匪逆馬文祿伏誅上詣兩宮皇太后賀捷庚子論功命左宗棠以陝甘總督協辦大學士加一等輕車都尉復金順職賞還黃馬褂予徐占彪穆圖善雲騎尉十一月己未越南王疏請會剿河陽興化山西宣光邊地諸匪諭劉長佑馮子材議奏辛酉法越搆衅法兵破河內省越匪擾北甯越人求援諭瑞麟飭軍由欽州出關會桂軍援剿之甲子御史吳可讀請將成祿明正典刑己巳岑毓英奏整頓吏治營伍並請撤勇停捐自雲南始詔嘉之庚午疏濬運河壬申成祿論斬吳可讀坐刺聽朝政降調十二月甲申回匪竄擾烏梁海等部錫綸軍追剿敗之戊子以磨勘順天舉人徐景春試卷荒謬考官尚書全慶都御史胡家玉等降黜有差辛卯命額勒和布赴烏里雅蘇台查辦事件丙申賞故提督劉松山一等輕車都尉命張曜金順分軍西進壬寅以慈禧皇太后四旬慶典推恩近支王公及中外大臣賚敘有差是歲朝鮮入貢

十三年甲戌春正月乙巳朔停筵宴甲寅湘軍剿古州苗匪平之丙辰命編修張英麟檢討王慶祺直弘德殿辛酉以劉坤一胡家玉互參降坤一三品頂帶褫職留任家玉鐫五級調用癸亥諭築東明長隄己巳官軍援沙山子擊回匪勝之賞福珠哩黃馬褂戊寅回匪擾巴里坤境明春等會剿之丙申以法取越南地越匪擾山西偪滇疆諭岑毓英部署邊防禁京師私鑄丁酉上奉兩宮謁西陵二月甲辰還宮乙巳賑奉天災民丙午命寶鋆協辦大學士己酉修海甯石塘辛酉論肅清貴州功復陶茂林提督賞提督何世華等世職辛未日本兵艦泊厦門諭沈葆楨統兵輪往相機籌辦命李鴻章與秘魯公使會議華工事宜夏四月甲戌詔撥帑十萬撫卹烏里雅蘇臺災擾部落丁丑上幸瀛臺單懋謙因病乞休允之覲見俄使布策等於紫光閣辛巳上幸圓明園還宮癸未瑪那斯回匪犯奎屯等處官軍進剿失利景廉兵援之丙戌日本兵船抵臺灣登岸與生番尋衅命沈葆楨辦海防兼理各國事務大臣江廣沿海各口輪船以時調遣辛卯長順緣事褫職命額勒和布爲烏里雅蘇台將軍慶春爲察哈爾都統托倫布爲科布多參贊大臣丁酉賜陸潤庠等三百三十七人進士及第出身有差辛丑景廉再乞病不許五月壬寅朔法越和議定諭邊將安輯內遷難民壬子上幸圓明園還宮日本攻臺灣番社丁巳以慈禧太后聖節予在京旗官六十以上者恩賞停本年秋審朝審人犯句決己未彗星見乙丑詔賑奉天災民丙辰允沈葆楨請建臺灣海口礮臺撫番社撤疲兵戊辰日本師船游弋福建各海口日使柳原光前與總署王大臣商臺灣兵事六月乙亥諭飭總兵孫開華接辦厦門防務己卯召楊岳斌曾國荃閻敬銘趙德轍丁日昌鮑超蔣益澧郭嵩燾來京壬午烏索寨降衆復叛滇軍剿平之癸未允李鴻章請以徐州唐定奎軍渡海赴臺乙酉諭戶部撙節不急之需豫籌海防經費諭沈葆楨部署南北路防守丁酉命翁同龢仍直弘德殿秋七月丁未李鶴年請閩省陸路選立練軍議行庚戌瑪納斯回匪犯西湖官軍擊退之任子命左宗棠爲大學士仍留陝甘總督任景廉爲欽差大臣督辦新疆軍務金順幫辦軍務庚申覲見比使謝恩施等於紫光閣甲子內務府大臣貴寶以任郎中時於知府李光昭報効木植欺罔奏陳嚴議褫職乙丑馬賊陷甯古塔旋復之允福建軍餉借用洋款二百萬由海關稅分年抵還己巳停修圓明園工程庚午諭責恭親王召對失儀奪親王世襲降郡王仍爲軍機大臣並革載澂貝勒郡王銜白彥虎等犯濟木薩官軍擊敗之八月辛未朔懿旨復恭親王世襲及載澂爵銜訓勉之諭修葺三海工程力求撙節丙戌河南蝗戊子李光昭論斬庚寅諭各省整頓捕務乙未命左宗棠督辦西征糧臺轉運事宜以內閣學士袁保恆爲幫辦詔各省酌裁釐局禁種罌粟丁酉上幸南苑戊戌閱御前王大臣乾清門侍衛射己亥上行圍九月庚子朔上幸晾鷹臺撤圍辛丑上幸晾鷹臺閱神機營兵壬寅閱王大臣侍衛等射丁未瑞麟卒以英翰爲兩廣總督庚戌日本續遣大久保利通來與總署王大臣論臺灣番社兵事丙辰甯古塔匪首王文[illegible]

伏誅辛酉王大臣與日使成議退兵回國給日本難民卹金及臺灣軍費共五十萬乙丑賈楨卒丙寅諭李鴻章等於總署條奏海防練兵簡器造船籌餉用人持久諸事詳議以聞十月辛未以慈禧皇太后四旬萬壽復劉銘傳提督己卯上慶賀禮成賞廢員職銜免王公文武官處分餘進敘有差庚辰卹廣東颶災癸巳命廣壽夏同善赴陝西查事己亥上不豫命李鴻藻代閱章奏十一月甲辰命恭親王代繕批答清文摺件丁未賑徐海水災己酉命內外奏牘呈兩宮披覽以寶鋆爲大學士壬子日本退兵癸丑冬至祀天圜丘遣醇親王代頒部帑百五十萬築石莊戶隄工甲寅上以兩宮調護康吉崇上徽號詔刑部及各省罪犯分別減等庚申議行河南練軍甲子以石莊戶隄難就允丁寶楨請於賈莊一帶建壩築隄十二月辛未詔蠲免雲南被擾荒地錢糧十年甲戌李宗羲病免以劉坤一署兩江總督上疾大漸崩於養心殿年十九慈安皇太后慈禧皇太后召惇親王奕誴恭親王奕訢醇親王奕譞孚郡王奕譓惠郡王奕詳貝勒載治載澂公奕謨御前大臣伯彥訥謨詁奕劻景壽軍機大臣寶鋆沈桂芬李鴻藻內務府大臣英桂崇綸魁齡榮祿明善貴寶文錫直弘德殿徐桐翁同龢王慶祺南書房黃鈺潘祖蔭孫詒經徐郙張家驤入奉懿旨以醇親王之子承繼文宗爲嗣皇帝光緒元年二月戊子皇后阿魯特氏崩三月己亥上尊諡曰繼天開運受中居正保大定功聖智誠孝信敏恭寬毅皇帝廟號穆宗五年三月庚午葬惠陵

論曰穆宗沖齡即阼母后垂簾國運中興十年之間盜賊剗平中外乂安非夫宮府一體將相協和何以臻茲洎帝親裁大政不自暇逸遇變修省至勤也聞災蠲卹至仁也不言符瑞至明也藉使蘄至中壽日新而光大之庸詎不與前古媲隆顧乃奄棄臣民未竟所施惜哉

清史稿　本紀二十三

德宗本紀一

德宗同天崇運大中至正經文緯武仁孝睿智端儉寬勤景皇帝諱載湉文宗嗣子穆宗從弟也本生父醇賢親王奕譞宣宗第七子本生母葉赫那拉氏孝欽皇后女弟同治十年六月誕於太平湖邸第十三年食輔國公俸十二月癸酉穆宗崩無嗣慈安皇太后慈禧皇太后召惇親王奕誴恭親王奕訢醇親王奕譞孚郡王奕譓惠郡王奕詳貝勒載澂鎮國公奕謨暨御前大臣軍機大臣內務府大臣弘德殿南書房諸臣等定議傳懿旨以上繼文宗爲子入承大統爲嗣皇帝俟嗣皇帝有子即承繼大行皇帝乙亥王大臣等以遺詔迎上於潛邸謁大行皇帝几筵丙子上奉慈安皇太后居鍾粹宮慈禧皇太后居長春宮從王大臣請兩宮皇太后垂簾聽政皇太后訓敕稱懿旨皇帝稱諭旨詔停三海工程乙卯停各省貢方物壬午頒大行皇帝遺詔懿旨醇親王奕譞以親王世襲罔替翰林院侍講王慶祺有罪褫職定服制縞素百日仍素服二十七月伯彥訥謨詁景壽俱管理神機營癸未詔惇親王恭親王孚郡王諭旨章奏勿書名召對宴賚免叩拜甲辰詔以明年爲光緒元年丁亥上大行皇帝尊諡曰繼天開運受中居正保大定功聖智誠孝信敏恭寬毅皇帝廟號曰穆宗戊子懿旨封皇后爲嘉順皇后皇貴妃爲敦宜皇貴妃諭中外臣工於用人行政據實直陳飭臣民去奢崇實敕各督撫求民疾苦慎選牧令考覈屬吏並修明武備壬辰頒遺詔於朝鮮甲午禁內務府官結納太監乙未內務府大臣貴寶文錫褫職丙申諭左宗棠督剿河州叛回丁酉祫祭太廟是月免浙江被災鹽場竈課

光緒元年乙亥春正月戊戌朔免朝賀己亥命吏部尚書英桂兵部尚書沈桂芬並協辦大學士戊申予明故藩朱成功建祠臺灣追諡忠節庚戌勅沈葆楨勘辦琅璚築城建邑籌開山撫番事宜辛亥祈穀於上帝清江設廠收養徐海被水飢民內閣侍讀學士廣安疏請廷臣會議大行繼嗣頒鐵券斥之丙辰越南匪黨竄滇邊巡撫岑毓英剿平之戊午上御太和殿即皇帝位頒赦詔開恩科辛酉申諭督撫進賢懲貪除蠧緣奔競二月丁丑諭刑部清釐積案戊寅祭大社大稷豫親王本格攝行由是大祀皆遣代至十二年冬至圜丘祀天始親詣壬午英繙譯官馬嘉禮被戕於雲南劉錦棠等復河州甲申臺灣生番亂提督唐定奎剿之丙戌賜琉球國王緞匹文綺及貢使緞匹戊子嘉順皇后崩三月戊戌朔日有食之己亥上大行皇帝尊諡廟號壬子山東賈莊河工合龍丙辰越南匪黨蘇亞鄧等伏誅乙丑召景廉回京授左宗棠欽差大臣督辦新疆軍務以金順爲烏魯木齊都統副之是月普免各省欠糧免江西山西同治六年以前逋賦夏四月丁卯朔享太廟庚午命穆圖善調所部馬隊來京隸神機營駐南苑己卯唐定奎克臺灣南路番社壬辰以沈葆楨爲兩江總督兼通商大臣督南洋海防李鴻章督北洋海防五月戊戌興直隸水利防軍墾鹹水沽稻田庚子大考翰詹擢吳寶恕瞿鴻禨鈕玉庚孫詒經一等餘升黜有差甲辰停浙江貢綠玉瓚蠲並停各織造傳製諸品劉嶽昭督攻越南復同文土州等城戊申上嘉順皇后尊諡曰孝哲嘉順淑慎賢明憲天彰聖毅皇后辛亥工部神庫火壬子刑部科房火命李瀚章往雲南查馬嘉禮案薛煥繼往會按之乙卯夏至祭地於方澤六月戊辰吉林將軍奕榕褫職遣戍庚午奉天匪據大東溝作亂崇實討平之停甘肅例貢甲午免直隸同治十年以前民欠旗租並補徵稅懿旨命醇親王與御前大臣舉各署諳綠營勇營紀律及侍衞可任統兵者壬午以穆宗帝后梓宮奉移山陵預戒有司毋備御道旋禁苛擾癸巳秋七月戊戌免直隸同治六年以前逋賦並稅糧庚子永定河決諭各省詳理京控諸獄貸太原等縣倉穀濟民食癸卯賞劉典三品京堂幫辦陝甘軍務免湖北米穀釐金甲辰祕魯換約成諭總署會籌保護華工丙午慈安皇太后聖壽節停筵宴壬戌命李鴻章丁日昌與英使威妥瑪就商馬嘉禮案候補侍郎郭嵩燾候補道許鈐身充出使英國大臣八月戊寅免陝西被兵額賦庚辰免長蘆兩淮鹽政應進物品庚寅命丁日昌督福建船政九月丁酉諭穆圖善整飭吉林吏治旗營甲辰申定外人遊歷內地條約吳棠督勦敘永廳竄匪辛亥免梓宮經過大興等州縣額賦十之五遵化十之七賞平毀麥田籽種銀並免蠲賸錢糧及旗租甲寅奉安梓宮於隆福寺乙卯上謁諸陵閱普祥普陀峪工程丙辰閱惠陵工程丁巳奉兩宮皇太后還宮庚申至自隆福寺辛酉諭王凱泰區處臺灣生番癸亥劉長佑剿敗越南匪匪首黃崇英周建新伏誅冬十月甲子朔享太廟癸酉慈禧皇太后聖壽停筵宴甲戌允丁寶楨請於煙台威海衞登州府築礮臺設機器局己卯弛浙江南田島禁聽民耕作庚辰賞京師貧民棉衣銀每歲皆如之敘永匪李增元等爲亂提督李有恒剿平之癸未賞八旗各營一月錢糧歲以爲常湖南新化衡永匪亂總兵謝晉鈞提督趙聯陞剿平之丁亥委散秩大臣吉和內閣學士烏拉喜崇阿使朝鮮封李㷩子拓爲世子十一月戊戌岑毓英克鎭雄大寨匪首鞠占能伏誅劉嶽昭以玩泄褫職丁未予郎中陳蘭彬以京堂候補充出使美日祕大臣乙卯奉天大通溝匪平戊午冬至祀天於圜丘己未免朝賀庚申祔穆宗帝后神牌於奉先殿十二月丙寅奉安神御於壽皇殿丁卯除盛京養息牧皒地額賦甲戌懿旨皇帝典學內閣學士翁同龢侍郎夏同善授讀於毓慶宮御前大臣教習國語滿蒙語言文字及騎射大學士文祥請解機務慰留之戊寅免浙江被災新舊賦課甲申祈雪壇廟辛卯祫祭太廟是歲朝鮮琉球緬甸入貢

二年丙子春正月癸巳朔免朝賀戊戌諭各省宣講聖諭廣訓癸卯免仁和等塲未墾竈蕩課糧癸丑黔匪陷下江尋復之丙辰祈雨自是頻祈雨辛酉四川蠻匪平二月乙丑詔自本年孟夏始未親政以前太廟時享及祫祭大祀俱前一日親詣行禮己卯免海沙蘆瀝等場竈額課壬午鄧川匪首羅洪昌項和伏誅免浙江逋賦庚寅陽萬土州判岑潤清作亂嚴樹森剿平之壬辰東鄉匪聚衆抗官三月丙申以旱故詔清庶獄己亥予吳贊誠三品京堂督辦福建船政甲寅已革都司陳國瑞遣戍黑龍江丙午免陝西六十六州縣逋賦丁未詔以慈安皇太后四旬萬壽停本年秋決貴州四腳牛賊巢及六峒匪平戊申以雨澤愆期諭內外臣工直言闕失夏四月乙亥停陝西進方物免淮揚等屬同治六年以前逋賦壬午上始御毓慶宮讀書丙戌賜曹鴻勛等三百二十四人進士及第出身有差戊子蘇勲達勲畢噶爾瑪薩哈進哀表頒敕答之並賜緞匹五月乙未文祥卒乙巳以近畿亢旱直隸山東暨河南河北等府小民艱食諭長官撫卹並捕蝗蝻丙辰御史潘敦儼請更上孝哲皇后諡號予嚴議尋褫職閏五月辛酉朔賑近畿旱災庚午賑福建水災辛未以旱敕修省壬申孝陵大碑樓災自春正月不雨至於是日雨甲申階州齊匪平乙酉諭劉坤一防海練兵亟圖整頓六月庚寅朔諭文煜等嚴懲傳習邪術壬辰騰越練軍踞城作亂並陷順甯雲州丁酉以李鴻章爲全權大臣赴烟台與英使威妥瑪議結馬嘉禮案庚子安徽蝗戊申開雲南實官捐例辛亥以江皖魯豫匪擾諭沈葆楨等分兵搜剿解散脅從丁巳總兵孔才進攻瑪納斯斬匪首馬得明等是月賑南豐南昌福建水災是夏免淮陽等屬逋賦盛京同治六年以前逋賦長蘆各場同治十年以前竈課直隸同治十年以來逋賦秋七月辛酉上兩宮皇太后徽號辛未復淮鹽楚岸引地甲戌東鄉匪首袁廷蛟伏誅辛巳劉長佑潘鼎新復騰越各城匪首蘇開先伏誅戊子馬嘉禮案議結免案內官所坐罪八月辛卯劉錦棠金順擊敗回酋白彥虎復烏魯木齊迪化城尋復昌吉呼圖壁景化各

城辛丑許鈐身改出使日本大臣丁未賑浙江水災辛亥賑江西水災孔才等復瑪納斯北城九月戊午朔予上元江寧兩縣一門殉難三十五家百九十五人旌䘏建坊壬戌順天增設粥廠己巳定出使各國章程以四川州縣民教訟閱諭魁玉等持平訊斷壬申諭文煜等嚴緝福建江西安徽等省邪教匪黨冬十月丙午賑皖北旱災命景廉李鴻藻在總理各國事務衙門行走甲寅召榮全來京以金順爲伊犁將軍丁巳賑口北山東安徽江北饑十一月丁卯金順錫綸克瑪納斯南城匪首何碌馬有財伏誅壬午以新疆北路平發帑汰遣金順軍甲申截漕一萬石並提倉穀濟蘇常留養災民十二月戊子命侍講何如璋充出使日本大臣甲辰命督撫嚴查州縣毋匿災各省民教案持平審理戊申賑江北淮海災己酉回匪竄擾科布多參贊大臣保英派兵遲緩切責之乙卯免杭嘉松各場未墾地竈課

三年丁丑春正月丁巳朔免朝賀戊午命以都御史景廉爲軍機大臣命前藏濟龍呼圖克圖於達賴未出世以前掌商上事務給達善名號癸亥以英桂爲體仁閣大學士載齡以吏部尙書協辦大學士免洪澤湖灘欠租二月戊子穆坪夷匪伏誅己丑申諭各省墾荒田禁械鬬愼舉劾整營規賑直隸山東山西河南安徽江西福建還籍飢民己亥免湖北逋賦庚子懿旨梓宮在殯皇帝沖齡除朝賀大典外其頒慶賞宴外賓典禮暫緩舉行辛丑復淮鹽引地壬寅刑部平反浙江民人葛品連獄巡撫楊昌濬侍郞胡瑞瀾褫職知府以下論罪有差申諭各省理刑期情眞罪當毋輕率三月丁巳朔上釋服以山陵未安仍禁宮中宴會演劇辛未免華陰被水糧課三年癸酉以劉錫鴻充出使德國大臣賑沭陽災民辛巳除臺灣府屬雜餉賑內山饑番夏四月辛卯常雩祀天於圜丘甲午馬邊猓夷結野番黑夷出擾魁玉等剿之乙未免鄠縣被水逋賦戊戌劉錦棠等克七克騰木闢展復吐魯番滿漢兩城尋攻克達坂及託克遜賊壘安集延酋帕夏自殺己亥總兵張其光攻臺灣率芒番社克之庚子貸義州旗戶籽種銀辛丑賑貴陽地震災壬寅昭通廣南匪作亂官軍討平之癸卯以災區緩徵吏胥舞弊諭各省整頓旌安貧樂道高郵增生韋裪諸甲辰越南遣使進方物賚其國王緞四庚戌賜王仁堪等三百二十九人進士及第出身有差是月江蘇安徽蝗五月戊辰日本阻琉球入貢遣來使歸國癸酉山西旱留京餉二十萬賑之甲戌監利會匪王滭漳等作亂伏誅撥帑銀一百二十萬解西征糧臺戊寅賑福州水災壬午懿旨以皇上萬壽値齋戒期更定六月二十六日行慶賀禮著爲令山西大旱巡撫曾國荃請頒扁額爲禱以非故事不許諭曰禱惟其誠當勤求吏治清理庶獄以迓和甘六月戊子詔工噶仁青之子羅布藏塔布克甲木錯卽作爲達賴喇嘛之呼畢勒罕毋庸掣瓶辛卯廣東北江堤決連州大水詔賑撫災民戊戌先是穆宗祔廟位次懿旨命大臣會議醇親王復請定久遠至計少詹事文治鴻臚寺卿徐樹銘少卿文碩內閣侍讀學士鍾佩賢司業寶廷並有陳奏至是仍命王大臣等詳議以聞並命李鴻章妥議丙午以災祲疊見誡臣工修省庚戌上萬壽御乾清宮受賀秋七月丁巳撥海防經費助山西賑己未惇親王等議上穆宗帝后神牌位次請于太廟中殿東西各四楹遵道光初增奉先殿後殿龕座修葺改飾並從醇親王請自今以往不援百世不祧之例戊辰免江寧上元等縣被災額賦十之三己巳留京餉漕折銀賑河南饑丁亥諭各省修農田水利壬辰撥天津練餉十萬濟山西賑甲午免臺灣同治十年供粟及糯米易穀庚子諭劉坤一等整頓廣東捕務戊申撥銀四十萬賑山西河南災並留江安漕糧輸山西河南各四萬石備賑九月甲寅羅田匪首陳子鼈伏誅戊午命前侍郞閻敬銘往山西查賑己未申禁山西種罌粟改植桑棉辛酉撥山東冬漕各八萬石續賑山西河南災甲子予漢儒河間獻王劉德從祀文廟乙丑詔求直言丁卯命李鶴年往河南查賑戊辰減緩山西河南應協西征軍餉庚辰加賑祥符等縣災民口糧辛巳賑興化府屬風災冬十月壬辰賑三姓雹災庚子諭各省安撫轉徙饑民甲辰免三姓被災銀穀加賑陽曲等縣災民口糧乙巳增設內城粥廠庚戌劉錦棠進復喀喇沙爾庫車兩城尋復阿克蘇及烏什城十一月癸丑詔戒各部院玩愒因循乙卯開山東運漕新河丁巳諭督撫府尹講求吏治十二月辛卯綏赫哲貢貂庚子豫免山西河南被災州縣來歲糧是冬連祈雪撥來年江鄂漕米凡十二萬石賑山西發帑金賑陝西是歲山陝大旱人相食

四年戊寅春正月辛未賑河南饑命郭嵩燾兼出使法國大臣西軍復葉爾羌喀什噶爾和闐回衆降己卯諭各省清理詞訟二月辛巳朔修成都都江堰壬午諭興北方水利乙酉命署兵部左侍郞王文韶爲軍機大臣庚寅諭舉州縣能實行荒政者壬辰新疆平匪首白彥虎遁入俄羅斯論功進左宗棠二等侯劉錦棠二等男予提督余虎恩等世職有差甲午諭清庶獄丁酉賑呼蘭災己亥下詔罪己賑山西河南饑丙午瘞災地遺骸庚戌免侯官被水丁糧三月甲寅諭被災各省試行區田法壬申賑直隸饑撥察哈爾牧羣馬三千匹給貧民耕作甲戌諭內務府減經費除浮冒戊寅英桂致仕是月河南雨四月壬午沈葆楨請罷武科斥之壬辰賑廣東風災五月庚戌朔諭直省廣植桑茶命載齡爲體仁閣大學士管工部事全慶以刑部尙書協辦大學士辛未以崇厚爲出使俄國大臣六月丙戌免陝西逋賦庚寅嚴私鑄禁甲午賑臺灣風災庚子諭刑部嚴定州縣侵賑罪秋七月乙卯雲南官軍復耿馬土城辛未命禮部右侍郞王文韶順天府府尹周家楣在總理各國事務衙門行走壬申嚴命案延玩處分甲戌以曾紀澤爲出使英法大臣丁丑免平陽蒲解絳今歲秋賦是月賑金衢嚴等府浮梁等縣水災八月己卯永定河決丙戌沁河決戊子賑崇安浦城水災九月丁巳諭東南疆吏豫救水患清釐保甲防會匪煽惑災民癸亥賑山西旱免陽曲等縣逋賦及徐溝等縣秋糧戊辰賑藍田水災丙子修樊口江堤冬十月壬午廣西在籍總兵李揚才叛命馮子材勦之免通海各處淮安四衛逋賦並雜課丁亥賑濮范壽陽水災癸巳沁河復決賑奉天水災乙未北新倉火戊戌臺灣後山加禮宛等社就撫縛獻番目誅之免貴州被兵新舊額賦十一月丙辰修北運河隄辛酉白彥虎寇邊劉錦棠擊敗之癸亥李揚才据越南長慶楊重雅剿之己巳詔督撫整躬率屬責軍機大臣勿避嫌怨院部大臣力戒因循甲戌冬至祀天於圜丘乙亥停朝賀十二月己丑詔永罷捐輸事例是歲免仁和鹽場逋課者二朝鮮廓爾喀入貢

五年己卯春正月乙巳朔停筵宴乙丑申諭停籌餉捐例修高淯隄辛未賑山西饑二月壬午吉州知州段鼎耀以吞賑處斬癸未詔復河運甲午諭山西清理荒田編審丁口均差徭己亥梓宮奉安山陵禁有司科派擾累賑文安等州縣水災三月丙午賊目鍾萬新與李揚才合犯宣光馮子材會師越南擊之壬子免梓宮所過大興通三河薊遵化額賦庚申頒吉嚨呼圖克圖敕書幷賚哈達蟒緞布魯特回酋合安集延賊酋寇邊劉錦棠敗之乙丑奉兩宮皇太后謁東陵己巳謁昭西孝東諸陵庚午葬穆宗於惠陵孝哲后祔癸酉至自東陵閏三月乙亥穆宗神主祔太廟頒詔天下丁亥李揚才踞者巖己丑修襄陽沔陽天門江隄庚寅吏部主事吳可讀於東陵仰藥自盡遺疏請豫定大統懿旨王大臣等集議以聞乙未命三品卿銜李鳳苞爲出使德國大臣夏四月戊申修通州北運河癸丑予吳可讀䘏典懿旨以可讀原疏及會議摺徐桐寶廷張之洞等摺並前後諭旨均錄存毓慶宮免河南被災州縣漕銀及逋課己巳先是嶧縣知縣朱永康以謀殺委員高文保論戍尋下廷議至是奏上詔以罪浮於法改論死五月丙子夏至祭地於方澤己卯免兩淮泰海各場逋課壬午河南蝗己亥官軍剿平者巖賊是月賑清河安東風災山西兩階文西和地震歷十有三日六月壬子刑部言東鄉獄事誣叛妄殺己革知縣孫定揚提督李有恒論死尋文格丁寶楨並坐奪職命發帑二十萬撥丁漕銀三十萬濟山西賑需己未諭言事諸臣交部議奏之事不得攙越陳奏亦不得雷同附和相率瀆陳普免山西積年民欠倉穀烏拉特阿拉善等旗蝗甲子懿旨允醇親王奕譞家居養疾解職務賑邠乾漢鳳地震災七月庚辰賑直隸水災戊子以星變地震求直言諭各省積穀免絳蒲陽城被災夏課鹽稅庚寅復海運八月戊申祭大社大稷詔各省舉文武堪備任使者壬子致仕學大士單懋謙卒癸丑賑博山等州縣水災乙卯江皖各屬蝗乙丑賑階文西和地震及水災九月甲戌賑直隸水災壬辰加上文宗穆宗尊謚己亥重慶等府縣地震賑之冬十月辛丑朔免曲沃等州縣歉收額賦乙卯免奉天旗民站丁地課抵例賑口糧丁巳諭水師並習陸戰癸亥賑秀山等處水災己巳英桂卒免齊齊哈爾黑龍江墨爾根屯糧並原貸籽種十一月乙亥李揚才伏誅己卯冬至祀天於圜丘庚辰停朝賀壬午沈葆楨卒甲申以劉坤一爲兩江總督兼南洋大臣庚寅詔責崇厚與俄人定伊犂約擅自回京所議條約廷臣集議壬辰免山西災重州縣稅契銀己酉懿旨廷議俄約覆奏下王大臣等再議醇親王並預議以聞乙卯褫崇厚職下獄辛酉諭修社倉興社學己未免永濟等州縣秋糧丙寅祫祭太廟詔洗馬張之洞會商俄約戊辰修山東運河是歲朝鮮廓爾喀入貢

六年庚辰春正月己巳朔停筵宴辛未命曾紀澤爲出使俄國大臣改議條約甲戌諭查營伍虛額占役乙亥西林苗匪平丙子命前工部尙書李鴻藻仍爲軍機大臣壬午尋甸匪亂官軍討平之己丑詔中外舉人才疆吏飭邊備海防命河北道吳大澂幫辦吉林軍務通政使劉錦棠幫辦新疆軍務辛卯定崇厚罪論斬癸巳戶部奏籌餉十條詔各省推行是月除山西各屬荒地丁銀免仁和等場荒蕩夏稅二月乙巳永免檢次貢瓜壬戌甘肅總兵蕭兆元侵蝕軍糧論斬三月甲戌賑順直水災乙亥左宗棠出屯哈密金順扼精河張曜劉錦棠分進伊犂己卯免山西洪洞忻州各屬荒賦三年或四年庚子祀天於圜丘復

設科布多昌吉斯臺霍呢邁拉扈等八卡倫官兵丙午三姓設廠造輪船甲寅階州番匪哈力等作亂伏誅壬戌賜黃思永等三百三十三人進士及第出身有差乙酉調李長樂爲直隸提督統武毅四營鮑超爲湖南提督召來京五月丙子賑洛陽等縣雹災乙酉階州番匪古巴旦等伏誅丙戌以徇俄人請貸崇厚死仍繫獄六月丁酉朔賑福建水災癸卯畀李鴻章全權大臣與巴西議約甲辰禁徵糧浮收勒折丙辰賑廣州等處水災丁巳免交城等縣荒地缺課命曾國荃督辦山海關防務七月壬申召左宗棠來京督辦關外事宜癸酉出崇厚於獄癸未賑揚州風災甲申命前浙江提督黃少春辦理浙江防務八月己亥巴西商約成戊申召劉銘傳來京庚戌南北洋初置電綫壬子江蘇捕蝗癸亥朝鮮來告與日本交聘九月己巳命浙江提督吳長慶幫辦山東防務節制防軍庚午免永濟貢柿霜辛未允朝鮮派工匠來天津學造器械壬申賑蒲城等處災壬午給曾國荃病假命岐元節制各軍癸未減涼莊番族馬貢己丑賑資陽清溪災庚寅印度進樂器並所撰樂記賚以金寶星癸巳除拉林旗佃租賦冬十月丙午察木多帕克巴拉胡圖克圖進貢物以哈達大緞賜之己酉東明河決辛亥命前吏部尚書毛昶熙在總理各國事務衙門行走甲寅賑圍場海龍城及菏澤水災甲子懿旨醇親王管理神機營事務十一月乙丑朔命侍講許景澄爲出使日本大臣己巳以全慶爲體仁閣大學士靈桂以吏部尚書協辦大學士甲申冬至祀天於圜丘丙戌江華猺匪平癸巳免永平等屬逋賦十二月丙午命楊昌濬會辦新疆善後丙辰免文安被水額賦庚申懿旨神機營選弁兵赴天津學製外洋火器辛酉濬漕運河道是冬數祈雪是歲朝鮮喀爾喀入貢

七年辛巳春正月甲子朔停筵宴沈桂芬卒癸酉敕各省愼舉孝廉方正乙亥達賴喇嘛遣人進哈達佛香命獻惠陵賚以哈達緞匹戊寅免浙江仁和等場荒坍竈蕩各府州縣衛荒地新墾地六年逋課及額糧辛卯越南請官兵助勦積匪不許免海陽六年逋賦壬辰命左宗棠爲軍機大臣管兵部兼總理各國事務衙門行走除貴筑興義八寨水銀等廠逋課二月癸巳朔命李鴻章籌山海關防務節制諸軍以曾國荃爲陝甘總督戊戌日本使臣宍戶璣來議琉球條款不協敕海疆戒備己酉修襄陽老龍石堤辛亥修濟陽壩工甲寅通政司參議劉錫鴻以誣劾李鴻章褫職三月甲子除錦州官田租賦丁卯改築焦山都天廟礮臺己巳命李鳳苞兼出使義和奧大臣黎庶昌爲出使日本大臣辛未慈安皇太后不豫壬申崩於鍾粹宮癸未上大行皇太后尊諡曰孝貞慈安裕慶和敬儀天祚聖顯皇后夏四月癸巳雷波夷匪平己亥命吳大澂督辦吉林三姓甯古塔琿春防務兼屯墾免陝西咸甯等六十二廳州縣逋賦辛丑頒孝貞顯皇后遺誥於朝鮮己酉曾紀澤與俄國改訂新約成丙辰永禁明陵私墾己未懿旨恭親王醇親王會同左宗棠李鴻章議興畿輔水利初置琿春副都統庚申賑臺北地震災五月壬戌朔日有食之官軍擊散越南積匪丁卯詔疆臣於命盜重獄按月冊報遲逾者罪之戊寅罷烏里雅蘇臺屯田己丑賑鹽源水災賞鄭藻如三品卿爲出使美日祕大臣六月己亥彗星見詔修省丙辰萬壽節停朝賀己未命李鴻藻協辦大學士癸亥賞學行純篤廣東在籍知縣朱次琦舉人陳澧並五品卿銜戊子召劉坤一來京以彭玉麐署兩江總督兼南洋大臣賑階州等處地震災閏七月壬辰諭各省統覈釐卡出入酌定撤留癸巳賑兩淮泰州各場竈災甲午免榆社等縣五年逋賦己亥命金順督辦交收伊犂事宜錫綸爲特派大臣與俄人會商界務尋命升泰並爲特派大臣甲辰命鮑超復裁所部營伍乙巳初置呼倫貝爾副都統庚戌禁州縣諱飾重獄是月賑江蘇福建四川水災陝西雹災八月甲子頒帑金二萬給養霍碩特流民辛巳以皇太后疾愈命刑部停秋決其緩決屆三次與未屆三次分別差減之癸未孝貞顯皇后奉安免所過州縣租賦命劉錦棠爲欽差大臣督辦新疆軍務張曜副之丙戌除伯都訥磽地賦額全慶致仕九月甲午賑甯海等縣水災乙未允彭玉麐解職仍巡閱長江劉坤一罷以左宗棠爲兩江總督兼南洋大臣丙午葬孝貞顯皇后於定東陵丁未汝甯光州捻匪平己酉再減金壇漕額十分之一分四釐賞附居青海番衆八族青稞歲八百餘石辛未孝貞顯皇后神牌祔太廟丙辰賑臺灣颶風災是月甘肅臺灣地震冬十月己巳皇太后聖壽節停筵燕庚午昭通匪陸松山等作亂官軍討斬之癸酉以靈桂爲體仁閣大學士以刑部尚書文煜協辦大學士甲戌法人踞越南北境諭滇粵合籌弭衅甲申詔舉行察典勿有舉無劾賑泰和等縣水災丁亥安徽已革提督李世忠擅繫貢生吳廷鑑等裕祿上其狀詔處斬十一月庚寅免吉林被水官莊及伯都訥地租丙申施南會匪楊登峻伏誅丁酉濬吳淞淤沙戊戌廣西果化土州匪首趙蘇奇伏誅賑貴縣等處水災甲辰賑臺灣澎湖災十二月乙亥賞恭親王子載潢不入八分公醇親王子載洸奉恩輔國公是月免浙江各府州縣衛荒廢及新種賦課仁和等場竈課免安州任縣文安澇地額糧除吉林荒地租賦是冬頻祈雪是歲朝鮮越南入貢

八年壬午春正月戊子朔免朝賀辛卯修洞庭西湖隄自去年十一月不雨至於是月己亥雪庚戌修滹沱新河及子牙河隄二月己未江蘇文廟火壬戌以朝鮮占種吉林邊地開墾歷年令其領照納租隸籍癸丑申嚴門禁更定稽察守衛章程壬午申禁私伐明陵樹木乙酉先是江甯疑獄命麟書薛允升往勘之至是訊明委員胡金傳以酷刑論斬諭疆吏詳覈重獄勿冤濫三月乙未命左副都御史陳蘭彬在總理各國事務衙門行走庚戌李鴻章母憂連疏請終制許之命百日後駐天津練軍仍權理通商事務辛亥法越構兵諭李鴻章左宗棠張樹聲劉長佑籌邊備乙卯築浙江海口礮臺是月俄人歸我伊犂是春免陽曲逋糧大城額賦及累年逋賦夏四月丙辰朔永免山西荒地稅糧戊午免陝西前歲逋賦己巳法人入越南東京起曾國荃署兩廣總督甲戌全慶卒甲申朝鮮請遣使來駐京師不許惟予已開口岸貿易五月丙戌朔諭金順經畫伊犂西北邊界以長順勘分西南以沙克都林札布勘分戊子賑汀州風災壬辰召劉長佑來京以岑毓英署雲貴總督乙巳初置吉林分巡道庚戌直隸蝗六月丁巳翰林院侍讀溫紹棠奏稱時事多艱請皇太后勵精勤政詔以皇太后尚未康復飭之命整頓八旗官學乙亥清安言俄兵至哈巴河諭長順詳愼勘界以杜覬覦戊寅朝鮮匪亂命張樹聲勸平之尋提督丁汝昌往援吳長慶率師東渡癸未朝鮮焚日本使館日本以兵船至命李鴻章赴天津部署水陸軍往察辦是月賑安徽水災浙江江西水災秋七月乙酉朔三巖野番就撫乙巳懿旨損秋節宮費賑安徽浙江江西三省災丁未吳長慶軍入朝鮮執其大院君李昰應初置新疆阿克蘇喀什噶爾分巡道癸丑朝鮮亂平八月丙辰諭科布多界務崇厚貽誤於前曾紀澤力爭於後茲訂新約應就原圖指辦酌定新界清安等當與俄官量議推展期後來彼此相安丁巳諭有司愼覈秋審甲子詔雲南布政使唐炯出關視邊防乙丑安置李昰應於保定尋朝鮮國王乞釋歸不許丁丑彗星復見東南詔內外臣工修省九月乙酉河決山東惠民商河濱州癸巳鬱林匪亂官軍勦平之是秋賑四川浙江山東陝西福建江西貴州水災資州火災臺灣風災水災冬十月乙卯諭京師嚴緝捕毋諱飾擾累壬戌河決歷城甲子諭捕嘓匪丁丑王文韶連疏乞罷溫旨慰留十一月丁亥王文韶仍以養親乞罷許之命翁同龢爲軍機大臣戊子命潘祖蔭爲軍機大臣台州匪首王金滿日久逋誅下所司嚴緝乙未允朝鮮互市辛丑開天津埸河淀南新河壬寅以地震詔臣工勤職察吏庚戌詔中外保薦人才是月開銅山縣煤鐵鑛十二月辛酉命游百川赴山東勘河工壬戌設滬粵沿海電綫乙丑詔中外清理積案壬申自上月連祈雪至是雪是冬賑直隸地震災四川陝西雹災免齊齊哈爾墨爾根歉地浙江州縣衛新舊屯地仁和等場竈蕩額賦是歲朝鮮入貢

九年癸未春正月癸未朔停筵燕丙申劉錦棠言沙克都林札布與俄使勘分新疆南界不符舊約諭長順等按約詰之尋諭曾紀澤力爭重勘戊戌命宗人府丞吳廷芬在總理各國事務衙門行走庚子諭蠲免錢糧民已輸官者得抵翌年正賦勿重徵乙巳撥鄂漕三萬石備賑順直饑是月越南匪覃四娣等降二月甲寅直魯流民紛集京師諭有司撫卹戊午山東河決歷城齊河諸縣民埝壞命游百川等賑撫災民己未先是馬蘭鎭總兵景瑞修繕營房爲營兵匿控總兵桂昂請兵激變遣伯彥訥謨祜閻敬銘查辦至是覆陳褫景瑞職桂昂尋並褫職禁各省酷吏非刑命廣西布政使徐延旭出關籌防戊辰福建按察使張夢元督辦福建船政癸酉高州都司莫毓林聚亂伏誅庚辰刑部言河南胡體洨一獄原讞舛誤覆審回護詔褫巡撫李鶴年河東河道總督梅啓照職原審官譴戍有差戊辰鎭國公溥泰收受禁墾淀地坐削爵圈禁一年法人陷南甯乙未命唐炯統防軍守雲南邊境諭倪文蔚保北圻是春免潛山等縣夏糧陝西被旱丁糧米折賑濟南武定水災臺灣地震災夏四月己未俄撤伊犂駐兵甲子諭嚴緝畿輔盜賊甲戌劉長佑以病免授岑毓英雲貴總督乙亥賜陳冕等三百八人進士及第出身有差五月辛巳詔李鴻章回北洋署任部署海防壬午命升泰與俄使勘分塔爾巴哈臺西南界丁亥湖南會匪方雪敖倡亂擒斬之辛卯禁私鑄錢庚子諭岑毓英等選募邊民與官軍扼守滇越要隘戊申懿旨醇親王會籌法越事宜先是御史陳啓泰奏太常寺卿周瑞清包攬雲南報銷御史洪良品給事中鄧承修以事涉樞臣景廉王文韶相繼論劾先後命惇親王閻敬銘潘祖蔭張之萬麟書翁同龢薛允升會同察辦至是覆陳瑞清等罪如律戶部尚書景廉前侍郎王文韶奎潤前尚書董恂與前雲貴總督劉長佑俱鐫三級餘處罰有差六月庚戌山東河決壞歷城齊東利津民埝

諭堵禦賑撫並行越將劉永福及法兵戰於河內敗之乙卯修沁河堤戊午法國遣使托古利來議和約太監王永和盜御用衣物詔刑部按律擬罪勿株連丁卯濬山東小清河庚午山東以水災開辦賑捐事例是夏免雲南土司地租甘肅舊欠糧賦又免懋功被災銅仁被水額糧留漕糧凡十萬石京餉十六萬兩賑山東災秋七月己卯留京餉二十萬給廣西軍壬午諭令吳全美方耀分巡廉瓊洋面及欽州邊境戊子詔開雲南鑛辛卯台州匪首王金滿率衆降詔免死與餘衆留營效力八月法人破順化河岸礮臺越人停戰議和壬子永定河決乙卯考察部院官諭修築沿海隄塘各工並撫卹災戶丙寅詔舉謀勇兼優堪備任使者己巳詔彭玉麐赴廣東會同張樹聲布置防務九月辛巳法越議和立新約丙戌命何如璋督辦福建船政倪文蔚爲廣東巡撫徐延旭爲廣西巡撫己亥撥廣西庫銀十萬濟劉永福軍丁未唐炯以率行回省褫職仍留任是秋撥京倉及漕米五萬餘石庫帑凡十萬賑順天直隸留漕五萬石賑山東賑熱河長陽嶍縣等處水災賑江南災冬十月戊辰詔南北洋及沿江沿海諸省嚴戒備辛未河決齊東蒲臺利津丙子詔李鴻章舉將才命岑毓英出關駐山西唐炯回滇籌餉十一月辛巳命署左副都御史張佩綸在總理各國事務衙門行走壬午趣徐延旭出關策應辛卯嚴內外城門禁壬辰越南民變殺嗣王阮福時命張樹聲戡定之尋改命岑毓英往平亂庚子懿旨清江設廠收養災民命戶部發帑一萬接濟並給順直山東各四萬湖北三萬安徽二萬壬寅法人陷山西劉永福退走癸卯詔以尚書文煜被劾回奏積俸至三十六萬命捐銀十萬充公林肇元坐庫儲空虛奪職十二月戊申祈雪庚戌法人進攻北甯圖犯瓊州命彭玉麐檄湘楚軍會合吳全美師船嚴防起楊岳斌往福建會辦海防官軍大敗法人於諒山己未以山東淮徐災民聚集清江等處命所司撫恤並隨時資遣庚申諭江西籌餉二萬濟王德榜軍丁丑追復故總兵陳國瑞世職是冬免順天直隸等州縣秋賦浙江被災州縣衛所額賦除山西鳳台等州縣荒地租糧是歲朝鮮越南入貢

十年甲申春正月庚寅岑毓英出鎮南關赴興化節制邊外諸軍二月丁未朔法人攻興化官軍擊卻之岑毓英與徐延旭進圖山西諭嚴約束勿擾越境留江浙漕米各五萬石賑通州天津水災尋撥京倉粟米三萬石賑順天災丁丑法人陷北甯官軍退守太原戊辰命湖南巡撫潘鼎新赴廣西籌防乙亥法人陷太原徐延旭唐炯褫職逮問三月丁亥岑毓英請免節制楚粵諸軍不許以太原陷提督黃桂蘭道員趙沃並褫職逮問戊子懿旨以因循貽誤罷軍機大臣恭親王奕訢家居養疾大學士寶鋆原品休致協辦大學士李鴻藻景廉俱降二級工部尚書翁同龢褫職仍留任命禮親王世鐸戶部尚書額勒和布閻敬銘刑部尚書張之萬並爲軍機大臣工部侍郎孫毓汶在軍機學習己丑懿旨軍機處遇重要事會同醇親王商榷行之壬辰授潘鼎新廣西巡撫張凱嵩雲南巡撫總兵陳得貴失守礮臺副將黨敏宣臨陣退縮詔並斬於軍前以怡親王載敦爲閱兵大臣命貝勒奕劻管總理各國事務衙門事內閣學士周德潤在總理各國事務衙門行走癸巳左庶子盛昱右庶子錫鈞御史趙爾巽各疏陳醇親王不宜與聞機務不報命刑部侍郎許庚身在軍機學習甲午詔李鴻章左宗棠曾國荃岑毓英舉部將中沈毅勇敢有謀略者己亥閻敬銘許庚身並在總理各國事務衙門行走命潘鼎新赴鎮南關接統徐延旭軍庚子法人進據興化是春免仁和荒蕪竈蕩上年逋課陝西咸甯等處逋賦及雜欠免穆坪土司馬匹糧草十年夏四月丙午勘分新疆南界事竣以侍講許景澄充出使法德義和奧大臣庚戌先是法越戰事亟法水師將福祿諾屬稅務司德璀琳獻議媾和息兵李鴻章以聞許之敕其籌定至是覆陳當審勢量力持重待時詔集廷議懿旨醇親王並與議允吳長慶兵還辛亥利津等決口合龍癸丑罷開馬頰河濬宣惠河修德州運河隄戊午命通政使吳大澂會辦北洋事宜內閣學士陳寶琛會辦南洋事宜侍講學士張佩綸會辦福建海疆事宜皆許專奏尋加佩綸三品卿銜福祿諾出私議五條因李鴻章上聞敕鴻章力杜狡謀常存戒懼詔戶部裁冗費庚申授李鴻章全權大臣與法使議約癸亥免褒城瀕江地畝額賦乙丑祈雨丙寅再發倉米賑順天戊辰吳大澂辭北洋會辦上責其飾詞不許壬申張樹聲以疾請免本職專治軍事許之五月丙子命李成謀總統江南兵輪己卯岑毓英辭節制粵楚各軍許之丁亥授文煜武英殿大學士戊子額勒和布閻敬銘並以戶部尚書協辦大學士己丑京師久旱諭有司平糶賞徽甯太廣道張蔭桓三品卿在總理各國事務衙門學習行走辛卯詔中外保薦文武人才甲午詔皇太后五旬萬壽停秋決丁酉詔中外大臣率屬盡職勿就逸樂尚浮華戊戌詔左宗棠仍爲軍機大臣毋庸常川入直並管理神機營免武昌黃州二衛額糧壬寅詔舉宗室及旗漢世職人才閏五月乙巳命工部尚書福錕理藩院尚書崑岡左都御史錫珍工部侍郎徐用儀內閣學士廖壽恒並在總理各國事務衙門行走丁未命前提督劉銘傳督辦臺灣事務錫珍廖壽恒陳寶琛吳大澂往天津會商法約戊申命太常卿徐樹銘勘獻縣新開橫河法人犯觀音橋潘鼎新擊敗之辛亥山東河隄工成甲寅以法使言和調潘鼎新諸軍回諒山岑毓英軍仍駐保勝乙卯自四月不雨至於是日始雨頒定鑄緩錢糧章程庚申思恩匪首莫夢弼伏誅丙寅法艦犯閩海丁卯諭曰法使延不議約孤拔要求無理我軍當嚴陣以待彼如犯我併力擊之敢退縮者立置軍法庚午授曾國荃爲全權大臣與法使於上海議約命陳寶琛會辦六月癸酉朔以鄧西余瓊芳獄事讞不實下總督卞寶第巡撫彭祖賢部議承審各官貶斥有差甲戌河決歷城等縣以乞援守城追予沈葆楨妻林氏附祀廣信葆楨專祠丙子建昌多倫匪首楊長春伏誅丁丑吳長慶卒旌其子主事保初孝行己卯諭直省考察州縣官壬辰法人陷基隆詔集廷臣議和戰乙未劉銘傳復基隆己亥懿旨神機營選馬步軍三千巡捕五營選練軍二千以都統善慶爲總統前鋒統領托倫布爲幫統分防畿東並抽調直隸練軍協守命曾國荃陳寶琛回江甯布防是月賑順德靑浦風災葉縣水災秋七月乙巳命吳元炳勘山東河工海防授張之洞兩廣總督丙午法人襲馬尾礮臺及船廠陸軍擊退之戊申醇親王奏延煦劾左宗棠斥爲蔑禮不臣肆口妄陳任情顚倒懿旨坐延煦奪職留任罰俸一年戊申詔與法人宣戰楊昌濬赴福建督師癸丑法人毀長門礮臺丁巳諭穆圖善張佩綸毋退駐省城詔授左宗棠爲欽差大臣督辦福建軍務福州將軍穆圖善漕運總督楊昌濬副之張佩綸以會辦大臣兼署船政大臣授曾國荃兩江總督兼南洋大臣丙寅諭北甯失守罪已革道員趙沃提督陳朝綱並論斬戊辰以楊昌濬爲閩浙總督普賑歷城等縣災民是月賑浮梁及齊河長安等處水災八月壬申命鴻臚寺卿鄧承修在總理各國事務衙門行走論馬尾戰事功罪褫何璟職及張佩綸卿銜下部議提督黃超羣等頒賞進秩有差建邵匪首張廷源等伏誅甲戌河決東明賑南海等縣水災丙子授李鴻章直隸總督北洋大臣戊寅懿旨賞醇親王子載澧不入八分輔國公文煜以病免命崇厚崇禮文錫文銛輸財助餉庚辰賑台灣風災丁亥法人復陷基隆戊子命道員徐承祖充出使日本大臣己丑詔刑部本年情重各案及秋朝審官犯並停查辦癸巳蘇元春及法人戰於陸岸敗之命楊岳斌幫辦左宗棠軍務賑星子水災戊戌法人犯滬尾提督孫開華擊敗之九月癸卯逮唐炯下獄廷訊乙巳出帑金五萬賚劉永福軍辛亥嚴諭南北洋輪船悉援臺灣壬子劉銘傳爲福建巡撫駐臺灣督防蘇元春幫辦潘鼎新軍務楊昌濬等分防澎湖張兆棟何如璋並褫職詔免雲南田稅暫荒緩三年永荒蠲十年甲寅劉銘傳自請治罪詔原之戊午留新漕十萬備山東冬賑庚申以滬尾戰勝予總兵孫開華世職發帑銀一萬犒軍授額勒和布體仁閣大學士乙丑以刑部尚書恩承協辦大學士丙寅賑鳳凰城潦災庚午官軍及法人戰於陸岸又敗之予蘇元春世職辛未新疆改建行省置巡撫布政使各一裁南北路都統參贊辦事領隊諸職冬十月壬申朔懿旨晉封奕劻慶郡王奕譞固山貝子癸酉以劉錦棠爲甘肅新疆巡撫戊寅賑江北廳等處水災雹災辛巳皇太后五旬聖壽上率王以下文武大臣等詣慈甯宮慶賀辛卯鮑超屢誤師期切責之癸巳以託疾規避奪提督王洪順職甲午張樹聲卒乙未朝鮮復亂吳大澂往察辦續昌副之文煜卒庚子劉永福及法人戰於宣光敗績十一月丁未命提督孫開華幫辦臺灣軍務戊申逮徐延旭下獄廷訊壬子李鴻章調軍發朝鮮癸丑普洱地震丙辰禁州縣揑報災荒丁巳東明決口合龍戊午李秉衡赴龍州部署防運己未祈雪雲南巴蠻降戊辰諭各省積穀十二月戊寅官軍敗法人於紙作社壬午唐炯徐延旭並論斬乙酉官軍復宣光興化山西三省安平府暨二州五縣壬辰祿勸夷匪平丙申雨雪張佩綸何如璋並褫職遣戍是歲免鎮西廳荒地逋賦文安四州縣澇地額賦朝鮮入貢越南國王阮膺登自殺法人立其弟爲國王

十一年乙酉春正月癸卯命馮子材襄辦廣西關外軍務乙巳法人陷諒山丙午官軍圍宣光復美良城甲寅法人犯鎮南關總兵楊玉科死之乙卯賜英將戈登卹金甲子法艦去台灣左宗棠等兵援浙江乙丑命李鴻章爲全權大臣偕吳大澂與日使議朝鮮事庚午朝鮮亂平使來表謝賚之二月甲戌浙江提督歐陽利見敗法人於鎮海口戊寅褫潘鼎新職以李秉衡署廣西巡撫蘇元春督辦廣西軍務辛巳秦州地震癸未馮子材王孝祺大敗法人於鎮南關外遂復諒山予楊玉科等世職辛卯法人請和允之壬辰詔停戰撤兵緬匪平戊戌岑毓英奏官軍大捷於臨洮乙巳命李鴻章爲全權大臣與法使議約刑部尚書錫珍鴻臚卿鄧承修往津會商丙午朝鮮訂約成庚戌岑毓英復緬旺與清水清山諸寨獲越南叛臣黃協等誅之癸丑命吳大澂依克唐阿會勘吉林

東界丙辰免永平張家口順天等十府州積年民欠租賦癸亥命馮子材督辦欽廉防務乙丑免陝西咸甯等處前歲逋糧夏四月己卯祈雨丙戌趣岑毓英撤軍毋爽約開釁辛卯諭除江西丁漕積弊壬辰趣劉永福撤回保勝軍天津會訂中法新約成五月丁未懿旨勘修南北海工程詔整海軍大治水師下南北洋大臣等籌議基隆法兵退命楊岳斌等部署全臺事宜除福建光緒初年逋賦辛亥許午丫隨察木多入貢癸丑予蘇元春馮子材三等輕車都尉王孝祺岑毓英雲騎尉復王德榜原官優敘辛酉復祈雨壬戌雨丁卯以張曜爲廣西巡撫是月賑基隆兵災桐城等縣及鎭草水災六月己巳詔停秋決庚午懿旨命文銛崇禮崇厚文錫修建三海工程許景澄兼出使比利時大臣辛未定內附越南民籍甲戌曾紀澤訂煙台約成丁丑諭岑毓英察雲南銅鑛通諭曾國荃等勘東南各鑛賑裕州水災癸未命工部侍郎孫毓汶順天府尹沈秉成湖南按察使續昌均在總理各國事務衙門行走召曾紀澤來京命江西布政使劉瑞芬充出使英俄大臣張蔭桓充出使美日秘大臣法兵去澎湖命左宗棠等選將吏調輪船策應辛卯越南新約成宣諭中外詔誡建言諸臣挾私攻訐追論御史吳峋劾閻敬銘編修梁鼎芬劾李鴻章俱誣謗大臣予嚴議尋各降五級甲午授孫毓汶軍機大臣是月賑河南廣東廣西江南安徽江西水災秋七月丁酉朔設廣西南甯電線達雲南己亥懿旨發帑銀六萬賑兩廣水災庚子左宗棠違乞病許之丙辰命周德潤往雲南鄧承修往廣西會同岑毓英張凱嵩勘中越界壬戌河決山東長淸甲子開川滇銅鐵鑛是月賑黔陽湘潭輝縣淸江當塗汾陽等處水災八月丁卯朔賑奉天水災己巳截漕糧十萬石充順直賑需賑皋蘭等處雹災水災乙亥賑長沙等處水災丁丑山東歷城章邱等處水發帑五萬賑之以水災故停三海工作李鴻章與法使議滇粵陸路通商戊寅釋李昰應歸朝鮮辛巳命蘇元春存撫越南入關流民賑襄城水災乙酉左宗棠卒晉太傅辛卯賑福建風災九月庚子懿旨醇親王總理海軍事務奕劻李鴻章會辦漢軍都統善慶兵部侍郎曾紀澤幫辦改福建巡撫爲臺灣巡撫歸福建巡撫事於閩浙總督英使來議印度西藏通商諭丁寶楨色楞額等開導藏番毋生事壬寅靈桂卒甲辰裁伊犂參贊大臣改設副都統二裁塔爾巴哈台滿洲領隊大臣仍留額魯特領隊大臣甲寅賑賓州思安等處雹災冬十月丙寅朔朝鮮王李熙以伏莽未除來請鎭撫李鴻章遣軍防衞之戊辰賑朝陽災庚辰截來年京餉銀五萬充山東冬賑辛巳命奕劻許庚身與法使互換條約劉瑞芬於英京互換烟台條約並議洋藥專條丁亥授穆圖善爲欽差大臣會同東三省將軍辦理練兵節制副都統以下甲午撥年節宮用銀五萬賑給山東災區嚴紫禁城門禁十一月壬寅祈雪乙巳雲南地震庚申裁新疆各城回官癸亥懿旨八旗都統釐剔旗營諸弊授恩承體仁閣大學士閻敬銘東閣大學士戶部尚書福錕刑部尚書張之萬並協辦大學士以英人滅緬甸嚴四川邊備十二月丙寅續設三姓黑龍江陸路電線丙子詔內務府禁止浮冒虛糜己卯趙莊決口合龍是冬賑潮州萬縣水災臺灣風災免永甯被水丁銀浙江各州縣衞荒廢並新種地課減文安天津窪地糧賦除徐溝汾陽被水銀稅

十二年丙戌春正月乙未朔停筵宴庚子免湖北逋賦辛丑山東溼溝決口合龍免臺灣舊欠供粟癸卯免奇台被旱額賦丙辰命特爾慶額等隨同穆圖善練兵甲子詔以謁陵本年會試改三月十日入場二月乙丑朔山東黃河南岸決甲戌張曜往勘何王莊決口己卯除漵浦積年被水額賦戊子設黑龍江綏化廳辛卯上奉皇太后謁東陵免經過州縣稅糧十分之四三月乙未謁諸陵上諡定東陵庚子至自東陵癸丑賑廣甯災是月留山東新漕十萬石賑何王莊暨章邱濟陽惠民被水災民夏四月乙丑戊子賜趙以炯等三百三十九人進士及第出身有差是月邱北地震及廣西州火賑之五月庚子臺灣生番歸化四百餘社七萬餘人賑臨潼等縣風雹災壬寅裁陽江鎭水師總兵置北海鎭水陸總兵改高州鎭陸路總兵爲水陸總兵六月壬申懿旨欽天監於明年正月擇皇帝親政日期甲戌修復海鹽石塘丙子醇親王暨王大臣等合詞疏請皇太后仍訓政不許皇帝親政定於明年正月十五日舉行命樞臣集議整齊關法庚辰醇親王暨禮親王等復申訓政之請尙書錫珍御史貴賢並以爲言懿旨勉從之命醇親王仍措理諸務七月甲午木邦土司請內附卻之丁酉金順卒辛丑留江蘇漕米五萬石備順保賑需乙巳錢法議定奏上允行甲寅賑太原等縣水災八月壬戌以色楞額爲伊犂將軍賑熱河水災乙丑禮親王暨廷臣請加上皇太后徽號懿旨不許丁卯再撥江北漕米五萬石賑順天通州水災並發帑金二萬散給災民免陝西咸甯等處荒田逋賦戊辰以北運河決口漫溢撥庫帑十萬充永平各府急賑再發內帑二萬濟之丙子增設廣西太平歸順道移提督駐龍川增設柳慶鎭總兵駐柳州庚辰築懷柔白河漫口乙酉御史朱一新奏遇災修省豫防宦寺流弊言醇親王巡閱北洋總管太監李蓮英隨往恐蹈唐代監軍覆轍懿旨命回奏尋奏入以執謬降主事九月辛卯朔賑奉天浙江水災癸巳賑甘肅雹災水災留壩南鄭水災丁酉以順直水災減各府各旗莊田租及其他租額庚子鮑超卒乙巳賑光山雹災丙午劉銘傳剿蘇魯馬邪邦叛番甲寅賑上饒等縣水災十一月庚寅朔壽張決口合龍乙巳宥徐延旭唐炯罪延旭戍新疆炯戍雲南丁未命曾紀澤在總理各國事務衙門行走庚戌再撥京倉粟米三萬石備順天春賑丙辰冬至祀天於圜丘始親詣除隆科多城額賦十二月甲子減安州河間隆平澇地糧賦丁卯祈雪庚辰懿旨再敕曾國荃等詳議兩江河道治法丁亥給祭太廟是歲朝鮮入貢

十三年丁亥春正月己丑朔停筵宴辛丑以親政遣官告天地宗廟社稷祈穀於上帝癸卯上始親政頒詔天下覃恩有差壬子撥江蘇漕米十萬石賑順直災民懿旨購置機器於天津鼓鑄一文以一錢爲率京外毋得參差二月壬戌雨雪辛酉責恭鏜嚴剿馬賊整頓見有練軍川滇接修電線成戊辰祭大社大稷辛巳賞唐炯巡撫銜督辦雲南鑛務是月懿旨醇親王以親王世襲罔替朝廷大政事仍備顧問三月己丑朔上初詣奉先殿行禮乙未上奉皇太后謁西陵免經過州縣額賦十分之三己亥謁陵甲辰至自西陵辛巳祀先農親耕耤田三推畢加一推自是歲以爲常甲寅劉錦棠請解職省親就醫不許給假三月在任調理撥直藩庫帑八萬賑所屬饑民除文安等處無糧地租夏四月戊午朔享太廟丁卯命內閣侍讀學士林維源督辦臺灣鐵路及商務己巳祈雨丙子常雩祀天於圜丘閏四月己酉免江蘇各州縣衞逋賦逋課壬子賑昆明等縣水災五月戊午夏至祭地於方澤己未命前內閣學士洪鈞充出使俄德奧和大臣大理卿劉瑞芬充出使英法義比大臣癸未賑隴州等處水災甲申雨六月丁亥朔賑富陽各屬水災乙巳賑懷甯等縣水災丁未開州大辛莊河溢灌山東境截留新漕五萬石賑濮州等處災民庚戌賑羅田石首水災壬子賑溫宿烏什水災癸丑賑凌雲風雹災秋七月丙辰朔日有食之庚申永定河潮白河先後並溢甲子增設福建澎湖鎭總兵乙丑賑南陽等處水災丁卯除甘肅積年民欠銀糧暨雜賦賑洮州等屬雹災乙亥增設雲南臨安開廣道丁丑黎匪平辛巳命道員黎庶昌充出使日本大臣八月戊子祭大社大稷甲辰沁河決賑平彝水災丙午沔陽等州縣被水留冬漕三萬石賑之鄭州河決南入於淮褫河督成孚職留任己酉撥京倉漕米五萬石賑順天通州各屬截留京餉漕折銀三十萬賑河南癸丑懿旨發內帑銀十萬賑濟水災九月乙卯朔免陝西各府廳州縣前歲逋賦辛酉以鄭州河決豫留明年江北江蘇河運米糧並運費充賑辛未准哷徵胡圖克圖入貢乙亥命薛允升赴河南察鄭工丁丑李鴻藻往河南會察河工是月賑武陟安縣雲陽皖北水災漢口龍州火災建水通海雹災冬十月甲申朔賑融縣火災丁亥馮子材以疾辭職命留粵辦欽廉防務乞休不許己丑賑惠高廉雷瓊赤溪陽江風災己亥穆圖善卒賑給鄭州等災區貧民口糧壬寅以善慶爲福州將軍襄辦海軍事並管神機營免順直被水各州縣秋賦乙巳賑鎭西廳雪災戊申上侍皇太后臨視醇親王疾自是頻視疾至於明年七月有瘳庚戌賑長安等屬水災癸丑賑綏來霜災十一月乙卯授定安欽差大臣會同東三省將軍辦理練兵節制副都統以下辛酉冬至祀天於圜丘壬戌諭文碩訪呼畢勒罕依制掣定壬申祈雪十二月丁亥命李鴻藻督辦鄭州河工己丑除恩隆百色等處荒田額賦賑桂林等處火災壬辰免陽城等縣災緩稅租丁酉雨雪戊戌懿旨復閻敬銘福錕翁同龢嵩申孫詒經景善孫家鼐處分庚子以皖北被災撥安徽漕折蕪湖關常稅共銀十萬備來年春賑辛丑置新疆伊塔道伊犂府霍爾果斯廳塔城廳設道府撫民通判同知等官壬寅石屏建水地震己酉撥山東冬漕五萬石備河南來年冬賑是歲朝鮮入貢

十四年戊子春正月癸丑朔上親詣堂子行禮丙辰雪免安徽被淹太和等州縣夏糧己未開黑龍江漠河金鑛庚申開廣東昌化石綠銅鑛辛酉展接騰越至雲南省垣電綫乙亥劉錦棠乞疾慰留再給假四月壬午諭官鑄當十大錢每文重至二錢以上者一律行用是月撥留京倉及海運漕米凡十三萬石賑順直災二月乙酉賑梧州火災丙戌賞裴蔭森三品京堂督辦福建船政庚寅文碩以擅行密疏稿於都察院褫職辛亥祀先農親耕耤田是月詔修葺頤和園備皇太后臨幸三月丙辰免浙江光緒五年以前逋賦丙寅賚班禪額爾德尼轉世呼畢勒罕哈達念珠如意夏四月庚寅永定河決口合龍辛卯上奉皇太后始幸西苑甲午展接廣東電綫自九江至大庾嶺丁酉雨雹辛亥命張曜幫辦海軍事務賑惠州等屬水災五月乙卯京師奉天山東地震癸亥夏至祀

地於方澤丁卯祈雨六月癸巳雨己亥懿旨皇帝大婚典禮明年正月舉行甲辰彭玉麐以疾免兵部尚書巡閱長江水師如故壬寅懿旨明年二月初三日歸政七月庚申以河工貽誤褫李鴻藻倪文蔚職仍留任李鶴年成孚並戍軍臺甲子永定河復決丙寅閻敬銘罷丁丑論吳大澂察覈河工是月津沽鐵路成八月丁亥賑奉天各廳州縣安徽懷甯等縣水災己丑詔直省清庶獄壬辰賑蒼梧等處水災丁酉截留江北漕米備蘇皖賑乙巳醇親王以歸政有日請解職務懿旨海軍署神機營依前管理歸政後奏事勿列銜九月丙辰除陝西去年逋賦甲戌永定河決口合龍冬十月己卯朔享太廟癸未懿旨立葉赫那拉氏爲皇后癸巳撥京漕二萬石備順天冬賑甲午免水城等處丁糧賑丹徒旱災南昌等縣水災庚子免朝鮮紅蔘稅十一月壬戌滇越邊界聯接中法電綫成初置北洋海軍提督以丁汝昌任之丙寅冬至祀天於圜丘丁卯免朝賀戊辰免靜海積水淀地租十二月壬午賑阿迷蒙自等處疫災乙酉詔光緒十五年舉行恩科鄉試十六年恩科會試辛卯增設吉林水師營總管各官癸巳太和門災甲午詔修省敕臣工勤職乙未免陝西前歲民欠錢糧丁酉懿旨以水災停減頤和園工作御史余聯沅屠仁守洪良品各疏請罷鐵路徐會澧等條奏同下海軍署與軍機大臣議旋翁同龢奎潤游百川文治等並言鐵路不當修亦並下議命太僕少卿林維垣襄辦臺灣開舉撫番事庚子賑威遠廳水災辛丑道員徐承祖前使日本坐浮冒褫職聽勘籍其家丙午鄭州決口合龍授吳大澂河東河道總督復李鴻藻倪文蔚原官並優敍釋成孚李鶴年還

十五年己丑春正月丁未朔停筵宴庚申靖遠臯蘭地震辛酉以張之萬爲東閣大學士徐桐以吏部尚書協辦大學士海軍署會同軍機議駮停鐵路諸疏覆請詳議懿旨慶裕定安曾國荃張之洞黃彭年等按切時勢各抒所見以聞乙丑惇親王薨上奉皇太后臨奠丁卯御史屠仁守上言歸政伊邇時事孔殷密摺封奏請仍書皇太后聖鑒披覽後施行懿旨斥其乖謬罷御史下部議原摺擲還戊辰御史林紹年請禁督撫報效懿旨斥之癸酉大婚禮成二月戊寅吳大澂請敕議尊崇醇親王典禮懿旨斥之通諭中外臣民己卯皇太后歸政上御太和殿受賀頒詔天下丙戌免江淮光緒初年災熟各項稅糧己丑以齊東等州縣水災撥山東庫帑五萬備賑壬辰加上皇太后徽號頒詔覃恩有差甲午朝鮮慶賀歸政進方物賚其國王及王妃緞匹三月丙午朔命侍講崔國因充出使美日秘大臣丁未彭玉麐辭巡閱職溫諭慰留濮州河決癸丑以布魯克巴部長歸化予封號印敕甲寅撥黑龍江庫帑二萬加賑呼蘭屬災民丁巳皇后祀先蠶己未再加上皇太后徽號庚午免雲南被匪村寨錢糧戊辰上奉皇太后幸頤和園閱水陸操允閻敬銘回籍養病夏四月戊寅撥南漕十萬石備山東賑己卯賑奉天吉林災民辛卯賞湖南按察使薛福辰三品京堂充出使英法義比大臣懿旨發內帑銀十萬備山東賑庚子賜張建勳等三百三十一人進士及第出身有差五月癸丑停秋決庚申賑瀘州火災六月丙子岑毓英卒丁丑以王文韶爲雲貴總督己卯重修太和門丁亥賑周家口火災壬辰永定河道缺李鴻章舉堪任之員上疑於魁柄下移予申斥秋七月丁未章邱河決己酉除貴州西良山額課庚午齊河決辛未沁河決是月賑莒州沂水雹災周家口水災長安西鄉鄜州水災雹災賑雲南昆陽太和安徽霍邱等州縣水災八月乙亥命李鴻章張之洞會同海軍署籌辦蘆漢鐵路丁亥留新漕十萬石備山東賑壬辰以四川水災捐款五萬賑災民丁酉天壇祈年殿災庚子賑伊犁綏定等處地震災辛丑免貴州被賊府廳州縣衛未徵並民欠稅糧九月壬子重修祈年殿賑溫州等處風災水災癸丑免陝西各屬前歲逋賦賑咸甯等處水災雹災乙卯賑臯蘭等處水災壬辰長垣隄決黃水浸入滑縣丙寅諭安定等除東三省練兵弊習丁卯定明年祈穀暫於圜丘舉行冬十月乙亥賑曲陽等處雹災水災戊寅設西安至嘉峪關電線賑杭嘉湖屬水災丁亥以江浙兩水爲災各撥庫儲五萬並發內帑五萬賑濟以張之洞訂購機器遽立契約詔切責之嗣後凡敉設之事未先奏明毋輕舉己丑撥武昌庫儲十萬備湖北賑需壬辰詔各省兩司仍專摺奏事臺灣社番亂副將劉朝帶等陣沒敕劉銘傳剿辦之甲午再撥浙江庫儲十五萬賑杭嘉湖災己亥山東大寨河工合龍壬寅撥蘇皖賑捐餘款修運河賑綏德等屬雹災水災十一月丙辰允海軍署請戶部歲撥二百萬開辦鐵路丁巳詔汰冗員刪浮費戊午撥安徽漕折銀三萬備安慶甯國泗州賑需丙寅浙江發常平倉穀賑天台仙居等處難民十二月壬申朔免杭嘉湖應徵漕白糧幷地丁稅甲戌留山東漕米四萬石備賑丁丑再撥武昌庫儲五萬備湖北賑需丁亥山東西紙坊漫口合龍癸巳申禁辦理蠲緩積弊免雲南匪擾村寨錢糧丁酉免鄭州睢甯尉氏等州縣稅糧免仁和等縣杭嚴衛所糧課是歲朝鮮入貢

十六年庚寅春正月壬寅朔停筵宴辛酉免直隸十三年以前竈課丁卯諭本年萬壽毋庸告祭停升殿禮免各省文武大員來京祝嘏二月乙酉張曜言統核山東河工需費二百八十八萬有奇命所司籌給壬辰臺灣內山番社酋有敏等伏誅是月免榆林等州縣十三年逋賦除東川被水官田稅糧免文安靜海霸州淀泊逋租及伯都訥地課閏二月壬寅賑桂林各屬火災己酉命太僕寺卿張蔭桓在總理各國事務衙門行走乙卯上奉皇太后謁東陵免所過地額賦十分之三庚申上臨奠端慧皇太子園寢癸亥至自東陵乙丑曾紀澤卒尋予特諡諭李鴻章整頓北洋水陸軍定安等訓練東三省兵三月辛未懿旨劉銘傳幫辦海軍事務西甯地震賑卹之辛卯以二旬萬壽頒詔天下覃恩有差乙未濬餘杭南湖瞻對番目撒拉雍珠與巴宗剌麻結野番作亂官軍剿平之夏四月庚寅彭玉麐卒庚戌諭整頓土藥稅釐命剛毅詳察徐州土藥出產及徵稅實額嚴定整理章程丁卯賜吳魯等三百二十六人進士及第出身有差五月己巳朔日有食之辛未色楞額卒以長庚爲伊犁將軍丙子以升泰爲駐藏大臣己卯上詣大高殿祈雨乙酉御畫舫齋閱侍衛步射至壬辰皆如之己丑雨築閿鄉沿河石壩賑睢甯等縣風災六月己亥朔徙齊東各州縣瀕河村民二千餘戶丁未開三姓金鑛戊申以藏事平頒給布魯克巴部長敕印自癸卯至己酉連祈晴辛亥近畿霪雨成災京師六門外增設粥廠命撥京倉米萬五千石煮賑並發內帑五萬充賑需壬子永定河決口癸丑永北屬土司章天錫謀逆官軍討斬之丁巳撥奉天運京粟米並留江北漕米備天津災賑甲子萬壽節御乾淸宮受賀秋七月乙亥鎭康土族亂剿平之詔責李鴻章堵合永定河決口己卯發帑五萬兩大錢五十萬貫米十萬石賑順天各屬災壬午諭嚴懲領放賑款侵冒剋扣庚寅分撥部庫及海關銀凡三十萬濟永定河工癸巳命翰林院侍讀許景澄充出使俄德和奧大臣道員李經方充出使日本大臣賑湖北廣西陝西雲南水災八月壬寅再撥京倉米十萬石備順天賑需乙巳上詣醇親王邸視疾己酉劉錦棠乞歸仍予假壬子以劉銘傳擅興商鑛章程紕繆諭止之予部議丁巳留漕米五萬石撥庫帑十萬備山東賑壬戌以順直水患諭王公各府京旗莊田並減租是月免陝西江西逋賦賑陝西水災雹災雲南水災臺灣風災九月乙亥戶部言祿米倉虧十五萬石倉場侍郎興廉游百川下部議尋並奪職丙子賑琿春寧古塔潦災壬午御史吳兆泰請停頤和園工程予嚴議永定河決口合龍甲申賑甘肅雹災壬辰石埭會匪亂剿定之癸巳撥部帑及倉米於順天備賑冬十月丁未以劉坤一爲兩江總督兼南洋大臣庚戌曾國荃卒贈太傅辛亥再撥京倉米五萬石備順天賑免奉直魯豫商販雜糧稅捐十一月乙亥賑湖南被水州縣災乙酉上奉皇太后臨醇親王邸視疾丁亥醇親王薨輟朝七日上奉皇太后臨邸視殮皇太后賜奠命王子鎭國公載澧即日襲王爵上成服懿旨定稱號曰皇帝本生考己丑懿旨賜諡曰賢皇帝持服一年十二月壬子懿旨晉封輔國公載瀾入八分鎭國公鎭國將軍載濤不入八分輔國公乙卯醇賢親王金棺奉移園寓上送至適園壬戌綏南苑工程甲子免浙江各廳州縣塲光緒初年逋賦

十七年辛卯春正月癸巳四川雷波夷匪就撫二月癸卯留海運漕米十六萬石備順直春撫己巳御史高燮曾請舉行日講詔以有名無實不納辛亥命李鴻章張曜會閱北洋海軍劉錦棠以憂去以陶模爲新疆巡撫雲南匪亂陷富民祿勸縣城討平之是月免湖北山西十三年以前逋賦三月丁卯諭資遣難民歸籍己巳皇后祀先蠶壬申修寶坻通薊諸州縣河工丁丑命李鴻章督修關東鐵路庚寅命沙克都林札布會額爾慶額勘察哈巴河辛卯劉銘傳以疾免夏四月丁酉立醇賢親王廟丙午復建祠辛酉頤和園蕆工上奉皇太后臨幸自此始五月丁卯至庚午連雨辛未皇后躬桑壬午賑清江等處風災是月京畿蝗總署以各省教案迭出請飭辦諭曰各國傳教載在條約商民教士各省當力衛其身家乃者焚毀教堂同時並起顯有匪徒布謠生事各督撫其緝治之俾勿有所擾害六月戊戌諭嚴緝會匪戊申詔會匪自首與密報匪首因而緝獲者原免之辛亥王文韶奏誅附亂參將鮑虎巧家廳披沙蠻酋祿汶芒伏誅滇支夷二十一寨就撫秋七月癸未以王文韶言雲南猛參猛角猛董土司劃界息爭予孟定土知府罕忠邦宣撫使銜土目罕榮高管理猛角猛董予土千總准世襲乙酉張曜卒八月壬辰朔予樂亭耆儒史夢蘭四品卿銜癸巳命奕劻總理海軍事務定安劉坤一襄辦己亥世祖御製勸善要言譯漢書成頒行直省學官朔望與聖諭廣訓一體宣講寶鋆卒癸丑諭疆吏飭營伍除積習嚴禁句結包庇九月癸未免陝西前歲逋課丙戌初與國來使自同治十二年以來皆見於紫光閣是月德使巴蘭德謂視如藩屬屢以易地爲言至是奧使畢格哩本來遂於承光殿覲見戊子雲南北勝土州同改土歸流免隰檢次等處逋賦及旗租癸丑詔班禪額爾德尼呼畢勒罕明年正月坐牀升泰蘇呼

諸門罣往視頒寄敕書珍物甲寅予宋儒游酢從祀文廟戊午熱河朝陽匪亂提督葉志超聶士成剿平之十一月丁卯以熱河匪首擒戮諭民間無論入會否並許自新其自拔來歸者宥之乙亥命戶部侍郎崇禮兵部侍郎洪鈞並在總理各國事務衙門行走己卯海運倉火甲申以喀拉沁旗匪亂撥庫帑三萬賑撫之賑漢口火災十二月丙申免河南光緒初年逋賦乙巳賑熱河被匪災區戊申申諭內務府撙節用費是冬免浙江陝西本年民欠稅糧

十八年壬辰春正月丁亥濬運河辛卯撥庫帑五萬於熱河賑敖罕奈曼兩旗蒙古癸丑英兵入坎巨提回部頭目逃避色勒庫爾賑撫之三月庚申閻敬銘卒夏四月己酉葬醇賢親王是月臺灣內番山社作亂剿平之五月甲子陽江匪亂首逆譚運青伏誅庚午祈雨辛未賜劉福姚等三百一十七人進士及第出身有差乙亥合肥等州縣旱蝗賑之是月上林賓州匪首莫自閑等伏誅六月庚寅祈雨丙申雨壬寅命編修汪鳳藻充出使日本大臣閏六月己未永定河決庚申賑汾州及歸綏七廳旱災甲子留江蘇江北河漕各五萬石於順直備賑丙寅阿克達春以奏對失辭罷山西巡撫丁丑以近畿水災撥部帑十萬備賑庚辰恩承卒是月京畿蝗秋七月辛丑發庫帑十萬備雲南各屬賑壬寅河南蝗癸丑諭唐炯整頓銅運八月丙寅命奎煥與英使保爾議印藏商約甲寅命福錕爲體仁閣大學士麟書協辦大學士留山東新漕備賑九月庚寅撥江北漕米五萬石備鎮江各屬賑己亥福建德化匪首陳拱伏誅壬寅免陝西前歲民欠錢糧十月乙卯朔留江南漕米三萬石備江寧諸縣賑庚申醴陵匪首鄧海山伏誅己巳賑莎車水災免直隸通州等處糧租雜課十一月乙酉朔免直隸通州等處逋賦辛卯賑臺灣等處潦災辛丑諭李鴻章孫家鼐等察賑被災州縣有玩視民瘼者嚴劾以聞壬寅免江蘇各廳州縣衛逋賦庚戌發庫帑十萬賑太原等屬水旱霜雹災癸丑發內帑二萬賑順直各屬災民十二月乙卯朔詔王大臣承辦皇太后六旬慶典會同戶禮工部內務府博稽舊典詳議以聞丙寅召劉錦棠來京丁卯再發京倉米四萬石賑順天災民乙巳懿旨辦理慶典一切撙節內外臣工例貢免進獻特頒內帑賑濟順直災區每歲準此畀順天府直隸總督永濟窮黎每省各賞銀二萬自明年甲午始俱發內帑畀各省疆吏散給之諭己故貝勒那爾蘇爲僧格林沁孫惓念前勞追封親王後不得援例丙子賞徽寧池太廣道楊儒四品京堂充出使美日秘大臣是歲朝鮮入貢

十九年癸巳春正月乙酉朔詔以明歲皇太后六旬聖壽今年舉行恩科鄉試翌年舉行甲午恩科會試丙戌免長洲等州縣冬漕米石己亥免長沙等州縣逋賦甲辰詔明年應來京祝嘏蒙古與內札薩克王公台吉等除有年班外俱止來京癸丑以口外七廳及大同等府災命直晉免收運商糧稅撥部帑十萬賑之二月戊午留江蘇漕米五萬石備賑安州等處戊辰見德使巴蘭德於承光殿癸酉留京餉五萬賑陝西北山等處災民三月辛卯命以兩湖漕米六萬餘石變價賑山西災夏四月丙子祈晴己卯以阿拉善札薩克和碩親王多羅特色楞游牧連年荒旱頒帑三萬賑之五月乙酉西北新倉火乙未以伊克昭盟長札薩克固山貝子札那吉爾第游牧連年荒旱頒帑一萬賑之六月乙卯命直省擇保精曉天文醫理卜筮數學及嫻於堪輿者上之內務府戊午撥部帑三萬備賑醴陵等處災庚申見德使紳珂於承光殿癸亥祈晴丁卯普安匪首劉燕飛等伏誅癸酉京師雨災詔於六門外等六處各設粥廠撥京倉米萬石充賑乙亥再撥奉天粟米江南北漕米備順直賑需永定河決南北汎並溢丙子免安徽積年逋賦暨潛山等縣衛前欠夏糧秋七月甲申諭順天府平糶甲辰近畿積潦漸消諭遣就食貧民歸籍八月辛亥賜故總督曾國荃孫廣漢四五品京堂除華僑海禁自今商民在外洋無問久暫概許回國治生置業其經商出洋亦聽之丁卯採購奉豫魯省雜糧分備順直賑九月癸未山東截留新漕六萬石賑灤河州縣災民再撥江南北漕米十萬石改折復留江蘇漕米八萬石充賑順直分半給之癸卯發京倉米三萬石賑順天是月免陝西各屬逋賦及額賦冬十月己酉朔修太倉四州縣海塘壬子賞四川布政使龔照瑗三品京堂充出使英法義比大臣己未命戶部歲納內務府銀五十萬乙丑免通州等處糧賦十一月己丑申私錢之禁有銷毀改鑄或載運者所司訪緝嚴治之戊子甘肅新疆地震辛卯命許振禕與李鴻章會勘永定河甲午免大興等縣秋稅十二月辛亥命吏部侍郎徐用儀在軍機大臣上學習行走壬子詔京察嚴考覈戊午除內地人民出海禁辛酉賑安仁疫災壬戌免歸化等七廳租賦丁卯免烏拉捕東珠壬申撥京東倉米五萬石備順天春賑癸酉刑部奏革員周福清於考官途次函通關節擬杖流改斬監候

二十年甲午春正月乙卯朔懿旨六旬慶辰晉封妃嬪名號增恭親王護衛奕劻晉封親王醇親王載灃等賞賚有差自中外大臣文武大員蒙古王公等以次恩錫丙申許振禕會勘永定河工程命與李鴻章會籌允歲增修費四萬並撥部帑三十萬充經費己亥庫車地震免鎮迪各屬逋賦庚子重申科場禁例辛丑免鄂倫春貢貂壬寅滇緬續約成二月辛亥詔殿廷考試閱卷大臣公愼校取勿濫濬通惠河築閘壩甲子命李鴻章閱海軍甲戌禁州縣非時預徵及濫用非刑允許振禕請蘆溝橋置河防局仿裘曰修成法設淺船百二十艘三月戊寅朔日有食之諭疆吏毋濫保屬官戊子詔停秋決是春免新疆各屬逋賦雲南各屬額賦雜課夏四月戊申韶州南雄匪亂剿平之己酉激浦匪首諶北海伏誅甲寅大考翰詹擢文廷式等六人一等餘升黜有差辛酉見義使巴爾迪等於承光殿辛未賜張謇等三百十一人進士及第出身有差壬申諭直省清理京控積案丁亥以畿輔多盜諭嚴捕務戊子詔駐藏辦事大臣幫辦大臣三年任滿得請覲著爲令丁酉初朝鮮以匪亂乞師李鴻章檄提督葉志超總兵聶士成統兵往上慮兵力不足因諭綏靖藩服宜圖萬全倘須增調續發以期必勝壬寅除免江蘇海運漂沒漕糧乙巳召劉銘傳來京裁鄂倫春總管升布特哈總管爲副都統六月己酉詔停道府捐癸丑京師霪雨祈晴乙卯見日使小村壽太郎於承光殿戊午命翁同龢李鴻藻與軍機總署集議朝鮮事壬戌停海軍報效乙丑諭湖南京漕折價備順天賑向有濟荒經費亦報解存儲皆自今歲始歲以爲常丁卯命南澳鎮總兵劉永福赴臺灣戊辰召劉錦棠來京辛未上二旬萬壽御殿受賀筵宴命徐用儀爲軍機大臣壬申召免出使日本大臣汪鳳藻回國秋七月乙亥朔日本侵朝鮮下詔宣戰戊寅命李瀚章毀南海舉人康祖詒所著書己卯諭遣道員袁世凱往平壤撫輯丙辰命臺灣布政使唐景崧南澳總兵劉永福助邵友濂籌防辛巳諭李鴻章擴充海軍愼選將才精求訓練通籌熟計以聞乙酉免賓川等州縣田租丙戌敕神機營兵防近畿駐通州旋移南苑戊子命端郡王載漪敬信練旗兵以滿洲火器營健銳營圓明園八旗槍營暨漢軍槍隊充選載漪尋管神機營諭停不急工程允吳大澂請統湘軍赴朝鮮督戰丁酉賑會同樂二縣災己亥命葉志超總統駐平壤諸軍敬信汪鳴鑾均在總理各國事務衙門行走癸卯重訂中外保護華工約八月丙午吳大澂督軍出關自請幫辦海軍不許丁未始釋奠於先師己酉劉錦棠卒戊午上皇太后徽號頒詔覃恩有差壬戌李鴻章以師久無功褫三眼孔雀翎黃馬褂丙寅懿旨發內帑三百萬備軍需命四川提督宋慶幫辦北洋軍務丁卯命承恩公桂祥統率馬步各營往駐山海關戊辰奉天援軍統領高州鎮總兵左寶貴及日人戰於平壤敗績死之己巳命吳大澂軍駐樂亭庚午懿旨六旬慶辰停止頤和園受賀撥京倉米三萬石賑順天各屬水災九月甲戌朔懿旨起恭親王奕訢直內廷管總署海軍署事並會同措理軍務乙亥命宋慶節制直奉諸軍罷葉志超總統丁丑諭在籍提督曹克忠募津勇駐山海關召王文韶來京調黃少春爲長江水師提督庚辰命兵部侍郎王文錦等辦理團練辛巳免陝西咸甯等處旱荒田賦壬午海軍副將鄧世昌及日人戰於大東溝死之癸未召張之洞來京丁亥賑瑞昌等縣潦災戊子以臨敵潰散罷葉志超衛汝貴統領以聶士成統兩軍庚子日兵渡鴨綠江辛丑陷九連城壬寅命長順率吉林軍往奉天助剿豐紳統三省練軍防東邊冬十月甲辰朔諭裕祿飭金州戰備乙巳命提督唐仁廉募勇二十營會定安裕祿防剿丁未詔山西各省入衛戊申詔恭親王督辦軍務各路統帥聽節制命王大臣等分辦巡防團防廣西按察使胡燏棻駐天津督糧餉許專奏召劉坤一來京以張之洞署兩江總督兼南洋大臣寧夏鎮總兵衛汝貴以臨敵退縮褫職逮問己酉命翁同龢李鴻藻剛毅並爲軍機大臣壬子日人陷金州副都統連順棄城遁徐邦道及日人戰敗績丙辰賑東省瀕河貧民並撥帑撫卹丁酉各國使臣呈遞國書賀皇太后六旬萬壽上見之於文華殿壬戌日人陷岫巖州豐陞阿聶桂林皆棄城走額勒和布張之萬罷軍機定安以臨敵無功奪欽差大臣漢軍都統暫留辦東三省練兵依克唐阿以督兵畏葸褫職戴罪圖功丁卯日人襲旅順船塢總辦龔照璵遁煙台黃仕林趙懷業衞汝成繼之徐邦道與張光前姜桂題程允和奔復州依宋慶諭李秉衡嚴防威海吳大澂請自任山海關防務並俟各軍會合規復朝鮮諭曰臨事而懼古有明訓切勿掉以輕心致他日言行不相顧以旅順失守責李鴻章調度乖方褫職留任壬申奪丁汝昌海軍提督暫留任宋慶自請治罪特原之詔各路將帥嚴約束禁擾累民間犯者立正軍法褫葉志超職十一月癸酉朔褫龔照璵職尋逮問己卯以金州陷褫副都統連順職程之偉並褫職趙懷業逮京治罪庚辰懿旨恭親王奕訢復爲軍機大臣辛巳免順直被水州縣額賦丙戌日本陷復州戊子日本兵集金復二州諭宋慶率諸軍決戰豐陞阿聶桂林自岫巖奔析木城聞敵至師復潰日人取析木城以程文炳爲陸路提督己丑宋慶及日人戰於海城敗績退

保田莊台庚寅依克唐阿及日人戰於鳳凰城侍衞永山死之命榮祿在總理各國事務衙門行走壬辰豐陞阿聶桂林逮問癸巳逮葉志超丁汝昌治罪戊戌褫提督程允和張光前總兵姜桂題職俱留營效力十二月癸卯停是月紫光閣保和殿筵宴褫提督衞汝成職逮問甲辰御史安維峻以論李鴻章坐妄言褫職戍軍台命劉坤一爲欽差大臣關內外各軍均歸節制褫提督黃仕林職逮問壬子命張蔭桓邵友濂以全權大臣往日本議和尋召還丙辰撥江蘇漕米十二萬石備順直春賑丁巳章高元及日人戰於蓋平敗績奉軍復戰提督楊壽山死之城陷辛酉懿旨劉坤一駐山海關籌進止趣吳大澂率師出關會宋慶進勦以近畿米貴運豫魯雜糧平糶癸亥衞汝貴處斬甲子命宋慶吳大澂襄辦劉坤一軍務乙丑再撥京倉米三萬石備順天春賑己卯日本陷榮成庚午命王文韶襄辦北洋軍務是歲朝鮮入貢

清史稿　本紀二十四

德宗本紀二

二十一年乙未春正月癸酉朔停筵宴乙亥日兵寇威海丁丑我海軍與戰於南岸敗績己卯吳大澂始出關視師辛巳威海陷守將戴宗騫死之改命聶士成統兵入關丁亥詔責李鴻章庚寅劉公島陷水師熸丁汝昌及總兵劉步蟾死之諭張之洞松椿防海贛清江水陸要衝保淮通運辛卯授李鴻章爲頭等全權大臣使日本壬辰見各國使臣於文華殿陶模言喀什噶爾莎車和闐等屬戶民英印度部收買爲奴應由公家贖放從之丙申葉志超龔照璵俱論斬己亥日本陷文登甯海偪煙台宋慶等及日人戰於太平山敗績走二月乙巳宋慶吳大澂敗日人於亮甲山參將劉雲桂守備趙雲奇戰死賑錦州甯遠災民丁未命聶士成總統津沽海口防軍乙酉日兵薄遼陽長順唐仁廉擊卻之庚戌日兵陷牛莊吳大澂退走日人遂襲營口癸丑馬玉崑敗日人於田莊台甲寅復戰敗績丙辰日兵陷田莊台吳大澂奔錦州宋慶退雙台丁巳以吳大澂師徒撓敗切責之戊午恭親王等奏撤海軍署免上元江甯等處淮安等衞賦課賑直隸水災庚申分神機營兵駐喜峯口癸亥命吳大澂解軍務幫辦來京湘鄂諸軍以魏光燾領之乙丑撥庫帑十萬加賑薊州等處災民戊辰知州徐慶璋集團民固守遼陽命裕祿濟餉械己巳賑玉田灤州樂亭水災日人狙擊李鴻章彈傷其頰庚午日人犯澎湖三月壬申朔命吳大澂回湖南巡撫任癸酉濟陽高家紙坊河決乙亥日兵陷澎湖戊子褫提督蔣希夷職逮問癸巳命郭寶昌隨同劉坤一辦防務己亥李鴻章與日本全權伊藤博文陸奧宗光馬關會議和約成定朝鮮爲獨立自主國割遼南地臺灣澎湖各島償軍費二萬萬增通商口岸任日本商民從事工藝製造暫行駐兵威海夏四月戊申撥京倉米石備順天平糶己酉天津海溢王文韶自請罷斥不許諭曰非常災異我君臣惟當修省惕厲以弭天災甘肅撒回叛陷循化廳雷正綰剿之庚戌命道員聯芳伍廷芳赴煙台與日本換約乙卯諭曰和約定議廷臣交章謂地不可棄費不可償當仍廢約決戰其言固出忠憤而未悉朝廷苦衷自倉卒開釁戰無一勝近者情事益迫北可逼遼瀋南可犯畿疆瀋陽爲陵寢重地京師則宗社攸關況慈闈頤養廿餘年使徒御有驚藐躬何堪自問加以天心示警海嘯成災戰守更難措手一和一戰兩害兼權而後幡然定計其萬難情事言者所未及詳而天下臣民皆當共諒者也茲將批准定約特宣示前後辦理緣由我君臣惟期堅苦一心痛除積弊戊午諭軍機大臣及諸臣工和局已成勿再論奏留山東運粮十萬石備甯河等處賑命裕祿接濟甯錦等屬賑需己未賞前宿松縣知縣孫葆田五品卿銜辛酉達賴喇嘛受戒畢賚哈達念珠等物癸亥撥湖北漕米三萬石備甯錦等屬賑乙丑京師平糶命李經芳爲臺灣交地全權委員丙寅賜駱成驤等二百八十二人進士及第出身有差丁卯召唐景崧來京五月辛未朔賑臨漳等縣水災庚辰蔣希夷論斬乙酉見俄使喀希尼法使施阿蘭於文華殿壬辰日本歸我遼南地丁酉免湖南新化雲南阿迷保山昆明上年被災田賦賑長武等縣水災雹災庚子唐景崧休致閏五月辛丑朔撥山東庫帑二萬助賑奉天壬寅撫恤江浙運漕稽候船戶萬餘人甲辰大學士福錕致仕乙巳命直隸提督聶士成總統淮軍駐津沽江西布政使魏光燾總統浙軍駐山海關四川提督宋慶總統毅軍駐錦州俱聽北洋大臣調度癸丑吳大澂罷戊午予惠潮嘉道裕庚四品京堂充出使日本大臣丁卯諭曰近中外臣工條陳時務如修鐵路鑄鈔幣造機器開鑛產折南漕減兵額創郵政練陸軍整海軍立學堂大抵以籌餉練兵爲急務以恤商惠工爲本源皆應及時興舉至整頓釐金嚴覈關稅稽察荒田汰除冗員皆於國計民生多所裨補直省疆吏應各就情勢籌酌辦法以聞六月甲戌孫毓汶以疾免丁丑賑熱河飢民乙酉軍機大臣徐用儀罷以麟書爲武英殿大學士崑岡以禮部尚書協辦大學士命錢應溥爲軍機大臣翁同龢李鴻藻均兼總理各國事務衙門行走戊子賑鍾祥等處水災秋七月甲辰沁河決乙巳滎澤河決丁未詔李鴻章入閣辦事授王文韶直隸總督兼北洋大臣戊申賑商州青澗等處水災雹災己酉予宋儒呂大臨從祀文廟壽張齊東河決豐陞阿遣戍軍台戊午賑鎭安等縣水災辛酉江西巡撫德馨有罪褫職色勒庫爾地震壬戌以回衆猖獗褫總兵湯彥和職楊昌濬雷正綰並褫職留任丁卯已革提督黃仕林論斬八月壬申賑富川容縣水災丙子賑階文西甯等州縣水災己卯四川總督劉秉璋以不能保護教堂褫職丙戌命工部郎中慶常以五品京堂充出使法國大臣癸巳免雲南威遠被災田賦九月庚子賑梧州府屬火災留山東新漕備瀕河諸縣災賑乙巳留湖北冬漕三萬石備鍾祥等縣賑需丁未命魏光燾統軍援甘肅戊申免望都差徭及退出圈地額賦五成著爲令己酉免陝西前歲民欠暨華州開渠占地錢糧壬子見英使歐格訥於文華殿乙卯賑甘肅被擾各地難民戊午賑臨湘蛟災撥帑三萬購倉穀備常德衡州旱災壬戌見和使克羅伯於文華殿癸亥命宗人府府丞吳廷芬兼總理各國事務衙門行走丙寅後藏班禪額爾德尼來京謁陵進方物揭揚潮陽普甯等縣地震十月辛未楊昌濬罷以陶模署陝甘總督辛巳李鴻章與日使互換歸遼條約甲申長麟汪鳴鑾並以召對妄言褫職己丑初設新建陸軍命溫處道袁世凱督練丙申免江川被災田賦二年賑鶴慶等州縣水旱災十一月乙酉朔山東趙家口合龍丁未免盛京被淹官莊額賦戊申留河南漕折八萬備內黃等縣工賑己酉以湖北布政使王之春充俄皇加冕賀使庚戌免奉天被兵各屬旗民兩年田賦並積年逋賦癸丑劉永福免癸亥甘肅提督李培榮以赴援西甯逗留褫職乙丑調董福祥爲甘肅提督仍總統甘軍前敵諸將均歸節制賑保山蛟災十二月戊寅壽張決口合龍庚辰撥庫帑六萬備湖北春賑癸巳改命李鴻章使俄邵友濂副之是月免陝西前歲逋賦奉天上年葦稅及官莊稅糧賑盛京莽鄉災發帑各十萬賑湖南雲南陝西各屬災

二十二年丙申春正月丙申朔停筵宴丁酉以特遣李鴻章使俄諭止邵友濂王之春毋往己亥賑長沙各府水旱災乙卯見各國公使於文華殿庚申命馮子材仍回廣東督辦欽廉防務二月庚午移塔爾巴哈台額魯克領隊大臣駐布倫布拉克伊犂察哈爾領隊大臣駐博羅塔拉壬申始議郵政與各國聯會開龍州鐵路劉銘傳卒丁亥戶部火三月戊戌額勒和布致仕癸卯開杭州商埠丁未命王文韶張之洞督辦盧漢鐵路辛酉回匪竄珠勒都斯癸亥命董福祥駐西甯專任剿撫魏光燾還駐河州尋命回陝西巡撫任夏四月壬申五台山菩薩頂災乙亥免昆明邱北被災夏糧辛巳命榮祿往天津閱新建陸軍戊子授崑岡體仁閣大學士榮祿以兵部尚書協辦大學士五月丁酉諭李秉衡查州縣糧賦浮收者嚴減之免恩安被災額賦辛丑鄭州文廟災是月上數奉皇太后臨醇王邸視福晉疾癸卯醇賢親王福晉葉赫那拉氏薨輟朝十一日上奉皇太后臨邸視殮越日復往奠祭懿旨醇賢親王福晉薨逝應稱曰皇帝本生妣乙巳上成服壬子免安徽歷年逋賦甲子綏鄂倫春牲丁進貂貢六月丙寅諭奎順撫恤青海蒙民丁卯河決利津戊辰免浙江歷年各場積欠竈課鹽課庚午賑浙江風災壬申醇賢親王福晉金棺奉移上躬詣臨送甲戌上奉皇太后如醇王園寓臨奠福晉金棺己卯諭整頓長江水師壬午命裕祿兼充船政大臣丙戌松潘番亂官軍剿平之丁亥允王大臣請神機營練兵處仿西制練兵辛卯永定河溢是月賑大東溝海溢災安徽湖北蛟災秋七月甲午朔日有食之丁酉順天東南各屬水命孫家鼐等速籌賑需乙巳留南漕十萬石於天津備賑八月乙丑以關內外回匪漸平諭陶模董福祥安輯降衆搜捕餘匪己巳川軍剿瞻對疊克要隘進逼中瞻庚辰諭鹿傳霖瞻對用兵乃暫時辦法事定後仍設番官否當再審詳不得因此苛責喇嘛轉生他釁愼勿鹵莽而行己丑諭刑部訊獄應速結毋任延宕壬辰禁各省濫用非刑九月丙申福錕卒免陝西前歲逋賦己亥東陵蟲災丙午賞盛宣懷四品京堂先是王文韶張之洞請立招商輪船總公司舉盛宣懷督辦至是旨下並准專奏大學士張之萬致仕丁未見德使海靖比使費葛於文華殿庚戌命李鴻章在總理各國事務衙門行走癸丑李秉衡言勘明黃河尾閭擬由舊黃河東岸挑濬新河仍導歸舊河入海諭以大舉興辦務期一勞永逸以副委任是秋賑河南奉天湖北安徽山東山西吉林黑龍江水災湖南蛟災及陝甘水災雹災新疆蝗災雹災廣東洋面風災冬十月壬戌朔賑湖北江漢水災癸亥辦河州冬賑甲子增設蘇州杭州沙市思茅四關丙寅諭陶模選廉明賢吏和輯漢回偶有爭執專論是非準情理以劑其平並分別撫䘏被兵區域論平回功予董福祥騎都尉世

職授陶模陝甘總督饒應祺新疆巡撫予奎順魏光燾優敘其餘甄敘有差甲戌永定河決口合龍戊寅定朝鮮設領事不立條約不遣使不遞國書以總領事一人駐其都城庚辰命左都御史楊儒充出使俄奧荷大臣道員羅豐祿充出使英義比大臣黃遵憲充出使德國大臣伍廷芳充出使美日祕大臣癸未免武清等州縣秋賦雜課乙酉賑華州等處水災己丑以徐桐爲體仁閣大學士李鴻藻以禮部尚書協辦大學士十一月戊申冬至祀天於圜丘己酉免朝賀辛亥免河洮等處被災賦課丁巳命工部侍郎許景澄充出使德國大臣是月賑山東四川水災十二月乙丑初鹿傳霖屢奏瞻對宜剿擬收回後改設漢官上慮失達賴心命鹿傳霖文海等詳議至是疏陳瞻民向化藏番震懾各情因論剴切勸導達賴期於保藏保川兩無窒礙賑四川東鄉等屬災丙子免遼陽各村屯糧賦綏德等州縣逋糧

二十三年丁酉春正月辛卯朔停筵宴丁酉免山東光緒初年逋賦辛亥留湖北漕米充工賑乙卯見美法英德荷比俄韓日本及日奧諸國公使於文華殿二月壬戌命戶部侍郎張蔭桓使英庚午河決歷城章邱己卯命崇禮許應騤在總理各國事務衙門行走三月癸巳詔汰冗兵甲辰懿旨發內帑十萬賑四川五萬賑湖北並以庫帑十萬加賑四川夔綏忠三屬辛亥免銅仁青谿被水田賦丁巳初設海參崴委員夏四月乙亥李秉衡奏減山東錢漕丙申詔棍噶札拉參胡圖克圖嘉穆巴圖多普淮轉世爲八音溝承化寺胡圖克圖甲辰張之萬卒贈太保丁未上詣本生妣醇賢親王福晉園寢周年釋服壬子予呂海寰四品京堂充出使德荷二國大臣六月己卯賑崇陽等縣水災是夏見奧使齊幹俄使烏爾他木斯科英使竇納樂日使矢野文雄於文華殿秋七月庚寅李鴻藻卒丙申命廖壽恒在總理各國事務衙門行走辛丑復故陝西固原提督雷正綰原官甲辰免岷州衛二十四寺進贏並展緩馬貢甲寅平遙普洞鄔山陷入地中八月己巳靖西地震壬申命翁同龢以戶部尚書協辦大學士癸未弛科布多札拉沁竇爾吉鑛禁許蒙漢民人開採乙酉以鹿傳霖於德爾格忒土司措理失宜罷改土歸流議釋土司昂翁降白仁青暨其家屬仍回德爾格忒管土司事九月戊子鹿傳霖罷己丑命德爾格忒撤兵戊戌見挪威使柏固於文華殿甲辰達賴喇嘛請還瞻對地諭恭壽等會商以聞丙午利津決口合龍乙卯復故陝甘總兵楊昌濬官是秋賑陝西雹災水災湖南北江西廣東安徽雲貴水災新疆蝗災戊午廣西巡撫史念祖坐事褫職壬申曹州匪戕害德國教士命李秉衡察勘之戊寅德以兵輪入膠澳壬午免樂亭等州縣被災額賦是月賑廣東風災陝西雹災湖南江南水災十一月辛卯撥江北漕米三萬石備徐海各屬賑甲午詔罷三瞻改土歸流議仍隸達賴喇嘛辛丑諭安撫江蘇各屬饑民丁未英使竇納樂入見癸丑冬至祀天於圜丘甲寅免朝賀昭烏達盟旗匪平十二月甲子利津河決己巳免安州澇地租乙亥三巖野番就撫改設土千戶隸巴塘罷朱窩章谷兩土司歸流議戊寅詔各省保護教堂教士免狄道巴燕戎格等處額賦

二十四年戊戌春正月乙酉朔日有食之元旦受禮改於乾清宮停宗親宴戊子詔各省大吏定議籌餉練兵速覆以聞庚寅定經濟特科及歲舉法命中外保薦堪與特科者乙未免建水被旱夏糧己酉見各國公使於文華殿壬子免石屏昆明夏糧二月甲子命廖壽恒在軍機大臣上學習行走丙寅免青海阿里克番族馬貢銀乙巳留江北漕米一萬石賑徐州災丁丑命神機營選練先鋒隊庚辰詔武科改試槍礮停默寫武經三月丁亥詔立義倉戊子俄使巴布羅福覲見乙巳除新化被水額賦是月開直隸北戴河至秦王島湖南岳州福建三都澳口岸閏三月乙卯召張之洞來京丙辰麟書卒庚申以德人入即墨文廟毀聖賢像下總署察問乙丑臨恭親王邸視疾甲戌上侍皇太后幸外火器營教場閱火器健銳神機三營及武勝新隊操凡三日丁丑以湖北沙市焚毀教堂諭張之洞回任續賑徐海災戊寅見德親王亨利於玉瀾堂己卯還宮免新興被旱額賦庚辰見法使畢勝於文華殿壬午安徽鳳潁泗災是春以膠州灣租借於德意志旅順口大連灣遼東半島租借於俄羅斯夏四月壬辰恭親王奕訢薨輟朝五日素服十五日臨邸賜奠懿旨特謚曰忠守衛園寢增設丁戶每祭祀官經理之孫貝勒溥偉襲甲午懿旨恭忠親王功在社稷應配饗太廟詔中外臣工當法恭忠親王各攄忠悃共濟時艱己亥授榮祿爲文淵閣大學士剛毅爲兵部尚書協辦大學士乙巳詔定國是諭中外大小諸臣自王公至於士庶各宜發憤爲雄以聖賢義理之學植其根本兼博采西學之切時務者實力講求以成通達濟變之才京師大學堂爲行省倡尤應首先舉辦軍機大臣王大臣妥速會議以聞丙午詔各省立商務局賜夏同龢等三百四十二人進士及第出身有差己酉翁同龢罷選派宗室王公出洋遊歷近支王貝勒等上親察之公以下及閒散人員由宗人府保薦召王文韶來京裁督辦軍務處庚戌召見工部主事康有爲命充總理各國事務衙門章京辛亥前藏達賴喇嘛貢方物五月癸丑朔詔陸軍改練洋操令營弁學成者教練於北由新建陸軍於南由自強軍派往各疆臣限六閱月舉併餉練兵及分駐地妥議以聞其軍械槍礮各省機器局酌定格式精求製造甲寅賑棲霞火災丁巳詔自下科始鄉會歲科各試向用四書文者改試策論命孫家鼐以吏部尚書協辦大學士王文韶以戶部尚書爲軍機大臣兼總理各國事務衙門行走授榮祿直隸總督兼北洋大臣庚申趣盛宣懷蘆漢鐵路刻日興工並開辦粵漢甯滬各路甲子詔以經濟歲舉歸併正科歲科試悉改策論毋待來年丁卯詔立京師大學堂命孫家鼐管理賞舉人梁啟超六品銜辦理譯書局戊辰詔興農學諭曰振興庶務首在鼓勵人材各省士民著有新書及剏新法成新器堪資實用者宜懸賞以勸或試之實職或錫之章服所製器給劵限年專利售賣其有獨力創建學堂開闢地利興造槍礮廠者並照軍功例賞勵之辛未免祿勸被水田糧癸酉詔八旗兩翼諸營均以其半改習洋槍擡槍以奕劻等管理驍騎營崇禮等管理護軍營甲戌詔改直省各屬書院爲兼習中西學校以省書院爲高等學郡書院爲中等學州縣書院爲小學其地方義學社學亦如之乙亥命裕祿爲軍機大臣丙子諭各省州縣實力保護教堂丁丑命三品以上京堂及各省督撫學政舉堪與經濟特科者須士民著書製器暨創興新政獎勵章程命中外舉製造駕駛聲光化電人材戊寅詔各省保護商務免海康遂谿上年被災額賦賑長安等州縣水災雹災六月癸未朔詔改定科舉新章丙戌賑徐海災己丑詔頒張之洞著勸學篇令直省刊布命康有爲督辦官報壬辰命榮祿會同張之洞督辦蘆漢鐵路鬱林梧州土匪會匪相結爲亂陷容興業陸川三縣官軍剿平之丙申饒應祺進回部貢金丁酉命漢詹科道輪班召對部院司員條列時事堂官代陳士民得上書言事設鑛務鐵路總局於京師王文韶張蔭桓專理之庚子湖南設製造槍礮兩廠辛丑賑甯羌火災洵陽等縣水災雹災癸卯命伍廷芳賑古巴華氓乙巳諭曰時局艱難亟須圖自強之策中外臣工墨守舊章前經諭令講求時務勿蹈宋明積習訓誡諄諄惟是更新要務造端宏大條目繁多不得不廣集衆長折衷一是諸臣於交議之事當周諮博訪詳細討論毋緣飾經術附會古義毋膠執成見隱便身圖倘面從心違致失朝廷實事求是本旨非朕所望也朕深惟窮變通久之義創建一切實具萬不得已之苦衷用申諭爾諸臣其各精白乃心力除壅蔽上下一誠相感庶國是以定而治道蒸蒸矣諭南北洋大臣籌辦水師及路鑛學堂諭各省廣開通商口岸命黃遵憲以三品京堂充駐朝鮮大臣是夏廣東九龍半島山東威海衛俱租借於英吉利秋七月甲寅詔停新進士朝考並罷試詩賦賑奉天被賊各廳縣災丙辰詔於京師設農工商總局以端方徐建寅吳懋鼎督理並加三品卿銜命出使大臣設僑民學堂於英美日本各國丁巳河決山東上中游濟陽等六縣同時並溢己未詔定於九月十五日奉皇太后幸天津閱兵移沙市關監督荊宜施道江陵縣並駐沙市鎮壬戌賑南陽水災乙丑詔裁詹事府通政司大理光祿太僕鴻臚諸寺歸併其事於內閣禮兵刑部兼理之裁湖北廣東雲南巡撫以總督兼管之河東河道總督併於河南巡撫兼裁各省糧道鹽道庚午以抑格言路首違詔旨奪禮部尚書懷塔布許應騤侍郎堃岫徐會灃溥頲曾廣漢等職賞上書主事王照四品京堂辛未頒曾國藩州縣清訟事宜及功過章程於各省並增道府功過論疏導京師河道溝渠平治道塗諭各省實行團練賞內閣侍讀楊銳中書林旭刑部主事劉光第江蘇知府譚嗣同並加四品卿銜參預新政賑建水水災癸酉罷李鴻章總理各國事務衙門行走以裕祿爲禮部尚書在總理各國事務衙門行走乙亥置三四五品卿三四五六品學士丙子賑泰和水災丁丑召袁世凱來京諭曰國家振興庶政兼采西法誠以爲民立政中西所同而西法可補我所未及今士大夫昧於域外之觀輒謂彼中全無條教不知西政萬端大率主於爲民開智慧裕身家其精者乃能淑性延壽生人利益推擴無遺朕夙夜孜孜改圖百度豈爲崇尚新奇乃眷懷赤子皆上天所畀祖宗所遺非悉使之康樂和親未爲盡職加以各國環相陵逼非取人之所長不能全我之所有朕用心至苦而黎庶猶有未知職由不肖官吏與守舊士夫不能廣宣朕意乃至胥動浮言小民搖惑驚恐山谷扶杖之民有不獲聞新政者朕實爲歎恨今將變法之意布告天下使百姓咸喻朕心共知其君之可恃上下同心以成新政以強中國朕不勝厚望焉諭各省撤驛站設郵政嚴米糧出口禁八月壬午朔命戶部編定歲出入表頒行之諭出使大臣徵送僑民歸國備任使命袁世凱以侍郎候補專任練兵事宜丙戌見日本侯爵伊藤博文署使林權助於勤政殿賑射洪等縣水災略陽等縣水災雹災丁亥皇太后復垂簾於便殿訓政詔以康有爲結黨營私莠言亂政褫其

職與其弟廣仁皆逮下獄有爲走免戊子詔捕康有爲與梁啟超庚寅戶部侍郎張蔭桓翰林院侍讀學士徐致靖御史楊深秀暨楊銳林旭劉光第譚嗣同並坐康有爲黨逮下獄辛卯上稱疾徵醫天下召榮祿來京命逮文廷式捕孫文壬辰詔復設詹事府通政司大理光祿太僕鴻臚諸寺禁官民擅遞封章罷時務官報各省祠廟毋改學堂命吏部侍郎徐用儀在總理各國事務衙門行走癸巳撥江漕八萬石改折備徐海賑賑高州水災甲午楊深秀楊銳林旭劉光第譚嗣同康廣仁俱處斬謫張蔭桓新疆徐致靖禁錮命榮祿爲軍機大臣以裕祿爲直隸總督兼北洋大臣乙未以康有爲大逆不道構煽陰謀頒硃諭宣示臣下罷巡幸天津閱操命榮祿管兵部事兼節制北洋諸軍及宋慶軍丁酉籍康有爲梁啟超家命趙舒翹會同王文韶督辦礦路總局論蘇浙新漕運京罷改折議留山東新漕米石備賑戊戌賞袁昶三品京堂在總理各國事務衙門行走庚子李端棻以濫保褫職戍新疆褫王照職籍其家逮捕辛丑賞前御史文悌知府壬寅黃遵憲以疾免賞李盛鐸四品京堂充出使日本大臣陳寶箴以濫保奪湖南巡撫任癸卯詔疆臣飭吏治培人才開財源修武備舉劾牧令整齊營規詔言責諸臣指陳國計得失其淆亂是非事攻訐者罪之乙巳懿旨復鄉會試及歲科考舊制罷經濟特科罷農工商局丙午端方進所編勸善歌詔頒行懿旨命疆臣保衛民生愼選循良整飭保甲團練凡水利蠶桑及製造販運資民間利賴者以時教導之申聯名結會之禁授榮祿爲欽差大臣己酉命裕祿會辦蘆漢等處鐵路設上海漢口水利局九月辛亥朔懿旨一切政治關國計民生者無論新舊仍次第推行建言諸臣章奏務裨時局毋妄意揣摩癸丑發內帑二十萬賑山東水災甘肅新疆地震丁巳廣西匪平己未命軍機大臣會大學士及部院議治河之策辛酉初強劫盜案不分首從至是命樞臣暨法司詳議區別代州地震壬戌免陝西咸甯等處逋課戊辰復武鄉會試及童試舊制惟營用武進士及投標武舉令習槍礮復置湖北廣東雲南巡撫河東河道總督免裁糧道等缺己巳命許景澄在總理各國事務衙門行走甲戌復刑名解勘舊制除軍務省分及情事重大者仍就地正法餘不准行丙子命胡燏棻在總理各國事務衙門行走己卯權停福州船廠製造庚辰命李鴻章往勘山東黃河是月賑直陝川鄂蘇滇晉新等各省災冬十月辛巳朔享太廟禮親王世鐸攝行是後郊廟祀典皆遣代至辛丑冬自西安還京始親詣丙戌命道員張翼督辦直隸暨熱河礦務立公司賑順天各屬災丙申賑韓城等縣災己亥命戶部撥帑八萬備安徽賑辛丑追奪翁同龢職前湖南巡撫吳大澂坐事褫職濟陽決口合龍壬寅懸賞購捕康有爲梁啟超王照甲辰允榮祿請以宋慶聶士成袁世凱董福祥所部分立四軍別募萬人爲中軍乙巳見俄使格爾思於勤政殿命胡燏棻督辦津鎮鐵路以張翼副之丁未賑羅平水災雹災十一月癸丑諭張汝梅辦山東災賑賞桂春三品京堂命在總理各國事務衙門行走甲寅命啟秀爲軍機大臣趙舒翹聯元並在總理各國事務衙門行走丁巳留河南漕折於滑縣備賑撥庫帑二十萬於江蘇備賑己巳命溥良察山東賑庚午命裕庚在總理各國事務衙門行走辛未命疆臣均兼總理各國事務大臣銜壬申賑土魯番等處水災蝗災丁丑以稱疾停年節升殿筵宴戊寅罷直隸練軍十二月丙戌湖北巡撫曾鉌坐事免癸巳命馬玉崑往河南辦理防剿罷胡燏棻津蘆路督辦以許景澄代之丁酉免漢陽等州縣被災額賦壬寅改湖北漢口同知爲夏口撫民同知戊申發內帑五萬於清淮備賑

二十五年己亥春正月庚戌撫卹豫皖被賊州縣災民丙辰詔清庶獄庚申免渦陽等州縣被賊稅糧辛酉止各國駐京公使覲賀壬戌再撥部帑五萬於安徽備賑丙寅召李秉衡來京二月甲申申諭各省辦積穀清訟團練保甲丁亥命武勝新隊名曰虎神營舉行京師保甲戊戌膠州灣德兵藉詞護教入沂州境命呂海寰告德國外部止其進兵以新建陸軍訓練有效予袁世凱優敘庚子命副都統壽山募練十六營爲鎮邊新軍甲辰德兵至蘭山丁未陷日照城三月乙卯諭有漕各廳州縣自今冬始改徵本色運京師丁丑召蘇元春來京夏四月癸未諭曰近因時事艱難朝廷孜孜求治疊諭疆臣整頓一切旋據覆陳練兵籌餉保甲團練積穀各事雖匪空言尚慮確效用再諭令所籌諸務速即興辦仍將有無成效據實以聞申諭疆臣切實校閱營伍又諭察勘荒田勸導民墾勿任吏胥訛擾亦毋遽擬升科義人以兵艦來圖登三門灣諭嚴戒備己丑命剛毅往江南諸省覈庫藏出納實數癸巳命聶士成軍馬步四營駐熱河實邊防丙申諭劉坤一等集重兵爲備義兵登陸即迎擊之丁酉命按察使李光久督辦浙江防剿長順往吉林稽察練兵乙巳詔關稅鹽釐諸課歲有常經疆吏瞻徇不能力除積弊大學士軍機大臣其詳覈會議以聞壬子命吳廷棻在總理各國事務衙門行走甲寅神機營兵廠藥庫火乙卯命太僕少卿裕庚充出使法國大臣乙丑命正定總兵楊玉書統練軍駐熱河除安化武岡新甯被水田賦己巳岳州開商埠移岳常澧道駐之兼岳州關監督六月戊子免迪化等屬逋賦丁酉諭整飭海軍除積弊庚子賑廬陵等縣水災秋七月庚戌以法人租借廣州灣命蘇元春往會勘乙卯訂朝鮮通商條約丁巳開秦皇島商埠己巳命剛毅往廣東清釐財政庚午命蘇元春赴淮徐練兵聽榮祿節制八月丁亥甘肅海城回亂官軍剿平之己亥詔各省宣講聖諭廣訓甲辰錦州廣甯匪亂剿平之九月丁未以旱詔求直言庚戌詔清訟獄緩徵輸論疆吏整躬率屬持公道順輿情己未副都統壽長以廢弛營務褫職謫戍榮和褫職逮問辛酉命李徵庸充督辦四川商礦大臣甲戌義人兵艦續至論直魯江浙嚴防是秋賑浙江湖南甘肅水災陝西旱災冬十月庚寅命李秉衡巡閱長江水師丙申命李鴻章爲通商大臣考察商埠壬寅免陝西咸甯等處前歲逋賦十一月癸丑命太僕寺卿徐壽朋充出使韓國大臣甲寅廖壽恆罷軍機大臣命趙舒翹在軍機大臣上學習行走免北流被賊上年逋賦壬戌再暴康有爲梁啟超罪狀懸賞嚴捕戊辰孫家鼐以疾免己巳以戶部尚書王文韶協辦大學士十二月甲戌朔詔停年節升殿筵宴丙子舉行祭典赦毋冒濫乙酉免榆林等處被災田糧己丑罷蘇元春江南練兵回廣西提督任乙未命陳澤霖募勇駐江北操練爲武衛先鋒右軍丁酉詔以端郡王載漪之子溥儁爲穆宗嗣封皇子命崇綺直弘德殿授皇子溥儁讀壬寅詔來年三旬壽辰停朝賀筵宴止文武大吏來京祝嘏特舉恩科明年庚子鄉試次年辛丑會試其正科鄉會試遞推於辛丑壬寅年舉行是冬賑山西雲南陝西甘肅山東等屬災是歲廣州灣租借於法郎西並開滇越鐵路

二十六年庚子春正月甲辰朔詔以三旬慶辰加宗支近臣恩賚己酉命醇親王載灃直內廷命侍講實豐直弘德殿停本年秋決壬子先是知府經元善聯名上書諫立嗣至是詔嚴捕治罪尋籍其家戊子詔大索康有爲梁啟超毀所著書閱其報章者並罪之壬戌三巖夷平增設巴塘等處土官各職癸亥總署與法人議廣州灣租約訂期九十九年甲子留南漕三萬石賑河北災民是月拳匪起山東號義和拳會假仇教爲名劫殺相尋蔓延滋害二月丙子河決濱州乙酉免昆明等州縣被災額賦戊戌定墨國條約三月戊申命李盛鐸使日本賀其太子聯姻呂海寰使德賀其太子加冠壬子濱州決口合龍癸丑以旱詔中外慮囚甲寅賞高賡恩四品京堂直弘德殿丁巳命內閣學士桂春充出使俄國大臣尋命兼使奧國撥部帑十萬賑山東貴州各屬水災己未靖遠夷就撫置諸夷土官壬戌命袁世凱集新兵二十營增立一軍爲武衛右軍先鋒全軍龔長夏四月乙酉善聯罷以許應騤兼管船政大臣庚寅義和拳入京師詔步軍統領等會議防禁以聞辛卯免宣威昆明被水秋賦丙申賑重慶等處水旱災丁酉總署言拳會造言煽惑人心浮動易肇衅端諭所司妥議授李鴻章兩廣總督庚子免新化等州縣被水額賦是月拳匪焚毀保定鐵路副將楊福同往鎮攝行及淶水被戕五月癸卯拳匪毀琉璃河長辛店車站局廠命聶士成護蘆保津蘆兩路防禦之甲寅命載漪管總理各國事務衙門啟秀溥興那桐同時兼行走罷廖壽恆乙卯拳匪殺日本使館書記杉山彬於永定門外丁巳諭令馬玉崑赴京西剿拳匪大沽戒嚴己未拳匪擾五城坊市流血詔步軍統領神機虎神營武衛中軍會巡大臣巡察街陌分駐九門監啟閉召李鴻章袁世凱入衛庚申榮祿以武衛中軍護各國使館命李端遇王懿榮爲京師團練大臣召李秉衡及馬玉崑統兵來京是夕拳匪焚正陽門城樓闤市灰燼庚申詔剛毅董福祥募拳民精壯者成軍自餘遣散辛酉詔各省以兵入衛外軍攻大沽口提督羅榮光不能禦走天津死之大沽遂陷裕祿以捷聞詔發內帑十萬犒師壬戌命徐桐崇綺會同奕劻載濂等商軍務癸亥命許景澄那桐往告各國公使速出京自庚申至於是日皇太后連召王大臣等入見諮衆論載漪持戰議甚堅載勛載濂載瀾徐桐崇綺啟秀溥良徐承煜等更相附和榮祿依違其間獨許景澄袁昶言匪宜剿衅不可開殺使臣悖公法辭殊切直故有是命甲子拳匪戕德使克林德於崇文門內乙丑詔以中外釁啟飭戰備罷崇禮步軍統領以載勛代之發倉米開糶濟民食庚午召鹿傳霖來京六月辛未朔諭順天府五城平糶瘞教民暴骸癸酉命倉場侍郎劉恩溥往天津募水會強壯者編立成軍與通州武清東安團民駐直隸濟之餉械發倉於通州開糶長萃等言津通道阻請暫停漕運不許乙亥諭各省護教士回國教民悔悟自首者許自新己卯南漕運阻命清江浦置局採買運京壬午調李鴻章爲直隸總督兼北洋大臣趣兼程來京乙酉詔展緩本年恩科鄉試明年三月八日舉行會試八月八日舉行庚子正科鄉試及會試以次遞推外兵襲天津聶士成戰於八里臺死之戊子以呂本元爲直隸提督天津陷裕祿宋慶馬玉崑並退守北倉庚寅命顧璜張仁黼會辦河南團防下戶部尚書立山於獄辛卯詔

紺戕害德使凶犯額勒和布卒丙申上三旬萬壽東華門不啓羣臣朝賀皆自神武門入免疏附拜城被災額賦賑福建水災秋七月庚子朔命李秉衡幫辦武衛軍事張春發陳澤霖萬本華夏辛酉諸軍並聽節制壬寅殺吏部侍郎許景澄太常寺卿袁昶乙巳調馬玉崑爲直隸提督丁未命榮祿以兵護各國公使往天津己酉外兵據北倉庚戌陷楊村直隸總督裕祿自殺壬子授李鴻章全權大臣與各國議停戰外兵襲蔡村癸丑李秉衡戰於蔡村敗績外兵進占河西塢甲寅增祺言蓋平熊岳先後失守丙辰殺戶部尚書立山兵部尚書徐用儀內閣學士聯元李秉衡戰敗於張家灣死之丁巳外兵陷通州命剛毅幫辦武衛軍事己未德奧美法英義日俄八國聯兵陷京師庚申上奉皇太后如太原行在貫市壬戌次懷來命榮祿徐桐崇綺留京辦事癸亥廣東布政使岑春煊率兵入衞遂命扈蹕甲子次沙城堡懿旨命岑春煊督理前路糧臺丁丑次雞鳴驛下詔罪己兼誡中外羣臣丙寅次宣化命萬本華孫萬林奇克伸布軍聽馬玉崑節制駐後路丁卯詔求直言免蹕路所過宛平昌平等處錢糧一年八月庚午朔次左衛辛未次懷安壬申次天鎭詔奕劻還京會李鴻章議和癸酉次陽高甲戌次聚樂鎭太監張天順騷擾驛站處斬乙亥次大同命劉坤一張之洞會議和局以載漪爲軍機大臣戊寅賞隨扈王公暨大小臣工津貼銀兩己卯次懷仁命京師部院卿寺堂官暨內廷行走者除留京外均率司員赴行在辛巳次廣武鎭命程文炳統軍駐滰關壬午次陽明堡諭榮祿收集整理武衛中軍癸未次原平鎭諭廷雍督剿直屬拳匪甲申次忻州丙戌次太原御巡撫署爲行宮免蹕路所過天鎭陽高等州縣今歲額賦丁亥西安等府旱戊子論榮祿約束武衛中軍癸巳詔有司勸教民安業拳民被脅者令歸農乙未賑四川各屬災閏八月庚子朔賑麗水等縣水災辛丑追悼德使克林德命崑岡往奠之論庇拳啟釁罪削莊親王載勛怡親王溥靜貝勒載濂載瀅爵罷載漪載瀾剛毅趙舒翹英年職並下府部議命鹿傳霖爲軍機大臣壬寅以日書記杉山彬被戕遣那桐使日本致祭賻毓賢罷乙巳詔幸西安丁未啟蹕是日次徐溝戊申次祁縣己酉次平遙庚戌次介休辛亥次靈石壬子次霍州召榮祿赴行在甲寅詔改陝西巡撫署爲行宮乙卯次平陽丙辰次史村驛諭北五省嚴捕自立會黨戊午次聞喜己未詔以西幸陵寢壇廟久疏對越命奕劻遴近支王貝勒代享太廟及祭東西陵太常寺派員祭壇廟壽令今歲除夕來歲元旦祀典並遣代行趣近省解京餉給在京官弁俸糧授奕劻全權大臣會李鴻章議和約劉坤一張之洞仍會商辛酉次臨晉癸亥次蒲州諭江蘇等省解款百萬濟京城俸餉免蹕路所過太原陽曲等屬今歲額賦乙丑次潼關賑福州水災丁卯次華陰命敬信溥興管理虎神營戊辰次華州九月己巳朔次渭南壬申至西安府御巡撫署爲行宮甲申以裕鋼爲駐藏辦事大臣丙子予殉難祭酒王懿榮世職並旌其妻謝氏子婦張氏乙卯李鴻章奏誅附匪逞亂道員譚文煥壬午德人陷紫荊關布政使升允退軍浮圖峪尋奏德兵退易州上以其張皇切責之己丑罷保德貢黃河冰魚庚寅削載漪爵與載勛溥靜載瀅並交宗人府圈禁載瀾英年鐫級趙舒翹奪職留任剛毅病故免議毓賢戍極邊壬辰予閻家自焚黑龍江將軍延茂祭酒熙元侍讀寶豐崇壽等卹乙未賑陝西荒丙申免陝西咸甯等縣逋賦戊戌免雲南各廳州縣暨土司被災逋賦冬十月戊申皇太后聖壽節停筵宴庚戌詔董福祥不諳外情遇事鹵莽奪提督仍留任辛亥發內帑四十萬賑陝西飢民趣江鄂轉漕購糧以濟癸丑授王文韶爲體仁閣大學士崇禮徐郙並協辦大學士丁巳論廓爾喀前後藏及各土司暫勿貢獻癸亥開秦晉實官捐例賑旱災十一月壬申免長安額賦十之五乙亥清平苗匪王老九等作亂官軍剿擒之庚辰命楊儒爲全權大臣與俄議交收東三省事辛巳以長沙等府旱災開賑捐事例壬午免蹕路所經山西各州縣額賦十之二癸未命盛宣懷爲會辦商務大臣乙酉命徐壽朋赴京隨辦商約癸巳安徽開籌餉捐例丙寅增祺坐擅與俄人立交還奉天暫行約予嚴議尋褫職十二月甲辰詔免明年元旦禮節丁未詔議變法軍機大臣大學士六部九卿出使大臣直省督撫參酌中西政要條舉以聞庚戌諭直省大小官吏保護外僑違者重譴嚴立會仇教之禁犯者問死刑壬子命左都御史張百熙充專使英國大臣甲寅留京大臣奏京師盜風甚熾權用重典允之庚申賞張佩綸編修隨李鴻章辦交涉壬戌詔復寃陷諸臣立山徐用儀許景澄聯元袁昶職再論縱匪肇亂首禍諸臣罪奪載瀾爵職與載漪並謫新疆禁錮褫剛毅職英年趙舒翹並褫職論斬追褫徐桐李秉衡職啟秀徐承煜褫職聽勘董福祥褫職解任癸亥下詔自責以當時委曲苦衷示天下並誡中外諸臣激發忠誠去私心破積習力圖振作

二十七年辛丑行在西安春正月戊辰朔詔以救濟順直兵災開實官捐例罷多倫諾爾歲貢海龍諸皮庚午賜載勛自盡辛未毓賢處斬癸酉英年趙舒翹並賜自盡剛毅徐桐李秉衡並論斬以前沒免乙亥啟秀徐承煜處斬庚辰免仁和等縣荒廢田糧辛巳免新會貢橙二月己亥撥部帑百萬於山西備賑壬子廣東郎中黎國廉等進方物升敘有差三月戊辰免蹕路所過暨被災陝西咸甯等處稅糧己巳詔立督辦政務處奕劻李鴻章榮祿崑岡王文韶鹿傳霖並爲督理大臣劉坤一張之洞遙爲參預甲戌免雲南臨安等處逋糧丁丑論拳匪仇教保護不力罪奪已故總督裕祿駐藏大臣慶善原職褫浙江巡撫劉樹棠職布政使榮銓副都統晉昌褫職戍極邊道員鄭文欽知縣白昶都司周之德並處斬餘褫謫有差撥山東漕米五萬石賑直隸災民壬午諭免自京來行在各署司員停補扣資夏四月丁酉賞在京王公百官半俸旗綠營兵丁一月錢糧辛丑命馬玉崑剿近畿餘匪瞿鴻禨在軍機大臣上學習行走丁未命瞿鴻禨兼政務處大臣己酉賑直隸旱災壬子詔開經濟特科命中外舉堪與試者免各省例貢除茶葉藥材及關祭品者一切食物悉罷之癸丑命載灃充德國專使大臣庚申詔從各國議停順天奉天黑龍江直隸山西河南陝西浙江江西湖南諸省考試五年壬戌命張百熙等修京師蹕路癸亥停吉林今歲貢五月乙丑命那桐充日本專使大臣展山西本年恩正兩科鄉試癸未賞道員蔡鈞四品京堂充出使日本大臣甲午賑墨爾根等處災六月丙申命副都統蔭昌充出使德國大臣尋命爲荷蘭兼使賞知府許台身道員充出使韓國大臣庚子萬壽節停朝賀筵宴癸卯詔置外務部以總理各國事務衙門改設之命奕劻總理王文韶爲會辦大臣瞿鴻禨任尚書並會辦大臣徐壽朋聯芳爲侍郎庚戌各國聯軍去京師壬子發內帑五萬於江西備賑賑棲霞火災秋七月甲子朔命鄧增節制隨扈諸軍免陝西河南直隸蹕路所過地賦乙丑詔除漕務積弊河運海運並改徵折色在京倉採運收儲世鐸罷直軍機己巳河決章邱惠民己卯詔改科舉自明年始罷時文試帖以經義時務策問試士停武科予羅豐祿三品京堂充出使俄國大臣戊子全權大臣奕劻李鴻章與十一國公使議訂和約十二款成己丑展陝西鄉試於明年舉行壬辰詔永罷實官捐例諭各省建武備學堂癸巳諭各省裁兵勇改練常備續備警察等軍八月甲午朔以回鑾有日遣官告祭西嶽中嶽蹕路所經名山大川古帝王陵寢先儒名臣祠墓並由疆吏遣官致祭乙未詔直省立學堂戊申廢內外各署題本除賀本外均改爲奏壬子命盛宣懷爲辦理商稅大臣癸丑詔以變法圖強示天下並以劉坤一張之洞條奏命各疆吏舉要通籌丁巳車駕發西安己未升允奏臨潼知縣夏良材誤供應請褫職皇太后命從輕議升允自請處分原之九月己酉李鴻章卒贈太傅晉一等侯爵命王文韶署全權大臣袁世凱署直隸總督兼北洋大臣是秋發帑十五萬賑陝西安徽災留漕糧十萬漕米六萬石備安徽江蘇賑又賑兩湖安徽雲南水災江蘇潮災冬十月癸巳朔日有食之甲午次開封惠民決口合龍丙申賞道員張德彝三品卿銜充出使英國大臣旋命兼使義比壬寅皇太后聖壽節停朝賀壬子懿旨撤溥儁皇子名號丙辰詔展會試於癸卯年其明年順天鄉試及癸卯科會試權移河南貢院舉行十一月丙子特予故大學士李鴻章建祠京師戊子命貽穀督辦蒙邊墾務章邱決口合龍庚寅上奉皇太后至自西安辛卯詔以珍妃上年殉節宮中追晉貴妃命翰詹科道及各署司員按日預備召見十二月癸巳朔命王文韶仍督辦路鑛瞿鴻禨副之袁世凱督辦關內外鐵路事宜胡燏棻會辦丙申論中外臣工重邦交安民教以比匪誤國附和權貴褫左副都御史何乃瑩侍講學士彭清藜編修王龍文知府連文冲曾廉職丁酉賑蹕路所過三十里內貧民己亥祀天於圜丘自戊戌年八月至於是月始親詣庚子祭大社大稷遣睿親王魁斌等告祭方澤朝日壇夕月壇恭親王溥偉貝子傅倫詣東西陵告祭壬寅命袁世凱參預政務處甲辰命鎭國將軍載振充英國專使賀其君加冕尋晉貝子銜免蹕路所過河南州縣額賦十之三賑廣西火災辛亥兩宮見各國公使於乾清宮免雲南銅廠積年民欠甲寅以瞿鴻禨爲軍機大臣授孫家鼒體仁閣大學士乙卯兩宮見各國公使暨其夫人等於養性殿丁巳免山西州縣歷年逋賦倉穀庚申祫祭太廟辛酉上始復御保和殿筵宴蒙古王公暨文武大臣免浙江仁錢等州縣杭嘉湖二衛未墾地畝糧賦

二十八年壬寅春正月庚午享太廟辛未祈穀於上帝癸酉四川提督宋慶卒晉封三等男爵丁丑命張翼總辦路鑛事宜王文韶瞿鴻禨爲督理呂海寰會盛宣懷議商約戊寅罷河東河道總督命各省大吏清釐屯地改屯餉爲丁糧撤衛官歸營屯丁運軍並罷諭各省立農工學堂戊子罷詹事府通政使司二月壬辰朔命張德彝充日斯巴尼亞專使賀其君加冕癸巳諭各省亟立學堂暨武備學堂開館編纂新律甲午廣西游匪戕法兵官剿辦之丁酉釋奠於先師戊戌祭大社大稷庚戌劉坤一乞疾慰留三月辛酉朔交收東三省條約成

甲子見義使嘎釐納於乾清宮乙丑祀先農親耕耤田丙寅上奉皇太后謁東陵免蹕路所過州縣額賦十之三己巳至庚午謁諸陵甲戌幸南苑駐蹕團河行宮壬午至自東陵癸未皇后祀先蠶是春免宣威昆明及齊齊哈爾墨爾根旗屯災賦免榆林等處逋賦西安等廳縣秋糧十之二夏四月壬辰見俄使雷薩爾於乾清宮甲午常雩祀天丙申命沈家本伍廷芳參訂見行法律戊戌李經羲以陳奏失辭免雲南巡撫下部議壬寅命許珏充出使義國大臣吳德章充出使奧國大臣楊兆鋆充出使比國大臣癸卯皇后躬桑甲辰裁銀緞匹顏料三庫隸管庫大臣乙卯免灤平被災地課五月壬戌授袁世凱直隸總督兼北洋大臣免雙城逋賦甲子見各國公使等於樂壽堂丙寅廣西匪陷廣南之皈朝雲南官軍擊走之復其城丙子夏至祭地於方澤戊寅見美使康格等於乾清宮六月己丑朔免鶴慶賓川被災雜賦丙申命孫寶琦充出使法國大臣胡維德充出使俄國大臣梁誠充出使美日祕大臣庚戌見美使康格及博覽會長巴禮德於乾清宮辛亥命張之洞爲督辦商務大臣癸丑賑四川南充簡等屬災秋七月庚午頒行學堂章程八月甲申移雲南迤西道駐騰越兼監督關務戊戌袁世凱請裁陋規加公費命他省仿行癸卯河決利津壽張等處己酉見德使葛爾士等於仁壽殿庚戌河復決惠民九月癸巳兩江總督劉坤一卒追封一等男贈太傅命張之洞署兩江總督兼南洋大臣免天津被兵新舊額賦丁酉見法使賈斯那等於仁壽殿甲辰見各國公使於仁壽殿壬子命袁世凱充督辦商務大臣伍廷芳副之兼議各國商約是秋發庫帑三十萬續撥義賑十二萬並於四川備賑又賑山東廣東雲南福建貴州等屬水災冬十月戊子中英商約成己丑湖南都司劉長儒坐不保護教士處斬是月賑山陝各屬災雲南劍川鶴慶州新疆疏勒等廳縣俱地震十一月戊午詔自明年會試始凡授編檢及改庶常與部屬中書用者皆肄業京師大學堂俟得文憑始許散館及奏留分省知縣亦各入課吏館學習己未以有泰爲駐藏大臣辛酉發內帑部帑各五萬於山東備賑壬戌調魏光燾爲兩江總督兼南洋大臣丙寅免臨潼被水地課五年庚辰冬至祀天於圜丘是月見法使呂班美使康格於乾清宮十二月癸卯命袁世凱充督辦電務大臣辛亥旌殉親異域使俄大臣楊儒子錫宸孝行是月免江浙各廳州縣衛額賦宜良被水租糧

二十九年癸卯春正月丁巳朔停筵宴以明歲皇太后七旬聖壽詔開慶榜本年爲癸卯恩科鄉試來年爲甲辰恩科會試其正科鄉會試併於下屆舉行乙丑見美使康格等於乾清宮丁卯命榮慶同管大學堂事己巳見各國公使等於養性殿丁亥免鎭西疏附被災糧賦二月壬子惠民決口合龍三月丙辰朔日有食之庚申見德親王亨利公使葛爾士等於乾清宮詔以謁陵取道鐵路禁攤派差徭扈從並免供給辛酉裁官學滿漢總裁及教習癸亥祀先農親耕耤田上奉皇太后謁西陵乙丑幸保定府駐蹕免蹕路所過州縣額賦十之三己巳榮祿卒贈太傅晉一等男罷印花稅及一切苛細雜捐科派侵漁者論如律庚午命奕劻爲軍機大臣癸亥幸南苑甲戌幸團河駐蹕庚辰命奕劻瞿鴻禨會戶部整理財政立銀錢鑄造總廠於京師命載振袁世凱伍廷芳參訂商律辛巳至自南苑是月免陝西庚子年逋賦夏四月己亥見各國公使於仁壽殿己酉雲南匪陷臨安府城庚戌免蹕路所過州縣旗租辛亥命崇禮爲東閣大學士敬信協辦大學士五月癸亥命鐵良會袁世凱練京旗兵戊辰戶部火甲戌命楊樞充出使日本大臣乙亥雲南猓夷平壬午賜王壽彭等三百一十五人進士及第出身有差閏五月甲申朔命馮子材會岑春煊辦理廣西軍務丙戌命張之洞會張百熙榮慶釐定大學堂章程庚寅滇軍復臨安府城石屏匪首周雲祥伏誅壬辰自四月不雨至於是日雨丙申廣西巡撫王之春提督蘇元春並褫職以柯逢時爲廣西巡撫劉光才爲廣西提督己亥御試經濟特科人員於保和殿壬寅命馬玉崑巡緝近畿盜賊甲辰中英續訂商約成六月壬戌予考取特科袁嘉穀等升敘有差癸亥逮蘇元春下獄丁卯世鐸等請加上皇太后徽號懿旨以廣西兵事方殷民生困苦不許丁丑河決利津是月見日使內田康哉等義使嘎釐納等於仁壽殿山東煙台水災賑之秋七月乙酉開廈門鼓浪嶼爲各國公地辛卯賞鄭孝胥四品京堂督辦廣西邊防得專奏崑岡致仕戊戌初置商部以載振爲尙書八月壬子朔王公百官豫請來年皇太后七旬萬壽報效廉俸申祝懿旨止之癸丑免靈州灘河地糧丁卯日本商約成庚寅見各國公使於仁壽殿壬申以敬信爲體仁閣大學士裕德協辦大學士丁丑見法使呂班德使穆默於仁壽殿九月丙申命榮慶在軍機大臣上學習行走調那桐爲外務部尙書兼會辦大臣丁酉命那桐與奕劻瞿鴻禨整理戶部財政榮慶充政務處大臣戊戌命孫家鼐張百熙並充政務處大臣是秋賑湖北陝西等屬水災懷柔雹災雲南各屬水旱災雹災鎭浙綏來蝗災涷災十月辛亥朔見荷使希特斯於乾清宮戊午以英秀接收阿勒台借地率議展緩命瑞洵往按之丙寅置練兵處命奕劻總理袁世凱鐵良副之甲戌命岑春煊總統廣西諸軍乙亥賞楊晟四品卿銜充出使奧國大臣丙子袁世凱劾張翼擅售開平煤鑛暨秦王島口岸於外人詔褫職責令收回丙午諭曰興學育才當務之急據張之洞同管學大臣會訂學章所稱學堂科舉合爲一途俾士皆實學學皆實用令自丙午科始鄉會中額及各省學額逐科遞減俟各省學堂辦齊有效科舉學額分別停止以後均歸學堂考取丁未改管學大臣爲學務大臣以孫家鼐任之十二月丙辰廣西匪首覃志發等伏誅戊午詔內務府再減宮廷用費罷一切不急工作己巳置翰林學士撰文並增員缺更定品級丙子以日俄搆兵中國守局外中立例宣諭臣民己卯授榮慶軍機大臣是月免安州被澇昆明被旱地畝租糧是冬賑甘肅雲南各州縣水災南州新化蛟災瀘州水災

三十年甲辰春正月癸未移廣西鹽道駐梧州兼關監督河決利津王莊甲申見美英法德日義比荷葡各使康格等於乾清宮己丑雲南提督張春發有罪褫職戍軍臺甲午以皇太后七旬聖壽上御太和殿頒詔天下覃恩有差己亥雲南總兵高德元坐玩寇殃民處斬己酉詔停本年秋決二月庚戌朔日有食之己未見葡使白朗穀於乾清宮丙寅利津決口合龍三月庚辰朔見德使穆默等於乾清宮癸未御史蔣式瑆以疏劾奕劻語無根據責還本官戊子下王照於獄庚寅免榆林等州縣逋課丁未張德彝與英訂保工條約成夏四月辛亥見德親王阿拉拜爾公使穆默於乾清宮乙亥蘇元春戍新疆是月免鄧川上年災糧新化被蛟呼蘭綏化等屬被兵逋賦五月辛巳命道員袁大化辦理安徽鑛務乙酉熱河行宮災丙戌懿旨特赦戊戌黨籍除康有爲梁啓超孫文外褫職者復原銜通緝監禁編管者釋免之戊戌廣西叛勇陷柳城斬統領祖繩武於軍前己亥旌九世同居邢台貢生范鳳儀癸卯賜劉春霖等二百七十三人進士及第出身有差乙巳懿旨本年七旬壽節停筵宴將軍督撫等毋來京祝嘏併免進獻罷粵海淮安關監督江甯織造六月己酉諭曰時艱民困官吏壅蔽下情不通甚至州縣錢糧浮收中飽以完作欠百弊叢生大負朝廷恤民之意各督撫速將糧額幾何實徵幾何正耗收米或折色幾何具列簡明表冊此外有無規費一一登明聲敘毋飾毋漏據實奏聞壬子命鐵良往江南考求製造局廠籌畫所宜並察出入款目及各司庫局所利弊戊午趣岑春煊赴桂柳督師癸亥青海住牧盟長車琳端多布等請藉年班齎貢物赴京祝嘏懿旨嘉獎仍郤之癸酉永定河決丙子河決利津薄莊秋七月戊寅見比使葛飛業於乾清宮罷福建水師提督歸併於陸路提督移駐廈門甲申永定河北下汛復決戊子發內帑十萬賑四川水旱災壬辰英兵入藏境達賴逃褫其名號命班禪額爾德尼攝之甲午甘肅黃河決臯蘭被災命崧蕃賑濟乙未停九江進瓷器丙申命李興銳署兩江總督兼南洋大臣是月賞湯壽潛四品卿銜督辦浙江鐵路八月丁未朔裁併內務府司員癸亥賞唐紹儀副都統銜往西藏查辦事件辛未見義使嘎尼納於仁壽殿癸酉見墨使鄺華於乾清宮九月丙子朔見英使薩道義於乾清宮癸未敬信以疾免己亥李興銳卒命周馥署兩江總督兼南洋大臣以英兵入藏達賴求救命德麟安撫之英兵旋退敕唐紹儀爲議約全權大臣癸卯改湖北糧道爲施鶴兵備道是秋免吉林被兵雲南水旱兵災逋賦武威金州額賦賑雲南順天福建甘肅江西水災山西浙江廣東等處災冬十月丙午呂海寰續訂中葡商約成以裕德爲體仁閣大學士世續協辦大學士庚戌見奧美德俄比諸使齊幹等於皇極殿永定河決口合龍壬子上奉皇太后御仁壽殿賜近支宗藩等宴率王貝子貝勒公等進舞甲寅皇太后聖壽節上詣排雲殿進表賀辛酉見英日法韓諸使薩道義等於皇極殿丙寅懿旨禁各省藉新政巧立名目苛細私捐一切學堂工藝有關教養者當官爲勸導紳民自籌毋滋苛擾除浙江墮民籍准入學堂畢業者予出身十一月乙亥朔命蔭昌仍充出使德國大臣曾廣銓充出使韓國大臣四川打箭鑪地震丁丑見義使巴樂禮於乾清宮壬午廣西匪首陸亞發伏誅戊子定新軍官制甲辰諭增祺賑撫東三省難民十二月戊申見義使巴樂禮荷使希特斯葡使阿梅達等於皇極殿甲寅裁江安糧道改江南鹽道爲鹽糧道丁巳發內帑三十萬賑奉天難民壬戌直隸始行公債票丙寅罷漕運總督置江淮巡撫丁卯立貴胄學堂戊辰置黑龍江巡道兼按察使銜蘭綏海兵備道呼蘭綏化二府辛未修四川都江堰是冬裁湖北雲南巡撫湖南陝西糧道免石屏趙州秋糧陳留等州縣逋賦朝邑被水額賦

三十一年乙巳春正月丁丑見德英日本法荷比義日葡墨美韓奧諸使於乾清宮達賴喇嘛請於庫倫建廟諷經不許命仍還藏善撫衆生癸巳鐵良言察閱諸省營伍湖北陸軍爲最優詔嘉獎江南各軍統領懲罰有差命唐紹儀充

出使英國大臣二月乙巳懿旨發內帑三十萬撫恤東三省難民庚戌命長庚徐世昌考驗改編三鎮新軍丙寅景陵隆恩殿災庚午見美使康格於海晏堂壬申賑阿拉善游牧癸酉免陝西前歲逋糧三月乙亥奉天饑俄兵入長春據之丙子巴塘番人焚毀法國教堂駐藏幫辦鳳全剿捕遇伏死飭四川提督馬維騏剿之命柯逢時管理八省土膏統捐事宜丁丑見德親王福禮留伯公使穆默於乾清宮己卯詔督撫舉堪勝提鎮官者己丑雲南省城開商埠庚寅罷新置江淮巡撫改淮揚總兵爲江北提督癸巳諭更定法律死罪至斬決止除凌遲梟首戮屍等刑斬絞決候者以次遞減緣坐各條除知情外餘悉寬免刺字諸例並除之甲午以禁止刑訊變通笞杖清查監獄羈所諭督撫實力奉行乙未犍爲匪徒作亂官軍剿平之丙申命周馥往江北籌畫吏治海防河工捕務夏四月甲辰以俄艦至南洋諭所在預防並禁商人運煤接濟更定竊盜條款凡應擬笞杖者改罰工作乙巳諭各省府州縣立罪犯習藝所丙午賞劉永慶侍郎銜署江北提督鎮道以下歸節制丁未裁廣東糧道置廉欽兵備道己酉命程德全署黑龍江將軍壬子德兵艦突至海州測量飭嚴詰五月丁亥見日使貫思理美使柔克義於乾清宮癸巳見墨使胡爾達於皇極殿庚子王文韶罷軍機大臣命徐世昌在軍機大臣上學習行走兼政務處大臣鐵良徐世昌會辦練兵事六月丙午見俄使璞科第於仁壽殿免中牟等州縣逋賦甲寅予考試留學生金邦平等進士舉人出身有差命載澤戴鴻慈徐世昌端方往東西洋各國考察政治戊午詔置盛京三陵守護大臣裁盛京戶禮兵刑工五部侍郎己未以世續爲體仁閣大學士那桐協辦大學士癸亥裁廣東巡撫庚午黔匪陷都勻之四寨官軍克復之丙子罷御史巡視五城及街道廳改練勇爲巡捕乙酉續派紹英爲出洋考察政治大臣己丑以巴塘兵事開實官捐一年丙申賞廷杰侍郎往奉天辦墾荒事務常德湘潭開商埠丁酉命鐵良在軍機大臣上學習行走尋兼政務處大臣八月壬寅諭各省工商抵制美約既礙邦交亦損商務疆吏當剴切開導以時稽察之甲辰詔廢科舉丙午裁奉天府尹府丞改置東三省學政命劉式訓充出使法日大臣黃誥充出使義國大臣周榮曜充出使比國大臣榮曜旋罷改任李盛鐸丁未免奉天北路被兵額賦辛亥發內帑三萬於江蘇備急賑癸丑詔各省學政專司考校學堂嗣後學政事宜歸學務大臣考核戊午新疆巡撫潘效蘇坐侵款褫職戍軍台己未命袁世凱鐵良校閱新軍秋操壬戌命汪大燮充出使英國大臣楊晟充出使德國大臣李經邁充出使奧國大臣甲子開海州商埠乙丑改命李經方爲商約大臣丁卯載澤等啓行甫登車有人猝擲炸彈事上詔嚴捕重懲己巳巴塘亂平匪首剌麻阿澤隆本郎吉等伏誅九月丙子以三品京堂周榮曜舊充關書侵盜鉅帑褫職逮治籍其貲庚辰初置巡警部以徐世昌爲尚書庚寅北新倉火辛卯論肅清廣西功晉岑春煊太子少保銜李經義優叙丙申見德使穆默於勤政殿戊戌命尚其亨李盛鐸會同載澤等赴各國考察政治是秋賑貴州雲南各屬水災太康風災鎮番暨巴燕戎格雹災風災冬十月癸卯見日本公使內田康哉等於勤政殿置吉林哈爾濱道丙辰盧漢鐵路成英兵入藏索賠欵一百二十餘萬諭國家代給以恤番艱壬戌訂鑄造銀幣及行用章程乙丑以陸徵祥充出使荷國大臣兼理海牙和平會事戊辰置考察政治館擇各國政法宜於中國治體者斟酌損益纂訂成書取旨裁定詔近有不逞之徒造爲革命排滿之說假借黨派陰行叛逆各疆臣應嚴禁密緝首從各犯論如謀逆例十一月庚午朔陝洛會匪平辛未裕德卒丙子罷駐韓使臣改置總領事己卯詔置學部以國子監歸併之調榮慶爲尚書乙未中日新約成十二月辛亥授那桐體仁閣大學士榮慶協辦大學士癸亥置京師內外城巡警總廳罷工巡局命徐世昌鐵良並爲軍機大臣是月免盛京各旗陝西各屬被兵逋賦安州積澇韓城水冲地租是冬賑會澤潦災荆州水災英吉沙爾水災雹災

三十二年丙午春正月丙子綏布特哈貢貂丁丑見德英法美日本荷義俄奧比葡墨諸使穆默等於乾清宮丁亥漳浦匪首張嬰伏誅壬辰徐郙以察典罷甲午命瞿鴻禨協辦大學士二月戊辰詔各省保護教堂及外人身家乙丑見德使穆默等於勤政殿是月頒帑十萬助賑日本災三月戊辰朔以忠君尊孔尚公尚武尚實五大綱爲教育宗旨宣詔天下庚午罷選八旗秀女丙子命汪大燮往賀日君婚禮丙戌開江蘇通州商埠丁酉美國舊金山地震頒帑十萬賑華民是月奧使顧新斯基義使巴樂禮等德使穆默等法使呂班先後覲見是春免浙江仁和等場與各州縣杭嚴衢三所竈課及荒地山塘雜課雲南湖南新疆災糧陝西逋賦夏四月戊戌朔命陸徵祥往瑞士議紅十字會公約己亥裁各省學政改置提學使庚子見日本公使內田康哉於勤政殿癸丑命鐵良充督辦稅務大臣唐紹儀副之丁巳發湖南庫帑十萬賑水災閏四月丙戌以暘雨失時偏災屢告懿旨飭君臣上下交儆戊子唐炯以衰疾解雲南鑛務五月戊戌發庫帑五萬賑廣東水澇災癸卯河南沁河溢賑災民是月見法使巴思德義親王費爾迪安德等於乾清宮六月丁卯德國減直隸駐兵歸我耶坊楊村北戴河秦王島山海關地庚辰沅陵匪首覃加位伏誅是夏免浪穹舊逋莎車復荒額賦甘肅雲南被災逋賦賑武陟水災朝陽火災秋七月戊戌置川滇邊務大臣以趙爾豐任之賞侍郎銜沁河決口合龍庚子江蘇水陸各營旗防軍改編巡防隊辛丑考察政治大臣載澤等還京上封事命醇親王軍機政務處大臣大學士北洋大臣公閱取進止乙巳奉天開商埠大東溝置海關以東邊道兼監督戊申諭曰載澤等陳奏謂國勢不振由上下相暌內外隔閡官不知所以保民民不知所以衞國而各國所由富強在實行憲法取決公論時處今日惟有仿行憲政大權統於朝廷庶政公諸輿論預備立憲基礎內外臣工切實振興俟數年後規模粗具參用各國成法再定期限實行己酉諭立憲預備須先釐定官制命大臣編纂奕劻孫家鼐瞿鴻禨總司核定取旨遵行調端方爲兩江總督兼南洋大臣甲子發江蘇庫儲十萬賑徐海淮西水災八月丁亥除臨川水冲地額賦庚寅見日本王爵博恭公使林權助於仁壽殿是月賑安徽水災廣東風災湖州澇災九月癸卯見各國公使等於仁壽殿丙午賜游學畢業陳錦濤等各科進士舉人出身有差甲寅詔更定官制內閣軍機處外務吏禮學部宗人府翰林院等仍舊改巡警部爲民政部戶部爲財政部兵部爲陸軍部刑部爲法部工部併入商部爲農工商部理藩院爲理藩部各設尚書一人侍郎二人不分滿漢都察院都御史一人副都御史二人改六科給事中爲給事中大理寺爲大理院增設郵傳部海軍部軍諮府資政院審計院以財政處歸度支部太常光祿鴻臚三寺歸禮部太僕寺練兵處歸陸軍部各部尚書俱充參預政務處大臣命世續爲軍機大臣林紹年軍機大臣上學習行走鹿傳霖榮慶徐世昌鐵良並罷軍機專理部務乙卯發廣東庫儲十萬賑香港及潮高雷欽廉屬風災丁巳改政務處爲會議政務處戊午命曾廣銓以三品京堂充出使德國大臣冬十月癸酉皇太后聖壽節停筵宴癸未見英使朱邇典比使柯霓雅於乾清宮乙酉裁併廣東陸路水路提督爲廣東提督丁亥見日本公使林權助等於勤政殿戊子瀏陽醴陵匪首王永求陳顯龍倡亂官軍擒斬之己丑撥漕折三十萬備賑江蘇辛卯立官報局於京師十一月己亥留廣東京餉十萬備賑壬寅免廣西錦鑛出井稅甲辰撥陝西官帑八萬助賑江蘇戊申詔升孔子爲大祀所司議典禮以聞癸丑詔各省議幣制丁卯建曲阜學堂發內帑十萬濟工是月見墨使胡爾達於勤政殿德使雷克司法使巴思德英使朱邇典於乾清宮十二月癸亥朔日有食之丁卯加京官養廉甲戌改駐各國公使爲二品實官是冬賑普甯趙州羅平師宗災江甯揚州水災免灤平安州澇災糧賦永城額賦陝西咸甯等處逋賦永平太和昆明災地欠糧

三十三年丁未春正月甲辰見各國公使於乾清宮庚戌裁各部小京官二月甲子有泰以貽誤藏事褫職謫戍軍臺壬申留蘇漕十五萬備賑三月丙申見日本公使林權助等於勤政殿戊戌長春哈爾濱關商埠己亥改盛京將軍爲東三省總督裁吉林黑龍江將軍改置奉吉黑三巡撫授徐世昌欽差大臣爲東三省總督壬寅命府尹孫寶琦充出使德國大臣壬子命天津道梁敦彥充出使美墨秘古大臣丙申命陸徵祥充保和會專使大臣李經方充出使英國大臣錢恂充出使荷國大臣丁巳崑岡卒是春免中衞被水及榆林等屬逋賦雲南旱災等州縣逋糧及額賦四月甲子裁各省民壯捕役改設巡警綏來地震乙丑御史趙啓霖坐汚衊親貴褫職辛未更定東三省官制奉天吉林黑龍江各設行省公署以總督爲長官巡撫爲次官置左右參贊分領承宣諮議兩廳分設交涉旗務民政提學度支勸業蒙務七司各置司使及提法使督練處等官己卯祈雨辛巳以江北水災嚴米糧出口禁丁亥定陸海軍官制陸軍部設兩廳十司軍諮處五司海軍部六司戊子命衍聖公孔令貽稽察山東學務五月癸巳巴塘等屬喇嘛脅河西蠻作亂官軍討平之乙未命王士珍以侍郎銜署江北提督丙申西陵禁山火丁酉瞿鴻禨罷己亥授鹿傳霖軍機大臣命醇親王直軍機辛丑王文韶罷命張之洞協辦大學士癸卯崇禮卒丁巳改按察使爲提法使置巡警勸業道裁分守分巡各道酌留兵備道及分設審判廳備司法獨立增易佐治員備地方自治期十五年內通行戊午詔憲法官民均有責任凡知所以預備之方施行之序者許各條舉上者甄採以聞安徽候補道徐錫麟刺殺巡撫恩銘錫麟捕得伏誅六月辛酉命李家駒充出使日本大臣丙寅復御史趙啓霖官壬申自四月不雨至於是日雨授張之洞體仁閣大學士鹿傳霖協辦大學士乙酉停萬壽筵宴永定河決是夏免新化被水額賦伊通被賊逋課雲南旱災等州縣銀米賑雲南饑及直隸水災秋七月詔中外

臣工議化除滿漢甲午改考查政治館爲憲政編查館其軍機大臣大學士參預政務大臣會議事於內閣行之壬寅遜旨遣楊士琦赴南洋各埠考察獎勵華僑免趙州蘇豐被災額賦賑順天等屬災民及瀏陽邵陽蛟災甲辰詔以匪徒謀逆往往假革命名詞巧爲煽誘各督撫當設法解散獲犯擬罪分別叛逆盜匪科論被脅及家屬不知情者勿株連命張蔭棠爲全權大臣與英人議藏約敬信卒己酉定限年編練陸軍三十六鎭丙辰命張之洞袁世凱並爲軍機大臣以袁世凱爲外務部尙書丁巳命楊士驤署直隸總督兼北洋大臣戊午李經邁以母病免命雷補同充出使奧國大臣己未河決孟縣八月辛酉上不豫詔各省薦精通醫理者命汪大燮使英國達壽使日本于式枚使德國俱充考察憲政大臣壬戌置京師高等審判廳己巳置總檢察廳庚申立資政院以貝子溥倫孫家鼐爲總裁乙亥命伍廷芳充出使美國大臣薩蔭圖充出使俄國大臣己卯詔以各省駐防習爲游惰命各將軍等授田督耕歸農後一切歸有司治理庚辰裁奉天驛站設文報局壬午詔中外臣工研究君主立憲政體論定自治章程甲辰見德使雷克司日使阿部守太郞於仁壽殿諭神機營衞隊及官兵歸陸軍部管轄九月辛卯詔議定滿漢禮制刑律考定度量權衡畫一制度章程是日以烟習未除勅責莊王載功睿王魁斌都御史陸寶忠副都御史陳名侃解職迅速戒斷並諭內外文武限三月淨盡否即嚴懲癸巳命沈家本兪廉三英瑞充修訂法律大臣己亥命各省立諮議局公舉議員並籌設州縣議事會壬寅日本以水災來告羅輸江皖浙鄂諸省米糧六十萬石濟之甲辰命各省立調查局各部院設統計處予游學畢業生章宗元等進士舉人出身有差戊申湖北按察使梁鼎芬言挽回時局莫亟於禁賄賂絕請託劾奕劻袁世凱等夤緣比附貪私誤國廷旨以有意沽名斥之是月免雲南旱傷等州縣稅糧賑懷甯等縣水災冬十月乙丑命派孫家鼐榮慶陸潤庠張英麟唐景崇寶熙朱益藩進講經史及國朝掌故永定河合龍戊辰皇太后聖壽停筵宴壬申見日使林權助等於勤政殿丙戌哲布尊巴丹胡圖克圖進方物十一月庚寅廣西匪踞南關礮臺責張鳴岐督剿尋復之戊申嚴聚衆開會演說之禁諭各省整頓學堂增訂考核勸戒法壬子見俄使璞科第等於乾清宮以內外臣工條議幣制用兩用元互有利害諭各督撫體察籌議以聞發帑五十萬濟廣西軍十二月戊午朔復分置廣東陸路提督水師提督癸亥裁吉林副都統置交涉民政度支三司使暨提法使勸業道予進士館游學畢業學員楊兆麟等進叙有差壬申裁山東糧道置巡警勸業二道甲戌諭熱河圍場辦屯墾裁駐防官兵乙亥命呂海寰充督辦津浦鐵路大臣丙子那桐兼督辦稅務大臣辛巳賞總稅務司赫德尙書銜丙戌再停布特哈貢貂一年是冬免雲南被旱直隸被潦暨陝西逋賦賑雲南等屬蛟災四川水災廣東風災水災

三十四年戊申春正月丁亥朔授醇親王載灃爲軍機大臣庚寅見各國公使於乾清宮己亥以京師銀價驟高物直踊貴發帑五十萬命順天府尹貶價收錢並令各省廠鑄當十銅元定額外加鑄三成一文新錢以資補救甲寅建蘭州黃河鐵橋丙午見奧使顧新斯基於勤政殿是月免雲南昆明等縣逋賦浙江仁和等場竈課湖南邵陽額賦二月戊午祭大社大稷是後祀典不克親行皆遣代庚申賞趙爾豐尙書銜爲駐藏大臣仍兼邊務大臣癸亥詔增給滿大臣暨各旗官十成養廉更定御前大臣以下等員津貼丙寅諭京外清庶獄甲戌京師勸工陳列所災癸酉諭以禁烟議成英人許分年減運見已實行褫減相約試行三年限滿再爲推減轉瞬期至其何以答友邦民政度支二部迅訂稽核章程責成督撫飭屬將減種減食切實舉辦以聞丁丑召達壽還命李家駒爲考察憲政大臣胡惟德充出使日本大臣壬午黃誥罷調錢恂爲出使義國大臣以陸徵祥爲出使荷國大臣三月壬辰命恭親王溥偉鹿傳霖景星丁振鐸充禁烟大臣立戒烟所專司查驗丙午廓爾喀貢方物甲寅以湛深經術賜湘潭舉人王闓運檢討是月免雲南被災新舊額賦夏四月丙辰見日使林權助等於勤政殿綏遠城將軍貽穀有罪褫職逮下刑部獄尋籍其家命信勤充墾務大臣兼署綏遠城將軍丁巳裁安徽安廬滁和道己未越匪陷河口命劉春霖以三品京堂幫辦雲南邊防前敵諸軍歸節制戊辰裁貴州糧道貴西道己巳見各國公使希特斯等於仁壽殿賜宴庚辰雲南官軍敗匪於田房復四隘旋克大小南溪及河口發帑犒軍五月乙酉朔滇匪平丁亥裁巴塘裏塘土司置流官壬辰上疾復作命直省薦精通醫理者癸巳錄中興功臣多隆阿向榮江忠源羅澤南駱秉章張國樑李續賓彭玉麐楊岳斌鮑超李孟羣程學啓劉松山馮子材等後升敘有差甲午修曲阜孔子廟癸卯襄河決颶風爲災庚戌郞中曹元弼進所著禮經校釋賞編修癸丑廣東大雨東西北三江並溢衞決圍隄六月丁巳前祭酒王先謙進所著尙書孔傳參正漢書補注荀子集解日本源流考賞內閣學士銜甲子免廣西礦地出井出口兩稅五年庚午予進士館遊學畢業學員黎淇枝等進叙有差甲戌命張之洞兼督辦粵漢鐵路乙亥允達賴喇嘛入覲丙子以美國減收賠款命唐紹儀充專使致謝兼赴東西洋考察財政議免釐加稅乙卯授楊士驤直隸總督兼北洋大臣辛巳法部主事陳景仁等請三年後開國會詔以景仁倡率生事褫職交管束是夏免雲南水旱雹災奉天水災荒地額賦賑江蘇風雹災湖北水災發部帑五萬賑察哈爾蒙旗及兩翼牧羣災又部帑十萬賑廣東廣州肇慶陽江各屬水災秋七月壬辰裁黑龍江愛琿等三副都統增置愛琿道呼倫貝爾道丙申釋蘇元春回己亥免鐵路公私稅三年庚子以各省設政聞社歛財結黨陰擾治安諭所在嚴禁辛丑修浙江海塘癸卯廣西巡勇叛變戕殺統將張人駿督剿之丙午命三品卿銜胡國廉總理瓊崖墾礦事庚戌置雲南交涉使是月山東安徽蝗八月甲寅朔憲政編查館資政院上憲法議院選舉各綱要暨逐年籌備事宜詔頒行京外官署依限舉辦每六閱月臚列成績以聞辛未命姜桂題總統武衞左軍戊寅見俄使廓索維慈荷使希特斯等於仁壽殿己卯命廕昌端方校閱秋操庚辰馬玉崑卒晉二等輕車都尉辛巳命廕昌充出使德國大臣壬午遣御前大臣博迪蘇往保定迎勞達賴喇嘛九月癸未朔予先儒顧炎武王夫之黃宗羲從祀文廟乙酉美軍艦游歷至廈門遣貝勒毓朗梁敦彥往勞問己丑開甯夏渠墾田庚寅達賴喇嘛至京尋於仁壽殿覲見癸巳頒畫一幣制丙申允郵傳部請試辦本國公債戊戌予進士舘畢業陳雲誥等叙進有差庚子見英使朱邇典等於仁壽殿癸卯予游學畢業陳振先等出身進士舘畢業葉先圻等叙進各有差己酉裁四川成緜龍茂道增置巡警勸業兩道辛亥詔以前籌備憲政事宜尙有未盡諭各部院依前格式各就職司所繫分期臚列奏交編查館覆核取旨遵行是秋免雲南會澤被水逋賦楚雄等縣及湖南漵浦被水額糧發帑十萬賑湖北湖南災民復賑甘肅災廣東風災水災廣西浙江黑龍江福建水災冬十月甲寅見日使伊集院彥吉於勤政殿廣州肇慶等屬颶風爲災諭施急賑戊午賜達賴宴於紫光閣壬戌皇太后聖壽節停筵宴達賴祝嘏進方物懿旨加封誠順贊化西天大善自在佛歲賜廩餼萬金遣歸藏壬申上疾甚懿旨醇親王載灃之子溥儀在宮中教養復命載灃監國爲攝政王癸酉上疾大漸崩於瀛臺涵元殿年三十有八遺詔攝政王載灃子溥儀入承大統爲嗣皇帝皇太后懿旨命嗣皇帝承繼穆宗爲嗣兼承大行皇帝之祧宣統元年正月己酉上尊諡曰同天崇運大中至正經文緯武仁孝睿智端儉寬勤景皇帝廟號德宗葬崇陵

論曰德宗親政之時春秋方富抱大有爲之志欲張撻伐以湔國恥已而師徒撓敗割地輸平遂引新進小臣銳意更張爲發奮自強之計然功名之士險躁自矜忘投鼠之忌而弗恤其罔濟言之可爲於邑洎垂簾再出韜晦瀛臺外侮之來釁自內作卒使八國連兵六龍西狩庚子以後佛鬱摧傷奄致殂落而國運亦因此而傾矣嗚呼豈非天哉

清史稿　本紀二十五

宣統皇帝本紀

宣統皇帝名溥儀宣宗之曾孫醇賢親王奕譞之孫監國攝政王載灃之子也於德宗爲本生弟子母攝政王嫡福晉蘇完瓜爾佳氏光緒三十二年春正月十四日誕於醇邸三十四年冬十月壬申德宗疾大漸太皇太后命教養宮內癸酉德宗崩奉太皇太后懿旨入承大統爲嗣皇帝嗣穆宗兼承大行皇帝之祧時年三歲攝政王載灃奉太皇太后懿旨監國軍國機務中外章奏悉取攝政王處分稱詔行之大事並請皇太后懿旨詔行三年喪甲戌尊聖祖母慈禧端佑康頤昭豫莊誠壽恭欽獻崇熙皇太后爲太皇太后兼祧母后皇后爲皇太后先是太皇太后並亦違豫是日崩乙亥申嚴門禁丁丑尊封文宗祺貴妃爲祺皇貴太妃穆宗瑜貴妃爲瑜皇貴妃珣貴妃爲珣皇貴妃瑨妃爲瑨貴妃大行皇帝瑾妃爲瑾貴妃戊寅停各省進方物己卯誥誡羣臣詔曰軍國政事由監國攝政王裁定爲大行太皇太后懿旨自朕以下一體服從嗣後王公百

官儀有覲望玩違或越禮犯分變更典章淆亂國是定即治以國法庶無負大行太皇太后委寄之重而慰天下臣民之望庚辰頒大行皇帝遺詔安慶兵變剿定之十一月乙酉頒大行太皇太后遺誥詔四時祭饗祝版醇賢親王稱曰本生祖考醇賢親王嫡福晉稱曰本生祖妣醇賢親王嫡福晉賑湖南灃州等屬水災戊子皇太后懿旨皇帝萬壽節俟釋服後改於每年正月十三日舉行慶賀禮庚寅以即位前期告祭天地宗廟社稷先師孔子告祭大行太皇太后大行皇帝几筵辛卯帝即位於太和殿以明年爲宣統元年頒詔天下罪非常所不原者咸赦除之詔遵大行太皇太后懿旨仍定於第九年內宣統八年頒布憲法召集議員鑄宣統錢己亥頒中和位育扁額於文廟壬寅內閣等衙門會奏監國攝政王禮節總目詔宣布之定守衛門禁章程命貝勒載濤毓朗尙書鐵良總司稽察以副都統崑源管理察哈爾牧羣定軍機處領班章京爲從三品官幇領班章京爲從四品官福建龍溪南靖等縣水災發帑銀四萬兩賑之乙巳詔各省督撫督率司道攷察屬吏秉公甄別不肖守令罔恤民瘼者重治之立變通旗制處命貝子溥倫鎭國公載澤那桐寶熙熙彥達壽總其事諭內外臣工尙節儉戒浮華丙午遣官告祭孔子闕里歷代帝王陵寢五嶽四瀆戊申皇太后懿旨罷頤和園臨幸加恩慶親王奕劻以親王世襲罔替貝勒載洵載濤加郡王銜皇太后父公桂祥食雙俸大學士以次鍚賚有差辛亥冬至祀天於圜丘莊親王載功代行禮自是壇廟大祀皆攝十二月壬子朔加上穆宗毅皇帝孝靜成皇后孝德顯皇后孝貞顯皇后孝哲毅皇后尊謚頒宣統元年時憲書甲寅立禁衛軍命貝勒載濤毓朗尙書鐵良專司訓練裁湖南鎭溪營游擊乾州協守備減留乾州協各營兵旌殉節故直隸提督馬玉崑妾于氏賑黑龍江墨爾根布特哈黑水大賚等城廳水災免直隸河間等八州縣被災地畝糧租丁巳祈雪命張之洞兼督辦川漢鐵路大臣庚申致仕大學士王文韶卒贈太保追予故雲貴總督張亮基謚民政部上調查戶口章程表式壬戌袁世凱罷命大學士那桐爲軍機大臣癸亥以梁敦彥爲外務部尙書兼會辦大臣那桐免步軍統領以毓朗代之乙丑詔定西陵金龍峪爲德宗景皇帝山陵稱曰崇陵丁卯復祈雪己巳度支部上清理財政章程壬申命張勳所部淮軍仍駐東省辦理剿撫事宜癸酉義大利地震災出帑銀五萬兩助賑憲政編查館奏京旗初選複選事宜應歸順天府辦理乙亥諭各省清釐緩錢糧積弊丁丑復祈雪是日雪免陝西各州縣光緒三十二年逋賦戊寅又雪憲政編查館上核覆城鄉地方自治並另擬選舉章程詔頒行之始製寶星賜外務部總理會辦大臣及出使各國大臣庚辰設奉天各級審判廳檢察廳辛巳裁江西督糧道設巡警勸業兩道

宣統元年己酉春正月壬午朔以大行在殯不受朝賀癸未免江蘇長洲等二十八廳州縣荒廢田地暨昭文金壇丹徒崑山新陽靖江溧陽等七縣漕屯銀米戊子置呼倫貝爾沿邊卡倫庚寅欽差大臣東三省總督徐世昌以病請免不許辛卯皇太后聖壽節停筵宴不受賀甲午免雲南阿迷州被災逋賦乙未度支部奏改定幣制請仍飭會議下政務處覆議開廣西富川縣錫鑛丁酉禁置買奴婢戊戌以近年新設衙門新建省分調用人員請加經費不能綜覈名實命中外切實考覈裁汰毋漫無限制美利堅國開萬國禁煙會議於江蘇上海端方莅會乙亥陳璧被劾罷以徐世昌爲郵傳部尙書調錫良爲欽差大臣東三省總督兼管三省將軍事以李經羲爲雲貴總督壬寅命雲南交涉使高而謙赴澳門勘界民政部上整頓京師內外警政酌改廳區章程癸卯上大行太皇太后尊謚翼日頒詔天下戊申詔籌備立憲事宜本年各省應行各節依限成立不得延誤諭核定新刑律來年頒行復已革廣西提督蘇元春原官罷福建廈門貢燕己酉上大行皇帝尊謚廟號翼日頒詔天下庚戌重整海軍命肅親王善耆鎭國公載澤尙書鐵良提督薩鎭冰籌畫慶親王奕劻總司稽查罷鐵良專司訓練禁衛軍大臣二月壬子修德宗實錄癸丑諭京外問刑衙門清訟獄釐別弊端戊午農工商部奏和蘭將訂新律收華僑入籍請定國籍法下修訂法律大臣會外務部議庚申免浙江仁和等場竈課錢糧乙丑宣示實行預備立憲宗旨詔曰國是已定期在必成內外大小臣工皆當共體此意翊贊新猷言責諸臣亦應於一切新政得失利病剴切敷陳丁卯命熙彥喬樹枬劉廷琛吳士鑑周自齊勞乃宣趙炳麟譚學衡與榮慶陸潤庠張英麟唐景崇寶熙朱益藩分日進講講義令孫家鼐張之洞核定庚午憲政編查館上統計表式甲戌申鴉片烟禁丙子免雲南宣威州被災村莊銀米閏二月甲申詔嚴預備立憲責成戒部臣疆臣因循敷衍放棄責任以服制倫紀攸關詔自今內外遭父母喪者滿漢皆離任聽終制命前內閣學士陳寶琛總理禮學館免浙江仁和等三十二州縣並杭嚴二衛杭衢嚴三所荒廢田地山塘丁漕銀米丙戌軍機大臣大學士那桐丁母憂詔奪情百日孝滿改署任仍入直戊子置庫倫理刑司員免廣東新鑛井口稅予死事安徽徽營管帶官陳昌鏞優卹辛卯監國攝政王班見王公百官於文華殿增設海參崴總領事頒行度支部印花票稅置直省財政監理官丙申裁湖北黃州荊門鄖陽宜昌施南德安副將參將游擊都司中軍守備各官出使大臣伍廷芳與美國訂立公斷專約成丁酉修崇陵戊戌立法政貴冑學堂命貝勒毓朗總理乙巳旌賞年逾百歲甘肅固原州回民李生潮賜御書扁額己酉以大行在殯止年班內外札薩克蒙古汗王貝勒貝子公台吉塔布囊等及呼圖克圖喇嘛西藏堪布察木多帕克巴拉回子伯克土司土舍廓爾喀等毋來京三月辛亥增設浙江巡警道勸業道甲寅復前河南巡撫李鶴年原官庚申皇太后懿旨度支部每歲交進年節另款銀二十八萬兩自今停進辛酉奉移德宗景皇帝梓宮於西陵梁格莊行宮甲子以輪船招商局歸郵傳部管轄乙丑復裁奉天巡警道增設洮昌等處兵備道臨長海等處分巡兵備道改奉錦山海關道爲錦新等處兵備道兼山海關監督東邊道爲興奉等處兵備道升興京廳爲興京府丙寅免梓宮經過宛平良鄉涿州房山淶水五州縣本年額賦十分之五易州十分之七並賞民間平毀麥田銀每畝一錢己巳詔復前戶部尙書立山兵部尙書徐用儀吏部左侍郎許景澄內閣學士聯元太常寺卿袁昶原官並賜謚命陸軍協都統吳祿貞督辦吉林邊務裁山西雁平道辛未以前外務部左參議楊樞充出使比國大臣亞東江孜噶大克開埠設關丙子增置奉天輝南直隸廳戊寅四川總督趙爾巽駐藏大臣趙爾豐助欵興學下部優敘趙爾巽捐廉贍族賞御書誼篤宗親扁額夏四月庚辰以各國遣使來弔命貝子銜鎭國將軍載振使日本法部尙書戴鴻慈使俄羅斯報謝他國命駐使將事甲申度支部立幣制調查局鑄通行銀幣乙酉普免光緒十四年訖光緒三十三年直省逋賦癸巳裁吉林琿春三姓寗古塔伯都訥阿勒楚喀各城副都統置琿春兵備道三姓兵備道升改增置綏芬延吉五常雙城賓州臨江諸府伊通直隸州榆樹直隸廳寶清綏遠二州琿春濱江東寗三廳富錦穆稜和龍樺川臨湖旺清額穆諸縣尋復設舒蘭阿城勃利饒河四縣甲午命內閣部院翰林科道會議德宗升祔大禮乙未祈雨丙申甘肅蘭州涼州鞏昌碾伯會寗各屬災發帑銀六萬兩賑之壬寅裁奉天左右參贊承宣諮議兩廳甲辰復祈雨戊申諭禁烟大臣切實考驗毋許瞻徇敷衍外省文武職官學生責成督撫將軍都統等嚴查禁五月己酉朔日有食之辛亥廷試游學畢業生進士黃德章等一百二十人授官有差壬子于式枚言各省諮議局章程與普魯士國地方議會制度不符下憲政編查館妥議癸丑陳啓泰卒以瑞澂爲江蘇巡撫允浙江紳士爲故兵部尙書徐用儀吏部右侍郎許景澄太常寺卿袁昶於浙江西湖立祠甲寅復祈雨陝甘總督升允以疏陳立憲利弊罷以長庚代之乙卯命廣福署伊犂將軍丁巳聯豫溫宗堯奏陳西藏籌辦練兵興學事宜己未命世續署外務部會辦大臣楊士驤卒以端方爲直隸總督兼辦理通商事務大臣張人駿爲兩江總督兼辦理通商事務大臣孫寶琦署山東巡撫辛酉以乍丫地方彝屬四川命畫歸邊務大臣管轄甲子諭農工商部趣各省興舉農林工藝各政乙丑復祈雨是日雨戊辰復前協辦大學士戶部尙書翁同龢原官己巳唐紹怡免奉天巡撫以侍郎候補辛未立游美學務處癸酉河南省改編營制甲戌賑雲南南寗州地震災丙子詔立軍諮處以貝勒毓朗領之攝政王代爲統率陸海軍大元帥貝勒載洵提督薩鎭冰俱充籌辦海軍大臣賑湖南灃州水災丁丑命貝勒載濤管理軍諮處事務六月甲申慶親王奕劻免管理陸軍部事賑湖北漢陽等府水災乙酉伊犂始編練陸軍丙戌授程德全奉天巡撫陳昭常吉林巡撫周樹模黑龍江巡撫丁亥開甘肅臯蘭縣新城西固城渠以工代賑己丑賑雲南彌勒縣碧洱等處地震災免雲南太和縣屬上年被災田糧庚寅復已故降調兩廣總督毛鴻賓原官追予禦賊殉難已故江蘇常州府通判岳昌於常州府建祠賑奉天安東水災甲午呂海寰罷以徐世昌充督辦津浦鐵路大臣沈雲沛副之更奉天錦新道名錦新營口等處分巡兵備道乙未吉林大水發帑銀六萬兩賑之賑湖南灃州安鄉常德岳州等廳州縣水災丁酉湖北荊州漢陽兩府潦發帑銀六萬兩並命籌銀二十萬兩急賑之辛丑除熱河新軍營房占用圈地額租壬寅賑浙江錢塘等十一縣水災癸卯罷張勳東三省行營翼長命赴甘肅提督任甲辰命伍廷芳錢恂俱來京以署外務部右丞張蔭棠爲出使美墨秘古四國大臣署外務部右參議吳宗濂爲出使義國大臣甲辰趙爾巽奏平四川寗遠淺水猓夷乙巳賞京師貧民棉衣銀後以爲常丙午命李準爲廣東水師提督秋七月戊申朔裁湖南常德寶慶永順岳州灃州臨武桂陽宣奉永州武岡沅州綏靖辰州嶺東各協營暨撫標提標副將參將游擊都司守備等官癸丑浚遼河丙辰籌辦海軍大臣上擬訂海軍長官旗式章服圖說管理軍

諮處上酌擬軍諮處暫行章程賑江西萍鄉等縣水災丁巳停秋決法部上補訂高等各級審判廳試辦章程及擬定外省審判廳編制大綱開四川重慶江北廳龍王洞煤鐵鑛戊午免雲南魯甸鎮雄二廳被災田畝銀米甲申南洋籌設勸業會命南洋大臣兩江總督張人駿爲會長各省籌辦協會出品免稅釐辛酉德宗景皇帝梓宮奉移山陵免所過各州縣旗租並賞耔種銀甲子裁河南糧鹽道增置巡警勸業二道戊辰諭直省整飭積穀卹以死建言頤和園八品苑副永麟庚午增設南洋各島領事壬申學部立圖書館於京師洪江會匪姚荏山伏誅丙子湖北平糶八月丁丑朔考察憲政大臣李家駒進日本司法制度考等書辛巳開黑龍江墨爾根嫩江甘河煤鑛甲申改吉林濱江道爲西北路道西路道爲西南路道並前設之東北路道東南路道俱名分巡兵備道乙酉賑福建福州風災熱河開魯平泉兩州縣水災丙戌藏番不靖趙爾豐剿定之命候補內閣學士李家駒協理資政院事戊子京張鐵路工成除浙江鎮海縣開浚河道佔廢民竈田地銀米己丑開湖南平江金鑛新化銻鑛常寧鉛鑛庚寅予救父捐軀湖北黃陂縣舉人陳鴻偉孝行宣付史館丁酉大學士孫家鼐張之洞並以病乞休詔慰留之戊戌農工商部奏試行勸業富籤公債票己亥大學士張之洞卒贈太保入祀賢良祠命戴鴻慈在軍機大臣上學習行走以廷杰爲法部尚書葛寶華爲禮部尚書庚子調誠勳爲熱河都統以溥良爲察哈爾都統癸卯京師開廠煮粥濟貧民發粟二千五百石有奇已改設教養局習藝所者仍給之歲以爲常乙巳修訂法律大臣進編訂現行刑律下憲政編查館核議丙午詔以九月初一日爲各省召集議員開議之期特申誥誡諭曰諮議局議員於地方利弊當切實指陳妥善計畫勿挾私心以妨公益勿逞意氣以紊成規勿見事太易而議論稍涉囂張勿權限不明而定法或滋侵越各督撫亦當虛心採納裁度施行以期上下一心漸臻上理至開局以後各督撫尤應遵照定章實行監督務使議決事件不稍踰越權限違背法律共攄忠愛以圖富強朕實有厚望焉是月載洵薩鎮冰出洋考查海軍九月丁未朔始製爵章頒賜辛亥和蘭保和會條約成分別批准畫押癸丑命趙爾巽兼署成都將軍乙卯內閣會奏德宗升祔大禮詔穆宗毅皇帝德宗景皇帝同爲百世不祧之廟宜以昭穆分左右不以昭穆分尊卑定德宗升祔太廟中殿供奉西又次楹又五室穆位前殿於文宗顯皇帝之次恭設坐西東向穆位奉先殿準此永爲定制賞陸軍貴冑學堂畢業學生子爵成全等侍衛及進叙有差己未資政院上選舉章程壬戌德人遊歷雲南爲慭夷所害捕誅之甲子豫河安瀾賑廣東省城及南海各縣水災乙丑錫林果勒盟阿巴嘎阿巴哈那爾浩齊特烏珠穆沁災發帑銀三萬兩賑之賑雲南鎮雄等州縣水災丙寅黃河安瀾授鹿傳霖體仁閣大學士吏部尚書陸潤庠協辦大學士賞游學畢業生項驤等舉人辛未升翰林院侍講學士爲正四品侍讀侍講從四品撰文祕書郎修撰正五品編修檢討從五品頒爪哇僑民捐立學堂扁額癸酉南河安瀾是月韓人安重根戕日本前朝鮮統監伊藤博文於哈爾濱冬十月丁丑朔四川西昌會理交界二板房夷匪爲亂官軍剿平之成都將軍馬亮卒庚辰葬孝欽顯皇后於普陀峪定東陵免梓宮經過州縣地方額賦並賞平毀麥田耔種銀乙酉孝欽顯皇后神牌祔太廟翼日頒詔天下丙戌定成都將軍勿庸統轄松潘建昌以玉崑爲成都將軍丁亥直隸總督端方坐違制奪職調陳夔龍爲直隸總督兼辦理通商事務大臣瑞澂署湖廣總督寶棻爲江蘇巡撫以孫寶琦爲山東巡撫丁寶銓爲山西巡撫己丑詔第一二屆籌辦憲政事宜內外諸臣應竭誠負責並命憲政編查館稽核所奏成績有因循敷衍措置遲逾者甄劾以聞庚寅憲政編查館上釐定各省提法使官制章程開庫倫哈拉格囊圖金鑛延祉以疾免命三多署庫倫辦事大臣辛卯江蘇溧陽金壇荊溪宜興丹徒丹陽震澤等縣災發帑銀三萬兩賑之癸巳民政部奏援案請賞米石核定各廠院實需數目收養貧民詔行之賑雲南大姚文山等縣水災甲午大學士孫家鼐卒贈太傅入祀賢良祠賞銀治喪詔以已故五品卿銜山西即用知縣汪宗沂經學卓越宣付史館賞食餉閑散宗室覺羅人等一月錢糧暨孤寡半月錢糧八旗綠步各營官兵半月錢糧歲以爲常丁酉免雲南元江州屬被水田畝銀米庚子東明黃河安瀾癸卯除廣東緝匪花紅自今文武官有再收花紅者以贓論復前禮部尚書李端棻原官甲辰停今年吉林珠貢乙巳順天紳士請爲已故戶部尚書立山內閣學士聯元立祠許之十一月戊申免直隸武清等十一廳縣額賦旗租開州東明長垣等三州縣額賦己酉上兼祧母后皇太后徽號曰隆裕皇太后翼日頒詔天下癸丑民政部上府廳州縣自治選舉章程癸亥復前福建巡撫張兆棟原官設黑龍江璦琿沿邊卡倫二十自額爾古訥河訖於孫河口乙丑置督辦鹽政大臣以載澤爲之產鹽省分督撫爲會辦鹽政大臣行鹽省分督撫俱兼銜丙寅授陸潤庠體仁閣大學士戴鴻慈以尚書協辦大學士辛未以貝勒毓朗爲步軍統領癸酉都察院上互選規則乙亥學部上女學服色章程予絕學專家已故候選同知直隸州知州華蘅芳與其弟故直隸州州判世芳及已故二品封職徐壽俱宣付史館十二月己卯詔求直言辛巳增置奉天安圖撫松二縣壬午賞游學專門詹天佑等工科文科法科進士工科格致科舉人癸未免山東青城等八十九州縣及衛所鹽場本年錢糧乙酉德宗景皇帝神牌先祔奉先殿賞一產三男河南柘城縣民婦張劉氏通許縣民婦田厲氏米布賑廣東佛山等十三廳縣災丙戌定太醫院院使爲四品戊子錄咸豐同治年間戡定髮捻回諸匪功臣後裔官有差除琿春軍隊營房占用旗戶地畝租庚寅趙爾豐奏四川德格土司多格生吉納土改設流官賞土舍都司世襲壬辰慶親王奕劻免管理陸軍貴冑學堂以貝勒載潤代之癸巳增置熱河隆化縣乙未憲政編查館上禁煙條例頒行之復故前湖南巡撫陳寶箴原官丙申憲政編查館上禁買賣人口條款戊戌法部上法官懲戒章程己亥憲政編查館上京師地方自治選舉章程庚子升太醫院左右院判爲五品壬寅憲政編查館上府廳州縣地方自治章程並府廳州縣議事會議員選舉章程癸卯憲政編查館上法院編制法並法官考試任用司法區域分劃及初級與地方審判廳管轄案件暫行章程

二年庚戌春正月丙午朔不受朝賀己酉廣州新軍作亂練軍討平之辛亥詔以人心浮動黨會繁多混入軍營句引煽惑命軍諮處陸軍部南北洋大臣新舊諸軍嚴密稽查軍人尤重服從長官命令如有聚衆開會演說並嚴查禁移吉林大通縣駐松花江南岸更名方正縣乙卯廣東革命黨王占魁等伏誅丁巳達賴喇嘛患川兵至出奔諭聯豫等仍遣員迎護回藏辛酉詔奪阿旺羅布藏吐布丹甲錯濟寨汪曲卻勒朗結達賴喇嘛名號鹽政處上督辦鹽政試行章程癸亥協辦大學士戴鴻慈卒贈太子少保銜賞銀治喪呂海寰等上中國紅十字會章程命盛宣懷充會長監察御史江春霖以論慶親王奕劻誤國斥回原衙門命郵傳部尚書徐世昌協辦大學士內閣學士吳郁生在軍機大臣上學習行走甲子管理軍諮處貝勒載濤請赴日本美英法德義奧俄八國考察陸軍辛未英國舉行萬國刑律改良會法部奏遣檢察廳長徐謙往與會甲戌詔預備立憲宜化除成見悉泯異同自今滿漢文武諸臣陳奏事件一律稱臣以昭畫一而示大同二月乙亥朔聯豫請以新噶勒丹池巴羅布藏丹巴代理前藏事務丙子禁洋商湖南購運米石辛巳鐵良以疾免以廕昌爲陸軍部尚書梁敦彥爲稅務處會辦大臣免浙江仁和海沙鮑郎蘆瀝四場暨江蘇橫浦浦東二場荒蕪竈蕩宣統元年逋課壬午免陝西榆林等四州縣舊欠榆林府倉糧米草束乙酉以內閣侍讀學士梁誠爲出使德國大臣三月民政部上脩正報律下憲政編查館核奏己丑復發帑銀三萬兩賑安徽災壬辰免吉林五常廳樺甸縣宣統元年逋賦甲午聯豫奏拉里僧俗暨工布番兵投誠歸化丙申葛寶華卒調榮慶爲禮部尚書以唐景崇爲學部尚書戊申予故湖北提督夏毓秀優卹癸丑憲政編查館上行政綱目籌辦海軍大臣奏各司名目職掌三月乙巳朔王世珍以疾免命雷震春署江北提督己酉雲南威寧邪匪襲昭城官軍剿滅之匪首李老么伏誅辛亥湖南民饑倡變諭擒首要散脅從壬子湖南巡撫岑春蓂罷命楊文鼎暫代之遣楊士琦赴南洋充勸業會審查總長丁巳祈雨庚申雨追復故海軍提督丁汝昌原官廢秋審覆審舊制諭沿江各省督撫平糶河南巡撫吳重熹免以寶棻代之調程德全爲江蘇巡撫壬戌予遺愛在民故太常寺卿袁昶安徽蕪湖縣建祠癸亥裁奉天巡撫授廣福伊犁將軍甲子革命黨人汪兆銘黃復生羅世勳謀以藥彈轟擊攝政王事覺捕下法部獄庚午旌殉夫烈婦山東曲阜孔令保妻潘氏宣付史館夏四月甲戌朔詔資政院於本年九月一日開院欽選宗室王公世爵宗室覺羅各部院官暨碩學通儒議員八十八人前期召集丙子裁福建督糧道增設巡警道勸業道丁丑命載濤充專使大臣往英國弔祭戊寅賞游學畢業生吳匡時等七人工科進士法政科舉人有差庚辰憲政編查館修訂法律大臣進現行律命頒行之詔曰此項刑律爲改用新律之預備內外問刑衙門當悉心講求依法聽斷毋任意出入致枉縱癸未詔各省增設巡警勸業兩道原期保衛治安振興實業督撫於已補人員悉心考覈如不能勝任或於缺不宜即奏明另補毋迴護瞻徇乙酉聯豫請西藏曲水哈拉烏蘇江達碩般多及三十六族各設委員一人並停藏番造槍造幣兩廠前出使義大利大臣錢恂進和會條約譯詮丁亥以江北鹽梟會匪出沒靡常諭雷震春剿撫之己丑度支部上幣制兌換則例詔國幣單位定名曰圓暫就銀爲本位以一圓爲主幣重庫平七錢二分別以五角二角五分一角三種銀幣及五分鎳幣二分一分五釐一釐四種銅幣爲輔幣圓角分釐各以十進著爲定制以聯芳爲荊州將軍庚寅定續選納稅

多額十人爲議員辛卯命郵傳部侍郎汪大燮充出使日本大臣癸巳梁敦彥以疾免以鄒嘉來署外務部尚書兼會辦大臣除湖北石首縣文義洲地方租課蘆課丙申湖南巡撫岑春蓂褫職五月丙辰升四川寧遠阿拉所巡檢爲鹽邊廳撫夷通判戊午湖南常德府水潦災發帑銀二萬兩賑之李經羲奏雲南永昌府屬鎭康土州改流官增置永康州免雲南陸涼州被旱銀糧辛酉賑江北海州等處水災癸亥都察院代遞諮議局議員孫洪伊等並直省旗籍代表等呈請速開國會詔仍俟九年籌備完全再行降旨定期召集議員宣諭之甲子免湖南苗疆佃民欠租湖南鳳凰乾州永綏保靖瀘溪麻陽古文坪七廳縣積欠屯租穀石己巳賑湖北災辛未裁奉天同江廳河防同知六月壬午黑龍江災發帑銀二萬兩賑之乙酉汪大燮進考查英國憲政編輯各書己丑命籌辦海軍事務大臣貝勒載洵充參預政務大臣壬辰命外務部侍郎胡惟德充稅務處幫辦大臣丙申詔各省督撫勞於行政亟於籌款而恒疏於察吏不知吏治不修則勞民傷財亂端且從此起新政何由而行其各愼選牧令爲地擇人斯爲綏靖地方至計戊戌詔各部院各督撫嚴劾貪官汙吏並諭貴戚及中外大臣敦品勵行整躬率屬己亥命載澤壽勳會阿穆爾靈圭載潤查辦前鋒營暨內務府三旗護軍營釐定章程以聞是月山東萊陽紳民相仇匪首曲思文聚衆萬餘圍攻城邑刦殺官兵海陽亦因征收錢糧激變旋並平定之秋七月甲辰裁福建督糧道置勸業道瑞興免以志銳爲杭州將軍乙巳瑞澂楊文鼎奏湘省匪勢蔓延擬行清鄉法從之戊申詔農工商部會同各督撫等調查鑛產熟籌開辦庚戌詔趣各督撫查造官民荒田及氣候土宜圖册並興舉工藝實業報農工商部奏聞壬子農工商部立度量權衡用器製造廠癸丑貝勒載濤奏考察各國軍政軍人犯罪統歸軍法會議處審斷非普通裁判所得與聞諭照行之甲寅世續吳郁生免軍機大臣以毓朗徐世昌爲軍機大臣命唐紹怡署郵傳部尚書毓朗免步軍統領並專司訓練禁衛軍大臣命烏珍兼署步軍統領設各省交涉使新疆陸軍營官田熙年以擅殺釀變伏誅丙辰安徽皖南南陵宿州靈壁等屬潦災發帑銀四萬兩賑之丁巳法部上秋審條款庚申前江西提學使浙路總理湯壽潛以劾盛宣懷爲蘇浙路罪魁褫首奪職辛酉賑皖北飢民以忠瑞爲科布多辦事大臣聯魁免新疆巡撫以何彥昇代之改各省按察使爲提法使甲子大學士鹿傳霖卒贈太保入祀賢良祠賞銀治喪乙丑命外務部參議上行走沈瑞麟充出使奧國大臣外務部右丞劉玉麟充和蘭萬國禁煙大會全權委員戊辰奉天開葫蘆島港己巳置黑龍江訥河直隸廳同知是月載洵薩鎭冰復往美利堅日本兩國考察海軍八月甲戌置奉天鎭東縣乙亥清銳免以鐵良爲江寧將軍癸未命沈家本充資政院副總裁甲申以外務部右丞劉玉麟充出使英國大臣丁亥理藩部奏變通禁止出邊開墾地畝民人聘娶蒙古婦女內外蒙古不准延用內地書吏教讀公牘不得擅用漢文蒙古人不得用漢字命名等舊例許之增置四川昭覺縣己丑聯芳免以鳳山爲荊州將軍命廕昌兼訓練近畿各鎭大臣甲子命近畿陸軍各鎭俱歸陸軍部管轄裁近畿督練公所增置奉天鹽運使改四川鹽茶道爲鹽運使茶務歸勸業道管理乙未以奏報禁種烟苗粉飾下吉林黑龍江河南山西福建廣西雲南新疆諸省督撫部議申諭各省嚴切查禁丙午授徐世昌爲體仁閣大學士以吏部尚書李殿林協辦大學士丁酉以廓爾喀額爾德尼王畢熱提畢畢噶爾瑪生寫熱曾噶扒噶都熱薩哈拒西藏求援兵詔嘉獎之庚子賑陝西華渭南兩州縣潦災九月辛丑朔資政院舉行開院禮監國攝政王莅會頒訓辭壬寅賞游學畢業生吳乃琛等四百五十九人文醫格致農工商法政進士舉人有差癸卯免甘肅河金渭源伏羌安定會寧靈循化集九廳州縣上年被災地畝錢糧草束丙午江北徐州等屬雨潦災命度支部發帑賑之乙巳署綏遠城將軍督辦墾務大臣信勤以疾免調堃岫代之以奎芳爲烏里雅蘇臺將軍戊申命度支部再發帑銀二萬兩賑皖北災壬子張人駿以上海市情危急請借洋款酌劑並輸運庫帑銀五十萬兩許之癸丑永定河安瀾賑四川緜竹等廳縣水災甲寅裁海龍圍場總管丙辰詔直省舉賢良方正從嚴甄取己未予積貲興學山東堂邑義丐武訓事實宣付史館裁湖南常德府同知寶慶府長安營同知癸亥諭綏遠城墾務緊要沿邊道廳以下官凡關墾務者均聽墾務大臣節制丙寅楊樞以疾免命農工商部右丞李國杰充出使比國大臣賑黑龍江水災丁卯袁樹勳以疾免命張鳴岐署兩廣總督以沈秉堃爲雲南巡撫戊辰裁貴州副將游擊都司守備等官免新疆迪化等十一廳縣民欠錢糧籽種十月癸酉詔改於宣統五年開國會以直省督撫多以爲言復據順天直隸各省諮議局人民代表請願速開國會故有是命甲戌命溥倫載澤充纂擬憲法大臣乙亥黃河安瀾丁丑廣西岑溪匪亂官軍剿定之匪首陳榮安伏誅程文炳卒以程允和爲長江水師提督命甘肅提督張勳接統江南浦口各營免甘肅靈州水災銀米庚辰增韞奏浙江裁綠營改編水師辛巳詔以縮改宣統五年開設議院責成各主管衙門切實籌備民政度支法學諸部俱有應負責任提前通盤籌畫分別最要次要詳細以聞並誡勉直省督撫淬厲精神切實遵行毋再因循推諉致誤限期壬午何彥昇卒以袁大化爲新疆巡撫戊戌予故大學士前署兩廣總督張之洞於江寧省城建祠十一月癸卯罷陸軍尚書侍郎及左右丞參議改設陸軍大臣副大臣各一人置海軍部設海軍大臣副大臣各一人以廕昌爲陸軍大臣壽勳副之貝勒載洵爲海軍大臣譚學衡副之乙巳命海軍提督薩鎭冰統巡洋長江艦隊丙午雲南大姚縣民亂入城刦獄殺人官軍剿定之匪首陳文培鄧良臣俱伏誅己酉命前安徽巡撫馮煦爲江皖籌賑大臣壬子農工商部進編輯棉花圖說丁巳資政院言軍機大臣責任不明難資輔弼請設立責任內閣詔以朝廷自有權衡非院臣所得擅預斥之雷震春罷命段祺瑞署江北提督庚申陳夔龍奏順直諮議局呈請明年卽開國會諭提前豫備事宜已屬不及豈能再議更張命剴切宣示不准再行要求續奏加賞普濟教養局倉米六十石月以爲常辛酉置各省高等審判檢察廳設丞長湖南緩設癸亥東三省國會請願代表來京呈請明年卽開國會軍機大臣以聞詔民政部步軍統領衙門勒歸籍勿逗留再有來京及各省聚衆者察治之甲子詔趣憲政編查館擬訂籌備清單內閣官制並纂擬具奏予故大學士張之洞於湖北省城建祠乙丑慶親王奕劻請免軍機大臣及總理外務部優詔慰留之己巳資政院請明諭剪髮易服十二月壬申諭各省曉諭學堂禁學生干豫政治聚衆要求違者重治丙子唐紹怡以疾免以盛宣懷爲郵傳部尚書丁丑察哈爾右翼四旗蒙古災發帑銀一萬兩賑之己卯志銳請變通銷除旗檔舊制辛巳召增祺入覲命孚琦署廣州將軍壬午召趙爾巽入覲癸未重申烟禁地方官仍前粉飾者罪之並命民政度支二部考核命各省總督會同憲政編查館王大臣參訂外省官制乙酉裁併江蘇州縣設審判廳江寧以江寧併入上元蘇州以長洲元和併入吳江都併入甘泉昭文併入常熟新陽併入崑山震澤併入吳江婁併入華亭陽湖併入武進金匱併入無錫荊溪併入宜興丁亥憲政編查館上遵擬修正逐年籌備事宜清單裁吉林水師營官丁戊子四川匪踞黔江縣爲亂官軍擊卻之復其城己丑考察憲政大臣李家駒進日本租稅制度考會計制度考癸巳四川匪首溫朝鍾竄入湖北咸豐縣境擒斬之乙未命貝子銜鎭國將軍載振充頭等專使大臣賀英君加冕資政院議決新刑律總則分則詔頒布之丙申免陝西咸寧等六十四府廳州縣光緒三十三年逋賦並廣有倉錢糧草束丁酉資政院上議決統一國庫章程戊戌資政院奏議決宣統三年歲出歲入總豫算廷杰卒以紹昌爲法部尚書己亥裁甘肅蘭州道置勸業道是月江淮饑人相食東三省疫

三年辛亥春正月庚子朔以山海關外防疫天寒道阻諭陳夔龍錫良安置各省工作人丙午馮煦奏勘徐淮災狀己酉免江蘇長洲等四十廳州縣田地銀糧庚戌賑江蘇高郵寶應清河安東山陽阜甯等縣水災甲寅度支部上全國豫算章程丙辰釋服御史胡思敬劾憲政編查館言新官不可濫設舊官不可盡裁起草應用正人須行當採衆議下其章於政務處庚申調志銳爲伊犁將軍廣福爲杭州將軍乙丑除非刑凡遣流以下罪毋用刑訊法部奏上已革綏遠城將軍貽穀罪論死詔改戍新疆效力贖罪乙巳命周樹模會勘中俄邊界是月直隸山東民疫二月庚午朔予故大學士前湖南巡撫王文韶於湖南省城建祠馮煦請濬睢河民政部上編訂戶籍法壬申諭所司防疫毋藉端騷擾並命民政部步軍統領衙門順天府以保衛民生之意諭人民乙亥四川德格春科高日三土司改設流官置邊北道登科府德化白玉二州石渠同普二縣定應遣新疆軍台人犯改發巴藏丙子免雲南昆明等三州縣被災田地錢糧銀米丁丑免浙江仁和等三十州縣杭嚴二衞嚴二所荒地錢糧漕米戊寅改陸軍部海軍部大臣副大臣爲正都統副都統仍以廕昌壽勳載洵譚學衡爲之英人佔片馬癸未命李家駒撰擬講義輪班進呈丙戌裁駐藏幫辦大臣設左右參贊丁亥頒浙江惠興女學堂貞心毅力匾額己丑外務部上勳章賠賞章程命度支部右侍郎陳邦瑞學部右侍郎李家駒民政部左參議汪榮寶協纂憲法以誠勳爲廣州將軍溥頲爲熱河都統以貝子溥倫爲農工商部尚書世續爲資政院總裁李家駒副之劉若曾爲修訂法律大臣壬辰禁洋商運鹽入口改設英屬檳榔嶼正領事官三月庚子以劉銳恒爲雲南提督裁稽察守衛處置管理前鋒護軍等營事務處三旗護軍仍隸內務府陸軍部奏東三省測量局員焦濵賄賣秘密地圖誅之辛丑裁奉天承德錦二縣壬寅裁四川川北重慶二鎭總兵官癸卯頒盡忠節守禮節尚武勇崇信義敦樸素重廉

恥六條訓諭軍人丁未賞陸軍各鎮協統制統領等官何宗蓮李奎元等陸軍副都統銜協都統有差戊申吉林濬圖們江航路通於海己酉命出使義國大臣吳宗濂充專使賀義大利立國慶典庚戌革命黨人以藥彈擊殺署廣州將軍孚琦壬子以薩鎮冰爲海軍副都統趙爾豐奏平三巖野番改孔撒麻書兩土司設流官甲寅授張鳴岐兩廣總督乙卯度支部尚書載澤與英美德法四國銀行締結借款契約丙辰賞伊犂將軍志銳尚書銜伊犂地方文武各官受節制免浙江仁和等三十七州縣並衛所田塘宣統二年銀糧戊午以江皖豫災命馮煦會三省督撫籌春賑己未和蘭開禁烟會於海牙命出使德國大臣梁誠往與會賑科布多札哈沁蒙古游牧災庚申錫良以疾免調趙爾巽爲東三省總督授欽差大臣兼管三省將軍事加直隸熱河道提法使銜辛酉命趙爾豐署四川總督王人文爲川滇邊務大臣予哀毀殉親前浙江巡撫聶緝槼孝行宣付使館癸亥漢儒趙岐元儒劉因俱從祀文廟華商剏立大同學校於日本橫濱頒育才廣學扁額丁卯革命黨人黃興率其黨於廣州焚總督衙署擊走之夏四月辛未楊文鼎請緩裁湖南綠營及防軍甲戌賞游學畢業生鍾世銘汪爔芝等法政科進士舉人工科舉人有差丙子趙爾巽奏請用人行政便宜行事從之丁丑裁山東撫鎮標營官戊寅詔改立責任內閣頒內閣官制授慶親王奕劻爲內閣總理大臣大學士那桐徐世昌俱爲協理大臣以梁敦彥爲外務大臣善耆爲民政大臣載澤爲度支大臣唐景崇爲學務大臣蔭昌爲陸軍大臣載洵爲海軍大臣紹昌爲司法大臣溥倫爲農工商大臣盛宣懷爲郵傳大臣壽耆爲理藩大臣復命內閣總協理大臣俱爲國務大臣內閣總理大臣協理大臣均充憲政編查館大臣慶親王奕劻仍管理外務部置弼德院以陸潤庠爲院長榮慶副之罷舊內閣辦理軍機處及會議政務處大學士協辦大學士仍序次於翰林院裁內閣學士以下官置軍諮府以貝勒載濤毓朗俱爲軍諮大臣命訂府官制趙爾巽會陳夔龍張人駿瑞澂李經羲與憲政編查館大臣商訂外省官制己卯慶親王奕劻大學士那桐徐世昌俱辭內閣總理協理不許趣即任事重申鴉片烟禁諭民政度支二部各省督撫剋期禁絕詔定鐵路國有先是給事中石長信疏論各省商民集股造路公司弊害宜敕部臣將全國幹路定爲國有自餘枝路准各省紳商集股自修上韙之下郵傳部議至是奏言中國幅員廣袤邊疆遼遠必有縱橫四境諸大幹路方足以利行政而握中樞從前規畫未善致路政錯亂紛岐不分枝幹不量民力一紙呈請輒准商辦乃數載以來粵則收股及半造路無多川則倒帳甚鉅衆追無着湘鄂則開局多年徒供坐耗循是不已恐曠日彌久民累愈深上下交受其害應請定幹路均歸國有枝路任民自爲曉諭人民宣統三年以前各省分設公司集股商辦之幹路應即由國家收回亟圖修築悉廢以前批准之案故有是詔辛未吉林火災發帑銀四萬兩賑之癸未贈卹署廣州將軍副都統孚琦丁亥資政院請預算借款兩事歸院會議不許戊子起端方以侍郎候補充督辦粵漢川漢鐵路大臣諭裁缺候補人員毋得奏事諭本年秋季調集禁衛軍及近畿各鎮陸軍於直隸永平府大操己丑恭親王溥偉以疾免禁煙大臣以順承郡王訥勒赫代之庚寅郵傳大臣盛宣懷與英德法美四國銀行締結借

款契約成辛卯龐鴻書罷以沈瑜慶爲貴州巡撫壬辰命督撫曉諭人民鐵路現歸官辦起降旨之日川湘兩省租股並停罷之宣統三年四月以前所收者應由郵傳部督辦鐵路大臣會督撫查奏地方官敢有隱匿不報者詰治楊文鼎奏湘省自聞鐵路幹路收歸國有諭旨羣情洶懼譁噪異常偏發傳單恐滋煽動諭嚴行禁止儻有匪徒從中煽惑意在作亂者照懲治亂黨例格殺勿論朱家寶奏江淮交會爲匪黨出沒之區比歲薦饑盜風尤熾請援鄂蜀懲辦會匪土匪章程犯者以軍法從事丙申移稅務司附屬之郵政歸郵傳部管理除雲南昆明縣官用田地額賦丁酉賑山東滕嶧二縣災五月庚子用湖南京官大理寺少卿王世祺等言停湖南因路抽收房捐及米鹽捐辛酉楊文鼎奏湖南諮議局呈湘路力能自辦不甘借債據情代奏嚴飭之卹墨西哥被害華僑銀壬寅裁廣西綠營都司守備以下官及馬步兵癸卯山東兗沂曹三府濟甯州災發帑銀三萬兩賑之四川諮議局以紳民自聞鐵路國有之旨函電紛馳請緩接收並請停刊謄黃呈王人文代奏人文以聞詔切責之仍命迅速刊刻謄黃徧行曉諭並剴切開導乙巳免琿春貧苦旗丁承領荒地價銀戊申廷試游學畢業生進士江古懷等敘官有差乙卯孫寶琦奏宗支不宜豫政飭之壬子起復那桐仍授文淵閣大學士丙辰廣東因收回路事倡議不用官發紙幣持票取銀諭張鳴岐防範丁巳資政院上修改速記學堂章程戊午度支郵傳二部會奏川粵漢幹路收回辦法請收回粵川湘鄂四省公司股票由部特出國家鐵路股票換給粵路發六成湘鄂路照本發還川路宜昌實用工料之款四百餘萬給國家保利股票其現存七百餘萬兩或仍入股或興實業悉聽其便詔端方迅往三省會各督撫照行之丁寶銓以疾免以陳寶琛爲山西巡撫庚申命于式枚總理禮學館甲子內閣上內閣屬官官制法制院官制詔頒布之置內閣承宣廳制誥敘官統計印鑄四局設閣丞廳長局長各官並置內閣法制院設使罷憲政編查館吏部中書科稽察欽奉上諭事件處批本處俱歸其事於內閣以繙書房改隸翰林院甲子陸軍部奏簡各省督練公所軍事參議官乙丑翰林院進檢討章梫所纂康熙政要六月丁卯命資政院會內閣改訂院章賑湖南武陵龍陽益陽三縣水災保定陸軍軍械局火藥庫陸軍第二鎮演武廳火藥庫俱火庚辰安徽水無爲州五里碑九連等處圩壞辛巳以榮慶爲弼德院院長鄒嘉來副之陸潤庠免禁烟大臣陳寶琛免山西巡撫以侍郎候補伊克坦免都察院副都御史以副都統記名裁兼管順天府府尹壬午以陸鍾琦爲山西巡撫癸未趙爾豐奏收巴塘得榮地方戶民請納糧稅浪臧寺喇嘛千餘人許還俗又奏巴塘臨卡戶民投誠撥隸三壩廳管理乙酉伊克昭盟扎薩克固山貝子三濟密都布旗災發帑銀一萬兩賑之西甯丹噶爾廳及西甯縣匪黨糾衆爲亂官軍擊散之首犯李明李統春李官博儉等伏誅辛卯置典禮院設掌院大學士副掌院學士學士直學士各官以李殿林爲典禮院掌院學士郭曾炘爲副壬辰四川紳民羅綸等二千四百餘人以收路國有盛宣懷端方會度支部奏定辦法對待川民純用威力未爲持平不敢從命呈請裁察王人文以聞詔以一再瀆奏切責之增設和屬爪哇島總領事泗水蘇門答臘正領事甲午湖南常德府大雨河溢浸屬縣壞田廬發帑銀六萬兩賑

之丙申以禁煙與英使續訂條件重申厲禁諭中外切實奉行閏六月己亥命寶熙充禁烟大臣庚子恩壽以疾免以余誠格爲陝西巡撫癸卯安徽大雨江潮暴發濱江沿河各州縣澇災發帑銀五萬兩賑之庚戌調余誠格爲湖南巡撫楊文鼎爲陝西巡撫壬子詔本年調集禁衛軍及近畿各鎮軍於永平府大操命軍諮大臣貝勒載濤恭代親臨監軍癸丑命貝子溥倫鎮國公載澤會宗人府纂皇室大典乙卯革命黨人以藥彈道擊廣東水師提督李準傷而免前吉林將軍銘安卒丙辰命載振陸潤庠增祺陳寶琛丁振鐸姚錫光沈雲沛誠勳清銳朱祖謀俱充弼德院顧問大臣國務大臣奕劻那桐徐世昌梁敦彥善耆載澤唐景崇蔭昌載洵紹昌溥倫盛宣懷壽耆及宗人府宗令世鐸總管內務府大臣奎俊繼祿俱兼任弼德院顧問大臣丁巳調善耆爲理藩大臣以桂春署民政大臣調鳳山爲廣州將軍以壽耆爲荊州將軍川路股東會會長顏楷等呈劾郵傳部趙爾豐以聞不報辛酉裁各省府治首縣改置地方審判廳乙丑內閣請修訂法規七月壬申趙爾豐奏鐵路收歸國有川民仍多誤會相率要求諭郵傳部督辦鐵路大臣清理路股明示辦法以釋羣疑甲戌命瑞澂張鳴岐趙爾豐余誠格各於轄境會辦鐵路事宜命端方赴四川按查路事丁丑以四川人心浮動宜防鼓惑諭提督田振邦嚴束營伍彈壓之趣端方速赴四川許帶兵隊趙爾豐玉崑率提督司道奏川民爭路激烈請交資政院議決仍歸商辦不許仍責趙爾豐彈壓解散己卯江蘇各屬大雨圩堤潰決田禾淹沒發帑銀四萬兩賑之永定河決端方入川水陸新舊諸軍聽調遣調陸徵祥爲出使俄國大臣劉鏡人爲出使和國大臣辛巳忠瑞免以桂芳爲科布多辦事大臣溥鍧免以薩蔭圖爲科布多參贊大臣壬午四川亂作趙爾豐執諮議局議長蒲殿俊副議長羅綸保路同志會長鄧孝可股東會長顏楷張瀾及胡嶸江三乘葉秉誠王銘新九人尋同志會聚衆圍總督署擊之始散賑浙江杭嘉湖紹四府災癸未帝入學大學士陸潤庠侍郎陳寶琛授讀副都統伊克坦教習國語清文賑湖北水災甲申廣東澄海縣堤決發帑銀四萬兩賑之四川旅京人民以爭路開會具呈資政院乞代奏命捕代表劉聲元解歸籍諭學部約束學生勿預外事並敕所司禁聚衆開會丁亥山東濟南及東西州縣水災黃河上游民埝復決發帑銀五萬兩賑之賑福建水災戊子命前兩廣總督岑春煊往四川會趙爾豐辦理剿撫事宜己丑監國攝政王閱禁衛軍癸巳以四川民亂諭趙爾豐督飭諸軍迅速擊散仍分別良莠剿撫被脅者宥之甲午波密野番投誠八月丙申總稅務司赫德卒晉太子太保銜予故成都將軍前伊犂將軍馬亮於伊犂建祠壬寅慶親王奕劻復請免內閣總理大臣及管理外務部不許甲辰裁直隸督標提標通永天津正定大名宣化各鎮標官弁馬步守兵提督依舊丙午江南提督劉光才以疾免調張勳代之以張懷芝爲甘肅提督丁未定國樂庚戌置鹽政院設大臣以下官廢鹽務處命載澤兼任鹽政大臣癸丑端方瑞澂奏湖北境內粵漢川漢鐵路改歸國有取消商辦公司議定接收路股辦法詔嘉之并以深明大義奬士紳甲寅革命黨謀亂於武昌事覺捕三十二人誅劉汝夔等三人瑞澂以聞詔嘉其弭患初萌定亂俄頃命就擒獲諸人嚴鞫並緝逃亡乙卯武昌新軍變附於革命黨總督瑞澂棄城走遂

陷武昌詔奪瑞澂職仍命權總督事戴罪圖功命陸軍大臣蔭昌督師往討湖北軍及援軍悉聽節制薩鎭冰率兵艦程允和率水師並援之丙辰張彪以兵匪搆變棄營潛逃奪湖北提督仍責剿匪停永平大操弛山西河南運糧禁武昌軍民擁陸軍第二十一混成協統領官黎元洪稱都督置軍政府嗣是行省各擁兵據地號獨立舉爲魁者皆稱都督革命軍取漢陽襲兵工廠鐵廠據漢口丁巳起袁世凱爲湖廣總督岑春煊爲四川總督俱督辦剿撫事宜命貝勒載濤督禁衛各軍守近畿戊午王人文能復以趙爾豐爲川滇邊務大臣停奉天今年貢己未岑春煊辭四川總督詔不許趣梁敦彥來京供職京師開糶濟民食壬戌詔長江水陸諸軍俱聽袁世凱節制諭川楚用兵原脅從自拔來歸不咎既往願隨軍自效能禽獻匪黨者優賞之獲逆黨名册應銷毀毋株連兩省被擾地方撫恤之免裁各省綠營巡防兵壽耆免授連魁荆州將軍癸亥皇太后懿旨發帑銀二十萬兩賑湖北遭兵難民福建龍溪南靖兩縣河溢隄決發帑銀二萬兩賑之以湖北用兵諭山東山西兩省購運米麥濟軍甲子命副都統王士珍襄辦湖北軍務九月乙丑朔日有食之資政院第二次開會詔勖議員湖南新軍變巡撫余誠格奔於兵艦巡防營統領前廣西右江鎭總兵黃忠浩死之丙寅陝西新軍變護巡撫布政使錢能訓自殺不克遂走潼關西安將軍文瑞副都統承燕克蒙額俱死之丁卯皇太后懿旨發內帑二十四萬兩賑直隸吉林江蘇安徽山東浙江湖南廣東諸省饑立慈善救濟會戊辰張蔭棠免以施肇基充出使義墨秘魯三國大臣革命黨人以藥彈擊殺廣州將軍鳳山己巳皇太后助帑於慈善救濟會資政院言郵傳大臣盛宣懷侵權違法罔上欺君塗附政策釀成禍亂實爲誤國首惡詔奪職端方奏訪查川亂緣起實由官民交鬨而成請釋諮議局議長蒲殿俊及鄧孝可等九人湖北拘留法部主事蕭湘並免議從之以唐紹怡爲郵傳大臣命陳邦瑞爲江皖賑務大臣庚午皇太后出內帑一百萬兩濟湖北軍召廕昌還授袁世凱欽差大臣督辦湖北剿撫事宜節制諸軍命軍諮使馮國璋總統第一軍江北提督段祺瑞總統第二軍俱受袁世凱節制以春祿爲廣州將軍贈卹遇害廣州將軍鳳山馮國璋與革命軍戰於灄口水陸夾擊漢口復之壬申以瑞澂失守武昌避登兵艦潛逃出省偷生喪恥詔逮京下法部治罪癸酉下詔罪己命溥倫載澤纂憲法條文迅速以聞資政院總裁大學士世續以疾免以李家駒代之達壽爲副桂春同倉場侍郎任趙秉鈞署民政大臣奪湖南巡撫余誠格職仍權管湖南巡撫事山西新軍變巡撫陸鍾琦死之雲南新軍變總督李經羲遁布政使世增及統制官鍾麟同兵備處候補道王振畿輜重營管帶范鍾岳俱死之命湯壽潛總辦浙江團練開黨禁戊戌政變獲咎及先後犯政治革命嫌疑與此次被脅自歸者悉原之資政院言內閣應負責任請廢現行章程實行內閣完全制度不以親貴充任詔趣之順天府平糶甲戌江西新軍變巡撫馮汝騤走九江仰藥死安徽新軍犯省垣擊散之乙亥授袁世凱內閣總理大臣命組織完全內閣慶親王奕劻罷內閣總理大臣命爲弼德院院長那桐徐世昌罷內閣協理大臣及榮慶並爲弼德院顧問大臣罷善耆鄒嘉來載澤唐景崇蔭昌載洵紹昌溥倫唐紹怡壽耆國務大臣俱解部務載濤罷軍諮大臣以蔭昌爲之

起魏光燾爲湖廣總督命速往湖北陸海各軍及長江水師仍聽袁世凱節制調遣丙子召袁世凱來京命王士珍權署湖廣總督用張紹曾言改命資政院制定憲法丁丑資政院奏採用君主立憲主義上重大信條十九事發內帑十萬兩賑四川遭兵難民戊寅詔統兵大員以朝廷與民更始不忍再用兵力之意諭人民諭統兵大員申明紀律禁擾民命第六鎭統制吳祿貞署山西巡撫袁世凱辭內閣總理大臣溫詔勉之贈卹殉難山西巡撫陸鍾琦貴州獨立舉都督巡撫沈瑜慶遁革命軍陷上海袁世凱命前敵諸軍停進兵壽遣知府劉承恩正參領蔡廷幹詣黎元洪勸解兵不得要領而還己卯詔許革命黨人以法律組政黨資政院言漢口之役官軍慘殺人民請敕停戰諭袁世凱按治軍官罪商民損失由國家償之吳祿貞奏遣員入敵軍勸告下令停攻擊親赴孃子關撫慰革命軍詔嘉之裁廣東交涉使司江蘇巡撫程德全以蘇州附革命軍自稱都督浙江新軍變巡撫增韞被執尋縱之庚辰予第二十鎭統制張紹曾侍郎銜宣撫長江會稱疾不赴命張勳充會辦南洋軍務大臣趙爾豐免命端方署四川總督趣袁世凱入京釋政治嫌疑犯汪兆銘黃復生羅世勳於獄辛巳廣西巡撫沈秉堃自稱都督內閣銓敍局火壬午江寧新軍統制徐紹楨以其軍變將軍鐵良總督張人駿提督張勳拒守鎭江陷京口副都統載穆死之安徽新軍變推巡撫朱家寶爲都督癸未詔特命袁世凱爲內閣總理大臣從資政院奏依憲法信條公舉故有是命呂海寰請依紅十字會法推廣慈善救濟會從之廣東獨立舉都督總督張鳴岐遁福建新軍變將軍樸壽總督松壽死之甲申皇太后懿旨罷繼祿起世續復爲總管內務府大臣召錫良入覲以朝廷於滿漢軍民初無歧視命統兵大員曉諭之乙酉山東巡撫孫寶琦宣告獨立順天府奏立臨時慈善普濟赤十字總會於京師罷貝勒毓朗軍諮大臣以徐世昌代之丙戌賞卹江甯戰守將士命呂海寰充中國紅十字會會長兼慈善救濟會事東三省諮議局及新軍要求獨立總督趙爾巽不從寢其議仍令解勸之丁亥命近畿各鎭及各路軍隊並姜桂題所部俱聽袁世凱節制戊子分遣被兵各省宣慰使徵國民意見命各省督撫舉足爲代表者來京與會議趙爾巽以川事引咎請罷詔不許吳祿貞以兵至石家莊爲其下所殺御史溫肅劾祿貞包藏禍心反形顯著詔陳夔龍按查王士珍以疾免命段芝貴護湖廣總督永定河合龍袁世凱來京己丑以張錫鑾爲山西巡撫溥頲免以錫良爲熱河都統庚寅袁世凱舉國務大臣詔命梁敦彥爲外務大臣趙秉鈞爲民政大臣嚴修爲度支大臣唐景崇爲學務大臣王士珍爲陸軍大臣薩鎭冰爲海軍大臣沈家本爲司法大臣張謇爲農工商大臣楊士琦爲郵傳大臣達壽爲理藩大臣俱置副大臣佐之于式枚寶熙充修律大臣紹昌林紹年陳邦瑞王垿吳郁生恩順俱充弼德院顧問大臣辛卯命段祺瑞署湖廣總督起升允署陝西巡撫督辦軍務壬辰浙江巡撫增韞坐擅離職守奪職癸巳以督攻秣陵關餘黨將士奮勇賞張勳二等輕車都尉世職甲午資政院上改訂院章頒布之冬十月丙申內閣奏立憲抵觸事項停召對奏事弼德院軍諮府並限制之廢各衙門直日舊章更命世續復爲文淵閣大學士戊戌伍廷芳張謇唐文治溫宗堯勸告攝政王請贊共和政體庚子以憲法信條十九事誓告太

廟攝政王代行祀事以勞乃宣爲大學堂總監督溥良免命直隸宣化鎭總兵黃懋澄兼署察哈爾都統辛丑命甘肅提督張懷芝幫辦直隸防務四川成都獨立舉都督壬寅督辦鐵路大臣候補侍郎署四川總督端方率兵入川次資州爲其下所殺其弟端錦從並遇害叙復漢陽功封馮國璋二等男爵命科爾沁親王阿穆爾靈圭往奉天會趙爾巽籌畫蒙古事宜變軍犯金陵副將王有宏戰死甲辰孫寶琦罷獨立自劾待罪詔原之褒獎山東官商不附和者發帑犒張勳軍賞梁鼎芬三品京堂會李準規復廣東丙午革命軍陷江甯將軍鐵良總督張人駿走上海張勳以其餘衆退保徐州袁世凱與民軍訂暫時息戰條款停戰三日自是展期再三至決定國體日乃已命徐世昌充專司訓練禁衞軍大臣丁未寶棻免以齊耀琳爲河南巡撫命壽勳會袁世凱徐世昌籌辦軍務戊申哲布尊丹巴胡圖克圖自立逐庫倫辦事大臣三多詔奪三多職己酉贈卹殉難江西巡撫馮汝騤庚戌監國攝政王載灃奏皇太后繳監國攝政王章退歸藩邸皇太后懿旨晉世續徐世昌俱爲太保衞護皇帝諭段祺瑞剿當陽天門諸路土匪辛亥詔授袁世凱全權大臣委代表人赴南方討論大局以馮國璋爲察哈爾都統資政院請改用陽歷並臣民自由剪髮詔俱行之壬子改訓練禁衛軍大臣爲總統官以馮國璋爲之以良弼爲軍諮府軍諮使贈卹殉難閩浙總督松壽丙辰開黑龍江省太平山察漢敖拉煤鑛丁巳革命軍至荆州署左翼副都統恆齡死之戊午內閣奏行愛國公債票辛酉孫寶琦免以胡建樞爲山東巡撫十一月甲子朔袁世凱請廢臣工封奏舊制乙丑命前署湖北提法使施紀雲前光祿寺少卿陳鍾信四川團練丙寅成都尹昌衡羅綸以同志軍入總督衙劫前署四川總督川滇邊務大臣趙爾豐執之不屈死戊辰贈卹死事廣東潮州鎭總兵趙國賢壬申皇太后命召集臨時國會以共和立憲國體付公決初袁世凱遣唐紹怡南下與民軍代表伍廷芳討論大局以上海爲議和地一再會議廷芳力持廢帝制建共和國紹怡不能折以當先奏聞取上裁遂以入告世凱奏請召集王公大臣開御前會議終從其言至是乃定期開國民會議於上海解決國體甲戌各省代表十七人開選舉臨時大總統選舉會於上海舉臨時大總統立政府於南京定號曰中華民國戊寅勸親貴王公等輸財贍軍大理院正卿定成免以劉若曾代之己卯楊士琦免命梁士詒署郵傳大臣辛巳贈卹署四川總督辦粵漢川漢鐵路大臣候補侍郎端方及其弟知府端錦罷鹽政院灤州兵變撫定之伊犁新軍協統領官楊纘緒軍變將軍志銳死之丁亥告諭哲布尊丹巴胡圖克圖並賚先朝珍物庚寅贈卹殉難署荆州左翼副都統恆齡辛卯袁世凱道遇炸彈不中壬辰命張懷芝兼幫辦山東防務大臣癸巳命所司保護外人生命財產命舒清阿幫辦湖北防務以烏珍爲步軍統領京師戒嚴十二月甲午朔賞張懷芝巡撫銜己未再予前山西巡撫陸鍾琦二等輕車都尉世職追贈同時遇害其子翰林院侍講陸光熙三品京堂優卹賜謚並旌卹鍾琦妻唐氏丁酉張人駿罷命張勳護兩江總督胡建樞罷命張廣建署山東巡撫吳鼎元會辦山東防務己亥贈卹殉難伊犁將軍志銳辛丑皇太后懿旨以袁世凱公忠體國封一等侯爵命額勒渾署伊犁將軍文琦辦塔爾巴哈台參贊大臣事李家駒免以許鼎霖爲

資政院總裁革命黨以槳彈擊良弼傷股越二日死壬寅袁世凱辭侯爵固讓再三乃受癸卯以復漢關賞銀一萬兩犒軍甲辰以敘漢陽功復張彪提督乙巳以張懷芝爲安徽巡撫贈卹死事福州將軍樸壽丁未命張錫鑾往奉天會辦防務李盛鐸署山西巡撫盧永祥會辦山西軍務贈卹遇害軍諮府軍諮使良弼戊申以王賡爲軍諮府軍諮使己酉皇太后懿旨授袁世凱全權與民軍商酌條件奏聞時岑春煊袁樹勳陸徵祥段祺瑞等請速定共和國體以免生靈塗炭故不俟國會召集決定自讓政權遂有是命庚戌命崑源會辦熱河防務辛亥命宋小濂署黑龍江巡撫壬子徐世昌免軍諮大臣贈卹雲南殉難甘肅布政使世增乙卯錫良免命崑源署熱河都統丁巳免江南徐州府未完丁漕銀糧戊午袁世凱奏與南方代表伍廷芳議贊成共和並進皇室優待條件八皇族待遇條件四滿蒙回藏待遇條件七凡十九條皇太后命袁世凱以全權立臨時共和政府與民軍商統一辦法袁世凱遂承皇太后懿旨宣示中外曰前因民軍起義各省響應九夏沸騰生靈塗炭特命袁世凱遣員與民軍代表討論大局議開國會公決政體兩月以來尙無確實辦法南北暌隔彼此相持商輟於塗士露於野國體一日不決民生一日不安今全國人民心理多傾向共和南中各省既倡義於前北方將領亦主張於後人心所向天命可知予亦何忍因一姓之尊榮拂兆民之好惡是用外觀大勢內審輿情特率皇帝將統治權公諸全國定爲立憲共和國體近慰海內厭亂望治之心遠協古聖天下爲公之義袁世凱前經資政院選爲總理大臣值茲新舊代議之際當爲南北統一之方即由袁世凱以全權組織臨時共和政府與民軍協商統一辦法總期人民安堵海宇乂安仍合滿蒙漢回藏五族完全領土爲一大中華民國予與皇帝得以退處安閒優遊歲月受國民之優禮親見郅治之告成豈不懿歟又曰古之君天下者重在保全民命不忍以養人者害人現將新定國體無非欲先弭大亂期保乂安若拂逆多數之民心重起無窮之戰禍則大局決裂殘殺相尋必演成種族之慘痛將至九廟震驚兆民荼毒後禍何忍復言兩害相形取其輕者此正朝廷審時觀變痌瘝吾民之苦衷凡爾京外臣民務當善體此意爲全局熟權利害勿得挾虛憍之意氣逞偏激之空言致國與民兩受其害著民政部步軍統領姜桂題馮國璋等嚴密防範剴切開導俾皆曉然於朝廷應天順人大公無私之意至國家設官分職以爲民極內列閣府部院外建督撫司道所以康保羣黎非以一人一家而設爾京外大小各官均宜慨念時艱愼供職守應即責成各長官敦切誡勸勿曠厥官用副予夙昔愛撫庶民之至意又曰前以大局阽危兆民困苦特飭內閣與民軍商酌優待皇室各條件以期和平解決茲據覆奏民軍所開優禮條件於宗廟陵寢永遠奉祀先皇陵制如舊妥修各節均已一律擔承皇帝但卸政權不廢尊號並議定優待皇室八條待遇皇族四條待遇滿蒙回藏七條覽奏尙爲周至特行宣示皇族暨滿蒙回藏人等此後務當化除畛域共保治安重覩世界之昇平胥享共和之幸福予有厚望焉遂遜位

論曰帝沖齡嗣服監國攝政軍國機務悉由處分大事並白太后取進止大變既起遜謝政權天下爲公永存優待遂開千古未有之奇虞賓在位文物猶新是非論定修史者每難之然孔子作春秋筆則筆削則削所見之世且詳于所聞一朝掌故烏可從闕儻亦爲天下後世所共鑒歟

清史稿　志一

天文一

歷代天文志自史記天官書後唯晉隋兩志備述天體儀象星占唐宋加詳皆未盡也至元景測益精明占候較密然疆宇所囿聲教未宏齊政窺璣尙多略焉有清統一區夏聖聖相承聖祖親釐象數究極精微前後製新儀七測日月星辰則窮極分秒度輿圖經緯則徧歷幅幀世宗復以歲久積差准監臣改用橢圓術高宗又以舊記星紀間有疏漏御製璣衡撫辰儀重加測候迨平定回疆及兩金川復令重度里差增入時憲理明數確器精法密自古以來所未有也今爲天文志備載推驗之法其天象昭垂見於歷朝實錄及所司載記者亦悉書之乾隆六十年以後國史無徵則從闕焉

天象　地體

里差

天象歷象攷成天象篇云楚詞天問曰圜則九重孰營度之後世歷家謂天有十二重非天實有如許重數蓋言日月星辰運轉於天各有所行之道即楚辭所謂圜也欲明諸圜之理必詳諸圜之動欲考諸圜之動必以至靜不動者準之然後得其盈縮蓋天道靜專者也天行動直者也至靜者自有一天與地相爲表裏故羣動者運於其間而不息若無至靜者以驗至動則聖人亦無所成其能矣人恒在地面測天而七政之行無不可得者正爲以靜驗動故也十二重天最外者爲至靜不動次爲宗動南北極赤道所由分也次爲南北歲差次爲東西歲差此二重天其動甚微歷家姑置之而不論焉次爲三垣二十八宿經星行焉次爲塡星所行次爲歲星所行次爲熒惑所行次則太陽所行黃道是也次爲太白所行次爲辰星所行最內者則太陰所行白道是也要以去地之遠近而爲諸天之內外然所以知去地之遠近者則又從諸曜之掩食及行度之遲疾而得之蓋凡爲所掩食者必在上而掩之食之者必在下月體能蔽日光而日爲之食是日遠月近之徵也月能掩食五星而月與五星又能掩食恒星是五星高於月而卑於恒星也五星又能互相掩食是五星各有遠近也又宗動天以渾灝之氣挈諸天左旋其行甚速故近宗動天者左旋速而右移之度遲漸遠宗動天則左旋較遲而右移之度轉速今右移之度惟恆星最遲土木次之火又次之日金水較速而月最速是又以次而近之證也考成後編日躔歷理云西法自多祿某以至第谷立爲本天高卑本輪均輪諸說近世刻白爾噶西尼等又以本天爲橢圓月離歷理云自西人創爲橢圓之法日距月天最高有遠近則太陰本天心有進退地心與天心相距兩心差有大小合觀諸論天象備矣恒星天無地半徑差及次輪消息故志土星以下七天距地心數著考測之詳焉

諸天距地心數

土星最高一十一又一百零四萬二千六百分之三十五萬二千六百日天半徑

木星最高六又一百九十二萬九千四百八十分之一百三十萬五千九百日天半徑

火星最高二又六百三十萬二千七百五十分之五百五十五萬二千二百五十日天半徑

日均輪術最高一千一百六十二地半徑橢圓術最高一萬零九百七十五地半徑

金星最高高於日一千萬分日天半徑之七百五十四萬五千六百四十四最下下於日如之

水星最高高於日一千萬分日天半徑之四百五十三萬二千一百五十五最下下於日如之

月均輪術最高朔望時五十八又百分之一十六地半徑橢圓術最高六十三又百分之七十七地半徑

地體渾天家謂天包地如卵裹黃內經黃帝曰地之爲下否乎岐伯曰地爲人之下太虛之中也曰憑乎曰大義舉之也大戴禮單居離問於曾子曰天圓而地方誠有之乎曾子曰如誠天圓而地方則是四角之不掩也參嘗聞諸夫子曰天道曰圓地道曰方宋儒邵子曰天何依依乎地地何附附乎天天地何所依附自相依附天依形地附氣程子曰據日景以三萬里爲中若有窮然有至一邊已及一萬五千里而天地之運蓋如初然則中者亦時中耳又曰今人所定天體只是且以眼定視所極處不見遂以爲盡然向曾有於海上見南極下有大星十則今所見天體蓋未定日月升降不過三萬里中然而中國只到鄯善沙車已是一萬五千里若就彼觀日尙只是三萬里中也伯淳在澤州嘗三次食韭黃始食懷州韭次食澤州次食幷州則知數百里間氣候已爭三月矣若都以此差之則須爭半歲如是則有在此冬至在彼夏至者只是一般爲冬夏而已朱子天問注云天之形圓如彈丸其運轉者亦無形質但如勁風之旋地則氣之渣滓聚成形質者但以其束於勁風旋轉之中故得以兀然浮空甚久而不墮耳西人謂地體渾圓四面皆有人冬夏互異晝夜相反與內經戴記及宋儒之言若合符節今以天周三百六十度徵之南行二百里則北極低一度北行二百里則北極高一度東西當赤道下行二百里則見月食

之早晚亦差一度其在赤道南北緯圈下行雖廣狹不同然莫不應乎渾象則知地之大周皆三百六十度東西南北皆周七萬二千里以古尺八寸計之則周九萬里以圍三徑一率之則徑三萬里亦與古三萬里爲中之說相符然則地體渾圓無疑義矣距緯應大周里數不同爲志其要

赤道南北距緯東西每度相距里數

距緯一度一百九十九里三百四十步

距緯五度一百九十九里八十步

距緯十度一百九十六里三百四十步

距緯十五度一百九十三里六十步

距緯二十度一百八十七里三百二十步

距緯二十五度一百八十一里八十步

距緯三十度一百七十三里六十步

距緯三十五度一百六十三里二百八十步

距緯四十度一百五十三里八十步

距緯四十五度一百四十一里一百二十步

距緯五十度一百二十八里二百步

距緯五十五度一百一十四里二百四十步

距緯六十度九十九里三百四十步

距緯六十五度八十四里二百步

距緯七十度六十八里一百四十步

距緯七十五度五十一里二百四十步

距緯八十度三十四里一百六十步

距緯八十五度一十七里八十步

距緯八十九度三里一百六十步

里差者因人所居有南北東西之不同則天頂地平亦異可以計里而定故名里差其所關於仰觀甚鉅蓋恒星之隱見晝夜之永短七曜之出沒節氣之早晚交食之深淺先後莫不因之而各殊惟得其所差之數則各殊之故皆可豫知不致詫爲失行而生飾說矣新法算書所載各省北極高及東西偏度大概據輿圖道里定之多有未確今以康熙年間實測各省及諸蒙古高度偏度並乾隆時憲所增省分與回疆部落兩金川土司等晝夜永短節氣早晚推得高度偏度備列焉

北極高度

京師高三十九度五十五分

盛京高四十一度五十一分

山西高三十七度五十三分三十秒

朝鮮高三十七度三十九分十五秒

山東高三十六度四十五分二十四秒

河南高三十四度五十二分二十六秒

陝西高三十四度十六分

江南高三十二度四分

四川高三十度四十一分

湖廣高三十度三十四分四十八秒

浙江高三十度十八分二十秒

江西高二十八度三十七分十二秒

貴州高二十六度三十分二十秒

福建高二十六度二分二十四秒

廣西高二十五度十三分七秒

雲南高二十五度六分

廣東高二十三度十分

布𨈆堪布爾嘎蘇泰高四十九度二十八分

額格塞楞格高四十九度二十七分

桑錦達賚湖高四十九度十二分

肯特山高四十八度三十三分

克嚕倫河巴爾城高四十八度五分三十秒

圖拉河汗山高四十七度五十七分十秒

喀爾喀河克勒和碩高四十七度三十四分三十秒

杜爾百特高四十七度十五分

鄂爾坤河額爾得尼昭高四十六度五十八分十五秒

崆格扎布韓堪河高四十六度四十二分

扎賚特高四十六度三十分

推河高四十六度二十九分二十秒

科爾沁高四十六度十七分

郭爾羅斯高四十五度三十分

阿嚕科爾沁高四十五度三十分

翁吉河高四十五度三十分

薩克薩克圖古里克高四十五度二十三分四十五秒

烏朱穆沁高四十四度四十五分

浩齊特高四十四度六分

固爾班賽堪高四十三度四十八分

巴林高四十三度三十六分

扎嚕特高四十三度三十分

阿巴哈納高四十三度二十三分

阿巴噶高四十三度二十三分

奈曼高四十三度十五分

克什克騰高四十三度

蘇尼特高四十三度

哈密高四十二度五十三分

翁牛特高四十二度三十分

敖漢高四十二度十五分

喀爾喀高四十一度四十四分

四子部落高四十一度四十一分

喀喇沁高四十一度三十分

茂明安高四十一度十五分

烏喇特高四十度五十二分

歸化城高四十度四十九分

土默特高四十度四十九分

鄂爾多斯高三十九度三十分

阿拉善山高三十八度三十分

右康熙年間實測

雅克薩城高五十一度四十八分

黑龍江高五十度一分

三姓高四十七度二十分

伯都訥高四十五度十五分

吉林高四十三度四十七分

甘肅高三十六度八分

安徽高三十度三十七分

湖南高二十八度十三分

越南高二十二度十六分

阿勒坦淖爾烏梁海高五十三度三十分

汗山哈屯河高五十一度十分

唐努山烏梁海高五十度四十分

烏蘭固木杜爾伯特高四十九度二十分

額爾齊斯河高四十八度三十五分

齋桑淖爾高四十八度三十五分

阿勒台山烏梁海高四十八度三十分

阿勒輝山高四十八度二十分

科布多城高四十八度二分

烏里雅蘇台城高四十七度四十八分

哈薩克高四十七度三十分

塔爾巴哈台高四十七度

布勒罕河土爾扈特高四十七度

巴爾噶什淖爾高四十七度

烏隴古河高四十六度四十分

赫色勒巴斯淖爾高四十六度四十分

和博克薩哩土爾扈特高四十六度四十分

扎哈沁高四十六度三十分

齋爾土爾扈特高四十六度十分

哈布塔克高四十五度
㳄河高四十四度五十分
博羅塔拉高四十四度五十分
拜達克高四十四度四十三分
晶河土爾扈特高四十四度三十五分
庫爾喀喇烏蘇土爾扈特高四十四度三十分
安濟海高四十四度十三分
哈什高四十四度八分
伊犁高四十三度五十六分
塔拉斯河高四十三度五十六分
穆壘高四十三度四十五分
濟木薩高四十三度四十分
巴里坤高四十三度三十九分
崆吉斯高四十三度三十三分
烏魯木齊高四十三度二十七分
珠勒都斯高四十三度十七分
吐魯番高四十三度四分
塔什干高四十三度三分
和碩特高四十二度
那林山高四十二度
特穆爾圖淖爾高四十二度五十分
魯克沁高四十二度四十八分
烏沙克塔勒高四十二度十六分
哈喇沙爾高四十二度七分
庫爾勒高四十一度四十六分
布爾古高四十一度四十四分
賽哩木高四十一度四十一分
納木干高四十一度三十八分
庫車高四十一度三十七分
布嚕特高四十一度二十八分
安集延高四十一度二十八分
霍罕高四十一度二十三分
阿克蘇高四十一度九分
烏什高四十一度六分
鄂什高四十度十九分
喀什噶爾高三十九度二十五分
巴爾楚克高三十九度十五分
英吉沙爾高三十八度四十七分
葉爾羌高三十八度十九分
幹罕高三十八度
色呼庫勒高三十七度四十八分
喀楚特高三十七度十一分
哈喇哈什高三十七度十一分
克里雅高三十七度
和闐高三十七度
伊里齊高三十七度
博羅爾高三十七度
三珠高三十六度五十八分
玉隴哈什高三十六度五十二分
鄂囉善高三十六度四十九分
什克南高三十六度四十七分
巴達克山高三十六度二十三分
三雜谷高三十二度一分
黨壩高三十一度五十六分
綽斯甲布高三十一度五十三分
金川勒烏圍高三十一度三十四分
金川噶拉依高三十一度十九分
瓦寺高三十一度十七分
革布什咱高三十一度八分
布拉克底高三十一度四分
小金川美諾高三十一度
巴旺高三十度五十八分
沃克什高三十度五十六分
明正高三十度二十八分
木坪高三十度二十五分

右乾隆時憲所增

東西偏度

盛京偏東七度十五分
浙江偏東三度四十一分二十四秒
福建偏東一度五十九分
江南偏東一度十八分
山東偏東一度十五分
江西偏西三十七分
河南偏西一度五十六分
湖廣偏西二度十七分
廣東偏西三度三十三分十五秒
山西偏西三度五十七分四十二秒
廣西偏西六度十四分四十秒
陝西偏西七度三十三分四十秒
貴州偏西九度五十二分四十秒
四川偏西十二度十六分
雲南偏西十三度三十七分
朝鮮偏東十度三十分
郭爾羅斯偏東八度十分
扎賴特偏東七度四十五分
杜爾伯特偏東六度十分
扎魯特偏東五度
奈曼偏東五度
科爾沁偏東四度三十分
敖漢偏東四度
阿祿科爾沁偏東三度五十分
喀爾喀河克勒和邵偏東二度四十六分
巴林偏東二度十四分
喀喇沁偏東二度
翁牛特偏東二度
烏朱穆秦偏東一度十分
克什克騰偏東一度十分
蒿齊忒偏東三十分
阿霸哈納偏東二十八分
阿霸垓偏東二十八分
蘇尼特偏西一度二十八分
克爾倫河巴拉斯城偏西二度五十二分
四子部落偏西四度二十二分
歸化城偏西四度四十八分
土默特偏西四度四十八分
喀爾喀偏西五度五十五分
毛明安偏西六度九分
吳喇忒偏西六度三十分
肯忒山偏西七度三分
鄂爾多斯偏西八度
圖拉河韓山偏西九度十二分
翁機河偏西十一度
固爾班賽堪偏西十一度
布龍肴布爾噶蘇泰偏西十一度二十二分
阿蘭善山偏西十二度
厄格塞楞格偏西十二度二十五分
鄂爾昆河厄爾德尼招偏西十三度五分

推河偏西十五度十五分
桑金答賴湖偏西十六度二十分
薩克薩圖古里克偏西十九度三十分
空格衣扎布韓河偏西二十度十二分
哈密城偏西二十二度三十二分

右康熙年間實測

三姓偏東十三度二十分
黑龍江偏東十度五十八分
吉林偏東十度二十七分
伯都訥偏東八度三十七分
安徽偏東三十四分
雅克薩城偏西十七分
湖南偏西三度四十二分
越南偏西十度
甘肅偏西十二度三十六分
烏里雅蘇台城偏西二十二度四十分
巴里坤偏西二十三度
扎哈沁偏西二十三度十分
唐努山烏梁海偏西二十四度二十分
哈布塔克偏西二十四度二十六分
拜達克偏西二十五度
穆壘偏西二十五度三十六分
烏蘭杜木杜爾伯特偏西二十五度四十分
魯克沁偏西二十六度十一分
吐魯番偏西二十六度四十五分
濟木薩偏西二十六度五十二分
科布多城偏西二十七度二十分
烏嚕木齊偏西二十七度五十六分
布勒罕河土爾扈特偏西二十八度十分
烏沙克塔勒偏西二十八度二十六分
阿勒台山烏梁海偏西二十八度三十五分
阿勒坦淖爾烏梁海偏西二十八度四十分
汗山哈屯河偏西二十九度
烏隴古河偏西二十九度十五分
赫色勒巴斯淖爾偏西二十九度十五分
哈喇沙爾偏西三十度十七分
庫爾勒偏西二十九度五十六分
塔爾巴哈台偏西三十度
珠勒都斯偏西三十度五十分
安濟海偏西三十度五十四分
和碩特偏西三十一度
和博克薩哩土爾扈特偏西三十一度十五分
庫爾喀喇烏蘇土爾扈特偏西三十一度五十六分
崆吉斯偏西三十二度
布古爾偏西三十二度七分
額爾齊斯河偏西三十二度二十五分
齋桑淖爾偏西三十二度二十五分
哈什偏西三十三度
齋爾土爾扈特偏西三十三度
博囉塔拉偏西三十三度三十分
晶河土爾扈特偏西三十三度三十分
庫車偏西三十三度三十二分
克里雅偏西三十三度三十三分
伊犁偏西三十四度二十分
賽哩木偏西三十四度四十分
哈薩克偏西三十四度五十分
玉隴哈什偏西三十五度三十七分
和闐偏西三十五度五十二分
伊里齊偏西三十五度五十二分
哈喇哈什偏西三十六度十四分
阿勒輝山偏西三十六度五十分
阿克蘇偏西三十七度十五分
三珠偏西三十七度四十七分
巴爾噶什淖爾偏西三十八度十分
烏什偏西三十八度二十七分
特穆爾圖淖爾偏西三十九度二十分
巴爾楚克偏西三十九度三十五分
葉爾羌偏西四十度十分
英吉沙爾偏西四十一度五十分
吹河偏西四十二度
喀什噶爾偏西四十二度二十五分
色埒庫勒偏西四十二度二十四分
喀楚特偏西四十二度三十二分
鄂什偏西四十二度五十分
博羅爾偏西四十三度三十八分
巴克達山偏西四十三度五十分
塔拉斯河偏西四十四度
布嚕特偏西四十四度三十五分
安集延偏西四十四度三十五分
什克南偏西四十四度四十六分
那林山偏西四十五度
幹罕偏西四十五度九分
鄂囉善偏西四十五度二十六分
納木干偏西四十五度四十分
霍罕偏西四十五度五十六分
塔什干偏西四十七度四十三分
瓦寺偏西十二度五十八分
木坪偏西十三度三十七分
沃克什偏西十三度五十一分
三雜谷偏西十三度五十六分
小金川美諾偏西十四度七分
布拉克底偏西十四度二十二分
金川噶拉依偏西十四度二十九分
黨壩偏西十四度二十九分
金川勒烏圍偏西十四度三十四分
巴旺偏西十四度三十四分
綽斯甲布偏西十四度四十四分
明正偏西十四度四十九分
革布什咱偏西十四度五十一分

右乾隆時憲所增

清史稿　志二

天文二

儀象

漢朔渾天儀謂卽璣衡遺制唐宋皆倣爲之至元始有簡儀仰儀闚几景符等器視古加詳焉明於北京齊化門內倚城築觀象臺倣元制作渾儀簡儀天體三儀置於臺上臺下有晷景堂圭表壺漏清初因之康熙八年聖祖用監臣南懷仁言改造六儀曰黃道經緯儀赤道經緯儀地平經儀地平緯儀紀限儀天體儀五十二年復將地平經緯合爲一儀乾隆九年高宗御製璣衡撫辰儀並安置臺上今考各形製用法悉著於篇

黃道經緯儀之圈有四各分四象限限各九十度其外大圈恒定而不移者名天元子午規外徑六尺規面厚一寸三分側面寬二寸五分規之下半夾入於雲座仰載之半圈前後正直子午上直天頂中直地平從地平上下按京師南北兩極出入度分定赤道兩極次內爲過極至圈周平分處各以鋼樞貫

於赤道二極又依黃赤大距度於過極至圈上定黃道南北極距黃極九十度安黃道圈與過極至圈十字相交各陷其中以相入令兩圈爲一體旋轉相從黃道圈之兩側面一爲十二宮一爲二十四節氣其兩交一當冬至一當夏至次內爲黃道經圈則以鋼樞貫於黃極爲圈之徑爲圓軸圍三寸軸之中心立圓柱爲緯表與經圈側面成直角而黃道圈經圈上各設游表儀頂更設銅絲爲垂綫全儀以雙龍擎之復爲交梁以立龍足梁之四端各承以獅仍置螺柱以取平垂線有偏側則轉螺柱垂綫正則儀正矣用法欲求某星黃道經緯度須一人於黃道圈上查先所得某星之經緯度分其上加游表而過南北軸中柱表對星定儀又一人用游表於經圈上過柱表對所測之星游移取置則經圈上游表之指綫定某星緯度又定儀查黃道圈兩表相距之度分即某星之經度差或測日月以距星爲比亦如之

赤道經緯儀儀有三圈外大圈者天元子午規也以一龍南向而負之規之分度定極皆與黃道儀同去極九十度安赤道圈與子午規十字相交恒定不動圈內規面及上側面皆錂二十四時時各四刻外規面分三百六十度內安赤道經圈以南北極爲樞而可東西游轉與赤道圈內規面相切經圈徑爲圓軸軸中心立圓柱以及游表垂綫交梁螺柱等法皆同黃道儀用法若測日時刻則赤道圈上用時刻游表即通光耳對於南北軸表視赤道圈內游表所指即時刻分秒若諸曜經度用兩通光耳即兩徑表在赤道圈上一定一游一人從定耳窺南北軸表與先得星相參測之一人以游耳轉移遷就而窺本軸表與所測參相直視兩耳間應赤道圈上之度分即兩經度之差也緯度亦以通光耳於經圈上轉移而遷就焉務欲令目與表與所測相參直視本耳下經圈在赤道或南或北之度分即所測距赤道南北之度分也

地平經儀儀只一地平圈全徑六尺其平面寬二寸五分厚一寸二分分四象限各九十度以四龍立於交梁以承之梁之四端各施取平之螺柱梁之交處安立柱高與地平圈等適當地平圈之中心又於地平圈上東西各立一軸約高四尺柱各一龍盤旋而上從柱端各伸一爪互捧圓珠下有立軸其形扁方空其中如窗櫺以安直線軸之上端入於珠下端入立柱中心令可旋轉而軸中之線恒爲天頂之垂線焉又爲長方橫表長如地平圈全徑厚一寸寬一寸五分中心開方孔管於立軸下端使隨立軸旋轉復剡其兩端令銳以指地平圈之度分又自兩端各出一線而上會於立軸中直線之頂成兩三角形凡有所測則旋轉游表使三線與所測參相直乃視表端所指即所測之地平經度也

地平緯儀即象限儀蓋取全圓四分之一以測高度者也其弧九十度其兩邊皆圓半徑長六尺兩半徑交處爲儀心儀架東西立柱各以二龍拱之上架橫梁又立中柱上管於橫梁令可轉動儀心上指儀之兩邊一與中柱平行一與橫梁平行又於儀心立短圓柱以爲表又加窺衡長與半徑等上端安於儀心剡其下端以指弧面度分更安表耳有所測乃以窺衡上下游移從表耳縫中窺圓柱令與所測相參直其衡端所指度分即所測之地平緯度也

紀限儀弧面爲全圓六分之一分六十度一弧一幹幹長六尺即全圓之半徑弧之寬二寸五分幹之左右細雲糾縵纏連所以固之幹之上端有小衡與幹成十字儀心與衡兩端皆立圓柱爲表弧面設游表承儀之臺約高四尺中植立柱以繫儀之重心則左右旋轉高低斜側無所不可故又名百游儀焉用法測兩擢不論黃赤經緯而求大圈相距之度一人從衡端耳表窺中心柱表對定此曜又一人從游耳表向中心柱表窺彼曜相參直視衡端至游耳表下度分即兩曜相距度分也

天體儀儀爲圓球徑六尺宛然穹象故以天體名之中貫鋼軸露其兩端以屬於子午規之南北極令可轉運座高四尺七寸座上爲地平圈寬八寸當子午處各爲闕以入子午規闕之度與子午規之寬厚等則兩圈十字相交內規面恰平而左右上下環抱乎儀周圍皆空五分以便高弧游表進退又安時盤於子午規外徑二尺分二十四時以北極爲心其指時刻之表亦定於北極令能隨天體轉移又能自轉焉座下復設機輪運轉子午規使北極隨各方出地升降各方天象隱見之限皆可究觀矣

地平經緯合儀經儀中心立柱安緯儀用法旋緯儀對定所測游表於緯儀上得緯度視緯儀邊切經儀之處即得經度一測而兩得焉

璣衡撫辰儀儀制三重其在外者即古六合儀而不用地平圈其正立雙環爲子午圈兩面皆刻周天三百六十度自南北極起初度至中要九十度是爲天經斜倚單環爲天常赤道圈兩面皆刻周日十二時以子正午正當子午雙環中空之半而結於其中要是爲天緯其南北二極皆設圓軸軸本實於子午雙環中空之間而軸內向以貫內二重之環其下承以雲座仰面正中開雙槽以受雙環東面正中開雲竅以受垂綫下面置十字架施螺旋以取平架之東西兩端各植龍柱龍口銜珠開孔以承天常赤道卯酉之兩軸依觀象臺測定南北正線將座架安定則平面之四方正又依京師北極出地度分上數至成一象限即天頂依南極入地度分下數成一象限即地心於天頂施小釘懸垂線而垂適當地心又適切於雙環之面線末垂球又適當雲竅不即不離則上下正立面之四方亦正而地平已在其中次其內即古三辰儀而不用黃道圈其貫於二極之雙環爲赤極經圈兩極各設軸孔以受天經之軸兩面皆刻周天三百六十度結於赤極圈之中要與天常赤道平運者爲游旋赤道圈兩面皆刻周天三百六十度與宗動天赤道旋轉相應自經圈之南極作兩象限弧以承之使不傾墊次最內即古四游儀貫於二極之雙環爲四游圈兩面皆刻三百六十度定於游圈之兩極者爲直距縮於直距之中心者爲窺衡游圈中要設直表以指經度及時窺衡右旁設直表以指緯度別設借弧指時度表立表平行立表平行借弧表以濟所測之窮又設縮經度表縮時度表平行線測經度表以期兩測之合其數子午圈外徑六尺三寸內徑五尺六寸六分環面闊三寸二分厚九分中空一寸天常赤道外徑六尺一寸二分內徑五尺六寸四分環面闊二寸四分厚一寸四分赤極經圈外徑五尺五寸六分內徑五尺一寸二分環面闊二寸八分厚八分中空一寸二分游旋赤道外徑五尺五寸六分內徑五尺一寸二分環面闊二寸二分厚一寸二分四游圈外徑五尺內徑四尺六寸八分環面闊一寸六分厚七分中空一寸四分直距長如圓之通徑闊一寸六分厚七分中空一寸四分窺衡長四尺七寸二分方一寸二分中空一寸上下兩端施方銅蓋厚五分內三分方一寸入於管中外二分方一寸二分齊於管面中心開圓孔指時度表通長七寸三分本長一寸六分形如方筒入於四游雙環中空之間闊一寸四分橫帶長三寸二分闊五分兩端各鉤回二分扣於環面之外表長五寸二分闊一寸其指時度之邊線對方筒之正中下端二寸四分厚三分切於游旋赤道之面以指度分上端二寸八分厚二分切於天常赤道之面以指時刻指緯度表其形兩曲安於窺衡之右面底長三寸闊九分曲橫七分與四游環之厚等又曲長一寸七分切於四游環之外面從中線減闊之半所以指緯度也借弧指時度表其本方筒及橫帶長闊並與前指時度表同橫帶之下自左向右立安弧背一道長九寸三分闊一寸二分厚一分六釐弧背之末平安指時度表除弧背之厚長五寸二分闊一寸計自表本方筒之中線至指時度表之內邊長六寸七分當游旋赤道之十五度當天常赤道之一小時立表二座形直底平表高底長各三寸二分闊九分厚一分一表向上開長方孔長一寸中留直線又上五分開圓孔徑四分中留十字線安於窺衡之上端一表依前度下開直縫上開小圓孔安於窺衡下端各對衡面中線以螺旋結之平行立表二座形曲底平底盤長四寸闊一寸二分厚一分中空三寸二分闊九分表曲如勾股股直如立表高三寸二分闊九分勾橫連於股末長五寸闊九分橫植於底盤之末底盤中空冒於立表底盤之外以搯表固之平行借弧表制如平行立表而倒正異一表上植於衡面高四寸一分零八毫一表自衡面下垂長六寸二分零八毫距表端下六分開圓孔又下五分開長方孔皆與立表制同縮經度表通長四寸闊一寸四分其本方筒長一寸六分高一寸八分入於四游雙環之間以左右螺旋固之其末上下二面以夾游旋赤道上面闊七分減本之半與窺衡中線相直下面以螺旋固之縮時度表內外二截內截上下內三面縮於游旋赤道之內規上面之末承於外截之下開二方孔以受外截之方足下面以螺旋固之外截上下外三面縮於天常赤道之外規上面之末覆於內截之上下面以螺旋固之平行線測經度表於直距南北極之兩端各安銅版如工字形正方二寸八分與直距二面之分等兩要各缺一長方長一寸六分闊七分扣於直距中空之間中心開圓孔貫於天經之軸四隅距中心一寸九分各安立柱圓頂開孔以穿直線與直距中徑平行下安小環以爲結赤經平行線之用又按距星宮度於游旋赤道安赤經平行線表其制上畫半圓內容半方自對角斜線起初度至橫徑爲四十五度其中直徑與指度表之邊線相參直半圓中心安二游表各長二寸距中心一寸九分邊留小臍中開小圓孔以線穿之上端繫於北極銅版對角之兩環下端貫於南極銅版對角之兩環各以垂球墜之用法測日時刻以四游圈東西推轉窺衡南北低昂令日光透孔圓正視四游圈下指時度表臨天常赤道某時刻即得若日景爲赤道所礙則用窺衡上立表測之令表兩孔正透仍於指時度表視時刻或爲龍柱所礙則用平行立表測之亦於指時度視時刻若指時度表爲子午圈所礙則易用借弧指時度表次用平行立表測定日景視借弧指時度表所指時刻加一小時即得測經度取所知正午前後一恒

星以其赤道經度之對冲用縮經度表於游旋赤道縮定四游圈又任設一時用縮時度表於其時之對冲縮天常赤道乃將四游圈帶定游旋赤道用窺衡測準距星隨之左旋候至所設時刻視縮時度表對游旋赤道某宮度分即日赤道經度或以本時太陽赤道經度用縮時度表於游旋赤道縮定又以所設時刻之對冲於天常赤道縮定候至所設時刻用四游窺測月星乃視指時度表所指游旋赤道宮度加半周即得所測月星赤道經度測兩曜相距經度用平行線測經度表於游旋赤道初宮初度安定令一人用此平行線表左兩線右兩線並窺定距西之曜隨之左旋一人用四游窺衡測距東之曜視指時度表所指游旋赤道之度分即所測兩曜相距赤道經度也測緯度凡得經度時隨察指緯度表所指四游圈之度分即得所測赤道緯度其有所礙皆如測時刻法易之其近北極之星則以平行借弧表測之

清史稿　志三

天文三

日月五星　恆星

黃赤道十二次值宿　昏旦中星

日月五星自古言天之精者知日月五星爲渾象而已近代西人製大遠鏡測得諸曜形體及附近小星暈氣各種古今不同就其著者錄焉

日之面有小黑形常運行二十八日滿一周月之面以日光正照顯明景偏照顯黑景其面有凹凸故雖全明之中亦有淡黑雜景

土星之體彷彿卵形舊測謂旁有兩耳今測近於赤道星面相逼甚窄於遠赤道所宕甚寬旁有排定小星五點最近第一星約行二日弱第二星行三日弱第三星行四日半強第四星略大行十六日第五星行八十日俱旋行土星一周

木星之面常有平行暗景外有小星四點第一星行一日七十三刻第二星行三日五十三刻第三星略大行七日十六刻第四星行十六日七十二刻俱旋行木星一周

火星之面內有無定黑景

金水星俱借日爲光合朔弦望如月

恆星歷象考成云恆星之名見於春秋而四仲中星及斗牽牛織女參昴箕畢大火農祥龍尾鳥帑元駟元黿之屬散見於尚書易詩左傳國語至周禮春官馮相氏掌二十八星之位而禮記月令大戴禮夏小正稍具諸星見伏之節蓋古者敬天勤民因時出政皆以星爲紀秦炬之後羲和舊術無復可稽其傳者惟史記天官書而所載簡略後漢張衡云中外之官常明者百有二十四可名者三百二十爲星二千五百而其書不傳至三國時太史令陳卓始列巫咸甘石三家所著星圖總二百八十三官一千四百六十四星隋丹元子作步天歌敘三垣二十八宿共一千四百六十七星爲觀象之津梁然尚未有各星經緯度數自唐宋而後諸家以儀象考測始有各星入宿去極度分視古加密新法算書恆星圖表共星一千二百六十六分爲六等第一等星一十七第二等星五十七第三等星一百八十五第四等星三百八十九第五等星三百二十三第六等星二百九十五外無名不入等者四百五十九康熙壬子年欽天監新修儀象志恆星亦分六等而其數微異第一等星一十六第二等星六十八第三等星二百零八第四等星五百一十二第五等星三百四十二第六等星七百三十二共計一千八百七十八蓋觀星者以目之所能辨因其相近聯綴成象而命之名其微茫昏暗者多不可考故各家星官之數多少不能畫一然列宿及諸大星則古今中西如一轍也又云恆星行即古歲差也古法俱謂恆星不動而黃道西移今謂黃道不動而恆星東行蓋使恆星不動而黃道西移則恆星之黃道經緯度宜每歲不同而赤道經緯度宜終古不變今測恆星之黃道經度每歲東行而緯度不變至於赤道經度則逐歲不同而緯度尤甚自星紀至鶉首六宮之星在赤道南者緯度古多而今漸少在赤道北者反是自鶉首至星紀六宮之星在赤道南者緯度古少而今漸多在赤道北者反是凡距赤道二十三度半以內之星在赤道北者可以過赤道南在赤道南者亦可以過赤道北則恆星循黃道東行而非黃道之西移明矣新法算書載西人第谷以前或云恆星百年而東行一度或云七十餘年而東行一度或云六十餘年而東行一度隨時修改訖無定數與古人屢改歲差相同迨至第谷方定恆星每歲東行五十一秒約七十年有餘而行一度而元郭守敬所定歲差之數亦爲近之至今一百四十餘年驗之於天雖無差忒但星行微渺必歷多年其差乃見然則第谷所定之數亦未可泥爲定率惟隨時測驗依天行以推其數可也儀象考成云康熙十三年監臣南懷仁修儀象志星名與古同者總二百五十九座一千一百二十九星比步天歌少二十四座三百三十五星又於有名常數之外增五百九十七星又多近南極星二十三座一百五十星近年以來累加測驗星官度數儀象志尚多未合又星之次第多不序順亦宜釐正於是逐星測量推其度數觀其形象序其次第著之於圖計三垣二十八宿星名與古同者總二百七十七座一千三百一十九星比儀象志多十八座一百九十星與步天歌爲近其尤與古合者二十八宿次舍自古皆觜宿在前參宿在後其以何星作距古無明文唐書云古以參右肩爲距失之太遠文獻通考載宋兩朝天文志云觜三星距西南星參十星距中星西一星西法觜宿距中上星參宿亦距中西一星今按觜宿中上星在西南星前僅六分餘而西南星小中上星大則以中上星作距可也若參宿以中西一星作距星則觜宿之黃道度已在參宿後一度餘卽赤道度亦在參宿後三十一分餘今依次順序以參宿中三星之東一星作距星則觜宿黃道度恆在參前一度弱與觜前參後之序合其餘諸座之星皆以次順序無淩躐顚倒之弊又於有名常數之外增一千六百一十四星近某座者卽名某座增星依次分註方位以備稽考其近南極星二十三座一百五十星中國所不見仍依西測之舊共計恆星三百座三千八十三星

黃赤道十二次值宿古者分十二次卽節氣故冬至爲丑中春分爲戌中夏至爲未中秋分爲辰中後人則以中氣而冬至在星紀之初古不知列宿循黃道東行且不見有歲差即以所在星象名其次故奎婁爲降婁房心尾爲大火後人悉仍其名而星象之更則不論積數千年將所謂蒼龍元武白虎朱雀之四象且易其方然則十二次之名存古意爾今以康熙甲子年推定十二次初度所值宿及乾隆甲子年改定十二次初度所值宿並紀於左

康熙甲子年黃道十二次初度值宿

星紀　箕三度一十分
元枵　牽牛初度二十三分
娵訾　危一度
降婁　營室一十度五十七分
大梁　婁初度二十七分
實沈　昴五度一十二分
鶉首　觜觿一十度三十八分
鶉火　東井二十九度零五分
鶉尾　七星七度零四分
壽星　翼一十度三十七分
大火　角一十度三十四分
析木　房一度三十九分

康熙甲子年赤道十二次初度值宿

星紀　箕三度三十九分
元枵　南斗二十三度二十七分
娵訾　危二度三十四分
降婁　東壁初度四十二分
大梁　婁五度四十二分
實沈　昴八度四十分
鶉首　觜觿一十度二十九分
鶉火　東井二十九度
鶉尾　張五度五十七分
壽星　軫初度零二分
大火　亢一度
析木　房五度零三分

乾隆甲子年黃道十二次初度值宿

星紀　箕二度一十九分一十三秒
元枵　南斗二十三度二十四分一十八秒
娵訾　危初度一十二分四十四秒
降婁　營室一十度五分四十七秒
大梁　奎一十一度八分五十二秒
實沈　昴四度九分三十九秒
鶉首　參八度五十五分一十五秒
鶉火　東井二十八度一十六分五十秒

鶉尾　七星六度一十七分一秒

壽星　翼九度四十八分一十七秒

大火　角九度四十三分三十九秒

析木　房初度三十七分三十五秒

乾隆甲子年赤道十二次初度值宿

星紀　箕二度四十分一十四秒

元枵　南斗二十二度三十五分四十七秒

娵訾　危一度五十分二十七秒

降婁　營室一十七度零三十八分

大梁　婁四度五十二分三十三秒

實沈　昴七度三十四分三秒

鶉首　參八度一分五十五秒

鶉火　井二十八度八分一十五秒

鶉尾　張五度一十二分一秒

壽星　翼一十八度八分三十一秒

大火　亢初度一十分三十秒

析木　房四度八分一十七秒

昏旦中星自虞書紀四仲昏中之星而月令並舉逐月昏旦，然虞書仲冬星昴，月令則昏中東壁相去約二千年中星相差四宿，雖由歲差之故，而古法疏略，無度分，固難深論也。今以康熙壬子年所定恒星經緯度推得雍正元年癸卯各節氣昏旦中星列於志，若求乾隆九年甲子以後各節氣昏旦中星，則當按乾隆甲子年改定恒星經緯度備推焉。

春分係交節初日後同

昏北河二中偏西四度三十四分

旦尾中偏東一度七分

因無當中之星，故用近中之星而紀其偏度。又星宿並用第一星，間有第一星距中太遠而用餘星者，則紀其數，如北河二及參四、氐四之類。

清明

昏七中星偏東五度十四分

旦帝座中偏東一度五十九分

穀雨

昏軒轅十四中偏西四度五十九分

旦箕中偏東四度十三分

立夏

昏五帝座中偏西三十二分

旦箕中偏西四度九分

小滿

昏角中偏東二度二十三分

旦南斗中偏西三度八分

芒種

昏氐中偏東三度二十九分

旦河鼓二中偏東二度二十一分

夏至

昏房中偏東二度八分

旦須女中偏東一度四十三分

小暑

昏尾中偏西四十分

旦尾中偏東三度二十五分

大暑

昏帝座中偏西三度二十五分

旦營室中偏西一度五十六分

立秋

昏箕中偏西二度三十七分

旦土司空中偏東一度四十分

處暑

昏南斗中偏西二十六分

旦婁中偏西一度四十六分

白露

昏南斗中偏西八度三十二分

旦天囷中偏西四度四十一分

秋分

昏河鼓二中偏東三十四分

旦畢中偏西三度七分

寒露

昏牽牛中偏西五十三分

旦參四中偏西十三分

霜降

昏須女中偏西三度四十一分

旦天狼中偏西五度三十七分

立冬

昏虛中偏西三度二十分

旦輿鬼中偏東一度二十七分

小雪

昏北落師門中偏東五度四十一分

旦七星中偏西二度十六分

大雪

昏營室中偏西五度五十七分

旦翼中偏東二度五十五分

冬至

昏東壁中偏西四度二十六分

旦五帝座中偏西二度一分

小寒

昏婁中偏東三度三十三分

旦角中偏東六度二十四分

大寒

昏胃中偏西二度二十分

旦亢中偏東四度十八分

立春

昏昴中偏西五度三十四分

旦氐中偏東一度二十八分

雨水

昏參七中偏西四十五分

旦氐四中偏西二度三十二分

驚蟄

昏東井中偏西三度六分

旦房中偏西二度四分

天文四

康熙壬子年恒星黃道經緯度表一

揆日所以正時候星所以紀日日行黃道故推測恒星必求黃道經緯度分且恒星循黃道東行上考下求每年祇加減經度五十一秒今依康熙壬子舊測恒星黃道經緯度分及南北之向大小之等爲二卷先列降婁戌宮至鶉尾巳宮凡一百八十度之名星及附近星如左

星名	宮	黃道經度 十度	黃道經度 十分	黃道緯度 向	黃道緯度 十度	黃道緯度 十分	等
天鈎二	戌	〇〇	二一	北	七一	四九	四
天淵四	戌	〇〇	五七	南	一四	〇〇	五
天園四	戌	〇二	〇〇	南	五七	五〇	三
天淵二	戌	〇二	三七	南	一三	四〇	五
天鈎一	戌	〇〇	五四	北	七四	〇〇	四
天淵三	戌	〇一	一七	南	一三	〇〇	五
天廚南六	戌	〇二	〇四	北	七七	三二	五
車府一	戌	〇二	四五	北	四八	二〇	四

星名	宮	黃道經度 十度	黃道經度 十分	黃道緯度 向	黃道緯度 十度	黃道緯度 十分	等
土公二	戌	〇三	二九	北	〇五	二八	六
天淵一	戌	〇三	三七	南	一一	四〇	五
造父六	戌	〇五	四七	北	六四	〇〇	五
天鈎三	戌	〇八	一三	北	六八	五四	三
造父四	戌	〇九	二九	北	六一	〇三	四
天園五	戌	〇九	四〇	南	五四	二五	三
螣蛇七	戌	一〇	二七	北	四〇	五七	四
天倉三	戌	一一	四三	南	一五	四七	三
螣蛇八	戌	一二	四六	北	四一	四四	四
天倉五	戌	一三	二五	南	二五	〇一	四
天廚一	戌	一三	二七	北	八二	四九	三
螣蛇南十一	戌	〇三	三七	北	四四	〇〇	三
壁宿一	戌	〇四	三八	北	一二	三五	二
天倉二	戌	〇七	一二	南	一六	五五	三
造父三	戌	〇八	五三	北	五九	五九	四
外屏一	戌	〇九	三六	北	〇二	一一	四
壁宿二	戌	〇九	四七	北	二五	四二	二
造父二	戌	一〇	五七	北	六一	三〇	五
造父五	戌	一二	三〇	北	六五	一〇	五
外屏二	戌	一二	五八	北	〇一	〇六	四
外屏南八	戌	一三	二五	南	〇一	三一	六
螣蛇十	戌	一三	四七	北	四三	五〇	四

星名	宮	黃道經度 十度	黃道經度 十分	黃道緯度 向	黃道緯度 十度	黃道緯度 十分	等
造父一	戌	一四	三九	北	五八	四六	四
天倉六	戌	一四	五〇	南	三一	〇四	四
螣蛇九	戌	一五	一三	北	四二	〇八	五
天倉內七	戌	一六	〇五	南	二一	五五	五
天廚五	戌	一六	二一	北	七八	一〇	四
天園六	戌	一六	二五	南	五四	四〇	三
天廐二	戌	一七	〇七	北	三二	一五	五
天倉四	戌	一七	二五	南	二〇	一九	三
奎宿三	戌	一八	〇四	北	二〇	二四	六
外屏四	戌	一八	三三	南	〇三	〇三	五
奎宿十六	戌	一九	〇七	北	一三	二一	五
奎宿南二十一	戌	一九	〇九	北	一一	二一	六
奎宿南二十	戌	二〇	〇〇	北	一二	二八	五
外屏南九	戌	一四	四六	南	〇四	二〇	六
外屏三	戌	一五	一九	北	〇〇	五八	四
天廐三	戌	一五	五八	北	三一	三三	五
奎宿二	戌	一六	〇九	北	一七	四八	四
奎宿四	戌	一六	二五	北	二三	〇四	四
天廐一	戌	一六	四六	北	三三	二一	四
奎宿五	戌	一七	二〇	北	二四	二〇	三
奎宿一	戌	一七	五四	北	一五	五八	五
奎宿六	戌	一八	〇七	北	二七	〇七	五
奎宿十五	戌	一九	〇三	北	一二	二二	六
奎宿內十九	戌	一九	〇七	北	一九	二四	六
天鈎四	戌	一九	四六	北	六五	四二	五
奎宿內十八	戌	二〇	二三	北	二〇	五五	六

星名	宮	黃道經度 十度	黃道經度 十分	黃道緯度 向	黃道緯度 十度	黃道緯度 十分	等
外屏五	戌	二〇	五六	南	〇四	四一	五
右更三	戌	二二	〇六	北	〇一	五二	五
右更一	戌	二二	三七	北	〇九	二四	五
外屏六	戌	二二	五八	南	〇七	五六	五
奎宿十一	戌	二三	五〇	北	二〇	四三	五
奎宿十	戌	二四	一五	北	二二	〇〇	六
奎宿七	戌	二四	三六	北	三二	三一	四
奎宿八	戌	二五	〇七	北	三〇	三四	四
奎宿十二	戌	二五	一一	北	一八	三一	六
螣蛇六	戌	二五	三九	北	四九	二五	六
螣蛇四	戌	二六	三二	北	五二	三九	六
奎宿十四	戌	二一	五九	北	一五	三〇	五
右更二	戌	二二	一六	北	〇五	二一	四
奎宿內十七	戌	二二	四一	北	二三	〇三	六
右更四	戌	二三	一二	北	〇一	三九	五
右更五	戌	二四	一〇	南	〇三	〇〇	五
奎宿十三	戌	二四	一八	北	一七	二六	五
外屏七	戌	二四	四八	南	〇九	〇五	三
天苑西十七	戌	二五	〇九	南	二五	一七	四
天苑西十八	戌	二五	三二	南	二八	三一	四
奎宿九	戌	二五	四九	北	二五	五九	二
螣蛇五	戌	二六	三四	北	五一	〇八	六

星名	宮	黃道經度 十度	黃道經度 十分	黃道緯度 向	黃道緯度 十度	黃道緯度 十分	等
閣道十一	戌	二六	五五	北	三八	〇九	六
天囷十	戌	二七	二〇	南	一四	四〇	四
閣道六	戌	二七	五六	北	三九	一六	六
婁宿二	戌	二八	三七	北	〇七	〇九	四
天苑西十九	戌	二八	四八	南	二五	五八	三
婁宿南七	戌	二八	五七	北	〇五	二四	五
天苑七	戌	二九	一二	南	二八	一七	四
天囷五	戌	二九	三〇	南	〇四	一九	四
王良一	酉	〇〇	二六	北	五一	一五	三
附路	酉	〇〇	三五	北	四四	四一	四
天廚南七	酉	〇一	一三	北	七一	〇七	三
天大將軍西十二	酉	〇二	一九	北	一六	五〇	四
婁宿南四	酉	〇二	四一	北	〇九	一三	六
天囷九	酉	〇三	〇二	南	一四	三二	三
王良四	酉	〇三	一八	北	四六	三六	三
天園七	酉	〇三	四七	南	五二	〇〇	四
天苑六	酉	〇四	一〇	南	二四	三四	三
天大將軍六	酉	〇四	二三	北	二七	五五	五
天囷八	酉	〇四	五四	南	一二	〇三	三
天大將軍七	酉	〇五	四〇	北	二三	三五	五
天鈎六	酉	〇六	〇〇	北	六一	四五	五
天大將軍四	酉	〇六	〇七	北	三二	三〇	五
天苑北二十	酉	〇六	三六	南	二三	五八	四
金魚一	酉	〇七	〇〇	南	七六	〇〇	四

星名	宮	黃道經度 十度	黃道經度 十分	黃道緯度 向	黃道緯度 十度	黃道緯度 十分	等
天苑八	戌	二七	〇七	南	三二	四七	四
天廚二	戌	二七	四四	北	八〇	五四	四
天苑九	戌	二七	五七	南	三四	五〇	四
天廚三	戌	二八	四七	北	七九	二五	三
天鈎五	戌	二八	五四	北	六二	三五	四
閣道西十	戌	二八	五七	北	四一	二六	六
婁宿一	戌	二九	二三	北	〇八	二九	四
王良五	酉	〇〇	一〇	北	四五	三八	五
閣道五	酉	〇〇	三二	北	四一	一五	六
天苑十	酉	〇〇	四七	南	三八	三〇	四
軍南門	酉	〇一	五六	北	三六	二〇	五
天苑二十一	酉	〇二	二七	南	二三	一五	四
天囷六	酉	〇二	五四	南	〇五	三二	四
婁宿三	酉	〇三	〇六	北	〇九	五七	三
婁宿五	酉	〇三	三四	北	〇七	二三	六
天囷七	酉	〇三	五〇	南	〇五	一三	四
婁宿六	酉	〇四	二〇	北	〇五	四三	六
天大將軍西十一	酉	〇四	三七	北	三四	三〇	五
王良三	酉	〇五	三八	北	四七	〇五	四
天苑十一	酉	〇五	四七	南	三八	一〇	四
天大將軍五	酉	〇六	〇六	北	二八	五九	五
閣道中七	酉	〇六	一六	北	四三	二八	五
天園八	酉	〇六	四七	南	五三	三〇	四
天囷四	酉	〇七	〇七	南	〇五	三六	四

星名	宮	黃道經度 十度	黃道經度 十分	黃道緯度 向	黃道緯度 十度	黃道緯度 十分	等
閣道四	酉	〇七	一五	北	四三	〇七	四
天大將軍三	酉	〇七	五二	北	三五	二二	四
客星	酉	〇七	五四	北	五三	四五	六
左更三	酉	〇八	五二	南	〇〇	三九	六
天大將軍九	酉	〇八	五九	北	一九	二九	五
天苑十二	酉	〇九	二七	南	三八	〇〇	四
左更五	酉	〇九	三六	北	〇六	〇七	六
左更四	酉	〇九	四六	北	〇四	〇一	六
天園九	酉	〇九	四七	南	五三	〇〇	四
左更二	酉	一〇	二三	南	〇一	三〇	六
左更一	酉	一〇	三五	北	〇一	〇七	六
胃宿西四	酉	一一	三五	北	一〇	五一	五
胃宿一	酉	一二	二三	北	一一	一六	四
閣道三	酉	一三	一二	北	四六	二二	三
胃宿二	酉	一三	四〇	北	一〇	二四	三
天苑四	酉	一三	四五	南	二七	四七	三
左更東六	酉	一三	五七	北	〇四	〇九	五
天苑十五	酉	一四	〇七	南	四三	二〇	四
天陰一	酉	一六	一五	北	〇一	四七	四
天苑二	酉	一六	二三	南	三一	〇九	四
天苑十六	酉	一六	三七	南	四三	二〇	四
天廩三	酉	一七	一八	南	〇八	五〇	四
九州西八	酉	一七	二五	南	一八	二六	四
天廩二	酉	一八	三〇	南	〇七	二九	六

星名	宮	黃道經度 十度	黃道經度 十分	黃道緯度 向	黃道緯度 十度	黃道緯度 十分	等
天大將軍八	酉	〇七	五〇	北	二〇	三三	四
策西一	酉	〇七	五二	北	四七	三二	六
王良二	酉	〇八	〇六	北	五二	一四	四
天大將軍十	酉	〇八	五八	北	一八	五七	四
天苑五	酉	〇九	一六	南	二五	五九	三
策	酉	〇九	二八	北	四八	四六	三
天大將軍一	酉	〇九	三九	北	二七	四七	二
天囷一	酉	〇九	四七	南	一二	三七	二
天大將軍二	酉	一〇	〇七	北	三六	五〇	五
天囷三	酉	一〇	三一	南	〇七	五〇	四
閣道八	酉	一一	〇〇	北	四五	〇五	六
左更七	酉	一二	二二	北	〇一	一二	六
天苑十三	酉	一三	一七	南	四一	三〇	四
天苑十四	酉	一三	二七	南	四二	三〇	四
天囷二	酉	一三	四五	南	一四	三〇	五
胃宿三	酉	一三	五一	北	一一	二六	四
閣道九	酉	一三	五八	北	四四	五八	六
天苑三	酉	一六	〇七	南	二八	四七	三
少弼外九	酉	一六	一八	北	八三	〇五	四
天廩四	酉	一六	三六	南	〇九	二三	四
大陵八	酉	一七	一六	北	二〇	五三	四
天陰二	酉	一七	二四	北	〇二	五〇	五
天園十	酉	一七	四七	南	五三	一〇	四
天廩東五	酉	一八	三三	南	〇九	三五	六

星名	黃道經度 宮	十度	十分	黃道緯度 向	十度	十分	等
天陰三	酉	一八	五一	北	〇二	三六	六
天苑一	酉	一九	一八	南	三三	一四	三
大陵一	酉	一九	三一	北	三九	〇一	六
天囷十一	酉	二〇	〇七	南	五三	五〇	四
大陵七	酉	二〇	一八	北	二〇	三三	四
少衛十	酉	二〇	四一	北	八〇	三八	四
九州九	酉	二一	〇七	南	二二	四五	四
大陵五	酉	二一	三七	北	二二	二二	三
大陵二	酉	二二	五〇	北	三四	二七	五
傳舍二	酉	二三	二一	北	五六	一三	六
大陵四	酉	二四	〇六	北	二六	〇四	四
大陵三	酉	二四	三三	北	三三	三六	四
九州一	酉	二四	四〇	南	三〇	二五	五

星名	黃道經度 宮	十度	十分	黃道緯度 向	十度	十分	等
天廩一	酉	一九	〇〇	南	〇五	五七	五
積尸十	酉	一九	二〇	北	二一	三五	四
大陵西九	酉	二〇	〇五	北	三一	三五	四
閣道二	酉	二〇	一四	北	四七	二九	三
傳舍四	酉	二〇	二八	北	五二	四八	六
天廩七	酉	二〇	五七	南	一三	三〇	六
大陵六	酉	二一	三一	北	二〇	五四	五
天廩六	酉	二二	四六	南	〇八	四一	五
傳舍一	酉	二二	五八	北	五二	〇九	六
金魚二	酉	二三	四〇	南	八四	三五	四
天船一	酉	二四	一〇	北	三七	二九	四
昴宿一	酉	二四	三八	北	〇四	一〇	五
昴宿二	酉	二四	四八	北	〇四	三二	六

星名	黃道經度 宮	十度	十分	黃道緯度 向	十度	十分	等
九州二	酉	二四	五三	南	二七	三二	四
昴宿四	酉	二四	五五	北	〇四	二四	六
天廩八	酉	二五	一九	南	〇四	三一	四
少衛	酉	二五	二三	北	六四	二八	三
昴宿六	酉	二五	三八	北	〇三	四五	六
九州七	酉	二五	五八	南	二八	〇九	四
天囷十三	酉	二六	〇七	南	五〇	二〇	四
九州三	酉	二六	三七	南	二六	〇〇	四
天船三	酉	二七	一七	北	三〇	〇五	二
閣道一	酉	二七	三九	北	四八	五四	四
天讒六	酉	二八	〇〇	北	一二	四〇	六

星名	黃道經度 宮	十度	十分	黃道緯度 向	十度	十分	等
昴宿三	酉	二四	五四	北	〇三	五四	六
昴宿五	酉	二五	一五	北	〇四	〇〇	三
天節九	酉	二五	一九	南	一四	三一	四
天船二	酉	二五	二七	北	三四	三〇	三
昴宿七	酉	二五	四二	北	〇三	五四	六
畢宿六	酉	二六	〇一	南	〇八	〇三	四
卷舌四	酉	二六	三三	北	一二	〇八	四
天囷十二	酉	二六	五七	南	五一	四五	四
九州內六	酉	二七	三七	南	二七	〇〇	四
傳舍三	酉	二七	四五	北	四二	二六	五
天船西十	酉	二八	〇五	北	二七	五九	五

星名	黃道經度 宮	十度	十分	黃道緯度 向	十度	十分	等
上衛	酉	二八	三三	北	七五	二七	四
九州四	酉	二八	四六	南	二五	〇三	五
天節西八	酉	二八	五九	南	一二	一四	四
天船四	酉	二九	一四	北	二七	五五	五
天節三	申	〇〇	二三	南	〇六	三三	五
礪石一	申	〇〇	四六	北	〇七	五五	五
卷舌二	申	〇一	〇八	北	一九	〇四	三
畢宿二	申	〇一	一三	南	〇五	四七	三
金魚三	申	〇二	〇〇	南	八八	一五	五
畢宿三	申	〇二	一七	南	〇四	〇二	三
天節一	申	〇二	四二	南	〇六	五七	五
上丞七	申	〇三	一八	北	四五	一〇	六
礪石內四	申	〇三	二六	北	〇五	四六	五

星名	黃道經度 宮	十度	十分	黃道緯度 向	十度	十分	等
卷舌五	酉	二八	三六	北	一一	一八	三
月	酉	二八	五一	北	〇一	一二	五
卷舌一	酉	二九	一一	北	二二	〇六	四
天船五	申	〇〇	一五	北	二七	一四	三
卷舌三	申	〇〇	二四	北	一四	五四	五
礪石二	申	〇一	〇四	北	五	六一	六
天節七	申	〇一	一〇	南	一二	〇一	六
天街二	申	〇一	二九	南	〇〇	四七	六
九州五	申	〇二	一五	南	二五	一二	四
卷舌東七	申	〇二	三七	北	一八	〇〇	六
天節四	申	〇二	五九	南	〇八	四一	五
畢宿四	申	〇三	二三	南	〇五	五三	四
積水九	申	〇三	三二	北	二九	三一	五

星名	黃道經度 宮	十度	十分	黃道緯度 向	十度	十分	等
礪石三	申	〇三	三四	北	〇三	五七	五
畢宿一	申	〇三	五三	南	〇二	三七	三
天節六	申	〇四	一一	南	一一	四八	五
九斿一	申	〇四	四六	南	二五	三四	四
天節五	申	〇五	〇九	南	〇九	三二	五
畢宿五	申	〇五	一三	南	〇五	三一	一
附耳	申	〇五	五五	南	〇六	一八	五
天船七	申	〇六	一四	北	二六	三九	四
柱史	申	〇六	三一	北	八四	四八	四
天船南十一	申	〇七	〇〇	北	二四	三五	六
少丞八	申	〇七	一五	北	五三	三七	六

星名	黃道經度 宮	十度	十分	黃道緯度 向	十度	十分	等
天街一	申	〇三	三八	北	〇〇	三五	四
天街北三	申	〇三	五四	北	〇一	〇四	五
天節二	申	〇四	二八	南	〇七	〇五	五
天船六	申	〇四	五五	北	二六	一一	五
天船內十二	申	〇五	一二	北	二八	五〇	四
華蓋二	申	〇五	四一	北	四九	二七	六
華蓋一	申	〇六	〇二	北	四八	〇七	六
九斿二	申	〇六	三〇	南	二七	五二	五
少弼	申	〇六	三七	北	八三	三〇	四
天船八	申	〇七	一四	北	二八	二三	五
參旗六	申	〇七	二三	南	一五	二七	四

星名	宮	黃道經度 十度	十分	向	黃道緯度 十度	十分	等
屏二	申	〇七	二六	南	四五	〇〇	四
諸王四	申	〇七	三五	北	〇〇	四〇	五
參旗八	申	〇七	五八	南	二〇	〇二	四
玉井二	申	〇八	三九	南	二九	五二	五
參旗九	申	〇八	五七	南	二〇	五六	四
卷舌八	申	〇九	〇一	北	一八	五六	五
天高二	申	〇九	一二	南	〇三	四〇	六
玉井一	申	一〇	四〇	南	三一	三六	四
屏一	申	一〇	四九	南	三九	〇四	五
五車十六	申	一一	〇四	北	一四	五一	五
軍井二	申	一一	二一	南	三五	五四	五
天高五	申	一一	五七	南	〇二	〇〇	六
天高一	申	一二	〇四	南	〇一	五〇	四
參宿七	申	一二	一七	南	三一	一二	一
參宿十五	申	一二	五八	南	二〇	〇八	四
天高內四	申	一三	一四	南	〇二	三一	六
玉井四	申	一三	一六	南	二九	五三	四
西柱七	申	一四	〇六	北	一八	〇九	四
西柱六	申	一四	〇九	北	二〇	五二	四
西柱八	申	一四	五〇	北	一八	一二	四
伐南六	申	一五	〇二	南	三一	〇〇	五
參宿十四	申	一五	三四	南	一九	四〇	六
參宿十八	申	一五	四五	南	二四	〇六	六
天潢三	申	一五	五八	北	一五	二一	五

星名	宮	黃道經度 十度	十分	向	黃道緯度 十度	十分	等
參旗七	申	〇七	三二	南	一六	五〇	四
參旗五	申	〇七	四九	南	一三	〇四	四
勾陳上七	申	〇八	二二	北	六七	四三	六
參旗一	申	〇八	五三	南	〇八	一七	四
參旗四	申	〇九	〇一	南	一二	二六	四
參旗三	申	〇九	一〇	南	一一	〇六	六
參旗二	申	〇九	四八	南	〇九	〇七	四
玉井三	申	一〇	四二	南	二七	五五	三
勾陳六	申	一〇	五七	北	六七	二三	六
軍井一	申	一一	一五	南	三四	三四	五
五車十七	申	一一	三一	北	一四	〇二	五
參旗十二	申	一二	〇〇	南	一四	二四	六
五車一	申	一二	〇五	北	一〇	二二	四
參旗十一	申	一二	三三	南	一三	〇八	六
五車西十五	申	一三	〇〇	北	一五	〇三	五
軍井四	申	一三	一四	南	三六	一四	五
軍井三	申	一三	二七	南	三五	一八	六
丈人二	申	一四	〇七	南	五九	三〇	四
參旗東十	申	一四	三六	南	一一	四五	六
參宿十七	申	一四	五九	南	二三	三二	五
廁二	申	一五	〇七	南	四三	五八	三
參宿十九	申	一五	三八	南	二五	三七	三
參宿十六	申	一五	五七	南	二一	二三	五
天高三	申	一六	〇三	南	〇一	〇四	六

星名	宮	黃道經度 十度	十分	向	黃道緯度 十度	十分	等
天皇大帝	申	一六	〇七	北	六八	〇四	六
參宿西十三	申	一六	二四	南	二〇	〇九	五
天潢二	申	一七	〇六	北	一六	五九	五
伐南五	申	一七	二〇	南	三〇	三八	四
參宿十二	申	一七	四六	南	一九	五三	六
參宿一	申	一七	五一	南	二三	三八	二
諸王七	申	一七	五六	南	〇一	二〇	六
五車五	申	一八	〇〇	北	〇五	二〇	二
八穀五	申	一八	一七	北	三五	五〇	六
伐一	申	一八	二八	南	二八	一〇	五
八穀三	申	一八	二八	北	三七	二〇	六
八穀四	申	一八	四五	北	四〇	一三	六
諸王三	申	一八	五七	北	〇二	四〇	五
少衛六	申	一九	〇三	北	四二	五六	六
觜宿一	申	一九	一二	南	一三	二六	四
觜宿三	申	一九	三三	南	一四	〇五	五
參宿內八	申	一九	三九	南	二六	〇一	四
參宿三	申	二〇	〇七	南	二五	二三	二
廁三	申	二〇	二二	南	四五	五〇	三
諸王二	申	二〇	五二	北	〇二	二八	四
天關南一	申	二〇	五七	南	〇六	二〇	五
子二	申	二〇	五七	南	五九	四〇	二
參宿六	申	二一	五〇	南	三三	〇八	三
廁四	申	二三	三六	南	四四	一八	三

星名	宮	黃道經度 十度	十分	向	黃道緯度 十度	十分	等
參宿五	申	一六	二三	南	一六	五三	二
廁一	申	一六	五〇	南	四一	〇六	三
五車二	申	一七	一六	北	二二	五二	一
五車內十三	申	一七	三九	北	一一	一五	六
觜宿南四	申	一七	四七	南	一七	二二	五
天潢一	申	一七	五二	北	一八	三四	六
丈人一	申	一七	五七	南	五七	四〇	二
天潢四	申	一八	〇九	北	一四	〇四	六
伐二	申	一八	二五	南	二八	四五	三
伐三	申	一八	二八	南	二九	一七	三
參宿十一	申	一八	四〇	南	一九	三七	六
參宿二	申	一八	五四	南	二四	三四	二
屎	申	一八	五七	南	五五	三〇	四
觜宿二	申	一九	〇七	南	一三	五四	五
伐四	申	一九	二三	南	三〇	三八	五
南柱十二	申	一九	三四	北	〇八	五一	五
參宿十	申	一九	五七	南	一九	一八	五
天關	申	二〇	一二	南	〇二	一四	三
參宿九	申	二〇	四五	南	二一	五八	五
諸王六	申	二〇	五七	北	〇一	〇〇	五
天關二	申	二〇	五七	南	〇七	四〇	五
廁北五	申	二一	二七	南	三八	一六	四
子一	申	二三	一七	南	五七	四〇	四
諸王南五	申	二三	五五	北	〇一	〇六	四

星名	宮	黃道經度十度	十分	黃道緯度向	十度	十分	等
勾陳九	申	二二	五五	北	七〇	四二	六
東柱十	申	二三	一四	北	一五	四三	五
東柱十一	申	二三	三五	北	一三	四九	六
勾陳大星	申	二四	〇三	北	六六	〇二	二
參宿四	申	二四	一二	南	一六	〇六	一
厠六	申	二四	二八	南	三七	四一	四
司怪一	申	二四	五八	北	〇二	二六	四
八穀一	申	二五	一四	北	三〇	五〇	四
勾陳八	申	二五	三一	北	六九	〇三	六
五車四	申	二五	五九	北	一三	四四	四
司怪二	申	二六	二二	南	〇〇	一三	四
勾陳二	申	二六	三六	北	六九	五一	四
水府二	申	二七	二一	南	〇八	四四	四

星名	宮	黃道經度十度	十分	黃道緯度向	十度	十分	等
東柱九	申	二三	一二	北	一五	四二	五
參宿二十	申	二三	二五	南	二一	三九	五
諸王一	申	二三	五八	北	〇四	〇六	四
司怪四	申	二四	〇九	南	〇三	一三	五
子東三	申	二四	一七	南	五九	三〇	四
八穀二	申	二四	三八	北	三二	一五	六
參宿二十一	申	二五	一〇	南	二二	五七	五
五車北十四	申	二五	二五	北	二七	二七	五
孫南三	申	二五	五七	南	六五	五〇	四
觜宿東五	申	二六	〇五	南	一四	五一	四
司怪三	申	二六	二二	南	〇三	一二	五
五車三	申	二六	五二	北	二一	二八	二
厠七	申	二七	二二	南	三八	二六	四

星名	宮	黃道經度十度	十分	黃道緯度向	十度	十分	等
四輔一	申	二七	三〇	北	六三	五五	六
水府一	申	二八	二四	南	〇九	一五	四
鉞	申	二八	五三	南	〇〇	五八	四
水府南五	申	二九	三一	南	一一	三〇	六
井宿一	未	〇〇	四五	南	〇〇	五二	三
孫二	未	〇一	五七	南	六一	三〇	四
四瀆四	未	〇二	〇八	南	一八	四七	四
軍市一	未	〇二	四三	南	四一	一九	二
參宿東二十五	未	〇三	二二	南	二八	〇四	五
四瀆三	未	〇三	五八	南	一五	一六	四
勾陳三	未	〇四	二四	北	七三	五〇	四

星名	宮	黃道經度十度	十分	黃道緯度向	十度	十分	等
水府三	申	二八	二二	南	〇七	二二	六
五車東十八	申	二八	二七	北	〇五	五〇	四
水府四	申	二九	〇九	南	〇七	一九	六
參宿二十二	申	二九	四四	南	二九	三一	四
上衛	未	〇一	三〇	北	四五	三〇	六
軍市南九	未	〇二	〇七	南	五一	四七	三
井宿二	未	〇二	一四	南	〇三	〇八	四
孫一	未	〇三	一七	南	五八	四五	四
參宿東二十四	未	〇三	四三	南	二九	四九	四
四瀆南五	未	〇三	五八	南	一八	二四	五
井宿三	未	〇四	三一	南	〇六	四九	二

星名	宮	黃道經度十度	十分	黃道緯度向	十度	十分	等
天樞南八	未	〇四	三八	北	五七	五五	六
井宿五	未	〇五	二二	北	〇二	一一	三
軍市南十	未	〇六	〇七	南	五六	〇〇	四
五諸侯一	未	〇六	三二	北	一〇	五八	五
軍市五	未	〇六	三七	南	四六	三〇	五
野雞七	未	〇七	二六	南	四二	三〇	五
野雞六	未	〇七	四一	南	四二	五五	五
野雞十二	未	〇八	〇七	南	四五	五〇	五
天樞	未	〇八	三五	北	六七	二〇	六
老人	未	〇九	〇七	南	七五	〇〇	一
天罇三	未	〇九	三八	北	〇一	三一	六
井宿七	未	一〇	二六	南	〇二	〇七	三
天狼北二	未	一二	〇二	南	三四	五〇	四

星名	宮	黃道經度十度	十分	黃道緯度向	十度	十分	等
軍市南十一	未	〇四	五七	南	五七	〇〇	四
四瀆十	未	〇五	五〇	南	一三	一五	四
井宿四	未	〇六	三〇	南	一〇	〇九	四
四瀆二	未	〇六	三六	南	一四	五九	五
井宿六	未	〇七	二四	南	〇一	一二	六
女史	未	〇七	三五	北	八三	〇五	四
軍市二	未	〇八	〇〇	南	四一	三〇	五
闕邱一	未	〇八	一四	南	二〇	三三	四
四瀆亦名井九	未	〇八	五六	南	〇九	四一	六
天狼	未	〇九	三六	南	三九	三〇	一
四瀆一	未	一〇	一七	南	一一	四五	五
五諸侯二	未	一〇	五四	北	〇七	四三	四
老人北三	未	一二	〇七	南	六五	四〇	三

星名	宮	黃道經度十度	十分	黃道緯度向	十度	十分	等
天狼北三	未	一二	二七	南	三六	四三	五
天狼北五	未	一三	〇三	南	三九	三〇	四
天罇二	未	一三	五六	南	〇〇	一四	三
天罇一	未	一四	一八	北	〇二	五六	六
北河一	未	一四	二九	北	〇九	四二	五
闕邱二	未	一五	〇〇	南	二二	四七	四
北河南五	未	一五	一〇	北	〇六	〇一	六
弧矢七	未	一六	二二	南	五一	二五	三
五諸侯四	未	一六	四七	北	〇五	一〇	五
南河二	未	一七	四〇	南	一三	三四	三
南河一	未	一七	四九	南	一二	五一	六

星名	宮	黃道經度十度	十分	黃道緯度向	十度	十分	等
軍市三	未	一二	二七	南	四二	三〇	五
軍市四	未	一三	三七	南	四六	四〇	五
井宿八	未	一四	一三	南	〇五	四一	四
五諸侯三	未	一四	二四	北	〇五	四三	四
弧矢八	未	一四	五七	南	五五	一〇	四
天狼北四	未	一五	〇六	南	三八	〇三	三
北河二	未	一五	四一	北	一〇	〇二	二
軍市東八	未	一六	三一	南	四六	一〇	五
內階三	未	一七	〇八	北	四四	二二	五
水位一	未	一七	四二	南	〇九	四六	六
積薪南二	未	一八	〇二	南	〇五	五二	六

星名	黃道經度 宮	十度	十分	黃道緯度 向	十度	十分	等
北河南四	未	一八	〇五	北	〇七	二四	五
內階一	未	一八	三七	北	四〇	〇三	四
弧矢三	未	一八	五五	南	四八	三〇	三
積薪	未	一九	〇六	北	〇三	〇三	四
三師一	未	一九	二五	北	四七	五一	四
五諸侯五	未	二〇	四二	北	〇五	四四	五
三師南五	未	二〇	四九	北	四七	三〇	六
南河三	未	二一	一九	南	一五	五七	二
積薪南五	未	二二	二八	南	〇〇	五七	六
勾陳四	未	二二	二九	北	七五	〇〇	四
少輔	未	二四	〇〇	北	五二	三〇	六
內階四	未	二四	五〇	北	四二	三〇	五
爟南二	未	二四	五六	北	〇一	一六	五
三師三	未	二五	四三	北	五一	三七	五
弧矢內十四	未	二五	五七	南	五三	〇〇	四
內階五	未	二六	〇二	北	四五	〇三	四
上台一	未	二六	五六	北	二九	一六	三
弧矢北十六	未	二七	一七	南	四五	三〇	四
爟一	未	二七	三七	北	〇五	〇八	五
文昌五	未	二八	〇七	北	三三	三〇	五
后宮	未	二八	二〇	北	七〇	一八	六
文昌一	未	二九	〇〇	北	四六	二二	五
水位東九	未	二九	一三	南	〇一	〇四	六
弧矢十二	午	〇〇	一七	南	四九	一五	四

星名	黃道經度 宮	十度	十分	黃道緯度 向	十度	十分	等
內階二	未	一八	一〇	北	四三	五六	四
北河三	未	一八	四三	北	〇六	三八	二
上台南七	未	一八	五七	北	二二	一五	六
積薪南三	未	一九	〇六	南	〇三	四八	六
積薪南四	未	二〇	三〇	南	〇二	四二	六
三師二	未	二〇	四五	北	四七	四五	四
老人北二	未	二〇	五七	南	七一	五〇	三
水位二	未	二一	五七	南	一〇	一九	五
少輔北九	未	二二	二九	北	五八	〇八	六
闕邱東三	未	二四	〇〇	南	三〇	〇〇	五
三師南六	未	二四	一七	北	四六	五〇	六
三師南四	未	二四	五五	北	四七	一四	六
弧矢二	未	二五	一二	南	五一	二五	三
勾陳北十	未	二五	五二	北	七七	三九	五
弧矢九	未	二五	五七	南	五八	四〇	三
水位三	未	二六	〇四	南	〇七	〇五	五
內階六	未	二七	〇〇	北	四一	三〇	五
弧矢內十	未	二七	二七	南	四九	四五	四
水位四	未	二七	五〇	南	〇二	一五	四
上台二	未	二八	一〇	北	二八	三八	三
文昌六	未	二八	二六	北	三六	〇六	五
弧矢六	未	二九	〇〇	南	四七	二八	三
水位東六	未	二九	四四	南	一〇	一九	四
軒轅一	午	〇〇	四二	北	二三	四一	四

星名	黃道經度 宮	十度	十分	黃道緯度 向	十度	十分	等
弧矢內十五	午	〇〇	四七	南	四六	〇〇	四
鬼宿一	午	〇一	一〇	南	〇〇	四八	五
文昌四	午	〇一	三二	北	三四	三五	三
文昌二	午	〇一	三八	北	四二	三六	四
弧矢內十七	午	〇二	〇七	南	五五	三〇	五
文昌南七	午	〇二	四一	北	三五	四〇	六
鬼宿三	午	〇二	五七	北	〇三	〇八	四
天社西十	午	〇三	三七	南	六三	〇〇	四
弧矢南二	午	〇四	〇七	南	五八	三〇	五
外廚一	午	〇四	一〇	南	二三	〇〇	三
天樞西鄙文昌八	午	〇四	五八	北	四七	五五	六
弧矢南三	午	〇五	一七	南	五七	一五	四
上輔	午	〇五	三八	北	五七	〇七	三
弧矢內十三	午	〇五	五七	南	四九	五〇	四
酒旗西八	午	〇六	二七	南	〇七	一四	六
弧矢四	午	〇六	五四	南	四三	一九	三
軒轅四	午	〇七	一七	北	一七	五五	三
柳宿三	午	〇七	四六	南	一四	一七	四
柳宿四	午	〇七	四八	南	一一	〇八	四
柳宿五	午	〇八	二三	南	一一	三六	五
軒轅西二十三	午	〇八	三七	北	〇五	二〇	六
中台南十二	午	〇九	一〇	北	二〇	四二	四
柳宿六	午	一〇	〇一	南	一一	〇一	四
天樞	午	一〇	三四	北	四九	四〇	二

星名	黃道經度 宮	十度	十分	黃道緯度 向	十度	十分	等
鬼宿二	午	〇〇	四九	北	〇一	三二	五
弧矢內十一	午	〇一	一七	南	四九	五〇	四
弧矢五	午	〇一	三六	南	四四	五九	三
軒轅西二十四	午	〇一	四四	北	一〇	二三	五
弧矢北十八	午	〇二	一七	南	四二	四〇	五
積尸氣	午	〇二	四七	北	〇一	一四	氣
軒轅二	午	〇二	五七	北	二〇	五一	四
庶子	午	〇三	五四	北	七一	二三	六
鬼宿四	午	〇四	〇八	南	〇〇	〇四	四
文昌三	午	〇四	三九	北	三八	一六	四
外廚南三	午	〇五	〇六	南	三三	〇七	四
外廚南四	午	〇五	二七	南	三八	三一	四
柳宿一	午	〇五	四六	南	一二	二七	四
軒轅三	午	〇六	〇〇	北	二〇	〇五	四
柳宿二	午	〇六	四〇	南	一四	三七	五
弧矢一	午	〇七	〇七	南	五四	三〇	二
近黃極六	午	〇七	二六	北	八六	五三	四
酒旗西七	午	〇七	四八	南	〇一	五四	六
帝	午	〇八	一七	北	七二	五二	二
弧矢南四	午	〇八	二七	南	五七	四五	四
酒旗西六	午	〇九	〇四	南	〇五	〇八	三
弧矢南一	午	〇九	二七	南	五一	一五	二
弧矢南六	午	一〇	〇七	南	六〇	〇〇	五
軒轅七	午	一〇	四二	北	一〇	二三	四

星名	黃道經度 宮	十度	十分	黃道緯度 向	十度	十分	等
天社西十一	午	一〇	五七	南	六四	三〇	六
少尉	午	一一	二六	北	六一	三三	三
柳宿七	午	一二	五二	南	一一	〇六	六
弧矢南五	午	一三	〇七	南	五八	二〇	二
外廚南五	午	一三	二六	南	三二	五六	六
外廚南六	午	一三	五一	南	三〇	一八	四
中台三	午	一四	五七	北	二九	五二	四
內平一	午	一五	一二	北	二一	五三	四
柳宿八	午	一五	四二	南	一三	〇五	四
中台四	午	一六	〇五	北	二八	四五	四
軒轅十	午	一六	五一	北	一二	二一	四
酒旗二	午	一七	〇四	南	〇三	一〇	四
軒轅西二十二	午	一七	三二	南	〇四	四八	六
軒轅十五	午	一九	四〇	南	〇三	四七	四
天狗六	午	一九	五七	南	四三	二〇	四
中台南八	午	二〇	五七	北	二四	五〇	四
星宿西五	午	二一	〇七	南	一九	四五	六
星宿三	午	二一	一二	南	一五	〇〇	五
天社一	午	二一	五七	南	六三	五〇	二
天狗四	午	二二	〇七	南	五一	三〇	四
星宿一	午	二二	四六	南	二二	二四	一
星宿四	午	二三	〇四	南	一四	一八	四
軒轅西二十	午	二三	二四	北	〇二	一〇	六
中台南九	午	二四	二二	北	二一	二八	四
外廚二	午	一一	〇一	南	二四	二九	四
酒旗西五	午	一一	三六	南	〇五	三六	五
弧矢南七	午	一二	五七	南	五九	二〇	五
軒轅八	午	一三	一七	北	〇七	五二	四
酒旗西四	午	一三	三七	南	〇五	四〇	四
天璇	午	一四	四四	北	四五	〇四	二
弧矢南八	午	一五	〇七	南	五六	四〇	五
太子	午	一五	四一	北	七五	二四	三
軒轅九	午	一六	〇五	北	〇九	四〇	三
弧矢南九	午	一六	一七	南	五七	〇〇	五
酒旗三	午	一七	〇二	南	〇五	四三	五
軒轅西二十一	午	一七	一三	北	一〇	四七	六
酒旗一	午	一八	五五	北	〇〇	一六	五
中台南七	午	一九	五五	北	二五	〇四	四
星宿二	午	二〇	五四	南	一六	四六	五
天狗七	午	二〇	五七	南	四三	三〇	四
中台南十	午	二一	〇九	北	二〇	四〇	四
天狗五	午	二一	一七	南	四九	〇〇	四
天牢	午	二二	〇二	北	三三	〇一	五
軒轅西十九	午	二二	四四	北	〇〇	〇一	四
軒轅十一	午	二二	五八	北	一一	五〇	三
軒轅十三	午	二三	二〇	北	〇四	五二	三
太尊	午	二三	三三	北	三五	一四	四
張宿八	午	二四	四四	南	三〇	三〇	三
御女十六	午	二四	四六	南	三	五五	四
軒轅十四	午	二五	一七	北	〇〇	二七	一
軒轅南十八	午	二五	五一	南	〇一	二六	五
中台南十一	午	二六	一九	北	二四	五八	四
少微西五	午	二七	二二	北	一七	四〇	五
天狗二	午	二八	〇七	南	五五	四〇	四
太陽守一	午	二九	一〇	北	四一	三〇	四
張宿西七	巳	〇〇	二六	南	二二	三九	四
尙書四	巳	〇〇	四五	北	八一	〇五	三
天社二	巳	〇〇	五七	南	六一	一五	四
少微四	巳	〇一	一四	北	一〇	一七	六
軒轅十六	巳	〇一	四八	北	〇〇	〇八	四
下台六	巳	〇二	三六	北	二四	五四	四
長垣二	巳	〇三	〇六	北	〇五	五六	六
張宿內六	巳	〇三	四八	南	二三	一三	五
上相西六	巳	〇四	一四	北	一二	五三	五
長垣三	巳	〇五	〇五	北	〇二	五	六
西上相	巳	〇六	四一	北	一四	二〇	二
天記	巳	〇七	〇〇	南	五五	三〇	二
相北三	巳	〇七	一九	北	四九	四二	六
靈臺二	巳	〇九	三〇	南	〇〇	〇九	五
靈臺一	巳	〇九	五八	北	〇一	二〇	四
靈臺三	巳	一〇	二〇	南	〇二	二九	五
開陽	巳	一〇	五七	北	五六	二二	二
軒轅十二	午	二四	五九	北	〇八	四七	二
天璣	午	二五	四五	北	四七	〇七	二
天狗三	午	二五	五七	南	五七	一〇	四
天權	午	二六	二六	北	五一	三七	二
天狗一	午	二七	三七	南	五一	三〇	四
張宿五	午	二八	一二	南	二六	三四	四
天一	巳	〇〇	一七	北	六五	一八	五
天社南十二	巳	〇〇	二七	南	六九	四〇	二
少微二	巳	〇〇	五〇	北	一六	三一	五
張宿一	巳	〇一	〇九	南	一六	一二	五
天社八	巳	〇一	一五	南	六〇	〇〇	四
下台五	巳	〇一	五五	北	二六	一四	四
天相一	巳	〇二	五七	南	一六	〇〇	三
右樞	巳	〇三	一一	北	六六	三六	二
玉衡	巳	〇四	一〇	北	五四	一八	二
張宿一	巳	〇四	五一	南	二一	二五	四
虎賁	巳	〇五	五四	北	一六	四七	五
相	巳	〇七	〇〇	北	四八	四〇	六
天社三	巳	〇七	〇七	南	六五	四〇	三
相北二	巳	〇七	三〇	北	四九	四二	六
西次相	巳	〇九	五〇	北	〇九	四二	三
次相南七	巳	一〇	〇八	北	〇七	五一	六
張宿三	巳	一〇	三二	南	二四	三八	四
次將	巳	一二	五九	北	〇六	〇七	三

星名	黃道經度 宮	十度	十分	黃道緯度 向	十度	十分	等
常陳西二	巳	一三	一六	北	四〇	三	五
張宿四	巳	一三	四二	南	二三	三一	五
太子	巳	一四	二二	北	一七	一九	四
明堂南四	巳	一六	五三	南	〇七	三九	四
三公北四	巳	一七	〇二	北	五二	二五	六
海石一	巳	一七	三〇	南	七二	〇〇	三
內屏一	巳	一八	四四	北	六	〇七	三
郎位七	巳	一九	〇一	北	二三	三〇	四
翼宿一	巳	一九	一三	南	二二	四一	四
郎位五	巳	一九	二五	北	二五	五一	四
郎位三	巳	一九	三八	北	二七	二〇	四
郎位六	巳	一九	四九	北	二六	〇七	四
三公一	巳	二〇	〇五	北	四九	〇〇	六
天社北七	巳	一三	一七	南	五六	五〇	三
上將	巳	一四	〇九	北	〇一	四〇	四
翼宿二	巳	一五	五一	南	二一	四九	四
明堂一	巳	一六	五七	南	〇〇	三三	五
五帝座	巳	一七	〇三	北	一二	一八	一
天社四	巳	一七	五七	南	六五	五	二
常陳一	巳	一八	四四	北	四〇	〇六	二
三公二	巳	一九	〇一	北	四九	二七	六
郎位一	巳	一九	一八	北	二八	二五	三
內屏二	巳	一九	三三	北	〇四	三七	五
郎位二	巳	一九	四二	北	二七	二四	四
明堂三	巳	一九	五〇	南	〇五	四一	五
郎位四	巳	二〇	一九	北	二七	〇七	四

星名	黃道經度 宮	十度	十分	黃道緯度 向	十度	十分	等
明堂二	巳	二〇	二七	南	〇三	〇三	四
郎位九	巳	二一	三八	北	二四	五六	四
翼宿四	巳	二二	一一	南	一七	二五	四
右執法	巳	二二	三二	北	〇〇	四三	三
內屏四	巳	二二	五八	北	〇六	一〇	五
郎位十	巳	二三	五二	北	二四	〇一	四
翼宿十	巳	二四	〇一	南	二五	三六	四
翼宿三	巳	二四	四三	南	一九	三九	四
天槍一	巳	二五	一〇	北	五八	五三	四
翼宿五	巳	二五	五五	南	一四	〇九	五
三公三	巳	二六	四二	北	四八	一一	六
翼宿六	巳	二一	二七	南	一三	一〇	四
郎位八	巳	二二	一〇	北	二五	一六	四
搖光	巳	二二	一二	北	五四	二五	二
天社五	巳	二二	五七	南	六二	五〇	三
內屏三	巳	二三	〇七	北	〇八	三四	五
內屏南五	巳	二三	五七	北	〇三	二三	六
翼宿七	巳	二四	〇二	南	一一	一六	四
翼宿十一	巳	二四	四九	南	三〇	一七	五
郎將	巳	二五	一七	北	三〇	一六	四
天槍二	巳	二六	三三	北	五八	五一	四
上弼	巳	二七	五二	北	八四	四六	三

星名	黃道經度 宮	十度	十分	黃道緯度 向	十度	十分	等
天槍三	巳	二八	〇〇	北	六〇	〇五	四
周鼎二	巳	二八	五〇	北	三一	四二	四
尙書二	巳	二九	二一	北	八三	一八	五
翼宿八	巳	二九	三〇	南	一八	一六	四
周鼎一	巳	二九	五九	北	三二	四六	四
謁者	巳	二八	四六	北	〇五	〇〇	六
周鼎三	巳	二九	一五	北	二八	三二	五
尙書三	巳	二九	二二	北	八一	四一	五
天社六	巳	二九	五七	南	六二	一五	三

清史稿 志五

天文五

康熙壬子年星恒黃道經緯度表二

列壽星辰宮至陬訾亥宮一百八十度之名星及附近星並增定最小名星及附近星如左

星名	黃道經度 宮	十度	十分	黃道緯度 向	十度	十分	等
左執法	辰	〇〇	一六	北	〇一	二五	四
九卿一	辰	〇〇	五三	北	一三	三七	五
海石二	辰	〇一	四〇	南	六六	四〇	三
九卿三	辰	〇二	二一	北	一〇	二六	六
青邱一	辰	〇四	〇七	南	三一	二〇	四
東次將	辰	〇五	二四	北	一六	一六	三
左樞	辰	〇〇	二二	北	七一	〇四	三
翼宿九	辰	〇一	三三	南	一六	〇二	四
元戈	辰	〇二	一八	北	五四	四〇	四
九卿二	辰	〇二	五二	北	一一	三七	六
東上將	辰	〇四	三〇	北	二〇	三〇	五
東上相	辰	〇五	三六	北	〇二	五〇	三

星名	黄道經度 宮	十度	十分	黄道緯度 向	十度	十分	等
軫宿一	辰	〇六	一三	南	一四	二五	三
東次相	辰	〇六	五五	北	〇八	四一	三
進賢南二	辰	〇七	三八	南	〇三	二五	五
青邱三	辰	〇八	〇七	南	三一	四〇	三
軫宿三	辰	〇八	五五	南	一二	〇七	三
長沙	辰	〇九	一三	南	一八	一四	五
次將東六	辰	〇九	二五	北	一六	一四	六
次將東七	辰	一一	一一	北	一二	四一	五
進賢二	辰	一一	三九	南	〇三	二二	五
軫宿四	辰	一二	四九	南	一七	五九	三
馬尾西五	辰	一三	〇〇	南	四八	二〇	四
上宰	辰	一三	二九	北	七四	一二	三
平道一	辰	一三	三七	北	〇一	四五	四
右攝提三	辰	一四	三七	北	二五	一四	四
進賢四	辰	一五	〇八	南	〇三	一三	五
天田一	辰	一五	四六	北	一二	三五	六
角宿二	辰	一六	二三	北	〇八	一〇	三
天門一	辰	一八	一三	南	〇七	五一	五
角宿東五	辰	一八	五七	北	〇〇	一〇	六
角宿一	辰	一九	一六	南	〇一	五九	一
南船一	辰	一九	三五	南	六〇	四〇	四
七公西八	辰	一九	四四	北	五四	一六	三
海山二	辰	二〇	二〇	南	五八	一〇	四
天門南三	辰	二〇	三五	南	〇九	一六	五

星名	黄道經度 宮	十度	十分	黄道緯度 向	十度	十分	等
青邱二	辰	〇六	二七	南	三四	一〇	四
軫宿二	辰	〇七	〇八	南	一九	三九	四
右轄五	辰	〇七	三八	南	二一	四六	四
海石三	辰	〇八	三〇	南	六五	二〇	五
少宰	辰	〇八	五五	北	七八	三二	三
左轄	辰	〇九	二一	南	一一	二八	五
進賢一	辰	一〇	二九	北	〇二	二四	六
飛魚二	辰	一一	一二	南	七五	四〇	六
海石四	辰	一二	一五	南	六六	五〇	五
元戈北二	辰	一二	四九	北	六〇	四〇	六
右攝提二	辰	一三	二五	北	二六	三三	四
元戈三	辰	一三	三三	北	六〇	五七	六
招搖一	辰	一四	〇六	北	四九	三四	三
右攝提一	辰	一四	四二	北	二八	〇九	三
海山三	辰	一五	三〇	南	五八	四五	五
南船二	辰	一六	二〇	南	六一	四五	四
飛魚一	辰	一八	〇〇	南	七二	三〇	五
梗河三	辰	一八	一八	北	四二	三六	四
角宿東三	辰	一八	五九	北	〇三	一一	六
梗河二	辰	一九	一六	北	四二	[illegible]一	四
大角	辰	一九	四〇	北	三一	〇三	一
天田南四	辰	一九	五七	北	〇八	三〇	五
平星西三	辰	二〇	二四	南	一四	三七	六
角宿東四	辰	二〇	四四	南	〇一	〇〇	六

星名	黄道經度 宮	十度	十分	黄道緯度 向	十度	十分	等
馬尾四	辰	二一	〇〇	南	五〇	〇〇	四
天門二	辰	二一	三五	南	〇六	一六	五
平星一	辰	二二	二四	南	一三	四三	三
天田南三	辰	二二	三八	北	〇九	四一	六
飛魚三	辰	二三	〇〇	南	七七	三五	六
梗河一	辰	二三	三〇	北	四〇	四〇	三
馬尾一	辰	二四	三七	南	四六	一〇	二
亢宿西五	辰	二五	四四	北	〇二	二五	六
七公五	辰	二七	〇六	北	五七	一六	四
左攝提二	辰	二七	一四	北	三〇	二八	四
金魚四	辰	二七	四五	南	八七	〇〇	五
庫樓西九	辰	二八	〇七	南	二五	四〇	三
海山四	辰	二八	一七	南	五五	一〇	四
七公七	辰	二八	三〇	北	四九	〇一	三
亢宿二	辰	二八	四九	北	一一	〇三	五
梗河六	辰	二八	五三	北	四二	一六	五
梗河東四	辰	二九	一一	北	四〇	一四	五
亢宿一	辰	二九	五一	北	〇二	五八	四
梗河東八	卯	〇〇	三四	北	四五	〇六	五
亢宿東五	卯	〇〇	五二	北	一一	四八	四
柱二	卯	〇一	〇七	南	二〇	三〇	四
柱三	卯	〇一	五七	南	二〇	〇〇	五
十字二	卯	〇一	五七	南	五一	〇一	二
亢宿四	卯	〇二	二二	北	〇〇	三二	四

星名	黄道經度 宮	十度	十分	黄道緯度 向	十度	十分	等
海山一	辰	二一	一〇	南	五六	三〇	五
平道二	辰	二二	一〇	北	〇一	四六	六
海石五	辰	二二	三〇	南	六八	〇〇	四
馬尾三	辰	二三	〇〇	南	四九	三〇	二
天田二	辰	二三	一一	北	一三	〇八	五
庫樓八	辰	二四	三七	南	四一	〇〇	五
馬尾二	辰	二五	一七	南	四六	四五	四
庫樓七	辰	二六	五七	南	四〇	二〇	三
南船三	辰	二七	一〇	南	六一	五四	四
南船五	辰	二七	一五	南	七一	〇六	三
庫樓六	辰	二七	四七	南	四〇	〇〇	三
左攝提三	辰	二八	一一	北	三一	二二	四
左攝提一	辰	二八	一七	北	二七	五七	三
七公六	辰	二八	三二	北	五三	二七	四
左攝提北四	辰	二〇	五二	北	三三	五二	四
亢宿三	辰	二九	〇九	北	〇七	一九	四
梗河九	辰	二九	三七	北	四六	一〇	四
梗河東七	卯	〇〇	一六	北	四一	五五	六
梗河東五	卯	〇〇	四〇	北	四〇	三一	五
海山五	卯	〇〇	五五	南	五六	三〇	四
庫樓四	卯	〇一	〇七	南	二七	三〇	四
庫樓五	卯	〇一	五七	南	三七	三〇	五
柱四	卯	〇二	一五	南	一八	五〇	五
柱一	卯	〇二	二七	南	二一	四〇	五

星名	黃道經度 宮	十度	十分	黃道緯度 向	十度	十分	等
十字四	卯	〇三	〇七	南	五五	四〇	二
貫索北十	卯	〇三	三五	北	五四	〇〇	四
柱十	卯	〇四	〇七	南	三三	五〇	五
南船四	卯	〇四	三五	南	六六	五〇	四
衡一	卯	〇五	一七	南	二八	二〇	四
亢宿東六	卯	〇五	三〇	北	〇九	四九	四
飛魚四	卯	〇六	一〇	南	七六	四五	六
十字一	卯	〇六	三七	南	四九	一〇	四
七公三	卯	〇六	五七	北	六三	五一	四
十字三	卯	〇七	一七	南	五一	四〇	二
庫樓三	卯	〇七	三七	南	二二	三〇	三
衡四	卯	〇八	一七	南	二六	三〇	四
柱八	卯	〇八	二七	南	三〇	二〇	五
馬腹二	卯	〇九	三七	南	四三	四五	三
七公二	卯	〇九	四四	北	六五	五五	四
柱五	卯	一〇	〇七	南	二二	二〇	四
南門一	卯	一〇	一七	南	四〇	四五	四
氐宿內五	卯	一〇	四一	北	〇八	一九	四
貫索六	卯	一二	二五	北	四四	五二	四
七公一	卯	一三	二五	北	六八	〇〇	五
秦	卯	一三	四七	北	二八	五八	三
陽門一	卯	一三	五七	南	一八	一五	四
貫索八	卯	一四	〇二	北	四八	二四	六
庫樓二	卯	一四	四七	南	二五	一五	三

星名	黃道經度 宮	十度	十分	黃道緯度 向	十度	十分	等
七公四	卯	〇三	二九	北	六〇	一六	四
七公西九	卯	〇三	四三	北	六四	二三	四
貫索三	卯	〇四	一〇	北	四八	二五	五
貫索二	卯	〇四	三七	北	四六	〇八	四
平星二	卯	〇五	二七	南	一七	四〇	四
衡二	卯	〇五	五七	南	二九	二〇	四
飛魚五	卯	〇六	三〇	南	八三	二〇	五
貫索四	卯	〇六	五六	北	五〇	〇〇	六
衡三	卯	〇七	〇七	南	二八	〇〇	四
海山六	卯	〇七	三〇	南	五七	四〇	四
貫索一	卯	〇七	三九	北	四四	二三	二
馬腹一	卯	〇八	一七	南	四三	〇〇	二
柱七	卯	〇九	三七	南	三一	〇〇	五
氐宿內八	卯	〇九	四二	北	〇一	五五	五
庫樓一	卯	〇九	五七	南	三三	三〇	三
貫索五	卯	一〇	一五	北	四四	三三	二
氐宿一	卯	一〇	三一	北	〇〇	二六	二
柱六	卯	一一	〇七	南	二三	四五	四
貫索南十一	卯	一二	三五	北	三八	一二	五
氐宿內六	卯	一三	二七	北	〇一	一四	五
騎官十一	卯	一三	四七	南	三〇	〇〇	四
騎官十	卯	一三	五七	南	三一	二〇	五
貫索七	卯	一四	三二	北	四六	一〇	四
氐宿四	卯	一四	四八	北	〇八	三五	二

星名	黃道經度 宮	十度	十分	黃道緯度 向	十度	十分	等
騎官十二	卯	一四	五七	南	二九	二〇	四
貫索十二	卯	一五	二五	北	三九	〇七	三
馬腹三	卯	一六	〇七	南	四五	二〇	二
氐宿二	卯	一六	二七	南	〇一	四八	三
西咸八	卯	一六	四六	北	〇八	〇七	四
蜀	卯	一七	三〇	北	二五	三六	二
女牀西八	卯	一七	三二	北	六二	二九	五
騎官十三	卯	一七	五四	南	二九	一〇	三
陣車二	卯	一八	二七	南	一〇	〇〇	四
陣車三	卯	一九	一七	南	一一	三〇	四
蜂一	卯	一九	三〇	南	五五	一八	五
騎官六	卯	一九	五七	南	二四	五〇	五
蜂二	卯	二〇	〇〇	南	五三	一〇	六
氐宿三	卯	二〇	三三	北	〇四	二八	三
梁西十三	卯	二一	二七	北	一六	二七	四
騎官五	卯	二二	〇七	南	二七	〇〇	五
騎官七	卯	二二	四七	南	二九	〇〇	二
天輻一	卯	二三	〇七	南	〇八	一〇	四
女牀西六	卯	二四	〇九	北	六〇	二三	三
蜂四	卯	二四	三〇	南	五五	四〇	六
騎官四	卯	二四	五七	南	二五	一〇	四
日	卯	二五	一一	北	〇〇	〇二	四
騎官九	卯	二五	三七	南	三〇	〇〇	五
日北六	卯	二六	〇三	北	〇〇	〇七	四

星名	黃道經度 宮	十度	十分	黃道緯度 向	十度	十分	等
周	卯	一五	二二	北	三四	二八	三
陽門二	卯	一五	二七	南	二〇	五〇	四
貫索十三	卯	一六	一〇	北	三七	二九	四
陣車一	卯	一六	二七	南	〇七	三七	三
氐宿內七	卯	一七	一九	北	〇二	五九	六
貫索南十四	卯	一七	三二	北	四二	三七	四
蜀北十四	卯	一七	四八	北	二六	三六	四
鄭	卯	一八	〇七	北	三五	二五	三
女牀西七	卯	一八	四〇	北	六三	一四	四
騎官一	卯	一九	二七	南	二四	〇〇	三
巴	卯	一九	四七	北	二四	〇六	三
天棓西六	卯	一九	五七	北	七六	一七	四
西咸西七	卯	二〇	二七	北	〇二	二一	四
晉	卯	二一	〇七	北	三七	一九	四
騎官二	卯	二一	四五	南	二一	一五	四
蜂三	卯	二二	一五	南	五七	三〇	六
西咸一	卯	二二	四九	北	〇四	〇四	四
天輻二	卯	二三	五七	南	〇九	四〇	四
小斗四	卯	二四	二五	南	六六	三〇	六
河間	卯	二四	三六	北	四〇	〇六	三
小斗七	卯	二五	〇〇	南	七五	一〇	六
西咸二	卯	二五	一六	北	〇三	三三	四
西咸三	卯	二五	四八	北	〇六	一一	四
騎官三	卯	二六	〇七	南	二一	〇〇	四

黃道星名	經度宮	十度	十分	緯度向	十度	十分	等
河中	卯	二六	二七	北	四二	四八	三
騎官八	卯	二六	三七	南	二八	三〇	五
天紀二	卯	二七	〇二	北	五三	一一	三
從官一	卯	二七	三七	南	一三	三〇	四
房宿四	卯	二七	五九	南	〇一	五五	三
西咸北九	卯	二八	一九	北	一〇	五七	五
房宿三	卯	二八	三六	北	〇一	〇五	二
房宿二	卯	二八	四四	南	〇八	二八	四
鉤鈐	卯	二九	〇七	北	〇〇	一四	六
楚南十五	寅	〇〇	〇七	北	一六	一五	五
小斗五	寅	〇〇	四〇	南	七〇	四〇	六
小斗二	寅	〇一	〇〇	南	六二	一五	六
列肆二	寅	〇一	〇三	北	二三	四〇	四
東咸三	寅	〇一	四七	北	〇一	四〇	五
韓西十二	寅	〇一	五七	北	一三	一九	五
心宿五	寅	〇二	二七	南	〇六	四〇	五
東咸二	寅	〇二	三七	北	〇三	一〇	五
心宿一	寅	〇三	一一	南	〇三	五五	四
天紀三	寅	〇三	四六	北	五三	二一	三
韓	寅	〇四	三九	北	一一	三〇	三
天棓一	寅	〇五	一五	北	七八	一五	四
心宿三	寅	〇六	四三	南	〇五	五〇	四
斛二	寅	〇七	一六	北	三一	五六	四
女牀一	寅	〇七	二二	北	五九	三八	四
小斗一	卯	二六	三五	南	六二	二〇	六
西咸四	卯	二六	四一	北	〇九	一九	四
騎陣將軍	卯	二七	一七	南	三三	一〇	五
梁	卯	二七	四五	北	一七	一九	三
小斗六	卯	二八	一二	南	七二	五〇	六
房宿一	卯	二八	二五	南	〇五	二三	二
從官二	卯	二八	三七	南	一二	五〇	四
楚	卯	二八	五七	北	一六	三一	三
鍵閉	寅	〇〇	〇四	北	〇一	四二	四
南門二	寅	〇〇	一七	南	四一	一〇	一
積卒一	寅	〇〇	四七	南	一七	〇〇	四
小斗三	寅	〇一	〇〇	南	六六	五〇	六
積卒二	寅	〇一	一七	南	一五	二〇	四
心宿南四	寅	〇一	四七	南	〇六	三八	五
女牀西四	寅	〇一	五七	北	五六	一〇	五
東咸四	寅	〇二	三七	北	〇〇	四五	四
女牀五	寅	〇三	〇七	北	五八	三〇	五
東咸一	寅	〇三	三七	北	〇五	二〇	五
東咸東五	寅	〇四	一七	北	〇〇	四〇	五
心宿二	寅	〇五	一三	南	〇四	二七	一
斛一	寅	〇六	〇〇	北	三二	三六	四
三角形一	寅	〇六	五四	南	四七	五〇	二
天棓二	寅	〇七	二〇	北	七五	二一	三
天棓南七	寅	〇八	〇六	北	七一	二〇	六
女牀二	寅	〇八	一六	北	六〇	一二	四
異雀七	寅	〇九	二五	南	五八	二五	六
魏一	寅	一〇	〇九	北	四七	四七	三
尾宿一	寅	一〇	四四	南	一五	〇〇	四
女牀三	寅	一〇	四八	北	六〇	一四	四
神宮一	寅	一二	〇七	南	一八	〇〇	三
帝座	寅	一二	三〇	北	三七	二三	三
三角形東五	寅	一二	四〇	南	四〇	四〇	五
宋	寅	一三	二四	北	〇七	一八	三
天棓五	寅	一五	一七	北	六九	二三	三
天江六	寅	一五	二三	北	〇二	一二	三
車肆一	寅	一五	四九	北	一〇	二一	四
龜三	寅	一六	五七	南	三三	二〇	四
尾宿四	寅	一七	〇七	南	一九	三〇	三
天江北五	寅	一七	二三	南	〇〇	二〇	四
異雀三	寅	一七	三五	南	五四	一〇	六
候一	寅	一七	五〇	北	三五	五七	三
天江三	寅	一八	一二	南	〇〇	二九	五
尾宿七	寅	一八	五七	南	一三	三〇	四
尾宿八	寅	一九	二七	南	一三	二〇	三
異雀四	寅	一九	四四	南	六〇	三〇	六
南海十	寅	一九	五七	北	〇八	〇四	三
尾宿五	寅	二〇	〇七	南	一八	五〇	三
市樓一	寅	二〇	三三	北	一五	一九	四
三角形內四	寅	〇八	三〇	南	四五	〇八	五
三角形二	寅	一〇	三五	南	四〇	二〇	二
尾宿二	寅	一〇	二七	南	一一	〇〇	三
異雀六	寅	一〇	四五	南	六一	〇〇	六
尾宿三	寅	一一	五七	南	一八	四〇	四
天棓八	寅	一二	〇七	北	七一	四〇	六
龜一	寅	一二	三七	南	三〇	二〇	五
龜四	寅	一二	四七	南	三四	一〇	四
天江一	寅	一五	〇一	南	〇二	一二	三
鼈二	寅	一五	二二	北	四九	二三	四
異雀五	寅	一五	三五	南	六一	一〇	五
天江二	寅	一六	四二	南	〇一	三二	四
三角形三	寅	一七	〇〇	南	四六	〇〇	二
龜二	寅	一七	〇七	南	三四	一〇	四
魚	寅	一七	二七	南	〇六	一〇	五
南海南十七	寅	一七	五〇	北	〇七	一〇	五
杵二	寅	一八	〇七	南	二六	三〇	四
天江四	寅	一八	三六	南	〇〇	五八	五
天棓九	寅	一九	〇〇	北	七一	〇五	氣
杵一	寅	一九	三七	南	二二	四〇	五
市樓二	寅	一九	四五	北	一五	一八	四
天棓三	寅	二〇	〇三	北	八〇	二二	四
異雀二	寅	二〇	二五	南	四七	四〇	五
九河三	寅	二〇	三六	北	五一	一七	四

星名	黃道經度 宮	十度	十分	黃道緯度 向	十度	十分	等
宗正一	寅	二〇	四五	北	二八	〇一	三
尾宿七	寅	二〇	五七	南	一五	一〇	三
糠	寅	二一	二七	南	〇四	一〇	五
杵東三	寅	二二	一七	南	一五	四五	四
天江東七	寅	二二	四五	北	〇四	二〇	六
天棓四	寅	二三	二四	北	七五	三一	三
帛度一	寅	二四	〇〇	北	四三	四〇	四
中山西十二	寅	二四	三九	北	五三	四六	四
宗人一	寅	二五	三〇	北	二七	五五	四
宗人二	寅	二五	三八	北	二六	二三	四
燕東十六	寅	二六	一五	北	一五	二〇	五
箕宿一	寅	二六	二〇	南	〇六	三〇	三
宗人四	寅	二六	五八	北	二六	一〇	四
候二	寅	二七	三一	北	三三	〇三	四
中山四	寅	二八	一九	北	五二	一九	四
箕宿二	寅	二九	三七	南	〇六	三〇	三
箕宿三	寅	二九	五七	南	一〇	五〇	三
鼈一	丑	〇一	〇七	南	二一	三〇	四
孔雀三	丑	〇一	三五	南	三八	三四	五
斗宿二	丑	〇一	四八	南	〇二	〇〇	四
屠肆	丑	〇二	三〇	北	四五	一五	四
鼈十一	丑	〇三	四七	南	一四	四〇	五
蛇尾十五	丑	〇五	三〇	南	六三	五〇	五
孔雀四	丑	〇六	二〇	南	三八	四〇	五
車肆二	寅	二〇	四八	北	一〇	三五	四
異雀一	寅	二一	〇〇	南	四四	三〇	六
宗正一	寅	二二	〇五	北	二六	一一	三
尾宿六	寅	二二	二七	南	一六	四〇	三
傳說	寅	二三	〇七	南	一三	一五	氣
天紀九	寅	二三	五六	北	六〇	四七	三
中山十三	寅	二四	三八	北	五二	四七	四
燕九	寅	二五	一四	北	一三	四七	四
宗人南十五	寅	二五	三五	北	一九	五七	三
宗人三	寅	二五	五三	北	二四	五〇	四
屠肆二	寅	二六	一五	北	四四	四〇	五
帛度二	寅	二六	三〇	北	四二	四〇	四
孔雀一	寅	二七	一〇	南	四〇	三〇	四
箕宿四	寅	二八	〇七	南	一三	三〇	三
斗宿三	寅	二八	四二	北	〇二	二八	四
孔雀二	寅	二九	四〇	南	三九	二〇	五
鼈十三	丑	〇一	〇七	南	一八	三〇	五
東海	丑	〇一	一三	北	二〇	三八	三
鼈十二	丑	〇一	三七	南	一五	五〇	五
孔雀五	丑	〇二	二五	南	四八	一〇	四
鼈二	丑	〇三	三七	南	二一	〇〇	五
鼈三	丑	〇五	〇七	南	二〇	三〇	五
斗宿一	丑	〇五	四〇	南	〇三	五〇	五
鼈十	丑	〇六	三七	南	一四	五〇	六
鼈四	丑	〇六	四七	南	二〇	〇〇	四
鼈九	丑	〇七	〇七	南	一五	五〇	六
斗宿四	丑	〇七	五一	南	〇三	三一	四
斗宿六	丑	〇八	一七	南	〇六	四五	三
蛇尾十四	丑	〇八	五七	南	六四	二〇	五
建星一	丑	〇八	五七	北	〇一	四五	四
鼈六	丑	〇九	一七	南	一七	一〇	四
天淵一	丑	〇九	三七	南	二三	〇〇	二
織女一	丑	一〇	一七	北	六一	四八	一
建星二	丑	一〇	二八	北	〇〇	五九	四
徐	丑	一一	一〇	北	二六	五九	三
天弁二	丑	一一	二九	北	一六	五七	四
狗西三	丑	一一	五七	南	〇二	三〇	五
蛇尾十三	丑	一二	五〇	南	六二	四五	五
建星四	丑	一三	四四	北	〇三	〇七	六
蛇尾十二	丑	一四	〇〇	南	五五	五〇	五
織女二	丑	一四	一四	北	六二	二七	五
漸臺二	丑	一四	一七	北	五六	〇五	五
建星五	丑	一四	五五	北	〇四	一七	四
吳越	丑	一五	一六	北	三六	一七	三
夾白二	丑	一六	四〇	南	八二	三〇	五
漸臺四	丑	一七	一一	北	五五	〇六	三
漸臺南六	丑	一七	二〇	北	五四	三二	五
孔雀九	丑	一七	四〇	南	四六	三〇	四
建星南七	丑	〇七	〇七	北	〇〇	四五	六
孔雀六	丑	〇七	一五	南	四三	三〇	四
鼈五	丑	〇八	〇七	南	一八	三〇	五
鼈八	丑	〇八	二七	南	一五	二〇	四
鼈七	丑	〇八	四七	南	一六	〇〇	四
天淵二	丑	〇八	五七	南	一八	〇〇	二
斗宿五	丑	〇九	三七	南	〇四	三〇	四
宗一	丑	一〇	一二	北	四三	三三	四
宗二	丑	一〇	一八	北	四一	〇五	四
齊	丑	一〇	三〇	北	四五	五三	四
孔雀七	丑	一一	二〇	南	五〇	〇〇	四
建星三	丑	一一	四三	北	〇一	三一	四
天弁一	丑	一二	四六	北	一七	四一	三
織女三	丑	一三	二六	北	六〇	二六	五
吳越西十四	丑	一三	四四	北	三七	四〇	三
漸臺南五	丑	一四	〇四	北	五五	一六	六
狗二	丑	一四	一七	南	〇一	五〇	五
孔雀八	丑	一四	二五	南	四四	五四	四
建星六	丑	一五	一一	北	〇六	一〇	五
蛇尾十一	丑	一六	〇〇	南	五七	四五	六
波斯一	丑	一六	五四	南	三三	一〇	六
漸臺一	丑	一七	一一	北	五九	二六	四
狗一	丑	一七	二六	南	〇三	〇八	六
右旗四	丑	一八	〇〇	北	二二	〇〇	四

星名	黃道經度 宮	十度	十分	黃道緯度 向	十度	十分	等
扶筐三	丑	一八	〇四	北	八一	五三	五
右旗三	丑	一九	〇一	北	二四	五六	三
蛇尾十	丑	一九	二六	南	五九	四〇	五
孔雀十	丑	二〇	〇〇	南	四一	一二	六
右旗六	丑	二〇	一七	北	一四	二八	三
狗國二	丑	二〇	二七	南	〇四	五〇	五
孔雀十一	丑	二〇	五五	南	三七	〇五	三
狗國四	丑	二一	二七	南	〇六	三〇	五
漸臺三	丑	二一	五二	北	五八	〇六	五
右旗二	丑	二三	一四	北	二六	三五	五
左旗北八	丑	二四	五七	北	四六	〇三	四
扶筐一	丑	二五	三一	北	七七	五七	五
孔雀十二	丑	二五	三五	南	四七	一五	四
河鼓東五	丑	二五	五二	北	三〇	五五	六
波斯六	丑	二六	一五	南	三六	三〇	六
蛇尾九	丑	二六	一五	南	六四	三〇	四
左旗三	丑	二六	三一	北	三八	五三	四
左旗九	丑	二六	四四	北	四九	〇二	三
河鼓二	丑	二七	〇九	北	二九	二二	二
河鼓一	丑	二七	五三	北	二六	五〇	三
牛宿西八	丑	二八	一三	北	〇〇	二四	氣
牛宿二	丑	二九	一八	北	〇七	〇三	三
左旗北五	丑	二九	三一	北	三九	五一	六
牛宿東七	丑	二九	五一	北	〇六	五三	六

星名	黃道經度 宮	十度	十分	黃道緯度 向	十度	十分	等
天淵四	丑	一八	三七	南	二〇	一〇	三
天淵三	丑	一九	一七	南	一三	三〇	三
狗國一	丑	一九	三七	南	〇四	五〇	五
天雞一	丑	二〇	〇九	北	〇五	〇八	六
天雞二	丑	二〇	二四	北	〇一	二五	六
狗國三	丑	二〇	二七	南	〇五	五〇	五
右旗五	丑	二一	一八	北	二〇	一五	三
扶筐二	丑	二一	三四	北	七九	五二	五
右旗一	丑	二二	一七	北	二八	四七	四
天雞東三	丑	二三	五三	北	〇五	一二	六
波斯二	丑	二五	〇五	南	二八	四五	五
輦道一	丑	二五	三三	北	六〇	四六	五
右旗東七	丑	二五	五〇	北	二一	三八	三
輦道二	丑	二六	〇二	北	五九	四一	五
波斯三	丑	二六	二〇	南	三四	〇〇	六
河鼓三	丑	二六	二六	北	三一	一八	三
左旗四	丑	二六	三九	北	三八	一八	四
河鼓六	丑	二七	〇七	北	三〇	四〇	六
河鼓東四	丑	二七	〇九	北	三一	五九	五
牛宿三	丑	二八	〇八	北	〇七	一六	六
左旗二	丑	二八	五五	北	三八	五九	五
牛宿一	丑	二九	三一	北	〇四	四一	三
波斯四	丑	二九	五〇	南	三二	二〇	四
牛宿四	丑	二九	五七	北	〇〇	四九	氣

星名	黃道經度 宮	十度	十分	黃道緯度 向	十度	十分	等
九坎一	丑	二九	五七	南	二二	二〇	三
右旗東八	子	〇〇	二二	北	一八	四八	三
牛宿五	子	〇〇	四一	北	〇〇	二八	氣
左旗北六	子	〇一	一三	北	四二	四三	四
左旗一	子	〇二	三二	北	三九	一三	四
越	子	〇二	四七	南	〇六	五八	六
九坎二	子	〇三	〇七	南	二二	一〇	三
羅堰一	子	〇三	四九	北	〇三	二五	六
波斯七	子	〇四	〇〇	南	三五	〇〇	四
附白一	子	〇五	二〇	南	七六	三〇	四
離瑜二	子	〇五	四七	南	一四	五〇	五
波斯八	子	〇五	五四	南	三七	〇六	四
九坎三	子	〇五	五七	南	二一	〇〇	三
女宿一	子	〇七	一三	北	〇八	一〇	四
周	子	〇八	一八	南	〇三	〇一	五
魏	子	〇八	三一	南	〇四	二七	六
女宿南一	子	〇八	三七	北	〇三	三三	六
秦	子	〇九	二一	南	〇〇	二九	五
敗瓜一	子	〇九	三二	北	二九	〇八	三
韓	子	一〇	二三	南	〇四	二五	六
奚仲三	子	一〇	三七	北	七三	五〇	四
敗瓜二	子	一〇	四八	北	二八	五三	六
鶴一	子	一一	三〇	南	三二	三〇	二
女宿南二	子	一一	五一	北	〇四	五〇	五

星名	黃道經度 宮	十度	十分	黃道緯度 向	十度	十分	等
左旗北十	丑	〇〇	二〇	北	五〇	四二	五
牛宿六	子	〇〇	三七	北	〇一	二〇	六
夾白三	子	〇一	〇〇	南	八六	四〇	四
波斯五	子	〇一	二〇	南	三四	〇〇	四
左旗七	子	〇二	三六	北	四四	〇二	四
羅堰二	子	〇三	〇六	北	〇〇	五〇	五
齊二	子	〇三	二八	南	〇九	〇二	六
九坎四	子	〇三	五七	南	二〇	五〇	五
波斯九	子	〇五	〇〇	南	三八	二〇	四
烏喙一	子	〇五	二五	南	四五	〇〇	二
離瑜一	子	〇五	四七	南	一六	〇〇	四
烏喙二	子	〇五	五五	南	五一	〇〇	四
楚	子	〇七	一三	南	〇八	〇八	六
蛇腹八	子	〇七	三五	南	六四	三〇	五
女宿二	子	〇八	二九	北	〇八	一九	五
天津西十一	子	〇八	三三	北	五四	一九	四
女宿四	子	〇八	四二	北	一二	一三	六
女宿三	子	〇九	三〇	北	一一	〇六	六
敗瓜三	子	一〇	一八	北	三〇	四二	六
扶筐四	子	一〇	二九	北	八〇	五四	四
敗瓜五	子	一〇	四二	北	二七	三四	六
瓠瓜五	子	一一	一七	北	三二	〇九	五
敗瓜四	子	一一	四二	北	三〇	四一	六
天津二	子	一一	五三	北	六四	二八	三

星名	黃道經度 宮	十度	十分	黃道緯度 向	十度	十分	等
瓠瓜一	子	一一	四八	北	三一	五七	三
瓠瓜二	子	一二	五一	北	三三	〇五	三
晉	子	一三	〇〇	南	〇六	二九	六
代	子	一三	〇七	南	〇一	一七	五
奚仲二	子	一三	四〇	北	七一	三一	四
敗臼二	子	一四	〇〇	南	二五	〇〇	四
瓠瓜三	子	一四	四四	北	三二	〇〇	三
壘壁陣一	子	一五	二五	南	〇四	四八	四
鶴八	子	一七	〇〇	南	四七	五六	二
天錢一	子	一七	〇七	南	一五	一五	四
壘壁陣三	子	一七	一四	南	〇二	二六	三
鶴二	子	一八	〇〇	南	三五	五〇	二
虛宿一	子	一八	五一	北	〇八	四二	三
壘壁陣四	子	一九	〇〇	南	〇二	二九	三
鳥喙六	子	一九	一五	南	六〇	二五	四
司非二	子	一九	五五	北	二四	五二	四
鶴五	子	二〇	四〇	南	四二	二〇	四
天錢六	子	二〇	四七	南	一四	三〇	四
司危一	子	二〇	五五	北	二一	〇六	四
天錢七	子	二二	三七	南	二一	二〇	四
天錢四	子	二三	〇七	南	一九	三〇	五
司祿一	子	二三	二七	北	一五	二三	六
鶴六	子	二四	〇〇	南	三六	三五	四
壘壁陣五	子	二四	一三	南	〇二	〇〇	四
燕	子	一二	二五	南	〇六	五六	五
天錢三	子	一二	五七	南	一八	一〇	四
敗臼一	子	一三	〇〇	南	二三	〇五	三
奚仲一	子	一三	二一	北	六九	四二	四
天錢二	子	一三	四七	南	一六	三〇	四
鳥喙四	子	一四	三五	南	五四	四五	四
瓠瓜四	子	一五	〇二	北	三二	四七	三
鳥喙三	子	一五	三〇	南	五六	四五	三
壘壁陣二	子	一七	〇六	南	〇四	四九	五
鶴三	子	一七	一〇	南	四三	二五	五
鶴四	子	一七	五〇	南	四一	一〇	四
虛宿二	子	一八	三三	北	二〇	一三	四
司非一	子	一八	五四	北	二五	一六	四
天壘城三	子	一九	一四	北	〇二	二三	五
天壘城一	子	一九	三八	北	〇六	〇一	五
天津一	子	二〇	二五	北	五七	一〇	三
鳥喙五	子	二〇	四〇	南	五六	四四	二
天壘城二	子	二〇	五四	北	〇四	一七	六
蛇腹七	子	二一	二〇	南	六四	〇〇	五
天錢五	子	二三	〇七	南	一五	一〇	五
天津九	子	二三	一〇	北	四九	二六	三
天津二十	子	二三	五〇	北	六三	三七	四
羽林軍二十六	子	二四	〇七	南	〇四	〇〇	六
鶴七	子	二四	三〇	南	三四	四〇	五
天津內十	子	二五	一八	北	五一	四一	四
天津北十二	子	二五	三五	北	六四	一七	四
天錢八	子	二六	〇七	南	二三	一五	四
泣二	子	二六	三一	北	〇二	四六	四
蓋屋一	子	二七	三六	北	〇九	一二	五
羽林軍二十五	子	二七	五六	南	一〇	四九	五
天津八	子	二八	四三	北	四四	四四	三
危宿一	子	二八	五〇	北	一〇	四二	三
火鳥三	子	二九	一五	南	四〇	〇〇	四
人三	亥	〇〇	三〇	北	二九	〇〇	四
火鳥二	亥	〇〇	四〇	南	三六	五〇	五
羽林軍二	亥	〇〇	五〇	南	〇九	五八	六
天津四	亥	〇〇	五四	北	五九	五六	二
蛇首四	亥	〇一	四五	南	七〇	五〇	四
墳墓四	亥	〇二	一〇	北	〇八	一八	三
天津七	亥	〇二	三〇	北	四八	一〇	四
天津六	亥	〇四	〇四	北	五〇	三三	四
墳墓五	亥	〇四	〇五	北	一〇	三一	五
羽林軍二十	亥	〇四	一七	南	一五	五三	五
羽林軍三	亥	〇四	二三	南	〇八	一〇	三
臼一	亥	〇四	二三	北	三六	四三	四
羽林軍十九	亥	〇五	〇二	南	一五	四〇	五
臼三	亥	〇五	四〇	北	三八	〇〇	四
車府南六	亥	〇五	五四	北	五一	三一	四
蛇腹六	子	二五	二〇	南	六七	二五	五
人一	子	二五	五一	北	三三	二一	四
羽林軍二十四	子	二六	一七	南	一六	一五	四
危宿三	子	二七	二二	北	二二	〇八	三
天錢九	子	二七	三七	南	二二	三〇	四
蛇腹五	子	二八	三五	南	七〇	二〇	五
泣一	子	二八	四五	北	〇二	三〇	六
北落師門	子	二九	一二	南	二一	〇〇	一
人二	子	二九	四七	北	三六	一一	四
羽林軍一	亥	〇〇	四〇	南	〇五	四〇	六
危宿西八	亥	〇〇	四六	北	一五	四三	五
壘壁陣六	亥	〇〇	五三	南	〇一	一〇	五
天津五	亥	〇一	三二	北	五四	五九	四
火鳥一	亥	〇二	〇〇	南	三二	三〇	五
危宿二	亥	〇二	一六	北	一六	二五	四
水委三	亥	〇二	四五	南	五二	五〇	四
羽林軍四	亥	〇二	〇五	南	〇五	三七	五
天津北十三	亥	〇四	〇七	北	六三	四五	五
火鳥四	亥	〇四	二〇	南	四一	五〇	四
墳墓六	亥	〇四	二三	北	〇八	五三	四
虛梁一	亥	〇四	五二	北	〇四	〇九	四
羽林軍十八	亥	〇五	二五	南	一四	二六	五
墳墓七	亥	〇五	五三	北	〇八	一〇	四
水委二	亥	〇六	〇〇	南	五五	〇〇	四

星名	黃道經度 宮	十度	十分	黃道緯度 向	十度	十分	等
火鳥七	亥	〇六	三五	南	四五	五〇	四
車府四	亥	〇六	五二	北	五六	三六	四
壘壁陣七	亥	〇七	〇四	南	〇〇	二〇	四
土公吏一	亥	〇七	二八	北	二〇	五一	四
水委一	亥	〇八	四九	南	五九	〇〇	一
火鳥六	亥	〇八	五六	南	四四	一〇	四
臼二	亥	〇九	五〇	北	三四	一九	四
羽林軍十七	亥	一〇	五〇	南	一六	三一	五
羽林軍七	亥	一一	四三	南	〇三	五九	五
羽林軍八	亥	一二	一一	南	〇四	一一	五
羽林軍六	亥	一二	三三	南	〇二	四九	五
蛇首二	亥	一三	一五	南	七〇	〇〇	四
火鳥十	亥	一三	二五	南	四七	四〇	四
雷電一	亥	一三	四四	北	一五	四四	六
霹靂一	亥	一四	〇二	北	〇九	〇四	四
羽林軍十三	亥	一四	四六	南	一五	一七	六
羽林軍十	亥	一五	〇七	南	一〇	五九	五
羽林軍十四	亥	一五	四四	南	一六	二三	六
霹靂二	亥	一六	五一	北	〇七	一八	四
雲雨一	亥	一八	二一	北	〇四	二七	五
霹靂北六	亥	一八	三一	北	〇八	五五	六
室宿一	亥	一八	五七	北	一九	二六	二
騰蛇一	亥	一九	二〇	北	六二	五三	四
離宮六	亥	二〇	二五	北	三四	二五	三
火鳥八	亥	〇六	四〇	南	四六	四〇	四
蛇首一	亥	〇七	〇〇	南	六四	二五	二
火鳥五	亥	〇七	一七	南	四〇	〇〇	三
火鳥九	亥	〇七	三五	南	四五	三〇	四
羽林軍十五	亥	〇八	五五	南	一四	四五	五
羽林軍十六	亥	〇九	二一	南	一五	三〇	五
羽林軍五	亥	一〇	〇〇	南	〇一	二四	六
雷電二	亥	一一	四〇	北	一七	四七	三
蛇首三	亥	一一	五〇	南	七一	二五	四
羽林軍九	亥	一二	一五	南	〇四	四四	五
壘壁陣八	亥	一二	三八	南	〇一	〇〇	五
雷電三	亥	一三	二五	北	一八	二九	五
車府二	亥	一三	三〇	北	五七	三〇	四
雷電南四	亥	一四	〇〇	北	一四	三一	六
羽林軍十二	亥	一四	〇三	南	一四	二九	五
杵一	亥	一五	〇三	北	四一	〇一	四
羽林軍十一	亥	一五	三八	南	一一	三三	五
室宿西九	亥	一六	一五	北	二三	一六	四
天圜一	亥	一七	四五	南	五二	〇〇	四
離宮三	亥	一八	三〇	北	二八	四九	四
羽林軍二十一	亥	一八	三七	南	一五	三〇	四
騰蛇二	亥	一九	〇〇	北	六〇	四〇	四
離宮四	亥	一九	五四	北	二九	二五	四
天圜二	亥	二〇	三五	南	五六	四五	四
霹靂三	亥	二〇	四二	北	〇九	〇三	五
離宮五	亥	二一	一一	北	三五	〇八	三
雲雨二	亥	二二	〇五	北	〇三	二五	五
霹靂四	亥	二二	五七	北	〇七	一四	五
壘壁陣十一	亥	二四	一七	南	〇五	二〇	四
天圜三	亥	二四	四五	南	五九	〇〇	四
騰蛇三	亥	二五	〇〇	北	五七	一九	四
離宮七	亥	二六	三三	北	二五	三五	六
霹靂五	亥	二八	〇三	北	〇六	二四	五
土公一	亥	二九	二七	北	〇七	二七	六
羽林軍二十三	亥	二〇	四七	南	一八	一五	四
羽林軍二十二	亥	二一	三七	南	一四	二〇	四
壘壁陣十二	亥	二二	三七	南	〇五	五〇	四
壘壁陣九	亥	二三	〇七	南	〇二	四〇	四
壘壁陣十	亥	二四	二二	南	〇二	三〇	四
室宿二	亥	二四	五〇	北	三一	〇八	二
天倉一	亥	二六	二三	南	一〇	〇一	三
土司空七	亥	二七	五六	南	二〇	四七	二
離宮八	亥	二八	〇六	北	二四	五一	六
天廚四	亥	二九	三三	北	八一	五一	四

黃道星名	宮	十度	十分	向	十度	十分
騰蛇十八	戌	〇〇	三〇	北	六五	二〇
土司空三	戌	〇一	三五	南	二五	五八
奎宿二十二	戌	〇五	二三	北	一〇	四五
天倉九	戌	〇八	〇二	南	一二	三三
天倉十	戌	〇九	四三	南	一五	〇五
鈇鑕二	戌	一〇	五五	南	二七	五五
天倉十二	戌	一二	一五	南	一一	二七
鈇鑕五	戌	一二	四八	南	三三	三〇
鈇鑕四	戌	一三	四三	南	三一	四七
天倉十四	戌	一五	五五	南	一二	三五
天倉十六	戌	一八	二八	南	一五	三五
天庾三	戌	二一	五〇	南	四〇	〇三
天倉十八	戌	二一	五五	南	二一	二八
壁宿西五	戌	〇〇	三〇	北	一八	五七
壁宿西四	戌	〇四	三〇	北	二三	三六
壁宿西三	戌	〇六	〇〇	北	一七	四八
天倉八	戌	〇八	四八	南	〇七	二二
鈇質六	戌	一〇	三八	南	二一	三七
鈇質一	戌	一一	五五	南	二三	四二
奎宿二十四	戌	一二	二二	北	〇八	四五
奎宿二十五	戌	一三	一〇	北	一〇	四五
天庾一	戌	一四	一五	南	三九	一五
天倉十五	戌	一五	五六	南	一五	二六
天倉十七	戌	二〇	一八	南	一七	三〇
天苑二十六	戌	二一	二〇	南	四六	三三
天苑二十四	戌	二二	一五	南	四五	一〇
土司空二	戌	〇〇	五〇	南	二三	四八
金魚五	戌	〇五	一〇	南	七九	二〇
土公三	戌	〇六	三五	北	〇三	四五
騰蛇十二	戌	〇九	三五	北	四九	二〇
天倉十一	戌	一〇	五〇	南	〇九	〇六
鈇質二	戌	一一	五五	南	二八	五四
天倉十三	戌	一二	四〇	南	一〇	一〇
鈇鑕七	戌	一三	四〇	南	二三	一〇
天庾二	戌	一四	二〇	南	三八	一二
天倉十九	戌	一八	一〇	南	二五	五八
奎宿二十三	戌	二〇	五〇	北	〇五	三五
天苑二十三	戌	二一	五〇	南	四二	二〇
芻藁二	戌	二四	二〇	南	二二	一八

黃道星名	宮	十度十分	向	十度十分
天苑三十五	戌	三二 五四	南	〇四 〇九
天囷十四	戌	四二 五五	南	四一 八一
芻藁一	戌	四二 九九	南	二一 二九
婁宿北八	酉	四〇 一一	北	一一 三〇
天苑二十二	酉	一〇 八五	南	一二 四〇
天苑二十三	酉	〇〇 五七	南	一一 五八
胃宿西五	酉	一〇 二八	北	二一 〇二
天苑二十四	酉	三一 〇〇	南	〇一 〇九
天苑三十九	酉	二一 〇二	南	〇四 〇八
天大將軍十八	酉	三一 〇三	北	一三 〇九
天大將軍二十二	酉	一一 五五	北	一三 五七
天苑二十六	酉	三一 〇六	南	三二 〇五
少衛西二	酉	二一 七七	北	一六 〇四
大陵十五	酉	一一 一八	北	三一 〇七
天阿	酉	二一 五九	北	五〇 五九
傳舍五	酉	〇二 八三	北	一五 五四
天苑三十一	酉	五二 八五	南	二四 二一
天苑三十二	酉	五二 〇八	南	二四 〇〇
少弼南十一	申	〇〇 七一	北	四七 〇八
傳舍七	申	三〇 〇一	北	一三 〇八
畢宿八	申	二〇 六二	南	五〇 〇五
九斿七	申	〇〇 七三	南	四四 〇一
卷舌東九	申	三〇 〇四	北	一一 五九
九斿六	申	二〇 七五	南	〇三 五九
九斿四	申	二〇 七七	南	四三 〇三
騰蛇十三	戌	一二 二五	北	五五 二四
天囷十三	戌	三二 五七	南	四一 六一
天囷十一	酉	一〇 二〇	南	三一 五四
天囷十六	酉	四〇 五一	南	〇〇 五四
天大將軍十五	酉	一〇 七六	北	〇一 〇九
天苑內二十七	酉	一〇 八七	南	四三 〇三
天大將軍十四	酉	五〇 五八	北	二二 〇四
天大將軍十七	酉	三一 七〇	北	三一 二六
天囷十七	酉	三一 五二	南	二一 四一
天苑二十五	酉	三一 八四	南	二二 三四
大陵九	酉	五一 七五	北	三二 〇二
天陰五	酉	三一 七六	南	三〇 五〇
大陵十三	酉	三一 八七	北	〇二 四〇
大陵西十一	酉	〇一 〇九	北	二三 六九
大陵十四	酉	四二 〇一	北	五一 〇五
天苑三十	酉	四二 〇四	南	一四 〇〇
卷舌六	酉	〇二 二七	北	二一 五四
天船十四	申	三〇 〇〇	北	〇三 〇五
華蓋三	申	一〇 二一	北	五五 五一
傳舍八	申	五〇 二一	北	二三 五九
畢宿七	申	五〇 七二	南	二〇 〇三
天節十一	申	一〇 四三	南	三一 〇七
九斿八	申	三〇 五四	南	四四 五三
九斿五	申	一〇 〇七	南	二三 五六
天船十六	申	三〇 〇七	北	〇三 五一
天囷十五	戌	四二 二五	南	〇一 〇四
天苑三十七	戌	二二 〇九	南	〇四 〇二
天囷十二	酉	一〇 七〇	南	五一 〇一
天大將軍十三	酉	〇〇 七四	北	一二 八六
天大將軍十六	酉	五〇 九六	北	〇一 八六
王良六	酉	五〇 〇七	北	二四 五七
天苑三十八	酉	一一 〇〇	南	五四 三九
天苑內二十八	酉	〇一 五一	南	四三 三四
天大將軍十九	酉	一一 五三	北	一二 〇九
天大將軍二十	酉	四一 五四	北	一三 〇三
大陵十四	酉	〇一 二六	北	二一 〇八
天大將軍二十一	酉	四一 〇六	北	一三 八四
天陰四	酉	〇一 七八	北	四〇 〇〇
大陵西十二	酉	〇一 一九	北	二三 〇八
天苑二十九	酉	三二 〇二	南	五三 五六
大陵十七	酉	四二 七四	北	二二 〇四
傳舍六	酉	五二 〇七	北	四三 五七
積石五	申	四〇 七〇	北	五〇 八六
華蓋四	申	一〇 七一	北	五五 七三
天節十	申	一〇 五二	南	四一 三四
天船十三	申	〇〇 七三	北	一二 五六
屏三	申	〇〇 〇四	南	〇四 一七
天節十二	申	五〇 二四	南	一一 五五
九斿三	申	二〇 五七	南	二三 〇〇
屏四	申	三〇 五七	南	五四 五九
玉井五	申	四〇 〇七	南	五二 〇六
屏五	申	一一 〇一	南	三四 七八
玉井北五	申	一一 七二	南	五二 九六
八穀七	申	四一 〇三	北	〇三 五二
八穀六	申	二一 〇七	北	二三 五一
天潢五	申	一一 七九	北	三一 五六
南柱十四	申	〇二 七一	北	五〇 〇六
八穀九	申	三二 〇三	北	〇三 〇七
參宿東二十六	申	一二 〇五	南	三二 〇六
五車北二十四	申	五三 〇六	北	二二 三三
五車東二十一	申	五二 〇七	北	五二 〇四
參宿東二十九	申	三二 〇九	南	〇三 〇〇
五車北二十三	未	四〇 六〇	北	四二 〇五
四瀆十一	未	四〇 七一	南	〇一 五二
座旗四	未	一〇 五三	北	〇一 〇七
座旗五	未	五〇 〇三	北	〇二 〇〇
座旗八	未	四四 五〇	北	二二 〇一
座旗十	未	〇〇 〇六	北	四一 〇六
四輔三	未	三一 七〇	北	四六 五五
北河北六	未	五一 〇五	北	一一 〇三
南河南四	未	三一 〇七	南	一一 五五
陰德一	未	二二 五〇	北	一五 五八
五諸侯七	未	二二 七二	北	五〇 二六
爟四	未	〇二 五四	北	一〇 五九
爟九	未	三二 〇五	北	四〇 八五
卷舌東十	申	一〇 〇八	北	二二 五一
諸王八	申	三一 五一	北	三〇 〇一
八穀十	申	四一 〇二	北	四三 〇三
屏六	申	四一 五三	南	一四 〇六
勾陳十五	申	四一 〇七	北	一六 五六
南柱十三	申	二二 七〇	北	五〇 〇五
四輔西六	申	二二 〇二	北	一六 八四
六甲	申	〇二 〇四	北	五五 〇四
參宿東二十八	申	一二 〇六	南	三三 〇三
五車東二十	申	〇二 一七	北	五二 五五
八穀十二	申	三二 〇八	北	三三 五七
水府南六	申	三二 五九	南	〇一 〇四
參宿二十九	未	三〇 六一	南	〇三 〇一
上衛北十一	未	三〇 六二	北	五四 八六
四瀆十二	未	二〇 〇三	南	一一 八一
座旗一	未	五〇 〇三	北	五二 〇三
座旗七	未	五〇 〇四	北	一二 〇三
上衛南十三	未	五〇 〇八	北	三四 〇〇
四輔四	未	三一 七三	北	五六 〇四
水位西七	未	三一 八六	南	一一 二〇
北河北七	未	四一 〇二	北	一一 〇二
南河南五	未	三二 二〇	南	〇一 二八
爟三	未	三二 〇三	北	五〇 七四
勾陳北十四	未	一二 七四	北	五七 〇三
南河南九	未	三二 九五	南	二一 〇五
卷舌東十一	申	二一 六〇	北	二二 二一
勾陳十二	申	一一 七二	北	三六 〇四
諸王九	申	〇一 〇三	北	三〇 〇〇
勾陳五	申	三一 七五	北	四六 二四
五車東二十二	申	五一 五七	北	四二 五八
八穀八	申	三二 〇〇	北	〇三 〇四
天關南三	申	三二 六二	南	三一 〇〇
參宿二十七	申	〇二 〇五	南	四三 〇二
五車東十九	申	二二 〇六	北	三一 〇四
少衛北七	申	一二 二七	北	五四 五七
鉞南二	申	〇二 五九	南	四〇 〇三
少衛北八	申	三二 七九	北	二五 八四
上衛北十二	未	三〇 七一	北	三五 〇二
座旗三	未	〇〇 五三	北	〇一 〇九
座旗二	未	二〇 五三	北	四二 〇〇
勾陳北十三	未	〇〇 七四	北	五七 八二
座旗九	未	五〇 五四	北	五一 八八
四輔二	未	三一 二〇	北	一六 五三
北河北八	未	〇一 〇四	北	一一 〇四
水位西八	未	三一 八六	南	一一 五二
五諸侯六	未	四一 八八	北	二〇 五四
南河南六	未	四二 一〇	南	五一 〇九
南河南七	未	三二 二三	南	二一 一七
南河南八	未	一二 七四	南	四一 〇六
爟八	未	三二 〇六	北	四〇 五七

黃道星名	宮	十度 十分	向	十度 十分
爟五	未	三二 ○七	北	二○ 八八
南河南十一	未	五二 ○八	南	○二 ○一
爟東八	午	一○ 八○	北	二○ 七五
柳宿西九	午	○○ 二二	南	○一 一二
軒轅三十二	午	四○ 一三	北	四一 ○五
軒轅三十二	午	二○ 一五	北	三一 ○六
外廚三	午	三○ ○六	南	四一 ○七
外廚五	午	○一 四一	南	四一 ○七
軒轅五	午	五一 二一	北	四一 ○七
軒轅六	午	三一 七二	北	○一 ○五
天理三	午	二一 五八	北	一五 ○三
星宿七	午	一二 ○一	南	四二 ○二
星宿十二	午	一二 五二	南	二一 二九
星宿十四	午	一二 ○三	南	三一 五八
星宿十三	午	五二 五三	南	一二 五三
天社南十三	午	○二 七五	南	二八 ○四
少微三	午	一二 七九	北	五一 ○三
少微一	巳	○○ ○三	北	四一 ○七
天相三	巳	三○ ○五	南	三一 ○七
天相六	巳	二○ ○七	南	○一 五二
靈臺東四	巳	五一 一二	南	二○ 五三
靈臺東六	巳	五一 五三	南	○○ ○五
靈臺東八	巳	○一 一五	南	九○ ○四
五帝座二	巳	三一 六六	北	○一 ○四
幸臣	巳	二一 七七	北	五一 ○七
南河南十二	未	三二 五七	南	二二 五三
爟七	未	五二 ○九	北	三○ 五五
南河東十三	午	○○ 六一	南	五二 五二
軒轅二十九	午	四○ 六二	北	○一 ○四
軒轅二十五	午	四○ 七三	北	三一 ○○
酒旗西九	午	二○ 七五	南	四○ 五四
軒轅二十七	午	三○ 一六	北	二○ ○七
少尉南二	午	一一 七一	北	二六 五○
酒旗西十	午	二一 一二	南	四○ ○一
天理一	午	五一 ○三	北	二四 ○九
天理二	午	四一 ○九	北	○四 ○七
星宿六	午	四二 ○一	南	○二 ○四
星宿十	午	○二 ○三	南	三二 五四
傳舍一	午	一二 七三	北	二八 九五
天理四	午	○二 五四	北	四四 六八
天欃北十一	午	四二 二六	北	二五 五三
長垣一	巳	一○ 七○	北	五○ 九五
天相二	巳	四○ ○三	南	○一 ○八
張宿十	巳	○○ 二六	南	二二 五七
輔星一	巳	三一 六二	北	五五 九六
靈臺東五	巳	五一 六二	南	三○ ○六
張宿南十二	巳	二一 ○四	南	四二 五二
五帝座三	巳	二一 七五	北	二一 ○○
輔星三	巳	一一 七七	北	一五 五七
五帝座五	巳	二一 七八	北	三○ ○九
爟六	未	五二 ○七	北	五○ 六七
水位東五	未	五二 五九	南	五○ 七一
軒轅二十八	午	四○ 八一	北	四一 ○三
軒轅三十	午	二○ 一三	北	五一 九三
軒轅二十六	午	二○ 六四	北	一一 ○○
軒轅三十一	午	一○ 一六	北	四一 ○二
外廚四	午	三○ 五八	南	五一 ○六
內平三	午	四一 六一	北	五二 五三
內屏二	午	二一 七二	北	三二 ○○
太尊西二	午	○一 一八	北	○三 ○四
星宿八	午	五二 八○	南	○二 三一
星宿九	午	五二 ○一	南	一二 ○三
星宿十一	午	○二 三三	南	五二 七二
傳舍五	午	三二 七三	北	三八 ○○
太一	午	三二 七四	北	一六 ○四
張宿西九	午	一二 ○九	南	五一 ○九
天相四	巳	一○ ○二	南	四一 ○○
長垣四	巳	四○ 二三	南	○○ 五一
天相五	巳	一○ ○七	南	五一 ○三
從官	巳	四一 ○二	北	○一 五八
常陳西三	巳	一一 七三	北	四三 ○八
靈臺東七	巳	三一 五四	南	四○ ○六
翼宿十二	巳	一一 九六	南	五一 五四
內屏西六	巳	二一 一七	北	一○ ○五
翼宿十三	巳	三一 五八	南	○一 一六

黃道星名	宮	十度 十分	向	十度 十分
五帝座四	巳	三一 六八	北	四一 ○三
張宿南十一	巳	○一 ○四	南	一三 ○四
翼宿十七	巳	二二 ○五	南	○二 五一
翼宿十六	巳	五二 ○七	南	○二 ○八
翼宿十八	巳	五二 ○八	南	○二 五六
三公一	辰	五○ 七一	北	二○ ○四
三公三	辰	三○ 七三	北	四○ 二四
軫宿北五	辰	四○ 五六	南	一一 五○
招搖南二	辰	二一 ○一	北	○四 ○六
上宰一	辰	四一 ○三	北	○七 ○二
飛魚六	辰	三一 七四	南	五八 ○二
亢池二	辰	一二 五○	北	二二 八六
亢池一	辰	一二 二一	北	三二 三八
少宰一	辰	○○ 二二	北	○七 ○七
梗河東十	卯	四○ 二一	北	四四 ○五
馬腹西四	卯	○○ 二六	南	三四 五三
貫索二十五	卯	○一 五○	北	四五 ○五
貫索十七	卯	○一 二一	北	三三 九六
秦南二十五	卯	三一 ○	北	三二 ○○
貫索十九	卯	四一 二一	北	一三 ○四
秦南二十七	卯	四一 ○二	北	○二 ○一
秦南二十八	卯	○一 五四	北	二二 ○二
貫索二十六	卯	五一 ○五	北	一五 ○五
貫索二十七	卯	五一 ○六	北	○五 ○三
蜀南十七	卯	一一 ○八	北	○二 ○三
輔星三	巳	五一 二八	北	五五 九七
內屏西八	巳	四二 一○	北	二○ ○七
天槍南四	巳	五二 七五	北	五五 八六
翼宿十五	巳	二二 二七	南	二一 ○○
天槍東五	辰	三○ 七○	北	三五 ○九
三公二	辰	三○ 八二	北	二○ 五六
進賢南五	辰	二○ ○六	南	四○ ○四
元戈北五	辰	三一 ○○	北	○五 二五
右攝提四	辰	四一 ○二	北	○三 ○一
進賢南七	辰	二一 ○四	南	三○ ○一
梗河南十	辰	三一 ○六	北	二三 ○六
亢池三	辰	二二 七○	北	五二 ○三
天門南四	辰	四二 五一	南	二○ ○八
大角東二	辰	二二 ○三	北	五三 五一
七公東十	卯	○○ ○二	北	三五 ○八
貫索二十四	卯	一○ ○九	北	五五 五三
庫樓南十一	卯	四一 五○	南	二三 八四
氐宿內九	卯	二一 ○一	北	五○ 九二
秦南二十六	卯	四一 ○一	北	五二 ○一
貫索二十	卯	三一 五二	北	三三 ○六
貫索二十二	卯	三一 九三	北	二三 五六
周南二十	卯	五七 一四	北	一三 二一
飛魚七	卯	○一 五六	南	五八 ○○
頓頑一	卯	○一 五七	南	二二 一六
貫索二十八	卯	五一 ○八	北	一五 ○三
內屏西七	巳	○一 ○九	北	三○ ○六
翼宿十四	巳	○二 二一	南	三一 六四
翼宿二十	巳	二二 五六	南	三二 四一
翼宿十九	巳	三二 ○七	南	一二 五三
翼宿二十一	辰	四○ 三一	南	三二 ○四
翼宿二十二	辰	二○ 九三	南	二二 四二
進賢南六	辰	四○ ○六	南	四○ ○一
元戈北四	辰	四一 ○○	北	三五 三七
梗河四	辰	四一 ○三	北	○四 三二
進賢南八	辰	二一 ○四	南	五○ 九三
上宰二	辰	二一 ○七	北	二七 ○二
角宿南六	辰	五二 五○	南	○○ 三三
亢池四	辰	四二 五一	北	四二 五五
角宿南七	辰	三二 ○二	南	○○ ○五
七公東十一	卯	○○ ○三	北	○五 ○七
貫索十六	卯	二○ 七九	北	二三 ○四
貫索十五	卯	五一 ○○	北	三四 五六
貫索十八	卯	二一 二一	北	三三 ○五
貫索九	卯	四一 ○一	北	三五 ○一
貫索二十一	卯	三一 七二	北	○三 三五
貫索二十三	卯	○一 二四	北	五三 九四
周南二十一	卯	一一 七五	北	一三 八三
蜀南十六	卯	三一 五六	北	五一 九九
鄭南二十二	卯	四一 七七	北	二三 ○四
貫索二十九	卯	二一 ○九	北	一四 ○九

黃道星名	宮	度	分	向	度	分
貫索三十	卯	一九	五○	北	五一	○○
晉南二十三	卯	二○	五九	北	三六	三○
斗一	卯	二五	二○	北	三四	○○
河中一	卯	二六	四○	北	四二	○○
小斗八	卯	二六	五五	南	七五	五五
列肆一	卯	二八	一二	北	二三	○○
罰二	卯	二八	五○	北	○九	四五
斗五	卯	二九	五○	北	二七	五六
斛六	寅	○四	五○	北	二七	三○
天紀四	寅	○九	○六	北	五四	三三
天紀五	寅	○九	五七	北	五七	一五
異雀十一	寅	一四	○七	南	六二	五九
宗正西三	寅	一五	五○	北	二七	四五
市樓西三	寅	一六	五七	北	一六	五九
異雀十二	寅	二○	○七	南	六二	○○
帛度南三	寅	二四	一七	北	四三	○一
候東三	寅	二七	二○	北	三二	四○
中山南十四	寅	二八	二○	北	五○	二○
中山北二十	丑	○二	三○	北	五三	一八
徐西二	丑	○四	二六	北	二五	一○
天弁四	丑	○五	一七	北	一五	○一
徐西五	丑	○七	三五	北	二五	四○
徐七	丑	一○	三五	北	二七	五○
天淵五	丑	一二	三八	南	一九	○○
天弁八	丑	一三	○八	北	二○	一九

黃道星名	宮	度	分	向	度	分
巴南十八	卯	二○	○○	北	二二	三○
天紀一	卯	二一	四七	北	五○	三五
房宿西五	卯	二六	三○	南	○五	二二
房宿西六	卯	二六	五○	南	○四	四○
小斗二	卯	二七	一五	北	三六	一八
西咸北十	卯	二八	一五	北	一二	四○
斗三	卯	二九	二○	北	三四	○○
斛三	寅	○二	四○	北	二六	二○
斛五	寅	○五	二五	北	二九	四○
異雀八	寅	○九	四七	南	五九	五八
天紀六	寅	一一	三八	北	五六	二五
宦者二	寅	一四	四七	北	三二	五五
天紀七	寅	一六	一七	北	五五	五九
異雀十	寅	一七	一五	南	五五	○一
天紀八	寅	二○	五七	北	五七	三○
候北四	寅	二四	五○	北	三九	一○
宗人東五	寅	二七	四○	北	二七	二○
中山北十五	寅	二八	二○	北	五四	二○
織女西四	丑	○三	三五	北	○六	二五
天弁三	丑	○四	三五	北	一六	○○
徐西四	丑	○五	四○	北	二三	四○
天弁六	丑	○八	一五	北	一八	○○
徐南六	丑	一一	五○	北	二六	二○
天淵六	丑	一二	三九	南	一九	五九
天淵七	丑	一三	一七	南	一八	一○

黃道星名	宮	度	分	向	度	分
巴南十九即天乳	卯	二○	一○	北	一九	一○
女牀西九	卯	二二	五七	北	五七	四五
小斗九	卯	二六	三○	南	七三	二七
騎官十四	卯	二六	五五	南	二二	一五
小斗四	卯	二七	二○	北	二九	五○
罰一	卯	二八	四○	北	○五	一○
罰三	卯	二九	三○	北	一二	四○
斛四	寅	○三	四○	北	三一	二五
宋北十八	寅	○九	○五	北	一七	一五
宦者四	寅	○九	五○	北	三六	三○
宦者一	寅	一三	○一	南	三四	二五
異雀九	寅	一四	四七	南	五五	○一
尾南十	寅	一六	三○	南	二三	三○
宦者三	寅	一七	三○	北	三二	五○
天紀北十	寅	二一	三○	北	六三	二○
帛度南四	寅	二六	五九	北	四二	一○
宗人東六	寅	二八	○五	北	二八	○○
中山北十六	寅	二九	五一	北	五五	二○
徐西二	丑	○三	四○	北	二二	一○
織女五	丑	○四	五○	北	六三	一○
天弁五	丑	○六	二七	北	一五	五九
天弁七	丑	一○	○二	北	一六	二九
孔雀十三	丑	一二	三六	南	四四	○二
越西十五	丑	一三	○○	北	三六	一五
天弁九	丑	一三	二二	北	一九	○○

黃道星名	宮	度	分	向	度	分
天淵八	丑	一三	四二	南	二○	○一
越西十六	丑	一四	五○	北	三三	五○
越西十八	丑	一八	三○	北	三四	四二
越西十九	丑	一九	五○	北	三三	五○
輦道三	丑	二一	二○	北	六五	二○
孔雀十八	丑	二四	一七	南	四○	五五
河鼓西七	丑	二五	三六	北	二八	四○
河鼓九	丑	二六	三一	北	三四	一○
河鼓十一	丑	二七	五○	北	二八	五五
輦道四	子	○○	四○	北	五六	二○
左旗十	子	○三	○七	北	三七	三○
天津西十四	子	○五	○五	北	五四	○五
左旗二十一	子	○五	二二	北	四四	二六
天津十五	子	○五	五五	北	五三	○五
鄭	子	○九	三○	南	一○	五○
鳥喙七	子	一二	四七	南	五六	一二
天津十九	子	一五	○○	北	三七	三○
天津三十一	子	一五	五五	北	五四	五○
天津二十	子	一六	四○	北	四○	一五
天津三十三	子	一七	二○	北	五五	二○
鶴十一	子	一八	二七	南	二六	二○
鶴十二	子	一九	五七	南	三○	三五
天壘城五	子	二○	三○	北	○五	一○
司祿二	子	二一	三七	北	一五	○一
天津二十八	子	二三	○○	北	四三	○○

黃道星名	宮	度	分	向	度	分
天淵九	丑	一四	二七	南	一八	二五
右旗九	丑	一六	五○	北	一六	三○
孔雀內十五	丑	一八	四二	南	三九	五九
孔雀十六	丑	二○	二七	南	三九	五五
孔雀十七	丑	二三	一七	南	四四	五九
波斯十	丑	二四	二○	南	三四	三○
河鼓北八	丑	二五	四五	北	三二	五八
扶筐南五	丑	二六	五○	北	六七	三○
河鼓東十	丑	二八	三八	北	三一	三○
左旗十一	子	○一	五二	北	三七	三五
左旗二十	子	○三	四○	南	四二	五○
附白北二	子	○五	○七	南	七三	二○
左旗十三	子	○五	五○	北	三四	一五
左旗十九	子	○六	二五	北	四二	四○
天津十七	子	一○	二○	北	四五	○五
天津二十九	子	一三	○○	北	五四	○○
天津二十二	子	一五	二七	北	四九	二○
天津二十三	子	一六	○○	北	四七	一○
天津二十一	子	一六	五○	北	四二	二○
鶴十	子	一七	二七	南	三一	三五
天津二十四	子	一八	四○	北	四○	五○
天津二十六	子	二○	一○	北	五一	二五
天津二十五	子	二一	○○	北	四六	一○
司命二	子	二一	四七	北	一一	五○
奚仲東五	子	二四	○○	北	六七	三○

黃道星名	宮	度	分	向	度	分
天淵十	丑	一四	三七	南	一九	二五
越西十七	丑	一九	四○	北	一八	五五
右旗十	丑	一九	四○	北	一八	五五
孔雀十四	丑	二○	三六	南	四六	二五
左旗北十四	丑	二三	四○	北	五○	三○
左旗十五	丑	二五	二○	北	五二	五○
左旗西二十	丑	二五	五○	北	三六	五○
波斯十一	丑	二七	二○	南	三四	四五
左旗北十六	子	○○	○七	北	四六	四五
左旗十二	子	○二	二一	北	三六	五四
左旗十七	子	○四	二五	北	三九	二二
趙	子	○五	○八	南	○五	○○
左旗十八	子	○五	五○	北	四○	○○
天津十六	子	○六	四○	北	四七	二○
天津十八	子	一一	○○	北	四六	三○
天津三十	子	一四	二○	北	五五	○五
天津三十二	子	一五	三五	北	五二	二○
鶴九	子	一六	○二	南	二七	三○
天鈎十	子	一七	二○	南	二○	四○
奚仲四	子	一七	五○	北	六九	二○
司命一	子	一九	五二	北	一一	二○
天壘城四	子	二○	二○	北	○二	五八
哭一	子	二一	二○	南	○○	一○
天津二十七	子	二一	五○	北	四二	二○
奚仲東六	子	二四	○○	北	七○	三○

黃道星名	宮	十度	十分	向	十度	十分
哭東二	子	二五	○五	北	○○	○三
虛梁二	亥	○三	一七	北	○三	五九
車府北七	亥	○八	三○	北	六二	二○
車府八	亥	一○	四○	北	六二	三○
雲雨三	亥	一七	三八	北	○一	四五
雷電五	亥	二一	二七	北	一五	○一
雷電六	亥	二四	○七	北	一四	○七
奚仲七	子	二五	○五	北	六九	四○
虛梁三	亥	○六	○二	北	○四	五九
車府五	亥	一○	一二	北	五九	三○
夾白四	亥	一二	一○	南	八六	四○
騰蛇十四	亥	二○	五二	北	五八	二五
騰蛇十五	亥	二一	三七	北	六五	○三
騰蛇十六	亥	二六	三七	北	六六	二五
人四	子	二九	○二	北	四○	○○
虛梁四	亥	○七	○七	北	○五	五九
車府三	亥	一○	一七	北	五五	五九
騰蛇南七	亥	一四	四五	北	○七	三○
雲雨四	亥	二一	二二	北	○○	五七
雷電七	亥	二三	○○	北	○四	○五

清史稿

天文六

志六

乾隆甲子年恒星黃道經緯度表一

乾隆甲子新測恒星較舊尤密星數增多分四卷首黃道降婁戌宮迄實沈申宮凡八百九十七星如左

星名	黃道經度				黃道緯度				等
	宮	十度	十分	十秒	向	十度	十分	十秒	
天廚六	戌	○○	○七	三五	北	八一	四八	三○	四
土公一	戌	○○	二三	四一	北	○七	三一	四三	五
室宿東增五	戌	○○	五五	三八	北	三一	三一	三九	六
車府二	戌	○一	○四	五二	北	四七	三○	五九	五
車府南增十四	戌	○一	二六	○五	北	四四	三四	三四	六
車府東增十九	戌	○一	四二	五四	北	五一	二四	二○	五
天廚北增一	戌	○○	一一	○六	北	八二	五七	二○	六
土公北增一	戌	○○	三四	一二	北	○七	五七	五○	六
天鈎四	戌	○○	五七	五八	北	七一	四六	二二	四
天鈎三	戌	○一	二二	四○	北	七三	五七	三○	五
天溷三	戌	○一	三九	三○	南	一六	一八	三九	六
天溷北增一	戌	○一	四四	○七	南	○六	三七	一七	六
室宿東增六	戌	○一	五六	一二	北	三二	三九	○一	六
天溷四	戌	○二	一八	三一	南	一四	○七	四五	五
車府南增十五	戌	○二	三○	二八	北	四三	四一	一○	六
壁宿西增九	戌	○二	三四	五九	北	一八	一三	四一	六
土公南增九	戌	○二	五○	一六	南	○三	五九	五六	六
室宿東增七	戌	○三	○○	○三	北	三三	○一	一九	六
天溷北增二	戌	○三	○三	二六	南	○六	四七	二八	六
土公北增二	戌	○三	一一	二三	北	○九	一二	三七	六
土公北增三	戌	○三	二三	一六	北	○六	三六	○三	六
天溷內增六	戌	○三	四二	○○	南	一四	四四	一四	五
壁宿西增七	戌	○三	四八	○一	北	二○	三五	○○	六
騰蛇八	戌	○四	○七	五五	北	六一	一四	○○	六
車府南增十六	戌	○四	一四	二七	北	四三	四五	三八	五
土公北增五	戌	○四	二四	一三	北	○五	二七	二八	六
土公南增十	戌	○四	四一	五一	南	○三	五八	五六	六
天溷二	戌	○四	四七	三二	南	一五	五三	五○	五
騰蛇十	戌	○五	○八	五六	北	五五	三四	一○	五
天溷東增五	戌	○五	二二	三九	南	一六	一五	五一	五
騰蛇南增八	戌	○五	二九	一六	北	三八	二○	四五	六
天鈎二	戌	○五	三一	○八	北	七六	一六	五四	六
壁宿西增一	戌	○五	四一	三一	北	三二	五三	○○	六
壁宿西增十八	戌	○五	五四	一七	北	一五	四六	一五	六
壁宿西增六	戌	○六	三○	五○	北	二三	○九	一六	六
壁宿南增十二	戌	○六	五四	四八	北	一○	○九	○八	六
天廚南增二	戌	○二	一○	一○	北	七七	一九	一○	六
騰蛇二	戌	○二	二二	三三	北	五三	一九	○九	五
土公南增八	戌	○二	三○	五○	南	○二	四二	○○	六
車府一	戌	○二	五○	○九	北	四五	三三	三八	五
天廚五	戌	○二	五二	一八	北	七七	二八	一○	五
土公南增七	戌	○三	○一	一○	南	○○	四四	四九	六
壁宿南增十	戌	○三	○七	○○	北	一一	四二	三八	六
騰蛇七	戌	○三	二○	一○	北	六三	四五	○○	六
土公北增四	戌	○三	三○	○八	北	○五	五四	二六	六
壁宿西增八	戌	○三	四二	三二	北	二○	三二	五八	六
夾白二	戌	○三	五一	四五	南	七八	○五	二○	三
天園四	戌	○四	一一	五五	南	五六	五七	五三	四
壁宿西增二	戌	○四	二○	四二	北	三一	○一	五七	六
騰蛇一	戌	○四	三七	一二	北	五三	一七	二六	四
車府南增十七	戌	○四	四三	二二	北	四四	○三	○八	六
土公南增十一	戌	○四	五八	二六	南	○四	一五	一六	六
土公二	戌	○五	二一	五五	北	○四	三二	四	六
天溷一	戌	○五	二二	四六	南	一三	二四	○八	六
壁宿西增三	戌	○五	三一	○○	北	二八	一八	○五	五
壁宿一	戌	○五	三四	北○	北	一二	三五	一二	二
壁宿南增十一	戌	○五	四九	○六	北	一一	○五	三六	六
壁宿西增四	戌	○六	三○	二四	北	二七	一六	二○	六
土公東增六	戌	○六	三四	二一	北	○三	一一	○八	六
車府南增十八	戌	○七	○○	一一	北	四三	五七	○五	六

星名	黃道經度 宮	度	分	秒	黃道緯度 向	度	分	秒	等
造父四	戌	〇七	〇三	一一	北	六四	〇二	五三	六
螣蛇十五	戌	〇七	一二	二八	北	五三	四一	四四	六
壁宿東增十六	戌	〇七	三一	一八	北	一二	五五	〇三	六
天倉內增十三	戌	〇七	四三	四九	南	一五	三五	二九	六
螣蛇西增六	戌	〇七	五三	一二	北	四一	四六	三二	六
鈇鑕一	戌	〇八	〇六	四四	南	二八	三七	五六	六
天倉二	戌	〇八	一〇	一八	南	一六	〇七	一六	三
壁宿西增五	戌	〇八	三二	三三	北	二四	三四	四二	六
造父西增一	戌	〇八	二六	四八	北	六一	五二	五〇	六
天倉北增十一	戌	〇九	〇五	一〇	南	一五	〇六	四七	六
天鈎五	戌	〇九	一五	三三	北	六八	五六	二〇	三
壁宿東增十五	戌	〇九	二八	三一	北	一二	一六	五六	六
壁宿東增十四	戌	〇九	五三	四七	北	一一	三九	一三	六
螣蛇西增五	戌	一〇	〇〇	一二	北	四一	四六	五九	六
造父內增四	戌	一〇	二〇	〇五	北	六五	〇二	三五	六
外屏西增八	戌	一〇	二二	三一	北	〇一	五七	二八	六
天倉北增九	戌	一〇	二七	〇四	南	一四	三七	五九	五
天倉北增十	戌	一〇	三三	〇三	南	一三	二四	五八	六
造父內增二	戌	一〇	四〇	五七	北	六一	四八	五〇	六
外屏南增十	戌	一〇	四五	三八	南	〇五	〇二	一〇	六
鈇鑕二	戌	一〇	五八	二七	南	二八	〇二	〇〇	五
螣蛇內增二	戌	一一	〇六	〇九	北	四八	五六	二三	六
天鈎南增九	戌	一一	〇八	二一	北	六六	四〇	三五	六
天倉北增八	戌	一一	二〇	五五	南	一四	四一	三九	六

星名	黃道經度 宮	度	分	秒	黃道緯度 向	度	分	秒	等
壁宿東增十七	戌	〇七	〇三	四五	北	一三	一二	〇四	六
螣蛇西增七	戌	〇七	二一	二九	北	四一	三九	五四	六
天倉內增十四	戌	〇七	三四	〇九	南	一五	三八	五九	六
壁宿南增十三	戌	〇七	四六	〇六	北	一〇	四一	三四	六
壁宿東增十九	戌	〇八	〇〇	四二	北	一七	〇一	四〇	六
天倉北增十二	戌	〇八	〇八	五二	南	一五	三九	五六	六
天溷北增三	戌	〇八	一〇	一八	南	〇六	一七	五〇	六
螣蛇南增九	戌	〇八	二三	一〇	北	三八	一四	四二	六
螣蛇西增四	戌	〇八	三八	一五	北	四六	三五	〇五	六
天溷北增四	戌	〇九	〇五	二四	南	一〇	四一	〇〇	六
螣蛇九	戌	〇九	二五	五〇	北	五九	五九	〇五	四
螣蛇南增十	戌	〇九	四六	一四	北	三八	三六	〇四	六
外屏西增九	戌	〇九	五七	二二	北	〇一	三一	四八	六
壁宿東增二十	戌	一〇	〇一	四八	一	一三	三七	三〇	六
天倉內增十五	戌	一〇	二二	三六	南	二一	五〇	〇七	五
造父二	戌	一〇	二四	四五	北	六一	〇九	四一	四
壁宿東增二十一	戌	一〇	三二	四〇	北	一五	〇四	四五	六
外屏一	戌	一〇	三四	一七	北	〇二	〇九	四四	四
壁宿二	戌	一〇	四三	五三	北	二五	四一	〇一	二
造父五	戌	一〇	五〇	〇八	北	六五	二九	〇三	五
造父東增五	戌	一一	〇三	一二	北	六五	二九	一五	五
螣蛇十六	戌	一一	〇六	一六	北	四九	五三	二六	六
天倉內增十六	戌	一一	一九	一七	南	二〇	三二	四〇	六
天鈎南增十	戌	一一	二七	一〇	北	六六	四七	二八	六

星名	黃道經度 宮	度	分	秒	黃道緯度 向	度	分	秒	等
造父內增三	戌	一一	四三	一六	北	六二	五四	二二	六
天倉內增十八	戌	一二	〇二	五〇	南	二三	四一	二四	六
鈇鑕三	戌	一二	〇七	三二	南	二八	五五	五一	五
螣蛇十二	戌	一二	一一	四五	北	四八	三四	一一	六
造父三	戌	一二	二五	四六	北	六一	五四	五〇	六
螣蛇二十二	戌	一二	三二	二五	北	四一	〇一	二六	四
天倉北增七	戌	一二	四〇	〇六	南	一五	三五	四四	六
螣蛇十八	戌	一二	五三	二九	北	四七	四五	一七	六
天倉北增六	戌	一三	〇八	二五	南	〇九	四九	三三	六
天倉北增五	戌	一三	一七	一〇	南	〇九	三八	一二	六
外屏南增六	戌	一三	三一	四六	南	〇一	一〇	五五	六
螣蛇二十一	戌	一三	四五	一六	北	四一	四三	〇六	四
天廚一	戌	一三	五一	〇三	北	八二	五二	五〇	三
奎宿西增三	戌	一四	〇二	三九	北	一五	三七	一二	六
外屏南增十三	戌	一四	〇六	五八	南	〇四	五〇	三一	六
天庾一	戌	一四	一六	五一	南	三八	五二	一九	六
鈇鑕五	戌	一四	一八	三二	南	三二	〇三	二八	四
天倉五	戌	一四	二〇	四八	南	二四	五七	三二	三
天倉北增二	戌	一四	三九	二五	南	〇八	一七	四二	六
天囷北增一	戌	一五	〇〇	〇六	南	五一	四三	〇三	四
天鈎北增五	戌	一五	〇三	三八	北	六九	五九	三〇	六
天鈎北增六	戌	一五	二八	三六	北	六九	五五	二四	六
奎宿西增一	戌	一五	四四	〇三	北	二四	一一	四二	六
鈇鑕四	戌	一五	四九	一五	南	三一	〇二	二九	四

星名	黃道經度 宮	度	分	秒	黃道緯度 向	度	分	秒	等
壁宿東增二十二	戌	一一	五〇	一一	北	一五	二九	〇四	六
壁宿東增二十三	戌	一二	〇四	三七	北	一五	二四	四七	六
天倉北增四	戌	一二	〇七	三八	南	〇九	〇八	四三	六
天囷五	戌	一二	一三	三三	南	五四	一三	一三	四
天倉內增十七	戌	一二	三〇	三〇	南	二三	三三	五六	六
天倉三	戌	一二	三八	五二	南	一五	四六	三〇	三
外屏南增十一	戌	一二	五二	一〇	南	〇四	四九	一六	六
螣蛇內增三	戌	一二	五四	二七	北	四七	一五	五五	六
天倉北增三	戌	一三	〇八	五六	南	〇八	一四	四五	六
外屏南增五	戌	一三	二六	四六	南	〇一	五五	三〇	六
外屏南增十二	戌	一三	三八	一〇	南	〇四	四〇	五七	六
外屏內增七	戌	一三	四六	四〇	北	〇一	〇九	二八	六
外屏二	戌	一三	五七	一一	北	〇二	〇四	〇七	四
造父一	戌	一四	〇四	〇五	北	五九	三三	二五	四
奎宿西增二	戌	一四	一〇	二六	北	一五	四四	四七	六
天庾北增一	戌	一四	一八	〇八	南	三七	五〇	〇五	六
奎宿西增五	戌	一四	一九	〇二	北	一〇	四四	四九	六
外屏南增四	戌	一四	二一	四五	南	〇一	三〇	一四	五
螣蛇十九	戌	一四	四五	四三	北	四三	四八	三四	四
奎宿西增四	戌	一五	〇一	三六	北	一三	一九	五八	六
天倉北增一	戌	一五	一九	二八	南	〇八	三〇	〇六	六
天鈎一	戌	一五	四〇	五五	北	七四	〇七	〇三	六
外屏南增十四	戌	一五	四五	〇四	南	〇四	一七	一三	五
天倉六	戌	一五	五三	三二	南	三〇	四七	五二	五

星名	黃道經度			黃道緯度			
	宮	十 度	十十 秒分	向	十 度	十十 秒分	等
外屏三	戌	一六	一一 三七	南	〇〇	二一 五三	四
天鉤南增十一	戌	一六	一一 七八	北	六四	二一 六八	六
天鉤南增十二	戌	一六	一二 七七	北	六四	四一 〇六	五
奎宿西增六	戌	一六	二二 九八	北	一二	一一 三七	六
天廚四	戌	一六	四五 三八	北	七八	四〇 〇七	五
外屏北增一	戌	一七	三〇 六八	北	〇七	二二 二三	六
奎宿四	戌	一七	〇二 二二	北	一三	五〇 六〇	四
天廐二	戌	一八	五〇 〇一	北	二二	一二 一三	五
螣蛇內增十二	戌	一八	三一 五七	北	四六	三五 二五	六
天倉四	戌	一八	四二 七一	南	二〇	一二 九一	三
奎宿一	戌	一八	一五 八〇	北	一五	一五 九五	四
奎宿六	戌	一九	四〇 七四	北	二七	二〇 八八	四
外屏四	戌	一九	四三 〇一	南	〇三	二〇 五四	五
右更西增五	戌	一九	五四 五二	北	〇一	五五 二四	六
奎宿南增七	戌	二〇	五〇 〇二	北	一一	〇一 九八	六
奎宿內增十	戌	二〇	二〇 四八	北	一九	三二 九九	六
天廐南增三	戌	二〇	一四 八一	南	四六	二一 七九	六
奎宿十五	戌	二〇	四五 三六	北	一二	二二 九五	五
天廐三	戌	二一	四一 二一	南	四四	二五 三二	五
奎宿內增十六	戌	二一	五一 六八	北	二〇	〇五 八七	六
螣蛇北增十三	戌	二一	四五 五一	北	五六	〇四 〇六	六
天廐東增二	戌	二三	一〇 七二	南	四二	三一 二四	六
奎宿十四	戌	二三	三五 一三	北	一二	〇二 二九	五
右更西增四	戌	二二	三五 八八	北	〇二	〇二 五八	六

星名	黃道經度			黃道緯度			
	宮	十 度	十十 秒分	向	十 度	十十 秒分	等
外屏南增二	戌	一六	五一 三七	南	〇〇	五五 〇一	六
螣蛇二十	戌	一六	一一 三五	北	四二	二五 九六	四
外屏北增二	戌	一六	二二 一八	北	〇五	一三 三一	六
天廐三	戌	一六	五四 三八	北	三一	五三 六五	五
奎宿二	戌	一七	二〇 九一	北	一七	五三 一五	四
天鉤南增十三	戌	一七	二一 二四	北	六四	四三 八六	六
天廐一	戌	一七	四三 四六	北	三三	五二 三二	四
奎宿五	戌	一八	一一 四三	北	一四	三二 五〇	三
天廐北增一	戌	一八	三一 五九	北	三五	一四 二六	六
奎宿內增九	戌	一八	五二 八五	北	一六	三一 五九	六
奎宿三	戌	一九	四〇 六二	北	二〇	四三 三〇	六
天鉤南增十四	戌	一九	四一 四六	北	六三	四二 〇四	六
天園六	戌	一九	二三 七三	南	五三	五四 二四	三
奎宿十六	戌	一九	〇五 〇四	北	一三	〇二 八一	五
奎宿南增八	戌	二〇	二〇 五三	北	一二	四二 六八	六
天鉤六	戌	二〇	三三 九九	北	六五	〇四 五六	五
螣蛇南增十一	戌	二〇	五九 二四	北	四〇	三二 三四	五
天廐二	戌	二〇	〇〇 八九	南	三九	一四 五一	六
天鉤北增七	戌	二一	一一 八五	北	七〇	五〇 五二	六
天鉤北增八	戌	二一	一三 三六	北	六九	二五 二七	六
外屏五	戌	二一	三五 七五	南	〇四	一四 二三	五
天苑西增七	戌	二三	〇二 〇二	南	三四	〇一 五四	六
奎宿北增二十二	戌	二三	一五 三八	北	三一	三五 六一	六
金魚四	戌	二三	一〇 七四	南	八八	二一 〇四	五

星名	黃道經度			黃道緯度			
	宮	十 度	十十 秒分	向	十 度	十十 秒分	等
天園南增三	戌	二三	二〇 五七	南	五八	三〇 六二	五
右更二	戌	二三	二一 〇四	北	〇五	〇二 七一	四
右更一	戌	二三	一三 二〇	北	〇九	〇二 三一	五
天鉤南增十五	戌	二三	四三 〇八	北	六二	一〇 〇二	六
天園西增二	戌	二三	五四 五八	南	一三	三三 四二	六
天鉤南增十六	戌	二三	四五 七一	北	六二	三〇 七〇	五
右更內增二	戌	二三	三五 五六	北	〇四	四二 七〇	六
奎宿北增二十一	戌	二四	四一 〇六	北	三三	四二 四〇	氣
奎宿十	戌	二四	三三 〇一	北	二三	二〇 三六	五
奎宿十一	戌	二四	二四 六三	北	二〇	一四 九二	五
天鉤七	戌	二四	三五 五〇	北	六二	一五 〇七	六
天囷西增四	戌	二五	四〇 四七	南	一一	五三 三九	六
奎宿東增十三	戌	二五	三一 二二	北	二一	〇五 六九	六
奎宿八	戌	二五	四三 五三	北	二九	二三 〇九	四
天囷西增一	戌	二五	〇四 一一	南	一四	一二 三九	六
芻藁五	戌	二五	三五 四四	南	二三	二一 八六	六
芻藁一	戌	二六	一〇 〇七	南	二五	五一 〇五	四
奎宿十二	戌	二六	二一 一〇	北	一八	五三 三九	六
天囷十三	戌	二六	二三 〇〇	南	一四	〇五 五〇	六
螣蛇十一	戌	二六	四三 一五	北	四九	五二 〇四	六
婁宿西增三	戌	二七	一二 八一	北	五〇	〇七 三五	六
螣蛇十三	戌	二七	三三 一一	北	五二	五三 〇九	五
閣道西增一	戌	二七	一五 八一	北	三八	〇一 〇九	六
芻藁北增二	戌	二七	一五 五六	南	一五	三五 八六	氣

星名	黃道經度			黃道緯度			
	宮	十 度	十十 秒分	向	十 度	十十 秒分	等
芻藁西增一	戌	二三	三〇 三八	南	二一	三二 五五	六
右更三	戌	二三	一二 八〇	北	〇一	〇五 五二	五
右更東增一	戌	二三	二三 七七	北	〇九	五二 八三	六
奎宿內增十五	戌	二三	四三 一八	北	二三	四〇 七三	五
螣蛇十四	戌	二三	〇五 五〇	北	五四	三三 二八	六
外屏六	戌	二三	一五 八六	南	〇七	四五 五五	五
右更四	戌	二四	四〇 〇九	南	〇一	五三 八八	五
天囷北增二	戌	二四	五二 四六	南	四九	三〇 七四	六
右更五	戌	二四	〇三 六五	北	〇三	三四 二〇	六
奎宿內增十四	戌	二四	一四 八九	北	二二	五四 一七	六
天囷西增三	戌	二五	三〇 二六	南	一二	一〇 三九	六
奎宿十三	戌	二五	一一 〇二	北	一七	五二 七六	五
外屏內增十五	戌	二五	〇二 五七	南	〇八	〇三 五五	六
奎宿七	戌	二五	五三 二三	北	三二	一三 二三	四
外屏七	戌	二五	二四 三七	南	〇九	一〇 〇五	三
芻藁三	戌	二六	一〇 三五	南	一八	五五 一八	六
右更東增三	戌	二六	四〇 二九	南	〇〇	三二 九六	六
天囷十二	戌	二六	一一 六三	南	一四	〇〇 三八	六
天苑西增九	戌	二六	〇三 二一	南	二八	四三 八〇	四
奎宿九	戌	二六	四四 四七	北	二五	一五 九六	二
螣蛇十二	戌	二七	二三 四一	北	五一	一〇 七九	六
婁宿西增三	戌	二七	一三 五三	北	〇九	二〇 六一	六
天廚二	戌	二七	三五 五四	北	八〇	一五 四五	陣
奎宿東增十六	戌	二八	〇〇 八九	北	二七	一四 八二	五

星名	黃道經度 宮	度	分	秒	黃道緯度 向	度	分	秒	等
婁宿東增二十	戌	二八	二〇	二三	北	三一	四〇	〇九	六
天苑八	戌	二八	二八	五〇	南	三二	四六	〇三	四
閣道六	戌	二八	五五	二五	北	三九	一七	四五	六
婁宿北增四	戌	二九	〇七	五二	北	一一	二四	〇八	六
天囷十一	戌	二九	二一	〇四	南	一四	一四	〇一	六
天苑西增六	戌	二九	二五	五〇	南	八三	四三	四八	六
天鉤八	戌	二九	四三	二〇	北	六二	三六	五〇	四
天囷內增五	戌	二九	四四	四二	南	一三	〇〇	五六	六
閣道北增二	戌	二九	五五	〇四	北	四一	二五	五〇	六
芻藁二	戌	二九	五八	五八	南	二二	五〇	三六	六
天苑七	酉	〇〇	〇九	五三	南	二八	一六	三二	三
芻藁東增五	酉	〇〇	一九	三四	南	二二	五五	四四	六
天囷五	酉	〇〇	二七	三六	南	〇四	一七	〇五	四
奎宿東增十九	酉	〇〇	四三	一六	北	三三	三三	一三	五
天苑南增四	酉	〇〇	五六	一四	南	四四	四五	〇一	三
王良五	酉	〇一	〇七	二三	北	四五	三八	五〇	五
天囷南增四	酉	〇一	二〇	四三	南	五七	〇四	四八	五
附路	酉	〇一	三二	三八	北	四四	四二	一三	四
芻藁東增三	酉	〇一	四〇	三七	南	一七	四九	〇一	六
王良北增一	酉	〇一	五四	四〇	北	五五	〇七	四五	六
婁宿北增五	酉	〇二	〇七	一五	北	一〇	四七	四七	五
婁宿南增十五	酉	〇二	三四	五〇	北	〇一	四六	二五	六
金魚一	酉	〇二	五八	三八	南	七〇	一二	二八	四
婁宿南增十四	酉	〇三	二八	四九	北	〇五	五六	五八	六
螣蛇北增十四	戌	二八	二七	四九	北	五七	一〇	一二	五
天苑內增八	戌	二八	二九	三〇	南	三二	四六	二〇	六
天苑九	戌	二九	〇二	四一	南	三五	三二	四四	四
天廚三	戌	二九	一六	四〇	北	七九	二七	四〇	五
芻藁四	戌	二九	二二	三六	南	一六	一五	一二	六
婁宿二	戌	二九	三六	〇〇	北	〇七	〇八	五八	四
天苑西增五	戌	二九	四四	二三	南	三八	三三	一六	六
芻藁六	戌	二九	四五	一五	南	二六	〇〇	二五	三
婁宿南增一	戌	二九	五五	五七	北	〇五	二六	一二	五
天囷西增六	酉	〇〇	〇〇	〇五	南	〇四	二四	三八	六
奎宿東增十八	酉	〇〇	一一	二七	北	三一	四一	四〇	六
婁宿一	酉	〇〇	二二	五九	北	〇八	二八	一六	三
奎宿東增十七	酉	〇〇	三九	二九	北	二六	三九	〇三	六
奎宿東增十二	酉	〇〇	五〇	一七	北	一七	三九	〇八	六
天苑南增三	酉	〇〇	五六	五一	南	四四	四四	三二	四
天苑十	酉	〇一	一〇	〇〇	南	三九	〇〇	〇一	三
閣道五	酉	〇一	二六	五〇	北	四一	一六	〇五	五
王良一	酉	〇一	三三	〇六	北	五一	一三	五〇	二
天囷十	酉	〇一	四四	一九	南	一五	一二	一五	五
上衞東增一	酉	〇二	〇二	五三	北	七一	〇九	〇〇	三
芻藁東增四	酉	〇二	一七	五五	南	一七	五二	四三	六
軍南門	酉	〇二	五三	〇一	北	三六	二〇	二一	五
婁宿北增六	酉	〇三	一五	五一	北	一六	四八	二三	四
婁宿南增十一	酉	〇三	四〇	〇八	北	〇九	一三	二九	五
天囷北增七	酉	〇三	四五	四九	南	〇三	三三	三一	六
天囷九	酉	〇三	五九	二六	南	一四	二九	五七	三
婁宿三	酉	〇四	〇四	一八	北	〇九	五七	一二	二
婁宿北增七	酉	〇四	一一	一四	北	一二	三一	五二	六
王良四	酉	〇四	一五	二三	北	四六	三五	五三	三
金魚二	酉	〇四	一九	四一	南	七四	三八	一一	三
婁宿北增八	酉	〇四	四七	一二	北	一二	〇四	〇二	六
上衞東增二	酉	〇四	五八	四七	北	七〇	一六	三〇	五
天苑六	酉	〇五	〇九	五〇	南	二四	三三	三八	三
婁宿南增十三	酉	〇五	一七	二五	北	〇五	四三	三九	六
天大將軍七	酉	〇五	二一	〇一	北	二七	五四	〇六	五
婁宿北增九	酉	〇五	二五	四六	北	一二	〇五	三二	六
天囷八	酉	〇五	五二	〇三	南	一二	〇一	二六	三
天苑十一	酉	〇六	三〇	〇三	南	三八	三二	一七	四
王良三	酉	〇六	三七	五六	北	四七	〇四	一九	四
婁宿北增十	酉	〇六	四四	三八	北	一一	二七	四四	六
天苑北增十	酉	〇六	四七	四四	南	三二	四五	二〇	六
天大將軍五	酉	〇六	五六	二六	北	三一	二七	四三	六
天大將軍八	酉	〇六	五八	〇五	北	三三	三九	一三	六
天苑北增十一	酉	〇七	一一	三九	南	二三	五四	三七	五
天大將軍南增六	酉	〇七	三七	三五	北	一五	五九	〇二	六
天囷北增九	酉	〇七	五九	二二	南	〇四	四八	二九	六
天囷南增十九	酉	〇八	〇八	〇四	南	一八	四二	二三	六
閣道四	酉	〇八	一三	二九	北	四三	〇五	一五	四
天囷六	酉	〇三	五二	三五	南	〇五	五三	〇七	四
天囷南增二十	酉	〇四	〇三	三九	南	一五	三五	三九	六
天大將軍西增一	酉	〇四	一〇	四四	北	三三	四七	五〇	四
王良北增三	酉	〇四	一三	五九	北	五三	五七	一〇	六
天大將軍西增二	酉	〇四	一八	四四	北	三三	四七	五〇	五
婁宿南增十二	酉	〇四	三一	五〇	北	〇七	二二	四五	六
天囷七	酉	〇四	四八	〇九	南	〇九	一二	二六	四
天大將軍六	酉	〇五	〇一	二七	北	二八	五八	二一	五
天大將軍西增三	酉	〇五	一三	四五	北	三三	一七	三一	五
天園七	酉	〇五	一九	〇八	南	五四	五〇	一〇	四
天大將軍西增四	酉	〇五	二一	〇四	北	二六	二五	一五	六
天苑南增二	酉	〇五	五一	三六	南	三九	〇八	二八	六
天鉤九	酉	〇六	二六	五五	北	六一	二三	四六	五
天大將軍四	酉	〇六	三四	二七	北	三四	三〇	五五	五
王良內增四	酉	〇六	四四	一五	北	五二	〇一	二〇	六
天大將軍南增五	酉	〇六	四五	二五	北	一九	二八	〇〇	六
王良北增二	酉	〇六	四九	〇三	北	五五	一〇	〇六	六
天園八	酉	〇六	五六	四五	南	五五	三三	二二	四
天囷北增八	酉	〇七	〇五	〇七	南	〇二	四四	一二	六
天苑北增十二	酉	〇七	二七	〇九	南	二三	五七	一六	四
天大將軍內增十一	酉	〇七	五四	四〇	北	二七	〇四	〇八	氣
上衞東增三	酉	〇八	〇一	〇六	北	七〇	二二	〇七	五
天園九	酉	〇八	一〇	三九	南	五四	一九	〇一	四
左更西增一	酉	〇八	一六	四五	北	〇四	四一	三〇	六

星名	黃道經度宮	度	分	秒	黃道緯度向	度	分	秒	等
天囷南增十八	酉	○八	一六	五八	南	一九	一○	五○	六
胃宿西增一	酉	○八	二三	三一	北	一三	五五	二六	六
少衛西增四	酉	○八	五二	一○	北	六八	一八	二○	六
王良東增五	酉	○九	○四	二六	北	四七	三二	二○	六
傳舍一	酉	○九	一六	三○	北	五九	○○	五三	五
天大將軍南增七	酉	○九	二七	四○	北	一八	三四	一二	六
左更三	酉	○九	四八	四三	南	○○	三六	二四	六
天大將軍十	酉	○九	五五	二一	北	一八	五六	○七	四
天苑內增十三	酉	一○	二○	一三	南	二六	一九	四六	六
策	酉	一○	二四	○五	北	四八	四七	五六	三
天苑十二	酉	一○	三六	三二	南	三九	二八	一四	四
天大將軍一	酉	一○	四○	四四	北	二七	四六	○七	二
胃宿西增二	酉	一○	四四	三四	北	一四	一四	○三	六
天囷內增十	酉	一○	五○	○八	南	一二	二二	五五	六
少衛西增二	酉	一一	一一	四八	北	六九	二四	○○	五
天囷二	酉	一一	三○	○六	南	○七	四九	一二	四
左更東增二	酉	一一	三七	三九	北	○一	五六	一四	六
閣道內增三	酉	一一	五八	一六	北	四五	○四	○七	六
少衛西增一	酉	一二	二四	二七	北	六九	五五	○○	六
天大將軍東增十六	酉	一二	三七	○一	北	三六	一八	三七	六
傳舍西增一	酉	一二	五四	二四	北	五五	○一	四○	六
天大將軍東增十五	酉	一二	五四	五六	北	三[illegible]	二六	○一	六
左更東增五	酉	一三	一七	一一	北	○一	二八	五八	六
左更東增四	酉	一三	一九	二四	北	○一	一○	○三	六

星名	黃道經度宮	度	分	秒	黃道緯度向	度	分	秒	等
天囷四	酉	○八	一九	五○	南	○五	三五	三三	四
天大將軍九	酉	○八	四四	四四	北	二○	三四	一七	四
天大將軍三	酉	○八	五三	三六	北	三五	二三	四五	五
王良二	酉	○九	○五	一九	北	五二	一四	四○	四
少衛西增三	酉	○九	二五	三三	北	六八	二五	五五	五
天大將軍內增九	酉	○九	四一	四一	北	二三	一八	一一	六
天大將軍十一	酉	○九	五四	四三	北	一九	二一	三二	五
天苑五	酉	一○	一四	二五	南	二五	五七	二二	三
天園北增五	酉	一○	二三	三五	南	五三	一五	二六	五
左更一	酉	一○	三三	三五	北	○六	○七	五六	六
天大將軍東增十	酉	一○	三九	三二	北	二四	一三	二四	六
天囷一	酉	一○	四四	一五	南	一二	三六	五九	二
左更二	酉	一○	四四	五五	北	○四	○一	五六	六
天大將軍二	酉	一一	○三	一三	北	三六	四九	一三	四
左更四	酉	一一	二○	四六	南	○一	一九	三七	六
左更五	酉	一一	三二	五二	北	○一	○六	一三	六
天園南增十七	酉	一一	四七	一三	南	一八	二五	四二	六
天園南增六	酉	一二	一二	○八	南	六一	四三	四三	四
胃宿西增五	酉	一二	三三	○一	北	一○	五一	五二	五
天苑內增一	酉	一二	五三	五七	南	三五	四○	一五	五
左更東增三	酉	一二	五四	三二	北	○○	五八	三七	六
天園南增十六	酉	一三	一六	三五	南	一八	三三	四二	六
天大將軍東增十二	酉	一三	一七	二○	北	二八	五二	三五	六
胃宿一	酉	一三	二○	四七	北	一一	一七	一三	四

星名	黃道經度宮	度	分	秒	黃道緯度向	度	分	秒	等
傳舍二	酉	一三	三二	四七	北	五四	五九	四八	六
天苑十三	酉	一三	四九	一五	南	四一	五三	○九	四
少衛西增五	酉	一四	○九	二○	北	六七	○○	一○	六
閣道三	酉	一四	二二	一五	北	四六	二三	二六	三
左更東增六	酉	一四	二七	○八	北	○三	三四	三七	六
天苑四	酉	一四	四○	二四	南	二七	四六	三○	三
胃宿二	酉	一四	四五	五五	北	一二	二八	○八	四
左更東增七	酉	一四	五五	○九	北	○四	○八	○一	五
天苑北增十四	酉	一五	一五	二○	南	二三	二二	二七	四
天苑十五	酉	一五	一六	二○	南	四三	四○	五○	四
天大將軍東增十三	酉	一五	四九	一九	北	三一	二二	二八	六
天陰西增一	酉	一六	一五	四八	北	○一	○五	三九	六
大陵西增六	酉	一六	二九	五七	北	三五	○九	三四	六
少弼	酉	一六	五三	○五	北	八三	一一	三○	四
天苑三	酉	一七	一五	五六	南	二八	四六	一六	三
閣道南增五	酉	一七	一六	五五	北	四五	三○	一六	六
大陵南增十六	酉	一七	二一	二五	北	一七	四六	○八	五
上衛	酉	一七	二三	○八	北	七五	一八	四五	五
天苑十六	酉	一七	二三	三七	南	四三	三○	四四	四
天廩四	酉	一七	三四	三六	南	○九	二一	四七	四
天苑北增十六	酉	一七	五一	三七	南	二四	○八	一八	五
大陵七	酉	一八	一四	一三	北	二○	五五	三二	四
天陰二	酉	一八	二一	三四	北	○二	五一	一九	五
大陵西增九	酉	一八	三七	一九	北	三三	三八	五○	五

星名	黃道經度宮	度	分	秒	黃道緯度向	度	分	秒	等
天苑十四	酉	一三	四五	五二	南	四二	三四	三二	五
天大將軍東增八	酉	一三	五三	二八	北	二○	○○	三七	六
少衛西增六	酉	一四	一八	○六	北	六六	五六	四○	六
御女西增一	酉	一四	二二	三○	北	七九	○四	五○	六
胃宿三	酉	一四	三六	四五	北	一○	二五	三七	三
天囷南增十一	酉	一四	四二	五八	南	一四	二九	二一	五
閣道南增四	酉	一四	五三	○五	北	四四	五八	五五	六
大陵北增四	酉	一五	○四	一三	北	四○	一三	一六	六
天囷二	酉	一五	一五	二五	南	一四	一八	二五	四
傳舍三	酉	一五	四○	○六	北	五一	三九	二○	六
天大將軍東增十四	酉	一六	一二	四八	北	三二	四八	三六	六
大陵北增五	酉	一六	二四	一○	北	三八	五七	三六	六
傳舍四	酉	一六	三一	二二	北	五一	一三	五○	六
天陰四	酉	一七	一五	一八	北	○二	四七	三四	四
大陵八	酉	一七	一六	五三	北	二二	一三	○六	六
天苑北增十五	酉	一七	一九	一四	南	一四	二五	二○	六
天苑二	酉	一七	二二	二八	南	三一	○九	一五	四
大陵西增七	酉	一七	二三	三一	北	三三	四九	三一	六
胃宿東增四	酉	一七	二四	二○	北	○七	二九	○五	六
胃宿東增三	酉	一七	三六	○八	北	一四	二四	四七	四
大陵西增八	酉	一七	五六	五八	北	三三	二八	二七	六
天廩三	酉	一八	一八	四三	南	○八	四九	四八	四
天囷東增十五	酉	一八	二三	三八	南	一八	二七	四一	四
金魚三	酉	一八	四六	一九	南	八五	○四	二二	四

星名	黃道經度 宮	度	分	秒	黃道緯度 向	度	分	秒	等
大陵西增十	酉	一八	四九	四一	北	三三	四七	三五	六
大陵內增十五	酉	一八	五三	一一	北	二〇	四四	四三	六
天廩二	酉	一九	二九	五八	南	〇七	二八	二九	六
大陵北增三	酉	一九	四六	七	北	四一	一二	二三	六
大陵南增十七	酉	一九	五六	一〇	北	一八	〇五	〇〇	六
少衛	酉	一九	五九	四六	北	六五	三三	〇〇	五
天陰三	酉	二〇	三	四九	北	〇二	〇四	五六	六
天囷東增十三	酉	二〇	一五	五〇	南	一九	三八	三四	六
積尸	酉	二〇	一九	三五	北	二一	四二	一五	四
大陵北增一	酉	二〇	四一	四八	北	四〇	四三	二一	六
大陵北增二	酉	二〇	五七	三五	北	四一	〇三	二二	六
九州殊口西增三	酉	二一	〇三	一六	南	二四	四二	二五	六
閣道二	酉	二一	一一	四八	北	四七	三一	五〇	三
柱史北增一	酉	二一	一八	四八	北	八七	一七	五五	六
華蓋五	酉	二一	二四	四〇	北	五二	四九	五〇	五
御女一	酉	二一	二九	一〇	北	八〇	四〇	〇三	四
天廩南增二	酉	二一	五八	〇六	南	一三	三〇	〇六	六
大陵內增十二	酉	二二	一七	〇〇	北	三一	四八	一〇	六
天陰一	酉	二二	三一	五〇	南	〇〇	〇五	二〇	六
大陵南增十八	酉	二二	四六	四〇	北	二〇	五五	五八	五
昴宿西增二	酉	二三	三五	一二	北	〇五	〇二	四〇	六
畢宿西增一	酉	二三	四五	一五	南	〇八	四〇	三六	五
大陵四	酉	二四	〇六	一二	北	二六	〇四	二一	五
天陰東增二	酉	二四	一五	四九	南	〇〇	〇〇	五〇	六
天囷十	酉	一八	五二	〇〇	南	五三	五八	五四	三
大陵內增十四	酉	一九	一〇	五七	北	二六	五七	二七	六
天廩南增一	酉	一九	三二	四一	南	〇九	三〇	二七	六
天囷東增十二	酉	一九	四八	〇八	南	一六	〇四	五七	六
天囷東增十四	酉	一九	五六	三六	南	二〇	二七	一七	五
天廩一	酉	二〇	〇〇	一八	南	〇五	五七	一三	五
華蓋四	酉	二〇	一五	三六	北	五四	一三	四〇	六
天苑一	酉	二〇	一六	三四	南	三三	一三	三五	二
大陵一	酉	二〇	二九	四二	北	三八	五七	四一	六
天囷十一	酉	二〇	五一	三〇	南	五四	三三	一五	五
九州殊口西增四	酉	二〇	〇一	二〇	南	五二	〇〇	二八	五
大陵內增十三	酉	二一	〇四	二三	北	三一	二六	三七	四
九州殊口西增五	酉	二一	一八	三七	南	二四	五九	四七	五
大陵六	酉	二一	一九	三二	北	二〇	二三	一三	四
天陰北增二	酉	二一	二四	四五	北	〇五	五一	三九	六
天阿	酉	二一	四一	五四	北	〇八	四五	二五	六
九州殊口西增二	酉	二二	〇二	三八	南	二二	四五	四三	四
天陰五	酉	二二	一七	二八	北	〇二	五九	五七	六
大陵五	酉	二二	三五	四二	北	二二	二二	四七	二
華蓋六	酉	二二	一九	五三	北	五一	五〇	一二	六
畢宿西增二	酉	二三	三九	一七	南	一三	二二	五七	六
昴宿西增三	酉	二三	五一	一〇	北	〇三	四一	三七	六
杠九	酉	二四	一三	四四	北	五四	一一	二〇	六
九州殊口西增一	酉	二四	一七	二四	南	二一	四七	二八	五
大陵二	酉	二四	二〇	三〇	北	三四	二〇	一二	五
天陰東增四	酉	二四	三五	二九	南	〇〇	〇七	一五	六
柱史北增二	酉	二五	〇三	二〇	北	八七	一八	五〇	六
昴宿北增一	酉	二五	一一	二四	北	〇五	三二	五一	六
九州殊口西增六	酉	二五	二五	二四	南	二七	二九	五六	六
大陵三	酉	二五	三二	一一	北	三	五六	二九	四
九州殊口一	酉	二五	四五	五〇	南	三	五七	二八	五
九州殊口二	酉	二五	五〇	五一	南	二七	三〇	〇〇	三
大陵東增十九	酉	二五	五二	五六	北	二三	五八	〇四	六
杠八	酉	二五	五七	〇四	北	五三	五二	一九	六
昴宿二	酉	二五	五九	四二	北	〇四	二九	〇二	五
傳舍五	酉	二六	〇六	二四	北	四八	五三	〇六	六
昴宿五	酉	二六	〇七	三〇	北	〇三	五四	四七	五
昴宿三	酉	二六	一〇	一六	北	〇四	三一	三三	六
畢宿南增三	酉	二六	二〇	〇八	南	一四	二九	五〇	四
昴宿六	酉	二六	二五	〇八	北	〇四	〇〇	三七	三
少衛東增八	酉	二六	三三	三五	北	六四	三六	三〇	三
昴宿七	酉	二六	四六	五二	北	〇三	五二	三七	五
畢宿八	酉	二七	〇二	三一	南	〇七	五九	五七	四
少衛東增七	酉	二七	二二	三四	北	六八	二三	〇四	六
天船西增一	酉	二七	三七	四四	北	三〇	四二	一二	六
華蓋二	酉	二八	〇八	二七	北	五五	五八	五一	六
華蓋一	酉	二八	一一	三〇	北	五五	二四	四〇	六
杠七	酉	二八	二三	二六	北	五三	一二	〇七	五
華蓋三	酉	二四	三〇	一七	北	五六	一〇	一三	五
大陵東增十一	酉	二四	三七	四〇	北	三四	一四	三二	六
天船一	酉	二五	一〇	二四	北	三七	二六	五〇	四
大陵東增二十	酉	二五	二三	四八	北	二四	四九	五二	六
昴宿南增四	酉	二五	三二	〇九	北	〇三	〇三	四三	六
華蓋七	酉	二五	三六	〇八	北	五一	三八	五〇	六
昴宿一	酉	二五	五〇	二一	北	〇四	〇九	〇五	五
卷舌西增一	酉	二五	五一	一二	北	一二	二北	三三	六
天囷十三	酉	二五	五三	二〇	南	五〇	五六	四三	四
少丞	酉	二五	五九	三〇	北	五九	四一	一〇	六
少丞北增一	酉	二六	〇一	五四	北	五九	五三	四三	六
昴宿四	酉	二六	〇六	三一	北	〇四	二一	二五	五
天柱三	酉	二六	〇八	二九	北	七六	三六	一〇	六
天囷十二	酉	二六	一七	二一	南	五一	五一	〇一	三
畢宿南增四	酉	二六	二二	五一	南	一五	〇四	〇二	六
天船二	酉	二六	二七	〇七	北	三四	三〇	〇五	三
天柱二	酉	二六	三三	五四	北	七二	三五	二〇	五
九州殊口內增七	酉	二六	五二	四五	南	二八	一三	〇三	五
卷舌五	酉	二七	〇七	五四	北	一二	二一	三二	五
卷舌六	酉	二七	三三	五〇	北	一三	五二	〇〇	六
天船西增二	酉	二七	三九	四四	北	三〇	三三	四二	五
昴宿東增五	酉	二八	一〇	二一	北	〇一	五八	三二	六
畢宿南增五	酉	二八	一七	五八	南	一五	二一	一〇	六
天船三	酉	二八	三一	〇四	北	三〇	〇五	二〇	二

星名	黃道經度 宮	黃道經度 十度	黃道經度 十十秒分	黃道緯度 向	黃道緯度 十度	黃道緯度 十十秒分	等
天船南增五	酉	二八	一四五八	北	二六	四〇八三	六
天讒	酉	二八	四五一二	北	一二	一五八三	六
天船南增四	酉	二九	四〇二二	北	二八	二〇五〇	五
天船內增三	酉	二九	三一五七	北	二九	三三二〇	六
天柱內增二	酉	二九	二三二六	北	七五	三二〇八	五
九州殊口三	酉	二九	四四七四	南	二五	〇〇一一	三
月	酉	二九	一五九二	北	〇一	二一〇三	五
月東增一	申	〇〇	〇〇〇〇	北	〇一	〇〇一八	六
天船四	申	〇〇	五一六〇	北	二七	一五八五	五
天街西增一	申	〇〇	五二二五	南	〇一	五二八三	五
畢宿北增九	申	〇一	四一三二	南	〇五	一五一〇	六
卷舌三	申	〇一	五四	北	一四	〇九五四	五
九斿西增四	申	〇一	一四〇一	南	三六	四〇八一	三
九州殊口內增八	申	〇一	三四一五	南	二九	五五二三	四
天節三	申	〇一	三五一八	南	〇七	三二二〇	六
礪石二	申	〇二	三〇二四	北	〇五	四一六	六
天節八	申	〇一	五〇七九	南	一二	二〇一一	五
畢宿南增十	申	〇一	一一二八	南	〇六	五一七九	六
杠四	申	〇二	一三八六	北	五五	四五五六	五
傳舍八	申	〇二	五四八一	北	三八	四二三六	五
九州殊口四	申	〇三	一一五四	南	二五	三〇九八	四
畢宿三	申	〇三	二一七六	南	〇四	三〇四〇	四
卷舌東增四	申	〇三	四四九一	北	一六	二二六六	六
九州殊口北增十	申	〇三	〇四二四	南	二四	三二七〇	四
閣道一	酉	二八	〇四〇九	北	四八	〇五九五	五
傳舍六	酉	二八	二五一五	北	四二	一三七一	五
畢宿南增六	酉	二九	〇一五七	南	一三	五一五七	六
卷舌四	酉	二九	四三四二	北	一一	五一三七	三
畢宿南增八	酉	二九	三四八〇	南	一一	三四九七	六
杠六	酉	二九	四四三五	北	五三	一二五四	六
畢宿南增七	酉	二九	一五二九	南	一二	一一七三	四
杠五	申	〇〇	五〇三〇	北	五四	〇二四一	四
卷舌一	申	〇〇	二一〇五	北	二二	〇〇二七	四
九斿八	申	〇一	四〇一八	南	四一	〇二三五	三
天船五	申	〇一	〇一六四	北	二七	二一二五	三
傳舍九	申	〇一	二二六七	北	三五	四一七〇	五
礪石一	申	〇一	二四五二	北	〇七	三五八四	五
九州殊口內增九	申	〇一	三五八七	南	二八	五二〇四	五
九斿西增一	申	〇二	一〇五〇	南	二〇	二一七一	五
卷舌二	申	〇二	二〇五六	北	一九	五〇三四	三
畢宿四	申	〇二	三一四二	南	〇五	二四二六	三
天街二	申	〇二	四二〇八	南	〇〇	二四六七	六
九斿西增二	申	〇二	二三四八	南	二一	五四三三	五
傳舍七	申	〇三	五一五二	北	三九	二三三二	五
畢宿內增十一	申	〇三	二一四六	南	〇四	五四八四	六
畢宿內增十二	申	〇三	一三三二	南	〇四	〇〇四九	四
天節一	申	〇三	五四七一	南	〇六	五五三六	五
畢宿七	申	〇三	一四〇七	南	〇六	四〇四二	六
卷舌東增五	申	〇三	四四四八	北	一六	二四四四	六
畢宿二	申	〇三	四五二六	南	〇三	二四七三	五
杠內增一	申	〇三	五五一八	北	五三	三一〇五	五
上丞	申	〇四	一一四七	北	四五	五一六〇	五
九州殊口六	申	〇四	一一〇八	南	三〇	一四八九	六
畢宿六	申	〇四	二二五一	南	〇五	一四六七	五
畢宿南增十三	申	〇四	五二一一	南	〇五	五五五二	五
積水西增一	申	〇四	四三七一	北	二九	五三三二	五
天街一	申	〇四	三三七六	北	〇〇	四二六九	五
九斿六	申	〇四	四五六二	南	三八	二二〇四	六
天街北增三	申	〇四	四五二四	北	〇一	〇〇六四	五
天節七	申	〇五	一一〇二	南	一一	四四五六	五
天節二	申	〇五	〇二七七	南	〇七	〇〇六五	五
卷舌東增六	申	〇五	三三〇四	北	一八	一五〇二	五
九斿二	申	〇五	五四三五	南	二四	一二二四	四
天柱內增一	申	〇五	四五〇二	北	七八	一二六九	六
天節五	申	〇六	三〇〇九	南	〇九	三三二二	五
畢宿五	申	〇六	〇一〇二	南	〇五	四二九九	一
天節六	申	〇六	五三八四	南	〇九	一五四五	六
上丞東增二	申	〇六	〇五〇三	北	四二	四〇四四	五
天船七	申	〇七	〇一〇四	北	二六	〇四九〇	四
九斿九	申	〇七	〇二二九	南	四五	一二七〇	六
傳舍東增二	申	〇七	一四四六	北	三九	一二八八	六
天柱四	申	〇七	二五五二	北	七九	〇〇六〇	六
九斿七	申	〇三	二五五六	南	三九	四〇九一	五
天節四	申	〇三	三五一七	南	〇八	三四二〇	五
杠三	申	〇四	一一二三	北	五七	一一〇一	六
礪石四	申	〇四	五一九七	北	〇五	一四二六	五
九斿一	申	〇四	三二五〇	南	二〇	〇五六四	五
九斿西增五	申	〇四	三二八一	南	三八	一二三七	六
九州殊口五	申	〇四	五三八〇	南	三〇	二二一八	六
礪石三	申	〇四	五三六一	北	〇三	四五一八	五
天街北增二	申	〇四	五三三六	北	〇〇	二三一五	五
畢宿一	申	〇四	一五一三	南	〇二	五三八五	三
天街北增四	申	〇五	一一八〇	北	〇一	三一六二	六
五帝內座北增二	申	〇五	一二二二	北	六一	一三〇八	六
五帝內座二	申	〇五	〇三七四	北	五八	五〇六六	五
卷舌東增三	申	〇五	一三一六	北	一二	四五九一	六
五帝內座內增一	申	〇五	一五三〇	北	五八	〇〇〇六	六
天船六	申	〇五	五五三五	北	二六	〇一七二	五
積水	申	〇六	二一二一	北	一八	五五九〇	四
卷舌東增二	申	〇六	〇二六二	北	一二	四一八七	六
附耳南增一	申	〇六	一五四二	南	〇六	一一九九	六
附耳	申	〇六	五五二四	南	〇六	三一五二	五
九斿三	申	〇七	〇二三八	南	二七	四五〇〇	五
柱史	申	〇七	二四八一	北	八四	四五〇〇	五
天柱內增三	申	〇七	〇五〇〇	北	七二	二四〇七	六
天船南增六	申	〇八	四〇七二	北	二四	五三九四	六

星名	宮	黃道經度 度	分	秒	向	黃道緯度 度	分	秒	等
天船八	申	〇八	一〇	四九	北	二八	〇八	五一	五
上丞東增一	申	〇八	一九	〇四	北	四四	〇四	五四	五
九斿五	申	〇八	二六	〇〇	南	三五	〇四	五二	六
屏二	申	〇八	三〇	〇六	南	四五	〇〇	一八	四
諸王六	申	〇八	三四	二〇	北	〇〇	四〇	二三	五
參旗西增十一	申	〇八	四一	〇九	南	一九	五七	一五	六
參旗五	申	〇八	四五	五三	南	一三	三一	二〇	四
傳舍東增四	申	〇八	四八	三二	北	三七	三八	一〇	六
參旗八	申	〇八	五四	四〇	南	二〇	〇二	四二	四
諸王北增一	申	〇九	〇八	〇八	北	〇一	四四	一一	六
參旗北增一	申	〇九	二六	二七	南	〇六	二八	〇〇	六
五車西增二	申	〇九	四〇	四六	北	二〇	四九	一〇	六
參旗九	申	〇九	五六	四二	南	二〇	五三	五一	四
五車西增三	申	一〇	〇一	二〇	北	一八	五八	〇〇	五
天高二	申	一〇	〇九	五八	南	〇三	四〇	三五	六
天柱一	申	一〇	五一	二〇	北	七一	三三	四六	五
杠一	申	一一	〇一	五六	北	四九	三三	四〇	五
玉井北增一	申	一一	二六	一八	南	二七	一六	五六	六
五車西增一	申	一一	三三	〇五	北	二〇	五三	〇二	六
玉井三	申	一一	四二	二〇	南	二七	五三	四八	三
屏一	申	一一	四九	三五	南	三九	〇五	二八	四
玉井北增二	申	一二	〇〇	四〇	南	二七	一七	五〇	六
五車西增七	申	一二	〇七	二二	北	一四	五二	三五	五
勾陳六	申	一二	一二	四五	北	六七	三〇	四〇	六
參旗六	申	〇八	一七	三九	南	一五	二五	三〇	四
上丞東增二	申	〇八	二三	五四	北	四一	二七	二〇	五
九斿東增三	申	〇八	二八	四六	南	二七	三〇	四九	六
參旗七	申	〇八	三一	〇〇	南	一六	四八	五五	四
天船九	申	〇八	三八	四六	北	三一	二六	〇〇	六
九斿四	申	〇八	四四	五一	南	三二	四九	一三	六
杠二	申	〇八	四七	四八	北	五三	二九	一八	六
天柱內增四	申	〇八	五一	四八	北	七二	三六	五〇	六
勾陳西增一	申	〇九	〇七	三〇	北	六七	四五	〇〇	六
御女二	申	〇九	一二	〇二	北	八〇	二四	二五	四
玉井二	申	〇九	三八	〇二	南	二九	四八	三〇	五
參旗一	申	〇九	五四	一五	南	〇八	一六	〇七	四
參旗四	申	〇九	五九	五五	南	一二	二四	〇二	六
參旗三	申	一〇	〇七	一一	南	一一	〇九	一七	六
參旗二	申	一〇	四五	三四	南	〇九	〇六	三一	四
傳舍東增三	申	一〇	五二	〇八	北	三九	三四	〇七	六
天船東增九	申	一一	〇五	五〇	北	三一	三四	一一	六
參旗北增二	申	一一	二六	五八	南	〇六	一九	〇六	六
玉井一	申	一一	三七	五五	南	三一	三四	一〇	四
五帝內座四	申	一一	四八	三四	北	五六	〇五	五三	六
參旗北增三	申	一一	五一	二八	南	〇六	三九	〇〇	六
五帝內座一	申	一二	〇三	三二	北	五七	四七	二七	六
軍井一	申	一二	一二	二〇	南	三四	四五	三九	五
諸王五	申	一二	二〇	二四	北	〇〇	五〇	二九	六
軍井二	申	一二	二〇	四三	南	三五	五〇	二五	五
五車西增八	申	一二	三四	四五	北	一四	〇一	四七	五
天船東增八	申	一二	四二	〇八	北	三〇	五七	〇五	五
五帝內座三	申	一二	四三	一〇	北	六〇	二四	二三	六
御女四	申	一三	〇一	五七	北	八三	三一	二〇	四
參旗東增十	申	一三	〇五	四五	南	一四	二二	三七	五
參旗東增八	申	一三	〇九	四七	南	一三	二二	五一	六
參宿七	申	一三	一五	〇〇	南	三一	一〇	一一	一
參旗東增七	申	一三	三六	五八	南	一三	〇五	三四	六
參宿西增九	申	一三	五八	四八	南	二〇	〇七	二四	四
天高內增二	申	一四	一一	五五	南	〇二	三〇	五九	六
軍井三	申	一四	一二	四七	南	三六	一三	五九	四
天高三	申	一四	二三	五二	南	〇三	〇五	三四	六
諸王四	申	一四	二六	二九	北	〇一	四二	四二	六
五車西增四	申	一四	二九	三五	北	一六	四八	〇六	六
柱二	申	一五	〇三	五八	北	一八	一〇	一〇	四
柱一	申	一五	一六	一〇	北	二〇	五四	二四	四
參旗東增六	申	一五	二七	二六	南	一一	四三	四四	五
八穀西增三	申	一五	三四	四〇	北	三二	二三	一四	六
柱三	申	一五	五一	五二	北	一八	一五	一四	四
參宿西增五	申	一五	五八	三六	南	二三	三一	一九	五
廁二	申	一六	〇七	二五	南	四三	五七	二四	三
參宿西增三	申	一六	三四	四七	南	二五	三四	四七	三
參宿西增六	申	一六	五五	四六	南	二一	四〇	四四	六
諸王北增二	申	一二	二五	五八	北	〇二	一九	〇三	六
天船東增七	申	一二	二六	五九	北	三〇	三三	五〇	六
少衛西增一	申	一二	四二	四一	北	四二	四九	二八	六
參旗北增四	申	一二	五六	五六	南	〇七	二五	五五	五
五車一	申	一三	〇四	三三	北	一〇	二四	五三	四
參旗東增九	申	一三	〇六	三二	南	一三	三二	二〇	六
天高一	申	一三	一二	三六	南	〇一	一四	三四	四
玉井四	申	一三	一五	二六	南	二九	五二	五二	四
天高南增一	申	一三	五四	一八	南	〇四	一六	〇八	六
五車西增六	申	一四	〇三	四一	北	一五	〇四	〇〇	五
參旗北增五	申	一四	一二	三四	南	〇七	二一	三二	五
天高內增三	申	一四	二〇	二〇	南	〇一	一四	〇六	六
軍井四	申	一四	二五	三二	南	三五	二三	一〇	五
五車西增五	申	一四	二六	四七	北	一六	三二	二三	六
八穀西增一	申	一四	三九	五一	北	三四	〇一	三四	六
丈人二	申	一五	〇八	三七	南	五八	三八	三四	四
軍井東增一	申	一五	一九	五二	南	三七	〇三	四二	六
參宿西增八	申	一五	三一	四二	南	二〇	三〇	〇一	六
八穀五	申	一五	四三	五三	北	三〇	五一	〇六	五
八穀西增二	申	一五	五七	一四	北	三二	五五	一五	六
參宿內增三十七	申	一五	五八	四七	南	三〇	五七	四四	五
參宿西增十	申	一六	三三	四二	南	一九	三七	三九	六
參宿西增四	申	一六	四〇	四九	南	二四	〇五	二四	六
天潢三	申	一六	五五	五三	北	〇九	三四	〇六	六

星名	黃道經度 宮	度	分	秒	黃道緯度 向	度	分	秒	等
參宿西增七	申	一六	五七	二六	南	二二	二一	〇七	五
天潢五	申	一七	〇〇	一六	北	一五	二三	一八	五
八穀南增四	申	一七	〇五	〇四	北	一八	三三	二九	六
八穀六	申	一七	一一	五一	北	二九	二四	五〇	四
參宿五	申	一七	二三	三三	南	一六	五一	三〇	二
參宿西增十一	申	一七	三五	五〇	南	二〇	〇八	一八	五
八穀北增十四	申	一七	四一	一三	北	三七	二三	五二	四
八穀七	申	一七	五五	一九	北	三五	五三	三三	五
勾陳五	申	一七	五六	四五	北	六五	一〇	一〇	六
參宿內增	申	一八	〇八	二二	南	二四	二一	二九	六
天關南增一	申	一八	一四	四四	南	〇六	三三	〇二	六
五帝內座五	申	一八	一七	〇〇	北	五七	五七	四〇	六
參宿內增三十六	申	一八	一九	〇五	南	三〇	三五	一二	四
參宿內增十二	申	一八	四六	一〇	南	二〇	〇〇	〇九	六
參宿內增十三	申	一八	四七	五〇	南	一七	二〇	二五	五
咸池一	申	一八	五五	五八	北	一八	三四	二三	六
老人西增四	申	一九	〇五	〇〇	南	七四	二七	三〇	四
伐西增二	申	一九	二二	五八	南	二八	四二	四五	六
伐二	申	一九	二四	五〇	南	二八	四四	二三	四
諸王三	申	一九	二七	五六	北	〇一	五一	一四	六
八穀四	申	一九	三三	四八	北	三九	二九	二九	五
天潢二	申	一九	三八	四〇	北	一一	一〇	五〇	五
參宿二	申	一九	五二	四四	南	二四	三三	二二	二
觜宿二	申	二〇	〇〇	五一	南	二三	五一	一九	五

星名	黃道經度 宮	度	分	秒	黃道緯度 向	度	分	秒	等
天高四	申	一六	五九	五八	南	〇一	〇三	〇三	六
廁內增一	申	一七	〇三	一四	南	四四	〇六	五〇	六
天皇大帝	申	一七	〇九	一五	北	六八	〇一	四一	六
少衛	申	一七	一九	四二	北	四三	二〇	二八	五
天潢內增一	申	一七	三四	一七	北	一〇	一三	二〇	六
天潢內增二	申	一七	三八	〇四	北	一〇	三五	四四	六
廁一	申	一七	四九	四七	南	四一	〇六	二八	三
八穀北增十三	申	一七	五六	三五	北	三五	五六	二一	六
天潢一	申	一八	〇〇	二三	北	一〇	四六	〇二	六
咸池二	申	一八	一三	五四	北	一六	五八	三九	五
五車二	申	一八	一六	四一	北	二二	五一	四八	一
五車北增十八	申	一八	一七	三五	北	二三	一五	〇八	六
丈人一	申	一八	三五	四四	南	五七	二三	四一	二
參宿三	申	一八	四六	三八	南	二三	三六	〇七	二
天高東增四	申	一八	五五	〇六	南	〇一	二〇	一二	五
五車五	申	一八	五八	五六	北	〇五	二一	二四	二
天潢四	申	一九	一一	四八	北	一四	〇七	三一	五
伐三	申	一九	二四	一七	南	二九	一四	三七	三
伐一	申	一九	二七	一一	南	二八	一〇	一七	五
伐東增一	申	一九	三一	四八	南	二八	一〇	四五	五
參宿內增十四	申	一九	三六	〇六	南	一九	二四	一〇	六
勾陳內增二	申	一九	四二	〇五	北	六六	四七	五五	六
八穀內增十二	申	一九	五五	四一	北	三四	五二	二八	六
觜宿一	申	二〇	〇七	一八	南	一三	二五	〇二	四

星名	黃道經度 宮	度	分	秒	黃道緯度 向	度	分	秒	等
參宿內增三十五	申	二〇	二〇	二五	南	三〇	三四	五〇	五
觜宿三	申	二〇	三一	二八	南	一四	二	五八	五
廁南增二	申	二〇	三五	〇〇	南	四五	四六	四六	六
諸王南增三	申	二〇	四八	五五	北	〇〇	四〇	三二	六
咸池三	申	二〇	五九	二三	北	一六	二〇	〇二	五
六甲南增一	申	二一	〇九	五五	北	五〇	三四	三八	六
天關	申	二一	一二	二八	南	〇二	一四	二一	三
六甲五	申	二一	二七	五五	北	五七	五三	五〇	六
柱八	申	二一	四七	四六	北	〇七	〇五	二四	六
天關南增二	申	二一	五四	二八	南	〇六	五三	四三	六
柱九	申	二二	一七	〇〇	北	〇六	四二	二五	六
廁北增七	申	二二	二四	五二	南	三八	一五	三〇	四
天關南增三	申	二二	四四	二三	南	〇七	二〇	五七	六
子二	申	二三	四九	五六	南	五九	一五	三一	三
天關南增四	申	二三	一二	〇一	南	〇七	三八	〇一	六
水府西增二	申	二三	一七	一六	南	〇八	五七	三九	六
水府西增一	申	二三	二三	四四	南	〇九	三三	二八	六
八穀北增十六	申	二三	三〇	三八	北	三八	三	二	六
八穀內增九	申	二三	三九	〇二	北	三三	〇八	三五	六
參宿東增三十四	申	二三	五四	三二	南	三〇	五八	五八	六
諸王南增四	申	二三	五五	〇三	北	〇一	〇六	三一	四
水府西增三	申	二四	〇四	四八	南	〇九	〇九	三七	六
柱六	申	二四	一五	二四	北	一五	四三	四一	五
參宿東增二十二	申	二四	二三	一〇	南	二一	三七	五四	六

星名	黃道經度 宮	度	分	秒	黃道緯度 向	度	分	秒	等
參宿內增一	申	二〇	三〇	四一	南	二五	五八	四七	四
八穀內增十一	申	二〇	三一	三〇	北	三四	一五	三五	六
柱七	申	二〇	三五	二〇	北	〇八	五〇	四三	五
參宿內增十五	申	二〇	五四	三六	南	一九	一六	〇三	五
參宿一	申	二一	〇六	四五	南	二五	二〇	一七	二
屎	申	二一	一〇	二六	南	五五	四二	二六	六
廁三	申	二一	二一	二〇	南	四五	四九	五八	三
參宿內增十六	申	二一	四三	四九	南	二一	五六	一二	五
諸王二	申	二一	五一	〇七	北	〇二	二九	二三	四
八穀內增十	申	二一	五七	三八	北	三三	五二	〇七	六
天關南增六	申	二二	二一	五四	南	〇四	二五	五四	六
勾陳內增三	申	二二	二八	三七	北	六五	四二	五四	六
參宿六	申	二二	四八	四一	南	三三	〇七	〇六	三
八穀北增十五	申	二三	一一	〇二	北	四〇	四五	一〇	六
六甲六	申	二三	一六	四〇	北	五五	五〇	四〇	五
參宿內增十七	申	二三	一七	三七	南	一六	五九	五五	六
天關南增五	申	二三	二四	二二	南	〇五	四三	二三	六
廁四	申	二三	三六	〇九	南	四四	一七	一九	三
子一	申	二三	四七	二三	南	五七	一六	〇六	四
五車北增十七	申	二三	五四	五五	北	二六	二三	三九	六
八穀北增十七	申	二四	〇二	二八	北	三八	〇一	一八	六
八穀三	申	二四	一二	二三	北	三二	三九	五七	五
八穀內增八	申	二四	一八	五四	北	三三	二八	一〇	六
水府西增四	申	二四	三一	二九	南	〇九	一八	〇二	六

星名	宮	黃道經度 十度	分	秒	黃道緯度 向	十度	分	秒	等
水府西增五	申	二四	三一	五四	南	○九	三一	一三	六
柱五	申	二四	四二	三五	北	一五	四一	○七	五
諸王一	申	二四	五五	三七	北	○四	一八	一五	五
司怪四	申	二五	○七	二三	南	○三	一一	四四	五
八穀內增十八	申	二五	一三	○八	北	三五	二九	四二	六
厠北六增	申	二五	二○	四八	南	三七	三九	二七	四
八穀內六增	申	二五	三五	○五	北	三二	一三	三二	六
八穀八	申	二五	三九	三一	北	三六	二四	四○	五
參宿東增二十一	申	二五	五九	一○	南	二一	三八	五○	六
參宿東增二十三	申	二六	○五	四一	南	二六	五六	○四	六
參宿東增二十二	申	二六	○七	二○	南	三三	○二	一○	六
五車三	申	二六	二○	三一	北	二一	二八	二一	二
五車四	申	二六	二一	四五	北	一三	四四	一九	四
五車北增十六	申	二六	二五	一二	北	一三	二七	五二	六
天柱東增五	申	二六	三○	三八	北	七六	二八	○○	五
五車北增十五	申	二六	三七	二五	北	二四	二五	二一	六
參宿東增三十一	申	二六	五六	三五	南	三四	○四	三九	六
五車東增十	申	二七	○四	○九	北	一九	三一	四八	六
司怪二	申	二七	二二	二四	南	○○	一二	一九	四
勾陳二	申	二七	三四	三○	北	六九	五四	一○	三
五車東增九	申	二七	四五	○五	北	一五	○○	五九	六
司怪南增四	申	二七	五六	四○	南	○三	四八	三一	六
八穀東增十九	申	二八	○一	三○	北	三五	二八	○○	五
上衛西增一	申	二八	一三	二八	北	四二	一五	一七	六
柱四	申	二四	三五	三八	北	一三	五○	三三	六
八穀內增七	申	二四	五三	三七	北	三三	二七	○三	五
勾陳一	申	二四	五九	四三	北	六六	○四	一○	二
參宿四	申	二五	一○	○○	南	一六	○四	二六	一
司怪南增三	申	二五	一四	一三	南	○三	四四	○一	六
子東增一	申	二五	二八	○九	南	五八	四四	三一	五
八穀二	申	二五	三五	二七	北	三二	三○	五○	五
司怪一	申	二五	五七	二八	北	○二	二八	○五	五
老人北增三	申	二六	○五	○四	南	六六	一六	三○	五
參宿東增三十三	申	二六	○六	三二	南	三二	五一	五○	六
勾陳內增五	申	二六	一○	二七	北	六七	二八	三五	六
八穀一	申	二六	二一	二三	北	三○	四九	○二	四
八穀東增五	申	二六	二三	二八	北	三一	五一	○四	六
天柱五	申	二六	二九	○五	北	七六	三一	五○	五
司怪內增一	申	二六	三一	三五	南	○○	三五	○三	六
司怪內增二	申	二六	四八	四○	南	○一	○四	四三	六
參宿北增十八	申	二七	○一	○五	南	一三	五○	○一	四
參宿東增十九	申	二七	○六	三八	南	一八	○二	五六	六
五車東增十一	申	二七	二五	○六	北	一九	三一	一四	六
參宿東增二十	申	二七	四四	○○	南	一九	一九	一八	六
勾陳東增六	申	二七	五一	二三	北	六九	二四	二五	六
厠北增四	申	二八	○○	一三	南	三九	五七	三五	六
司怪三	申	二八	○三	二五	南	○三	二一	三三	五
水府一	申	一八	一六	一七	南	○八	四二	一六	四

星名	宮	黃道經度 十度	分	秒	黃道緯度 向	十度	分	秒	等
厠北增五	申	二八	二二	三四	南	三八	二四	二六	四
八穀東增二十	申	二八	五二	○九	北	三六	三三	二○	六
厠東增三	申	二八	五四	五○	南	四二	三八	二三	六
勾陳南增四	申	二九	○三	三七	北	六三	四八	○○	六
司怪東增五	申	二九	一五	二五	南	○三	三九	五九	六
水府四	申	二九	一九	一四	南	○七	一九	三○	六
八穀東增二十六	申	二九	三[illegible]	五五	北	三五	三四	三○	四
井宿北增一	申	二九	四七	四○	北	○六	○四	四七	四
五車東增十二	申	二九	五○	五二	北	二二	五六	三四	六
八穀東增二十五	申	二九	五五	二二	北	三五	五七	三四	六
司怪東增六	申	二九	五七	[illegible]○	南	○四	一六	○[illegible]	六
五車東增十四	申	二八	三三	四二	北	二五	一五	三二	六
參宿東增三十	申	二八	五三	三九	南	二四	三六	二六	六
上衛西增二	申	二八	五五	○七	北	四五	五八	二六	五
八穀東增二十一	申	二九	○九	四二	北	三八	○四	三○	五
水府二	申	二九	一九	○一	南	○九	一四	四九	四
孫二	申	二九	二八	四九	南	六○	四一	四二	五
五車東增十三	申	二九	四三	○二	北	二二	五九	三二	六
八穀東增二十二	申	二九	四八	一八	北	三八	二○	五二	六
鉞	申	一九	五一	三三	南	○○	四六	○○	四
天柱北增六	申	二九	五六	○○	北	七九	二七	五○	六

清史稿　志七

天文七

乾隆甲子年恆星黃道經緯度表二

黃道鶉首未宮迄鶉尾巳宮凡七百九十二星如左

星名	宮	黃道經度 十度	分	秒	黃道緯度 向	十度	分	秒	等
女史	未	○○	○五	五八	北	八四	三○	一○	四
水府三	未	○○	○九	○九	南	○七	一七	三一	六
鉞北增一	未	○○	一八	○五	北	○○	一八	四八	六
水府南增七	未	○○	三○	一二	南	一一	一○	三○	六
八穀東增二十七	未	○○	四三	二四	北	三五	○二	三○	六
座旗西增一	未	○○	五七	四○	北	二五	五四	二○	五
參宿東增二十九	未	○一	三七	一四	南	三四	○七	四○	六
六甲一	未	○○	○六	四○	北	五六	一八	○三	六
八穀東增三十四	未	○○	一二	二三	北	三○	○二	五七	六
水府南增六	未	○○	一九	四九	南	一○	五三	一三	六
參宿東增二十八	未	○○	三八	一四	南	二九	四二	○○	四
水府南增八	未	○○	四五	○○	南	一三	二八	二五	六
八穀東增二十八	未	○一	二二	四五	北	三四	五○	三六	六
井宿一	未	○一	四三	一○	南	○○	五一	二二	三

星名	宮	黃道經度十度	十分	十秒	向	黃道緯度十度	十分	十秒	等
六甲四	未	〇二	〇一	二五	北	五九	二三	〇七	六
六甲二	未	〇二	〇三	四五	北	五三	四七	五〇	五
八穀東增二十三	未	〇二	〇九	三〇	北	三八	一二	三〇	六
八穀東增二十四	未	〇二	一六	二〇	北	三八	一二	一二	六
井宿北增二	未	〇二	三七	一七	北	〇七	〇九	三〇	六
四瀆西增四	未	〇二	四二	五〇	南	一八	〇五	一八	六
井宿二	未	〇三	一三	二〇	南	〇三	〇六	〇三	四
上衛	未	〇三	三四	三〇	北	四五	五九	四六	五
四瀆南增五	未	〇三	五一	五七	南	二三	〇四	〇八	六
四瀆南增六	未	〇三	五四	三五	南	二三	三四	二六	六
座旗五	未	〇四	〇五	二三	北	一九	一六	三四	五
座旗八	未	〇四	一一	四六	北	一六	一〇	三五	五
井宿北增六	未	〇四	一二	四六	北	〇四	四六	三〇	六
座旗三	未	〇四	四〇	〇〇	北	二一	二一	二二	五
八穀東增二十九	未	〇四	四七	〇五	北	三六	二一	二〇	五
井宿北增三	未	〇四	五一	一六	北	〇五	四七	〇五	六
四瀆南增三	未	〇四	五五	五四	南	一八	二二	四六	五
四輔一	未	〇五	〇〇	一八	北	六四	五一	一五	六
井宿內增八	未	〇五	〇五	〇七	南	〇六	一四	五七	六
座旗四	未	〇五	一四	一四	北	二〇	二六	三二	六
六甲三	未	〇五	二五	二五	北	五七	〇六	三三	六
八穀東增三十	未	〇五	三四	五六	北	三五	二四	三〇	五
井宿北增四	未	〇六	一五	二二	北	〇五	五二	〇〇	六
座旗六	未	〇六	二三	三四	北	一八	四五	〇八	四
座旗西增二	未	〇二	〇二	五〇	北	二三	二〇	五四	六
參宿東增二十七	未	〇二	〇六	四〇	南	三一	一二	三〇	六
八穀東增三十三	未	〇二	一〇	五二	北	三三	〇三	〇〇	六
八穀東增三十二	未	〇二	三五	三八	北	三三	三四	五五	六
四瀆四	未	〇二	四一	四九	南	一八	四五	四四	四
孫一	未	〇二	五三	五六	南	五八	〇三	二九	五
上衛南增三	未	〇三	一八	二七	北	四四	二六	三八	五
軍市一	未	〇三	三七	五八	南	四一	一七	四七	二
孫北增一	未	〇三	五二	〇四	南	五三	二四	二四	三
參宿東增二十四	未	〇四	〇二	〇五	南	二七	三九	五〇	五
座旗七	未	〇四	一一	二五	北	一六	四〇	四四	五
八穀東增三十一	未	〇四	一一	五七	北	三四	〇〇	二〇	六
參宿東增二十五	未	〇四	一九	〇三	南	二八	〇二	五八	六
參宿東增二十六	未	〇四	四一	五八	南	三〇	一八	二〇	五
孫北增三	未	〇四	四八	三八	南	五六	四四	三八	五
四瀆三	未	〇四	五五	三三	南	一五	五四	一九	四
孫北增四	未	〇四	五七	三九	南	五六	四四	〇八	四
座旗一	未	〇五	〇三	五七	北	二五	四〇	〇〇	六
井宿北增五	未	〇五	〇九	三九	北	〇五	〇四	五〇	六
井宿西增九	未	〇五	一四	四二	南	〇七	四四	三八	五
井宿三	未	〇五	三一	一八	南	〇六	四七	一九	二
勾陳三	未	〇五	四〇	二五	北	七三	五三	〇八	四
井宿五	未	〇六	二一	三七	北	〇二	〇一	三〇	三
井宿內增七	未	〇六	三三	〇二	南	〇五	二七	三四	五
四瀆北增一	未	〇六	四九	三一	南	一三	一二	五二	四
軍市六	未	〇七	〇五	五四	南	四六	三六	一七	五
座旗南增三	未	〇七	一一	一五	北	一五	二八	〇七	六
座旗南增四	未	〇七	二〇	二八	北	一五	三一	二二	六
五諸侯一	未	〇七	三二	三二	北	一〇	五九	二五	四
井宿南增十一	未	〇七	四七	五七	南	一〇	一〇	一三	六
軍市內增一	未	〇八	〇一	四八	南	四一	四六	二三	五
野雞	未	〇八	一〇	四一	南	四二	二一	二五	五
內階西增二	未	〇八	二〇	〇二	北	三六	五七	一七	六
座旗東增五	未	〇八	二五	二三	北	一五	一一	三三	六
四瀆二	未	〇八	三四	四〇	南	一四	五六	四四	五
天罇西增一	未	〇八	五四	四六	北	〇二	二九	〇九	六
女史東增一	未	〇九	四六	五〇	北	八四	〇七	四〇	六
御女三	未	〇九	五〇	四〇	北	八一	五八	三三	六
內階西增一	未	一〇	二一	五五	北	三二	四八	一九	五
天罇二	未	一〇	三七	二〇	北	〇一	三〇	一四	六
天狼北增一	未	一〇	四四	三八	南	三七	一九	三八	五
井宿內增十四	未	一〇	五九	一〇	南	〇六	四三	二〇	六
座旗東增十一	未	一一	一〇	〇二	北	二七	四四	一四	六
天罇南增六	未	一一	二七	二五	北	〇〇	〇〇	一一	六
四輔三	未	一一	三六	五五	北	六二	五一	一五	六
座旗東增七	未	一一	五一	三五	北	一八	二六	三五	五
四輔四	未	一二	〇三	〇七	北	六五	四〇	〇八	六
天罇北增三	未	一二	一九	三〇	北	〇四	二一	二五	六
孫北增二	未	〇六	五九	二三	南	五三	四七	三七	五
座旗九	未	〇七	〇六	五六	北	一五	五二	四七	六
井宿西增十	未	〇七	一六	四七	南	〇九	五〇	二七	六
座旗二	未	〇七	二二	二二	北	二二	〇九	一四	六
井宿四	未	〇七	三七	五三	南	一〇	〇七	五七	四
四輔二	未	〇八	〇一	二五	北	六三	五〇	二五	六
軍市內增二	未	〇八	〇六	二五	南	四六	〇五	三六	五
四瀆北增二	未	〇八	一九	四六	南	一四	二五	〇〇	六
井宿六	未	〇八	二二	三九	南	〇一	一一	一五	六
軍市二	未	〇八	二六	五七	南	四一	一九	二四	五
井宿內增十二	未	〇八	四九	三五	南	〇九	三一	四七	六
闕邱一	未	〇九	一二	五六	南	二〇	三二	一八	四
天罇西增二	未	〇九	四七	一三	北	〇三	〇七	一二	六
井宿內增十三	未	〇九	五三	一九	南	〇九	四〇	一五	六
天狼	未	一〇	三四	〇一	南	三九	三二	〇八	一
四輔南增一	未	一〇	四二	五八	北	六一	三八	四七	六
座旗東增六	未	一〇	四七	五三	北	一六	四三	三五	四
四瀆一	未	一一	〇九	一二	南	一一	四九	〇三	四
井宿七	未	一一	二四	三一	南	〇二	〇五	二七	三
老人	未	一一	三〇	五九	南	七五	五〇	一九	一
軍市內增三	未	一一	四二	〇二	南	四三	五三	一九	六
五諸侯二	未	一一	五四	〇四	北	〇七	四三	〇七	五
座旗東增九	未	一二	〇八	一三	北	二六	五三	五八	五
座旗東增十	未	一二	三七	〇九	北	二七	二六	三五	六

星名	黃道經度 宮	度	分	秒	黃道緯度 向	度	分	秒	等
天狼北增二	未	一二	三七	五三	南	三四	四四	三四	五
天罇內增五	未	一二	五四	一二	北	○一	四一	○五	六
弧矢西增一	未	一二	五七	一四	南	五三	五五	○○	六
北極	未	一三	○九	二五	北	六七	○二	五一	五
天罇內增四	未	一三	一八	四六	北	○二	二九	五六	六
老人北增二	未	一三	三八	四二	南	六六	○五	一九	三
井宿內增十六	未	一三	五八	三五	南	○七	一三	二五	六
闕邱南增四	未	一四	○二	三九	南	二六	四五	三八	四
軍市四	未	一四	一○	四九	南	四三	○三	二四	六
軍市五	未	一四	三五	三四	南	四六	四八	五二	五
天罇二	未	一四	五六	三六	南	○○	一三	○七	三
井宿八	未	一五	一二	○四	南	○五	四○	三七	四
五諸侯三	未	一五	二三	一○	北	○五	四三	三五	四
天罇南增七	未	一五	三四	三九	南	○一	四○	五八	五
闕邱東增三	未	一五	五八	一七	南	二二	四五	四○	五
闕邱南增五	未	一六	○四	○三	南	二六	三二	四一	六
五諸侯北增三	未	一六	一五	五一	北	○五	五八	二○	六
北河二	未	一六	四○	二○	北	一○	○三	四八	二
天罇東增九	未	一六	四六	二九	南	○○	二九	二八	六
北河北增一	未	一六	五五	二八	北	一三	一八	一三	五
弧矢七	未	一七	○九	四六	南	五一	二三	五七	二
水位西增一	未	一七	三三	三四	南	一○	一六	一二	六
上台西增三	未	一七	三四	四三	北	二五	五八	五五	六
弧矢內增	未	一七	五七	三一	南	五○	一六	○○	四

星名	黃道經度 宮	度	分	秒	黃道緯度 向	度	分	秒	等
內階西增三	未	一二	四六	四八	北	三六	四一	○○	五
井宿內增十五	未	一二	五六	一三	南	○六	三四	二五	六
座旗東增八	未	一三	○五	五三	北	一八	二四	二一	五
積水	未	一三	一五	○二	北	一四	二八	一一	五
天狼北增三	未	一三	二九	二九	南	三六	四一	五○	四
軍市三	未	一三	四○	○四	南	四二	五五	三三	六
天狼東增五	未	一三	五八	三七	南	三九	四二	○○	四
井宿內增十七	未	一四	○六	五一	南	○六	一三	一三	六
軍市東增四	未	一四	一九	二九	南	四二	四六	三二	六
弧矢八	未	一四	五○	二六	南	五五	一二	○五	五
五諸侯內增一	未	一五	○八	二五	北	○五	三一	○六	六
天罇一	未	一五	一六	五五	北	○二	五五	四一	五
北河一	未	一五	二九	五五	北	○九	四五	一○	五
闕邱二	未	一五	四九	○九	南	二二	三五	二○	五
天狼東增四	未	一六	○二	四一	南	三八	○一	五○	三
五諸侯北增二	未	一六	○七	五八	北	○六	○九	二三	六
闕邱東增二	未	一六	一九	○六	南	二二	二九	一六	六
天罇東增八	未	一六	四五	四五	南	○一	四一	五五	六
闕邱東增一	未	一六	五○	三四	南	二二	一九	一○	六
北河北增二	未	一七	○八	二二	北	一二	五二	四九	五
軍市東增五	未	一七	二六	二五	南	四六	一○	一三	五
上台西增二	未	一七	三四	三九	北	二六	一○	四五	五
五諸侯四	未	一七	四六	三四	北	○五	一一	○一	五
內階西增五	未	一七	五九	○○	北	三八	三八	五○	五

星名	黃道經度 宮	度	分	秒	黃道緯度 向	度	分	秒	等
內階西增八	未	一八	○四	一五	北	四四	三三	○○	五
五諸侯北增四	未	一八	二○	三六	北	○六	二六	一五	六
南河二	未	一八	三六	五二	南	一三	三一	三○	三
內階西增九	未	一八	四六	一六	北	四四	三五	四五	五
水位北增二	未	一九	○○	一七	南	○五	五○	二一	六
北河內增四	未	一九	○二	五六	北	○七	二五	四六	五
南河南增二	未	一九	○三	一四	南	一四	四九	一四	六
內階西增七	未	一九	一四	四五	北	四三	五九	三五	六
北河三	未	一九	四一	○九	北	○六	三九	二七	二
弧矢一	未	一九	四八	三○	南	四八	二九	三七	二
水位北增三	未	二○	○五	三二	南	○二	四七	一九	六
南河南增五	未	二○	五五	四○	南	一九	三七	五八	六
南河南增四	未	二○	五九	○七	南	一八	一三	五一	六
積薪東增二	未	二一	一四	五九	北	○二	五七	一九	六
水位北增四	未	二一	三○	五三	南	○二	四○	五九	六
三師三	未	二一	三八	六	北	四七	二八	五○	五
弧矢北增四	未	二一	四四	五二	南	四八	一二	三八	六
弧矢北增三	未	二三	○三	三四	南	四八	二六	五一	五
內階五	未	二三	一八	五二	北	四二	一九	三五	五
陰德北增一	未	二三	三四	○七	北	五八	三二	五三	五
水位二	未	二三	四一	二二	南	一○	二○	一五	六
弧矢北增六	未	二三	四八	二五	南	四六	三八	三○	五
內階內增六	未	二三	一九	○八	北	四一	二六	○○	六
水位北增五	未	二三	二八	三四	南	○○	五四	四一	六

星名	黃道經度 宮	度	分	秒	黃道緯度 向	度	分	秒	等
南河一	未	一八	○四	五八	南	一二	三六	四二	六
五諸侯增五	未	一八	二八	二九	北	○六	一四	二六	六
水位一	未	一八	四一	三一	南	○九	四五	一八	六
南河北增一	未	一八	四六	二三	南	一二	五一	五一	六
內階西增四	未	一九	○○	五二	北	三六	五六	五○	六
上台西增一	未	一九	○三	○四	北	三○	三一	二六	五
北河北增三	未	一九	○五	四七	北	一二	○一	四一	五
內階一	未	一九	二五	三二	北	四○	一二	三四	四
積薪北增一	未	一九	四六	五二	北	○四	二四	二五	六
積薪	未	二○	○五	一八	北	○三	○二	二三	四
三師一	未	二○	二四	一○	北	四七	五四	四五	五
弧矢北增五	未	二○	五七	二六	南	四七	五三	四九	六
南河南增三	未	二一	一三	三三	南	一八	○六	二二	六
內階三	未	二一	二三	四九	北	四四	五五	○三	五
少輔北增一	未	二一	三七	四五	北	五三	三八	三○	六
五諸侯五	未	二一	四○	一二	北	○五	四四	三八	五
三師內增一	未	二一	四三	二六	北	四七	四八	一○	五
南河三	未	二三	一五	三一	南	一五	五七	五五	一
積薪東增三	未	二三	二四	五八	北	○一	二二	○二	五
弧矢北增七	未	二三	四一	一○	南	四六	一五	三七	五
少輔	未	二三	四六	五二	北	五一	一三	四○	四
陰德一	未	二三	五四	四七	北	五八	一一	一三	五
闕邱東增六	未	二三	二七	三一	南	二五	二○	一七	六
爟西增二	未	二三	三四	五八	北	○四	四三	一一	六

星名	黃道經度 宮	度	分	秒	黃道緯度 向	度	分	秒	等
燧西增二	未	二三	三九	二八	北	○七	一一	二六	五
燧西增一	未	二三	四九	一一	北	○四	二七	一五	六
內階內增十	未	二三	五九	三○	北	四四	三二	五七	五
老人東增一	未	二四	一二	三八	南	七二	五一	一四	三
燧西增四	未	二四	五二	四六	北	○七	○八	○一	六
陰德二	未	二五	一八	二八	北	五七	一四	三○	五
水位北增八	未	二五	三○	三○	南	○四	○○	二一	六
燧一	未	二五	三九	四九	北	○五	一八	四四	四
闕邱東增七	未	二五	四一	五二	南	三○	二九	二七	六
水位北增六	未	二五	五四	二六	北	○一	一九	一三	五
南河東增六	未	二六	○四	四七	南	一八	五三	○○	五
三師二	未	二六	四九	○七	北	五一	五二	一七	六
水位三	未	二七	○三	三四	南	○七	○五	三○	五
內階四	未	二七	一三	一○	北	四五	○七	○四	四
燧內增六	未	二七	二三	○三	北	○七	二七	三二	六
水位四	未	二七	四五	二二	南	○二	一七	五二	五
大理二	未	二七	五三	三八	北	六四	一二	○五	五
弧矢北增八	未	二八	一一	二六	南	二五	一八	○二	六
弧矢北增十	未	二八	一七	二六	南	三二	五四	○五	六
內階六	未	二八	二二	四○	北	二八	三五	○八	五
南河東增八	未	二八	四○	○七	南	一七	四八	二七	四
文昌北增一	未	二八	五三	○○	北	四六	二五	一七	五
后宮	未	二九	○八	二四	北	七○	二九	三八	五
上台一	未	二九	一五	四九	北	二九	三四	三二	四

星名	黃道經度 宮	度	分	秒	黃道緯度 向	度	分	秒	等
勾陳四	未	二三	四七	二五	北	七五	○六	五○	四
上台西增四	未	二三	五八	三八	北	一三	○四	二一	五
水位內增十	未	二四	○七	二三	南	○八	一五	一七	五
水位北增九	未	二四	二四	一二	南	○四	五二	四六	六
水位北增七	未	二五	○九	四六	南	○三	一二	三五	六
燧四	未	二五	二○	二七	北	○九	二七	二二	五
燧內增五	未	二五	三二	二三	北	○五	三六	○四	六
內階二	未	二五	四一	一八	北	四二	四八	○○	五
大理一	未	二五	五二	三八	北	六四	一二	○五	九
弧矢二	未	二五	五七	一六	南	五○	三八	五六	二
弧矢九	未	二六	四七	一九	南	五八	三一	五五	三
勾陳東增九	未	二七	○三	二二	北	七七	四四	一五	五
勾陳東增七	未	二七	○七	二六	北	七四	四五	四八	五
勾陳東增八	未	二七	一四	二八	北	七七	二四	一五	五
南河東增七	未	二七	四二	三○	南	一八	○六	一○	六
水位東增十一	未	二七	四六	四二	南	○六	二四	三五	六
軒轅西增八	未	二八	一○	二六	北	一七	○六	二四	六
燧二	未	二八	一四	三三	北	○四	二○	三三	六
弧矢北增九	未	二八	一七	四○	南	三五	○九	一三	六
燧三	未	二八	三七	二八	北	○八	二五	四三	六
燧東增七	未	二八	五二	一三	北	○八	二七	三一	六
燧東增八	未	二八	五五	三二	北	○七	三○	○○	六
南河東增九	未	二九	一四	四四	南	二一	二八	四二	五
上台南增五	未	二九	二二	二○	北	二五	○一	五五	六

星名	黃道經度 宮	度	分	秒	黃道緯度 向	度	分	秒	等
南河東增十	未	二九	二四	○八	南	二三	四七	五○	五
文昌五	未	二九	三二	五○	北	三三	二五	五六	五
文昌六	未	二九	四三	○三	北	三六	○四	二五	五
燧東增十	午	○○	○○	四○	北	○四	五三	四五	六
弧矢北增十一	午	○○	一一	○五	南	三五	○三	一○	六
鬼宿西增二	午	○○	一二	○六	南	○一	○二	三九	六
軒轅西增九	午	○○	一九	二○	北	一三	五一	三一	六
燧東增十一	午	○○	四○	○六	北	○四	五九	四八	六
鬼宿南增三	午	○一	○五	二四	南	○二	○七	五一	六
文昌內增三	午	○一	二○	三八	北	三六	三七	二五	六
外廚西增一	午	○一	三四	三三	南	二三	三七	三五	六
文昌南增五	午	○一	四六	一五	北	三三	四五	一一	六
軒轅西增十一	午	○一	五六	四九	北	一二	一○	四六	六
鬼宿一	午	○二	○九	四四	南	○○	四七	四六	五
弧矢內增十九	午	○二	一九	二二	南	四九	一四	五八	四
鬼宿南增四	午	○二	二四	二四	南	○四	四五	二六	六
弧矢五	午	○二	三一	一三	南	四六	○三	○八	四
文昌二	午	○二	四一	四九	北	四二	三九	○六	四
文昌南增六	午	○二	四九	四五	北	三二	一六	一六	六
文昌內增二	午	○三	○七	○七	北	四○	三九	三○	五
積尸	午	○三	三八	一○	北	○一	三一	一八	氣
上台東增六	午	○三	四三	四五	北	二五	四九	三六	五
文昌四	午	○三	四五	二二	北	三四	五六	二二	三
積尸南增三	午	○三	五○	二五	北	○一	○六	二二	氣

星名	黃道經度 宮	度	分	秒	黃道緯度 向	度	分	秒	等
燧東增九	未	二九	二九	一八	北	○五	一○	三六	六
勾陳東增十	未	二九	三六	四五	北	七七	五○	五五	六
弧矢六	未	二九	五四	五八	南	四七	二四	五三	三
文昌一	午	○○	○四	一三	北	四六	○九	二二	五
弧矢北增十二	午	○○	一一	一八	南	三七	三二	二五	五
軒轅西增十	午	○○	一八	○四	北	一三	三七	○五	六
上台二	午	○○	二一	五八	北	二八	五七	一○	四
柳宿西增十	午	○○	四一	一九	南	一○	一九	○六	四
大理東增一	午	○一	○五	五三	北	六三	三一	三○	大
弧矢內增十八	午	○一	二三	一○	南	四六	四五	五○	六
軒轅一	午	○一	四三	二二	北	二三	四一	四七	四
鬼宿二	午	○一	五○	二九	北	○一	三三	三三	五
柳宿西增九	午	○二	○五	一一	南	○八	三一	三二	六
天樞西增一	午	○二	一二	五六	北	四九	二七	一八	五
鬼宿南增五	午	○二	一九	五八	南	○六	二二	一六	六
弧矢北增十七	午	○二	二九	一四	南	四四	五八	四九	五
鬼宿內增一	午	○二	三八	一九	北	○○	五二	○○	六
軒轅西增二十二	午	○二	四五	五三	北	一○	二二	四○	五
軒轅西增七	午	○二	五七	四四	北	一四	一八	三三	六
天樞西增二	午	○三	二○	二四	北	五○	三五	○五	六
積尸北增一	午	○三	三八	五三	北	○一	三四	一○	氣
軒轅西增六	午	○三	四四	三五	北	一四	五九	四一	五
積尸東增二	午	○三	五○	○九	北	○一	一八	三七	氣
軒轅西增十二	午	○三	五一	一二	北	一二	三五	三四	五

星名	黃道經度宮	黃道經度十度	黃道經度十分十秒	黃道緯度向	黃道緯度十度	黃道緯度十分十秒	等
文昌內增四	午	〇三	五一 一六	北	三五	二二 一八	五
鬼宿三	午	〇三	五八 〇〇	北	〇三	〇九 四一	四
軒轅西增二十一	午	〇四	〇八 〇二	北	一〇	一五 一二	六
庶子北增一	午	〇四	一一 五〇	北	七三	〇六 三四	六
軒轅西增五	午	〇四	二五 五〇	北	一四	四〇 四六	六
外廚南增十五	午	〇四	四一 一九	南	三二	三〇 一七	六
庶子	午	〇四	四六 〇九	北	七一	二五 二〇	四
軒轅西增四	午	〇四	五二 二一	北	一四	三七 四六	六
軒轅西增十八	午	〇四	五五 五一	北	一〇	〇八 二四	六
外廚南增十四	午	〇五	〇七 五二	南	三二	五九 一〇	六
弧矢南增二十四	午	〇五	一二 五七	南	六三	四七 二一	三
弧矢南增二十	午	〇五	三二 〇六	南	五八	二五 〇五	三
上台東增七	午	〇五	三六 五九	北	二八	五八 四〇	六
柳宿西增六	午	〇五	四九 三〇	南	〇八	四〇 〇四	六
鬼宿南增六	午	〇六	一四 四六	南	〇五	二〇 三六	六
外廚西增三	午	〇六	一七 二二	南	二二	二八 五八	六
外廚南增十三	午	〇六	二九 四〇	南	三四	四四 一〇	五
上輔	午	〇六	四三 三〇	北	五七	一三 〇三	三
軒轅西增十六	午	〇六	四五 四〇	北	一〇	三七 四八	六
軒轅西增三	午	〇六	五九 二八	北	一七	四七 四一	六
上輔東增一	午	〇七	一三 二〇	北	五七	三〇 三〇	六
鬼宿南增七	午	〇七	一六 三七	南	〇五	三八 五八	六
弧矢三	午	〇七	二〇 三四	南	五七	四四 〇五	四
弧矢四	午	〇七	二二 五〇	南	四九	四〇 四七	六

星名	黃道經度宮	黃道經度十度	黃道經度十分十秒	黃道緯度向	黃道緯度十度	黃道緯度十分十秒	等
軒轅二	午	〇三	五六 一五	北	二〇	五〇 五三	四
弧矢北增十五	午	〇四	〇五 四三	南	四二	三六 四〇	四
軒轅西增二十	午	〇四	一一 〇一	北	一〇	二一 四七	六
柳宿西增八	午	〇四	二三 〇一	南	〇八	三一 五〇	六
軒轅西增十九	午	〇四	二六 〇一	北	一〇	二四 三四	六
軒轅西增十三	午	〇四	四四 四二	北	一二	二九 〇一	六
天樞西增三	午	〇四	五一 二一	北	五一	二四 三二	三
弧矢北增十六	午	〇四	五五 二四	南	四二	五三 一〇	六
外廚南增十六	午	〇五	〇〇 四七	南	三二	〇六 二七	四
鬼宿四	午	〇五	〇八 四〇	北	〇〇	〇三 四六	四
弧矢北增十四	午	〇五	一九 二四	南	三九	〇四 四五	六
柳宿西增七	午	〇五	三四 二七	南	〇八	三九 〇一	六
文昌三	午	〇五	四五 一七	北	三八	一四 一〇	五
外廚西增二	午	〇五	五八 二九	南	二二	二四 三二	四
軒轅西增十七	午	〇六	一五 三七	北	一〇	三〇 〇五	六
弧矢北增十三	午	〇六	二四 〇六	南	三八	二〇 四〇	五
外廚一	午	〇六	三一 〇九	南	二二	三〇 一〇	四
柳宿一	午	〇六	四四 〇三	南	一二	二五 三七	四
軒轅三	午	〇六	五八 一〇	北	二〇	〇四 二〇	四
軒轅西增十四	午	〇七	〇三 一四	北	一二	三四 〇六	六
鬼宿東增九	午	〇七	一二 〇〇	南	〇一	三七 一五	六
柳宿北增五	午	〇七	一七 二二	南	〇七	四四 五八	六
鬼宿東增八	午	〇七	二二 一〇	南	〇二	一六 一六	六
軒轅西增二十三	午	〇七	二七 一二	北	〇七	一四 三九	六

星名	黃道經度宮	黃道經度十度	黃道經度十分十秒	黃道緯度向	黃道緯度十度	黃道緯度十分十秒	等
外廚六	午	〇七	三〇 〇四	南	一七	四三 〇八	六
外廚南增十二	午	〇七	五〇 三一	南	三四	一八 二四	三
外廚南增十一	午	〇八	〇五 〇〇	南	三四	五七 〇〇	六
外廚南增十七	午	〇八	一五 〇六	南	三一	二九 一七	六
柳宿內增一	午	〇八	三二 四九	南	二一	五八 二三	五
柳宿三	午	〇八	四四 一二	南	一四	一七 一〇	四
鬼宿東增十	午	〇八	四七 五六	南	〇一	五三 一六	六
尚書西增一	午	〇八	五八 三三	北	八六	五二 一〇	四
柳宿四	午	〇九	二〇 〇四	南	一一	三五 〇〇	五
外廚五	午	〇九	三一 一七	南	一六	四八 一五	六
內平西增四	午	〇九	三七 〇〇	北	二四	二五 四三	六
帝	午	〇九	四〇 〇八	北	七二	五八 二六	一
外廚南增四	午	一〇	〇二 五二	南	二五	四六 〇六	六
內平西增五	午	一〇	〇三 五七	北	二〇	三五 三七	六
內平西增六	午	一〇	一三 三二	北	二〇	四二 四〇	四
弧矢東增二十一	午	一〇	三〇 一二	南	五八	〇四 二七	五
軒轅內增二	午	一〇	三〇 五七	北	一七	五四 〇六	六
鬼宿東增十四	午	一〇	五六 一五	北	〇一	〇〇 五四	六
天璇西增一	午	一一	〇〇 〇六	北	四二	三〇 〇〇	五
鬼宿東增十八	午	一一	〇五 二〇	南	〇一	一三 四五	六
上輔東增二	午	一一	二〇 二〇	北	五六	〇六 三〇	六
弧矢東增二十三	午	一一	三三 三一	南	五九	四二 三八	四
外廚內增五	午	一一	三八 三〇	南	二四	二七 〇〇	六
軒轅西增二十五	午	一一	四五 四一	北	〇九	二一 五七	六

星名	黃道經度宮	黃道經度十度	黃道經度十分十秒	黃道緯度向	黃道緯度十度	黃道緯度十分十秒	等
柳宿二	午	〇七	三八 一四	南	一四	三八 〇五	五
庶子南增二	午	〇七	五四 〇四	北	七〇	〇四 五四	六
軒轅西增十五	午	〇八	〇八 五八	北	〇九	四六 〇二	六
軒轅四	午	〇八	一六 一〇	北	一七	五六 〇〇	四
文昌東增七	午	〇八	三五 五八	北	三四	三六 四〇	六
柳宿五	午	〇八	四六 五二	南	一一	〇七 五九	四
鬼宿東增十一	午	〇八	四八 五一	南	〇一	三六 四五	六
文昌東增八	午	〇九	〇五 三三	北	三五	五〇 〇六	六
五鬼宿東增十二	午	〇九	二一 四一	北	〇〇	〇七 五六	六
柳宿北增四	午	〇九	三一 三三	南	〇五	三〇 三二	四
軒轅西增二十四	午	〇九	三七 四五	北	〇五	二三 二四	五
鬼宿東增十三	午	一〇	〇二 四〇	北	〇〇	二九 三一	六
柳宿北增三	午	一〇	〇三 三四	南	〇五	〇六 二七	四
軒轅北增一	午	一〇	一〇 一七	北	一九	一九 三〇	五
庶子北增三	午	一〇	二四 二〇	北	七三	五九 四四	六
內平西增三	午	一〇	三〇 五六	北	二四	二四 三〇	六
內平西增七	午	一〇	四七 一二	北	二〇	一七 四〇	六
天璇西增二	午	一〇	五七 四二	北	四三	四五 三六	五
柳宿六	午	一一	〇〇 一八	南	一一	〇〇 〇三	四
內平西增八	午	一一	一三 一五	北	一九	五七 五三	五
鬼宿東增十七	午	一一	二二 〇七	南	〇一	五五 五二	六
天樞	午	一一	三五 〇〇	北	四九	四〇 〇五	一
軒轅七	午	一一	四二 二八	北	一〇	二三 五一	四
天璇西增二	午	一一	五〇 五二	北	四六	四八 三〇	五

星名	黃道經度 宮	度	分	秒	黃道緯度 向	度	分	秒	等
外廚二	午	一一	五八	〇三	南	二四	二八	一〇	三
外廚四	午	一二	一〇	一九	南	一七	四五	〇〇	六
天璇西增五	午	一二	一五	五四	北	四四	二八	一八	六
少尉北增一	午	一二	二〇	〇八	北	六一	五七	二〇	六
天璇西增四	午	一二	三四	二八	北	四四	四八	五八	六
少尉	午	一二	三六	四〇	北	六一	四三	二〇	三
天璇西增六	午	一二	五〇	三六	北	四四	二三	二七	六
中台西增二	午	一三	〇三	四〇	北	二六	四三	二二	五
鬼宿東增十五	午	一三	〇五	五四	北	〇一	五六	〇七	六
內平北增一	午	一三	二二	三二	北	二三	二五	四一	六
天璇西增七	午	一三	五六	一〇	北	四四	二八	四六	六
軒轅八	午	一四	一七	一二	北	〇七	五一	二七	四
軒轅六	午	一四	二七	三二	北	一五	二一	〇三	六
外廚南增九	午	一四	四七	三九	南	三〇	一八	四〇	六
軒轅內增二十六	午	一五	〇六	〇五	北	〇九	五五	四八	六
軒轅內增二十七	午	一五	三〇	一六	北	一一	二三	二六	六
天璇	午	一五	四九	一三	北	四五	〇六	一五	二
天理西增一	午	一六	〇一	五五	北	五一	五四	〇〇	六
柳宿八	午	一六	四二	〇四	南	一三	〇二	四七	四
軒轅九	午	一七	〇七	一六	北	〇九	四一	四〇	三
內平二	午	一七	二四	三〇	北	二三	〇四	〇〇	五
酒旗北增一	午	一七	三六	一〇	北	〇二	〇四	五四	六
軒轅十	午	一七	五一	二六	北	一二	一九	二九	三
酒旗三	午	一七	五七	五七	南	〇五	三五	二七	五

星名	黃道經度 宮	度	分	秒	黃道緯度 向	度	分	秒	等
中台西增一	午	一二	〇二	二一	北	二九	四二	三四	六
內平北增二	午	一二	一一	三三	北	二四	五二	一九	六
外廚三	午	一二	一六	〇八	南	二〇	二六	一四	五
內平三	午	一二	二九	二七	北	二〇	〇六	二五	六
柳宿北增二	午	一二	三五	四四	南	〇五	三六	〇八	四
外廚南增八	午	一二	四二	〇二	南	二九	四四	四二	六
軒轅五	午	一二	五四	〇〇	北	一七	五二	〇七	六
鬼宿東增十六	午	一三	〇四	四八	北	〇〇	五八	四五	六
少尉北增二	午	一三	一七	四二	北	六一	四九	四〇	六
柳宿七	午	一三	四九	〇五	南	一一	〇三	四五	六
外廚東增六	午	一四	〇〇	四一	南	二三	五〇	四五	六
外廚南增十	午	一四	二四	四九	南	三二	五五	二三	六
天理一	午	一四	四六	〇八	北	四九	一七	〇四	六
弧矢東增二十二	午	一五	〇〇	四一	南	五八	二〇	三七	二
外廚東增七	午	一五	一六	五八	南	二四	一八	四四	六
天璇南增八	午	一五	四七	一二	北	四二	五八	一〇	六
中台一	午	一五	五八	四二	北	二九	五二	二二	三
內平四	午	一六	一八	四二	北	一八	三四	四八	六
天床六	午	一七	〇二	三三	北	七二	三一	四四	六
中台內增三	午	一七	一五	三三	北	二九	一二	〇八	六
內平南增九	午	一七	二六	三九	北	一八	三二	一二	六
中台二	午	一七	三九	四七	北	二八	五八	一〇	三
太子	午	一七	五五	二八	北	七五	一三	〇一	三
天床北增三	午	一七	五九	一七	北	七四	五六	〇〇	五

星名	黃道經度 宮	度	分	秒	黃道緯度 向	度	分	秒	等
酒旗北增二	午	一七	五九	二〇	北	〇〇	〇一	五二	六
天床北增一	午	一八	〇四	四八	北	七三	四〇	四〇	六
酒旗南增五	午	一八	一四	四六	南	〇六	二四	二二	六
酒旗東增四	午	一八	三五	〇一	南	〇四	四一	一二	六
星宿西增四	午	一八	五三	二二	南	二三	五三	〇九	六
內廚一	午	一九	一七	〇二	北	六一	〇四	一〇	六
天理四	午	一九	二九	三一	北	五三	一〇	一七	六
星宿西增六	午	二〇	〇八	二六	南	二一	〇八	一〇	六
內平一	午	二〇	三一	五六	北	一九	一一	二二	六
軒轅十五	午	二〇	四一	〇八	南	〇三	四六	五〇	四
軒轅南增四十五	午	二〇	四四	五八	南	〇六	五九	五四	五
勢西增四	午	二〇	五六	三六	北	二五	〇二	四三	五
勢西增五	午	二一	〇六	一六	北	二三	四一	五六	六
勢西增七	午	二一	一二	二七	北	二一	〇五	二五	六
勢西增八	午	二一	二八	五〇	北	二一	五九	二六	六
軒轅南增四十六	午	二一	四五	四四	南	〇八	五六	五六	五
星宿西增七	午	二一	五四	一五	南	一九	一五	〇八	六
天狗六	午	二一	五四	三七	南	四三	一八	二二	四
星宿二	午	二二	〇〇	四二	南	一六	四四	〇一	五
星宿三	午	二二	一〇	四一	南	一五	〇〇	〇三	五
內廚二	午	二二	三〇	〇〇	北	六〇	五二	四五	五
尚書一	午	二二	四四	五〇	北	八六	五〇	四五	五
勢一	午	二二	五一	一〇	北	二三	五五	二七	四
天狗五	午	二二	五六	一五	南	四八	五五	一六	三

星名	黃道經度 宮	度	分	秒	黃道緯度 向	度	分	秒	等
酒旗二	午	一八	〇四	四四	南	〇二	一一	二二	四
軒轅內增二十八	午	一八	一二	四五	北	一〇	四五	〇一	六
酒旗北增三	午	一八	二九	二四	北	〇〇	一〇	四八	六
軒轅內增二十九	午	一八	五二	三二	北	〇七	三二	五八	六
星宿西增三	午	一九	一一	〇一	南	二四	〇〇	二九	六
星宿西增五	午	一九	一九	二七	南	二二	一一	三五	六
酒旗一	午	一九	五五	〇四	北	〇〇	一九	〇三	六
勢西增三	午	二〇	二二	三〇	北	二七	一四	二〇	六
勢西增六	午	二〇	三七	五〇	北	二三	一七	〇四	五
天理二	午	二〇	四四	二六	北	四七	〇〇	五三	六
金魚東增一	午	二〇	五一	五九	南	八一	〇一	五九	四
星宿西增二	午	二〇	五九	二八	南	二三	二三	三三	六
內廚北增一	午	二一	〇七	四八	北	六一	五七	一五	六
軒轅內增四十四	午	二一	一五	二八	南	〇一	三三	二三	六
內平東增十	午	二一	三七	五二	北	一七	一六	四二	五
勢西增九	午	二一	四八	四四	北	二三	一二	三五	四
軒轅內增四十三	午	二一	五四	二六	北	〇〇	〇七	〇七	六
內平東增十一	午	二一	五六	二五	北	一六	四三	四八	六
天床一	午	二二	〇四	五六	北	六九	一二	〇五	五
星宿五	午	二二	一四	五六	南	二三	五〇	四九	六
勢北增二	午	二二	四三	五〇	北	二七	〇五	一七	六
勢北增一	午	二二	四九	四〇	北	二五	二三	一五	五
天牢一	午	二二	五五	四〇	北	三三	〇二	三六	四
尚書四	午	二三	〇六	〇〇	北	八〇	三〇	〇〇	六

星名	宮	黃道經度十度	十分	十秒	黃道緯度向	十度	十分	十秒	等
天狗四	午	二三	一二	三八	南	五一	〇九	五三	四
勢二	午	二三	三八	一〇	北	二一	二三	四五	四
軒轅內增四十二	午	二三	四五	五二	北	〇〇	〇一	二五	四
星宿內增一	午	二三	四九	五六	南	二二	五七	四九	六
軒轅十一	午	二三	五八	四一	北	一一	五〇	一三	三
軒轅內增四十一	午	二四	〇〇	二六	南	〇一	〇四	二四	六
勢內增十	午	二四	〇八	三一	北	一三	二七	三二	六
軒轅十三	午	二四	一九	二四	北	〇四	五〇	二〇	三
軒轅南增四十	午	二四	三二	五一	南	〇三	二五	一九	六
天理三	午	二四	三七	五七	北	四九	三八	四〇	六
星宿七	午	二五	〇一	〇三	南	二三	一五	五八	六
太尊	午	二五	一三	五八	北	三五	三一	三〇	三
軒轅南增四十九	午	二五	二一	〇八	南	〇七	二二	一四	六
天牢三	午	二五	二八	五五	北	三一	〇二	一二	六
太乙	午	二五	三六	〇〇	北	六四	一三	〇〇	六
軒轅南增四十七	午	二五	四六	〇四	南	〇九	五二	五三	六
軒轅內增三十三	午	二六	〇七	二五	北		二六	五一	六
天牢五	午	二六	二三	一六	北	三〇	〇四	二六	六
星宿東增十五	午	二六	三四	三九	南	二二	一五	〇〇	六
天稷	午	二六	五一	三八	北	四七	〇七	二〇	二
星宿東增十四	午	二七	〇五	〇〇	南	二二	〇五	一九	六
勢四	午	二七	一五	〇四	北	二四	五五	三〇	四
天權	午	二七	二五	五五	北	五一	三九	四〇	二
少微西增一	午	二七	二八	三〇	北	一七	三九	五二	六
天狗七	午	二三	一四	四九	南	四二	五二	〇九	五
星宿一	午	二三	四二	五九	南	二二	二四	三二	二
天社一	午	二三	四八	一七	南	六四	二六	五一	二
軒轅東增三十	午	二三	五六	二八	北	一一	五四	五五	六
星宿六	午	二三	五九	〇七	南	二四	三八	二七	六
星宿四	午	二四	〇四	一九	南	一四	一八	一七	四
軒轅東增三十一	午	二四	一五	五二	北	一一	三七	一三	六
星宿東增八	午	二四	二七	二九	南	一九	一五	〇一	六
內廚南增二	午	二四	三五	四〇	北	五七	五五	三六	六
軒轅南增四十八	午	二四	四三	一七	南	〇八	一四	〇五	六
軒轅南增三十九	午	二五	〇八	四七	南	〇三	五一	三一	五
勢內增十一	午	二五	一四	五〇	北	二一	三六	二八	六
軒轅內增三十二	午	二五	二六	〇四	北	〇八	二六	〇八	六
軒轅內增三十四	午	二五	二九	〇〇	北	〇四	〇八	四五	六
軒轅南增三十八	午	二五	四四	〇四	南	〇三	五六	一八	四
軒轅十二	午	二六	〇〇	〇五	北	〇八	四七	二七	二
軒轅十四	午	二六	一六	二〇	北	〇〇	二六	三八	一
軒轅內增三十七	午	二六	三〇	一〇	北	〇二	〇一	一〇	六
軒轅十七	午	二六	五〇	三六	南	〇一	二六	一五	六
軒轅南增五十	午	二六	五三	四一	南	〇七	二四	四一	六
天社南增一	午	二七	一二	四九	南	七〇	一七	五九	三
勢三	午	二七	一八	四三	北	二一	〇二	四七	四
天權北增二	午	二七	二七	五二	北	五二	四五	二二	六
軒轅內增三十六	午	二七	三一	〇一	北	〇二	四八	〇七	六
星宿東增十三	午	二七	三八	一八	南	二三	〇六	二四	六
星宿東增九	午	二七	五五	一四	南	一六	一四	二五	六
軒轅南增五十二	午	二八	〇六	三七	南	〇五	三八	三五	六
軒轅內增三十五	午	二八	一四	二三	北	〇四	二四	五四	六
軒轅內增五十一	午	二八	二〇	四五	南	〇八	〇七	三七	六
天權北增一	午	二八	二三	三九	北	五三	五七	二〇	六
天狗三	午	二八	三一	〇〇	南	五二	二九	五〇	四
星宿東增十一	午	二八	五四	〇七	南	一九	一四	二〇	六
勢南增十五	午	二九	〇九	五〇	北	一九	〇四	四三	六
太陽守南增一	午	二九	一八	二〇	北	四〇	〇三	五一	六
軒轅南增五十三	午	二九	三一	五〇	南	〇五	〇六	〇三	六
少微三	午	二九	五四	一五	北	一三	五六	四六	五
天牢四	巳	〇〇	〇六	二〇	北	三六	一一	四八	六
天牢南增二	巳	〇〇	三六	〇五	北	三〇	四五	五〇	五
長垣一	巳	〇〇	五二	五八	北	〇四	三三	二七	六
軒轅南增五十六	巳	〇一	一五	三九	南	〇一	〇二	二七	五
天牢北增一	巳	〇一	二〇	四六	北	三七	一六	四七	六
軒轅內增五十七	巳	〇一	二七	四五	北	〇〇	〇五	〇八	六
尚書二	巳	〇一	三三	五二	北	八一	〇〇	〇五	四
少微二	巳	〇一	五五	二一	北	一六	二八	四〇	四
張宿一	巳	〇二	〇八	三三	南	二六	〇五	一四	五
少微內增四	巳	〇二	三七	一〇	北	一七	一四	四〇	六
軒轅十六	巳	〇二	四八	五〇	北	〇〇	〇七	四八	四
下台一	巳	〇三	〇三	四〇	北	二六	〇八	一二	四
勢東增十二	午	二七	四三	一〇	北	二四	五三	五〇	六
勢東增十三	午	二八	〇二	二七	北	二四	二七	二三	六
勢南增十四	午	二八	〇九	〇五	北	二〇	〇八	一四	六
星宿東增十	午	二八	一五	一二	南	一九	一九	五七	六
天牢六	午	二八	二二	四四	北	三五	四六	二二	六
天狗一	午	二八	三〇	三四	南	五八	一四	四五	五
少微西增二	午	二八	三五	二四	北	一六	四六	一六	六
張宿五	午	二九	四〇	四三	南	二六	三七	二一	四
勢南增十六	午	二九	一七	三二	北	一八	五四	一二	六
軒轅南增五十四	午	二九	三〇	〇七	南	〇四	五三	五〇	六
星宿東增十二	午	二九	四二	二〇	南	一九	四三	一六	六
太陽守	巳	〇〇	〇五	一六	北	四一	三一	五八	四
天狗二	巳	〇〇	〇八	一六	南	五七	二一	三〇	五
相西增一	巳	〇〇	五〇	二六	北	四八	四六	三七	六
天權東增三	巳	〇〇	五三	五〇	北	五一	四三	〇六	六
天乙	巳	〇一	一六	〇五	北	六五	二一	三八	五
少微北增三	巳	〇一	二五	〇四	北	一七	〇〇	五五	六
軒轅南增五十五	巳	〇一	三二	一〇	南	〇三	二〇	一四	六
長垣北增一	巳	〇一	三九	二一	北	〇七	〇〇	四八	六
天牢二	巳	〇二	〇〇	二八	北	三二	四一	三二	六
少微四	巳	〇二	一五	一四	北	一〇	一四	五二	六
長垣南增四	巳	〇二	三八	一八	南	〇七	二九	〇〇	五
天社二	巳	〇二	五九	四八	南	六一	〇八	一七	五
長垣內增二	巳	〇三	三四	二五	南	〇〇	一六	一〇	六

黃道	黃道經度			黃道緯度				度
星名	宮	十度	十分 十秒	向	十度	十分 十秒	等	
下台二	巳	三〇	四五 三六	北	二四	四六 〇〇	四	
少微內增五	巳	〇三	四九 〇〇	北	一七	四六 四〇	六	
天相二	巳	〇四	〇〇 〇七	南	一六	〇一 一八	四	
長垣二	巳	〇四	〇四 二一	北	〇五	五四 四八	六	
長垣四	巳	〇四	〇九 〇五	南	〇一	五二 二七	六	
相	巳	〇四	一三 二八	北	四八	〇六 二七	六	
天相北增八	巳	〇四	二二 五六	南	一〇	一三 四二	六	
天相內增三	巳	〇四	三三 三八	南	一七	〇八 二八	六	
張宿內增一	巳	〇四	四六 四五	南	一三	一一 三一	五	
天相內增二	巳	〇四	五四 二六	南	一七	三九 二九	六	
少微東增七	巳	〇五	〇八 二〇	北	一六	一六 二九	六	
西上相西增一	巳	〇五	一六 〇〇	北	一二	五四 〇五	五	
天相北增四	巳	〇五	三五 三八	南	一三	一〇 一六	六	
天相三	巳	〇五	四八 〇一	南	一七	二四 一〇	六	
天相北增十	巳	〇五	五六 〇二	南	〇九	一九 四七	五	
長垣三	巳	〇六	〇六 一九	北	〇二	四七 四〇	六	
常陳七	巳	〇六	二八 三六	北	三八	五八 一四	六	
虎賁	巳	〇六	五三 一三	北	一六	四六 〇二	五	
長垣南增八	巳	〇六	五五 四八	南	〇一	二一 四一	六	
張宿四	巳	〇六	五八 〇七	南	二七	二九 〇四	六	
長垣南增六	巳	〇七	一三 四八	南	〇四	一五 二七	六	
天紀	巳	〇七	三六 〇一	南	五五	五二 〇二	二	
靈臺西增二	巳	〇八	一二 〇〇	南	〇五	〇二 四二	六	
天相北增十一	巳	〇八	五六 一六	南	〇九	一八 二六	六	

黃道	黃道經度			黃道緯度				度
星名	宮	十度	十分 十秒	向	十度	十分 十秒	等	
右樞	巳	〇三	四七 四三	北	六六	二〇 五二	三	
天社北增二	巳	〇三	五六 三七	南	六〇	〇七 五三	五	
少微一	巳	〇四	〇三 二〇	北	一八	一四 二六	五	
天相一	巳	〇四	〇四 二四	南	一八	二五 三六	六	
天床二	巳	〇四	一三 一六	北	七四	〇四 二七	六	
天相內增一	巳	〇四	一八 三七	南	一八	二〇 三七	六	
長垣南增三	巳	〇四	二三 五三	南	〇四	一四 三六	六	
少微東增八	巳	〇四	三七 〇八	北	一〇	二五 三九	六	
少微東增六	巳	〇四	四九 五六	北	一七	二五 五四	五	
長垣南增五	巳	〇四	五七 一一	南	〇六	四二 四一	六	
天相北增九	巳	〇五	〇八 三九	南	〇九	五六 二六	六	
玉衡	巳	〇五	一八 〇五	北	五四	一九 三五	二	
相南增二	巳	〇五	三六 四〇	北	四五	三七 三〇	六	
張宿二	巳	〇五	四九 一〇	南	二三	〇一 〇二	四	
天相北增六	巳	〇六	〇〇 三五	南	一一	三三 三〇	五	
天相北增七	巳	〇六	〇八 二九	南	一〇	二六 三五	五	
天相北增五	巳	〇六	二八 五三	南	一三	〇九 三二	六	
天床五	巳	〇六	五五 三〇	北	七二	〇二 一八	五	
長垣南增七	巳	〇六	五六 四六	南	〇三	〇六 三三	六	
下台東增一	巳	〇七	一〇 四二	北	二九	一四 五一	六	
長垣南增九	巳	〇七	一四 三三	南	〇一	一五 五九	六	
西上相	巳	〇七	四二 二一	北	一四	一九 〇四	二	
下台東增二	巳	〇八	三七 五七	北	二七	〇五 二四	六	
西次相北增一	巳	〇九	一一 三四	北	一一	三五 〇五	六	

黃道	黃道經度			黃道緯度				度
星名	宮	十度	十分 十秒	向	十度	十分 十秒	等	
靈臺西增一	巳	〇九	一八 二八	南	〇〇	三五 五一	六	
天社北增三	巳	一〇	一五 五二	南	五九	一八 三六	五	
常陳六	巳	一〇	五一 五八	北	三八	一四 五〇	五	
西次相南增三	巳	一一	〇三 〇七	北	〇七	五一 四一	六	
常陳北增一	巳	一一	一三 一五	北	四〇	三五 五〇	六	
靈臺三	巳	一一	二〇 三四	南	〇二	三一 五一	六	
靈臺南增四	巳	一一	三三 三七	南	〇五	五四 〇三	六	
相東增三	巳	一一	四四 五四	北	四七	五六 四〇	六	
闕陽	巳	一二	〇三 二三	北	五六	二二 四七	二	
西上相東增二	巳	一二	一五 四九	北	一三	五七 一〇	六	
天社內增四	巳	一三	一〇 二〇	南	六六	一五 四四	四	
五帝座西增二	巳	一三	一九 一〇	北	一一	〇八 〇九	六	
靈臺南增八	巳	一三	二八 四四	南	〇三	二六 〇一	六	
翼宿西增二	巳	一三	三三 四二	南	一五	一八 三八	六	
翼宿西增一	巳	一三	五〇 三五	南	一五	〇三 五五	六	
西次將	巳	一三	五七 五八	北	〇六	〇五 一〇	四	
常陳四	巳	一四	一一 〇〇	北	四〇	三三 〇二	五	
張宿六	巳	一四	三〇 五六	南	二三	二九 五〇	五	
常陳五	巳	一四	五八 〇四	北	三七	四五 五八	五	
西上將	巳	一五	〇七 三五	北	〇一	四〇 五六	四	
太子	巳	一五	二三 五〇	北	一七	一八 〇九	四	
輔東增一	巳	一五	四〇 二四	北	五七	五〇 二四	六	
明堂西增五	巳	一五	四九 二九	南	〇四	三八 五三	五	
張宿南增四	巳	一六	三七 二八	南	三〇	一一 一五	六	

黃道	黃道經度			黃道緯度				度
星名	宮	十度	十分 十秒	向	十度	十分 十秒	等	
西次相	巳	〇九	五〇 三一	北	〇九	三九 五〇	三	
靈臺二	巳	一〇	二五 三三	南	〇〇	一三 一六	五	
靈臺一	巳	一〇	五七 〇九	北	〇一	二〇 二一	四	
天記北增一	巳	一一	一〇 三二	南	五一	〇九 四六	四	
靈臺南增三	巳	一一	一九 三二	南	〇五	三九 五七	六	
張宿三	巳	一一	二九 五〇	南	二四	四〇 一〇	四	
天相北增十二	巳	一一	三九 五二	南	一〇	四〇 三五	六	
西次相東增二	巳	一一	五九 〇〇	北	一一	四一 四〇	六	
闕陽北增一	巳	一二	一三 五〇	北	五六	三三 三〇	五	
張宿內增二	巳	一三	〇七 四七	南	二四	〇八 二四	五	
從官	巳	一三	一七 二一	北	一七	三八 〇〇	六	
靈臺南增七	巳	一三	一七 二一	南	〇五	三四 三五	六	
輔	巳	一三	三一 五〇	北	五七	四〇 四〇	五	
張宿北增三	巳	一三	四三 二七	南	二三	一四 〇二	六	
五帝座西增一	巳	一三	五一 四一	北	一二	五三 〇八	六	
靈臺南增五	巳	一三	五八 四〇	南	〇八	〇三 〇一	六	
五帝座西增三	巳	一四	一四 二七	北	一〇	二三 五三	六	
靈臺南增六	巳	一四	五三 五六	南	〇六	二四 〇八	六	
天床四	巳	一五	〇四 四〇	北	七八	五五 四〇	六	
天社三	巳	一五	二〇 三六	南	六七	一〇 三六	二	
常陳三	巳	一五	二九 四八	北	四〇	三七 三〇	六	
明堂西增四	巳	一五	四八 三九	南	〇二	三二 五三	六	
五帝座三	巳	一六	三一 〇八	北	一〇	二三 四一	六	
三公三	巳	一六	三九 〇二	北	五一	四七 〇六	六	

星名	黃道經度 宮	十度	十分	十秒	黃道緯度 向	十度	十分	十秒	等
翼宿西增三	巳	一六	三九	二四	南	二三	○四	二四	六
翼宿五	巳	一六	四八	三九	南	二一	四九	二八	四
輔東增二	巳	一七	○九	二三	北	五八	一三	三四	六
明堂西增三	巳	一七	三六	五三	南	○二	一六	五五	五
明堂西增六	巳	一七	五五	一九	南	○七	三九	○五	四
常陳二	巳	一七	五六	三三	北	三九	五一	三○	六
郎位西增三	巳	一八	○六	一五	北	二四	四五	二三	六
內屏西增一	巳	一八	一五	○五	北	○五	一九	一三	六
幸臣	巳	一八	二六	一三	北	一七	四八	○四	六
郎位西增一	巳	一八	三五	五九	北	二七	五一	五六	六
天社四	巳	一八	五七	○五	南	六五	四八	一七	二
明堂北增一	巳	一九	二○	一一	北	○○	一六	○九	六
翼宿西增五	巳	一九	二九	三三	南	二四	五九	四二	六
海石一	巳	一九	三四	五六	南	七二	三八	五九	二
內屏一	巳	一九	四五	二九	北	○六	○六	二一	五
翼宿一	巳	二○	一一	四三	南	二二	四二	○○	四
內屏內增二	巳	二○	二二	一五	北	○六	二一	三三	六
內屏二	巳	二○	三四	三五	北	○四	三五	三九	五
郎位十四	巳	二○	四一	○六	北	一九	五九	○七	六
郎位六	巳	二○	四七	二三	北	二六	一一	四七	五
常陳一	巳	二○	五八	二二	北	四○	○七	一八	二
郎位二	巳	二一	二六	三二	北	二七	三六	三六	六
內屏內增三	巳	二一	五四	四七	北	○七	一四	五三	六
五諸侯西增七	巳	二一	五九	三○	北	一六	二七	○○	六

星名	黃道經度 宮	十度	十分	十秒	黃道緯度 向	十度	十分	十秒	等
明堂西增二	巳	一六	四二	五一	北	○○	○○	三五	六
翼宿十二	巳	一七	○九	○八	南	一四	五一	○○	六
五帝座二	巳	一七	二八	一六	北	一四	○三	○七	六
開陽東增二	巳	一七	三八	○五	北	五六	二五	五○	六
明堂一	巳	一七	五六	○二	南	○○	三四	○四	四
五帝座一	巳	一八	○四	一四	北	一二	一六	五一	二
翼宿西增四	巳	一八	一一	一六	南	二三	四五	○三	六
天社內增五	巳	一八	二六	○七	南	六五	四○	○○	三
郎位十五	巳	一八	二九	○九	北	二○	○二	五一	六
郎位西增二	巳	一八	四一	二八	北	二七	三二	三五	六
五帝座四	巳	一九	○四	二七	北	一三	五三	二一	六
翼宿十一	巳	一九	二九	三一	南	一五	五九	○一	六
五帝座五	巳	一九	三二	○五	北	○九	三一	○七	六
輔東增三	巳	一九	三六	三四	北	五八	二五	一○	六
郎位十	巳	二○	○三	一九	北	二三	二八	三三	五
郎位一	巳	二○	一七	二四	北	二八	二四	○二	五
郎位七	巳	二○	三○	二九	北	二五	四七	三二	五
郎位三	巳	二○	四○	四○	北	二七	二六	五四	五
三公二	巳	二○	四六	○○	北	五二	五二	○○	五
明堂三	巳	二○	四八	一三	南	○五	四二	二二	四
郎位四	巳	二一	○一	五五	北	二七	○六	五○	五
明堂二	巳	二一	二七	五二	南	○三	○三	三五	四
郎位五	巳	二一	五五	二九	北	二六	二九	一一	五
常陳東增二	巳	二二	二七	一七	北	四二	四○	三五	六

星名	黃道經度 宮	十度	十分	十秒	黃道緯度 向	十度	十分	十秒	等
翼宿十	巳	二二	四○	五九	南	一三	二八	二八	四
郎位八	巳	二二	○三	一五	北	二五	二九	一○	五
搖光	巳	二三	一八	四○	北	五四	二四	三○	二
右執法	巳	二三	三一	一四	北	○○	四○	四七	三
常陳東增四	巳	二三	四九	四○	北	四一	五一	四四	六
常陳東增五	巳	二三	五二	四○	北	四一	四○	一五	五
內屏三	巳	二三	五八	二九	北	○六	○八	五二	五
五諸侯五	巳	二四	○一	四四	北	一五	一三	五五	五
常陳東增三	巳	二四	一二	四○	北	四四	一二	二四	六
翼宿南增六	巳	二四	四八	二八	南	三○	○八	四八	六
內屏南增六	巳	二四	五七	三一	北	○三	二○	三一	五
翼宿十三	巳	二五	○一	二六	南	一一	一八	三三	四
內屏北增四	巳	二五	二三	一三	北	一○	四四	二四	六
郎將西增一	巳	二五	四二	五二	北	二九	五八	二四	六
翼宿四	巳	二五	五一	四三	南	二○	四九	三一	五
郎將	巳	二六	一五	二四	北	三○	一二	二四	四
內平東增五	巳	二六	二四	五六	北	○六	一九	三一	六
郎位十二	巳	二六	三三	三八	北	二三	○八	一○	五
五諸侯北增五	巳	二六	五二	二三	北	二○	一七	五七	五
翼宿南增七	巳	二六	五九	一一	南	三○	四一	一二	六
翼宿十五	巳	二七	三○	一四	南	二一	二五	○八	六
五諸侯北增四	巳	二七	五一	四九	北	一九	一九	一二	六
天槍南增一	巳	二七	五四	二四	北	五六	三四	四八	六
翼宿十九	巳	二八	二一	○七	南	二八	○○	○四	六

星名	黃道經度 宮	十度	十分	十秒	黃道緯度 向	十度	十分	十秒	等
郎位九	巳	二二	五四	四四	北	二四	五四	五○	五
翼宿七	巳	二三	○八	五○	南	一七	三五	二○	四
天記東增二	巳	二三	二五	三○	南	四八	一四	四五	四
三公一	巳	二三	四八	○二	北	五○	五一	四○	五
五諸侯北增六	巳	二三	五○	五一	北	一八	一九	五三	五
翼宿九	巳	二三	五四	二○	南	一四	三五	一六	五
常陳東增六	巳	二三	五八	五八	北	四一	四○	三五	六
內屏四	巳	二四	○八	○六	北	○八	三一	二九	五
郎位十三	巳	二四	二八	二六	北	二三	○二	三八	六
郎位十一	巳	二四	五二	○一	北	二四	○七	○九	四
翼宿十六	巳	二五	○○	三五	南	二五	三七	三三	三
天社五	巳	二五	一七	三三	南	六三	四二	三○	二
翼宿二	巳	二五	四一	一六	南	一九	三九	二二	四
翼宿二十	巳	二五	四六	四○	南	三○	一六	三一	五
天床三	巳	二五	五四	三○	北	七五	二三	二三	六
天槍一	巳	二六	二一	三九	北	五八	五四	四四	四
周鼎二	巳	二六	二八	○四	北	三三	五六	三六	四
郎將東增二	巳	二六	四四	五八	北	三○	○五	三一	五
翼宿八	巳	二六	五三	五二	南	一四	一三	二二	五
五諸侯四	巳	二七	二七	一○	北	一五	二六	○六	六
天槍二	巳	二七	三一	○○	北	五八	五一	五○	四
謁者西增一	巳	二七	五三	二二	北	○二	四二	五二	六
翼宿十四	巳	二八	○四	○七	南	一○	一四	四六	六
翼宿十七	巳	二八	二九	一五	南	二三	○一	一七	六

星名	黃道經度 宮	十度	十分	十秒	黃道緯度 向	十度	十分	十秒	等
九卿西增九	巳	二八	五一	三四	北	一二	四四	四七	六
上弼	巳	二九	二四	〇五	北	八四	四七	〇〇	三
翼宿十八	巳	二九	四〇	〇八	南	二七	〇一	一三	六
謁者	巳	二九	四七	一七	北	〇五	〇四	二二	四
海石北增一	巳	二九	四九	二九	南	六七	三〇	一〇	四
天槍三	巳	二八	五九	〇〇	北	六〇	一〇	〇四	四
謁者北增二	巳	二九	二九	一八	北	〇七	〇七	〇九	六
五諸侯北增二	巳	二九	四四	四四	北	二四	四〇	四二	四
周鼎三	[illegible]	二九	四七	四二	北	三一	四九	四一	四
九卿西增八	巳	二九	五二	五一	北	一二	四三	二二	六

清史稿

天文八

志八

乾隆甲子年恒星黃道經緯度表三

黃道壽星辰宮至析木寅宮凡六百七十六星如左

星名	黃道經度 宮	十度	十分	十秒	黃道緯度 向	十度	十分	十秒	等
海石內增二	辰	〇〇	〇七	二九	南	七〇	〇六	五〇	五
翼宿二	辰	〇〇	三〇	五〇	南	一八	一七	二九	四
天社六	辰	〇〇	三七	五九	南	六四	一三	五三	四
尚書五	辰	〇〇	五二	四七	北	八三	一八	四〇	五
左執法	辰	〇一	一五	五二	北	〇一	二二	〇一	三
九卿三	辰	〇一	三四	四五	北	一一	〇九	五二	六
九卿北增五	辰	〇一	四八	〇五	北	一三	四一	三七	六
五諸侯三	辰	〇〇	一九	四九	北	一九	四八	四二	五
尚書三	辰	〇〇	三〇	五八	北	八一	三七	一〇	五
周鼎一	辰	〇〇	五一	三一	北	三二	二八	三三	五
左執法南增一	辰	〇一	〇一	四四	北	〇一	〇八	〇八	六
左樞	辰	〇一	一八	〇五	北	七一	〇四	〇四	三
海石二	辰	〇一	四六	一二	南	六七	〇四	五四	二
尚書東增二	辰	〇一	四八	二八	北	八三	一八	四〇	六
九卿內增七	辰	〇一	四八	三三	北	一一	〇一	一〇	六
九卿北增一	辰	〇一	五五	三〇	北	一七	四八	〇〇	五
九卿北增三	辰	〇二	〇一	〇五	北	一七	一二	五七	六
天槍東增二	辰	〇二	二〇	四六	北	五八	五五	〇五	六
翼宿六	辰	〇二	三二	四四	南	一六	〇四	四六	四
三公一	辰	〇二	四九	〇〇	北	〇八	四九	三〇	六
青邱三	辰	〇二	五一	五六	南	二九	二二	四一	六
九卿北增六	辰	〇三	一三	五一	北	一三	二二	四五	六
元戈	辰	〇三	二二	五八	北	五四	三九	二〇	四
東次將西增一	辰	〇三	四八	〇五	北	一六	四三	三三	六
九卿二	辰	〇三	五一	一八	北	一一	三四	一五	六
青邱五	辰	〇四	二二	四七	南	三一	三五	五五	四
翼宿二十二	辰	〇四	四一	一八	南	二三	一七	二六	六
海石三	辰	〇五	〇八	四六	南	六五	二一	三〇	五
東上將	辰	〇五	二三	三五	北	二三	五九	一二	四
東次將南增二	辰	〇五	五七	一〇	北	一二	三七	二七	六
東次將	辰	〇六	二二	四〇	北	一六	一二	五四	三
青邱內增一	辰	〇六	三八	〇二	南	三一	一八	四〇	六
海山西增二	辰	〇六	五四	〇八	南	五一	〇四	二一	三
軫宿一	辰	〇七	一〇	五八	南	一四	二九	〇〇	三
進賢西增九	辰	〇七	二七	二〇	南	〇一	三五	三二	六
青邱二	辰	〇七	三八	〇三	南	二六	二一	三〇	六
東次相	辰	〇七	五四	五四	北	〇八	三八	二七	三
進賢南增八	辰	〇八	三五	三八	南	〇三	一七	二三	五
九卿北增二	辰	〇一	五五	二八	北	一七	四七	五七	六
九卿一	辰	〇一	五五	三三	北	一三	三二	四九	五
五諸侯北增一	辰	〇二	〇七	五一	北	二七	一四	三九	六
九卿北增四	辰	〇二	二七	一一	北	一五	三九	〇一	五
五諸侯二	辰	〇二	四八	五五	北	二一	四六	五六	五
五諸侯一	辰	〇二	五〇	〇七	北	二五	五五	五六	五
翼宿二十一	辰	〇三	〇一	五四	南	二四	二四	一五	六
三公二	辰	〇三	二一	一四	北	一〇	二四	四五	六
五諸侯東增三	辰	〇三	二七	二三	北	二一	四五	一四	六
海山西增一	辰	〇三	四八	五一	南	五一	〇二	四六	四
青邱四	辰	〇三	五六	二五	南	三〇	五五	五九	六
軫宿北增二	辰	〇四	二三	五二	南	〇六	一四	五二	六
軫宿西增三	辰	〇四	四三	四一	南	一七	五二	五九	五
青邱六	辰	〇五	一九	五一	南	三三	二一	二一	六
青邱內增二	辰	〇五	五二	四六	南	三三	一二	二七	六
三公三	辰	〇六	〇一	〇〇	北	〇八	〇一	四〇	六
東上相	辰	〇六	三七	一一	北	〇二	四八	五三	三
青邱南增三	辰	〇六	三九	一〇	南	三三	三九	二三	六
東次相西增一	辰	〇七	〇五	三〇	北	〇七	五五	五〇	六
海石內增三	辰	〇七	一六	二四	南	六九	二七	二一	五
青邱七	辰	〇七	三二	二六	南	三三	二六	三九	五
軫宿北增一	辰	〇七	五四	五二	南	〇五	一九	四七	六
軫宿二	辰	〇八	〇六	五八	南	一九	三九	四一	四
右轄	辰	〇八	四〇	三五	南	二一	四四	二六	四

星名	黃道經度 宮	十度	十分	十秒	黃道緯度 向	十度	十分	十秒	等
軫宿南增四	辰	〇八	四五	二五	南	二〇	二七	四五	六
天槍東增三	辰	〇九	〇二	一〇	北	六〇	〇四	〇〇	六
軫宿三	辰	〇九	五四	一三	南	一二	〇九	四七	三
帝席西增一	辰	一〇	一四	五三	北	三三	五九	二〇	六
左轄	辰	一〇	一六	〇七	南	一一	三九	五五	五
右攝提西增二	辰	一〇	二八	三四	北	三〇	三二	〇〇	六
亢戈東增一	辰	一〇	四四	〇二	北	五五	二七	三九	六
飛魚三	辰	一一	三三	五五	南	七五	三三	二二	五
進賢	辰	一一	三七	五五	北	〇二	二一	五〇	六
進賢北增三	辰	一一	四一	三二	北	〇二	五二	五五	六
亢戈東增二	辰	一一	四七	四八	北	五七	五四	〇一	六
天田西增一	辰	一二	一二	一七	北	一二	三九	三〇	五
進賢北增四	辰	一二	三三	四五	北	〇二	五六	一五	六
東上將東增二	辰	一二	四九	一七	北	一八	四二	四九	六
上宰	辰	一三	〇九	一二	北	七四	二六	〇〇	三
天田西增二	辰	一三	二四	〇六	北	一二	四八	一一	六
軫宿四	辰	一三	四八	二五	南	一八	〇一	四〇	三
天槍東增四	辰	一四	一一	一一	北	六〇	三二	三七	六
右攝提二	辰	一四	二二	三〇	北	二六	三二	〇八	四
右攝提三	辰	一五	三六	五七	北	二五	一二	四七	四
飛魚五	辰	一五	五二	三八	南	八二	二七	二六	五
角宿西增十四	辰	一六	二六	二八	南	〇二	四二	三一	六
帝席一	辰	一六	二八	〇四	北	三五	四一	〇三	五
角宿西增十三	辰	一六	四九	二七	南	〇二	二一	二五	六

星名	黃道經度 宮	十度	十分	十秒	黃道緯度 向	十度	十分	十秒	等
進賢南增七	辰	〇九	〇〇	四九	南	〇二	四四	二五	六
靑邱一	辰	〇九	四九	四七	南	三一	二八	一六	四
進賢西增一	辰	一〇	〇四	二四	北	〇二	〇〇	三四	六
長沙	辰	一〇	一四	五八	南	一八	一六	四〇	五
東次將東增三	辰	一〇	二六	〇三	北	一六	一三	〇七	六
少宰	辰	一〇	三九	〇〇	北	七八	二六	三〇	三
東上將東增一	辰	一一	二三	〇七	北	二一	二四	三五	六
右攝提西增三	辰	一一	三六	五六	北	二八	一一	二六	六
進賢北增三	辰	一一	三九	〇一	北	〇二	二三	〇四	六
帝席三	辰	一一	四五	三八	北	三六	三三	一〇	五
軫宿南增五	辰	一二	〇一	一五	南	二〇	二三	四二	六
進賢南增六	辰	一二	一六	三〇	南	〇三	〇三	一六	六
進賢南增五	辰	一二	三七	二五	南	〇三	二五	二二	五
帝席二	辰	一二	五八	〇五	北	三六	五三	一六	六
右攝提西增一	辰	一三	一一	一七	北	三〇	一四	二八	五
海石四	辰	一三	二八	〇〇	南	六六	一七	一六	五
招搖	辰	一四	〇三	一八	北	四九	三三	〇〇	三
海山一	辰	一四	一四	二六	南	五九	五三	〇四	五
平道一	辰	一四	三九	二三	北	〇一	四五	二九	四
右攝提一	辰	一五	四三	三二	北	二八	〇七	三五	三
角宿西增十五	辰	一六	一〇	〇九	南	〇三	一五	〇三	五
南船一	辰	一六	二七	五八	南	六二	三五	一三	四
天田一	辰	一六	四八	四八	北	一二	三三	〇一	六
飛魚一	辰	一七	〇〇	二四	南	七二	一一	〇五	五

星名	黃道經度 宮	十度	十分	十秒	黃道緯度 向	十度	十分	十秒	等
角宿西增一	辰	一七	三一	〇〇	北	〇三	三五	五一	六
角宿西增十一	辰	一八	一二	五二	南	〇一	五八	三八	六
角宿二	辰	一八	三四	五〇	北	〇八	三九	〇九	三
梗河三	辰	一九	一〇	五〇	北	四二	二七	五七	四
角宿西增十	辰	一九	一三	一九	南	〇二	三五	二六	六
南船二	辰	一九	二五	五四	南	六一	二五	三八	四
海山三	辰	一九	四六	二五	南	五六	五一	〇七	四
角宿一	辰	二〇	一六	二一	南	〇二	〇一	五九	一
角宿東增四	辰	二〇	三一	一二	北	〇四	一五	二一	六
七公西增五	辰	二〇	三八	四一	北	五四	一〇	三八	三
七公西增六	辰	二〇	五一	〇一	北	五二	五八	四〇	六
角宿南增九	辰	二一	一一	四八	南	〇三	一八	二四	五
平西增一	辰	二一	一七	〇五	南	一四	三三	一五	六
天門南增一	辰	二一	二八	二〇	南	一一	〇〇	五〇	六
角宿東增五	辰	二二	五五	二四	北	〇二	〇九	二〇	六
天門南增五	辰	二二	一三	二二	南	〇八	一九	四一	六
天田南增四	辰	二三	四〇	〇九	北	一一	五九	三四	六
天田西增五	辰	二三	〇六	三二	北	一二	〇九	四一	六
大角東增一	辰	二三	二三	〇〇	北	三一	四五	一四	五
天門東增六	辰	二三	三三	二〇	南	〇五	一四	三四	六
馬尾三	辰	二三	五五	三三	南	四四	二七	二一	三
亢池四	辰	二四	〇八	五二	北	二五	一〇	一五	六
梗河南增五	辰	二四	二一	二二	北	四〇	〇〇	〇九	六
[illegible]樓九	辰	二四	三一	〇三	南	四〇	三五	〇〇	六

星名	黃道經度 宮	十度	十分	十秒	黃道緯度 向	十度	十分	十秒	等
角宿西增十二	辰	一七	三六	〇七	南	〇二	一五	二五	六
海山二	辰	一八	三一	三六	南	五八	五四	四三	四
天田北增三	辰	一九	〇〇	〇四	北	一三	一六	四五	六
天門一	辰	一九	一〇	五六	南	〇七	五三	二〇	四
海石五	辰	一九	一七	三一	南	六七	二八	三三	四
角宿內增二	辰	一九	四四	一八	北	〇二	四七	二五	六
角宿東增三	辰	二〇	〇一	二七	北	〇三	〇八	五五	六
梗河二	辰	二〇	一六	三三	北	四二	〇八	二四	五
天門南增三	辰	二〇	三一	二〇	南	一〇	一二	〇六	六
大角	辰	二〇	三八	五二	北	三〇	五七	〇〇	一
亢池二	辰	二一	〇三	二三	北	二六	二九	三一	六
天門南增二	辰	二一	一五	三〇	南	一一	〇六	二四	六
天門南增四	辰	二二	二八	一〇	南	〇九	九〇	〇五	四
角宿東增八	辰	二二	四〇	五一	南	〇〇	一四	〇七	六
亢池一	辰	二二	五六	一一	北	二八	二七	〇〇	五
天門二	辰	二二	三四	一五	南	〇六	一七	五四	五
亢池三	辰	二三	五三	四二	北	二四	五一	〇〇	六
平道二	辰	二三	〇八	三一	北	〇一	四三	四五	六
平一	辰	二三	二七	三〇	北	一三	四三	一八	三
天田南增六	辰	二三	三七	二二	北	〇九	三七	二二	六
角宿東增六	辰	二四	〇一	〇七	北	〇四	〇四	〇四	六
天田二	辰	二四	〇九	五六	北	一二	〇四	五〇	五
梗河一	辰	二四	二九	三五	南	四〇	三八	二一	三
天門東增十一	辰	二四	三七	一四	南	〇八	二六	四〇	六

星名	宮	黃道經度 十度	十分	十秒	黃道緯度 向	十度	十分	十秒	等
角宿東增七	辰	二五	二八	〇六	南	〇一	二一	四六	六
馬尾二	辰	二五	五〇	〇三	南	四五	三一	〇六	五
天門東增八	辰	二六	三五	〇三	南	〇四	三〇	三八	六
天門東增十	辰	二七	四四	三四	南	〇六	一八	一九	六
馬尾一	辰	二七	四六	四六	南	四三	三〇	〇四	六
左攝提二	辰	二八	一五	〇六	北	三〇	二三	一八	三
南船五	辰	二八	二一	三六	南	七二	一三	〇八	二
庫樓七	辰	二八	四六	三六	南	四〇	〇六	二九	二
亢宿西增一	辰	二八	五五	三〇	北	〇三	四一	四八	六
亢宿西增二	辰	二九	一〇	二五	北	〇三	一九	五九	六
左攝提三	辰	二九	二五	二一	北	二七	五三	四二	三
七公六	辰	二九	三六	一三	北	五三	二六	五六	四
亢宿西增十二	辰	二九	四九	四〇	北	一一	〇二	五七	五
左攝提北增一	辰	二九	五五	三三	北	三三	四七	二八	四
楗河東增四	卯	〇〇	一一	四八	北	四〇	一一	三三	五
亢宿北增十一	卯	〇〇	一八	〇五	北	一一	三〇	〇三	五
亢宿內增四	卯	〇〇	四二	四二	北	〇三	一五	二三	六
亢宿一	卯	〇〇	五五	四〇	北	〇二	五五	四〇	四
七公東增十	卯	〇一	三〇	二三	北	五七	一四	四六	六
左攝提南增三	卯	〇一	三八	二八	北	二二	四一	三二	五
七公東增八	卯	〇一	四四	四三	北	五五	四八	五〇	五
十字架四	卯	〇二	〇八	二六	南	五〇	二一	一三	三
貫索西增二	卯	〇二	五〇	一六	北	四五	五七	五二	六
亢宿東增六	卯	〇二	五九	四二	北	〇八	〇四	二三	六
南船三	辰	二五	三二	四〇	南	六二	〇七	三四	三
天門東增七	辰	二六	一一	〇五	南	〇五	〇六	三二	六
庫樓十	辰	二七	一一	〇七	南	四二	二一	五八	五
庫樓八	辰	二七	四六	一五	南	四〇	〇四	三四	四
海山四	辰	二七	五三	〇九	南	五五	一六	三八	四
柱十	辰	二八	一九	五一	南	二四	三五	二〇	五
天門東增九	辰	二八	二四	三六	南	〇六	二一	二七	五
七公五	辰	二八	五四	二五	北	五七	〇五	五四	六
七公內增九	辰	二九	〇七	二七	北	五七	一四	一七	六
左攝提一	辰	二九	一二	四五	北	三一	一七	〇七	四
七公七	辰	二九	三三	〇八	北	四九	〇〇	一〇	三
柱十一	辰	二九	三六	一四	南	二五	五六	五六	三
楗河東增一	辰	二九	五〇	二五	北	四二	一〇	四〇	五
亢宿西增三	卯	〇〇	〇一	五四	北	〇二	三二	二〇	五
亢宿二	卯	〇〇	一二	三六	北	〇七	一五	四〇	四
左攝提南增二	卯	〇〇	二二	三三	北	二五	五九	五五	六
海山五	卯	〇〇	五三	五四	南	五六	四六	四七	四
楗河東增二	卯	〇一	一九	二二	北	四一	五四	四三	六
貫索西增一	卯	〇一	三六	一〇	北	四五	〇四	〇七	五
楗河東增三	卯	〇一	三九	三八	北	四〇	二五	一九	五
亢宿三	卯	〇一	五三	五四	北	一一	四七	二五	四
平北增二	卯	〇二	四四	三四	南	一二	〇二	〇六	六
庫樓五	卯	〇二	五六	一六	南	二七	三四	五三	四
庫樓六	卯	〇三	〇六	一七	南	三七	〇三	二九	四
柱九	卯	〇三	〇七	四三	南	二〇	三三	三四	四
平北增三	卯	〇三	一七	四三	南	一一	五二	三〇	六
貫索西增三	卯	〇三	二九	四五	北	四六	四九	三〇	五
飛魚四	卯	〇三	四五	二一	南	七六	四五	〇〇	六
柱七	卯	〇四	一二	五五	南	一八	五七	〇〇	四
庫樓四	卯	〇四	二六	三六	南	二一	三四	四〇	四
七公內增十二	卯	〇四	三七	三八	北	六一	〇五	二一	六
七公西增四	卯	〇四	四七	四〇	北	六四	二二	三〇	五
平二	卯	〇四	五六	〇八	南	一三	〇三	五八	四
七公內增十一	卯	〇五	三〇	二二	北	六〇	三九	五〇	六
貫索二	卯	〇五	五〇	二〇	北	四八	三四	五〇	四
飛魚二	卯	〇六	一五	四九	南	八二	三五	二七	五
折威西增一	卯	〇六	三七	三八	南	一三	〇四	一一	六
亢宿東增八	卯	〇七	二六	〇九	北	一三	三〇	一七	六
衡一	卯	〇七	三二	一四	南	二八	一二	五九	四
七公三	卯	〇八	〇三	二六	北	六三	四九	三六	六
馬腹三	卯	〇八	一二	二七	南	四三	四九	五七	五
貫索一	卯	〇八	三五	四一	北	五〇	三〇	〇三	五
庫樓三	卯	〇八	四五	一八	南	二一	五九	〇六	二
氐宿北增二十七	卯	〇九	〇二	四二	北	一八	三四	一五	六
折威南增二	卯	〇九	〇五	〇〇	南	一二	五四	二一	五
七公北增二	卯	〇九	二一	四七	北	七二	五九	一六	五
衡三	卯	〇九	二七	三八	南	二七	五八	三三	四
七公東增十三	卯	〇九	三六	三五	北	六二	五六	三〇	六
十字架一	卯	〇三	一〇	四八	南	四七	四九	四四	二
亢宿四	卯	〇三	二三	一三	北	〇〇	三一	〇四	四
亢宿東增五	卯	〇三	三三	〇一	北	〇七	二五	五六	六
南船四	卯	〇三	四六	二五	南	六七	二一	一八	四
柱八	卯	〇四	二一	〇〇	南	二〇	〇二	五〇	四
七公四	卯	〇四	三四	〇七	北	六〇	一五	五〇	六
七公東增七	卯	〇四	四三	二二	北	五三	五九	三一	四
亢宿東增十	卯	〇四	五五	五〇	北	一七	〇七	〇一	四
亢宿東增九	卯	〇五	〇七	四四	北	一五	五六	五二	六
貫索三	卯	〇五	三〇	五三	北	四六	〇四	四〇	四
庫樓內增一	卯	〇六	〇六	五〇	南	三五	一〇	四九	氣
亢宿東增七	卯	〇六	三二	二三	北	〇九	四三	〇八	四
海山六	卯	〇七	二一	〇八	南	五八	二九	三七	五
折威一	卯	〇七	二九	四四	南	一二	四五	三三	五
衡二	卯	〇七	五八	三八	南	二八	五五	五九	四
十字架三	卯	〇八	〇五	四一	南	四八	三四	〇一	二
十字架二	卯	〇八	一九	三三	南	五二	四九	二四	二
貫索四	卯	〇八	四〇	五六	北	四四	二一	一七	二
貫索北增四	卯	〇九	〇二	三四	北	五三	五九	四三	五
貫索北增五	卯	〇九	〇三	二一	北	五六	二五	三二	五
七公北增一	卯	〇九	二〇	三二	北	七三	〇一	〇八	五
氐宿北增二十八	卯	〇九	二七	〇七	北	一六	二一	三〇	六
氐宿北增二十九	卯	〇九	三五	一八	北	一二	〇〇	四八	五
氐宿西增六	卯	一〇	一三	二七	北	〇〇	三五	三八	六

星名	黃道經度 宮	十度	十分	十秒	黃道緯度 向	十度	十分	十秒	等
馬腹二	卯	一〇	二五	三五	南	四二	一九	二四	五
氐宿西增五	卯	一〇	三六	四三	北	〇二	〇三	五四	五
周西增一	卯	一〇	四二	二〇	北	三二	五八	五五	六
七公二	卯	一〇	四九	一一	北	六五	五三	〇〇	四
貫索五	卯	一一	一六	五〇	北	四四	三二	一八	四
庫樓一	卯	一一	二三	三九	南	三二	五二	一四	三
氐宿一	卯	一一	三一	四〇	北	〇〇	二二	五一	二
折威三	卯	一一	三七	四〇	南	〇九	〇一	二二	六
柱一	卯	一一	四六	三四	南	三〇	五〇	四〇	五
氐宿西增二	卯	一一	五七	五五	北	〇五	三七	〇三	六
七公西增三	卯	一二	〇七	四六	北	六九	〇一	三八	六
氐宿南增八	卯	一二	二四	一四	南	〇一	四五	三〇	六
折威五	卯	一二	三〇	二九	南	〇八	四二	一一	六
氐宿北增二十六	卯	一二	四九	〇八	北	一七	五〇	二三	六
氐宿北增二十四	卯	一三	一五	〇〇	北	一九	二七	〇六	六
貫索六	卯	一三	二三	一四	北	四四	五三	〇五	四
貫索九	卯	一三	三三	二四	北	五二	三〇	二四	六
周西增七	卯	一三	三六	〇五	北	三八	〇八	二一	五
折威南增五	卯	一三	四六	四九	南	〇九	二六	五〇	六
周西增六	卯	一四	〇八	一七	北	三六	五九	五四	六
貫索北增六	卯	一四	二七	五一	北	五五	五七	四五	六
秦	卯	一四	四五	三四	北	二八	五四	二三	三
陣車一	卯	一四	五三	五八	南	一一	〇三	〇九	五
氐宿內增十	卯	一五	一三	〇一	北	〇一	一五	四三	五
衞四	卯	一〇	三二	二四	南	二六	三五	一〇	五
折威二	卯	一〇	四〇	五五	南	一〇	〇二	二六	五
柱二	卯	一〇	四九	〇五	南	三〇	二三	一四	五
氐宿西增四	卯	一一	〇七	三一	北	〇四	三四	三八	六
蜀西增二	卯	一一	一八	三一	北	二二	一一	〇〇	六
氐宿西增七	卯	一一	二七	五五	北	〇〇	二四	二六	六
氐宿西增三	卯	一一	三二	五九	北	〇五	一二	二七	六
氐宿西增一	卯	一一	四三	三四	北	〇八	一六	三四	四
南門一	卯	一一	五七	一九	南	三九	三〇	一六	二
飛魚六	卯	一二	〇五	四八	南	七九	二一	四六	五
柱六	卯	一二	〇九	三七	南	二二	二七	〇八	四
折威四	卯	一二	二八	一七	南	〇八	四三	〇九	六
周西增五	卯	一二	三八	一七	北	三五	四八	四〇	六
折威南增三	卯	一三	一五	〇〇	南	〇九	〇〇	五〇	五
柱五	卯	一三	一六	〇四	南	二三	四七	〇三	四
周西增三	卯	一三	二五	〇〇	北	三四	二三	二八	六
折威南增四	卯	一三	三四	一〇	南	〇九	〇一	五六	六
周西增二	卯	一二	四六	〇五	北	三三	二四	〇九	六
氐宿北增二十五	卯	一四	〇二	〇四	北	一八	三二	〇六	六
南船東增一	卯	一四	二五	五五	南	六七	五二	三四	五
周西增四	卯	一四	四二	五四	北	三四	三六	一二	六
折威六	卯	一四	四七	四七	南	〇七	三七	三三	六
陣車內增一	卯	一四	五五	〇〇	南	一一	〇三	二〇	五
柱三	卯	一五	一四	一七	南	三〇	〇八	五〇	五
氐宿內增九	卯	一五	一九	一六	北	〇一	〇一	三二	六
秦南增一	卯	一五	二四	三八	北	二七	三〇	五五	六
氐宿北增二十三	卯	一五	三〇	一八	北	二〇	〇七	〇二	六
折威南增六	卯	一五	四三	四八	南	〇八	一一	〇五	六
陽門二	卯	一五	四八	二七	南	一八	一九	五八	四
貫索南增十三	卯	一五	五六	二一	北	四〇	〇一	三九	三
柱四	卯	一六	〇四	二九	南	二八	五六	一八	五
周	卯	一六	二二	〇三	北	二四	二一	三〇	三
周北增十	卯	一六	二五	五三	北	三五	三四	〇四	六
蜜蜂一	卯	一六	三四	五一	南	五五	一一	一〇	四
庫樓二	卯	一六	三九	四三	南	二五	二八	〇六	三
周南增十二	卯	一七	〇六	〇六	北	三三	〇九	三六	六
氐宿內增十二	卯	一七	二六	二〇	北	〇〇	一八	〇三	六
陣車二	卯	一七	二八	一九	南	一〇	二三	五二	六
氐宿內增十一	卯	一七	三九	三〇	南	〇一	三五	五八	六
貫索北增七	卯	一七	四九	四三	北	五三	五二	四一	六
氐宿北增二十二	卯	一八	二〇	一八	北	一八	一七	三八	六
蜀	卯	一八	二八	二二	北	二五	三一	五六	二
氐宿內增十八	卯	一八	四三	三二	北	〇三	二二	一八	六
氐宿內增十三	卯	一八	五九	二六	北	〇〇	一八	五六	六
鄭	卯	一九	〇八	〇四	北	三五	一九	三二	三
車騎三	卯	一九	三六	三六	南	三三	二一	五〇	五
七公東增十五	卯	一九	四〇	五〇	北	六三	一一	四八	四
晉西增一	卯	一九	五五	三〇	北	三七	三六	〇四	三
周北增九	卯	一五	二一	三四	北	三六	〇二	三三	六
貫索八	卯	一五	二四	三八	北	四九	一一	二一	五
貫索七	卯	一五	三一	一五	北	四六	〇六	二七	四
七公一	卯	一五	四七	四九	北	六九	三四	〇五	六
氐宿四	卯	一五	四八	四〇	北	〇八	三二	〇三	二
周南增十四	卯	一五	五七	三一	北	三一	三四	〇〇	六
周北增八	卯	一六	一一	四七	北	三七	〇八	五〇	四
陽門一	卯	一六	二二	五〇	南	二〇	五五	〇九	四
周北增十一	卯	一六	三〇	二〇	北	三四	二七	五〇	五
陣車北增二	卯	一六	三七	〇一	南	一〇	一三	五〇	六
蜜蜂三	卯	一六	五〇	三九	南	五六	二九	五〇	四
折威七	卯	一七	〇七	三一	南	〇七	三五	五六	三
氐宿二	卯	一七	二六	四三	南	〇一	四八	二三	四
氐宿北增二十一	卯	一七	三四	五七	北	一七	二七	五四	六
氐宿北增二十	卯	一七	四六	四三	北	〇八	〇五	四四	四
七公東增十四	卯	一七	五七	一三	北	六二	二〇	五八	五
氐宿內增十七	卯	一八	二一	四八	北	〇二	四九	四六	六
貫索南增十二	卯	一八	三三	二三	北	四二	二八	五二	四
蜀北增一	卯	一八	四九	五六	北	二六	三四	五三	四
周東增十三	卯	一九	〇一	一八	北	三二	四一	一八	六
巴南增一	卯	一九	二七	五〇	北	二一	四五	〇三	六
天紀北增二	卯	一九	三六	五二	北	五七	五三	一〇	三
騎官十	卯	一九	五五	二三	南	二九	五七	四二	三
氐宿北增十九	卯	二〇	〇四	四一	北	〇八	五六	五〇	六

星名	黃道經度 宮	度	分	秒	黃道緯度 向	度	分	秒	等
車騎二	卯	二〇	〇五	三八	南	三二	〇四	四九	五
騎官九	卯	二〇	一五	〇〇	南	二五	四九	四〇	五
天紀北增三	卯	二〇	二五	五六	北	五四	一六	三〇	五
貫索東增八	卯	二〇	三六	一五	北	四九	二八	〇四	六
氐宿東增十五	卯	二〇	五一	四〇	北	〇二	二三	〇六	六
頓頑二	卯	二一	〇六	〇〇	南	一二	五八	二一	五
巴南增二	卯	二一	一二	〇五	北	二一	四七	三八	六
騎官三	卯	二一	一三	〇四	南	二四	〇〇	〇四	四
陣車三	卯	二一	二四	二四	南	一一	二八	一二	五
氐宿東增十四	卯	二一	二七	〇五	北	〇二	一六	三九	四
天紀一	卯	二二	三九	一〇	北	五一	二七	〇〇	五
晉	卯	二三	〇六	二六	北	三七	一四	五七	四
天乳南增三	卯	二三	一六	四六	北	一五	五一	〇〇	六
貫索東增九	卯	二三	二三	一三	北	四六	二五	二二	六
貫索東增十	卯	二三	四〇	一二	北	四三	三八	四七	六
天紀北增五	卯	二三	五二	〇八	北	五三	三二	〇六	六
七公東增十六	卯	二三	〇七	四二	北	六七	二六	一九	五
巴東增三	卯	二三	一七	五四	北	二四	三二	三〇	五
河間西增一	卯	二三	四六	三四	北	三九	二二	四二	六
頓頑一	卯	二三	五五	一八	南	一七	〇六	四七	五
斗西增三	卯	二四	〇一	一七	北	三〇	二八	一四	六
騎官八	卯	二四	〇六	〇八	南	二八	二〇	二三	五
日	卯	二四	一二	〇〇	北	〇〇	〇一	四五	四
頓頑南增一	卯	二四	二〇	五九	南	一七	三七	四七	六
馬腹一	卯	二〇	一三	二七	南	四四	〇三	四七	二
氐宿東增十六	卯	二〇	二〇	三〇	北	〇二	〇八	一七	六
蜜蜂四	卯	二〇	二八	二八	南	五六	四〇	二七	五
巴	卯	二〇	四四	二二	北	二四	〇二	〇五	三
天乳北增一	卯	二一	〇四	四六	北	一七	三九	二五	六
貫索東增十一	卯	二一	〇八	二三	北	四三	四三	四七	五
天棓西增九	卯	二一	一二	四五	北	七六	一七	一〇	四
天紀北增四	卯	二一	一九	一六	北	五二	五四	〇八	五
騎官四	卯	二一	二六	三三	南	二四	五九	二〇	三
氐宿三	卯	二一	三三	五三	北	〇四	二五	二七	四
南門南增一	卯	二三	〇六	一八	南	四二	五一	二九	五
晉北增二	卯	二三	一六	〇〇	北	三七	二六	四六	五
天乳	卯	二三	二二	〇八	北	一六	一六	一一	四
蜜蜂二	卯	二三	三六	二五	南	五八	四七	四二	五
天乳北增二	卯	二三	四二	一三	北	一六	四一	四九	六
天棓北增十	卯	二三	〇二	四〇	北	八四	三四	三〇	六
晉東增三	卯	二三	一四	五九	北	三七	〇三	三三	六
日西增一	卯	二三	二四	〇二	北	〇〇	一四	〇七	六
西咸四	卯	二三	四七	三八	北	〇四	〇二	五二	四
斗西增四	卯	二三	五六	四七	北	三〇	一五	二五	六
巴東增四	卯	二四	〇五	一〇	北	二五	一五	四二	六
騎官五	卯	二四	〇八	四八	南	二六	二七	四七	五
斗二	卯	二四	一九	〇七	北	三四	〇四	四〇	六
天輻西增一	卯	二四	二六	五四	南	〇八	三〇	一六	六
斗西增五	卯	二四	三〇	五六	北	二八	五八	四三	六
天輻一	卯	二五	〇二	二八	南	〇八	二八	〇九	四
天紀北增一	卯	二五	〇七	〇八	北	六〇	一九	四七	三
河間	卯	二五	三六	三三	北	四〇	〇二	〇六	三
天紀南增六	卯	二五	三八	二七	北	五一	四一	三七	六
騎陣將軍	卯	二五	五四	二八	南	二九	三五	五六	五
西咸北增一	卯	二六	一七	一六	北	一二	〇〇	〇九	六
南門二	卯	二六	二〇	〇七	南	四二	二六	五八	一
騎官六	卯	二六	三二	一五	南	二五	一一	一四	四
小斗三	卯	二六	四四	二六	南	六八	〇四	二九	五
西咸二	卯	二六	四九	〇四	北	〇六	〇七	四八	四
西咸北增二	卯	二六	五五	〇四	北	一一	二九	三二	六
車騎一	卯	二七	〇七	二九	南	三二	四五	五六	五
小斗八	卯	二七	一九	〇三	南	七五	〇一	五二	五
房宿西增四	卯	二七	三三	五〇	南	〇五	二六	三三	六
從官一	卯	二七	四七	二八	南	一四	三四	〇六	五
騎官一	卯	二七	五二	五三	南	二一	一一	一六	四
斗內增一	卯	二七	五九	四九	北	三五	一二	二五	六
房宿西增五	卯	二八	〇三	〇八	南	四〇	五四	一三	五
小斗二	卯	二八	四〇	四七	南	六三	五六	三六	五
罰二	卯	二八	四六	一一	北	〇八	〇四	四〇	六
房宿三	卯	二九	〇〇	五〇	南	〇一	五六	三一	三
斗南增九	卯	二九	一一	四二	北	二八	一一	三七	六
罰內增二	卯	二九	二〇	〇七	北	一〇	五四	三〇	五
房宿西增三	卯	二四	四五	三四	南	〇四	〇五	三八	六
騎官二	卯	二五	〇四	二九	南	二一	二一	〇五	四
斗三	卯	二五	三六	三〇	北	三二	一二	〇五	五
小斗西增一	卯	二五	三六	三九	南	七五	二四	二二	五
天輻二	卯	二五	四六	一七	南	〇九	五八	五〇	四
斗內增二	卯	二五	五四	五〇	北	三二	一〇	二九	六
西咸三	卯	二六	一八	〇四	北	〇三	三〇	〇四	四
斗南增六	卯	二六	二三	一三	北	二八	三七	五〇	六
斗南增七	卯	二六	三八	〇〇	北	二五	五七	二四	六
騎官七	卯	二六	四八	三六	南	二八	二六	三八	五
房宿西增二	卯	二六	五四	四三	北	〇〇	〇七	五〇	四
從官西增一	卯	二七	〇五	四三	南	一四	二五	四四	六
房宿西增一	卯	二七	〇七	三七	北	〇〇	〇九	一二	六
河中	卯	二七	二九	四六	北	四二	四二	四一	三
西咸一	卯	二七	四三	四三	北	〇九	一六	二九	五
罰三	卯	二七	四九	五三	北	〇四	〇四	二〇	六
天紀二	卯	二七	五三	四九	北	五三	〇七	一五	三
斗一	卯	二八	〇〇	〇二	北	三五	一二	四三	六
房宿西增六	卯	二八	四〇	四六	南	〇五	四三	四八	六
梁	卯	二八	四三	一五	北	一七	一七	一五	三
南門南增二	卯	二八	四七	二二	南	四六	〇七	〇四	三
罰西增一	卯	二九	〇四	五四	北	一二	二九	二四	六
從官二	卯	二九	一四	四〇	南	一三	〇七	四八	五
房宿一	卯	二九	二二	二五	南	〇五	二五	四六	三

星名	黃道經度 宮	度	分	秒	黃道緯度 向	度	分	秒	等
天紀南增七	卯	二九	三一	四二	北	四八	三五	一二	五
房宿四	卯	二九	三七	五六	北	〇一	〇三	〇九	二
列肆一	卯	二九	五〇	五四	北	二二	一六	〇二	五
糠	卯	二九	五五	四五	北	一六	二八	二〇	三
罰東增三	寅	〇〇	〇八	一一	北	〇九	一五	一六	六
鈎鈐二	寅	〇〇	一七	〇九	北	〇〇	〇五	五六	五
小斗九	寅	〇〇	三〇	五二	南	七七	二五	五六	五
鍵閉	寅	〇一	〇五	一一	北	〇一	四〇	五〇	四
天紀南增九	寅	〇一	四一	〇三	北	五一	四八	〇六	五
小斗一	寅	〇一	四五	四三	南	六三	三五	四一	五
斗南增十一	寅	〇一	四八	二一	北	二七	〇八	三四	六
天紀北增十一	寅	〇一	五三	二二	北	五三	四六	〇〇	五
積卒二	寅	〇一	五八	〇〇	南	一七	二一	〇〇	五
積卒一	寅	〇二	二九	〇〇	南	一五	三〇	〇〇	五
心宿南增二	寅	〇二	四〇	五九	南	〇六	三八	二二	六
魏西增一	寅	〇三	三一	五一	北	四六	四七	二三	五
心宿北增三	寅	〇三	五二	三五	南	〇二	三七	一〇	六
東咸三	寅	〇三	五九	一八	北	〇一	三六	〇九	五
斛南增四	寅	〇四	一二	四六	北	二六	五一	五六	六
斛南增六	寅	〇四	一四	一六	北	二六	一〇	五七	六
魏西增二	寅	〇四	一五	五九	北	四七	五八	三〇	六
東咸二	寅	〇四	二五	二五	北	〇三	一六	三二	五
心宿北增四	寅	〇四	五二	五八	南	〇一	四二	三五	六
斛內增一	寅	〇四	五七	四一	北	三〇	四一	一八	六
房宿二	卯	二九	三三	五二	南	〇八	三三	二五	四
斗南增八	卯	二九	三八	〇五	北	二六	二二	一四	六
罰一	卯	二九	五四	二三	北	一二	四六	三九	四
鈎鈐一	寅	〇〇	〇六	三五	北	〇〇	一六	〇五	五
天紀南增八	寅	〇〇	一三	一五	北	五〇	〇八	四三	六
天紀北增十二	寅	〇〇	二八	三三	北	五五	三〇	二六	五
斗四	寅	〇〇	三六	三七	北	三三	〇一	四六	四
天紀南增十	寅	〇一	〇九	二五	北	五一	五四	〇〇	六
車肆一	寅	〇一	四三	二〇	北	一三	〇〇	一八	耆
斗南增十	寅	〇一	四七	三〇	北	二七	〇九	一七	六
小斗七	寅	〇一	五三	〇〇	南	七三	〇〇	二五	六
小斗四	寅	〇一	五七	五四	南	六七	四七	一七	五
列肆二	寅	〇一	〇〇	三八	北	二三	三五	三八	四
斗五	寅	〇二	三八	五五	北	二八	五三	〇五	六
心宿南增一	寅	〇二	四五	三五	南	〇七	〇七	〇三	六
小斗六	寅	〇三	四七	五九	南	七一	〇一	〇五	五
小斗五	寅	〇三	五三	五九	南	七〇	三七	〇七	五
列肆東增四	寅	〇四	〇八	一九	北	一九	三四	一七	六
斛南增五	寅	〇四	一三	五〇	北	二六	〇九	一七	六
心宿一	寅	〇四	一四	二四	南	〇三	五九	〇四	四
天紀四	寅	〇四	二二	三三	北	五五	五六	〇八	六
天紀三	寅	〇四	四一	五六	北	五三	一九	一二	三
斛四	寅	〇四	五七	〇四	北	三〇	四一	二〇	五
列肆東增三	寅	〇五	〇二	四五	北	二三	一二	三四	六
東咸一	寅	〇五	〇六	二六	北	〇五	一四	四一	四
魏西增三	寅	〇五	一一	一九	北	四七	四〇	五〇	六
韓	寅	〇五	三八	五五	北	一一	二五	二七	三
三角形一	寅	〇五	四九	一三	南	四八	〇一	三二	三
斛南增三	寅	〇六	〇二	五八	北	二七	二七	四三	五
列肆東增二	寅	〇六	〇五	〇三	北	二三	一一	三〇	六
心宿北增五	寅	〇六	一〇	一二	南	〇三	一一	三〇	六
斛三	寅	〇六	二六	〇八	北	二九	三一	四五	五
天棓二	寅	〇六	五一	三三	北	七八	一一	一八	四
天棓西增八	寅	〇七	〇二	四八	北	六九	〇二	五〇	六
列肆東增一	寅	〇七	三九	一七	北	二三	三五	一六	六
金魚五	寅	〇七	五〇	三七	南	八七	三三	四八	六
斛二	寅	〇八	一五	一二	北	三一	五二	二〇	四
女牀一	寅	〇八	二六	一二	北	五九	三五	三〇	三
車肆二	寅	〇八	四八	〇五	北	一一	三八	〇〇	六
宦者一	寅	〇八	五七	二一	北	三六	四二	〇〇	六
天棓西增七	寅	〇九	〇六	五三	北	七一	一四	三〇	六
宦者二	寅	〇九	二三	〇八	北	三六	一五	二〇	六
宦者內增四	寅	〇九	二七	四五	北	三六	一三	三五	六
心宿東增八	寅	〇九	五七	五四	南	〇三	〇五	一〇	六
宦者三	寅	一〇	〇〇	五〇	北	三五	二六	五〇	六
天紀六	寅	一〇	一九	二二	北	五五	五九	二四	五
異雀八	寅	一〇	四〇	四五	南	五八	一三	〇八	四
三角形南增四	寅	一〇	五八	二〇	南	五一	五一	三三	六
斛南增二	寅	〇五	〇九	二二	北	二八	一二	五七	六
天紀五	寅	〇五	一二	〇五	北	五七	五四	三五	六
宦者西增三	寅	〇五	四一	三六	北	三七	一四	二五	六
宦者西增二	寅	〇六	〇〇	一四	北	四〇	四六	三五	五
東咸四	寅	〇六	〇四	五三	北	〇〇	二八	〇四	五
宦者西增一	寅	〇六	〇五	〇六	北	四〇	四五	〇二	五
心宿二	寅	〇六	一一	〇四	南	〇四	三一	二六	一
天棓西增一	寅	〇六	四六	一八	北	七八	一一	五〇	四
三角形內增二	寅	〇六	五四	二七	南	四五	一二	四八	五
斛一	寅	〇七	〇二	五一	北	三二	三二	一六	四
東咸東增一	寅	〇七	四三	一〇	北	〇四	二八	二五	六
心宿三	寅	〇七	五二	五六	南	〇六	〇四	二三	四
三角形二	寅	〇八	一八	三六	南	四一	一〇	五〇	三
天棓三	寅	〇八	三〇	四六	北	七五	一九	五五	三
魏北增四	寅	〇八	五〇	〇六	北	四九	五六	三〇	六
魏西增五	寅	〇九	〇一	四〇	北	四七	一一	三七	六
女牀二	寅	〇九	二〇	三〇	北	六〇	〇八	三五	四
車肆北增一	寅	〇九	三七	一六	北	一六	二二	〇一	六
心宿東增六	寅	〇九	三〇	五六	南	〇〇	四五	二〇	六
三角形南增三	寅	〇九	五九	一〇	南	五二	〇二	五六	六
異雀九	寅	一〇	〇七	三六	南	五九	四五	〇二	六
心宿東增七	寅	一〇	三〇	二一	南	〇二	〇七	〇五	六
車肆北增二	寅	一〇	五四	一七	北	一八	二八	二一	六
異雀七	寅	一一	〇二	三九	南	六〇	三二	一〇	五

星名	黃道經度 宮	十度	十十秒分	黃道緯度 向	十度	十十秒分	等
魏	寅	一一	〇八三〇	北	四七	四三四五	四
天紀內增十三	寅	一一	三六四一	北	五五	三一五七	六
尾宿二	寅	一一	四八三二	南	一一	三九四九	五
宦者四	寅	一二	二一二一	北	三三	二九三七	六
帝座	寅	一二	三五〇三	北	三七	一九一五	三
天江西增九	寅	一二	五三二一	南	〇二	一一〇〇	六
魏東增六	寅	一三	〇九〇六	北	四七	三一四七	四
神宮	寅	一三	二二五〇	南	一九	〇五〇五	氣
天棓西增五	寅	一三	二六四六	北	七〇	三三〇〇	四
天江西增十	寅	一三	三四五五	南	〇二	五一一七	六
天江西增八	寅	一三	五七五五	北	〇一	二一五〇	六
宦者東增五	寅	一四	一〇〇〇	北	三三	五五〇六	六
魏東增八	寅	一四	一九二〇	北	四六	〇四二九	六
候西增二	寅	一五	〇八二七	北	三七	一一一四	六
龜四	寅	一五	二〇二七	南	三六	一三一二	四
龜一	寅	一六	〇一三一	南	三〇	一三三四	三
天棓五	寅	一六	一六〇六	北	六九	一八四九	四
龜五	寅	一六	一六三一	南	三三	[illegible]一四六	四
天江二	寅	一六	二七一四	南	〇三	二四〇九	五
市樓四	寅	一六	四二三九	北	一〇	一八一一	四
天江東增二	寅	一六	五七四六	南	〇三	二九三九	六
宗正西增二	寅	一七	〇〇五二	北	二七	二〇三九	五
三角形三	寅	一七	一五五九	南	四六	〇四五一	二
天紀七	寅	一七	四〇〇八	北	五四	二一〇〇	五

星名	黃道經度 宮	十度	十十秒分	黃道緯度 向	十度	十十秒分	等
三角形北增一	寅	一一	一五四三	南	四一	三二四一	五
女牀三	寅	一一	四七〇二	北	六〇	一〇四〇	四
宋西增一	寅	一一	五二二三	北	〇九	四四四五	六
尾宿一	寅	一二	二九二四	南	一五	二四五九	三
宋西增二	寅	一二	四一四二	北	〇三	五五五〇	六
尾宿北增一	寅	一三	〇七〇一	南	一〇	二九五六	六
魏東增七	寅	一三	一七〇八	北	四七	三二三〇	五
天棓西增六	寅	一三	二四〇六	北	七〇	三三一三	四
尾宿三	寅	一三	三四二二	南	一九	三七一七	四
天江西增十一	寅	一三	四五一五	南	〇二	四六四〇	六
天棓內增四	寅	一四	〇四一六	北	七一	四八四六	六
宋	寅	一四	二三四六	北	〇七	一三五三	三
異雀五	寅	一四	四二三四	南	六二	〇四四五	四
宗正西增三	寅	一五	一〇〇四	北	二[illegible]	三八三二	六
候西增一	寅	一五	五六五四	北	三六	〇二四五	六
天江一	寅	一六	一三一五	南	〇三	五三四七	六
趙	寅	一六	一六一八	北	四九	二〇一六	四
趙北增一	寅	一六	二一四七	北	五一	三八四〇	六
天江內增三	寅	一六	四〇一五	南	〇三	二〇〇八	六
天江北增六	寅	一六	五一一七	南	〇一	〇八五三	六
市樓南增一	寅	一六	五七四六	北	一〇	〇八五九	六
尾宿四	寅	一七	〇七一四	南	二〇	〇八五三	四
天江北增七	寅	一七	一八五五	北	〇二	〇四四三	四
異雀六	寅	一七	四五一二	南	五五	五六〇六	五

星名	黃道經度 宮	十度	十十秒分	黃道緯度 向	十度	十十秒分	等
天江內增五	寅	一七	四五二七	南	〇一	四二二八	六
市樓五	寅	一八	一三四〇	北	一〇	四四五二	六
天江內增五	寅	一八	二八五七	南	〇〇	五九五四	六
趙東增二	寅	一八	四二三六	北	四七	三八〇七	六
候	寅	一八	五〇三二	北	三五	五三一六	二
候南增五	寅	一八	五六一二	北	三二	五四二七	六
異雀三	寅	一九	一六一三	南	五四	三一〇七	四
天籥西增一	寅	一九	四五四七	南	〇〇	三一二〇	六
天籥七	寅	二〇	〇八一〇	南	〇二	三九五二	六
尾宿九	寅	二〇	二六一六	南	一二	五七〇四	四
杵三	寅	二〇	三六五三	南	三二	一一四三	四
天籥五	寅	二〇	四二三八	北	〇一	一九五九	六
市樓一	寅	二〇	五九三七	北	一五	一五五一	四
天棓一	寅	二一	一四二〇	北	八〇	一九四〇	三
杵二	寅	二一	二〇〇六	南	二六	二九三〇	四
天籥四	寅	二一	三一二三	北	〇一	三〇二四	六
九河	寅	二一	三九二六	北	五一	一二三八	四
杵一	寅	二一	五〇〇二	南	二三	〇五二六	五
龜三	寅	二一	五八四〇	南	三七	一七二四	四
市樓六	寅	二三	〇七二七	北	一五	〇一一一	四
天紀八	寅	二三	一〇一五	北	五七	〇二〇三	五
天籥三	寅	二三	三三四四	北	〇一	四四四五	五
宗正二	寅	二三	〇三三二	北	二六	〇九二〇	三
天紀北增十四	寅	二三	二〇五一	北	六三	二八二〇	六

星名	黃道經度 宮	十度	十十秒分	黃道緯度 向	十度	十十秒分	等
天江三	寅	一七	四八一一	南	〇一	四七四七	三
天江南增	寅	一八	一八〇五	南	〇四	五四四七	四
候北增三	寅	一八	三八五九	北	三六	二八二二	六
天江四	寅	一八	四四五四	南	〇〇	五四〇三	四
候北增四	寅	一八	五一五一	北	三六	二七二七	六
異雀四	寅	一八	五七四二	南	五六	〇〇二二	四
糠	寅	一九	一六一六	南	〇六	三四一二	五
天籥六	寅	一九	五四一五	南	〇〇	三八二三	五
天棓內增二	寅	二〇	〇九三六	北	七四	一一三〇	六
趙東增三	寅	二〇	三〇〇六	北	四七	三八〇七	六
龜二	寅	二〇	四一四二	南	三三	〇二四四	四
南海	寅	二〇	五八二三	北	〇七	五九〇五	四
尾宿八	寅	二一	〇〇一〇	南	一三	四四二〇	三
天棓東增三	寅	二一	一四三〇	北	七一	四九五三	六
異雀一	寅	二一	二〇四八	南	四四	三二五五	五
異雀二	寅	二一	三八五九	南	四六	五二二二	六
宗正一	寅	二一	四五四四	北	二七	五八〇〇	三
市樓二	寅	二一	五二〇九	北	一〇	三三五一	五
尾宿五	寅	二一	五九〇七	南	一九	三七三六	二
宗正南增一	寅	二三	〇七四六	北	二六	〇一二四	六
九河南增一	寅	二三	三一一〇	北	四九	〇四一〇	六
尾宿七	寅	二三	五一三九	南	一五	三六三八	四
天籥二	寅	二三	二〇〇九	北	〇一	三六〇一	六
天籥八	寅	二三	四〇〇一	南	〇四	二二四二	六

星名	黃道經度				黃道緯度				
	宮	度	分	秒	向	度	分	秒	等
尾宿六	寅	二三	五四	二九	南	一六	四一	四一	三
孔雀一	寅	二四	一一	五四	南	四一	二八	〇二	四
天紀九	寅	二四	五〇	五〇	北	六〇	四三	四〇	四
天籥一	寅	二五	一六	三〇	南	〇一	二四	〇八	五
中山西增二	寅	二五	五一	〇〇	北	五三	四〇	一五	五
帛度南增三	寅	二六	二一	三七	北	四〇	一二	五八	五
天籥東增三	寅	二六	二八	一七	南	〇〇	四七	五一	六
斗宿西增一	寅	二六	三一	〇一	北	〇五	二八	五一	六
宗人二	寅	二六	三六	一九	北	二六	二四	三一	四
宗人三	寅	二六	五四	一七	北	二四	四七	〇七	四
帛度南增一	寅	二七	〇六	五〇	北	四四	一八	五四	五
屠肆西增一	寅	二七	一七	一六	北	四六	二四	四八	五
孔雀二	寅	二七	三七	〇四	南	四〇	〇九	二八	五
宗人四	寅	二七	五四	一六	北	二六	〇三	五四	四
宗人北增二	寅	二八	三二	四一	北	三二	一一	五三	六
中山北增三	寅	二八	五八	四〇	北	五四	〇一	三二	五
中山	寅	二九	〇六	一三	北	五二	一三	三五	四
帛度南增二	寅	二九	一二	〇九	北	四三	三〇	二三	五
斗宿三	寅	二九	三九	一〇	北	〇二	二二	五四	四

星名	黃道經度				黃道緯度				
	宮	度	分	秒	向	度	分	秒	等
傅說	寅	二四	二一	四〇	南	一三	三七	一五	四
天棓四	寅	二四	二七	四八	北	七四	五八	二〇	二
魚	寅	二五	〇九	三四	南	一一	二四	三四	四
中山西增一	寅	二五	三三	四九	北	五二	四三	五六	四
燕	寅	二六	一〇	一六	北	一三	四二	四五	四
天籥東增二	寅	二六	二三	一六	南	〇〇	一九	四五	六
宗人一	寅	二六	二九	三三	北	二七	五一	〇三	四
東海西增一	寅	二六	三二	三二	北	一九	四七	五二	三
帛度一	寅	二六	五〇	三六	北	四五	〇四	三〇	四
天籥東增四	寅	二七	〇四	四七	南	〇〇	四七	五〇	六
市樓三	寅	二七	一二	二三	北	一五	一七	三一	五
杵東增一	寅	二七	三二	四〇	南	二六	三六	〇五	五
箕宿一	寅	二七	四〇	四七	南	〇六	五五	五一	三
屠肆二	寅	二八	二〇	二四	北	四五	四一	二四	五
宗人北增一	寅	二八	三四	四三	北	三三	〇一	二五	六
中山南增七	寅	二九	〇五	二八	北	四九	三三	四〇	六
宗人東增三	寅	二九	〇六	三九	北	二七	二六	一四	六
帛度二	寅	二九	一三	三六	北	四四	一七	〇六	四
孔雀北增二	寅	二九	五三	二七	南	三八	〇三	三六	四

清史稿

天文九　志九

乾隆甲子年恒星黃道經緯度表四

黃道星紀丑宮迄陬訾亥宮凡七百一十八星如左

星名	黃道經度				黃道緯度				
	宮	度	分	秒	向	度	分	秒	等
斗宿北增二	丑	〇〇	〇〇	〇五	北	〇二	四二	二八	六
中山北增四	丑	〇〇	四七	五八	北	五四	五〇	三〇	四
孔雀三	丑	〇一	〇三	四四	南	三八	五四	一四	五
鼈一	丑	〇一	三二	二三	南	二三	三六	二三	四
宗人東增四	丑	〇二	一四	四九	北	二六	四四	三六	六
斗宿北增三	丑	〇二	二三	五五	北	〇二	四八	三九	六
斗宿二	丑	〇二	四四	五五	南	〇二	〇四	〇一	四
孔雀內增一	丑	〇二	五六	二一	南	四一	三七	〇九	五
屠肆內增三	丑	〇三	〇七	三六	北	四五	二〇	〇六	六
中山東增六	丑	〇三	五三	三六	北	五二	一三	二〇	六
孔雀五	丑	〇四	〇七	三四	南	四四	〇六	一二	五
屠肆一	丑	〇四	一二	四九	北	四五	〇六	五五	四
東海東增四	丑	〇四	二三	三八	北	二一	一七	二四	六
孔雀北增三	丑	〇五	二五	一三	南	三七	一〇	四六	六
農丈人	丑	〇五	三一	三四	南	一二	二八	一八	六
斗宿北增四	丑	〇六	〇一	〇〇	南	〇〇	四一	二〇	六
斗宿一	丑	〇六	三五	四二	南	〇三	五四	三五	五
天弁三	丑	〇七	三三	三二	北	一四	四六	五七	五

星名	黃道經度				黃道緯度				
	宮	度	分	秒	向	度	分	秒	等
箕宿四	丑	〇〇	〇五	四八	南	一三	一七	四五	三
箕宿二	丑	〇〇	五九	一二	南	〇六	二五	二一	三
箕宿三	丑	〇一	三〇	三三	南	一〇	五九	五四	三
孔雀八	丑	〇一	三六	二一	南	四八	〇六	〇三	四
東海	丑	〇二	一六	〇三	北	二〇	三一	五六	三
屠肆北增二	丑	〇二	三二	二五	北	四七	四九	三〇	五
鼈十一	丑	〇二	五三	五六	南	一八	五九	五〇	六
鼈十	丑	〇三	〇五	一三	南	一五	二三	一五	六
東海北增二	丑	〇三	五一	五一	北	二三	二九	五三	六
中山東增五	丑	〇三	五七	五四	北	五三	一三	一〇	六
孔雀四	丑	〇四	〇九	三二	南	三九	〇三	二三	四
織女西增四	丑	〇四	二〇	三九	北	五九	二四	四二	五
東海東增三	丑	〇五	〇四	一四	北	二二	一四	三一	六
天弁一	丑	〇五	二五	五七	北	一四	五九	〇七	四
鼈二	丑	〇五	四五	四七	南	二〇	三四	四〇	六
織女西增三	丑	〇六	一四	一九	北	六二	四六	四〇	六
天弁二	丑	〇七	一一	一四	北	一四	〇二	三〇	五
鼈九	丑	〇七	五五	四八	南	一四	二四	一六	六

星名	黃道經度宮	度	分	秒	黃道緯度向	度	分	秒	等
建西增一	丑	〇八	〇四	五六	北	〇二	三九	一二	六
鼈八	丑	〇八	二三	四八	南	一四	一三	〇八	六
鼈三	丑	〇八	四一	五九	南	一九	一六	一二	六
斗宿四	丑	〇八	四八	一二	南	〇三	二三	三三	三
建西增六	丑	〇八	五四	〇四	北	〇〇	〇九	一二	五
建西增三	丑	〇九	〇〇	〇九	北	〇一	三二	〇三	六
建北增二	丑	〇九	五一	〇九	北	〇二	〇九	二五	六
鼈四	丑	〇九	五五	四一	南	一七	四八	〇八	六
孔雀九	丑	〇九	五七	一七	南	五〇	四九	〇七	四
斗宿六	丑	一〇	〇二	二二	南	〇七	〇七	五五	三
鼈五	丑	一〇	二四	二六	南	一六	四二	一二	五
宗一	丑	一一	一二	三七	北	四三	二七	五四	五
天弁五	丑	一一	一五	三五	北	一六	五四	一一	四
建二	丑	一一	二五	四六	北	〇〇	五四	三八	五
天淵二	丑	一二	〇八	四四	南	二三	〇五	四八	四
天淵一	丑	一二	一一	二六	南	二三	二六	五〇	四
徐南增四	丑	一二	一六	四八	北	二五	一三	四五	六
建三	丑	一二	四一	四四	北	〇一	二八	五九	四
天弁九	丑	一三	〇二	二五	北	一八	五二	四〇	六
齊	丑	一三	二八	四四	北	四四	〇八	〇八	四
天弁七	丑	一三	四七	一五	北	一七	三九	三六	三
吳越西增二	丑	一四	一五	二九	北	三六	二八	五一	六
蛇尾四	丑	一四	二五	〇〇	南	五六	〇〇	〇〇	五
織女三	丑	一四	三一	五五	北	六〇	二三	一三	五

星名	黃道經度宮	度	分	秒	黃道緯度向	度	分	秒	等
建西增五	丑	〇八	一一	二四	北	〇〇	四八	三四	六
建西增四	丑	〇八	三〇	五五	北	〇一	〇一	三〇	六
徐西增一	丑	〇八	四八	〇〇	北	二五	〇三	二六	五
天弁四	丑	〇八	四九	四〇	北	一八	一三	二七	四
天弁北增一	丑	〇八	五九	〇五	北	二二	〇〇	二九	六
建西增七	丑	〇九	〇七	一四	北	〇〇	一二	三三	五
建一	丑	〇九	五三	五二	北	〇一	四二	一二	五
鼈七	丑	〇九	五七	〇九	南	一四	二〇	〇八	五
天弁北增二	丑	〇九	五九	〇七	北	一九	三七	一六	六
天弁北增三	丑	一〇	〇二	二四	北	一九	三三	二二	六
鼈六	丑	一〇	二八	二四	南	一五	一五	五七	五
斗宿五	丑	一一	一五	一〇	南	〇五	〇一	一二	四
宗二	丑	一一	一五	四八	北	四一	〇三	二三	四
織女一	丑	一一	四二	一八	北	六一	四五	三一	一
徐	丑	一二	一一	一五	北	二六	五四	四一	三
徐北增二	丑	一二	一六	二八	北	二九	一九	二七	六
天弁六	丑	一二	二九	四二	北	一六	五三	三三	四
天淵三	丑	一二	五八	四六	南	一八	一九	五一	四
狗西增六	丑	一三	二八	〇六	南	〇二	五二	五五	五
天弁八	丑	一三	三一	五九	北	一八	二九	二六	六
孔雀六	丑	一三	五六	三八	南	四四	二九	〇八	三
吳越西增三	丑	一四	一八	五五	北	三六	一一	四五	四
齊北增一	丑	一四	三〇	一七	北	四五	一六	二〇	五
織女南增一	丑	一四	三二	二九	北	六〇	二二	一六	五

星名	黃道經度宮	度	分	秒	黃道緯度向	度	分	秒	等
吳越西增一	丑	一四	四一	五八	北	三七	三六	四三	三
天弁東增四	丑	一五	〇一	三七	北	一四	二二	一七	五
織女二	丑	一五	〇二	四二	北	六二	二六	〇五	五
漸臺南增六	丑	一五	〇四	四二	北	五五	二九	四八	六
波斯一	丑	一五	二七	〇〇	南	三二	二五	〇〇	五
狗北增五	丑	一五	四七	四三	南	〇二	二一	〇五	六
狗北增四	丑	一五	五二	四六	南	〇一	五四	三六	六
徐東增三	丑	一五	五九	四六	北	二八	二三	四八	六
吳越南增四	丑	一六	一二	四八	北	三三	二四	三二	六
蛇尾三	丑	一六	一五	〇〇	南	五八	一〇	〇〇	五
右旗西增二	丑	一六	四三	三四	北	二四	二八	四五	五
漸臺西增一	丑	一七	四八	五一	北	五九	二六	三九	四
右旗西增三	丑	一八	〇五	〇五	北	二一	〇四	四四	六
狗北增一	丑	一八	〇九	一二	南	〇三	〇一	五三	六
漸臺三	丑	一八	二二	〇〇	北	五五	〇三	二八	三
扶筐三	丑	一八	四六	四四	北	八一	四八	四〇	五
狗東增二	丑	一九	一三	〇四	南	〇一	五四	〇四	六
右旗西增九	丑	一九	三八	二七	北	一七	五七	三八	六
蛇尾二	丑	一九	五五	〇〇	南	六〇	〇〇	〇〇	五
吳越東增六	丑	二〇	〇八	三三	北	三四	一三	二七	六
孔雀十一	丑	二〇	一四	一三	南	三六	一一	一八	二
右旗西增七	丑	二〇	二四	五五	北	一八	四六	一〇	六
齊東增二	丑	二〇	四五	〇八	北	四三	〇七	五四	六
齊東增三	丑	二一	〇五	二四	北	四三	一五	一〇	五

星名	黃道經度宮	度	分	秒	黃道緯度向	度	分	秒	等
建四	丑	一四	四七	二二	北	〇三	一七	五九	六
織女內增二	丑	一五	〇二	一七	北	六二	二二	三一	六
漸臺南增五	丑	一五	〇二	五八	北	五五	一三	五八	六
漸臺二	丑	一五	二〇	三〇	北	五六	〇一	四八	三
狗二	丑	一五	四五	一九	南	〇二	二六	一七	五
建南增八	丑	一五	五一	一七	北	〇三	四八	四三	六
建五	丑	一五	五三	二〇	北	〇四	一五	四三	五
建六	丑	一六	〇六	四九	北	〇六	〇八	四二	五
吳越	丑	一六	一三	三四	北	三六	一三	四八	三
狗北增三	丑	一六	二四	〇四	北	〇〇	一二	二〇	六
天弁東增五	丑	一七	二一	五一	北	一六	三六	〇九	六
右旗西增一	丑	一七	五三	三〇	北	二六	五四	一一	六
漸臺一	丑	一八	〇六	三九	北	五九	二一	五四	四
狗一	丑	一八	一六	一五	南	〇三	一三	〇一	六
漸臺南增四	丑	一八	三五	二六	北	五四	二八	一五	六
孔雀七	丑	一八	五五	四八	南	四五	五二	三四	三
吳越東增五	丑	一九	二七	一八	北	三三	三一	五三	六
右旗四	丑	一九	五一	四〇	北	二二	〇四	一七	五
右旗三	丑	二〇	〇二	二一	北	二四	五〇	五四	三
右旗西增八	丑	二〇	一二	二一	北	一八	二二	四六	六
右旗南增十	丑	二〇	一四	二四	北	一〇	五八	二十	六
天雞西增一	丑	二〇	三八	五六	北	〇五	〇五	五四	六
右旗內增四	丑	二〇	四八	三五	北	二三	三四	〇〇	六
天雞一	丑	二一	〇五	二九	北	〇五	一一	二六	五

星名	黃道經度 宮	十度	十十秒分	黃道緯度 向	十度	十十秒分	等
右旗八	丑	二一	四一 七六	北	一四	〇二 三三	三
天雞二	丑	二一	四二 一一	北	〇一	〇二 二七	六
輦道一	丑	二一	四三 六九	北	六六	〇一 六三	六
漸臺北增二	丑	二一	四五 六五	北	六〇	二〇 一二	六
狗國一	丑	二二	四一 六四	南	〇五	五二 五二	五
狗國四	丑	二二	一二 五〇	南	〇六	三一 四六	五
齊東增四	丑	二二	一三 〇二	北	四四	二四 六九	六
左旗西增二	丑	二二	二三 七八	北	三八	一三 八一	六
天雞東增二	丑	二二	〇五 二一	北	〇一	〇五 三四	六
扶筐一	丑	二三	五〇 六九	北	七九	四四 四四	五
孔雀東增四	丑	二三	〇一 〇五	南	三九	〇一 〇五	四
狗國三	丑	二三	三二 〇八	南	〇七	四〇 八三	五
左旗西增五	丑	二三	一五 二二	北	四一	四三 三二	六
右旗二	丑	二四	五一 六三	北	二六	四三 四〇	五
齊東增八	丑	二四	三三 六二	北	四七	三四 五六	六
左旗西增六	丑	二四	五五 九二	北	四一	二三 八四	五
波斯十	丑	二四	〇五 〇七	南	三三	〇四 〇五	六
波斯二	丑	二五	〇一 〇七	南	二七	〇五 〇五	三
輦道二	丑	二五	一一 一八	北	六一	一〇 三〇	六
波斯八	丑	二五	〇三 〇五	南	三六	〇〇 〇〇	五
齊東增五	丑	二五	三五 四七	北	四五	二五 〇四	四
齊東增六	丑	二六	四一 九〇	北	四六	三二 七八	六
左旗西增一	丑	二六	四一 二四	北	三七	〇二 九七	五
扶筐一	丑	二六	三二 六八	北	七七	〇四 〇五	五
漸臺南增三	丑	二一	一〇 八二	北	五四	〇三 二三	六
吳越東增七	丑	二一	〇三 四三	北	三三	〇三 五二	六
右旗七	丑	二一	四五 六四	北	一六	〇四 〇二	六
右旗六	丑	二一	四五 八五	北	一八	二二 一五	六
右旗五	丑	二二	四一 七五	北	二〇	五〇 九二	三
左旗西增三	丑	二二	四三 五〇	北	三八	二三 五一	六
右旗東增六	丑	二二	二三 一七	北	一九	二四 九六	六
漸臺四	丑	二二	〇三 八九	北	五八	五〇 四三	五
狗國二	丑	二二	一五 六八	南	〇五	四二 四四	五
右旗一	丑	二三	五一 八二	北	二八	三四 〇二	四
右旗東增五	丑	二三	二二 〇六	北	二〇	〇三 四一	六
左旗西增四	丑	二三	四三 三二	北	四一	二一 七六	六
右旗增南十一	丑	二四	二〇 六三	北	一〇	二〇 〇五	五
波斯九	丑	二四	〇二 〇五	南	三三	〇四 〇〇	六
天雞東增三	丑	二四	四五 九二	北	〇五	二〇 三八	六
孔雀十	丑	二四	〇五 一六	南	四六	二五 一六	三
齊東增七	丑	二五	四〇 五一	北	四六	四二 〇五	六
右旗九	丑	二五	〇一 二八	北	一二	一〇 一五	五
右旗東增十二	丑	二五	五二 四九	北	一二	一二 〇四	六
波斯十一	丑	二五	〇三 〇七	南	三三	〇五 〇三	六
輦道南增八	丑	二六	四〇 七三	北	五〇	三五 〇七	五
牛宿西增一	丑	二六	一一 九二	北	〇六	三四 二四	六
左旗西增七	丑	二六	五二 〇〇	北	四〇	二四 六九	六
河鼓西增九	丑	二六	一二 五九	北	二八	〇二 四二	六
輦道東增二	丑	二六	一三 九一	北	六〇	五四 五二	六
河鼓北增二	丑	二六	〇三 三七	北	三三	〇〇 八二	六
天桴四	丑	二六	五五 四一	北	二二	二三 三三	三
蛇尾一	丑	二七	五〇 八五	南	六四	二三 七一	三
天桴三	丑	二七	二一 八七	北	二〇	四四 三三	六
牛宿西增三	丑	二七	〇二 一三	北	〇八	四三 〇四	六
河鼓北增一	丑	二七	三三 三三	北	三四	〇〇 六〇	六
輦道南增七	丑	二七	三四 七〇	北	四九	三〇 一〇	三
牛宿西增九	丑	二八	〇一 一一	南	〇二	二〇 三三	六
牛宿西增四	丑	二八	五二 八一	北	〇七	〇二 四七	六
河鼓一	丑	二八	四五 四一	北	二六	二四 〇四	三
河鼓東增八	丑	二九	五〇 六二	北	二八	一四 二六	五
天桴二	丑	二九	一三 七五	北	一九	〇一 一六	六
波斯三	丑	二九	〇三 〇七	南	三二	〇三 〇〇	六
牛宿內增五	丑	二九	四五 一六	北	〇七	三一 四五	六
牛宿二	子	〇〇	二一 一七	北	〇六	〇五 六八	三
左旗四	子	〇〇	四二 七八	北	三九	〇二 五七	六
天桴內增一	子	〇〇	〇三 三二	北	一九	二〇 七七	六
牛宿東增七	子	〇〇	〇五 九二	北	〇六	五三 一六	六
牛宿四	子	〇一	五〇 五八	北	〇〇	〇五 六六	氣
天桴一	子	〇一	三二 〇〇	北	一八	三四 五五	三
輦道南增六	子	〇一	一二 九一	北	五〇	三三 八九	五
牛宿六	子	〇一	〇三 九六	北	〇一	一一 七四	氣
左旗內增二十八	子	〇一	一四 三七	北	三六	五三 四六	六
輦道北增一	丑	二六	二三 六一	北	六八	二五 二二	六
河鼓北增三	丑	二六	二三 〇七	北	三二	二三 四九	六
輦道三	丑	二六	一五 一九	北	五九	二三 〇六	六
牛宿西增二	丑	二七	二一 七四	北	〇七	四三 五一	六
河鼓三	丑	二七	〇二 八二	北	三一	五一 二六	三
左旗一	丑	二七	一三 六〇	北	二八	五四 二九	五
左旗二	丑	二七	二三 三八	北	三八	一一 七五	五
河鼓二	丑	二八	二〇 四八	北	二九	一一 一九	一
河鼓北增四	丑	二八	二二 九一	北	三二	四一 九九	六
河鼓東增五	丑	二八	〇三 一八	北	三〇	二五 〇一	六
牛宿三	丑	二八	二五 八五	北	〇七	一一 八三	六
牛宿西增八	丑	二九	四〇 四六	北	〇〇	二二 九九	氣
輦道四	丑	二九	二三 〇六	北	五七	四二 四〇	六
左旗三	丑	二九	四四 〇九	北	三八	五五 三六	四
牛宿內增六	子	〇〇	一一 九二	北	〇七	三〇 一一	四
河鼓東增六	子	〇〇	五二 七一	北	三一	一三 七二	六
牛宿一	子	〇〇	五二 七八	北	〇四	二三 七七	三
輦道南增九	子	〇〇	一四 七一	北	五五	一一 八五	六
左旗北增八	子	〇一	三〇 八三	北	四六	三一 二〇	六
九坎三	子	〇一	〇一 〇一	南	二二	〇四 〇〇	三
左旗內增二十九	子	〇一	四二 一〇	北	三八	三四 二八	六
河鼓東增七	子	〇一	二二 七七	北	二七	一〇 六三	六
牛宿五	子	〇一	一三 〇九	北	〇〇	〇二 九六	氣
天桴東增二	子	〇一	三四 三七	北	一八	〇二 七八	五

星名	宮	黃道經度 度	分	秒	黃道緯度 向	度	分	秒	等
扶筐北增一	子	○一	四八	一○	北	八七	二七	一○	六
左旗北增十八	子	○二	一三	四九	北	四二	四一	五○	五
左旗六	子	○三	一三	○六	北	三七	一四	○三	六
左旗北增九	子	○三	二六	四○	北	四七	二八	○三	氣
左旗北增十七	子	○三	二八	二九	北	四三	五八	二六	六
天田四	子	○三	三五	一一	南	○六	五八	二三	五
羅堰二	子	○四	○五	五三	北	○○	一五	四六	五
左旗東增二十七	子	○四	一八	一○	北	三六	三五	○二	六
天田二	子	○四	二二	○五	南	○八	五五	○五	六
羅堰一	子	○四	四三	四四	北	○三	二三	二六	五
左旗北增十九	子	○四	五二	一九	北	四二	四○	五六	五
波斯五	子	○五	○七	○○	南	三七	○○	○○	六
扶筐七	子	○五	一三	○○	北	七四	四二	○○	五

星名	宮	黃道經度 度	分	秒	黃道緯度 向	度	分	秒	等
波斯四	子	○一	五○	○○	南	三六	五五	○○	六
左旗七	子	○二	一九	五三	北	三六	三九	四三	六
輦道東增三	子	○三	二三	一六	北	五七	二三	三六	六
左旗五	子	○三	二七	五八	北	三九	一三	三九	四
鳥喙二	子	○三	三○	四四	南	四九	五○	四四	四
左旗八	子	○三	四五	二四	北	三五	三五	○六	六
羅堰西增一	子	○四	一三	五七	北	○三	一九	三○	六
九坎二	子	○四	二一	○○	南	二二	三○	○○	三
羅堰三	子	○四	三五	五九	南	○三	二二	三四	六
離瑜西增一	子	○四	五○	一○	南	一四	三七	一二	五
離珠南增一	子	○五	○二	四八	北	一五	一六	五○	六
九坎四	子	○五	一一	○○	南	二一	一○	○○	五
輦道五	子	○五	二一	三七	北	五三	四二	三三	五

星名	宮	黃道經度 度	分	秒	黃道緯度 向	度	分	秒	等
離珠四	子	○五	二八	四四	北	一五	三九	三九	五
羅堰西增二	子	○五	四○	二六	南	一四	五八	二○	六
波斯七	子	○六	二三	○○	南	四○	○○	○○	六
左旗九	子	○六	三三	三三	北	三四	○六	一二	五
附白二	子	○六	二七	三二	南	七二	五六	五三	六
離瑜一	子	○七	○一	○○	南	一七	二○	○○	四
九坎一	子	○七	一一	○○	南	二一	三○	○○	三
左旗北增十	子	○七	一六	三七	北	四七	○一	四三	四
左旗北增二十	子	○七	二一	四○	北	四二	四一	一二	四
越	子	○七	三二	二四	南	○○	二八	○九	六
女宿一	子	○八	○九	○六	北	○八	○六	四一	四

星名	宮	黃道經度 度	分	秒	黃道緯度 向	度	分	秒	等
左旗東增二十六	子	○五	三一	二八	北	三九	一八	二二	四
鳥喙一	子	○五	五三	○五	南	四五	二七	五三	三
左旗北增十六	子	○六	二四	○一	北	四四	一五	五○	五
輦道東增四	子	○六	三五	四三	北	五七	一五	○九	六
附白一	子	○六	四八	五八	南	七六	四五	三五	四
波斯六	子	○七	○五	○○	南	三八	三五	○○	六
左旗東增二十五	子	○七	一四	五三	北	三九	五二	五八	六
離珠一	子	○七	二○	一四	北	一五	三一	四九	五
扶筐六	子	○七	二五	三○	北	七六	五七	四○	六
離珠二	子	○八	○九	○三	北	一六	四八	五六	四
天田三	子	○八	一五	四六	南	○八	○三	三八	六

星名	宮	黃道經度 度	分	秒	黃道緯度 向	度	分	秒	等
鄭	子	○八	一九	二四	南	○一	五一	一○	六
天津西增一	子	○八	三九	四四	北	六二	四二	○五	六
離珠三	子	○八	五一	五八	北	一八	一六	三六	六
周一	子	○九	一○	五五	南	○二	五七	四三	五
左旗東增二十四	子	○九	二二	四八	北	四○	○七	一七	六
女宿二	子	○九	二九	一三	北	○八	一六	一○	四
天津西增二	子	○九	三八	二二	北	五八	○七	一二	六
左旗東增十三	子	○九	四八	五一	北	四五	三四	五四	六
天壘城九	子	一○	○四	二○	北	○三	五一	五二	六
趙	子	一○	○七	○七	南	○三	五八	○九	六
左旗東增十四	子	一○	○九	一四	北	四五	二四	二八	六
扶筐五	子	一○	一一	○五	北	七九	○七	○○	六
秦一	子	一○	一六	四○	南	○○	三三	○○	五

星名	宮	黃道經度 度	分	秒	黃道緯度 向	度	分	秒	等
離瑜二	子	○八	二○	二○	南	一五	三六	○七	四
天田一	子	○八	四一	二八	南	一○	五五	四○	六
周二	子	○九	○二	○二	南	○○	二九	三七	六
輦道東增五	子	○九	二二	二八	北	五四	一八	四八	六
女宿四	子	○九	二三	四六	北	一二	二四	四二	五
敗瓜西增一	子	○九	二四	五○	北	二八	五四	三八	六
齊	子	○九	四二	五二	南	○四	三一	○八	五
左旗東增二十三	子	○九	五二	四六	北	四二	○○	二七	五
左旗東增十五	子	一○	○四	二四	北	四五	○四	四八	五
女宿三	子	一○	○七	二八	北	一一	三四	五一	六
趙一	子	一○	○九	五七	南	○三	三六	四六	六
天壘城八	子	一○	一三	一一	北	○三	一九	三○	五
女宿南增五	子	一○	一七	五九	北	○七	一七	五三	六

星名	宮	黃道經度 度	分	秒	黃道緯度 向	度	分	秒	等
女宿東增一	子	一○	一九	三四	北	一一	三八	五四	六
離瑜三	子	一○	四一	○○	南	一五	二二	三六	六
左旗東增二十一	子	一○	四三	四七	北	四三	○一	五三	五
天津西增三	子	一一	一六	二○	北	五七	三一	四三	六
楚	子	一一	二七	四四	南	○四	二九	五○	六
敗瓜五	子	一一	三九	○六	北	二七	三一	四○	六
左旗東增十一	子	一一	四四	二八	北	四七	○二	○八	五
左旗東增十二	子	一一	四八	一二	北	四六	○五	二○	四
左旗東增二十二	子	一一	一一	二三	北	四二	二六	三六	六
鈎一	子	一二	一六	一九	南	三三	五○	三五	二
女宿東增二	子	一二	三六	三八	北	一一	四九	○○	六

星名	宮	黃道經度 度	分	秒	黃道緯度 向	度	分	秒	等
敗瓜一	子	一○	二九	二七	北	二九	○六	二一	三
離瑜東增三	子	一○	四二	四○	南	一八	一五	一四	六
敗瓜二	子	一一	一五	○六	北	三○	四二	○六	六
奚仲一	子	一一	二三	一八	北	七三	五○	一一	四
扶筐四	子	一一	二八	三○	北	八○	五○	○○	四
天津西增四	子	一一	四三	一○	北	五五	五四	二九	六
敗瓜四	子	一一	四五	一八	北	二八	五一	○三	六
天鈎西增四	子	一一	五七	一○	南	一七	四三	二七	六
瓠瓜五	子	一一	一二	○四	北	三二	一○	二七	五
女宿東增三	子	一二	二二	四四	北	一一	○五	○六	六
敗瓜三	子	一二	三九	○五	北	三○	三八	一四	六

星名	黃道經度 宮	度	分	秒	黃道緯度 向	度	分	秒	等
敗瓜南增三	子	一二	三九	一二	北	一三	○○	○五	五
瓠瓜四	子	一二	四六	一四	北	三一	五六	五二	三
天壘城十	子	一二	四九	一三	北	○四	四七	四八	五
女宿東增四	子	一三	○八	五四	北	一○	三○	一四	六
魏	子	一三	一八	三五	南	○五	一七	二五	六
天錢三	子	一三	三九	二八	南	一八	一七	一五	四
瓠瓜南增一	子	一三	四七	二五	北	三一	三九	四八	六
敗臼一	子	一三	五○	○八	南	二三	五八	五二	三
晉	子	一四	○○	二○	南	○六	三一	四五	六
天錢北增三	子	一四	一一	一八	南	一一	一二	○五	四
奚仲東增一	子	一四	二九	四○	北	七	一○	一○	六
天津西增六	子	一四	四二	四三	北	五五	○一	四○	五
天壘城十一	子	一五	○三	三○	北	○六	二一	四三	六
天錢二	子	一五	○四	三○	南	一六	二一	一八	四
鶴四	子	一五	○八	四一	南	四一	二四	○六	五
敗臼二	子	一五	一九	四一	南	二五	五四	四六	五
天壘城六	子	一五	四六	一六	北	○二	一七	○三	六
代二	子	一五	五三	三七	南	○五	三一	一九	六
扶筐東增四	子	一五	五七	○六	北	七七	一三	四八	五
鶴十二	子	一六	二二	一四	南	二八	一七	○四	五
代南增二	子	一六	二七	一六	南	○八	五三	三八	六
天津西增十四	子	一六	二九	一三	北	五二	三六	一五	六
壘壁陣二	子	一六	三七	五二	南	○四	五六	五六	四
虛宿西增一	子	一六	四四	三七	北	二三	○二	三六	六

星名	黃道經度 宮	度	分	秒	黃道緯度 向	度	分	秒	等
天津二	子	一二	四二	○七	北	六四	二七	一四	三
秦二	子	一二	四七	三一	南	○二	○七	二三	六
天壘城七	子	一二	五五	三九	北	○○	四三	四○	六
天津西增五	子	一三	一五	二九	北	五四	二八	一六	五
燕	子	一三	二一	四九	南	○六	五七	三六	五
敗瓜南增二	子	一三	四五	三三	北	二四	三七	三○	六
瓠瓜一	子	一三	四八	二四	北	三三	○二	五八	三
韓	子	一三	五三	○八	南	○五	二○	二七	六
代一	子	一四	○六	五○	南	○一	二○	一三	五
奚仲二	子	一四	二七	四三	北	七一	二八	三八	六
瓠瓜三	子	一四	三三	○七	北	三一	五八	一二	四
虛宿西增四	子	一四	五七	五七	北	二○	三二	五六	五
鳥喙七	子	一五	○四	二五	南	五六	三五	二二	四
奚仲三	子	一五	○七	四二	北	六九	三七	五六	四
瓠瓜南增二	子	一五	一三	二五	北	二九	○七	○五	六
瓠瓜北增五	子	一五	四一	五九	北	三八	○七	○七	五
瓠瓜二	子	一五	四八	四一	北	三二	四四	三二	三
代內增一	子	一五	五五	五七	南	○五	二二	一五	六
天津西增七	子	一六	一九	四三	北	五四	三六	三三	六
鶴內增一	子	一六	二五	一四	南	二八	三七	一四	五
天津西增十五	子	一六	二七	二二	北	四九	三六	三三	六
天壘城十二	子	一六	三五	三三	北	○五	四五	四一	六
鳥喙內增一	子	一六	四一	五七	南	五五	三三	二一	五
鶴五	子	一六	四七	○五	南	四七	四八	四五	三

星名	黃道經度 宮	度	分	秒	黃道緯度 向	度	分	秒	等
虛宿西增三	子	一六	四七	三○	北	二一	一六	○一	六
瓠瓜南增三	子	一六	五二	四○	北	二八	四○	一九	六
虛宿西增五	子	一六	五七	一○	北	一○	四一	四一	六
司非西增二	子	一七	○○	五七	北	二六	四九	○五	六
天津西增十六	子	一七	○九	二○	北	四七	二八	五三	四
瓠瓜南增四	子	一七	一六	○五	北	二九	四六	三五	六
虛宿西增六	子	一七	三八	三二	北	一○	二五	一二	六
天津西增八	子	一七	四七	一三	北	五四	三三	一六	六
鶴內增二	子	一七	五八	二三	南	三一	一八	三一	五
鳥喙三	子	一八	○五	二七	南	五四	三二	一一	五
天津西增九	子	一八	一四	一四	北	五五	二九	二○	六
鳥喙六	子	一八	二二	五五	南	五七	三六	○四	三
鶴二	子	一八	三七	四八	南	三五	二二	四○	二
天錢北增二	子	一八	四二	四八	南	一四	二一	二○	六
虛宿西增八	子	一八	五五	二○	北	一一	一四	一○	六
天錢五	子	一九	○一	三六	南	一九	四五	二○	五
天津西增二十三	子	一九	○七	三四	北	四一	三○	五四	六
扶筐東增三	子	一九	二九	二七	北	七七	四四	二○	五
哭西增二	子	一九	三八	四六	南	○○	三七	四四	六
虛宿一	子	一九	四九	二二	北	○八	三八	四三	三
司非南增一	子	一九	五二	○七	北	二五	○六	五二	六
天津西增十七	子	二○	一三	一七	北	四七	五七	一六	六
鳥喙五	子	二○	二八	二九	南	五九	四六	五三	五
天津西增十二	子	二○	四五	五七	北	五三	○七	○六	六

星名	黃道經度 宮	度	分	秒	黃道緯度 向	度	分	秒	等
天津西增二十二	子	一六	四九	二六	北	四○	五四	一○	六
天津西增二十一	子	一六	五五	○四	北	四二	四五	一一	六
天壘城十三	子	一六	五九	三七	北	○五	一一	三三	六
鶴三	子	一七	○四	○八	南	三九	四三	○九	四
虛宿西增二	子	一七	一○	三七	北	二一	三八	三一	六
天津西增二十	子	一七	二七	四一	北	四三	一三	三二	五
奚仲四	子	一七	四六	○八	北	六九	三○	五○	六
鶴十一	子	一七	五五	二七	南	三一	三三	五○	五
壘壁陣一	子	一八	○四	○五	南	○四	四八	三六	五
壘壁陣三	子	一八	一二	四二	南	○二	三一	一八	四
鶴六	子	一八	一六	一七	南	四一	五五	一四	四
天錢四	子	一八	三○	五六	南	二○	○二	○○	四
天錢北增一	子	一八	四○	二○	南	一五	一三	四○	五
天錢一	子	一八	五三	一○	南	一六	五一	四五	六
虛宿西增七	子	一八	五八	一五	北	一一	○三	一九	六
鶴十	子	一九	○五	四一	南	二六	四八	一七	五
哭西增一	子	一九	二五	四九	南	○○	○九	一三	六
虛宿二	子	一九	三二	四八	北	二○	○九	○九	四
哭西增三	子	一九	四五	○○	南	○一	○一	五四	六
司非一	子	一九	五一	二四	北	二五	一三	一二	四
壘壁陣四	子	一九	五八	一四	南	○二	三二	一九	三
鶴九	子	二○	一五	二三	南	三○	一一	一八	五
天壘城一	子	二○	三二	一六	北	○五	五九	一四	五
司非二	子	二○	五二	五○	北	二四	四七	五七	四

星名	宮	黃道經度 十度	十分 十秒	黃道緯度 向	十度	十分 十秒	等
天津一	子	二二	一七 五一	北	五七	〇九 二〇	三
天津西增十三	子	二二	二二 一八	北	五一	三八 一六	六
人西增一	子	二二	三〇 〇四	北	三七	三九 四二	六
司危二	子	二二	三六 〇五	北	二一	四二 五三	六
天津西增十八	子	二二	三九 五五	北	四八	二一 一三	六
天壘城二	子	二二	五〇 三一	北	〇四	一三 五一	六
天津西增二十四	子	二三	〇三 一二	北	四二	三七 〇九	六
天津西增十九	子	二三	〇六 二九	北	四六	三〇 二六	六
鳥喙四	子	二三	五七 四二	南	五七	一五 三八	三
天津西增二十五	子	二三	一三 二九	北	四三	一八 四二	五
司命一	子	二三	三五 五七	北	一三	一二 二八	六
天津九	子	二四	〇七 五二	北	四九	二六 二一	三
羽林軍七	子	二四	二一 〇〇	南	一五	三〇 〇〇	五
司祿內增二	子	二四	二三 二七	北	一五	二一 四七	六
天津三	子	二四	三一 一九	北	六三	四三 二九	四
司命二	子	二四	四一 三〇	北	一四	一三 五五	六
羽林軍五	子	二四	五六 五四	南	一三	三九 一一	五
壘壁陣五	子	二五	〇九 〇一	南	〇二	〇三 一五	四
蛇腹四	子	二五	二〇 四六	南	六七	〇八 三六	五
危宿西增一	子	二五	二八 四一	北	一九	三八 一四	六
人西增二	子	二五	三六 三六	北	三七	五九 五〇	六
危宿西增三	子	二六	〇六 一一	北	一八	二一 三六	六
天津北增三十七	子	二六	一六 五八	北	六四	一八 五三	五
司祿一	子	二六	二四 三九	北	一五	〇七 一四	六

星名	宮	黃道經度 十度	十分 十秒	黃道緯度 向	十度	十分 十秒	等
天壘城五	子	二二	二一 五八	北	〇一	五八 二四	六
天壘城四	子	二二	二六 〇四	北	〇一	五七 二四	五
天津西增十一	子	二二	三五 五四	北	五三	二五 二四	六
天津西增十	子	二二	三六 五八	北	五五	〇四 四六	六
羽林軍六	子	二二	四八 二〇	南	一五	四〇 四〇	四
司危一	子	二二	五二 〇二	北	二一	〇三 〇六	四
天壘城三	子	二三	〇四 三一	北	〇三	五六 三八	六
哭一	子	二三	一四 一二	南	〇〇	三九 一〇	五
羽林軍一	子	二三	〇九 五七	南	〇四	三七 二九	六
敗臼內增一	子	二三	三四 五五	南	二一	一八 三〇	三
羽林軍二	子	二四	〇四 五一	南	〇六	三七 四七	六
羽林軍三	子	二四	一九 二二	南	〇九	二七 四五	六
司祿二	子	二四	二二 五六	北	一五	二一 四〇	六
奚仲東增三	子	二四	二九 一二	北	六七	三三 四〇	六
天津內增三十八	子	二四	三二 五五	北	六三	三八 〇三	五
鶴七	子	二四	五一 五一	南	三六	一一 三四	五
奚仲東增二	子	二五	〇〇 三四	北	七〇	五三 二六	五
鶴八	子	二五	一二 四三	南	三四	二三 五四	五
危宿西增二	子	二五	二一 五五	北	一八	四六 〇五	六
蛇腹三	子	二五	三一 二三	南	六九	五〇 四六	四
羽林軍四	子	二五	四四 三八	南	一〇	三三 四五	五
天津內增三十	子	二六	一一 四七	北	五一	三八 三七	四
司祿南增一	子	二六	二四 二一	北	一五	〇六 五九	六
人二	子	二六	四三 三九	北	三三	一八 三九	四

星名	宮	黃道經度 十度	十分 十秒	黃道緯度 向	十度	十分 十秒	等
哭二	子	二六	五四 五八	南	〇〇	一五 三七	六
敗臼四	子	二七	〇七 五〇	南	一九	三〇 五〇	五
敗臼三	子	二七	四三 二六	南	二三	三六 一〇	五
泣西增二	子	二七	四九 三三	北	〇二	五九 四八	六
蛇腹二	子	二八	一六 二〇	南	七一	一四 四九	四
蓋屋一	子	二八	三二 一九	北	〇九	一〇 五八	五
羽林軍十五	子	二八	三八 二三	南	〇六	二八 三六	六
羽林軍九	子	二八	五八 一六	南	二〇	二六 三六	六
蓋屋二	子	二九	二〇 四〇	北	一〇	一三 一四	六
天津八	子	二九	二九 三六	北	四三	四三 一三	三
泣二	子	二九	四〇 四四	北	〇二	四三 四七	四
火鳥三	子	二九	五九 〇〇	南	三八	四七 〇〇	四
北落師門	亥	〇〇	一三 五九	南	二一	〇四 五四	一
泣一	亥	〇〇	二七 〇七	北	〇二	二三 三〇	五
人內增三	亥	〇〇	三四 三二	北	三一	二八 三五	六
虛梁一	亥	〇〇	三六 五五	北	〇四	五六 三〇	六
危宿內增七	亥	〇一	〇一 二一	北	一七	四六 二〇	五
火鳥二	亥	〇一	一七 四五	南	三六	〇五 〇三	四
水委三	亥	〇一	三八 一〇	南	五四	二四 一六	三
危宿內增六	亥	〇一	四三 〇六	北	一五	四二 〇一	五
壘壁陣六	亥	〇一	四八 五四	南	〇一	一二 三三	五
羽林軍十九	亥	〇一	五八 一〇	南	〇一	三〇 四〇	六
羽林軍十二	亥	〇二	一四 五五	南	一一	〇〇 四〇	六
虛梁二	亥	〇二	二六 四八	北	〇四	四九 一一	六

星名	宮	黃道經度 十度	十分 十秒	黃道緯度 向	十度	十分 十秒	等
泣西增一	子	二七	〇一 二二	北	〇五	〇四 四八	六
哭東增四	子	二七	〇九 一四	北	〇〇	二六 四三	六
羽林軍八	子	二七	四三 四〇	南	一七	一四 一八	三
羽林軍十八	子	二八	一二 四六	南	〇二	三六 〇五	六
危宿三	子	二八	一八 三二	北	二三	〇七 一六	三
天綱	子	二八	三五 一五	南	一三	三六 〇七	五
羽林軍十一	子	二八	五六 四二	南	一〇	五一 四二	五
危宿西增四	子	二九	〇〇 二一	北	一一	五八 二一	六
羽林軍十七	子	二九	二二 〇五	南	〇三	一七 四二	六
羽林軍十	子	二九	三〇 五〇	南	一六	〇〇 一〇	六
危宿一	子	二九	四七 一六	北	一〇	四〇 三八	三
火鳥內增一	亥	〇〇	〇一 五六	南	三八	四九 一一	四
羽林軍十六	亥	〇〇	一七 四一	南	〇四	四八 三二	六
羽林軍十四	亥	〇〇	二八 一五	南	〇七	五八 三一	六
人一	亥	〇〇	三四 五七	北	三六	〇九 三〇	四
壘壁陣內增一	亥	〇〇	四三 一六	南	〇一	二一 二五	六
蛇腹一	亥	〇一	〇五 〇四	南	七一	三三 一八	五
人四	亥	〇一	二六 〇四	北	二九	〇二 四九	四
羽林軍十三	亥	〇一	三九 五五	南	〇九	五六 二四	六
天津四	亥	〇一	四六 三二	北	五九	五六 三七	二
危宿東增八	亥	〇一	五一 三九	北	一九	〇六 三六	六
天津東增三十六	亥	〇二	〇七 一七	北	六四	四一 四六	五
危宿北增十一	亥	〇二	二〇 二〇	北	二三	〇一 四六	六
天津東增三十五	亥	〇二	三一 〇七	北	六四	〇三 五一	五

星名	宮	黃道經度 度	黃道經度 分	黃道經度 秒	黃道緯度 向	黃道緯度 度	黃道緯度 分	黃道緯度 秒	等
天津五	亥	〇二	三六	二一	北	五四	五六	二五	四
人南增四	亥	〇二	四九	〇四	北	二八	二八	五八	六
墳墓二	亥	〇三	〇八	一一	北	〇八	一四	四九	三
天津東增三十四	亥	〇三	一六	〇四	北	六四	一〇	〇七	五
火鳥一	亥	〇三	三七	五〇	南	三一	三九	五五	四
危宿北增十	亥	〇三	四六	四二	北	二三	三七	二〇	六
人三	亥	〇四	一九	一七	北	三四	〇五	一〇	六
羽林軍二十五	亥	〇四	二五	二四	南	〇五	五五	〇四	五
羽林軍二十一	亥	〇四	五二	二〇	南	〇一	四八	五〇	六
天津六	亥	〇五	〇一	三八	北	五〇	三二	四〇	四
羽林軍二十四	亥	〇五	〇一	二五	南	〇五	三八	四二	五
羽林軍二十六	亥	〇五	一八	四九	南	〇八	一一	一七	三
臼二	亥	〇五	二二	一〇	北	三六	三九	〇五	四
危宿東增五	亥	〇五	三三	三〇	北	一五	〇一	四七	六
羽林軍二十二	亥	〇五	五五	四六	南	〇二	四四	三六	六
羽林軍二十九	亥	〇五	五九	五三	南	一五	四一	五五	五
壘壁陣北增二	亥	〇六	〇五	〇九	北	〇一	〇五	〇九	六
墳墓北增一	亥	〇六	二七	四五	北	一三	〇九	五六	六
羽林軍二十三	亥	〇六	三九	二三	南	〇四	〇一	〇八	六
墳墓三	亥	〇六	四九	五三	北	〇八	〇九	四二	四
墳墓北增二	亥	〇六	五三	五五	北	一三	二一	〇九	六
墳墓北增三	亥	〇六	一八	一六	北	一二	五三	二八	六
臼內增三	亥	〇七	三九	二七	北	三六	〇七	〇七	六
火鳥八	亥	〇七	五五	三三	南	四六	三一	〇五	四
天津內增二十九	亥	〇二	四五	〇三	北	五一	五〇	三五	六
天津東增三十一	亥	〇三	〇七	五六	北	五八	〇五	三一	六
危宿二	亥	〇三	一三	四六	北	一六	一一	四八	四
危宿北增九	亥	〇三	三六	四一	北	二一	四七	五七	五
天津七	亥	〇三	四二	二九	北	四七	二九	一〇	五
羽林軍二十	亥	〇三	四七	三三	南	〇一	一八	一〇	六
天津東增三十二	亥	〇四	二四	一九	北	五八	〇五	一三	六
羽林軍三十	亥	〇四	四四	四四	南	一六	三四	三四	六
天津東增三十三	亥	〇四	五三	五四	北	五九	五七	一〇	六
墳墓四	亥	〇五	〇一	五一	北	一〇	二九	〇八	五
羽林軍二十七	亥	〇五	一〇	一一	南	〇八	三七	〇一	六
墳墓一	亥	〇五	一九	三一	北	〇八	五一	三六	四
奚仲東增七	亥	〇五	三三	一四	北	七四	一〇	一五	六
虛梁三	亥	〇五	五一	一三	北	〇四	〇七	四七	五
墳墓南增四	亥	〇五	五七	二六	北	〇六	五五	四七	六
火鳥四	亥	〇六	〇〇	二〇	南	四一	五四	三八	三
羽林軍二十八	亥	〇六	二五	五三	南	一四	二九	〇七	四
奚仲東增六	亥	〇六	三二	三四	北	七四	一八	〇〇	六
天津東增二十八	亥	〇六	四八	四九	北	五一	三〇	四五	四
臼一	亥	〇六	五三	〇〇	北	三九	三二	一六	三
車府六	亥	〇七	一七	〇三	北	五六	三六	〇五	四
天津東增二十六	亥	〇七	二六	四〇	北	四八	二五	〇八	六
天津東增二十七	亥	〇七	四六	一五	北	四八	三四	五五	六
壘壁陣七	亥	〇七	五九	四一	南	〇〇	二三	〇〇	四
車府北增一	亥	〇八	〇二	三二	北	四六	〇四	一八	六
土公吏一	亥	〇八	二二	五二	北	二〇	五一	四二	六
壘壁陣北增三	亥	〇八	三五	三四	南	〇〇	一二	四四	六
土公吏二	亥	〇八	五六	五七	北	一七	一八	五一	六
扶筐北增二	亥	〇九	〇九	二七	北	八七	一四	二〇	六
臼南增四	亥	〇九	一六	三〇	北	三〇	五一	四二	六
車府五	亥	〇九	三四	〇九	北	六〇	〇六	一九	五
羽林軍三十四	亥	〇九	五三	四二	南	一四	四六	二六	五
羽林軍三十三	亥	一〇	二〇	一二	南	一五	三四	一六	五
車府南增八	亥	一〇	四四	二八	北	四九	〇七	〇〇	六
羽林軍四十二	亥	一〇	四九	一〇	南	〇一	四〇	一四	六
羽林軍四十一	亥	一〇	五三	四一	南	〇一	五七	四五	六
羽林軍四十	亥	一一	二二	三〇	南	〇一	五二	三四	六
車府北增三	亥	一一	三五	四一	北	五九	三三	四〇	六
羽林軍三十一	亥	一一	四九	一九	南	一六	三〇	二一	五
羽林軍三十五	亥	一一	五三	〇二	南	一〇	〇七	五七	六
杵三	亥	一二	二四	五七	北	三七	四〇	三四	六
離宮西增一	亥	一二	四〇	四六	北	二八	三五	三一	六
車府七	亥	一二	四六	二三	北	五〇	三二	〇二	六
霹靂西增二	亥	一二	五一	二二	北	〇六	五一	三九	六
羽林軍三十七	亥	一三	一三	一六	南	〇四	四五	三九	五
羽林軍四十三	亥	一三	二八	五六	南	〇二	四九	五一	五
車府南增七	亥	一四	一六	五五	北	五〇	二五	二一	六
離宮西增二	亥	一四	三三	四三	北	二七	〇九	三〇	六
蛇首一	亥	〇八	一八	四四	南	六四	一〇	二〇	三
車府內增二	亥	〇八	二七	一〇	北	五八	五〇	一九	六
水委二	亥	〇八	四一	四八	南	五五	〇五	二三	四
臼內增二	亥	〇九	〇四	一〇	北	三八	四六	〇七	六
臼內增一	亥	〇九	一〇	一三	北	四〇	一五	四〇	六
臼南增五	亥	〇九	三三	五一	北	二九	五七	四四	六
奚仲東增五	亥	〇九	三五	四一	北	七四	四一	一五	六
奚仲東增四	亥	一〇	〇七	四六	北	七一	三七	四八	五
虛梁四	亥	一〇	二七	三〇	北	〇一	四一	二九	六
臼三	亥	一〇	四八	〇九	北	三四	一六	四八	四
火鳥五	亥	一〇	五二	三六	南	四一	一五	四一	四
羽林軍三十二	亥	一一	一五	五五	南	一六	四五	四八	五
水委一	亥	一一	三三	五六	南	五九	一九	〇六	一
羽林軍三十六	亥	一一	四三	〇四	南	〇八	一八	〇二	六
火鳥六	亥	一一	四九	四二	南	四〇	三三	四五	二
火鳥七	亥	一二	〇八	二四	南	四五	一四	〇六	四
雷電一	亥	一二	三四	〇六	北	一七	四二	〇三	三
羽林軍三十九	亥	一二	四二	二八	南	〇三	五八	〇三	五
霹靂西增一	亥	一二	四九	四八	北	〇六	〇一	〇九	六
羽林軍三十八	亥	一三	〇九	一七	南	〇四	一五	四五	五
夾白一	亥	一三	二六	〇七	南	八五	二五	二九	六
壘壁陣八	亥	一三	三三	五七	南	〇一	〇一	二五	五
雷電二	亥	一四	二二	一九	北	一八	二七	一八	五
車府南增六	亥	一四	四一	四九	北	五〇	三四	二六	六

星名	宮	黃道經度 度	分	秒	黃道緯度 向	度	分	秒	等
雷電三	亥	一四	四二	○一	北	一五	四三	三四	六
雷電南增二	亥	一四	五九	○六	北	一四	三○	○六	六
霹靂一	亥	一五	○○	五六	北	○九	○三	一九	五
鈇鉞二	亥	一五	三三	二四	南	一五	一○	一七	五
離宮西增三	亥	一五	四五	二九	北	二五	五四	○二	六
臼四	亥	一五	五五	五六	北	三五	三四	○三	六
車府內增五	亥	一六	○○	五二	北	五二	三九	三○	六
羽林軍四十四	亥	一六	○五	三○	南	一一	○一	四六	五
火鳥九	亥	一六	三六	三八	南	四八	一四	二七	三
車府四	亥	一六	三八	一八	北	五五	一二	二一	四
雷電北增一	亥	一七	○六	五九	北	一六	四六	一八	六
蛇首二	亥	一七	四七	○六	南	七六	○五	二三	五
雷電四	亥	一七	五九	一六	北	一三	五三	五二	五
雲雨南增一	亥	一八	四一	四七	北	○一	二二	五四	六
雷電南增五	亥	一八	五一	三九	北	一三	五七	五八	六
雲雨一	亥	一九	一九	三三	北	○四	二六	二六	五
霹靂北增四	亥	一九	二七	一八	北	○八	五二	三五	五
離宮一	亥	一九	二八	四八	北	二八	四八	一二	四
天囷一	亥	一九	五二	四一	南	五二	三四	二二	三
雲雨南增二	亥	一九	五八	五八	北	○一	二四	五三	六
杵東增二	亥	二○	二六	五一	北	三八	二九	○八	六
騰蛇五	亥	二○	三五	二○	北	六○	四一	一五	五
離宮二	亥	二○	四八	二○	北	二九	二三	三二	四
雲雨內增五	亥	二一	一九	二三	北	○三	三七	五四	六
鈇鉞一	亥	一四	五四	四二	南	一四	四○	五六	五
鈇鉞北增一	亥	一五	○○	○○	南	一四	○○	○○	六
霹靂南增三	亥	一五	二六	一八	北	○七	○一	三一	大
鈇鉞南增二	亥	一五	三六	四○	南	一五	四二	三六	六
杵西增一	亥	一五	四九	一五	北	四一	○三	四五	五
杵二	亥	一六	○○	一三	北	四○	五九	五二	四
離宮西增四	亥	一六	○二	三三	北	二五	五六	五九	六
車府北增四	亥	一六	二四	四五	北	五六	二五	三六	六
羽林軍四十五	亥	一六	三七	一七	南	一一	三六	二二	五
鈇鉞三	亥	一六	四三	一八	南	一六	二六	五九	六
離宮西增五	亥	一七	一四	三六	北	二五	○五	四八	六
霹靂二	亥	一七	四八	四四	北	○七	一六	四三	四
雷電南增三	亥	一八	一六	一九	北	一二	五八	一○	六
雷電南增四	亥	一八	四八	三二	北	一二	四七	二四	六
雲雨二	亥	一九	○一	一五	北	○二	○四	二○	六
雲雨內增四	亥	一九	二○	二○	北	○四	一六	四○	六
八魁三	亥	一九	二二	○九	南	一四	一四	二五	六
雲雨南增三	亥	一九	三三	二八	北	○一	四六	三六	六
室宿一	亥	一九	五四	一三	北	一九	二四	三七	二
八魁二	亥	二○	一○	三七	南	一六	一四	二二	四
杵一	亥	二○	二七	○七	北	四四	二四	三○	五
室宿西增一	亥	二○	四一	三七	北	二五	一一	四七	六
騰蛇六	亥	二一	一四	二五	北	六二	四九	二二	五
離宮三	亥	二一	二○	四三	北	三四	二五	四三	五
霹靂三	亥	二一	三七	二七	北	○九	○一	五八	五
雲雨北增六	亥	二一	五○	四六	北	○四	一五	三四	六
離宮四	亥	二三	○九	一二	北	三五	○七	○一	王
壘壁陣北增四	亥	二三	三三	二一	南	○一	一九	五○	五
天鈎北增一	亥	二三	四五	○八	北	七五	四七	四六	六
雲雨四	亥	二三	○一	三六	北	○三	二五	○七	五
壘壁陣北增五	亥	二三	三二	四四	南	○二	一一	三九	六
騰蛇三	亥	二四	○二	一八	北	五七	二二	○六	五
雲雨三	亥	二四	二六	○七	北	○二	○一	四七	六
天鈎北增二	亥	二四	二七	五二	北	七五	一五	二○	六
雷電六	亥	二四	三○	○六	北	一四	四五	二五	五
壘壁陣九	亥	二四	四二	三四	南	○三	○七	四九	五
室宿東增二	亥	二五	一三	四八	北	二八	二八	○三	五
壘壁陣十	亥	二五	三八	○四	南	○二	五七	四五	五
雲雨東增八	亥	二五	四四	四四	北	○三	二八	五七	六
車府南增十	亥	二六	二八	二八	北	四四	○二	三一	六
八魁五	亥	二六	四一	二二	南	一三	二七	一五	六
車府南增十一	亥	二六	四九	三六	北	四三	一二	三四	六
室宿東增三	亥	二七	○一	○四	北	一九	一三	四八	六
天倉一	亥	二七	二○	○○	南	一○	○一	三○	三
離宮五	亥	二七	二九	○八	北	二五	三三	五七	六
天鈎北增四	亥	二七	四五	五三	北	七四	一三	四○	六
霹靂北增八	亥	二八	○七	五五	北	○六	五八	一三	六
車府南增十二	亥	二八	一○	二七	北	四三	五九	三五	六
騰蛇北增一	亥	二一	二二	○四	北	六九	一二	○○	五
八魁六	亥	二一	五七	一二	南	一八	四五	五四	五
天囷二	亥	二三	二三	二三	南	五六	五八	一七	四
八魁一	亥	二三	四二	一二	南	一五	一六	○三	五
雷電五	亥	二三	五五	二三	北	一四	五七	二五	六
八魁四	亥	二三	一三	四○	南	一○	○五	○○	六
雷電北增六	亥	二三	五一	一九	北	一六	四九	○八	六
霹靂四	亥	二四	○三	三八	北	○七	一二	一二	六
壘壁陣十二	亥	二四	二七	三六	南	○五	四三	三三	五
火鳥十	亥	二四	二八	二七	南	四七	三三	一七	三
雲雨北增七	亥	二四	四一	五五	北	○四	三二	四三	六
騰蛇四	亥	二四	四六	四五	北	五八	五二	三七	四
壘壁陣十一	亥	二五	二一	三八	南	○五	四六	五五	四
雲雨東增九	亥	二五	四○	二四	北	○二	三六	三○	六
室宿二	亥	二五	四七	一三	北	三一	○八	○六	二
離宮南增六	亥	二六	三五	○八	北	二二	四四	二二	六
霹靂北增五	亥	二六	四五	一九	北	一一	○七	四○	六
天鈎北增三	亥	二六	五七	三三	北	七四	三三	一○	六
天囷三	亥	二七	一五	一三	南	五八	五六	四八	四
壘壁陣東增六	亥	二七	二四	四五	南	○三	一一	四二	六
壘壁陣東增七	亥	二七	三三	三五	南	○三	○九	五四	六
車府南增九	亥	二七	五三	二四	北	四七	三二	四一	五
霹靂北增七	亥	二八	○九	四五	北	○九	二四	二六	六
離宮六	亥	二八	二三	一五	北	二四	四七	五二	六

室宿東增四	亥	二八	三八 四〇	北	三〇	〇五 一七	六
雷電東增七	亥	二八	五七 三四	北	一九	〇〇 四八	六
霹靂五	亥	二八	五九 五五	北	〇六	二二 一五	五
雷電東增八	亥	二九	〇八 五五	北	一六	四〇 〇二	六
離宮東增七	亥	二九	四九 〇二	北	二三	一〇 〇九	六
車府三	亥	二八	四三 三六	北	五一	一八 二二	五
土司空	亥	二八	五八 〇二	南	二〇	四六 五二	二
霹靂北增六	亥	二九	〇七 三三	北	一〇	四五 五九	六
離宮東增八	亥	二九	四六 五一	北	二六	〇九 二〇	六
車府南增十三	亥	二九	五六 三六	北	四五	〇五 〇六	六

清史稿

志十

天文十

天漢黃道經緯度表

天漢在中國所見起箕尾沒七星而已過赤道南視之繞南船海山如循環然由人目所測澹澹浮空而已製大遠鏡窺之現無數小星若積雪然蓋與恆星為一體即隨恆星天運行康熙壬子乾隆甲子所紀不同備列於表

黃道北 康熙壬子年測定

度經	南界度緯			北界度緯
戌宮度經	南界度緯			北界度緯
十度分十	十度分十			十度分十
〇〇 〇〇	五三 二〇			六七 〇二
〇四 〇〇	五三 〇〇			六六 〇三
〇八 〇〇	五二 〇一			六五 〇四
一二 〇〇	五〇 〇〇			六四 〇四
戌宮度經	南界度緯			北界度緯
十度分十	十度分十			十度分十
〇二 〇〇	五三 〇二			六七 〇〇
〇六 〇〇	五二 〇三			六六 〇一
一〇 〇〇	五一 〇一			六五 〇〇
一四 〇〇	四九 〇三			六四 〇二

度經	南界度緯			北界度緯
一六 〇〇	四九 〇〇			六四 〇〇
二〇 〇〇	四八 〇〇			六三 〇〇
二四 〇〇	四六 〇四			六二 〇一
二八 〇〇	四五 〇〇			六〇 〇三
酉宮度經	南界度緯			北界度緯
十度分十	十度分十			十度分十
〇二 〇〇	四二 〇〇			五九 〇〇
〇六 〇〇	四〇 〇三			五七 〇一
一〇 〇〇	三八 〇〇			五六 〇〇
一四 〇〇	三五 〇三			五四 〇二
一八 〇〇	三二 〇二			五〇 〇五
酉宮度經	南界度緯			北界度緯
十度分十	十度分十			十度分十
二二 〇〇	二八 〇〇			四六 〇三
二六 〇〇	二五 〇〇			四三 〇〇
申宮度經	南界度緯			北界度緯
十度分十	十度分十			十度分十
〇〇 〇〇	二〇 〇三			三八 〇〇
〇四 〇〇	一七 〇二			三四 五一
〇八 〇〇	一四 〇〇			三〇 〇二
一二 〇〇	一〇 〇五			二七 〇二
一六 〇〇	〇七 〇〇			二三 〇一
二〇 〇〇	〇〇 〇〇			一九 〇〇
二四 〇〇				一三 〇〇
二八 〇〇				〇五 〇〇
寅宮度經				北界度緯

度經	南界度緯			北界度緯
一八 〇〇	四八 〇一			六三 〇五
二二 〇〇	四七 〇一			六三 〇〇
二六 〇〇	四五 〇五			六一 〇五
酉宮度經	南界度緯			北界度緯
十度分十	十度分十			十度分十
〇〇 〇〇	四四 〇〇			五九 〇三
〇四 〇〇	四一 〇四			五八 〇二
〇八 〇〇	三九 〇三			五六 〇三
一二 〇〇	三六 〇三			五五 〇二
一六 〇〇	二四 〇〇			五二 〇四
二〇 〇〇	二九 〇五			四八 〇五
酉宮度經	南界度緯			北界度緯
十度分十	十度分十			十度分十
二四 〇〇	二六 〇三			四五 〇〇
二八 〇〇	二三 〇〇			四〇 〇三
申宮度經	南界度緯			北界度緯
十度分十	十度分十			十度分十
〇二 〇〇	一八 〇五			三六 〇二
〇六 〇〇	一五 〇四			三二 〇二
一〇 〇〇	一三 〇〇			二九 〇〇
一四 〇〇	〇九 〇〇			二五 〇二
一八 〇〇	〇五 〇〇			二〇 〇三
二三 〇〇				一六 〇〇
二六 〇〇				一〇 〇〇
未宮度初				〇〇 〇〇
寅宮度經				北界度緯

十度 分十	一一 〇二	一四 〇〇	寅宮 度經	十度 分十	一八 〇〇	二二 〇〇	二四 〇〇	二八 〇〇	丑宮 度經	十度 分十	〇二 〇〇	〇四 〇〇	〇八 〇〇	一二 〇〇	一六 〇〇	二〇 〇〇	二四 〇〇	二八 〇〇	子宮 度二	子宮 度六	子宮 度經	十度 分十	一〇 〇〇	一四 〇〇	一八 〇〇
			界十 緯七 初度 度北						下河 界中 緯南	十度 分十		〇〇 〇〇	〇六 〇四	一二 〇〇	一九 〇〇	二三 〇三	二五 〇四	二八 〇四	三一 〇五	三四 〇五	下河 界中 緯南	十度 分十	三九 〇〇	四二 〇四	四四 〇四
			上河 界中 緯南	十度 分十			〇一 〇四	〇七 〇〇	上河 界中 緯南	十度 分十	一三 〇二	一七 〇三	二三 〇三	二六 〇四	三一 〇〇	三六 〇〇	三九 〇〇	四〇 〇五	四三 〇二	四五 〇二	上河 界中 緯南	十度 分十	四八 〇四	四九 〇二	五〇 〇四
			上河 界中 緯北	十度 分十	〇一 〇二	〇九 〇五	一三 〇三	二〇 〇三	下河 界中 緯北	十度 分十	二六 〇二	三〇 〇〇	三二 〇四	三六 〇〇	三九 〇〇	四二 〇〇	四四 〇二	四七 〇〇	五〇 〇〇	五二 〇三	下河 界中 緯北	十度 分十	五四 〇四	五五 〇二	五五 〇三
十度 分十	〇〇 〇〇	〇六 〇〇	上河 界中 緯北	十度 分十	一三 〇〇	二三 〇〇	二六 〇二	三一 〇〇	上河 界中 緯北	十度 分十	三七 〇三	四〇 〇三	四五 〇五	四七 〇二	四九 〇〇	五一 〇〇	五三 〇〇	五四 〇五	五七 〇〇	六〇 〇〇	上河 界中 緯北	十度 分十	六二 〇一	六三 〇四	六四 〇五
十度 分十	一二 〇〇	一六 〇〇	寅宮 度經	十度 分十	二〇 〇〇	二三 〇〇	二六 〇〇	丑宮 度經	十度 分十	〇〇 〇〇	〇四 〇〇	〇六 〇〇	一〇 〇〇	一四 〇〇	一八 〇〇	二二 〇〇	二六 〇〇	子宮 度初	子宮 度四	子宮 度八	子宮 度經	十度 分十	一二 〇〇	一六 〇〇	二〇 〇〇
								下河 界中 緯南	十度 分十			〇三 〇一	〇九 〇三	一五 〇二	二二 〇〇	二四 〇四	二七 〇三	三〇 〇〇	三三 〇〇	三六 〇三	下河 界中 緯南	十度 分十	四一 〇〇	四三 〇二	四五 〇〇
			上河 界中 緯南	十度 分十		〇〇 〇〇	〇四 〇二	上河 界中 緯南	十度 分十	一〇 〇一	一七 〇〇	一九 〇二	二五 〇三	二九 〇一	三四 〇〇	三七 〇二	四〇 〇〇	四二 〇三	四四 〇三	四七 〇〇	上河 界中 緯南	十度 分十	四八 〇三	五〇 〇一	五一 〇〇
			下河 界中 緯北	十度 分十	〇六 〇〇	一一 〇三	一七 〇三	下河 界中 緯北	十度 分十	二三 〇三	二九 〇〇	三一 〇〇	三五 〇〇	三七 〇〇	四〇 〇三	四四 〇〇	四五 〇三	四九 〇〇	五一 〇二	五三 〇二	下河 界中 緯北	十度 分十	五五 〇〇	五五 〇二	五六 〇三
十度 分十	〇一 〇二	〇九 〇三	上河 界中 緯北	十度 分十	一七 〇〇	二五 〇〇	二九 〇〇	上河 界中 緯北	十度 分十	三四 〇三	三九 〇三	四三 〇〇	四六 〇五	四八 〇〇	五〇 〇〇	五二 〇〇	五三 〇三	五五 〇三	五九 〇〇	六一 〇二	上河 界中 緯北	十度 分十	六三 〇一	六四 〇〇	六五 〇一

二二 〇〇	二六 〇〇	亥宮 度經	十度 分十	〇〇 〇〇	〇四 〇〇	〇八 〇〇	亥宮 度經	十度 分十	一二 〇〇	一六 〇〇	二〇 〇〇	二四 〇〇	亥宮 度經	十度 分十	二八 〇〇
四五 〇五	四七 〇一	下河 界中 緯南	十度 分十	四八 〇三	四九 〇三	五一 〇〇	南界 度緯	十度 分十	五一 〇五	五二 〇二	五二 〇四	五二 〇五	南界 度緯	十度 分十	五三 〇一
五一 〇三	五二 〇三	上河 界中 緯南	十度 分十	五三 〇三	五五 〇〇	五五 〇三									
五八 〇〇	六〇 〇三	下河 界中 緯北	十度 分十	六二 〇〇	六二 〇〇	六一 〇三									
六六 〇〇	六六 〇四	上河 界中 緯北	十度 分十	六七 〇〇	六七 〇〇	六七 〇一	北界 度緯	十度 分十	六七 〇三	六七 〇四	六七 〇五	六七 〇二	北界 度緯	十度 分十	六七 〇二
二四 〇〇	二八 〇〇	亥宮 度經	十度 分十	〇二 〇〇	〇六 〇〇	一〇 〇〇	亥宮 度經	十度 分十	一四 〇〇	一八 〇〇	二二 〇〇	二六 〇〇			
四六 〇四	四七 〇五	下河 界中 緯南	十度 分十	四九 〇二	五〇 〇三	五一 〇三	南界 度緯	十度 分十	五二 〇〇	五二 〇三	五三 〇〇	五三 〇〇			
五二 〇三	五三 〇〇	上河 界中 緯南	十度 分十	五四 〇四	五五 〇二	五七 〇一									
五八 〇五	六一 〇二	下河 界中 緯北	十度 分十	六一 〇五	六一 〇五	六一 〇〇									
六六 〇一	六七 〇〇	上河 界中 緯北	十度 分十	六六 〇二	六七 〇〇	六七 〇三	北界 度緯	十度 分十	六七 〇三	六八 〇〇	六七 〇三	六七 〇二			

黃道南

康熙壬子年測定

申宮 度經	十度 分十	二〇 〇〇	二四 〇〇	二八 〇〇	未宮 度經	十度 分十	〇二 〇〇	〇六 〇〇
					北界 度緯	十度 分十	〇三 〇二	〇九 〇四
南界 度緯	十度 分十	〇〇 〇〇	〇九 〇三	二三 〇〇	南界 度緯	十度 分十	二七 〇〇	三一 〇〇
申宮 度經	十度 分十	二二 〇〇	二六 〇〇	未宮 度經	十度 分十	〇〇 〇〇	〇四 〇〇	〇八 〇〇
				北界 度緯	十度 分十	〇〇 〇〇	〇六 〇三	一二 〇五
南界 度緯	十度 分十	〇六 〇一	一五 〇〇	南界 度緯	十度 分十	二五 〇一	二八 〇三	三三 〇三

一〇 〇〇	一七 〇二	三五 〇一
一四 〇〇	二四 〇〇	三九 〇三
一八 〇〇	二八 〇〇	四三 〇〇
二二 〇〇	三 〇一	四六 〇〇
二六 〇〇	三四 〇〇	五〇 〇二
午宮 度經	北界 度緯	南界 度緯
十度 分十	十度 分十	十度 分十
〇〇 〇〇	三七 〇〇	五八 〇〇
〇四 〇〇	三九 〇〇	六一 〇〇
〇八 〇〇	四一 〇〇	六二 〇二
一二 〇〇	四四 〇一	六四 〇一
一六 〇〇	四七 〇三	六六 〇一
二〇 〇〇	五〇 〇四	六八 〇〇
二四 〇〇	五二 〇一	六九 〇〇
二八 〇〇	五三 〇〇	七〇 〇一
巳宮 度經	北界 度緯	南界 度緯
十度 分十	十度 分十	十度 分十
〇二 〇〇	五三 〇二	七一 〇二
〇六 〇〇	五五 〇〇	七二 〇〇
一〇 〇〇	五五 〇三	七二 〇二
一四 〇〇	五六 〇〇	七二 〇三
一八 〇〇	五六 〇一	七三 〇一
二二 〇〇	五六 〇一	七三 〇二
巳宮 度經	北界 度緯	南界 度緯
十度 分十	十度 分十	十度 分十
二六 〇〇	五六 〇〇	七三 〇一

一二 〇〇	二二 〇〇	三七 〇一
一六 〇〇	二六 〇二	四一 〇一
二〇 〇〇	三〇 〇〇	四四 〇一
二四 〇〇	三二 〇四	四八 〇〇
二八 〇〇	三五 〇二	五二 〇五
午宮 度經	北界 度緯	南界 度緯
十度 分十	十度 分十	十度 分十
〇二 〇〇	三八 〇一	六〇 〇〇
〇六 〇〇	四〇 〇〇	六二 〇〇
一〇 〇〇	四三 〇〇	六三 〇一
一四 〇〇	四六 〇〇	六五 〇〇
一八 〇〇	四九 〇〇	六七 〇〇
二二 〇〇	五一 〇三	六八 〇三
二六 〇〇	五二 〇五	六九 〇二
巳宮 度經	北界 度緯	南界 度緯
十度 分十	十度 分十	十度 分十
〇〇 〇〇	五三 〇二	七〇 〇三
〇四 〇〇	五四 〇〇	七一 〇四
〇八 〇〇	五五 〇三	七二 〇一
一二 〇〇	五五 〇五	七二 〇二
一六 〇〇	五五 〇五	七二 〇四
二〇 〇〇	五六 〇一	七三 〇二
二四 〇〇	五六 〇二	七三 〇一
巳宮 度經	北界 度緯	南界 度緯
十度 分十	十度 分十	十度 分十
二八 〇〇	五六 〇〇	七三 〇二

辰宮 度經	北界 度緯	南界 度緯
十度 分十	十度 分十	十度 分十
〇〇 〇〇	五五 〇四	七三 〇二
〇四 〇〇	五六 〇一	七三 〇〇
〇八 〇〇	五六 〇二	七二 〇三
一二 〇〇	五六 〇三	七二 〇三
一六 〇〇	五六 〇三	七一 〇〇
二〇 〇〇	五五 〇二	七〇 〇二
二四 〇〇	五四 〇一	六九 〇四
二八 〇〇	五二 〇三	六九 〇〇
卯宮 度經	北界 度緯	南界 度緯
十度 分十	十度 分十	十度 分十
〇二 〇〇	五一 〇〇	六七 〇四
〇六 〇〇	四八 〇四	六六 〇一
一〇 〇〇	四六 〇三	六四 〇五
卯宮 度經	北界 度緯	南界 度緯
十度 分十	十度 分十	十度 分十
一四 〇〇	四三 〇五	六三 〇〇
一八 〇〇	四二 〇〇	六〇 〇三
二二 〇〇	四〇 〇三	五七 〇〇
二六 〇〇	三八 〇一	五五 〇一
寅宮 度經	北界 度緯	南界 度緯
十度 分十	十度 分十	十度 分十
〇〇 〇〇	三六 〇〇	五四 〇〇
〇四 〇〇	二八 〇〇	五二 〇〇
〇六 〇〇	一一 〇〇	五一 〇四

辰宮 度經	北界 度緯		南界 度緯
十度 分十	十度 分十		十度 分十
〇二 〇〇	五六 〇一		七三 〇一
〇六 〇〇	五六 〇一		七二 〇四
一〇 〇〇	五六 〇四		七二 〇〇
一四 〇〇	五六 〇三		七一 〇三
一八 〇〇	五六 〇〇		七〇 〇五
二二 〇〇	五四 〇三		七〇 〇〇
二六 〇〇	五三 〇二		六九 〇三
卯宮 度經	北界 度緯		南界 度緯
十度 分十	十度 分十		十度 分十
〇〇 〇〇	五一 〇五		六八 〇三
〇四 〇〇	四九 〇五		六七 〇〇
〇八 〇〇	四八 〇〇		六五 〇二
一二 〇〇	四四 〇三		六四 〇〇
卯宮 度經	北界 度緯		南界 度緯
十度 分十	十度 分十		十度 分十
一六 〇〇	四二 〇五		六二 〇〇
二〇 〇〇	四一 〇二		五八 〇三
二四 〇〇	三九 〇五		五六 〇〇
二八 〇〇	三七 〇一		五四 〇四
寅宮 度經	北界 度緯	北下 緯界	南界 度緯
十度 分十	十度 分十		十度 分十
〇二 〇〇	三三 〇三		五三 〇二
〇五 〇〇	一四 〇〇	二四 〇〇	五一 〇三
〇八 〇〇	〇六 〇〇		五〇 〇〇

○九 ○○	○四 ○二			四九 ○三
一一 ○○	○一 ○○			四八 ○五
一二 ○○				四八 ○○
寅宮度經		上河界中緯北	上河界中緯南	下河界中緯南
十度分十		十度分十	十度分十	十度分十
一三 ○○		○八 ○三	一三 ○三	四五 ○○
一五 ○○		○五 ○○	一三 ○三	四二 ○○
寅宮度經		下河界中緯北	上河界中緯南	下河界中緯南
十度分十		十度分十	十度分十	十度分十
一七 ○○		○○ ○○	○九 ○三	四一 ○一
二○ ○○			○五 ○○	三七 ○四
二三 ○○			○○ ○○	三二 ○○
二六 ○○				二三 ○○
丑宮度經				下河界中緯南
十度分十				十度分十
○○ ○○				○九 ○○
○四 ○○				○一 ○一

一○ ○○	○三 ○○			四九 ○二
一一 ○三	○○ ○○			四八 ○二
寅宮度經		下河界中緯北	上河界中緯南	下河界中緯南
十度分十		十度分十	十度分十	十度分十
一二 ○二		一○ ○二	一一 ○四	四七 ○三
一四 ○○		○六 ○三	一四 ○四	四三 ○三
一六 ○○		○三 ○二	一一 ○○	四一 ○三
寅宮度經		下河界中緯北	上河界中緯南	下河界中緯南
十度分十		十度分十	十度分十	十度分十
一八 ○○			○八 ○一	四○ ○一
二二 ○○			○一 ○四	三三 ○○
二四 ○○				三一 ○○
二八 ○○				一三 ○三
丑宮度經				下河界中緯南
十度分十				十度分十
○二 ○○				○四 ○四
○四 ○三				○○ ○○

黃道北

乾隆甲子年改測

黃道經度	北界緯度	北之南界緯度	南之北界緯度	南界緯度
宮 十度十分	十度分十	十度分十	十度分十	十度分十
寅 一二 四○	○四 ○○			
一二 四○	○八 ○○			
一三 二○	○六 ○○			
一三 二○	一二 ○四			
一四 ○○	○三 ○○			
黃道經度	北界緯度	北之南界緯度	南之北界緯度	南界緯度

黃道經度	北界緯度	北之南界緯度	南之北界緯度	南界緯度
宮 十度十分	十度分十	十度分十	十度分十	十度分十
寅 一二 四○	○四 ○四			
一三 二○	○二 ○○			
一三 二○	一○ ○四			
一四 ○○	○○ ○○			
一四 ○○	○九 ○三			
黃道經度	北界緯度	北之南界緯度	南之北界緯度	南界緯度

黃道經度	北界緯度	北之南界緯度	南之北界緯度	南界緯度
宮 十度十分	十度分十	十度分十	十度分十	十度分十
寅 一四 ○○	一一 ○四			
一五 ○○	一四 ○○			
一五 ○○	一八 ○○			
一六 二○	一五 ○二			
一七 三○	二三 ○五			
一八 ○○	二二 ○○			
一九 三○	二七 ○○	○二 ○○		
二○ ○○		○○ ○○		
二○ 三○		○五 ○三		
二一 四○		○六 ○四		
二二 ○○	三一 ○○			
二三 三○	三二 ○五	○九 ○三		
二三 三○		一四 ○○		
二四 三○		一六 ○三		
二四 三○		二一 ○二		
二五 ○○		二○ ○○		
宮 十度十分	十度分十	十度分十	十度分十	十度分十
寅 二五 三○		二四 ○○		
二六 三○			○一 ○○	
二七 ○○	三五 ○三		○○ ○○	
二七 三○			○四 ○○	
二八 ○○		二四 ○四	○五 ○○	
二九 四○	三四 ○○		○九 ○○	
丑 ○○ 三○		二六 ○○	○六 ○○	

黃道經度	北界緯度	北之南界緯度	南之北界緯度	南界緯度
宮 十度十分	十度分十	十度分十	十度分十	十度分十
寅 一四 ○○	一三 ○三			
一五 ○○	一七 ○○			
一五 四○	一九 ○二			
一七 ○○	二○ ○○			
一七 三○	二四 ○五			
一八 ○○	二五 ○五			
一九 三○		○四 ○三		
二○ 三○		○三 ○二		
二一 ○○	二九 ○二			
二一 四○		○八 ○三		
二二 四○		一一 ○○		
二三 三○	三三 ○○	一二 ○二		
二四 ○○	三四 ○○			
二四 三○		一八 ○四		
二五 ○○	三四 ○二	一五 ○○		
二五 ○○		二二 ○○		
宮 十度十分	十度分十	十度分十	十度分十	十度分十
寅 二六 ○○	三五 ○三	一七 ○三	○三 ○二	
二六 三○			一○ ○三	
二七 ○○			○二 ○○	
二七 三○			○五 ○○	
二九 ○○			○七 ○○	
二九 四○			一一 ○○	
丑 ○○ 三○			一三 ○○	

宮	黃道經度	北界緯度	北之南界緯度	南之北界緯度	南界緯度
	〇二〇〇	三五〇〇		〇七〇二	
	〇二二〇		二六〇二	一五〇〇	
	〇三三〇	三六〇四		一七〇〇	
	〇四〇〇			二〇〇三	
	〇六三〇	三五〇三		二二〇〇	
	〇八〇〇		三〇〇〇	二三〇〇	
	〇九〇〇				〇二〇〇
	一〇〇〇		三〇〇〇		〇五〇〇
	一一〇〇	三八〇四		二五〇二	〇七〇〇
宮	十度十分	十度十分	十度十分	十度十分	十度十分
丑	一一三〇		三二〇〇		〇七〇四
	一三〇〇				一二〇二
	一四〇〇				一三〇二
	一五〇〇	四二〇三	三五〇〇		
	一六〇〇				一七〇〇
	一六三〇	四五〇〇			
	一七〇〇			三〇〇二	
	一八三〇			三一〇二	一九〇〇
	一九〇〇			三二〇四	
	一九三〇				二〇〇〇
	二一〇〇				二一〇〇
	二二三〇				二一〇二
	二四〇〇		三八〇四	三六〇〇	二四〇〇
	二五〇〇	五〇〇三	四二〇〇		二四〇〇
	二六三〇				二七〇〇

宮	黃道經度	北界緯度	北之南界緯度	南之北界緯度	南界緯度
	〇二〇〇			〇八〇四	
	〇二三〇		二七〇三		
	〇四〇〇		二八〇三	一九〇三	
	〇五〇〇	三六〇三		一九〇〇	
	〇七〇〇		二九〇二		
	〇九〇〇	三六〇三		二四〇三	〇〇〇〇
	〇九〇〇				〇四〇〇
	一〇〇〇				〇六〇〇
	一一〇〇				〇九〇〇
宮	十度十分	十度十分	十度十分	十度十分	十度十分
丑	一三〇〇			二七〇〇	一〇〇四
	一四〇〇	四〇〇〇	三三〇〇	二九〇〇	一一〇〇
	一四〇〇				一四〇三
	一六〇〇			三〇〇〇	一五〇三
	一六三〇	四三〇三			
	一七〇〇			二九〇三	一七〇四
	一八三〇			二九〇〇	一七〇三
	一九〇〇	四五〇〇	三七〇〇	三〇〇〇	二〇〇〇
	一九三〇				一八〇〇
	二〇〇〇	四六〇〇		三四〇二	
	二二〇〇	四六〇二	三七〇〇	三五〇四	
	二三三〇	四九〇〇			二二〇四
	二四〇〇		四〇〇二	三七〇〇	
	二五〇〇				二五〇四
	二七三〇	五一〇〇		三八〇〇	

宮	黃道經度	北界緯度	北之南界緯度	南之北界緯度	南界緯度
宮	十度十分	十度十分	十度十分	十度十分	十度十分
	二七三〇			四〇〇〇	
丑	二八〇〇		四三〇五		
	二九〇〇				二九〇〇
子	〇〇三〇	五五〇〇			
	〇二〇〇			四一〇〇	二九〇〇
	〇三〇〇	五七〇〇	四五〇〇		三〇〇三
	〇四〇〇		四七〇三		
	〇五〇〇	六一〇〇		四三〇二	
	〇六〇〇		五〇〇〇	四五〇〇	三〇〇〇
	〇七三〇				三二〇〇
	〇九三〇	六三〇四	五一〇三		三二〇三
	一一〇〇				三五〇〇
	一二〇〇		五四〇〇	四六〇〇	
	一四〇〇				四〇〇〇
	一七〇〇			四九〇〇	四一〇〇
	一八〇〇		五四〇二		
	二〇[illegible]		五六〇〇		
子	二二〇〇	六六〇〇		五一〇〇	
	二四〇〇				四五〇〇
	二七三〇	六七〇〇	五七〇四	五四〇二	四八〇〇
亥	〇〇〇〇		五八〇四	五四〇二	四九〇三
	〇四〇〇		五八〇〇	五六〇〇	
	一〇〇〇	六八〇〇			五二〇〇
	一五〇〇				五一〇〇

宮	黃道經度	北界緯度	北之南界緯度	南之北界緯度	南界緯度
宮	十度十分	十度十分	十度十分	十度十分	十度十分
	二八〇〇	五三〇〇	四二〇三		
丑	二九〇〇			四〇〇三	二七〇〇
子	〇〇三〇	五三〇三	四四〇四		
	〇一〇〇	六〇〇〇			二九〇〇
	〇二〇〇			四二〇四	
	〇三〇〇		四六〇三		
	〇四〇〇		四九〇〇		三〇〇二
	〇五〇〇	六三〇〇			
	六〇〇〇		五一〇三		
	〇八三〇			四五〇〇	
	〇九三〇		五三〇二		三四〇二
	一一〇〇				三七〇〇
	一四〇〇			四七〇二	三八〇〇
	一五〇〇	六四〇〇	五四〇〇		
	一七〇〇				四二〇三
	一九二〇	六四〇三		四九〇三	四三〇〇
	二一〇〇				四四〇〇
子	二三〇〇		五六〇〇		
	二五〇〇	六六〇〇	五七〇四	五三〇〇	四七〇三
	二七三〇				四九〇二
亥	〇二〇〇	六六〇三	五七〇四	五六〇〇	五二〇〇
	〇六〇〇	六六〇二			五三〇三
	一五〇〇	六七〇四			五三〇〇
	一七〇〇	六九〇〇			五一〇二

黃道經度	宮 十度 十分	二〇 〇〇	二四 〇〇	二七 〇〇	戌 〇三 〇〇	〇八 〇〇	一〇 〇〇	一二 〇〇	一五 〇〇	一七 三〇	戌 二二 三〇	二七 〇〇	酉 〇〇 〇〇	〇四 〇〇	〇九 〇〇	一〇 三〇	一三 〇〇	一五 〇〇	一七 〇〇	一九 三〇	一九 三〇	二四 〇〇	二七 〇〇	二九 〇〇	申 〇一 三〇
北界緯度	十度 十分			六八 〇〇			六七 〇二		六七 〇一	六六 〇〇	六二 〇二	五八 〇四	五八 〇二	五六 〇四	五四 〇三	五〇 〇二	五〇 〇〇	四八 〇三	四七 〇〇	四五 〇四			四五 〇〇	四三 〇四	
北之南界緯度	十度 十分																								
南之北界緯度	十度 十分																								
南界緯度	宮 十度 十分	五二 〇二	五一 〇二	五二 〇二	五三 〇〇	五三 〇〇		五二 〇〇			四九 〇〇	四七 〇三	四五 〇〇	四二 〇三	四〇 〇四		三八 〇〇		三六 〇二	三四 〇〇	二八 〇四	二七 〇四	二六 〇二	二四 〇三	二三 〇二
黃道經度	十度 十分	二二 〇〇	二五 〇〇	戌 〇〇 〇〇	〇五 〇〇	一〇 〇〇	一二 〇〇	一五 〇〇	一七 三〇	二〇 〇〇	戌 二五 〇〇	二九 〇〇	酉 〇二 三〇	〇七 〇〇	〇九 〇〇	一二 〇〇	一三 〇〇	一五 〇〇	一七 〇〇	一九 三〇	二二 三〇	二五 〇〇	二七 〇〇	申 〇〇 〇〇	〇二 三〇
北界緯度	十度 十分	六七 〇四		六八 〇四	六八 〇四	六八 〇四		六七 〇二	六五 〇〇	六五 〇〇	六二 〇〇	六一 〇〇	五八 〇三	五五 〇四	五二 〇四		四八 〇三	四七 〇〇	四六 〇〇		四六 〇二	四六 〇〇	四四 〇〇	四二 〇二	四一 〇〇
北之南界緯度	十度 十分																								
南之北界緯度	十度 十分																								
南界緯度	十度 十分	五一 〇〇	五〇 〇〇	五二 〇〇	五二 〇三		五三 〇〇	五二 〇三	五〇 〇三	五一 〇〇	五〇 〇〇	四六 〇三	四四 〇三	四二 〇二		四〇 〇三	三五 〇〇		二八 〇四	三一 〇二	二七 〇三	二六 〇四	二五 〇〇	二三 〇四	二一 〇〇

黃道經度	宮 十度 十分	〇二 三〇	申 〇四 〇〇	〇五 〇〇	〇八 〇〇	〇九 三〇	一一 三〇	一一 三〇	一二 三〇	一四 〇〇	一五 〇〇	一六 三〇	一九 〇〇	二〇 〇〇	二〇 三〇	二一 〇三	二二 二〇	二四 四〇	申 二五 四〇	二七 〇〇	二八 〇〇	二九 〇〇	二九 三〇		
北界緯度	十度 十分	三九 〇〇	三七 〇四	三五 〇〇	三〇 〇〇	二七 〇三	二六 〇二		二四 〇四		二三 〇四	二〇 〇〇	一九 〇〇			一四 〇三	一四 〇〇	一三 〇〇	一一 〇四	〇九 〇二	〇七 〇三	〇五 〇〇	〇一 〇三		
北之南界緯度	十度 十分																								
南之北界緯度	十度 十分																								
南界緯度	十度 十分		二一 〇三	二〇 〇三	二〇 〇二	一五 〇三	一七 〇〇	一三 〇三		〇九 〇三	〇八 〇〇	〇六 〇二	〇六 〇二	〇三 〇四	〇〇 〇〇										
黃道經度	宮 十度 十分	〇二 三〇	申 〇四 〇〇	〇六 三〇	〇九 三〇	一一 三〇	一一 三〇	一二 三〇	一四 〇〇	一五 〇〇	一六 三〇	一七 三〇	二〇 〇〇	二〇 三〇	二一 三〇	二二 二〇	二三 四〇	二四 四〇	申 二五 四〇	二七 〇〇	二八 〇〇	二九 〇〇	二九 三〇		
北界緯度	十度 十分	三六 〇〇	三五 〇〇	三二 〇二	二九 〇三	二七 〇二		二六 〇〇		二四 〇三	二三 〇二	二〇 〇〇	一八 〇四		一七 〇〇	一五 〇四	一三 〇四	一三 〇〇	一〇 〇二	〇八 〇〇	〇六 〇〇	〇三 〇三	〇〇 〇〇		
北之南界緯度	十度 十分																								
南之北界緯度	十度 十分																								
南界緯度	十度 十分			二一 〇二	二〇 〇四	一九 〇四	一四 〇四	一三 〇三	一一 〇〇	〇九 〇〇	〇七 〇三	〇五 〇四	〇五 〇四	〇二 〇〇											

黃道北 乾隆甲子年改測

宮	申								申		未												
黃道經度（度 分）	一九 四〇	二〇 三〇	二〇 三〇	二〇 三〇	二一 〇〇	二三 〇〇	二四 〇〇	二六 〇〇	二七 二〇	二八 〇〇	〇〇 四〇	〇一 四〇	〇二 四〇	〇三 三〇	〇五 〇〇	〇七 〇〇	〇八 三〇	一〇 〇〇	一一 二〇	一二 四〇	一四 〇〇	一五 三〇	一六 〇〇
北界緯度（度 分）											〇 〇〇	〇二 〇〇	〇三 三〇	〇五 三〇	〇七 三〇	〇七 四〇		一〇 〇〇	一一 二〇	一二 三〇	一三 三〇	一七 〇〇	一八 三〇
北界之南緯度（度 分）																							
南界之北緯度（度 分）																							
南界緯度（度 分）	〇二 三〇	〇一 四〇	〇四 二〇	〇九 〇〇	〇六 四〇	一〇 〇〇	一二 〇〇	一三 二〇	一六 〇〇	一九 〇〇	一九 〇〇	〇二 四〇	三二 〇〇		二九 四〇	二九 〇〇	二九 〇〇	二九 〇〇	三二 〇〇		三五 〇〇		

宮	申								申		未												
黃道經度（度 分）	二〇 三〇	二〇 三〇	二〇 三〇	二一 〇〇	二一 〇〇	二三 三〇	二四 四〇	二六 〇〇	二七 二〇	二九 三〇	〇〇 四〇	〇一 四〇	〇三 〇三	〇四 二〇	〇六 〇〇	〇八 〇〇	〇九 〇〇	一〇 〇〇	一一 二〇	一三 二〇	一五 〇〇	一六 〇〇	一六 三〇
北界緯度（度 分）										〇〇 〇〇	〇一 二〇	〇三 〇〇	〇四 三〇	〇六 〇〇	〇七 二〇	〇八 〇〇	〇九 三〇			一二 〇〇	一三 四〇	一三 三〇	一六 三〇
北界之南緯度（度 分）																							
南界之北緯度（度 分）																							
南界緯度（度 分）	〇〇 〇〇	〇三 二〇	〇七 三〇	〇五 二〇	〇九 〇〇	一〇 二〇	一三 二〇	一四 四〇	一七 三〇	一九 四〇		二三 四〇	二五 〇〇	二七 〇〇		三〇 〇〇	二八 〇〇	三〇 四〇	三四 〇〇		三七 二〇		

宮	未										午									巳				辰
黃道經度（度 分）	一七 〇〇	一七 三〇	一八 〇〇	一九 〇〇	二一 〇〇	二三 〇〇	二二 〇〇	二四 〇〇	二六 〇〇	二九 〇〇	〇二 〇〇	〇三 〇〇	〇五 〇〇	〇七 〇〇	〇八 〇〇	一二 〇〇	一六 〇〇	二三 〇〇	二七 〇〇	〇五 〇〇	一四 〇〇	一九 〇〇	二五 〇〇	〇一 〇〇
北界緯度（度 分）	一五 〇〇	一六 三〇	二〇 二〇	二三 二〇	二七 四〇	二七 三〇	三〇 〇〇	三二 〇〇	三四 〇〇	三五 四〇	三七 〇〇	三八 四〇	三九 〇〇		四四 三〇	四七 三〇	五一 〇〇	五三 〇〇	五四 四〇	五六 三〇	五五 四〇	五六 四〇	五七 〇〇	五六 〇〇
北界之南緯度（度 分）																								
南界之北緯度（度 分）																								
南界緯度（度 分）	四〇 〇〇	四二 二〇							五〇 三〇		五六 〇〇		五八 四〇	六〇 〇〇		六二 三〇		六七 〇〇		七二 〇〇	七一 〇〇			七一 〇〇

宮	未									午									巳					辰
黃道經度（度 分）	一七 〇〇	一八 〇〇	一九 〇〇	二一 〇〇	二二 〇〇	二三 〇〇	二四 〇〇	二五 〇〇	二八 〇〇	〇一 〇〇	〇二 三〇	〇四 〇〇	〇六 三〇	〇七 〇〇	一〇 〇〇	一五 〇〇	一九 〇〇	二五 〇〇	〇一 〇〇	〇九 〇〇	一六 〇〇	二三 〇〇	二八 〇〇	〇三 〇〇
北界緯度（度 分）	一四 〇〇	一九 〇〇	二一 〇〇	二四 二〇	二六 〇〇	二九 〇〇	三一 〇〇	三二 二〇	三四 〇〇	三五 四〇	三七 四〇	三七 三〇	四一 三〇		四七 〇〇	四八 三〇	五一 〇〇	五三 四〇	五五 二〇	五六 三〇	五七 〇〇	五七 三〇	五七 三〇	五六 〇〇
北界之南緯度（度 分）																								
南界之北緯度（度 分）																								
南界緯度（度 分）			四五 〇〇		四五 〇〇		四八 〇〇		五三 〇〇	五三 二〇		五六 四〇		六二 〇〇		六五 〇〇		六九 三〇	七〇 〇〇			七一 〇〇		

宮	辰							卯									寅							
黃道經度（十度十分）	〇五 〇〇	〇五 〇〇	〇九 〇〇	一六 〇〇	二一 〇〇	二三 〇〇	二七 三〇	〇四 〇〇	〇九 〇〇	一〇 〇〇	一二 〇〇	一四 〇〇	一九 〇〇	二三 〇〇	二五 〇〇	二九 〇〇	〇二 三〇	〇三 三〇	〇四 〇〇	〇四 〇〇	〇六 〇〇	〇七 二〇	〇八 〇〇	〇八 〇〇
北界緯度（十度十分）	五六 〇〇	五四 〇〇	五五 〇〇	五五 〇〇	五四 〇〇	五二 〇〇	五二 〇〇	四八 三〇	四六 〇〇		四五 四〇	四六 〇〇	四七 四〇	四七 〇〇	四二 三〇	三九 三〇	三六 二〇	三二 四〇	三五 〇〇	三一 三〇	三〇 〇〇	二六 〇〇	二〇 二〇	一四 〇〇
界北緯之南度（十度十分）																								
界南緯之北度（十度十分）																								
南界緯度（十度十分）			七〇 〇〇					六五 〇〇	六二 〇〇	六〇 三〇	六二 三〇								五三 〇〇		五二 〇〇	五〇 〇〇		

宮	辰						卯									寅								
黃道經度（十度十分）	〇五 〇〇	〇八 三〇	一三 〇〇	一九 〇〇	二三 〇〇	二五 〇〇	〇〇 〇〇	〇七 〇〇	〇九 〇〇	一〇 〇〇	一二 〇〇	一七 〇〇	二一 〇〇	二三 〇〇	二七 〇〇	〇一 〇〇	〇二 三〇	〇四 〇〇	〇四 〇〇	〇五 〇〇	〇六 〇〇	〇七 二〇	〇八 〇〇	〇八 〇〇
北界緯度（十度十分）	五五 〇〇	五四 三〇	五四 〇〇	五五 〇〇	五三 四〇		五〇 〇〇	四七 三〇				四七 三〇	四七 二〇	四五 〇〇	三九 三〇	三七 三〇	三四 〇〇	三六 〇〇	三四 二〇		二八 三〇	二四 〇〇	一九 〇〇	一二 四〇
界北緯之南度（十度十分）																								
界南緯之北度（十度十分）																								
南界緯度（十度十分）				七〇 〇〇		六九 〇〇	六七 〇〇		六五 〇〇	六四 〇〇	六〇 〇〇	六〇 〇〇	五七 〇〇		五五 〇〇	五四 二〇		五〇 三〇		五一 二〇	五〇 二〇			

宮	寅																	寅						
黃道經度（十度十分）	〇八 〇〇	〇八 〇〇	〇九 〇〇	〇九 〇〇	〇九 〇〇	一一 〇〇	一二 〇〇	一二 三〇	一四 〇〇	一四 三〇	一四 三〇	一四 三〇	一五 〇〇	一六 〇〇	一六 二〇	一七 〇〇	一七 三〇	一八 三〇	二〇 〇〇	二〇 三〇	二〇 三〇	二一 〇〇	二三 〇〇	二三 三〇
北界緯度（十度十分）	一一 〇〇	〇九 〇〇	二一 〇〇	一六 〇〇	〇八 三〇	〇七 〇〇	〇四 四〇	〇四 〇〇	〇〇 〇〇															
界北緯之南度（十度十分）										一五 二〇	一二 〇〇	〇九 〇〇	一一 〇〇	〇九 三〇	〇八 三〇	〇五 〇〇	〇三 〇〇		〇〇 〇〇					
界南緯之北度（十度十分）															一五 〇〇		一二 二〇		〇九 二〇	一一 四〇	一〇 〇〇	〇五 三〇	〇四 〇〇	〇三 二〇
南界緯度（十度十分）						四七 三〇			四〇 四〇									三七 二〇	三六 二〇				三五 〇〇	三四 〇〇

宮	寅																	寅						
黃道經度（十度十分）	〇八 〇〇	〇九 〇〇	〇九 〇〇	〇九 〇〇	〇九 〇〇	一二 〇〇	一二 〇〇	一三 三〇	一四 三〇	一四 三〇	一四 三〇	二五 〇〇	一五 〇〇	一六 二〇	一六 二〇	一七 三〇	一八 三〇	一九 三〇	二〇 〇〇	二〇 三〇	二〇 三〇	二一 〇〇	二三 〇〇	二三 三〇
北界緯度（十度十分）	一〇 〇〇	二三 三〇	一三 〇〇	一〇 四〇	〇七 二〇	〇五 四〇	〇三 〇〇	〇一 四〇																
界北緯之南度（十度十分）								一四 二〇	一七 三〇	一三 〇〇	一〇 二〇	一〇 三〇	〇八 四〇	〇九 四〇	〇七 〇〇	〇四 〇〇	〇二 〇〇							
界南緯之北度（十度十分）														一六 〇〇	一四 〇〇	一四 〇〇	一一 三〇	一一 三〇	〇七 〇〇	一一 〇〇	〇七 四〇	〇四 二〇		
南界緯度（十度十分）		四八 〇〇				四五 〇〇						四二 四〇		四〇 〇〇			三九 三〇						三二 三〇	三一 〇〇

黃道經度 宮 十度十分	北界緯度 十度十分	北界之南緯度 十度十分	南界之北緯度 十度十分	南界緯度 十度十分
寅 二三 三〇			〇三 〇二	二九 〇〇
二五 四〇			〇二 〇〇	二〇 〇〇
二六 〇〇				二九 〇〇
二七 〇〇			〇一 〇四	二五 〇〇
二七 〇〇				一九 〇三
二八 〇〇				二二 〇〇
二八 三〇				一五 〇〇
丑 〇一 〇〇				一一 〇三
〇二 〇〇				〇八 〇三
〇四 〇〇				〇五 〇〇
〇五 二〇				〇三 〇〇
〇八 〇〇				〇一 〇〇

黃道經度 宮 十度十分	北界緯度 十度十分	北界之南緯度 十度十分	南界之北緯度 十度十分	南界緯度 十度十分
寅 二四 三〇			〇三 〇二	
二五 四〇				一八 〇三
二六 〇〇				二七 〇〇
二七 〇〇			〇〇 〇〇	二四 〇〇
二七 〇〇				一七 〇三
二八 〇〇				二〇 〇〇
二九 三〇				一三 〇三
丑 〇一 〇〇				〇九 〇二
〇三 三〇				〇七 〇〇
〇五 二〇				〇四 〇三
〇七 二〇				〇二 〇二
〇九 〇〇				〇〇 〇〇

天文十一

五星合聚

天官書言同舍爲合於兩星三星四星五星之合各有占而以五星合爲最吉謂經度之同如合朔也茲就三星以上同宮同宿及兩星以上同度者著于篇

順治元年正月庚戌土木金聚於降婁兩旬餘丙辰土金同躔壁三度三月乙巳土水同躔壁八度二年二月乙亥金水同躔危一度三月庚子土金水聚於降婁旬餘己酉土水同躔奎七度四月壬戌土金同躔奎九度癸酉木水同躔畢五度閏六月己酉火金水聚於鶉尾七月庚申聚於翼丁卯聚於壽星兩旬壬申聚於軫八月癸未聚於角丁酉聚於亢戊戌聚於大火三年三月庚戌土金水聚於大梁旬餘壬子土水同躔婁七度四月丁酉土火金聚於大梁月餘五月癸丑聚於胃旬餘六月甲申木水同躔井十九度七月乙丑木火金聚於鶉首聚於井丙寅木金同躔井二十八度四年二月庚子木火同纏井二十八度三月丁未土金水聚於大梁兩旬丙辰聚於胃金水同躔胃二度戊午土水同躔胃六度庚申土金同躔胃七度六月乙未木水同躔柳十度七月庚申火金同躔軫五度八月己巳火金水聚於壽星十月戊子聚於析木旬有九日癸巳聚於尾五年四月甲午火金水聚於大梁旬餘聚於婁閏四月乙巳聚於胃丙午火金同躔胃二度丙辰土水同躔畢四度五月丁卯土火金水聚於實沈土金同躔畢五度七月甲戌木金水聚於鶉尾兩旬餘聚於張浹旬六年三月丙寅土金同躔畢八度五月庚申土水同躔觜一度六月辛卯木火同躔翼十三度九月戊午木水同躔軫十二度七年三月壬申火金水聚於降婁四月辛卯聚於大梁五月丁巳聚於實沈癸亥土水同躔井初度乙丑土金水聚於鶉首旬餘乙亥聚於井旬餘六月庚戌土火水聚於井旬餘辛亥聚於鶉首旬餘七月癸丑土火同躔井七度九月辛未木水同躔氐三度八年正月甲子金水同躔危二度四月辛未土水同躔井十四度六月甲寅土金水聚於鶉首旬餘乙卯聚於井旬餘癸酉土金同躔井二十二度八月乙卯木火同躔心二度十

月戊辰木金水聚於析木旬餘壬申木金同躔尾十度十一月乙亥朔木金水聚於尾癸卯火金水聚於元枵十二月丁卯聚於危九年正月己亥火金同躔壁五度四月癸亥土金水聚於鶉首聚於井旬餘庚午土金同躔井二十六度六月丁卯土水同躔鬼二度七月丁丑土火水聚於鶉火丁亥土火同躔柳初度十年正月壬午木水同躔牛二度壬辰木金水聚於牛癸巳聚於元枵兩旬餘六月癸亥土金水聚於鶉火旬餘閏六月丙寅聚於柳辛未土水同躔柳九度壬申土金同躔柳九度十月丙戌木火金聚於元枵十一月庚子木金同躔女十度十一年正月己酉木水同躔危四度二月辛巳火金水聚於大梁旬餘己丑聚於胃六月庚午土火水聚於鶉火乙亥土水同躔星四度八月壬戌土火同躔張二度癸酉土火金水聚於鶉尾旬餘丁丑土金同躔張三度乙亥土火金水聚於張九月辛卯火金同躔翼二度十二年正月乙巳木金水聚於娵訾乙卯聚於室浹旬二月甲子木金同躔室十四度乙丑木金水聚於降婁兩旬戊辰聚於壁六月癸酉土金同躔張七度丙子土金水聚於鶉尾旬餘丁丑聚於張八月乙亥土水同躔張十四度十三年七月癸亥土火金水聚於鶉尾旬餘八月丙子朔土金同躔翼七度壬辰土火同躔翼九度十四年二月庚子木金同躔畢一度六月癸巳木金水聚於鶉首丙申聚於井十月己卯土金同躔軫八度十五年四月丁丑木火同躔井八度五月乙巳木火金水聚於鶉首丁未聚於井七月己亥木水同躔井二十五度己未火金水聚於鶉尾旬餘八月乙亥土金水聚於壽星浹旬丙戌土火水聚於壽星浹旬九月己未如之庚申聚於角旬餘辛酉土火同躔角三度十六年二月甲戌金水同躔女八度丁丑火金水聚於元枵九月辛巳土金水聚於大火兩旬十七年六月癸巳木火金聚於張旬餘戊戌木金同躔張十一度癸丑木火金水聚於鶉尾兩旬木火水聚於張七月乙卯木火同躔張十四度癸亥木水同躔張十六度壬申木火金水聚於翼旬餘九月己卯土火水聚於大火旬餘十月乙酉土火同躔氐四度丙戌土火水聚於氐浹旬十一月丙子土金同躔氐十六度十二月庚戌火金水聚於星紀旬餘十八年正月甲寅聚於斗庚申火水同躔斗十九度乙亥火金水聚於元枵六月己卯金水同躔井二度閏七月乙巳木金同躔軫十二度八月壬申土金同躔氐十二度九月丁丑朔土金水聚於大火康熙元年三月己亥金水同躔奎八度九月甲戌木火水聚於大火旬餘庚辰聚於氐旬餘辛巳木火同躔氐八度乙酉木水同躔氐九度戊子火水同躔氐十三度十月丙午土火同躔心三度十一月辛未朔五星聚於析木土金水聚於心乙亥土金同躔心六度乙酉土水同躔尾初度十二月庚子朔火金水聚於星紀旬餘甲辰聚於斗戊申聚於牛甲寅火金同躔斗二十二度戊午火金水聚於元枵旬餘二年二月辛亥金水同躔壁五度戊辰火水同躔室七度九月丙戌土木同躔尾三度甲午土木金水聚於析木旬餘十月乙未朔土木金聚於尾旬餘十一月癸巳土水同躔尾十度十二月戊戌木水同躔箕三度三年正月壬午木金同躔斗三度六月丙辰金水同躔井十度八月甲申火金水聚於大火九月戊申土火金聚於析木兩旬十月乙丑土火同躔箕一度庚午土火金聚於箕壬申木火金聚於星紀兩旬餘丁丑聚於斗兩旬十一月庚寅木金同躔斗十六度丁酉土木火水聚於星紀浹旬己亥木火水聚於斗木火同躔斗十八度壬子火金水聚於元枵丁巳火水同躔女一度十二月丁卯木火水聚於元枵四年六月丁卯火金水聚於鶉首己巳聚於井七月癸丑火金同躔井二十八度五年二月己未木金水聚於娵訾聚於危乙丑木水同躔危十一度己卯金水同躔壁一度十月丙辰火金同躔箕二度丁巳土火金聚於星紀月餘乙丑聚於斗兩旬餘癸酉土金同躔斗十一度十二月癸丑火金水聚於元枵旬餘壬申火金同躔虛九度六年二月丁未金水同躔女六度癸酉木火水聚於降婁旬餘五月辛亥火金水聚於實沈六月庚子火金同躔井二十六度七年二月庚寅木金水聚於大梁旬餘四月辛卯木水同躔胃十一度八年正月癸卯土水同躔女九度五月癸巳朔木火金水聚於實沈旬餘甲午木火同躔觜初度甲辰木水同躔觜三度丁巳火金水聚於鶉首六月丁丑木火金聚於鶉首七月乙未火金水聚於鶉火旬餘九年六月丙午木金水聚於井十月丁酉金水同躔氐四度十年正月庚申土金水聚於娵訾兩旬餘聚於危旬餘戊辰土金同躔危十度辛未金水同躔危十四度四月丙戌火金水聚於實沈旬餘戊戌聚於觜癸卯聚於鶉首兩旬餘乙巳聚於井兩旬丁未火水同躔井三度五月己卯木金同躔柳十三度六月丙戌木火金聚於鶉火七月庚戌朔木火水聚於鶉火旬餘甲子聚於星壬申木火同躔星六度甲戌木火水聚於鶉尾旬餘十月丁未火金水聚於大火十一年三月戊申土金水聚於娵訾壬申土金同躔室八度六月丁酉金水同躔井九度閏七月丁丑木金水聚於鶉尾戊壬木水同躔箕四度八月己酉木金水聚於壽星旬餘十二年二月壬子土水同躔壁一度三月戊子火金同躔觜九度癸巳同躔井一度五月壬辰金水同躔井三度六月庚申火水同躔星三度九月戊辰木火水聚於壽星旬餘十月甲寅木火金聚於大火兩旬餘十二月甲子火金水聚於星紀十三年正月丁亥金水同躔盧五度三月庚午土金同躔奎初度十月辛丑木水同躔氐十五度十四年三月丁卯土水同躔婁初度五月丁卯土金水聚於大梁甲戌土金同躔婁八度八月壬申火金水聚於壽星旬餘九月丙申聚於大火十月壬申木火金水聚於析木旬餘十一月丙戌火水同躔心六度己亥木火水聚於箕癸丑聚於星紀旬餘十二月辛酉聚於斗甲子木火同躔斗二度十五年二月己巳土金同躔婁十一度四月戊午土水同躔胃四度十六年二月戊申朔木金同躔女六度四月庚戌土金水聚於大梁壬戌土水同躔昴三度甲戌土金水聚於實沈八月庚申火金水聚於壽星旬餘壬申聚於角九月丁丑火水同躔角八度庚辰火金水聚於大火兩旬餘辛巳聚於亢旬餘丁酉聚於氐十七年正月辛巳木金水聚於娵訾甲申木水同躔危四度二月戊辰木火水聚於娵訾兩旬聚於危旬餘三月乙酉木火同躔危十九度戊子木火水聚於室己亥火金水聚於降婁閏三月丙寅土水同躔畢七度己巳火金同躔奎四度五月庚戌金水同躔胃九度庚申土火金水聚於實沈六月癸巳土火同躔觜二度十八年二月丁丑木金同躔壁八度乙酉木金水聚於降婁三月戊午土金水聚於實沈兩旬餘四月甲戌土金同躔觜四度丙子土金水聚於觜七月乙亥火金水聚於壽星十月壬戌火金同躔心二度十九年四月戊寅木水同躔胃十一度庚辰木火金水聚於大梁五月辛卯火金水聚於胃旬餘丁酉火水同躔胃八度己亥火金同躔胃九度甲辰木火金水聚於昴辛亥聚於實沈旬餘乙卯火金水聚於畢六月庚午土金水聚於鶉首辛未聚於井壬午土金同躔井十三度八月甲子土火同躔井十八度二十年三月乙卯木金同躔畢十度五月辛酉木金水聚於鶉首旬餘聚於井旬餘甲子金水同躔井六度癸酉土水同躔井二十四度六月丁酉土木金聚於鶉首旬餘庚子聚於井兩旬餘二十一年二月丁酉火金水聚於降婁兩旬餘三月甲子火金同躔婁四度四月甲申火金水聚於大梁辛丑聚於實沈五月丁巳木金水聚於鶉首旬餘戊午聚於井旬餘辛未同躔井二十四度六月戊寅土水同躔柳一度庚寅土木金水聚於鶉火土金水聚於柳浹旬七月戊午土木水聚於柳旬餘辛未土木火水聚於鶉火浹旬八月庚辰土木火聚於柳兩旬餘二十二年正月丁未土木同躔柳十一度六月癸酉土木水聚於鶉火兩旬餘庚辰聚於柳閏六月乙丑土金水聚於鶉火旬餘七月癸未木水同躔張三度己丑木金水聚於鶉尾乙未木金同躔張五度八月癸丑土木金聚於鶉尾十二月乙卯火金水聚於娵訾旬餘二十三年正月庚寅火金同躔壁十度五月庚寅火水同躔井八度壬辰土金同躔張初度土木金水聚於張旬餘七月丁丑土木金水聚於鶉尾旬餘庚辰土金水聚於張辛巳土水同躔張六度丙戌金水同躔張十四度癸巳木水同躔翼九度八月戊申土火金聚於鶉尾旬餘辛亥聚於張兩旬餘九月己巳土火同躔張十一度乙亥土金同躔張十二度十月甲午木金水聚於壽星丙申木火金聚於壽星兩旬餘戊申聚於軫己酉木金同躔軫八度二十四年二月乙未金水同躔盧一度七月甲戌土金水聚於鶉尾旬餘乙亥聚於張浹旬甲申金水同躔張十六度八月壬辰土金水聚於翼甲午木金水聚於壽星兩旬餘庚戌聚於角浹旬十月甲辰木水同躔亢六度二十五年二月庚寅火金同躔奎五度三月甲戌火金水聚於大梁七月庚寅土水同躔翼十度八月己未火金水聚於鶉尾旬餘丙子土火金水聚於翼九月丙戌聚於壽星旬餘庚寅土金水聚於軫土金同躔軫初度庚子土火同躔軫一度十月壬申木金水聚於析木二十六年正月丙申木火同躔尾十度二月乙亥金水同躔婁四度七月戊子土金同躔軫三度九月戊子土水同躔軫十度十月辛未木水同躔箕二度二十七年正月戊寅木金火聚於星紀丙申木金同躔斗十二度六月壬子火水同躔鬼三度八月辛亥火金同躔張十一度乙卯火金水聚於鶉尾九月戊寅土火金水聚於壽星旬餘丁亥土金水聚於角辛卯土水同躔角八度十月壬寅金水同躔氐五度二十八年正月癸未木水同躔女三度九月甲午朔土水同躔亢七度十月戊寅土金水聚於大火旬餘丁亥聚於氐二十九年正月甲寅木金水聚於娵訾兩旬餘二月戊辰木金同躔危十八度壬申木水同躔危十九度五月辛卯朔火金水聚於鶉首癸巳聚於井丙辰聚於鶉火六月己卯火金同躔星四度八月甲申土金同躔氐五度丁亥土金水聚於大火浹旬九月乙卯土火水聚於大火四旬餘十月庚辰聚於氐旬餘十一月庚寅土火同躔氐十三度壬辰土水同躔氐十三度三十年二月辛酉火金水聚於元枵旬餘五月甲午木金同躔婁四度九月乙卯金水同躔角五度十

月甲午土金水聚於析木旬餘三十一年二月戊戌木金同躔胃五度六月丁未火金水聚於鶉尾旬餘十月辛卯土火水聚於析木旬餘己亥土水同躔尾二度乙巳土火水聚於尾十一月辛亥土火同躔尾四度十二月乙未火金水聚於星紀旬餘辛丑聚於斗三十二年庚申聚於元枵旬餘丁卯聚於女二月丁亥聚於娵訾四月癸巳金水同躔胃十一度五月乙丑木金同躔井二度壬申木水金聚於鶉首旬餘六月癸酉朔聚於井旬餘九月戊午木水同躔井二十二度十月壬午土金同躔尾十度十一月壬寅土水同躔尾十二度三十三年七月己丑木金同躔柳九度十月丁巳土火水聚於箕旬餘十一月己巳土火同躔斗初度癸巳土火金水聚於星紀十二月戊戌聚於斗庚子土水同躔斗三度癸卯火金同躔牛二度癸丑火金水聚於元枵旬餘三十四年正月丁丑聚於娵訾聚於危庚辰金水同躔危十九度五月壬午木金水聚於鶉火旬餘六月辛卯朔金水同躔星三度十二月甲辰土水同躔斗十三度三十五年正月壬午土金同躔斗十七度五月戊寅木火同躔張十七度八月辛丑木金水聚於翼丙午聚於壽星旬餘己酉木火同躔翼十五度庚戌木金同躔翼十五度九月乙卯木金水聚於軫十月甲午火金水聚於析木十一月丁巳土火金聚於星紀兩旬餘癸亥聚於斗旬餘十二月丁亥土火同躔斗二十一度三十六年正月壬戌火水同躔虛六度丁卯火金水聚於娵訾六月乙丑聚於鶉首戊辰聚於井八月戊申朔火金同躔[illegible]初度十月己未木金水聚於大火浹旬三十七年正月癸未土金水聚於元枵旬餘八月乙巳木火同躔氐十度壬子木火金聚於大火九月壬辰聚於析木十月癸丑火金同躔斗三度十二月壬寅土火金水聚於元枵旬餘土火同躔女十度甲辰土金同躔女十度己未金水同躔女九度三十八年正月壬午金水同躔牛四度二月己酉土水同躔虛六度三月甲戌土金同躔虛九度五月丁酉火金水聚於實沈六月癸亥聚於鶉首七月己丑火金同躔井三十度庚寅同躔鬼初度八月甲戌火金水聚於鶉尾十月乙酉木水同躔箕八度戊子木金水聚於星紀兩旬甲午聚於斗旬餘木金同躔斗一度三十九年正月壬子土水同躔危七度十月辛酉木火同躔斗二十度十二月己未朔土火同躔危十一度四十年五月丁亥朔火金水聚於實沈癸卯聚於鶉首旬餘乙巳聚於井旬餘丙辰火金同躔井十四度十二月庚申土木金聚於娵訾兩旬餘丁卯木金同躔危七度四十一年正月壬寅土木水聚於娵訾旬餘二月己未土水同躔室八度壬戌土木水聚於室三月壬寅如之丙午土木金水聚於降婁兩旬餘四月庚申土金水聚於壁辛未土木金聚於壁丙子土木同躔壁一度十一月己巳土木火聚於降婁四旬餘乙亥土火同躔室十四度十二月壬午木火同躔壁三度甲申金水同躔牛一度乙酉土木火聚於壁旬餘四十二年正月庚午土木金水聚於降婁二月庚辰土金同躔壁六度四月丁酉火金水聚於鶉首旬餘己亥聚於井旬餘五月庚午聚於鶉火十月庚寅聚於大火旬餘四十三年四月甲申土金同躔婁初度四十四年二月戊寅土火金聚於大梁辛巳土金同躔婁三度三月乙巳木火金聚於實沈辛酉木火同躔觜三度四月乙丑土水同躔婁九度丁卯木火金聚於觜陬四月丙申聚於鶉首兩旬餘癸卯聚於井旬餘丙辰木金同躔井三度五月庚寅木水同躔井十度九月丙子火金水聚於壽星十二月丁未聚於星紀辛亥金水同躔斗二十一度四十五年三月癸未土金同躔胃九度五月壬午木金同躔鬼二度六月壬寅木水同躔柳二度八月癸巳土火同躔昴八度四十六年六月庚寅土金同躔畢八度癸卯木火同躔張初度七月壬子木火水聚於鶉尾甲子聚於張旬餘八月癸巳木金水聚於鶉尾兩旬餘丙申聚於張旬餘九月庚申火金水聚於壽星十月壬午聚於大火癸未聚於亢壬辰聚於氐甲午火金同躔氐三度十一月乙卯火金水聚於析木四十七年正月己酉朔火水同躔斗二度閏三月乙酉土金同躔畢十一度六月癸丑木金水聚於鶉尾旬餘八月己酉土火同躔井初度乙丑木水同躔軫四度十月壬戌木金同躔角三度四十八年四月甲寅金水同躔胃九度五月乙亥土水同躔井二度乙酉土金水聚於鶉首丁亥聚於井庚寅土金同躔井四度七月戊戌木火金聚於壽星八月乙卯火金水聚於壽星乙丑木火金聚於亢丙寅木金同躔亢三度九月辛未木火同躔亢四度壬申木火金水聚於大火旬餘癸酉木火水聚於亢庚辰火金水聚於氐火水同躔氐初度十月丙午火金水聚於析木四十九年三月壬午聚於降婁旬餘火水同躔室九度四月己亥火金同躔壁七度五月壬午土水同躔井十五度六月己酉火金同躔昴七度七月癸酉土金水聚於鶉首乙亥聚於井戊子土火金聚於鶉首浹旬辛卯聚於井浹旬閏七月乙未土金同躔井二十四度十月己卯木金水聚於析木旬餘丙戌聚於氐旬餘己丑木金同躔尾四度五十年正月壬辰金水同躔危五度四月辛未土金水聚於鶉首兩旬癸酉聚於井兩旬五月辛卯土金同躔井二十八度七月己丑火金水聚壽星己酉火金同躔角六度八月甲戌火金水聚於大火浹旬九月己丑火金同躔氐十三度十一月庚寅木水同躔斗三度癸巳木火水聚於星紀旬餘戊戌聚於斗旬餘五十一年正月己酉木金同躔斗二十一度五月丁亥火金同躔胃十二度癸巳火金水聚於實沈兩旬餘庚子聚於畢浹旬六月辛酉金水同躔井五度庚辰土金水聚於鶉火旬餘七月丙戌聚於柳十二月癸丑木金水聚於元枵旬餘五十二年六月丁亥土水同躔星五度八月壬辰土金水聚於鶉尾五十三年正月戊申金水同躔女八度庚戌木火同躔室初度戊午木火金水聚於娵訾丙寅木火水聚於室二月己卯火水同躔壁七度庚辰木金同躔室七度壬午火金水聚於降婁辛卯木火金聚於降婁旬餘三月丙午火金水聚於大梁旬餘丁未聚於婁旬餘六月丙戌土金水聚於鶉尾兩旬餘戊子聚於張旬餘甲午土金同躔張九度丁酉土水同躔張九度十月庚辰土火同躔翼三度五十四年八月乙亥土金水聚於鶉尾旬餘辛卯土水同躔翼八度壬辰土金水聚於翼九月己亥土金同躔翼九度五十五年正月己酉火金水聚於娵訾二月庚午聚於降婁庚辰火金同躔奎三度三月壬辰朔木火金聚於大梁兩旬餘辛亥木金同躔昴一度閏三月甲戌木火金聚於實沈己卯木火同躔昴七度四月辛卯木火水聚於實沈旬餘甲午聚於畢辛丑火水同躔畢十二度八月甲午土水同躔軫二度九月壬午土火金聚於壽星兩旬餘十月辛卯聚於軫浹旬戊申土火同躔軫十度五十六年四月己酉木水同躔井四度五月丙寅木金水聚於鶉首兩旬餘己巳聚於井兩旬餘丙子木金同躔井十度八月乙酉土金水聚於壽星兩旬庚寅聚於軫戊戌聚於角土水同躔角初度五十七年七月庚戌木火水聚於鶉火旬餘甲寅聚於柳己未木火同躔柳八度八月庚辰木火金聚於鶉火閏八月庚午火金水聚於壽星兩旬餘九月辛巳聚於軫甲午土金水聚於大火旬餘乙未聚於亢丁酉土水同躔亢六度庚子土金同躔亢六度十月丙辰土火金聚於大火甲戌土火同躔亢十度五十八年六月壬寅朔木金同躔張二度癸亥木金水聚於鶉尾己巳木水同躔張八度八月己酉土金同躔氐初度九月庚寅土金水聚於大火旬餘丁酉聚於氐十月庚子朔土水同躔氐五度五十九年六月辛亥火金水聚於鶉火七月丙戌聚於鶉尾兩旬餘戊子聚於張旬餘八月戊戌火金同躔張十二度九月庚午木火金水聚於壽星丙子木火水聚於軫庚辰木水同躔軫十度丁亥土金水聚於大火旬餘十月乙未聚於氐丙申土金同躔氐十五度癸卯土水同躔氐十五度十二月甲午土火水聚於析木旬餘六十年九月壬辰木水同躔氐一度戊申土水同躔心三度十一月戊子朔土金水聚於析木兩旬餘戊戌聚於尾浹旬己亥土金同躔尾一度六十一年五月辛丑火金水聚於鶉火兩旬餘戊申聚於柳九月丁酉土金同躔尾四度癸卯木土金水聚於析木十一月丁酉土木火水聚於析木兩旬餘戊戌聚於尾浹旬甲辰木水同躔尾十度乙巳土水同躔尾十一度十二月壬子朔土木同躔尾十二度乙卯土火同躔尾十二度

雍正元年正月癸未木火金聚於星紀兩旬庚子火金同躔斗二十一度三月壬午火金水聚於娵訾浹旬十一月癸巳土金同躔箕三度十二月丙午朔土木金水聚於星紀旬餘丁未土水同躔箕五度庚戌木金水聚於斗丁巳木水同躔斗十二度二年七月壬寅朔火金水聚於鶉尾旬餘十一月庚戌土水同躔斗五度癸丑土火水聚於星紀十二月癸酉土火同躔斗八度乙亥木水同躔女十度壬午土火金聚於星紀旬餘丁亥聚於斗三年正月丁未木火金水聚於元枵旬餘癸丑火金水聚於女乙卯金水同躔女三度癸亥火金水聚於虛二月己巳朔同躔虛八度庚午木火金水聚於娵訾旬餘辛未聚於危浹旬癸酉木火同躔危二度十月辛卯土金同躔斗十三度十一月乙卯土水同躔斗十五度十二月辛巳木金同躔危十七度四年正月丙午土水同躔斗二十一度二月甲申木金水聚於降婁旬餘四月甲戌木金同躔壁七度十二月癸亥火金水聚於星紀兩旬己巳聚於斗旬餘丁亥土火金聚於元枵兩旬五年正月戊子朔聚於牛甲午火金同躔女初度戊申土火金水聚於星紀壬子土火水聚於元枵二月乙丑火金水聚於娵訾旬餘聚於危辛巳木金水聚於降婁旬餘三月己亥聚於大梁兩旬餘庚子聚於婁浹旬閏三月庚辰木火水聚於大梁兩旬餘辛巳聚於婁四月丁酉聚於胃庚子木火同躔胃二度九月壬申金水同躔氐八度六年十月庚辰火金水聚於析木旬餘庚寅聚於尾十一月壬申土火金聚於元枵兩旬十二月戊子土金同躔虛五度壬寅土火水聚於元枵浹旬七年正月乙丑聚於危丙寅火水同躔危十二度戊辰土火水聚於娵訾旬餘五月乙卯火金水聚於實沈癸亥木水同躔井十度七月丙辰木火金水聚於鶉首己未聚於井閏七月丙子木火同躔井二十六度丁亥木火

金聚於鶉火兩旬餘戊子木金同躔井二十八度八年正月辛巳土金水聚於娵訾兩旬餘壬午聚於危壬辰土金同躔危十三度十二月丙申火金水聚於元枵己未土火水聚於娵訾旬餘聚於危九年正月丙寅土火同躔室初度二月壬戌土水同躔室七度三月壬辰土金同躔室十度六月己酉火金水聚於鶉首旬餘辛亥聚於井浹旬七月甲戌聚於鶉火旬餘己酉木水同躔張十四度八月丙辰木金同躔翼二度丁巳木火金聚於鶉尾十年六月丙子金水同躔張四度十一年正月丙戌土火同躔壁八度二月戊辰土水同躔奎初度五月戊戌火金水聚於鶉首己亥聚於井旬餘甲辰火金同躔井十六度己酉火水同躔井二十度六月癸丑金水同躔井二十七度辛酉火金水聚於鶉火浹旬十二年二月甲寅土金水聚於降婁旬餘丁卯聚於奎丙子土水同躔婁初度五月辛卯土金同躔婁九度十一月辛巳木金水聚於析木兩旬餘辛卯聚於尾旬餘十三年正月庚子金水同躔危九度二月己酉土火同躔婁九度閏四月辛未土水同躔胃六度壬辰火金水聚於鶉首甲午聚於井五月癸丑聚於鶉火十月辛巳聚於大火旬餘十二月癸酉木水同躔斗十九度

乾隆元年正月壬戌木金同躔牛六度四月甲戌土水同躔昴四度六月丙子金水同躔井十七度九月乙卯同躔氐十度十二月壬申木金水聚於元枵二年二月辛酉木水同躔危三度乙亥土火同躔畢一度三月癸巳土火金聚於實沉兩旬癸卯土金同躔畢四度四月辛未土金水聚於實沉戊寅土水同躔畢八度癸未土金水復聚實沉五月庚戌土金同躔畢十二度七月丁亥朔同躔觜一度閏九月壬戌火金水聚於壽星十月丙戌火水同躔氐三度丁亥火金水聚於大火辛亥聚於析木十一月乙卯火金同躔心初度十二月辛亥金水同躔女六度三年二月丙申木金水聚於降婁旬餘庚子聚於壁三月乙亥土金水聚於實沉兩旬餘四月癸巳聚於觜戊戌土金同躔觜七度十一月乙亥金水同躔牛四度四年二月乙巳土火同躔井二度三月乙卯木水同躔婁八度四月己亥木金水聚於大梁旬餘八月丁丑火水同躔翼十四度丙申金水同躔翼初度九月癸丑火金水聚於壽星癸酉聚於大火旬有七日十月庚辰聚於氐浹旬戊戌聚於析木浹旬十一月壬申金水同躔斗十五度十二月壬辰火水同躔斗二度五年正月甲寅同躔斗十九度三月癸亥木金同躔畢一度五月甲辰土金同躔井二十度六月乙酉土水同躔井二十四度閏六月戊申金水同躔張三度六年二月癸卯土木火聚於井旬有八日三月己卯土火同躔鬼初度五月庚午木金水聚於鶉首旬餘癸酉聚於井旬餘戊寅木水同躔井十六度六月乙未土金水聚於鶉火旬餘乙卯復聚四日戊午金水同躔星四度七月辛未土木水聚於鶉火兩旬九月丁卯火金水聚於大火己丑聚於析木浹旬七年三月庚申朔火水同躔室六度庚午火金水聚於室癸酉聚於降婁兩旬火金同躔室十五度戊寅金水同躔室十四度乙酉火水同躔壁九度五月癸未土木水聚於鶉火月餘六月己丑聚於柳兩旬餘壬寅火水同躔畢五度七月乙酉土木金水聚於鶉火八月戊子土木水聚於星乙巳土木金聚於星己酉聚於鶉尾兩旬餘九月丙寅聚於張十一月辛卯土木火聚於鶉尾兩月庚午聚於張月餘十二月戊子土火同躔張四度甲寅同躔張二度八年二月辛卯金水同躔室二度五月戊子土木火聚於張癸卯土木火金聚於鶉尾乙巳土木金聚於張旬餘七月戊子土木水聚於鶉尾旬餘庚寅聚於張八月癸亥火金水聚於大火旬有七日甲戌聚於氐九月壬午金水同躔氐四度丁未同躔亢二度九年正月壬午火水同躔危三度三月丁亥火金水聚於降婁四月丁丑火金同躔昴三度五月甲申火金水聚於實沉旬餘乙未金水同躔觜一度六月庚申火金水聚於鶉首癸亥聚於井七月庚寅土金水聚於鶉尾旬餘癸巳聚於張八月甲寅木水同躔軫十度木金水聚於壽星兩旬餘壬申聚於角九月丙子金水同躔角六度十年二月己巳土火同躔翼八度壬申同躔翼七度四月己巳同躔翼五度七月甲午木火同躔亢六度八月壬寅土水同躔翼十一度九月庚午朔同躔翼十五度十月癸卯土金水聚於壽星十一年正月壬申金水同躔斗十二度三月戊辰火金水聚於降婁旬餘壬辰聚於大梁兩旬餘閏三月甲辰聚於胃丁巳火水同躔胃九度七月丁未土金同躔軫五度九月庚子木金同躔尾一度十月丙子木水同躔尾九度十一月己未木金水聚於星紀月餘十二月壬戌朔木水同躔箕四度癸未金水同躔斗十一度丙戌木金水聚於斗十二年七月戊午金水同躔星二度八月丙戌土金水聚於星壽星旬有七日九月壬寅聚於角己酉聚於大火旬餘土金同躔角九度壬子木火同躔斗五度十三年二月壬戌火金水聚於降婁浹旬七月庚子聚於鶉火兩旬餘壬寅火水同躔柳二度辛亥火金水聚於柳旬餘閏七月戊午同躔柳十二度八月丙午土水同躔亢九度十月丙申土金水聚於大火十一月辛亥朔土火金聚於大火浹旬十二月乙酉土火同躔氐八度十四年正月丁丑木金水聚於娵訾兩旬餘二月戊子聚於危庚寅金水同躔危十八度六月丁丑朔同躔井二十八度八月戊戌土金水聚於大火旬有七日九月丁未聚於氐土金同躔氐八度甲寅土水同躔氐八度辛未同躔氐十度十一月庚午木火金聚於娵訾浹旬十二月戊戌木金同躔室七度十五年正月庚戌木火金聚於降婁旬餘二月乙未木金同躔壁五度三月戊申木金水聚於降婁旬有六日庚戌金水同躔室十二度九月乙丑火金水聚於壽星旬餘十月己亥聚於大火十一月乙巳土金水聚於析木旬餘戊申聚於心十六年正月甲辰土火同躔尾初度壬子金水同躔虛六度三年辛酉木金水聚於大梁四月己巳木水同躔胃一度九月乙酉金水同躔亢初度十月壬子土水同躔尾四度十二月丙午土金同躔尾十度十七年二月甲辰木火同躔畢一度三月戊寅木火水聚於實沈四月甲寅金水同躔胃十一度五月壬戌木金水聚於實沈兩旬戊寅聚於觜六月壬辰聚於鶉首丁未火金水聚於鶉火七月辛未聚於鶉尾八月庚寅聚於翼旬餘丁酉金水同躔翼十度辛丑火水同躔翼七度九月丁丑同躔角初度十月己亥土金水聚於析木甲辰土金同躔尾十二度甲寅土水同躔尾十三度十二月丙辰土火水聚於星紀浹旬十八年正月辛酉土火同躔箕五度六月癸巳木水同躔井二十二度八月壬寅木金同躔柳二度十一月甲子土水同躔箕八度十二月甲午金水同躔尾十三度壬寅土金水聚於星紀旬有九日己酉聚於斗旬餘十九年正月戊辰金水同躔牛六度三月壬申同躔奎八度五月癸巳木火金水聚於鶉火旬餘戊戌聚於柳八月甲戌火水同躔角四度十月癸丑土金同躔斗七度十一月己卯火水同躔心五度庚子同躔尾十三度十二月丙午土火金水聚於星紀旬餘庚戌土金同躔斗十四度甲寅金水同躔斗十一度丙辰土火金水聚於斗土水同躔斗十四度丁卯火金同躔斗八度二十年正月辛卯土金同躔斗十八度二月己巳火金水聚於娵訾旬餘八月壬寅朔木金水聚於鶉尾旬餘丙辰木水同躔翼七度庚申木金水聚於翼丙寅聚於壽星戊辰木金同躔翼十度十月乙卯金水同躔房初度十二月壬寅土金同躔斗二十二度戊午土金水聚於元枵己未土水同躔牛初度二十一年七月壬辰金水同躔柳十三度八月甲寅木火水聚於壽星旬有九日九月丁卯聚於角戊辰木水同躔角二度辛未火水同躔角七度閏九月戊戌同躔氐五度己亥木火水聚於大火旬有七日十月戊寅木金水聚於大火丙戌木金同躔亢八度十一月己亥火水同躔箕四度二十二年正月乙未土火同躔女六度己亥土火金聚於女庚子土火金水聚於元枵旬餘丁未火水同躔虛四度己酉火金水聚於虛辛亥金水同躔虛三度庚申火金同躔危四度壬戌火金水聚於娵訾旬餘二月癸亥朔聚於危浹旬癸酉火水同躔危十度庚辰火金水聚於室乙酉金水同躔室十五度三月壬辰朔火金水聚於降婁五月丙申金水同躔井初度八月甲戌木金水聚於大火旬餘戊子木金同躔氐八度十月己卯木水同躔房一度二十三年二月辛酉土水同躔虛八度十月庚辰木火同躔尾十二度癸未木火水聚於尾十一月壬辰聚於箕木水同躔箕初度己酉木火金水聚於星紀辛亥木金同躔箕四度十二月乙卯火金水聚於斗己巳火水同躔牛一度壬申木金水聚於斗二十四年正月癸未朔火金同躔女四度辛丑土金同躔危五度乙巳土火金聚於危二月癸丑土火同躔危七度己未土火金水聚於娵訾辛酉土火水聚於危乙丑土水同躔危八度壬申火水同躔室一度三月壬午朔火金水聚於降婁五月乙酉火水同躔胃三度九月丁巳金水同躔亢一度二十五年正月丁卯土水同躔危十八度七月丁巳金水同躔張二度九月庚午火金水聚於析木十月丙申聚於星紀十一月乙卯木火金聚於元枵兩旬餘十二月甲午土火木金聚於娵訾乙未木火金聚於危二十六年正月辛丑朔土金同躔室六度癸丑土木火水聚於娵訾旬有八日乙卯木火水聚於危戊午木水同躔危八度丙寅土火水聚於室浹旬二月辛未朔土水同躔室九度壬申土火水聚於降婁月餘土火同躔室九度三月庚子朔火水同躔奎一度四月乙未火金水聚於實沈旬有六日五月辛丑聚於畢癸卯金水同躔畢九度己酉火金同躔畢五度八月辛卯同躔柳十度二十七年二月甲申土木同躔壁五度辛卯土木金水聚於降婁三月丁酉土木金聚於壁浹旬癸卯土金同躔壁八度乙巳木金同躔壁十度四月癸酉木水同躔奎四度閏五月丙子金水同躔柳初度十一月丁亥同躔斗十五度十二月辛亥火水同躔危一度二十八年二月乙未土火同躔奎五度三月丁卯木火同躔胃四度甲戌土水同躔奎九度壬午土木火水聚於大梁丙戌木水同躔胃九度四月甲午火水同躔畢一度甲辰土木金聚於大梁旬餘六月乙未火金水聚於鶉首旬有八日丁酉聚於井旬有九日七月己未聚於鶉火旬餘丙寅聚於柳九月丙

子金水同躔亢三度。二十九年二月壬寅土金同躔婁五度。三月丙子土水同躔婁八度。丁丑木金同躔畢十一度。四月丁亥木金水聚於實沈。癸卯木水同躔參一度。五月甲子同參躔五度。六月丁酉同躔井二度。三十年正月丙子金水同躔牛二度。閏二月己未土火同躔胃六度。戊辰土火水聚於大梁。三月壬午土水同躔胃八度。四月丁未土金同躔胃十二度。甲寅土金水聚於昴。金水同躔昴八度。丙寅土水同躔昴二度。五月壬辰木火金水聚於鶉首。甲午聚於井。火金同躔井二十度。己亥木金同躔井二十六度。六月己酉木火金水聚於鶉火旬餘。木火水同躔井二十九度。丁巳火金水聚於柳。丙寅金水同躔星七度。七月丁酉同躔軫二度。三十一年二月甲寅同躔壁二度。五月庚辰土水同躔畢六度。八月甲寅木金水聚於鶉尾旬有七日。丁巳聚於張。癸亥木金同躔張七度。十一月甲午金水同躔箕五度。三十二年二月丁未火金水聚於降婁旬餘。三月戊子土火同躔畢十一度。辛卯土火金聚於實沈旬有八日。四月丁未土金同躔畢十三度。五月甲申土水同躔參二度。六月癸卯火金水聚於鶉火。七月癸亥朔木金水聚於鶉尾旬餘。癸未木火水聚於鶉尾。八月乙丑聚於翼浹旬。庚午聚於壽星旬有六日。庚辰木火同躔翼十五度。庚寅金水同躔亢四度。九月庚子木火金聚於壽星旬有六日。庚戌火金同躔角五度。十一月戊申火金水聚於析木。三十三年五月戊子朔土水同躔井四度。甲寅土金同躔井七度。六月丁丑金水同躔柳初度。八月丁卯木金水聚於壽星旬有六日。己卯聚於角。癸未同躔角八度。九月丙戌朔聚於大火旬有八日。癸丑金水同躔心二度。三十四年四月辛酉土火同躔井十二度。乙亥金水同躔畢十二度。五月壬午朔土火水聚於鶉首。甲申聚於井。甲午土水同躔井十六度。六月乙丑同躔井十五度。七月乙酉同躔井二十二度。戊子土金水聚於鶉首。庚寅聚於井。八月丙辰土金同躔井二十六度。乙丑火水同躔翼十一度。九月丁未木火水聚於大火旬餘。十月癸亥火水同躔亢九度。癸酉火金水聚於大火旬有七日。十一月丁酉木火金水聚於析木旬餘。戊戌木火水聚於心。壬寅木火金聚於心。乙巳同躔心五度。十二月戊午聚於尾。三十五年二月辛亥金水同躔危三度。五月丙戌土金水聚於鶉首。戊子聚於井兩旬餘。閏五月癸丑土金同躔井三十度。六月壬辰土水同躔柳初度。十一月乙巳木金水聚於星紀。己未聚於斗。金水同躔斗十六度。十二月辛巳木金同躔斗五度。三十六年正月乙巳同躔斗十度。六月丙申土水同躔柳十二度。八月壬午火水同躔軫十度。庚寅火金水聚於壽星。丙申金水同躔軫初度。九月丁卯火金水聚於大火浹旬。十月壬申火金同躔氐十度。丙子火金水聚於氐。丙戌聚於析木旬有六日。庚寅火金同躔心一度。十一月庚子火金水聚於尾。壬寅木金水聚於星紀。癸卯金水同躔箕三度。戊申木金水聚於斗。丙寅聚於元枵兩旬餘。十二月丁卯朔聚於牛。乙未火水同躔斗十七度。三十七年正月己酉木火水聚於元枵兩旬餘。丁巳聚於女。六月壬午土金水聚於鶉火。七月丙申聚於星。丁酉金水同躔星二度。己亥土水同躔星六度。九月甲辰土金水聚於鶉尾。丙辰土金同躔張八度。三十八年二月丙子木水同躔危十六度。己卯木金水聚於娵訾。三月丙申木金同躔室初度。閏三月壬申金水同躔婁四度。五月丁丑同躔井二十三度。

六月乙巳土金水聚於鶉尾兩旬餘。戊申土水同躔張十度。丁巳土金同躔張十一度。七月辛酉土水同躔張十二度。八月辛丑火金同躔亢六度。九月庚辰火金水聚於析木。十月丙戌朔火水同躔心四度。十一月丙辰朔同躔箕四度。三十九年正月戊午同躔女十一度。丙寅木金同躔壁四度。二月乙酉木金水聚於壁。丁未火金同躔室八度。壬辰木水同躔壁十度。三月乙卯同躔奎二度。壬申木火金水聚於降婁旬有六日。辛巳木火水聚於奎。四月戊子聚於大梁旬有七日。壬辰聚於婁。庚戌木火金聚於大梁兩旬。五月丁巳木金同躔婁五度。六月丁酉火金同躔畢十四度。八月丙申土金水聚於鶉尾。癸卯土水同躔翼九度。十一月乙卯金水同躔房三度。四十年正月癸亥同躔危三度。二月庚寅同躔壁一度。四月壬寅木水同躔昴三度。六月丁酉土木同躔翼十三度。七月丁巳土火金聚於壽星兩旬。九月丙午朔土水同躔軫三度。辛酉金水同躔亢五度。四十一年正月丙戌火水同躔危十九度。三月戊子同躔婁六度。戊戌火金水聚於大梁。四月乙卯木水同躔參六度。癸亥木火金聚於實沈。丁卯火金同躔畢八度。五月癸巳木金同躔井四度。丙申金水同躔井八度。六月癸卯木火金水聚於鶉首。丁未聚於井。七月己丑金水同躔張十二度。八月庚子朔土金水聚於壽星旬有五日。庚戌土水同躔角一度。己未土金同躔角二度。九月丁亥金水同躔氐二度。四十二年四月己酉同躔畢十四度。六月己未土火同躔角七度。七月丙寅木水同躔柳初度。十月甲寅土金水聚於大火。四十三年正月壬申金水同躔牛五度。二月丁酉火水同躔畢初度。三月壬戌火金水聚於降婁。丁丑金水同躔奎八度。戊寅火金水聚於大梁旬有八日。庚辰聚於婁。乙酉火水同躔婁十一度。庚寅火金水聚於胃。四月癸巳火金同躔胃四度。庚戌火金水聚於實沈旬有七日。乙卯金水同躔畢九度。戊午火金水聚於畢。五月癸亥火水同躔畢三度。六月丁未同躔井六度。閏六月乙亥木金水聚於鶉尾。丙子木水同躔張初度。八月己未土金同躔氐初度。丁卯木火水聚於鶉尾浹旬。九月癸丑土水同躔氐七度。十一月癸巳金水同躔斗十六度。四十四年三月甲辰土金同躔氐十二度。六月乙丑土火同躔氐八度。八月丁巳金水同躔張九度。己卯木金同躔軫一度。辛巳木金水聚於壽星旬餘。九月丁亥聚於軫。己亥土金水聚於大火旬有七日。丙午聚於氐浹旬。戊申金水同躔氐三度。十月丙辰土水同躔氐十六度。己未土金同躔氐十七度。乙丑土金水聚於析木浹旬。四十五年二月丙辰火金水聚於降婁。丙子聚於大梁。六月乙巳金水同躔星二度。庚午火金水聚於鶉火。七月癸巳火金同躔柳七度。庚子火金水復聚鶉火旬有七日。八月己酉火水同躔星初度。十月己未土水同躔心三度。十一月癸巳木火金聚於大火旬餘。戊戌木金同躔氐六度。十二月戊申土金水聚於析木旬餘。己未聚於尾。四十六年二月丙辰土火同躔尾六度。三月辛卯金水同躔壁一度。五月丁亥同躔畢十度。六月庚辰同躔柳十二度。八月癸巳木金水聚於大火。九月庚子朔木金同躔氐十六度。癸丑土木金水聚於析木旬餘。甲寅木水同躔房一度。十一月庚戌同躔尾一度。土木水聚於尾浹旬。丁巳土水同躔尾十一度。四十七年二月丁酉金水同躔室三度。六月丙寅朔火水同躔井三十度。七月庚申同躔張三度。九月庚申土木同躔尾十四度。

十月壬午火金水聚於大火。十一月丁巳土木金水聚於星紀旬餘。土金水聚於箕。壬戌木金水聚於斗旬餘。木金同躔斗三度。十二月甲子木水同躔斗四度。丁卯金水同躔斗九度。四十八年正月壬子同躔危十三度。土木火聚於星紀月餘。二月甲子聚於斗月餘。戊辰土火同躔斗四度。九月乙未金水同躔亢四度。十二月癸亥土水同躔斗七度。四十九年正月壬子木水同躔女八度。二月丁巳朔土金同躔斗十三度。癸亥木金水聚於元枵旬有六日。五月乙卯朔金水同躔畢七度。六月甲午火金水聚於鶉火。丁酉金水同躔鬼一度。七月丙辰火水同躔張六度。戊午火金水聚於鶉尾浹旬。辛酉聚於張。乙亥火金同躔翼初度。八月戊子火金水聚於壽星旬有八日。戊戌金水同躔軫十一度。丙午火水同躔軫四度。九月庚辰同躔亢二度。十月辛亥土金水聚於星紀。十一月癸丑土金同躔斗十五度。丁巳土金水聚於斗。丁卯土水同躔斗十六度。十二月辛丑土火水聚於星紀旬有六日。癸卯土水同躔斗二十一度。庚戌土火水聚於斗。五十年正月丁巳土水同躔斗二十二度。十二月癸巳金水同躔斗四度。五十一年正月乙卯土金同躔女初度。戊午土金水聚於元枵旬餘。乙丑土水同躔女一度。二月乙酉金水同躔危十五度。乙未木金水聚於降婁旬有五日。三月丙午木水同躔奎三度。丁巳木金同躔奎六度。癸酉金水同躔胃二度。四月甲戌朔木金水聚於大梁浹旬。辛卯木水同躔婁三度。六月戊子火金水聚於鶉火。七月丙午聚於鶉尾旬有八日。戊申聚於張。庚申火水同躔張十四度。十一月乙未火金水聚於星紀兩旬餘。戊午火水同躔危十一度。十二月庚子朔火金同躔斗初度。壬寅火金水聚於斗。金水同躔斗初度。乙巳火水同躔斗四度。戊申火金水復聚斗浹旬。戊辰土火水聚於元枵。土水同躔女十一度。五十二年正月丙戌土火金聚於元枵兩旬餘。二月戊申聚於虛。壬子土金同躔虛四度。三月丙戌火金水聚於降婁旬餘。四月戊午木水同躔畢初度。七月己卯金水同躔柳十度。八月辛亥同躔翼六度。十月乙卯同躔尾五度。五十三年正月庚午土金水聚於娵訾。辛未土水同躔危三度。三月庚寅木金同躔參四度。五月庚午木水同躔井二度。乙酉火金水聚於鶉火。七月己卯金水同躔柳二度。九月乙亥火水同躔氐初度。十月壬寅同躔房二度。十二月乙巳同躔斗十二度。五十四年正月乙亥土水同躔危十度。二月壬寅土火金水聚於娵訾兩旬餘。癸卯聚於危旬有七日。乙巳土水同躔危十四度。庚戌火金水同躔危十度。乙卯土金同躔危十五度。丁巳土火同躔危十五度。三月丁卯土水同躔危十六度。辛未火金水聚於室。丙子聚於降婁旬餘。四月戊戌金水同躔婁七度。五月壬午木金水聚於井。閏五月戊戌金水同躔井二十度。六月辛巳木水同躔柳六度。十一月戊子木火同躔星七度。十二月丁巳同躔星五度。戊辰土金水聚於娵訾。五十五年二月丙辰復聚旬有八日。庚申土金同躔室。庚午土金水聚於室。金水同躔室一度。甲戌土水同躔室八度。三月癸卯土金同躔室十一度。七月壬辰木水同躔張六度。十月己巳金水同躔氐十四度。十一月乙未火金水聚於星紀浹旬。壬寅聚於斗。十二月己未聚於元枵兩旬餘。丙寅聚於女。癸酉同躔女九度。五十六年二月壬子土金同躔壁初度。乙丑土火金聚於降婁。壬申土火水聚於降婁旬有五日。三月丙子聚於壁。丁丑同躔壁三度七月壬子木金水聚於壽星旬有六日辛巳木金同躔翼八度八月乙巳木水同躔翼十三度庚午同躔軫二度九月丙戌木金水復聚壽星兩旬餘十月甲辰聚於軫五十七年三月庚辰土水同躔奎一度四月丁巳土金同躔奎五度閏四月甲戌金水同躔胃一度五月丙午同躔參二度六月癸未木火同躔角三度七月戊午金水同躔翼二度八月甲午木金同躔亢五度九月戊申木金水聚於大火十月甲申火金水聚於星紀旬餘庚寅聚於斗旬餘五十八年正月乙卯土火金聚於降婁丙辰土金同躔奎九度二月甲申土金水聚於大梁丁亥土水同躔婁一度三月甲午朔土火水聚於大梁旬有九日丁酉聚於婁旬有六日辛丑土火同躔婁三度乙巳火水同躔婁六度戊申土水同躔婁四度四月戊寅同躔婁八度乙酉火金同躔畢初度庚寅火金水聚於實沈辛卯金水同躔昴六度五月己亥火水同躔畢十度八月辛酉朔火金水聚於鶉火辛巳火金同躔柳十四度十月戊辰木水同躔心二度十一月辛丑木金水聚於析木兩旬餘壬子木水同躔尾四度癸丑木金水聚於尾旬餘丙辰金水同躔尾四度五十九年正月己丑朔同躔斗二十一度三月壬辰同躔壁十三度丙辰土金同躔胃三度四月癸未土水同躔胃七度九月戊戌木火金聚於析木癸卯火金同躔尾十四度十月戊辰木火金聚於星紀旬有七日壬申木金同躔箕四度十二月壬戌同躔斗六度己巳木金水聚於星紀庚辰木水同躔斗十度六十年二月戊辰木金同躔斗二十一度三月戊辰土火同躔昴四度四月乙酉土火水聚於實沈旬有六日丁亥土水同躔昴六度乙未火水同躔畢十三度六月癸未火金水聚於鶉首旬餘甲申聚於井旬有八日己丑火水同躔井二十二度癸卯金水同躔井二十四度丙午火金水聚於鶉火兩旬七月癸丑聚於柳旬餘九月丙子金水同躔氐十度十二月癸未木金水聚於元枵浹旬癸巳木水同躔女七度

清史稿　志十二

天文十二

日食　月五星凌犯掩距

太白晝見　日變月變

日食　三統四分皆有推月食術而無推日食術由日食或見或否或淺或深隨地而變不詳其數立術綦難故自古以爲尤異每食史册必書後人推日食之術密矣猶必書者從其朔也其見於本紀無食分及所次宿備以入志言推步者考焉

順治元年八月丙辰朔午時日食二分太次於張五年五月乙丑朔卯時日食九分强次於觜觿七年十月辛巳朔巳時日食七分太次於亢十四年五月癸卯朔寅時日食六分半强次於觜觿十五年五月丁酉朔辰時日食四分少次於畢康熙三年十二月戊午朔申時日食九分弱次於南斗五年六月庚戌朔申時日食九分太强次於東井八年四月癸亥朔未時日食五分半次於胃十年八月己卯朔申時日食二分次於翼二十年八月辛巳朔辰時日食三分太强次於翼二十四年十一月丁巳朔申時日食二分少强次於心二十七年四月癸卯朔辰時日食九分太强次於胃二十九年八月己未朔卯時日食二分太次於翼三十年二月丁巳朔午時日食三分少强次於危三十一年正月辛亥朔午時日食五分少强次於危三十四年十一月己未朔申時日食八分半强次於尾三十六年閏三月辛巳朔辰時日食既次於婁四十三年十一月丁酉朔午時日食四分半强次於心四十五年四月戊子朔酉時日食六分半弱次於胃申四十七年八月甲辰朔申時日食五分少强次於翼四十八年八月己亥朔卯時日食五分弱次於翼五十一年六月癸丑朔寅時日食五分太弱次於東井五十四年四月丙寅朔酉時日食六分少弱次於胃五十八年正月甲戌朔申時日食七分次於危五十九年七月丙寅朔巳時日食七分次於柳六十年閏六月庚申朔酉時日食四分次於東井雍正八年六月戊戌朔巳時日食九分次於東井九年十二月庚寅朔卯時日食八分太次於南斗十三年九月丁酉朔辰時日食八分少强次於角乾隆七年五月己未朔辰時日食七分强次於畢十年三月癸酉朔巳時日食一分少弱次於東壁十一年三月丁卯朔午時日食七分弱次於營室十二年七月己丑朔申時日食二分少强次於柳十六年五月丁酉朔辰時日食四分太弱次於昴二十三年十二月癸丑朔申時日食八分太强次於南斗二十五年五月甲辰朔酉時日食九分太弱次於參二十七年九月庚申朔酉時日食五分太弱次於角二十八年九月乙卯朔辰時日食七分次於軫三十四年五月壬午朔酉時日食三分半强次於畢三十五年五月丁丑朔辰時日食四分弱次於昴三十八年三月庚寅朔未時日食四分少弱次於營室三十九年八月壬午朔辰時日食三分强太次於張四十年八月丙子朔午時日食四分半强次於七星十二月甲辰朔巳時日食一分太强次於南斗四十九年七月甲寅朔卯時日食二分弱次於柳五十年七月戊申朔辰時日食四分少强次於柳五十一年正月丙午朔巳時日食七分少弱次於婺女五十三年五月壬戌朔酉時日食三分半弱次於畢五十四年十月癸丑朔巳時日食五分太弱次於氐六十年正月甲申朔卯時日食九分弱次於南斗

月五星凌犯掩距　天官書言相凌爲鬬又云七寸以內必之謂緯度相迫如交食也今法兩星相距三分以內爲凌月與星相距十七分以內爲凌俱以相距一度以內爲犯相襲爲掩欽天監每年預推月五星入此限者繕册進呈本名凌犯書雍正初年改名相距書既憑占候即課推步各循本稱并志所在之宿

順治元年七月庚寅熒惑犯歲星於昴三年十一月辛酉月犯歲星於柳四年二月壬午掩歲星於觜六年六月癸巳熒惑犯歲星於翼七年五月甲子月犯歲星於亢十年十月庚午熒惑犯歲星於女十一月己亥太白犯歲星於女十二月甲申熒惑犯歲星於壁十七年五月壬申熒惑犯太白於柳十月甲午太白犯歲星於軫康熙四年六月丁卯月犯填星於箕八年十二月丁卯太白犯填星於虛十二年三月甲戌月犯太白於壁十三年六月戊申熒惑犯填星於奎十八年五月己未月犯歲星於婁二十一年八月丙申熒惑犯填星於柳九月己巳歲星掩填星於柳三十年六月戊寅熒惑犯歲星於婁三十一年五月丁卯太白犯熒惑於星三十三年十一月癸未犯填星於斗三十八年十二月丁丑犯填星於危四十年二月庚申犯歲星於虛五十五年十月戊戌犯填星於軫五十七年九月丙申辰星犯填星於亢雍正二年十二月丙申太白距填星於斗三年二月壬申距歲星於危九年十月癸丑熒惑距歲星於翼十二年正月甲申距歲星於心乾隆元年三月乙巳距歲星於女壬戌月距太白於奎五月己亥太白距填於星昴八月戊辰辰星距太白於翼十二月乙丑太白距歲星於女丁亥辰星距歲星於虛二年正月癸巳月距太白於室二月乙酉辰星距歲星於危五月己丑距太白於觜八月癸亥距熒惑於張閏九月乙丑月距歲星於危十月癸巳如之三年二月壬辰太白距歲星於壁辛丑辰星距歲星於壁三月乙卯距太白於婁四月乙未太白距辰星於觜五月丙寅熒惑距歲星於奎丁丑辰星距填星於井七月壬子月距辰星於張四年五月庚申太白距歲星於胃六月壬午辰星距填星於井七月乙巳朔太白距填星於井丁未月距辰星於虛壬戌辰星距熒惑於翼十月癸未太白距熒惑於氐乙酉辰星距熒惑於氐癸巳月距填星於井丙戌辰星距太白於氐十一月庚申月距填星於井十二月戊子五年正月乙卯四月丁丑如之五月丙寅辰星距歲星於觜六月壬申月距填星於井閏六月甲子距歲星於井七月壬辰距熒惑於井八月壬寅熒惑距歲星於井庚申月掩歲星於井距熒惑於井九月戊子復距十月甲寅距歲星於井丙辰距熒惑於鬼十一月辛巳距歲星於井甲午距太白於危十二月戊申距歲星於觜六年正月乙亥如之三月庚午掩歲星於井壬申距熒惑於井五月甲子朔辰星距太白於觜丁亥太白距歲星於井己丑辰星距填星於柳六月甲辰太白距填星於柳八月辛亥距熒火於亢九月壬午辰星距熒惑於氐十月丙申月距太白於箕壬子熒惑距辰星於尾十一月癸亥月距熒惑於尾十二月甲寅辰星距熒惑於牛七年五月乙酉月距熒惑於昴八月乙丑辰星距歲星填星於星歲星填距星於星庚戌太白距填星於星壬子距歲星於星十月乙卯距辰星於氐十二月癸卯月距熒惑於張乙巳辰星距太白於斗八年正月庚午月距熒惑於星四月戊申熒惑距填星於星閏四月壬戌距歲星於張五月丙午太白距填星於張六月甲寅距歲星於張七月癸巳辰星距填星於張庚子距歲星於翼八月乙卯月距熒惑於氐十一月辛丑距歲星於軫十二月壬子辰星距熒惑於女己巳月距歲星於軫九年二月辛酉距填星於張癸亥掩歲星於軫三月甲申辰星距熒惑於奎庚寅月距歲星於翼四月戊午如之六月乙亥辰星距太白於柳七月戊寅月距填星於張丙申辰星距填星於張八月戊申月距歲星於軫太白距填星於翼壬申距歲星於角十月庚戌辰星距歲星於角戊辰月距熒惑於張己巳距填星於翼十一月辛丑熒惑距填星於翼十年二月丁未月距太白於婁三月甲戌熒惑距填星於翼四月壬子月距熒惑於翼五月戊戌辰星距太白於畢癸巳距填星於軫十月壬子太白距填星於軫甲子辰星距歲星於氐十一月甲午太白距歲星於房十一年二月己亥月距熒惑於室癸亥辰星距太白於室三

月壬午距熒惑於奎閏三月癸卯太白距熒惑於婁五月乙巳辰星距熒惑於觜六月戊辰月距太白於星七月壬戌距熒惑於柳八月庚寅距熒惑於張九月庚子辰星距填星於軫十二月癸亥熒惑距填星於角十二年七月辛卯月距辰星於張十月庚寅辰星距太白於翼十一月辛卯月距熒惑於女甲午太白距辰星於尾十二月丁巳朔距歲星於斗戊午月距太白於斗十三年正月己丑辰星距歲星於牛癸丑月距歲星於女二月辛未太白距熒惑於奎五月壬寅辰星距熒惑於觜六月乙卯月距辰星於井八月壬辰距歲星於女九月己卯太白距熒惑於軫十月庚戌距填星於氐十二月癸卯辰星距歲星於危十四年二月甲申太白距歲星於危三月戊辰月距熒惑於斗乙亥辰星距太白於胃六月乙巳月距辰星於井十月己卯距太白於箕癸卯辰星距填星於氐十一月己巳熒惑距歲星於室十五年正月癸酉月距辰星於危三月丁巳辰星距歲星於壁四月乙亥月距熒惑於畢庚子太白距歲星於奎五月壬寅朔辰星距熒惑於井己未熒惑距辰星於井七月己未辰星距熒惑於星九月己未太白距熒惑於翼十月戊寅距辰星於角十一月戊申辰星距太白填星於心十六年正月癸亥月距熒惑於尾三月癸丑太白距歲星於婁四月己巳月距太白於昴閏五月壬辰距歲星於昴七月丁亥距歲星於畢八月丁酉距辰星於角九月壬辰距太白於角十月乙未距填星於尾戊申距歲星於畢十一月丙子距歲星於昴庚寅距填星於尾十二月己未距太白於箕十七年正月庚午距歲星於昴二月戊戌距歲星於畢四月庚申距太白於昴五月甲戌距填星於尾辛巳太白距歲星於觜壬午辰星距歲星於觜癸未距太白於觜六月辛丑月距填星於尾甲寅辰星距熒惑於星七月丁亥太白距熒惑於張八月庚寅月距辰星於翼十月乙卯距熒惑於氐十八年五月辛未辰星距太白於畢十一月甲戌填星距辰星於斗十二月丙午太白距填星於斗十九年正月壬子辰星距填星於斗五月己丑熒惑距歲星於柳乙巳太白距歲星於柳丁未辰星距歲於柳六月丙辰太白距熒惑於張七月甲辰辰星距歲星於張二十年正月丁丑熒惑距填星於斗辛丑月距太白於牛三月辛巳太白距熒惑於危庚子月距熒惑於室七月庚寅辰星距太白於柳九月己亥月距歲星於軫二十一年正月己丑如之八月辛酉熒惑距歲星於角十一月壬戌辰星距填星於女二十二年正月乙巳太白距填星於女辛酉月距辰於虛三月乙卯距填星於虛六月丁丑距填星於女九月戊戌如之十一月壬寅太白距填星於女二十四年十二月乙未月距熒惑於翼二十五年正月辛酉如之甲戌太白距歲星於女二月乙巳距填星於室三月甲戌距辰星於奎四月癸巳辰星距太白於胃十一月辛亥太白距熒惑於斗十二月戊寅距歲星於虛己亥熒惑掩歲星於危二十六年正月庚午辰星距熒惑於室十月癸巳月距太白於亢二十七年五月戊午辰星距太白於井己未月距歲星於婁七月丁卯距熒惑於氐十月辛丑距填於壁十二月丁酉距歲星於婁二十八年四月丁未太白距填星於婁五月壬申距歲星於昴六月甲寅辰星距熒惑於井七月丁卯太白距熒惑於柳三十年二月庚寅辰星距太白於虛八月己巳月距歲星於柳十月甲子三十一年三月己卯如之六月辛亥太白距填星於畢辛酉辰星距歲星於星三十二年五月甲子朔太白距熒惑於井丙寅月距熒惑於井六月丁未辰星距熒惑於鬼七月丁卯太白距歲星於翼八月乙丑月距太白於亢三十三年九月丙午距填星於井三十四年七月丁未距太白於井十一月乙未辰星距歲星於心乙巳太白距歲星於心熒惑距歲星於心丁未月距熒惑於心三十五年二月庚午距歲星於尾四月丁卯辰星距太白於畢五月辛卯月距歲星於尾丙申太白距辰星於井閏五月戊午月距歲星於尾六月丙戌八月庚辰如之三十六年四月丙申熒惑距填星於柳七月己未太白距填星於柳癸亥辰星距熒惑於翼十一月丙寅距歲星於牛十二月戊辰太白距歲星於牛三十七年正月己未辰星距熒惑於女辛酉距歲星於女甲子熒惑距歲星於女二月己巳月距太白於壁八月乙丑距辰星於翼庚寅距太白於柳三十八年五月己巳熒惑距填星於張庚辰月距歲星於壁八月戊戌辰星距填星於張九月戊辰月距歲星於室十月乙未十二月庚寅如之三十九年正月戊午距歲星於壁九月壬戌太白距填星於翼十月丙午月距填星於翼十二月辛丑距填星於軫四十年正月戊辰如之三月乙丑太白距歲星於胃四月己丑月距填星於翼十二月丁巳辰星距熒惑於虛四十一年六月壬戌熒惑距歲星於井四十二年五月戊辰月距歲星於井八月甲寅太白距歲星於柳十月戊申辰星距填星於亢十一月癸亥朔太白距填星於亢辛卯月距太白於尾十二月甲午距辰星於斗四十三年三月丁丑距填星於氐四月乙巳如之六月辛卯距太白於氐丙辰太白距歲星於星閏六月丙寅月距填於亢八月辛酉距填星於氐九月庚子熒惑距歲星於張十月甲申月距填星於氐十二月戊寅距熒惑於氐四十四年二月庚申熒惑距填星於氐甲戌月距熒惑於氐三月辛丑如之四月壬午距太白於胃九月戊子辰星距歲星於軫十一月癸巳距太白於斗四十五年正月己亥月掩歲星於角二月壬戌太白距熒惑於婁三月癸巳月距歲星於角五月癸卯辰星距熒惑於井七月壬午月距歲星於角九月己亥辰星距歲星於亢十月庚午太白距熒惑於軫壬申月距熒惑太白於軫十二月辛酉太白距填星於尾壬申熒惑距歲星於氐四十六年七月辛亥月距熒惑於斗四十七年五月辛丑辰星距熒惑於井九月戊申熒惑距太白於翼十月丁卯歲星距填星於箕丙子辰星距太白於氐四十八年三月乙未熒惑距歲星於斗六月甲子月距太白於柳十二月戊寅辰星距歲星於女四十九年二月丙子距歲星於虛三月丙戌朔太白距歲星於虛五月甲戌月距歲星於危八月乙未距歲星於虛十二月庚寅太白距歲星於危五十年二月癸未熒惑距填星於牛壬辰辰星距歲星於室三月癸丑月距太白於畢五月甲寅熒惑距歲星於壁戊午辰星距太白於昴十月癸未月距填星於斗十二月戊寅距填星於牛五十一年三月庚戌距熒惑於參七月丙午太白距熒惑於張九月乙亥月距太白於尾丁丑辰星距熒惑於亢五十二年二月庚子熒惑距填星於虛三月丁丑太白距熒惑於室五月乙酉距歲星於畢七月丙戌熒惑距歲星於參庚寅月距熒惑於參十月辛亥距歲星於參十一月己卯距歲星於畢十二月辛亥太白距填星於虛五十四年閏五月庚戌距歲於鬼五十五年三月癸卯熒惑距歲星於柳八月壬子月距熒惑於亢甲戌太白距歲星於張九月戊戌辰星距太白於軫十一月壬寅距熒惑於斗五十六年十月壬寅朔距歲星於軫己巳月距太白於角辛未太白距歲星於角十一月丁酉月距歲星於角戊戌距太白於氐五十七年正月辛卯距歲星於亢二月己未距歲星於角三月丁酉距太白於室五月丙午距熒惑於翼十月丁丑距填星於奎十一月癸卯太白距熒惑於牛甲辰月距填星於奎五十八年正月丙申距熒惑於危二月甲戌辰星距熒惑於壁九月戊午月距太白於翼十月乙酉距熒惑於翼十一月丙辰太白距歲星於尾六十年正月辛亥月距歲星於斗五月壬戌太白距填星於畢七月乙卯辰星距太白熒惑於柳太白距熒惑於柳壬戌月距歲星於斗十二月庚辰太白距歲星於女

太白晝見　太白見於午位者康熙元年四月庚午四年六月甲戌俱不著時七年六月癸酉至丁丑俱未時九年五月戊午乙丑十年六月甲午十二年六月庚申十三年十一月丁卯十五年五月甲申俱不著時九月丙戌巳時十六年十二月辛酉不著時十七年五月庚申巳時乾隆八年七月庚寅壬辰俱未正三刻十年七月丙子丁丑俱辰時十三年八月丙午至辛亥九月癸丑丙辰丁巳己未辛酉壬戌丙寅至辛未甲戌己卯十月丙戌俱巳時十四年十二月丙子丁丑己卯辛巳丙戌至己丑辛卯乙未戊戌壬寅癸卯十五年正月己酉俱未時四月庚子五月壬寅乙巳丁未己酉壬子癸丑丁巳至己未六月乙亥至丁丑十八年六月辛亥俱巳時二十四年閏六月丁亥戊子壬辰二十九年六月甲申俱未時十月庚辰甲申辛卯俱巳時三十年十一月癸酉庚辰至甲申丙戌己丑癸巳乙未至戊戌庚子辛丑十二月乙卯丁巳辛酉戊辰三十一年正月丙子俱申時三十二年閏七月癸卯丙午丁未庚戌壬子至乙卯俱未時丁巳申時戊午庚申八月壬戌朔俱未時十月戊辰至庚辰壬午至甲申俱巳時丁亥至庚寅俱辰時十一月辛卯朔壬辰俱巳時癸巳丁酉己亥俱辰時五十四年十二月戊午己未癸亥丙寅俱未時太白見於巳位者順治十一年五月辛亥與日爭明十七年九月庚辰康熙四年三月辛卯俱不著時七年六月癸酉至丁丑俱午時十二年六月辛酉十八年十一月丙辰俱不著時乾隆八年十月辛酉甲子丙子至十一月壬午乙酉十三年八月乙未九月壬申丁丑十月癸未甲申丙戌至己丑壬辰乙未丙申戊戌至辛丑甲辰丁未戊申十一月辛亥朔壬子甲寅乙卯丁巳己未乙丑丁卯癸酉乙亥十五年五月壬戌十八年六月戊戌三十二年十月戊辰至庚辰壬午至甲申十一月辛卯朔壬辰俱辰時太白見於未位者順治九年九月乙未康熙八年十二月丁卯十二年正月丁亥俱不著時十五年九月丙戌午時乾隆元年十二月庚午癸酉甲戌己丑二年正月庚寅朔壬辰癸巳丁巳二月辛酉乙丑庚辰三年十月甲申至丙戌戊戌己亥乙巳丙午六年十月己未至辛酉十一月甲子戊辰庚午至壬申丙子至戊寅甲申丙戌戊子十二月壬辰癸巳丁酉戊戌戊申十年正月辛巳癸未至丁亥辛卯至丁酉壬寅二月癸卯朔戊申俱申時丙辰酉時丁巳癸亥己巳壬申三月庚辰癸未十一年十月丙寅丁卯己巳甲戌至丁丑壬午乙酉己丑至辛卯十一月癸巳甲午戊戌至辛丑十四年十月乙巳十一月壬子癸丑乙卯丙寅丁卯辛未至甲戌十二月丁丑己卯辛巳丙戌至己丑

辛卯乙未戊戌癸卯二十年十月丁巳戊午辛酉丙寅至戊辰十二月癸卯甲子俱申時戊辰酉時三十一年正月癸酉辛巳壬午俱申時三十二年閏七月丁巳酉時八月甲子五十四年十二月戊午己未癸亥丙寅辛未乙亥俱申時太白見於辰位者乾隆七年六月癸巳甲午丁酉辛丑至癸卯俱寅卯二時丁未戊申庚戌壬子乙卯丁巳七月癸亥戊寅至庚辰壬午甲申乙酉八月丁亥朔戊子庚寅十年六月丁卯七月辛巳十三年九月甲寅十五年六月戊寅五十五年七月壬辰庚子甲辰至戊申八月丙辰己巳俱卯時太白見於申位者康熙二年七月丙申連日如之不著時乾隆三年九月丙寅丁卯二十四年六月丙辰戊午閏六月乙酉三十二年閏七月辛丑俱酉時太白見於卯位者康熙四年六月丙辰不著時太白見於酉位者乾隆八年五月辛卯壬寅甲辰至丙午俱戌初太白見於辰巳二位者乾隆二年七月己亥癸丑八月甲子癸酉乙亥至己卯癸未至乙酉九月丁亥至辛卯乙未丁酉庚子甲辰至丙午閏九月丙辰朔辛酉癸亥十年七月壬申戊寅至庚辰壬午十三年八月戊子丙申至庚戌九月乙卯丙辰戊午辛酉丙寅至戊辰十五年五月丁未己酉壬子癸丑戊午己未六月丙子丁丑俱卯辰二時太白見於未申二位者乾隆二年正月丙申至戊戌癸卯戊午至二月庚申丙寅戊辰庚午三年九月戊辰己巳辛未五年五月辛亥八年七月己丑庚寅壬辰甲午甲辰至丙午戊申己酉十五年正月己酉三十二年閏七月壬寅癸卯丙午至戊申庚戌壬子至乙卯戊午庚申八月壬戌朔丙寅丁卯俱申酉二時太白見於巳未二位者乾隆十年七月丙子丁丑俱卯巳二時十三年八月辛亥九月己未辛未甲戌己卯十五年四月庚子五月乙巳俱辰午二時太白見於卯辰巳三位者乾隆十年六月庚午十五年五月丁巳十八年六月癸巳甲午俱寅卯辰三時太白見於辰巳未三位者乾隆十三年九月癸丑丁巳壬戌己巳庚午十五年五月壬寅六月乙亥十八年六月辛亥俱卯辰午三時太白晝見不著位者順治元年六月庚午九月己酉三年正月己未六年八月甲午七年十二月辛丑康熙七年九月戊戌己亥二十一年十月乙未至戊戌二十三年五月己卯至庚寅俱不著時

日變月變　崇德七年四月庚戌二日並出上大下小須臾大日散沒順治元年二月癸亥月中有黑子七年三月己未日赤如血十一年四月庚申朔日出時色變赤戊子日色變白十四年二月乙酉日赤如血康熙元年二月丁卯日赤如血戊辰日出色如血無光十三年六月丙午月生光一道色蒼白十九年四月己巳日赤無光二十一年六月乙巳戌時日射青氣二道乾隆八年三月辛巳日赤無光二十九年六月甲申月見正午十一月壬子如之四十八年六月戊辰日心中出白圈向東成圈五十八年正月壬子日生赤黃色大半環及大圈圈各一二月戊子日生赤黃色大半環

天文十三

虹蜺暈珥

虹蜺異色者天聰八年三月丁亥朔天霽無雲色綠崇德六年九月己亥陰氣蔽日色白自巽至乾是晚天霽色黑自艮兌形如烟康熙十六年八月庚申東北三十六年六月丁巳東南四十六年二月癸卯五十二年八月丙戌五十五年七月癸酉俱東北俱色白乾隆三十八年八月丁未東方二道己酉西南戊辰東方二道三十一年三月庚寅東方五月丁亥東北辛卯東北至東南甲午西方戊戌東北六月庚子東南壬寅東北癸亥東方乙丑東北丙寅東南又東方二道七月辛未東南戊子東北八月己酉西北三十六年四月辛巳東北至東南二道五月甲辰東南至東北二道丁未庚申俱東北至東南壬戌乙丑俱東北至東南二道六月庚午朔東北辛未東南東北丙子東北乙酉東南二道戊戌七月辛丑俱東南至東北甲辰東北東南二道己酉東北四十一年四月丙寅東北至東南二道丁卯東南五月戊子西北東南丙申西北丁酉東北六月乙巳東南丙辰東北丁巳東南二道七月辛未壬申丁丑俱東北甲申東南庚寅東北八月壬寅四十六年三月丙申俱東方四月癸丑東南至東北二道五月癸未東北乙酉東北至東南二道己亥閏五月丙午俱東北己酉酉戌二時俱東南至東北二道丙辰西方庚申東北至東南二道壬戌東方二道甲子東北至東南丙寅丁卯申酉二時俱東南戊庚己巳俱東北庚午東南六月己亥東方二道庚寅東方癸巳東南至東北七月丁未東方二道辛亥東南二道丙辰東南壬戌卯未二時西方申酉二時東北二道乙丑丙寅八月辛未朔俱東北五十一年五月壬戌東方戊辰東南六月丁丑東南至東北二道戊寅酉時東南二道戌時東方庚辰庚寅壬辰俱東南癸巳西南七月甲辰東南閏七月丙戌東北己丑東方五十六年五月丙申東南二道壬寅東南六月癸丑西南乙卯丙辰俱東南戊午東南二道庚申東南丙寅壬申俱東南二道八月壬子西方二道戊午東方二道俱五色

虹蜺多道者康熙六月五月壬子申時正東四道酉時東北乾隆元年五月甲午朔八月乙丑二年四月乙酉七月辛丑俱東方壬寅東南壬子西北西南三年六月庚寅東南五年五月丙辰東方六月癸巳閏六月丙午俱東南六年三月丙戌東北東南四月戊午東南己未東北東南俱二道六月甲午朔東北東南四道乙未壬寅七年五月丁亥俱東南二道八年閏四月丁巳東南東北四道五月甲申六月庚戌七月癸未九年五月丁酉六月癸丑七月甲午十年五月庚子六月丙寅七月乙亥丙子十一年四月庚寅七月癸丑俱東南己未東方十二年五月庚戌丁巳俱東南六月己巳東方庚午西北俱二道八月丙寅東南東北四道辛未東方十三年六月丁丑東南十四年六月甲午西南壬寅東南七月丙辰東北八月庚辰東方九月辛亥東北十五年六月甲戌乙亥乙酉十六年四月甲申六月壬寅庚申十七年六月己亥俱東南八月庚戌未時東北酉時十八年四月乙未俱東方十九年五月戊子東南丙午東方六月丙辰東南二十年四月辛未東方六月乙巳東北辛未二十一年五月乙亥俱東南七月甲午西方二十二年四月己丑二十三年六月癸未俱東南二十四年六月辛未西南西北二十五年五月甲子丁卯戊辰俱東北東南六月壬午東南甲申二十六年六月丙子俱東方七月甲寅東南八月甲戌東南東北庚辰二十七年四月壬午俱東南丁亥西方五月丁酉閏五月庚寅六月甲辰俱東南戊午西南至西北庚申東北至東南八月庚子東南至東北二十八年五月辛未六月己亥俱東南七月戊寅東方二十九年五月甲戌乙亥俱東南六月壬寅癸卯七月己卯俱東方三十年四月辛酉東南五月丁酉東方三十一年六月己亥朔三十二年五月壬辰俱東南六月己未東方七月丁卯己巳俱東北己卯東南三十三年六月辛未東方壬申東北至東南三十四年六月庚申西南至西北己巳東北至東南三十五年閏五月癸丑東北六月丙子東北至東南己丑東南東北庚寅東北至東南壬辰七月庚午三十七年五月辛亥俱東南至東北壬子東北至東南六月庚午東南至東北乙酉七月癸卯俱東北至東南九月辛酉東北東南三十九年六月辛卯東南四十年五月己未東北至東南六月乙酉東南七月壬午東方俱二道四十二年八月丁未東南東北四道四十三年七月壬辰東北至東南四十四年三月庚子東方五月甲申朔東南庚子東方乙巳東南六月甲寅東方七月甲申東南四十五年五月辛丑東北至東南七月丁丑西北庚子東方八月壬子申時東北酉時己巳四十七年五月庚申俱東方六月乙亥東南至東北壬辰東南五十年五月丁卯七月丁丑俱東方五十二年六月戊申東南七月戊子東方壬辰東南至東北癸巳東南八月丁未西南至西北五十三年四月庚申五月己巳俱東南五十四年閏五月辛丑西南六月戊午壬戌俱東南五十五年五月庚子五十六年三月庚子俱東北俱二道五十八年六月癸亥東南至東北四道癸酉七月癸卯俱東北至東南五十九年六月戊辰東北東南七月甲辰東南俱二道

日生暈者順治元年九月癸巳二年三月戊戌三年三月丙子四年三月甲辰辛酉五年閏四月壬子六年正月壬申四月丙午八月丁未八年閏二月乙丑丁丑四月戊辰七月丁亥九年正月壬午二月庚午十年三月癸未四月己未五月甲午兼兩珥六月乙卯閏六月甲子庚辰辛卯七月己亥癸卯十一年二月壬午三月丁丑庚辰己丑五月癸卯七月丙午十二年正月乙未二月戊午乙丑癸未三月丁亥乙未四月癸亥庚午丙子十月戊午十三年二月丙辰兼兩珥四月甲戌五月甲申戊戌十月甲午十五年三月癸亥四月癸未十六年七月甲子乙酉十月丁酉兼兩珥十七年正月己卯三月壬午四月丙申康熙元年三月壬辰三年正月己巳兼兩珥己丑五年五月乙巳兼抱氣六年五月壬申兼直氣七年十一月己未兼兩珥十二年六月己酉兼格氣旋生兩珥十三年六月戊申兼直氣十五年二月辛酉兼兩珥抱氣二十年四月戊子兼兩珥乾隆九年二月丙寅十三年四月己巳二十八年正月辛酉兼兩珥抱氣二十九年正月乙亥巳時至酉時辛巳三月乙丑辛未兼兩珥背氣四月辛卯壬辰三十年閏二月己酉辛未三月己亥六月癸亥巳時至未時十月壬戌三十一年三月庚寅丙申四月甲辰丙午辛亥五月辛巳甲申丙戌壬辰十一月乙酉兼兩珥三十三年三月壬寅五月己丑壬寅六月乙丑巳午二時七月丙申

庚子癸丑九月丙戌十二月壬午兼兩珥三十四年正月甲午二月丙辰兼兩珥辛酉壬戌三月庚寅壬寅己酉四月癸丑朔巳午二時戊辰戊寅巳未申三時五月丙午兼兩珥十二月戊寅三十五年正月丙戌二月丙辰三月戊子兼兩珥背氣二道乙未癸卯四月戊申朔壬子己未兼兩珥癸亥甲戌五月壬午戊子辛卯巳時癸巳兼兩珥乙未己亥閏五月丁未庚戌辛亥乙卯八月壬午九月丁卯十二月甲申三十六年正月丙寅二月乙未三月丙辰甲子兼兩珥乙丑五月戊申癸亥七月丙午十一月乙巳兼兩珥三十七年二月丙戌未時癸巳三月壬寅戊申己酉四月辛未甲戌丁丑甲申乙酉癸巳五月丁酉丙午丙辰戊午六月戊辰辛未甲申丙戌丁亥兼抱氣七月乙未午未二時丙申八月戊寅未時庚寅九月乙未戊戌辛丑十月甲子庚寅申時兼兩珥背氣抱氣三十八年正月甲辰兼兩珥二月甲戌壬午癸未三月壬辰兼兩珥戊戌戊申乙卯未時己未閏三月壬戌癸亥辛未戊寅兼兩珥癸未乙酉四月己丑朔五月壬戌戊子六月丙午七月丙子辰辰丙戌八月壬辰辛丑九月丁巳朔癸亥十二月乙酉朔兼背氣甲辰三十九年正月辛酉兼兩珥辛未巳午二時二月丙申兼兩珥丁酉辛丑辛亥兼兩珥三月壬戌甲戌丁丑四月甲申至丙戌甲午辛丑壬寅壬子五月丙辰壬戌壬申兼兩珥己卯六月丙午兼抱氣辛亥七月壬戌丁戊八月乙酉九月辛酉乙亥午時己卯十月壬午兼兩珥癸巳兼背氣乙未兼兩珥壬寅兼兩珥背氣十一月庚申如之十二月庚庚朔兼兩珥壬辰丙午皆如之四十年二月己卯朔辰時庚辰癸未兼兩珥戊子如之己丑巳午二時辛丑兼兩珥乙巳三月己未皆如之乙丑至丁卯四月辛卯壬辰丙午五月辛亥甲戌六月甲申丙申丁酉兼背氣七月甲子兼兩珥戊辰八月丁丑己卯丙申甲庚未時兼兩珥乙巳九月己酉至辛亥丁卯未申二時壬申兼兩珥十月戊子辛卯壬寅十一月己卯甲午十二月辛未四十一年正月丁丑戊寅己卯兼兩珥乙酉丙戌己丑未時甲午兼背氣二月乙巳申時戊申己未庚申庚午三月甲申丙戌己丑巳時甲午乙未兼兩珥庚子辛丑四月壬寅朔癸卯辰時兼兩珥丙午如之己酉癸丑兼兩珥抱氣甲寅至丁巳己未至辛酉五月癸未乙酉丙戌庚寅兼抱氣癸巳乙未戊戌兼背氣六月庚子甲辰兼兩珥辛酉如之丙寅七月甲戌己卯壬午辛丑癸卯丁未庚戌丁巳九月庚辰至壬午十月辛丑壬子兼兩珥癸丑戊午十一月庚午丙子丁丑癸未皆如之乙酉兼抱氣丙戌兼兩珥丁酉十二月甲辰四十二年正月己巳申時兼兩珥庚午如之壬申丁丑申時戊子巳午二時二月丁酉朔兼兩珥癸卯乙巳巳午二時兼兩珥戊申丙辰戊午三月戊辰己巳庚午兼兩珥癸酉如之甲戌丁丑申時兼兩珥戊寅己卯乙酉皆如之丁亥戊子癸巳兼背氣兩珥四月丙申朔兼兩珥戊戌甲辰乙巳甲寅辛酉五月癸酉丙子未時丁丑辰時己丑七月甲子朔辛未午時丁丑戊子壬辰八月壬寅甲辰己酉九月庚午辛巳兼兩珥己丑庚寅十月辛丑兼兩珥十二月甲午甲辰皆如之戊申兼抱氣四十三年正月乙丑甲申丙戌巳時至申時二月癸巳巳午申三時兼兩珥甲午兼兩珥背氣三月辛酉朔己丑四月壬寅癸卯己酉五月甲子丁卯巳時至酉時辛巳六月壬辰辛丑乙巳閏六月癸未七月己丑巳午二時丁酉庚子兼戴氣丙午丙辰八月戊辰十月己巳壬申十一月乙巳兼兩珥十二月丁卯兼兩珥重背氣辛未兼兩珥己卯如之四十四年正月乙未兼背氣丙申丙午二月辛未庚辰三月丁未四月丁巳壬戌兼兩珥戊辰申時兼兩珥己巳壬申癸酉甲戌兼兩珥五月戊子丁酉辛亥壬子辰時兼戴氣七月丁亥庚寅辛亥八月戊午辛酉甲戌辛巳九月壬午朔甲午癸卯兼兩珥十月丙辰壬戌兼兩珥癸亥己卯皆如之十一月乙酉癸巳十二月壬子兼兩珥丙辰兼背氣辛酉辛未甲戌兼抱氣四十五年正月壬辰兼兩珥癸巳兼背氣兩珥甲辰兼兩珥乙巳兼背氣二月癸丑兼兩珥辛酉戊寅兼兩珥己卯兼兩珥抱氣三月戊戌辰時兼兩珥辛丑丙午四月己酉朔庚申甲子庚午巳時至申時癸酉兼兩珥丁丑巳時至未時五月壬午癸未巳時至未時戊子戊戌辛丑丁未六月己酉兼兩珥己巳七月己卯辛巳巳午二時八月丁未朔午時戊辰九月癸巳戊戌己亥兼兩珥十月庚申如之甲戌兼兩珥抱氣十一月己丑十二月乙巳朔兼兩珥戊申兼背氣庚戌兼兩珥丁巳四十六年正月丁丑戊寅庚寅兼兩珥庚子二月壬子未申二時甲寅兼戴氣兩珥抱氣戊午乙丑巳午二時己巳癸酉兼兩珥三月甲戌朔乙亥戊寅乙酉丙戌午未二時戊子己丑兼兩珥丙申壬寅四月乙巳戊申辰巳午三時辛亥戊午兼背氣己未庚申乙丑兼戴氣辛未壬申五月癸酉朔丙子戊寅己卯未時庚辰至壬午乙酉丙戌戊子兼兩珥癸巳甲午兼戴氣抱氣乙未丙申閏五月甲辰兼兩珥乙巳如之丁未戊申辛亥癸丑兼背氣甲寅丙辰丁巳戊午兼兩珥辛未如之六月壬申朔甲戌戊寅甲申至丙戌辛卯七月辛丑朔癸亥八月癸酉辰時己丑庚寅兼抱氣九月辛丑甲辰丙午丁未庚申兼兩珥辛酉壬戌甲子兼兩珥十月辛未癸酉巳午未三時己卯庚辰甲申丁亥戊子十一月丙午兼兩珥背氣十二月己卯兼抱氣四十七年正月庚子兼兩珥戴氣壬寅兼兩珥丁未兼兩珥抱氣丙辰兼兩珥壬戌如之癸亥乙丑午時至酉時丙寅兼兩珥丁卯二月庚午兼兩珥辛未如之壬申未時癸酉兼兩珥癸未甲午兼兩珥背氣乙未兼兩珥丙申如之丁酉三月庚子癸卯甲辰辰時兼兩珥乙巳己酉庚戌巳時至未時辛酉兼兩珥四月己巳巳時至申時庚午兼兩珥辛未乙亥丙子未時癸巳兼兩珥己亥如之辛丑乙巳兼兩珥己未乙丑六月丙寅朔壬午兼直氣背氣抱氣七月己酉丙辰癸亥甲子八月癸未辰巳未申四時癸巳九月己亥酉時戊申壬子十月癸酉兼抱氣兩珥癸未戊子兼兩珥抱氣十一月丙申己未申三時己亥十二月戊子四十八年正月丙申巳午二時辛丑甲辰己未兼兩珥戴氣二月壬戌朔兼兩珥乙丑庚午庚辰丁亥三月壬辰朔乙未丙午兼兩珥辛亥四月壬戌甲子乙丑辛未兼兩珥背氣壬申丙子兼兩珥丙戌如之五月壬辰乙未壬寅兼兩珥抱氣背氣七月甲午癸丑丁巳八月甲戌壬午戊子九月庚子兼兩珥抱氣甲辰兼兩珥乙巳己午二時丁巳十月辛酉甲申丁亥十一月辛亥兼兩珥十二月己未四十九年正月辛卯癸巳兼兩珥抱氣丙申兼兩珥二月丁巳朔己未兼兩珥乙亥戊寅巳午二時壬午兼兩珥三月丁亥戊子戊戌壬子乙卯閏三月丙辰朔戊午甲子乙丑癸酉兼兩珥己卯兼兩珥背氣甲申兼兩珥四月壬辰如之癸巳丙申未時庚子辛丑乙巳五月壬戌甲子乙丑六月甲辰己酉癸丑七月己巳丙子八月丙申兼兩珥九月丁丑十月丙午皆如之十一月戊午辛酉辛未十二月癸未兼兩珥甲辰如之乙巳五十年正月壬子午時壬戌丙寅庚午壬申未時甲戌兼兩珥丁丑如之戊寅二月辛巳朔兼兩珥丙戌兼背氣己亥兼戴氣甲辰午時戊申兼兩珥三月甲寅丁巳壬戌兼兩珥甲子如之乙丑未時丙子兼兩珥戊寅四月丁亥巳時至未時戊子至庚寅乙未兼兩珥丙申甲辰丙午五月甲寅戊午兼兩珥己未甲子乙丑戊辰丁丑辰時七月戊辰己巳丁丑八月丁亥午時至申時癸巳辛丑九月甲寅丙辰戊午丁卯巳時至未時十月戊寅兼兩珥己卯如之庚辰壬午巳時至申時壬辰戊戌庚子辰午未申四時壬寅兼兩珥十一月戊辰如之十二月辛卯辛丑癸卯五十一年正月丁未兼抱氣癸丑壬申二月丁丑戊子兼兩珥己丑庚寅辛卯兼兩珥癸卯三月戊申壬子甲寅丁巳癸亥己巳癸酉四月乙亥兼兩珥丙子至戊寅庚辰壬午至甲申丙戌至戊子辛卯乙未丁酉五月乙巳至丁未己酉癸丑庚申癸亥甲子丙寅辛未六月甲戌戊戌七月甲寅乙卯閏七月辛巳壬辰己亥庚子八月己酉九月丙子十月壬寅十一月己卯戊子兼兩珥甲子十二月丁未己巳五十二年正月辛未兼兩珥癸酉辛巳兼兩珥直氣丙戌甲午乙未兼兩珥二月辛丑甲辰兼兩珥丙午己酉巳時壬子癸丑乙丑兼兩珥丁卯三月丁丑壬午兼兩珥癸未戊子兼兩珥庚寅如之癸巳甲午四月庚戌癸丑甲寅戊午己未甲子五月丁卯朔甲戌丁丑庚辰至壬午丙戌至己丑辛卯癸巳六月辛丑乙巳壬子至乙卯癸亥七月辛未乙亥癸未丁亥八月戊戌乙卯九月戊辰己巳甲申癸巳甲午十月壬寅甲寅兼兩珥癸亥十二月乙未丁酉庚子辰巳未申四時兼兩珥背氣五十三年正月丙寅兼兩珥戊辰甲戌兼兩珥庚辰癸未戊子兼兩珥背氣己丑庚寅兼背氣兩珥辛卯二月丙申辰時至未時辛丑兼兩珥乙巳丁未辛酉三月甲戌辛巳丙戌戊子庚寅辛卯四月乙未至丁酉戊戌巳午二時壬寅兼兩珥癸卯癸丑兼兩珥戊午己未五月癸亥丙寅兼兩珥背氣壬申甲戌乙亥辛巳丁亥戊子六月壬辰朔兼兩珥戊戌己未兼兩珥七月乙丑辛未丁丑乙酉戊子八月壬辰庚子辛丑甲辰乙巳丙辰九月乙丑丁卯乙亥兼抱氣兩珥十月乙巳兼兩珥丁未癸丑十一月辛酉己巳己未二時兼兩珥壬午癸未十二月癸巳兼兩珥辛丑癸卯辛亥五十四年正月戊午朔丁亥二月辛丑壬寅庚戌癸丑三月丙寅午時至申時己巳午時庚午兼兩珥壬午兼背氣丙戌四月丁亥庚寅乙未己亥乙巳午時癸丑甲寅五月戊午兼直氣乙丑至丁卯乙亥庚辰閏五月丙戌朔丁亥辛卯癸巳甲午丙申庚子丁未六月乙卯朔丁卯甲戌癸未七月乙酉朔乙未丁未戊申壬子巳時至申時癸丑八月庚辰壬午兼兩珥十月庚申己巳十一月丁亥未申二時乙巳十二月丙辰兼兩珥抱氣甲戌丁丑兼兩珥五十五年正月壬午朔壬辰二月丁卯甲戌丁丑三月壬辰丁未兼兩珥四月乙丑甲戌兼兩珥五月辛巳朔六月壬子兼抱氣庚申戊辰七月丙戌庚寅兼背氣兩珥癸巳戊戌己亥兼兩珥抱氣辛丑兼兩珥八月己酉朔甲子己巳九月戊寅朔至庚辰甲申乙酉癸卯兼兩珥丁未十月乙卯乙丑兼兩珥背氣戊辰己巳辛未壬申兼兩珥背氣抱氣乙亥十一月乙未兼兩珥背氣丙申丁酉午時壬寅兼兩珥十二月戊申如之己酉兼兩珥抱

氣丙寅兼兩珥戊辰兼兩珥背氣抱氣辛未兼兩珥五十六年正月庚辰如之壬午癸未丙戌庚寅兼背氣癸巳兼兩珥抱氣背氣甲午乙未丁酉兼兩珥己亥二月丁未午時己酉兼兩珥抱氣背氣甲寅癸亥甲子丙寅己巳庚午壬申三月丙子丁丑辛巳甲申丙戌兼兩珥丁亥戊子兼兩珥庚寅辛卯兼兩珥直氣壬辰癸巳丙申戊戌己亥辛丑甲辰至四月丙午戊申辛亥癸丑申時甲寅辰時庚申壬戌卯辰午未酉戌六時甲子丁卯至己巳甲戌五月戊寅癸未乙酉丙戌兼背氣丁亥戊子庚寅壬辰兼背氣癸巳乙未丁酉兼兩珥己亥兼兩珥背氣庚子兼兩珥辛丑如之癸卯六月丙午兼抱氣丁未兼兩珥壬子甲寅丙辰己未庚申壬戌兼抱氣七月丙子甲申丙戌辛丑八月丙寅九月辛巳申時乙酉兼兩珥背氣丙戌兼背氣丙申己亥兼背氣辛丑十月乙巳丙午庚戌甲子辛未十一月己卯辰時庚寅兼兩珥背氣辛卯壬辰兼兩珥己亥十二月壬寅兼兩珥癸卯兼抱氣甲辰兼兩珥庚申壬戌皆如之癸亥五十七年正月丁丑兼抱氣兩珥癸未申時乙酉兼兩珥抱氣丙戌兼兩珥丙申己亥皆如之二月癸卯至乙巳丁未未時兼兩珥辛亥如之壬子兼兩珥背氣丙辰丁巳兼兩珥戊午三月庚午朔辛未巳時至申時甲戌戊寅辛巳丁亥戊子兼兩珥抱氣癸巳甲午兼兩珥丙申至四月己亥朔壬寅甲辰乙巳丁未戊申癸丑甲寅戊午辛酉壬戌戊辰閏四月己巳朔兼背氣乙亥丙子己卯癸未兼抱氣甲申兼兩珥乙酉丁亥戊子壬辰癸巳卯時至未時甲午兼兩珥乙未丁酉五月乙巳丙午癸丑兼背氣乙卯巳午二時丙辰至己未庚申兼兩珥癸亥兼兩珥抱氣丙寅丁卯六月庚午癸酉兼兩珥抱氣甲戌戊子乙未丁酉七月甲辰戊申癸丑癸亥兼背氣乙丑兼兩珥八月丁卯朔辛未甲戌兼兩珥丙子丁丑九月乙巳申時己酉兼兩珥背氣庚戌兼背氣癸亥如之乙丑十月己巳庚午辛未辰時甲戌戊子乙未十一月壬子十二月乙亥兼兩珥己卯五十八年正月丙申兼兩珥甲辰丁未兼兩珥背氣壬子兼兩珥抱氣背氣癸丑兼兩珥丙辰丁巳兼兩珥戊午兼兩珥抱氣己未午時二月甲子朔兼兩珥丁卯戊辰兼兩珥己巳庚午兼兩珥壬申如之乙亥至戊寅辛巳兼兩珥抱氣壬午丁亥兼兩珥戊子兼兩珥抱氣壬辰癸巳皆如之三月庚子壬寅甲辰己未二時乙巳巳時至申時庚戌兼兩珥己未四月甲子戊辰兼兩珥背氣抱氣己巳辰未二時庚午未時辛未兼兩珥壬申甲戌辛巳兼背氣兩珥癸未辛卯五月癸巳甲午丁酉至己亥辛丑至癸卯乙巳至己酉辛亥兼兩珥丙辰戊午六月丙寅兼背氣辛未如之己卯甲申乙酉庚寅七月乙未癸卯甲辰甲寅庚申至八月壬戌乙丑兼抱氣辛未壬申甲申兼兩珥丁亥如之戊子九月乙未兼背氣壬寅癸卯兼兩珥乙巳己酉兼兩珥十月癸亥乙丑己卯癸未乙酉戊子十一月丙午庚戌戊午十二月丁卯甲戌丙子丁丑兼兩珥背氣甲申兼兩珥乙酉戊子五十九年正月辛卯皆如之甲辰兼兩珥背氣丙午己酉兼兩珥二月庚申甲子兼兩珥丙寅丁卯兼兩珥抱氣庚午至癸酉皆兼兩珥甲戌午時至申時庚辰辛巳乙酉至三月己丑甲午丙申兼兩珥戊戌癸卯甲辰戊申兼兩珥己酉甲寅至丙辰四月庚申甲子兼兩珥背氣二道及抱氣丙寅戊辰己巳壬申甲戌乙亥兼兩珥己卯辛巳五月丁亥己丑壬辰乙未戊戌庚子至壬寅戊申己酉辛亥癸丑乙卯六月辛酉甲子己巳兼兩珥七月丙戌朔癸巳癸卯癸丑甲寅八月戊午至庚申癸亥癸未九月乙酉丁亥己丑辛丑十月乙卯朔丙辰兼兩珥庚午癸酉甲戌十一月己丑兼兩珥背氣抱氣戊戌辛丑庚戌兼兩珥十二月乙卯乙亥六十年正月己丑壬辰乙未午申二時癸卯兼兩珥乙巳二月壬戌丙寅壬申癸酉丙子兼兩珥抱氣丁丑兼抱氣戊寅閏二月丙戌兼兩珥辛卯癸巳丙申辛丑癸卯丁未己酉兼兩珥庚戌如之辛亥三月乙卯丁巳己未壬戌未時至申時甲子乙丑戊辰兼兩珥辛未壬申戊寅午時四月丙戌兼兩珥庚寅丙申庚子丁未戊申五月戊午壬戌癸亥辛未甲戌兼兩珥抱氣丙子至戊寅六月庚辰戊子庚寅辛卯巳午二時丙申丁酉七月辛亥戊辰癸酉丙子八月庚辰壬午庚寅乙未庚子九月庚申丙寅丁卯辛未十一月辛亥己未庚申兼抱氣甲子丁卯乙亥十二月壬午壬辰戊戌己亥兼背氣

日生重暈者乾隆十二年正月己酉兼兩珥十三年十月丁酉三重兼兩珥背氣抱氣二十二年三月甲辰兼兩珥二十九年十二月辛卯三十年正月壬戌兼兩珥背氣壬申兼兩珥六月癸亥辰時兼兩珥背氣抱氣三十一年三月癸酉兼兩珥背氣十月甲辰兼背氣三十六年三月丁未四十一年二月丁巳申時兼背氣六月丁酉四十三年二月戊戌兼兩珥背氣戴氣四十四年五月丙戌酉時兼兩珥壬子巳時

日生交暈者康熙十七年正月丁酉兼兩珥背抱戟紐四氣二十八年十二月己丑兼兩珥背氣左右戟氣三十年三月甲辰兼兩珥背氣

月生重暈者順治三年正月丙寅三重四月乙酉如之十年閏六月辛巳乾隆三十五年五月甲子三十八年正月壬子

日生兩珥者順治元年六月乙酉十二月戊午二年十月壬辰兼背氣四年正月乙巳十二月己丑九年十一月壬午十年正月甲午兼抱氣二月丁未乙卯申時六月戊午七月乙巳八月己巳兼抱氣十一月戊午兼背氣十一年正月辛丑兼抱氣六月丙寅九月癸巳兼背氣十二月辛巳十二年四月辛巳兼背氣十月癸酉十三年二月辛亥四月甲寅十四年三月庚午六月壬辰十七年二月庚戌康熙二年五月甲申四年正月己亥兼抱氣五年正月戊戌如之四月辛未兼背氣抱氣六月癸亥兼背氣二道六年二月甲子兼抱氣九年十二月丙申如之十年正月丁巳兼背氣十二月甲申兼抱氣十一年三月丙寅七月庚午兼直氣十二年二月庚申十三年正月丙寅兼背氣庚辰兼抱氣十四年正月庚午如之十一月己酉兼抱氣背氣十五年二月乙丑兼背氣十六年三月丙戌四月丁未朔兼背氣抱氣十八年十一月辛亥如之十九年正月丙申兼抱氣二十二年二月丁酉兼抱氣負氣二十四年十月甲辰兼背氣二十五年十二月乙丑如之二十六年二月甲寅兼背氣抱氣二十九年正月甲辰兼抱氣背氣戟氣三十一年十二月丙戌兼背氣抱氣三十四年三月己卯三十八年二月壬戌兼背氣抱氣三十九年正月壬寅四十三年正月甲寅四十四年十二月丙申四十九年五月庚午五十二年二月癸亥五十四年二月丙申五十六年九月丁卯五十七年六月戊戌兼抱氣五十八年正月乙亥兼抱氣背氣十二月己酉兼背氣二道六十一年六月壬申兼背氣抱氣雍正二年三月甲申四年正月己亥兼背氣五年正月庚戌如之六年三月丁巳十年二月辛丑兼抱氣十一年八月丙辰兼抱氣背氣左右直氣十三年二月甲辰兼抱氣乾隆元年正月庚子甲辰丙午戊申辛亥甲子二月乙丑朔戊辰庚午壬申戊寅辛巳辰巳二時丁亥辛卯壬辰三月乙未朔丁未癸丑丁巳四月庚午丙戌五月庚子六月庚午七月戊戌兼抱氣甲寅八月辛未戊寅丁亥九月壬辰朔辛丑戊午十一月庚子十二月丙子兼抱氣癸未二年正月乙未兼背氣辛丑甲辰己酉二月丁卯庚辰三月辛卯丁未兼抱氣四月己未朔丁卯卯申二時五月乙卯六月壬戌甲申七月丁未兼直氣九月乙卯閏九月庚辰十月甲午辛丑丙午十一月甲子己巳十二月丙戌三年正月庚辰二月丁酉己亥三月戊寅四月己丑庚戌六月丙戌四年正月丙寅二月丙戌丙申丙午兼背氣三月乙丑四月甲申五月丙辰辛酉寅卯二時甲子六月辛巳丙申甲辰兼抱氣七月壬子八月丁丑十一月乙卯庚申五年三月辛酉丙寅四月癸酉丙子五月庚子朔壬寅癸卯癸丑戊午六月甲戌九月乙酉十月癸卯乙巳壬戌至甲子丙寅十一月癸酉甲申戊子庚寅甲午十二月壬子乙卯六年正月庚午乙亥丙子甲申兼背氣丁亥如之甲午乙未二月丙申朔兼抱氣丁酉兼背氣壬寅乙酉兼背氣抱氣甲寅丙辰丁巳甲子三月丙寅朔兼抱氣己巳壬午癸未四月乙未朔己亥癸卯五月癸酉六月辛丑七月乙丑卯時乙酉丙戌八月丁酉癸卯甲辰九月甲子壬申癸酉己卯辛卯十月壬辰朔丁未己酉十一月癸亥丁卯十二月甲辰辛亥癸丑甲寅七年正月戊辰己巳甲戌甲申兼背氣抱氣戊子己丑二月辛卯朔兼抱氣背氣丁酉如之己亥丁未兼抱氣及背氣二道戊申己酉申時丁巳三月庚申朔兼抱氣辛酉卯辰二時壬戌戊辰戊己壬午酉時癸未四月乙巳丙午丙辰五月己未朔辛酉至癸亥甲戌至丙子寅卯丙戌六月己丑乙卯七月壬申庚辰八月丁亥朔丙申丁酉辰時己亥癸卯丙午庚戌九月壬戌丙寅癸酉乙亥癸未甲申十月戊子己亥辛丑十一月丙辰朔庚申辛酉癸亥兼背氣抱氣丁卯辛未壬申甲申十二月丙戌朔壬寅乙巳辰時八年正月癸酉甲戌庚辰壬午癸未二月丙戌丁亥甲午辛丑壬寅己酉至辛亥甲寅三月乙卯朔壬戌甲子丁卯甲戌丁丑己卯四月丁亥辛卯壬辰丙申甲辰丙午至戊申辛亥癸丑閏四月甲寅朔庚申壬戌甲子卯未二時己巳癸酉甲戌戊寅五月癸未朔庚寅甲午戊戌辛丑癸卯戊申辛亥六月寅巳甲子乙丑己巳乙亥戊寅七月丁未八月辛亥朔甲寅乙卯戊午九月庚丁壬辰丙申己亥丙午十月辛亥丁巳戊午庚申壬戌乙丑戊辰十一月庚辰朔癸未甲申丁亥庚寅乙未戊戌辛丑甲辰至丙午十二月庚戌朔辛亥癸丑甲寅丁巳辛酉至甲子庚午壬申乙亥兼抱氣丙子九年正月壬午甲申乙酉丁亥壬辰乙未丁酉至辛丑癸卯甲辰二月癸丑兼抱氣丙辰乙丑己巳辛未兼背氣抱氣丙子三月戊子壬辰戊戌庚子丁未四月辛亥乙卯庚申丙寅辛未五月己卯庚辰甲申六月戊申辛未七月癸卯兼抱氣八月癸丑丁卯九月壬午辛丑十月丙辰十二月甲寅兼背氣十年正月甲戌乙亥己卯兼抱氣庚辰甲午二月丁未庚戌辛亥丁卯三月丙子丁丑四月癸丑五月壬申朔甲申六月辛酉九月庚寅十一月癸巳十二月乙巳戊午十一年正月庚午壬午兼

抱氣丁亥二月辛丑兼背氣乙巳己酉兼背氣三月丁亥閏三月戊午四月癸巳十二月壬午癸未兼背氣十二年正月甲寅乙卯三月己酉丁巳六月壬戌癸亥申酉二時兼背氣十一月癸巳丙辰十二月壬戌十三年二月庚申辛酉乙丑三月甲辰六月辛巳九月壬子朔兼背氣抱氣癸亥十月壬寅十一月戊午兼背氣十二月己丑十四年正月戊寅二月辛卯丁酉三月庚申乙丑丁丑四月甲申兼背氣抱氣戊戌兼抱氣五月甲寅乙卯七月戊午八月庚寅九月丁未十一月甲子庚午甲戌十二月乙亥朔丙子戊寅兼背氣癸未乙酉十五年正月庚戌申時戊午己未兼背氣二月乙亥兼抱氣戊寅丁亥己丑辛卯兼背氣三月甲辰朔如之丙辰四月甲申七月壬寅兼抱氣甲寅八月乙酉兼背氣丙戌十月庚午朔十一月甲子乙丑兼背氣十六年正月癸亥二月己巳朔癸未四月壬申閏五月丁丑十月辛丑兼背氣抱氣壬戌十一月乙亥十七年正月乙丑丁卯甲戌壬辰二月乙未辛丑兼背氣乙卯五月辛酉朔七月己未朔十月戊戌丁未十一月甲子兼抱氣十八年正月壬午未時丙戌二月丁酉十二月丙申十九年正月辛未癸酉戊寅二月丙戌十一月乙未己亥十二月甲寅二十年正月己亥二月戊午十二月戊申二十一年正月戊寅癸巳乙未二月辛亥戊辰五月壬午十一月壬子二十二年乙亥四月丁卯癸酉七月庚戌十月乙丑乙酉十一月丙辰丁巳十二月己未朔二十三年正月戊戌兼抱氣二月癸酉三月辛丑六月癸酉甲戌八月甲寅朔九月辛亥十一月壬辰己酉兼抱氣背氣辛亥兼抱氣十二月辛酉二十四年正月乙酉二月戊午丁丑七月乙亥十月丙午十二月甲午兼抱氣己亥二十五年正月戊辰二月己卯壬寅五月庚戌癸丑六月辛巳丙戌戊戌壬寅七月戊申壬戌兼背氣十一月壬寅十二月丙戌二十六年正月甲辰三月庚戌辛亥酉時戊午四月壬申己丑癸巳五月乙巳丙午甲寅乙卯六月壬申十二月己卯丙戌壬辰癸巳二十七年正月壬寅丁巳二月戊寅三月丙申己酉癸丑四月丁卯兼抱氣戊辰十月戊申兼抱氣十一月丁丑十二月乙未庚子戊午二十八年正月乙丑戊辰庚辰癸未甲申戊子二月癸巳甲午庚子壬寅戊申甲寅丙辰三月辛酉四月戊子朔庚子甲寅六月辛卯壬寅八月己丑辛卯癸巳九月丁巳卯時十月丁亥十一月戊午乙丑兼抱氣背氣十二月乙酉癸卯兼背氣甲辰兼背氣抱氣戴氣丁未至己酉二十九年正月己未壬戌庚午乙亥辰時二月庚寅壬辰癸巳丙申三月丙寅兼背氣戊辰壬申兼背氣四月庚寅五月戊午甲子兼抱氣背氣六年辛巳朔甲辰七月戊午八月壬午十二月壬辰三十年二月癸巳丙申閏二月癸酉三月庚寅四月壬子六月癸亥卯時兼背氣抱氣甲子丁卯七月丁亥兼抱氣背氣九月丙申辛丑十月甲子十一月己亥十二月甲辰兼戴氣戊申己巳三十一年正月辛未朔丁丑甲申庚寅二月甲辰庚戌癸丑三月辛未四月丁未戊申戊辰五月甲戌七月丙戌兼抱氣九月庚午己卯十月辛丑壬子兼抱氣戊午庚申十一月己巳十二月甲辰辛亥兼抱氣壬子三十二年正月己巳辛巳兼戴氣己丑壬辰二月甲辰己未庚申三月乙酉辛卯四月癸亥五月丙寅丙子十月甲子兼抱氣乙丑兼直氣丙寅癸酉十二月辛巳三十三年正月辛亥丙辰三月辛卯丙申丙午五月庚子辛丑辛亥六月丁卯七

月己丑八月乙丑九月庚寅兼戴氣背氣十月癸亥甲子十一月戊戌甲辰壬子三十四年正月丁酉壬寅丁未二月甲寅乙卯甲子兼背氣抱氣乙丑庚午四月癸丑朔酉時壬申丙子戊寅寅時五月壬午朔丁亥丁未十二月庚申兼背氣丁卯三十五年正月甲申甲辰丁未二月戊申朔戊午三月甲申四月戊午庚申五月辛卯申酉二時六月己亥七月庚戌八月乙亥癸卯九月辛亥癸丑辰時戊辰己巳十一月丙午兼抱氣十二月乙酉丙申三十六年正月癸丑丙辰戊午甲子戊辰庚午辛未兼背氣二月丙子如之戊寅庚辰甲申乙酉甲午戊戌四月丁丑庚寅五月丁未甲寅六月丁酉七月癸卯酉時丁巳九月庚子戊午申時庚申兼抱氣十月甲戌乙亥丙申十一月丁酉朔丙辰十二月壬申壬午庚寅壬辰三十七年正月庚戌壬子兼背氣戊午乙丑二月庚午辛未丁丑兼抱氣戊寅兼背氣丙戌申時己丑三月庚子甲辰丁巳四月丙寅朔庚午六月壬午七月己未八月辛未戊寅卯辰二時九月癸丑十月癸未庚寅辰巳二時十一月甲午庚戌兼抱氣十二月壬戌如之辛未兼抱氣背氣己卯己丑三十八年正月庚子丙午乙卯二月甲子壬申甲申兼戴氣三月癸巳丁酉丙午丁未己酉閏三月丙寅辛巳四月甲辰乙卯六月己酉九月庚申兼抱氣戊寅己卯兼背氣癸未十月辛卯兼背氣乙巳丙午兼背氣乙卯十一月壬戌己巳壬申癸酉十二月丁亥壬寅丁未三十九年正月丙辰辛未申酉二時丁丑己卯兼背氣庚辰辛巳兼背氣癸未二月乙亥乙巳三月庚申己巳己卯五月己未六月甲申九月庚申乙亥未時兼背氣十月己亥四十年正月甲寅二月己卯朔巳午二時庚子甲辰三月辛亥甲寅丁丑兼背氣四月庚辰甲申丁亥戊子庚子辛丑乙巳五月己巳八月甲辰辰時九月乙卯辛酉丁卯卯辰二時十月丙子庚辰癸未甲辰閏十月丁未兼背氣丁巳丁卯辛未兼背氣十一月丙子如之庚辰戊子己丑十二月甲辰朔甲子四十一年正月乙亥己丑辰時庚寅丙申二月乙巳辰時丁未庚戌戊午戊辰三月辛巳戊子己丑卯辰二時戊戌四月丁未兼抱氣六月乙巳丙辰九月丙戌十月辛酉兼背氣甲子如之十一月甲申庚寅十二月庚子戊申庚申四十二年正月己巳己未時丁丑巳午二時兼抱氣背氣戊子申時二月庚子乙巳申時兼背氣丙午兼抱氣癸丑至乙卯丁巳酉時兼抱氣辛酉壬戌兼背氣癸亥三月丁丑卯時壬午甲申辛卯兼抱氣四月丁酉戊申己酉乙卯己未五月丙子酉時丁丑卯時丁亥壬辰六月壬寅甲寅丁巳庚申七月庚午辛未卯辰二時兼抱氣己丑八月丙午十月辛亥十二月戊戌甲寅兼抱氣丁巳辛酉四十三年正月丁卯己卯庚辰二月辛丑申時庚申兼背氣四月辛卯朔戊申兼背氣壬子五月癸亥丁卯卯時七月己丑卯時兼背氣十月辛酉十一月丁亥朔戊戌辛丑兼抱氣背氣甲辰兼背氣十二月戊辰庚午壬午四十四年正月癸巳乙巳辛亥二月己卯三月乙未乙巳四月戊辰卯時癸未六月庚申兼抱氣壬戌丁卯戊辰己卯七月丙申卯時乙巳九月壬寅乙巳十月戊午辛酉甲戌四十五年正月甲申甲午兼背氣二月甲子丁卯三月丁亥戊戌卯時兼抱氣己亥四月己未兼背氣癸亥兼戴氣乙丑丁卯乙亥兼背氣丁丑辰申二時五月癸未卯時丙午六月甲寅戊辰兼背氣七月辛巳卯時辛卯丁酉申時戊戌辛丑兼抱氣八月丁未朔卯

時兼背氣九月丙子朔丁亥兼背氣己丑兼抱氣十月癸酉辰時十一月庚辰己亥甲辰十二月丁未己未乙丑巳時辛未壬申兼背氣四十六年正月己丑辛卯戊戌二月戊申壬子辰巳二時癸丑辛酉乙丑卯時三月丙戌申時四月戊申酉時乙卯五月己卯卯時閏五月庚午兼背抱直三氣六月丙申兼背氣七月丙午兼抱氣八月癸酉申時兼戴氣九月庚子朔兼背氣抱氣癸卯甲寅十月癸酉辰時十二月己丑兼背氣癸巳四十七年正月戊戌朔兼抱氣乙丑辰時二月壬申辰時兼抱氣丁丑如之戊寅兼抱氣戴氣丁亥三月戊戌朔丙午庚戌卯辰二時甲寅四月己巳辰時丙子申時五月甲子九月己亥辰時十月丙子丙戌丁亥兼背氣十一月甲午朔丙申辰時癸卯至乙巳己酉兼抱氣戊午如之十二月辛巳己丑四十八年正月丙申辰時辛酉二月辛未甲申乙酉兼背氣三月丁未己未四月庚寅九月乙巳辰時壬子十一月庚子壬子巳時十二月乙丑丙子四十九年正月庚寅壬辰丁未二月戊寅卯辰二時四月庚寅甲午六月庚戌九月壬戌十月癸巳十一月壬子朔壬戌十二月辛卯五十年正月壬子巳時甲子戊辰辛未壬申酉時二月甲申乙未甲辰辰時乙巳丁未三月乙丑酉時四月癸未甲申兼背氣丁亥辰時六月壬辰乙未九月乙丑丁卯辰時十月壬午如之己亥庚子巳時十一月丙寅五十一年正月己酉四月己卯五月庚午十月甲寅十一月辛未朔辛卯十二月辛丑壬子五十二年正月甲申兼背氣二月辛酉五月庚寅七月辛巳十月乙未朔丁巳十一月丁卯五十三年正月庚午甲申二月丙申申時甲辰丙午三月庚午庚辰四月戊戌酉時乙巳五月戊辰庚午兼背氣七月壬戌甲子九月辛巳辰時甲申十二月己丑五十四年二月丁未三月丙寅卯辰二時己巳如之四月乙巳己酉時丙午兼抱氣五月壬申癸酉己卯六月丙寅八月丁卯十月戊辰丁丑兼背氣辛巳如之十一月甲申丙戌丁亥辰巳二時己丑庚寅十二月庚申辛酉庚午申時丙子五十五年二月辛未庚辰三月丁亥丙申四月甲寅五月庚寅壬寅六月癸丑己巳七月庚子九月甲午十一月壬辰丁酉未時十二月庚戌五十六年正月乙巳二月丁未未時壬戌四月癸丑酉時十月壬戌十一月癸酉兼抱氣乙卯巳時丁亥丁酉十二月乙丑五十七年正月癸未巳午二時兼抱氣甲申甲午乙未二月乙卯丙寅三月辛未辰時庚辰甲申丙戌閏四月辛卯癸巳申時兼背氣五月壬戌七月乙巳十月丙戌五十八年正月辛酉二月己卯兼抱氣辛卯兼背氣三月甲辰卯時乙巳卯辰二時四月庚午申酉二時癸酉八月庚寅九月丙辰己未庚申十月壬申巳時十一月己酉兼背氣十二月庚午五十九年正月庚戌七月戊子十月丁卯六十年正月乙未辰巳二時甲辰申時丁未閏二月甲辰三月丙子戊寅卯辰二時兼抱氣背氣七月庚戌朔壬申兼抱氣八月辛巳十月辛卯十二月丁酉

日生戴氣者順治二年十一月辛亥乾隆三十二年七月乙亥三十三年九月甲辰三十五年九月癸丑午時四十二年二月己亥四十四年二月乙丑辰時兼背氣四十七年八月癸未午時四十九年四月丙申巳時

日生冠氣者康熙十四年九月乙巳乾隆三十三年六月戊寅

日生抱氣者順治十年二月乙巳乙卯午時十一年正月庚子辛酉兼直氣十

五年二月戊寅十七年五月甲戌上下二道康熙十四年六月乙亥雍正三年正月己未乾隆元年二月辛巳午時己丑庚寅九月甲辰十一月甲寅二年二月戊寅四月丁卯巳時三年七月戊辰四年三月壬戌五月辛亥辛酉申時丙寅五年二月丙申六月辛未六年正月辛巳二月庚子九月庚午十一月丙寅七年二月己酉未時戊午三月辛酉巳午二時上下二道癸亥壬午卯時四月丙申五月壬午乙酉八月丁酉巳時戊戌十一月乙酉八年二月戊子閏四月甲子辰時五月己丑九年二月丁巳十年四月戊辰八月壬子十一月丁酉十二年六月癸亥卯辰二時十三年三月丙午丁未十月己酉十四年四月辛丑五月癸酉丙子六月壬午己丑兼背氣七月庚戌十五年正月庚戌巳時兼背氣二月乙酉乙未十六年二月丁丑四月癸未十八年正月壬午午時十九年正月丙寅二十四年六月戊午庚申二十五年九月庚申戊辰二十六年三月辛亥申時二十七年四月丙寅己丑二十八年三月庚辰六月甲辰七月癸未巳時八月丁酉九月丁巳巳時二十九年正月戊午兼背氣五月庚午十一月壬子三十年正月乙卯二月乙酉六月辛未兼背氣九月辛卯十二月己未三十一年正月戊寅二月戊辰三月戊寅四月辛丑五月甲午兼直氣六月甲子乙丑八月甲辰辛酉九月戊辰朔三十二年六月己未兼背氣七月壬申九月壬寅三十三年正月辛卯六月庚申乙丑辰時庚午七月乙未十一月乙酉朔三十五年正月丙午閏五月丙午朔三十六年四月己卯六月甲申兼背氣七月癸卯申時九月戊午未時三十七年七月乙未申時八月丙戌十月壬午三十八年正月甲午三月乙巳乙卯巳時六月甲午八月丙午三十九年九月乙卯四十年二月壬午己丑未時七月辛酉四十一年四月癸卯巳時五月丁亥六月丁未九月壬辰四十二年三月庚辰四月甲子六月壬戌八月庚子十月乙未四十三年正月甲戌丙戌酉時二月癸巳未時庚子辛丑巳午二時五月戊辰四十四年二月乙丑巳時三月丙申四月辛巳五月丙戌申時七月丙申酉時四十五年四月庚午辰時七月丁酉如之四十六年正月辛巳閏五月辛酉壬戌四十七年正月甲辰二月庚寅三月甲辰未時五月壬子七月丁酉十月庚午四十八年六月戊辰八月癸未十一月辛丑壬子未時四十九年三月己丑四月丙申午時兼背氣五十年八月丁亥酉時五十一年六月丙子己丑五十二年正月壬辰三月丙子丙申六月辛酉八月戊午五十三年四月丁未丁巳七月癸亥戊寅八月癸卯九月辛巳巳時五十四年正月庚辰四月丁酉辛丑七月壬子酉時十二月庚午未時五十五年正月甲辰五十六年四月甲寅申時壬戌如之八月癸亥五十七年二月丁未午時五月己亥兼背氣乙卯卯時五十八年四月己巳巳時十一月壬寅五十九年二月甲戌巳時六十年三月壬戌辰時己巳六月辛卯辰時

日生背氣者順治十四年三月辛未康熙四十五年十二月己丑五十九年二月丁未乾隆四年正月丙辰七年七月庚申十四年七月辛亥乙丑十二月丙申十七年五月乙酉二十五年七月辛酉二十七年六月壬寅二十八年七月己未癸未申時九月戊寅二十九年八月己丑三十年十月乙卯己巳壬戌三十一年正月乙亥三十四年六月丙寅八月壬子三十五年九月癸丑未時三十七年十二月戊寅三十八年正月壬寅十二月丙午三十九年正月丁卯四十三年二月己亥六月甲寅四十五年十月癸酉未時十二月乙丑辰時四十六年六月癸酉十一月丙寅十二月戊寅乙酉四十七年三月壬寅壬子四十八年五月壬子五十年五月丁丑卯時八月戊子十二月戊寅五十一年七月戊午十二月癸卯辛亥五十二年十一月癸酉五十三年三月戊辰十一月己巳辰時五十四年六月壬戌五十五年六月庚午五十六年二月戊申三月戊寅六月戊申甲子七月丁亥九月辛巳未時十月丁未五十七年閏四月戊寅九月乙巳未時十月辛未巳時五十八年正月乙未如之四月己巳酉時五十九年六月丁卯六十年正月甲辰未時五月己卯

日生直氣者乾隆六年二月庚申七月乙丑午時七年十二月乙巳未時八年正月丁巳五十二年二月乙酉酉時十二月庚子午時五十七年六月丙子左右二道辛卯八月戊辰五十八年十月壬申申時左右二道

清史稿　　　志十四

天文十四

客星　流隕

雲氣

客星太祖丁未年九月丙申慧星見東方天命三年十月丙寅慧星見東方尾長五丈每夜漸移向北斗十九日而沒順治九年十一月庚寅異星蒼白氣見於參西北行入畢康熙三年十月己未朔有星茀於軫見東方丁卯尾長七八寸蒼色指西南丁亥尾長三尺餘指西北逆行至翼十一月戊戌尾長五尺餘指北方至張庚子至井癸卯往西北行至昴乙巳尾指東北至胃庚戌至婁尾指東青色十二月壬戌至奎體小尾長二尺餘四年二月己巳東南方有異星見於女甲戌尾長七寸指西南蒼白色丁丑尾長尺餘往東北順行至虛辛巳至室體漸大尾長八尺餘乙酉至壁尾長五尺餘七年正月甲子西南白光長六尺餘尾指東南占曰天槍二月乙亥漸長至四丈餘尾掃天苑九斿軍井丁亥沒十二年二月癸巳異星見於婁大如核桃色白尾長尺餘指東方甲午仍見十五年正月戊子異星見於天苑東北色白十六年三月癸卯東北方有異星見於婁體色光明潤澤尾長尺餘指西南占曰含譽十九年十月戊子慧星見右執法色白尾長尺餘指西方東行甚速壬寅近太陽不見十一月丙辰朔尾跡夕見西方壬戌見星體色蒼白尾長六丈餘寬二尺餘指東北二十一年七月己巳慧星見北河之北色白尾長二尺餘指西南往東北行甚速壬申入午宮尾長六尺餘二十二年閏六月庚戌異星見於五車北八穀東色白往西南逆行戊辰入五車二十三年五月甲申異星見大微垣東屬軫色白明大往東北順行乙酉行四度餘至右攝提下二十五年七月庚寅異星見東方近地平色白東行不急丁酉凡行十六度至柳微有尾跡壬寅至星漸沒二十七年十月己酉異星見奎色白凡三夜二十九年八月己酉異星見箕色黃凡二夜雍正元年九月己丑異星見弧矢下色白體微芒長尺餘指西北逆行至井乾隆二年六月丁卯異星出右更東色白屬婁向西南行丙子仍見七年正月丁亥異星見東南方戊子出地二十七度餘大如彈丸色黃尾長四尺餘指西南屬丑宮在天市垣徐星外逆行四旬餘不見八年十一月己亥慧星見奎壁之間大如彈丸色黃白尾長尺餘向東指屬戌宮逆行至九年正月辛卯凡五十三日行二十九度餘十三年三月癸丑異星見東方大如榛子色黃尾長二尺餘向西南指在離宮第三星南順行至四月甲寅朔行三度尾長尺餘體小光微壬戌至螣蛇乙丑至王良丙寅不見十四年五月甲寅瑞星見東方大如雞卵形長圓色黃白光瑩潤澤行不急出天津入芻槀占曰含譽二十四年三月壬辰慧星見東南方甲午出虛第一星下大如榛子色蒼白尾長尺餘指西南順行癸卯體小光微尾餘三四寸戊申全消四月戊辰慧星見西南方在張第二星上己巳離張六度大如榛子色蒼黃尾光散漫長二尺餘指東南順行壬申形跡微小丁丑更微己卯漸散五月壬午全消十一月戊辰異星見東南方在井第四星下大如榛子色蒼黃向西北行癸酉行四度在胃微有尾跡十二月丁丑朔全消三十四年七月甲辰慧星見東南方在昴下丁未大如彈丸色蒼白尾長三尺指西南順行甚速八月丁卯與太陽同宮不見十月辛亥見西方在列肆第二星下體勢微小尾長一尺丙子全消三十五年閏五月己酉異星見東南方在天弁第一星西大如彈丸色蒼黃癸丑向北行三十二度乙丑不見十一月乙丑慧星見東南方長尺餘丙寅在柳第二星下戊辰色蒼白尾指東南每日向西北行十餘度庚午微暗辛未全消

流隕隕星如斗者太祖戊子年九月辛亥朔夜時征王甲城士馬皆驚流星如盆者乾隆十四年九月壬申出婁宿色赤入天苑有光有尾跡流星如盌者順治四年十一月庚辰自天中西北行入濁有聲色赤光燭地雞犬皆驚五年九月辛巳如之聲如雷十五年六月辛未自西北至東南有聲色赤不著光尾跡流星如盞者順治四年五月戊午寅時自西北至西南色青白有光七年八月甲午自東南至東北色赤黃入斗不著光尾跡八年四月己酉自氐宿南行色青白五月戊寅自亢宿西南行色白衆小星隨之入翼九年三月丙子自中天西南行色赤入畢俱有光有尾跡九月丙申自中天入紫微垣色赤十年八月丙寅自中天入天市垣色青赤俱有光十二年四月甲子自亢宿入危色赤黃有光有尾跡癸酉出房宿色青黃入尾十六年七月甲申出牛宿東北行色赤黃至濁沒俱不著光跡康熙二年八月丁巳自虛宿入紫微垣小星隨之三年九月戊申自中天入奎俱色赤六年正月戊寅出鬼宿色青隨後有聲入土司空七年二月戊子出大角色赤黃入箕十二年九月甲午出勾陳色青白至濁沒俱有光有尾跡十六年九月己亥酉時自正北下行色赤白尾跡如蛇有光十九年六月癸酉酉時自西南向東北聲如雷尾跡如匹布二十五年十一月壬午出左樞色白至濁沒尾長竟天十二月戊寅出軫宿色青黃入騎官二十九年二月丁亥出河鼓色黃入尾乾隆十九年正月丁巳一更出奎宿西北行二十二年三月戊申一更出西北方下行色青二十四年閏六月甲申五更出土司空下行三十五年九月戊辰三更出室宿西北行俱色赤俱入雲三十六年二月己丑昏出上弼下行色黃不著入三十九年十月丙戌二更出天廩西行四十年九月丁未一更出壘壁陣西下行四十一年三月丁丑昏出翼宿

西南行十月丁卯曉出平道下行俱色赤十二月癸丑出天苑下行四十二年八月壬戌一更出右旗西行俱色白五十四年十二月己卯昏出參宿下行五十五年九月壬寅一更出五車西行五十六年三月庚寅五更出天津下行五十七年五月丙辰一更出天棓東北行五十八年九月己亥五更出婁宿西南行五十九年十月丙寅曉出張宿下行六十年閏二月戊戌三更出大角西北行俱色赤俱入雲俱有光有尾跡流星如飲鐘者康熙八年九月乙卯巳時出午位色赤黃入巳位不著光尾跡流星如杯者乾隆十八年七月甲戌三更出奎宿東南行色赤入雲有光有尾跡流星如桃者順治五年八月癸巳朔自中天東北行不著色入天關十三年正月癸卯自奎宿入天中色黃白俱有光有尾跡康熙二年八月乙巳自中天至心不著色光尾跡四年六月壬申出建星入南斗辛巳出天棓入河鼓又出閣道入離宮俱色赤壬午出庶子入開陽色赤黃九月甲申朔出女宿入羽林軍小星隨之不著色十二月壬申出南河入柳小星隨之五年正月己酉出參旗入天苑俱色青白二月戊午出五車至濁沒五月乙酉出勾陳入大陵俱色赤十月戊午出少宰入大棓色黃俱有光有尾跡六年二月庚戌出氐宿入大角色黃有尾跡八年四月癸亥出天弁入氐色青白有光尾跡先直後曲留東咸結爲雲氣如魚形向東散十年正月己未出勾陳入華蓋色黃白有光十一年七月辛未出東井入畢色青黃有光有尾跡十三年三月甲申辰時自西北至西南色白有光十五年九月丁未出外屏入攷墓色青黃有光有尾跡十六年四月丁未朔出紫微垣在雲中往北行不著色映地有光十七年九月辛丑出昴宿入閣道色青白有光有尾跡十八年七月己未出勾陳入文昌色青黃有光十九年五月壬辰出攝提入房色青黃閏八月己酉出外屏入建星前小後大色赤黃十二月甲午出勾陳入大陵色青俱有光有尾跡二十一年正月戊辰出大陵入壁色青白有光二十二年二月丁丑出明堂入軫色青白有光有尾跡二十三年二月己丑出七星入地小星隨之色青有光二十九年二月丁亥出郎位入軒轅八月乙亥出參宿入弧矢三十二年二月癸卯出房宿入尾俱色青三十三年三月壬戌出女宿入危色赤三十六年十月丙辰出五車入弧矢色白俱有光有尾跡流星如鷄子者乾隆十二年十月戊辰二更出閣道東北行色青十四年二月乙酉昏出王良下行色赤五月庚申曉出織女西北行色青俱入雲有光有尾跡十五年正月壬申二更出天槍西北行色青入雲有光五月戊午曉出天船下行色青入雲八月戊子曉出天狼東行色赤入柳十六年八月丙申二更出斗宿下行色青入雲十七年六月丁巳昏出女床西北行色赤入天理戊午昏出織女東南行色青入河鼓十八年六月乙酉曉出河鼓南行色白入雲俱有光有尾跡己酉昏出東南雲中下行色赤入斗有光十九年正月癸亥曉出南河下行色赤二十年五月甲午昏出亢宿東南行色青俱入雲二十一年六月甲子一更出河鼓西北行色赤入貫索七月辛未三更出宗正西行色青十一月丙申四更出文昌西北行二十三年七月戊子二更出王良下行十一月壬辰一更出左樞西北行十二月辛酉五更出南河下行俱色赤二十四年正月癸未朔二更出弧矢西南行色青二月庚辰一更出柳宿西南行色赤俱入雲俱有光有尾跡閏六月乙酉五更出天倉下行色赤入雲有光七月丙寅二更出奎宿下行己巳二更出勾陳下行二十五年六月辛丑昏出王良南行俱色赤七月己酉一更出危宿下行色青俱入雲有光有尾跡二十六年二月己卯昏出外屏下行色黃入雲有光辛卯二更出五帝座東南行色青入雲有光有尾跡九月丁巳二更出虛宿下行色赤入雲有光二十七年正月乙未朔二更出中台東北行不著色癸丑曉出天棓下行色赤二十八年二月庚戌一更出西方雲中下行色黃六月壬子一更出天廚西南行九月戊寅四更出天市垣市樓東行二十九年四月庚寅昏出四輔西北行七月辛酉曉出閣道南行俱色赤八月庚辰朔一更出天錢下行色青三十年閏二月庚午二更出軒轅東北行色赤俱入雲有光有尾跡六月丁卯昏出東北雲中東南行色黃一更出天津東行色赤俱入雲有光七月壬午曉出王良西行色青九月庚子五更出王良下行十年戊辰五更出中台東南行俱色赤俱入雲三十一年六月甲子曉出壁宿西南行色赤入羽林軍十月庚子二更出天津下行色青丙午五更出壁宿西行曉出南河下行己未曉出軍市東行十一月甲戌五更出文昌下行三十二年二月甲寅五更出角宿東南行俱色赤俱入雲俱有光有尾跡六月庚申昏出西南雲中下行色赤入雲有光閏七月癸巳曉出八穀東北行九月庚申二更出瓠瓜西南行十月癸亥二更出天津下行己巳一更出昴宿東南行庚午五更出五車北行俱色赤三十三年七月己丑曉出河鼓西北行色黃乙卯一更出斗宿下行八月辛酉一更出左樞下行俱色青乙亥一更出天槍下行九月丙午五更出壁宿下行俱色赤丁未二更出天苑下行色黃庚戌曉出五車西南行十月壬戌二更出五車下行十一月乙酉朔曉出天狼下行俱色赤三十四年三月戊子曉出庫樓下行五月丁亥二更出天廚下行俱色青七月辛卯三更出開陽下行色赤辛丑昏出左旗西南行色黃八月乙卯曉出天苑下行辛未昏出斗宿下行俱色青十二月癸酉五更出井宿下行三十五年正月壬寅曉出螣蛇東行癸卯五更出帝座西南行二月辛亥一更出北河東南行丁卯五更出大角西北行三月丙申二更出大角東北行七月丁未二更出天市垣梁星西北行九月乙丑曉出五車下行辛未二更出天棓下行十月丙子曉出軒轅東南行三十六年正月庚午二更出南河下行俱色赤十月戊辰朔五更出畢宿南行色黃十一月壬戌五更出鬼宿西北行三十七年七月丙辰昏出天弁下行俱色赤十一月甲辰曉出柳宿東南行色蒼白十二月庚辰五更出貫索下行色黃三十八年正月庚子曉出氐宿西行色赤九月乙丑昏出天桴南行色蒼白丁丑二更出參宿下行十月乙巳一更出女宿下行俱色黃戊申一更出壘壁陣西行色赤三十九年三月乙丑曉出角宿下行色黃七月戊寅昏出勾陳西行九月庚午二更出八穀下行癸酉二更出天囷下行俱色赤十月乙酉二更出右樞下行色白丙戌五更出奎宿下行色赤丁亥五更出天廩南行十二月辛巳昏出漸臺下行俱色黃四十年四月乙巳昏出勾陳西行五月甲戌昏出上台下行六月戊寅五更出虛宿下行甲辰五更出瓠瓜下行七月丙辰五更出王良下行丁巳昏出勾陳南行戊午二更出奎宿西行俱色赤八月丙子朔四更出奎宿西行色蒼白丁丑三更出昴宿下行色黃九月丙午朔三更出天廩下行色赤己巳三更出羽林軍下行色蒼白十月癸巳一更出昴宿下行色白甲午三更出五車南行十二月丙辰一更出卷舌北行俱色黃辛酉昏出北河西南行四十一年三月癸酉一更出五車東南行戊子二更出帝座下行俱色赤四月己巳二更出尾宿西行色白五月甲戌曉出離宮南行色赤戊戌昏出女宿下行曉出閣道下行俱色白六月壬寅曉出天津西南行戊申一更出室宿下行俱色赤乙丑二更出天津西南行色青七月甲申四更出畢宿下行壬辰四更出霹靂下行癸巳二更出奎宿南行甲午昏出閣道下行俱色赤一更出昴宿下行色白己亥一更五更俱出奎宿南行九月乙未昏出左旗西北行俱色赤十月乙巳曉出屏星下行色白甲子三更出庶子下行色黃乙丑三更出左樞西北行色白丁卯五更出右執法下行四十二年三月己巳昏出北斗天樞西北行俱色赤甲午昏出軒轅西北行色白四月戊申曉出左旗東北行五月甲戌一更出天市垣鄭星東行六月癸卯四更出離宮西南行俱色赤七月己巳二更出女宿下行色黃三更出天紀南行色赤曉出天船南行色黃出參宿下行色白庚午二更出貫索下行色赤丙戌二更出天市垣蜀星西北行色白癸巳一更出左樞西行八月庚戌四更出天囷北行癸丑二更出天溷下行俱色赤十二月戊午二更出天倉下行色黃四十三年二月丙辰五更出七公東北行色赤丁巳一更出奎宿下行色黃四月丙辰二更出右旗下行五月丙寅曉出奎宿西南行俱色赤六月戊寅二更出閣道西行色黃八月乙丑五更出井宿東南行十月乙亥三更出卷舌北行十一月戊子曉出右攝提西南行俱色赤壬辰一更出上衛西行色白癸丑曉出翼宿南行色黃丙辰二更出昴宿西北行十二月戊辰二更出文昌北行癸酉一更出天樞西行戊寅一更出天權下行二更出勾陳下行四十四年正月辛丑一更出天權西北行俱色白甲辰四更出南河下行色赤戊申一更出上衛下行色黃四月辛巳五更出天市垣趙星西行色赤俱入雲六月丙子二更出西北雲中東南行色白入室宿八月戊寅一更出羽林軍下行色白九月庚戌曉出軍市下行色赤四十五年二月庚申一更出參宿西行色黃丁丑三更出軫宿西行七月乙未三更出天津北行八月壬子曉出上衛下行俱色赤庚午二更出王良西南行色黃九月辛卯曉出畢宿西南行十月甲寅昏出織女下行俱色赤己未二更出天樞西行色白十一月辛巳二更出王良東南行色黃四十六年五月庚寅一更出河鼓下行色赤六月辛卯二更出勾陳西南行乙未昏出房宿西行俱色黃九月丙寅二更出文昌下行丁卯二更下婁宿西南行十月辛未二更出玉井下行俱色赤丙申五更出天樞下行色黃戊戌曉出玉井下行十一月癸卯三更出大角南行甲辰曉出畢宿北行俱色赤四十七年六月己巳昏出貫索西南行色白乙未四更出奎宿西南行色赤七月戊戌一更出壁宿南行色黃九月壬寅曉出郎位下行癸卯昏出貫索下行十月己巳三更出昴宿東行俱色赤四十八年四月壬戌三更出瓠瓜下行色白乙丑一更出五帝座西北行五月庚子四更出天棓東北行七月丙午昏出文昌下行九月庚寅一更出天船下行十月甲戌一更出土司空下行四十九年正月丁亥朔曉出天槍東北行甲寅一更出天槍下行閏三月壬午二更出天津下行四月丁酉

一更出開陽西北行六月丁亥五更出壘壁陣東井西行壬辰二更出危宿下行甲辰昏出天棓下行七月丁巳昏出開陽下行俱色赤十二月壬午二更出織女下行色白五十年三月己卯五更出左執法下行五月甲戌二更出天江下行八月壬午曉出瓠瓜下行庚寅四更出牛宿下行戊戌五更出勾陳西行十月乙巳四更出五車東南行五十一年閏七月丙申一更出天廚西南行十月辛丑朔昏出危宿下行己未一更出王良東南行丙寅四更出大陵下行五十二年五月戊子五更出螣蛇南行八月己亥三更出五車下行辛亥五更出壁宿西南行辛酉二更出天倉下行五十三年四月乙巳二更出文昌下行六月辛丑二更出箕宿下行己未三更出奎宿下行七月壬戌五更出織女下行己巳二更出壁宿下行丁亥三更出貫索下行十月乙未四更出井宿下行五十四年五月己未昏出天棓下行閏五月戊戌曉出尾宿下行辛丑昏出天津下行五十五年四月癸丑四更出文昌下行五月癸未昏出天棓下行俱色赤六月癸亥五更出尾宿下行色白七月壬午二更出帝座西北行丙戌四更出五車下行八月丁巳一更出王良下行戊辰曉出文昌下行十一月甲申昏出墳墓下行十二月丁卯一更五十六年四月丙午曉俱出文昌下行己酉曉出郎位下行五月丁酉五更出貫索下行七月丁丑二更出室宿下行壬午曉出奎宿西南行癸未昏出文昌下行二更出天津南行三更出壁宿下行五更出危宿下行乙未昏出文昌下行八月壬申曉九月戊寅四更俱出天倉下行丁亥昏出文昌下行十月壬寅朔五更出軒轅東南行癸丑四更出畢宿下行俱色赤十一月己卯昏出墳墓下行色黃十二月辛酉昏出文昌下行五十七年三月丁酉五更出貫索東北行六月戊寅昏出織女西北行丁亥昏出亢宿下行庚寅曉出室宿下行壬辰五更出五車下行甲午曉出昴宿下行九月辛丑五更出天倉下行辛亥昏出文昌下行乙丑曉出軒轅東南行十月丙子四更出畢宿下列五十八年三月戊申曉出室宿下行六月甲申二更出大陵下行戊子五更出天紀下行七月甲午四更出七公下行丙申二更出貫索下行戊申昏出織女西南行甲寅昏出貫索下行丁巳一更出危宿下行八月戊辰三更出室宿東南行九月甲午一更出閣道下行己酉昏出壁宿下行辛亥昏出斗宿下行丁巳一更出室宿東南行十月壬午二更出危宿下行五十九年六月乙酉一更出王良下行十月乙卯朔一更出天棓下行己巳四更出五車東北行六十年二月丁巳昏出王良下行七月庚午二更出昴宿下行俱色赤俱入雲俱有光有尾跡流星如李者康熙七年四月乙亥出右執法入翼十二月癸酉出參宿入軍市俱不著色八年十月己丑出伐星色青白入天狼九年六月庚戌出離宮入虛十年九月戊寅出室宿入羽林軍俱不著色俱有光有尾跡十二年八月丙午出螣蛇色青白入心微有尾跡十四年十一月戊子出張宿色青白入天廟有光十六年八月甲寅出常陳色青赤入氐十七年正月丙子出參宿色青白入九斿十八年十月庚午出右旗後小星隨之色青赤入候星二十一年六月乙巳出天市垣色青白入心尾之間十一月戊申出東井色赤黃入上台二十四年三月戊辰出建星色白入壘壁陣二十五年九月壬午朔出胃宿色赤入東壁二十六年七月癸未出壘壁陣色青白入天紀自東南至西北竟天二十八年二月乙卯出東次將色白入氐三十年十月丁未出胃宿色白入天倉三十一年正月己卯出貫索色青入亢九月癸丑出東井色白入天苑三十二年七月辛亥出王良色黃入五車三十五年十月甲辰出少微色青入庶子三十八年十一月乙未出勾陳色赤入王良四十七年九月戊戌出內屏色青入文昌五十三年八月壬申出獨星色赤入尾己卯出牛宿色青入南海五十六年十二月丁未出畢宿色青入天倉俱有光有尾跡六十年十一月丙午未時自西北至東南色赤有尾跡雍正元年三月壬午出左樞色青入天津二年四月庚戌出左執法色赤入角俱有光有尾跡流星如核桃者乾隆八年八月乙卯未正出東北雲中下行色黃入雲微有尾跡以晝見其餘乾隆年間一千五百有餘皆以昏曉及夜見流星如栗者康熙十一年五月壬子出天廐入奎有光有尾跡流星如彈丸者康熙十七年五月庚申辰時出西南色赤有光七月戊午酉時出西北色青乾隆元年五月壬戌午正自西南方下行色黃七月癸卯戌初初刻出東北高五十餘度下行至二十餘度沒色白有光有尾跡皆以晝見其餘順治年間五康熙年間六十二雍正年間一十三乾隆年間三千一百有餘皆以昏曉及夜見流星如榛子者乾隆年間一十四皆以夜見

雲氣太祖壬子年九月癸丑東方有藍白二氣癸丑年九月庚辰日傍有青紅二氣對照如門祥光四暎乙卯年三月甲戌有黃氣亘天人面暎之皆黃十月戊申有紅綠祥光二道夾日又有藍白光一道掩暎日上如門天命三年正月丙子有黃氣貫月中其光寬二尺許約長三四丈四月壬子有藍黑氣二道自西而東橫亘於天五月乙卯有紅綠白三氣自天下垂覆營左右上圓如門九月甲寅東南有白氣自地冲天末偏銳如刀約長十五丈凡十六日而滅五年三月癸丑夜有藍白二氣自西向東繞月之北至南而止天聰五年八月丁卯明兵來攻阿濟格貝勒大霧不見人忽有青藍氣自天冲入敵營霧忽中開如門我兵遂克崇德六年九月辛巳黎明東方有金光大如斗內復有金光一道直如椽冲天而起順治元年六月庚午酉時有白氣自西南西至東北十月壬辰五色雲見日上三年正月壬戌北方雲中有赤光如火影四年五月庚戌有白氣自西南至東北十月壬辰五色雲見日上十二月壬辰如之八年十二月壬子夜有白氣從艮至乾十年六月丙申青赤氣生日上下十二年六月庚午北方有青黑雲氣變幻如龍康熙三年十二月甲戌金星生白氣一道長三丈餘五年二月庚申亥時中天蒼白氣四五道三月庚寅酉時東南黑氣一道六年八月己亥有白光一道自東至西七年正月甲子酉時西南白光一道尾至東南入地約長六尺餘十餘日漸長至四丈餘掃天苑天斿軍井八年六月甲申西北直氣一道十一年二月甲午五色雲見中天歷巳至申乙未如之六月戊子五色雲見日上十二月癸卯五色雲見日旁十二年正月庚辰西北至東南蒼白氣經天如匹布十三年六月己巳夜東北蒼白雲一道七月甲戌白氣一道貫日自南至北長六丈餘十五年三月乙酉五色雲見中天七月戊戌庚戌皆如之十六年三月甲辰五色雲見日傍七月癸未十七年二月戊辰皆如之六月辛巳青氣一道寬五尺餘壬午蒼白氣一道青氣三道寬尺餘癸未青氣一道寬六尺餘俱自西北至東南十八年八月乙丑正北黃黑雲一道變赤黃色寬四尺餘長數丈十九年十一月戊午至辛酉西南蒼白氣一道寬尺餘銳指東北長三丈餘漸長至四丈餘二十年六月辛卯東北青氣六道十月癸未正北黑雲一道穿北斗約長三丈餘二十四年十月丙午日上蒼白雲暎出五色鮮明三十五年五月戊辰五色雲見中天四十一年二月甲寅酉時西南白雲一道長二丈餘寬尺餘穿天倉天苑入地平至丁巳長三丈餘六十一年十一月癸卯五色雲見日上雍正元年九月丁丑朔五色雲見中天十月辛未二年正月辛巳皆如之五年八月辛亥丑時正北黑雲一道東西俱至地平寬尺餘七年三月戊辰五色雲見日旁十一月丙申慶雲見於曲阜環捧日輪歷午未申三時於時上發帑金修建闕里文廟八年正月辛巳五色雲見日下六月辛丑子時正北至東南黑雲一道寬尺餘九年九月乙酉丑時西北至東西白雲二道寬尺餘十三年正月雲南奏報年前十月二十九日大理等府五色雲見廣東高州府如之乾隆元年十月壬戌未時五色雲見日上及旁癸亥未時乙丑辰巳二時皆如之二年正月辛卯子時西南至東北黑雲一道寬一尺三年七月己巳卯時西北白雲一道寬三寸長一丈餘往西南行四年三月乙丑寅時東南雲一道寬尺餘長數丈丙寅巳時北方白雲一道寬七八寸長三丈餘八月乙未北方白雲一道寬尺餘自東至西五年三月丁巳亥時東南白雲一道寬尺餘長三丈餘五月辛酉亥時東南黑雲一道寬尺餘長二丈餘七年正月戊寅子時月下白雲一道寬尺餘長三丈餘二月丁酉午時五色雲繞日戊申巳時見日旁亥時北方白雲一道寬二尺餘自東至西八月己酉子時東方白雲一道寬尺餘長五尺甲寅巳時五色雲捧日九月甲子午時繞日十月庚寅辰時丁酉辰時八年三月丙辰辰時皆如之己巳巳時見日上丁丑酉時如之閏四月辛酉夜子時月上白雲一道寬尺餘自西北至東南戊寅辰時五色雲見日旁六月甲子酉時見日上戊辰未時繞日甲戌巳午二時如之七月丁酉子時繞月戊戌子時北方白雲一道寬尺餘自東至西乙巳午申二時五色雲繞日八月丁卯見月上戊辰亥時繞月十月丙辰巳時見日下丁巳申時繞日壬戌巳時見日下九年正月乙巳辰時至午時見日上五月癸未戌時繞月十一年七月乙巳亥時中天白雲一道長丈餘十二年六月辛酉丑時西南至正東黑雲一道寬三尺餘俱至地平丁亥五色雲繞日十四年二月庚辰子時東南黑雲一道寬二尺餘長十丈餘十一月戊申卯時東方白雲一道寬尺餘長丈餘十八年二月丁亥朔申時五色雲見日上十九年四月丙申子時中天白雲一道自東南向西寬尺餘長二丈餘二十一年五月辛巳亥時東南白雲一道寬尺餘長數丈閏九月乙卯丑時東北至西北如之

清史稿

災異志

傳曰天有三辰地有五行五行之沴地氣爲之也水不潤下火不炎上木不曲直金不從革土爰稼穡稼穡不熟是之謂失其性五行之性本乎地人附於地人之五事又應於地之五行其洪範最初之義乎明史五行志著其祥異而削事應之附會其言誠韙矣今準明史之例並折衷古義以補前史之闕焉

災異志一

洪範曰水曰潤下水不潤下則爲咎徵凡恒寒恒陰雪霜冰雹魚孽蝗蝻豕䖟龍蛇之孽馬異人痾疾疫鼓妖隕石水潦水變黑眚黑祥皆屬之於水

順治九年冬武清大雪人民凍餒遵化州大雪人畜多凍死十年冬保安大雪帀月人有凍死者西甯大雪四十餘日人多凍死十一年冬灤河大雪凍死人畜無算十三年冬武強大雪四十日凍死者相繼於塗昌黎灤州大雪五十餘日人有陷雪死者康熙三年三月晉州驟寒人有凍死者萊陽雨奇寒花木多凍死十二月朔玉田邢台大寒人有凍死者解州芮城大寒益都壽光昌樂安邱諸城大寒人多凍死大冶大雪四十餘日民多凍餒萊州奇寒樹凍折殆盡石埭大雪連緜深積數尺至次年正月方消南陵大雪深數尺民多凍餒茌平大雪株木凍折十一年三月文水大雪嚴寒人多凍死冬昌化大雪平地深三尺十五年十一月咸陽大雪深數尺樹裂井凍十六年九月臨淄大雪深數尺樹本凍死武鄉大雨雪禾稼凍死沙河大雪平地深三尺凍折樹木無算二十二年十一月巫山大雪樹多凍死太湖大雪嚴寒人有凍死者二十四年四月定陶烈風寒雨人有凍死者二十七年郝昌大雪寒異常江水凍合二十八年冬衢州大雪寒異常二十九年十一月高淳大雪樹多凍死武進大寒木枝凍死十二月臨江大寒竹木多凍死當塗大雪橘橙凍死阜陽大雪江河凍舟楫不通三月始消宜都大雪樹飛鳥墜地死竹谿大雪平地四五尺河水凍三水大雪樹俱枯海陽大寒凍斃人畜揭陽大雪殺樹澄海大雨雪牛馬凍斃三十年冬房縣酷寒人多凍死四十二年春房縣雨雪大寒五十五年冬高淳大雪盈丈五十七年七月通州大雪盈丈十二月太湖潛山大雪深數尺五十八年正月嘉定嚴寒太湖潛山大雪四十餘日大寒雍正五年冬屯留大雪嚴寒井凍乾隆五年正月嵊縣大雨雪奇寒福山大寒九年正月曲沃大寒井中有冰十三年十二月上海大寒雨雪十六年三月武強大雪平地深尺許人畜多凍死二十二年正月豐順雨雪大寒人畜凍斃二十四年冬永年大寒二十六年冬福山大寒樹多凍死文登榮成大雪寒甚婁縣大寒河冰塞路臨朐大寒井水凍餘姚大寒江水皆冰五十七年六月房縣大寒如冬五十九年七月湖州寒如冬嘉慶元年正月青浦雨雪大寒傷果植灤州大寒井凍花木多萎永嘉大風寒甚冰凍不解湖州大雪苦寒殺麥義烏奇寒如冬桐鄉大風雪寒十二月金華大雪麥幾凍死三年五月初五日青浦大寒廚竈皆冰十年十二月棗陽大雪結寒冰厚五尺十九年秋招遠黃縣大寒海凍百餘里兩月始解二十四年十二月南樂大雪平地深數尺人畜多凍死道光十一年冬元氏南樂大雪井凍冰深四五尺十一年十二月朔撫甯大雪平地深三尺飛鳥多凍死二十一年正月登州府各屬大雪深數尺人畜多凍死冬高淳大雪深五尺人畜多凍死黃川大雪深數尺經兩月始消民多凍餒羅田大雪深丈餘民多凍餒咸豐八年七月大通大雪厚二尺壓折樹枝穀皆凍秕不收九年六月青浦夜雪大寒黃岩奇寒如冬有衣裘者十一年十二月臨江府及貴溪大寒樹多凍折蒲圻大雪平地深五六尺凍斃人畜甚多河水皆冰同治元年六月崇陽大寒冬咸甯冰凍奇寒四年正月十四日三原大風雪人多凍死棗陽雨雪連旬樹多凍死十六日鍾祥鄖陽大雪漢水冰樹木牲畜多凍死十二年十一月三原大雪六十餘日樹多凍死光緒二年五月遂昌奇寒人皆重棉

順治四年三月獻縣肅甯昏霧四晝晦十四年十月二十八日東陽大霧竟日不散十五年正月朔潛江大霧晝晦康熙元年三月初八日臨榆昏霧竟日十六年清河陰霧四十餘日二十年三月桐鄉恒陰二十二年三月蕭縣重霧傷麥三十年正月江浦大霧蔽天四十三年八月慶雲昏霧障天六十一年六月灘縣濃霧如煙雍正二年十二月十五日掖縣大霧乾隆元年十一月二十一日海陽大霧二十六年八月初四日獨山州宿霧冥濛近午始霽三十三年二月十六日梧州大霧嘉慶元年三月二十六日宜城昏霧晝晦四年十二月朔蓬萊大霧竟日氣如硫磺十五年正月榮成大霧道光六年五月肅州大霧二十九年正月雲夢晝晦六閱月天氣陰霾三十年正月朔登州陰霧咸豐元年十二月除夕泰安通渭大霧二年正月二十四日陵川大霧晝晦同治元年正月庚寅青浦大霧著草如棉日午始散二年正月二十四日陵縣大霧晝晦三月十六日涇州大霧通渭泰安大霧至四日乃止六年二月日照大霧光緒十一年邢台大霧

順治元年四月棲霞隕霜殺麥二年八月垣曲隕霜六年四月莊浪隕霜殺麥七年四月靈台隕霜殺麥十五年四月東昌隕霜殺麥六月高唐隕霜十六年三月榮河隕霜殺麥十七年春穀雨後岳陽霜屢降萬全隕霜殺麥康熙二年四月二十三日高苑隕霜殺麥六月雒南商南隕霜三次三年四月二十一日夜清河颷霜并作二十三日新城鄒平陽信長清章邱德平隕霜殺麥二十四日益都博興高苑甯津東昌慶雲雞澤隕霜殺麥十一年四月樂安隕霜殺麥五月通州隕霜殺禾十二年正月四月壽光隕霜殺麥十四年四月平度掖縣萊陽昌樂安邱館陶濬州蒲台隕霜殺麥五月冠縣隕霜殺麥十五年四月武強隕霜殺麥十七年春碭山潁上銅山隕霜殺麥十八年三月無極隕霜殺麥十九年四月榆社隕霜殺菽六月沂州隕霜八月高州大雪二十一年三月太平隕霜殺麥二十二年七月靜樂隕霜殺禾二十三年四月儀徵靜甯州隕霜殺麥二十六年七月西甯隕霜二十七年三月臨潼隕霜殺麥七月岳陽隕霜殺禾二十九年三月商州隕霜四月長治隕霜三十年五月長治隕霜八月武進隕霜殺稼五月朔平遠雨雪六月龍川隕霜殺禾三十三年八月懷來隕霜殺禾三十四年七月盂縣隕霜殺禾八月十五日嵐縣永甯州中衛絳縣垣曲隕霜殺禾三十五年八月靜甯介休沁州沁源臨縣陵川和順延安各處隕霜殺稼三十六年七月樂平保德州隕霜殺禾八月岳陽隕霜殺禾沁源霜災九月龍門大雪西鄉隕霜殺稼三十七年七月陽高隕霜殺禾四十四年三月碭山湖州大雪六月銅鄉湖州大雪狄道州隕霜殺禾四十七年二月鶴慶隕霜殺麥四十八年七月德州隕霜殺禾五十年正月潮陽隕霜五十六年二月涇陽隕霜殺麥七月通州大雪盈丈五十九年七月安定隕霜殺禾八月德州隕霜殺禾六十年五月臨朐隕霜殺麥雍正元年八月懷安隕霜殺禾二年八月江浦隕霜殺稼六年七月甘泉隕霜殺禾八年八月沁州隕霜殺禾稼九年八月沁州復隕霜殺禾稼乾隆四年四月通州隕霜殺麥八年七月無爲大雪八月初一日東光隕霜殺禾十年七月廣陵隕霜殺禾十二年六月丙子蘇州雨雪己卯庚辰又微雪十三年四月同官隕霜殺麥十六年四月同官隕霜殺麥九月龍川隕霜殺禾二十年七月正甯隕霜殺禾八月葭州隕霜殺禾二十七年七月會甯正甯隕霜殺禾二十八年五月和順隕霜殺稼三十一年三月高邑隕霜五十一年五月通渭隕霜殺麥五十二年七月宣平隕霜殺菽五十五年三月平度鄒平臨邑隕霜殺麥四月范縣隕霜殺麥五十六年三月壽光安邱諸城隕霜殺麥平陰隕霜殺麥後日後復發新苗嘉慶十年三月東平濟甯莘縣隕霜殺麥十三年四月靖遠樂清隕霜殺禾十四年立夏前三日江山雨雪十九年八月望都隕霜殺稼二十二年八月涿州望都隕霜殺稼二十五年八月貴陽隕霜殺稼道光十二年四月諸城隕霜殺麥七月望都甯津隕霜殺禾十五年四月黃縣隕霜殺麥十八年八月元氏隕霜殺禾十九年八月狄道州隕霜殺禾二十年七月臨朐隕霜殺禾二十二年四月初八秦州隕霜殺麥咸豐九年二月沁源隕霜殺麥同治九年二月沁源隕霜殺麥光緒二年八月初八日甯津東光臨榆隕霜殺禾十八年四月化平廳隕霜二十八年八月莊浪隕霜殺禾

順治元年沙河大雨雹二年三月平樂雨雹大如鵝卵五月二十四日武鄉雨雹大如鵝卵南雄雹拔木四年文安大雨雹傷麥四年五月岑溪雨雹大如碗五年二月邱縣大雨雹三月海豐雨雹小者如雞卵損麥閏三月三日崑山雨雹大如斗破屋殺畜六年六月臨淄大雨雹壽光大雨雹平地深數尺木葉盡脫九月定遠廳雨雹傷麥十月十五日咸甯大雨雹所過赤地七年五月應山大雨雹信陽雨雹傷麥六月武鄉雨雹其形如刀八年二月十六日順德雨雹大如斗擊斃牛馬五月邱縣大雨雹汾西雨雹大者如拳小者如卵牛畜皆傷麥無遺莖七月黎城雨雹大如鵝卵九年四月二十三日潞安雨雹大如雞卵屋瓦俱碎長治雨雹大如雞卵五月十六日臨縣雨雹大如雞卵積地尺許嵐縣大雨雹傷禾膠州雨雹大如雞卵六月臨縣雨雹陽曲雨雹大如鵝卵十年四月四日貴池雨雹大如碗屋瓦皆碎武甯雨雹如石殺鳥獸崇陽雨雹人畜樹木多傷五月海甯雨雹大如雞卵屋無存瓦樹無存枝涇陽雨雹大如拳永壽雨雹大如拳小如卵積地五寸二日始消大傷禾稼十月十日袁州雨雹大如栲栳者甚多有一雹形如杵長可一丈一尺有奇十一年二月十五蒼梧大雨雹三月松滋大雨雹五月長樂雨雹漢陽雨雹大如雞卵平地深一尺六月雒南大雨雹積地尺許人不能行十四年六月初三猗氏大雨雹覇薊等七州寶坻等二十一縣雨雹十五年三月甯波大雨雹擊斃牛羊桑葉盡折鎮海大雨雹閏三月朔上虞龍門大雨雹倏忽高尺許或如拳有巨如石臼至不能舉

人畜多擊死十六年閏三月初四順德大雨雹四月蕭縣大雨雹殺麥六月清澗雨雹大如鵝卵八月膠州雨雹傷稼九月新河雨雹傷數十人至三月始消十七年四月壬寅清河雨雹大如斗十一月鶴山雨雹大如雞卵十八年正月二十七日順德大雨雹傷人畜揭陽雨雹大如拳屋瓦皆碎三月初六萍鄉雨雹其狀或方或圓或如犂屋瓦皆碎八月懷安雨雹大如雞卵厚盈尺冬清澗雨雹大如鵝卵有徑尺者積數尺康熙元年三月二十一海甯大雨雹河間雨雹大如斗五月懷安大雨雹人畜有傷龍門大雨雹榆社大雨雹人畜多傷二年正月二十八望江雨雹二月要陸雨雹三月朔襄陽雨雹四月十六日鎮洋大雨雹六年六月香河雨雹大如碗平地深數尺田禾盡傷屋瓦皆碎遠近數十里八月保安州大雨雹傷人畜宣化大雨雹傷禾懷來大雨雹傷人畜七年五月新安雨雹大如甑屋舍禾稼盡傷十二年三月行唐大雨雹七月盧龍雨雹大如斗十七年三月連山雨雹大如拳擊死牛畜十八年正月惠州雨雹大如拳十九年七月陽曲雨雹大如雞卵有大如碓磯者擊死人畜甚多二十六年四月平湖雨雹大如升小如拳六月二十四日文縣雨雹大如雞割之內有小魚松茗三十三年二月開平大雨雹五月汶上雨雹大者徑尺擊死數人三十四年三月江夏雨雹大如豆中有黑水三十六年閏三月黃安大雨雹四月湖州大雨雹三十七年正月十六靈川雨雹大如雞卵安南雨雹大如拳麥無收三十九年七月元氏大雨雹四十年二月鶴慶大雨雹四十二年三月桐鄉大雨雹損菜菽湖州大雨雹龍門大雨雹或如拳如臂如首或長或短或方或圓積深二三尺壞民居無算虎豹雉兎斃者甚多崖州大雨雹如霜著樹皆萎蒲縣雨雹四十三年六月翁源大雨雹蒲縣雨雹傷禾七月定襄雨雹傷禾四十四年三月桐鄉大雨雹湖州大雨雹八月密雲雨雹傷禾四十六年二月湖州雨雹三月初四日陵川雨雹瓊州雨雹大如拳六月東明大雨雹麥盡傷四十八年二月初六日荔浦雨雹大如鵝卵積地尺許夏大埔雨雹白如鹹積地數尺江浦來安雨雹五月十六日雞澤大雨雹傷人百餘秋代州雨雹五十一年五月解州雨雹沁源雨雹大如雞卵七月黃岡雨雹擊斃人畜五十二年三月二十七日全州大雨雹屋瓦皆飛五十三年五月固安西雨雹七月朔平大街雨雹傷禾五十四年三月江浦雨雹大如升傷麥五十五年夏新樂雨雹大如碗浮山雨雹大如雞卵田禾盡傷崇陽雨雹五十七年三月龍川雨雹大如斗壞民舍牛馬擊斃無算五十九年六月雞澤雨雹大如雞卵傷禾六十年三月連平雨雹毀民舍鎮安慈谿上虞餘姚雨雹小者如碗大者如斗七月柏鄉大雨雹如雞卵傷禾六十一年四月平定樂平冰雹五月安邱大雨雹十一月初十日香山雨雹十二月贛州雨雹大如雞卵傷牲畜雍正元年正月鶴慶大雨雹三月融縣雨雹二年五月福山雨雹大如雞卵八月秦州雨雹擊斃牛馬鳥雀無算東安雨雹傷稼三年正月定州大雨雹三月崑山大雨雹夏長甯雨雹大如雞卵傷鳥獸甚多四年正月甘泉雨雹大者如斗小者如升屋舍盡毀三月吳川雨雹五月舒城雨雹大如斗六年五月商南大雨雹損屋舍七年四月惠來大雨雹如雞卵傷禾高平岑溪雨雹樹皆折七月靜甯州雨雹大如碗八年六月安遠大雨雹擊斃禽畜甚多八月海甯沁州大雨雹毀屋舍十年二月連州大雨雹損麥八月白水雨雹九月湖州桐鄉大雨雹十一年三月海甯雨雹桐鄉雨雹傷麥八月陽信雨雹大如雞卵深三尺餘田禾盡損冬嘉興雨雹傷麥十二年三月無爲大雨雹鶴慶大雨雹蒲圻大雨雹四月湖州雨雹損麥乾隆元年二月廣州大雨雹三月滎經冰方山大雨雹五月十七日靑城雨雹大如胡桃六月鄖西雨雹鳥獸多擊死七月二十五日南和大雨雹平鄉大雨雹毀房廬傷田禾懷安雨雹傷禾九月長子大雨雹片片著禾如刈十一月京山雨雹三年正月十四日武甯雨雹大者重四五斤四月白水大雨雹傷麥四年三月北流雨雹富平臨清雨雹傷禾四月丙戌蘇州大雨雹損麥崑山大雨雹損麥五年六月絳縣雨雹傷禾六年秋廣靈雨雹傷稼七年三月畢節雨雹大如雞卵四月涿州雨雹大如雞卵八年四月初五日安州雨雹大如雞卵深三尺初九日崑山大雨雹損麥閏四月高邑大雨雹七月高苑大雨雹傷麥十年五月涿州雨雹初八日靑城雨雹大如酒杯六月丁未同官雨雹大如彈戊午又雨雹壞廬舍無算八月慶陽大雨雹傷禾十一年三月體縣大雨雹四月金鄉魚台莒州雨雹大如雞卵傷麥五月曲沃雨雹大如車輪十二年六月十一日高平文鎮大雨雹傷稼七月二十五日安化雨雹傷禾十三年正月初二日鶴慶信宜象州恩縣遂安雨雹大如斗傷麥四月初四日上海雨雹傷麥豆崑山大雨冰雹擊死人畜無算五月十一日泰州通州大雨雹壞屋十三日滕縣大雨雹大如臼民舍損壞無算六月樂平雨雹傷稼秋懷來懷安西甯蔚州保安雨雹成災十二月忠州西鄉大雨雹傷禾十四年二月初七日忠州雨雹四日太平雨雹六月朔高邑大風雹十月樂平稷山雨雹傷禾十一月正定府屬雨雹傷稼十五年五月彭澤大雨雹重三十餘觔五月初四日宜昌大雨雹六月十五日膠州濱州大雨雹傷人畜禾稼八月戊子白水雨雹傷稼九月鄖縣房縣大雨雹傷人畜十二月信豐大雨雹十六年三月榮成大雨雹十八年四月二日定番州大雨雹壞民舍百餘間二十年三月黃岡雨雹長三十餘里大者經尺四月初三玉屏大雨雹壞屋五月十七日高平大雨雹人有擊斃者二十一年六月潮陽大雨雹週遭二十餘里禾稼多傷二十二年八月即墨大雨雹深尺許二十三年三月龍川大雨雹東湖雨雹大如卵積盈尺者十餘里四月二十九日永平大雨雹形如鉢人有擊斃者五月中部雨雹大如卵厚尺許莊浪環縣大雨雹六月十六長子大雨雹十一日方止二十三年三月宣昌雨雹大如卵積地盈尺四月陵川雨雹大如雞卵深盈尺十一月武甯大雨雹重五六觔二十八年十月羅田雨雹二十九年二月慶元大雨雹三十年三月臨邑大雨雹鳥獸死者相枕籍六月二十四日樂平雨雹傷稼三十一年五月鄞縣冰雹三十二年五月邢台大雨雹深尺許三十三年四月莒州大雨雹三十五年五月二十三東平大雨雹三十九年二月樂平雨雹傷麥五月黃縣大雨雹厚積數寸四十年三月十七日屏山大雨雹四十二年六月二日　陽雨雹深者四尺淺者二尺月餘方消四十三年五月房縣雨雹或方或圓或如磚傷人畜無算合肥大雨雹四十四年四月平度大雨雹五月黃縣雨雹傷麥四十七年四月戊子寶雞雨雹傷麥五月文登大雨雹傷禾三十年二月二十三瀘溪雨雹三月潛江雨雹五十四年五月初四洛川大雨雹五十五年二月荆州大風雹四月初六靑浦雨雹大如拳擊死一牛八月江陵大雨雹五十六年二月永安州大雨雹十月初八日東光大雨雹五十七年五月三日泰州大雨雹莒州雨雹大如鵝卵厚三尺傷禾稼禹城陵縣壽光大雨雹七月黃縣大雨雹傷禾五十八年三月武甯雨雹壞民舍五十九年四月黃州雨雹大如盌人畜多擊斃十二日江山大雨雹嘉慶元年正月平谷大雨雹形如雞卵四月邢台雨雹大者如斗二年六月中部雨雹大如卵小如杏傷人畜枝江雨雹大如雞卵鳥獸擊傷十二月雲和冰雹大如斗屋瓦皆碎三年四月宜城雨雹大如雞卵四年四月襄陽大雨雹五年四月白河縣雨雹大如雞卵深尺餘五月滕縣雨雹大如碌碡七月延安大雨雹屋瓦皆碎秋禾無存六年五月博興大雨雹壞官民廳舍十年八月中部雨雹大如卵積地五寸十一年灤州大雨雹平地積尺許十二年二月貴陽雨雹大如馬蹄四月圻水大雨雹如盂者盈尺有大如碌碡者八月武强大雨雹有如鵝卵者屋瓦皆碎禾葉盡脫邢台雨雹十三年春武强大雨雹十四年四月薊州雨雹傷麥襄陽大雨雹荆門州大雨雹六月南樂雨雹大如雞卵十五年三月宜都雨雹傷麥八月章邱雨雹東光雨雹十六年三月枝江大雨雹十七年三月宜都雨雹禾盡傷秋博野雨雹成災二十一年四月棲霞雨雹傷麥定遠廳大雨雹鳥獸多斃二十二年五月滕縣雨雹平地深半尺禾黍盡傷二十三年五月蘇州大雨雹湖州大雨雹道光四年五月日照大雨雹傷禾十月曲陽大雨雹盈尺五年四月八日羅田雨雹損麥豆無數蘇州雨雹五月臯蘭大雨雹八月初九復雨雹六年四月十七雲夢雨雹大如拳七年十二月宣平雨雹折樹碎瓦十三年五月癸未臨朐雨雹大如馬首秋博野等十三州縣雨雹十月二十四日宜城雨雹十四年四月三日三原雨雹傷禾初六諸城雨雹傷麥十六年二月十六日湖州大雨雹四月二日光化大雨雹十七年七月十三日酉亥平谷大雨雹如雞卵秋禾盡平屋瓦皆碎十八年五月通渭大雨雹七月十八日西灤州雨雹大如卵秋禾盡損十九年三月元氏雨雹厚尺許二十年四月黃安大雨雹傷稼七月二十六日隨州大雨雹傷稼二十一年八月陵縣大雨雹九月又雨雹二十三年五月二十二日孝義廳大雨雹狀如磚有重數十觔者人畜觸之即斃七月十二日雲和雨雹大如斗屋瓦皆碎損傷人畜甚多二十五日安定雨雹大如雞卵山巔有徑尺者數日不化二十六日隨州大雨雹禾稼多傷二十五年正月崇陽大雨雹四月安邱大雨雹損麥三日不消二十七年春龍川大雨雹夏黃岩大雨雹二十九年四月應山雨雹大如拳鳥雀多擊死六月興山大雨雹傷稼七月西甯大雨雹三十年三月黃岡雨雹大如瓜小如彈丸壞稼傷人咸豐元年三月甲子大雨雹傷人畜壞屋宇懷來大雨雹五月丙午東光大雨雹屋瓦皆毀傷人畜三年三月崇仁雨雹大者如盌小者如拳屋瓦盡毀四年四月黃安雨雹重十餘觔損麥九年七月黃岡雨雹大如卵十年七月羅田大雨雹傷禾無數麻城雨雹大如雞卵擊斃牛馬黃安大雨雹樹俱折十一年十一月麻城羅田宜都雨雹大如雞卵傷禾稼損屋舍同治元年六月東湖大雨雹擊斃牛馬無算六月狄道州雨雹大如雞卵禾蔬盡傷二年五月元氏雨雹大如拳禾稼盡田廬俱損六月孝感雨雹大如雞卵四年正月十三日日照大雨雹傷禽獸

武昌黃宜都雨雹大如雞卵二月靑田大雨雹損麥四月均州雨雹大如雞卵破屋折樹五月房縣大雨雹數百里禾稼盡傷五年正月均州大雨雹積地深數尺四月隨州江陵大雨雹損麥五月通渭泰安大雨雹傷牛馬六年七月懷來靑縣大雨雹秋禾損九月十六日高淳雨雹大如拳損屋舍七年三月十八日黃安江夏大雨雹鳥獸多擊死八年五月十一日服城雨雹平地深尺許大如鵝卵八月十三日溧州大雨雹闊十五里九月泰安大雨雹九年三月十四日潛江雨雹大如雞卵五月二十三日階州大雷雹雨雹如注十年二月靑田大雨雹四月上饒大雨雹五月二十二日階州白馬關大雨雹平地水深數尺淹斃二百餘人十一年二月新城大雨雹三月十一日嘉興大雨雹柏鄉大雨雹重者十七觔湖州大雨雹景甯雨雹大如盌靑田尤甚十三年三月黃岡雨雹大如升數十里麥盡損四月乙未靑浦雨雹有重至十餘觔者光緒元年四月二十二日邢台雨雹大如核桃積地二寸許二年四月惠民大雨雹鳥雀多擊死三年四月十五日沔縣雨雹大如雞卵六年夏均州雨雹大如雞卵八年四月十一日均州雨雹大如鵝卵袤百餘里廣十餘里二十五日復雨雹災尤重八月皐蘭雨雹大如雞卵九年七月初四日山丹雨雹大如雞卵九月初二日孝義廳雨雹大如雞卵十年五月二十五日興山大雨雹傷稼八月灤州大雨雹十二年五月二十日莊浪大雨雹無極大雨雹十四年六月十三日新樂大雨雹三十村禾盡損十五年五月化平廳雨雹如蛙形傷禾稼十九年五月狄道州雨雹大如碗二十二年九月南樂大冰雹二十四年四月二十四日涇州雨雹大如雞卵五月河州大風雨雹平地水深三尺二十五年五月初五日海城雨雹大如雞卵擊死牛羊一千有餘二十六年八月南樂大雷雨雹三十年七月山丹大雨雹傷禾三十一年七月二十四日洮州雨雹大如雞卵傷禾

順治二年正月初一日上元大雪雷雨三年五月初一日齊河雷火焚孔子廟夏陽城大雷人有震死者十二月初二日吳川雷鳴岑溪大雷雨五年十月揭揚大雷雨霹靂六年正月十一日潞安雨雪雷電五月初九日石門大雷雨安邱雷擊二人十一月二十五日鎭洋大雷電七年正月二十七日震澤大雷電八月河源雷震大成殿冬至後二日解州雷鳴十二月除夕上元大雪雷電九月涇陽雷震十月朔雷江陰雷蕭縣雷十二月二十八日膠州雷除夕崑山雷臨邑雷震九年正月朔黃陂震雷大雪蘄水震雷大雪應山大雷電二月二十六日石門雷震死三人十月十五日杭州大雷電十六日揭陽雷大震十一月十四日上海大雷凡震三次靑浦雷十二年九月震澤雷電大雨十月二十五日香山雷鳴二十七二十八日復鳴十二月十三日遂安雷震柏山庵十三年二月二十九日鍾祥震雷十月安邱雷震大雨十四年正月十四日遂州雷電大震十一月十一日永安州大雷電十八日杭州大雷電銅陵雷三十日咸寧大雪雷電十五年十一月咸陽大雪雷鳴十六年十二月高淳大雷十七年十一月鶴山大雨雷電十八年正月十七日陽信海豐大雷康熙元年二月鶴慶雷鳴三年正月通州迅雷達旦望江雷擊南城樓五年十二月封州雷鳴六年正南樂迅雷十二月開平大雷雨鳳凰洲雷鳴揭陽雷澄海雷鳴欽州雷電七年八月平遠州雷擊右營守備署八年二月十四夜思州雷火起大成殿北角十一月西充大雷電十二月黃岩大雷九年正月烏城大雷電十二月蘇州雷電七月東陽大風雨雷電十二年正月初六日富陽大雷電十月十四日貴州雷東流大雨十月婺源雷震儒學櫺星十二月雷震孔子廟戟門十三年正月蘇州雷淸浦雷嘉定震雷自四鼓達旦十二月除夕桐鄉雷電交作十六年正月初一日湖州雷震大雪十七年正月巢縣雷十八年正月朔蘇州震雷沛縣雷十九年正月朔蘇州雷二十年正月宿州雷雨雹二十一年正月宿松雷電二十二年正月解州雷電石門雷電二十三年正月丹陽雷電雨雪含山大雷電兗州雷震二十四年正月十七日巢縣雷二十五年十一月信宜雷鳴二十八年正月沛縣雷電十一月初九日義烏大雷電十二月十六日巢縣大雷三十一年正月武進雷電三十三年正月初十日巢縣雷十二日瓊州雷鳴十四夜半萊大雷電十二月靑浦雷電大雨三十四年正月初一日瓊州雷三十六年正月初一日崑山雷靑浦雷三十七年十二月除夕開平雷鳴三十八年十二月初三日吳川雷大震次日又震三十九年正月解州雷四十二年十二月湖州雷四十三年正月二十日蘇州雷鳴十一月二十八日欽州雷鳴揭陽雷鳴十二月澄陽雷鳴普宣雷鳴四十五年正月巢縣大雷四十九年正月初七日香山雷鳴十一月二十一日景甯雷鳴五十年十一月大埔雷十二月陽春雷鳴除夕平樂雷電霹靂驟雨達旦五十三年十二月涇州大雷電福山大雷雹湖州雷鳴五十四年正月朔大埔雷鳴十一月皐陽雷鳴五十五年十月通州雷十一月銅陵雷震五十六年正月湖州雷十月二十五日香山雷鳴五十九年七月南籠大雷雨九月通渭縣暴雷震死一人六十年十一月潮陽雷鳴岑溪雷鳴六十一年十一月順德大雷廣寧雷電十二月欽州雷電大作風雨暴至吹塌城垣二十餘丈陽春大雷雨揭陽雷鳴澄海雷鳴雍正十二年二月初八日蒲圻大雷電十月揭陽雷鳴乾隆元年三月邢台雷震府學奎星樓海陽震雷霹靂二年十一月贛縣大雷電十二月二十五日普寧雷鳴九年二月十一日崑山雷擊馬鞍山浮圖末級十月十五日岐山雷電風雨十年四月十五日橫州雷擊大成殿西柱十二年四月二十五日順潭村狂風迅雷大作樹木盡拔倒屋二千餘間壓斃三十餘人十月朔膠州雷十三年十二月初八日上海大雷十四年十二月信豐大雷電雨雹畢節大雷電十六年十月平度海鹽震雷十七年五月十一日長子大風雷十一月二十七日揭揚雷鳴十八年十二月宣都大風雨雷電二十年正月贛楡大雷電雨雪二十二年除夕龍川雷鳴二十四年十一月十一日荆門州大雷二十八年十月初四日武進大雨雷電三十五年十二月嘉善雷電三十六年十二月戊寅蘇州大雷電湖州雷電三十九年十月陽湖大雷四十年十一月初六日房縣大雷電四十六年十二月十二日桐鄉雷電五十五年十二月二十四日黃岩大雷雨蘇州大雷電除夕雲夢大雪大雷五十七年十二月乙巳南陵雷電交作五十九年十二月江山大雷電嘉慶六年正月陽湖雷七年正月十七日東光雷電十年十一月滕縣大雪聞雷十九年十二月滕縣雨雪聞雷二十年二月湖州雷電大雪二十三年二月金華雷電道光三年正月十四日湖州雷二月十五日監利大雷五年冬至後一日章邱雷七年十二月湖州大雷雪十二月崇陽大雨雷電十二年十二月麗水雷電大雪十三年十二月宜城雷電雨雹十八年十月太平大雷十一月二十九日雲夢大雷十二月除夕湖州大雷電靑浦大雷電隨州大雷十九年正月湖州大雷棗陽雷鳴雲夢雷鳴十二月文登大雷除夕靖遠雷電大雨二十年正月十六日武定大雷震二十一年正月三十日定遠雨雪雷鳴二十二年冬至夜滕縣雷鳴二十三年十月應城雷電二十四年十月崇陽雷十二月鄖陽大雨雷電麗水雷電即墨雷電二十五年正月崇陽大雷電七月楡林雷震二十六年五月二十五日滕縣雷火焚城南樓貴陽雷二十七年冬武昌雷震黃岡大雷二十九年六月武昌雷震咸豐二年八月崇陽雷鳴四年正月十三日平鄉雨雪雷鳴十月初六日應山雷八年十一月二十三日南安雷震十一年十月初一日東光雷電十一月十二日夜宜都大雷同治元年冬方山雷震北峰塔二年正月初十日定遠廳雷鳴三年正月靑浦雷四年正月十三日平鄉雨雪雷鳴震教堂東光大雨雪雷電永嘉大雷電太平雪中聞雷武昌震雷黃岡震雷隨州雷電麻城震雷棗陽大雨迅雷陵縣大雷電日照大雷電房縣雷曹縣大雷電菏澤大雷電五年正月初八日均州雷電鄖縣大雷電房縣雷十四日孝義廳大雪雷電十一年十一月臨楡大雨雷震光緒元年八月甲戌靑浦雷震南門塔五年十一月十五日京山大雷雨安陸大雷電夜蘄水雷電四次八年八月二十八日玉田大雷自二更徹夜十一年十月二十日東光聞雷十二年十一月二十八九兩夜德安大雷十三年正月德安大雷而雨

順治八年二月柴胡寨出大魚長十丈餘形似海豬康熙元年正月朔台州見二巨魚鬥於江內三日其一死肉重四百餘觔三年三月萊陽羊圈口潮上巨魚長六丈餘聲如雷旋死五年三月三日綏德州天雨魚十一年海康鯨魚入港長五丈闊二丈以千人拽之岸十五年十二月海鹽有大魚長十丈餘形如車輪頭似馬首二十一年六月綦江縣雨魚二十二年四月海寧濱有魚長二十餘丈無鱗有白毛土人呼之爲海象二十六年四月文縣雨魚三十四年七月嘉定有二巨魚鬥於海聲如雷其一死者虎首人身長丈餘腥聞數里四十二年八月靑浦龍安橋下有二大魚上游形如船旁有小魚無數四十七年二月初台州有巨魚至中津橋向人朝拜十二日隨潮而逝乾隆五年黃縣海出大魚六丈其骨專車四十三年涪州彈子溪巨魚見長約丈餘相傳歲歉則上是歲果大荒二十六年三月二十三日平湖海濱來一大魚其聲如牛長六丈七尺徑一丈四尺咸豐四年五月黃岩有巨魚數十入內港色黃如牛大者重五六觔六年六月平湖金門山一魚死海濱取得一齒形如鉤重十三觔十一年平湖鯉魚數十頭從空飛過

順治三年七月延安蝗安定蝗灤城蝗蔽天而來元氏蝗初蝗未來時先有大鳥類鶴蔽空而來各吐蝗數升渾源州蝗九月洪洞蝗宣鄉蝗四年三月元氏無極邢台內邱保定蝗六月益都定陶旱蝗介休蝗山陽商州雹蝗七月太谷祁縣徐溝岢嵐蝗靜樂飛蝗蔽天食禾殆盡定襄蝗墜地尺許吉州武鄉陵州遼州大同蝗廣靈潞安蝗長治飛蝗蔽天集樹折枝靈石飛蝗蔽天殺稼殆盡八月寶雞蝗延安蝗楡林蝗涇州莊浪等處蝗九月交河蝗落地積尺許五年

五月衡水蝗六年三月陽曲蝗盂縣蝗五月陽信蝗害稼六月德州棠邑博興蝗七年七月太平苛嵐蝗介休寧蝗十年十一月文安府谷蝗十三年正月徐海蝗三月玉田大旱蝗五月定陶大旱蝗七月昌平密雲新樂臨榆蝗灤河蝗東平蝗冬昌黎大雨蝗十五年三月邢台交河清河大旱蝗害稼康熙四年四月東平正定日照大旱蝗五年五月蕭縣蝗任縣飛蝗自東來蔽日傷禾日照江浦大旱蝗六年六月杭州大旱蝗靈壽高邑大旱蝗害稼八月東明灤州靈壽蝗八年八月海寧飛蝗蔽天而至食稼殆盡九年七月陽大旱蝗食稼殆盡麗水桐鄉江山常山大旱蝗六月寧海天台仙居大旱蝗定陶大旱蝗虹縣鳳陽巢縣合肥溧水大旱蝗七月全椒含山六安州吳山大旱蝗濟南府屬旱蝗害稼麗水蝗桐鄉海鹽淳安大旱蝗元城龍門武邑蝗十一年二月武定陽信蝗害稼三月獻縣交河蝗五月平度益都飛蝗蔽天行唐南宮冀州蝗六月長治鄒縣邢台東安文安廣平蝗定州東平南樂蝗七月黎城芮城蝗昌邑蝗飛蔽天莘縣臨清解州冠縣沂水日照陶菏澤蝗十六年三月來安蝗三河內邱蝗十八年正月蘇州飛蝗蔽天夏全椒蝗七月寧津撫寧五河含山蝗二十一年信陽莒州蝗二十三年四月東安蝗永年蝗二十五年春章邱德平蝗六月平定無極饒陽井陘蝗二十六年東明萊城蝗二十九年五月臨邑東昌章邱蝗七月平陸武清蝗三十年五月登州府屬蝗六月浮山翼城岳陽蝗萬泉飛蝗蔽天沁州高平落地積五寸乾州飛蝗蔽天寧津鄒平蒲台莒州飛蝗蔽天七月昌邑濰縣正定盧龍平度曲沃臨汾襄陽蝗平陽猗氏安邑河津蒲縣稷山絳縣垣曲中部鄉寧撫寧等縣蝗三十一年春洪洞臨汾襄陵河津夏浮蝗三十三年五月高苑樂蝗甯陽蝗三十六年文安元氏蝗三十八年遵化州晉州盧龍撫甯蝗三十九年秋祁州盧龍撫甯蝗四十三年武定濱州蝗四十四年九月密雲盧龍新樂保安州蝗四十六年邢台肅甯平鄉蝗四十八年秋昌邑盧龍昌黎蝗五十年夏莘縣鄒縣滄州蝗五十三年秋沛縣合肥廬江舒城無爲巢縣蝗五十七年二月江浦天鎮蝗五十九年膠州掖縣蝗雍正元年四月銅陵無爲蝗樂安臨朐大旱蝗江浦高淳旱蝗棲霞臨朐蝗三年冬海陽普宜蝗十三年九月東光獲鹿蒲台蝗乾隆三年六月震澤日照旱蝗四年六月東平甯津蝗五年八月三河飛蝗來境抱禾稼而斃不爲災九年七月阜陽亳州滕縣滋陽甯陽魚台蝗獻縣景州蝗十三年夏蘭州郯城費縣沂水蒙陰旱諸城福山棲霞文登榮成蝗高密棲霞尤甚平地湧出道路皆滿十五年夏掖縣飛蝗蔽天十六年六月諸城交河祁州蝗河間蝗有烏數千自西南來盡食之十七年四月柏鄉雞澤元氏東明祁州蝗七月東阿樂陵惠民商河張陽范縣定陶東昌蝗十八年秋永年臨榆樂亭蝗二十年六月蘇州大雨蝗二十三年夏德平泰安蝗有羣烏食之不爲災二十四年夏高郵大旱蝗集數寸二十八年三月臨邑靜海灤州文安霸州蒲台飛蝗七日不絕二十九年夏吳川大旱蝗損禾東昌安邱蝗三十年三月黃安甯陽滋陽蝗三十三年七月武清慶雲蝗三十七年二月景甯飛蝗蔽天大可斛三尺淄川新城蝗鳳陽旱蝗三十九年二月安邱壽光沂水蝗八月文登蝗四十三年三月黃安南陵旱蝗九月武昌蝗江夏縣潛江大旱蝗四十九年冬濟南大旱蝗五十年六月日照縣大旱飛蝗蔽天食稼蘇州湖州泰州大旱蝗五十一年五月七月房縣宜城棗陽陽春旱蝗羅田麻城大旱蝗五十二年四月初二日麻城蝗積地寸許七月黃岡宜都麻城羅田荊門州蝗五十三年六月平度縣大旱飛蝗蔽天田禾俱盡五十六年六月甯津東光大旱飛蝗蔽天田禾俱盡五十七年五月武城黃縣高唐旱蝗五十八年春歷城旱蝗有蟲如蠶附放蝗背蝗立斃不成災七月安邱章邱臨邑德平蝗嘉慶七年蓬萊莘縣高唐鄒平諸城即墨文登招遠黃縣蝗十年春博興昌邑諸城蝗臨榆蝻生夏滕縣飛蝗蔽天食草皆盡秋昌邑蝗食稼甯海蝗十九年菏澤曹縣博興蝗道光三年莘縣撫甯蝗四年東平清苑望都定州蝗五年七月清苑定州飛蝗蔽天三日乃止內邱新樂曲陽長清冠縣博興旱蝗六年二月灤州撫甯蝗十四年五月潛江棗陽旱蝗雲夢旱蝗十五年春黃安黃岡羅田江陵公安石首松滋大旱蝗五月均州光化蝗七月濱州觀城鉅野博興穀城應城蝗八月安陸玉山武昌咸甯崇陽蝗黃陂漢陽大旱蝗十六年夏定遠蝗紫陽蝗宜都黃岡隨州鍾祥旱蝗七月穀城鄖縣鄖西蝗十七年春應城蝗蝻五月鄖縣旱蝗秋復旱蝗十八年夏鄖縣蝗應山大旱蝗博興旱蝗八月東光蝗不爲災十九年九月應山蝗二十三年三月鄖西旱蝗二十五年七月光化麻城蝗二十七年夏應城蝻生元氏旱露化蝗十月臨邑蝗咸豐四年六月唐山灤州固安武清蝗五年四月靜海新樂蝗六年三月青縣曲陽蝗六月靜海光化江陵旱蝗宜昌飛蝗蔽天松滋蝗八月昌平蝗邢台蝗香河順義武邑唐山蝗七年春昌平唐山望都樂亭平鄉蝗平谷蝻生春無麥青縣蝻蚱生撫甯曲陽元氏清苑無極大旱蝗邢台有小蝗名曰蠕食五穀莖俱盡武昌飛蝗蔽天棗陽房縣鄖西枝江松滋旱蝗宜都有蝗長三寸餘秋咸甯漢陽宜昌歸州松滋江陵枝江宜都黃安蘄水黃岡隨州蝗應山蝗落地厚尺許未傷禾鍾祥飛蝗蔽天亘數十里潛江蝗八年三月撫甯元氏蝗蝻生六月均州宜城蝗害稼應城飛蝗蔽天房縣保康黃岩蝗害稼秋清苑望都蠡縣歸州蝻子生十月黃陂漢陽蝗十一月宜都松滋蝗十年六月棗陽房縣蝗光緒三年夏昌平武清灤州高淳安化旱蝗秋海鹽柏鄉蝗四年九月靈州蝗七年六月武清蝗七月臨朐蝗八年春玉田蝻生九年夏邢台蝗十七年三月甯津旱蝗傷三十三年五月山丹蝗

順治五年杭州民家豬生三耳八足蒙陰縣民家豬產象旋卒九年八月香山寺前豬生二人頭隻眼頭上一角人身豬足無毛康熙元年八月天門民家豬生一豕一身二首八蹄二尾十二年九月揭陽民家豬產麒麟十八年二月棲霞民家豬生異獸旋斃五十一年深澤縣民家豕生子大物大倍別子色白無毛二日斃生頂上雍正五年博山民家豬產象長鼻白色嘉慶十年樂清民豕生象十八年黃山石民豕生象同治三年新閩民家豕生象未幾即斃光緒元年豕生象色灰白無毛十三年皋蘭民家豕生一象

順治六年十一月儀徵有四龍見于西南十一年溧水縣興雲寺梁上有蛇身具五彩十日後變爲白色六月十五日狂風驟雨霹靂不絕殿中若有龍門及霽蛇乃不見康熙元年七月二十九日嘉興二龍起海中赤龍在前青龍在後鱗甲發火過紫家埭倒屋百餘間傷一人九月初九夜半火龍見二年四月十六日山家明龍見三台東南出一蛇長數丈腰圍約三尺身有鱗甲赤光三年五月二十一日京山龍見鱗甲俱現七月朔鎮洋大風海溢有龍下鹽場傷數人八月初四日天晴無雲黃龍見于東南七年七月咸甯有龍遊于縣署前雨霽不能升躍市人擊其頸以游於市十二年六月深澤馬鋪民家龍起大風雨破壁而去十二月十八日丹陽見兩龍懸空移時始去十三年夏永嘉龍見萬載大水龍出十七年六月咸甯大墓山有龍突現頭角三日鱗甲晃如赤金白晝飛騰穿山爲河傷民畜十八年十月十五日鎮洋龍見于東南二十一年十月青浦興化龍見二十六年六月黃縣龍晝見于朱家村煙霧迷濛火光飛起三十六年三月畢節龍見赤水河四十年八月獨山川南羊角村有龍見四十一年六月初九日鰲泉有白龍躍于平地飛去四十五年五月初六日金山之巖有龍出金光閃爍四十七年靈州井中有龍時見其首尾數日忽大雨霹靂騰空而去六十年六月金壇學宮前懸一龍腥氣逆鼻焚香禱之騰空而去七月十三日南寵大雷雨龍見于城西雍正二年七月北流飛龍見十二月木門海子起煙霧有蛟龍飛出之狀五月橫州有龍起七年春安定文華塔見一龍騰空而去九年四月安南有龍見于東北六月青浦龍見于沙灘乾隆二年二月潮陽白龍見三年正月枝江龍見于城西九月青浦龍門於泖自西南至東北入海五年五月高郵大風有白龍舞空中鱗甲俱現六年六月十三日崑山東鄉設網村有白龍捲去民房十七家二十五日席家潭有白龍捲去周家莊大舟并二人墜巴城鎮三里岸渚復捲去鎮民盛某擲地身無恙九年六月十二日浮山有龍飛入民間樓舍須臾煙起樓盡焚七月壬辰建天頓黑有白龍尾垂二丈餘十二年八月高州龍見于小華山十四年七月初五日高淳龍起於永豐圩下首尾鱗甲俱現十五年七月正甯秦家店有龍破屋而升俄大雷雨十九年秋濟南亘治河有龍門二十年五月二十日澄海狂風驟雨有雙龍自東而來由蓬州所東門經過沖倒城垣五十七丈民房三百餘間有壓斃者二十一年六月招收龍井地方有龍自空冉冉而下二十六年五月二十七日葭州赤龍見于張體兩川園中六月初七日高平火龍見于石末村七月十四日泰安蛟起夏輝村西河高二丈彩色炳爛橫飛東南風雲隨之二十九年四月十三日天門烏龍見頭角爪甲俱現四十三年三月安邱龍見四十六年八月十二日莒州羣龍見于吳山東北五十五年五月定海盤龍起漂沒田廬淹斃人口越三日龍斬三段尾不見其鱗巨如葵扇五十六年六月莒州赤龍見于龍王峪先大後小長數丈所過草木如焚六十年春青浦有白龍自東至金澤鎮南去地祗三四尺所過屋瓦皆飛嘉慶六年東湖修孔子廟見白龍乘風飛去九年曲陽濟瀆河水暴發見龍車數乘涉水而沒水退十四年五月有龍戲于瑞州城隍廟江均河水立丈餘二十年六月黃岡柳子巷蛟起傷一百四十餘人衝沒田宅無算二十一年六月蛟見于嬰武水道光四年七月麻城龍見于月望岩五年七月甲辰武進龍見于芙蓉湖六年六月初五日宜都蛟起壞民居溺人無算七年五月初十日房縣汪家河水溢蛟起壞民田無算九年十一月二十二日滕縣見青龍長約數十丈鱗甲俱現十年六月松滋城原寺出龍過洋州上升七月十二日永嘉起蛟裂山而出漂沒田廬淹斃人畜無算

十六年七月甲申武進有龍陷地成潭二十八年五月監利龍見于洪湖七月二十三日太平五龍同見空中是夜颶風大作咸豐二年五月十七日枝江天無片雲有白龍降于瓦窰湖蜿蜒行數里忽騰去三年七月初七日西鄉白龍見長數十丈七月十五日黃陂龍見于聶口鱗甲宛然攤船隻什物於空中十一月西甯西納川降蘗龍臭聞數里五年七月二十三日石首風雷大作頃之二龍接尾而上六年五月鄒縣兩頭蛇見七年五月初八日來鳳縣曾氏塘風雨驟至有物長丈餘乘風入塘形似牛身備五色目灼灼有光水噴起八年六月十七日雲夢有龍入城壞廬舍無數繞城東北去十年三月麻城龍見五月松滋天鵝塘出龍行陸地所過禾稼盡偃十一年冬平湖有二龍門于海同治三年蘇州有龍門四年正月宜城龍見于芳草州六年五月初五日高淳見三龍十年三月二十二日湖州有龍門狂風驟雨拔木覆舟五月十二日高淳龍見七月底城有蛟起于井中光緒十九年正月靈台龍見于井中二十一年十月大通龍見于惠廣寺

順治十年四月吳川有山馬二一渡石塹一自城東南角入康熙三年七月畢節民家馬生駒五足五年六月孝豐有馬見于魚池鄉之安市毛鬃如凡馬背有肉鞍往來田間月餘不知所終十五年五月南樂生員趙豪馬生雙駒一牝一牡二十六年平遠州民家馬產雙駒雍正八年二月江津縣民家馬產雙駒乾隆二十一年夏豐順湯坑寨有白馬成隊夜出食禾驅之不見道光二十九年二月定州中谷村民家白馬產二靑騾同治元年西甯鎭海營騾馬同胎而生順治八年歙縣民吳全妻呂氏一產四男康熙元年萊陽民徐維平妻生男四目四手四足十一年晉州民郭好剛妻馮氏一產四男十三年東陽民某姓兄弟其婦俱孕及產一產鮎魚魚頭蛇身一產獼猴手爪俱備十六年節畢民彭萬春女七歲出痘及愈變爲男十七年春淸河民家生子無首兩目在乳口在臍殆形天類歟二十五年五月忠州民雷氏女化爲男後爲僧三十二年德州民王邦彥妻一產四男三十四年長治民張自富妻王氏一產三男三十七年保安州民岳成妻李氏一產三男三十八年潞城民常通妻一產三男三十九年湖州陸氏婦產一男兩首四臂四十一年西甯縣賈文舉妻一產四男四十四年夏石首縣民張若芝妻一產三男四十六年吳縣民譚某家女子化爲丈夫五十三年廣元民婦產二蛇無恙萊陽縣民高萬言妻一產四男五十四年六月東平州民孫子芳妻一產三男五十六年東流民檀上元妻洪氏一產三男穎上民張某妻一產三男五十七年信陽州民邢序妻一產三男五十八年興化縣民趙自顯妻一產三男趙城民賈則宜妻一產三男五十九年邯鄲民王某妻一產三男六十一年鉅野縣民史徧妻一產三男雍正元年鄆縣民某妻一產三男靑州民李福奎妻一產二男一女高密民劉巨卿妻一產三男巢縣民馬少步妻龐氏一產三男二年秋南陵民毛起美妻一產三男汾陽民賈三聘妻一產三男簡州民王之佐妻一產三男三年二月齊河民甄養武妻一產三男潞城民秦述賢妻郭氏一產三男襄垣民郝世惠妻武氏一產三男陽城民張國澤妻劉氏一產三男四年陶縣民徐來振妻一產三男襄陵縣民栗星奇妻一產三男五年東河縣民劉虎妻一產三男陽城民李珍妻一產三男六年定興縣民任萬通妻楡次民劉志龍妻俱一產三男東山村民家產婦生魚亭山縣民田禹妻一產三男七年錢塘縣民邵學佳妻吳氏天台縣民褚伯賢妻劉氏蕭山縣民高耀妻俱一產三男新建縣民周義士妻夏氏一產三男彭澤縣民羅翰聲妻宋氏一產三男合肥民龔紹衣妻陳氏一產三男安邑縣民馮維明妻薛氏一產三男施縣民王進祿妻崔氏一產三男八年商縣民孫作聖妻一產三男黃縣民高從義妻一產三男錢塘縣民楊大成妻嚴氏遂安縣民洪文錫妻毛氏俱一產三男壺關民某妻李氏一產四男崇陽縣民孫文林妻王氏一產三男興安民龔章純妻一產三男臨海縣民項如茂妻林氏鎭海縣民陳道才妻應氏俱一產三男十年洪洞縣民許元生妻鄭氏一產三男趙玉錫妻章氏一產三男介休民燕居宇妻武氏一產三男陵川民秦遇妻一產三男邡縣杜某婦一產三男永嘉縣民李天錫妻林氏一產三男浮梁縣民魏經武妻李氏一產三男房縣民吳士貴妻一產三男十一年冀州民白起妻薛氏一產三男遂安縣民姜自周妻胡氏一產三男十二年春齊河民劉鉛妻官氏新城民趙允中妻俱一產三男六月潛山民汪祝三妻一產三男開化縣民畢懋增妻一產三男十三年四月灤州民張德福妻一產三男九月灤州民胡在梁妻一產三男臨海縣民榮宗棟妻奚氏一產三男南昌縣民朱中祿妻曹氏一產三男乾隆元年武强民楊守有妻蔡氏一產三男定遠縣民羅旌友妻楊氏一產三男二年二月平湖監生徐士穀妻張氏一產三男九月景州民張自立妻王氏一產三男靜海民婁蒙貴妻某氏一產三男十一月石城縣民董永琩妻李氏一產三男三年六月甘泉民蔣國泰妻蘇氏一產三男八月秀水縣民葛漢文妻徐氏一產三男營山縣民周銘妻文氏一產三男十一月灤州民李廷璽妻一產三男景州民張世勳妻劉氏一產三男一女四年四月岳池縣民荀稀聖妻李氏一產三男婁縣民何效章妻陸氏一產三男六月稷山民張桂妻劉氏一產三男五年三月潛山縣民馮某妻一產三男五月無爲生員魏洊元子婦一產三男潞澤營兵丁謝金成妻魏氏一產三男八年五月稷山民趙傑妻一產三男九年五月大埔民羅淑鄭之妻李氏一產三男十年銅山民劉瑞發妻韓氏一產三男夏名魁妻劉氏一產三男貴池民吳來盛妻葉氏一產三男十一年大埔縣民危肇彬妻詹氏一產三男貴陽民劉允福妻喻氏一產三男十四年無極縣民袁文孝妻焦氏一胎產四子兩男兩女皆活十五年監利縣民何名周妻黃氏一產三男十六年南昌縣民徐仲先妻萬氏一產三男孟縣民田世隆妻石氏一產三男十七年四月甯河民劉守秀妻趙氏一產三男十八年平利監縣民張寧妻呂氏一產三男十九年濟陽民賈含福妻谷氏一產三男二十年深澤民蘇勇妻宋氏劉邦林妻閻氏俱一產三男灤州民高宗義妻一產三男二十一年五月定州民張照妻徐氏一產三男濟甯州民王盡忠妻一產三男營山縣民魏國平妻陳氏一產三男二十二年費陽縣生員宋如衡妻蘇氏一產三男浦江縣民葛有聖妻徐氏一產三男二十三年八月初五日兵丁劉任妻黃氏產一男越日產一女午刻又產一男二十五年陵川諸生馬伯顧妻一產三男南豐縣民鄧君奇妻朱氏安義縣民熊璧湘妻彭氏俱一產三男雲夢民冷少松妻許氏一產三男二十六年七月鳳台縣民陳全妻一產三男武昌縣民劉陞妻一產三男二十七年鄒縣民田成妻一產三男二十八年三月武進縣民巢雲五妻一產三男二十九年武城縣民劉成妻高氏一產三男卽墨縣民高岱妻王氏一產三男平陸縣民高懷妻一產三男淸水縣民喬國祥妻王氏一產三男三十年臨淸州民楊維桐妻一產三男三十一年新城民朱振連妻一產三男臨淸州劉德員妻一產三男樂至縣民羅景璋妻周氏一產三男三十二年五月府谷縣民王友妻一產三男六月臨縣民李映實妻一產三男十月德州民陳三妻一產三男三十四年甯河于邦朝妻蘇氏一產三男黃縣民王偲妻高氏一產三男三十五年武昌縣徐定貴妻一產二男二女三十八年高平縣民張萬全妻李氏一產三男三十九年二月諸城縣民郭榮妻一產三男四十年南昌縣民李菁妻梁氏一產三男樂平縣民王彩珍妻廖氏一產三男四十一年六月龍里縣民家生子目中有臂三寸許靑陽民曹正逘妻董氏一產三男四十二年貴池民孫全愷妻謝氏一產三男四十三年九月德州民趙楷妻崔氏一產三男陵川民李珏妻王氏一產三男洵陽寄籍楚民張希賢妻雷氏一產三男四十四年昭化縣民王宰仕妻張氏一產三男此婦四孕每產必三亦異婦也光化縣民許文思妻柯氏一產三男四十六年高郵縣民于志學妻管氏一產三男梓潼縣民羅全義妻楊氏一產三男四十七年甯州民彭國治妻葉氏一產三男四十八年茂州民文廷柱妻一產三男四十九年十一月新建縣民黎獻文妻熊氏一產三男五十年太平縣民傅學妻羅氏一產三男五十二年二月房縣民張大業妻一產三男京山縣民李摯來妻一產三男五十三年廣州民廖伯萬妻朱氏一產三男五十四年三月瑞昌縣民周全萬妻陳氏一產三男昭化縣民張應輝妻劉氏一產三男宜賓縣民萬方麟妻陳氏一產三男簡州民藍學榮妻王氏一產三男莒州民劉翰閣妻一產三男五十七年五月高郵縣民閔立禮妻李氏一產三男五十八年貴陽女子莫二陽化爲男子石首縣民譚盛治妻一產三男陽信縣民王學皆妻張氏一產三男五十九年天全州民劉祥遠妻熊氏一產三男六十年沂水縣民趙有佐妻王氏一產三男嘉慶二年莘陽縣民楊國玉妻簡氏一產三男分宜縣民羅大成妻藍氏一產三男鄒平民樊梅清妻一產三男諸城縣民王立妻一產三男四年七月博興縣民張維慶妻一產三男溪陽縣民吳正彩妻劉氏一產三男十二月定州民薛際昌妻趙氏一產三男五年正月隨州民聶中妻一產三男六年營山縣龍宣江妻郭氏廣元縣民董在義妻俱一產三男長樂縣民張茂榮妻劉氏一產三男竹山男子李大鳳化爲女棲霞邱家村王氏婦化爲男子八年三月臨淄縣民王氏婦一產四男新城民岳景妻一產三男十年三月日照縣民張延妻徐氏一產三男十二年二月諸城縣民王授堯妻曲氏一產三男三月東阿縣民蔡光輝妻金氏一產三男東鄉縣民黎鳳閣妻趙氏一產三男十三年五月留壩縣民靡永錩陳氏一產三男應城縣民某妻一產三男十五年正月黃河縣民金澤妻生子無耳目口鼻兩頭一角扣之有聲如銅十八年益都縣民梁氏子驟長一丈有奇十九年巴縣民劉天才妻一產三男博興縣民李敬昌妻趙氏一產三男靖遠縣民張守和妻王氏一產三男二十一年六月武城縣武庠生王靈妻刁氏一產三男

九月湖口縣民吳紹榮妻時氏年四十五歲初胎一產三男應城縣魯姓婦遺腹一產三男二十二年正月彭澤縣民何奇峯妻王氏一產三男二十三年十一月博興縣民孫在興妻白氏一產三男二十四年四月樂安游氏女春桃年十五歲化爲男二十五年日照縣民宋忻妻周氏一產三男定海廳民陳宏球妻一產三男道光元年九月日照縣民趙希常妻張氏一產三男三年五月中衛縣民吳興妻一產三男五年樂平縣民甘德喜妻陳氏一產三男六年七月樂清縣民戴萬春妻林氏一產三男麻城民甘學楷妻一產三男七年宜城縣民張金福妻一產三男狄道州民潘永周妻一產三男九年十月樂陵縣民張志芳妻柳氏一產三男十年七月濱州民趙登坡妻張氏一產三男十一年七月萊陽縣民孫洪妻一產三男十三年崇陽縣民傅調鼎妻一產二男一女十四年日照縣民馬立太妻一產三男十五年七月利津縣民馬恭妻宋氏商民縣民張曲寅妻胡氏俱一產三男十六年日照縣民郭忠妻劉氏一產三男十七年樂陵民陳吉順妻宋氏一產三男觀城縣民陳珩妻錢氏一產三男二十年貴定民王某妻一產三男二十二年十一月南鄉有女化爲男二十五年十二月平度民蘭種玉妻一產三男二十七年十月公安縣民婦產一女手足各四三日而口有齒二十八年四月葛家坡盧氏女年十二化爲男二十九年西寧縣民張修倫妻一產三男玉山縣民李前鄰妻周氏一產三男三十年三月應城縣民宋爽先張氏一產三男黃陂縣民李允垤妻劉氏一產三年咸豐元年崇陽縣民某婦一產五男二年二月黃縣民王經魁妻一產三男五月宜都杜氏女十三化爲男五年平湖民黃某妻一產四女一男六年黃安縣民婦產一子二首一身十一年興國縣民曾世紅女許字王氏子幼即收養夫家及年十四化爲男遺歸同治三年即墨縣民家有男化女孕生子四年秀水陳氏婦產四鼠五年東南鄉民有女化爲男八年九月靈州民惠澤之妻孕三歲不產忽小腹潰裂子從孔出如人形頃之子死腹復合無痕十年冬襄陽民徐氏子生而有佛像三下作蓮花紋在其左偏光緒三年四月皋蘭庠生張文煥妻一產四男十八年六月甯州民馬壽隆妻生一子三眼三足一眼在額上三十三年甯州民馮某家生一子深目長喙爪背有毛長寸能左右顧啼聲如猿

順治元年懷來大疫龍門大疫宣化大疫九年萬全大疫十三年西甯大疫康熙元年五月欽州大疫餘姚大疫七年七月內邱大疫九年正月靈川大疫十二年夏新城大疫十六年五月上海大疫六月青浦大疫七月商州大疫十九年正月蘇州大疫溧水疫八月青浦大疫二十年晉甯疫人牛多斃曲陽大疫二十一年五月榆次疫二十二年春宜城大疫三十一年三月鄖陽大疫五月房縣大疫廣宗大疫六月富平疫同官大疫陝西大疫鳳陽大疫靜甯疫三十二年七月德平大疫三十三年夏湖州大疫桐鄉大疫秋瓊州大疫三十六年夏嘉定大疫介休大疫青浦疫甯州疫三十七年春壽光昌樂疫夏浮山疫隰州疫四十一年三月連州疫四十二年春瓊州大疫靈州大疫五月景州大疫人死無算六月曲阜大疫東昌疫鉅野大疫八月文登大疫民死幾半四十三年春南樂疫河間大疫獻縣大疫人死無算六月荷澤疫秋章邱大疫東昌大疫青州大疫福山瘟疫人死無算昌樂疫莒州甯海大疫濰縣大疫四十五年夏房縣大疫藩圻大疫崇陽疫四十六年五月平樂疫永安州疫七月房縣大疫公安大疫八月沔陽大疫四十七年二月公安大疫三月沁源大疫五月靈州大疫武甯大疫蒲圻大疫涼州大疫四十八年三月湖州大疫四月桐鄉大疫象山大疫高淳大疫溧水疫五月太湖大疫青州疫六月潛山南陵銅山大疫無爲東流當塗蕪州大疫十月江南大疫四十九年秋湖州疫五十二年冬化州大疫陽江大疫廣甯大疫五十三年夏陽江大疫五十六年正月天台疫六十年春富平疫山陽疫六十一年七月桐鄉疫嘉興疫雍正元年秋平鄉大疫死者無算二年六月陽信大疫四年四月上元疫曲沃疫五月大埔疫獻縣疫五年夏揭揚大疫海陽大疫秋澄海大疫死者無算冬漢陽疫黃岡大疫鍾祥榆明疫六年三月武進大疫鎮洋大疫常山疫四月太原疫井陘疫沁源疫甘泉疫獲鹿疫枝江疫崇陽大疫蒲圻大疫荊門大疫夏巢縣疫山海衛大疫鄖西大疫十一年鎮洋大疫死者無算崑山疫上海大海寶山大疫乾隆七年六月無爲疫十年十一月棗陽大疫十二年五月蒙陰大疫十三年春泰山大疫曲阜大疫夏膠州大疫東昌大疫福山大疫秋東平大疫十四年五月青浦大疫武進大疫七月永豐溧水疫二十一年春湖州大疫蘇州大疫婁縣大疫崇明大疫武進大疫泰州大疫夏通州大疫十一月鳳陽大疫二十二年四月桐鄉大疫七月陵川大疫二十五年春平定大疫六月嘉善大疫冬靖遠大疫三十二年八月嘉善大疫三十五年閏五月蘭州大疫四十年春武強大疫四十八年六月瑞安大疫五十年冬青浦大疫五十一年春泰州大疫通州大疫合肥大疫贛榆大疫武進大疫蘇州大疫夏日照大疫范縣大疫莘縣大疫莒州大疫死者不可計數昌樂疫東光大疫五十五年三月鎮番大疫八月雲夢大疫五十七年九月黃梅大疫五十八年冬嘉善大疫六十年十二月瑞安大疫嘉慶二年六月甯波大疫三年五月臨邑大疫五年五月宣平大疫十年二月東光大疫三月永嘉大疫十六年七月永昌大疫十九年閏二月枝江大疫二十年春泰州疫四月東阿疫東平疫七月宣州疫武城大疫二十一年內邱大疫二十三年十一月諸城大疫二十四年五月恩施大疫二十五年七月桐鄉大疫太平大疫青浦大疫八月樂清大疫永嘉大瘟疫流行冬嘉興大疫道光元年三月任邱大疫六月冠縣大疫武城大疫范縣大疫鉅野疫登州府屬大疫死者無算七月東光大疫元氏大疫新樂大疫通州大疫齊南大疫死者無算東阿武定大疫滕縣大疫濟甯州大疫八月樂亭大疫青縣時疫大作至八月始止死者不可勝計清苑定州瘟疫流行病斃無數灤州大疫元氏內邱唐山蠡縣大疫望都大疫臨榆疫南宮曲陽武強大疫平鄉大疫九月日照大疫沂水大疫二年夏無極南樂大疫臨榆大疫永吉茄疫七月宜城大疫安定大疫三年春泰州大疫秋臨榆大疫四年平谷南樂清苑大疫六年冬霑化疫七年冬武城疫十一年秋永嘉瘟十二年三月武昌大疫咸甯大疫潛江大疫四月蓬萊疫五月黃陂漢陽大疫宜都大疫石首大疫死者無算崇陽大疫監利疫松滋大疫八月應城大疫黃梅大疫公安大疫十三年春諸城大疫四月乘縣大疫五月宜城大疫永嘉大疫日照大疫定海廳大疫十四年六月宣平大疫高淳大疫十五年七月范縣大疫十六年夏青州疫海陽大疫即墨大疫十九年九月雲夢大疫二十二年正月高淳大疫夏武昌大疫蘄州大疫二十三年七月麻城大疫定南廳大疫八月常山大疫二十七年秋永嘉大疫二十八年春永嘉大疫二十九年五月麗水大疫咸豐五年六月清水大疫六年五月咸甯大疫十一年春即墨大疫六月黃縣大疫同治元年正月常山大疫四月望都象北縣大疫六月江陵大疫東平大疫日照大疫靜海大疫秋清苑大疫灤州大疫甯津大疫曲陽東光大疫臨榆撫甯大疫葦縣大疫臨朐大疫登州府屬大疫死者無算二年六月皋蘭大疫八月藍田大疫三原大疫三年夏應山大疫江山大疫崇仁大疫秋公安大疫五年五月永昌大疫六年二月黃縣大疫七月曹縣大疫九月通州疫泰安大疫八年六月甯遠秦州大疫七月麻城大疫九年秋麻城大疫冬無極大疫十年五月孝義廳疫六月麻城大疫十一年夏新城大疫武昌縣大疫

順治六年六月太平啟山縣山鳴如雷移時乃止十月皆州山鳴九年九月武強天鼓鳴康熙元年七月七日夜聞有聲二年四月二十三日萊陽有聲如海嘯自南起至子時方息四年正月初九日西山鳴永嘉山鳴瑞安山鳴七年八月泰山鳴九年夏駕岩天鼓鳴十七年十二月二十二日未時棗強同官中有聲如雷起自西北二十四年五月樂昌有聲如雷自西南之東北四十七年七月霑化無雲而雷五十年十月十一日玉屏南山有聲如鳴鼓五十六年七月合肥縣城牆夜哭三次六十年十一月十九日午刻遵化有聲自西南來其聲如雷雍正七年九月嘉平無雲而雷者三十二年正月初三武定有聲如雷自東北至西南移時乃止乾隆六年八月宜昌峯山有聲如牛鳴聲聞數十里數十晝夜不息自止十年五月甯津無雲而雷十一年四月分水南慈山夜半石鳴逾日乃止十二年正月十三日解州無雲而雷十二月乙酉肥城仁貴山有聲如雷移時乃止十七年二月忻城夜中有聲如雷移時乃止十八年五月池州東南山鳴二十一年八月秦州邽山鳴二十三年三月東來清嶺鳴聲如殷雷嘉慶元年二月榮城有聲如雷自西北向東南十年三月三日袁州空中有聲道光二十年九月星子五老峯有聲如雷二十六年八月平湖四城鳴如烏啾啾不已咸豐元年六月浮梁城隍廟有哭號聲八月二十八日隨州有聲如雷三年七月元氏天鼓鳴自東北至西南數日始止十年二月臨朐逢山石鼓鳴同治元年正月初二日三原東鄉夜聞兵馬聲六月狄道州鳳凰山鳴聲如雷數日不息四年四月通渭泰安有聲鳴如鼓六年夏江山江郎山鳴二年六月十四日漳縣有巨聲三作聞聲數十里光緒二十二年四月戊子南樂無雲而雷二十三年五月南樂無雲而雷

順治五年六月貴池隕石十年四月盧州星隕化爲石大如斗康熙十三年五月甯遠墜二星化爲紅石十五年五月青蒲星隕墜地有聲居民掘之見一黑石按之尚熱重九十斤擊碎刀摩之火光四射二十年正月二十日海豐有星隕化爲石其形三角重九斤二十四年正月初六饒平星隕黃岡五丈港聲聞數十里化爲石其大如斗其色外青內白雍正八年八月府谷星隕入土四尺掘之得一黑石乾隆三十五年三月樂安空中有光如炬掘地得一石鐵色大如斗叩之有聲欲舁之不語則舉語則雖大力不能舉四十年八月鉅縣屬吳

家集隕星一化爲黑石四十七年八月滕縣星隕忠三保楊氏院中化爲石色青白重約百觔孔數百大容拳小容粟五十八年四月分宜隕石于田巨聲如雷黑色嘉慶二十三年十一月二十五日長星落有聲如雷土人視其隕處成一坑掘之得一石長二尺餘闊尺餘形方而角圓擊碎之中分五色咸豐十一年七月三十日光化隕星三化爲石同治十二年六月十四日潭縣馬成龍川有巨聲三作鬨數十里空中墜石三塊高可四尺五寸十月羅田隕石觸地而碎光緒二十年正月二十二日皋蘭隕星如火毬土人識其處掘之得一鐵卵

順治十一年二月初九日香山河水如血次日復故崖州東荔枝塘水赤如血旬日乃已十二年萬泉井水黑十三年江州泉水忽赤如血十四年三月節畢雙井出紅水龍潭出黑水十五年四月潮陽江水變色黑而濁十八年八月通州河水黑如墨康熙十五年九月渭水赤三十二年襄陵水赤半月始復雍正二年七月桐鄉海水入內河味如滷乾隆三十三年六月歙縣西鄉池塘井泉之水沸起如立移時乃平道光元年六月曹縣城中坑水赤咸豐三年七月應城堰水無故由南趨北湧起如山南北水二道中凹見底移時始合安陸水門四年十一月蘄水水湧躍高數尺青浦水無故自湧五年六月雲夢池水自溢高尺許頃復故十一月初五宜昌堰水無風水自湧起尺許光緒四年五月十二日孝感塘水忽沸起高二尺許逾時始定黃岡水自湧雲夢塘自溢久之始定宣統元年六月隴水赤三日

順治元年八月東陽大水邢台大水二年四月萬載大水淹沒田禾東安大水七月嵊縣大水邢台大水蠡縣大水正定滹沱河溢雞澤大水單陽大水三年二月阜陽大水亳州大水五月兗州大水漂沒廬舍沂州蒙陰大水七月高平大水臨淄大水四年四月萬載大水六月平樂蕭縣銅山望江無爲阜陽亳州大水七月瑞安曲阜沂水樂安汶上昌樂邱安大水八月高州高郵大水甯陽汶水溢五年春五河平原汶上大水五月平樂永安密雲獻縣新河柏鄉霸州大水白河堤決六月武強平鄉南和永年棗強密雲晉州宿松大水建德蛟起大水七月穎上亳州太平常山大水六年四月九江漢陽鍾祥大水五月十八日阜陽淮河漲平地水深丈許壞民舍無算七月鹽城文安眞定順德廣平大名河間大水七年正月漢陽九眞山蛟發水五月齊河河決長清河決荆隆口平地水深丈餘村落漂沒殆盡黃河決剡城日照大水六月蒼梧遂昌台州湖州興安安康大水秋東阿大水淹沒六十七村東明荆隆口決河溢陸地行舟茌平昌邑濰水決漂沒田禾石城膠州恩縣堂邑武定府屬大水十月仙居大水城北隅塌壞田廬無數民多溺死撫甯灤城大水八年正月石埭蘇州大水景州河決四月初七日潛山蛟出千百條江暴漲壞民居無算望江大雷雨五月旌德大雨蛟發水平地水深丈餘溺死人畜無算八月烏程瑞安高淳鎭洋大水傷禾十月廣宗南樂玉田邢台甯河南和大水九年二月東流大潦湖水出江湧高丈餘三月齊東黃河決五月臨清平定樂平壽陽武定商河樂陵大水村落多淹沒六月樂平岳陽平陽滎河壽光昌樂安邱高苑大水七月蒙陰秦州隴西烏程鍾祥開平大水害禾稼八月普甯桐鄉大水十年四月石首枝江大水松滋堤潰五月沁水壽陽興安大水欽州海水溢六月乙卯蘇州大風雨海溢平地水深丈餘人多溺死安定白河雷雨暴至水高數丈漂沒居民陽穀大水田禾淹沒民舍多圮陸地行舟文登大雨三日海嘯河水逆行漂沒廬舍衝壓田地二百五十餘頃七月鎭洋蕭縣嘉興大水八月莘縣臨清大水十一年三月武昌縣雷山寺蛟起水平地深丈許沔陽堤潰大水五月興甯龍川大水六月茌平黃河決村墟漂沒十二年正月鹽城梟海溢人民溺死無算四月石埭嘉興鍾祥潛江大水六月漳水溢平地水深丈許陸地行舟十三年五月武強湖州大水興甯大水陸地行舟六月萬載萍鄉甯都大水十月平湖烏程天台大水十四年六月太平石埭銅陵大水秋望門高要安邱大水十五年三月台州臨海大水夏歸州峽江宜昌松滋武昌黃州漢陽安陸公安嵊縣大水宜城漢水溢浮沒民田當陽水決城堤浮沒田廬人畜無算荆門州大水漂沒禾稼房舍甚多秋蘇州五河石埭舒城婺源大水城市行舟鍾祥大水天門漢堤決潛江大水十六年四月湖州信宜大水五月衢州江山常山江陵大水六月江夏漢川沔陽大水十一月仙居通州延川大水十二月望都獻縣大水十八年五月龍川峽江萬載大水六月河源平樂蒼梧武強大水八月淳安慶元南昌各府大水康熙元年五月廣州大水六月荀陽白河興安榆林大水七月孝感沔陽廣陵江陵松滋鉅鹿興化蕭縣沛縣甯州大水八月天門漢水溢堤決舟行城上成安鍾祥潛江大水九月冀州阜城大水二年六月漢中漢江交河大水七月永安州平樂貴州咸甯大冶蘄州江陵大水八月松滋堤決大水浸公安民溺無算枝江大水漂沒民居浮屍旬日不絕宜都黃岡鍾祥麻城鉅鹿大水九月浦江當塗望江大水十二月蒲圻大冶沔陽天門大水江陵郝穴堤潰大水三年三月阜城萬載大水六月偏關河水暴發壞民舍甚多城內水深丈餘海甯海決水入城濠天門大埔大水閏六月延安昌黎大水七月交河梧州大水八月餘姚山陰大水害稼仙居桐鄉大水十二月汾州府屬大水四年三月阜陽望都大水鳳陽水入城七月平定嘉水溢景州肥鄉湖州麗水萍鄉望都雞澤大水天門水決入城八月高邑仁化平樂梧州大水六年八月懷來河間蠡縣大水來陽大水高數丈七年五月麻城玉田大埔大水六月灤城南宮棗城磁州大水七月趙州臨城高邑深澤安平永年蠡縣鉅鹿黃岩樂清萍鄉大水八月交河高平蒼梧大水八年六月三水茂名化州大水房縣大水壞田廬東莞潦潮大溢九年鍾祥應城蒲圻崇陽枝江鳳陽大水湖州太湖水陡漲丈餘漂沒人畜廬舍無算青浦全椒五河鄞縣上虞大水博野等二十九州縣大水十年秋七月松滋宜都大水八月文安安肅濟甯州大水沐陽石首大水十一年巴縣忠州大水入城酆都遂甯平樂永安州任縣大水六月湖州宜興大水漂沒民房英德杭州邢台大水宜都潛江松滋太平烏程大水十二年六月高要蒼梧虹縣濟南府屬大水十三年三月蘇州大水霸州等十一州縣水五月任縣萬載大水瓊州海水溢民舍漂沒入海人畜死者無算十四年六月五河新城蠡縣肅甯大水八月梧州大水十五年正月潛江穀城大水宜城漢水溢漂沒人畜禾稼房舍甚多五月白河永安州平樂武昌大冶蒲圻黃陂孝感沔陽廣濟宜城天門梧州大水六月黃岡江陵監利蘇州青浦大水廣濟江決大水懷集震澤蕭縣大水九月銅山南樂大水十六年二月高郵銅山蕭縣大水四月潛江望江大水七月河間安邱任縣雞澤欽州蒼梧橫州潯州大水十七年四月龍川和平湖州大水六月欽州惠來遂州合江大水七月任縣邢台蕭縣銅山延安平樂大水十八年七月祁州肅宣大水八月漢中大水潛江堤決十九年六月廣濟宜都宜昌宜興武進福山沂水蒙陰滕縣大水七月峽江宜昌宜都大水八月太湖溢湖州大水二十年四月常山封川大水五月昌化湯溪江陵監利大水死者無算新建等十四州縣水二十一年春秀水大水五月封川枝江建德大水入城十七日嚴州府屬六邑大水二十一日方退六月初五水復大至七月平樂蒼梧建德震澤太湖宿松鄒平大水二十二年七月永安州蒼梧大水十月藁城單縣甯大水二十三年正月銅陵東昌大水四月甯州莘縣樂安藁城大水二十四年正月饒陽臨城遷安獻縣河間樂亭東平大水夏江夏通城黃岡蘄水麻城黃陂黃梅廣濟羅田鍾祥沔陽荆州江陵監利孝感蒲圻公高苑安平武強大水二十五年六月常山樂安壽光昌樂蓬萊大水七月台州薊州大水二十六年高明連州大水秋震澤高苑大水二十七年五月澄海澤州定遠廳大水二十八年夏永安州平樂大水河源大水陸地行舟二十九年八月餘姚大水蛟蜃出者以千計平地水深丈餘諸暨上虞皆被水田禾盡淹薊州寶坻大水三十年永甯河決淹沒田二百餘頃三十一年二月新城新安鄒平大水七月嘉定眉州緜州灌縣新津威遠河水漲損民舍傷稼九月十二日新市河中水忽湧立高丈餘徑圍俱有丈餘三十二年七月陽高高郵保定順天無定河間大水三十三年十二月銅山溢陽湖高郵東明大水三十四年五月湖州桐鄉澄海公安三水樂安震澤大水三十五年六月新安即墨藁城大水七月江夏江水決崇陽溪黃徒蒲圻江陵大水黃潭堤決枝江大水入城五日方退廬舍漂沒殆盡八月黃岡饒陽秦州歙縣沛縣遷安大水九月深澤滎城大水三十六年七月崑山臨榆大水三十七年五月婺源棠邑鳳陽東昌五河新安建昌大水三十八年六月驗城泰順建德新安無極大水閏七月杭州大水八月台州大水平地高丈餘金華湯溪西安江山常山贛縣沔陽大水三十九年七月剡城沂州高郵大水四十年平樂鶴慶廣平連州廣州大水六月大埔黃岡海陽大水四十一年五月英山澄海甯縣大水四十二年五月高唐南樂甯津東阿江陵監利湖州大水平樂灘江漲平地水深丈餘民舍傾圮青城陽穀沂州平遙南樂廣平大水恩縣大水陸地行舟衛河決七月登州府屬大水十一月漢中府屬七州縣大水濟南府屬大水四十三年二月景州漢江天門沔陽監利大水五月連州山陽大水平地深丈餘蒼梧湖州漢陽漢川監利邢台大水四十四年新建豐城廬陵吉水大水秋青浦柏鄉六合大水十一月隨州涓水溢壞民居江夏嘉興漢川潛江天門沔陽監利當陽大水四十五年清江新淦瑞金穀城鍾祥天門大水秋沛縣銅陵阜陽大水四十六年五月鶴慶龍門河源蒼梧鄒平大水冬霸州六州縣大水四十七年五月杭州高淳南滙太平銅陵無爲廬江巢縣太湖南陵崑山大水六月太湖水溢七月西安常山江陵上海武進丹陽蘇州大水冬當塗蕪湖翼山大水四十八年春穎山阜陽臨安大水五月慶元江陵監利應城荆門州漢陽漢川孝感潛江光化大水六月婺源大水漂沒田廬黃河溢灤河溢東安

單縣台州大水四十九年八月銅陵無爲舒城巢縣嵊縣大水十一月棗強霸州慶雲崇陽大水五十年五月沂水大水十月平陽大水漂沒居民數百人五十二年五月海陽興安鶴慶大水石城河決侵入城田舍漂沒殆盡贛州山水陡發衝圮城垣八月台州廬州大水五十三年五月石城蕭大水五十四年春梧州鎭安府崑山大水江夏七州縣大水四月全州大水城內深四五尺五月澄海大水堤決邱縣壽光獲鹿獻縣武定濱州海豐陽信大水長山河溢湧起數丈六月蘇州大水城水深五六尺廬舍田地衝沒殆盡杭州枝江大水秋東昌河決十一月德平大水五十五年三月黃梅廣濟江陵監利大水五月昌化常山甯武建昌邱縣樂安大水漳水決甯陽濟甯汶上均受其災崇陽黃陵天門銅陵太湖大水九月濟南府屬大水潛山江水泛溢田廬盡淹五十七年三月萬全光化大水五月大埔大水六月旌德大水漂沒人民橋梁無算海豐普甯嘉慶州黃定縣崇陽大水秋黃陂大水五十八年正月淸河大水七月福山日照濰縣大水膠州大水平地深丈餘漂沒廬舍無算城垣崩圮五十九年五月龍川海陽澄海慶元桐鄉高郵大水六月石首大水漂沒民居殆盡蒲圻漢陽漢川沔陽大水七月橫州宣化隆安永淳蒼梧大水六十一年六月東阿河決沂水河決山東曹單濮等州縣均受其災海州海溢齊河金龍口河決雍正元年夏東流房縣大水海陽韓江漲保康水溢七月上海大埔大水二年二月饒陽肅甯新樂三河甯河大水四月饒平大水五月澄海大水堤決四十餘丈光化漢水溢傷人畜禾稼房縣大水入城漂沒民居甚多穀城大水一月始退潛江天門大水入城鍾祥大水堤決沔陽江陵慶元大水六月東阿河決陸地行舟七月泰州海水泛溢漂沒官民田八百餘頃南滙大風雨海潮溢田廬鹽場人畜盡沒海甯海潮溢塘堤盡決餘姚海溢漂沒廬舍溺死二千餘人海鹽海水溢太湖溢定海大風海溢漂沒廬舍鎭海大風雨海水溢鄞縣慈谿奉化象山上虞仁和海甯平湖山陰會稽嵊縣永嘉於七月十八日同時大水八月己丑蘇州海溢樂清大水即墨大水民舍多圮十二月漢水暴發入城三年正月寶坻大水二月濟南齊河濟陽德州大水四月廣州西江水溢五月饒平大水六月沂州河決武強滹沱河溢平地水深數尺田禾盡淹沒普宣大水澄海大水堤決五百丈八月十五夜大埔大水陸地行舟曲陽武強雞澤邢台棗強薊州淸苑遵化州大水新安大水南北堤同日決四年濟南府屬大水六月大埔應城黃梅黃岡江陵監利大水蘄州江水高起丈餘天門大水陸地行舟七月嘉應信宜慶陽漢陽漢川黃陂江夏武強祁州唐州黃安平鄉饒平蒼梧普宣濟寧州兗州東昌大水崇陽蛟起水浸入城八月桐鄉南昌新建豐城進賢淸新淦建昌德化高淳鶴慶大水十二月曹縣單縣菏澤兗州東昌大水五年漢水溢武昌安陸荊州三府堤決五月蒼梧安南荊門州黃岡蘄州廣濟大水六月平魯山水暴發漂沒民居慶陽蒼梧石城大水七月臨安孝豐兩縣蛟出山水陡發餘杭新城安吉德清武康俱被水蘄州江水漲羅田石首公安廣濟嵊縣安肅容城大水霍山蛟發水黃河高數丈沿河居民漂沒甚衆十月初三日昌邑海溢人多溺死高郵銅陵廬江舒城大水六年崇陽漢陽潛江大水七年五月大庾南康大水八年五月蘇州震澤大水八年六月武定濱州海豐利津霑化滕縣甯陽兗州大水濟南小淸河決傷禾稼萊州霪雨兩月河水暴發田禾漂沒民多溺死衡水沙河雞澤大名順德廣平永年高苑博興樂安大水慶雲北河溢淸潤黃河無定河溢漂沒人畜九年春樂安壽光東昌長甯慶雲大水四月宜昌溪水暴溢壞民田六月碭山長山大水十月濟南鄒平大水十年四月富川大水五月峩眉大水冲塌房七十九間淹斃人口九十五口榮經雅安南安南昌撫州瑞州吉安大水六月黃岡大水七月蘇州大風雨海溢平地水深丈餘漂沒田廬人畜無算鎭洋颶風海潮大溢傷人無算崑山海水溢寶山颶風雨晝夜海潮溢高丈餘人多溺斃嘉定海溢崇明海溢溺人無算靑浦大風海溢八月崑山海水復溢溺人無算十一年武強邢台饒陽豐潤薊州肅宣沙河盧龍昌黎獻縣大水三河甯河河溢沙州山水驟發冲塌民房五百七十餘間八月剡城高淳大水十二年三月懷安大水入城乾隆元年鍾祥漢水溢漢川江陵沔陽天門大水七月鄞縣海水溢慶元大水二年二月樂淸永嘉瑞安大水五月鳳台黃岡大水七月武強饒陽獲鹿欒城平山景州容城獻縣新樂州河高邑順天莘縣大水東昌衛河決三年七月黃岡麻城柏鄉肅甯滄州武強東安新安饒平獻縣遂寧合江邢台大水渾河溢秋禾被災者一百九十村深澤無極滾河水溢四年四月亳州河決潁上阜陽五河大水秋陽穀壽張大水禾盡淹潤德泉溢六年四月鍾祥天門沔陽大水五月龍川湖陽甯都大水七月永嘉海溢瑞州海溢寶山海溢蒼梧湖州大水八月鍾祥南郊大水七年六月光化宜城江陵枝江南安府屬永甯大水游水發田廬盡沒七月鹽城河決毀民居數萬間銅山河決漂沒廬舍安邱水溢六七里人有溺斃者膠河溢剡城袁州江夏嘉魚東流漢陽漢川黃陂孝感鍾祥大水潁上五河亳州大水八年夏黃岡宜都興國高淳大水九年天津河間霸州撫甯大水五月澄海大水東林堤決六十餘丈冲倒民房數百間大埔洪水入城漂沒民房一百九十餘間六月漢川遂甯簡州崇慶綿州邛州成都華陽金堂新都郫縣崇甯溫江新繁彭水什邡羅江彭山青神樂山仁壽資陽射洪大水溺死居民六百餘人七月當陽江水暴發田禾盡淹紹興徽岩水發海溢田禾盡淹常山大水溺人無算淳安江濤暴漲城市淹沒桐廬江水驟漲市城水高二丈凡浸五日方退昌化建德嘉善大水十年四月西桂普安州大水潛江沔陽等九州縣大水五月泰州海溢亳縣水災七沃滄河大水淹沒人畜無算渭水溢秦州藉水溢白沙北堤決水入城民居漂沒甚多隴石棗陽江陵大水十一月濟南大水十一年棗陽潛江沔陽袁州高苑大水六月連州臨武大水七月鳳陽潁上亳州大水十月江陵萬城隄潰潛江被水災甚重十一月即墨大水十二年五月遊山水驟發六月應州渾源大同三州縣大水七月海甯潮溢鎭海海潮大作冲圮城垣蘇州颶風海溢常熟昭文大水淹沒田禾四千四百八十餘頃壞廬舍二萬二千四百九十餘間溺死男女五十餘人崑山海溢傷人無算泰州大風潮溢淹鹽城傷人甚多棗陽大水淹沒田禾濟陽德平平原霑化兗州濟甯州嘉祥剡城莒州蒙陰日照蘭山大水東赤城水災十三年五月日照海溢金鄉魚台濟甯州甯陽范縣壽光膠州岐山潤德肥城潛江漢川天門沔陽江陵監利大水太原汾水溢九月郎西房縣大水十四年三月壽光海溢海豐全州太湖大水八月宜都漢水漲冲沒民居百餘家沔陽潛江天門江陵監利漢川大水十五年三月平遠大水連日洪水漲發壞田屋漂沒人畜無算五月樂亭海潮運河上田禾盡淹英山大水淹沒田廬肅甯阜平武進阜陽大水淳安水驟發田禾淹沒六月日照水溢隨州潰水溢壞民田舍富平容城祁州大水十六年三月濰縣海水溢掖縣大風雨海水溢漂沒人畜四月平度海溢兗州府屬大水七月東昌日照利津霑化惠民蒲台壽光永樂大水灤州河溢十七年正月鄖縣鍾祥京山等十六州縣大水四月洛川水六月雷州文登榮成遵化陵縣臨邑大水七月仁和海甯水驟至田禾盡淹八月襄陽棗陽宜城穀城均州龍川大水冬桐鄉南柵大水十八年二月峽江潛江沔陽天門吉安蘄水大水六月饒平大水漂沒民房五百六十餘間八月海豐利津海溢壽光海溢濱州霑化蘭山剡城日照大水九月淮水溢壞民舍涑水漲淹沒西王等村太湖鳳陽五河大水信宜大水淹沒廬舍二百餘間男婦五十餘口十月黃河溢漂沒民舍甚多慶雲大水十二月天門江溢二十年金鄉魚台潛江沔陽荊門江陵監利光化大水十二月潛江剛湖垸堤潰光化壽州鳳陽潮州大水二十一年十二月五河德州金鄉魚台壽張大水東昌衛河決二十三年青浦金鄉魚台濟甯州大水普甯大水入城二十四年八月泰州大風潮溢淹沒禾稼臨淸衛河決太湖潛山大水二十五年五月慶元洵陽柏鄉大水秋屏山縣百溪水暴漲二十六年五月潛江沔陽等七州縣大水六月南宮河水溢雲夢河水漲高湧丈餘田宅盡淹死者無算峽江大水溢江陵婁縣固安永淸甯河文安望都容城盧龍大水樂陵金鄉魚台甯陽汶上壽張大水八月東昌衛河決二十七年四月慶雲棗強安肅望都大水七月邱縣漳水溢淹沒田禾海鹽潮溢塘圮水入城漂沒民居仁和錢塘海甯餘杭大風雨山水驟發灶塢田禾盡淹平湖台蒲義烏靑浦東昌德平黃縣大水二十八年五月瑞安潮溢陸地行舟資陽大水二十九年二月南昌吉安九江漢陽漢川武昌江夏大水四月黃安黃州黃岡蘄水廣濟石首大水洞庭湖漲漂沒民居無算五月宣平達州大水三十年三月長淸惠民諸城大水七月府谷河漲薊州大水北山蛟水陡發漂沒房舍三十一年秋東昌衛河決濟南禹城惠民商河利津金鄉魚台大水三十二年江夏武昌黃陂漢陽荊門州黃岡蘄水羅田廣濟江陵枝江大水三十三年七月太原武淸慶甯河南樂安肅望都大水三十四年五月蒼梧懷集新樂溧水大水六月太湖溢武進潛山湖州嘉善大水十月江夏武昌崇陽黃陂漢陽黃岡廣濟江陵枝江大水三十五年春鄞縣慶元大水夏古北口山水暴發滄州寶坻武淸喀喇河屯廳望都洵陽白河武甯大水鄖西漢水溢秋濟南東昌大水壽光大風雨海溢傷民畜無算三十六年正月鳳陽大水五月甯陽安邱壽光博興大水秋五河鄒平商河惠民東昌德平大水四十年春直隸省四十州縣大水八月河津汾水溢近城高數尺次日退四十一年六月海子山水驟發浪高丈許壞城垣廬舍人多溺死秋代州秋峪口河決田廬多沒四十四年六月臨淸衛河決施南淸江水溢鍾祥漢水溢入城壞民廬舍江陵大水田禾盡淹宜都武昌大水四十五年三月慶元大水五月袁州義烏大水入城鍾祥沔陽潛江荊州三衛大水六月常山大雨湖水暴發民房多圮武淸房山滕縣

大水九月慶元金華大水四十六年十二月宜城江陵壽光博興大水四十七年六月十七日鄜涪二江漲頃刻水高丈餘民田廬舍淹沒殆盡中江三台射洪遂安蓬溪鹽亭同日大水江夏武昌黃陂漢陽安陸德安瑞安大水四十八年五月宣平大水漂沒田禾六月江夏黃梅武昌三衞黃岡廣濟大水五十一年春霑化崇陽大水八月江陵水五十三年五月宜昌大水沖去民舍數十間常山慶元南昌新建進賢九江臨榆大水六月荆州萬城堤決城內水深丈餘官署民房多傾圮水經兩日始退漳河溢枝江大水入城深丈餘漂沒民居羅田大水城垣傾圮人多溺死江夏漢陽九衞武昌黃陂襄陽宜城光化應城黃岡蘄水羅田廣濟黃梅公安石首松滋宜都大水七月江陵萬城堤潰潛江被災甚重漢陽大水五十四年五月瑞安寗海東湖大水八月安州臨榆大水五十五年七月長清濱州大水運河決水溢禹城平原等縣水深數尺八月灤州灤河溢樂亭武强高唐大水五十六年正月湖州大水十月即墨沽河水溢十一月保康大水田廬多沒五十七年十一月臨江吉安撫州九江大水五十八年春青浦大水貴定大水壞民舍四月隨州黃安南昌大水七月海鹽潮溢壞民舍大名元城水五十九年三月衞河溢武城大水襄陽光化宜城黃安清苑蠡縣撫寗大水滹沱河溢六十年五月漢水溢麗水分宜玉山潛江沔陽松滋大水朱家阜堤決嘉慶二年六月武進東平良鄉天津靜海青縣滄州大水七月樂亭灤州大水寗都霪雨水驟發毀民居瓦房一萬八千九百三十間草房一千二百四十五間淹斃男婦四千三百九十二名三年夏武昌文安大水四年二月蠡縣大水七月長清大水五年霸州河間任邱隆平晉寗定州水六年春禹城運河決水至城下長清觀城任邱靜海黃縣平鄉大水滹沱河溢田禾盡沒鎭西堤決六月武清昌平涿州薊州平谷武强玉田定州南樂望都萬全大興宛平香河密雲大城永清東安撫寗南宮金華大水灤河溢永定河溢七月義烏大雨江水入城新城縉雲大水七年四月義烏大水禾盡沒五月定海大水田禾盡沒七月新城大水漂沒民房一萬七千餘間漢川沔陽鍾祥京山潛江天門江陵公安監利松滋等州縣連日大雨江水驟發城內水深丈餘公安尤甚衙署民房城垣倉廒均有倒塌而人畜無損九月鄖西大水鍾祥大水堤決八年五月隨州大水冬黃河溢大水東阿河決壞民田廬舍東昌河決蒲台利津濱州霑化雲夢范縣觀城大水九年三月南昌撫州贛州九江大水十年六月文安安州新城霸州大水十一年七月溫州寗波鍾祥珙縣大水十三年三月武進望都清苑定州大水五月新城慶元大水七月慶元復大水九月南宮袁州九江大水十四年四月望都房縣大水六月南宮大水十五年四月新林宜城大水六月濟南大水七月永定河溢南宮平度廣元鹽源大水十月宜城大水十六年四月保定文安大城固安永清東安宛平涿州良鄉雄縣安州新安任邱大水秋肥城即墨平度甯海大水十七年春南昌臨江五月竹溪大水入城六月麗水房縣大水二十年四月歷城長清大水二十二年七月宜城穀城嬰武大水二十四年二月黃縣大水沖塌民房人多溺死四月唐山灤州大水二十五年宣化寗晉寗河寶坻文安東安涿州高陽安州靜海滄州埠山大名南樂長垣保安萬全懷安西寗懷來新河豐潤大水六月麗水大水道光元年三月甯津大水五月保康隨州博興即墨大水秋濟南惠民商河霑化潛江任康大水二年正月鍾祥大水堤決潛江大水五月光化漢水溢竹山鄖縣大水六月武城河決武强河水溢清苑唐山蠡縣任邱曲陽大水七月定遠廳應城大水八月霑化徒駭河溢東昌衞河決壞民田長清日照菏澤觀城鉅野大水三年三月石首江陵大水郝穴堤淤平鄉固安武清平谷清苑蠡縣任邱青縣曲陽玉田霸州大水六月武城河決江山黃梅鉅野通州大水東昌衞河決七月太湖溢鮑家壩決下河禾稼盡淹蘇州高淳大水四年二月大興宛平等九州縣水七年五月房縣汪家河水溢壞田廬無算西河水溢入城蘄州大水漂沒田廬人畜江陵大水六月枝江大水入城日照大水八月崇陽山水陡發城中水深數尺潛江大水堤潰九年秋霑化長清大水十年五月通山水陡發數丈高淹沒田廬人畜無算崇陽大水六月枝江大水入城漂沒田廬宜都興大水十一年貴筑黃安黃岡麻城蘄水公安宜都大水石首堤潰六月雲夢堤決漂沒田廬無算房縣安陸大水七月日照清苑惠民商河霑化高淳武進大水八月鍾祥大水漫堤黃陂漢陽大水十一月陸河水大漲房縣黃州應山武昌南昌南康瑞州袁州饒州撫州文安清苑大水十二年夏松滋堤決江夏應山麻城鄖縣大水民房多壞玉田大水七月鍾祥大水堤決漢江暴漲城圮二百四十餘丈溺人無算堵水溢壞官署民房過半襄陽宜城大水八月均州漢水溢入城深七尺民房坍塌無算應城水溢靑田大水九月觀城鉅野大水武城河決十三年春平鄉大水四月貴溪江山咸寗江夏黃陂大水武昌大水至城下五月公安宜都歸州大水六月漢江溢黃岡蘄州黃梅大水大興宛平望都撫甯石首公安松滋大水五月麗水孝義廳大水六月榆林大水淹沒田禾縉雲大水十五年五月沔縣漢水溢漂沒田廬鍾祥大水七月霑化蒲台邢台大水十六年春寗海海溢淹沒民田七月鍾祥大水堤潰十八年六月宜都水溢南陽淹沒民居甚多七月恩施清江水溢十九年正月惠民霑化濟寗州大水三月枝江大水入城公安松滋鄖西大水四月鍾祥大水堤潰六月武昌臨江大水文昌門公安枝江宜都松滋大水六月汶水溢臨邑陵縣大水玉田大水相繼五年被災甚重秋靜海溢禾稼盡沒霑化大水沔縣漢水溢二十一年夏武昌黃陂漢陽松滋黃州鍾祥大水二十二年五月江陵大水入城松滋大水二十四年七月嵊縣堤潰溺死七十餘人江陵大水城圮松滋枝江大水入城南昌袁州饒州南康惠民霑化蒲台大水二十五年六月東平大水七月青縣縉雲雲和太平公安大水樂亭海溢二十六年正月灤河溢五月枝江大水入城青浦大水漂沒數千家六月汶水漲堤決青縣大水二十七年鹽山等二十六州縣大水二十八年松滋安陸隨州大水黃州大水至清源門保康大水田廬多損六月南昌袁州饒州南康陵縣大水雲夢山水陡漲堤盡潰咸甯江夏黃陂漢陽高淳武清大水蒲圻水漲高數丈十二月隨州應山黃岡江陵公安大水二十九年四月應山大水居民漂沒無算黃岡大水入城蘇州嘉興大水湖州大水田禾盡淹五月興安黃陂漢陽大水蠻水溢六月公安羅田麻城蘄水歸州宜昌蒲圻咸甯安陸大水黃州大水入城枝江大水入城七月三原河溢漂沒田舍溺人甚多日照大水武昌大水陸地行舟十二月桐鄉大水田禾盡淹三十年六月黃河漲漂沒田廬無算靑田東平大水咸豐元年正月東平夏太平大水秋懷州大水二年六月平河高陽大水七月鍾祥穀城襄陽潛江公安大水三年三月麗水大水五月孝義廳嵊縣太平大水六月左田如德山水暴漲平地深丈餘七月保定府屬大水宜城漢水溢堤潰城垣圮一百五十丈均州大水入城四年五月松陽大水廣昌蛟出水西南北三面城圮淹斃男婦以萬計官廳民舍僅存十之一二秋保定府屬大水五年七月麗水雲和大水景寗山水暴發田廬盡壞黃陂麻城黃岡蘄州廣濟陂塘水溢十二月鍾祥水暴溢六年五月嵊縣太平大水七年夏松滋枝江大水七月縉雲縉州大水八年十二月江陵松滋公安大水十一年六月鍾祥大水堤潰七月景寗大水同治元年五月公安大水日照大水秋臨江大水二年春湖州海水溢六月鍾祥大水潛江高家拐堤決保康大水淹沒田舍公安大水秋鄖西大水三年夏公安大水秋鄖西大水四年四月公安大水五年夏公安德安崇陽咸宣大水九月臨江江夏大水六年三月羅田大水五月江陵興山大水八月宜城漢水溢入城深丈餘三日始退襄陽穀城定遠廳沔縣鍾祥德安大水潛江朱家灣堤潰九月臨邑大水黃河溢九年六月滹沱河溢宜城漢水溢公安枝江大水入城漂沒民舍殆盡歸州江水暴溢黃岡黃州大水秋孝義廳武昌黃陂大水十年夏武清平谷大水秋公安大水泗河堤潰十一年三月公安枝江大水六月滹沱河溢漫入滋河直隸諸郡大水高淳甘泉臨朐大水十二年六月公安大水秋臨朐高淳大水灤河溢靑縣黑港河決秋潛江大水十三年五月公安大水秋甘泉孝義廳大水潛江大水深丈餘宣平北門外洪水泛濫水高丈許冲塌民房八十餘間男婦二十餘人光緒元年二月靑浦魚台河決境內淹沒過半潛江大水二年五月南昌臨江吉安撫州饒州南康九江潛江大水六月靑田宣平大水八月邢台白馬河溢三年五月宣平大水四年夏常山大水入城南昌臨江吉安撫州南康九江饒平廣信武昌大水五年五月玉田薊運河決階州大水文縣大水城垣傾圮淹沒一萬八百三十餘人六月文縣南河階州西先後水漲淹沒人畜無算八年三月武昌德安大水常山大水田禾盡淹秋復大水九年正月玉田孝義廳皋蘭順天大水十一年五月黃河溢惠民徒駭河溢霑化大水十三年秋灤州洮州大水十八年六月南樂衞河決洮州大水二十年七月太平松門溢堤盡潰南樂衞河決宣統元年六月蘭州黃河漲泰安大水

順治六年七月二十日上海晚日中黑氣一道直貫天頂須臾海中黑氣一道上升與日中黑氣相接如橋至暮乃滅七年十月十四戌刻湖州有黑氣一道自西亘東長百餘丈九年正月十五日黃岡雨黑水如墨十三年正月初一日衡水有黑氣自西北來如煙十四年七月崑山黑眚見十一月含山黑眚見十五年夏平湖黑眚見康熙二十年八月初四日澄海見黑氣一條入東門至北門東林村始滅十月宜昌夜間黑眚見三十四年四月襄陵黑眚見雍正六年三月初九日鎭洋見黑氣如疋布良久方散乾隆三十五年七月東光黑氣迷漫移時方滅三十九年二月朔高邑黑眚迷人四十年四月初五日高邑黑眚咫尺不辨嘉慶元年秋棗陽有黑氣自東向西啐嗾有聲十四年正月朔東光

有黑氣一道自西北抵東南長竟天道光二十八年六月昌黎見黑氣沖咸豐三年三月十六日中衛有黑黃氣二道直衝天際五年七月初十曹縣見黑氣寬二三丈長亘天同治二年六月肅州日昃時有黑氣長竟天半夜方滅

清史稿

災異志二

洪範曰火曰炎上火不炎上則爲咎徵凡恆燠草異羽蟲之孽羊旤其災火赤靑赤祥皆屬之於火

順治十三年冬莊浪燠無雪十八年冬龍門無雪康熙二十一年冬西寧無雪二十七年冬天鎮無雪三十五年冬臨縣無雪四十一年冬平原燠如夏四十二年冬咸陽燠無雪五十九年冬浮山無雪乾隆四年冬彭澤元昌燠如夏人有衣單衣者四十九年冬菏澤無雪五十七年冬蘇州無氷雪嘉慶三年冬桐鄉燠十三年冬昌黎無雪十八年冬鄖縣無雪二十年二月湖州大燠咸豐十年冬皋蘭無雪同治元年冬黃縣大燠光緒元年冬望都撫寧無雪十四年冬皋蘭燠

順治三年五月邱縣雨麥六月潮陽雨豆十一年六月商州一蔕兩瓜大如斗十二年二月渭南天雨粟平樂天雨蕎麥三月鳳陽安西天雨莜麥豌豆五月臨潼咸陽雨莜麥豌豆十四年二月婺源雨黍十五年冬昌化竹生實十八年十月高要竹生實康熙二年十月阜陽雨粟粒若蕎麥圓小而堅味辛厚處盈寸三年七月婺源大彰山竹生實形如穇民採而舂食之厥味甘二十一年三月溫州雨豆二十二年四月甯都天雨豆又雨黑黍二十六年二月合肥雨黑豆二十八年正月舍山雨小豆四十一年二月湖南竹生實四十四年三月葭州雨黑豆四十五年春橫州竹生實六十年夏安化天雨蕎麥六十一年正月大埔竹結實十一月岑溪枯竹開花雍正五年五月鍾祥竹開花十月當塗雨紅綠豆形如小麥無蔕十年什縣雨蕎麥十一年二月山陽淸河雨黑豆啖之味苦十二年三月宜昌竹結實民採食之十三年七月夷陵竹生實如麥民競採食之乾隆二年二月昌化雨豆六年十一月成縣竹生實十八年九月陽春竹皆結實枯死二十二年正月永嘉東山竹結實如麥二十三年池州雨豆二十六年安化雨蕎麥形似而小四十一年六月餘姚雨小麥黃豆嘉慶十二年春黃陂雨豆道光二年夏黃岩天雨菽四年十月黃梅雨豆麥穀米十六年十二月武寧雨豆二十年十一月鍾祥竹開花二十五年七月竹生米可食咸豐元年六月孝義廳山竹結實人採食靑浦竹生花二年十一月太平雨豆四年二月隨州天雨豆四月黃岡雨黑豆食之味苦冬武昌縣雨黑豆五年正月初三日孝感天雨小豆二月又雨豆三月武昌天雨黑豆如槐實黃安雨豆夏黃州蘄水雨豆如槐實十一月黃岡天雨豆如槐實歸州竹結實人採食之六年八月隨州雨豆八年二月興國雨豆色赤秋興山竹結實九年春麻城民間番瓜成人形十年龍泉雨豆色赤十一年三月麻城雨豆十二月溪梁雨豆色赤同治元年八月西寧丹噶廳竹開紅花灤州瓜纍剖之有血食者立病三年正月永豐天雨豆五色斑爛三月景寧嵊縣雨豆五月京山縣雨豆其色黑光六年二月棲雨草子如蕎麥夏嵊縣雨豆七年槀城生豆如人面五官俱備九年十月遂昌雨穀外黑內紅德興雨豆內黑外白十一年三月即墨天雨紅豆蕎麥光緒二年四月青田雨豆九年三月咸寧雨紅麥十年八月孝義廳竹結實十一月洮州山竹開花結實

順治十四年武昌鴉啣火集人廬輙災一月始息康熙十六年海豐有異鳥集林中三日高六七尺舒吭丈餘啄雞凫以食居民奮擊之分啖其肉輙病死

順治元年七月商州郊外見大羊色黃長丈餘百姓搏而殺之肉重五百斤四年五月山陰民家羊生羔三足前二後一五年杭州民家羊生羔三足康熙十二年北山民家產一羊一角一目隨斃二十四年順德羊生羔三足前一後二乾隆元年四月連州山羊入城蹄角甚巨人逐獲之五十五年雲夢見三足羊道光十七年八月武進民家產羊人首羊足墮地即斃咸豐十年八月江山西山白羊成羣倏不見同治三年甯州民家羊產一羔五角光緒九年九月孝義廳民家羊產羔人面羊身二十五年甯州民家羊產一羔兩首二十七年三月丹噶爾有一羊兩頭一羔三足三十三年甯州民家羊生羔人面

順治元年七月西鄉文廟火六年正月初六日無爲州城門大火八年七月嵐縣火焚民房十二年五月十八日梧州府城外大火十二月又大火十四年十月蘄水火十五年連州大火十八年五月宜昌大火延燒民舍千餘間八月嵊縣城中大火康熙元年五月黃岡大火焚民房十之八九秋荊州大火燒民房殆盡十月興國火起自大西門延燒城中至大東門男婦死者以千計二年二月初三日海陽西郊火起延燒民房千餘家七月十五日黃岡大火燒民舍殆盡三年四月梧州府城外大火焚八百餘家五月海陽大火六月含山鼓樓火四年正月京山火焚一百八十餘家十月懷遠大火自西城外至驛前延燒一百五十餘家十一月高州府城火合浦火焚民舍十二月廣州府城火五年正月海陽南北二廂火起延燒民房千餘間二月十三日鍾祥火燬數百家延及府署焚死人畜甚多二十八日城內外又燔數百家秋靈川北廂火起延燒民房殆盡十二月嚴州大火民房盡燬延燒城樓六年正月海陽城外田廂火起延燒民房千餘間死於火者二百餘人七年三月鄖陽府火民舍盡燬七月大治西市火延燒百餘家八月宣化城內火焚千餘家次日城外又焚百餘家八年二月海陽西北二廂火焚民房數百間三月鄖縣火十月獨山州大火仙居黃岩二縣火九年平樂南關火延燒四十餘家是年十二月至次年四月火災凡四見十年五月錢塘大火七月大治西市火九月初七日浦江太極宮大火十一年三月縉雲大火延燒縣署十二年九月宣縣西門外沙市被火災四次燬數百家十三年五月靜樂火燬民舍興國唐村火焚死二百三十七人五年七月太平城內火燬民房過半十八年正月初三日望江吉水鎮火災燔百餘家六月順慶府治火十九年正月十五日平陽火燬民居過半三月初四日海陽火延燒百餘家死者四十餘人七月和平城外火延燒百餘家二十年二月東湖縣署火五月蒼梧東廊火八月濟甯州大堂火溫州火燎民舍五千餘間九月永嘉城中大火燎民舍千餘間十月思州府火延燒五十餘家二十一年春濟甯州城內東偏大火延及西隅民舍皆盡關壯繆侯祠亦燬獨神像香案無恙八月池州天火燬田禾芋苗葉盡生煙十月萬載火延燒城隍廟連山西郊火二十二年四月陽西門火二十三年七月長甯城隍廟火冬忠州石寶寨火二十五年四月萬載火延燒城隍廟六合南門火焚市廛數百間二十六年十月初一日平陽城樓火燔百餘家忠州石寶寨又火二十七年八月婺源火延燒五十餘家十二月合浦西橋火郡城火二十八年九月己卯蒼梧西關火十二月松陽火二十九年七月二十八日酆都城內大火民居盡燬三十年十月平樂火延燒二百餘家獨山州大火三十一年九月平陽城樓火三十二年夏鎭安府署火延燒民居數十間九月平陽東門外火燔數十家三十四年正月馬平南川河下火延燒大南門城樓三十五年七月江夏火起自火藥庫死者無算八月陽高南街火三十七年二月漢陽漢口鎭火延燒數千家四十年九月陽山火延燒二百餘家四十一年二月崖州火傷四人四十二年七月十六日桐鄉靑鎭火燔民舍一百七十餘家四十三年正月二十九日夜灌陽火焚東門外民舍殆盡四十四年三月婺源太平坊火十一月武寧火四十五年四月竹溪火官署民房俱燼四十六年正月初四日荔浦火初又火巴縣太平門大火四十八年三月獨山州城內大火居民無得免者四十九年八月二十五日嘉定火延燒七十餘家五十年正月大埔白堠墟火燬民舍數百家五月萬載潭埠火市店民房蕩然無存五十二年十一月宣平火五十三年九月初八日宣化沙市火焚千餘家獨山州大火五十四年九月江陵火延燒二千餘家五十五年九月江陵又火延燒二十餘家死十一人思州府城大火延燒四十餘家五十六年五月初三日丹稜縣大火延燒數百家五十七年三月合肥城內大火延燒四十餘家八月初一日鍾祥城內火延燒城外民房數百間五十九年十月蒼梧西門外大火六十年四月十八日鹽山縣城火自學宮延燒東南北三門燬民居數千家六十一年二月無爲州小西門內火延燒三十餘家七月獨山州東門火冬麗水縣火雍正二年正月沔陽仙桃鎭大火焚百餘家死者甚衆七月梧州梧城驛火十月城內火十一月戎墟火十二月初一日開化城內火延燒百餘家三年六月梓潼縣文昌廟火七月馬平小南門火延燒三百餘家四年十二月初四日平陽西門外火燔百餘家五年十二月北流民舍失火延燒縣署案牘皆盡六年正月十六日夜蒼梧火延燒民居一百七十餘間高州城東火十月崑山火焚朝陽門譙樓七年九月蒼梧戎墟火九年正月荊州大火十年五月初三日阜陽西城火延燒民舍四千六百十一間十

一年七月初七日玉屏聞空中有呼救火聲越半月鼓樓街災燒民居數百家十三年冬婺源城隍廟災乾隆元年四月通州北郭火延燒百餘家十一月玉屏南明火二年二月十八日鎭安府城火燔數百家三月乙丑同官明倫堂大火五月沁州大街火九月北流典史署火延燒民舍三年十月初七日潮陽南門火四年正月十七日瑞安大火燔百餘家四月十八日鎭安城內火延燒八十餘家五年二月嵊縣火延燒二百餘家六年正月初六日梧州府南門外火延燒民房三百餘家七年二月十四夜饒平縣城火延燒大樓房三十餘間小屋無數八年十一月饒平縣又火十年二月庚午泰安縣署火延燒百餘家十一年六月海豐龍津橋火延燒蓬舖四十餘間十二年八月化州南街火九月豐順縣城火十一月初十日崖州東街火延燒七十餘家傷二人十五年四月泰安火十七年正月朔漢陽糧船火焚數十艘四月桐鄉南柵大火燬市廛三百餘家五月二十二日保昌孝悌街火延燒三十餘家十八年七月陸川大火燬民居十月梧州府城外大火傷二十餘人十九年八月蒼梧府城外又火二十年三月高州府城火五月又火二十二年十月宜昌東湖火燔民居無數二十三年三月初一日重慶太平門外大火四月獨山州大火二十四年十二月初八日惠來縣署火二十五年八月二十八日朝天千斯門內大火二十七年十月石門玉溪鎭火延燒百餘家二十八年十二月初五日慶元火延燒五十餘家二十九年五月沂水縣城南綢市街火延燒數百家十月婺源西關外居民失火延燒數百家三十年十月梧州府城外火三十一年十一月蒼梧戎墟大火三次共燒民房六百餘家三十三年正月二十八日梧州府城外火延燒三百餘家三十八年七月金華府署火四十二年十二月靑田城大火四十四年十一月初四日桐鄉大火燔市廛四十餘家四十六年夏陸川城南失火延燒縣署四十七年六月寗波府城火燬鼓樓四十八年五月庚子慶元火延燒百餘家四十九年四月朔成都大火延燒官署民舍殆盡五十年夏潛江城外火五十二年三月江陵城隍廟火五十五年三月義烏縣署火五十六年十二月南昌火延燒千餘家嘉慶三年二月丙子京師乾淸宮火九年七月初三日定海城中大火延燒二百餘家十三年五月十二夜濟南府西門大火延燒四百餘家十六年三月二十九日石門城西火十七年春齊東火燒死數百人十八年三月貴陽城大火二十年四月尙山火十二月二十日蘭州西門火藥局焚軒轅城樓民舍死者數十人二十二年八月黃陽火燒民舍一百餘家二十四年閏四月靑田火延燒二百餘家五月靑浦城火延燒七十餘家道光二年六月十一日大浦南門外火延燒兩晝夜九年七月十三日江山江郎山火延燒兩晝夜十年八月鉛山石塘火延燒五百餘家次年又火十六年十二月十九日雲和火燬民舍八十餘家十九年正月初二日貴陽府道德橋火延及貢院頭門三月二十日貴陽府學大成殿災江陵沙市大火燔數百家四月定海衛道港營船火二十二年十月初三日麗水火燔一百四十七家二十五年冬黃岩蒼頭街火二十六年五月貴陽火燒民房八百餘家二十九年十二月初三日太平城隍廟火災咸豐元年十月太平火燔百餘家二年八月通州西庫火十月武昌縣署火十一月漢陽火六年十一月枝江火燔市廛八百餘家七年五月皋蘭西關火延燒市廛二百餘間八年秋武昌縣左市火十年二月靑浦火麗水火同治元年冬黃山石路橋大火三年十月黃岩火五年十一月漢口火餘干瑞洪鎭火延燒四百餘家六年三月江夏火藥局災斃者以千計五月二十五日漢陽鮑家巷火燔船隻傷人口甚衆七年十月太平縣城火燔四百餘家九年冬黃山石火十一年四月烏程火延燒十餘里十三年五月武昌縣小西門火光緒二年七月壬午靑浦城火延燒三十餘家九月庚寅又火東碼頭上下岸俱燼六年十一月武昌縣北市火二十八年二月皋蘭南街大火二十九年十月西寗火三十一年七月西寗大街火十一月孔子文廟災宣統元年正月初四日皋蘭縣災延燒官舍六十餘間二月二十六日蘭州省城院門南街大火延燒房屋二百零九間

順治十年二月曹縣夜間火光遍野五月渭南四野火災見持炬人三尺許羣繞火際次日焚處拾一折簡字數行如人書其語曰土地不寗天降凶神三位一收牛一收馬一收人十四年十月二十七日淸豐空中起火燒民房數百間康熙十二年三月縉雲曉見黧面人從空中放火捕之不見五月寗波仙鎭廟井中有火光上騰十四年八月十五日海豐火光遍野二十五年二月兩廣總督衙門兩旗竿忽白晝飛火焚其右焦灼過半三十一年秋南樂空中有火著鐵皆明自申至亥乃止五十年二月丙寅東平烈風中有火光乾隆十七年四月二十九日岐山有火光自西而東七月芮城有火光如電二十年十一月彭澤江心州有穴出火投葦輒燃久而不息二十二年二月二日高平有火毬大如斗其色黃紅綠相間就地行走不知所終二十七年九月臨縣空中有火光大如斗墜城南隅三十三年三月即墨日夕有火毬經天五十年冬襄陽有火毬如斗飛半里外嘉慶九年二月十二日滕縣城東石溝見火毬飛落十二年四月黃安有火大如毬自東而西落于泮池十六年夏撫宣夜遍地起火道光三年三月蘄州淸江水中出火二十年五月均州夜見火光二十二年十一月郾西地中出火二十四年七月光化遍地綠火二十六年正月平鄉火光遍野咸豐元年八月二十八日隨州有天火自西南流東北其光燭地有聲如鼓三年正月通州有火如星如燐以千百計自西南趨東北凡四五夜始熄十年冬肥城旣昏有火從地中起如燐而火色赤而靑作二流光遍地皆燃同治二年九月曲陽有火毬自西南飛向東北或散四方或聚爲一其象無常四年通渭泰安火光西現如隕星光緒元年正月十四日灤州五聖祠突有火光俄而火起高矗雲霄祠竟無恙五年冬玉田見火毬飛向東北其聲如雷二十二年四月戊子南樂有火光徑尺明如月自西南往東北尾長丈許忽炸爲火星四散二十三年五月戊午夕南樂有火光圓可徑尺飛向西南二十五年十一月乙未夜南樂有火光流空中其明如月二十六年七月壬戌夜南樂有火光流空中

順治三年六月初四日鎭洋新安鎭李明家地出血初五日僉二家地出血尤甚五年夏嘉定見赤氣亘東方七年冬鶴王鎭鄉民見血從地湧出九年正月東昌有赤光聲如水鴨往東南而沒十六年崇年南關外地中湧血嘶嘶有聲康熙十四年四月萊陽地湧血丈餘氣腥久不敢近五十九年七月十六日榮成萊陽有赤氣自東而起倏如匹練亘向西北去有聲如雷雍正七年十二月二十八日夜分福山見紅光滿野乾隆三十五年七月二十八日肥城有赤光自北方起夜半漸退長山西北見赤氣彌天中有白氣如縷間之四更後始散二十九日夜榮成夜見紅光燭天東光有氣如火橫蔽西北亘數十丈中含紅光森如劍戟上射嘉慶九年正月歷城天雨血道光十一年冬太平雨血著人衣皆赤十七年六月二十八日嵊縣有赤光如球高數丈三日乃滅二十八年正月松滋天雨血以盌盛之作桃花色咸豐三年正月十四日西鄉雨血如注五年八月曹縣東方有赤氣如旗桿形六年七月武進地出血同治五年秋崇陽雨血七年正月二十日光化雨血光緒二年二月初四日曹縣見紅光自天降於八里灣水中七年四月襄陽雨血

清史稿

災異志三

洪範曰木曰曲直木不曲直則爲咎徵凡恆雨狂人服妖雞旤鼠妖木冰木怪靑眚靑祥皆屬之於木

順治二年二月河源霪雨三年二月當塗恆雨四月南雄霪雨四年四月章邱霪雨四十餘日六月高郵大雨數晝夜邱縣霪雨平地水深二尺蕭縣暴雨三月閱月永安州安邑大雨秋壽元霪雨四十餘日即墨暴雨連綿水與城齊民舍傾頽無算五年春新城霪雨六十餘日水沒城及半莒州大雨兩月武城霪雨一百日東平大雨渰禾五月衡水霪雨數旬咸陽大雨四十餘日八月句容大雨屋舍傾圮無算陵川霪雨害稼沁水霪雨兩月餘六年五月鳳陽霪雨八晝夜阜陽淮河霪雨晝夜不息秋沁水霪雨兩月餘民舍傾倒七年二月全椒大雨四月射洪大雨三晝夜城內水深丈許人畜淹沒殆盡五月平陽霪雨四十餘日六月桐鄉霪雨七月解州萊陽萬泉霪雨安邑大雨二十餘日傾圮民舍八年春嘉興海鹽桐鄉霪雨五月潞安霪雨八十餘日傷禾稼房舍傾倒甚多六月江陰霪雨六晝夜禾苗爛死吳平大雨傾盆一晝夜方息當塗大雨秋沁水大雨東阿霪雨靑浦大雨彌日九年五月陽信霑化霪雨四十餘日平地水深二尺合浦大雨城淹四尺六月陽壽霪雨四十餘日襄陵霪雨兩匝月民舍漂沒甚多稷山霪雨博興大雨傾盆四十七晝夜七月濟甯東平霪雨害稼九月遵化州霪雨彌月十年五月文安大城保定大雨如注十晝夜平地水深二丈六月文登大雨三日昌平霪雨蓬萊霪雨四十餘日十一年二月蘭州大雨二十餘日六月亳州霪雨壞民廬舍七月澄邁大雨三日方止十二年八月峯州霪雨不止田中水深三四尺十三年五月常山大雨十五年二月濟甯州霪雨傷麥萬泉霪雨傷麥秋垣曲霪雨僧州霪雨七晝夜田禾多沒城垣傾圮興安白河洵陽霪雨四十餘日平湖大雨數晝夜平地水深二尺許十六年正月震澤嘉定霪雨六十日方霽二月儀徵大雨彌月平地水深丈餘三月蕭縣霪雨二十餘晝夜秋銅山霪雨三月餘禾盡爛死宿州大雨二十餘日田廬漂

沒殆盡虹縣霪雨六十餘日平地水深丈餘淹沒田廬梧州霪雨四十餘日城郡霪雨城圮十七年五月崇明大雨一晝夜和平大雨平地水深丈餘漂沒田廬無算十八年六月貴陽大雨武甯霪雨二月未止閏七月孝感霪雨三日殺麥康熙元年八月朝城霪雨七晝夜曲沃霪雨二十日壞城垣廬舍無算成安霪雨五晝夜永年霪雨匝月吉州大雨壞城垣廬舍蕭州大雨彌月城垣傾圮解州大雨四十日猗氏大雨二十餘日民舍傾圮四年春蠡縣霪雨二十餘日六月府谷大雨閏六月延安霪雨彌月壞廬舍七月初七日大城霪雨五晝夜城垣倒壞十之六七民房坍塌不下數萬間車陽大雨壞民舍五年六月福山霪雨兩月禾稼盡傷十一月襄垣武鄉大雨六年六月惠來大雨平地水深三尺房縣霪雨傷禾七月溫州大風雨壞城垣廬舍瑞安大風雨壞城垣廬舍七年四月太平大雨如注五月太平積雨旬餘六月龍門大雨七日武強霪雨井陘大雨如注七月靈壽霪雨兩晝夜不止元氏大雨七晝夜城外水高數丈正定府懷來大雨七晝夜內邱霪雨淹沒民舍房縣霪雨傷禾八年六月嘉興霪雨晝夜不息九年五月湖州霪雨連旬德清霪雨連旬四疇盡沒六月東陽大雨如注十年八月嘉興大雨十一年秋甯波霪雨十二年正月海甯霪雨至四月止六月高要霪雨四日平地水深數尺民舍傾圮宿州大雨連綿兩日陽江大雨十三年正月桐廬霪雨至二月方止四月海豐霪雨十六日平地水深數尺六月門平霪雨陷民居高明霪雨傷損禾稼十五年五月海甯霪雨匝月傷禾大冶霪雨十六年七月高密霪雨二十餘日田禾淹沒十七年正月永年霪雨匝月四月平湖霪雨匝月五月金華霪雨傷稼七月太平霪雨民舍傾圮萊州膠州大雨傷稼萬畝霪雨數晝夜十八年八月曲沃霪雨二十五日城垣廬舍傾倒無算太平霪雨臨晉雨二十餘日民舍盡圮猗氏霪雨彌月不止解州安邑霪雨連旬夏縣霪雨月餘城垣傾倒民居損壞田禾淹沒廣靈霪雨匝月不止漢中霪雨四十日如傾盆者一晝夜淹沒民居定遠廳霪雨四十日甘泉霪雨彌月興安大雨田禾盡淹十九年二月襄垣大雨四十餘日六月高郵霪雨連旬壞民舍無算七月龍門大雨平地水深尺許鎭洋霪雨累月長子大雨四十日不止城垣傾圮蒲縣霪雨四旬傷禾八月上海驟雨城內水高五尺咸陽大雨四十餘日十一月震澤霪雨三日二十年三月處州大雨至五月始止四月甯波霪雨一月七月階州大雨月餘傾倒民房千餘間二十一年三月平遠州霪雨紹興霪雨九旬禾苗盡淹五月金華大雨五十餘日二十二年春蘇州霪雨十二日殺麥青浦霪雨傷麥陽湖恒雨殺麥海甯大雨至四月始止桐鄉恒雨至四月始止平湖自二月至四月大雨不止湖州恒雨石門恒雨傷麥天台霪雨至四月不止二麥無收太平霪雨麥無收浦江霪雨衢州恒雨至四月無麥嚴州自春徂夏陰雨連綿二麥無收五月靈川大雨通州霪雨台州霪雨麥無收六月兗州大雨平地水深三尺田廬苗稼盡淹二十三年春恩縣霪雨剡城霪雨兩月不止夏昌樂霪雨害稼七月十三日臨縣大雨至八月初八日止平地水溢太平霪雨四十餘日八月遂安霪雨兩月隰州霪雨五十餘日壞民舍甚多二十四年四月湖州大雨六月靈壽霪雨害稼固安大雨壞民舍十月福州大雨數晝夜十二月歙縣霪雨四十餘日和順大雨連月二十五年四月宣平大雨五日漂沒田廬溺者無算麗水大雨四晝夜漂沒廬舍無算閏四月處州大雨水高於城丈餘松陽大雨四晝夜景甯大雨三晝夜六月青州霪雨傷稼壽光大雨兼旬十一月瓊州大雨連日如注民舍多圮二十六年六月新城霪雨害稼七月章邱霪雨四十日民舍傾圮千餘間二十七年五月平屛大雨壞城垣二十八年四月惠來大雨廬舍淹沒無算二十九年二月開平大雨至五月乃止五月湖州大雨一月田廬俱損七月紹興大雨彌月平地水深丈許漂沒田廬人畜無算三十年六月湖州霪雨害稼閏七月介休霪雨東城圮數十丈三十一年三月武定大雨平地水深丈許秋鎭安霪雨害稼三十二年四月邱縣霪雨四十餘日八月咸陽霪雨牆垣倒者甚多三十三年正月海豐霪雨咸陽大雨水深二尺十月鄒平霪雨害稼三十四年四月盧龍大雨壞城垣百餘丈五月房縣霪雨傷麥六月蘇州青浦霪雨傷稼固安大雨平地水深丈餘三十五年春長山霪雨害稼六月昌邑霪雨害稼樂平大雨彌月沁州霪雨三月方止八月饒陽大雨七日方止定州大雨八晝夜傷稼靜樂大雨兩晝夜銅山霪雨壞民居九月武定大雨七晝夜冬即墨霪雨六十日三十六年正月香山霪雨匝月二月遵化州大雨如注三十七年八月房縣霪雨傷稼三十八年六月南樂大風雨拔樹七月杭州大雨平地水高丈餘八月桐鄉石門霪雨傷稼三十九年正月夏縣大雨壞城四十年九月高密霪雨傷稼四十一年四月陽江霪雨壞民居甚多六月甯陽青州霪雨八月初八日香山大風雨拔樹倒牆賓雞霪雨四十二年五月慶雲霪雨三旬不止六月東明定州霪雨三旬不止霑化霪雨連日漂沒民舍無算高苑霪雨六十日昌邑掖縣霪雨害稼高密霪雨彌月禾稼盡沒八月鄒平大雨害稼齊河霪雨四十餘晝夜民舍傾圮無算濰縣平度霪雨害稼四十三年六月沂州大雨興安大雨漂沒田廬四十四年五月萊州霪雨害稼高郵霪雨閱月鹽城霪雨越三月不止平地水深數尺十一月江夏霪雨害稼四十五年六月東莞暴雨平地水深五六尺民居多圮秋宿州霪雨連月不止傷稼四十六年九月吳川大雨四晝夜傾圮民房無數四十七年四月石阡府霪雨五月嘉興大雨三日田禾盡沒海豐大雨三月田廬悉被淹沒六月桐鄉恒雨傷禾七月崇明霪雨百日杭州暴風雨田禾盡淹江山大雨壞民舍四十八年三月沛縣大雨六十日湖州大雨連旬銅山霪雨凡五月咸陽大雨至五日始止四月石門霪雨傷麥六月宿州大雨如注田禾盡沒東平大雨淹沒田禾汶上大雨三晝夜田禾淹沒茌平霪雨兩月民舍傾倒無算秋萊陽榮成文登霪雨害稼四十九年秋青浦霪雨十八日桐鄉霪雨傷稼東流大雨淹沒田禾五十年十二月除夕平樂驟雨達旦五十一年七月二十二日靈川大雨七晝夜九月鶴慶龍川霪雨五十二年四月靈川大雨平地水深數尺五月石城霪雨三月七月奉議州大雨二旬始止官署民房悉被淹沒五十三年五月遂安大雨連日淹沒田禾五十四年三月震澤霪雨二十餘日五十五年四月武甯霪雨匝月五月湖州暴雨平地水高六七尺桐鄉霪雨淹沒田禾秋桐廬大雨平地水高尺許五十六年七月掖縣大雨平地水深三尺香山大風雨壞屋舍雞澤霪雨四日五十七年三月海陽霪雨至五月始止五十八年六月雞澤霪雨四晝夜萊州霪雨壞民舍無算七月昌樂諸城即墨掖縣霪雨害稼壞民舍萊陽文登大雨水房舍田禾盡沒八月十九日海陽大雨損房舍無算五十九年五月龍南大雨閱月六十年七月高苑大雨田禾盡淹六十一年六月霑化霪雨匝月十二月欽州大風雨壞城垣二十餘丈雍正元年五月十九日香山大雨市可行舟湖州恒雨自秋及冬不絕二年三月麻城霪雨傷麥夏獻縣大雨六十餘日三年五月上海霪雨害稼海豐大雨至七月方止東光大雨四十餘日七月青城霪雨兩日八月平原霪雨凡百日九月順德大雨三月四年五月震澤霪雨爲災當塗無爲大雨彌月田禾盡淹南陵霪雨至秋不絕六月濰縣大風雨壞民廬舍慶陽大雨平地水深四五尺七月陽信霪雨連旬八月杭州嘉興湖州大雨青浦蘇州崑山霪雨十餘日害稼五年二月吳興霪雨鍾祥雨至四月不絕五月鎭海霪雨彌月六月揭陽饒平霪雨一月七月惠來大雨害稼六安州霍山霪雨四十餘晝夜陽信霪雨七晝夜民舍傾圮甚多六年五月平利大雨冲塌城垣六十餘丈七年三月陽春大雨壞民居八年五月日照霪雨四十餘日六月東阿泰安肥城大雨七晝夜壞民田廬殆盡昌樂諸城掖縣膠州濰縣日照萊州霪雨兩月壞廬舍無算七月邱縣大雨傷禾八月嘉興大雨水害稼鄒平銅陵霪雨害稼冬齊河大風雨傷禾稼九年二月連州大風雨拔樹倒屋六月浦台霪雨害稼秋普安州霪雨至次年春乃霽十年六月甯津大雨平地行舟十一年三月洵陽霪雨六月二十八日景甯大雨橋梁道路冲塌甚多十二年春五河霪雨十三年五月廣陽霪雨四十餘日乾隆二年八月平陽大風雨七晝夜田禾盡沒祁州霪雨害稼蔚州大雨三晝夜九月長子大雨禾盡沒三年秋祁州大雨四年五月高要霪雨壞民房六月瓊州霪雨閱月東明大雨平地水深三尺五年七月絳縣大雨害稼六年五月甯都霪雨七年春商南霪雨一百餘日五月山陽大雨鹽城霪雨害禾稼秋泰州霪雨阜陽霪雨一百二十餘日八年四月慶陽霪雨浹旬九年六月貴陽仁壽射洪暴雨如注壞民房七月遂安霪雨六晝夜十年四月十六日安遠驟雨平地水高一丈餘冲倒民房七百餘間十一年五月平度大雨漂沒田禾膠州霪雨害稼六月文登大雨傷禾壽光諸城霪雨閱月田禾盡沒十一月高密霪雨兩月十二年六月福山棲霞文登霪雨匝月七月海豐大風雨壞城垣數十丈平陰榮城大風雨晚禾盡沒十三年四月初五日清河大風雨民舍傾圮無數五月泰州通州大風雨拔木壞屋十四年秋清河霪雨兩月十五年五月高密霪雨害稼六月麻城大雨連旬冲塌民房十六年秋平度州大雨兩月福山棲霞榮城霪雨害稼十七年八月海豐大雨淹沒田禾十八年高平自七月至十月霪雨諸城大風雨損禾九月解州陰雨連旬十九年八月石門大雨淹禾稼桐鄉大雨數晝夜淹禾稼嘉興大風雨一晝夜傷稼日照霪雨二十年二月至四月蘇州霪雨麥苗腐三月蘄州大風雨壞民居三百餘家荊門州霪雨兩月不絕五月澄海狂風驟雨冲倒城垣五十七丈民房三百餘間六月蘇州大雨傷稼高郵霪雨四十餘日七月贛榆大風雨害稼石門桐鄉霪雨害稼八月東明大風雨拔木田禾盡淹沂州恒雨十月潮州霪雨損麥二十一年五月介休霪雨淹田禾六十餘頃七月曲沃霪雨數十日廬舍多壞芮城霪雨四旬房舍多圮和順霪雨二十餘日害稼八月慶陽霪雨二十

二年夏惠來霪雨連綿七月介休霪雨淹田禾八十餘頃廬舍衝塌大半二十三年六月介休大雨三日淹沒田禾陵川霪雨連月不止房舍多圮秋長子大雨傷禾二十四年四月潮陽霪雨六月二十九日即墨大風雨一晝夜大木盡拔田禾淹沒七月潞安大雨兩月二十五年五月泰州連雨四十日二十六年六月雞澤霪雨秋垣曲霪雨四晝夜不止城垣盡圮二十七年四月永年霪雨匝月始霽七月蘇州大風雨積水經月田禾盡沒海鹽大雨壞民居嘉善大雨風拔木壞屋桐鄉暴雨十餘日二十八年七月來鳳霪雨三晝夜懷集多雨二十九年八月通渭雨經旬三十一年六月即墨大雨三日西南城垣頹七月臨邑霪雨三晝夜平地水深數尺壞民舍無算黃岩大雨如注平地水深丈餘溺死無算三十二年南豐自正月雨至七月不絕三十三年八月永昌霪雨五十餘日三十四年夏湖州霪雨連旬七月仁和海甯大風雨淹沒田禾三十五年八月壽光大風雨害稼三十六年五月曲阜大雨沂水霪雨七月長子大雨傷禾三十七年八月嘉興石門桐鄉大雨自辰至午水高丈餘三十八年七月二十九日薊州大風雨拔木熟禾盡損三十九年六月雲和大雨二晝夜不息七月桐鄉大風雨壞廬舍無算四十二年四月山陽大風雨拔木代州大雨六日水深數尺四十四年春江陵霪雨彌月四十五年六月常山大雨民房多圮四十六年正月文登大風雨傷稼六月濟南雨水害稼臨邑霪雨連月四十七年八月東昌文登大雨水壞民廬舍四十八年秋綏德州霪雨五十二年三月山陽大雨傾盆水高丈餘漂沒人畜無算五十三年秋文登榮成霪雨害稼五十四年七月潼關霪雨連旬民居傾圮五十五年四月通州大雨麥盡損五月莘縣霪雨兩月始止七月濟南臨邑東昌大雨平地水深數尺禾盡淹五十六年五月保康大雨水沖沒田廬溺人無算嘉興霪雨兩月五十七年六月房縣霪雨至九月始止五十八年八月文登大雨五十九年七月青浦大雨十晝夜嘉興大風雨壞民舍昌黎新樂霪雨害稼六十年五月二十一日江山大雨一晝夜壞廬舍淹斃人畜六月石門霪雨嘉慶元年六月滕縣大雨如注七晝夜二年六月武進大風雨拔木壞屋七月甯都霪雨壞民居四年二月監利大雨如注平地水深尺許七月文登大風雨傷稼五年六月金華大雨三日傷稼六年六月邢台懷來甯津大雨數晝夜壞廬舍清苑新樂霪雨四十餘日七年四月義烏霪雨禾盡淹沒九年三月桐鄉恒雨傷麥五月嘉興蘇州霪雨傷稼十年三月嘉興石門恒雨傷麥六月黃岩大風雨損稼十一年夏樂亭霪雨四十餘日十三年五月嘉興石門大風雨害稼閏五月新城大雨水湖州霪雨秋漢陽霪雨彌月十五年夏臨邑霪雨四十餘日十六年三月永嘉霪雨匝月七月棲霞霪雨四十餘日九月榮成霪雨害稼十七年春嘉興石門桐鄉霪雨傷麥十八年秋東阿曹縣霪雨四十餘日田禾盡傷十九年秋漢陽霪雨傷稼二十一年夏滕縣大雨平地水深數尺二十三年五月二十日夜濟南大雨水壞城垣廬舍民多溺死六月文登大雨平地水深數尺民多溺死八月十三日永嘉大雨如注十晝夜平地水深數尺二十四年六月文登大風雨害稼二十五年七月新城大雨九日平地水深丈餘宣平霪雨壞田禾道光元年七月涇州霪雨冲沒橋梁田廬人畜八月臨邑霪雨連旬二年五月莘縣霪雨傷稼八月章邱東阿霪雨四十餘日壞田廬禾稼三年三月湖州霪雨至五月不止昌平霪雨傷麥內邱大雨三旬始止四月嵊縣霪雨至九月始止五月金華永嘉霪雨害稼禮縣暴雨漂沒民舍七月青浦霪雨兩月泰州大雨平地水深數尺禾稼盡淹四年二月德州霪雨五年八月貴陽大雨二十日始止六年六月宜昌大雨連綿十日不止損田禾七年夏恩施霪雨傷稼八年七月武城霪雨十年五月通山崇陽霪雨連旬漂沒田廬甚多六月恩施霪雨傷稼八月宣平大雨如注民舍盡漂沒十一年五月永嘉大雨水歉收江夏霪雨彌月六月宜城穀城霪雨二十餘日傷稼七月菏澤滕縣霪雨百餘日平地水深數尺曹縣大雨水深二尺十二年光化霪雨自六月至八月禾苗盡傷宜城大雨晝夜不絕定遠廳保康霪雨兩月七月鄖陽大雨七晝夜壞官署民房大半冬房縣霪雨害稼十三年夏湖州霪雨害稼十四年四月咸甯大風雨拔木壞房七月麗水大風雨平地水深數尺十五年夏即墨霪雨傷稼文登榮成大雨六十餘日八月宜城霪雨傷稼十七年五月崇陽宜城霪雨害稼十八年六月益都臨淄大雨水十九年春棲霞霪雨南樂大雨四月招遠大雨十餘日榮成大雨至七月不止九月武進恒雨傷稼二十年五月邢台大雨平地水深三尺六月平谷霪雨匝月不止二十一年二月武進恒雨傷麥二十二年七月麗水大雨漂沒田廬冬至夜滕縣大雨如注二十三年五月平度霪雨傷田禾二十四年七月初九日嵊縣大風雨溺死男婦七十餘人冬松陽大雨連旬壞田舍無數二十五年春棗陽霪雨八十餘日六月滕縣大雨平地水深數尺人多溺死二十六年五月東平大雨害稼六月樂平霪雨二十八年潛江自二月至七月雨不止六月光化大雨平地水深數尺三月始退溺斃人無算保康霪雨兩月壞田廬無算七月十四日永嘉大風雨壞孔子廟及縣署十九日景甯大風雨三晝夜壞田廬無算二十九年六月樂亭大雨傷禾稼七月青浦霪雨五十日湖州霪雨傷禾三十年五月二十五日兩當暴雨漂沒人畜咸豐元年六月禮縣霪雨四十餘日傷禾二年青縣大雨傷禾三年四月靜海霪雨害稼六月永嘉青田景甯霪雨十晝夜保康大雨十六日漂沒田舍甚多房縣霪雨七晝夜不止壞田舍無算七月宜城大雨匝月壞城垣一百五丈遠州霪雨害稼四年夏湖州霪雨五年七月初十日景甯大雨如注田廬盡壞六年六月昌平大雨傷稼七年春崇陽霪雨八年四月海縣大雨損禾苗九年五月蘇州大雨傷禾十年二月蘇州霪雨閏月六月甯津東光大雨傷稼十一年十一月羅田大雨傷禾同治元年七月蓬萊黃縣福山招遠萊陽宣海大雨連綿禾稼盡淹二年春應城霪雨傷麥五月青縣大雨傷禾三年六月初十日定海暴風疾雨壞各埠船溺死兵民無數四年六月至七月萊陽大雨平地水深七八尺禾稼淹沒房舍傾圮無算五年秋魚台霪雨水深數尺傷禾稼六年八月鄖陽霪雨三晝夜壞官署民房甚多七年五月皋蘭金縣大雨至七月乃止秋景甯大雨傾沒田廬無算八年春江夏霪雨損麥四月嵊縣大雨壞田廬九年六月潛江霪雨傷稼十年七月東光新樂曲陽霪雨十餘日十一年五月東平霪雨害稼十一月青縣大雨害稼十二年七月太平大風雨壞城垣數十丈民房數百間八月化平廳霪雨不止壞民舍光緒元年六月日照大風雨平地水深數尺二年六月初八日黃岩大風雨拔木壞屋田禾淹沒殆盡三年六月高陵大雨如注平地水深三尺田禾盡沒四年九月東平大雨傷禾稼五年五月登州各屬大雨四十餘日六月二十一日永嘉大風雨壞官廳民居八月莘縣霪雨十日方止六年三月福山大雨七年秋灤州霪雨連旬八年秋宜城霪雨傷禾稼冬均州霪雨彌月九年六月化平廳大雨水深四五尺傷禾稼十年八月太平大雨冲沒廬舍十二年七月十四日太平大風雨二十日始止十三年閏四月德安大雨三日水高五六尺十五年七月二十六日夜德安大雨如注城崩百四十餘丈淹斃男婦七十餘人十六年六月山丹驟雨壞城郭二十二年春甯津大雨壞民居二十五年七月秦安大雨連旬二十七年七月山丹大雨平地水深數尺

雍正三年七月靈川五都廖家塘有村民同衆入山砍竹不歸一百四十餘日始抵家所言多不經

道光十七年崇陽鄉民好服尖頭帽鞋站步不穩識者謂之服妖

順治二年十二月上海小南門姜姓家雞翼下各生一爪三年八月揭陽牝雞鳴數日乃已四年四月溜州民間訛言雞兩翅生骨食之殺人驗之果然五月忠州民家殺雞腹內有一嬰兒漢陽雞翅生爪五年崇明民家雞翼中生爪巫山民間雞翅端皆生一爪如距杭州民家雞生四足湖州民家雞生四翼能飛十一年合肥鄭家庄產一雞三嘴三眼三翼三足色黃比三日死十六年崇明民家雄雞生二卵十八年鎮澤民家雄雞生卵康熙十一年廣平民家抱一雛雞四足四翼十二年平湖民家雞生四足四翼二十二年迎春鄉民間雌雞化爲雄二十三年麻城民田姓家雞生一卵膜內皆有紋其色朱後七日又生一卵有圖叉數日毛成五色飛去雍正二年麻城雞翅遍生人指五年通州雌雞化爲雄乾隆三十九年冬慶元雄雞自斷其尾六十年貴陽民家雄雞生二卵色赤甚鮮嘉慶十一年樂清民家雞生四足十七年宜昌民間雞生四足後二足微短行不著地又有三足者其一生於尾下如鼎足然道光元年秋青浦民家雞翼兩旁生爪湖州民家雞兩翅皆生五爪飛去永嘉雞翅生爪食之殺人十二永嘉民家雞四足不能啼二十二年良鄉民家牝雞化爲雄能鳴無距三十年六月蘄水縣民家雌雞化爲雄冠距儼然唯啼聲微弱咸豐五年隨州民家雄雞生卵同治元年六月定遠廳民家雞生三足六年鍾祥民家雛雞生三翅光緒九年興山民家雌雞化爲雄三十年甯州民家雞生三足後一足微短行不著地

康熙二十年五月巴東鼠食麥色赤尾大江陵鼠災食禾殆盡二十一年西甯鼠食禾二十二年夏崇陽田鼠結巢於禾麻之上二十八年黃岡鼠食禾及秋化爲魚二十九年孝感鼠食稼四十二年西鄉定遠廳遍地生五色鼠四十七年黃濟鼠食禾四十八年七月崖州有鼠千萬啣尾渡江五十二年五月高淳丹陽有鼠無數食禾殆盡六十一年夏延安田鼠食稼秋安定黑鼠爲災食禾殆盡有鄉民掘地得一鼠身後半蝦蟆形疑其所化也清澗黃鼠食苗殆盡葭州田鼠食苗雍正五年十一月銅陵羣鼠銜尾渡江乾隆元年文縣鼠害稼四年四月郟縣白鼠晝見羅寺經堂中異香滿室秋彭澤羣鼠銜尾渡江食禾十四年二月中衛田鼠食麥十八年池州田鼠叢生忽入水化爲魚二十五年五

月池州田鼠叢生有赤鷹來食之遂滅道光四年高淳鼠食麥二十八年五月沔陽常平倉忽有鼠數千頭在梁上移時方散咸豐元年六月德化羣鼠銜尾渡江四年襄陽羣鼠食禾同治七年山丹田鼠食苗九年二月臯蘭土塊化爲鼠光緒五年五月三原鼠食禾殆盡二十一年西甯羣鼠食苗二十四年臯蘭田鼠食麥

順治六年十二月咸甯木冰十年十月當塗雨木冰十一月江陰木冰溜山木冰宿雨木冰十二月海甯木冰康熙元年十二月嘉定木介二十年正月朔儀徵木冰三十年正月朔江浦雨木冰三十一年正月朔儀徵木冰雍正二年十二月掖縣木介乾隆十一年正月湖州雨木冰二十年十二月東流雨木冰二十三年冬諸城雨木冰二十五年正月曲阜雨木冰五十五年十二月黃岩木介宣平木介五十七年十二月辛卯南陵雨木冰五十八年正月金華木冰六十年冬湖州木冰嘉慶三年十一月崇陽木冰道光二十五年十二月黃縣雨木冰二十九年正月登州木介咸豐三年冬湖州木冰四年十一月黃岡雨木冰十二月武昌雨木冰同治二年正月黃縣雨木冰四年正月武昌雨木冰光緒七年十二月黃岡雨木冰

順治元年南陵上北鄉郭氏墓域有黃檀一株腹內突產修竹數竿外並無竹觀者詫爲異二年七月石門資福院僧鋸木中有太平二字墨痕宛然三年錢塘李樹生桃實太蒼街銀杏樹孔中吐火而木本無傷四年五月崑山西門外民家李樹生黃瓜六年二月封川李樹生桃十一年七月初二日婺源西甯村有楓樹自仆居民薪其枝殆盡十九夜有聲樹忽自起十二年三月盧龍城東南角樓壁中出火焚樓柱十三年五月曲陽文廟東古楊樹一株忽自焚火數十丈竟日不絕十八年五月石門李樹生黃瓜長二寸有子康熙三年六月盧龍灤河溢湧出材木無算時修清節祠適所用有如夙搆人咸驚異十三年春含山嘉定李樹生黃瓜十六年桐鄉李樹生黃瓜十九年封川李樹結桃實二十二年四月東陽義烏李樹生桃櫨木開梨花二十三年海鹽鄉民鋸樹中有王大宜三字清晰如寫二十八年黃岡李樹生黃瓜四十五年四月甯州通邊鎮白楊開花狀如紅蓮四十八年秦州槐樹生蓮花五十一年十一月宿州樹頭生火雍正五年津縣西鎮門內有唐開元所植荔支是歲忽枯至九年復活枝葉茂盛不遜於前乾隆元年高淳李樹生黃瓜五年掖縣署古桐自焚十五年九月應城水陸寺楓樹夜放光伐之乃滅四十八年六月桐鄉李樹生黃瓜六十年夏竹城大雨溪漲有巨木數百順流而下時修學宮無材適符其數永嘉七聖廟大樟樹自焚中藏竹箸無數嘉慶元年秋鄖陽漢川水中湧出巨木無算二年枝江城東古樹作息哮聲道光二年曹縣李樹生瓜三年隨州李樹生瓜咸豐六年六月麗水大樹無故自倒八年黃安有大椿樹每至午樹中有笑聲九年武進李樹生瓜同治三年京山李樹結桃實五年分宜玉虛觀古梓杪產素心蘭光緒三年黃岡楓生梨實二十二年臯蘭民家杏樹開牡丹二朶

順治七年正月二十七日夜望江西方有青氣亘天康熙十七年六月十二日平湖青眚見

清史稿

災異志四

洪範曰金曰從革金不從革則爲咎徵凡恆陽詩妖毛蟲之孽犬旤金石之妖白眚白祥皆屬之於金

順治元年八月蒼梧旱三年平樂永安州大旱二月至八月始雨台州自三月不雨至於五月紹興府自四月至八月不雨金華府屬旱東陽自四月至九月不雨浦江旱南昌各府自五月至十月不雨大旱秋萍鄉萬載大旱四年夏通州旱秋開化江山旱五年夏饒平旱六年吉州自春徂夏旱七年夏萬泉旱八年甘泉延長安定自四月至九月不雨崖州不雨逾年三月乃雨九年春銅陵無爲廬江蕪湖當塗旱五月上海亢旱九月武強旱十年夏樂亭旱秋海寧高郵旱十一年四月天台大旱七月襄垣沁州旱十一月武強旱十二年正月順德大旱四月金華屬五州旱五月鄒平旱遂安自夏徂秋不雨八月昌樂曲江湖州衢州龍門開化江山大旱禾盡枯十月揭陽全椒旱十三年春章邱潞城高平沁水旱九月揭陽大旱深潭俱竭十四年五月蕭縣太湖旱湖井盡涸八月涇陽商南旱十五年八月昌樂大旱十一月龍州旱逾年四月乃雨十六年五月惠來思州玉屏安南旱十七年三水春旱不雨至小滿乃雨秋鎮海惠州天台旱十八年甯波東陽自夏徂秋不雨南籠府海鹽壽昌江陰東阿蒲州旱八月餘姚臨安嚴州桐鄉旱康熙元年九月昌黎旱二年二月東莞鄆城旱六月始雨四月江陰旱五月萬載黃州旱六月懷來旱八月保安羅田蕭縣旱三年春交河邢台內邱揭陽旱夏長山平原禹城臨邑武定阜陽郯縣費縣定陶莘縣華陽甯海旱四年春朝城城武恩縣堂邑夏津萊州東明靈壽武邑大旱高密自二月至年次四月不雨大旱夏登州府屬大旱七月文水平定壽陽盂縣代州蒲縣旱八月兗州府濟甯州旱五年二月揭陽旱三月三水旱五月鍾祥大冶旱六月甯海衡州旱秋宣平松陽大旱至次年四月始雨六年春廣州惠州海豐惠來旱四月黃州府屬旱五月應山黃安蘄水羅田大旱萬載自夏徂秋不雨七年六月黃安羅田懷安西甯龍門旱七月靜海旱八年七月臨海旱九年春開州東明蠡縣廣平任縣武清大城景州慶雲靈壽沙河磁州元城大旱無麥夏東陽羅田旱冬棗陽安陸德安大旱十年春霸州公安石首旱四月龍山黃安麻城廣濟大旱金華府屬六縣自五月不雨至於九月湖州大旱自五月至九月不雨溪水盡涸桐鄉大旱地赤千里六月鄞縣象山甯海天台仙居烏程蘭溪旱七月齊河東明邢台廣平江浦蘇州鎮洋任縣成安旱八月太湖新城唐山西甯懷安旱九月紹興屬八縣大旱十一年春芮城解州旱四月福山旱五月高密大旱八月臨朐旱十二年揭陽春秋旱惠來春旱夏陽信旱九月高明興甯大旱十三年春樂陵許州郯城費縣旱四月濟南府屬旱六月高郵館陶恩縣旱七月鄖陽黃安麻城羅田旱十四年六月海甯旱七月黃安羅田旱十五年春興甯旱十六年湖州萬載自五月至七月不雨大旱十七年春東流壽州全椒五河泰安旱夏桐鄉嘉定黃岡旱八月金華甯州高淳旱十八年春滿城旱四月杭州旱黃安羅田宜都麻城公安自五月至八月不雨大旱蘇州崑山上海青浦陽湖宜興大旱溪水涸六月萊州平度旱七月合肥廬江巢縣無爲舒城當塗大旱九月臨縣大旱十九年夏蠡縣旱秋開建連州翁源旱十一月萬全大旱二十年春安邱旱夏溫州甯波旱井泉涸奉化秋冬無雨井竭黃岩仙居太平義烏旱井泉涸二十一年五月連平旱九月博白北流旱二十二年揭陽自正月至四月不雨三月黃縣惠來普甯旱夏汶上郯縣兗州曲沃旱七月太平旱二十三年彭水壁山自五月至八月不雨六月蓬州鄰水興安漢陽安邑洵陽綏德州秦州旱秋邢台棗強獲鹿井陘酆都遂甯巫山旱井涸二十四年春安定旱瑞安曲江樂昌春夏不雨井泉竭二十五年恭城自五月至八月不雨六月沁州晉州藁城饒陽旱七月孝感黃安麻城旱二十六年四月樂昌旱嚴州自五月至八月不雨禾苗盡槁鄖陽夏秋大旱七月開建鶴慶海豐旱二十七年瑞安自夏徂秋不雨湖州甯州旱二十八年羅田石首枝江旱自五月至九月不雨宣平自夏徂秋旱井泉涸六月萬全景州清苑新安獻縣東光晉州曲陽武強沙河旱秋開建應城旱河水涸二十九年四月湖北全境旱六月樂平旱竹溪自夏徂秋旱三十年春開平揭陽化州旱陽春自正月至四月不雨五月介休旱七月邢台懷安旱三十一年三月臨潼旱夏孝感旱九月清浦旱三十二年杭州嘉興海鹽自春徂夏大旱禾盡槁六月桐鄉旱七月震澤崑山嘉定清浦丹陽大旱河水涸三十三年秋黃岡蘄水黃安廣濟江夏武昌興國大冶旱三十四年夏長甯馬邑旱秋永甯州臨縣旱三十五年四月台州旱五月靜樂衢州旱秋永安州平樂蒼梧旱三十六年春陽江陽春永安州平樂旱六月順德旱八月桐廬松陽旱三十七年四月豐樂旱五月銅陵旱三十八年三月黃陂旱夏杭州桐鄉旱秋武昌陽湖旱三十九年二月湖州旱五月沙河旱秋常山旱四十年五月堂邑旱六月蘭州河州旱九月瓊州旱四十一年高郵大旱四十二年三月宣平旱五月橫州旱六月連州旱四十三年春靑浦沭縣沂州樂安臨朐旱五月靜甯州衢州旱六月絳縣旱八月永平旱四十四年春朝陽旱四月羅田上海旱九月鉅鹿旱四十五年春瓊州旱五月黃岩旱四十六年夏池州石門湖州海鹽桐鄉旱河港皆涸秋臨江府屬當塗蕪湖東流含山歷城旱四十七年夏東平平原霑化臨朐旱秋黃岡恩縣茌平臨清旱四十八年四月溧水旱秋武進滿城旱冬湖州旱四十九年二月揭陽澄海旱五月臨朐新城武強旱秋湖州台州仙居旱五十年七月應城枝江德安羅田旱五十一年五月固安定州井陘清苑旱九月崖州旱五十二年夏台州常山旱至十月不雨秋五河大旱五十三年春臨朐旱五月宣平東明元氏旱六月台州蘇州震澤陽湖旱景州夏秋旱五十四年春翼城陽江解州旱六月銅陵合肥旱七月鶴慶旱惠來自八月歷冬不雨五十五年二月海豐朝陽旱五月揭陽福山密雲懷柔旱常山夏秋旱五十六年福山旱五十七年春南昌旱四月臨朐旱秋崇陽甯陽旱五十八年二月曲阜旱夏福山常山縉雲峽江旱八月義烏旱五十九年夏東平岳陽曲沃臨汾湖州桐鄉石門旱秋臨朐沁州旱六十年春興甯全州安州臨安登州西安延安鳳翔旱懷柔自春不雨至五月二麥無收鶴慶春秋旱慶遠府大旱自正月至七月不雨田禾盡槁桐廬自五月至七月不雨禾盡枯橫州自六月至九月不雨昌化桐鄉海甯旱河涸七月宣平嵊縣甯都黃岡房縣旱八月夏津旱六十一年二月

濟南旱六月武進無爲含山靑城海寧湖州寧津旱祁州夏秋旱松陽鍾祥江
陵荆門旱雍正元年春元氏旱夏海寧湖州桐鄉井陘武進祁州莒州蒙陰東
昌旱秋雞澤嘉興蘇州高淳崑山大旱河水涸二年鶴慶自二月至八月不雨
夏海寧嘉興旱七月景州景津全州旱井泉涸三年春霑化莒州旱河涸夏津
春夏旱七月全州邱縣旱四年春壽光旱五月英山旱五年六月慶陽府屬旱
六年五月洛川旱興安自七月旱至次年二月始雨竹木盡枯七年春元氏旱
八年八月東光滄州旱九月邢台平鄉沙河揭陽長沼旱十年春平原曲阜莒
州北鄉旱沂州自正月至六月不雨六月臨淸福山旱十一年春同官常山旱
八月濟南府屬旱十二年春膠州旱六月同官甘泉旱十三年五月夏津壁山
池州旱湖水涸七月蒲圻鍾祥當陽宜都江夏崇陽蘄水旱乾隆元年潮陽旱
二年三月會寧東安旱無麥玉田春夏大旱六月漢陽黃陂孝感黃岡麻城旱
九月獲鹿灤城平山旱三年鹽城自二月至六月不雨大旱赤地千里夏震澤
淸河旱九月武進鹽城旱四年春蘄水高郵旱夏通州潛山銅陵合肥廬江淸
浦無爲東流旱秋漢陽黃陂孝感鍾祥京山天門武昌旱五年六月全州旱六
年嘉應崖州春夏旱七年春廣寧鶴慶龍川潮陽饒平普寧旱陽江春夏旱八
年春壽州旱新安自春徂夏不雨四月銅陵旱閏四月藁城旱六月德州武强
正定河間寧津衡水旱冬武邑府屬旱九年四月西淸慶平高邑寧河旱七月
武定府屬旱十年五月三河旱秋元氏邢台棗强懷來正定無極藁城樂平代
州旱晚禾皆粃十一年雩都自五月至七月不雨十二年春即墨平度旱夏文
登旱秋高密安邑垣曲旱十三年三月臨安旱五月嘉興石門旱六月芮城懷
來旱十四年十月大同府屬旱十五年春惠來旱五月交河蘄城旱秋連州旱
十六年七月溧水連州惠來旱建德遂安淳安壽昌桐廬分水夏秋不雨禾苗
盡槁十七年春房縣旱解州自五月至七月不雨秋海寧富陽餘杭臨安杭州
雷州諸城鄉寧旱十八年桐廬春夏旱禾苗枯井泉涸廣靈自五月至九月不
雨秋唐山樂淸平陽旱十九年荆門州大旱至二十一年始雨二十年三月普
寧旱五月梧州旱七月黃縣旱十一月武進旱二十一年金華春夏旱五月桐
鄉天門旱二十二年春龍川大旱惠來自春徂秋不雨夏石門梧州桐鄉旱二
十三年三月東平旱六月慶陽旱二十四年平定樂平盂縣春夏大旱六月枝
江高郵太原旱秋代州翼城寧州寧鄉安邑絳縣垣曲潞安河津應州大同懷
仁山陰靈邱豐鎭甘泉新樂旱二十七年夏會寧湖州旱二十八年武昌旱二
十九年夏寧津東光旱三十年夏洛川旱三十一年秋文登榮成旱三十二年
湖州旱三十三年四月陽湖高郵旱六月日照石門嘉善旱連州夏秋大旱七
月孝感安陸雲夢應城應山武昌鍾祥棗陽旱八月泰州大旱河竭三十四年
六月高淳旱三十五年夏臨潼珙縣旱七月常山旱三十六年二月即墨旱夏
五河旱冬瑞安當陽宜城旱三十七年春文登旱秋宣平旱三十八年夏洛川
旱七月壽光宣平天津靑縣靜海武淸東光寧津旱三十九年七月鍾祥荆門
州應城黃安旱八月秦州鎭番慶雲南樂霸州旱四十年六月杭州旱九月兼
旬不雨房縣溧水武進高郵文登榮成旱四十一年秋平定樂平旱四十二年
夏洛川穀城歸州旱八月吳川武寧宣平旱四十三年太原自正月至五月不

雨諸城旱夏嘉興石門東平旱河涸秋江夏武昌崇陽黃陂漢陽鍾祥潛江保
康枝江旱冬九江武寧旱四十四年六月湖州武城安邱泰安潛山旱四十五
年五月應城旱四十六年四月宣平旱六月金華新城旱四十七年春文登旱
五月黃縣旱六月羅田旱秋綏德州旱四十八年二月文登榮城綏德州旱秋
菏澤旱四十九年二月寧陽菏澤旱三月大名府屬七州縣旱五月應城旱秋
寧陝廳大旱長安河涸五十年二月江夏武昌旱濟南菏澤自春徂夏不雨夏
鄒平臨邑東阿肥城滕縣寧陽日照嘉善桐鄉宣平蘇州高淳武進甘泉皆大
旱河涸秋太平觀城沂水壽光安邱諸城博興昌樂黃縣旱五十一年春東平
旱五月洮州旱七月荆門州松滋旱五十二年三月黃縣博興旱夏滕縣大旱
微山湖涸五十三年三月黃縣復旱五十四年宜都大旱自三月至五月不雨
五十六年五月應山大旱五十七年歷城霑化黃縣春旱秋順德武强南宮慶
雲靜望都蠡縣樂亭旱五十八年陸川自二月至三月不雨保定大名元城東
光春旱七月德平旱五十九年三月文登榮成旱秋黃縣不雨至冬六十年春
鄒平壽光昌樂諸城旱五月蓬萊黃縣棲霞江山溧陽旱秋文登不雨六十一
年春浦江旱五月穀城麻城旱嘉慶元年夏洛川懷遠旱秋漁陽旱二年五月
江陵旱三年四月黃安旱五月靑浦旱六月文登榮成旱四年夏江山大旱五
年春枝江旱夏安康旱六年春章邱旱榮成夏秋大旱草木盡枯七年四月京
師旱五月金華江山常山旱六月武昌漢陽黃川德安咸寧黃岡安陸旱八月
宣平嵊縣南昌臨江旱八年江山自春徂夏不雨九年二月臨朐旱夏漢陽旱
秋定平旱十年六月章邱大旱十一年夏泰州旱十二年二月武進黃縣旱四
月樂淸旱五月崇陽石首旱七月宣平旱八月灤州不雨十三年春樂淸不雨
黃安春夏旱十四年四月邢台應山旱十五年安邱春夏大旱十六年春黃縣
旱四月京師臨榆撫寧旱五月永嘉麗水縉雲景州嵊縣鍾祥房縣江陵宜都
旱六月曲陽蓬萊招遠寧海文登即墨旱秋觀城臨朐旱十七年春東阿滕縣
高唐旱十八年春東平東阿濟寧曹縣旱夏保康旱八月鄖縣麻城鍾祥襄陽
棗陽旱九月樂淸寧津南樂淸苑邢台廣宗井陘淸豐武邑唐山望都南宮旱
十九年春應城鄖縣蘄水羅田旱夏嘉興新城湖州石門鍾祥武進臨朐定遠
廳泰州通州皆大旱河盡涸七月靑浦蘇州高淳旱二十年六月嘉興旱七月
灤州旱二十一年九月麗水大旱二十二年四月曲陽旱秋長淸觀城博興蘇
州定州諸苑固安武强涿州淸苑無極廣宗旱二十四年六月貴陽湖州石門
旱八月應山麻城旱九月黃陂旱二十五年新城自二月至七月不雨五月黃
梅大旱八月縉雲麗水嵊縣南昌建昌臨江贛州袁州武昌咸寧崇陽金華常
山旱道光元年秋黃岩龍泉旱二年春宜都日照旱夏嘉興湖州旱三年夏滕
縣大旱四年宜城自四月至六月不雨曹縣房縣麻城旱秋章邱榮成旱五年
六月應山旱七月歷城黃縣旱六年春諸城東阿旱六月永豐萬安旱七年七
月內邱大旱九年湖州夏秋旱宜城八月不雨至於十月十年夏湖州旱秋武
强唐山旱十二年春昌平大旱六月始雨內邱懷來萬全望都旱夏嘉興湖州
嵊縣旱七月東光靜海旱九月陵縣臨邑鄒平新城博興旱十三年春武淸旱
夏皋蘭狄道州旱十四年春孝義廳旱秋定海旱十五年春元氏臨朐枝江宜

都宜昌旱黃岩自五月至七月不雨縉雲自五月至八月不雨夏湖州永嘉麗
水嵊縣宜城穀城旱七月房縣黃州安陸旱冬太平玉山武昌旱十六年春登
州府屬旱夏應城皋蘭狄道州孝義廳旱十七年臨朐自正月不雨至於五月
六月雷州旱七月元氏阜城邢台旱十八年夏常州應山靖遠旱八月阜陽等
二十一州縣旱十九年三月武强懷來旱望都春夏無雨秋莊浪大旱二十年
皋蘭狄道州金縣旱二十一年九月寧陽旱二十三年七月湖州旱二十四年
光化秋冬旱二十五年六月靑田旱七月縉雲雲和旱二十六年六月藍田三
原大旱二十七年夏宜城大旱秋麗水大旱二十八年春永嘉旱秋昌平旱二
十九年七月莊浪大旱三十年夏嵊縣太平寧陽皋蘭旱咸豐二年定海廳常
山旱四年五月麗水旱七月咸寧保康旱五年正月皋蘭旱四閏月不雨四月
靑縣旱武昌夏秋旱六年宜城安陸自夏徂秋不雨樹木多枯死五月咸寧桐
鄉黃陂鍾祥潛江大旱河水涸閏五月隨州大旱至九月始雨六月嘉興蘇州
靑浦旱七月武進羅田通州肥城陵縣旱河水竭七年春昌平唐山望都旱夏
淸苑元氏無極武邑永淸廣宗柏鄉旱八年夏靑縣旱九年春即墨旱夏臨朐
濱州黃縣旱七月元氏灤州旱十年春淸豐蓬萊皋蘭旱六月靑縣大旱十一
年靑縣春夏不雨七月太平旱八月皋蘭通渭秦安大旱同治元年二月靑縣
旱六月孝義廳皋蘭旱七月蓽縣棲霞咸寧江夏旱二年嵊縣旱三年夏常山
旱秋崇陽撫寧旱四年春蘄水大旱荒民有鬻子女者秋麻城旱高鄉自冬至
次年夏不雨五年夏江夏江山旱九月崇陽漢陽旱六年夏昌平玉田黃陂荆
門德州旱秋邢台懷來武昌黃州旱七年春皋蘭旱冬陵縣旱八年春靑縣旱
九年春新樂黃縣旱十年春淸苑大旱無麥十一年皋蘭春夏旱十二年五月
公安枝江旱十三年三月江陵公安枝江旱秋均州旱光緖元年靑縣夏秋旱
二年春望都蠡縣灤州臨榆旱五月肥城旱八月藁城旱三年四月武進霑化
寧陽南樂唐山旱應山夏秋大旱四年春東平三原旱七月內邱井陘順天唐
山平鄉臨榆旱八月京山旱六年秋甘泉魚台邢台旱八年六月均州雲夢鶴
峯州旱十一年秋東光旱十三年七月靖遠東光旱十六年皋蘭春夏旱十七
年靜寧合水旱十八年六月皋蘭金華靜寧通渭洮州安化旱十九年五月太
平旱二十年太平自七月至十月不雨大旱二十一年六月太平旱二十四年
九月寧津旱二十六年六月涇州皋蘭平凉莊浪固原洮州旱閏八月南樂邢
台旱二十七年春皋蘭平凉莊浪固原洮州大旱三十三年皋蘭旱三十四年
八月蘭州靜寧大旱宣統元年甘肅全省亢旱

順治元年十一月十二日鹽亭山頂崩一大石如數間房橫截路口是夕大風
雨居民避張獻忠者得脫大半先是有童謠云入洞數鑽岩怪沿山走的後還
在至是果應康熙十四年藩王尚可喜於粵香山築壘土中得一石碑其碑文
云抱破老龍傷粵秀八風吹箭入陀城種柳昔年曾有恨看花今日豈無情殘
花已自傷零落折柳何須關廢興可憐野鬼黃沙蹟直待劉終班馬鳴似詩似
讖未有能識者五十七年八月初一鍾祥火災先是有童謠云八月初一火龍
過至是果應乾隆六年知州林良銓改修諸葛忠武祠掘地得二石人一背銘
字云守土守三分辛苦一背鐫字云遇隆則興光緖五年文縣有童謠云兩個

土地會說話兩個石人會撻架未幾卽山崩地震

順治七年正月朔衢州黑熊入城是年多火災康熙二年十一月平度民間獲兎八足四耳兩尾二十七年十二月十六日有黃熊鳴于合浦西門十七夜復鳴乾隆十八年畢節熊入城傷二人嘉慶七年陸川有熊傷人二十三年七月黃縣有熊走入荏蒲村土人以槍殺之

順治八年泰山文君廟鐘鼓自鳴康熙十八年正月六安州金鐵出火三十九年十一月海陽馬王廟鐘自鳴越三日復鳴雍正九年五月七姑廟鐘自鳴乾隆三十八年十二月除夕黃縣叢林治基寶塔三寺鐘鼓自鳴嘉慶十四年冬泰州兩箭咸豐八年四月魚台兵器夜吐火光同治三年九月東嶽廟鐘自鳴八年九月彭澤長嶺酒店釜鳴聲聞數里許月餘方止

順治四年崇明民家犬生六足七年商州民李旺家有犬坐坑上作人言老的忒老小的忒小縛而殺之十三年鄒平民生子犬頭猴身能吠康熙四十五年二月蕭縣民家犬作人言乾隆二年利津民家犬生一畜一首二尾七足咸豐十一年來鳳民家犬作人言同治十一年大浦民家犬生六足

順治元年二月興國寺前出白氣一道六年三月江陰白氣亘天彌月始滅七年正月二十六夜崑山西方有白氣如練十餘日始滅蕭縣白氣見西方二十餘日始滅六月甲申秦安見白氣亘天益都見白氣亘天十二月三十日蕭縣見白氣如練數十條寒光射人十八年十二月十二日棲霞白氣亘天康熙二年夏萊陽有白氣冲天七年正月廣平見白氣亘天西出指東越二十日方滅內邱夜見白氣如銀河經五六日方滅溫江有白氣自西直亘數十丈下銳上闊光如銀形如竹經四晝夜方散威縣見白氣亘天二月廣州有白氣如槍長十餘丈四十日乃滅武邑夜白氣亘天夜半始散唐山見白氣亘天七月高邑夜見白氣如疋布亘西方九年三月乙丑廬靈白氣現自西方十一月通渭夜見白氣如虹自南而北十一年七月十四日夜交河有白氣自西南向東北其疾如飛聲如風十六年七月壬申夜盧龍有白氣如霓自東向日十八年六月二十四日武定見白氣貫天十一月玉田有白氣自西南來十九年十月全椒見白氣于西方月餘始滅十一月朔滄州有白氣如帚自西南向東北浹旬方滅盧龍有白氣如雲長亘向東越數夕色淡而高起如帚芒狀絳縣夜見白氣如虹初二日鎭洋西方見白氣亘天長數丈移時乃滅臨淄見白氣自西而東初四日溫州夜見白氣如練長十餘丈月餘始滅二十年六月二十一日夜望江見白氣亘天至八月十一日方滅十一月山陽見白氣亘天一月始滅漢中西方見白氣亘天如練二十二年五月己未夜淸河有白氣數道如虹三十九年九月江夏見白氣如練六七日始滅四十一年二月沛縣見白氣于西方六十年十一月十九日遵化有白氣如練聚于西南移時方滅六十一年六月十四日嘉定有白氣亘天雍正九年閏五月二十七日夜南宮有白氣一道南行有聲乾隆十八年九月癸丑東流有氣如虹著天色紫白久而沒三十五年七月二十八日肥城有白氣十三道至夜半乃退嘉慶二十年五月武定有白氣亘天向西長數丈道光十三年四月十八日棲霞有白氣亘天二十年昌黎夜見白氣亘天逾月乃滅二十二年春莘縣有白氣如練數丈月餘乃滅冬玉田有白氣亘天二十三年三月黃州有白氣如練斜指西南經月始散四月滕縣有白氣亘天月餘乃滅二十四年夏登州有白氣亘天二十五年春卽墨有白氣西北亘天二十六年秋寧津夜有白氣長竟天咸豐七年秋黃安有白光如電燭暗室有聲十一年六月棲霞有白光如疋練橫亘西北十餘日始滅同治七年九月十五日玉田有火光至空際化爲白氣長丈許其中有聲如鼓光緒元年秋海陽有白氣突起移時始滅

清史稿

災異志五

洪範曰土爰稼穡不成則爲咎徵凡恆風霾晦冥花妖蟲孼牛旤地震山頹雨毛地生毛年饑黃眚黃祥皆屬之於土

順治二年七月湖州大風拔木三年二月孝感大風拔木五年六月無爲州大風壞屋拔木八月海豐颶風毀廬舍無算六年正月潞安飆風大作五月五河狂風晝夜不息大木盡拔八月惠來颶風大作四晝夜不息毀官署民舍七年二月阜陽襄陽漳南大風拔木覆屋九年五月東陽大風拔木十年八月澄海颶風大作舟吹陸地屋飛空中官署民房盡毀壓斃男婦不計其數從來颶風未有如此甚者十一年二月太湖大風毀城內牌坊六月全椒颶風大作屋瓦皆飛十二年六月石門大風拔木十三年五月章邱大風拔木十四年三月平樂颶風大作飛石拔木民房多傾頹六月石門大風毀民居十六年正月二十八日嘉應州大風拔木十七年五月慶元颶風拔木康熙元年八月初三日海甯颶風三晝夜宜興大風雨拔木二年遂溪颶風拔木三年四月臨城大風傷人七月淸河颶風壞廬舍無算慈谿大風雨大木盡拔八月嘉興颶風大作拔木飛瓦四年二月江陰大風拔木五月車陽大風雷雨并至拔木壞屋七月嘉應州大風拔木八月長樂大風拔木五年五月海陽颶風拔木八月澄海颶風傷稼六年四月信宜大風牆垣皆頹七年四月東陽大風雨壓倒民居七所拔木無算六月太平大風拔木七月瑞安大風毀城垣廬舍八年四月大冶大風拔木六月海甯大風拔木九年春崇陽大風拔木五月全椒大風拔木六月安縣大風拔木三晝夜乃息七月武定大風拔木十年正月平遠大風拔木十一年七月榆社大風殺稼瓊州颶風大作官署民房悉圮無存毀城垣十五丈九月吳川颶風壞城垣廬舍十二年正月海陽颶風拔木壞屋八月十六日澄海颶風大作十三年二月桐廬大風拔木十四年二月武強大風殺稼三月玉田大風揚沙拔木六月新城大風拔木十五年四月至六月澄海颶風屢作壞屋拔木十六年四月宜城大風拔木六月東陽大風屋瓦皆飛十七年六月武強大風拔木十八年六月惠州大風壞文星塔頂十九年秋瓊州大風拔木二十一年三月望江大風拔木七月信宜大風拔木二十二年二月初五日單縣大風揚塵蔽天倏忽變幻五色二十三年正月淸河大風拔木二十四年三月文登大風拔木二十五年四月漢中定遠大風拔木五月西充南充大風拔木六月岳陽大風拔木二十六年三月太湖大風拔木六月平樂蒼梧大風拔木壞屋七月蘇州崑山武進大風傷禾二十七年五月昌樂壽光大風拔木六月沁水大風拔木二十八年五月恩縣異風損壞城樓吹倒石坊二十九年四月鄖陽大風拔木五月二十六日夜六安狂風暴起屋瓦皆飛大木盡拔八月黃岩大風拔木三十年三月甯陽大風拔木四月江浦大風屋瓦皆飛三十一年正月蓬萊大風拔木毀屋二月沛縣大風拔木毀屋五月東昌邱縣大風拔木六月高密大風拔木三十二年六月營山大風拔木風過草木如焚三十三年十月十六日鄒平怪風吹倒城堞六座三十四年秋長甯大風拔木三十五年七月二十二日靑浦澤州大風拔木二十三日桐鄉石門嘉興湖州颶風大作民居傾覆壓傷人畜甚多八月十一日海州大風雨民舍盡傾三十七年四月濟南大風拔木七月蘇州大風拔木三十八年春靑州大風拔木六月南樂大風拔木四十一年八月開平颶風拔木倒牆十月乙酉東明大風拔木四十二年五月枝江大風拔木六月潮陽颶風傷稼四十四年四月崇陽大風拔木五月歷城霑化邱縣大風拔木四十五年六月二十夜什邡大風自東北來飛瓦拔木四十六年三月鄒平長山大風拔木四十七年五月惠民颶風大作毀民舍七月台州大風拔木四十八年四月太原大風毀牌坊八月定海大風雨孔子廟及御書樓皆圮四十九年三月中衛大風拔木五十年三月祁州大風毀南城樓五月安邱諸城大風拔木五十一年四月香山颶風拔木八月寨城富川大風拔木九月北流大風拔木五十二年三月全州大風雹屋瓦皆飛大木盡拔六月潮陽大風壞北橋五十三年五月固安大風拔木六月順義大風樹木盡拔五十四年六月初一日潮陽颶風拔木五十五年閏三月朔解州大風拔木四月辛亥靜甯州大風拔木五十六年七月十九日掖縣暴風雨一晝夜大木盡拔五十七年五月澄海颶風拔木六月湯溪大風拔巨木壞廬舍七月日照黃縣大風雨一晝夜大木盡拔五十八年五月乾州大風拔木六月寶坻大風拔木八月十九日夜竭陽颶風大作風中如燐火樹木皆枯澄海颶風大作民房傾覆壓倒男婦無算五十九年正月陽春颶風傷稼六十年八月澄海颶風大作如燐火毀城垣六十一年四月甘泉大風拔木五月慶雲大風拔木十二月欽州大風雨吹塌城垣二十餘丈雍正元年四月平鄉大風拔木六月岑溪大風拔木冬武甯大風拔木二年二月陽信霑化大風風中帶火四年五月高淳當塗大風拔木六月濰縣大風雨壞民舍十二家五年七月鎭海颶風大作毀縣署大堂九年二月連州大風雨拔木壞屋六月陽信大風拔木十年七月南匯大風拔木八月海陽大風拔木十月泰州大風拔木十一年八月沂州大風四晝夜十二年七月泰州大風拔木壞屋十三年八月高淳大風三晝夜乾隆元年五月翼城大風拔木二年八月十五日平陽大風三年七月鍾祥大風拔木五年三月通州大風拔木六月掖縣大風拔木六年四月平定樂平

孟縣大風拔木八年五月光化大風拔木十年三月棲霞大風拔木十一年七月十五日高郵大風拔木十二年七月崑山鹽城清河福山棲霞文登大風拔木覆屋十三年三月鶴慶大風拔木四月清河大風雨民舍傾圮無算五月泰州通州大風拔木十四年四月池州大風拔木六月高邑大風拔木十五年三月武昌暴風起江中覆舟無數六月武甯大風拔木十六年七月鶴慶大風十七年五月十一日長子縣王婆村大風雷田禾如爇屋瓦車輪有飛至數里外者十八年六月潮陽大風拔木七月雞澤大風拔木十九年七月陵川大風害稼二十年三月蘄州大風壞民舍二百餘間壓斃十餘人五月高平大風拔木七月昌樂大風拔木二十二年六月吳川颶風拔木壞屋七月孟縣樂平大風傷稼二十三年六月二十九日即墨大風一夜大木盡拔二十四年八月平定大風害稼二十六年三月潛山大風拔木壞屋二十七年三月十八日潯州颶風毀城樓七月嘉善大風拔木壞屋二十八年二月歙縣大風拔木覆屋壓斃人畜甚多三十年三月臨邑大風拔木三十一年七月黃縣大風拔木三十二年三月文登榮成大風拔木五月濟甯州大風拔木三十三年二月安邱大風損麥六月十八日瓊州颶風大作毀官署民房無算三十四年五月東平大風拔木秋嘉善大風禾盡偃三十五年六月祁縣大風拔木三十六年二月文登榮成大風拔木三十七年八月十七日慶雲夜起異風拔木無算三十八年秋永年薊州大風雨拔木熟禾盡偃三十九年二月黃縣文登榮成大風連日麥苗盡損七月滎陽大風拔木四十一年安邱大風蔽日風內有火光四十二年四月山陽大風拔木四十三年二月光化大風拔木四十四年五月南宮烈風雷雨樹木多拔四十六年六月金華嘉善大風拔木四十七年六月新城大風拔木四十八年二月文登榮成大風拔木六月二十四日吳川颶風大作壞官署民房及城垣四十九年二月平蔭大風拔木五十年二月永昌大風拔木五十一年正月文登榮成大風拔木五十七年七月壬戌蘇州大風毀民舍五十九年七月桐鄉大風雨竟夜拔去大成殿前柏二株湖州嘉善大風拔木壞屋六十年六月石門大風拔木嘉慶元年八月朔瑞安大風傾覆民舍壓斃男婦九十一人二年六月武進大風拔木三年四月宜城大風拔木四年七月文登大風拔木五年四月黃縣大風拔木壞屋六年二月初五日滕縣大風色黃既而如墨八年二月黃縣大風拔木壞屋九年二月文登大風損麥十年六月慶雲大風拔木十二年二月十七日肥城暴風天色忽紅忽黑一夜方止八月邢台大風拔木十六年六月十二日靜海大風拔木摧折運糧船桅無算十七年二月麗水大風拔木二十二年六月甯陽大風拔木二十三年四月臨榆大風拔木六月永嘉大風拔木二十四年七月初八日平谷有怪風兼雨自南來房舍皆摧折禾盡偃其平如掃二十五年七月樂清大風拔木道光二年六月金華大風壞屋七月蘄州大風拔木壞民舍四年十一月十二日泰州大風拔木兩晝夜不止五年六月羅田大風拔木六年二月二十六日黃縣大風拔木五月肅州烈風拔木七月黃岩大風拔木折屋八年五月二十六日黃縣大風拔木屋瓦皆飛十二年夏公安大風三晝夜拔樹無算十四年四月臨朐大風傷禾六月黃岩大風拔木民居多壞十五年七月蓬萊黃縣棲霞招遠大風三日大木盡拔八月曲陽大風害稼十六年六月二十九日灤州怪風毀南城樓十七年八月昌平大風拔木二十年六月十九日滕縣大風自西北來拔大木數百株二十二年八月潛江狂風大作飛石拔木壞民居無算二十三年七月寧海暴風傷禾二十六年六月青浦大風拔木二十七年三月朔蓬萊大風拔木六月日照大風拔木二十八年六月壬戌通州颶風大作毀屋七月十四日永嘉大風兼雨連旬毀孔子廟及縣署十八日縉雲大風拔木十月武昌大風起江中覆舟人多溺死三十年春灤州大風傷稼咸豐二年五月初五日肅州大風拔木千餘株六月霑化大風拔木三年三月初三日宜昌大風拔木民舍折損無算牛馬有吹去失所在者五月隨州大風拔木七月蓬萊黃縣大風拔木七年六月甯津大風傷禾稼年四月清苑望都大風拔木八年四月華縣大風拔木十年二月昌平怪風傷人六月房縣大風拔木十一年四縣西甯大風拔木七月襄陽大風拔木同治元年二月初七日宜都大風拔木三月戊申惠民大風拔木二年二月枝江大風覆舟無算五月甯津狂風拔木三年五月房縣大風拔木六月嘉興桐鄉大風拔木四年正月宜城大風覆屋拔木六年五月高淳大風拔木七月菏澤曹縣大風拔木九年三月嘉興府大風毀屋四月柏鄉大風毀屋十年三月湖州狂風驟雨拔木覆舟十一年六月二十七日夜日照大風雨偃禾拔木秋唐山大風拔木損禾十二年五月初六日固原大風壞城中回回寺十三年五月安陸大風拔木府學牆頹光緒元年六月皋蘭均州大風拔木七月日照臨朐大風傷稼二年六月黃岩大風拔木三年八月菏澤大風拔木四年四月臨江大風覆舟無算五年五月蘄州大風拔木六月十四日寧海文登海陽榮成大風拔木壞屋二十四日萊陽怪風突起屋瓦皆飛民房被揭去樑棟椽柱不知所之拔大樹無算七年七月永嘉大風拔木八年三月孝義廳大風拔木九年三月初八日安陸大風拔木十一年五月光化大風拔木十二年六月涇州大風拔木十五年六月十三日灤州大風拔木壞屋十六年八月十五日固原大風拔木二十二年五月南樂大風拔木二十三年八月靖遠大風拔木二十七年六月金縣大風拔木二十八年四月初四日曲陽大風拔木二十九年六月十七日洮州大風拔木三十年七月二十二日東樂大風拔木

順治元年七月平原狂風晝晦二年十月全椒晝晦五年九月漢陽大風晝晦六年四月莊浪風霾殺禾九月府谷風霾晝晦七年十月東明晝晦十二年春樂亭風霾晝晦十三年七月高邑大風霾晝晦八月邢台風霾十四年二月陽城黃霾蔽天屋瓦皆飛十六年四月朔萬州晝晦康熙元年正月朔長興晝晦九月昌黎風霾二年正月蘄州晝晦四年正月朔蕭縣晝晦四月辛亥臨邑晝晦七年二月咸甯晝晦十二年七月樂亭風霾十三年二月咸陽大風霾十餘日三月朝城晝晦十四年三月二十六日冀州起異風自巳至戌黃霾蔽天屋瓦皆飛懷安西甯大風霾晝晦玉田大風揚沙拔木陰霾竟日十五年五月貴州晝晦如夜十六年春清河風霾四十餘日二十三年四月朔朝城晝晦七月望壁山晝晦二十四年正月二十三日文安大風霾晝晦如夜武邑黑風晝晦二十五年二月二十七日鄆城黑風晝晦二十七年四月朔西甯龍門延安文縣同日晝晦二十九年三月十九日廣宗風霾紅黃黑白互變四月初五日西甯晝晦三十年三月初四日甯陽大風晝晦三十一年正月朔廣宗晝晦吉州沛縣邱縣大風晝晦二月朔邱縣大風赤霾晝晦廣宗晝晦三十二年二月十七日邱縣大風霾空中望之如火十八日桐鄉大風霾十九日湖州大風霾三十三年四月朔保安州晝晦三十四年四月肅州晝晦三十五年正月靜樂晝晦二月十八日定陶黑風觸器有光行人不辨咫尺三十六年三月朔靖遠晝晦三十七年四月龍門晝晦四十二年五月二十二日鞏縣大風晝晦四十四年五月十八日利津陽信晝晦四十五年正月十二商河狂風晝晦四十七年六月二十五日涼州晝晦如夜四十八年六月東昌大風霾蔽天四十九年三月初七日中衞晝晦者四日六月初二日什邡晝晦五十年五月壬子諸城晝晦五十一年二月癸亥東平東阿大風色紅黑自申至亥方止陽穀黑風晝晦郯城辛縣大風霾三月十六日鉅鹿風霾如火晝晦如夜六月十日恩縣赤霾蔽天咫尺不辨人物十一月二十一日宿州晝晦五十三年二月二十一日井陘風霾蔽天晝晦五十五年五月壽光臨朐大風晝晦五十七年五月二十二日新樂大風晝晦五十九年五月二十六日青城大風晝晦六月太平大風霾六十年夏邱縣大風霾連日六十一年七月元氏沁州大風霾雍正元年三月青州風霾四月初七日獻縣風霾晝晦恩縣夜起大風飛石拔木有頃黑霾如墨良久復變爲紅霾乍明乍暗逮曉方息泰安大風霾晝晦十一日高密高苑大風霾晝晦十七日邢台元氏大風霾拔木八月初八日掖縣大風霾晝晦二年二月初六日元氏大風霾八年正月十一日高苑大風霾晝晦乾隆二年二月初五日濟寧鉅野風霾晝晦三年正月十四日武寧晝晦五年五月高郵大風霾八年三月贛州晝晦十年三月蒲台大風晝晦十七年四月十八日祁州新樂風霾損禾十九年三月朔慶陽晝晦二十四年秋芮城大風霾二十五年二月初十日宜昌晝晦五月朔昌樂晝晦二十九年五月二十八日南陵晝晦三十二年二月初二日范縣晝晦二十四日南宮大風晝晦三十三年二月潞安大風晝晦三十六年二月朔太原大風晝晦初二日高邑大風霾晝晦三十八年二月初八日滕縣大風霾五色晝晦三十九年春南宮多風霾四十九年二月初二日菏澤風霾晝晦五十年二月二十五日臨清晝晦四月十八日南宮棗強大風霾晝晦嘉慶元年三月二十六日宜城晝晦二年四月十四日灤州大風霾晝晦三年二月二十九日灤州昌黎晝晦十一年十一月滕縣大風五色晝晦十二年二月武強大風霾色黃復黑赤三月十二日東光大風霾十五年正月十七日臨邑章邱新城風霾晝晦二十七日滕縣晝晦南樂大風霾平地積沙二寸許二十三年四月清苑定州武強無極唐山臨榆大風霾晝晦二十四年四月朔西刻京師晝晦道光三年六月朔棗陽晝晦四年六月癸巳沂水晝晦六年二月二十二日武強大風霾晝晦如夜二十四日南宮大風霾晝晦凡三日濟南風霾晝晦十年三月二十八日中衞晝晦十一年七月十八日曹縣晝晦十四年五月十二日即墨大風霾十六年正月朔樂亭風霾十七年二月甲子灤州晝晦十九年三月初六日元氏大風霾二十年六月撫甯晝晦二十二年六月朔太平黃岩湖州晝晦二十九年雲夢自正月至五月晝晦

凡六閱月三十年正月嵊縣風霾十餘日咸豐元年五月丙午灤州大風晝晦二年二月蓬萊大風晝晦三年三月十四日靈州晝晦翼日始明五年四月灤州狂風晝晦六年四月南樂晝晦七年四月初二日景甯大風晝晦十一年四月初四日曹縣紅霾晝晦同治元年二月二十六日霑化風霾日曀三月初三日武强風霾晝晦二年二月崇陽大風晝晦三年六月菏澤大風晝晦四年正月十四日棗陽晝晦五年正月二十八日霑化大風霾九年正月二十五日霑化大風霾日曀十一年七月灤州大風霾十三年四月曹縣大風晝晦光緒三年八月十五日菏澤曹縣大風晝晦十年五月十三日興山晝晦二十年二月二十七日甘州大風晝晦二十八年四月初四日曲陽大風晝晦三十一年邢台晝晦

順治四年九月新安桃李華五年秋太谷桃李華六年冬德平桃李華七年九月階州桃再華十月銅陵桃李華十一年九月廣平桃李華十三年冬湖州桃李華十五年十月甯鄉桃李華十七年冬唐山牡丹華康熙二年十月通州桃李華四年十二月德淸吉祥寺牡丹開數莖六年冬甯津桃李華七年秋肥鄉桃李華八年十一月西充桃李華十年八月唐山海棠華高邑丁香華十一年九月湖州桃李華十七年十月陽高桃李華二十六年八月新城桃李海棠華三十年冬潛江桃李華三十六年七月孟縣平定桃李華三十八年三月石阡府學宮桂再華四十三年冬曲沃桃杏華四十六年十月瓊州海棠再華五十四年冬蒲台李華五十六年十月甯津牡丹華六十年冬揭陽桃李華雍正三年冬順德桃李華八年冬通州桃李華九年冬高淸桃李華十年八月通州桃李華十三年七月淸河李再華乾隆三年秋曲沃桃李華七年冬至日崇明牡丹開九年冬桐鄉桃李華十年八月甯津桃李華十三年五月玉屛梅花盛開十四年八月鎭海杏再華十六年九月分宜高林寺牡丹開十八年九月新安縣署牡丹開花一朶十月又開十朶歷月不萎九月太原桃李華二十年春普安州桂花盛開二十四年九月潞安桃李華三十年九月高邑桃李華三十三年月和順桃李華四十三年九月新城桃李華冬石門桃桃華四十六年九月臨邑桃李華四十九年十月桐鄉鳳鳴寺牡丹開二花單瓣紫色十一月金華桃李華五十年秋通州杏再華六十年十二月樂淸桃李華嘉慶四年九月邢台桃李華六年八月陸川桃李華道光三年九月興國桃花盛開九年十月宜城桃李華十七年冬望都淸苑桃杏華二十二年十月崇陽桃李華二十四年九月滕縣桃李華二十五年十月鍾祥桃再華二十九年秋餘姚桃花盛開三十年九月竹山桃李牡丹華咸豐元年秋貴溪桃李華十月鄖縣桃李華四年冬松滋桃李華五年十一月武昌桃李華九年秋崇陽桃再華十月宜昌桃李華十年九月嘉興桃李華十一月麻城桃再華同治元年十月襄陽桃李華二年冬通州桃李華四年冬房縣桃李華八年冬黃安桃再華十二年九月惠民桃李華光緒元年十一月莊浪桃杏華四年冬武昌光化桃李華五年冬至時高淳蕈花齊放宛如春色六年七月歸州桃李華九月蒼溪桃再華九年冬興山桃李華十二年九月南樂杏再華二十四年十月南樂桃李華三十二年秋靖遠桃李華三十四年八月固原桃李華

順治十七年八月玉屛黑蟲蔽山草木皆盡康熙十年秋潮州蟲生五色大如指長三寸食稼十一年七月杭州兩蟲食穗十二年七月萬載蟲食禾十三年三月甯都屋上有生黑蟲者着人甚痛十七年七月崇明出兩頭蟲首尾皆喙嚙草如刈十九年六月婺源青蟲害稼二十年二月鄖陽蟲災二十一年五月金華蟲災二十二年四月恩施蟲災二十三年五月渠縣有蟲數萬斛似蝗黑色頭銳有翅嗅之甚臭二十七年七月蘇州青浦蟲災二十九年四月沁水白黑蟲食禾結繭三十年三月萬載青蟲食禾三十六年遵化州生蟲似槐蟲而黑食稼幾盡三十九年貴縣生蟲食豆四十二年昭化有蟲如蠶食禾四十五年二月房縣蟲食禾夏霑化有蟲似螳螂而金色識者曰此蒼諸也見則歲凶四十九年五月井陘五色蟲生五十六年鶴慶蟲食禾五十七年夏新樂生蟲靑色傷禾雍正二年七月鎭海麥莖生蟲頭紅身黑狀如蠶十年秋淸河禾生蟲形似蛆有毛紅色乾隆十七年八月仁和蟲食稼二十年春臨安蟲災二十一年六月景甯有白蟲無數自南來二十三年秋海甯兩蠶二十四年八月武邑有蟠蟲食禾根三十年十月嘉興蟲災三十八年春青浦河水生蟲色紅狀如蜈蚣長三四寸昏暮始見六十年正月平度蟲災嘉慶九年夏洛川蟲傷禾道光五年七月滕縣生五色蟲食禾殆盡咸豐元年六月崇陽蟲災九年五月蘇州禾田中出蟲名曰稻籃同治四年秋秀水有青蟲如蠶喙黑卷葉作網十三年九月嘉興田禾生蟲食根似黑蟻蜂腰六足有鬚光緒二年八月甯津蟲傷稼十四年春泰安蟲災

順治元年二月萊陽民家牛產犢一體二首二年二月交城民家牛產一犢遍體鱗甲十年文縣民家牛產兩麟十六年定州民家牛產麟康熙五年南昌民家牛產麟十三年七月巫山民家牛產一犢三目四耳舌端有鈌胸列四蹄脊後分爲二身各二蹄一尾十五年池州民家牛產犢二首八足十七年六月鎭洋民家牛產犢兩頭二十八年九月餘姚北鄉民家牛產麟狼項馬足麕身遍體鱗甲金紫相錯三十八年景甯民家牛產麟雍正七年鎭海民家牛生一犢遍體鱗紋色青黑頷下有髯項皆細鱗十一年五月鹽亭民家牛產一麟高二尺五寸肉角一長寸許目如水晶鱗甲遍體兩脊傍至尾各有肉粒如豆黃金色麕身八足牛蹄產時風雨交至金光滿院射草木皆黃十三年二月綿州民家牛產一犢首形如龍身有鱗紋無毛落地而殞乾隆四年盛京民家牛產麟五年壽州民家牛產麟一室火光衆以爲怪格殺之剝皮見周身鱗甲頭角猶隱隱也荊州民家牛產麟遍體鱗甲二十二年崇明見三足牛前一後二嘉慶元年遂安民家牛產麟二年平度州民家牛產麟五年白河縣民家牛產一犢兩首雙項剖腹視之心赤有二道光十二年永嘉民家牛產犢兩首咸豐二年潛江民家牛產犢兩首七年黃岩民家牛產犢四首同治九年莘縣民家牛產犢兩首光緒十九年太平民家牛產麟七年京山民家牛產犢三足前二後一識之者謂之獂三十四年皋蘭民家牛產犢兩首

順治元年九月翼城地震冬石首地震二十二年祁縣地震三次三年十月十日石埭地震四年四月全椒地震五年三月甲辰涇陽三原臨潼鳳翔地震戊辰又地震四月二十四日榆社地震八月潞安地震有聲六年正月南樂地震二月初六日陸川地震四月高平陽城地震七年八月初十日高淳地震八年正月丁卯蘇州崑山地震六月高平地震九年正月元旦潛江太湖地震十五日貴池地震屋瓦皆飛江波如盪二月十五日池州潁上阜陽五河全椒地震二十四日宿松地震二十六日銅陵地震七月贛榆地震九月霍山六安地震十年正月廬江地震六月乙卯鎭洋地震七月海豐地震九月樂陵地震十月二十一日貴池地震二十四日復震十一月二十三日五河地震十一年正月朔潛山望江石樓貴池銅陵舒城廬江地震五月廬江又震四月初六日蕭山地震五月初八日寶雞定遠泗縣地震壞屋壓人六月興安安康白河紫陽洵陽蘭州鞏昌慶陽等處地震聲如雷壞民舍壓死人畜甚衆八月初五日陽穀東昌地震次日又震初八日辰刻朝城地震申刻復震十二年正月初七日陽湖營山地震二月庚申崑山婁縣地震十三年三月初八日中部地震十四年三月朔成都威州汶川地震二十五日西充地震次日復震七月富陽地震十五年二月二十四日惠來地震五月二十三日武進地震八月二十三日蘇州崑山上海青浦地震十一月安塞地震有聲十六年正月二十八日鎭平地震二月初八日揭陽地震七月十七日石埭貴池地震聲如雷十七年八月曹縣兗州地震十二月二十三日雒南商南地震十八年正月兗州地震康熙元年正月二十五日伏羌地震三月初四日西甯龍門宣化赤城保安州等處地大震人皆眩仆六月十七日太平地震七月十一日蒼梧容縣岑溪地震十一月二十二日威縣地震二年正月二十五日鍾祥地震次日復震五月二十一日咸甯地震六月望日東安地震十二月鶴慶地震三年三月初二日保安州龍門地震初三日懷來灤州地震五月開平地震八月十七日萊陽地震二十三日安邑解州地震九月丙子崑山地震十一月二十一日順德地震四年二月初四日平陰地震三月初二日京師地震有聲初四日景州地震四月十五日灤州東安昌平順義地震二次房垣皆傾七月十七日大城地震五年二月二十二日開平地震次日又震三月初八日交河地震七月十七日虹縣地震城傾數十丈民舍悉壞九月二十六日揭陽地震十二月丁未蘇州地震六年正月初四日陽春地震四月十二日揭陽地震六月十七日慶雲地震八月十四日邢台內邱地震聲如雷九月二十三日永年威縣地震七年四月金華地震五月癸丑子時京師地震初七初九初十十三又震六月十七日上海海鹽地震窗廊皆鳴湖州紹興地震壓斃人畜次日又震桐鄉嵊縣地震屋瓦皆落十八日香河無極南樂地震自西北起戛戛有聲房屋搖動十九日淸河德淸地震有聲房舍皆傾七月二十日錢塘地震二十五日潛江地震八年九月甲午寅時京師地震有聲九年四月初六日安縣地震五月初七日揭陽地震七月己未吳江震澤地震有聲八月初七日開建安邱地震十一月冬至前一日鄒縣地震十年九月初九日保安州地震十一年三月初三日陽曲地震五月丙寅沛縣高密地震六月二十四日高唐地震七月二十八日廣平地震八月癸亥蘇州地震九月丁亥平樂地震十二年二月十二日廬州地震聲如雷屋舍傾倒四月初四日臨縣高淳地震七月二十三日寶坻霸州萬全地震九月初九日懷安赤城西甯天鎭紹德陽地震十二月湖州地震十三年二月初七

日保德州地震八月三十日隴州懷安地震九月初九日府谷地震十四年六月十二日曹州府屬各州縣同時地震十五年七月十五日婺源地震十一月初四日蘇州地震有聲十六年五月十四日合浦地震六月階州地震數日乃止十七年四月初五日蘇州鎮洋上海清浦崇明地震初七日海鹽地震屋瓦傾覆七月二十八日京師地震十月初五日安平地震十八年三月二十三日鎮洋地震六月朔榮城甯海文登地震二十八日濱州信陽海豐霑化地震七月初九日京師地震通州三河平谷香河武清永清寶坻固安地大震聲響如奔車如急雷晝晦如夜房舍傾倒壓斃男婦無算地裂湧黑水甚臭二十八日宣化鉅鹿武邑昌黎新城唐山景州沙河甯津東光慶雲無極地震八月萬全保定安肅地屢震九月襄垣武鄉徐溝地震數次民舍盡頹十月潞安地震十一月遵化州地震有聲如雷十九年四月二十五日瓊州地震十一月盧靈地震有聲如雷二十年春永嘉樂清地震七月十七日瓊州地震八月十一日東流地震有聲九月貴州地震十月初十日平遠州潞城地震十一月初三日東流府谷地震二十一年十月初五日襄垣地震初六日潞安地震初十日介休地震民舍多傾倒二十二年五月十五日龍門地震七月初五日定襄地震壓斃千餘人十月初五日保德州地震人有壓斃者十一月朔瓊州地震二十三年五月封川地震十月初五日普州地震十一月初七日合浦地震二十四年二月庚子永安州平樂地震十二月二十四日蓬萊福山文登地震越二日又震二十五年七月十七日宜都宜昌地震十月初五日井陘地震二十六年九月丁亥丑時京師地震十月十六日蓬萊棲霞地震聲如雷月餘乃息十二月朔無爲地震二十七年四月臨潼咸陽地震二十八年正月十八日瓊州陸川地震三月初十日又震六月朔榮成文登地震二十九年二月杭州地震七月臨汾襄垣地震九月襄陵地震三十年三月十六日慶雲地震三十二年三月十九日海豐地震二十日又大震壞民舍三十三年二月初八日巢縣地震八月雞澤地震三十四年正月朔瓊州雷州全州柳城地震十五日巢縣地震四月初六日光化滕縣恩縣邱縣徐溝太平眞陵孟縣交城地大震臨汾翼城浮山安邑平陸震尤甚壞廬舍十之五壓斃萬餘人八月平原地震三十五年正月二十一日巢縣地震三月十五日南陵地震四月甲午沛縣地震九月辛巳京師地震三十六年正月朔巢縣地震三月三日又震三十九年三月十六日貴州地震十八日黃岡地震四月陽江地震四十年三月十二日長子地震四十一年正月鶴慶地震十一月乙酉京師地微震十二月二十三日瓊州地震四十三年七月十三日涇陽地震壓斃人畜無數八月二十日東光地震四十四年正月十三日平遙地震八月丁酉京師地震九月十六夜慶雲地震四十五年二月丙辰京師地微震四十六年七月初四日蘇州地震十月興甯地震十一月又震四十七年正月朔曲沃地震五月十七日嘉定地震六月十二日鳳翔地震九月十二日寧陝廳地震十三日永年地震十月十一日邱縣地震四十八年九月初二日保德州地震十二日涼州西甯固原甯夏中衞地震傷人靖遠大震塌民舍二千餘間城牆倒六百六十餘丈壓斃居民甚多四十九年三月十四日靈台環縣地震八月初三日黃岡地震五十年九月十一日景甯地震十月十一日平樂地震五十一年九月十二日慶元江浦地震十一月又震二十五日高淳儀徵丹陽地震五十二年四月棲霞地震七月全蜀地震五十三年三月十四日甯州地震九月初八日湖州地震五十四年正月十四日鎮海地震五月二十一日岐山地震五十五年二月曲沃地震八月枝江地震五十六年五月二十八日公安石首枝江地震五十七年五月二十七日翼城地震六月初八日海陽地震五十八年春泰安地震五月十一日盩厔丹陽地震六月朔德州陽信霑化廣靈地震七月十六日榆次懷來地震八月復震民居倒壞無數密雲東安地震有聲如雷六十年六月初八日青城地震六十一年八月初四日江安地震十一月順德地震雍正三年十月環縣地震壞廬舍四年六月二十一日宜昌地震八月平鄉地震五年五月二十日鍾祥地震六年二月初五日吳川地震五月橫州地震八月蔚州地震七年六月十七日德州地震八月十三日富川地震聲如雷八年四月十六日宜昌地震八月十九日京師甯河慶雲甯津臨榆薊州邢台萬全容城淶水新安東光滄州同時地震十月二十六日上海地震二十八日蘇州震澤婁縣青浦地震十一月二十八日嘉興湖州桐鄉地震九年九月初二日海陽地震十二日又震十月泰州地震十一月初八日海州地震二十一日普宣地震十年正月初三日西昌縣會理州德昌河西迷易三所地震十一月通州地震十一年七月十八日海陽地震十一月黃岡地震十二月宜昌地震十二年二月蒲江地震六月十六日銅陵地震十月十三日潮陽海陽地震十二月初一日清遠地震十三年七月十七日夜富川地震二十日桐鄉地震有聲如雷九月慶遠府屬地震十一月光化地震乾隆元年七月朔臨清地震初七日定陶地震十五日平原夏津地震十一月二十四日黃山福山文登榮成地震二年五月初十日宜昌地震有聲七月二十五日雞澤地震有聲九月初七日高平地震十月二十四日長子地震三年十一月二十四日芮城襄垣安邑安定綏德州天鎭地震二十五日靖遠慶陽甯夏平羅中衞地震如奮躍土皆墳起地裂數尺或盈丈其氣甚熱壓斃五萬餘人四年三月二十四日昌化地震十一月二十四日岐山地震五年三月萬全地震八月赤城懷安地震十一月二十四日清澗地震聲如雷是夕連震八九次屋舍傾圮六年十一月正甯地震有聲八月二十四日昌化地震九年正月光化地震十年四月初四日浮山地震五月初六日高淳地震十一年五月增城地震有聲六月丁丑京師地震十月廣濟地震有聲十二年三月初九日鶴慶地震十月壬午同官地震十三年五月歷城長山地震十月環縣地震十四年正月初三日鶴慶地震十三日又震二十九日復震三月二十八日蒼梧地震十五年十二月庚午同官地震十六年二月奉議州地震十七年二月崖州地震四月又震四月初四日嘉興湖州桐鄉地震九月十二日惠來地震十八年八月兗州地震十九年四月慶元太原地震五月蒼梧地震二十年十一月婁縣青浦地震十二月庚子蘇州湖州桐鄉地震屋瓦皆鳴二十一年二月二十二日荊門州地震聲如雷五月十四日青城地震聲如雷九月朔陽信地震十月十六日青浦桐鄉地震二十二年十一月十六日歙縣地震次日復震二十三年三月二十七日永平地震聲如雷二十四年九月初五日象州地震二十五年十一月二十日潞安長子地震二十六年三月十一日嘉興地震有聲二十八年五月甲申蘇州湖州地震二十九年正月丁巳蘇州湖州地震五月二十八日溧水地震十月初二日南宮地震三十年正月甲寅蘇州地震二月十一日文登榮成地震七月初一日鳳翔地震十八日又震伏羌地大震倒塌屋舍二萬八千七百餘間壓斃七百七十餘人三十一年十一月初二日南宮地震三十二年五月二十二日臨潼地震六月二十日文登榮成地震七月二十五日南宮地震十月十六日婺源地震三十三年二月南陵地震三十四年六月二十五日蒼梧地震七月十一日吳川地震八月初七日蒼梧地又震十二月二十日武進潛山合肥地震三十五年正月溧水地震十二月二十二日麻城地震三十六年七月十五日慶雲地震三十八年七月二十八日臨清地震二十九日陵川地震三十九年九月青浦地震十月東阿地震四十年十一月十一日陵川地震十二月二十八日屏山地震四十二年四月初七日祁縣地震四十三年三月光化地震九月九日吳川地震有聲如雷初十日陸川地震次日又震四十四年八月二十日湖州地震四十六年三月十六日樂清地震四月十六日瑞安地震四十七年六月庚寅蘇州地震四十九年十一月光化地震五十年三月初八日永昌地震六月初五日武城地震八月初十日黃縣文登地震五十一年五月十一日鹽亭遂甯地震五十四年三月十七日嘉興地震二十日又震九月二十日潼關地震壞民舍人有壓斃者五十五年正月初八日濟南地震八月二十四日樂清地震十月初六日文登榮成地震五十六年正月初九日濟南地震二月二十一日吳川地震有聲五十七年五月癸卯蘇州湖州地震五十九年正月武强地震三月臨邑地震六十年十一月二十五日嘉善地震嘉慶元年正月樂清地震地裂湧黑水二月諸城地震二年六月十三日灤州地震三年八月嘉善地震四年正月二十五日文登榮成地震十二月臨榆地震五年二月二十六日昌黎地震七年九月崇陽地震八年二月紫陽地震十一月宜春地震十年二月十二日灤州地震六月六日邢台地震有聲如雷十一年十一月十四日黃縣地震十八日又震十二年四月初十日甯津東光地震九月十二日麻城地震十三年九月慶元地震十五年十月十五日縉雲地震十六年二月二十三日永嘉樂清地震四月初九日文登地震八月初十日打箭鑪百利甘孜綽倭地方地震震斃夷民四百八十一人十八年六月安定地震八月鄖縣地震九月十一日永嘉地震十月初二日平樂地震有聲二十年四月十九日光化地震七月朔甯津東光地震九月十一日樂陽地震越十日又震宜平立原地震十月二十一日湖州地震二十一年六月十四日東光地震秋均州地震二十二年四月初八日文登榮成地震聲如雷二十三年十一月十五日滕縣地震二十四年七月二十五日貴陽地震九月縉雲地震十月十二日黃縣地震十六日又震二十五年正月十九日鎭番地震聲如雷四月貴陽地震六月二十二日南宮地震道光元年三月晦日撫甯地震六月紫陽地震三年三月宜都地震六月文登地震七月定遠地震四年十一月十四日枝江地震五年六月保康地震六年正月晦日章邱地震二月二十四日枝江地震四月初四日宜昌閻家坪裂五

尺許廣四丈餘六月貴陽地震七年二月鄖縣地震七月甯津地震十月章邱新城長清地震八年八月興山地震十月二十三日黃縣地震九年五月初四日宜城地震十月二十二日博平莘縣地震青州臨朐地震十餘日方止民舍傾倒壓死數百人二十三日黃縣即墨平度滕縣長清章邱地震十年四月二十二日南宮平鄉地震閏四月二十二日元氏新樂菏澤曹縣等處同時地震房舍傾圮人有壓斃者十月十六日武定地震二十四日又震十一月朔黃安地震有聲十一年三月撫甯地震四月臨邑地震九月武進地震十二年九月二十三日臨邑地震十三年四月十八日定遠廳漁渡壩陷十餘丈十月二十四日鄖縣地震十五年七月初三日高淳地震十七年十月辛亥臨朐地震十八年二月興安地陷水湧如塘十九年九月乙卯青浦地震戊戌武進地震二十年正月二十三日隨州地震屋瓦皆動二十二年正月十四日高淳地震九月即墨地震二十三年三月初八日棲霞地震二十四年八月二十五日甯海地震十月壬戌青浦地震二十五年六月辛丑青浦蘇州地震十月十四日嵊縣地震屋舍搖動二十六年五月十一日嵊縣地震六月十二日湖州定海地震十月丁巳青浦地震二十七年十月辛亥蘇州地震二十八年六月十四日永嘉地震十一月初七日縉雲地震二十九年三月初五日撫甯地震三十年三月二十八日枝江松滋地震咸豐元年正月甲辰青浦地震二月江陵公安地震五月黃安地震六月朔瀘溪地震二年四月十二日應山地震十八日中衛地震湧黑沙壓斃數百人十月初六日黃岩太平嵊縣地震十一月壬子蘇州青浦地震三年正月黃岩地震是年屢震三月辛亥壬子蘇州地震辛酉又震四月初五日通州地屢震二十三日元氏地震七月景州地震四年五月安福地陷廣數丈深不可測九月朔江陵地震十二月初四日鍾祥地震五年正月辛酉青浦地震九月戊寅又震十月辛卯又震十二月朔棲霞地震初五日黃縣地震六年五月初六日來鳳地震武昌縣百子畈地裂七年四月興國地震九月鉛山地震十月永豐地震十二月二十六日蓬萊地震有聲如雷自是屢震八年正月二十七日蓬萊地復震十餘日始止自七年至八年凡震三十餘次十二月宜黃地震九年三月恩施地震十年七月初八日枝江地震十一年五月二十五日棲霞地震八月朔甯遠地震同治元年六月十二日應城地震有聲三年三月庚午青浦地震四年正月二十九日鍾祥地震二月初四日復震五年八月十三日景甯地震九月十四日青田地震六年二月初一日鍾祥地震三月十五日江陵地震八月太平地震十二月又震七年六月初三日均州光化鄖縣地震七月初三日隨州安全岩地陷水湧十年四月襄陽地震十一年六月十九日高淳地震八月十九日嘉興柏鄉地震十二年正月二十六日肅州地震十三年三月二十日霑化地震光緒元年九月皋蘭地震三年六月丁亥青浦地震四年十二月二十八日襄陽地震五年五月初十日隴右諸州縣同時地震十二日光化地震十三日京山地震六年十月光化地震七年四月太平地震五月又震十月二十日東光地震二十五日復震禮縣地震震斃四百八十人傾倒民房四千有奇牲畜無算十一月初二日西甯丹噶爾廳地震八年二月初八日西利地震七月南樂望都地震九年十二月二十二日甯津地震十年十月二十二日東光地震十一月二十九日西利地震十一年九月二十七日武昌地震十三年十二月甲戌河州地震十四年五月初五日霑化灤州地震十五年八月靈川地震九月又震十六年正月二十八日西甯地震十九年四月十九日西甯地震傾圮民房二百餘間人多壓斃二十一年十二月初四日山丹地震二十三年正月二十四日蘭州地震二十七年春靜甯州地震二十八年十二月除夕永昌地震二十九年五月二十九日曲陽地震

順治元年十一月十二日鹽亭山崩三年四月河源桂山崩六年四月兩當山崩壓斃人畜無算蘭溪大慈山崩七年六月武昌馬山崩八年四月二十六日黃縣萊山巨石崩聲聞數里六月安邱土山裂丈餘廣二尺餘深不可測翼日乃合八月己巳同官王益山崩九年五月馬平槎山崩十六年秋成都霪雨錦屏山崩康熙元年秋蕭山大雨小山崩平陸山崩霪雨四門山崩兩當暴雨山崩二年七月河州大雷雨井瀆山崩壓死居民二十餘口九月灌陽大營山崩六年四月二十一日開建大紫山崩台州臨海大雨山崩十五年七月辛丑同官濟寨山崩壓死四十餘人十九年八月初二日平湖雅岩裂二十年正月天台方山崩五月十二日宣平大萊山陷三十五年十二月二十七日保德州康家山崩四十一年秋寶雞霪雨山崩四十二年四月初六日太原奉聖寺山移數步四十七年保縣熊耳山崩雍正七年三月崖州南山崩八年五月興安大雨山崩狄道鳳台山崩十年六月富川西嶺山崩數處乾隆四年十一月十四日泰安縣北山崩十年七月十二日百泉山崩壓斃二十五人十五年五月英山岩崩裂六月棠陰大雨西北山崩十六年二月奉議州東晞露村山崩裂有聲如雷六月十二日秦州仁壽山崩十七年二月忻城山崩有聲如雷二十一年八月秦州邽山崩三十八年五月慶元白馬山崩三十九年六月雲和大雨山崩壓斃四人四十一年十二月雲和五樹莊山裂數百丈五十七年五月宜黃山崩壓斃數十人六十年四月慶元蓋竹山崩嘉慶五年六月二十一日義烏霪雨山崩二十三日金華大雨山崩九年正月新城北屯山崩二十三年七月初五日狄道州東山崩壓陷田地三十餘畝八月永嘉大雨西山崩陷地丈許二十四年五月東湖山崩道光元年夏新昌上方源山裂三年七月甲戌蘇州玉遮山裂四年六月定遠廳五塊石山崩壞市廛民舍六年六月宜昌大雨山崩十一年六月狄道州黎家窪山崩壓斃二十餘人十二年七月漢城槐木溝岩崩十三年四月十八日招遠羅岩崩一角聲聞數里十四年正月十五日麻城磨石岡巨石裂數塊有聲如雷十五年六月定遠廳霪雨毋豬硐山崩十八年十一月恩施山崩二十四年九月星子五老峯右岩崩墜有聲如雷二十七年六月十七日西甯縣北川郭家塔爾山崩南川田家寨山崩七月皋蘭縣山崩十月宜山崩二十九年五月二十四日黃岡大崎山裂數十丈年餘漸合咸豐元年六月禮縣霪雨山崩袁家崖山崩裂聲震如雷縱二尺許橫二百丈十月興山仙侶山崩二年六月朔狄道馬銜山裂平河大雨山崩壓倒民房無數三年三月十六日雲和山裂二百丈六月二十六日景甯大雨山崩壓斃七十三人鄖縣青岩崩裂十餘丈保康大山崩移十里許毀田廬無算永嘉大雨龍泉村山圮覆屋壓傷十九人四年七月雲和山崩壓斃三十餘人五年四月大通縣塔破山崩六年五月初八日來鳳大壩路猲甚山崩壓斃三百餘人九月松陽大雷雨山崩數十丈同治四年七月固原山崩漢陽舖有平石寬長丈餘高四尺忽自行里許始止十三年七月十二日宣平北門山崩八月十一日西松西山崩走入城中壓倒城垣二百四十餘丈民房九十餘處壓死四十九人光緒元年正月朔西甯西川陰山崩七月舊洮州東明山崩三年六月河州紅崖山崩壓斃二百餘人牲畜無算五年五月文縣山崩九年三月光化馬窟山裂十二年六月河州草領山崩十九年五月狄道州皇后溝山崩壓斃十三人二十年二月二十七日河州東八部蘭山崩二十二年二月河州哈家山崩二十三年八月甯遠大夫溝山崩二十六年六月漳縣還山崩靜甯州南五台山崩河州王家山崩二十七年六月皋蘭五泉山三台閣山崖崩三十一年七月二十四日洮州泉古山崩三十二年五月洮州莽灣山崩七月芽坡山崩三十三年五月甯遠小村槽山崩宣統元年六月十五日秦州雒家川南山崩

順治五年三月上海遍地生白毛四月婁縣地生白毛六年六月杭州嘉興地生白毛八月初三日萊陽雨白毛七年六月蘇州鎮洋震澤青浦地裂生白毛九年十月初四日永嘉雨絮康熙七年六月上海海鹽湖州平湖甯波地生白毛長尺許七月臨安餘姚地生白毛長尺許八月永嘉桐鄉地生白毛八年八月開化縣地生白毛十月義烏地生白毛十四年三月瓊州地生白毛長寸餘十七年十月二十六日鎮洋雨白毛如雪片四十六年太平地生毛乾隆二十八年南陵地生毛白質黑顚二十九年五月武進地生白毛長數寸四十一年婺源地生白毛嘉慶十九年七月青浦遍地生白毛如髮二十三年三月宜城地生毛或白或黑長尺餘咸豐元年江陵地生白毛長三寸許二年五月青浦地生白毛三年四月武進地生毛六年夏青浦地生毛七月武進地生毛九月桐鄉地生白毛九年十月武昌地生毛同治元年七月高陽地生毛四年六月羅田遍地生蒼白毛長三寸許即墨地生毛五年十一月潛江地生黑毛長三寸江陵地生毛六年三月德安地生毛八月京山地生毛或黑或白長尺餘十月隨州地生白毛七年春應山地生毛夏黃安地生毛光緒四年冬光化地生毛

順治元年春荊門大饑冬鄖縣大饑二年棗陽襄陽光化宜城大饑人相食三年太平瑞安崇陽大饑四年蘇州震澤嘉定太湖潛山石埭建德宿松江山常山大饑五年春廣州鶴慶高明大饑人相食夏惠來大浦嘉應州興甯陽春梧州北流大饑斗米可易一子冬全蜀饑六年全蜀仍饑灌陽平陽大饑七年夏榆林青田饑秋永甯州襄垣萍鄉大饑冬阜平饑八年春平湖袁州萍鄉萬載饑夏壽陽靜樂饑九年春蘇州大饑夏黃陂孝感天門饑民多爲盜十年夏興甯長樂博羅陽江陽春饑冬六安饑十一年臨榆樂亭新樂饑十二年夏臨川沁州饑秋武邑甯晉饑冬金華東陽永康武義湯溪五縣饑十三年春瓊州饑秋東安饑冬烏程壽光饑十四年樂亭饑十五年永年撫甯昌黎慶雲雞澤威縣饑十六年春陽信海豐莒州大饑夏膠州饑十七年夏遵化州饑秋獨山州大饑民多餓斃冬灤州饑十八年春興甯饑夏南籠府大饑秋臨安饑康熙元

年吳川大饑二年合肥饑三年春揭陽饑秋交河甯晉饑四年春曹州兗州東昌大饑夏惠來饑秋懷遠饑冬烏城饑六年應山饑七年無極大饑十年夏海鹽大饑秋臨安東陽大饑十一年永康峽江大冶饑秋遂安湯溪大饑十二年樂亭大饑十三年春興甯鎭平京山大饑十四年東光饑十五年春大冶饑夏連平饑十六年春嘉應州大饑夏鄖縣鄖陽鄖西大饑十七年秋曲江饑十八年春正定府屬饑夏興甯長樂嘉應州平遠饑秋無爲合肥廬江巢縣博興樂安臨朐高苑昌樂壽光大饑冬滿城饑十九年春江夏大饑夏大同天鎭饑冬萬泉遵化州滄州饑二十年夏儋州永嘉饑二十一年春桐鄉饑冬信宜正定保安州饑二十二年春宜興饑秋單縣饑二十三年春濟甯州郯州費縣饑秋巴縣江安羅田饑二十四年春沛縣饑二十五年秋恭城大饑冬藁城大饑二十六年博興大饑二十七年秋蔚州饑二十八年春高邑文登饑夏潛江大饑秋龍門饑二十九年夏黃岡黃安羅田蘄州黃梅廣濟饑秋襄垣長子平順饑三十年春昌邑饑秋順天府保安州正定饑三十一年春洪洞臨汾襄陵饑夏富平盩厔涇陽饑秋陝西饑三十二年夏慶陽饑秋湖州饑三十三年沙河饑三十四年畢節饑三十五年夏長甯新安藁城饑秋大埔饑三十六年夏廣甯連平龍川海陽揭陽澄海嘉應州大饑秋慶元龍南潛江西陽江陵遠安荊州鄖西江陵監利饑三十七年春平定樂平大饑人相食夏濟南甯陽莒州沂水大饑三十八年春陵川饑夏婺源費縣饑秋金華饑三十九年秋西安江山常山饑四十年靖遠饑四十一年春吳川大饑夏沂州郯城費縣大饑冬慶雲饑四十二年夏永年東明饑秋沛縣亳州東阿曲阜蒲縣滕縣大饑冬汶上沂州莒州兗州東昌鄆城大饑人相食四十三年春泰安大饑人相食死者枕藉肥城東平大饑人相食武定濱州商河陽信利津霑化饑兗州登州大饑民死大半至食屋草昌邑即墨掖縣高密膠州大饑人相食四十四年鳳陽府屬饑四十五年春漢川鍾祥荊門江陵監利京山潛江沔陽鄖縣鄖西饑四十六年秋東流宿州饑四十七年平鄉沙河鉅鹿饑四十八年春無爲宿州饑夏沂城郯城邢台平鄉饑秋武進淸河饑四十九年阜陽饑五十年通州饑五十一年古浪饑五十二年春蒼梧饑死者以千計夏長甯連平合浦信宜崖州柳城饑五十三年春陽江饑冬漢陽漢川孝感饑五十四年夏臨榆饑遵化州大饑人食樹皮五十五年春順天樂亭饑五十六年春天台饑五十七年廣濟饑五十八年春日照饑夏靜甯環縣饑五十九年春臨潼三原饑夏蒲縣饑六十年春平樂富川饑夏邢台饑秋咸陽大饑冬兗州府屬饑六十一年夏井陘曲陽平鄉邢台饑夏蒙陰沂水饑秋嘉興金華饑冬懷集饑雍正元年夏通州饑秋嘉興饑二年春蒲台大饑夏樂淸金華嵊縣饑冬英山饑三年夏順德膠州饑冬惠來饑四年春嘉應州饑秋澄陽江饑五年冬江陵崇陽饑七年壽州饑八年夏肥城武城饑冬銅陵大饑九年春肥城大饑死者相枕藉莒州范縣黃縣招遠文登饑夏章邱鄒平大饑冬濟南大饑十年崇明海甯饑十一年冬上海嘉興饑十二年秋武進大饑十三年秋慶遠府屬大饑冬垣曲饑乾隆元年夏海陽饑三年秋平陽饑四年春葭州饑夏碭山饑五年鞏昌秦州慶陽等處饑六年甘肅隴右諸州縣大饑七年春山陽饑夏宜都饑秋亳州饑八年春南昌饒州廣信撫州瑞州袁州贛州各府大饑夏天津深州二十八州縣饑九年高邑大饑十年正定滕皇無極藁城元氏等縣饑十一年春霑化饑夏慶雲甯津饑十二年曹州博山高苑昌樂安邱諸城臨朐饑十三年春曲阜甯陽濟甯日照沂水饑夏福山棲霞文登榮城饑棲霞尤甚鬻男女十四年春安邱諸城黃縣大饑餓殍載道鬻子女者無算十五年秋廣信饑十六年春福山棲霞饑民多餓死夏南昌廣信饑冬建德饑十七年春全州饑夏同官洵陽白河饑冬房縣饑十八年春慶元饑秋鄖縣饑十九年羅田饑二十年溧水通州饑二十一年春靑浦東流湖州石門金華饑夏沂州武城饑冬濟南府饑二十二年夏博白饑秋掖縣饑二十三年春翁源蒼梧饑夏日照饑二十四年秋隴右諸州縣大饑二十五年平定潞安長子長治和順天門饑二十六年江夏隨州枝江饑二十七年春濟南饑夏棗強慶雲饑二十八年夏永年永昌大饑二十九年秋東光大饑三十年春桐廬饑秋吉安廣信袁州撫州饑冬威遠饑三十一年濟南新城德州禹城饑三十二年冬池州大饑三十三年夏沂水日照大饑三十四年溧水太湖高淳饑三十五年蘭州鞏昌秦州各屬大饑三十六年夏會甯肥城大饑秋新城甯陝廳饑三十八年秋文登榮成饑三十九年秋秦州鎭番大饑四十年溧水武進高郵南陵大饑四十二年秋陸川饑四十三年全蜀大饑立人市鬻子女江夏武昌等三十一州縣饑四十四年春南漳光化房縣隨州枝江饑夏秦州屬饑四十五年秋江陵保康饑四十七年灤州昌黎臨榆饑四十八年春黃縣饑秋綏德州饑四十九年春葭州饑夏來鳳饑五十年春宜城光化隨州枝江大饑人食樹皮夏章邱鄒平臨邑東阿肥城饑秋壽光昌樂安邱諸城大饑父子相食五十一年春山東各府州縣大饑人相食五十二年臨榆大饑五十三年秋文登榮成饑五十四年夏宜都饑五十五年秋禹城饑五十六年邢台等八縣饑五十七年唐山甯津武強平鄉饑民多餓斃五十八年春常山饑五十九年淸苑望都蠡縣饑六十年春蓬萊黃縣棲霞饑夏麻城饑嘉慶五年夏海陽饑六年文登榮成饑七年冬樂亭饑八年夏秦州各屬大饑九年春滕縣饑十年夏黃縣邢台饑十一年春中部通渭饑冬安陸饑十二年薊州昌黎永安州饑十三年夏黃縣饑十五年秋甯津東光章邱饑十六年夏霸州保定文安大城固安永淸東安宛平涿州良鄉雄縣安州新安任邱灤州薊州饑十七年春登州府屬大饑秦州各屬及鎭番永昌等處大饑夏臨榆饑冬樂淸饑十八年春肥城東阿滕縣濟甯曹縣諸城饑冬宜城房縣竹溪均州保康饑十九年春宜城安陸保康麻城鄖縣饑夏襄陽棗陽南漳饑秋高淳饑二十年淸苑饑二十一年武昌縣饑二十二年固安武強內邱饑二十五年秋樂淸永嘉饑道光元年秋榮成饑二年夏灤州饑三年春東阿饑秋曲陽饑四年皋蘭靜甯西甯鞏昌秦州等處大饑五年秋南樂靜海文安大城寶坻饑七年春日照大饑八年太平饑十年冬江陵饑十二年春昌平饑夏紫陽大饑人相食冬鍾祥潛江漢城蘄川黃梅江陵公安監利松滋饑十三年春諸城日照大饑民流亡夏保康鄖縣房縣饑人相食秋灤州撫寧饑十四年春歸州興山大饑人相食夏莊浪及秦州各屬饑秋靑浦饑冬定海饑十五年春諸城饑秋孝義廳大饑十六年春登州府屬大饑冬太平饑十七年冬即墨饑十八年夏永年饑十二年冬灤州樂亭撫甯饑二十一年夏高淳饑冬枝江饑二十二年冬蘄州饑二十三年秋湖州饑二十六年秋平涼縣饑二十七年南樂饑人相食二十九年夏江陵公安石首松滋枝江宜都大饑餓死者無算冬靑浦饑三十年春湖州咸寧崇陽饑咸豐二年春日照大饑夏全縣大饑六年黃縣臨朐饑七年春肥城東平大饑死者枕藉魚台日照臨朐亦饑人相食夏淸苑元氏無極邢台大饑八年秋興山饑同治元年春樂亭饑二年春孝義廳饑秋江山常山饑三年保康饑四年春蘄水饑民有鬻子女者五年蘭州饑人相食六年春莊浪金縣皋蘭饑七年春即墨孝義廳藍田沔縣饑夏涇州大饑人相食冬平涼靜甯古浪固原靈台秦州永昌等處大饑八年春日照饑九年夏上饒饑十年秋望都樂亭饑十三年秋雄縣饑冬山丹饑光緒元年冬海州饑二年春日照海陽灤州饑三年高陵大饑餓斃男婦三千餘人靖遠平涼涇州靈台禮縣文縣合水大饑四年唐縣等四十州縣饑莊浪階州成縣靈州鞏昌秦州各屬饑六年秋邢台饑七年通州等州縣饑九年秋鶴峯州大饑十一年夏霑化饑十三年冬洮州永昌饑十五年春魚台饑二十一年春邢台灤州饑二十二年夏太平饑二十三年甯津饑二十四年冬靖遠靜甯莊浪丹噶爾饑二十五年秋文縣饑二十六年夏靖遠饑二十七年冬洮州靜甯靈台饑二十九年洮州仍饑三十三年秋皋蘭饑

順治十五年六月遂安雨黃沙康熙元年十一月曹縣雨土數日三十一年正月襄垣雨土三十七年四月龍門雨黃沙四十八年九月邱縣黃埃障天六十年春安定雨土乾隆四年三月甘泉雨土十六年三月十五日忠州夜雨黃土着人物皆黃二十四年二月初七日薊州雨黃土三月永年雨黃土四十八年三月十四日寧陝廳雨土五十年二月十五日臨淸雨土五十一年正月文登榮成雨土五十九年二月二十六日翼城雨土嘉慶十四年冬泰州雨土二十三年四月唐山雨土二寸許道光四年春霑化雨土咸豐三年二月棲霞雨土三月宜昌雨土六年三月二十三日咸甯雨土同治三年春麻城雨土光緒四年二月二十九日宜城雨黃沙三月蓬萊雨土

清史稿

時憲志一

明之大統術本於元之授時成化以後交食往往不驗萬歷末徐光啟李之藻等譯西人之書爲新法推交食淩犯皆密合然未及施用世祖定鼎以後始紬明之舊歷依新法推算即承用二百六十餘年之時憲術也光啟等斷斷辨論當時格而不行乃爲新朝改憲之資豈非天意哉聖祖邃於歷學定用均輪法以齊七政以康熙甲子爲元雍正中從監臣之請推步改橢圓法以雍正癸卯爲元道光中監臣以交食分秒不合據實測之數損益原用數以道光甲午爲元自康熙至於道光推步之術凡三改而道光甲午元歷僅有恒星表至於推日月交食步五星均未及成書云西人湯若望與徐光啟共譯新法者也以四十二事證西人之密中術之疏疇人子弟翕然信之宣城人梅文鼎研精天算由授時以溯三統四分以來諸家之術又博考九執回回術而折衷於新法皆洞其原本究其異同卒以績學受知聖祖於是爲推步之學者始知中西之學

之一貫不至眩晃於新法矣與湯若望同時入中國者爲穆尼閣傳其學於淄川薛鳳祚而吳江人王錫闡自創新法用以推日月食不爽秒忽兩家之學皆不列於臺官然其精密或爲臺臣所不及焉今爲時憲志詳考其推步七政四餘根理法數著於篇諸家論說有裨數理者亦撮其大要載之明大統術回回術康熙初用之以詳於明史不具論

推步因革

順治元年六月湯若望言臣於明崇禎二年來京曾依西洋新法釐訂舊歷今將新法所推本年八月初一日日食京師及各省所見食限分秒並起復方位圖象進呈乞屆期遣官測驗從之七月若望又推天象進呈是月禮部言欽天監改用新法推注已成請易新名頒行天下睿親王言宜名時憲以稱朝廷憲天乂民至意從之八月丙辰朔午時日食二分四十八秒大學士馮銓同若望赴觀象臺測驗覆奏惟新法一一脗合大統回回二歷俱差時刻敕舊法歲久自差非官生推算之誤新法既密合天行監局宜學習勿怠玩十月頒順治二年時憲書若望又言敬授人時全以節氣交宮與太陽出入晝刻爲重今節氣之日時刻分與太陽出入晝夜時刻俱照道里遠近推算請刊入時憲書從之十一月以若望掌欽天監事若望等言臣等按新法推算月食時刻分秒復定每年進呈書目刪其複重以免混淆二年六月若望等言舊法推算本年十二月己卯朔辰時日食三分強回回科算見食一分弱依新法推之止應食半分強且在日出之前地平上不見請臨期遣官測驗從之至期天陰雨推驗事遂輟十一月若望以明大學士徐光啓所譯崇禎歷書改名新法歷書進呈上命發監局官生肄習仍宜付史館加若望太常司卿銜十年賜若望通徽教師以獎其勤勞若望之法以天聰戊辰爲元分周天爲三百六十度太陽一日平行五十九分八秒十九微四十九纖三十六芒最高一年行四十五秒戊辰年平行距冬至五十三分三十五秒三十九微最高距冬至五度五十九分五十九秒太陰一日平行一十三度一十分三十五秒一微自行一十三度三分五十三秒五十六微正交行三分一十秒月孛行六分四十一秒戊辰年平行距冬至六宮一度五十分五十四秒四十六微自行距冬至六宮二十五度三十二分一十五秒三十四微正交行距冬至一宮一十四秒月孛行距冬至十一宮六度一十九分土星流行應平行距冬至爲十一宮十八度五十一分五十一秒本年最高行距冬至爲九宮八度五十七分五十九秒平行距最高即引數爲二宮九度五十三分五十二秒正交行距冬至爲六宮七度九分八秒一平年平行爲十二度十三分三十一秒最高行一分二十秒十二微以最高行減平行得十二度十二分十五秒乃一年之引數也一閏年平行爲十二度十五分三十五秒引數爲十二度十四分十五秒正交行一年爲四十二秒木星諸行應平行距冬至爲八宮二十八度八分三十一秒本天最高行爲十一宮二十七度十一分十五秒平行距最高即引數爲九宮初度五十七分十六秒正交行爲六宮二十四度四十一分五十二秒一平年距冬至平行爲一宮零二十分三十二秒最高行爲五十七秒五十二微兩數相減得一宮零十九分三十四秒乃一平行之引數也一閏年距冬至平行爲一宮零二十五分三十一秒引數爲一宮零二十四分三十三秒正交行一年爲一十四秒火星諸行應平行距冬至爲五宮四度五十四分三十秒本天最高在七宮二十九度三十分四十秒平行距最高即引數爲九宮五度二十三分五十秒正交行爲三宮十七度二分二十九秒一平年距冬至平行爲六宮十一度十七分一十秒最高行一分十四秒兩數相減得六宮十一度十五分五十五秒一閏年距冬至平行爲六宮十一度四十八分三十六秒引數爲六宮十一度四十七分二十一秒正交行一年爲五十三秒金星諸行應平行距冬至與太陽同度爲初宮初度五十三分三十五秒三十九微平行距最高即引數爲六宮零五十六分五十五秒伏見行從極遠處爲初宮九度十一分七秒最高行在六宮零十六分六秒一平年距冬至爲十一宮二十九度四十五分四十秒三十八微自行引數爲十一宮二十九度四十四分十七秒伏見行爲七宮十五度一分五十秒最高行爲一分二十一秒一閏年距冬至及自行加五十九分八秒伏見行加三度六分二十四秒乃一日之行也金星正交在最高前十六度即五宮十四度十六分其行極微故未定其率然於最高行無大差水星諸行應平行距冬至與太陽同度平行距最高即引數爲二十九度二十分二秒伏見行法極遠處起爲三宮二十九度五十四分一十六秒最高在十一宮零五十二分四十二秒一平年距冬至亦與太陽同度自行引數爲十一宮二十九度四十三分五十一秒伏見行滿三周外有一宮二十三度五十七分二十六秒一閏年引數爲十二宮零四十二分五十九秒伏見行全周外爲一宮二十七度三分五十二秒正交行或曰與最高同度難測故不敢定云若望論新法大要凡四十二事曰天地經緯天有經緯地亦有之以二百五十里當天之一度經緯皆然曰諸曜異天諸曜高卑相距遠甚敺舊歷認爲同心之誤曰圜心不同太陽本圈與地不同心二心相距古今不等曰蒙氣差地有蒙氣非先定蒙氣差不能密合曰測算異古法測天以弧三角形算以割圜八線表曰測算皆以黃道測天用赤道儀所得經度不合新法就黃道經度通以黃赤通率表乃與天行密合曰改定諸應從天聰二年戊辰前冬至後己卯日子正爲始曰求眞節氣舊法平節氣非眞節氣今改定曰盈縮眞限用授時消分爲平歲更以最高最卑差加減之爲定歲曰表測二分舊法以圭表測冬至非法之善者今用春秋二分較二至爲密曰太陽出入及晨昏限從京師起算各處有加減曰晝夜不等其差較一刻有奇一緣黃道夏遲冬疾一緣黃赤二道廣狹不同距則率度不同分曰改定時刻定晝夜爲九十六刻曰置閏不同舊法用平節氣置閏非也改用太陽所躔天度之定節氣曰太陰加減朔望止一加減餘日另有二三均數多寡不等曰月行高卑遲疾月行轉周之最高極遲最卑極疾五星準此曰朔後月見遲疾一因自行度遲疾一因黃道升降斜正一因白道在緯南緯北曰交行加減月在交上以平求之必不合因設一加減爲交行均數曰月緯距度舊法黃白二道相距五度不知朔望外尚有損益其至大之距五度三分之一曰交食有無月食以距黃道緯度較月與景兩半徑并日食則以距度較日月兩半徑並距度爲小則食大則不食曰日月食限不同月食則太陰與地景兩周相切以其兩視半徑較白道距黃道度又以距度推交周度定食限日食必加入視差而後得距度曰日月食分異同距度在月食爲太陰心實距地景之心在日食爲日月兩心之距但日食不據實距而據視距曰實食中食以地心之直線上至黃道者爲主日月五星兩居此線之上則實食也月與五星各居本輪之周地心直線上至黃道而兩本輪之心俱當線上則中食也曰視食日食有天上之實食有人所見之視食視食依人目與地面爲準曰黃道九十度爲東西差之中限論天頂則高卑差爲正下南北差爲斜下而東西差獨中限之一綫爲正下以外皆斜下論其道則南北差爲股東西差恆爲勾高卑差恆爲弦至中限則股弦爲一線無勾矣曰三視差以地半徑爲一邊以太陽太陰各距地之遠爲一邊以二曜高度爲一邊成三角形用以得高卑差又偏南而變緯度得南北差以黃道九十度限偏左偏右而變緯度得東西差曰外三差東西南北高卑之差皆生於地徑外三差不生於地徑而生於氣一清蒙氣差二清蒙經差三本輪經差曰虧復不一非二時折半之說新法以視行推變時刻則了然於虧復時刻不一之故曰交食異算諸方各以地經推算交食時刻及日食分曰日食變差據法應食而實不見食必此日者地之南北差變爲東西差此千百年偶過一二次非無有者曰推前驗後新法諸表上溯下沿開卷瞭然不費功力曰五星準日舊法於合伏日數時多時寡徒以假目定之不見有差今改正曰伏見密合舊法五星伏見惟用黃道距度非也今改正曰五星緯度太陰本道斜交黃道因生距度與陰陽二歷五星亦然新法一一詳求舊未能也曰金水伏見金星或合太陽而不伏水星離太陽而不見用渾儀一測便知非舊法所能曰五星測法測五星須用恆星爲準曰恆星東移恆星以黃道極爲極各宿距星時近赤極或時遠赤極由黃赤二道各極不同非距星有異行武易位曰定恆星大小有六等之別前此未聞曰天漢釋疑新法測以遠鏡天漢乃無算小星攢聚而成曰四餘刪改羅睺即白道之正交計都卽中交月孛乃月行極高之點至紫炁一餘無數可定明史附會今俱改測曰測器新法增星表曰象限儀百游儀地平儀弩儀天環天球紀限儀渾蓋簡平儀黃赤全儀而新製之遠鏡尤爲測星要器曰日晷爲地平晷三晷百游晷通光晷此外更有星晷月晷以備夜測之用若望所言大抵據新法以詆舊術之疏然新法之精蘊亦盡於此矣十四年四月前回回科秋官正吳明炫言臣祖默河亦里等十八姓本西域人自隋開皇己未抱其學重譯來朝授爲日官一千五十九年專司星宿行度吉凶每年推算太陰五星凌犯天象占驗日月交食即以臣科白本進呈爲定例順治三年本監掌印湯若望令臣科凡日月交食及太陰五星凌犯天象占驗俱不必奏進臣查若望所推七政水星二八月皆伏不見今水星二月二十九日仍見東方又八月二十四日夕見關係象占不敢不據實上聞乞復立回回科以存絕學奏下所司時新安衛官生楊光先叩閽進摘謬論糾湯若望新法之謬且言時憲書面依西洋新法五字尤不合又進選擇議糾若望選榮親王葬期用洪範五行山向年月俱犯忌殺康熙三年十二月禮部議時憲書面依西洋新法五字擬改奏准二字從之四年議政王等言每日百刻新法改爲九十六刻二十八宿次序湯若望將觜參二宿改易前後又將四餘刪去紫炁俱不合其選擇不用正五行用洪範五行以致山

向日月俱犯忌殺事犯重大將湯若望及科官等分別擬凌遲斬決敕湯若望
從寬免死時憲科李祖白等五人俱處斬於是復用大統舊術以楊光先掌監
務光先抗疏屢辭不允光先於推步之學本不深康熙七年謂明年當閏十二
月尋知其誤自行檢舉而時憲書已頒行乃諭天下停止閏月云是年監副吳
明烜言古法差謬五官正暨回回科所進各不同立加較正下禮部議禮部覆
奏五官正戈繼文等所算七政金水二星差錯太甚主簿陳聿新所推七政未
經測驗亦有差錯監副吳明烜所推七政與天象相近理應頒行仍令監臣同
四科官每日晝測晷景以定節氣夜測月五星以定行度從之十一月西人南
懷仁言所頒各法不合天象乃召南懷仁利類思安文思及監官馬祜楊光先
吳明烜等至東華門大學士李霨傳諭授時乃國家要政爾等勿挾宿仇以己
爲是以彼爲非是者當遵用非者當更改務期歸於至善十二月南懷仁劾吳
明烜所造康熙八年七政時憲書科謬下王大臣九卿科道會議議政王等言
乞派大臣同南懷仁等測驗乃遣圖海李霨等二十人赴觀象臺測驗八年二
月議政王等議覆圖海等赴觀象臺測驗南懷仁所言皆合吳明烜所言皆謬
問監正馬祜等亦言南懷仁所算實與天象合竊思百刻雖行之已久但南懷
仁九十六刻之法既合天象自應頒用又南懷仁言羅睺計都月孛係推算所
用故載於七政之後其紫炁星無用處不應造入應自康熙九年爲始用九十
六刻之曆時明烜言臣祇知天文不知曆法光先言臣不知曆法惟知曆理光
先語尤不遜褫職三月授南懷仁欽天監監副先是監官依古法推算康熙八
年十二月應置閏南懷仁言雨水爲正月中氣是月二十九日値雨水即爲康
熙九年正月不應置閏置閏當在明年二月監官多直懷仁從其言改閏九年
二月於是大統回回兩法俱廢專用西洋法如順治之初八月南懷仁劾楊光
先誣陷湯若望叛逆議政王等議湯若望應復通微教師照原品賜卹楊光先
應反坐敕免議十三年二月新造儀象志告成南懷仁加太常寺卿銜十四年
二月諭監副安泰從何君錫學古曆法十五年二月欽天監奏五月朔日食監
副安泰依古法算應食五分六十秒南懷仁新法只應食二十微三分秒之一
至期登臺測驗西正食甚將及一分戌初刻復圓古法所推分數失之甚遠而
新法亦不甚合南懷仁曰此淸蒙氣之所爲蒙氣能映小爲大故也十七年七
月欽天監進呈康熙永年表三十二卷二十二年十月監臣推算盛京九十度
表告成初南懷仁奏各省北極高度不同其交合之時刻食分俱不等全憑各
省之九十度表推算向來不知盛京北極高度卽用京師之九十度表今測得
盛京北極比京師高二度請依其高度推算九十度表從之至是以盛京九十
度表進呈諭永遠遵守云四十一年十月大學士李光地以宣城貢生梅文鼎
曆學疑問三卷進呈上曰朕留心曆算多年此事朕能決其是非乃親加批點
還之事具梅文鼎傳文鼎論中西二法之同異曰今之用新曆也乃兼用其長
以補舊法之未備非盡廢古法而從新法術也夫西曆之同乎中法者不止一
端其言曰五星之最高加減也卽中法之盈縮曆也在太陰則遲疾曆也其言
五星之歲輪也卽中法之段目也其言恒星東行也卽中法之歲差也其言節
氣之以日躔過宮也卽中法之定氣也其言各省直節氣不同也卽中法之里
差也但中法言盈縮遲疾而西說以最高最卑明其故中法言段目而西說以
歲輪明其故中法言歲差而西說以恆星東行明其故是則中曆所言者當然
之運而西曆所推者其所以然之理此其可取者也若夫定氣里差中曆原有
其法但不以法曆耳非古無而今始有也西曆始有者則五星之緯度是也中
曆之緯度惟太陽太陰有之而五星則未有及之者今西曆之五星有交點有
緯行亦如太陽太陰之詳明是則中曆缺陷之大端得西法以補其未備矣夫
於中法之同既有以明其所以然之故而於中法之未備者又有以補其缺
於是吾之積候者得彼說而益信而彼說之若難信者亦因吾之積候而有以
知其不誣雖聖人復起亦在所兼收而並取矣五十年十月上諭大學士等天
文曆法朕素留心西法大端不誤但分刻度數之間積久不能無差今年夏至
欽天監奏午正三刻朕細測日景是午初三刻九分此時稍有舛錯恐數十年
後所差愈甚猶之錢糧微塵秒忽雖屬無幾而總計之便積少成多此事實有
證驗非比書生論說可以虛詞塞責也又諭禮部考取效力算法人員臨軒親
試取顧琮等四十二人五十一年五月駕幸避暑山莊徵梅文鼎之孫梅瑴成
詣行在先是命蘇州府教授陳厚耀欽天監五官正何君錫之子何國柱國琮
官學生明安圖原任欽天監監副成德皆扈從侍直上親臨提命許其問難如
師弟子及徵瑴成至奏對稱旨遂與厚耀等同直內廷五十二年五月修律呂
算法諸書以誠親王允祉皇十五子允禑皇十六子允祿充承旨纂修何國宗
梅瑴成充彙編陳厚耀魏廷珍王蘭生方苞等充分校所纂之書每日進呈上
親加改正焉五十三年四月諭誠親王允祉等古曆規模甚好但其數目歲久
不合今修書宜依古曆規模用今之數目算之十月又諭北極高度黃赤距度
最爲緊要著於澹甯居後逐日測量乃知象限儀徑五尺範銅爲之晝測日
度夜測勾陳帝星又製中表正表倒表各二俱高四尺中表測日中心正表倒
表測日上下邊之景惟六表所得日景尾數多參差不合梅瑴成言表高景澹
尾數難眞自古患之昔郭守敬爲銅表端挾二龍舉橫梁至四十尺因其景虛
澹創爲景符以取實影其製以銅葉博二寸長加博之二中穿一竅若針芥然
以方木爲趺一端設機軸令可開闔榰其一端使其針斜倚北高南下往來遷
就於虛影之中竅達日光僅如黍米隱然見橫梁於其中乃仿元史郭守敬製
造景符六如法用之影尾數始毫末不爽測得暢春園北極高三十九度五十
九分三十秒比京師觀象臺高四分三十秒黃赤大距二十三度二十九分比
舊測減二分云十一月誠親王允祉等言郭守敬造授時術遣人二十七處分
測故能密合今除暢春園及觀象臺逐日測驗外如福建廣東雲南四川陝西
河南江南浙江八省於里差尤爲較著請遣人逐日測量得其眞數庶幾東西
南北里差及日天半徑皆有實據從之五十八年二月以推算人不敷用敕禮
部錄送蒙養齋考試取傳明安等二十八人命在修書處行走六十年御製算
法書成賜名數理精蘊諭此書賜梅文鼎一部命悉心校對遣其孫梅瑴成齎
書賜之六十一年六月曆書稿成並律呂算法共爲律曆淵源一百卷一曰曆
象考成上下編一曰律呂精義上下編續編一曰數理精蘊上下編雍正元年
頒曆象考成於欽天監是爲康熙甲子元法自雍正四年爲始造時憲書一遵
曆象考成之法又議准其御製之書無庸欽天監治理其治曆法之西洋人授
爲監正八年六月監正明安圖言日月行度積久漸差法須旋改始能密合臣
等遵御製曆象考成推算時憲據監正戴進賢監副徐懋德推測覺有微差於
本月初一日日食臣等公同測驗實測與推算分數不合乞敕下戴進賢徐懋
德詳加校定修理從之十年四月修日躔月離表成乾隆二年四月協辦吏部
尙書事顧琮言世宗皇帝允監臣言請纂修日躔月離二表以推日月交合幷
交宮過度晦朔弦望晝夜永短以及凌犯共三十九頁續於曆象考成諸表之
末查造此表者監正西洋人戴進賢能用此表者監副西洋人徐懋德與五官
正明安圖擬令戴進賢爲總裁徐懋德明安圖爲副總裁盡心考驗增補圖說
曆象考成內倘有酌改之處亦令其悉心改政敕卽著顧琮專管五月琮復言
乞命梅瑴成爲總裁何國宗協同總裁從之十一月命莊親王允祿爲總理三
年四月莊親王允祿等言曆象考成一書其數惟黃赤大距減少二分餘皆仍
新法算書西人第谷之舊康熙中西人有噶西尼法蘭德等發第谷未盡之義
其大端有三其一謂太陽地半徑差舊定爲三分今測祇有十秒其一謂淸蒙
氣差舊定地平上爲三十四分高四十五度祇有五秒今測地平上止三十二
分高四十五度尙有五十九秒其一謂日月五星之本天非平圓皆爲橢圓兩
端徑長兩腰徑短以是三者經緯度俱有微差戴進賢等習知其說因未經徵
驗不敢遽以爲是雍正八年六月朔日食舊法推得九分二十二秒今法推得
八分十秒驗諸實測今法爲近故奏準重修日躔月離新表二差以續於曆象
考成之後臣等奉命增修表解圖說以日躔新表推算春分比前遲十三刻許
秋分比前早九刻許冬夏至皆遲二刻許然以測午正日高惟冬至比前高二
分餘夏至秋分僅差二三十秒蓋測量在地面而推算則以地心今所定地半
徑差與蒙氣差皆與前不同故推算每差數刻而測量終不甚相遠也至其立
法以本天爲橢圓雖推算較繁而損益舊數以合天行頗爲新巧臣等闡明理
數著日躔九篇並表數乞親加裁定附曆象考成之後顏曰御製後編凡前書
已發明者不復贅述報聞七年莊親王允祿等奏進日躔月離交宮共書十卷
是爲雍正癸卯元法九年十月監正戴進賢等言靈臺儀象志原載星辰約七
十年差一度爲時已久宜改定康熙十三年修志之時黃赤大距與今測不同
所列諸表當逐一增修三垣二十八宿以及諸星今昔多寡不同亦應釐訂敕
莊親王鄂爾泰張照議奏十一月議准仍以三人兼管是年更定羅睺計都名
目又增入紫炁爲四餘十七年莊親王允祿等言儀象志所載之星多不順序
今依次改正共成書三十卷賜名儀象考成是月莊親王等復奏改正恒星經
緯度表幷更定二十八宿値日觜參之前後敕大學士會同九卿議奏十二月
大學士傅恒等言請以乾隆十九年爲始時憲書之値宿改觜前參後從之既
而欽天監又以推算土星有差減平行三十分自乾隆以後至道光初交食分
秒漸與原推不合道光十八年八月管理欽天監事務工部尙書敬徵言自道
光四年臣管理監務查觀象臺儀器康熙十三年所製黃赤大距皆爲二十三
度三十二分至乾隆九年重製璣衡撫辰儀所測黃赤大距則爲二十三度二
十九分是原設諸儀已與天行不合今又將百年卽撫辰儀亦有差失臣將撫

辰儀吏換軸心諸儀亦量爲安置另製小象限儀一令官生晝測日行夜測月星每逢節氣交食所測實數有與推算不合者詳加考驗知由太陽緯度不合之數測得黃赤大距較前稍小其數僅二十三度二十七分由交節時刻之早晚考知太陽行度有進退不齊之分夫太陽行度爲推測之本諸曜宗之而推日行又以歲實氣應兩心差曰本天最卑行度爲據擬自道光十四年甲午爲年根按實測之數將原用數稍爲損益推得日行交節時刻似與實測之數較近至太陰行度以交食爲考驗之大端近年測過之月食較原推早者多遲者少故於月之平行自行交行內量爲損益按現擬之平行仍用諸均之舊數推得道光十四年後月食三次除十七年三月祇見初虧九月天陰未測僅測得道光十六年九月十五日月食與新數所推相近然僅食一次尚未可憑仍須隨時考驗現屆本年八月十五日月食謹將新擬用數推算得時刻食分方位比較原推早見分秒另繕清單進呈至期臣等逐時測驗再行據實具奏報聞二十二年六月敬徵等又言每屆日月交食按新擬用數推算俱與實測相近至本年六月朔日食新推較之實測僅差數秒是新擬之數於日行已無疑義月行亦屬近合今擬先測恒星以符運度繼考日躔月離務合天行請以道光十四年甲午爲元按新數日行黃赤大距修恆星黃赤道經緯度表即於測算時詳考五緯月行俾恆星五緯日月交食等書得以次第竣事從之是年七月以敬徵爲修歷總裁監正周餘慶左監副高煜爲副總裁二十五年七月進呈黃道經緯度表赤道經緯度表各十三卷月五星相距表一卷天漢界度表四卷經星彙考星首步天歌恒星總紀各一卷爲儀象考成續編至日月交食五星行度俱闕而未備云時冬官正司廷棟撰凌犯視差新法用弧三角布算以限距地高及星距黃極以求黃經高弧三角較舊法爲簡捷乾隆以後歷官能損益舊法廷棟一人而已其不爲歷官而知歷者梅文鼏薛鳳祚王錫闡以下江永戴震錢大昕李善蘭爲尤著其闡明中西歷理實遠出徐光啟李之藻等之上焉

清史稿

時憲志二

推步算術

推步新法所用者曰平三角形曰弧三角形曰橢圓形今撮其大旨證立法之原驗用數之實都爲一十六術著於篇

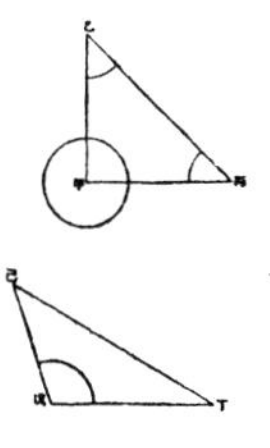

平三角形者三直線相遇而成其線爲邊兩線所夾空處爲角有正角當全圜四分之一如甲乙丙形之甲角有銳角不足四分之一如乙丙兩角有鈍角過四分之一如丁戊己形之戊角角之度無論多寡皆有其相當之八線曰正弦正矢正割正切所有度與九十度相減餘度之四線也如甲乙爲本度則丙乙爲餘度正弦乙戊正矢甲戊正割庚丁正切庚甲餘弦乙己餘矢丙己餘割辛丁餘切辛丙若壬癸爲本度則丑癸爲餘度正弦癸辰正矢壬辰餘弦癸卯餘矢丑卯餘割子寅餘切丑寅以壬癸過九十度無正割正切借癸午之子未爲正割午未爲正切若正九十度丑壬爲本度則無餘度丑子半徑爲正弦壬子半徑爲正矢亦無正割正切並無餘弦餘矢餘割餘切古定全圓周爲三百六十度四分之一稱一象限爲九十度每度六十分每分六十秒每秒六十微圓半徑爲十萬後改千萬逐度逐分求其八線備列於表推算三角在九十度內欲用某度某線就表取之算得某線欲知某度就表對之過九十度者欲用正弦正割正切及四餘以其度與半周相減餘就表取之欲用正矢取餘弦加半徑爲之既得某線欲知某度就表對得其度與半周相減餘命之算平三角凡五術一曰對邊求對角以所知邊爲一率對角正弦爲二率所知又一邊爲三率二三相乘一率除之求得四率爲所不知之對角正弦如圖甲乙爲所知邊丁角爲所知對角乙丁爲所知又一邊甲角爲所不知對角也此其理係兩次比例省爲一次如圖乙丁爲半徑之比乙丙爲丁角正弦之比法當先以半徑爲一率丁角正弦爲二率乙丁爲三率求得四率中垂綫乙丙既得乙丙甲乙爲半徑之比乙丙又爲甲角正弦之比乃以甲乙爲一率乙丙爲二率半徑爲三率求得四率自爲甲角正弦然使合而算之以先之一率半徑與後之一率甲乙相乘爲共一率先之二率丁角正弦與後之二率乙丙相乘爲共二率先之三率乙丁與後之三率半徑相乘爲共三率求得四率自爲先之四率乙丙與後之四率甲角正弦相乘數仍當以乙丙除之乃得甲角正弦後既當除不如先之勿乘共二率內之乙丙與三率相乘者也乘除相報乙丙宜省又共三率內之半徑與二率相乘者也共一率內之半徑又主除之乘除相報半徑又宜省故徑以甲乙爲一率丁角正弦爲二率乙丁爲三率求得四率爲甲角正弦二曰對角求對邊以所知角正弦爲一率對邊爲二率所知又一角正弦爲三率求得四率爲所不知對邊此其理具對邊求對角反觀自明三曰兩邊夾一角求不知之二角以所知角旁兩邊相加爲一率相減餘爲二率所知角與半周相減餘爲外角半之取其正切爲三率求得四率爲半較角正切對表得度與半外角相加爲對所知角旁略大邊之角相減餘爲對所知角旁略小邊之角此其理一在平三角形三角相併必共成半周如圖甲乙丙形中垂線甲丁分爲兩正角形正角爲長方之半長方四角皆正九十度正角形兩銳角斜剖長方此角過九十度之半幾何彼角不足九十度之半亦幾何一綫徑過其勢然也故甲右邊分角必與乙角合爲九十度甲左邊分角必與丙角合爲九十度論正角形各加丁角皆成半周合爲銳角形除去丁角三角合亦自爲半周故既知一角之外其餘二角雖不知各得幾何度分必知其共得此角減半周之餘也一在三角同式形比例如圖丙庚戊形知丙庚丙戊兩邊及丙角展丙庚爲丙甲連丙戊爲甲戊兩邊相加截丙戊於丙丁爲戊丁兩邊相減餘作庚丁虛線丙庚丙丁同長庚丁向圓內二角必同度是皆爲丙角之半外角與甲辛辛庚之度等而庚向圓外之角即本形庚角大於戊角之半是爲半外角以庚丁爲半徑之比則甲庚即爲丁半外角正切之比半徑與正切恒爲正角甲庚與庚丁圓內作兩通弦亦無不成正角故也又作丁己線與甲庚平行庚丁仍爲半徑之比丁己又爲庚向圓外半較角正切之比而戊甲庚大形與戊丁己小形戊甲戊丁既在一線甲庚丁己又係平行自然同式故甲戊兩邊相加爲一率戊丁兩邊相減餘爲二率甲庚半外角正切爲三率求得四率自當丁己半較角正切也四曰兩角夾一邊求不知之一角以所知兩角相併與半周相減餘即得此其理具兩邊夾一角五曰三邊求角以大邊爲底中小二邊相併相減兩數相乘大邊除之得數與大邊相加折半爲分底大邊相減餘折半爲分底小邊乃以中邊爲一率分底大邊爲二率半徑爲三率求得四率爲對小邊角餘弦或以小邊爲一率分底小邊爲二率半徑爲三率求得四率爲對中邊角餘弦此其理在勾股弦冪相求及兩方冪相較如圖甲丙中邊甲乙小邊皆爲弦乙丙大邊由丁分之丁丙丁乙皆爲勾中垂線甲丁爲股勾股冪相併恒爲弦冪今甲丁股既兩形所同則甲丙大弦冪多於甲乙小弦冪即同丙丁大勾冪多於乙丁小勾冪又兩方冪相較恒如兩方根和較相乘之數如圖戊寅壬庚爲大方冪減去己卯辛庚小方冪餘戊己卯辛壬寅曲矩形移卯癸壬辛爲癸寅丑子成一直方形其長戊丑自爲大方根戊寅小方根卯辛之和其闊戊己自爲大方根戊庚小方根己庚之較故甲乙丙形甲丙甲乙相加爲和相減爲較兩數相乘即如丙丁丁乙和較相乘之數丙乙除之自得其較丙午相加相減各折半自得丙丁及乙丁既得丙丁乙丁各以丙甲乙甲爲半徑之比丙丁乙丁自爲餘弦之比矣此五術者有四不待算一不可算對邊求對角令所知兩邊相等則所求角與所知角必相等對角求對邊令所知兩角相等則所求邊與所知邊必相等兩邊夾一角令所知兩邊相等則所求二角必正得所知外角之半三邊求角令二邊相等即分不等者之半爲底邊三邊相等即

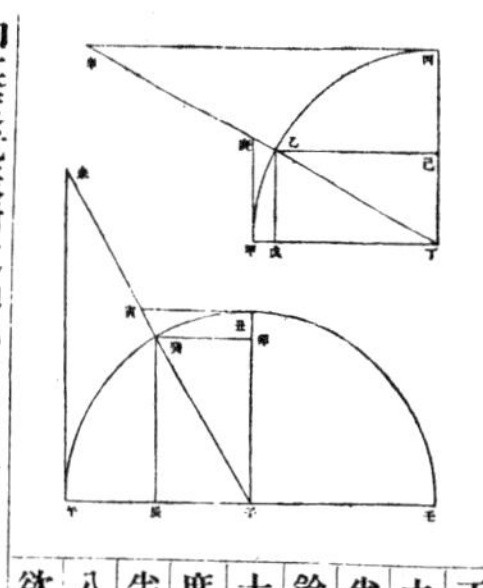

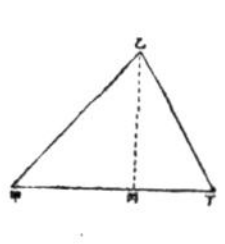

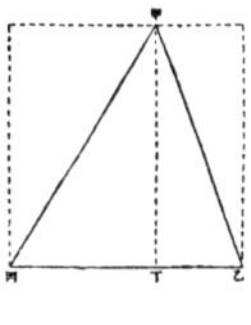

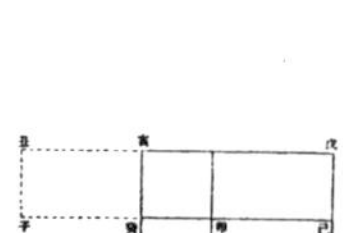

平分半周三角皆六十度皆不待算也若對邊求對角所知一邊數少對所知一角銳又所知一邊數多求所對之角不能知其爲銳爲鈍是不可算也諸題求邊角未盡者互按得之

弧三角形者三圜周相遇而成其邊亦以度計九十度爲足少於九十度爲小

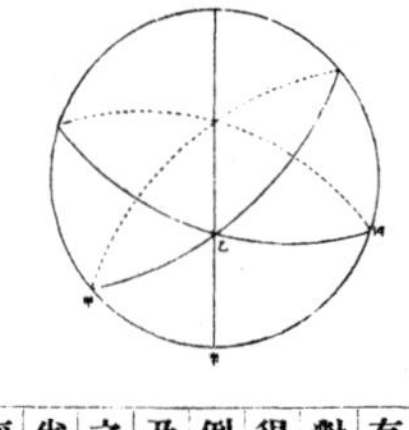

過九十度爲大其角銳鈍正與平三角等算術有七一曰對邊求對角以所知邊正弦爲一率對角正弦爲二率所知又一邊正弦爲三率求得四率爲所求對角正弦此其理亦係兩次比例省爲一次如圖甲乙丙形知甲乙丙乙二邊及丙角求甲角作乙辛垂弧半徑與丙角正弦之比同於乙丙正弦與乙辛正弦之比法當以半徑爲一率丙角正弦爲二率乙丙正弦爲三率求得四率爲乙辛正弦既得乙辛正弦甲乙正弦與乙辛正弦之比同於半徑與甲角正弦之比乃以甲乙正弦爲一率乙辛正弦爲二率半徑爲三率求得四率爲甲角正弦然乘除相報可省省之二曰對角求對邊以所知角正弦爲一率對邊正弦爲二率所知又一角正弦爲三率求得四率爲所求對邊正弦此其理反觀自明三曰兩邊夾一角或銳或鈍求不知之一邊以半徑爲一率所知角餘弦爲二率任以所知一邊正切爲三率求得四率命爲正切對表得度與所知又一邊相減餘爲分邊乃以前得度餘弦爲一率先用邊餘弦爲二率分邊餘弦爲三率求得四率爲不知之邊餘弦原角鈍分邊大此邊小分邊小此邊大原角銳分邊小此邊小分邊大此邊大此其理係三次比例省爲二次如圖甲丙丁形知甲丙甲丁二邊及甲角中作垂弧丙乙半徑與甲角餘弦之比同於甲丙正切與甲乙正切之比先一算爲易明既分甲丁於乙而得丁乙分邊甲乙餘弦與半徑之比同於甲丙餘弦與丙乙餘弦之比法當先以甲乙餘弦爲一率半徑爲二率甲丙餘弦爲三率求得四率爲丙乙餘弦既得丙乙餘弦半徑與乙丁餘弦之比同於丙乙餘弦與丁丙餘弦之比乃以半徑爲一率乙丁餘弦爲二率丙乙餘弦爲三率求得四率爲丁丙餘弦然而乘除相報故從省兩邊夾一角若正則徑以所知兩邊餘弦相乘半徑除之即得不知邊之餘弦理自明也所知兩邊俱大俱小此邊小所知兩邊一小一大此邊大四曰兩角夾一邊求不知之一角以角爲邊以邊爲角反求之得度反取之求取皆與半周相減五曰所知兩邊對所知兩角或銳或鈍求不知之邊角以半徑爲一率任以所知一角之餘弦爲二率對所知又一角之邊正切爲三率求得四率命爲正切對表得度復以所知又一角一邊如法求之復得度視原所知兩角銳鈍相同則兩得度相加不同則兩得度相減皆加減爲不知之邊乃按第一術對邊求對角即得不知之角原又一角鈍對先用角之邊大於後得度此角

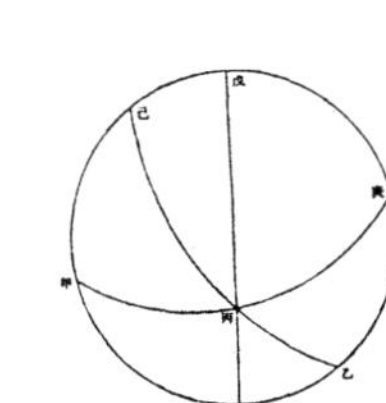

鈍對先用角之邊小於後得度此角銳原又一角銳對先用角之邊小於後得度此角鈍對先用角之邊大於後得度此角銳此其理係垂弧在形內與在形外之不同及角分銳鈍邊殊大小前後左右俯仰向背之相應如圖甲乙丙形甲乙二角俱銳兩銳相向故垂弧丙丁從中取正而在形內己丙庚形己庚二角俱鈍兩鈍相向故垂弧戊丙亦在形內庚丙乙形庚乙兩角一銳一鈍相違垂弧丙丁從外補正自在形外在形內者判底邊爲二兩得分邊之度如乙丁丁甲合而成一底邊如乙甲故宜相加在形外者引底邊之餘兩得分邊之度如庚丁乙丁重而不掩底邊如庚乙故宜相減銳鈍大小之相應亦如右圖審之所知兩邊對所知兩角有一正則一得度即爲不知之邊理亦自明六曰三邊求角以所求角旁兩邊正弦相乘爲一率半徑自乘爲二率兩邊相減餘爲較弧取其正矢與對邊之正矢相減餘爲三率求得四率爲所求角正矢此其理在兩次比例省爲一次如圖甲壬乙形求甲角其正矢爲丑丁法當以甲乙邊正弦乙丙爲一率半徑乙己爲二率兩邊較弧正矢乙癸與對邊正矢乙卯相減餘癸卯同辛子爲三率求得四率爲壬辛乃以甲壬邊正弦戊辛爲一率壬辛爲二率半徑己丁爲三率求得四率爲丑丁甲角正矢亦以乘除相報故從省焉七曰三角或銳或鈍求邊以角爲邊反求其角既得角復取爲邊求取皆與半周相減此其理在次形如圖甲乙丙形甲角之度爲丁戊與半周相減爲戊己其度必同於次形子辛午之子辛邊蓋丑卯爲乙之角度丑點之交甲乙弧必爲正角丁戊爲甲之角度戊點之交甲乙弧亦必爲正角以一甲乙而交丑辛戊辛二弧皆成正角則二弧必皆九十度弧三角之勢如此也戊辛既九十度子己亦九十度去相覆之戊子己戊自同子辛於是庚癸必同子午卯未必同午辛理皆如是矣而此形之餘角既皆爲彼形之邊彼形餘角不得不爲此形之邊故反取之而得焉若三角有一正除正角外以一角之正弦爲一率又一角之餘弦爲二率半徑爲三率求得四率爲對又一角之邊餘弦此其理亦係次形而以正角及一角爲次形之角以又一角加減象限爲次形對角之邊取象稍異凡茲七術惟邊角相求有銳鈍大小不能定者然推步無其題不備列此七題中求邊角有未盡者互按得之

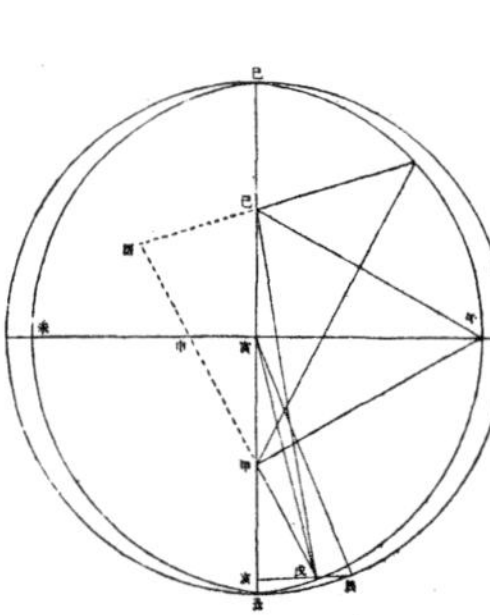

橢圓形者兩端徑長兩腰徑短之圓面然必其應規乃可推算作之之術任以兩點各爲心一點爲界各用一針釘之圍以絲線末以鉛筆代爲界之針引而旋轉即成橢圓形如圖甲己午三點如法作之爲丑午巳未橢圓寅丑寅巳爲大半徑寅午寅未爲小半徑寅甲爲兩心差己甲爲倍兩心差甲午數如寅巳亦同寅丑己午如之二數相和恆與丑巳同令午針引至申甲申申己長短雖殊共數不易甲午同大半徑之數如弦兩心差如勾小半徑如股但知兩數即可以勾股術得不知之一數若求面積以平方面率四〇〇〇〇〇〇〇〇爲一率平圓面率三一四一五九二六五爲二率大小徑相乘成長方面爲三率求得四率爲橢圓面積若求中率半徑大小半徑相乘平方開之即得然自甲心出線離丑右旋如圖至戌甲丑甲戌之間有所割之面積亦有所當之角度角積相求爰有四術一曰以角求積以半徑爲一率所知角度正弦爲二率倍兩心差爲三率求得四率爲倍兩心差之端垂線如己酉又以半徑爲一率所知角度餘弦爲二率倍兩心差爲三率求得四率爲界度積線引出之線如甲酉倍兩心差之端垂線爲勾自乘以引出之線與甲戌己戌和如巳丑大徑者相加爲股弦和除之得較和較相加折半爲己戌弦與大徑相減爲甲戌線又以半徑爲一率所知角正弦爲二率甲戌線爲三率求得四率爲戌亥邊又以小徑爲一率大徑爲二率戌亥邊爲三率求得四率爲辰亥邊又以大半徑寅辰同寅丑爲一率半徑爲二率辰亥邊爲三率求得四率爲正弦對表得度又以半周天一百八十度化秒爲一率半圓周三一四一五九二六爲二率所得度化秒爲三率求得四率爲比例弧線又以半徑爲一率大

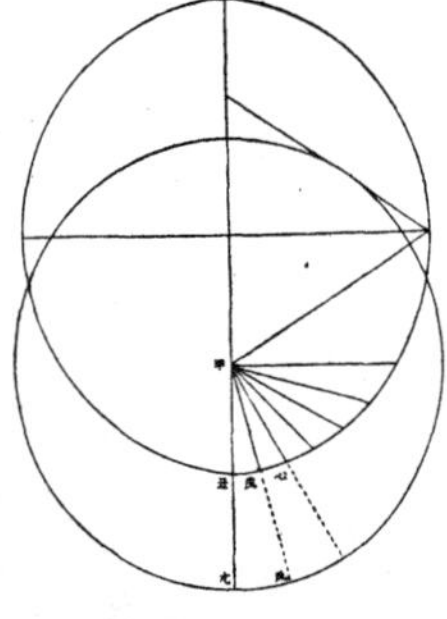

半徑爲二率比例弧線爲三率求得四率爲辰丑弧線與大半徑相乘折半爲寅辰丑分平圓面積又以大半徑爲一率小半徑爲二率分平圓面積爲三率求得四率爲寅戌丑分橢圓面積乃以寅甲兩心差與戌亥邊相乘折半與寅戌丑相減爲甲戌甲丑之間所割面積此其理具本圖及平三角弧三角其法至密二曰以積求角以兩心差減大半徑餘得甲丑線自乘爲一率中率半徑自乘爲二率甲戌甲丑

之間面積爲三率求得四率爲中率面積如甲氐亢分橢圓面積爲三百六十度取一度之面積爲法除之即得甲戌甲丑之間所夾角度此其理爲同式形

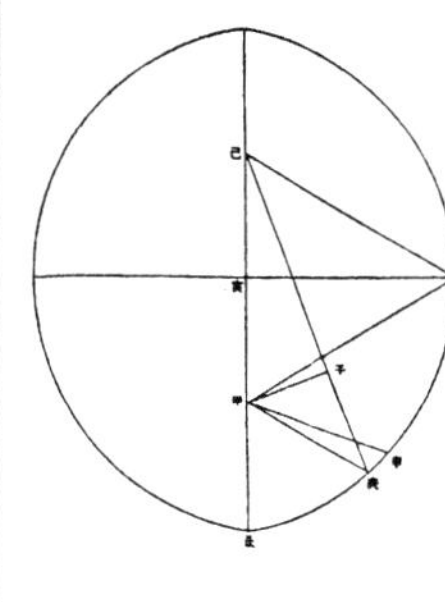

比例然甲亢與甲氐同長甲戌則長於甲丑以所差不多借爲同數若引戌至心甲丑甲心所差實多仍須用前法求甲戌線借甲戌甲心相近爲同數求之三曰借積求積以所知面積如圖之辛甲丑用一度之面積爲法除之得面積之度設其度爲角度於倍兩心差之端如庚己丑以半徑爲一率己角正弦爲二率倍兩心差爲三率求得四率爲甲子垂線又以半徑爲一率己角餘弦爲二率倍兩心差爲三率求得四率爲己子分邊甲子爲勾自乘己子與大徑相減餘爲股弦和除之得股弦較和較相加折半得甲庚線又以甲庚線爲一率甲子垂線爲二率半徑爲三率求得四率爲庚角正弦得度與己角相加爲庚甲丑角乃用以角求積法求得庚甲丑面積與辛甲丑面積相減餘如庚甲辛又用以積求角法求得度與庚甲丑角相加即得辛甲丑角四曰借角求角以所知面積如前法取爲積度如丑甲丁設其度爲角度於橢圓心如丁乙辛以小半徑爲一率大半徑爲二率所設角度正切爲三率求得四率爲丁乙癸角正切對表得度乃於倍兩心差之端丙作丙丑線即命丑丙甲角如癸乙丁之角度乃將丙丑線引長至寅使丑寅與甲丑等則丙寅同大徑又作甲寅線成甲寅丙三角形用切線分外角法求得寅角倍之爲甲丙丑形之丑角與丙角相加爲丑甲丁角此其理癸乙甲角度多於丑甲丁積度爲子乙癸角度即以此度當前之補算辛甲庚者蓋所差無多也此四術內凡單言半徑者皆八線表一千萬之數

清史稿

時憲志三

康熙甲子元法上（上卷述立法之原中卷志七政恒星之順軌下卷志諸曜相距之數）

日躔立法之原　一求南北眞線以正面位用方案極平作圜數層植表於圜心取日影識表末影切圜上者視左右兩點同在一圜聯爲直線即正東西取東西線正中向圜心作垂線即正南北於京師以羅針較之偏東四度餘（乾隆十七年改爲二度三十分）

一測北極高度以定天體於冬至前後用儀器測勾陳大星出地之度酉時此星在北極之上候其漸轉而高至不復高而止卯時此星在北極之下候其漸轉而低至不復低而止以最高最低之度折中取之爲北極高度恒星無地半徑差勾陳距地又高蒙氣差亦微其數確準以此測得暢春園北極高三十九度五十九分三十秒

一求地半徑差以驗地心實高地面視高之不同康熙五十四年五月甲子午正在暢春園測得太陽高七十三度一十六分零二十三微同時於廣東廣州府測得太陽高九十度零六分二十一秒四十八微暢春園赤道距天頂三十九度五十九分三十秒廣州府赤道距天頂二十三度十分偏西三度三十三分時夏至後八日日躔最高用平三角形推得地半徑與太陽距地心比例如一與一千一百六十二又康熙五十五年三月丙申午正在暢春園測得太陽高五十三度零三分三十八秒一十微同時於廣東廣州府測得太陽高六十九度五十四分零八秒三十六微時春分後八日日躔中距推得地半徑與太陽距地心比例如一與一千一百四十二乃以太陽最高與本天半徑比例數一〇一七九二〇八與地半徑比例數一一六二之比爲太陽最卑與本天半徑比例數九八二〇七九二與地半徑比例之比得一千一百二十一既得三限距地心之遠用平三角形逐度皆推得地半徑差

一求黃赤距緯以正黃道康熙五十三年始暢春園累測夏至午正太陽高度得視高七十三度二十九分十餘秒加地半徑差五十秒得實高七十三度三十分減去本地赤道高五十度零三十秒餘二十三度二十九分三十秒爲黃赤大距用弧三角形逐度皆推得距緯

一求淸蒙氣差以驗地中遊氣映小爲大升卑爲高之數明萬歷間西人第谷於其國北極出地五十五度有奇測得地平上最大差三十四分自地平以上其差漸少至四十五度其差五秒更高無差其測算之法如太陽視高十度三十四分四十二秒距正午八十三度於時日躔降婁宮三度三十六分距赤道北一度二十六分北極距天頂五十度零三十秒用距正午距赤道北北極距天頂三度作弧三角形求得太陽實高十度二十七分五十三秒與視高相減又加地半徑差二分五十七秒得九分四十六秒爲地平上十度三十五分之蒙氣差本法仍之

一測歲實以定平行康熙五十四年二月癸未午正於暢春園測得太陽高五十度零三十二秒三十五微加地半徑差一分五十六秒零五微得實高五十度零二分二十八秒四十微（此所加地半徑差仍新法算書舊數加之其實地半徑與太陽距地心比例高卑中距三限之次年始定覆推無異故不改也至求地半徑差取春分及夏至後八日亦仍舊算其實最高之限累日測得不在預定夏至中距之限既未定歲實亦轉由最卑而得其準最高最卑之比例則在交食也其廣州府偏西度蓋先測月食時刻得之）與赤道高五十度零三十秒相減餘一分五十八秒四十微爲太陽在赤道北之緯度知春分時在午正前以此緯度及黃赤大距作觚三角形推得黃道度四分五十七秒四十三微爲太陽過春分經度次日午正復測得緯度推得太陽過春分一度零四分零六秒零三微兩過春分度相減餘爲一日之行五十九分零八秒二十微比例得本日春分在巳初三刻十四分十秒四十八微又康熙五十五年二月戊子午正於暢春園測得太陽高四十九度五十四分四十九秒五十一微依法求之得本日春分在申初三刻二分五十五秒四十八微總計兩春分相距三百六十五日五時三刻三分四十五秒爲歲實爲法除天周得每日平行

一求兩心差及最高所在以考盈縮康熙五十六年二至後暢春園逐日測午正太陽高度求其經度各用本日次日比測之實行推得五月甲戌辰正一刻零四十秒四十五微交未宮七度乙亥巳初一刻十四分五十七秒二十七微交未宮八度十一月丁丑子正一刻一十二分五十七秒四十一微交丑宮七度本日夜子初三刻十二分二十七秒四十七微交丑宮八度用此兩數以立法如

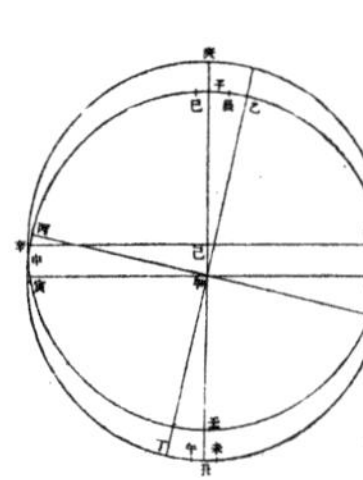

圖甲爲地心即宗動天心乙丙丁戊爲黃道與宗動天同心乙爲夏至丙爲秋分丁爲冬至戊爲春分又設己點爲心作庚辛壬癸圈爲不同心天庚爲最高當黃道子壬爲最卑當黃道丑寅卯爲中距過己甲兩心作庚丑線則平分本天與黃道各爲兩半周夏至乙至冬至丁引出乙丁線割不同心天之左畔大於半周歲秋分丙至春分戊引出丙戊線割不同心天之下半小於半周歲今測未宮七度至丑宮七度歷一百八十二日一十六時一十二分一十六秒五十六微大於半周歲一時一十七分五十四秒二十六微未宮八度至丑宮八度歷一百八十二日一十四時二十七分三十秒二十微小於半周歲二十六分五十二秒一十微即知未宮七度在最高前如辰八度在最高後如巳丑宮七度在最卑前如午八度在最卑後如未以大小兩數相併與辰巳或午未一度之比同於大於半周歲之數與辰子或午丑之比得四十四分三十六秒四十八微與乙辰或丁午之七度相加爲高卑過二至之度以最高卑每歲有行分今合高卑以立算定爲本年中距過秋分之度又用比例法推得秋分後丙午日巳正一刻十三分四十九秒過中距若在黃道應從最高子行九十度至寅爲辰宮七度四十四分三十六秒四十八微以實測求之在申不及二度零三分零九秒四十微檢其正切得三五八四一六爲設本天半徑一千萬之己甲兩心差又本年暢春園測得春分爲二月癸巳亥初二刻六分四十七秒立夏爲三月己卯亥正二刻一分三十六秒秋分爲八月庚子申初二刻四分三秒各計其相距之日推得平行度以立算如圖甲爲地心乙丙丁戊爲黃道戊爲春分巳爲夏至丙爲秋分庚爲冬至辛爲立夏子丑寅卯爲不同心天壬爲天心春分時太

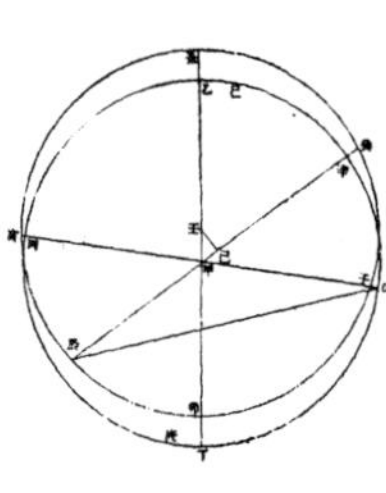

陽在子立夏在癸秋分在寅丑爲最高卯爲最卑求壬甲兩心差並求辛甲乙角爲最高距立夏取甲辰子平三角形及壬己甲勾股形求得壬甲爲三五八九七七比前數多一千萬分之五百六十一又求得甲角五十三度三十八分二十五秒五十五微爲最高距立夏內減夏至距立夏四十五度得最高過夏至後八度三十八分二十五秒五十五微皆與前數不合於是定用於兩心差分設本輪均輪之法

一求最高行及本輪均輪半徑以定盈縮康熙十七年測得最高在夏至後七度零四分零四秒五十六年測得最高在夏至後七度四十三分四十九秒約得每年東行一分一秒十微又定本天半徑爲一千萬用兩心差四分之三爲本輪半徑其一爲均輪半徑如圖甲爲地心即本天心乙丙丁戊爲本天注左右上下爲本輪最小圈爲均輪寅爲太陽最高辰爲最卑本輪心循本天周起冬至右旋爲平行均輪心循本輪周起最卑左旋爲引數二輪之行相較既最卑行太陽循均輪周右旋均輪在最高最卑則最近於本輪心如寅辰均輪在中距則最遠於本輪心如卯己其行倍於均輪積點者舊設不同心天數與均輪不合

一立晷影刻分限以定晨昏測得在太陽未出之先已入之後距地平一十八度內

月離立法之原一求平行度依西人依巴谷法定爲一十二萬六千零七日四刻爲兩月食各率齊同之距會望轉終皆復其始計其中積凡爲會望者四千二百六十七爲轉終者四千五百七十三置中積日刻爲實會望數除之得會望策乃以天周爲實會望策除之爲每日太陰平行距太陽之度加太陽每日平行爲每日太陰平行白道經度又置中積日刻爲實轉終數除之得轉終分置天周爲實轉終分除之爲每日太陰自行度每日白道經度與自行度相減爲每日最高行

一推本輪半徑及最高以考遲疾西人第谷測三月食如第一食日躔鶉首宮七度三十五分四十七秒五十三微月離星紀宮度分秒同月行遲末限之初第二食日躔壽星宮初度月離降婁宮度同月行遲初限將半第三食日躔星紀宮二度五十四分零二秒四十九微月離鶉首宮度分秒同月行疾末限之初第一食距第二食一千一百八十日二十二時一十四分零四秒實行相距八十二度二十四分一十二秒零七微平行相距八十度二十一分一十秒自行相距三百零八度四十七分零七秒二十七微第二食距第三食一千九百一十八日二十三時零五分五十七秒實行相距九十二度五十四分零二秒四十九微平行相距八十五度零二十五秒自行相距二百三十一度一十二分五十二秒三十三微用平三角形推得本輪半徑爲本天半徑十萬分之八千七百又推得最高行度計至崇禎元年首朔月過最高三十七度三十四分三十四秒然泛以三月食推之本輪半徑之數不合故設均輪

一立四輪之行以定遲疾西人第谷徵諸實測將本輪半徑三分之存其二爲本輪半徑其一爲均輪半徑本法仍之定本輪心起本天冬至右旋爲平行度增一負均輪之圈其半徑爲新本輪半徑加一次輪半徑之數其心同本輪之心本輪負而行不自行移均輪心從最高左旋行於此圈之周爲自行引數第谷又將次輪設於地心而增次均輪本法易之定次輪心行均輪周從最近右旋爲倍引數其半徑爲本天半徑千萬分之二十一萬七千次均輪心行次輪周起於朔望從次輪最近地心點右旋行太陰距太陽之倍度爲倍離其半徑爲本天半徑千萬分之一十一萬七千五百太陰行次均輪之周從次均輪最下左旋亦行倍離如圖甲爲地心即本天心乙丙丁爲本天之一弧丙甲爲半徑戊爲半輪最高癸爲最卑酉爲負圈最高丑爲最卑壬爲均輪最遠辛爲最

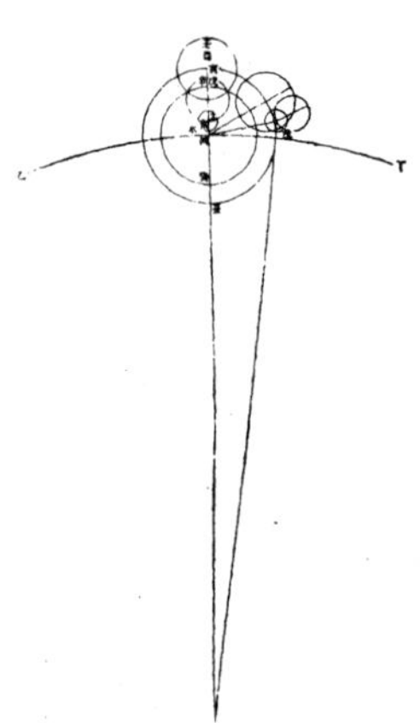

近寅爲次輪最遠亥爲最近土爲次均輪最上木爲最下即均輪心在最高又當朔望之象又圖太陰在戌是均輪既左旋又當朔望之象其得次輪次均輪半徑於上下弦當自行三宮或九宮時累測之得極大均數七度二十五分四十六秒其切線一百三十萬四千內減本輪均輪并半徑餘半之即次輪半徑於兩弦及朔望之間當自行三宮或九宮時累測之均數常與推算不合差至四十一分零二秒依法求其半徑得次均輪半徑

一以兩月食定交周順治十三年十一月庚申望子正後十八時四十四分十五秒月食十五分四十七秒在黃道南日纏星紀宮十度三十九分在最卑後三度四十九分月自行爲三宮二十七度四十六分康熙十三年十二月丙午望子正後三時二十三分二十六秒月食十五分五十秒在黃道南日纏星紀宮二十一度五十二分在最卑後十四度二十一分月自行爲三宮二十五度二十四分相距中積二百二十三月用西人依巴谷朔策定數五千四百五十八爲一率交終定數五千九百二十三爲二率二百二十三月爲三率得四率二百四十一又五千四百五十八分之五千四百五十一爲兩次月食相距之交終數又以兩次月食相距中積六千五百八十五日零八時三十九分十秒與每日太陰平行經度相乘以交終數除之得一百二十九萬零八百一十二秒小餘八七九五九八爲每一交行度與周天秒數相減餘五千一百八十七秒小餘一二〇四〇二爲每一交退行度又以交終數除兩次月食相距中積日分得二十七日二一二二三三爲交周日分乃以交周日分除每一交退行度得三分十秒三十七微爲兩交每日退行度與太陰每日平行相加得十三度十三分四十五秒三十八微爲太陰每日距交行因兩次月自行差二度半食分差三秒故比依巴谷所定距交行差一微仍用依巴谷所定數

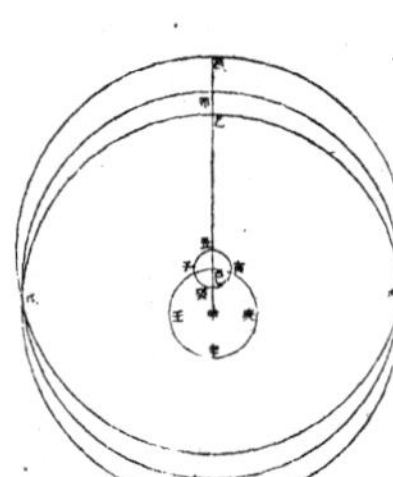

一求黃白大距度及交均以定交行於月離黃道鶉首宮初度又在黃道北距交適足九十度時俟至子午線上測之得地平高度減去赤道高及黃赤距緯度一在朔望時得大距四度五十八分三十秒一在上下弦時得大距五度一十七分三十秒以之立法如圖甲爲黃極乙丙丁戊爲黃道用兩距度相加折半爲黃白大距之中數爲半徑如巳甲作本輪如巳庚辛壬又取兩距度相減折半爲半徑如巳癸作均輪如癸子丑寅其心循本輪左旋每日行三分十秒有餘白道極循均輪起最近左旋行倍離之度行至癸則大距爲乙卯行至丑則大距爲乙辰行子丑寅之半交行疾行寅癸子之半交行遲

一求地半徑差如太陽暢春園測得太陰高六十二度四十分五十一秒四十三微同時於廣東廣州府測得太陰高七十九度四十七分二十六秒一十二微於時月自行三宮初度月距日一百八十度以之立法用平三角形推得地半徑與太陰在中距時距地心之比例爲一與五十六又百分之七十二依此法於月自行初宮初度月距日九十度時測之求得地半徑與太陰在最高時距地心之比例爲一與六十一又百分之九十八又於月自行六宮初度月距日九十度時測之求得地半徑與太陰在最卑時距地心之比例爲一與五十三又百分之七十一復用平三角形逐度皆推得地半徑差

一考隱見遲疾以辨朓朒一驗在春分前後各三宮黃道斜升而正降日入時月在地平上高朔後疾見在秋分前後各三宮黃道正升而斜降日入時月在地平上低朔後遲見晦前隱遲隱早反是一驗距黃道北見早隱遲距黃道南反是一驗視行遲隱見俱遲視行早隱見俱早

交食立法之原一求日月視徑以定食分淺深用正表倒表各取日中之影求其高度兩高度之較以爲太陽視徑數年精測得太陽最高之徑爲二十九分五十九秒最卑之徑爲三十一分零五秒用牆爲表以其西界當正午線人在表北依不動之處候太陰之西周切於正午線看時辰表時刻俟太陰體過完其東周纔離正午線復看時辰表時刻與前相減變度以爲太陰視徑數年精測得太陰最高之徑爲三十一分四十七秒最卑之徑爲三十三分四十二秒

一求地影半徑以定光分地半徑與太陽太陰距地心既得比例日月視徑又得眞數太陽太陰自高至卑視徑地半徑與太陽太陰實徑比例日食人在地面見與不見月食太陽照地背成黑影太陽大而地小故成錐形太陽有高卑故地影有長短廣狹太陰有高卑故入影有淺深皆可預推而以立法地影半徑常大於實測康熙五十六年八月戊戌月食其實引爲二宮三度四十一分

零三秒距地心五十七地半徑零百分之四十一測得緯度在黃道北三十六分十八秒月半徑爲十六分十秒食分爲二十三分三十秒乃以黃緯求得白道緯爲食甚距緯與食分相加內減月半徑餘四十三分四十六秒爲地影半徑若依推算太陽在最高太陰在中距地影半徑應得四十八分三十四秒以實測之數率之應得四十四分四十三秒所差三分五十一秒因驗得太陽光芒溢於原體之外能侵削地影以實測比算定太陽之光分爲地半徑之六倍又百分之三十七如圖甲爲地心戊己爲地徑乙丁爲太陽所照影末當至於庚辛壬爲溢出光分侵削影末漸次狹小至於丑而已盡

五星行立法之原一求土星平行度古測定二萬一千五百五十一日又十分日之三距恒星之度分等距太陽之遠近又等土星行次輪會日衝日各五十七次置中積日分爲實星行次輪周數五十七爲法除之得周率乃以每周三百六十度爲實周率除之爲每日距太陽之行與太陽每日平行相減得土星每日平行本法仍之

一用三次衝日求土星本輪均輪半徑及最高以定盈縮明萬歷間西人第谷測土星三次衝日如第一次日躔娵訾宮一度零三分二十七秒土星在鶉尾宮度分秒同第二次日躔娵訾宮二十一度四十七分三十九秒土星在鶉尾宮度分秒同第三次日躔降婁宮一十六度五十一分二十八秒土星在壽星宮度分秒同第一次距第二次一萬一千三百四十三日五時三十六分其實行相距二十度四十四分十二秒平行相距十九度五十九分五十四秒第二次距第三次七百五十五日二十時三十一分實行相距二十五度零三分四十九秒平行相距二十五度十九分十六秒用不同心圈取平三角形推得兩心差爲本天半徑千萬分之一百一十六萬二千析爲本輪半徑八十六萬五千五百八十七均輪半徑二十九萬六千四百一十三又推得萬歷十八年最高在析木宮二十六度二十分二十七秒每年最高行一分二十秒一十二微本法仍之

一求土星次輪半徑以定順逆西人第谷測得次輪半徑爲本天半徑千萬分之一百零四萬二千六百本法仍之定本輪心從本天冬至右旋爲平行度均輪心從本輪最高左旋爲自行引數次輪心從均輪最近右旋爲倍引數星從次輪最遠右旋行本輪心距太陽之度本輪均輪之面與本天平行次輪之面與黃道平行如圖甲爲地心即本天心乙丙丁爲本天之一弧丙甲爲半徑戊爲本輪最高己爲最卑庚爲均輪最遠辛爲最近壬爲次輪最遠癸爲最近

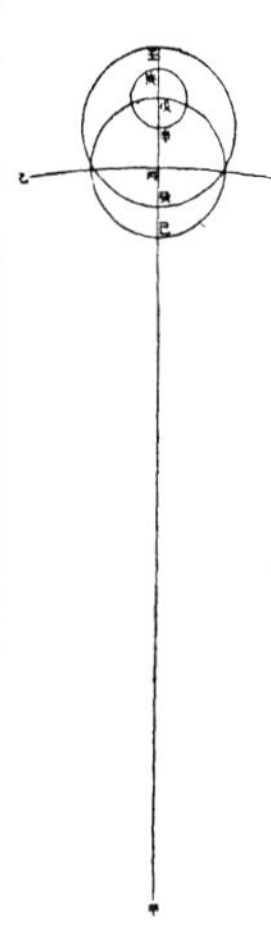

一求木星平行度古測定二萬五千九百二十七日又千分日之六百一十七木星行次輪會日衝日皆六十五次置中積日分爲實星行次輪周數六十五爲法除之得周率以每周三百六十度爲實周率除之得每日木星距太陽之行與每日太陽平行相減爲每日木星平行度本法仍之

一用三次衝日求木星本輪均輪半徑及最高以定盈縮明萬歷間西人第谷測木星三次衝日如第一次日躔鶉尾宮七度三十一分四十九秒木星在娵訾宮度分秒同第二次日躔大火宮二十度五十六分木星在大梁宮度分同第三次日躔析木宮二十五度五十二分二十七秒木星在實沈宮度分秒同第一次距第二次八百零四日一十五時三十五分實行相距七十三度二十四分十一秒平行相距六十六度五十三分二十秒第二次距第三次三百九十九日一十四時四十四分實行相距三十四度五十六分二十七秒平行相距三十三度十三分零八秒用不同心圈取平三角形推得兩心差爲本天半徑千萬分之九十五萬三千三百析爲本輪半徑七十萬五千三百二十均輪半徑二十四萬七千九百八十又推得萬歷二十八年最高在壽星宮八度四十分每年最高行五十七秒五十二微本法仍之

一求木星次輪半徑以定順逆西人第谷測得木星次輪半徑爲本天半徑千萬分之一百九十二萬九千四百八十本法仍之定諸輪左右旋起數及輪面如土星

一求火星平行度古測定二萬八千八百五十七日又千分日之八百八十三火星行次輪會日衝日各三十七次置中積日分爲實星行次輪周數三十七爲法除之得周率以每周三百六十度爲實周率除之得每日火星距太陽之行與每日太陽平行相減爲每日火星平行度本法仍之

一用三次衝日求火星本輪均輪半徑及最高以定盈縮明萬歷間西人第谷測火星三次衝日如第一次日躔元枵宮一十八度五十八分三十八秒火星在鶉火宮度分秒同第二次日躔娵訾宮二十三度二十二分火星在鶉尾宮度分同第三次日躔大梁宮一度火星在大火宮度同第一次距第二次七百六十四日一十二時三十二分實行相距三十四度二十三分二十二秒平行相距四十度三十九分二十五秒第二次距第三次七百六十八日一十八時實行相距三十七度三十八分平行相距四十二度五十二分三十五秒用不同心圈取平三角形推得兩心差爲本天半徑千萬分之一百八十五萬五千析爲本輪半徑一百四十八萬四千均輪半徑三十七萬一千又推得萬歷二十八年最高在鶉火宮二十八度五十九分二十四秒每年最高行一分零七秒本法仍之

一求火星次輪半徑以定順逆西人第谷累年密測於太陽火星同在最卑時測得次輪最小之半徑爲本天半徑千萬分之六百三十萬二千七百五十又於太陽在最卑火星在最高時測得次輪半徑六百五十六萬一千二百五十與最小半徑相較爲本天高卑之大差又於火星在最卑太陽在最高時測得次輪半徑六百五十三萬七千七百五十與最小半徑相較爲太陽高卑之大差乃用比例求得火星逐時次輪半徑本法仍之定諸輪左右旋起數及輪面如土木星

一求金星平行度古測定二千九百一十九日又千分日之六百六十七金星行次輪會日退合日各五次置中積日分爲實星行次輪周數五爲法除之得周率以每周三百六十度爲實周率除之得每日金星在次輪周平行一名伏見行其本輪心平行卽太陽平行本法仍之

一求金星最高及本輪均輪半徑以定盈縮明萬歷十三年西人第谷於晨夕時逐日累測金星得距太陽極遠度晨夕相等定兩平行距高卑左右度亦等以兩平行宮度相加折半即最高或最卑線所當宮度又擇晨夕時距太陽極遠度相較定小度爲近最高大度爲近最卑測得最高在實沈宮二十九度一十六分三十九秒每年最高行一分二十一秒五十七微又用兩測擇平行度一當最高一當最卑距太陽極遠者用平三角形及轉比例推得兩心差爲本天半徑千萬分之三十二萬零八百一十四析爲本輪半徑二十三萬一千九百六十二均輪半徑八萬八千八百五十二本法仍之如圖己爲地心辛己爲兩心差戊爲最高庚爲最卑午未爲金星平行即太陽平行甲丙爲金星實行又圖戊庚爲平行亥角爲實行

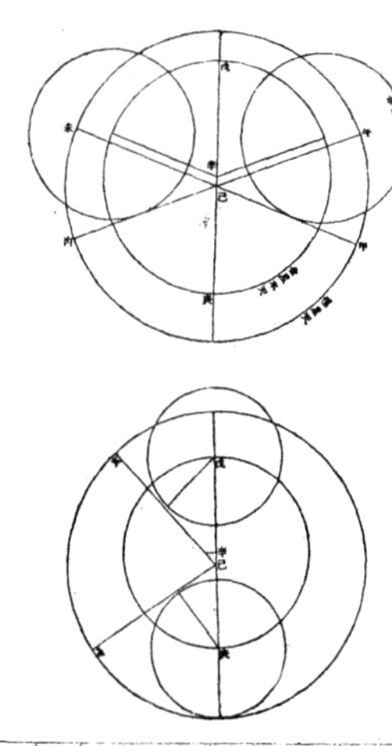

一求金星次輪半徑以定順逆西人第谷測得金星次輪半徑爲本天半徑千萬分之七百二十二萬四千八百五十本法仍之定本輪心行即太陽平行均輪心從本輪最高左旋爲自行引數次輪心從均輪最近右旋爲倍引數星從次輪平遠右旋行伏見度取金星次輪徑線不與地心參直與本輪高卑線平行徑線遠地心之端爲平遠近地心之端爲平近與太陰次輪均輪徑線平行者同本輪均輪面與黃道平行次輪面有交角如圖甲爲地心乙爲本天半周丙爲本輪丁爲均輪戊爲次輪己爲平遠庚爲平近

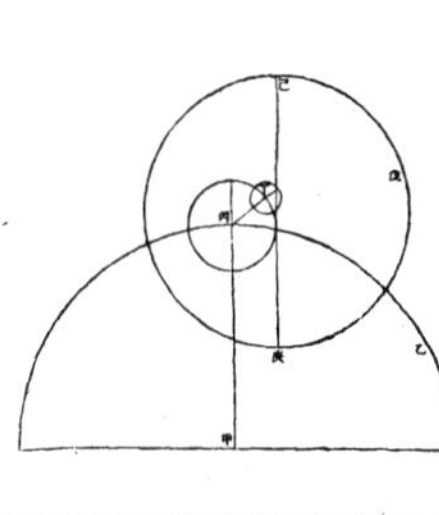

一求水星平行度古測定一萬六千八百零二日又十分日之四水星行次輪會日退合日一百四十五次置中積日分爲實星行次輪周數一百四十五爲法除之得周率以每周三百六十度爲實周率除之得每日水星伏見行其本輪心平行如金星本法仍之

一求水星最高及本輪均輪半徑以定盈縮明萬歷十三年西人第谷如測金星法測得水星最高在析木宮初度一十分一十七秒每年最高行一分四十五秒一十四微定兩心差爲本天半徑千萬分之六十八萬二千一百五十五析爲本輪半徑五十六萬七千五百二十三均輪半徑一十一萬四千六百三十二本法仍之

一求水星次輪半徑以定順逆西人第谷測得水星次輪半徑爲本天半徑千萬分之三百八十五萬本法仍之定本輪心平行卽太陽平行均輪心從本輪最高左旋爲自行引數次輪心從均輪最遠右旋爲三倍引數星從次輪平遠右旋行伏見度諸輪之面與金星同

一求五星與黃道交角及交行所在以定距緯新法算書載崇禎元年天正冬至次日子正土星正交在鶉首宮二十度四十一分五十二秒中交在星紀宮二十度四十一分五十二秒每年交行四十一秒五十三微本天與黃道交角二度三十一分木星正交在鶉首宮七度零九分零八秒中交在星紀宮七度零九分零八秒每年交行一十三秒三十六微本天與黃道交角一度一十九分四十秒火星正交在大梁宮一十七度零二分二十九秒中交在大火宮一十七度零二分二十九秒每年交行五十二秒五十七微本天與黃道交角一度五十分金星正交恒距最高前十六度在實沈宮一十四度一十六分零六秒中交在析木宮一十四度一十六分零六秒每年交行一分二十二秒五十七微次輪面交黃道之角三度二十九分水星正交恒與最卑同在實沈宮一度二十五分四十二秒中交在析木宮一度二十五分四十二秒每年交行一分四十五秒一十四微次輪心在正交當黃道北之角五度零五分十秒當黃道南之角六度三十一分零二秒次輪心在中交當黃道北之角六度一十六分五十秒當黃道南之角四度五十五分三十二秒次輪心在兩交之中交角皆五度四十分凡五星交行皆順行本法仍之

一求伏見限西人多錄某測得金星當地平太陽在地平下五度木星水星當地平太陽在地平下十度土星當地平太陽在地平下十一度火星當地平太陽在地平下十一度三十分爲星見之限本法仍之

一求平行所在新法算書載崇禎元年天正冬至次日子正土星平行距冬至八宮二十八度零八分二十七秒木星一十一宮一十八度五十一分五十一秒火星五宮零四度四十五分三十秒金水同太陽本法仍之

一求地半徑差測得地半徑與土星距地心之比例爲一與一萬零九百五十三與木星距地心之比例爲一與五千九百一十八與火星在最高距地心之比例爲一與三千一百二十三在中距之比例爲一與一千七百四十四在最卑之比例爲一與四百一十與金星在最高距地心之比例爲一與一千九百八十三在最卑之比例爲一與三百零一中距與太陽同與水星在最高距地心之比例爲一與一千六百三十三在最卑之比例爲一與六百五十一中距與太陽同土木二星極遠高卑細數不計用平三角形各推得地半徑差

恒星立法之原一求各星見行所在康熙十三年測定恆星經緯度以十一年壬子列表

一求東行度明萬歷間西人第谷殫精推測定恆星循黃道每年東行五十一秒本法仍之

清史稿

時憲志四

康熙甲子元法中

日躔用數康熙二十三年甲子天正冬至爲法元癸亥年十一月冬至

周天三百六十度平分之爲半周四分之爲象限十二分之爲宮每度六十分秒微纖以下皆以六十遞析周天入算化作一百二十九萬六千秒

周日一萬分時則二十四刻則九十六刻下分則一千四百四十秒則八萬六千四百

周歲三百六十五日二四二一八七五

紀法六十

宿法二十八

太陽每日平行三千五百四十八秒小餘三三〇五一六九

最卑歲行六十一秒小餘一六六六六

最卑日行十分秒之一又六七四六九

本天半徑一千萬

本輪半徑二十六萬八千八百一十二

均輪半徑八萬九千六百零四

宿度見天文志

歲差五十一秒

各省及蒙古北極高度東西偏度見天文志

黃赤大距二十三度二十九分三十秒

最卑應七度十分十一秒十微

氣應七日六五六三七四九二六

宿應五日六五六三七四九二六

日干甲乙丙丁戊己庚辛壬癸

支子丑寅卯辰巳午未申酉戌亥

宿名角亢氐房心尾箕斗牛女虛危室壁奎婁胃昴畢參觜井鬼柳星張翼軫

時名從十二支各分初正起子正盡夜子初推日躔法求天正冬至置周歲以距元年數減一得積年乘之得中積分加氣應得通積分上考往古則減氣應得通積分其日滿紀法去之餘爲天正冬至日分上考往古則以所餘轉與紀法相減餘爲天正冬至日分自初日起甲子其小餘以刻下分通之如法收爲時刻周日一萬分爲一率小餘爲二率刻下分爲三率求得四率爲時分滿六十分收爲一時十五分收爲一刻初時起子正中積分加宿應滿宿法去之爲天正冬至值宿日分初日起角宿

求平行以周日爲一率太陽每日平行爲二率天正冬至小餘與周日相減餘爲三率求得四率爲年根秒數又置太陽每日平行以本日距冬至次日數乘之得數爲秒與年根相併以宮度分收之得平行

求實行置最卑歲行以積年乘之又置最卑日行以距冬至次日數乘之兩數相併加最卑應上考則減最卑應以減平行爲引數用平三角形以本輪半徑三分之二爲對正角之邊以引數爲一角求得對角之邊倍之又求得對又一角之邊與本天半徑相加減引數三宮至八宮則相加九宮至二宮則相減復用平三角形以加倍之數爲小邊加減本天半徑之數爲大邊正角在兩邊之中求得對小邊之角爲均數置平行以均數加減之引數初宮至五宮爲加六宮至十一宮爲減得實行求宿度以積年乘歲差得數加甲子法元黃道宿度爲本年宿鈐以減實行餘爲日躔宿度若實行不及減宿鈐退一宿減之

求紀日值宿置距冬至次日數加冬至日滿紀法去之初日起甲子加冬至值宿日滿宿法去之初日起角宿得紀日值宿

求節氣時刻日躔初宮丑星紀初度爲冬至十五度爲小寒一宮子元枵初度爲大寒十五度爲立春二宮亥娵訾初度爲雨水十五度爲驚蟄三宮戌降婁初度爲春分十五度爲清明四宮酉大梁初度爲穀雨十五度爲立夏五宮申實沈初度爲小滿十五度爲芒種六宮未鶉首初度爲夏至十五度爲小暑七宮午鶉火初度爲大暑十五度爲立秋八宮巳鶉尾初度爲處暑十五度爲白露九宮辰壽星初度爲秋分十五度爲寒露十宮卯大火初度爲霜降十五度爲立冬十一宮寅析木初度爲小雪十五度爲大雪皆以子正日躔未交節氣宮度者爲交節氣本日已過節氣宮度者爲交節氣次日乃以本日實行與次日實行相減爲一率每日刻下分爲二率本日子正實行與節氣宮度相減爲三率求得四率爲距子正後之分數乃以時刻收之卽得節氣初正時刻如實行適與節氣宮度相符而無餘分卽爲子正初刻求各省節氣時刻皆以京師爲主視偏度加減之每偏一度加減時之四分偏東則加偏西則減推節氣用時法以交節氣本日均數變時爲均數時差反其加減又以半徑爲一率黃赤大距餘弦爲二率本節氣黃道度正切爲三率求得四率爲赤道正切檢表得度與黃道相減餘變時爲升度時差二分後爲加二至後爲減皆加減節氣時刻爲節氣用時求距緯度以本天半徑爲一率黃赤大距度之正弦爲二率實行距春秋分前後度之正弦爲三率實行初宮初度至二宮末度與三宮相減餘爲春分前三宮初度至五宮末度則減去三宮爲春分後六宮初度至八宮末度與九宮相減餘爲秋分前九宮初度至十一宮末度則減去九宮爲秋分後求得四率爲正弦檢表得距緯度實行三宮至八宮其緯在赤道北九宮至二宮其緯在赤道南

求日出入晝夜時刻以本天半徑爲一率北極高度之正切爲二率本日距緯

度之正切爲二率求得四率爲正弦檢表得日出入在卯酉前後赤道度變時(一度變時之四分凡言變時皆倣此)爲距卯酉分以加減卯酉時即得日出入時刻(春分前秋分後以加卯正爲日出減酉正爲日入春分後秋分前以減卯正爲日出加酉正爲日入)又倍距卯酉分以加減半晝分得晝夜時刻(春分後以加得晝刻以減得夜刻秋分後反是)

月離用數太陰每日平行四萬七千四百三十五秒小餘○二一一七七

太陰每時(四刻)平行一千九百七十六秒小餘四五九二一五七

月孛即最高每日行四百○一秒小餘○七七四七七

正交每日平行一百九十秒小餘六四

本輪半徑五十八萬

均輪半徑二十九萬

負圈半徑七十九萬七千

次輪半徑二十一萬七千

次均輪半徑一十一萬七千五百

朔望黃白大距四度五十八分三十秒

兩弦黃白大距五度一十七分三十秒

黃白大距中數五度○八分

黃白大距半較九分三十秒

太陰平行應一宮○八度四十分五十七秒十六微

月孛應三宮○四度四十九分五十四秒○九微

正交應六宮二十七度十三分三十七秒四十八微

推月離法求天正冬至同日躔

求太陰平行置中積分加氣應(詳日躔)小餘(不用日下同)減天正冬至小餘得積日(上考則減氣應小餘加天正冬至小餘)與太陰每日平行相乘滿周天秒數去之餘數收爲宮度分以加太陰平行應得太陰年根(上考則減)又置太陰每日平行以距天正冬至次日數乘之得數爲秒以宮度分收之與年根相併(滿十二宮去之)爲太陰平行

求月孛行以積日(見前條下同)與月孛每日行相乘滿周天秒數去之餘數收爲宮度分以加月孛應得月孛年根(上考則減)又置月孛每日行以距天正冬至次日數乘之得數爲秒以宮度分收之與年根相併(滿十二宮去之)爲月孛行

求正交平行以積日與正交每日平行相乘滿周天秒數去之餘數收爲宮度分以減正交應(正交應不足減者加十二宮減之)得正交年根(上考則加)又置正交每日平行以距天正冬至次日數乘之得數爲秒以宮度分收之以減年根(年根不足減者加十二宮減之)爲正交平行

求用時太陰平行以本日太陽均數變時(詳日躔)得均數時差(均數加者時差爲減均數減者時差爲加)又以本日太陽黃赤經度(詳日躔)相減餘數變時得升度時差(二分後爲加二至後爲減)乃以兩時差相加減爲時差總(兩時差加減同號者則相加爲總仍爲加減異號者則相減爲總加數大者爲加減數大者爲減)化秒與太陰每時平行相乘爲實以一度化秒爲法除之得數爲秒以度分收之得時差行以加減太陰平行(時差總爲加者則加爲減者則減)爲用時太陰平行

求初實行置用時太陰平行減去月孛行得引數用平三角形以本輪半徑之半爲對正角之邊以引數爲一角求得對角之邊三因之又求得對又一角之邊與本天半徑相加減(引數九宮至二宮相加三宮至八宮相減)復用平三角形以三因數爲小邊加減本天半徑數爲大邊正角在兩邊之中求得對小邊之角爲初均數并求得對正角之邊(即次輪最近點距地心之線)乃置用時太陰平行以初均數加減之(引數初宮至五宮爲減六宮以後爲加)爲初實行

求白道實行置初實行減本日太陽實行得次引(即距日度)用平三角形以次輪最近點距地心線爲一邊倍次引之通弦(本天半徑爲一率次引之正弦爲二率次輪半徑爲三率求得四率倍之即通弦)爲一邊以初均數與引數減半周之度(引數不及半周則與半周相減如過半周則減去半周)相加又以次引距象限度(次引不及象限則與象限相減如過象限及過三象限則減去象限及三象限用其餘如過二象限則減去二象限餘數仍與象限相減爲次引距象限度)加減之(初均數減者次引過象限或過三象限則相加不過象限或過二象限則相減初均數加者反是)爲所夾之角(若相加過半周則與全周相減用其餘爲所夾之角若相加適足半周或相減無餘則無二均數若次引爲初度或適足半周亦無二均數)求得對通弦之角爲二均數(如無初均數以次輪心距地心爲一邊次輪半徑爲一邊次引倍數爲所夾之角次引過半周者與全周相減用其餘在最高爲所夾之內角在最卑爲所夾之外角求得對次輪半徑之角爲二均數)隨定其加減號(以初均數與均輪心距最卑之度相加爲加減泛限泛限適足九十度則二均加減與初均同如泛限不足九十度則與九十度相減餘數倍之爲加減定限初均減者以次引倍度初均加者以次引倍度減全周之餘數皆與定限較如泛限過九十度者減去九十度餘數倍之爲加減定限初均加者以次引倍度初均減者以次引倍度減全周之餘數皆與定限較並以大於定限則二均之加減與初均同小於定限者反是)并求得對角之邊爲次均輪心距地心線又以此線及次引用平三角形以次均輪心距地爲一邊次均輪半徑爲一邊次引倍度爲所夾之角(次引過半周者與全周相減用其餘)求得對次均輪半徑之角爲三均數隨定其加減號(次引倍度不及半周爲加過半周爲減)乃以二均數與三均數相加減爲二三均數(兩均數同號則相加異號則相減)以加減初實行(兩均數同爲加者仍爲加同爲減者仍爲減一爲加一爲減者加數大爲加減數大爲減)爲白道實行

求黃道實行用弧三角形以黃白大距中數爲一邊大距半較爲一邊次引倍度爲所夾之角(次引過半周與全周相減用其餘)求得對角之邊爲黃白大距並求得對半較之角爲交均以交均加減正交平行(次引倍度不及半周爲減過半周爲加)得正交實行又加減六宮爲中交實行置白道實行減正交實行得距交實行以本天半徑爲一率黃白大距之餘弦爲二率距交實行之正切爲三率求得四率爲黃道之正切檢表得度分與距交實行相減餘爲升度差以加減白道實行(距交實行不過象限或過二象限爲減過象限及過三象限爲加)爲黃道實行

求黃道緯度以本天半徑爲一率黃白大距之正弦爲二率距交實行之正弦爲三率求得四率爲正弦檢表得黃道緯度距交實行初宮至五宮爲黃道北六宮至十一宮爲黃道南

求四種宿度依日躔求宿度法求得本年黃道宿鈐以黃道實行月孛行及正交中交實行各度分視其足減宿鈐內某宿則減之餘爲四種宿度

求紀日值宿同日躔

求交宮時刻以太陰本日實行與次日實行相減(未過宮爲本日已過宮爲次日)餘爲一率刻下分爲二率太陰本日實行(不用宮)與三十度相減餘爲三率求得四率爲距子正分數如法收之得交宮時刻

求太陰出入時刻以本日太陽黃道經度求其相當赤道經度又用弧三角形以太陰距黃極爲一邊黃極距北極爲一邊(即黃赤大距)太陰距冬至黃道經度爲所夾之外角(過半周者與全周相減用其餘)求得對邊爲太陰距北極度與九十度相減得赤道緯度(不及九十度者與九十度相減餘爲北緯過九十度者減去九十度餘爲南緯)又求得近北極之角爲太陰距冬至赤道經度乃以本天半徑爲一率北極高度之正切爲二率太陰赤道緯度之正切爲三率求得四率爲正弦檢表得太陰出入在卯酉前後赤道度(太陰在赤道北出在卯正前入在酉正後太陰在赤道南出在卯正後入在酉正前)以加減(前減後加)太陰距太陽赤道度(太陰赤道經度內減去太陽赤道經度即得)得數變時自卯正酉正後計之(出地自卯正後入地自酉正後)得何時刻再加本時太陰行度之時刻(約一小時行三十分變爲時之二分)即得太陰出入時刻

求合朔弦望太陰實行與太陽實行同宮同度爲合朔限距三宮爲上弦限距六宮爲望限距九宮爲下弦限皆以太陰未及限度爲本日已過限度爲次日乃以太陰太陽本日實行與次日實行各相減兩減餘數相較爲一率刻下分爲二率本日太陽實行加限度(上弦加三宮望加六宮下弦加九宮)減本日太陰實行餘爲三率求得四率爲距子正之分如法收之得合朔弦望時刻

求正升斜升橫升合朔日太陰實行自子宮十五度至酉宮十五度爲正升自酉宮十五度至未宮初度爲斜升自未宮初度至寅宮十五度爲橫升自寅宮十五度至子宮十五度爲斜升

求月大小以前朔後朔相較日干同者前月大不同者前月小

求閏月以前後兩年有冬至之月爲準中積十三月者以無中氣之月從前月置閏一歲中兩無中氣者置在前無中氣之月爲閏

土星用數每日平行一百二十秒小餘六○二二一五五一

最高日行十分秒之二又一九五八○三

正交日行十分秒之一又一四六七二八

本輪半徑八十六萬五千五百八十七

均輪半徑二十九萬六千四百一十三

次輪半徑一百零四萬二千六百

本道與黃道交角二度三十一分

土星平行應七宮二十三度十九分四十四秒五十五微

最高應十一宮二十八度二十六分六秒五微

正交應六宮二十一度二十分五十七秒二十四微

木星用數每日平行二百九十九秒小餘二八五二二九六八

最高日行十分秒之一又五八四三三

正交日行百分秒之三又七二三五五七

本輪半徑七十萬五千三百二十

均輪半徑二十四萬七千九百八十

次輪半徑一百九十二萬九千四百八十

本道與黃道交角一度十九分四十秒

木星平行應八宮九度十三分十三秒十一微

最高應九宮九度五十一分五十九秒二十七微

正交應六宮七度二十一分四十九秒三十五微

火星用數每日平行一千八百八十六秒小餘六七○○三五八

最高日行十分秒之一又八三四三九九

正交日行十分秒之一又四四九七二三

本輪半徑一百四十八萬四千

均輪半徑三十七萬一千

最小次輪半徑六百三十萬二千七百五十

本天高卑大差二十五萬八千五百

太陽高卑大差二十三萬五千

本道與黃道交角一度五十分

火星平行應二宮十三度三十九分五十二秒十五微

最高應八宮初度三十三分十一秒五十四微

正交應四宮十七度五十一分五十四秒七微餘見日躔

推土木火星法求天正冬至同日躔

求三星平行以積日詳月離與本星每日平行相乘滿周天秒數去之餘收爲宮度分爲積日平行以加本星平行應得本星年根上考則減又置本星每日平行以所求距天正冬至次日數乘之得數與年根相併得本星平行

求三星最高行以積日與本星最高日行相乘得數以加本星最高應得最高年根上考則減又置本星最高日行以所求距天正冬至次日數乘之得數與年根相併得本星最高行

求三星正交行以積日與本星正交日行相乘得數以加本星正交應得正交年根上考則減又置本星正交日行以所求距天正冬至次日數乘之得數與年根相併得本星正交行

求三星初實行置本星平行減最高行得引數用平三角形以均輪半徑減本輪半徑爲對正角之邊以引數爲一角求得對引數角之邊及對又一角之邊又用平三角形以對引數角之邊與均輪通弦相加求通弦法詳月離爲小邊以對又一角之邊與本天半徑相加減引數三宮至八宮相減九宮至二宮相加爲大邊正角在兩邊之中求得對小邊之角爲初均數並求得對正角之邊爲次輪心距地心線以初均數加減本星平行引數初宮至五宮減六宮至十一宮加得本星初實行

求三星本道實行置本日太陽實行減本星初實行得次引即距日度用平三角形以次輪心距地心線爲一邊次輪半徑爲一邊惟火星次輪半徑時時不同求法詳後次引爲所夾之外角過半周者與全周相減用其餘求得對次輪半徑之角爲次均數並求得對次引角之邊爲星距地心線乃以次均數加減初實行加減與初均相反得本星本道實行

求火星次輪實半徑以火星本輪全徑命爲二千萬爲一率本天高卑大差爲二率引數之正矢爲三率引數過半周者與全周相減用其餘求得四率爲本天高卑差又以太陽本輪全徑命爲二千萬爲一率太陽高卑大差爲二率本日太陽引數之正矢爲三率引數與半周相減即均輪心距最卑度求得四率爲太陽高卑差乃置火星最小次輪半徑以兩高卑差加之得火星次輪實半徑

求三星黃道實行置本星初實行減本星正交實行得距交實行次輪心距正交乃以本天半徑爲一率本道與黃道交角之餘弦爲二率距交實行之正切爲三率求得四率爲正切檢表得黃道度與距交實行相減得升度差以加減本道實行距交實行不過象限及過二象限爲減不過象限及過三象限爲加得本星黃道實行

求三星視緯以本天半徑爲一率本道與黃道交角之正弦爲二率距交實行之正弦爲三率求得四率爲正弦檢表得初緯又以本天半徑爲一率初緯之正弦爲二率次輪心距地心線爲三率求得四率爲星距黃道線乃以星距地心線爲一率星距黃道線爲二率本天半徑爲三率求得四率爲正弦檢表得本星視緯隨定其南北距交實行初宮至五宮爲黃道北六宮至十一宮爲黃道南

求黃道宿度及紀日同日躔

求交宮時刻同月離

求三星晨夕伏見定限度視本星黃道實行與太陽實行同宮同度爲合伏合伏後距太陽漸遠爲晨見東方順行順行漸遲遲極而退爲留退初退行距太陽半周爲退衝退衝之次日爲夕見退行漸遲遲極而順爲留順初順行漸疾復近太陽以至合伏爲夕不見其伏見限度土星十一度木星十度火星十一度半合伏前後某日太陽實行與本星實行相距近此限度即以本星本日黃道實行用弧三角形以赤道地平交角爲所知一角夕春分後用內角秋分後用外角晨反是實行距春秋分度爲對邊黃赤大距爲所知又一角求得不知之對邊乃用所知兩邊對所知兩角求得不知之又一角夕秋分後用內角春分後用外角晨反是爲限距地高乃用弧三角形有正角有黃道地平交角即限距地高有本星伏見限度爲對交角之弧求得對正角之弧爲距日黃道度若星當黃道無距緯即爲定限度又用弧三角形有正角有黃道地平交角以本星距緯爲對交角之弧求得兩角間之弧爲加減差以加減距日黃道度緯南加緯北減得伏見定限度視本星距太陽度與定限度相近如在合伏前某日即爲某日夕不見在合伏後某日即爲某日晨見

求三星合伏時刻視太陽實行將及本星實行爲合伏本日已過本星實行爲合伏次日求時刻於太陽一日之實行即本日次日兩實行之較內減本星一日之實行爲一率餘同月離求朔望

求三星退衝時刻視本星黃道實行與太陽實行相距將半周爲退衝本日已過半周爲退衝次日求時刻之法以太陽一日之實行與本星一日之實行相加爲一率餘同前

求同度時刻以兩星一日之實行相加減兩星同行則減一順一逆則加爲一率刻下分爲二率兩星相距爲三率求得四率爲距子正之分數以時刻收之即得五星並同

金星用數每日平行三千五百四十八秒小餘三三〇五一六九

最高日行十分秒之二又二七一〇九五

伏見每日平行二千二百十九秒小餘四三一一八八六

本輪半徑二十三萬一千九百六十二

均輪半徑八萬八千八百五十二

次輪半徑七百二十二萬四千八百五十

次輪面與黃道交角三度二十九分

金星平行應初宮初度二十分十九秒十八微

最高應六宮一度三十三分三十一秒四微

伏見應初宮十八度三十八分十三秒六微

水星用數每日平行與金星同

最高日行十分秒之二又八八一一九三

伏見每日平行一萬一千一百八十四秒小餘一一六五二四八

本輪半徑五十六萬七千五百二十三

均輪半徑一十一萬四千六百三十二

次輪半徑三百八十五萬

次輪心在大距與黃道交角五度四十分

次輪心在正交與黃道交角北五度五分十秒其交角較三十四分五十秒與大距交角相較後倣此南六度三十一分二秒其交角較五十一分二秒

次輪心在中交與黃道交角北六度十六分五十秒其交角較三十六分五十秒南四度五十五分三十二秒其交角較四十四分二十八秒

水星平行應與金星同

最高應十一宮三度三分五十四秒五十四微

伏見應十宮一度十三分十一秒十七微餘見日躔

推金水星法求天正冬至同日躔

求金水本星平行同土木火星

求金水最高行同土木火星

求金水伏見平行同本星平行

求金水正交行置本星最高平行金星減十六度水星加減六宮即得

求金星初實行用本星引數求初均數以加減本星平行爲本星初實行及求次輪心距地心線並同土木火星

求水星初實行用平三角形以本輪半徑爲一邊均輪半徑爲一邊以引數三倍之爲所夾之外角過半周者與全周相減用其餘求其對角之邊併對均輪半徑之角又用平三角形以本天半徑爲大邊以對角之邊爲小邊以對均輪半徑之角與均輪心距最卑度相加減引數不及半周者與半周相減過半周者減去半周即均輪心距最卑度加減之法視三倍引數不過半周則加過半周則減爲所夾之角求得對小邊之角爲初均數並求得對角之邊爲次輪心距地心線以初均數加減水星平行引數初宮至五宮爲減六宮至十一宮爲加得水星初實行

求金水伏見實行置本星伏見平行加減本星初均數引數初宮至五宮爲加六宮至十一宮爲減即得

求金水黃道實行用平三角形以本星次輪心距地心線爲一邊本星次輪半徑爲一邊本星伏見實行爲所夾之外角過半周者與全周相減用其餘求得對次輪半徑之角爲次均數並求得對角之邊爲本星距地心線以次均數加減初實行伏見實行初宮至五宮爲加六宮至十一宮爲減得本星黃道實行

求金水距次交實行置本星初實行減本星正交行爲距交實行與本星伏見實行相加得本星距次交實行

求金水視緯以本天半徑爲一率本星次輪與黃道交角之正弦爲二率金星交角惟一水星交角則時時不同須求實交角用之法詳後本星距次交實行之正弦爲三率求得四率爲正弦檢表得本星次緯又以本天半徑爲一率本星次緯之正弦爲二率本星次輪半徑爲三率求得四率爲本星距黃道線乃以本星距地心線爲一率本星距黃道線爲二率本天半徑爲三率求得四率爲正弦檢表得本星視緯隨定其南北初宮至五宮爲黃道北六宮至十一宮爲黃道南

求水星實交角以半徑一千萬爲一率交角較化秒爲二率距交實行九宮至二宮用正交交角

（較三宮至八宮用中交交角較仍視其南北用之）距交實行之正弦爲三率求得四率爲交角差置交角（用交角之法與用交角較同）以交角差加減之（距交實行九宮至二宮星在黃道北則加南則減三宮至八宮反是）得實交角

求黃道宿度及紀日同日躔

求交宮時刻同月離

求金水晨夕伏見定限度本星實行與太陽實行同宮同度爲合伏合伏後距太陽漸遠夕見西方順行順行漸遲遲極而退爲留退初退行漸近太陽則夕不見復與太陽同度爲合退伏自是又漸遠太陽晨見東方仍退行漸遲遲極而順爲留順初順行漸疾復近太陽以至合伏爲晨不見其伏見限度金星爲五度水星爲十度其求定限度之法與土木火星同視本星距太陽度與定限相近如在合伏前某日即爲某日晨不見合伏後某日即爲某日夕見合退伏前某日即爲某日夕不見合退伏後某日即爲某日晨見

求金水合伏時刻視本星實行將及太陽實行爲合伏本日已過太陽實行爲合伏次日求時刻之法與月離求朔望時刻之法同

求金水合退伏時刻視太陽實行將及本星實行爲合退伏本日已過本星實行爲合退伏次日求時刻之法與土木火星求退衝時刻之法同

恒星用數見日躔

推恒星法求黃道經度以距康熙壬子年數減一得積年歲差乘之收爲度分與康熙壬子年恒星表經度相加得各恒星本年經度求赤道經緯度用弧三角形以星距黃極爲一邊黃赤大距爲一邊本年星距夏至前後爲所夾之角求得對星距黃極邊之角夏至前用本度夏至後與周天相減用其餘度自星紀宮初度起算爲各恒星赤道經度又求得對原角之邊與象限相減餘爲赤道緯度（減象限爲北減去象限爲南）

求中星以刻下分爲一率本日太陽實行與次日太陽實行相減餘爲二率以所設時刻化分爲三率求得四率與本日太陽實行相加得本時太陽黃道經度用弧三角形推得太陽赤道經度以所設時刻變赤道度（一時變爲十五度一分變爲十五分一秒變爲十五秒）加減半周（不及半周則加半周過半周則減半周）得本時太陽距午後度與太陽赤道經度相加得本時正午赤道經度視本年恒星赤道經度同者即爲中星

時憲志五

康熙甲子元法下

月食用數朔策二十九日五三〇五九三

望策十四日七六五二九六五

太陽平行朔策一十萬四千七百八十四秒小餘三〇四三二四

太陽引數朔策一十萬四千七百七十九秒小餘三五八八六五

太陰引數朔策九萬二千九百四十秒小餘二四八五九

太陰交周朔策十一萬〇四百十四秒小餘〇一六五七四

太陽平行望策十四度三十三分十二秒〇九微

太陽引數望策十四度三十三分〇九秒四十一微

太陰引數望策六宮十二度五十四分三十秒〇七微

太陰交周望策六宮十五度二十分〇七秒

太陽一小時平行一百四十七秒小餘八四七一〇四九

太陽一小時引數一百四十七秒小餘八四〇一二七

太陰一小時引數一千九百五十九秒小餘七四七六五四二

太陰一小時交周一千九百八十四秒小餘四〇二五四九

月距日一小時平行一千八百二十八秒小餘六一二一一〇八

太陽光分半徑六百三十七

太陰實半徑二十七

地半徑一百

太陽最高距地一千〇十七萬九千二百〇八與地半徑之比例爲十一萬六千二百

太陰最高距地一千〇十七萬二千五百與地半徑之比例爲五千八百一十六

朔應二十六日三八五二六六六

首朔太陽平行應初宮二十六度二十分四十二秒五十七微

首朔太陽引數應初宮十九度一十分二十七秒二十一微

首朔太陰引數應九宮十八度三十四分二十六秒十六微

首朔太陰交周應六宮初度三十分五十五秒十四微餘見日躔月離

推月食法求天正冬至同日躔

求紀日以天正冬至日數加一日得紀日

求首朔先求得積日同月離置積日減朔應得通朔（上考則加）以朔策除之得數加一爲積朔餘數轉減朔策爲首朔（上考則除得之數即積朔不用加一餘數即首朔不用轉減）

求太陰入食限置積朔以太陰交周朔策乘之滿周天秒數去之餘爲積朔太陰交周加首朔太陰交周應得首朔太陰交周（上考則置首朔交周應減積朔交周）又加太陰交周望策再以交周朔策遞加十三次得逐月望太陰平交周視某月交周入可食之限即爲有食之月（交周自五宮十五度〇六分至六宮十四度五十四分自十一宮十五度〇六分至初宮十四度五十四分皆可食之限）再於實交周詳之

求平望以太陰入食限月數與朔策相乘加望策再加首朔日分及紀日滿紀法去之餘爲平望日分自初日起甲子得平望干支以刻下分通其小餘如法收之初時起子正得時刻分秒

求太陽平行置積朔加太陰入食限之月數爲通月以太陽平行朔策乘之滿周天秒數去之加首朔太陽平行應（上考則減）又加太陽平行望策即得

求太陽平引置通月以太陽引數朔策乘之去周天秒數加首朔太陽引數應（上考則減）又加太陽引數望策即得

求太陰平引置通月以太陰引數朔策乘之去周天秒數加首朔太陰引數應（上考則減）又加太陰引數望策即得

求太陽實引以太陽平引依日躔法求得太陽均數以太陰平引依月離法求得太陰初均數兩均數相加減爲距弧（兩均同號相減異號相加）以月距日一小時平行爲一率一小時化秒爲二率距弧化秒爲三率求得四率爲距時秒隨定其加減號（兩均同號日大仍之日小反之兩均一加一減其加減從日）又以一小時化秒爲一率太陽一小時引數爲二率距時秒爲三率求得四率爲秒以度分收之爲太陽引弧（依距時加減號）以加減太陽平引得實引

求太陰實引以一小時化秒爲一率太陰一小時引數爲二率距時秒爲三率求得四率爲秒以度分收之爲太陰引弧（依距時加減號）以加減太陰平引得實引

求實望以太陽實引復求均數爲日實均並求得太陽距地心綫（即實均第二平三角形對正角之邊）以太陰實引復求均數爲月實均并求得太陰距地心綫（法同太陽）兩均相加減爲實距弧（加減與距弧同）依前求距時法求得時分爲實距時以加減平望（加減與距時同）得實望（加滿二十四時則實望進一日不足減者借一日作二十四時減之則實望退一日）

求實交周以一小時化秒爲一率太陰一小時交周爲二率實距時化秒爲三率求得四率爲秒以度分收之爲交周距弧以加減太陰交周（依實距時加減號）又以月實均加減之爲實交周若實交周入必食之限爲有食（自五宮十七度四十三分〇五秒至六宮十二度十六分五十五秒自十一宮十七度四十三分〇五秒至初宮十二度十六分五十五秒爲必食之限不入此限者不必布算）

求太陽黃赤道實經度以一小時化秒爲一率太陽一小時平行爲二率實距時化秒爲三率求得四率爲秒以度分收之爲太陽距弧（依距時加減號）以加減太陽平行又以日實均加減之即黃道經度又用弧三角形求得赤道經度（詳月離求太陰出入時刻條）

求實望用時以日實均變時爲均數時差以升度差（黃赤道經度之較）變時爲升度時差兩時差相加減爲時差總（加減之法詳月離求用時平行條）以加減實望爲實望用時（距日出後日入前九刻以內者可以見食九刻以外者全在晝不必算）

求食甚時刻以本天半徑爲一率黃白大距之餘弦爲二率實交周之正切爲三率求得四率爲正切檢表得食甚交周與實交周相減爲交周升度差又以太陰一小時引數與太陰實引相加依月離求初均法算之爲後均以後均與月實均相加減（兩均同號相減異號相加）得數又與一小時月距日平行相加減（兩均同加後均大則加小則減兩均同減後均大則減小則加兩均一加一減其加減從後均）爲月距日實行乃以月距日實行化秒爲一率一小時化秒爲二率交周升度差化秒爲三率求得四率爲秒以時分收之得食甚距時以加減實望用時（實交周初宮六宮爲減五宮十一宮爲加）爲食甚時刻

求食甚距緯以本天半徑爲一率黃白大距之正弦爲二率實交周之正弦爲三率求得四率爲正弦檢表得食甚距緯（實交周初宮五宮爲北六宮十一宮爲南）

求太陰半徑以太陰最高距地爲一率地半徑比例數爲二率太陰距地心綫內減去次均輪半徑爲三率求得四率爲太陰距地又以太陰距地爲一率太陰實半徑爲二率本天半徑爲三率求得四率爲正弦檢表得太陰半徑

求地影半徑以太陽最高距地爲一率地半徑比例數爲二率太陽距地心綫爲三率求得四率爲太陽距地又以太陽光分半徑內減地半徑爲一率太陽距地爲二率地半徑爲三率求得四率爲地影之長又以地影長爲一率地半徑爲二率本天半徑爲三率求得四率爲正弦檢表得地影角又以本天半徑爲一率地影角之正切爲二率地影長內減太陰距地爲三率求得四率爲太陰所入地影之闊乃以太陰距地爲一率地影之闊爲二率本天半徑爲三率求得四率爲正切檢表得地影半徑

求食分以太陰全徑爲一率十分爲二率併徑（太陰地影兩半徑相併）內減食甚距緯之較（併徑不及減距緯即不食）爲三率求得四率即食分

求初虧復圓時刻以食甚距緯之餘弦爲一率併徑之餘弦爲二率半徑千萬爲三率求得四率爲餘弦檢表得初虧復圓距弧又以月距日實行化秒爲一率一小時化秒爲二率初虧復圓距弧化秒爲三率求得四率爲秒以時分收之爲初虧復圓距時以加減食甚時刻得初虧復圓時刻（減得初虧加得復圓）

求食既生光時刻以食甚距緯之餘弦爲一率兩半徑較之餘弦爲二率半徑千萬爲三率求得四率爲餘弦檢表得食既生光距弧又以月距日實行化秒爲一率一小時化秒爲二率食既生光距弧化秒爲三率求得四率爲秒以時分收之爲食既生光距時以加減食甚時刻得食既生光時刻（減得食既加得生光）

求食限總時以初虧復圓距時倍之即得

求太陰黃道經緯度置太陽黃道經度加減六宮（過六宮則減去六宮不及六宮則加六宮）再加減食甚距弧又加減黃白升度差（求升度差法詳月離求黃道實行條）得太陰黃道經度求緯度詳月離

求太陰赤道經緯度詳月離求太陰出入時刻條

求宿度同日躔

求黃道地平交角以食甚時刻變赤道度（每時之四分變一度）又於太陽赤道經度內減三宮（不及減者加十二宮減之）餘爲太陽距春分赤道度兩數相加（滿全周去之）爲春分距子正赤道度與半周相減得春分距午正東西赤道度（過半周者減去半周爲午正西不及半周者去減半周爲午正東）春分距午正東西度過象限者與半周相減餘爲秋分距午正東西赤道度（秋分距午東西與春分相反）以春秋分距午正東西度與九十度相減餘爲春秋分距地平赤道度乃用爲弧三角形之一邊以黃赤大距及赤道地平交角（即赤道地平上高度）（春分午西秋分午東者用此若春分午東秋分午西者則以此度與半周相減用其餘）爲邊傍之兩角求得對邊之角爲黃道地平交角（春分午東秋分午西者得數即爲黃道地平交角春分午西秋分午東者則以得數與半周相減餘爲黃道地平交角）

求黃道高弧交角以黃道地平交角之正弦爲一率赤道地平交角之正弦爲二率春秋分距地平赤道度之正弦爲三率求得四率爲正弦檢表得春秋分距地平黃道度又視春秋分在地平上者以太陰黃道經度與三宮九宮相減（春分與三宮相減秋分與九宮相減）餘爲太陰距春秋分黃道度（春秋分宮度大於太陰宮度爲距春秋分前反此則在後）又以春秋分距地平黃道度與太陰距春秋分黃道度相加減爲太陰距地平黃道度（春秋分在午正西者太陰在分後則加在分前則減春秋分在午正東者反是）隨視其距限之東西（春秋分在午正西者太陰距地平黃道度不及九十度爲限西過九十度爲限東春秋分在午正東者反是）乃以太陰距地平黃道度之餘弦爲一率本天半徑爲二率黃道地平交角之餘切爲三率求得四率爲正切檢表得黃道高弧交角

求初虧復圓定交角置食甚交周以初虧復圓距弧加減之得初虧復圓交周（減得初虧加得復圓）乃以本天半徑爲一率黃白大距之正弦爲二率初虧交周之正弦爲三率求得四率爲正弦檢表得初虧距緯又以復圓交周之正弦爲三率（一率二率同前）求得四率爲正弦檢表得復圓距緯（交周初宮五宮爲緯北六宮十一宮爲緯南）又以併徑之正弦爲一率初虧復圓距緯之正弦各爲二率半徑千萬爲三率各求得四率爲正弦檢表得初虧復圓兩緯差角以兩緯差角各與黃道高弧交角相加減得初虧復圓定交角（初虧限東緯南則加緯北則減限西緯南則減緯北則加復圓反是）若初虧復圓無緯差角即以黃道高弧交角爲定交角

求初虧復圓方位食在限東者定交角在四十五度以內初虧下偏左復圓上偏右四十五度以外初虧左偏下復圓右偏上適足九十度初虧正左復圓正右過九十度初虧左偏上復圓右偏下食在限西者定交角四十五度以內初虧上偏左復圓下偏右四十五度以外初虧左偏上復圓右偏下適足九十度初虧正左復圓正右過九十度初虧左偏下復圓右偏上（京師黃平象限恆在天頂南定方位如此在天頂北反是）

求帶食分秒以本日日出或日入時分（初虧或食甚在日入前者爲帶食出地用日入分食甚或復圓在日出後者爲帶食入地用日出分）與食甚時分相減餘爲帶食距時以一小時化秒爲一率一小時月距日實行化秒爲二率帶食距時化秒爲三率求得四率爲秒以度分收之爲帶食距弧又以半徑千萬爲一率帶食距弧之餘切爲二率食甚距緯之餘弦爲三率求得四率爲餘切檢表得帶食兩心相距之弧乃以太陰全徑爲一率十分爲二率併徑內減帶食兩心相距之餘爲三率求得四率即帶食分秒

求各省月食時刻以各省距京師東西偏度變時（每偏一度變時之四分）加減京師月食時刻即得（東加西減）

求各省月食方位以各省赤道高度及月食時刻依京師推方位法求之即得

繪月食圖先作橫豎二綫直角相交橫綫當黃道豎綫當黃道經圈用地影半徑度於中心作圈以象闇虛次以併徑爲度作外虛圈爲初虧復圓之限又以兩徑較爲度作內虛圈爲食既生光之限復於外虛圈上周豎綫或左或右取五度爲識視實交周初宮十一宮作識於右五宮六宮作識於左乃自所識作綫過圈心至外虛圈下周即爲白道經圈於此綫上自圈心取食甚距緯作識即食甚月心所在從此作十字橫綫即爲白道割內外虛圈之點爲食甚前後四限月心所在末以月半徑爲度於五限月心各作小圈五限之象具備

日食用數太陽實半徑五百零七餘見月食推日食法求天正冬至同日躔

求紀日同月食

求首朔同月食

求太陰入食限與月食求逐月望平交周之法同惟不用望策即爲逐月朔平交周視某月交周入可食之限即爲有食之月（交周自五宮九度零八分至六宮八度五十一分又自十一宮二十一度零九分至初宮二十度五十二分皆爲可食之限）

求平朔

求太陽平行

求太陽平引

求太陰平引以上四條皆與月食求平望之法同惟不加望策

求太陽實引同月食

求太陰實引同月食

求實朔與月食求實望之法同

求實交周與月食同視實交周入食限爲有食（自五宮十一度四十五分至六宮六度十四分又自十一宮二十三度四十六分至初宮十八度十五分爲實朔可食限）

求太陽黃赤道實經度同月食

求實朔用時同月食求實望用時（實朔用時在日出前或日入後五刻以外則在夜不必算）

求食甚用時與月食求食甚時刻法同

求用時春秋分距午赤道度以太陽赤道經度減三宮（不足減者加十二宮減之）爲太陽距春分後赤道度又以食甚用時變爲赤道度加減半周（過半周者減去半周不及半周者加半周）爲太陽距午正赤道度兩數相加（滿全周去之）其數不過象限者爲春分距午西赤道度過一象限者與半周相減餘爲秋分距午東赤道度過二象限者則減去二象限餘爲秋分距午西赤道度過三象限者與全周相減餘爲春分距午東赤道度

求用時春秋分距午黃道度以黃赤大距之餘弦爲一率本天半徑爲二率春秋分距午赤道度之正切爲三率求得四率爲正切檢表得用時春秋分距午黃道度

求用時正午黃赤距緯以本天半徑爲一率黃赤大距之正弦爲二率距午黃道度之正弦爲三率求得四率爲正弦檢表得用時正午黃赤距緯

求用時黃道與子午圈交角以距午黃道度之正弦爲一率距午赤道度之正弦爲二率本天半徑爲三率求得四率爲正弦檢表得用時黃道與子午圈交角

求用時正午黃道宮度置用時春秋分距午黃道度春分加減三宮（午西加三宮午東與三宮相減）秋分加減九宮（午西加九宮午東與九宮相減）得用時正午黃道宮度

求用時正午黃道高置赤道高度（北極高度減象限之餘）以正午黃赤距緯加減之（黃道三宮至八宮加九宮至二宮減）即得

求用時黃平象限距午以黃道子午圈交角之餘弦爲一率本天半徑爲二率正午黃道高之正切爲三率求得四率爲正切檢表得度分與九十度相減餘爲黃平象限距午之度分

求用時黃平象限宮度以黃平象限距午度分與正午黃道宮度相加減（正午黃道宮度初宮至五宮爲加六宮至十一宮爲減若正午黃道高過九十度則反其加減）即得

求用時月距限以太陽黃道經度與用時黃平象限宮度相減餘爲月距限度

隨視其距限之東西（太陽黃道經度大於黃平象限宮度者爲限東小者爲限西）

求用時限距地高以本天半徑爲一率黃道子午圈交角之正弦爲二率正午黃道高之餘弦爲三率求得四率爲餘弦檢表得限距地高

求用時太陰高弧以本天半徑爲一率限距地高之正弦爲二率月距限之餘弦爲三率求得四率爲正弦檢表得太陰高弧

求用時黃道高弧交角以月距限之正弦爲一率限距地高之餘切爲二率本天半徑爲三率求得四率爲正切檢表得黃道高弧交角

求用時白道高弧交角置黃道高弧交角以黃白大距加減之（食甚交周初宮十一宮月距限東則加限西則減五宮六宮反是）即得（如過九十度限東變爲限西限西變爲限東不足減者反減之則黃平象限在天頂南者白平象限在天頂北黃平象限在天頂北者白平象限在天頂南）

求太陽距地詳月食求地影半徑條

求太陰距地詳月食求太陰半徑條

求用時高下差用平三角形以地半徑爲一邊太陽距地爲一邊用時太陰高弧與象限相減餘爲所夾之角求得對太陽距地邊之角減去一象限爲太陽視高與太陰高弧相減餘爲太陽地半徑差又用平三角形以地半徑爲一邊太陰距地爲一邊用時太陰高弧與象限相減餘爲所夾之角求得對太陰距地邊之角減去一象限爲太陰視高與高弧相減餘爲太陰地半徑差兩地半徑差相減得高下差

求用時東西差以半徑千萬爲一率白道高弧交角之餘弦爲二率高下差之正切爲三率求得四率爲正切檢表得用時東西差

求食甚近時以月距日實行化秒爲一率一小時化秒爲二率東西差化秒爲三率求得四率爲秒以時分收之爲近時距分以加減食甚用時（月距限西則加限東則減仍視白道高弧交角變限不變限爲定）得食甚近時

求近時春秋分距午赤道度以食甚近時變赤道度求之餘與前用時之法同後諸條倣此但皆用近時度分立算

求近時春秋分距午黃道度

求近時正午黃赤距緯

求近時黃道與子午圈交角

求近時正午黃道宮度

求近時正午黃道高

求近時黃平象限距午

求近時黃平象限宮度

求近時月距限置太陽黃道經度加減用時東西差（依近時距分加減號）爲近時太陰黃道經度與近時黃平象限宮度相減爲近時月距限餘同用時

求近時限距地高

求近時太陰高弧

求近時黃道高弧交角

求近時白道高弧交角

求近時高下差

求近時東西差

求食甚眞時以視行倍用時東西差減近時東西差即得

求食甚眞時以視行化秒爲一率近時距分化秒爲二率用時東西差化秒爲三率求得四率爲秒以時分收之爲眞時距分以加減食甚用時得食甚眞時（加減與近時距分同）

求眞時春秋分距午赤道度以食甚眞時變赤道度求之餘與用時之法同後諸條倣此但皆用眞時度分立算

求眞時春秋分距午黃道度

求眞時正午黃赤距緯

求眞時黃道與子午圈交角

求眞時正午黃道宮度

求眞時正午黃道高

求眞時黃平象限距午

求眞時黃平象限宮度

求眞時月距限置太陽黃道經度加減近時東西差（依眞時距分加減號）爲眞時太陰黃道經度餘同用時

求眞時限距地高

求眞時太陰高弧

求眞時黃道高弧交角

求眞時白道高弧交角

求眞時高下差

求眞時東西差

求眞時南北差以半徑千萬爲一率眞時白道高弧交角之正弦爲二率眞時高下差之正弦爲三率求得四率爲正弦檢表得眞時南北差

求食甚視緯依月食求食甚距緯法推之得實緯以眞時南北差加減之爲食甚視緯（白平象限在天頂南者緯南則加而視緯仍爲南緯北則減而視緯仍爲北若緯北而南北差大於實緯則反減而視緯變爲南限在天頂北者反是）

求太陽半徑以太陽距地爲一率太陽實半徑爲二率本天半徑爲三率求得四率爲正弦檢表得太陽半徑

求太陰半徑詳月食

求食分以太陽全徑爲一率十分爲二率併徑（太陽太陰兩半徑併）減去視緯爲三率求得四率即食分

求初虧復圓用時以食甚視緯之餘弦爲一率併徑之餘弦爲二率半徑千萬爲三率求得四率爲餘弦檢表得初虧復圓距弧又以月距日實行化秒爲一率一小時化秒爲二率初虧復圓距弧化秒爲三率求得四率爲秒以時分收之爲初虧復圓距時以加減食甚眞時得初虧復圓用時（減得初虧加得復圓）

求初虧春秋分距午赤道度以初虧用時變赤道度求之餘與用時同後諸條倣此但皆用初虧度分立算

求初虧春秋分距午黃道度

求初虧正午黃赤距緯

求初虧黃道與子午圈交角

求初虧正午黃道宮度

求初虧正午黃道高

求初虧黃平象限距午

求初虧黃平象限宮度

求初虧月距限置太陽黃道經度減初虧復圓距弧又加減眞時東西差（依眞時距分加減號）得初虧太陰黃道經度餘同用時

求初虧限距地高

求初虧太陰高弧

求初虧黃道高弧交角

求初虧白道高弧交角

求初虧高下差

求初虧東西差

求初虧南北差

求初虧視行以初虧東西差與眞時東西差相減併（初虧食甚同限則減初虧限東食甚限西則併）爲差分以加減初虧復圓距弧爲視行（相減爲差分者食在限東初虧東西差大則減小則加食在限西反是相併爲差分者恆減）

求初虧眞時以初虧視行化秒爲一率初虧復圓距時化秒爲二率初虧復圓距弧化秒爲三率求得四率爲秒以時分收之爲初虧距分以減食甚眞時得初虧眞時

求復圓春秋分距午赤道度以復圓用時變赤道度求之餘同用時後諸條倣此但皆用復圓度分立算

求復圓春秋分距午黃道度

求復圓正午黃赤距緯

求復圓黃道與子午圈交角

求復圓正午黃道宮度

求復圓正午黃道高

求復圓黃平象限距午

求復圓黃平象限宮度

求復圓月距限置太陽黃道經度加初虧復圓距弧又加減眞時東西差（依眞時距分加減號）得復圓太陰黃道經度餘同用時

求復圓限距地高

求復圓太陰高弧

求復圓黃道高弧交角

求復圓白道高弧交角

求復圓高下差

求復圓東西差

求復圓南北差

求復圓視行以復圓東西差與眞時東西差相減併為差分復圓食甚同限則減食甚限東復圓限西則併以加減初虧復圓距弧為視行相減為差分者食在限東復圓東西差大則加小則減食在限西反是相併為西差分者恆減

求復圓眞時以復圓視行化秒為一率初虧復圓距時化秒為二率初虧復圓距弧化秒為三率求得四率為秒以時分收之為復圓距分以加食甚眞時得復圓眞時

求食限總時以初虧距分與復圓距分相併即得

求太陽黃道宿度同日躔

求太陽赤道宿度依恆星求赤道經緯法求得本年赤道宿鈐餘同日躔求黃道法

求初虧復圓定交角求得初虧復圓各視緯與食甚法同以求各緯差角各與黃道高弧交角相加減為初虧及復圓之定交角法與月食同

求初虧復圓方位食在限東者定交角在四十五度以內初虧上偏右復圓下偏左四十五度以外初虧右偏上復圓左偏下適足九十度初虧正右復圓正左過九十度初虧右偏下復圓左偏上食在限西者定交角在四十五度以內初虧下偏右復圓上偏左四十五度以外初虧右偏下復圓左偏上適足九十度初虧正右復圓正左過九十度初虧右偏上復圓左偏下在京師黃平象限恆在天頂南定方位如此在天頂北反是

求帶食分秒以本日日出或日入時分初虧或食甚在日出前者為帶食出地用日出分食甚或復圓在日入後者為帶食入地用日入分與食甚眞時相減餘為帶食距時乃以初虧復圓距時化秒為一率初虧復圓視行化秒為二率帶食在食甚前用初虧視行帶食在食甚後用復圓視行帶食距時化秒為三率求得四率為秒以度分收之為帶食距弧又以半徑千萬為一率帶食距弧之餘切為二率食甚距緯之餘弦為三率求得四率為餘切檢表得帶食兩心相距乃以太陽全徑為一率十分為二率併徑內減帶食兩心相距為三率求得四率為帶食分秒

求各省日食時刻及食分以京師食甚用時按各省東西偏度加減之得各省食甚用時乃按各省北極高度如京師法求之即得

求各省日食方位以各省黃道高弧交角及初虧復圓視緯求其定交角即得

繪日食圖法同月食但只用日月兩半徑為度作一大虛圈為初虧復圓月心所到不用內虛圈無食既生光二限

凌犯用數具七政恆星行及交食

推凌犯法求凌犯入限太陰凌犯恆星以太陰本日次日經度查本年恆星經緯度表某星緯度不過十度經度在此限內為凌犯入限復查太陰在入限各星之上下如星月兩緯同在黃道北者緯多為在上緯少為在下同在黃道南者反是一南一北者北為在上南為在下太陰在上者兩緯相距二度以內取用太陰在下者一度以內取用相距十七分以內為凌十八分以外為犯緯同為掩太陰凌犯五星以本日太陰經度在星前次日在星後為入限餘與凌犯恆星同五星凌犯恆星以兩緯相距一度內取用相距三分以內為凌四分以外為犯餘與太陰同五星自相凌犯以行速者為凌犯之星行遲者為受凌犯之星如遲速相同而有順逆則為順行之星凌犯逆行之星皆以此星經度本日在彼星前次日在彼星後為入限餘同凌犯恆星

求日行度太陰凌犯恆星即以太陰一日實行度為日行度凌犯五星以太陰一日實行度與本星一日實行度相加減星順行則減逆行則加為日行度五星凌犯恆星以本星一日實行度為日行度五星自相凌犯以兩星一日實行度相加減順逆同行則減異行則加為日行度

求凌犯時刻以日行度化秒為一率刻下分為二率本日子正相距度化秒為三率求得四率為分以時刻收之初時起子正即得

求太陰凌犯視差五星視差甚微可以不計以刻下分為一率太陽一日實行度化秒為二率凌犯時刻化分為三率求得四率為秒以度分收之與本日子正太陽實行相加為本時太陽黃道度依日食法求東西差及南北差

求太陰視緯置太陰實緯以南北差加減之加減之法與日食同即得求太陰距星以太陰視緯與星緯相加減南北同則減一南一北則加得太陰距星取相距一度以內者用

求凌犯視時以太陰一小時實行化秒為一率一小時化秒為二率東西差化秒為三率求得四率為秒收為分以加減凌犯時刻太陰距限西則加東則減得凌犯視時

清史稿

時憲志六

雍正癸卯元法上

日躔改法之原

一更定歲實以衡消長歲實古多而今少故授時有消長之術西人第谷所定減郭守敬萬分之三至奈端等屢加測驗謂第谷所減太過定為三百六十五日二四二三三四四二〇一四一五比第谷所定多萬分之一有奇以除周天三百六十度得每日平行比第谷所定少五纖有奇本法用之

一更定黃赤距緯以徵翕闢黃赤大距古闊而今狹恆有減而無增西人利酌理噶西尼測定黃赤大距二十三度二十九分比第谷所定少二分三十秒比刻白爾所定少一分本法用之

一細考清蒙氣差以祛歧視西人第谷悟得蒙氣繞地球之周日月星照蒙氣之外人在地面為蒙氣所映必能視之使高而日月星之光綫入蒙氣之中必反折之使下故光綫與視綫蒙氣之內合而為一蒙氣之外歧而為二二線所交即為蒙氣差角然未有算術噶西尼反覆精求謂視線光線所歧雖有不同相合則有定處自地心過所合處作線抵圜周即為蒙氣割綫視綫與割綫成一角光綫與割綫亦成一角二角相減得蒙氣差角爰在北極出地高四十四度處屢加精測得地平上最大差為三十二分一十九秒蒙氣之厚為地半徑千萬分之六千零九十五視綫角與光綫角正弦之比例常如一千萬與一千萬零二千八百四十一用是推得逐度蒙氣差本法用之如圖甲為地心乙為地面丙乙為蒙氣之厚丑甲為割線癸乙為視線子戊為光線癸戊子為蒙氣差角癸寅子卯為兩正弦

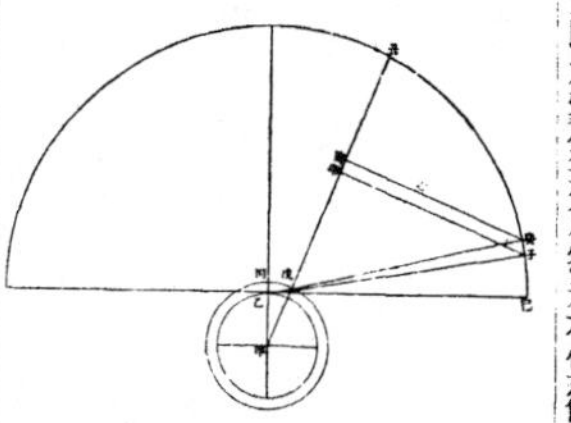

一細考地半徑差以辨蒙雜康熙十一年壬子秋分前十四日夜半火星與太陽衝西人噶西尼於富耶濟亞國測得火星距天頂五十九度四十分一十五秒利實爾於同一子午線之噶耶那島測得火星距天頂一十五度四十七分五秒同時用有千里鏡能測秒微之儀器與子午綫上最近一恆星測其相距噶西尼所得火星較低一十五秒因恆星無地半徑差以之立法用平三角形推得火星在地平上最大地半徑差二十五秒小餘三七又據歌白尼第谷測得火星距地與太陽距地之比如一百與二百六十六用轉比例法求得太陽在中距時地平上最大地半徑差一十秒其逐度之差以半徑與正弦為比例本法用之以求地半徑與日天半徑之比例中距為一與二萬零六百二十六最高為一與二萬零九百七十五最卑為一與二萬零二百七十七地平上最大地半徑差最高為九秒五十微最卑為一十秒一十微

一用橢圓面積為平行以酌中數西人刻白爾以來屢加精測盈縮之最大差止一度五十六分一十二秒以推逐度盈縮差最高前後本輪失之小均輪失之大最卑前後本輪失之大均輪失之小乃以盈縮最大差折半檢其正弦得一六九〇〇〇〇為兩心差以本天心距最高卑為一千萬作橢圓自地心出綫均分其面積為平行度以所夾之角為實行度以推盈縮在本輪均輪所得數之間而逐度推求苦無算術噶西尼等乃立角積相求諸法驗諸實測斯為脗合本法用之如圖甲為地心乙為本天心丁為最高丙為最卑戊己為中距瓜分之面積為平行所對之平圓周角度為黃道實行

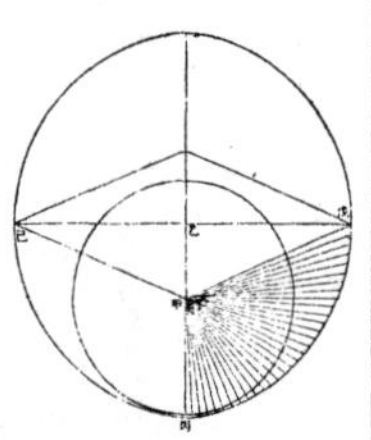

一更定最卑行以正引數西人噶西尼等測得每歲平行一分二秒五十九微五十一纖零八忽比甲子元法多一秒四十九微有奇本法用之

一更定平行所在以正步首用西人噶西尼所定推得雍正癸卯年天正冬至為丙申日丑正三刻十一分有奇比甲子元法遲二刻次日子正初刻最卑過冬至八度七分三十二秒二十二微比甲子元法多十七分三十五秒四十二

微

月離改法之原一求太陰本天心距地及最高行隨時不同以朔望變白西人刻白爾創橢圓之法奈端等累測月離得日當月天中距時最大遲疾差爲四

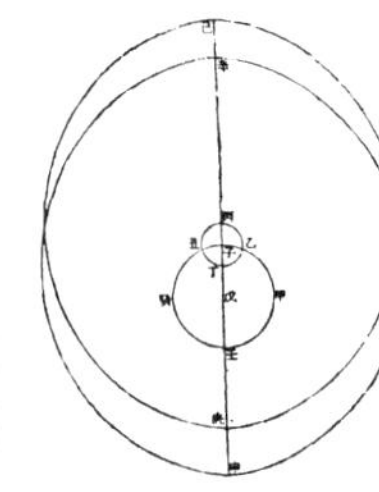

度五十七分五十七秒兩心差爲四三三一九〇日當月天最高或當月天最卑則最大遲疾差爲七度三十九分三十三秒兩心差爲六六七八二〇日歷月天高卑而後兩小差漸小中距而後兩心差漸大日距月天高卑前後四十五度兩心差適中又日當月天高卑時最高之行常速至高卑後四十五度而止日當月天中距時最高之行常遲至中距後四十五度而止與日月之盈縮遲疾相似而周轉之數倍之因以地心爲心以兩心差最大最小兩數相加折半得五五〇五〇五爲最高本輪半徑相減折半得一一七三一五爲最高均輪半徑均輪心循本輪周右旋行最高平行度本天心循均輪周起最遠點右旋行日距月天最高之倍度用平三角形推得最高實均又推得逐時兩心差以求面積如日躔求盈縮法以求遲疾名曰初均本法用之如圖戊爲地心甲壬癸子爲本輪乙丁丑丙爲均輪丙丁皆本天心丙爲最遠丁爲最近戊丙兩心差大己庚橢圓面積少戊丁兩心差小辛申橢圓面積多

一增立一平均數以合時差西人刻白爾以來奈端等屢加測驗得日在最卑後太陰平行常遲最高平行正交平行常速日在最高後反是因定日在中距太陰平行差一十一分五十秒最高平行差一十九分五十六秒正交平行差九分三十秒其間逐度之差皆以太陽中距之均數與太陽逐度之均數爲比例名曰一平均本法用之

一增立二平均數以均面積西人奈端以來屢加精測得太陽在月天高卑前後太陰平行常遲至高卑後四十五度而止在月天中距前後反是然積遲積速之多正在四十五度而太陽在最高與在最卑其差又有不同因定太陽在最高距月天高卑中距後四十五度之最大差爲三分三十四秒太陽在最卑距月天高卑中距後四十五度之最大差爲三分五十六秒高卑後爲減中距後爲加其間日距月最高逐度之差皆以半徑與日距月最高倍度之正弦爲比例太陽距地逐度之差又以太陽高卑距地之立方較與太陽本日距地同太陽最高距地之立方較爲比例名曰二平均本法用之

一增立三平均數以合交差西人奈端以來定白極在正交均輪周行日距正交之倍度因定太陽在黃白兩交後則太陰平行又稍遲在黃白大距後則太陰平行又稍速其最大差爲四十七秒兩交後爲減大距後爲加其逐度之差皆以半徑與日距正交倍度之正弦爲比例名曰三平均本法用之

一更定二均數以正倍離西人噶西尼以來屢加測驗定日在最高朔望前後四十五度最大差爲三十三分一十四秒日在最卑朔望前後四十五度最大差爲三十七分一十一秒朔望後爲加兩弦後爲減其間月距日逐度之二均則以半徑與月距日倍度之正弦爲比例其太陽距最高逐度二均之差又以日天高卑距地之立方較與本日太陽距地同最高太陽距地之立方較爲比例與二平均同本法用之

一更定三均數以合總數西人噶西尼以來取月距日與月高距日高共爲九十度時測之除末均之差外其差與月距日或月高距日高之獨爲九十度者等又取月距日與月高距日高共爲四十五度時測之亦除末均差外其差與月距日或月高距日高之獨爲四十五度者等乃定太陰三均之差在月距日與月高距日高之總度半周內爲加半周外爲減其九十度與二百七十度之最大差爲二分二十五秒其間逐度之差以半徑與總度之正弦爲比例本法用之

一增立末均數以合距度西人噶西尼以來測日月最高同度或日月同度兩者只有一相距之差則止有三均若兩高有距度日月又有距度則三均之外朔後又差而遲望後又差而速及至月高距日高九十度月距日亦九十度時無三均而其差反最大故知三均之外又有末均乃將月高距日高九十度分爲九限各於月距日九十度時測之兩高相距九十度其差三分八十度其差二分三十九秒七十度其差二分五十度其差二分一十九秒六十度其差一分四十三秒四十度其差一分二十八秒三十度其差一分一十六秒二十度其差一分七秒一十度其差一分一秒其間逐度之差用中比例求之其間月距日逐度之差皆以半徑與月距日之正弦爲比例朔後爲減望後爲加本法用之

一更定交均及黃白大距以合差分西人奈端噶西尼以來測得日在兩交時交角最大爲五度一十七分二十秒日距交九十度時交角最小爲四度五十九分三十五秒朔望而後交角又有加分因日距交與月距日之漸遠以漸而大至日距交九十度月距日亦九十度時加二分四十三秒交均之最大者爲一度二十九分四十二秒乃以最大最小兩交角相加折半爲繞黃極本輪相減折半爲負白極均輪分均輪全徑爲五取其一內去朔望後加分爲最大加分小輪全徑設於白道餘爲交均小輪全徑與均輪全徑相減餘爲負小輪全徑與均輪同心均輪負而行不自行均輪心行於本輪周左旋爲正交平行交均小輪心在負小輪周起最遠點右旋行日距正交之倍度白極在交均小輪周起最遠點左旋行度又倍之而白道上之加分小輪其周最近黃道之點與朔望之白道相切其全徑按日距正交倍度爲大小常與最大加分小輪內所當之正矢等又按本時全徑內取月距日倍度所當之正矢爲所張之度驗諸實測無不脗合本法用之如圖甲爲黃極乙爲本輪丙爲均輪丁爲負小輪戊己皆爲交均小輪庚辛皆爲白極壬爲黃道丑癸皆爲朔望時白道寅子皆爲兩弦時白道卯辰皆爲白道上加分小輪

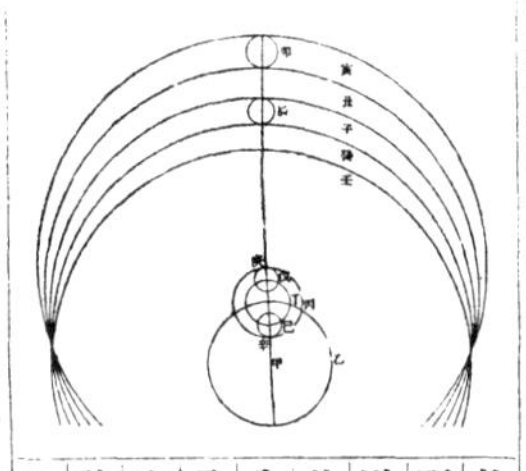

一更定地半徑差以合高均求得兩心差最大時最高距地心一〇〇六六七八二〇爲六十三倍地半徑又百分之七十七最卑距地心九三三二一八〇爲五十五倍地半徑又百分之七十九兩心差最小時最高距地心一〇四三三一九〇爲六十二倍地半徑又百分之三十七最卑距地心九五六六八一〇爲五十七倍地半徑又百分之一十九中距距地心一千萬爲五十九倍地半徑又百分之七十八又用平三角形求得太陰自高至卑逐度距地心綫及地平上最大差其實高逐度之差皆以半徑與正弦爲比例

一更定三種平行及平行所在太陰每日平行比甲子元法多千萬分秒之二萬二千三百一十六最高每日平行比甲子元法少百萬分秒之七千二百五十一正交每日平行比甲子元法少十萬分秒之一百三十七雍正癸卯天正冬至次日子正太陰平行所在比甲子元法多二分一十四秒五十七微最高平行所在比甲子元法少三十六分三十七秒一十微正交平行所在比甲子元法多五分六秒三十三微

交食改法之原一用兩時日躔月離黃道度求實朔望先推平朔望以求其入交之月次推本日次日兩子正之日躔月離黃道經度以求其實朔望之時又

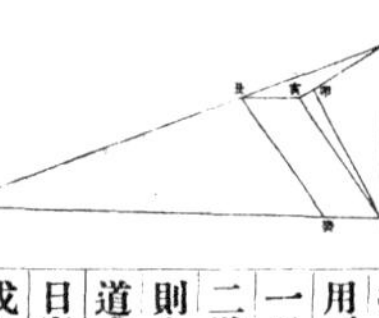

推本時次時兩日躔月離以比例其時刻與甲子元法止用兩日及用黃白同經者不同

一用兩經斜距求日月食甚時刻及兩心實相距以黃白二道原非平行而日月兩經常相斜距若以太陽爲不動則太陰如由斜距綫行故求兩心相距最近之綫不與白道成正角而與斜距線成正角其距弧變時亦不以月距日實行度爲比例而以斜距度爲比例如圖甲乙爲黃道戊乙爲白道甲戊爲實朔望距緯甲癸爲太陽一小時實行戊丑爲太陰一小時實行設太陽不動而合癸與甲則太陰不在丑而在寅戊寅爲一小時兩經斜距綫甲卯與戊寅成正角即爲兩心相距最近之綫戊卯爲食甚距弧皆借弧綫爲直綫用平三角形求之初虧復圓則以併徑爲弦作勾股

一更定日月實徑與地徑之比例西人默爵製遠鏡儀測得日視徑最高爲三十一分四十秒中距爲三十二分一十二秒最卑爲三十二分四十五秒月視徑最高爲二十九分二十三秒中距爲三十一分二十一秒最卑爲三十三分三十六秒用此數推算日實徑爲地徑之九十六倍又十分之六月實徑爲地徑百分之二十七小餘二六強太陽光分一十五秒本法用之

一更定求影半徑法及影差以日月兩地半徑差相加內減去日半徑餘即爲實影半徑又月食時日在地下蒙氣轉蔽日光地影視徑大於實徑約爲太陰地半徑差六十九分之一是爲影差如圖甲丁辛三

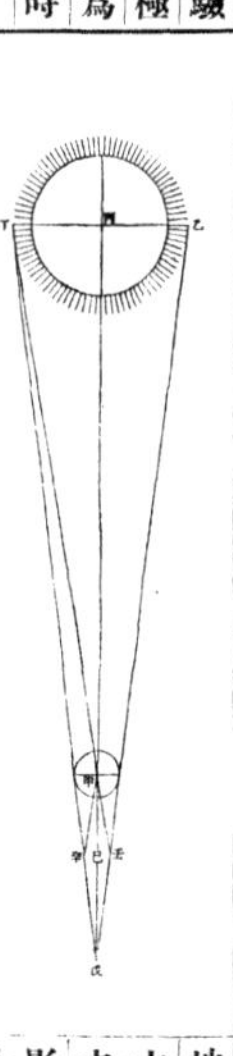

角形丁辛二丙角與壬甲辛一外角等丁角即太陰地半徑差（甲丁綫略與甲丙日天半徑等，甲辛綫略與甲己月天半徑等，其角皆與地半徑甲乙相當，故）壬甲巳對角丙甲丁即日半徑故以丁角辛角相加即得壬甲辛角內減壬甲巳角餘巳甲辛角即實影半徑

一更定求日食食甚眞時及兩心視相距借弧綫爲直綫用平三角形以食甚用時兩心實相距爲一邊用時高下差爲一邊用時白經高弧交角爲所夾之角求得對角之邊爲兩心視相距並求得對兩心實相距角復設一時（限西向後設，限東向前設）求其兩心實相距及高下差爲二邊白經高弧交角與對設時距弧角相減餘爲所夾之角求得對角之邊爲設時兩心視相距亦求得對兩心實相距角乃取用時設時兩白經高弧交角較與用時對兩心實相距角相減又加設時對兩心實相距角又與全周相減爲一角用時設時兩視相距爲夾角之二邊求其對邊爲視行求其中垂綫至視行之點爲食甚眞時所在垂綫爲眞時視相距（以上加減據向後設而言）然後以所得眞時復考其兩心視相距果與所求垂綫合即爲定眞時如圖乾爲日心乾子爲用時兩心實相距乾壬爲高下差壬子爲兩心視相距乾午爲設時兩心實相距乾己爲高下差己午同壬未爲兩心視相距壬丑中垂綫爲眞時視相距初虧復圓法同但以併徑爲比考眞時之限至帶食則以地平爲斷亦還求兩心視相距不用視行

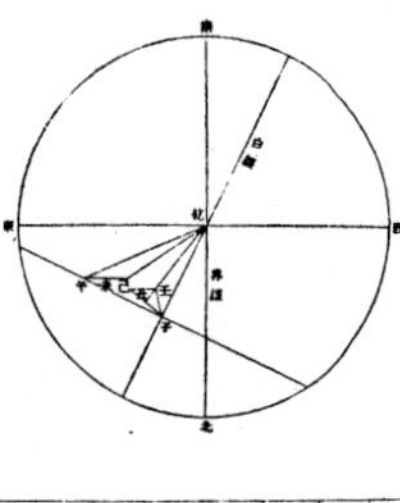

恒星改法之原見天文志

土星改法之原見推步因革篇

羅睺計都更名乾隆五年和碩莊親王等援古法奏請更正下大學士九卿議奏乾隆九年更正

紫氣增設之原大學士伯訥爾泰等議覆更定羅睺計都名目并援古法增入紫氣約二十八年十閏而氣行一周天每日行二分六秒小餘七二〇七七七以乾隆九年甲子天正冬至次日子正在七宮十七度五十分十四秒五十三微爲元

日躔用數雍正元年癸卯天正冬至爲法元（壬寅年十一月冬至）

周歲三百六十五日二四二三三四四二

太陽每日平行三千五百四十八秒小餘三二九〇八九七

最卑歲行六十二秒小餘九九七五

最卑日行十分秒之一又七二四八

本天橢圓大半徑一千萬小半徑九百九十九萬八千五百七十一小餘八五

兩心差十六萬九千

宿度乾隆十八年以前用康熙壬子年表十九年以後用乾隆甲子年表俱見天文志

各省及蒙古回部兩金川土司北極高度東西偏度見天文志

黃赤大距二十三度二十九分

最卑應八度七分三十二秒二十二微

氣應三十二日一二三五四

宿應二十七日一二三五四

宿名乾隆十八年以前同甲子元十九年以後易觜前參後餘見甲子元法

推日躔法求天正冬至同甲子元法

求平行同甲子元法

求實行先求引數同甲子元法乃用平三角形以二千萬爲一邊倍兩心差爲一邊引數爲所夾之角（六宮內用內角，六宮外與全周相減用其餘）求得對倍兩心差之角倍之爲橢圓界角又以本天小半徑爲一率大半徑爲二率前所夾角正切爲三率求得四率爲橢圓之正切檢表得度分秒與引數相減餘爲橢圓差角最卑前後各三宮與橢圓界角相加最高前後各三宮與橢圓界角相減（自初宮爲最卑，後以此順計）爲均數置平行以均數加減之（引數初宮至五宮爲加，六宮至十一宮爲減）得實行

求宿度

求紀日值宿

求節氣時刻

求距緯度

求日出入晝夜時刻并同甲子元法

月離用數太陰每日平行四萬七千四百三十五秒小餘〇二三四〇八六

最高每日平行四百零一秒小餘〇七〇二二六

正交每日平行一百九十秒小餘六三八六三

太陽最大均數六千九百七十三秒

太陰最大一平均七百一十秒

最高最大平均一千一百九十六秒

正交最大平均五百七十秒

太陽最高立方積一〇五一五六二

太陽高卑立方大較一〇一四一〇

太陽在最高太陰最大二平均二百一十四秒

太陽在最卑太陰最大二平均二百三十六秒

太陰最大三平均四十七秒

本天橢圓大半徑一千萬

最大兩心差六六七八二〇

最小兩心差四三三一九〇

最高本輪半徑五五〇五〇五即中數兩心差

最高均輪半徑一一七三一五

太陽在最高太陰最大二均一千九百九十四秒

太陽在最卑太陰最大二均二千二百三十一秒

太陰最大三均一百四十五秒

兩最高相距一十度兩弦最大末均六十一秒

相距二十度兩弦最大末均六十七秒

相距三十度兩弦最大末均七十六秒

相距四十度兩弦最大末均八十八秒

相距五十度兩弦最大末均一百零三秒

相距六十度兩弦最大末均一百二十秒

相距七十度兩弦最大末均一百三十九秒

相距八十度兩弦最大末均一百五十九秒

相距九十度兩弦最大末均一百八十秒

正交本輪半徑五十七分半

正交均輪半徑一分半

最大黃白大距五度一十七分二十秒

最小黃白大距四度五十九分三十五秒

黃白大距中數五萬八千五百零七秒半

黃白大距半較五百三十二秒半

最大交角加分一千零六十五秒

最大距日加分一百六十三秒

太陰平行應五宮二十六度二十七分四十八秒五十三微

最高應八宮一度一十五分四十五秒三十八微

正交應五宮二十二度五十七分三十七秒三十三微餘見日躔

推月離法求天正冬至同甲子元法

求太陰平行同甲子元法

求最高平行同甲子元法求月孛行

求正交平行同甲子元法

求用平行以太陽最大均數爲一率太陰最大一平均爲二率本日太陽均數化秒爲三率求得四率爲秒收爲分（後皆同）爲太陰一平均又以最高最大平均爲二率（一率三率同前）求得四率爲本日最高平均又以正交最大平均爲二率求得四率爲本日正交平均隨記其加減號（太陰正交與太陽相反，最高與太陽同）各加減平行得太陰二平行及用最高用正交於太陽實行內減去用最高爲日距月最高減去用正交爲日距正交次以半徑千萬爲一率太陽引數內加減太陽均數爲實引取其餘弦爲二率太陽倍兩心差爲三率求得四率爲分股又以實引正弦爲二率（一率三率同前）求得四率爲勾以分股與全徑二千萬相加減（實引三宮內九宮外加，三宮外九宮內減）爲股弦和求得弦轉與全徑相減爲日距地心數自乘再乘得立方積與太陽最高立方積相減爲本時立方較又以半徑千萬爲一率高卑最大二平均各爲二率日距月最高倍度正弦爲三率各求得四率爲本時高卑二平均又以高卑立方大較爲一率本時立方較爲二率本時高卑二平均相減餘爲三率求得四率與本時最高二平均相加爲本時二平均記加減號（日距月最高倍度不及半周爲減，過爲加）復以半徑千萬爲一率最大三平均爲二率日距正交倍度正弦爲三率求得四率爲三平均記加減號（日距正交倍度不及半周爲減，過爲加）乃置二平行加減二三平均得用平行

求初實行用平三角形以最高本輪半徑爲一邊最高均輪半徑爲一邊日距月最高倍度與半周相減餘爲所夾之角求得對均輪半徑之角爲最高實均記加減號日距月最高倍度不及半周爲加過爲減又求得對原角之邊爲本時兩心差以最高實均加減用最高爲最高實行以最高實行減用平行爲太陰引數復用平三角形以半徑千萬爲一邊本時兩心差爲一邊太陰引數與半周相減餘爲所夾之角求得對兩心差之角與原角相加復爲所夾之角求得對半徑千萬之角爲半圓引數乃以本天大半徑爲一率本時兩心差爲正弦對表取餘弦爲二率平圓引數之正切綫爲三率求得四率爲正切檢表爲實引與太陰引數相減爲初均數置用平行以初均數加減之引數初宮至五宮爲減六宮至十一宮爲加得初實行

求白道實行置初實行減本日太陽實行爲月距日乃以半徑千萬爲一率高卑最大二均數各爲二率月距日倍度正弦爲三率各求得四率爲本時高卑二均數又以高卑立方大較爲一率本時立方較爲二率本時高卑二均數相減餘爲三率求得四率與本時最高二均數相加爲本時二均數記加減號月距日倍度不及半周爲加過爲減又置月距日加減二均爲實月距日置太陽最卑平行加減六宮爲日最高太陰最高實行內減日最高爲日月最高相距與實月距日相加爲相距總數以半徑千萬爲一率最大三均爲二率相距總數正弦爲三率求得四率爲三均數記加減號總數不及半周爲加過爲減又以半徑千萬爲一率日月最高相距度用中比例取本時兩弦最大末均爲二率實月距日正弦爲三率求得四率爲末均數記加減號實月距日不及半周爲加過爲減乃置初實行加減二均三均末均得白道實行

求黃道實行用平三角形以正交本輪半徑爲一邊正交均輪半徑爲一邊日距正交倍度爲所夾之外角倍度過半周減去半周用其餘求得對兩邊二角之半較與日距正交相減餘爲正交實均以加減日距正交倍度不及半周爲加過爲減用正交爲正交實行置白道實行減正交實行爲月距正交又以半徑千萬爲一率日距正交倍度正矢爲二率倍度過半周與全周相減用其餘黃白大距半較爲三率求得四率爲交角減分又以最大距日加分折半爲三率一率二率同前求得四率爲距交加差又以半徑千萬爲一率實月距日倍度正矢爲二率倍度過半周與全周相減用其餘距交加差折半爲三率求得四率爲距日加分置最大距減交角減分加距日加分爲黃白大距乃以半徑千萬爲一率黃白大距餘弦爲二率月距正交正切爲三率求得四率爲正切檢表爲黃道距交度與月距正交相減餘爲升度差以加減白道實行月距正交初一二六七八宮爲減三四五九十十一宮加得黃道實行

求黃道緯度同甲子元法

求四種宿度月孛用最高實行羅睺用正交實行加減六宮計都用正交實行餘同甲子元法

求紀日值宿

求交宮時刻

求太陰出入時刻

求合朔弦望

求正升斜升橫升

求月大小

求閏月並同甲子元法

求月令日躔娵訾爲建寅正月東風解凍蟄蟲始振魚陟負冰獺祭魚候鴈北草木萌動凡六候日躔降婁爲建卯二月桃始華倉庚鳴鷹化爲鳩元鳥至雷乃發聲始電凡六候日躔大梁爲建辰三月桐始華田鼠化爲鴽虹始見萍始生鳴鳩拂其羽戴勝降于桑凡六候日躔實沈爲建巳四月螻蟈鳴蚯蚓出王瓜生苦菜秀靡草死麥秋至凡六候日躔鶉首爲建午五月螳螂生鵙始鳴反舌無聲鹿角解蜩始鳴半夏生凡六候日躔鶉火爲建未六月溫風至蟋蟀居壁鷹始摯腐草爲螢土潤溽暑大雨時行凡六候日躔鶉尾爲建申七月涼風至白露降寒蟬鳴鷹乃祭鳥天地始肅禾乃登凡六候日躔壽星爲建酉八月鴻鴈來元鳥歸羣鳥養羞雷始收聲蟄蟲坏戶水始涸凡六候日躔大火爲建戌九月鴻鴈來賓雀入大水爲蛤菊有黃華豺乃祭獸草木黃落蟄蟲咸俯凡六候日躔析木爲建亥十月水始冰地始凍雉入大水爲蜃虹藏不見天氣上升地氣下降閉塞而成冬凡六候日躔星紀爲建子十一月鶡鴠不鳴虎始交荔挺出蚯蚓結麋角解水泉動凡六候日躔元枵爲建丑十二月鴈北鄉鵲始巢雉雊雞乳征鳥厲疾水澤腹堅凡六候每五度爲一候按宮度推之即得

五星用數推五星行並同甲子元法惟土星平行應減去三十分

恆星用數見天文志推恆星法同甲子元

紫氣用數乾隆九年甲子天正冬至爲法元癸亥年十一月冬至

紫氣日行一百二十六秒小餘七二〇七七七

紫氣應七宮十七度五十分十四秒五十三微

推紫氣法求紫氣行與日躔求平行法同

求宿度與太陽同

清史稿

時憲志七

雍正癸卯元法下

月食用數朔策二十九日五三〇五九〇五三

望策一十四日七六五二九五二六五

太陰交周朔策一十一萬零四百一十三秒小餘九二四四一三三四

太陰交周望策六宮一十五度二十分零六秒五十八微中距太陰地半徑差五十七分三十秒

太陽最大地半徑差一十秒

中距太陽距地心一千萬

中距太陰距地心一千萬

中距太陽視半徑一十六分六秒

中距太陰視半徑一十五分四十秒三十微

朔應一十五日一二六三三

首朔太陰交周應六宮二十三度三十六分五十二秒四十九微餘見日躔月離

推月食法求天正冬至

求紀日

求首朔

求太陰入食限並同甲子元法視某月太陰平交周入可食之限即爲有食之月交周自五宮十四度五十一分至六宮十五度九分自十一宮十四度五十一分至初宮十五度九分皆可食之限再於實時距正交詳之

求平望同甲子元法

求實望實時先求泛時用兩日實行較同甲子元求朔望法次設前後兩時各求日月黃道實行復用兩時實行較得實望實時又以實時各求日月黃道實行視本時月距正交入限爲有食自五宮十七度四十三分至六宮十二度十七分自十一宮十七度四十三分至初宮十二度十七分皆有食之限

求實望用時用實時太陽均數及升度求法同甲子元比視日出入亦同

求食甚時刻用平三角形以一小時太陰白道實行化秒爲一邊本時次時二實行較一小時太陽黃道實行化秒爲一邊實望黃白大距爲所夾之角求得對小邊之角爲斜距交角差以加實時黃白大距爲斜距黃道交角又以斜距交角差之正弦爲一率一小時太陽實行爲二率實望黃白大距之正弦爲三率求得四率爲一小時兩經斜距又以半徑千萬爲一率斜距黃道交角之餘弦正弦各爲二率實望月離黃道實緯爲三率各求得四率爲食甚實緯南北與實望黃道實緯同及距弧又以一小時兩經斜距爲一率一小時化秒爲二率食甚距弧爲三率求得四率爲食甚距時以加減實望用時月距正交初宮六宮爲減五宮十一宮加得食甚時刻求太陽太陰實引置實望太陽引數加減本時太陽均數得太陽實引又置實望太陰引數加減本時太陰初均數得太陰實引

求太陽太陰距地用平三角形以日躔倍兩心差爲對正角之邊以太陽實引爲又一角三宮內用本度過三宮與六宮相減過九宮與全周相減用其餘求得對太陽實引之邊爲勾又求得對原不知角之邊爲分股與二千萬相加減實引三宮內九宮外減三宮外九宮內加爲股弦和與勾求得股與分股相加減實引三宮內九宮外加三宮外九宮內減得太陽距地又以實望月離倍兩心差如法求之得太陰距地

求實影半徑以太陰距地爲一率中距太陰距地爲二率中距太陰最大地半徑差爲三率求得四率爲本時太陰最大地半徑差又以六十九除之爲影差又以太陽距地爲一率中距太陽距地爲二率中距太陽視半徑爲三率求得四率爲太陽視半徑與本時太陰最大地半徑差相減又加太陽最大地半徑差爲影半徑又加影差爲實影半徑

求太陰視半徑以太陰距地爲一率中距太陰距地爲二率中距太陰視半徑爲三率求得四率爲太陰視半徑

求食分以太陰全徑爲一率十分化作六百秒爲二率併徑實影視太陰兩半徑併內減食甚實緯餘化秒爲三率求得四率爲秒以分收之即食分

求初虧復圓時刻以併徑與食甚實緯相加化秒爲首率相減化秒爲末率求得中率爲秒以分收之爲初虧復圓距弧又以一小時兩經斜距爲一率一小時化秒爲二率初虧復圓距弧爲三率求得四率爲初虧復圓距時以加減食甚時刻得初虧復圓時刻減得初虧加得復圓

求食既生光時刻以兩徑較實影視太陰兩半徑相減之餘與食甚實緯相加化秒爲首率相減化秒爲末率求得中率爲秒以分收之爲食既生光距弧求距時時刻與初虧復圓法同食在十分以內則無此二限

求食限總時同甲子元法

求食甚太陰黃道經緯宿度以一小時化秒爲一率一小時太陰白道實行爲二率食甚距時化秒爲三率求得四率爲距時月實行以加減實朢太陰白道實行加減與食甚距時同得食甚太陰白道經度又置實朢月距正交加減距時月實行得食甚月距正交再求黃道經緯宿度同月離

求食甚太陰赤道經緯宿度以半徑千萬爲一率食甚太陰距春秋分黃道經度正弦爲二率食甚太陰黃道經度不及三宮者與三宮相減過三宮者減三宮過六宮者與九宮相減過九宮者減九宮食甚太陰黃道緯度餘切爲三率求得四率爲餘切檢表得太陰距二分弧與黃道交角以加減黃赤大距食甚太陰黃道經度九宮至三宮緯南加緯北減皆在赤道南反減則在北三宮至九宮加減反是爲太陰距二分弧與赤道交角又以太陰距二分弧與黃道交角之餘弦爲一率半徑千萬爲二率食甚太陰距春秋分黃道經度之正切爲三率求得四率爲太陰距二分弧之正切又以半徑千萬爲一率太陰距二分弧與赤道交角之餘弦爲二率太陰距二分弧正切爲三率求得四率爲正切檢表爲距春秋分赤道經度加減三宮九宮食甚太陰黃道經度不及三宮者與三宮相減過三宮者加三宮過六宮者與九宮相減過九宮者加九宮得食甚太陰赤道經度求緯度宿度同甲子元法

求初虧復圓黃道高弧交角以半徑千萬爲一率黃赤大距正弦爲二率影距春秋分黃道經度正弦爲三率求得四率爲正弦檢表得影距赤道度影距春秋分度數與太陽同太陽在赤道北影在南太陽在赤道南影在北又以影距春秋分黃道經度餘弦爲一率黃赤大距餘切爲二率半徑千萬爲三率求得四率爲正切檢表爲黃道赤經交角乃用弧三角形以北極距天頂爲一邊影距赤道與九十度相加減爲一邊北則減南則加初虧復圓各子正時刻過十二時者與二十四時相減變赤道度各爲所夾之角求得對北極距天頂之角各爲赤經高弧交角以加減黃道赤經交角太陰在夏至前六宮食在子正後則減爲限西食在子正前則加加過九十度與半周相減爲限東不及九十度則不與半周相減變爲限西在夏至後六宮反是各得黃道高弧交角若食在子正影在正午無赤經高弧交角則黃道赤經交角即黃道高弧交角太陰在夏至前爲限西後爲限東

求初虧復圓併徑高弧交角以併徑爲一率食甚實緯爲二率半徑千萬爲三率求得四率爲餘弦檢表爲併徑交實緯角如無食甚實緯即無此角亦無併徑黃道交角又置九十度加減斜距黃道交角得初虧復圓黃道交實緯角食甚月距正交初宮六宮初虧減復圓加五宮十一宮初虧加復圓減各與併徑交實緯角相減爲初虧復圓併徑黃道交角併徑交實緯角小距緯南北與食甚同大則反是以加減黃道高弧交角初虧限東復圓限西緯南加緯北減初虧限西復圓限東加減反是各得併徑高弧交角如無併徑黃道交角則黃道高弧交角即併徑高弧交角

求初虧復圓方位即以併徑高弧交角爲定交角求法同甲子元但以併徑高弧交角初度初虧在限東爲正下限西爲正上復圓在限東爲正上限西爲正下據京師北極高度定與甲子元同

求帶食分秒用兩經斜距不用月距日實行餘與甲子元法同

求帶食方位用帶食兩心相距不用併徑求諸交角如初虧復圓定方位食甚前與初虧同食甚後與復圓同

求各省月食時刻方位理同甲子元法

繪月食圖同甲子元法

日食用數太陽光分一十五秒餘見日躔月離月食

推日食法求天正冬至

求紀日

求首朔

求太陰入食限並同月食惟有用朢策即爲逐月朔太陰交周視某月入可食之限即爲有食之月交周自五宮八度四十二分至六宮九度一十四分又自十一宮二十度四十六分至初宮二十一度一十八分皆可食之限

求平朔

求實朔實時並同月食求朢法惟不加朢策視本時月距正交入食限爲有食自五宮十一度三十四分至六宮十八度二十二分又自十一宮二十三度三十八分至初宮十八度二十六分爲有食之限

求實朔用時與月食求實朢用時同比視日出入同甲子元

求食甚用時與月食求食甚時刻法同

求太陽太陰實引

求太陽太陰距地並同月食

求地平高下差先求本日太陰最大地半徑差法同月食乃減太陽最大地半徑差得地平高下差

求太陽實半徑先求太陽視半徑法同月食內減太陽光分得太陽實半徑

求太陰視半徑法同月食

求食甚太陽黃道經度宿度求經度與月食

求太陰白道法同求宿度同日躔

求食甚太陰赤道經緯宿度用黃赤大距法同月食求太陰黃道

求黃赤及黃白赤白二經交角以食甚太陽距春秋分黃道經度餘弦爲一率黃赤大距餘切爲二率半徑千萬爲三率求得四率爲餘切檢表得黃赤二經交角冬至後黃經在赤經西夏至後在赤經東如太陽在二至則無此角又以前所得斜距黃道交角即爲黃白二經交角實朔月距正交初宮十一宮白經在黃經西五宮六宮在黃經東二交角相加減爲赤白二經交角二交角同爲東同爲西者相加白經在赤經之東西仍之一爲東一爲西者相減東西從大角如減盡則無此角如無黃赤二經交角則黃白即赤白東西並同

求用時太陽距午赤道度以食甚用時與十二時相減餘數變赤道度得用時太陽距午赤道度

求用時赤經高弧交角用弧三角形以北極距天頂爲一邊太陽距北極爲一邊赤緯在南加九十度在北與九十度相減用時太陽距午赤道度爲所夾之角求得對北極距天頂之角爲用時赤經高弧交角午前赤經在高弧東午後赤經在高弧西若太陽在正午則無此角

求用時太陽距天頂以用時赤經高弧交角正弦爲一率北極距天頂之正弦爲二率用時太陽距午赤道度之正弦爲三率求得四率爲正弦檢表得太陽距天頂

求用時高下差以半徑千萬爲一率地平高下差化秒爲二率用時太陽距天頂之正弦爲三率求得四率爲秒以分收之爲用時高下差

求用時白經高弧交角以用時赤經高弧交角與赤白二經交角相加減得用時白經高弧交角東西同者相加白經在高弧之東西仍之一東一西者相減東西從大角如無赤白二經交角或無赤經高弧交角則即以所有一角命之東西並同如二角俱無或同度減盡則無此角食甚用時即眞時用時之高下差與食甚實緯南加北減即食甚兩心視相距

求用時對兩心視相距角月在黃道北取用時白經高弧交角月在黃道南取用時白經高弧交角之外角實距在高弧之東西月在北則與白經同在南則相反皆爲用時對兩心視相距角若白經高弧交角過九十度緯南如緯北緯北如緯南

求用時對兩心實相距角用平三角形以食甚用時兩心實相距爲一邊即食甚實緯用時高下差爲一邊用時對兩心視相距角爲所夾之角即求得用時對兩心實相距角

求用時兩心視相距以用時對兩心實相距角之正弦爲一率用時兩心實相距爲二率用時對兩心視相距角之正弦爲三率求得四率即用時兩心視相距白經在高弧西兩心視相距大於併徑者或無食或未及等者用時即初虧眞時在高弧東爲已過及復圓眞時若小於併徑高弧西爲初虧食甚之間東爲復圓食甚之間

求食甚設時用時白經高弧交角東向前取西向後取角大遠取角小近取不遠過九刻近或數分量距用時前後若干分爲食甚設時

求設時距分以食甚設時與食甚用時相減得設時距分求設時距弧以一小時化秒爲一率一小時兩經斜距爲二率設時距分化秒爲三率求得四率爲設時距弧

求設時對距弧角以食甚實緯爲一率設時距弧爲二率半徑千萬爲三率求得四率爲正切檢表得設時對距弧角

求設時兩心實相距以設時對距弧角之正弦爲一率設時距弧爲二率半徑千萬爲三率求得四率即設時兩心實相距

求設時太陽距午赤道度

求設時赤經高弧交角

求設時太陽距天頂

求設時高下差

求設時白經高弧交角以上五條皆與用時同但皆用設時度分立算

求設時對兩心視相距角月在黃道北以設時白經高弧交角與設時對距弧角相減月在黃道南則相加又與半周相減餘爲設時對兩心視相距角相減者對距弧角小實距在高弧之東西與白經同對距弧角大則相反相加又減半周者實距在高弧之東西恆與白經反如兩角相等而減盡無餘或相加適足一百八十度則無交角亦無對設時兩心實相距角即以設時高下差與設時兩心實相距相減餘爲設時兩心視相距若白經高弧交角過九十度緯南如緯北緯北如緯南

求設時對兩心實相距角

求設時兩心視相距皆與用時同

求設時白經高弧交角較以設時白經高弧交角與用時白經高弧交角相減即得

求設時高弧交用時視距角以設時白經高弧交角較與用時對兩心實相距角相加減即得緯北爲減緯南爲加若白經高弧交角過九十度反是

求對設時視行角以設時高弧交用時視距角與設時對兩心實相距角相加減即得兩實距同在高弧東或同在西則減一東一西者則加加過半周者與全周相減用其餘如無設時對兩心實相距角設時高下差大於設時兩心實相距則設時高弧交用時視距角即對設時視行角設時高下差小於設時兩心實相距則以設時高弧交用時視距角與半周相減餘爲對設時視行角求對設時視距角用平三角形以用時兩心視相距爲一邊設時兩心視相距爲一邊對設時視行角爲所夾之角即求得對設時視距角

求設時視行以對設時視距角之正弦爲一率設時兩心視相距爲二率對設時視行角正弦爲三率求得四率爲設時視行

求眞時視行以半徑千萬爲一率對設時視距角餘弦爲二率用時兩心視相距爲三率求得四率爲眞時視行

求眞時兩心視相距以半徑千萬爲一率對設時視距角正弦爲二率用時兩心視相距爲三率求得四率爲眞時兩心視相距

求食甚眞時以設時視行爲一率設時距分爲二率眞時視行爲三率求得四率爲眞時距分以加減食甚用時白經在高弧西則加在高弧東則減得食甚眞時

求眞時距弧

求眞時對距弧角

求眞時兩心實相距以上三條法與設時同但皆用眞時度分立算

求眞時太陽距午赤道度

求眞時太陽距天頂

求眞時赤經高弧交角

求眞時高下差

求眞時白經高弧交角

求眞時對兩心實相距角

求眞時對兩心視相距角

求考眞時兩心視相距以上八條法與用時同但皆用眞時度分立算

求眞時白經高弧交角較法同設時但用眞時度分立算求眞時高弧交設時視距角法同設時加減有異月在黃道北設時兩實距在高弧東西同惟白經差設時白經高弧交角小則加大則減若白經亦同反是若兩實距一東一西則皆相減月在黃道南設時交角小則加大則減如無設時對兩心實相距角設時高下差大於設時兩心實相距則眞時白經高弧交角較即眞時高弧交設時視距角設時高下差小於設時兩心實相距則以眞時白經高弧交角較與半周相減餘爲眞時高弧交設時視距角若白經高弧交角過九十度緯南如緯北緯北如緯南

求對考眞時視行角法同設時如設時實距與高弧合無東西者設時高下差大於設時兩心實相距則相減小則加如眞時白經高弧交角較與設時對兩心實相距角相等而減盡無餘則眞時對兩心實相距角即對考眞時視行角或相加適足半周則眞時對兩心實相距角與半周相減即對考眞時視行角

求對考眞時視距角

求考眞時視行以上二條法同設時但用考眞時度分立算

求定眞時視行如定眞時視行與考眞時視行等則食甚眞時即爲定眞時如或大或小再用下法求之

求定眞時兩心視相距以上二條法同眞時用考眞時度分立算

求食甚定眞時以考眞時視行爲一率設時距分與眞時距分相減餘爲二率定眞時視行爲三率求得四率爲定眞時距分以加減食甚設時白經在高弧東設時距分小則減大則加白經在高弧西反是得食甚定眞時

求食分以太陽實半徑倍之爲一率十分爲二率併徑內減定眞時兩心視相距餘爲三率求得四率即食分

求初虧復圓前設時白經在高弧西食甚用時兩心視相距與併徑相去不遠即以食甚用時爲初虧前設時小則向前取大則向後取量距食甚用時前後若干分爲初虧前設時與食甚定眞時相減餘數與食甚定眞時相加爲復圓前設時白經在高弧東先取復圓後得初虧理並同

求初虧前設時距分

求初虧前設時距弧

求初虧前設時對距弧角初虧前設時在食甚用時前爲西在食甚用時後爲東

求初虧前設時兩心實相距以上四條法同食甚設時但用初虧前設時度分立算

求初虧前設時太陽距午赤道度

求初虧前設時赤經高弧交角

求初虧前設時太陽距天頂

求初虧前設時高下差

求初虧前設時白經高弧交角以上五條法同食甚用時

求初虧前設時對兩心視相距角法同食甚用時加減有異月在黃道北二角東西同則相加一東一西相減月在黃道南反是又與半周相減若白經高弧交角過九十度則緯南緯北互異餘同食甚設時

求初虧前設時對兩心實相距角

求初虧前設時兩心視相距以上二條法同食甚用時但用初虧前設時度分立算

求初虧後設時視初虧前設時兩心視相距小於併徑則向前取大則向後取察其較之多寡量取前後若干分爲初虧後設時以下逐條推算皆與前設時同但用後設時度分立算

求初虧視距較以前後設時兩心視相距相減即得

求初虧設時較以前後設時距分相減即得

求初虧視距併徑較以初虧後設時兩心視相距與併徑相減即得

求初虧定眞時以初虧視距較爲一率初虧設時較爲二率初虧視距併徑較爲三率求得四率爲初虧眞時距分以加減初虧後設時後設時兩心視相距大於併徑爲加小爲減得初虧眞時乃以初虧眞時依前法求其兩心視相距果與併徑等則初虧眞時即初虧定眞時初虧眞時對兩心實相距角即初虧方位角如或大或小則以初虧前後設時兩心視相距與併徑尤近者與考眞時兩心視相距相較依法比例得初虧定眞時

求復圓前設時諸條法同初虧但用復圓前設時度分立算

求復圓後設時視復圓前設時兩心視相距小於併徑則向後取大於併徑則向前取察其較之多寡量取前後若干分爲復圓後設時逐條推算皆與前設時同但用後設時度分立算

求復圓視距較

求復圓設時較

求復圓視距併徑較

求復圓定眞時以上四條皆與初虧法同但用復圓度分立算

求食限總時置初虧定眞時減復圓定眞時即得

求初虧復圓定交角初虧白經在高弧之東以初虧方位角與半周相減在高弧之西即用初虧方位角復圓反是皆爲定交角

求初虧復圓方位法與甲子元同但以定交角初度初虧白經在高弧東爲正上在西爲正下復圓在東爲正下在西爲正上

求帶食用日出入分同甲子元法

求帶食距時以日出入分與食甚用時相減即得

求帶食距弧法同食甚設時但用帶食距時立算

求帶食赤經高弧交角以黃赤距緯之餘弦爲一率北極高度之正弦爲二率半徑千萬爲三率求得四率爲餘弦檢表得帶食赤經高弧交角

求帶食白經高弧交角法與食甚用時同但用帶食度分立算

求帶食對距弧角

求帶食兩心實相距

求帶食對兩心視相距角以上三條法與食甚設時同但用帶食度分立算

求帶食對兩心實相距角用地平高下差餘法同食甚用時

求帶食兩心視相距法同食甚用時但用帶食度分立算

求帶食分秒與求食分同用帶食相距立算

求帶食方位在食甚前者用初虧法在食甚後者用復圓法

求各省日食時刻方位理同甲子元法

繪日食圖同甲子元法

繪日食坤輿圖取見食極多之分每分爲一限止於二十一限又取見食時刻早晚每刻爲一限止於九十六限交錯相求反推得見食各地北極高下度東西偏度乃按度聯爲一圖又按坤輿全圖所當高度偏度各地名逐一塡註

相距用數見月離及五星恒星行

推相距法同甲子元推淩犯法

推步用表

甲子元及癸卯元二法除本法外皆有用表推算之法約其大旨著於篇

甲子元法一曰年根表以紀年紀日値宿爲綱由法元之年順推三百年各得其年天正冬至次日子正太陽及最卑平行列爲太陽年根表太陰及最高正

交平行列爲太陰年根表五星及最高正交伏見諸平行爲各星年根表一日周歲平行表以日數爲綱由一日至三百六十六日積累日月五星及最卑最高正交伏見諸平行各列爲周歲平行表

一日周日平行表以時分秒爲綱與度分秒對列三層自一至六十積累日月五星及最高正交伏見月距日太陰引數交周諸平行各列爲周日平行表

一日均數表以引數爲綱豫推得逐度逐分盈縮遲疾備列於表太陰別有二三均數表以引數及月距日爲綱縱横對列推得二三均數備列於表土木金水四星則以初均及中分次均及較分同列爲一表火星則以初均及次輪心距地數次輪半徑本數太陽高卑差數同列爲一表皆爲均數表

一日距度表以黃道宮度爲綱列所對赤道南北距緯爲黃赤距度表以月距正交爲綱分黃白大距爲六限列所對黃道南北距緯爲黃白距度表

一日升度表以黃道宮度爲綱列所對赤道度爲黃赤升度表

一日黃道赤經交角表以黃道宮度爲綱取所對黃道赤經交角列於表

一日升度差表以月五星距交宮度爲綱各列所當黃道度之較各爲升度差表

一日時差表以黃道爲綱取所當赤道度之較變時列爲升度時差表又以引數爲綱取所當均數變時列爲均數時差表

一日地半徑差表以實高度爲綱取所當太陽太陰及火金水三星諸地半徑差各列爲表

一日清蒙氣差表以實高度爲綱取所當清蒙氣差列爲表

一日實行表以引數爲綱取所當太陽太陰及月距日實行各列爲表

一日交均距限表以月距日爲綱取所當之交均及距限同列爲一表

一日首朔諸根表以紀年紀日值宿爲綱由法元之年順推三百年取所當之首朔日時分秒及太陽平行太陽太陰引數太陰交周五者同列爲一表

一日朔望策表以月數爲綱自一至十三取所當之朔望策及太陽平行朔望策太陽太陰引數朔望策太陰交周朔望策十事同列爲一表

一日視半徑表以引數爲綱取所當之日半徑月半徑月距地影半徑影差五者同列爲一表

一日交食月行表以食甚距緯分爲綱自初分至六十四分與太陽太陰地影凡兩半徑之和分自二十五分至六十四分縱横對列取所當之月行分秒列爲表其太陰地影兩半徑之較分與和分同用

一日黃平象限表以正午黃道宮度爲綱分北極高自十六度至四十六度爲三十一限取所當之春分距午黃平象限限距地高三者同列爲一表

一日黃道高弧交角表以日距限爲綱自初度至九十度分限距地高自二十度至八十九度爲七十限取所當之黃道高弧交角列爲表

一日太陽高弧表列法與黃道高弧交角表同

一日東西南北差表以交角度爲綱自初度至九十度與高下差一分至六十三分縱横對列取所當之東西差及南北差同列爲表

一日緯差角表以併徑爲綱自三十一分至六十四分與距緯一分至六十四分縱横對列取所當之緯差角列爲表

一日星距黃道表以距交宮度爲綱取所當星距黃道數各列爲表水星獨分交角自四度五十五分三十二秒至六度三十一分二秒爲二十限

一日星距地表以星距日宮度爲綱取所當之星距地列於表

一日水星距限表以距交宮度爲綱取所當之距限列爲表

一日五星伏見距日黃道度表以星行黃道經表爲綱分晨夕上下列之取各星所當距日黃道度同列爲一表

一日五星伏見距日加減差表列法同黃道度表但不分五星別黃道南北自一度至八度

癸卯元法所增一日太陽距地心表以太陽實引爲綱取所對之太陽距地心眞數對數並列於表

一日太陰一平均表以太陽引數爲綱取所當之太陰一平均最高平均正交平均並列於表

一日太陰二平均表以日距月最高宮度爲綱取所當太陽在最高之二平均及高卑較秒並列於表

一日太陰三平均表以月距正交宮度爲綱取所當之三平均列爲表

一日太陰最高均及本天心距地表以日距月天最高宮度爲綱取所當最高均及本天心距地數並列於表

一日太陰二均表以月距日宮度爲綱取所當太陽在最高時二均及高卑較數並列於表

一日太陰三均表以相距總數爲綱取所對之三均列於表

一日太陰末均表以實月距日宮度爲綱與日月最高相距縱横對列取所當之末均列爲表

一日太陰正交實均表以日距正交宮度爲綱取所對之正交實均列爲表

一日交角加分表以日距正交宮度爲綱取所當之距交加分加差並列於表

一日黃白距緯表列法與升度差表同

一日太陰距地心表以太陰實引爲綱取所當最大最小兩心差各太陰距地心數及倍分並列於表其名同而實異者太陰初均表分大中小三限黃白升度差表列最小交角及大小較秒太陰地半徑差表太陰實行表俱分大小二限

清史稿

時憲志八

凌犯視差新法上

道光中欽天監秋官正司廷楝所撰較舊法加密附著卷末以備參考

求用時

推諸曜之行度皆以太陽爲本而太陽之實行又以平行爲根其推步之法總以每日子正爲始此言子正者乃爲平子正即太陽平行之點臨於子正初刻之位也今之推步時刻雖以兩子正之實行爲比例而所得者亦皆平行所臨之點則實行所臨之點自有進退之殊設太陽在最卑後實行大於平行則太陽所臨之點必在平行之東以時刻而言乃爲未及若太陽過最高後實行小於平行則太陽所臨之點必在平行之西以時刻而言乃爲已過故以應加之均數變時爲應減之時差應減之均數變時爲應加之時差此因太陽有平行實行之別以生均數時差也然太陽所行者黃道時刻所據者赤道因黃道與赤道斜交則同升必有差度如二分後赤道小於黃道其差應減在時刻爲未及二至後赤道大於黃道其差應加在時刻爲已過故以正弧三角形法求得黃赤升度差變爲時分二分後爲加二至後爲減此因經度有黃道赤道之分以生升度時差也按本時之日行自行所生之二差各加減於平時而得用時由用時方可以推算他數故交食亦必以推用時爲首務即日月食之第一求也其法理圖說已載於考成前編講解最詳其圖分而爲二且均數時差圖係用小輪至考成後編求均數改爲橢圓法其法理亦備悉於求均數篇內然未言及時差今依太陽實行所臨黃道之點以均數之分取得黃道上平行點即以平實二點依過二極二至經圈作距等圈法引於赤道可使二差合爲一圖其太陽之經度所臨之時刻及二時差之加減皆可按圖而稽矣

如道光十二年壬辰三月初六日癸丑戌正二刻十一分月與司怪第四星同黃道經度是爲凌犯時刻本日太陽引數三宮三度五十五分太陽黃道經度三宮十五度五十三分求用時如圖甲爲北極乙丙丁戊爲赤道乙甲丁爲子午圈乙爲子正丁爲午正己庚辛壬爲黃道丙甲戊爲過二極二至經圈己爲冬至辛爲夏至庚爲春分壬爲秋分子爲太陽實行之點當赤道於丑則丑點即太陽實臨之用時卯爲太陽平行之點而當赤道於辰其卯子之分即應加之均數一度五十五分四十五秒試自卯子二點與丙甲戊過極至經圈平行作卯午子未二線即如距等圈將太陽平行實行之度皆引於赤道則庚午必與庚卯等庚未必與庚子等其赤道之午未亦必與卯子均數等變時得

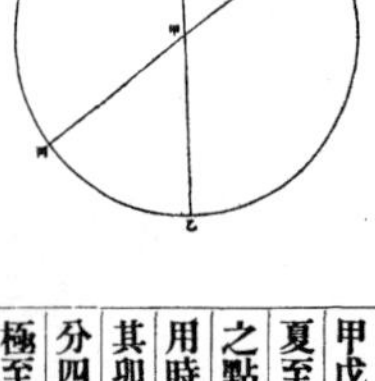

一率　半徑

二率　庚角餘弦

三率　庚子弧正切

四率　庚丑弧正切

七分四十三秒爲赤道午未之分即均數時差也次用庚丑子正弧三角形求庚丑弧此形有丑直角有庚角黃赤交角二十三度二十九分有庚子弧太陽距春分後黃道度十五度五十三分乃以半徑爲一率庚角之餘弦爲二率庚子弧之正切爲三率求得四率爲庚丑弧之正切檢表得庚丑弧十四度三十七分三十六秒爲太陽距春分後赤道度乃與庚子黃道弧相等之庚未弧相減得丑未弧一度十五分二十四秒爲應減之黃赤升度差變時得五分二秒即升度時差也蓋太陽平行卯點距春分之庚卯弧與庚午弧等則午點乃爲平時即今之凌犯時刻而太陽實行子點距春分之庚子與庚未弧等則午未爲平行與實行之差如以太陽右旋而言之爲實行已過平行然以隨天左旋而計之爲實行未及平行是未點轉早於午點故必減午未均數時差乃得未點時刻此太陽在黃道虛映於赤道之時刻也然子點太陽實當赤道之丑則丑未爲黃道與赤道之差若以經度東行而言之爲赤道未及黃道茲以時刻西行而計之爲赤道已過黃道是丑點復遲於未點故必加丑未升度時差方得丑點時刻即太陽在黃道實當於赤道之時刻也其兩時差既爲一加一減而所減者又大於應加之分故先以兩時差相減得丑午時分二分四十一秒而爲時差總（此因兩時差加減異號故相減若同號則相加所謂兩數通爲一數也又因減數大於加數故仍從減若加數大者則從加矣）乃減於午點凌犯時刻戌正二刻十一分即得丑點戌正二刻八分十九秒爲凌犯用時也

又設凌犯時刻丑正一刻太陽引數三宮十三度二十九分黃道實行三宮二十五度三十四分求用時如子爲太陽實行之點當赤道於丑其丑點即所臨之用時卯爲太陽平行之點當赤道於辰其子卯爲應加之均數一度五十二分二十五秒赤

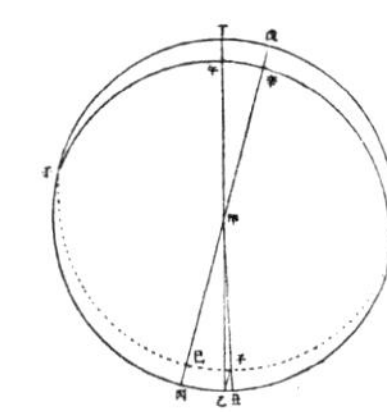

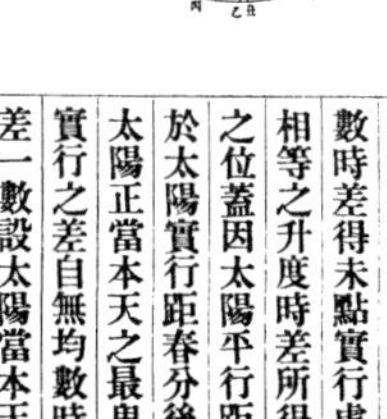

自卯子二點與過極至經圈平行作卯丑子未二距等圈其平行卯點映於赤道恰與實行當赤道之丑點合是由平行所得之時刻已合實行實臨赤道之用時遇此可無庸求其時差也然何以知之蓋兩時差之數相等必減盡無餘即無時差之總數矣今試按法求之既作卯丑子未二線必與卯子均數等變時得七分三十秒即其庚丑與庚卯等庚未與庚子等則丑未赤道上應減之均數時差次用庚丑子正弧三角形求得庚丑弧赤道度與庚子弧黃道度相等之庚未弧相減得丑未弧黃赤升度差恰與均數等變時亦得七分三十秒即赤道上應加之升度時差其時差一爲加一爲減而兩數相等乃減盡無餘既無時差之總數則其凌犯時刻即爲用時可知矣此法以丑點凌犯時刻減去均數時差得未點實行虛映之時刻而復加相等之升度時差所得用時固仍在丑點之位蓋因太陽平行距春分後黃道度等於太陽實行距春分後赤道度故也又如太陽正當本天之最卑或最高乃無平行實行之差自無均數時差止加減升度時差一數設太陽當本天最卑又當子正如太陽在黃道之子點則庚乙與庚子等以庚丑子正弧形求得丑乙黃赤升度差變時減於乙點時刻即得丑點用時乃在乙點子正之前也若太陽當本天最高又當午正如太陽在黃道之午點則壬丁與壬午等以壬寅午正弧形求得寅丁黃赤升度差變時減於丁點時刻即得寅點用時乃在丁點午正之前也

又如太陽實行正當冬夏至或正當春秋分此四點皆無黃道赤道之差自無升度時差止加減均數時差一數設太陽實行六宮初度爲正當夏至在黃道之辛點當赤道於戌而平行卯點當赤道於辰自卯點與丙甲戌過極至經圈平行作卯午距等圈則午點爲凌犯時刻其戌午與辛卯

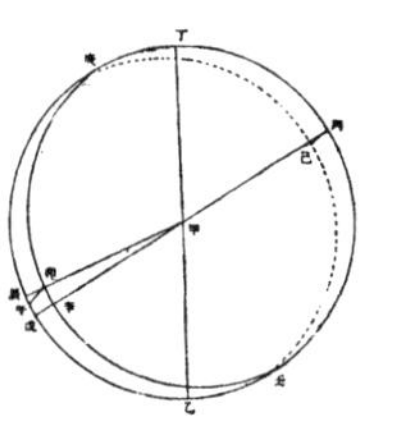

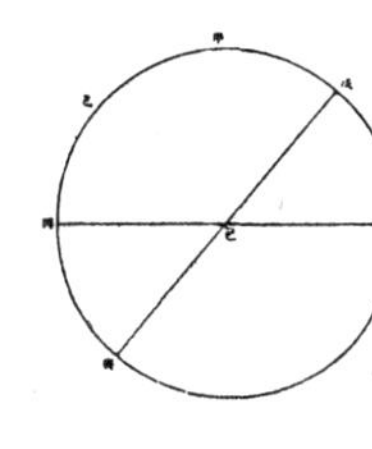

均數等變時得均數時差減於午點而得戌點即用時也

求春分距午時分黃平象限宮度及限距地高推算太陰凌犯視差固依後編求日食三差之法而其爲用不同蓋日食之東西差爲求視距弧而南北差爲求視緯其視距弧視緯則爲求視相距及視行之用緣太陰行於白道是必以白平象限爲準爲若五星之距恒星五星之互相距皆以黃道同經度之時爲相距時刻而較黃緯南北相距之數爲其上下之分也至月距五星月距恆星亦皆以黃道經度相同之時爲凌犯時刻不更問白道經度其於白平象限又何與焉然其以東西差定視時之進退以南北差判視緯之大小以定視距之遠近者其差皆黃道經緯之差故必以黃平象限之宮度爲準黃平象限者地平上黃道半周適中之點也顧黃道與赤道斜交地平上赤道半周適中之點恆當子午圈而地平上黃道半周適中之點則時有更易蓋黃極由負黃極圈每日隨天左旋繞赤極一周如黃極在赤極之南則冬至當午正其黃道斜升斜降若黃極在赤極之北則夏至當午正其黃道正升正降而黃平象限亦皆恰當子午圈設黃極在赤極之西則春分當午正其黃道之勢斜倚出自東北而入西南黃平象限乃在午正之東設黃極在赤極之東則秋分當午正其黃道出自東南而入西北黃平象限乃在午正之西是則黃道之向隨時不同故以黃道之逐度推求黃平象限及限距地高以立表

先設太陽正當春分點黃道實行爲三宮初度求午正初刻黃平象限宮度及限距地高度分如圖甲乙丙丁爲子午圈甲爲天頂丙丁爲地平乙爲北極乙丙爲京師北極出地高三十九度五十五分戊己庚爲赤道交於地平之己點其戊點當午正爲地平上赤道半周適中之點戊丁爲赤

一率 半徑
二率 戊角餘弦
三率 戊甲弧正切
四率 戊辰弧正切

道距地高五十度五分當戊己丁角辛子壬爲負黃極圈子爲黃極乙子己丑爲過極至經圈戊丑庚爲黃道而交地平於寅點庚爲秋分丑爲冬至戊爲春分即太陽之所在臨於午正乃無春分距午之時分試自黃極子點出弧線過天頂作子甲卯黃道經圈爲本時黃平象限其辰點爲地平上黃道半周適中之點而在正午之東即黃平象限宮度也辰寅卯角爲黃道與地平相交之角而當辰卯弧即本時限距地高之度也法用戊辰甲正弧三角形求戊辰甲辰二弧此形有辰直角有戊甲弧赤道距天頂（與乙丙北極高度等）以赤道交子午圈之戊直角九十度內減己戊丑角黃赤交角二十三度二十九分得寅戊丁角六十六度三十一分爲黃道交子午圈角（亦名黃道赤經交角）與辰戊甲角爲對角其度等乃以半徑爲一率戊角黃道赤經交角之餘弦爲二率戊甲弧赤道距天頂亦即太陽距天頂其正切爲三率求得四率爲黃平象限距午之正切檢表得十八度二十六分十四秒爲戊辰弧黃平象限距午正之黃道度與戊點春分三宮相加（因黃平象限在午東故加）得辰點三宮十八度二十六分十四秒即本時黃平象限之經度也又以半徑爲一率戊角黃道赤經交角之正弦爲二率戊甲弧太陽距天頂之正弦爲三率求得四率爲黃平象限距天頂之正弦檢表得三十六度三分九秒爲甲辰弧黃平象限距天頂與甲卯象限九十度相減得辰卯弧五十三度五十六分五十一秒即本時限距地高而當辰寅卯角之度也

又設太陽正當秋分點黃道實行爲九宮初度求午正初刻春分距午時分並黃平象限及限距地高即以秋分當於正午之戊則庚未戊爲黃道交地平於寅庚爲春分未爲夏至子乙未己爲過極至經圈亦自黃極子點出弧綫過天頂作子甲卯弧黃平象限而地平上黃道適中之辰點在

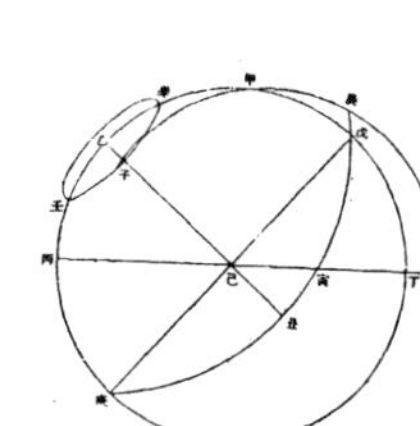

一率 半徑
二率 戊角正弦
三率 戊甲弧正弦
四率 甲辰弧正弦

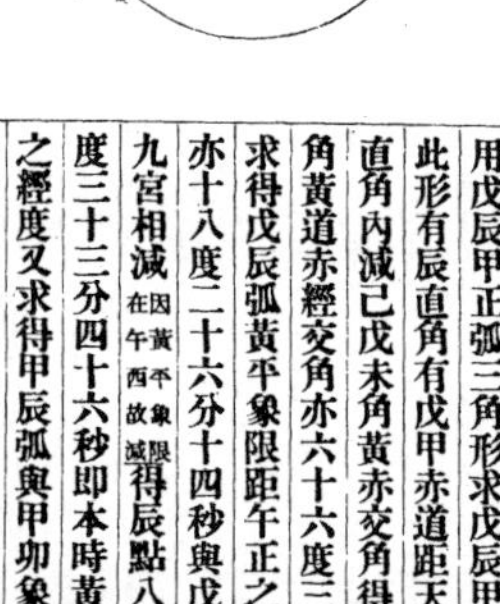

正午之西先以春分距午西之庚戊赤道半周變十二時爲春分距午之時分次仍用戊辰甲正弧三角形求戊辰甲辰二弧此形有辰直角有戊甲赤道距天頂以戊直角內減己戊未角黃赤交角得辰戊甲角黃道赤經交角亦六十六度三十一分求得戊辰弧黃平象限距午正之黃道度亦十八度二十六分十四秒與戊點秋分九宮相減（因黃平象限在午西故減）得辰點八宮十一度三十三分四十六秒即本時黃平象限之經度又求得甲辰弧與甲卯象限相減得辰卯弧亦爲五十三度五十六分五十一秒即本時限距地高而當辰寅卯角之度也

又設太陽距春分後三十度黃道實行爲四宮初度求午正初刻黃平象限諸數乃以黃道經度四宮初度當午正如辛點即太陽之所在辛壬癸爲黃道交地平於寅丑爲冬至壬爲春分乙子丑爲過極至經圈仍自黃極子點過天頂甲點作子甲卯弧黃平象限其黃道適中之辰點在午正之東求法先用辛戊壬正弧三角形求壬戊辛戊二弧及壬辛戊角此形有戊直角有壬角黃赤交角有壬辛太陽距春分後黃道弧三十度乃以半徑爲一率黃赤交角之餘弦爲二率黃道弧之正切爲三率求得四率爲赤道弧之正切檢表得二十七度五十四分一十秒爲壬戊弧赤道同升度亦即本時春分距午後赤道度變時得一時五十一分三十七秒即本時春分距午時分又以半徑爲一率黃赤交角之正弦爲二率黃道弧之正弦爲三率求得四率爲黃赤距度之正弦檢表得十一度二十九分三十三秒爲辛戊弧太陽距赤道北緯度又以黃道弧之餘弦爲一率黃赤交角之餘切爲二率半徑爲三率求得四率爲黃道交子午圈角之正切檢表得六十九度二十二分五十一秒爲壬辛戊角黃道交子午圈角即黃道赤經交角次

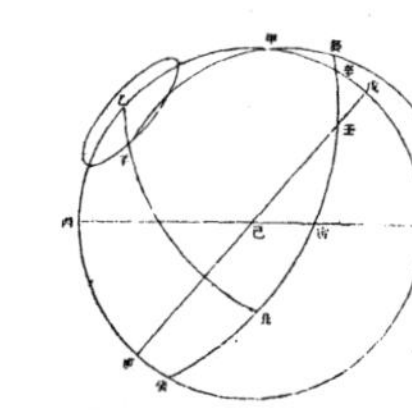

一率 半徑
二率 壬角餘弦
三率 壬辛弧正切
四率 壬戊弧正切

一率 半徑
二率 壬角正弦
三率 壬辛弧正弦
四率 辛戊弧正弦

一率 壬辛弧餘弦
二率 壬角餘切
三率 半徑
四率 辛角正切

一率 半徑
二率 辛角餘弦
三率 甲辛弧正切
四率 辛辰弧正切

一率 半徑
二率 辛角正弦
三率 甲辛弧正弦
四率 甲辰弧正弦

用辛辰甲正弧三角形求辛辰甲辰二弧此形有辰直角有辛角與壬辛戊角爲對角其度等以甲戊弧赤道距天頂內減辛戊黃赤距度得甲辛弧二十八度二十五分二十七秒爲本時太陽距天頂乃以半徑爲一率辛角黃道赤經交角之餘弦爲二率甲辛弧太陽距天頂之正切爲三率求得四率爲黃平象限距午之正切檢表得十度四十七分二十八秒爲辛辰弧黃平象限距午正之黃道度與辛點四宮初度相加（因黃平象限在午東故加）得辰點四宮十度四十七分二十八秒即本時黃平象限之經度也又以半徑爲一率辛角黃道赤經交角之正弦爲二率甲辛弧太陽距天項之正弦爲三率求得四率爲黃平象限距天頂之正弦檢表得二十六度二十七分二十秒爲甲辰弧黃平象限距天頂與甲卯象限九十度相減得辰卯弧六十三度三十二分四十秒爲本時限距地高即當辰寅卯角之度也

又設太陽距秋分前三十度黃道實行爲八宮初度求午正初刻黃平象限諸數乃以辛點太陽實行當正午其申點爲秋分而在午東壬爲春分未爲夏至子乙未爲過極至經圈亦自黃極子點過天頂作子甲卯弧本時黃平象限而在午西法用辛戊申正弧三角形此形戊爲直角申角爲黃赤交角申辛黃道弧亦爲三十度求得申戊赤道同升度亦爲二十七度五十四分一十秒乃與壬申赤道之半周相減得壬戊弧五宮二度五分五十秒爲本時春分距午後赤道度變時得十時八分二十三秒即本時春分距午時分也次用辛辰甲正弧三角形辰爲直角其辛角黃道赤經交角及甲辛弧太陽距天頂皆與前圖之度等求得辛辰弧黃平象限距午正黃道度亦爲十度四十七分二十八秒與辛點八宮初度相減（因黃平象限在午西故減）得辰點七宮十九度十二分三十二秒卽本時黃平

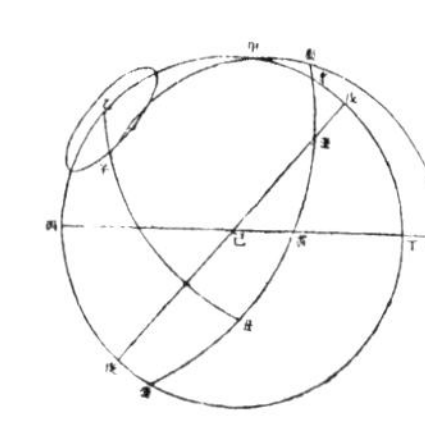

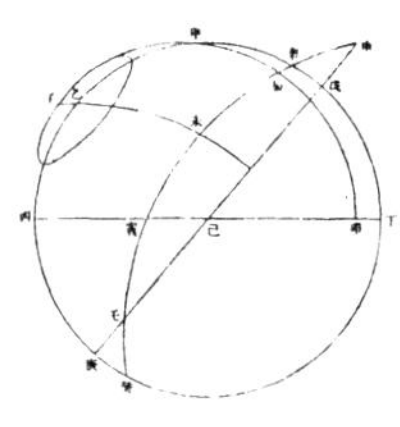

象限之經度又求得甲辰弧與甲卯象限相減得辰卯弧亦爲六十三度三十二分四十秒即本時限距地高亦當辰寅卯角之度也

又設太陽當正午實行距春分前三十度爲二宮初度乃以辛點太陽當午正則春分壬點在午正之東申爲秋分丑爲冬至乙子丑爲過極至經圈其子甲卯本時黃平象限亦在午正之東法用辛戊壬正弧三角形有戊直角有壬角黃赤交角有壬辛黃道弧三十度求得壬戊赤道弧亦爲二十七度五十四分一十秒乃與赤道全周相減得十一宮二度五分五十秒爲本時春分距午後赤道度變時得二十二時八分二十二秒即本時春分距午時分也又求得辛戊弧亦爲十一度二十九分三十三秒爲太陽距赤道南緯度並求得壬辛戊角亦爲六十九度二十二分五十一秒爲本時黃道赤經交角次用辛辰甲正弧三角形此形有辰直角有辛角以甲戊赤道距天頂與辛戊黃赤距度相加得甲辛弧太陽距天頂五十一度二十四分三十三秒仍以半徑爲一率辛角之餘弦爲二率甲辛弧之正切爲三率求得四率爲黃平象限距午之正切檢表得二十三度四十八分四十秒即辛辰弧黃平象限距午正之黃道度與辛點二宮初度相加得辰點二宮二十三度四十八分四十秒即本時黃平象限之經度也又以半徑爲一率辛角之正弦爲二率甲辛弧之正弦爲三率求得四率爲甲辰弧黃平象限距天頂之正弦檢餘弦表得四十二度五十九分一秒即卯辰弧本時限距地高之度也又設太陽當午正實行距秋分後三十度爲十宮初度乃以辛點太陽當午正則申點秋分在午正後而春分必在午正前未爲夏至子乙未爲過極至經圈其子甲卯本時黃平象限在午正之西求法仍用辛戊申正弧三角形此形邊角之度與前圖

一率　半徑
二率　辛角餘弦
三率　甲辛弧正切
四率　辛辰弧正切

一率　半徑
二率　辛角正弦
三率　甲辛弧正弦
四率　甲辰弧正弦

之辛戊壬形同惟申戊弧所變之一時五十一分三十七秒乃秋分距午後之時分是以加赤道半周之十二時得十三時五十一分三十七秒始爲本時春分距午時分也次用辛辰甲正弧三角形此形邊與角之度亦與前圖之辛辰甲形同惟因辰點在辛點之西是以十宮初度內減辛辰弧二十三度四十八分四十秒得九宮六度十一分二十秒即本時黃平象限之經度其辰卯弧限距地高四十二度五十九分一秒亦與前數相同也由此則逐度皆以距春秋分前後各相對之度推之其求午正太陽距天頂之加減則以緯南緯北而分求黃平象限宮度之加減則以冬至夏至爲斷蓋冬至過午西黃平象限恒在午正之東夏至過午西黃平象限恆在午正之西此加減所由定也

今設太陽黃道經度三宮十六度四十四分用時爲戌正二刻八分十九秒求春分距午時分及黃平象限宮度限距地平高度如申辛癸爲黃道交地平於寅壬爲春分丑爲夏至申爲秋分子乙丑亥爲過二極二至經圈乃自黃極子點過天頂甲點作子甲卯黃道經圈其黃道適中之辰點乃在午正之西今太陽在春分後之未點當赤道之午點自子正計之即用時之時刻先用未午壬正弧三角形求壬午弧此形午爲直角有壬角黃赤交角二十三度二十九分有壬未弧太陽距春分後黃道度十六度四十四分求得壬午弧十五度二十四分五十八秒爲太陽距春分後赤道度變時得一小時一分四十秒與午點用時相加得二十一小時三十九分五十九秒爲壬點春分距子正後之時分內減十二時得九小時三十九分五十九秒即壬戌弧本時春分距午時分次用申戌辛正弧三角形因壬戌春分距午後之度已過象限故用申戌辛正弧形求辛角及辛戌辛申二弧此形戌爲直角有申角黃赤交角有申戌弧秋分距午

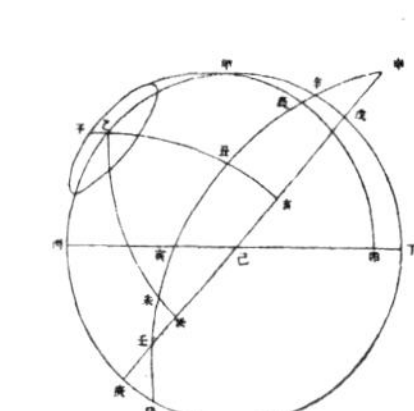

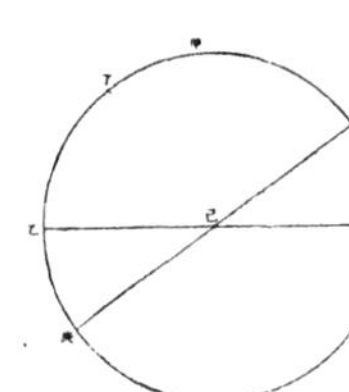

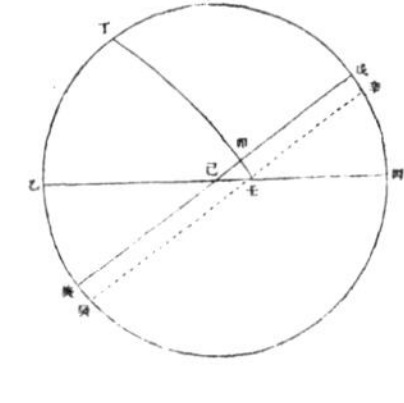

前時分所變之赤道度三十五度零十五秒求得戌辛弧十三度五十九分四十秒爲本時正午之黃赤距度求得申辛戌角七十度五十六分五十八秒爲黃道交子午圈角即黃道赤經交角與甲辛辰角爲對角其度等求得申辛弧三十七度二十一分五十秒爲秋分距午正前黃道度與申點秋分九宮相減得七宮二十二度三十八分一十秒即辛點正午黃道經度次用甲辰辛正弧三角形求辛辰甲辰二弧此形辰爲直角有辛角黃道赤經交角以甲戌弧京師赤道距天頂三十九度五十五分內減辛戌正午黃赤距度得甲辛弧二十五度五十五分二十秒爲本時正午黃道距天頂度求得辛辰弧九度零五十三秒爲黃平象限距午西之黃道度與辛點正午黃道經度相減得辰點七宮十三度三十七分十七秒即本時黃平象限之經度並求得甲辰弧二十四度二十四分二十四秒爲黃平象限距天頂之度與甲卯象限相減得辰卯弧六十五度三十五分三十六秒爲本時黃平象限距地平之高度即當辰寅卯角之度也

求距限差

距限差者乃月距黃平象限之差度也蓋舊法月距限以九十度爲率因黃道斜天其向隨時不同而出於地平之上者恆爲半周其適中之點距地平東西皆九十度故以九十度之限以察月在地平之上下若月距限逾九十度者爲在地平下遂不入算然此以黃道爲立算之端也顧白道與黃道斜交月行白道不無距黃道南北之緯度緯南者早入遲出月當地平時其距黃平象限不及九十度緯北者早出遲入月當地平時其距黃平象限已過九十度是則九十度之率未足爲據也於是立法以求其差猶五星伏見距日限度有距日加減差之義也其法以限距地平之高及月距黃道之緯依正弧三角形法求之

蓋黃道之勢隨天左旋其升降正斜時時不同正升正降者京師限距地高至七十三度餘高度大則月緯所當之距限差轉小斜升斜降者京師限距地高只二十六度餘高度小則月緯所當之距限差轉大若値月緯最大其差可至十度有奇此距限差之不可不立也故依京師黃平象限距地平高度逐度求其太陰黃道實緯度所當距限差以立表

設京師限距地平高度三十四度太陰距黃道實緯度南北各五度求距限差如圖甲爲天頂乙丙爲地平丁爲黃極甲丁乙丙爲黃道經圈戊己庚爲黃道交地平於己點其戊點卽黃平象限戊丙爲限距地高三十四度與甲丁黃極距天頂之度等而當戊己丙角與乙己庚角爲對角其度亦等如月恰在正交或中交合於黃道之己點正當地平則戊己爲月距限九十度若過九十度自必在地平之下今設月在黃道南五度則辛壬癸爲黃道距等圈月在地平時爲壬點當於黃道之卯其戊卯月距限乃不及九十度又設月距黃道北五度則子丑寅爲黃道距等圈月在地平時爲丑點當於黃道之辰其戊辰月距限乃已過九十度故必求其差數以加減之法用己卯壬正弧三角形求己卯弧此形

一率　己角正切

二率　半徑

三率　卯壬弧正切

四率　己卯弧正弦

有卯直角有己角當限距地高有卯壬弧月距黃道緯度乃以己角之正切爲一率半徑爲二率卯壬弧之正切爲三率求得四率爲距限差度之正弦檢表得七度四十二分卽己卯弧爲所求之距限差而與己辰弧之度分等蓋己辰丑正弧三角形與己卯壬形同用己角而辰丑弧月距黃道緯度亦與卯壬等是兩正弧形爲相等形故所得之己卯弧必與己辰弧相等無疑矣旣得己卯距限差與戊己九十度相減得八十二度十八分卽戊卯距限而與距等圈辛壬之度相應爲月在緯南之地平限度以己辰距限差與戊己九十度相加得九十七度四十二分卽戊辰距限而與距等圈子丑之度相應爲月在緯北之地平限度也

求黃經高弧交角及月距天頂

舊法推日食三差原以黃平象限爲本自考成前編謂三差並生於太陰而太陰之經緯度爲白道經緯度用白道較之用黃道爲密故求三差則按月距白平象限之度以白道高弧交角及太陰高弧爲據後編變通其法乃以白經高

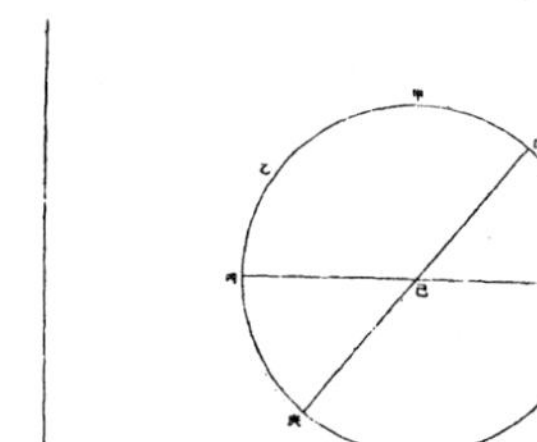

弧交角及日距天頂以求三差而求白經高弧交角係赤經高弧交角加減赤白二經交角而得並不求月距白平象限之度是法較前頗爲省算今推視差者乃求其星月黃道同經之視距視時故三差應由黃平象限而定也是則其法原可仿於後編不求黃平象限而竟求黃經高弧交角之術（卽黃道高弧交角之餘度）然非月距黃平象限度與地平限度相較其月在地平之上下無由可知故今求交角乃先求得月距黃平象限之東西黃平象限去地之高下太陰距黃極之遠近然後按後編用斜弧形求赤經高弧交角日距天頂之法則黃經高弧交角及月距天頂之度可得矣

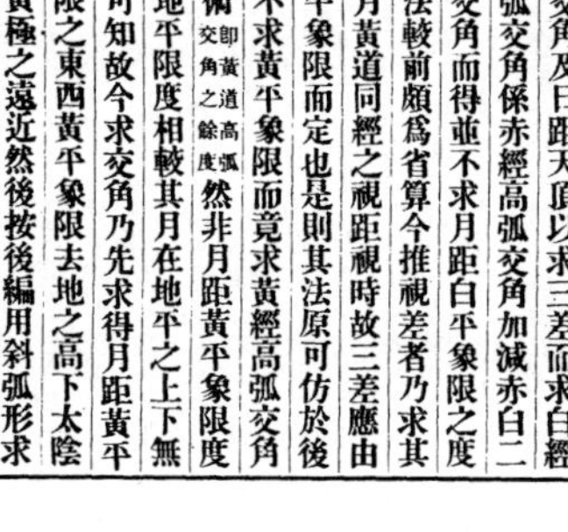

設星月黃道經度同爲申宮二十六度二十二分十一秒月距正交前四十三度四十八分五十六秒黃白交角五度四分一十秒黃平象限七宮十三度三十七分十七秒限距地高六十五度三十五分三十六秒求太陰實緯黃經高弧交角月距天頂如圖甲爲天頂甲乙丙丁爲子午圈丙丁爲地平乙爲北極戊己庚爲赤道戊爲午正己爲酉正庚爲子正卯爲黃極辛壬癸子爲黃道壬爲春分癸爲夏至午爲黃道交地平之點午未弧爲九十度其未點卽黃平象限宮度爲七宮十三度三十七分十七秒未辰弧當午角爲六十五度三十五分三十六秒卽限距地高度而與甲卯黃極距天頂之度等巳寅丑爲白道寅爲正交寅角爲黃白交角五度四分一十秒申爲太陰當黃道於酉申寅爲月距正交前白道度四十三度四十八分五十六秒申酉爲月距黃道緯度其酉點爲星月所當之黃道經度五宮二十六度二十二分十一秒與未點黃平象限宮度相減得未酉弧四十七度十五分六秒爲月距黃平象限西之度乃當未卯酉角甲申戌爲高弧卯申甲角爲黃經高弧交角甲申爲月距天頂求法先用寅酉申正弧三角形

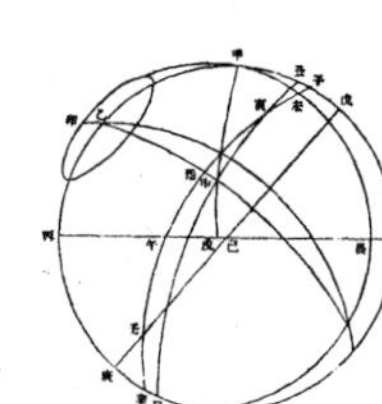

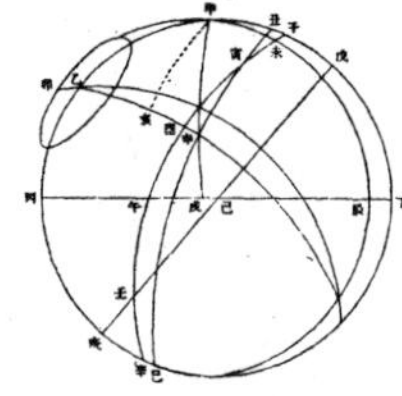

此形酉爲直角有寅角黃白交角有寅申弧月距正交前白道度求得申酉弧三度三十分二十七秒卽太陰距黃道南實緯度與卯酉象限相加得卯申弧九十三度三十分二十七秒爲月距黃極次用甲卯申斜弧三角形此形有甲卯邊黃極距天頂有申卯邊月距黃極有申卯甲角當酉未弧月距限度爲所夾之角求申角及甲申邊乃自天頂作甲亥垂弧分爲甲亥卯甲亥申兩正弧三角形先用甲亥卯正弧三角形此形亥爲直角有卯角有甲卯邊求得卯亥弧五十六度十四分十五秒爲距極分邊與申卯弧月距黃極相減得申亥弧三十七度十六分十二秒爲距月分邊次用甲亥申正弧三角形此形亥爲直角有申亥邊兼甲亥卯正弧三角形之亥卯邊及卯角用合率比例法求得申角五十六度二分五十一秒卽黃經高弧交角仍以甲卯申斜弧形用對邊對角法求得甲申弧五十三度四十三分二十四秒卽月距天頂之度也

求太陰距星及淩犯視時

太陰距地平上之高弧自地心立算者爲實高在地面所見者爲視高其相差之分卽地半徑差也月當地平時距天頂爲九十度其相差之數最大而角之正弦卽當地之半徑迨月上升則距地漸高距地愈高則差數愈小其所差之分皆與本時月距天頂之正弦相應故用比例法而得本時高下差也夫高下旣差則有視經視緯之別其視經實經之差者東西差也視緯實緯之差者南北差也今求三差乃依後編日食求三差法用直線三角形算之然後編三差圖乃寫渾於平今則用以渾測渾之圖求其三差其所得之南北差與本時太陰實緯之度相較而得視緯復以視緯與星緯相較覩其緯之南北而定相距之上下也其所得之東西差與一小時之太陰實行爲比例而得用時距視時之距分辨其月距限之東西加減淩犯用時而得淩犯之視時也

前求得道光十二年壬辰三月初六日癸丑月距司怪第四星淩犯用時戌正二刻八分十九秒黃經高弧交角五十六度二分五十一秒月距天頂五十三度四十三分二十四秒本日太陰最大地半徑差六十分七秒太陰黃道實緯度南三度三十分二十七秒司怪第四星黃道緯度南三度十一分四十四秒一小時太陰實行三十六分三十三秒求星月相距分秒淩犯視時如圖甲爲

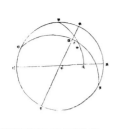

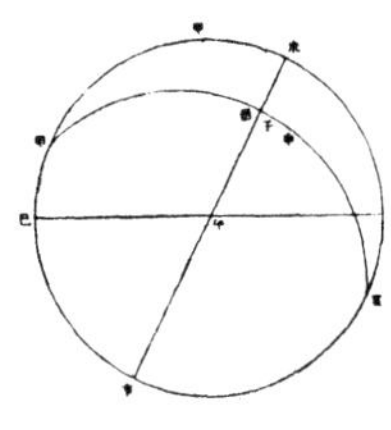

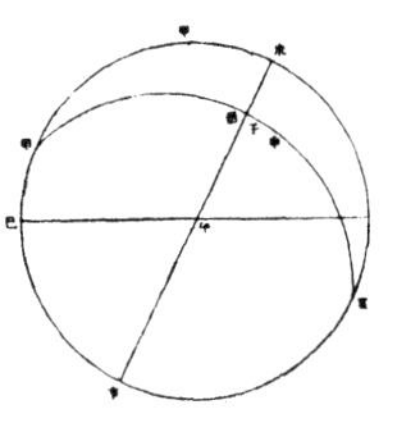

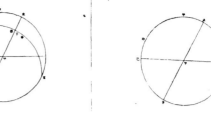

天頂甲未辰巳爲黃道經圈辰午巳爲地平卯爲黃極未午辛爲黃道未點卽黃平象限宮度未辰弧卽限距地高與卯甲黃極距天頂之度等申點爲太陰子點爲司怪第四星同當黃道於酉其酉點卽月與星之黃道經度酉未弧卽月距限酉之度子酉爲星距黃道南緯度三度十一分四十四秒申酉爲太陰距黃道南實緯度三度三十分二十七秒申卯弧卽月距黃極甲申戊爲高弧申甲爲月距天頂度五十三度四十三分二十四秒卯申甲角爲黃經高弧交角五十六度二分五十一秒而與戊申亥角爲對角其度等此皆自地心立算之實度也然人居地面高於地心故視高常低於實高而月當地平時其地半徑差爲最大今乃六十分七秒於是依後編求本時高下差之法以半徑與甲申弧正弦之比同於最大地半徑差與本時高下差之比得本時高下差四十八分二十八秒如申火之分其火點卽太陰之視高自火點與黃道平行作火木線遂成申木火直角三角形（因弧度甚小乃作直線算與後編求日食三差之理同）此形木爲直角有申角黃經高弧交角有申火邊本時高下差求得木火邊四十分十二秒爲東西差求得申木邊二十七分四秒爲南北差加於申酉太陰實緯得木酉太陰視緯三度五十七分三十一秒內減子酉星緯得子木弧四十五分四十七秒爲人目仰視太陰距司怪第四星月在星下之分也夫星月同當酉點之經度固爲相距今太陰視高在火其視緯雖差至木而距星之子點尚在一度內其火點當黃道之視經度則差至土是用時時星經度雖在酉而太陰視經度之土點乃在其西是爲未及然土酉之分與火木等故以一小時太陰實行與火木東西差爲比例得距分一時六分爲月行火木之時分加於月視高臨火點之用時得亥初二刻十四分十九秒卽人目視太陰臨於木點與星同當酉點經度之視時也

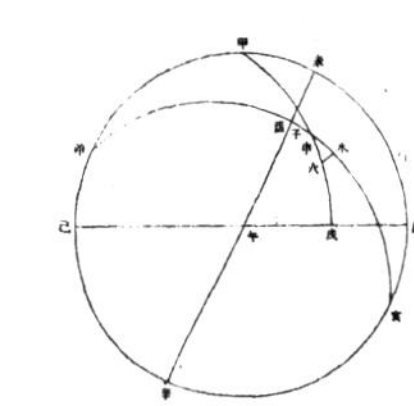

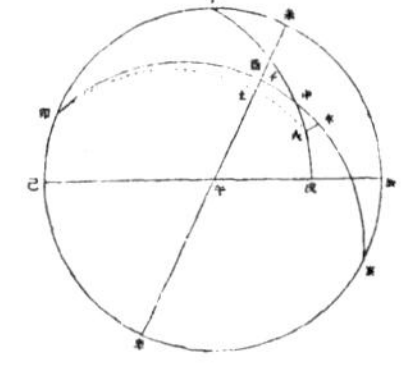

求視時月距限

視時月距限必大於用時月距限因其視經差所當之距分既有加減則太陰與星隨天西移自有進退也蓋太陰以地半徑差由高而變下則視經之差於實經視緯之差於實緯必矣茲據黃平象限在天頂南之地面而言之視緯恒差而南如實緯北者視緯常小於實緯其差爲減實緯南者視緯常大於實緯其差爲加故緯南之星月實距雖在一度內而視距轉在一度外者有之緯北之星月實距雖在一度外而視距轉在一度內者有之（南北相距一度外者不入凌犯之限故不取用）至若視經之差所當月行距分之最大者或至二小時而二小時之際諸曜隨天左旋幾至一宮故視經之差關於月行之進退矣如月在黃平象限西者視經度差之而西視時必遲於用時月在黃平象限東者視經度差之而東視時必早於用時以致用時星月未入地平而視時星月已入地平者有之或用時星月已出地平而視時星月未出地平者有之是故於求用時之後即以月距黃平象限與地平限度相較可知斯時月在地平之上下（月距限小於地平限度者爲月在地平上大於地平限度者月在地平下）如遇月距限微小於地平限度者用時星月必在地平上視時星月或在地平下其所差者即視經之差當月行距分之諸曜左旋度今取最小實經視經之差所當左旋之度爲視經差（法見下卷求地平限度節下）減於地平限度所得視地平限度而與月距限度考之如月距限小於地平限度而大於視地平限度者則爲用時月雖在地平上視時月必在地平下矣（既知月必在地平下故遇此者去之）如月距限小於視地平限度者則爲視時月在地平之上夫猶有不然者以視經差所取皆最小之數也若知月行實跡非由視時再推月距限度則其時月果在地平之上下未可得其確準故今於既得視時之後必詳察太陰實緯及用時月距限度如實緯南月距限過六十度或實緯北月距限過七十度者（用時月距限在此限度內者視時月必在地平之上）皆以視時復求月距黃平象限之度如其度大於地平限度者乃視時月在地平之下仍不取用必其度小於地平限度始爲視時月必在地平之上而可證諸實測此視差之所以必逐細詳推然後可得而取用也

清史稿

時憲志九

凌犯視差新法下

求均數時差

以本日太陽引數宮度分（滿三十秒進一分用）用後編日躔均數時差表察其所對之數得均數時差記加減號（引數有零分者用中比例求之）

求升度時差

以本日太陽黃道實行宮度分（滿三十秒進一分用）用後編日躔升度時差表察其所對之數得升度時差記加減號（實行有零分者用中比例求之）

求時差總

以均數時差與升度時差相加減得時差總兩時差同爲加或同爲減者則相加得時差總加亦爲加減亦爲減兩時差一爲加一爲減者則相減得時差總加數大爲加減數大爲減

求凌犯用時

置凌犯時刻加減時差總得凌犯用時

求本時太陽黃道經度

以周日一千四百四十分爲一率本次日兩太陽實行相減（帶秒減足三十秒進一分用有度化分）爲二率凌犯時刻化分爲三率求得四率與本日太陽實行相加得本時太陽黃道經度

求本時春分距午時分

以本時太陽黃道經度（滿三十分進一度用）察黃平象限表內右邊所列春分距午時分與凌犯用時相加內減十二時（不足減加二十四時減之）得本時春分距午時分（滿二十四時去之）

求本時黃白大距

以周日一千四百四十分爲一率本次日兩黃白大距相減爲二率凌犯時刻化分爲三率求得四率加減本日黃白大距（本日黃白大距大相減小相加）得本時黃白大距

求本時月距正交

以周日一千四百四十分爲一率本次日兩月距正交相減化秒爲二率凌犯時刻化分爲三率求得四率收作度分秒與本日月距正交相加得本時月距正交

求太陰實緯

以半徑爲一率本時黃白大距正弦爲二率本時月距正交正弦爲三率（如本時月距正交過三宮者與六宮減過六宮者減六宮過九宮者與十二宮減用其餘）求得四率爲太陰實緯正弦檢表得太陰實緯記南北號（本時月距正交初宮至五宮爲北六宮至十一宮爲南如本時月距正交恰在初宮六宮者則無實緯恰在三宮九宮者則本時黃白大距即實緯度三宮爲北九宮爲南）

求黃平象限及限距地高

以本時春分距午時分察黃平象限表內取其與時分相近者所對之數錄之得黃平象限隨看左邊之限距地高錄之得限距地高

求星經度

按所取之星察儀象考成卷二十六表內所載本星之黃道經度加入歲差（表以乾隆九年甲子爲元至道光十四年甲午計九十年應加歲差一度十六分三十秒以後每年遞加歲差五十一秒）得本年星經度如

求五星經度則以周日一千四百四十分爲一率凌犯時刻化分爲二率一日星實行爲三率(以本次日兩實行相減得一日星實行)求得四率爲距時星實行與本日星經度相加減(順行加退行減)得本時星經度

求星緯度

按所取之星察儀象考成卷二十六表內所載本星之黃道緯度錄之(無歲差)記南北號　如求五星緯度則以周日一千四百四十分爲一率凌犯時刻化分爲二率一日星緯較爲三率(本次日兩緯度同爲南或同爲北者則相減得星緯較一爲南一爲北者則相加得星緯較)求得四率與本日星緯度相加減(本日緯度大相減本日緯度小相加若相加爲三率者所得四率必與本日緯度相減仍依本日南北號如所得四率大於本日星緯則以所得四率轉減本日星緯其南北號應與次日同)得本時星緯度記南北號

求月距限

以星經度與黃平象限相減得月距限記東西號(星經度大爲限東小爲限西如星經度與黃平象限一在三宮內一在九宮外應將三宮內者加十二宮減之)所得月距限太陰實緯南在六十度內實緯北在八十度內者不必求地平限度如緯南過六十度緯北過八十度則求地平限度

求距限差

以限距地高及太陰實緯度分察距限差表內縱橫所對之數錄之得距限差記加減號(太陰實緯南減北加)

求地平限度

置九十度加減距限差得地平限度　以地平限度內減最小視經差八度五十五分一十七秒得視地平限度如月距限大於視地平限度者爲月在地平下即不必算(因太陰距地最近其視行隨時不同故取最小視經差以定視限乃按最小限距地高月在黃道極南求得最小黃經高弧交角二十六度六分二十四秒以最小太陰地半徑差及最速月實行求得最小距分三十七分八秒變赤道度得九度一十七分求其相當最小黃道度爲八度三十一分三十四秒再加最小東西差二十三分四十三秒得最小視經差八度五十五分一十七秒然月在最高時地半徑差最小而其月實行必遲則距分轉大今俱取其最小者恐有遺漏耳)

求距極分邊

以半徑爲一率月距限餘弦爲二率限距地高正切爲三率求得四率爲距極分邊正切檢表得距極分邊

求月距黃極

置九十度加減太陰實緯(南加北減)得月距黃極

求距月分邊

以月距黃極內減距極分邊得距月分邊

求黃經高弧交角

以距月分邊正弦爲一率距極分邊正弦爲二率月距限正切爲三率求得四率爲黃經高弧交角正切檢表得黃經高弧交角(若月距限爲初度是太陰正當黃平象限則黃經與高弧合無黃經高弧交角)

求本次日月實引

以本日月引數加減本日初均得本日月實引以次日月引數加減次日初均得次日月實引

求本時月實引

以周日一千四百四十分爲一率凌犯時刻化分爲二率本次日兩實引相減(帶秒減足三十秒進一分用度化分)爲三率求得四率收爲度分與本日月實引相加得本時月實引

求本時本天心距地

以周日一千四百四十分爲一率凌犯時刻化分爲二率本次日兩本天心距地數相減爲三率求得四率與本日本天心距地數相加減(本日本天心距地數大相減小相加)得本時本天心距地

求距地較

以本時本天心距地內減距地小數得距地較

求月距天頂

以黃經高弧交角正弦爲一率限距地高正弦爲二率月距限正弦爲三率求得四率爲月距天頂正弦檢表得月距天頂(若無黃經高弧交角則以月距黃極內減限距地高即得)

求太陰地半徑差

以本時月實引(滿三十分進一度用)及本時本天心距地察後編交食太陰地半徑差表內所對之數即太陰地半徑差如本時本天心距地有遠近者以距地較比例求之

求本時高下差

以半徑爲一率月距天頂正弦爲二率太陰地半徑差爲三率(若推凌犯五星除土木二星無地半徑差外火金水三星皆有地半徑差乃看星引數自十宮十五度至一宮十五度爲最高限自一宮十五度至四宮十五度自七宮十五度至十宮十五度爲中距限自四宮十五度至七宮十五度爲最卑限以星引數所當之限察其本星最大地半徑差與太陰地半徑差相減得星月地平高下差爲三率)求得四率即本時高下差

求東西差

以半徑爲一率黃經高弧交角正弦爲二率本時高下差爲三率求得四率即東西差(如無交角則無東西差高下差即南北差凌犯用時即凌犯視時)

求南北差

以半徑爲一率黃經高弧交角餘弦爲二率本時高下差爲三率求得四率即南北差

求太陰視緯

以太陰實緯與南北差相加減得太陰視緯記南北號(緯南相加仍爲南緯北相減仍爲北如南北差大則反減變北爲南)

求太陰距星

以太陰視緯與星緯相加減得太陰距星(記月在上下號)如兩緯度同爲北或同爲南者則相減(月緯大北爲在上南爲在下月緯小北爲在下南爲在上)兩緯度一爲南一爲北者則相加(月緯北爲在上月緯南爲在下)若兩緯度相同減盡無餘爲月掩星凡相距在一度以內者用過一度外者爲緯大不用即不必算

求太陰實行

以本時月實引(滿三十分進一度用)及本時本天心距地察後編交食太陰實行表內所對之數得太陰實行如本時本天心距地有遠近者以距地較比例求之

求距分

以太陰實行爲一率東西差爲二率一小時化作三千六百秒爲三率求得四率即距分記加減號(月距限東爲減月距限西爲加)

求凌犯視時

置凌犯用時加減距分得凌犯視時(如凌犯用時不足減距分加二十四時減之所得凌犯視時爲在前一日如加滿二十四時去之所得凌犯視時爲在次日)時刻在日出前日入後者用在日出後日入前者即爲在晝不用

如月在緯南月距限過六十度及月在緯北月距限過七十度者須用下法求之

求視時春分距午時分

置本時春分距午加減距分得視時春分距午(如本時春分距午不足減距分者加二十四時減之若相加過二十四時者去之)

求視時黃平象限

以視時春分距午時分察黃平象限表內取其與時分相近者所對之數錄之即得視時黃平象限

求視時月距限

置星經度與視時黃平象限相減得視時月距限其度小於地平限度者用若大於地平限度者爲月在地平下不用

黃平象限表

黃平象限表按京師北極高度三十九度五十五分黃赤大距二十三度二十九分依黃道經度逐度推得春分距午時分黃平象限宮度限距地高度分三段列之表名春分距午者乃春分距午正赤道度所變之時分也黃平象限者乃本時黃平象限之宮度也限距地高者乃本時黃平象限距地平之高度也表自三宮初度列起者因太陽黃道經度三宮初度爲春分即春分距午之初也

用表之法以本時太陽黃道經度之宮度察其所對之春分距午時分加凌犯用時得數內減十二時(不足減者加二十四時減之)得本時春分距午時分依此時分取其相近之春分距午時分所對之黃平象限宮度及限距地高度分即得所求之黃平象限及限距地高也設本時太陽經度一宮十五度凌犯用時十九時四十五分求春分距午及黃平象限幷限距地高則察本表黃道經度一宮十五度所對之春分距午爲二十一時九分五十四秒加凌犯用時十九時四十五

分內減十二時餘過二十四時去之得四時五十四分五十四秒爲所求之春分距午時分乃以此時分察相近者得四時五十四分五十一秒其所對之黃平象限爲五宮十六度五十九分二十七秒即所求之黃平象限宮度其所對之限距地高爲七十二度四十九分五十八秒即所求之限距地高也若黃道經度有零分者滿三十分以上則進爲一度不用中比例因逐度所差甚微故也

黃道經度		春分距午			黃平象限				限距地高		
宮	度	時	分	秒	宮	度	分	秒	度	分	秒
三	○○	○	○○	○○	三	一八	二六	一四	五三	五六	五一
三	○一	○	○三	四○	三	一九	一一	三七	五四	一七	三六
三	○二	○	○七	二○	三	一九	五六	五○	五四	三八	一六
三	○三	○	一一	○○	三	二○	四一	五七	五四	五八	五○
三	○四	○	一四	四一	三	二一	二六	五七	五五	一九	一八
三	○五	○	一八	二一	三	二二	一一	五二	五五	三九	四一
三	○六	○	二二	○一	三	二二	五六	四二	五五	五九	四八
三	○七	○	二五	四二	三	二三	四一	二六	五六	二○	○九
三	○八	○	二九	二三	三	二四	二六	○七	五六	四○	一三
三	○九	○	三三	○四	三	二五	一○	四四	五七	○○	一二
三	一○	○	三六	四五	三	二五	五五	一五	五七	二○	○四
三	一一	○	四○	二六	三	二六	三九	四九	五七	三九	五○
三	一二	○	四四	○八	三	二七	二四	一八	五七	五九	二九
三	一三	○	四七	四九	三	二八	○八	四五	五八	一九	○二
三	一四	○	五一	三一	三	二八	五三	一二	五八	三八	二八
三	一五	○	五五	一四	三	二九	三七	三七	五八	五七	四八
三	一六	○	五八	五六	四	○○	二二	○三	五九	一七	○○
三	一七	一	○二	三九	四	○一	○六	二七	五九	三六	○六
三	一八	一	○六	二三	四	○一	五○	五四	五九	五五	○五
三	一九	一	一○	○六	四	○二	三五	二二	六○	一三	五六
三	二○	一	一三	五○	四	○三	一九	五○	六○	三二	三九
三	二一	一	一七	三五	四	○四	○四	二一	六○	五一	一六
三	二二	一	二一	二○	四	○四	四八	五四	六一	○九	四五
三	二三	一	二五	○五	四	○五	三三	二九	六一	二八	○六
三	二四	一	二八	五一	四	○六	一八	○八	六一	四六	一八
三	二五	一	三二	三七	四	○七	○二	五一	六二	○四	二四
三	二六	一	三六	二四	四	○七	四七	三七	六二	二二	二○
三	二七	一	四○	一一	四	○八	三二	二八	六二	四○	○八
三	二八	一	四三	五九	四	○九	一七	二三	六二	五七	四八
三	二九	一	四七	四八	四	一○	○二	二三	六三	一五	一八
三	三○	一	五一	三七	四	一○	四七	二八	六三	三二	四○

黃道經度		春分距午			黃平象限				限距地高		
宮	度	時	分	秒	宮	度	分	秒	度	分	秒
四	○○	一	五一	三七	四	一○	四七	二八	六三	三二	四○
四	○一	一	五五	二六	四	一一	三二	四○	六三	四九	五三
四	○二	一	五九	一六	四	一二	一七	五六	六四	○六	五六
四	○三	二	○三	○七	四	一三	○三	一九	六四	二三	五一
四	○四	二	○六	五八	四	一三	四八	四九	六四	四○	三四
四	○五	二	一○	五○	四	一四	三四	二六	六四	五七	○八
四	○六	二	一四	四三	四	一五	二○	○九	六五	一三	三二
四	○七	二	一八	三六	四	一六	○六	○○	六五	二九	四五
四	○八	二	二二	三○	四	一六	五一	五九	六五	四五	四八
四	○九	二	二六	二四	四	一七	三八	○五	六六	○一	四○
四	一○	二	三○	二○	四	一八	二四	一九	六六	一七	二○
四	一一	二	三四	一六	四	一九	一○	四二	六六	三二	四九
四	一二	二	三八	一二	四	一九	五七	一三	六六	四八	○六
四	一三	二	四二	一○	四	二○	四三	五三	六七	○三	一一
四	一四	二	四六	○八	四	二一	三○	四二	六七	一八	○四
四	一五	二	五○	○六	四	二二	一七	三九	六七	三二	四五
四	一六	二	五四	○六	四	二三	○四	四六	六七	四七	一三
四	一七	二	五八	○六	四	二三	五二	○二	六八	○一	二七
四	一八	三	○二	○七	四	二四	三九	二八	六八	一五	二八
四	一九	三	○六	○九	四	二五	二七	○三	六八	二九	一五
四	二○	三	一○	一一	四	二六	一四	四七	六八	四二	四九
四	二一	三	一四	一四	四	二七	○二	四二	六八	五六	○八
四	二二	三	一八	一八	四	二七	五○	四六	六九	○九	一二
四	二三	三	二二	二二	四	二八	三九	○○	六九	二二	○一
四	二四	三	二六	二八	四	二九	二七	二四	六九	三四	三五
四	二五	三	三○	三四	五	○○	一五	五八	六九	四六	五三
四	二六	三	三四	四○	五	○一	○四	四一	六九	五八	五六
四	二七	三	三八	四八	五	○一	五三	三四	七○	一○	四二
四	二八	三	四二	五六	五	○二	四二	三七	七○	二二	一一
四	二九	三	四七	○五	五	○三	三一	五○	七○	三三	二三
四	三○	三	五一	一四	五	○四	二一	一二	七○	四四	一九

黃道經度		春分距午			黃平象限				限距地高		
宮	度	時	分	秒	宮	度	分	秒	度	分	秒
五	○○	三	五一	一四	五	○四	二一	一二	七○	四四	一九
五	○一	三	五五	二五	五	○五	一○	四四	七○	五四	五七
五	○二	三	五九	三六	五	○六	○○	二六	七一	○五	一六
五	○三	四	○三	四七	五	○六	五○	一七	七一	一五	一八
五	○四	四	○七	五九	五	○七	四○	一七	七一	二五	○一
五	○五	四	一二	一二	五	○八	三○	二六	七一	三四	二四
五	○六	四	一六	二六	五	○九	二○	四四	七一	四三	二九
五	○七	四	二○	四○	五	一○	一一	一七	七一	五二	一四
五	○八	四	二四	五四	五	一一	○一	四六	七二	○○	四○
五	○九	四	二九	○九	五	一一	五二	二九	七二	○八	四五
五	一○	四	三三	二五	五	一二	四三	二四	七二	一六	二九
五	一一	四	三七	四一	五	一三	三四	一九	七二	二三	五四
五	一二	四	四一	五八	五	一四	二五	二六	七二	三○	五七
五	一三	四	四六	一六	五	一五	一六	三九	七二	三七	三九
五	一四	四	五○	三三	五	一六	○八	○○	七二	四三	五九
五	一五	四	五四	五一	五	一六	五九	二七	七二	四九	五八
五	一六	四	五九	一○	五	一七	五一	○○	七二	五五	三四
五	一七	五	○三	二九	五	一八	四二	三九	七三	○○	四九
五	一八	五	○七	四八	五	一九	三四	二四	七三	○五	四一
五	一九	五	一二	○八	五	二○	二六	一三	七三	一○	一○
五	二○	五	一六	二八	五	二一	一八	○七	七三	一四	一七
五	二一	五	二○	四九	五	二二	一○	○六	七三	一八	○一
五	二二	五	二五	○九	五	二三	○二	○九	七三	二一	二二
五	二三	五	二九	三○	五	二三	五四	一五	七三	二四	一八
五	二四	五	三三	五一	五	二四	四六	二四	七三	二六	五二
五	二五	五	三八	一二	五	二五	三八	三六	七三	二九	○三
五	二六	五	四二	三四	五	二六	三○	五○	七三	三○	五○
五	二七	五	四六	五五	五	二七	二三	○六	七三	三二	一三
五	二八	五	五一	一七	五	二八	一五	二三	七三	三三	一二
五	二九	五	五五	三八	五	二九	○七	四一	七三	三三	四八
五	三○	六	○○	○○	六	○○	○○	○○	七三	三四	○○

黃道經度 宮	黃道經度 度	春分距午 時	春分距午 分	春分距午 秒	黃平象限 宮	黃平象限 度	黃平象限 分	黃平象限 秒	地平高距限 度	地平高距限 分	地平高距限 秒
六	〇〇	六	〇〇	〇〇	六	〇〇	〇〇	〇〇	七三	三四	〇〇
六	〇一	六	〇四	二二	六	〇〇	五二	一九	七三	三三	四八
六	〇二	六	〇八	四三	六	〇一	四四	三七	七三	三三	一二
六	〇三	六	一三	〇五	六	〇二	三六	五四	七三	三二	一三
六	〇四	六	一七	二六	六	〇三	二九	一〇	七三	三〇	五〇
六	〇五	六	二一	四八	六	〇四	二一	二四	七三	二九	〇三
六	〇六	六	二六	〇九	六	〇五	一三	三六	七三	二六	五二
六	〇七	六	三〇	三〇	六	〇六	〇五	四五	七三	二四	一八
六	〇八	六	三四	五一	六	〇六	五七	五一	七三	二一	二二
六	〇九	六	三九	一一	六	〇七	四九	五四	七三	一八	〇一
六	一〇	六	四三	三二	六	〇八	四一	五三	七三	一四	一七
六	一一	六	四七	五二	六	〇九	三三	四七	七三	一〇	一〇
六	一二	六	五二	一二	六	一〇	二五	三六	七三	〇五	四一
六	一三	六	五六	三一	六	一一	一七	二一	七三	〇〇	四九
六	一四	七	〇〇	五〇	六	一二	〇九	〇〇	七二	五五	二四
六	一五	七	〇五	〇九	六	一三	〇〇	三三	七二	四九	五八
六	一六	七	〇九	二七	六	一三	五二	〇〇	七二	四三	五九
六	一七	七	一三	四四	六	一四	四三	二一	七二	三七	三九
六	一八	七	一八	〇二	六	一五	三四	三四	七二	三〇	五七
六	一九	七	二二	一九	六	一六	二五	四一	七二	二三	五四
六	二〇	七	二六	三五	六	一七	一六	三六	七二	一六	二九
六	二一	七	三〇	五一	六	一八	〇七	三一	七二	〇八	四五
六	二二	七	三五	〇六	六	一八	五八	一四	七二	〇〇	四〇
六	二三	七	三九	二〇	六	一九	四八	四三	七一	五二	一四
六	二四	七	四三	三四	六	二〇	三九	一六	七一	四三	二九
六	二五	七	四七	四八	六	二一	二九	三四	七一	三四	二四
六	二六	七	五二	〇一	六	二二	一九	四三	七一	二五	〇一
六	二七	七	五六	一三	六	二三	〇九	四三	七一	一五	一八
六	二八	八	〇〇	二四	六	二三	五九	三四	七一	〇五	一六
六	二九	八	〇四	三五	六	二四	四九	一六	七〇	五四	五七
六	三〇	八	〇八	四六	六	二五	三八	四八	七〇	四四	一九

黃道經度 宮	黃道經度 度	春分距午 時	春分距午 分	春分距午 秒	黃平象限 宮	黃平象限 度	黃平象限 分	黃平象限 秒	地平高距限 度	地平高距限 分	地平高距限 秒
七	〇〇	八	〇八	四六	六	二五	三八	四八	七〇	四四	一九
七	〇一	八	一二	五五	六	二六	二八	一〇	七〇	三三	二三
七	〇二	八	一七	〇四	六	二七	一七	二三	七〇	二二	一一
七	〇三	八	二一	一二	六	二八	〇六	二六	七〇	一〇	四二
七	〇四	八	二五	二〇	六	二八	五五	一九	六九	五八	五六
七	〇五	八	二九	二六	六	二九	四四	〇二	六九	四六	五三
七	〇六	八	三三	三二	七	〇〇	三二	三六	六九	三四	三五
七	〇七	八	三七	三八	七	〇一	二一	〇〇	六九	二二	〇一
七	〇八	八	四一	四二	七	〇二	〇九	一四	六九	〇九	一二
七	〇九	八	四五	四六	七	〇二	五七	一八	六八	五六	〇八
七	一〇	八	四九	四九	七	〇三	四五	一三	六八	四二	四九
七	一一	八	五三	五一	七	〇四	三二	五七	六八	二九	一五
七	一二	八	五七	五三	七	〇五	二〇	三二	六八	一五	二八
七	一三	九	〇一	五四	七	〇六	〇七	五八	六八	〇一	二七
七	一四	九	〇五	五四	七	〇六	五五	一四	六七	四七	一三
七	一五	九	〇九	五四	七	〇七	四二	二一	六七	三二	四五
七	一六	九	一三	五二	七	〇八	二九	一八	六七	一八	〇四
七	一七	九	一七	五〇	七	〇九	一六	〇七	六七	〇三	一一
七	一八	九	二一	四八	七	一〇	〇二	四七	六六	四八	〇六
七	一九	九	二五	四四	七	一〇	四九	一八	六六	三二	四九
七	二〇	九	二九	四〇	七	一一	三五	四一	六六	一七	二〇
七	二一	九	三三	三六	七	一二	二一	五五	六六	〇一	四〇
七	二二	九	三七	三〇	七	一三	〇八	〇一	六五	四五	四八
七	二三	九	四一	二四	七	一三	五四	〇〇	六五	二九	四五
七	二四	九	四五	一七	七	一四	三九	五一	六五	一三	三二
七	二五	九	四九	一〇	七	一五	二五	三四	六四	五七	〇八
七	二六	九	五三	〇二	七	一六	一一	一一	六四	四〇	三四
七	二七	九	五六	五三	七	一六	五六	四一	六四	二三	五一
七	二八	一〇	〇〇	四四	七	一七	四二	〇四	六四	〇六	五六
七	二九	一〇	〇四	三四	七	一八	二七	二〇	六三	四九	五三
七	三〇	一〇	〇八	二三	七	一九	一二	三二	六三	三二	四〇

黃道經度 宮	黃道經度 度	春分距午 時	春分距午 分	春分距午 秒	黃平象限 宮	黃平象限 度	黃平象限 分	黃平象限 秒	地平高距限 度	地平高距限 分	地平高距限 秒
八	〇〇	一〇	〇八	二三	七	一九	一二	三二	六三	三二	四〇
八	〇一	一〇	一二	一二	七	一九	五七	三七	六三	一五	一八
八	〇二	一〇	一六	〇一	七	二〇	四二	三七	六二	五十	四八
八	〇三	一〇	一九	四九	七	二一	二七	三二	六二	四〇	〇八
八	〇四	一〇	二三	三六	七	二二	一二	二三	六二	二二	二〇
八	〇五	一〇	二七	二三	七	二二	五七	〇九	六二	〇四	二四
八	〇六	一〇	三一	〇九	七	二三	四一	五二	六一	四六	一八
八	〇七	一〇	三四	五五	七	二四	二六	三一	六一	二八	〇六
八	〇八	一〇	三八	四〇	七	二五	一一	〇六	六一	〇九	四五
八	〇九	一〇	四二	二五	七	二五	五五	三九	六〇	五一	一六
八	一〇	一〇	四六	一〇	七	二六	四〇	一〇	六〇	三二	三九
八	一一	一〇	四九	五四	七	二七	二四	三八	六〇	一三	五六
八	一二	一〇	五三	三七	七	二八	〇九	〇六	五九	五五	〇五
八	一三	一〇	五七	二一	七	二八	五三	三三	五九	三六	〇六
八	一四	一一	〇一	〇四	七	二九	三七	五七	五九	一七	〇〇
八	一五	一一	〇四	四六	八	〇〇	二二	二三	五八	五七	四八
八	一六	一一	〇八	二九	八	〇一	〇六	四八	五八	三八	二八
八	一七	一一	一二	一一	八	〇一	五一	一五	五八	一九	〇二
八	一八	一一	一五	五二	八	〇二	三五	四二	五七	五九	二九
八	一九	一一	一九	三四	八	〇三	二〇	一一	五七	三九	五〇
八	二〇	一一	二三	一五	八	〇四	〇四	四五	五七	二〇	〇四
八	二一	一一	二六	五六	八	〇四	四九	一六	五七	〇〇	一二
八	二二	一一	三〇	三七	八	〇五	三三	五三	五六	四〇	一三
八	二三	一一	三四	一八	八	〇六	一八	三四	五六	二〇	〇九
八	二四	一一	三七	五九	八	〇七	〇三	一八	五五	五九	四八
八	二五	一一	四一	三九	八	〇七	四八	〇八	五五	三九	四一
八	二六	一一	四五	一九	八	〇八	三三	〇三	五五	一九	一八
八	二七	一一	四九	〇〇	八	〇九	一八	〇三	五四	五八	五〇
八	二八	一一	五二	四〇	八	一〇	〇三	一〇	五四	三八	一六
八	二九	一一	五六	二〇	八	一〇	四八	二三	五四	一七	三六
八	三〇	一二	〇〇	〇〇	八	一一	三三	四六	五三	五六	五一

黃道經度 宮	黃道經度 度	春分距午 時	春分距午 分	春分距午 秒	黃平象限 宮	黃平象限 度	黃平象限 分	黃平象限 秒	地平高距限 度	地平高距限 分	地平高距限 秒
九	〇〇	一二	〇〇	〇〇	八	一一	三三	四六	五三	五六	五一
九	〇一	一二	〇三	四〇	八	一二	一九	一五	五三	三六	〇一
九	〇二	一二	〇七	二〇	八	一三	〇四	五三	五三	一五	〇三
九	〇三	一二	一一	〇〇	八	一三	五〇	四一	五二	五四	〇二
九	〇四	一二	一四	四一	八	一四	三六	四〇	五二	三二	五五
九	〇五	一二	一八	二一	八	一五	二二	四八	五二	一一	四三
九	〇六	一二	二二	〇一	八	一六	〇九	〇七	五一	五〇	二六
九	〇七	一二	二五	四二	八	一六	五五	四〇	五一	二九	〇三
九	〇八	一二	二九	二三	八	一七	四二	二四	五一	〇七	三六
九	〇九	一二	三三	〇四	八	一八	二九	二二	五〇	四六	〇五
九	一〇	一二	三六	四五	八	一九	一六	三四	五〇	二四	二八
九	一一	一二	四〇	二六	八	二〇	〇四	〇一	五〇	〇二	四七
九	一二	一二	四四	〇八	八	二〇	五一	四四	四九	四一	〇一
九	一三	一二	四七	四九	八	二一	三九	四三	四九	一九	一一
九	一四	一二	五一	三一	八	二二	二八	〇〇	四八	五七	一六
九	一五	一二	五五	一四	八	二三	一六	三四	四八	三五	一七
九	一六	一二	五八	五六	八	二四	〇五	二七	四八	一三	一五
九	一七	一三	〇二	三九	八	二四	五四	三九	四七	五一	〇八
九	一八	一三	〇六	二三	八	二五	四四	一三	四七	二八	五七
九	一九	一三	一〇	〇六	八	二六	三四	〇七	四七	〇六	四四
九	二〇	一三	一三	五〇	八	二七	二四	二六	四六	四四	二六
九	二一	一三	一七	三五	八	二八	一五	〇五	四六	二二	〇六
九	二二	一三	二一	二〇	八	二九	〇六	〇九	四五	五九	四一
九	二三	一三	二五	〇五	八	二九	五七	四〇	四五	三七	一四
九	二四	一三	二八	五一	九	〇〇	四九	三六	四五	一四	四五
九	二五	一三	三二	三七	九	〇一	四一	五一	四四	五二	一二
九	二六	一三	三六	二四	九	〇二	三四	五〇	四四	二九	三七
九	二七	一三	四〇	一一	九	〇三	二八	一一	四四	〇七	〇一
九	二八	一三	四三	五九	九	〇四	二二	〇一	四三	四四	二二
九	二九	一三	四七	四八	九	〇五	一六	二五	四三	二一	四二
九	三〇	一三	五一	三七	九	〇六	一一	二〇	四二	五九	〇一

限距地高 度	分	秒	黃平象限 宮	度	分	秒	春分距午 時	分	秒	黃道經度 宮	度
四二	五九	〇一	九	〇六	一一	二〇	一三	五一	三七	一〇	〇〇
四二	三六	一八	九	〇七	〇六	四九	一三	五五	二六	一〇	〇一
四二	一三	三四	九	〇八	〇二	五四	一三	五九	一六	一〇	〇二
四一	五〇	五〇	九	〇八	五九	三三	一四	〇三	〇七	一〇	〇三
四一	二八	〇六	九	〇九	五六	五二	一四	〇六	五八	一〇	〇四
四一	〇五	二三	九	一〇	五四	五九	一四	一〇	五〇	一〇	〇五
四〇	四二	四〇	九	一一	五三	二五	一四	一四	四三	一〇	〇六
四〇	一九	五九	九	一二	五二	四四	一四	一八	三六	一〇	〇七
三九	五七	一九	九	一三	五二	四五	一四	二二	三〇	一〇	〇八
三九	三四	四一	九	一四	五三	三一	一四	二六	二四	一〇	〇九
三九	一二	〇六	九	一五	五五	〇二	一四	三〇	二〇	一〇	一〇
三八	四九	三三	九	一六	五七	二〇	一四	三四	一六	一〇	一一
三八	二七	〇四	九	一八	〇〇	二七	一四	三八	一二	一〇	一二
三八	〇四	三九	九	一九	〇四	二五	一四	四二	一〇	一〇	一三
三七	四二	一九	九	二〇	〇九	一三	一四	四六	〇八	一〇	一四
三七	二〇	〇四	九	二一	一四	五四	一四	五〇	〇六	一〇	一五
三六	五七	五五	九	二二	二一	三〇	一四	五四	〇六	一〇	一六
三六	三五	五三	九	二三	二九	〇三	一四	五八	〇六	一〇	一七
三六	一三	五八	九	二四	三七	三二	一五	〇二	〇七	一〇	一八
三五	五二	一一	九	二五	四七	〇二	一五	〇六	〇九	一〇	一九
三五	三〇	三三	九	二六	五七	三三	一五	一〇	一一	一〇	二〇
三五	〇九	〇四	九	二八	〇九	〇五	一五	一四	一四	一〇	二一
三四	四七	四八	九	二九	二一	四一	一五	一八	一八	一〇	二二
三四	二六	四一	一〇	〇〇	三五	二五	一五	二二	二二	一〇	二三
三四	〇五	四六	一〇	〇一	五〇	一五	一五	二六	二八	一〇	二四
三三	四五	〇七	一〇	〇三	〇六	一三	一五	三〇	三四	一〇	二五
三三	二四	四〇	一〇	〇四	二三	二一	一五	三四	四〇	一〇	二六
三三	〇四	二九	一〇	〇五	四一	四二	一五	三八	四八	一〇	二七
三二	四四	三五	一〇	〇七	〇一	一五	一五	四二	五六	一〇	二八
三二	二四	五八	一〇	〇八	二二	〇一	一五	四七	〇五	一〇	二九
三二	〇五	三九	一〇	〇九	四四	〇三	一五	五一	一四	一〇	三〇

限距地高 度	分	秒	黃平象限 宮	度	分	秒	春分距午 時	分	秒	黃道經度 宮	度
三二	〇五	三九	一〇	〇九	四四	〇三	一五	五一	一四	一一	〇〇
三一	四六	四〇	一〇	一一	〇七	二二	一五	五五	二五	一一	〇一
三一	二八	〇四	一〇	一二	三一	五八	一五	五九	三六	一一	〇二
三一	〇九	四八	一〇	一三	五七	五一	一六	〇三	四七	一一	〇三
三〇	五一	五六	一〇	一五	二五	〇四	一六	〇七	五九	一一	〇四
三〇	三四	三〇	一〇	一六	五三	三七	一六	一二	一二	一一	〇五
三〇	一七	二九	一〇	一八	二三	二九	一六	一六	二六	一一	〇六
三〇	〇〇	五六	一〇	一九	五四	四一	一六	二〇	四〇	一一	〇七
二九	四四	五一	一〇	二一	二七	一三	一六	二四	五四	一一	〇八
二九	二九	一七	一〇	二三	〇一	〇七	一六	二九	〇九	一一	〇九
二九	一四	一五	一〇	二四	三六	一七	一六	三三	二五	一一	一〇
二八	五九	四五	一〇	二六	一二	四七	一六	三七	四一	一一	一一
二八	四五	四九	一〇	二七	五〇	三五	一六	四一	五八	一一	一二
二八	三二	三〇	一〇	二九	二九	三九	一六	四六	一六	一一	一三
二八	一九	四七	一一	〇一	〇九	五七	一六	五〇	三三	一一	一四
二八	〇七	四三	一一	〇二	五一	二七	一六	五四	五一	一一	一五
二七	五六	一九	一一	〇四	三四	〇七	一六	五九	一〇	一一	一六
二七	四五	三五	一一	〇六	一七	五六	一七	〇三	二九	一一	一七
二七	三五	三三	一一	〇八	〇二	四八	一七	〇七	四八	一一	一八
二七	二六	一六	一一	〇九	四八	四四	一七	一二	〇八	一一	一九
二七	一七	四二	一一	一一	三五	三五	一七	一六	二八	一一	二〇
二七	〇九	五三	一一	一三	二三	二一	一七	二〇	四九	一一	二一
二七	〇二	五一	一一	一五	一一	五五	一七	二五	〇九	一一	二二
二六	五六	三八	一一	一七	〇一	一五	一七	二九	三〇	一一	二三
二六	五一	一二	一一	一八	五一	一三	一七	三三	五一	一一	二四
二六	四六	三四	一一	二〇	四一	四七	一七	三八	一二	一一	二五
二六	四二	四六	一一	二二	三二	五一	一七	四二	三四	一一	二六
二六	三九	四九	一一	二四	二四	一七	一七	四六	五五	一一	二七
二六	三七	四一	一一	二六	一六	〇二	一七	五一	一七	一一	二八
二六	三六	二六	一一	二八	〇七	五八	一七	五五	三八	一一	二九
二六	三六	〇〇	〇	〇〇	〇〇	〇〇	一八	〇〇	〇〇	一一	三〇

限距地高 度	分	秒	黃平象限 宮	度	分	秒	春分距午 時	分	秒	黃道經度 宮	度
二六	三六	〇〇	〇	〇〇	〇〇	〇〇	一八	〇〇	〇〇	〇	〇〇
二六	三六	二六	〇	〇一	五二	〇二	一八	〇四	二二	〇	〇一
二六	三七	四二	〇	〇三	四三	五八	一八	〇八	四三	〇	〇二
二六	三九	四九	〇	〇五	三五	四三	一八	一三	〇五	〇	〇三
二六	四二	四六	〇	〇七	二七	〇九	一八	一七	二六	〇	〇四
二六	四六	三四	〇	〇九	一八	一三	一八	二一	四八	〇	〇五
二六	五一	一二	〇	一一	〇八	四七	一八	二六	〇九	〇	〇六
二六	五六	三八	〇	一二	五八	四五	一八	三〇	三〇	〇	〇七
二七	〇二	五一	〇	一四	四八	〇五	一八	三四	五一	〇	〇八
二七	〇九	五三	〇	一六	三六	三九	一八	三九	一一	〇	〇九
二七	一七	四二	〇	一八	二四	二五	一八	四三	三二	〇	一〇
二七	二六	一六	〇	二〇	一一	一六	一八	四七	五二	〇	一一
二七	三五	三三	〇	二一	五七	一二	一八	五二	一二	〇	一二
二七	四五	三五	〇	二三	四二	〇四	一八	五六	三一	〇	一三
二七	五六	一九	〇	二五	二五	五三	一九	〇〇	五〇	〇	一四
二八	〇七	四三	〇	二七	〇八	三三	一九	〇五	〇九	〇	一五
二八	一九	四七	〇	二八	五〇	〇三	一九	〇九	二七	〇	一六
二八	三二	三〇	一	〇〇	三〇	二一	一九	一三	四四	〇	一七
二八	四五	四九	一	〇二	〇九	二五	一九	一八	〇二	〇	一八
二八	五九	四五	一	〇三	四七	一三	一九	二二	一九	〇	一九
二九	一四	一五	一	〇五	二三	四三	一九	二六	三五	〇	二〇
二九	二九	一七	一	〇六	五八	五三	一九	三〇	五一	〇	二一
二九	四四	五一	一	〇八	三二	四七	一九	三五	〇六	〇	二二
三〇	〇〇	五六	一	一〇	〇五	一九	一九	三九	二〇	〇	二三
三〇	一七	二九	一	一一	三六	三一	一九	四三	三四	〇	二四
三〇	三四	三〇	一	一三	〇六	二三	一九	四七	四八	〇	二五
三〇	五一	五六	一	一四	三四	五六	一九	五二	〇一	〇	二六
三一	〇九	四八	一	一六	〇二	〇九	一九	五六	一三	〇	二七
三一	二八	〇四	一	一七	二八	〇二	二〇	〇〇	二四	〇	二八
三一	四六	四〇	一	一八	五二	三八	二〇	〇四	三五	〇	二九
三二	〇五	三九	一	二〇	一五	五七	二〇	〇八	四六	〇	三〇

限距地高 度	分	秒	黃平象限 宮	度	分	秒	春分距午 時	分	秒	黃道經度 宮	度
三二	〇五	三九	一	二〇	一五	五七	二〇	〇八	四六	一	〇〇
三二	二四	五八	一	二一	三七	五九	二〇	一二	五五	一	〇一
三二	四四	三五	一	二二	五八	四五	二〇	一七	〇四	一	〇二
三三	〇四	二九	一	二四	一八	一八	二〇	二一	一二	一	〇三
三三	二四	四〇	一	二五	三六	三九	二〇	二五	二〇	一	〇四
三三	四五	〇七	一	二六	五三	四七	二〇	二九	二六	一	〇五
三四	〇五	四六	一	二八	〇九	四五	二〇	三三	三二	一	〇六
三四	二六	四一	一	二九	二四	三五	二〇	三七	三八	一	〇七
三四	四七	四八	二	〇〇	三八	一八	二〇	四一	四二	一	〇八
三五	〇九	〇四	二	〇一	五〇	五五	二〇	四五	四六	一	〇九
三五	三〇	三三	二	〇三	〇二	二七	二〇	四九	四九	一	一〇
三五	五二	一一	二	〇四	一二	五八	二〇	五三	五一	一	一一
三六	一三	五八	二	〇五	二二	二八	二〇	五七	五三	一	一二
三六	三五	五三	二	〇六	三〇	五七	二一	〇一	五四	一	一三
三六	五七	五五	二	〇七	三八	三〇	二一	〇五	五四	一	一四
三七	二〇	〇四	二	〇八	四五	〇六	二一	〇九	五四	一	一五
三七	四二	一九	二	〇九	五〇	四七	二一	一二	五二	一	一六
三八	〇四	三九	二	一〇	五五	三五	二一	一七	五〇	一	一七
三八	二七	〇四	二	一一	五九	三三	二一	二一	四八	一	一八
三八	四九	三三	二	一三	〇二	四〇	二一	二五	四四	一	一九
三九	一二	〇六	二	一四	〇四	五八	二一	二九	四〇	一	二〇
三九	三四	四一	二	一五	〇六	二九	二一	三三	三六	一	二一
三九	五七	一九	二	一六	〇七	一五	二一	三七	三〇	一	二二
四〇	一九	五九	二	一七	〇七	一六	二一	四一	二四	一	二三
四〇	四二	四〇	二	一八	〇六	三五	二一	四五	一七	一	二四
四一	〇五	二三	二	一九	〇五	〇一	二一	四九	一〇	一	二五
四一	二八	〇六	二	二〇	〇三	〇八	二一	五三	〇二	一	二六
四一	五〇	五〇	二	二一	〇〇	二七	二一	五六	五三	一	二七
四二	一三	三四	二	二一	五七	〇六	二二	〇〇	四四	一	二八
四二	三六	一八	二	二二	五三	一一	二二	〇四	三四	一	二九
四二	五九	〇一	二	二三	四八	四〇	二二	〇八	二三	一	三〇

黃道經度宮	黃道經度度	春分距午時	春分距午分	春分距午秒	黃平象限宮	黃平象限度	黃平象限分	黃平象限秒	限距地高度	限距地高分	限距地高秒
二	○○	二二	○八	二三	二	二三	四八	四○	四二	五九	○一
二	○一	二二	一二	一二	二	二四	四三	三五	四三	二一	四二
二	○二	二二	一六	○一	二	二五	三七	五九	四三	四四	二二
二	○三	二二	一九	四九	二	二六	三一	四九	四四	○七	○一
二	○四	二二	二三	三六	二	二七	二五	一○	四四	二九	三七
二	○五	二二	二七	二三	二	二八	一八	○九	四四	五二	一二
二	○六	二二	三一	○九	二	二九	一○	二四	四五	一四	四五
二	○七	二二	三四	五五	三	○○	○二	二○	四五	三七	一四
二	○八	二二	三八	四○	三	○○	五三	五一	四五	五九	四一
二	○九	二二	四二	二五	三	○一	四四	五五	四六	二二	○六
二	一○	二二	四六	一○	三	○二	三五	三四	四六	四四	二六
二	一一	二二	四九	五四	三	○三	二五	五三	四七	○六	四四
二	一二	二二	五三	三七	三	○四	一五	四七	四七	二八	五七
二	一三	二二	五七	二一	三	○五	○五	二一	四七	五一	○八
二	一四	二三	○一	○四	三	○五	五四	三三	四八	一三	一五
二	一五	二三	○四	四六	三	○六	四三	二六	四八	三五	一七
二	一六	二三	○八	二九	三	○七	三二	○○	四八	五七	一六
二	一七	二三	一二	一一	三	○八	二○	一七	四九	一九	一一
二	一八	二三	一五	五二	三	○九	○八	一六	四九	四一	○一
二	一九	二三	一九	三四	三	○九	五五	五九	五○	○二	四七
二	二○	二三	二三	一五	三	一○	四三	二六	五○	二四	二八
二	二一	二三	二六	五六	三	一一	三○	三八	五○	四六	○五
二	二二	二三	三○	三七	三	一二	一七	三六	五一	○七	三六
二	二三	二三	三四	一八	三	一三	○四	二○	五一	二九	○三
二	二四	二三	三七	五九	三	一三	五○	五三	五一	五○	二六
二	二五	二三	四一	三九	三	一四	三七	一二	五二	一一	四三
二	二六	二三	四五	一九	三	一五	二三	二○	五二	三二	五五
二	二七	二三	四九	○○	三	一六	○九	一九	五二	五四	○二
二	二八	二三	五二	四○	三	一六	五五	○七	五三	一五	○三
二	二九	二三	五六	二○	三	一七	四○	四五	五三	三六	○一
二	三○	○	○○	○○	三	一八	二六	一四	五三	五六	五一

距限差表

距限差表按限距地高度逐段列之前列太陰實緯度分中列黃道南北自初度十分至五度十七分之距限差緯南爲減緯北爲加

用表之法以限距地高之度與太陰實緯度察其縱橫相遇之數即所求之距限差也設限距地高二十八度太陰距黃道南四度二十分求距限差則察限距地高二十八度格內橫對太陰實緯四度二十分之距限差爲八度十二分即所求之距限差其緯在黃道南是爲減差也限距地高以逐度爲率若限距地高有三十分以上者進作一度不及三十分者去之太陰實緯以十分爲率若太陰實緯有零分者五分以上進作十分不足五分者去之俱不用中比例因逐度分之數所差甚微故也

太陰實緯		限距地高 二十七度		二十八度		二十九度		三十度		三十一度	
度	分	度	分	度	分	度	分	度	分	度	分
○	一○		二○		一九		一八		一七		一七
○	二○		三九		三八		三六		三五		三三
○	三○		五九		五六		五四		五二		五○
○	四○	一	一九	一	一五	一	一二	一	○九	一	○七
○	五○	一	三八	一	三四	一	三○	一	二七	一	二三
一	○○	一	五八	一	五三	一	四八	一	四四	一	四○
一	一○	二	一七	二	一二	二	○六	二	○一	一	五七
一	二○	二	三七	二	三一	二	二四	二	一九	二	一三
一	三○	二	五七	二	四九	二	四二	二	三六	二	三○
一	四○	三	一六	三	○八	三	○一	二	五三	二	四七
一	五○	三	三六	三	二七	三	一九	三	一一	三	○三
二	○○	三	五六	三	四六	三	三七	三	二八	三	二○
二	一○	四	一五	四	○五	三	五五	三	四五	三	三七
二	二○	四	三五	四	二四	四	一三	四	○三	三	五三
二	三○	四	五五	四	四三	四	三一	四	二○	四	一○
二	四○	五	一五	五	○二	四	四九	四	三八	四	二七
二	五○	五	三四	五	二○	五	○七	四	五五	四	四三
三	○○	五	五四	五	三九	五	二六	五	一二	五	○○
三	一○	六	一四	五	五八	五	四四	五	三○	五	一七
三	二○	六	三四	六	一七	六	○二	五	四七	五	三四
三	三○	六	五四	六	三六	六	二○	六	○五	五	五一
三	四○	七	一四	六	五五	六	三八	六	二二	六	○七
三	五○	七	三三	七	一四	六	五七	六	四○	六	二四
四	○○	七	五三	七	三三	七	一五	六	五七	六	四一
四	一○	八	一三	七	五二	七	三三	七	一五	六	五八
四	二○	八	三三	八	一二	七	五一	七	三二	七	一五
四	三○	八	五三	八	三一	八	一○	七	五○	七	三二
四	四○	九	一三	八	五○	八	二八	八	○八	七	四八
四	五○	九	三三	九	○九	八	四六	八	二五	八	○五
五	○○	九	五三	九	二八	九	○五	八	四三	八	二二
五	一○	一○	一三	九	四七	九	二三	九	○一	八	三九
五	一七	一○	二七	一○	○一	九	三六	九	一三	八	五一

太陰實緯		限距地高 三十二度		三十三度		三十四度		三十五度		三十六度	
度	分	度	分	度	分	度	分	度	分	度	分
○	一○		一六		一五		一五		一四		一四
○	二○		三二		三一		三○		二九		二八
○	三○		四八		四六		四四		四三		四一
○	四○	一	○四	一	○二		五九		五七		五五
○	五○	一	二○	一	一七	一	一四	一	一一	一	○九
一	○○	一	三六	一	三二	一	二九	一	二六	一	二三
一	一○	一	五二	一	四八	一	四四	一	四○	一	三六
一	二○	二	○八	二	○三	一	五九	一	五四	一	五○
一	三○	二	二四	二	一九	二	一三	二	○九	二	○四
一	四○	二	四○	二	三四	二	二八	二	二三	二	一八
一	五○	二	五六	二	五○	二	四三	二	三七	二	三二
二	○○	三	一二	三	○五	二	五八	二	五二	二	四五
二	一○	三	二八	三	二○	三	一三	三	○六	二	五九
二	二○	三	四四	三	三六	三	二八	三	二○	三	一三
二	三○	四	○○	三	五一	三	四三	三	三四	三	二七
二	四○	四	一六	四	○七	三	五八	三	四九	三	四一
二	五○	四	三三	四	二二	四	一二	四	○三	三	五四
三	○○	四	四九	四	三八	四	二八	四	一八	四	○八
三	一○	五	○五	四	五三	四	四二	四	三二	四	二二
三	二○	五	二一	五	○九	四	五七	四	四六	四	三六
三	三○	五	三七	五	二四	五	一二	五	○一	四	五○
三	四○	五	五三	五	四○	五	二七	五	一五	五	○四
三	五○	六	○九	五	五五	五	四二	五	二九	五	一七
四	○○	六	二六	六	一一	五	五七	五	四四	五	三一
四	一○	六	四二	六	二六	六	一二	五	五八	五	四五
四	二○	六	五八	六	四二	六	二七	六	一三	五	五九
四	三○	七	一四	六	五八	六	四二	六	二七	六	一三
四	四○	七	三○	七	一三	六	五七	六	四二	六	二七
四	五○	七	四七	七	二九	七	一二	六	五六	六	四一
五	○○	八	○三	七	四五	七	二七	七	一一	六	五五
五	一○	八	一九	八	○○	七	四二	七	二五	七	○九
五	一七	八	三一	八	一一	七	五三	七	三五	七	一九

限距地高										太陰實緯		限距地高										太陰實緯	
四十六度		四十五度		四十四度		四十三度		四十二度				四十一度		四十度		三十九度		三十八度		三十七度			
度	分	度	分	度	分	度	分	度	分	度	分	度	分	度	分	度	分	度	分	度	分	度	分
	一〇		一〇		一〇		一一		一一	〇	一〇		一二		一二		一二		一三		一三	〇	一〇
	一九		二〇		二一		二一		二二	〇	二〇		二三		二四		二五		二六		二七	〇	二〇
	二九		三〇		三一		三二		三三	〇	三〇		三五		三六		三七		三八		四〇	〇	三〇
	三九		四〇		四一		四三		四四	〇	四〇		四六		四八		四九		五一		五三	〇	四〇
	四八		五〇		五二		五四		五六	〇	五〇		五八	一	〇〇	一	〇二	一	〇四	一	〇六	〇	五〇
	五八	一	〇〇	一	〇二	一	〇四	一	〇七	一	〇〇	一	〇九	一	一二	一	一四	一	一七	一	二〇	一	〇〇
一	〇八	一	一〇	一	一三	一	一五	一	一八	一	一〇	一	二一	一	二三	一	二六	一	三〇	一	三三	一	一〇
一	一七	一	二〇	一	二三	一	二六	一	二九	一	二〇	一	三二	一	三五	一	三九	一	四二	一	四六	一	二〇
一	二七	一	三〇	一	三三	一	三七	一	四〇	一	三〇	一	四四	一	四七	一	五一	一	五五	一	五九	一	三〇
一	三七	一	四〇	一	四四	一	四七	一	五一	一	四〇	一	五五	一	五九	二	〇四	二	〇八	二	一三	一	四〇
一	四六	一	五〇	一	五四	一	五八	二	〇二	一	五〇	二	〇七	二	一一	二	一六	二	二一	二	二六	一	五〇
一	五六	二	〇〇	二	〇四	二	〇九	二	一三	二	〇〇	二	一八	二	二三	二	二八	二	三四	二	三九	二	〇〇
二	〇六	二	一〇	二	一五	二	二〇	二	二四	二	一〇	二	三〇	二	三五	二	四一	二	四七	二	五三	二	一〇
二	一五	二	二〇	二	二五	二	三〇	二	三六	二	二〇	二	四一	二	四七	二	五三	二	五九	三	〇六	二	二〇
二	二五	二	三〇	二	三五	二	四一	二	四七	二	三〇	二	五三	二	五九	三	〇五	三	一二	三	一九	二	三〇
二	三五	二	四〇	二	四六	二	五二	二	五八	二	四〇	三	〇四	三	一一	三	一八	三	二五	三	三三	二	四〇
二	四四	二	五〇	二	五六	三	〇三	三	〇九	二	五〇	三	一六	三	二三	三	三〇	三	三八	三	四六	二	五〇
二	五四	三	〇〇	三	〇七	三	一三	三	二〇	三	〇〇	三	二七	三	三五	三	四三	三	五一	三	五九	三	〇〇
三	〇四	三	一〇	三	一七	三	二四	三	三一	三	一〇	三	三九	三	四七	三	五五	四	〇四	四	一三	三	一〇
三	一三	三	二〇	三	二七	三	三五	三	四三	三	二〇	三	五一	三	五九	四	〇七	四	一七	四	二六	三	二〇
三	二三	三	三〇	三	三八	三	四六	三	五四	三	三〇	四	〇二	四	一一	四	二〇	四	二九	四	三九	三	三〇
三	三三	三	四〇	三	四八	三	五六	四	〇五	三	四〇	四	一四	四	二三	四	三二	四	四二	四	五三	三	四〇
三	四三	三	五一	三	五九	四	〇七	四	一六	三	五〇	四	二五	四	三五	四	四五	四	五五	五	〇六	三	五〇
三	五二	四	〇一	四	〇九	四	一八	四	二七	四	〇〇	四	三七	四	四七	四	五七	五	〇八	五	一九	四	〇〇
四	〇二	四	一一	四	二〇	四	二九	四	三八	四	一〇	四	四八	四	五九	五	一〇	五	二一	五	三三	四	一〇
四	一二	四	二一	四	三〇	四	四〇	四	五〇	四	二〇	五	〇〇	五	一一	五	二二	五	三四	五	四六	四	二〇
四	二二	四	三一	四	四〇	四	五〇	五	〇一	四	三〇	五	一二	五	二三	五	三五	五	四七	六	〇〇	四	三〇
四	三一	四	四一	四	五一	五	〇一	五	一二	四	四〇	五	二三	五	三五	五	四七	六	〇〇	六	一三	四	四〇
四	四一	四	五一	五	〇一	五	一二	五	二三	四	五〇	五	三五	五	四七	六	〇〇	六	一三	六	二七	四	五〇
四	五一	五	〇一	五	一二	五	二三	五	三五	五	〇〇	五	四七	五	五九	六	一二	六	二六	六	四〇	五	〇〇
五	〇一	五	一一	五	二二	五	三四	五	四六	五	一〇	五	五八	六	一一	六	二五	六	三九	六	五三	五	一〇
五	〇七	五	一八	五	三〇	五	四一	五	五四	五	一七	六	〇六	六	二〇	六	三三	六	四八	七	〇三	五	一七

限距地高										太陰實緯		限距地高										太陰實緯	
五十六度		五十五度		五十四度		五十三度		五十二度				五十一度		五十度		四十九度		四十八度		四十七度			
度	分	度	分	度	分	度	分	度	分	度	分	度	分	度	分	度	分	度	分	度	分	度	分
	七		七		七		八		八	〇	一〇		八		八		九		九		九	〇	一〇
	一三		一四		一五		一五		一六	〇	二〇		一六		一七		一七		一八		一九	〇	二〇
	二〇		二一		二二		二三		二三	〇	三〇		二四		二五		二六		二七		二八	〇	三〇
	二七		二八		二九		三〇		三一	〇	四〇		三二		三四		三五		三六		三七	〇	四〇
	三四		三五		三六		三八		三九	〇	五〇		四〇		四二		四三		四五		四七	〇	五〇
	四〇		四二		四四		四五		四七	一	〇〇		四九		五〇		五二		五四		五六	一	〇〇
	四七		四九		五一		五三		五五	一	一〇		五七		五九	一	〇一	一	〇三	一	〇五	一	一〇
	五四		五六		五八	一	〇〇	一	〇三	一	二〇	一	〇五	一	〇七	一	一〇	一	一二	一	一五	一	二〇
一	〇一	一	〇三	一	〇五	一	〇八	一	一〇	一	三〇	一	一三	一	一六	一	一八	一	二一	一	二四	一	三〇
一	〇七	一	一〇	一	一三	一	一五	一	一八	一	四〇	一	二一	一	二四	一	二七	一	三〇	一	三三	一	四〇
一	一四	一	一七	一	二〇	一	二三	一	二六	一	五〇	一	二九	一	三二	一	三六	一	三九	一	四三	一	五〇
一	二一	一	二四	一	二七	一	三〇	一	三四	二	〇〇	一	三七	一	四一	一	四四	一	四八	一	五二	二	〇〇
一	二八	一	三一	一	三五	一	三八	一	四二	二	一〇	一	四五	一	四九	一	五三	一	五七	二	〇一	二	一〇
一	三四	一	三八	一	四二	一	四六	一	四九	二	二〇	一	五三	一	五八	二	〇二	二	〇六	二	一一	二	二〇
一	四一	一	四五	一	四九	一	五三	一	五七	二	三〇	二	〇二	二	〇六	二	一一	二	一五	二	二〇	二	三〇
一	四八	一	五二	一	五六	二	〇一	二	〇五	二	四〇	二	一〇	二	一四	二	一九	二	二四	二	二九	二	四〇
一	五五	一	五九	二	〇四	二	〇八	二	一三	二	五〇	二	一八	二	二三	二	二八	二	三三	二	三九	二	五〇
二	〇二	二	〇六	二	一一	二	一六	二	二一	三	〇〇	二	二六	二	三一	二	三七	二	四二	二	四八	三	〇〇
二	〇八	二	一三	二	一八	二	二三	二	二九	三	一〇	二	三四	二	四〇	二	四五	二	五一	二	五七	三	一〇
二	一五	二	二〇	二	二六	二	三一	二	三六	三	二〇	二	四二	二	四八	二	五四	三	〇〇	三	〇七	三	二〇
二	二二	二	二七	二	三三	二	三八	二	四四	三	三〇	二	五〇	二	五七	三	〇三	三	〇九	三	一六	三	三〇
二	二九	二	三四	二	四〇	二	四六	二	五二	三	四〇	二	五八	三	〇五	三	一二	三	一八	三	二六	三	四〇
二	三五	二	四一	二	四七	二	五四	三	〇〇	三	五〇	三	〇七	三	一三	三	二〇	三	二八	三	三五	三	五〇
二	四二	二	四八	二	五五	三	〇一	三	〇八	四	〇〇	三	一五	三	二二	三	二九	三	三七	三	四四	四	〇〇
二	四九	二	五五	三	〇二	三	〇九	三	一六	四	一〇	三	二三	三	三〇	三	三八	三	四六	三	五四	四	一〇
二	五六	三	〇二	三	〇九	三	一六	三	二四	四	二〇	三	三一	三	三九	三	四七	三	五五	四	〇三	四	二〇
三	〇三	三	一〇	三	一七	三	二四	三	三二	四	三〇	三	三九	三	四七	三	五五	四	〇四	四	一三	四	三〇
三	〇九	三	一七	三	二四	三	三二	三	三九	四	四〇	三	四七	三	五六	四	〇四	四	一三	四	二二	四	四〇
三	一六	三	二四	三	三一	三	三九	三	四七	四	五〇	三	五六	四	〇四	四	一三	四	二二	四	三一	四	五〇
三	二三	三	三一	三	三九	三	四七	三	五五	五	〇〇	四	〇四	四	一三	四	二二	四	三一	四	四一	五	〇〇
三	三〇	三	三八	三	四六	三	五四	四	〇三	五	一〇	四	一二	四	二一	四	三〇	四	四〇	四	五〇	五	一〇
三	三五	三	四三	三	五一	四	〇〇	四	〇九	五	一七	四	一八	四	二七	四	三七	四	四七	四	五七	五	一七

太陰實緯		限距地高									
		五十七度		五十八度		五十九度		六十度		六十一度	
度	分	度	分	度	分	度	分	度	分	度	分
〇	一〇		六		六		六		六		六
〇	二〇		一三		一二		一二		一二		一一
〇	三〇		一九		一九		一八		一七		一七
〇	四〇		二六		二五		二四		二三		二二
〇	五〇		三二		三一		三〇		二九		二八
一	〇〇		三九		三七		三六		三五		三三
一	一〇		四五		四四		四二		四〇		三九
一	二〇		五二		五〇		四八		四六		四四
一	三〇		五八		五六		五四		五二		五〇
一	四〇	一	〇五	一	〇三	一	〇〇		五八		五五
一	五〇	一	一一	一	〇九	一	〇六	一	〇四	一	〇一
二	〇〇	一	一八	一	一五	一	一二	一	〇九	一	〇七
二	一〇	一	二四	一	二一	一	一八	一	一五	一	一二
二	二〇	一	三一	一	二八	一	二四	一	二一	一	一八
二	三〇	一	三七	一	三四	一	三〇	一	二七	一	二三
二	四〇	一	四四	一	四〇	一	三六	一	三二	一	二九
二	五〇	一	五一	一	四六	一	四二	一	三八	一	三四
三	〇〇	一	五七	一	五三	一	四八	一	四四	一	四〇
三	一〇	二	〇四	一	五九	一	五四	一	五〇	一	四五
三	二〇	二	一〇	二	〇五	二	〇〇	一	五六	一	五一
三	三〇	二	一七	二	一一	二	〇六	二	〇一	一	五七
三	四〇	二	二三	二	一八	二	一二	二	〇七	二	〇二
三	五〇	二	三〇	二	二四	二	一八	二	一三	二	〇八
四	〇〇	二	三六	二	三〇	二	二四	二	一九	二	一三
四	一〇	二	四三	二	三七	二	三一	二	二五	二	一九
四	二〇	二	四九	二	四三	二	三七	二	三〇	二	二四
四	三〇	二	五六	二	四九	二	四三	二	三六	二	三〇
四	四〇	三	〇二	二	五五	二	四九	二	四二	二	三六
四	五〇	三	〇九	三	〇二	二	五五	二	四八	二	四一
五	〇〇	三	一五	三	〇八	三	〇一	二	五四	二	四七
五	一〇	三	二二	三	一四	三	〇七	三	〇〇	二	五二
五	一七	三	二七	三	一九	三	一一	三	〇四	二	五六

太陰實緯		限距地高									
		六十二度		六十三度		六十四度		六十五度		六十六度	
度	分	度	分	度	分	度	分	度	分	度	分
〇	一〇		五		五		五		五		四
〇	二〇		一一		一〇		一〇		九		九
〇	三〇		一六		一五		一五		一四		一三
〇	四〇		二一		二〇		二〇		一九		一八
〇	五〇		二七		二五		二四		二三		二二
一	〇〇		三二		三一		二九		二八		二七
一	一〇		三七		三六		三四		三三		三一
一	二〇		四三		四一		三九		三七		三六
一	三〇		四八		四六		四四		四二		四〇
一	四〇		五三		五一		四九		四七		四五
一	五〇		五九		五六		五四		五一		四九
二	〇〇	一	〇四	一	〇一		五九		五六		五三
二	一〇	一	〇九	一	〇六	一	〇三	一	〇一		五八
二	二〇	一	一四	一	一一	一	〇八	一	〇五	一	〇二
二	三〇	一	二〇	一	一六	一	一三	一	一〇	一	〇七
二	四〇	一	二五	一	二二	一	一八	一	一五	一	一一
二	五〇	一	三〇	一	二七	一	二三	一	一九	一	一六
三	〇〇	一	三六	一	三二	一	二八	一	二四	一	二〇
三	一〇	一	四一	一	三七	一	三三	一	二九	一	二五
三	二〇	一	四六	一	四二	一	三八	一	三三	一	二九
三	三〇	一	五二	一	四七	一	四三	一	三八	一	三四
三	四〇	一	五七	一	五二	一	四七	一	四三	一	三八
三	五〇	二	〇三	一	五七	一	五二	一	四七	一	四三
四	〇〇	二	〇八	二	〇三	一	五七	一	五二	一	四七
四	一〇	二	一三	二	〇八	二	〇二	一	五七	一	五二
四	二〇	二	一九	二	一三	二	〇七	二	〇一	一	五六
四	三〇	二	二四	二	一八	二	一二	二	〇六	二	〇〇
四	四〇	二	二九	二	二三	二	一七	二	一一	二	〇五
四	五〇	二	三五	二	二八	二	二二	二	一六	二	〇九
五	〇〇	二	四〇	二	三三	二	二七	二	二〇	二	一四
五	一〇	二	四五	二	三八	二	三二	二	二五	二	一八
五	一七	二	四九	二	四二	二	三五	二	二八	二	二二

太陰實緯		限距地高									
		六十七度		六十八度		六十九度		七十度		七十一度	
度	分	度	分	度	分	度	分	度	分	度	分
〇	一〇		四		四		四		四		三
〇	二〇		八		八		八		七		七
〇	三〇		一三		一二		一二		一一		一〇
〇	四〇		一七		一六		一五		一五		一四
〇	五〇		二一		二〇		一九		一八		一七
一	〇〇		二五		二四		二三		二二		二一
一	一〇		三〇		二八		二七		二五		二四
一	二〇		三四		三二		三一		二九		二八
一	三〇		三八		三六		三五		三三		三一
一	四〇		四二		四〇		三八		三六		三四
一	五〇		四七		四四		四二		四〇		三八
二	〇〇		五一		四九		四六		四四		四一
二	一〇		五五		五三		五〇		四七		四五
二	二〇		五九		五七		五四		五一		四八
二	三〇	一	〇四	一	〇一		五八		五五		五二
二	四〇	一	〇八	一	〇五	一	〇一		五八		五五
二	五〇	一	一二	一	〇九	一	〇五	一	〇二		五九
三	〇〇	一	一六	一	一三	一	〇九	一	〇六	一	〇二
三	一〇	一	二一	一	一七	一	一三	一	〇九	一	〇五
三	二〇	一	二五	一	二一	一	一七	一	一三	一	〇九
三	三〇	一	二九	一	二五	一	二一	一	一七	一	一二
三	四〇	一	三四	一	二九	一	二五	一	二〇	一	一六
三	五〇	一	三八	一	三三	一	二八	一	二四	一	一九
四	〇〇	一	四二	一	三七	一	三二	一	二八	一	二三
四	一〇	一	四六	一	四一	一	三六	一	三一	一	二六
四	二〇	一	五一	一	四五	一	四〇	一	三五	一	三〇
四	三〇	一	五五	一	四九	一	四四	一	三八	一	三三
四	四〇	一	五九	一	五三	一	四八	一	四二	一	三七
四	五〇	二	〇三	一	五七	一	五二	一	四六	一	四〇
五	〇〇	二	〇八	二	〇二	一	五五	一	四九	一	四四
五	一〇	二	一二	二	〇六	一	五九	一	五三	一	四七
五	一七	二	一五	二	〇八	二	〇二	一	五六	一	四九

太陰實緯		限距地高					
		七十二度		七十三度		七十四度	
度	分	度	分	度	分	度	分
〇	一〇		三		三		三
〇	二〇		六		六		六
〇	三〇		一〇		九		九
〇	四〇		一三		一二		一一
〇	五〇		一六		一五		一四
一	〇〇		一九		一八		一七
一	一〇		二三		二一		二〇
一	二〇		二六		二四		二三
一	三〇		二九		二八		二六
一	四〇		三三		三一		二九
一	五〇		三六		三四		三二
二	〇〇		三九		三七		三四
二	一〇		四二		四〇		三七
二	二〇		四六		四三		四〇
二	三〇		四九		四六		四三
二	四〇		五二		四九		四六
二	五〇		五五		五二		四九
三	〇〇		五九		五五		五二
三	一〇	一	〇二		五八		五五
三	二〇	一	〇五	一	〇一		五七
三	三〇	一	〇八	一	〇四	一	〇〇
三	四〇	一	一二	一	〇七	一	〇三
三	五〇	一	一五	一	一〇	一	〇六
四	〇〇	一	一八	一	一四	一	〇九
四	一〇	一	二一	一	一七	一	一二
四	二〇	一	二五	一	二〇	一	一五
四	三〇	一	二八	一	二三	一	一八
四	四〇	一	三一	一	二六	一	二〇
四	五〇	一	三四	一	二九	一	二三
五	〇〇	一	三八	一	三二	一	二六
五	一〇	一	四一	一	三五	一	二九
五	一七	一	四三	一	三七	一	三一

有清崛起東方歷世五六太祖太宗力征經營奄有東土首定哈達輝發烏拉葉赫及甯古塔諸地於是舊藩札薩克二十五部五十一旗悉入版圖世祖入關翦寇定鼎燕都悉有中國一十八省之地統御九有以定一尊聖祖世宗長驅遠馭拓土開疆又有新藩喀爾喀四部八十二旗青海四部二十九旗及賀蘭山厄魯特迄於兩藏四譯之國同我皇風逮於高宗定大小金川收準噶爾回部天山南北二萬餘里氈裘湩酪之倫樹頷蛾服倚漢如天自茲以來東極三姓所屬庫頁島西極新疆疏勒至於葱嶺北極外興安嶺南極廣東瓊州之崖山莫不稽顙內鄉誠係本朝於皇鑠哉漢唐以來未之有也穆宗中興以後臺灣新疆改列行省德宗嗣位復將奉天吉林黑龍江改爲東三省與腹地同風凡府廳州縣一千七百有奇自唐三受降城以東南衞邊門東湊松花江北緣大漠爲內蒙古其外涉瀚海阻興安東濱黑龍江西越阿爾泰山爲外蒙古重之以屏翰聯之以昏姻此皆列帝之所懷柔安輯故歷世二百餘年無敢生異志者太宗之四征不庭也朝鮮首先降服賜號封王順治六年琉球奉表納款永藩東土繼是安南暹羅緬甸南掌蘇祿諸國請貢稱臣列爲南服高宗之世削平西域巴勒提痕都斯坦愛烏罕拔達克山布哈爾博洛爾塔什干安集延浩罕東西布魯特左右哈薩克及坎巨提諸回部聯翩內附來享來王東西朔南闢地至數萬里幅員之廣可謂極矣洎乎末世列強環起虎眈鯨吞凡重譯貢市之國四分五裂悉爲有力者負之走矣清初畫土分疆多沿明制歷年損益代有不同其川瀆之變易郡邑之省增疆界之分合悉詳稽圖志並測斗極定高偏度以畫中外封域廣輪曲折之數用備一朝之掌焉

直隸

直隸禹貢冀兗二州之域明爲北京置北平布政使司萬全都指揮使司清順治初定鼎京師爲直隸省置總督一曰宣大駐山西大同府順治十三年裁巡撫三曰順天駐遵化轄順天永平二府康熙初裁曰保定駐眞定轄保定正定順德廣平大名河間六府順治十六年裁曰宣府駐宣府鎮轄延慶保安二州順治八年裁五年置直隸山東河南三省總督駐大名十六年改爲直隸巡撫明年移駐眞定康熙八年復移駐保定雍正二年復改總督而府尹舊治順天爲定制先是順治十八年增置直隸總督亦駐大名康熙五年改三省總督八年裁康熙三十二年改宣府鎮爲宣化府降延慶保安二州隸之雍正元年置熱河廳改眞定爲正定二年增置定冀晉趙深五直隸州張家口廳三年升天津衞爲直隸州九年爲府十年置多倫諾爾廳十一年熱河廳易州並爲直隸州十二年置獨石口廳降晉州隸正定乾隆七年承德仍爲熱河廳八年遵化升直隸州四十三年復升熱河廳爲承德府光緒二年置圍場廳隸承德三十年置朝陽府明年置建平隸之三十三年升赤峰縣爲直隸州置開魯等四縣隸之今京尹而外領府十一直隸州七直隸廳三散州九散廳一縣百有四北至內蒙古阿巴噶右翼旗界一千二百里南至河南蘭封縣界一千四百三十里西至山西廣寧縣界五百五十里東至奉天甯遠州界六百八十里廣一千二百三十里袤二千六百三十里宣統三年編戶共四百九十九萬五千四百九十五口二千三百六十一萬三千一百七十一其山恆山太行其川桑乾即永定滹沱即子牙衞馬漳白灤其重險井陘山海居庸紫荊倒馬諸關喜峯古北獨石張家諸口鐵路交通則航路自天津東南通之罘上海東北營口東朝鮮仁川日本長崎京津津榆京漢正太京張驛道東出山海關達盛京綫中西出紫荊關達山西靈邱南涉平原達山東德州北出古北口達熱河電線西北通庫倫西南通太原由天津東北通奉天海線自大沽東通之罘

順天府 明初曰北平府後建北京復改自遼以來皆都此正統六年始定曰京師領州六縣二十五順治初京師置府尹府丞治中其順天巡撫駐遵化康熙初裁十五年升遵化爲州二十七年置四路同知分轄所屬州縣分隸通永霸昌二道並兼統於直隸總督雍正元年復以部院大臣兼管府事特簡無定員九年置寧河乾隆八年遵化復升直隸州以玉田豐潤屬之廣四百四十里袤五百里北極高三十九度五十五分領州五縣十九遼南京今城西南唐幽州藩鎮城也金增拓之至元而故址漸湮元之大都則奄有今安定德勝門外地明初縮城之北面元創亦改永樂初重拓南城又非復洪武之故矣今皇城周十八里自正陽門之內曰大清門東南曰長安左門西南曰長安右門東曰東安門西曰西安門正北曰地安門舊曰北安門順治九年更名大清門之內曰天安門舊曰承天門順治八年改左太廟右社稷壇嚮明而治於茲宅中爲其內端門左闕左門右闕右門其內紫禁城在焉北枕景山西社西苑苑有瀛台太液池壇之南與端門屬者曰午門北神武門東東華門西西華門午門之內東協和門東出爲文華殿西熙和門西出爲武英殿舊曰雍和門乾隆元年更名其正中太和門左昭德門體仁閣右貞度門宏義閣其內則太和中和保和三殿至乾清門止東景運門西隆宗門凡此皆曰外朝制也外則京城周四十里爲門九南爲正陽門南之東崇文門南之西宣武門東之南朝陽門東之北東直門西之南阜城門西之北西直門北之東安定門北之西德勝門皆沿明舊而八旗所居鑲黃安定門內正黃德勝門內正白東直門內鑲白朝陽門內正紅西直門內鑲紅阜成門內正藍崇文門內鑲藍宣武門內星羅棋峙不雜廁也外城長二十八里爲門七南爲永定門左左安門右右安門東廣渠門西廣甯門在東西隅而北向者東東便門西西便門並明嘉靖中築鼓樓在地安門外明永樂中建燬乾隆十二年重建

大興 衝繁疲難倚府東偏隸西路廳北有滄河自昌平入納清河西北玉河自宛平入歧爲二一護城河至崇文門合泡子河一入德勝門爲積水潭即北海子流爲太液池分爲御溝又合德勝橋東南支津復合又東爲通惠河涼水河亦自宛平入逕南苑即南海子龍鳳二河出爲龍河淤南路廳駐黃村縣丞駐禮賢莊有青雲店鳳河營白塔村三鎮有采育[illegible]巡司有驛鐵路

宛平 衝繁疲難倚隸西路廳西山脈自太行爲神京右臂西北二十里甕山其湖西海乾隆十五年賜名曰萬壽湖曰昆明有清漪園光緒十五年改曰頤和相近玉泉山清河玉河源此玉河逕高梁橋一曰高梁河永定河自懷來入至盧師山西亦曰盧溝河錯出復入有灰壩減河汛十二石景山有南北岸同知全轄者七石景山盧溝橋二北頭工上北頭工中南頭工上北二工下分轄者五南頭工下北頭工下北二工上南三工北三工自順治八年至同治三年改道十有六流歸中泓逕魚壩口三眼入海蓋道光二十二年以來難小濬徙無寧歲又北涼水牤牛龍泉三河兼出西南西有海淀有暢春圓明二園咸豐末燬西路廳駐蘆溝橋有巡司縣丞駐門頭溝又廳各莊青白口東壽堂巡司三沿河口磨石口檢堡平羅營五里坨趙村王平口天津關鎮八鐵路

良鄉 衝繁難府西南七十里隸西路廳永定河自宛平入汛四並分轄隸石景山南岸同知北頭工下北二工上南頭工下南二工康熙四十六年建金門石閘後廢乾隆三年移建南二汛改減水石壩仍曰金門閘永定減水壩十有七公村河自房山入爲牤牛河復合茨尾河廬河自房山入逕琉璃鎮曰琉璃河納挾活河北有黃新莊行宮南有郊勞臺縣丞駐趙村固節長辛店二驛鐵路

固安 繁難府西百二十里隸南路廳永定河道南北岸同知石景山同知駐永定河自宛平入汛六隸南北岸同知三角淀通判全轄者二南四工北四工上分轄者四南三工北三工北四工下南五工拒馬岔河自涿入舊有金門閘減河亦自涿入納太平河曰牤牛河歧爲黃家河其西蜈蚣河並淤東南十八里韓城南七十里四鋪頭有牛坨鎮縣驛一

永清 簡府南少東百四十里隸南路廳三角淀通判駐永定河自固安入汛七隸北岸同知其通判全轄者三南六工北五工北六工分轄者四北四工下南五工南七工北七工有信安鎮巡司隸霸州

東安 簡府東南百四十里隸南路廳永定河自永清入汛三並分轄隸三角淀北通判南七工南八工上北七工其故道淤鳳河自大興入有舊州鎮縣驛一

香河 簡府東南百二十里隸東路廳西有北運河自通入有王家務減河雍正九年濬長百四十里北窩頭河亦自通入縣驛一

通州 衝繁疲難府東四十里隸東路廳通永道倉場總督駐順治十六年省漕縣入之管河州判駐白楡潞三河並自順義入楡納通惠河與白會是爲北運河納涼水河蕭逕窩頭村曰窩頭河鳳河自東安入北門外石壩州判掌之十五京倉所漕其東土壩州同掌之州西中二倉所漕馬頭店永樂店馬駒橋三鎮潞河和合二驛鐵路

三河 衝繁難府東少北百十里隸東路廳西北盤龍山有行宮乾隆十九年移大新莊北有泃河自平谷入側城東南西南窩頭河自通緣界入鮑邱河古巨浸源自塞外淤今出西北田各莊晴爲枯渠爾則洵注俗曰窩肚河有馬坊鎮縣驛一

武清 衝繁疲府東南九十里隸東路廳西南永定河自東安入汛三隸三角淀北岸通判南八工上南八工下北七工東北北運河自香河入康熙三十八年決筐兒巷明年濬爲減河後淤同治末復濬新減河寶坻北有鳳河自通入雍正四年改自城上村折南下至天津雙口入淀三角淀一曰東淀古雍奴藪亙霸文東武靜文大七州縣境雍正四年放永定於淀塞且半僅王慶坨一角耳乾隆十六年後導河支貫淀而東平蕪彌望管河同知駐河西務通判楊村並有驛八鎮王慶坨安平桐柏崔黃口三里淺南蔡村筐兒港黃花店

寶坻 繁疲難府東少南百八十里隸東路廳北薊運河自薊右會泃河緣界入逕江寬村鮑邱河自三河入納窩頭河褒針河注之又南有筐兒港新減河其北王家務減河淤知縣劉枝彥濬自大白莊至後口並修窩頭褒鍼隄有玉甫營鎮縣驛一

寧河 衝繁難府東南三百里隸東路廳雍正九年改明寶坻之梁城千戶所置海東南九十里爲北塘口薊運河自寶坻入屈曲環城而南有七里海隆王家務筐兒港二減河播爲醬口甯車沽二河分注之復納金鐘河東南大沽口界天津海沙緣界入其北北塘口東南盧臺鎮天津河捕通判通永鎮總兵駐有巡司鹽大使北塘口新河莊營城三鎮

昌平州 衝繁難府北九十里霸昌道駐北路廳駐鞏華城州隸之北天壽山明十三陵在焉西北榆河自延慶入伏而復出左合山水右納南沙河又東龍泉河會緯州營河注之七渡河亦自延慶入其南九渡河牤牛河並出東北邊牆西首嶺兒港口東至麋子峪口汛四楸嶺路鎮邊城常峪城白羊口又訖慕田峪口汛一黃花路湯山鬧溝行宮二港泉營牛房崙峪屯沙屯高麗營鬧溝府營前屯皂角屯凡九鎮楡河驛州治及迴龍觀二

順義 衝難府東北六十里隸北路廳北牛欄山白河自懷柔入逕東麓合懷河其東狐奴山溼餘河出爲一名箭桿河緯州營河出縣西納牤牛河又楡河自大興入三家店南石槽行宮二二鎮潘河營楊各莊縣驛一

密雲 衝繁難府東北百三十里隸北路廳縣南密雲山東九松山舊曰九莊嶺西有沽河自灤平入合白馬關河是爲白河右出一支津潮河亦自灤平入合湯河又納乾塔河側城西南來會俗亦曰潮白河潮河營提督駐古北口關副都統巡司駐西營二石塘路石匣城汛二潮河川白馬關口東營二曹家路轄子路汛五司馬台黑峪關吉家營楊家堡鎮羅關有劉家莊羅家橋要亭莊三行宮鳳皇石匣二驛

懷柔 衝繁府東北百里隸北路廳紅螺山祗園寺行宮二石河出其東下流爲泃河白河自密雲入其支津亦自縣入納雁溪水復合西七度河自昌平入合九度河側城東南合小泉河曰懷河有汛縣驛一

涿州 衝繁難府西南百四十里隸西路廳西獨鹿山東北永定河自良鄉入其金門閘引河淤西北拒馬岔河自房山分入而合胡良河合杖引泉注之至淨洛營東挾活河鋪入復出注琉璃河又東納牤牛河淤歧溝西南督亢陂東南古涿水瀝有王家店松木店柳河營馬溝村長溝五鎮涿鹿驛

房山 繁難府西南九十里隸西路廳西南大房山一曰大防山有溝山峯雍正八年鳳凰集此又石經山龍泉河古防水二源出西北大安山東南流曰盧河有沙河環城合壩兒河注之是爲琉璃河拒馬河自淶水入緣界逕鐵鎖崖岔河出爲歧爲二其東杖引泉胡良河挾活河並出西南而茨尾河雅河出東北又順水河自宛平入有磁家務巡司有吉陽驛

霸州 衝繁府南百八十里隸南路廳玉帶河自保定入爲大清河河南支逕苑家口曰會同河中支中亭河亦自保定入逕栲栳圈納牤牛河又歧爲北支下流爲辛張河復錯入牤牛黃家河視永定爲盈淵北支古運糧河光緒初游擊陳本榮濬之復修舊兒淀隄植柳六萬一千株行宮二一太堡村一蘇橋鎮有主簿兼隸文安又信安鎮巡司兼隸永清有岔津驛

文安 繁難府南少東三百四十里隸南路廳大清河三支並自霸入趙東淀其北中二支合於勝芳西曰辛張河文安窪周三百里有火燒牛台麻窪諸淀光緒八年濬臺頭以下河道長千九百二十丈左家莊有行宮縣驛一

大城 繁難府東南三百九十里隸南路廳西北會同河自文安入逕臺頭村有行宮大清河辛張河並自文安入子牙河自河間入舊納古洋河光緒中改自獻之朱家口故渠久湮又黑龍港西支自青入合東支河

保定 簡府南少西二百里隸南路廳西南大清河自雄入曰玉帶河逕張青口口西西淀東東淀乾隆二十八年界之又北合趙王河至盧各莊康熙中導爲中亭河合十望河入霸縣驛一

薊州 衝繁府東少北百八十里隸東路廳西北盤山興桃花山葛山有行宮三薊運河自明天順初引潮河泝今州後廢順治初復濬以豐陵桑其上源梨河東自遵化入合淋河至城南五里橋始曰薊運河折南泃河出州北黃崖口外錯出至三河復緣界來會汛四黃花店青山嶺黃崖關將軍石關有漁陽驛

平谷 簡府東北百五十里隸北路廳東北泃河自薊入合獨樂河側城西南會石河即泃河縣驛一

保定府 衝繁疲難隸清河道明領州三縣十七康熙八年自眞定移巡撫於此爲直隸省治雍正二年改總督布政使清河道等同駐十二年升易州爲直隸州以淶水屬之又改深澤屬定州道光中省新安東北距京師三百五十里廣三百五十里袤四百里北極高三十八度五十一分京師偏西五十二分領州二縣十四

清苑 衝繁疲難倚清苑河即府河古沈水上游奇村河自滿城入合白草濟環城左納徐河濟河又東合金線河唐河自望都入合陽城河納齊賢莊河今淤咸豐中南徙同治末益南入蠡至安州復緣界入下興府河會爲入清河中支有大激店鎮張登店巡司金臺驛鐵路

滿城 衝府西少北四十里西南抱陽山西有漕河自易州入而伏至縣東湧爲一畝雞距二泉合申泉爲奇村河方順河自完縣入歧爲白草溝金線河徐河自易州入一曰大冊河東入安廳千里長隄首縣境訖獻縣家橋瓦順保河三府河丞駐方順橋鎮有陘陽驛

安肅 衝府北少東四十五里西北有黑山西南岔村嶺雹河自易州入合曲水河至城北納雞爪泉河下至新安入淀其北泮泉河自定興入東入容城其支津自城西右出與曹河並入安州有梁門陂白溝驛鐵路

定興 衝繁府北少東百二十里北有拒馬自淶水入運城西而南納中北二易水及馬村河緣界入容城新城爲界水北又有界河西南雞爪河東南藍溝苑陽陂固城鎮宣化驛鐵路

新城 衝繁府東北百五十里南有拒馬自定興緣界其岔河北自固安入至十九垡

左導爲徼憎引河今淤又西南合紫泉河斗門河納藍溝河即界河鍺出復入者又南曰白溝河入容城復合有方官新橋白溝三鎮汾水驛
唐簡府西少南百二十里北有堯山東北望都山西北大茂山西有唐河古滙水自廣昌入錯出左合倒流河西雹水右納恆河馬泥河唐河又東北有放水河倒馬關西北有岳嶺關角安軍城周家堡四口横河口巡司縣驛一鎮
博野簡府南九十五里東南瀦龍河自安平緣界入一曰蟾河屈南逕白塔村入蠡唐河自清苑入縣驛一
望都衝難府西南八十里舊曰慶都乾隆十一年改東南唐河自定州入有九龍泉環城珠湧東出爲龍泉河有翟城驛
容城簡府東北九十里北有拒馬河西支自定興緣界入與東支白溝河合西清而弱東濁而強又雹河自安肅入其萍河濁縣驛一
完簡府西少南七十里西伊祁山祁水出焉即曲逆河圖經悪其名改方順納放水河其舊所合濊河濁唐河自其縣再錯入合清水河
蠡繁難府南少東九十里南瀦龍河自博野入一曰楊村河唐河自博野入自道光初北徙河丞駐仉村縣驛一
雄衝繁難府東北百二十里西淀縣南亙安州高陽任邱周三百三十里匯府境諸水所謂七十二清河趙北口扼其中橋十二四角河自安州入出第五橋曰大清河錯出復入白溝河自容城入南及大港榮未二淀大清河乃改由藥王行宮北輿會有歸義驛
祁州簡府南少西百二十里南有滹沱北支自深澤緣界其北瀦龍河匯定州冦沙滋三水滋即唐嘉慶初徙孟良河故之是爲瀦龍河又南逕程各莊入博野縣驛一
束鹿繁難府南少西二百四十里西北滹沱自晉州入深州爲南支其支津入安平同治十年所徙其故道七縣丞駐小章村縣驛一
安州簡府東少北六十里道光十二年以新安省入府河唐河自清苑入而合納曹河逕城北爲依城河右注白洋淀與瀦龍河自高陽入者相望也左沱羅淀復合爲四殳河亦曰四角河西淀都九十有九白洋最廣大蟯車雜淀最隈新安鄉行宮二州驛一
高陽簡府東南六十五里西北唐河自蠡入亦曰土尾河東南瀦龍河亦自蠡入順治中復決布裡村故亦曰布裡河舊合甫河即高河縣氏爲於縣驛一

正定府衝繁隸清河道總兵駐明曰眞定領州五縣二十七雍正元年曰正定二年升冀趙深定晉爲五直隸州以南宮等十七縣屬之十二年降晉州並所屬無極藁城與定州新樂還來隸東距省治二百九十里廣二百七十里袤三百八十里北極高三十八度十一分京師偏西一度四十八分領州一縣十三
正定衝繁難倚舊曰眞定雍正元年改西有滹沱自平山入有冶河故道二其北林濟河合西北諸泉及旺泉河又北滋河自新樂入伏而東滹沱性善徙釜北滋南百數十里衝盪幾徧今河乃同治七年改決爲康熙中東入深安饒故道有恆山伏城二驛
獲鹿衝府西南六十里南有封龍山北五峰山汶水出焉合小沙左金河西有鹿泉水東至大要舍納冶河今淤有鎮寧驛
井陘簡府西南百三十里井陘山東北有關北綿蔓河自山西平定州入合甘淘河一曰徽水折北左得金殊泉至東冶村曰冶河西南固關寄平定州置參將其北娘子關有汛邊牆西北首達滴巖南訖楊莊口有陘山驛
阜平簡府西北二百十里順治末省康熙二十二年復置大茂山東北平陽河出焉沙河自山西繁峙入納靈邱北流鎬子諸河曰派河又東合斑峪燕支諸河又汶河出縣南白蛇嶺邊牆東北首落路口西南訖當城河口有龍泉關長城嶺汛東有王快鎮康熙中縣寄此又夾溝營鎮縣驛一
欒城簡府南六十里西有汶河自獲鹿入納北沙金水二河南西有故城二關城驛
行唐簡府北七十五里西北箕山郜河出其北兩嶺口合甘泉河龍門溝側城東南合買木溝北派河自曲陽入合曲河西滋河自靈壽入而伏
靈壽簡府西北六十里南滹沱自平山緣界合松陽河衛河衛河禹貢衛水也西北滋河自山西五臺入納汶河又東南合慈峪河亦曰慈河入行唐邊牆北首白草溝口南訖車孤訖口有又頭鎮巡司乾隆中移慈峪鎮
平山簡府西少北八十里西北有房山漾河出焉古石臼水今滹沱自山西五臺首入縣西北始出山又納冶河始滴悍邊牆北首合河口南訖滴風口有洪子店巡司
元氏簡府南少西九十里西北封龍山北泜水所出下流入胡盧河無極水南入贊皇會南源復入而合錯出復入至紙屯村與槐河會瀦龍河自縣西滙諸山水北沙河出割髻嶺今並涸其南金水河東入欒城縣驛一
贊皇簡府西南百二十里雍正三年自趙州來隸西南贊皇山沸河出焉其北泜河南源二出可蘭四望二山槐河二源一黃沙嶺一紙糊窶山今並涸王家坪鎮咸豐末改汛縣驛一
晉州簡府東少西南九十里西北滹沱自無極入同治十年改自藁城入又故道二有驛
無極簡府東七十里雍正十二年改屬晉州十二年復滹沱河自藁城入再錯出復入逕東漢郇復歧爲二其滋河入逕縣南屈東又北木刀溝自新樂入合獲城河錯出復入並入深澤縣驛一
藁城簡府東南五十里雍正二年改屬晉州十二年復滹沱自正定入合西韓旺泉二河順康中再決並東南過周頭入白牧河滋河自正定木刀溝自新樂入輿王莽溝並涸縣驛一
新樂衝疲府東北七十五里雍正二年改屬定州十二年復派河自行唐入合郜河木刀溝出乎山之濊河滋河故之順治中知縣林華皖濬自西南関泉鎮嘉慶初滋之支津復自正定入攸之錯出復入合浴河縣驛一

大名府衝繁難總兵駐順治初置大順廣道雍正初改清河道十一年復置初沿明制領州一縣十雍正三年割內黃濬滑分隸河南彰德衛輝乾隆二十三年省魏縣分入大名元城東北距省治八百里廣二百里袤三百七十里北極高三十度二十一分三十秒京師偏西一度六分領州一縣六
大名衝繁難倚府南偏明徙府南八里南樂鎮乾隆二十二年圮於漳復故惟縣丞駐衛河自河南內黃入其新衛河自清豐入錯出復入來會漳河自臨漳分入一入衛一至府治南爲漳河引河東有縣故城三東北小灘鎮嘉慶中置河主簿縣驛一
元城繁倚府北偏故城三東南衛河自大名入其漳水引河古漳河入逕引張莊而合並東入館陶東南馬頰河自南樂入縣驛一
南樂難府東南五十里嘉慶二十一年新開衛河始自大名入光緒十四年後漳河始自其縣來會西有朱龍河岳儒固河東六塔廢河並自清豐入又東龍窩河自山東觀城入至龍窩村止夏秋一潦輒復彌漫然六塔平壤故有順水溝康熙中知縣王培宗濬光緒二十一年原思濬再濬命曰永順邑賴之
清豐難府南少東九十里西有廣陽山衛河自河南內黃緣界西有古馬頰河朱龍河自開入有順河堡鎮縣驛一
東明繁疲難府南二百二十里西有黃河自長垣入自明以來在縣境者三徙嘉慶八年決洪河二十四年決漆河咸豐五年決買魯河後復北徙爲今瀆南有杜勝集鎮雍正十年改守備置都司明年置巡司舊有通判道光中裁
開州繁疲難府南百二十里同光中黃河自東明濮入者六道合而復分北支古瓠子河一曰毛相河故小渠康熙中決荊隆口始大南支古濮渠並入山東濮州又有黃河故道二曰古馬頰河古朱龍河又硝河自河南滑縣入亦曰馬頰河徐鎮堡兩門集井店集柳下屯四鎮呂邱堡州判駐古定鎮有廢巡司州驛一
長垣繁疲難府西南二百九十里東有黃河自河南蘭封入舊逕盤岡里咸豐八年徙蘭岡同治二年復折西自蘭通集至舊城口爲今瀆縣丞駐大黃集有大岡廢巡司縣驛一

順德府衝隸大順廣道東北距省治五百七十里廣二百八十里袤百五十里北極高三十七度七分京師偏西一度四十九分領縣九
邢臺衝繁難倚西封山野河出西北馬嶺口淤今自內邱入會縊咔紫水路羅三川爲洪河北有達活河合沙應河又有百泉河右會七里河西黃村巡司有龍岡驛鐵路
沙河衝府南三十五里沙河自武安入會邢臺之洪河右出支津逕城南而東納西南狠溝水其東即東狠溝縣驛一鐵路
南和繁疲府東南四十里西百泉河自邢臺入沙河支津亦自其縣入合東狠溝其正渠曰乾河又東洺河劉壘河自鷄澤入有驛鐵路
平鄉疲難府東八十里東滏陽河自鷄澤入西劉壘河自南和入縣驛一
廣宗疲府東百二十里漳河故道二康熙二十六年滏知縣吳存禮增築東西隄萬九千餘丈縣驛一
鉅鹿疲難府東百十里鉅鹿藪即大陸澤滏陽河自任入老漳河康熙中徙廢縣驛一
唐山簡府東北八十里有宮務山泜河李陽河柳林河並自內邱入有驛
內邱衝府北六十里鵲山一曰龍騰山龍騰水出焉匯西山九龍水東流爲棚林河其西簫姑腦泜河南源出焉錯出復入其泜河第二川第三川合爲野河有中邱驛鐵路
任簡府東北四十里滏陽河自平鄉入有大陸澤納九河八水東滏爲鷄爪河來會澤舊亙鉅鹿隆平甯晉境滹漳滏湊焉今滹北漳南滏亦東徙大陸在任者南泊即張家泊在寧晉者北泊即寧晉泊縣驛一

廣平府簡隸大順廣道明領縣九雍正初怡賢親王以滏河故奏割河南彰德之磁州來隸東北距省治六百八十里廣三百五十里袤百八十里北極高三十六度四十六分三十秒京師偏西一度三十五分領州一縣九
永平衝繁難倚西北婁山東北沙河自沙河入洺河自河南武安入乾隆中決入牛尾河同治末復故東南滏陽河自邯鄲入歧爲劉壘河即牛尾河有八閘並引滏河田萬九千餘畝臨洺陽通判道光中裁移河務同知駐此縣驛一
曲周繁府東北四十里西南滏陽河自永年入漳河故道東南自明萬歷初挾滏而北康熙十年始南徙四十七年徙南逕大名元城縣驛一
肥鄉簡府東南四十里東西漳河故道二東有舊店營康熙中縣寄此縣驛一
雞澤疲難府東北六十里東滏陽自曲周入右導爲興隆河西有沙洺牛尾自永年入
廣平簡府東南六十里漳河故道舊自成安入其支津拳壯河故瀆縣驛一
邯鄲衝繁難府西南五十里西北紫山西蠶山東北滏陽河自磁入合渚河沁河輸磁河有叢臺驛鐵路
成安簡府南少西六十里洹漳故道並自河南臨漳入順康中漳河再毀城垣乾隆末改自其縣三臺入衛
威難府東北百一十里南有漳河故道張臺村慶巡司縣驛一
清河簡府東百八十里清河故瀆縣西衛河自山東臨清緣界入其武城古屯氏別河西北漳河故道雍正中移縣丞駐油房口雜巡司事縣驛一
磁州衝繁難府西南百二十里雍正四年自河南彰德來隸西有神麕山釜山滏水南北源出焉合羊渠河泥河東播爲五爪渠環城復岐爲三合牤牛河洺水漳河自河南涉縣入州判駐彭城鎮有滏陽驛

天津府衝繁疲難初隸天津道明衛河間地雍正三年爲直隸州以順天之武清河間之青靜海來屬武清尋還舊隸九年升府置附郭縣降滄州並所屬三縣來隸天津道總兵長蘆鹽運司通永鎮總兵駐咸豐十年海禁洞開置三口通商大臣同治九年廢爲津海關道以總督兼北洋欽差大臣駐保定半歲一移節府城三岔口西南光緒庚子拳匪亂夷爲平地西距省治四百六十里廣二百二十里袤三百八十里北極高三十九度十分京師偏東四十七分領州一縣六
天津衝繁疲難倚雍正九年置海東南百二十里北運河自武清入匯大清永定子牙南運爲海河運鶯竹林歷二十一沽左右引河以十數至大沽口入焉大沽鎮有協及同知雍正初置天津水師營同治初置機器局後建新城礮臺與大沽礮臺相犄勢新城有海防同知長蘆鹽八自山海關至山東樂陵袤八百餘里豐財場東南葛沽與西沽楊青巡司三大沽三河頭泥溝蒲溝鹹水沽雙港北馬頭趙家窩八鎮楊青水陸二驛航路東南駛之罘上海東北駛營口東駛朝鮮仁川與日本長崎鐵路京津津楡津保津浦道焉
青衝繁疲難府西南百六十里順治末省興濟入之雍正三年自河間來隸南運河自滄州入有興濟減河西黑龍港河自河間入東南漳漳故渠二長蘆鎮縣南七十里有鹽運司今移天津有流河管河主簿興濟杜林二鎮巡司河東馬廠二汛流河乾平二水驛
靜海衝繁疲難府西南七十里雍正三年自河間來隸南運河自青入右出爲靳官屯減河西子牙河自大城入納黑龍港河西北大清河亦入納支津辛張河有獨流鎮巡司有奉新驛
滄州衝繁疲難府西南二百里明屬河間雍正七年升直隸州尋降來隸海東百三十里南運河自南皮入右出爲捷地減河其北興濟減河自青入其南石碑河上承王莽河自南皮入匯爲母豬港至歧口入焉東南宣惠河亦自南皮入有嚴鎮塌鹽大使礴河祁口捷地舊州四鎮風化店孟村李村三巡司甑河水陸二驛
南皮繁難府西南二百七十里雍正中自滄州來隸南運河自東光緣界宣惠河自東光入歧爲王莽河津河自寧津數錯入有薛家窩馮家口二鎮新橋驛
鹽山繁府南二百六十里雍正中自滄州來隸海東北百二十里宣惠河自州入古黃河鬲津自南皮入錯出復入並入山東樂陵東有廢無棣溝海豐塲在羊兒莊與舊縣置巡司二狼坨子韓村高家灣三鎮
慶雲簡府東南三百二十里雍正中自滄州來隸鬲津自鹽山錯入納胡蘇覆釜二河馬頰河自樂陵入入山東海豐縣驛一

河間府衝繁難隸清河道明領州二縣十六雍正三年升天津衛爲直隸州順治末省興濟入青至是以青靜海屬之七年復升滄州以東光南皮鹽山慶雲屬之九年東光還隸北距省治百四十里廣二百里袤三百八十里北極高三十八度三十分京師偏西十七分領州一縣十
河間衝繁難倚子牙河黑龍港河自獻入西有古洋河合唐河同治末滹沱逕此後廢縣丞駐東城鎮又二十里鋪臥佛堂沙河僑渠仙新村五鎮景和北魏村二巡司有瀛海驛
獻衝繁疲難府南少東五十五里西南滏陽自武強入岐爲滹沱別河東北三黑龍港河與南亭子河並滏淮商家林二鎮有樂城驛
阜城衝府南少東百四十里西漳河自景州入東南古沙河即屯氏河亦自景入亦曰漫河有漫河驛
肅寧簡府西四十里古唐河自饒陽入溷古洋河自獻入瀦龍河舊自高蠡間滏入爲中堡河又東歧爲玉帶河今並淹有阜城驛
任邱衝繁難府北六十七里四角河自安州入出趙北口東大港引河同治末復濬爲趙王新河下注清苑玉帶河並移鄭州東汛縣丞駐此有廢洋河古州鎮鄭城驛
交河繁疲難府東南百一十里南運河自東光緣界其西漫河漳河亭子河滹沱別河並洄有泊頭鎮河主簿及廢巡司高川鎮富莊驛有丞裁
寧津簡府東南二百三十里古黃河鬲津自吳橋入南有土河舊自山東德州入下至慶雲爲限河或亦曰馬頰河有包頭鎮有驛
景州繁難府東南百九十里南運河自山東德州緣界古沙河自故城入曰大洋河曲流河自故城入曰江江河合爲漫河又西北有廢漳河劉智廟安陵連窩三鎮龍華鎮巡司有東光驛
吳橋繁難府東南二百四十里西南運河自山東德州緣界入東宣惠河又東沙河古黃河鬲津今四女寺減河鉤盤河今哨馬營減河自德州入而合有龍華鎮巡司連窩鎮河丞分隸景州有水驛丞裁
東光繁疲難府東南百六十里南運河自吳橋入東宣惠河合沙河漫河自景阜城分入而合有燈明寺村夏口二鎮馬頭驛
故城疲難府南少東二百八十里南運河自山東武城緣界入德州西北屯氏二支曰古沙河曲流河並出縣西有廢漳河即黃濾河縣丞駐鄭家口有甘陵驛

承德府衝繁難隸熱河道明諸音泰寧二衛天順後爲烏梁海居又併於察哈爾順治初內屬康熙四十二年建避暑山莊於熱河歲巡幸焉五十二年城之雍正元年置廳十一年置承德直隸州乾隆七年仍爲廳四十三年爲府置州一縣五嘉慶十五年置熱河道都統北轄內蒙古東二盟十六旗又附西勒圖庫倫喇嘛一旗光緒初置圍場廳三十年朝陽升府以建昌隸之廳隸宣化三十三年赤峯復升直隸州西南距省治七百八十里廣一千二百里袤八百里北極高四十一度十分京師偏東一度三十分領州一縣三
府東天橋山西廣仁嶺本羅斗嶺康熙末更名熱河古武列水西源周都呼爾河自豐甯入納中源茅溝河即默沁河東源賽音河逕磐錘峯合溫泉始曰熱河灤河自灤平入合之又東合白河老牛河折南納柳河其西黃花川入黑河其東灤河自灤平泉再錯入灤河並入逕安伊遜河出圍場伊遜色欽南入豐甯又西有乾塔河入密雲有鈎魚臺黃土坎中關張三營四行宮邊牆北首漢兒嶺南訖黑塔關口有唐三營中關下板城新漳子六溝二溝三溝茅溝八鎮石片子巡司熱河驛
灤平衝難府西南六十里明諸音衛乾隆七年置哈喇河屯廳四十三年改西北山西南青石梁西北灤河自豐甯入合興州河左伊遜河入府界潮河自豐甯入西南沽河自獨石磨入與湯河紅土谷馮家峪黃匡口水谷白道谷大水谷諸河並入密雲其西雁溪河入懷柔有喀喇河屯王家營常山峪兩間房巴克什營五行宮邊牆東首漢兒嶺西訖阡連口喀喇河屯大店子三道梁馬圈子紅旗呼什哈喇嘛洞

七鎮駮匠營巡司縣驛一

平泉州衝繁難府東百五十里明諸荇衞雍正七年置八溝廳爲南境乾隆四十三年改置西有喀喇蘇臺山察罕陀羅海山錫伯河出其東熱河東源賽音河中源默沁河並出西北入府界瀑河一曰柳河四源合於元惠州故城西曰察罕河遜寬城西曰寬河入遷安老哈河古託訖臣水俗省曰老河出喀喇沁右翼南百九十里明安山亦曰察罕河與奇札爾臺河會又北合霍爾霍克河布爾罕烏蘭善河烏魯頭臺河又東北合崑都倫河入建昌大甯城東北八十里州判駐有七溝營子頭溝暖泉櫻桃溝龍鬚門波羅樹他拉波羅羅臥佛寺八鎮八溝稅務司州驛一

豐寧繁難府西北二百六十里明諸青衞乾隆元年置四旗廳四十三年改西北赫山峇山瀘瀧峰舊曰興隆山乾隆十九年更名東有熱河西源自圍場入逕固都爾呼嶺曰固都爾呼河入府界北上都河自多倫廳入納小灤河曰灤河其西興州河出西北呼爾山潮河古漁水一曰鮑邱水荒地鄧家柵上黃旗林家營森吉圖白虎溝六鎮郭家屯大閣兒黃姑屯土城四巡司縣驛一

隆化光緒三十年以張三營子置有巡司管典史事興郭家屯黃姑屯二

朝陽府繁疲難隸熱河道明營州衞後入泰甯衞乾隆三十年置塔溝廳爲東境三十九年析置三塔廳四十三年置朝陽縣光緒三十年以墾地多熟升府以建昌隸之又置縣三西南距省治一千四百二十里北極高四十一度四十五分京師偏東四度二十三分領縣四西北漢河自內蒙古阿魯科爾沁旗入西南大凌河自建昌入合南七河逕西下房西左合卑克努河察罕河又東合布爾噶蘇台河又東左龍城一曰三座塔城左合固都河涼水河至金教寺東北左合土河入盛京義州小凌河出縣屬土默特右翼明安喀喇山三源中明安河南樓疊河北參柳水合東南合哈柳圖河入奉天錦縣養息牧河二源並出哈爾哈左翼合東南合好來崑德河鴨子河入奉天廣甯柳邊南首建昌北訖科爾沁左翼門五新台松子嶺九關六臺清河白七廠有六家子波羅赤三道梁青溝四鎮三座塔稅務司縣驛一

建昌繁難府西南二百六十里明營州衞廢乾隆四十三年以塔子廳西境置光緒三十年自承德來隸北有固爾班圖勒噶山東南巴顏濟魯克山東有布祜圖山漢白猿山白猿水出爲今曰大淩河南源出喀喇沁右翼南十心塔會中源克爾東源牛象入朝陽北灤河自平灤逕縣西入遷安兔濟河出喀喇沁左翼東南毛頭泊入奉天錦州北有瀑河自赤峰入會老哈河河自平泉入合伯爾克河錯出復入英金河亦自縣來會復合落馬河東北至谷口乾隆八年更名敖漢玉瀑與漢河會又東入朝陽柳邊北首朝陽南訖臨楡門一栗樹溝有貝子口琴波羅索他拉胡吉爾圖大城子四鎮縣丞駐東北四家子鎮塔子溝稅務司蟒莊巡司縣驛一

赤峰直隸州繁難明諸青衞雍正七年置八溝廳爲北境乾隆二十九年析置烏蘭哈達廳四十三年置赤峰縣隸承德府光緒三十三年升直隸州增置林西西南距省治千三百二十里北極高四十二度三十分京師偏東二度四十五分領縣一潢河自圍場入州北二百餘里之巴林旗東南老哈河自平泉逕東南隅納伯爾克河北入建昌英金河古饒樂水三源自圍場入合於色呼圍場西南折東合巴顏郭河色呼河疊爾根烏里雅蘇河入翁牛特右旗合奇布楚河鴨子河又南會使力碌河其上游納林西爾哈河木蘭東北諸水順於英金東南諸水匯於錫爾哈三源合北流合克依呼河入平泉合克勒河始入州西北會烏拉台河錫伯河亦自平泉來與英金河會英金河又東合卓索河入建昌烏拉臺河二源亦木蘭諸水所匯東流合默爾根精奇尼河阿濟格赴河噶海圖河布獲圖河有杜梨子溝哈拉木頭四道梁營只碰梁四鎮縣丞駐西北大廟鎮有烏蘭哈達稅務司有驛

林西州西北四百十八里光緒三十三年以巴林察罕木倫河西北地置

宣化府衝繁難隸口北道明宣府鎮順治八年裁宣府巡撫十年併衞所官領宣府等十縣降延慶保安屬之康熙三年改懷隆道爲口北道與總兵並駐此四年隸山西尋復七年裁萬全都司三十二年爲府巡撫郭世隆疏改置縣八後割山西蔚州來隸光緒三十年復割承德之圍場廳來隸東南距省治七百里廣四百四十里袤三百二十里北極高四十度三十七分十秒京師偏西一度二十一分三十秒廳不與領廳一州三縣七

宣化衝繁難倚明宣府前衞順治中省左右衞入之爲宣府鎮治康熙三十二年改置爲府治北有東望山西西望山西有洋河自懷安入左納清水河柳河川泥河東南入懷來其南桑乾河自西甯入數錯出於懷來合洋河復入逕府境鎮二雞鳴堡深井堡有守備康熙中裁有華稍營巡檢司宣化雞鳴二驛又遲二軍站五

赤城簡府東北七十里明赤城舊爲上北路康熙三十二年改置又以滴水崖雲州鎮安馬營鎮甯五堡入之赤城山城東北白河自獨石入南流出龍河峽一曰龍門川側城東南合大石門水亦曰赤城河又得勝子嶺東滄門嶺西水屈東南石納龍門河左得紅沙梁水入延慶營二獨石左獨石右口七鎮甯松樹馬營君子鎮安五堡龍門所滴水崖順治中改參將置守備滴水崖雍正中改守備置都司鎮十一新鎮棱雲州堡及北柵東柵西柵盤道塘子清平鎮嶺四望甑墩野雞九口驛二雲州赤城

萬全衝繁難府西北七十五里明萬全右衞舊爲西路康熙三十二年改置西北有野狐嶺導藏嶺今謂洗馬林西有洋河自懷安入左納綵才溝西沙河新河東沙河仍入之西有愛陽河東有清水河自張家廳入合臭灘黃土梁水南入宣化營二萬全張家口有副將光緒七年移多倫廳惟都司駐口五鎮口臺神威臺洗馬林新河膳房堡有軍站五

龍門簡府東北百里明龍門衞舊爲下北路康熙三十二年改又以葛峪趙川雕鶚長安嶺四堡入之西有龍門山龍門河出其北麓逕城南而東左得韓子嶺西浩門嶺南水入赤城西有小清水河自張家廳分入而合曰柳河川又有泥河並入宣化營一龍門路口二葛峪堡趙川堡鎮八安邊靜樓墩鎮衞臺盤道常峪鎮宜臺六口雕鶚堡安嶺堡並有驛雍正中嶺置都司後裁有軍站二長

懷來衝繁府東南百五十里明懷來衞舊爲東路康熙三十二年改又以保安衞及土木楡林二堡入之南有軍都山西有桑乾河自宣化入再錯出復入會洋河北支也折東南右得攀山水左有右河王合河口會嬀河其東支也又南入宛平爲盧溝河二鎮保安城雍正中改參將置都司攀山堡守備駐有沙城堡巡司土木楡林二驛軍站四

蔚州衝疲難府西南二百四十里雍正六年自山西大同來隸有衞康熙三十二年改乾隆二十二年省入東南馬頭山一曰磨笄山西有壺流河自山西廣靈入再錯出復入左右得乾沙河九折北合定安河會子河扶桑泉諸水入西甯三鎮黑石嶺卸飛狐岌有神通溝巡司康熙中裁以吏目隸理又岔口桃花堡三遷

西甯簡府西南二百里康熙三十二年以明順聖東西二城置東南有楡林山月神山西有桑乾河古濕水自山西天鎮入有小莊渠乾隆十年導又東左納虎溝河合五里河汊河西沙河至小河口會壺流河有順聖川鎮東城西城二驛

懷安衝繁府西少南百二十里明懷安衞康熙三十二年改又省萬全左衞及所轄柴溝堡西陽河堡入之西北花山南託台谷水溝口河自山西天鎮入合谷水自洪塘溝東北注洋河東洋河自張家廳入會西洋河南洋河曰洋河赤曰燕尾河錯出復入合水溝口河營一柴溝堡巡司駐口二東洋河西洋河有左衞城西洋河堡水關臺鎮口臺四鎮懷安萬全二驛軍站四

延慶州衝難府東少南二百里舊隸宣府鎮爲東路順治末省永甯縣入衞康熙三十二年改乾隆二十六年又省延慶衞及所轄五千戶所入之北阪泉山東北獨山南八達嶺北白河自赤城入復入獨石廳媯河出州東北伏流復出爲黃龍潭合龍灣水遶城合沽河蔡河黑龍河入懷來鎮五石峽峪營盤口小水口鎮安堡千家店口四周四溝堡四海冶堡柳溝城八達嶺東有永甯城巡司居庸驛軍站一

保安州簡府東南六十里舊隸宣府鎮爲東路康熙三十二年改南涿鹿山橋山西南釜山歷山東南桑頡山有泉湛而不流古阪泉也西桑乾河自宣化錯入再錯懷來入之導爲五渠有馬水口鎮有驛

圍場廳衝繁疲難西北三十二里正副總管駐本內蒙古卓索圖昭烏達東二盟地康熙中進爲圍場曰木蘭國語哨鹿也光緒二年置廳三十年自承德來隸廳有府赤峰西北豐甯東北境在內蒙古各部落之中周三千三百里廣三百里袤二百里並有奇四界表識曰柳條邊道二並自波羅河屯入東崖口一曰石片子西濟爾哈朗圖舊制以八月秋彌東入則西出西入則東出歲以爲常圍都六十有九以入旗分守於內旗各營房一卡倫五鎮黃旗營房在奇卜楚高爲北之東其卡倫曰賽堪達巴罕色欽曰阿魯色埒曰阿魯呼魯蘇臺曰英格曰拜甡圖正白旗營房在納林錫爾哈爲東之南其卡倫曰巴倫崑得伊曰烏拉臺曰錫拉諸海曰諸林錫爾哈曰格爾齊老鑲白旗營房在什巴爾臺爲南之東西間其卡倫曰噶海圖曰卓索曰什巴爾臺曰麻尼圖曰博多克正藍旗營房在石片子爲南之東其卡倫曰木壘喀喇沁曰古都古爾曰察罕扎巴曰汗特穆爾曰納喇蘇圖扎巴正黃旗營房在錫拉扎巴爲北之西其卡倫曰厚爾圖陀羅海曰納喇蘇圖和碩曰沙勒當曰錫拉扎巴曰錫拉扎巴色欽正紅旗營房在扣肯陀羅海爲西之北其卡倫曰察罕布爾噶蘇臺曰阿爾撒朗鄂博曰麻尼圖布拉克曰齊呼勒臺曰布哈渾爾鑲紅旗北營房在蘇木溝爲西之南其卡倫曰海拉蘇臺曰姜家營曰西燕子窩曰郭拜曰和碩博爾奇鑲藍旗營房在海拉蘇臺爲南之西其卡倫曰珠爾噶岱曰蘇克蘇爾臺曰卜克曰東燕子窩曰卓索溝有西圖巡檢司廳驛一

口北三廳隸口北道直宣化府張獨二口北明季韃靼諸部駐牧地康熙十四年徙義州察哈爾部宣大邊外墻內農田墻外牧廠順治初置在張獨者六其一奉天漳武臺及察哈爾東翼四旗西翼半旗雍正中先後置三理事同知廳光緒七年並改撫民同知廣六百里袤六百五十里

張家口廳要明初興和守禦千戶所順治初爲張家口路隸宣府鎮西北六十里康熙中置縣丞雍正二年改理事廳轄官地及察哈爾東翼鑲黃一旗西翼正黃半旗並口內蔚保安二州宣化萬全懷安西甯四縣旗民光緒七年改撫民復東南距省治七百五十里北極高四十度五十分四十秒京師偏西一度三十五分北有東山高山大小鳥鴉山東洋河二源自山西豐鎮廳分入而合左得蘇祿計水清水河出鷹東北合毛令溝太子河驛馬圖河曰正溝合大西溝大東興新河東西沙河並入萬全其東小清水分入龍門西北有昂古里泊又諸莫渾博羅山有正黃等四旗牧廠查喜爾圖栖漢地有禮部牧廠並明大成衞邊外地齊齊哈爾河有太僕寺右翼牧廠廣百五十里明大同邊外地東北喀喇尼墩井有太僕寺左翼牧廠明宣府邊外地北控果羅鄂博岡有鑲黃等四旗牧廠明廢興和千戶所廳自雍正十年興俄定恰克圖約爲孔道光緒二十八年創地五百萬方尺爲租界三鎮興和城太平莊烏里雅蘇臺有站

獨石口廳要明初爲開平衞順治初爲上北路隸宣府鎮東北二百五十里康熙中置縣丞曰獨石路併衞入赤城雍正十二年置理事廳轄官地及察哈爾東翼正藍鑲白正白鑲黃四旗並口內延慶一州赤城龍門懷柔三縣旗民光緒七年改撫民副將防守尉駐南距省治七百九十里北極高四十度五十四分四十秒京師偏西四十分東南有大小石門山太保山白河古沽水正源陡頭河出廳西北狗牙山合東西楊口水與別源獨石泉會南入赤城復自延慶州入興黑河花入灤平下流會潮楡諸水爲北運河上都河古灤水出廳東北巴頓屯圖固爾山合三道河西北入多倫廳下流爲灤河至樂亭入海行二千一百里有奇有金蓮川伊克勒泊東北博羅城有製馬廠隸上駟院四鎮丁莊灣黑河川東卯鎮千家店有站

多倫諾爾廳要明開平衞地順治初置上都牧廠屬宣府鎮東北五百五十里康熙三十年喀爾喀爲準逆所破車駕蹕此受降爲雍正十年置理事廳轄察哈爾東翼正藍鑲白正黃鑲黃四旗及蒙古內札薩克與喀爾喀旗民光緒七年改撫民西南距省治千一百里北極高四十二度二十八分二十秒京師偏西六分西南有駱駝山北有錫拉穆楞河自內蒙古克什克騰旗入合碧克七碧落拜察諸河北入巴林旗東南有上都河自獨石廳入合石頂克伊綿緇爾通伊札爾什巴爾臺諸河七星潭在上都牧廠北一曰多倫泊廳氏爲蒙語謂止水曰泊大者諾爾衣鄂模庫勒科爾崑有差廳北布珠博碩岱等泊以十數西北又有赫池興化鎮在喇嘛廟南張家口副將駐有白岔司又興盛鎮二道泉閃電河土城子四汛廳驛一

永平府要隸通永道明領州一縣五乾隆初廢山海衞置臨楡先是雍正初以順天之玉田豐潤來隸乾隆八年復改屬遵化西距省治八百三十里廣三百三十里袤三百八十里北極高三十九度五十五分三十秒京師偏東二度二十八分三十秒領州一縣六

盧龍衝繁難倚東南陽山西南孤竹山灤河自遷安入合青龍河東有飲馬河東北燕河營一燕河路有燕河莊夷齊廟二鎮灤河驛鐵路

遷安繁疲難府西北四十里西北九山康熙中改五虎山灤河自承德府入合黃花川河瀑河又南左得鐵門關水入潘家口古盧龍塞也右納激河折東逕城西漆河自建昌入合白羊冷口二河爲青龍河巨梁水出西北黃山一曰還鄉河又沙河石河館水徐流營泉莊諸營田營二喜峰路建昌路汛八龍井關潘家口李家峪青山口楡木嶺撥崖子冷口關桃林口三屯營沙河堡喜峰口三巡司道光中移三屯副將大沽口太平寨漢兒崖沙河三鎮七家灤陽二驛

撫甯衝難府東七十里海東南五十里河三源合於楡關爲楡河合獅子河緣界又西洋河二源納燕子河入爲乾溝河起河東自臨楡入沙河西自遷安入合爲會河汛二界嶺口寨頭營鎮三蒲河營洋河口深河僊盧峰口渝關二驛

昌黎繁難府東南七十里北碣石山海東南三十餘里突出七里一曰七里海灤河自灤州入左出支津入爲甜水溝口飲馬河自盧龍入爲沙河四鎮姜各莊蒲河口沙崖口蛤泊堡有鐵路

灤州繁府西南四十五里海南百三十里有劉家河口清河合沂河緣界入西富沙口小清河入灤河自盧龍入沙河自遷安入館水亦自其縣入陡河亦曰軋牛河合石溜河州判駐胡各莊三鎮劉河口稻地開平榛子鎮巡司駐鐵路

樂亭簡府南少東百二十里海南四十五里灤河自昌黎入岐爲二東胡盧河至老米溝西曰定流至清河口入灤入海處五十里內凝碧一曰綠洋溝都行二千一百里石碑出西南二鎮西關馬頭營

臨楡衝繁難府東北百七十里奉天錦道寄此乾隆二年以明山海衞置山海今東門古渝關順治置副將後改游擊道光末與永平副將互徙北有角山長城枕其上石河古渝水縣氏爲譌合鴨子河帥府河入爲故道在行宮西其西湯河口大清河出東北入奉天甯遠乾溝河起河並出西北汛四義浣口大毛山甯海城黃土嶺小河口東曰柳邊門二鳴水塘白石嘴三鎮海陽乾溝白塔嶺西有陽化塽石門寨巡司遷安驛鐵路

遵化直隸州衝繁難隸通永道明縣屬薊州康熙十五年以陵寢隩區升州改隸順天乾隆八年復援易州例升直隸州割永平之二縣來隸西南距省治六百三十里廣百六十里袤三百七十里北極高四十度十三分京師偏東一度三十二分三十秒領縣二昌瑞山西北七十里本豐臺嶺改風臺山康熙初復改東陵在爲又西北霧靈山淋柳激横四河源此横即激右源合東入遷安與左源之黑河會梨河古溲水出東北鹿兒嶺自遷安入一曰果河合沙河又有雙女河車道峪水馬蘭峪洪山口總兵駐興鮎魚口大安口羅文峪爲五鎮石門鎮州判駐又大窪汛窩哨子箏道子老廠四鎮西牛壁山巡司二駐州及石門有丞

玉田衝繁難州西南九十五里雍正二年自順天改屬乾隆八年來隸燕山西北二十五里北有黎河自州入曰漳泗河入薊曰沽河復緣界曰薊運河小泉河出東北嘉慶末建行宮其上

史名灤蟬河合藍泉螺山水注之還鄉河自豐潤入合沙流河運鵝鵠橋合黑龍河又西來會雙城河出縣北黃家山亦南來會鵝鵲橋河主簿駐嘉慶十二年以河丞改有陽樊驛鐵路

豐潤衝繁難州東南百里改隸同玉田海南二百里陡河自灤入錯出復入合倍河分流復合入爲澗河口東支金沱泊支津西南合王家河薊運河自玉田樑界還鄉河自遷安入納雙女河東道峪水同治中南決至黑馬甸於是有黑龍河合泥河並注薊運河沙流河出西北豐臺鎮西南有河主簿巡司越東出南百里大使駐今移宋家營小集畢家灣開平營三鎮又義豐驛鐵路

易州直隸州繁難隸清河道明屬保定領縣一雍正十一年升直隸州割山西大同之廣昌來隸南距省治百四十里廣二百六十里袤二百二十里北極高三十九度二十三分京師偏西初度五十分三十秒領縣二西有行宮二一良各莊一泰寧鎮總兵駐有永寧山西陵在焉北易濡水出州西岔津嶺合安河五里河其東北即迴紫河中易白澗河出西北武峰嶺南易雹水出西南石虎岡其南有徐河澗河界河拒馬河自廣昌入錯出復入合小水以十數入邊口十八飛狐最險有塔崖奇峰二廢巡司鎮二烏龍潭紫荊關康熙中移副將正定改遊參將轄白石口廣昌營浮圖峪烏龍潭寧靜菴五營二驛清苑上陳有丞兼巡司又州判駐有鐵路

淶水衝繁州東北四十里西北檀山拒馬河自州入右出支津合鐵嶺水又北東緣界復合左出支津復入合清水河西南北易亦自州入合迎紫河又東合淶欄河口七鎮二大龍門馬水口舊稱京師右輔有都司轄大龍口金水口汛二鎮水東營秋蘭汛黃莊鎮巡司在城石亭二驛鐵路

廣昌簡州西八十里雍正十一年自山西大同來隸城西淶水謁淶又借七拒馬西源出焉會東源錯出復入湯河自山西靈邱入口入鎮入浮圖峪古銀防路最險插前嶺口白石口胡核嶺口黃土嶺口又黑石嶺鎮古飛狐口縣驛一鐵路

冀州直隸州繁疲隸清河道明屬眞定領縣四雍正二年升直隸州割正定之衡水來隸北距省治三百里廣百六十里袤二百五十里北極高三十七度三十八分五十秒京師偏西初度四十七分三十秒領縣五滹沱滏陽舊自東鹿會縣西入衡水雍正初滹北徙與滏離遂橫潰後卒合滏軌爲北有枯漳州驛一

南宮簡州西南六十里漳河故道三中洋溜東南古漳西北新漳今復南徙邑逵無水患縣驛一

棗強繁疲難州東南三十里東古漳河一曰黃瀘河自南宮入西索盧河衡支津自州入並涸

新河簡州西少南六十里西有滏陽河自寧晉再入有胡盧河舊與漳合處縣驛一

武邑疲難州東北九十里西滏陽河自衡水入又廢龍治河老漳河有驛

衡水簡州東北九十里漳河衡流古亦曰衡水隋以民縣後爲新漳河乾隆中南徙其滹沱今北徙惟滏陽河自州入古鹽河涸縣驛一

趙州直隸州衡繁隸清河道明屬眞定領縣六雍正二年升直隸州改贊皇隸正定東北距省治三百九十里廣二百里袤百四十里北極高三十七度四十八分三十秒京師偏西一度三十三分三十秒領縣五西北洨河自欒城入納槠龍河冶河新桃河槐河自高邑入縣東既合甘桃冶河而洨運其故道故即斯洨太白渠下流亦被治河目也有滹沱故道咸豐初淤鄗城驛

栢鄉衡繁州南六十里午河自臨城入沛河及支津並自高邑入而沛納新潛河有槐水驛

隆平簡州南九十里東有滏陽河灃河自任入澧有九闕雍乾中建北有泜河自唐山入合新滹水沛河自栢鄉入合支津及午河日槐午河有驛

高邑簡州西南五十里北有槐河自元氏入南新濟河泲河自贊皇入縣驛一鐵路

寧晉簡州東南四十里滏陽河自隆平入有甯晉泊周百餘里匯其澧泜午及州之洨槐諸水自十字河來會錯出復入邑故澤國康熙末漳南徙雍正初漳東徙怡賢親王復濬各水口築隄設斗門閘內外水出入積潦始稍光緒中滹沱復淤塞半爲平陸有百尺口廢巡司縣驛一

深州直隸州簡隸清河道明屬眞定領縣一雍正二年升以正定之武強饒陽安平來隸衡水還屬正定北距省治二百八十里廣百四十里袤百六十里北極高三十八度三分四十秒京師偏西初度四十七分領縣三州境自古病河漳二水河滹先後他徙滏滋亦不甚橫惟滹沱於乾隆十九年自東鹿分支瀆入同治七年復北徙自安平入諸故道並淤有驛

武強簡府東五十里南武強山下有澗滏陽自武邑入至小范鎮北效漳沱故道道光初滏漳同滏有廢亭子龍治二河有驛

饒陽疲繁難州東北六十里乾隆初知縣侯丑以東爲患瀦新滹七同治中唐世祿復疏經流三支渠八並注獻之古洋河逢年復決安平知縣吳恩慶築堤首郭村訖秦王莊滹滋始分今滹沱中南二支自州入而古唐河自數入半淤有驛

安平簡州西北五十里滹沱中南二支並自深澤入褚龍河自鄗入其支津磁石河溼有驛

定州直隸州衡繁疲難隸清河道明領二縣雍正二年升十二年以保定祁州之深澤來隸新樂還屬正定東北距省治百五十里廣百四十里袤二百里北極高三十八度三十二分三十秒京師偏西一度二十一分領縣二中山城內今設鎮鼓樓北有唐河自唐入始爲患乾隆中南徙小清河嘉慶中復北徙小清河爲今濱南有嘉河自曲陽入沙河自新樂入資河同治十年南徙錯出復入會資河自深澤緣界唐沙各故道及木刀溝並潤有永定驛鐵路

曲陽簡州西北六十里西北恆山古北嶽順治末改祀於山西渾源恆水出其北谷合三會河唐河納縣北馬泥河錯入西北沙河自阜平入合平陽河左得圓覺泉諸水長興溝出西北孔山側城東南合曲逆溪靈河自是日孟良河縣驛一

深澤簡州東南九十里雍正十二年自祁州來隸滹沱滋並自無極入滹岐爲三北爲經流滋舊納支津木道溝涸乾隆初決趙八莊辜塞復瀦官道溝瀦城西瀦水東沱安平縣驛一

清史稿

地理志二

奉天

奉天禹貢青冀二州之域舜析其東北爲幽營夏仍青冀商改營州周幽州明遼東都指揮使司清天命十年三月定都瀋陽天聰八年尊爲盛京順治元年悉裁明諸衞所設內大臣副都統及八旗駐防三年改內大臣爲昂邦章京給鎮守總管印康熙元年改昂邦章京爲鎮守遼東等處地方將軍四年改鎮守奉天等處地方將軍光緒三十三年三月罷將軍置東三省總督奉天巡撫改爲行省北至洮南與黑龍江界南至旅順口海界東南以鴨綠江與朝鮮界西至山海關與直隸界東至安圖與吉林界廣一千八百里袤一千七百五十里北極高三十九度四十分至四十四度十五分京師偏東四度至十二度宣統三年編戶一百六十五萬五百七十三口一千六十九萬六千零四共領府八直隸廳五廳三州六縣三十三盛京天聰五年因明瀋陽衞城增修城周九里三百三十二步高三丈五尺厚一丈女牆高七尺五寸垛口凡六百五十一門八東之左曰撫近右曰內治南之左曰德盛右曰天祐西之左曰懷遠右曰外攘北之左曰地載右曰福勝門各有樓關如之角樓四城之中爲大政殿太宗聽政之所也殿西爲大內南向曰大清門內曰崇政殿殿前東飛龍閣西翔鳳閣崇政殿直北爲鳳凰樓樓北清寧宮宮之東曰衍慶宮關睢宮西曰永福宮麟趾宮鳳凰樓之前東爲師善齋齋南日華樓西協中齋齋南霞綺樓崇政殿東頤和殿殿後介祉宮宮後爲敬典閣崇政殿西爲迪光殿殿後保極宮宮後繼思齋齋後崇謨閣大內之西文淵閣藏書之所也東南太廟銀庫在大政殿南織造庫在大內南戶部禮部工部在銀庫東刑部兵部在織造庫西御史公署在城東北隅其外關城則康熙十九年建高七尺五寸周三十二里四十八步門八東之左曰小東關右曰大東關南之左曰大南關右曰小南關西之左曰大西關右曰小西關北之左曰小北關右曰大北關關城內南爲天壇東爲地壇爲堂子西南隅爲社稷壇爲雷雨壇東南隅爲先農壇爲籍田籍田西南隅設水門二導小瀋水自門出下流注於渾河其名山爲醫巫閭松嶺其巨川爲遼河渾河其重險山海關鳳凰城威遠堡其船路自營口西南通天津南通之罘東南通朝鮮仁川其鐵路內屬者京奉屬日奉俄築東清枝路其電綫西通天津西南旅順東南鳳凰安東東北吉林

奉天府衝繁疲難總督撫將軍民政提法交涉度支鹽運司勸業道副都統駐順治十四年四月於盛京城內置府設府尹光緒三十一年八月裁府尹設知府爲奉天省治西南至京師一千四百七十里廣八百七十里袤九百九十里北極高四十一度五十一分五十秒京師偏東七度十五分領廳一州二縣八

承德衝繁疲難倚明瀋陽中衞康熙三年置縣附府福陵在東二十里天柱山昭陵在西北十里隆業山有副都統駐二陵守衛大臣渾河在南即瀋水自撫順入西南入遼中左受高士屯白塔鋪于家臺河右受馬官橋萬泉河萬泉亦稱小瀋水東北大清山蒲河所出西南流逕永安橋入新民境永安橋崇德六年建初太祖定瀋陽以西路汨洳命旗丁修疊道百二十里直抵遼陽太宗復建此橋行旅便之舊設驛四西老邊通新民北鎮路通鐵嶺東蹟布拉村通興京南十里河即明虎皮驛通遼陽鐵路三京奉東清安奉京奉鐵路行境內六十里車站二曰馬三家曰瀋陽在小西門外即京奉全路尾站商埠光緒二十九年八月中美約開

遼陽州繁疲難府南百二十里明定遼中衞隸置自在州天命六年三月克遼陽四月還都於此十年移瀋陽順治十年設遼陽府遼陽縣附郭十四年府移縣來隸康熙三年六月縣升爲州仍隸府有城守尉南千山脈東自懷仁老嶺入爲遼東半島之脊山南之水獨行入海遼東山脈主峯也北太子河自本溪入西流至遼中境南入海城左受細河藍河湯河沙河鞍山河右受十里河渾河枝水圖語曰塔思哈河舊設驛三曰迎水寺渾子山甜水站商埠光緒三十一年中日約開有東清鐵路

復州繁疲府南五百四十里明爲復州衞天命七年三月復州降康熙三年併入蓋平雍正四年分蓋平地置復州廳十一年改爲州隸府有城守尉州境多山西與西南皆海其海曰復州灣北浮渡南復州河左受欒古河皆西入海東沙河清水寶子碧流右受弔橋河皆南入金州長興島州判在西南百四十里海中光緒三十四年置其東北娘娘宮港岸曰東崖西崖商船出入海道咽喉也水門子巡檢光緒三十二年置舊設舖司四北核桃哨李宮墳通蓋平南麻河舖欒古城通金州有東清鐵路

撫順衝繁疲難府東八十里明撫順千戶所天命四年克撫順光緒二十八年分承德縣地設興仁縣附府三十三年移治撫順城劃興京西北地入之更名仍隸府東薩爾滸山鐵背山皆天命四年破明兵處南渾河南北二源自興京入合流西左受章黨馬郡丹塔兒峪拉古河右受溫道柳林金花樓河入承德東有營盤市鎮舊設驛一薩爾滸南奉撫運煤鐵路西南姚千戶屯安奉鐵路

開原繁疲府東北三百里明洪武二十二年置三萬衞於元開元路故城西二十一年徙此改開元爲開原永樂七年置安樂州天命四年六月克開原康熙三年六月置縣隸府有城守尉東北黃龍山西北遼河自康平入左納馬紫亮子河南清河右受碾盤河扣河又南沙河皆西入遼河東南柴河西入鐵嶺境又東南英額河西南入興京邊門三北馬千總臺東北威遠堡東南英額舊設驛一又有道東南經石人溝至山城子西經英城子達法庫門東經威遠堡門至西豐號四達通衢有東清鐵路

鐵嶺衝疲府北一百三十里明置鐵嶺衞天命四年七月克鐵嶺康熙三年六月置縣隸府有防守尉遼河在西自開原東南流入縣西南流入法庫境其旁多水泊曰蓮花泡蓋子五角蓮子樂子諸湖灘漫十里土人呼遼海有遼海屯北柴河南范河又南鎊路河滸西入遼河舊設驛一商埠中日約開有東清鐵路

海城繁疲難府南二百四十里明置海州衞天命六年海州降順治十年十一月置海城縣隸遼陽府十四年四月改隸西六十里有牛莊防守尉西南唐王山遼河在西渾河自遼中入曰給蛹河左遼太子河西流入之名三岔河北土河鞍山河西入太子河南海州河西入遼河三岔巡司康熙二十一年置駐牛莊西鄉三家子石佛寺等處舊有河道幾流入遼後淤塞光緒三十四年開濬故河涸出良田三十六七萬畝東南有析木城市鎮舊設舖司四西南營口東南大石橋接蓋平北鞍山站接遼陽東二道河入岫巖有東清鐵路

蓋平繁疲府西南三百六十里明置蓋州衞天命六年三月蓋州降康熙三年六月置縣隸府有城守尉又西南六十里有熊岳防守尉故遼城也舊駐副都統後裁東棉羊山縣東南諸山皆發脈於此西瀕海曰蓋州灣北淤泥河南蓋州熊岳河浮渡諸河皆西流入海東南碧流河即畢利河出布露山南流入復州舊設舖司三西北沒溝營北大石橋南熊岳城有紅旗廠鹽旗廠吳家屯三鹽場有東清鐵路

遼中繁難府西南一百四十里明定遼中衞右衞地光緒三十二年七月分新民遼陽海城地設治阿司牛彔鎮劃承德西南境增入置縣隸府遼河在西有冷家口支流西南入盤山曰分遼水亦曰減河正流南入縣境又西柳河西南入分遼水又西鴿鷹河支津南入柳河東濬河自新民入南入渾河又東南太子河支津二入之西南遼河西邊都牛彔縣丞駐光緒三十三年置

本溪府東南一百二十里明爲清河城光緒三十二年分遼陽興京鳳凰地設治本溪湖置縣隸府南摩天嶺一名太高嶺山脈東連老嶺西接千山其北細河即萬流河北流入遼陽其南草河賽馬集河南流入鳳凰南太子河南北二源自懷仁興京入合流西入遼陽東清河南入太子河賽馬集巡檢光緒三年置駐鳳凰廳三十二年來屬舊設連山關驛有安奉鐵路

金州廳衝繁疲難府南七百二十里明置金州衞雍正十二年置甯海縣隸府道光二十三年改金州廳仍隸府有副都統寄治承德廳境萬山環抱東西南北皆海惟東南一隅陸地連復州成半島形沙河清水贊子碧流諸河在東北入海有貔子窩市鎮旅順口在西南自旅順循半島以西歷遼河口大小凌河口至山海關爲渤海岸以東屬碧流河口莊河口大洋河口至鴨綠江爲黃海岸旅順鐵山角與山東登州頭對峙爲渤海口門有舊水師營城舊設舖司一石河驛商埠光緒二十三年中俄約開海關在大連灣有東清鐵路

法庫直隸廳衝繁難省西北一百六十里明三萬衞地康熙元年設法庫邊門防禦光緒三十二年分新民府及開原鐵嶺康平三縣地設治法庫門置廳直隸行省法庫山在南遼河自鐵嶺入北流屈西流逕廳南入新民其津渡處有三面船市鎮西沙河南入遼河又西秀水河南入新民有秀水河市鎮廳城北門仍舊邊門邊門外道路作三叉形西行至彰武北行由桃兒山馬奇溝赴康平可至吉林伯都納東北行由齊家店公主屯赴昌圖可至吉林長春北邊衞要也商埠中日約開

錦州府繁難明置中左右屯三衞隸遼東都指揮使司崇德七年三月克錦州康熙三年置廣寧府並

縣爲治四年改置徙治錦省西南四百九十里廣五百三十里袤百七十里北極高四十度九分京師偏東四度三十九分領州三廳二縣三

錦衝繁疲難倚明置廣寧中屯衛及右屯衛康熙元年七月改錦州爲錦縣隸奉天府三年六月改隸廣寧府十二月罷廣寧置錦州府附府舊駐副都統光緒三十四年裁有協領松山杳山塔山在南皆崇德七年破明兵處紫金山在東爲縣境諸山冠南瀕海東大凌河西小凌河右愛女兒河皆南入海西南天橋廠巡檢雍正元年置又西南海濱有地伸出海中如三角形曰葫蘆島島勢向西環抱成一海灣光緒三十四年勒爲通商港舊設驛二小凌河十三山京奉鐵路行境內一百一十里車站四錦州雙陽甸大凌河石山站驛遞入上坎天橋廠大東山白馬石部子屯頭溝四溝沙溝卡倫二高家屯天橋廠

錦西廳繁難府西九十五里明廣寧中屯衛地光緒三十二年分錦縣西境置江家屯廳尋更名三十三年隸府東大虹螺小虹螺山山東七里河南入海女兒河源出直隸朝陽東流入邊逕廳北迤東北流又東流入錦縣北松嶺邊門東北虹螺峴市鎭舊設高橋驛京奉鐵路車站三連山高橋女兒河

盤山廳衝疲難府東一百七十里明廣甯盤山驛光緒三十二年分廣甯縣地及盤蛇驛牧廠地置廳隸府南瀕海分遼水自遼中冷家口西南入逕廳南入海西南沙河東沙河西沙河皆南入海錦營鐵路自廣甯溝幫子站分支入境東南入營口長百二十餘里車站三胡家窩棚雙台子大窪鹽場五藍石鱉西夾信南夾信二道碗二龍江

義州繁疲難府北九十里明義州衛天命七年正月克義州崇德元年以封察哈爾康熙十四年察哈爾叛討平之六十一年設通判雍正十一年置州隸府有城守尉東北英歌龍灣山東南望海西北嵐崙山西南大嶺小嶺大凌河導源直隸朝陽東流入邊逕州北屈南流入錦縣細河清河導源直隸阜新合流南入大凌河小凌河亦導源朝陽東流入邊逕州西南迤南流入錦縣楊樹溝河南入小凌河北有九官台清河白土廠三邊門舊設巡司四南大嶺關隆祉七里河東大楡樹皆通錦縣

甯遠州衝繁疲難府西南一百里明置甯遠衛順治元年克甯遠康熙三年置州隸廣甯府尋改隸府有城守尉西北甯山西南望夫東首山南瀕海甯遠西河甯遠東河在城南合流南入海又西東沙煙台東關站六股諸河皆南入海有釣魚台海口海中島有桃花菊花卽覺華島島西南小島二曰小張山大張山相距間水勢深闊足容大戰艦島岸山可建砲台光緒三十四年勒爲海軍港西白石咀梨樹溝西北新台三邊門市街四邑境錯有山海關道稅局舊設驛二東關甯遠京奉鐵路車站三東辛莊沙後所甯遠州鹽場十廠子溝項家屯蘇家屯張莊杜家台網蝗溝五里橋狐狸套沙坨大明山

廣甯衝疲府東北一百六十里明廣甯衛天命七年克廣甯康熙三年六月改廣甯府爲府設廣甯縣十二月府移錦州縣隸府有城守尉醫無閭山在西古幽州鎭今有北鎭廟東沙河導源醫無閭山三道溝東南流逕城北而南右受大石橋河入盤山西南閭陽驛河南流入盤山曰西沙河西北馬市溝東南流入羊腸河舊設廣甯驛京奉鐵路行境內七十五里車站三羊腸子溝帮子靑堆子自溝帮子分支逕南歷盤山達營口名錦營鐵路計行境內三十里有馬幌房大台小台毛家屯郭家屯北井六鹽場

綏中衝繁疲難府西南一百九十里明廣甯前屯衛中前所中後所順治元年克廣甯前屯衛中前中後所康熙三年以其地併入甯遠州光緒二十八年六月析出置縣隸府北大碾子山西松嶺筆架山南瀕海東以六股河與甯遠界六股河卽古六州河導源直隸建昌從白石咀門入右受黑水王寶河迤南流入海西高兒石子凉水諸河皆南入海西山海關邊門十有七在縣境者曰明水塘邊門舊設驛二山海關凉水河京奉鐵路行境內一百十里車站四前所前衛荒地綏中

新民府衝繁難省西一百二十里明瀋陽中衛與廣甯左衛地嘉慶十八年六月分承德廣甯二縣地置新民廳隸奉天府光緒二十八年升爲府廣五百三十里袤百七十里北極高四十一度五十六分京師偏東七度三十三分領縣二無城遼河自法庫入屈西南逕古城養息牧河自彰武入左合秀水河南入遼其東蒲河自承德入逕黑魚泡西有新開河自庫倫入爲柳河北入遼中又西鶴廳河南入鎭安舊設驛二白旗堡巨流河京奉鐵路車站四白旗堡新民府巨流河興隆店商埠中日約開

鎭安衝難府西一百五十里明廣甯衛之鎭安堡光緒二十八年分廣甯東境設治小黑山置縣隸府西羊腸河導源直隸阜新下流散漫東沙河導源直隸綏東南流右受老河入盤山曰南沙河又東鶴廳河南淤爲蓮花泡入分遼水小三家子縣丞光緒三十二年置三十四年其地設奉天官牧場東北有牛拉門市鎭舊設驛二小黑山二道井京奉鐵路行境內八十里車站四高山子打虎山勵家窩舖繞陽河有卡拉木屯營城子二

彰武繁疲難府北百十里明初置廣甯後屯衛後徙康熙三十一年設養息牧廠於此光緒二十八年以養息牧墾地設治橫道子置縣隸府縣境居彰武台邊門外東北阿莫山東少陵哈達山西北杜爾筆山西柳河又西鶴廳河皆導源直隸綏東世所稱小庫倫也東養息牧河導源科爾沁左翼前旗皆南流入府境西北哈爾套街縣丞光緒二十九年置有官商路三一由縣治赴府一由縣西北哈爾套街赴直隸綏東一由縣西新立屯赴直隸阜新

營口直隸廳省西南三百六十里明蓋州衛之梁房口關同治五年設營口海防同知宣統元年分海城蓋平兩縣地置廳直隸行省奉錦山海關道改爲分巡錦新營口兵備道駐廳北遼河自海城入南遶東流屈西流入海納東南淤泥河至蓋平遼河入海口距廳治四十五里輪船交通之地也初廳境名沒溝舊爲蒙古入窩棚道光中設海防其地始置通商後乃繁盛錦營鐵路自盤山大窪車站入境逕田莊台至河北車站長六十七里又自河東牛家屯至大石橋與東清鐵路接有二道溝三道溝等驛塲漁業總局商埠咸豐十年天津約開有海關光緒三十二年設遼河巡船十艘三十四年增安海艦遼兩巡海兵艦

興京府繁疲難省東南三百二十里明建州右衛天聰八年尊赫圖阿拉地曰興京乾隆三十八年設理事通判光緒三年改爲興京撫民同知移治新賓堡宣統元年升爲府廣六百六十里袤三百一十里北極高四十一度四十五分十五秒京師偏東八度三十七分十六秒領縣四永陵在西四十里啟運山駐副都統西三十里興京城駐協領東納嚕窩集果謝敏珠敦總訥之分水嶺山脈上接庫哷納窩集下連龍崗山西之水皆入遼河山東之水皆入松花江鴨綠江松花江之分水嶺卽漢志遼山也渾河出其下南源曰蘇子河左合索爾科河西北流北源曰英額河左合濟馬爾河西南流俱入撫順西南平頂山太子河北瀕所出西入本溪舊設驛一穆喜館司四南老城大呼倫窪子嶺入鳳凰境東舊門通懷仁

通化繁難府東南二百七十里明建州衛之嶺甯敏路光緒三年置縣隸興京同知宣統元年改隸府縣境居旺清邊門外北龍崗山脈自興京海龍間納嚕窩集入遼遼而東轄臨江直遼長白山亘二百餘里山南之水皆入鴨綠江山北之水皆入松花江鴨綠江松花江之分水嶺以其爲大陵幹故曰小龍岡南有渾江自臨江入西流匯東流復迤西南入懷仁左受大欄崗溝河小羅圈溝河右受哈泥河加爾圖庫河衛設馬報十西哈馬河快當帽子英額布欽喜嶺牟發拉子入興京又由決當帽子西南行日高麗墓頭道溝等達

懷仁衝疲難府南一百八十里明建州衛之棟鄂部光緒三年置縣隸興京同知宣統元年改隸府縣境居鑲紅旗邊門外老嶺在西南太子河南源所出西北入本溪老嶺山脈自龍崗分遼西興摩天嶺接山南之水皆入鴨綠江山北之水皆入遼河爲遼鴨綠江之分水嶺國語曰薩禪山渾江自通化入流經北西南三面入輯安宮留江合衣密蘇河自北六道河大猪河自西流入渾江富爾江口蓋古梁口也古棟鄂河南入大稚河西四平街巡檢光緒四年置渾江南流旋曲處有哈達山乾隆十一年設牟牛嗜於此恭府舊設馬撥十東北三營碇子二棚甸子朱胡溝恒道川長春溝入通化境西南大雅河前牛毛大寄溝砍椽溝掛仲嶺入寬甸

輯安疲難府東南四百二十里明建州衛之鴨綠江部光緒二十八年分通化懷仁二縣地設治通溝口置縣隸興京同知宣統元年改隸府東北老嶺岡北丸都山鴨綠江在南自臨江入逕西南入寬甸西渾江自懷仁入南入鴨綠江曰渾江口光緒三十四年設鴨渾兩江巡船西岔溝門巡檢光緒三年置駐通溝口二十八年移駐舊設馬撥九北同和嶺梨樹溝葦沙河二道崴子央皮溝入通化西五道嶺皮條溝上漏河二棚甸子入懷仁又光緒三十四年城東新關一道由錯草溝出臨江

臨江繁難府東南五百九十里明鴨綠江部光緒二十八年分通化縣地設治帽兒山置縣隸興京同知宣統元年改隸府北有龍岡鴨綠江在南自長白入西北流屈西南入輯安西頭道溝以次而東而東北沿鴨綠江有二十五道溝皆附前山水南流注江縣得其七長白得其十八北三岔子卽長白山西南分水嶺渾江所出西南流左受紅土檯河入通化舊所稱佟家江也西北道江巡檢光緒二十八年自帽兒山移駐屬通化宣統元年來屬初縣西北接通化山路險絕光緒三十四年改修自林子頭越老嶺黴歷三道陽岔達縣治鑿山梁谿長百二十餘里通東馬名瀉平嶺道

鳳凰直隸廳衝繁難省東南四百八十里明置鳳凰城天命六年降乾隆四十一年設鳳凰城巡司光緒二年改置廳直隸行省廣六百六十五里袤四百里北極高四十度三十四分十六秒京師偏東七度四十九分三十五秒領州一縣二有城守尉鳳凰山在南四大嶺在西北南瀕海東草河右受通遠堡河左合靉河南入安東東北賽馬集河南入靉河西大洋河南入海西北哨子河南入大洋河東北靉陽南鳳凰二邊門舊設驛三通遠堡雪裏站鳳凰城有窩窩山毛洋河口驛塲商埠中日約開有安奉鐵路

岫巖州衝繁疲難廳西北一百八十里明置岫巖堡乾隆三十七年設岫巖城通判光緒二年改爲州隸廳有城守尉南羅圈背嶺西北分水嶺大洋河出城東南流繞城東右受雅河大王攔溝河又東南哨子河自北來屈南流右受小洋河入莊河其左岸爲廳境舊設巡司三東哨子河入廳境北偏嶺塽溝接海城

安東繁疲難廳東南一百五十里明置鎭江城天命六年降光緒二年置縣隸廳分巡奉天東邊兵備道宣統元年改爲分巡興鳳兵備道駐縣縣境居鳳凰邊門外北元寶山鴨綠江東自寬甸入右受草河迤南流入海其海岸曰大東溝卽太平漆木材輸出之地也有巡司光緒二十六年置東有九連城鎭對岸卽朝鮮義州舊設馬撥十一烹沙河鎭北中江台大樓房老邊壽西北高麗店尖台湯山城邊門口西南白菜地石橋崗大東溝有二道溝至窩窩山鹽塲大東溝商埠中美約開有海關安奉鐵路

寬甸繁疲難廳東北一百八十里明東甯衛之寬甸六堡光緒三年置縣隸廳縣境居靉陽邊門外東南盤道嶺望寶山東北掛牌嶺鴨綠江自輯安渾江口流入西南入安東右受小蒲石永甸長甸大蒲石安平諸河東渾江右受小雅北鼓南鼓諸河靉河導源西北牛毛嶺西南入鳳境西南長甸河縣丞東北二龍渡巡司皆光緒三年置東南有小蒲石河東北有太平哨二市鎭舊設馬撥十四西大水溝苜蓿架毛甸子懸羊碇子土門子太平川夾河口入安東東北馬牙河曲柳川頭靑溝寺院嶺子興隆峪北土門子入懷仁

莊河直隸廳衝繁難省南六百里明鳳城岫巖城金州衛地光緒三十二年分鳳凰廳岫巖州地置廳隸東邊道南瀕海西以碧流河與復州金州廳界東以大洋河與鳳凰廳界莊河導源西北鷄冠山南流逕廳東入海東英阿沙河皆南入海東孤山石城島二巡司又東南百四十里海中鹿島宣統元年隸廳大洋河亦稱大孤山港港內商船通行惟輪船不能進駛寄泊鹿島西花園口東靑堆子皆臨海小商港官商路三東樂店赴鳳凰北入道嶺赴岫巖西北拉木屯赴復州

長白府衝繁省東南九百八十里明建州衛之鴨綠江部光緒三十三年分臨江縣及吉林長白山北麓地設治塔甸置府北極高四十二度京師偏東十二度領縣二長白山在北上有大池舊曰闥門形橢圓斜長二十九里周七十餘里池深莫測水鳴如鼓七日一潮土人謂池與海通鴨綠江導源天池南曰噯江南流至雙岔口葡萄河自東北來匯此下爲中韓界水始名鴨綠江屈西流逕府南入臨江西以八道溝與臨江界東北至二十五道溝府治居十八道十九道溝間唐滅高麗用兵於此府治對岸卽韓鮮惠山鎭初府境僅治鴨綠江一小徑倚嶺臨淵必乘水槽渡江假道朝鮮光緒三十四年新闢龍華岡道自臨江新化街史家鹽子以下入府西嘉魚河至梨溝鎭達府治西長約四百餘里以避江道之險焉

安圖衝繁府東北四百里明建州左衛地宣統元年以府東圖們江源地設治紅旗河口置縣隸府長白山在西圖們江在南導源紅土溝卽長白山東南分水嶺東入吉林東紅旗河導源荒溝卽長白山東北分水嶺東南入圖們江西北有二道江自天池出北流曰二道白河娘娘庫河導源荒溝西北流左合五道四道三道白河注之屈西富爾河自吉林南流注之曰上兩江口二道江之名始此又西左受頭道白河入撫松松花江正源也西二百里布爾瑚里有天女浴池碑土人呼閩池東南七里湖由府至縣之道光緒三十四年勘定自府東二十一道溝口入岡北行出二十二道溝十九道溝之間至噯江源經小白山後至新民屯東行歷齊國屯倒嶋窩達縣治由縣西北行至上兩江口達吉林樺甸東渡紅旗河達吉林延吉南流圖們江卽朝鮮境

撫松衝繁府西北五百二十里明建州衛之訥音部宣統元年以府西北松花江上游地設治雙甸置縣隸府長白山在東頭道江在西上源曰緊江漫江緊江導源長白山西坡漫江導源章茂草頂山卽長白山西南分水嶺合而西北流湯河自吉林東北流注之頭道江之名始此又西北流右受松香河又西北流二道江自安圖西流來匯曰下兩江口此下統名松花江入吉林由府至縣之路自府西梨溝鎭至十五道溝西北行險嶺頂經竹木里漫江營小谷山石頭河海靑欄大營湯河口再北行達縣治由縣西渡江入吉林濛江北循松花江直抵吉林省城

海龍府衝繁難省東北六百里明海西女眞輝發哈達葉赫三部光緒五年以流民墾鮮圍場地置海龍廳二十八年升府領縣四府境居英額邊門外西納嚕窩集果爾敏珠敦與興京分山脈唐謂之長嶺輝發江在南導源納嚕窩集東北流屈東左受橫道河梅沙河大沙河右受押鹿一統河入輝南國語曰遼吉善河入松花江英額河導源英額邊門東當果爾敏珠敦西南西南入開原卽渾河北源東朝陽鎭西山城子鎭舊設馬撥十自城西沙河口大黑咀子山城子二龍山郭家店土口子孤家子李家店八棵樹貂皮屯王尙陽堡入開原又有道由城東奶子山至托佛入吉林城東北馬家船戶至康大營入吉林伊通牛心頂子至郭大橋入吉林磐石

東平繁難府西六十里明梅塲衛後屬輝發部光緒二十八年分海龍屬之東圍塲地設治大度川置縣隸府東北廉呼納窩集山脈連屬與果勒敏珠敦接其南橫道河梅河沙河大沙河皆東南入府其小伊通河西北入吉林縣治居沙河北西有蟠蘆河東有柳樹河南入沙河北官商路四一由縣南渡沙河秀水河赴府一西渡鍋鑪河赴西豐一北赴西安一東北渡柳樹河過黃泥河赴吉林伊通

西豐繁難府西二百二十里明塔山左衛窣達河衛後屬葉赫部及哈達部光緒二十八年以大圍場西流水墾地之衙鹿置縣隸府縣境居威遠堡邊門外達揚阿嶺在東南淸河所出卽哈達河西入開原南扣河卽驍河又南盛盤河俱西入開原東北東遼河自西安入北入吉林伊通名赫爾蘇河扣河上游有雙河鎭官商路四南由六馬架至老坡濤赴開原西南由平嶺赴鐵嶺由東南赴府及山城子由東北赴吉林

西安繁難府西北百六十里明珠敦河衛喀魯木衛後屬葉赫部光緒二十八年分海龍屬之西圍場地設治老虎嘴置縣隸府二十九年移治大與鎭庫呼訥窩集在東與東平分山脈東遼河導源窩集之陣心湖西逕縣南屈西北入西豐左受潰津河大小梨樹河右受發杵二道頭道諸河入遼河北楊樹河西北入吉林老虎嘴今名安吉鎭在縣西北官商路四東由龍首山至東岡赴東平南由梨樹社至望兒樓赴西豐北由雙馬架至大台房赴吉林伊通又由仙人洞溝嶺子至北廟子赴吉林

柳河衝難府西南一百二十里明建州衛地光緒二十八年分通化縣柳樹河縣丞地置縣隸府南龍岡與通化分山脈一統河導源西南龍岡之金廠嶺東北入府境三統河導源西南龍岡之青溝子山東流匯北入輝南縣境治居一統河南東柳樹河西流屬北入一統河東北窩集河北入一統河東橫子哨巡司光緒三十二年置官商路五北渡一統河赴府南由小堡赴通化西南由山城子赴開原西南由碗口溝赴興京東由孤家店鎭府縣境東至吉林濛江

輝南直隸廳省東南六百八十里明輝發部今廳北三十五里有輝發城宣統元年分海龍府東南八社設治大肚川置廳直隸行省移治謝家店北輝發城山卽舉濟吉林峰又北輝發江自海龍合一統河入東流右受三統哉泥蛤螞蛟河入吉林濛治居蛤螞河西全境在輝發江南西以窩集河一統河與海龍界東界吉林濛江官商路四西南由三間房塲赴柳河西

北赴海龍府東赴吉林濛江東北由蛤螞河出海興社赴吉林磐石

昌圖府繁疲難省東北二百四十里明初遼海衛此地名牛家莊後屬福餘衛之科爾沁諸部於嘉慶十一年以科爾沁左翼後博多勒噶台王旗地設昌圖額勒克理事通判同治三年改爲昌圖邊海撫民同知光緒三年升府廣二百八十里袤二百九十里北極高四十二度五十一分八秒京師偏東七度四十二分三十五秒領州一縣三府境居馬千總台邊門外無城而遼河自遼源入南入開原南馬宗河北亮子河俱西南入開原又北昭蘇太河左受條子河蓮花泡河西南入遼河東北入面城照磨由梨樹城移駐西南同江口同知宣統二年改經歷同江口距遼河上游商船蕃聚河流東徙曲如懸弧光緒三十四年挑河道取直添築順水壩逼河西行以渫商埠薈設舖司三東北四面城驚鷲樹入奉化西北八棵樹入康平又道東流由永安堡至二道溝赴吉林又由二道溝經伊通赴西豐同江口商埠中日約開有東清鐵路

遂源州繁難府西北二百四十里明屬福餘衛光緒二十八年分昌圖康平奉化地設治鄭家屯置州隸府宣統元年三月設分巡洮昌兵備道駐州東北有東西蛤拉巴山內興安嶺山脉自烏珠穆沁旗東出伏行蒙古平原中至是特起二山由是山脉行於東遼河外至源爲庫呼訥窩集即長白山脉也西遼河即西喇木倫河導源克什克騰旗新遼河即大布蘇圖河導源札魯特旗俱自科爾沁左翼中旗入合流至三江口東遼河自懷德入西南流來匯以下統名遼河入昌圖州治居西遼河西有官商路六西南張家窩舖赴康平北五道岡至新甸赴吉林長春東北闊陵窩舖赴懷德南白爾子赴府西北下土台赴洮南西蒙古套力街赴博多勒噶台王府

奉化繁難府東北一百四十里明屬福餘衛國初爲科爾沁左翼中達爾罕王旗地原名梨樹城道光元年設昌圖屬照磨光緒三年改置縣隸府東北苦石嶺太平山西北二龍山西黑牛山懸嶺山南條子河北昭蘇太河俱西流入府東遼河自吉林伊通州赫爾蘇溝門入北流屈西南入遼河繞縣境東北西三面稱遼河套兒石岸爲懷德境舊設鋪司二東北小城子入懷德東南四平街入府又有道山縣東五里堡至蘧家店達赫爾蘇門赴吉林伊通有東清鐵路

懷德繁難府東北三百里明屬福餘衛國朝爲科爾沁左翼中旗地舊名八家鎮初屬開原同治五年劃歸昌圖設分防經歷光緒三年改置縣隸府西以東遼河與奉化界東界吉林西北哈拉巴楊樹嶺入青山西南圍山南萬靈東南白龍駒回龍山夾城南北三道岡水南香水河西北朝陽山水皆西入東遼河東南新開河北入吉林長春舊設舖司三西八屋西南朝陽坡皆入奉化東南入嶺接吉林長春又有道由縣東南拉拉屯至鳳凰坡赴吉林伊通由縣西北小邊經入屆至邊壕赴遼源有東清鐵路

康平繁難府西一百二十里明屬福餘衛國朝爲科爾沁左翼後旗地舊名康家屯光緒三年移八家鎮經歷治此六年析科爾沁左翼中後二旗南境前賓圖王旗東境改置縣隸府無城南北巴虎山在西南遼河自遼源入其遼河洑入爲老背河右合公河會撲牛河汁之入開原西秀水河自科爾沁左翼後旗入南入法庫西南後新秋七濂舊駐鄰家屯二十八年移駐舊設舖司三東南吳家店入開原東小塔子入府北太平街接科爾沁又有道由縣西哈拉沁屯赴賓圖王府遼西至青溝達熱河綏東由縣北六家子赴達爾罕王府

洮南府繁疲難省北九百里明屬泰甯衛光緒三十年以科爾沁右翼前札薩克圖王旗墾地設治雙流鎮置府領縣五西北放牛山野馬圖山皆內興安嶺東南迤出支山過此山脉伏行洮爾河導源烏珠穆沁旗索岳爾濟山南流逕本旗部王府東流交流河導源右翼中旗左合那金河自西來經東流入靖安府治當匯口之南少西地勢平原河泡錯列西北乾安鎮西興右翼中旗毘連亦係烏珠穆沁往來大道有照磨光緒三十三年置官商路七一府北入仙套海赴本旗郡王府一府北德勒順昭至高平鎮赴靖安一府西拖林昭至海喇西赴熱河綏東一府西五家子赴右翼中旗一府南又千他拉赴開通一府東英哥窩棚赴右翼後旗一府東金山堡至報馬吐岡赴安廣舊有蒙古站日套遜布喇克在府西

靖安繁疲難府東北九十里古東室韋地明屬泰甯衛光緒三十年以右翼前旗墾地置縣隸府西北七十七嶺南洮爾河自府入東屈東北流入鎮東官商路三一南英哥套赴府一東北赴黑龍江一東南攝倫坡達右翼後旗赴吉林舊有蒙古站諸木齊伯里額爾格在縣西北

開通繁疲難府南一百四十里明屬泰甯衛光緒三十年以右翼前旗墾地設治哈拉烏蘇移治七井子置縣隸府地皆平原井泉無山水縣治當洮遼驛路之東由巴彥昭北行六十里至縣治又北行百里至叉千他拉入府境設有文報站四又由巴彥昭南行歷達爾罕王旗至遂源爲洮遼驛路設站惟中經達爾罕旗二百餘里荒地宣統元年始勒放旗界站荒沿站兩旁各劃十里墾放以利交通又道由縣東南巷廳溝出境經郭爾羅泰斯前旗直達吉林農安之新集廠

安廣繁疲難府東南一百六十里明屬泰甯衛光緒三十一年以科爾沁右翼後鎮國公旗墾地設治解家窩堡置縣隸府北太平嶺南長嶺西朝陽山東北沙坨子東南雙龍山大黑山山皆無木石洮爾河自府入受黃花碩泊水東北流屈東南入黑龍江大賚廳其北岸爲鎮東境官商路六西包馬圖赴府西南赴開通西北六家子赴河北鎮國公本旗東北托托寺赴黑龍江東王賚屯赴黑龍江大賚廳東南大楡樹入郭爾羅斯前旗赴吉林農安

醴泉繁府西北一百八十里鮮卑地明屬泰甯衛宣統元年以科爾沁右翼中圖什業圖王旗墾地設治醴泉鎮置縣隸府北茂改吐山南霍勒河導源札魯特旗曰哈古勒河曰阿㟁坤都倫河合流入本旗境東南至縣有開化鎮城基光緒三十二年與醴泉鎮同時勒定官商路四縣東羅窩棚歷青陽鎮赴府北渡交流河達黑龍江景星鎮南赴本旗親王府西赴烏珠穆沁旗舊有蒙古站曰希嫩果爾曰三音地哈希在縣東南達壽峰口即蒙古草地也

鎮東府東北二百里古東室韋地明屬泰甯衛宣統二年以科爾沁右翼後鎮國公旗北段墾地設治南叉干挠置縣隸府南洮爾河自靖安入東北流屈東南入黑龍江大賚會嫩江所謂與那河合也官商路四西南薛家店赴府南金園窩舖渡洮爾河赴安廣西麻力洪茅頭赴靖安東北利順昭赴黑龍江之大來氣鎮縣西北舊有蒙古站哈沙圖

清史稿

地理志三

吉林

吉林古肅慎國之域明初努兒干都司地領衛百八十四所二十後爲長白山三部扈倫四部所屬輝發烏拉葉赫兼有哈達北境及東海部地清初建滿洲城於俄漠惠之野鄂多理城順治十年置昂邦章京及副都統二人鎮守甯古塔康熙元年改甯古塔將軍十五年徙改吉林將軍先是十年徙副都統一人駐吉林三十三年徙伯都訥雍正三年復置吉林阿勒楚喀副都統五年增三姓副都統光緒七年置琿春副都統吉林賓州五常三廳八年吉林廳升府後增長春新城依蘭各領縣有差三十三年建行省改將軍爲巡撫盡裁副都統等宣統三年定西南西北東南東北四路爲四道凡轄府十有一州一廳五縣十八西至伊通州界盛京東至烏蘇里江界俄領東海濱省北至松花江界黑龍江南至圖們鴨綠江界朝鮮廣二千四百餘里袤千五百餘里北極高四十一度三十分至四十五度四十分京師偏東九度八分至十三度十分宣統三年編戶七十三萬九千四百六十一口三百七十三萬五千一百六十七案吉之舊界東至甯古塔八百餘里又烏拉庫邊卡七百餘里又松阿察河三百里又千餘里至海凡三千里有奇其東北至三姓千二百里又五百餘里富克錦又七百餘里烏蘇里江口又二千餘里至廟爾賓四千四百里有奇又自富克錦逾混同循黑龍江東界北至外興安嶺二千里有奇又自琿春而東至海參崴又東七百里有奇錫林河其中部落若費雅居圖庫魯鄂古二河之間作混同江北海濱若費雅額居額濟勒河西若貢約居約色河北若奇雅額喇居約色河南並混同江東南海濱其自混同江口西王黑勒爾則濟勒彌部居之即金史之濟勒敏自黑勒爾西至阿吉大山沿混同江兩岸則額登喀喇部居之即不薙髮黑斤自阿吉大山西至伯利則赫哲喀喇居之即薙髮黑斤並久隸版圖比於編戶成豐八年愛琿之約以烏蘇里江口爲新界失地二千餘里然於吉只東北一隅十一年北京之約自烏蘇里江口沂流至松阿察河逾興凱湖西至白棱河口又逾大綏芬河而南至瑚布圖河口又南而西至圖們江口以東舊界屬俄以烏扎庫邊卡瑚布圖河口爲新界又失數千里逾無復有江口入海爲吉轄境者光緒十二年黑頂子勒界定琿春之海口屬俄則圖們江口內去海三十里土字界碑爲中俄新界矣又東北海中庫葉島一曰黑龍嶼廣三四百里袤二千餘里西北圖克蘇圖山山陰社瓦猥陽費雅喀部南有阿當吉山山東嶺圖洛南俄倫春部又南雅丹部並天命中內附達遠不克時至歲以夏六月遣使至寧古塔東北三千里普魯鄉貢獻頒賚有孝後屬三姓今亦爲俄有矣又東南海中蝦夷島康熙中屬嘗庫葉人至混同江境內貢貂受賞後亦隸日其名山長白北逾者黑山小頂岐爲二西支西北逾爲色齊窩集張廣才嶺王拉林東支東北逾爲哈爾巴嶺老松嶺至綏芬河源復歧一東訖俄東海濱省一東北爲絫庫蘭嶺哈達嶺阿爾哈山其巨川松花混同嫩江牡丹烏蘇里圖們諸江其驛路西達盛京開原北齊齊哈爾西南達琿春電綫東達海參崴北齊齊哈爾西南達奉天

吉林府繁疲難總督駐奉天巡撫兼副都統民政交涉提學提法度支司勸業道駐明烏拉等衛後屬扈倫族之烏拉部本吉林烏拉一曰烏拉雞林又名船廠清初隸甯古塔將軍康熙十五年徙駐雍正五年置永吉州隸奉天乾隆十二年改吉林廳仍隸將軍光緒八年升爲吉林省治領伊通敦化後削西南至京師二千三百里距盛京八百二十餘里隸西南路道廣四百九十里袤五百餘里北極高四十五度四十九分京師偏東十度二十七分東團山尼什哈龍潭西南溫德亨亦望祭山有殿祀長白雍正十一年建審山東南松花江自額穆入右合海青溝左溫德亨河東北逕城東又北右合莽牛四家岔左鱉龍興隆河綠舒蘭界入德惠西南驛馬河即伊勒們自盤石綠界合子路河又北綠雙陽界西北沐石河並從之打牲烏拉城北七十里本烏拉國舊日布特哈烏拉太祖先後克其宜罕山臨河金州遜扎塔諸城遂平之柳邊四圖長六百二十二里柵高四尺五寸濠寬深各一丈插柳結繩以定內外曰柳條邊亦新邊東北接舒蘭西南至雙陽農事試驗場桑蠶山蠶林業土山分局松花江官輪局北歡喜嶺稽查所商埠光緒三十一年中日約開舊設站五東尼什哈額赫北金珠鄂佛羅西蒐登伊勒們官商路四南並溫德河達樺甸官街東南懸大小風門達教化西南雙河鎮盤石北渡縱龍遂德惠吉長鐵路站九吉林孤店子樺皮廠遣家店土門嶺馬鞍山營城子下九台驛馬河

長春府繁疲難省西二百四十里古扶餘國地明初三萬衛後屬蒙古科爾沁部清初屬蒙古郭爾羅斯前旗曰寬城子嘉慶五年於長春堡置長春廳道光五年徙治仍舊名光緒十五年升宣統元年設西南路分巡兵備道駐府廣三百二十里袤一百七十里北極高四十三度四十一分京師偏東八度三十三分西南白龍駒山俄築東清鐵路採石光緒三十四年輿日本交涉封禁西入謂世界最古石山與英阿爾蘭爲二西龍泉大青對龍南伊通河自其州逕界入逕城東又北左會新開河東北綠農安界逕潘家嶺入德惠東驛馬河自雙陽綠界右岸及窩海河並北從之朱家城照磨光緒十六年由農安徙官商路四南入伊通門達其州東南十里堡達雙陽西萬家橋遠奉天懷德北萬寶山鎮達農安吉長鐵路自吉林歷德惠入站四飲馬河卡倫長春頭道溝在府西北與東清接日俄戰後長春以北屬俄之東清以南屬日本南滿鐵道會社俄站寬城子日長春驛商埠光緒三十一年中日約開

伊通州衝繁難省西偏南二百八十里渤海長嶺府地明初塔山雅哈河伊敦拉克山發河等衛後屬扈倫部之葉赫部雍正六年由吉林鑲黃正黃二旗各撥一旗駐之嘉慶十九年置伊通河巡司光緒八年爲州屬吉林宣統元年直隸二年降隸西南路道北極高四十三度四十分京師偏東八度五十分西南龍潭山西摩里青馬鞍北勒克東尖山東南大星嶺其東板石屯伊通河出西北逕城東右合伊丹巴河出邊入長春西小伊通河自奉天東平縣入爲新開河入懷德太平河從之又西東遼河自西豐入右合大小雅哈河入奉化昭蘇太及條子河亦入爲左納陽斯河一日赫爾蘇河又西清河入爲葉赫河入開原其贈河譜入從之赫爾蘇州同光緒二十八年由磨盤山徙舊設站五東自雙陽蘇瓦延入境六十里伊巴丹又西百里阿勒坦額墨勒即大孤山站又西六十里赫爾蘇又八十里葉赫又五十里蒙古霍羅即蓮花街站官商路四北達長春東南營城子達盤石西赫爾蘇站奉天奉化西南蓮花街達昌圖

濛江州省南四百六十里明鄂爾琿山所後屬納音部光緒三十四年析吉林極南地置宣統元年隸西南路道北那爾蟲嶺南長半城山五金頂子東南頭道江自奉天撫松綠界爲湯河口屈北合花園河三西婁德里山頭道濛江出州以此得名右合二道三道水左珠子河來會又東北合那爾蟲河其右岸會二道江是爲松花江入樺甸官商路四北達樺店官街至省東北至夾皮溝西達奉天輝南東南湯河口入長白

農安縣疲難省西北三百六十里古扶餘國都明置三萬衛清初郭爾羅斯前旗地光緒八年置照磨十五年改仍隸長春宣統元年隸西南路道東臥牛石山紅石砑西太平嶺伏山大青東松花江自德惠入城南伊通河自長春綠界注之西北入蒙古郭爾羅斯前旗舊有蒙古站路共十一站三百九十里

長嶺縣省西北五百二十里蒙古郭爾羅斯前旗地曰長嶺子光緒三十三年析農安之農家農齊農國三區置隸西南路道南朱克山圍山境無河流北有大漠如瀚海俗呼北海冬夏恆苦風沙惟東南二鄉繁盛新安鎮主簿官商路四東南至長春西北至奉天開通北歷郭爾羅斯前旗達安廣南歷科爾沁達爾罕旗達遼源

樺甸縣省南偏東二百七十里明法河衛末屬長白山之訥音部清初禁地光緒三十四年置治樺皮甸子

徙樺樹林子宣統元年隸西南路道西北趙大吉山慶嶺西杉松天平南幅山猴嶺東南金銀蟹嶺二道江自奉天安圖縣界富爾河合古洞黃泥蒲岑諸水注之爲上兩江口又西仍緣安圖及撫松界至下兩江口左岸合頭道江是爲松花江合境內欄河五又葉沙色勒河復稼濛江界入右合穆奇河逕城西左會輝發河爲大渡口又北右合漂河逕樺皮甸子入額穆側有常山屯扼薛春敦化西至奉天孔道官商路五西手官街折北入吉林北出大鷹溝並達省西南至濛江東至敦化東南延吉洞河入延吉

磐石縣省南偏西三百里明扈倫族輝發部清初北境屬吉林南奉天圍場光緒八年置磐石山巡司隸伊通十三年改州同二十八年爲縣隸吉林宣統元年隸西南路道磨盤山東北二里北雞冠東北老茅西大紅石磴庫勒嶺東南輝發江自奉天海龍堯子河入東北左合石頭富大都嶺右蝦蟆獨木河逕黑石鎮左合朱其呼蘭右大小色力河五道至頭道荒溝入樺甸東北呼蘭嶺驛馬河出西北左合黃河入吉林鉛路河從之官商路三北小城子達省城西由朝陽山達伊通東南黑石鎮西達海龍南濛江

舒蘭縣省北偏東百六十里明阿林衞地康熙二十年置巴彥鄂佛羅防禦旗員屬烏拉總管宣統元年置於舒蘭站二年徙治朝陽川南隸西南路道南北慶嶺東南玲瑠嶺西松花江自吉林緣界西北入德惠卡岔河西北入楡樹達之東蘭陵河自額穆緣界入五常東南馬鞍山溪浪河出東北逕穆稜嶺合呼蘭河從之有巴彥鄂佛羅邊門即法特哈康熙中更名舊設站二舒蘭法特哈南接吉林金珠郭羅佛北達楡樹蒙溫官商路三西北達烏拉街東北水曲達五常東南小城子鎮達額穆

德惠縣省北偏西百四十里蒙古郭爾羅斯前旗地舊屬長春宣統二年析長春沐德懷惠二鄉置治大房身隸西南路道南猥洞嶺西團山雙山西南土牛東南松花江自吉林緣界合沐石河入新城西北伊通河自長春緣界納驛馬及霧海河從之官商路三南五台達省東岔路口達楡樹西雙山崖鎮達農安吉長東清鐵路

雙陽縣省西百九十五里明依爾們蘇完河二衞宣統二年析吉林西界長春東界伊通北界置治蘇斡延隸西南路道西南黑頂子南土頂子將軍嶺光僻山雙陽河出焉東南驛馬河自磐石緣界合杜帶雙陽放牛溝河入長春西北霧海河從之舊設站一蘇斡延官商路三南皇營東南五家子鎮並達磐石北奔省口達長春

新城府繁疲難省西北六百里即伯都訥副都統城古伯餘國地明三岔河衞後屬烏拉部嘉慶十五年置伯都訥廳光緒三十二年改隸西北路道廣四百二十里袤一百七十里北極高四十五度十五分京師偏東八度三十七分南大青山鷹山東南松花江自德惠緣界農安又西左岸逕城南又西北左岸蒙古郭爾羅斯前旗界至三岔口嫩江折東緣黑龍江界右會拉林河自楡樹緣界復緣雙城合城壇薛家鋪河入雙城府境松花環其南北西三而拉林流北東川原廣衍水陸輻輳富庶甲全省舊設站五自楡樹蒙溫西北五十里入陶賴昭又西四十里遜札保又四十里伯都又五十里社哩又北八十里伯都訥至松花渡口出境官商路四東北長春嶺達雙城東南集歐達楡樹西渡江歷郭爾羅斯前旗達奉天洮南由社哩渡江至郭爾羅斯額圖公府有輪船埠東清鐵路站二蔡家溝石頭城陶賴昭有河松花鐵橋

雙城府衞繁難省北五百里明拉林河衞有古城二舊日雙城子嘉慶十九年置委協領隸阿勒楚哈副都統光緒八年置雙城廳宣統元年改隸西北路道廣二百四十里袤一百四十里北極高四十五度四十分京師偏東九度二十分東南欣戶德山西北松花江自新城會拉林河東南自五常入緣楡樹新城界合朝陽蕐塘河入濱江東阿什河自賓州緣界合混元河逕小青頂子合入紅黃泥河屈北緣阿城界入之拉林城巡司舊設站二多歡雙城官商路三東東官所達阿城東南至拉林西官所達新城東清鐵路一西路站二雙城堡五家子東路站一輔兒山

賓州府衞繁難省北偏東六百十里古揭愛國地明費克圖河衞光緒六年建城葦子溝置賓州廳二十八年直隸宣統元年升府隸西北路道廣四百三十里袤二百六十里北極高四十五度五十一分京師偏東十一度五分東海里渾山太平大青南黃頭混元西北圖山松花江自阿城入合裴克圖河出南釣水湖嶺緣阿城界又東合烏爾海里揮夾板有新甸鎮江運巨埠陶淇擺渡諸河入方正東南紘爾根阿什河出西緣雙城界合混元河入之舊設站三蘇克蘭薰子溝色勒佛特庫東入松花北岸之佛斯亨官商路三東廟嶺達長壽西北滿井達阿城南古道嶺達五常東清鐵路府南小嶺站

五常府繁疲難省北偏東三百八十里渤海上京屬境明屬摩琳衞同治八年置五常堡協領光緒六年建城歡喜嶺八年改五常廳宣統元年升府隸西北路道廣二百一十二里袤二百三十五里北極高四十五度京師偏東十度二十七分東螞蜒窩集東北索多和東南九十五頂子蘭林河自額穆緣界又西北緣舒蘭界合響水寒蔥河入右合渾水黃泥左納石頭溪浪河逕城西復緣楡樹界東南摩琳莫勒恩河出右合冲河香水大小泥小黑取才條子藤子河逕五常堡來會爲拉林河又西北入雙城山河屯歷南六十里藍采擺巡司舊設站一五常官商路五北達賓州南達舒蘭東東南向陽山街達額穆東北太平山達長壽屯東南冲河鎮達寧安

楡樹直隸廳繁疲難省北二百八十里舊孤楡樹屯屬伯都訥部光緒八年伯都訥同知徙駐三十二年置楡樹縣宣統元年升二年隸西北路道東龍首山西南松花江自舒蘭入西北緣德惠界逕五棵樹鎮入新有渚曰巴彥通東北蘭棱河自五常緣界逕西北緣雙城界爲拉林河至城牛頭山鎮南卡岔河自舒蘭入右合二三四道河注之舊設站三登伊勒哲庫即秀水甸子西接蒙古喀倫西北接雙林多歡東達五常蒙溫南接舒蘭之法特哈西北接新城之陶賴昭

濱江廳省北五百五十里即哈爾濱本松花江石灘地光緒三十二年置治傅家甸爲江防同知駐濱江關道分隸黑龍江省宣統元年劃雙城東北境益之江防改撫民專屬吉林分巡西北路道駐廳東秦家岡北松花江自雙城合自塹塘溝河緣界入左岸黑龍江哈爾濱總東站雙城西自此西南雙城新城德惠達長春東南阿城賓州雙城長壽寧安穆棱達東寧之交界驛商埠光緒三十一年中日約開海關兩江郵船總局

長壽縣疲難省東北八百六十里明螞蜒河衞光緒八年置燒鍋甸子巡司屬賓州廳二十八年改置隸賓州直隸廳宣統二年隸西北路道南花曲螞山東西老嶺東南螞蜒窩集嶺螞蜒河出屈西左合小石頭七道蒸沙西鳥吉密右養魚池蒿麥棱河折東北左合西亮珠右黃玉長壽逕城東又東北逕夾信鎮右合東亮珠大石頭大黃泥河入方正一面坡巡司官商路三西黑龍宮達賓州南一面坡達五常東黃泥鎮達方正東清鐵路站五烏吉密一面坡蓁沙河石頭河交嶺子

阿城縣省北四百八十里即阿勒楚喀副都統城渤海海古勒地明岳希河衞二衞宣統元年裁改阿勒楚喀副都統置隸西北路道東南牛角嶺兒諸嶺北松花江自濱江入納阿什自雙克圖河白賓州舊設站一蘊庫哩東清鐵路站二阿什河三舒甸子

延吉府繁疲難省東南七百六十里東南路道駐明錫璘布爾哈通愛丹三衞清初爲南荒圍場光緒七年弛墾二十八年置延吉廳宣統元年升西哈爾巴嶺布爾哈通河出其東東南匯太不倒木溝條鏃箕薹子諸溝細鱗河逕銅佛寺至朝陽川左合朝陽延吉河王城南右納海蘭河又東北左合一兩溝抵汪清界頭道嘎雅會二道嘎雅河錯出仍緣界東會折東南入圖們江舊設站二老松嶺薩奇庫瑚珠官商路四西南東古城達樺甸西銅佛寺達敎化南六道溝達和龍東北小盤嶺達琿春商埠頭道溝龍井村局子街三宣統元年中日間島約開

寧安府省東八百里即寧古塔副都統城其舊城西北五十里舊街鎮康熙五年徙之古肅愼都明奴兒干都指揮使司光緒二十八年置綏芬廳駐三岔口尋徙寧古塔城宣統元年升二年更名隸東南路道廣八百餘里袤六百里北極高四十四度四十六分京師偏東十三度三十五分西炎老茅山東北卡倫西北畢展窩集南老松瑪爾瑚哩窩集諸嶺西南牡丹河自額穆入匯爲鏡泊右受大小夾溪松陰河布左畢拉罕河復北出左合沙蘭右馬達河逕東京城王府治東右合蛤螞左海浪河逕屯河鎮右合屯左頭二三道河入方正分界磨子舊設站九西必爾罕沙蘭寧勒瑚北鰣頭岔沙河子細鱗三道河分自吉林三姓達寧古塔南新官地瑪古台哩則自塔達琿春東清鐵路橫道河山岩海林牡丹江站四商埠光緒三十一年中日約開

東寧廳省東千四百里明綏芬河地置率賓江衞光緒二十八年置綏芬撫民同知宣統元年改通判更名隸東南路道北黃窩集山南通肯西北萬鹿溝西穆稜窩集老松諸嶺西南大綏芬河自汪清入左合蛤螞黃泥寒蔥河右蕐子諸溝又東北左合小綏芬河逕城西南大瑚布達東清鐵路俄東海濱省界合小瑚布圖河來會入之官商路四城西北萬鹿溝圖河逕北緣西屯田營達寧安西南達汪清南沿瑚布圖河達於琿春東清鐵路六小五站三界碑倭那字二綏芬河稅關

琿春廳省東南千二百里明琿春衞後屬瓦爾哈部清初南荒圍場光緒七年始弛禁設墾局宣統元年改副都統置同知廳隸東南路道廣二百五十里袤三百餘里北極高四十三度京師偏東十四度三十分東分水嶺長嶺子西北圖們江自汪清朝鮮緣界合乾衢江至紅旗河口即琿春河出東北土門嶺屆南逕太平川左合官道右道道五道諸溝又西左合夾心子胡盧別瓦岡寨大小紅旗河右四三頭二六車擠溝逕城南右合二道琿通河來會又南逕黑頂子合圖們江出境入海舊設站二北密江中陽大盤嶺恒假道朝鮮鍾城達慶源東路三道溝哈達門二道河並達俄界碑南土東藤啦帕字凡四商埠光緒三十二年中日約開

敦化縣疲難省東南四百七十里古挹婁國明建州左衛後屬窩集部之赫席赫路清始祖居鄂多哩城即此初爲額穆赫索羅轄地光緒八年建新城置隸吉林宣統元年改隸東南路道西南泥大嶺牡丹江出東北左會小牡丹江右合四三二大荒溝又東北左合黃牡丹石頭河逕城東又北左合小石頭電風氣河入額穆東大沙西北鱤鱤河並從之舊設站二自額穆通溝西南八十里至城又東八十里滴達咀達寗古塔官商路三西牛截河出新開道達樺甸西南逾牡丹嶺達濛江東黃七腰子達延吉

穆稜縣省東偏北千里明木倫河衞清初穆稜河防知事屬綏芬廳宣統元年改隸東南路道穆棱窩集鎮南穆棱河出嶺北屈折東北左合泉水大小石頭僞臉河右瑚溝逕城南又東北左合柳毛河坎條子扣河溝右太平朝陽川馬楓河出四項子山合狐狸衞河又北左合羅半磊子河雷風氣百草溝右上亮子河出鐵鍬背遲下管入密山官商路三西秦東站入寧安東北下城子逾靑溝嶺達密山一東渡細鱗逾鐵路至東寧東清鐵路磨刀石台馬溝美嶺馬橋河太平嶺站左

額穆縣省東三百八十里明斡朶里禿屯河二衞後屬窩集部之鄂謨和蘇魯路清始祖所居俄漢惠即此舊曰額穆赫索羅乾隆三年置佐領宣統三年改隸東南路道西嵩嶺蘭陵河出其北日黃泥河會大石頭河緣五常界入西南松花江自樺甸入左合拉發及噯雅河折西北入吉林南牡丹江自敦化入右合大沙河左朱爾德河納鯾鯾河注入屈東左合馬鹿溝都林塔拉泡右朝陽大小空心木河入寗安舊設站六西拉法距吉林額赫穆站八十里又東六十五里退摶八十里伊壽松又四十里至城即額穆赫索羅站又東八十里塔拉達寗安一東南八十里通溝達敦化

汪清縣省東南千二十三里明阿布達哩衞清初庫雅拉部鈕呼特居之爲世管佐領宣統二年置隸東南路道北老松嶺南圖們江自和龍入二道嘎雅河自嶺西合樺安溝緣延吉界合嘎呀河自王天嶺仍入左合大小汪清溝逕城東又南復緣延吉界汇之入琿春東北荒溝嶺大綏芬河出東北左合大石頭老母豬河太平溝入東寗舊設站三東哈順北至延吉瑚珠嶺站六十里又南四十五里德通西北逾高麗嶺至牛什哈嶺爲分站官商路二南逾吉清嶺至延吉東北歷綏芬甸子入東寗商埠百草溝宣統元年中日間島協約開

和龍縣省東南八百里明慶金河衞地光緒十一年吉韓通商和龍峪與光霽峪西步江互市二十八年置分防經歷屬延吉宣統二年改隸東南路道西北潛嶺遮東北鷄冠礌子又北富集嶺其東三二道溝並入延吉西南圖們江自奉天安圖入合紅旗河六五四道溝逕東景德至汗王智射台又北逕光霽峪入汪清官商路二一北至延吉一南至火狐狸溝渡江達朝鮮會寗又西北由窩集嶺出長白北麓沿古洞富爾河歷樺甸磐石達奉天海龍俗呼盤道清初爲通衞後別爲圍場禁塞光緒中復通

依蘭府繁疲難省東北千四十里東北路道駐即三姓副都統城古肅愼國地明和屯衞清初稱依蘭喀喇光緒三十一年改置隸東北路道東大德依亨山阿爾布善東南察庫嶺西北松花江自方正入西南牡丹江自寗安緣界又北緣方正界合阿什明達烏斯渾伯利逕城西注之東倭肯河自樺川入合奇塔庫倫連珠岡大小八浪納七八虎力又西北合蘇木至城東來會舊設站九西妙嘎山又西鄂爾國木索崇古爾庫富拉渾佛斯恒並江北岸約二百八十餘里南太平莊烏斯渾小巴彥蘇蓮花泡接寗安官商路三西珠淇河達方正東阿穆達樺川東南土龍山達密山有護江關

臨江府繁疲難省東北二千里金黑水靺鞨部清初黑哲喀喇人所居即黑斤薙髮曰拉哈蘇蘇光緒初始由三姓副都統編戶入旗分三佐領三十二年置臨江州宣統元年升隸東北路道廣四百三十里袤四百餘里北極高四十六度二十分京師偏東十三度二十分東街津山南富錦小白山太平西烏爾古力西南葛蘭棒子同江東北松花江自富錦入左會黑龍江曰混同江又東合松阿察河向陽山入之南西大鴨河諸水入焉境內河流縱橫有漁利官商路四西富錦東北依蘭達富錦河西南達寧遠東南達饒河緣界合烏蘇里江又東北至伯力入俄境倭肯河出其西睦門鎮曰二道河達俄羅斯界

密山府明木倫河衞三百里及松阿察河湖地清初瓦爾喀部人所居隸寗古塔副都

統光緒三十四年置蜂密山南十餘里脈與西南黃窩集接五三百里隸東北路道西南穆棱河自北縣入右合小穆棱滴道哈達嶺水右下兆子逕城西又東北左合大穆棱河其北七虎林河其東南阿松寮河出興凱湖東北緣界並入虎林北饒力河東緣臨江界入饒河官商路六西大杵木合達穆棱東楊木岡達虎林西北太平嶺子達依蘭北達臨江南至快當別

虎林廳省東北千九百里宣統元年置呢嗎口廳二年更名署西南關帝廟榜題嘉慶己巳重修則漢民足跡早至隸東北路道西七虎林山西南半拉窩集蘇爾德西北安巴倭克里北那丹哈達拉嶺南烏蘇里江自俄東海濱省緣界納松阿察及小黑河又北納大小穆棱河逕城東又北納七虎林河合阿布沁小大木克揭木外七里星河入饒河官商路三南至大穆棱河西歷索倫營達密山南歷倒木溝至龍王廟一城北下水撈達饒河惟烏蘇里時溢沼江哈渦多足礙行旅又由廳治至渡江泝呢嗎即至烏蘇里鐵路伊曼站

綏遠州省東北二千五百里清初使犬部額貢喀喇人居之隸三姓副都統曰伊力嘎宣統元年置隸東北路道北極高四十度四十九分京師偏西四度四十八分西南泰得力山額圖昂古喀蘭太平南完達科勒木蘇拉立喀蘭北混同江自臨江入合二吉利秦得力沃泥河濃江南烏蘇里江自饒河入右畢拉滸學爾實歷東北右東海濱省分二支來會折西北亦入之官商路三西秦皇魚通西小白山並達臨江東南窩集口達饒河烏蘇下口西岸有耶字界碑

方正縣繁疲難東北九百二十里清初呼蘭哈部人居之隸三姓副都統光緒三十二年置大通隸依蘭治江北崇爾古庫站宣統元年徙治江南方正泡割濱州長壽東境益之更名隸東北路道西萬寶山東雙鳳鳥槍頂子南東老龍爪溝嶺北松花江自賓州入納螞蜒及柳樹黃泥河逕城北合二古力德鳳里大小羅拉蜜又東北納珠淇河入依蘭東南牡丹江自窩安濠界合大小鶯門石四五三道諸河從之官商路三西新安入賓州東達溝達依蘭舊咀哈湯近通利西南黃泥河入長壽船埠德墨里屯

樺川縣省東北千三百十八里清初黑哲喀喇人居之隸三姓副都統宣統二年置治佳木斯三年徙悅來鎮隸東北路道西格布蘇嶺猴石山南巴虎東馬庫力南鑲架哈達密東南倭肯河自臨江緣界及七八虎力河入依蘭注松花江西北合音達木小鈴鐺麥河入宮錚東南棚椚河從之宮商路三西蘇蘇屯達依蘭東汶登岡東南寶山鎮並達富錦船埠佳木斯屯瀕江

富錦縣省東北千八百里清初黑哲喀喇人本部曰富克錦光緒七年置協領三十三年置巡司隸臨江州宣統元年改隸東北路道南對錦山別拉音四方台西南雙崖東烏爾古力北松花江自樺川入納柳樹哈達密河入臨江西南七星磖子大七里星河出東北緣界合砭石河逕對面城屯流分復合官商路四西鎮悅路達樺川東古必扎拉達臨江東南歷臨江二龍山鎮達饒河南懷德鎮達密山

饒河縣省東北二千百四十里明尼瑪河壩地後爲窩集部之諾羅路清初瓦爾喀部人居之隸寧古塔副都統宣統元年置隸東北路道南佛力山大頂西小禁根西南雙呀堪達東東老爺盤東南烏蘇里江自虎林入合外七里星大小別拉大帶小安河北至斯莫勒山西南饒河自密山緣臨江界合大索倫給媽遇寶清擺子裏七里星大佳氣河入逕城北又東右合小佳氣給媽河遜饒力葛山來會又東北入綏遠官商路二東沿烏蘇里分達綏遠虎林西沿饒力分達臨江密山

附志

寶清州宣統元年擬置於饒河西境寶清河西

勃利州宣統元年擬置於依蘭東南倭肯河上游即古勃利州地

臨湖縣宣統元年擬置於密山東南臨興凱湖有小興凱湖

清史稿

地理志四

黑龍江

黑龍江古肅慎國北境明領于奴兒干都司清初有索倫達呼爾諸部散居黑龍江內外額爾古訥河及精奇里江之地天聰崇德中次第征服康熙二十二年征羅剎始鎮守黑龍江等處將軍及副都統駐江東岸之愛渾城尋並移駐墨爾根三十七年副都統移駐齊齊哈爾三十八年將軍亦移駐遂爲省治後增設墨爾根黑龍江呼蘭呼倫貝爾布特哈各副都統光緒末裁省其半改置廳府縣有差三十三年罷將軍設黑龍江巡撫改爲行省悉裁副都統各缺變置地方官制宣統三年爲道三府七廳六州一縣七擬設之府一直隸廳十一縣五南至松花江與吉林界西至額爾古訥河與俄領薩拜哈勒省及外蒙古車臣汗旗界西南接內蒙古之烏珠穆沁左翼科爾沁右翼中前後各旗界東至松花黑龍兩江合流處仍界吉林北及東北皆與俄領阿穆爾省界廣二千八百餘里袤一千五百餘里北極高四十五度五十分至五十二度五十分京師偏東三度四十分至十六度二十分案黑龍江舊界楊賓柳邊紀略云艾渾將軍所屬東至海西至你不楮俄羅斯界你不楮即尼布楚今俄名捏爾臣斯克艾渾將軍即黑龍江將軍此清初界也自安巴格爾必齊河口即循此河上流之外興安嶺東至于海凡嶺以南流入黑龍江之溪河屬中國嶺以北屬俄羅斯中俄分嶺此康熙二十八年尼布楚條約界也自額爾古訥河入黑龍江處起至黑龍江與松花江會流處止以南以西屬黑龍江省以北以東屬俄羅斯中俄分江此咸豐八年愛渾條約界也尼布楚在安巴格爾必齊河西五百餘里本中國茂明安布拉特烏梁海諸部落地崇懇中即爲俄羅斯人擄據築城居之以便掠索倫達呼爾諸部爲邊患者三十餘年康熙二十八年定界遂以相地界俄已墾舊界地五百餘里者外興安嶺以南黑龍江以北以東舊界地殆三千七百里有命其境內山川部落城屯雖爲俄有亦並志之不忘其朔爲外興安嶺爲崙北出之大幹薦嵐嵩山脈南幹爲涼州南山爲實蘭山爲陰山爲內興安嶺北幹爲慈嶺爲天山爲阿爾泰山爲墾特山爲外興安嶺內外者據黑龍江言之餘者斗色山若楊山若珠德赫山若訥丹哈達拉山若達勒菩沙山若阿喇拉山若道斯哈達若察哈彥哈達若茂哈達皆外興安嶺支格並在江東北水以安巴格爾必齊河爲康熙舊界入江之始由此而東日卓魯克齊河日烏魯穆河日格爾必齊河日呼河日吉河日張他拉河日鄂爾多昆河日烏爾蘇河日波羅穆遜河日額爾格河日巴爾坦河又東少南日託羅河日臥諾河日巴里彥河日阿蘇河日淘斯河日凱爛河日阿喇拉河日蘭河日庫呼恩河日額蘇里河日多普塔拉河又南日精奇里江爲諸河最大源出外興安嶺極北之地東南流轉西南流江彤如弓有烏爾格河托克吉魯河烏爾替河克德畢河自西北來注之有阿爾吉河巴里木河塔烏爾塔河畢奇勒圖河欽鄂河甯尼河額勒格河騰葉普河鐵牛河西里木迪河嫩勒布克爾河英肯河們臥勒河莫昆河巴沙河楊奇尼河密奇訥河翁額納拉河巴里木邁庫里河託莫臥河伊羅河昆貝河屯布河迪青河自東北來注之黑龍江水色徽黑精奇里江獨黃又稱黃河又南而東日謨里爾克河日博屯河又南而東日牛滿河源出外興安嶺東舊界吉林西南流東合烏旺那河烏莫勒德河敖瓦爾奇河敖拉河塔拉蔚河塔里木河薩公那河吉克河西合臥爾喜河阜羅奇河木爾木河楊奇里河珠奇河寓那河伊莫勒河楚克河牛滿河亦稱斗滿河又南而東日哈拉河日阿拉河日塔拉木河日庫勒圖爾河日庫木特河日日珠春河日格林河日胡裕魯河日蘇魯河日伊圖里河日畢占河以上諸河並南入黑龍江畢占河以南舊爲吉林境其部落則精奇里江東西爲索日部達呼爾部有索倫村在精奇里江額爾格河之間南距黑龍江城五六河程欽都河西及巴爾坦河東爲使鹿鄂倫春部自額蘇里河口湖江而西至額爾格河口爲庫爾喀部其城屯有日爾辰城阿薩津城多金城烏魯蘇穆丹城郭博勒屯博和哩屯鳴勒達遜屯穆丹屯都孫屯烏爾墣屯德鵝勒屯額蘇哩屯額爾圖屯並在江北岸東岸雅克薩城在熙龍江城西北一千三百餘里城東卽提咸河灣城本索倫部築嗣因博木博果爾等擄城以叛祟德四年討平之壞其城順治初年羅剎竊據又築之康熙二十五年復克其城二十八年界約雅克薩之地俄羅斯所治之城遺行蹤除今其地俄名阿勒巴沁云宣統三年編戶二十四萬一千零一十一口一百四十五萬三千三百八十二其名山特爾根佛恩亨興安嶺黑省之山皆脈自車臣汗部肯特山入境則特爾根折而東而南綿亘嫩江黑龍閭者以興安嶺目之主混同黑龍兩江將會處乃起佛思亨內興安嶺自索岳爾濟山入境爲哈瑪爾爲室韋爲雅克爲西興安嶺爲伊勒呼里分支西北邁爲治吉察正支又東北爲嫩江源又東南爲庫穆爾爲東興安嶺西出一支爲和羅爾又西日烏爾和爾冬吉正支又東遙爲小興安嶺又分支東北爲老爺嶺正支東遺於佛思亨其巨川黑龍精奇里松花烏蘇諸江其驛路東北遙興安嶺達海蘭泡灌綾自齊齊哈爾至海蘭泡南達吉林鐵路齊昂其屬俄者東清北段

龍江府衝繁疲難巡撫民政提學提法司駐即齊齊哈爾舊日卜魁明朵顏衛地光緒三十一年設黑水廳三十四年改置府爲黑龍江省治西南至京師三千三百餘里廣六百六十餘里袤六百六十餘里北極高四十七度二十七分京師偏東七度三十二分北敖寶山西五道梁子嶺子山康家大岡東北嫩江自訥河入南流至府城東北東分一支爲塔哈爾河西南受阿倫河音河逕城西南距城約五里曰船套康熙中嫩江水師戰船泊此光緒三十三年闢爲商埠由西南江口科開引河禁湘城西沿江築長堤一小隄二嫩江又西南納雅爾河入安達東胡裕爾河自拜泉入西流入塔哈爾河一支南出歧爲九道溝西南入安達舊設站十在府境四卜魁特爾德赫塔哈爾甯年西路台十七在府境三卜魁七家甘井子那奇希官商路二東南東官地屯達海倫小五明馬屯達景星鎮卡倫三日莽鼐日綽羅日博爾齊勒又和倫部卡倫三日拉哈鄂佛羅日溫德亨曰蘇克台蘇蘇鐵路二齊昂東清商埠光緒三十一年中日約開

呼蘭府衝繁難省東南八百四十里即呼蘭副都統城明爲呼蘭山衛光緒三十年移呼蘭廳治呼蘭城升爲府廣一千二百餘里袤四百二十餘里北極高四十六度十二分京師偏東九度五十九分領州一縣二西南松花江自肇州入東流入巴彥呼蘭河自蘭西入南流大城溝自西來注之屈東南逕府城南入松花江東濃河自巴彥入又東少陵河劉肆羅河亦自巴彥入右受韓溝河南流同入松花江北[illegible]河自綏化入左受大荒溝河西流入呼蘭河府境據呼蘭河下游水域松花雜其南長河支港足資灌漑土味膏沃號爲產墾之區雍正十三年後移屯設莊日事開闢咸豐間治之際直隸山東遊民流徙關外者競赴屯莊傭工積日既久私相售賣占地日廣聚徒日繁歷任將軍乃奏辦民墾增設民官行省規模府爲先導焉舊設台三寮哈和碩呼蘭城即府城新安官商路二西北經巴西赴省城東北經巴彥赴綏化有康家井朝陽堡文報局舊殺卡倫四日瑪延富勒日綽羅河口日諾敏河日布勒哩哩西南東清鐵路對青山車站南六十里至哈爾濱呼蘭河口有輪船埠

巴彥州繁難府東一百五十里原名巴彥蘇蘇光緒元年設呼蘭廳三十年改隸府北青頂山雙牙西少陵泥馬爾東北黑山縣亘百餘里興木蘭青山樓故布特哈人虞獵場也又名蒙古爾山呼蘭民屯自山前後始南松花江自府境入東入木蘭北少凌河自東興鎮入西流納布留嘎里河小柳樹河朱克特河屈西南漂河分支日緯溝東流注之爲綽羅河口又東五岳河出壘拉拉屯西流屈南逕城西入松花江東大黃泥河左會小黃泥又東小石頭河背南入松花江北濠河由餘慶入合拉三太河大荒溝入府境西北興隆鎮州判舊設台一呼蘭廳即州城官商路三東至木蘭北至餘慶北由小猪蹄山屯西行經興隆鎮達綏化五岳河口有輪船埠

蘭西縣衝繁難府西北一百里原雙廟子光緒三十年置隸府東呼蘭河自綏化海倫界會通肯河入屈南右大城溝河左濠河入府境官商路四東榆樹林達府北至青岡西達肇州西北至安達肯小榆樹鎮

木蘭縣疲難府東二百五十四里明木蘭河衛光緒三十年置隸府北青山山勢興巴彥黑山接舊稱呼蘭青黑二山西北路花爾子硯台蒙古山東北有玉皇閣山背在縣北境南松花江自巴彥入東入大通西白楊木河又西大小木蘭河左會二道陽河又西萬寶柳樹楊樹大小石頭諸河皆南入松花江東頭達河左會二道河南入大通北木蘭鎮巡檢協領駐官商路三西至巴彥東至大通有五站文報局一循大木蘭遙河北東興鎮達綏化

綏化府衝繁難省東南七百六十里原名北團林子隸呼蘭副都統光緒十一年設綏化廳是時副都統治所號中路呼蘭廳號南路廳城號北路名爲呼蘭三城三十年升廳爲府廣三百餘里袤一百餘里北極高四十七度三十八分京師偏東十度五十六分領縣一東北綏額楞山尼爾吉克音二河出呼蘭河自餘慶入各緣界右注之西流右受尼爾吉克音河左受津河入蘭西南入河亦緣界從之東北上集廠駐經墾官商路五北赴海倫山包彥西至蘭西東津河鎮赴餘慶東北雙河鎮達南出巴

餘慶縣繁難府東一百里原名餘慶街光緒十一年設分防經歷屬綏化廳三十年改隸府南青山黑山山林海木蘭巴彥兩州縣界北呼蘭河源鐵山包達代嶺西麓西流入境又西入府濠河巡源極南沈萬合屯西流入府南格木克河出上響子北至郭奐屯屈西逕縣治南又西北入呼蘭河東拉列琛安拜穆水鐵山包尼爾吉諸河皆北入呼蘭河又東北額伊爾河西南流至王家合歐肯河大伊吉密合小伊吉密河皆入呼蘭河官商路四西赴府東赴山包北出五道閩西行達海倫東行達鐵山包一東南黎家屯南行至東興鎮又便道南渡格木克河雙銀河濠河達巴彥民船可溯呼蘭河至鐵山包遲煤

海倫府繁疲難省東南六百里即通肯副都統城光緒三十年以通肯海倫河新墾地置海倫廳三十四年升府領縣二東北內興安嶺通肯河出西麓西流右受十一道王入道溝屈南流札克河東來注西南七道溝自胡裕爾河分出南流來注南海倫河自東來注三道二道頭道汚河自東來注又南會呼蘭河呼蘭河南自綏化入合通肯河克書河來會入呼蘭河通肯北胡

裕爾河緣納河界入之府境居海倫河北有通肯協領官商路三西毛拜泉西南至靑岡南至綏化東南行經綏化上集廠遶餘慶又西北海布道至布特哈北海畢道至畢拉爾協領地二道皆宣綫中閘商船由呼蘭河入通肯河至女兒城

靑岡縣 疲難府西南二百六十里原名柞樹岡柞樹一名青岡柳縣以此名光緒三十年置隸廳東通肯河自拜泉入南流與府分界入呼蘭河呼蘭河自府會通肯河入西南流與呼蘭分界入呼蘭境官商路四東北路家窩棚赴府西大林家店赴省城西南白家店至安達南李春芳屯達蘭西又縣南呂馬店東南何小懷屯為省城東路站道由此赴興京

拜泉縣 繁難府西北一百六十里原名巴拜泉即那吉泊土名大泡子縣以此名光緒三十二年置隸廳三十四年改府仍隸東通肯河自府境入南流與府分界右受七道六道五道四道三道二道頭道溝入青岡北胡裕爾河自訥河入受印京河西入龍江南雙陽河東逕縣南又東瀦為松津泊巴拜泉在雙陽河南其東南白水泉西南馬鞍泊白華泊皆平地出泉可供汲飲故有巴拜之稱巴拜即寶貝轉音也官商路四東南三道溝赴府東北李富屯達訥河之三站即新開海布道西孔家地房赴省城南棨窩屯至靑岡胡裕爾河北岸有莽鼐牧場有額魯特依克明安公府

嫩江府 省東北四百五十里即墨爾根副都統城明為木里吉衛譯即墨爾根康熙十年墨爾哲勒氏屯長來歸屬為墨爾根四十佐領號新滿洲是也 光緒三十四年以墨爾根城改置府廣四百餘里袤六百餘里北極高四十九度十三分京師偏東八度四十二分 府境為內興安嶺山脈三面環繞嫩江縱貫其中全境東西之水皆入嫩江江出北伊勒呼里阿林山脈自西而東橫亘處也江以西山之著者曰莽藍哈達七峯山庫勒木爾山穆克珠勒渾山阿昆迪奇山阿㟃特山曠璩山博里克山達克岡善山東曰博什靈山伊勒貴李山勒吉勒圖山勒吉爾山達巴爾山特克屯山旺安山圖爾爾肯山嫩江導源東南流逕格爾布爾山前左受納約爾河那昔台河雷吉格那彥河額勒和肯河右受伊斯肯折南流左受哈羅爾阿魯三松哈諾勒稚普薩台固巴諾河右受喀柰吉里克喇都里多布庫爾歐肯諸河又南屈西江流瀦環作二曲又南讓魯爾河和羅爾河自東來注之又南逕府城西又屈西甘河自西北來注之西南入訥河舊設站五自訥河博爾多站北四十三里至府屬喀木尼喀又四十二里至依拉喀又七十里至墨爾根站即府又東北七十六里至科絡爾又七十六里至喀勒塔爾奇又東北接黑龍江城之庫穆爾宣統元年於兩城交界處增設陡溝子文報局又由府北行沿嫩江東岸可達呼瑪金廠卡倫九曰諾敏河巴延和羅甘河商河哈達凡二又和倫部曰塞楞山曰喀穆尼峯凡二曰庫爾河曰諾敏河曰喀布奇勒峯曰綏楞額山曰布爾札木凡五府境為水陸通衢沿江兩岸水土沃饒屯地之腴稍遜呼蘭屯墾諸城而上有多布庫爾協領統鄂倫春人

訥河直隸廳 省東北二百八十里即布特哈東路總管明布兒哈衞 宣統二年以東布特哈改置廣一千一百餘里袤七百餘里北極高四十八度五十九分京師偏東八度一分 東北境環山胡爾冬吉東南吉爾嘎爾哈瑪圖山西嫩江自嫩江府入南流入龍江東南納謨爾河西北合黑河烏德鄰池水自東北來注翁查爾河自東南來注折西洪果爾津芒柰那彥額勒合奇諸河皆自北來注保大泉河自東南來注又西布拉克河又羅洛河皆自北來注逕廳治南又西分二支入嫩江東南胡裕爾河導源胡耳山西流入廳境又西左受印京河右受敖倫河入拜泉廳境本索倫達呼爾部落人打牲之所光緒三十二年始將南北荒段丈放舊設站二自龍江甯年站北八十五里至廳屬拉哈又六十里至博爾多即廳治又北接嫩江喀木尼喀站又廳東南頭二三站達海倫即海布新通舊卡倫五喀爾閑圖烏爾布齊吉爾吉哈諾爾溫托渾喀喇山

璦琿直隸廳 省東北八百二十里即黑龍江副都統城明考郎兀衞 光緒三十四年以黑龍江城改置璦琿兵備道駐廳廣一千三百餘里袤六百餘里北極高五十度四分京師偏東十一度 西托列爾哈達坤安嶺大橫樺皮窖儼齊泉山南札齊達克博克里東南吉里爾哈達黑龍江自黑河合烏克薩力河入南屈西右受五道四道三道二道諸溝屈南右受頭道溝逕廳城東又南右合坤河折東南右合康健罕雷爾穆勒津博積里左納伯勒格爾沁河合博爾和里鄂讓水又東南合遜河入興東江東六十四屯在焉精奇里江以南黑龍江以北東以光緒九年封堆為界有伯勒格爾沁河博爾和里鄂樸南北一百四十里東西五十里至七十里咸豐八年條約本旗民永住之業庚子之變俄人達約顯奪且擾及江右約審民為官沈江者至數萬和約成光緒三十二年儘收回江右地六十四屯迄未索還今廳境僅西南北三鄉耳有遜別拉荒段十餘萬晌光緒末放墾舊設站三自嫩江之額勒塔爾奇東北八十五里至廳屬之庫木爾又三十五里至額雨爾又百里至黑龍江城即廳治此省城北路十站又由廳南行至畢拉爾會海畢新道又北穿森林達漠河有新設電爾莫津奇勒克二卡倫商埠在城北頭道溝二道溝間光緒三十一年中日約開接瑷正中舊設卡倫十三咸豐八年中俄分江為界如伊瑪畢拉昂阿精奇里河烏魯穆蘇丹紐勒們河黑龍混同兩江會口五卡倫歸左岸俄境而右岸境東增八西增三光緒十二年以防護漠河金廠增西爾根變音河口吉普遜河接呼倫貝爾城之珠爾特又東南增車勒山遜河闊爾土哈達等二十二提音河凡五共卡倫三十九處庚子亂後卡倫盡燬遜河以南歸興東道三十四年乃上自額爾古訥河口起下迄遜河口止新設卡倫二十曰洛古河曰訥欽哈達曰漠河曰烏蘇里曰巴爾嘎力曰阿穆爾曰開庫康曰安羅曰依西肯曰倭西門曰安干曰察哈彥曰望哈達曰呼瑪爾曰西爾根奇曰奇拉曰札克達霍洛曰霍爾沁曰霍爾莫津曰奇克勒

每卡弁一兵三十五卡設卡官一十卡設一總卡官卡兵三十以十人巡查以二十人給荒墾種更番輪替所得糧即作弁兵津貼地熟年豐給地停餉

黑河府 省東北九百里原名大黑河屯 光緒三十四年置府屬璦琿道 西內興安嶺支山之著者烟筒白石庫穆爾室韋山穎勒克爾山黑龍江自北來與俄分界右受呼瑪爾河入境南至西爾伊奇卡倫合丹河寬河奇拉喀尼庫倫克魯倫達彥霍力戈必法別拉額尼阿勒喀木諸河又東逕城北又南左受精奇里江右受烏克薩力河入璦琿北呼瑪爾河導源伊勒呼里山南北四源合而東流入境有倭力克庫勒郭里綽諾札克達河自西來注又東呼爾哈東入黑龍江源委約七八百里兩岸為庫瑪爾部貢貂之使馬鄂倫春人等漁獵處南岸有呼瑪爾古城府治舊為中俄通商口岸初時互市不及江海各口千分之一分江以後貿易遂繁自彼銳意經營海蘭泡又值庚子之變華商趨附彼境商務日興而我隳減然府治南屏璦琿實邊防要衝有法別拉荒段十餘萬晌光緒三十四年放墾官商路一南八十里至璦琿城餘皆水路附俄輪以往有新設卡倫四曰西爾根奇曰奇拉札克遜曰霍洛曰霍爾沁

呼倫直隸廳 省西北八百六十里即呼倫貝爾副都統城古室韋國有室韋山明屬朵顏三衞 光緒三十四年以呼倫貝爾城改置呼倫兵備道駐廳廣一千一百餘里袤一千六百里北極高四十九度三十五分京師偏東二度二分 內興安嶺在東山脈自索岳爾濟山北走為伊勒呼里阿林乃旋而東餘脈西綿海拉爾河南北岸額爾古訥河右岸為廳境諸水源此海拉爾河出嶺西麓西逕綽羅爾北察爾巴奇山南納都爾西札敦又西特諾克又西伊敏河同來注逕城北合墨爾根河入廳濱西北合額爾古訥入室韋北根河西受鄂羅諾爾諾河又西入額爾古訥河南有達爾彬池哈爾哈河出西隴為貝爾池烏爾順河自池出北入呼倫池廳境為索倫新巴爾虎厄魯特案倫陳巴爾虎諸旗牧場又海拉爾河北有託河路協領統鄂倫春人舊設台八自西布特哈之牙爾伯克台西五十里至廳之依爾克特又五十里呼耳各特伊又五十里舒都克依又六十里牙克薩又五十里哈拉合碩又六十五里札拉木太又五十二里哈克鄂樓又六十里呼倫貝爾城即廳治為省城西路十七台庚子之變台站毀往來皆由東清鐵路又西南三百二十里布野圖布爾都之野鄂甯寺道出張家口寺北八里有大市場歲八月內外蒙古走集為新設卡倫三曰孟克錫里曰額爾得尼托羅輝曰庫克多博為總卡倫西南有珠爾博特鹽池東清鐵路自廳濱入境逕城北入西布特哈境有完工烏古諾爾海拉爾哈克札爾木牙克什免渡河烏諾爾伊立克都九車站商埠光緒三十一年十一月中日約開按呼倫沿邊卡倫自雍正五年與俄勒界設㟃汗數拉蘇克特依等卡倫十有二名外卡倫十一年復於外卡倫以內設庫里多爾特勒勒津等卡倫十有五與各外卡倫相距一二百里不等名曰內卡倫咸豐七年因內外相距遠量為遷移各三四十里以便互巡改三卡為三台另立新名後並廢無考光緒十年防俄人越界挖金由黑龍江城於呼倫珠爾特依卡倫北沿額爾古訥右岸增莫里勒克等五前後共外卡倫十有七庚子並毀三十四年重行整頓首塔爾巴幹達呼山乾額爾古訥河口復設二十有一沿舊名者十有五新會名者六曰塔爾巴幹達呼曰察罕敦拉曰阿巴該圖以上屬臚濱曰孟克西里曰額爾得尼托羅輝曰庫克多博庫克多博為總卡倫以上屬呼倫曰巴圖爾和碩曰巴雅斯胡郎圖溫都爾曰胡裕爾和奇曰巴彥魯克曰珠爾特依曰莫里勒曰畢拉爾河曰牛爾河曰珠爾干河為總卡倫曰溫河曰長甸曰伊穆河曰奇乾河曰永安山曰額勒哈達以上屬室韋先是俄人越界墾地刈草至是始於呼倫設邊墾總局臚濱設分局俄人違章納稅華人領票經商者絡驛不絕此光緒三十四年冬月事也又呼倫西南舊十六卡倫凡以防喀爾喀也

臚濱府 省西北一千一百六十里原名滿洲里為東清鐵路入中國第一車站 光緒三十四年初擬設滿珠府後更名屬呼倫道 東額爾古訥河自呼倫入西北流至近阿巴該圖山分二派一西南流為達蘭鄂洛木河入呼倫池其正流由山西東北流為額爾古訥河流至此作大轉折如人曲臂以手遞物額爾古訥蒙古語謂以手遞物也海拉爾河轉為額爾古訥河分二汊一沿東岸流曰海拉爾河口一沿西岸流曰額爾古訥河北行復合為一入黑龍江自阿巴該圖山以下為中俄界水康熙二十八年尼布楚約立界碑克魯倫河自喀爾喀部入達蘭鄂洛木河自海拉爾河分出均入呼倫池瀦而不流故呼倫為鹹水湖東南有烏爾順河自貝爾池出北流入呼倫池其右岸為呼倫廳境有新巴爾虎各旗牧場舊設中俄國界鄂博六曰塔爾巴郭達固曰察罕烏魯曰羅托羅海曰索克圖曰額爾底里托羅海曰阿巴哈依圖此為庫倫東中俄界第六十三鄂博雍正五年恰克圖約鄂博止此塔爾巴幹達呼山西南即喀爾喀界有滿蒙文界牌係呼倫與喀爾喀分界十一年換有新設卡倫三曰塔爾巴幹達呼曰察罕敦拉曰阿巴該圖北有金源邊墾東清鐵路自俄薩拜喀勒省入中國境逕府治東入呼倫廳有滿洲里咱剛扎賚諾爾赫勒洪德四車站商埠中日約開有海關

興東道 省東北一千五百里明為黑龍江地面及速溫河衞眞河所等地 光緒三十二年移綏化城之綏蘭海道駐內興安嶺迤東更名興東兵備道專辦墾務林礦各事宜三十四年建署托羅山北為道治領縣二 內興安嶺脈自璦琿入南行為嫩江與黑龍江之分水嶺至海倫東北迤東為黑龍江與松花江之分水嶺曰布倫山曰佛斯亨山靈于黑龍松花兩江匯處謂之小興安嶺黑龍江自璦琿合遜河入境東南流科爾券河上源曰額爾皮河又東南

右受璃其河西都里古勒庫拉畢罕嘎其達莫里烏雲諸河自西南來注又東南右受任勒河稱河屈南嘉蔭河自西來注又南逕道治東而南有秋台河自西曲折來注屈東右受斐爾法鄂模水布占河伊里河會松花江北有遜河東流有占河右合阿爾沁匯入黑龍江其左岸為璦琿境西都魯又西湯旺右合伊春札里河又西巴蘭河東流屈南皆入湯原道治瀕黑龍江右岸興俄屯松由子隔江對峙西北占河遜河匯流上段有畢拉爾鄂倫春協領鄂倫春本打牲部落不識文字稼穡為俄人誑誘光緒末年始議收撫興東道兼署協領創設墾務局學堂興安嶺西有龍門鎮黑龍江南岸有兆興鎮裕興鎮墾務皆盛官商路三舊有由齊齊哈爾至觀音山路光緒三十四年新開自興東逕烟筒山赴湯原為西南路又由觀音山經湯原境至三姓為西路宣統二年新開海學道可由畢拉爾達海倫

大通縣 道治西南五百二十里原為崇古爾庫站吉林江北五站之一光緒三十一年置為吉林依蘭屬縣三十四年改隸北有內興安嶺山脈蟠帶南皆平野南松花江自木蘭入東流逕東北入湯原其右岸為吉林方正西岔林小橋子富拉渾頭道二道三道四道沙河轉心湖二道河子皆南入松花江二道河子右岸為木蘭境東有大通河縣以此名又東烏拉琿大古洞小古洞河亦南入松花江小古洞河左岸為湯原境烏拉琿河西流匯為二泊曰三撓泡曰二龍潭泊旁地肥饒站路一乾隆二十七年吉林借江北地設五站由今賓州渡江東行入縣曰佛斯恒曰富拉渾曰崇古爾庫即縣治曰鄂爾國木索又東接今湯原之妙噶山站以達三姓城光緒末各站改歸縣皆設文報局

湯原縣 道治西南三百五十里明屯河衞屯河即湯旺河光緒三十一年置為吉林依蘭屬縣三十四年改隸北當小興安嶺山脈南麓南近松花江地坦平松花江自大通入東北流逕縣治東會黑龍江松花江在縣境流甚曲岸樹深蘿航路如蚓行幕右岸為吉林依蘭富錦臨江南湯旺河自興東入南流受如意河窪丹蘇拉巴蘭小古洞河皆東南流入松花江小古洞河右岸為大通境東北香蘭西半節赫金各節花爾布阿凌達鶴立諸河左合梧桐蒲鴨額勒密十二入代河皆東南入松花江黑龍江有汜流決出入松花江西小黑河入之港汊燦迴形同溝漁為與區上映有高家屯邁司宣統二年置額勒密河招徠鎮有東益公司鴿立河有興東公司皆營墾務縣境自西南至東北狹長千餘里若盡開闢可設十縣西南稍繁庶東北權興而已站路自妙噶山站渡江至三姓又有自興東煙筒山達縣西南自觀音山歷縣境至三姓之西路光緒末新開有各節河窪丹河文報局

肇州直隸廳 繁難省東南六百里明撒叉河衞即三岔河衞 光緒三十二年以郭爾羅斯後旗墾地置廳 南松花江自吉林伯都訥入境匯嫩江東流受博爾古哈泊水逕城南又東受蓮花泊水下代吉船口水三道岡子水滂洲船口水入呼蘭右岸為吉林新城雙城境西嫩江自安達入南流受烏蘭諾爾水注松花江右岸為大賚境廳境平曠北城泡南出匯為差達瑪泊下流瀦于沙東北有擎東分防經歷舊設站三自安達之他拉哈站南至廳之古魯又南至烏蘭諾爾又南至茂興此南路十站又東南路八台在廳境者四自茂興站起東至波爾吉哈台又東至察布奇爾又東至鄂你多圖又東至布拉克又東入呼蘭境官商路一自茂興西至郭爾羅斯公府又西由八家船口渡嫩江入大賚東北五站商埠西南信宿岡子伯都訥哈爾濱遠中地沿江要衝光緒末勸留商埠東清鐵路自安達入境逕廳東北入呼蘭有酣草岡滿溝二車站

大賚直隸廳 衝疲難省西南二百一十里古隸屬室韋交界明洮兒河衞及卓兒河地面 光緒三十年以札賚特旗莫勒紅岡子墾地置 北有索倫山脈蜿蜒數百里境內東流之水皆導源焉所謂索倫圖嶺也東嫩江自龍江入南流匯松花江其左岸為安達肇州境北洮爾河自奉天鎮東入東流瀝為納藍撒藍池猶言日月池也下流入嫩江又北蝴爾達河綽爾雅爾河皆東南流入嫩江稚爾河左岸為龍江境北塔子城景星鎮分防二經歷舊有蒙古站二自卜魁站起西至綽爾河曰哈代罕站曰綽羅站又入今奉天之克爾蘇台站官商路三一北出景星鎮赴省城一東渡嫩江接茂興站一西由二龍鎮口入奉天境廳鐵東靖安達洮南嫩江沿岸哈喇和碩有陸軍退伍兵屯田一夫授田百畝以火犁耕種

安達直隸廳 衝繁難省東南二百八十里諸遠蒙古官名無正譯 光緒三十二年以杜爾伯特旗墾地置又分省屬墾地益之 西嫩江自龍江入南流入肇州北九道溝水西流與龍江分界屈南入境匯為納赫爾泊西南烏克吐泊下流入嫩江南青肯泊泊形如環中有灘地半隸肇州放墾區域大都在嫩江東岸及東南北三面沿邊中部平原無河流間有積潦土含鹹質不宜種植舊設站三自龍江之特木德赫站南至廳屬之溫托歡又南至多耐又南至他拉哈又南入肇州官商路四一北由林家店九道溝赴省一東南入呼蘭有小林家店文報局一東由長安堡赴青岡一西越東清鐵路安達站至杜爾伯特貝子府又西接多耐站產鹼有鹼廠二十五處西北璫奈屯有鹽灘東清鐵路自龍江入境斜貫中部逕廳治西南入肇州有煙土屯小河子喇嘛甸薩勒圖安達五車站

附志

林甸縣 光緒三十四年擬設治林家甸隸龍江府在龍江府東南安達廳西北東清鐵路迤北當省城東路孔道光緒三十三年改訂東清鐵路合同收回公司射佔地畝設縣墾闢西九道溝子東賊家店皆東路所經如台站然由此入呼蘭達興東

諾敏縣 光緒三十四年擬設治隸嫩江府在嫩江府西諾敏河東岸庫如爾其屯西岸都克他耳屯有尼爾吉山諾敏河上游札克奇山西有牧場沿河有山路出呼倫由縣南行經西布特哈渡嫩江達拉哈站餘

通北縣光緒三十四年擬設治海倫府北通肯河北胡裕爾河南西七道滯自胡裕爾河分出南注通肯河東至內興安嶺麓與興東道龍門鎮界北接訥河卽海布道所出通肯河瀕岸多森林土人呼曰樹川

鐵驪縣光緒三十四年擬設治海倫府東南餘慶東鐵山包東至金牛山興東道界南大青山東興鎮界西鐵山包河北依吉密河並餘慶縣界呼蘭河出境東達里代嶺西入餘慶有協領駐河北管理旗丁屯田以上二縣隸海倫府

布西直隸廳光緒三十四年擬設治西布特哈在省城東北二百八十里嫩江西岸西有內興安嶺與呼倫分界西南卽索倫圖壩西北諾敏河至廳南入嫩江西有阿倫河音河雅爾河皆東南入龍江又西遼南綽爾河入大賚舊設台七自龍江之那希奇台東至廳之木爾楚衮台又東至赫尼昂阿又東至和尼又東至錫伯爾又東至巴林又東至嘎留甘又東至雅勒伯當托又東入呼倫境廳境少平原森林之利獨饒有土城因起伏西去數千里直至木蘭圍場又西至歸化城往時流人亡去不識途多循此入關蓋卽金源時長城汪古部所居者也東清鐵路自呼倫鑿興安嶺入境橫貫中部入龍江有興安嶺博爾多雅魯巴里木哈拉蘇札蘭屯成吉思汗七車站

甘南直隸廳光緒三十四年擬設治富拉爾基在省城西南嫩江西有雅爾河支津北有東清鐵路庫勒站由此渡嫩江達昂昂溪富拉爾基屯開闢最先生聚日緊蓋鐵路交通之效

武興直隸廳光緒三十四年擬設治多耐站在省城南二百零五里嫩江東路四五里興温托歡他拉哈兩站首尾相接南北長東西窄成一半規長核形向爲杜爾伯特旗境光緒三十二年設局放荒五萬六千四百餘晌

呼瑪直隸廳光緒三十四年擬設治西爾根卡倫宣統二年試辦設治移呼瑪爾河口北岸隸瑷琿道在道治北五百餘里東黑龍江呼瑪爾河出伊勒呼里山內興安山脈向北行者也東行者伊勒呼里阿林四源合東窩集倭勒克庫勒郭里綽羅呼爾吉布列斯屈南右受札克達奇河又東入黑龍江黑龍江東流逕安羅卡倫北屈南流下至呼瑪爾河口沿西岸設卡倫六曰依西肯曰倭西們曰安干曰察哈彥曰望哈達曰呼瑪爾下游接西爾根卡倫屬黑河府瀕臨河口駐協領統鄂倫春人

漠河直隸廳光緒三十四年擬設治漠河隸瑷琿道在道治西北千餘里漠河出治雞察山東北入黑龍江南額穆爾河東北流左受吉里瑪那里多什都克河屈東流右受大札丹庫爾小札丹庫爾入黑龍江又南旁烏河東南流左受巴達吉察右受札克達奇屈東北右受布爾嘎里河沾里千河入黑龍江又南有呼瑪爾河上源其南爲伊勒呼里阿林乃內興安嶺自西轉東橫幹脈也山南卽嫩江源西有額爾吉訥河入黑龍江口爲璦琿與呼倫兩屬交界卽中俄以江爲界之起處沿黑龍江南岸設卡倫八曰洛古河曰納欽哈達曰漢河卽廳治曰烏蘇里曰巴爾嘎力曰額穆爾曰開庫康曰安羅有木廠一處黑龍江由此轉南流安羅卡倫下游接西岸之依西肯卡倫屬呼瑪廳漢河金礦光緒十四年經始開採庚子入於俄光緒三十二年始行收復漠河爲省北屏障黑龍江轉運專落俄人之手光緒三十四年議由嫩江之源開闢山道卒以工費浩繁中止故礦業衰歇而設治亦難也

室韋直隸廳光緒三十四年擬設治吉拉林隸呼倫道在道治北四百餘里額爾古訥河右岸對岸爲俄臥牛槐敖洛氣等屯疆域額爾古訥河自額濱之阿巴該闊北流至呼倫之庫克多博東北流合根河特勒布爾胡裕爾和奇珠魯克圖約羅奎珠爾特依布魯色木特勒克諸河皆自東南山來注此在吉拉林以南者也中根河最大出內興安嶺西北流兩岸沃野膏原爲殖民善地額爾古訥河逕廳治西又東北流有哈拉爾卽吉拉林河眉勒喀卽尼布楚約內之河孫河額爾奇木畢拉爾畢拉克產古爾布奇吉林子阿木毗牛爾珠爾干温諸河皆自東南山來注額爾古訥河至是屈西北流有烏瑪大吉嘎達小吉嘎達復有小河入皆自東南來注再折而東北流有伊穆河復有小河二十餘皆自東南來注此在吉拉林以北者也中牛爾河最大出內興安嶺河口左右有平地兩區田土肥美額爾古訥河自受根河牛爾河水大而急直注黑龍江而吉拉林爲遠中地故廳治在焉新設防邊卡倫在境內者十有五自庫克多博總卡倫以北曰巴圖爾和碩曰巴雅斯胡郎圖温都爾曰胡裕爾和奇曰巴彥魯克曰珠爾特依曰莫里勒克曰畢拉爾河曰牛爾河曰珠爾干河總卡倫曰温河曰伊穆河曰奇乾河曰永安山曰額勒哈達珠爾干額勒哈達爲鄂倫春與俄人交易之所尤要道路自吉拉林南塔爾巴幹達呼山七百餘里其北至珠爾干河三百五十餘里則小徑不通車馬自珠爾干至額爾古訥河口五百五十餘里則懸崖壁立非假道於俄不能飛越根河口新立宮渡爲華俄商旅必趨之路根河上源有道出西布特哈達蘭爾根額爾古訥民船祇達吉拉林以下溜急民船可順流而下不能溯流而上非輪船不爲功冬令河上可駕駛冰猛每一日夜行三四百里

舒都直隸廳光緒三十四年擬設治免渡河隸呼倫道在道治東二百八十餘里河出阿爾奇山北合札郭河入海拉爾河廳東卽內興安嶺東清鐵路經廳南有免渡河車站由廳境鑿興安山洞入西布特哈境

佛山府光緒三十四年擬設治觀音山隸興東道在道治北瀕黑龍江岸對岸爲俄吉春屯北有輔河南有嘉蔭河附府治有小水曰十里河皆東入黑龍江

蘿北直隸廳光緒三十四年擬設治托蘿山北隸興東道附郭如瑷琿呼倫兩直隸廳之比

烏雲直隸廳光緒三十四年擬設治烏雲河隸興東道在道治西北瀕黑龍江岸對岸爲俄嘎薩得報屯烏雲河在廳西北入黑龍江

車陸直隸廳光緒三十四年擬設治東陸隸興東道在道治西北遜河南原爲車勒山卡倫齊轉爲車陸東臨黑龍江對岸爲俄吉滿屯南科爾芬河東北流入黑龍江

春源直隸廳光緒三十四年擬設治伊春呼蘭河源隸興東道在道治西南西有布倫山伊春河出東流入湯旺河布倫山西麓卽呼蘭河源南札里河東流左合黃泥河報達河入湯旺河又南巴蘭河源在焉

鶴岡縣光緒三十四年擬設治鶴立岡隸興東道在湯原縣北鶴立河西有興東墾務公司宣統中擬移駐黑龍松花兩江匯流處稍勒密河東地尤沃饒爲全省冠

清史稿

地理志五

江蘇

江蘇禹貢揚及徐豫三州之域明爲南京清順治二年改江南省設布政使司置兩江總督轄江南江西駐江甯又設淮揚總督尋裁及江甯巡撫治蘇州又設鳳廬安徽巡撫尋裁十八年分府九安慶徽州甯國池州太平廬州鳳陽淮安揚州直隸州四徐滁和廣德屬安徽江南左布政使領之康熙元年安徽設巡撫三年分江北按察使往治五年揚州淮安徐州復隸江南六年江南更今名改左布政使爲安徽布政使司駐江甯右布政使爲江蘇布政使司治蘇州統江甯蘇州常州松江鎭江揚州淮安府七徐州直隸州一雍正二年升太倉邳海通四州爲直隸州十一年徐州升府邳還爲州屬之乾隆二十五年移安徽布政使司安慶增設江甯布政使司析江甯淮安徐揚四府通海二直隸州屬之與江蘇布政使司對治三十三年增海門直隸廳屬江甯光緒三十年又設江淮巡撫駐清江浦尋復故廣九百五十里袤千一百三十里積三十七萬二千五百五十四方里北極高三十一度五分至三十五度十分京師偏東五分至五度三分宣統三年編戶三百二十一萬三千四百八十三口九百三十五萬六千七百五十五領府八直隸州三直隸廳一州三廳四縣六十

江甯府衝繁難隸江甯道明應天府江甯布政交涉提學三使江安糧儲江南勸業巡警鹽法四道江甯將軍副都統織造兼督龍江西新稅關駐順治初因明制縣八雍正八年改溧陽屬鎭江北距京師二千四百四十五里廣二百里袤三百里北極高三十二度四分京師偏東二度二十八分領縣七

上元衝繁難倚附郭有清涼山師子山富貴山北紫金山幕府山東烏龍山舉遊山有朱湖洞道書三十一洞天清江門內有小倉山石城門內治城山南大江自安徽當塗入受秦淮河水爲草鞋夾左與江浦分岸得觀音山水有燕子磯秦淮河上承句容赤山湖水合鹹山水逕通濟門一入江甯一入城又西北流至下關入江新開河東北乾隆四十五年浚賜名便民有市曰石埠橋又東爲黃天蕩鎭四河化靖安土橋石步草鞋夾燕子磯栖霞街湖熟有汛一驛金陵淳化巡司一有鐵路商埠下關光緒二十一年馬關條約四埠之一

江甯衝繁難倚南聚寶山雨花台設礮台大江西逕下關鎭港七銅井烈山北曰河口綠新墅又北大勝關古新林浦也西北曰北河曰下關分受秦淮河水鎭三江甯秣陵金陵大勝秣陵有汛有驛江甯秣陵巡司二有鐵路

句容衝難府東九十里縣有句容山以此名北華山東北銅山東南茅山大江西來港二羅絲溝下蜀港赤山湖出絳巖山秦淮水源於此亦曰絳巖湖匯亭水黃堰河蒲里溪曰南源興北源合於白米湖又西入上元鎭五白土常甯東陽下蜀龍潭龍潭巡司有驛

溧水簡府東南一百四十里南芝山中山一曰獨山東廬山秦淮水別源所出石臼湖西南道城北流入秦淮明故運道也今淤一驛孔家

江浦衝府西北四十里東北十三公山九連山西龍洞山大江西南自安徽和州入右與江甯分岸爲口四曰烏江曰老西江曰新河曰老河受浦子口河東北入六合滁水右瀆自安徽滁州入亦曰後河東與來安分岸復盡入境曰前河右出支津至東葛鎭又東北逕汊河集會沙河入六合鎭三高望香泉葛城二驛江淮東葛浦口巡司一江淮有驛丞裁有鐵路

六合簡府北一百二十里南瓜步山西南晉王山大江西南自江浦入右與上元分岸折東南爲通江集口支津北抵城陰湖有沙洲圩墩台又東劃子口滁河西自江浦入逕皂河口北爲汊河又南屈曲流入江稅課局大使駐鎭四瓜步長蘆皇化竹鎭有堂邑驛丞裁瓜步巡司一

高淳簡府東南二百四十里東大游山東北割山南固城湖又東播爲胥河西丹陽湖北接石臼湖有水自蕪湖東入丹陽湖又東南入固城湖或云禹貢中江也鎭三廣通固城水揚廣通巡司一

淮安府衝繁疲難隸淮揚海道順治初因明制州二縣九雍正二年升海邳爲直隸州贛榆沭陽屬海宿遷睢甯屬邳九年析山陽鹽城地置阜甯南距省治五百里廣三百八十里袤二百七十里北極高三十三度三十二分京師偏東二度五十二分領縣六

山陽倚衝繁疲難漕標副將駐北運河南流爲沙澗河諸水注之東六草蕩南白馬湖匯洪澤湖水與寶應錯東北會於運河北黃河故道咸豐三年徙今堰存河所經南岸設同知管河縣丞七簿巡檢弁官廢置不常咸豐十年裁河舖鎭有鈔關巡司一鎭二北神廟灣蔓陵高堰楊家廟有汛驛一淮陰驛丞裁

阜甯繁疲難府東北一百六十里雍正九年置東北大海有堰曰范公堤射陽湖上承若循范公堤匯淮水爲湖又東流會諸水入海運鹽河受射陽水城南流大縱湖水入鹽城西有黃河故道鎭三馬邏北沙蒙龍草堰巡司一

鹽城繁難府東南二百四十里東大海港二新洋鬬龍有新興五佑鹽場鹽課大使駐運鹽河自草堰口環城流至便倉鎭入興化苔大縱湖西南與興化錯縣西諸水所匯有天妃牐牐官裁小關劉莊新陽沙溝有汛鎭九上岡大岡沙溝岡門新河安豐清溝喻口新興上岡沙溝巡司二

清河衝繁疲難淮揚道治所江北提督總兵駐舊置總河後省入總漕自府城徙此光緒三年裁裏河同知及河庫道均先後裁府西北三十五里北清江浦明陳瑄開宋沙河山運河西北自桃源入歧爲鹽河又東爲中河口水經謂之中濱水出山陽白馬湖又東逕南至清口屈而東逕三牐與清江浦合東南入山陽是爲淮南運河南六塘河自桃源入東北逕劉家莊入沭陽鹽河東北流逕西塢淮安分司運判駐乾隆二十八年移海州又東至周莊入安東西南洪澤湖西有黃河故道鎭十王家營洪澤老子西壩漁溝官亭澗河口淵橋馬頭周橋王家營馬頭河北漁溝有汛一驛清口有驛丞裁大河巡司一

安東繁疲難府東北六十里西南鹽河自清河入貫縣境入海州與六塘河合東北一帆河自海州入南至旗杆村水經淮水東左右各合一水至淮浦入海東北黃河故道淮海河務兵備道駐咸豐十年裁鎭三太平長樂魚塢口五港佃湖有汛佃湖巡司一

桃源衝繁難府西北一百二十里運河自宿遷東逕古城驛入清河歧爲六塘河一曰北鹽河東北流入沭陽洪澤湖西南與清河錯西北有黃河故道鎭七三義河北崔鎭衆興張泗沖白洋河赤鯉湖崔鎭洋河三義有汛二驛桃源古城驛丞裁有巡司

揚州府衝繁疲難隸淮揚海道兩淮鹽運使駐順治初因明制州三縣七康熙十一年海門圮於海併通州雍正三年通州升直隸州以如皋泰興往屬九年析江都置甘泉乾隆三十二年析泰州置東臺西南距省治二百十里廣三百五十里袤二百三十里北極高三十二度二十七分京師偏東二度五十六分領州二縣六

江都衝繁疲難倚大江西自六合瀝揚子入東逕七濠口監製同知駐又東逕裕民洲爲夾江歧爲二又東爲三江口東南流與江合三江口與天福洲對設礮台守備駐裁鹽務巡道又東逕揚子港入泰興運河北入瓜城南運新河灣分流西入揚子又南流至瓜洲口有礮台總兵駐又東逕連城洲分入江鹽河導運河水東北入泰州白塔龍兒河水注之有權關鎭三瓜洲萬壽宜陵瓜洲大橋馬橋沙洲有汛廣陵驛丞裁瓜洲萬壽巡司二

甘泉衝繁疲難倚雍正九年置西北劉岡甘泉山北邵伯湖與高郵錯運河合湖水南流至鑾虎橋入江都綠洋湖番蕩分流入之鎭三邵伯上官大儀一驛邵伯有汛上官邵伯二巡司

揚子衝繁府西南七十里明爲儀眞雍正二年改眞爲徵宣統元年復曰揚子西北有銅山界墩山南濱大江西自六合入有里世洲沙漫洲二水自林家橋王家塘北來注之又西分流至泗源溝入江稅課大使駐新河出月塘集西南流亦入江一鎭新城有水驛驛丞清江芒稻河牐官裁青山舊港黃泥港有汛舊江巡司一

高郵州衝繁府北一百二十里西南神居山運河北逕稅務橋鹽西流注之又逕車邏壩南澄子河注之南匯爲綠洋湖馬家蕩東南流入河清水潭受運河北洩諸水東積爲草蕩三陽河南來注之高郵湖西北一曰甓社湖北接界首湖南赤岸湖與甘泉錯水高永南有汛二驛界首孟城界首時保巡司二

興化疲難府東北一百六十五里東大海有堤鹽河串堤流西受界河海溝橫涇諸水東出爲大閘河八竈七竈河東北會鬬龍港入於海有劉莊草堰丁溪三塲鹽課大使駐北有吳公湖苔大縱湖興鹽

城寶應錯石鏈白駒三牐有牐官三安豐淩亭閣芙蓉安豐巡司一鎮

寶應衝繁府北二百四十里運河北自山陽入運八口鋪東溢爲瓦溝溪又南流逕氾水鎮至界首有首湖入高郵其西寶應湖匯淮流下諸之水若大縱湖東北周二百分支入運河衡陽有汛一驛安不有驛丞裁衡陽槐樓巡司二

泰州繁疲難府東一百二十里鹽河西自江都入夾城東流一曰裏下河有溱潼水注之予白米鎮左通串場河右出支津入泰興又東逕海安鎮左岐爲界河東南入如皋鹽河東北自東臺入西南流逕於溪達鯤魚港又西南與之合有泰壩泰州分司運判駐鮑湖東北鎮四海安甯鄉斗門樊汊海安曲塘有汛海門甯鄉巡司二

東臺繁疲府東二百四十里乾隆三十二年置東大海有堤鹽塲七東臺何垛梁垛安豐富安角斜拼茶鹽課大使駐又小海塲大使裁裏下河自泰州環城北流又東溢爲支河入海鹽河出縣西海道牐西南流錯出復入至淤溪入泰州水利同知駐東臺鹽草堰四牐有牐官一鎮西溪巡司裁王家港有汛

徐州府要衝繁難隸淮徐道徐州鎮總兵駐順治初爲直隸州領蕭碭山豐沛雍正十一年升府置銅山縣又以降直隸邳州來隸及所領宿遷睢甯東南距省治七百三十里廣三百二十里袤一百八十里北極高三十四度五分京師偏東五十八分領縣七

銅山衝繁難倚雍正十一年置東北有銅山故名微山湖東北出爲荆山河即引河一曰徐州河承湖水至卡塘入邳州與運河合黃河一日奎河東南流入蕭縣黃河故道西北一鎮卡塘鄒集三堡有汛利國東岸二驛驛丞裁雙溝利國巡司二

蕭簡難府西五十里南丁公山西倍山西北爲倍山湖又東南有龍山河黃河自銅山入東南運舳山西左出支津入靈璧正渠入宿州其西望川湖逕大海子東亦入宿鎮二白土永固一驛桃山張山店巡司一

碭山衝繁疲難府西北一百六十里東北芒碭山利民溝一曰小神湖東南流屈而西入永城西沙河西南運鼎新集入河南夏邑城北爲黃河故道周家寨蠔龍集有汛

豐簡府西北一百五十里東南華山新開河北流逕章固鎮又北入魚台舊濟以導黃河今堤存豐水一曰泡河班志包水也入泗瀍一鎮吳康

沛衝府西北一百二十里西七山有樓山圩乾隆四十六年河決縣沒徙此四十七年建城咸豐元年河決城復沒遷夏鎮十一年仍還舊治東微河湖西有蒸莊舖小河口通河自滕入屈曲流入湖泗水自山東魚臺入亦曰南清河受金溝水爲金口溝渡東合三河口水自此入運有彭口楊莊二牐牐官裁夏鎮樓山圩有汛夏陽巡司一

邳州衝難府東北一百五十里舊治下邳康熙二十八年遷治艾山南七年河決移今治雍正二年升直隸州十一年來屬南葛嶧山卽距山北艾山石埠山西北黃石山運河自嶧錯入運泇口岔河東北注之王徐塘口合徐川河水又南合沂水入宿遷武河古武水一曰治水左通沂河右入武原水復出數支津與燕子柴溝等並入運武原水郎泇河自蘭山入東會沂水達宿遷之黃墩湖入黃河城南有黃河故道鎮三直河新安泇口姚灣口有汛舊城巡司一泇

宿遷衝繁難府東一百里北嶧嶧山馬陵山東五華峰南斗山運河自邳州入南合六塘河水入桃源西北駱馬湖滙沂河山澗諸水爲巨浸北沭河自郯城入南得桃花澗水再錯沭陽折東北逕燕集圩仍入之西南故黃河有堤鎮三白洋河小河口邵店順河嶠嶠有汛二驛鋪吾嶠嶠鋪吾有驛丞裁嶠嶠巡司一

睢甯簡府東南一百二十里有池山官山西九頃山西南峰山荆山英公山東南池山白塘河出小李集東南流合沈家河卽今瀾沙河東入宿遷又遠水水經注所謂潼陂水入睢者潼河二高紹辛安入

通州直隸州繁難隸常鎮通海道順治初因明制屬揚州府縣一海門康熙十一年縣省雍正二年升直隸州割揚州府之如皋泰興來屬西距省治五百三十里廣三百里袤百三十里北極高三十二度三分京師偏東四度十一分領縣二東軍山劍山西黃泥山馬鞍山五峯並峙東北天竺山南狼山設嗽台狼山鎮總兵駐東北大海產鹽置塲五呂四餘東餘西金沙石港鹽課大使駐又馬塘餘中二塲乾隆元年裁西亭塲三十三年裁通州分司運判駐石港稅課大使亦駐南大江西自如皋入東行逹老洪港會於海鹽河自如皋西入江東分流循城而南又東入於海鎮二狼山石港港金沙餘東呂四有汛狼山巡司裁呂東巡司一石

如皋繁難州西北一百二十里東瀕海鹽塲二豐利掘港鹽課大使駐大江西自靖江入又東入通州北通運鹽河河西北自泰州入循城南分爲二一南流入靖江一東逕丁堰又分流至岔河爲鹽塲諸水又南流逕白蒲鎮入通州鎮四丁堰掘港豐利白蒲馬塘豐利有汛主簿駐掘港西塲石莊巡司二

泰興疲難州西二百四十里大江西北自江都入右與丹徒分岸爲劇港納李薛河又南與丹陽分岸東至界港界河自靖江緣界而西入之又東入靖江分支爲老龍河至黃橋折南岸界河黃橋有汛口注黃橋印莊巡司三

海州直隸州繁難隸淮揚海道順治初因明制屬淮安府縣一雍正二年升直隸州又割淮安府之沭陽來屬西南距省治八百二十里廣百七十五里袤百九十里北極高三十四度二十三分京師偏東二度五十六分領縣二東北雲台山瀕海東高公島西金墩汛設墩台北鴨島竹島東北鷹遊山鹽塲三中正臨興板浦鹽課大使駐又白駒莞瀆二塲乾隆元年裁海州分司運判駐板浦有太平周中富周大義鹽富民鹽中興鹽塲垣鹽河白安東入逕新安鎮合南北六壩河入海其東支津與海通西南青伊湖碩項湖北播爲舊薇河南有一帆河受鹽河水入安東鎮五板浦高橋莞瀆石湫新壩板浦房山吳家集有汛高橋惠澤巡司二

贛榆難州北八十里北吳山西徐山界山東蘭山南泊船山武強山東瀕海自山東日照入有秦山望海墩設墩台大沙河自鄒城青口河自莒南流入海興莊河水出西北吳山中鎮四臨洪青口荻水口中閘詰青口巡司一乾隆十六年省荻水司改

沭陽難州西南一百二十里西北張倉山東北韓山萬山沭河古逹水自宿遷入東流爲新挑河後河循城東北入青伊湖又南與沙河合逕陽溝六塘水注之逹於海鎮六湯溝侯鎮華沖高流陰平劉莊吳家集有汛縣丞駐高流

海門直隸廳衝繁隸常鎮通海道舊本沙洲乾隆初設沙務同知三十三年割通州之安慶南安十九沙崇明之半洋富民十一沙及天南沙置廳移蘇州府海防同知來治西距省治五百七十里廣一百四十里袤三十七里北極高三十一度五十五分京師偏東四度四十五分東南瀕海西大江西南自通州入右興昭文分岸又東錯崇明折東北由界洪圩入東南至蓼角嘴入海白蒲口爲江海湖所會界河承海水西流環治而南入於江

蘇州府最要衝繁疲難分巡蘇松道治所江蘇布政使提學提法三使巡撫糧業二道織造兼督濟蘇糧州駐雍正八年按察使自江甯移此宣統二年改提法使順治初因明制州一縣七雍正二年升太倉爲直隸州割崇明嘉定屬之又析長洲置元和崑山置新陽常熟置昭文吳江置震澤乾隆元年又設太湖廳光緒三十年設靖湖廳隸府北距京師二千七百里廣二百里袤二百四十里北極高三十一度二十三分京師偏東四度一分領廳二縣九

太湖廳府西南九十八里乾隆元年置移吳江同里撫民同知來駐治洞庭東山東山一日胥毋山有莫釐峰太湖環廳治積三萬六千頃天目山水西南自浙之臨安餘杭合苕霅溪水至大錢口其西合宣歙諸山水逕長興苕溪至小梅口興宜興荆溪諸縣西北滙爲湖又東北播爲吳淞江又東爲瀆山湖逹黃浦入於海角頭下揚灣村巡司二

靖湖廳簡光緒三十年置設撫民通判治洞庭西山有巡檢通峰

吳衝繁疲難倚南横山西象峰姑蘇靈巖山東南香山西南有天平楞伽靈巖穹窿鄧尉諸山西北運河自浙江秀水應吳江元和入受太湖水自胥口東逕木瀆與光福塘簫涇諸水會又逕跨塘至胥門越來溪注之北出爲横塘與縣南鮎魚口水並入運河商埠城南青陽凗馬關條約四埠之一鎮三横塘横涇木瀆縣丞駐木瀆光福巡司一乾隆十一年省木瀆司改

長洲衝繁疲難倚西高景山西北卑猶山西運河自吳入有寒山汛西北逕射瀆會金墅港水又西北入滸射瀆水東出爲長蕩滸墅鳥角白鵝諸溪並與運河合婁江支津自元和緣界入東北左溢爲倚澤蕩右陽城西湖北後湖遝南蕩遝陸巷折東入新陽濟墅有權關鎮三陸墓蠡口望亭滸墅黃埭有汛吳塔巡司一有鐵路

元和衝繁疲難倚雍正二年置東北唯亭山西有虎邱唐白居易鑿渠南逹運河今謂之山塘東南江甯山吳淞江自吳江北逾東入新陽運河亦自其縣入其南澄湖滋爲蕭瀆湖又東南爲長白諸蕩尹山湖縣東南其北備墅湖有黃天蕩又陽城湖東北西湖跨長洲中湖東湖俱與新陽錯鎮二角直唯亭沙河周莊章練塘有汛二驛姑蘇望亭縣丞二駐角直章練塘周莊巡司一有鐵路

崑山疲難府東七十里吳淞江東逕三江口屈曲流入青浦南有澱山湖北溢爲甚盤蕩陳墓蕩又北白蓮湖岐爲商羊澤楊氏田湖逕直港與吳淞合致和塘水自元和環城流東會新洋江入太倉鎮三安亭泗橋蓬閬石浦巡司一有鐵路

新陽疲難府東七十里雍正二年置西北崑山綽墩山吳淞江自元和東入復錯出新洋江一曰新陽江納吳淞水北入致和塘有傀儡湖蝕鯉湖巴城湖雉城湖巴城雉城令涇一鎮邱墟大王廟有汛巴城巡司一有鐵路

常熟繁疲難府北九十里蘇松糧儲道駐乾隆三十二年移省北大江福山興陽江狠山對設墩台總兵駐西北梟德山河陽山西南宛山北大江自江陰入左與通州分岸有捍海塘元和塘水卽運河自長洲入北逕福山塘又黃泗浦水西北流並入江東北大海有塘東南昆承湖一名隱湖與尚湖相對亦日入字湖鎮二慶安福山鹿苑唐市有汛黃泗浦巡司一

昭文繁難府北九十里雍正二年析常熟東境置東北江自常熟入又東入太倉其港口以許浦白茆爲大白茆受吳中諸水許浦北海舶出入長江道此爲深水鎮路白茆許浦及湖逕下張七鴉宋爲崑山常熟五大浦自白茆岳廟北北至周涇口入江長二千九百丈亦名里睦塘鎮二梅李許浦鋪家沙支塘徐六涇有汛白茆巡司一

吳江衝繁難府南四十里北吳淞江鮎魚口水北流入之運河二源一南塘河一官塘河東滙爲諸瀉與汾湖合龐山湖東受太湖水溢爲九里湖又東同里湖其南爲葉澤湖有元鶴韓郎蕩驚胭湖縣南鎮三簡鄉入斥盪澤同里有汛一驛松陵縣丞駐盛澤汾湖同里巡司二

震澤繁難府南四十里雍正二年置東臨運河自吳江入至平望鎮西塘河來會西臨太湖合諸港漾水注唐家湖東入吳江横塘西導烏程諸水歧爲三東與鶯脰湖會横塘之西日瀾澤塘東日梅堰塘爲孔道鎮二平望嚴墓震澤有汛平望震澤巡司二

松江府要繁疲難隸蘇松太道江南提督駐順治初因明制縣三十二年析華亭置婁縣雍正二年又析華亭置奉賢析上海置南滙析青浦置福泉改金山衛爲縣乾隆八年福泉省嘉慶十年又析上海南滙地設川沙廳隸府西北距省治一百六十里廣一百六十里袤一百四十里北極高三十一度京師偏東四度二十七分領廳一縣七

川沙廳繁疲難府東南二百四十里故明川沙堡乾隆二十四年改董漕同知爲川沙海防同知嘉慶十年析置爲撫民同知東大海有捍海塘三曰外圩塘欽公塘東護塘夾護塘河二鹽河逕界浜入寶山其左禦寇河椿樹浦水引黃浦東入與鹽河合三尖嘴海中曹家路有汛

華亭繁疲難倚東南有柘山金山海中有樺海塘松江上承太湖東逕笠澤與東江褒汛而三今婁汛褰而東江合松江出海祗一江耳黃浦江爲吳松支津首受泖澱諸水屈曲流大洋涇水會之春申塘水東引黃浦支流合千步涇會於北俞塘又分流逕顧橋入黃浦柘林鬱東南水利通判駐有鹽塲日袁浦大使駐鎮五亭林葉謝漕涇柘林沙岡柘林亭林張澤有汛都司駐柘林縣丞駐漕涇亭林巡司一有鐵路

婁疲難倚順治十二年置西北有橫雲山天馬山東山南鄰湖瀕出華亭谷與青浦金山錯古三泖也斜塘上承泖湖自青浦入東岐合古浦塘及支津貫城至華亭界爲南俞塘其北出者爲通波塘斜塘東南合秀州塘大蒸塘入金山爲黃浦又東入上海有横浦鹽塲大使駐一鎮楓涇天馬鎮泗涇楓涇有汛縣丞駐白龍潭小徵巡司一有鐵路

奉賢疲難府東九十里明於華亭置青村所守禦千戶隸金山衛雍正二年析置南瀕海有塘有青村鹽塲大使駐青村港縣西有汛南橋塘水上游望河涇自華亭引黃浦水東入姚涇又東會蕩塘爲南橋塘左得金滙塘上承南滙界河水又東爲青村港西有龍泉港亦受望河涇錯出復入逕阮港鎮折東抵柘林養而止鎮三陶宅南橋四團縣丞駐四團南橋巡司一

金山疲難府南七十二里雍正二年置故明金山衛城華亭初治衛城尋徙珠涇鎮東南秦山查山海中有金山縣以此名今隸華亭東北泖港橫潦涇西流入之瀕平湖諸水日三秀塘納秀州塘逕城南東達張堰涇南瀉諸水合泖港入黃浦南有鹽河循衛城西溢爲黃姑塘岐爲裏界河黃浦界河並北流而合至大泖港與横潦涇會又北爲黃浦析東與婁分岸入華亭有浦東鹽塲大使駐典史駐衛城一鎮洙涇張堰巡司一洙涇張堰呂港有汛

上海衝繁疲難府東北九十里蘇松太道駐黃浦江自華亭入夾城流東北至虹口吳淞江西北來與之合又東北入於海吳淞江自嘉定入納盤龍浦水橫瀝水逕新涇又東爲古滬瀆逕新閘北泥城橋老閘會黃浦江西壩歐美各國互市租界道光二十三年英約五口通商之一吳淞岸東北四十五里光緒二十四年開爲商埠海船輪利盡東南租界有會審公堂理華洋獄訟有海關蘇松太道督又南洋軍械製造局西南鎮四吳淞烏涇會閔行塘橋引翔港閔行汛黃浦吳淞巡司二有鐵路

南滙繁疲難府東南一百二十里雍正二年置故明南滙守禦所東大海捍海塘一二內東護塘外外護塘卽欽公塘西黃浦江自華亭入運逕閘北左與上海分岸縣西縱河日鶴坡塘在新陽鎮會南七竈諸港入水至墩是爲港閘西會金匯塘入奉賢縣號竈海獨饒鹽東護塘內有運鹽河南自奉賢入一鎮下沙置鹽塲三鹽課大使駐周浦有汛縣丞駐泥城三林莊巡司一

青浦繁疲難府西北五十里東陸山佘山東南鳳凰山澱山北福泉山西盧山辰山北吳淞江自崑山入受太湖水播爲諸蕩南與鄰湖合北會朱家港水入於江有澱山湖東浦澱西會浦盤龍浦俱分受吳淞水入黃浦鎮六泗涇金澤朱家角趙屯七寶白鶴江北辟山小微有汛縣丞駐七寶澱山新涇巡司二

太倉直隸州繁疲難隸蘇松太道順治初因明制屬蘇州府縣一雍正二年升直隸州析州置鎮洋縣又割蘇州府之嘉定屬之析其地置寶山同隸州西南距省治一百二十里廣一百五十里袤一百四十里北極高三十一度二十九分京師偏東四度二十五分領縣四北有穿山東北大海有塘七鴉口設墩台一鎮雙鳳璜涇有汛州同駐劉河鎮七浦巡司一昔太倉之水入百五十南路之水婁江獨任之北路之水七浦楊林分任之故七浦以輔婁江揚林又以輔七浦楊林南有湖川塘湖川南朱涇爲古婁江北道又貫南北者有鹽鐵塘南出吳淞入海北道白茆逹江雍正中發帑疏濬兩江發治白茆以補三江之缺

鎮洋繁倚雍正二年置東大海縣東劉河口一曰婁河口有汛明天妃宮處禹貢中江也劉卽婁江近字上承致和塘自新陽入爲太倉塘自城南入馬頭東合新塘港又東入海新塘港卽舊湖川塘逕小塘子入劉河南鹽鐵塘水環城流西北與七浦塘合有牐官裁蘭涇河西抵濟塘河東逕花雙入海西涇城乾隆三年築鎮二沙頭茜涇甘草巡司一

崇明衝繁州東北五十七里東金鼇山茶山東北海中設汛海環縣治港沙縊錯有望海臺常沙港南與崇實沙對設墩台總兵駐施翹河水西南夾城流又東與十激口合入於海東鹽灑有塲巡鹽大使駐雍正八年於縣設太通巡道乾隆五年移通州六年裁鎮三新鎮貓鎮楊家河上沙中沙外沙下沙有汛縣丞駐五滧大安有廢巡司崇海巡司一

嘉定疲難府南三十六里初屬蘇州府雍正二年來隸東南鶴槎山吳淞江東入緣界流北爲鹽鐵塘水入鎮洋縣北劉河古婁江也橫瀝水北流逕縣城又東與之合練祁塘水承吳淞西來環城流逕羅店入寶山鎮三外岡安亭南翔縣丞駐南翔有汛諸翟巡司一有鐵路

寶山繁疲難府東九十里雍正二年置故嘉定縣吳淞所明寶山廳東南有寶山故城山北設汛東瀕大海有塘南爲吳淞口黃浦江入海處設礮台控扼東南爲軍港要塞崇寶沙海中與崇明對蘊藻濱水自嘉定逕陳行鎮界涇水西北逕羅店合練祁塘水會之岐爲二東至胡巷口南至虹口並入黃浦又北泗塘水引蘊藻濱水南逵東環城流西有綵楊港鎮四高橋江灣大塲羅店舊礮台胡巷口楊行江灣月浦有汛縣丞駐高橋有鐵路

常州府衝繁疲難隸常鎮通海道順治初因明制縣五雍正二年總督查弼納以蘇松常賦

重事繁疏請太倉等十三州縣各析爲二析武進置陽湖無錫置金匱宜興置荆溪東南距省治二百八十里廣一百六十里袤一百八十里北極高三十一度五十二分京師偏東三度二十四分領縣八

武進 衝繁疲難倚府西偏西北黃山閶山昆陵江西北自丹陽入東南至桃花港入江陰運河循城流遶奔牛鎮入丹陽驛湖北受運河西受漕溧洮湖諸水滙爲湖又西溢爲大圩蕩南與湖塘河會入宜興鎮三奔牛齊城阜通西埠孟河鎮村有汛一驛昆陵奔牛孟河巡司二有鐵路

陽湖 繁難倚府東偏雍正二年置以縣東陽湖名東芳茂山東北舜山南太湖有馬蹟山舊置築有汛運河自無錫運厂堰咸賦壅北商河水合舜河水東西分流入之戚墅港合宋建湖至白蕩歧爲三一東入無錫達閶江一黃堰河達百瀆一薛堰河達下埠並入太湖其武進支津日宜荆漕河一日西蠡河西南流會滆湖水並湖行入宜興一鎮橫林馬蹟巡司一有鐵路

無錫 衝繁府東南九十里北九龍山西舜山錫山其東惠山有泉太湖西南又東溢爲五里湖南出爲長廣溪西巡吳塘門仍入太湖運河東南自長洲入夾城流東納漕河即白塘圩支津出江陰首受大江北流逕高橋與之合鎮一潘封一驛錫山清甯有汛高橋巡司一有鐵路

金匱 繁難府東九十里雍正二年置以城內金匱山名東北有斗山膠山北橫山南夾山前山運河東南自長洲入常昭漕河首受太湖東緣長洲界左與無錫分岸環城入之又分流南北入常熟江陰又自東亭原而西爲百瀆港東流會於鵝眞蕩與長洲錯一鎮望亭黃埠墩有汛巡司一有鐵路

江陰 繁疲難府東七十里江蘇學政駐光緒三十一年裁北君山東北綺山定山黃山東馬鞍山陽江與天生港對有礮台北大江西自武進入漕河首受江水逕四河口入無錫惠天河分漕河水屈曲流還華墅東南爲南長河橫河城東至澗港北入江有寄草蕩尾諸沙鎭三協會夏港中港沙洲楊舍有汛顧山巡司一

宜興 疲難府南一百二十里東北有邑山羊山東北金鵝羅科山西大坯山北屬湖與武進陽湖錯受長蕩湖水其支津湖塘河自武進入歧爲二至吳瀆口入於太湖縣東有東氿西氿金壇溧陽諸水會之漕河北與二氿合滙爲羊山諸蕩又東北爲橫蕩逕百瀆港入太湖一鎮楊巷和橋有汛縣丞駐鐵溪下邾巡司二

荆溪 疲難府南百二十里雍正二年置南荆溪縣以此名南白雲茗嶺君山啄木嶺西芙蓉山國山三國吳天璽元年封禪爲中嶽有摩里右罩峰相總不一名東銅官山西南章山東南茶山閘山瀕太湖東西二氿與宜興錯楊巷河文定港水分流入之其南沙河自溧陽鮎步流並滆湖東南蜀山河合川步水東歧爲瀹塘並注之又東至大浦口其南蓮花蕩自胡汶匯諸山水至烏溪口並入太湖徐舍有汛湖汶張渚巡司二

靖江 難府東一百五十里東北孤山南濱大江西自泰興入東張黃港右與江陰分岸又東逕縣南入如皋港口入逾東歧爲界河析南至張黃港復合港南紫氣河[illegible]洑深洪海船入江處界河自港北環縣流西遶界港入於江西有團河鎮三陳阜生祠新豐市新港巡司一

鎮江府 最要衝繁疲難常鎮通海道治所長江水師提督京口副都統駐順治初設鎮海將軍乾隆二十八年裁 順治初因明制縣三雍正八年以江甯府之溧陽來屬光緒三十年又設太平廳隸府東南距省治三百七十里廣二百十里袤一百三十六里北極高三十二度十二分京師偏東二度五十七分領廳一縣四

太平廳 簡府東七十里光緒三十年置設撫民同知治太平洲江中

丹徒 衝繁疲難倚西北金山臨江有中泠泉北北固山焦山江中南北與象山連城洲對又東圌山五峰山陽江與高橋對晉設礮台大江城北運孩溪復南繞圌山分支爲大小夾江有實晉天福補沙諸洲運河南自丹陽入逕雩山西洪山東折西環城北流所謂南運河鐘鰻渡江入伊婁河至邦濤爲北運河並入於江橫越閘有閘官西高資河東西與新開河合河爲乾隆四十五年巡撫吳壇濬出排灣西經高資入句容商埠縣北二里外國互市租界咸豐十年英法條約長江三口之一有新關常鎮道監督鎮五丹徒高資諫壁大港辛豐朱家圩有汛二驛京口炭渚京口有驛丞裁高資安港丹徒巡司三有鐵路

丹陽 繁疲難府東南七十里東北有九鹷山大江北自丹徒播爲夾江運姚家橋入東與江合運河東南逕七里橋漕河會之又西南播爲香草河簡瀆河環城流入於江包港東北導運河水興夾江合北有練湖鎮二呂城延陵一驛雲陽呂城包港巡司二有鐵路

金壇 疲難府南一百六十里西茅山一曰三茅峯南長蕩湖與溧陽錯古洮湖也漕河環城爲濠南會於白龍蕩又南受湖水入溧陽薛步水出薛週鎮東流分爲二一入漕河一南與漕河步入於湖東有錢資蕩湖溪巡司一裁

溧陽 繁疲府南二百四十里雍正八年來隸西曹姥山鐵冶山一日鐵峴北溶山峙洮湖中湖與金壇錯三塔蕩西南溢爲昇平蕩前馬蕩水出溧水廬山合高淯諸水東逕爲蕩入中河東南流與漕河合古中江也五代楊行密築五堰江自是不復東禹蹟中瀝矣鎮三舉善璧橋廣道

清史稿

地理志六

安徽

安徽禹貢揚及徐豫三州之域明屬南京清順治二年改江南省置鳳陽巡撫及安廬池太巡撫兼理操江軍務并統于淮陽總督六年俱罷十八年設江南左右布政使以左布政轄安慶徽州甯國池州太平廬州鳳陽淮安揚州九府暨徐滁和廣德四直隸州駐江甯康熙元年始分建安徽爲省治復置巡撫駐安慶三年江南分一按察使來治五年割揚州淮安徐州還隸江甯右布政六年改左布政爲安徽布政使司雍正元年以兩江總督統治安徽江蘇江西三省二年升鳳陽府屬之潁亳泗三州廬州府屬之六安州爲直隸州十三年潁州升府亳州復降屬潁乾隆二十五年安徽布政使亦自江甯來駐東至江蘇溧水西至湖北麻城南至江西彭澤浙江遂安北至河南鹿邑廣七百三十五里袤六百六十六里宣統三年編戶三百一十四萬二千一百八十四口一千六百二十一萬九百五十二共領府八直隸州五屬州四縣五十一 其名山靈皖黃九華陵陽敬亭其大川大江皖涇樅陽巢湖淮潁渦滁滄西肥北肥洪澤湖航路東達江蘇西達江西湖北驛路自安慶北逾北峽關渡淮達江蘇徐州自江心驛東南出清流關達江浦自桐城西南達湖北黃梅鐵路擬設蕪甯路電線

安慶府 衝繁難安廬滁和道治所巡撫布政提學提法三使巡警勸業道同駐 順治初因明制屬江南左布政使司康熙元年始分建安徽省十四年設提督轄上江營汛十八年省提督併入江南乾隆二十五年移左布政使來治嘉慶八年以巡撫兼提督轄二鎮各標西北距京師二千七百里廣四百五十里袤二百七十五里北極高三十度三十七分京師偏東三十四分領縣六

懷甯 衝繁難倚東北大龍山西皖山柏子西北獨秀山大江自望江入逕城南而東北出趙池口又東北入無爲皖水入潛山入會長河逕石牌港入江北黃麻河一名黃馬河自潛山入會沙河高河達桐城爲練潭河西北井田河上達練潭西冶塘湖由皖口入江東北長楓港引蓮湖槐湖水入江卽古之長風沙也碎石嶺汛二石牌鎮汛一長楓三橋二鎮巡司各一一驛練潭商埠瀆江

桐城 衝繁難府東北百二十里東北浮度山北峽山一名北峽關與舒城界西挂車北龍眠山有水流爲龍眠河入松山鴨子諸湖東南大江自懷甯入東流逕縣西南練潭驛爲練潭河雙河出縣東二派合流爲孔城河與東南長河白兎河俱入洓潭河至樅陽入江三道巖關縣西咸豐十年重築六百丈北峽關練潭鎮馬踏石巡司四驛二陶冲呂亭

潛山 衝繁府西北百二十里北灊山一曰皖山又名天柱漢武帝登灊禮天柱號爲南嶽即此道書所謂第十四洞天也潛水今名前河源出公蓋山西流爲開源澗東南流逕城北東合皖水出公蓋山東逕烏石波至城東崩河合潛水南王石牌市與太湖東諸水會逕懷甯入江東北昆侖山沙河出會黃馬河入懷甯吳塘堰歷代開以灌田康熙十一年修治天堂砦後部河所出有巡司一一驛青口

太湖 衝難府西北二百二十里東馬頭山南新寨香茗西北龍山北珠子山有關西與英山界太湖舊與小湖五並埋東北銀河自潛山入爲後部河右合羊角河爲龍灣河匯南陽青石棠梨羅溪諸河爲馬路河環城而東折東北仍之後部白沙巡司各一一驛小池

宿松 衝難府西南百六十里東北嚴恭烽火東南海德西南得勝山大江自湖北黃梅入流逕小孤山元立鐵柱于上名海門第一關分流東下入望江二郎河一名揚溪河承雷水南流入望江北三溪河自湖北蘄州黃梅分入合於隘口南流入江東北舊縣河出白崖諸山合剔橋河入望江之泊湖東張富池會大小泊瀠湖龍南蓮若湖白湖棠梨小黃三湖趨於泊湖又南龍宮湖大官湖均東連泊湖成巨浸有便民倉鎮南北墟倉貯此有歸林灘鎮舊置巡司裁其復興涇江口二鎮有巡司二一驛楓香

望江 衝府西南百二十里西北大茗小茗對峙東屬河山西麒麟山北寶珠山南大江自宿松入瀠城緣娥眉洲東北流至華陽口納泊湖泊湖受宿松浮湖茅湖諸水合流爲楊溪河即雷水也雷港明時瀝今從華陽鎮入江鎮四蘇家吉水香新溝又華陽雷港游擊駐有巡司雍正中自楊灣改一驛雷港

廬州府 衝難隸安廬滁和道明廬州府屬江南 順治初因明制改二州六縣屬江南左布政使司康熙六年分隸安徽省雍正二年升六安爲直隸州以英山霍山二縣改屬餘仍舊南距省治四百六十里廣二百二十里袤二百一十里北極高三十一度五十六分京師偏東四十七分領州一縣四

合肥 衝繁疲難倚東龍泉青陽東北大小峴山西南紫蓬東浮槎東南四鼎山一名四頂山東巢湖一名焦湖延袤四百餘里中有三小山曰桂曰姥曰孤港汊凡三百六十納衆水而南注之江東店阜河南派河三汊河皆入焉肥水逕雞鳴山淮水東與之合縣名昉此東逍遙津梁園鎮西盧鎮關梁園青陽官亭巡司三督糧通判一縣丞一驛五護城金斗店埠派河吳山廟

舒城 衝繁府西南百二十里南春秋山華蓋鼓樂西南龍眠七門山東巢湖與合肥廬江巢分界縣境諸水舉滙於此龍舒河源出縣西孤井東流會石塞河流逕七門堰又逕城南入巢湖上七里河在縣西九里西山諸水所滙逕南溪入巢湖其在縣七里者爲下七里河上接南溪下遶巢湖七門堰在西南七門山下有三堰一烏羊二千功三槽檀也南北峽關西陽山桑上陽鎮有汛曉天鎮巡司一驛二三溝梅心

廬江 簡府南百八十里東北冶父山西北冷水關兩山夾立如門東梅山西礪山耶家東南攀山東北巢湖西納三河迤東金牛濟野諸水滙爲其南白湖南逾爲復湖西播爲黃陂湖滙縣河及作枋河東出爲青甯河由無爲入江西南高子水南羅昌河並入桐城冷水關有汛一巡司一驛一盧江

巢 簡府東北百八十里東東山濱江爲險東南七寶山西北萬家山西南巢湖舊居巢地後陷爲湖因各縣境諸川多自此導流濡須水自湖東口流逕城南一名天河水東流逕東北亞父山南又東南逕七寶濡須兩山間亦曰東關水入無爲濡溪河之自巢湖導流逕縣東合芙蓉水下流會濡須水西柘皋白露巧溪花塘諸河皆入巢湖拓皁有汛巡司典史各一二驛高井鎮巢

無爲州 繁疲難府東南二百六十里界城內紫芝山東北偃月卽濡須隝東西有二關西南三公九郟西孤遊北青檀南太江自桐城入爲石炭河口又東北青甯水自盧江入爲西河合鵝毛永安直皁是爲泥汊河口又北神塘河口又東逕北蟂蟂山其西獺濡入和北有濡須水自巢湖緣界逕七寶山又東爲黃洛河合州河逕河及馬腸與龍河入含爲裕溪有汛黃洛泥汊奧龍土橋巡司四

鳳陽府 衝繁疲難分巡鳳潁六泗道治所元濠州明初升府日臨濠洪武二年爲中都六年改中立府七年更名鳳陽屬江南 順治初因之明制領五州十三縣屬江南左布政使司康熙六年分隸安徽省雍正三年升潁亳泗三州爲直隸州分潁上霍邱屬潁太和蒙城屬亳盱眙天長五河屬泗十一年分壽州置鳳臺縣十三年潁州府以亳州及所隸二縣屬之乾隆二十年省臨淮入鳳陽四十二年省虹縣入泗州南距省治六百七十里廣四百二十八里袤四百八十里北極高三十二度五十五分京師偏東一度十二分領州二縣五

鳳陽 衝繁疲倚明始析臨淮置尋又割虹縣地益之爲府治國初廢臨淮縣省入北鳳凰山府以此名東北鳥雲山出鐘乳淮水自壽州入逕城東北流入泗州濠水出城南有二源至昇高東有巨石絕水即古濠梁一名石梁河東北入淮渦水自蒙城入逕城西北入懷遠西龍子河源出南山滙爲湖逕長淮關入淮北沫河上承諸湖逕城東北入淮日沫河口東溪河一名大溪河即古黃溪也東月明湖北流入淮東北花園湖東北洪塘湖東南明孝陵在縣西南有城衞順治七年改設左衞守備一西北長淮關東北臨淮關鐵路所經臨淮鄉徐家橋溪河集蚌埠小溪有溪河集縣丞一蚌埠鎮主簿一臨淮鎮巡司一驛三王莊濠梁紅心縣東南有鐵路

懷遠 疲難府西北七十里北荆山東南塗山南平阿山淮水自鳳臺入逕縣東過剃塗兩山間會渦濠沙潤諸水合流入泗州北潁水自蒙城入至縣正義村滙爲且漫下流入盤塹淸濟自渦陽龍山湖東南流合十湖天堰諸水至縣北會渦水而水始大舊自靈璧南至沫口河入淮渦水自鳳陽入逕城北東入淮謂之渦口南洛水北流入淮亦名洛澗沙水自鳳州入經剃山南入淮上窯龍元集有主簿一洛河巡司一

定遠 衝繁府南九十里西北橫澗山東爐橋南池河自巢入東北逕盱眙入淮謂之池口西洛河上承苑馬塘即澗水支流二河俱入於淮茨河從西至逕城南會淮水岱山鋪有汛滇橋主簿一池河巡檢一驛三定遠張橋永康鎮縣東有鐵路

鳳臺 繁疲難府西南百八十里明省入壽州治雍正十一年分壽州城東北隅增置西北八公山東北紫金山南淝水自渦陽入歷潁上由峽口西入淮西淝河一名夏肥水自合肥入至肥口入淮白龍潭順家橋石頭埠劉家集闞疃集有汛蝎蠣集巡司一驛二太行丁家集

壽州 繁疲難府西百八十里壽春鎮總兵駐城北八公山在淝北南亦名北山峽石山西北夾淮爲險在西岸爲峽石在東岸壽陽山西北淮水自霍邱入逕正陽鎮潁水流合焉謂之潁口又東至城北淝水流合爲謂之淝口亦謂之淮口又東北流入懷遠淝水凡三在州境者曰東淝河在州北源出合肥鷄鳴山北流分爲二一東入巢湖一西北流至州入淮乃淮南之淝水西北潁水自潁州入入淮名潁尾淠水自潁州入北流達於淮卽泚水也正陽關瓦埠有汛鳳陽通判駐有稅關正陽鎮巡司一驛四正陽關安豐塘店瓦埠

宿州 衝繁疲難府西北二百三十里西北相山西石山西北土山西北諸陽山一名睢陽山在睢水之陽北淮水自河南永城入南澮水一名澮水今名澮河亦自河南永城入經靈璧東南入泗州五河東南沱水出州東南紫蘆河東流入靈璧分二泒至泗州復合由五河入淮即汝水也又北肥水出州西龍山湖本入渦今入淮西南泡水源出亳州舒安湖流逕殷臨渙城與澮水合東南解河亦東流入澮河一名蟹河睢水州北自河南入逕相城故城合濟水及津湖水過陵子湖崔家湖入泗州宿州營原設都司一員乾隆初改守備嘉慶十一年又改都司龍山百善有分防營汛二有衞南平集鳳潁捕盜同知一州判一

時村集巡司一驛四大店屯濉睢陽百善城外有鐵路

靈璧衝繁疲難府西北百八十里本虹縣靈璧鎮宋始置縣明屬宿州清初降宿州同隸鳳陽治西南齊眉北磬石西鳳凰山北黃河自江蘇徐州入東南入睢甯即古泗水北祀水自懷遠入澮城南千鳳陽洙河口入淮澮河汴水沱河皆自宿州入運縣境下流入泗州北小河上流即淮水亦自宿州入又東入江蘇寓睢東有石湖北有穰家湖土山湖雙興鎮州同一固鎮有汛巡司一驛一靈璧

潁州府繁疲難隸鳳潁六泗道明潁州屬鳳陽府順治初因明制與潁上太和二縣俱屬鳳陽雍正二年升直隸州改隸安徽省以潁上霍邱來屬分太和屬亳州十三年升府增設阜陽縣降亳州及所隸太和蒙城二縣來屬隸東南距省治八百四十里廣二百一十里袤二百二十里北極高三十二度五十八分京師偏西三十二分領州一縣六

阜陽繁疲難倚西七旗金牛嶺縣西南仁勝閘南安舟淮水自河南固始入來逕城南三河尖入鳳陽潁水自河逕城南璧封北東流茨河洛河來入之北沙河承太和諸湖水赤來會西柳河承小汝河白洋湖諸水並納於潁東南流至洙河口逢於淮西舊黃河原椰城北合潁水自河徒度邑茂流逢絕西北沈邱鎮即古寢邱巡檢一包家寨永安鎮西洋集驛口播有汛王家集通判一縣丞一一驛橋口

潁上疲難府東南百二十里西南黃崗東南墾崗北管谷西南淮水自阜陽入合淸河大潤河壬西正陽城折東北八里垛潁水自潁州入逕漢慎縣合烏江水又東南合樊家湖王城東又東南石合老梧岡湖來會潁謂潁尾也又東北入鳳臺其北花水潤保濠濟水入鳳臺入里垛有汛一驛甘城

霍邱繁疲難府東南二百九十里明屬壽州雍正初改隸潁南九仙九丈潭西長山三山柏遶西北臨水山淮水自河南固始入西南史家河自六安入逕葉家集鯖固始俟入合曲河王三河尖來會又東合業水逕義城廢縣分減河津河入鳳臺湖河亦入淮葉家集有汛洪家集三河尖二巡司開順集巡司典史各一

亳州衝繁難府北百八十里明初降爲縣導復故屬鳳陽府雍正十三年仍降屬州來隸西渦河自河南鹿邑入北馬尙河合流入裏城馬尙河在城北自河南商邱汴河分流逕州境包河來沱之下流入渦其支流入河南永城謂之澮水南淝河自河南鹿邑入流至州境孟家橋東流逕城南入太和又逕州之龍德寺入阜陽即夏肥水也西北義家湖花馬渭東南百尺濠崎入渦東義門鎮龍德寺集鎮家集有汛州同一駐丁閭寺集

渦陽衝繁難府東北二百七十里同治三年割阜陽亳州嶺城及鳳陽府之宿州也增置南雲夢山東北龍山北石弓山北淝河自亳州入諸爲白湖窪又東入蒙城渦河亦自亳入會五瀆瀆龍鳳瀆枝濟銀瀆金瀆諸水始大東南流逕蒙城遶懷遠入淮西南蔡湖蒲亦入渦東南西洋有汛西北義門集巡司一

太和繁疲難府西北八十里明屬鳳陽雍正間改隸潁北爲壽山沙河自河南沈邱入逕城南遠亳州入潁即穎水上流東北爽河自河南鹿邑入又東南入沙河故沙河亦蒙茨河之名其支流爲宋塘河流逕宋王城入穀河穀河自西北臥龍岡分流入茨銘河從之南柳河舊黃河支流也上通河南項城下達穎州合城西舒陽河入沙河脊泥淺有汛洪山巡司及典史各一

蒙城繁疲難府東北百八十里順治初屬亳州雍同太和改隸潁西北祀山張山北檀城山渦水自蒙城入逕城北再折而東南流由懷遠渦口入淮北淝河逕城北板橋集入鳳陽雙潤集有汛

徽州府繁疲難隸徽甯池太廣道明徽州府屬江南順治初因之屬江南左布政使司康熙六年分隸安徽省西北距省治五百七十里廣三百九十里袤二百二十里北極高二十九度五十七分京師偏東二度四分領縣六

歙縣繁疲倚南紫陽山東門政山西北黃山山西北舊名黟山盤亘三百餘里浙歙饒池諸山皆支脈也豐樂水出黃山流至城西合揚之水揚之水自績溪入達城西名練溪一名徽溪南達歙浦謂之浦口爲新安江上流下至浙江建德與東陽江合爲浙江上源歙浦在縣南練江漸江合流於此又南昌溪北洪武水皆足漑田明初設課稅局肇置巡司今廢阮溪司黃山街口渡巡司三驛一歙縣

休甯繁疲府西六十里北松蘿東萬安山西白嶽西北率山率水出其陽水南下而西流者會於彭蠡北水分二支一出梅溪口入祁門合字溪水一出彭渱阮口會流至縣西江潭合浙溪水流逕南港東港會於率口入歙浦其下流爲新安江南汊水出白際山與浙鄣水嶺源水合流繞縣南岐陽山下因名汊水又北流入浙溪西白嶺溪源出黟縣吉陽山合夾源夾溪二水逕縣南與南港東港合流入屯溪屯溪縣東南爲茶務都會緝捕同知駐此太置鎮巡司一驛休甯

婺源繁疲府西南二百四十里北浙源山浙溪出下流入休甯梅源水出西梅源山合武溪婺水出西北大廣山南會斜水入武溪武溪水出北過嶺下下流逕江西樂平入鄱陽湖縣境之水出自縣東及東北者會流於汪口之西爲北港出自縣北者會流於濟華之西爲西港北至武口二水合流繞城而西又西南流入江西德興下流注鄱陽湖項村巡司一驛婺源

祁門疲難府西百八十里西新安東北祁山北大共亦大洪巡司駐大共水西流合武亭及禾成嶺水至秀溪谿溪下闐門灘會大北港水注倒湖入江西浮梁西武陵鱅溪二水東南王公峯山西南新安盧溪二水皆入大共大洪巡司一驛祁門

黟縣簡府西北百四十里縣以黟山名即今黃山也西南林歷東北吉陽吉陽水出一名黟水西南流北牛泉山水東南來注之又東南過嶂瀨至白茅渡會橫江水橫江水南出武亭山章水自東南流縣西來合之至魚亭口會魚亭山水復東流合吉陽水入休甯西西武陽捿祁門界一驛黟縣

績溪疲難府東北六十里唐始分歙縣地東大障山一名玉山海經三天子鄣山即此東北徽嶺山其山四合中一徑通甯國舊有徽山關具下巧溪亦名揚溪流爲揚之水分二支一北流入甯國一南流至大屏山孔溪水徽水來注之東北大障山水會登水合爲臨溪又西會上溪水入練溪東績溪源亦出揚溪與徽水交流如績縣名昉此西北太平鎮有徽嶺關滋寨巡司一驛績溪

甯國府繁難隸徽甯池太廣道明甯國府屬江南順治初因之屬江南左布政使司康熙六年分隸安徽省西北距省治四百三十里廣二百二十里袤三百三十五里北極高二十度二分京師偏東二度十六分領縣六

宣城繁疲難倚響山縣南城內陵陽山城北隅敬亭山南響山東南華陽山盤亘宣涇甯旌四縣華陽之水出焉東流逕魯山爲魯順水又東北流爲魯溪會句溪宛溪雙溪北流入青草湖復合南湖慈溪出蕪湖入江東北有大南碕小南碕湖又綏溪一名白河納廣德建平諸水入南湖西青弋江漢志爲青水一名冷水自涇縣入瀘西南境諸水東北流會太平黃池河入蕪湖北灣沚河有鎮今爲鹽埠漕運並會此其水出揚青口亦會黃池河西青弋關水陽鎮巡司西河楊柳舖沈村井有汛一驛宣城

甯國簡府東北九十里南鳳山東銀山南離從山徽水自績溪入合仙人洞蓮嶺滑渡葛村龍潭諸水是爲西溪又東北流合東溪東溪出浙江天目山入縣境合湯公山博里溪塘千頃山洋丁山諸水流爲杭水北受宣城柏梘溪水是爲句溪上源岳山湖樂二巡司一驛甯國

涇疲難府南百里西南石杜東北鎮山北琴高西南盤山南涇水自旌德入北流一名繖溪納楓村小溪諸水北入岩潭輿賞溪合賞溪上源爲舒溪麻川二水相合出麻口入縣境會烏石水藤溪北流至城西南納烏溪西阮水鎮溪水又北逕馬頭山蘆塘入青弋江琴溪東北受曹溪丁溪水輿賞溪合南花林方村二水並入賞溪東南有蘭石鎮黃沙鎮縣丞一駐查村茹麻嶺巡司一一驛涇縣

太平疲難府西南二百二十里唐析涇縣地置西龍門南黃山麻川出其麓舆舒溪合流入涇之賞溪梅溪水出縣北三門山合麻川爲麻口又有瀘譚二溪水亦同注麻川浮邱垣譚家橋有汛宏潭鎮巡司一驛太平

旌德繁難府南二百二十里唐永泰中始析太平縣置東南大鰲石島北石璧西南蛟山大井敞水自績溪入南合清潭嶺溪水自東溪來汜又合績溪之龍頭水北過石壁山輿抱鰈溪玉溪水合是名三溪北至龍首山入涇縣爲涇水上源抱鰈溪源出黃華嶺東流輿陶墳溪豐溪合亦曰三溪陶環溪即玉溪也有分防營汛一三溪鎮巡一驛旌德

南陵繁難府西九十里南呂山有泉涌出即淮水之源也南流至孔鎮浦與漳水合爲澄清河繞城東流爲東溪一名浣溪縣南越嶺諸溪水皆滙焉又北受籍山後港濬橋諸水爲小淮河壹入蕪湖石碣渡入青弋江西港源出玉山朔陵之南合諸水北流自西南水門人城繞治前過東市日中港其出城西北水門者日後港鵝嶺鎮巡司一一驛公館

池州府衝疲隸徽甯池太道明池州府屬江南順治初因之屬江南左布政使司康熙六年分隸安徽省西北距省治一百二十里廣三百七十里袤二百三十五里北極高三十度四十五分京師偏東五十九分領縣六

貴池衝繁倚西南大雄山東碧山南濱湖大瀛西烏石大江自東流縣界逕縣北至吉陽河北折至大通河入銅陵西貴池水一名池口河北通大江古渦鎮口大通河東北與銅陵界梅根河自青陽入至縣東關龍山洛五埠河口合雙河北注大江一名梅根港又曰錢溪爲歷代錢鑄之所東北淸溪河灄出湖灄者爲上淸溪出南女儇山者爲下淸溪俱東北爲入江西南秋浦西北池口鎮黃湓鎮縣巡司一殷家滙汛一池口驛一李陽河鎮巡司一驛湖村縣丞一

青陽衝難府東八十里北青山西南九華原名九子山僞棒水出流入貴池大江通北百里濱江有鎮日大通驗茶所集西五溪出九華山合流北匯爲大通河臨城河亦西流會於大通河南博山河三溪河七溪河均下流入石埭東南陵陽鎮有巡司五溪汛一驛青陽

銅陵衝繁府東北百二十里東銅井杏山北鵲頭山古名鵲頭皮西雲門南伏牛石耳西南大江自貴池入合大通河大通河別派滙縣南之車橋湖至大通鎮入江北天門水出天門山由縣東北至荻港達江爲境內荚水合流入江之口滙而爲河縣東湖城所出之順安河來合爲西接鳳心鏞北接黃河鳳心橋河會東湖西湖水遶荻港黃滸河東北自南陵入西流合荻港樓鳳湖在縣東南源出儀鳳嶺下流通鳳心橋西南和悅州一名荷葉洲汛一蘆有大通舊水師駐此池太分防同知一大通鎮巡檢一驛一銅陵

石埭疲難府東南六十里西龍西子雨蓋南善山慈雲北陵陽池口河源出西山西流綱河會蒼華潭爲秋浦貢溪水西來入之西管溪源亦出樓山至管口入石埭鄉與大洪嶺水合西南鴻陵溪西北流合舒溪自太平西北流入縣西舒泉鄉合縣南之余溪前溪縣北縣西之後溪嶽溪西南之船溪東入太平縣西有亘石三橫亘溪中曰頭埭中埭下埭縣名以此有汛一驛一石埭

建德簡府西南百八十里治白象山龍南玉峰南豐西南梅山東南民木嶺黃盈河出焉東流入貴池前河出東南石門嶺匯爲宮池後河出石門別嶺亦名石門溪一曰南河流至雙河口輿貴池西溪水合入東流南龍口河縣南遶江西饒州府之鵝山湖南永豐鎮有汛一巡司一

東流衝疲府西百八十里南馬當山檳枕江流陰安慶宿松江西之彭澤皆以此山爲界西北大江自馬當東北流逕香口香陽諸鎮至黃湓河入貴池城西江口河南東流河香口河下流香入江南黃金白洋二湖東大演湖亦皆入江黃石磯東北漢江管河鎮明置巡司今移駐青陽鎮張家鎮舊有河泊所雁汊鎮吉有巡司今曾籤廢有汛驛一東流

太平府衝繁隸徽甯池太廣道長江水師提督駐明太平府屬江南順治初因之屬江南左布政使司康熙六年分隸安徽省西南距省治一百九十里廣九十里袤二百一十里北極高三十一度三十八分京師偏東二度三分領縣三

當塗衝繁倚南凌家慨山南東南青山龍山北梁石山一名牛渚西博望山即天門山又名東梁山與和州西梁山夾岸對峙大江自紫昌荻港入過東西梁山繞城北而東下梁石入江南學東南丹陽湖東南再東則固城湖石臼湖總名三湖衡甯池廣及江甯之水匯南流入蕪湖是爲姑熱溪上源新溝東南引姑熱水入城濠中軍守備駐此黃池河自宣城入受丹陽南入之水西北流合夾河入江烏溪黃池鎮金柱關有汛池太分防捕盜同知一管糧通判一縣丞一梁石大信巡司二一驛采石

蕪湖衝繁府西南六十里東北額山色純赤古丹陽部因此得名西南驪鳥山一名孤圻山對岸孤立爲鳩磯大江自繁昌入逕城爲中江故道南魯港上承青弋江下併高淳東壩之水入江西南蕪湖自丹陽湖南支分流合青弋汛及五丈路西鋪湖之水西流逕城南爲長河北入江東匯櫓河即長河分流入當塗合大信河東南天成湖赤丹陽湖下流所匯流達長河徽甯池太廣道監督工關紗關駐江口蕪湖梁石有汛繁湖關南埠咸豐八年開河口鎮巡司一驛魯港

繁昌簡府西南百三十里南磁山一名隱居山西北鳳皇東北三山磯大江自銅陵入逕城北而東過蕪湖當塗入江南界合黃滸河匯於荻港入江東小淮水南陵入會城河入蕪湖一驛荻港有汛河口鎮三山司荻港巡司三

廣德直隸州繁難隸徽甯池太廣道明初廣興府置縣曰廣陽尋降州直隸江南順治初因之屬江南左布政使司康熙六年分隸安徽省西距省治五百九十里廣一百三十里袤一百六十里北極高三十度五十九分京師偏東二度五十四分領縣一西橫山東南桃花乾溪西北白茅嶺南桐山一名白石山桐水出南橫梗溪東南鯉溪溪會合縣北九斗川瀰出五花巖山匯諸山澗水西北流逕建平匯於郎川西玉溪繞城北合碧溪六瀨灘同入建平之南碕湖青洪山嶺嶺節渡有汛州判一杭村廣安巡司二

建平繁難州西北九十里西北鳳棲山五牙山南鎮山西南赤山桐水自州入逕城西入宣城爲白河川匯於江南之丹陽湖入大江成謝之白石水南碕湖受縣境諸水北入丹陽湖郎溪三峽蘇大二溪逕城西南匯諸山澗水入南碕湖白茅山有汛梅渚巡司一

滁州直隸州衝繁隸安盧滁和道明初以州治淸流縣省入直隸江南順治初因之屬江南左布政使司康熙六年分隸安徽省西南距省治五百五十里廣一百四十里袤三百一十里北極高三十二度十七分京師偏東一度五十三分領縣二州境皆山西瑯邪東南皇道西北淸流河所出一名北角河繞城至烏衣東合來安水入滁河其別出者爲白茅河逕城西北入淸流河滁河東南自全椒入合滁水淸流日三汊河口下流入江蘇六合大沙河自來安入匯西北諸山溪水至城東達淸流河小沙河源出西南菱山逕城西姓石灘澗以合淸流烏衣有汛大鎗鎮遞司一有鐵路

全椒簡州南五十里北覆釜山城跨其上西北桑根山有南隱中隱北隱南南巖東南九門一名徐陵山滁河縣南源出盧自合肥入至石瀆與襄水合入滁州襄水源出西北石臼山東南流合舊谷諸水亦至石瀆滁西南鄉湖居民引流資灌漑南六丈鎮鳳皇橋有汛一驛二大柳滁驛

來安衝州東北四十里西嘉山北馬嶺尖山東五湖山西北北信山來安水出五湖山逕縣東至水口鎮入滁州西北沛水有二源一出盱眙招信界橫下一出練寺山二水合而南流入州獨山水秋沛水皆由縣西北合流至瓦店河同入滁河東北白塔鎮有汛

和州直隸州繁疲隸安盧滁和道明初以州治歷陽縣省入尋復和州直隸江南順治初因之屬江南左布政使司康熙六年分隸安徽省西南距省治四百六十里廣一百八十里袤二百里北極高三十一度四十四分京師偏東一度五十一分領縣一西歷陽南梁山西北烏石山北夾山大江自無爲州入又東北入江蘇江浦西南柵山輿無爲州分中流爲界即古濡須口也白石水自含山西南來注之東南橫江南直梁石磯亦名橫江濡會閘帶河東流遶江南裕溪河源出巢湖自無爲入上承牛屯河入江東北石拔河芝蘆河穴子河皆入江東南當利濡一名河口大江之別瀆也州同一牛屯河逕司一裕溪新河口瓦藩溝有汛

含山簡州東六十里北大小峴山一名赤焰山西南白石山道書第二十一洞天也瀆須水出是爲東關口水自巢湖東流逕亞父山出東關口東南逕黃洛河又南逕運瀆河至新浴口會西淸溪河至壩江口同入大江一名天河東南銅城牐受天河黃洛河支流東至牐口分流一支爲牛屯河入州一支南出入三汊河練固鎮裕溪河鎮有汛巡司二運漕裕溪

六安直隸州繁疲難隸鳳潁六泗道明初以州治六安縣省入屬鳳陽府尋還屬廬州府順治初因之雍正二年升直隸州屬安徽省東南距省治四百四十里廣二百一十里袤二百二十里北極高三十一度五十分京師偏東二分領縣二東龍穴山龍池山輿舍肥界東南漢家山四顧縈立

南小同山西南闕山下臨津水津水一名白沙河源出霍山迤城西又北流入河南固始即沘水也西南青石河西三元樞河青龍河濟入淠東南合史河馬欄河流逕舒城桃城鎮入巢湖南濟水河源出齊雲山西北流入河南固始西南麻埠鎮鎮家集有汛和尙司馬頭汛二巡司一驛二六安椿樹崗

英山簡州西南三百六十里東英山縣以此名北雞鳴山南密峯尖三吳山西北多寔山西岐嶺通湖廣界英山河出英山有二源東曰東紅西曰西紅南流至城南而合會北潤水流入湖北蘄水南雞兒河亦由蘄水入江北鄉林關北西石門關亦險要也茅草畈有汛七引店巡司一

霍山繁難州西南九十里西北霍山又名天柱山亦名南嶽東復覽山西南四十八盤東南鐵爐山津水即泚水出泚山俗名太陽河北逕磨子潭右合中埠及雙河至天柱山西左合漫水及陸山桃源河又東北逕城西有灘台山其西六萬山又北合新店河槽皮瀨水入州東梅子關包家河有汛一上土市鎮巡司千羅畈鎮縣廢司

泗州直隸州繁疲難隸潁六泗道明屬鳳陽府尋復升直隸州以臨淮縣省入順治初因之康熙六年分屬安徽省隸鳳陽如故十九年州城圮陷入洪澤湖寄治盱眙雍正二年升直隸州隸安徽省乾隆四十二年裁鳳陽府之虹縣省入泗州爲州治泗州舊治在今州城東南百八十里自明末清口久淤舊黃河隄決黃流奪淮水倒灌入泗州境時有水患至清康熙十九年城遂圮陷于湖今州治即虹縣舊城東北距省治七百六十里廣二百九十里袤二百里北極高三十三度二十八分京師偏東一度二十三分領縣三北屏山下有湖南鹿鳴山東秦橋山有雙泉東北朱山上有聖水井下有峯山湖南淮水自鳳陽臨淮入逕五河入洪澤湖汴河自靈璧入東南入淮即漁蕩渠一名淩儀渠唐宋通濟故道睢河逕城北東流會安河淮南洪澤湖潼河在故虹縣西俗曰南湖河自虞安湖流逕五河注淮北潼水在今州北東流注路馬湖沱河在今州西南源出宿州紫蘆湖逕州東爲南沱湖州西爲北沱河二水合流入五湖又石梁河大井湖西合潀水過五河入淮施家崗有汛半城鎮州判駐雙溝鎮同知駐驛二泗水龍窩

盱眙疲難州南百里濱湖倚山無城郭康熙間泗州陷於湖乃寄州治於此後以虹縣省入泗州乃復爲縣如故東盱眙山縣以此名南寶積山北陡山龜山東南都梁西北洋山濱淮水故一名臨淮山淮河逕城北河洪澤湖與泗州中流分界自五河流入東北至清河口合黃河東北運河池河自合肥入北注於淮洪澤湖舊名破釜塘亦古洪澤鎮地昔人開水門入以資灌田自泗州陷入湖界日巨汪洋幾三百里延袤皖蘇二省南以老子山北以湖泊崗與江蘇桃源縣分界舊縣有汛一驛二淮原都梁

天長疲難州東南百五十七里南橫山冶山西望崗北紅山西北石梁河自滁州來安入隋爲湖北合德勝河又東接高郵與沙湖其分流爲樊梁溪白塔河自來安入合汊澗逕石梁鎮又東大河灣至城西右合白楊河東北諸爲丁溪湖播爲感藩上泊白馬沂洋諸湖其南秦欄河並入江蘇注瀘沙湖東北下河鎮北銅城鎮汊澗有汛一城門鄉巡司一驛安淮

五河疲州南百二十里南金崗西南翠栢西臥龍崗下有龍潭北陡山崗沱河水溢淮水在城東一里自故臨淮縣東北流逕此又東入州境滄河自靈璧入舊逕城南一里後水瀕沙淤徙於北滸又逕城西北合沱河又東入淮或謂之澳水東潼河自州入逕大井湖南至鐵鎖嶺入淮潀河在城南二里南湖在城南七里匯衆流而成流爲此河又東流入淮以上所謂五河也其交會處在城東二里謂之五河口西臨淮關有汛驛一五河

清史稿

地理志七

山西

山西禹貢冀州之域清初沿明制爲省置總督巡撫順治末總督裁康熙四年幷冀南冀北置雁平道雍正元年置歸化廳二年增直隸州八平定忻代保解絳吉隰三年增府二寧武朔平六年升蒲澤二州並爲府置歸綏道乾隆四年增置綏遠廳同知二十五年又以歸綏所屬地增置五通判歸化城清水河薩拉齊和林格爾托克托城與歸綏二廳並屬歸綏道二十九年裁歸化城通判三十七年吉州改屬平陽府霍州爲直隸州今領府九直隸州十廳十二州六縣八十五東界直隸井陘三百七十五里西界陝西吳堡五百五里南界河南濟源七百三十里北界內蒙古四子王部落草地一千一百里廣八百八十里袤一千六百二十里北極高三十四度五十七分至四十一度五十分京師偏西三度四分至五度四十五分東北距京師一千二百里宣統三年編戶一百九十九萬三十五口九百二十一萬九千九百八十七其名山管涔太行王屋雷首底柱析城恆霍句注五臺其巨川汾沁涑桑乾滹沱清漳濁漳鐵路正太驛道西達蒙古陝西潼關東北至京師宣綫達京師西南西安

太原府衝繁疲難隸冀寧道巡撫布政提學提法司巡警勸業道駐初沿明制領州五縣二十雍正中平定忻代保德直隸割十縣分入之尋興還隸乾隆二十八年省清源入徐溝距京師千二百里爲省治廣六百里袤七百里北極高三十七度五十四分京師偏西三度五十六分領州一縣十

陽曲衝繁難倚東北阪泉山西北崛嶇北梁鴻西南汾水自交城入逕冽石口左合場谷水折東南左合洛陰及石橋眞谷水水經注逕盂縣狼孟故城南者至城西北左合石河南社河又南入太原天門關石嶺關故交村二巡司駐王封鎮同知駐塲峪村楊興寨城晉陵井驛

太原衝繁府西南四十里西南尖山西北蒙山其南風峪懸甕晉水出爲東北乾山汾水自陽曲入左納澗河逕城東至南張村與合又西南入徐溝東洞過水自徐溝來西南流逕縣南仍入徐溝界

榆次衝繁難府東南六十里北羿山東南麓臺東北小五臺洞過水自壽陽入左納金河水注古涂水即水經注蒲水合八賦嶺鷹山水（今所謂大小涂水即水經注蒲谷水）之右合原過水（四派水唐貞觀中令孫洪引以漑田逕城南西南入徐溝其澗水入森谷又西入太原源過什帖二鎮鳴謙王胡二驛

太谷繁府東南百二十里南鳳皇山北壁谷東南鳳巢大峪大涂水出馬西北流入榆次西烏馬河自榆社入右合奄谷左咸陽谷水逕城北入祁象谷水即古蔣谷水入徐溝有馬嶺關杏林寨土薄駐范村鎮

祁衝繁府西南百四十里東南峴方績山侯甲水自武鄉入逕龍舟峪爲龍舟水又盤陀水西北爲昌源渠逕城北入平遙東北烏馬河自太谷入又西入徐溝子洪盤陀團柏賈令四鎮安寨盤陀二驛

徐溝衝繁疲府南八十里乾隆二十八年省清源爲鄉入訓導及巡司駐西壺屏山其北白石中隱汾水自太原入逕孔村至西堡東北洞過水自榆次入錯太原復入縣西左納烏馬及象河入爲故驛鎮同戈驛

交城簡府西南百二十里交城山北百二十五里相近羊腸西北狐突汾水自靜樂入逕火山村右合孔河折東入陽曲西北孝文山文水出會渾谷西谷屈東南左合酸水爲文谷水入文水界從之下流並逵之故交村巡司駐

文水繁難府西南百六十里西陶山西北熊耳西南隱泉東有汾水自徐溝入西南入平遙西北文谷河自交城入逕文谷口唐柵城廢渠在焉至城北又東南左合磁窰河步渾水折西南入汾陽有孝義鎮

岢嵐州簡府西北三百二十里岢嵐山東北百里一曰管涔逸西南蘆芽涉葉圩雪山東南直道村嵐滻水出東北右合黃道川三角城二水折西北逕城南又西逕大澗河左合沙河又西南逕巨麓山入興水峪關

嵐簡府西北二百六十里西南黃嶮山西野雞山蔚汾水出入興南赤堅嶺嵐水出東北逕桃尖山左合乏馬嶺雙松山水折東南入靜樂有東村鎮

興簡府西北四百里雍正二年隸保德州八年仍來隸東桃花山西南採林西北黃河自保德入東北嵐漪水自岢嵐入逕石樓山東南蔚汾水自嵐入逕合査山至縣西合南川水並入焉又南合紫荆山水入臨蔚汾合河二關皆要隘

汾州府衝繁難隸冀寧道康熙六年省明冀南道入東北距省治二百二十里至京師千三百八十里廣三百五十里斜袤三百二十里沿明制北極高三十七度十九分京師偏西四度四十五分領州一縣七

汾陽繁疲難倚西將軍山黃蘆嶺北謁泉東北文谷水自文水入循汾水故道右合原公金鎖關水至府治東爲文湖又南右納義水入孝義郭柵陽城二鎮冀村巡司駐有驛

孝義繁府南少東三十五里西上殿山西北龍門薛頡嶺古狐岐山禹貢治梁及岐其南盤重原勝水出焉俗名孝河會南川陽泉水逕城南而東東北文谷河自汾陽合義水入逕鹽鍋頭入介休溫泉鳳尾二鎮

平遙繁衝難府東八十里西北汾水自文水入逕長壽村東北侯甲水自祁入左合謁戾山嬰澗過湖魯潤超山中都及亭岡水入焉又南入介休上殿鎮洪善驛

介休衝繁府東南七十里南介山一曰綿山綿水出東天峻石河出又東石桐水出東北汾水自平遙入後先合之入靈石張蘭鎮同知駐義棠驛

石樓簡府西少南百八十里東南石樓山西九重西北團圓山黃河自寧鄉入合屈産泉古牧馬川復合溫泉即石羊水入永和

臨簡府西北三百二十里東南漢高山西南招賢馬頭河水左瀆自興入合紫金山水又南逕曲峪鎮入永寧其湫水亦自興入入逕赤堅山合連枝積翠黃龍漢高雲山凡十六水入焉又南入永寧有三交鎮

永寧州衝繁難府西北百七十里東九鳳鎮東北呂梁西圖斗南山西北馬頭河水左瀆自臨入東北赤堅嶺離石水出曰北川南步佛山合蘆子山水逕城西合東川納南川清水河入焉又南入寧鄉吳城柳林永安三鎮柳林方山堡二巡司玉亭吳城青龍三驛

寧鄉簡府西百四十里南雲集嶺北寧陽山東栢窯蕉山西南泉子清水河出北合屛風山水逕城東又西北入永寧黃河左瀆復入逕三交鎮合石口牛尾泉水入石樓有鋤鈎鎮

潞安府繁疲難隸冀寧道初沿明制領縣八乾隆二十九年省平順分入潞城壺關黎城西北距省治四百五十里至京師千三百里廣三百里袤二百七十里北極高三十六度七分京師偏西三度二十八分領縣七

長治繁難倚東壺口山東南五龍東北栢谷西南福泉濁漳水自長子入東南陶水出雄山北合八涑雞鳴山水右會淘清河入又北至秦村左會藍水右石子河入又西北北入屯留鎮四韓店高河大義西火分防同知駐大義鎮縣丞駐西火鎮驛二龍泉太平

長子衝府西少南五十里東南紫雲山羊頭西南發鳩山水經注鹿谷濁漳水出其東麓四晁池東會繳藍陽泉水逕城南右合堯水慈林水及梁水入長治西北藍水自屯留入逕河右會雍水亦入長治鮑店鎮縣丞駐漳澤驛

屯留衝府西北六十里東北良材山西北五巃西南盤秀藍水出其陽摩河嶺古絳水東入長子注濁漳至長治北流逕縣東入潞城今絳水出其陰東逕石田山左會高麗水又東北右合霜澤左三嶁山水逕城北右合疑水鷄鳴水乃古涂水逕余吾故城南純留故城北者鎮二寺底豐儀驛一余吾

襄垣衝府北少西九十里西南五讚山北五音仙堂西北紫巖東南鹿臺濁漳水自潞城入逕其北左會銅鞮水又北逕城東東北涅水自武鄉入右會臨水史水自左注之爲合河口入黎城鎮二東周下良驛一虒亭

潞城簡府東北四十里南盧山大禹東南伏牛葛井東靜林西三垂西北黃阜西南濁漳水自屯留入左合絳水交漳即禹貢降水又西北入襄垣至黎城錯入逕潞縣故城是濁漳有爲浸之稱又東復錯黎城仍入境東出馬塔口入河南涉縣西南有三垂岡東南有虹梯關即魯般門巡司駐鎮二神頭黃碾羊圈東平順鄉城鄉學訓導駐焉

壺關簡府東南三十里壺關山西北六里東北風穴山東馬駒麥積安公壺水出西北逕城北爲石子河左合清流河東南大王抱嶺又東赤壤其陰東井嶺淘清河出西北逕黃山並入長治嶺東五指河東南爲沾水逕紫閣山入河南林縣東有玉峽關馬坡鎮

黎城簡府東北百十里東南潞祠山西北積布嶠峪濁漳水自襄垣入東南逕縣珠山錯潞城復入左合黃須水東逕赤壁山仍入之東北纏屛清漳水自壺入逕吾兒峪古壺關在焉入河南涉縣玉泉水從之

澤州府衝難隸冀寧道初沿明制爲直隸州領縣四雍正六年爲府增附郭西北距省治六百二十里至京師千六百里廣三百四十里袤二百三十里北極高三十五度三十一分京師偏西三度三十七分領縣五

鳳臺衝繁難倚南太行山其顛黑石嶺其北天井關西南小口即太行陘馬牢東南陝石浮山北司馬東北丹水自高平入左合蒲水南逕高都故城東其南源澤水出西北二仙掌合搶河來會又南左納丈水逕入鱗疊石石人山白水合西沙河逕城南合鱗韓水大井溪右注之入河南河内西北吳山陽阿水出南逕蟠龍寨王山入陽城注沁水沁水復入入濟源發子鎮三積望欄車周村驛二太行星紹丞纂巡司駐星軺

高平衝繁府北少東八十五里北韓王山東七佛西髑髏浩山西南空倉西北發鳩漳水出其陰其顛鳳頭丹水北長源河白水右絕水寶泫水東南右合長平水逕城北又東南左合西東北至杜村右合五龍山水俗亦曰泫水入鳳臺東有四蒲米山陵川入從之東有石壁關西北有長平關二西驛北有丁豐野川時莊畜村長平二驛

陽城簡府西八十里西南王屋其東析城有三峰亦曰底柱漆水出東南莽山水出濩北源並入河南濟源東北沁水自其縣入左合史山河右合陽泉水東南逕南莊其潤河入爲南河右合鑾澤水逕閻家津右合桑林水左納陽阿水入鳳臺東南有白雲隘路通濟源縣境十七隘此爲最要東冶鎮同知駐

陵川簡府東北百二十里西南九仙山西北寶應聖宮山蒲水出屈西左會龍門山鳳山水入高平東北堯莊丈河出西南逕靈泉石繁佛兒水諸山入鳳臺東南王莽嶺源水出洪水村平田水出並河南輝縣南雙頭泉屈南逕瘦驢嶺入修武東北浙山淇水出俗浙水遷熊耳即沮洳山入壺關

沁水簡府西北百七十里西北山西南輔山東北隗山北大尖至河頭紫右合梅河杏河沁水自岳陽右會東河即水經黑嶺水又東南逕紫金山至端氏故城左合秦川及熊耳山水即水經注濩水又東南左合潘河入陽城西南鹿臺山瀧河出古陽泉水其南潤河並從之鎮四郭璧武安固安端氏端氏巡司駐

遼州直隸州繁隸冀寧道西北距省治三百四十里至京師千三百里廣三百三十里袤百七十里北極高三十七度三分京師偏西三度一分領縣二遼陽山城東三里東雲東南武軍城西寨山東北摩天嶺清漳水自和順入逕黃張鎮屈南右會西源西漳河爲交漳口左合箕山水（即洗耳泉東六十里此附會爲河南登封山）逕黎城東入河南涉縣至林縣興濁漳合長城黃張芹泉桐峪麻田韓王拐兒凡七鎮黃澤關之十八盤巡司駐南關驛

和順簡府東北九十里東北合山西南斷孤西北九京北麻衣清漳水自平定入逕石猴嶺屈折至城東南右會南源梁餘水又東南左合清水古黃萬水逕首陽山入州西南八賦嶺其西源遼陽河出其北轢山水經注轅水亦西漳水東南逕儀城鎮從之武鄉水出其南武山入榆社松煙寨湖馬嶺青城虎峪馬坊橫嶺溫泉凡八鎮賦嶺巡司

榆社簡府西九十里東南秀容山東清涼箕山北北泉東北武鄉水自和順入西逕其故城（北三十里即地形志榆社城）折南逕城西又南納縣之西川儀川等水入武鄉界西北黃花嶺烏馬河出焉西北流入太谷界北有馬陵關西有石會關雲簇鎮

沁州直隸州衝繁隸冀寧道西北距省治三百三十里廣三百二十里袤百三十里北極高三十六度四十一分京師偏西三度四十二分領縣二東麟山西堯山西南銅鞮西北伏牛逾東漳源鎮小漳水出左會花山爛柯山逕城西又南右合后泉上官泉至萬安山北右會銅鞮水入襄垣亦通目之郭村西陽二鎮沁陽驛

沁源簡州西少南百二十里西北綿山其巽名曰謁戾曰羊頭沁水出焉東南逕仁務山右會湝水左琴谷水至交口折西南逕城東合芹泉山水至南石左會青龍山水右西川大南川入岳陽栢子郭道宮軍三鎮

武鄉簡州東北五十里城東北轢山東南三原西麓臺西北侯甲山有分水嶺侯甲水出其陰北入祁涅水出其陽實水經注湯谷五泉水左會高砦寺河占白雞水逕城西左會武鄉水又東至城南左合南亭水折南左合鍋窰嶺

水入漳垣鎮二盤龍鳳鐙驛二權店南關

平定直隸州衝繁隸冀寧道初沿明制爲太原屬州雍正二年升仍領並割孟壽陽來隸嘉慶元年省樂平入西北距省治二百七十五里至京師八百七十里廣二百七十里袤二百九十五里北極高三十七度五十分京師偏西二度四十八分領縣二東皋落山東北蒙山東南松子嶺西南沾嶺冶水南源沾水出會小松鳴水東入直隸井陘其北甘桃河西北桃水自壽陽入陘保安河个潭陽泉水逕城北又東右合南川逕交原村左納文谷水至古承天軍左合畢發水並從之清漳三源北源出其西大要谷山海經所謂出少山者南入和順洞過水出其北陡泉嶺西逕馬尾嶺左合浮化山納木瓜嶺水水經注南路西入壽陽東有故關東北有娘子關並接井陘界爲要隘有正太鐵路一鎮靜陽二驛測石甘桃栢井樂平鄉城州判及鄉學教諭駐栢井巡司駐其甘桃鼓

孟衝州西北百里南石艾山東白馬東北原仇北牛道嶺韓沱水自五臺入逕其西右合烏河又東右合龍花河入直隸小山西南秀水出南上社合香水夾城東南從行千二百餘里下至天津入海東北黃安十八盤榆棗諸關並通小山東橫河槽通井陘並要隘芹泉驛舊設巡司後裁

壽陽衝繁州西百里初隸太原府雍正二年來隸北力山西北雙鳳翠山東桃源溝冶水北源桃水出地里志縣蠡水會片泉水東入其州南洞過水自州入至縣南過山西南要羅山壽水出東會黑水龍門河注之西入榆大石山太鐵路一鎮遂一驛大安驛丞兼巡司駐城

平陽府衝繁難太原鎮總兵駐初沿明制領州六縣二十八雍正二年蒲解絳吉隰直隸割臨晉二十縣分隸太平襄陵汾西尋復乾隆中霍直隸割趙城靈石屬之吉州及鄉甯復東北距省治六百十里至京師千八百里廣二百七十里袤百八十里北極高三十六度五分京師偏西四度五十六分領州一縣十

臨汾衝繁難倚東南浮山北有汾水自洪洞入東南橋水自浮山入逕其東左合金水河右湧水注之南逕城西有姑射山一名平山平水東注之其南出者並入龍陵西北分水嶺大東河出入蒲泊莊峯山二鎮建雄驛

洪洞衝繁府東北五十五里東九箕山霍山北有汾水自趙城入逕城西右合北澗屈西南左納南澗右婁山禹門山水入臨汾郭鎮晉潤驛

浮山衝府東少南七十里浮山西南二十里金水河出東南銀洞東北堯山烏嶺湧水出西入臨汾東天壇南河出西南壺口實蜀山溪水出東北橫嶺即中條東河出入沁水東張鎮

岳陽簡府東北百二十里北雪白西北尖陽東南刀黃東北沁水自沁源入右合和川河左納橫河屈南入沁水東北安吉嶺澗河出其一源出西北金堆里水逕城東屏風山又南左合永樂里水其南南澗出郭店並西入洪澗東北有澮關隘

曲沃衝繁難府南百二十里西南絳山西北橋山北有汾水自太平入左納釜水入絳東有澮水自翼城入左納絳水亦入絳鎮二柴村侯馬驛二侯馬蒙城巡司駐侯馬

翼城難府東南百三十里北丹山東蜀山東南歷山東北烏嶺佛山澮水南北源出合逕城東而南左會東源絳高山水今欒水鳥嶺靈東支故設文澮出靈山水經則統曰出澮交東高山又西南逕澮交錯絳復入入曲沃西北小絳山滏水出西南流亦入曲沃有隆化鎮

太平衝繁難府西北九十里雍正二年隸絳七年復南汾陰西南九泉東北汾水自襄陵入南入曲沃鎮三濟儲趙城史村一驛史村驛丞兼巡司駐

襄陵難府西南三十里雍正二年隸絳七年復東南崇山西南三嶝東有汾水自臨汾入右合平水又諸山澗水三派東注入太平趙曲鎮

汾西簡府西北百九十里雍正二年隸隰九年復西山西南五十五里東南汾水自霍入右合[illegible]勒香河逕商山入趙城

鄉甯簡府西少南二百三十里雍正二年隸吉州乾隆三十六年仍來隸東北栢山秦山西南兩乳東南馬頭西北香鎮鑾河水自吉入逕其鸞有師家灘東鄂山鄂水出會北源高大山水又西合羅谷水逕城南又西北入爲又東南入河津鸞窯鎮

吉州繁府西百七十里雍正二年直隸乾隆三十七年復吉山治北東北雞山石門北庵山風山河水自大寧入逕龍王延禹貢壺口在焉即孟門山主小船窯東南高天山清水河出水經注羊求水合放馬鎮雲臺山水西逕城南入爲又東南入鄉寧三垢鎮

蒲州府衝繁難隸河東道明平陽屬州雍正二年直隸仍明所領臨晉榮河猗氏萬泉惟河津創六年爲府置附郭尋增虞鄉東北距省治千一百里至京師二千二百里廣百三十里袤百十里北極高三十四度五十二分偏西六度十五分領縣六

永濟衝繁難倚明州治省河東入雍正六年置東南中條即禹貢雷首其南阜堯山首陽溪東歷山東北河水自臨晉入西逕蒼陵谷王韓家營錯陝西郃陽朝邑其涑水會姚暹渠於東五姓湖入又西從之至蠻灘俊入遙東南逕風陵渡孤汭入爲揚雄所謂河靈蹋掌華蹈蹊者又東入芮城鎮四趙伊匼河栲栳永樂同知駐永樂河東驛

臨晉衝繁難府東北七十里東北嵯山西北河水自榮河入逕吳王渡東涑水自猗氏縣峨鄉界注五姓湖從之樊橋鎮又驛南

虞鄉簡府東六十里明沿元制省入臨晉雍正八年復析置南中條山有王官谷西南五老薦鎮方山其北檀首其北五姓湖水經注張陽池有鴨子池合中條水東北涑水自臨晉入會姚遷渠並匯爲又西入永濟故市鎮湯家驛

榮河簡府東北百二十里城東峨嵋嶺西北河水自河津入汾水入爲古汾雎澤即脊秋葵邱南逕城西

入臨晉胡壁孫吉二鎮陽陵驛

猗氏衝繁府東北一百十里東有涑水自安邑入西南入臨晉有張岳鎮

萬泉難府東北百六十里東介山其西峰孤山城南山陰曖泉又東澗解店鎮

解州直隸州繁難河東道兼鹽法駐安邑運城明平陽屬州領縣五雍正二年升割聞喜垣曲壽並隸絳東北距省治九百五十里至京師千四百五十里廣二百二十里袤百四十里北極高三十四度五十八分京師偏西五度三十八分領縣四東南中條山其脊橫嶺又白徑分雲其北鹽池又北鹽水今姚暹渠自安邑入逕其北西入虞鄉城西北硝池濁澤長樂鎮長樂鹽池二巡司

安邑衝繁難府東北五十五里東南吳山南中條北鳴條西南鹽池池北運城河東道及州判駐東有苦池東北姚暹渠即鹽水自夏入逕城北又西南逕運城北入州又東北涑水自夏入西入猗氏鎮二東郭聖惠有巡司薰芝驛

夏衝繁府東北百里南栢塩山東北巫咸稷王東南溫泉巫咸山鹽水出今姚暹渠西北逕害谷至城南折西西北涑水自聞喜入南逕夏后陵並入安邑曹張胡長尉郭水頭裴介五鎮

平陸簡府東南九十里東北虞山上有虞城其西傅巖清涼山西北天井卑耳西南河水自芮城入逕共池茅津渡中條山諸澗逾東北至砥柱砥柱禹鑿六峰三門山在焉納劉家溝后溝積石水入垣曲鎮六共池張店張谷常樂葛趙茅津縣丞駐茅津有廢巡司

芮城難府西南七十里北橫嶺潵水潵洪源澗出會葡萄澗地皇泉西南河水自永濟入逕魚鱗磧至城南又東逗水入逾北入平陸

絳州直隸州繁難隸河東道明平陽屬州領稷山絳垣曲雍正二年升並割太平襄陵河津來隸以絳屬平陽垣曲屬解七年又割聞喜絳垣曲復而太平襄陵還舊隸東北距省治七百十里至京師千八百里廣四百里袤百里北極高三十五度三十八分京師偏西五度十三分領縣五南峨嵋嶺即晉原西北馬首山北九原鼓山古水出即清濁二泉東北汾水自太平入至城南左會澮水水經注逕王澤澮水入爲者又西南合古水入稷山南重興關西武平關

垣曲繁州東南二百十里雍正二年隸解七年復東北諸馮山七尾其北教山教水出水經注南歷鼓鍾上峽下峽馬頭山者亦曰沇水清廉俗風山清水出其西嶺東逕皋落鎮會峯水及白水曰亳清河西南河水自平陸入逕曆嘴山入河南濟源河水入晉境冷行二千七百餘里鎮鼓鎮迎駕六郎鎮

聞喜衝繁難州南七十里初隸平陽雍正七年改東鳳皇原東南香山湯寨古景山景水出賀水舒注沙渠水其北美良川東北紫金古三嵕涑水自絳縣入逕董泊右合甘泉復左合景水逕城南又西入夏詩楊之水不流東薪香鎮八上東下東橫水裴社宋店栗村郭店蘭德涑川一驛

絳簡州東南八十里初隸平陽雍正七年改絳山西北二十里北牛村東北備駒澮水自翼城錯入合故郡水又西北入之東南回馬嶺絳水出水經注所謂出絳山東寒泉奮湧揚波北注者其西華池有陳村峪水實注所謂乾河西逕大陰山合紫谷水又西會煙莊冷口水水綷出聞喜黍葭谷逕存雲嶺入聞喜南絳故城鎮曰澮交

稷山難州西九十里稷山南五十里北姑射寧王東南汾水自州入逕城南又西華水故道出焉入河津小河稷店下迪大杜四鎮

河津衝繁州西百里初隸平陽雍正二年改東北黃頰山西北河水自鄉寧入逕龍門山禹貢自積石至者韓原在焉所謂少梁又南入榮東南汾水自稷山入逕疏屬仙掌山又西南從之鎮四方平禹門東張僧樓禹門巡司駐

隰州直隸州繁隸河東道明平陽屬州領大寧永和雍正二年升並割汾西九年又割吉之蒲屬之而汾西還舊隸東北距省治五百五十里至京師千七百里廣二百六十里袤二百三十里北極高三十六度三十九分京師偏西五度三十一分領縣三北妙樓山東五鹿東北蒲子其界石樓者有水頭村蒲川水出西南合回龍交口水逕城西又東南會義泉河於仵城鎮北水經注所謂出石樓山南逕蒲城蒲子縣得黃櫨水口者俗曰隰川入大寧義泉張家川羅眞焉城康城大麥辛莊西曲回龍八鎮又廣武鎮巡司駐

大寧簡州西南九十里城南翠微山西南石子西北孔山河水自永和入逕馬鬭關東北隰州即蒲川水自州入逕羅曲鎮折西逕城出至藍公山其南源第一河東南自蒲入實紫川水合縣底河入焉又東南入吉蒲川水莽灘數百里元和志曰斤水寔宇記曰斤水明志因誤斫水方乘從之非也一鎮安阜

蒲簡州東南百二十里舊屬平陽雍正二年屬吉九年來隸東神山西南翠屏東北姑射有分水嶺蒲水南源第一河出水經注紫川西會南川所謂合江水者逕城東南右合東小河又西入大驛鎮六化樂張村番麥灣薛關古驛松峪

永和簡州西北九十里東雙山南樓山西烈鳳馬脊東北結北其南仙芝谷古域谷西北河水自石樓入逕老牛灘仙芝河合紫陀川檢林河水經注域谷水東歇荒原西歷長溪者至城西南合甘露河入爲又南入大寧桑壁峪口劉寨三鎮

霍州直隸州衝繁難隸河東道明平陽屬州領靈石乾隆三十七年升復割趙城來隸東北距省治四百六十里至京師千五百五十里廣八十里袤二百三十五里北極高三十六度三十五分京師偏西四度四十四分領縣二霍山東南四十里禹貢大岳彘水出石鼻谷西北汾水自靈石入逕靈佛巖合之水經注逕觀阜北者入汾辛豐鎮靈山驛

趙城衝州南五十里乾隆三十七年自平陽來隸東北霍山霍水出西羅雲西北汾水自汾西入逕城西西北合之南入洪洞有驛

石衝州北百里乾隆三十七年自平陽來隸東孝文山東南尖陽十入盤東北靜巖縣山有五龍泉俗小水河汾水自介休入至城西北左合之屈南右合石門峪新水峪左仁義河逕陰地關入州水經注又南過冠爵津俗雀鼠谷者其南高壁嶺今韓信嶺鎮二夏門仁義驛二墻石仁義驛丞兼巡司駐仁義鎮

大同府衝繁難總兵駐初因明制領州四縣七雍正中增陽高天鎮改朔及馬邑隸朔平蔚及廣昌分隸直隸宣化易州南距省治六百二十里至京師七百二十里廣二百五十里袤二百六十里北極高四十度五分京師偏西三度十二分領州二縣七

大同衝繁難倚順治五年徙西安堡九年復北紇干山東白登其東牛皮嶺逾北少咸數水出西南採掠桑乾水自應入逕其南右合馬耳山水左有玉河古渾水自豐鎮入右逕方山合卷子左鎮川河又南逕孤山村右納小泗水至城東又南右納背畫河水經注所謂右會武周川者又南來會又東教水出少咸山逕西壞頭並入陽高靈城聚樂二驛

懷仁衝府西南八十里西清涼山錦屏西南畫子新莊子河出其村逕大于口入山陰有安宿竭鎮西安驛

渾源州難府東南百二十里順治十六年安東中前二所省西南龍山西北臺錦北龍角東南恆山北嶽順治十七年自曲陽移祀於此山高三千九百丈周迴數千里橫跨燕趙屏蔽京師曲陽其趾阜平其脊州境其主峯也其別阜南曰榆峰嶺古高氏山唐河上源嶮水出周禮所謂溫夷州川左會別源泉屏山水水經注所謂侯塘川東逕蔡家峪入靈邱其溫泉堙嶺之西北渾河出一曰渾川西北匯別源亂嶺關及蘿窩峽李峪神谷橫山諸水入應王家莊堡巡司駐上盤驛

應州衝府南百二十里順治十六年安東中屯衛省入雍正八年還所隸故城州東南茹越山東北龍首西南龍灣西桑乾河自山陰入逕州東北渾源河自州來會水經注逕巨魏亭北又東嶂川注之者赤通曰渾河又東北入大同一鎮日安邊安東衛巡司安銀子驛

山陰衝府西南百八十里南復宿山香山西桑乾河自朔入至城北折東南逕黃花山即黃瓜埠右合黃水河入應岱岳站巡司駐有驛

陽高衝府東北百二十里雍正三年以陽高降置西斷頭山龍泉北虎頭雲門西南登山敦水自大同入逕其麓南洋河自豐鎮入南流逕守口堡入邁石合馬邑水逕城北又東南會白登河入天鎮西南桑乾水自大同入逕黃七染又東並入天鎮

天鎮衝府東北百八十里雍正三年以天鎮衛改置北環翠山東陽門其幹神頭其支豐稔西南桑牛桑乾水自大同入逕窩兒圖左合五泉河石門濤五泉古安陽水陽原故城在懷又東入直隸西陽其北南洋河白陽高入逕福祿山水經注雁門水東北入陽門山謂之陽門水者右合三沙河古漾水逕城北又東北逕攢兒嶺入懷安又北西洋河自豐鎮入右合南溝水逕煖泉墩及東南小溝口河亦入懷安

廣靈簡府東南二百四十里東南加斗山北千福西北九塄西望狐白羊壺流河出淶泉祁水東南逕石梯嶺合作疃池枕頭河逕城南又東逕壺山入直隸蔚州達桑乾爲南支直谷林關火燒樺澗四鎮馬廠驛

靈邱衝府東南二百七十里南太白山西北山其東枚迴嶺古滋水出焉滱水自渾源入左漫合黑龍河逕城南又東南逕隘門山銀鈔嶺入直隸廣昌驛一太白

朔平府衝繁難明右玉林左雲川平魯三衛地屬山西行都司清初爲右玉左雲平魯三衛雍正三年於右玉衛置府並改三衛爲縣屬雁平道南距省治六百七十里至京師九百六十里廣二百十里袤二百九十里北極高四十度十一分京師偏西四度十一分領州一縣三

右玉衝繁倚雍正三年以右玉衛改置玉林山西二十里東南石堂山紗帽西南滄頭河自平魯入右合牛心山左孫家川雲石堡水屈北逕府治西右合范家堡水馬營河又北右會兔毛河西北有邊牆西南接平魯東北至右玉有殺虎水墻鐵山大沙雲石等口威遠堡殺虎口二巡司

朔州衝繁難府東南二百四十里明屬大同府雍正三年來隸嘉慶元年所領馬邑省入爲鄉有鄉學訓導東北契吳東洪濤其支阜雷山左黃道泉右金龍池桑乾水出水經注所謂洪源七輪即桑泊水者東南酈於臘河口古馬邑川水南源恢河古灅水自甯武入逕城南折東右合七里河右沙棱水又東北主下館故城北來會入山陰城東廣武二驛

左雲衝府東南七十五里雍正三年左雲衛改置東北熘陀山東雕嶺東南龍王堂南石背畫河出北逕城西南右合溫泉又北析東左合龍泉逕焦山又東南入懷仁舊有助馬堡巡司裁

平魯衝府西南百五十里雍正三年以平魯衛改置南十二達山西南迎恩西小青西北七介平西磨兒清水河出入其廳古樹頹水城內北固山北尖山東南入門柑近奎星臺北嶽峰蓋水經注大浴眞山滄頭河出古中陵水西北貫城出折東逕碧峰山入右玉樂寧伏遠二鎮

甯武府衝隸雁平道明置寧武關花所嘉靖中置三關鎮駐寧武又偏寧道駐偏頭後改寧嵐寧武二道分駐清初前後並廢雍正三年改所爲府置附郭偏關所神池堡五寨堡爲縣南距省治三百四十里至京師九百五十里廣二百九十里袤三百六十里北極高三十九度六分京師

偏西四度十一分領縣四

寧武衝倚明置寧化所雍正三年為府並置西南管涔山其東天池其下分水嶺西出者汾水左會林溪樓子山別源折西南逕寧化堡入靜樂東出者恢河一曰渾河古㶟水水經注出累頭山地理志謂之治水者東北逕城南又東北逕陽方口出邊入朔為桑乾南灑有陽方堡寧化所巡司

偏關衝府北百八十里明置守禦所雍正三年改東了角山北置虎西北河水左瀆自清水河逕老牛灣西又西南有關河水自平魯堡入合紅水溝入邊南又西北入為又西南入河曲者營堡有廢巡司

神池衛府北三十里明置神池口巡司後增神池堡營雍正三年改南黃花嶺西南旗山虎北洪佛北沐達河西逕磨石山左合義井河河本清流康熙二十六年聖祖西征飲馬駝於此賜名興隆折北入五寨

五寨衛府西百里明建五寨城雍正三年改西南蘆芽山管涔頂也高三千丈上有彌遶池即彌澤下汜清漣河東北達沐絕河自偏關入會之為大澗河折西入河曲有三岔堡

忻州直隸州衝繁明太原屬州雍正二年升仍領定襄割太原之靜樂來隸西南距省治百四十里至京師千三百里廣三百六十里袤百里北極高三十八度二十五分京師偏西三度四十三分領縣二南繫舟山西南雲母西九原西北雲中相屬雙尖雲中水出東北入滹忻川沱滹大沱滹沱復錯入入定襄西南白馬山牧馬河出古三會水合陀羅沱滹清水諸山水東北逕城南從之九原一驛

定襄繁州東五十里東南七巖山東北翠阜西北橫山滹沱水自州入東南逕城北又東北右會牧馬河入五臺南有叢蒙山三會泉出北流注牧馬河西北有滹沱渠倉灘瀛一鎮芳蘭

靜樂衛州西百八十里雍正二年自太原來隸東兩嶺山東南天柱西北管涔汾水出其陰自寧武入逕馬頭山至城西南左合碾河右納嵐水又東南逕樓煩鎮右谷石樓臨春山水入交城西南離石水入永寧三故鎮窯谷永安又有樓煩鎮巡司康家會驛

代州直隸州衛繁難雁平道駐明太原府屬州雍正二年升仍所領西南距省治三百二十里至京師七百七十里北極高三十九度六分京師偏西三度三十二分領縣三西北句注其嶺太和東唐置雁門關古曰西陘有十八其東夏屋中峰曰復宿東南舜山圭峰滹沱河自繁峙入左納峨水右合夏屋雁門水逕城南又西南右合羊頭神河入崞雁門關一驛

五臺難州東南百四十里五臺山東北百二十里一名清涼山聖祖高宗仁宗前後十三巡幸中臺有太華池水西北流合縣北峨嶺水出峨口入繁峙北錦屏西北鐵嶺西紫羅滹沱河自定襄入逕東冶鎮左合盧牋水清水河又東南入盂東烏牛山滋水出東流入直隸平山三寶村東冶臺懷巡司駐臺懷

崞衛州西南八十里崞山西南四十五里其西黃嵬南前高西北栢枝東北滹沱河自州入逕城東又南右合羊虎谷水又西南雲中河自忻入會忻川入忻原平關泥二驛

繁峙衛州東六十里北茹越山東南懸山小五臺東西滹沱水出泰華池一曰派水并州川說文起雁門葰人縣成夫山者秦戲三泉伏流漏華嚴諸水復出逕沙澗驛至城南入州峨水從之其東巖頭有白坡沙河出南入直隸阜平古恆水支下刑關巡司駐平利沙澗二驛

保德直隸州衛繁隸雁平道明為太原屬州雍正二年升並割河曲興來隸八年興還隸太原東南距省治四百六十五里至京師千七百十五里廣二百十里袤百十一里北極高三十九度四分京師偏西五度四十分領縣一城南蓮花山東南馬頭西南羊頭東北石梯河水左瀆自河曲入逕城北屈西至花園堡疊盧山水入為朱家川又西南合獎家川入興

河曲衛州東北百二十里明隸太原雍正二年改乾隆二十九年徙河保營為今治東阻險山南翠峰西南火山東北河水左瀆自偏關入逕城西大迪渡又西南東有濟遶河自五寨入為六澗河入為古燭澤入州臺盧山水從之河邑巡司駐舊縣乾隆二十九年徙治河保營即今治

歸化城直隸廳衝繁疲難歸綏道鎮守副都統駐明嘉靖中蒙古據豐州是為西土默特駐牧地城後封順義王名其城曰歸化天聰八年內附順治三年置左右翼及四副都統雍正元年置理事同知駐西河隸朔平府乾隆元年增協理通判二增綏遠廳六年置歸綏道廳及二協隸二十五年省協理一同知駐城裁左右翼及副都統餘副都統徙同駐光緒十年改撫民同知南距省治九百六十里至京師千一百八十里廣百八十里袤二百九十里北極高四十度四十九分京師偏西四度四十八分北大青山即陰山古白道川其支阜西石綠西北克壽東北烏蘭察布喀喇克沁鐘山金河古芒干水俗大黑河南西逕廳南左合小黑河即紫河古武泉水又西南右合哈爾几河入托克托克魯庫河古白道中溪水從之卡倫二十有二臺站四有巡司一在城司獄一在畢克齊有驛

薩拉齊直隸廳衝繁疲難隸歸綏道明初雲內州後為雲內縣屬豐州尋廢乾隆四年置薩拉齊及善岱二協理通判六年隸歸綏道二十五年改理事廳以善岱協理通判省入同治四年改置同知光緒十年改撫民東南距省治千二百里至京師千四百二十里廣二百五十里袤百里北極高四十度三十九分京師偏西五度十六分又隸轄鄂爾多斯左翼後旗地廣四百三十里袤二百二十里西北牛頭朝那山央山北宿嵬東拜蟲古兒河水左瀆自五原南界東流入境包頭五當河並北來注之逕沙爾沁一村又東至廳南合蘇爾哲旹帶河入托克托蔡蘇河入托克托卡倫五臺站一在廳治有巡司兼司獄一駐包頭鎮有驛

清水河直隸廳繁疲難隸歸綏道明置東勝衛千戶所乾隆元年置協理通判六年隸歸綏道二十五年改理事廳光緒十年改撫民通判東西距省治九百二十里至京師千又二十里廣百三十五里袤百四十里北極高四十度六分京師偏西四度四十八分東鄂博圖山連嶺東南吐頹有君子津西北河水左瀆自托克托入逕紅山口東南清水河自平魯入右合湯溪河西北逕三叉河至廳南又西北出古長城左會兔毛河亦稱紅河古中陵水入為又南入偏關有巡司兼司獄在廳治有驛

豐鎮直隸廳繁疲難隸歸綏道明大同及陽和天成二衛邊外地康熙十四年徙察哈爾蒙古部駐雍正十二年置豐川衛及鎮寧所大朔理事通判統之乾隆十五年改置大同陽高通判徙駐三十三年還故治增置大同理事同知光緒十年改撫民南距省治六百七十里至京師八百六十里廣二百三十里袤二百二十里北極高四十度三十分京師偏西三度十二分北尖子山猴頭西北留雲東盤羊東北大青牛心其西南壺盧海如渾水出今曰玉河屈西南左合大科莊水古旋鴻池逕古慶梁右合尖子山水手廳東南新城灣右合得勝河古羊水入大同東北五蘇戶灘東洋河出古修水亦于延水東逕碾房窯入直隸張家口其南胡魯蘇臺西洋出古延鄉水及南溝水逕馬市口入天鎮又西清涼嶺南洋河出古雁門水南逕守口堡入陽高並達之自東洋外並隘邊巡司三一駐城兼司獄一二道河一張皋爾二道溝後改設興和廳有驛

托克托直隸廳繁疲難隸歸綏道明東勝左衛嘉靖中入土默特曰脫脫亦曰托克托乾隆元年增協理通判二十五年改理事廳光緒十年改撫民通判東南距省治八百六十里至京師千一百里廣八十五里袤一百三十里隸轄河西鄂爾多斯右翼後旗地廣百三十里袤百五十里北極高四十度三十分京師偏西四度四十分南紅山古綠胡西北河水左瀆自薩拉齊入大黑河東自歸化入左會黃水又西右會克魯庫千廳東北會察蘇河逕廳北舊匯為黛山湖古芒干水合南源白道中溪塞水注沙陵湖者又西入焉又南入清水河有巡司兼司獄有驛

寧遠直隸廳衛疲難隸歸綏道明宣德衛後為大同邊外地康熙十六年察哈爾部析駐雍正十二年置寧朔衛及懷遠所大朔理事通判統之乾隆十五年省改徙朔平通判駐二十一年改理事通判光緒十年改撫民南距省治八百十里至京師千又二十里廣百八十里袤二百九十里北極高四十度二十一分京師偏西三度五十二分東猴山北倉盤汗漫乎頂黑河南源永興河出古白渠水其南參河陘今西溝門古沃水出今曰寧遠水南逕將軍梁左合寧遠堡水古可不蘁臘長城東北平頂永興河東四道凹得勝河出逕豐城溝入豐鎮其北大海古諸聞澤周百餘里其南小海地理志鹽澤古通目曰參合陂有巡司有驛舊有科布爾巡司後改設陶林廳

和林格爾直隸廳繁疲難隸歸綏道明置玉林雲川二衛後為蒙古西土默特據康熙中置站曰二十家子蒙語和林格爾乾隆元年置協理通判二十五年改理事廳光緒十年改撫民通判南距省治八百四十里至京師千六百十里廣百七十里袤百八十里北極高四十度二十分京師偏西四度二十四分東九峰山西摩天嶺南大松東南玉林兔毛河自右玉入蹌邊逕殺虎口右會寧遠河逕其麓西北至廳西南折西入清水河東北黃水自寧遠入西逕廳北入托克托有巡司兼司獄有驛

興和直隸廳明初天城衛邊北地光緒二十二年以豐鎮之二道河巡司置隸歸綏道西南距省治八百九十里至京師千七十里廣袤闕北大青山東南水泉入西北東洋河自察哈爾旗入二源合東西逕廳北入直隸張家口有驛

陶林直隸廳要隸歸綏道明大同邊外地光緒二十九年以寧遠廳之科布爾巡司置西南距省治千三百里至京師千四百五十里廣袤闕北伊馬圖山南廻頭梁大黑河南源黃水河古白渠水出大東溝西南逕五塔入寧遠有驛

武川直隸廳要隸歸綏道明西土默特牧場光緒二十九年以其北境翁滾置治烏蘭花寄治歸化城南距省治千百七十里至京師千二百九十里廣袤闕北托克圖山西北克專東有烏蘭察布源泉廳治一驛

五原直隸廳要隸歸綏道光緒二十九年析薩拉齊西境興盛旺置撫民同知治隆興長寄治包頭鎮東南距省治千七百九十里至京師二千一百十里北極高四十度三十九分京師偏西五度十六分西北陽山北陰山河水自甘肅邊外環內蒙鄂爾多斯折東自烏拉特旗其南麓入有鄂博口古稒陽道又東逕廳南合傳托河入薩拉齊有驛

東勝直隸廳要隸歸綏道明初東勝衛西界陝西楡林衛河套地後為元裔所居光緒三十二年以鄂爾多斯左翼中郡王右翼前末扎薩克旗墾地置治羊壕廠寄治薩拉齊之包頭鎮北極高四十度四十九分京師偏西四度四十八分西北河水自鄂爾多斯旗五原入廳北折東南入薩拉齊邊牆西自陝西楡林入又東有驛

清史稿

地理志八

山東

山東禹貢青徐及兗豫四州之域明置山東承宣布政使司清初因之雍正二年升濟南府之泰安武定濱兗州府之濟寧曹沂等六州為直隸州八年濟寧州仍屬兗州府十二年升武定沂二州為府濱州改屬武定十三年升泰安曹二州為府乾隆四十一年仍升濟寧臨清為直隸州凡領府十州二散州八縣九十六在京師之南八百里東至大海一千三百里西至直隸元城縣界三百四十里南至江南沛縣界五百七十里北至直隸寧津縣界二百四十里廣一千六百四十里袤八百里北極高三十四度三十五分至三十八度二十分京師偏西一度二十五分至偏東六度四十分宣統三年編戶五百三十七萬七千八百七十二口三千一百三十萬六千九百四十四

濟南府衛繁疲難巡撫布政提學提法鹽運司濟東泰武臨巡警勸業道駐初沿明制為省治領州四縣二十六雍正中武定泰安濱直隸割隸陽信萊蕪利津等九縣屬之北至京師八百里廣三百六十里袤二百八十里北極高三十六度四十五分京師偏東四十一分領州一縣十五

歷城衛繁難倚城南歷山東華不注東南長城嶺玉水出焉錦雲川水入長清注黃河河即大清濟水故道其右瀆入西北逕樂山北至濼口鐵又東北逕鵲山其南新小清河入逕城北右受大明湖東逕爆山納巨合及關盧武原水並入章邱今大明湖在城內匯珍珠瀰趵諸泉乃宋西湖非唐以前遺址奐有巡司申公集主簿譚城龍山驛津浦膠濟鐵路

章邱繁疲難府東百十里南長白山東陵平頂西南危山雞山水經注巨合水出西北逕檢科泉莊及武原關盧水入歷城注新小清河新小清復入西北右合繡江即濟河注百脈水出土鼓故城逕陽邱故城黃巾閒小清河又東北逕賈莊入齊東其北黃河右瀆自歷城入繡濟陽界小清昔源濼水今源獺河別源即出東南野孟嶺西北逕青龍山土鼓甯戚故城折東入鄒小清故道有普濟鎮

鄒平疲府東北百六十五里南長白山東南黃山西南九龍北新小清河自齊東入東入長山西北灘河自章邱入逕濟山濼東北為清河溝並入長山東南孝婦河即瀧水自長山鑄入左合白條溝沙河逕伏生嶺屈東北仍入之其故道逕梁鄒故城有孫家鎮

淄川衛府東少南二百二十里東南原山淄水出為南有緒龍河俗呼孝婦即瀧水自博山入逕城西南右合般水又北逕淨山瀾水河出黌逕昌國故城會浸泗河自左注之乃古德會水左得萌水口入長山鐵路

長山衛府東百九十里西南長白山南鳳山西北新山清河自鄒平入折北入高苑清河溝東入新城東南孝婦河自淄川入左得魚子溝錯鄒平仍入有周郁鎮

新城衛府東北二百十六里東南商山西北清河溝自長山入右逕為青沙泊淤東有烏河即時水逕西安故城左納澇淄河折北逕會城湖入博興西通麻大湖西北孝婦河自長山入右會鄒黃溝及系水時枝津匯為

齊河衛繁難府西五十里西南黃河左瀆自長清入逕城

南又東入歷城北徒駭自禹城入西南趙牛河自長淸入歧爲岔河北入禹城而輕流復入合倪倫河自右注之又東逕堡家莊入臨邑劉家鎭有驛曰晏城

齊東疲難府東北百五十里西北黃河古濟自濟陽入逕延安鎭又東緣惠民界入靑城南新小淸自章鄒入逕臨濟故城又東入鄒平減水河壩河堰臨河鎭

濟陽疲難府東北七十里黃河左濟自歷城入逕城南又東北緣齊東界入之西北徒駭及商河並自臨邑入屈北入商河鎭回河新市

禹城衝府西北百十里西南徒駭河自高唐入少淤逕三岔口右會漯河及齊氏趙牛河河逕城西北又東北入齊河趙牛河錯入右合溫聰刁強河仍入注之禹城橋縣丞駐新安鎭劉普驛鐵路

臨邑簡府北百四十里南徒駭河自禹城東南商河自齊河入並東入濟陽西鈎盤自陵緣界東北仍入之並淤

長淸衝繁疲難府西南七十里南巖濟山東南方山有行宮東北寢眉西南孝堂古巫山黃河自肥城入逕城西北右合南沙河水經注出南格馬山賓谿谷北逕盧縣故城北與中川水合者又東北緣齊河界納玉水其南新小淸並入歷城西南趙牛河自茌平入右納趙王河北入齊河夏張鎭縣丞駐二驛闆山長城

陵簡府西北二百里故城與德互徙明永樂七年西新馬津河自德入環城又東右合篤馬趙王又東鈎盤自禹城入並入德平並淵滋博鎭

德州衝繁難府西北二百六十里糧道駐南有運河自恩入北逕城西其南支四女寺減河入檀老黃河故道逕城東北唷馬營是爲北支並入直隸東南馬頰河即篤馬自平原入水經注逕臨齊城南今邊臨鎭州判駐東北入德平其新馬津東北入陵淤有禹故城古瀆在焉老黃河故屯氏瀆篤馬其別河南瀆桑閭安德驛又良店梁家莊水驛二鐵路

德平難府北二百五十里西馬頰河自德入右會小河東北入樂陵及直隸寧津下至海豐月河口入海自直隸元城入凡行山東境六百四十八里南有鈎盤自陵入東北入商河淵有懷仁鎭

平原衝府西北百八十里西馬頰河自夏津緣界合蒲河其東新馬津故道並北入德東篤馬瀆舊合趙王河入陵淵有水務鎭桃源驛鐵路

東昌府衝繁隸濟東泰武臨道初沿明制領州三縣五雍乾間濮臨淸直隸割范觀城朝城夏津邱東距省治二百二十里廣二百二十里袤二百八十里北極高三十六度三十三分京師偏西十八分領州一縣九

聊城衝繁難倚南有運河即會通自陽穀入右播爲趙牛湄河入茌平王官鎭崇武水驛

堂邑衝疲府西四十里東北運河自聊城入逕梁鄉閘西南馬頰自冠入逕張家堂絕運並入博平侯固鎭有城

博平衝繁府東北四十里西南運河自堂邑入逕土橋閘西北王田家口其西馬頰自堂邑入北復絕東徒駭自聊城入運鄧家橋右納湄河東北擅壓故瀆入茌平湄

茌平衝繁難府東北六十里管氏河首李莊匯小湄新河東北入禹城西北徒駭自博平錯入入高唐西湄河自聊城錯入入博平南趙牛河自聊城入錯東阿復入入長淸古古黃河有四濱口廣平鎭

淸平衝繁府北少東七十里西南運河自堂邑入北逕魏家灣有巡司入臨淸西馬頰自博平再入入高唐古黃河西北自臨淸入入夏津水驛

莘簡府西一百里西北馬頰宋六塔二股河所逕自朝城入東北入冠東有古漯河自朝城入入鄉城分支入陽穀鎭馬橋

冠衝繁難府西百里東南倉山馬頰自莘入入堂邑其西古黃河逕西北二十里冉子墓東入館陶宋北流故河乾隆道光兩次決入馬頰至府境入逕爲患其故道循陳公隄北入館陶臨淸絕運至舊城外曰沙河入直隸吳橋

館陶簡府西北百二十里南館陶鎭有廢巡司陶山西南四十里衛河隋永濟渠自直隸元城入左合漳水逕番亭城東北右會古黃河入臨淸其北屯氏

高唐衝繁難府東北百十里雍正八年直隸十二年制所領禹城平原臨邑陵高唐山東北五里東南徒駭自茌平入東北入禹城墟理志河水自靈縣別出爲鳴犢河其故瀆西南馬頰自淸平入北入夏津書濁因河鎭魚邱驛

恩衝繁疲難府東北百八十里西北衞河自武城錯入西南古黃河南馬頰左瀆並自夏津入入德四女寺縣丞駐太平驛

泰安府衝繁難隸濟東泰武臨道初沿明制爲濟南屬州雍正二年直隸領新泰萊蕪長淸長淸尋換肥城十三年爲府增附郭降東平與其所領東阿平陰來隸北距省八十里廣四百三十里袤百七十里北極高三十六度十五分京師偏東五十二分領州一縣六

泰安衝繁疲難倚泰山北五里東嶽亦曰岱宗周略百六十里高四十里有行宮南介石石閭亭亭梁父東南龜山徂徠西南杜首高里其峰南有汶水自萊蕪入右合天津水左合牟汶西南逕博故城右合北汶泮河及石汶環水其北汶北出者沙河入長淸又西南逕陽關龍故城東南淄水自寯陽入逕岱山梁父柴故城曰柴汶右河仙源河自左注之又西南大汶口緣界逕汶陽故城南合西濁古蛇水入東平西北黃山肥河出西入肥城濟運泉六十有六靜封鎭婁德舊置巡司改通判安駕莊主簿駐

肥城簡府西七十里雍正十三年自濟南來隸西金牛山西北陶山巫山黃匡東南瀑布馬頭沙河出亦曰小會肥河入東南右合孤山河黃河趙王河入西北並東北入長淸范公河堰濟運泉十有二石橫鎭濟泉水驛

新泰衝繁府東南百五十里東南敖山西南龜山西北新甫北靑沙峴東北龍堂小汶即牟汶出西南逕敖陽鎭右合平陽西周蘇莊羊流左墮明河逕灘查保入泰安濟運泉四十上四莊巡司敖陽驛

萊蕪簡府東百二十里西南冠山北陰涼東南大石南安期西北羊邱東北岣山原山地理志淄水出其陰東入博山周禮幽州其浸菑時汶水出其陽所謂嬴汶屈折西南湄黑虎辛輿魚池諸泉逕瀛縣故城入泰安東南牟汶自蒙陰入逕牟縣故城牘響水瀆海眼泉孝義河水至城南又西左合司馬河從之濟運泉四十有九

東平州衝繁難府西百四十里明屬兗州雍正八年直隸十三年降削所領東阿平陰陽穀壽張北置尾山瓠山龍山即危山東有汶水自泰安入右納滙河明築戴邨壩閘之西南入汶上其瀅而西者汶漆淸逕龍堽北亦曰大淸河其逕堽南者小淸合龍拱河所謂城南二汶夾城王馬口而合又西北黃河西自壽張入效之運河即元會通河後自汶上入即梁山濼逕安氏山東絕之並入東阿安山湖赤河並堰濟運泉三十有五

東阿衝繁府西北二百十里東北穀城山東南雲翠西北曲山西南黃河自東平敗大濟入逕魚山水經注馬頰口在焉又西北右合狼溪入平陰西北趙王河從之其正渠趙牛河自茌平錯入並溜而古黃河弧子堰運河自東平絕黃河入逕陶城鋪入陽穀舊運河於四鋪錫劉安平南穀新橋二驛舊縣銅山

平陰簡府西北百九十里明屬東平雍正十二年來隸西邵山西北檢山西南黃河自東阿入右合錦水逕城西北又東入肥城其肥河入東南合柳濟泉折南入東平西北趙王河自東阿入分入肥城長淸古黃河堰鎭滑口

武定府繁難隸濟東泰武臨道初沿明永樂初改金棣州曰樂安宣德初平漢庶入改本濱樂安國制爲濟南屬州領縣三雍正二年直隸十二年爲府置附郭降濱並所領利津霑化蒲臺及濟南之靑城商河來隸西南距省治二百里廣二百八十里袤二百七十里北極高三十七度三十四分京師偏東一度十三分領州一縣九

惠民繁疲難倚明初省入州雍正十二年復南有黃河左濟自濟陽入逕淸河口西入濟南徒駭自商河東逕蓋秦鎭與淸河永利支角四亦入濱又北沙河商河分入而合通曰沙河逕鹹家營陽信右得惠民溝又西北鈎盤入

靑城簡府東南六十里雍正十二年自濟南來隸黃河右濱自齊入逕蒲溝東入濱有田鎭

陽信疲府東北四十里西南鈎盤自惠民入逕紅廟莊一曰信河縣氏爲東北入霑化潤沙河錯入仍入之有欽風鎭

海豐簡府東北六十里西北驪山海東北百五十里爲大沽河口與直隸鹽山接有巡司馬津河逕馬谷山入又東南月河口馬頰河自慶雲逕街東鎭入其故道堰今馬頰唐所開又東南石橋口王霑化鈎盤錯入仍入之有分水鎭

樂陵疲難府西北九十里西北馬津河自直隸寧津入錯南皮復入入鹽山西南馬頰自德平入東北逕與隆鎭入慶雲古鈎盤水經注屯氏別河逕樂陵故城北北瀆逕重合定縣故城南並堙舊縣鎭明置巡司廢

商河繁疲難府西南九十里古商河北十五里水經注逕朸縣故城南賓沙河今圖誤鈎盤自德平入涸而沙南徒西首臨邑界逕城南南有徒駭鄉古黃河及其支津商河自濟陽入並東入惠民而商與沙合寬河鎭

濱州繁難府東九十里雍正二年直隸十二年復將所領蒲臺利津霑化削西南黃河自惠民靑城入尾東北錯蒲臺復綠界故道左出興合右瀆仍入之徒駭自惠民入左合沙河淄逸東北入霑化

利津繁府東百五十里海東北百六十里西興霑化接西南自濱蒲臺入側城東北入爲牡礪觜豐國鎭有巡司

霑化難府東北七十里海北少東百里西輿海豐接西有鈎盤河自陽信入錯海豐復入又東南大洋口西南徒駭自濱入鎭永豐久山有廢巡司

蒲臺疲難府東少南百二十里雍正十二年自濱來隸西有黃河自濱入逕城南又東北左瀆仍緣濱合故道入利津龍湖鎭龍混

臨淸直隸州衝繁難隸濟東泰武臨道初沿明制爲東昌屬州領縣二乾隆四十一年直隸割武城夏津邱還隸而館陶還東昌東南距省治百十里廣百五十二里袤百三十里北極高三十六度五十七分京師偏西三十六分領縣三東有運河自淸平入逕城南西南衛河自館陶來會是爲南運河亦通曰衛河貫城而北擅屯氏故瀆入直隸淸河古黃河東北自館陶入歧爲沙河並入夏津王家淺巡司淸源渡口水驛

武城衝繁府北少東一百里南有衛河自夏津入逕城西折東北復會沙河錯恩復入入直隸故城舊有一字黃蘆五溝諸水縣卑漳金末艾家凹水灤廣數十里深一丈漢復陽故城今饒陽鎭甲馬營巡司又驛

夏津疲府東少北四十里北孫生鎭西有衛河自州入再錯直隸淸河入入武城舊有沙河自州入東有古黃河馬頰並自淸平入入恩

邱簡府西南八十里漳河此順治九年自廣平平固店直注者非古漳故道二並自直隸曲周入一逕城西王宋八曨仍入之一逕城東至柳疃入淸河

兗州府衝繁難總兵兗沂曹濟道治所初沿明制領州四縣二十三雍正中沂曹濟甯東平濟甯直隸先後割縣十三分隸而東平降割泰安東北距省治三百二十里廣五百十里袤二百六十里北極高三十五度四十二分京師偏東三十四分領縣十

滋陽衝繁難倚嶧山西北三十里東有泗水自曲阜入至金口壩歧爲府河貫城而出左得十四泉入濟甯寶珠水正渠又南左合沂水蓼水入鄒西北濟河自甯陽入左合漢馬右洸河亦南入濟甯湄故城驛昌平新平鐵路

曲阜簡府東三十里東防山又東戈山泗水自其縣入右合險水及石門山水東南沂水蓼水自鄒入沂逕城西南而分流得右洙左雩復合蓼逕北店鄒而分一仍入鄒一輿泗沂並西入滋陽古者洙北泗南今互易蓋自後魏亂流始泗故道孔林夫子墓南濟逕泉二十有八鐵路

甯陽簡府北五十里甯山北十八里西水牛西北鎭山東北告山壽山南鳳山溫水出北逕魯成邑北入泰安注汶汶復緣界逕漢汶陽至剛故城洸水出爲所謂汶爲闕輿濟河漢白馬並南入滋陽正渠復逕春城口入東平壽川驛鐵路

鄒衝繁府東南五十里東南驛山相近紅山寶鳳山北沙河出興白水河並入滕南昌平而岱脈南驟甯陽曲阜入東北六里曰尼山其西南昌平有鄒孔子生爲故屬曲阜今山南長莎鄒相近四基西禮孟子墓在焉沂水導源尼山西輿蓼水並入曲阜注泗泗復自滋陽入西北錯濟甯復入入魚臺蓼水亦復入會溪湖水爲白馬河合大沙紅溝河從之咸邱縣丞駐辛莊驛郗城界河鐵路

泗水簡府東少北九十里東北歷山龜山陪尾有桃墟泗水出北關山洙水出逕卞故城而合南姑蔑邵城又西左合黃右金綫河入曲阜濟運泉八十有七

滕衝繁疲難府東南百四十里東南桃山狐驗自嶧入逕微山湖右有許由泉自嶧入爲南明河薛河逕昌盧南石橋泉逕薛城注之再錯出江蘇沛縣漷水出東北逃山逕藍陵祝其合鄉故城合南梁水約突入沛注之復入右合三里河北沙河自鄒入夾休城其白馬河入合界河爲郡瀾注之又西北入魚臺東北小沂水入費而昭陽湖堙鎭安平南毅陶陽別有夏鎭伽河通判駐驛滕陽臨城

嶧衝繁難府東南二百六十里北君山相近車楡峪丞水出爲曰滄浪淵會許池泉運葛嶧山合金注河其南茅荻仙人河東南運河自江蘇邳州入合之又北逕微山湖南陽湖入滕乾隆中濬伊家河濟運泉十有四萬家莊水驛

汶上衝繁難府西北九十里東北太白山坦山西南趙王河自鄆城入入嘉祥北有汶水自東平入受灤濬諸泉蒲灣泊水曰魯溝西南擅鵝河故瀆注南旺湖濟運運河逮東南入嘉祥達濟甯西北入東平達臨淸湖東接蜀山湖北馬踏湖並水經注汶左二水逕東平陸故城北漢縣古厥國入茂都澱柴城鎭南旺馬郗二集並縣丞駐新橋閘河二水驛

陽穀衝繁疲難府西北三百里南有黃河自范入錯壽張入運河入逕東阿故城有阿澤又北入鄆城西徒駭河故道自范入錯朝城莘再入入聊城東安樂阿城縣丞駐

壽張疲難府西北二百四十里東南梁山舊有濼西南黃河自陽穀入仍錯出復入入東阿其北逕河自東阿錯入仍入之有張秋鎭其南沙灣沮河並入鄆城有竹口鎭

沂州府衝繁難隸兗沂曹濟道初沿明制爲兗州屬州領縣二雍正二年直隸十二年爲府置附郭降莒及所屬蒙陰沂水日照來隸西北距省治六百六十里廣五百二十里袤五百十里北極高三十五度九分京師偏東二度十二分領州一縣六

蘭山衝繁難倚西南寶山東南馬陵北大杜沂水自其縣入蒙山河入爲汶水逕鐵角山納小河又南逕魯中邸故城王祥墓右合孝感河王府治東北右納小沂及胭脂河又涑支津其正渠逕勃莊南爲蘆塘河沂水又南逕龍塘口右歧爲武河其東白馬河東北沭水自莒入右合溫泉水右武陽溝再入郯城而武河蘆塘河錯郯城復入而合又東西泇河自費入並南入江蘇邳州而西泇右納別源巨梁水復歧爲夾山河分入嶧芙蓉湖鎭長江羅滕靑駝寺巡司楊家莊徐公店二驛府屬沿海墩臺二十有八

郯城衝繁難府東南百二十里東北羽山蒼山沭河自蘭山再入逕城東北右得墨河故瀆爲環城南入宿遷又南逕馬陵山西王紅花埠又西白馬河入逕城西並入江蘇宿遷又西沂水入入邳州又西支津武水入又西蘆塘河入合燕子河右歧爲鴨蛋河入邳正渠又南與武水仍入之大興鎭通判駐舊置沂郯海贛同知乾隆三十八年改又磨山有廢巡司紅花埠驛道平解郯廢驛

費簡府西北九十里西北蒙山西南南城西北聰山浚水出即地理志南武陽冠石山治水應劭曰武水南逕古顓臾右納小淮水一曰小沂又東南逕萬松山右合祊水至鐘山左合洪埝蒙陽紅衣諸河東南旗山東瀘出西南抱犢崮南大沫崮涑水出西泇水出並入闞山鎭毛陽闞陽平邑二巡司

莒州簡府東北九十里雍正二年直隸十三年降創所領沂水日照蒙陰北七寶山東觀山盧山南焦原西浮邱有莒子墓或謂浮來有寺曰定林因識爲二山西北洛山水經注濰水導源濰山東南逕屋山漢箕縣故城今合南源瓦屋山水折東北逕仲固山右合析泉水其東浯水地理志設文出靈門壺山逕漢姑幕故城並入諸城其西沭水自沂水入合華洛袁公水側城東南左納鶴水潯水右合黃華水馬溝河至道口入關山東南石河地理志夜頭水入日照其西柘汪朱汪靑口三河入並入江蘇贛楡達于海島陵水堙十字路鎭石埠集有巡司

沂水衝繁府東北百二十里西龍山西南靈山東峨西北甕山北沂山其連籠大弁沭水出東南逕楊家城子注邳鄉南左合大小峴箕山水逕孟母墓莒西北沂水自蒙陰入左合嫁娜河東南逕叢故城水經注左合連綿浮來小沂水至城西北左納雪山英山河右合閭山時密水至河陽集右納東汶水入蘭山其西蒙山河自蒙陰入復分支入費縣丞駐東里店垛莊巡司又驛

蒙陰衝府西北二百里南蒙山東北盧崮具山西北敖山北兩縣沂水三源鄉氏壬中源出沂山班氏主東源出臨樂山桑氏壬西源出艾山逕龍洞山而合東入沂水其北魯山嶧嶧水出西南五女山桑泉水出屈北逕城南左合巨圍堂阜右童崮水又東俗曰汶河右合桃墟河古蒙陰水逕鐵城東北盧川水會金星梓水再錯沂水復入合著蒼河自左注之又東南入沂水墨龍紫紫金關有巡司

日照簡府東二百四十里西北嵐山西南矮岐北會稽白石南觀山爐臺海東南五十里東北自諸城以南爲石臼口納潮河又南夾倉口傳疃河合伐莊河因河入又南濤雒口潮雒口嵐頭山口折西爲狄水口納石河故安東衛在焉有巡司西有潯水水經注出巨公山俗黃墩河其北鴿水北西入莒北有灘水自莒錯入東入諸河洪陵阿從之鎭潯洛夾倉石臼巨峰秦

曹州府繁疲難隸兗沂曹濟道總兵駐初沿明制爲兗州屬州雍正二年直隸仍領縣二八年鉅野嘉祥自兗割隸十三年爲府置附郭降濮並所領縣三又割兗之單城武鄆城來屬而嘉祥還舊隸東北距省治五百八十五里廣百九十五里袤二百八十里北極高三十五度二十分京師偏西五十一分領州一縣十

菏澤繁疲難倚黃河自直隸開州入其南瓠子故道水經注東至濟陰句陽爲新濟城南灘河又南北渠沛河水經注北沛東北逕貫棗城南寃胸北莒都南寃水今大濮濮有沙土集巡司

單繁疲難府南一百五十里明洪武二年降單州爲縣屬濟甯十八年改屬兗州雍正十三年改隸東樓蠶山西南大陵山南黃河自河南儀封縣界流入縣南東流入江南碭山縣界東古滕河流入金鄉縣湮

鉅野繁疲難府東一百四十里明洪武初屬濟甯十八年屬兗州府濟甯州雍正二年分屬濟甯州八年改隸東南高平山山出峰石石片上結成形有臘宵者其東北白馬山東南獨山綽山鉅野澤在縣北五里亦曰巨澤濟水故瀆所入也元末爲沙水所決遂泗東北運河東南會通河西南有故黃河堤有通濟閘閘官

鄆城簡府東北一百

二十里。明洪武十八年屬兗州府濟寧州。雍正二年分屬濟寧州，八年屬兗州府。十三年改隸。東北：獨孤山。東：金鄉。黃河東北流，逕鄆城西二十五里。有黃河故道。灉河自直隸東明縣流入，東北經鄆城西南，入壽張縣界。古濟二水合流，北經鄆城南，流入東平州界。

城武簡。府東南一百十里。明洪武四年屬濟寧府。寧改屬兗州府，以城武爲武成。雍正十三年改隸。明正德十四年，縣城圮於黃河，後河決多在城武南，有黃河故道，後堙。黃水自河南考城縣流入，東逕城武縣南，入江南豐縣界。城武東北有黃水枝津。

曹繁，疲，難。府東南四十里。東：青山。東南：景山。北：曹南山，即禹貢陶邱。古氾水出，與南沛。古黃河、賈魯河，並堙。今惟南泡水河，首河南商邱界，東南至菁溜集，歧爲漯河，又入里河，入單而西北。柳林、沙及南隄、夏月湖、白花諸河，並淤。安陵磐山鎮，縣丞駐劉家口。

定陶簡。府東南四十里。東：菏澤，古南沛、北沛匯焉。菏水出西陶邱西南七里。南沛今南渠，中渠今氾故道，逕劈山北，沛合北渠爲諸水，河並入鉅野。南渠之南柳河、沙河，並自曹入，入城武，並湮。

濮州直隸。繁，疲，難。府北百二十里。雍正八年直隸，領范、觀城、朝城。十三年降，所領。創東：古濮水，堙。西南：黃河、北金隄河，並自直隸開州入，東北入范。東南：趙王河。古灉水自鉅野入，入鄆城。古濟河即沛水，今黃河即魏河，實濮渠，亦北沛，其所合。西：無名洪河，亦堙。有瓠河鎮。

范簡。府東北六十里。范水，堙。西南：黃河自濮入。水經注：逕范秦亭西，春秋築臺於秦。又東逕委粟津。其金隄入，逕城南，並入陽穀。鎮：安定。

觀城簡。府北百七十里。南北引河首直隸清豐界，逕城東，分入朝城。澗夾隄河首縣西馬陵隄下古龍潭，入杜家河。東北：王櫻桃、關入范下，至朝城入濮。沙河首角四池，北逕馬廠，入朝城下王莘入濮。浮河自直隸開州入，至朝城入河，堙。有武鄉鎮。

朝城簡。府北二百十里。古濮水，亦武水故道，自西南楊家陂逕雁翎鋪入陽穀，合夾堤河石入陂水，入莘，合沙河下，至聊城入逕，堙。南北引河舊自觀城入，夾城東西，分入陽穀、莘。馬頰自直隸元城入，此唐篤馬，非禹跡也。東北入莘，下至堂邑入逕，並湮。

濟寧直隸州衝，繁，難。隸兗沂曹濟道，運河道駐。明，兗州屬州。雍正二年直隸，仍領嘉祥、鉅野、鄆城。八年仍降屬兗州。乾隆四十一年復。割汶上、魚臺並來隸，以嘉祥易汶上。東北距省治百八十里。廣百四十里，袤百八十里。北極高三十五度三十三分。京師偏東二十八分。領縣三。南：承注山。西南：縉雲。西北：運河自嘉祥入，左受蜀山湖、馬場湖、府洸二河，自滋陽分入，匯爲逕城南，又東南逕南陽湖，左納泗水，入魚臺。泗復岐爲新泗，錯鄒，復入，合白馬河。西趙王河自嘉祥入，東南逕王貫屯橋，爲牛頭河，又合長濟，納蔡河，並入魚臺。趙王、古黃河北，沛長濟河水南。沛有魯橋鎮。

金鄉簡。府西南百里。明屬兗州。乾隆四十五年來隸。金鄉山西北三十七里，隸鉅野。陽山，西。萬福河自鉅野入，右會西溝，屈東北，左合柳林河，又東逕蘇家橋，右通涂河，自單入，合東溝，並東入魚臺，左通薛河，自嘉祥入，入州。柳林，古菏水，即沛也。

嘉祥簡。府西五十里。城南：濟臺山。東南：武翟。西南：遂山。東北：南旺湖，運河自汶上入逕之，入州。兩縣焉。其趙王河入，西北逕萬春橋，左合牛頭河。西南：南清河自鉅野入，左合姚河，至城南爲濟臺河，東南並入州。其金山河入，爲蔡河，東入金鄉澗。

魚臺衝，繁，難。府南百十里。東北：黃山、平山、獨山。有湖一，曰南陽。運河自州入，左合新河受之。牛頭河入，西北涂河、柳林河自金鄉入，合爲新開河來會，又東南並入滕。而牛頭支津南入沛，後又有東支、西支河，自豐入，爲南陽鎮河。橋水驛。

登州府衝，繁。總兵駐。登萊青膠道，今徙煙臺。明，領州一，縣七。雍正十三年裁所轄四衛，置榮成、海陽。西南距省治九百二十里。廣五百六十里，袤三百五十里。北極高三十七度四十八分。京師偏東四度三十六分。領州一，縣九。

蓬萊衝，繁。倚。東：朱高山、九目。東南：羽山、龍山、金果、馬山、邱山。府治三面環海，逕舶駛焉。西北：自黃逕東爲欒家口。西：山口，又東丹崖山，古蓬萊島。水城環之。黑水入，又東抹直口、沙河入灣子口。安香河入，逕東南解宋營口、平暢口。王福山界時家河從之。西南：閩山河入黃。其欒家口西北：大黑山島。北：沙河島。東北：長山島、南北城隍島。有驛。

黃繁。府西南六十里。黃山南二十里，又南石城，東南：萊山、嶮芝。西南：盧山。北西際海。西自招遠逸東北界，首河階家疃河入，至龍口，納呂家疃河。其西嵎虵島，又東納頹門及南欒河，其外依島、桑島，又東黃河營口，納榆林及莊頭河，至蓬萊界。馬停鎮、黃山館巡司。龍山、黃山館二驛。

福山衝，繁。府東少南二百三十里。福山西北五里，又西北磁山，古牟山。東南：蛤蟾。西南：迷雞、青石。海北十餘里，自蓬萊逸東爲八角口、洋瀾口。其時家河，又東古縣河入，王縣北納濟洋及大姑道平河之界島，即轉附，又東烟臺，明奇山所。今東海關。同治二年登萊青道徒駐。奇山所巡司係寄鎮，廢。司商埠。

棲霞簡。府東南百五十里。西北：艾山。北：白山。東：虵嶋，即彝嶋，夷地理志：睡有居上山，壁洋丹水所出。今縲山、丹今淸陽西逕萃屏山，屈東北，左納淸澁水，其東大沽河自萊陽入，右會安澇河從之，入福山聲洋。今楊礎河南逕釜甑山，會西源郭落山水。其西方山、縣河出，左會觀褰河，其東蛇窩河、陶漳河，並南入萊陽。西北：楡林河，入黃。

招遠簡。府西南百四十四里。東北：羅山、穎門。河出去屯，西南齊山，北島嵊城，東滾泉，西北際海，自掖逸東萬盛河入，又東東良河口、界河入，至黃界。其東徐家疃紐門及南欒河並從之。其南會仙山、大姑河，亦古冶水，入萊陽西南爲嵗河，入掖。

萊陽衝，繁。府南二百五十里。地理志：長廣有萊山，今旗旗北三十里。東南：昌山。西：長淸。東：倉山、福阜。西南：高疃。東北：三螺。大沽河出入樓霞，南際海。西南：白郎讙遂東爲五龍口。東北：陶漳河自棲霞入，至城東南，右會楊礎、蛇窩、觀褰河，又南，右合九里，左會昌水河，爲五龍河。山以氏爲，折東南，逕浮山，入之，東至海陽界。西北：大沽河自招遠入，右合齊褰河，左合平南東良河，西南分流，其東吳姑河。其西小沽，自掖縣界並入，即膠。縣丞駐姜山集。

寧海州衝，繁。府東少南二百六十里。順治十六年省寧海衛入之。東：盧山。九佛東南大

崑嵛。西南：鐵官。東北：金山。南北際海。西北：有福山，逸東爲龍門港口，辛安七里河入。其外楼倘島。又東嶽山口，沁水河入，至小河口。龍泉河入，至文登界。西南自海陽逸東爲浪煖暖口，黃壘河入，亦至文登界。西南：安濬河入樓霞，灑港、夏村局河並入海。陽湯泉鎭。

文登衝，繁。府東南三百三十里。雍正十二年省威海、靖海二衛入之。城東：文登山。西：紫金、絲山。東南：斥山、石門、牛仙。西南：馬鞍、邑山。南北際海。西北自寧海逸東爲鹿門口、羊亭河，入，又東楮島。其內威海衛。衛東劉公島，折南至榮成界，招爭河從之。西南自寧海逸東爲姚山口、木渚河，隨送、驚古橋諸河入古橋，合小河、古昌水，漢故昌陽在焉。又東望海口，高郁河入。其南靖海衛。衛北鐵槎山。其西五壘島。其東南蘇門島。東北延眞、琵琶島。溫泉鎭、文登營、威海、靖海二巡司。

榮城簡。府東四百六十里。明洪武置成山衛及尋山所。順治十二年所省入。雍正十二年改置。成山，東三十里，其麓召石，即朝儛。南：龍山。西南：海山。三面際海，北自文登而東爲渤海，靑島納柘埠河，不夜河亦入，爲有羅鳴島，又北東海驢島，爲龍口、匡口，逸西南欒鑒澳，西南導山所，納沽河，爲卸口，又西南寧津所，其南鎭鄒島，王文登界鹽灘、石島巡司，租界。

海陽簡。府東南二百二十里。明洪武三十一年置大嵩衛及海洋所。順治十二年省入。雍正十二年改置。東：峰嶋山。西：昌山。北：嵩山、林寺。西北：觀山。海城南二里，自萊陽而東爲沙家口，白沙河入，有魯島、牙島，又東紀驢河入，有泥島、土阜島，至城南嵩老龍頭，納源港河入，爲劉格莊河，其東亭島、猪其南千里島，又東北大小竹島、小靑島、孔山口，納夏郗河、局河，又東綿花島，又東北宮家島、腰島，至寧海界。西北：觀山古觀水出，俗廢發城河，今入萊陽。行郗寨有巡司。

萊州府衝，繁。舊隸登萊青膠道。明，領州二，縣五。光緒三十一年，膠直隸，割高密、即墨。西距省治六百八十里。廣二百九十里，袤四百三十里。北極高三十七度十分。京師偏東三度四十二分。領州一，縣三。

掖衝，繁。倚。掖山東二十里，今大基。掖水出，逕城南，合三里河，又二十里嵐山。西北：斧山。府北際海。西北自昌邑逸東爲海滄口，其膠萊北河入，有土山，逸東泥河入，古過國在焉。又東白沙、英郎、果郎河、掖水、淇水、蘇郭河入，又東太平灣口，龍王河入，有小石島，其西芙蓉島，古傳縱。其東三山島，口納萬歲河，其西岸萬里沙，又東朱橋河，千至招遠界。地理志：曲城陽邱山，冶水出。左傳尤水，即小姑。其西朱東河並入平度沙邱城海滄鎭，縣丞駐。朱橋、柴胡、滄海二廢司。飛霜驛。

平度州簡。府南百里。雍正十二年割所領濰、昌邑東。六曲山。北：公沙、天柱、大澤、明堂。白沙河出，南逕魚脊山，至分水口，東爲膠萊南河，左合雲河、落藥河，入州東北。小沽河自掖綠界，合朱東河，嶺水從之，西爲膠萊北河，綠界，合現河、龍王、韓郎、藥石河，西北入掖。二鎭亭口、灰埠，州同駐。又驛。

濰衝，繁，難。府南少西二百五十里。西南：程符山。西：鼎山。海北百里，自壽光而東。堯丹河入，其桂河入，會大於白狼及孝義河入，又東至昌邑界。東南：塔山，濰水出，又東寒浞河、濰沙、浮塘。張固河，又東濰水自安邱綠界，左合汶河，並入昌邑。固底鎮巡司。古亭驛。

昌邑衝，繁。府南百十里。城東：東山。南：陸山。海北五十里，自濰而東，其寒浞、濰、沙、浮、濰、張、固四河並入焉。又東安邱濰水入，又東安邱濰水入，又東膠萊北河自平度綠界，逕密阜，其西漢故下密，密鄉在焉。又北逕狗冢山，合媒河，入王平度界。夏店驛。鐵路。

青州府衝，繁，難。登萊青膠道治所。副都統駐。領安東衛，州一，縣十三。雍正中，莒直隸，割蒙陰、沂水、日照等降並屬沂。增置博山。乾隆七年衛省。西距省治三百三十里。廣二百七十五里，袤三百九十里。北極高三十六度四十五分。京師偏東二度十二分。領縣十一。

益都衝，繁，難。倚。東：雙山。西：金山。西北：堯山。西南：淄水自博山入，右合仁河，東北逕峻山。其西時水並入臨淄。又西澇淄河入新城西南。石賽山、輿城南雲門，並即逢山。水經注：洋水出其東南，入臨朐者，石日瀰水亦石賽。其東北賈城、杏日南陽水，右台建德水。東南：巨洋水，今洱河，自臨朐入，合之，折東北，右納康浪水、洸耳河、堯水。其西礪龍河。地理志爲山濁水出。俗北陽河逕高柳郵北，入壽光。縣丞駐金嶺鎭。青社驛。

博山簡。府西南百八十里。明兵備副使治所。雍正二年改置，割淄、萊地益之。博山東南五十里岳陽城。東：荊山。西南：原山、長城嶺，隴水出。水經注：古袁水合白洋河北遙城西，合倒流泉、沙瀰河，入淄川。南有淄河，自萊蕪入，東逕石馬山、萊蕪谷，逸北右合泉河，孝水出金雞山口，入益都鎭。

臨淄簡。府西北五十五里。西南：牟中峪。西葵邱。南有淄水，自益都入。水經注：逕牛山西，其北營邱。東得天齊水口，又北逕管仲寨，至城東，逕雪宮西、高敬仲墓東，入樂安。西南時水自益都分入而合，北逕杜山，右合灉水及系水、京水，又北折西，一日烏河，即乾時。入析城西北灑水，亦漢溱分入樂安、博興。周禮其淺菑時東南。鼎足山，地理志甕頭女水出，北逕故鄉亭、伏王、漢東安平故城，復出。

博興簡。府西北百十里。西南：小清河、支脈濟，自高苑入，並淤。今自馬踏湖納新城溡淄水，左得小清故道，故亦曰小清河。又東爲會城泊。水經注：平州坑，右納漢溱，即灑水，出爲預備河，並入樂安。冶城河堙。有純化鎭。

高苑簡。府西北百五十里。南有小清河，自新城入，王軍張閘右得故道，左爲支脈濟，俗泫河，東入博興。田鎭，橫所居。

樂安衝，繁。府北少東九十里。海東北百三十里，自利津逸東南爲淄河口。有小清支脈溝，自博興入之，一故道，至壽光界。今小清入西北，其窩民河亦入，爲右會淄水，綠其界。其女水入，分流折東，並入之。西南：灑水自臨淄錯入，亦仍入之。樂安高家港鎭。壩頭蔡。

壽光衝，繁，難。府東北六十里。海東北百四十里，自樂安逸東南爲淄河門。西南：淸水泊，古鉅定。有鹽城。匯益都躍龍、王欽、北陽河，臨淄女水，小濟，古沛濱。又東南洱河口，水南自益都入，逕劇故城、古紀國，又北逕黑家泊，又東南至濰東。南堯河亦自益都入，逕故樂城南。皮丹河自昌樂入，逕斟灌國。其桂河入，逕故樂望、廣陵淺鎭。

臨朐簡。府南少東四十五里。胸山東二里。西：逢山。東南：大弁。西南：八旗嵩山、大峴，其關一曰穆陵，有巡司。地理志：朱虛東泰山。

今沂山，汶水出其東。東北，左合英山水，入安邱。其北盧水、西丹水並從之。巨洋水出其西北，逕月明匡，右合龍門、南丹，左略，逸冶泉，逕城東，又北逕委粟山，左納石膏水，入益都。其東康浪水、洗耳河、堯水從之。

安邱繁，難。府東南百六十里。安邱山西南十五里，即今牟山，所謂牟婁，古牟夷國。又西南劉山、峿山、峿院。東北：搖山。南有峿水，自莒入，左合淇河、雹泉河，東入諸城。東南：濰水自諸城入，逕礪阜山，左合小峿水，側有盧公山，又北綠昌邑界，復入逕峰山，入濰。汶水西自臨朐入，左合金山，右合牛沫山水。水經注：東北逕漢故郚城北、管寧家東、孫滿墓東。柴阜山西，今右合靈水，又側城東北逕漢故滹於從之。景芝鎭，縣丞駐李文。

昌樂衝，繁。府東七十里。東：弧山。南：喬山。東南：婦角。小汶河出，入安邱。塔山，水經注：瓊甑。濰水出其西。孝義河西南播鼓、白狼河出，東逕後魏故營陵。東南：方山，盧河出，並入濰。其北籠桂河出，其西籠。東丹水出，西丹水自朐來入，會逕北郝集，丹朱墓在焉。其西堯水自益都綠界，並北入壽光。丹河鎭。鐵路。

諸城衝，繁，難。府東南二百八十里。東南：瓌邪山、雲母、烽火。南：黃山。西南：馬耳、九仙山，潮河出，會北源石河、峪水，逕故梁鄉，入日照，遂于海。海又東爲宋家河口，距城百二十里，黃山河入，又東徐家港、紀里河，納白馬河，入，又東崔家溜口。東南：橫河東源自膠入，會西源，入其外沭官島，又東鴨島，逸北齊堂島，又北龍潭口，環邪臺在埠，至莒界。灉水入西南，渦水納白納河自其右注之，左納西南溝河，又東逕白玉山，右合扶淇水，至城北，折北，右合盧水。地理志：橫故山，久台水。密水逕巴山，入高密。其東五龍河，其西長千溝，又西涪水自安邱入，逕漢故平昌，合荊水，並從之。信陽、龍灣、普慶、芝盤。鎭：南信。巡司。藥溝驛。

膠州直隸州衝，繁，難。明，萊州領縣二。雍正中，降省靈山衛入之。光緒三十一年直隸。西距省治百里。仍所領。南：艾山、珠山、崍嶼。東暨南際海，自即墨逸西南爲麻灣口。北有膠萊南河，自平度入。西南：膠河自諸城入，右合西源望蕩山水，逕漢故祝茲，錯復入，逕金梁鄉鎭、漢祓侯國，即東黔陬城，又逕西黔陬，左合周陽河，錯高密，合張奴水，復入，逕都濼父東南，右合碧溝王夾河套，左會沽河，又南守風灣、雲溪河、洋水，又南黃山島、淮子口，逸西薛家島鹽山島。其北岸靈山衛。衛北徐山，又西柴湖蕩口、淵子門口，至諸城界。麻灣女姑口外爲膠州灣。光緒二十三年德人租之。鎭：古鎭、逢猛、夏河寨。靈山巡司。鐵路。

高密簡。府西南一百二十里。南：王子山。膠河自州入，右合張奴水，逕都濼，仍入之。北：膠萊北河，自平渡綠界，納五龍河，仍入之。側有百脈湖，涸。西南：濰水自諸城入，左合張洋河，左長干溝，又西北逕礪阜，鄒康成藥在焉，左納涺水，入安邱。鐵路。

即墨衝，繁。府東南二百五十里。東南：不其山、勞山。西南：天室。西：高鞍。東及南際海，東北自萊陽入爲周疃口，其內鰲山廢衛，逸東南棧崂島巡司二，又南田橫島、嵯山口，又西女姑口，匯海口。遠西河入，其外膠澳，又西赤島，西南靑島，至州界。北孟沙河入平度，注姑河。沽河復綠界入州，流浩河從之。

清史稿

地理志九

河南

河南：禹貢豫及冀、揚三州之域。明置河南布政使司。清初爲河南省，置巡撫。雍正二年，升陳、許、禹、鄭、陝、光六州爲直隸州。十二年，升陳、許爲府，鄭、禹仍屬州。乾隆九年，許復直隸。光緒末，鄭復直隸。宣統初，淅川廳直隸。領府九，直隸州五，直隸廳一，州五，縣九十六。東至江蘇蕭縣六百五里，西至陝西潼關縣一千三十里，南至湖北黃陂縣一千一十里，北至直隸磁州五百八十里。廣千六百三十里，袤千三百九十里。宣統三年，編戶四百六十六萬一千五百六十六，口二千六百八十九萬四千九百四十五。其名山：嵩高、三嵕、熊耳、太行。其大川：河水、淮、汴、洛、潁、汝、白、丹、衛、漳。其鐵路：京漢、開鄭、道清。其電綫：東北達濟南、京師，西長安。

開封府衝，繁，疲，難。巡撫，布政、提學、提法司，鹽糧、開歸陳許鄭兵備、巡警、勸業道駐。明洪武元年以元汴梁路改。清初河南省治。仍領四州三十縣。雍正二年，陳、許、鄭、禹直隸，割縣十四隸之。延津、原武屬衛輝

懷慶乾隆中禹及密新鄭還隸河陰省陽武封邱屬懷慶衛輝儀封為廳後亦省北至京師千五百八十里廣三百七十里袤三百六十里北極高三十四度五十一分京師偏西一度五十五分領州一縣十一

祥符衝繁難倚城東北隅夷山東北赤岡河水自元中始歲歷府境自中牟緣封邱界逕黑岡柳園口入東入陳留其賈魯河入運朱仙鎮入尉氏即蔡故瀆上游一曰沙水經注渠水實鴻溝而浚水堙其惠濟河入逕府治南亦入陳留宋都四渠及六丈白溝河亦堙吹臺縣丞駐陳橋鎮大梁驛鄭汴鐵路

陳留衝府東少南五十里東北潘岡河水自祥符入逕小黃故城北又東入蘭儀北惠濟河自祥符入逕城北水經注沙水逕牛首亭東魯渠出焉者其東桃河古渙水又東睢水並汳支津東南入杞峴省陂在焉縣驛一

杞衝繁難府東百里西北惠濟河自陳留入水經汴逕陽樂城南鳴雁亭北睢水亦自陳留入逕高陽城合桃河為橫河實古滄水並東南入睢西南青岡河自通許緣界入太康河水舊逕縣北故有漢堤隋堤自大梁王濮口即老鶴河也雍邱驛

通許簡府東南九十里吳召岡李大岡諸岡亘縣境河流環之東南青岡河出縣西北下流為蕪城河入太康北雙溝蔡故渠水經注沙水逕袤氏亭西潩臺子羽家東者牛載河出焉西南入尉氏縣驛一

尉氏衝府西南九十里城內尉繚子臺東錦被岡西南三亭岡城南五里山東北賈魯河自祥符入右合康溝及人溝新河水經注長明溝逕向城尉氏故城南三分者于白澗鎮左納牛載河東南入扶溝縣驛一

洧川簡府西南百五十里東東里東南赤坂岡西雙洎河即洧水自長葛入合龍清河大沼水逕新汲故城考升廟北大隧澗在焉涖東入鄢縣驛一

鄢陵難府南百九十里北彭祖岡東北彭岡雙洎河自洧川入逕祖岡東南入扶溝南艾城河自臨穎緣界右合石梁為流穎河逕陶城入西華城南文木又南三道河達太邱城縣驛一

中牟衝繁府西七十里北牟山西南馬陵西北圃田澤河水自鄭入逕楊橋口又東黃練集賈魯河入合龍鬚溝隋志鄭水又東右合鴨陂水至縣西乾隆六年濬為惠濟河正渠又東逕官渡城又東南右合鵝古未水丈八溝焦城在焉古清池水並入祥符自周定王五年河徙邑沮洳明萬歷中令陳幼學濬渠百九十有六縣境澗河有管河上汛縣丞下汛縣丞駐曲遇衆白沙東張楊橋四鎮城驛一鄭汴鐵路

蘭封衝繁府東北九十里明蘭陽道光四年改蘭儀同治二年省儀封廳入宣統元年復諱改東北黃陵岡西北河水自陳留入舊入考城咸豐五年決銅瓦廂改東北逕龍門口入直隸長垣舊賈魯七河堙陽封管河縣丞駐城驛

禹州衝繁府西南二百九十里明初鈞州後改雍正二年升十二年降屬許州府乾隆六年還北大騩山西南九山西北荊山小洪河出入長葛陘嶠鐵母穎水自登封入逕康城陽關聚左合壽堂麻地川右湧水逕城南一曰褚河入襄城其西土鑪河下流並達之水經注故瀆逕三封山有蜴水今泉二上棘小韓溝穎一驛

密簡府南二百八十里清初自禹來隸雍正二年復屬禹乾隆六年復南密岵山西北開陽東南洧水出登封馬嶺東北流逕縣東南綏水注之又東流溱水注之又東入新鄭東南大騩山潩水出其玉女陂從之東北梁水峪梁水出入鄭節城縣驛一

新鄭衝府西二百里清初自禹來隸雍正二年復屬禹乾隆六年復東南大隗潩水自密出山逕風后頂又東南逕隍山入長葛其北洧水自密會溱入曰雙洎河至城南為洧淵又東南逕土城左合黃水右梨園河亦入長葛梅從之水經注長明溝水出苑陵故城西北東即古制澤西垣澤合龍淵泉白雁陂者永新郭店二驛鄭汴鐵路

歸德府

衝繁難隸開歸陳許鄭道總兵駐西距省治二百八十里廣四百七十里袤三百二十里北極高三十四度三十二分京師偏西三十五分沿明制領州一縣八

商邱衝繁難倚商邱城西南三里又城南四十里穀邱河水自宋開寶四年至康熙四年決入郡境者以十數府治興為轉徙南北不恆咸豐五年後故道淤豐樂河出焉東南入夏邑古汳水一曰護水其支津滄河即睢水上源逕今首縣西北俗名沙河歧為三北岔入永城正渠及南岔與其支苞河其西陳兩河自甯陵入右合沙家淮寶家河左合古宋河並入安徽亳州沙為馬尚南岔為武家而陳兩為清河大蒙古祭亳小蒙側有溱溝孟諸澤濟陽鴻驛二鎮縣驛一

甯陵衝府西六十里西甘露嶺東北河水故道淤其自睢入西南者曰張公河逕漢已吾故城東入柘城西北陳梁沙河俗名陳兩汳長安一鎮甯城一驛

鹿邑繁疲難府南百二十里故城縣西古鳴鹿縣丞駐東陰溝山隱山西南橫嶺西北惠濟河自柘城入逕賈灘南偶水自太康入錯淮甯復入南清水河渦支津舊自淮甯入今首歲翻魏北逕衆城東南為練溝北入安徽亳州其清水南出偃王陂者茨河河右合溜水會西明河水經注自陳城百尺溝東逕甯平故城南者入太和東明河亦入之谷陽一鎮縣驛一

夏邑衝難府東百二十里濟河自虞城入左合橫河西北豐樂河自商邱入為響河及虬龍河歧河並東南入永城分防夏商永縣丞駐會亭一驛

永城衝繁難府東南百八十里北碭山巴濟河即減水溝自夏邑入東南入江蘇蕭縣東洪溝自蕭入仍從之響河逕太邱故城合虬龍溝歧河為巴溝河逕城北東南入安徽宿州南滄河自商邱入逕建平鄲故城北右合北岔沙河又東包河自安徽亳州入並從之祈興保安二鎮太邱一驛

虞城衝繁府東北七十里東北杜岡黎邱河水故道自商邱入東入江蘇碭山即古汳渠水經注逕周塢側者橫河出焉南惠民溝並入夏邑治平一鎮石榴堌一驛

睢州衝繁府西百里城西駱駝岡北黃河故道自考城入明嘉靖十九年決野雞岡南流者為張弓河入甯陵西忠濟河自杞入左合橫河即擅其故道東南入柘城橫即睢睢即渙水經注逕承匡城又東逕襄邑故城南者滹化頂華二鎮五橋集州判駐葵邱一驛

考城簡府西北百二十里乾隆四十九年改隸衛輝光緒元年復南葛岡河水故道舊自蘭封入東入山東曹縣咸豐五年北徙舊有戴水並堙斜城葵邱有驛

柘城簡府西南九十里城東北隅廓山河水故道二西北惠濟河自睢入逕心閻寺水經注睢水歷傳縣北者舊納渦支津北張弓河自甯陵入逕牛門城會於東南甎橋東南入鹿邑又東劉家河古谷水即渙水經注逕鄧城北者又古泓水縣西並堙八橋一鎮縣驛一

陳州府

繁難隸開歸陳許鄭道清初沿明制為開封屬州領縣四雍正二年升直隸州十二年升府並割太康扶溝來隸增附郭西北距省治三百里廣一百九十里袤二百十五里北極高三十度四十七分京師偏西一度二十六分領縣七

淮甯繁疲難倚明省宛邱入州雍正十二年析改為府治西北西銘山杏岡北鞍子嶺西明河出逕漢新平故城北東北渦水自太康入並入鹿邑西南沙河自商水緣界會賈魯河入逕道牛口納柳涉河逕新站集又東南左納西蔡河又東南入項城汾河自商水流入縣西南又東入項城東南東蔡河入沈邱周家口在縣西南賈魯河沙河交隱於此縣驛一

商水簡府西南七十里西北沙河古渡水自西華入逕鄧城又東右會穎水逕叢臺王周家口南縮汝蔡北殺陳汳通判駐左會賈魯河逕灌濟城穎歧渡緣淮甯界入之西有汾河舊自西華入逕扶蘇城左合枯河東逕范臺右納界溝河入淮甯谷陽一鎮縣驛一

西華難府西北百八十里南宜山西謝陵岡西南沙河自鄢城入東逕小陶夏亭城入商水渚河即穎右合土鐵河又東北左納其支津流穎為合河口逕蔡桑村又東左納大浪溝從之西南洪河自上蔡錯入仍入之又賈魯河西北自扶溝入逕護當城側城東南入淮甯淮甯柳涉河源自縣東東南入淮甯常社一鎮縣驛一

項城簡府南百二十里河水故道即今沙河自淮甯入逕公路城入沈邱汾河西北入逕後魏平鄉諸陂逕南頓故城南者西有泥河即蔡河自上蔡入諸女南頓入逕石橋並東入沈邱縣驛一

沈邱難府東南百三十里北大沙河自項城入左納東蔡河逕其北汾河入為小沙右合谷河泥河逕城南入安徽太和紙店一鎮縣驛一

太康繁疲難府北五十里北石山東北長白西北青岡河自通許入為燕城河渦水冒為源隱白洋諸溝逕城南又東南左合河水故渠逕馬廠集入鹿邑槐店縣丞駐崔橋一鎮縣驛一

扶溝簡府西北百二十里西北雙陵岡賈魯河自尉氏入至張龜口左會雙泊河水經注洧水逕桐邱城西其孟亭故道堙所謂小扶亭洧溝縣氏壽城東南逕大扶城古渦水出為又東南入西華其西文水河自鄢陵入右谷三遺河為大浪溝逕鴨岡洧西南故道逕新汲故城西匡城南左逸為鴨子陂者亦入之白亭洧陽固城呂潭四鎮縣驛一

許州直隸州

衝繁隸開歸陳許道清初沿明制為開封屬州雍正二年升仍所領十二年為府乾隆六年復東北距省治二百五十里廣九十里袤百二十里北極高三十四度五分京師偏西二度二十五分領縣四西南熊耳山渚河今穎水自襄城緣界入逕穎陽故城古許國東南入臨穎其古穎水支津石梁河西北自禹入左納暖泉河逕城西又東南右合椹澗其東滄河即潩水水經注逕射犬城自長葛入東至秋湖白艾城河其東洧倉城其西岸亭並從之椹澗石固二鎮縣驛一鐵路

臨穎衝府東南六十里穎水自州入水經注逕繁昌故城北有鍋壇口東則臺祇河故瀆出為又東南逕澤城北古召陵縣郾城界錯西華復入入西華其東支津石梁河亦自州入逕大陵城南御龍城南左會艾城河右合五里河左濟入郾陵西南上鐵河自襄城緣界並達之繁城一鎮縣驛一

襄城衝繁府西南九十里城南首山汝水西自郟入左合氾河水經注逕西石夌河南右納溝河煙河入滹陽東北穎水自禹入逕汾邱城綠州界入之東北上流河自禹州入逕李齊棗白草原麗為朱湖潭一曰乾勒河左潁入臨穎其南瑪瑙河出縣東東南入郾城新城一驛

郾城衝府東南百二十里召陵城南陘亭西北穎水自臨穎緣界逕陵城東入汝水其上鎮河入逕襲城時曲栅右合瑪瑙河出乾勒橋從之西有沙河即西華自舞陽入逕道州城至城南右合澧河唐河曰大澂河東南歧為泗曲河逕汴口鎮五溝營其故渠自西平入左合淤泥河來會入上蔡正渠圻東北一曰螺灣河亦入西華縣驛一

長葛簡府西北五十里西北延秀岡雙泊河即洧水自新鄭入左合梅河屈東北入洧川澮河在縣西上游曰潩水自新鄭入后河自西注之又東南入許州曰艾城河啖泉河自禹入逕城西南隅東南入州鎮四崔村石相和尙橋會河後河縣驛一

鄭州直隸州

衝繁疲難隸開歸陳許鄭道明屬開封雍正二年升並割其縣四十二年並還隸光緒三十年復河陰乾隆中省東北距省治百四十里廣五十三里袤六十五里北極高三十四度四十九分京師偏西二度三十四分領縣三西南梅山南秦山西北河水自滎澤入逕花園口又東入中牟須索河入會京水東逕衍南祭城北石合鄭水為沙河一曰賈魯河右合潮河從之古汳水禹貢曰繼春秋曰鄭秦鴻溝漢廣溝渠東流曰官渡水曰浚儀渠晉城一驛京漢鄭洛鄭汴鐵路

滎澤衝繁州西四十里乾隆三十年省河陰入為鄉巡司駐西北河水自汜水入逕敖山又東廣武滎澤口又東入州西南索水自滎陽入逕故城踐土營在焉右會須水為須索河逕平桃城其京水緣州界從之廣武一驛鄭洛鐵路

滎陽衝州西七十里東南滿渚山一名大周山水經注謂之黃堆山其西有萬山賈峪山靈源檀山諸山皆與中嶽聯體而嵩渚為澤索水古旃然水出其隴然北逕城東東南京故城西索氏所謂禁溪澗滎陽南京索間屈折東北入滎澤須水從之京水達之索亭一驛鄭洛鐵路

汜水衝州西百一十里城北太和山東南五雲西北河水自鞏入逕成皋縣北即虎牢春秋北制所謂東虢側有黃馬關其南方山山海經浮戲汜水出左納玉仙水北逕城西入焉雅水決復入汜又東板渚入滎澤縣驛一鄭洛鐵路

河南府

衝繁隸河陝汝道糧捕水利通判駐清初沿明制領州一縣十三雍正二年陝升直隸州靈寶閿鄉盧氏先後割屬東距省治三百八十里廣三百六十里袤五百十五里北極高三十四度京師偏西四度二分

洛陽衝繁難倚城北邙山東南大石南周山西南秦山洛水自宜陽入右合甘水逕王城西南澗水穀水自新安入逕穀城故城東合孝水金谷水來會又東逕王城南王城南瀍水亦自孟津來會所謂澗水東瀍水西惟洛食南有伊水自伊陽入右納江左河古大狂水又北左合上溝板橋厭澗右納小狂水古來需水逕前亭伊闕口其左龍門右香山左谷瀍鎮寺水逕右枝津左枝渠故濟從之龍門彭婆灘莊白沙四鎮周南一驛

偃師衝府東少北七十里古西亳縣西帝嚳及湯所都城北北邙山東南軒轅首陽南緱氏山洛陽入渠穀水故道堙洛水自洛陽入伊河注之又東北流入鞏伊河亦自洛陽入逕縣西南又東北注於洛又合水劉水休水郛水皆注於洛府店一鎮首陽一驛

宜陽衝府西南七十里韓城鎮丞駐南錦屏山南萬安城西南石墨西熊耳洛水自永寧入右合白馬谿昌澗杜陽谿水經注又東左合渠谷黃中澗厭染綠泉共臨亭川水又東逕九曲南注高谿水右合黑澗鐵水又東北出散關南又東枝濱左出鴻惠水注之入洛陽韓城鎮縣丞駐又福昌三鄉二鎮縣驛一

新安衝府西七十里東南暗諸山西南部山北慕容山南密山西北隊山河水自澠池入逕匡口渡合峪水山海經出青要山水經注彊山俗名彊川水又東入孟津橫水從之山海經正同水出驛山穀水逕爛柯山又東逕澗門合廣陽川右石獸谿宋水逕城南又東逕函谷關東入特坂右合皂澗爽慈澗水入洛陽逢之慈澗即畫源山少水出瞻諸山實亂流合澗水白石山陂水古澗水正源水經注主山海經而列四澗則酈注誤之耳匡口楊寺倉頭石寺北冶石井慈澗闕門八鎮西關一驛

鞏衝府東北百二十里周鞏伯邑後東周君居有靈蟾山九山東南天陵山海經霍山以其西宋諸陵改為南侯山西北蓋山河水自孟津入為婁峪渡古小平津右合鮪水又東五社津神尾山西南洛水自偃師合休水逕鞏城營城右合羅水明谿泉又東北黑石渡右合黃水康水石子河逕城北右合市河魏氏河又東神堤渡右合任村水為洛口亦曰洛汭入汜水石城河從之黑石渡青泥回郭三鎮洛口一驛

孟津簡府東北四十里城南邙山西柏匡西北河水自新安入合正回水又東合瀍水為河濟渡後魏陝石津又東逕漢平陰合五曲九水逕光武陵至城北又東古孟津逕平縣故城北合湨水入鞏西南穀城山瀍水出其任嶺從之長泉舊雙槐油房四鎮縣驛一

登封簡府東南百十里北太室山漢置崇高以奉是為中嶽古外方其西少室休水出合大穴山水入偃師其西南大熊山海經大碧地理志陽乾穎水出簡谷是為右穎左會中穎左穎逕城南又東左合少陽谿五渡水逕陽城故縣南左合石涂水古平洛谿又東南入禹其北陽城山洧水出東逕陽子臺入密西南大碧口狂水出水經注西逕綸氏故城南右輿倚灑山水合八風谿水注之又西得三交水口逕缶高山北與洭水合又西逕潁陽城南入洛陽來需水從之縣驛一

永甯簡府西南百九十里熊耳崤山縣北漢回谿坂在焉東北熊耳東南天杜西南金門洛水自盧氏入左合大溝河水經注東逕高門城南輿高門水合者又東松陽谿水逕黃亭南合黃亭谿水又東得鵠鵠水口右元瀘山水荀公澗口逕檀山南庫谷水注之傑谷亭北左合北水又東侯谷水逕龍驢城北左合宜陽北山水又東右廣田澗水直谷水左蠡縣西塢水又東過蠡城縣南右會金門谿水左合款水黍良谷水入焉又東右太陰谷水白馬谿又東左合北谿入宜陽昌澗水杜陽谿水西度水並從之縣驛一

澠池衝府西百六十里東大觚山北詔山石門東北天壇白石西北河水自陝入為槐杷渡逕桓王山合五龍潭又東濟民渡合金陵澗入新安西南馬頭山蹟陝穀水出穀陽谷逕土壕合熊耳北阜水水經注澠池川又東逕俱利城左合羊耳河至城南又東左合北溪搭泥鎮千秋亭雍谷水晉水從焉崤店一鎮南村巡司義昌驛城二驛

嵩難府西南百六十里東北三塗山鳴皋北介立西北陸渾東惠明西南臥雲伊水自盧氏入逕郭落山北水經注左合瀧瀧水又東北南屈為淵潭右合太陽谷水鮮水左盤水又東北歷匡口左合七谷水逕嵩縣南左合盾谷水又東北逕陸渾鯔東溫泉水焦澗水明水洧陽水馬懷橋水右大鈸水左吳澗水又東北入伊陽伊嶺前溪水從之乾隆中令康基瀾濬新故渠二十有一南伏牛山汝水出其分水嶺石柏谷水經注東北逕太和城歷長白沙口狐白谿水注之東入伊陽又西北離山滄水出俗名白河東入南召舊縣鎮巡司駐縣驛一

陝州直隸州

衝繁河陝汝道治所州隸之清初沿明制為河南府屬州領縣二雍正二年升十二年割盧氏來隸東距省治六百八十里廣三百三十里袤五百四十里北極高三十四度四十六分京師偏西五度二十分領縣三東崤山南常烝山西鏤山河水自靈寶入合橋頭溝茂龍古龍澗水經注安陽溪及進水橐水蝟水隱為有太陽津又東逕城北為茅津渡又東三門山過砥柱入澠池穀水從焉曲沃張茅石壕上村乾壕五鎮硤石一驛

靈寶衝繁州西六十里南秦山西南地肺石城浮山東南峴山鹿蹏南女郎西北河水自閿鄉入合柏谷水稠桑河又東逕函谷關合宏農澗古門水及燭水田渠水逕城北又東合曹水蒲水入州桃略一鎮桃林一驛

閿鄉衝難州西北百二十里南

荊山秦山其支閭山其東皇天原又西桃原古桃林暇城在焉河水自陝西潼關入爲風陵渡逕黃巻坂合玉溪澗又合泉鳩澗爲洹津渡又東逕曹公壘合石姥峪夸父山水即湖水爲西關渡逕城北又東入靈寶澗爲河從之澗東一鎭爵湖一驛

盧氏 簡州西南百四十里盧氏山西北西小靑洛水自陝西雒南入其南熊耳禹所導東逕城北入永寧其支蔓渠俗名悶頓嶺伊水出東北逕欒川鎭入嵩西南湯水俗名黃沙五渡入內鄉水經注出盧氏大嵩山朱陽一鎭縣驛一

汝州直隸州 繁難隸南汝光道糧捕水利州同駐 東北距省治四百九十里廣袤各二百二十里北極高三十四度十三分京師偏西三度三十六分沿明制領縣四 西南崆峒山東北風穴山其石樓鹿臺望雲檀樹狼皋鑿駕諸山皆中嶽熊耳之支脈也西北永安河入伊陽水入逕楊家樓水經注趙狼皋山東出峽謂之汝阨東歷廣解城北逕周平城南又東與廣成澤水合又東得魯公水口合霍陽山水者又東逕城西南左納洸耳河又東左合趙洛河逕成安故城北又東黃水注之即承休水入郟寶豐楊家樓州同駐趙洛臨汝二鎭縣驛一

魯山 難州西南百二十里東魯山南錢箕東南商餘西北堯山水經滍水出故汝支津今出西百七十里吳大嶺俗名沙河水經注與波水合又東逕魯陽故城南右合魯陽關水又東北合牛蘭水又東逕惠城南彭水注之者又東緣寶豐界入葉犨水從之趙家村巡司縣驛一

郟 難州東南九十里北綠石山東南紫雲西北大劉扈陽汝水自州緣界合匱澗水納靑龍河入逕城南右納石河又東左納藍水水經注逕化民城西黃阜東者又東逕摩陂入襄城長橋黃道二鎭縣驛一

寶豐 難州東九十里東南香山扁鵲西緜崗嶺汝水自州緣郟界之西北石河古養水源出三堆山東南流有栢河來會又東南入郟柏河有二源皆出縣西山中東流而合又東南注石河瀷河即沙河在縣東南自魯山入東入葉應水一名濮河又名石渠源出北峙山東南注瀷河東溝水東南流入葉宋村曹二鎭縣驛一

伊陽 簡州西南九十里東南雲夢山南霍陽東北連珠西北鄧子梁伊水自嵩緣界合杜水納永定河入洛陽西南汝水自嵩緣界入逕城南右合馬藍河逕紫邏口左合練溪入州上店一鎭縣驛一

彰德府 衝繁隸河北道糧捕通判駐 清初沿明制領州一縣六雍正中割直隸大名之內黃來隸以磁隸廣平南距省治三百六十里廣三百二十里袤二百里北極高三十六度六分京師偏西二度領縣七

安陽 衝繁疲倚西南靈寶山西北銅山藍嵯魯山淸涼山漳水自涉入逕鄴會故城緣直隸磁州界又東逕豐樂鎭入臨漳東南湯水自湯陰緣界合斐水及南萬金渠防水又東逕伏恩村西有洹水自林伏入至善惠山北復出其西龍山合虎澗水右岐爲南北中三萬金渠又北逕河亶甲城左合珍珠泉折東逕殷墟韓陵山故瀆右出爲又東南先後來會又東入內黃豐樂鎭縣丞駐鄴城一驛鐵路

臨漳 繁府東北七十里河故道在縣界今已南徙澀水汙水並在縣西今爲漳汙所經漳河南自安陽磁州入側城西南分二派東至大名並注衛河鶴鵝陂爲境內蒲魚之利三臺在鄴城內西北陽講武城在西漳水上曹操疑塚在焉冰井銅雀金鳳回隆鄴二鎭縣驛一鐵路

湯陰 衝繁府西南四十五里西五巖山柏尖西南淇水自林緣界衛河自濬緣界北逕五陵其西此城又北曾濟河出焉緣內黃界入之西牟山水經注石尙灣水出唐故湯城北至岳王墳東宜師溝出西南黑山一曰永通河北逕高隄橋注之又東北抵安陽界左合姜水入之鎭二鶴壁宜溝縣驛一鐵路

林 繁府西南百十里林慮山西二十里太行支其異目西黃華天平玉泉西南洪峪樓霞西北魯般門倚陽皆林慮之異名者也濁漳自山西潞城入緣涉界左會淸漳爲漳水東入河內水經注所謂逕葛公亭礄陽城北合滄溪者其南洹水自黎城伏入復出爲大河頭逕城北左合史家河陵陽河至龍頭山復伏西南淇水自爐入逕石城淇陽城左合淅水入湯陰縣驛一

武安 繁府西北百六十里南鼓山西龍虎頭西南磁山闕輿西北摩天嶺三門有磨盤峻南洺河出屈東北逕粟山合玉帶及紫金河其天井峻北洺河出逕傭山合於紫金山西入直隸永年縣驛一

涉 簡府西北二百二十里城北龍山南熊耳東韓五西南鳳洞東北符山東南壽頭西北石鼓毛嶺口淸漳水自山西遼州入逕城南一曰涉河縣以是名又東南濁漳自黎城緣林界來會爲合漳口入安陽素堡一鎭縣驛一

內黃 繁難府東百十里明屬大名雍正二年來隸東博望岡河水故瀆在焉有金隄西南衛河自安陽緣界逕牽城入左合湯水洹水逕繁陽城折東楚王鎭右合柯河入直隸淸豐衛寶淇水水經注過內黃縣南爲白溝逕並陽城爲黃澤逕戲陽城東地理志淸河水隋永濟渠高隄一鎭縣驛一

衛輝府 衝繁隸河北道上北河衛糧通判駐 清初沿明制領縣六雍正中割開封之延津直隸大名之濬滑來隸乾隆中割開封之封邱歸德之考城來隸光緒初考城仍還隸東南距省治百六十里廣三百九十里袤百七十八里北極高三十五度二十七分京師偏西二度十二分領縣九

汲 衝繁倚西北霖落蒼峪壇山西仙翁北華蓋並太行支脈也東南河故瀆北衛河自新鄉入一曰淸水河右納孟姜女河逕府治北比干墓南又東北右納滄河緣淇界入之銅關杏園淇門三鎭驛一衛源鐵路

新鄉 衝繁府西五十里北寺兒山五陵岡西南黃沁故濟東北衛河自獲嘉入右合小丹河及沙河有合河鎭又東北入汲驛一新中

獲嘉 衝繁府西南九十里東北同盟山南黃沁故瀆西小丹河自修武入北新河會重泉注之東逕三橋左納峪河即淸水河其西北太白陂春秋大陸又東入新鄉北流河自輝入爲沙河從之崇寧亢村二驛丞兼巡司鐵路

淇 衝府北五十里東北浮山西北靈山西銅陽東南衛河自汲合淇河緣界納新壓河所謂肥泉又東北會淇水入濬早生靑龍二鎭淇門一驛

輝 繁府西六十里西太行其支東北方山北九山西北森門衛河出焉日百泉詩毖彼泉水匯卓水白沙蓮花萬泉壓關五入新鄉下王山東臨淸會汝行九百二十三里其西沙河匯丁公淸瀘焦泉又西峪河淸水匯梅竹重泉並入獲嘉重泉水經注長泉逕郭城東又謂白屋水淇山西北山海經沮洳淮南子大號淇水出東北入林縣驛一

延津 衝疲府南七十里雍正二年自開封來隸五年省胙城入西南酸棗山北河水故瀆西北孟姜女河東北流至汲注衛河濮水酸水延津鹹津文石津並堙惟烏巢澤存沙門一鎭驛一曰廩延

濬 衝繁府東北百十里城西南隣浮邱山東南大伾即黎陽山其支紫金鳳皇有禹二渠白馬津西即邁審亭又西衛河古泉源水自汲會淇入衛詩所謂左右淇口古宿胥口鎭遏淇入白溝所謂枋頭即今之淇門渡也東北逕雍榆城南又北逕白祀山頓丘故城道口鎭縣丞駐縣驛一

滑 繁難府東九十里東北白馬山謝鳳城西北狗脊天臺河故瀆在焉有瓠子隄金隄滑水堙西北衛河自濬錯緣界仍入之老岸一鎭巡司駐縣驛一

封邱 繁府東南百里南有河水自陽武入緣祥符界入之城北黑山東北滄于岡靑陵臺圮古濮渠堙潘店中欒二鎭有驛

懷慶府 衝繁隸河北道河北鎭總兵黃沁同知駐 清初沿明制領縣六後割開封之原武陽武來隸東南距省治三百里廣三百九十里袤百三十里北極高三十五度六分京師偏西三度二十七分領縣八

河內 衝繁倚北太行山沁水自濟源入左傳少水水經注東逕小沁亭北右合小沁倍澗水邘水逕野王故城北者其沛水逕柏香鎭緜城爲豬龍河合豐稔南支南入孟其支津東北貫城合利仁河東出合廣濟支津注之左會丹水又東逕武德鎭古州邑入武陟丹水自山西鳳臺入爲丹口逕鄭城苑鄉城釃爲十九渠古光溝界溝長明溝故瀆在焉並注沁而小丹河爲大合白支津逕淸化鎭廣濟河及北支豐稔自濟源入並絕濟廣濟復岐爲二馬溝並入溫鎭七崇義柏香邪臺萬春淸化尙香武德驛二覃懷萬春

濟源 難府西七十里西王屋天壇王屋志稱天下第一洞天天壇道書所謂淸虛小有洞天也西北析城秦嶺陵山北盤谷東北孔山熊山西南河水自山西垣曲入納濚水又東河淸渡馬渚合柴河水經注湨水逕向城湨城東者又東入孟泥水源出西北山東南流逕城東南注溴河逕琮山口至動亭村淤故水經注湨出原山勳掌谷俗謂之白澗水側城東南其南源姑嫂五指秦嶺三山水自右來會又東南左合濟支渠濟出王屋西麓太乙池爲沇水伏九十里至共山南復出於東邱爲濟瀆東西二源亂流共支南注湨又東入河內爲豬龍河東北沁水自山西鳳臺入爲枋口東南右歧爲廣濟河古秦渠水經注朱溝元爲廣濟河明爲二十四堰在永福堰者利仁渠在廣福堰者豐稔南北渠古奉溝輿正渠並入河內在永利堰者永利渠又岐爲二一南注沛爲沛支一東南爲餘沛入邵源鎭巡司駐縣驛一

原武 難府東百八十里明屬開封雍正二年來隸東北黑洋山古漯水出西南河水自滎澤入又東入中牟天然渠從之下至扶溝長七十五里縣驛一

修武 衝繁府東北百十里北太行山西北天門西南小丹河自武陟入一曰預河逕習村側城東北又東入獲嘉新河上承靈泉劉公河至城東北匯皇母諸泉入獲嘉待王丞恩二鎭縣驛一

武陟 衝繁府東百里河北道治西南淸風嶺河水自溫入納廣濟河沁河水注之又東入滎澤沁河自河內入逕故懷城木欒店側城東南又東逕詹店入原武廣濟河自河內入逕縣西南注黃河小丹水亦自河內入逕縣西北入修武永橋寧郭二鎭武涉寧郭二驛

孟 衝繁府南五十里城西紫金山西北五龍臺嶺山下至梁村古溴梁其東馬吉嶺西南河水自濟源入逕宋河淸故城爲白坡渡古冶阪津其下吉利渾古高渚又東合軹陽河其下楊樹渾古淘渚又東逕野戍鎭爲河陽渡古孟津其下郭渾所謂河陽三城古河中渚合衡礪又東順礪至城南其渡小平津又東逕沇水鎭入溫西北溴水自濟源入逕冶城右合同水逕古安國城合靑龍澗又南逕殺且鎭至無鼻城左右餘濟南支又南孟港東豬龍河自河內緣界合豐稔南支及餘濟北支並從之沇河白陂二鎭驛一河陽

溫 繁府東南五十里西太平山西南河水自孟入至小營西北濟水自內入爲豬龍河緣界合豐稔北支又大有埝水至上浣村仍曰沇水鐵公臺南會溴水入爲逕城南又東至平泉西大豐及長濟及輿隆堰水亦自河內入焉又東入武陟趙堡一鎭縣驛一

陽武 繁府東北九十里西南河水自原武入逕官渡東入祥符天然渠逕黃練集東北入封邱其河濟故瀆西北河自山西垣曲入郡境凡行六百四十六里太平延州二鎭縣驛一

南陽府 衝繁難隸南汝光道南陽鎭總兵駐 清初沿明制領州二縣十一道光中淅川升廳東北距省治六百十里廣五百八十里袤三百四十里北極高三十三度六分京師偏西三度五十五分領州二縣十

南陽 衝繁難倚西北精山紫山東北豐山蒲山淸水俗名白河自嵩召入逕其北水經注逕博望西鄂故城又南逕豫山宛城東梅溪水注之者至府治南支津南出爲溧河又西南右合木樠十二里河逕淸陽城並入新野潦河緣鎭平界從之東有唐河自裕緣唐界入之桐河從之石橋一鎭賒旗店巡司博望驛驛丞林水驛驛丞又宛城一驛

南召 難府西北百二十里順治十七年省入南陽雍正十二年復南百重山天子望山西香鑪西南燕尾壺山西北伏牛聖人白河自嵩入逕其東右合獅子黃洋河左五路山水至十里岡右合留山及空山雞子河卽丹霞其河卽魯陽關水水經注逕皇后城西者關古三鴉路有雉衡山地理志醴水出東入葉李靑店巡司駐縣驛一

唐 繁難府東百二十里城南天封百里唐子山紫玉午峰花山西北寫春東南孤山馬武東北唐河自南陽緣界入左會泚水及馬仁陂水右合桐河側城西南左納瀷河及江河秋河逕湖陽故城西謝城北合謝水湖河逕蒼苔鎭緣新野界入湖北襄陽蒼苔鎭縣丞駐明陽桐河二鎭縣驛一

泌陽 簡府東二百里北虎頭臘山東萬千東南祝家衡東北大胡泚水出焉泌縣氏馬左會小銅山水逕城南又西比陽故城南左合蔡水右澳水水經注出磐石茈邱二山者入唐馬仁陂水從之其支江河輿出礬石紅匡潤並入桐柏西北扶予滌水出東北中陽瀙水出合爲沙河東入遂平古路饒良羊柵三鎭縣驛一

桐柏 簡府東南三百里東石門山映山西天木桐柏山在縣西南輿熊耳伏牛聯體其支大復胎鬱黃山石柱通日之淮水瀆水出淮東北匯水簾洞太陽城諸水伏王陽口復出東逕尖山東南逕復陽義陽故城東左合月河入湖北隨州栗樹河從之地理志東南至淮陵入海過郡四行三千四百二十里瀷西北匯紅泥三家右納紅匡逕平氏故城東入唐西南秩河西北江河自泌陽緣界自隨州入並從之吳城一鎭縣驛一

鎭平 簡府西七十里東遘山西北歧棘潦河出其東饒緣南陽界入下注淸册河出嶠女朶俗十二里河匯東西三里淇河及其西陵河並從之縣驛一

鄧州 繁難府西南百二十里南析隈山西五隴西北蠻山永靑湍水自內鄉入逕臨湍冠軍故城右合得子河側城東南至急灘左納趙河及嚴陵河水經注又逕穰縣爲六門陂又東南逕魏武故城東北白牛邑安衆故城南湼水注之者漢東陽湼陽城在焉入新野與濟會爲白河其西刀河自內鄉入逕紅匡山右合鞠水東南逕紫金山爲鉗盧陂又南黃渠河並從之西南禹山萊黃河出合排子河入湖北光化板橋急灘千金張村穰東五鎭縣驛一

內鄉 繁難府西百九十里北老君山其南秋林夏館山海經翼望山湍水出會靑山河逕赤眉城右合長城又蠟孀河水經注東南逕南酈故城東菊水注之者逕城東又南右合黃水丹水故城在焉又東左合鸛河西北蠶山刀河出並入鄧西北熊耳山淅水自盧氏入逕修陽故城一曰湯河俗名黃沙五渡逕菊潭至西峽口曰三渡河又東南入淅川與丹水會丹水復逕順陽川緣界入湖北光化西峽口巡司馬尾一鎭縣驛一

新野 衝府東南五十里北夔荊山白河自南陽入逕岡頭鎭又西南右合潦河會湍水合城東北又西南納刀河其支樊陂折東南逕新店鎭左納支津漂河復右納黃渠河東南唐河自其縣入逕蒼苔鎭右合小潤河古安仁陂水並入湖北襄陽湍城一驛

裕州 衝難府東北百二十里東北黃石山方城山東中封北七峰拐河出醴河舊自南召入合之今淤東逕牛心山洪河上游灕別源實河出分流東南逕小乘山復合折東北並入葉西北雞鳴山唐河北源趙河出南逕賒旗店三里河即堵水合淸河潘河呂河注之入唐平臺一鎭緒陽一驛

舞陽 簡府東北百七十里南牛臘山蘇家寨鐵山東南灘山西馬鞍西江千河自葉入逕城南曰三里河右合入里河東入西平潕河從之北汝水自葉入錯襄城有溝河來注又東南注沙河沙河自葉入有輝河澧河亦自葉來注又東入郾城唐河源出城東北東流至郾城注澧縣驛一

葉 衝府北百三十里西南方城黃城西北北淺澧汝同源俗名沙河自寶豐入逕河山至臥羊山北爲汝墳東入舞陽北滍河亦自寶豐入平頂山緣襄城界其南輝河古昆水水經注出魯陽縣唐山逕昆陽故城南又南拐河卽滍水自裕入逕王薔墓南又南買河自裕入曰江千河古潕水自泌陽入與會通目之滍水保安二驛保安縣丞駐

汝寧府 衝繁難隸南汝光道汝南分防通判新息分防通判駐 清初沿明制領州二縣十二雍正二年光州直隸光山固始息商城割隸北距省治四百六十里廣二百四十里袤五百九十里北極高三十三度一分京師偏西二度九分領州一縣八

汝陽 繁難倚城北天中山北汝汝正源西汝潕及澺南汝瀙元季汝溢病蔡自舞陽堨故澺則潕及西平雲莊諸山水擅之明嘉靖中洄則遂平灌瀙擅之汝源凡三易今北汝自上蔡合澺通曰洪河右合朱馬馬常左茅河逕廟灣鎭右合剌河其故道蔡埠河入會南汝右納黃西吳桂橋河左遍爲懸瓠池右栗渚側城東南右合牛截河納溱水錯正陽復入並入新蔡廟灣鎭巡司黃岡陽埠射子寒凍四鎭縣驛一

正陽 繁府南百二十里明眞陽雍正二年改西橫山東北南汝河自汝陽錯入右合固城港陳家溝仍入之水經注著受慎水於慎陽故城南陂注七陂東入汝南有淮水自信陽緣界入息西南閻河淸水港並自確山入又東從之汝南埠通判駐縣驛一

上蔡 繁難府北七十里東蔡岡西北北汝自郾城入西汝潕水右自西平會澺來注逡通曰洪河東南絕蔡河入汝陽茅河朱馬馬常河從之其故道自西洪橋右出納流堰爲朱里河通目之復納石洋河爲蔡埠河其西瀙水即南汝自遂平入右合淸水河亦並入汝陽蔡河澺支津水經注東南流爲練溝至上蔡西岡北爲黃陵陂於上蔡岡東爲蔡塘者又東爲包河入項城北華陂集界溝河出東緣商水界入之邵店一鎭縣驛一

新蔡 簡府東南百四十里南汝澺郎汝水洪河並自汝陽入合於城東五里三汊口又東入息又安徽阜陽谷水即鮦水從之延河亦入焉水經注汝水逕樓亭北又東南逕新蔡故城南又東南左會澺水逕壺邸故城北澺水逕平輿故城南左逵爲葛陂者漢葛陵故城在焉縣驛一

西平 衝繁府西北百二十里西九頂山潕水舊自舞陽入逕故城水經注其西有呂墟王合水鎭隱諸石雲莊諸山水逕城北又東歧爲二左支合周家泊水古澺水水經注上承汝水別流於奇領城東者今淤泥河緣郾城界復合右支會流堰河並入上蔡潕卽西汝自元季於舞陽鎘河堨之今雲莊諸山水擅其故瀆又會澺水因通曰洪河董渠蔡砦儀封三鎭縣驛一鐵路

遂平 衝繁府西北九十里

西遏嵖山嵖岈南汝上游沙河古瀙水自泌陽入逕金山左合楊奉河水經注東過吳房縣南南又東過瀙陽縣南者入上蔡其逕城南支津東北出爲新河會石洋河河古瀙出西北檜峰垛水經注輿山逕吳家橋東南濟水河自確山入並從之縣驛一

確山衝繁府西南九十里確山城東南二里又東南朗陵佛光城南蟠山西南平頂西北樂山棘水出俗名黃西河秀山吳桂橋河出西有溱水自泌陽入俗名石礦河又東曰吳砦逕砷山故水經注淵溱出浮石嶺北青衣山又東北逕獨山並入汝陽東南焉河塘下瀉河濟水港壹入正陽西北濟水河入逢平姬家壘毛城竹溝明港三鎭縣驛一

信陽州衝繁難府西南二百七十里東南鎭山南士雅峴山西南籠奉西卓斧坚山西北淮水自湖北隨州入左合明港河崑東縣信陽界入羅山水經注逕平春城陽鍾武故城南其獅水入合油水三灣河九渡水逕城南從之平昌關州判駐楊家堂巡司信陽明港二驛京漢鐵路

羅山繁難府南二百三十里羅山城南十里又南獨山鯖山西南黃神鷄山皆桐柏支麓也西北淮水自信陽入逕謝城合翫水又東逕縣北西南六斗山竹竿河出水經汼谷水合黑龍池小黃河古磊水緣光山界汼之入息大勝關巡司駐縣驛一

光州直隸州繁疲難隸南汝光道豐捕水利通判駐清初沿明制爲汝甯屬州雍正二年升直隸州北距省治八百里廣二百四十五里袤二百里北極高三十二度十三分京師偏西一度二十八分領縣四州古黃國故城西十二里東鳳皇山爲州左翼西浦口岡爲州右翼東南彭山南車谷西北淮水自光山入合寨河古堅水又東北逕鄭家店復合黃水水經注逕弋陽部東又東入固始其雙輪河入爲白鷺河古滹水及春河自商城緣界古謌成水壹從之州驛一

光山繁難州西南四十里古弦子國縣境大牟山區自西北而來綿亘近二百里其最著者老君大霽春風嶺黑石諸山老君山之北雲霧仙居馬鞍守軍浮光諸山皆桐柏支脈也地理志弋山西有淮水自羅山合竹竿河緣界逕軑縣故城至其籠又東入州西南黃茅腦寨河出水經堅水會馬鞍山水爲淸流河又合牢山龍潭沖水泥河其東黃水至花石山爲三道河右合梅林河逕塯山右合潑陂河水經注木陵關水左合晏家河逕黃川西陽故城至城南爲官渡河逕天暘山水經注溱水又東雙輪河並從之中渡牛山二鎭長潭一驛

固始繁疲難州東百四十里東大山南獨山木賊青峰嶺西北淮水自息入逕蓼林岡安寓期思古蔣國亦寢邱故城其左岸會汝水至朱皐鎭納白鷺及春河又東往流集巡司駐王三河尖決水灌水入焉決自商城入爲史河左合長江河右歧爲泉河古陽泉水水經注自雩婁東北逕雞備亭過安豐故城過城郡治又逕茹陂今龍潭口右岐爲淸河合勝湖又西北逕史家故城左納羊行河急流銅逕城東而北古蓼國在爲灌自商城入爲曲河淮南子孫叔敖決期思之水以灌雩婁之野又西北逕蓼潭王城北來會爲兩河口東魏滄州在焉又東北右歧爲堪河逕爲七里岡復興淸泉二支津合又北入淮水又東入霍邱朱皐期思二鎭縣驛一

息繁疲難州西北九十里西有淮水自羅山入又東逕白公城至城南又東新息故故城分流左納淸水港合泥河復合閶河自正陽入舊慎水故瀆逕褒信長陵故城注之水經注申陵水又東逕烏龍集入州其白鷺河入逕期思集西北汝水自汝陽入新蔡復緣安徽阜陽界逕固城汛並遠之玉梁染楊莊一鎭縣驛一

商城難州東南百二十里東南大蘇山古大別南花陽馬頭東北青山西南牛山決水出水經注出廬江雩婁縣南大別山東北八仙臺黃昝山五關水又東北曰寨河左合麻河逕金家寨其西北則長江石槽沙河西南黃柏灌水出北合木廠盛家店九水河逕城西亦曰龍潭河並入固始西北鎭山春河出水經注灌水亦緣固始界入州牛食畈巡司縣驛一

淅川直隸廳繁難明析內鄉置縣道光十二年爲廳宣統元年升改南汝光道爲南汝光淅道西岵山西北簧館里丹水自陝西商南緣界逕荆子關其北葛花山其南丹崖又東南逕渡老龍山其黑漆河入爲淇河逕花關關帖嘴獨阜山注之至城西南納淄河逕石杯雷山王於村保古商於三戶城在焉左會淅水又東南逕太白玉縣山緣內鄉界入湖北均州水經注丹水自三戶城逕丹水故城南南鄉縣北右合汋水汋即均形之譌荆子關縣丞峽口一鎭廳驛一

清史稿

地理志十

陝西

陝西省禹貢雍梁二州之域明置陝西等處左右承宣布政使司并治西安清初因之置巡撫治西安并置總督兼轄四川壽改轄山陝雍正九年專轄陝甘治西安十三年復轄四川乾隆十三年罷兼轄十九年兼甘肅巡撫事二十四年改陝甘總督二十九年移駐甘肅蘭州遂爲定制康熙二年析臨洮鞏昌平涼慶陽四府置甘肅省移右布政使治之雍正三年升西安府之商同華耀乾邠六州延安府之鄜綏德葭三州爲直隸州九年改榆林衛爲府十三年同州升府華仍降州隸焉耀并降州還舊隸乾隆元年葭仍降州隸榆林四十八年升興安州爲府東界河南閿鄉三百五里西界甘肅清水六百三十里南界四川太平一千三十里北界邊墻一千三百九十六里廣九百三十五里袤二千四百二十六里宣統三年編戶一百六十萬一千四百四十四口八百五萬四千四百七領府七直隸州五廳七州五縣七十三

西安府衝繁疲難巡撫布政提學提法三司鹽法巡警勸業三道提督將軍副都統駐明領州六縣三十一雍正三年升商同華耀乾邠爲直隸州割縣十七他屬十三年耀及同官還舊屬白水改隸同州乾隆四十七年置孝義廳嘉慶五年置甯陝廳東北距京師二千六百五十里廣三百五里袤四百三十八里北極高三十四度十六分京師偏西七度三十二分領廳二州一縣十五

長安衝繁疲難倚府西偏西北龍首山西南清華圭峰南終南山橫亘長安咸甯鄠盩厔四縣境渭水自西逕縣北東入咸甯南滈水歧爲二一西南合鎭水爲東交河灃水東北流來會又北經咸陽入渭一北流爲皐河折東經咸甯入渭南有漕渠又西南有通濟渠鎭三杜曲秦渡三橋主簿駐斗門行宮城內光緒二十六年德宗西幸改舊撫署駐焉

咸甯衝繁疲難倚府東偏南樂遊少陵原滻水逕縣北而東南灞水自藍田東北合之又東北逕高陵入臨潼滻水即滻水一名皁水出東南石鱉谷其西鹽鎭水自甯陝入右合白石小庫諸水左合梗梓水入長安明秦藩城在府城東北碣縣治北順治六年改建滿城將軍都統駐縣丞舊自灞橋移尹家衛改駐縣北草灘灞橋渭橋鳴犢三鎭驛一京兆

咸陽衝繁難府東南五十五里北畢原東鮮原東南高陽西南短陰南渭水自興平入納泥渠水東北會二灃水爲雙心灃東入長安東北涇水東入涇陽四高橋驚店北賀馬莊驛一渭水鎭

興平衝繁府東百里西馬嵬坡北黃山渭水自武功入左納漆黑夾達諸水合新開河東入咸陽縣丞駐店張鎭二馬村桑家驛一白渠

臨潼衝繁難府東北六十里東南驪山有溫泉北普陀原東灣門坂西南坑儒谷淸水自咸甯入逕縣北石川河合濁谷水南五流注之西有漳水東有戲水零水均北流注之東入渭北南縣丞駐關山鎭五新豐零口交口廣陽櫟陽驛一新豐

高陵衝府東北七十里西降鉤山南奉政原西南渭自咸甯縣界逕鹿苑原左合涇水又東櫟陽涇界入之西北白渠自涇陽入播爲二曰昌逕曰高望西南有昆沙鎭

鄠繁難府西南七十里東南紫閣峰南圭峰東南黔南山北有渭水自興平入入咸陽東南灃水自長安緣界入會澇水灃水出縣南合漢陂水東北入咸陽注渭鎭四秦渡趙王滹店大王

藍田衝府東南九十里北橫嶺南秦嶺七盤峪山黃山東藍田山有關灞水出縣東倒回谷即藍田谷逕南境納藍水輞水逕城南又西北合土膠河猶水注水入咸甯滻水出南山土門谷西北流爲焦戴河合湯谷水均入咸甯鎭三藍橋焦戴新街

涇陽衝繁難府西北七十里北嶻峨山西北甘泉仲山涇水自醴泉鐵界入逕城南東南入高陵北冶谷水自淳化入會淸水入三原西北龍洞渠逕縣北歧爲三曰北白渠入三原中白渠入高陵下白渠流數里伏又有冶淸渠冶峪縣丞駐鎭六永樂臨涇石橋雲陽孟店王橋

三原衝繁難府北九十里北浮山西北嵯峨堯山濁谷水自耀入曰濁峪河東流散入各渠龍氏河即濁谷水自富平錯入仍入富平淸谷水自耀入西北入涇陽秦堰西境合冶谷水貫流南北二城中東南入高陵鎭四陵西王店樓底西陽學政駐所驛一建忠

盩厔繁難府西南百六十里南秦嶺東南石樓西南安樂山西駱谷竹谷水北緣郿界仍逕濟化入一曰西濟水河合車谷紹谷諸水入武功注渭渭水逕縣北而東西南有黑水即芒水北流注之又東入興平東南甘水亦北入興平縣丞駐祖菴鎭五終南甯村啞柏濟化鳳川

渭南衝繁難府東北百四十里西南石鼓南倒虎山西馬峪嶺水出合駒兒嶺水西北入臨潼注渭渭水合杜化谷水逕城北古白渠在焉西渭水東赤水俱北注之又東入華州縣丞駐下邽鎭二赤水田市驛一豐源

富平繁疲難府東北百二十里西北檀山天乳土門西南荆山東北頻山石川河即漆沮入耀入下流自西北受金定河一名趙氏河即澗谷水東南入臨潼縣丞駐美原鎭又東北道賢鎭

醴泉衝府西北百二十里北武將山東北九嵕山芳山涇水自永壽入東北甘河自縣北東流注之東南入涇陽鎭二阡甘北驛一張店

同官衝府東北百八十里明屬西安府雍正三年改屬耀州十三年還屬西南白馬鑞龍北女媧又神女峽內有金鎖關東漆水出北高山至城北合同官川及鍾同雷平川西南流西有沮水南流俱入耀州東北大小石磐山水合北入宜君其南烏泥川東入漆驛一漆水

耀州衝府東北百三十里明屬西安府雍正三年升直隸州十三年仍爲州還屬東北五臺山磬玉北木門大唐西北牛耳山沮水上源姚渠川自宜君入合銀耳坪太子石水於陽秀川爲宜君水南合胡思泉爲沮水東南逕城西又東左會漆水入富平調谷水濟谷水濁谷水均出西北南入三原鎭四小邱柳林照金廟灣驛一順義

孝義廳繁難府東南二百四十里乾隆四十七年析咸甯鎭田鎭安三縣地置設同知駐孝義川嘉慶七年移駐舊縣關即今治北秦嶺東大頂山西南車輪天書大峪河一名乾祐河即柞水出西北大峪嶺西南流東北金井河即甲水東流東社川河東南流西北洵河南流俱入鎭安

甯陝廳繁難府南五百二十里明正德十六年設柴家關五郎壩二巡司順治中廢乾隆四十八年移西安府水利通判駐五郎廳嘉慶五年析長安盩厔洋泉鎭安五縣地置改設同知東北秦嶺華山子午谷南五臺山湖河出石紗羅嶺西南圭江口左合江河又南至孝義漁河日河並從之西北甘泉砭文水出隴東谷西河諸水屈西南入洋蒲河從之北要竹嶺長安河出南逕城自長安河隍坪河入石泉有四畝地五郎關汛主簿駐江口嘉慶七年東合東斗門鎭移此四畝地巡檢嘉慶十三年移駐新城十八年廢

同州府衝繁難潼商道明同州屬西安府領五縣雍正三年升直隸州十三年升府置附郭縣耀白水還隸又降華州暨所屬之華陰蒲城潼關來隸乾隆十二年潼關升廳西南距省治二百四十里廣一百八十八里袤二百九十里北極高三十四度五十分京師偏西六度三十七分領廳一州一縣八

大荔繁疲難倚雍正十三年以同州地改置西黃堆山北商顏南沙苑洛水自蒲城緣界逕其西折東南至船舍渡入逕西南東流渭水逕南界東北流井入朝邑縣丞駐羌白鎭又坊頭船舍潘驛三鎭

朝邑繁難府東三十里明隸西安府雍正三年來屬黃河自郃陽入逕東境而南受金水至趙渡南之望仙觀爲洛水入河故道光緒三十四年洛徙至趙渡入之又南三河口渭水自大荔入東北流注之折東入渭鬪主簿駐大慶關有兩女太奇趙渡三鎭

郃陽難府東北百十里明隸西安府雍正三年來屬西北梁山東北方山黃河自韓城入緣東界而南受百良水徐水西北金水東南流俱入朝邑古洽水亦濱水亦西南入朝邑西北大峪水自澄城緣界居南仍入之鎭五百良坊甘井王村黑地路井

澄城衝府北百里明隸西安府雍正十年來屬北界頭山將軍西北壺梯山門山西洛水受甘泉水即縣西河南入蒲城東大谷河南緣郃陽界從之鎭九寺頭棠善韋莊交通寨頭王莊馮原寨家良輔

韓城難府東北二百二十里明隸西安府雍正三年來屬東北龍門山西北梁山西南韓原即少梁黃河緣東北自宜川入合洽戶川居南有韓龍門口禹廟爲南王官渡合濕水及芝川又南入郃陽西北神道嶺汛薛峰督村二鎭

華州衝府南百八十里明隸西安府雍正三年升直隸州十三年仍爲州來隸西南五華南少華山渭水自渭南入逕北境而東納州南諸谷水東北入華陰鎭七羅紋柳子臺頭王宿瓜坡高唐江村驛一華山

華陰衝繁府南百六十里明隸西安府雍正三年改屬華州十三年來屬南太華山谷西緣河水自朝邑入西北渭水自華緣界合沈水又東合數水黃鹼太水諸水並東入又東入於河鎭三華嶽泉店敷水

蒲城疲繁難府西北百十里明隸西安府雍正三年改屬華州十三年來屬北堯山西浮山西三北山一名蘇愚山東北金粟山洛水自白水入逕遲堡左納甘泉水合大峪河入大荔東北永豐汛鎭十常樂石表洧原孝同興市武店漢底車渡荆姚高陽

白水簡府西北百三十里明隸西安府雍正三年改屬耀州十三年來屬東北黃龍山西北秦山洛水自宜春入受纈牛河經縣北受孔走河又東南白水即南河水自南境東流注之又南入蒲城十還雷西故南河雷村新村新瑤鐵牛雷衝武莊孔走鎭

潼關廳衝繁難府東南百里潼關道治所明置潼關衛雍正二年廢四年置潼關縣屬州十三年來隸乾隆十二年升廳東麒麟山西鳳山倚以爲城黃河自華陰入逕北潼水自關南貫城北流注之東入河南閿鄉巡司兼司獄駐鳳陵渡驛一潼關

鳳翔府衝繁鳳邠道治所東南距省治三百六十里廣四百二十里袤三百四十里北極高三十四度二十八分京師偏西八度五十九分領縣七州一

鳳翔衝繁倚西北雍山雍水出東南流經縣西折東南興塔寺河合又東有橫水俱南入岐山汧水自汧陽緣界南入寶雞鎭五橫水寄店虢王陳村驛一東河橫

岐山衝繁府東五十里北岐山又有周原南秦嶺湋水出西北山西南渭水自寶雞入逕城南東流斜谷水出西南磐山東北流武將臺入郿南津水即雍水自鳳翔入合橫水逕縣南入扶風緣界仍入從之鎭五益店龍尾蔡家高店青化驛一岐周

寶雞衝繁難府西南九十里秦嶺在南亦名秦山東南陳倉山石鼓山西南和尙原大散嶺渭水自鳳州緣界入逕城南而東右合塔河洛谷水左合汧水又東合潘溪入岐山東南大白河西南入留壩上谷水川河西南漢河即故道水芝西入鳳東北利民渠逕縣驛川鎭又底店陽平馬營益門四鎭驛二陳倉東河

扶風衝繁府東百十里北岐山吳興東北梁山南飛鳳山西北美山東茂陵三時縣東南渭水南岐水東境漆水美水合并東入武功鎭七伏波杏

林絳帳午井召公大度崇正驛一鳳泉

郿簡府東南百十里東太白山即禹貢惇物西馬冢山西南武功斜谷有五丈原渭水自岐山入右合斜谷水中支磨渠東支淸水河東南逕城北又東入扶風東井田西南斜谷二渠斜谷關汛鎮五槐芽横渠青化濟湫金渠

麟遊簡府北百十里城內童山西天台東石臼南籍括山漆水出縣西青青山東北合岐水其西麻夫川東雨亭河並入甘肅靈臺杜水出西北杜山逕城南受澄水東入乾州西良舍西北招賢二鎮

汧陽衝府西北七十里東圭山龍泉北天台西臥虎南箭括嶺汧水自隴入西北納草碧谷暉川河逕城南納湖口河界止河東南入鳳翔東麓論澤東黃理西草碧二鎮

隴州衝府西北百五十里南吳嶽西北隴山即隴坂又汧山汧水出合龍門關山蒲峪諸水逕城南而東受北河又東南納八渡水入汧陽渭水自甘肅秦州逕西南東入寶雞西關山汛鎮十四杜陽東涼新街縣頭八渡神泉馬鹿長寧赤延故川香泉大桧通關河溫水驛一長寧

漢中府衝繁疲難陝安道治所總兵駐明領州一縣八乾隆三十八年置留壩廳嘉慶七年置定遠廳道光五年置佛坪廳東北距省治一千七百里廣八百一十里袤六百五十里北極高三十三度京師偏西九度十四分領廳三州一縣八

南鄭衝繁難倚西南旱山黃牛南大巴山東南梁州西龍岡山東北武鄉谷駱谷沔水即漢水自褒入東受褒水中東二支及廉水池水東入城固青石關巡司駐又西大壩閣鎮四長柳上水渡沙河彌勒院驛一漢陽

褒城簡府西北四十里北七盤山上爲雞頭關西北達城西牛郎山南天池褒谷在東北自此入連雲棧西北百五十里達留壩沔水自其縣入西南流納華陽河又東受褒水入南鄭西南讓水一名遜水北馬道虎頭武曲南松梁米倉西北漢陽甘亭七關南黃官嶺汛巡司同駐鎮四宗營褒城長林高臺塔驛三馬道青橋開山

城固簡府東七十里北通關九眞白雲西北斗山漢水自南鄭入逕胡城左納文水即文川右納南沙河小沙河逕城南入洋陸下袁揚原公文川四鎮

洋簡府東百二十里東北太白東南子午谷西北鄭都北興勢山又灙谷即駱谷南口東赤坂黃金谷漢水自城固入逕南境左納灙水即鐵冶河大龍河西水金水河右納東谷河桃溪水東南入西鄉北壻水西經城固復入西南境注於漢水北華陽營東北茅坪汛縣丞駐華陽鎮又渭門眞符謝村壻水四鎮

西鄉繁疲難府東二百四十里西南大巴小巴南阜軍山東北饒風嶺東南子午山漢水自洋入左子午河即椒溪合寧陝紋河西南流注之牧馬河自城固入逕城東南合洋水白鐵河神溪東北流注之折東入石泉高川從之西南菩提河南入四川通江北司上汛縣丞駐五里壩嘉慶七年自大池壩移此巡司駐大巴關鹽場巡司嘉慶七年廢鎮二茶溪子午

鳳衝府西北三百八十里西北紅崖北豆積東北黃牛槩山故道水即嘉陵江上流自寶雞入逕東北受三岔河折西合黃花川馬鞍山水平雙石鋪紅崖河白右注之入甘肅兩當野羊河自留壩入逕城南合東濤河入略陽西南仙人關東北大散關有漢鳳營駐防東南鐵爐川營東北黃牛堡汛鎮四南星廟臺子方石白石驛三草涼三岔梁山丞兼巡司駐三岔

寧羌州衝疲難府西南三百八十里東南龍頭西北雞鳴東北五丁山有關北嶓冢山漢水出焉初名漾水合五丁峽黃銅鋪水東北入沔玉帶河出西南蓊竹嶺逕城北受白巖水爲白巖河赤北入沔西漢水逕西境納七道水西南入四川廣元爲嘉陵江西北陽平關州同駐大安黃壩二汛西北青烏鎮驛二柏林黃壩

沔衝府西四百十里北鐵山東南定軍山東北天蕩武興西北嶓冢漾水自西寧羌入西南受白巖河北沮水西南流逕略陽東境復入縣西爲黑河南流注之始名沔水又逕城南東入褒城西北黑河汛鎮四黃沙舊州元山青羊驛三黃沙順政大要

略陽衝府西北二百九十里北青泥嶺西北殺金嶺東南大丙山丙穴在焉故道水自甘肅徽縣入東北合濁水爲白水江入西西漢水即犀牛江自甘肅成縣入合石門河來會是爲嘉陵江又西南納八渡河右納落索河逕野猪山入寧羌沮水逕東北合冷水河東南復入沔東北有白水江汛峽口石門二鎮

佛坪廳要府東北四百里嘉慶中設盤洋縣丞於寧家莊屬西安府道光五年析盩厔洋二縣地置省縣丞設同知來隸南冠山嶺山東大華西北秦嶺太白西楊家溝口塘水出馬黃溝水白寶雞南流注之又南入洋黑水出北厲山東北合蜂河八斗河入盩厔椒溪河出廳東東南入寧陝東北駱谷關北口屬盩厔南口屬洋中貫廳境有十八盤有黃柏塬厚軫子二汛巡司駐袁家莊

定遠廳要府東南四百里嘉慶七年析西鄉地置設同知西金竹南磻仁西北父子山東星子山洋水出焉即淸涼川逕城南合小洋河七里溝水折西北入西鄉東北楮河東南雙河並東南入紫陽東南漁水西北巴水並西南入四川通江汛三瓦石坪漁渡壩觀音堂有漁渡壩簡地壩二巡司

留壩廳衝繁難府西北百四十里本鳳縣地明設巡司乾隆十五年移漢中捕盜通判駐之三十年析置驛撫民三十九年改置同知西北紫柏山其東柴關嶺西北太白河爲褒水上游自寶雞入受紅巖河爲紫金河鹹川河亦自寶雞來注逕東南受文川河青羊河又南納武關河入褒城野羊河出紫柏山西北入鳳東北西江口汛巡司駐南星武關巡司省驛三松林留壩武關

興安府繁疲難隸陝安道總兵駐明曰興安州領縣六乾隆四十七年升府置安康縣爲府治并省漢陰入之五十五年復置漢陰廳北距省治六百八十里廣七百六十里袤六百二十里北極高三十二度三十二分京師偏西七度六分領廳一縣六

安康繁疲難倚明爲興安州新舊治均在漢南萬歷十一年徙新治順治四年還舊治康熙四十六年復徙新治乾隆四十七年州升府改置北梅花牛首南趙臺西鳳凰東北白雲山西南饒山漢水自西紫陽縣界折北入逕城北右納大道河左蒿坪河月河神灘河東北入洵陽東南入仙河汛通判縣丞同駐西南磚坪西秦郊衝口二鎮

平利簡府東南百八十里舊治在西北灑河口嘉慶八年徙白土關爲今治西北女媧山北八里閒西錦屏西南石梁嵐河出花池嶺西有黃洋河與灌河合俱入安康北流注漢東冲河會秋河北入洵陽爲壩河注漢東南南汇河東入湖北竹山縣丞駐鎮坪

洵陽簡府東百二十里北羊山東北水銀龍山東南紫荊山南將軍女華西北廟壇傳家河出入安康注漢漢水自西逕城南洵河合乾祐河任河南流注之又東納蜀河仙河入白河南七里關汛

白河簡府東四百里嘉慶二年增築外城南龍岡山東北錫義山漢水自洵陽入西逕城北右納冷水河白石河東入湖北隕

紫陽簡府西南二百四十里東三臺南三尖東南板廠南山下有紫陽洞又南望夫山漢水自漢陰入逕其西屈南任河合紫溪河西南來注又東逕城南納汝河洞河東北入安康蒿坪河從之毛壩關主簿駐

石泉簡府西北二百七十里東馬嶺南銀澗西大池山西饒風嶺上有關長安河自寧陝入納汶水河入西鄉注漢漢水自西境折西南受珍珠河又東逕城南受江河池河東南入漢陰富水河白西入東逕鳥石梁從之

漢陰廳繁疲難簡府西北百八十里明縣乾隆四十七年省入安康設鹽捕通判五十五年復置爲廳改撫民東南梁門山東北朝陽山南文華鳳天山逕河自寧陝入合龍王溝又西南入石泉注漢漢水自西南逕城南受富水河木欄河東南入紫陽月河出廳西分水嶺納花石河東南入安康合衡河注漢

延安府繁難隸延榆綏道明領州三縣十六雍正三年升鄜綏德葭三州爲直隸州以洛川中部宜君米脂淸澗吳堡神木府谷八縣分隸之乾隆初以榆林府之定邊靖邊二縣來隸南距省治七百四十里廣四百八十里袤三百九十里北極高三十六度四十二分京師偏西七度四分領縣十

膚施簡倚西鳳凰山城跨其上北伏龍東北淸涼東南嘉嶺南臥虎延水自安塞入西北而東西川水東流注之又東北南河水北流注之又曲折東北左納豐林川淸化水東入延長南石油泉

安塞簡府北四十里北雲臺東天澤西龍安山延水自保安入西北納杏子河逕城南曲折東南入膚施西南洛水南入甘泉北有邊墻

甘泉簡府南九十里東北伏陸山南秦冒溫泉山洛水自安塞入右納自修川北河美水左納淸泉水漫澀河水南入鄜州西南有甘泉縣以此名臨眞鎮縣丞駐

安定簡府北百八十里東騰山西祖師南祖師山西北高柏山懷寧河出焉亦名走馬水又東北有東溝北東入淸澗秀延水自安塞入即北河俗名縣河逕城北合根水革班川東南赤入淸澗南淸化水南入膚施

保安簡府西北二百二十里東艾蒿嶺南石樓寨山西九吾洛水自靖邊入逕城西納染家河吳堡川周水東南入安塞北杏子河亦自靖邊入從之有沙家靜遠二鎮

宜川簡府東南二百八十里東鳳翅山北石關西南丹陽東南盤古山黃河自延川入南延水逕東北來注之又南過壺口受雲岩河經孟門受銀川水即西川又東南入韓城北有百直交口鎮

延川簡府東北百九十里城西西山東東峰西北青眉山黃河自淸澗入王老龍口秀延水合淸平川南站川諸水東南流注之又南入延長西北永平村有石油井

延長簡府東百五十里東北獨占北高奴山西延水自膚施入逕城右合關子口左小舖原水又東逕擊屏山納蘇家河右安溝東南入宜川西北交口水東至延川注延水南錦屏山下舊有石油井光緒三十二年用新法鑿取油旺質佳附近膚施延川宜君數縣境均產石油

定邊衝繁府西北三百五十里明正統二年置定邊營屬延安鎮雍正九年以定邊鄜碍井安邊柳樹澗五堡地置屬榆林府乾隆初來隸東南南梁山西北白鹽露山即白於山洛水出焉右合貝川水郎兒溝又東左合吳倉坡水東南入保安南三山水一名耿家河自甘肅靈州入復合黃家泉西南入甘肅環縣北有邊墻自甘肅花馬池入東南至靖邊西鹽場堡縣丞駐後省

靖邊衝難府西北三百里明成化十一年置靖邊營屬延綏鎮順治初爲靖邊所雍正二年設同知九年以安邊安塞鎮羅鎮靖龍州五堡地置屬榆林府乾隆初來隸西南大白蓮花山東箭杆山東南蘆關嶺西紅柳河東荍麥河至城北合流北出邊墻爲東復入懷遠邊墻爲圖水東北寺灣河大理河并東入懷遠龍州堡寨塞堡二汛又寧條梁汛巡司同駐

榆林府衝繁難延榆綏道治所初沿明制置東中西二路道康熙元年省西路入中雍正九年改中爲榆葭道東爲延綏鄜道乾隆二十六年改綏兵同駐明曰榆林衞雍正九年改置榆林府並置榆林懷遠定邊靖邊四縣乾隆初改定邊靖邊屬延安府葭州暨所隸神木府谷二縣來隸南距省一千三百五十里廣五百二十里袤二百二十二里北極高三十八度十八分京師偏西七度六分領州一縣四

榆林衝難倚本雙山常樂保安歸德魚河五堡地明成化七年置榆林衞雍正二年省入綏德九年復置縣爲府治城東駝山北紅山上築墩東南石山無定河自懷遠入西逕城南而東淸水河一名西河即榆林河自邊入西北納縣境諸水東南流注之又東南入米脂東北葭蘆川一名沙河東南入葭州西北邊墻有魚河堡常樂堡二汛南碎金鎮驛二榆林魚河

懷遠衝府西百六十里明天順中置懷遠堡屬榆林衞雍正二年改屬綏德九年以懷遠波羅響水威武淸平五堡地置來隸南火石山東五龍西南龍鳳山無定河即生水上流曰紅圖渾河一名奢延河又名幌忽都河自鄂爾多斯右翼入逕城北而東納硬地梁黑木頭河柿子河諸水又東入榆林西南圖水自靖遠入東北流逕城北出邊墻入無定河南大理河自靖邊入合小理河東入米脂復經城東南入米脂西北邊墻

葭州疲難府東南百七十里明屬延安府雍正三年升直隸州乾隆初仍降州來隸南白雲北第一峰西西嶺黃河自神木入南禿尾河即吐渾河逕城北東南流注之葭蘆川自西南合五女川東流來注之又南受烏龍水嵛葉川入吳堡

神木衝繁府東北二百四十里明屬葭州乾隆初來隸西榆架東南天台東龍眼山東北響石崖石馬河出入府谷注河河水折西南入受屈野河芹河洒濟河大柏油河柏林河諸水西南入葭禿尾河自邊入合永利河從之神木營理事同知駐西南柏林堡汛

府谷衝府東北二百里明屬葭州乾隆初來隸北梁山西南天保東五龍山黃河自鄂爾多斯左翼東界而南受黃甫川淸水川經南界孤山川自西北合鎮羌水麻家溝水木瓜川東南流注之又西南受石馬川入神木有孤山堡木瓜園堡淸水堡三汛巡司駐麻地溝府谷孤山鎮驛堯廢

乾州直隸州衝繁難隸西乾鄜道明屬西安府雍正三年升直隸州東北距省治一百六十里廣九十五里袤二百二十里北極高三十四度三十三分京師偏西八度十五分領縣二西北梁山東北雞子堆西明月北漠谷水西北武水一名武亭水即杜水均逕城西南入武功東北泔水納甘溝東入醴泉鎮七薛祿陵陌臨平陽峪馮市陽洪關頭驛一威勝

武功衝繁州西南六十里東東原西西原西南三時原渭水自扶風入逕城南嘉慶中北徙東入興平西北武水自州入逕城北合漠谷水又東南漆水東流來隴又南入興平淸水自麟屋入東北流逕城東南又東至興平入渭鎮六魏公遊風普集大莊楊陵永安驛一邵陽

永壽衝州西北九十里西南武陵山北分水嶺甘水出逕城東漢谷水亦出之逕城西并南入州武水出西南石牛山南逕州西北復逕縣南入州西北拜家河東北入邠州注太谷水北呂公渠西南趙家渠李家渠杜渠鎮四底窖蒿店監軍儀井驛一永安

商州直隸州繁疲難隸潼商道明屬西安府雍正三年升直隸州西北距省治三百里廣四百六十里袤四百三十里北極高三十三度四十九分京師偏西六度三十五分領縣四東南商山西熊耳山東雞冠北金鳳小華西西巖西北家嶺即秦嶺丹水一名丹江出其東麓合黑龍峪水東南流受水道河林岔河經城南受乳水又東南受老君峪水入山陽有商洛老君店黃川大剌泉村西市豐陽諸鎮龍駒秦汛州同駐又東武關汛

鎮安繁疲難州西南三百四十里北都家嶺長陵天書山東南石羅東北夢谷金井河自孝義縣界入合社川河東南入山陽北乾祐河逕城東南納縣河冷水河西南洵河合小任河并東南入洵陽又西南任河赤東南入洵陽注於洵河有鎮安營駐

雒南簡州東北九十里北雲堂山東北陽華東南王蕃西冢嶺山洛水出焉東南逕元扈山北納文峪川又東逕城北合石門川又東會縣河故縣川靈水要水逕龍耳山北入河南盧氏三要司巡司駐雞頭關汛

山陽簡州東南百二十里東南天柱山北蓮花元武東孤山西三鳳西南金井河即甲河自鎮安入合花水河王城南合河口安武水即關梢水逕城西合縣河桐峪河又東受蘆家溝諸河漫川河諸水南入湖北鄖西注於漢東丹江與銀花河井入商南竹林關漫川關二汛

商南簡州東南二百五十里南商雒山東魚難東南齊山東北角山丹水自州入西南受銀花河爲兩河又東納武關河淸油河逕城南合縣河湘河東入河南淅川有富水關汛

邠州直隸州簡隸鳳邠道明屬西安府雍正三年升直隸州東南距省治三百二十里廣二百九十里袤九十五里北極高三十五度四分京師偏西八度二十三分領縣三南幽山西無量東蒲澤谷涇水自長武縣界入西北而東逕城北合安化河白土川郎漆水復合西河南河左納皇澗過澗又東南至斷涇渡右納太峪河縣永壽界入淳化鎮七高村大峪宜祿停口永樂史店白吉驛一新平

三水簡州東北六十里城東翠屏東南石門山七里川出御姜嫄河西南入淳化東北汎水一名縣河自宜君入受連家河蒼耳溝水逕城南幷西南入州西北大陵水即皇澗自甘肅正寧入會羅川水其南梁簫川卸過調並入州又西北馬嶺水入甘肅寧州鎮五土橋張洪大羽驍田底廟

淳化簡州東南百四十里東北壽峰山西北甘泉山西涇水左濟自涇入受姜嫄河逕城南入醴泉冶谷水出縣北蝎子掌山屈東逕城東隴甘泉走馬水胡盧河東南入涇陽東北淸水自爐綠界東南流仍入之鎮六常寶大店石橋辛店通潤姜嫄

長武簡州西北八十里西鵝鳩原北神龍南宜山涇水自甘肅涇州入逕北界受馬蓮河折南逕城東王回龍山北西南黑水即芮水與納水合東南流注之又東南入邠鎮三停口冉店窰店驛一宜祿

鄜州直隸州繁疲難隸西乾鄜道明屬延安府雍正三年升直隸州南距省治五百五十里廣三百五十里袤三百八十五里北極高三十六度四分京師偏西七度十一分領縣三南高奴山東北晉師北開元坡北洛水自甘泉入南流納采銅川牛武川逕城東南廟西水合開撫水自洛川會街子河來注之又南入洛川西北華池水郎淸水河自甘肅合水入逕城西與黑水會又南納直道河三川水西南入中部州判駐王家角鎮又交道屯磨張村隆谷牛武五鎮

洛川簡州東南七十里舊治在東北乾隆三十一年徙鳳棲堡爲今治北高剛山東南爛柯南鄜時山洛水自西北南流納杜家河入中

部東仙宮河黃染河逕城南西南流注之又南入中部東南聿津河西南入宜君又南川水東入宜川鎮十六仙宮白城化石土基黃連吳莊興平染原樂生化莊朱牛漢秦鄜西進黨水鄉非津

中部簡州西南百四十里城北橋山西北石堂洛水自洛川入右受華池水沮水香川水五交河又南入宜君鎮五北谷保安孟家徽保龍坊驛一翟道

宜君簡州西南二百十里東南秦山西北太白西南青龍洛水自東北南流右受石鯀川左受沙河即聿津河又南入白水西南鄉暢水合玉華川東北流入中部注沮水又馬蘭川西南入三水姚渠川東南入同宮馬蘭鎮巡司駐又雷遠五里杏頭石樸偏橋突泉六鎮縣西姚曲村有石油井

綏德州直隸州衝繁隸延榆綏道明屬延安府領縣一雍正三年升直隸州以延安府之清澗來隸乾隆元年以葭州之吳堡來隸西南距省治一千一百里廣二百七十里袤二百四十五里北極高三十七度三十七分京師偏西六度二十五分領縣三城內疏屬山西南雕陰西合龍東鳳凰山黃河自吳堡入南入清澗無定河自米脂入逕城東北右納大理河懷寗河東南入清澗驛一義合

米脂簡州南百四十里南文屏北高家山無定河自榆林入逕城西左納背川水西南大理河自懷遠入并南入州驛一圁川

清澗簡州南百四十里明屬延安府雍正三年來隸城內草場山西筆架烽臺北官山黃河縣東界而南東北無定河東南流注之又南入延川西秀延水即尋水一名清澗水東流納士子河折東南納坡底河南入延川西北懷寗河東北流入州境驛二奢延石嘴

吳堡簡州東百四十里明屬葭州乾隆初來隸西北高原砦山南龍鳳北大境黃河自葭入東北緣界東南流納題洲水又西南納楔毫溝柏公泉清水溝諸水又東南入州宋家川川口辛家溝瀆驛一河西

清史稿

地理志十一

甘肅

甘肅禹貢雍州南兼梁州之域明陝西布政使司及陝西行都指揮使司地清順治初因明制設甘肅巡撫駐寗夏寗夏巡撫旋裁五年徙甘肅巡撫駐蘭州康熙三年分陝西爲左右布政使司以右布政使司駐鞏昌領四府如故六年改陝西右布政使司爲鞏昌布政使司七年又改甘肅布政使司徙治蘭州雍正三年裁行都指揮使司及諸衞所改置甘州涼州寗夏西寗升肅州及秦階二州爲直隸州乾隆三年廢臨洮府徙蘭州因更名二十四年置安西府二十九年裁巡撫以陝甘總督治蘭州行巡撫事三十八年置鎭西府於巴里坤迪化直隸州於烏魯木齊三十九年降安西府爲直隸州四十二年升涇州爲直隸州同治十一年置化平川直隸廳十二年升固原州爲直隸州光緒十二年新疆改建行省割迪化鎭西往屬東至陝西及鄜州邠州南至四川保寗龍安西南至青海北至阿拉善額濟納二旗及喀爾喀札薩克圖汗部廣二千一百二十里袤一千四百十里宣統三年編戶九十萬六千六百三十九口四百六十九萬一千六百二十領府八直隸州六直隸廳一州六廳八縣四十七其名山隴嶓冢崆峒西傾積石其大川黃河西漢渭涇洮湟其重險蕭關嘉峪玉門其驛道一東南逾六盤達陝西長武一西北渡河出嘉峪關達新疆哈密電綫西北通迪化東南通西安

蘭州府衝繁難陝甘總督布政提學提法三使巡警勸業道駐明爲州屬臨洮府領金渭源河州乾隆三年徙臨洮府來治更名以所隸河州狄道渭源三州縣改屬升狄道爲州置皋蘭縣爲府治兼割鞏昌府屬之靖遠隸之東北距京師四千四十里廣千二百二十五里袤八百里北極高三十六度八分京師偏西四十二度三十四分領州二縣四

皋蘭衝繁疲難倚城南五里皋蘭山五泉出其下百四十里康狼山北九州寗山松山西沃干嶺馬銜山黃河西南自河州入西流至孔家寺折而東北復東流逾南逕城北至東坪與金縣分界又東北逕烏金峽入靖遠洮水東南自狄道入西北流至毛龍峽入黃河邊牆西自平番來起縣西北毛牛闥東南逾至小窯塘入靖遠鹽池邊牆外北與蒙古分界有界碑六鎮一納米驛二蘭泉沙井摩雲縣丞駐紅水堡

金衝疲府東南八十里南龕山西南馬銜山東北北翻山車道嶺東乾項西北豬鶯黃河自皋蘭入南新營河自狄道入至大營川右合瓦家河左合清水河合龕峪徐家峽大峽諸水西北至皋蘭入黃河又東北過烏金峽入靖遠邊牆西自皋蘭來逾黃河南至索橋合舊邊牆東北入中衞驛二定遠清水

狄道州繁疲難府南二百里南抹邦山煤山北馬銜山故關原西西平山西南十八盤山洮水南自洮州入合抹邦東峪三岔留川四水及諸小水屈曲北注逕沙泥州判境沙泥水出摩雲嶺西麓西流入之洮水又北入皋蘭州北河渠雍正三年濬引洮流溉田三百頃遠七司駐所州東南六盤山麓驛四沙泥洮陽窯底慶平州判駐沙泥堡

渭源衝疲府南少東二百五十里西北七峰山南露骨西南五竹南鳥鼠山渭水出其北麓東南流逕城北合清源湫峪兩水東入隴西驛一慶平

靖遠疲難府東北二百里明靖虜衞雍正二年省衞設同知屬鞏昌八年置縣裁同知乾隆三年來屬東紅山屈吳山南烏蘭北雪山黃河西南自金縣入至城北祖厲河南自會寗來會左關川水北流入之黃河又納縣境諸水北流逾西逾邊牆東北入中衞邊牆自皋蘭紅水堡來接中衞

河州繁疲難府西南二百里陝西河州鎭總兵駐雍正四年省河州衞併入州屬北鳳林山西南右門山西北小積石山即水經注唐述山黃河西自循化入至積石關入州境右納櫟皋吹麻銀川三水東逕城南又東至蓮花寺大夏河西南自循化來會州境諸小水屈曲北流入之黃河又東入皋蘭韓土司及土番老鴉端言紅巖牙覺川撒諸族分居州西境驛五長寗鳳林銀川和政定羌太子寺州判駐

平涼府中衝繁平慶涇固化道治所明爲府領州三縣七順治初因明制乾隆四十三年升涇州爲直隸州同治十一年割平涼華亭固原隆德四州縣屬地置化平川直隸廳十二年升固原州爲直隸州西北距省治七百六十里廣五百里袤五百八十里北極高三十五度三十五分京師偏西九度四十八分領州一縣三

平涼衝疲難倚西北大境東南石馬西南可藍西空同山其支爲笄頭馬屯山彈箏峽涇水北源西自固原州來至沙溝門入境南源西自化平川隴朱至味子溝入境合流城西右納大峽河左納小蘆大蘆潘陰澗諸水東南入涇州汭水西自崇信入逕縣東南王家寺東入涇州東利民渠明濬縣南諸水匯馬峽石安國二鎭驛一高平

華亭疲府南九十里東義山西隴山北楂大漠南抵汧隴西北美高鍋那山汭水北源出縣西鍬頭津南源出縣西大關山東流夾城匯爲一又東右納策底河左納五村川水東逾北入崇信盤口河出縣西南山中東流支津左出爲五村川水入崇信惡民渠明濬遏汭流引入城制勝六盤關三鄉黃石河鎭驛一瓦亭

靜寗州衝疲難府西二百三十里東隴山上峽東山南石門西西嶺北橫山苦水河即長源河北自隆德入環城南注納甜水河及州境諸小水屈曲南入秦安西興耀渠明濬驛一涇陽

隆德衝難府西北百四十里乾隆四十三年省莊浪縣以其地來屬東六盤山苦水河北自固原入納馬蓮川濫泥河諸水南入靜寗其東支甜水河即隴水亦出六盤逕城北西合底堡川南源溝水盡從之驛一隆城縣丞駐莊浪故城

鞏昌府衝繁疲難隸平慶涇固化道明置府領州三縣十四順治初因明制雍正七年升秦階二州爲直隸州降徽州爲縣及清水秦安禮兩當隸秦州以文縣成縣隸階州八年增置岷州及靖遠縣乾隆三年割靖遠隸蘭州十三年改洮州衞爲廳來屬旋幷漳縣入隴西隸鞏秦階道西北距省治四百二十里廣二百九十五里袤千二百三十里北極高三十四度五十七分京師偏西十一度四十三分領廳一州一縣七

隴西衝繁倚東三品石仁壽北赤亭西南首陽西內傾西北八角山渭水西自渭源入合廣陽水爲山河口左南援陽河右合科陽逕城北納縣境諸水東南入甯遠漳水一曰清水河西合自岷州入逕漳縣故城南東入甯遠鎭一天衞驛二通遠三岔縣丞駐漳縣故城

安定衝難府北百六十里南安山東照城鳳凰西巘山東南溫泉山北車道峴關川水東源出縣南彈牧山麓一曰南河西北流西源出縣西南胡麻嶺一曰西河東北流逕城北滙爲一川一曰北河北入會甯鎭一龜光驛四延壽通佐西鞏稱鉤

會甯衝難府東北二百里東南桃花北烏蘭山烏蘭關在其下南鎭木山東北屈吳山祖河出東南王家山西流屬河出南來家峽北流滙於城南曰祖厲河左納西鞏驛水右合會下什子川西北入靖遠關川水西南自安定入逕縣境西北入靖遠鎭一翟家驛四保甯乾溝郭城青家

通渭簡府東北二百里西北華架山東北玉猴南十入盤山華川水出會甯華川嶺入縣境東南逕西河灣左合南家河右龍尾溝又東錯秦安關川河從之再錯復入爲散渡河合青石峽水清溪入伏羌鎭二雞川安遠

甯遠衝府東南九十里南銀觀峪西廣吳山南蓮鼎東北石門西南武城渭水西北自隴西入逕鷲鷲嵩合漳水及廣吳河逾東逕城北納縣境諸水東入伏羌縣境濬渠二十七鎭六馬務威遠來遠落門納泥檢盤

伏羌衝難府東南百九十里南天門山西三都谷西南朱圉山渭水自甯遠入納南來諸水逕城北華川水北自通渭來注之東入秦安鎭一曰鳥油江出縣南山中東入秦州廣濟陸田通濟三渠皆明濬

西和疲府東南三百里東南太祖山北寶泉東北雞峰西北祈山西南仇池山西漢水東自禮縣入逕縣北橫水河逕城東合葉家河白水仍西入禮縣復東流入境逕縣南江底河出縣西南晉山東南流注之又東南入階州東北鹽井鎭一長道

岷州疲難府西南二百四十里明衞雍正八年改置北岷山東南岷峨山洮水自西洮州廳入東流過城北疊藏河西南自錫土司境來合多邦綠圖二水北流注之洮水西北復入洮州廳岷峨江一曰良恭河出岷峨山東麓分水嶺南流逾東入禮縣白龍江上源曰阿塢河出岷峨山西麓分水嶺東南流合數小水曰岷江又東南逕臨鋪江西入階州驛三岷山西津酒店土司二麻童百林口堡番族一沙莊

洮州廳繁難府西南三百六十里西南西傾山山脈東逾曰陰得爾圖塔拉山綽那拽爾山多克第山阿穆尼恰珠溫恭山多鵝爾山洮水出西傾東麓一曰巴克西河南流逾東納庫庫烏蘇波爾波河多克第河合拉爾河底穆唐河諸水逕廳城南東入岷州折而西北復入廳境逕廳東北入狄道白水江即禹貢桓水一曰墊江西自四川松潘廳入逕廳城西南東南入階州邊牆南起洮州衞故城南峪口北入河州鎭一廣思土司四著遜卓泥楊氏寶卜馬氏諸土司昝資弱地什九入卓泥楊氏幅員千餘里南與松潘接南路隘口七通四川番地西路隘口六通青海北路隘口三通循化廳番地

慶陽府中疲難隸平慶涇固化道順治初因明制並置慶陽衞雍正五年省衞西距省治千一百八十里廣三百三十里袤四百二十里北極高三十六度三分京師偏西八度四十六分領州一縣四

安化疲難倚東北太白青沙嶺西北鐵邊山環河一曰馬蓮河西北自環縣入東南流逕城南鎭遠河納境內諸水南流注之又東南合教子川入合水東北荔原川亦入焉又北白豹川入陝西保安縣北大小鹽池鎭五槐安五交榮樂馬嶺董志驛一驛馬關縣丞駐董志原

合水簡府東七十里西錦屏東橋山子午山環河西北自安化入至板橋鎭合建水一曰東河西南逕城東右東北川爲合水納馬蓮河南入甯州故城川出子午從之鎭四華池鳳川平戎太白驛三華池邵庄宋莊

環簡府西北百八十里東尖山西青山西北青岡峽環河出其南東南流逕城西左右納小水十餘又東南入安化清水蕭家河並從之西南寡婦川亦入焉鎭三馬嶺木鉢石昌驛三靈武霑祐曲千

正甯簡府南二百四十里本眞甯乾隆初更名羅水出縣東羅山西南流逕城南納馬造溝水西入甯川鎭三湫頭平子山河

甯州中疲難府南百四十里東雕嶺南雲寂東北五掌山涇水西自涇州入納茹水河南流逾東環河北自合水來會納境內諸水逕城西南流汭之又東納羅水入陝西長武鎭八襄樂政平早社焦村大昌新莊南義井鳳皇驛二彭原焦村

甯夏府衝繁疲難甯夏道治所將軍副都統總兵駐明甯夏五衞初因明制順治十五年幷前衞入左衞中衞入右衞雍正三年省衞所置府及甯夏甯朔平羅中衞四縣以靈州直隸州來屬五年置新渠縣七年置寶豐縣乾隆三年省新渠寶豐入平羅同治十一年置甯靈廳西南距省治九百四十里廣五百三十里袤六百六十里北極高三十八度三十二分京師偏西十度二十分領廳一州一縣四

甯夏衝繁疲難倚治府東漢本前左二衞雍正四年置縣黃河西南自靈州入東北至昌潤渠口入平羅河入中渦甯夏獨食其利支渠灌分灌溉府境惠農渠雍正四年濬漢延渠雍正九年重脩南自甯朔入唐渠雍正九年重脩西自甯朔入皆東北入平羅東高台寺湖北月湖東北金波湖三塔湖驛三甯夏王館楨城口

甯朔衝難倚治府西偏本中右二衞地雍正三年置縣西北賀蘭山山脈縣䃾北抵大漢南訖中衞山外蒙古阿拉善額濟納地黃河南自靈中衞入東北至葉昇渡入甯夏惠農渠於縣南上馬家灘承黃河支流東北入甯夏漢延渠於縣南下馬家灘承黃河支流東北納數小渠入甯夏大清渠康熙四十九年濬於漢渠南承河流北過雙塔湖合唐渠唐渠於縣南青銅峽首受河流東北納支渠十餘入平羅南長湖西

觀音湖吉蘭泰鹽池在賀蘭山麓邊墻沿山自北而南逾分守嶺入中衛定遠城在打台溝雍正間阿拉善邊博羅克科克於此築城設守阿拉善王旋還營游牧仍以定遠城賜之

平羅疲難府北少東百二十里故平羅所雍正三年置縣乾隆三年省新渠寶豐二縣以其地來屬黃河西南自甯夏入分爲二派東北流百餘里復合流北入鄂爾多斯唐渠惠農渠西南自甯朔入東北至石嘴子復入於河昌潤渠雍正六年濬卽故六羊河故瀆疏流楂關起縣東南北流逕寶豐故縣東復入於河邊墻縣北西起賀蘭山麓東訖河干縣丞駐寶豐故城

靈州要繁疲難府東南九十里初因明制靈州直隸州雍正三年來屬並省後衛以其地入州境黃河西南自甯靈廳來東岸旁州西境山水河出州南山中西北流入平遠復北入州境首稽渠首受黃河自西來會支渠右出曰秦渠山水河又北逕流西北入黃河支流北出曰濤河北至三道橋又分二漢一西北入黃河一北流會秦渠入河黃河又東北至橫城口入甯夏東南有甯草湖東湖南北中三鹽池花馬池紅柳池俱州東南邊墻起橫城堡東入陝西延安鎮一蠟德驛三鹽州紅山沙泉州同駐花馬池鹽捕通判駐惠安堡

中衛衝繁疲府西南三百六十里故中衛地雍正三年置縣黃河西自靖遠入逕城西南支渠左釃爲美利渠太平渠右釃爲羚羊角渠過城東南右釃爲羚羊店渠又東左釃爲永興渠勝水渠右釃爲羚羊峽渠清水河東南自平遠來北流注之黃河又東逕北右釃爲七星渠左釃爲順水渠豐樂渠諸渠皆東北復入於河黃河又東北入甯靈邊墻旁黃河南岸逾河東入甯靈驛三中衛渠口長流水巡司駐渠甯縣北阿拉善旗界有漢蒙分界碑

甯靈廳要府南二百里故金積堡屬靈州同治十一年總督左宗棠督師克復奏設廳改甯夏水利同知爲撫民同知駐焉南金積山東南大鑑東北紫金西南青銅峽黃河南自中衛入行峽中東北入甯朔靈州清水河西南自海城入左合邊墻溝紅溝入中衛注河漢渠自廳城西首受黃河下流灌山水河

西甯府最要衝繁疲難西甯道治所辦事大臣總兵駐明西甯衛初因明制雍正二年省衛置府及西甯碾伯二縣乾隆九年置巴燕戎格廳二十六年置大通縣五十七年置貴德丹噶爾二廳割蘭州之循化來屬東南距省治六百二十里廣三百五十里袤六百五里北極高三十六度三十九分京師偏西十四度十三分領廳四縣三

西甯衝繁疲難倚東峽口山漢隆隴地紅崖子山西土樓山金山南拔延山西南南禪山積石山拉脊山西北北禪山黃河西自貴德廳逕城南東入巴燕戎格湟水西自丹噶爾入逕城北北川河西北自大通來注之又東南入碾伯大通河逕縣東北入平番縣西伯顏川渠縣南那孩川渠驛二西甯平戎土司四陳氏吉氏祁氏李氏番莊二上桑壤關屯亥加番族三上郭密松巴巴哇

碾伯衝繁府東百三十里故守禦千戶所屬西甯衛雍正二年置縣南雪山西四望山東北阿剌古山湟水西自西甯入東南流逕城南曰碾伯河納縣境諸川東南至蓮花臺大通河北自平番來會河北河南兩渠引湟溉田支渠三十驛三嘉順老鴉巴州土司三九家港勝番溝老鴉堡他番族十餘分居縣境

大通難府西北百三十里故番地雍正二年以番族效順置大通衛乾隆二十六年省衛置縣西北大雪山北大寒東五峰南元朔山大通河古浩亹水西自青海入東南入平番北川河西自青海入有二源北曰布庫克河南曰沙庫克河合流至城北爲北川河又東南入西甯東峽川峽門堡二渠長甯驛土司六起塔鎮乩透漆大通川王家堡朱家堡美都溝西北與青海分界有界碑

貴德廳要府南故歸德千戶所屬河州雍正四年省衛所隸河州乾隆三年改西甯二十六年設縣丞五十七年升廳撤番同知東郭圖南莫曲山圖圖根山東南圓柱南南山黃河南自青海西北流折而東東北哈克圖河東來注之又東北逕廳西境至龍羊峽西折而東南合龍池河及烏蘭石爾寨爾河並諸小水入循化巴燕戎格番族分生熟野番三種熟番五十四族納賦視齊民生番十九族畜牧資生野番八族其汪食代克一族乾隆末北徙丹噶爾餘七族咸居廳東境插帳黃河南岸

循化廳要府東南舊屬蘭州爲河州同知駐所乾隆末移隸西甯西南多噶爾寨山不一名黃河西自貴德入北岸爲巴燕戎格廳地保安大河南自丹噶爾北流注之又東納廳境諸水至積石關入河州大夏河古離水出廳南邊外山中北流逕拉布楞寺屈曲東南入河州青海和碩特游牧地錯入廳南境番族上隆布西番十六寨南番二十一寨阿巴那西番八寨多奈錯勿日二寨業呼思記二寨邊都溝西番十寨東鄉西番五寨回民撒拉族所居曰上八工下八工

丹噶爾廳府西南撫番同知駐東翠山南日月北極山湟水出青海噶爾藏嶺東流至札藏寺入廳境逕城南東入西甯清水河出貴德廳南速古山東北流隆武河出循化廳西南番地北流滙爲保安大河北入循化韓土司轄地在廳東南東科爾寺在廳西南西甯青海孔道沙喇庫圖爾番族雜居處

巴燕戎格廳府東南通判駐明西甯碾伯洮州廳地乾隆三年以鞏昌裁缺通判徙改北雪山西小積石東南拉札山黃河西自貴德廳入南岸爲循化境巴燕戎格河出小積石山東麓納廳境諸小水南入黃河

涼州府衝繁疲難甘涼道治所副都統總兵駐明涼州衛所順治初因明制雍正二年升府置廳縣東南距省治五百六十里廣九百三十里袤五百二十里北極高三十七度五十九分京師偏西十三度四十八分領廳一縣五

武威衝繁疲難倚故涼州衛地雍正二年置縣南祁連山一名大雪山綿亙千里西北抵甘州境沙溝水出山麓屈曲北注會黃羊渠爲白塔河又西北逾逕城北會雜木河大七河金塔寺渠海藏大河與山河北沙河諸川爲邦河北入鎮番東北邊墻起鎮番境蔡旗堡南至土門關入古浪驛三武威懷安大河

鎮番繁疲府東北二百里故鎮番衛雍正二年置縣南亦不刺山環東北三面郭河南自武威入西北出邊墻驛支渠四又西北出塞瀦爲大澤蒙古謂之哈喇海卽古休屠澤也青鹽池鴛鴦白鹽池小白鹽池皆在西北邊墻外邊墻西接永昌東至縣城北折而南逾郭河入武威

永昌衝繁疲府西北百六十里故永昌衛雍正二年置縣北金山西燕支東北馬騣東南炭山水磨川出縣西南祁連山北麓四源並導匯爲一川北流折東又東北出邊墻瀦爲昌甯湖今涸炭山河出縣南北流至永豐堡南折而東南入武威邊墻西起水泉堡東訖鎮番境紅燒堡驛二永昌水泉

古浪衝疲府東南百三十里故古浪所雍正二年置縣西白嶺東南黑松林古浪河出縣南烏鞘嶺北麓納縣境諸水東北出邊墻瀦爲澤曰白海邊墻自武威南境逾古浪河逾東南入平番驛二古浪黑松巡司駐大靖

平番衝繁疲難府東南三百三十里故莊浪所雍正二年置縣東松山北炭山西卓子山西北分水嶺北爲莊浪河入古浪莊浪河出嶺南麓納金羌石門清水諸小河至城南又南至頭道河入皋蘭大通河西北自大通入逕城西入碾伯注漁水大鹽溝東南邊墻起縣西北東南入皋蘭驛五莊浪大通通遠鎮羌城土司二古城連城縣丞駐西大通

莊浪廳簡府東南同知理事通判同駐莊浪河北自平番入南至皋蘭境入于河大通河西北自平番入東南至皋蘭河州境入于河土司一大營灣

甘州府衝繁疲難甘涼道提督駐明陝西行都司治順治初因明制雍正二年罷行都司置府及張掖山丹高臺三縣七年割高臺隸肅州乾隆間增置撫彝廳東南距省治千五百里廣三百二十里袤二百里北極高三十九度京師偏西十五度三十一分領廳一縣二

張掖要衝繁疲倚故甘州左右衛雍正二年置縣北合黎山西南祁連山綿亙府境與青海分界山丹河東自山丹入洪水河出縣東南金山北麓北流注之又西北逕城北張掖河古羌谷水出祁連山中匯縣境諸渠北流來會山丹河自此稱黑河之稱又西北入撫彝張掖河東岸黑番牧地西岸黃番牧地邊墻傍山丹河北岸東入山丹驛二甘泉仁壽縣丞駐東樂

山丹衝繁疲府東百二十里故山丹衛雍正二年置縣山丹河卽禹貢弱水出縣南祁連山麓四源並導匯于城南東入張掖紅鹽池在縣北白鹽池濱居延澤大草灘東南與涼州西甯青海分界邊墻起合黎山南逕縣城北東入永昌驛四山丹東樂新河峽口

撫彝廳府西北百五十里舊隸甘州後衛雍正二年衛省屬高臺乾隆十八年來屬置廳設通判南祁連響山河出東南黑河自張掖入合之西北逕廳北左合三清渠右出支渠北自魯墩灣入高臺邊墻傍黑河北岸東入張掖驛一同廳名

涇州直隸州要衝疲難隸平慶涇固化道明隸平涼府領靈臺順治初因明制乾隆四十二年升直隸州割崇信鎮原來屬西距省治九百五十九里廣百一十里袤三百五里北極高三十五度二十三分京師偏西九度七分領縣三北隸山西回山中西南龕耳山青溪嶺涇水西自平涼入逕城北汭水西南自崇信來注之又東至唐長武故城洪河西北自鎮原來注之又東至甯州界茹水西北自鎮原來注之南入陝西長武盤口河西自靈臺入旁州南境東入長武鎮一盤口驛一安定

崇信難州西南百二十里城南錦屏山北鶉觚山箭筈山西北峽口汭水西自華亭入匯五龍斷萬五馬三山及九浴水屈東逕城北東入平涼錦口河卽黑河亦自華亭入傍縣南境東北入靈臺新柳灘旁汭水順治中疏爲渠

鎮原疲州西北二百里東東山北潛夫孝山茹水西北自固原入逕城南納交口河滿河璧縣北境諸水東南入甯州洪河西北自固原入合平泉水西南潘陽澗入州鎮二新城柳泉驛一白水

靈臺疲難州南二百里北臺山東蒼山東北薔臺西南雕山達溪水西自陝西隴州入左合鎮臺川口河至百里鎮右合妲己左小建河逕城南東北入陝西長武盤口河西自崇信入逕縣東北合槐樹溝水東入州鎮七東朝那良原百里邵寨石塘上良西屯

固原直隸州衝繁難隸平慶涇固化道陝西提督駐明隸平涼府順治初因之同治十二年升直隸州置平遠海城二縣屬焉西距省治八百九十里廣五百二十里袤三百十里北極高三十六度四分京師偏西十度七分領縣二西北石城山北須彌西南隴山一曰六盤山蟠亙平涼化平川境清水河出隴山開城嶺北麓古高平川二源並導匯爲一川逕城東納州境諸水北入平遠涇水北源出開城嶺南麓爲大小南川會於瓦亭驛東逕蒿店曰橫河出彈箏峽入平涼茹水出開城嶺東麓洪河出州東南陶家海子並東入鎮原驛三永甯三營瓦亭州判駐硝河城

平遠衝難州北二百四十里故平遠所同治十二年置縣又割海城之下馬關西地及靈州同心城來屬西北羅山南打狼西北麥朵西南白楊林清水河南自州境入甜水河自東來注之又納縣境諸水西北入中衛山水河東自靈州入逕縣北境復西入靈州

海城衝疲難州西北二百十里平涼府屬海都剌地乾隆十四年徙鹽茶同知駐此同治十二年省同知置縣西天都山西南蓮花南五橋山北大黑河紅井堡水柏洞川並東入州涇清水河清水河逕紅古堡合石峽水又北合興仁堡水入甯靈西北乾鹽池堡水逕打拉池縣丞駐

階州直隸州疲隸鞏秦階道明隸鞏昌府領文縣順治初因明制雍正七年升直隸州割鞏昌之成縣來屬西北距省治千一百五十里廣二百九十里袤五百五十里北極高三十三度二十三分京師偏西十一度二十三分領縣二北鳳凰山白水江西北自洮州入南流逕東逕西固城南白龍江北自岷州來注之又東南逕城西納數小水南入文縣西漢水西北自禮縣入屈曲東南入成縣鎮四平洛安化角弓石門驛三階州官城殺賊橋州同駐西固城州判駐白馬關

文簡州西南二百里白水江北自州境來逕縣東南清江水一曰文縣河西北自四川松潘廳上承察岡公河東南流入境納縣西諸水來會白水江又東南納縣東諸水入四川昭化南陰平隘驛二文縣臨江

成疲州東北二百里西泥功山仇池山東木皮嶺西漢水西北自州境入逕縣西南黑峪河出縣北山中納縣境諸水西南流注之西漢水至此有犀牛江之稱東南入陝西略陽鎮三泥陽橫周魏沙驛一小川

秦州直隸州要衝繁難鞏秦階道治所明隸鞏昌府領秦安清水禮三縣順治初因明制雍正七年升直隸州降鞏昌屬之徽州爲縣與所領兩當縣來屬西北距省治七百三十里廣三百九十里袤四百五十里北極高三十四度三十五分京師偏西十度四十分領縣五西刺馬山西北邽山東南麥積西南嶓冢山渭水西自伏羌入右納藉水左納牛頭河東逕城南又東納諸小水過三岔城北逾南入陝西隴州西漢水出嶓冢山南麓西入禮縣駱駝川水出嶓冢山東麓流合數小水南入徽縣鎮四關子高橋社樹坪麓城州判駐三岔城

秦安疲難州北八十里東九龍山北顯親峽南新陽崖東北青龍羅玉河古隴水北自靜甯州入上承苦水河南逕縣西至新陽崖入州境注渭略陽川水東自清水入西合石版泉入靜甯注苦水河鎮六金城川口郭嘉太平隴城大寨

清水衝疲州東北百二十里東隴山大震關在其下牛頭河一曰東亭河古橋水出隴山西麓縈源並導匯爲一川逕城北東流逕南入州境略陽川水亦出隴山西麓西流納縣境諸水逕一龍山鎮入秦安鎮八白沙岩年灌水百家玉屏松樹龍山恭門驛一長甯

禮疲州西南二百里東郟山東南仇池山西南岷峨山西漢水東自州境入納縣境諸水逕西城南折南又西入階州鎮二石頭崖城

徽疲州南二百八十里北鷲亭東赤玉南鐵山青泥嶺西栗亭山木皮嶺東南殺金坪仙人關在其上故道河東自兩當入略陽川水北自州境來入之西逕縣南納小水二西南入陝西略陽嘉陵江上游也栗水出栗亭山南流爲泥陽河南入略陽鎮三永甯栗亭火鐵

兩當簡州南二百七十里東靈鷲南天門東北申家古南大夫山故道河東自陝西鳳縣入河卽兩當水逕縣南納小水二西南逕秦岡山爲琵琶湖入徽鎮二廣鄉兩當有驛

肅州直隸州衝繁疲安肅道治所總兵駐明肅州衛順治初因明制雍正二年省衛并入甘州府七年置直隸州割甘州之高臺縣來屬東南距省治千四百六十里廣百九十里袤百五十里北極高三十九度十六分京師偏西十七度十二分領縣一東南觀音山南祁連山東跨高臺與青海分界西嘉峪山其西麓設關俄羅斯邊墻孔道稅務司駐焉洮賴河出州西南祁連山北麓古呼蠶水北東東逾支渠旁出左播爲四右播爲三又東爲北大河至臨水堡臨水河出祁連山最高處東北流注之折而北逕金塔寺西出邊墻爲北大河至古城右會紅水左合清水河曰白河東北入高臺豐樂川出州東南祁連山天澇池北流匯十數渠南金廒邊墻自嘉峪關逾西北沿洸額河折而東南入高臺驛二酒泉臨水州同駐金塔寺巡司駐嘉峪關

高臺衝繁疲州東南二百七十里故守禦千戶所雍正三年置縣西崆峒南榆木東北合黎山黑河東自撫彝廳入西北流逕城北左出支渠五又西北逕深溝驛復釃爲數小渠又北至鎮夷營出邊墻右釃爲雙樹子屯渠左釃爲毛目渠白河西南自州來會北入額濟納旂界瀦於居延海縣西北鹽池邊墻西自州境來逾黑河東南入撫彝廳驛四雙井深溝黑泉鹽池縣丞駐毛目屯

安西直隸州衝繁疲難隸安肅道明赤斤沙州二衛後以番擾內徙空其地康熙五十七年番族內附置靖逆赤斤二衛設靖逆同知領之尋增設通判治柳溝雍正元年復置沙州所築布隆吉城設安西同知治焉三年省靖逆同知徙通判治其地仍領二衛旋升沙州所爲衛六年徙安西廳治大灣乾隆二十四年升府置淵泉縣附郭省靖逆通判并赤斤衛置玉門縣二十五年以沙州衛爲敦煌縣省淵泉入府治二十八年降直隸州隸安肅道東距省治二千一百二十里廣六百二十里袤六百里北極高三十九度四十分京師偏西十八度五十二分領縣二雪山自懸嶺支分逾邏東邏綠疇州境山外皆大戈壁與青海分界其北連山無極與哈密及札薩克圖汗分界疏勒河古南籍端水一曰布隆吉河其西源昌馬河出東入玉門興東源合復入右合支渠鞏昌河西北逕播潮磐南左納小水七道北西流逕城南支渠左出爲南工渠北工渠經流西

入敦煌。邊墻西起布隆吉城東疏勒河北岸，東訖橋灣驛，入玉門。驛七：柳溝、小宛、瓜州口、白墩子、紅柳園、大泉、馬蓮井。

敦煌 繁難。州西南二百七十里。東南：三危山、鳴沙山。西南：龍勒山。西：白龍堆、流沙磧。疏勒河東自州境入，西至城北雙河岔，黨河自南來注之。黨河，古氐置水，蒙古謂之西拉噶金，出縣南山中，兩源並導，匯爲一川，北流逕城西關，分十數渠，又北入疏勒河。疏勒河又西，瀦爲哈剌泊。東南：鹽池。玉門關、陽關皆縣西南。

玉門 衛。繁。州東二百九十五里。金山境東西北三面，縣亘二百餘里。西北：赤金峽。疏勒河出縣南山中，北流納昌馬河、棠昌河，又北逕城西，逾東入州境阿拉克湖，即延興海。又東，白楊河，有石油泉，古石脂水。邊墻西自州境來，東入肅州。驛二：赤金湖、赤金峽。

化平川直隸廳 繁疲難。隸平慶涇固化道。平涼、華亭、固原、隆德四州縣地。同治十一年，隴東撥定置廳，設通判。西北距省治七百四十九里。廣袤各百餘里。北極高三十五度有奇。京師偏西十度有奇。東：觀山。西南：大關山，涇水南源出山麓老龍潭，東逕白匣山，合白巖河，又東逕飛龍峽，銀左納聲女川、龍江峽水，東入平涼。

清史稿

地理志十二

浙江

浙江：禹貢揚州之域。明設布政使司。清初爲浙江省，置巡撫。福建置總督兼轄之，駐福州。順治十五年，置浙江總督。駐溫州。康熙元年移駐杭州。八年裁，尋復。二十五年復裁，兼轄如故。雍正五年，改巡撫爲總督，十二年仍爲巡撫。乾隆元年，復置浙江總督，三年改閩浙總督。自是爲定制。順治五年，遣固山額眞金礪來杭駐防，掌平南將軍印。康熙初年，改將軍。總督駐福州，將軍、巡撫駐杭州。三十六年，舟山置定海縣，以舊縣改置鎭海。雍正六年，增置溫台玉環廳。道光二十一年，升定海爲直隸廳。乾隆三十八年，升海寧縣爲州，降安吉州爲縣。領府十一，直隸廳一，州一，廳一，縣七十五。東至海中普陀山，四百九十里。西至安徽歙縣界，三百七十里。南至福建壽寧界，七百八十四里。北至江蘇吳縣界，二百里。廣八百八十里，袤一千二百八十里。北極高二十七度三十五分至三十度五十八分。京師偏東一度五十五分至五度四十分。宣統三年，編戶三百八十八萬八千三百一十一，口一千六百一十四萬九千四百五。其名山：會稽、天目、四明、天台、括蒼、金華。其大川：浙江、浦陽江、苕溪。天目自餘杭飛雲而入，爲黃山三天都之一。

杭州府：衝繁難。杭嘉湖道治所。初治嘉興府，今改駐。巡撫、布政、交涉、提學、提法、鹽運各司，糧儲、巡警、勸業各道，及將軍、副都統、織造同駐。明爲浙江布政使司。領縣九。順治初，因明制。乾隆三十八年，升海寧縣爲州。東北距京師四千二百里。廣百九十五里，袤百三十里。北極高三十度十七分。京師偏東三度三十九分。領州一，縣八。

錢塘 衝繁難。倚。西：靈隱山，古武林山。西湖源此，北爲南北二高峰，西南天竺山，其東山、丁家山瀕湖，周三十里。唐刺史白居易、宋守蘇軾浚之，厥後水淺葑橫，縱成蘇堤，橫成白隄。進西爲孤嶼，有行宮，與城內吳山爲二。其北堰塘，淵水石函三閘，以時防洩。其東涌金閘導之入城，曰城河。浙江古潮河，東南自富陽入，城河出武林門，會西谿，入下塘河，一名宦塘河，逕江漲橋。有鹽場司、衆管、吳山驛。出北新關，有埠曰拱宸，光緒二十一年與日本約定爲通商埠。抵奉口陡門，左會苕溪。有西谿、瓶窰二鎭。宣統元年，移府同知駐瓶窰。有武林驛、城南鹽場司、浙江驛。

仁和 衝繁難。倚。南：鳳凰山。西北：皋亭山。浙江西南自蕭山、錢塘入，東北流入海寧。海石塘自錢塘烏龍廟一堡至王家井西村十二堡，西防同知治。又東至翁家埠十七堡，中防同知治。城河出候潮門，入上塘河，舊名運河，一曰夾宮河，北流，右出枝津，爲備塘河，入海寧。下塘河西自錢塘入，西北流者曰宮塘河，與苕溪會。其北流者爲新開運河，逕塘棲，枝爲二：一入德清，一入海寧。苕溪自錢塘緣西北界入，德清、武康爲界水。有[illegible]湯鎭、塘棲鎭巡司二。又德勝、臨平二鎭。

海寧州 疲繁難。府東北百七十里。東：黃灣山，臨黃灣浦，入石墩山。潮東瓜、鳳山，並建墩臺。浙江西南自仁和入，出龜子亹爲大海。自海鹽至此，潮流倒灌，與江水相薄，此爲浙西第一門戶。南北二大亹扼其中。潮昔趨南，後改徙北，一綫危隄，補受衝激。自仁和十十堡至南門外三十三堡，東防同知治。又自一堡至十八堡界海鹽，累朝修築。下塘河西北自石門、德清界入，逕永安橋，岐爲二：北支爲運河，入石門，爲長安塘；東支復岐爲二：一周王廟塘河，一許公塘河，入海鹽。左出枝津爲峽石河，入海鹽、桐鄉，爲界水。上塘河自仁和入，流二十五里，合備塘河，會袁花塘河，入海鹽，爲招寶塘。有袁花、郭店、硤石、石墩、長安、馬牧港六鎭。長安州判駐戴家橋。有行宮。有汛。有巡司。許村、西路鹽場二。

富陽 衝繁。府西南九十里。東：五洩山。下二洩、鸕鶿盤洩，或作洩。洩溪源此。西：貝山。北：桐嶺。富春江，浙江上流，西南自桐廬入，納濃江湖。湫水即壺源江，右合剡浦，左納覓浦。自天目山伏流入。縣西北始出山，錯出復入，流爲白洋溪，逕城南，合安吳川，抵漁山埠北，入錢塘，南入蕭山。城河即塵春河，起觀山，訖覓浦陡門二。有漁山、靈橋、場口、湯家洋、波塢五鎭。會江驛。

餘杭 繁難。府西北七十里。南：由攀山。西北：禹杭山。北：獨松嶺，並百丈、幽嶺爲三關。南苕溪、中苕溪西自臨安分入而合，會北苕溪，爲瓶窰大河。又一支出武康界孔井山，入爲南苕，性悍，逼臨城東，厮二隴以引之。自瀆塢洩流，爲餘杭塘河。其南南湖，北流爲黃母港，會苕溪。分上湖、下湖。鎭三：雙溪、石瀨、閑林。

臨安 簡。府西北百里。西南：臨安山，縣以此名。西：楓樹嶺。天目山即山海經浮玉之山。苕水出其陰，合藎平、鵠三溪，又東南，右合潘溪，左合馬跑泉，側城北而東，錦溪合南溪入爲，又東爲南苕溪。西北爲中苕溪，松溪出南黃嶺，其西麓塘當苕之衝，乾隆五年圯。有青山、亭川、板橋、化龍、橫坂、三口、鶴山七鎭。青山近城，公姥二山夾鎭，苕源最險要。

於潛 簡。府西北百七十里。東：石柱山。西北：龍翔嶺。西：天目上，有兩池若左右目，左屬臨安，曰東溪；右曰西溪，出尖頂，合流逕白鶴橋，雙溪口合虞溪爲浮溪，至家車橋，左合藻溪，右合交溪、紫溪。西南自昌化入合之。其上流柳溪。有千秋、白沙、銅嶺、[illegible]千、孔夫諸關。

新城 簡。府西北百二十里。西：大雷山。西北：青牛嶺，並天目支阜。南：百丈嶺，界餘杭。葛溪出，合武源、里仁二水，出大源橋，右合菖溪，左納樓溪，上承分水廣陸溪，爲三溪口，逕進爲練頭溪，合松溪，爲雙港口，曰盧江。北有塔山堰。有東安鎭。

昌化 簡。府西二百十里。西南：福泉山，其東盧嶺，南楊嶺，西昱嶺，北蟠嶺，黃花嶺並置關。又馬頭嶺。上溪出，合高溪、仁里溪，東流爲紙他溪，合雲溪，右納頰口溪，逕鎭山下，爲西晚溪，逕城南爲雙溪，又南爲下阮溪。三溪伽溪出南峽川上博溪東南，納分水青坑溪、覽溪。西南承藏浦二水，以達柳溪。其中柯相公潭與於潛爲界水。有手掌、頰口、柯橋三鎭。

嘉興府：衝繁疲難。隸杭嘉湖道。副將駐。乾隆十五年，裁所併海寧衛爲嘉興衛。西南距省治百八十里。廣百五十里，袤百里。北極高三十度五十二分。京師偏東四度三分。領縣七。

嘉興 衝繁疲難。倚。府境之水二派：曰武林，曰天目。而天目派由石門、秀水入，運則合武林爲一。長水塘南自桐鄉、海鹽界入，合練浦。海鹽塘東南自其縣入，並匯於南湖，一名鴛鴦湖，東南接漨湖六里涇，承南湖水，岐爲二：一魏塘，一漢塘，合王廟空一塘諸湖。東，左出枝津爲伍子塘。有王店、新豐、鎭壕、新禮四鎭。王居新豐。有汛。西水驛，有丞。有鐵路。

秀水 衝繁難。明宣德四年析嘉興置。同附郭。西南：運河自桐鄉入，合石人涇，左出枝津爲新塍南塘，側城西南注南湖。新塍塘西北自江蘇震澤入，納新塍北塘，與南塘合，逕北麗橋，長水、海鹽二塘東南自嘉興注之，是爲秀水。縣以是名。東北流，右出枝津，北流爲姚涇、楊舍、上馬諸港，分溪南、官北、官連四梅家、陸家諸漾，入江蘇吳江。魏塘東自嘉興入，入嘉善。爛溪西北自桐鄉入貫澤，吳江爲界水。王江涇通判駐，舊設同知及東西兩塘協防同知，並裁。濮院鎭、新塍、九里匯，有汛。新城、陸門二鎭。

嘉善 繁疲難。府東北三十里。南：鮮山。魏塘自秀水入，會東郭湖塘，貫西城濠，出東門，流爲楓涇塘，入江蘇婁縣。伍子塘南自嘉興入，貫南城濠，出北門，入祥符蕩。其北沈家、白魚、上白諸蕩，西北烏盆、潭木、斜湖、吳家漾，並入江蘇青浦。西北汾湖，諸流匯處，播爲南、北許蕩，南北夏墓蕩，入吳江。斜塘鎭，縣丞駐。楓涇鎭，主簿駐。大寄莊鎭，有汛。西塘、陶莊、千家窑三鎭。

海鹽 繁難。府東南八十里。南：秦駐。東南：白塔。西北：獨山。海東北自平湖入，逕縣城，又南至澉浦。道光二十四年，設水師都司。其西長墻山，橫截海灣，建瞰邊捍海石塘，西南接海寧，東北亘平湖。秦駐塢水出秦駐山，岐爲三通，曰秦溪，縱橫數十里，貫以招寶、烏坵兩塘。招寶塘西南自海寧入，烏坵塘出長生橋合之，是爲嘉興塘。又自輿城東海，貫城濠，出北門，流爲平湖塘。長水塘亦自海寧入，緣西北界，錯出復入，入嘉興、桐鄉，爲界水。有鮑郎、海沙二鹽場司。海口、沈蕩二鎭。有汛。

石門 衝繁難。府西南八十里。明崇德，康熙元年改名。西北：含山。運河西南自德清入，納海寧下塘枝水，左枝爲南界涇，入歸安；右納下塘河、長安塘，並自海寧南注之。左枝爲南沙渚塘，入海寧、桐鄉爲界水。側城南而北，右出二枝津，爲中、北沙渚塘。又北爲塘，左石人、瓜塔、沙木諸涇，折東環瀾如帶，是爲玉灣。其塘右諸涇，牛橋逕河注塘。左牛由含山入歸安。有玉溪鎭、皂林驛。

平湖 繁疲難。府東南五十四里。東南：雅山，又苦竹山，水師戰艦泊焉。進東羊、許二山，嶠立海中，爲江浙分疆處，浙西第三門戶也。海東南自江蘇金山衝入，又西逕乍浦。雍正二年設水師營，七年移杭州副都統來駐。道光三年移府海防同知並駐。東西兩海口：北接廣陳汛，自此入澉浦，遠杭州，爲錢塘江口北岸。西人名乍浦。灣溪塘西自嘉興入，分流注當湖，右得不湖塘，西南自海鹽入，合之。左得乍浦塘，出東南，前黃山，合何陳塘注之。東北流，岐爲二，分流復合，入卯湖。其口曰朱涇港，有汛。一廣陳塘，右出枝津爲鹽船河，出放港爲秦河，入卯湖。止渠並入之。鎭五：白門、廣陳、乍浦、新埭、青蓮寺。有白沙灣巡司。盧瀝、橫浦二鹽場。天后宮毀。山籠、陳山嘴墩臺。

桐鄉 繁難。府西南五十里。東：殳山。南：王家山。運河西南自石門入，枝津入震澤界，爲爛溪。正渠逕永新橋，岐爲三：南流注永新港，達石人涇；北流注五涇，入爛溪；東流入秀水。石人涇亦自石門入，合瓜塔涇及北沙渚塘，逕屠甸，往復合沙木涇。東南沙渚塘亦自石門入，合中沙渚塘，入海寧。長水塘自海寧、海鹽緣東南界，入海鹽、嘉興爲界水。鎭五：濮院、爐鎭、皂林、陳莊，又青墩巡司。

湖州府：繁疲難。隸杭嘉湖道。明領州一，縣五。副將所、千總駐。乾隆三十八年，改安吉爲縣。東南距省治百八十里。廣百八十二里，袤百三十八里。北極高三十度五十二分。京師偏東三度二十七分。領縣七。

烏程 繁疲難。倚。南：衡山、金蓋山。西北：弁山。太湖東北入十里，古震澤，周五百里，匯上游諸水。大、小雷山扼其東。西亘長興，北至小雷，界吳江，浙源爲東西二苕溪。東苕溪南自歸安入，合西塘河，注碧浪湖。山塘溪亦自其縣注之，合妙喜港，左得呂山塘，西北自長興入合之，左出枝津爲北塘河，分瀦二十五瀆港。西苕溪亦自長興入，合四安溪，左出枝津小梅港及橫港，分瀦十一瀆港，正渠與東苕合，是爲江渚頭。合瀦大錢港入太湖。三十六瀆港並入之。其東運河自歸安入，合溥溪，入震澤、爛溪。自歸安、桐鄉緣界，左出枝津爲白米塘河，納歸安中塘河並入之。太湖營守備駐。同知駐烏鎭。通判駐南潯。溪並晟舍、大錢、馬要、圍通橋、小梅、寄山、伍浦，有汛。南潯、大錢、湖口三巡司。苕溪驛。

歸安 繁疲難。倚。東南：長超山。西南：梅峰山。東北：太湖。東苕溪東南自德清入，左出枝津爲吳興塘，納石門、含山塘，注錢山漾。西塘河東南自武康入，洛舍漾、逾埭溪注之。與東苕合，逕城南。呂山塘西自烏程注之，右出枝津爲菜花涇，播爲邊河，歷月河，爲霅溪，抵臨湖水門。自錢山漾至此，與烏程爲界水。雙菱鎭，守備駐。縣丞駐射村港鎭，主簿駐菱湖鎭。璉山、書進，有汛。蠶市、埭溪二巡司。

長興 衝繁。府西北六十里。西：白石山。西北：碭石山。北：啄木嶺，界江蘇荊溪。東北：太湖、大雷、小雷。西南自安吉入，其西四安溪出朱灣嶺，合暖霅溪，西北署溪二源合於長安渡，故曰合溪。暖霅溪右出枝津爲呂山塘，歧爲二：一中橫塘，入烏程；一南橫塘，入北橫塘。正渠逕橫石橋，與北橫塘會。其北顧渚溪出懸白嶺，瀆爲紫花凋，瀦於包洋湖，分二十八瀆港。南至蔡浦，接烏程小梅港。西至夾浦，爲顧渚溪。源橫溪出東北橫玉山，分瀦長大、上周、蔣家、金村四。海香山嶺水瀦雙橋港、浮渚嶺水瀦斯圻港，並入太湖。鎭六：夾浦。縣丞駐。有四安、合溪二巡司，並新塘，有汛。

德清 繁疲難。府南九十里。東：德清山，本烏山，縣以此名。北：激山。西北：白峴山。苕溪南自仁和入，納武康南河，逕南水門，曰龜溪，左出枝津，入洛舍漾，爲歸安、武康界水。正渠貫城濠，西北流東苕溪，分逕河入之。東塘河其枝津逕河，亦自仁和入，緣東南界，錯出復入。有錢市鎭巡司。

武康 疲難。府南百二十里。東：封山。西北：莫干。又銅峴山爲餘英溪，北源、南源出西上耶山，匯於犢頭，逕新塘灘，爲前溪，會湘溪、後溪。其枝津側城南而東，左得封溪故道，又東北合阜溪，左出枝津注洛舍漾。苕溪自錢塘入，緣東南界，合官塘河，北流爲餘不溪。鎭二：犢頭、上柏。

安吉 疲難。府西南百三十里。明爲州，乾隆三十八年降。東南：白揚山。北：金烏山，界長興。東南：獨松嶺，界餘杭。東溪出大溪，即苕溪，西南自孝豐入，逕塔潭。東溪合梅園溪，復納孝豐豐食、吳渚二溪入焉，側城東合丁埠港水，北流左合理溪，右合魯家溪，逕梅溪。渾水瀆亦自孝豐注之，又北合四公溪、小溪市。梅溪鎭、遞鋪鎭，有汛。乾隆十七年，移州判駐南溪。

孝豐 簡。府西南九十里。西南：天目山，界臨安、於潛。又桃花山。南廣苕山，苕溪出，合深溪、橫溪。其東：大海嶺，東濱溪出，下流爲吳渚溪。又東：市嶺，大溪出，下流爲豐食溪。梅家山溪出北梅家山，下流爲渾水瀆。有天目山巡司。沿干鎭。

寧波府：衝繁。寧紹台道治所。提督駐。康熙二十六年，改定海曰鎭海，移置定海於舟山。宣統三年，增置南田。西北距省治四百四十里。廣二百二十四里，袤二百八里。北極高二十九度五十五分。京師偏東四度五十七分。領縣六。

鄞 衝繁難。倚。西南：四明山，東傍海爲鄮山。西南：灌頂、梅園山。海浦羊來山，海東南自象山入，逕大嵩水口，順治十七年裁所，置遊擊，雍正七年設同知。東接鳴崎，南岨鹽場，有司。又北通東錢湖，匯東境諸水。有南北二塘：梅墟、石塘。奉化江南自其縣入。鄞江出四明山，合而北流，爲甬江，又與慈谿江合。河流經貫。道光二十三年開租界，與英立約爲五口通商之一。逕白沙市，左出一枝津，首白沙、乾張家堰，與鎭海爲界水。西南：南塘河出四明，歧爲二：前港貫城濠，注日、月二湖；後港即裏弄港，會中塘、西塘及中南二河入江。其東前塘河，三源匯於橫溪，出橫石橋，會中塘北塘河，逕和安橋爲三河，總渠注大石碶入三江。有浙海關。四明水驛。鐵路。橫山、番猛港等墩臺。

慈谿 繁疲難。府西北五十里。西南：大寶、甸餘。東南：石柱山。海西北自餘姚入，北抵海鹽，逾東有海王山，又東爲松浦港口。港分杜湖水出三眼橋，界鎭海、慈谿江上流，即姚江，自餘姚入，逕丈亭渡，歧爲二：前江歷車廄嶺，抵大浹江口，會甬江；後江貫城濠，出東郭，曰管山江。南抵西渡，會前江。西抵化紙閘，會橫溪。西南蘆溪自餘村匯二十六陝水，出玉女山。西南諸水出四明，入蛟門。北養杜、白二湖。海塘設塘，置閘曰松浦、淹浦、古窰、津浦、洋浦。鎭五：丈亭、洪塘、東埠、松浦，有巡司。庵頭廠司、鶴鳴鹽場司、車廄驛。有瓜帶山、東山墩臺。

奉化 疲難。府西南八十里。東南：奉化山，縣以此名。又鮚埼山。光緒十年，法兵艦來犯，墩臺斃其將孤拔，遂遁。海東北自鄞入，逕湖頭渡、關山，又西逕塔山、城應家㮾，東接楊村汛，又西爲河泊所。其口有懸山，又天門山下，即志天門水，南爲江，彭山界象山、寧海。縣溪出西南大公嶺七十二曲，朱白二溪逾趙河注之，抵蓮琳碶，岐流爲長它江，抵三江口。金溪出東金峩山，逕白杜，河來會。其西剡溪出六詔嶺，合左溪，納西[illegible]溪，是爲奉化江。又東合長它江，逾東北，合甬江。塔山、城巡司。應家㮾守備。

鎭海 衝繁。府東北六十里。海西北自慈谿入，東至澥浦。水師參將駐，爲郡北要害。又東逕招寶山，抵鉗口門。道光二十一年，英兵艦由此登岸。其東蛟門，西虎蹲，並稱天險。又東穿山所，臨黃歧洋，又東崎頭角，臨崎頭洋，長跳嘴山扼其口，並爲郡東要害。轉南有鮚埼鎭、邊山驛。祥懶、覺公、桐照等墩臺。

至羅羅所南接嵐亭汛邀南撲蛇山臨雙嶼港又南壬荒嶼界鄞外洋各島其著者東北七姊妹山東西雲山邀東揭杵山東距金塘水道爲大陳子港轉南有天隐山東西二嶼界象山涌江西南自鄞入入海口爲大浹江口即古甬句東自張家堰至此與鄞爲界水西北諸水豬爲鳳浦沈響靈緒白沙四湖潘爲巨河夾江河西自鄞分甬江水逾白沙歴鷲林入前大河中大河上流後江自慈谿入北流爲西河大閘河上流松浦亦自其縣入歧爲三一抵濼浦入海一流爲西大河入浹江河一逕翁港爲後大河其中港貫前後兩河並入城河出頭二閘入海其東南上河注逕大嶼市中河逕穿山嶼會盧江河入海有莊市柴埠二鎮定海關有管界長山穿山三巡司龍頭穿山清泉三嶴有北城角威遠定遠宏遠平遠綏遠靖遠鎮遠各礮臺

象山簡府東南二百七十里海西自奉化入逕西周渡虎山扼其口南接泗州頭汛逕東西塔嘴入爲陳山渡接海口汛又東逕前倉所西接珠溪汛東對牛鼻山其東北獵戶角爲南岸靈嵩邀南逕爵溪城青門羊背諸山扼之並爲郡南要害其南大目山東即韭山列島又南至昌國順治中裁衛置水師營部司又南至石浦明爲所道光三年移府海防同知駐南出爲東門與小銅礄對峙中爲銅瓦門道光二十二年英兵艦來犯由此門入過此曰下湾門金齒門西爲林門珠門又南至大田島光緒初派開墾委員駐此宣統三年改爲撫民廳移府通判左營遊擊駐樊暴守備千總駐龍泉鶴浦兩塘島北爲石浦港西即三門灣韓西至台寧嶼界寧海東大河出壬家嶴及旋井飛鳳諸山注會源嶼南大河出鳳羅山自西水門接諸河注朝宗嶼西大河出郭家諸潤注鹽長嶼並入海上洋三嶼薪三河水防洩下洋下洋永豐諸嶼防洩入海有南田竹山二巡司前嶴嶺高塘山等礮臺

南田簡舊隸象山宣統三年新置治大佛頭山麓孤峙海中東南西大洋惟北距石浦較近水程十有餘里海中十洲此爲第一明湯和儻趙宋遺族苞藥擬廢象山塞清洲途徙南田居民後復有墾入墾煎者道光三年巡撫帥承瀛奏請明興定海玉環並封禁嗣定玉展關而南田獨否以彼泥湖而此沙墟匪船易留故徙之大小共一百八嶴南路四十九北路五十九

定海直隸廳簡隸寧紹台道總兵及同知駐古句章地明爲衛康熙二十七年改縣道光二十一年升直隸廳西距省治七百六十里廣百四十里袤八十三里北極高二十九度五十九分京師偏東五度五十八分舟山古翁洲山卽定海山康熙道光間昭於英咸豐間復昭英法澳外島嶼屹嶼西洋螺角東竟留角對峙若門洋螺南爲螺頭山西卽大榭山接象山港口北各島爲廳南險汛又六橫山西對前倉嘴牛鼻山扼其中其東南爲桃花山登步山桃花東北登步東南爲朱家島中有鳥沙山曰鳥沙門東岸猥濁其東普陀山西北嘴對舟山東嘴中爲蓮花洋西卽沈家門南船鑄翠北達關秀海西北距千礁角曰龜水道青山屹立中爲灌門航路最險蘭秀以北爲官山中岔乩山門官山以北爲岱山中爲高定洋利停泊其西北大沙澳北距長白山中爲長白水道其西爲岑港西北接大小沙汛又西卽金塘水道其東北爲册子山中爲西塘門岱山以西爲兩頭洞山又大漁山嶼心臘山與乍浦爲犄角以東爲竹嶼港又東曰大小長塗東西福山並爲廳北險汛其東北大衢山四圖多澳有岑港道頭二巡司瀝港沈家門二鎮定遠撥威永清等礮臺

紹興府衝繁難隸寧紹台道副將衞守備駐西北距省治百四十里廣三百二十里袤二百九十里北極高三十度五分京師偏東四度四分領縣八

山陰衝繁難倚西北興龍山南麓本臥龍山康熙二十七年駐蹕改南鎮山陽臺蘭渚山秦望山西北塗山梅山東北蕺山海自蕭山入逕三江口爲杭州灣南岸水口對岸爲海甯南大蠻中小臺扼其中湖昔諸南暴岸街擊其後海塘東接會稽西亘蕭山浦陽江西南自諸暨入運河西北自蕭山入合鑑湖枝津北注瓜渚湖湖分害電湖水入西水門復合入銅盤湖港抵港口與西小江會江分爲二自蕭山古萬安橋入緣北界西溪出雞頭山注之逕錢清鎮錯出復入抵三江閘湘湖自蕭山貫運河來會又東入海鑑湖湖古鏡湖周三百五十里今祇存西溪及會積若耶溪爲其別源湘湖爲其正源傳十五里癸三汀城通判駐有鹽塲司興錢清爲二有柯播巡司蓮萊驛

會稽衝繁倚南會稽山有禹陵縣以此名其宛委秦望天柱並爲支阜南海東北自山陰入逕瀝海城南接鍾浦西曰西會潴北與徵浦逸對爲險汛有防海塘曹娥江上流剡溪東南自上虞入納綏小舜江錯出復入歷曹娥壩抵寶港入海運河自曹娥壩分諸溪河水逕通陵橘會潰宮河宋六陵在焉出五雲門西有若耶溪出化山注之入山陰逕河有三江東江曹娥鹽塲曹娥逕司東關驛轟風鎮平水關宜海臨山瞰臺

蕭山衝繁難府西北百十里東南大巖山東北龕赭二山浙江西北自富陽入浦陽汛西南自諸暨入合於漁浦街古時浦陽與浙江閘後閘礦堰始通抵中小養出南大臺入海海湖自龍子臺入爲龕赭所東洪濤奔突捍以危隄二十餘里西小江古潘水出臨浦市山感麻溪壜貫逕河入山陰下至三江口入海運河自西渡引浙江水逕望湖橋湘湖匯西南諸山水貫之又東南入山陰臨浦鎭縣丞駐有漁浦河莊山二巡司義播鎭汛西興水驛有丞錢清課有西陵漁臨兩關北紙菴礮臺塲

諸暨簡府西南百十里東紫薇鐵崖山西洞巖雞冠五洩山北銀冶杭烏山浦陽江南自浦江入一名上西江合蘇溪東北流合上瀨溪與上東江會江出東界東白山曰孝義溪合開化溪流爲洪浦江合下瀨溪注之是爲浣江逕城東歧爲二東曰下東江合楓橋港諸溪西曰下西江合五洩諸溪分而復合亦曰大江並入蕭山有楓橋鎭長清關

餘姚疲繁難府東北百十里南大央山西龍泉山古緒山北歷山東北四明石匯山海北自上虞入逕臨山衞康熙八年移廟山巡司駐四十七年移瀝海守備並駐北臨山港東泗門港爲濱海要口逕破山浦有防海塘利濟塘外蘇臺七所其西南姚江出太平山及菁山古句章渠水錯出復入納上虞馬渚橫河貫兩城閭抵竹山渾合蘭墅港逾婆家渡納慈谿官船浦是爲丈亭江鎮四梁壽眉山廟山其三山有巡司石堰鳴鶴二鹽場中村北溪梁衝周巷周家路有汛姚江驛康熙九年倂入縣

上虞繁疲府東百二十里南覆卮山西南象田山西北夏蓋山南臨夏蓋湖瀝白馬上妃二湖水周百五里北枕海西北自會稽入逕瀝海所有四衞施湖二隘其塘外爲沙塗上虞江卽曹娥江古柯水亦曰東小江上流剡溪西南自嵊入納會稽小舜江逕梁湖堰其東爲運河外有通水河逕百官渡其東爲馬渚橫河抵備塘自梁湖堰至此與會稽爲界水有曹娥驛康熙元年裁丞其側鹽場二梁湖鎭巡司

嵊衝繁府東南百八十里東金庭山西南五龍眞如二山分水岡剡溪出合大小白山水東南流右合珠溪左合鏡松溪逕白楊村納富潤江田二溪傷城東南有潭逕溪實溪注之是爲剡溪黃澤溪亦自其縣入合北莊溪注之又西北合了溪強口溪嵊溪入上虞爲曹娥江卽古浦陽江也東北西梅溪出大屏山入奉化鎭三浦口長樂三界有汛

新昌簡府東南二百十里東天姥山東南關嶺東北蘇木嶺東港溪自天台入合澄上山溪滸溪下流爲潭遇溪西港溪上流夾溪西南自東陽入合三洲潭溪下流爲實溪北港溪出奉化界嶸嶺山歷嶸頭嶺別源自甯海緣界合流爲黃澤溪彩烟鎭黃渡有汛

台州府疲難隸甯紹台道海門鎭總兵駐原名黃巖鎭總兵駐黃巖光緒二年移此西北距省治五百九十里廣三百七十里袤二百七十里北極高二十八度五十三分京師偏東四度三十九分領縣六

臨海繁疲難倚西南括蒼山東瞭倭山南蓋竹山道書十九洞天第二福地也東蔡嶺西石松山並築石城海東自甯海入逕坡塘江白岱山扼其口納上流花橋港南逕泗淋汛納上流洞港又南逕有殿角南對白椒角曰淸塘門桃渚港出東大羅山合矩溪入之其秦順治十八年廢康熙十一年復守備駐自白椒角逾南至白沙山爲台州泗口北岸逾南至前所城游擊及巡司駐南對海門順治十七年裁衛總兵駐其西家子鎭同知駐是爲椒江口口外寨島聯亘滋南爲寶門山亮青山臨海江二源北爲始豐溪自天台入合大石溪歸溪爲百步溪出三江村西南永安溪合黃沙溪芳溪來會是爲靈江逕雙港口合大田港逕三江口會永甯江是爲椒江又東合章安東邏二浦入海鎭二蛟湖其花橋縣丞駐有杜瀆鹽場司赤城驛牛頭頸外沙小圓山礮臺

黃巖疲繁難府東南六十里東永甯山南委羽山道書第二洞天西黃巖山縣以此名海東自臨海入逕濱礁山爲台州灣口南岸有厂進洪輔兩塘長六十餘里內爲橋地北接臨海南亘太平西北永甯江出西塵山別源出黃巖山合流爲大橫溪逕大佛頭爲甯溪逕島巖爲島巖溪合柔極小坑二港爲長潭又東南合官水茅畬溪逕山頭洲爲斷江逕後垟合西江是爲澄江逕東浦外東浦卽東官河側城東北合裏東浦爲黃林港下流爲永甯江南官河滙沙埠九峰諸水南支接太平金清港北支貫城濠左出枝津分流復合入西江又北流爲諸裏東浦鳥巖鎭縣丞駐有長浦巡司黃巖鹽場司丹霞驛鳥巖二港口沙埠甯溪洋嶼白湖塘有汛

天台簡府西北九十里天台山周八百里埠赤城有玉京洞道書第六洞天始豐溪西南自東陽入合寒明二巖鵲越諸山水側城西左得青溪合桃源瀑布關嶺溪墅汎之東抵鳳凰山下合寶華及螺螄倒鼇諸溪折南又合大小淡溪西北福溪出天合山西雞混水溪出南麓其東泳溪出蒼山東北麓又界溪出龍鳴山有淸溪鎭兎洲驛

仙居疲難府西九十里西南韋羌山景星巖北羅城巖西北蒼嶺一名風門西南大溪南源出永嘉界坑山曰永安溪左出枝津抵安仁嶺下曰安仁溪入縉雲西源自縉雲入曰金坑水合仙人溪逕四都與南源會逕洋山潭合嶺裹溪又東北右得馬嶺溪大陳山水左得殊母章羌南溪諸水又東北納萍溪上流樺溪西北自永康入合之逕城東合白水溪彭溪抵塔山西合朱溪入臨海有嶠灘鎭汛

甯海簡府東北百有八水師參將駐西北驟山北天門山海東北自奉化入逕浮溪口納上流鐵江轉東逕黃墩港納上流白渚溪錯出爲象山港南岸又自石浦入逕台甯嶼又西逕茶院港分出東北許家雙坑二山合流爲柞浦溪逕龍口塘又西逕白嶠港上流白溪西南自天台入別源出西桃花山合逕亭頭渡來會西南逕淸溪口上承天台泳溪逕旂門渡又南爲亭旁海游二溪口一承天台界溪一出西南分水嶺合逕達蛇渡又西南逕健跳所守備駐臨健跳江上流橫渡溪合小白溪來會外有健陽塘東北對石浦城是爲甯海灣口墨島崎其著者爲田灣島島東爲青門山臨牛頭洋北爲五嶼門外朱門洋內蛇蟠洋並險汛鎭四海島越溪亭旁其海游縣丞駐有長亭鹽場司朱墺驛

太平簡府東南百四十里水師參將駐南石盤山西南靈山西溫嶺海東南自台州灣入逕金星門又南道士冠山盤馬寨其東白巖山中爲擒白門又東沙鎭山東南積穀山東北卽台州靈島其著者上下大陳山轉南逕松門城置守備臨松門港松門山扼其口中有嶼水道其東牛山島又東蘇丹島東南三蒜島轉西逕隘碩寨羅峯刺天慢游嶺尤嶮仄中有大海灣錯出溫州府境逕天澳木杓諸山轉西北逕楚門城西北白際渚溪正源大溪與別源小溪合流爲雙溪北流折東爲新建河合桃溪溫嶺溪逕大溪口西南西溪出梅嶺來會是爲金清港北通黃巖官河又東逕新河城爲汗江縣丞駐又東入海閘溪一名練溪並入之有溫嶺溫嶺二鎭松門巡司鳳尾盤馬沙角寺前鎭石塘金淸墺有汛著

金華府衝繁難隸金衢嚴道副將駐明初爲甯越府後復改東北距省治四百五十里廣三百四十里袤二百四十四里北極高二十九度十分京師偏東二度二十一分領縣八

金華衝繁倚北金華山縣以此名古曰常山東南至道山康熙二年耿逆遣兵踞此東陽江自義烏入曰東港合航慈溪東南流納孝順溪蘇溪赤松溪逕城南合城中七寶渠南港自武義入西北流抵燕尾洲與東港會是爲婺港一名雙溪又西北桐溪白沙溪並自湯溪入抵墻頭有盤溪承徐公湖九龍山水流爲黃烟溪注之此北渠也古時南渠與衞港會今淤狹有孝順鎭雙溪驛

蘭谿衝繁難府西北五十里東銅山西硯山界龍游壽昌婺港東南自金華入合黃烟溪逕城西南衢港自龍游入納壽昌游埠溪錯出復入左得永昌溪逕蘭陰山下會楊子港是爲蘭港又北合虎溪乾溪香溪抵施家灑納浦江大梅溪有黃溢隄康熙雍正間屢修築鎭三平渡香溪又女埠有廢司廢水驛

東陽繁難府東北百里東南大盆山界天台東玉山一名封山東北有東西白山接太白山東陽江二源南源定安溪卽歌溪出大盆巖嶺合金叢坑茅洋諸水逕雙溪口北源上白溪出東白山會西白山水南流合白峰溪渼沙溪來會西流右得寬溪溪嵊溪左得龍化溪泗渡溪又西合雅溪郞坑溪畫溪出大盆麓始豐溪竹出南麓其東上夾溪出尖山市下夾溪出天笠山有白坦永甯二鎭白峰夾溪汛

義烏疲難府東北百十里南洪雲八保北黃蘗山東江古烏傷溪自東陽入合廿三里諸溪折西南會瑞雲溪鱗溪又西南右合編湖左合鮎溪及春溪逕江灣市會畫溪又南納吳溪入金華其北杭慈溪出覆釜山會仙洪嶺水緣西北界入棗溪出西南古寺坑北酥溪出清潭山又洪巡溪出西北網巖鎭四龍祁酥溪佛堂廿三里溪有汛

永康疲繁府東南百十里東方巖東南靈巖南絶塵山永康港二源北源華溪出浦山逕社山下爲鷄鳴溪合酥溪出仁政橋南源南溪卽迯陽溪自縉雲入右合盧溪左合橫坑溪逕水岈巖右合李溪逕雙溪口兩源桐合是爲永康港又西合西門烈橘高坑諸溪入武義東北雙牌溪出入岔嶺下流爲蠶溪入縉雲又東爆溪出大嶺下流爲萍溪入仙居樸溪村府都司及縣丞駐有孝義裏溪汎華溪驛

武義疲難府東南七十五里東百義山又烏牛山界永康西銅釜山武義港上承永康港東自其縣入合清溪郭衕溪側城東北左得熟溪西南自宣平入合諸溪水瀰瀰西北流右合東溪朱吳溪左合桃溪入金華其南日溪自麗水入合洩溪入宣平西梅溪自宣平入入金華東北入桑溪出大撈笄山自金華錯入仍入之

浦江簡府東北百十里東半壁山五路嶺西北深裊山湯泉爲深裊溪浦陽江源此別源出西井礵嶺東流爲吳溪來會又合諸溪水側城南有東西二溪夾流注之是爲南江合澄左二溪又東北右得大溪卽演溪東南自義烏入合流逕廉侯山下爲湖溪又東右合深溪白麟諸溪入諸暨南梅溪出雷公城寶諸山西流入蘭溪西北湖源溪出石檀嶺逕五灌山錯出復入浦下流爲湖洑水江橫溪胡公斤竹有汛

湯溪簡府西南五十里西南湯塘山縣以此名南銀嶺東南輔倉山白沙溪出巖汛卯衛港西自龍游入古無鹽宇富即漢志穀水東北流合華阪溪又東北左得雙溪上流永安溪枝津北自蘭谿入合之右得濛溪上流游埠溪亦自其縣入合之是爲三港口又東北合羅埠溪入遂昌白沙溪南自遂昌入合諸溪水堰三十六而金華得其十

衢州府衝繁難金衢嚴道治所總兵駐明洪武初改龍游府明年復改屬浙江布政使司順治八年福浙總督移此康熙二十三年裁東北距省治五百四十里廣二百二十五里袤二百二十里北極高二十九度二分京師偏東二度三十五分領縣五

西安衝繁倚南爵豆山北銅錢嶺西北銅山衢港二源南源文溪卽江山港自其縣入北源信安溪卽常山港亦自其縣入會於雙港口亦曰西溪側城西北合柘溪青岡溪東抵鷄鳴山下右得東溪南自遂昌入出石室堰來會古曰定陽溪又東北合銀坑羅張勝塘諸溪逕屏風灘合芝溪又東逕馬業埠入龍游樟樹鎭縣丞駐有金旺巡司峽剝柏固二廢司上航驛上方新橋街杜潭朝京埠有汛

龍游衝難府東北七十里西龍山又岑山北烏石山大乘山八十里梅嶺北有龍游港卽衢港西自西安入合金村源水逕下溪灘右得靈山港南自遂昌入合桐溪小蓮嶺水來會又東右得斗潭溪北自壽昌入合之又東合築溪鰭出復入者再又東北入湯溪有湖頭鎭巡司亭步驛溪口前市汛

江山衝疲府西南七十五里仙霞嶺南百里上置五關其楓嶺爲浙閩分疆處順治十一年置游擊駐二十八都縣丞並駐康熙九年併入福建十三年仍隸兩省又江郎山卽隋壽江山大溪一名鹿溪出仙霞諸嶺瀰東角箬坑白石諸水逕城東合三橋溪逸溪入西安西有文溪分出復滙於禮賢鎭東北與大溪會是爲江山港其北石硿溪出斜馱山又峴山溪出大藥山東峯峽口鎭同知駐有清湖鎭巡司驛箬廣濟水驛順治十年自常山來隸並靈谷山官溪外村有汛

常山衝繁府西八十里東有常山縣以此名南峴山巖嶺北三衢山馬金溪北自開化入合馬尼溪逕源口合謝源水逕疊石爲金川逕儀溪橋合諸山水逕濟水潭斯以官塘外紫港內廣濟港昔時文溪自江山入逕金川爲三合水注內港後湖涸水道徙南又東石硿溪峴山溪並自江山入之又東合虹橋溪芳枝溪入西安有草坪鎭巡司球川鎭馬車曹會關有汛又鎭平甘露二鎭

開化簡府西北百六十里東金嶺北磯山又馬金竹二嶺馬金溪二源出汪公嶺卽馬金支皐一出西北際嶺入會辛田渡東南流合金竹嶺水側城東南左得汪邊溪出北源出休寧界會於南門合之西會白沙溪逵華埠左得池淮溪逕馬金下日池淮坂逕星口市爲星口溪合流入常山是爲常山港西北洪源溪入江西德興鎭二馬金華埠金竹嶺巡司

嚴州府簡隸金衢嚴道副將駐乾隆二十五年裁衞併入杭州西南距省治二百九十里廣三百七十里袤百七十五里北極高二十九度三十七分京師偏東三度三分領縣六

建德簡倚東高峯山西銅官山北烏龍山新安江西自淳安入右納艾溪東北流合洋溪下涯溪西溪側城南蘭港東南自蘭谿入合三合溪大小洋水來會是爲浙江南源一名丁字水又東北合余浦若溪逕七里瀧左合胥溪又東北合岔柏溪淸渚港東北自桐廬

緒入會杜息溪並入桐廬注之東湖出烏龍山合建安山水由余浦出口康熙十一年築壩水漲錢江家塘注西湖入江有安仁乾潭三都洋溪大溪五鎮東烏門關東南三河關有富春驛淳安簡府西北六十五里東龜鎮山南雲濛山西南雉山前溪出西北塘塢山新安江自歙縣入一名徽港左得蜀口溪東南流合云至源雲源溪又東合桐梓溪折南合景溪逕南山東饒左得東溪上流進賢溪應諸山水注之逕城南合雲濛溪又東南右得武強溪又東南合商家源洋溪錦溪入建德羅伍溪出東北白坑嶺羅溪出東塢山龍溪出西北官山尖鎮四威坪茶園街口港口有汛桐廬簡府東北九十五里東北桐廬山縣以此名西北離龍山西富春山新安江西自建德入爲七里瀨即富春渚合盧茨溪逕麻車山麓左得清水港西北分水入合琴溪錯出復入逕桐君山下西會分水港是爲桐江又東曰下淮江流扼要處又東北合壑溪東梓溪湖源溪東南自浦江入仍入之有芝廈舊縣柴埠窄溪翻岡五鎮桐江驛遂安簡府西南百八十里西南洪洞山西白石山又百丈嶺界安徽休寧武強溪出合雙溪仙溪華溪東南流左合大蓮嶺水合前後溪側城南合蓮溪靈巖溪折東右得龍溪北自淳安注之逕寺前村有鳳林港合東西港注之又東北合罟網東亭二溪入淳安有鳳林橫沿郭村安陽東亭五鎮壽昌簡府西南九十里南硯山亘金衢二郡西萬松山壽昌溪出趙籠山合大小源松坑二溪東北流合交溪爲大同溪又東北合梅溪曹溪自城西而東曰及溪東北逕城南至淤堨爲淤堨溪又東北至湖岑坂爲湖岑溪北抵羅桐埠入建德有大同新市二鎮分水簡府西南百二十三里東獅象二山南胥嶺設峯西南雲梯嶺銅橋山最陰要天目溪一名分水港上流虞溪東北自於潛入逕印渚渡爲印渚溪右得前溪西南自淳安入合羅伍溪及羅溪匯於離溪東南流合塘源水夏塘溪抵學浦左合文嶺良梅諸山水右合斜尖山水其南歌舞溪出歌舞嶺會直塢海高塢諸水下流入建德爲濟渚港有舉浦百江二渡

溫州府衝難溫處道治所總兵駐明領縣五雍正六年增置玉環廳西北距省治八百九十里廣百六十里袤五百里北極高二十八度京師偏東四度二十一分領廳一縣五永嘉衝繁倚城有九斗山內華蓋道書第十八洞天西北人若嶕即赤水山第十二福地東南大羅山南吹臺山西甌浦山北孤嶼山橫亘江中英領事署在焉海東自樂清入爲甌江口南逕龍灣陡門又南逕甯村所廢縣九年改寨置游擊海口曰溫州灣靈崑島扼之甌江上流大溪西南自青田入東流合孤溪及韓埠上成二港側城西北右得會昌湖分出郭甌雄三溪合流逕望江門外光緒二年烟臺之約立租界逕陡門橋北右合塘河抵永樂界爲館頭江其右合雙井茶山二河又東南合瑤溪白水溪入海拼溪鎮縣丞駐有西溪巡司永嘉鹽場司窖磐鎮兼驛沙頭碧蓮韓埠楓林雙溪有汛有龍灣山茅竹橫狀元橋嶼臺瑞安衝繁府南八十里水師副將駐東龍山北集雲山大小二洋山海東北自永嘉入逕梅頭城又南逕海安所又南逕飛雲江口有關其外洋鳳凰山與西江橫山對峙曰鳳風門逕北大小丁山逕東南齒頭山東長帶山逕北南簑山與東簑北簑相望北簑以西與永嘉大嵒以東稱佳澳爲飛雲江上流大溪西自泰順入合桂溪逕番口村右合酒溪又東合九溪方坑溪又東北左得惢門溪匯諸溪水折東南合半溪左納南岸塘河入海大岙江岸二巡司雙穗鹽場大宋埠有汛樂清衝繁難府東北八十里水師副將駐東雁蕩山東峯磬山西象鼻山奧沙角黃華並置寨黃華有關迫臨海口爲第一門戶海東北自太平入逕大荊城游擊駐轉西南逕鎮鐵埠北接大嵩汛又西南逕蒲岐王城南爲甌江口自木杓山至此曰樂清灣東北新市河東源出白龍山西灘出珉球赤巖硐坪諸山合流爲黃雙塘溪北梅溪出左原諸山流爲石緣河並匯爲橋港入海東芙蓉川分出長蛇嶺及西中奧四十九盤嶺合流爲濟江北接蔡嶴汛南接光巖汛又白溪出雁蕩東麓逕靈巖流爲淨名溪東北舊溪二源一出石門潭合南閤北閤諸水一出荊潭合桐岸陸門嶺諸水匯於水漲並入海城河即東溪出縣治東北諸山左出諸枝河並通西城河河即西溪逕下馬橋與東溪合是爲運河西南入館頭江東逕磐石都司及巡司駐南接天妃汛與龍灣對峙爲第二門戶又東至白沙嶺入海自此逕曾田汛抵岐頭山即海口也有館頭鎮嶺店驛縣丞駐大荊城有長林鹽場東門西山嶺鎮甌岐頭敞臺平陽衝繁府南百三十里水師副將駐西雁蕩山對樂清曰南雁蕩其東焦溪天井洋赤巖諸山西南分水嶺泉出瀧上東西分流以限閩浙海東北自瑞安入逕沙園城南逕鰲江口又南逕金鄉營東北接肥艚汛又南爲大漁海口官山島扼之分南北水道西南鰲江古曰始陽江南港二源一平水一燥溪岐爲東西溪北港二源一順溪一梅溪兩港會於蘆家渡西合逕羅源山下爲橫源江逕錢倉鎮爲錢倉江又東合東塘河抵瓜城汛入海城河分出西南崑巖嶺諸山入城爲腰帶水匯於抗雲橋一出東郭入海一出北郭爲城北逕河夾嶼橋河仙南夾嶼下下匯城南諸水歧爲二一西塘河一東塘河分趨入海南逕河出東南金獅山合直浹河赤溪出西南蠻山並入之二鎮仙口鎮倉蒲門巡司天富鹽場下埠諸墩臺泰順簡府西南百三十里東飛龍山南石嶺西雙港嶺仙居溪出西北諸山逕洪口渡洪溪合葛溪注之古曰漁溪東北流左得三插溪東北自景甯入會左溪又東北右合莒岡溪左納青田下窄口溪古曰龍溪其北太平溪出上莊貫城濠出南門合白溪錯出復入緣界抵赤水坑口會雙港溪溪自壽甯入逕五步合棠坪水逕石竹洲合周邊諸水抵交溪村會四溪及仕陽龜伏二溪與福建霞浦福安爲界水有甌西第一分水桂峰武嶺頭鎮雲諸關排嶺牛頭上下排龍巖嶺分水排諸隘池村三魁二鎮有巡司墩頭隘吳家墩洋岡后街有汛玉環廳簡府東北二百里參將及同知駐坎門釣艚陝勢險要釣艚東即鷹捕陝北車首頭奧東北木杓山斜對中爲慢頭港東通靈門港外列虎又雞冠羊嶼諸山東南王鹿門外洋虎又以東爲披山外洋以北爲白馬嘴嘴東有沙角鐙臺茅草諸山西有花岐浦西北接後坟汛進北曰旋門兩山釜東一水中流航路最險其西爲分水山北爲峇山分水以東爲楚門港以南爲烏洋港西接浦岐港又南爲西青嶼烏嶼北爲大青小青迤西爲茅峴山又西江埏山其南大烏小島又南爲蓮嶼西南爲大門小門迤東南爲黃大嶴中有重山黃大嶴之西重山之北中曰天門又東南爲狀元陝爲三盤山東北爲鹿棲山西北至大嶼頭又北接梁灣汛東南即黃門門東爲南排山北教場陝里陝有磐秦鎮玉環巡司蛇嶼瞰臺

處州府簡隸溫處道總兵及衛守備駐北距省治一千九十八里廣四百九十里袤四百十里北極高二十八度二十五分京師偏東三度二十五分領縣十麗水簡倚都司駐道光二十八年改守備東銀場山楊梅岡北麓陽山縣以此名大溪西南自雲和入左得松陰溪西自松陽來會爲大港頭又東合松阮水爲郭溪又東合通濟渠折北左得吠溪西北自宣平入合西岸溪來會西北稽勾溪納宣平小溪是爲三港口逕溪口合麗陽水環城南爲酒溪又東左得好溪東北自縉雲入合嚴溪注之鎮二寶定北碧湖縣丞駐十八都蓋蒿嶺皁阮廉頭郤全館沙溪有汛有保定鎮括蒼驛青田簡府東南百五十里北青田山縣以此名一曰大鶴山道書第三十六洞天西石門山第三十七洞天南方山大溪出西南龍鬚山上承潘溪西北自麗水入合海溪芝溪中坑石蘇諸水又東南右納小溪上承山溪自景甯入流爲浣紗溪復流爲雙溪來會左合石溪側城西南折東合顧溪入永嘉爲甌江西南洛溪出蒲斜嶺下流爲下窄口溪又南田坑水出天馬山入瑞安下流爲泗溪大溪七十二灘在青田者都三十有三黃礦鎮縣丞駐有芝田驛黃礦談洋二廠巡司縉雲簡府東北九十里東括蒼山西南馮公嶺古桃枝嶺上有桃花隘好溪出東大盤山逕大皿爲九曲溪合黃檀潤川二水逕冷水三港口合虬里溪右得靈溪北自永康入合之又西南合棠赤二溪出賢母橋合管溪逕岱石會訪溪逕城南左合荆坑水右合貞溪爲南港溪又西入麗水下達溫州入海其北南港溪出雪峰山合建洋溪逕縣北滙梅龜二溪又北爲黃碧溪入永康下會蘭溪入浙江西南嶺溪出紗幅嶺合芳溪亦入麗水又龍溪出分水仰納仙居安仙溪下流爲金坑水有丹峰驛松陽簡府西北百二十里西南箬簝山南白峰尖山北竹喀嶺勢險仄松陰溪西北自遂昌入合東湖山水逕卯西山下合案溪崙溪逕青龍堰右得大竹溪分出西南香孔玉巖二山會爲夏川合南岱亞岱水爲中陝川又合小竹溪三台水來會又東南右得竹喀溪北支入宣平南支東白松陰合逕城西合循居溪又東南合蛤湖石會源會裕溪小樣溪入宣平水興岸溪溪出桐鄉山有舊治鎮乾隆二十八年移汛於此遂昌簡府西北百八十里西南君子山東尹公山西奕山湖山北兌谷山金石嶺南貲義嶺前溪出南支入龍泉北支逕城南出東關橋會後溪上流柘溪東流爲好川瀝梅山二水是爲雙溪又東爲航川其西蔡溪上流住溪西南自龍泉入合碧瀧源出宏濟橋合關川爲鐘溪逕周公村左得東川上承福建浦城碧綱水入之抵龍鼻頭隘右出枝津爲梭溪即柘溪上流正渠入西安爲烏溪港北官溪出梭雲嶺右得馬成源出湯溪界銀嶺入爲桃溪合白水源下流爲靈山港有高平關堂二隘龍泉疲難府西南二百四十里南豫章山又琉華山下有琉田土宜陶有烏蛟窯青甕窯今曰龍泉窯北黃鎮嶺大溪西南自慶元入曰秦溪合小梅溪錯慶元復入會山溪逕查田市又東北至獨田灘蔣溪合桑溪來會合豫章川逕南大埠村赭爲劍池湖出坡雲橋合錦川逕城南中阻樣洲分流復合右合大貴溪左合鐵杓溪東北流右得白雁溪上流前溪西北自遂昌入合之又東北合道太安仁二溪錯出復入其再入者西南住溪自福建浦城入東北入遂昌下流爲蔡溪碧瀧源亦自其縣入一溪出南九潦山東南入景甯安仁莊縣丞駐查田廢司五都洋村有汛慶元簡府東南四百里南赤搭嶺東九臺山西北鑾頭山秦溪出下流爲大溪山溪出東源頭山小梅溪凹北大㓗嶺並入龍泉東北鈐高山南洋溪出東南雞冠山魚頭溪並入景甯化東光石山溪竹溪出合濛洲溪交劍水逕城北爲大溪左合竹坑溪右合魚坑溪逕八都鎮右得芸洲溪西南自福建政和入合之是爲楼溪循鯀蘭西入福建松溪其西北竹口溪出雷風山合下潦新窰二溪並入之舉溪出東南業蓋山入政和汛有伏石大淨二關雲和簡府西南百二十里東南白龍山北牛頭山南前溪山兩山竦峙勢險要西瀧山北石鑪瀧大溪逕其南自龍泉入錯出復入右合烏樣源左合藏梅二洋復錯出自洽川口入台洽川及朱坑烏龍坑水折東南會浮雲溪溪出西南孩機坑合朱源水出利濟橋有霧溪合新溪注之環城而東右合黃溪左合雙溪爲戈溪又合諸坑水爲硯溪入麗水豐源水出西南豐源山入景甯宣平簡府西北百二十里東岱石山南俞高山西竹喀嶺雙溪二源東源分出龍樊嶺上坦小妃匯岡山下曰東溪亦曰午溪西源出磐坑山合新錦溪曰西溪亦曰巾溪兩源匯於緣巖潭東南流納松陽竹喀溪又東南右納歐調水上流曰溪東自武義入合之左合石浦水又東南右納松陽白石溪入麗水爲吠溪北梅溪出黃塘山東流入武義汛五曰竹峪玉岩山陶村和尙田式河頭景甯簡府南百四十里東羅岱山西南豸山北莘田嶺山溪上流南洋溪西自慶元入左得英川即定度溪上流一溪西自龍泉來會東南流合標溪逕旂亭村右得豐源水西北自雲和來會折東北右得鶴沐溪會麈溪入焉又合大小順坑水入青田爲小溪南白鶴溪出梨樹嶺下流爲三插溪有龍首龍頸白鹿諸關

清史稿

地理志十三

江西

江西省禹貢揚州之域明置江西巡撫承宣布政使司南贛巡撫清初因之順治四年置江南河南江西總督治江寧六年罷河南不轄九年移治南昌尋還舊治十八年置江西總督康熙四年復故先於三年裁南贛巡撫爲永制乾隆八年吉安增置蓮花廳十九年升贛州甯都縣爲直隸州三十八年升贛州定南縣爲廳光緒二十九年改贛州觀音閣通判爲虔南廳三十三年改銅鼓營爲廳屬瑞州東至安徽婺源縣六百五十八里南至廣東連平州一千三百里西至湖南瀏陽縣四百二十里北至湖北黃梅縣三百四十里廣九百七十七里袤一千八百二十里北極高二十四度十七分至二十九度五十八分京師偏東一度五十五分至偏西二度二十四分宣統三年編戶三百四十三萬九千八百七十三口一千三百五十二萬七千二十九凡領府十三直隸州一廳四州一縣七十四驛道達各省者五一北渡江達湖北黃梅一東南逾杉關達福建光澤一東逾懷玉山達浙江常山一南逾大庾嶺達廣東南雄一西出插嶺達湖南醴陵鐵路擬築者四曰南潯鐵路自九江而南昌而吉安而贛南凡三段備與廣東接此外道瑞宜通湘道擬建通閩道廣信通浙支路亦三航路則九江爲江輪停泊之埠南綫自南昌北通九江南通廣州又自九江東通蕪湖西通漢口

南昌府衝繁難隸糧儲道江西巡撫布政提學提法三司糧儲巡警勸業三道駐東北距京師三千二百四十五里廣四百四十里袤四百二十五里北極高二十八度三十七分京師偏西三十七分領州一縣七南昌衝繁難倚東南麥山漸山南斜山虎山西贛江一曰章江自豐城入經市汊汛岐爲二一東北行會撫河仍合經流興東湖通東北逕蛟溪入新建東武陽水卽盱水西北行入進賢萬公堤筆紹鎮三江口市汊二巡司一驛市汊新建衝繁難倚西西山古曰散原亘奉新建昌諸縣境西南逍遙北松門西北銅山南贛江上承創江自豐城入流逕瑞河口蜀江自高安來會東北行逕吳修水自建昌來會流合鄱陽湖經星子出湖口入大江湖卽彭蠡也全湖南昌饒州南康九江四府境爲省境諸水所匯南潯鐵路起沙井巡司駐米鎮同知駐吳城六汛望湖亭後河白馬樵舍新興海口廢驛吉山豐城衝繁難府南一百三十里西南城山縣以此名道書三十七福之一東鐵山西南澄山西北馬鞍山南羅山富水出梧山豐水出贛江自江入流逕縣西東北行豐水南來合富水合爲又東北入南昌新建東零水來自臨川西北行入饒江松湖港口曲江三鎮大江口巡司一驛劍江進賢衝府東南一百二十里城內三山西南藏山東棲賢西鳴英山山盱水自南昌入東北行逕縣西抵八字瑙入鄱陽湖西有軍山湖日月湖青嵐湖俱流會三陽水入鄱陽湖巡司駐梅莊有郎子廢司奉新西北一百十五里北登高山西華林東南岐山西北藥王山西百丈山水出左合側潭水右合金港源又東南至九梓鋪納龍頭溪白水華林水城南又東納鳴溪三溪入安義界巡司駐羅坊靖安簡府西北一百五十五里北吳黉山西北金葛仙山桃源山桃源水所出流合雙溪雙溪曰南河源出義甯毛竹山合龍頭坳管家坳委源諸水逕高湖岐爲二環南北至鴨婆潭復合一曰北河出雙坑洞合爛草湖大橫溪逕象湖入安會馮水龍頭坳鎮武甯繁難府西北三百五十里西北遼山西南大孤東遼東山水自義甯入右合洋湖水左合青坪水至城南納楊浦鳳水又西合礦溪箬溪魯溪中黃二磁水入建昌縣丞駐木高箬溪水汛太平陸汛高坪市巡司義甯州繁疲難府西北三五十五里原名甯嘉慶三年改東南毛竹山東旌陽西九龍西北黃龍幕阜二山修水出東左合百葛水杭口水右東津水至城西武甯鄉水出大爲山合東鶴水及源水自南來會又西折北至城東合安平水鶴源水入武甯查津同知駐八疊嶺鎮有巡司與排埠塘杉市爲三

饒州府衝繁疲難隸饒九道西南距省治三百六十里廣四百八十七里袤三百四十里北極高二十八度五十九分京師偏東一十一分沿明制領縣七鄱陽衝繁難倚北芝山東郭璞山西堯山南關山鄱湖西南鄱江匯焉有二源一自安徽祁門來歷浮梁爲昌江一自安徽婺源來悉德興樂平爲樂安江流會入城東環城北出岐爲雙港分注鄱陽湖東有東湖一名督軍流合鄱江汛入字墈關轉強山館驛前黃龍廟樂安河螺螄嘴棠陰石門巡司芝山驛餘干衝難府東南一百十里西藏山東北萬重武陵西南李梅東南黃蘗山西北有康郎山在鄱陽湖中湖因名康郎龍窟河一曰安仁江自安仁入流經瀧口灘岐爲二西北行三餘諸水入爲流抵饒河口俱入鄱陽湖山黃邱埠瑞洪三鎮康山梅溪表恩高溪四汛瑞洪縣丞駐一驛龍津裁康

樂平 繁難府東一百十七里東康山北鳳游西吳溪東南石城山婺江自德興入爲樂安江合長樂水建節水吳溪殷河流逕縣南樂安鄉因名西南流入萬年界仙鵲入調二鎮壞山驛

浮梁 衝繁難府東北一百八十七里北孔阜山東芭蕉西金魚西南陽麻山東南大游小游山昌江自安徽祁門入合小北港苦竹坑水磨刀港流逕城南西南行會歷降水鄉家灣水入鄱陽景德桃樹二鎮巡司駐景德

德興 衝繁府東二百三十七里東銀山銅山西北洪稚東南大茅山大溪自安徽婺源入建節水自弋陽入合樂平之桐山港洎山之洎水爲樂安江並入樂平白沙巡司銀峰驛

安仁 衝府東南一百八十里東張古山北蟠象山東北青山西南積煙西北華山安仁江上源爲上饒江自貴溪入合玉石潤逕城南西北行與白塔河會至城西北合藍溪入餘干

萬年 難府東南一百二十里城北萬年山縣以此名西南團湖西託裹西北軸山東南百丈嶺殷河出合文溪南溪入樂平注樂安江又西入鄱陽巡司駐石頭街

廣信府 衝繁難隸廣饒九道 西北距省治五百六十里廣四百二十五里袤三百六十里北極高二十八度二十七分京師偏東一度三十八分沿明制領縣七

上饒 衝繁疲難倚北茶山西銅山南鍋塘山東南鐵山南屏山上饒江自玉山入流逕城南左納永豐溪右合儲溪其南有岑陽關自福建崇安入又西北並入鉛山鄭家坊入房塢二巡司葛陽驛

玉山 衝繁疲難府東一百里西趣龍南武安山北三清懷玉山上干溪有二源一出三清山冰玉澗一自浙江常山來會合下干溪逕城南爲玉溪又西行右合瑤溪沙溪入上饒爲上饒江縣丞駐背盤要口巡司駐太平橋一驛懷玉裁

弋陽 衝難府西一百三十里南龜峰軍陽山東攝藥山上饒江自鉛山入逕黃沙港合大洲溪右瀆自興安入合弋溪縣以此名又西逕城南左合軍陽水右納葛溪西行入貴溪大橫汛縣丞駐漆工鎮一驛葛溪裁

貴溪 衝繁難府西百二十五里南龍虎山西自鳴山西南象山北百丈嶺貴溪一名薌溪上流爲弋陽江自弋陽入流逕縣南納須溪箬溪又西合惠安溪橫石港會上淸溪西行入安仁有火焰關與福建光澤界縣丞駐江滸山上淸鎮廬潭鎮巡司二港溪廢驛

鉛山 衝繁府西南八十里西鉛山縣以此名北鵝湖南鳳凰西南銅寶西北芙蓉山上饒江自上饒入流逕縣西至汭口桐木紫溪諸水合爲汭口水注爲西行入弋陽其東大洲溪自上饒入從之分水溫林桐木雲際並有關紫溪河口二鎮湖坊鎮巡司河口縣丞駐鵝湖驛

廣豐 繁難府東南五十五里舊名永豐雍正九年改西鎔山西北覆泉東雙門三縱山念耆嶺南平洋山永豐溪自福建浦城入合銅鋍封禁諸山水又北左合永平溪折西南逕城南流至水南渡合西幡諸水入上饒江拓陽鎮巡司駐洋口

興安 簡府西八十五里北橫峯山重山南觀亭山西仙巖葛溪自上饒來南行注弋陽江合黃藤港水又西入弋陽

南康府 衝隸饒廣九南道 南距省治二百四十里廣三百里袤一百十里北極高二十九度三十一分京師偏西二十五分沿明制領縣四

星子 簡倚西南有黃龍山西北有廬山朱子知南康軍講學處北吳章東北定山鄱陽湖在縣城外贛江經焉北行至都昌又北入德化南落星湖東宮亭湖鄱陽湖之隨地異名者也谷簾水自德安入東南行入鄱陽湖諸磯靑山謝師塘岡窰四汛渚溪靑山二巡司

都昌 疲難府東六十里西元辰山道書五十一福地東陽儲北檀樹東北篁竹山鄱陽湖在西其中有強山四望松門諸山北流入湖口北通後港河自左蠡石流嘴引入王徐家埠又北匯西洋湍水入湖口柴棚左蠡二鎮棠陰黃金箸硃婆山左蠡四汛縣丞駐張家嶺巡司駐周溪一驛閭山裁

建昌 衝繁府西南一百二十里北將軍西越山西南長山馮水自安義入至城南曰南河流合修水修水自武寧入至縣西曰西河右合桃花水雲門水左合白楊港水白水東北入新建注贛江蘆埠河濟二鎮南潯鐵路

安義 衝繁府西南二百里南文山東西山西台山北馬山馮水自奉新入左納雙溪右合兆州水至閔房分流復合東北滙洪泉水入建昌龍江水東陽新逕水俱自靖安入流注修水

九江府 衝繁難饒廣九南道治所九江鎮總兵駐 南距省治三百里廣四百十里袤七十里北極高二十九度五十二分京師偏西二十四分沿明制領縣五

德化 衝繁疲難倚南廬山道書第八洞天又與虎溪爲七十二福地之二西南柴桑東南天花井山東南鄱陽湖大孤山在其中湖東北流行至德化界大江右瀆自瑞昌入曰潯陽江流逕城西北東行合湓水其支津繞爲城門金雞鶴向諸湖會龍開河東逕白石磯入湖口西南黃婦河潘溪入德安東女兒港源出廬山東北流入鄱陽湖城西有鈔關商城咸豐十一年開在西門外南潯鐵路止龍開河巡司三大姑塘小池口城子鎮汛三一驛通遠潯陽驛裁

德安 衝繁府西南一百二十里南有博陽山古數淺原前有博陽水北孤山西北望夫山谷簾水出康王谷東南流入星子廬山河一名東河出廬山烏龍潭西北流黃婦河一名北河出高良山南流西河出苦竹源東南流三河合於縣東北之烏石門曰三港口南潯鐵路所經

瑞昌 簡府西七十里南榜山西白龍西北蘇山鷂鷺西南淸湓山淸湓水出焉流逕城西南行入德化瀼溪西南流入大江江在縣北自湖北興國入納下會湖赤湖東行入德化西南傅陽水出小灼東南入德安黃土嶺水出大南灼西北入興國北有梁公堤巡司駐碾口

湖口 衝繁難府東六十里長江水師總兵駐東武山西南旗山南上石鐘山北下石鐘山西岸爲梅家洲鄱陽湖挾贛江由此入大江江來自德化納清水港太平關水東北行入彭澤北有長虹隄水師中營駐汛十一七下石鐘洋港大王廟馬家灣梅家洲龍潭柘磯入里江白滸塘老洲頭鎮四流澌橋湖口柘磯茭石磯一驛彭蠡裁

彭澤 衝繁府東北一百五十里南龍游山東南浩山北小孤山山在江中江峙彭浪磯與山對峙東北馬當山枕大江江自湖口入納馬埠水潴爲脊箕港黃土港其支津太平關水入湖口又東合六口水至馬當山籃入安徽望江東流巡司駐馬當汛六馬當小孤狀北風姿芙蓉墩陸口金剛料一驛龍城裁

建昌府 繁疲難隸督糧道 西北距省治三百六十里廣二百二十五里袤三百七十里北極高二十七度三十四分京師偏東一十一分沿明制領縣五

南城 衝繁難倚城內高空山東軍山西雲蓋東北白馬西南麻姑山盱江一曰建昌江自南豐入納彭武溪斤竹潤逕城東合黎灘水飛猿水爲東江東北行入金谿巡司駐新豐藍田狀牛二鎮

新城 衝繁府東南一百二十里西日山南福山東飛猿嶺西南紅水嶺黎灘水出一名中川合九折水至南津左合七里灘右合九龍潭逕城南又西北至港口左會龍安水至公口入南城飛發水一名東川源自濟源杉嶺周湖並下西北行入南城合黎灘水爲東江龍安水一名西川出會仙峰東北流注黎灘水石峽龍安五福三鎮極高同安二巡司

南豐 繁疲難府南一百二十里西軍山東大龍南石龍東南百丈嶺盱江自廣昌入左合甖溪瀧溪右九劇水逕城南而東合蔓章湖雙港梓港入南城盤州黃沙白舍龍池仙居五鎮龍池羅坊二巡司

廣昌 難府南二百四十里西北金峰西南望軍山東中華南翔鳳東南血木嶺盱水出焉西北右合庚坊文會大淩諸港至南門外亦曰西大川又北逕城東左合學溪青銅港入瀘溪白水頭陂二汛白水秀嶺二巡司

瀘溪 簡府東北百五十里南蓮花山東石筍西魚山西南雲溪東南五鳳山瀘溪自福建光澤入居西北平石陂渡合梘溪逕城北至三溪口左合南港水折東北逕高阜右合嚴梘港稅溪入貴溪爲上淸溪有瀘溪鎮

撫州府 繁疲難隸督糧道 北距省治二百十里廣三百七十五里袤三百里北極高二十七度五十六分京師偏西十分沿明制領縣六

臨川 衝繁難倚城內香楠山西銅山東英巨北華梨南峨姑東南靈谷山汝水即盱江一曰撫河自金谿入西北行合臨水入南昌界注臨汝臨水自崇仁入東北行會宜黃水逕縣北注汝水北有千金陂航步鎮巡司一駐溫家圳一駐東館孔家驛裁

金谿 繁府東南一百三十里南官山西拓岡東銀山金窟山雲林山跨撫建信三府境盱水自南城入逕明山港合淸江赤江曰石門水會金溪苦竹水入臨川淸江水出福建光澤至縣之淸江橋曰淸江水西北流合盱水三港水出崖山合胥水一田港仙巖港入東鄉一鎮許灣縣丞駐

崇仁 繁難府西九十里西有崇仁山縣以此名東南濤湖南華蓋山相山東仙遊北櫟山臨水即寶塘水自樂安入逕嚴陀欒巴水會爲折東合羅山右水西寧水逕城南又東合羅山左水及青水右孤嶺水至白鷺渡入臨川興宜黃水會巡司駐鳳岡墟

宜黃 繁難府西南一百二十里城北隅鳳寨山南黃山北曹山西南有黃土嶺黃水出焉東南有軍山宜水出焉二水合流曰宜黃水合藍水曹水合於城東入臨川注臨水巡司駐棠陰

樂安 簡府西南九十里東南逢頭山西仕山北萬靈山東芙蓉山鼇溪水出西合西華山水至城東合皺興山甑蓋山水逕城南至貫陂合遠溪大溪入永豐西北大盤山寶唐水出東北合河源蛟河等水入崇仁爲臨水龍義鎮招攜巡司

東鄉 難府東北八十里東七寶北五彩西獅山東北三港口水匯花山港太平橋水西逕新陂納齊岡水入臨川注汝水其金谿三港入爲田埠水緣安仁界入之潤溪赤三源合於巖前陂北入餘干鎮二白圩平塘

臨江府 衝繁隸鹽法道 東北距省治二百五十里廣二百五十里袤一百七十五里北極高二十七度五十八分京師偏西一度三分沿明制領縣四

淸江 衝繁疲倚西章山東閣皁山南瑞筠山贛江自新淦入宜江自新喩入境合上下橫河繞部城而北爲淸江自瑞江北衝蛇溪江不復合至城北二十里始復會焉北行會蕭淦諸水入豐城東有梅家倉隄東北白公隄樟樹鎮汛通判駐一驛蕭灘裁

新淦 衝繁府南六十里東湓山南楓岡山西百丈峰東北小廬贛江自峽江入合沂江瀘嶺水逕口溪逕城西又流逕縣西南北行左合桂湖右金水入淸江柘山巡司金川廢驛

新喩 繁難府西百二十里南銅山北蒙山南虎瞰山袁江一曰淦水自分宜入左合嚴塘江右阪陂水逕縣南東行入逕嚴潭至城南亦曰秀水左合甕水睦官水左納七里山水麻田水又東北入淸江西南黃金水自廬陵入入峽江巡司駐水北墟

峽江 衝府西南一百三十里西鳳凰山東玉笥山南刀劍山贛江自吉水入納黃金水北逕城南亦曰峽江又東北右合玉瀾水左亭頭水至島石渡納瀝水象水蓮花潭水入新淦沂江自新淦入河源頭水南源水環蛾松山仍入之有峽江廢司玉峽廢驛

瑞州府 衝隸鹽法道 順治初沿明制光緒三十三年改銅鼓營爲廳來屬東北距省治一百二十里廣二百二十五里袤一百五里北極高二十八度二十五分京師偏西一度十一分領縣三廳一

高安 衝繁倚城內碧落山東大愚西鳳嶺南羊山北米山西北華林蜀江一名錦水自上高入東行至瑞河口之象牙潭山輿會曲水出蒙山南入贛江岡嶺鎮灰埠巡司

新昌 疲難府西北一百二十里西黃蘗北大姑嶺相連爲八疊嶺西北黃岡山西南錦自上高入左合長塘東南至淺江入上高淺江一名鹽溪源出遵遙入疊二山流逕城西合滕江注蜀江巡司二大姑嶺黃岡洞

上高 難府西南一百二十里北敖山南蒙山西南米山蜀江自萬載入左合益樂水右合雲江又東北合淩江又東南合六口水斜口水逕城南又東北至洞口腦入高安有離婁橋鎮

銅鼓廳 簡府西北二百二十里光緒三十三年裁都司營改置西大嶺山甯鄉水出一名西河下流注修水排埠塘巡司條頭汛

袁州府 衝繁分巡道治所萍鄉原爲鹽法道兼巡袁州瑞州臨江三府駐南昌光緒三十三年改專分巡加兵備銜擬由南昌移治南昌並屬焉 東北距省治四百八十里廣三百里袤二百八十里北極高二十七度四十九分京師偏西二度五分沿明制領縣四

宜春 衝倚南仰山北鳴斷山東麗山萬勝岡西南望鳳山袁江古衆水自萍鄉入合鸞溪爲稠江至城北爲秀江右合淸瀝江九曲水左渥江入分宜西北滄江嶺水入萍鄉太平關鎮汛黃圃巡司

分宜 衝府東八十里東鍾山西昌山北貴山東北鷂足山袁江西南自宜春入逕城南爲縣前江東行出鍾山峽入新喩東北竹橋水麻田水硯江入安福廬陵貴山鎮安仁廢驛

萍鄉 衝繁府西一百四十里西徐仙山南筆架東南羅霄山羅霄水出焉分二支一東流合淥水淦水折東逕宜鳳汛入宜春爲袁江一西流合泉江逕城南會羅霄水北水折西北逕湘東鎮右合平溪嶺水入湖南醴陵注淥江四鎮宜風蘆溪上栗插嶺關巡司二蘆溪市安樂有草市廢司鐵路達湖南醴陵

萬載 繁難府北九十里北龍山東東岐山西鐵山西北紫蓋山龍江古蜀水源出縣西劍池會別源鉢盂塘水東匯於金鑽湖其西流者入湖南瀏陽又東流至楮樹潭合野豬河至城北會龍河又西左合康樂水入上高界巡司駐珠樹潭

吉安府 衝繁疲難隸吉贛南甯道 順治初因之乾隆八年析永新西北境安福西境置蓮花廳東南距省治四百八十里廣五百里袤三百九十里北極高二十七度八分京師偏西一度三十五分沿明制領縣九

廬陵 衝繁疲難倚西天華北瑞華南東靑原南神岡北螺子山贛江自泰和入納義昌水東北逕螺前汛廬水西自安福入會永新禾水自水逕神岡山來會又北逕城東合眞君山逕白鷺洲至螺子川曰螺川又東北合橫石水西岡嶺水並入吉水固江永陽富田三巡司

泰和 衝府東南八十里東王山西武山西北傳擔山贛江西南自萬安入曰澄江流抵縣之珠林口雲亭江西北流來會左合淸溪逕磯頭右納仙槎江其西北昌水並入廬陵白羊凹鎮馬家州巡司

吉水 衝繁府東北四十五里東東山南天嶽北王嶺西北朝元東南觀山義昌水自永豐入合廬江至張家渡入廬陵贛江又東北流逕城西南合恩江爲吉文水東北行入峽江盧江源出永豐入境涵爲盧陂下流注贛江皁田巡司

永豐 疲難府東北一百三十五里南龍華西西華北嶠山東郭山西北王嶺恩江一名永豐水出甯都及樂安興國流逕城東南合葛溪白水會龍門江義昌水入吉水注贛江巡司三層山沙溪表湖有上固汛

安福 繁難府西北一百二十里東蒙岡南南岡北鵝湖西北武功山瀘水出卽古廬水至城北又東合智溪折南至洋口與王江合入廬陵會永新江入贛江石鎮鐵爐塘巡司

龍泉 繁疲難府西南三百七十里西石含東銀山南五峯東南餘塘山遂水一曰龍泉江源出左右溪左溪一自湖南桂陽入一自上猶入至縣之左安而合右溪出石含山至李派渡合左溪爲遂水東行入萬安蜀水一名禾蜀出縣北黃坳東行至太和之瓦窯入贛江三鎮禾原其北鄉秀州並有巡司輿左安三

萬安 衝繁府東南一百八十里西芙蓉東蕉源南朗山贛江自贛合梁口造口及油田溪逕城西南合龍溪檜溪又北逕黃公灘入納韶水爲韶口又東北合城江至窖塘入泰和其西蜀水自龍泉入亦入泰和界西北有梅陂巡司二武索灘頭一驛皁口裁

永新 繁難府西二百二十里東東華山東北高士南義山西北禾山禾水出一曰永新江自蓮花廳入東行繞縣至白墨入廬陵上坪墨巡司

永甯 簡府西二百八十里東旗山西欒山西北七谿嶺勝業水出焉西會拐山湖山水逕城南又西會梁山水折北逕小江山入永新注禾川巡司駐升鄉寨

蓮花廳 衝疲難府西二百六十里乾隆八年置西關城山東南壺山北黃畍東北玉屏山文滙江西北出萍鄉及湖南攸縣界經高天巖合上西磐溪二鄉水滙於龍陂瓖城而西合琴亭水自馬江至磨山口注永新東北水雲洞水入萍鄉西南茶水出書堂嶺入湖南富漢村巡司蓮花橋汛

贛州府 衝繁疲難吉贛南甯道治所南贛吉袁臨甯總兵駐 順治初因明制置南贛巡撫康熙三年裁巡撫乾隆十九年升甯都縣爲直隸州割瑞金石城隸之三十八年升定南縣爲廳光緒二十九年改觀音閣通判爲虔南廳東北距省治九百三十里廣三百三十里袤五百六十里北極高二十五度五十二分京師偏西一度四十一分領縣八

贛 衝繁難倚南崆峒山東南玉房西南九峯北儲山黃唐東北金蝶山章水自南康入東北行逕城西貢水自雩都入西行逕城東至魚尾潭與章水合是爲贛江贛闕在焉古稱湖漢水北行入萬安十八灘九隸縣境鈔關在治北長興桂源大湖江三巡司水口官郡良富東塘西汛

雩都 難府東一百五十五里東峽山北雩山西南欒山東南柴侯山貢水自會昌入北逕齊茅汛右合雷公嶂水又西合增臈廉水至白石塘合甯都水入贛興仁巡司

信豐 繁疲難府南一百六十里西木公山東長老西北廉山桃江自龍南入北行入境爲信豐江東北行合三江水入贛注貢水楊溪堡巡司

興國 難府東北一百八十里西玉山東崖石山北覆笥東北蛾蚣山潋江一名興國江會平川折南逕城東又

西左合程水右蘅嶺廖屋溪烏山蠑水入犢注貢水西義呂水出慶公山入永豐北雲亭江入黎和衣錦寨巡司均郝崖石二汛

會昌 衝繁府東南三百二十里南四望山北明山東古方東南盤古山貢水自瑞金入會縣灘湘水西行入雩都東南黎陽水出筠門嶺入武平有湘鄉承鄉二鎮筠門嶺巡司

安遠 簡府東南三百三十里西源華北鐵山東南馬鞍山瀘江一名安遠江出長甯仰天湖西邐城南西北合欣山安遠水縣以此名東北行邐古田會上濂水又北左合里仁小華江右雲雷水入會昌隆湘水三百坑水出三百山西南流入定南縣丞駐羅塘市巡司駐板石鎮

長甯 簡府東南四百四十里西大帽山西南鈴山北官豁東南項山尋鄔水出尋鄔堡新甯路山屈東南合馬伏嶸水又西南王城東大陂角會馬蹬江河嶺水太湖洞水入廣東龍川雙播鎮新坪黃鄉堡二巡司

龍南 簡府南三百五十里南歸美西綠馬東南清修西南冬桃山桃水出馬東北行邐城北與濂渥二水合爲三江口又北合酒瀧堡水邐龍頭山入信豐爲桃江

定南廳 繁疲難府東四百三十五里舊爲縣乾隆三十八年改置城內文昌山南三台北楊梅山東北有劉鑾山鵝子水上源即三百坑水自出安遠入爲九曲河邐九洲合劉鑾隘水至水口右合汝瀨水又北邐三溪口合三坑水入廣東龍川鹹水出南坑諸山流抵龍南會濂水注桃江下歷鎮有巡司

虔南廳 繁疲難府南四百五里舊爲觀音閣通判治光緒二十九年改置桃水自龍南來東行入三江口巡司駐楊溪堡

甯都直隸州 繁疲難隸吉贛南甯道 順治初因明制贛州爲縣乾隆十九年升直隸州並割瑞金石城隸之北距省治七百二十里廣二百十五里袤四百五里北極高二十六度二十七分京師偏西三十八分領縣二 西金精山東翠屏南蠑石北凌雲山東北梅嶺梅江水出馬南行合諸水爲東江抵州東北合西江爲三江口又南合白沙白鹿水爲甯都水入雩都下河寨巡司蕭田畫俞黃陂固邨四汛

瑞金 繁疲難州東南一百七十里東北陳石西石門南雲龍北瑞雲山貢水由福建長汀入至城東南會綿水羅漢水至水東渡會北塘水入會昌東北琴江自甯都隸界入雩都瑞林寨湖陂三巡司瑞林寨汛

石城 簡州東一百十里東荷石東北牙梳西南八卦西西華山雩水出牙梳山之鷹子岡西南會塘水牟城東又西南右合蝦公蝶左楓樹茍蓮花水巡古棒潭合梨子嶸黃株潭水入州提殺寨巡司

南安府 衝繁隸吉贛南甯道 東北距省治一千一百三十里廣三百五十里袤三百六十五里北極高二十五度二十九分京師偏西二度三十分沿明制領縣四

大庾 衝繁倚西南有大庾嶺縣以此名一曰梅嶺上有關曰梅關相運爲小梅嶺東獅子西西華北鐵閘東北玉泉章江自崇義入邐東北徒峰山大沙河溝赤嶺水又東南合平政水及涼熱水又東納浮江邐城南又東合合李洞嶺口江入南康赤口嶺鬱林鎮二巡司小城新城二鎮一驛小溪其橫浦驛裁

南康 衝繁府東北一百三十五里北旭山東北了髻東南獨秀西南龍山西北禽山芙蓉江郎章江自大庾入東流折北納南壁水又東北上猶江自具縣入合西符水左合禽水過水梅江來入是爲三江口又東入贛會貢水潭口相安二巡司南壁廢驛

上猶 簡府東北二百五里東資峩西舊山南方山北飛鳳山章水西南自崇義合西北琴江及禮信水逕峨崁峽左合闕水來湖水料水折東南邐城南曰縣前水又東左合猶水曰上猶江復合九十九曲水又東南合感坑水與城南稍水並入南康注章水浮龍巡司營前縣丞駐

崇義 簡府北一百二十里北崇山南觀音西北桶岡西南聶都山章水出南邐師子嶺岐爲二南派亦曰池江入大庾北派東北邐城西其西源流爲盆漿水東納琴江入上猶東南至坪江西符水合南源水右納義安水至符江口又南浮江並入南康橫水出大嶂山繞城北出會東溪水入上猶江上保文英二鎮金坑鉛廠長龍三巡司

地理志十四

湖北

湖北禹貢荊州之域明置湖廣等處承宣布政使司旋設湖廣巡撫及總督清康熙三年分置湖北布政司 始領府八武昌漢陽黃州安陸德安荊州襄陽鄖陽 並設湖北巡撫雍正六年升歸州爲直隸州十三年升夷陵州爲宜昌府降歸州直隸州爲州屬焉以恩施縣治置施南府乾隆五十六年升荊門州爲直隸州光緒三十年升鶴峯州爲直隸廳東至安徽宿松 五百五十里 南至湖南臨湘 四百里 西至四川巫山 千八百九十里 北至河南羅山 二百八十里 廣二千四百四十里袤六百八十里面積凡五十八萬九千一百一十六方里北距京師三千一百五十五里宣統三年編戶五百五十萬五千九十一口二千三百九十一萬七千二百二十八共領府十直隸州一直隸廳一縣六十 驛道自武昌西北渡江漢達河南浙江自襄陽西渡江達湖南灃州電線漢口東通九江西通成都南通長沙北通鄖州鐵路京漢南段粵漢北段航路自漢口以下黃州黃口港蘄州武穴漢口以上金口寶增州新堤城陵磯沙市宜昌皆江輪繼泊處

武昌府 要衝繁難隸鹽法武昌道明爲湖廣布政司治康熙三年爲湖北布政司治湖廣總督及湖北巡撫布政使按察使督糧道駐 廣五百三十二里袤四百七十二里北極高三十度三十三分京師偏西二度十四分領州一縣九

江夏 要衝繁難倚其名荊山內方大別城內黃鵠山亦鵝與鼠北隅鳳凰山俱置礮臺東有洪山一名東山百戰地也西臨大江雉蝶東南上游有險蘸嶽大江自嘉魚來逕城西北入武昌光緒中沿江岸建紡紗織布繅絲製麻各局西南金水一曰塗水自咸寧來匯爲斧頭湖北至金口入江有金口鎮巡司南南湖通大江今爲軍屯墾地西南鮎魚套南山坡二巡司東北滸黃洲廢司西長江驛有將臺東湖山坡土播四驛

武昌 繁難府東一百八十里南黃龍西樊山東石門有長港即樊港納縣南諸湖水邐樊口入江大江自江夏來東北流邐縣北入大冶西蘆洲東安樂磯西南金牛鎮縣東金子磯巡司移駐此西白湖鎮巡司後移葛仙鎮有華容驛

嘉魚 簡難府西南一百五十里城西魚嶽山東南陸山東北赤壁南白雲大江自湖南臨湘入右邐陸口入江夏陸水自北來會邐嘉魚口有大平岳公諸湖水流合焉牌洲石頭口二鎮有巡司有驛

蒲圻 衝難府西南三百六十里城內疊秀山西茅山東黃蓋西北竹山茗山西南羊樓洞白鹿山剩港水出焉南陸水一曰蒲圻河東赤馬港興剩港俱入焉西南新店古大嶠水通黃蓋湖下流至嘉魚石頭港入江有港口巡司羊樓洞廢司港口官塘二驛鳳山廢驛鐵路

咸寧 衝府東南二百四十里東高山西銛鑄東南相山南桃花尖山涂水出其西桃花泉日白楊港與西源淩水嶺滅河會又西北邐城南金鐙山始爲涂水西北合諸湖港水入江夏其北纔東水出下流入武昌之樊港又東楊埠橋水源出石川畈流合東水即東水別源也西有咸甯驛雍正六年徙入

崇陽 繁疲難府南三百六十里西嶽頭北葛仙東雨山西南龍泉山陸水自通城縣流入日崇陽河右合梓木港左合桂口港至莎塘鋪流邐花山至城南又東折西北邐仰蓮山又西北至壺頭山爲崇陽洪入蒲圻有桂口巡司

通城 難府西南五百里九嶺西南白面東南幕府山陸水所出一曰雋水納秀水入崇陽南黃龍山新安港水出東有鯉港源出蓑荷洞流合新安港西入之

興國州 繁府東南三百八十里南閩閩東大坡西黃姑北大銀山西南龍山東北大江自大冶入又東入江西瑞昌境富水自西流入謂之富池口有富池鎮巡司西南龍港北興富水合移州東北黃額口巡司駐之有驛

大冶 難府東南一百五十里順治二年自興國州改隸東圍爐北鐵山西南銅綠北白雉山光緒間鐵政大興鐵冶之利甲於全省東北磁湖山產磁石東西塞山下有道士洑磯臨大江舊設巡司後移縣北黃石港自武昌入爲黃石港東南流入興國州有驛

通山 難府南一百八十里順治二年自興國州改隸南九宮山順治初李自成爲鄉人擊斃於此東沈水西南白羊古背溢山窯水出亦曰通羊港合溜港自南流入東南黃梨山寶石河出合桐港自西流入東北至興圖州合流謂之富水東有黃泥塅舊司後裁

漢陽府 衝繁疲難隸漢黃德道 順治初沿明制屬湖廣布政司康熙三年屬湖北布政司西北距省治十里廣二百七十里袤四百七十里北極高三十度三十三分京師偏西二度二十一分領州一廳一縣四

漢陽 繁疲難倚西南九眞東北大別即魯山光緒間建鐵政局於山下漢水自漢川入邐北臚大江自嘉魚來環城而東合焉西南太白湖接沔陽界匯江漢支流及諸湖瀦東流於沌水出江即沌口也有沌口鎮巡司後移下濬潭又西蔡店鎮西南新灘口鎮漢口鎮仁義遶智四巡司光緒二十四年移遶智司屬夏口廳縣及蔡甸二驛

漢川 衝繁府西北一百二十里東南小別俗名甑山西南陽臺山康熙間更名梁芝漢水自沔陽天門來入漢陽東湄水自雲夢應城入淪河西河汊水舊注之下流至夏口廳入漢謂之溳口有劉家墕小里潭二巡司縣及田兒河二驛

孝感 衝繁疲難府北一百四十里雍正七年自德安府來屬北黃孝嶺東北大悟一名上界山又北有澴水自河南信陽州流入南淪河即澴水下流也上通溳水東會澴水入江太平雙橋二鎮縣丞駐東南馬溪河巡司後移東北楊店驛又北小河溪巡司嘉慶十一年改駐灄口有九里關一名黃峴關義陽三關之一也縣及小河溪楊店三驛鐵路

黃陂 衝繁難府北一百二十里雍正七年自黃州府來屬東北大陂山東魯台山宋二程夫子於此築臺望魯因名東南大江自漢陽入灄河注之又東入黃岡界河即灄水水南合淪河又武湖即武口水也承遙水分流入爲遙口河口二鎮大成潭遙口鎮二巡司縣及雙廟灄口三驛

沔陽州 繁疲難府西南三百二十里明屬承天府順治間屬安陸乾隆二十八年來屬析州置文泉縣三十年省入東南黃蓬山烏林磯大江自監利來入嘉魚境漢水南派自天門來入漢川境又南長夏河一曰夏水江水支流也又有蘆水爲漢水支流即沱潛也自襄河澤口分流邐監利縣入境右合夏水東隔於陽名太白諸湖西南灃河即玉帶河西北通順洛江恩江等河俱自潛水分流入沔今皆淤州判駐仙桃鎮鍋底灣沙鎮二巡司有驛

夏口廳 衝繁疲難府治北光緒二十四年析漢陽縣漢水以北地分置治漢口鎮自咸豐八年關商埠設江漢關漢黃德道自黃州徙駐西北柏泉山城東大江自漢陽來至南岸騖合漢水入黃岡界漢水自漢川緣界會涢水曰涢口又東南來會爲漢口古夏口亦沔口其故道襄河口又東北入黃陂爲灄口北有鐵路自大智門北經黃陂孝感應山等縣與河南信陽州路接爲京漢鐵路南段新溝市汎禮智司巡司

黃州府 衝繁難隸漢黃德道 順治初沿明制屬湖廣布政司康熙三年屬湖北布政司東北距省治一百八十里廣六百六十五里袤四百八十里北極高三十度二十六分京師偏西一度四十一分領州一縣七

黃岡 衝繁難倚故城西北黃岡山城東北大崎北淘金山西武磯大江自黃陂來入蘄水界東巴水西舉水自麻城入會道觀河沙河南入之謂之舉口亦謂三江口西北新生洲與武昌白鹿磯相對但店團風陽邐三鎮與倉子埠四巡司有齊安驛李坪陽邐廢驛

黃安 簡府西北三百二十里西北老山東北張家東南五雲西南似馬北雞公紫潭河源出白沙關合境內諸水南流至黃岡入江西逕水源出北仙居山下流入黃陂東南有中和鎮黃陂姑二巡司西北有金局關一名金山關相近有大城關即麻城五關之一也

蘄水 衝繁難府東南一百十里東斗方北茶山東北張家東南仙女西南濱江大江自黃岡來入蘄州浠水巴河自羅田來注之有蘭溪鎮巴河鎮二巡司巴水浠川二驛

羅田 簡府東北一百六十里南望江北雞籠家東北鹽堆山巴水所出一名平湖鄉河有尤河合湯河北峰河邐城東王蘄水界折西北合石源河來會東南有浠水源出安徽英山縣界右合樂秋王家觀音諸河入蘄水東北有多雲鎮巡司又北有栗子關東北有虎門關西北又有平湖同羅松子等關

麻城 繁難府東北一百八十里西大安西北羚羊東南白臬舉水出縣境龜峰黃縣諸山受閻家柏塔麻溪白臬浮橋諸河下流至黃岡入江又木樨二里河與東義州河並南流亦至黃岡入巴水東北殷山畈上有陰山關相近有虎頭關巡司又北木陵山上有木陵關與黃土虎頭白沙豐黃安之大城爲麻城五關又西鵝籠山巡司一名鐵壁關後移縣西南宋埠同知駐岐亭鎮有驛

蘄州 衝繁難府東一百八十里東北百家冶西北靈虬西安空石大江自蘄水來入廣濟蘄水源出大浮山西南流合三十六水及鉛錫潭入赤東湖至州西入江謂之掛口一曰蘄陽口有茅山鎮大同鎮二巡司西河驛又蘄陽水驛

廣濟 衝繁府東二百五十里明隸蘄州領屬順治初改屬東大圍東南太平西南積布即古高山也大江自蘄州入東南流入黃梅東有梅川下流入午山湖西南有馬口湖通江有馬口巡司後移武穴鎮東南龍坪鎮巡司西南田家鎮水利同知駐鎮對半壁山東江流最狹處咸豐中置礮臺有廣濟雙城二驛

黃梅 衝繁府東三百五十里明隸蘄州領屬順治初改屬西北黃梅山縣以此名東南礦山東北馮茂西南蔡山大江在南自廣濟入東南流邐清江鎮入宿松縣河在縣東即隆斗河及縣西雙城河會諸湖港水至黃逕嘴合流出急水溝入之東北縣丞駐清江廢鎮新開口亭前孔壠三鎮巡司有驛

安陸府 衝繁隸安襄鄖荊道明承天府屬湖廣布政司 順治三年更名康熙三年屬湖北布政司西北距省治五百三十五里廣五百二十里袤七百四十五里北極高三十一度十二分京師偏西三度五十九分領縣四

鍾祥 繁疲難倚城南橘木山東北純德北九華西北馬鞍西漢水自宜城來入荊門州又東聊屈山白水出即左傳所謂成白東北黃仙洞山數水出下流曰直河西南權水北豐樂河皆入於漢豐樂有驛殺巡司又麗陽驛乾隆三十二年自荊門州割隸移仙居口巡司於此又石城郢東二驛石牌鎮縣丞駐

京山 繁難府東一百五十里東京山西北大洪俗子陵西南寶香西漢水自鍾祥入邐丁口潭又東南綠潛江界入之溾水南名回河邐城南皆涵縣境諸水入之中源曰縣河南流入天門界又富水一曰撞河源出大洪山東南會小富水爲雙河口合石板河入應城又聊屈山白水出古成白也與溾水小河會曰南河東南入天門其東楊水巾水並從之有宋河鎮巡司乾隆二十九年自荊門州新城移此有驛

潛江 難府南二百二十里漢水自京山來邐縣北分入天門沔陽界東有潛水一名蘆洑河自漢水別出南有沱水自江陵流入在縣西沱埠潤合流爲江漢會通故道後淤東南縣河蚩灣河沙口河皆潛水下流赤淤西夜汊河上承漢

水舊由大澤口分流亦謂簑口咸豐時改由吳灘瀆口即吳家改口西南高家場巡司有驛

天門衝繁難府東南二百二十里明爲景陵縣隸沔陽州屬承天府順治三年直屬今府雍正四年更名西北有天門山漢水北派自潛江西南遶縣南下流合南派入漢川界又澂水自京山流入合楊水巾水曰三汊河一曰汊水禹貢過三澨卽此至城西分二派合於城東北通楊桑湖東通三合湖至漢川注於松湖分流入漢南岳口市縣丞駐皂灘鎮巡司有驛

德安府衝隸漢黃德道順治初沿明制屬湖廣布政司康熙三年屬湖北布政司西北距省治三百二十里廣三百八十里袤三百八十里北極高三十一度十八分京師偏西二度五十五分領州一縣四

安陸衝倚東章山即豫章山西太平西北壽山溳水亦曰府河卽淸發水左傳吳敗楚於柏擧從之及於淸發是也自隨州應山流入會漻水灄水石河水至闞河口與楊家河合南高嶽鎮有廢巡司西北漾陽鎮有驛

雲夢衝難府東南六十里溳水自安陸來東南流入漢川界北岸有溳河隍康熙五年省入其支津由白河口南分流而東爲縣河會鄖家河入孝感界通溳河東南蒲潭北利塘三鎮興安有廢驛

應城難府南八十里東南高樓山東臨溳水西北有西河即富水也富水自京山入又南左納省港王桂口右岐爲小河注三臺五富納五龍河又東南金梁湖爲金盆入漢川右瀧水出縣西北瀧山自縣南又東逕安陸入溳灄東長江埠巡司自崎山鎮移此有驛

隨州疲難府西北一百三十里北厲山一名烈山西南大洪山溳水出焉西北溠水源出栲栳山南流注之又左受溉水溧水右受支水漢水下流至夏口廳入漢西南有章水東南流經安陸應城縣界入溳亦曰楊家河祝林鎮州同駐唐縣鎮州判駐環潭梅坵巡司駐高城鎮總巡司駐又有合河店巡司唐縣鎮巡司嘉慶十五年裁

應山衝繁府北九十里左孔山西洞庭東北黃茅西北喘箭山漻水出西南入隨遠溳二水又東南綠界合徐家河入安陸東黃沙河亦曰澴河出縣東北雞頭山有東河會鐃箕港水流合爲南入孝感西北有三里店巡司雍正十年自平里市鎮移後遷平靖關俗名恨道關卽古之冥阨也又禮山關即武勝關一名武陽關京漢鐵路所經之義陽三關此其二也廣水馬平港龍泉太平四鎮縣城平靖關觀音店廣水鎮四驛

荊州府衝繁疲難隸荊宜道將軍左右翼副都統均駐順治初沿明制屬湖廣布政司康熙三年屬湖北布政司西距省治西八百里廣七百二十五里袤二百十里北極高三十度二十六分京師偏西四度二十八分領縣七

江陵衝繁疲難倚西北龍山北紀山大江自松滋西來逕城南入公安界沮水自當陽縣合漳水南來注之西南虎渡河自大江分流下沱澧水入洞庭湖即禹貢導江東至於澧也東南夏水即沱江爲大江支津又有涌水則夏水支流也通江處謂之涌口漕河在城東北名章市河經沙市名沙市河又東瓦子湖一名長湖隔諸湖水下流俱達於沔萬城堤在縣西南雍正中築乾隆五十三年修最滸大臣駐防沙市通判駐有巡司光緒二十一年開爲商埠興龍灣市虎渡口巡司三郝穴口有廢司荊南丫角荊二驛

公安衝繁府西南一百四十里順治八年由斗湖隄徙祝家岡同治十二年復徙唐家岡東太歲東南黃山大江在北自江陵東入石首界西油水舊由油河口入江今於虎渡河自江陵縣南流入境至黃金口分一支爲東河合吳達河諸水達荇祖溪正流南經港口會孫黃河東南流至洲水口均入湖南注澧水東北岸陵鎮巡司東有涂郭市東南有孟家溪市有孫黃驛後裁

石首衝府東南一百八十里東石首山東南石門西陽岐山大江自公安入逕縣北入監利界其支津由藕池口分數道南達洞庭湖又東焦山河亦其支流也自調弦口經焦山亦達洞庭南黃金隄市西楊林市

監利繁疲難府東少南二百四十里東南獅子山西大江自石首來逕縣西南入湖南華容東魯洑江即夏水也自江陵流入東爲大馬長川周環二百餘里與林長分鹽龍潭三汊等河均至沔陽州合於沔水白螺磯分鹽所窯坼鎮三巡司朱家河司廢

松滋簡府西南一百二十里東竺園南金羊西九岡西南巴山大江自枝江入逕縣北亦曰川江岷江至此分爲三派下流復合爲一達於江陵洈水源出西南之起龍山即古洈山逕橋木山右合陽沙河左天木河逕文公山又東曰紙廠河入公安遶洞庭湖東南磨盤洲巡司紅崖子砦巡司後廢有縣城澆市二驛

枝江簡府西一百八十里南有紫山西金紫西南官木大江自宜都來逕縣北入松滋江中有百里洲南爲外江北爲內江即江與沱也東北沮水又西北白水港合灘溪水注之有江口巡司董市鎮

宜都簡府西北一百八十里順治初屬夷陵州雍正十三年改屬南羊腸西南大梁東北石羊西北荊門山對岸即虎牙山大江自東湖來逕其間爲絕險處東南流入枝江西北淸江即夷水也自長陽流入東南流會漁洋河王濟江口入江東北滄茫溪一名瑪瑙河亦入江白洋在江北岸順治初僑治於此尋復故東北嚮通關廢司西南聶家河市北安福市又虎腦背市即古猇亭

襄陽府衝繁難隸安襄鄖荊道治順治初沿明制屬湖廣布政司康熙三年屬湖北布政司西北距省治六百八十里廣六百七十里袤二百七十里北極高三十二度五分京師偏西四度二十分領州一縣六

襄陽衝繁難倚東南鹿門西南虎頭南峴山西隆中山漢水自穀城來逕城北入宜城城四周有隄訓之襄陽城隄對岸即樊城古重鎮也東北淯水自河南唐縣入名唐河合濁水名唐白河縣別有白水自東來會又西北淸泥河東淳河皆入漢同知丞駐樊城呂堰雙溝二巡司油房廢司東漢江呂堰二驛漢江今移城中

宜城衝府東南一百二十里西石梁東南赤山南太山漢水自襄陽會潼水入逕縣東入鍾祥西南豐水一曰鄢水又曰夷水合瀾水與其支津木里溝長渠皆入漢又[illegible]水自漢中來合於蠻水謂之涿口北疏水亦名蠻水土人呼涑水亦自疏口入漢東南樓子汊南康坡汊北羊祜汊皆漢水之旁出也西田家集巡司南鄢城驛

南漳簡府西南一百二十里西南有疊山一名祖山又名沮山吳朱然諸葛瑾北出沮中即此西有荊山左氏傳所云荊山九州之險是也漳水出焉下流至當陽會沮水入江其北深溪河豎水入曰蓮洛河逕大鴻山至城南入宜城界有方家堰巡司後移保安鎮南有雞頭關東北有石河鋪

棗陽衝繁難府東北一百四十里東霸山東南資山南漫源山澐水所出東大阜山白水所出又東南昆水西南滾水合白水下流入於淯水至襄陽入漢西南蔡水西流亦入淯水有湖河鹿頭雙河太平諸鎮

穀城簡府西北一百四十里湖北提督駐西北穀城山縣以此名西南薤山南金斗東北漢水自光化入亦曰穀水南筑水一名南河東入沔謂之筑口北汎水一名古羊河或曰北河至城東與筑水合有花石街張家集二巡司張家集後移駐太平店

光化簡府西北一百八十里西北三夫山漢水自均州入逕城西有涓水流入懸上涓中涓下涓三口入穀城又黑水排子朱寨諸河下流皆入焉東南舊有荚湖今湮有左旗營巡司後徙縣南老河口

均州簡府西北三百九十里南武當一曰太和亦曰參上山明時瑋爲太嶽浪河曾水並出焉漢水自鄖遠河口入又東爲禹貢滄浪之水其由浪河入者有殷家河蕭河其由曾水入者有黃沙小芝水磨鎮河又均水自州南流至光化之小江口亦入之有草店浪河諸鎮光緒四年置孫家灣巡司

鄖陽府繁疲難隸安襄鄖荊道總兵駐順治初沿明制屬湖廣布政司並設撫治都御史康熙三年屬湖北省布政司六年罷撫治西北距省治一千二百五十里廣七百十里袤四百里北極高三十二度四十九分京師偏西五度四十二分領縣六

鄖難倚北兜鍪西鵠穴西北老營西南白馬漢水自鄖西入均州堵水自縣北流入焉謂之堵口又將軍河曲遠河神定河龍門河遠河俱來入滔河自陝西商州流入經縣東北會丹水入河南浙川西黃龍鎮巡司雷峯壁鎮青桐關二巡司裁有驛

房簡府西南三百一十里西南房山南景山一名雁塞山沮水出焉又東汎水今名入渡河北筑水源出楊子山東北有粉水俱流逕保康入穀城注漢有三岔口九道梁二巡司

竹山難府西南三百六十里東南方城又名望楚山西南白馬塞山西丁角山南有堵水一名陡河源出陝西平利自竹谿東流入境右會官渡河章落河雷河左受苦桃河上元水嶽峪河對峙河又東北流經房北至鄖入漢同知駐白河堡官渡河堡巡司黃茅關吉陽關二廢司

竹谿簡府西南五百九十里東踏轆西南蝸崎山有砦最險隘西北竹谿河流合縣河爲堵水上源南秦坪河東南白沙河會柿河注堵水有尹店社白土關二廢巡司東縣河鎮

保康簡府東南三百四十里東蛇峪山西有湯渫河一名湯洋河水溫可療疾西北粉水東流與筑水會名曰南河西南板倉河北來注之東南有常平堡廢巡司

鄖西簡府西北一百三十里順治十六年以西北上津縣省入西礦山西北十八盤山南漢水綠界合仙河白河又東逕金關山甲河自山陽來會入鄖西天河源出縣西北牛頭山激滇河麥峪河流入焉西北上津堡廢巡司西江口鎮

宜昌府衝隸荊宜道總兵官駐順治初沿明制爲夷陵州屬荊州府雍正十三年升爲府更名屬湖北布政司置東湖爲治鶴峯長樂隸歸州及所屬長陽興山巴東來隸光緒三十年析荊宜施道爲施鶴道升鶴峯爲廳隸之西距省治一千八十里廣五百九十里袤四百十里北極高三十度四十九分京師偏西五度十五分領州一縣五

東湖衝繁難倚舊爲夷陵縣明省入夷陵州雍正十三年復置更名光緒二年開城南爲宜昌商埠東對馬北豐寶南高筭東北方山西北黃牛峽亦稱黃牛山北西陵峽一名夷山古所謂三峽之二大江自歸州來經之至縣西始出峽就平地東入宜都東南虎牙山對岸爲宜都之荊門山下臨虎牙灘更有流頭使君角猥尾等灘皆奇險北黃柏河下流爲長橋溪由長橋入江西北南沱巡司又南津西津白虎諸關有驛

歸州簡府西北三百五里明屬荊州府雍正六年升爲直隸州十三年復降爲州來屬大江自巴東來東入東湖界香溪源出興山縣南入之曰香溪口江中有新灘吒灘及石碣達洞獨石諸灘又有馬肝白狗空舲三峽皆險處也有南遍口牛口巡司州城及建坪二驛

長陽簡府西南七十六里明隸夷陵州屬荊州府雍正六年屬直隸歸州十三年來屬北宜陽西北偃山西資邱淸江自巴東入逕武落鍾離山一名難留城山五姓豐所從出也淸江俗名長陽河合招徠河又東逕金紫山合平樂河丹水逕城南又東入宜都舊關堡西有麈家園二廢巡司有資邱鎮古扞關

興山簡府北三百十里明隸歸州屬荊州府康熙中直屬荊州府雍正六年屬直隸歸州十三年來屬西北神龍茅蘆北巫鎮東仙侶西萬朝城南香溪一名縣前河逕陽南南河入之合白沙九衝河至城南始爲香溪又南合大里溪至峽門口會大峽水又西南入歸州有關口堡青林壑穡兒關諸隘又有裝葉塢出鄖襄間道也西北高雞寨廢巡司

巴東衝難府西四百二十五里明隸歸州屬荊州府康熙中直屬荊州府雍正六年屬直隸歸州十三年來屬東鐵峯北青銅南巴山一名金字山西南安居大江自四川巫山來由巫峽流入逕城北出東湖西陵峽下流至黃梅入安徽宿松縣界三溜河源出縣西北九府坪支流三其一入西瀼溪東曰東瀼溪逕城北又東逕牛口山西南淸江自建始入下流入歸野山關巡司後移駐縣南勸農亭縣城火峰口二驛

長樂簡府南一百九十一里明爲五峯司隸容美宣撫司屬施州衞雍正十三年置縣以石梁水濫長茅三司及長陽松滋枝江宜都湖南石門等縣邊地益之東屬西北金雞南壺坪西五峰山長茅河經縣北會縣河入淸江東漢洋河源出東北山中東經百年關北漁陽關南下流至宜都亦入淸江南白溪河即漊水之上源西南灣潭縣丞駐焉

施南府簡難隸施鶴道明施州衞屬湖廣都司康熙中因明制爲施州衞屬荊州府雍正六年改爲恩施縣屬直隸歸州十三年升爲府更名屬湖北布政司增宣恩來鳳咸豐利川乾隆元年割四川夔州建始來隸西距省一千九百八十里廣四百二十八里袤四百九十四里北極高三十度十六分京師偏西七度二分領縣六

恩施繁難倚明爲施州衞雍正六年置縣更名十三年建府治遂屬爲以原屬支羅等地分入他縣西北都亭東北扦山東連珠一名五峰山下有五峰關北淸江源出四川石龍關東諸山一曰夷水又曰鹽水後漢書廩君乘土船從夷水乘土船從夷水至鹽陽即此經縣東有忠建河及麒麟金印諸溪水注之下流入於大江崖家壩巡司木貢縣丞駐

宣恩簡府東南八十里明爲施南宣撫司屬施州衞康熙時爲施南土司雍正六年屬恩施縣十三年置縣屬府以忠峒高羅木册東鄉忠建石虎七司地益之北鳳達山南將軍山白水河出焉一曰車溪又曰西溪入來鳳下流謂之漫水漫水出縣東北黨鶯荒一曰九谿河澄之北源也忠建河在城東名玉帶溪自咸豐發源北入淸江有獅子東門二關乾瀼巡司東有東鄉鎮巡司後裁

來鳳簡府南二百七十里明散毛宣撫司屬施州衞康熙時爲散毛土司雍正六年屬恩施縣十三年置縣治司屬之桐子園隸以蠟壁大旺東流卯峒漫水五司地屬府東南翔鳳西北三尖西佛山與崔兒峰對峙高崗河水出焉東有佛塘崖下有佛塘河即宣恩之白水河也流合桑川逕峒東流入於辰河有卯峒巡司漫水老鴉二關

咸豐簡府西南二百二十五里明爲大田軍民千戶所屬施州衞康熙時改設巡司雍正六年屬恩施縣十三年置縣以唐崖龍潭金簡三司地益之城內角樓山東小關西北龍潭河一曰唐崖河自利川入西南入四川黔江謂之黔水西龍鶯河亦自利川入逕萬頃湖南入彭水西南張家坪巡司

利川簡府西一百七十八里明施南司屬之官渡溪粗石地雍正十三年置縣以忠路忠孝沙溪三司及恩施屬之支羅南坪堡等處益之東金字西桂子七藥山前江出焉南與後江合流謂之龍鶯河即中淸河上源也北有淸江境內水多伏流有南坪建南二巡司

建始簡府東北一百二十里初因明制屬四川夔州府乾隆元年改屬東南文山西石乳東州基山西石乳山上有關馬水河出西南右合桐木溪木瓜河逕綠山右會廣潤河至撤毛入恩施南淸江入逕麻根壩口景陽河又東入巴東有龍駒河大岩猶鎮縣丞駐有

荊門直隸州衝繁疲難隸安襄鄖荊道明屬承天府順治初沿明制爲陸安府屬州乾隆五十六年升直隸州屬湖北布政司西北距省治六百里廣二百六十里袤三百二十五里北極高三十一度四分京師偏西四度十六分領縣二南三十里荊門山西北武陵東竹夷西象山東南章山即內方山漢水來逕城東亦曰沔水東南入潛江濱漢爲陸亦自內方山達潛江爲五邑保障西權水北象河東南有直江下流均入漢又建水一名建陽河上流古通漢今淤下流至江陵隱爲湖有建陽鎮石橋鎮二巡司俱有驛又城有荊山驛舊設新城鎮仙居口二巡司及荊門所宜門所後均廢東南有沙洋鎮

當陽簡州西南一百二十里明屬州隸承天府順治初屬安陸府乾隆五十六年還屬東南紫蓋東北綠林玉泉山玉泉水出焉北沮水自遠安來東南流合漳河玉泉水至麥城南與漳水會下流入江有河溶鎮巡司北百寶砦東淸溪鎮有驛

遠安簡州西一百四十里明屬夷陵州隸荊州府雍正十三年直屬府乾隆五十六年來屬西北鳴鳳北神馬沮水自南漳來逕縣東南流合福河溪通天樓河石洋河白龍溪泥水溪靑溪諸水入當陽界西北黃柏河北南瀧堡西北砦洋坪汎

鶴峯直隸廳衝繁疲難光緒三十年析荊宜施道爲施鶴道廳隸之順治初因明制爲容美土司屬施州衞雍正六年屬恩施縣十三年置州以五星坪北佳坪益之屬宜昌府光緒三十年升直隸廳屬湖北布政司西距省治一千五百五十里廣一百九十五里袤三百四十五里北極高三十度京師偏西六度三十分東南柘雞東平山北印山南天星西北巴子山南八峰山有山河即漊水之上源東南流大典河入焉東北咸盈河逕巴東入於淸江有奇峰鄔陽大崖諸關山羊隘舊屬湖南慈利雍正時來屬設巡司駐之後移白果坪

地理志十五

湖南

湖南禹貢荊州之域明屬湖廣布政使司為湖南省置偏沅巡撫清初因之康熙三年析置湖南布政使司移偏沅巡撫駐長沙雍正二年改偏沅巡撫為湖南巡撫並歸湖廣總督兼轄七年置永順府升岳州之澧州十年升衡州之桂陽州乾隆元年升辰州之沅州為府嘉慶二年升辰州之乾州鳳凰永綏三廳二十二年置晃州廳光緒十八年置南州廳領府九直隸廳五直隸州四屬州三縣六十四東至江西義甯三百五十里西至貴州銅仁一千七百三十五里南至廣東連州八百二十里北至湖北監利三百十里廣一千四百二十里袤一千一百五十里北極高二十四度四十九分至二十九度三十七分京師偏西二度十四分至七度四十三分宣統三年編戶四百二十八萬八千一百六十口二千二百五十萬二千一百五十九其名山衡岳九疑都龐騎田松梁幕其巨川湘沅資澧其澤洞庭驛道自長沙北達湖北蒲圻東南出插嶺關達江西萍鄉南達廣西全州西達貴州玉屏鐵路幹粵漢中段支萍株航路自長沙達湘潭北達漢口電線自長沙北達漢口南通桂林西通洪江東通江西萍鄉安源

長沙府衝繁難巡撫治布政提學提法三司巡警勸業鹽法長寶四道同治府隸之明隸湖廣布政使司康熙中偏沅巡撫自沅州徙駐為省治雍正二年改湖南巡撫東北至京師三千五百八十五里廣一千里袤五百九十里北極高二十八度十三分京師偏西三度四十分領州一縣十一

長沙衝繁難倚東天井西谷山北羅洋石寶麻潭智度銅山巨川則大江洞庭湖匯湘沅資澧入焉湘江自湘潭善化入納瀏潛河及白沙河又西北右合下泥港左桐樹港納入曲河逕銅官山至靖港為古新康江口又西北會喬口河入湘陰瀏陽河在縣南源出大圍山西北流經縣界入湘陶關在縣西南有喬頭鎮巡司暨頭長沙二驛長株鐵路

善化衝繁難倚南昭山西嶽麓西北金盤東南錫山湘水在西自湘潭入西北流左納觀普港至瓦官口靳江水從西南來注之北渦水陸洲入於長沙東瀏潭水自瀏陽入北合金塘港至長沙入湘水又西卯江水一名滿官江源出甯鄉楷架山東北與螺蛻河水合入長沙是為八曲河南有鐵窰市府巡司有驛長株鐵路

湘潭衝繁難府西南一百里西烏石東石潭南晚霞東北昭山其下有昭潭西北韶山西南隱山東南鳳凰山湘水自衡山入東南流過晚洲屈而北朱亭港水注之又東北過滄田市東與醴陵縣界又北過空冷峽又東北至於鑿石浦屈而西消水自西南來會水逕縣西易俗鄉又名曰易俗河又北至湘河口左合達水又東北過縣治南又西北為峨洲入於善化其西靳水在自甯鄉入逾東至善化入湘水二鎮朱亭縣丞駐下攝舊有巡司廢又永甯巡司亦廢黃茅巡司乾隆二十六年置後遷縣東淶洲市更名有南岸驛有商埠光緒三十一年自開有長株株萍鐵路

湘陰衝繁難府北一百二十里北黃陵東神鼎東南玉池東北汨羅山玉筍山西北錫山湘水在西自長沙入北合門涇江又北流西別出為濠河水西北與資水分流其合處曰臨資口西其正渠又北至縣治西南白水江注之又北過蘆林潭錫江水濠河水資自西來會又北合汨水西興渦水合又西北會羅水為汨羅江西北流歧為二至屈潭復合西北過屈羅戍南分流注湘水湘水西北至磊石山入於洞庭湖鎮三營田蕭婆大荊縣丞治林子口西北有營田巡司後廢新市大荊鎮二巡司湘陰歸義二驛

甯鄉衝府西北一百里南石鼓北香林東天馬東南嵇山西大溈山溈水出東南流右納黃絹水左瑕溪至雙江口流沙河水自西南來注之又東北左合玉堂江水右烏江水又東北至縣治南屈而東會平江水又東北入於長沙為新康江又有江水在縣南源出湘鄉逾東至湘潭入湘有市鎮有驛

瀏陽繁疲難府東一百五十里西洞陽山北道吾東北大光山又大圍山瀏水出西南至雙江口小溪水自東來會又過縣治西南瀏滑水北流入焉又西與小河水合西北入於長沙北石柱峯瀑濟河出西南流屈西北至長沙為澇塘水又南川水即澄潭江自江西萬載入西南過江口入於醴陵其下流是為淥水也永興居仁二鎮梅子團一巡司澄潭江後遷縣西永安市

醴陵簡府東南一百八十里北小溈山東王喬東南大屏西南君子山湘水瀆自湘潭入又南淥江水有二源北源曰川水自瀏陽入西南至雙江口萍水自南來會水出江西萍鄉縣入為南源又西過縣治南右納萎灣水又西與鐵江水合水一名北江自攸縣入北合清水江又北流為泗汾河水又北入淥水至淥口入於湘有插嶺關淥口鎮巡司及驛與醴陵驛為二株萍鐵路

益陽衝難府西北二百里北五溪山南小廬西修山西北紫雲西南浮邱山資陽江在南一名茱萸江即資水自安化入東合泥溪沾溪桃花江誌溪諸水過縣治南別出為蘭溪水合番江東北流北別出為甘溪入沅江東有番江水首受資水自沅江入西西林港歧為二一東北入湘陰一東南入長沙皆合湘水北有益水出五溪山西與甘溪水合至沅江入資有瓦湖鎮有驛

湘鄉衝疲難府西南二百一十里北仙女山東東台西石佛西北靈羊西南有大禹山漣水一名湘鄉河自邵陽入北合金竹水又北與藍田水會東北流左納西陽水屈東南至大江口側水合崖源水自西南來注又東北過石魚山東青陂水南流合為東北至湘潭入湘水處塘定勝二鎮縣丞治永豐市婁底巡司明置武障乾隆三年徙改

攸繁疲難府東南二百八十里東司空東北羅浮西北明月山攸水在東源出江西萍鄉縣西合陽昇江水西南至縣東南入洣水水自茶陵入亦名曰茶陵江淶水又西與陰山江合入衡山東北有鳳嶺巡司雍正十一年置

安化簡府西二百六十里東移風南浮青北大峰西北小辰西南大熊山山與新化接界資水在西一名邵河自新化入西北合渠水屈東北流過縣治北屈而東北數溪水自南注又東納善溪水入於益陽東南有藍田水亦自新化入東北至湘鄉入漣來又歸溪水源出縣西司徒嶺西南流與湄江合屈東南至湘鄉合藍田水

茶陵州繁難府東南四百八十里西雲陽東皇零東北景陽山即茶山洣水自酃入亦曰茶陵江西北流右納洮水北過州治東茶水自東北來注又西北入攸有祝渡口巡司治州南祝渡關後還高岡南關

寶慶府難隸長寶道舊隸湖廣布政使司康熙三年來屬東北距省治五百里廣六百六十里袤六百三十里北極高二十七度四分京師偏西五度六分領州一縣四

邵陽繁難倚南四望東大雲東北有龍山西北首望資水自武岡入東納辰溪水東北過府治北邵水出龍山南合桐江檀江邵西北流注之北與漁溪合西北會高平水入新化又邁水亦出龍山東北入湘鄉又悉水源出邪姜山合大雲水至衡陽入湘又西洋江出西北隆回鄉南王武岡流合洞口水有隆回巡司其黑田鋪巡司乾隆二十五年置後廢通判駐桃花坪

新化繁難府西北一百八十里北大熊山東北有黃柏界山者與安化接界南梅山長龍西南文仙西北清虛一名大西山資水在東自邵陽入西北過縣治北雲溪水合洋溪自西南來注之又北與油溪水合入安化西有渠江水源出冷溪山北王安化入資水東有藍田水上源曰黑溪出邵陽亦入安化高平水出西南首望山東南流入邵陽注資水西北有蘇溪鎮巡司乾隆四十年廢

城步難府西南四百二十里乾隆三年改隸靖州七年復東羅漢山東南金紫山與廣西全州接界西南金童又有藍山西北楓門山東北青角山即古路山資水所出一名都梁水又名濟水北流屈東左會歡溪水入武岡又有巫水源出東北巫山南屈而西為漁渡江縣東南諸水皆入焉至縣治西南左納界背水西北與清溪水合入綏甯西南有長平水又曰藍山水亦入綏甯為臨川水又有長灘水出縣南南至廣西龍勝曰貝子溪其下流是為潯江同官水亦南入龍勝為太平溪流合貝子溪有橫嶺關巡司本寨頭司乾隆元年置後遷橫嶺更名江頭汛巡司治莫宜尚乾隆六十年置長安營同知駐轄猺滿五曰蓮蘭牛關莫宜扶城橫嶺為寨四十有八

武岡州繁疲難府西南二百八十里西北有武岡山州以是名又西北天峰山山與綏甯接界南雲山東南資方又名資水又山北資在南自城步入東合威溪又東過州治南左合渠水右納石門水又東北流水夢溪水自西來會夢溪一曰高沙市水出綏寧東北合洞口水水上源曰平溪出黔東南流右納岳溪水東合西洋江至下溪口入資水又又北屈而東逕紫陽山曰紫陽河龍江水北流入高又東南與夫夷水會入邵陽西北蘇溪自綏甯入至黔陽入沅水州同駐高沙市峽口石門司二巡司紫陽蓼溪二廢司

新甯繁難府西南三百里西花溪南金城西南崀山東南大雲東北高桂又有紫邊山山與武岡東安接界夫夷水在南一名羅江水其上源曰西延水居廣西全州入東北流左納深沖水又北至縣治西南新寨水自西來注之自東過筆架山合水頭水又東北納溈江水合小溪水入武岡為資水別源東有靖位鎮巡司康熙二十三年廢

岳州府衝繁疲難隸岳常澧道舊隸湖廣布政使司康熙三年來屬初沿明制領州一縣七雍正七年澧升直隸州石門安鄉慈利割隸西南距省治三百里廣三百八十里袤三百四十里北極高二十九度二十四分京師偏西三度三十四分領縣四同知一道光元年移治君山後廢有岳州商埠光緒二十四年奏開

巴陵衝繁疲難倚城內巴邱山東大雲銅鼓皆與臨湘縣接界東南靈犀五龍大江在西北洞庭湖在西南君山扁山石城山皆在湖中湖周八百餘里南連青草西西接赤沙謂之三湖湘沅資澧諸水咸匯焉東北至三江口合大江古之五渚大江又東北入臨湘有城陵磯天險也南有新牆河即徵水自臨湘入西南流左納沙港溢西至灘口入洞庭湖水出東南清水嶺西南至湘陰合汨水濾湖在東南一名翁湖又東為角子湖楊林街縣丞鹿角鎮主簿東岳陽驛舊有青岡驛順治十六年置有丞乾隆十六年裁

臨湘衝繁府東北九十里東黃皋西南徵落東南大雲又龍窖山跨湖北通城蒲圻諸縣徵水所出逕西逕土城左納馬港西南入巴陵大江在縣西自巴陵入東北過彭城山松陽湖水自東南來注之又東北與白泥湖水合過鴨闌磯入湖北嘉魚黃蓋湖在東北縣東諸水皆匯焉北注清江口入大江東南有桃林土門巡司城陵磯乾隆二十六年徙長安鎮更名導復故營溪長安二驛鴨欄磯長安二鎮

華容疲難府西北一百八十里北黃湖東石門墨山東北東山東南鼓樓山大江右潰自湖北監利入東屈而南入巴陵北華容河西涌水皆首受大江水自湖北石首入東南流入洞庭湖澧水在縣南自安鄉入合赤沙湖亦注洞庭東北大荊湖及團湖合流入大江黃家穴司巡司黃家鼓樓二鎮

平江疲難府東北二百四十里北永甯西湖源東道岩東南連東北幕阜山一名天岳山下有天岳關又有沿水自江西甯入西南流右納紅播水左納白鉛諸水又西南至白湖口屈而北鍾洞水南流西屈注之又西合盧水又西北與邏江水合屈西南過縣治南左納晉坑水又西北至將軍山昌水自東北來會逾西入於湘陰東有長壽巡司

常德府衝繁難隸岳常澧道舊隸湖廣布政使司康熙三年來屬東南距省治四百十五里廣四百二十里袤六百二十里北極高二十九度一分京師偏西五度十分領縣四商埠光緒三十二年奏開

武陵衝繁疲難倚西有平山即武陵山亦名河洑北有陽山東北藥山東南善德山沅水自桃源入南逕河洑洲屈而東至府治東南歧為馬家吉河水又東南流枉水自西南來注之又東過牛鼻灘北別出為小河水東北匯漸山湖合漸水沅水又東南入龍陽漸水在北一名澹水源出安福南流屈東右納馬家吉河水又東北至馬家湖歧為二一東與小河水合一東北合麻河水至沙夾入沅水又東北有沖天湖洲直山湖官塘湖許合漸水縣丞治牛鼻灘北有大龍驛巡司乾隆四十一年置後廢有府河驛

桃源衝繁難府西南八十里北森旗南綠蘿西南桃源沅水在南自沅陵入東過高都鎮左納大洑溪又東北與小洑溪合而東為夷望溪東流北屈注之又東合水溪過縣治東南屈而北溪小溪水自西來入又東北與白洋河合河出慈利曰龍潭河東南入縣境合蘭溪湯溪又南流為漆家河入沅水又東南入武陵新店鄭家店二巡司又高都鄭家店二廢巡司新店鄭家店桃源三驛蘇溪麻溪高都三鎮

龍陽衝府東南八十里南橫山一名龍陽山縣以此名北寶臺東南軍山東北洞庭湖沅水自武陵入東過小河口屈而南滄浪水自西南來注之東過縣治東北南別出為支港之東後江湖至沅江縣合資水其正渠又東北至鼎港口小河水分流來注又通東北流為西河漸水合小河水自西來會入於洞庭其入湖處謂之西河口也東南有龍潭橋巡司龍陽驛小江鼎口二鎮

沅江簡府東南二百七十一里西南煙波山西北赤山東北明山並濱洞庭湖湖水西自龍陽受資水資水自益陽入逾東至毛角子口南別出為喬江水至湘陰會湘水其正渠北屈而西又西北過縣治東白泥湖水首受益水自西南來注之又北至小河口岐為二一東北流至益陽江口入洞庭一西北與沅水合匯於洞庭湖

澧州直隸州衝繁難隸岳常澧道舊為岳屬州雍正七年升割石門安鄉慈利來隸並置安福十三年增永定東南距省治六百有五里廣四百三十五里袤二百有五里北極高二十九度三十七分京師偏西四度四十四分領縣五西北天供大清東南關山彭山銅山大浮澧水在南自安福入東北流東別出為內河屈東南至道口道水自西南來注之又東至六家口合澹水水出石門東過州治北屈而南又東至伍公嘴涔水自西北來會又南合澹水至匯口入於安鄉東有虎渡水一名後小江首受大江水自湖北公安入南流為一箭河水其左岸則安鄉縣界也又南至匯口入澧水州判駐津市鎮清化順林二巡司鷹松水馬二驛匯口三汊河津市蕭山四鎮順林司後廢

石門繁難州西南九十里雍正七年自岳州來屬州西石門北燕子西北屑步一名層山又西北有盧黃山澧水在南又曰零陽河自慈利入北屈而東與澺水合水出西北龍門洞東南流右納黃水左納溫水又東南至澧口入澧水澧水又東過縣治南雙溪水自北來注之又東北合朔陽溪水入安福又道水自慈利入亦東北流入安福西北有水南渡巡司

安鄉簡州東南一百二十里雍正七年自岳州來屬北黃山東石家西石龜西北古田澧水在西自州入南至匯口西別出為羌口河又西南流為麻河至武陵入漸水其正渠東南匯於大鯨湖又東過縣治南長河水首受大江北自公安來注之又東南入南洲又東後江水亦受大江自湖北石首入南流為景港水至南洲入澧水大滓湖北受澧水注於沅康熙十八年置魚圻南平二驛後廢有羌口鎮

慈利簡州西南一百六十里雍正七年自岳州來屬北道人東北星子西南零陽又有雲朝山澧水在西自永定入東至楮溪口右合九渡水又東北與九谿河水合水出湖北鶴峯州即古漊水也又東過縣治北右納零溪水入石門又道水亦東北入石門又龍潭河出西南南至桃源入沅水澧水在境為洲渚者八為潭者二為灘瀨者百三十二有麻寮所九谿衛城巡司

安福難州西南六十里雍正七年以慈利縣九谿衛地置析澧州地益之治婁家河來屬北大鋼東管駐西南大浮山山跨石門桃源武陵諸縣澧水在北自石門入遵東流左納合溪右納黑蛇溪又東入澧州又道水在縣南亦自石門入東北至澧州入漊水有添平所新安市巡司乾隆三十二年廢

永定疲難州西南三百四十里雍正十三年以慈利永定衛置析安福縣地益之治舊衛城來屬南天門西南崇山西北馬耳東北香爐澧水在南自桑植入南屈而東過武溪水自南來注之又東與大庸溪合又東流左納無事溪右納仙人溪又東過縣治東南西溪水北流入焉又東合社溪入慈利又九渡水出縣南東北至慈利入澧水大庸所城在縣西

南州直隸廳繁疲難隸岳常澧道本華容縣地咸豐四年湖北石首縣藕池口決江水溢入洞庭淤為洲光緒十七年置廳治九都市並析華容巴陵安鄉武陵龍陽沅江諸縣地益之東南距省治五百四十里廣一百一十里袤九十里北極高二十九度二十一分京師偏西四度一十三分北太陽山東羽山西南清介東南洞庭湖寄山團山皆在湖中西有澧水自安鄉入東南還白板口岐為二一西南至天心湖合沅水一東與後江水合又西南至冷飯洲匯於洞庭又有游港水首受後江南至麻溪口入洞庭又涌水自華容入東南流至廳治東北南別出為神童港與游港水會逕東過明山其北岸則華容縣界也又東至鋸子口入洞庭湖

衡州府衝繁難隸衡永郴桂道舊隸湖廣布政使司康熙三年來屬乾隆中增置清泉東北距省治三百八十里廣四

百六十里袤二百九十五里北極高二十六度五十六分京師偏西四度五分領縣七

衡陽衝繁疲難倚城內金龍山北岣嶁山西北九峰黃龍西南大雲山東南湘水左匯自清泉入北過府治東北受烝水水出邵陽東合等江水至陡江口岳山水南流入為右納演陂南流武水自西南來會納清化河其右岸則清泉縣界也東北逕石鼓山入湘水又北東入於衡山有寒溪鎮縣丞治查江市有衡陽縣

清泉疲難倚乾隆二十一年析衡陽縣東南鄉置來屬東清泉山縣以此名南回雁峯衡嶽之首峯山南附母西南七寶探山湘水自祁陽入逕東流右界常寧縣栗江水自西北來注之又東過茭河口西北過府治東合耒水北屈而東入衡山為南稀江水清化水皆東北至衡陽入烝水東南有新城市巡司廢田驛

衡山衝繁難府東北一百里西北衡山是為南嶽東靈山東北鳳凰東南湯山又名武陽山湘水自衡陽入東北合龍[illegible]港水至茶陵江口洣水合永樂江自東南來注之北過縣治東為說湘洲右納石灣港左納樊田港又北東入湘潭又涓水源出湘鄉東合興樂江東北至湘潭入湘水有草市永豐二巡司雷家鎮有驛

耒陽衝繁難府東南一百五十里西石白東侯計山跨安仁永興二縣東南天門東北明月耒水自永興入東北流右納肥江西北至城南屈東北灣江水自東來注之西北入清泉其東馬水從之亦至清泉入耒水羅渡鎮有廢巡司有驛

常甯難府西南一百二十里北憩山西南塔山液麻山東南有遺遙東北盟山西北湘水右澀自祁陽入合吳水又東北左與清泉分岸又東與宜水合水出縣南西江山北逕縣治西左有盧江右有潭水皆流合為又東北至江口市入湘水湘水又東北流右納驛湖至茭河口春水北流西屈來會水自桂陽州入一名茭源河其東岸則耒陽縣界也湘水又北入清泉有杉樹堡西南壞接猺尚

安仁簡府東南一百五十里南大湖山西金紫北軍山東北排山東南大松山西北永樂江自永興入北興浦陽港合又北流左納油陂港右納蓮花港北至安平市大坪港西流合爲又過城西北宜陽港水自南來注之西北至衡山入洣水有潭湖北安平廢巡司

酃簡府東南三百里北青台南泰和東南萬陽西南屏水山山與桂東接界洣水出焉逕北至雙江口溪渡水北流西屈注之又西合春江即雲秋水東北合洣水入茶陵是爲茶陵江其東洣渡水北爲洮水下流合於沭水

永州府衝繁疲難沅永靖道總兵駐舊湖廣布政使司康熙三年來屬北距省治六百七十里廣三百四十里袤五百九十里北極高二十六度九分京師偏西四度五十三分領州一縣七江藍同知一嘉慶十九年移治江華縣瀉墟市後又還於錦田所城通判一道光十二年移治新田縣揚家鋪

零陵衝繁難倚城內萬石山西西山北萬石東北歸山東南陽明山西南石城山永山湘水自東安合西南石頭江入至府治西北東南瀟水自道州合瀟江水入北興永水逕真家渡至城南合愚溪及鈷鉧潭來會是為瀟湘水北與蘆洪江水合又北東入祁陽黃溪水出東南為子江出西南並流合湘水縣丞駐冷水灘北有黃楊堡巡司後廢有驛

祁陽衝繁府東北一百里北有祁山縣以是名南白水東南樂山東北七里即大營山西北四望山湘水自零陵入東納浯溪過縣城南合祁水一名小東江古曰浯口源出西北騰雲嶺東南流煙江水自北來會入湘水湘水逕東過白水鎮白江水合黃溪水自西南來注之屈東北與清江水合水出縣北鎮潭山即古餘溪水也東有歸陽市巡司乾隆二十一年移治排山驛烝復故文明市有永隆廢巡司有驛有白水樂山文明沙鎮大營五鎮

東安簡府西九十里北東山西北舜峰東北高鷹東南伏虎湘水自廣西全州流入北屈而東清溪江合宵江水自西北來注之東興石期江水合又東北入零陵蘆洪江源出東北八十四渡山東南流左會龍合江東南至零陵入湘水有盧洪市巡司石期市廢司綠埠石期剝塘三鎮

道州難府南一百五十里城內元山北宜山西北瀟山營道山西南營山又都龐嶺界接永明首五嶺之第三嶺也瀟水在東即古營水又曰泥江自甯遠縣入西北至青口與南源沱水合水自江華入北屈而西合掩水東北至州治南營道水自西南來注之今謂之小營水又東北左納宜江會灘水其會流處曰三江口瀟水又北納麻江水入零陵有白鱉營永安關界廣西灌陽猺山在東南

甯遠簡府東南一百八十里南九疑山跨道州江華藍山諸縣北陽明山黃溪山東北舂陵一名仰山瀟水在南源出九疑三分石西北至江口會灑水水出東南舜源峯即古泠水也北流合滸水又西北過縣治都溪水自東北來注之入濂水東北白江水北入祁陽其西大竹源水一名錫柳溪亦東北至祁陽有梅岡鎮九疑營觀巡司

永明難府西南二百二十里北永明嶺即都龐嶺東南馬山西南別峽鎮山其下有鎮峽關界接廣西步城縣掩水源出西北大掩峯北過縣治西右合古澤水屈而東角馬河水自東南來注之東北至道州會沱水西南沐水南合遨水西至桃川所城右納舉澤左納伏靈西南入於恭城其下流是為平樂水也西南周棠寨巡司又有白面墟司巡檢後遷東南枇杷所城更名翠桃川廢司白象鎮猺山在縣西

江華繁府南二百二十里東豸山南吳望西南蒼梧嶺即臨賀嶺又名萌渚嶺跨廣西富川賀縣為五嶺之第四嶺也沱水在東上源曰中河自藍山入南屈而東前河後河皆流合為又西南逕錦田所城宜還水出廢東逕山西北流注之西與靈江合又西北合馮水今謂之楝江水也至縣城東曰東河西河曰萌渚水自西來會又西北入道州西南有錦南巡司錦田廢司猺山在縣東

新田簡府東南二百八十里南七賢藍山西北春陵山與桂陽州寧遠縣接界舂水出為俗曰烏江水東南逕夫人山又南至縣城西南為西河水東河水自東北來注之又東屈而北入於桂陽東南白面墟廢司東有猺山

桂陽直隸州繁疲難隸衡永郴桂道舊桂陽州隸衡州府雍正十年升為直隸州仍所領東北距省治六百三十里廣二百二十七里袤二百五十里北極高二十五度四十九分京師偏西四度零五分領縣三東鹿峯西大湊一名寶山西北壇山西南石門東南神渡春水自新田入北過象鼻嘴灌水合鼠峽水自西北來注之即桂水也屈東會鍾水納沖溪又北興楓江水合主常甯入湘水東南仰天湖湖屯水出西北流左合麻淪江又北興泉田水合屈東北蓮蓬溪水北流來會又東北入郴州南牛播鎮北泗州寨二廢巡司

臨武簡州西南一百四十里北八源一名東山西舜峯西南華陰又有西山古名桐柏山濠水出焉東北流左納貝溪興秀溪水合屈而北武溪水合石江水自西來會又東赤土溪水南流合為東南入宜章有赤土鎮猺山在縣南

藍山簡州西南一百五十里北藍山西九疑南南風凶界接廣東東北達州纏水出爲西流屈北會歸水水出九疑山曰九疑水亦謂之舜水東東北遲縣治南左納瀼溪屈西東毛俊水合華利津水自東南來注之又北興鹽溪水合東北入瀟禾西南中河入江華為沱水下流合於瀟水有毛俊鎮大橋鎮巡司後遷臨武營更名猺山在縣南

嘉禾簡州西南一百一十里西晉嶺即藍山北石門西北石燕山鍾水在南自藍山入東北流至縣城東北舍溪水自西來注之北至桂陽州入舂水東南泮溪水源出臨武北興岸溪水合亦至桂陽州入舂水有兩路口廢巡司

郴州直隸州衝繁難隸衡永郴桂道舊隸湖廣布政使司康熙三年來屬北距省治六百八十里廣三百四十里袤二百三十里北極高二十五度四十八分京師偏西三度四十九分三十秒領縣五東馬嶺山東南五蓋西南盤壽山又黃岑山即騎田嶺又名臘嶺蓋五嶺之第二嶺也耒水左源自興甯入西北流梓塘江自東南來注之東北合郴水出黃岑山一名黃水東北興沙江台又北受千秋水過縣治東北合縣溪又北至郴江口入耒水耒水東北入永興西有湖屯水北逕樓鳳山曰樓鳳水又東北至永興入耒水南有良田市巡司有驛

永興衝繁州北八十里城內三台山西高亭南土富北金雞東北桃源西南白豹山耒水自州入西北合江水屈西過縣城西南左納鹽江西北王森口湖屯水合高亭水自州南來會東北入耒陽縣大步江源出興甯縣合瀼溪水東北至安仁為永樂江北安福西南高亭二巡司後廢有驛

宜章衝繁難州南九十里北黃岑東北漏天南西山西南莽山溧水在南亦曰武水自臨武入東南流岑水合焉水自西北來注之東南入廣東樂昌縣北章水南至樂昌為羅渡水入武水縣南長樂水南北流屈西又東北至廣東乳源為武陽溪亦入武水東赤石西南白沙二巡司有驛有猺山在縣南

興甯疲難州東北八十里東石牛西九峯北七寶南浦溪山東南耒水自桂陽入溪流西至豐溪江江自東北來注之西北興資江水合水出縣東即古清溪亦謂之乙陂口又西北合雷溪水入郴州縣程江西南至永興入耒水東北小江水一名大步江亦西北入永興又東春江至郴合洣水有滁口巡司州門鎮廢巡司

桂陽簡州東南一百六十里南屋嶺東洞盧西義通西南大官東南東嶺耒水在南出耒山西北合滁水秀溪水自西南來會又西北興壽江水合入興甯北溫江自桂東入右納洪江為北水河西北至興甯入耒水縣南屋嶺水南興藍田合又南入仁化為恩溪又益將河出東嶺左合孤山水東北至嶺義為積龍水下流合于章水有益將文明市二巡司山口鎮濠村鎮有二廢巡司猺山在縣南

桂東簡州東北二百七十里西紫臺山南鳥春東胸膛東北都寮山又有屏水山瀘江出焉一名澄江南與螺川水合西過縣城南桂水自西北來會又南為殿溪左東溪右白竹皆流合焉西納雙坑水與大江水合南流入桂陽東南泥湖山大坪水出入江西龍泉為遂江水入贛水左溪水亦至龍泉合逢江水西南有高分鎮廢巡司

辰州府衝繁難隸辰沅永靖道舊隸湖廣布政使司康熙三年來屬初沿明制領州一縣六乾隆元年沅州升府黔陽麻陽割隸東距省治八百五十里廣三百五十里袤六百五十里北極高二十八度二十三分京師偏西六度二十二分領縣四

沅陵衝繁難南南山一名客山西北小西東北壺頭明月東南壑人山沅水在南自瀘溪入東北合藍溪至府治西南西水合明溪小西溪自西北來注之東北合深溪北屈而東左納朱洪溪洞庭溪右納怡溪進東入桃源又冷溪出東南北與三渡水合又東北至桃源為夷望溪入沅水通判駐蒲市縣丞駐荔溪市有馬底鎮船溪二巡司池蓬明溪會溪三廢巡司辰陽馬底二驛

瀘溪簡府西南七十里明盧溪清初改東檀山西天橋一名羊畬北虎頭西南踏湖山沅水在東自辰谿合浦溪入北至縣城南武水合沱江水自西來注之水出乾州譽曰武溪又名盧水也沅水又東北入沅陵西北潭溪水西南大能水皆流合武水又太平溪出西南東南至麻陽入沅水南有溪洞廢巡司

辰谿衝府西南一百一十里南五峴西大酉北熊頭西南房連龍陽山東南沅水自黔陽入北過茶龍山合麻溪水北入漵浦又西北復入縣東右納柿溪西過縣城南辰水自西來會東北入瀘溪縣南龍門溪北合流辰溪水有黃溪口巡司山塘驛有漵口市二鎮

漵浦繁疲難府東南二百七十里東紅旗東南頓家西北盧峰西南大溆山沅水在西右會東南一名雙龍江源出縣南金字山逕龍潭溪進馬江自東南來注之屈而左納繙兒江右納柿溪江又北水興龍潭江水合又西北流宜陽江東北自北入山來會西至縣治東南大潭水南流合焉又西合沅水東北入辰谿南有龍潭巡司猺山在縣南

沅州府衝繁辰沅永靖道本明沅州隸辰州府乾隆元年升爲府東北距省治一千一百三十五里廣二百八十里袤二百五十五里北極高二十七度二十三分京師偏西七度零三分三十秒領縣三

芷江衝繁難倚乾隆元年以州地置北明山東北武陽東花山東南高明西南羅山西北米公山東北無水即沅水自晃州入東北流左納柳林溪栗木溪來東南過府治南楊溪東流屈北注之興五郎溪合東屈而南豐溪水自東北來入東南入黔陽西南中和溪出晃州東南至黔陽入沅水縣丞治榆樹灣懷化便水二巡司晃州便水羅舊懷化四驛

黔陽衝府東南九十里本隸辰州府乾隆元年來屬南赤寶北紫霄東龍標東北鉤崖東南羅公山沅水在西自會同入東王托口寨左合中和溪右合渠水屈東北至縣城西與濺水會其會流處曰清江口即古無口也又東南流錯入會同巡東北復入縣東供溪水北流西屈注之水出綏甯其上流爲巢溪水東北入辰谿東石橋巡司安江二巡司道光十二年廢猺山在東南

麻陽繁府西北一百二十里本隸辰州府乾隆元年來屬北紗帽南西晃東苞茅東南有齊天東北雄山其下有雄溪辰水在南一名錦江自貴州銅仁入東興密栗溪水合左納銅信溪右納石水溪過縣治東南屈而北濚溪自西北來注之又東合太平溪至辰谿入沅水縣丞治巖門寨有高村巡司岩門驛

永順府難隸辰沅永靖道明爲永順等處軍民宣慰使司領土州三南渭施上溪長官司六臘惹洞麥著黃洞驢遲洞施溶溪白崖洞田家洞隸湖廣部司雍正四年改流官置廳隸辰州府七年升爲府東南距省治一千八十里廣五百里袤五百五十里北極高二十九度二分京師偏西六度四十分領縣四

永順難倚本永順宣慰司地雍正七年置治猛洞東南距舊司治三十里東飛霰山賀虎東北蟠龍東南羊峯西北茨溶西水中源自保靖合入逝溪東與喇集溪合溪出龍山曰汝池河東南過府治西南小溪水自北來注之南興牛路河合入西水西水又南屈而東左納施溶溪入沅陵東南明溪亦南至沅陵入西水東北上洞河出縣北過十萬坪入桑植是為澄水南源府經歷駐劉家寨王村巡司田家洞廢司驛三王村毛坪高望界

龍山簡府西北二百二十里雍正七年析永順宣慰司地置治兜皮塔乾隆元年又省大喇土司地入焉南洛塔東南鐵爐西南八面山西水在南即北河又名更始水三源其北源曰白水河自湖北宣恩縣界流入南逕縣治西北中界湖北來鳳縣又南流果利河自東北來注之又南與皮渡河合為卯洞河西南錯入酉陽州其中源曰邑梅河出秀山北流東屈來會又東復入縣西南境其右岸則保靖縣界也東興洗車河合入保靖東南汝池河至永順入西水有隆頭巡司

保靖難府西南一百四十里本保靖宣慰司地雍正五寨草子坪二長官司治四年改流官置廳隸辰州府七年改為縣來屬治茅坪西南距舊司治半里西姻霸洛浦北雲台南呂洞山西水自四川酉陽州入逕縣東治龍山界又東屈而南其南源牛角河出貴州松桃鎮東流屈北東來會又東過縣北左納棠沖溪又東與白溪水合入永順張家寨巡司保靖白樓關二站

桑植簡府東北一百二十里本桑植安撫司地領美坪等苗洞凡十有八雍正四年改流官置屬岳州府七年改為縣來屬析利縣安福所地益之治安福所城乾隆元年復省上尚茅岡三土司地入焉北天星東陽岐東南旋箕山澧水三源西北源曰夾石河出東栗山東南為綠水河又東至兩河口南源上洞河自永順北流來會又東興涼水口河合河出西北七眼泉是為澧水北源東屈而南至縣治西北長西水自東北來注之又南入永定又有綠子溪出東北紅花嶺東南至慈利入澧水有下尚廢巡司

靖州直隸州繁難隸辰沅永靖道本隸湖廣布政使司康熙三年來屬雍正五年割天柱隸貴州黎平東北距省治一千六十里廣三百七十里袤三百六十里北極高二十度三十五分京師偏西七度領縣三南侍郎東鴻陵西飛山西北艮山西南青踏渠水在東古謂之敘水自通道入北至縣治東南右納老鴉溪左納濮溪西北入會同西南有四鄉河源出貴州開泰東北至通道入渠水有零溪巡司

會同難州北九十里北岩屋西北八仙東北金龍沅水在西北自貴州天柱縣入東北錯入黔陽又東遷縣東北巫水合若水溪自東南來注之入於黔陽西渠水自靖州入北又東北逕西北右納平川吉期溪合水出貴州開泰又名郎江西北至黔陽入沅水西南堡子巡司洪江司廢

通道難州南九十里東玉杜東南福湖又佛子山渠水出焉西北過犁鷲山播陽河自西南來會河出開泰曰六沖江又名洪州江也北與四鄉河水合北至縣治西南臨川河入焉又東北入靖州西南有播陽廢巡司

綏甯繁難州東南一百二十里北寶鼎東北藍溪又有楓門山巫水在西即洪江古謂之運水又曰雄溪自城步入西北至界溪口蒔竹水自南來注之又北流為竹舟江西北至會同入沅水又婆溪水源出東北雞籠山東為武陽水又東北入武岡州是為高沙市水也南長平水自城步入西流右納鷺馬溪又西與雙江水合西北至通道合渠水有青坡雙江二巡司

乾州直隸廳繁難隸辰沅永靖道明為鎮溪軍民千戶所隸辰州府瀘溪縣康熙三十九年改為乾州四十七年置廳治鎮溪所城仍隸辰州府嘉慶元年升直隸廳轄苗寨一百一十有五東北距省治九百六十五里廣一百二十里袤九十里北極高二十八度十二分京師偏西六度五十九分東鎮溪西武山武水出焉一名武溪又名盧溪逕過廳治西屈而南萬溶江自鳳凰廳北流東屈注之又東與鎮溪水合東南入瀘溪有河溪乾州二廢巡司鎮溪寨鎮二營皆嘉慶二年置

鳳凰直隸廳繁難鎮簞總兵辰沅永靖道明爲五寨簞子坪二長官司隸保靖宣慰使司康熙四十三年改流官置通判辰沅靖道僉事徒駐雍正四年改鳳凰營乾隆五十二年改廳升通判為同知嘉慶元年升直隸廳轄紅苗寨一百有五東北距省治一千五十里

廣一百八十四里袤一百二十里北極高二十七度五十三分京師偏西七度三分南南華山西鳳凰山上有鳳凰巢又有鳳凰營司巡檢後廢東南觀景南二華西南都督沱江自貴州銅仁入逕東北流爲烏巢江自北來注之烏過廳治北又東北入於瀘溪是爲武水最南源也又烏溶江源出西北天星砦山東屈而北左納龍爪溪西北至乾州合武水西南樂濠溪東南至麻陽入辰水祐營知事駐得勝營五寨站有巡司

永綏直隸廳繁難隸辰沅永靖道綏靖總兵駐明鎮溪千戶所崇山衛地隸辰州府瀘溪縣雍正元年置廳吉多營仍隸辰州府嘉慶元年升直隸廳七年移治花園堡轄紅苗寨二百二十有八東北距省治一千一百五十九里廣九十里袤一百五十五里北極高二十八度四十三分京師偏西七度南大排吾山西苞茅西南嘯爾牛角河即西水南源自貴州松桃廳緣界流入北至茶洞城其左岸則四川酉陽州界也屈而東北界保靖縣東過廳治北入廳爾堡河自西南來注之東北入保靖西南爲岩河源出鳳牛潭入乾州爲鎮溪入武水茶洞廳知事隆團排補二砦廢司有花園站

晃州直隸廳衝隸辰沅永靖道本芷江晃州堡地屬沅州府嘉慶二十二年析置直隸廳移涼傘通判治焉東北距省治一千二百四十五里廣五十二里袤一百四十五里北極高二十七度二分京師偏西七度二十二分西龍溪西南尖坡東南寶玻山瀑水在南一名紙水又名瀦水上流曰鐵陽江自貴州玉屏入東北與龍溪合過廳治南左納木多溪東流會平溪東北入芷江東南中和溪一名羅岩江亦東北流入芷江晃州涼傘二巡司有驛

清史稿

地理志十六

四川

四川禹貢梁州之域明置四川等處承宣布政使司清初因之順治二年置四川省設巡撫治成都十四年增設四川總督康熙四年改爲撤隸貴州七年改設川湖總督駐湖北荊州九年移駐重慶十九年又改爲川陝甘總督駐陝西西安雍正六年改東川烏蒙鎮雄隸雲南遵義隸貴州省馬湖入敘州改建寧衛爲甯遠府升錦茂達三州及資縣並爲直隸州七年升雅州爲府十二年升嘉定潼川二州爲府升忠州爲直隸州置黔彭直隸廳乾隆元年裁改酉陽土司爲酉陽直隸州升敘永廳爲直隸廳十四年復專設四川總督裁巡撫以總督兼理巡撫事治成都二十五年改松潘衛爲松潘直隸廳改雜古腦爲理番直隸廳二十六年改石砫土司爲石砫直隸廳嘉慶七年升達州爲綏定府光緒三十年升打箭鑪廳爲直隸廳三十二年設督辦川滇邊務大臣駐巴塘三十四年改敘永廳爲永甯直隸州升打箭鑪廳爲康定府升巴安縣爲巴安府宣統元年改德爾格忒土司爲登科府東至湖北巴東縣一千七百六十里西至甘肅西甯番界一千二百四十里南至雲南元謀縣二千三十里北至陝西甯羌州一千一百八十里廣三千里袤三千二百里由康定府至前藏拉薩駐藏辦事大臣駐四千七百一十里北極高二十七度五十四分至三十二度二十二分京師偏西六度五十三分至十四度十二分宣統三年編戶五百四萬一千七百八十口五千二百八十四萬四百四十六都領府十五直隸州九直隸廳三州十一廳十一縣百十八土司二十九其名山東北有嶓冢蜿蜒川陝界者巴山西北自岷分二支南迤於大金川東西者青城崍峨眉在西者嚝察克拉嶺折多山其在岷東南迤者摩天嶺劍門山碩古里自寄海市巴顏喀喇分支其大川金沙鴉龍岷嘉陵渠沱江大渡河航路東境自夔至敘驛路自成都東北逾劍閣達陝西沔縣西渡瀘定橋逾大雪山達西藏江卡鐵路川漢未竣工電綫自成都東達漢口西達打箭鑪

成都府衝繁難明府成綿龍茂道治所光緒三十四年裁總督布政使提學使提法使鹽運使巡警道勸業道將軍副都統提督駐舊領州六縣二十五順治十六年省羅江入德陽省彰明入綿康熙元年省崇甯入郫省彰入新繁九年省華陽入成都雍正六年復設華陽升綿茂二州及資縣並爲直隸州以德陽綿竹安縣隸綿汶川保縣隸茂資陽仁壽井研隸資又省威入保六年復設崇甯雙流彭彰明四縣屬府七年以彰明改屬龍安東北距京師五千七百十里廣二百四十里袤二百七十里北極高三十度四十二分京師偏西十二度十六分領州三縣十三

成都衝繁難倚武擔山在城西北隅西龍華山北天迴山郫江自郫縣入逕城東而南入華陽與錦江合名二江亦曰都江沱江自新繁入逕縣北又東流入新都金水河自城西穿城東出入江摩訶池在城內有天迴沱江二鎮一驛錦官

華陽衝繁難倚康熙九年併入成都雍正五年復置東大面山西西山亦名雪嶺南六對鐵鑪錦江一名汶江自郫縣入逕城南折而東會成都之郫江又折而西新開河自雙流來會下流入彭山浣花溪在城東南一名百花潭驛同成都

雙流衝府西南四十里康熙元年併入新津雍正六年復置南應天宜城東南督寶山新開河自溫江入逕城南東流入華陽石魚河楊柳河亦自溫江入逕城西南合流入新津注大江

溫江繁府西少南五十里北女郎大墓二山岷江俗名溫江即金馬河自灌縣入西南入新津石魚河在城西自金馬河分流楊柳河自石魚河分流又驗褒河自郫縣入東流徑城北俱入雙流

新繁繁府西北五十六里西北五龍平陽北曲尺山沱江卽北江自郫縣入逕城南入成都北清白江郫古湔水自彭縣入東入新都錦水河亦自彭縣入東流逕城南都橋河自彭縣西南分清白江東流逕城北俱入新都

金堂繁難府東北七十里西金堂山縣以此名南雲頂山亦名百城山東三學山緜陽河卽緜水自漢州合雒水入右納馬木河又南至焦山坡西有清白江及其枝津督橋河自新都入合於城東其昆橋河卽沱江先後來會是爲中江又南入簡州有古城下市柏茂三鎮

新都衝難府北五十里南龍門山赤岸北麗元山沱江卽毘橋河下流自成都入督橋河錦水河俱自新繁入錦水又岐爲利水河並入金堂其正流至城東南入湔水在縣北亦自新繁入合彌牟水東入金堂有彌牟軍屯二鎮一驛廣漢

郫衝府西四十五里西平樂山北郫江自崇甯入東流入新繁郫江俗名油子河走馬河分流逕城西又東入成都沱江自崇甯入東流入新繁西九曲江分走馬河小支繞城西北下流入油子河雙清河卽走馬河亦自崇甯入東流入華陽爲錦江有馬街一鎮

灌衝繁府西北百二十五里西北灌口玉壘南趙公山西南青城山縣西南一里離堆秦李冰鑿江處大江逕此分二大支曰南江曰北江南江分三派正南派流入崇慶爲西河東派爲白馬河又分爲里石溪河亦入崇甯西西南派流又分二支俱入新津北江分南北二大派南派又分爲三曰龍安江入崇慶曰金馬河入溫江曰陸棗河入郫縣北大派之南派曰沱江北派曰湔水俱入崇甯西南猶澤西北玉壘置崖三關

彭繁疲難府北九十里康熙元年併入新繁雍正六年復置西北彭門山與牛心山陽江對峙又有大隋中隋二山南清白江自崇甯入岐爲督橋河東入新繁西北王村河源出五峰山南流折東入漢州爲馬水河錦水河亦自崇甯入逕城南東流入新繁濛濛水源出項邪山卽彌牟水上游東流至新津入湔江北靜塞關

崇甯簡府西北八十里康熙元年省入郫雍正七年復置西鐵砧山北金馬山沱江自灌縣入逕城南東入郫縣湔水自灌縣分沱江東流四十里逕城北又東入彭縣爲清白江郫江自灌縣入逕城南岐爲走馬河又一支爲油子河俱東南入郫縣徐偃河出郫江亦自灌縣來會東入彭縣

簡州衝難府東少南百二十里東李八百山西孝子山東北石鼓西南忠國西北丹景山中江卽沱江或稱雁江自金堂入合絳水南流入資陽絳溪河發源西北月亮溝東南流逕城北入江西南赤水一名黃龍溪西流入仁壽即闌溪上源也有陽安關巡司駐龍泉鎮一驛龍泉

崇慶州繁府西南九十里西鶴鳴山西北龍華山北味江自灌縣入逕州西西南流折東與白馬江合白馬江由味江分流逕城東又東南會西河入新津爲白西河黑石溪河自白馬江分流至城東三江口仍入白馬江羊馬江在白馬江東自灌縣分大江東南流逕州境又南入新津一驛陽安

新津衝難府西南九十里南天柱山北不蓋山東南寶資山岷江自溫江入逕城東又東南流入彭山北白西河即味江自崇慶入東南流合羊馬河入江汶井江即古僕千水今名南河自邛州入東北流逕城南又東入江乾溪溪水二河自灌縣分味江西南流折東南逕城南又東注汶井江

漢州衝難府北少東九十里東銅官東覺二山雁江自什邡入至州東北合沈犀河有白魚河亦自什邡來注之又東南合雁江入石亭江石亭江即雒江亦自什邡入逕州北東南入金堂綿水自德陽入逕州東南流入雒江一驛廣漢

什邡繁府北百三十里南雍鹵山西北章山即雒通山雒水出焉逕城北東南流入漢州金雁河沈犀河白魚河三水並出縣境亦入漢州西高鎮關

重慶府衝繁難川東道治所明府順治初因明制領州三縣十七康熙元年省銅梁安居入合州省璧山入永川省武隆入涪州八年省定遠入合州六十年復置銅梁以安居併入雍正六年復置大足璧山定遠三縣十三年升忠州爲直隸州酆都墊江屬之析黔江彭水二縣置黔彭直隸廳乾隆元年改隸酉陽直隸州二十九年以巴縣江北鎮置江北廳西北距省治九百六十里廣五百六十里袤五百九十里北極高二十九度四十二分京師偏西九度四十八分領廳一州二縣十一

巴衝繁難倚城內巴山縣以此名東塗山又北太華西險越縉雲南縉峰縣東有明月峽者大江逕此大江自江津入逕城東南又東北入江北廳嘉陵江即涪江自合州入南流至城東與大江合東丹溪自綦江入交龍溪自長壽入俱入大江巡司一駐木洞鎮西佛圖關驛二朝天白市

江津衝繁難府南百二十里南鼎山東雲篆珞黃東華蓋女仙東南固城山大江自合江入東北流逕縣西北東三面亦名九字水又東北入巴縣南江即古僰溪自綦江入逕城東又北入大江筍溪源出南綦盤山北流注南江碧溪樂城溪俱入大江南崖門關一驛茅壩

長壽衝府東北百五十里東長壽山縣以此名北銅鼓西牛心東北羅蚊山大江自江北廳入逕城東入涪州龍溪一名溶溪即古容溪自墊江入南流入大江海棠溪合桃花溪自鄰水入逕城東北一名梅溪西南流入巴縣一驛龍溪

永川衝府西北百八十里西英山北銅鼓南瀘龍西北溪山侯溪上流曰車對河西南流至城南會西來一水南流爲株溶溪又南入大江松子溉源出龍洞山亦東入大江一驛東皋

榮昌衝府西少南二百六十里東葛仙南寶蓋北駐驛東南慶雲山長橋河自大足入逕城西恩濟橋爲恩濟河西南流至清江灘入瀘州大鹿溪源出南山南流折東南入合江一驛峰高

綦江衝府南三百里西扶歡東石筍北牛崗南祝融羅綠二山僰溪亦名夜郎溪自貴州桐梓來入名綦江逕城東又西北流入江津至南江口注大江東骨溪北金沙溪西奉恩溪葦入綦江南三舍溪樽水二關

南川難府東北二百五十里東九盤山馬鬻山西永陸南方竹箐山白水出逕城南鎮江橋名鎮江橋溪屈流至城北水東橋爲大溪河入涪州四十入渡水源出馬鬻山與流金水俱至水東橋合白水水從溪源出水從山西流入綦江合南江即南江別源也南馬頭北冷水二關

合州衝繁難府北二百里北瑞應西牟山南銅梁東釣魚山東北香臺山渠江卽宕渠水自廣安入涪江自遂甯入俱合嘉陵江嘉陵江自定遠入東北合渠江曰嘉渠口又東南合涪江曰三江口又南入江北跳石溪自銅梁入東北流入涪江二驛劉家場溫場

涪州衝繁難府東少北三百五十里東龜山西五花玉璧北鐵櫃北巖東南武龍山大江自長壽入逕城北會涪陵江涪陵江即古延江自彭水入北合大江大溪河自南川入東北流逕州東南入涪陵江巡司一駐武隆鎮一驛涪陵

銅梁繁府西北二百四十里康熙元年併入合州六十年復置西六瀛東新開山南雙山西北有小銅梁山縣以此名涪江自遂甯入逕城東北又東南流入合州安居溪一名關箭溪又名瓊江自遂甯入逕城南折東北流入合州馬灘河一名赤水溪源出六瀛山南流入大足合沙溪河入縣城北合巴川河東南流繞縣境如巴字亦入城與赤水溪合流出城東流合小安溪東北入合州有安居鎮巡司

大足繁府西三百十里康熙元年省入榮昌雍正六年復置南鷄栖東三華西龍罡東南玉城山長橋河上流即岳陽溪自安岳入逕城西又西南入榮昌小安溪一名東石溪東北流入永川赤水溪自銅梁入東北流合沙河溪仍入銅梁東米壩北化龍二關

璧山衝府西少北百里康熙元年省入永川雍正六年復置南龍環北縉雲西南垂峰東南王來山來鳳油溪二源出湯口峽一爲來鳳橋溪南流一爲馬坊橋溪東南流俱至關牛石合流入江津注大江有雙溪鎮一驛來鳳

定遠衝府北少西二百九十五里康熙八年併入合州雍正六年復置東武勝山北雋石山嘉陵江自南充入境北東南三面南流入合州嘉陵江西溪源出岳池西南流鹽灘溪源出蓮溪東南流俱入嘉陵江

江北廳衝府北一里明爲巴縣之江北鎮乾隆十九年設治東臥龍山北大華鎣山東北石城山大江自巴入逕廳東南又東入長壽涪江自合州入逕廳南又東南與巴縣分水入大江東銅鑼峽關爲水路門戶

保甯府中衝繁川北道治所川北鎮總兵駐明府順治初因明制領州二縣八雍正五年改梓潼屬綿州直隸州西南距省治六百二十里廣七百一十里袤六百里北極高三十一度五十九分京師偏西十度五十分領州二縣七

閬中衝繁倚西閬中山縣以此得名東盤龍文城南錦山玉立山東北大像山鹽山嘉陵江卽西漢水亦曰閬水自蒼溪入南流逕城西折東又逕城南入南部東河一名宋江亦自蒼溪入東南流逕城東與嘉陵江合西水自南部入至梁家坡仍入之西鉏山關一驛錦屏

蒼溪府西北四十里東雌堆白鍋山西北老池南小錦屏東南大獲山西北方山嘉陵江自廣元入逕縣東北又南入閬中東自廣元入來逕大獲山麓西南流亦入閬中塘溪河從之曲肘川源出玉女山東南流入南江

南部繁府東南七十里東龍奔山西蘭登山南南山亦名跨鼈山東南雌堆山嘉陵江自閬中入逕城東北又東南流入蓬州西水河即小潼水自劍州入逕城南又東南亦入蓬州南渡水西伏元溪東安溪皆嘉陵江之溢流也縣丞巡司駐富村驛

廣元衝繁難府北三百里潭毒山在北下瞰大江又七盤嶺爲秦蜀分界處東鳳西鳳山西烏奴白馬北金城東北可沈山嘉陵江自陝西甯羌州入逕城西又西南入昭化宋江即東河亦自甯羌入逕城東南注南入蒼溪北溜水源出龍門山逕龍洞口王朝天驛入嘉陵江漢水東又溪從之巡司二駐神宣驛百丈關驛三間津神宣望雲

昭化衝繁府北少西二百八十里西牛頭人頭南仙人北大高長甯西北木馬山嘉陵江自廣元入逕城東北又南入劍州白水江即羌水自平武入東南流入嘉陵江清水江自劍州入逕城西北又東與白水江合桔栢津在城東即嘉陵白水二江合流處也西北白水關二驛昭化大木樹

巴州繁疲難府東北三百五十里東東龕山西西龕山在東又南南龕北北龕東南石城西北義陽岳木強二山巴江源出大巴山自南江入逕州東南入達縣清水源出廣元東南境逕恩陽廢縣西北又東南流逕州西南宕水自通江入注巴江州判一駐龍泉關

通江府東北五百五十里東大鐘西金童南秋錦東北龍山宕水一名東河源出陝西西鄉西南流逕城東會諸水諸水源出陝西南鄭亦名西河逕城西與宕水合入巴州白石水一名清水自

西鷂入西南入宕水名洪口河東白鷂北羊閣東北濛墻三關

南江府東北四百七十里東望元山西龍耳山南公山北孤雲山又大巴小巴二山巴江即宕渠水源出大巴山逕城東又東南入巴州東雉江一名南屯河上流曰三溪河至兩河口入巴江南平桑水北明水韓溪蒼溪俱從之

劍州衝繁府西北二百二十里東鳴鶴浮滄大劍山亦曰梁山相屬有小劍山中爲劍閣道嘉陵江自昭化入逕城東又南入蒼溪清水江即黃沙江自平武流入逕城北又東流入昭化西小河即小潼水之下流也又名武達河源出五子山東南流入南部北郞門關驛二武連劍門驛丞駐

順慶府衝繁難隸川北道明府順治初因明制領州二縣八嘉慶十九年改大竹渠屬綏定府西南距省治六百二十里廣二百九十里袤二百三十里北極高三十度五十分京師偏西十度十九分領州二縣六

南充衝繁難倚東大鵬鳴山南清居山西西大小方山嘉陵江自蓬州入逕縣東又南入定遠西西溪源出西充流溪源出大耿山俱東流至縣南入嘉陵江曲水清溪水從之鹽井在縣境者十有五

西充繁府西北九十里城西北隅西充山縣以此名東亞夫扶龍西環珠南南岷山陵溪亦名小陵河自縣西小陵鎮至三河口與象溪虹溪合流入南充海棠川源出雙圖山西流折而南繞城又南入南充注嘉陵江

蓬州繁府東北四十里城北隅玉環山嘉陵江水環之故名西三合南永安東雲山嘉陵江自南部入南流繞城三面如抉折而南入南充濟溪水源出營山之披衣山南流入州名濟滄河又四十里至州南濟溪口入嘉陵江鹽井一

營山繁府東北百八十里城西南營山縣以此名東青羊西披衣東北大小蓬山流江自儀隴入七曲縈迴亦名七曲堰逕城東又東南入渠縣瞰天溪源出西西巖繞城東南流至七曲壩入流江清溪源出披衣山西南流入蓬州

儀隴簡府東北二百六十里城內金城山東望龍山南南圓山西儀隴山縣以此名流江之水出焉流江自儀隴山南流折東逕城南又東南入營山平溪源出東允家山南流入流江

廣安州繁府東南百九十里東數城西秀屏南琥峰北轉坡山渠江自渠縣入逕州北謂之蔡水以江中有三十六灘石縱橫波紋如蔟故又名蔟江繞城而南亦名渦水又西南入合州濾水即西溪水源出北山南流逕城西折東至城南五里合渠江濟溪水自鄰水入左會大池河流至州南入渠江

鄰水繁難府東南二百七十里南晶然東實殺山北銀華西少陵東北鄰山鄰水上源即芭蕊河自大竹入西南流逕城東又西南興觀晉河寶石河合流入長壽有鄰山太平二鎮

岳池衝府東南百二十里東岳安山龍扶速山北龍穴西婁山岳池水出焉岳池水自婁山流至縣東折南合靈溪龍穴二水入定遠

敘州府要衝繁難隸永寧道明府順治初因明制領縣十旋改高州爲高縣雍正六年改貴州永寧縣來屬又裁馬湖府以所轄屏山來隸八年復以永寧往屬敘永廳乾隆二十六年置雷波廳二十九年置馬邊廳西北距省治七百九十里廣五百九十里袤三百七十五里北極高二十八度三十八分京師偏西十一度四十三分領廳二縣十一土司四

宜賓衝繁難倚西天蓄朱提南七星西南大小黎山大江在縣東北一名汶江亦名都江自犍爲入東南流入南溪馬湖江一名瀘水即金沙江自屏山入逕縣南又東與大江合石門江俗呼橫江又名小江自慶符入至城西南又東北合馬湖江北涪溪蘇溪俱入大江東二郎關

慶符簡府南少東百二十里南石門興慶東迎祥山石門汎上流曰紋溪源出雲南烏蒙南廣水即古符黑水自高縣入俱東北流逕城西並入宜賓

富順衝繁難府東北二百四十里西凌雲瑪瑙東綠來桂子北朝陽西南虎頭山沱江一名金川又名釜川自內江入逕城東東南流入瀘州榮溪自榮縣入瀘溪源出縣東馬鞍山俱入沱江縣丞二駐鄧井關自流井

南溪衝府東百十里南琴山可濺西平蓄北瑞雲東龍騰山大江自宜賓入逕城南又東入江安西北福溪亦名殿溪亦自宜賓入南流入大江焚溪與九盤溪合流至城東入江一驛龍騰

長寧簡府東南百四十里東琴心南又橘山越山北溪屏龍義東西二溪與冷水溪俱至縣東北淯井合流爲淯溪一名三江口又東北至武寧砦爲武寧溪又東北至安寧砦爲安寧溪又東北至江安入大江

高簡府西南百五十里南閣梯北連珠東南七寶西南騰山宋江自雲南鎮雄入北流逕筠連東分五道北至平寨遶城東而北梅嶺溪自筠連入至城北合宋江又北入慶符

筠連簡府西南二百五十里南碁春黃牛西學士東景陽山定川溪爲二源一出烏蒙黑桃灣一出雲南鎮雄羊落溝合流遶城西又北入高縣爲梅嶺溪

珙簡府南少東二百里北麒麟芙蓉西虎率西北梅得山珙溪一名落浦河逕縣西南折而東北入長寧合淯溪

興文簡府東南百八十里東摩旗東南文印山南南壽山水車河一名三渡河源出故建武城山谷中至縣東北又西流經梅嶺堡入長寧注淯溪

隆昌衝難府東北二百七十里北道觀山南迴龍山玉蟾山沱江自內江入逕城西南入瀘州小溪一名隆橋河在縣東自內江榮昌二縣山溪水合流而成東南流亦入瀘州一名隆橋河

屏山簡府西南二百二十里西鏡山東書樓東北赤崖西南小悍山馬湖江一名瀘水即金沙江自雲南昭通入東北逕豐夷平夷二土司界又東北逕城南又東入宜賓與大江合泥溪什嘴溪大鹿溪並入馬湖江巡司駐石角營

馬邊廳衝繁府西六百里本屏山地初爲馬邊營乾隆二十九年改廳東邊烟山南大池山北龍泉山東南金鳳山清水溪一名新鎮河源出涼山鬱山界逕廳南折北轉東過沐川司入犍爲

雷波廳繁府西南五百七十里本屏山地名雷波鄉康熙初置長官司雍正六年改雷波衛乾隆二十六年升廳東貝海西龍頭北雷番西北寶靈山金沙江自雲南昭通入逕廳南東北流入屏山南石城河西南秦沙河並源出蠻界東流注金沙江北馬湖爲黃種芭蕉二溪上流西南神龍關

蠻夷長官司隸屏山在縣西南舊屬馬湖府雍正五年改屬東大鹿山西什嘴溪

沐川長官司隸屏山在縣西北東青孤山南沐溪東流入犍爲界

泥溪長官司隸屏山在縣西元至元十三年與馬湖路同置明改縣移司於此仍明舊

平夷長官司隸屏山在縣西西北隆馬崖山馬湖江自雲南昭通入又南有大紋溪

夔州府要衝繁難隸川東道明府順治初沿明制領州一縣十二康熙六年省大寧入奉節七年省新寧入梁山九年省大昌入巫山雍正六年升達州爲直隸州以東鄉太平二縣往隸七年復置大寧新寧二縣旋改新寧隸達州改梁山隸忠州乾隆元年改建始隸湖北施南府西距省治一千七百四十里廣四百十里袤五百四十里北極高三十一度十一分京師偏西六度五十三分領縣六

奉節衝繁倚東白帝山赤甲與白鹽關江兩山對峙西官口南勝已文山北天門山東瞿塘峽峽口爲灔澦堆大江即岷江自雲陽入逕縣南東流出瞿塘峽自峽以下謂之峽江亦名鎮江又東入巫山東大瀼水清瀼水並入大江東瞿塘關

巫山衝繁府東百三十里東巫山山有十二峰亦曰巫峽南南山北磊頭東北金頭西北天縣山南大江自奉節入東流逕巫峽又東入湖北巴東巫溪水一名昌江自大寧入東南流入大江又烏飛水在縣西南發源奉節山谷中東北流亦入大江清溪萬流溪從之

雲陽衝繁府西百四十里東石城北漢城馬嶺南飛鳳東南新軍山西北大梁山大江自萬入逕城南東流入奉節彭溪一石開江亦名臨江自開入東南流逕城西入大江湯溪即東瀼河東流逕五溪關又東至城東入於江鹽井十鹽課大使駐雲安廠

萬衝繁難府西少南二百八十里東象山西天城魚存南南山北都歷高梁西南羊尾山西北萬戶山大江自忠州入逕城南又東入雲陽苧溪即古池溪自梁山入至城西復南流入江

開簡府西少北二百三十里北盛山西大池南九龍東南瑞石東北熊耳山開江亦曰臨江即古彭溪自新寧入逕縣南又東南會清江墊江入雲陽三潮溪白水溪並東流入清江

大寧難府北百八十里東鳳山北石柱寶源山東北石鐘巫溪一名昌江源出縣境西北逕城東曰大寧河又南入巫山馬連溪即白楊河逕城南又東入大寧河有鐵山關

龍安府繁隸成綿龍茂道明府順治初因明制領縣三雍正九年改綿州之彰明來隸西南距省治六百五十里廣七百七十里袤五百二十里北極高三十二度二十二分京師偏西十一度四十九分領縣四土司一

平武繁倚東左擔西太平南鐵南羊角北大風東南寧青石門山涪江自松潘入東流逕城南青漪江一名小江河即古廉讓水亦東南流並入江油白水江自甘肅文縣入逕城西北又東南流入昭化石泉河自石泉入逕縣東南入彰明火溪河一名白馬河有二源流至陽地隘口而合西南入涪江又東青川溪東流入劍州縣丞駐青山鎮東北北雄關

江油簡府東南二百六十里東寶圖山西玉枕大匡南龍頭北白魚西南大小匡山涪江自平武入逕城東與青漪江並東南流入彰明龍潭溪源出寶圖山流玉石舍崖入涪江東涪水關

石泉簡府西南三百二十里南石紐東金字山西千佛東北鷄棲山石泉河即湔水自平武入左合大魚口水其西南源神泉河自茂入西源壩底水自右來會折東逕城南至橐龍山爲石寧溪折南緣江油界入彰明西石板西北上雄二關

彰明簡府東南三百二十里東北太華山北紫山獸目山涪江自江油入分二派夾城東西流至縣南合又南會石泉河入綿州青漪江亦自江油入南流入涪江

陽地隘口長官司隸平武在縣北宋爲守禦千戶元至元時授宣慰副使明改置長官司順治六年投誠因之

寧遠府要衝繁難隸建昌道建昌鎮總兵駐明建昌衛順治初因明制爲衛雍正六年改府以會理州來屬並置西昌冕寧鹽源三縣越巂一廳隸之宣統元年增置鹽邊廳二年又置昭覺縣東北距省治一千二百三十里廣八百四十里袤一千二百九十里北極高二十七度五十四分京師偏西十四度十二分領廳二州一縣四土司十一

西昌衝繁倚舊建昌衛雍正六年改縣東木托西天王山南巴洞東北涼山東南螺髻西南施牛山安寧河即孫水自冕寧入逕城北熱水河自東來注之又逕城西西河自西來注之北納東河寧遠河南納卯河南流入會理東西溪河三岔河均入金沙江石門羅鈐瀘沽太平四關巡司二駐普威德昌所

冕寧繁難府北少西百八十里初仍明制爲寧番衛雍正六年改縣東南冕山縣以此名東東山南南山北北山孫水有三源自縣北納瓦那河逕城東南西源三水合爲小村河又南至王家營東源曰松溪河合小相嶺水西北流曰瀘沽來會又南入西昌若水即鴉龍江自雅州入西南入鹽源沙陀鳥角冕山九鹽四關

鹽源繁難府西南三百十里明鹽井衛雍正六年改縣南柏林山西斛爕和西北剌紅瓦山打冲河即鴉龍江下流自冕寧入逕城西北納左所河又南鹽井河合雙橋溟渠二水與別列河麥架河西北流來注又東南納右所河又南納椒崖那鳴諸河入會理雙橋古得二關阿拉塲巡司鹽井二

昭覺繁疲難府東北舊爲交脚汛地在涼山夷巢中宣統元年勸辦涼山巢夷二年就汛地增設縣治改今名並移建昌中營守備駐之

會理州衝繁府南四百里本會川衛康熙二十九年分置會理州雍正六年省會川衛移州治衛城隸寧遠東密勒山西斜山南白塔西南蘆那山金沙江左瀆自鹽源入右與雲南大姚分岸安寧河自州北納公母河一碗水西南與打冲河合並西流入之又南納黎溪水入雲南武定東玉虛河玉虹河會通河俱入金沙江有瀘津松坪永昌大龍虎頭等關巡司二駐迷易所窪鳥塲

鹽邊廳府西南鹽源縣屬河所拉地嘉慶二十二年增設巡司宣統元年升廳改今名

越巂廳衝繁府北少東二百八十里初因明制爲越巂衛雍正六年廢衛設廳南大孤山小相公嶺西小孤山阿露山又西南嶲山大渡河自打箭鑪入納松林河鹿子河東北流老鴉漩河自西來合二小水注之又東北入清溪越巂河自廳西南二水合流逕廳東保安河發梅營水東來注之又東北納寧越營桂賢村二水入峩邊注大渡河小相公嶺青岡海棠嘎經四關經歷駐大樹堡

沙麻宣撫司隸西昌在縣東北康熙四十九年置

瓜別安撫司隸鹽源在縣西北康熙四十九年置

木裏安撫司隸鹽源在縣西北雍正八年置

威龍州長官司隸西昌在縣東南元威龍州地明洪武間置司仍明舊

普濟州長官司隸西昌在縣西南元普濟州地明洪武七年置土知州康熙四十九年改置

昌州長官司隸西昌在縣南元昌州地明洪武九年以雲南大理府土顯調守仍明舊

河東長官司隸西昌在縣東南明爲宣慰司康熙四十九年改置

阿都長官司隸西昌在縣東南順治六年歸附康熙四十九年授宣撫司雍正六年改置

阿都副長官司隸西昌雍正六年置

馬喇長官司隸鹽源在縣西南與雲南永北廳接界康熙四十九年置

邛部長官司隸越巂在廳北康熙四十二年歸附授宣撫司五十二年改置

雅州府衝繁難建昌道治所明雅州順治初因明制爲直隸州領縣三雍正七年升府撫民同知駐靖西關地在哲孟雄之北爲亞東出入要路有商埠以其地增置雅安縣改天全土司爲天全州改長河西魚通寧遠宣慰司爲打箭鑪廳八年改黎大所爲清溪縣均屬府光緒三十年升打箭鑪爲直隸廳三十四年升康定府東北距省治三百四十里廣五百十里袤三百八十里北極高三十度四分京師偏西十三度二十一分領州一縣五土司一

雅安衝繁難倚西雅安山縣以此名東周公南嚴道山北七盤山青衣江一名平羌江俗稱雅河即大渡水自蘆山入至縣北門外東南流入洪雅小溪河自名山入邛水自滎經入並入青衣江北飛仙金鷄南飛龍三關

名山衝難府東北四十里城內月心山西北名山縣以此名西蒙山東白馬南總岡東北百丈山名山水在縣東二百步東南流入雅安小溪河東百丈河源出蓮花山東南流入蒲江爲鐵溪河東黑竹關一驛百丈

滎經衝繁府南九十里北銅山東孟山西中峻南邛崍瓦屋大關滎經二水爲邛水上源滎水出邛崍山五派並發流逕城西而合又北流繞城北與經水合曰滎經水又北名邛水入雅安下改溪源出下改山北流至城南入經水祭風溪在西源出龍游山入滎經水西北紫眼西邛峽東北陰三關一驛箐口

蘆山簡府西北百里東始陽山即禹貢蒙山相接爲盧山西北通靈山爲外番要道南青衣水有二源西源即天全州流入之沫水東源出邛州伏牛山即古青衣水二水夾城東西流會於城南又西南流折東入雅安和川水自天全入逕城南入青衣江曰三江口西北靈關東北八步關東南飛仙關

天全州繁難府西少北百二十里東多功臥龍南禁子西馬鞍東北金鳳山沫水一名浮圖水自羌界入逕州北東南流入蘆山南和川水一名始陽河二源合而南流折東亦入蘆山碉門更目駐西禁門仙人紫石三關

清溪衝繁府西南百六十里東冲天西牛心南盤陀東北聖鐘山又縣北五十里有大相公嶺即黎經之邛崍山大渡河一名瀘水在縣南自打箭鑪入與越巂分水穿涼山夷界入峩邊爲中鎮河南兩潤水東源出邛崍山玉淵泉逕城東西源出邛峽山二源溪流逕城東西與漢水合入大渡河巡司一駐黃木廠南黑崖清溪二關驛二泥頭沈村

董卜韓胡宣慰司隸天全在州西北仍明舊有靈關河逕司西北與多功水合又冷邊長官司亦隸天全沈邊長官司隸清溪均於宣統三年改流

嘉定府衝繁隸建昌道明嘉定州順治初因明制爲直隸州領縣六康熙十二年升府以其地置樂山嘉慶十三年設峩邊廳北距省治三百九十里廣六百餘里袤二百九十里北極高二十九度二十六分京師偏西十二度三十一分領廳一縣七

樂山衝繁倚城西隅高標山東凌雲烏尤北白崖山通江即岷江自青神入逕城東南會陽江入犍爲陽江即大渡河自峩眉入逕城西南與青衣江合青衣江一名平羌江自夾江入逕城西納泥溪竹公溪二水入岷江西蘇溪西南臨江溪均入峩眉入蘇溪入青衣江臨江溪入大渡河東安慶關北平羌嘉禾二關

峩眉繁府西七十里大峨中峨小峨三山俱在南西南綏山西北鋒山大渡河亦名中鎮河自峨邊入徑峨南東北流與羅目江合入樂山爲臨江溪北蟲石河發源大峨山麓合符文水東南流逕城北亦入樂山爲蘇溪西南土地太關二關

洪雅繁府西北

百三十里南隱蒙八面東烏尤島仙山西竹箐山東北金鷄山西南遜周山青衣江自雅安入逕縣南又東南入夾江一名洪雅江擁雷水出可慕山谷逕縣入丹稜龍門溪二源合流東北入青衣江花溪源出滎經東北流至城西入青衣江西竹箐關 夾江 繁府西北八十里雲吟平羌東虎層南鳳凰北大觀山觀斗山青衣江自洪雅入逕城西南南流入樂山西飛水溪一名濛布泉與青衣江合西南龍鼻溪繞龍鼻山入口西鐵石關 犍爲 衝難府東南百二十里南子雲山東天馬東張網山北舞鳳山西南沈犀山岷江自樂山入逕縣東又東南入宜賓南沐溪清水溪俱在南並發源屏山東流入江東北四望溪自榮入逕三江鎭下與江合鹽捕通判一駐黃角井大使一駐牛華溪 榮 繁難府東百五十里北鐵山榮黎東梧桐西鳳西白石龍虎南龜泉山五保山榮溪自仁壽入有二源東西夾城流至城南而合東南流入富順大牢溪源出鐵山南流逕城西至宜賓入岷江縣丞一駐貢井 威遠 繁府東二百六十里西北雲臺西龍泉老君山西北龍泉西紫金山西北獻寶溪一名破黃溪三源合流至縣東有龍會河自西北南流注之即秦川溪也南入富順 峩邊廳 要府西二百六十里本峩眉縣地乾隆五十五年設主簿分駐嘉慶十三年裁主簿置廳設通判九路皆爲彝地南龍山東樂子山左界馬邊右接夷境西橫木北馬湖山中銅水即大渡河自清溪入逕廳北又東入峩眉廳屬有嶺夷十二姓地

潼川府 衝繁難隸川北道明潼川州 順治初因明制爲直隸州領縣七雍正十二年升府以其地置三臺縣西南距省治三百二十里廣三百八十里袤五百七十里北極高三十一度六分京師偏西十一度十六分領縣八 三臺 繁難倚東東山在縣東四里又黃龍鼓樓西三臺山縣以此名南印臺金魚西南牛頭東北萬峯中江即古五城水自中江入逕城西南入涪江涪江自綿州入逕縣東北入射洪又東桃花溪亦入射洪縣產鹽上井三中井九下井二百十六縣丞駐劉盧溪 射洪 繁難府東南六十里南白巖東武北金華東南通泉山東北公成山涪江自三臺入逕城東又南流入蓬溪梓潼水一名射江亦曰瀾江自鹽亭入南流逕東南獨坐山下入涪江一曰射江又曰白馬江東黃涪溪亦自鹽亭入與梓潼水合桃花水自三臺入南流入涪江通判一駐太和鎭鹽課大使駐青隄渡 鹽亭 簡府東少北百二十里西負戴山東光嶸南寶蓮北金紫鹽亭水亦名小沙河發源縣東北境下流入梓潼水梓潼水自綿州梓潼入逕城南合鵝溪入射洪有鹽井二十 中江 難府西百二十里城內斗山東五城興西樓妙陽江對峙西南銅官山中江水名凱江自羅江入逕城西南又東北流入三臺雙楠河源出縣西北白蓮洞東南流逕城西轉南至銅魚山下入中江巡司一駐胖子店 遂甯 繁難府東南二百十五里東銅盤龍頭西寶山北廣山西南甯臺與寶嘉金魚二山相連爲三峯涪江自蓬溪入逕城東又東南入合州東北郪江西有三源東北流至蓬萊鎭合入涪江安居水一名關箭溪自安岳入逕城西南入銅梁鹽井五十二縣丞駐洋批驗大使駐梓潼鎭 蓬溪 繁難府東南百九十里東蓬萊赤城西龍門南銅鉢北石龍西北北馬山涪江自射洪入逕城西南流入遂甯西北郪江東流至黃龍鋪入浩江又北蓬溪源出西光西南流逕城北入遂甯鹽井七百九十五縣丞駐蓬萊鎭鹽課大使駐康家渡 安岳 繁難府南三百八十里治後鐵峯山東紫薇白雲西大雲南安泉東南賽居山安居水自樂至入逕城北又東南入遂甯魚海河有二源一東流至城東合入安居水南岳陽溪東南流入大足 樂至 簡府南少西二百九十里南棋盤山東玉欄坡山金雞山西周鼎東南乾飄山安居水源出縣東北東流玉蟾溪源出縣西清水潭東流北入安岳又樂至逕縣東二里縣南以此名

綏定府 繁疲難隸川東道明達州 順治初因明制爲夔州府屬之達州雍正六年升直隸州以夔州之東鄉太平新甯三縣來屬嘉慶七年升府改名綏定並於州地置達縣升太平爲直隸廳十九年以順慶府屬之大竹渠二縣來隸道光九年移太平同知駐城口改名城口廳太平廳還爲縣均仍隸府西距省治一千二百里廣四百三十里袤六百餘里北極高三十一度十八分京師偏西八度五十一分領廳一縣六 達 繁疲難倚東龍城山大竹南火峯南巖西石城金華東南金匱石門東北竹鑪山通川江即渠江自東鄉入逕城南又西南入渠縣爲宕渠江南江自新甯入東會瀘灘河北流折西至城東入通川江北水即巴江自巴州入並合通川江西鳳皇鐵山龍船三關巡司駐麻柳場 東鄉 簡府東少北九十里東平樓文字西印石南金榜北蟠龍東南義城山西南石人山前中後三江爲通川江上流俱自太平入至城東合流入達縣長樂河上流爲白龍赤甲二泉源出東長樂鋪合西流至城南入通川江文字溪發源文字山合前江有高橋馬渡二關 新甯 繁難府東少南百一十里西屏山東鷄山南冠子山北天馬西南鼓嘯山東北莪城山南江自縣東北三角山發源逕城南折西北淺合聯珠峽水入達縣滋灘水源出大竹山自達縣東南流北流與南江合開江在縣東北東流入開縣東豆山關 渠 簡府西二百二十里北龍驢西玉蟾山東北八濛大斌渠江即宕渠水自達縣入逕城東又西南入廣安流江白黃山入東南流與渠江合白水溪源出東南白水洞西流入渠江北衛渠關縣丞駐三匯場 大竹 繁府西南百二十里東月城山西九盤鄰山東北獅子山金盤山亦名仙門山仙門水自月城山發源鄰水自鄰山發源井西南流入鄰水北東流溪一名清溪河西流入渠縣汴渠江縣丞駐石橋鋪 太平 要府東北四百十里南巢屏東天池板瀧北大橫山前中後三江俱自縣境發源逕城東西入並入東鄉白沙河源出板寨山西南流逕城東南入後江東藍津關 城口廳 繁疲難府東北三百六十里西城口山廳以此名東南金城東北黃磁山北江自黃磁山發源經大竹渡折北入陝西紫陽爲任河沘漢江萬頃池在峽口山南鄰境之水多源於此東北深溪關

康定府 要隸康安道明長河西魚通安遠宣慰司 康熙初明宣慰司以地歸附雍正七年移雅州府同知來治置打箭鑪廳仍隸雅州府光緒三十年升直隸廳三十四年升府改名康定隸康安道升裏化縣爲裏化廳並以河口稻成二縣同隸府 宣統三年舊隸打箭鑪之宜慰宜撫安撫長官各土司全體改流先後分別設治並各就其地置委員理事等官 東北距省治九百六十里廣六百四十里袤八百三十里北極高三十度九分京師偏西十四度三十八分領廳一縣二 東大鬮山南無脊山東南大雪山東北郭達西南折多山爲入藏要道鷄龍江即古若水自青海境發源南流逕府西南入冕甯大渡河即古沬水自慰功入逕府東又南入清溪瀘河源出折多山東北流至城西南有木鴉河自番界東流來注並入大渡河有權瀘瀘關巡司一駐稅定橋一驛泉壩 裏化廳 要府西六百四十里裏塘宣慰宣撫司地舊設有恒務委員光緒三十二年設裏化縣三十四年升廳東紫木喇山東北高日山東鷄龍江自喇滾入有三渡水自鹽源之木裏土司及雲南中旬來注之會金沙江入馬湖西南色隆達河源出額東額山入金沙江 河口 要府西裏塘明正兩土司交界地舊名中渡光緒三十二年裏塘改土流設縣西有鴉龍江 稻成 要裏塘土司地舊名稻壩光緒三十二年改流三十四年設縣縣丞一駐貢噶嶺

巴安府 要康安道治所督辦川滇邊務大臣接濟使衝鎭安兵備兼分巡道駐巴塘宣撫司地 光緒三十一年改流三十三年置巴安縣三十四年升府並置三壩廳鹽井定鄉二縣隸之東北距省治二千一百里領廳一縣二 東龍新山甲曠喇山西南甯靜山巴冲楮河自曠對入與金沙江合色楮河即金沙江自三巖入逕府西至得桑入雲南麗江 三壩廳 要府東二百三十里巴塘裏塘兩土司交界地三十三年改流三十四年設廳駐通判 鹽井 要巴塘土司地光緒三十一年改流三十四年設縣瀾滄江自察木多入繞由雲南入緬甸 定鄉 要裏塘土司地舊名鄉城光緒三十二年改流三十四年設縣

登科府 要德爾格忒宣慰司地邊北道治所 宣統元年改流析其地爲五區於北區設府仍名登科並置德化白玉二州石渠同普二縣隸之東北距省治三千三百五十里領州二縣二土司十二 川藏交隘東達甘孜瞻對西擁納奪察木多南與巴塘乍了接壤北界西甯俄落乃金沙江之上游 德化州 要德爾格忒土司中區地舊名更慶宣統元年改流設州鴉龍江自甘孜入瞻對巴冲楮河自巴塘入下流入金沙江 石渠 要府西北二百一十里德爾格忒土司北區地即雜渠卡一名色許宣統元年改流設縣 白玉州 要府南六百三十里德爾格忒土司南區地宣統元年改流設縣北有海子山 同普 要德爾格忒土司西區地宣統元年改流設縣並分管察木多呼圖克圖及納奪土司之地 乍了 呼圖克圖地入藏要路宣統三年設理事官 察木多 呼圖克圖地亦名昌都東接德格納奪貢覺西與八宿諾隆宗墨達舊設有糧員置兵成之宣統三年增設理事官 得榮 巴塘土司地與雲南接壤宣統三年設委員 江卡 舊爲給藏地道有兵成北接三繳乍了西連波密察木多宣統二年收回三年設委員 貢覺 舊爲給藏地宣統二年收回三年設委員 桑昂 舊爲給藏地宣統二年收回三年設委員 雜瑜 舊爲給藏地宣統二年收回三年設委員 三巖 野番地跨金沙江之上有上下中巖巖之分宣統二年歸附三年設委員下 甘孜 麻書孔撒兩土司地宣統元年改流設委員彙管白利東科德格倬倭章谷之地 章谷 土司地與孔撒麻書德格瞻對均接壤改流後亦名爐霍屯宣統三年設委員 道塢 麻書孔撒兩土司地宣統三年改流設委員 瞻對 舊爲土司地給與藏人東連明正里東孔撒麻書章谷各土司界南接裏塘毛了巢韓西北與德格接壤瞻對龍江之上游有上瞻中瞻下瞻之分亦名三瞻宣統三年收回設委員

邛州直隸州 衝繁隸建昌道明州 東北距省治百八十里廣二百二十里袤百五十里北極高三十度十八分京師偏西十二度五十三分領縣二 東南銅官山南文華古城西相臺馬嵐七盤北渠亭西南邛峽山南邛水即古僕千水亦名文井江源出西北牛心山東流入新津牙江斜江水瀉流俱自大邑入東南流與邛水合西南火井夾門縣巡司駐火井漕 大邑 繁難州北少東四十里東銀屏山西高唐山北霧中山西北鵝鳴山牙江水源出縣境濤水源出鳳凰山斜江水源出鵝鳴山並東南流入州東乾溪鐵山 蒲江 簡州東南六十里南金釜山長秋山北白鶴山南蒲江自丹稜入東北流入州合邛水北鐵溪河自名山入即百丈河下流會蒲江入邛水西南黑竹關

綿州直隸州 衝繁難舊隸成綿龍茂道光緒三十四年裁明成都府屬州 順治初仍明制雍正五年升直隸州以成都之綿竹德陽安及保甯之梓潼來隸並設彰明羅江二縣尋改彰明屬龍安府乾隆三十五年移州治羅江省羅江縣嘉慶六年還舊治復設羅江西南距省治二百七十里廣三百里袤百零五里北極高三十度二十七分京師偏西十一度三十五分領縣五 東金山南延賢東北天池北綿山州以此名綿江自彰明入逕州北涪東又東南入三臺亦謂之內水龍安水茶坪水俱自安縣入並東南流與及江合州產鹽有中州十一下井一鹽捕州判駐豐谷井縣丞駐魏城驛二觀城金山 德陽 衝繁州西南百五十里北鹿頭山浮中山綿水一名綿陽河石亭水自綿竹入東南流逕城南入漢州石亭水亦綿竹入逕城西南入漢州北鹿頭關一驛旌陽 安 繁州西北百一十里北千佛東西昌山南浮山東北金山黑水河一名甯口河冷水河水曰乾河並東南流入羅江茶坪水源出千佛山發源東南逕城西會龍安水入州西小壩雕水北曲山三關 綿竹 繁州西南百八十里北武都南文曲西南飛兔西北紫巖山綿水石亭水俱自茂州入左流爲綿水逕城北東南入德陽射水一名紫溪河源出三溪山逕城南與石亭水合白水河源出土司漆寨坪東南流逕城西南馬尾河源出土司天池山東南流逕城西北折而東並入射水河南石碑鎭 梓潼 衝繁州東北百二十里東兜率山西葛山南長鄉山北五婦山梓潼水一名岐江源出龍安平武山谿東南流逕城西南又南入鹽亭即古馳水也西北九曲水源出龍安洞子口九轉入潼江一驛武連 羅江 衝繁州西南九十里北潺山南天臺山西南龍池山黑水冷水俱自安縣入東南流至縣東北合是爲羅江又折南逕縣東入中江南芙蓉溪源出白馬關下東南流至縣南與羅江合一名三紫水西南白馬關一驛羅江

資州直隸州 繁難隸川南永甯道明資縣 順治初仍明制爲資縣屬成都府雍正五年升直隸州以成都之仁壽井研資陽內江來屬西北距省治三百四十里廣四百三十里袤五百里北極高二十九度五十分京師偏西十一度三十二分領縣四 資山在西北州以此名南銀山鐵山西南玉京金鑪西盤石山中江自資陽入逕城西南爲資江亦曰中江北納小溪西納大濛溪東南流入內江珠溪源出井研北境東北流至州西北與中江合大濛溪源出西龍家壩又名都溪東流逕城南至唐明渡入資江州判駐羅泉井一驛珠江 資陽 繁難州西百三十里東寶臺萬鑪西鳳臺南書寮西南獨秀亦名資山沱江亦名雁江自簡州入錫花溪自樂至西來注之資溪孔子溪均東來注之南入州一驛南津 內江 衝州東南九十里西綿龍華東清降福南鐫西南石城東南金紫山沱江自州入逕城南流河合高橋河入之西入富順西南玉帶溪流合中江城內南北隅有桂湖與中江通一驛安仁 仁壽 繁難州西二百里三峨山峙東西北三隅南覺山西大池東佛殿山赤水一名黃龍溪自簡州入西流逕縣北又西入彭山合府河魚蛇水發源縣西境西南流入眉州 井研 簡州西南二百四十里城內鰲山書臺五星北瑞芝九龍東北鐵山西南磨玉山擁思茫水有二源夾城西南流合爲泥溪入樂山縣產鹽有上井四中井七下井二百二十六

茂州直隸州 中原隸成綿龍茂道光緒三十四年裁明成都府屬州 順治初仍明制雍正六年升直隸州以成都之汶川及保縣來隸嘉慶六年省保縣入雜谷廳東南距省治四百十里廣百八十里袤四百三十里北極高三十一度三十七分京師偏西十二度三十一分領縣一土司六 東南岷山一名雪山俗呼九頂山北自松茂南接灌縣東五味山南巨人北茂濕山岷江自松潘入南流逕州西亦曰汶江黑水河即古翼水東南來注松溪自黑虎寨來注又北納三溪南納南龍溪及白水河西流入江東桃坪南七星關門實大四關一驛來遠 汶川 衝繁州西南百二十里南岷山又南嶺娘子嶺爲縣門戶東玉疊西河屏北壽山七盤東南嶇龍泉山峽江自雜谷入逕縣北名汶江亦名玉輪江東納大溪口水西納登溪溝水逕城西南桃川水自東來注又草坡河龍潭溝天赦山水臥龍關水並東南來注入灌縣有桃關徹底二關驛二寒水太平 瓦寺宣慰司 隸汶川在縣西北明爲安撫司嘉慶元年改置司境有草坡河 沙壩安撫司 隸州在州北仍明舊 靜州長官司 隸州在州東仍明舊 岳希長官司 隸州在州西仍明舊 實大關長官司 隸州在州西仍明舊 隴木長官司 隸州在州西仍明舊

忠州直隸州 繁難隸川東道明重慶府屬州 順治初仍明制雍正十二年升直隸州以重慶之酆都墊江及夔州之梁山來隸西距省治一千五百里廣二百六十里袤百八十里北極高三十度十六分京師偏西八度二十分領縣三 東鍾秀西高盈山屏風山東南涂山東北九亭山大江自酆都入逕城西西溪來注又逕州東涂溪河來注又東塗井河自西來注又北入萬縣州產鹽有上井三中井八下井二十四州判駐石橋井巡司駐敎里入甲東南塗井鎭 酆都 簡州西南百十里東青牛大峯西石壁南金盤東北平都山水經所謂徑東望峽東歷平都耆也大江自涪州入東北流逕城南又東北入州渠溪自州西南流葫蘆溪自石柱西流碧溪自金盤山東南流並入大江西北涪鎭 墊江

繁難州西北三十里東佛轉山西白龍洞南望月東南將軍隘山灘平水有三源北源出石人山西源出白龍洞南源出將軍山會於三河口又東與高灘溪合高灘溪自梁山入逕城東南又西南入長壽爲龍溪一驛白渡

梁山繁難州西北百里東峯門西金鳳南石馬北高都東蟠龍山下有溪東南流入州爲涂溪又桂溪發源五斗山北流逕城西折西南流入墊江爲高灘溪舒溪源出縣境東南流入萬溪虎溪鎮一驛太平

酉陽直隸州繁難隸川東道明酉陽宣慰司屬重慶府順治初仍明制雍正十二年改重慶屬之黔江彭水二縣置黔彭直隸廳十三年又改平茶長官司爲秀山縣屬廳乾隆元年廢廳改爲酉陽直隸州以黔彭秀三縣來隸西北距省治一千七百四十里廣四百六十里袤五百六十里北極高二十八度五十一分京師偏西七度三十八分領縣三北酉陽山州以此得名東龍山荷數西鬼巖南佛山東南三江山黔江自貴州安化入逕城西納南溪河洪渡河入彭水北河自湖北來匯入逕城東南流會邑梅河折東入湖南保靖爲酉水東南疊溪上承凱歌河自貴州銅仁入亦名買賽河東北流秀山之嗜溪來會又納後溪容溪東入酉水州同駐龍潭鎮巡司駐龍潭鎮

秀山繁難州東南二百六十里西高秀山縣以此名東巴慣山南擎圍畢桂西南百歲山嗜溪出焉東興滿溪合入州會買賽河南流澄溪東合邇岫溪入凱歌河邑梅河在東南有紅河溪會嘉塘河東北流注之又與北河合巡司駐石堤

黔江簡州北二百一十里東酉陽山北黃連大壅山西金雞響山西南梅子關山唐巖河自湖北咸豐入大木溪合七十入溪水來入之阿蓬水亦名東小溪逕城東南又西南入州爲南溪河有石勝白崖梅子三關

彭水難州西二百里西壺頭山東甘山南丹陽西南盈川山東北伏牛山涪陵江即黔江自州入西納長溪北逕城西龍貫河自黔江來會後江河水洞河入之又北納合溪河射香溪西入涪州合大江東北亭子關東鹽井郁山二鎮巡司駐郁山鎮

眉州直隸州衝繁隸建昌道明州康熙初彭山青神二縣先後省入州雍正六年復置仍隸州東北距省治百九十里廣百六十里袤百八十里北極高三十度六分京師偏西十二度三十一分領縣三西南連璧山西醴泉北蟠龍東鵝頭山下臨玻璣江一名蟆頤津即岷江自彭山入逕武陽驛分流復合南入青神醴泉江發源蟆龍山東西二源出盤龍山分流至州北合爲雙河口繞州城與松江合入岷江思濛江在南一名芙蓉溪擁甘水在西南一名金流江俱自丹棱入逕州東南流並至青神與岷江合有魚耶東館二鎮

丹棱簡州西九十里南長山北龍鵠山東南三峯金釜二山思濛江源出龍鵠山東郎川源出赤崖山與思濛合雅甘水自洪雅入俱東南流入州南爍頭鎮

彭山繁州北四十里東金華山北彭亡山本名彭女山名彭望東北蟠岷天社西北廻龍山大江一名汶江又名武陽江自新津入逕城東北入州府河即錦水下流納赤水俱自仁壽入南流入大江東北雙江鎮

青神衝州南八十里西熊耳西名棱山東上巖中巖下巖即三巖大江一名爆江自州入南流入樂山思濛江雍甘水俱自州入東北魚蛇水自仁壽入西南流並入大江

瀘州直隸州要衝繁難川南永甯道治所明州光緒三十四年析九姓鄉隸永甯州西北距省治七百五十里廣三百十里袤二百二十里北極高二十八度五十四分京師偏西十度五十七分領縣三州治在忠山麓即寶山一名瀘峯東神臂巖南方山北玉蟾山資江即沱江下流自富順東流逕城北門外至城東北與大江會大江自納溪入東北流逕城南折流入沱江曰合江又東入合江悅江源出榮昌白馬洞南流入大江支江自富順樓子漕入思晏江自榮昌入並南入資江九曲溪自隆昌入南流至玉蟠山下合思晏江南龍透北玉蟾二關巡司駐嘉明鎮州判駐九姓鄉

納溪衝州西南四十里東樓子擬旗西冠山南馬鞍山北濱江西納溪俗名濟水河即永甯河下流源出阿永番部東流入大江南倒馬石虎二關驛一江門

合江衝難州東北百二十里南少岷即安樂山東南榕山西南丁山大江自州入東流逕北門東入江津安樂溪一名小江即古大涉水亦曰鰼部水自貴州仁懷入之溪亦自仁懷入合流至城東北入大江南符關

江安衝州西南百十里南南照山北北照山東鳳凰山大江在城北自南溪入東北流入納溪清溪自長寧入東北流逕城西北入大江綿溪源出連天山亦入大江曰綿水口

永甯直隸州要衝繁難隸川南永甯道明敍州府敍永同知及貴州都司永甯衞轄地順治初仍明制置同知隸敍州府析永甯衞隸貴州威甯府康熙二十六年改衞爲縣雍正五年廳地併入縣改屬敍州府八年復設同知乾隆元年升爲敍永直隸廳以永甯縣來屬光緒三十三年以永甯移治古藺三十四年改廳曰永甯直隸州改縣曰古藺並析瀘州之瀘衞分州地曰九姓鄉置古宋縣屬焉西北距省治九百九十里廣四百餘里袤三百九十里北極高二十七度五十六分京師偏西十一度十三分領縣二東天馬山西寶頂南青龍東北紅崖東南獅子山永甯河亦曰界首河一源自小井壩入逕城西一源自鐵矢坎入合北流通江溪自貴州入納魚漕溪注之入納溪合大江東羅付大河與貴州遵義接界下流入烏江東雪山西北江門二關驛一永安

古藺繁難州東九十里舊爲巡檢司駐光緒三十三年改永甯縣爲今名移治此東雪山西海漫山赤水河自雲南鎮雄入逕赤水衞東北合永甯河入納溪北佛口關縣丞一駐赤水鎮

古宋衝繁難州西舊瀘衞明設九姓長官司屬永甯衞後屬瀘州順治四年歸附仍明制康熙二十四年併入瀘州雍正四年設州同後改州判光緒三十四年裁升縣改今名西中和山南古洞巖魚漕溪東流入州合通川溪

松潘直隸廳要衝繁難舊隸成綿龍茂道明松潘衞隸四川都司順治初仍明制爲衞屬龍安府雍正九年裁衞置廳乾隆二十五年升直隸廳舊隸成綿龍茂道松潘鎮總兵駐南距省治九百五十里廣二百七十七里袤二百二十里北極高三十二度四十六分京師偏西十二度五十一分南火焰山北大小分水嶺西北岷山卽瀆山又謂之汶阜一名沃焦山禹導江處其水曰瀆水卽岷江一曰汶江東雪欄山下有白水爲涪江之源合三舍堡峒口諸水經小河營曰小河入平武岷江自岷山之羊膊嶺南來殺鹿洞一水東來注經黃勝關弓槓口一水西來注逕疊東南左納東勝河右納窗河又南左納雲昌溝右納山壩溪經平定關入茂州西黑水河有南北二源合流亦入茂州有望山等關風洞紅崖黃勝平定武都等關巡司一駐南坪

石砫直隸廳簡隸川東道明宣慰司屬夔州府順治十六年歸附仍明制授宣慰司屬夔州府乾隆二十七年升爲直隸廳西距省治一千二百里廣二百三十里袤二百四十里北極高三十度十八分京師偏西八度十五分東石砫山南大峰門山北方斗山大江自酆都入右納神溪鐵溪沼溪東北流入萬縣東南賓河有二源俱自湖北利川入曰龍駕溪曰冷箐溪逕沙子關合爲三江溪又西南流曰後河逕廳北大鳳溪來注又西南江池溪自龍潭來注又西南爲葫蘆溪西北流入酆都注大江南沙子大風二關巡司一駐西界沱

理番直隸廳難舊隸成綿龍茂道明雜谷安撫司屬茂州順治初仍明制乾隆十七年改廳駐理番同知二十五年升直隸廳嘉慶六年以茂州屬之保縣入之東南距省治三百八十里廣九百六十五里袤一百七十里北極高三十一度四十分京師偏西十三度十三分領土司四西熊耳山東高碉北馬鞍龍山西北姜維花壆二山大江自茂州入逕廳東南又南入汶川沱江在城西西北有二源南曰雜谷河北孟董溝並東南流至城西北而合川折南入大江西大溪源出梭磨土司東界大雪山東南流亦入大江西南維關鎮遠關東北鎮安關

梭磨宣慰司廳西北舊爲長官司乾隆四十年升置大溪源出司境大雪山東北流入廳

從噶克長官司廳西北乾隆十八年置

卓克采長官司廳西乾隆十四年置

丹壩長官司廳西舊爲土舍乾隆二十四年改置

懋功屯務廳 大小金川土司地順治七年小金川歸附康熙六年大金川歸附雍正元年授安撫司乾隆四十一年分置美諾阿爾古兩廳四十四年併阿爾古入美諾四十四年改懋功廳駐同知理五屯事務廣千四百五里袤五百七十里北極高三十度四十四分京師偏西十三度六十分領屯五土司二

懋功屯廳治東巴郎山南漢牛雪山北日爾拉山西南喇嘛寺山東北商角山小金川河自撫邊入東南流逕廳北受南北兩山水至章谷合金沙河

撫邊屯廳北百三十五里北孟拜山西空卡雪山小金川河在屯南合日爾拉索烏巴耶諸山水西南入懋功

章谷屯廳西百八十里東麟爾多山丹噶山金川河自崇化入逕屯東南與小金川河合折西南流入打箭爐爲大渡河

崇化屯廳西二百五十里東刮耳崖東南丹噶山東北木果木山金川河自綏靖入逕屯西入章谷小溪河發源空卡山東流入小金川河

綏靖屯廳西二百七十里東索烏山南足古山東南功噶山金川河自綽斯甲布土司入逕屯西入崇化

鄂克什安撫司廳東乾隆十五年置

綽斯甲布安撫司廳西乾隆四十一年置東宜寨山金川河自司境南流入綏靖

清史稿

地理志十七

福建

福建禹貢揚州南境明置福建行中書省改承宣布政使司清初爲福建省置閩浙總督康熙二十三年海島平以其地置臺灣府雍正十二年升福甯州爲府永春龍巖爲直隸州增置霞浦屏南福鼎光緒十三年升臺灣府爲行省與福建分治後入日本東至海百九十里西至江西石城千五百五十五里南至海二百七十里北至浙江景甯四百六十里廣九百一十里袤九百七十五里南至詔安縣南境北極高二十三度四十四分北至浦城縣北境北極高二十八度東至長樂縣東境京師偏東三度一十七分西至武平縣西境偏西二十二分宣統三年編戶二百三十七萬六千八百五十五口一千四百二十二萬九千九百六十三領府九直隸州二廳一縣五十七

福州府衝繁疲難清爲省治閩浙總督暨巡撫布政提法交涉提學四司鹽糧巡警勸業四道福州將軍副都統駐道光二十三年與英訂約五口通商之一租界在閩江北岸曰南臺與府城對航路廈門福州三都澳驛路北逾仙霞嶺達浙江江山西南達廣東黃岡電線由福州北通杭州西南通廣州東通馬尾川石山東北通三都澳海線由川石山東通臺灣淡水由廈門東北通上海西南通香港北至京師六千一百三十四里廣三百七十七里袤四百十二里北極高二十六度三分京師偏東三度領縣十

閩衝繁疲難倚府東偏東鼓山爲郡之鎮東南九仙大象南臺南方山海自浙江溫州逾西南入福甯環府之羅源連江至縣東百九十里爲五虎門其外大洋其內閩江口閩江閩大川上匯富屯沙建三溪至侯官分二派入北派承洪山江東逕中洲爲南臺江至中岐螺洲左江合大定江濱江亦曰東峽江至羅星塔南派澤苗江入爲陶江逕爲馬頭合黃山水又東南爲陰崎江又東爲烏龍江右合榕溪又東赤日西峽江又東來會又東過寄洲右納太平港水逕員山又北支津北抵亭頭鄉又東爲瑣琦江復岐爲二一西北出五虎門一東南與長樂分岸爲廠石江梅花江出白猴嶼花入爲其下歷興化泉漳至粵水程二千里陸千二百里閩海關總口二一駐南臺海防同知同一駐閩安鎮副將同順治十五年築城置戰船南北岸磯臺縣丞駐營前雍正十二年徙三水部關外鎮口中洲三鎮巡司三閩安五虎門永慶三山大田二驛

侯官衝繁疲難倚府西偏西南隅閩山山北隅越王東北隅冶山方山西南怡山西清泉西北雪峰北蓮花壽山西北梧桐嶺城南閩江西北上承閩清大溪入逕大竺左合陳溪至小箬仍錯出復入右合龍溪左大穆旦溪又東南左合黃石溪至過山洲合陳塘溪爲馬瀆江又東過懷安洲岐爲二北派東南左合五峰山水爲石岊江又爲螺江金鎖江王城西爲洪山江分流復合左合西湖水南派右納橡梯嶺水又南大橡溪自永福入合湛溪潢溪諸溪印溪岐爲澤苗港先後來會爲澤苗江又東南並入閩北官溪出蓮花山北會板橋塘水折西右合長箕嶺水逕下密折東北爲日溪爲密溪入連江西湖東湖南湖並堙西河場縣西西江口大使駐閩畫塊爲埕瀧海水曝之與江淮浙實鹽異縣丞駐大湖梅嶺大穆芋原塗沙四鎮竹崎五縣寨二巡司白沙芋原二驛

長樂疲難府東北百里東壺井山東南龍泉西南岱遇東北越逕北東南際海北界閩之馬江口大平港自七嚴山瑠界西北分入一入其營前一合賚璽溪及文洽濤自東水關民城東出又北合考溪入洋嶼又東至錦港爲广石江梅花江陳塘港入猫嶼其外東沙北犬南犬南爲磁澳江西其仙岐寨蕉山寨西王漳港爲漳江又南王壺井澳爲壺井江又南至鐵纜嶼爲巴頭港三溪入其外雙帆石東洛嶼西洛嶼又南逕御國山小祉大祉爲崧下江口至福清界宋建炎初陳可大始興水利乾道四年徐謩爲斗門及湖塘陂堰瀆田都二千八十三頃磁澳鎮广石霽港澤里厚福四汛猫嶼蕉山小祉廢巡司

福清衝繁疲難府南少東百三十五里城北隅靈鷲山東瑞巖東南郭廬海壇南日東南際海自長樂逾西南爲鼓嶼猫嶼嶼頭龍江口海口江上源崑溪出西北百丈嶺東匯龍潭山水無患溪曰西溪至城南左合東峯山水爲龍首河瀦爲琵琶洋入又東南三山高山市天馬山王蓮盤北際御國山有大扁嶼東沙自鼓嶼漁東南爲大練門海壇南有三十六派湖其北軍山鏡山西水馬山南南茭山草嶼東甲西甲又西南日山漁北大坵小坵至逕江口南日江上游逕江上承蘇漁溪入西南江口橋至蒲田界牛頭前薛峯頭上逕諸汛錦屏江口二礎巡司宏路森嶺二驛

連江疲難府東北百里城北龍際山西北白巖雲居城南金鼇東南定岐東北馬鞍東際海自羅源逾南爲北茭其南北竿塘山與閩南竿塘直連江口江即鼇江上匯羅源羅溪長潭溪及鳳板溪閣清雪峰水甯德排樓溪於五縣寨门又東至羅崙渡爲覽溪又東爲鼇江左合財溪利安溪及雪溪又東逕東岱爲岱江右合蟠步江左珠浦又東與東北鯉溪逕燕窩並入爲東湖濱田四萬餘畝定海北茭小埕三鎮東岱巡司

羅源衝府東北百六十里治鳳山南旋城北文殊山席帽西四明西北洪福礦東南崧崎東北際海自寧德逾南爲鑑江口東與東沖口直循東洛西洛又西可門濂澳門崧

崎江口城西羅川出蒨山合九溪四明溪岐為南北溪復合東逕鳳步跡縣北九龍溪合起步溪來會與白水溪小護溪大護溪並達於松崎江其東南至連江界西南鳳板溪長潭溪西雷口溪上承侯官密溪左納蘇洋溪屈東南為羅溪左納老人山水又東南入連江西北楊溪入寧德鑑江瀛澳松山上地四鎮

古田衝疲府西北二百七十里城北翠屏山城西北臺西南九龍東蓋竹大溪二源東溪出杉洋鎮黃居嶺西南右會太平山水左納甘棠溪又西南左合石馬山水右納寓洋溪又東逕城東為東溪屈南西溪自其右來會南逕鳴玉灘錯閩清復入劍溪自南平入左合赤淩溪嶺頭水折東南逕小武當山北來會曰水口赤名困溪又東南入閩清東蘇洋溪老人山水西南入羅源柯潭平湖各溉二十頃餘縣丞駐水口黃田鎮並有驛白溪西溪廢巡司二

屏南疲難府西北二百二十里雍正十二年析古田置東南羅經山南仙字巖西南靈峰城西雙溪南源出水竹洋北源出天台嶺合為龜溪又南至棠口為棠口溪右合白溪折東南其南龍漈溪黛溪並入寧德西南甘棠溪西富洋溪牛溪

閩清簡府西北百二十里城西南臺山西鼎峰西北白雲南金鐘東北鳳皇城東建江西北自古田入合東溪錯入合石步坑水又東南右合大雄溪錯侯官東北陳溪注之又南梅溪出馬坑嶺會翳疊溪又西左合峰洋溪折東北左合濱水溪又北逕城西環而東南合蓋平仁壽孝順金沙諸里小溪來會曰閩湾口屈東北入侯官清窯鎮洋頭塘汛

永福疲府西南百四十里東北擘絆山北文殊巖城南大張南陳山東觀獵西南高蓋道書第七福地城東大樟溪西南上承德化溪入合狀溪為狀口溪又東北左合東洋村及上下添水又東逕嵩口王巖光寺右納游溪為西溪為東溪又東北左合龜洋溪漈溪為雙溪右納游洋支津為大溪又東北左合梧嶺水右十八溪又東北逕大樟山北是為大樟溪入侯官白葉湖宋乾道二年併溉十頃大樟鎮漈門巡司

福寧府衝隸福州道總兵駐明州領縣三雍正十二年為府割福建之壽寧來隸增霞浦乾隆四年復析置福鼎西南距省治五百四十五里廣三百二十四里袤二百三里北極高二十六度五十四分京師偏東三度四十一分領縣五

霞浦衝繁倚西南霞浦山縣以此名城北龍首南羅浮東薯山西慧日西北望海東南西際海自福鼎迤南小崳山鳥崎港楊家溪納梓柏洋溪為赤溪折東為雉溪入又南三沙迤西小皓瓜溪入又西松山赤岸溪合倒流溪三澗水入又西百茶村歐公河入又西南漁洋埕后堆溪入又迤東南武崎山又南礙大金山千戶所又南羅浮山是為三都澳商埠海關在焉又西葉山又南北壁又南東沖口又西羊福安界其北獸頭山霞浦溪入又北鹽田關柘溪入其西坪溪坑口溪宮溪並入福安斗門關溉田萬頃東沖大金古鎮斗米牙城五鎮柘洋三沙二巡司高羅楊家溪二廢司

福鼎衝繁府東北二百十里治桐山南懸東福鼎山縣以此名東福全東南麥陽西鐵樟南太姥東南際海自浙江平陽迤西南為沙埕港桐山溪出西北金尖山屈東北合金釵溪麥溪南溪折南為烏溪合透堤溪貫嶺溪逕城東而南合龍山溪為夾城溪又東南為關盤港會三河前岐溪象溪其西南合董江為白水江又東南逕金嶼門入又西屏風山有福安塘彈江入又西黃崎山眞審溪入又西北九曲港王柄溪會才溪熊溪躍鯉溪秋溪入又西峽門硤門溪合濮陽溪入又西至霞浦界西南樟柏洋溪入霞浦管洋溪入浙江泰順沙埕峽門南關三鎮秦嶼參將駐有巡司澂城廢司

福安疲難府西北百三十里城北隅銅冠山城東納山北展山東北大東西福源東南馬項城山南重金南際海自霞浦迤西南為官井洋白馬門口大溪二源東溪北上承浙江泰順壽寧后溪自縣界入右會蟾溪西溪上承壽寧托溪來會為交溪至城西樓雲潭右合泰溪是為大溪又東南左納坑口西坪水折西南會松洋溪為三江口又南為蘇江右合薛阪左赤石關水又東南為印江黃崎江入又東南逕白馬門達官井洋入於海有白石關巡司白石鎮廢司

寧德疲難府西南百二十里西白鶴山東官應東南金甌南勒馬北霍童山白玉經三十六洞天第一高二十里周五十里東南際海自福安迤西南為雲淡門松洋溪支津西北自壽寧入納麻陽峽水為南門溪顯聖溪綠屏南界合雙溪來會為外渺溪又東南左合赤溪逕銅鏡為金乘港入又西南北溪西北上承屏南龍漈溪入逕石堂山合嶽溪又南東為金溪又東南覆鼎嶼白鶴山青山其南青嶼門北溪南支合鐘洋溪納楊溪逕城北為藍田溪又東南合古溪又東合蕭嶺水為飛鸞江合焦溪入又西南至羅源界其松洋溪經流東南入福安東湖飛鸞鎮霍童巡司石堂二廢司

壽寧簡府西北二百八十里城北隅眞武山北立茂東鼇珠西大馬托溪即北溪西北自浙江慶元入為九嶺溪又東南合西溪王料灘會南溪其北蟾溪出西北大熱嶺會若溪貫城東出逕筆架山屈東南綠界並入福安達交溪又北西溪出慶元界青田險東合官臺山官田洋水又東為葛家渡溪又北后溪自浙江景寧入為上地溪合小東水又東折北錯泰順復入又東南為百步溪右合武溪復錯泰順與西溪合下游亦汜交溪西南松洋溪自政和入逕芹山至泗洲橋支津西南出又東南王溪口並入寧德里老播陂溉田二百餘畝瀲溪巡司

延平府衝難延建邵道治所明領縣七雍正十二年割大田隸永春東南距省治三百六十里廣三百里袤三百十八里北極高二十六度三十九分京師偏東一度四十九分領縣六

南平衝繁難倚南九峰山東南屏山城西虎頭東北演仙西北蓮花西南金鳳劍江一曰建江為閩江上流二源東北東溪上承建安建溪入逕高桐左合埂遷溪右翠仙洋大小湆水逕城東而南西北西溪上承順昌大溪入逕上洋口左合鶴鵲溪又東南右合黃泥溪王雙溪口右納沙溪又東南折東北逕城南來會是為劍江右合十里庵口溪南平里溪羅源溪左納吉溪又東南左合岳溪右金鋼嶺水尤溪亦自南來會又東左合武步溪入古田東溪黯淡溪南溪龍窟灘險甚嶮峽巡司又大歷廢司大横劍浦二驛

順昌繁難府西北百二十里北華陽山西鳳山西南大明西北七臺城南大溪二源西北富屯溪上承邵武大溪入東南左合順溪右大幹溪逕城西而南亦曰礶砧溪西金溪自將樂入合交溪婆杉溪來會是為大溪右合澗村溪水南溪又東右合石横溪入南平鎮四仁壽上洋大幹安撫仁壽廢巡司

將樂疲府西二百二十里城北西臺山龜山東蓮花西鐘樓東南天階烏石東北封山石帆南仙人塘西南五龍城南金溪西北上承泰寧大溪入逕萬全北合常溪竹洲溪將溪屈東南右合二溪藥水左望江溪解村溪又東右納池湖溪水口溪折東北至城東是為金溪龍池溪合沙溪自北來會又東左合安福口溪逕三澗渡右合將口溪溪村溪左瀨口溪黃坑口溪又東入順昌西北瓜溪屈西北入泰寧萬安巡司

沙繁難府西南百二十里城北鳳岡山西巖山西北陶金西南呂峰北將軍東北馬笠東玉山南七朵其下沙溪二源一太史溪西南上承永安燕水溪入逕李口右合西霞坂水左明溪又北右合蔣坑水左斑竹溪隴東溪南至城東南東溪出順昌界天柱山曰半溪東南王源口又會瓦溪合幼溪又南逕城東來會是為太史溪又東左合鵲鴻溪玉溪楊溪下湧溪下湖溪右洛溪項溪丹溪高溪漁溪入南平北鄉砦巡司

永安繁難府西南三百里城東二山南登雲塔北耕欄西北黃楊巖東南斗山東北寶川城北燕水溪西北上承清流九龍灘水入逕大嶺屈東左合羅峰溪右繼嶺水王八仙巖東連城姑田溪自西南來會是為燕水溪又東右會南溪及浮流溪林田水桂溪至城北右合大梅溪左益溪又東北為貢溪左納坊溪田沙溪右合青溪其東南黃田嶺水北合島阬水為西霞坂水其北明溪自歸化入又東並入鎮二西洋星橋安沙小陶二巡司英果黃楊湖口三廢司

尤溪繁難府南百六十里城北永山西南鵝鵠西璠山東南石井南眠象東參拜尤溪城南二源湖田溪西南上承大田縣溪入逕高才左合包溪右際頭溪及汶水又北左合新橋溪右實溪王城南青印溪出沙界羅巖峰東南右合新坑水左麻溪小溪逕城西來會是為尤溪又東為雲潭右合雙髻山源湖水左華南溪又東左合塔兜右資壽溪入南平明溪北自歸化入又東入沙官陂西南溉田數千頃波及德化界高才坂巡司

建寧府衝繁隸延建邵道明領縣八雍正十二年割壽寧屬福寧東南距省治四百八十里廣四百九十五里袤四百三十里北極高二十七度四分京師偏東二度領縣七

建安衝疲難府東南東北隅黃華山城南覆船山東北馬鞍山東南象山西南龍池建溪亦曰建江二源松溪東北自政和入屈西南左合川石漈右東游横谷坤口千源諸溪又西南左合東蓋溪沙溪至城東南為東溪又西西溪自甌寧逕城西南來會是為建溪又南逕太平驛右合古老嶺下溪秦溪及其支津左納百丈溪房村口溪入南平雙溪大會陂各溉田十一頃迪口縣丞駐村巡司太平一驛

甌寧衝繁附府西北北天湖山西石鳥石東東山城西龍首城南覆船東北天堂西溪二源建陽溪自縣入東南逕葉坊驛柘溪自浦城入迤西南左合蓋嶺水來會為雙溪口又南右合吉陽溪興賢溪躍鯉溪左紫溪宜均溪至城北分流復合於臨江門外是為西溪百丈溪出縣西北山合登仙里水東游溪出東北崙口並入建安巧溪出西黃源嶺入順昌鳳坑水出東北白石山東入松溪將軍山下陂溉田千餘頃吉陽頭二巡司葉坊城西二驛

建陽衝疲府西北百二十里城西隅大潭山西三十里太平九峰磨石西北盧峰北關干東北硯山南蓮臺西南五峰建陽溪亦建溪二源並西北崇溪自崇安入曰北溪左合陳溪又南折東左合芹溪至河船右合石船溪左錦溪及油溪屈西南至城東南西溪出西北毛盧淤山會竹溪瓦溪屈南右合化龍溪折東右合莒溪馬伏溪左龍口溪逕玉枕峰西又東來會是為建溪亦曰交溪迤東南逕樟灘左合寫溪將溪右長澗溪與墩溪徐墩溪入甌寧油陂溉田五十頃南麻沙鎮南蘆竹鎮南樫巡司建溪一驛

崇安衝繁府西北二百四十里南武夷山道書第十六洞天周百二十里峰三十六巖三十七岸璧紅鷹稜疊可愛北黃石東北濟拔西北三髻西白華東仙洲東南秦山崇溪二源東溪出東北石白里匯岑陽寮竹諸山水西有左合小潭溪右浴水溪嵐溪新豐溪至大潭里右合大漈溪又西南至林渡西溪出西北分水嶺會大安源雙溪又東左合溫林觀音二寨水來會是為崇溪又南過押衙洲分流復合逕城東右合黃龍溪又南左合梅溪通西右合九曲溪屈南至黃庭右合黃石溪及籍溪又東南入建陽為北溪蘆陂溉田萬餘頃鎮二溫嶺黃亭五夫里巡司興田廢村大安三驛

浦城衝繁府東北二十七里治黃華山南麓城東隅越王山城北横山東北太姥蓋仙仙霞嶺南回隆西南西陽東南金斗柘溪南浦溪出東北柘嶺西南右合灰塢漈上溪左半源漁倉廣洋諸水又西右合漁梁溪左官田溪側城西南凍蘿夾岸亦曰梅花溪新溪出西北百丈山合洪源溪來會是為柘溪又南右合東源溪左大石溪又西南右合臨江溪左富嶺溪逕曹村右合石陂溪又南入甌寧北盆亭溪西會小竿嶺梨嶺水府溪入江西廣豐注信溪富嶺縣丞治鎮一漁梁巡司二廟灣溪源驛二小關人和

松溪簡府東百六十里治譚獅子山南麓石璧山東王蹈山東南七峰西皆望東北鷲峰松溪二源分出浙江龍泉小梅慶元溫嶼而合逕木城臨入西南逕舊縣塘左納新窰水又西右納松源溪又西至城東南右合杉溪白石溪又西南入政和吳村縣丞駐渭田巡司

政和簡府東百四十五里東池棟山東南大風南飛鳳洞宮山道書三十七洞天東北天柱峰西北南覃松溪自其縣入逕常口迤東南至西津渡七星王西津渡七星溪逕鐵山口合石龜溪胡屯溪又西合茶溪逕城南合官湖又西南來會又南亦曰當陽溪左合小居溪右山表溪入建安為東溪東北新阬水出天柱山東南雙澗溪出溪門嶺合下閩溪李洋水並入壽寧又南和溪出西表嶺入寧德范屯諸陂四十有四下莊巡司又苦竹廢巡司

邵武府衝疲隸延建邵道明屬福建布政司順治三年隸武平道及分守建南道康熙六年並廢改東南距省治六百七十里廣二百二十里袤二百六十里北極高二十七度二十一分京師偏東一度五分領縣四

邵武衝繁疲難倚西南殊山為郡祖龍西登高南福山東鷄鳴東南浮潭北雲際東北泉山邵武溪即大溪西北上承光澤交溪入中合中坊溪左勳溪又東南左合田段溪口右和順高家渡龍關溪逕紫雲灘右合溪西鎮龍橋藥村水又東至城北左合石鼓溪石樵溪又東南右合鹿口溪銅青溪大竹溪折東左合拿口上下溪右衢溪又南左合驕溪至板孔灘右合外石左衙闕溪又南右合謝坊左下黃溪爐溪至水口右合桃溪又東南入順昌宮坊溪出東南宮尖峰西南入泰寧注龍湖溪黃溪溉田四十頃烏坂城城東黃土關西南有黃上三鎮楊水口拿口巡司二

光澤衝難府西北八十里城東羅嘉山西南管蜜西北大和昂山東北烏君鳩西溪上承馬嶺山水自江西新城入東逕羅家渡右會象牙山嶺隘左石螺山水為西溪迤北左得小禾山水又東至水口左納朱溪右陳溪折北合大嶺水至冊下左合馬了山阿家山上下原諸水逕城西支津入城為九曲溪又北過牛洲王城東復與雲際水來會又東至烏洲北溪東北自鉛山馬鈴隘入逕雲際關南會大横山水又西南左合延寮右火燒關水至擎寶右合苦株阮左肩盤嶺水又西逕小寺州右納冷水坑水又西南右合峰坳水又南逕城東來會是為交溪又東南右合花圖水入邵武西北大和山水其西牛田水並入蘆溪松林陂溉田八頃濟化鎮大寺巡司

建寧疲難府西南二百十里西北白鹿山北何家東南大弋城東南山西鳳山城南灘江西南上承寧化寧溪入左合都溪及里源溪又北右合金鐃山水又東北右合百丈濉水是為濉溪逕城東而北匯為何潭又東右合閑山溪逕橫口左納永城溪右合武調溪及馮家漈溪又北東入泰寧東南黃土嶺水東入歸化雙溪張家陂各溉田七頃

泰寧簡府西南百四十里城西闕爐峰山北鎮石西青蓮東北旗山南石山大溪亦東溪東北上爐邵武官坊溪入右會龍湖東溪納龍湖東溪逕濟播右納交溪左合梅林溪及象口溪又西南合龍門溪及將溪至山夾播左納黃溪至城東右合杉溪匯於何潭是為城東三澗折西左合福沖溪均福溪二十四溪至南會保右合瑞溪石塘溪建寧灘江亦自西來會是為雙溪口折南右合龍安溪金口溪又東南為布溪入將樂樂思塘本鎮鎮陂溉田四十頃

汀州府衝繁疲隸汀漳龍道東北距省治九百七十五里廣三百五十五里袤四百三十里北極高二十五度四十七分京師偏東二分領縣八

長汀衝繁倚今治南城北臥龍山東馬鞍城南圓珠寶巖西玉女東北翠峰東南七寶鄒江即汀水東北自寧化入右合將軍山天井山水又西南出龍門峽右合梓步溪又南為湘洪峽右合小湘溪折西右合北溪及東溪又西南右合璽竹嶺水逕城南右會西溪又南左合南溪又東南左合鍾家坑諸水又西南左合黃鳳溪濯田溪合桃楊隘水臘溪黃峰水桐木坑水逕濯田自其西來會又南左合羊角溪右納小澗溪入上杭下至廣東下埔為韓江至澄海入海東虎忙嶺水其南牛尾嶺水又南入仙巖水並入連城其西磯頭水入上杭西北貢水即湖溪水入江西瑞金為貢江行七百餘里下流與章江會為贛江大城寨巡司館前臨汀三洲三驛

寧化簡府東北六十里城北翠華山南五寶西南南山東蟲瓦東北寶螺西北西華大溪二源西溪西南出狐樓嶺東匯為蛟湖折北左會陳家坑水覺溪折東至城東南東溪北出建寧界三都嶺又南左合犁坑右若竹嶺水來會是為大溪有烏路峽右合溪及上坪村諸水興其南安樂水羅溪並入清流西南龍福山水入長汀西北寧溪東北入建寧七里圳導竹篙嶺水自新安橋主西溪三百五十丈溉田數千頃縣丞駐泉上里石牛安遠二巡司

清流簡府東北二百里城北屏山南龍山東華東北圈母嶂東隘嶺濟溪即大溪西北上承寧化大溪入左合三港溪鄒家坑溪右合安樂水逕城南右合嚴坊水左嵩溪梓材坑水又東南至羅口文川溪上承連城清溪入合楕嶺水會羅溪又東北合官坊溪來會又東左合油瓶隔右洞口水又東入永安東北夢溪合芹溪炭山水入注之鐵石磯廢巡司

歸化簡府東北二百九十里南樓臺鼓角山西南銀瓶玉瑗東龜山東南南山西黃牛北蛾眉東北龍西嶂明溪西出永安界五通坳會大嶺水逕城北右合黃溪而東左合隘門又西右雪山水又岈溪小明溪又東左合瀚溪又東為沙溪左合無塵坑右呂源水王紫口坊右合夏陽溪折東南左合紫雲臺水與南大吉溪胡坊溪並入永安西北鋪溪出黃婆山會寧化泉上里水又北建寧水自長嶺隘入合楓溪來會折東左合籠坑右邱地茶坑二水又東北入將樂東北瓦溪入沙大陂圳西北長二十里溉田數萬歲夏陽巡司明溪驛

連城簡府東南百四十里北蟠龍山蕭坑南銀瓶東蓮峰東南天馬東北馬坑文川溪源自西南五磜東北右會金雞山左張坊水逕城南而東合草笠山水折北左合李坊水王麻潭右合楕嶺水又西北左納虎忙嶺牛尾芳二水折東北入清流西南豐頭溪源自鄒村隘左會岡上水右會牛尾芳南水又西南左合莒溪苧閩溪右納入仙巖水入上杭東南曲溪其南飄灘水並東北入永安少西大東溪又西隔溪並東南入寧洋北園寨巡司

上杭衝繁府南二百四十里北紫金山東北覆羅東冷洋東南鐵障南横琴西展旗西南羊廚城南大溪二源鄒江西北自長汀入居東南左合射溪金山溪右九華溪至水鋪塘右納檀溪至九洲關豐頭溪東北自連城入右納磯頭水左合九曲溪苦竹溪又西南來會是為大溪居南逕城東而南瀨溪自西南來會橫琴岡一曰龍翔溪又南左合安鄉溪至樟樹潭左納豐稔溪又西南右合白沙磜水又東南左會永定溪右合磜頭水入廣東大埔注神泉河縣丞駐峰市平西籃屋二驛

武平簡府西南二百六十里北交椅山東梁野西靈洞武平溪二源東北大豐溪源

自永平寨東左會當鳳嶺水右合漁溪左鹽寨溪西南左合下黃溪黃沙溪爲化龍溪至朱阮西北大溪自江西會昌入左合石徑嶺水徑武平所東居南右合溪頭水來會是爲武平溪又西南左合巖前寨水入廣東鎭平注大溪東中保水東南象洞水並入上杭北大順溪東北左納石子嶺水入長汀西南馬戰嵊水西北張阮水分入江西長寧會昌象洞永平二巡司

永定　繁難府東南三百六十里北龍岡山南挂榜西印匣西北黎袍嵊東北寒幾嵊東圓嶺永定溪東北上承龍巖文筆山水逕宮嶺北屈西南右合分水橫水右文溪武溪王溪口右合涼嶽寨左湖雷水逕城東又西南左合當風灼右分水灼水入上杭東南金豐溪出巖背山西會下佛子隘水屈西南左合高頭水莒溪香南溪右鳴岐嶺新村水入廣東大埔西北豐毯溪出茫蕩洋山錯上杭會大豐場水復入合合溪香溪跌魚溪踞鋅溪湯湖溪再錯復入合小大阜添水仍入之三層嶺太平砦二巡司興化廢司

漳州府　衝繁疲難汀漳龍道治總兵駐明領縣十　清初因之雍正十二年升龍巖爲直隸州漳平寧洋割隸嘉慶元年析平和詔安地增置雲霄廳東北距省治六百八十里廣二百七十里袤二百九十里北極高二十四度三十二分京師偏東一度二十分領縣七廳一

龍溪　衝繁疲難倚城西北隅登高山北天柱西北九龍南名第東文山東南龍添西天寶九龍江西北上承漳平九龍溪入逕漸口又南爲華崶溪又東南左合石兀山水逕下漳左納高層溪右三歸瀛水入爲汰溪碧溪王香洲渡左納龍津溪爲郭溪又東爲柳營江南門溪上承南靖大溪入爲梅溪支津入城又東合龍添山水王三又河岐爲石碼港又東北來會爲福河又東爲錦江過許茂鳥礁岐爲二分出二洲間井入海澄與南溪合入海通判駐石碼鎭四東關外木履石尾玉洲驛三江東甘棠丹霞有新岱巡司九龍柳營江二廢司

海澄　難府東南五十里雍正十一年割漳浦之鎭海衛來隸西南儒山北文圃南席幅東吳贅西南侯山東南鹿石東南北際海北自同安逶西南爲浮宮港南溪西南上承南靖馬坪溪緣界爲馬口溪又東南爲倒港岐爲二一東北逕白水營北入一東北逕城南復岐爲二一東夾洲入一北逕城西而北爲普賢港逕沈嶼爲盧沈港會龍溪石碼港錦江又東過恆溪玉枕二洲逕湖使二嶼圭嶼與海滄港逢同安鼓浪嶼入爲鎭四鎭海活嶼海滄海門海門滌門島美三廢巡司

南靖　繁疲府西四十里南林璧山西天山獨坐東北巖倉嶺東峽口西南麒麟西北朝天嶺城南雙溪二源大溪亦西溪西南自和平入爲高港西北逕長窯墟折東北爲小溪口左納博平嶺水折東南爲鯉魚溪船場溪合象溪納瑄溪至旗尾渡小溪亦東溪西北自漳平入爲員沙溪又南合坛水阮水折東合鶴營山水又南逕金山北出湧口水主太監嶺西合瀛溪折東左納吝竹村水又南來會爲雙溪口折東逕城南漳爲湖山溪又東南爲峽口溪又東入龍溪馬坪溪自平和緣界合老鑑山水又北東入漳浦龍樑陂溉田三千餘畝巡司二和溪永豐又九龍碧廢司一平湖南

漳浦　衝繁難府南百二十里城北羅山南梁山西麓盤嶺西南將軍東海雲東北太武東南良山東南際海自海澄逕西南井尾澳黃女江入又南將軍澳溪逕內虎頭山北六殿所又西竹嶼浮頭港李澳川西北上承平和五寨溪入西右合崎溪又東爲秦河又東南逕龍頭保入又西南爲古雷城王雲霄廳百里其北杜浔溪入南溪上承南靖馬坪溪緣界合小溪又東逕大帽山西北入海澄縣丞駐佛曇鎭一杜浔驛二臨漳盤陀嶺

平和　衝繁府西南二百里東北長盧山東九牙南天馬西北象湖東南大樓四溪出漢日河頭溪西會官寮山水爲合溪侖溪又西逕樓宅山至城南又西右合大盧溪入廣東大埔花溪河曰高山溪東北左合小坪山水右合南勝溪又東北爲瑄溪左合高磜溪碧讖溪右九圖溪又東北入南靖日河上溪東南侖白石山水爲三合溪又東南合角嶺水入雲霄廳曰徐阮溪西南合陳溪天馬山水又南左合下歧溪馬溪入几詔安東南五寨溪東入漳浦爲事澳川高港溪東北入南崎爲大溪南靖故城縣丞駐鎭二南勝庵後有瑄溪巡司

詔安　衝繁府西南二百五十里城西良峰山西南北金雞北烏山東奇山東南陵東南際海自雲霄廳逕西南爲銅山所東北與古雷城直爲石城嶼西漸山八尺門汎其間後澳港大陂溪合梅洲溪入有金石廢司其南南浦又西南宮前溪西北懸鐘廢所東溪東上承平利徐阮溪合下陂溪又南右合白葉洞水又東南合赤溪逕城東林岐爲二一自東沈村舊甲州西東一自與雅頭右合磁窰溪逕牛姆礁入於海南南灣總兵駐又西至廣東饒平界新陂瀛二千餘畝鎭九懸鍾芸澳青澳西徹臺草寮尾紅花嶺分水關及銅林之後林村宮前銅山塘大佺漳湖巡司驛二南詔大碑塘村

長泰　簡府東北三十八里西北良岡山北董峰東天柱蟆松東北內方龍津溪出東北林口隘東南左合芹果溪又南左合白桐山水右岐爲嶸溪沘高層溪入龍溪又南左合馬洋溪可塘溪折西逕城南又西南逕鼎山北入龍溪有朝天嶺廢巡司

雲霄廳　中府西南百六十里嘉慶三年析平和詔安置東大臣山南馬山西將軍西南眞武崎西北呈奇嶺東南際海自漳浦逕西南杜浔港入又西林溪西北上承平和白石溪入懸北又南逕大田左合嶺歸水右納龍頭水又南逕爲西林溪右合將軍山水側城東南右合御史嶺水與杜浔港達於漳江陳岱出城東南盤石東南流逕八尺門入於海石蛇尾梅州二鎭港

龍巖直隸州　繁難隸汀漳龍道　清初因明制爲縣屬漳州雍正十二年爲直隸州割漳平寧洋隸之東北距省治九百二十里廣二百二里袤百九十一里北極高二十五度九分京師偏東三十九分領縣二　城內大躬山城北後山南奇遇東東實西虎嶺城南龍川出州西九曲嶺會大小池水東爲羅橋溪逕城南匯爲石鼓潭右合陳陂溪及曹溪又東爲東溪逕觀音座山匯爲雙口潭左合傳溪又東北爲雁石溪左合烘溪磜頭溪其北叢溪上承連城大東溪入合喝溪逕溪口右合長坂溪左納小東溪有雁石巡司遙中歸合

漳平　難州東百七十里西北古際山北三山西龍東東關南覆鼎東北淩雲城南九龍溪二源東源西北上承寧洋大溪入爲九鴨溪又東南左納鑿溪西阮水又南逕鹽塘西西源雁石溪自州來會是爲九龍溪又東右合吳地溪逕城南匯爲九潭又東南右合黃會鋪水王華口塘左納感化溪右合下折溪二溪相交如十字然又東南與南三鄉鳳水並入龍溪東北古格嶺水入安溪後溪洋陂溉田六頃有奇有永福里鎭歸化盧溪南廢巡司

寧洋　簡州東北百八十里北金鳳山南香寮西芙蓉西北殺狐嶺城南大溪三灝北溪出西北梨子嶺會百種會洞水逕城北會西溪至城南會南溪是爲大溪又南右合西溪又東南並入漳平東溪出縣西鋁山峰西南流合熱水小溪水入龍巖

興化府　衝繁隸興泉永道　清初因明制北距省治二百四十里廣二百十里袤八十五里北極高二十五度二十六分京師偏東二度四十七分領縣二

莆田　衝繁疲難倚南壺公山東南五侯西南天馬龜山西北夾漈北洋山東北澄渚東持久東南添海自福清逾南爲黃竿北荻蘆溪會澳溪爲洙溪匯爲北洋太平陂達迎仙港延壽溪上承九鯉湖東爲莒溪匯爲北洋延壽陂達瀨頭港木蘭溪上承仙遊仙溪東爲瀨溪又東堰爲南洋木蘭陂達白湖港三港既會是爲三江口又東入焉又南美南東南青山瀝嶼塘唐蔡瀝田百四十頃縣丞駐平海鹽場大使三駐涵江前沁東嶠湄州忠門二鎭涵江二巡司大洋淺厝廢司甫陽驛

仙遊　難府西七十里治大飛山南麓西北仙遊山東鐵山北將軍東北石所南白巖城南仙溪西北自德化入爲大目溪右合古瀨溪又東右納金沙溪左合大濟溪爲三會溪右合神堂溪逕城南又東北左合走馬山水右納石二嶺水至東渡左合安吉溪其北九鯉湖並入莆田其南楓亭溪入海北游洋溪入永福興泰楓亭二巡司白嶺廢司

泉州府　衝繁疲難隸興泉永道提督駐通判駐紺江明領縣七　雍正十二年升永春爲直隸州割德化隸之東北距省治四百十里廣二百七十里袤二百里北極高二十四度五十六分京師偏東二度二十五分領縣五

晉江　衝繁疲難倚城北清源山東南法石南獅山西南石塔北雙陽東北鳳山東南際海自惠安逾西其洛陽港入爲洛陽江會長溪入白峽晉江上承南安黃龍江東南爲筍江浯江溜石江至磁竈逕法石汎爲甜江入少南陳埭玉瀾浦植壁港入金嶼嶼南石湖即日湖又東東埔東北與崇武所直又西深溷溽又西南闔頭鎮又西北石闊白沙九溪自南安入爲安海港合鹽源山水入又西王南安界縣丞駐石獅潯美場大使鎭二深溷巡司二鴿鵲雞陽又庵上廢司驛一晉安

南安　繁疲難府西四十五里城北葵山西北鵠髻南鹽秀西九日西南覺海城南金溪二源自水右永春入者桃溪小結溪合於便口又東南岐爲二一南合高田山水一東合南爲溫溪淺斜溪復合爲雙溪口自南安入者藍溪東逕珠淵汛左合洞后埔水右英溪歸溪又東亦歧爲二東奧永春水會東南逕金羅山爲金溪主城南爲黃龍江一南合園山縣阮山水至白石復岐一東逕娘子橋一南逕官厝合柏峰山水爲九溪並入晉江縣丞駐羅溪蓮河場大使駐營前鎮一洪瀨巡司駐大盈又溪頭蓮河二廢司驛一廉店

惠安　衝繁難府東北五十里東北龍居嶺西北大帽山東五公東南松洋南錦田西南螺城西登科東際海自莆田逾西爲橫嶼洋嶼沙格澳傳埭添崎港入又南峰尾澳峰峰港入岱嶼吉嶼又南黃崎澳又南小岞東北輿蕭禧所直胡埭出石佛嶺合潘厝水溪西大岞又西崇武澳獺窟澳又西下接澳峰崎港支津西南逕走馬埭合龍津溪馬山埭入其北洛陽港至晉江界又北大溪入仙遊鎭三崇武沙格黃崎門頭綿鹽大使駐良興巡司塗嶺廢司驛一錦田

同安　衝繁疲難府西南百三十里北三秀山東北大輪北辰山東九躍南寶蓋西西山夕陽南際海自南安逾南爲大蝗嶼蓮溪入又西北石潯港抵城南東溪西溪入又南下店溽尾後溪深青溪入遙東高埔離埔佣洲嶼白嶼其南大島二東曰金門有北大武山縣丞駐其北官澳其東峰上又東料羅西曰廈門故嘉禾嶼東南輿澎湖直有洪濟山道光中二十二年金陵條約爲商埠分巡兵備道光緒甲午後水師提督駐五通渡高崎汛貢巷港入金廈之間懸嶼有大擔門小擔門南抵海澄浯嶼廈門西南隔鼓浪嶼有德英日法領事署鎭六店頭新墟下店大路尾浯嶼高崎通判駐馬家巷浯州祥豐二鹽大使灌口石溽劉五店三巡司驛二大輪深青

安溪　簡難府西一百五里西蓬萊騵馬南黃龍山黃蘖又名午山爲縣中衆山之宗北鳳山擧屏雪山東南北觀金龜西南龍塘西北鵠頂佛耳朝天諸山縣南三里藍溪赤日淸溪源二西北源出龍巖漳平東北古格嶺東南流入縣東南逕桃舟陞西受梯子嶺水南流逕達德坂南折而東北逕龜塘南來會又東北錯入永春洲永春洞口溪自北來注之又折而東南復入縣又東逕小橫嶺南受龍田溪溪亦自永春入又東南受溪阪水又南至魁斗西受東溪三層溪又東南逕縣治西曰吳埔溪又南合西源西源出縣西南北岸山東龍東北流受白葉山水又東北逕舉溪墻南受留山水又東北受溪盆水復合九峰山后溪胡坑諸水又折而東南逕五里埔北受龍門嶺水又東日灣江又東興西北源合合而壝縣東南是爲藍溪又東逕羅渡南田陳鄉北入南安有長坑湖上二鎭

永春直隸州　繁難隸興泉永道明縣屬泉州府　清初因之雍正十二年爲直隸州泉州德化延平大田割隸東北距省治四百十里廣百八十五里袤百八十八里北極高二十五度一十八分京師偏東一度一十八分領縣二　西北大鵬山雪山東崑嵩東南花石西陳巖西南龍山北浮空東北樂山雪山桃溪出爲陳巖溪合錦溪爲埔兜溪左合新田溪又東逕平山爲狀溪左合冷水坑水又北東爲磁竈溪石鼓溪合龜龍溪又東爲州前溪留濟溪左合新溪支津又東南與小姑溪並入南安新溪出西北天馬山其經流東入仙遊西北熊田溪自德化入屈西南爲碧溪右合上高水南洋水其西洞口溪並入安溪黃坂鎭

德化　難州西北三十里治龍湧山南寶北鰌屏東北石牛東龍門東南天馬南雙魚西五華西北鼓雲瀛溪出爲東埔水會李山水南西爲白泉溪又南右合黃洋溪花橋溪爲石溪蘇溪塗坂溪右合龍潭水左蓋竹溪郭坂溪邱店溪又東爲西門溪王城南是爲潘溪右合大雲溪黃斜溪左丁溪又東北左合龍門溪右碧潭水王高漈左合龍潭水及上雲溪又東北逕岱山左合南埕溪折西北左合虛溪又東北入永福西北小尤溪錦屏山水湯嶺水分入大田永春尤溪東北石牛洞水入仙遊內洋鐵小尤楊梅諸窯巡司

大田　簡州西北二百六十五里南大仙山西南臺閣東銀瓶東南文筆北雙髻東北白鵠縣前溪上承小尤溪東南自德化入合龍背嶺水爲梓溪又西北左合小坑水折東北爲湯泉溪王城南滙爲塔兜潭又東北逕京口右合仙峰溪左上華水至瀑頭英果溪合渡頭溪自其西來會又北入尤溪西南沈口溪入寧洋其南武陵安水入漳平有桃源巡司花橋廢司

清史稿

地理志十八

臺灣

臺灣古荒服之地不通中國名曰東番　隋開皇中遣虎賁陳棱略澎湖三十六島明嘉靖四十二年海寇林道乾掠近海郡縣都督俞大猷征之追至澎湖道乾遁入臺灣天啟元年閩人顏思齊引日本國人據其地久之爲荷蘭所奪　清順治十八年海寇鄭成功逐荷蘭人據之僞置承天府名曰東都設二縣曰天興曰萬年其子鄭經改東都爲東寧省升二縣爲州康熙二十二年討平之改置臺灣府屬福建省領縣三雍正元年增置彰化縣領縣四光緒十三年改建行省　光緒十三年九月庚午閩浙總督楊昌濬臺灣巡撫劉銘傳會奏略云臺灣疆域南北相距七百餘里東西近者二百餘里遠或三四百里崇山大溪鈞連高下從前所治不過山前適南一隅故僅設三縣而有餘自後榛莽日開故增廳治而猶不足光緒元年沈葆楨請設臺北府縣以固北路又將同知移治卑南以順後山全臺官制粗有規模然彼時局勢未開擇要修舉非一勞永逸之計也臣等公同商酌擬調建置之法恃險與勢分治之道責持其平臺省治理視內地爲難而各縣幅員反較多於內地如彰化嘉義鳳山新竹淡水等縣縱橫二百餘里三百里不等倉卒有事鞭長莫及且防務爲治臺要領轄境太廣則耳目難周控制太寬則聲氣多阻彰山後中北兩路延袤三四百里僅區段所設綱縷並無專駐治理之員前寄清虛亦難遙制現當改設伊始百廢俱興若不量予變通何以定責成而垂久遠臣銘傳於上年九月親赴中路督剿叛番沿途察看地勢並據各地方官將境內扼塞道里田圖山溪繪圖貼說呈送前來又據撫番清賦各員弁將撫墾地所陸續寬輯謂就山前後通局籌畫有應添設者有應改設者有應裁撤者查彰化橋孜圖地方山環水複中開平原氣象宏敞又當全臺適中之地擬照前撫臣岑毓英議就該處建立省城分彰化東北之境設首府曰臺灣府附郭首縣曰臺灣縣將原有之臺灣府縣改爲臺南府臺灣縣改爲安平縣嘉義之南自濁水溪至姑石圭溪止截長補短方長百餘里擬添設一縣曰雲林縣新竹塹苗栗街一帶扼內山之衝東連大湖沿山新墾荒地甚多擬於新竹西南各埧添設一縣曰苗栗縣合之彰化及埔里社通判一縣四縣均隸臺灣府屬其鹿港同知一缺應即裁撤淡水之北東控三貂番社歧出距縣太臺基隆爲臺北第一門戶通商建埠交涉紛繁現值開採煤礦修造鐵路商民番雜處治理較難分水東東北四縣之地又較管轄將原判改爲撫民理番同知以重事權此前路添改之大略也後山形勢北溪爲總隘南以卑南爲要區控扼中潮厥惟水尾其地與擬設之雲林縣西相直現開路百九十餘里由丹社嶺集集街經達彰化將去省城建立路前後脈絡呼相通實爲全東鎖鑰擬添知州一員曰臺東直隸州蘇州左界宜蘭界恆春計長五百餘里州十餘里不等統歸該中州管轄仍綵於臺灣兵備道其卑南廳舊治擬設請改設直隸州同一員水尾遙南改爲花蓮港廳其內已墾熟田約數千畝約其外海口水深數丈檣查商紿彈壓民番擬請添設直隸州判一員常川駐紮均隸臺東直隸州此路添設之大略也謹按臺灣彌士賦役日增月廣與舊時迥殊條例情形不相同因地制宜似難再綏況年來生番歸化猛懷之性初就範閩尤須分道揩循舊收實效輒遐屆遐在在需員臣等身在局中既不敢遇事紛更以素典章之舊亦不敢因陋就簡以失富庶之基損益酌中期歸妥協　二十一年割隸日本省在福建東南五百

四十里西北距京師七千二百五十里東界海西界澎湖島南界海磯頭北界基隆城海廣五百里袤一千八百里一統志載戶口原額人丁一萬八千八百二十七滋生男婦大小口共一百七十八萬六千八百八十三戶二十二萬四千六百四十六領府三州一廳三縣十一臺灣屹峙海中為東南屏障四面環海崇山峻嶺橫截其中背負崇岡襟帶列島漲蟠南屏鷄籠北衛澎湖為門戶鹿耳為咽喉七鯤身吡連環護三茅港匯聚澄泓畜牧之饒無異中土誠東南一大都會也

臺灣府衝繁疲難為臺灣省治巡撫布政使分巡兵備道兼按察使銜共駐其地東及東南界臺東州西及北界海南及西南界臺南府東北界臺北府廣袤里數闕北極高二十四度三十三分京師偏東四度二十分領縣四廳一

臺灣衝繁疲難倚分彰化縣治茄藪墩巡司駐

彰化繁難府北百里鹿港縣丞駐

雲林難林圯埔縣丞駐

苗栗衝大甲巡司駐

埔里社廳調府東南其山在府境者西北五鎮牛困山西史老楊山南蓋芝萼根部坑松柏山土山東內山濁水出埔里社東南山西南流左合二水經雲林縣東北一水自南來注之曲北右納一水經縣北又西北一水自嘉義縣來北流注之又西經牛埔厝歧為三支一支曰石龜溪西為牛稠溪一支曰虎尾溪經油頭厝為麥寮港並經縣西入於海一支為東螺溪又歧為三曰刺桐港曰番挖港曰鹿港曰二林港並經彰化縣西入於海大肚溪上源曰合水溪出埔里廳東南魚池仔西北流合南磴溪經縣西北北港溪北磴溪並西流注之又西珠子山二水合西北流注之經府治南左右各納一水經大肚街為大肚溪又西北入於海大甲溪出苗栗縣東南合數小水西南流右出支津注於吞霄溪正渠南流左納一水折西北經鐵砧山南又西北入於海吞霄溪出苗栗縣東南合大中溪支津經縣南西北流入於海后壠溪出苗栗縣東南山合一水西北流經五鵠山南至銅鑼灣夾二洲又西北經縣治北右通中港溪左納一水入於海中港溪出縣東山縣界西北流經縣治左出支津合后壠支水為烏眉溪與正渠並西北入於海

臺南府衝繁難舊台灣府改設東北距省治二百里東及東南界臺東州西及南界海北及東北界臺灣府廣袤里數闕北極高二十三度京師偏東三度三十一分領縣四廳一嶋瑪關頭閩巡司駐

安平衝繁難倚大武壠斗六門二巡司

鳳山繁難府南八十里下淡水縣丞駐枋寮巡司駐

嘉義繁難府北一百十七里笨港縣丞駐佳里興巡司駐

恆春疲難

澎湖廳衝府西水程二百四十里澎湖總兵駐澎湖八罩巡司其山在府境者北太湖白水木岡山東北大福興大利山東觀音枕頭山北華山東南武吉草山南虎頭龜山西鳳山鳳山縣以此得名鳳山北大岡濱水大武隴大木岡山縣東隗偏山俗曰加禮山澎湖嶼懸居海中牛稠溪出嘉義縣東西北流經治北與布袋嘴港並西流入於海八掌溪出雲林縣界西北流經中埠山北半月山南合濱箕湖及一小水西流至鹽水港入於海急水溪二源並出雲林縣西界經嘉義縣東南合西流又經急水鋪南左納十八重溪又經鐵綫橋街北又西入於海曾文溪出府治東北西北流經大武隴北右納茄拔溪左納一小水經府治北又西經倒風港入於海柴頭港出府治東北山西北流經治北又西合德慶港為安平港入於海二層行溪出府治東茄定港出雁門關嶺阿公店溪出鳳山縣東北並西流入於海淡水溪出府治東六張犁西南流右納一水左納二水經下淡水西鳳山縣治東王湖州馬汎北西冷水滿水出縣東芋匏山合二水西南流注之又西南隴為東港入於海茄藤港在鳳山縣南西流入於海率芒溪出恆春縣北武吉山合一水西流入於海刺桐港楓港五重溪三重溪射寮溪並在恆春縣北西流入於海龍鑾潭在恆春縣南西北流入於海猪勝東港在恆春縣東東流入於海

臺北府衝繁西南距省治三百五十里東北西界海南界臺東州西南界臺灣府廣袤里數闕北極高二十五度十七分京師偏東五度十五分領縣三廳一

淡水衝倚

新竹疲難府西南

宜蘭疲難府東南頭圍縣丞駐

基隆廳衝繁府東北二百七十五里其山在府境者北大屯沙帽大武嶗山東北雞籠山在基隆廳東府城東擊山南瓦窰山大稱尖山五指山西南橫山金面山虎頭山西南嵌山海環府東北西三面基隆口在基隆廳東北滬尾口在府治西北礦溪出府治南山合石頭溪東北流左右各納一小水至枋橋街紅仙水合擺接溪諸水西流注之又北經府治西艋舺十八重溪水北流折東注之至大稻埕大隆洞溪出基隆廳東雞籠山合一水西流注之又西北分流復合經鳳尾港入於海南崁港上流為大過溪在府治西北中壢溪土牛溝紅毛港鳳山崎溪舊港溪車港香山港並在新竹縣西北入於海三貂溪在基隆廳東南草嶺大溪加禮遠港蘇澳門並在宜蘭縣南俱入於海

臺東直隸州衝繁疲難卑南廳改設西北距省治五百里東及南界海西及西北界臺灣府北界臺北府西南界臺南府廣袤里數闕北極高二十二度二十五分京師偏東四度卑南州同駐花蓮港州判駐其山在州境者北岐來山能高山西秀姑巒山東丁象山西出入同關為秀姑巒山一帶番社係屬僭番所居西南一帶高山番社係屬昆番所居大港上源曰打馬攬溪出秀姑巒山東流經治北右合納網溪左合一水經奇密社北入於海卑南大溪出州西南新武洛社合三水東南流入於海花蓮港二源並出州西北合數小水經太平廠南入於海東澳南澳大濁水溪大清水溪小清水溪得其黎溪二棲溪尤丹溪米崙港並在州東北入於海紅嶼港黎仔阮溪郎阿郎溪馬武窟溪八里芒溪呂家望溪知本溪大苗果溪虷子崙溪大足高溪干子壁溪大鳥萬溪巴塱衛溪魯木鹿溪牡丹灣入隔溝並在州東南入於海

清史稿

地理志十九

廣東

廣東禹貢揚州之南裔明置布政使司治廣州清初因明制定為省雍正中升連州又程鄉為嘉應州並直隸嘉慶中南雄降直隸州尋並復故增佛岡南雄仍降州增連山同治中陽江升廳增赤溪光緒中升欽州厓州降萬州為道六為府九直隸州七直隸廳三散州四散廳一縣七十九東至福建詔南千里西至廣西宣化千五百里南至海二百里北至湖南桂陽七百八十里東南至海二百八十里西南至厓州海二千四百里東北至江西長寧八百里西北至廣西賀七百三十里廣二千五百里袤一千八百里東北距京師七千五百七十里宣統三年編戶五百四萬一千七百八十口二千八百一萬五百六十四其名山鑑洲黃嶺羅浮其巨川西江北江東江鐵路粵漢南段自廣州西逕三水北清遠英德曲江至樂昌與湖南興寧路接又

廣州府衝繁疲難隸廣肇羅道兩廣總督舊駐肇慶乾隆十一年徙光緒二十四年裁巡撫尋復三十一年仍與粵海關監督糧道同裁布政提學提法鹽運四司巡警勸業二道廣州將軍滿州漢軍副都統廣東水師提督駐明領縣十三康熙中增置花縣廣四百二十里袤五百二十二里北極高二十三度十一分京師偏西三度三十三分領縣十四有廳三曰佛山雍正十一年置曰前山乾隆八年置曰虎門道光二十五年還有粵海關康熙二十四年置廣州商埠道光二十二年英南京條約訂開

南海衝繁疲難倚府西偏粵之山五嶺擬其三北粵秀西北靈洲西南西樵山北江自三水入東南流東別出為紫洞水至番禺合珠江入順德西江自三水入東南過九江亦入順德西北逕水首受南廬包水南與三江水會屈東北流左合黃洞水南流溪水自番禺西南注之南出石門山為石門水過府治西南屈東為珠江入番禺有九江浦主簿三江金利神安黃鼎江浦五斗六巡司西粵漢西南三佛鐵路

番禺衝繁難倚在城有番禺二山縣以是名北白雲東南浮樓一名浮蓮岡東南濱海南有珠江上承南海石門水東南流岐為二至長洲復合又東南為波羅江左合東江為三江口又東南獅子洋合沙灣水入於海有獅子營西永靖營有慕德鹿步沙灣菱塘四巡司魚雷局有船塢在黃埔番禺五羊二驛東廣九西北粵漢鐵路

順德繁疲難府南百里北都寧西大湖西北西淋山北江自南海入為河澎海東南流屈北為扶閭海又東疊石海東別為沙湧水合珠江至半江為板沙海入香山西江自南海入東別出為甘竹灘水與板沙海合過仰船岡別出為仰船海至新會入海縣丞一治容奇有紫泥江村馬寧又北都寧四巡司有甘竹商埠光緒二十三年中英緬甸條約開

東莞衝繁疲難府東南百八十里南黃嶺東南寶山西北濱海海中秀山東西峙若門然曰虎頭門珠江出其中又謂之珠江口有礮臺五曰威遠上橫檔下橫櫓大角沙角東江自博羅入合瀝林水九江水西過黃家山南別出為到涌水會珠江皆入海石龍鎮縣丞一京山缺口中堂巡司三鐵閘驛一廣九鐵路

從化簡府北百三十里東北五指山又十八山流溪水出焉南合陳尚水玉溪合過縣治東南左納曲江右納黎塘至番禺入石門有流溪巡司石岐驛

龍門簡府東北二百一十里西藍瀧山西北分水凹山山西之水匯流溪入北江山東之水匯西林水入東江西林水一名九淋水出西北三角山合高明白沙屈西南納羣溪水永清水入增城為增江有熱水湖在西北有廟子角巡司後還永清墟

新寧疲難府西南三百六十里北三台東百峰山西南大隆山南濱海海中有上川洲下川洲北長沙河卸恩平江自開平入東南流合南門河西北合紫霞河入新會東南泥涌河南合牛角水至烽火角入海西那扶水亦南至獅子洲入海又有潭潮河康熙二十六年總督吳興祚鑿西引泥涌河東北達新會匡門以通舟楫溫泉醴泉在西南廣海寨縣丞駐有上川鹽巡司有公益商埠寧陽鐵路

增城簡府東百六十二里西雲母西南南樵東北羅浮山東江自博羅入西流屈南至番禺合珠江增江上流為龍門水南與派潭水合又南至三江口右納澄溪水左納九曲水過縣治東南分流入東江綏福水出西北青幽山亦東南入於東江有茅田巡司新塘墟主簿

香山繁疲難府東南二百廿里北浮虛東南五桂又濠鏡澳山山突出海中成半島形曰澳門光緒十三年入於葡萄牙其北濠鏡澳關又西拱北灣有關東南濱海海中有東澳山九星山下曰九星洋又有老萬九洲橫琴三灶漲白諸山在海中西北板沙海自順德入東南至潭洲木頭海首受仰船水東南分流入海古鎮海首受西江亦自順德入東南至螺洲與石岐水合南出磨刀門入海前山寨城縣丞駐黃梁都城都司巡檢駐又淇澳香山黃圃三巡司有香洲商埠宣統元年奏開

新會繁疲難府西南二百三十里北黃雲圭峯東南厓山與西南湯瓶嘴山對峙熊海出其中曰匡門南濱海西江自南海入為天河海東屈而南過銘頭山歧為二東南出者曰荷塘水合古鎮海東南入香山又西別為外海水西南至虎跳門入海西南出者曰分水江合潭水南過江門注熊海又西恩平江自開平入與潭江合東北流為青塘洋左納橋亭水東南合分水江出匡門入海江門縣丞駐潮連牛肚灣沙村三巡司大瓦司廢蜆岡東亭二驛江門商埠光緒二十八年中英商約訂開有寧陽鐵路

三水衝難府西北二百七十里南崑都北龍坡山北江西南流至胥江口東別出為蘆包水又西南至四會合綏江別為思賢滘水會西江東過縣治南為肄江至於西南潭入南海北江自西南潭別出為三江水與蘆包水合至南海出石門其下流為珠江西有西江自高要入青岐水首受綏江東南過金洲山亦入南海西南鎮縣丞駐有胥江三水二巡司三水口亦名河口有商埠光緒二十三年中英緬甸條約訂開有三水西南二驛三佛鐵路

清遠衝難府北三百四十里西秦王東中宿峽一名飛來峽北江自英德入西南濱滙江水東來注之曰濱江口至縣治西南合政賓江屈南右納山塘水左納大燕水過縣治山入三水有迴岐濱江濱江三巡司有清遠驛安流廢驛有粵漢鐵路

新安疲難府東南二百六十里康熙六年省入東莞八年復置南杯渡一名聚山古謂之屯門山東南官富東北大鵬山其南曰老大鵬山有東涌所城東西南三面濱海海中有零丁山其下曰零丁洋又南頭沱濘佛堂門急水門大嶼山榕樹澳等澳西北永平河首受東莞九江水東南至鹽頭汛入海大鵬所縣丞駐有福永九龍二巡司其南香港島道光二十二年割於英咸豐十年又割九龍寨屬焉光緒二十四年又拓租九龍司屬地二百方英里訂九十九年之約遁九龍闢權稅有廣九鐵路

花縣簡府北九十里康熙二十四年以番禺平嶺置析南海縣地益之來屬東北花山縣以是名西北盤古洞黃洞水出焉西南流右納橫潭水羅洞水屈南曰泥水出清遠自西北來注之又東南入南海有獅嶺水西二巡司有粵漢鐵路

肇慶府衝繁疲難廣肇羅道治所初沿明制領州一縣十一雍正九年增鶴山同治九年陽江升直隸廳光緒三十二年復改直隸州陽春恩平割隸東距省治二百九十里廣一百一十九里袤三百九十五里北極高二十三度五分京師偏西四度八分領州一縣九

高要衝繁疲難倚北定山東北頂湖有高峽西北騰豺山西江自德慶入縣西北境曰端溪北屈而東都偃水箭洞水南流入焉東合大湘水屈南合小湘水過府治南新興江自西南來注之謂之新江口又東北興宋崇水合過羚羊峽左納長利水右納蒼梧水入三水縣丞駐金利墟有橫槎祿步二巡司高要新村二驛

四會簡府東北百三十里北金雞山南貞山東南北江自三水入西北綏江一名綏建水自廣寧入東南流至縣治東南龍江水西北來注之過滑息嶺南別出為青岐水至三水合西江東至南津口合北江入三水有南津巡司

新興衝難府西南百三十里北巨福雲斛南龍山東北利山北新興江源出縣南六阮頂山屈西北流入東安逕縣西南為錦水東北至洞口盧溪水北流合焉又北與通利利水合是為新興江也又西北入東安西南立將巡司治天堂墟有聽古曆驛

高明疲府東南七十里西北老香山東北凌雲西南表山西江自三水入南滄江一名倉步水出高要東南流合雲宿水屏山水逕縣治東南左納北港水右納濟泰水又東南合西江水入南海有三洲巡司

廣寧疲府西北二百九十里東北大羅山西南高望山西綏江自廣西懷集入南流出峽山南鄉水東北流合焉又南興順水合屈東南右納金塢水新招水左納東鄉水扶羅水東南入四會又龍江水出東北石馬山亦至四會合綏江

開平疲難府東南二百六十里順治六年以新興縣閘屯置析新會恩平二縣地益之來屬東北金山西南獵山羅漢山蜆江水上承恩平江東南流右納長塘水東南至赤磡為赤磡水北雙橋水南流入焉至縣治南與獨鶴水合是為尖石水也又東南流為長沙河過赤水口入新會有松柏沙岡二巡司

鶴山疲難府東南二百六十里雍正九年以廣州府新會縣大官田置析開平縣地益之來屬在城有鶴山縣以是名東北崑崙西北雲宿西江自南海入過縣東北境曰古勞河又曰蘇海合古勞小河東過大雁山入新會潭江出縣西馬耳山東南至鋪鼓潭屈西錯入開平至新會

合恩平江官田水出東北峽背山東南與嵐洞水合入新會爲播亭水也播水出西北雲蓋村西南瀧至水坪墟曰水坪江西南過胡盧山入開平有雙橋藥逕二巡司

德慶州衝府西百八十里西北香山一名利人山東北西源山南西江自封川入東流過錦石山曰錦水又東與滌水合過州治谿溪水南流入焉又東過南江口合馬墟水悅城水悅城水上源曰靈溪又曰靈陵水也東北入高要有悅城巡司德慶驛舊審康驛廢

封川衝府西北三百三十里東封門山東北白馬留連大山西江古鬱水合黔水桂水自廣西蒼梧入東南至靈州賀江自開建入左合甯洞文德水右合東安江又東南右納蟠龍左世陽水逕圓珠山西南入德慶滌水出東北豐甯山亦南至德慶入西江有文德巡司封川驛舊鑄山驛廢

開建簡府西北四百一十里西北圓珠山東北忠讓山開江在西即賀江古謂之封溪水自廣西賀縣入東南至潭霜山潭霜水合金裝水南流入焉又南與蓮塘水合過縣治西南左納金鏵水黎右納大小玉水羅東南入封川

羅定直隸州繁疲難隸廣肇羅道東北距省治六百八十九里廣一百八十四里袤二百里北極高二十三度四十二分京師偏西五度十三分沿明制領縣二西雲致山西南雲際山一名雲沙山瀧水源出西甯縣鬱楊村東北流入州西南分界墟東南過羅鏡所城屈北與石印水合又西南合三都水過州治入西甯爲南江東水出州南沙薊墟亦東北入西甯合南江州判治羅鏡墟晉康巡司治連灘地有晉康廢驛

東安難州東北百六十里西南雲霧山西江自西甯入東南至綠水口大絳水自西南來注之又東北入高要東南新興江出新興東北流左納客朗水過腰古汛入高要合西江有西山巡司

西甯難州北百二十里北玉枕山西江自封川入至羅旁口文昌水合寶珠水桂河水北流入焉又南南江上源羅水出西南嶺楊村東北入羅定過逵灘墟合西江入於東安西南到沙水出羅雲山東南至羅定入瀧水又西蟠龍水出大峪嶺東北入封川有夜護巡司都城巡司廢

佛岡直隸廳難隸廣肇羅道明大埔坪地分屬淸遠英德雍正九年置同知隸廣州府乾隆七年廢嘉慶十六年復置更名北距省治四百四十里廣五十七里袤四十八里北極高二十三度五十分京師偏西二度五十九分北觀音山東北獨鳳山水汛河出焉北合高江水至燕嶺墟爲燕嶺水又西北至英德合羅紋水入潖江吉河水亦出獨鳳山逕西流神巡水自北來注之南別出爲達溪潴爲潭過廳治北屈南右納黃沙河出大廟峽入淸遠黃華水出東南羊角山亦西南入淸遠合於吉河水其下流是爲濫江也

赤溪直隸廳要隸廣肇羅道同治七年析新甯縣赤溪曹沖等地置東北距省治四百一十五里廣二十里袤二十里北極高二十一度五十四分京師偏西三度三十五分廳東西南三面濱海南曹沖山西南銅鼓山其下曰銅鼓海又有黃茅青洲大金小金諸山在海中

韶州府衝疲難韶連道治所南距省治八百七十里廣一百九十五里袤三百一十一里北極高二十四度五十五分京師偏西三度二十一分領縣六有太平橋鈔關舊在南雄後遷府治西南又有太平分關在英德

曲江繁難倚北浮嶽東北韶石西芙蓉山東南南華山湞水在東一名湘江自始興入西南流合錦江粵溪逕府治東南武水自北來會曰曲江又謂之始興大江也又西南過虎榜山屈東南右納瀧水左納曹溪水官溪水南入英德爲北江縣丞治蓮花嶺村有濛裹平圃二巡司曲江縣驛舊芙蓉驛廢有粵漢鐵路

樂昌衝難府西北八十里東昌山縣以是名北桂山東北冷君西北九峯山武水在西一名虎溪古謂之溱水出湖南臨武東北至宜章屈而南入縣西北境武陽溪自乳源東流合屈東南歷藍豪山爲三瀧水與羅渡水九峯水合過縣治西南蓮花江分流注之又東屈而南左納長垓水右納楊溪水入曲江有九峯羅家渡二巡司有粵漢鐵路

仁化簡府東北百里西北黃嶺山東南丹霞山東錦江出分水坳西南至恩口與恩溪水合即盧田水也西南流左納扶溪水廉溪水過縣治東南漸溪水合濆陽水自西北來注之屈東南入曲江有扶溪巡司仁化縣驛

乳源簡府西九十里北雲門山西南瀧嶺武陽溪自湖南宜章入東北逕武陽司右合七姑灘水左納激溪屈東至樂昌入武水楊溪水出西北神仙坪亦至樂昌入武水亦瀧水一名洲頭水出西南梯子山北屈而東左納員子山水右納湯盤水過縣治南大布水北流合焉又東南入於曲江南有武陽巡司世襲撫猺廳一管埠市

翁源衝難府東南百八十里嘉慶十六年改隸江西南安府十七年仍來屬北翁山東玉華東北婆髻山羅江水所出西南逕翁山南浦水自東南來注之屈南右納芙蓉水左納龍仙水又西南與周陂水合逕西過三華鎭入英德又西太平水一名江鎭水出東北桂了山南流至英德合羅江水是爲翁江也桂山嶸下二巡司

英德衝難府南二百二十里北英山南南山又南皋石山一名湞陽峽北江在北自曲江入過湞石山屈西至縣治東南東有翁江右合曲潭水左合羅紋水西南流合焉南至洸口洄水合波羅水自西北來會洭水者湟水也亦曰洸水東南流入淸遠有洸口象岡二巡司英德縣驛舊湞陽驛廢有粵漢鐵路

南雄直隸州衝繁疲隸南韶連道初沿明制爲府領縣二治保昌嘉慶十一年降爲直隸州省保昌縣十六年復升爲府十七年又降爲直隸州西南距省治千一百七十里廣一百七十里袤一百二十一里北極高二十五度十五分京師偏西二度三十分領縣一大庾嶺在東北一名梅嶺有梅關東天柱東南靑嶂山南有湞水出東北油山南逕棗田鎭與昌水合西南流左合平田水芙蓉水右合東溪水至長浦橋北坑水合橫水南流入焉水出梅嶺又謂之大庾河水也又西合長潭水過州治南樓船水自西北來注之西南與修仁水合又北納半徑水入始興又西北分水均石峽水出爲康溪水入仁化有平田紅梅百順三巡司有保昌驛舊臨江驛廢

始興衝繁北丹鳳山南機山北湞水自州入西南至圓嶺舖環溪水北流合焉又南錦江出西南沙子嶺逕東爲淸化水屈西北爲涼傘水右合翔水爲始興水即古斜階水也又西北過縣治南與官石水合又西北合湞水入曲江有淸化徑巡司在城驛

連州直隸州衝難隸南韶連道初沿明制隸廣州府雍正五年升爲直隸州其陽山連山割隸嘉慶中連山直隸東南距省治七百六十里廣八十里袤一百六十八里北極高二十四度四十八分京師偏西四度十七分領縣一南楞枷一名貞女山西南昆湖西北桂陽湟水在西一名洭水漢志以爲湟水上源爲盧溪出西北黃蘗嶺又曰蘗水南逾東過圭峯山東北合秦化潭源黃嬌諸水至州治西南高良水自連山西來注之東南過同冠峽入陽山州判治皇子墟有朱岡巡司

陽山難州東南二百里雍正十五年自廣州府來屬北騎田嶺西北陽巖東北寶源山湟水自州入一名陽谿南合同冠水又東南過縣治南通儒水自馬丁嶺東流注之又東與靑蓮水合水出縣北大陂墟又謂之大陂水也又東南過三峽入英德有淇潭七拱二巡司

連山直隸廳繁難隸南韶連道本連山縣隸廣州府雍正五年改隸連州嘉慶二十一年升爲綏猺廳東南距省治八百七十里廣一百里袤一百二十六里北極高二十四度四十九分京師偏西四度三十五分北昆湖山西北鐘留大霧南黃帶源山一名黃連山中有大排猺五小排猺二十四高良水在南一名大獲水上源爲橫水出西北天堂嶺東南流逕廳治南屈東北與茂古水合過雞鳴關入連州合於湟水又上吉水出廳西分水坳西南流至木羌墟八排猺水自東南來注之屈西北過鐘山入廣西賀縣又爲賀江別源也有宜善巡司

惠州府衝繁難隸惠潮嘉道西距省治三百九十里廣四百五十里袤四百里北極高二十四度八分京師偏西二度三十七分領州一縣九有通判一治碣石衛城道光二十一年置有惠州商埠光緒二十八年中英商約訂開

歸善衝繁難倚東北歸化山一名雞籠山東南平海山東南濱海中有霞涌吉頭澳頭諸港東江在北一名龍江自河源入西南流至府治東北西江出縣東龍頭石山西南合長塘水上下淮水入博羅西豐湖潼湖晉引流入於東江內外管理平山平政平海碧甲五巡司欣樂司廢

博羅繁疲府西北三十里西北羅浮山東北象山東江自河源入中與歸善分界合公莊水逕過縣治南右納榕溪水過缸瓦洲入東莞其支渠西北至黃家山與羅陽水合過石灣鎭入增城有石灣善政蘇州三巡司莫村廢驛

長寧簡府西北四百里北玉女峯雲髻山東北雪洞山新豐水在南出西北分水凹屈東與沙羅山水合一東逕縣治又東左合羌阬水逕馬頭墟左納密溪大席忠信水右納錫場水過立溪口至河源入東江羅紋水出縣西宋洞山西北至來石汛屈西南入英德合翁江有埠坪巡司

永安簡府東北二百里西南越王山東南南嶺南秋香江一名欖溪出縣東雞公嶺西南流與南山水合至河源入東江又西神江義容江從之南琴江源出公阬嶂南流至來潭又東北入長樂北琴江亦至長樂合於南琴江其下流是爲梅江也有馴雉里寬仁里二巡司

海豐難府東南三百里東龍山西北五坡嶺南濱海有麗江一名長沙港上流曰龍津水出西北蓮花山東南會黃婆水南屈而西至鹿鏡山隔爲靑草澳合大液水逕大金籠山入海東北有熟水南流過九龍山屈東爲大德港至陸豐合內河水入海西鳳河水南與鵝埠水合爲小漢港入海東汕尾鎭縣丞駐有鵝埠巡司平安廢驛

陸豐難府東南三百五十里雍正九年析海豐縣地置治東海滘來屬東北內洋山南虎頭山濱海北內河水一名羅江源出東北旗頭嶂與吉石溪合南過石頭山分流至大德港烏墩港入海又東草洋水東南流屈西爲華淸港至甲子港入海上沙墟水出東北赤嶺至普寮合南溪有甲子黃沙阬河田三巡司有法留鋪在縣西道接海豐又東至惠來百六十里有鹽場三曰石橋海甲小靖

龍川簡府東北四百里東霍山東北龍穴一名龍川山西北鰲山龍川水在東又名合河上源爲定南水自和平入東南合河口會杜田河西南流與淵溪合逕縣治東南雷江水南流入焉又西南合合溪入河源爲東江又練溪出東北鶴石嶂西南流右納通衢水入長樂有老隆通衢十一都三巡司雷鄉廢驛

連平州簡府北四百里東北九連山南戈羅筆山有密溪水出分水坳東南流與楊梅坪水合又過州治南納內管水九嶺水東南至長寧入新豐水東大席水從之又忠信水西南入河源有忠信上坪長吉三巡司

河源衝難府北百五十五里西桂山東古雲東北藍溪山東江一名槎江西南至藍鎭墟左納藍溪水右納曾田水又西南與康禾水合過縣治東南新豐江自長甯東來注之西南合秋香江入歸善西北忠信水出連平西南過楓木鎭合二龍岡水至長甯入新豐水灑湖東爲河源舊城今謂之下城也有藍口巡司義合寶江二驛復廢

和平簡府東北四百二十里北紫雲山西九連山東北定南水自江西定南入東南流右納烏虎水又東北過江口屈東南入龍川浰水出西北羊角山東南至合水口湯坊水自東北來注之過林鎭墟與九龍水合屈東至龍川入於定南水有浰頭巡司後廢

潮州府衝繁難隸惠潮嘉道西距省治千一百八十五里廣二百五十五里袤三百里北極高二十三度二十七分京師偏東十二分領廳一縣九有黃岡同知廳五十七年置有通判一治菴埠鎭

海陽衝繁難倚東韓山南桑浦山西湖山西北海洋山韓江在東一名意溪上承瀧陸河自豐順入東南過滸都山分流爲三正渠東南流爲東溪東北出者曰湖溪舊名鱷溪屈東南過七屏山至饒平爲後溪西南出者曰西溪過府治東南右納白茫洲水屈南北溪水自揭陽來注之屈東與東溪合南流入於澄海縣丞一治菴埠鎭有浮洋巡司鳳城廢驛

豐順疲難府西北百九十里乾隆三年以海陽縣豐順鎭置析嘉應州及揭陽大埔二縣地益之來屬南瘦牛山一名雲落山東北銅鼓嶂東瀧陸河自大埔入西南合豐溪水又南合九河水入海陽爲韓江又南湯溪一名湯阬水下流至揭陽爲北溪有湯阬留隍二巡司

潮陽繁疲難府南百四十里東東山東南錢澳西北曾山一名雙髻山北東南三面濱海海中有東沙島練江在西首受揭陽南溪自普甯入至縣治南合後溪西南出海門入海西北後溪水亦出揭陽東南過石井山爲鋪前水過溜灞山別出爲後溪引流入練江過磊口山爲招沙水屈南至河渡門入海有招甯吉安門闢三巡司有靈山驛

揭陽繁難府西南八十里西獨山西北揭陽山東南濱海南溪出縣西北明山東南流入普甯又東北入縣西南古溪水北流合焉逕東逕縣治南與北溪別派合東南過雙溪口入海北溪出豐順南屈東分流注南溪又東北至海陽合練江縣丞駐棉湖寨有河婆北寨二巡司

饒平難府東北百五十里北九峻西鳳凰山東南紅螺山南濱海海中有井洲信洲浮河牛心石諸澳東南黃岡溪出東北界山西屈而南至望海嶺桃源水自西北來注之南與飛龍徑水合屈東南爲大石溪至黃岡鎭分流入海西南韓江自海陽入合後溪水東入滸海東南有黃岡鎭城其東南爲大城所城又南爲柘林有柘林巡司海山東界二鹽場

惠來難府西南二百七十里西龍溪西南釣鰲山東南濱海南神泉港上流爲龍江溪出西北南陽山東南合葵潭水梅林水逕東過龍江關林招溪自西北來注之東注神泉港東福溪綠昌溪皆流合焉又南入海有神泉葵潭二巡司北山驛惠來場鹽場

大埔簡府東北百六十里西陰那山汀水自福建上杭入一名砂泉河東南流逕縣治東北屈西漳溪水東流北屈注之又西過大河山屈南與小河水合又南至三河市淸遠河西北流合焉河出福建平和其上源曰河頭溪也東南入豐順有三河白堠二巡司烏槎司一廢

澄海繁難府東南六十里康熙五年省入海陽縣八年復置北管隴山西南龍泉山東南濱海海中有鳳嶼其下曰侍郎洲大萊蕪小萊蕪山西北橫隴溪首受東溪自海陽入西南別出爲新港水分流入海正渠逕東流南別出爲玉帶溪至縣治東南入海又東逕獅子山與饒平後溪合東東隴湖爲東隴港入海有漳林鮀浦二巡司商埠曰汕頭咸豐八年英天津條約訂開有潮海關潮汕鐵路小江鹽場

普甯繁疲難府西南百二十里東南鐵山西北官人望山南溪自揭陽入岐爲二一東逕馬嘶嶺山東北入揭陽一西南逕鯉湖埠爲鯉湖水屈東南與上沙墟水合過望夫石山爲寒婆徑水東北爲白阬湖又東入潮陽爲練江又東普甯港一名通潮港東北入揭陽爲古溪有雲落徑巡司

南澳廳中府東南百五十里本南澳鎭地分四澳雲靑二澳隸閩之詔安隆深二澳隸粵之饒平雍正十年置海防同知爲南澳廳治深澳來屬南金山東南雲蓋山四面濱海北隸嶼虎嶼在海中西南有赤嶼白嶼其田產鹽有南澳巡司

嘉應直隸州衝繁難隸惠潮嘉道舊程鄉縣隸潮州府雍正十一年升爲嘉應州直隸廣東布政使司嘉慶十二年升爲嘉應府復置程鄉縣爲府治十七年仍改爲直隸州省程鄉縣西南距省治千二百八十二里廣百五十七里袤百五十四里北極高二十四度十二分京師偏西十九分領縣四東百花東南西陽一名九峯山東北王壽山南梅江即興甯江東北流逕州治南左納程江水屈東與周溪水合東北至西市石窟溪西北自鎭平來注之東北台松源溪屈東南過蓬辣灘入大埔是爲小河水也州同駐松口有豐順太平二巡司程鄉武甯二驛後廢

長樂衝難州西南百一十里舊隸惠州府雍正十一年來隸北五華山東南嵩螺山西南龍村河自永安入東北至琴口鄉華陽水首受北琴江東流合焉東北至七都河口合岐嶺河河出龍川曰練溪其下流又謂之淸溪也又東北流爲長樂河入興甯有十二都巡司

興甯難州西七十里舊隸惠州府雍正十一年來屬東羅浮山北大望山其西龐嶠岡水合龍歸水楊梅砦水西南流爲大河水又逕縣治西爲西河亦名通海河屈東南至水口鎭長樂河自西南來會是爲興甯江也東北入嘉應爲梅江西北杜田河出江西長甯西南過杜田汛入龍川有十三都水口二巡司

平遠簡州西北七十里舊隸潮州府雍正十一年來屬東北項山五子石山西鳳頭嶂其東龍曰分水均縣前水出焉東南流左納項山水過阜峯山至福建武平合於武平溪又河頭溪源出西南九鄉堡東南過石鎭山大拓水東流合焉東南流爲橫梁溪與長田水合東入鎭平爲徐溪有壩頭巡司

鎭平簡州北六十里舊隸潮州府雍正十一年來屬西鐵山嶂東大峯嶂西北石窟溪出平遠自福建武平入合楊子山水過縣治西與東山水合南至小諳山納徐溪至嘉應入於梅溪又東北松源溪源出玉華峰亦至嘉應入梅溪有羅岡巡司

高州府 衝繁難高雷陽道治所 東北距省治千六十里廣三百一十五里袤二百三十里北極高二十一度四十九分京師偏西五度四十分領州一縣五 有通判一治梅菉

茂名 繁難倚高涼山在東北州以是名東山在東南濱海北寶江自信宜入東南流左納雙柘水至府治東北鑑江水西流合焉今又謂之石骨水也屈西南過那射嶺入化州東南有浮山水即三橋河出電白西南主赤嶺爲赤嶺水又西南入吳川有赤水平山二巡司大陵廄驛

電白 繁疲難府東南百六十里北浮山南蓮頭山其下曰蓮頭港又西南有赤水港南濱海有博賀島在海中東北有儒垌河源出分水凹西南流過望夫山曰皂水屈南與頭河合又南爲五藍河入於海又三橋河出東北木力嶺西南至潭儒山爲潭儒河合龍珠河西南入於茂名其下流是爲浮山水也有沙瑯巡司鹽場二曰博茂電茂

信宜 難府東北八十里東龍山東北雲開山西川水出大人山西南過竇潭峨縣曰潭峨江至縣治西南東川水來會屈南過羅竇洞爲竇江又南入茂名東雙龍水出長坑嶺西南至古丁墟屈東入陽春合雙潛水又東北雙牀水出大水嶺南合吐珠水屈東北流爲石印水主羅定入瀧水又懷鄉水出東北黃陂嶺會扶龍水石人水西北與響水合爲黃華江入廣西岑溪又金洞水出縣北雷公嶺水西北壬廣西容縣爲滑龍江也有懷鄉巡司

化州 簡府西南九十里北浮梁山東北龍王山一名來安山茂名水在東北即寶江又東北有陵水源出廣西北流入屈西南主合江爐羅水亦曰陵水入其合流曰羅江又謂之陵羅水也屈東南逕州治北合寶江又東南流爲平源江入吳川有梁家沙巡司

吳川 簡府西南百二十里北麓山西北特思山東南濱海南爲利劍門王硇州又西南至於通明港謂之廣州灣光緒二十五年租於法吳川水在東北一名吳江自化州入東南過三江嶺浮山水西流合焉屈西南爲木棉江興平城江合分流至限門港入海石門港源出石城東橋水東南流山角水自東北來注之又東南至麻斜入海有塘綴巡司鹽場一曰茂暉

石城 簡府西南百九十里北謝建山西南敷復山濱海西有南廉江即鳥江自廣西陸川入西南流至石角墟曰石角水又西南與武陵江合爲合江青榕水西流合焉又西南爲九洲江賀江水自西北來注之至鯉魚潭入海又西洗米河出竇西博白瀘南流爲英羅港入海又東橋水出難頭嶺東南過兩家灘入吳川是爲石門港也有淩綠巡司息安廄驛

雷州府 簡隸高雷陽道 東南距省治千五百一十里廣九十五里袤二百二十九里北極高二十度四十九分京師偏西六度二十八分領縣三 府境突出海中作半島形東爲廣州灣西爲東京灣其南則瓊州海峽也同知一治海安所城後嶮

海康 疲倚西博袍山南擊雷山東西濱海有北莿塢新芋塢諸島在東海中西北南渡出爲水大村東南流屈北西別出爲東亭水諸爲湖屈東過縣治南又西東南流爲東北主遂溪入海又東南流爲雙溪港擊雷水自西南來注之又東北入海有濤道巡司雷陽廢驛武郎廢鹽塲

遂溪 簡府東北百八十里東石門嶺其下曰石門港東西濱海海中有東山島一名溝川島北爲分流港其西則通明港也西北有溪水出分界村東南流與東溪水合屈東過縣治南東北合石門港入海又西城月水出西南螺岡嶺南屈而東爲康竹港入海又牛欣水亦出螺岡嶺迤西流爲樂民港入海縣丞治楊柑墟有湛川廢司城月廢驛調樓置村二廢鹽塲

徐聞 簡府西南百六十里西冠頭嶺東西南三面海北遇賢水出石湧嶺會青桐港水又西合湛溪水爲流沙港入海又東大水溪出東北龍牀嶺西南爽菊蘆溪合西南流爲海安港入海有甯海東塲二巡司又有新興鹽塲後廢

陽江直隸州 繁難隸高雷陽道 舊陽江縣隸肇慶府同治五年升爲直隸廳光緒三十二年改爲直隸州東北距省治七百三十里廣一百三十里袤一百一十五里北極高二十一度五十二分京師偏西四度三十分領縣二 北北甘山東南北津山又東海明山一名鎮海山南濱海海陵山在海中西漠陽江自陽春入左合輪水河東南至河口市左合第八河右歧爲西河又東南至州治南爲漠江亦謂之恩江也左納那龍河爲北津港西河水自西南來注之東南過虎頭山入海紫蘿水源出紫蘿山下流爲三鵶港入海坡尾河出羅王嶂與織簀河合又東南爲豐頭港亦入海又西南有雙魚港又有北額港上源即望夫水也有太平巡司那龍巡司後廢有太平驛蓮塘驛亦廢鹽塲一曰雙恩

陽春 衝難州西北百七十里舊隸肇慶府光緒三十二年來屬東南射木東北銅石西漠陽江源出縣北雲浮山曰雲浮水東南流合雲霧水屈西南左納羅鳳水右納博學水至縣治西北瀧水西流合焉東南入陽江又西雙潛水出東安南合雙龍水又南屈而東北麻陳水自西南來注之又東過古良鎮屈東北合於漠陽江有古良黃泥灣二巡司樂安廢驛

恩平 簡州東北百五十一里舊隸肇慶府光緒三十二年來屬石神山在北一名鷄山龍權山在西南南有恩平江亦曰錦水上源爲岑洞水出西北雙穴徑東南至平城山君子河東流合焉又東與橫梯水合屈東北左納牛岡水右納金雞江又東入開平又東南長塘水亦至開平合於恩平水又西南那吉水南至陽江其下流爲那龍水也

廉州府 繁難隸廉欽道 初沿明制領州一縣二光緒十四年欽州直隸東北距省治千八百里廣一百六十里袤二百二十六里北極高二十一度二十四分京師偏西七度十九分領縣二

合浦 疲倚東北大廉山州以是名又北五黃山南冠頭嶺東南濱海海中有珠池曰珠海又有灑洲蛇洋洲在海中廉江在北一名西門江自廣西博白入逕西流右納小江水又西合張黃江屈西南爲羅成江武利江自東北來注之至府治西北合洪潮江又西南分流入海又東北漆桐江自廣西興業入左合六硯江又西北入廣西貴縣是爲武思江也縣丞駐永安所城珠塲高仰灑洲永平四巡司北海市稅關商埠光緒二年英煙臺會議條約訂開有還珠廢驛

靈山 簡府西北百八十里北洪崖山西六峯山西南林冶山南陸屋江一名南岸大江源出縣東羅陽山西南主欽州爲欽江西北那良江出那良山南流過太平墟曰太平江又東北入廣西橫州爲平塘江也又黃檄江出西北英雄山亦東北入廣西永淳爲欽風江有西鄉巡司太平廢驛

欽州直隸州 衝繁難廉欽道治所 初沿明制屬廉州府光緒十四年升爲直隸州析靈山縣林墟司隸之又析州屬防城如昔二司置防城縣來屬東北距省治千九百里廣二百二十四里袤一百九十五里北極高二十一度五十五分京師偏西七度五十分領縣一 北銅魚山東南烏雷嶺其下曰烏雷港南濱海海中有牙山龍門諸島東欽江自靈山入逕西南至州治南歧爲二又西南灑爲貓尾海屈東南過龍門入海北那蒙江源出靈山高塘嶺西南流右合長潭水至三門灘大寺江自西來注之又南爲漁洪江又東南合於欽江又欖嶺江亦出靈山西南至平銀渡曰平銀江屈東南與丹竹江合南流爲大觀港入海又那陳江出西北心嶺東北至那陳墟爲那陳江又東北復入宣化爲八尺江也有沿海林墟長墩三巡司那陳司廢

防城 衝繁難州西南百里十萬大山在西北白龍山在西南山牕斗入海向隸越南光緒十三年來屬又西南分茅嶺與越南界南濱海城江出西北總宜山東南流右納滑石江逕縣治南過石龜頭汛入海北大防直江出虎豹隘南與寶竹江合又東南過獅子嶺那猥江東北流合焉又東爲鳳凰江又東南合於漁洪江至欽州入海又西河洪江出大勉山東南過銅皮山爲潭洪港入海北崙河其上源曰文義河出拷邦嶺東北至北崙汛屈而南嘉隆江自西南來注之其南岸則越南界也又東興那良江合逕越南海甯府北境入海東興縣丞駐有如昔永坪二巡司

瓊州府 繁疲難瓊崖道治所 東北距省治千八百一十里廣一百五十二里袤二百一十里北極高二十度一分京師偏西六度五分領州一縣七 府及崖州在南海中曰海南島中有五指山綿亙數邑山南隸崖州山北隸府瓊山中生黎其外熟黎又外各州縣山崗深阻黎峻出沒爲患光緒十五年總督張之洞始開五指山道爲大路十二東路三西路三南路北路東南路東北路西南路西北路各一與區荒徼闢爲坦途人以爲便瓊州商埠咸豐八年英天津條約訂開有瓊海關

瓊山 繁倚南瓊山縣以是名北濱海海西南白石河即建江自澄邁入北屈而東入定安又北入縣東南爲南渡江又北爲北沙河屈西北至白沙門入海縣丞駐海口所城有水尾巡司感恩鹽塲

澄邁 簡府西六十里邁山在南北濱海西南建江一名新安江自臨高入東南過黎母嶺右納新田溪入於瓊山又澄江出東南獨珠嶺西北流至縣治西合九曲水又西爲東水港入海稍陽水上源爲南滾泉北合沙地水過石礮嶺爲石礮港入海有澄邁巡司

定安 簡府南八十里西南有五指山一名黎母山綿亙而東爲光螺嶺又東爲南閭嶺南遠溪出焉北建江自瓊山入東合南遠溪過縣治東北潭覽溪仙客溪北流入焉東北入於瓊山爲南渡江西南有萬全河出喃嘮崗東南流入樂會有太平巡司

文昌 難府東南百九十里北玉陽南紫貝山東北濱海海中有洋山其下曰分洲洋南文昌溪出縣西白玉嶺東南流右納白石溪白芒溪屈東平昌溪自西北來注之又南爲清瀾港入海又南白延溪出入角山東南爲長岐港入海又北三江水即羅漢溪出抱虎嶺西北流爲鋪前港入海有鋪前青藍二巡司有樂會鹽塲

會同 簡府東南二百九十里東多異嶺濱海西龍角溪源出西崖嶺東南至嘉積市爲嘉積溪黎盆溪西流合焉又東南爲五濁溪水入樂會

樂會 簡府東南三百三十里西白石嶺西南縱橫嶺東濱海西萬全河自定安入逾東流屈而北會太平水又東南會五灣水逕龍磨山分流環縣治復合又東過蓮花峰屈東南爲博鼇港入海又流馬河源出西南龍巖嶺東南入萬縣興龍滾河合又東北復入縣境爲嘉灘河又東北爲九曲河納蓮塘溪又東北會萬全河入海

臨高 疲府西南百八十里南那盆嶺西毘耶山北濱海南大江即建江自儋州入北至腰背嶺西別出爲縣前江屈東北流至文瀾村爲文瀾水透灘水北流合焉亦謂之迎恩水也又北爲博鋪港入海其正渠東北過白石嶺入澄邁有和舍巡司馬裊鹽塲

儋州 要府西南三百里儋耳山在北一名松林山又名藤山西北濱海獅子山在海中東南建江亦曰黎母江西北過龍頭嶺歧爲二東出曰大江東北入臨高西出曰北門江一名倫江西北流至州治東北屈而西爲新英港新昌江自東南來注之又西南入海東北有榕橋江西南有沙溝江皆西北流入海有滯沙巡司鎮南司廢鹽塲曰蘭馨

崖州直隸州 衝繁隸瓊崖道 崖州舊隸瓊州府光緒三十一年升爲直隸州東北距省治二千六百八十里廣二百四十二里袤一百七十五里北極高十八度二十七分京師偏西七度三十六分領縣四 東回風嶺西南澄島山一名澄崖山東南濱海東北甯遠水自陵水入西南流至郎勇嶺岐爲二一西南至大蛋村入海一西北流爲抱漾水過州治北屈南爲保平港入海北樂安河西南過多港嶺屈西北入感恩東多銀水一名臨川水出黎崗東南與三亞水合又東南爲檢林港入海有樂安永甯二巡司鹽塲曰臨川

感恩 簡府西北百九十五里舊隸瓊州府光緒三十一年來屬東大雅山東北九龍山西濱海東南龍江出小黎母山西南流別出爲感恩水逾西至縣治北爲縣門港入海其正渠西北過北黎市爲北黎港又西南入海樂安河出州西北流入昌化

昌化 簡州西北三百六十里舊隸瓊州府光緒三十一年來屬東北峻鑾山東南九峯山西北濱海南昌江即樂安河自感恩入縣治東南歧爲二西南出曰南崖江北出曰北江皆入海又安海江出東北歌諺嶺西北至僑州入海

陵水 難州東北二百一十里舊隸瓊州府光緒三十一年來屬西獨秀山南多雲嶺東南濱海有加攜嶼雙女嶼在海中西北大河水出七指嶺東南過博吉嶺屈南爲桐樓港又東入海又南青水塘水出西北猥牙村東東流主縣治西別出爲筆架山水興大河水合豬爲龜仔港屈西南至新村港口入海有賣停巡司

萬 衝繁州東北三百七十里萬州舊隸瓊州府光緒三十一年降爲縣來屬東東山北六連嶺東南濱海海中有獨洲山其下曰獨洲洋西北龍滾河出縱橫嶺南屈而東與流馬河合又東北入樂會屈東南復入縣北東別出爲蓮塘溪屈北主樂會合萬全河其正渠東南過逮鼓獵入海又都封水亦出縱橫嶺東南流歧爲四派曰和樂港曰港北港日石狗瀾曰金仙河至縣治東北入海又南南踞容河出西北鵲鵲山東南王瘦田村分流與石龜河合又東南流入海有龍濱巡司鹽塲一曰新安

清史稿

地理志二十

廣西

廣西禹貢荆州南徼之域明置廣西等處行中書省改承宣布政使司清初建省置巡撫布政共治焉置兩廣總督康熙二年廣東西分設總督四年復故雍正元年復分設明年復合六年以雲貴總督兼轄廣西十二年仍復故駐廣東肇慶府後移治廣州府初領府九 桂林柳州慶遠思恩平樂梧州潯州南寧太平 順治十五年升泗城土州爲府尋改爲軍民府雍正三年升鬱林賓州爲直隸州五年泗城復爲府七年置鎭安府十二年降賓州隸思恩府升西隆州爲直隸州乾隆七年降西隆州隸泗城府光緒元年升百色廳爲直隸廳十二年升歸順州爲直隸州十八年升上思州爲直隸廳東北距京師七千四百六十里東至湖南道州三百七十里西至貴州普安二千五百五十里南至廣東信宜九百四十里北至湖南城步縣三百二十里廣二千八百十里袤二千九百六十里宣統三年編戶百二十七萬四千五百四十四口八百七十四萬六千七百四十七領府十一直隸廳二直隸州二廳八州十五縣四十九土州二十四土縣四土司十三在慶遠者曰長官司 其名山越城臨賀勾漏陽海大容其巨川灕江黔江鬱江湘江驛道東北達越城嶠達湖南永州西南達崑崙關達龍州東南達廣東封川電線東北達長沙東南達廣州西通慶遠鐵路自龍州出鎭南關達安南諒山

桂林府 衝繁難隸桂平梧鬱道巡撫布政提學提法勸業巡警道駐光緒三十二年桂平梧鬱兼管鹽法道徙駐梧州提督徙駐南寧明洪武五年改靜江府爲桂林府領州二縣七 順治初因明舊爲省治乾隆六年析義甯縣地置龍勝廳光緒三十二年析永甯州永福融柳城雒容四縣地置中渡廳廣二百五十里袤三百里北極高二十五度十三分京師偏西六度十四分領廳一州二縣七

臨桂 衝繁難倚明府治因之內桂山獨秀城東七星南南溪西隱山東北暾鹿灘水一曰桂江省境西江北岸第二大受渠也自靈川入西南流經府治合陽江屈而東南右受靈渠水又東興狀陂江合屈東南達乖水西流注之南入陽朔西白石江上源曰義江自義甯入經縣西南入永福相思江出縣南臥石山南注分水塘歧爲二東出者興滙石江合入灕江西出者興繞江合入白石江南六塘堡有汛同知駐大墟光緒三十二年徙六塘巡司驛一巡司南中渡西南蘇橋東江

興安 衝繁府東北百三十四里東北越城嶺一曰始安嶠五嶺在廣西北境者二此其最西嶺也東

南龍蟠山西南鬱金山海陽江即湘灘二水源也出靈川右受石梯山水左受太平堡水又東北經治東分水塘歧爲二西南流者爲灘水東北流者爲湘水湘水自治東東北流右受莫川入全州灘水經治北曰陡河口流折南至興隆市六峒江合黃柏江華江川江反璧江爲大融江自西北來注西南入靈川西北小融江出戴雲山東南流亦入靈川全州營分防汛駐城西北有沐水汛社水巡司鹽砂唐家二寨廢司驛一白雲

靈川 衝難府東北五十里北障山東南堯山西呂仙北鳳皇東南海陽山海陽江出繞興安城西南流爲灘水復經縣東北曰靈江合小融江又西南至治東右受灘江左受滄水西南合甘棠江入臨桂甘棠江自興安入經縣西北曰東江東南流合西江又南桧木江合流風江東流注之經龍巖諸水匯巖下伏流而南左受社江曲流入靈江有帶融南北二堰引路江溉田二千餘頃西塘下有鎮全州營分防汛駐驛一大龍

陽朔 衝府南少東百五十四里北陽朔山西北雲源西都利南古羅灘水自臨桂入東南流興平熙平二水西流注之屈曲南流至治東折東安樂歸義二水東北流注之左受白鶴山水東南入平樂西金寶堡明富成康熙八年遊擊駐防後廢桂林營分防汛駐城東北有鉛寶塘汛有水汛驛一古祚

永寧州 簡府西百四十里東百壽嶺東北都狼北銀瓶山白馬江經其下東江一曰黃源水出龍勝西南經州北東南流至江口村白馬江合大巖江風門隘茫洞江諸水東北流經治東洸之東南入臨桂境折入永福會白石江富河江出州西南古河山東南流經高坡伏流至蒲台寨西復出合大洋江西南錯入中渡曰中渡江即雒容水也西南桐木宮綠南常安三鎮永寧營駐城西南安良屯秋南常安有汛南喇峒巡司

永福 衝府西南百里明初屬府後屬永甯州順治初改屬府西南金山興馬芒山對峙江流經其中又太和山濱江西白石江自臨桂入北經治東曰永福江毛江合泗定河西北流注之東江亦自臨桂入合西江東流注之西南流受雒容水入雒容爲洛清江石流江上源曰四牌溪自條仁流經縣東南折而西亦入雒容西南蘭麻山俗呼擱馬山擱馬水所出東入永福江山路險絕有蘭麻鎮桂林營左哨駐城南寨沙西南理定黃冕鹿寨有汛縣丞駐鹿寨驛二三里橫塘

義甯 難府西北八十二里明初屬府後屬永甯州順治初改屬西南華嚴山靈鷲西北智慧北丁嶺義江出南流右受觀音田山江頭嶺河北諸山溪水又南智慧江合高家山水東南流注之經治西左受石豪江南入臨桂爲白石江西北舊有桑江口廢司乾隆六年以所屬置龍勝通判東楊梅關義甯協左營分防汛駐城南有大灘汛

全州 衝繁難府東北二百五十四里東黃華山西覆釜湘山龍山西北有七十二峰州西諸水多濫觴山麓湘水自興安入右受建安鄉水又東北四溪源大朝源水合爲長亭江北流注之經治南灌江自灌陽北流注之羅水承萬鄉寨墟大會三水東南流注之又東北宜湘河合橫溪梓溪鍋頭玉陞諸源水西北入湖南零陵西延水出州西東北合衆小水入湖南新甯西延鎮州同駐有山角山寨二巡司康熙二十五年改置全州營駐城黃沙西延並有汛驛一零陵

灌陽 難府東北三百六十四里明屬全州順治初改屬東北麒麟山東南三峰山西南寶子山灌江古觀水出縣西南仙人掌諸山合牛江主黃牛市鹽川承寶子諸山水東南流注之又東北右受瀕江水經治東左受龍川水馬渡江承鳥石江黑巖水東南流注之北入全州合於湘水東北石欖永安北昭義有關全州營分防汛駐城北巨巖堡汛西南崇順里巡司

龍勝廳 要府西北二百十七里明義甯縣地乾隆六年析義甯西北地置改龍勝理苗通判東南龍脊山西南大羅山貝子溪自湖南城步入西南流右合美脊溪經治北左受牛脛溪个水江又西北南平江合西南諸水北流注之太平溪亦自城步入合獨車溪西南流注之西入懷遠是爲潯江有義甯協左營駐防副將駐右營分防西北廣南城北小江獨車東北龍旬芙蓉貝子西瓢里西北石村有汛西廣南巡司又有龍勝巡司本桑江改駐城

中渡廳 要府西南百二十里光緒三十年勳平四十八峒匪以桂林同知帶兵移駐峒內三十二年析永甯永福融柳城雒容地置四十八峒俱入轄境改桂林同知爲中渡撫民同知仍屬府中渡江上源即富河江自永甯入東北受北來一水折東南經治東受西來一水東至永福曰雒容水入永福江有保安營駐防西个山巡司光緒三十二年以原駐中渡平樂司改置移駐峒內平山墟

柳州府 衝難右江道駐府隸爲明洪武元年爲府領州二領縣十 順治初因明舊爲府雍正三年升賓州爲直隸州以府屬之來賓武宣遷江上林四縣隸之十二年降賓州隸思恩府來賓還屬 有柳慶鎮標左右營柳州城守營駐防提督舊駐府光緒十二年移駐龍州置柳慶鎮總兵官駐光緒末年廢 東北距省治三百六十里廣百五十里袤五百里北極高二十四度二十一分京師偏西六度五十七分領州一縣七

馬平 衝繁難倚明府治因之城東北隅鵠山南仙奕石魚東南馴山東北龍壁山柳江即黔江省境西江北岸第一大受渠也自柳城入南興五都水合屈東南繞府治西南東三面東北經橫灘山麓左界雒容復西南三江出縣西伏流至雒公山北復出東北流注之東流左受洛清江折南入象州爲象江穿山水從之東新興西檸木有鎮東振柳東南白沙西北洛滿塘南穿山西南三都墟雒公山有汛穿山三都二巡司驛二雷塘穿山

雒容 衝難府東北六十里光緒三十二年劃長盛灼以北地屬中渡廳西橫瀨山西北八角嶺西南獨靜山南有柳江緣界東流入象州洛清江自永福流入縣東北西南流左受山道江經治南屈曲東南流注柳江柳慶鎮左營分防汛駐城西洛垢墟西南高嶺南豐軌鄉有汛東南有江口鎮巡司因明舊置

羅城 難府西北百四十里東北覆鐘北青陵磨盤山東大小雲山西九萬山北武陽江舊名歸順水有二源一出西北平西里一出東北高懸里合於寺門墟東南入融江大仁江一曰通道江源出西北大仁爛東流經三防司北東入融縣曰背江融懷營分防汛駐城北通道汛通道舊有鎮當萬山中多瘴瀜明置巡司乾隆五十一年改爲三防塘主簿又武陽鎮巡司因明舊置

柳城 簡府北七十里南烏鸞西南青鳳東伏虎山北融江自融縣流入縣北曰柳江東南流沙鋪水出融縣思管鎮西南流注之洛滄河出中渡黃泥村西流注之經治西會龍江南入馬平柳慶鎮右營分防汛駐城東北山嘴汛西北古砦鎮二巡司因明舊置驛三馬頭東江羅江

懷遠 衝難府北三百十里北白雲龍頂九曲東北林溪西北朝萬山西潯江上源曰黔江自貴州永從入縣西北曰福祿江東流合蔡江大年河南江又東左受腮江孟團江折南受潯江經治北歧爲二繞至治南復合入融縣潯江即貝子溪下流也自龍勝入西南流左受斗江右受石眼江西南注福祿江融懷營駐城西北石牌塘沈口有汛東北潯江西北萬石有鎮梅寨巡司古宜甲主簿驛一在城

來賓 衝難府南百八十五里明屬府雍正三年改屬直隸賓州十二年還屬北龍鎮山瑞象東北鵝頭東南金峰山城南大江即紅水江一曰都泥江西江北幹流也自遷江入東北流左受北三江至城南白馬溪出白牛峒北流注之又東北右受觀音山水左受定清水復折東南與象江會曰潭江入武宣東蓬萊鎮賓州營分防汛駐城東南平安汛有界牌巡司因明舊置驛一在城

融 衝難府西北二百五十里西南眞仙巖一曰老君洞西北欖口山東北老鴉山福祿江自懷遠入左受寶江一曰融江西南流浪溪江自永甯來合南江西流注之又西南背江上承三源其一即羅城通道江也合於三江門東南流注之經治東西南流左受清流江右受高橋江合羅城之武陽江南入柳城南清流鎮融懷營分防汛駐城東南思管鎮東北長安鎮二巡司因明舊置

象州 衝府東南百五十里西象山又西西山南獨傲東雷山東北梁塘山北象江即柳江自馬平入州北運江上承仁義下里二江西流注之折西而南經治西又南古城江自武宣來西流注之南入武宣覽嶺城東南熱水江所出一曰十里江濱田甚廣西北入象江慶鎮左營分防汛駐城東北大樂汛龍門寨巡司因明舊置驛一象江

慶遠府 繁難隸右江道慶遠協左營駐防副將駐明洪武三年復爲府領州四縣五長官司三 順治初因明舊雍正七年劃分東蘭土州同升東蘭土州爲州設流官十年改河池州屬之荔波縣隸貴州都勻府光緒三十一年置安化廳東北距省治五百八十里廣四百七十里袤二百九十里北極高二十四度三十分京師偏西七度四十二分領廳一州二縣三土州二土縣一長官司三

宜山 繁難倚北北山一曰宜山下臨龍江南大號南山西羊角東小曹大曹西北龍江上源曰勞村江柳江西系也自河池入合東江東南流折北右受馬營河左受中洲小河又東南經府治北合洛崇江思吾溪經永順副土司南受永順水東至柳城合於融江東大曹西懷遠東江有鎮有白土懷勝龍門三巡司縣丞駐楞村水驛二大曹宜陽馬驛德勝

天河 難府北八十五里東東山北獨俊山西北高寨山東小江源出羅城縣東北合數小水西南流經治北思吾溪合西北小水東南流注之又東流入南入宜山注龍江西南福祿鎮慶遠協左營分防汛駐城

河池州 難府西二百五里北鳳儀山州城半枕山麓東都銘南天馬西吳山東北屏風金城江龍江上流也自南丹土州入右合秀水經治南伏而復出東入宜山洪龍江出南丹北爲中平溪流入州西右受坡旺水東南入永順土司下流爲刀江慶遠協右營駐城州同駐三旺里

思恩 難府北百二十里明舊屬府正德元年屬河池州順治初改屬府明建治歐家山順治中遷治清潭村十五年仍徙歐家山北馬蔭紺山南寒山東三峰東金雞山東南米嶺環江東江上流也自安化入縣北屈曲南流經治西至宜山注龍江中洲小河亦自安化入南流至宜山注龍江慶遠協右營分防汛駐城

安化廳 要府北二百里光緒三十一年析思恩北境置以宜山德勝理苗同知移駐五十二峒改爲撫民理苗同知東北中洲上里接貴州古州八萬猺山界中洲小河自古州流入廳東北中有沙洲四面水繞分上中下三里悉爲猺居環江自貴州荔波來南流合帶溪南入思恩有慶遠防營駐防

東蘭州 難府西南四百四十里雍正七年以東院內六哈改流隸治東都夷東貓陵南雙鳳北福山西北紅水江自那地土州入爲隘洞江右納九曲水又東南巡那州墟左合平紬江巡板馬墟入興隆

南丹土州 府西北三百四十里北蓮花山青雲峰西北孟英東南三寶羅侯東北勞村江自貴州荔波入東南流右受金城江左界思恩南流入河池中平溪出州北十里許經治東東南流入河池曰洪龍江

那地土州 府西北三百四里北黃花嶺西北翠靈山又三碧虎山紅水江自淩雲流入州西北左受一水東南入東蘭有龍泉溝出州北黃花嶺一州水利賴之

東蘭土州 府西五百二十里明東蘭州地雍正七年降土知州爲州同分轄鳳山外六哨地北交椅東十八鵠東北九曲番英墟水出州西北銀騰隘東南流入水雲洞至州治北復出經治西至坡龍村伏流數里又南出復伏流入百色三里墟水出東北巴華村東流右納一水折入東蘭

忻城土縣 府南少東九十里北馬鞍山西北桑石山紅水江自安定土司緣南界東流爲上林遷江界龍塘江出永定土司南流注之又東南右界遷江左受古萬墟水入遷江

永定長官司 府南六十里南頭盤山東羅漢山司東鳳凰嶺西北龍橋江出司西北南流合北來一水南入忻城曰龍塘江東

永順正長官司 府西南三百里南高椅山北西龍山司北多靈山東北有泉湧田刀江洪龍江下流也自河池流入司西北東南流經司治北入安定土司

永順副長官司 府東北四十里永順水有二源一自羅城入一自椰城入至司南合流入龍江

思恩府 繁難隸右江道明正統四年升府六年改軍民府領州二縣二土巡檢司九 順治初改明軍民府復爲府康熙二年鎮安土府改流官來屬三年降直隸土田州來屬五年升安隆長官司爲西隆州上林長官司爲西林縣並來屬雍正七年升鎮安土府爲府以向武都康上映三土州隸之析土田州置百色廳八年改西隆州西林縣隸泗城府十年改奉議州判隸鎮安府十二年降直隸賓州並所領遷江上林二縣來屬乾隆七年析土田州置陽萬土州判同治九年廢那馬土司改置那馬廳光緒元年升百色廳爲直隸廳廢土田州置恩隆縣及上林土縣下旺土司往屬之五年改陽萬土州判爲恩陽州判並屬百色直隸廳東北距省治千百五十里廣三百三十五里袤二百四十里北極高二十三度二十七分京師偏西八度五分領廳一州一縣三土司七 土司頒域華離甄脫 無附郭縣 東北三臺山東溪出西北筆架山西溪出夾城而南合爲府江入武緣

武緣 繁難府南七十五里明正統七年府遷治喬利在今治北四十里白山土司境嘉靖七年徙縣北止戈里之荒田驛即今治安山府治北蜿蜒山東北大名東思麟山縣東黃道山北高峰嶺府江二源至府城南合流左受大欖江右受仙湖江經治西興南流江會南流江自上林經縣東北受名山黃塘各墟水折西南馱淩江出縣東南西流注之合府江又西南左受那帽江又西右受三朝水西南流入隆安思恩營駐城府城有分防汛西有高井寨巡司舊駐上林土縣乾隆十九年移駐羅墟

賓州 繁難府東二百里明屬柳州府順治初因之雍正三年升直隸州領遷江上林來賓武宣四縣十二年降州來屬南仙影山西古漏山古漏水所出鎮龍山東南七十五里思覽江上源曰北江自上林流經州東北武陵江出州南合龍髻江曰李依江又合丁橋江北流注之東入遷江下流爲清水江丁橋江出州西南二源合東北流歧爲二至州治東北復合入李依江賓州營駐城東安城汛有安城鎮巡司驛二在城清水

遷江 衝難府東少北三百二十里明屬賓州順治初隸柳州府雍正三年改隸直隸賓州十二年來屬北鑑山西北云屏東北蓮花東南牛眠紗帽紅水江自上林入東南流左受儉泊排水經治北會清水江東入來賓恩覽江自賓州入縣南屈曲北流左受賀水曰清水江北注紅水江北三江出忻城土縣經縣東北流入來賓注紅水江東南有清水鎮賓州營分防汛駐城北北四遠西洛峒有汛西平陽墟巡司

上林 繁難府東百八十里明屬賓州順治初隸柳州府雍正三年改屬直隸賓州十二年來屬北八角山東北雲凌山東南張光嶺南北兩江合流其下紅水江經縣北緣忻城南界東南流入遷江北江出縣西北清水隆東南流經治北右受南江曰鼓江又東隴水自縣東北二源合南流注之又東右受獅螺江東南入賓州縣丞駐三里城乾隆三年改州同置三里營駐爲東郡城北六便東北番賢墟思吉鎮有汛又東北周安鎮東南思隴墟二巡司驛一思隴

那馬廳 府西北八十五里明那馬土巡司順治初因之同治九年廢那馬土司改置通判仍屬府東邑鹿山東南邑頭山西南蘇埠山蘇埠水出烏北流右受邑馬山水北入興隆土司西南穠企水出穠企山北入舊城土司

白山土司 府北八十里舊治西南蕉利墟明末移治穠兔村吳三桂亂徙博結村即今治南獨秀山西南九兒山紅水江在北左界安定土司東北流入忻城合姑娘江屈東南入上林

興隆土司 府北七十里西南七首山西北天堂嶺紅水江自都陽土司境南流入司西北右界思隆折東南經都陽土司舊城土司東北復入司境又東北右受那馬水羅墟番利墟水合西南流注之北入白山安定二土司界

定羅土司 府西九十里北羅漢山東北五更架溪出舊城土司東南流至五更山右受一水伏流經那馬合穠企水至舊城賁村墟入紅水江

舊城土司 府西北百五十里北峰山東北蠓嘍山紅水江界司東北境穠企水流合焉那感水出治前南流入武緣

都陽土司 府西北二百八十五里北邕阜山南強山西寶珠巖紅水江界恩隆境入司西南屈東北右受北來一水東南入興隆土司

古零土司 府東北十里南帽象山東北獅子山古旺墟水出司東局董村東南流入龍洞復出經古旺墟至上林注匯水

安定土司 府北百六十里北大寮山東南八仙山紅水江自興隆土司北流經司東南合九鄧墟水逕滅巒關入左納刀江折東南入上林西夫關

百色直隸廳 要隸左江道右江鎮標中左營駐防總兵官雍正七年由泗城府舊樂墟移駐明爲州直隸布政司 順治初因明舊爲土田州康熙三年改屬思恩府隸右江道雍正七年遷思恩府理苗同知原駐武緣駐百色曰百色廳光緒元年田州改土歸流升百色爲直隸廳隸左江道廢土田州置恩隆縣及思恩府屬之上林土縣下旺土司並屬焉五年又改陽萬土州判爲恩陽州判來屬東北距省治千七百八十五里廣二百七十五里袤百五十里北極高二十三度五十五分京師偏西九度四十六分領縣一州判一土縣一土司一 北探鵝嶺東猷寶山東北仙橋山西洋江一曰右江亦曰鵝江鬱江北系也自恩陽來右岸爲恩陽界東流經治南澄碧水自淩雲南流注之屈南而東入奉議嶺河亦自淩雲東流經廳東入奉議隆溪亦自淩雲南流經廳東北入恩隆至

奉議北注右江篆溪源出縣東北坡耶墟東南流緣界入東蘭注紅水江隴城雍正八年建亦曰鎮城年廢土田州改流來隸五年自來安徙平馬墟爲今治東天馬山北蓮花山南右江自奉議緣界東南流左受碧桑水經治南又東南入上林土東北紅水經縣東北自東蘭南流左界興隆土司右受篆溪又南衆水匯合東流注之折東北入都陽土司恩隆疊駐城東平馬汛燕峒在北縣丞治東榜墟巡司

恩陽州判廳西南水程七十里乾隆七年析土田州置陽萬土州判屬思恩府光緒五年改流置恩陽州判來隸西馬武山其南大王山八角山西入十里右江即西洋江古辨洞水也自雲南土富州剝隘入州西北者郎河北流注之又東左右受數水左界百色境折南紫歐溪東北流注之又東經治北屈南入奉議西巴平墟北遞村豫豐墟有汛西南東淺寨巡司西

上林土縣廳東南二百五十里舊屬思恩府光緒元年來隸南那造山舊治在東邑耀西北右江界恩隆奉議入縣西北又東南經治北右納枯榕江即大含溪左納小溪又東南入果化土州東

下旺土司廳東南二百六十里有甌脫舊屬思恩府光緒元年來隸東獨秀山北魁山東南波岌山波岌水所出繞司治東北流入舊城土司小溪水出舊城南流經新墟至上林土縣入右江

泗城府難隸左江道右江鎮標右營駐防雍正五年置右江鎮駐假樂墟七年移駐百色明爲泗城州與利州直隸布政司嘉靖二年廢利州順治初爲泗城土府十五年爲府尋改爲軍民府屬思恩府雍正五年復爲府改流官隸右江道乾隆五年置淩雲縣爲府治七年降直隸西隆州並所屬西林縣來屬九年改隸左江道東北距省治千七百八十里廣四百二十里袤二百五十里北極高二十四度二十五分京師偏西九度五十分領州一縣二

淩雲難倚乾隆五年以泗城府本治置北淩雲山連花峰西陵陽東三台坡西北壽龍山紅水江爲縣北界自西隆入東北流左界貴州貞豐羅斛境右受白朗墻羅西墻水東南布椰水上承桂里甘田傘里巴更各墟水東北流注之東南入那地澄碧水出縣北靈潤繞治西南流入百色東邊樓農登東北平蜡東南龍川南峨樂西邏里西北長隘百樂西南汪旬各墻有汛天峨甲縣丞治東有平樂一甲巡司縣城嘉慶二年建

西林難府西南五百十里明上林長官司萬歷中省入泗城州康熙五年改流官升縣隸思恩府雍正十二年改屬直隸西隆州乾隆七年來屬北交椅山東端峰山西北界亭山右江有二源南源曰西洋江北源曰清水河西洋江自雲南寶甯流入縣南東北流與北源會馱娘江上流即清水河自西隆來東南流右受馱門江經治東南者文那陽界廷各墟水自縣北合流注之又東折南會西洋江入雲南七宮上林營駐城東北路城東南周馬南入盤西八柴有汛有路城巡司縣城康熙六年建

西隆州衝難府西北九百六十里明安隆長官司康熙五年改流官升州隸思恩府雍正十二年升直隸州領西林縣乾隆七年復爲州來屬南三台山西營盤山西南金鐘山南盤江即八達河西江初源也下流爲紅水江自雲南寶甯緣界北流受者拉羊街二墟水經州東南至北樓墟冷水河合治西小水東北流注之又東北會北盤江東南流入淩雲清水河即同舍河自雲南寶甯東北流入州西南折東北入西林八達城州同駐舊州州判駐州城右里仁汛東舊州東北三隘東南隆或西南永靜古障有汛州城雍正七年建

平樂府衝難隸桂平梧鬱道平樂協左右營駐防副將駐明爲府領州一縣一順治初因明舊宣統三年析賀縣懷集暨廣東開建地置信都廳西北距省治二百十六里廣三百八十里袤二百五十里北極高二十四度三十五分京師偏西五度四十七分領廳一州一縣七

平樂衝繁倚明府治因之東圍山瓜嶺東南蓮花北目巖東北魯溪桂江一曰府江自陽朔緣界南流會修江屈東經府治西南平樂江自北來會又東南流入昭平平樂江亦曰樂川上源曰東江自恭城入縣東北納島坪江又東南勢江自恭城東南境西北流注之折西誕山江合南平江西北流注之折西南合於府江沙子街縣丞駐水驛三昭潭昭平龍門

恭城簡府東北九十里北仙姑西石龕東南五馬山東北印山銀殿西北金龍山東江自湖南永明入西南流平川江合平源豬小河南流注之折南右受南江錯入平樂旋復入縣境經治東左受下山源北洞源水入平樂爲樂川平樂營分防汛駐東北龍虎關汛有鎮峽寨巡司因明舊置城

富川繁難府東北二百六十里東北獨秀巖西南白雲山東南東山富江出縣西北石鼓山東南流左受麥嶺水經治東南龍窩水合白源水西南流注之又南至鐘山渡折東南左受白沙水入賀縣曰臨水麥嶺縣北麥嶺營駐防雍正八年移同知駐光緒三十三年徙信都舊治東東南鐵山下縣徒苗鎮通判駐馬宜峽元年廢富賀營分防汛駐城東白沙東北牛巖東丐鍾山西北小水峽有汛西南有白霞寨巡司因明舊置

賀繁難東南百九十五里東北臨賀嶺即桂嶺五嶺之第四嶺也與湖南江華廣東連山接界西瑞雲山西南大桂山臨水自富川經縣西北東南流右受馬富山水左受里松墟水經治北又東南右受大桂山水賀江合桂嶺諸山水西南流來會東南入信都富賀營駐城東龍水東北大發大凝墟有汛縣丞駐桂嶺大會墟西北里松鄉巡司

信都廳簡府東南五百七十里光緒三十四年析賀縣懷集暨廣東開建地置改平樂府分防麥嶺同知爲撫民同知移駐信都鋪門墟舊隸三縣撫民耕兵劃歸廳轄宣統元年遷治官潭墟北湖頭山西北大甋西南雲臺臨水自賀南流經治東又南右受臨田水王鋪門墟深沖源水西南流注之右受雲臺山水南入開建東石牛坡南鏞門墟有汛舊信都巡司光緒三十四年廢改信都廳照磨兼司獄

荔浦簡府西七十五里東北三奇火嶺西北鎮錫山東南鵝翎修江一曰荔江自修仁入左受荔江尾水東北經治東左受夾板隘水右受丹竹江水又東北緣水河上承栗江曾陀河龍坪河東流注之東北入平樂注桂江平樂協右營分防汛駐城北兩江墟東北馬嶺西北王猺隘西南蓮塘有汛

修仁難府西南百二十里東北羅仁山西南淩雲山南崇仁大峒修江出西南猺山界分水嶺東北流經治東至羅仁山東南麓入荔浦曰荔江四牌溪出西南文筆山西北流經四牌墟入永福平樂協右營分防汛駐城西石糖堡汛

昭平衝府南二百里東木皮山其北接米嶺山高路險雍正三年開鑿嶺道上下四十里東南天堋嶺羊角嶺桂江自平樂流入縣北右受歸化江左受思勲江經治東又東南至馬江塘富鄧江出縣東合招賢水西南流注之東南入蒼梧平樂協左營分防汛駐城東南攬水東北蓮花燕塘山口有汛東樟木墟巡司東南馬江塘巡司

永安州簡府西南百六十五里東北石鼓山東南石印古眉嶂天嶺西南力山西北天堂馬鞍嶺眉江古蒙水一曰激江出州西北東南流右受濁川水西江水經治南左合銀江又東南六樟水東流注之又東南榕木嶺水西南流注之南入藤縣曰濛江平樂協右營分防汛駐城

梧州府衝繁桂平梧鬱道治所梧州協左右營駐防副將駐明洪武元年爲府領州一縣九順治初因明舊雍正三年升鬱林州爲直隸州割博白北流陸川興業四縣往屬焉西北距省治九百三十五里廣二百七十里袤四百六十里北極高二十三度三十分京師偏西五度二分領縣五光緒二十三年設關通商以桂平梧鬱道兼梧州關監督三十年由桂林移駐法

蒼梧衝繁倚明府治因之東北芋莢古欖嶺西北文殊山南鋼鐵沖響雙江上流即藤江自藤縣流入左受安平江分流夾思化洲長洲右受須羅江長行江至石磯塘復合又東會桂江東入廣州封川曰西江桂江自昭平入左受龍江右受石洞河東南流思良江峽山水出治北南流注之折西南至治西注鬱江沿江有水汛東分界墟南三角嘴廣平墟東南大燕東北三番西北豬竹古欖西南戎墟有汛同知駐戎墟有東安鄉安平鄉長行鄉三巡司因明舊置水驛二府門龍江梧州關商埠光緒二十二年中緬條約開

藤繁難府西百六十里南鏖山西南勾刀西北谷藤江上流即潯江自平南入流經縣西北右受都榜江濛江合牛皮江南流注之曰雙江又東南右受藤寮江折東經治北繡江合思羅江黃華江義昌江自西南經治東來會曰劍江又東北左受四培江右受黃桶江白石江東入蒼梧梧州協左營分防汛駐城沿江有水汛東南鐔峒西白馬有汛有白石寨寶家寨二巡司因明舊置明故五屯千戶所解藤峽左臂今白石司治驛四雙競黃甲金雞藤江

容簡府西南四百八十里東北朝陽嶺東南人文嶺西北大容山瓦數百里潯鬱分據其巔容江上承北流之圭江經縣西南滑龍江自廣東信宜入北經治南左受思登江曰容江又東北右受波羅江北入藤縣曰繡江梧州協左營分防汛駐城有自良墟粉壁寨二巡司驛二自良繡江

岑溪難府西南百八十里東白石山西鄧公山東南通天嶺東北周公黃華江自廣東信宜入流經縣南西北流折入藤縣腰峨嶺東北義昌江出西南流鐵根隘水合黃陵臨水西北流注之又西洋羅隘水東北流注之西北經治南入藤縣梧州協左營分防汛駐城東大湴汛南大峒鎮有平河巡司因明舊置

懷集簡府東北三百里西忠議山南天馬西北齊嶽牛欄山西南白鶴山懷溪一曰南溪出縣西北大石屋村東南流合古城水赤水又東南右受宿泊水左受冷坑水白沙水經治南右受甘峒水又東南桃花水合東北諸山溪水西南流注之東南入廣東廣甯下流曰綏江永固水出西南南洲山北流經永固墟入廣甯懷集營駐城東龍門東北洽水西南朋岡有汛有武城鄉慈樂塞二巡司因明舊置

鬱林直隸州衝繁難隸左江道潯州協鬱林營駐防明爲州屬梧州府領縣四順治初因明舊雍正三年升爲直隸州舊隸桂平梧鬱道光緒十三年改隸左江道東北距省治千五百二十五里廣二百七十里袤二百九十里北極高二十二度四十七分京師偏西六度十分領縣四北寒山東信石峽山東南天馬東北大容山西石人嶺定川江自興業入東南流左受鶴橋江右受都黃江又東南綠藍江自北來西南流經治南合羅望江注之曰南流江又南橋麗江即回龍江自陸川西南流注之入博白東夾山西平山石井北北底西北蒲塘楓木有汛有攜康巡司西甌廢驛

博白難州西南九十里雍正三年自梧州來隸南大荒東南蟠龍西南九岐飛雲西北綠羅山南流江自鬱林入流經治西右受綠珠江左受小白江大白江經西右合滇馬江至寨石山西麓陀角江西北流注之又西南左受旺勝江入廣東合浦鬱林營分防汛駐城西南龍潭汛有周羅寨沙河寨二巡司因明舊置

北流繁難州東六十里雍正三年自梧州來隸東北句漏山山脈自越南來東入廣東境鬱江南岸一大系也東會鸞山西北大容山南綠蓋山綠藍水所出南入鬱林注南流江圭江出縣東南有二源一石梯水出大雲嶺一雙威水出雙威山至三口鋪合流曰圭江西北流思賀江自陸川東北流注之右受綠河經治東入容縣曰容江鬱林營分防汛駐城東南陸墻善還有汛有[illegible]威寨巡司因明舊置驛一寶圭

陸川難東南九十里雍正三年自梧州來隸東文龍山西鳴石西北石湖東南大遁北分水山二水源出踢一南流經治東饅頭嶺水自西北繞城南合流曰烏江又南左受水車江龍化江曰平南江入廣東石城一西北流曰回龍江屈西南合略偏江入鬱林曰橘麗江鬱林營分防汛駐城北馬坡南花樓有汛有溫水寨巡司因明舊置有永甯廢驛

興業簡州西北七十三里雍正三年自梧州來隸北北斗山興東斗山對時西萬石白馬巖西南婆龍巖定川江三源北源曰龍穿江出縣西北東南流通濟江自東北繞城來會岑江自西來會三江合曰定川江東南入鬱林鬱林營分防汛駐城北車南六纂西南雷墾城隍墟有汛番

潯州府衝繁隸右江道潯州協左右營駐防副將駐明洪武元年爲府領縣三順治初因明舊雍正八年武宣來屬舊隸左江道乾隆九年改隸右江道東北距省治八百七里廣四百里袤五百二十里北極高二十三度二十九分京師偏西六度十六分領縣四

桂平衝倚明府治因之西西山石梯西南羅叢東南白石大容紫荊關西北大藤峽數百里路西江西岸明韓雍破猺賊地咸豐金田之役實肇亂於此黔江上流即柳江一曰右江自武宣入縣西北左出支津曰南滌江東南經治北與鬱江會鬱江一曰左江自貴縣經縣西南右受繡江左受蓬闐江屈曲東北流至治東會黔江曰潯江又東北大江灘水合東南諸水西北流注之南滌江合相思江東流注之東入平南有南北河水汛北靜安東北武靖有鎮有大黃江橈樂墟二巡司

平南衝府東九十里東北勾崖嶺東南黃花山西北閬石山潯江自桂平入左受思旺江東南流烏江合數小水南流注之經治南又東南左受秦川河白沙江自桂平東北流注之東入藤縣大同江出西北龍軍猺東南流亦入藤縣潯州協左營分防汛駐城東南樟木墟丹竹墟有汛有大同鄉秦川鄉二巡司因明舊置水驛烏江

貴繁難府西南百七十里北大北山東小北山龍山北五十里藤峽右臂也西金雞峽鬱江自橫州入縣西南武思江自廣東合浦來北流注之東北流左受思撤江寶江自賓州來東流注之經治南而東左受沙江東津江右受橫眉江入桂平潯州協右營分防汛駐城東南三塘西覃塘西北五山有汛有五山鎮巡司通判駐木梓墟宣統二年廢水驛二東津香江

武宣衝府西北百九十里明宣德六年更名屬象州順治初隸柳州府雍正三年改屬直隸賓州八年來屬南大藤峽東北金龍山西南仙巖山柳江緣象州來賓界流經縣西北受古城水屈曲南流經治南勾樓山水西南流注之又東南右受古豪江武賴水左受陰江新江水入桂平潯州協左營分防汛駐城南寺村西南大樟有汛有縣廊鎮巡司驛一仙山

南甯府衝繁難左江道治所左江鎮中左右營南甯城守營駐防總兵官駐光緒三十二年提督由龍州移駐明洪武元年爲府領州七縣三順治初因明舊雍正十年下雷土州改隸鎮安府光緒十三年上思州改隸太平府東北距省治千十里廣三百里袤百五十里北極高二十二度五十四分京師偏西七度五十六分領州二縣三土州三

宣化衝繁難倚明府治因之北高峰西北聖嶺東北崐崙山鬱江即左江省境西江南岸一大渠也上承左右二江左江自新甯入東北流右江自隆安入東南流至合江鎮合流曰鬱江屈折東流左受星盈江經府治南右受鳥水江八尺江又東左受大冲江伶倒江入永淳東入尺江西三江口南那曉墟北宣實陸路有汛有八尺寨三官堡金城寨遷隆寨壜落墟五巡司驛四建武黃花陵山大淮南甯關商埠光緒三十二年自開

新甯州簡府西百十里北青雲山南獨秀山東北六合山麗江一曰左江亦曰定滌江鬱江南系也自土江州入受響水東北流右受旺莊河經治北左受滌甕水曰左江入宣化左江鎮右營分防汛駐城

隆安簡府西北二百八十五里東馬王山東南金榜梅龜山右江自果化北歸德南東南入左納塘河水南右受佛子溪曲靄溪經治北東南流綠綠水自萬承來合羅興江東北流注之又東南南流江亦自武緣來會折南入宣化左江鎮左營分防汛駐城西北有果化卡汛

橫州衝繁府南三百四十里東橫嶺北震龍山東北定祥山西北平天嶺鬱江自永淳入東流右受橫槎江平南江鹿江經治南東北流左受清江右受武流江折北古江自永淳東南流注之東北入貴縣南寗營分防汛駐城有大灘巡司水驛二烏蠻川門

永淳簡府東二百五里明屬橫州順治初改屬府東雷峰嶺東南火烟東北鎮龍山鬱江自宣化入東南流經治北東班江自賓州來注之繞城東南秋風江自廣東靈山來注之又東南入橫州左江鎮中營分防汛駐城西南那懷汛北有武羅南里鄉二巡司水驛二永淳火烟

土忠州府西南二百二十里北芭仙山旺莊河出州南東北流經治南折北入新甯注定滌江

歸德土州府西北三百二十五里北九兒山右江自上林流經白山南果化北入緣界東南流至馱濟村入隆安

果化土州府西北三百六十里南青秀山東南獨石山右江爲州北界東南流經旺墟右界歸德入隆安

太平府衝難太平思順道治所新太協左營駐防副將駐明洪武二年爲府領州十七縣三順治初因明舊雍正三年置上龍下龍二土司七年廢下龍司置龍州廳十年改思明土府爲土思州並所屬下石西土州來屬十一年改思明州爲甯明州置明江廳兼管上石土州事降直隸江州爲土州及所屬羅白縣爲土縣又降思陵憑祥二直隸爲土州並來屬省思城土州入崇善縣光緒十三年上思州來屬十八年升上思州爲直隸廳宣統二年憑祥土司改流官置憑祥廳舊隸左江道光緒十

三年改隸太平思順道提督駐龍州督辦邊防 光緒十二年由柳州移駐。二十九年改置督辦邊防大臣三十一年廢以太平思順道辦理邊防事務 自光緒十一年越南淪陷法人逼處西南一隅與越南諒山高平宣光等省接壤邊防處處險要分三路自鎭南關口及關以內憑祥廳所轄各關前隘爲中路關以東自明江廳甯明州屬下石思陵上州至土思州屬派邊山止所轄各隘爲東路關以西自龍州歸順州即下凍下雷土州至鎭邊縣屬各邊村巖嶠橋頭止所轄各隘爲西路沿邊千八百九十四里隘卡百五十有六有防兵二十五營分紮沿邊對汛及各墩臺 東北距省治千二百八十里廣五百七十里袤六百六里北極高二十二度二十五分京師偏西八度五十分領廳二州四縣一土州十六土縣二土司一

崇善 衝難倚明府治又思城州地順治初因之雍正十一年省思城上州入以縣丞分駐北青蓮東將軍東南銀山西北翠微馬鞍山西南麗江自上龍流經縣西南左受邏水東北流繞治西南東三面納邏水舊名歸順河一曰舊縣江自安平東南流通利江自養利來注之又經太平流入縣西北右受多烈水注麗江東北有崩坎汛有馱盧巡司

左州 衝府東北九十五里南天燈東雲巖西北金山西南華父山麗江自崇善緣界經崇善馱盧司左受橋龍江東北入新甯新太協左營分防汛駐城驛一馱林

養利州 難府西北百四十里東武陽山南無懷西印山西北通利江自龍英緣界東南流入州西經響水橋大嶺墟水東北來至迎恩橋注之南入崇善新太協左營分防汛駐城

永康州 難府東北百八十里明萬歷二十八年升州省思同州入與陀陵縣並屬府順治初因之康熙三十八年陀陵縣併入州南鳳凰山西南大馬山西香白星遊月獅連吸諸嶺西北涤陸山涤陸江所出一曰綠變江屈曲東南流經治西南滌零水東流注之東南入羅陽新太協左營分防汛駐城

甯明州 衝難府西南百二十里明思明州順治初爲土州康熙五十八年改流官雍正五年罷知州以思明府同知兼管州事十一年以思明四寨六團改置甯明州乾隆元年移治思明土府舊城東北楓門嶺西北龍勝山西南伏波山明江自土思州入流經明江廳西南交趾河自越南來合下石州水注之西北經治北曲流三十餘里入上龍土司會龍江馗纛營駐防楓門嶺西南羅隘有汛

明江廳 衝難府西南百十里明思明府又上石西州地順治初爲思明土府同知雍正十一年改爲明江理土督捕同知兼管上石西州事駐思明土府舊城北珠峽西南伏波東北楓門嶺東南白馬山明江自土思州入屈西逕明江廳至城東又西北逕那關山入上龍馗纛營分防汛駐城

龍州廳 衝難府西百八十里明龍州直隸布政司順治初來屬雍正三年罷州析其地爲上龍司下龍司置土巡檢七年廢下龍司移太平府通判駐劄乾隆五十六年改同知東獨山北軍山西南秀嶺龍江有南北二源北源曰平定溪自越南流入廳西北水口關東南流經上下凍土境至治西南會南源南源曰登宜溪自越南流經廳西南平而關界憑祥北州屈東北至治西南與北源合東流曰龍江入上龍光緒十三年提督來駐二十九年督辦邊防大臣駐尋廢提督移駐南甯有提標中營龍州城守營駐防西北水口關斗奧隘有汛龍州關商埠光緒十三年法越商務條約開有東西關墩臺有鐵路

憑祥廳 府西南二百三十里明成化十八年升州直隸布政司順治初爲土州來屬宣統二年改流官置撫民同知併明江同知兼轄之舊上石土州入焉並兼轄承審下石土州仍舊治東白石山南叫谷山馬鞍山龍江南源界廳北境憑祥水自治南合澗水北流注之東南入龍州西南鎭南關一曰界首關越南入境第一門戶也有左右輔山嶮嶺東受降城北平而關南由隘南關西南啼沙卡有汛

太平土州 府西北百十里東九峰山東南龍蟠山西北邏水自安平入右受五播水東南入崇善多烈水亦自安平入東南流入上龍

安平土州 府西北百三十七里南曾仙巖西南星山邏水自下雷入東南經州署北左界崇善思城境入太平多烈水自越南流入經巖嵐山南麓又東南亦入太平五橋水出州西北要村隘東南流緜五橋至太平土州注邏水

萬承土州 府東北二百五十里東北金童山西北蓮花山西南雲門紫洞山綠緣水一曰玉帶水出州西南玉屏山經州署南東北入隆安注右江

茗盈土州 府西北百七十里南岜懷山東北觀音巖澗水出焉西來一澗水至州署南合流曰茗盈水西南經養利入龍英注通利江

全茗土州 府西北百六十里北州望山西北猛山通利江自龍英東南流至仙橋入境又東南經州署西合布顯水屈西南復入龍英

龍英土州 府西北二百里北筆架山西南通山通利江自都康東流入州西北左受甯壤水東南流屈西南經全茗境復折入州州署前諸水合穡茗水東流注之又東南納茗盈水入養利

佶倫土州 府西北二百三十里東高峙山東北陽果嶺西北斗傘山啼畓水出山澗中流繞州前南有啼畢水自都結來堰水上流也

結安土州 府西北二百二十里東馬鞍山南窟井山北飛鼠山西南有堰水即澗水也出都結山澗中流入境伏而復出土人堰水灌田曰堰水

鎭遠土州 府西北三百十里南筆架山西大馬山北揚山西北佈腰巖磨水出東南入結安

都結土州 府東北三百六十里北青雲山南觀音山西陽果嶺沛水出焉曲折東北流受二小水東南經州署北曰綠水江東入隆安啼畢水一曰潤水西南流經佶倫至結安南爲堰水

思陵土州 府西南二百四十里明思陵州直隸布政司順治初爲土州來屬東天馬山東北東陵山南角硬山角硬水所出東流右受板邦隘叫荒隘二水又東北折西北經東陵山南麓又西南經州署南入越南

土江州 府南二十五里明江州直隸布政司順治初爲土州來屬南波巖山州東挂榜山東南榕樹嶺麗江自上龍流經州西北左界崇善境東北流屈東南入左州新甯界

土思州 府南百二里明思明府直隸布政司順治初爲土府來屬雍正十年改土州更名移治伯江隘西飛仙巖西南摩天嶺東南派遷山明江自遷隆峒入經州署北又西入甯明東有海淵墟汛驛一明江

下石西土州 府西南百六十里明屬思明府順治初來屬歸甯明州隸轄宣統二年改歸憑祥廳西北白樂山西獨山東有一水流合交趾河東北注明江

上下凍土州 府西二百二十里南湖山北岜榴山西南八峰山龍江北源自越南入龍州西北轄境東南流經州署北啼局隘水合邋花隘水東流至州南注之東入龍州有龍州營分防汛

羅白土縣 府東南五十里明屬江州順治初來屬東南龍洞山西南羅高山北獨龍山隴冬出西北入江州

羅陽土縣 府東北二百里東青龍山西北白虎山一曰白面山綠甕水自永康流經縣署西南又東南沙房墟水合一水東流注之入新甯

上龍土司 府西百八十里明龍州地雍正三年析置西北武德山北古甑山古甑泉出焉南流經司署西入龍州龍江自龍州入司南東北至三江口會明江屈東南流合邏水入崇善多烈水自太平入司東北亦東南入崇善注邏水

上思直隸廳 要隸左江道提標上思營駐防明上思州屬南甯府 順治初因明舊光緒十三年改屬太平府十八年升爲直隸廳以南甯府屬之遷隆土司隸之東北距省治千二百八十里廣百二十五里袤七十三里北極高二十二度十一分京師偏西八度十三分領土司一 廳北望州嶺西南營盤山十萬大山環列廳東南西三面延袤百餘里接廣東欽州訖越南綠州界游匪出沒所也沿山有八隘明江出廳西南十萬山中東北流六十餘里屈西北經治南又西南平弄隘平寨隘二水合會遷隆峒板蒙隘水北流注之西北入遷隆

遷隆峒土司 廳西七十里明土巡檢司屬上思州順治初因之與上思並屬南甯府光緒十八年來屬北分界嶺東南那馬明江自廳入西北逕城東屈西南入土思州

鎭安府 難隸左江道明洪武二年爲府 順治初爲土府隸思恩府康熙二年改設流官通判雍正七年升爲府隸右江道以向武都康上映三土州隸之歸順州改流來屬十年思恩府屬之奉議土州改設流官州判又南甯府屬之下雷土州並來屬改隸左江道乾隆三年置天保縣爲府治三十一年置小鎭安廳光緒元年升奉議爲州十二年升歸順州爲直隸州改小鎭安廳爲鎭邊縣並下雷土州往屬之東北距省治千六百八十五里廣百三十里袤百六十里北極高二十三度十九分京師偏西九度四十三分領州一縣一土州三

天保 難倚明鎭安府地乾隆三年置北天保山東北扶蘇山西鑒山歸順江一曰濛滓江自歸順入縣西伏流至鑒山前復出東流經治南右受馱命江大保泉自北來注又東左受啼來河右受歸順之武平河東北入奉議鎭安協右營分防汛駐城

奉議州 衝府東北二百十里明洪武二十八年改衛尋復爲州直隸布政司嘉靖中改屬思恩府順治初爲土州雍正十年改掌印州判來屬光緒元年升爲州東北獅子山東南三齊山西大小蓮花山有蓮花關右江自百色南流入州西北折東經治北又東北嶺桑河自百色來隆溪自恩隆來南流注之東南流右受歸順江左界恩隆入上林鎭安協左營分防汛駐城西南古眉墟汛東南作登墟巡司

向武土州 府東南百六十里明初屬田州府尋廢建文中復置直隸布政司順治初隸思恩府雍正七年來屬東南天台東北向陽山山上有關西北上學山下有上學溪出天保山中東北流入奉議枯榕江一曰大乃溪出上映州山中東北曲流合勞溪經州署西北又東北入上林有鎭安協右營分防汛

都康土州 府東南百九十里明初沒於交趾建文初復置直隸布政司康熙三年改隸思恩府雍正七年來屬東崇山北映秀南翠屏山通利江自上映州入東流經州署南左受岜營水入龍英

上映土州 府東南百八十五里明初廢爲峒萬曆中復置隸思恩府順治初因之雍正七年來屬南錦屏山西嶽岫山西南八字嶺通利江上源爲秀泉出州西北山中東南流經州署南至仙橋入都康

歸順直隸州 繁難隸太平思順道鎭安協左營駐防副將駐明歸順州直隸布政司 順治初爲土州隸思恩府雍正七年改流官隸鎭安府乾隆十二年省湖潤寨土巡檢司入焉光緒十二年升爲直隸州隸太平思順道改鎭安府屬之小鎭安廳爲鎭邊縣及下雷土州來屬東北距省治千八百六十里廣二百二十里袤百六十里北極高二十三度六分京師偏西九度五十四分領縣一土州一 南獅子西嶺衛西南吽鵝山西北三臺照鴿山龍潭水出城東北里許南流經治東穠黎水出州西北東南流注之入越南穠那水出州西亦東南入越南歸順江出西北岐雷墟武平河出東北小龍潭並東流入天保邊水出州東東南流左受立邏水入下雷西榮勞墟南隘邦壬莊頓峒各隘有汛東南胡潤寨巡司

鎭邊 繁難州西北二百三十里明永樂中分置鎭安土州屬思恩府尋廢乾隆八年設土巡檢三十一年改流官通判駐轄曰小鎭安廳光緒十二年改置縣更名來屬北感馱巖又北末山有水西北流入雲南土富勞山勞水所出西北流經治西合大魁水弄內水折東北伏流復出亦入土富德窩水出縣南東南流經百合墟折西南荀華水坡芽水百都水並出縣西南合流注之入越南那摩水自越南入州西南邊境合坡酮水復西入越南鎭安協右營駐防

下雷土州 府東南二百二十里本下雷峒明萬曆十八年升爲州屬南甯府順治初因之爲土州雍正十年屬鎭安府光緒十二年來屬北天關山南地軸山又南神農山邏水一曰西北河自歸順入州西北北河自向武東伏流復出西南流注之經署東又東南西南河自越南緣界東流注之入安平有鎭安營分防汛

清史稿

地理志二十一

雲南

雲南禹貢梁州徼外地清初沿明制置承宣布政使司爲雲南省設巡撫治雲南府並設雲貴總督兩省互駐康熙元年改雲南總督駐曲靖三年裁貴州總督併雲南駐貴陽二十二年移駐雲南雍正五年定雲貴總督兼轄廣西十二年停兼轄廣西乾隆元年設雲南總督十二年改雲貴總督光緒中裁巡撫領府二十直隸州一康熙五年降北勝直隸州爲州隸大理八年降尋甸府爲州隸曲靖三十七年升北勝州爲永北府省永甯雍正三年改威遠土州爲直隸廳四年割四川之東川府來隸五年以四川烏蒙鎭雄二府來隸六年降鎭雄爲州屬烏蒙 東川鎭雄元屬雲南明屬四川烏蒙元屬四川明初屬雲南從改屬四川 七年置普洱八年置開化二府九年改烏蒙爲昭通府乾隆三十一年永北降直隸廳三十五年廣西定武元江鎭沅四府降直隸州景東蒙化二府皆降直隸廳省姚安屬楚雄改鶴慶府爲州屬麗江嘉慶二十四年升騰越州爲直隸廳道光二年改分防同知又改鎭沅直隸州爲直隸廳光緒十三年置鎭邊撫夷直隸廳二十四年升鎭雄州爲直隸廳東至廣西 泗城七百九十里 南至交阯界 七百五十里 北至四川 會理四百里 西至天馬關 接緬甸界二千三百一十里西南英領緬甸光緒中曾紀澤謀與英勒界 秦八募復我太平江以南漢龍天馬虎踞鐵壁四關侵地讓未決薛福成繼之力持前畫勝越西以伊洛瓦諦江源流爲界江東野人山地概歸中國倘可由大盈江之新街入伊洛瓦諦經阿瓦至仰光海口行輪又索還故壤二千餘里及中東事起俄法德居間後贈法以紅江甌脫及孟俄地英藉口改薛約割科干復許以滇緬鐵路而邊事日棘片馬不守矣 廣二千五百一十里袤一千一百五十里北極高二十九度三十分至二十一度四十分京師偏西十度二十九分至十九度十分宣統三年編戶一百五十四萬八千一十四口六百四十萬三千九百三共領府十四直隸廳六直隸州三廳十二州二十六縣四十一又土府一土州三土司十八 驛路東達貴州普安東南廣西百色西達緬甸八募西南達緬甸緊東鐵路滇越電綫東北通重慶西通八募東南通南甯

雲南府 衝繁疲難雲武分巡糧儲道治所總督巡撫布政提學提法三使鹽法巡警勸業各道駐 東北距京師八千二百里

廣三百七十里袤二百九十八里北極高二十五度六分京師偏西十三度三十七分領州四縣七

昆明 衝繁疲難倚城內五華山螺山山有湖晉洞山倒有狀湖東鸚鵡山西太華棠仙南萬德北商山東北龍泉山西南碧雞山盤龍江自嵩明入西南流逕城東合銀梭河至縣南匯爲滇池滇池一名昆明池長百二十餘里縣東諸水入焉下流折昆陽州曰海口即螳螂川上游金稜河自城東北松華壩分盤龍江水入滇池寶象河自嵩明入西南流逕城南亦入滇池西碧雞關高嶢關東金馬關同知一駐南關驛二板橋滇陽汛二昆明板橋

富民 簡府西北七十里東天馬山西臥雲玉屏南靈芝北法華山螳螂川自安寧入納城西北桑納水入武定州祿勸爲普渡河大普河出昆明西北山西流入境洞溪水來會西王城北入螳螂川清水河從之

宜良 衝繁府東百二十里北萬壽南雉山東客爭客山縣鎮山也西石燕東南駱駝山西南鳳凰山西大城江自河陽之陽宗海流入逕城西北折東南分二支同入大池江大池江即八遶河爲南盤江上流西北有湯池

嵩明州 衝難府東北百三十里城內黃龍山東馬頭西鹽雲登花西北東葛勒山元梁王結寨地南鳳鉛石華山龍巨河一曰龍濟溪自尋甸入南流匯爲嘉利澤一名楊林海逕城東南納楊梅河對龍河諸水瀰爲澤周百餘里東南出河口折北流入尋甸爲車洪河寬耶河邵甸河合九十九泉西南流會牧養河又西南入昆明爲盤龍江即滇池上源也西南兔兒關驛一楊林

晉寧州 繁難府南九十里城內螺髻山東梅溪五龍西石美山與百花山相望南石壁東南玉案西南石魚山西有天女城滇池在州西北大堡河自新興來會又西北逕城西分數道流入滇海盤龍河源出五龍山分二派一西北流入大壩河一東北流分爲二一入澂江撫仙湖一入昆池

呈貢 衝繁府南四十里明爲歸化同鎮晉寧康熙八年省歸化入焉北三台山東軍營南龍翔東南象兔羅藏山滇池在縣內南東撈魚河南洛泥河東南梁王河皆匯爲洛龍河源出城中白龍潭西流會黑龍潭貫城注滇池南衝河偕清水河從之南太平關鹽澂孔道

安寧州 衝繁府西七十里康熙六年省三泊入昆陽雍正三年又改其地來隸城內太極白華西北蔥山東印山龍馬西羅青南天馬山螳螂川一名安寧河自昆陽入北流入富民鳴螞河源出龍洞北流望洋河又北營利河同來會折東北至州東南入螳螂川有煎鹽水出蚜蛉山有大井石井河中大界蓮然等鹽井驛二祿表安寧

羅次 簡府西北百二十里西金鳳北百花南蠑螺山九成山易江出焉東北有首麼崗亘山縣亘縣西兩峰相望易江北流入祿豐金水河東北流納青龍山南北二溪水又折西北滙碧城河東渠河水折西亦入祿豐名星宿江北煉象關

祿豐 簡府西北二百十里西三次和山舊名嶺碁縛山北象頭馬頭山東姚陵山星宿江自羅次入納南河九渡河諸水南入易門易江亦自羅次入縣東境繞安寧復折入境東南入易門東老鴉關驛一祿豐

昆陽州 疲難府南百二十里東龍泉山西月山壩蒙果山南金龜山北望洲東南御屏西北蔥蘢山滇池在城東北隅螳螂川自滇池分三支西北入安寧渠濫川逕城東南入滇池南鐵爐關

易門 簡府西南二百五十里城內龜山東屏山左右旗山鼓山西象山東南洗頭山星宿江自祿豐入南流納太和川水又南匯大小綠汁河入丁癸江南流易江亦自祿豐入南流匯上下渠江水蒯兒山水自東來合焉折西納獅山水逕末水合星宿江爲丁癸江南流入嶍峨

武定直隸州 隸雲武分巡糧儲道明武定府領州二縣一 乾隆三十五年降爲直隸州裁府治和曲降祿勸州爲縣東南距省治二百四十里廣三百六十里袤三百三十九里北極高二十五度三十二分三十秒京師偏西十三度五十七分領縣二 北甲旬普西北猗朵西獅子山北金沙江自元謀入左有會川衝水自四川會理合東安河南流來注又東流合大環川入祿勸盤龍河源出辟水白花山爲鳩水河東北流逕城東左會鵠臆河爲盤龍河東入祿勸南小濟關東南小甸關西北油榨關龍街關明只舊草起二鹽井今廢巡司一駐金沙江岸

元謀 難州西北九十里東定見山西翠峯南馬頭北溫泉蓮花山北金沙江自大姚入合西溪河即龍川江下流自廣通北流入境又北會南號河黑占乾河元馬河羅又乾河午茂乾河鎮頭河自大姚東流合爲直寓河又北入金沙江元馬家州北二十里華陽國志謂縣有元馬日行千里元馬河以此得名土人呼馬爲謀縣以此氏焉東望城關

祿勸 難州東北二十里明州乾隆二十五年降東北烏蒙山一名雪山北法塊幸邱東南普照山北金沙江自州入東流勒滇溪東滇溪自幸邱山合北流入焉又東納普渡河水烏龍河自烏蒙山北流注之又東入東川巧家普渡河即螳螂川下流自富民北流入境納掌鳩河水北逕雪山入金沙江西南雄關

大理府 衝繁迤西道治所提督駐 順治初因明制康熙五年降北勝直隸州爲州來屬三十一年仍改隸東南距省治八百九十里廣九百六十里袤二百二十里北極高二十五度四十四分京師偏西十六度十一分領州四縣三長官司一

太和 衝繁倚西點蒼山高六十里山椒懸瀑注爲十八溪綿亘百餘里府之鎮山也西拱縣城如抱弓然西洱河亦名洱海形如月抱珥亦曰珥河縣東五里即古葉榆澤源出浪穹北境內諸水入焉長百三十里閣三十九里下流會樣備江逕趙州入蒙化北上關亦曰龍首關又曰石門關南下關亦曰龍尾關諺曰蒼山雪洱海月上關花下關風下關貿易極盛南隅名鎮

趙州 衝繁府南六十里東九龍山與州西鳳儀山對峙西三台山南昆彌東南龍母西南華藏山大江一名波羅江有二源合流而北逕城南折東會玉關泉鳥龍雙塔諸水北入洱海白崖江即禮社江上流自雲南縣入流經白崖有彝隱廠水及赤水江來會入蒙化東南萬壽關松花關南彌渡市鎮通判駐驛二西嶺德勝

雲南 衝難府東南百三十里明屬趙州順治初改隸府東飛鳳西金龍南青華山北梁王山禮社江與一泡江同源于此一支南流至關山塲分爲三其一南流爲溪濤逕青華山南入趙州爲禮社江東源其二東流一逕縣南匯爲青龍海一逕縣北匯爲品甸王海仍歸青龍海海周四十餘里瀠田利溥一支北出爲周宮些海合流而南至雲南縣折而東北納你甸河諸水爲一泡江入姚州東北楚場關東南安南關土主簿駐白岩川

鄧川州 疲府北九十里東玉寨雞足西象山彌勒山東南鼎勝南伏虎北天馬山西北覆鐘山羅時江源出鐘山下綠玉池亦曰西湖南流逕象山下又東南至上關閣地江源出州東北焦石洞亦曰東湖南流逕城東又南至上關彌苴佉江自浪穹來注之入洱海高洞河源出雞足山北流羅隔河自鶴慶來會合爲枯木河入賓川東大把關驛一鄧川

浪穹 簡府北百十里明屬鄧川州順治初改屬府西鐵甲場山閟江所出西南鳳羽山黑惠江自劍川入亦曰白石江南流逕城西納諸山溪水入太和爲樣備江大營河源出劍川南流鳳羽河源出清源洞北流茈會甯河甯河源出羅谷山匯爲茈碧湖南流逕城東北南會大營河折西納閟江鳳羽河二水曰三江口又南逕城東蒲陀崆爲彌苴佉江歷鄧川入太和即洱海上源也西羅坪關西北大樹關東北一女關有蒲陀崆鳳羽鄉上江嘴下江嘴巡司四

賓川州 難府東百二十里西雞足山東鍾英山北華蓋摩尼東北赤石岩山西北舉屏山東北金沙江自鶴慶入東流納苔旦河一泡江諸水入姚州苔旦河一曰六溪河其源有六曰鍾良溪銀溪石鼓溪寒玉溪通洱溪赤龍溪韮自城西東流又北逕城西北豐樂溪自盒子孔山來會亦曰七溪北流入金沙江西南畢羅淜

雲龍州 繁難府西五百里東大羅山明設大羅衛今廢西三槃山北清水朗東北大雒馬山與西小雒馬夾河相望西瀾滄江自麗江入納沘江表村河松牧溪諸水南入永昌怒江潞江自潞夷境入逕三崇山南入永昌北太平關東新關有大井鹽課大使鹽井六順蕩諸鄧石門天耳山井師井

十二關長官司 府東三百里本雲南縣楚場地元置千二關防送千戶所明置長官司隸大理徙一泡江之西清因之土官李姓世襲東白沙坡西觀音箐

麗江府 要隸迤西道明爲軍民府領州四縣一 順治十六年改土府省所屬州縣併入雍正元年設流官乾隆二十一年置中甸廳三十五年置麗江縣爲府治改鶴慶府爲州併所屬劍川州維西廳來隸東南距省治一千二百四十里廣六百七十里袤九百五十九里北極高二十六度五十二分京師偏西十六度二分領廳二州二縣一

麗江 疲難倚明通安州乾隆三十六年改今名西南老君山南餘諸山之祖西北雪山一名玉龍西花馬漢鼓山高百仞上有三湖西怒江即潞江縣源出西藏布喀池自東境入南流入雲龍瀾滄江自維西入分二支正支西納白水南流入雲龍分支爲漾備江東流納老君山下分江諸水入劍川金沙江即麗水亦自維西入納漾戴山塢頭巨甸諸水入鶴慶東雪山門關西石門關有麗江井鹽課大使

鶴慶州 繁難府東南二百五十五里明軍民府領劍川順州康熙中順州省入乾隆三十六年降州來隸西南方丈山爲南詔十七名山之一南半子北湯乾東北三台山東金沙江自麗江入東南流合漾共江漾一名鎖川亦自麗江入納境內諸水瀦爲湖伏流石穴中三里南出爲腰江折東流注金沙江西南觀音山河南流入大理浪穹南衙化關北印塘關西南觀音山關鶴麗鎮總兵駐

劍川州 衝府南九十里明屬鶴慶今改隸東青崖山南皮合西石鍾山西北老君山與麗江分界白石江自麗江合分江水緣界入合磨刀去石河又東南大橋頭河亦曰黑惠江出西北老君山東南會千木河螳螂河至城南爲劍湖廣六十里合桃羌河諸水西南出爲劍川曲流三折入浪穹南大理國望德故城鹽井二彌沙橋後

中甸廳 要府西二百三十里明麗江府地康熙時吳三桂以其地界達賴喇嘛雍正五年來隸鶴慶府移劍川州州判駐之乾隆十一年設廳治隸府東南雪山與麗江雪山接南崖璧立金沙江貫其中流逕城東南與維西以江爲界左合碩多岡河入姆江多克楚河里楚河並自四川裏塘入爲無量河入永北

維西廳 簡府西北七十里明末拓元臨西西北吐蕃地爲土府雍正五年設廳治隸鶴慶府通判駐之乾隆十一年隨鶴慶來隸雪山東金沙江自四川巴塘入總文河自巴塘東來注之折東南納所楚河水入麗江瀾滄江亦自巴塘納徐那山水又南流永青河水自城東北來注之入麗江

楚雄府 衝隸迤西道明領州二縣五 康熙八年省碍嘉入南安雍正七年省定邊改隸蒙化府乾隆三十五年裁姚安府以所轄姚州及大姚縣來隸東距省治四百二十里廣三百七十五里袤五百八十里北極高二十五度四分京師偏西十四度四十五分領州三縣四

楚雄 衝繁倚城內雁塔山即古金鏃山西峨祿山西南九臺碧藏山龍川江自鎮南入納大石河壽龍河諸水折東北合方家河緣定遠界入廣通東平山關南雪裏關呂合一驛上縣丞駐縣西南

廣通 衝府東七十里東高登山西鳳山南臥象山與伏獅山對峙東北阿陋雄山有阿陋井猴井俱產鹽龍川江自定遠入東北流納立龍清風羅申諸水北流入元謀注金沙江立龍河自北清風河自東並入龍川江右阿陋井鹽課大使回磴關土巡司驛二路田倘資

定遠 簡府北百二十里東寶華西烏龍雲龍山東北諸葛營峯寶應山俱在舊琅鹽井司境絕頂峰在黑鹽井司境龍川江自楚雄入納琅溪零川龍溝河紫甸河諸水入廣通縣境產鹽舊設琅鹽井提舉司後裁黑鹽井提舉司駐寶泉鄉土主簿駐縣西驛一新田

南安州 難府東南五十里康熙八年省碍嘉廢入雍正九年設州判駐焉西南表羅山東健林蒼山南茶山青龍河源出州北入楚雄馬龍河源出鎮南南流大廠河東南流二水相合爲禮社江安稍關鵝毛關會稽關俱在州南

鎮南州 衝疲府西北七十里東石鼓五樓南石吠西直力鋪山白龍河出其下納清水河平夷川諸水與龍川江合流入楚雄西白崖江自姚州緣界入南安北十入盤山連廠河出入姚州其東紫甸河入定遠東南阿雄關土巡司駐西鎮南關鸚鵡關土州同駐永寧鄉土州判駐驛一沙橋

姚州 繁府西北二百一十里明姚安府乾隆三十五年裁府以附郭之姚州改隸東白馬山燕子山西赤石龜詳東北妙峰西北迴龍象嶺山一字水源出黎武山北流逕白鹽境又西北入一泡江香水河出黎武南麓西南流入大姚蜻蛉河出三窩山西北流瀦爲大石硼北流納迴龍廠河折東入大姚陽派河源出金秀山北流匯爲陽片湖又北流會連場河同入蜻蛉河北白鹽井有提舉司驛一普淜州判駐土州同駐州西南六十里

大姚 簡府西北三百二里南几山北方山龍山西北玉屏山羊蹤江源出城北麼步村東北流入金沙江香水河自姚州入南流入大姚河大姚河源出鎮南北十八盤山納蛟龍江苴郤河紫邱濫泥箐諸水入金沙江白馬河臥馬刺河矣資河從之東黎石關西龍門關有苴郤巡司

永昌府 要隸迤西道明爲軍民府領州一縣二土府一土州二 順治十六年鳳溪施甸二長司省入乾隆三十年削軍民字三十五年置龍陵嘉慶中騰越升直隸廳道光二年降東距省治一千三百四十五里廣六百九十里袤一千一百二十里北極高二十五度六分京師偏西十七度四分領廳二縣二土府一土州二宣撫司五安撫司三長官司二

保山 繁難倚城內太保山縣以此名東哀牢山西九隆南法寶西北怒江自雲龍入納西溪雪山諸縹坪市八灣諸水東南入潞江東北瀾滄江自雲龍來與永平分水納羅岷北山水沙木河水東南入順寧南甸河上流爲濟水河有二源合流而南耶義河自城北來會至城東匯爲青華海折東南穿峽口洞出爲枯柯河南入灣甸土州南蒲關水眼關北甸頭關東南老姚關東北山塔關西北馬面關施甸杉木和巡司二

永平 簡府東北百七十里東天馬羅武西和邱北羅木西南博南山花橋山銀龍江出東北阿荒山南流至城東南納羅木場曲洞河花橋河諸水入順甯入瀾滄江東勝備江源出羅武山東南納九渡雙橋諸水至蒙化入碧溪江西南花橋關東北上甸關

龍陵廳 要府西南二百九十里明猛弄司乾隆三十五年置同知徙駐東怒江自潞江土司東南流入境納野豬河施甸河邦買廻環諸水南流折西歷孟定土府入緬甸龍川江緣廳西界納香柏河芒市河西南流合南歌耶水逕遮放南入龍川江東象達關南遮放副宣撫司本隴川宣撫司地明萬曆十二年以多恭爲副宣撫使管遮放今因之

騰越廳 要迤西道駐府西三百六十里騰越鎮總兵駐明屬永昌府嘉慶二十五年升直隸廳道光二年降廳光緒閭水閑埠通商東高黎貢山一名崑崙閣山頂有泉東入保山西入檳越又名分水嶺北明光西雅烏猛弄西北姊妹山龍川江源出西藏桑楚河亦曰麓川江至城東納曲石江水折而西至天馬關入緬甸大盈江亦曰大車江源出赤土山曰馬邑河西流至城東北納馬場河黃坡緬箐橋疊拱諸水南興檳榔江會有盞達河北流來注西南逕銅壁關東鐵壁關北入雙募土司入大金沙江西檳榔江東南流入干崖土司會大盈江東龍川江關南鎮夷關西漢龍關西北神護關

孟定土府 府東南八百七十里明土府順治初因之土官罕氏世襲隸府北無量山跨鎮康耿馬兩土司界南丁河自緬甯入納無梁山水西南流納南卡南路南們南底南滾諸水西邏府北折南入阿瓦怒江自龍陵入俗名驢哩江逕府北入緬甸爲府境之險要

灣甸土州 府東南二百二十里土官景姓世襲隸府西北高黎貢山東孟通山枯柯河自保山入南流姚關水來會又南至城西北會鎮康河鎮康河自鎮康入左納響水河右納杜偉山水北與枯柯河會合爲南甸河折西流入龍陵注怒江有黑泉毒不可涉北姚關

鎮康土州 府南三百八十里古石睒黑獎所土官刀姓世襲隸府東南烏木龍山西無量山即蒙樂山鎮康河有二源一出烏木龍山北麓西北流一出無量山北麓東北流合爲烏木龍河逕城西南怕紅河來會爲鎮康河折北逕城西入灣甸南昔剌棠西南控尾寨

潞江安撫司 隸府府西南百三十五里明柔遠府旋改潞江長官司永樂九年升安撫司順治初因之土官線氏世襲東雷弄山南掌元山高崙山潞江自保山入南流入龍陵南何坡寨西南景罕寨東南細甸皆登會結寨處南全勝關

孟連長官司 隸府在廳南古名哈瓦明永樂四年置長官司直隸雲南都司嘉靖中裁萬曆十三年復置順治初因之屬永昌乾隆二十九年改屬順寧光緒二十年還屬東北孟連河東南流入阿瓦

南甸宣撫司 隸騰越廳廳南七十里明置南甸府屬騰衝旋改州正統八年升宣撫司直隸布政司順治初因之改隸騰越土司刀氏世襲東西弄蠻千山土官世居其上南沙木籠山西南牙山延袤百餘里山泉流入南牙江南牙江一名小梁河即大盈江下流納猛送水西入干崖

干崖宣撫司 隸騰越廳西南百二十里明置府麓川平緬司永樂元年析置長官司正統九年升宣撫司直隸布政司治初因之改隸騰越土官刀氏世襲東雲籠山雲籠河出焉南雲晃山西刺朋山布嶺北白蓮山土官居之大盈江自南甸入名安樂河西逕司北與檳榔江會又西南入盞達

盞達副宣撫司 隸騰越廳廳西南百四十里本干崖地明正統中置萬曆中爲緬據順治中復置嘉慶二十四年隸騰越土官刀氏世襲北盞達山盞達河出焉西南會

盞達河入檳榔江檳榔江自干崖入逕司東南境西南流入隴撒

隴川宣撫司隸騰越廳廳西南百四十里明置麓川平緬軍民宣撫司正統十一年改置治隴把興干崖南甸稱為三宣撫後入于緬順治初復置隸騰越土官多氏世襲有摩犁孔明寄箭羅木諸山東龍川江亦曰籠川江自芒市入西南流入遮放西北為大金沙江

芒市安撫司隸騰越廳廳東南四十里古為怒謀大枯賧小枯賧之地明芒市府正統九年改置長官司直隸布政司後升安撫順治初因之改隸騰越土司放氏南寄石山峭拔萬仞寬砦居之芒市河源出司西北境西南流入遮放西

猛卯安撫司隸騰越廳廳西南百四十里本木邦地明析置蠻莫宣撫司萬歷三十年改土舍長順治初復置十六年改今名土司思姓司治後蠻哈山山如象鼻北等練山山有等練城又有雷哈打線諸地皆司境險要東龍川江自遮放入納碗頂河蠻臘河諸水又西南出漢龍天馬關間又西入緬甸又西南那莫江下流入大金沙江

戶撒長官司隸騰越廳廳西南百九十里本莪昌夷地明置土司雍正二年裁乾隆三十一年復置

臘撒長官司隸騰越廳廳西南二百二十里與戶撒同時置西北檳榔江自盞達入西南流入緬甸

順寧府繁難隸迤西道明順寧府領州一順治初沿明制乾隆十二年升猛緬長官司為緬寧廳三十五年置順寧縣為府治東距省治一千二百里廣三百四十里袤六百九十里北極高二十四度三十六分京師偏西十六度二十二分領廳一州一縣一宣撫司一

順寧要倚東東山九龍西旗山南疊花把邊瓊岳北皺山僂山鳳玉阿魯司泥赤龜東南猛濮者山西南西輿山山下有瓊英洞北黑惠江一名碧雞江即樣濞江自歸化入南流繞滄山東麓合瀾滄江瀾滄江自保山入東南流合高梘槽河三岔箐水甯縣惠江入雲州順甸河順寧河合流從之阿驛河源出阿驛山南流入緬會注猛緬河南把邊關西南等蠻關縣西北望城關金馬關府經歷駐縣西北右甸

緬寧廳要府南三百里明猛緬長官司隸雲州乾隆十二年置廳隸府衆大猛撒之地亦稱三猛西南梳頭山東銀錠翠屏天窩接天西高嵐南鳳凰山鳥龍山北對松猢猻山瀾滄江自景東入逕廳東南入鎮邊猛緬河即南丁河上游源出鼈南猛準之分水嶺折東北納雲州小河水及四十八道水又西至猛賴南為猛賴河入孟定南分水嶺關西箐口關北錫蒲關南猛猛土巡司

雲州要府東三十里東北無量山即棠梨山東阿輪山厝峯疊嶽四時蒼翠西蠻賴山多竹北入剌天馬南孟外蠻彌山瀾滄江自順寧入合順寧河東逕州南猛耶河猛麻河注為又東入景東南有永鎮關小河水細流支分凡四十八道西南猛賴西溪水俱流入緬寧注猛緬河南永鎮關大猛麻土巡司駐

耿馬宣撫司府西南二百五十三里古蠻地本屬孟定土府明萬歷中三年析孟定地置安撫司旌升宣撫司以嗑哩江為界北距孟定百里順治十三年剛搖投誠仍授宣撫司世襲隸永昌乾隆二十九年改隸順寧西三尖山養馬山西南們河源山西北南路河源山北耿馬河源山南們河西流南路河北流花入孟定耿馬河南流合南別河入鎮邊即撲森江上源也

永北直隸廳繁疲難隸迤西道明北勝州隸鶴慶府與瀾滄衛同治康熙五年降為屬州隸大理二十六年省衛入州三十一年復為直隸州三十七年升永北府以永寧土府隸之三十八年又以鶴慶府屬故順州地入焉乾隆三十五年改直隸廳光緒三十四年以廳屬之華榮莊經歷改設知縣仍隸廳東南距省治一千四里廣四百七十五里袤八百二十里北極高二十六度四十三分京師偏西十五度三十一分領縣一土府一土州一東壺山阿剌山東南大坡羅嶺高二萬餘丈巔有龍湫西三刀山伏虎山西南瀾滄山衛驛皆以此得名西北太保山一曰近屯東山下有九龍潭其西為近屯西山下有草海西金沙江自鶴慶入緣廳西南入大姚無量河自中甸入納走馬河硯昔河他留河沘那河三渡河諸水南入金沙江經歷司二一駐舊衛坪一駐榮華莊今改縣知事一駐金沙順州土州同在廳西百二十里西西山關南南山關北北山關

華坪縣廳里本名榮華莊舊設經歷於此光緒三十四年雲貴總督錫良奏改縣即以莊為縣治

永寧土府隸廳廳北四百五十里明屬鶴慶府升為府土官阿姓領長官司四今北卜瓦山剌石東南甲母東北六捏山打冲河源出府南北流為三岔河又北至府東南為勒基河又北至府東南納瀘沽湖水東入四川注鴉礱江瀘沽湖在府東南三十里中有三島周二十五里東北流入打冲河

蒗蕖土州廳北百八十里明屬鶴慶府順治初土官阿阿化投誠未授職康熙三十一年改土官為土舍道光十九年復設土州仍以阿氏襲西南綿綿山麥架河出亦曰蒗蕖水折東北為乞開河納別別河鹽井河入鴉礱江走馬河源出東南猓玀關西南流入永北廳羅易江自州北流入永寧瀘沽湖

蒙化直隸廳要隸迤西道明蒙化府康熙四年置流官設掌印同知雍正七年省楚雄府之定邊入之乾隆三十五年改直隸廳東距省治八百二十里廣二百里袤二百九十五里北極高二十五度十九分京師偏西十五度五十七分明蒙化故

衛康熙六年裁西文華屯庫交椅金牛南甸尾北蠻舍山天耳山一名甸頭山石母山東南玉屏山螺盤山月牙山西南五印山西北蠻蚌圖山西南瀾滄江自永昌入南入順寧西北樣濞江自太和入緣廳西流入順寧禮社江有二源東源曰白崖臉江東自趙州入納毘雌江水東南流西源曰陽江西北自花判山南流納盟石河教場河鐃溪五道河定邊河窩接河諸水東南與白崖臉江會曰禮社江東南流入南安阿集左河即把邊江上流東南流納虎街牛街安定河諸水南入景東諸始河納七溪諸水西南流入順寧東隆慶關東南白普關巡司三一駐南間即廢定邊城一駐瀾滄江一駐漾濞江鎮一迷渡

景東直隸廳繁疲難隸迤西道明景東府康熙四年置流官設掌印同知乾隆三十五年改直隸廳東北距省治一千一百七十五里廣三百四十里袤四百二十里北極高二十四度二十九分三十秒京師偏西十五度三十一分治後玉屏山東鳳山舊土官陶姓世居西無量山即蒙樂山連亘三百餘里與蒙化雲州緬寧鎮邊接界即為貴樂州蒙山也南錦屏孔雀南鯨北鶴籠山東南瑞霞西北景龍山明建景東衛城于上西南瀾滄江自蒙化入緣廳西界入鎮邊江上漢永平中建蘭津橋兩岸峭壁鑄鐵緊南北古稱亘險把邊江一名中川河東南流入鎮沅又猛統河者干河均南流入鎮沅景谷河南流入威遠鹽井四在廳南者日磨膩磨外在廳西者日大井小井南景蘭關母瓜關北安定關西北保甸土司明宣德中建土官陶姓世襲巡司北三岔河土司明安治中建土官楊姓世襲巡司東北板橋驛土官阿姓世襲驛丞有猛統巡司一

曲靖府衝繁疲難隸迤東道治明曲靖府領州四縣二所康熙八年省亦佐入羅平又降尋甸府為州來隸三十四年改舊平彝衛為平彝縣來隸雍正五年析霑益州地置宣威州西南距省治三百里廣三百九十里袤六百二十里北極高二十五度三十三分京師偏西十二度三十九分領州六縣二

南寧衝難倚東青龍白水關山西勝峰南石寶觀音北龍華山東南湯池蓮花塘梅瀟湘交河自霑益入納南北河水逕縣北合白石江折南瀟湘江自馬龍入西南入陸涼東東海子黑龍潭均資灌溉白水關驛丞縣巡司裁移白崖巡司駐南寧一驛

霑益州衝難府北三十里康熙二十六年裁平彝衛分境屯賦併州三十五年仍改歸平彝雍正五年分置宣威州北花山洞交河出即水經温水南盤江上源也東南流逕州東北納玉光溪沙河阿巏河諸水入南寧別有蜈江自貴州畢節入經州北境仍入貴州南安南松韶關阿鰻爛橋有炎崧巡司一驛二松林炎方

陸涼州疲難府南百二十里明置陸涼衛康熙六年裁衛入州東邱雄山平山西老鴉月研鐵山桃花山南終南山天馬山交河即南盤上流自南寧入納板橋河關上河乾冲河滙為中埏澤折西流納大龍潭水又西合西山大河鋪上河入宜良為大池江東北陸涼湖與中埏澤相連周百餘里南天生關西木容關北石嘴頭關驛一普陀

羅平州難府東南二百七十里東金雞雲峰淑龍西天目月潘南五台碧泉北安樂山綠南山黃泥河自貴州普安入緣平彝界注塊澤河復入右合恩勤河逕州東南西樓革江自師寶入右會魯沂河逕城北注之至江底入遠河會西源交河入貴州興義九龍河從之板橋偏山大水井恩勤諸汛

馬龍州衝難府西南五十里西楊唐山一名關索嶺上有夷關又木容華蓋鼎耳羅作侯中和諸山瀟湘江源出木容山東北合流為龍潭河又西南為白蟒河折西入尋甸響水河出州東北東流會札海子水東入南寧為白石江東三岔口關西南分水嶺關驛一

尋甸州衝繁府西百三十里明尋甸府康熙八年降州來隸東咩山中和山小關索嶺西三稜山山有九十九泉南石龍槳王北珀璢山車湖源出花箐嘈山會北山諸水瀦為湖一名清水海周數十里北入會澤界為小江龍洞州北三龍泉州西威利灌溉車洪河自嵩明入赤日導川河納歸龍河玉帶河嶮鄉河諸水為阿交合溪又東北入會澤果馬溪源出果馬山南流合花箐嘈水入嵩明為龍巨河東南木密關北入又關有易古巡司驛一易龍

平彝衝繁難府東北九十里明平夷衛康熙二十六年省衛入霑益州三十四年改平彝東蠻閣山阜感山南宗孟山北蒙洞山塊澤河自霑益入東流為響水河又東王城西為十里河又南納貴州普安明月所水南入羅平東順關宣威關北分山關驛一多羅豫

宣威州疲難府北二百三十里明霑益州順治十六年移州治于交水雍正五年析霑益州新化里至高坡頂置東宜威嶺北獅山斗山光山馬鞍鵠鵠東南木宗山車洪江自尋甸入納赤水河西澤河水北入會澤可渡河自貴州威寧入有二源合為瓦岔河會得吉河阜衛河諸水東北流入貴州即北盤江上流宛温水源出州南東屯北流納州西境諸水入可渡河可渡關在焉巡司駐此驛一儀塘

東川府要隸迤東道明東川府尋改隸四川康熙三十八年設流官雍正四年改隸雲南五年置會澤縣治巧家汛六年移縣附郭嘉慶十九年設分防巧家同知南距省治五百九十五里廣五百里袤四百二十里北極高二十六度二十一分四十一秒京師偏西十三度一分領廳一縣一

會澤要倚西天馬雲弄納雄北青龍山山有青龍洞西南絳雲濮山盤亘七十餘里接綠勸界車洪江一名牛欄江自宜威緣界入納沙河小河流逕貴州威寧折西北入巧家小江自尋甸入為阿汪河納花溝普翅諸水逕碧谷壩為碧谷江北流入巧家以禮河源出縣南野馬川東北納麥則寒溪諸水環府治歧數支仍同流入巧家頭道河源出縣東犀牛塘西北流入巧家西南者海一巡司

巧家廳要府北二百四十里雍正四年置會澤縣治此六年移縣附郭嘉慶十九年析會澤縣地置東堂環山水經注所謂羊腸纏繞八十餘里即此西邊搗北大樂東北大涼山西北歸化山西金沙江自祿勸入納四川會通河水又東流納會澤以禮河牛欄江及境內木期古水木期古北水東北入魯甸牛欄江西流與魯甸分水納頭道河水並入金沙江木期古七千戶乾隆三十一年設祿氏世襲

昭通府最要明烏蒙府尋改隸四川雍正五年改隸雲南六年設流官置恩安永善兩縣降鎮雄府為州並屬府九年改今名光緒三十四年析永善之副官村置靖江縣仍升鎮雄為直隸州東南距省治九百二十里廣五百五十里袤六百三十里北極高二十七度二十分京師偏西十二度三十六分三十秒領廳二縣二

恩安繁難倚明鳳凰山府雍正六年置東鷺山我未山東南朴窩西南博特東北撒塗西北九龍山金沙江自魯甸入北流入永善擦拉河自魯甸入東北流會普五寨水溢泥河入仙海水瀦為湖又東流入大關

大關廳最要府北百八十里雍正六年設大關通判九年設府同知駐此移通判駐魯甸西犄角山北雞爪山梨山東南雪山西南龍聚山灑魚河自恩安入會大關河北流逕鹽井渡會永春河又北流為大紋溪入四川慶符東北角魁河自鎮雄入西北流入大紋溪西南豆沙關北鹽井渡巡司

魯甸廳簡府西南四十里雍正九年置移大關通判駐此北魯甸山廳以此名南樂馬敞山大黑山北魯甸大小涼山山峰危巒金沙江自巧家入北流逕廳西南入恩安牛欄江自貴州威寧入西北流至廳南入金沙江擦拉河源出大黑山東北流會馬鹿滂水入恩安灑魚河源出大涼山東流納居樂河水入恩安

靖江舊為永善縣境副官村縣丞駐此光緒三十四年改縣隸府北巴布梁山蠻倫居之廣千里袤二百餘里東北龍頭山森林繁茂鑛產極盛

鎮雄直隸州最要隸迤東道明鎮雄府隸四川雍正五年改隸雲南六年降為州屬昭通府光緒三十四年升直隸州廣袤北極偏度闕東鳳翅黃甲西九龍沙呐南竹雞山硌碉雄山北烏通山白水江自貴州威寧入名八匡河會九股水黃水河小溪河逕牛街西北入四川筠連為定川溪角魁河亦自威寧入為洛驛河又西北納龍塘威洛河諸水西北入大關黑壞河西北流入四川筠連洛旬河東流入四川永寧直蚌河東南流入貴州威寧彝良州同威信州判知事駐西北牛街母享巡司一驛井二

澂江府繁難隸迤東道明澂江府領州二縣三康熙八年省陽宗入河陽西北距省治百二十里廣二百三十六里袤百七十五里北極高二十四度四十二分京師偏西十三度二十七分領州二縣二

河陽衝繁倚康熙八年省陽宗縣入焉東雲龍山西虎山北羅藏山東南歛入天馬東北碌碕山明湖一名陽宗湖周七十餘里合錦溪日角溪七古泉諸水灝為湖北入宜良為大成江南撫仙湖一名羅伽湖周三百餘里東入鐵池河東流入路南東北圩札溪一名東大河合鏡莊北坡二泉西南入撫仙湖羅藏溪立馬溪石澗溪西浦泉諸水並從之東北有東西中關下關

江川衝繁府東南九十里海山一名孤山特立撫仙星雲二湖間有泉三派分流西入滇撫仙湖一名孤星雲湖中納上河中河下河諸水周十餘里東由海門入河陽通撫仙湖兩湖相通中有界魚石北關索嶺關驛一江川

新興州繁府西百二十里東達縣西馬撓羅山南玉乞山研和東山北金蓮落伽臥牛大溪自江川入會香栢河撒喇河又西納羅麼溪羅木箐二水至州西北為玉溪玉溪河自江川入納西河窯溝水卑溪黑龍潭又西會江河北河清水河諸水南入嶍峩即曲江上流也良關

路南州衝繁城內鹿阜山東南邇口山南紫玉香花西南竹子山峯高千仞大池江即鐵池河上流自陸涼西流入逕州北境納小河水入宜良復自河陽流入州西南境繞竹子山三面納巴盤江水為鐵池河又南納撫仙湖諸水入甯州東南革泥關驛一和摩

廣西直隸州衝繁疲難隸迤東道明廣西府領州三康熙八年省維摩州改置三鄉縣九年省入師宗雍正九年設師宗州州同駐舊維摩州之邱北乾隆三十五年降府為直隸州降師宗彌勒為縣降邱北同知為縣丞道光二十年升邱北縣丞為縣西北距省治四百里廣六百三十里袤三百一十里北極高二十四度三十九分京師偏西十二度三十八分領縣三東環龜山下有矣邦池南文筆北騎鎮西阿盧山山洞深邃洞泉流入西溪城西興東溪合入矣邦池一名龍甸海中有島周三十餘里又東南甯支酺又南伏流入盤江一名南盤江自海中入東北流逕五叉讀入邱北巴甸河一名巴盤江一名潘江南流入彌勒五曹州判駐白馬曹

師宗衝州北八十里明師宗州乾隆三十五年改縣東恩容山西通元洞南塊卯北鎗北門山盤江自邱北入流逕縣西興廣西西林縣分水五羅河水南來注之東北流入羅平師宗水北流至縣東南有水自落龍洞北流來會又北至大河口通元洞水南流折東來會又北入羅平注蛇場河

彌勒衝繁州西九十里明彌勒州乾隆三十五年改縣東盤龍山西

（阿欽部山南部龍山北陀峨西南十八寨山山寗連關盤江自阿迷入邏盤江山南納石穴中瀾水名混水江又東北入州界巴甸河自州南入爲瀑布河納赤甸泉白馬河山金河阿欲泉竹園村龍潭諸水西南入盤江北革泥關西南捏治關有竹園村一巡司）邱北（要州東南二百九十里明維摩州地康熙八年改置三郷縣九年省設州同駐此乾隆三十五年改州同爲縣丞道光二十年改縣北賦革龍山西盤龍南石龍盤江自州境入納清水河東北流入師宗驛一任城）

臨安府（繁疲難隸臨安開廣道明臨安府領州五縣五）康熙五年省新化入新平雍正十年改新平屬元江乾隆三十五年降建水爲縣北距省治四百三十里廣五百七十里袤四百八十里北極高二十三度四十分京師偏西十三度二十三分領州三縣五

建水（疲難倚明建水州乾隆三十五年改縣東石巖山一名雲山山有水雲南明萬象三洞西馬鞍山南煥文山五老峰北廻龍山晴山東南吳相波山西南有猛屏曲通山瀘江自石屏入納黃龍潭白沙江象冲河場冲河水伏流闍洞中東出爲樂濛河入阿迷禮社江自石屏入邐虧容土司境東南入蒙自曲江自通海入納狗街汛羚羊河水西入棠自黑江白思茅緣界納茭通增猛蚌諸水南流入交趾臨元鎭總兵駐此猛丁縣西南百六十里光緒十六年改土歸流設府經歷北曲江巡司一南納更土巡司一西南納樓有中場鵝黃摩訶三鑛長官司一光緒九年裁西南虧容長官司一阿氏世襲西北大嫣東北寗口關驛一曲江）石屏州（難府西八十里南石屏山州以此得名又南鎭秀東廻龍山北巢英乾陽西南左能思陀東南五爪山瀘江源出州西寶秀湖周三十里夾城東流匯爲異龍湖周百五十里中有三島東流入建水爲瀘江即盤江最遠之一源也北河納白花華昌明諸水西流過龜樞奔洪爲龜樞河折南流爲三百入流河有州南南河納五塘瀾勒溝諸水西流來會又南入禮社江禮社江自元江流入西南七司境清水河南鼎河諸水東南流入建水西寶秀關巡司一一乾隆二十年裁西南落恐長官司一土官陳姓世襲西南左能長官司一土官吳氏世襲思陀長官司一土司李氏世襲南瓦渣溪處土官各一康熙四年省尋復置驛一寶秀）阿迷州（衝繁府東南百二十里東山水城山周閣諸澤西日冲濼田南南洞山東南雷公西南萬象洞山北火山東北有火井樂榮河即瀘江自萬象洞伏流東出繞瀑田山巍至燕子洞又伏流東出納東山水折東北入盤江盤江自甯州入南流至州東北會瀘江水入彌勒清水河自蒙自入至米泉山入樂榮河白期河出祿豐鄉東南流入文山東東山關西阿睿闢）甯州（衝繁府東北二百五十里東陽暮山西丹鳳山南雙獅山北華蓋山東南登樓山山頂有池方百步婆兮江卽鐵池河自建水入會于婆兮甸又東南會曲江曲江自通海入納瓜水東流入阿迷爲盤江撫仙湖星雲湖俱北與河陽分界杞湖西南與通海分界西北甸直關）通海（難府東北百五十里東東西西華南秀山一名螺峰北梅山西南黃龍東北靈寶曲江自河西入納東山龍泉六村河諸水東入甯州杞麓湖一名通海周百五十里白馬溝秀山濤黃龍山諸水普入爲與河西湖中分界與甯州湖邊分界東甯海關南妒通關驛一通海）河西（簡府西北百八十里東綠溪山西曾應佛光仙人洞山南茶山九街子北琉璃山夾雄山碧山草壩山曲江上流爲合流江自嶍峨入亦曰碌碌河逕縣西納舍郎河水東入通海爲曲江杞麓湖源出祿溪山凡跨三邑周百五七里北曲陀關）嶍峨（難府西二百六十里東登雲山西老魯關五鳳西北勝郎東北嶍山其後峨山縣以此得名曲江自新興入亦曰鋧江逕縣北會練江練江源出勝郎山流逕石屏名龍車河東北會於鋧江爲合流江入河西丁癸江自易門入西南主新平入禮社江即元江上流也西北伽羅關西老魯關興衣關）蒙自（繁難府東南百五十里東大小雲龍山西目則山即蒙自山縣以是名南天馬山東南屏風西南麒麟禮社江自建水入爲梨花江納鹽迷渡鹽提渡個舊廠諸水又東至鹽板渡納稿香卡水又東南王鹽耗汛入文山東北長橋海源出縣西大屯壩曰矣波海南流逕新安所有法果泉學海逕縣南來會下流合白期河爲三岔河又南流與紅河會於河口爲中法通商要口新安所在城西南十五里南蓮花灘入越南大道光緒間開埠通商設臨安開廣道有稅關移臨元鎭總兵同駐此東南石馬腳關西簀江關西南楊柳口關大窩關南有打廠白簀又南王江濟地名矣咨母渡江爲勒古籌地路通交趾光緒間設府同知駐個舊）

廣南府（要隸臨安開廣道明廣南府）順治十八年改流官康熙八年省廣西府之維摩州以其地來隸乾隆元年設寶甯縣爲府治西北距省治八百五十里廣七百二十里袤四百三十里北極高二十四度十四分京師偏西十一度二十二分領縣一州一

寶甯（要倚乾隆元年置東零雨山南麻卯僻令東南寶月關山西北速部板郎木主二山各一泉爲西洋江源東南流入富州馬別河自文山入納者穐河諸水北入師宗曾梅河自文山入爲滕條江東南入交趾西北有寶甯溪縣以此得名東寶月關南普廳塘府經歷駐）土富州（府東南二百六十里土同知儂氏世襲光緒間設通判城內舉嶺西秩不山西北花架玉泉西北西安山山洞深邃西洋江自寶甯入折東北入廣西西林界右合剝江左郎河水仍入廣西百色廳西南普河自文山入爲木弄江入越南左幽河從之東剝隘鎭）

開化府（最要隸臨安開廣道總兵駐明教化土弄安南三長官司屬臨安府）康熙六年改流設府八年省廣西府之維摩州分其地來隸雍正六年命侍郎杭奕祿學士任蘭枝賜交阯鉛廠河內地四十里以馬白賭呪河下流爲界八年置文山縣爲府治嘉慶二十五年改馬白關同知爲安平廳仍屬府西北距省治七百五十里廣一千一百四十五里袤四百二十五里北極高二十三度二十一分京師偏西十二度九分領廳一縣一

文山（要倚雍正八年省通判經歷置東東文山縣以此得名西秀石羲衣北鳳浣山西南西華山屏障疊嶂連格如屏積列三十六峰教化廢長官司治在爲西南紅河即禮社江下流自蒙自入左新現河右龍膊河注之東南流入安平白期河一名三岔河自蒙自流入有那木果河注之南流入安平界開化大河源出縣西白龍潭北流逕六十五潭水主鳥期石洞出爲鳥期河折東南流爲盤龍河伏流至府東北復出經府東折而南至天生橋汛伏流出安平北馬別河東北曾梅河並入寶甯南明洪衣關大窩關縣丞駐江那）安平廳（要府南百三十里明安南長官司地隸臨安府康熙四年長官司王朝作亂討平之六年改屬府嘉慶二十五年改廳並析文山縣之東安逢春永平三里地屬之仍附郭道光三年移今治西大洞山瓜有石洞瀑布飛流西南阿得山綿亘無際紅河自文山入西南至河口汛與白期水會白期河自文山入納吉林箐諸水與紅河會入交阯盤龍河自文山入南流至交阯城汛有牛羊河來會又東南納左右數小水入交阯普梅河自寶甯入一名那樓汛仍南流入寶甯攀枝花河廳西下流爲壩不河南馬白河歸仁里二小水均西南流入盤龍河南白馬關）

鎭沅直隸廳（最要隸迤南道明鎭沅府）雍正五年設流官並改者樂甸長官司爲恩樂縣來隸乾隆三十五年降直隸州道光二十年升廳省恩樂入焉東北距省治九百一十里廣三百四十里袤二百九十里北極高二十三度四十九分京師偏西十五度二十一分（東雲龍石花西按板南馬容東南波弄東北哀牢山東魯馬河自景東入邏新平復流入境又南流入他郎爲阿墨江東北景東河自景東入納鹽崗阿藤大弄凹必諸水東南入他郎爲把邊江樹根河亦名鹽況河南流折西猛統河自景東來會爲杉木江又西南入威遠東南猛賴河合欄馬河南流入威遠東北恩樂故城府經歷駐新撫巡司雍正十三年設駐新撫鹽井二東南曰波弄東北曰按板雍正三年設鹽大使駐此東北舊祿谷寨長官司）

鎭邊直隸廳（最要隸迤南道明始置猛甸長官司）乾隆十二年設緬甯廳今廳境隸之光緒十三年析猓黑土司地（上改心爲猛猛土巡檢轄境下改心爲孟連宣撫司轄境以小黑江爲界）置廳以猛朗壩爲廳治西南距省治一千八百二十里廣四百九十里袤一千零四十里北極偏度闕（南東崗北仙人習遠東南偏閩西南西監徐佤西北多衣嶺老炭山西北小黑江即猓森江源出耿馬孟定兩土司境納仙人山水南猛河水東流入瀾滄江瀾滄江自緬甯入合鹽怕河南底河東南流入思茅黑河一名札糯江自廳北流經大猛口東入瀾滄江乾河自廳西磨刀廠東流經小寨納南木河水入思茅南西河一名金河廳西南有南康河合落水洞合英河龍塘諸水南流來會入蟒冷上改心廳東下改心廳北光緒十二年設二巡司分駐之西境有佧佤蟒冷諸夷）

元江直隸州（最要隸迤南道明元江府領州二）順治六年設流官十八年省恭順奉化二州入之雍正十年以臨安府新平縣來隸乾隆三十五年降直隸州東北距省治五百二十里廣三百里袤二千一百里北極高二十三度三十六分京師偏西十四度十九分領縣一（轄土職五儒林里輪門復設輪門千總三永豐里茄革把總二東玉臺山一名羅槃山凡二十五峰西瓦納西北九龍西南寶山一名銀鑛山元江即禮社江自新平入納漫線河甘莊河南淇河諸水逕城東南流會清水河南侼河矣落河諸水入石屏李仙江自他郎入納布固江藤晉江名三江口入建水爲藤條江龜樞河自新平入納廠溝大小喑諸水東南入石屏名三百八渡入禮社江南猛甸關北青龍關西南界牌關西北瓦阢關定南關杉木關巡司一駐因遠）

新平（難州北二百里明屬臨安府雍正十年來隸東馬鹿塘山西西哀牢山烏百數十里廣入百里溪南最高山也北磴磴山磴磴山北有諸龍山與馬鑛皆鹽館結寨處南南峒山山七十二峒巡司駐西北元江有二源一曰禮社江一曰麻哈江自嶍峨入其上流爲星宿江名三岔河逕哀牢山麓納化龍河實橋河了味河馬龍河諸水南入州界爲元江龜樞河即嶍峨流入之鹽猛納縣東北境羊毛冲牛毛冲諸水南逕魯魁山北納亞泥河清水河三他拉河窩房得勒諸箐水南流經大開門爲大開河又東南流納石屏之北河水析西經魯魁山南納藤子箐諸水入州東界巡司一駐楊武壩）

普洱府（最要迤南道治所普洱總兵駐明車里宣慰司屬元江府土官那氏世襲）雍正七年置普洱府東北距省治一千二百三十里廣一千七百九十里袤一千二百四十里北極高二十三度一分京師偏西十五度十二分領廳三縣一宣慰司一

甯洱（要倚明車里宣慰司地順治十六年編隸元江府康熙三年調元江府通判分防普洱其車里十二版仍屬司雍正七年裁元江通判以所屬普洱等處六大茶山及橄欖壩江內六版地置府乾隆元年裁攸樂通判置縣附郭東錦砲山一名光山西太乙南雙星北觀音玉屏東南班鳩坡高出翠峰行途觀危把邊江自他郎入納磨黑慢岡二河水東南仍入他郎猛賴河自威遠入西南流入思茅普洱一名三岔河合金龍河水南流至縣南合東河水又南會南蘊河入思茅遠江源出縣東南納整董河水會大開河東南入思茅府經歷駐通關哨東磨黑井設鹽大使猛烏整董井二鹽大使今裁同治十三年設石膏井提舉光緒間割猛烏烏得與法）威遠廳（最要府西三百四十里明威遠直隸州雍正三年改屬鎭沅又設猛班巡司乾隆三十五年改隸府並以戞打映猛班三土弁隸焉東南集翠山鑛廠山西南仙人腳山西波麻北雷貫瀾滄江自鎭邊入杉木江納景谷江寶谷江水來會入思茅猛撒江一名猛賴河自鎭沅入納暖裏河鐵廠河水入甯洱經歷駐猛戞西南有戞關西香鹽拖母二鹽井雍正三年設鹽大使駐抱母八年移駐香鹽名抱香井今改隸石膏井）思茅廳（最要府南百二十里明車里地名思茅寨雍正十三年設廳治分車里九土司及攸樂土目地隸焉東倚象鐵山西玉屏六困東南六茶山曰攸樂曰蠻支曰革登曰蠻旺曰倚邦曰漫撒易武山亦蠻茶瀾滄江自威遠入納猛撒江水又東南納南鐘南匀諸水繞九龍山麓名九龍江平車里北南哈河自邊放入又東會羅梭江東南入交阯羅梭江上源爲清水河南流逕甯洱爲大開河仍流入境納龍谷猛臘諸水又西南入九龍江南永靖東南倚象關）他郎廳（要府東北百六十里明屬順上州順治十八年省元江府雍正十年設恭順乾隆三十五年改屬府東球香水癸西紅岩猛逹邏巖蠶山東南太佤山西南班了法山把邊江自鎭沅入遲甯洱仍南流至廳南入元江阿墨江自鎭沅入納慢會河水他郎河水爲布固江甯洱南平湖匯流灌田）車里宣慰司（轄江外六版地乾隆三十八年宣慰司刀雍屏潛逃裁革四十二年以刀士宛復襲）

清史稿

地理志二十二

貴州

貴州禹貢荊梁二州徼外之域清初沿明制設貴州布政使司爲貴州省順治十六年設巡撫治貴陽並設雲貴總督分駐兩省康熙元年改貴州總督四年仍爲雲貴總督駐貴州二十一年移駐雲南舊領府十康熙三年增置黔西平遠大定威甯四府二十二年大定平遠黔西降州隸威甯府雍正五年增置南籠府六年割四川遵義來屬七年復升大定降威甯乾隆四十一年升仁懷嘉慶二年升松桃均爲直隸廳改南籠爲興義府三年降平越府爲直隸州十四年升普安爲直隸州十六年改廳東至湖南（晃州五百四十里）西至雲南（霑益五百五十里）南至廣西（南丹二百二十里）北至四川（綦江五百五十里）東北距京師七千六百四十里廣一千九十里袤七百七十里北極高二十五度四分至二十八度三十三分京師偏西七度三十三分至十度五十五分宣統三年編戶一百七十萬一千五百三十口八百五十萬三千九百五十四共領府十二直隸廳三直隸州一廳十一州十三縣三十四土司五十三（驛道一東出鎭雄關達湖南晃州一西逾關嶺達雲南平彝一西北渡六廣河達四川永甯線北通重慶畢節又分達威甯至雲南）

貴陽府（衝繁難巡撫布政使提學使按察使糧儲道同駐光緒三十四年裁糧儲道設巡警道勸業道宣統元年改按察使爲提法使）順治初因明爲軍民府領州三縣一康熙十一年增置龍里縣二十六年裁軍民字增置貴筑修文二縣又改平越府之貴定來隸三十四年省新貴入貴筑雍正四年置長寨廳光緒七年以羅斛州判地置廳移長寨同知駐降長寨爲鎭併入定番廣一百五十里袤三百七十里北極高九度五十二分京師偏西九度五十二分領廳一州三縣四（南青巖土千總一東虎司長官一雍正八年裁）

貴筑（衝繁難倚明貴州貴前二衛康熙二十六年改置與新貴同城三十四年省新貴入之城內舉屏山東銅鼓樓霞石門北貴山府以此名南斗巖板橋最高西北黔靈山又木閣山延袤百里亘修文境內通黔西南明河自廣順入合濟番河四方河阿江河折東龍洞河北流注之又北入開州雞公河自清鎭北流入東又北仍入清鎭貫城河出煌龜山合城北擇溪水入城中南流注南明河境南圍安關東北鴉關驛一皇華南白納司北副長官一中曹司土千總一西北養龍司長官一順治初承明屬府康熙間改屬縣順治十五年設中曹司正副長官一雍正七年裁又喇平司康熙二十二年裁）貴定（衝繁）

府東百十里順治初因明隸平越康熙二十六年改隸南文筆天馬松牌蓮珠山西金星銀盤北陽寶西華東北蔡苗山雙首河出縣西平伐土司東北錯入都勻復逕縣南加牙河自龍里來注之又北八字河注之北流與博奇河會折西北流至巴香汎合南明河十萬溪在縣北苗衆每恃險爲亂東玉杵關谷滿關西馬桑關甕城關驛一新添有汎南新添司長官一又平伐大平伐小平伐司長官一西牌土舍一東丹平北把平二司均裁

龍里衝繁府東五十里明龍里衛康熙十一年改置南龍駕西長衛北雲臺西南迴龍山東門水出縣東南老羅水新安水西南分流遶城北合爲博奇河東龍洞河西北來注之入貴定加牙河出谷者巖東流入甕首河東隴徭關西黎兒關驛一龍里北大谷龍土千總一小谷龍土把總一南羊腸土千總一又西北龍里司裁

修文衝府北五十里明敷勇衛康熙二十六年改置城內屏山西寶峯北鳳凰將軍東西望山綿亘百餘里東南龍岡烏江自黔西入爲黔江逕城西北合雞公河北流爲六廣河入開州雞公河自清鎮入石洞水合孟沖水西注之又北注烏江東北底秦司正副長官一

開州難府東百二十里東魯郎西南南望山陰陽山南明河自貴筑入逕城東洗泥河東北注之又東北流落旺河東北注之又東爲清水江合烏江烏江自脩文入爲六廣河逕城西北納沙溪水費龍水逕城北洋水河橫水河合流注之東南會清水江緣遵義境入甕安可渡河出城東南伏流復出爲落旺河東注清水江東北西司正副長官一裁

定番州難府南百里定廣協副將駐東琴山南三寶筆架西旗山東南松岐西北屏風山濛江出即連江一曰牂牁江一曰都泥江出城西北山中連廣順再入境燦水瀾井水注之又西南入羅斛豐甯河自都勻入注巴盤江錯入羅斛合北盤江東流入廣西那地土州上馬播河出西北廢上馬播司東東北流入貴筑注南明河南石門關克渡關東北程番關大塘長寨州判二附郭程番司長官一東南大龍番小龍番司長官一南韋番羅番司長官一西南木瓜司正副長官一麻嚮司長官一東北盧番司長官一西牛路木官一土舍一又東金石番司南方番南盧山洪番臥龍番西大華西北上馬橋小程番七司裁

廣順州難府西南百十里西眞武東螺擁白雲南天台山南明河出城東北折東入貴筑雞公河自普定入麻綫河注之折北入安平尤愛河在城東從仁里東流注濟番河東白匪關翁桂關西文馬關北燕溪關長寨州判一有宗角長寨同箐三汎有金筑司裁

羅斛廳府西南四百二十里順治初因明隸廣西泗城土州尋改隸泗城府雍正三年割置永豐州設州判隸南籠府乾隆十四年改隸定番光緒七年置廳東南老人峯西南六合山濛江自定番入姑孟河自普定猛渡河自歸化合流注之又南流注北盤江北盤江合南盤江自貞豐東流入受濛江水入那地土州又巴盤江在城東北上流曰豐甯河自都勻入合籐茶河東南入廣西泗城扎佐司巡司一有羅斛汎羅斛打拱上千戶一何往土外委一

安順府衝繁難舊隸貴西道提督駐順治初沿明制爲軍民府康熙二十六年裁軍民字東北距省治百八十里廣三百十里袤百六十里北極高二十六度十二分京師偏西二十度二十四分領廳二州二縣三西北西堡司副長官一西南安谷西堡二司裁

普定衝繁難倚明普定衛康熙十一年改置省定南所入之城內塔山東飛虹巖孔南屏風東南旗山西北舊坡新坡山甯谷河出東山合數水西南流入鎮甯鎮渡河自鎮甯入東北流入安平姑孟河出縣東南南流入羅斛猛渡河出縣西南南流入歸化雞公河上源爲大水河出縣東北東南流入廣順東羅仙關楊家關南牛天關西牛腰關大屯關老虎關打鐵關驛一普利有甯谷廢司上五苑枝土千總裁

鎮甯州衝繁府西五十里康熙二十六年省安莊衛入之南玉京青龍東東坡山西白巖慈母山北九十九隴周百餘里南烏泥江源出山甯中匯諸溪澗水東北定番甯谷河自普定入合州西諸水南流入貞豐北盤江鎮渡河自郎岱入隴偏河南流谷龍河合三岔河北流並注之東北流緣普定界入平遠東猴兒關西南土地關風風關石龍關驛二安莊坡貢有坡貢汎東康佐北十二營二司裁

永甯州衝繁府西百四十里城內項箐山東二龍南箐屆西普擎安籠箐山西北紅崖山北盤江自郎岱入拖長江自普安合庚戊二河東北流注之逕城西納西坡河馬漾河又屈西南馬畢河自安南東北流注之折東入貞豐西梅子關慕役巡檢一有關嶺慕役上卦三汎西沙營頂營長官一盤江土巡檢一

清鎮衝繁府東北百二十里明威清衛康熙二十六年改置省鎮西衛赫聲威武二所入之東獅子山南馬鞍西銅鼓北羊耳山雞公河自安平入北流逕城西曲循城北錯入貴筑又北入修文三岔河自安平入折西北流牛場河西南來注之亦入修文西有滴澄關

安平衝繁府東六十里明平壩衛康熙二十六年改置省柔遠所入之東金鼇高峯南圑幅天台東南馬頭山鎮渡河自普定入逕天馬山北流入平遠雞公河自廣順入羊腸河東流注之羊腸河雙源夾城流至縣南十里而合又屈東北與麻綫河會折北入清鎮東銅鼓關南沙子關楊家關東南平壩關

郎岱廳簡府西百八十五里明土司隴氏地康熙五年平之雍正九年置永安協副將駐北盤江自普安入逕廳西又東南流入永甯鎮渡河自水城入合廳北諸水折東流入鎮甯東石龍關西打鐵關驛一毛口有羊腸司巡一

歸化廳要府南百六十里明康佐長官司及鎮甯定番廣順三州交錯之地雍正八年置緣下河出廳西南流錯入貞豐復入境烏泥河西南流來會復入貞豐猛渡河自普定入復東南入羅斛東擺浪關北銀子關南紅沙關有大營壩陽白巖猴場鼠場牛場六汎

都勻府要隸貴東道副將駐順治初因明制領州二縣一康熙中置都勻雍正中闢八寨都江丹江置同知一通判二十一年廣西荔波割隸西北距省治二百四十里廣三百二十里袤四百五十里北極高二十六度十三分京師偏西九度三分領廳三州二縣三西南六硐司長官一南王司吳司司長官一又東天壩西南平州西丹行三司裁

都勻繁倚明都勻衛康熙十一年置城內東山西龍山北夢遇西南凱陽山馬尾河爲清水江南源出縣西南合一小水又北納邦水河龍潭河東流入麻哈麥冲河出縣南合四小水西南流爲豐安河入獨山西石屏關威鎮關北平定關南都勻司西邦水司長官一明屬府順治初改隸平浪司長官一明屬衛順治初改隸雍正五年裁

麻哈州繁難府北六十里東皮隴天臺南天馬西玉屏銅鼓山南麻哈河有二源經城西合爲一水又名兩岔江北流入平越馬尾河自府東流入境逕吳家司北流入清平谷硐卡鳥二汎南樂平司長官一落戶土舍一東平定司長官一宣威土舍一北養鵝土千總一西舊司土舍一

獨山州要府西南百二十里南有獨山州以此名東文漢山南鎮盤西行郎山南獨山江即都江上源古牂牁江也出水巖梅花峒東北流經爛土司馬場河分流注之折東入都江西鳳飲河出飛鳳井環城流入獨山江豐安河自都勻入逕城北深河平舟河來注之再西入長寨南雞公關北阿坑關三角屯州同一巴開打略二汎附郭獨山司長官一南豐甯司上長官一東南豐甯司下長官一三捧土舍一東爛土司長官一東北普安土舍一

清平衝難府東北百二十里明縣康熙七年省入麻哈州十一年復置裁清平衛入之南水箐東棋盤北侍講山東南香鑪東北天榜山猪梁紅爲清水江北源自平越入會麻哈河東流入黃平東南馬尾河即劍江自都勻入北流入清水南雞場關凱里縣丞一排養鑪山二汎東凱里司安撫使裁

荔波要府東南二百里順治初承明隸廣西慶遠府雍正十年改隸東水排山北分水嶺荔泉在城北縣以此名務村江出縣東北西南流與峨江會峨江河南北二源合於水蘆再西南永長溪自古州逕都江南合數小水注之入廣西南丹土州南黎明關西馬甲關方村縣丞一有三洞方村二汎

八寨廳要府東九十里明天壩土司地雍正六年平苗疆置西得鹿山大登高山均險要西馬尾河自都勻入東北流入麻哈龍泉自龍井南泉自丹江均入馬尾河都江自獨山逕都江南一水出廳北坡鄰寨南流入都江境來會南羊勇關北五里關有九門汎東南揚武排調司長官一東永安司長官一

丹江廳要府東北百四十里明生苗地雍正六年平苗疆置西南九門山東南牛皮箐盤邏數百里亘八寨都江古州界大丹江源出廳西南小丹江自廳東南來會曰九股河東北流入台拱東防里河西流入丹江雞講黃茅烏疊頂冠空稗松林六汎東北雞講北黃茅西南烏疊土千總一

都江廳要府東南二百二十二里明來牛大寨地雍正六年平苗疆置西柳疊山東北大坪山都江上流曰獨山江自獨山東流入羊烏河合烏溝河來會又東入古州北排常關有順德歸仁土千總一

鎮遠府衝繁難隸貴東道總兵駐順治初因明制西南距省治四百五十二里廣一百七十五里袤二百五里北極高二十七度二分京師偏西八度十三分領廳二州一縣三治後石屏山山半有穴久雨水注則江溢東南思印山都波都來二山邛水司南馬首山偏橋司南石柱山偏橋司長官一左副右副長官一硐改左副右副爲七品土官

鎮遠衝繁倚康熙二十二年以湖廣鎮遠衛來屬省入縣東鐵山中河山馬場山觀音巖南五老山北大小石崖山東北打杵巖西鼓樓坡山清水江自施秉入逕鎮遠土司東入台拱邛水有二源合流逕邛水司南入清江德明河源出德明洞東南入台拱注清水江濮水自施秉入白水溪小由溪諸水注之逕城西南爲鎮陽江又東納焦溪東北流入青溪西北金石關北文德關鎮雄關東雞鳴關邛水縣丞一四十八溪主簿一東南邛水司正副長官一硐改爲七品土官

施秉衝難府西南七十里康熙二十二年以湖廣偏橋衛來屬二十六年省入縣城內飛鳳山東金鐘玉屏北三台山岑鰲山清水江自黃平東流入納一小水又東流入台拱濮水自黃平東北流入受瓦窯河杉木河諸水小江南自黃平來會謂之內江河東流入鎮遠西欄橋關勝秉縣丞一偏橋廢驛

天柱繁疲難府東南二百十里順治初因明隸湖廣靖州雍正五年改隸黎平府十一年來隸東雲高山茨嶺山南春花黃少西蓮花北杜石山縣以此名清水江自開泰入逕城南直銀水等溪東南流注之入湖南會同西江一曰等溪東南流至城北入鑑水江東老黃田關南王僑關西西安暗關北渡頭關柳霽縣丞一遠口巡司一岔處革溪二汎

黃平州衝繁難府西南一百三十里順治初因明屬平越康熙二十六年徙州治於舊興隆衛嘉慶三年來隸東飛雲巖南鼓臺山西斗巖山北北辰岑舟石林山清水江上源並自清平入逕城南合東流入施秉濮水出州南金鳳山北流合西來二小水東北入施秉冷水河秀水溪高溪下流合秀水入重安江東馬鷲嶺關大石關舊州城巡檢一驛一重安江黃平汎東巖關司東南重安司長官一又有期城司土吏目裁

台拱廳要府東南一百三里明九股生苗地雍正十一年平苗疆置移清江同知駐之北猫坡山東蓮花臺西南臺雄山清水江即施洞河自鎮遠入在城北自黃平流入折東南逕革東汎入丹江九股河一名巴拉河自丹江北流入境至城西嘶水西北流來注之折東北入清水江番招臺雄革東稿貢四汎

清江廳要府東南一百九十里明清水江苗地雍正八年平苗疆置設同知十一年移同知於台拱改通判清江協副將駐南白索西公鵝三台北柳羅山白濟關山清水江自台拱東南流入邛水自左來注之烏鹿河烏擁河烏拉河自丹江入匯爲南哨河自右來注之再東納德河入開泰東東鎮關北白濟關

思南府繁隸貴東道順治初沿明制西南距省治六百四十五里廣四百里袤五百六十里北極高二十七度五十六分京師偏西八度五分領縣三城內中和山東東聯思唐西巖門白鹿北雙峯象山烏江自石阡入鸚鵡溪板坪河會清江溪注之折東錯入安化北行至齊灘場復入府境曹溪東流注之小耶壩水北流注之再北復入安化東石峽關武勝關永勝關南芙蓉關西北鸚鵡關東期溪司北沿河司長官一西西山陽洞蠻夷司裁

安化繁舊附郭光緒八年移治大堡府北百三十里東鳳凰蓮花南文中北柱巖椅子山西南會鳳山下俯瞰茶溪有泉名第一烏江自府東北流入思邛江自印江西北流注之三岔小河自四川酉陽西流注之東北流入酉陽洪渡河自龍泉東北流入經箇家溝下流曰豐樂河一水西北來注之錯入婺川復東北入縣境北流入四川酉陽西北軍韓偏刀水廢土巡司一

婺川繁難府西北二百四十里東大巖南泥塘西華蓋東北長錢山北臥龍山豐河自安化入合龍登河曉洋江合白蛟溪東北來注之又東北復入安化芙蓉江出縣西西北流錯入正安復逕縣西北北流入四川涪州東焦巖關水雲關西石將關北九杵關烏金關石板關青巖關

印江簡府南四十里東文筆峨嶺大鑿登山西河縫山北石筍山思邛江自松桃入折北流合一小水入安化注烏江東峨嶺關犵狪關南秀寶關

思州府衝隸貴東道順治初因明制領長官司四不領縣雍正五年割湖廣平溪清浪二衛來屬尋改玉屏青溪二縣西南距省治五百四十里廣一百九十里袤二百六十里北極高二十七度十一分京師偏西七度五十五分領縣二東巖前龍塘南聖德西盤山岑鞏北紅崖六農山鎮陽江自清溪入逕城東南入玉屏潞瀨河出府西北合洪寨河東南流又納施溪灑溪架溪諸水東南入鎮陽江易家河出府東北合文水河南流亦入鎮陽江東都嶗關南清平關黃土關東北站魚關西盤山關附郭都坪司西南都素司東北黃道溪司正副長官一銅鼓副長官北施溪司長官一

玉屏衝繁府東一百里順治初因明湖廣平溪衛雍正五年改置來隸北玉屏山縣以此名城內回龍山東三台月屏山南道定山輿雙薦峰對峙界牌山爲諸豐出入要路鎮陽江自府東北入流逕城北名曰平江北流入湖南晃州西野雞河西溪棧溪諸水逕飛鳳山野雞坪入平江太平河從之

青溪衝繁府南九十里順治初因明湖廣清浪衛雍正五年改置來隸縣治後北障山東竺雲西靈寶山北觀音山鎮陽江即青溪江自鎮遠入鐵廠河合竹坪河描龍河注之東北流入府東清浪關雞鳴關西栗子關

銅仁府中繁難隸貴東道副將駐順治初因明制康熙四十三年平紅苗設正大營以同知駐其地雍正八年平松桃紅苗移同知駐以正大營地割隸銅仁縣嘉慶三年升松桃爲直隸廳以烏羅平溪二司地撥歸廳轄光緒六年勦平梵淨山匪移銅仁縣治江口即提溪吏目駐地分府屬五硐歸縣分縣屬六鄉及塲盤等三鄉之半歸府親轄移吏目大萬山西南距省治六百六里廣一百七十里袤二百七十里北極高二十七度三十八分京師偏西七度三十分領縣一南銅崖府以此名東石笏天台南天馬六龍西諸葛山北梆鳳山大江即辰水自縣東流入府合甕怕洞水又東與小江合小江發源梵淨山合茶山塘水南流與辰水會東入湖南麻陽謂之麻陽江東龍勢石榴灘頭等關北倒馬芭龍甕梅倒水等關大萬山吏目一正大施溪二汎東南省溪司西提溪司正副長官一

銅仁繁府西北九十里月波山在縣治右形如半月斜對三巖高十餘仞西北有梵淨山周五六百里跨思南鎮遠松桃印江界南五雲山西南百尺山辰水出梵淨山有二源右源納標桿河羊溪數小水東南逕提溪司左源經暗上渡納一小水至提溪司與右源會省溪凱洪溪注之東流入府正大營縣丞一滑石汎

遵義府中衝繁舊隸貴西道副將駐順治初因明制爲軍民府隸四川康熙二十六年裁軍民字雍正五年改隸西南距省治二百八十里廣七百九十里袤三百六十里北極高二十七度三十七分京師偏西九度二十九分領廳一州一縣四

遵義衝繁難倚順治初因明隸四川雍正七年同府改隸東香楓三台西洪關元寶大水田山婁山北大樓龍巖定軍山西北永安山烏江緣開州入中渡河樂闕河及二小水南流注之又東南會清水江入甕安湘江出縣西北龍巖山二源合南流洪江合鳳鳳溪來會南逕湄潭至甕安注烏江赤水河自仁懷入沙壩河合數小水北流注之又納鹽井河錯入桐梓東三渡關西烏江關落濛關北太平關驛四烏江播川松坎湘川

桐梓繁疲難府北百二十里順治初因明隸四川雍正七年同府改隸東石女九龍山北扶歡南金馬西金鵝山赤水河自仁懷東流入遵義復錯入縣境齊郎河合溱溪水西流注之復入仁懷松坎河即綦江上源自正安入出縣東北二源合西北流坡頭河自正安西流注之又北入四川綦江石嘴河御溫水上源出縣西北入仁懷界北張九關東北石壺關

綏陽簡府東一百里順治初因明隸四川雍正七年同府改隸東綏陽山縣以此名南鼓山冠子北波利山仙人山西金子山仙人山樂安河一曰鹿塘河二源出縣北合南流入遵義注湘江湄潭河自湄潭南流逕城東南仍入湄潭小烏江一曰渡頭河出縣北合桑木塘水關渡河北流入正安東九杼關石卯關苦竹關西硐山關南板關關東有桑木關龍洞關

正安州難府東北三百

四十里順治初因明爲眞安隸四川康熙中遷治古凰雍正二年改正安七年同府改隸南羅蒙山石埇清淨西川納子駿嶺北豹子山小烏江自綏陽入右納牛渡河左納清溪河又東北流注芙蓉江三江河自四川綦江入納安西溪水又東北入婺川亦曰芙蓉江坡頭河自綦江西南流逕縣境又西入桐梓注松坎河北老關青巖關西白巖關厓

仁懷衝府西北百八十里順治初因明隸四川雍正七年同府改隸八年移治亭子壩東翠屛西夕陽山北牛心山西北老色山赤水河自四川永甯入逕靜子關合二小水錯入遵義桐梓折西北復入縣右納楓香壩河左納九溪河古關河北流注之又西北入赤水南曲折西流復東北再入縣境納高洞河入四川合江溫水自桐梓入合三岔溝水入四川綦江溫水塢府經歷一有汛

赤水廳要府西北二百四十里雍正八年以通判分駐之留元壩改置仁懷廳乾隆四十一年升直隸廳光緒三十四年改名降廳東天台南三台五老西官山縣長三百餘里赤水河自仁懷入永思河亦自仁懷來注之南納儒溪泥溪猿猴溪北納葫蘆溪堯壩溪沙壩溪經廳南倫溪注之又北流風水溪並二小水注之東北流仍入仁懷南葫蘆關西中箐關猿猴汛

石阡府簡舊隸糧儲道順治初沿明制康熙中省葛彰苗民雍正中省石阡副司西南距省治五百七十四里廣六十五里袤四百四十里北極高二十七度二十九分京師偏西八度十九分領縣一阡山自平越入境蜿蜒數百里府以此名東九龍鎮東南崧明十萬山西萬壽山北香鑪山烏江自餘慶入落花屯水東南流注之龍底河有二源涇府治西合一小水東北流注之入思南龍底河一曰白巖河上源爲包溪北流逕黃茅閫納大溪凱斜溪再北入烏江南樂回溪西北深溪北洋溪皆入龍底河東松明關東南大定關西南鎮安關樂平關北鎮東關

龍泉繁難府西北二百四十里城內鳳凰山南將軍山西綏陽北雞翁山龍泉出鳳凰山麓縣以此名羊子河賢石河並出縣西合東流逕義陽山南爲義陽江右合一水東流爲清江溪入思南洪渡河出縣西北山東北流入安化大水河亦出縣西北合小水河東流從之東張教塲關西平水口關虎踞關偏刀水汛上縣丞上壬籌均裁

黎平府繁疲難隸貴東道順治初因明制領縣一永從雍正三年以湖南五開銅鼓二衛來屬五年改二衛爲開泰錦屛二縣又以湖南靖州之天柱縣來屬七年增設古州廳十一年改天柱屬鎮遠府乾隆三十五年增設下江廳道光十二年降錦屛爲鄉以其地屬開泰西北距省治八百八十里廣四百七十里袤四百三十里北極高二十六度九分京師偏西七度三十一分領廳二縣二城內五龍山中黃龍東太平南丑家西北寶唐山勢自北而南洞亘百餘里洪州吏目一有黎平汛東南洪州北潭溪歐陽二司正副長官司一東北析化西古州北龍里中林八舟亮秦司長官一又三郎司赤溪涌洞司裁同知及理苗照磨駐古州通判駐下江吏目駐洪州治里長官司

開泰繁難倚東龍見大峽東北挂榜北龍標趁磬八舟山茶山西南銅闆嶺寨山清水江自清江入烏下江合二水東北流注之新化江出入南山赤東北流注之天柱永從溪南白永從入東北流曰潘老河東入湖南靖州東甯溪入黃泥關東燕窩關錦屛縣丞一有汛朗洞縣丞一

永從簡府南六十里縣治後舊鳳山南上下安林山東南鹿背皮林山西南標瑞龍關山福幾江上流即古州江自下江東南流入境經西妹南錯入廣西懷遠曹平江亦自下江東南流入境經丙妹北東北懷遠永從溪源出縣南合流北入開泰丙妹縣丞一有永從西妹二汛二

古州廳要府西一百八十里古州總兵貴東道駐東雙鳳西傳飛撻喇山西南獅子山都江自都江入名古州江左納彩江入下江榕江車江並出廳北合流注之折東南入下江朗洞汛出關北東北流入閘秦注烏下江永鎮關西陽化關有王嶺寨蒿小都江三汛東

下江廳要府西南一百八十里南朋論山西南壘雞島地孫保九千里山亘數百里都江自古州東南流入逕廳南入永從東江濟江自古州合流入境下游曰曹平江東南流入永從弱女江源出廳南東北流至雙江口小溪東北流來會再東北入古州江

大定府要舊隸貴西道明貴州宣慰司及烏撒軍民府地副將駐康熙三年平水西烏撒以大方城置二十六年降州隸威甯府雍正七年復升府東南距省治三百三十里廣五百八十五里袤六百六十里北極高二十七度四分京師偏西十度五十五分領廳一州三縣一東萬松火磯鳳山鳳山西五老山皆大雞東北九龍西北雙山烏江自畢節入署仲河通德河北北流注之又東落折河合打雞關諸水折南來注之烏西河合石溪河自北來猓龍河自南來皆注之又東分入平遠赤水河自畢節入經府北納永岸小河臥牛河合油杉河諸水東北入黔西東老蒙關南那集關西奢東關樂聚關北大弄關柯家關倉上烏西二汛

平遠州繁難府東南八十里康熙三年平水西烏撒以比喇壩置府二十二年降州隸大定二十年改隸威甯雍正七年仍來隸平遠協副將駐東懸霧東山南獅子鳳凰西白巖山北饗纜山烏江自府南入高家河卜牛河東北流注之又東納以褒河水入黔西西木底河即鴨池河自水城入受武著河錯入安順北古河合隋極河南流注之復逕城東名鐵渡會牛塘河諸水北流入黔西東織金關南鳳凰關望城關

黔西州繁難府東二百二十里康熙三年以水西置府二十二年降州來隸二十六年改隸威甯雍正七年仍來隸城內獅子山牛飲山南石虎北分水嶺東金雞山又十萬溪甯懸崖絕壁四面皆崇西北白塔山杓裹箐比喇大箐羅革河即六歸河自府入平溪南流注之又東鴨池河自平遠入又東會鼓渡河東入鎔文爲烏江南源以濟河源出州西北西南流合打鼓寨水東北流渭河合烏甯河來會沙河合鼓樓水三現身水東南來注之入修文赤水河自府東北流逕州境入四川永甯西化樺關沙溪沙土右革關鴨池西溪六廣黃沙諸汛

威甯州要府西三百八十三里康熙三年以烏撒置府雍正七年降州來隸威甯鎮總兵駐東飛鳳山東北畢屛西火龍麻窩北三台烏門南石龍千丈巖七星河爲烏江上源出州南合八仙海說處海諸水東北流逕清水塘入畢節再入州境普薩海南注之黑章河北注之又東復入畢節北盤江出州西山二源合南流經腻書汛西爲瓦渡河又南錯入雲南宣威爲可渡河牛欄江自雲南會澤入合腻書河又北流入雲南恩安洛澤河出州西北合數小水東北流亦入恩安東石馳關梅子關南雲關北可渡關西北分水嶺關得勝坡巡檢一有汛興江牛坡二水西宣慰使一鼓

畢節衝繁難府西北一百里明畢節赤水衛地康熙二十六年置隸威甯府雍正七年改隸貴西道駐光緒三十四年裁改巡警道移駐貴陽木稀山南脫願西七星北石笱山東北東陸山雪山屛臺山烏江自威甯入赤名七星河逕瓦甸汛再入州境又東復逕縣境則底河自雲南鎮雄入合後所河南流注之又東南合二小水入府赤水河即赤水河自雲南鎮雄入納杉木河入府東木稀關南落折關西老鴉關畢赤汛

水城廳要府西南二百九十里明水西地雍正十年置東將軍玉筍山南馬龍堡北麒麟文筆山鑪渡河一曰鷄池河出廳西以且海合一水東北流經城北折東南水城河東北來會又納扒瓦河以固汛水武著河諸水錯入郎岱北盤江自雲南宣威入喇雍河合桃花溪水自威甯來注之北納結里山東西二水及黑勝汛水南納木冬河入盤州州東猴兒關西卡子斗關普擦猪塲二汛

興義府要舊隸貴西道安義鎮總兵駐順治初因明爲安籠所康熙二十五年置南籠廳移貴陽通判駐之仍隸府雍正五年升府嘉慶二年改興義東北距省治五百八十里廣七百四十里袤五百五十里北極高二十五度四分京師偏西十度五十五分領廳一州一縣三流注之又東入貞豐北盤江自貞豐南流錯入府境仍入州魯溝河源出府北左納阿棒河又東入貞豐注北盤江緣海出府城東北東水所瀘南梅子閣馬鞭田哈馬隘狗塢卡子額老諸汛

貞豐州要府東北一百二十里雍正五年析廣西西隆州紅水江以北地設永豐州隸南籠府嘉慶二年改貞豐署後枕峻山東六合山北九盤花江巖山西南藏鶴山縣亘數十里北盤江自永甯入甯谷河亦自州來注之又南會巖下河錯入府仍逕州境左納魯溝河綠海南流與南盤江會南盤江自府入八臥溪北來注之又東合北盤江東北入羅斛東坡呈箐關西南者黨關北石里關冊亭州同一定頭高坎王母渡邑四汛

普安衝繁府西北二百四十里明新城新興二千戶所順治十八年置隸安順府康熙二十二年移治新興雍正五年改隸東烏龍直武南九峰山西八納山北落馬大小尖山羅摩培山施長江自盤州入有三小水合流注之又東北入永甯深溪河源出縣南右合阿希河左合木耶河東南流入興義注馬別河抹角河自盤州入合一小水西南流入雲南平彝西北堅固關北芭蕉關驛二罐子窩錫松舊設驛丞裁新城縣丞一土州同鼓

安南衝繁府北二百四十里明安南衛康熙二十六年置隸安順府雍正五年改隸城內天馬山東盤江西晴龍白基山西北尾灑山西北毛口河即北盤江上源自盤州入東南入郎岱西西甯河西坡河北甲猛河下流皆入盤汛南巴林河北流逕普安至城東又爲大章河下流合阿河注北盤江東盤江關海馬關西烏鳴關南老鴉關盤江十一城明天啓間築驛一列當舊設驛丞裁阿都汛廖箕二汛

興義要府西北八十里雍正五年於黃草塲設州判隸普安州嘉慶三年裁改置縣隸府十四年改隸普安直隸州十六年仍來隸南普筆架東白馬北獅子馬鞍山南盤江上源曰八達河自雲南羅平入逕城西南沿界東北流九龍河亦自羅平入合上江水注之又東納中江下江二水逕城南馬別河自普安南流注之又東入府棒鮓巡檢一亦資孔驛丞一

盤州廳要府西三百里順治初因明普安州隸安順府康熙二十六年省普安衛入州雍正五年改隸嘉慶十四年升直隸州十六年改直隸廳光緒三十四年改名降廳仍隸府南猗蘭山爲滇黔分界處西黑山上有潭北廣武山絕頂有泉九龍爲大池西南黨蠻山盤江自水城入納羅摩塲河東南流入郎岱拖長江出廳西南平彝所北流有一水自海子鋪來會至檬橋驛合數小水入普安豬塲河出廳北折東合二水又東入普安注拖長江抹角河出廳西南亦入普安南倒木關西分水嶺關東南安籠箐關驛一山門上舍白沙劉官三汛

松桃直隸廳要繁疲難隸貴東道副將駐明紅苗地康熙四十三年討平紅苗設正大營置同知隸銅仁府雍正八年平松桃置廳移同知駐嘉慶二年升直隸廳並以銅仁府屬平頭烏羅二土司地西南距省治八百四十五里廣二百八十里袤二百二十里北極高二十八度八分京師偏西七度三十三分城內蓼皋山東七星山北秋螺南獅子西北龍頂山武溪出廳西爲西水西南源合二水東流北入四川秀山汛江出廳南東流入湖南鳳凰廳思印江出廳西二水合西流入印江西平頭關野貓關有盤石護國木樹芭茅石峴諸汛西烏羅平頭司長官一

平越直隸州衝繁難舊隸糧儲道順治初因明爲軍民府康熙十一年改平越衛爲縣附郭二十六年省軍民字嘉慶三年降直隸州省平越縣西南距省治一百九十里廣一百八十里袤三百三十里北極高二十六度三十八分京師偏西九度五分領縣三城內福泉山東嶁峨山東南疊翠山翠峯播大中爲老人峰西猶獾楊山杉木箐山峰楊高峻緒梁江爲清水江北源出州西北合數水逕黃絲驛西北府城水卡龍河西南羊腸河均注之東流入清平白水河一曰麻哈江源出州西北南流逕牛塲有二水來合入豬梁江東羊腸關南武勝關北七星關驛三西陽黃絲楊老三西陽楊老打鐵關西楊義司西北高坪中坪司長官一汛

甕安難州北六十里東筆架山都凹山西仙橋白樂北九峰玉華峰烏江自開州入逕城北湘江自遵義南來注之又東逕安河坪橋河紅頭鋪河草塘司河東北流注之湘潭河自遵義南來注之東入餘慶東南盡家關西黃灘關西北甕水東北草塘土縣丞一

湄潭繁疲難州北三百三十里城內玉屛山西瑪瑙北覺仙南象山牛皇山湄河二源自大小板角關入合南流至城北龍數小水西南流逕甕安入甕安江北十溪河自正安入至老木四合青龍水入婺州沙豐樂河東錫洛閫西北板角關北青龍關

餘慶簡州東北一百四十里南中華拱辰西九龍山北夢義山牛塘山烏江自甕安入餘慶司亦南流注之河自甕安納小江豬塲河東北流牛塲河即白泥江納新村水水東北流注之又東北入石阡南頭關西中關西北餘慶土縣丞一東北白泥土主簿一

清史稿

地理志二十三

新疆

新疆古雍州域外西戎之地漢武帝設西域都護天山以南城郭三十六國皆屬焉天山以北東匈奴右部西烏孫未嘗服屬後漢山北如故山南分五十餘國于闐龜茲最著自建武迄延光三絕三通設都護及長史治之三國及晉北爲烏孫及鮮卑西部南爲于闐龜茲諸國北魏柔然烏孫悅般高車盤山北地後周突厥鐵勒據之其南以鄯善爲強唐於西州置北庭大都護府統沙陀突厥回鶻西突厥北部諸都督府於龜茲置安西大都護府統龜茲于闐疏勒碎葉四鎮濛池崑陵等都護中葉後爲吐番所有五代幷於吐番回鶻宋時烏孫回鶻居山北于闐龜茲諸國入於遼元置三行尙書省嶺以東屬巴什伯里行尙書省增天山南北宣慰司北則巴什伯里南則哈喇和卓後爲都哩特穆爾地明四衛拉特居北部曰綽羅斯曰杜爾伯特曰和碩特曰輝特其南則巴什伯里葉爾羌吐魯番諸國回部派噶木巴爾諸族居之順治四年哈密內屬吐魯番亦入貢惟四衛拉特仍據其地準噶爾即綽羅斯部數侵喀爾喀掠祖三臨朔漠征之噶爾丹走死其兄子策妄阿拉布坦遁伊犁傳子及孫從孫達瓦齊奪其位乾隆十九年杜爾伯特和碩特輝特先後來歸二十年執達瓦齊準噶爾平二十二年以阿睦爾撒納叛霍集占附之再出師二十三年克庫車沙雅爾阿克蘇烏什諸城明年收和闐喀什噶爾葉爾羌諸城二酋走死回部亦平二十七年設伊犁總統將軍及都統參贊辦事協辦領隊諸大臣分駐各城並設阿奇木伯克理回務秩三品至七品光緒十年裁改設頭目以六品爲限同治三年安集延酋阿古柏作亂陝回白彥虎應之光緒八年全部盪平九年建行省置巡撫及布政使司以分巡鎮迪道兼理按察使銜改甘肅迪化州及鎮西哈密吐魯番三廳來隸迪化尋升府建省治又改阿克蘇爲溫宿直隸州喀喇沙爾庫車烏什英吉沙爾並爲廳置分巡阿克蘇道轄之喀什噶爾爲疏勒葉爾羌爲莎車直隸州英吉沙爾瑪喇巴什爲廳及和闐直隸州置喀什噶爾兵備道轄之庫爾喀喇烏蘇爲直隸廳轄於鎮迪道又改伊犁爲府精河塔爾巴哈臺爲廳置分巡伊塔道轄之二十四年升喀喇沙爾爲焉耆府二十八年改庫車廳爲直隸州疏勒莎車溫宿三直隸州並爲府又改瑪喇巴什廳爲巴楚州隸莎車府凡領府六直隸廳八直隸州二廳一州一縣二十一宣統三年編戶四十五萬三千四百七十七口二百六十萬九千一百

六十五東界外蒙古喀爾喀扎薩克圖汗部西界俄羅斯南界西藏北界阿爾泰山東南界甘肅青海西南界帕米爾東北界科布多西北界俄羅斯廣七千四百里袤三千七百里東北距京師由南路八千六百八十九里由北路八千五百七十六里北極高三十四度至四十九度有奇京師偏西二十一度至四十三度其名山蔥嶺崑崙天山博克達其巨川塔里木葉爾羌和闐伊犂諸河其道路天山南北電綫由迪化東南通蘭州西北通伊犂西南通喀什噶爾

迪化府要衝繁難巡撫布政使提學使鎮迪道兼提法司銜副將同駐漢卑陸等十三國地後有匈奴屬地及烏孫東境後漢初郁立師單桓烏貪訾離為車師所滅後復立時稱車師六國三國時東西且彌單桓卑陸蒲類貪並屬車師後部晉屬鐵勒亦曰高車初屬蠕蠕北魏時大破蠕蠕後周屬烏突厥隋大業中西突厥始大鐵勒諸部皆臣之唐貞觀時內屬及滅高昌置庭州又置瑤池都督府及濛洛州各都督府統於安西大都護府武后時改隸北庭大都護府開元初置北庭節度使貞元後其地屬吐番又屬西州回鶻宋為高昌北庭臣服於遼南宋屬西遼元太祖時稱回鶻別失八里元末猛可鐵木兒據之為瓦喇國主明正統中為也先嘉靖間分為四衛拉特為瓦剌之轉音居烏魯木齊者為和碩特部後為準噶爾台吉游牧地乾隆二十年平準噶爾始內屬改名烏魯木齊築土城二十五年設同知二十八年築新城於其北名迪化三十六年設參贊大臣理事通判明年於迪化西八里築滿城名曰鞏甯三十八年改參贊為都統設領隊大臣駐鞏甯三十八年升直隸州隸甘肅布政司光緒九年建行省十二年升府來隸廣一千四百里袤五百二十里北極高四十三度二十七分京師偏西二十七度五十六分領縣六光緒七年與俄立約定為商埠

迪化衝繁難倚光緒十二年置天山自西來橫亘境南西南雅馬拉克山綿延二百里東北達坂城嶺東南哈拉巴爾噶遜山烏魯木齊河出南山二源東南曰庫爾齊勒河西曰阿拉塔齊河合北流經城西又北名老龍河頭屯河自昌吉入東北流入境瀦為八段馬廠二湖溢出北流與西支合為兩縣交界處三屯河自昌吉北來注之復東北流合老龍河北流經沙漠入古爾班托羅海廟兒溝羊圈溝大東溝小東溝諸水均出縣東南分流南入吐魯番達坂城水源出阜康博克達山天馬峯入縣境南流合大銅溝華樹林方家溝白家溝諸水經達坂城卡倫入吐魯番東南鄂門泊達布遜泊北大戈壁廣五百里長三百里卡倫七臺八驛四鞏甯柴俄堡達坂城黑溝有回莊六十七

阜康衝繁難府東北一百三十里漢郁立師車師後國魏蠕蠕地周隋突厥唐浮圖沙鉢馮洛耶勒俱六諸地貞觀中置金滿縣元別失八里地明數剌城改名特訥格爾乾隆二十五年築堡置巡司尋改縣丞二十八年建城改州判轄安西道三十八年併入迪化州境四十一年裁州判置縣博克達山脈亘南境最高者曰福壽山迤北小黃山大黃山縣境諸水均發源博克達山西水磨河西北流分大西溝小西溝二水東有三工河北流疏為五渠又東有四工河北流疏為四渠又東為土墩子河北流疏為六渠又東有柏楊河北流疏為四渠又東曰東溝西溝北流入沙漠北合流而北復分為東中西三渠卡倫四臺四驛三在城康樂柏楊縣境分區二十七

孚遠衝繁難府東北三百六十里兩漢車師後國及其後城長國魏蠕蠕周突厥唐金滿縣元北庭都元帥府舊治乾隆三十七年築愷安城四十一年設濟木薩縣丞治愷安屬阜康光緒二十年重修城改名孚遠二十九年升置博克達山支脈蜿蜒起伏入境西南無量山東南冰山迤北千佛洞皆博克達山之麓城南小水均發源冰山曰太平公盤二渠由柏楊河分支曰長山三盛二渠出四道橋北曰濟木薩河分大有興隆二渠曰長勝渠曰大東溝北流入慶陽湖曰經二工河北流經老三台驛瀦為蘆藏湖泉水三東西曰大泉中曰上暖泉均北流入沙磧驛二保會三台卡倫二有回莊二十五

奇臺衝繁難府東北五百五十里漢蒲類車師後城長國魏屬蠕蠕唐蒲類後置甘露州同光初入遼東南渡後為別失八里東境元入畏吾兒明衛拉特地康熙中準噶爾內附乾隆二十四年建奇臺堡設管糧通判一東吉爾瑪泰管糧巡檢一四十年築靖遠城四十一年裁通判置縣隸鎮西咸豐三年改隸迪化州光緒十五年自靖遠徙今治天山支脈自西南更格爾入境至穆家地溝出東境綿亘四五百里土人謂之南山沙山自濟木薩至縣境舊城北迤鎮西廳袤延三四百里北拜達克山東北哈布塔克山縣境諸水皆自南山出曰奇臺水木壘河木楊河新戶梁水中葛根水西葛根水永豐渠水吉爾庫水達坂河更格爾水柳樹河自孚遠東流入境經縣北又東至三個莊子入沙磧驛十古城子平紫木壘河阿克他斯烏滾烏蘭色必口頭水溝北道橋黃草湖元湖縣境分區三十六卡倫十六臺七舊城巡司駐光緒七年俄約定古城為商埠

昌吉衝繁府西九十里漢單桓東西且彌烏貪訾離地屬高車魏蠕蠕隋西突厥鐵勒地唐屬北庭元屬偶五城名昌都剌明屬衛拉特乾隆二十五年置寧邊通判二十七年築甯邊城設管糧巡檢三十八年改州同四十二年置縣天山支脈綿亘縣境南騷呼達坂格樓圖山草達坂石梯子山塔拉盤山頭屯河出天山北麓分東西二支東支入迪化西支經縣治東復北流至縣境合流入迪化大西河亦出天山北麓至縣治西分二支東為三屯河東北流注頭屯河西為大西河卽洛克倫河自焉耆東北流入境折西北流經呼圖壁緣綏來界呼圖壁河源出塔拉盤山西自焉耆府北流入塞溝木南來注之文北經草達坂東分頭工渠西分土古里渠又北至呼圖壁城復分二渠東曰文梁渠西曰西坂河東北經牛圈子三家梁至雙岔子合洛克倫河西北入綏來瀦於阿雅爾淖爾呼圖壁原名呼圖拜克乾隆二十二年設洛克倫巡司二十八年移駐呼圖壁二十九年築城名景化為巡司治所光緒二十九年升縣丞驛二甯邊景化卡倫五呼圖壁卡倫一臺四有大回莊四呼圖壁分區二十六

綏來衝繁難副將駐府西北三百四十里漢烏貪訾離及烏孫東境三國烏孫魏高車周突厥隋西突厥鐵勒諸地唐西突厥處密部內屬隸北庭都護府宋元回鶻地明衛拉特乾隆二十八年築綏來堡三十三年設縣丞四十三年於舊瑪巴勒噶遜城西建二城北康吉南綏甯中靖遠關四十四年置縣治康吉城光緒十二年合兩城為一移治南城天山支脈蜿蜒南境西南額林哈畢山古爾班多博克達山博羅托山東南有甘溝山古爾多拜山南有大小衛和勒晶嶺瑪納斯河自焉耆府北流入亦名龍骨河經城西折西北瀦為各林各土淖爾東北流注阿雅爾淖爾洛克倫河自昌吉西北流入還沙漠亦入阿雅爾淖爾和爾果斯河及安集海大小二水皆出額林哈畢山烏蘭烏蘇河出古爾班多博克達山金溝水出博羅托山塔西河出古爾多拜山驛十二在城靖遠樂土烏蘭烏蘇安集海擡田沙門新渠小拐三岔口唐朝渠黃羊有大回莊十一卡倫七臺五

鎮西直隸廳衝繁難隸鎮迪道巴里坤總兵駐漢東蒲類國後漢屬伊吾盧北魏屬蠕蠕隋屬突厥後分屬西突厥唐沙陀部與處月雜居沙陀叛附吐番徙居北庭宋屬伊州後入於遼元為別失八里東境屬亦都護明為和碩特部地明末固始汗遷青海後為準噶爾台吉游牧地康熙三十六年平準噶爾阿爾泰山以東地內屬雍正七年建城於巴爾庫勒改名巴里坤九年設安西廳同知隸甘肅布政司乾隆三十七年於廳東南築會甯城設領隊大臣三十八年升鎮西府領宜禾奇臺二縣咸豐五年仍為廳移鎮迪道駐之裁宜禾光緒十二年來隸西南距省治一千三百三十里廣千里袤八百里北極高四十三度三十九分京師偏西二十三度三十六分天山之脈迤邐南部者為祁連山西北有妙雷努雷山渦底山那梅州山東北有蘆泥子山東有松山千里格山巴爾庫勒淖爾即蒲類海在廳西北皇渠水磨河高家湖合諸小水均瀦入之北有鹽池東北察哈泉東南柳條河與昭莫多河合驛八曲底奎素松樹塘蘇吉下肋巴泉務塗水蘆茂台上肋巴泉卡倫二廳境分區二十四

吐魯番直隸廳衝繁難隸鎮迪道回部郡王台吉駐漢車師前王庭後置戊巳二校尉晉治高昌後入涼北魏為高昌國併于蠕蠕後立闞伯周為高昌王傳至鞠嘉為唐所滅置西州升安西都護府貞元中陷吐番五代為回鶻所據稱西州回鶻宋建隆二年入貢元太祖平其地號畏吾兒設都護封察哈台于此明初為火州地嗣稱吐魯番順治三年吐魯番阿布勒阿哈默特入貢六年助河西逆回絕其使尋復通康熙二十四年回疆平雍正五年內徙安置瓜州建城闢展乾隆二十四年設建六城於闢展置辦事大臣管糧同知仍以吐魯番廣安城為回城回城四曰魯克沁曰色更木曰哈喇和卓曰托克遜合吐魯番為六城設阿奇木伯克理回務四十四年移同知駐吐魯番並設巡檢隸甘肅布政使司四十五年裁辦事大臣改設吐魯番領隊大臣歸烏魯木齊都統節制光緒十年裁領隊大臣十二年置直隸廳來隸西北距省治五百三十里廣八百餘里袤五百餘里北極高四十三度四十分京師偏西二十六度四十五分領縣一天山橫亘北境為塞山之總幹東北柯格達坂北度吉爾山阿布都爾山西湖洛海合同察海卡卡蘇各達坂南哈拉可山庫木什達坂覺洛塔哈山東南克子里阿習布拉克勝金台山白楊河自迪化入東南流逕托克遜沙山瀦為覺洛浣西烏斯水作洛滿若水布而水均出合同察海達坂入焉耆驛十一楊和勝金口硜硜子三角泉布干台托克遜小草湖蘇巴什阿哈布拉桑樹園庫木什卡倫一有回莊二十回城巡司一光緒七年俄約定為商埠

鄯善衝繁難廳東二百五十里漢車師前國東境樓蘭鄯善國後鄯善國元魏鄯善鎮唐柳中縣西州交河郡地宋六種屬高昌後入遼元魯克察地明柳城康熙末內屬乾隆三十六年設闢展巡檢光緒二十九年改置天山分支亘於北境有東西柯柯雅山茂萬山高泉達坂縣境諸水出自井泉伏流地中西北五個泉夾皮泉北柳樹泉西南馬廠湖南戈壁驛八齊克騰木土墩子西鹽池惠井子梧桐窩七個井車轂轆連木沁卡倫一有大回莊七

哈密直隸廳衝繁隸鎮迪道副將駐漢伊吾盧地為匈奴呼衍王庭後置宜禾都尉三國屬鮮卑西部晉屬敦煌郡北魏屬蠕蠕隋築新城號新伊吾後屬西突厥唐貞觀四年置西伊州尋改伊州置都督府天寶初改伊吾郡尋復初廣德後陷吐番五代時號胡盧磧宋雍熙後屬回鶻元屬畏吾兒後為宗室納忽里封地明永樂四年建哈密衛正德中服屬吐魯番順治四年哈密衛輝和爾都督入貢六年以助逆絕貢復通康熙三十六年俘獻色布騰巴勒珠爾賜額貝都拉扎薩克印三十七年編列旗隊設管旗章京雍正五年始建城回城在城西三里回子郡王所居康熙五十六年築設協辦旗務伯克十三年設駐防兵乾隆二十二年準部平其酋伊薩克內附移靖逆瓜州黃墩各營駐之撤駐防兵二十四年設辦事大臣協辦大臣撫民通判巡檢隸甘肅布政司光緒十年升直隸廳十二年來隸西北距省治一千六百二十里廣四百五十餘里袤二百五十里北極高四十二度五十三分京師偏西二十二度三十四分北天山其分支西北峨達坂沙克拉山可雅爾達坂合塔手可拉山東北阿克相木山坤翌圖山阿里鐵洛可山空多洛托山哈密河出廳西蘇巴什湖南流瀦為小南湖又南流東為碩洛浣西為阿里浣折西南瀦為大泉海子為沙漠所塗東乾河子東北烏拉台水安吉水黑具瑪水達子湖西依他拉可水入道溝寺水南戈壁驛十四伊吾南山口黃蘆岡長流水格子烟墩苦水沙泉子星星峽頭堡三堡三道嶺瞭墩橙槽溝一碗泉新城巡司一廳境分區三十五有大回莊十四光緒七年俄約定為商埠

庫爾喀喇烏蘇直隸廳衝繁難隸鎮迪道辦事領隊大臣駐漢匈奴西境晉後為鐵勒部北周屬突厥隋屬西突厥為處木昆部唐永徽中破之設部縣屬崐陵都護府開元中置瀚海軍後唐時屬遼元回鶻地明綽羅斯部地後屬準噶爾乾隆二十二年平準部二十七年設辦事大臣二十八年築慶綏城三十七年設領隊大臣縣丞四十六年設同知明年設游擊四十八年築新城定今名設糧員裁縣丞隸烏魯木齊都統光緒十二年裁糧員置直隸廳改隸東距省治七百里廣三百三十里袤五百四十里北極高四十四度三十分京師偏西三十一度天山之脈在境南者額林哈畢爾噶托羅滾沙得格果沙吐克土諸山額布圖古爾班恰克爾圖諸嶺奎屯河出托羅滾山合托羅滾水熟水泉沙格得水北流王城東分二支東渠至二臺驛折西流與濟爾噶朗河會濟爾噶朗河出古爾班嶺合札哈水東斗水哈峽圖水北流會奎屯河又西流入精河廳與岡古爾圖河會岡爾圖河出額爾圖嶺有五源合北流折西入精河廳與金屯河合西流瀦於喀喇塔拉阿西柯淖爾精河巡司一驛九西湖奎屯普爾塔齊墩木達固爾圖頭臺二臺小草湖鄂倫布拉克廳境分區九有舊土爾扈特部游牧地卡倫一

伊犂府衝繁疲難隸伊塔道漢至晉為烏孫伊烈兩國地後入鐵勒北魏悅般國又高車地周突厥地隋西突厥及石國唐西突厥及回鶻地又西境為突厥施烏質勒部又西突厥及弩赤建國石國地大歷後葛邏祿居之宋為烏孫後入遼元名阿力麻里為諸王海都行營處明綽羅斯部後屬準噶爾乾隆時準部平改烏哈爾里克為伊犂二十五年設辦事大臣二十七年設將軍節制南北兩路以參贊大臣副之初設二員尋裁一二十九年設錫伯營索倫察哈爾領隊大臣各一三十年設額魯特領隊大臣三十四年設惠甯城領隊大臣築河北九城曰惠遠將軍參贊大臣各營領隊大臣駐總兵先駐綏定尋移駐理事同知撫民同知巡司各一改巴彥岱曰惠甯領隊大臣駐糧員巡司各一改烏哈爾里克曰綏定總兵駐糧員巡司各一改烏克爾博羅素克曰廣仁屯鎮左營游擊駐改察罕烏蘇曰瞻德都司守備駐改霍爾果斯曰拱宸參將駐巡司一改哈拉布拉克曰熙春屯鎮都司駐曰塔勒奇屯鎮守備駐改固勒扎曰甯遠以居回民設阿奇木伯克伊什罕伯克各一糧員一同治五年陷回後又為俄佔光緒初全疆底定八年收回伊犂十四年以綏定城置府將軍副都統參贊大臣領隊大臣索倫額魯特察哈爾錫伯各領隊大臣及滿洲八旗軍標副將理事同知同駐惠遠城參將管霍爾果斯通判駐拱宸城游擊駐廣仁城守備駐瞻德城都司駐熙春城東距省治一千五百四十五里廣一千五百餘里袤一千一百餘里北極高四十三度五十六分京師偏西三十四度二十分領縣二咸豐元年俄約定為商埠

綏定衝繁疲難倚乾隆二十六年設巡檢光緒十四年置移巡檢駐廣仁城天山支脈綿亘北境北塔勒奇山東北新開達坂東庫森木什達坂伊犂河自甯遠西北流入通惠渠北南北二渠烏拉果克水大西溝察罕爾烏蘇水皆注之又西至河源卡會霍爾果斯河西流入俄界南大小博羅莊水霍洛海莊水沙拉諸海水洪海水均北流入沙磧又東西阿里瑪圖水北大小東溝水亦入沙磧北褒里木淖爾驛七沙泉子惠遠城蘆草溝塔爾奇阿滿鄂博勒齊爾鄂勒著衣圖博木胡素圖布拉克台站一屬錫伯營回莊十六額魯特部上三旗下五旗及察哈爾部游牧地卡倫十三為中俄交界鄂羅魯特錫伯營分轄牌博自南而西至西北均連俄界自沙拉諸海小山立第十六牌博至頭胡第二十五牌博凡十

甯遠衝繁難府東南一百二十里伊塔道治所乾隆間築甯遠城於固勒札光緒八年設同知十四年改置東南博羅布爾噶蘇山哈什山大山榮柯爾山烏土達坂木克得山額林哈必爾山山克里克子達坂南索達坂色格三達坂西南喀喇山格登山漢騰格里山沙拉套山諸海托蓋山特克斯河出俄屬木薩爾山自胡素圖卡南諸海托蓋山北入折東流納曼雄河大小雀洛海諸水又東

（輿崆吉斯河會崆吉斯河自焉耆西北流入逕耶里格莊南合特克斯河西流王阿瓦克莊西輿哈什河會哈什河源出大裕柯圖山西流納十二闌嶺水皇渠錫伯營渠合西北流爲伊犂河入綏定北賽里木淖爾驛一在城台站七屬錫伯營回莊三十七額魯特游牧地卡倫七爲中俄交界歸額魯特營轄縣境由南而西均界俄自納林哈勒噶立第一牌博至阿哩千谷第十五牌博凡十五）

塔爾巴哈臺直隸廳（繁疲難隸伊塔道塔城左翼副都統參贊大臣領隊大臣副將駐漢匈奴右地三國鮮卑右部北魏高車蠕蠕地北周隋屬突厥唐屬車鼻南境爲葛邏祿後南徙地屬黠戛斯後周時貢於遼南宋爲乃蠻國元封諸王昔里吉明爲土爾扈特部地後屬準噶爾）乾隆二十二年準部平始內屬二十九年築城雅爾名曰肇豐三十一年改築城於楚呼楚（距雅爾二百里）名曰綏靖易其地名爲塔爾巴哈台設參贊大臣協辦領隊大臣專理游牧領隊大臣各一管糧理事撫民同知尋改通判隸伊犂將軍光緒十四年置直隸廳改隸（於廳治東南里許築新城改參贊大臣爲左翼副都統）東南距省治一千六百二十四里廣一千二百里袤八百里北極高四十七度五分京師偏西三十度三分（天山之脈蜿蜒南部東賽爾山蘇海圖山巴曼阿拉塞淩圖山東南喀圖山西南巴爾魯克山東北阿爾泰山賽里山和博沙克里山芍隴山北塔爾巴哈臺山支峯爲毛海柯淩山烏什嶺額依實山額爾齊斯河自科布多部西流入納哈布干諸水西入俄界繼於額桑淖爾額枚勒河出額依實山西麓西流王庫爾噶蘇台合南源西流烏拉斯台水烏宗臺拉水自俄境南流注之博爾里河合綏孚河北流注之久東入俄境和博克河出額依實山東麓東南流合和博沙爾克河巴杏蘇拉水又東南入昌吉淦於沙蘇爾圖河出齋爾山東流會納木河又東瀦爲艾拉克淖爾達爾達木河亦出齋爾山東流瀦爲臘池說爾噶其河亦出齋爾山東南流入綏來豬于阿爾雅淖爾驛十二邵支干吉莫老色特爾莫多固爾圖霍洛托羅布拉克雅瑪圖崑都倫烏土布拉克沙爾札克烏納木東克中會有回莊九綏魯特部察哈爾部十牛衆舊土爾扈特部十四牛衆游牧地哈薩克四部游牧地曰柯勒依附以新舊兩烏瓦克小部曰賽布拉特附以阿克奈曼部曰曼畢特曰吐爾圖卡倫六廳境西北輿俄界自精河廳王廳遙南立土斯賽第三十四牌博至布爾罕布拉克第五十五牌博凡牌博二十二又東循哈巴爾烏蘇塔爾巴哈台山梁主穆斯烏折北行曰依生克里的曰布羅呵卡曰二支河等處凡立牌博二十七咸豐元年俄約定爲商埠）

精河直隸廳（衝繁難隸伊塔道漢魏烏孫晉鐵勒部北魏爲金山以南諸部隋唐西突厥後設嗢鹿州都督府元曲只兒地明準噶爾各鄂拓克台吉游牧地）乾隆二十二年準部平始建安阜城於精河設典史四十八年於城東二里建新城仍舊名設都司糧員巡司裁典史隸烏魯木齊都統光緒十四年置直隸廳改隸東距省治一千七十五里廣六百五十餘里袤四百五十餘里北極高四十四度四十分京師偏西三十二度四十分（天山之脈自東北來袤延境內北喀拉達坂素達坂南登努勒臺山烏蘭逸坂布里沁達坂西德木克沁喀三達坂別綠島博羅塔拉勒河出廳西東流布哈水南流庫森木什水北流注之精河出登努勒臺山有五水南來注之奎屯河自庫爾喀喇烏蘇記西流入合古爾圖河與博羅塔拉河精河均瀦於喀喇塔拉額西柯淖爾驛五安阜托里托和木圖沙泉托多克博羅塔拉巡司一北山舊土爾扈特察哈爾部游牧地南山哈薩克部游牧地卡倫十三爲中俄交界歸察哈爾贊轄）

溫宿府（衝繁疲阿克蘇道治所阿克蘇總兵駐）舊阿克蘇回城（阿克譯言白蘇謂水也漢姑墨國三國至北魏屬龜茲南宋時屬西遼元別失八里西境封宗王阿只吉明永樂時入回部後併於準噶爾）乾隆二十二年始內屬改名阿克蘇二十四年回部平四十四年移烏什領隊大臣來駐嘉慶二年改設辦事大臣隸喀什噶爾光緒十年裁置直隸州二十八年升府光緒九年築新城爲府治東北距省治二千七百八十里廣一千二百餘里袤八百餘里北極高四十一度九分京師偏西三十七度十五分領縣二（西南格達爾山瀛克列克達山谷故提山瑚瑪喇克河哈拉和日河托什罕河皆自溫宿東南入合流納之又納和河賽里木爲準巴什河遙乙思坤莊葉爾羌河自巴楚州北流注畢底爾河至闌東南流爲塔里木河入沙雅驛四渾巴什薩伊里克喬里呼圖齊蘭遂柯坪遙司一大回莊十二布魯特諾依古特部游牧地）

溫宿（衝繁難府北二十五里道光十九年築城同城西北曰舊城光緒九年設巡司二十八年置縣汗騰格里山爲天山最高之峰由縣西北蜿蜒東北爲與伊犂府及俄羅斯界山西北支山有蘇雷雅斯山楚克達爾山蘇瓦巴齊山帖列達坂東北支山有蘇巴齊山烏西拉克山木素達坂鐵廠山蒽什哈子山鐵礦河出縣東哈拉和且河溢出之水至縣南合流注渾巴什河瑚瑪喇克提河托什罕河均出縣西東南流托干什河畢底爾河自烏什東流注之爲渾巴什河入府驛十在城雅克札木台哈拉玉爾滾阿爾巴特和約伙羅巴圖拉特湖斯圖托海塔木哈塔什噶克察哈爾大回莊九卡倫一）

拜城（衝疲府東四百五十里漢姑墨國地唐爲阿悉言城後併於龜茲乾隆二十二年內屬置阿奇木伯克理回務光緒十年置縣天山綿亙北境東北哈雷克套山水山大木素爾達坂明布拉克山東南鐵達坂有滴水崖溫巴什托和奈且巴伯和色爾銅礦五木札拉提河發源冰山西南流納闊水鐵敏水折東南納特拉布覺克水爲銅廠河又納哈拉蘇水宿什勒克水爲渭干河東南入庫車驛五姑墨鄂伊斯塘察爾齊賽里木河色爾回莊二十一卡倫三）

焉耆府（要衝難隸阿克蘇道）舊喀喇沙爾回城（喀喇譯言黑沙爾城也漢焉耆危須尉犂諸國地後漢至隋爲焉耆國唐貞觀六年來朝十八年置焉耆都督府後立碎葉鎮於此貞元後沒於吐蕃宋西州回鶻地後屬西遼元別失八里東境明初朝貢後徙天山南據其地號伊勒巴拉）康熙中準部噶爾丹占爲牧場小策凌敦多布噶爾丹策零先後據之乾隆二十二年準部平改名喀喇沙爾二十三年始建城（城綴於火置府後就安集延回城拓大之）二十四年設辦事大臣（轄布告爾庫爾勒二城設游擊以阿奇木伯克理回務三十八年土爾扈特及和碩特移牧珠勒都斯歸辦事大臣隸轄）光緒八年裁設喀喇沙爾直隸廳二十四年升府易今名北距省一千九十里廣一千餘里袤二千五百里北極高四十二度七分京師偏西二十九度十七分領縣三（西達蘭達坂江布達坂達哈特嶺西北胡斯圖達坂澤達坂察孚薩拉達坂和屯博克嶺北朱勒都斯山東博爾圖山鐵里達坂薩薩爾達坂東南庫爾泰山大石山干洛可達坂開都河源出和屯博克嶺南流經朱勒都斯山分二支復合扣克謝克水折東南納賽仁木諸小水南流逕城西匯於博斯騰淖爾復溢出逕庫爾勒回城又匯爲布它海子入輪臺崆吉斯河源出城西北畢爾達坂西北流入窩達瑪納斯河源出胡斯圖達坂北流入綏來呼圖壁河源出府北天格爾達坂北流入昌吉驛九在城清水河烏沙克塔新井子榆樹溝紫泥泉庫爾勒上戶地庫爾楚大回莊八土爾扈特部兩札薩克和碩特部兩札薩克游牧地卡倫五）

新平（疲難府南三百六十餘里漢尉犂國地三國後入焉耆明後什尼曼地舊名羅布淖爾屬魯克沁回王光緒十一年設局蒲昌城理屯防二十四年置縣治羅布淖爾以游擊駐蒲昌城北大石山支脈自府境逶邐入縣塔里木河自沙雅東流入分二支南支匯爲小羅布淖爾溢出東行與北支合渭干南河自沙雅東流注之又東注爲六泊渭干北河自輪臺東流入瀦爲冲康海子孔雀河承布它海子水自府入溢出東流與冲康海子溢出水合東南流入婼羌古斯拉克河由塔里木河所瀦之第五泊溢出東北流斜貫渭干北河爲罕溪河東北匯爲小海子入婼羌驛九在城克泥爾英氣溢河拉英格可立烏魯可立古斯拉克莊哈什墩都拉里回莊二十卡倫三）

輪臺（衝疲難府西南六百十五里舊至古巡司漢輪臺烏壘渠犂晉龜茲國地元魏後入吐谷渾唐屬安西都護與于闐疏勒碎葉爲四鎮後昭吐番元爲別失八里東境乾隆中內附二十四年設阿奇木伯克理回務光緒八年裁設巡司二十八年以布告爾置縣北珠勒土斯山蜿蜒數百里的納爾河發源庫車之哈拉草湖南流入境納縣北諸水又南流匯爲斯爾里克黑洗湖渭干北河自沙雅東北流入又東入新平東南大戈壁驛四布告爾洋薩爾策達雅爾野雲溝回莊九十一）

婼羌（要府東南一千二百餘里漢婼羌國乾隆二十四年設阿奇木伯克理回務光緒二十四年裁設卡克里克縣丞隸府二十八年置縣崑崙之脈亘於境內南烏蘭達布遜山阿勒騰塔格嶺阿里哈屯山大中小胆莽山東阿思騰塔格山孔雀河自新平東南入分二支一東流瀦爲孔雀海子一合阿喇鐵里木河至托平沙塔莊注羅布淖爾卡墻河自于闐東北流入並注淖爾淖爾濟瀆三四百里古蒲昌海亦鹽澤泑澤伏流東南千五百里再出積石爲黃河其東北碩洛浣南庫木浣東阿不旦海並入於沙驛六在城羅布破城托和莽阿拉罕哈拉台回莊十一額魯特部游牧地）

庫車直隸州（衝繁隸阿克蘇道）舊回城（漢龜茲國後漢建武中滅於莎車尋復立屬匈奴永元三年內屬晉太康中爲焉耆所滅尋復立唐貞觀中置龜茲都督府顯慶三年徙安西大都護治之北宋時入貢南宋屬西遼元爲別失八里西境明永樂中併入回部）順治康熙間準噶爾兼有其地乾隆二十三年討霍集占伯克阿集以城降改名庫車（庫譯言此地車謂眢井也）二十四年設辦事大臣（設都司以阿奇木伯克理回務）光緒十年裁置直隸州北距省治二千三十里廣六百十里袤七百里北極高四十一度三十七分京師偏西三十三度三十二分領縣一（汗騰格里山支脈綿亙北境東北有迭拉爾達坂西北阿爾齊里克達坂馬納克齊達坂泰來買提達坂阿拉阿奇達坂西托和拉且達坂千佛洞北蘇巴什銅廠龍口河源出迭拉爾達坂西南流納塔里克水托克蘇拉水卡拉淖水桑托水至隨魯莊分爲葉斯巴什河烏恰薩伊河密爾特彥河合流而東瀦爲沙哈里克草湖拉依蘇河出城北分二支均南流一入輪臺一入沙哈里克草湖渭干河自拜城東南流入逕千佛洞南流入沙雅驛五鳩茲托和拉且托和奈哈爾巴阿爾巴特大小回莊一百二十六卡倫四）

沙雅（州南百八十里唐突厥施沙雁州乾隆二十四年設阿奇木伯克理回務光緒十年裁二十九年以沙雅爾回城置縣西北哈奄克套山渭干河自州南入折東流至藤牙巴克莊爲鄂根河逕沙克理克分支南流入塔里木河又東逕阿洽分二支一東南流出境爲渭干南河入新平一東北流出境爲渭干北河入輪臺塔里木河自溫宿東南入至可可覺納渭干河支流王喀喇墩東流入新平西南下和里海子西草湖浣驛二在城兆噶爾回莊六十四卡倫三）

烏什直隸廳（要衝疲難隸阿克蘇道副將駐漢溫宿國後漢內附北魏入龜茲唐貞觀中平之置溫肅州隸安西都護府南宋屬西遼元爲別失八里西境封宗王阿只吉明永樂中其王西邊地入回部後併於準噶爾名圖爾瑞）乾隆二十年阿奇木伯克霍集斯擒達瓦齊以城內屬改名烏什（以烏赤山得名）二十三年設辦事大臣參將三十一年築永甯城移喀什噶爾參贊大臣協辦大臣駐之又設領隊大臣四十四年移領隊駐阿克蘇五十二年移參贊協辦駐喀什噶爾仍留辦事大臣光緒九年裁置直隸廳東北距省治三千二十里廣一千一百八十里袤三百七十里北極高四十一度六分京師偏西三十八度二十七分（天山支脈綿亙境內西南烏魯山達坂南木其別什達坂登魯古達坂屯珠素山東南庫魯克達哈山西北上齊哈爾達坂北廓喀沙勒山戈什山哈克脊山東北貢古魯達坂珍且達坂英阿瓦達山托什罕河二源一自伽師東北入納上齊哈爾達坂水合東流納希布勒孔蓋河玉鬱河至烏什莊別疊水南流注之又東爲畢底爾河貢古魯及可可容二水合爲柳樹泉南流注之東流入溫宿驛二烏赤洋海回莊二十八布魯特二部游牧地曰奇里克胡什齊卡倫十三廳境北及西北均界俄自喀依車奇哈達坂至齊恰爾達坂立牌博六）

疏勒府（衝繁疲喀什噶爾道治所烏魯木齊提督同駐）舊喀什噶爾道徠甯城（喀什譯言各色噶爾爲磚房漢疏勒國地永平龜茲併之尋復立元魏太延二年內屬隋末屬西突厥唐置佉沙都督府中宋開寶二年併於于闐南宋屬西遼元至元二十五年置達魯花赤屯田於此隸阿母河省明爲哈實哈兒國明末瑪木特玉布素自亞刺伯來奉回教）乾隆間準噶爾汗囚其曾孫瑪罕木於伊犂并其二子波羅泥都霍集占二十年平伊犂瑪罕木已死定北將軍班第釋波羅泥都囚使歸喀什噶爾統其衆留霍集占於軍旋逃至葉爾羌據城叛二十四年將軍富德克之阿渾以喀什噶爾降始內屬設參贊大臣（總轄天山南路八城事務以阿奇木伯克理回務）領隊大臣協辦大臣各一（專理喀什噶爾英吉沙爾事務）總兵一二十七年於沽濼巴海築徠甯城（舊回城西北二里）三十一年移參贊協辦駐烏什改設辦事大臣五十二年復設參贊協辦道光七年於哈喇哈依築新城名曰恢武光緒九年裁參贊協辦置直隸州二十九年升府增伽師又巴楚州同隸尋割巴楚屬莎車東北距省治四千五百里廣一千六百餘里袤七百餘里北極高三十九度二十五分京師偏西四十二度二十五分領縣二（烏蘭烏蘇河自府東流入逕城南復東北流入伽師罕愛里克河雅滿雅爾河亦自府東流入注岳普爾湖之東庫山河下游別什幹渠自英吉沙爾東北流入分數小水入沙磧驛三繁弦雅滿雅爾雅卜蕊漢屯入大小回莊六布魯特部游牧地卡倫二咸豐元年俄約定爲商埠）

疏附（衝繁疲府西北二十四里舊回莊光緒九年創烏蘭烏蘇河上游十一莊置西北烏孜別里山爲蔥嶺天山之過脈蔥嶺支峰西南喀喇特山瑪爾幹山喀卜喀山額依爾阿特山南烏魯瓦特山阿依阿奇山勒泰烏巴什山皆在烏蘭烏蘇河南天山支峯西北薩瓦雅爾德山西康山克子圖山庫斯渾山東克依克山皆在烏蘭烏蘇河北烏蘭烏蘇河源出蔥嶺東流納業金水瑪爾塔蘇河阿依阿奇水庫斯渾水逕城西南一支渠東流入府一東流圖蘇克塔什河合察克瑪克河北來注之入伽師雅滿雅爾河自蒲犂北流入東北出一支渠入府驛一在城回莊九布魯特五部游牧地曰胡什齊曰冲巴噶什曰岳瓦什曰希布察克曰奈曼卡倫三十三牌博自西南烏孜別里山豁至東北帖列克山豁凡二十二）

伽師（衝繁難府東一百六十里漢疏勒國地唐佉沙城乾隆二十四年設阿奇木伯克理回務光緒二十九年以牌素巴特回莊置天山支脈迤邐北境北郭克阿勒山以格孜達坂阿奇克山依提約爾山西北依得朗山倫郭斯山東蘇渾山烏蘭烏蘇河自境及疏附分支東流入境逕城北喀什噶爾河南流注之又東北爲二支瀦爲草湖溢出復合流入巴楚驛五在城英阿瓦特龍口橋雅素里克玉代里克大回莊五卡倫八牌博自西北黑皮恰克至烏圖魯達坂凡五）

莎車府（衝繁難隸喀什噶爾道副將駐）舊葉爾羌回城（葉爾譯言地羌謂寬廣也漢莎車國地後漢併於于闐元和後內附三國屬疏勒北魏爲渠沙國後疏勒並之隋唐至宋皆屬于闐南宋屬西遼元曰雅兒看以封宗王阿魯忽明曰葉爾羌國最強）順治十三年哈密吐魯番入貢其表均葉爾羌阿布都剌汗署名康熙三十五年破準噶爾其王來朝尋爲準噶爾所阻乾隆二十年始內屬二十四年平霍集占舊伯

克回民以城降二十六年設辦事大臣協辦大臣兼領隊事務各一副將一道光八年改參贊大臣尋復舊制光緒八年平回亂九年裁辦事領隊大臣二十四年築新城設直隸州二十八年升府東北距省治四千七十三里廣一千三百里袤一千二百里北極高三十八度十九分京師偏西四十度十分領廳一州一縣二崑崙山脈綿亘本境西南協坦耿山鐵格山海立雅山澤勒普善河自蒲犂廳東北流入納喇斯庫木河東北入巴楚廳雜布河自葉城東北流入邏別什幹莊東流入葉城驛四在城科科熱瓦特合哎勒克和色爾回城巡司一大回莊十七布魯特部游牧地卡倫六

蒲犂廳府西南八百里舊色勒庫爾地漢蒲犂西夜依耐諸國地後漢德若國魏滿犂億若二國並屬疏勒北魏及唐喝盤陀國宋元于闐國明屬葉爾羌順治後為布魯特西部光緒二十八年置葱嶺北支綿亘北境東北有鐵里達坂西北克則勒借克山西南烏魯克瓦提達坂南喀楚特山賽里河出廳南喀楚特河東北流注之北流至中底南折東流名托布隆河納湯吉塔爾河又東流入府注澤勒普善河奇盤河自葉城西北流入合喇斯庫木河折東北入府為澤勒普善河雅滿雅爾河自俄國東流入納木吉河東北流入疏附西北愛南湖喀喇庫湖白希庫湖布倫庫爾湖霍什千大庫湖驛十一在城申底奇哈爾塔爾拜什托魯布倫七里拱拜塔布達克巴海開子阿普里克托平拉克大回莊二十七布魯特部及塔吉克族游牧地卡倫十一

巴楚州衝繁疲府東二百四十里漢尉頭國三國及北魏屬龜茲隋入疏勒唐蔚頭州宋屬疏勒元明別失八里地乾隆中內屬設阿奇木伯克理回務道光十二年築城設糧員光緒九年置瑪喇巴什直隸廳設水利撫民通判二十九年改置治巴爾楚克易今名天山支脈蜿蜒北境東烏果洛可山發里孔山南克拉甫山西沙格山澤勒普善河自莎車東北流入合老玉河為葉爾羌河折東北入溫宿烏蘭烏蘇河合喀什噶爾河自伽師東流入至古廳州城折東北注葉爾羌河入溫宿廳雜布河自葉城東北流入分歧支渠又有蘇沙湖鹹海故海小海子驛八七台察巴克圖木舒克車底車勒哈雅爾庫圖克色瓦特屈爾蓋卡拉克沁回莊八十六卡倫二

葉城衝疲難府東南二百里舊哈哈里克漢涉車子合國地後魏渠沙居半宋俱諸國地唐沮渠朱俱波西地入于闐明葉爾光乾隆中內附光緒九年以哈哈里克置縣葱嶺北支綿亘境有奇盤山密爾岱山南瑪爾胡魯克山西南八沙拉達坂東玉拔達坂奇盤河源出八沙拉達坂北流福新河自皮山西北流沱之又西北入蒲犂廳為雜布河福新河分支北流邏城西又東北流入巴楚驛二哈哈里克上波斯坎大回莊十一卡倫七

皮山衝疲難府東南四百十里舊固瑪回莊漢皮山國地後漢入于闐尋復立三國皮穴北魏蒲山北周隋唐屬于闐乾隆間內屬光緒二十八年於蘇各莊置澤普縣尋移治固瑪易今名葱嶺山脈綿亘境內南卡拉胡魯木山桑蓋提山桑珠山東南曾下山陽阿里克山杜瓦山福新河出卡拉胡魯木山西北流逕達爾烏孜莊入葉城哈拉哈什河自和闐西北流入瀦為別里克奇草湖復溢出東北流入和闐驛五固瑪渟洛克木吉裴桂雅帕爾漫大回莊四十三卡倫六縣南卡拉胡魯木山與英分界立牌博一

和闐直隸州疲難和闐譯言黑台回人謂漢人也隸喀什噶爾道舊額里齊回城漢于闐國後漢建武時併於莎車尋復立北魏至唐皆通朝貢貞觀中置毗沙都督府儀鳳中陷吐番尋自立後晉後漢及北宋朝貢不絕南宋後屬西遼遼亡屬乃蠻元太祖九年曷思麥里殺乃蠻主內附十六年尤赤敗玉龍傑赤尋城後併可失哈兒雅兒看卸涉事為三城以封阿魯忽至元初阿魯忽叛十六年以忽必來別速台為都元帥戍斡端城二十六年罷明永樂四年入貢明末併於回部康熙中入準噶爾乾隆二十年準部平始內屬二十四年設辦事大臣協辦大臣各一駐伊爾齊轄回城六隸於葉爾羌大臣又設都司一光緒九年裁設直隸州東北距省治四千九百六十三里廣二千三百里袤一千二百里北極高三十七度京師偏西三十五度五十二分領縣二南札客安巴山西南哈喇科隴山尼蟒依山阿拉克達坂庫布哈達坂東南察察爾乙根達坂東卡滾古達坂烏魯達坂玉瓏哈什河源出尼蟒依山西北流至而稷勒司非折東北納泥沙諸水至八欄為州境與洛浦分界又東北與哈拉哈什河會哈拉哈什河亦出尼蟒依山西流納庫布哈達坂水折西北入皮山復東北流逕州境入洛浦驛二托彌雜瓦回莊二十九

于闐繁難州東四百六十里漢扜彌渠勒精絕戎盧且末小宛諸國地後漢為拘彌北魏附蠕蠕隋屬突厥唐初為毗沙都督府地儀鳳中陷吐番長壽時復立國屬于闐石晉置紺州宋仍屬于闐南宋屬西遼後屬乃蠻元阿魯忽封地明併於回部康熙時屬準噶爾乾隆二十年內屬二十四年設阿奇木伯克理回務光緒九年置治哈拉哈什尋徙治克里雅崑崙綿亘縣境東南昆折克圖拉爾山東蘇拉瓦克山大金廠卡巴山小金廠東北阿里屯塔格山西南克里雅山喀喇布拉克山皮介山阿羌山卡牆河出縣東納烏蘇克蘇水阿克塔克水阿里雅拉克水西流又納覺可沙衣水跳提勒水北流分數渠東北入婼羌伊爾里克淖爾在縣西南納阿羌山皮介山諸小水北流入沙磧驛二罕蘭渠勒回莊五十九

洛浦繁難州東七十里光緒二十八年析和闐東境玉河以東于闐西境一根闌干以西置東南鐵蓋列克山玉瓏哈什河自州東北流至八欄入北流至塔瓦克合哈拉哈什河名和闐河入溫宿注塔里木河驛一白石回莊四十一

英吉沙爾直隸廳衝繁難隸喀什噶爾道故回莊漢依耐國地後漢併於莎車魏至隋勒國地唐朱俱波國地宋併於于闐元為可失哈兒地以封宗王明末瑪木特玉素來自亞剌伯逡為回教阿渾所居乾隆二十四年平霍集占始內屬定今名英吉譯言新沙爾城也設總兵三十一年設領隊大臣隸喀什噶爾光緒九年裁置直隸廳東北距省治四千二百七十四里廣二百六十里袤一百五十五里北極高三十八度四十九分京師偏西四十一度五十分葱嶺支脈環繞廳境東西南三面西南齊齊克山鐵里達坂哈拉山哈什克素山黑甲克山西科可山西北清氣山佳晉山東南黑子爾山東阿依普山罕依拉克水源出齊齊克山東北流邏鐵列山為庫山河分二支一繞城東南又分為特爾木齊克河折東北入沙磧一東北流為圖木舒河旁分二支一經城西南瀦為阿哈海溢出東流入沙磧一經城北黃壤沙地注英乙泉水其正支東北流又分二支一興英乙泉水合入草地瀦為小湖一逕阿克托八欄為別什幹渠東北至勒入沙磧塔思滾水發源哈什克素山東北流分三支至阿依普山麓入沙磧東南黑子爾泉日木倫泉均東北流合為鐵列克水入沙磧驛三依耐托和布拉臺黑子爾回莊六十八魯特沖巴噶什等十四部游牧地

清史稿

地理志二十四

內蒙古

內蒙古古雍冀幽幷營五州北境周獫狁山戎秦漢匈奴盡有其地漢末烏桓鮮卑蔦居元魏蠕蠕及庫莫奚為大隋唐屬突厥後入回紇薛延陀遼金建都邑城郭同內地元故蒙古起西北有天下明阿裕實哩達喇遁歸朔漠復改號遣踵衍曼北陲多故清興蒙古科爾沁部首內附既滅察哈爾諸部踵降正其疆界悉遵約束有大征伐並帥師以從定鼎後錄爵世及歲時朝貢置理藩院統之部落二十有五旗五十有一並同內八旗乾隆間改歸化城土默特入山西仍有部落二十四旗四十九其貢道由山海關者科爾沁郭爾羅斯杜爾伯特札賚特四部旗十由喜峯口者阿嚕科爾沁札嚕特土默特喀喇沁喀爾喀左翼奈曼翁牛特八部旗十三由獨石口者阿巴噶左翼阿巴哈納爾左翼浩齊特烏珠穆沁巴林克什克騰六部旗九由張家口者阿巴噶右翼阿巴哈納爾右翼蘇尼特四子部落喀爾喀右翼茂明安六部旗七由殺虎口者歸化城土默特烏喇特鄂爾多斯三部旗十二是為內札薩克蒙古袤延萬餘里東界吉林黑龍江西界厄魯特南界盛京直隸山西陝西甘肅五省並以長城為限北外蒙古面積百四十八萬一千七百六十方里北極三十七度三十分至四十七度十五分經綫京師偏東九度至偏西九度三十分

科爾沁部六旗在喜峯口東北八百七十里西南距京師一千二百八十里秦漢遼東郡北境後漢為扶餘鮮卑地隋唐為契丹靺鞨地遼為上京東境東京北境金分屬上京北京及咸平路元開元路北境明置三衛自黃泥窪驗鐵嶺至開原曰福餘衛以元後烏梁海酋領為都指揮後自立國號曰科爾沁清初以接壤聯姻其後台吉奧巴為察哈爾所侵率先來降太祖賜以土謝圖汗之號後封親王四郡王三貝勒三貝子一鎮國公一輔國公五掌旗世襲所部廣八百七十里袤二千一百里東界札賚特西界札魯特南界盛京邊牆北界索倫貢道由山海關

科爾沁右翼中旗札薩克駐巴音和碩南曰塔克禪在喜峯口東北一千二百里西南距京師一千六百十里本靺鞨地遼為黃龍府北境金屬上京路元廢牧地當哈古勒河阿魯坤都倫河合流之北岸東界那哈太山南界察罕莽哈西界塔勒布拉克北界巴音和碩廣一百五十里袤四百五十里北極高四十六度十七分京師偏東四度三十分其山東曰烏蘭峯那哈太山南達察漢陀羅海坡漢惠圖坡西鮮卑山土名蒙格北溫山蒙名哈祿納東南巴朗濟喇坡西南烏爾圖岡其水西北郭特爾河上承哈爾古勒河自札魯特東南流入界逕科爾沁左翼中旗南阿魯坤都倫河鄂布爾坤都倫河北自札魯特東來合流注之又東南逕右翼中旗南左翼中旗北屈曲流至翁袞山東南匯為察罕泊北阿爾達河源出溫山逕榆木山東南流入右翼前旗海拉蘇台河一名榆河源出興安山逕火山東南流皆與貴勒爾河會鵝午河源出伊克呼巴海山邏磨爾託山東南流入右翼前旗入榆河

科爾沁左翼中旗札薩克駐西遼河之北伊克唐噶里克坡在喜峯口東北一千六十五里西南距京師一千四百七十里本契丹地遼為黃龍府北境金屬上京路元廢牧地當吉林赫爾蘇門邊外昌圖廳界跨東西二遼河東界鄂拉達南界小陀果勒濟山西博羅霍吉爾山廣一百八十里袤五百五十里北極高四十三師偏東六度四十分其山東南曰伊克圖虎爾九山一名牛頭爾九山巴漢哈爾巴爾山西北巴顏朔龍山吉爾巴爾山一名查克朵爾山一名小房山北五峯山蒙名他奔拖羅海伊克查名大房山東北大石山蒙名葛倫齊老太保山蒙名圖斯哈爾岡東南遼河自永吉州入邏額爾金山西北流入左翼後旗又入邊瀆河自札魯特左翼入邏噶爾岡東南來注之卓索河源流入左翼後旗會尹几哈台河入遼河西北和爾河一名合河翼東邏右翼中旗前旗後旗地入因沁揮漢池阿祿崑都倫左翼入邏舊勒圖溫都爾山東流會額伯爾崑都倫河入右翼魁屯山東南流會於合河西北中天河東天河蒙名都穆遂圖出吉爾巴爾山東南流會几伯圖泉入佟嘯喇克揮漢池几伯圖泉他拉泉從之

科爾沁左翼後旗札

東北一千四十里西南距京師一千四百五十里本契丹地遼牧地當法庫邊門北東西二遼河於此合流東界碩勒和碩南界伊柯鄂爾多北界格爾莽噶廣二百里袤一百五十里北極京師偏東六度二十分其山東得石山西南曰巴漢巴虎山東海山東奚王嶺土名蒙古爾拖羅海東南羊城灤河蒙名尹几哈台源出邊內流入境北流會卓索河入邊

科爾沁

克駐錫喇布爾哈蘇在喜峰口東北一千三百五十里西南距百六十里本靺鞨地金置肇州隸會甯府海陵改屬濟州承安遼王乃顏分地牧地當索岳爾濟山南洮爾河歸喇里河於是東界王岳索圖濟喇南界達什伊哈克西界那哈太山北界索岳百二十里袤三百八十里北極高四十六度京師偏東五度三北曰喀喇阿兒爾漢山魁勒庫山北神山火山東北羊山蒙名山蒙名特門南揮漢碧老岱坡西洮兒河源出西北興安山東爾河又東北折邏右翼後旗南又東邏札賚特南匯為納藍撤北貴勒爾河自右翼鵝五河東北流會榆河為貴勒爾河邏魁流會阿爾達爾入洮兒河駱駝河蒙名特門河源出葛爾濟隆兒河東入嫩江

科爾沁右翼後旗札薩克駐額木圖坡在喜峰口東北十里西南距京師一千八百六十里置衍州安廣軍金州廢元為乃顏分地牧地跨洮兒河郎陀喇爾太山南界拜格台陀博西界博達爾罕山北界慶哈山廣一三百七十里北極高四十六度京師偏東五度三十分其山東山納几山北朱爾噶岱山卓索台山西南蘺滿烏里堵坡東南

科爾沁左翼前旗札薩克駐伊克岳里泊在喜峰口東北八百距京師一千二百八十里本契丹地遼置長縣隸泰州元廢牧地當法庫邊門外養息牧牧場東東界霍雅邊西界伊拉木圖北界阿木塔克廣一百里袤一百二十里北度京師偏東六度四十分東南龍門山蒙名阿會圖東南布敎峯南鴨子河蒙名沖古爾其地有二泉並名沖古爾西南流入南有巴漢岳里泊

扎賚特部一旗附科爾沁右翼札薩克駐圖卜新察汗坡在喜峯六百里西南距京師二千十里本契丹地遼長春境元為遼王分地明為科爾沁所據後分與其弟阿敏是為扎賚特天命中台吉蒙袞來降後封

旗牧地在齊齊哈爾城西東界嫩江南界鐘奇西界烏蘭陀博

達巴哈山廣六十里袤四百里北極高四十六度三

十五分貢道由山海關東北阿敏山蓋以所部之祖名其山也蒙名烏蘭格爾鵬窠山蒙名岳樂北朵雲山塞肯山西坡東嫩江自黑龍江入又南入郭爾羅斯前旗北綽爾河源出東南流至旗西分數歧又東南折入嫩江西北佗新河自右翼額貴山東南流會綽爾河西南洮兒河自右翼後旗入東南流匯為日月池同入嫩江右翼中旗境內

以上統盟於哲里木

杜爾伯特部一旗附科爾沁右翼札薩克駐多克多爾六百四十里西南距京師二千五十金泰州北境元遼王分地明為科爾沁所據後分與弟愛納噶是為杜爾伯特天聰中台吉阿都齊來降

賽冷貝子世襲掌旗牧地當嫩江東岸齊齊哈爾城東南東界

南界阿蘇台札噶西界嫩江北界布台格爾池烏柯爾鄂克達

里袤二百四十里北極高四十七度十五分京師偏東七度十

喀蒙名巴雅鼐東南哈他伯齊城西南和兒蒙克坡東北阿拉坡北疊翠巖蒙名磨朵圖西嫩江自黑龍江境南流入西與札南入郭爾羅斯後旗東烏葉爾河源出黑龍江境西南入邏蘺納坡又東南入郭爾羅斯後旗

郭爾羅斯部二旗附科爾沁右翼在喜峰口東北本契丹地遼置上京金大定中廢移州於長春縣以故地為金

爲遼王分地明爲科爾沁所據後分與其弟烏巴什是爲郭爾羅斯天聰七年台吉古木及布木巴來降後封古木弟桑阿爾賽輔國公世襲掌前旗布木巴鎮國公世襲掌後旗其所部東界盛京永吉州南界盛京邊牆西及北界科爾沁貢道由山海關

郭爾羅斯前旗札薩克駐固爾班察漢在喜峯口東北一千四百八十七里西南距京師一千八百九十七里牧地當嫩江與松花江合流之西岸在吉林伊通邊門外長春廳之西東界烏拉河南界柳條邊西界博果圖北界拜格台廣二百三十里袤四百里北極高四十五度三十分京師偏東八度十分其山西南曰巴顏朱爾克山一名牛心山東南衣馬圖峰北他奔拖羅海坡東北巴吉岱坡西巴顏布尪圖東混同江土名吉林江自吉林西北入東北流會嫩江又東折入後旗地東北流會黑龍江東入海南一禿河源出奉天永吉州境北流出邊逕龍安城又東北流會伊爾們河入混同江東南伊爾們河源出永吉州境北流出邊受南來之烏蘇土烏海河會一禿河入混同江

郭爾羅斯後旗札薩克駐榛子嶺在喜峯口東北一千五百七十里西南至京師一千九百八十里牧地當混同江北岸嫩江東岸東界阿勒克巴魯南界嫩江西界嫩江北界烏魯勒圖廣二百二十里袤二百六十里北極高四十六度十分京師偏東八度二十分其山東常吉坡東南阿綠布克色坡阿拉克碧老坡西北拜喇拉齊坡東北布拉克台坡西烏葉爾河自杜爾伯特入分流爲西訥河西南流同入嫩江嫩江分流爲牛川蒙名烏庫爾東南流會烏葉爾河

喀喇沁部二旗新增一旗曰中旗在喜峯口東北秦漢遼西郡境唐饒樂都督府後入契丹遼置中京大定府金北京元大寧路明洪武中封子權寧王永樂初盡以大寧地賜朵顏泰寧福餘三衛朵顏時陰附韃靼爲邊患後爲察哈爾所滅以其地予其塔布囊是爲喀喇沁天聰七年部長蘇布地率昆弟塞冷等來降後封蘇布地之子古魯思起布爲貝子主右翼塞冷爲鎮國公主左翼並世襲康熙中增設一旗授喀寧阿一等他布囊加公銜襲封所部廣五百里袤四百五十里東界土默特及敖漢西界察哈爾正藍旗牧場南界盛京邊牆外北界翁牛特廣五百里袤四百五十里貢道由喜峯口

喀喇沁右翼札薩克駐錫伯河莊在喜峯口北三百九十里西南距京師八百里牧地在圍場東跨老哈河東界鄂博噶圖南界霍落蘇泰西界察罕鄂博北界霍爾哈嶺廣三百里袤二百八十里北極高四十一度五十分京師偏東二度四十分其山東曰和爾圖坤都倫喀喇山烏爾圖納蘇圖波羅山伊瑪岱山七金山蒙名和爾博勒津大紅螺山蒙名巴顏烏蘭東南大斧山蒙名喀喇和邵柞山蒙名巴圖揮漢大青山蒙名巴顏喀喇南和爾和克阿愁山常吉爾岱山拉克拉哈爾山西南嵬都倫喀喇山西嵬都爾圖山北鄂通台和羅圖山綽和羅漢味嶺南老河蒙名老哈源出明安山東北流會諸小水逕敖漢北翁牛特左翼南又經奈曼喀爾喀二部納奇札齊河北流與瀷河會南虎查河和爾和克河上神水河呼魯蘇台河巴爾漢河納林嵬都倫河東落馬河同入老河西木春喀喇克沁河源出卯金揮漢拖羅海山西北流會布墩河又西流合宜孫河南入瀷河淘金圖河西南流會烏喇林河亦南入瀷河東南土河蒙名土爾根源出西默特山東南流入土默特右翼西卯金溫泉有二一出卯金河東西流會卯金河一出卯金河西東南流亦會卯金河卯金河源出卯金嶺西南流會熱河賽因阿拉克溫泉即熱河之源也

喀喇沁左翼札薩克駐牛心山在喜峯口東北三百五十里西南距京師七百六十里牧地當傲木倫河源東界烏蘭哈達圖和碩南界寬遠邊牆西界烏里蘇太梁北界唐奇鼐陀羅海廣二百三里袤一百七十里北極高四十一度十分京師偏東三度四十分其山東北曰峨倫和歌諾忒山東柏樹山蒙名遇拉蘇台喀喇東南阿布察山噶海圖博羅山南翁噶爾圖山拖和喀喇山仙奔拖羅海圖山西南樺山蒙名韋蘇圖柞子嶺貴石嶺西佗蘇圖喀喇山西北察爾契山庫葛會山西北青龍河蒙名顯沁河源出長吉爾岱山西南流會湯圖河逕額倫碧老嶺入邊城逕永平府北入灤河南額類河源出額類嶺南流會寬河至奉天寧遠州西入邊爲黑水河入六州河北大凌河蒙名敖木倫河源出尾蘇圖山東流至西喇哈達圖山東北折入土默特右翼又東南入邊西和爾圖河源出陀蘇圖喀喇山東流會敖木倫河森几河賽因台河石塔河神水河淸水河皆從之

喀喇沁中旗在左右翼二旗界內札薩克駐珠布格朗圖巴顏哈喇山牧地跨老哈河源東與北若西皆右翼南左翼東界博勒多克山北界岳羅梁西界霍爾果克北極高四十一度三十分京師偏東二度其山東曰博勒多克山山南拉克篤爾山

土默特部二旗左翼附一旗在喜峯口東北古孤竹國漢遼西郡治柳城縣地燕慕容皝建都改龍城縣元魏爲營州治隋復置柳城縣唐爲營州都督府治遼置興中府元大寧路興中州明以內附部長城爲三衛自錦義歷廣甯至遼河曰泰甯衛後爲蒙古土默特所據天聰二年台吉鄂木布塔布囊善巴來降後封善巴貝勒主左翼鄂木布貝子主右翼世襲所部東界養息牧牧場西界喀喇沁右翼南界盛京邊牆北界喀爾喀左翼及敖漢廣四百六十里袤三百一十里貢道由喜峯口乾隆中停貢

土默特左翼札薩克駐哈特哈山在喜峯口東北八百二十里西南距京師一千二百三十里牧地當錫呼圖庫倫喇嘛游牧之南養息牧牧場之西東界岳洋河南界什巴古圖山西界巴噶塔布桑北界當道斯河廣一百六十里袤一百三十里北極高四十二度十分京師偏東四度三十分其山南達離山蒙名剋特俄爾多和碩西騰衣達摩山青金山蒙名博羅蒙魁北洵金圖山伊克翁山巴漢翁山北庫嵬河或作呼濟河自喀爾喀左翼入會烏蘇台河呵哈里河入養息牧河西北殘羊河蒙名衣馬圖河源出彌勒山西南流逕青山又南會馬鞍河入邊逕義州東北烏鬧河會淸河入大凌河

土默特右翼札薩克駐巴顏和碩亦名大華山在喜峯口東北五百九十里西南距京師一千里牧地在九關臺新臺邊門外跨鄂木倫河東界訥埒遜山南界鐵平山西界鄂朋圖山北界什喇陀羅海廣二百九十里袤一百八十里北極高四十一度四十分京師偏東四度二十分其山東曰衣達摩山五鳳山蓮花山東南喀喇七靈圖山南神應山蒙名蘇巴爾噶圖西南土祿克臺山卓常吉爾山西釜山蒙名喀喇拖和多青山蒙名博羅和邵鳳凰山蒙名兆馨喀喇西北布祿爾喀喇山北回賀爾山東北赤山蒙名五克藍西大凌河自喀喇沁左翼入東流逕古興中城南折東南流納柳河入邊土爾根河一自喀喇沁右翼東流入一自奈曼南流入均南流入大凌河北卓索河源出回賀爾山老寨河土河柞河東北楊河皆南流入土爾根河西小凌河蒙名明安河源出明安喀喇山東北流會木疊河哈柳圖河入邊會烏欣河入海

土默特左翼附旗初喀爾喀台吉巴勒布冰圖康熙元年自杭愛山率屬來歸詔附左翼札薩克達爾漢貝勒卓哩克圖牧四年封多羅貝勒牧地在錫埒圖庫倫喇嘛游牧之西東界霍濟勒河南界庫嵬河西界布圖昆地北界愛篤罕山

以上統盟於卓索圖盟地在土默特右翼境內

敖漢部一旗札薩克駐固班圖勒噶山在喜峯口東北六百里西南距京師一千一十里本古鮮卑地隋契丹地唐屬營州都督府遼金爲興中府北境元爲遼王分地明爲喀爾喀所據後分與其弟號曰敖漢役屬於察哈爾天聰元年貝勒塞臣卓禮克圖舉部來降後封郡王世襲牧地跨老哈河東界奈曼南界土默特西界喀喇沁北界翁牛特廣一百六十里袤二百八十里北極高四十三度十五分京師偏東四度貢道喜峯口其山東哈達圖拖羅海山東南白石山蒙名揮漢齊老台富泉山南二天山蒙名騰格里大小蟠羊山蒙名巴漢衣馬圖西南章布爾漢山庫爾奇勒山西森几拖羅海山褒山蒙名齊巴噶西北巴雅海山北寬山蒙名鄂達博羅兆虎圖揮漢拖羅海山東北庫爾奇勒峯梨谷蒙名阿里馬圖其水北老河蒙名老哈自喀喇沁右翼入東北流逕噶察喀喇山又東入翁牛特西南落馬河蒙名百爾格自喀喇沁右翼入東北流入老河南杜母達納林河源出天山北流入七老合池南衣馬圖泉下流入沙池東北嵬都倫喀喇烏素泉南流入老河

奈曼部一旗札薩克駐章武臺在喜峯口東北七百里西南距京師一千一百十里古鮮卑地隋契丹地唐屬營州都督府遼金爲興中府北境明爲喀爾喀所據分與親弟號曰奈曼天聰元年酋長袞楚克巴魯圖爲察哈爾所侵來降後封郡王世襲牧地當潢河老哈河合流之南岸東界科爾沁南界土默特西界敖漢北界翁牛特廣九十五里袤二百二十里北極高四十三度十五分京師偏東五度貢道由喜峯口其山南曰馬尼喀喇山五鳳山蒙名他奔拖羅海西呼原博塔蘇爾海岡東南大黑山蒙名巴顏喀喇東北哈納岡北潢河自敖漢入合老哈河東北流入喀爾喀左翼南圖爾根河亦名土河源出塔本陀羅海山南入土默特右翼西固爾班和爾圖泉東南流會圖爾根河

巴林部二旗在古北口東北七百二十里南距京師九百六十里遼上京臨潢府金大定後併屬北京路元屬全寧路爲魯王分地明初爲全寧衛後屬烏梁海北境後爲順義王諳達五子巴林台吉所據役屬於察哈爾天命十一年以巴林叛盟征之戮其貝勒天聰二年爲察哈爾所破貝勒塞特哩台吉滿朱習禮來歸改封塞特哩之子塞布騰郡王主右翼滿朱習禮爲貝子主左翼襲封右翼左翼同游牧地當潢河北岸東界阿嚕科爾沁南界翁牛特左翼西界克什克騰北界烏珠穆沁廣二百五十里袤二百三十三里北極高四十三度三十六分京師偏東二度十四分貢道由獨石口其山東有鄂拜山石雞山蒙名伊韜圖南巴爾達木哈喇山勒突山蒙名巴爾當遼五代祖勒突生於此山因以名焉西碧柳圖山金清山東南特黑車戶山東北僧機圖南潢河自克什克騰入東流會黑河入翁牛特左翼黑河即古慶州黑水東北布雅鼐河源出僧機圖山東南流會烏爾圖綽農河東入阿嚕科爾沁注於遼布蘇圖池有哈爾達蘇台河西自克什克騰來注之東南流入潢河

巴林左翼札薩克駐阿察圖陀羅

巴林右翼札薩克駐托鑼山

札魯特部二旗在喜峯口東北漢遼東郡北境唐屬營州都督府遼上京道地金屬北京路元屬上都路明爲蒙古札魯特所據後屬喀爾喀淸初與札魯特內齊汗結親後貝勒色本引兵助明太祖擊擒之旋釋歸天聰二年色本等爲察哈爾所侵與內齊舉部來降封內齊貝勒主左翼色本貝勒主右翼世襲左右同游牧地當哈古勒河阿魯崑都倫河之源東界科爾沁南界喀爾喀左翼西界阿嚕科爾沁北界烏珠穆沁廣一百二十五里袤四百六十里北極高四十五度三十分京師偏東三度貢道由喜峯口

札魯特左翼札薩克駐齊齊靈花陀羅海山北在喜峯口東北一千一百里西南距京師一千五百一十里牧地當哈古勒河阿魯坤都倫河之源達布蘇魯河於此流入於沙其山北曰野論山蒙名巴顏喀喇巴噶查克朵爾山東北屈劣山蒙名布敦花拖羅海西南噶海岡車爾百湖岡西獨石岡東南黃勒蘇台其水南潢河自阿魯科爾沁入逕車爾百湖岡東流入科爾沁蒙名西拉木倫河即遼河之西源也北沙河阿祿崑都崙河東流入科爾沁額百里崑都崙河源出愁思嶺東流亦入科爾沁

札魯特右翼札薩克駐圖爾山南在喜峯口東北一千二百里西南距京師一千六百四十里牧地同其山南曰嵬石山蒙名札拉克西南托几山西小白雲山蒙名巴哈揮漢拖羅海山西北色爾奔山几祿克山大青羊山蒙名伊克特黑北花山蛇山小青羊山蒙名巴漢特黑其水西北曰魁屯河一名陰涼河源出賀爾戈圖五盞山東南流合大河北阿里雅河源出大赤峯西南流逕花山入阿魯科爾沁他魯河源出大青羊山南流合阿里雅河

翁牛特部二旗在古北口東北唐饒樂都督府地遼置饒州匡義軍節度屬上京道金北京路地元爲魯王分地明初以烏梁海置衛爲外藩後自稱翁牛特本服屬於阿魯科爾沁天聰七年濟農索音貝勒東率所部來降後封索音郡王主右翼東貝勒主左翼並襲封所部東界阿魯科爾沁南界喀喇沁及敖漢西界熱河禁地北界巴林及克什克騰廣三百里袤一百六十里北極高四十三度十分京師偏東二度五十分貢道由喜峯口

翁牛特左翼札薩克駐札喇峯西綽克溫都爾在古北口東北六百八十里西南距京師九百二十里牧地介潢河老哈河之間東界阿魯科爾沁南界敖漢西界克什克騰北界巴林廣三百里袤九十里北極高四十三度十分京師偏東二度五十分其山東曰小華山蒙名巴哈哈爾占大松山蒙名伊克納喇蘇台南兆呼圖揮漢拖羅海山西勒突山蒙名布墩吐額山蒙名巴爾哈岱西北古爾板土爾哈山東南阿爾齊土揮漢岡東北兔蠡山其水北曰潢河自克什克騰入東流逕巴林又東流入境又東北流老河自敖漢來會逕札魯特南喀爾喀北入科爾沁

翁牛特右翼札薩克駐哈齊特呼朗在古北口外五百二十里西南距京師七百六十里牧地在熱河圍場東北老哈河南岸東界敖漢南界喀喇沁右翼西界圍場北界克什克騰廣二百四十里袤一百里北極高四十三度十分京師偏東二度五十分其山東曰烏蘭布通山夏屋山蒙名伊克布庫圖爾東南花和博圖山阿爾渾查克揮漢拖羅海山褒山蒙名齊巴哈南古爾板拖羅海山遮蓋山蒙名阿惠喀西南巴倫桑嗎蘇台山大黑山額類蘇圖山西徒古爾喀喇山博多克圖山西北巴顏布爾噶蘇台山黃山蒙名洪戈爾峨博北馬鞍山蒙名西喇得伯僧海他漢山其水南曰錫伯河自喀喇沁北流入境東北流會獐河入老河獐河蒙名西爾哈亦自喀喇沁流入境東北流逕巴顏喀喇山東北會英金河又東北逕五峯北入老河西北烏拉岱河源出楊木嶺南流經博多克圖山折東北流會獐河西巴倫撒拉河源出葛爾齊老東北東南流逕巴爾圖山折東北流會烏拉岱河西車爾伯呼河源出奴克都呼爾山東南流會獐河英金河源出錫蟆嶺東南流亦會獐河又東入老河奴古台河珠爾河拜拉河皆與英金河會北卓索河源出海他漢山東流會獐河入老河

阿魯科爾沁部一旗札薩克駐噶圖爾山東托果木台在古北口東北千一百里西南距京師一千三百四十里遼臨潢府地金大定府北境元爲遼王分地明初於烏梁海地置衛爲外藩後自號阿魯科爾沁天聰六年部長達賴爲察哈爾所侵率其子穆章來降後封穆章貝勒世襲掌旗牧地哈奇爾河傲木倫河於此合流爲達布蘇圖河東界巴彥塔拉南界翁牛特左翼什喇木蘭西界蘇布山北界烏蘭嶺廣三百三十里袤四百二十里北極高四十度三十分京師偏東三度五十分貢道由喜峯口其山東北曰渾圖山東伊克陀惠山東南峨博圖山南庫格圖山達山蒙名賀爾博拖羅海西北褒山蒙名齊巴哈圖西南巴漢阿拍札哈山伊克阿拍札哈山西珍珠山蒙名蘇布樂游山蒙名得訥格圖南潢河蒙名西喇木倫河自巴林入逕他木虎嘛察圖入札魯特西南烏爾圖綽農河自巴林入逕刻勒峯東南流會哈喜爾河又西北有和戈圖綽農河源出西喇溫都爾山南流會烏爾圖綽農河入哈喜爾河哈喜爾河源出蘇碧爾漢山南流逕庫格圖山折而東流入札魯特東北阿里雅河自札魯特右翼入西南流會哈喜爾河西北枯爾圖河源出白石山西流入巴林會烏爾圖綽農河尹札漢河北流入烏珠穆沁

克什克騰部一旗札薩克駐吉拉巴斯峯在古北口東北五百七十里南距京師八百十里遼上京道地金屬北京路元屬上都路及應昌路地明爲蒙古所據天聰八年滅察哈爾克什克騰索諾木戴靑來歸授掌旗一等台吉世襲牧地在圍場北當潢河之源東界畢勒固圖和嶺南界布圖坤西界

克勒特格伊塢北界烏蘇池廣三百三十四里袤三百五十七里北極高四十三度京師偏東一度貢道由獨石口其山東曰蜘蛛山蒙名阿爾札高淀山蒙名音納喀哈喇東南窩楚渾杜爾賓山西南恩都爾花山西烏素圖杜爾賓山大黑山蒙名巴顏喀喇西北巴漢衣色里山博爾多克山北黃山蒙名巴顏洪戈爾木葉山蒙名几几恩都爾東北馬尾山山蒙名叟几西潢河大遼水西一源也蒙名西喇木倫源出百爾赫寶爾洪東北流會諸水逕旗北又東流入巴林又東逕阿祿科爾沁南翁牛特北又東北流會老河逕札魯特南喀爾喀北折東南流逕科爾沁左翼又南會大遼水入邊城是爲遼河西蘭里克河源出烏素圖杜爾賓山東北流入潢河西北衣爾都黑河源出烏素圖杜爾賓山西流會伊黑庫窩圖河東北流入潢河西北格類河源出興安山東南流會穆名河入潢河東北釜河蒙名陀惠源出岳碧爾山北流入黑河西南高凉河蒙名拜查源出拜查泊東北流入潢河東北阿爾達圖河源出興安山西北流入烏朱穆沁北流會葫蘆谷爾河西北捕魚兒海蒙名達爾公姑野豬等四河流入其中周數十里

喀爾喀左翼部一旗札薩克駐察罕和碩圖在喜峯口東北八百四十里西南距京師一千二百五十里古鮮卑地唐屬營州都督府遼上京道南境金屬北京路明爲喀爾喀所據後屬於西路札薩克圖汗元太祖十六世孫格埒森札居杭愛山始號喀爾喀其孫巴延達喇爲西路札薩克圖汗之祖即今外蒙古四部之一清初曾長古木布伊爾登與札薩克圖汗來降後封貝勒世襲主左翼牧地當養息牧河源東界科爾沁南界土默特左翼西界奈曼北界札魯特廣一百二十五里袤二百三十里北極高四十三度四十二分京師偏東五度二十七分貢道由喜峯口其山東曰喀海拖羅海山南達蘇拖羅海山巴漢哈伯他海山西南五灰山蒙名烏尼蘇台大黑山蒙名巴顏喀喇青山蒙名博羅惠博羅溫都爾與奈曼東南接界東南他木虎岡北潢河自翁牛特流入又東流入科爾沁西北老河蒙老哈自奈曼入東北流會潢河東南流會養息牧河源出旗南東北流逕喀海名拖羅海山又東南會庫崑河逕養息牧牧廠東流入彰武臺邊門西至廣寧又東南流入遼河南庫崑河源出五灰山東流入土默特以上統盟於昭烏達盟地在翁牛特左翼境內

烏珠穆沁部二旗在古北口東北遼上京道北境金屬北京路元屬上都路明爲蒙古所據自號烏珠穆沁察汗爾汗族也林丹汗暴虐貝勒多爾濟偕塞楞往依喀爾喀天聰八年來歸封多濟親王主右翼塞楞貝勒主左翼並世襲其地東界索倫西界浩齊忒南界巴林北界瀚海廣三百六十里袤四百二十五里貢道由獨石口

烏珠穆沁右翼哈薩克駐巴克蘇爾哈台在古北口東北九百二十三里南距京師一千一百六十三里牧地有昔札哈河流入有沙有胡盧古爾河瀦於阿達克諾爾東界左翼南界巴林西界浩齊特左翼北界車臣汗中右旗廣三百六十里袤二百一十里北極高四十四度四十五分京師偏東一度十分其山東曰瑞鹿山蒙古名布虎圖西大小黃磨山黑山蒙名喀喇圖西北雙山蒙名賀岳爾俄得烏里稚蘇台山東北賽音思都爾山水則東南賀爾洪河源出嘻木爾姑西流入盧水禿河一名葫蘆古爾源出克什克騰東北阿爾達圖河西北流入右翼爲葫蘆古爾河又北流入阿達可池

烏珠穆沁左翼札薩克駐鄂爾虎河之側奎蘇陀在古北口東北一千一百六十里南距京師一千四百里牧地當索岳爾濟山之西有鄂爾虎河其北游牧瀰於和里圖諾爾東界霍尼雅爾哈頓圖南界庫列圖西界達賴蘇圖北界瀚里引什里廣二百五十六里袤二百一十五里北極高四十六度二十分京師偏東二度二十分其山東南曰哈爾站五蘭峯北色爾蚌峯水則東北色野爾齊河源出哈老圖泊西南入盧水東南晉札哈河自阿魯科爾沁入西北亦入盧水

阿巴哈納爾部二旗在張家口東北漢上谷郡北境晉屬元魏隋唐爲突厥地遼爲上京道西境金爲北京路西北境元屬上都路明爲蒙古所據號所部曰阿巴哈納爾本役屬於喀爾喀車臣汗崇德間台吉塞冷董夷思拉布來降後封董夷思拉布貝子主左翼塞冷貝勒主右翼並襲封所部東界浩齊特西界阿巴噶右翼南界正藍旗察哈爾北界瀚海右翼廣百八十里袤四百三十六里貢道右翼由張家口左翼由獨石口

阿巴哈納爾右翼札薩克駐永安山在張家口東北六百四十里東南距京師一千五十里牧地有達里岡愛諾爾東界希爾當山南界博羅溫都爾岡西界哈喇堂北界華陀羅海廣六十里袤三百一十里北極高四十三度三十分京師偏東二十分其山南曰巴爾達木山東特爾黑山峯北哈納峯僧機圖山西賀爾賀山東南大熊山蒙名巴顏都爾東北狀山蒙名席勒西北雙山蒙名和岳爾寮罕陀羅海其水南曰韭河蒙名郭和蘇台自正藍旗察哈爾入逕博羅岡西北入阿巴噶南息雞淀蒙名哈稚東萊淀蒙名呼魯蘇台布祿都西南褒勒泊西北衰布祿都北葛都爾庫泉和几葛爾泉泊

阿巴哈納爾左翼札薩克駐烏爾呼拖羅海在獨石口東北五百八十里東南距京師一千一百里牧地同上東與北皆界浩齊特南界阿巴噶西界右翼旗廣一百二十里袤三百一十八里北極高四十三度五十三分京師偏東二十八分其山西曰色爾騰洪戈爾山一名黃山西北布爾淡山觸寶山瑿舟山蒙名呼里翁戈春其水北有黑勒泊西北達藍圖里泉

浩齊特部二旗在獨石口東北遼上京道西境金屬北京路元屬上都路明爲蒙古所據察哈爾汗族也林丹暴虐其貝勒博羅特台吉噶爾瑪往依喀爾喀天聰八年來降以博羅特主左翼噶爾瑪主右翼並郡王襲封所部東北界烏珠穆沁西界南界克什克騰西界阿巴噶廣一百七十里袤三百七十五里貢道由獨石口

浩齊特右翼札薩克駐烏默黑塞里在獨石口東北六百九十里東南距京師一千一百九十里牧地當錫林河下游北赭爲達母鄂謨東界布爾勒吉山南界札哈蘇台池西界布爾色克陀羅海北界哈魯勒陀羅海廣七十五里袤三百七十五里北極高四十四度京師偏東三分其山右翼主山東南古爾板賀老圖山古爾板俄得山東伊爾伯都山南布當圖山北胡昌山蒙名阿都達伯拍西北達蘭圖山水則東白濼蒙名柴達木東南大魚濼南松子泉蒙名和會克東北樂得爾泉西北崑都崙泉布哈泉

浩齊特左翼札薩克駐特古力克呼圖克湖欽在獨石口東北六百八十五里東南距京師一千一百八十五里牧地濱大小吉里河東界額爾起納克登南界小吉里河源北界奇塔特哈覃陀羅海西界瑪齊布勒克烏蘭哈達廣九十五里袤三百一十里北極高四十四度五分京師偏東四分其山東南曰薩爾巴山西北野狐山蒙名烏納格式北蘇北峯西北五藍峯水則東南天鵝濼庫魯爾亞泉北冲戈爾泊西南阿祿布都里泊西北賀老圖泉

阿巴噶部二旗在張家口東北漢上谷郡北境晉屬元魏隋唐爲突厥地遼上京道西境金屬北京路元屬上都路明爲蒙古所據號所部曰阿巴噶本役屬於察哈爾林丹汗暴虐濟農都思勒爾貝勒多爾濟往依喀爾喀天聰九年來降後以多爾濟主左翼都思勒爾主右翼並封郡王世襲所部東界阿霸哈納爾西界蘇尼特南界正藍旗察哈爾北界瀚海廣二百里袤三百十里右翼貢道由張家口左翼貢道由獨石口

阿巴噶左翼札薩克駐巴顏額倫在獨石口東北五百五十里南距京師一千七十里牧地環錫林河東界巴爾啓臺之哈喇鄂博噶圖南界烏蘇圖魯格池西界什爾登山北界哈布塔噶陀羅海廣一百二十里袤一百八十里北極高四十三度五十分其山東南曰哈爾塔爾山喀喇得伯僧山部龍山西南武歷山蒙名哲爾吉倫察里爾圖山南哈斯胡雅斯胡雅斯坡其水東南陰涼河蒙名魁屯源出卓索圖姑流入旗界東南鶴壘斗勒泊北金河泊西南西喇布都里泊

阿巴噶右翼札薩克駐科布爾泉在張家口東北五百九十里南距京師一千里牧地有庫爾察罕諾爾爲固爾班烏斯克河所瀦東界哈畢喇噶泉南界伊柯什噶西界庫庫勒北界華陀博廣八十里袤三百一十里北極高四十三度三十分京師偏西二十分其山東南曰色几庫山南朱爾哈台拖羅海山西北馬尼圖拖羅海山白石山蒙名揮漢七老圖北阿拍濟哈山綽特山蒙名克色克拖羅海撥羊山蒙名特克拖羅海其水東南韭河蒙名郭和蘇台自阿巴哈爾入逕色几庫山西流入白海子南噶爾圖泊東南渾圖泊西南呼爾泊鴛鴦濼蒙名昂吉爾圖東朱爾克額勒蘇圖泉北赤泉東北哈珀右爾漢泉

蘇尼特部二旗在張家口北漢上谷代二郡北境後漢烏桓鮮卑地隋唐爲突厥地遼置撫州金因之屬西京路元爲興和路地明爲蘇尼特所據察哈爾汗族也天聰九年其濟農叟塞貝勒滕吉思來朝後封叟塞郡王主右翼滕吉思弟滕吉泰郡王主左翼襲封東界阿巴噶右翼西界四子部落南界察哈爾正藍旗牧廠北界瀚海廣四百六里袤五百八十里貢道由張家口

蘇尼特右翼札薩克駐薩敏錫勒山在張家口北五百五十里東南距京師九百六十里牧地在瀚海北東界額爾蘇當吉爾南界烏科爾齊老西界特莫格圖北界吉魯格廣二百四十六里袤二百八十里北極高四十三度二分京師偏西二度一分其山南曰布爾色克山福山蒙名克什克和爾和山西南烏克爾朱爾克山俄爾綽克山西德林山東北巴輪明安波羅海山嵬名山蒙名札喇東南努倫坡其水西南曰長水蒙名烏爾圖源出和爾和山東南古水土鹽泊南西喇布祿泊滂江黿局在西蘇尼特王府東北七十里

蘇尼特左翼札薩克駐和林圖察伯台岡在張家口北五百七十里東南距京師九百八十里牧地當固爾班烏斯克河東界庫庫勒山南界察罕池西界色柯爾山北界阿爾噶里山廣一百六十里袤三百里北極高四十三度三分京師偏東一度二分其山東南曰巴顏特克山一名殺颷西北喀爾池和部山北博錐掩羅海山拜音掩羅海山一名祥古拜里山其水東南曰努克黑托水一名兔園水自察哈爾正藍旗入逕山北流入呼爾泊西克爾板馬渾泊東南呼爾泊西南黑山濼蝠以上統盟於錫林郭勒盟地在阿巴噶左翼阿巴哈納爾左翼兩旗界內

四子部落一旗札薩克駐烏蘭額爾濟坡在張家口西北五百五十里東南距京師九百六十里漢雁門定襄二郡北境晉屬元魏唐爲振武軍地遼爲豐州地屬西京道金屬西京路元屬大同路明爲阿祿喀爾喀所據分與四子號四子部天聰八年貝勒鄂青布來朝後敘功封郡王襲封牧地有錫喇察漢諾爾錫喇木倫河瀦之東北界蘇尼特西界歸化城土默特南界鑲紅旗察哈爾廣二百三十五里袤二百四十里北極高四十二度四十一分京師偏西四度二十二分貢道由張家口其山東曰博濟蘇克山東南陰山南白爾白猥山一名新婦山爾多斯山西南納札海山阿祿蘇門峯西北燭牛山蒙名烏克爾圖祿東北陽山蒙名杜蘭西富峪蒙名巴顏鄂坡西北黃水河蒙名西喇木倫自喀爾喀右翼入東北流出喀倫邊西希巴爾台泉雅係哈柏齊爾泉南噶爾哈圖泉西南德本得泉青城泉棗名博羅虎濟爾西北石泉蒙名揮漢齊老白

茂明安部一旗札薩克駐徹特塞里在張家口西北八百里東南距京師二千二百四十里漢五原郡地元魏懷朔鎮地唐振武軍地遼東勝州地屬西京道金因之元屬大同路明初設衛戍守蒙古據之號曰茂明安天聰八年舉部來降康熙三年授僧格掌旗一等台吉襲封牧地當愛布哈河源東界喀爾喀西界烏喇忒南界歸化城土默特北界瀚海廣百里袤一百九十里北極高四十一度十五分京師偏西六度九分貢道由張家口其山東曰伊克哈達圖山東南和岳爾白爾克山揮漢峨博山西南哈拉海圖山官山西羖羊山蒙名喀喇特克西北齊齊爾哈揮漢白七老山東北古爾板喀喇山郭岳惠山揮漢七老山南嵬都倫河源出和岳爾白爾克山西流逕官山入烏喇忒東北布祿爾托海河源出伊克哈達圖山北流會愛畢哈河河源出刻勒峯東流逕古爾板喀喇山入喀爾喀南拜星圖泉源出哈拉海圖山西南流會嵬都倫河

烏拉特部三旗三札薩克同駐哈達瑪爾在歸化城西三百六十里東南距京師一千五百二十里漢五原郡元魏懷朔鎮唐中西受降城地遼置雲內州屬西京道金因之元爲大同路明爲瓦喇所據天聰七年瓦喇台吉鄂板達爾漢來朝率圖巴額爾赫及寒泠伊爾登二旗歸附順治五年敘從征功以圖巴掌中旗鄂木布子鄂班掌前旗色棱子巴克巴海掌後旗同封鎮國公授札薩克世襲前中後三旗同牧地當河套北岸噶札爾山南東界茂明安南界鄂爾多斯左翼前旗西界鄂爾多斯右翼後旗北界喀爾喀右翼廣二百一十五里袤三百里北極高四十度五十二分京師偏西六度三十分貢道由殺虎口其山東曰嵬都倫山一名居延山猥山蒙名綽農拖羅海山西木納山北河套山雪山蒙名人蘇台東北數西喜山白石山蒙名揮漢七老圖西北大靑山蒙名漢喀喇烏蘭拜星山一名赤城山西南魯勒山一名牀山東南漢惠圖埈南黃河自鄂爾多斯西北境入東流逕旗南又東折南入歸化城土默特西北柳河蒙名布爾哈圖席勒河逕馬神河又西南折入黃河北東哈柳圖河源出麥垜山逕南流會源出陽山東平地西南流會敖泉入黃河哈柳圖河源出席勒山北西南逕東德爾山西南拜星圖北爲席布河又西南入黃河烏爾圖河源出雪山西南流入黃河雌山河源出雌山西南會黑河黑河蒙名喀喇木倫自茂明安所屬地流入西南流逕雌山入賓河齊齊爾哈納河自茂明安入西南流逕白石山亦會黑河蘇爾哲河源出雲山西流會舍忒河舍忒河源出敖西喜山西流逕大青山入黃河東崑都倫河東南五達河從之

喀爾喀右翼部一旗札薩克駐塔爾渾河在張家口西北七十里東南距京師一千一百三十里漢定襄雲中二郡北境唐振武軍地遼豐州地屬西京道金因之元屬大同路明爲喀爾喀所據台吉本塔爾喀爾喀土謝圖汗親屬世爲台吉順治中與土謝圖汗有隙來歸封親王主右翼牧地在愛布哈塔爾渾河合流處東界四子部落西界茂明安南界歸化城北界瀚海廣百二十里袤一百三十里北極高四十一度四十四分京師偏西五度五十五分貢道由張家口其山東曰拜晉拖羅海山西神山西南哈達圖山蹄橫蒙名毛德爾北白雲山蒙名揮漢和郡東北揮漢峨博山摩禮圖峨博岡東南烏蘭峨博山翁公峨博岡西西巴爾圖峨博岡東南黃水河自歸化城土默特入境逕翁公峨博岡東北流入四子部落西北愛畢哈河自茂明安逕白雲山喀喇峨博岡間東流出哈倫邊以上統盟於烏蘭察布盟地在四子部落境內歸化城南百二十里有五藍又拍山即此

鄂爾多斯舊六旗又增設一旗共七旗在綏遠西二百八十五里河套內東南距京師一千一百里秦新秦中漢朔方郡地晉前後趙前後秦赫連夏地元魏爲夏州北境隋於其地東置勝州西置豐州後改榆林五原二郡唐置州復改郡五代宋金屬西夏元立西夏中興等路後唐屬東勝雲內二州延安寧夏等路明初置東勝等州立屯戍耕牧其中嘉靖中套西吉納部落擊破和實居此是爲鄂爾多斯天聰九年額林臣來歸賜濟農之號順治六年封郡王等爵有差七旗皆授札薩克自爲一盟於伊克昭東界歸化城土默特西界喀爾喀南界陝西長城北界烏喇特東西北三面距河自山西偏頭關至陝西甯夏衛延長二千餘里貢道由殺虎口乾隆元年裁

鄂爾多斯左翼中旗正中近東札薩克駐敖西喜峯在札拉谷西一百六十里本隋唐勝州地

牧地有納瑪番泊喀錫拉河出旗界東北流豬馬東至貧額爾吉廟接左翼前旗南王神木縣邊城西至燦罕額爾吉接右翼前旗北王喀額泉接右翼後旗廣一百一十五里袤三百二十里北極高三十九度三十分京師偏西七度其水東曰紫河蒙名五藍木倫源出臺石坡西平地西南流入陝西邊境東袞額爾吉河源出袞額爾吉坡平地西南流會哈楚爾河哈楚爾河源出喀楚爾坡西平地西南流會紫河入神木爲屈野河台日巴彥布拉克

鄂爾多斯左翼前旗套內東南古榆樹塞札薩克駐札拉谷在湖灘河朔西百四十五里明榆林左衛地牧地當偏關西左倚黃河東界湖灘河朔南界清水河西界左翼中旗北界左翼後旗廣二百四十五里袤二百一十里北極高三十九度四十分京師偏西五度四十二分東南和岳爾喀喇拖羅海山一名夾山黑山蒙名喀喇和邵北巴漢得石峯西北得石峯東北崑兌河源出平地東南流入黃河東南小崑兌河亦東南流入黃河東布林河源出查木塔爾奇爾河源出噶克揮冒頓哈岱河源出賀爾博金坡南平地均東南流入黃河芹河蒙名伊克西喇爾幾台源出杜爾伯特拜坡東平地南流入邊城爲陝西府谷縣清水川小芹河源出得勒蘇台坡南平地克丑河源出噶克揮冒頓東平地南西河源出科爾口俱東入芹河西南獐河蒙名西爾哈源出常樂堡合葫盧海南流入紅石峽

鄂爾多斯左翼後旗套內東北札薩克駐巴爾哈遜湖在黃河輻帶界西百四十里隋唐勝州榆林郡治牧地當山西五原靈南薩拉齊廳西東津蘊拉齊南界左翼前旗西界左翼中旗北界烏拉特廣二百八十里袤一百五十里北極高四十度四十分京師偏西八度東南退諾克拖羅海山山西爲拜圖拖羅海山南伊克翁公岡巴漢翁公岡東南揮漢拖羅海岡西北車根木倫河源出撒爾奇喇地東流入黃河烏爾巴齊河源出平地黑河蒙名伊克土爾根源出虎虎冒頓地西兔毛河蒙名陶賴崑兌源出數柴達木柳河蒙名布爾哈蘇台源出揮拖羅海岡喀爾河源出朱爾漢虎都克西都喇虎河源出烈泉東坎台河源出布木巴泉均北流入黃河

鄂爾多斯右翼中旗正西近南札薩克駐錫拉布里多諾爾在鄂爾吉虎泊西南二百六十里漢朔方郡南境牧地當寧夏東北臘格里泊東北皆界右翼後旗南界右翼前旗西界賽音諾顏左翼後旗廣三百二十里袤四百八十里北極高三十九度四十分京師偏西九度南蘇海阿敍山賀佟圖山西色爾騰山西北黃草山蒙名庫勒爾齊鄂藍哈喇陀羅海山色爾峠喀喇山西南庫葛爾黑河源出庫葛爾黑泉南流入邊又西折出邊入黃河西北伊克托蘇圖河源出布海札喇克地西流會黃河西巴漢托蘇圖河源出巴惠泉西北流會依克托蘇河入黃河

鄂爾多斯右翼前旗套內西南札薩克駐巴哈諾爾在敖西喜峯西九十里隋唐夏勝二州地牧地當陝西懷遠西北大鹽濼東界左翼中旗南界懷遠西界右翼中旗北界右翼後旗廣一百八十里袤二百七十里北極高三十八度二十分京師偏西九度其山南曰恩多爾拜山巖靈山一名錦屏山東南總材山蒙名磨多圖山西南巴爾哈山南稍兒河源出蘇布里都南流入邊城南席伯爾名河源出嫌喀圖虎爾地南流會西克丑河入邊城爲榆林之榆溪阿留寨河源出恩多爾拜山南平地西南流會麻伯爾河西南金河蒙名西喇烏素源出磨虎喇虎地南流會哈柳圖河東南流合細河金河二水入榆林邊至波羅替合西米之額圖渾爲無定河細河蒙名納林河源出托里泉南波亦會哈柳圖河石窯川河蒙名額圖渾源出賀佟圖山北平地東南流合數小水入懷遠邊爲恍忽都河又折而東北至波羅營會海克圖河爲無定河東弍默圖揮漢池一名大鹽濼西南烏楞池一名紅鹽池南長鹽池蒙名達布蘇圖

鄂爾多斯右翼後旗套內西北札薩克駐鄂爾吉虎諾爾河在巴爾哈孫泊西一百七十里隋唐豐州九原郡治地牧地當山西五原廳西甘肅寧夏東北右倚黃河東界左翼後旗南界左翼中旗西界右翼中旗北界烏拉特廣一百八十里袤一百六十里北極高四十度四十分京師偏西八度西馬陰山蒙名阿克塔賀邵東南吳烈鄂博拖羅海閻西南達爾巴漢岡西赤沙河蒙名烏藍源出赤沙泉東北流入鍋底池西南黃水河蒙名西喇木倫源出馬陰山北平地東北流入古爾板泊鍋底池周二十餘里產鹽兔河赤沙河二水注其中土名喀喇莽奈

鄂爾多斯右翼前末旗順治六年授二等台吉康熙十四年晉一等乾隆元年以族繁增旗一授札薩克世襲掌右翼前末旗附右翼前旗游牧札薩克駐所距綏遠城七百二十里

內蒙古驛凡五道曰喜峯口古北口獨石口張家口殺虎口自喜峯口至札賚特爲一路計千六百餘里設十六驛自古北口至烏珠穆沁爲一路計九百餘里設九驛自獨石口至浩齊特爲一路計六百餘里設六驛自張家口至四子部落爲一路計五百餘里設五驛自殺虎口至烏喇特爲一路計九百餘里設九驛自歸化城至鄂爾多斯計八百餘里設八驛仍爲殺虎口一路各驛站均設水泉佳處

以上自爲一盟於伊克昭與上五盟同列內札薩克

清史稿

地理志二十五

外蒙古

外蒙古喀爾喀古北狄地唐虞山戎夏獯鬻周獫狁秦漢曰匈奴漢初冒頓並有漠南旋復北徙後漢仍爲北匈奴地元魏曰蠕蠕後入突厥唐初入回紇貞觀四年來朝以其地爲瀚海燕然金微幽陵龜林盧山六都督府又置皋蘭高闕雞田楡溪雞鹿麟林寘顏等七州皆隸燕然都護府其後並有九姓諸部盡得匈奴故地五代至宋回紇衰興室韋鞨厥律諸部散居其地爲屬於遼金大安初蒙古始盛元太宗七年建都和林初立元昌路後改轉運和林使司前後五朝都焉世祖遷都大興於和林置都元帥府大德十一年立和林等處行中省統和林總管府皇慶元年改和林路爲和寧路順帝太子阿裕錫哩達顧汗依王保保於此明兵破之順帝孫特古斯特穆爾汗遁於土喇河七傳至本雅失里又爲明所敗後諸部共立託克託布哈之子號小王子又數傳徙幕東方其留漠北部落曰喀爾喀清崇德三年遣使朝貢康熙二十八年厄魯特噶爾丹興兵攻破喀爾喀七旗舉族款塞內附安置喀倫邊內噶爾丹遂并其地三十五年聖祖親征噶爾丹竄死朔漠平喀爾喀諸部復還舊牧爲部三一曰土謝圖汗一曰車臣汗一曰札薩克圖汗又善巴自爲一部曰賽音諾顏共部四爲旗八十有六東至黑龍江呼倫貝爾城南至瀚海西至阿爾台山北至俄羅斯廣五千里袤三千里北極高四十二度至五十一度三十分京師偏東三度至偏西二十六度人約七十萬口

土謝圖汗部駐土拉河直大同邊外漠北屯京師二千八百餘里南界瀚海西界翁金河北界楚庫河東南界蘇尼特四子部落諸部西北界唐努烏梁海所部佐領積三十七旗以分設賽音諾顏部析二十一旗隸之後增四旗凡二十旗乾隆四十六年詔世襲北極高四十五度三十三分京師偏西十一度二十四分

土謝圖汗本旗其汗爲噶爾丹所破來降康熙三十年許仍舊號世襲佐領一牧地在杭愛山東喀里雅爾山南跨鄂爾坤喀魯哈二河西杭愛山在鄂爾昆河源之北其山影高大山脈自西北阿爾泰山來東趨瀚鄂爾坤土喇諸水爲大興安嶺河諸山又自山西庫庫爾北折環繞色楞格河上流諸水發源之處杭愛譯言案駝也山形似之當卽古之燕然山有鄂爾坤河自附牧賽音諾顏之紐翁特旗界東北經章鄂山東麓又經西爾哈阿濟爾罕山西麓又東北出山折而西北流有濟爾瑪台河自南來會喀魯哈河源出翁金河北土喇鄂爾坤二河間平地西北流轉東北入土喇河鄂爾坤又東北經吉拉哈吉圖布拉克地南有西拉秦博太河北自布龍山南支皋河三水南流來注之又東北經喀里雅拉山西南麓中有大洲又北流有伊奔河自西北布龍山東南阜河三水來注之又東北循山會哈拉河衣魯河又正北流至布龍山支阜入色楞河

右翼左旗土謝圖汗之從子康熙三十年授札薩克一等台吉傳至乾隆二十一年其孫累以功晉和碩親王世襲佐領七有半牧地跨色楞格河土喇河之合流南達什爾領北翠台山色楞格河自賽音諾顏部東北入有厄赫河自西北大山東南流合翁佳河諸水來會水勢始盛稍東有市呼圖河自南河三水來注之又東北受北來一水又東北有一河自西南沙昆沙拉之北東北流合東南一水北來注之又東受西南一小水又東遲布龍山北麓山脈西南自巴顏濟魯克山賽堪山蘇亙而東北爲厄魯墨得依山又東爲西拉克山布昆沙拉山又東北蝻蝳至兩河合處爲色楞格鄂爾坤界色楞格河自山北麓又東北鄂爾坤河自南土喇河諸河東北流來會土喇河東南來納喀魯哈河東北折而北流又合鄂爾坤河當西十度北極出地四十九度處東有布噶勒台河

中右旗土謝圖汗之弟康熙二十五年授札薩克三十年封多羅貝勒雍正元年晉其子郡王世襲佐領三牧地當土喇河曲處東北遠什隆山土喇河循都蘭喀拉折而西北流曲曲四百餘里有喀魯哈河自西南來會

左翼中旗土謝圖汗裔康熙三十年封多羅郡王兼札薩克世襲佐領十四牧地當阿爾泰軍臺所經北緯四十四度二十分西經七度五十分東北有札爾噶山

中旗土謝圖汗裔康熙三十年封多羅郡王乾隆二十二年改爲札薩克固山貝子世襲佐領四牧地在肯特山西南土喇河源西北哈麻爾嶺西南達什隆山東北肯特山山高大爲漠北諸山東至大海之祖山西阜曰即龍嶺又西曰特勒爾濟嶺凡諸嶺以南水皆流入克魯倫河以北水皆流入敖嫩河源嫩河源在克魯倫河源西北小肯特山土人呼爲阿即格肯山山南爲喀爾喀地山北爲俄羅斯邊嶺北麓水即楚庫河河源北流入色楞格河者嶺南幹山西南麓水即土喇河源西南流折而西北鄂爾坤河入色楞河漢北一人分水嶺也自小肯特山東北行爲大興安山包格黑龍江諸水之北而東人海一支折而南分爲二幹一東南爲大肯特山起頂又東南爲必爾喀嶺諸山爲北黑龍南喀魯倫諸水之界餘亙千餘里至會合處一西南爲圖拉源山又南爲噶拉泰嶺折而西南爲興安嶺東克魯倫西土喇諸水又西南而西北至土喇會鄂爾坤河處自此而西北軍山皆以阿爾泰山爲祖若論漢北大分水之處一東至東海一北至北海則莫高肯特山矣漢山在興安嶺北土喇河南岸元祕史謂之不兒罕山天山在圖拉河之西約出長城三千里山不甚高蕃名漢河嶺漢山之北爲庫倫卽苦另山山甚峻土喇河即圖拉河發源數嫩河源之西南數十里許特勒爾濟嶺之西曰土色欽色欽蒙古語河源也西南流興北源喀拉圖魯河會西南南流哈溪河自西北合東來喀拉鄂模水西北來空鳥魯河東南流來會又西南噶爾泰河自東南大山西流來會又西南逕敖拉薩山西又西南阿拉克他河自北來注之又西特勒爾濟河合東占河二水東南流會李羅河

左翼後旗土謝圖汗裔康熙三十二年授札薩克一等台吉乾隆十九年封輔國公尋晉貝子貝勒郡王五十七年降鎮國公世襲佐領四牧地當阿爾泰軍臺所經翁金河至是諸於胡爾哈鄂倫諾爾諾爾直漢南河套入百里許舊作呼拉喀五郎鄂模周二十餘里諸爾東北有哈喇哈遂山徹徹山上凱山皆沙海中孤嶼也翁金水源西十三度三分極四十六度九分諾爾西九度四分極四十五度二十分自西北而東南行大漠中近千里也

中右末旗土謝圖汗裔康熙五十八年授札薩克一等台吉乾隆二十四年封輔國公世襲佐領一牧地跨土喇河西北達什隆山土喇河自中旗漢山北麓會色勒弼河又西至色勒弼嶺南曲曲西南至杜蘭喀喇山之北山南卽大漠西十度極四十七度五分南經甯夏九度徑套北陰山六度河隨山折西北流入中右旗境南岸即度蘭支阜蘇亙北岸即色勒弼嶺支阜又北行爲查木勒山

左翼左中末旗土謝圖汗裔康熙五十年封札薩克輔國公世襲佐領一牧地當喀魯哈河源喀魯哈河流出平地在翁金河之北二百里鄂爾坤河北折之東四百里西十二度極四十六度七分有二泉西北流而合又西北有一水西南自科洛爾昆山東北流來會山在額爾德尼昭之東南又北流逕昆庫勒山西折東北經科克內山西又北流折而東北曲曲數百里與土喇河會水口東即查木勒山西麓也水源流長七百餘里

右翼右旗土謝圖汗裔康熙三十二年授札薩克一等台吉乾隆十二十年封輔國公世襲佐領一牧地東至錫伯格圖南至諸昆陀羅海西至烏遜珠爾東山北至齊克遠噶圖嶺

左翼前旗土謝圖汗裔康熙三十年授札薩克一等台吉乾隆三年封輔國公世襲佐領三牧地跨喀魯哈河西北烏噶勒札山

右翼右末旗土謝圖汗裔雍正九年以功授札薩克一等台吉十年封輔國公世襲佐領一牧地當哈拉河源東恰克圖山南烏里雅呼嶺北諸不圖布拉克山東南遂喇勒濟山西南哈瑪爾嶺哈拉河源出土喇河北與漢山相對之色勒弼嶺北有那林河布勒哈太二河阿達海河松納拉河均來會又北通勒河東北至阿即肯特山西旅合三源西南流又折西北有一河自東北合數水來注之又西逕陀羅什山北哈達圖爾山南納博羅河査克都勒河西北折逕都拉遜那拉酥查克丹地之東大松林也又逕喀里雅喇山東麓又北入鄂爾坤河源委六百餘里

中左旗土謝圖汗裔初授一等台吉乾隆三年晉輔國公貝子品級二十三年授札薩克後遂以功品級一等台吉世襲佐領一牧地東至察奇爾哈南至善達勒西至阿爾噶稜北至阿魯哈朗

左翼右末旗土謝圖汗裔康熙三十六年授札薩克一等台吉世襲佐領五牧地當阿爾泰軍臺之東遂庫倫之驛於是分道

左翼末旗土謝圖汗裔康熙三十年授札薩克一等台吉世襲佐領一牧地當阿爾泰軍之東

左翼中左旗土謝圖汗裔雍正十年札薩克一等台吉世襲替佐領一牧地當阿爾泰軍臺之西

中次旗土謝圖汗裔康熙五十八年授札薩克一等台吉世襲佐領一牧地當左翼中旗之東

右翼右末次旗土謝圖汗裔康熙三十五年授札薩克一等台吉世襲佐領一有半牧地跨鄂爾坤河三色楞格河東薩爾金河西塔里雅台河北札勒圖爾河東北桑喀勒圖河東南札克圖勒河

右翼左後旗土謝圖汗裔雍正八年授札薩克等台吉世襲佐領一牧地當土喇喀魯哈河之合流南達什隆山西珠格楞嶺

中左翼末旗土謝圖汗裔康熙三十三年授車札布一等台吉札薩克世襲佐領四牧地當鄂爾坤河色楞河之合流鄂爾坤河自東南向西流入色楞格河色楞格河自西南來環繞山北東北流過俄羅斯之楚庫柏興又北流入柏梅兒湖東烏雅勒噶河西薩爾金河北察罕烏蘇河東北博拉河

右翼左末旗土謝圖汗裔康熙三十年封札薩克輔國公後降一等台吉襲札薩克世襲佐領一牧地當哈拉河伊遜河東南哈台山北二百里有哈拉河南流受南來換河折西北逕右翼右末旗東北左得博羅河查克杜兒河又北注鄂爾坤河土喇河北岸諸山有色爾畢谷口三處及松吉納山嶺三處脊自各山發源流入土喇鄂爾坤又東北衣魯河自東南合三水來注之又正北流主布龍山支阜與色楞格河會東北敏吉河西北札克都勒河

以上統盟於汗阿林蒙語山右倫庫南

賽音諾顏部直甘肅涼州邊外西套之北至京師三千餘里格格楞札之係圖蒙肯護持黃教唐古特達賴喇嘛賢之授賽音諾顏號康熙中其孫善巴來歸旋以善巴從弟策凌從征有功始自爲一部乾隆中以善巴曾孫諾爾布札布襲賽音諾顏號世襲與三汗同所部東界博羅布爾哈蘇多歡南界齊齊爾里克西界庫勒薩雅李郭圖額金嶺北界齊老圖河轄旗二十二北極高四十五度四十四分京師偏西十二度五十分

賽音諾顏本旗初信順額爾克岱青諾顏善巴率屬來歸康熙三十五年封和碩親王乾隆三十一年許仍其舊賽音諾顏號世襲佐領四有半牧地當鄂爾坤河源在北緯四十七度西經十四度五十分處西北庫爾布拉克灰圖山鄂爾坤河出旗境二水合東流北納一水入土謝圖汗部西塔楚河源出都蘭喀喇山東南大幹南謙二水南流而合會東北來三水折流逕塔奇驛西南王阿勒烝闊山

中左末旗善巴再從弟策凌康熙六十年授札薩克雍正元年封多羅郡王九年晉和碩親王世襲佐領四牧地當塔米爾哈綏齊老圖三河源北伊克沙巴爾山東北綽爾山西北翰克嶺西南庫克嶺塔米爾河亦曰他米勒有南北兩源南源出杭愛山北簾在鄂爾坤河之西者曰附秦

郭特河西北流合三澗而東北流有西北來二水皆會又東北始曰塔米爾河又北而會阿索郭特河皆杭愛以北水也又東北會東南來一水其東即蘇巴勒千山又東北受朝木多河齊齊爾里克河並會諸小水東北興北源合北源出枯庫嶺東麓在杭愛山西北有二澗東北流而合又東北合三澗水並納諸小水始曰塔米爾河北岸連山即哈瑞河諸源也又東流受四水瀦爲合納魯勒倭黑池廣數十里中有一山又東流有察罕烏倫河自西北來會其南岸即布拉干北山也又東北百數十里而南源自西南來會又東折北會鄂爾坤河此水南源俱五百餘里始合入鄂爾坤自杭愛山以北枯庫嶺以東諸泉皆會爲喀綏河亦曰哈瑞河即古和林河出杭愛西南餘山在齊老圖濟之南流數百里合北來伊遜都蘭喀喇地山南二水又東北有一河合二水自南來會始曰喀綏河又東北有朱蘇蘭河自西合二水東流來會又東北會湖伊努河入色楞格河河源流都長九百里齊老圖河即石河源出杭愛山西界山下之額爾哲伊圖察罕泊泊周六十里在鄂勒白稽山之南棕大山下西北經陽山之桑錫達賓泊自泊東北流出逕烏爾圖烏稚山南麓稍東會西北來一水又東會西南來二水始曰齊老圖河

右翼右後旗

賽音諾顏之裔康熙三十年授札薩克鎮國公雍正二年封固山貝子乾隆二十一年晉多羅貝勒尋以功晉郡王世襲佐領二牧地當拜塔里克河源北札克嶺沁山拜塔里克舊作貝德勒克源出枯庫嶺南麓其北麓隔山即塔米爾河源也三水南流合而西南有查克河自北山合五水南流三百餘里來會逕庫倫伯勒齊爾之地又南有察罕粘睦爾河東北自索阿都依嶺合二水西南流來會又南出兩山間西南流平地中百數十里西彌河自南合一水北流來會又西南瀦爲察罕泊源流入百餘里

中右旗

親王策凌次子雍正十年封輔國公乾隆二十年封多羅貝勒二十一年晉郡王世襲佐領一牧地當推河源北庫克嶺推河亦曰額河舊作拖衣河源出杭愛山尾南麓西南流會三小水又西南有烏可克河西北自烏可克嶺合三水東南流來會嶺在杭愛山西南嶺南水入推河嶺北水爲塔米爾河南源推河又南有雅馬圖河自東北合三水西流來會即鄂圖吉圖都蘭喀喇山西水也又南受庫塞楞圖河東南有一水自東合二澗來會又南逕兩山間額勒屯圖河自東合三水來會晉都蘭喀喇山西南麓水也又南出山曲曲流平地中百八十里逕博濟和碩驛東又南折西流瀦爲鄂洛克泊形東西長四十里西十五度五分極四十五度六分源流五百餘里此水東三百里爲塔楚河

中前旗

賽音諾顏之裔康熙三十年授札薩克鎮國公雍正元年晉固山貝子乾隆二十年晉貝勒世襲佐領一牧地跨濟爾瑪台河鄂爾坤河翁金河濟爾瑪台河出右翼中右旗東流逕額魯特旗入土謝圖汗部界鄂爾坤河自興姑洛河會東南流兩山間折而東北入額魯特旗境北岸山即杭愛東南支阜南岸即西自都蘭喀喇綿亙而果之杭赤哈馬勒山隔山而南即翁金河也翁金河出右翼左末旗二水合東流逕右翼中左旗中前旗北合二水亦入土謝圖汗部界

中左旗

賽音諾顏之裔康熙二十五年授札薩克三十年封多羅郡王後降貝勒世襲佐領三牧地有特爾克河伊第爾河合於齊老圖河爲色楞格河伊第爾舊作厄得勒亦作依得爾色楞格河南源有四稍北者曰厄得勒河源出喀爾喀西界鄂勒伯穡山共合七水行四百餘里而齊老圖河合諸源水自西南來會又東北受南來一水疑即特爾克河也又東北循山麓流百餘里而烏里雅蘇台河自西南來會又東北三十里而阿濟勒克河自南來會始曰色楞格河

中末旗

賽音諾顏之裔康熙三十一年授一等台吉兼札薩克雍正二年封輔國公乾隆二年晉鎮國公世襲佐領一牧地哈綏河至是合於色楞格河

右翼中左旗

賽音諾顏之裔康熙四十六年授札薩克一等台吉後晉輔國公世襲佐領四牧地當翁金河源南阿哈爾山翁金河亦作翁吉又作甕金兩源出鄂爾吉圖都蘭喀喇山東行大餘山中其西隔山即塔楚河源也其北隔山即鄂爾坤河東南流出平地合爲又東南會西南來一水又東會北來一水又東南逕杭亦哈馬勒山前受二水又東南曲曲流大百餘里於大漠瀦爲呼拉喀烏蘇諾爾周二十餘里

右翼末旗

賽音諾顏之裔康熙三十年授札薩克一等台吉雍正十年封輔國公世襲佐領二牧地畢特河至是合於拜塔里克河北札木圖嶺東北庫首庫爾嶺蟲特河疑即察罕粘睦爾河也東北自索阿都依嶺合二水西南流來會南有綳察罕諾爾廣二十餘里其北三十里有濟爾哈朗圖池廣十里許又東北有伊洛河北自山麓克庫池南流逕哈拉圖科山西麓又南數十里洄哈拉圖科山南有鄂洛克池山東百里即推河也

右翼前旗

賽音諾顏之裔康熙三十年授札薩克一等台吉三十五年封輔國公世襲佐領一牧地胡努伊河至是合於哈綏河胡努伊舊作呼納衣又作庫諾衣源自西南山中東北四百里逕賽坎山北麓又東北入哈綏河賽坎山甚高大即巴顏濟魯克山之北行正餘又折而東北爲厄勒黑圖

中後旗

賽音諾顏之裔康熙五十一年授札薩克一等台吉乾隆元年封輔國公世襲佐領一牧地有布爾噶蘇台河合於札布噶河布爾噶蘇台河出旗北馬喇噶山山脈自阿爾泰頂南行分一餘東行爲烏蘇郭瑪山又東達峰相接東南數百里爲伯勒奇郝克科克伊山又東爲昂奇山又東北行爲馬喇噶山此水源即馬喇噶山東北將折東南之南麓也出山南流會東來二水西北來一水又南有烏海河西北自昂奇山兩源合東南流來會又南與西喇河會二源既合西南流逕巴彥山北麓曰札布噶河又有烏里雅蘇台河出旗境西流入百餘里納蘇布拉河來會北有布音圖河源

左翼左旗

賽音諾顏之裔乾隆三十一年封札薩克輔國公世襲佐領二牧地當札布噶河源札布噶舊作查巴哈又作札布堪源有二最東者曰西喇河出庫倫伯勒齊爾西北大山凡四水南流幷爲二支又西南百餘里合爲又西南受北來一水又西南受東來之西喇河又西受北來一水又西南布爾噶蘇台河自北來會即西源也出馬喇噶山南麓南流會二水又南有烏海河兩源合東南流來會又南流與西喇河會二源既合逕巴顏山北麓曰札布噶河又南入札薩克圖汗旗南界

左翼中旗

賽音諾顏之裔初授一等台吉乾隆二十二年晉貝子品級授札薩克後降襲公品級世襲佐領一牧地跨哈綏河

左翼右旗

賽音諾顏之裔康熙三十年授札薩克一等台吉世襲佐領二牧地在哈魯特山

左翼左末旗

賽音諾顏之裔康熙三十五年授札薩克一等台吉世襲佐領一牧地跨塔米爾河胡努伊河

右翼中末旗

賽音諾顏之裔康熙五十一年授札薩克一等台吉世襲佐領一牧地拜塔里克河東支至是瀦於察罕諾爾其西支在青素珠克圖諾們罕游牧諾爾當西十度北極出地四十五度七分庫倫伯勒齊爾地南界形如瓜周百里東西長諾爾東有呼里圖克白爾池廣十餘里又東爲西瀰河源又東爲一小河又東爲綳察罕諾爾

右翼左末旗

賽音諾顏之裔康熙三十六年授札薩克一等台吉世襲佐領一牧地跨翁金河東有圖魯根山

右末旗

賽音諾顏之裔乾隆三年授一等台吉四年授札薩克世襲佐領一牧地當伊第爾河源南雪山西北素郭圖嶺伊第爾河出鄂勒白穡山即杭愛山頂之西南大餘也陽山西即桑錫達賓泊西十六度九分北極出地四十九度兩水自山麓東流而合又東會七水名伊第爾河又東北會齊老圖河以入於色楞格河

右翼中右旗

賽音諾顏之裔康熙三十五年授札薩克一等台吉世襲佐領無牧地當濟爾瑪台河源濟爾瑪台舊作朱勒馬台亦作朱爾馬台源出嶺黑鐵木兒山南麓東南流繞布庫鐵木兒山足三面東北流曲曲二百餘里瀦爲池曰察罕鄂模廣數十里又東北流有布勒哈爾台河南自達爾湖喀喇巴冷綠地之池水東北流來會又東北入鄂爾坤河

右翼後旗

賽音諾顏之裔康熙三十一年授一等台吉兼札薩克世襲佐領一牧地當哈綏河北岸色楞格河南岸

中後末旗

賽音諾顏之裔康熙四十八年授札薩克一等台吉世襲佐領一牧地跨齊老圖河

中右翼末旗

賽音諾顏之裔康熙三十五年授札薩克一等台吉世襲佐領無牧地當塔米爾河南岸東北烏爾圖特莫爾河

附額魯特部本旗

準噶爾之裔康熙三十六年來降四十四年封札薩克輔國公雍正元年晉固山貝子世襲佐領一牧地跨濟爾瑪台河鄂爾坤河西察汗山東南博勒克山鄂爾坤河自中前旗境折而東北逕西爾哈河濟爾罕山西麓之額爾德尼昭即大喇嘛寺也河逕其西及奈鄂山之東麓山亦高大即杭愛之東支阜唐時回鶻牙帳西之烏德鞬山也又東北出山折而西北流三百餘里濟爾瑪台河自西南來會

額魯特前旗

噶爾丹同祖弟丹津之孫號丹津阿喇布坦康熙四十一年來降封多羅郡王四十二年授札薩克乾隆十三年降固山貝子世襲佐領一牧地當塔米爾河北岸隸賽音諾顏部東南有溫奎諾爾

以上統盟於齊齊爾里克

喀爾喀東路車臣汗部

駐克魯倫鄂都爾多博直古北口邊外漠北至京師三千五百里格埒森札之孫謨羅貝瑪號車臣汗界額爾德尼陀羅海南界塔爾滾柴達木西界察罕齊老圖北界溫都爾罕

轄旗二十三北極高四十五度三十四分京師偏西五度三十四分

車臣汗本旗

故車臣汗阿喇布坦之子康熙二十七年率衆十餘萬戶來降仍其故號雍正六年賜印文曰格根車臣汗世襲佐領二牧地跨喀倫河東烏蘭溫都爾山南阿爾圖山西塔奇勒噶圖山北哈喇莽鼐山東北色勒格圖山東南鄂爾楚克山西南庫特肯額里雅山喀魯倫河自右翼中前旗境拖諾山南麓稍折東北流數十里又東北逕克勒和碩山北麓入左翼右旗境

左翼中旗車臣汗

烏默客之叔康熙二十八年授札薩克三十二年封多羅郡王乾隆二十年晉和碩親王世襲佐領十二牧地在科勒蘇河之東跨喀魯倫河東卜固尼和碩山西有特克瑪爾圖山西北圖木斯泰山科勒蘇河出西南大山兩源東北合二水北入敖嫩河東北喀魯倫河入旗南界有固爾班博爾龍山三峰並峙在南岸沙中至庫魯諾爾南入中左旗境

中右旗車臣汗

烏默客之叔康熙二十八年授札薩克三十年封固山貝子三十五年晉多羅郡王世襲佐領四牧地喀爾喀河至是瀦於貝爾諾爾喀爾喀河在齊齊哈爾城西源出庫克託里山西北流入於貝爾諾爾又北流出曰鄂爾順河入呼倫諾爾貝爾諾爾舊作布伊爾湖亦作布育里鄂模元之捕魚兒海子也明藍玉破脫古思帖木兒處東北有沙喇勒濟河

右翼中旗車臣汗

烏默客之族叔康熙二十八年授札薩克三十年封多羅貝勒世襲佐領八牧地在喀魯倫河之南烏純地西伊克噶札爾河齊圖山

中末旗車臣汗

烏默客之族康熙三十年授札薩克固山貝子世襲佐領三牧地在喀魯倫河之南博羅布達北庫特肯額里雅山東有伊克阿爾圖山西北額爾克納克山東南鄂斯奇山

中左旗車臣汗

烏默客之族康熙二十八年授札薩克三十年封固山貝子世襲佐領二有半牧地在喀魯倫河之布色鄂埒客東和爾蓋山北伯爾克山

中後旗車臣汗

烏默客之族康熙二十八年授札薩克三十年封固山貝子後降輔國公世襲佐領一有半牧地跨敖嫩河南色勒格圖山北達喇特河東北莽阿秦河敖嫩河自大肯特山北麓會北來一水又東有一河西北合二水東南流來會稍東南歐查魯河西南自大肯特山折向東南支阜東北流來會折東北流又折東巴拉喀河合二水自西南舉爾喀嶺東北流來會又東南流呼瑪拉堪河自南大山合兩源北流來會又東北流有一河合兩源西北自大興安山東南流來會大興安山土人曰阿母巴興安甚高大自此綿亙而東直抵黑龍江入海處山之南爲喀爾喀界山之北爲俄界又南北合科勒蘇河

左翼前旗車臣汗

烏默客之族康熙二十八年授札薩克三十年封鎮國公世襲佐領一有半牧地當索岳爾濟山北濱喀爾喀河索岳爾濟山延袤數百里其西麓臨大漠東北與齊齊哈爾城相近喀爾喀河有數源最東者出阿魯特拉奇嶺西麓有池廣數十里西南流南源合三水來會又西南流有一河自北合三源來會又西分爲二支一南流有阿母巴哈爾渾河合三水自南來會又西合北支西流伊蘭塞罕河自北大山西南流來會又一河自西北合三源南流注之又西南受哈爾渾河又西喀爾查布魯克圖河自東南合喀爾圖思台及喀爾巴哈尼二河北流注之又西會和爾和河折西北逕喀勒河朔之北其北岸有小山受東北來之呼思太河折而西流曰喀爾喀河西南流分支渠匯爲貝爾諾爾

右翼中右旗車臣汗

烏默客之族康熙五十年授一等台吉五十一年授札薩克雍正二年封輔國公世襲佐領一有半牧地在達爾漢徹根東依札噶爾山南巴噶額里彥山西鄂羅克依山西北依爾蓋山

左翼後旗車臣汗

烏默客之族祖康熙三十年授札薩克一等台吉世襲佐領二有半牧地在察漢布爾噶蘇台東有鄂爾布勒山西有布哈山北烏蘭溫都山西南布勒格圖山

左翼後末旗車臣汗

烏默客族康熙五十年授札薩克一等台吉世襲佐領一有半牧地在烏爾圖西鄂爾布勒山

右翼後旗車臣汗

烏默客族康熙三十年授札薩克一等台吉世襲佐領三牧地在巴顏濟魯克西阿克素那山南烏尼格特山

中末右旗車臣汗

烏默客族雍正十三年授一等台吉乾隆十四年授札薩克世襲佐領一牧地東至特克什烏蘇南至多木逵哲爾克特山西至鄂爾和山北至庫登圖山東北託克台山西北阿爾圖山東南布哈山西南烏斯奇山

右翼中左旗車臣汗

烏默客族康熙五十二年授札薩克一等台吉世襲佐領一牧地在騰格里克東南庫里彥山北僧庫爾河

右翼前旗車臣汗

烏默客族康熙三十年授札薩克一等台吉世襲佐領一有半牧地在喀喇莽鼐西北色布素勒山東薩喇克河

右翼左旗車臣汗

烏默客之叔康熙四十年授札薩克一等台吉世襲佐領半牧地在額爾得盡東鄂博克圖山北得勒山西南鄂爾楚克山

中末次旗車臣汗

烏默客族康熙三十四年授札薩克一等台吉世襲佐領一有半牧地在白爾格庫爾濟圖東哈爾噶朔圖山南圖木斯圖山西北得勒山

左翼右旗車臣汗

烏默客之叔康熙四十年授札薩克一等台吉世襲佐領一牧地跨喀魯倫河東特格里木圖山西哈喀勒山北瑪勒胡爾山東北圖木斯圖山西南託克依山喀魯倫河自喀勒和朔北麓又東北會塔爾河舊名他拉即兒即河自畢爾喀嶺西南麓合二源東南流沙土中隱見不常又東北數十里逕厄窩得哈爾哈小山西北麓即北岸厄莫勒山之西南麓也折東流至東南麓兩岸沙漠又東北入左翼中旗境

中右後旗車臣汗

烏默客族康熙三十六年授札薩克一等台吉世襲佐領半牧地在肯特山東當喀魯倫敖嫩二河源東得勒格爾罕山南巴顏烏蘭山西北罕台山西塔尼特河東北塔喇塔河有喀魯倫河即臚朐河北史之怯綠憐河也源出肯特山東南支峰西南麓兩源西流而合又西有一河東北亦自肯特山南麓西南來注之又西南流逕肯特山頂之南受北來衣魯河又西南受西北即龍河又西南至布塞山東南麓受撤內河東自畢爾喀嶺西麓西流合東南一水來會又東南有一河北自式勒兒吉嶺東南流來會又西南白勒肯河自上喇色欽東麓東南流來會又西南至噶拉太嶺之東循兩山間折而東南流逕巴顏烏蘭山西麓入右翼中前旗境又東經車臣汗城左翼右旗左翼中旗中左旗左翼左旗中左前旗中前旗境凡二千數百里東北入枯倫湖數嫩河乃黑龍江上源亦名俄儂河元之幹難河也自肯特山西式勒爾吉嶺西北小肯特山東麓折東南流納東北一水經式勒爾吉嶺北麓有二水自嶺西北東流來會亦敖嫩一源也又東入中後旗境

左翼左旗車臣汗

烏默客叔康熙三十五年授一等台吉四十年授札薩克世襲罔替佐領一有半牧地跨喀魯倫河南巴彥嘩山西鄂喇霍圖山喀魯倫河自庫魯鄂模南稍東逕西拉得克西博格山之陰又東百里中有沙洲曰尤爾呼尤東北流入旗境巴拉城南陽河而南有乾諾可客齎山綿亙東北百里許即塔本陀羅海也又東逕杜勒鄂模南入中左前旗境

中左前旗車臣汗

烏默客裔康熙三十六年授貢楚克一等台吉兼札薩克世襲佐領一牧地跨喀魯倫河喀魯倫河自杜勒鄂模南入旗境又東河心有河洲南岸爲塔本陀羅海之北麓折東南流又東入中前旗境

中前旗車臣汗

烏默客裔康熙二十八年授濟農及札薩克三十年封固山貝子乾隆二十二年降一等台吉兼札薩克世襲佐領五牧地跨喀魯倫河東札爾噶山北鄂克託木山喀魯倫河自塔本陀羅海北麓折東南流又東逕南岸小山北麓折東北至南岸大山東北麓東南流折向正北又東北流東流中有河洲其東南岸外則杜勒鄂模也又東北曲曲流阿勒坦厄莫爾東山北東北瀦爲枯倫湖在黑龍江齊齊哈爾城西千三百餘里也湖自西南而東北長徑二百餘里東西闊百餘里周可五六百里枯倫今作呼爾即古之具倫泊也

右翼中前旗車臣汗

烏默客裔初授二等台吉乾隆十九年晉一等台吉二十年封輔國公兼札薩克後降一等台吉世襲佐領一牧地當喀魯倫河曲處東庫里葉山北巴顏烏蘭山綿亙東南二百里許喀魯倫河自喀拉太嶺之東東西南兩山間循山麓東南流逕巴顏烏蘭山西麓至南岸山盡處稍折東流有僧庫爾河南流沙中來注之喀魯倫河又東南自沙地經拖諾山南麓入車臣汗旗境

以上統盟於巴爾和屯即巴拉斯城

喀爾喀西路札薩克圖汗部

駐杭愛山陽直甘肅寧夏邊外漠北至京師四千餘里東界翁錦錫爾哈勒珠特西界喀喇烏蘇額埒克諾爾南界阿爾察喀喇託輝北界特斯河接唐努烏梁海本元裔號札薩克圖汗

康熙二十七年兵敗爲噶爾丹所戕其弟策旺札布率族來歸封和碩親王詔仍襲汗號轄旗十九北極高四十三度三十五分京師偏西十九度九分

札薩克圖汗兼管右翼左旗

策旺札布以從征退縮削爵雍正四年詔其旗格埒克延丕勒襲汗號兼郡王爵領右翼左旗札薩克事世襲佐領二牧地有博格爾諾爾東南札布噶河自賽音諾顏部左翼左旗界西南流逕巴顏山北麓尼魯班禪喇嘛遊牧折西流席喇烏蘇河南自阿爾洪山水所匯之大泊來會又西北流烏里雅

蘇台河東來入之博格爾諾爾舊作白格爾察罕鄂樓在庫克西勒克山之南都武嶺之東又有都魯泊

中左翼左旗札薩克圖汗之族康熙三十五年封多羅貝勒兼札薩克乾隆二十二年以功晉郡王品級四十六年詔以貝勒世襲佐領二牧地當特斯河源東庫蘭河濟爾噶山北伯爾克山東北巴彥集魯克山特斯河源出阿爾泰東北大幹之唐努山西南麓西南流山中受南北來四水又西南入烏梁海境曲曲西豬爲烏布薩泊在阿爾泰項之東南籠六十里

左翼中旗札薩克圖汗之族雍正五年授札薩克二等台吉乾隆二十一年晉一等台吉二十二年封輔國公復晉鎮國公世襲佐領一

右翼後旗札薩克圖汗之族康熙三十年授札薩克一等台吉世襲佐領一與左翼中旗同遊牧牧地當札布噶河西岸

左翼右旗札薩克圖汗之族康熙二十九年授札薩克三十年封多羅貝勒雍正十二年降鎮國公世襲佐領一牧地在都爾根諾爾之南諾爾在科布多城西伊克阿拉克泊之西南北與喀喇諾爾相聯形如胡蘆亦札布噶河之支流所匯也

左翼前旗札薩克圖汗之族康熙二十八年授札薩克三十年授一等台吉五十八年封輔國公世襲佐領二

左翼後末旗札薩克圖汗之族雍正四年授札薩克一等台吉世襲佐領一與左翼前旗同遊牧牧地在奇勒稽思諾爾之東一作柯爾奇思諾爾在阿爾泰頂東南去兩旗札薩克駐處八百里東南札布喀河空歸河西南伊克河拉克池水所匯也周百數十里南相聯一泊曰愛拉克諾爾南與喀喇諾爾相直西

右翼右末旗札薩克圖汗之族雍正二年授札薩克一等台吉世襲佐領二牧地當德勒格爾河西岸桑錦達賚之東德勒格爾河一作哈喇台爾河源出唐努山南錫巴里喀倫東北流當阿哈里喀倫之北有一小水西北來入之折東南流與德勒格爾河會又東南流託爾和里克河北自博爾圖斯喀倫兩源並導百里而合又南德勒格爾河自西來會又南流布克河白西北來會又南入齊老圖河綏

中左翼右旗札薩克圖汗之族初授二等台吉乾隆二十一年封輔國公並札薩克世襲佐領一牧地當桑錦達賚之南桑錦遂賚泊在旗境及中左翼左旗之間西南有色楞格河

右翼右旗札薩克圖汗之族康熙二十八年授札薩克三十年封固山貝子後降輔國公世襲佐領一牧地在烏喇特界內庫埒讀多

左翼後旗札薩克圖汗之族康熙三十年授札薩克一等台吉三十六年晉輔國公世襲佐領一牧地在伊克敖拉里克察罕郭勒北烏蘭泊

中右翼末旗札薩克圖汗之族康熙四十三年授一等台吉五十三年授札薩克雍正二年封輔國公世襲佐領一牧地當濟爾哈河至是諸於察罕諾爾所部察罕諾爾有二一在左翼右旗之西其南爲齊齊克泊接科布多界一即此濟爾哈河所瀦也

右翼後末旗札薩克圖汗之族康熙三十六年授札薩克一等台吉世襲佐領一牧地在奇齊格訥洪果爾阿齊喇克

中右翼左旗札薩克圖汗之族乾隆二十年授札薩克一等台吉世襲佐領一牧地在札左翼左旗西南

右翼前旗札薩克圖汗之族康熙二十八年授札薩克三十年授一等台吉世襲佐領一有半牧地在阿爾察圖和岳爾數拉雅蘇圖鄂和多爾納默格爾諾爾界

左翼左旗札薩克圖汗之族乾隆二十一年授札薩克一等台吉世襲佐領一牧地在奇勒稽思諾爾東格克諾爾之南跨空歸河空歸河又名空陰河舊作拉依河出昂奇山南簸合三水西南流入札布喀河空

中右翼末次旗羅卜藏台吉之孫康熙四十八年授札薩克一等台吉世襲佐領一牧地有特伯諾爾委袞諾爾兩諾爾水皆發源烏里雅蘇台軍臺城北大山東北流瀦爲兩大泊委袞在北特伯在南中隔一嶺南北相望彤嶷嶼野也

中左翼末旗羅卜藏台吉之裔雍正十二年授二等台吉乾隆二十二年授一等台吉世襲札薩克世襲佐領一牧地當德勒格爾河東岸

附輝特一旗額魯特部輝特族人羅卜藏爲噶爾丹所虜來歸乾隆二十年授其係一等台吉三十年授札薩克世襲佐領一牧地當濟爾哈河東岸濟爾哈河自旗南界合三源東北流至札薩克圖汗部中右翼末旗界瀦爲察罕諾爾

以上統盟於札克畢賴色欽畢都爾諾爾　喀爾喀四部八十六旗統稱外札薩克自雍正中用兵準噶爾即於烏里雅蘇台築城駐兵城以木爲之中實以土高丈六尺厚一丈在烏里雅蘇台河北岸光緒七年收還伊犂改訂條約許俄人在烏里雅蘇台通商俟商務興旺再設領事定邊副將軍治之總統四部兵內蒙古各部兵統於各部札薩克蓋內札薩克多從龍功臣而游牧之地悉附近盛京直隸山西陝西一帶興外札薩克之後來歸附遠在漢者有別兼理札薩克圖汗賽音諾顏兩部事又設庫倫辦事大臣庫倫在土喇河上游西岸人三萬口喇嘛教徒甚衆其胡土克圖殿宇莊嚴蒙民每夏從諸部來頂禮者道路不絕理俄羅斯邊事康熙六十年與俄立約定爲陸路通商埠各遣官監視乾隆二年並停京師貿易統歸恰克圖辦理總其權於庫倫大臣互市處在恰克圖南買賣城有路南通庫倫北達上烏丁斯克與新條鐵路接有俄國領事署貿易茶最盛車臣汗土謝圖汗兩部事亦歸監理

杜爾伯特部十六旗至京師六千餘里元臣孛罕之裔姓綽羅斯六傳至額森即也先生二子長伯羅納哈勒爲杜爾伯特部祖次渥斯屬特達爾諾顏爲準噶爾部祖杜爾伯特本分牧額爾齊斯河乾隆十八年爲準噶爾所逼率族來歸編所部佐領左翼旗十一特固斯庫魯克達爾汗旗中旗中左旗中前旗中後旗中上旗中下旗中前左旗中前右旗中後左旗中後右旗右翼旗三前旗前右旗中右旗附輝特旗二下前旗俱在科布多河上下後旗俱在烏布蘇泊南杜東輝西授札薩克世襲設科布多參贊大臣以轄之同游牧科布多金山之東烏蘭固本地東至薩拉陀羅海納林蘇穆河南至哈喇諾爾齊爾噶圖山西至索果克河北至阿斯哈圖河北極高四十九度十分至二十分京師偏西二十四度至二十七度二十分科布多一作和卜多其水源名索果克河蓋即索和克薩里也東流南合瑚爾噶泊輝美泊和通泊水東北流西合噶斯河折而東南流逕輝特下前旗杜爾伯特右翼旗南合塔爾巴泊託爾博泊水北合烏里雅蘇圖河根德克圖泊戴舒爾泊水遂名科布多河東南流經科布多城西布彥圖河出阿爾泰烏梁海旗西北流來會又東流入阿勒克泊納林蘇穆河發源特斯河南沙地西南流與古薩爾泊水會西北入烏布薩泊烏布薩泊在左翼旗北西與北接唐努烏梁海界喀喇奇拉河古薩爾泊水俱出左翼界北流薩克里哈拉河亦出左翼界東流俱瀦於烏布薩泊又東特斯河和爾河東北特里河北伊爾河博爾河札爾河齊塔齊河西有哈拉莽鼐山水俱流入烏布薩泊南哈喇泊水札布喀河自札薩克圖汗部西北流東納空歸河又西北會奇勒稽思泊愛拉克泊水西流南合都爾根泊哈喇泊水逕明阿特旗匯於阿拉克泊

明阿特部一旗系出烏梁海後爲札薩克圖汗部中左翼左旗之屬乾隆三十年撤出設一旗隸科布多大臣轄牧地在科布多城西東界起塔拉克王齊爾噶圖山科布多河止南界起齊爾噶圖山至茂垓止北界起茂垓王塔拉布拉克止俱與杜爾伯特連界北極高四十八度五十分京師偏西二十六度二十分

阿爾泰烏梁海七旗東界起都嚕淖爾至哈叨烏里雅蘇台止與額魯特連界南界起烏蘭波木烏龍古河至巴噶諾止與塔爾巴哈台連界所屬土爾扈特連界西界起碑爾素克託羅垓王巴爾哈斯淖爾止與喀倫連界北界起巴爾哈斯淖爾至哈賢里達巴止與喀倫連界曰左翼副都統旂散秩大臣旂各一總管旂二右翼散秩大臣旂一總管旂二北極高四十九度二十分京師偏西二十九度十分哈屯河二源東曰喀喇河西曰噶老圖河俱出阿爾泰烏梁海旗北境阿爾泰山北麓二源合爲納爾噶河東北流鄂依滿河入之又東北流札爾滿河入之折東流遂爾欽圖河自西南來匯又東北流始曰哈屯河又東北流逕阿爾泰諾爾烏梁海旗西納烏蘭河僧瑪爾達河東納喀達林河又北流會亨吉河入唐努烏梁海界阿爾泰河亦自科布多西北流來會又西北入俄羅斯界西南華額爾齊斯河源出阿爾泰山

阿爾泰諾爾烏梁海部二旗在索果克喀倫外東界起哈勒巴哈雅山至布古素山博羅布爾噶蘇河止南界起博羅布爾噶蘇至託中圖山習伯圖山達爾欽圖河止西界起達爾欽圖河至阿爾占山巴勒塔爾罕山呼巴圖噶山止北界起呼巴圖噶山至阿爾泰諾爾伯勒山楚勒坤諾爾哈勒巴哈雅山止北極高五十三度京師偏西二十五度四十分旗東北有阿爾泰泊綽爾齊河沙爾河巴什庫斯河阿斯巴圖河合北流瀦爲東納格吉河西納巴哈齊里河伊克齊里河郭爾達爾河北流爲阿爾泰河又西北入唐努烏梁海界會哈屯河

博東齊旗布圖庫旗均杜爾伯特族乾隆二十一年來歸編置佐領同牧於呼倫貝爾隸呼倫貝爾都統轄黑龍江將軍節制

新土爾扈特部二旗在科布多城西南至京師七千餘里元爲乃蠻國太祖滅之後爲和林行省所屬地明屬衛拉特初始祖翁罕裔舍棱爲準噶爾台吉七傳至貝果鄂爾勒克其長子卓立甘鄂爾勒克即徒牧俄國一支之祖數傳至渥巴錫來歸賜牧新疆號舊土爾扈特其次子衛寂察布察一支依準噶爾傳至舍棱爲準噶爾台吉大軍征準噶爾舍棱奔俄乾隆三十六年來歸編佐領設札薩克賜牧號新土爾扈特二旗曰新左旗曰新右旗自爲一盟曰青色特啟勒圖隸科布多大臣兼轄光緒三十二年劃隸阿爾泰辦事大臣牧地當金山南烏隆古之東至奔巴圖捫楚克烏蘭布勒幹和碩南至胡圖斯山烏龍古河西至清東依勒河昌罕阿藩那彥鄂博北至綽和爾淖爾那郭幹諾爾之中山北極高四十六度京師偏西二十七度二十分拜塔克地以山名其山王哈布塔克西青吉斯河南岸由拜塔克西南行至奇臺界唐時以沙陀部爲沙陀州此其故壤也烏隆古河二源東日布爾干河西日青吉斯河布爾干河出新和碩特旗北合喀喇圖泊水南流經札哈沁旗東南流青吉斯河出旗境北合哈泊水西南流合哈弼察克河又東南與布爾干河合爲烏隆古河折西流逕阿爾泰烏梁海旗瀦爲赫薩爾巴什泊

新和碩特部一旗在科布多城南至京師七千餘里和碩特台吉巴雅爾拉瑚之族蒙袞乾隆三十七年來歸附新土爾扈特貝子旗後爲所虐移牧杜爾伯特近處嘉慶元年給札薩克印隸科布多大臣兼轄光緒三十二年劃隸阿爾泰辦事大臣牧地當金山東南喀弼察克西臨青吉斯河東至和託鄂博西至捫楚克烏蘭北至奔巴圖哈弼察克河北極高四十七度京師偏西二十七度

哈弼察克一作哈布塔克以山名在鎮西府西北四百里北六十里即布拉干郭勒河南山北之地饒水草宜畜牧

札哈沁部一旗初爲準噶爾宰桑乾隆十九年大軍獲之其隨來之札哈沁即令統轄四十年設一旗嘉慶五年增設一旗隸科布多大臣牧地在科布多城南東界起德杜庫庫圖勒至巴爾嚕巴克止與喀爾喀連界南界起昂吉爾圖至哈布塔克山止與巴爾庫勒達界西界起和託昂鄂博至布爾干河東岸止與阿爾泰烏梁海連界北界起惡圖僧庫爾至土古里克止與喀爾喀屯田兵官廠連界東北界由土古里克起至德杜庫庫圖勒止與喀爾喀連界北極高四十六度五十分京師偏西二十六度十分

科布多額魯特部一旗木台吉達木拜屬有罪削爵以其衆屬科布多大臣轄東界起齊爾噶朗圖至布古圖和碩止南界起布古圖和碩至哈叨烏里雅蘇台止東南均與喀爾喀屯田兵連界西界起哈叨烏里雅蘇台至都嚕諾爾止北界起都嚕諾爾王習集克圖河止西北均與阿爾泰烏梁海連界北極高四十八度五十分京師偏西二十七度三十分　以上並隸科布多大臣定邊左副將軍轄

阿拉善額魯特部一旗在河套以西妻延七百餘里至京師五千里本漢北地郡西境及武威張掖二郡北境地晉爲前涼後涼北涼所有唐屬河西節度使廣德初陷於西番宋景德中陷於西夏元屬甘肅行中書省明末爲額魯特蒙古所據元太祖弟哈布圖哈薩爾之裔世駐牧河西套後爲噶爾丹所滅其酋逃竄近邊康熙二十五年上書求給牧地詔於寧夏甘州邊外畫疆給之東至寧夏府邊外界南至涼州甘州二府邊外界西至古爾肅接額濟納土爾扈特界北踰戈壁接札薩克圖汗部界三十六年編佐領授札薩克封多羅貝勒駐定遠城雍正二年晉郡王乾隆三十年晉和碩親王世襲佐領八牧地當賀蘭山西龍頭山北北極高三十八度至四十二度京師偏西十度至十八度城北有吉蘭泰鹽池名曰吉鹽歸阿拉善王管轄自爲部不設盟賀蘭山在旗東土人名阿拉善山山有樹木青白如駿馬北人呼駁爲賀蘭其山與河東望雲山形勢相接邐逾向北經鹽武西北邐保靜西又北邐懷遠西又北邐定遠又東北抵河抵河之處名乞伏山在黃河西從首至尾像月形南北約長五百餘里邊城之鉅防也山之東山口自北而南曰寧靖鎮北至獨樹凡十九口又南接邊城曰靑羊溝乾溝至小關兒凡十九口又南則石空寺堡及䕆僉關也西山口自北而南日歸德紅兒至黃峽凡十三口又南山勢邐邐而西其南曰山嘴口金塔口杏樹口赤木口東接邊城日大佛寺口三岔溝口其西日靖湖埠至嵩慶凡六口鎮北口寧安口向陽埠口殺虎埠口龍首山一名龍頭山俗呼爲甘峻山在旗西南與山丹接界蘿名阿喇克鄂拉鯀亙廣遠東大山之脈絡也距山丹城三十里山盡處爲遠堡山南爲內地蒙古俱於山北遊牧旗南有松峽水自古浪縣北流逕縣東又東北至土門堡流出邊又東北至旗界瀦爲海漢志蒼松縣南山松峽水所出北至揟次入海一統志按陝晉峽松陝永即今古浪河邊外積水處總日海有谷水即三岔河自涼州府城東東北流逕鎮番東北出邊土人呼爲郭河至旗界入白亭海子地形志武威郡襄城縣有武始澤水經注馬城河又東北逕武威縣故城東居此水流兩分一水北入休屠澤一水又東流入豬野有水磨川一名雲川自永昌城西東北休逕新城堡北水磨堡西永昌城北寧達堡西北流出邊經旗界瀦爲大澤蒙古名沙喇鄂模有休屠澤即古豬野漢志武威縣休屠縣在東北古文以爲豬野澤水經注武威北有休屠澤俗謂之西海其東有豬野澤俗謂之東海通謂之都野有魚海即白亭海一名小闕端海子五澗谷水流入此海有沙喇鄂模在休屠澤西水磨川自寧遠堡北出邊注入其中方廣三四十里有昌寧湖直永昌東北寧遠堡北四十里東至鎮番界多水草楊木明季青把都游牧於此有長草湖在寧羅山北有伯顏湖直平番東北邊外有雙泉直永昌西北亦名雙井有馬跑泉直永昌北有高泉平泉赤諾泉有三井直鎮番西北有亂井兒有青鹽池駕駕白鹽池小白鹽池皆在鎮番西北邊外有紅鹽池在山丹城北池產紅鹽其根可作器定遠城北有鹽池所謂吉蘭泰池也

額濟納舊土爾扈特部一旗在阿拉善旗之西當甘肅甘州府及肅州邊外套延入百里至京師五千五百餘里本漢居延縣地張掖都尉治此後漢安帝時改置張掖居延屬國別領居延一城獻帝建安末立爲西海郡魏晉因之永嘉以後地屬前涼後涼北涼西涼相繼割據元魏爲涼州所轄地隋唐爲甘州肅州北境大歷中陷於土蕃宋景德中屬西夏曰威福軍元亦集乃路屬甘肅行中書省明甘州肅州二衛邊外地元臣翁罕裔明季爲準噶爾所偪徙居俄境之額濟拉河額濟拉即寓爾吉祿普之愛土爾扈特居俄久常遣使入貢康熙四十二年其汗阿玉奇之嫂攜其子阿剌布珠爾入藏禮佛準噶爾阻其歸路乃款塞乞內屬賜牧色爾騰旋定牧額濟納河雍正七年封多羅貝勒乾隆十八年授札薩克世襲佐領一以來歸在先故亦稱舊土爾扈特不設盟長牧地跨昆都倫河東至古爾鼐南至毛目縣丞民地西至大戈壁北至阿濟山北極高四十一度京師偏西十七

度旗境有播林山明馮勝拔肅州進至播林山亦集乃路即此別篤山今曰畢遺山明紀洪武五年副將軍傅友德下額濟納路次別篤山即此東旗杆山北阿濟山自哈密北踰天山至巴里坤池又北渡大砂磧幾三四百里有阿吉山亦曰阿濟山山脈自西北阿爾泰山南來蜿蜒東趨橫帶瀚海中起伏不斷爲喀爾喀西路之南境其長殆三四千里東南合黎山即禹貢弱水所經也水經云合離山在酒泉會水縣東北注以爲即合黎山史記正義山在張掖縣西北二百里行都司志云在高台所北十里鎮夷所東北三十里與黑山相接黑山在鎮夷所東北屹立沙漠中一名紫塞其山口東南至肅州百四十里東北有狼心山在金塔寺堡北南去鎮夷所城五百里爲往來要路又有孤仁山在金塔寺堡東北三百五十里凡往來哈密北山者必聚於此南有毛目城額濟納河在西套額魯特西界又弱水源出山丹西南自與張掖河合其下通名爲張掖河又討來河發源肅州西南番界中有三源最西曰討來河其西又有哈土巴爾呼河北流百餘里與討來河合又東北百餘里南有巴哈額濟納二河合流而北與討來河會爲一又東北流入邊繞州南至州東北合西來之水又東北出邊過金塔寺折北轉東與張掖河合又北入居延海昆都倫河自甘肅肅州北流經旗境分二道匯爲澤俱曰居延海旗東有澤曰大苦水南直甘肅張掖縣邊外大苦水之東有二澤曰騰馬湖東南有澤曰沙棗湖亦曰沙棗泉在肅州東北金塔寺北沙棗湖之東直山丹縣邊外有澤曰豐盈大泉以上諸澤皆瀦於沙又東有昌寧湖魚海白海其上源皆在甘州府涼州府界

南路舊土爾扈特部回旗在喀喇沙爾城北當天山之南珠勒都斯至京師八千六百餘里本古西戎地漢及魏晉爲烏孫國地北魏高車國地周突厥地隋西突厥地唐屬焉耆都督府地宋屬西州回鶻明爲回部所據乾隆二十三年回疆平入版圖三十六年元臣翁罕裔渥巴錫挈所部內附遂以其地賜之是爲南路舊土爾扈特與中路和碩特同游牧編置佐領設旗四曰南路汗旗曰中旗曰右旗曰左旗授札薩克世襲隸伊犂將軍轄牧地有珠勒都斯河在踰天山至博爾圖嶺南至扣克納克嶺西至天山北至喀倫北極高四十二度五十分京師偏西三十度四十分天山一名祁連一名雪山一名白山又曰折羅漫山自葉爾羌西南蜿蜒而來曰葱嶺至闢勒玉山分脈其東南一支繞和闐而東行其西北一支繞英吉沙爾喀什噶爾之西又北行達布魯特境東行繞烏什之北又逕阿克蘇之北又逕庫車喀喇沙爾吐魯番之北綿亙七八千里而至哈密東北百餘里爲大山又百餘里截然而止則在巴里坤之東名鹽池山伏入地中矣此山爲南北路回疆伊犂之分界山陽爲自哈密至葉爾羌南路山北則由巴里坤至伊犂北路也鹽池山之南沙磧漫野即希爾哈戈壁所謂千里瀚海也其山伏地千餘里至嘉峪關外沙州之東突兀起頂東行名祁連山所謂南天山也再東行至洞素達巴罕過脈東北行至巴圖爾達巴罕北分一支至八寶山形如蓮華嶽成嶽體乃西甯涼州甘州肅州四郡之鎮山也又自鎮素達巴罕東行至野馬川之東景陽嶺自南而北東分一支結涼州諸山西分一支與察罕鄂博過脈西行至郝遜達巴罕過脈向北分一支結甘州諸山珠勒都斯山至喀喇沙爾城北珠勒都斯之地北連雪山回環千餘里水草豐茂博爾圖嶺亦名博羅圖塔克在展西南當喀喇沙爾東北境其山與阿勒癸山南北相接形如饅頭西通準部南界回疆天山南路一大關隘也山多積雪博羅圖河發源北麓入北谷口西行通珠勒都斯出西南谷口西南行即喀喇沙爾境扣克納克嶺亦名庫克納克達巴在愛呼木什嶺西五十里額什克巴什河發源南麓山脈自天山正幹之額什克巴什山分支東行六十里至此

中路和碩特部三旗至京師八千六百餘里舊爲四衛拉特之一牧青海伊犂諸境後徙俄羅斯乾隆三十六年從土爾扈特汗渥巴錫來歸詔附南路土爾扈特部同游牧珠勒都斯編置佐領設旗三曰中路中旗曰中路右旗曰中路左旗授札薩克世襲隸伊犂將軍轄牧地在南路舊土爾扈特部之西東至烏河克塔爾南至開都河西至小珠勒都斯北至察汗通格山北極高四十二度五十分京師偏西三十一度十分察汗通格山在烏沙克塔勒西西南距喀喇沙爾城百九十五里地有廢城城西有泉委折而南經烏沙克塔勒城東分導灌田自闢展西入納林奇喇塔克博羅圖塔克谷口循博羅圖郭勒踰塔什海至其地爲喀喇沙爾東北境開都河俗名通天河源出大雪山經喀喇沙爾西門外水達顙克東南流上源曰珠勒都斯河出布古爾東北山數水合西南流西納勢甚寬河折東流歧爲二復合南北納十餘水而東北納瑪爾什河經庫勒爾北折東南流注塔里木河一統志載葉爾欽有塔里母河下流與西北來之海多河合海多河即開都河塔里母河即塔里木河也小珠勒都斯河出自阿爾泰陰克遜之北源處極四十三度十分西三十一度三十分即和碩特牧地也

北路舊土爾扈特部三旗在塔爾巴哈台城東當金山之西南霍博克薩里至京師九千七百餘里本漢時匈奴西境烏孫北境北魏蠕蠕地後周時入於突厥唐西突厥地明時爲衛拉特地舊爲準噶爾台吉游牧處乾隆二十年準部平入版圖三十六年元臣翁罕裔袞札布來歸遂以其地賜之是爲北路舊土爾扈特部編置佐領設旗三曰北路旗曰右旗曰左旗授札薩克世襲隸塔爾巴哈台大臣轄伊犂將軍節制牧地東至噶札爾巴什諾爾西至察漢鄂博南至戈壁北至額爾齊斯河北極高四十六度三十分京師偏西二十九度十分有薩里山即賽兒山東噶札爾巴什諾爾即赫薩爾巴什泊在哈菲奈山北凡金山東南烏龍古河布爾干河青吉斯河皆匯爲廣七十里袤三十里餘波入於沙磧泊以東即新土爾扈特牧地北有額爾齊斯河一源爲華額爾齊斯河一源爲喀喇額爾齊斯河均出阿爾泰山二河合爲額爾齊斯河西北流納蘇布圖河罕達海圖河奇喇河與克木齊克河固爾圖河博喇河哈布河喀喇哈布河訥恰庫河塔爾巴哈台河又西北瀦爲宰桑諾爾俄儻河果莫諾河匯其東南納林河哈流圖河匯其東北阿布達爾摩多河匯其西復從孫河西北溢爲額爾齊斯河科爾沁河入之又西北布嵐河又北烏柯爾烏蘇又東北流納林河莫依璘河布克克圖爾瑪河皆入之又東北流經塔爾巴哈台北境科布多西北境入俄羅斯界

東路舊土爾扈特部二旗在庫爾喀喇烏蘇城西南當大山之北濟爾噶朗至京師九千五百餘里本漢時烏孫國地北魏爲蠕蠕地後周時入於突厥唐爲西突厥地後爲嗢鹿州都督府地明時爲衛拉特地舊爲準噶爾各鄂拓克及各台吉游牧處乾隆二十年準部平入版圖元臣翁罕裔納札爾瑪穆特來歸遂以其地賜之是爲東路土爾扈特部編置佐領設旗二曰右旗曰左旗授札薩克世襲統隸伊犂將軍節制牧地跨濟爾噶朗河東至奎屯河南至南山西至庫爾喀喇烏蘇屯田北至戈壁北極高四十四度二十分京師偏西三十一度二十分濟爾噶朗河三源發庫爾喀喇烏蘇南山名古爾班恰克圖山中產金置濟爾噶朗金廠古爾班恰克圖水北流逕土爾扈特喇嘛寺又西北流逕布爾哈齊軍臺西爲濟爾噶朗河又曰多木達喀喇烏蘇言於三喀喇烏蘇居中也布爾哈齊莊南五里許沙阜湧泉勢甚湍急北逕莊東爲布爾哈齊水西北流入於濟爾噶朗河濟爾噶朗河又西北流入庫爾喀喇烏蘇河濟爾噶朗廠西南有山曰額布圖嶺發泉東北流爲額布圖河又曰固爾班喀喇烏蘇其水自東北折而西北流入車爾喀喇烏蘇河又西入喀喇塔拉額西柯諾爾東奎屯河在庫爾喀喇烏蘇城東南源出額林哈畢爾噶山產金置廠奎屯河北流出山疏西流一渠一曰樹窩子商戶渠又北流逕庫爾喀喇烏蘇城東又北流東西各引渠東曰河沿子商戶渠西曰民戶渠戶屯之北爲兵屯河逕兵屯東折而西北流逕軍臺西爲庫爾喀喇烏蘇河

西路舊土爾扈特部一旗在伊犂城東當天山之北晶河東岸至京師一萬餘里本漢時烏孫國地北魏時爲悅般國等爲蠕蠕所併後周時入於突厥唐初西突厥地後爲嗢鹿州都督府地元阿勒穆爾地明時爲衛拉特地舊爲準噶爾各鄂拓克及各台吉游牧處乾隆二十年準部平入版圖元臣翁罕裔羅卜藏諾顏來歸遂以其地賜之是爲西路舊土爾扈特部編置佐領設西路旗一授札薩克世襲隸伊犂將軍節制牧地東至精田屯田南至哈什山陰西至託霍木圖臺北至喀喇塔拉額西柯諾爾北極高四十四度四十分京師偏西三十二度五十分哈什山在慶綏城西南山之陽即伊犂哈什河源所出合十餘水西流來會曰伊犂河有晶河舊作精河源出安阜城南山其山即伊犂哈什河北岸山陰也山有峽口曰登努勒台新唐書地理志云黑水守捉又七十里有東林守捉又七十里有西林守捉又經黃草泊大漠小磧度石漆河踰車嶺至弓月城過思渾川盤失密城渡伊麗河蓋即由登努勒台至伊犂矣石漆河或晶河之舊稱河三源並出爲古爾班晶河準語晶謂蒸籠也河濱沙土濕暖如蒸故名西北流出山經西路一旗土爾扈特游牧一百科樹之西北距安阜城九十里又西北流導西流渠一又西北流導東流一渠一又西北流逕晶河舊城西又北流入喀喇塔拉額西柯諾爾喀喇塔拉額西柯諾爾即鹽海子也在精河城北庫爾喀喇烏蘇河出庫爾喀喇烏蘇城南山中三水合北流逕城東及北合南來一水又西北濟爾噶朗河自其南注之又西數穆達河亦自其南注之合流瀦爲曰鹽海子

唐努烏梁海部本明時兀良哈部族至京師八千餘里清初來附屬烏里雅蘇台定邊副將軍轄共二十五佐領二佐領在德勒格爾河東岸二佐領在庫蘇古爾泊東北四佐領當貝克穆河折西流處四佐領當噶哈爾河源三佐領當謨和爾阿拉河源十佐領在西北跨阿爾泰河阿穆哈河又附札薩克圖部所屬烏梁海五佐領賽音諾顏部所屬烏梁海十三佐領哲布尊丹巴呼圖克圖門徒所屬烏梁海三佐領東南至土謝圖漢及賽音諾顏部札薩克圖漢部西南至科布多北至俄羅斯北極高五十五度四十分京師偏西二十四度二十分南唐努山延亙千餘里又有穆遜山西北敖蘭烏納瑚山鄂爾噶漢山與唐努山相接阿努河察罕朱哈河阿穆哈河皆出其北麓北塔爾噶克山其南爲額爾齊克山有克穆河即劍河元史謙河亦即此水河出穆遜山西北之託羅斯嶺南麓曰華克穆河南流經哲布尊丹巴呼圖克圖門徒所屬烏梁海三佐領之西又南流陶託泊水自東來匯陶託泊水出穆遜山西麓兩源並發合流曰烏魯河西流瀦爲陶託泊和金哈河匯其北有二水匯其南復從泊西北流出入於華克穆河華克穆河折西流逕札薩克圖漢部所屬烏梁海一佐領之西北又西流布斯河出章哈山北麓自南來匯又西多集瑪河自北來會又西流哈爾吉河自南來匯又西流有札噶泊周數十里當唐努山北近吉里克卡倫陽山之東瀦爲泊其水東北流哈拉穆楞河自東南來匯又西北流入於華克穆河又折而北流經札薩克圖漢部所屬烏梁海一佐領境納東南來一小水又北流會貝克穆河自發源至此一千一百餘里貝克穆河源出託羅斯嶺南麓在華克穆河源之西水南流瀦爲伯魯克泊復南流博爾魯克河自南來匯折西流阿薩斯河亦出託羅斯嶺西南麓南流從泊出又西南流特爾穆又西流瀦爲克穆哈拉又西流哈彥薩拉克穆出泊託羅斯嶺西北麓瀦爲特爾穆哈拉克泊復從北阿克河自西來匯又東流北納一小水南納集爾噶瑚河又東流北納一小水南納札達克河東入大克穆河大克穆河西流讀什克河巴拉克河皆自南來入之又西流烏蘭河自北來會又西北流合又西流讀和爾阿拉河額錫穆河察漢河拉爾河特穆爾烏蘇河自札庫爾入三水皆來匯圖蘭河出塔爾噶克山西南麓南流合鄂克河入於大克穆河察漢朱哈河發源鄂爾噶漢山北麓北流逕敖蘭烏納瑚山西西北流入阿努河阿穆哈河亦發源鄂爾噶漢山西北麓北流逕烏梁海十佐領之東折而東北流入阿努河特里泊出唐努山北麓西北流爲泊又西北流入於華克穆河額赫河即厄赫河上源爲庫蘇古爾泊在唐努山烏梁海東南境伊克杭哈河納林杭哈河哈拉錫爾河納林和羅河俱出穆遜山南麓南流瀦爲復自泊東南流出曰額赫河南北合數水庫克陀羅蓋河達爾沁圖河鄂依拉噶河阿勒渾博勒爾河俱出卡倫外東南流來會又東逕札薩克圖漢部賽音諾顏部境又東南入土謝圖漢部界北納努拉河布科倭河東南會色楞格河有德勒格爾河出唐努山東南東流踰卡倫東南流西納伊克河羅河託爾和里克河出德勒格爾河源皆東南流入札薩克圖漢部界哈屯河自科布多北流入界阿爾泰河亦自科布多西北流來會又西北入俄界蘇特泊在鄂爾噶漢山南

以上隸伊犂將軍節制

清史稿

地理志二十六

青海

青海禹貢西戎之域袤延二千餘里至京師五千七十里東及北界甘肅西界西藏南界四川三代屬西羌漢爲張掖武威金城隴西四郡之西塞外蜀郡之北徼外屬先零燒當等諸羌地王莽時置西海郡歷後漢魏晉皆諸羌所居東晉後又爲吐谷渾所據隋平吐谷渾置西海河源等郡隋末吐谷渾復據之唐龍朔三年吐蕃滅吐谷渾盡有其地宋亦爲吐蕃地元爲貢德州及吐蕃朵思甘思等處屬吐蕃等處宣慰司明爲西蕃地正德四年始爲蒙古部酋所據清初有元太祖弟哈布圖哈薩爾之裔號顧實汗自西北侵有其地遣使通貢自分部衆爲左右二翼左境東自西甯邊外棟科爾廟西至嘉峪關邊外洮賚河南自西甯邊外博羅充克克北岸北至涼州邊外西喇塔拉右境東自棟科爾廟西至噶斯池南自松潘邊外漳臘嶺北至博羅充克克河南岸康熙三十七年悉衆內附雍正元年台吉札什巴圖爾子羅卜藏丹津誘衆犯邊大軍討平之越歲而定三年一貢分三班九年一周置互市於西甯日月山開拓新邊增設安西鎮於布隆吉爾關地千餘里三年

編其部落爲四旗二十九後又增置土司四十設西寧辦事大臣以統轄之廣千餘里袤千餘里面積二百四十萬方里人十五萬口北極高三十一度四十五分至三十八度三十分京師偏西十四度三十分至十七度東阿木尼末倫山東南阿木尼寨爾秦山西南阿木尼那淺通布山西北阿木尼巴延肆崖有阿木尼洞舒山阿木尼天沁察罕山其峯甚峻無雪而白故名阿木尼兀善通布山西阿木尼巴爾布安山其峯高險色黑故名西北二百餘里有阿木尼厄枯山東北近甘涼二州之邊有阿木尼岡噶爾山又名龍壽山涼州邊外有阿木尼巴延哈拉山又名大荒山又阿木尼扣肯古爾板山在黃河東岸哈爾吉山東山有二峯獨高積雪不消其一爲阿木尼麻禪母係山即大雪山也番語稱岨爲阿木尼西海十三山番俗皆分祭之而以大雪山爲最凡環繞青海之濱者亦有十三山土人皆名烏爾圖謂之十三角云又南曠野中有漢陀羅海山西嚢克圖山西南嚢克圖山地多瘴氣西南烏克陀羅山高峯壁立黃河西岸青海西南有固爾班伊瑪圖山三山相接皆名伊瑪圖繞瀾羅池有蘇羅巴顏喀喇山在伊瑪圖山東北石崖色黑多冷瘴故名南黃河北岸有巴爾陀羅海岡近青海南岸有巴漢哈圖嶺巴哈哈圖嶺東伊克哈圖嶺其西南察察嶺察察嶺東納布楚爾嶺南少西蘇羅嶺即蘇羅巴顏喀喇山之東支黃河西岸蘇羅嶺東登諾爾台嶺拖孫池東南忒伯呼圖嶺有海努克嶺東北布呼圖嶺西烏蘇圖嵾吉嶺青海西南相近有殷德爾碧柳圖嶺青海西南二百餘里好來嶺烏蘭布拉克嶺西寧邊外納拉薩拉嶺其西齊布桑爾嶺相近有哈拉嶺即拉喇山也洮州衛邊外有達爾濟嶺即託禮嶺也洮河發源西傾山之脊嶺最高大其上平坦草木茂盛東南有和爾河源出納拉薩納嶺西北流入青海北少東哈爾濟河源出青海北岸哈爾濟山東南流入青海北伊克烏蘭和碩河源出巴顏山南流入青海其西巴哈烏蘭和碩河南流入青海東南巴顏池周四十餘里西南多羅池周一百五十餘里洮脊河亦作滔來陶賴討來在肅州南下流合張掖河卽古呼置水也漢書地理志福祿縣呼置水出南羌中東北至會水入羌谷寰宇紀呼置水一名潛水俗謂之福祿河西南自吐谷渾界流入一統志按今討來河發源州西南五百餘里番界中有三派最西曰討來河其西又有哈土巴爾呼河北流與討來河合又東北百餘里南有巴哈額濟內二河分流而合又北與討來河會爲一又東北流入邊繞州南至州東北合西來之水又東北出邊過金塔寺稍折而北又轉東與張掖河合又北入居延海布隆吉爾河在今安西州北卽南端水也一統志按輿圖及新志今有蘇額河亦名布隆吉河發源靖逆衛南碎山曰昌馬河北流轉而西逕柳溝衛北會十道溝水爲蘇額河又西逕安西衛北又西逕沙州衛西北黨河自南來注之又西北流豬爲合拉池其流長七百餘里池方數十里即古南籍端水也今三衛屯田俱藉此水灌漑塞爾騰海在舊沙州衛西南水出雪山之陰西北流豬爲澤爲青海耍道西爾噶拉金河即黨河在沙州衛西古氏置水也漢書地理志龍勒縣有氐置水出南羌中東流入澤溉民田一統志按輿圖今有黨河在西會南來一水又折北流繞沙州舊城之東新城之西入蘇頓河流甚廣當卽古氐置水穩魯烏蘇又作胡胡烏蘇在黃河西大雪山北源出索諾木達什嶺北流四十餘里折東北合南來之密喇河北來之薩爾哈卜齊海阿爾昂諾水東流入黃河噶斯池在黃河上流鄂靈海東北固爾班蒙濟陀海山東南有三池一名郭博圖噶斯池周二十五里一名多木達噶斯池周十五里一名察罕噶斯池周十餘里俱在黃河鄂博池之東番名固爾班噶斯池

青海和碩特部二十一旗元太祖弟哈布圖哈薩爾七傳至阿克薩噶勒泰生子十二長阿魯克特魯爾今內札薩克科爾沁杜爾伯特郭爾羅斯札賚特阿魯科爾沁四子部落茂明安烏喇特八部之祖也夫烏魯克特穆爾十傳至哈尼諾顏洪果爾生六子其第四子圖魯拜琥號顧實汗後裔繁衍游牧青海者十九旗又有游牧西套之阿拉善旗游牧察哈爾之和碩特旗顧實汗長兄哈納克土謝圖其裔爲青海和碩特部所屬之西右翼中旗顧實汗季弟色棱哈坦巴圖爾其裔爲青海和碩特部所屬之西右翼後旗此二旗合顧實汗裔爲二十一旗顧實汗第三兄昆都倫烏巴什其裔爲游牧珠勒都斯之中路和碩特旗游牧科布多之新和碩特旗青海和碩特部在西寧邊外北極高三十四度三十三分京師偏西十五度十四分

西前旗顧實汗之子康熙四十二年封多羅郡王雍正三年授札薩克世襲佐領一牧地在布喀河南岸東至烏圖起爾河陀羅海南至西拉庫爾果庫圖爾西至烏犂烏蘇呼魯恭納北至布喀河濱納令希楞班禪商上堪布喇嘛牧場在旗境額勒池水南

前頭旗顧實汗之孫康熙四十年封多羅貝勒五十六年晉封郡王雍正三年授札薩克世襲佐領十一牧地南當黃河之曲有哈柳圖河入於黃河東至拉布楞希拉得布沙南至和託果爾希里克西至巴爾鄂博巴顏烏拉北至額爾德尼布烏魯勒卜達巴黃河重源再顯於巴顏喀喇山之東麓二泉流數里合而東南流曰阿爾坦河阿爾坦濛古言金也水色微黃似之東北流三百餘里至鄂屯塔拉爲古星宿海元史所謂火敦腦兒也直西寧邊外西南一千一百餘里星宿海於羣山環繞中有地平曠可三百里有泉千百隨地涌出大小錯列望若列星阿爾坦河自西南來皆匯入爲東北流百餘里又東南注札凌海海周三百餘里東西長南北狹亘其中而流番語謂白爲札長爲凌以其水色白也又東南注鄂凌海海在札凌東五十餘里周亦三百餘里形如瓠瓜西南廣東北狹番語謂青爲鄂言水色青也卽元史所謂騰亘瀚名阿剌腦兒者也由海東北流出折東南南抵巴顏渾嶺下復正南流二百五十里水色始變綠而黃又東南流曲曲七百餘里繞大雪山南古積石山也番名阿木尼麻禪母遜阿林阿木尼謂祖麻禪謂險惡母通謂冰猶言大冰山也山自巴顏喀喇東來當黃河北岸綿亘三百餘里上有九峯甚高冬夏積雪在西寧邊外西南五百三十餘里元史謂之亦耳麻不莫剌黃河依山南麓東流折而東北有三坤都倫河前後自東南來注之三坤都倫者一出曰額坤都倫出額楚山西北流三百餘里入黃河卽元史納鄰哈喇河自白狗嶺北流者一曰額都爾達都坤都倫出納克多木精山西北流屈曲三百數十里入黃河當河流自南轉東北處卽元史乞里馬出河自威茂州西北岷山之北北流者一曰多拉坤都倫源出岡岐山西北流六百數十里入黃河正當大河於烏蘭莽奈山之北折西北流之處卽元史貌椤山西北七百里過札塞塔失地與河合者黃河旣納此三水勢甚盛至烏蘭莽奈山下始折而西北流二百里小哈柳圖河自東北來入之小哈柳圖源出東北魯察布拉山二源西南流百里合又西入河當游牧西土爾扈特南前旗東

前左翼頭旗顧實汗之孫康熙四十三年封多羅貝勒雍正元年晉郡王三年授札薩克世襲佐領九牧地在大通河南岸東至阿木達賴台南至固爾班塔拉之北沙拉圖西至齊擦擦呢布楚勒北至巴顏布拉克大通河源出青海西北阿木尼尼庫山南諾爾東南流曰烏蘭木倫河又東哈爾渾河自北來注之又東北曲曲流南受一水又東北淌楚喀河自西北來注之東逕甘州邊外番大山東南流入百里北受小水六南受小水五至西大通堡南又東南會湟水又東南入黃河卽古浩亹水也河西北爲西右翼前旗游牧地

西後旗顧實汗之裔康熙五十五年封多羅貝勒雍正三年授札薩克世襲佐領九牧地跨柴集河其水北注鹽池東至錫喇鹽海子察罕託羅海南至合約爾巴爾古西至布隆吉爾河原北至果圖爾希拉庫圖爾鹽池在青海西南周百餘里產青鹽蒙古名達布遜綽爾其水自錫喇庫特爾山之莫和爾河與布拉克地察罕烏蘇河西滙爲此池又自池東南流出會西來之巴爾虎河又七十餘里柴集河自東南來入之名曰鹽河復東南流洽於卽額池凡青海蒙古輿西寧一郡軍民並各種番回食鹽皆取給於此

北右翼旗顧實汗之孫康熙四十四年封輔國公雍正元年晉貝勒後降固山貝子三年授札薩克世襲佐領六牧地在青海北岸東至沙哈吉爾南至庫庫諾爾濟津西至吹吉烏立圖阿拉爾北至烏蘭和碩有伊克烏蘭和碩巴哈烏蘭和碩二河在旗境西西北自庫德里山南流百餘里入庫庫諾爾

北左翼旗顧實汗之孫康熙四十四年封輔國公雍正元年晉固山貝子三年授札薩克世襲佐領三牧地在布隆吉爾河南岸東至哈喇諾爾南至科爾魯克西至察果圖爾北至伊克柴達木烏蘭烏蘇河出東南沙磧中西北行五百餘里入達布遜諾爾

南左翼後旗顧實汗之裔康熙五十年封輔國公雍正三年授札薩克世襲佐領一牧地在大通河南岸青海正北東至吉噶素台鄂蘭布拉克南至和洛海西羊布都克圖烏蘭和碩北至青海

北前旗顧實汗之裔康熙五十年封輔國公雍正三年授札薩克世襲佐領二牧地在青海西岸東至科依特陀羅海南至柴吉希巴立台西至庫吉北至哈達圖

南右翼後旗顧實汗之裔康熙五十年封輔國公雍正三年授札薩克世襲佐領四牧地在青海東岸東至賀爾南至哈沙圖西至哈拉索布魯漢北至庫庫諾爾坤都倫河自察罕鄂博圖山兩源合而南入西寧河有世宗御製碑在旗界

西右翼中旗顧實汗伯兄之裔雍正三年領公中札薩克授一等台吉世襲佐領一牧地跨柴達木河東至諾木犁河南至諾木犁木魯西至滑賁北至希勒沿舒哈河自旗西無名海子流出西北入於沙柴達木河出河源北託遜綽爾西流至西拉珠爾格塔拉阿拉克綽爾水東來入之合而西北流格德爾古河烏蘭烏蘇河布隆吉爾河俱自其東注之又西入於沙

西右翼前旗顧實汗之裔雍正三年授札薩克一等台吉世襲佐領二牧地在大通河北岸東至察罕阿爾吉永安南至約呼賽口西至柴達木察罕巴彥託羅海北至希立永安

南右翼中旗顧實汗之裔康熙五十九年封輔國公雍正三年授札薩克乾隆四十年降一等台吉世襲佐領五牧地當魯察布拉山之西東至庫克烏松南至齊克特尼諾爾西至僧克圖木齊北至庫克烏拉西山魯察布拉山舊作羅插普拉卽禹貢之西傾山也一名西疆山亦名彊臺山在洮州臨西南三百三十餘里史記夏本紀道九山隴九山右分三條馬融以西傾爲中條鄭康成分四列汧爲陰列西傾次陰列漢書地理志隴西郡臨洮禹貢西傾山在縣西北吐谷渾傳阿豺升西疆山觀洮江源水經注山東西洮水源彊臺西傾之異名也括地志西傾山今彊臺山在洮州臨潭縣西南三百六十六里元和志彊臺山在臨潭縣西南三百里一統志西傾山番名羅插普喇山近黃河自東折而西北之東岸綿亘千餘里凡黃河以南諸山無大於此者洮河發源於此

南左翼中旗顧實汗之裔康熙五十年封輔國公晉貝子貝勒後降襲札薩克一等台吉世襲佐領四牧地西濱黃河有恰克圖河東南來流入之東至巴克圖爾根南至阿爾坦果爾西至伊克圖爾俱北至巴哈圖爾根恰克圖河在洮州邊西六百餘里黃河東岸源出伊克圖爾根山東北流折而北會巴哈圖爾根山之水折而西北流百餘里有伊克西克山之水自東北來會又西北入黃河又有碩爾渾河舊作碩爾郭爾在恰克圖河之北源出古爾班圖爾哈山會三小水西北流入黃河

北左末旗顧實汗之裔雍正三年授札薩克一等台吉世襲佐領四牧地東至柴吉齊沁南至鹽海西至哈唐和碩北至和特克

北右末旗顧實汗之裔雍正三年授札薩克一等台吉世襲佐領二牧地在布喀河源沙爾諾爾之西東至色爾柯克達巴南至察罕陀羅海西至薩爾魯克北至庫爾魯克布喀河在青海西源出青海西北阿木尼厄枯山南至喀喇錫納河南流與英額池水會池周一百五十餘里其水東南流會於喀喇錫納河復東南流至天沁察罕峯北與沙爾諾爾會卽所稱巻池也諾爾周六十餘里其水東流至天沁察罕峯前東之羅子河西爾哈河又東受北來之濟拉瑪爾台河乃名布喀河又東流注青海其河受六大水岸闊流深夏月人不可渡青海左右諸水無有大於此者

東上旗顧實汗之孫雍正三年授札薩克一等台吉世襲佐領一牧地在青海東北岸東至阿拉額達巴木魯南至柴吉西至青海北至烏爾肯希巴立台

南左翼次旗顧實汗之裔雍正三年授協理台吉九年晉札薩克一等台吉世襲與前左翼頭旗共佐領九牧地有鹽池東至沙拉圖南至海達克西至努克孫山鄂昔齊北至烏蘭墨爾河鹽池在青海西南周百餘里產青鹽柴集河自東南來注之

南左翼末旗顧實汗之裔康熙三十六年封貝勒後削爵雍正三年授札薩克一等台吉佐領二牧地當博羅充克克河源東至爰吉立圖巴爾布哈南至圖祿根河西至恰克圖北山木魯北至恰克圖河博羅充克克河舊作波洛冲克卽古湟水一名洛都水者也在西寧府西北邊外當青海之東源出噶爾蘊嶺元人所謂祁連山明志之熱水山也有三泉一曰伊克烏拉古兒台一名土爾根烏拉古爾台一名察哈烏拉古爾台南流匯爲一水名博羅充克克河其東有布虎圖嶺二泉亦南來合曰昆都倫河東南流與巴哈圖河合流入博羅充克克河又東南流至棟科爾廟南有土爾根烏拉河自西南來會水勢始盛轉東流入西寧邊鎮海營是爲西寧河卽湟水也又東流三百餘里南至莊浪衛降唐堡入大通河漢書地理志金城郡臨羌西北至塞外有西王母石室仙海鹽池北則湟水所出東至允吾入河水經注湟水出塞外東逕西王母石室東南流逕龍夷城故西零之地也又東南逕卑禾羌海北有鹽池世謂之青海東流逕湟中城北故小月氏之地也又東右控四水導源四溪東北流注於湟又東逕赤城北而東入逕戎峽口右合羌水又東逕臨羌縣故城北又東盧溪水注之又東逕臨羌新縣故城南又東右合溜溪伏溪伏溜杜蠡四川左會臨羌溪水又東龍駒川水注之又東長寧川水注之又東牛心川水注之又西逕平城北又東逕土樓南右則五泉注之又東右合蕙谷水又東逕東亭北東出溱峽東流右則溱谷常溪注之右則甘夷川水入焉又東安夷川水注之又東逕安夷縣故城又東左合宜春水又東勒且溪水注之又東左則承流谷水南入右會達扶東西二溪水東流頓雞谷二水北流注之又東吐那孤長門南川南流入之又東逕樂都城南東流又合來谷乞斤二水左會陽非流溪細谷三水東徑破羌縣故城南谷水自南破羌川自北左右氣注之又東徑小晉興城北又東興閏門河合六卽浩亹河也又東徑允吾縣北爲鄭伯津與澗水合又東徑允街縣故城南又東徑支陽縣逆水注之後漢書注湟水一名洛都水西自吐谷渾界入在今湟水縣元和志湟水一名湟河亦謂之洛都水出青海東北亂山中東南流至蘭州西南入黃河唐書吐蕃傳湟水至濛谷抵龍泉與黃河合元史河源附錄湟水源自都達山下正東流一千餘里注浩亹河與黃河合冊說西川河源出西塞外海夷部落東由石峽入境至衛西北受北川河又東合南川河而經城北名西寧河又至衛東北受沙塘川水又東南經碾白堡名湟河又東南接莊浪河界合西大通河又東合莊浪河又東南至蘭州西南入黃河北川河番名伺爾坦河源出西寧邊外北至爾坦山南流會二小水入北川河又南流入西寧北川邊內又東南流至西寧城南入湟河南川河番名西喇苦特河源出西寧邊外西南西喇苦特山東北流入西寧城西北入湟河又喀喇河在西寧邊外西北湟河之東源出察罕鄂波圖嶺合二小水東南流入西寧邊內又流五十餘里入湟河

南右翼末旗顧實汗之裔康熙三十六年封輔國公晉固山貝子雍正元年削爵三年授札薩克一等台吉世襲佐領一牧地在黃河北岸有西尼諾爾東至烏蘭布拉克南至黃河舒爾古勒渡口西至西拉珠爾格西山木魯北至巴顏布拉克錫尼諾爾在旗東界其南岸與烏蘭河北入黃河之處相直黃河自此北折東逕貴德廳北入西寧府界

西右翼後旗顧實汗之裔雍正三年授札薩克一等台吉世襲佐領一牧地跨柴達木河東至希昔南至諾們犁木魯希西至烏拉斯台北至柴達木

西左翼後旗顧實汗弟之裔雍正三年授札薩克一等台吉世襲佐領一牧地跨柴達木河東至巴彥陀羅海南至桑陀羅海西至烏爾圖北至瑪尼圖沙納圖

青海綽羅斯部二旗本準噶爾旗乾隆十九年準噶爾平其族遂微附牧賽音諾顏部者曰額魯特附牧青海者曰綽羅斯轄旗二南右翼頭旗北中旗北極高三十六度十八分京師偏西十五度四十二分

南右翼頭旗準噶爾旗康熙四十二年封多羅貝勒雍正元年晉郡王三年授札薩克乾隆三十年降貝勒世襲佐領四牧地當青海東南岸東至博爾巴齊他爾察罕鄂博哈拉烏素南至固爾班他拉賁諾爾西至窩爾登諾爾伊克察罕哈達北至青海察罕陀羅海南有巴顏綽爾東北有蒙古圖布拉克會東來二水又東北有烏蘭布拉克二水合流而西會南來之巴顏淖爾水爲和爾必拉北入青海

北中旗準噶爾旗康熙五十五年授公品級一等台吉兼札薩克雍正三年晉輔國公乾隆十五年晉固山貝子世襲佐領二有半牧地在青海西北岸東至濟爾瑪爾台南至布喀沿西至西爾哈落薩北至濟爾瑪爾台西爾哈河西北出槐滿阿林東南流又有羅色河西北出庫得里阿林西南流來合南入布喀河又西北濟爾瑪爾台河屈曲南入布喀河其南岸卽和碩特北前旗也

青海輝特部南一旗姓伊克明安有卓哩克圖和碩齊者其子號青諾顏游牧青海雍正元年來降三年授札薩克一等台吉九年晉輔國公世襲佐領一牧地當巴彥諾爾之南東至巴彥諾爾東山木魯南至窩蘭布拉克僧里鄂博哈立噶圖西至博爾楚爾哈立噶圖河北至納蘭薩蘭北極高三十六度十八分京師偏西十五度四十

二分巴彥諾爾在青海東南周四十餘里水西北流出屈曲三百數十里入和爾必拉

青海土爾扈特部四旗元臣翁罕數傳至博第蘇克自稱青海土爾扈特台吉順治八年始通貢雍正三年編轄旗四北極高三十五度十五分京師偏西十七度十五分　南中旗翁罕之裔雍正三年授札薩克一等台吉世襲佐領四牧地當登努爾特達巴罕之陽東至果庫圖爾南至果庫圖爾山木庫爾西至庫克烏松北至袞河爾台　西旗翁罕之裔雍正三年授札薩克一等台吉世襲佐領四牧地在阿屯齊老圖有阿勒淖爾泊東至滾阿爾台南至黃河西至哈爾克爾布立北至庫克烏蘇唐秦楞　南前旗翁罕之裔雍正元年授札薩克一等台吉世襲佐領一牧地當大哈柳圖河之南小哈柳圖河至北東至古魯牛博爾齊沙拉圖南至黃河西至宗科爾北至恰克圖大哈柳圖河蒙古曰伊克哈柳圖在洮州廳西六百餘里黃河北岸源出納莫哈山烏蘭俄爾吉巔當布庫吉爾地三源東流百餘里折而西南合流又西北流入黃河小哈柳圖河源出魯稞布拉山二源西南流百里合又西入河當旗境東稞漢諸們罕喇嘛游在旗境東北　南後旗翁罕之裔雍正三年授札薩克一等台吉世襲佐領三牧地當碩羅巴顏哈拉山之陽曰鄂博圖東至莫古立源南至袞阿爾台西至庫克烏松木魯北至登納吉爾尼薩爾哈布齊海河自南來屈曲而南有哈爾渾舍里小河阿爾坦河自北來會合而南入黃河呼呼烏蘇河在阿爾坦河之西北源出蘇羅達巴罕南入黃河

青海喀爾喀部一旗南右一旗元太祖之裔徙牧青海隸和碩特之族雍正元年來歸偏旗一乾隆三年授公中札薩克一等台吉佐領一牧地在青海南岸東至察罕哈達南至南山木魯西至烏蘭布拉克北至青海北極高三十六度三十五分京師偏西十六度三十二分自東而西有阿木尼塞爾沁阿林伊克哈達巴罕巴哈巴哈哈圖達巴罕巴哈察罕哈達伊克察罕哈達諸山東有阿爾河西札哈蘇太河中無名河六俱北流入青海達頓商土堪布喇嘛牧場在柴積河南　以上各部共二十九旗及察罕諸門爲一盟不設盟長歸西寧辦事大臣統轄

土司青海所屬凡四十玉樹四司一司二司在木魯烏蘇河東三司四司在河西阿拉克碩二司白利阿蘿克阿永在河南尼牙木錯圖察拉布在河北札武三司在河東隆布吹冷多爾多在布拳布楚河間上格爾吉在布楚河西中格爾吉下格爾吉哈爾受隆壩二司隆東綽火預覺巴拉蘇爾菲葉爾吉列旺安圖與巴拉爾吉俱在河北桑色爾巴頗鑫謙在河南洞巴在河西蘇魯克在索克河南稱多在瑪楚河西蒙古爾津永河普在黃河西二阿里克在齊普河東西北境有阿克達巴蘇通拉木山皆長數百里極西北二十里有錫津烏鑑拖羅海山託乃烏蘆木倫河出其西南爲勒科爾烏藍達布遜山喀齊烏藍木倫河東流八百餘里會烏蘇河以下通稱木魯烏蘇河有阿克達木河出阿克達木山屈曲流七八百里北注之折北流會託克託乃烏藍木倫河又轉東受南來之布爍伯河又東受南來大水二入玉樹司界折西南有那木齊圖烏蘭木倫河出瀚海地東流千餘里折南注之又南折東遜拉瑪嵘喀山北受齊齊爾納河又東南爲布壘楚河入四川雅州所屬土司界是爲金沙江上源阿克河出巴薩通拉木山南流折東入喀喇烏蘇河河自前藏東流入境行三百餘里折南流有索克河出阿克達木山西屈曲東流八百里而南注之仍南入前藏界布楚河上源曰格爾吉河出上格爾吉司東南流遜各司南王洞巴司西折南入前藏界是爲瀾滄江上源瑪楚河出尚嵘司東東南流入雅州土司界是爲穆楚江上源黃河發源巴顏喀喇山東麓名阿爾坦河東北流匯爲大澤名鄂端諾爾即星宿海也又東貢查靈海東南入鄂靈海會西來烏蘭河至永河普司東又折東入額魯特界齊普河上源有二曰圖犖圖河曰得爾多河北流而合璣阿里克境西北入黃河　以上納賦於西寧辦事大臣

清史稿

地理志二十七

西藏

西藏禹貢三危之地在四川雲南徼外至京師萬有四千餘里周爲西戎漢爲西羌唐爲吐蕃其君長號贊普宋朝貢不絕元憲宗始於河州置吐蕃宣慰司都元帥府四川徼外置碉門魚通黎雅長河西寧等處宣撫司世祖時復置烏斯藏部縣其地明爲烏斯藏賜封號設指揮宣慰等司以示羈縻宣德成化間又果加封其號其地有僧號達賴喇嘛居拉薩之布達拉廟號爲前藏有班禪喇嘛居日喀則之札什倫布廟號爲後藏　太宗崇德七年有達賴喇嘛及班禪重譯來貢未幾爲蒙古顧實汗所據四傳至曾孫拉藏汗而準噶爾併之康熙五十九年官兵西討殲僞藏王以西藏地賜達賴喇嘛使蒙古舊臣頗羅鼐等五人分守乾隆四年敕封頗羅鼐爲郡王領藏事至其子襲封以罪誅遂除西藏王爵所有輔國公三一等台吉一噶布倫四戴琫五碟巴三堪布一設駐藏辦事幫辦大臣分駐前後藏以轄之其俗稱國曰圖伯特又曰唐古忒近因藏民不遵光緒十六年與英所定條約辱其邊務大臣致英兵入拉薩要挾西藏立約十條主權盡失光緒三十一年特派員至印度與英協商其新改條約一西藏路鑛電綫由中英兩國妥議辦理他國不得干預二西藏用人權概歸英員與駐藏大臣會議辦理三西藏有亂中政府須與英協商後派兵彈壓四西藏增設商埠由中英兩國會同辦理五西藏土地非得中英兩國承辦不得租借轉賣據條約觀之西藏蓋爲兩屬之國矣境內分四部曰衞曰康曰藏曰阿里東界四川東南界雲南西界西域回部大沙海北界青海及回部廣六千餘里袤五千餘里北極高三十度三十五分京師偏西二十四度十五分

衞一曰前藏即古之危亦稱中藏卽烏斯藏也乾隆十五年設大臣鎮守其城曰布達拉城有坐牀爲達賴喇嘛所住協理藏事東界喀木西界後藏南界不丹北界青海及新疆轄城二十八　喇薩城即布達拉在打箭鑪西北三千四百八十里札什城在喇薩南七里德慶城在喇薩東南三十八里柰布東城在喇薩東南二百二十里桑里城在喇薩東南二百五十一里垂佳普耶城在喇薩東南二百六十里野而古城在喇薩東南三百一十里達克布城在喇薩東南三百三十七里則庫城在喇薩東南三百四十里滿撒納城在喇薩東南四百四十里拉巴隨城在喇薩東南四百四十里達剌馬宗城在喇薩東南五百六十里古魯納木吉牙城在喇薩東南六百二十里碩噶城在喇薩東南六百四十里朱木宗城在喇薩東南七百五十里東順城在喇薩東南七百七十里則布拉剛城在喇薩東南八百七十里納城在喇薩東南九百六十里吉尼城在喇薩東南九百八十里日噶牛城在喇薩西南三十里楚舒爾城在喇薩西南百十五里日喀爾城在喇薩西南百二十里公喀爾城在喇薩西南百四十里爲衞地最大之城岳吉牙來雜城在喇薩西南三百三十里多宗城在喇薩西南四百二十里僧格宗城在喇薩東北百二十里曇魯恭噶城在喇薩東北百五十里達多城在喇薩東北百七十里設大汛爲護防藏地凡大汛四一在前藏城一在後藏又臺站二自打箭鑪至此有站五魚通即打箭鑪裏塘巴塘均屬四川有前藏者二曰察木多曰拉里城西南巴則山西招拉筆洞山又布達拉山高百餘丈又西東噶爾山高約四百餘丈爲西藏要隘南牛魔山高二百餘丈東北耶路山藏木多嶺北布克沙克河源出噶占古察嶺南流西合沙克河又北東南流西受庫蘭河北受布喀河又東南入喀喇烏斯雅魯藏布江即大金沙江古之跋布川也源出藏西界卓書特部西北達木楚克哈巴布山三源俱東北流而合折東流枯木岡前山水自西南來會又東北江加蘇木拉河自西北沙苦牙拉麻拉山東南流來會又東阿拉楚河北自沙拉木岡前山水會而南流又東稍北拉烏克藏布必拉自東北桑里池西南流合數水來會又東南郭永河自東南則嶺東北流合數水來會又東南蘸楚藏布河自東北合諸水來會又東瓏出河式爾的河滿楚藏布河藏克藏布河合諸水來會又東南加木租池水北自章阿布林城合東一水南流來注之又東南受西南來一水又正北流折向西北受西北隆左池水又自部拉古董察山來注之又東北鑪里山水自東南來注則城北又東北鄂宜楚藏布河自西北札木楚克池合諸又北流戒忒楚河札克北朋楚河自北來注之又東南會普冬廟前烏爾克河自拉公山來注之又東過薩喇朱北龍前河自南合二水來注之又東北捏木河自西北拜的城北岸山北受西北來一小水東北過鐵索橋遜日喀爾公喀爾城北噶爾招木倫江自東北合諸水西會疑即古吐蕃之藏河也雅魯藏布江既會爾招木倫布衣那城北共入百里年豬河自北合諸水會又東經北薩母龍拉嶺水南流入羅喀布占國穆楚河合泰楚河格里池在境西北藏他日喀則城東北隔山郎澤江源之山即大流沙也池廣六百餘里周一千餘里東爲滕格里言水色同天青其東有三水流入皆名查哈入北曰羅薩河南曰打爾古藏布河合西來數池水東流魯克于木卒池中有三山水成五色曰馬品木達賴池那大曰布喀池藏江源也東噶爾山上有關

康一曰喀木要寨曰察木多在前藏東千二百五十里東界四川南界猺瑜境及英屬阿薩密西界衞地北界青海喀木今曰昌都亦稱前藏本屬呼圖克圖康熙五十八年始納欵設臺站置糧員一有土城西南有羅隆宗舒班多達隆宗西北有類伍齊等部落其南有乍了康熙五十八年招撫又南有江卡雍正元年招撫設有官寨東達蓋喇山沖得喇山南安靜大山與川木山東南奪布喇山鼎各喇山西南魚別春積雪又巴貢山蒙堡山擦瓦山雲山雪山白奪山即賽瓦貢山東有列木喇嶺羅隆宗東有得貢喇山山勢陡西南有東有章喇山西南吾抵喇山巴喇山西朔馬喇山即昂必達喇山沙貢喇山魯貢喇山兩山相遠類伍齊西名崚冬春積雪又有擦噶喇山葉達喇山察木多左有昂雲南亦名雲河右有雜楮河源出九茹因通四川亦名南瀾滄江二源一源發於市坐里岡城西北格爾吉市源發於市坐里岡城西北巴喇克拉丹蘇克山名鄂穆楚坐里岡城東北察木多廟前二水合流名拉克楚河南流南流至察瓦寺甲倉河東北來會又東南左受色爾恭河左貢河又東南流遜茶利大雪山入雲南始名鄂洽江路於衞地之布喀大澤淵澄黝黑又多伏流蒙古呼黑爲喀喀喇烏斯遜拉薩北有池名布喀櫓圖形廣六十里袤一西北流出入額爾吉根池轉東北入集達池又折東南流縱廣五六十里中有三山四池環抱復從喀喇池東南出北來二小水折南轉東至喀喇烏斯爲西寧進藏大道皮運蒙古三十九族地至伊庫山沙克河西北來會又東北索克河自北來會折南流左右各受一小水轉西南會衞楚河又東納沙隆錫河轉東南流類烏齊河自北來嘉玉橋爲濱蜀入藏之大道又東南流江爲怒江亦名番又東南流遜桑昂曲宗入江卡江之外爲怒夷故名維西廳折而南下遜雲龍州西徼右納就江入保山乃名安撫司又南流少東左納沙河轉西南至邊放土司從此隆宗西有偶楮河源出噶爾藏骨岔海子海合瀾滄江南噶喇山東流合偶楮河舒班多有納碩布楚河城西合三溪東北流入喀喇烏斯又柱嚕耶錯晉抵山均流歸偶楮河達隆宗北有撒楮河合肖楮河有俄楮河源出沙貢喇山流合楮河昂楮河下流乍了有勒楮河源出昂喇山樂楮河源出源出官角西南流經草里工又西南至洛隆宗合洛楚河前與猛楚河合有色楮河源出上納奪流入察木多大河

拉里一名喇里在前藏東五百九十里察木多西六百六十里達隆宗西北康熙五十五年其地有黑喇嘛附於準噶爾尋討平之以地屬前藏設臺站置糧員一無城西南有工布江達江達稱沃壤亦平西藏時就撫又其南有達克東北有西藏大臣所屬三十九土司亦有入甘肅西寧界者皆喀喇烏蘇番衆也拉里有拉里大山勢如龍上下險峻四時積雪西南卓拉大山延亘數百里多積雪江達西有鹿馬嶺高約陸拉里東有同妥楮河源出魯貢喇山流入呼爲擦楮卡江達有岡布藏布河自尼楚河自東北來會又東南有牛楚河東受東北二水又南經的牙爾山西入內有藩藏布河自東北來會土人曰喀克布必拉又南逕塞母龍嶺東梁格拉岡里山西出岡布境遜羅喀布占國下流入雅魯藏布江市楚藏布江岡拉山即喀爾楹廟東南山也有水東流曰馬木楚河與

隆楚河會又東北與北來烏山之烏斯江會又東逕鹿馬嶺至順邊有水曰佳蠶河發源過拉松多東南流逕江達城東折而南流合東二小水來會又東南曲曲流至工布什噶城南有水東北自巴麻穆池南流合東一水來會又折而西南有西來齊布山之牛楚河合而南流至工布珠穆宗城東底穆宗城西又東南至澤布拉岡城東合於雅魯藏布江又桑楚河南流有雅隆布河出舒班多南境來注之是爲藩藏布河又南入羅喀布占國注雅魯藏布江

藏即後藏一曰喀齊在前藏西南五百餘里地曰札什倫布即古之藏也南界尼泊爾東界衛地西界阿里北界新疆乾隆十五年設大臣鎮守其地曰札什倫布城有坐牀爲班禪額爾德尼所駐協理藏事有汛三在本城一外二曰江孜曰定日西境彭錯嶺北境那木嶺北有雅魯藏布江出阿里西南界山東流有郭永河東北流注之又受那烏克藏布蘊部楚河蘊爾格河又近城北會多克楚河至城西會南來之當出河又逕布里克什山南江至此已行二千五百餘里又東入前藏界北有打爾古藏布河流入前藏瀰爲騰格里池廣六百餘里

江孜在札什倫布城南二百里駐守備一南有帕里邊寨在連布魯克巴西通哲孟雄外接西洋部落噶里噶達東有千壩南有宗木小部落西南有定結北有拉孜多皆有官寨東南珠布拉大雪山西南喀木巴拉山及蘊木嶺定結之西有朋出藏布河源有三一西出嘗爾木藏拉山一東出西爾中馬山一東南出瓜查嶺合而東南流受西一小水又南曰朋必拉又南有一水南自綽爾猛通那岡里山來會折東流受南北水各一又東南流受西南派失岡千山阿巴拉山之水二又東流受南一水又東北至羅西喀爾城南有一河即西北拉喀拉布山二水合東南流逕城北羅楚河自北納三水南流合焉又東北羅藏布河自西北來注之又東繞岡龍前山之北折南流受西來之牛藏布河又東南受帕里藏布河又西南牛楚河西自年爾木城合數水來會又東南流出藏南境過朱拉拉依部落入厄特克圖界下流入雅魯藏布江汛西有年楚河源有二一出朱母拉母山東北一出其東順拉嶺下泉池十數匯爲一水北流會曰章魯河又東北至娘娘喇東有八水從東北喀魯嶺諸山又南札木長山社山來合而西南流來會轉西北流過江則城西又西北過白滿城西受四水來注必北始名年楚河經日喀則城東南過蘇木佳石橋長七十丈有十九洞爲藏地橋梁之冠又北流入雅魯藏布江源長共八百餘里西有帕里藏布河有一水西南流匯爲噶爾擦池南流而西又爲查本擦池又西南流折向東南合東北來一水又西南會西北來之噶拉嶺水又西逕帕里城西又西南受二水土人名藏曲大河西流入朋楚河

定日在札什倫布城西南七百餘里駐守備一有汛城三面距邊南有絨轄西南有聶拉木西有濟嚨西北有宗喀絨轄之東南有喀達喀達之西南有陽布俱接廓爾喀界宗喀之南有布陵南近廓爾喀北接拉達克汗部落其西北有薩喀又西北極邊有阿里以上各地俱有營官東巢烏拉山甲錯山西南嘉汭大山西通拉山喀達之西有暨烏拉山宗喀之東有犂塘拉山布陵境內有岡底斯山在阿里之達克喇城東北直陝西西寧府西南五千五百九十餘里其山高五百五十餘丈周一百四十餘里四面峰巒陡絕高出衆山百餘丈積雪如懸崖浩然潔白頂上有泉流注至山麓即伏流地下前後環繞諸山皆峻岩嶒峻奇峰拱列按其地勢出西南徼外以漸而高至此而極山脈蜿蜒分幹向西北者爲僧格喀巴布岡里木孫諸山繞阿里而北入西域之和闐南山及蔥嶺諸山向東北者爲札布列斜而克角烏爾克年唐拉木蘊坦岡而諸莫渾烏巴什巴顛哈喇諸山環衛地竟青海延而下六千餘里至陝西西甯等處邊界向西南者爲岡郎克尼兒薩木泰岡諸山亙阿里之南入厄訥特克國向東南者爲達木楚克喀巴布岡噶爾沙彌琴金剛花諸山歷藏衛達喀木雲南四川之境康熙五十六年遣喇嘛楚兒沁藏布闡木占巴理藩院主事勝住等繪畫西海西藏輿圖測量地形以此地爲天下之脊衆山之脈皆由此起云水經注阿耨達山西南有水名遙奴山西南小東有水名薩罕小東有水名恆伽此三水同出一山俱入恆水今阿里爲藏中極西南地近古天竺境北山西出張楚拉楚麻楚三大水皆西流轉東而南合爲岡噶江入南海疑此即阿耨達山也又有打母朱喀巴珀山山形似馬耶千喀巴珀山山形似象生格喀巴珀山山形似獅馬珀家喀巴珀山山形似孔雀皆與岡底斯山相連岡噶江即出耶千喀巴珀山北麓泉出匯爲池西北流合東北來一水又西而東北公生池水伏而復出合北來三水西南流來會爲馬品木達賴池自西流出爲郎噶池受東北來一水從西流出折向西南曰狼楚河曲曲二百餘里有楚噶拉河自東北來注之又西折北而東北逕古格札什魯木布則城之西則布龍城之東折西北而西南流逕則布龍城西南又折而西北流拉楚河自西北來會三水既會始名曰岡噶江又東南流出阿里界逕馬木巴柞木耶部落至厄訥特克入南海朋出藏布河在定日北東南流訥結楚河隆閩河入定結有牛楚河出塞拉岡參山東南流合東北岡布乾山水又東南逕濟嚨城南境受北來查母朱山一水始曰牛楚必拉又東流逕年爾母城北境折而東南又轉而東北流會朋出藏布河薩喀境內有鹽池阿里東北九百餘里有達魯克池隆布河與納麴河皆入焉

地理志二十八

察哈爾

察哈爾八旗東南距京師四百三十里當直隸宣化山西大同邊外明揷漢本元裔小王子嘉靖間布希駐牧察哈爾之地因以名部天聰六年征林丹汗走死其子孔果爾額哲來降即其部編旗駐義州康熙十四年其子布爾呢兄弟叛討誅之遷部衆駐牧宣化大同邊外又以來降之喀爾喀厄魯特編爲佐領隸焉乾隆二十六年設都統駐張家口其地東界克什克騰西界歸化城土默特南界直隸獨石張家二口及山西大同朔平北界蘇尼特及四子部落袤延千里北極高四十二度二十分京師偏西十分

鑲黃旗察哈爾駐蘇明峰在張家口北三百四十里東南距京師七百五十里明萬全右衞邊外漢上谷郡牧地當張家口之北東界正白旗察哈爾西界正黃旗察哈爾南界鑲黃旗牧廠北界蘇尼特右翼廣一百六十里袤一百九十里其山哈日漢爾圖山南哈石郡山北青羊山蒙名博羅虎揷紅羊山蒙名烏蘭虎揷東南阿哈魯虎山駱駝山西南額類山東北白鹿山蒙名布虎圖西北衣爾哈圖山東南大紅泉蒙名伊克烏蘭西南濼布拉克泉北小紅泉

正黃旗察哈爾駐木孫武克山在張家口西北三百二十里東南距京師七百六十里漢且如縣地牧地當張家口之西北喀喇烏納根山南東界鑲黃旗察哈爾西界正紅旗察哈爾南界陸軍部右翼牧廠北界四子部落廣一百一十里袤二百八十里其山東曰額爾吉納克山南烏爾虎拖羅海山北大鮮卑山蒙名伊克阿勒特興安山西南蒙漢和邵山東北楡樹山蒙名烏里雅蘇台西七金河蒙名賀爾博金源出賀爾博金山南流入希爾池東南兆哈河源出平地南流會烏爾古河又南蒙古几河自西來往之又南蘇爾扎河自東北來注之又南流從大同天鎭入邊逕柴溝堡西北入懷安爲東洋河蒙古几河源出平地東流會兆哈河南入邊城寧里河南流從之

鑲紅旗察哈爾駐布林泉在張家口西北四百二十里東南距京師八百三十里漢雁門郡北境牧地當山西陶林廳之東北代哈泊東界正紅旗察哈爾西界鑲藍旗察哈爾南界豐鎭北界四子部落廣五十里袤二百里其山南曰鴨兒山北阿爾達布色山東南格爾白山西南烏爾姑蘇台山北漢惠圖河源出敖托海泉西流入鑲藍旗察哈爾會安達河東南昇喀圖河源出正紅旗察哈爾西北流會阿拉齊河入岱哈池即奄遏下水海

正紅旗察哈爾駐古爾板拖羅海山在張家口西北三百七十里東南距京師八百里漢雁門郡北境牧地當山西陶林廳之東北豐鎭廳之北奇爾泊東界正黃旗察哈爾西界鑲紅旗察哈南界陸軍部右翼牧廠北界四子部落廣五百五里袤二百八十里其山曰阿柏鐽蘭台山北伊克和洛圖山東北哈撒克圖山西北插漢峰南崑都倫泉葫蘆蘇台泉北諾爾係泉東南流入正黃旗察哈爾爲納林河又東南注希爾池

鑲白旗察哈爾駐布雅阿海蘇默在獨石口西北二百四十五里東南距京師七百七十里明開平衞西北邊漢上谷郡北境牧地當獨石口廳治西北東及南界陸軍部牧廠西界正白旗察哈爾北界正藍旗察哈爾廣五十六里袤一百九十七里其山南曰巴漢得兒山西北鐵柱山蒙名阿爾坦噶達蘇其北西爾哈池西北紅鹽池蒙名烏蘭池魁素池

正白旗察哈爾駐布爾噶台在獨石口西北二百九十里東南距京師八百二十里明龍門衛邊外漢上谷郡北境牧地當獨石口廳治之西北東及北界鑲白旗察哈爾西及南界鑲黃旗察哈爾廣七十八里袤二百九十五里其山南曰清涼黑山崇名魁屯喀剌西喀喇峨博圖山一名黑山東南伊克得兒山一名大馬鬣山西北鎖鎖泊黑水濼蒙名喀剌烏蘇

鑲藍旗察哈爾駐阿巴漢喀剌山在殺虎口東北九十里東南距京師一千里明大同府西北邊外漢雁門郡沃陽縣地牧地當山西寧遠廳之北東界鑲紅旗察哈爾西界山西歸化南界山西大同北界四子部落廣一百一十五里袤一百六十里其山東曰克騰山西烏蘭插伯山東北衣馬圖山東南朔隆峯其水南曰察哈昔圖河源出阿爾姑嶺西南流會哥衡格爾虎虎烏蘇二河入烏蘭木倫河東南阿拉齊河源出朔隆峯東流至鑲紅旗察哈爾納巴爾哈孫河入岱哈池東北朱喇馬台河源出席喇峰西南流會喀喇烏蘇河納札海河爲土爾根河即黑河之上源黑河源出海拉蘇台城與鑲紅旗察哈爾接界西北流有納札海來喇馬台等河皆自北來與黑水河會又西流受德布色黑河折西南合哲爾德河始名伊克土爾根河又西入歸化

正藍旗察哈爾駐札哈蘇台泊在獨石口東北三百六十里東南距京師八百九十里明開平衞北境金桓州地牧地當直隸獨石口廳治之北東界克什克騰西界鑲白旗察哈爾南界內務府正白旗羊羣牧廠北界阿巴噶左翼廣二百六十五里袤九十五里其水東曰戈賀蘇台河源出額默黑特姑西北流會察察爾台戈賀蘇台及黑特等河入阿霸垓右翼

禮志

自虞廷修五禮兵休刑措天秩雖簡鴻儀實容沿及漢唐訖乎有明救敝興雅咸依爲的煌煌乎上下隆殺以節之吉凶哀樂以文之莊恭誠敬以贊之縱其間淳澆世殊要莫不弘亮天功雕刻人理隨時以樹之範故羣甿蒸蒸必以得此而後足於憑依洵品彙之璣衡也斟之酌之損之益之修明而講貫之安見不可與三代同風世祖入關順命剏制規模閎遠順治三年詔禮臣參酌往制勒成禮書爲民軌則聖祖歲御經筵纂成日講禮記解義敷陳雖出羣工闡繹悉遵聖訓高宗御定三禮義疏網羅議禮家言折衷至當雅號鉅製若皇朝三通大清會典其經緯禮律尤見本原至於專書之最著者一曰大清通禮乾隆中撰成道光年增修一曰皇朝禮器圖式曰祭器曰儀器曰冠服曰樂器曰鹵簿曰武備一曰滿洲祭神祭天典禮其始關外啟華崇祭天神暨羣祀祖禰意示從儉凡所紀錄悉用國語國書入關後有舉莫廢逮高宗時依据清文譯成四卷祭期祭品儀注祝辭與夫口耳相傳或小有異同者並加釐訂此國俗特殊之祀典也德宗季葉設禮學館博選耆儒將有所綴述大例主用通禮仿江永禮書例增曲禮一目又仿宋太常因革禮例增廢禮新禮二目附後簡未及編訂而政變作矣其祀典之可稽者初循明舊稍稍褒益之堂子之祭雖於古無徵然昭假天神實近類祀康熙間以禁中祭上帝大享殿合祀天地日月及羣神太廟階下合祭五祀非古制詔除之又罷禘祭專行祫祭高宗修雩祀廢八蜡建兩郊壇宇定壇廟祭器舉廢一惟其宜宣宗遺命罷郊配祔廟文宗限以五祖三宗慮至深遠穆宗登遐禮臣援奉先殿增龕座例主升祔議者病簡略然亦迫於勢之不容已耳光緒間依高宗濮說辨稱醇親王爲本生考立廟別邸祀以天子禮恩義兼盡度越唐明遠矣若夫郊廟大祀無故不攝誠敬仁孝永垂家法尤舉世所推今爲考諸成憲循五禮序條附支引凡因襲變創所以因時而制宜者悉臚其要於編

禮志一 吉禮一

壇壝之制　神位祭器祭品玉帛牲牢之數

祀期　齋戒

祝版　祭服

祭告　習儀

陪祀

五禮一曰吉禮凡國家諸祀皆屬於太常光祿鴻臚三寺而綜於禮部惟堂子元日謁拜立杆致祭與內廷諸祀並內務府司之清初定制凡祭三等圜丘方澤祈穀太廟社稷爲大祀天神地祇太歲朝日夕月歷代帝王先師先農爲中祀先醫等廟賢良昭忠等祠爲羣祀乾隆時改常雩爲大祀先蠶爲中祀咸豐時改關聖文昌爲中祀光緒末改先師孔子爲大祀殊典也天子祭天地宗廟社稷有故遣官告祭中祀或親祭或遣官羣祀則皆遣官大祀十有三正月上辛祈穀孟夏常雩冬至圜丘皆祭昊天上帝夏至方澤祭皇地祇四孟享太廟歲暮祫祭春秋二仲上戊祭社稷上丁祭先師中祀十有二春分朝日秋分夕

月孟春歲除前一日祭太歲月將春仲祭先農季祭先蠶春秋仲月祭歷代帝王關聖文昌羣祀五十有三季夏祭火神秋仲祭都城隍季祭礮神春冬仲月祭先醫春秋仲月祭黑龍白龍二潭暨各龍神玉泉山昆明湖河神廟惠濟祠暨賢良昭忠雙忠獎忠褒忠顯忠表忠旌勇睿忠親王定南武壯王二恪僖宏毅文襄勤襄諸公等祠其北極佑聖眞君東嶽都城隍萬壽節祭之亦有因時特舉者視學釋奠先師獻功釋奠太學御經筵祇告傳心殿其嶽鎭海瀆帝王陵廟先師闕里元聖周公廟巡幸所莅或親祭或否遇大慶典遣官致祭而已各省所祀如社稷先農風雷境內山川城隍厲壇帝王陵寢先師關帝文昌名宦賢良等祠名臣忠節專祠以及爲民禦災捍患者悉頒於有司春秋歲薦至親王以下家廟祭始封祖並高曾祖禰五世品官逮士庶人祭高曾祖禰四世其餘或因事或從俗第無悖於祀典亦在所不禁此其槩也若夫壇壝神位祭獻品物齋戒告虔及一切度數節文詳其異同識其顚末無遺無複庶覽者可考而知已

壇壝之制天聰十年度地盛京建圜丘方澤壇祭告天地改元崇德天壇制圜三成上九九重週一丈八尺二成七重週三丈六尺三成五重週五丈四尺俱高三尺垣週百十有三丈地壇制方二成上成方六丈高二尺下成方八丈高二尺四寸垣週百三十有三丈制甚簡也世祖奠鼎燕京建圜丘正陽門外南郊方澤安定門外北郊規制始拓圜丘南嚮三成上成廣五丈九尺高九尺二成廣九丈高八尺一寸三成廣十有二丈高如二成甃磚合一九七五陽數陛四出各九級欄楯柱覆青琉璃內壝圜週九十七丈七尺五寸高八尺一寸四面門各三門柱各二燔柴爐瘞坎各一外壝方週二百四丈八尺五寸高九尺一寸四門如內壝北門後爲皇穹宇南嚮制圜八柱環轉重檐金頂基週十三丈七寸高九尺陛三出級十有四左右廡各五楹陛一出七級殿廡覆瓦俱青琉璃圍垣週五十六丈六尺八寸高丈有八寸南設三門外壝門外北神庫神廚各五楹南嚮井亭一其東爲祭器樂器樓廌諸庫又東爲井亭宰牲亭壇內垣北圜餘皆方門四東泰元南昭亨西廣利北成貞成貞北爲大享殿壇圜南嚮內外柱各十有二中龍井柱四金頂檐三重覆青黃綠三色琉璃基三成南北陛三出東西陛一出上二成各九級三成十級東西廡二重前各九楹後各七楹前爲大享門上覆綠琉璃前後三出陛各十有一級東南燔柴爐瘞坎制如圜丘內壝週百九十丈七尺二寸門四北門後爲皇乾殿南嚮五覆青琉璃陛五出各九級東甎門外長廊七十二聯檐通脊北至神庫井亭又東北宰牲亭薦俎時避雨雪處也壝外圍垣東西北各有門南接成貞又西北曰齋宮東嚮正殿五楹陛三出中級十有三左右各十五左設齋戒銅人右設時辰牌後殿五楹左右配殿各三楹內宮墻方百三十三丈九尺四寸中三門左右各一環以池跨石梁三東北鐘樓一外宮墻方百九十八丈二尺二寸池梁如內制廣利門外西北爲神樂觀東嚮中凝禧殿五楹後顯佑殿七楹西爲犧牲所南嚮又西爲鐘樓其大享殿圍垣南接圜丘東西轉北爲圓形內垣高一丈一尺址厚九尺頂厚七尺週千二百八十六丈一尺五寸外垣高一丈一尺五寸址厚八尺頂厚六尺週千九百八十七丈五尺西嚮門二南北並列焉乾隆八年修齋宮改神樂觀爲所十二年修內外垣改築圜丘規制益拓上成徑九丈二成十五丈三成二十一丈一九三五三七皆天數也通三成丈四十有五符九五義量度準古尺當營造尺八寸一分又與九九數合壇面甃甎九重上成中心圓面外環九重甎數一九累至九九二三成以次遞加上成每面各十有八二成各二十七三成各四十五並積九爲數四乘之綜三百有六十以應周天之度其高上成五尺七寸二成五尺二寸三成五尺欄柱階級並準今尺古今尺度贏縮稍差用九則一復改壇面爲艾葉青石皇穹宇臺面墁青白石大享殿外壇面墁金甎壇內殿宇門垣俱青琉璃十六年更名大享殿曰祈年覆檐門廡壇內外壝垣並改青琉璃距壇遠者如故尋增天壇外垣南門一內垣鐘鼓樓一嗣是祭天壇自新南門入祭祈年殿仍自北門入二十年改神樂所爲署五十年重建祈穀壇配殿光緒十五年祈年殿災營度仍循往制云方澤北嚮週四十九丈四尺四寸深八尺六寸寬六尺祭日中貯水二成上成方六丈二成方十丈六尺合六八陰數壇面甃黃琉璃每成陛四出俱八級二成南列嶽鎭五陵山石座鏤山形北列海瀆石座鏤水形俱東西嚮內壝方二十七丈二尺高六尺厚二尺正北門三石柱六東西南門各一石柱二北門外西北瘞坎一外壝方四十二丈高八尺厚二尺四寸門制視內壝南門後皇祇室五楹北嚮垣週四十四丈八尺高一丈一尺正門一外壝西門外神庫神廚祭器樂器諸庫井亭宰牲亭在焉西北曰齋宮東嚮正殿七楹陛五出中九級左右俱七級南北陛一出各七級左右配殿各七楹宮墻週百有十丈二尺門三東嚮東北鐘樓一壇內垣週五百四十九丈四尺北西門各三東南門各一外垣週七百六十五丈西嚮門三雍正八年重建齋宮制如舊乾隆十四年以皇祇室用綠瓦乖黃中制諭北郊壇甎壝瓦改用黃明年改築方澤墁石壇面制視圜丘上成石循前用六六陰數縱橫各六爲三十六其外四正四隅均以八八積成縱橫各二十四二成倍上成八方八八之數半徑各八爲六八陰數與地耦義符尋建東西南壝門外南北瘞坎各二又天地二壇立陪祀官拜石如其等闕右社稷壇制方北嚮二成高四尺上成方五丈二成方五丈三尺陛四出各四級上成土五色隨其方覆之內壝方七十六丈四尺高四尺厚二尺飾色如其方門四柱各二壝西北瘞坎二北拜殿又北戟門楹各五陛三出外列戟七十二其西南神庫神廚在焉壇垣週百五十三丈四尺覆黃琉璃北三門東西南各一門西門外宰牲亭一井一西南爲奉祀署壇東北正門一左右門各一俱東嚮直闕右門乘輿躬祭所出入也東南爲社稷街乾隆二十一年徙瘞坎壇外西北隅舊制壝垣用五色土至是改四色琉璃甎瓦各省社稷壇高二尺一寸方廣二丈五尺制殺京師十之五云朝日壇在朝陽門外東郊夕月壇在阜成門外西郊俱順治八年建制方一成陛四出日壇各九級方五丈高五尺九寸圓壝週七十六丈五尺高八尺一寸厚二尺三寸壇垣前方後圓週二百九十丈五尺月壇各六級方四丈高四尺六寸方壝週九十四丈七尺高八尺厚二尺二寸壇垣週二百三十五丈九尺五寸兩壇具服殿制同燎爐瘞坎井亭宰牲亭神庫神廚祭器樂器諸庫咸備其牌坊曰禮神街雍正初更名日壇街曰景升月壇街曰光恒乾隆二十年修建壇工依天壇式改內垣土牆甃以甎其外垣增舊制三尺光緒中改日壇面紅琉璃月壇面白琉璃并覆金甎天神地祇先農三壇制方一成陛皆四出在正陽門外先農壇位西南週四丈七尺高四尺五寸東南爲觀耕臺耕耤時設之前耤田後具服殿東北神倉中廪制圓前收穀亭後祭器庫內垣南門外神祇壇在焉神壇位東方五丈高四尺五寸五分北石龕四鏤雲形分祀雲雨風雷祇壇位西廣十丈縱六丈高四尺南石龕五鏤山水形分祀嶽鎭海瀆二壇方壝俱週二十四丈高五尺五寸正門分南北餘如日月壇又內垣東門外北齋宮五楹後殿配殿茶膳房具焉乾隆時更命齋宮曰慶成宮壇外垣週千三百六十八丈南北門二東嚮南入先農壇北入太歲殿殿七楹東西廡各十有一其前曰拜殿燎爐一先蠶壇乾隆九年建西苑東北隅制視先農徑四丈高四尺陛四出殿三楹西嚮東采桑臺廣三丈二尺高四尺三出陛前爲桑園臺中爲具服殿爲繭館後爲織室有配殿環以宮墻東浴蠶河跨橋二橋東蠶署三蠶室二十七俱西嚮外垣週百六十丈各省先農壇高廣視社稷餘如制

神位祭器祭品玉帛牲牢之數神位圜丘第一成正位昊天上帝南嚮配位八首太祖訖宣宗東西嚮凡位皆施幄第二成從位東大明次星辰西夜明次雲雨風雷常雩如冬至大祀大雩有從無配祈穀位次視圜丘第一成無幄方澤第一成正位皇地祇北嚮配列祖列宗東西嚮第二成從位東五嶽啓運隆業永寧三山次四海西五鎭天柱昌瑞二山次四瀆因事祇告天地不設配從位順治十七年合祀大享殿其正位左天帝右地祇南嚮東太祖西太宗配之從祀十二壇大明位東星辰五嶽啓運四海太歲名山大川次之夜明位西雲雨風雷五鎭天柱隆業四瀆帝王天下神祇次之社稷壇中植石主別設神牌正位東大社西大稷北嚮東配后土句龍氏西后稷氏無幄壇下龕用木日壇東大明無幄月壇正位夜明配北斗二十八宿周天星辰共一幄天神壇正中左雲師次風伯右雨師次雷師南嚮地祇壇正中五嶽右五鎭次四海左五陵次四瀆北嚮右旁京師山川左旁天下山川無幄各省府州縣神祇位次正中雲雨風雷左山川右城隍其郊壇神位皇穹宇皇乾殿皇祇室奉之神祇社稷日月神位神庫奉之祭時並移壇所太廟奉先殿神牌置寢室龕位祭時移前殿寶座至傳心殿歷代帝王先師各廟龕位或分或合無恆制祭器圜丘正位爵三登一簠簋二籩豆十篚俎尊各一配從同惟大明夜明琖三十夜明鉶皆二雲雨風雷視夜明常雩如冬至大祀大雩正從位俱籩六豆二告祭正位同方澤祈穀壇正配位暨方澤從位並視圜丘琖鉶視夜明太廟時享帝后同案俱爵三簠簋二籩豆十有二登鉶篚俎各一尊前後殿同祫祭如時享東廡每案爵三簠簋二籩豆十鉶篚俎各一尊共八案分二座爵鉶倍之西廡同惟簠簋一籩豆四告祭中後殿俱籩六豆二社稷壇大社大稷俱玉爵一陶爵二登篚俎尊各一鉶簠簋各二配位同惟爵皆用陶祈告籩六豆二直省祭社稷爵六鉶一籩豆四簠簋篚俎尊一如大社稷日壇月壇先農先蠶壇俱爵三琖三十籩豆十鉶簠簋各二登篚俎尊各一直省祭先農如祭社稷天神壇四案凡祈祀爵共十二各用籩六豆二尊一篚一地祇壇如之惟案七共爵二十七耳報祀神祇每案與日壇同惟無琖直省祭神祇爵三籩豆四鉶簠簋各二篚俎尊

各一時巡祭嶽鎭海瀆同報祀增鉶一因事遣祭仍用二餘同有司致祭無登琖太歲殿準先農報祀亦如之祈祀籩六豆二不羞俎先師正位視圜丘惟用鉶二四配視正位惟用籩豆八無登十二哲位各爵三鉶一簠簋一籩豆四篚俎尊共用二兩廡二位同案位一爵凡獻爵六共篚二尊俎俱各六簠簋各一籩豆各四視學釋奠同乾隆三十三年頒內府周鼎尊卣罍壺簠簋觚爵各一陳列大成殿用備禮器崇聖祠正位五案案設爵三籩豆八鉶簠簋各二篚俎尊各一配位五案設爵三籩豆四鉶篚簠簋各一共俎二尊二兩廡三案案各與配位同惟共篚爲二光緒三十二年增先師正位籩豆爲十二崇聖祠籩豆爲十闕里直省文廟暨崇聖祠祭器視太學歷位帝王正位十六案案設爵三登一鉶簠簋各二籩豆十篚一共俎七尊七兩廡配位二十案案設爵十二鉶二籩豆四簠簋篚各一共俎四尊四傳心殿正位九案案設爵尊各三鉶篚各一籩豆二配位二案案設爵三籩豆二鉶篚尊各一關帝文昌帝君俱爵三籩豆十鉶簠簋各二登篚俎尊各一惟後殿籩豆八各省準京式先醫三皇位位設爵三籩豆十簠簋篚俎尊各一兩廡六案案設簠簋一篚尊各二籩豆四共爵六都城隍爵三籩豆十鉶簠簋各二篚俎尊各一火神東嶽廟俱果盤五篚俎尊各一黑龍潭玉泉山昆明湖各龍神祠惠濟祠河神廟俱三案案設爵三簠簋二籩豆十篚俎尊各一初沿明舊壇廟祭品遵古制惟器用瓷雍正時改范銅乾隆十三年詔祭品宜法古命廷臣集議始定制籩編竹絲絹裏髹漆郊壇純漆太廟采畫其豆登簠簋郊壇用陶太廟惟登用之其他用木髹漆飾金玉鉶范銅飾金尊則郊壇用陶太廟春犧尊夏象尊秋著尊冬壺尊祫祭山尊均范銅祀天地爵用匏太廟玉兩廡陶社稷正位玉一陶二配位純陶又豆登簠簋鉶尊皆陶日月先農先蠶亦如之帝王先師關帝文昌及諸祠則皆用銅凡陶必辨色圜丘祈穀常雩青方澤社稷先農黃日壇赤月壇白太廟陶登黃質采飾餘俱白盛帛用竹篚髹色如其器載牲用木俎髹以丹漆毛血盤用陶色亦如其器嘉慶十九年定太廟簠簋豆與凡祭祀竹籩三歲一修光緒三十二年先師爵改用玉祭品凡籩豆之實各十二籩用形鹽薧魚棗栗榛菱芡鹿脯白餅黑餅糗餌粉餈豆用韭菹醓醢菁菹鹿醢芹菹兔醢筍菹魚醢脾析豚拍酏食糝食用十者籩減糗餌粉餈豆減酏食糝食用八者籩減白黑餅豆減脾析豚拍用四者籩止實形鹽棗栗鹿脯豆止實菁菹鹿醢芹菹兔醢籩六者用鹿脯棗榛葡萄桃仁蓮實豆二者止用鹿醢兔醢登一太羹鉶二和羹簠二稻粱簋二黍稷玉帛牲牢玉六等上帝蒼璧皇地祇黃琮大社黃珪大稷青珪朝日赤璧夕月白璧舊制社稷壇春秋常祀用玉禱祀則否乾隆三十四年會天旱禱雨諭曰玉以芘蔭嘉穀俾免水旱偏災特敕所司用玉將事自此爲恆式帛七等曰郊祀制帛南北郊用之上帝青十二地祇黃一曰禮神制帛社稷以下用之社稷黑四大明赤一夜明白一日月同星辰斗宿白七青赤黃黑各一天神雲雨風雷青白黃黑各一方澤從位嶽鎭各五五色五陵山白五四海隨方爲色四瀆黑四地祇黃二青赤各三黑七白十二先農先壇俱青一先師正配位十二哲兩廡崇聖祠正位東西廡俱各一用白帝王各位關帝文昌正位後殿太歲正位北極佑聖眞君東嶽都城隍亦如之惟先醫正位三崇聖配位四太歲兩廡十二火神赤一日告祀制帛祈報祭告用之祈穀雩祀告祀圜丘俱青一祭告方澤黃一日奉先制帛郊祀配位太廟用之圜丘方澤配位各一太廟帝后每位一日展親制帛親王配饗用之太廟東廡位各一日報功制帛功臣配饗用之太廟西廡位各一三者俱白昭忠等祠同並織滿漢文字曰素帛帝王廟兩廡位各一先醫廟兩廡共四餘祀亦尙素牲牢四等曰犢曰特曰太牢曰少牢色尙騂或黝圜丘方澤用犢大明夜明用特天神地祇太歲日月星辰雲雨風雷社稷嶽鎭海瀆太廟先農先蠶先師帝王關帝文昌用太牢太廟西廡文廟配哲崇聖祠帝王廟兩廡關帝文昌後殿用少牢光緒三十二年崇聖正位改太牢直省神祇社稷先農關帝先醫配位暨羣祀用少牢火神東嶽先醫正位都城隍皆太牢太牢羊一牛一豕一少牢羊豕各一大祀入滌九旬中祀六旬羣祀三旬大祀天地前期五日親王視牲二日禮部尙書省牲一日子時宰牲帝祭天壇前二日酉時宰之太廟社稷先師前三日中祀前二日禮部尙書率太常司省牲前一日黎明宰牲惟夕月届日黎明宰之令甲察院禮部太常光祿官監宰羣祀止太常司行乾隆十七年定大祀中祀用光祿卿監宰初郊壇大祀帝前期宿齋宮視壇位籩豆牲牢乾隆七年更定前一日帝詣圜丘視壇位分獻官詣神庫視籩豆神廚視牲牢尋定視壇位日親詣皇穹宇皇乾殿上香故事省視籩豆牲牢或臨視或否三十五年定遣官將事自後以爲常

祀期郊廟祭祀祭前二歲十月欽天監豫卜吉期前一歲正月疏卜吉者及諸祀定有日者以聞頒示中外太常寺按祀期先期題請實禮部主之世祖纘業詔祭祀各分等次以時致祭自是大祀中祀羣祀先後規定祀期著爲例嘉慶七年復定大中祀遇忌辰不改祀期咸豐中更定關帝文昌春秋祀期不用忌辰其祭祀時刻順治十三年詔祭天地五鼓出宮社稷太廟並黎明康熙十二年依太宗舊制壇廟用黎明夕月用酉時嘉慶八年諭祭祀行禮當在寅卯間合禮經質明將事古義凡親行大祀所司定時刻承祭官暨執事陪祭者祗候率意遲早者御史糾之

齋戒順治三年定郊祀齋戒儀八年定大祀三日中祀二日公廨置齋戒木牌祀前十日錄齋戒人名册致太常届日不讞刑獄不宴會不聽樂不宿內不飲酒茹葷不問疾弔喪不祭神掃墓有疾與服勿與大祀中祀太常司進齋戒牌銅人置乾清門黃案大祀前三日帝致齋大內頒誓戒辭曰惟爾羣臣其蠲乃心齊乃志各揚其職敢或不共國有常刑欽哉勿怠前祀一日徹牌及銅人送齋宮帝詣壇齋宿十四年祀圜丘致齋大內二日壇內齋宮一日陪祭官齋於公署圜丘齋於壇雍正五年遣御史等赴壇檢視九年詔科道遇祀期齋戒明年仿明祀牌製齋牌敕陪祭官懸佩防褻慢乾隆四年禮臣奏郊壇大祀太常卿先期四日具齋戒期進牌及銅人置乾清門二日齋宮一日太廟社稷置乾清門三日中祀前三日奏進置乾清門二日幷祭日徹還后饗先蠶奏進亦如之惟由內侍置交泰殿三日七年定郊祀致齋帝宿大內二日壇內齋宮一日王公居府第餘在公署俱二日赴壇外齋宿一日若遣官代祭王公不與祭太廟社稷王公百官齋所如前儀俱三日祭日月帝王先師先農王公齋二日遣代則否后饗先蠶齋二日公主福晉命婦陪祀者前二日致齋十二年詔郊祀祈穀大雩祭日宣誓戒陪祀者集午門行禮符古者百官受戒遺意既有司具儀上行之尋罷惟嚴敕大臣齋宿公所領侍衞內大臣等齋宿紫禁城違則治罪初齋宮致齋鳴鼓角十四年諭云齋者耳不聽樂孔子曰三日齋一日用之猶恐不敬二日伐鼓何居言不敢散其志也吹角鼓鼙以壯軍容於義未協不當用也遂寢十九年敕羣臣書制辭於版前期三日陳設公堂俾有所警嘉慶十三年諭誡齋戒執事暨查齋監禮者循舊章肅祀典宣統初監國攝政王代行帝宮內致齋停進齋戒牌及銅人

祝版以木爲之圜丘方澤方一尺五寸徑八寸四分厚三分祈穀壇方一尺一寸徑一尺厚如之太廟後殿方一尺二寸徑八寸四分前殿方二尺徑一尺一寸厚並同徑常雩日月壇社稷壇與太廟後殿同中祀羣祀方徑各有差天壇青紙青緣朱書地壇黃紙黃緣墨書月壇太廟社稷白紙黃緣墨書日壇朱紙朱書羣祀白紙墨書不加緣太常司令祝版官先期禮飾祀前二日昧爽送內閣授中書書祝辭大學士書御名餘祀太常司自繕凡親祭先二日太常卿奏請前一日閱祝版圜丘祈穀常雩御太和殿方澤太廟社稷御中和殿祝案居正中少西案設羊角鐙二祝版日案左檻東置香亭右檻西置奉版亭奉玉帛香亭届時太常卿詣乾清門啓奏帝出宮詣案前閱畢行一跪三拜禮贊禮郎徹褥寺卿韜版導帝至香亭前拜跪如初禮司祝奉版薦黃亭送祭所庋神庫大祀遣代停止祝版具奏中祀羣祀寺官赴內閣徑請送祭所不具奏其祝玉帛香如閱祝版儀

祭服圜丘祈穀雩祀先一日帝御齋宮龍袍袞服届期天青禮服方澤禮服明黃色餘祀亦如之惟朝日大紅夕月玉色王公以下陪祀執事官咸朝服嘉慶九年定祀前閱祝版執事官服色制南郊祈穀常雩歲暮祫祭元旦萬壽告祭太廟蟒袍補褂朝服社稷時享太廟服補服十一年諭郊壇大祀若遇國忌仍御禮服禮成還宮更素服十九年諭郊祀遇國忌前一日閱祝版常服龍袍龍褂執事官蟒袍補服大祀中祀帝龍褂執事官補服著爲令二十三年定制大祀齋期遇國忌悉改常服中祀則限於承祭官及陪祀執事官餘素服如故二十五年諭大祀親祭或遣官致祭遇國忌齋期一依向例中祀親祭同其遣官致祭與執事陪祀官常服挂珠否則仍素服

祭告凡登極授受大典上尊號徽號祔廟郊配萬壽節皇太后萬壽節册立皇太子先期遣官祗告天地太廟社稷致祭嶽鎭海瀆帝王陵寢先師闕里先師改大祀亦如之大婚册立皇后祗告天地太廟尊封太妃册封皇貴妃及貴妃祗告太廟後殿奉先殿追上尊諡廟號葬陵祗告天地社稷太廟後殿奉先殿並致祭陵寢后土陵山親征命將祗告天地太廟社稷太歲火礮道路諸神凱旋奏功祗告奉先殿致祭陵寢釋奠先師致祭嶽鎭海瀆帝王陵廟先師闕里謁陵巡狩並祗告奉先殿迴鑾亦如之巡幸所莅親祭方嶽其所未莅者命疆臣選員徧祭嶽鎭海瀆所過名山大川其祭文香帛遣使自京齎送帝王陵寢聖賢忠烈暨名臣祠墓凡在三十里內遣官祭之歲暮祫祭功臣配饗祗告太廟中殿後殿監國攝政幷遣官祭告太廟耕耤田祗告奉先殿御經筵祗告奉

先殿傳心殿修建郊壇太廟奉先殿祇告天地太廟社稷興工合龍祭后土司工諸神迎吻祭琉璃窯神暨各門神歲旱祈雨祇告天神地祇太歲越七日祭告社稷三請不雨始行大雩凡告祀不及配位從壇至爲元元祈福則遣大臣分行祭告頒册文香帛給御蓋一龍纛御仗各二蓋猶喬嶽翕河茂典云

習儀凡大祀前四十日中祀前三十日每旬三六九日太常卿帥讀祝官贊禮郎暨執事樂舞集神樂署習儀凝禧殿故事祭祀先期太常寺演禮壇廟中雍正九年諭曰是雖義取嫻熟實乖潔齊嚴肅本旨也乃停前一日壇廟演禮其前二日凝禧殿如故饗太廟以王公一人監視宗室覺羅官祀先師祭酒司業監視國子師生同日習樂殿庭令樂部典樂監視亦如之謁陵寢讀祝官等亦遇三六九日習儀皇陵又歲暮將祭享選內大臣打莽式例演習於禮曹時議謂發揚蹈厲爲公庭萬舞變態云

陪祀順治時詔陪祀官視加級四品以上康熙二十五年以喧語失儀諭誡陪祀官毋慢易尋議定論職不論級郊壇陪祀首公訖阿達哈哈番佐領文官首尚書訖員外郞滿科道漢掌印給事中武訖游擊祭太廟社稷日月帝王廟武至參領文至郞中餘如前例御史禮曹並糾其失儀者既以浙江提督陳世凱請文廟春秋致祭允武官二品以上陪祀三十九年申定陪祀不到者處分乾隆初元定陪祀祇候例祭太廟俟午門鳴鼓祭社稷俟午門鳴鐘祭各壇廟俟齋宮鐘動依次入鵠立禁先登階並按官品製木牌肅班序七年定郊廟社稷赴壇陪祀制遣官代行王公內大臣等不陪祀餘如故明年定郊祭前一日申酉時及祭日五鼓禮部察院官赴壇外受職名餘祀止當日收受二十七年歲杪諭通覈陪祀逾三次不到者分別議懲咸豐十年諭朝日陪祀無故不到或臨時稱疾並處罰光緒九年申定祇候例大祀夜分中祀雞初鳴朝服莅祭所

清史稿

禮志二　吉禮二

郊社儀制	郊社配饗
祈穀	雩祀
天神 太歲 朝日 夕月	社稷
先農	先蠶
地祇 嶽鎮 海瀆 山川	直省神祇

郊祀之制太祖御極焚香告天建元天命天聰十年設圜丘德盛門外方澤內治門外壇壝始備會征服察哈爾獲元玉璽躬親告祭遂祀天南郊舊制祭饗用生牢頒百官胙肉帝曰以天胙而享於家是褻也諭改神前分享用熟薦尋征朝鮮祭告天地並祀北郊世祖入關宅帝位於是冬至祀圜丘奉日月星辰雲雨風雷配夏至祀方澤奉嶽鎮海瀆配南北分饗著爲例四年定郊祀薦生牢如初惟躬祀南郊進胙牛一十四年詔言人君事天如父歲止一郊心有未盡惟營殿禁中歲時致祀配以太祖太宗庶昭誠敬禮臣乃援唐天寶四時孟月擇吉祭上帝故事謂構上帝殿奉先殿東元旦萬壽三節夏冬二至親詣致虔儀物如郊祀惟內祭初安神位時讀祝辭不用胙不進酒不燎牛從之至是始有禁中祀天禮十七年敕廷臣議合祭儀奏言仿明會典前期一日祭告各壇廟定從祀十二壇是歲四月禁中大饗殿遂合祀天地日月暨諸神聖祖嗣位詔罷之康熙二年定郊祀躬親行禮無故不攝四十六年冬至大祀會天寒羣臣以代請勿許四十八年帝違和始令李光地攝行郊壇大禮越二年祀圜丘如初嗣是帝年踰六十兼病足復令大臣攝之明年冬至齋戒猶力疾升壇省俎豆量力拜跽退處幄次竣攝事者禮訖始還宮臣工固請停躬詣猶勿許六十一年祀南郊始遣世宗恭代距賓天止五日也雍正八年冬至遇聖祖忌日禮臣援舊例請代下大學士九卿議奏言周禮春官稱大祭祀王不親則攝行唐宋制大祀與國忌同日樂備不作議者謂饗神不可無樂未若攝祀之當乎禮也遣代便可其奏乾隆七年定議周禮祀天用玉輅唐宋參用大輦今親祀南郊前期詣齋宮宜御玉輦是日帝乘禮輿易鑾輅自降輦至禮成如儀十四年展拓兩郊壇宇更新幄次越四載蕆事規制始大備仁宗中葉自製南北郊說祀典如故咸豐八年九年帝疾不能親猶宮內致齋屆日詣大高殿皇穹宇行禮穆宗德宗冲齡踐阼皆遣代定親政日躬行宣統續緒監國攝政王行之郊社之儀天聰十年禮部進儀注迄順治間始定郊祀前期齋戒閱祝版玉帛香省牲祀日遲明禮部太常官詣皇穹宇行禮奉神牌置壇所司祝奉祝版帝出宮乘輦陪祀王公集午門金水橋從行餘序立橋南迎送駕至昭亨門降輦前引大臣十人次贊引官對引官導入更衣幄次更祭服出訖盥詣二成拜位前分獻官各就位典儀贊迎神燔柴司樂官贊舉迎神樂贊引奏升壇帝升一成上詣香案前跪上炷香又三上香復位行三跪九叩禮典儀贊奠玉帛司樂贊舉樂帝詣神位前跪搢玉帛奠案復位典儀贊進俎司樂贊舉樂詣神位前跪受俎拱舉復位典儀贊行初獻禮司樂贊舉初獻樂樂作舞干戚舞帝詣神位前跪奠爵俯伏讀祝官捧祝跪讀訖行三叩禮自上香至獻爵配位前儀同復位易文舞亞獻終獻舞羽籥儀如初獻不用祝分獻官陪祀官隨行禮三獻畢飲福受胙帝升壇至飲福位跪奉爵官酌福酒奉胙官奉胙跪進受爵胙三叩興復位率羣臣行三跪九叩禮徹饌送神司樂典儀贊訖率羣臣行禮如初有司奉祝次帛次饌次香各詣燎所唱望燎帝詣望燎位半燎禮成還大次解嚴太常官安設神牌如請神儀若遣代則行禮三成階下升降自西階讀祝跪二成階下罷飲福受胙禮送燎退立西偏餘如制雍正元年令陪祀官先莅壇祇候方澤前期但閱祝版上香畢奠玉帛用瘞薶餘與郊天同南郊詣壇齋宿自順治十一年著例無常儀乾隆七年定制前一日鑾儀衞嚴駕陳午門外太和門階下巳刻太常卿詣乾淸門奏請詣齋宮帝御禮輿出太和門降輿乘輦警蹕鳴鐘鼓至昭亨門外降寺卿導入門左詣圜丘視壇位分獻官分詣神庫神廚視籩豆牲牢帝出內外壝南左門至神路西升輦如齋宮從祀官俟帝入退歸齋所翼日屆時寺卿導入大次更禮服出復導駕詣壇行禮畢還宮三十五年高宗六旬命禮臣酌減升級次數及降輦步行遠近議言郊前一日乘步輦如齋宮自此易禮輿至神路西降步詣皇穹宇上香遣親王視壇祀日自齋宮至神路西階下降輦步入禮成即於降輦處乘輿還宮行禮時初升至二成拜位即升壇上香復位迎神升階行奠玉帛禮以次進俎三獻暨飲福受胙並於此行之還拜位謝福胙送神乃卒事方澤亦如之允行猶慮子孫玩視大典復於三十九年諭誡年未六旬毋減小節著爲令次年祀南郊命諸皇子旁侍觀禮越四年於是帝年七十矣諭迎神獻爵暨祖宗配位前上香悉如舊其獻帛爵諸禮自本年南郊始令諸皇子代陳五十一年帝以春秋高步履或遜敕壇上讀祝拜位增設小幄次然備而未用也五十九年祀方澤配位前獻帛爵仍皇子代行歷仁宗朝郊祀各儀節悉遵高宗舊制云嘉慶十八年林淸變起計日枚平會長至祀圜丘諭先一日赴壇不升輦自宮至皇穹宇入齋宮並御肩輿用答嘉貺宣統嗣位監國攝行郊祀祀日詣壇不齋宿百官不迎送出入升降仍由右門在右階行禮拜位設第二成視帝位少後去黃幄即於行禮處受胙畢進福酒胙肉餘同親祀儀

郊祀配饗順治五年冬至祀圜丘奉太祖配十四年諭曰太祖肇興帝業太宗繼述皇猷功德並隆咸宜崇祀以後大祀天地益奉太宗配饗於是上辛祈穀上帝位東奉太祖神位卜吉奉太宗位於其西夏至配方澤如初禮十七年行大饗殿合祀禮尋罷康熙六年冬至祀南郊用禮臣言奉世祖配饗上帝越九日配饗皇地祇詣方澤行禮九年祈穀亦如之雍正二年奉聖祖配大饗殿次太宗十三年冬高宗嗣服諭言皇考世宗德侔造化宜祀郊壇命議禮以聞議者謂宜乾隆二年冬至配圜丘三年孟春上辛配大饗殿夏至配方澤帝意以爲祔廟後配饗去夏至近冬至遠先配方澤前後已歧若俟南郊時日又曠攷之舊典世祖太宗配饗天地莫不先圜丘後方澤時或翼日或旬日禮儀粲然稽之經傳成周郊祀后稷以配天宗祀文王於明堂即月令所謂季秋大饗帝也召誥三月丁巳用牲于郊釋者謂非常祀而祭天以告即位也宋皇祐三年以大慶殿爲明堂合祭天地三聖並侑古者因事而郊不必定在二至因諭來年世宗配天大禮準此行事踰歲遂諏吉夏至前奉世宗配圜丘餘如議先是部臣進升配儀未議及祇見上帝曰皇考祔廟先見祖宗然後升座今行配饗先見上帝於義始允已所司具儀上於是祀南郊奉世宗神位祇見上帝夏至祀方澤祇見皇地祇位並次世祖嗣是升配皆先祇見以爲常嘉慶四年奉高宗配饗道光元年奉仁宗配饗並如儀三十年帝弗豫遺命罷郊配略謂郊配祖宗伊古所重我朝首太祖訖仁宗厚澤深仁允宜配饗郊壇禮隆報本若世世率行無已益滋後人疵議此不能不示限制也文宗踐阼遂敕王大臣集議禮親王全齡等僉云大行皇帝功德懿爍郊配斷不可易請仍遵成憲禮部侍郞曾國藩疏言郊配之罷不敢從者二不敢違者三大行皇帝仁愛之德同符大造粒我烝民后稷所以配天也御宇卅載無一日暇逸無斯須不敬純亦不已文王所以配上帝也且合撰之實辭升配之文臣心何能自安不敢從者一大行皇帝德盛化神即無例可援猶應奏請矧有成憲曷敢稍踰傳曰君行意臣行制在上自懷謙德爲下宜守成規不敢從者二壇壝規模尺寸有定一甎一石皆按九五陽數不能增改幄內止容豆籩幄外幾無餘地大行皇帝慮

億萬年後或議廣壇壝或議狹幄製故定爲限制以身作則嚴諭集議尚未裁決遵行則後人孰肯冒大不韙將來必至修改基址輕變舊章不敢違者一唐垂拱間郊祀奉高祖太宗高宗並配開元十一年從張說議而罷太宗高宗宋景祐間郊祀奉藝祖太宗眞宗並配嘉祐七年從楊畋議而罷太宗眞宗我朝順治間大饗殿合祀後亦罷其禮大行皇帝慮億萬年後或援唐宋舊例妄行罷祀因諭以非天子不議禮增配尙所不許罷祀何自而興不敢違者二我朝孝治天下遺命尤重聖祖不敢違孝莊文皇后遺命未敢竟安地宮仁宗不敢違高宗遺命故雖豐功偉烈廟號未獲祖稱此而可違家法何在且反覆申明處己卑屈處祖崇高大孝大讓亘古盛德不敢違者三默計皇上仁孝深心不升配歉在闕禮遽升配歉在違命且多將來之慮他日郊祀時上顧遺訓下顧萬世或悚然而難安禮臣益無所辭咎帝頗韙其言已復博諮廷議手降敕諭謂周人郊祀后稷唐宋及明或三祖並侑或數帝分配我朝歷聖相承靡不奉配第配位遞增壇制有定皇考德澤列祖同符應如所請俟祔禮成仍奉升配幷體遺訓昭示限制自後郊祀配位定爲三祖五宗永爲恆式於是咸豐二年夏大祀圜丘方澤三年春上辛祈穀並奉宣宗配位次高宗十一年帝崩穆宗以郊配大典遺命定三祖五宗聖心不自安乃集羣臣議並奉兩宮皇太后稽衆詢謀禮親王世鐸等先後疏言禮貴制宜孝當承志兩朝遺訓宜謹遵循帝勉從之遂停文宗郊配同治建元雲南學政張錫嶸援孝經明堂嚴父配天義謂宜以季秋祀上帝大饗殿奉顯皇帝配世鐸等益以欽定孝經衍義釋之謂迭饗並侑非禮所宜議遂寢

祈穀順治間定歲正月上辛祭上帝大饗殿爲民祈穀帝親詣行禮與冬至同惟不設從壇不燔柴十七年詔饗帝大典不宜有異自後祈穀燔柴以爲常幷改大饗殿合祀上帝百神在圜丘舉行康熙二十九年聖祖親製祝文四十八年帝疾不能親遣官代會江浙魯豫水旱洊臻仍自製祝文祈之故事上辛在正月五日前改用次辛雍正八年上辛爲正月二日部臣因元旦宴請展十日不許先期齋戒如故十三年正月十日上辛未立春帝曰此非乘陽義也命禮臣集議奏言禮月令立春日天子迎春東郊乃祈穀上帝此禮本在立春後請循例用次辛或立春後上辛從之乾隆十六年和親王等以大饗爲季秋報祀義殊祈穀請更錫名羣臣亦言非明堂本制襲稱大饗名實未協得旨改曰祈年凡祈穀駕如南郊至西天門內神路西降輦入祈年左門詣皇乾宮上香禮成詣祈年壇視位畢仍出左門升輦至齋宮二十七年更定前一日輦入西天門自齋宮東乘禮輿訖西甎城左門止步詣皇乾殿上香畢還齋宮親王視壇位祀日出齋宮乘輦至甬道正中易禮輿至神路西降自甎城步就幄次入左門禮同圜丘四十七年正月四日上辛禮臣先期請改次辛便帝曰上辛在正月三日前爲須隔年齋戒也在四日前爲因聖母祝釐也茲非昔比奚改爲其仍用上辛著爲例又諭孟春祈穀所以迓陽氣兆農祥考諸經傳是立春後上辛非元旦後上辛也惟在月初舊臘即當齋戒然太廟祫祭大禮攸關宮中拜神國俗所在若以齋期行此似非專一致敬之道因下廷臣議尋奏上辛以立春後所得爲準與其用十二月上辛不如用正月上辛以重歲首如值三日前則改次辛或四日前則應一日齋戒是日未入齋宮宮殿拜祭各不相妨毋庸改期允行咸豐四年祈穀帝患宿疾敕禮臣酌損儀文侍郎宋晉請仍舊貫遣代行帝曰是非輕改舊章也應天以實不以文此意宜共喻之

雩祀關外未嘗行順治十四年夏旱世祖始禱雨圜丘前期齋三日冠服淺色禁屠宰罷刑名屆期帝素服步入壇不除道不陳鹵簿壇上設酒果香鐙祝帛暨熟牛脯醢祭時不奏樂不設配位不奠玉不飲福受胙餘如冬至祀儀其方澤社稷神祇諸壇則遣官莅祭既得雨越三日遣官報祀定躬禱郊壇儀自此始越三年又旱卜吉致齋步至南郊躬親告祭於時天無片雲頃之乃大雨報祀如初康熙九年夏旱詔百官修省禮部祈雨明年帝親禱自後躬祀以爲常二十六年親製祝文祈告雨立降又嘗設壇宮禁跽禱三晝夜日惟淡食越四日步禱天壇雨驟澍步還宮衣履霑溼云乾隆七年御史徐以升奏言春秋傳龍見而雩爲百穀祈膏雨也祭法雩宗祭水旱也禮月令雩帝用盛樂命百縣雩祀百辟卿士有益於民者以祈穀實是爲常雩周禮稻人旱暵共雩斂春秋書雩二十有一有一月再雩者旱甚也是又因旱而雩考雩義爲吁嗟求雨其制爲壇南郊旁故魯南門爲雩門西漢始廢旱輒禱郊廟晉永和立壇南郊梁武帝始徙東改燔燎從坎瘞唐太宗復舊制宋時孟夏雩祀上帝明建壇泰元門東制一成旱則禱我朝雩祭無壇典制似闕應度地建立以符古義下禮臣議議言孟夏龍見擇日行常雩祀圜丘奉列祖配四從壇皆如禮孟夏後旱則仿唐制祭神祇社稷宗廟七日一祈不足仍分禱旱甚大雩令甲祈雨必望祭四海至是罷之又行大雩用舞童十六人衣玄衣分八列執羽翳三獻樂止乃按舞歌御製雲漢詩八章畢望燎餘同常雩至久雨祈晴宜仿春秋傳鼓用牲通考禜祭制伐鼓祀少牢禜祭國門雨不止則伐鼓用牲於社罷分禱停僧道官建壇諷經其直省州縣舊置耤田壇祀仍依雍正四年例孟夏行常雩患旱先祭境內山川次社稷患霪潦祈晴如京師式十七年增祈雨報祭樂章二十四年常雩不雨帝步禱社稷壇仍用玉六月大雩親製祝文定儀節前一日帝常服視祝版詣壇齋宿去鹵簿停樂出宮用騎扈駕大臣常服導從至南郊步入壇視位上香祀日帝雨冠素服步禱從臣亦如之不燔柴不晉俎不飲福受胙三獻畢舞童舞羽歌詩退皆如儀帝率羣臣三拜徹饌望燎禮成還宮三十七年帝以年老命酌損儀節視圜丘嘉慶十八年以欽天監雩祀擇日頻年恆在立夏節殊乖古義敕立夏後數日蠲吉行著爲例道光十二年六月大雩親製祝文省躬思過是夕雨報謝如常儀御史陳焯請再申虔禱帝曰祭法有祈有報以報爲祈非禮也其勿踰舊制

天神順治初定雲雨風雷既配饗圜丘並建天神壇位先農壇南專祀之雍正六年諭建風神廟禮臣言周禮槱燎祀飌師鄭康成注風師爲箕星即虞書六宗之一馬端臨謂周制立春丑日祭風師國城東北蓋東北箕星之次丑亦應箕位漢劉歆等議立風伯廟於東郊東漢縣邑常以丙戌日祀之戌地唐制就箕星位爲壇宋仍之今卜地景山東適當箕位建廟爲宜歲以立春後丑日祭允行規制仿時應宮錫號應時顯佑廟曰宣仁前殿祀風伯後殿祀八風神明年復以雲師雷師尙闕專祀諭言虞書六宗漢儒釋爲乾坤六子震雷巽風並列禋祀易言雷動風散功實相等記曰天降時雨山川出雲周禮以雲物辨年歲是雲與雷皆運行造化者也並宜建廟奉祀於是下所司議尋奏唐天寶五載增祀雷師位雨師次歲以立夏後申日致祭宋元因之明集禮次風師以雲師郡縣建雷雨風雲一壇秋分後三日合祭今擬西方建雷師廟祭以立夏後申日東方建雲師廟祭以秋分後三日從之乃錫號雲師曰順時普應廟曰凝和雷師曰資生發育廟曰昭顯並以時應宮龍神爲雨師合祀之嘉慶二年旱禱雨既應仁宗莅壇報祀入壝中門降輿至壝南門外盥畢入升壇以次詣雲雨風雷神位上香二跪六拜初獻即奠爵帛讀祝不晉俎不飲福胙餘如故太歲殿位先農壇東北正殿祀太歲兩廡祀十二月將順治初遣官祭太歲定孟春爲迎歲暮爲祖歲正月書神牌曰某干支太歲神如其年建歲除祭畢合祝版燎之凡祭樂六奏承祭官立中階下分獻官立甬道左右行三跪九拜禮初獻即奠帛讀祝錫福胙用樂舞生承事時猶無上香儀也乾隆十六年禮臣言同屬天神不宜有異自是二祭及分獻皆上香太歲月將神牌舊儲農壇神庫至是亦以殿廡具備移奉正屋臨祭龕前安神座畢復龕舊制祭太歲遣太常卿行禮兩廡用廳員分獻二十年改遣親王郡王承祭次年定太常卿爲分獻官雍乾以來凡祈禱天神太歲暨地祇三壇並舉遣官將事陪祀者咸與焉前期卽齋一日承祭官拜位天神壇在南階下太歲與常祀同俱三跪九拜天神用燎太歲兩廡不分獻不飲福受胙朝日夕月以大明夜明從祀圜丘罷春秋分祀順治八年建朝日壇東郊夕月壇西郊朝日用春分日卯刻值甲丙戊庚壬年帝親祭餘遣官樂六奏舞八佾凡親祭入自壇北門至甬道更衣大次盥畢升西階就位行三跪九拜禮奠獻遣有司行遣代則行禮階下惟讀祝時跽壇上初日壇用露祭雍正四年始援社稷例立龕壇下芘風雨乾隆十一年具服殿成罷更衣大次是歲春分翼日日食高宗莅祭不乘輦不奏樂不陳鹵簿三十九年躬祭入櫺星左門如幄次行禮以年高酌減禮文非恒式也夕月用秋分日酉刻奉星辰配凡丑辰未戌年帝親祭餘遣官樂六奏儀視日壇稍殺親臨較少升壇行禮二跪六拜初獻奠玉帛讀祝餘如朝日儀遣官則拜壇下乾隆三年戊午例遣官帝因初舉祀典仍親祭如禮五十五年酌損節文如日壇例嘉慶五年庚申效高宗故事仍親祭不遣官十九年定親祭祀配位用親王郡王上香二十三年世宗忌日值月壇齋期諭陪祀執事官改常服餘如故

社稷之祀自京師以至直省府州縣皆有之其在京師者建壇端門右世祖宅帝位祭告如儀定制歲春秋仲月上戊日祭大社大稷奉后土句龍氏后稷氏配祭日帝親莅壇上敷五色土各如其方樂七奏舞八佾帝出闕右門降輦道北門出入祭時出拜殿至壝北門外就位自北階升壇上香詣正位奠獻有司分祭配位升北階降西階不晉俎三跪九拜餘儀如北郊舊例祭日逢國忌不改期易素服康熙三年遇太宗忌日始改中戊雍正二年平青海告祭行獻俘禮自是平定藩部獻俘以爲常乾隆十七年改送燎爲望瘞明年增望瘞樂章三十七年以年老更儀節幄次先設拜殿帝御輦至壇外門易禮輿入右門至拜殿東階下乃降升階行禮禮成升輿如初故事祭日遇風雨拜位香案徙殿

中神位祭品露設如故帝曰社稷之制不立棟宇以承天陽今神牌藏神庫是在棟宇內也移奉殿中復何嫌忌四十一年定祭日遇風雨神牌安奉殿內祭器樂簴移設拜殿猝遇則用木龕覆神牌其拜殿別設香案嘉慶五年仁宗詣壇祈雨視春秋致祭儀惟祭品用脯醢果實不飲福前三日及祭日王公百官皆齋戒禁屠宰不理刑名餘悉如故並諭親詣祈禱報祀均步行以隆典禮其在府州縣者順治元年建歲祭亦用上戊府稱府社府稷州縣則云某州縣社稷世宗纘業制定祭品羊一豕一帛二籩豆四鉶簠簋各二有司齋二日屆期朝服祭於壇乾隆八年始頒祝文各直省定例爲民祈報會城布政使主之督撫陪祀道官駐地府州縣主之道陪祀十六年以尊卑未協詔互易之督撫道官或出巡仍令布政使暨府州縣官攝祭武官自將軍以下皆陪祀社稷以次諸祭悉準此行

先農天聰九年禁濫役妨農崇德元年禁屯積米穀令及時耕種重農貴粟自此始順治十一年定歲仲春亥日行耕耤禮先期戶禮二部尚書偕順天府尹進耒耜暨穜稑種屆期帝親饗祭獻如朝日儀畢詣耕耤所南嚮立從耤者就位戶部尚書執耒耜府尹執鞭北面跪以進帝秉耒三推府丞奉青箱戶部侍郎播種耆老隨覆畢尚書受耒耜府尹受鞭帝御觀耕臺南嚮坐王以下序立三王五推九卿九推府尹官屬執青箱播種耆老隨覆畢帝如齋宮府尹官屬眾耆老行禮農夫三十人執農器隨行禮畢從府縣官出至耕耤所帝賜王公坐俟農夫終畝鴻臚卿奏禮成百官行慶賀禮賜王公耆老宴賞農夫布各一匹作樂還宮其秋年穀登所司上聞擇日貯神倉備供粢盛尋定先農歲祭遣府尹行大興宛平縣官陪祀康熙時聖祖嘗臨豐澤園勸相雍正二年祭先農行耕耤三推畢加一推頒新製三十六禾詞賞農夫布各四匹罷筵宴頒賜各省嘉禾圖乾隆三年帝初行耕耤禮先期六日幸豐澤園演耕屆日饗先農行四推二十三年諭曰吉亥耤畝所重劭農黛耜青箱舂鎛蓑笠咸寓知民疾苦至意吾民雨犁日耘襏襫維艱炎溼遑避設棚懸彩義無所取且片時所用費中人數十戶產也其除之三十七年羣臣慮帝春秋高籲罷親耕不許命仍依古制三推嘉慶以降仍加一推如初直省祭先農清初未舉行雍正二年耤田產嘉禾一莖三四穗越二年乃至九穗諭言國以民爲本民以食爲天禮天子耤千畝諸侯百畝是耕耤可通臣下守土者允宜遵行俾知稼穡艱難察地力肥磽量天時晴雨養民務本道實由之於是定議順天府尹直省督撫及所屬府州縣衞各立農壇耤田自五年始歲仲春亥日率屬祭先農行九推十月朔頒時憲書豫定次年耕耤吉期下所司循用祭品禮數如社稷儀

先蠶清初未列祀典康熙時立蠶舍豐澤園始興蠶績雍正十三年河東總督王士俊疏請祀先蠶略言周禮鄭注上引房星以馬神爲蠶神蠶馬同出天駟然天駟可云馬祖實非蠶神淮南子引蠶經皇帝元妃西陵氏始蠶其制衣裳自此始漢祀菀窳婦人寓氏公主事本無稽先蠶之名禮經不載隋始有壇建宮北三里高四尺唐會要遣有司饗先蠶如先農宋景德三年命官攝祀有明釐正祀典百神各依本號如農始炎帝止稱先農神則蠶始黃帝亦宜止稱先蠶神按周制蠶於北郊今京師建壇亦北郊爲宜部議然之侍郎圖理琛奏立先蠶祠安定門外歲季春吉巳遣太常卿祀以少牢未及行乾隆七年始敕議親蠶典禮議者以郊外道遠且水源不通無浴蠶所考唐宋時后妃親蠶多在宮苑中明亦改建西苑高宗鑒往制允其議命所司相度遂建壇苑東北隅三面樹桑柘壇東爲觀桑臺前桑園後親蠶門其內親蠶殿後浴蠶池池北爲後殿宮左爲蠶婦浴蠶河南北木橋二南橋東即先蠶神殿也左曰蠶署北橋東曰蠶所皆符古制云是歲定皇后饗先蠶禮立蠶室豫奉先蠶西陵氏神位屆日辰初刻后禮服乘鳳輦出宮至內壝左門降入具服殿妃嬪從盥訖升中階就南階上拜位六肅三跪三拜謝福胙禮三減一不讀祝爵三獻凡拜跪妃嬪壇下皆行禮餘如饗先農儀禮成還宮越日行躬桑禮先是築臺桑田北置蠶母二人蠶婦二十七人蠶宮令丞各一人承其事后散齋一日從採桑妃嬪以下畢齋是日昧爽從桑侍班公主等祇候南門內巳初刻后出宮妃嬪從詣西苑入具服殿傳贊分引妃嬪公主等就採桑位典儀奏請后行禮出詣桑畦北正中相儀二人跽進筐鉤后右持鉤左提筐東行畦外內監揚綵旗鳴金鼓歌採桑辭后東西三採畢歌止相儀跽受筐鉤后御觀桑臺以次妃嬪公主等五採命婦九採訖蠶母北面跪典儀舉筐授之祇受退切之授蠶婦洒於箔后御繭館傳贊引妃嬪等行禮訖還宮蠶事畢蠶母蠶婦擇繭貯筐以獻卜吉行治繭禮后復詣壇臨織室繅三盆手遂布於蠶婦以終事尋侍郎三德疏言親蠶典禮爲曠世鉅儀請將壇址宮殿規制興工告成日期宣付史館詔從之九年三月始親蠶如儀尋定后不親莅遣妃代行行禮階下升降自東階不飲福受胙不陪祀十四年禮部請遣妃代祀時皇貴妃未正位中宮帝諭曰妃所代代后也位未正何代爲因命內府大臣行禮洎皇后冊立始親饗嗣後或躬親或官攝或妃代並取旨行其行省所祭惟乾隆五十九年定浙江軒轅黃帝廟蠶神暨杭嘉湖屬蠶神祠歲祭列入祀典祭器視先農

地祇順治初定嶽鎮海瀆既配饗方澤復建地祇壇位天壇西兼祀天下名山大川三年定北鎮北海合遣一人東嶽東鎮東海一人西嶽西鎮江瀆一人中嶽淮瀆濟瀆一人北嶽中鎮西海河瀆一人南鎮南海一人南嶽專遣一人將行先遣官致齋一日二跪六拜行三獻禮八年封興京永陵山曰啟運東京陵山曰積慶福陵山曰天柱昭陵山曰隆業並列祀地壇十六年徙東京陵祔興京罷積慶山祀明年用禮臣言改祀北嶽於渾源康熙二年賜號鳳臺山曰昌瑞並祀之六年遣祭如初制惟南鎮南海各分遣一人十六年詔封長白山神秩祀如五嶽自是歲時望祭無闕二十四年東巡祀泰嶽祝版不書御名先一日致齋太常齋祝版香帛爵有司備祭品牲薦屆日衣龍袞出行宮樂備不作至廟內降輿入中門族幄次出盥畢詣殿中拜位二跪六拜奠獻如常儀不飲福受胙明年復改祀北嶽混同江逾二年始望祭三十五年正月爲元元祈福始遣大臣分行祭告凡嶽五曰東嶽泰山南嶽衡山中嶽嵩山西嶽華山北嶽恆山鎮五曰東鎮沂山南鎮會稽山中鎮霍山西鎮吳山北鎮醫巫閭山海四曰東海南海西海北海瀆四曰江瀆淮瀆濟瀆河瀆又兀喇長白山翕河喬嶽自此始明年朔漠平遣祭嶽鎮海瀆如故雍正二年賜號江瀆曰涵和河瀆曰潤毓淮瀆曰通佑濟瀆曰永惠並賜東海爲顯仁南爲昭明西爲正恆北爲崇禮乾隆二年封泰甯山曰永甯附祀地壇如故事越十年以來歲奉太后秩岱宗敕羣臣議禮奏言古者因名山以升中有燔柴禮聖祖因儀文度數書缺有閒議封禪者多不經定以祀五嶽禮致祭允宜遵行明年莅泰安前一日詣嶽廟三上香一跪三拜翼日祭如聖祖祀嶽儀又明年巡省中州祀中嶽如初十六年巡江浙遣祭江淮河神自是南巡凡六皆躬祭十九年巡吉林望祭北鎮長白山亦如之二十六年用禮臣議改嶽鎮海瀆遣官六人長白山北海北鎮一人西嶽西鎮江瀆一人東嶽東鎮東海南鎮一人中南二嶽濟淮二瀆一人北嶽中鎮西海河瀆一人南海一人當是時海神廟饗所在多有惟北海尚闕四十三年始建山海關北海神廟凡祈禱地壇行禮位北階下三跪九拜用瘞光緒初元加太白山神曰保民醫巫閭山神曰靈應二十七年兩宮幸西安遣官祭所過山川並告祭華嵩二嶽如禮其他山川之祀自聖祖北征朔漠駐蹕噶爾圖命大學士祭山川出卡倫命官祭域外山川自是浙江大沽大通海神皆建廟修祀雍正間建湘江神武昌江神廟並賜號廣西海陽山神曰安流襄績高宗纘業定星宿海西域山川伊犁阿布拉山諸神祀又以松花江導源長白依望祭北海制行大軍西征祭阿勒台珠爾庫博克達阿拉克四山復賜太白山洞庭山庫倫汗山金山諸神號川陝平建終南山神廟木蘭秋獮議定興安大嶺山祀典常祭用少牢告祭太牢歲仲春望祭行禮如祀五鎮儀帛尊羊豕各一簠簋各二爵三籩豆各十秋獮王大臣致祭登一鉶二餘同春祭別建廟以祀錫號協義昭靈又封江西廬嶽神曰溥福廣濟自仁宗迄德宗封江南湖北山東臺灣安東江神漢神海神黃陂木蘭山西藏瓦合山四川峩眉山神皆以時肇封或崇祀綜稽一代祀典河神別見河渠篇其餘名山大川錫號尙多不悉舉云

直省神祇順治初令各府州縣建壇歲春秋仲月有司致祭雍正三年定制有司齋二日朝服莅事儀視社稷壇乾隆八年頒各省祀神祇祝文二十二年定各府州縣祭境內山川以春秋仲月戊日其風雷諸神特錫封廟號以祀自世宗至德宗末代有增錫凡列祀典者有司隨時致虔用羊一豬一果五盤帛一尊一爵三讀祝叩拜如故事

禮志三 吉禮三

歷代帝王陵廟　傳心殿
先師孔子　元聖周公
關聖帝君　文昌帝君
祭纛祀礮　京師羣祀 附五祀八蜡
直省祭厲

歷代帝王廟順治初建都城西阜成門內南嚮正中景德崇聖殿九楹東西二廡各七楹燎一爐一後爲祭器庫前景德門門外神庫神廚宰牲亭井亭鐘樓齋所咸備初明祀歷代帝王元世祖入廟遼金諸帝不與焉至是用禮臣言以遼金分統宋時天下其太祖應廟祀元啓疆宇功始太祖禮合追崇從祀諸臣若遼耶律赫嚕金尼瑪哈斡里雅布元穆呼哩巴延明徐達劉基並入之屆日大臣一人祭正殿殿祀伏羲神農黃帝少昊顓頊帝嚳唐堯虞舜夏禹商湯周武王漢高祖光武唐太宗宋遼金太祖世宗元太祖世祖明太祖凡廿一帝祀以太牢分獻官四人祭兩廡廡祀風后力牧皋陶夔龍伯益伯夷伊尹傅說周公旦召公奭太公望召虎方叔張良蕭何曹參陳平周勃鄧禹馮異諸葛亮房元齡杜如晦李靖郭子儀李晟張巡許遠耶律赫嚕曹彬潘美張浚韓世忠岳飛黏沒忽斡里雅布穆呼哩巴延徐達劉基凡功臣四十一祀以少牢十四年聖祖躬祭屆時致齋畢翼日昧爽駕出西華門至廟降入幄次盥訖入直殿就位上香三皇位前二跪六拜奠帛爵讀祝俱初獻時行凡三獻分獻官祀兩廡如儀遣官則衣朝服王公承祭入景德左門升左階位階上餘入右門位階下俱三跪九拜不飲酒受胙不陪祀十七年禮臣議言廟祀帝王止及開創應增守成令辟並罷宋臣潘美張浚祀從之於是增祀商中宗高宗周成王康王漢文帝宋仁宗明孝宗而遼金元太祖皆罷祀聖祖嗣服以開創功復之六十一年諭帝王崇祀代止一二君或廟饗其臣子而不及其君父是偏也凡爲天下主除亡國暨無道被弒悉當廟祀有明國事壞自萬歷泰昌天啟三朝神宗光宗熹宗不應崇祀咎不在愍帝也於是廷臣議正殿增祀夏啟仲康少康杼槐芒泄不降扃廑孔甲皐發商太甲沃丁太庚小甲雍己太戊仲丁外壬河亶甲祖乙祖辛沃甲祖丁南庚陽甲盤庚小辛小乙祖庚祖甲廩辛庚丁太丁帝乙周成王康王昭王穆王共王懿王孝王夷王宣王平王桓王莊王僖王惠王襄王頃王匡王定王簡王靈王景王悼王敬王元王貞定王考王威烈王安王烈王顯王愼靚王漢惠帝文帝景帝武帝昭帝宣帝元帝成帝哀帝明帝章帝和帝殤帝安帝順帝沖帝桓帝靈帝昭烈帝唐高祖高宗睿宗元宗肅宗代宗德宗順宗穆宗文宗武宗宣宗懿宗僖宗遼太宗景宗聖宗興宗道宗宋太宗眞宗仁宗英宗神宗哲宗高宗孝宗光宗寗宗理宗度宗端宗金太宗章宗宣宗元太宗定宗憲宗成宗武宗仁宗泰定帝文宗寗宗明成祖仁宗宣宗英宗景帝憲宗孝宗武宗世宗穆宗愍帝凡百四十三位其從祀功臣增黃帝臣倉頡商仲虺周畢公高呂侯仲山甫尹吉甫漢劉章魏相丙吉耿弇馬援趙雲唐狄仁傑宋璟姚崇李泌陸贄裴度宋呂蒙正李沆寇準王曾范仲淹富弼韓琦文彥博司馬光李綱趙鼎文天祥金呼嚕元博果察托克托明常遇春李文忠楊士奇楊榮于謙劉大夏凡四十人是歲世宗御極依議行增置神主爲文鏡之石乾隆元年諡明建文帝曰恭閔惠皇帝廟祀之位次太祖復定帝王廟鹿脯鹿醢增鹿一兩廡易醓醢增豕一十四年以唐虞五臣唯契未祀乃建殿成湯廟後有司致饗如孔廟崇聖祠制初帝王廟正殿用青綠琉璃瓦至十八年重修改覆黃瓦四十九年諭廷臣曩時皇祖敕議增祀聖訓至公而陳議者未能曲體乃列遼金二朝而遺東西晉元魏前後五代謂南北朝偏安則遼金亦未奄有中夏即兩晉諸代因篡而斥不知三國正統本在昭烈至司馬氏以還南朝神器數易宋武帝手移晉祚篡奪無所逃罪其他祖宗得國不正子孫但能守成即爲中主且蜀漢至初唐不乏賢君安可闕略洎朱溫以下或起寇竊或爲叛臣五十餘年國統不絕如綫周世宗藉餘業擴疆宇卓然可稱而斥擯弗列此數百年間祀典闕如又豈千秋公論他若元魏雄據河北太武道武胥勤治理並宜表章昔楊維楨著正統辨謂正統在宋不在遼金元其說甚當今通禮祀遼金黜兩晉諸代使後世疑本朝區南北非禮意也明神熹二宗法紀墜失愍帝嗣統事無可爲雖國覆身殉未可以荒淫例皇祖徹神熹祀愍帝具見大公乃議者因復推祀桓靈亦思漢之所由亡乎其再詳議尋議增祀兩晉元魏前後五代各帝王並以唐憲宗平亂金哀宗殉國亦宜列祀允行同治四年以散宜生配饗位次畢公高高允配饗位次趙雲陵寢之祭太宗征明至燕京即遣貝勒阿巴泰等赴金太祖世宗陵致祭順治建元禮葬明崇禎帝后復詔明十二陵絜蘫祀禁樵牧給地畝置司香官及陵戶歲時祭品戶部設之明年定春秋仲日致祭遣官行六年定明陵仍設太監並置房山金陵陵戶八年定帝王陵寢祀典淮甯伏羲滑縣顓頊帝嚳內黃商中宗西華商高宗孟津漢光武鄭周世宗鞏宋太祖太宗眞宗仁宗趙城女媧榮河商湯曲阜少昊東午唐堯中都軒轅咸陽周文武成康涇陽漢高祖唐宣宗咸甯漢文帝長安宣帝富平後魏孝文帝三原唐高祖醴泉太宗蒲城憲宗酃神農甯遠虞舜會稽夏禹江甯明太祖廣甯遼太祖房山金太祖世宗宛平元太祖世祖昌平明宣宗孝宗世宗各就地饗殿行之或因陵寢築壇惟元陵望祭十六年幸畿輔親酹崇禎帝陵諡曰莊烈愍皇帝凡巡幸所莅皆祭陵廟有大慶典祭告亦如之康熙二十年滇亂平遣官致祭頒册文香帛給黃繖一御仗龍纛各二凡成武功皆祭如典二十三年南巡道江甯詣明太祖陵拜奠諭有司巡察守陵人防護越五年巡會稽祭禹陵祝文書御名行三跪九拜禮蹕江甯祭明太祖陵如祀禹儀凡時巡祭帝王陵寢儀同祭廟率二跪六拜茲蓋殊典云三十八年復南巡見明太祖陵圮剝詔依周封杞宋例授明裔一官俾世守弗替四十二年西巡遣祭女媧氏陵幸陝遣祭所經諸陵惟祀周文武祝文書御名尊聖也六十一年遺諭言明太祖起布衣統方夏駕軼漢唐宋諸君末葉災荒臣工內訌寇盜外起以致社稷顚覆考其嗣主未有荒墜顯跡蓋亦曆數使然且其制度規模我朝多所依據允宜甄訪支派量授爵秩俾奉春秋饗祀世宗纘緒遂授朱之璉一等侯世襲往江甯昌平致祭自是歲舉以爲常帝堯陵向有二一在平陽一在濮州濮州東南穀林古雷澤也乾隆元年修葺釐正定穀林爲舊址平陵時奠如故並修神農虞舜陵廟置陵戶典守十一年以陝西古建都地帝王陵墓多命疆吏考其不載會典者所在令有司防護十三年車駕幸曲阜奠少昊陵嗣是東巡皆躬祭十六年選姒氏子姓一人授世襲八品官奉祀禹陵趙城女媧陵廟中故有塑像帝斥其瀆慢徹之改立神位禁私禱十八年謁泰陵禮畢詣房山祭金太祖陵賚其裔完顏氏官爵幣帛二十六年定帝王陵寢與嶽鎭海瀆先師闕里皆遣官行四十一年禮臣言堯陵見正史者兩漢地理志云濟陰郡成陽有堯冢靈臺劉向傳稱葬濟陰皆地理志成陽舜所漁堯冢在西宋史禮志在濮州雷澤東穀林山呂氏春秋帝王世紀水經注所引述征記括地志太平寰宇記路史集古錄諸說皆與正史符後漢元和以來祀典并於其地行明洪武雖改祀東平而隸魯境則一乾隆初定穀林爲堯陵稽古正訛萬世可守嗣後祭告率由舊章其平陽一陵有司祀之如東平例已大理寺卿尹嘉銓請罷明宣宗世宗二陵祭告廷議以爲宣宗有善政不應以一二事生訾議唯世宗戮忠親佞實與史合應停饗祀從之是年南巡至江甯祭明太祖陵禮臣具儀上三奠酒每奠一拜帝命用祀少昊陵例二跪六拜不必奠酒著爲令五十年幸湯山道昌平親酹明成祖陵繕葺之仍建定陵饗殿并復世宗祀事嘉慶元年罷遣官敕各省副都統總兵官舉行九年謁東陵道盤山閱明陵故事往長陵奠醊遣王大臣致奠餘陵是日仁宗躬詣三奠畢乃三拜望祭元太祖世祖陵向在德勝門外位暢春園圓明園南帝以爲乖制命嗣後行慶典改祀淸河以北昌平以南擇地行禮道光十六年定明陵春秋致祭由襲侯往行餘以其族官品峻者攝之或遣散秩大臣爲永制光緒七年諭禁開墾明陵旁近地畝

傳心殿順治十四年沿明制舉經筵祭先師孔子弘德殿康熙十年續舉遣官告祭二十四年規建傳心殿位文華殿東正中祀皇師伏羲神農軒轅帝師堯舜王師禹湯文武南嚮東周公西孔子祭器視帝王廟歲御經筵前期遣大學士祗告祭傳心殿自此始明年帝將御經筵詔言先聖先師傳道垂統炳若日星朕遠承心學效法不已漸近自然施之政教庶不與聖賢相悖其躬詣行禮祀日具香燭鉶一籩豆各二奠帛爵讀祝以祭帝御袞服行二跪六拜禮太子春秋會講亦先祭告爲月朔望遣太常卿供酒果上香雍正四年定本日行祗告禮自是以爲常乾隆六年親祭傳心殿六十年歸政再行之歷仁宗宣宗文宗并親詣祗告後不復行經筵儀制別詳嘉禮

至聖先師孔子崇德元年建廟盛京遣大學士范文程致祭奉顏子曾子子思孟子配定春秋二仲上丁行釋奠禮世祖定中原以京師國子監爲大學立文廟制方南嚮西持敬門西嚮前大成門內列戟二十四石鼓十東西舍各十一楹北嚮大成殿七楹陛三出兩廡各十九楹東西列舍如門內南嚮啟聖祠正殿五楹兩廡各三楹燎爐瘞坎神庫神廚宰牲亭井亭皆如制順治二年定稱大成至聖文宣先師孔子春秋上丁遣大學士一人行祭翰林官二人分獻祭酒祭啟聖祠以先賢先儒配饗從祀有故改用次丁或下丁月朔祭酒釋菜設酒芹棗栗先師四配三獻十哲兩廡監丞等分獻望日司業上香正中祀先師孔子南嚮四配復聖顏子宗聖曾子述聖子思子亞聖孟子十哲閔子損

雍端木子賜仲子由卜子商冉子耕宰子予冉子求言子偃顓孫子師俱東西嚮西廡從祀先賢澹臺滅明宓不齊原憲公冶長南宮适公皙哀商瞿高柴漆雕開樊須司馬耕商澤有若梁鱣巫馬施冉孺顏辛伯虔曹卹冉季公孫龍漆雕徒文秦商漆雕哆顏高公西赤壤駟赤任不齊石作蜀公良孺公夏首公肩定后處鄡單奚容蒧罕父黑顏祖榮旂句井疆左人郢秦祖鄭國縣成原亢公祖句茲廉潔燕伋叔仲會樂欬公西輿如狄黑邽巽孔忠陳亢公西蒧琴張顏之僕步叔乘施之常秦非申棖顏噲左邱明周敦頤張載程顥程頤邵雍朱熹凡六十九人先儒公羊高穀梁赤伏勝孔安國毛萇后蒼高堂生董仲舒王通杜子春韓愈司馬光歐陽修胡安國楊時呂祖謙羅從彥蔡沈李侗陸九淵張栻許衡眞德秀王守仁陳獻章薛瑄胡居仁凡二十八人啟聖祠啟聖公位正中南嚮配位先賢顏無繇曾點孔鯉孟孫氏東西嚮兩廡從祀先儒周輔成程珦蔡元定朱松九年世祖視學釋奠先師王公百官齋戒陪祀前期衍聖公率孔顏曾孟仲五氏世襲五經博士孔氏族五人顏曾孟仲族各二人赴都暨五氏子孫居京秩者咸與祭是歲授孔氏南宗博士一人奉西安祀十四年給事中張文光言追王固誣聖而大成文宣四字亦不足以盡聖宜改題至聖先師從之康熙六年頒太學中和韶樂二十二年御書萬世師表額懸大成殿並頒直省學宮二十六年御製孔子贊序顏曾思孟四贊鑱之石搨其文頒直省五十一年以朱子昌明聖學升躋十哲位次卜子壽命宋儒范仲淹從祀雍正元年詔追封孔子五代王爵於是錫木金父公曰肇聖祈父公曰裕聖防叔公曰詒聖伯夏公曰昌聖叔梁公曰啟聖更啟聖祠曰崇聖肇聖位中裕聖左詒聖右昌聖次左啟聖次右俱南嚮配饗從祀如故二年視學釋奠世宗以祔饗廟庭諸賢有先罷宜復或舊闕宜增與孰應祔祀崇聖祠者命廷臣考議議上帝曰戴聖何休非純儒鄭衆盧植服虔范甯守一家言視鄭康成淳質深通者有間其他諸儒是否允協應再確議復議上於是復祀者六人曰林放蘧瑗秦冉顏何鄭康成范甯增祀者二十人曰孔子弟子縣亶牧皮孟子弟子樂正子公都子萬章公孫丑漢諸葛亮宋尹焞魏了翁黃榦陳淳何基王柏趙復元金履祥許謙陳澔明羅欽順蔡清國朝陸隴其入崇聖祠者一人宋橫渠張子迪壽命避先師諱加邑爲邱地名讀如期音惟圜丘字不改四年八月仲丁世宗親詣釋奠初春秋二祀無親祭制至是始定犧牲籩豆視丁祭行禮二跪六拜奠帛獻爵改立爲跪仍讀祝不飲福受胙尚書分獻四配侍郎分獻十一哲兩廡明年定八月二十七日先師誕辰官民軍士致齋一日以爲常又明年御書生民未有額頒懸如故事十一年定親祭儀香案前三上香乾隆二年諭易大成殿及門黃瓦崇聖祠綠瓦復元儒吳澄祀三年升有子若爲十二哲位次卜子商移朱子次顓孫子師是歲上丁帝親視學釋奠嚴駕出至廟門外降輿入中門竢大次出盥訖入大成中門升階三上香行二跪六拜禮有司以次奠獻正殿分獻官升東西階入左右門詣四配十二哲位前兩廡分獻官分詣先賢先儒位前上香奠獻畢帝三拜亞獻終獻如初釋奠用三獻始此其祭崇聖祠拜位在階下承祭官升東階入左門詣肇聖王位前上香畢分獻官升東西階入左右門分詣配位及兩廡從位前十香三跪九拜奠帛讀祝初獻時行凡三獻禮畢自是爲恒式十八年改正太學丁祭牲品依闕里例用少牢十二哲東西各一案兩廡各三案崇聖祠四配兩廡東西各一案十二哲位各一帛東西共二篚其分獻正殿東西翰林官各奠三爵西廡國子監四人共奠三爵十二哲兩廡奉爵用肄業諸生定兩廡位序按史傳年代先後之三十三年葺文廟成增大門先師廟額正殿及門曰大成帝親書榜製碑記選內府尊彝中十器凡犧尊雷文壺子爵內言卣康侯爵鼎盟簋雷紋觚召仲簠素洗犧首罍各一頒之成均五十年新建辟雍成親臨講學釋奠如故嘉慶中兩舉臨雍儀道光二年詔劉宗周三年湯斌五年黃道周六年陸贄呂坤八年孫奇逢從祀先儒八年湖北學政王贈芳請祀陳良帝以言行無可考寢其議未幾御史牛鑑以李容請部議謂然帝斥之十六年詔祀孔子不得與佛老同廟是後復以宋臣文天祥宋儒謝良佐侑饗云咸豐初增先賢公明儀宋臣李綱韓琦侑饗三年二月上丁行釋菜禮越六日臨雍講學自聖賢後裔以至太學諸生圜橋而聽者雲集七年增聖兄孟皮從祀崇聖祠先賢公孫僑從祀聖廟宋臣陸秀夫明儒曹端并入之十年用禮臣言從祀盛典以闡聖學傳道統爲斷餘各視其所行分入忠義名宦鄉賢至名臣碩輔已配饗帝王廟者毋再滋議同治二年御史劉毓楠以祔祀新章過嚴如宋儒黃震輩均不得預恐釀人心風俗之憂帝責其迂謬是歲魯人毛亨明呂柟方孝孺並侑饗於是更訂增祀位次各按時代爲序乃定公羊高伏勝毛亨孔安國后蒼鄭康成范甯陸贄范仲淹歐陽修司馬光謝良佐羅從彥李綱張栻陸九淵陳淳眞德秀何基文天祥趙復金履祥陳澔方孝孺薛瑄胡居仁羅欽順呂柟劉宗周孫奇逢陸隴其列東廡穀梁赤高堂生董仲舒毛萇杜子春諸葛亮王通韓愈胡瑗韓琦楊時尹焞胡安國李侗呂祖謙黃榦蔡沈魏了翁王柏陸秀夫許衡吳澄許謙曹端陳獻章蔡清王守仁呂坤黃道周湯斌列西廡并繪圖頒各省七年以宋臣袁燮先儒張履祥從祀光緒初元增入先儒陸世儀自是漢儒許愼河間獻王劉德先儒張伯行宋儒輔廣游酢呂大臨并祀焉二十年仲秋上丁親詣釋奠仍用飲福受胙儀三十二年冬十二月升爲大祀先師祀典自明成化弘治間已定八佾十二籩豆嘉靖九年用張璁議始釐爲中祀康熙時祭酒王世禎嘗請酌宋成弘制議久未行至是命禮臣具儀上奏言孔子德參兩大道冠百王自漢至明典多缺略我聖祖釋奠闕里三跪九拜曲柄黃蓋留供廟廷世宗臨雍止稱詣學案前上香奠帛獻爵跪而不立黃瓦飾廟五代封王聖誕致齋聖諱敬避高宗釋奠均法聖祖躬行三獻垂爲常儀崇德報功遠軼前代已隱寓升大祀至意世宗諭言堯舜禹湯文武之道賴孔子以不墜魯論一書尤切日用能使萬世倫紀明名分辨人心正風俗端此所以爲生民未有也聖訓煌煌後先一揆近雖學派紛歧而顯示欽崇自足收經正民興巨效疏上於是文廟改覆黃瓦樂用八佾增武舞釋奠躬詣有事遣親王代分獻四配用大學士十二哲兩廡用尚書祀日入大成左門升階入殿左門行三跪九拜禮上香奠帛爵俱跪三獻俱親行出亦如之遣代則四配用尚書餘用侍郎出入自右門不飲福受胙崇聖祠本改親王承祭若代釋奠則以大學士爲之分獻配位用侍郎西廡用內閣學士餘如故三十四年定文廟九楹三階五陛制御史趙啟霖請以王夫之黃宗羲顧炎武從祀下部議先是署禮部侍郎郭嵩燾湖北學政孔祥霖請[illegible]祀江西學政陳寶琛請宗羲炎武從祀並被駁至是部議謂三人生當明季書缺[illegible]毅然以窮經爲天下倡德性問學尊道幷行第夫之黃書原極諸篇託旨春秋宗羲明夷待訪錄原君原臣諸篇取義孟子似近偏激惟炎武醇乎其醇應允炎武從祀夫之宗羲俟裁定帝命幷祀之闕里文廟有事祭告具前祭告篇春秋致祭同太學康熙中聖祖東巡親祭禮部具儀駐蹕次日帝服龍袞行在儀仗具陳行禮二跪六拜配位十哲兩廡啟聖祠皆遣官分獻扈從諸臣文官知府武官副將以上衍聖公暨各氏子孫在職者咸陪祀聖心猶未安命更議尊定迎神送神俱三跪九拜惟樂章與國學小異可令太常司樂及樂舞生先往肄習帝親製祝文祀日詣廟至奎文閣前降輦如齋所小憩自大次出入大成門登殿釋奠畢御詩禮堂講書禮成周視廟庭車服禮器更常服駕如孔林跪奠酒三爵三拜賜衍聖公以下銀幣有差留曲柄黃蓋陳廟庭擴孔林地畝蠲其稅建廟碑御書文鑱石又建子思子廟仿顏曾孟三廟制三十二年修文廟成皇子往祭行禮杏壇雍正二年曲阜廟災遣官詣闕里祭慰敕大臣重建幷令闕里司樂遣人赴太常習樂舞冠服悉準太學式爲之八年廟成黃瓦畫棟悉仿宮殿制凡登簋簠鉶籩豆尊爵頒自上方勒碑如故事特詔皇五子往祭乾隆八年定闕里聖廟樂章二十三年東巡親祭如往制遣大臣祭顏曾思孟專廟勒御製四賢贊於石其盛京學宮所需樂器乾隆中始敕府尹遵皇朝禮器圖造作鎛鐘特磬製出內廷特頒太學暨各省學宮並令府丞選佾生精音律者送太常習舞厥後以熱河爲時巡所釁序肇興定大成殿龕案如太學式祭器樂器亦如之至各省府州縣釋奠以所在印官承祭禮如太學順治初行之雍正五年定制各省督撫學政上丁率屬致祭學政蒞試時先至文廟行禮府州縣官率屬於治所文廟行乾隆六年敕直省學宮設先賢先儒神位同治初頒從祀先儒位次圖光緒末升大祀各省文廟規制禮器樂舞暨崇聖祠祭品並視太學禮節悉從舊

元聖周公順治十七年給事中黏本盛奏請文廟後別立傳聖祠下部議禮臣言祭祀周公向在太學至唐顯慶間以公制禮作樂功侔帝王就饗儒宮欲尊反貶始定配饗帝王廟既不與孔子並祭太學乃反立傳聖祠於其後殊失尊崇本意也事遂寢康熙二十三年聖祖祀闕里詔言周公古大聖人制禮作樂垂法萬世廟在曲阜應行致祭乃遣親王及禮部尚書往爲親製祝文祭禮三獻祭品羊一豕一果五盤尊一爵三敕有司治辦明年授東野氏一人博士奉祀祠廟二十六年御書周公廟碑文依文廟式勒之貞珉乾隆十二年東巡增登一鉶二簠簋各二籩豆各八遣親王一人行禮其祀配饗魯公遣禮部尚書行明年幸曲阜親詣上香一跪三拜自是東巡親詣以爲常四十三年依孔氏南宗例置當陽博士奉祀陵墓

關聖帝君清初都盛京建廟地載門外賜額義高千古世祖入關復建廟地安門外歲以五月十三日致祭順治九年敕封忠義神武關聖大帝雍正三年追封三代公爵曾祖曰光昭祖曰裕昌父曰成忠供後殿增春秋二祭洛陽解州後裔並授五經博士世襲承祀尋定春秋祀儀前殿大臣承祭後殿以太常長

官屆日質明大臣朝服入廟左門升階就拜位上香行三跪九拜禮三獻不飲福受胙祭後毀二跪六拜十一年增當陽博士一人奉家祀乾隆三十三年以壯繆原謚未孚定論更命神勇加號靈佑殿及大門易綠瓦爲黃四十一年詔言關帝力扶炎漢志節懍然陳壽撰志多存私見正史存謚猶寓譏評曷由傳信今方錄四庫書改曰忠義武英殿可刊此旨傳末用彰大公嘉慶十八年以林清擾禁城靈顯翊衞命皇子報祀如儀加封仁勇道光中加威顯咸豐二年加護國明年加保民於是躋列中祀行禮三跪九叩樂六奏舞八佾如帝王廟儀五月告祭承祭官前一日齋不作樂不徹饌供鹿兎果酒旋追封三代王爵祭品視崇聖祠加精誠綏靖封號御書萬世人極額摹勒頒行同治九年加號翊贊光緒五年加號宣德直省關帝廟亦一歲三祭用太牢先期承祭官致齋不理刑名前殿印官後殿丞史陳設禮儀略如京師

文昌帝君明成化間因元祠重建在京師地安門外久圮嘉慶五年潼江寇平初寇闞梓潼望見祠山旗幟卻退至是御書化成耆定額用彰異績發中帑重新祠宇明年夏告成仁宗躬謁九拜詔稱帝君主持文運崇聖闢邪海內尊奉與關聖同允宜列入祀典於是大學士朱珪撰碑記略言文昌星載天官書所謂斗魁六星戴匡曰文昌宮是也尙書禋六宗孔疏引鄭玄云皆天神司中司命文昌第五第四星也周禮大宗伯以槱燎祀司中司命鄭注謂文昌星然則文昌之祀始有虞著周禮漢晉以配郊祀元命苞云上將建威武次將正左右貴相理文緒司祿賞功進士是爵祿科舉職司久矣又言帝君周初爲張仲孝友顯化隋唐爲王通徵李商隱張亞子廟詩讀孫樵祭梓潼神君文化書唐開元命爲左丞通考倍宗封爲濟順王宋眞宗改號英顯哲宗加封輔元開化文昌司祿帝君元加號宏仁蓋可考見云禮官遂定議歲春祭以二月初三誕日秋祭仲秋諏吉將事遣大臣往前殿供正神後殿則祀其先世祀典如關帝咸豐六年躋中祀禮臣請崇殿階拓規制遣王承祭後殿以太常長官親詣二跪六拜樂六奏文舞八佾允行直省文昌廟有司以時饗祀無祠廟者設位公所祭之畢徹位隨祝帛送燎

旗纛之祭天命十年定瀋陽還軍渥渾河封牛祭纛天聰元年征朝鮮明年凱旋幷立纛拜天自是出征班師祭纛以爲常時旗纛廟附祀關帝廟也世祖入關後始行望祭凡親征諏吉啟行先於堂子內門外建御營黃龍大纛按翼分設八旗大纛火器營大纛各八列其後並北嚮帝御戎服佩刀出宮乘騎入堂子街門降闑殿禮畢出內門致禮纛神率從征將士三跪九拜不贊禮成樂作鑾駕啟行領侍衞內大臣司纛侍衞率親軍舉纛從凱旋致祭屆日陳法駕鹵簿自郊外五里訖堂子門外駕至郊降輿拜纛如儀命將出師亦如之聖祖征噶爾丹凱旋翼日爲壇安定門外致祭隨營旗纛用太牢始遣大臣行禮雍正初定三年一祭凡旗纛皆庋內府祭則設之各省祭旗纛則遣武官戎服行禮爲礮位之祭天聰五年造紅衣礮鐫曰天佑助威將軍遂攜以熸子章臺克大淩河行軍攜紅衣礮始此厥後敕漢軍齎礮進關世祖奠鼎燕京定制以歲季秋朔隙礮位盧溝橋沙鍋村席地爲壇西嚮以八旗漢軍都統將事分旗翼列用果品少牢屆時先鑲黃旗礮位都統御補服上香三跪九拜三獻讀祝餘七礮位亦如之副都統以次陪祀聖祖凱旋設壇德勝門外祭品如祭纛世宗亦定三年一祭乾隆十四年滿洲火器營始祭八旗子母礮神總統承祭如漢軍祀礮儀其後定滿洲祀礮依漢軍例季秋赴盧溝橋演礮即以其日祭焉三十年祀礮始用祝版並專設祭器

羣祀先醫初沿明舊致祭太醫院景惠殿歲仲春上甲遣官行禮祀三皇中伏羲左神農右黃帝四配句芒風后祝融力牧東廡僦貸季岐伯伯高少師雷公伊尹涓于意華陀皇甫謐巢元方韋慈藏錢乙劉完素李杲十四人西則鬼臾區俞跗少俞桐君馬師皇扁鵲張機王叔和葛洪孫思邈王冰朱肱張元素朱彥修十四人禮部尙書承祭兩廡分獻以太醫院官禮用三跪九拜三獻雍正中命太醫院官咸致齋陪祀都城隍廟有二舊瀋陽城隍廟自元訖明祀典勿替清初建都後陞爲都城隍廟有司以時致祭其在燕京者建廟宣武門內順治八年仲秋遣太常卿致祭歲以爲常用太牢禮獻如祀先醫萬壽遣祭加果品雍正中改遣大臣嗣復命親王行禮禁城城隍廟建城西北隅皇城城隍廟建西安門內曰永佑宮萬壽節或季秋遣內府大臣承祭用少牢北極佑聖眞君廟建地安門外日中坊橋東曰靈明顯佑宮順治中定制萬壽節遣官祭後改遣大臣設果盤五餅餌盤十五茶琖三行禮三跪九拜火神廟建日中坊橋西康熙初定歲六月二十三日遣太常卿祭後改遣大臣用少牢雍正中改太牢帛初用白乾隆中改用赤餘如祀北極儀東嶽廟在朝陽門外歲祭以萬壽節龍神之祭黑龍潭廟建西北金山巓聖祖世宗親製碑記乾隆五年錫號昭靈沛澤玉泉山廟九年錫號惠濟慈佑昆明湖祠舊曰廣潤靈雨祠錫號安佑普濟嘉慶中加沛澤廣生京畿旱帝親禱白龍潭廟乾隆四十六年錫號昭靈廣濟嘉慶間始列祀典遣散秩大臣往祭惠濟祠河神廟建綺春園內祀天后龍神河神並春秋致祭遣圓明園大臣將事儀品俱視都城隍廟其祀之無定時定所及有司以時專祭者后土司工之神順治初制凡大興作因其方築左右壇建綵棚遣官往祭用少牢餅果若大工迎吻祭琉璃窰神暨各門神如祭司工禮咸豐間錫號圓明園春雨軒司工神曰昭休敷禧眞君土母曰夫人命內府大臣春秋奉祀司機神順治季年設織造局始行祭告禮部長官主之司倉神通州三倉舊惟西倉有祠京內七倉惟右翼興平倉有祠雍正間重葺綠是左翼置廟海運倉京外五倉置廟儲濟倉並立神位倉場侍郎承祭用少牢果品倉監督陪祀二跪六拜諸祭將事以黎明與祭者咸朝服此其大凡也至特旨建祠京師者具見後簡若夫直省禦災捍患有功德於民者則錫封號建專祠所在有司秩祀如典世祖朝宿遷祀河神宋謝緒聖祖朝成都祀諸葛亮福建暨各省祀天后宋林氏女世宗朝各省祀猛將軍元劉承忠先是直隸總督李維鈞奏蝗災土人禱猛將軍廟患輒除於是下各省立廟祀已兩江總督查弼納亦言猛將軍廟祀所在無蝗害無廟處皆爲災被訶責詔言水旱蝗災疆吏當修省勿專事祈禱錢塘祀伍員封英衞公臨安祀錢鏐封誠應王蕭山祀宋張夏封靜安公紹興祀明知府湯紹忠封寧江伯後司事莫龍附焉汶上祀明尙書宋禮封寧漕公老人白英封永濟神附焉灌縣祀秦蜀守李冰封敷澤興濟通裕王子二郎爲承績廣惠英顯王德清祀元戴緼元封保濟顯佑侯徐闓祀故水師副將江啓龍封英佑驍騎將軍後附祀張瑜錫號襄靖普佑江南山陽祀唐許遠封威靈顯佑王浮梁祀張巡錫號顯佑安瀾高宗朝陳留祀河神守才後建廟江南曰靈佑觀清河祀明張襄封彰靈衞漕將軍廣西祀蜀將武當封顯佑英濟廣福王濬河各縣祀故河督朱之賜封助順永甯侯仁宗朝追封天后父積慶公母曰夫人永綏鎭筸祀宋楊灝封宣威助順靖遠侯蕪湖祀蜀漢孫夫人曹縣祀張桓侯飛趙將軍雲江南山陽祀湖神譚氏封昭靈顯佑水府都君南昌祀旌陽令許遜封靈感普濟神直省祀純陽演正警化孚佑帝君唐呂岩仁和祀孚順侯宋蔣崇仁弟孚惠侯崇義孚佑侯崇信會稽祀漢曹娥封福應夫人慈谿祀天井潭神宋劉揚祖義烏祀明漕運總管陳道興都昌左蠡鎭祀元將軍長興湖州蘇州祀太湖神明王天英高郵祀露筋祠神淮揚運河廳祀康澤靈應侯宋耿裕德漢城祀寶孝婦錢塘祀金華將軍五代曹杲宣宗朝翁源祀元詹姓三神並封侯建德祀故知府王光鼎浙江新城祀宣靈王周雄黟陽祀殉難知縣周文煜鄞縣祀濬江靈廟神宋晁說之封孚惠侯白鶴山廟神唐任侗茅山廟神張仁皓長沙祀元李育萬封廣濟李眞人蕭田祀宋長樂錢氏室女蕭山祀江塘神元楊伯遠妻王氏又祀唐董戈管張寶張耀張聖宋盧萬故知縣賈國楨姚文熊浙江祀太湖神曾張資鄒溪廟神宋裴肅仁和祀宋施全興福廟神奉化祀元馬稱德爲進林廟神滕縣祀明馮克利爲三界廟神慈谿祀漢張竟暨子齊芳杭州祀靈感廣大觀音大士加封慈濟鄆縣祀古蜀王杜宇開明綿州祀漢將琬新寧祀宋陳仲眞欽州祀故副將景懋永定河張秋鎭並祀九龍陳將軍福建歸化祀福順夫人莘氏文宗朝臨清東昌河南正陽關並祀金龍四大王靖遠鎭遠綏遠三侯俱晉王爵永城祀觀音大士孚佑帝君潮陽及江南高堰祀顯佑安南神潮陽祀威顯靈佑王廣東祀明石康令羅神長沙祀晉陶淡暨姪烜並號陶眞人桂平祀孚應惠濟王宋甘佃連江祀崇福昭惠慈濟夫人唐陳昌女孚濟將軍黃助暨弟昭遠將軍會稽祀回向廟神漢陳德道杭州嘉興湯陰武昌並祀宋岳飛三水祀玄壇正一眞神靈山祀明朱將軍統鎏潮州祀安濟王漢王伉奉化祀漢陳鴻歸善祀明王守仁後唐何澤元譚道歙縣祀唐汪華陳程靈洗暨子文季嚴州祀孚惠王唐邵仁祥鎭洋祀元忠正王李祿宋忠惠侯楊滋壽寧祀懿政天仙馬氏女全州祀無量壽佛唐周全眞威信侯柴崇趚攸縣祀唐杉仙眞人陳皎淳安祀吳山陰侯賀齊宜章祀唐武陵侯黃師浩四會祀宋阮大師子郁梁化師慈能南雄祀聖化夫人練氏淮安祀周王子晉封普惠祖師穆宗朝加金龍四大王封號至四十字廟祀封邱臨清張秋鎭六塘河封故河督栗毓美誠孚栗大王附祀鄖城神廟廣東祀大鑑禪師盧惠能靈通侍者陳道明寶山祀故知縣胡仁濟廣州祀唐陳四公五公廣豐祀明太保胡德濟瀏陽祀宋指揮溫康孟襄垣祀昭澤王唐焦姓神山陰祀元楊興嗣福建永安祀唐田王李肅廣東祀石龍太夫人馮冼氏錫號慈佑夫人上饒祀鷹武將軍唐李德勝善化祀朗公普濟眞君唐邱姓神明李眞人潤濟羅定祀殉難州同金芳封護國神貴州祀唐南霽雲會昌祀晉賴公神新會祀宋戴存仁上虞祀顯應侯宋陳賢封護國潮神張秋鎭祀明楊四將軍故河督黎世序封孚惠河神長沙祀周眞人福壽瞿

眞人，餐岑溫州祀唐楊精義，陽曲祀晉大夫竇犨，孟縣祀晉趙武，上虞祀唐桑憲保封桑王神，濬河祀故祥河同知王仁福封將軍，南安祀宋廣澤尊王郭忠，棲霞祀元邱眞人處機，麻城祀五腦山土主神張瑞，高要祀太保神宋盧僧，邵陽祀唐鄭洞天，黔陽祀唐孝子劉三將軍，江都祀漢杜女仙賢康女仙紫霞，平江祀唐楊孝仙耀庭德宗朝，歐甯祀三聖夫人，福建祀白玉蟾眞人葛長庚，增城祀賓公佛，上杭祀黃仙師倖仙師，介休祀空王古佛田志超，雙流祀僧大朗，廣德祀漢張渤，項城傳宗龍，寧武祀明周遇吉，封邱祀漢百里嵩，長樂祀唐郭子儀，長沙祀雷萬春，交城祀晉大夫狐突，潞城祀唐李靖，臨海祀唐林洪，雲陽祀張飛，廣西祀漢馬援、明王守仁。光緒二十七年，兩宮西狩回鑾，御舟濟河，波濤不驚，特加大王將軍諸封號。凡予祀皆有封號，不悉紀，紀其著者。或前朝已封今復加號，或當代始封後屢加號，則悉略之。定例封號至四十字不復加，間有之，非常制，止金龍四大王四十字外加號，錫祜天后加至六十字，復錫以嘉佑云。

五祀，初循舊制，每歲暮合祭太廟西廡下。順治八年定制，歲孟春宮門外祭司戶神，孟夏大庖前祭司竈神，季夏太和殿階祭中霤神，孟秋午門西祭司門神，孟冬大庖井前祭司井神。中霤、門午門二祀，太常寺掌之；戶、竈、井三祀，內務府掌之。於是始分祭。旋復故。逮聖祖釐祀典，再罷之，幷停專祀，惟十二月二十三日宮中祀竈以爲常。

八蜡之祭，淸初關外舉行，廟建南門內，春秋設壇望祭。世祖入關，猶踵行之。乾隆十年，詔罷蜡祭。時廷臣猶力請行古蜡祭，高宗諭曰：「大蜡之禮，昉自伊耆，三代因之。古制夐遠，傳注參錯。八蜡配以昆蟲，後儒謂害稼不當祭。月令祈年於天宗，蜡祭也，注云日月星辰，則所主又非八神。至謂合聚萬物而索饗之，神多位益難定。蜡與臘冠服各殊，或謂臘即蜡，或謂蜡而後臘。自漢臘而不蜡，魏、晉以降，廢置無恒，或[illegible]五行家言，甚至天帝、人帝及龍麟、朱鳥爲座百九十二，議者謂失禮。蘇軾曰：『迎貓則爲貓尸，迎虎則爲虎尸，近俳優所爲。』是其跡久類於戲也，是以元、明廢止不行。況蜡祭諸神，如先嗇、司嗇、日月星辰、山林川澤，祀之各壇廟，民間報賽，亦借蜡祭聯歡井閭，但各隨其風尙，初不責以儀文。其悉罷之。」自是無復蜡祭矣。

祭厲，明制，自京師訖郡縣皆祭厲壇。淸初建都盛京，厲壇建地載門外。自世祖入關後，京師祭厲無聞焉。唯直省城隍合祀神祇壇，月朔望，有司詣廟上香，二跪六拜。暘雨愆期則禱[illegible]以城隍主厲壇祀。順治初，直省府州縣設壇城北郊，歲以淸明日、七月十五日、十月朔日，用羊三、豕三、米飯三石、香燭、酒醴、楮帛，祭本境無祀鬼神，府曰郡厲，縣曰邑厲。先期備祭物，有司詣城隍廟以祭厲告。屆日設燎爐壇南，奉城隍神位安壇正中，詣神位前跪，三上香，行禮用三拜，送燎，奠三爵，退，神位復初。

清史稿

禮志四　吉禮四

堂子祭天　坤甯宮祀神

令節設供　求福祀神

奉先殿　壽皇殿

安佑宮 綏成殿附　滿洲跳神儀

堂子祭天，清初起自遼瀋，有設杆祭天禮。又於靜室總祀社稷諸神祇，名曰堂子。建築城東內治門外，即古明堂會祀羣神之義。世祖既定鼎燕京，沿國俗，度地長安左門外，仍建堂子。正中爲饗殿，五楹，南嚮，彙祀羣神，上覆黃琉璃。前爲拜天圜殿，北嚮，中設神杆石座。稍後兩翼分設各六行，行各六重，皇子列第一重，次親王、郡王、貝勒、貝子、公，各按行序，均北嚮。東南爲上神殿，三楹，南嚮。祭禮不一，而以元旦拜天、出征凱旋爲重，皆帝所躬祭。其餘月祭、杆祭、浴佛祭、馬祭，則率遣所司。崇德建元，定制，歲元旦，帝率親王、藩王迄副都統行禮，尋限貝勒止，已復限郡王止，並遣護衞往挂紙帛。凡親祭，前期十二月二十六日，內府官赴坤甯宮請朝祭、夕祭神位安奉神輿，內監舁行，前引御仗八、鐙四，司俎官六人，掌儀司一人，侍衞十人，導至饗殿供奉，朝夕獻香如儀。故事，神位所懸紙帛，月終積貯，盛以囊，除夕送堂子，與淨紙、神杆等同焚。時內府大臣率長史護衞挂新紙帛各二十有七。昧爽，帝乘輿出宮，陪祀王公等隨行。至堂子內門，降入中門，詣圜殿就拜位，南嚮，率羣臣行三跪九叩禮。畢，回鑾。翼日，奉神位還宮。康熙十一年，詔元旦拜堂子禮宜明備，用鳴贊官。明年，罷漢官與祭。二十九年，諭令皇子隨行禮。內府大臣圜殿進楮帛，畢，次進皇太子楮帛。月祭，歲正月初旬諏吉，餘月朔日，司俎二人就杉柱上挂紙帛數等元旦。案陳時食盤一，醴酒琖一。司香上香，內監執三絃琵琶坐甬道西，守堂子人持拍板坐其東。司祝進跪，司香授琖，司祝受之，獻酒，奏神絃，鳴拍板，拊掌應節。凡六獻，皆贊歌鄂囉羅，守堂子人亦歌。獻畢，一叩，興，合掌致敬，絃板止。司祝執神刀進，奏絃拍板如初。司祝一叩，興，司俎贊歌鄂囉羅，衆和歌。司祝舉神刀誦神歌曰：「上天之子，紐歡台吉、武篤本貝子，某年生小子，某年生小子，今敬祝者，豐於首而仔於肩，衞於後而護於前，畀以嘉祥兮。齒其兒而髮其黃兮，偕老而成雙兮，年其增而歲其長兮，根其固而神其康兮。神兮貺我，神兮佑我，永我年而壽我兮。」凡三禱如前儀，誦贊者九。司祝跪，一叩，興，誦贊三，絃板止，復跪，一叩，興，合掌退。

立杆大祭，歲春秋二季月朔，或二、四、八、十月上旬諏吉行。杆木以松，長三丈，圍徑五寸。先一月，所司往延慶州屬採新樹，梢留枝葉九層，架爲杆，齎至堂子，前期一日樹之石座。崇德初，定親王、郡王、貝勒祭三杆，貝子、鎭國輔國公二，鎭國輔國將軍一。月朔大內致祭，初二日後依次祭。凡祭三杆者，定期內祭其一，過旬祭其二。祀日有數家同者，仍按位爲等差，違例多祭與爭先越祭，並處罰。後改定大內至入八分公俱祭一杆，將軍不祭。屆日，司香豫懸神幔，炕上置漆案，陳碟三，前置梋案，黃磁盌二。圜殿置二梋案，高者陳爐，卑者陳盌，前設綵氈。司俎二人赴坤甯宮請佛亭及菩薩、關帝像，舁至堂子，安佛亭於座，像懸幔。以三繩繫兩殿神杆間，懸黃旛，挂紙帛，圜殿挂帛亦如之。饗殿北炕案上陳打糕、撒條餑餑盤九，酒琖三。圜殿高案則盤三琖一。每獻，司祝挹盌酒注琖。兩殿祭獻歌禱如前儀。祝辭曰：「上天之子，佛及菩薩，大君先師，三軍之師，關聖帝君，某年生小子，某年生小子，今敬祝者，貫九以盈，具八以呈，九期屆滿，立杆禮行，爰繫索繩，爰備粢盛，以祭於神靈。」餘辭同月祭。卒事，司香捲幔，徹像，奉入宮。若帝親祭，殿內敷綵席，覆紅氈，甬道布櫻薦。屆時乘輿出宮，滿大臣隨扈至堂子街，王公跽候，輿從之。帝降輿，入中門，詣饗殿前，東嚮坐。司祝獻酒，舉神刀禱祝，奏絃，拍板，拊掌，歌鄂囉羅。帝入，一跪三叩。圜殿同。畢，陞座，賜王公等炕前坐，尙膳正、司俎官進胙糕，尙茶正獻福酒，帝受胙，分賜各王公。禮成，還宮。遇壇廟齋期或淸明節，再涓吉以祀。

月朔，祀東南隅尙錫神亭，即堂子上神殿也。神曰田苗神。案上盤一，琖一，分陳時食、醴酒。司香上香，司俎挂淨紙杉柱上，諸王護衞依次挂之。內管領一人入，除冠服，解帶，跪叩。祝辭曰：「上天之子，尙錫之神，月已更矣，建始維新，某年生小子，敬備粢盛兮，潔楮並陳，惠我某年生小子，貺以嘉祥兮，畀以康甯。」畢，退。或謂祀明副總兵鄧子龍也，以與太祖有舊誼，故附祀之。

四月八日，佛誕祭祀。前期，饗殿懸神幔，還覺羅妻正副贊祀二人爲司祝。祭日不祈報，不宰牲，不理刑名。屆時赴坤甯宮請佛亭及菩薩、關聖像。司俎內監置椴葉餑餑、釀酒、紅蜜於盒以從。至則陳香鐙，獻糕酒，取紅蜜暨諸王供蜜各少許，注黃磁浴池，司祝請佛浴。畢，以新棉承座，還奉佛亭，陳椴葉餑餑九盤，酒琖、香碟各三，並諸王所供餑餑、酒。圜殿亦如之。司香上香，司祝獻酒九巡，餘略如月祭、杆祭。崇德元年，定八旗王、貝勒各一人依次供獻，厥後唯親王、郡王行之。

馬祭，歲春秋季月爲所乘馬祀圜殿。正日，司俎挂紙帛如常數，陳打糕一盤，醴酒一琖，縛馬鬉尾綠紬二十對。司香上香，牧長牽十馬，色皆白，立甬道下。司祝六獻酒，奏樂如儀。所禱之神同月祭，唯祝辭則易爲「所乘馬，敬祝者撫脊以起兮，引鬣以興兮，嘶風以奮兮，噓霧以行兮，食草以壯兮，齧艾以騰兮，溝穴其弗踰兮，盜賊其無擾兮，神其貺我，神其佑我」。禱訖，取紬條就香爐薰禱，司俎以授牧長，繫之馬尾。是日，馬神室並奉朝祭、夕祭神位，遣內府大臣行禮。朝祭，豫懸幔，舁供佛小亭奉炕上，案陳香酒食品。司俎進二豕，熟而薦之。司香上香，舉琖授司祝，司祝進，跪，三獻，歌奏如前。訖，授琖司香，一叩，興，合掌致敬，復跪，祝，一叩，興。取縛馬鬉尾紅紬條七十對，就香碟薰禱，授司俎官，轉授上駟院侍衞，分給各廄院卿、侍衞、廄長入隨食肉。其夕祭儀略如朝祭。候肉熟，分陳案上，進，跪，叩，祝同。司祝坐杌，置夕祭定處，設小案、小腰鈴，別置神鈴案東，展背鐙布幕，振鈴杆，搖腰鈴，誦神歌。前後所禱所祝之神，詳下背鐙祭。其禱辭同朝祭，祈請者四，禱後跪祝，辭供肉祝辭亦如之。畢，取縛馬鬉尾靑紬條三十對，仍就香碟薰禱，授如初。翼日爲牧羣滋息，復行朝夕祭如初禮，唯祝辭易「今爲牧羣繁息」六字，「溝穴」二句易爲「如萌芽之發育兮，如根本之滋榮兮」，餘辭並同。又司香取縛馬鬉尾紬條二百八十對，皆靑色。崇德初制，爲馬羣致祭，唯親王至輔國公得行。乾隆三十六年，定春秋驅馬致祭，薩滿叩頭。薩滿者，贊祀也。訖，取所送靑色十馬，繫綠紬條如數。又定朝祭御馬拴紅紬條，大淩河驛馬拴靑紬條，爲恒制。

凡出師凱旋，皆有事堂子。崇德元年，太宗征明及朝鮮，明年班師，並告祭。世祖定中原，建堂子。嗣是聖祖平吳三桂、察哈爾，迄歷朝靖亂，皆以禮祇告。凡親征告祭，命下，涓吉，屆期，兵部建大纛具祀纛篇帝御戎服出宮乘騎前後翊衛午門鳴鐘鼓法駕鹵簿爲導鐃歌大樂備而不作至玉河橋軍士鳴角螺帝入堂子街門降騎角螺止入中門詣圜殿就拜位南嚮立率羣臣行三跪九叩禮角螺齊鳴出內門致禮纛神禮成樂作車駕啓行凱旋日率大將軍及從征將士詣堂子告成若命重臣經略軍務以討不庭禮亦如之乾隆十四年詔言堂子致祭所祭即天神也列祖御宇稽古郊禋燔柴鉅典舉必以時堂子則舊俗相承凡遇大事及春秋季月上旬必祭天祈報歲首尤先展禮定鼎以來恪遵舊制考經訓祭天有郊有類有祈穀祈年禮本不一兵戎國之大事命將先禮堂子正類祭遺意禮纛即禡也或在行營別有征討不及祭告堂子則行望祭其誠敬如此夫出師告遣凱旋即當告至乃天地宗社皆已祝册致虔且受成太學而堂子則弗及禮官疏略如神既何其詳議以聞尋奏凱旋告祭之禮報可

坤甯宮祀神昉自盛京既建堂子祀天復設神位清甯宮正寢世祖定燕京率循舊制定坤甯宮祀神禮宮廣九楹東暖閣懸高宗御製銘略言在盛京清甯正寢建極熙鴻貞符義審思媚嗣徽松茂竹苞神罔時恫執豕酌匏其眷祀神如此宮西供朝祭神位北夕祭神位廷樹杆以祀天朝祭神爲佛爲關聖夕祭神爲穆哩罕諸神祝辭所稱納丹岱琿爲七星之祀喀屯諾延爲蒙古神並以先世有功而祀者餘如年錫安春阿雅喇諸號納爾琿安哲鄂囉羅諸字雖訓義未詳而流傳有自綜其所祀曰元旦行禮曰日祭曰月祭及翼日祭曰報祭曰大祭曰背鐙祭及翼日祭曰四季獻神其儀節大率類堂子茲略舉其小異者元旦子刻司香上香帝后行禮日祭順治初定大內日祭朝以丑寅夕以未申朝祭司香豫懸黃幔奉菩薩關帝像東嚮左右炕上置低桌二陳鑪琖各三時果九糕十炕前置獻案黃磁盌二盧其一以一實酒案下列樽酒前設采氈昧爽司俎等進二豕司香獻香執絃板內監暨司俎官帥屬進奏神絃拍板拊掌應節司祝跪六獻酒灌盧盌中一叩興合掌致敬餘如堂子朝祭儀司祝復跪一叩興又誦贊三絃板止侍側帝親詣入門立神位前司祝先跪帝跪司祝致辭帝行禮興司祝叩興合掌致敬后隨行禮將事者俱退留司俎司祝司香婦人侍行禮時帝南后北帝不與祭司祝叩興後徹琖奉神像納黃簾位西楹大亭中徙幔稍南安關帝像正中執絃板者進跪坐司香斂氈三折之奏絃拍板如初司祝跽氈上致辭獻香酒司祝酌酒執豕耳灌之一叩絃板止司祝舉豕於俎復奏拍灌如初一叩興退司俎如法封牲熟而薦之司香獻香司俎進跪凡三獻俱奏絃拍板拊掌畢徹饌列胙長案上或帝率后受胙或率王公等食肉否則大臣侍衛進食之夕祭司香豫懸青幔西樹杆懸大小神鈴七幔內奉穆哩罕神畫像神蒙古神南嚮前低桌二陳鑪琖各五別懸菩薩像西楹大亭鋪油紙設案如朝祭既上香司祝繫裙束腰鈴擊手鼓坐杌上誦神歌祈請曰自天而降阿琿年錫之神與日分精年錫之神年錫唯靈安春阿雅喇穆哩穆哩哈納丹岱琿納爾琿軒初恩都哩僧固拜滿章京納丹威瑚哩恩都蒙鄂樂喀屯諾延某年生小子今爲所乘馬敬祝者云云辭同馬祭擊鼓拍板和之初禱曰納丹岱琿納爾琿軒初二禱曰恩都哩僧固三禱曰拜滿章京納丹威瑚哩恩都蒙鄂樂喀屯諾延三禱並爲馬祝云云皆擊鼓爲節內監亦擊拍板以和止退釋手鼓腰鈴司香設采氈帝親行禮如朝祭儀后隨行則帝東后西封牲薦俎暨叩跪致辭如初畢遇齋期國忌不宰牲並十二月二十六日請神送堂子後宮內均停祭乾隆十二年制定坤甯宮祭神背鐙供獻其儀夕祭薦肉後司香斂氈展青綢幕掩鐙火衆出闔戶留司祝及執板鼓內監侍司祝坐杌上振杆鈴初向神鈴致祈請辭曰哲伊埒呼哲納爾琿掩戶牖以迓神兮納爾琿息甑竈以迓神兮納爾琿來將迎兮侑坐以俟納爾琿秘以俟兮几筵具陳納爾琿納丹岱琿藹然降兮納爾琿卓爾歡鐘依惠然臨兮納爾琿感於神靈兮來格蒞於神鈴兮來歆納爾琿二次搖神鈴致禱辭曰納丹岱琿納爾琿軒初卓爾歡鐘依珠嚕珠克特亨某年生小子今爲所乘馬祝者云云餘辭同馬祭三次向腰鈴致祈請辭曰哲伊埒呼哲古伊雙寬列几筵以敬迓古伊雙寬潔粢盛兮以恭延古伊雙寬來將迎兮盡敬古伊雙寬秘以俟兮申虔古雙寬乘羽葆兮陟於位古伊雙寬應鈴響兮降於壇古伊雙寬四次搖腰鈴復致禱辭曰籲者唯神迓者斐孫犧牲既陳奔走臣鄰仍爲所乘馬敬祝者云云每次並擊鼓拍板以和畢啟扉明鐙司俎徹俎司香捲幔奉神像納朱匱月祭略同日祭唯食品因月而殊灌豕耳以酒不以水如爲皇子祭祀則司祝禱祝皇子叩拜翼日祭天安佛菩薩像西楹大亭神杆東北置案一西嚮奉杆倚杜座前杆首嚮東仰案陳銀盤三一實米居中西北置幔架覆紅罽東北置牲案昧爽司俎進一豕司香設采氈闔內帝行禮嚮神杆南面跪司俎進舉盤中米灑之祝禱畢興不親祭則司祝奉御衣叩拜后隨行帝居中后傍西封牲熟薦陳頸膽左右銀盤縷肉爲膾列盌二佐以筯炊稗爲飯列盌二佐以匙相間以獻帝復行禮灑米如初禮成司俎奉頸骨杆端膽膾及米置杆盌杆遂立以所獻肉飯進帝后受胙退如爲皇子祭天則皇子叩拜不親祭則司祝奉皇子衣服叩拜報祭歲春秋二季立杆大祭前期四旬釀酒西炕上祭前一日漉之司香染布爲神冠製楮帛大祭日司俎婦人打糕作穆丹條子餘如前儀其翼日祭天與月祭翼日同四孟月大祭亦日四季獻神懸朝祭夕祭神幔並同日祭儀涓吉具馬二牛一金銀錠各二蟒緞龍緞片金倭緞閃緞各色緞十毛青布十設案掌儀官等前引內府大臣上駟院卿同行自乾清右門舁入迺交泰殿至坤甯宮門外陳馬於西列牛於東司俎等奉金銀緞布入司香陳案上奉朝祭神位前加金銀其上司祝跪致辭一叩興復舉案夕祭神位前如上儀帝親祭禮同月朔陳獻畢司香舉金銀緞布貯案下侍衛等牽牛馬出越三日宮殿監諸神位前以金銀緞布及牛馬授會計司發售計直購豕以祭故事帝獵南苑或他所射得麅鹿如尾虒腑臟無傷者雖小創必整潔之備供獻傷多體缺者否之至四時進獻按時以奉春雛雞二夏子鵝一秋魚一冬雉二選肥且澤者以將誠焉

令節設供萬壽節元旦節宮殿監率各首領設供案天香亭內北嚮奉安神牌香爐鐙爐斗香拜褥各具陳祭品七十有五屆時帝拈香行禮畢送燎還宮冬至夏至或未親行郊禮則設供宮中宮殿監設供案冬至北嚮夏至南嚮奉安神牌祭品同拈香送燎亦如之立春立夏立秋立冬設案如前儀春東嚮夏南嚮秋西嚮冬北嚮陳祭品三十有六羊豕各一儀如初仲春朔祭日仲秋望祭月七月七夕祭牛女陳祭品四十有九帝行禮畢宮殿監奏請皇后皇貴妃妃嬪行禮畢帝送燎還宮

求福祀神所稱佛立佛多鄂謨錫瑪瑪者知爲保嬰而祀也亦名換索其儀諏吉有期豫釀醴酒前期數日選無事故滿洲九家攢取棉綫綢片捻綫索二紐小方戒綢三先一日司俎官偕奉宸苑官赴西苑斫取柳條全株高九尺圍逕三寸屆期赴坤甯宮廊下樹柳枝於石懸淨紙戒綢幔懸神像炕上設低案一陳香碟醴酒各三豆糕煤糕打糕各九西炕設求福高案陳鯉魚稗米飯水餾子各二醴酒豆糕等皆九數稍北植神箭懸綫索其上用三色綢片夾繫之令穿出戶繫之柳枝司香展采氈帝后親詣行禮如朝祭儀內監司俎官率屬進奏神絃鳴拍板司祝執神刀進誦神歌禱辭曰聚九家之綵綫樹柳枝以牽繩舉揚神箭以祈福佑以致敬誠某年生小子綏以多福承之於首介以繁祉服之於膺千祥薈集九敘阜盈亦既孔皆福祿來成神兮貺我神兮佑我豐於首而仔於肩衛於後而護於前畀以嘉祥兮偕老而成雙兮富厚而成雙兮富厚而豐穰兮如葉之茂兮如木之榮兮食則體腴兮飲則滋營兮甘旨其獻兮朱顏其鮮兮歲其增而根其固兮年其永而壽其延兮如是者三衆歌鄂囉羅和之禱畢司香舉綫索神箭授司祝司香舁高案出戶外列柳枝前司祝左執神刀右執神箭立案前帝立正中后立檻內東次皆跪司祝對柳枝舉揚神箭以練麻拭其枝初次誦禱畢舉箭奉練麻進帝三埒而懷之歌如前帝后一叩興柳枝上灑以酒夾以糕司祝揚箭歌禱如式凡三帝詣神位前跪司祝以箭上綫索二分奉帝后致辭叩興合掌致敬帝后同一叩興司祝進神胙帝后受之還宮祀肉與糕不出門則分給諸人令戶內盡食之其夕祭求福帝后行禮如夕祭儀柳枝所繫綫索貯於囊懸西壁上其枝司俎官齎送堂子至除夕與神杆紙帛爇化之

奉先殿順治十三年詔建景運門東北前後各九楹如太廟寢制中爲堂左神庫右神廚明年殿成世祖躬安神位讀祝大饗定制元旦冬至歲除萬壽册封月朔望奉神位前殿帝親行禮供獻如太廟大饗儀唯立春上元四月八日端陽重陽皆尋常節國忌清明霜降十月朔屬哀慕期親祭不贊禮作樂七夕如常供四月八日七月望日陳素果月薦新帝親獻凡常例供獻後殿行之饗太廟畢行躬告禮上香燭又定日供湯飯果肉各五盤元旦萬壽請太廟後殿四祖四后神位至奉先殿與列聖列后合饗其後罷奉請就太廟後殿祀之是歲冬御經筵上親祭焉十七年以併夾室乖制諭令夾室行廊外中通爲敞殿九楹迺改建如旨明年聖祖嗣服用禮臣言依明洪武三年例朝夕焚香朔望瞻拜時節獻新生忌致祭具常饌行家人禮其冬世祖升祔奉神位至前殿行大饗禮成還奉後殿神龕厥後祔饗倣此康熙十三年罷日供食早晚然香燭十五年罷册封大饗遣官祇告後殿凡上徽號册立御經筵耕耤謁陵巡狩回鑾亦如之雍正十三年準太廟時饗例增上香儀乾隆二年修殿徙神位暫安太廟其秋會值太祖太宗忌辰帝擬親饗羣臣言故事無素服入廟迺止道光元年增修後殿龕座中室列龕三奉太祖太宗世祖左一室龕二奉聖祖高宗右一室龕二奉世宗仁宗昭穆仍舊制餘四室分列八龕爲凡親饗先三日致齋

先一日掌儀司進祝版割牲瘞毛血潔治祭品屆日昧爽內監啓寢室神龕執事官各事咸備內府官省齋畢分詣寢室前跪上香三叩興奉列聖列后神位以次行皇后祔饗同至前殿安於座位南嚮祔后西嚮詣各香案前跪三叩興屆時帝袞服出宮至誠肅門降輿入左門盥訖就拜位北面立迓神奏貽平章導詣太祖香案前跪上炷香一瓣香三旋位行三跪九叩禮導詣皇后香案前立上香旋位行初獻禮奏敉平章舞干戚有司揭尊冪勺挹實爵司帛司爵以次至各案前獻訖司祝詣祝案前跪三叩興跪案左奉祝版帝跪司祝讀祝興安於篚叩如初帝三叩興行亞獻禮奏敷平章舞羽籥獻爵儀如初行終獻禮奏紹平章餘並同初獻徹饌奏光平章畢請神還寢室三叩退贊畢還宮樂奏乂平章帝復行三跪九叩司祝司帛以次送燎所帝轉立東旁禮成仍出左門餘如來儀或遣皇子代祭前諸儀同殿門外正中設拜位入右門至西階下盥手升階詣拜位行禮祝帛送燎避立西旁仍自西階退其月朔薦新正月鯉魚青韭鴨卵二月萵苣菠菜小葱芹菜鱖魚三月王瓜蔞蒿蕓臺茼蒿蘿蔔四月櫻桃茄子雛雞五月桃杏李桑葚蕨香瓜子鵝六月杜梨西瓜葡萄蘋果七月梨蓮子菱藕榛仁野雞八月山藥栗實野鴨九月柿鴈十月松仁軟棗蘑菇木耳十一月銀魚鹿肉十二月蓼芽綠豆芽兔蟫鰉魚其豌豆大麥文官果諸鮮品或廷旨特薦者隨時內監獻之順治十四年定月薦鮮獻粢盛牲品康熙十三年定薦新日掌儀司詣後殿行禮獻帛爵用侍衞

壽皇殿舊制三室在景山東北太祖太宗世祖及列后聖容向奉體仁閣雍正元年命御史莽鵠立繪聖祖御容供奉壽皇殿中殿遇聖誕忌辰元旦令節率皇子近支王公展謁奠獻凡奉安山陵升祔太廟禮成皆親詣致祭蓋月必瞻禮或至三詣焉乾隆元年奉世宗聖容東一室嗣後列朝聖容依次奉東西室爲恆例三年定謁陵省方啓蹕回鑾均詣壽皇殿行禮尋定萬壽節行禮如諸令節儀十三年徙建景山正中如安佑宮制大殿九室左右殿各三楹東西配殿各五楹其冬成高宗親製碑記其頌曰唯堯巍巍唯舜重華祖考則之不競不絿仁漸義摩祖考式之弘仁皇仁明憲帝憲小子職之是繼是繩日明日旦小子忽之天遊雲殂春露秋霜予心惻惻考奉祖御於是壽皇予仍即之制廣而正爰經爰營工勿亟之陟降依憑居歆攸室虆牆得之佑我後嗣綿禩於萬匪萬億之觀德於茲無然畔援承欽識之十五年諭前代安奉神御率在寺中別殿淨宇本無定所敬念列祖創垂顯承斯在永懷先澤瞻仰長新式衷廟祫之儀斯協家庭之制應迎列祖列后聖容奉壽皇殿歲朝合請懸供肅將祼獻於是奉聖祖世宗御容並自體仁閣迎太祖太宗世祖御容迺定除夕敬懸供鮮果肉醬元旦大饗獻磁器籩豆供品並上香行禮初二日如除夕供禮畢尊藏又元旦帝有事堂子奉先殿訖詣壽皇殿行禮除夕初二日命皇子番行上元節供餅餌秋季展聖容宮殿監敬謹將事是歲繪列朝聖容成親詣奉安行大饗嘉慶四年詔壽皇殿供奉神御始自聖祖凡遇忌辰誕辰皆應躬親展敬示子孫遵行安佑宮亦如之

安佑宮在圓明園西北隅建工始乾隆五年迄八年蕆事大殿九室朱扉黃甍如寢廟制中龕懸聖祖御容左世宗右高宗龕前陳彝器書冊佩用服物合設中和韶樂一列帝臨御園中遇列聖誕辰忌辰令節朔望並拈香行禮謁陵省方啓鑾回蹕皆躬詣祗告焉高宗親製碑記略言朔酹望獻西漢原廟遺制宋時神御殿亦本斯義蓋奉安列朝御容所也上元結鐙樓寒食設秋千視漢已備而崇建徧郡國奉祀在禪院識者譏之我皇祖聖祖恩澤旁覃僻邑窮谷歆其德而不知子孫臣庶躬被教育者宜其謳歌慨慕而未有已也是以皇考世宗謹就壽皇殿奉安御容朔望瞻禮而於皇祖所幸暢春園亦陳薦如儀有漢宋備物備禮之誠無宋代祀繁致褻之弊予小子心懔紹庭念茲圓明園爲我皇考閎沼地築室九楹敬奉皇祖其中奉皇考配東一室所謂禮緣義起有其舉之莫敢廢也永佑寺在熱河避暑山莊萬樹園旁乾隆十六年建有樓五楹奉聖祖世宗高宗御容雲山勝地樓奉仁宗御容陳設一如安佑宮車駕莅至輒懸奉回蹕後庋藏丹墀列高宗御製碑文略言刱立精藍爰名永佑固不特鐘魚梵唄足令三十六景借證聲聞而皇祖聖日所照千秋萬歲後子孫臣庶莫不永如在之思是即釋迦之耆闍崛山金剛法座天龍擁護而所以繩武甯親祝釐養志亦於是託焉云爾仁宗御製永佑寺瞻禮敬紀亦頗惓惓祖若父爲道光時移供聖御繼德堂更題曰綏成殿中室聖祖左世宗右高宗左次室仁宗以後列朝御容仍依次懸左右室云

滿洲俗尚跳神其儀內室供神牌或用木龕室正中西北龕各一凡室南嚮北嚮以西方爲上東嚮西嚮以南方爲上頗與禮經合南龕下懸簾幕黃雲緞爲之北龕上置杌杌下陳香盤三木爲之春秋擇日致祭謂爲跳神前一月造酒神房前三日朝暮獻牲各二名曰烏雲即引祀也前一日神前供打糕各九盤以爲散獻大祀日五鼓獻糕主人吉服嚮西跪設神幄嚮東中設如來觀音神位女巫舞刀祝曰敬獻糕餌以祈康年主人跪擊神版諸護衞亦擊並彈絃箏月琴和之其聲嗚嗚然巫歌畢主人一叩興司香婦請神出戶牖西設龕南嚮奉之司俎者呼進牲牲入主人跪家人皆跪巫者前致辭以酒灌牲耳牲耳瞤司俎高聲曰神已領牲主人叩謝庖人刲牲熟而薦之主人再拜謁巫致辭主人叩畢巫以繫馬吉帛進祝如儀主人跪領帛以授司牧一叩興迺集宗人食胙肉令毋出戶庭其夕供七仙女長白山神遠祖始祖位西南嚮以神幔蔽窗牖舞刀進牲致祝如朝儀唯伐銅鼓作淵淵聲主家亦擊手鼓架鼓以銅鼓聲爲應誦益急跳益甚禮成衆受福次早設位庭院前位北嚮主人吉服如儀用男巫致辭畢灑以米趨退主人叩拜牲肉皆刲爲葅醢和稻米以進名曰祭天還願又明日神位前祈福供餅餌綴五色縷祝辭畢以縷繫主人胸謂之受福三日祭迺畢長白滿洲舊族近興京城者祀典禮儀皆同唯舒穆祿氏供昊天上帝如來菩薩諸像又供貂神其側納蘭氏則供羊雞魚鴨諸品巫者身繫銅鈴跳舞以鈴墜爲宜男兆蒙古跳神用羊酒輝和跳神以一人介冑持弓矢坐墻堵蓋先世有刦祀者故豫使人防之因沿爲制跳神之舉清初盛行其誦祝辭者曰薩嗎迄嘉慶時罕用薩嗎跳神者然其祭固未嘗廢也

禮志五 吉禮五

宗廟之制清初尊祀列祖神御崇德建元立太廟盛京撫近門東前殿五室奉太祖武皇帝孝慈武皇后後殿三室奉始祖澤王高祖慶王曾祖昌王祖福王考妣俱南嚮並設床榻衾枕幃幄帷幔如生事儀太宗受尊號躬率羣臣祭告其太牢少牢色尚黑復嗣考祭儀定祭品牛一羊一豕一簠簋各二籩豆各十有二鉶一鐙二各帛一登鉶尊各一玉爵三金七一金箸二帛共篚牲共俎尊實酒疏布冪勺具階前設樂部分左右懸祀日陳法駕鹵簿世祖定燕京建太廟端門左南嚮朱門丹壁上覆黃琉璃衞以崇垣周二百九十一丈凡殿三前殿十一楹階三成陛皆五出一成四級二成五級三成中十一左右各九中奉太祖太后神龕中殿九楹同堂異室奉列聖列后神龕後界朱垣中三門左右各一爲後殿亦九楹奉祧廟神龕俱南嚮前殿兩廡各十五楹東諸王配饗西功臣配饗東廡前西廡南燎爐各一中後殿兩廡庋祭器東廡南燎爐一戟門五中三門內外列戟百二十左右門各三其外石梁五橋北井亭三南神庫神廚西南奉祀署東南宰牲亭其盛京太廟尊爲四祖廟云順治四年定盛京守廟首領馬法秩視沙喇哈番餘馬法視護軍校五年冬追尊澤王爲肇祖慶王爲興祖昌王爲景祖福王爲顯祖與四后並奉後殿致祭如時饗儀八年孝端文皇后祔廟奉神主祗見太祖太后暨太宗代行三跪九拜禮位次太宗復一跪三拜畢遂行大饗祀後殿則遣官凡升祔先一日遣告至日祗見奉安大饗著爲例十八年世祖祔廟位次太祖西旁東嚮康熙九年孝康章皇后祔廟位次世祖二十七年孝莊文皇后祔廟屆期世祖及章后神主避立於旁始行祗見禮位次文后凡祔廟主以卑避尊後倣此五十七年孝惠章皇后升祔議者以孝康祔廟久欲位其次大學士王掞議曰陛下聖孝格天曩時太皇太后祔廟不以躋孝端上今肯以孝康躋孝惠上乎議者不從帝果以爲非是令改正焉雍正元年禮臣言古帝王升祔太廟必以皇后配饗周祀閟宮漢於別寢唐宋有坤儀奉慈殿以展孝思自是配廟者皇后字上一字與廟謚同祀別廟者但有謚無廟號其配位或一帝一后或一帝二后宋太宗徽宗則四后先後升祔禮制不同本朝太祖三后唯孝慈祔廟稱高后太宗二后孝端孝莊並稱文后世祖三后孝惠孝康並稱章后孝獻但祀孝陵饗殿定制然也今聖祖祔廟仁孝作配允宜同饗第廟謚曰仁與尊謚複改題孝誠與孝恭體備母儀並宜同祔其孝昭孝懿應集廷臣詳議尋議定夏商逮六朝皆一帝一后唐睿宗二后宋太祖三后太宗四后祔廟之制朱子諸儒咸無異說謹按前典孝昭孝懿應與孝誠孝恭並稱仁皇后同祔太廟從之案儀一元后一繼立一本生並列如序首孝誠次孝昭次孝懿次孝恭於此奉帝后神主以次安東旁西嚮位次太宗乾隆二年世宗暨孝敬后祔廟位西旁東嚮居世祖次四十二年孝聖后

升祔次孝敬明年高宗詣盛京徙建四祖廟大清門東南北袤十一丈一尺五寸東西廣十丈三尺五寸正殿五楹東西配廡各三楹正門三東西門各一敕大臣監視落成嘉慶四年高宗暨孝賢孝儀二后祔廟位東旁西嚮次聖祖道光元年仁宗暨孝淑后祔廟位西序東嚮次世宗三十年宣宗遺諭及祔廟事略謂禮經天子七廟周禮小宗伯辨廟祧昭穆漢七廟六室唐九代十一室宋九世十二室議禮紛紛不一而足我朝首太祖訖仁宗巍然七室不參酌今古必至貽笑後嗣朕薄德承基何敢上擬祖考祔廟斷不可行其奉先殿壽皇殿安佑宮爲古原廟制可仍舊迺下廷臣議於是禮親王全齡等主遵成憲侍郎曾國藩亦言萬難遵從古者祧廟爲七廟親盡言有親盡不祧者則必世德作求不在七廟數若殷三宗周文武是也大行皇帝於皇上爲禰廟非七廟親盡比而功德彌綸又當與列祖列宗同爲百世不祧之室且諸侯大夫尙有廟祭況尊如天子敢廢祔典帝僉其請詔曰天子七廟特禮之常制非合不祧之室言也皇考祔廟稱宗於制爲允遂於咸豐二年奉宣宗暨孝穆孝愼孝全三后祔廟位東序西嚮次高宗明年奉孝和睿皇后升祔次孝淑文宗少時爲康慈太后撫育十一年帝崩穆宗體大行遺志上尊謚曰孝靜同治建元祔廟次孝全四年文宗暨孝德后祔廟位西序東嚮次仁宗於時太廟中殿九楹咸序洎穆宗崩御而祔次尙虛光緒三年惇親王奕誴等躬往相度集議所宜侍講張佩綸請倣殷周制立太宗世室百世不祧展後殿旁垣左右各建世室侍郎袁保恒謂周制世室在太祖廟旁居昭穆上後世同堂異室以近祖爲尊請以中殿太祖左右爲世室九楹東西各展兩楹別建昭穆六代親廟太祖居中兩旁各六楹爲左右世室太祖至穆宗同爲百世不祧不必俟親盡遞升其左右隙地更建兩廟各三楹爲三昭三穆循次繼入藉省遷移鴻臚寺卿徐樹銘言古者廟前寢後廟以祭饗今前殿是寢以藏衣冠今中殿後殿是茲所當議者藏衣冠寢殿耳應就中殿左建寢殿祭饗仍在前殿列祖列宗百世不祧若建世室後殿旁反嫌居太祖上唯增寢室則昭穆序矣其他條議大率主世室者多有謂後殿宜增殿宇移四祖神主其中改爲世室移太宗居中一室穆宗祔廟奉安中殿西第四室者通政使錫珍說也有謂中殿兩旁建世室東二西一中奉太祖主七廟東一廟奉太宗二廟奉聖祖西一廟奉世祖前殿兩旁建六親廟世宗以下奉之斯昭穆不紊少詹事文治說也有謂中殿兩旁建昭穆二世室但建方殿縱橫各五楹移太宗居昭世室世祖居穆世室皆北面中一楹聖祖居昭世室東面第一楹中殿仍奉太祖昭穆各四楹列聖神位依序上移穆宗升祔居昭第三楹司業寶廷說也已閣議以紛更廟制未可從禮親王世鐸等謂與其附會古典不如恪守成規太廟中殿九楹中楹仍舊東西各四楹請如道光初故事增修改飾東次楹又次楹爲昭位太宗暨二后聖祖暨四后高宗暨二后宣宗暨四后神主序焉西次楹又次楹爲穆位世祖暨二后世宗暨二后仁宗暨二后文宗孝德后神主序焉將來穆宗孝哲后升祔位居宣宗次議上醇親王奕譞趨之奏言寓尊崇於變通較諸說爲當第廟楹有限國統無窮增修尙非至計祧廟爲歷朝經制無可避忌請敕自今以往毋援百世不祧之文當循親盡則祧之禮庶鉅典與天地常存於時徐樹銘力主宣宗遺諭以漢唐增室爲非今用奉先殿增龕成案億萬年後勢難再加宜遵祖訓豫定昭穆內閣學士鍾佩賢亦以爲言鴻臚寺少卿文碩且請建穆宗寢廟而文治實廷尤力爭並龕簡陋非永制兩宮太后不獲已再下王大臣議兼詢直隸總督李鴻章鴻章言周官匠人營國世室明堂皆止五世鄭注五室並在一堂據此則朱子所圖世室親廟以次而南未盡合制至建寢殿增方殿古制所無禮親王等所言未爲無見我朝廟制祖宗神靈協會一室一旦遷改神明奚安太廟重垣庭墀殿陛各有恒式準古酌今改廟非便因時立制自以援奉先殿增龕例爲宜議者或嫌簡略攷古禮祔廟迭遷亦止改塗易檐並不大更舊廟今之龕座猶昔宋時坎室晉華垣建議廟堂以容主爲限無拘常數王導溫嶠往復商權始增坎室宋增八室蔡襄爲圖今之增龕何以異是又謂奉先殿即古原廟與太廟殊然雍正時奏定奉先殿神牌與太廟顯若畫一成憲可循不得謂增龕之制獨不可倣行太廟也至祧遷雖常典而藏主之室禮無明文鄭康成言周祧主藏於太廟及文武世室是已祧之主與不遷之祖同處一廟故廟亦名祧晉藏西儲夾室當時疑其非禮後世緣爲故事儒家謂古祧夾室殆爲肊辭廟既與古不同祧亦未容輕議唯醇親王所陳爲能導皇上以大讓酌廟制以從宜自此議遂定五年穆宗暨孝哲后祔廟位東序西嚮次宣宗七年孝貞后升祔次孝德宣統元年孝欽后升祔次孝貞是歲考議德宗祔廟事禮臣言兄弟同昭穆但主穆位空一室其餘議禮諸臣重宗統者以爲異昭穆不便重皇統者復以爲同昭穆不合而大學士張之洞獨主古有祧遷之禮則兄弟昭穆宜同今無祧遷之禮則兄弟昭穆可異議迺定其秋詔曰我朝廟制前殿自太祖以下七世皆南嚮宣宗以下三世分東西嚮與古所謂穆北嚮昭南嚮不同穆德二廟同爲百世不祧宜守朱子之說以昭穆分左右不以昭穆爲尊卑禮緣義起毋因經說異同過事拘執德宗祔廟中殿奉西又次楹又五室穆位前殿位次西旁文宗坐西嚮東穆位體先朝兼祧之旨慰列聖在天之靈垂爲定制奉先殿位序亦如之

時饗太宗建國初遇清明除夕躬謁太祖陵即時饗所由始崇德元年建太廟成凡四孟時饗每月薦新聖誕忌辰淸明中元歲暮俱致祭五月獻櫻桃命薦太廟凡新進果穀皆先薦迺進御著爲令順治元年定時饗制孟春擇上旬日三孟用朔日樂章六奏二年命祭太廟如奉先殿儀讀祝致祭遣官祭福陵昭陵四祖廟止上香燭供酒果不讀祝七月朔秋祭太廟四祖廟中元祭陵並用牛羊尋定四祖廟祭例視京師牲用生又饗太廟用熟牛罷晉胙八年定親饗制飲福受胙如圜丘奏樂備文武佾舞康熙十二年從禮臣言祭太廟質明將事二十四年春親饗畢諭曰往見贊禮郎宣祝至朕名聲不揚禮稱父前子名子孫通名祖父豈可慢易嗣後垂爲戒雍正十一年世宗以廟饗無上香奠帛爵無跪獻命大學士禮臣議增尋議言大祀莫重郊壇孝享莫大配天宗廟典禮宜視社稷祭社稷日皇帝親詣上香太廟自宜一例至帛爵俱不親獻皇帝立拜位前所以亞郊壇也仍舊儀便報可又定太廟神牌如奉先殿制供奉居中請牌用太常官獻帛爵用侍衞尋改用宗室官高宗嗣位定三年持服內饗廟御禮服作樂如故唯齋戒用素服冠綴纓乾隆二年用禮臣言祝版書列聖尊謚香帛送燎時行中路帝轉立東旁俟奉祝帛官出復位如祀郊壇式尋定每日上香守廟官行禮朔望用太常官嗣改宗室王公番行十二年諭太廟獻帛爵用宗室官俾習禮儀鎔氣質敕宗人府王公監視後復定後殿獻帛爵用覺羅官向例饗廟帝乘輿出宮至太和門外改乘輦入街門至神路右步入南門詣戟門幄次入升東階進前殿門就拜位禮成出如初凡入門皆左三十七年帝年漸高略減儀節入廟時改自闕左門輦入西北門至廟北門外輿入至戟門外東階下步入門升階進殿行禮畢出亦如之嘉慶四年定時饗前殿座次太祖太宗世祖皇考妣皆南嚮聖祖皇考妣東位西嚮世宗皇考妣西位東嚮高宗皇考妣東次西嚮以後帝后位次倣此八年孟春時饗禮臣卜吉初六日仁宗以前三日致齋會逢高宗忌辰服色未協命改初八日嗣是春饗皆擇正月初八九十等日行之道光四年諭廟饗諴福胙如祀社稷儀王公百官隨行三跪九拜禮穆宗德宗初立時饗祫祭遣親王代逮親政始躬莅宣統朝攝政王攝行

祫祭歷代禘祫分祭禮說繽繽罔衷古訓淸制有祫無禘除夕饗廟實始太宗世祖本之著爲祭典順治十六年左副都御史袁懋功請舉祫祭以彰孝治迺定歲除前一日大祫移後殿中殿神主奉前殿四祖太祖南嚮太宗東位西嚮先一日遣官告後殿中殿致齋視牲屆日世祖親詣禮如時饗自是歲以爲常尋定祫祭樂舞陳殿外康熙時御史李時謙請行禘祭禮臣張玉書上言考禮制言禘不一有謂虞夏禘黃帝殷周禘嚳皆配祭圜丘者有謂祖所自出爲感生帝而祭之南郊者有謂圜丘方澤宗廟爲三禘者先儒皆辯其非而宗廟之禘說尤不一或謂禘止及毀廟或謂長發詩爲殷禘雍詩爲周禘而親廟毀廟兼祭者唯唐趙匡陸淳以爲禘異於祫不兼羣廟王者立始祖廟推祖所自出之帝以始祖配之故名禘至三年一祫五年一禘說始漢儒後人宗之漢唐宋禘禮並未考始祖所自出止五歲中合羣廟之祖行祫禘於宗廟而已大抵夏商以前有禘祭而厥制莫詳漢唐以後有禘名而與祫無別周以后稷爲始祖以帝嚳爲所自出而太廟中無嚳位故祫祭不及至禘祭迺設嚳位以稷配焉行於後代不能盡合故宋神宗罷禘禮明洪武初或請舉行衆議不果嘉靖中迺立虛位祀皇初祖帝以太祖配事涉不經禮亦旋罷國家初定鼎追上四祖尊稱立廟崇祀自肇祖始太祖功德隆盛當爲萬世廟祖而推所自出則綿邈大業肇祖最著今太廟祭禮四孟分祭前後殿以各伸其尊歲暮祫饗前殿以同將其敬一歲屢申祼獻仁孝誠敬已無不極五年一禘可不必行遂寢其議乾隆三十七年大祫帝親詣肇祖位前上香餘遣皇子親王分詣復位行禮如常儀詣廟節文減之如時饗六十年將屆歸政九廟俱親上香嘉慶四年定歲暮祫祭前殿座位視時饗咸豐八年文宗疾甫平親王代行祫祭然先祭時猶親詣拜跪焉其因時祫祭者古禮天子三年喪畢合先祖神饗之謂之吉祭雍正二年吏部尙書朱軾言皇上至仁大孝喪三年如一日今服制竟請祫祭太廟即吉釋哀制可明年二月帝詣廟行祫祭如歲暮大祫儀自後服竟行祫祭倣此

加上謚號崇德元年太宗受尊號追封始祖爲澤王高祖慶王曾祖昌王祖福

王上太祖武皇帝孝慈皇后尊謚卽日躬祀太廟翼日百官表賀順治元年進太祖孝慈后太宗玉册玉寶奉安太廟册長八寸八分廣三寸九分厚四分册數十面底二頁鐫升降龍寶方四寸二分厚一寸五分紐高二寸七分長四寸二分廣三寸五分寶盝金質凡太廟册寶皆用玉色靑白册文用驪體寶文如謚號曰某祖某宗某皇帝之寶后曰某皇后之寶五年追尊澤王肇祖原皇帝妣原皇后慶王興祖直皇帝妣直皇后昌王景祖翼皇帝妣翼皇后福王顯祖宣皇帝妣宣皇后奉安訖致禮如時饗越三日慶賀如儀七年上孝端文皇后尊謚九年進四祖帝后册寶十八年上世祖尊謚前期齋戒遣官祭告天地宗廟社稷屆日帝素服御太和門閱册寶訖大學士奉安綵亭校尉舁行導以御杖駕從之王公百官各於所立位跪俟隨行至壽皇殿大門外降輦入左門綵亭入右門大學士二人跪奉册寶陳案上帝就位率羣臣行三跪九叩禮贊引奏跪奏進册奉册大學士跪左進帝跪獻畢授右跪大學士陳中案奏進寶如初奏宣册宣册官跪宣上尊謚曰體天隆運英睿欽文大德弘功至仁純孝章皇帝廟號世祖宣册訖奏宣寶儀亦如之行禮三跪九叩致祭同時饗畢奉絹册寶祝帛如燎所焚之大學士二人奉香册寶導梓宮奉安一跪三叩翼日頒詔天下凡上大行帝后尊謚香册香寶獻几筵後奉安山陵絹寶送燎玉册玉寶卜吉藏之太廟後倣此初太祖尊謚曰承天廣運聖德神功肇紀立極仁孝武皇帝太宗曰應天興國弘德彰武寬溫仁聖睿孝文皇帝聖祖纘業加太祖睿武弘文定業六字更廟號高皇帝太宗隆道顯功四字廟號如故用禮臣言俟世祖祔饗後行禮明年上慈和皇太后尊謚二十七年上孝莊太皇太后尊謚五十七年上孝惠皇太后尊謚后聖祖嫡母也祔廟日命安神位慈和上六十一年冬諭廷臣皇考繼統本應稱宗但經云祖有功宗有德皇考手定太平論繼統爲守成論勳業爲開創宜崇祖號以副豐功其確議之議言按禮經有虞氏禘黃帝而郊嚳祖顓頊而宗堯而舜典云舜格文祖注曰堯廟歸格藝祖復釋爲堯之祖合之祖顓頊則有三祖矣宋陳祥道云凡配天者皆得稱祖國語展禽謂有虞氏祖高陽而郊堯堯所以稱文祖也顓頊至堯並黃帝子孫故皆稱祖又周禮大宗伯祫禘追享朝享解云古者朝廟合羣祖而祭焉故祫曰朝饗以合羣祖爲不足復禘其所自出故禘曰追饗夫祖所自出始祖也其下曰羣祖則自始祖以下皆可稱祖矣又謚議帝王功業隆盛得援祖有功古義稱爲祖竊謂唯聖可揚峻德唯祖可顯隆功議上稱旨雍正初元遂上尊謚廟號聖祖復諭太祖太宗世祖三聖相承功高德盛孝莊孝康孝惠翼運啟期懿徽流慶宜並加謚俾展孝思於是加謚太祖曰端毅太宗曰敬敏世祖曰定統建極而孝慈孝端及三后並尊謚焉於時工部奉神主廟室髹漆飾金中書翰林官各一人書新謚奏遣大學士二人行掃靑禮先期祇告天地社稷至日世宗禮服詣太廟行上尊謚禮畢還宮易袞服詣奉先殿致祭後倣此六年鐫造列聖列后玉寶玉册暨聖祖皇考妣册寶成奉之太廟其儀太廟潔室設黃案張綵幔兩旁中陳册寶王大臣朝服將事帝御禮服恭閱一跪三拜安奉綵亭輿導如前儀供案訖帝入行禮如初册寶集中殿分藏金匱帝以次上香一跪三拜禮成高宗踐阼加列聖列后尊謚諭言宗廟徽稱有制報本忱悃靡窮藉抒至情不爲恒式乾隆四十五年以列朝册寶玉色參差命選工琢和闐精璆越二年工竣祇閱訖奉太廟如禮其舊藏十六分命齎送盛京太廟尊藏玉檢金繩自是帝后祔廟皆別備册寶送盛京永爲制嘉慶四年仁宗守遺訓著制凡列聖尊謚已加至二十四字列后尊謚已加至十六字不復議加

功臣配饗所以顯功宗親郡王配東廡文武大臣配西廡崇德元年追封皇伯祖禮敦巴圖魯爲武功郡王巴圖魯其名也配東廡福晉與焉並以直義公費英東宏毅公額亦都配西廡順治元年西廡增祀武勳王揚古利位直義上九年復增祀忠義公圖爾格昭勳公圖賴昭勳爲直義子忠義爲宏毅子父子配侑世尤榮之十一年東廡增祀通達郡王雅爾哈齊慧哲郡王額爾袞宣獻郡王界堪通達位武功上而慧哲宣獻兩福晉亦並侑云康熙九年定祀東廡用太牢歲以爲常雍正二年西廡增祀文襄公圖海定功臣配饗儀前期告太廟屆日陳綵亭列引仗奉主至廟西階拜位在階下三跪九拜奉主大臣攝行還納龕位一跪三拜八年怡親王允祥配東廡定王配饗儀奉主以郡王迎主用綵亭吾仗至廟東階拜位在階上代行禮畢降自東階餘如西廡九年進加費英東信勇公圖爾格果毅公圖賴雄勇公圖海忠達公乾隆中西廡增祀襄勤伯鄂爾泰超勇親王策淩大學士張廷玉蒙古王漢大臣侑食自此始四十三年詔祖宗創業艱難懿親藎臣佐命殊功從古未有當時崇封錫爵酬答從優以後有及身緣事降削者有子孫承襲易封者不爲追復舊恩心實未愜於是睿親王多爾袞以元勳懿戚橫被流言特旨昭雪禮烈親王代善後人改封爲巽已復改爲康鄭獻親王濟爾哈朗改爲簡豫通親王多鐸改爲信肅裕親王豪格改爲顯克勤郡王岳託改爲衍禧又改爲平均非初號悉命復舊並配祀東廡禮王位宣獻下睿王等以次列序位怡王上而徙策淩列怡王次嘉慶元年西廡增大學士傅恒福康安協辦大學士兆惠福康安卽傅恒子並封郡王異姓世臣被恩最渥道光三年復增大學士阿桂功臣凡十有二人同治四年東廡增科爾沁親王僧格林沁功王凡十有三人凡時饗帝上香時分獻官上香配位前各分獻不拜三獻畢退祫祭同

醇賢親王廟光緒十六年醇賢親王奕譞薨中旨引高宗濮議辨應稱所生曰本生父沒稱本生考立廟不祧祀以天子之禮合乎父爲士子爲大夫葬以士祭以大夫古義斯尊親兩全矣迺定稱號曰皇帝本生考復定廟祀典建廟新賜邸第額曰醇賢親王廟正殿七楹東西廡殿後寢室各五楹中門三門內焚帛亭祭器亭其外宰牲亭神庫神廚大門三殿宇正門中覆黃琉璃殿脊及門四周上覆綠琉璃其祀儀樂舞祭器祭品視天子禮凡時饗以四仲月朔襲王承祭帝親行則襲王陪祀誕辰忌日帝親詣行禮

謁陵有清肇迹興京四祖陵並在京西北稱興京陵太祖定遼陽景祖顯祖二陵徙盛京東南稱東京陵嗣是太祖陵當盛京東北稱福陵太宗陵當盛京西北稱昭陵崇德間定歲暮清明祭興京陵用牛一遣守陵官行禮東京陵用牛二遣宗室覺羅大臣行禮福陵用牛一羊二遣大臣行禮國忌誕辰孟秋望日然香燭獻酒果奠帛讀祝行禮朔望用牛一具香燭酒果遣守陵官致祭不讀祝奠帛順治八年封興京陵山曰啓運東京陵山曰積慶福陵山曰天柱昭陵山曰隆業並從祀方澤置陵官陵戶定祀儀冬至用牛一羊一豕一餘同前清明歲暮孟秋望日亦如之十三年詔立界碑禁樵採十五年移東京陵改祔興京罷積慶山祀明年尊稱爲永陵饗殿陵閣如制康熙二年相度遵化鳳臺山建世祖陵曰孝陵先是世祖校獵於此停轡四顧曰此山王氣葱鬱可爲朕壽宮因自取佩韘擲之諭侍臣曰韘落處定爲穴至是陵成皆驚爲吉壤歲以清明中元冬至歲暮爲四大祭並改建福陵昭陵地宮工竣以奉安祇告致祭如大饗安神位隆恩殿製龕座寶牀帷幔衾褥幃幔如太廟式凡因公謁陵三品以上官羅城門外行禮遇祭日二品以上許入城隨守陵官陪祭歸謁辭凡謁陵東巡石門王貝勒在隆恩門外三跪九拜當直官啓門貝子以下三品官以上則否皆奉祀官爲導遇祭日免是時三陵建功德碑碣凡起陵皆立碑如故事八年定四時大祭遣多羅貝勒以下奉國將軍覺羅男以上行禮明年秋奉太皇太后皇太后率皇后謁孝陵前一日躬告太廟越日啓鑾陳鹵簿不作樂旣達陵所太皇太后坐方城東旁奠酒舉哀皇太后率皇后等詣明樓前中立六肅三跪三拜隨舉哀奠酒復三拜還行宮凡皇太后謁陵倣此次日帝復謁隆恩殿行大饗禮又次日殿前設黃幄焚楮帛讀文致祭禮成還京仍告太廟越二日御太和殿百官表賀明年秋車駕至盛京謁福陵昭陵畢召將軍等賜以酒幷諭守陵總管副總管曰爾等職司典祀凡祭品必親虔視務盡誠敬副朕孝思還御大清門受賀燕賚羣臣頒守陵官軍其永陵遣王大臣致祭復遣官分詣額親王克勤郡王直義公費英東諸勳貴墓酹酒還京日仍告廟如儀二十一年滇平詣兩京謁陵如初禮還京祇告奉先殿自是靖寇難謁陵告祭以爲常六十年御極週甲命世宗率皇子皇孫詣盛京皇子祭昭陵皇孫祭永陵帝親往福陵大祭雍正元年定聖祖陵曰景陵其明年清明謁祭如典八年冬至會聖祖忌辰禮臣言準陵寢大祭用太牢獻帛爵讀祝文遣官承祭具朝服十三年清明冬至大饗改遣公爵番行七月望日將軍侍郎等承祭其朔望忌辰則定總管掌關防承祭行三跪九叩禮乾隆元年命宗室輔國將軍等六人徙駐瀋陽給田廬歲時致祀二年諭改朔望承祭貝勒公大臣番行復慮儀節不齊增贊禮郎二人導引退仍不贊三年清明謁世宗泰陵六年定三陵四時大饗忌辰祭饗題派移駐將軍二人行禮七年增置三陵爵墊備禮儀八年定謁陵如太廟親祀儀載入儀注已奉皇太后謁祖陵禮節準康熙時例自後三謁皆如之四十三年秋先後謁永陵福陵因諭睠懷遼瀋舊疆再三周歷心儀舊緒蘄永勿諼夫弈禩昇平景運昔日艱難開創所貽後世子孫當覽原隰而興思拜松楸而感悟默天眷何以久膺先澤何以善繼知守成之難兢業無墜庶熙洽之盛億萬斯年不然輕故都憚遠涉或偶詣祖陵漠不動心視同覽古是忘本也盛京根本重地發祥所自後世不可不躬親閱歷其毋負朕言嘉慶五年清明詣昌瑞山謁高宗裕陵先敷土次大饗陵寢官豫取潔土儲筐俟帝如更衣次易縞素執事從官素服冠去纓隨至方城有司進黃布護履帝納履從臣亦如之自東磴道升至寶城石欄東陵寢大臣合土以筐隨駕至敷土處跪進帝拱舉敷畢授筐降脫履於是更袍服冠綴纓執事官俱易禮臣請行大饗帝詣隆恩殿行禮讀祝三獻凡清明日謁陵敷土在喪服期帝親行十

年帝初謁永陵御素服詣啟運殿後階三跪九拜有司進奠凡三拜三奠爵訖舉哀翼日朝服行大饗謁福陵昭陵亦如之後復以祭器乖誤革盛京禮部侍郎世臣職因諭豐沛舊都大臣不應忘卻下其論各公署其重祀如此道光八年謁裕陵昌陵軍機大臣隨入門命著爲例九年奉皇太后詣盛京謁三陵如儀咸豐元年謁東陵五年謁西陵孝貞皇后謁泰陵陵寢女官爲導入門皆由左至明樓前行禮六肅三跪三拜女官進奠凡后三拜三奠爵西嚮舉哀次謁昌陵慕陵如初禮同光間悉依此行凡孝陵景陵以下世宗曰泰陵高宗裕陵仁宗昌陵宣宗慕陵文宗定陵穆宗惠陵並在直隸易遵化二州稱東西陵東陵鳳臺山封昌山西陵太平峪封永甯山並祀方澤設奉祀官置莊園隆恩殿大饗用祝幣其日然明鐙用牛一羊二尊四帝后同案位設奉先制幣一羹飯脯醢器十八餅果器六十五牲實俎帛實篚酒實尊承以舟疏布冪勺具皇貴妃祔祀則西旁東嚮素帛一減餅果十一器凡冬至暨慶典不舉哀遣官祭饗用朝服升降自西階出入皆門右皇子謁陵至下馬碑降騎至隆恩門外升左階三跪九拜不贊不奠酒妃園寢設官如制建饗殿設神位四時遣官奠酒二跪六拜不贊出入殿左門朔望則奉祀官行禮光緒間帝謁西陵詣莊順皇貴妃寢園一跪三拜三奠酒並諭禮臣祭品儀節從優是後清明中元冬至忌辰遣王公致祭餅果增至六十五器宣統初德宗葬興隆峪號崇陵皇太子園寢與妃園寢同嘉慶間帝親臨端慧皇太子園寢五奠三爵從臣隨行禮每奠一拜載其儀入會典云

清史稿

禮志六 吉禮六

昭忠祠　賢良祠

功臣專祠　宗室家廟

品官士庶家祭

昭忠祠雍正二年諭曰周禮有司勳之官凡有功者書名太常祭於大烝祭法以死勤事則祀之於以崇德報功風厲忠節自太祖創業後將帥之臣守土之官沒身捍國良可嘉憫允宜立祠京邑世世血食其偏裨士卒殉難者亦附祀左右褒崇表闡俾遠近觀聽勃然可生忠義之心並爲立傳垂永久於是建祠崇文門內歲春秋仲月諏吉遣官致祭王公大臣位正殿陳案七羊一豕一左三案共羊豕各一右如之每案素帛一爵三果盤五諸臣位兩配樓暨後正室各設案五兩廡各設案三皆羊豕各一爲通數兵士附祀案三十有六案設豕肉一盤爵三果品二太常卿承祭配樓後室司官分獻六年祠成命曰昭忠祠御書額曰表獎忠勳明年循序定位前殿正中祀敬謹莊親王尼堪英誠武勳王揚古利定南武壯王孔有德贈忠勇王黃芳度武襄公巴爾堪凡五人東次龕祀安北將軍佟國綱一等公佟養正達福西哈一等侯馬得功一等伯巴什太都統宜理布巴都里議政大臣程尼穆和琳大學士張泰議政大臣羅沙三等伯王之鼎總督范承謨額駙托柏大學士龍西色思泰總督額倫特尚書查弼納圖們太子太保佟濟倉場侍郎王秉仁巡撫傅宏烈都統博波圖議政大臣雅賚道禪名蓋參贊內大臣馬爾薩凡二十八人西次龕祀續順公沈瑞輔國公巴賽大學士莫洛尚書布顏岱十六大臣綽和諾巡撫柯永昇都統沙里布巡撫馬雄鎭總督甘文焜佟養甲侍郎朝哈爾鹽運使高天爵參領費揚古統領圖魯錫喀爾他拉喀爾護吉副都統海蘭蘇圖統領胡里布哈克三佐領葉喜侍郎永國統領阿爾岱提督孫定遼凡二十有四人東又次龕統領劉哈副都統盧錫科布蘇阿喀倪納爾特錫密賚科爾坤多頗洛載豪渾錦魏正羅濟阿什圖覺羅阿克善常祿阿爾護吉三巴雅思虎朗凡十有八人西又次龕提督段應舉副都統穆舒孟魁白原任巡撫賈維鑰副都統邁圖參領葛思特巡撫朱國治張文衡侍郎馬如璧糧道葉映榴巡道陳啟泰通政使莫洛渾一等子穆克覃阿納達代音布巡道陳丹赤一等子覺羅莫洛渾數亦如之東末龕總兵吳萬福徐勇費雅達朱天貴張存福都督僉事洪徵總兵阿爾泰歐陽凱兵備道李懋祖總兵楊佐統領張廷輔遊擊楊光祖統領定壽總兵王承業侍衛錫喇巴布政使遲變龍凡十有六人西末龕參領郭色統領新泰提督康泰二等子覺羅顧納岱總兵司九經二等子拜蘭總兵郝效忠劉良臣三等子巴郎都爾莽鼐副將楊虎參將趙登舉守備紀法參將甘應龍副將蔡隆二等子拜三一等男路什總兵康海凡十有七人後室配樓左右次龕又次龕兩廡暨各次龕祀官千五百餘人東西房附祀兵士萬三百有奇八年定制以滿尚書都統一人承祭後室兩廡太常官分獻十一年令子孫居京秩者隨祭乾隆十三年諭祀陣亡總兵任舉侍衛丹泰旋令征金川陣沒將士幷入之十五年祀都統傅清左都御史拉布敦十八年追封巴爾堪巴賽並爲簡親王移巴爾堪位揚古利上巴賽位孔有德上初前室左右各三龕止序爵秩不繫時代至是定議自天命以來按代序官同代同官序年月依賢良祠例按時班爵爲序其兵士設位分前後廡以橫板隔別之中葉以後入祀者將軍班第明瑞溫福都統滿福扎拉豐阿參贊大臣鄂容安統領觀音保烏三太台斐音阿提督許世亨副都統呼爾起阿第木保覺羅明善總兵王玉廷李全德福貴林張朝龍而海蘭察以病沒端濟布以傷亦並入之至典史溫模死守通渭從容就義特予入祠凡有取義舍生賞延於世褒諭流外微官獲邀䘏䕃茂典也嘉慶朝祀大學士福康安將軍德楞泰提督花連布總兵多爾濟札普知縣強克捷先是康熙間巡撫曹申吉已入祠至是以阿附吳三桂按實奪之時各省言沒王事者奏報猥雜龕位不給於是詔建各省昭忠祠其京祠定文三品武二品以上及八旗官弁爲限已祀者如故嗣是卑官預祀視特旨行故事承祭官循例朝服今改蟒袍補服示別壇廟也道光初元以國初殉難副將楊祖光等入祀厥後賡入者都統巴彥巴圖烏淩阿印登額參贊大臣慶祥總督裕謙提督海淩阿關天培陳化成副都統海齡長喜總兵萬建功祥福葛雲飛鄭國鴻王錫朋謝朝恩江繼芸慶和吳喜副將烏大魁馬韜周承恩劉大忠陳連陞朱貴瑪隆阿伊克坦布等其卑秩中如知縣楊延亮縣丞方振聲守備馬步衢把總陳玉威亦足多者咸豐三年更定䘏典文四品武三品官得再入京祠幷獲祀陣亡所在地其文五品武四品以下凡贈職銜及當例䘏者並祀之是時軍興死揚烈者踵起略舉其所入者都統烏蘭泰霍隆武將軍佟鑑祥厚蘇布通阿扎拉芬和春總督吳文鎔陸建瀛提督長瑞長壽董光甲邵鶴齡恩長福珠洪阿陳勝元雙福王錦繡常祿雙來瞿騰龍佟攀梅鄧紹良德安周天培史榮椿張國樑周天受王浚樂善褚克昌一等男阿爾精阿一等子左炘侍郎呂賢基戴熙巡撫常大淳江忠源陶恩培鄒鳴鶴吉爾杭阿徐有壬學政孫銘恩張錫庚副都統伊勒東阿哲克東阿達洪阿貴陞綳闊博奇常壽西林布多隆武托克通阿格綳額伊興額舒明安頭等侍衛達崇阿布政使岳興阿劉裕鈖涂文鈞李續賓李孟羣王友端按察使李卿穀周玉衡贊善趙振祚郎中宋蔚謙總兵博春福誠馬濟美玉山程三光劉開泰桂林王國才蔣福長虎坤元羅玉斌邱聯恩田興奇承惠陳大富滕家勝郭啟元王之敬道員羅澤南朱鎭金光筯帥遠燡溫紹原何桂珍王訓趙印川郭沛霖黃淳熙繆梓知府謝子澄劉騰鶴江炳琳副將謝陞恩臏保李成虎彭三元周雲耀龍汝元同治朝則親王僧格林沁大學士曾國藩都統海全舒通額將軍多隆阿統領舒保參贊大臣錫霖武隆額領隊大臣色普詩惠慶達春泰穆克登額辦事大臣扎克當阿頭等侍衛隆春奇克塔善內閣學士金順總督占泰李臣典向榮塔齊布林文察蕭河清周顯承羅朝雲蕭德揚楊得勝曹仁美毛福益張仁泗劉松山譚玉龍羅雨春張紹武胡良作姚連陞饒得勝劉長槐榮維善楊春祥張萬美魯光明閻定邦劉祥發曹德喜巡撫王有齡羅遵殿鄧爾恆副都統錫齡阿蘇倫保恆齡按察使黃運昌總兵郝上庠雷陞熊建益林向榮余際昌郎桂芳江福山何建鼇羅應貴毛芳恆張樹珊唐殿魁周兆麒李大槐陳清彥鄧鴻超江登雲傅先宗道員福咸俞焜趙景賢張同登趙國澍瑞春周緒泰褒奎彭毓橘葛承霖鄧子垣知府朱鈞姜錫恩賁天顯于醇儒副將劉神山黃金友周學貴羅春鵬王夢齡張起鳳劉勝龍光緒間則大學士左宗棠總督恒春曾國荃將軍明緒領隊大臣崇熙烏勒德春托克托布博勒果素托克托奈喀爾莽阿參贊大臣額騰額覺羅奎棟辦事大臣奎英薩淩阿提督朱南英李秀山洪其英楊世俊王子龍文德盛陳忠德滕學義何明海魏金闕文德昌李登第王慶福楊萬義楊必耀李大洪鍾興發張宗久楊玉科劉思河李其森梁善明鹽運使陶士霖總兵石紹文陳登雲鄧仁和黃應斗周友山朱希廣王茂連王春和譚聲俊達年剛安泰向集梧鄧承恩章和禮劉節高陳嘉左寶貴周康祿黃鼎葉維藩侯雲登戶部主事王潤知府龔秉琳侯學雲馬椿齡張瀚中副將王世晉李天和章茂張定邦尤正廷楊隆輝張玉秋王碧庭徐安邦李啟榮裕廉王宗高二十六年尚書崇綺將軍延茂總督李秉衡並入祀尋罷秉衡凡祠祭諸臣大都効命戎行守陴徇義或積勞沒身褒忠節勸來者會典纂詳茲錄什一以見例焉雍正初各省立忠義祠凡已旌表者設位祠中春秋展祀乾隆四十一年定明代殉國

諸臣既邀設典，並許入祠。又諸生韋布山樵市隱者流遂志成仁亦如前例。嘉慶七年，始令各省府城建昭忠祠，或附祀關帝及城隍廟。凡陣亡文武官暨兵士鄉勇，按籍入祀。八旗二品以上官已祀京祠者，仍許陣亡所在地祠祀。合五十人一龕，位祀正中，兵勇則百人或數十人一位，分列兩旁。駐防位綠營上。春秋二癸，有司親莅，用少牢、果品，上香，薦帛，三獻如儀。同治二年，允曾國藩請，江甯建昭忠祠，祀湖南水陸師陣亡員弁。已，復抗節官紳亦許崇祀，並建專祠。婦女殉難者，亦別立貞烈祠云。

賢良祠　雍正八年，詔曰：「古者大烝之祭，凡法施於民，以勞定國者，皆列祀典，受明禋。我朝開國以後，名臣碩輔，先後相望，或勳垂節鉞，或節厲冰霜，既樹羽儀，宜隆俎豆，俾世世爲臣者，觀感奮發，知所慕效，庶明良喜起，副予厚期。京師宜擇地建祠，命曰賢良，春秋展祀，永光盛典。」迺營廟宇在地安門外西偏。正殿後室各五楹，東西廡。歲春秋仲月諏吉，遣官致祭。前殿案各素帛一，羊一，豕一，果五盤。後室果品同，唯牲帛共案而具一。承祭官蟒服，二跪六叩，三獻，餘如常儀。於是僉議怡賢親王允祥宗功元祀，宜居首。大學士公圖海、公額塔，大學士張英，尚書顧八代、馬爾漢、趙申喬，河道總督靳輔、齊蘇勒，總督楊宗仁，巡撫陳璸，咸列其選。自是先後賡續入祠者，大學士范文程、巴克什達海、阿蘭泰、李之芳、吳琠、張玉書、李光地、富甯安、張鵬翮、完我、魏裔介、額色黑、王熙，領侍衛內大臣福善、費揚古、尹德，尚書勵杜訥、徐潮、姚文然、魏象樞、湯斌，提督張勇、王進寶、孫思克、施琅，總督趙良棟、于成龍、傅臘塔、孟喬芳、李國英，都統馮國相、李國翰、根特，統領莽依圖，將軍阿爾納、愛星阿、佛尼埒，副都統褚庫巴圖魯。明年祠成，頒御書額曰「崇忠念舊」。設位爲祭，前殿內大臣或散秩大臣、尚書、都統主之，後殿用太常寺長官。入祠日，子孫咸與行禮。春秋遣官陪祀同。十二年，祀大學士田從典、高其位。乾隆元年，命入祀諸臣未予諡者悉追予。是歲祀尚書銜兼祭酒楊名時、大學士朱軾、內大臣哈世屯、尚書米思翰。五年，祀總督李衛。明年，祀尚書徐元夢、巡撫徐士林。十年，釐定祠位，前殿正中祀怡賢親王，後室諸臣合一龕，首世次最先者，餘分左右行，按世序爵，大學士居前，次領侍衛內大臣、尚書、都統、將軍、總督、前鋒護軍統領、提督、侍郎、巡撫、副都統，以次分列。至世爵有子男授尚書、都統者，有侯伯爲侍郎、副都統者，仍視官秩爲差。嗣是入祀，則超勇親王策凌列怡賢親王左次龕。名臣則大學士馬齊、伊桑阿、福敏、黃廷桂、蔣溥、史貽直、梁詩正、來保、傅恆、尹繼善、陳宏謀、劉綸、劉統勳、舒赫德、高晉、英廉、徐本、高斌，協辦大學士兆惠，左都御史拉布敦，尚書汪由敦、李元亮、阿里袞，尚書銜錢陳羣，都統傅清，將軍和起、伊勒圖、奎林，總督那蘇圖、陳大受、喀爾吉善、鶴年、吳達善、何煟、袁守侗、方觀承、薩載，提督許世亨，巡撫潘思榘、鄂弼、李湖、傅宏烈。宏烈自雍正時，拉布敦、傅清自乾隆時，並入昭忠祠，今再祀賢良者也。嘉慶朝則祀大學士福康安、阿桂、劉墉、王杰、朱珪、戴衢亨、董誥，尚書董邦達、彭元瑞、奉寬，總督鄂輝。道光朝則祀大學士富俊、曹振鏞、托津、長齡、盧蔭溥、文孚、王鼎，協辦大學士汪廷珍、陳官俊，尚書黃鉞、隆文，將軍玉麟，總督楊遇春、陶澍，河道總督黎世序。咸豐朝則祀大學士潘世恩、文慶、裕誠，協辦大學士杜受田，侍郎杜堮，巡撫胡林翼。同治朝則祀大學士桂良、祁寯藻、官文、倭仁、曾國藩、瑞常、賈楨，大學士倭翁心存，協辦大學士駱秉章，總督沈兆霖、馬新貽。其光緒朝入祀者，恭忠親王奕訢，名臣大學士文祥、英桂、全慶、載齡、左宗棠、靈桂、寶鋆、恩承、福錕、張之萬、麟書、額勒和布、李鴻章、榮祿、裕德、崑岡、崇禮、敬信，協辦大學士沈桂芬、李鴻藻，將軍長順，總督沈葆楨、丁寶楨、岑毓英、曾國荃、劉坤一，提督宋慶，巡撫張曜也。宣統初入祀者，止大學士王文韶、張之洞、孫家鼐、鹿傳霖，協辦大學士戴鴻慈五人而已。各省賢良祠，雍正十年，詔各省會地建祠宇，凡外任文武大臣忠勇威愛、公論允翕者，俾膺祀典，用勸在官。如將軍蔡良，提督張起雲，總兵蘇大有、魏翥國，足稱斯選。定制春秋祭日視京師，以知府承祭，品物儀節亦如之。

功臣專祠　順治十一年，詔爲孔有德建祠，度地彰義門外三里，曰定南武壯王祠，二妃祔焉。康熙三年，定春秋展祀。其後建恪僖公祠安定門外，祀一等公遏必隆並縣主舒舒覺羅氏。嗣領侍衛內大臣尹德、尚書阿里袞暨其夫人，乾隆時並祔祀云。其建自雍正朝者，朝陽門外勤襄公祠，祀定南將軍佟國賴及其夫人，長子忠勇國綱，次子端純國維，皆以軍功祔祀。德勝門外文襄公祠，祀大學士圖海。安定門外與恪僖祠並峙者，爲宏毅公祠，祀光祿大夫額亦都，並以夫人配。建自乾隆朝者，東安門外恪僖公祠，祀內大臣哈世屯及其夫人，子承恩公米思翰，孫李榮保，其後曾孫大學士傅恆祔祀焉。崇文門內雙忠祠，祀左都御史拉布敦、都統傅清，合昭忠、賢良而復建專祠者，他無與比也。地安門外旌勇祠，祀將軍明瑞，而都統扎拉豐阿、統領觀音保、總兵李全、王玉廷、德福亦先後入祔。睿忠親王祠在朝陽門外，祀多爾袞並福晉六人。嘉慶時建大學士福康安祠曰獎忠，在東安門外。都統額勒登保祠曰褒忠，在地安門外。光緒時建科爾沁親王僧格林沁祠曰顯忠，在安定門內。大學士伯李鴻章祠曰表忠，在崇文門內。宣統時合祀立山、聯元祠，在宣武門外。凡京師專祠，歲春秋仲月吉日，遣太常卿分往致祭，用少牢一，果品五。唯佟國賴、哈世屯兩祠則少牢三，果品十有五。旌勇祠少牢如通常，果品亦十五云。位各用帛一，爵三，諸祠並同。嘉慶七年，始定承祭官行禮用蟒袍補服。其在各省者，歲春秋守土官致祭。茲紀其勛勞最著者：自湖廣建忠節祠以祀左都督徐勇，各省建專祠始此。康熙間，廣西建雙忠祠，祀馬雄鎮、傅宏烈。於是福建祀范承謨、陳啟泰、吳萬福、高天爵，雲南祀甘文焜。雍正間，清河祀靳輔、齊蘇勒，開封祀田文鏡，盛京祀怡賢親王。乾隆中，詔通達、武功、慧哲、宣獻四郡王，禮烈、饒餘、鄭獻、穎毅四親王並入之，改名賢王祠。已，睿忠、豫宣二親王、克勤郡王亦均同祀。嵇曾筠、高斌合祀清河靳輔等祠。伊犁祀班第、鄂容安，而拉布敦、傅清且建祠及西藏矣。嘉慶時，武威建雙烈祠，祀韓自昌、韓加業，同安祀李長庚，成都祀德楞泰，韓城、滑縣祀强克捷。道光間，江南祀黎世序，臺灣祀方振聲、馬步衢、陳玉威，趙城祀楊延亮，虎門祀關天培暨陳連陞父子，鎭海祀裕謙，定海祀葛雲飛、鄭國鴻、王錫朋，京口祀海齡，寶山祀陳化成。咸豐間，廣西祀長瑞、長壽暨阿爾精阿，西安、蘇州祀林則徐，安慶祀蔣文慶，廬州祀江忠源，瑞州祀劉騰鴻，江甯、蘇州祀向榮、張國樑，京口祀吉爾杭阿，附祀綳闊、劉存厚，揚州祀雙來、瞿騰龍，溧水、溍墅祀李坤元，天津祀佟鑑、謝子澄，長沙、九江祀塔齊布，湖廣、江西、安徽祀李續賓，江西、湖廣祀羅澤南，又與饒廷選合祀廣信，湘鄉復分祀澤南、王鑫、劉騰鴻，湖南、江西祀蕭啟江，湖廣祀胡林翼，後安慶亦祀之，遵義祀羅繞典。同治間，湖北合祀官文、胡林翼，廬州祀李孟羣，浙江祀瑞昌、王有齡、張玉良等，杭州祀羅遵殿，富陽祀熊建益，湖州祀趙景賢，陳州、安慶、臨淮、淮安祀袁甲三，南昌、青陽祀江忠義，安徽、湖廣祀李續宜，後復與多隆阿合祀，潛山、安慶、蘇州、嘉興祀程學啓，河南、安徽、陝西、吉林祀多隆阿，後與林翼合祀安慶，江甯、安慶、吉安祀李臣典，湖南、福建、廣東祀張運蘭，曹州、天津、蒙城祀僧格林沁，後復祀奉天，湖南、江蘇、安徽祀彭毓橘，湖廣祀曹仁美等，四川、湖南祀駱秉章，陝甘祀劉松山，江甯、安慶祀馬新貽，江甯、湖南、湖北、安徽、直隸祀曾國藩，後復與國荃合祀，開封、長沙合祀張亮基、潘鐸，巴燕岱祀穆克登額，哈密祀扎薩克親王錫伯爾，南豐祀吳嘉賓，貴州祀蔣霨遠、黃潤昌等。於是禮部言各省專祠宜擇隙區曠土，毋侵民居，並禁改毀志乘名蹟、聖賢祠墓，報可。光緒間，揚州、黃州祀吳文鎔，安徽、江西、閩浙、甘肅祀劉典，江南、江西、福建、臺灣祀沈葆楨，江蘇、福建、山東、湖南祀郭松林，江浙、直隸、山東、河南祀吳長慶，後復祀朝鮮，閩浙、陝甘、新疆、江甯祀左宗棠，四川、湖南、江西、安徽、江蘇祀鮑超，陝甘、吉林祀金順，大理、鎭南祀楊玉科，江西、廣西、雲南、新甯祀劉長佑，雲貴、廣西祀岑毓英，安徽、山東祀周盛波，後復與盛傳、戴宗騫合祀濟南，湖廣、江西、江南、浙江西湖祀彭玉麟，福建、安徽、吉林祀穆圖，江蘇、陝甘祀楊岳斌，南昌、貴陽祀席寶田，湖南、江西、江南祀曾國荃，河南、安徽、湖北、直隸、甘新祀張曜，安慶、江甯、青縣祀周盛傳，山東、江蘇祀陳國瑞，山東、陝西祀閻敬銘，湖南、甘新祀劉錦棠，安徽、福建祀劉銘傳，山東、四川祀丁寶楨，杭州、長沙、蘭州祀楊昌濬，江浙、河南、直隸、山東祀李鴻章，直隸、奉天、河南、安徽祀宋慶，安徽及廬臺祀聶士成，湖南、江西、安徽、江甯祀劉坤一，廣西、雲貴祀馮子材，安徽、湖南祀曾國華，甘新祀陶模，直隸、安徽祀馬玉崑，安徽祀英翰，湖南、宣城祀鄧紹良，江南祀蕭孚泗，江甯祀陶澍、林則徐、鄒鳴鶴、珠洪阿，清淮、徐州祀吳棠，姚廣武等附之，徐州祀滕學義、唐定奎，淮安祀張之萬，杭州祀阮元、蔣益灃，淮揚祀章合才，南昌祀吳坤修，東鄉祀羅思舉，河南祀倭仁，溫縣祀李棠階，西安祀劉蓉、曾望顏，天津祀怡賢親王、文謙、丁壽昌，靈壽、保定祀成肇麐，順天、薊州祀吳可讀，寶坻祀潘祖蔭，新疆祀金運昌，奉天建三賢祠，祀文祥、崇實、都興阿，又祀左寶貴、依克唐阿、長順，吉林祀金福、延茂、富俊、希元，福建、臺灣祀王凱泰，四川西充祀武肅親王豪格，臨桂祀陳宏謀，貴陽祀曾璧光、韓超、黎培敬。於時各省紛請立專祠，諭毋濫。宣統享國未久，而湖北、安徽、陝甘、奉天祀雷正綰，直隸、山東、河南、安徽祀程文炳，安徽及蒙古旗祀潘萬才，合肥祀董履高，渦陽祀牛師韓，杭州西湖祀徐用儀、許景澄、袁昶，號爲三忠云。昶又祀蕪湖。自是聯元祀寶坻，張之洞祀武昌，王文韶祀長沙，馬維騏祀成都，丁體昌祀秦州，夏毓秀祀昆明。此皆舉其大者，其餘疆吏題請、禮臣議覆，事載實錄、年月可稽者，尚不一而足也。有清一代，從龍諸佐，蔚起關外；平三藩，漢將西北爲多；靖三省教匪，蜀將競興；東南海寇橫，閩師踵起；湘楚武臣戡平粵亂；剿捻一役，參以皖將。其間完節死綏，祠祀尤夥。其功臣總祠，世宗朝建忠勇祠蘭州，仁宗朝建彰忠祠喀什噶爾。同治中興，湖南有表忠祠，湘鄉、平江有忠義祠，洞庭君山、湘鄉、桂陽有昭忠祠他如湖口石鐘山水師金陵湘軍陸師楚軍水師吳淞外海水師臺灣淮楚軍蘇州武昌保定廬州巢湖濟南無錫各地淮軍使凡轉戰縻軀者莫不馨香血食其爲昭忠一也此外江甯京口旗營金陵軍營官紳武昌武毅軍成都嵩武軍錦州毅軍各昭忠祠與各州縣忠義昭忠慰忠忠烈等祠所以郵死酬勳不可勝紀祭禮祭品如前儀

宗室家廟崇德元年定宗室封王者立家廟順治五年詔王無嗣祔饗太廟後殿西廡有子孫者立廟別祭四孟月歲暮陪祭太廟畢歸府第行之凡薦新未獻太廟者不得私獻家廟於時莊親王立一廟禮巽謙三親王合一廟饒餘郡王端重親王合一廟潁親王順承郡王合一廟豫郡王一廟克勤衍禧二郡王合一廟雍正九年怡賢親王立一廟凡親王世子郡王家祭建廟七楹中五爲堂左右墻隔之爲夾室堂後楣北五室中奉始封王世世不祧高曾祖禰依序爲二昭二穆昭東穆西親盡則祧由昭祧者藏主東夾室升二昭位於一室以二室奉升祔主由穆祧者藏西夾室升祔亦如之南爲中門又南廟門左右側門庭分東西廡東藏衣冠西則祭器樂器廟重檐丹楹朱桷綠瓦紅堊壁門內焚帛鑪外封牲房西牖歲以四時仲月諏吉仲春出祧主合食其禮堂中始封祖專案正位南嚮左東夾祧主共案次二昭共案東嚮右西夾室祧主共案次二穆共案西嚮少西設香帛案一尊案一每案羊豕各一鉶簠簋各二籩豆各八位各帛一爵三樂器六同祖所出子孫成人以上屆期會祭府僚與陪執事通贊屬官爲之奉香帛爵則用子孫先三日主人齋外寢衆咸齋祀日昧爽主人朝服入位堂檐內正中與祭伯叔輩位東階上兄弟子孫位東階下位以世差世以齒序官屬位西階下序以爵俱北面質明子弟長者二人詣世祖室四人分詣東西夾室昭穆室各奉主安几昭考右妣左穆考左妣右跪一叩興主人盥就位迎神樂作詣始祖位前三上香以次詣各祧位前上香率族屬行二跪六拜禮奉帛爵奠獻讀祝如儀三獻訖詣始祖位前跪受爵受胙三拜徹饌送神二跪六拜詣燎位眡燎禮成奉主還室退分胙頒族屬其時祭之禮堂中設案五始祖考妣正位南嚮高曾祖禰依昭穆爲左右案各羊一豕一餘如合食制其時節薦新屆日主人夙興率子弟盛服入廟潔堂宇設案陳果羞盤各六每位箸二琖三啟室以次詣各案前跪上香三拜子弟徧獻酒主人二跪六拜子弟隨行禮畢闔室退因事致告薦果羞各四禮同薦新月朔望謁廟亦如之貝勒貝子宗室公家祭廟五楹三爲堂後楣北分室五奉始封祖暨四代兩旁夾室奉親盡祧主廟不重檐門不備朱餘如親王合食始祖專案羊一豕一東夾室祧主暨二昭專案羊豕各一西夾室祧主暨二穆亦如之時祭俱專案昭穆各同牲籩豆眡親王各減二不用樂一跪三拜時節薦果盤各四有事則告朔望則謁餘如親王儀

品官士庶家祭凡品官家祭廟立居室東一至三品廟五楹三爲堂左右各一墻限之北爲夾室南爲房庭兩廡東藏衣物西藏祭器庭繚以垣四至七品廟三楹中爲堂左右夾室及房有廡八九品廟三楹中廣左右狹庭無廡篋藏衣物祭器陳東西序堂後四室奉高曾祖禰左昭右穆妣以嫡配南嚮高祖以上親盡則祧由昭祧者藏主東夾室由穆祧者藏主西夾室遷室祔廟並依昭穆世次東西序爲祔位伯叔祖父兄弟子姓成人無後者殤者以版按行輩墨書男東女西東西嚮定牲器之數一至三品羊一豕一每案俎二鉶登各二籩豆各六四至七品特豕案一俎籩豆各四八品以下豚肩不特殺案一俎籩豆各二歲祭以四時仲月諏吉讀祝贊禮執爵皆子弟爲之子孫年及冠皆會祭前三日主人暨在事者齋祀日五鼓主人朝服衆盛服入廟主人竢東階下族姓竢庭東西順昭穆世次主婦率諸婦盛服入詣爨所眡烹飪羹定入東房治籩豆陳鉶登匕箸醯醬以竢質明子弟長者啟室奉主陳之几昭位考右妣左分薦者設東西祔位主人升自東階盥訖詣中檐拜位立族姓行尊者立兩階上卑者立階下咸北面主人詣香案前跪三上香進奠爵興復位率族姓一跪三拜主人詣高祖案前獻爵曾祖禰案前畢獻如儀分薦者徧獻祔位酒讀祝每獻主婦率諸婦致薦一叩興初獻匕箸醯醬亞獻羹飯肉胾三獻餅餌果蔬卒獻主人跪香案前祝代祖考致嘏於主人主人啐酒嘗食反器於祝一叩興復位送神一跪三拜眡燎畢與祭者出主人率子弟納神主上香行禮徹祭器闔門退日中而餕三品以上時祭徧舉四至七品春秋二舉八九品春一舉與祭者尊卑咸在主人肅入席酌尊者酒子弟年長者離席酌主人長幼獻酬交錯已事咸出徹席餕庖人僕人必盡之令節薦新一至三品每案果羞各四四至七品減果二八九品並減羞二具羹飯則同月朔望供茶食案二器儀同時薦庶士家祭設龕寢堂北以版隔爲四室奉高曾祖禰妣配之位如品官儀南嚮服親成人無後者順行輩書紙爲祔位已事焚之不立版每四時節日出主以薦粢盛二盤肉食果蔬四器羹二飯二先期致齋薦之前夕主婦在房治饌逮明主人吉服率子弟奉主陳香案昭東穆西設祔位西序案主人立東階下衆按行東西立主人上香畢一跪三拜興主婦率諸婦出房薦匕箸醯醬跪叩退主人至案前以次酌酒薦熟跪叩興子弟薦祔位畢讀祭文再獻主婦薦飯羹三獻薦餅餌時蔬主人率族姓行禮訖焚祭文及祭位納主徹退日中而餕春一舉月朔望獻茶有事則告俱一跪三拜庶人家祭設龕正寢北奉高曾祖禰位逢節薦新案不踰四器羹飯具其日夙興主婦治饌主人率子弟安主獻祭一切禮如庶士而稍約月朔望供茶然香鐙行禮告事亦如之

清史稿

禮志七 嘉禮一

二曰嘉禮屬於天子者曰朝會燕饗冊命經筵諸典行於庶人者曰鄉飲酒禮而婚嫁之禮則上與下同也周官以嘉禮親萬民體國經野罔不繇此茲舉其大者附以儀之同者著於篇

登極儀清初太祖肇業建元天命正月朔即位貝勒羣臣集殿前按翼序立皇帝御殿皆跪八大臣出班跪進上尊號表侍臣受跪御前宣讀帝降座焚香告天率貝勒羣臣行禮三跪九叩畢復座貝勒等各率旗屬慶賀太宗踐阼亦如之天聰十年改元崇德建國號曰大清前期誓戒三日築壇備鹵簿屆日帝率羣臣詣天壇祇告禮成奉御寶官先行帝自中階登壇升座貝勒等三跪九叩畢衆跪貝勒分左右列奉寶官跪獻帝受寶轉授內院官羣臣行禮如初畢皆跪宣讀官奉滿蒙漢三體表文立壇東以次畢讀羣臣行禮訖復位奏樂駕還宮翼日帝御殿羣臣表賀三跪九叩次執事官行禮如前儀於是賜宴頒赦詔八年世祖嗣服遣官告壇廟如初禮唯不設鹵簿不作樂不賜宴順治元年十月朔定鼎燕京先期太常官除壇壝司設監設座案屆日遣官告廟社備大駕鹵簿帝御祭服出大清門詣南郊告天地禮成導入天壇東幄次易禮服御座羣臣跪禮部尚書引大學士一人升自東階正中北面跪學士一人自案上捧寶授大學士祇受致辭云皇帝君臨萬國諸王文武羣臣不勝懽忭訖轉授學士學士跪受陳於案復位羣臣禮畢駕還宮鴻臚寺官設御案皇極門中檐東設表案王貝勒等序立內金水橋北文武官序立橋南俱東西嚮樂作帝御座則止鳴鞭執事官階上行禮畢就位王率羣臣進表行禮畢鳴鞭駕還宮越九日甲子頒詔如制聖祖纘業分遣官祭告天地宗社帝衰服詣几筵行三跪九叩禮祇告受命御側殿易禮服詣太皇太后皇太后兩宮各行三跪九叩禮遂乘輿出乾清門御中和殿內大臣等執事官行禮復御太和殿王公百官上表行禮如儀不宣讀不作樂不設宴王公入賜茶畢還宮反喪服就苫次頒詔世宗承大統一如前儀惟罷賜茶高宗以後儲宮嗣立者並同

授受儀古內禪儀初高宗享國日久嘗諭年至八十六歲即歸政逮乾隆六十年詔曰自古帝王內禪非其時怠荒即其時多故倉猝授受禮無可採今國家全盛其詳議典禮以聞於是諏吉定儲位以明年爲嗣皇帝元年禮臣上儀注先期遣官祭告廟社屆日所司設御座太和殿左右几二正中寶案稍南東西肆東楹詔案西楹表案南北肆黃案居丹陛中檻內敷嗣皇帝拜褥殿前陳鹵簿門外步輦午門外五輅馴象仗馬黃蓋雲盤檐下設中和韶樂門外丹陛大

樂內閣學士奉傳位詔陳東案禮部官陳賀表西案大學士等詣乾清門請寶陳左几大學士二人分立兩檐下王公百官序立朝鮮安南暹羅廓爾喀使臣列班末欽天監官詣乾清門報時嗣皇帝朝服出毓慶宮時後扈內大臣二人率侍衛二十人集乾清門外導引禮部長官二人立門階下前引大臣十人立殿後階下太上皇帝禮服乘輿出嗣皇帝從諸臣前引後扈午門鳴鐘鼓至殿後降輿太上皇帝御中和殿升座嗣皇帝殿內西嚮立鴻臚寺官引執事大臣按班不贊行九叩禮侍班者趨出就外朝位中和韶樂作奏元平章太上皇帝御太和殿嗣皇帝侍立如初樂止階下鳴鞭三丹陛大樂作奏慶平章嗣皇帝詣拜位立王公立丹陛上百官及陪臣立丹墀下鳴贊官贊跪嗣皇帝率羣臣跪贊宣表宣表官入奉表至檐下正中跪大學士二人左右跪展表樂止宣訖還奉原案退贊興嗣皇帝退立左旁西嚮大學士二人導近御前跪左大學士請寶跪奉太上皇帝太上皇帝親授嗣皇帝嗣皇帝跪受右大學士跪接陳右几嗣皇帝詣拜位樂作贊跪叩興率羣臣行九叩禮贊退樂止禮成鳴鞭如初中和韶樂作奏和平章太上皇帝還宮內監豫設樂懸太上皇帝御內殿公主福晉暨皇孫皇曾元孫未錫爵者行禮慶賀嗣皇帝易禮服祗俟保和殿暖閣內閣學士豫奉傳位詔及御寶陳太和殿中案禮部官奉登極賀表陳東案扈引者集保和殿外欽天監報時嗣皇帝御中和殿執事者按班行禮不贊禮畢嗣皇帝御太和殿登極作樂止樂宣表行禮悉準前式禮畢退復位大學士進奉詔出中門授禮部尚書尚書跪受興奉置黃案行三叩禮復奉詔陳雲盤儀制司一人跪受興自中道出禮成俱退嗣皇帝還宮大學士等詣乾清門送寶禮部恭鐫詔書頒行

垂簾儀咸豐十一年文宗崩穆宗幼沖嗣位御史董元醇奏請皇太后暫權朝政稱旨命王大臣等議垂簾儀制議上懿旨猶謂垂簾非所樂爲唯以時事多艱王大臣等不能無所稟承姑允所請云於是仲冬月朔帝奉兩宮皇太后御養心殿聽政王公大臣集殿門外行禮如儀凡召見內外臣工兩宮皇太后皇帝同御養心殿太后前垂簾或召某臣進見議政王御前大臣番領之引見外官則御養心殿明殿議政王御前大臣率侍衛等按班分立太后前垂簾設案進各員銜名豫擬諭旨分別錄注皇帝前設案各長官依例進綠頭籤議政王等奉陳案上引見如常儀皇太后簡單內某名鈐印已授王大臣傳旨其臣工請安摺並具三分以進各省各路軍事摺報凡應降諭旨者議政王等請旨繕擬後次日呈閱頒行唯撰擬文句仍本帝意宣示臣工宜書曰朕同治十三年德宗入繼文宗王公大臣復請兩宮皇太后垂簾悉準同治初成式光緒六年慈安皇太后薨慈禧皇太后始專垂簾制十三年歸政德宗以時艱尚棘凡召見引見仍陛座訓政設紗屏以障焉

親政儀同治十二年正月兩宮皇太后歸政穆宗行親政典禮先期遣告天地廟社屆日陳皇太后儀駕皇帝法駕鹵簿設表案慈甯宮門檻內敷皇帝拜褥太和殿內東旁設詔案東次表案丹陛中案各一午門外設龍亭香亭內閣學士奉皇帝慶賀表文納請櫝捧出大學士從至永康左門外大學士接櫝至慈甯門升東階陳案上退內侍舉案入庋慈甯宮寶座東內閣學士奉詔陳殿中黃案禮部官奉王公百官賀表陳東次黃案凡將軍提鎮賀表置龍亭內鴻臚寺官引和碩親王以下入八分公以上暨蒙古王公等集隆宗門外不入八分公以下二品大臣以上集長信門外三品以下集午門外欽天監報時帝御禮服乘輿出隆宗門至永康左門外降王以下隨行至慈甯門帝升東階及門左西嚮立日講官四人在西階東嚮立前引大臣率侍衛在儀駕末分左右立皇太后出御慈甯宮中和樂作奏豫平章升座樂止帝就拜位丹陛樂作奏益平章王公大臣侍衛等循次嚮上立贊拜跪帝率羣臣三跪九拜時西楹下置御史二鳴贊官二儀駕末及午門外御史禮部官鳴贊官各二藉以侍儀永康左門及諸門內外並置鳴贊官接續外傳午門外各官隨同行禮鳴贊官贊禮成帝復位王大臣各復位立皇太后還宮禮部尚書奏禮成然後帝還宮俄復出御中和殿執事官行禮畢趨出就外朝立帝御太和殿樂作升座樂止鳴鞭三王公百官行禮其宣表頒詔並如前制光緒十三年德宗親政倣此

大朝儀天命元年始行元旦慶賀制朝儀天聰六年行新定朝儀此班朝所繇始崇德改元定元旦進表箋及聖節慶賀儀順治八年定元旦冬至萬壽聖節爲三大節康熙八年定正朝會樂章三大節並設大朝行禮致慶王以下各官外藩王子使臣咸列班次所司陳鹵簿樂懸如制太和殿東具黃案質明王貝子貝勒集太和門不入八分公以下官集午門外禮部奉表置亭內校尉舁行至午門外陳兩旁奉表入太和殿列案上鴻臚卿引王貝勒等立丹陛鳴贊官引羣臣暨進表官入兩掖門序立丹墀朝鮮蒙古諸臣自西掖門入立西班末糾儀御史立西檐下東嚮者二人丹陛丹墀東西相嚮者各四人東西班末八人鳴贊官立殿檐者四人陛墀皆如之丹陛南階三級鑾儀衛官六人司鳴鞭欽天監報時皇帝出御中和殿執事官行禮畢趨外朝視事駕出前導後扈如儀午門鳴鐘鼓中和樂作御太和殿樂止內大臣分立前後侍衛又次其後護守之起居注官四人立西旁金柱後大學士學士講讀學士正少詹事立東檐下御史副僉都御史立西檐下鑾儀衛官贊鳴鞭鳴贊官贊排班王公百官就拜位立跪宣表官奉表出至殿下正中北嚮跪大學士二人展表宣表官宣訖置原案丹陛樂作羣臣皆三跪九叩退就立原次鴻臚寺官引朝鮮等使臣理藩院官引蒙古使臣就拜次三跪九叩丹陛樂作禮畢樂止退立如初賜坐羣臣暨外臣皆就立處一跪三叩序坐賜茶畢復鳴鞭三中和樂作駕還宮樂止羣臣退初制外官元日朝覲集保和殿前行禮康熙二十六年後罷乾隆六年定行在聖節朝賀行禮二十四年定大朝百官班次設立紅漆木牌五十四年增置都察院長官二人科道三十六人分立品級山旁整朝序又高宗初年文三品武二品以上賜茶餘惟記注官外國使臣與焉嘉慶二年罷賜茶令甲元日萬壽節午時設宴冬至節次日受賀萬壽節先謁太廟次詣皇太后宮行禮畢受賀直省文武官值三大節俱設香案朝服望闕行禮滿蒙漢軍分兩翼漢官分文東武西

常朝儀太祖丙辰建元後益勤國政五日一視朝焚香告天宣讀古來嘉言懿行及成敗興廢所由訓誡臣民然未垂爲定制也崇德初始定儀注設大駕鹵簿王以下各官朝服俟帝出宮樂作御殿陞座樂止賜坐諸臣各依班次一叩就座部院官出班奏事畢駕還宮順治九年給事中魏象樞言故事有朔望朝有早朝晚朝內朝外朝今縱不能如往制請一月三朝以副厲精圖治至意楊簧亦言舊例百官每月十一朝似太繁數今每日入朝奏事較十一朝不爲少應定每月初五十五二十五日行朝參禮自是遂定逢五視朝制尋定見朝辭朝謝恩各官俱常朝日行禮帝御太和殿引見畢賜坐賜茶悉準常儀如是日不御殿各官行禮午門外外藩來朝暨貢使亦常朝日行禮如速返則不拘朝期即赴午門行禮外官應速赴任者亦然又定常朝御殿王公入殿中旁坐如次康熙八年定公侯伯以下各官爲六班按次列坐後復改爲九班九年諭都察院糾察王大臣失儀二十年置常朝糾儀御史及司員雍正二年遣侍衛四人監察朝班定視朝日天未明鴻臚寺官二人引左右翼官入西掖門依班坐鼓嚴起立聽贊自仗南引進整齊班列行禮如儀乾隆初敕大小各官依內廷官例黎明坐班十六年諭部院大臣董率庶僚常朝按期赴班毋曠闕光緒九年更定朝制凡新除授各官鴻臚寺列銜名交內閣屆日禮部尚書鴻臚卿請駕御殿導各官謝恩行禮王公百官侍鹵簿後不御殿文武官則坐班午門外其時刻春冬以辰正夏秋以卯正遇雨雪及國忌則免坐班日鴻臚寺官按翼定位王公集太和門外東西各二班百官集午門外東西各九班糾儀御史吏禮司員各四人分列班首末並西面北上屆時吏禮司員受職名糾儀官環班稽察復位坐有間以次出御門聽政儀清初定制每日聽政必御正門九卿科道齊集啓奏率以爲常雍正初始定御門典禮凡部院所進本有未經奉旨者折本下內閣積若干傳旨某日御門辦事是日乾清門正中設御榻黼扆本案一黎明部院奏事大臣暨陪奏官屬畢集庭內帝升座侍衛左右立記注官升西階部院官升東階各就列跪尚書前侍郎後陪奏官又後尚書一人奉本匣折旋而進詣本案前跪陳於案與少退趨東楹轉入班首跪口奏某事畢興少退率屬循階左降其奏事次序戶禮兵工四部輪班首上三法司直第三班吏部直第六班宗人府則列部院前翰詹科道及九卿會奏則居部院後各依班進奏如初至吏部奏事兼帶領各部番直司員八人引見畢始退內閣侍讀學士二人升東階詣案前跪舉本匣與退翰詹科道暨侍衛俱退時欽派讀本滿學士一人奉折本匣升東階折旋而退大學士從依班次跪記注官少進東楹立奉匣學士詣案前跪啓匣取折本依次啓奏帝降旨宣答大學士等承旨訖興自東階降記注官自西階降駕還宮奏事時令翰林官記注自順治二年始先是奏事春夏以卯正秋冬以辰初康熙二十一年命展御門晷刻春夏改辰初秋冬辰正越二年御史衛執蒲請以五日或二三日爲期聖祖諭政治務在精勤始終不宜有間二十五年置科道各二人侍班列起居注官上二十七年省起居注官其侍班翰林令啟奏折本時即退雍正初復設起居注官增二人又令編檢四人侍班列科道上乾隆二年命修撰編檢依科道例懸數珠肅朝儀嘉慶十八年諭宣本承旨時御前大臣及侍衛毋退著爲令

太上皇帝三大節朝賀儀嘉慶元年高宗傳位仁宗尊爲太上皇帝定朝賀儀屆日陳法駕鹵簿樂懸如授受儀太和殿設三案表亭舁至午門慶賀表文陳東案筆硯陳西案質明王公百官朝服外國使臣服本國服集闕下皇帝禮服

俟保和殿暖閣太上皇帝乘輿出至太和殿北階降中和韶樂作奏元平章御殿升座樂止帝殿內西嚮立鳴鞭三贊排班丹陛大樂作奏慶平章帝就拜位北嚮時鴻臚官分引羣臣暨外使肅班立贊進贊跪叩興帝率羣臣行三跪九叩禮畢帝旋位立衆退復班次樂止鳴鞭中和韶樂作奏和平章太上皇帝還宮樂止帝御殿羣臣進表行禮如儀

太皇太后皇太后皇后三大節朝賀儀順治八年定元旦慈甯宮階下設皇太后儀仗樂器皇太后御宮樂作陞座樂止帝率內大臣侍衞詣宮行三跪九叩禮畢公主福晉以下都統子尚書命婦以上行六肅三跪三叩禮作樂如初大設筵宴冬至聖壽節同唯冬至罷宴康熙八年定元日太皇太后皇太后儀駕中和韶樂丹陛大樂全設帝率王公大臣侍衞暨都統子尚書以上官先朝太皇太后宮次詣皇太后宮行禮如儀畢皇后率公主福晉命婦行禮亦如之二十一年諭京外進表官集午門外行禮並置糾儀御史分列宮門外午門外儀駕末嚴監視乾隆十二年定慶賀皇太后許二品命婦入班並諭世爵朝賀增入男爵嘉慶二十五年諭值皇太后三大節將軍督撫提鎭具表慶賀罷遞黃摺祝文道光元年元旦大學士先進皇帝慶賀表文帝始率羣臣詣宮行禮同治元年皇太后皇帝同御慈甯宮受賀明年改御養心殿王公二品以上官集慈甯門外三品以下集午門外朝鮮使臣列西班末按班行禮不贊冬至聖壽節同唯遇大慶年俟皇太后陞殿後增用宣表例光緒二年皇太后聖壽皇帝親進表文餘儀同皇后向無受羣臣賀儀順治間定元旦慶賀儀仗全設皇后詣皇太后宮行禮畢還宮自公主及命婦俱詣皇后宮朝賀冬至千秋節同康熙時定皇后先詣太皇太后宮次皇太后宮行禮還宮升座自公主迄鎭國將軍夫人公侯迄尚書命婦咸朝服行禮雍正六年始令皇后千秋節王公百官咸蟒袍補服後準此行攝六宮事皇貴妃千秋節儀同皇后

大宴儀凡國家例宴禮部主辦光祿寺供置精膳司部署之建元定鼎宴崇德初太宗改元建號設宴篤恭殿順治元年定鼎燕京設筵宴設寶座皇極門正中帝陞座賜百官坐賜茶進酒俱一跪一叩宴畢謝恩如初禮是日賜宴有內監數輩先行拜舞諭朝賀大典內監不得沿明制入班行禮裁抑宦官自此舉始元日宴崇德初定制設宴崇政殿王貝勒貝子公等各進筵食牲酒外藩王貝勒亦如之順治十年令親王世子郡王暨外藩王貝勒各進牲酒不足光祿寺益之御筵則尚膳監供備康熙十三年罷越數歲復故二十三年改燔炙爲肴羹去銀器王以下進肴羹筵席有差雍正四年定元旦宴儀是日巳刻內外王公台吉等朝服集太和門文武各官集午門設御筵寶座前內大臣內務府大臣禮部理藩院長官視設席丹陛上張黃幔陳金器其下鹵簿後張青幔設諸席鴻臚寺官引百官入理藩院官引外藩王公入帝御太和殿升座中和韶樂作王大臣就殿內文三品武二品以上官就丹陛上餘就青幔下俱一叩坐賜茶丹陛大樂作王以下就坐次跪復一叩帝飲茶畢侍衞授王大臣茶光祿官授羣臣茶復就坐次一叩飲畢又一叩樂止展席冪掌儀司官分執壺爵金卮大樂作羣臣起掌儀司官舉壺實酒於爵進爵大臣趨跪則皆跪掌儀司官授大臣爵大臣升自中陛至御前跪進酒興自右陛降復位一叩羣臣皆叩大臣興復自右陛升跪受爵復位跪掌儀司官受虛爵退舉卮實酒承旨賜進爵大臣酒王以下起立掌儀司官立授卮大臣跪受爵一叩飲畢俟受爵者退復一叩興就坐位羣臣皆坐樂止帝進饌中和清樂作分給各筵食品酒各一卮如授茶儀樂止蒙古樂歌進畢滿舞大臣進滿舞上壽對舞更進樂歌和之瓦爾喀氏舞起蒙古樂歌和之隊舞更進每退俱一叩雜戲畢陳訖羣臣三叩大樂作鳴鞭韶樂作駕還宮冬至宴順治間制定如元旦儀後往往停罷元會宴凡元正朝會歲有常經遇萬壽正慶或十年國慶特行宴禮乾隆三十五年五十五年聖製元會作歌宴儀如前惟行酒後慶隆舞進司章歌作司舞飾面具乘禺馬進揚烈舞司弦箏阮節抃者以次奏技喜起舞大臣入行三叩禮循歌聲按隊起舞歌闋笳吹進番部合奏進內府官引朝鮮俳回部金川番童陳百戲爲稍異耳千秋宴爲康熙五十二年創典設暢春園凡直省見官致仕漢員暨士庶等年六十五以上至九十者咸與遣子孫宗室執爵授飲分給食品諭毋起立以示優崇乾隆五十年設宴乾清宮自王公訖內外文武大臣暨致仕大臣官員紳士兵卒耆農工商與夫外藩王公台吉回部番部土官土舍朝鮮陪臣齒逾六十者凡三千餘人其大臣七十以上餘九十以上者子孫得扶掖入宴年最高者如百五歲司業銜郭鍾岳等得隨一品大臣同趨禰座親與賜觴宴罷頒賞珍物有差嘉慶初元再舉設宴皇極殿與宴者三千五十六人邀賞者五千人上自摶槐下逮袀襏以至蒙回番部朝鮮安南暹羅廓爾喀陪价略其年甲咸集丹墀誠盛典也大婚宴順治八年大婚禮成設宴如元日儀並進皇太后筵席牲酒嗣後倣此耕耤宴順治十一年舉行命日勞酒凱旋宴自崇德七年始順治十三年定制凡凱旋陛見獲賜宴乾隆中定金川宴瀛臺定回部宴豐澤園及平兩金川錫宴紫光閣其時所俘番童有習鍋莊及甲斯魯者番神儺戲亦命陳宴次後以爲常道光八年回疆奠定錫宴正大光明殿是日大將奉觴上壽帝親賜酒命侍衞頒從征大臣酒餘如常儀宗室宴乾隆十一年設宴瀛臺賜宗室王公遵旨長幼列坐行家人禮並引至淑清院流盃亭游覽賜酒果四十八年設乾清宮命皇子王公等暨三四品頂戴宗室千三百有八人入宴其因事未與宴者咸與賞都凡二千人嘉慶九年設筵惇敘殿略同瀛臺宴外藩宴歲除日設保和殿賜蒙古王公等凡就位進茶饌爵行酒樂舞謝恩並如元會儀其來朝進貢送親入覲或御賜恩宴或宴禮部取旨供備至諸國朝貢如朝鮮安南琉球荷蘭遣使來京亦有例宴乾隆間緬甸使臣陪宴萬樹園以其國樂器五種合奏厥後凡遇筵宴備陳準部回部安南緬甸廓爾喀樂又順治中定制鄉試宴順天府會試及進士傳臚宴禮部餘如臨雍經筵修書初舉日講臨幸翰林院繕寫神牌亦賜宴如例衍聖公正一眞人來朝纂實錄會典皆於禮部設宴云

上尊號徽號儀清初太祖太宗建元羣臣皆上尊號其禮即登極儀也康熙中臣民合辭擬上尊號至六旬聖壽復籲請聖祖諭言無裨治道皆不允行迄高宗敉定邊陲王大臣猶以上尊號請亦未俞納惟新君踐阼奉母后爲皇太后皇太后爲太皇太后則上尊號國家行大慶則上徽號或二字或四字遞進以致推崇順治八年上孝莊皇后尊號其徽號曰昭聖慈壽先期祭告帝躬上奏書屆期太和殿陳皇帝法駕慈甯宮陳皇太后儀駕供設咸備王公集太和門大臣集右翼門各官集午門分翼立帝升殿中和韶樂作奏海上蟠桃章帝閱册寶畢執事官分置亭內鑾儀校舁行前册亭後寶亭帝率羣臣從駕至慈甯門入宮立陛東禮部侍郎內閣學士奉册寶入大學士奉宣讀册寶文入侍立左旁帝就拜位王公百官依班位序立皇太后御宮中和韶樂作奏豫平章升座樂止贊跪帝率羣臣跪奏進册大學士右旁跪進興退帝受册恭獻大學士左旁跪接興陳中案奏進寶如前儀贊宣册宣册官至案前北面跪啟函宣讀訖仍納之興退贊宣寶同仍置原案女官四人舉案陳宮階上丹陛大樂作奏益平章帝率羣臣三跪九叩午門外各官承傳隨班行禮禮成皇太后起座中和韶樂作奏履平章還宮皇后率六宮公主以下詣宮慶賀翼日帝御太和殿王公百官上表慶賀頒詔如制是歲大婚禮成加上徽號禮亦如之康熙初元加上徽號時以諒陰不奏書不行禮不朝賀凡大婚親政册立皇后武功告成皇太后大慶上徽號並如常儀乾隆四十一年金川平上徽號皇太后諭帝春秋高不宜過勞令豫陳册寶至時行禮罷宣讀表文後倣此道光九年平回疆上皇太后徽號緬甸國王遣使進金葉賀表緬王進表自此始尊封太妃進册寶如前儀唯內監舉案陳太妃座前帝行禮太妃起避立座旁次日御殿受賀同若遣官將事禮部尚書朝服詣內閣册寶舁出偕大學士送之至宮門外內監入獻太妃太嬪受訖禮成册寶初制用金康乾時兼用嘉玉道光後專以玉爲之凡尊封皇貴妃貴太嬪並用册寶太妃用册印太嬪用册

册立中宮儀崇德初元孝端文皇后以嫡妃正位中宮始行册立禮是日設黃幄清甯宮前幄內陳黃案其東册寶案王公百官集崇正殿皇帝御殿閱册寶正副使二人持節執事官舉册寶至黃幄前皇后出迎使者奉册寶陳案上西嚮立宣讀册文具滿蒙漢三體以次授右女官女官跪接獻皇后以次跪受轉授左女官亦跪接陳黃案次宣寶受寶亦如之使者出復命皇后率公主福晉命婦至崇政殿御前六肅三跪三叩畢還宮升座妃率公主等行禮王公百官上表慶賀賜宴如常儀康熙十六年册立孝昭仁皇后前期補行納采大徵如大婚禮親詣奉先殿告祭天地太廟後殿則遣官祭告至日設節案太和殿中東西肆左右各設案一南北肆帝御殿閱册寶王公百官序立正副使立丹陛上北嚮宣制官立殿中門左宣制曰某年月日册立妃某氏爲皇后命卿等持節行禮於是正副使持節前行校尉舁册寶亭出協和門至景運門以册寶節授內監奉至宮門皇后迎受行禮畢內監出還節使者使者復命帝率羣臣詣太皇太后皇太后宮行禮翼日皇后禮服詣兩宮及帝座前行禮乾隆二年册立孝賢純皇后如常儀命頒詔著爲家法嘉慶元年立孝淑睿皇后册命日會太上皇帝千秋宴訖還宮帝后詣前行禮帝御殿正副使持節禮成先詣太上皇宮門前復命餘如常儀册封妃嬪亦自崇德初元始四妃同日受封屆時命使持節册封如禮妃等率公主福晉命婦詣帝前六肅三跪三叩后前亦如之妃前則行四肅二跪二叩妃等相對各二肅一跪一叩康熙時貴妃七嬪與中宮同日封諸嬪有册無寶乾隆十三年定皇妃攝六宮事體制宜崇祭告如册中宮儀次日朝皇太后拜跪甬路左旁道光三年諭嗣後封嬪罷祭告即與

妃同日受封亦然著爲令

册立皇太子儀康熙十四年立嫡子允礽爲皇太子先期祭告玉帛香版皆皇帝躬視屆日御殿傳制與册立中宮同正使授册副使授寶行禮畢正副使復命帝率皇太子祭告奉先殿皇太子拜壽皇殿檻外並詣帝后宮行禮翼日帝御殿受賀頒詔如常儀王公進箋皇太子前致慶皇太子詣武英殿與親郡王等行禮外省文武官並箋賀如儀遇太子千秋節太子先詣奉先殿致祭隨詣皇帝前行禮還毓慶宮旋御惇本殿受賀王公百官二跪六叩畢還宮羣臣退厥後允礽廢立迄晚年儲位未定五十年後大學士王掞七上密疏請建國本六十年復申前請觸聖怒至乾嘉後始明宣不立儲貳諭旨開國固未嘗有也

册封諸王儀崇德元年定册封日王貝勒序立崇政殿前內院官奉制册印陳於案俟旨授封諸王等皆跪宣册官奉册官並立案東次第宣畢奉册印授諸王等王等祗受轉授從官復位禮畢隨奉册官赴清甯宮詣帝后前行禮三跪九叩遂出大清門諸王等互賀俱二跪六叩還邸福晉夫人各行慶賀府僚致賀諸王二跪六叩貝勒僚屬一跪三叩康熙十二年定制凡册封簡正副使二人前一日殿堂上設節案香案册寶案堂前儀衞樂懸備陳屆期正副使詣太和殿奉節出校尉舁册寶亭赴王府王率府僚跪迎門外正副使奉册寶節分陳各案立節案東王立案西行禮畢王詣香案前跪聽宣制册使者授册寶王祗受復位行禮如初使者奉節復命王率府僚跪送迎送俱用樂封親王曰寶郡王曰印貝勒有制册無印行禮謝恩並同初制封親王世子用金册郡王鍍金銀册貝勒授誥命旋改用紙制册咸豐十年諭册封親王用銀質鍍金以恭親王奕訢王爵世襲仍製金册册封公主封使至公主率侍女迎儀門右使者奉制册入陳門前黃案上移置堂前幄內公主升西階六肅三跪三叩宣訖授侍女公主跪受行禮如初使者復命仍送儀門外是日帝陞殿公主至御前次入后宮並六肅三跪三叩又次詣諸妃前各四肅二跪二叩還府府屬慶賀餘如封親王儀凡固倫公主和碩公主同輩者封長公主長者封大長公主並給金册云

清史稿

禮志八 嘉禮二

大婚儀　皇子婚儀（王公婚禮附）

公主下嫁儀（郡主以下于歸禮附）　品官士庶婚禮

視學儀（臨雍附）　經筵儀（日講附）

策士儀　頒詔儀（迎接詔書附）

進書儀　進表箋儀

巡狩儀　鄉飲酒禮

大婚儀清初太祖戊子年葉赫國貝勒納林布祿送妹來歸帝率貝勒等迎之大宴禮成時猶未定儀注也太宗卽位後行册立禮至順治八年世祖大婚始定納后儀先期諏吉行納采禮前一日遣官祭告郊社太廟屆日質明設節案太和殿禮物具丹陛上陳文馬其下正正副使竢丹墀東鳴贊官口贊使臣三跪九拜訖升東階立陛上宣制官傳制使臣跪制曰茲納某氏某女爲后命卿等持節行納采禮大學士入奉節出授正使正使受偕副使興前行降中階左執事官納儀物綵亭中儀仗前導衞士牽馬從出太和中門詣后邸后父朝服跪迎門外道右旣入使臣陳節中案執事陳儀物左右案陳馬於庭使臣傳制納采以次奉儀物授后父后父跪受興率子弟望闕行禮使臣出跪送如初前期一日行納徵禮所司具大徵儀物遣使傳制如納采儀大婚前一日復遣官祭告屆期鹵簿樂懸具帝御太和殿閱册寶制辭曰皇帝欽奉皇太后懿旨納某氏爲皇后茲當吉月令辰備物典册命卿等以禮奉迎遣使如册后儀使臣隨册寶亭出自協和門駕還宮時皇后儀仗陳邸第封使至后父率親屬朝服迎門外后禮服迎庭中后母率諸婦咸朝服跪使臣奉册寶入陳案上后就案南北面跪內院官西嚮立讀册寶文次第授左女官女官跪接獻皇后后祗受轉授右女官亦跪接陳案上畢內后與六肅三跪三叩禮畢陞輦女官奉盞置綵亭鼓樂導前次儀仗次鳳輦后父母跪送如跪迎儀輦至協和門儀駕止女官奉盞前行置中宮輦入自中門至太和殿階下降輦入宮帝御中和殿率諸王詣皇太后前行禮畢諸王退帝御太和殿賜后父及親屬宴王公百官咸與皇太后御位育宮卽保和殿賜后母及親屬宴公主福晉命婦咸與越三日帝復御太和殿王公百官上表慶賀頒詔如制賜后父母兄弟服物有差十一年大婚越三日后謁皇太后禮畢始宴康熙四年大婚就后邸設納采宴公主輔臣命婦各三人內大臣侍衞及公以下羣臣二品以上咸與大徵亦如之賜后祖父母父母衣服謝恩如儀至日使臣奉册寶至后祗受畢欽天監報時后陞輦命婦四人導前七人隨後皆騎內大臣侍衞從至太和殿階下退后降輦內監奉册寶導至中和殿命婦退執事命婦迎侍入宮奉册寶內監授守寶內監退帝詣太皇太后皇太后前行禮御殿賜宴如初皇太后率輔臣命婦入宮賜后母及親屬宴公主福晉不與時加西宮中設宴行合巹禮翼日后詣兩宮朝見三日受賀頒詔如常儀同治十一年納采大徵發册奉迎悉準成式惟屆時后陞輦使臣乘馬先內監扶左右內大臣等騎從至午門外九鳳曲蓋前導行及乾清門龍亭止使臣等退禮部官奉册寶陳交泰殿左右案退輦入乾清宮執事者俱退侍衞合隔扇福晉命婦侍輦入宮宮中開合巹宴禮成光緒十五年大婚越六日后始朝見皇太后又越二日帝受賀餘儀同

皇子婚儀先指婚簡大臣命婦階老者襄事福晉父蟒服詣乾清門北面跪大臣西面傳旨今以某氏女作配皇子某爲福晉福晉父三跪九拜退擇吉簡內大臣侍衞隨皇子詣福晉家行文定禮福晉父綵服迎門外皇子升堂拜福晉父答拜三拜興見福晉母亦如之辭出福晉父送大門外行納采禮所司具儀幣並備賜福晉父母服飾鞍馬以內府大臣宮殿監督領侍充使及門福晉父迎入中堂謝恩畢與宴大臣陪福晉父宴中堂命婦女官陪女眷宴內室畢使者還朝復命婚前一日福晉家齎妝具陳皇子宮至日皇子詣帝后前行禮若爲妃嬪出則並詣焉吉時屆鑾儀衞備綵輿內府大臣率屬二十護軍四十詣福晉第奉迎綵輿陳堂中女官告升輿福晉升父母家人咸送內校舁行女官從出大門乘馬至禁城門外衆步行隨輿入至皇子宮門降女官導入宮屆合巹時皇子西嚮福晉東嚮行兩拜禮各就坐女官酌酒合和以進皆飲酒饌三行起仍行兩拜禮於時宮所張幕結綵設宴福晉父母親族暨大臣命婦咸與禮成翌日皇子福晉夙興朝見帝后女官引皇子居左稍前三跪九拜福晉居右稍後六肅三跪三拜見所出妃嬪皇子二跪六拜福晉四肅二跪二拜越九日歸寧巳宴偕還不踰午王公婚禮崇德間定制凡親王聘朝臣女爲婚納采日府屬官充使是日設宴牲酒盛陳婚日宴亦如之給女父母服物鞍馬有例若外藩親郡王貝勒台吉女儀物視爵次爲差婚日宴牲多少異宜世子郡王貝勒貝子鎭輔國公聘娶儀物暨宴日牲酒其數遞降皆有差等順治間更婚制限貝勒以下罷用珠緞賜婚王公詣中和殿或位育宮謝恩其子未受封者婚禮視其父已受封則從其爵康熙初始令王公納采易布爲緞餘如故

公主下嫁儀指婚日額駙蟒服詣乾清門東階下北面跪襄事大臣西面立宣制以某公主擇配某額駙祗受命謝恩退初定諏日詣午門進一九禮卽納采也駝馬筵席羊酒如數得旨分納所司次日燕饗額駙率族中人朝服謁皇太后宮禮訖集保和殿帝陞座額駙等三跪九拜御筵旣陳進爵大臣跪進酒帝受飲還賜大臣酒跪飲之時額駙等行禮惟一拜徹宴謝恩一跪三拜出至內右門外三跪九拜退凡帝前謝恩皆贊后宮前不贊是日額駙眷屬詣皇太后皇后宮筵宴如儀鸞降前一日額駙詣宮門謝恩內府官率鑾儀校送妝奩詣額駙第內管領命婦偕女侍鋪陳至日額駙家備九九禮物如鞍馬甲冑詣午門恭納燕饗如初定禮吉時屆公主吉服詣皇太后帝后暨所生妃嬪前行禮命婦翊升輿下簾內校舁出宮儀仗具列燈炬前引福晉夫人命婦乘輿陪從詣額駙第行合巹禮其日設宴九十席如下嫁外藩但用牲酒成婚後九日歸宮謝恩公主入宮行禮額駙詣慈甯門外乾清門外內右門外行禮天命八年太祖御八角殿訓公主以婦道毋陵侮其夫恣意驕縱違者罪之時議謂王化所由始厥後定制額駙及其父母見公主俱屈膝叩安有賚賜必叩首壽遠古轍已逮道光二十一年仁宗以爲非禮所宜稍更儀注額駙見公主植立申敬公主立答之舅姑見公主正立致敬公主亦如之餽物俱植立免屈膝以重倫紀著爲令又定下嫁時停進九九禮並罷筵宴自後罷宴以爲常明年改初定進羊九繼此踵行同治時定公主歸寧免額駙內右門行禮餘如前儀郡主于歸禮崇德間定親王嫁女聘儀鞍馬甲冑十有五如嫁外藩親王以下納采用駝馬羊準七九數媵婢八男婦五戶順治時朝臣聘儀鞍馬甲冑各七乾隆時定郡王媵婢六男婦四戶嫁朝臣聘用鞍馬七外藩納采視崇德時爲減郡王以下縣主郡君縣君鄉君于歸禮以次遞殺康熙八年定郡主縣主歸寧禁母家給滿洲人口限用蒙漢人八名郡君至鄉君蒙漢人六名將軍至宗室女四名乾隆三十五年罷朝臣進納采禮外藩如故不設宴

品官士庶婚禮凡品官論婚先使媒妁通書逎諏吉納采自公侯伯訖九品官儀物以官品爲降殺主婚者吉服命子弟爲使從者齎儀物至女氏第主婚者吉服迎從者陳儀物於庭奉書致命主婚者受書告廟醴賓賓退送之門使者還復命是日設宴具牲酒公侯以下數各有差婚前一日女氏使人奉箕帚往壻家陳衾帷茵褥器用具屆日壻家豫設合巹宴壻吉服竢備儀從壻承父命親迎以綵輿如女氏第女氏主婚者告廟辭曰某第幾女某將以今日歸某氏

酒筓而命之還醮女內室父東母西女盛服出北面再拜侍者斟酒醴女父訓以宜家之道母施衿結帨申父命女識之不唯壻既至入門再拜奠雁出姆爲女加景蓋首出壻揖降女從姆導升輿儀衛前導送者隨輿後壻先還輿至門壻導升西階入室盥饋媵布壻席東旁御布婦席西旁交拜訖對筵坐饌入卒食媵御取琖實酒分酳壻婦三酳用巹卒酳壻出媵御施衾枕壻入燭出是日具宴與納采同品官子未任職禮視其父受職者各從其品士婚禮視九品官庶民納采首飾數以四爲限輿不飾綵餘與士同婚三日主人主婦率新婦廟見無廟見祖禰於寢如常告儀雍正初定制漢人納采成婚四品以上綢緞首飾限八數食物限十品五品以下減二八品以下又減二軍民紬絹果盒亦以四爲限品官婚嫁日用本官執事燈六鼓樂十二人不及品者燈四鼓樂八人禁糜費凡官民皆不得用財禮云

視學儀順治建元帝幸太學釋奠先期衍聖公五經博士至聖裔五人元聖及配哲諸裔各二人乘傳赴京各氏子孫見列朝官者各官學師生暨進士舉貢成與觀禮內閣擬經書祭酒司業撰講章進御屆日大成門東張大次彝倫堂設黃幄御座幄前置御案左右講案二祭酒等奉講章及進講副本書左經右陳於案帝禮服乘輿詣學祭酒司業率官屬諸生跪迎成賢街右駕入幄詣大成殿釋奠禮畢出易袞服幸彝倫堂御講幄升座王公立階上百官立階下衍聖公率博士各氏裔祭酒等率官生就拜位行三跪九叩禮畢自王公訖九卿以次賜坐尋詣堂內跪一叩鴻臚官贊進講祭酒司業入北嚮立所司舉經案進御前賜講官座祭酒等一叩坐依次宣講翰詹四品以下官監官師儒博士聖賢後裔肄業諸生圜聽講畢退聽講者咸退復位序立跪聆傳制辭曰聖人之道如日中天講貫服膺用資治理爾師生勉之祭酒等三跪九叩退賜茶羣臣受飲一叩禮成駕出咸跪送翼日監官博士暨諸生表謝帝御太和殿禮賜如常儀並賜衍聖公各官宴禮部越三日頒敕太學詔諸生策勵賚衍聖公冠服監官博士等衣一襲助教諸生白金有差康熙八年聖祖釋奠太學講經悉準成式雍正二年諭視學大典稱幸非宜嗣後更幸爲詣乾隆二年命閔冉言卜顓孫端木六氏博士陪祀觀禮準五氏例行明年帝親視學聖賢各裔暨東野氏來觀禮者三十二人送監求學即召衍聖公等面諭之謂既爲聖賢後當心聖賢心非徒讀其書而已必躬行實踐事求無愧方爲不負所學其務勤思勉勵克紹心傳咸豐三年二月上丁帝親詣太學行釋菜禮越六日臨雍講學王公大臣聖賢後裔以至太學諸生環集橋門璧水間者以萬數臨雍命下既諏吉所司設御幄大成門外其辟雍殿階陳中和韶樂太學門內陳丹陛大樂清樂殿內經書案講案備具如前帝釋奠畢御彝倫堂易袞服臨辟雍太學鳴鐘鼓升座樂奏止有節贊齊班講官侍班糾儀各官就拜位贊跪叩興行二跪六叩禮興若衍聖公入覲先進講大學士以至諸生分班立行禮訖滿漢講官入一叩就坐講四書帝闡發書義宣示臣工圜橋各官生跪聆畢與祭酒講經帝闡經義如初禮餘同視學儀先是御史曹學閔上言宜攷古制建辟雍於國子監格部議至四十九年新建國學成明年將臨雍命大臣規濬圜水禮樂備舉特旨獎學閎並令朝鮮使臣隨班觀禮禮成賞賚有差翼日加賚聖賢各氏裔及諸生綢帛道光三年臨雍命廕生豫聽宣講諭監官曰化民成俗基於學校興賢育德責在師儒士先器識漸摩濡染厥有由來爾監臣式茲多士尙其端教術正典型毋即於華毋隣於固入孝出弟擇友親師庶幾成風紹休聖緒令甲車駕幸魯展禮先師講學闕里豫選聖賢裔二人直講翰林官撰講章前一日張大次奎文閣設御座詩禮堂前置案講案列西檐下屆日陳講章及副本於案帝出行宮衍聖公綵服率五經博士暨各氏跪迎廟門右帝入詣大成殿祭孔子如上丁儀駕出御詩禮堂升座衍聖公以下官隨至序立庭中行三跪九叩禮訖進講直講者一跪三叩興講經書訖俱退駕謁孔林翼日賜衍聖公等帛金書籍有差簡各氏弟子有文行者貢太學凡登仕版並進一階

經筵儀初沿明制閣臣例不兼經筵順治九年春秋仲月一舉始令大學士知經筵事尙書左都御史通政使大理卿學士侍班翰林二人進講豫設御案講官案列講章及進講副本左書右經屆時帝常服御文華殿記注官立柱西東面講官等二跪六叩興序立左右侍班官分立其後糾儀官立東西隅鳴贊官贊進講直講官詣案前跪三叩興分就左右案先後講四書與經復位帝宣示滿漢文御論各官跪聆畢大學士奏辭感悅興降階行二跪六叩禮畢帝臨文淵閣賜坐賜茶禮成還宮賜宴本仁殿宴畢謝恩康熙十年舉經筵命大學士熊賜履爲講官知經筵事頃之聖祖以春秋兩講爲期闊疏遂諭日進講弘德殿二十四年定制以大學士左都御史侍郎詹事充經筵講官二月文華殿成舉行典禮世宗踐阼居亮陰未舉雍正三年八月吉日詔言帝王御宇咸資典學朕承庭訓時習簡編味道研經實敷政甯人之本茲當釋服亟宜舉行於是進講如儀乾隆五年諭曰經筵之設籍獻箴規近進講章辭多頌美殊失咨儆古意人君敷政正賴以古證今獻可替否其務剴切敷陳期裨政學庶有當稽古典學實義七年經筵日雨禮臣依例請改期諭曰魏文侯出獵遇雨尙不失信虞人矧茲大典復經祭告詎宜改期執事諸臣可衣雨服列班暫罷階下行禮殿內賜茶諸儀嗣後遇雨倣此翰林院專司日講冬夏至前一日輟十四年以進呈經史漸等具文諭令停止五十一年御經筵賜宴禮臣隨侍者分東西班特命歌抑戒詩嘉慶中張鵬展疏請翰林科道日進經義奏議詔責其迂文宗登極曾國藩請復日講舊典格部議次年咸豐紀元正月遂奉特旨令翰詹諸臣番直并躬製題目俾撰講義分日呈覽迄光宣之際猶依此例云

策士儀天聰間始開科取士順治初會試中式舉人集天安門攷試十五年改試太和殿丹墀定臨軒策士制先期一日丹陛上正中太和殿內東偏分設黃案東西閣檐下備試桌屆日質明內閣官朝服捧策題置殿內案上帝御太和殿王公百官侍立鴻臚寺官引貢士詣丹陛下立大學士取題授禮部官跪受置丹陛案上三叩舉案降左階陳御道正中讀卷官執事官各三跪九叩諸貢士亦如之畢駕還宮徙試桌丹墀左右北嚮禮部官散題貢士跪受三叩就桌對策訖受卷彌封諸官竢左廡檐下收封盛入卷箱收掌官送讀卷官校閱不御殿王以下官不會集不陳鹵簿閱卷三日畢翼辰前列十卷發擬名次緘封呈御覽帝御養心殿西暖閣閱畢召讀卷官入親定甲乙授之出拆彌封依次繕寫綠頭籤引十人進乾淸門祇竢西階下帝御宮讀卷官捧籤入跪呈引班官引十人跪丹陛中依次奏名籍興退帝親定一甲三人二甲七人授籤讀卷官跪受興退率十人侍立西階下駕還便殿十人先出讀卷官捧卷詣紅本房塡寫名次畢交內閣題金榜傳臚日設鹵簿陳樂懸王公百官列侍貢士皆公服冠三枝九葉頂冠立班末帝御太和殿讀卷等官行禮如初奉榜授受如奉策題儀鴻臚寺官引貢士就位跪聽傳制曰某年月日策試天下貢士第一甲賜進士及第第二甲賜進士出身第三甲賜同進士出身贊一甲一名某令出班前跪贊二三名亦然贊二甲一名某等若干名三甲某等若干名不出班同行三跪九叩禮退立禮部官舉榜出中路一甲進士從諸進士出左右掖門置榜龍亭復行三叩禮校尉舁亭鼓樂前導至東長安門外張之三日後繳內閣於是順天府備繖蓋儀從送狀元歸第越五日狀元偕諸進士上表謝恩如常儀乾隆五十四年殿試改保和殿舉行自後爲恒例

頒詔儀淸初詔書用滿蒙漢三體文順治間定制用滿漢二體頒詔日太和殿前具鹵簿丹墀內植黃蓋雲盤殿東設詔案丹陛中設黃案午門外備龍亭香亭天安門樓雉口中豫置朶雲金鳳其東築宣詔臺王公百官朝服集午門內閣學士奉詔書至乾淸門用寶訖鋪黃案帝御殿王公以下行禮畢大學士奉詔書詣殿檐下授禮部尙書跪受訖陳丹陛案上行禮畢置詔書雲盤內覆黃蓋禮部官奉盤自中路出太和門百官從至午門外置龍亭至天安門外橋南奉詔書置高臺黃案上各官按序北嚮立宣讀官臺上西嚮立衆跪聽宣先宣滿文次漢文衆行三跪九叩禮奉詔官取朶雲承詔書繫以綵繩自金鳳口中銜下禮部官接受仍置龍亭出大淸門赴禮部望闕列香案尙書率屬行禮詔書謄黃刊頒各省駕不御殿百官祇竢天安門外橋南餘儀同乾隆間定制凡詔書到日有司備龍亭旗仗郊迎朝使降騎奉詔書置龍亭南嚮守土官北嚮行禮鼓樂前導朝使騎以從及公廨衆官先入序立龍亭至庭中朝使東立俟行禮訖奉詔書授展讀官跪受衆官皆跪宣讀畢授詔朝使復置龍亭跪叩如初禮退長吏謄黃分頒各屬詔書所過凡屬五里內府州縣衛各官咸出郭門迎送

進書儀定制纂修實錄聖訓擇吉進呈帝御殿受書王公百官表賀玉牒本紀次之康熙十一年世祖實錄成前期一日太和殿陛東設表案階下列實錄案至日具鹵簿陳樂懸監修官奉表陳表亭纂修官奉實錄陳綵亭王公百官齊集行禮如儀校尉分舁香亭綵亭出中道表亭由左監修各官從至太和殿丹墀監修等奉實錄與表分陳案上帝御殿鴻臚官奏進實錄樂作禮部官舉實錄案自中道升至殿門外帝興座樂止舉案入迺坐設案保和殿正中監修等立階下齊班贊跪則皆跪贊進表宣表官跪宣表宣畢樂作衆官三跪九叩退立樂止衆復跪宣表官代奏致詞云某親王臣某等暨文武羣臣奏言惟世祖皇帝神功聖德纂述成書光華萬世羣臣懽忭禮當慶賀鴻臚卿宣制荅云世祖皇帝功德配天實錄纂成朕心懽慶與卿等同之宣訖行禮如初賜茶俱一叩駕還監修等奉實錄至乾淸門交送大內退雍正中聖祖實錄與聖訓同進後以爲常乾隆間定實錄聖訓歸皇史宬遣監修等奉藏金匱副本存內閣嘉慶十二年更定舉案奉書還貝子以下宗室官將事自仁宗以來帝仍詣皇史宬拈

香如往制進玉牒不上表不傳制監修等隨綵亭入中和殿置案上展正中四篋帝立閱俟進全書覽畢送皇成宬十年一纂或不御殿則於宮中覽之凡實錄聖訓玉牒並送盛京尊藏自乾隆年始進本紀第諏吉藏皇史宬方略則進二部一藏史宬一交禮部刊發時憲書成欽天監官歲以十月朔日進並頒賜王公百官午門行頒朔禮頒到直省督撫受朔如常儀

進表箋儀凡萬壽節及元日長至在京王公百官各進表文在外將軍都統副都統督撫提鎭各進賀表箋彙齊驛遞送部屆日設表案太和殿左楹表文列綵亭舁至午門外奉陳於案帝御殿宣表行禮訖並表箋送內閣收儲皇太后聖壽皇后千秋王公暨內外文武表箋俱陳午門外禮訖亦送內閣表文初用三體字式後專用漢文惟滿洲駐防用清文先期內閣撰擬定式頒發臨期恭進慶賀三大節表式在京稱某親王臣某等諸王貝勒文武官等在外稱某官臣某等誠懽誠忭稽首頓首上言末云臣等無任瞻天仰聖懽忭之至謹奉表稱賀以聞進太皇太后皇太后同皇太子箋式首具官同末云臣等無任懽忭踊躍之至謹奉箋稱賀以聞初元旦冬至直省文武五品以上各進賀表箋萬壽節祇進皇帝表文並由長官彙進督撫不進表箋凡遇大典具本慶賀壽令各省表箋通省用總火牌一專遣齎奉乾隆時以布政使副將不能專達章疏停附進表箋例又定皇后千秋節暨元旦冬至永停箋賀皇太子慶典京朝官集賀不具箋外吏亦免箋賀六十年高宗內禪稱太上皇帝具賀表式云子臣某率王公大臣等謹奏某歲元旦太上皇帝親授大寶子臣敬承慈命謹率同王公文武大臣等奉表賀者末云子臣及諸臣等曷勝欽悅慶忭之至謹奉表稱賀以聞賀皇帝登極表式惟頓首下云恭逢皇上受寶禮成登極紀元謹奉表慶賀者餘如前式

巡狩儀皇帝省方觀民特舉時巡盛典既諏吉帝御征衣乘輿出宮領侍衛內大臣等率禁旅翊衛扈蹕諸臣征衣乘騎以次發鑾輅所經禁隨駕官弁擾吏民踐禾稼辦治糧芻悉用公帑將入境督撫提鎭率屬迎道右紳耆量遠近跽迎已駐蹕疆吏等朝行營門外翼日望秩方嶽祭昔帝王先師咸親詣至名賢祠墓則遣官吏入覲詢風土人情臨視河防指授方略召試獻詞賦者拔尤授官閱方鎭兵藉辨材武經過州縣賜復蠲租存問高年差給恩賚順治八年定制駕出巡幸別造香寶攜行並鑄扈從各印加行在字部院章奏內閣彙齊三日一送行在所過禁獻方物又定乘輿所經百里內守土官道右迎送康熙二十三年聖祖南巡定扈從王公大臣及部院員限駕發按次隨行厥後南巡江浙者五至泰安躬祀岱嶽渡河祠河神詣江甯謁明太祖陵四幸五臺一幸西安大率禁奢尙實亟勤民事乾隆間數奉太后南巡若河南若五臺若山東天津翠華所莅百姓蒙庥六巡江浙揆示工要大建堤堰雖糜巨萬帑金不恤也嘉慶時幸五臺清涼山行慶施澤如康熙故事

鄉飲酒禮順治初元沿明舊制令京府暨直省府州縣歲以孟春望日孟冬朔日舉行學宮前一日執事敷坐講堂習禮以致仕官爲大賓位西北齒德兼優爲僎賓位東北次爲介位西南賓之次爲三賓位賓主介僎後府州縣官爲主人位東南若順天府則府尹爲主人司正一人主揚觶教官任之贊引讀律各二人生員任之屆日執事牽牲具饌主人率屬詣學迺速賓賓至迓門外主東賓西三揖讓迺升相嚮再拜賓即席延僎介入如賓禮就位贊揚觶司正升自西階北嚮立賓主皆起立贊揖司正揖賓介以下荅揖執事舉冪酌酒於觶授司正司正揚觶而語曰恭惟朝廷率由舊章敦崇禮教舉行鄉飲非爲飲食凡我長幼各相勸勉爲臣盡忠爲子盡孝長幼有序兄友弟恭內睦宗族外和鄉黨毋或廢墜以忝所生讀畢贊飲酒司正立飲贊揖則皆揖司正復位賓介皆坐贊讀律令生員就案北面立咸起立旅揖讀曰律令凡鄉飲酒序長幼論賢良別奸頑年高德卲者上列純謹者肩隨差以齒悖法偭規者毋俾參席否以違制論敢有譁譟失儀揚觶者糾之讀畢復位贊供饌有司設饌贊獻賓則授主以爵主受之置賓席少退再拜賓荅拜於僎亦如之皆坐有司徧酌贊飲酒酒三五行湯三品畢徹饌僎主僚屬居東賓介居西皆再拜贊送賓各三揖出退雍正初元諭鄉飲酒禮所以敬老尊賢厥制甚古順天府行禮日禮部長官監視以爲常乾隆八年以各省鄉飲制不畫一或頻年闕略不行舊儀載圖有遵法者戴記坐僎於西北以輔主人其言主人親速賓及介拜至獻酬辭讓之節甚繁無一言及僎所謂不干主人正禮者也嗣後鄉飲賓介有司當料簡耆紳碩德者任之或鄉居顯宦有來觀禮者依古禮坐東北無則寧闕而不立僎名五十年命歲時舉鄉飲毋曠每行禮奏御製補笙詩六章其制獻賓賓酢主人後酒數行工升鼓瑟歌鹿鳴賓主以下酒三行司饌供羹笙磬作奏南陔閒歌魚麗笙由庚司爵以次酌酒司饌供羹者三迺合樂歌關雎工告樂備徹饌賓主咸起立再拜賓介出主人送門外如初迓儀初鄉飲諸費取給公家自道光末葉移充軍餉始改歸地方指辦餘準故事行之亦僅矣

清史稿

禮志九　軍禮

親征	凱旋
命將出征	奏凱
受降	獻俘受俘
大閱　會閱暨京師訓練附	秋獮
日食救護	

三曰軍禮國之大事在祀與戎周官制六軍司九伐權屬司馬而大軍旅大田役其禮則宗伯掌之是因治兵振旅茇舍大閱之教而寓蒐苗獮狩之儀以爲社礿祊烝之祭如是則講武爲有名而殺獸爲有禮有清武功煇赫凡師征受成講肄行圍諸禮節厥制綦備爰溯古誼分錄事要著之於篇古者日食救護太僕贊鼓亦屬夏官今亦類附云

親征天命三年太祖頒訓練兵法書躬統步騎征明謁堂子書七恨告天是親征所由始崇德初元太宗伐朝鮮前期誓天告廟頒行軍律令分兵爲左右翼至日駕出撫近門陳鹵簿吹螺奏樂祇謁堂子三跪九拜外建八纛致祭如初禮畢啟行康熙三十五年討噶爾丹躬率六師出中道前三日祭告郊廟太歲屆期遣祭道路纛火諸神帝御征衣佩刀乘騎出宮內大臣等翊衛午門鳴鐘鼓軍士鳴角螺祭堂子纛神如儀導迎樂作奏祐平章駕出都門詣陳兵所聲纛二旗軍繼發王公百官跽送軍士整伍以次扈蹕每舍周眡地勢御營建正中各營環向繚以幔城南設旌門遠斥堠嚴刁斗置巡警二十一所內大臣等率親軍宿衛外設網城東西南三門巡警八所護軍統領率羽林軍徼循禁語譁稽出入又外布幕爲重營設四門重各置十人嚴守其從征各官列幕重營外大軍分翼牧馬禁越次駕駐行營諸軍皆止從官奏事如常夜漏初下嚴更鼓斷行人內外禁旅番巡五漏交御營鳴鐘前營角聲起初嚴外營蓐食治裝再嚴前軍拔營三嚴左右軍後軍發輜重從征官俟旌門外辨色舉纛警蹕六師所過守土官迎本境大吏則出境以迎外藩王公暨所部紳耆跪接悉同時巡儀軍行隨時遣祭風雨山川諸神軍中堠望聖祖躬巡整軍伍御旌門簡閱將士至西巴臺使者奉敕諭噶爾丹敵望見大軍棄甲走帝率前軍長驅拖諾分遣將軍進躡迺還噶爾丹未悛是歲秋駕巡北邊聲出塞試鷹減從十月抵白塔駐南關蒙古王以下貢獻駱駝帝賜戰勝兵士食引近御坐徧賚之次日登徹御膳犒軍踰月至呼坦和碩渡河降者踵至噶爾丹就撫迺班師明年帝三駕北征啟行如初禮至橫城止令守土大臣臨河迎蹕時哈密俘噶爾丹子送軍所額魯特部多納款者噶爾丹仰藥死駕自黃河汎舟還

凱旋崇德二年太宗征服朝鮮班師日其君臣出城十里外送駕三跪九拜如禮歸則遣大臣二人迓之啟蹕即軍前祭纛守土官道迎俟駕過隨軍次承命遙坐賜酒將至盛京二十里會鄭親王等齎奉賀表遂先除道張黃幄俟駕至伏迎道左帝入幄坐王等跪進表大學士受之宣讀畢王等三跪九拜迺大宴宴罷啟行至盛京禮謁堂子還宮康熙三十五年聖祖征噶爾丹破之還蹕拖諾捷入焚香謝天入行營大學士等進賀表王公百官畢賀留牧蒙古王等迎駕行禮喀爾喀札薩克等集營東門請瞻覲皆稽首呼萬歲賜茶及宴賚銀物有差沿塗迎獻羅拜者綴至輻湊至清河皇子王公暨羣臣跪迎郊外五里八旗軍校近畿士民亦焚香懸綵扶攜俛伏命前驅毋警蹕環集至數百萬人懽聲靁動帝謁堂子如儀明年剿漢平班師亦如之還宮後遣祭郊社宗廟徧羣祀謁陵寢御殿受賀直省官咸進表文頒詔如制帝自勒銘鐫石並建碑太學云

命將出征崇德初元太宗命睿王多爾袞等出師征明躬自臨送祭堂子纛神如親征儀遂至演武場諭誡將士順治元年命英王阿濟格爲靖遠大將軍征流寇賜敕印其儀午門外具鹵簿陛上張黃幄設御座陳敕印簽東案王公百官會集帝升座大將軍率出征官詣拜位跪內院大臣奉宣滿蒙漢三體敕書授大將軍敕印畢啟行十三年定出師前一日午門前例頒衣馬弓刀並傳集出征各官面授方略賜筵宴行日咸戎服俟午門外頒敕印如初禮康熙十三年命將分出湖廣四川禮畢駕出長安右門送行出征王率各官行至陳兵所

禮部設祖帳光祿寺備茶酒內大臣等奏引謝恩首塗如故或帝不親送則令親王內大臣往噶爾丹之役先自歸化驛召費揚古爲撫遠大將軍至日賞讌聖祖御太和門大臣隅坐其出征運糧大臣分坐金水橋北左右作樂陳百戲命大將軍進御前親賜卮酒跪受叩飲訖都統副都統繼進則令侍衛授酒參領以下十人一列跪飲階上而已復命大臣等徧祇衆軍飲讌畢賜與讌者御用蟒幣餘賜幣兵賜布同謝恩出大學士始以敕印授大將軍雍正七年定命將前一日告廟行日告奉先殿並遣官若先出師疆場即軍前命爲大將軍者則命正副使齎敕印往大將軍率屬竢教場廳事設黃案陳敕印大將軍跪宣敕文正使授敕宣印文副使授印大將軍以次祇受轉授左右從官行三跪九叩禮禮成奏入大營乾隆十四年定命將儀三一曰授敕印經略大將軍出師皇帝臨軒頒給二曰祓社凡出師前期告奉先殿禮堂子祭纛三曰祖道經略啟行皇帝親餞賜酒命大臣送郊外具祖帳暨讌儀並詳前徂征儀二一曰整旅經略前隊列御賜軍械次令箭次敕印次標旗大隊軍旅殿令箭標旗數皆十二二曰守土官相見經略過境將軍督撫蟒服出郭迎候文自司道武自總兵以下跽道右及廳事經略正坐將軍督撫側坐文司道武提督以下行庭參禮啟行候送如前儀若頒敕印不御殿即除鹵簿樂懸百官無職事者不會集三十四年命大學士傅恒經略雲南軍務高宗不升殿不禮堂子不祭纛不親送內閣學士奉敕印至太和殿經略等先竢陛階大學士二人立殿外屆時經略升陛印官從大學士入奉敕印出經略跪受禮畢奉敕印官前經略後及階下置敕印綵亭內前張黃蓋列御仗從征侍衛前引餘俱後隨至經略第止敕印陳廳案上屆日肅隊行

奏凱天聰初元朝鮮奏捷班師車駕出城頓武靖營野次設行幄御營一里外率諸貝勒踰行幄數武立馬以待凱旋既至遂依次排列立纛拜天入覲帝出位迎之諸貝勒行跪拜禮賜筵宴崇德元年征明凱旋太宗率羣臣出城十里迎勞王貝勒等依次成列建纛鳴螺帝率同拜天三跪九叩畢升座王貝勒進獻捷表大學士接受奉御前讀訖跪叩如儀頒旨行抱見禮於是王貝勒進御前一跪三叩賜坐設宴同順治二年南京平豫王班師還世祖赴南苑迎勞樹十餘大纛如初禮十三年定制出征王大臣凱旋遣王公一人偕大臣郊勞康熙元年定凱旋次日帝御殿禮成免將軍等行禮筵宴免桌席止宰牲二十一年大將軍貝子章泰等自雲南奏凱駕至盧溝橋迎勞駐蹕有司治具翼日駕莅至齊衆拜天以爲故事乾隆十四年定奏凱功成祭告天地廟社陵寢釋奠先師勒碑太學命儒臣輯平定方略垂奕禩經略大將軍師旋將入城遣廷臣郊勞帝臨軒經略率有功諸臣謝恩繳印敕儀同受敕宴禮既畢兵部覈敘勳績頒爵賞有差厥後定邊將軍兆惠等定西將軍阿桂等奏凱高宗均駐蹕黃新莊行宮築臺郊勞百官咸會設黃幄正中南嚮兩翼青幕各八東西嚮臺在幄南其上建左右纛中設帝拜褥東西下馬紅柱各一帝御龍袞詣臺鳴螺奏鐃歌樂將軍暨從征大臣將士皆擐甲冑跪紅柱外竢駕帝就拜位立將軍暨羣臣班分東西鴻臚官贊跪則皆跪贊叩興帝拜天三跪九叩將軍等如之畢帝御幄升座王公百官立東班幕下禮成帝出幄乘騎凱歌作奏邑皇威章駕還行宮餘依康熙間故事咸豐五年科爾沁親王僧格林沁平高唐亂還朝日文宗御養心殿行抱見禮慰勞備至先是出師頒參贊大臣關防賜訥庫尼素光刀至是同時獻納

受降崇德二年春朝鮮王服罪請降迺築壇漢江東岸設黃幄駕出營樂作濟江登壇鹵簿具朝鮮王率陪臣步行來朝遣官出迎一里外引入帝率同拜天升座國王等伏地請罪贊行三跪九拜禮賜坐位列親王上諸子列貝勒下錫筵宴還其俘並賜王以下貂服六年蒙古貝勒等投誠朝見已命較射選力士角觝賜宴俾盡懽殊典也所貢方物悉卻之乾隆十四年議制凡軍前受降飛章入告報可迺大書露布示中外築壇大營左南嚮壇南百步外樹表建大旗書奉詔納降字降者立其下經略大將軍戎服出鼓吹聲礮參贊大臣等騎從將至壇降者北面扶伏經略登壇正坐參贊僉坐諸將旁立餘皆肅班行降者膝行詣壇下俛首乞命經略宣上德意量加賞賚營門鼓吹殷然降者泥首謝興退

獻俘受俘清初太祖太宗以武功征服邊陲俘虜甚衆其時獻受猶無定制也雍正二年討平青海俘至京始定諏吉先獻廟社俘白組繫頸行及太廟街門外北嚮立承祭官朝服至俘伏儀同時饗至社稷街亦如之承祭官入壇致祭儀同春秋祈報監俘者以俘出翼日帝御午門樓受俘正中設御座檐下張黃蓋鹵簿陳闕門南北仗馬次之輦輅陳金水橋南馴象次之王公百官咸集解俘將校立金鼓外俘後隨班位既序帝御龍袞乘輿出宮至太和門大樂鐃吹金鼓振作登樓升座贊進俘丹陛大樂作奏慶平章鴻臚寺官引將校入北面立贊行禮俘入俯伏兵部官跪奏平定某地所獲俘囚謹獻闕下請旨制曰所獻俘交刑部刑部長官跪領旨訖械繫出丹陛大樂作王公百官行禮如常儀若恩赦不誅則宣旨釋縛俘叩首將校引出是日賜將校燕兵部次日賜冠履銀幣有差凡平定疆宇受俘儀並同乾隆時版圖日廓二十年剿平準噶爾獲達瓦齊暨青海羅卜藏丹津先後檻入一歲中兩行斯典越五年底定回疆討平攢拉促浸皆遞舉盛儀先後六歲凱歌四奏時論稱極盛云

大閱天聰七年太宗率貝勒等督厲衆軍練習行陣是爲大閱之始順治十三年定三歲一舉著爲令尋幸南苑命內大臣等擐甲冑閱騎射並演圍獵示羣臣康熙十二年閱兵南苑聖祖擐甲登晾鷹臺御黃幄內大臣都統等各東部曲王貝勒等各率旗屬並自西而東既成列槍鳴號發自東結陣馳以西按翼分植閱畢命樹侯臺上親發五矢皆中的復騎而射一發即中釋甲賜宴迺還厥後行閱或盧溝橋或玉泉山或多倫諾爾地無一定時亦不以三年限也三十四年復幸南苑行閱分八旗爲三隊帝率皇子擐甲內大臣等扈從後建龍纛三上三旗侍衛隨行徧閱驍騎護軍前鋒火器諸營立馬軍前角螺鳴伐鼓行陣舁鹿角進甲士麾紅旗槍礮齊發鳴金止再伐鼓發槍礮如初如是者九初進率五丈再進亦如之至十進槍礮環發無間開鹿角成八門首隊出二隊三隊從既成列門闔角鳴呼譟進兩翼隊皆雁綴進鳴金收軍立本陣結隊徐旋首隊殿罷閱還行宮中敕明賞罰未閱前賜軍士食既閱賜酒雍正七年世宗幸南苑閱車騎營兵諭曰此第訓練一端耳遇敵決勝在相機度勢神而明之存乎其人豈區區陣伍間遂足以制敵耶是日操演各依方位旗色爲陣式後北征屢以車戰勝乾隆二年大閱幸南苑御帳殿軍隊既齊步軍整列進以十丈爲率餘儀同令甲大閱日行宮外陳鹵簿駕出作鐃歌大樂奏壯軍容章及還作清樂奏邑皇威章凡操時鳴礮三駕出及還同即日賜各旗餼筵羊豕薪炭迄嘉慶間皆如故事行會閱爲康熙三十年創典時喀爾喀新附聖祖思訓以法度特命會閱上都七溪迺集其部衆並四十九旗藩王台吉豫屯百里外駕出都上三旗兵從下五旗兵自獨石來會布營設哨三旗護軍爲一營居中八旗前鋒爲二營五旗護軍爲十營火器營兵爲四營環御營而屯前鋒爲四哨護軍爲二十四哨各設廬帳繞營而居蒙古喀爾喀諸屯徙近五十里禁入哨齎賞九等序坐七列綳城設宸幄正中御牀左右行帳各二儀仗樂懸具依次置宴蒙古王等居左喀爾喀居右順序習舞衆技畢陳酒命喀爾喀汗濟農諸顏等進御前賜卮酒餘令侍衛分送禮成翼日各營就列陳巨礮帝擐甲閱畢宣敕去其汗號以王貝勒貝子公名爵分錫之台吉分四等比四十九旗依等賜賚恩禮有加餘如儀京營訓練歲以春秋季月合操四次春貫甲秋常服營陣規制如大閱仲春孟秋則按旗登城習鳴螺兵部遣官稽閱歲爲常制護軍驍騎營一歲三校騎射前鋒護軍營三歲一較騎射內大臣本旗都統等臨眡之至直省講武則以督撫提鎮爲閫帥歲季秋霜降日校閱演武場先期立軍幕屆日黎明將士擐甲列陣中建大纛閫帥率將士行禮軍門鼓吹節鉞前導徧閱行陣還登將臺升帳中軍上行陣圖式請令合操遂麾旗聲礮三鳴角擊鼓軍中聞鼓聲前進鳴金則止行陣發槍如京營制閱畢試材官將士騎射申明賞罰犒勞軍士漕河訓練同八旗水師操防出洋信候各省不同歲春秋季月或夏季遇潮平風正則乘戰艦列陣張颿馭風鳴角聲礮具如軍律綠營水師同

秋獮清自太祖肇跡東陲率臣下講武校獵習兵太宗踵行之世祖統一區夏數幸南苑令禁旅行圍始立大狩扈從例康熙初元定車駕行圍駐所置護軍統領營總各一八率將校先往度地勢武備院設行營建帳殿繚以黃髹木城立旌門覆以黃幕其外爲綱城宿衛屯置不越其所十年罷木城改黃幔康熙二十年幸塞外獵南山尋出山海關次烏拉皆御弓矢校獵越二年六月幸古北口外行圍木蘭蒐獵始此木蘭在承德府北四百里屬翁牛特先是藩王進獻爲蒐獵所週千三百餘里林木葱鬱水草蕃茂群獸聚以孳畜焉至是舉行秋獮典間有冬令再出者三十三年設虎槍營分隸上三旗置總統總領大狩行田遇有猛獸列槍以從並命各省駐防兵歲番獵以爲常六十一年復幸塞外行圍賞蒙古王公等衣物定爲恆制雍正八年令八旗人習步圍旗各行圍二三次乾隆初元置綜理行營王公大臣一人凡啟行校獵駐蹕守衛諸事皆屬之六年御史叢洞奏請暫停行圍諭曰古者蒐苗獮狩因田獵講武事皇祖行圍既裨戎伍復舉政綱至按歷蒙藩曲加恩意尤爲懷遠宏略且時方用兵數有徵發行圍偶輟旋即興舉況今承平日久人習宴安弓馬漸不如舊豈可不加振厲是秋木蘭行圍所過州縣寬免額賦十之三永爲例圍場凡六十餘所每歲大獮或十八九圍或二十圍踰年一易設圍所在必豫戒期首某所巡

某所訖某所收圍並編定其處屆日官兵赴場布列祇竢御蹕臨圍自放圍處作重圍令虎槍營士卒及諸部射生手專射自圍內逸出諸獸高宗每行獵自舊藩四十九旗暨喀爾喀青海諸部分班從圍綏輯備至洎平西域遠藩如左右哈薩克東西布魯特安集延布哈爾朝謁踵集唯恐後時土爾扈特亦皆挈部衆越數萬里來庭帝嘗御布固圖昌阿撫慰之旋賜名曰伊綿國語會極歸極也二十年更定網城植連帳百七十五設旌門三分樹軍纛曰金龍去網城連帳外十許丈爲外城植連帳二百五十四設旌門四分樹軍纛曰飛虎去外連帳六十丈周圍警蹕立帳房四十各建旗幟八旗護軍專司之其規制詳密如此凡秋獮先期各駐防長官選材官赴京肄習年例蒙藩選千二百五十人爲虞卒謂之圍墻以供合圍役屆期帝戎服乘騎出宮扈引如巡幸儀既駐行營禁兵士踐禾稼擾吏民訶止夜行違者論如律統圍大臣莅場所按旗整隊中建黃纛爲中軍兩翼斜行建紅白二纛爲表兩翼末國語曰烏圖哩各建藍纛爲表皆受中軍節度管圍大臣以王公大臣領之蒙古王公台吉爲副兩烏圖哩則各以巴圖魯侍衛三人率領馳行蟬聯環帀自遠而近蓋圍制有二驅入山林圍而不合曰行圍國語曰阿達密合圍者則於五鼓前管圍大臣率從獵各士旅往眡山川大小遠近紆道出場外或三五十里或七八十里齊至看城是爲合圍國語曰烏圖哩阿察密看城者即黃幔城也圍既合烏圖哩處虞卒脫帽以鞭擎之高聲傳呼瑪爾噶蒙語謂帽也聲傳遞至中軍凡三次中軍知圍合洒擁纛徐行日出前帝自行營乘騎先至看城少憩竢藍纛至駕出御櫜鞬入中軍周覽圍內形勢凡疾徐進止口敕指麾獸突圍發矢殪之御前大臣侍衛皆射其逸圍外者從官追射或遇猛獸虎槍官兵從之或值場內獸過多則開一面使逸仍禁圍外諸人逐射獲獸已比其類以獻駕還行宮謂之散圍頒所獲於扈從者大獮禮成宴賚有差哨鹿者凡鹿始鳴恒在白露後效其聲呼之可引至厥制與常日不同侍衛等分隊爲三約出營十餘里竢旨停第三隊又四五里停第二隊又二三里將至哨鹿所則停第一隊時扈從諸臣止十餘騎而已帝命鎗獲鹿群引領竢旨而三隊以次至御前高宗蒐獵木蘭時親御名駿命侍衛等導入深山中望見鹿群命一侍衛舉假鹿頭作呦呦聲引牝鹿至亟發矢殪之取其血以飲不唯益壯亦以習勞也嘉慶時秋獮倣此

日食救護順治元年定制遇日食京朝文武百官俱赴禮部救護康熙十四年改由欽天監推算時刻分秒禮部會同驗準行知各省官司其儀凡遇日食八旗滿蒙漢軍都統副都統率屬在所部警備行救護禮順天府則飭役赴部潔淨堂署內外設香案露臺上鑪檠具後布百官拜席鑾儀衛官陳金鼓儀門兩旁樂部署史奉鼓竢臺下俱屆日欽天監官報日初虧鳴贊贊齊班百官素服分五列每班以禮部長官一人領之贊進贊跪叩興樂作俱三跪九叩興班首詣案前三上香復位贊跪則皆跪贊伐鼓署史奉鼓進跪左旁班首擊鼓三聲金鼓齊鳴更番上香祇跪候復圓鼓止百官易吉服行禮如初畢俱退是日禮部祠祭司官欽天監博士各二人赴觀象臺測驗屆日設香案初虧復圓行禮如儀若月食則在中軍都督府救護尋改太常寺如救日儀直省遇日月食各按欽天監推定時刻分秒隨地救護省會行之督撫署府廳州縣行之各公署並以教職糾儀學弟子員贊引陰陽官報時至領班行禮則以督撫及正官一人主之上香伐鼓祇跪與京師救護同

清史稿

禮志十 賓禮

藩國通禮　山海諸國朝貢禮

敕封藩服禮　外國公使覲見禮

內外王公相見禮　京官相見禮

直省官相見禮　士庶相見禮

四曰賓禮清初藩服有二類分隸理藩院主客司隸院者蒙古喀爾喀西藏青海廓爾喀是也隸司者曰朝鮮曰越南曰南掌曰緬甸曰蘇祿曰荷蘭曰暹羅曰琉球親疏略判於禮同爲屬也西洋諸國始亦屬於藩部逮咸同以降歐風亞雨咄咄逼人覲聘往來締結齊等而於禮則又爲敵夫詩歌有客傳載交鄰無論屬國與國要之來者皆賓也我爲主人凡所以將事皆賓禮也茲編分著其儀節而王公百官相見禮與士庶相見禮亦附識焉

藩國通禮清初蒙古北部喀爾喀三汗同時納貢朔漠蕩平懷柔漸遠北踰瀚海西絕羌荒青海厄魯特西藏準噶爾悉隸版圖荷蘭亦受朝敕稱王名列藩服厥後至者彌衆迺令各守疆圉修職貢設理藩院統之崇德間定制外藩諸部貝勒等有大勳績封和碩親王或多羅郡王次多羅貝勒遣使持信約往封既入鏡貝勒出迎五里外跽俟制册過騎以從抵府設香案正中使臣奉册其上退立左旁貝勒一叩三跪畢興復跪使臣授册宣讀官宣畢置原案三叩興受册如初禮貝勒與使臣對行六叩禮使臣坐左貝勒坐右事訖躬送如前凡有詔敕賞賚至亦如之內外札薩克會盟三年一舉使臣齎制往迎送禮同封王以降歲時朝貢者分年番代列班末行禮坐次視內親王貝勒貝子公降一等宴賚有差康熙五十九年定朝覲年例蒙古二十四部爲兩班喀爾喀札薩克等爲四班雍正四年帝念四十九旗王公台吉遠至勤勞詔改三班一歲一朝咸豐八年以蒙古汗王等遠道輸將諭令停止年班御前行走者番上如故其貢獻儀文按季各旗遣一人來將事年時貢馬匹羊酒交理藩院轉納禮部朝貢賞賚諸典柔遠清吏司掌之

山海諸國朝貢禮凡諸國以時修貢遣陪臣來朝延納燕賜典之禮部將入境所在長吏給郵符遴文武官數人伴送有司供館餼遣兵護之按塗更代以達京畿既至延入賓館以時稽其人衆均其飲食翼日具表文方物暨從官各服其服詣部竢階下儀制司官設表案堂中質明會同四譯館卿率貢使至禮部侍郎一人出立案左儀制司官二人分立左右楹館卿先升左楹西通事序班各二人引貢使等升階跪正使舉表館卿祇受以授侍郎陳案上復位使臣等行三跪九叩禮興退館卿率之出禮部官送表內閣竢命貢物納所司如値大朝常朝序班引貢使等列西班末聽贊行禮如儀非朝期則禮部先奏若召見館卿豫戒習儀屆日帝御殿禮部尚書引貢使入通事隨行至丹墀西行禮畢升自西階通事復從之及殿門外跪帝慰問尚書承傳通事轉諭貢使對辭通事譯言尚書代奏畢迺退如示優異則丹墀行禮畢即引入殿右門立右翼大臣末通事立少後賜坐賜茶均隨大臣跪叩飲畢慰問傳答如初出朝所賜尙方飲食退翼日赴午門外謝恩禮部疏請頒賜國王並燕賚貢使既得旨所司陳賜物午門道左館卿率貢使等東面立侍郎西面立有司咸序貢使詣西墀三跪九叩主客司官頒賜物授貢使貢使跪受以次頒賜貢使暨從官從人咸跪受贊興叩如儀退賜宴禮部貢使將歸國光祿寺備牲果蔬侍郎就賓館筵燕伴送供待如前所經省會皆饗之司道一人主其事館餼日給概從周渥爲順治初定制諸國朝貢齎表及方物限船三艘艘百人貢役二十人十三年俄國察罕汗遣使入貢以不諳朝儀却其貢遣之表文仍不合體制世祖以外邦從化宜予涵容量加恩賞諭令毋入覲康熙三十二年俄復遣使義茲柏阿朗迭義迭來朝帝始召見賜坐賜食五十九年葡萄牙使臣斐拉理入覲帝御九經三事殿使者入殿左門升左陛進表御座側膝行帝受表使者興出凡出入皆三跪九叩賜坐賜茶謝恩如儀初琉球安南暹羅諸使來議政大臣咸會集賜坐及茶乾隆初停止時屬國陪臣皆擯敕所司給皇淸職貢圖以詔方來四十七年正月紫光閣錫燕朝鮮琉球南掌陪臣與焉燕罷賜珍物五十年舉千叟宴特命朝鮮賀正陪臣齒踰六十者充正副使預宴賦詩越五年安南國王阮光平來京祝壽定行禮班序列親王郡王間其陪臣仍附班末五十八年英吉利入貢使臣瑪戛爾尼等覲見自陳不習拜跪及至御前而跽伏自若嘉慶初元再舉千叟宴朝鮮安南暹羅廓爾喀額爾德尼王吉爾巴納足塔畢噶爾瑪薩九叩跪奉大皇帝前稱小臣聞湖南教匪滋事致天威震怒遣兵剿除今已平定聞之忻慰小臣受恩深重虔修土產微物表文叩賀天喜小臣屬蒙天恩視如子民唯有一心歸順和睦鄰封小臣陽布離京遠年尙幼伏懇當作奴輩曲施教導云云其貢物計十二事語質意恭如此二十一年英復遣使來貢執事者告以須行拜跪禮司當冬等遂稱疾不入覲帝怒諭遣歸國罷筵宴賜物嗣是英使不復來庭道光九年回疆敉定上太后徽號緬甸國王遣使進金葉表創舉也故事琉球間歲一貢至十九年詔改四年爲期時國王尙育咨達閩撫吳文鎔謂琉球瀕海地患多風朝貢以時風雨和順歲則大熟貢船出入閩疆歲須時憲書獲以因時趨事地不產藥賴船載回應用至航海鍼法非隨時鍊習不爲功若改四年則恐豐

歎不齊人時莫授樂品既缺鉞盤益疏請復舊制便報可並令陪臣子弟得隨貢使入監讀書光緒三十四年廓爾喀入貢賞正使噶箕二品服副使四品服其將事時服色即各從其品亦前此所未有者凡貢期朝鮮歲至琉球間歲一至安南六歲再至暹羅三歲荷蘭蘇祿五歲南掌十歲均各一至餘道遠貢無常期凡貢物各將其土實非土產者勿進朝鮮安南琉球緬甸蘇祿南掌皆有常物餘唯其所獻

敕封藩服禮清自太宗征服朝鮮錢石三田渡厥後安南琉球諸國先後請封皆遣使往其他回首內嚮者航海匪危梯山忘阻則璽書褒獎授來使齎還而已崇德間定制凡外邦効順俱頒冊錫爵進奏書牘署大清紀年若朝貢諸國無子嗣位則遣陪臣請朝命禮部奏遣正副使各一人持節往封特賜一品麒麟服以重其行行日工部給旗仗兵部給乘傳封使詣禮部儀制司官一人奉節一人奉詔敕授本部長官以授正副使跪受與出易征衣乘傳往將入境其國邊吏備館傳夫馬緣塗所經有司跪接及國嗣封王遣陪臣郊迎三跪九叩勞使者一跪三叩延入館陳詔節龍亭內行禮如儀諷使者三叩不答諏日王率陪臣詣館禮畢王先歸龍亭舁行仗樂前導封使後隨入門陳正中使者及階下馬正使奉節副使奉詔敕入殿陳案上退立東旁王率衆官北面立三跪九叩興詣封位前跪副使奉詔書付宣讀官宣訖王行禮如初出俟門外使者出跪送有間適館勞之使者還朝迺修表文具方物遣陪臣詣闕謝恩如論祭兼冊封先於其祖廟將事諭祭文陳案上使者左右立世子跪叩如前退立神位左迺宣讀衆俛伏宣畢與送燎行禮使者退次行冊封禮儀與前同至以詔敕授使齎還則禮部設案午門位正中尙書立案左儀制司官從館卿率來使入授詔敕序班引詣案前跪授受如制退詣丹墀西三跪九叩禮成歸授國王謝恩同

外國公使覲見禮康熙初外洋始入貢中朝款接稍異藩服南懷仁官欽天監晉工部侍郎凡內廷召見並許侍立不行拜跪禮雍正間羅馬教皇遣使來京世宗許行西禮且與握手乾隆季葉英使馬格里入覲禮臣與議儀式彼以覲見英王爲言特旨允用西禮筵宴日且親賜巵酒商約既締將命頻繁咸同間外國使臣嘗求入覲時以禮制爭異力拒之同治時英法使臣固請再四我猶繩以華制莫之應彼且曰宜亟修好阻其入覲是靳以客禮也十二年穆宗親政泰西使臣環請瞻覲呈國書先自言用西禮折腰者三廷臣力言其不便直隸總督李鴻章建議略言先朝召見西使時各國未立和約各使未駐京師國勢雖强不逮今日猶得律以陛殿受表常儀然嘉慶中英使來朝已不行三跪九叩禮厥後成約儼然均敵未便以屬禮相繩拒而不見似於情未洽糾以跪拜又似所見不廣第取其敬有餘當恕其禮不足惟宜議立規條俾相遵守各使之來許一見毋再見許一時同見毋單班求見當可杜其覬覦且禮與時變通我朝待屬國有定制待與國無定禮近今商約實數千年變局國家無此禮例往聖亦未豫定禮經是在酌時勢權宜以樹之準時總理各國事務恭親王以拜跪儀節往復申辨而各使堅執如初勢難終拂其意迺爲奏請明諭允行其年夏日本使臣副島種臣俄使臣倭良嘎哩美使臣鏤斐迪英使臣威妥瑪法使臣熱福理和蘭使臣費果蓀瞻覲紫光閣呈國書依商訂例行事接見時帝坐立唯意賜茗酒恩自上出使臣訊安否謹致賀辭未垂問毋先言事西例臣見君鞠躬三今改五鞠躬使臣初至始覲見餘則否嗣後親奉國書者仿此其禮式先期繪圖試習覲見某處所某月日時並候旨行其大略也光緒十六年駐英使臣薛福成奏陳各使覲見須定明例凡使臣初至一國其君莫不延見慰勞使臣謁畢鞠躬退語不及公此通例也頃聞駐京公使以未蒙晝接不無私議昔年英使威妥瑪藉詞不令入覲致烟臺條款多要挾靳虛文而受實損非計之得今宜循同治十二年成案援據以行若論禮節可於召見先敕下所司中禮西禮假以便宜如是彼雖行西禮仍於體制無損云云自是遂爲定例二十七年聯軍平拳匪各國挾求更改禮節謂各使臣會同覲見必在太和殿一國使臣單行覲見者必在乾清宮呈遞國書必遣乘輿往迓至宮殿前降輿禮成送歸齎奏國書必自中門入帝必躬親接受設宴乾清宮帝必躬親入座嗣復允會同覲見改在乾清宮而轎用黃色於是慶親王奕劻等以天澤堂廉之辨不能每事曲從遂與各使磋商歷時數月始將乘坐黃轎太和殿覲見暨宮殿階前降輿三事酌議改易而爭議始息各國親王覲見儀始光緒二十四年德國親王亨利入覲帝幸頤和園御仁壽殿亨利公服入遞國書帝慰勞之既亨利欲覲皇太后帝奉懿旨代見是日巳刻御玉瀾堂亨利偕德使海靖等入外部司官引殿東便門外入布幄少憩駕至扆從如儀鳴鞭三升座慶親王等侍左右外部長官率亨利等自中門入北嚮一鞠躬行數武又一鞠躬至龍柱前又一鞠躬然後奉國書進慶親王降左階接受陳玉案亨利等又一鞠躬帝頷首答之操國語慰勞慶親王跪案左聆玉音降階操漢語傳宣德繙譯官譯畢亨利等又一鞠躬帝仍頷首答之亨利等退數武又一鞠躬退至堂左又一鞠躬禮成

內外王公相見禮崇德初元定宗室外藩親王郡王貝勒貝子相見儀賓及門王府屬官入告主人降階迎賓辭主人升賓從自中門入賓趨左主人趨右行相見禮二跪六叩即席序立從官升東階行禮亦如之興入右門坐賓後執事獻茶賓受茶叩主人答叩飮茶敍語畢從官趨前樹跪叩興趨出賓離席跪叩主人答叩並興賓出主人降階送屬官送門外若外藩郡王見則主人迎送殿外不降階相見賓二跪六叩主人答半賓辭退跪叩主人答跪不叩餘如親王儀外藩貝勒見主人離坐迎不出殿賓北面跪叩如初主人立受即席正坐賓侍坐辭退跪叩主人立受不送餘如郡王儀外藩貝子公見府屬官引賓入殿跪叩同辭退仍跪叩主人皆坐受餘如貝勒儀外藩親王見郡王主人迎送大門內餘與親王相見同郡王見郡王亦如之其外藩貝勒見郡王如郡王見親王禮以下賓主相見降殺遞差外藩親王見貝勒主人迎送門外賓入主人從相見各一跪三叩外藩郡王暨貝勒見貝勒同外藩貝子公見貝勒賓一跪三叩主人跪拱手受外藩王貝勒見貝子賓主一跪一叩坐此其異者也

京官相見禮順治元年定制京朝官敵體相見賓及門主人迎大門內揖賓入及階讓升賓西主東及廳事讓入皆北面再拜興主人爲賓正坐西面賓辭主人固請卒正坐賓還正主人坐東面亦如之賓就坐受茶揖主人答揖飮茶敘語畢告辭相揖賓降階主人送及門復相揖賓辭主人固請送賓大門外眡賓升輿馬迺退尙書左都御史見大學士同賓降一品者主人趨正賓坐辭亦如之餘儀同二品以下京堂官翰詹科道見大學士主人迎儀門內送大門外不眡升輿馬科道見左都御史副都御史尙書儀同五品至八品官見大學士主人迎堂階下賓就東階主人導入賓北面拜辭迺三揖主人東面答揖賓趨正主人坐辭固請卒正坐相揖賓西面主人東北面坐賓啓事畢辭退三揖如初主人送二門外翰詹科道見二三品官如賓降一等禮見四五品官如同官禮閣部寺監屬官見其長官初見公服詣署升自東階具履行陳坐案依次向坐三揖長官避席答揖退若燕見如五品官見大學士儀國學生見國子師儀初見具名東公服詣學自東階升堂北面三揖師立受侍立左旁西面受教畢三揖退若燕見通名俟召迺入師迎階上弟子升揖師入門從之北面再拜師西面答揖趨正師坐師命坐北面揖師位東北面弟子西面茶至揖請問揖辭退北面三揖師皆答出送師前行弟子後隨及二門外弟子三揖俟師入始退翰林院庶吉士見大學士與見教習庶吉士同凡京朝官塗遇迴避爵秩均等分道行次讓道行次勒馬俟其過又次下馬唯欽使即遇應迴避者分道行可也又武職民公侯伯以下男以上文職大學士以下九卿以上得用引馬一騎塗遇並下馬迴避云

直省文武官相見禮順治間定督撫學政河漕總督鹽政巡視御史相見坐次平行餘各按品秩行禮雍正八年定直省官相見位均等者賓至署吏入白啓門自中門入至外堂檐下降輿馬主人迎檐前揖賓入及廳事各再拜其正坐就位進茶辭退如京朝官儀屬官見長官轅門外降輿馬自左門入初見具名東呈履行文官司道見督撫迎堂後屏內及廳事庭參則扶免三揖皆答揖督撫正坐司道旁坐命坐揖茶至揖均答如儀辭出三揖如初送至屏門外司道三揖俟督撫入復三揖趨出督撫次日用名東答拜若公事謁見常服通銜名三揖就坐餘同前府廳州縣見庭參拜則免府廳揖答揖州縣揖立受俱不送不答拜佐貳等官見一跪三叩不揖不坐府廳州縣見司道與司道見督撫同佐貳等官見司道與見督撫同知通判見知府東題晚生入自中門用賓主禮州縣教職見督撫儀如佐貳見司道不迎送見知府迎送屏門外見府倅迎送堂檐下餘同見州縣如同通見知府儀司道府廳見學政入中門禮如賓主迎送並出堂檐學政品秩崇者如見督撫儀州縣見庭參旁坐主人答揖不答拜運使見督撫鹽院與司道同運判以次遞降武官副將以下見提督初見具銜名履行披執則傳免易公服佩刀都司守備不免跪宣名席地坐不進茶餘儀按品遞降與文職同順治十三年定直省文武官相見禮提督見總督入中門至儀門下馬升堂三揖總督正坐提督僉坐迎送不出堂檐若提督兼世職者總督西面提督東面辭出送至堂檐下眡乘馬總兵見儀門外下馬坐則侍坐迎送止階上與巡撫見眡賓主禮唯均以下按品差降至滿漢官相見將軍副都統與督撫提鎭以敵體見司道以下見將軍如總督見副都統如總兵協領參領見督撫同司道佐領防禦同知府驍騎校同州縣不相統屬者一以賓主禮行之其儒學弟子員見學師與國子生見國學師同

士庶相見禮賓及門從者通名主人出迎大門外揖入及門及階揖如初登堂各北面再拜興主賓互正坐即席賓東主西飲茶語畢賓退揖及階及門揖辭主人皆答揖送大門外揖如初卑幼見尊長禮及門通名俟外次尊長召入見升階北面再拜尊長西面答揖命坐眡尊長坐次侍坐茶至揖語畢稟辭三揖凡揖皆答出不送若尊長來見卑幼迎送大門外餘如前儀見父執友與見尊長儀同受業弟子見師長禮初見師未出先入設席正位俟堂下師出召見迺奉贄入奠贄於席北面再拜師立答揖興謹問起居命坐迺侍坐有間起而對辭出三揖不送常見侍坐請業則起請益則起師有教立聽命坐迺坐師問更對仍起而對朝入暮出均一揖與同學弟子以齒序之

清史稿

禮志十一 凶禮一

皇帝喪儀　皇后喪儀

貴妃等喪儀

五日凶禮三年之喪自天子以至於庶人無貴賤一也有清孝治光昭上自帝后喪儀下逮士庶喪制稱情立文詳載會典與通禮茲依次類編累朝損益皎然若覽焉

皇帝喪儀天命十年太祖崩遠近臣民號慟如喪考妣越五日奉龍轝出宮安梓宮瀋陽城中西北隅國制除夕元日備陳樂舞至是悉罷時東邦甫建制闕未詳崇德八年太宗崩男自親王訖牛彔章京朝鮮世子女自公主訖奉國將軍妻集清甯宮前詣几筵焚香跪奠酒三起立舉哀固山額眞昂邦章京承政以下官及命婦集大清門外序立舉哀次日奉梓宮崇政殿王公百官朝夕哭臨三日其齋所王貝勒貝子公歸第部院官宿署閑散諸臣赴篤恭殿固山額眞等官及命婦翌日暮還家世祖登極年甫六齡會天大寒侍臣進貂裘卻弗御帝曰若黃裏朕自衣之唯紅故不服耳是日不設鹵簿不作樂王大臣等謂已即位冠宜綴纓於是軍民皆綴纓服官者暫停婚嫁宴會民間不禁迺頒哀詔朝鮮蒙古制曰我皇考盛德弘業俟服愛戴本年某月日龍馭上賓中外臣民罔弗哀悼屬在藩服咸使聞知祭葬禮儀悉從儉樸仍遵古制以日易月二十七日釋服詔到國王以下舉行喪禮如故時猶在關外也順治十八年世祖崩聖祖截髮辮成服王公百官公主福晉以下宗女佐領三等侍衞命婦以上男摘冠纓截髮女去粧飾翦髮既大斂奉梓宮乾清宮設几筵朝晡日中三設奠帝親詣尙食祭酒三拜立舉哀王公大臣公主福晉縣君宗室公夫人詣几筵前副都統以上序立乾清門外漢文官赴景運門外武職赴隆宗門外咸縞素朝夕哭臨凡三日外藩陪臣給白布制服至四日王公百官齋宿凡二十七日過此則日哭臨一次軍民服除音樂嫁娶官停百日軍民一月百日內票本用藍筆文移藍印禁屠宰四十九日京城自大喪日始寺觀各聲鐘三萬杵越日頒遺詔天安門羣臣素服三跪九拜宣畢舉哀禮部謄黃頒行各省聽選官監生吏典僧道咸素服赴順天府署朝夕哭臨三日詔至各省長官帥屬素服出郊跪迎入公廨行禮聽宣舉哀同服二十七日除命婦亦如之軍民男女十三日除餘俱如京師殷奠列饌筵二十一酒尊十一羊九楮幣九萬讀文帝詣几筵哭內外傳哭奠酒率衆三拜舉哀焚燎設啟奠如啟奠儀屆日奉梓宮登大昇轝三祭酒並祭所過門橋帝號泣從羣臣依次隨行將至景山內外集序俟靈駕至跪舉哀奉安壽皇殿訖設几筵帝三祭酒每祭一拜哀慟無已皇太后再三撫慰始還宮明日行初祭帝釋服又明日行繹祭周月行月奠自是百日內月奠期年內月奠儀並視殷奠唯所陳品幣有差期年滿月致祭不讀文上尊諡廟號祗告郊廟社稷屆日殯宮外陳鹵簿作樂大學士奉册寶陳案上三叩退帝素服御太和門閱訖一跪三拜退立東旁大學士詣案前復三叩奉册寶列綵亭內如初禮校尉舁行御仗前導車駕從王公百官先集協和門外跪迎隨行壽皇殿大門外册寶亭入至檐前帝入自左門禮部長官先奉絹册寶陳中案退大學士詣亭前三叩奉香册寶陳左案帝就位率衆三跪九拜大學士從左案奉册跪進帝獻册授右旁大學士跪受陳中案上進寶亦如之迺宣册宣册官奉絹册宣訖三叩退宣寶儀同帝率衆行禮如初復詣几筵前致祭奠帛讀文三獻爵如儀焚絹册寶禮成翌日頒詔如制百日內外集序讀文哭奠如初祭是日題神主大學士一人進觀德殿詣祔廟神主前上香奉主至壽皇殿外陳案上並三叩滿漢大學士各一人詣香案前復三叩塡青訖行禮如初奉主登黃轝至觀德殿前止大學士進殿詣祔奉先殿神主前三叩奉主登安轝隨黃轝後出景山東門入東華門帝素服跪迎景運門內從至乾清門轝止帝詣兩神主前各三叩先後陳案上三獻九拜禮成諏吉升祔詳吉禮大祭如初祭儀畢帝升殿延見羣臣清明中元冬至歲除並以時致奠既卜葬吉將奉移山陵前三日遣告天地宗社前一日設祖奠儀如啟奠先是王大臣援引古禮止駕遠送不許至是奉太后懿旨不獲已勉遵慈命屆日內外齊集帝詣梓宮奠酒盡禮盡哀輔臣率執事官奉梓宮登轝啟行鹵簿前導册寶後隨帝攀號俟過步至東安門外泣奠羣臣從之所過門橋皆致祭塗中宿次朝夕奠獻親王行禮羣臣舉哀百里內守土官素服跪迎道右至陵奠獻如在塗大葬前期遣輔臣及三品以上官詣陵陳祭先三日祗告如常告儀屆日輔臣詣梓宮告遷三奠酒奉梓宮登轝羣臣序立跪舉哀俟轝過哭從至地宮王大臣奉梓宮入册寶陳左右掩石門輔臣率衆三奠酒舉哀鹵簿儀仗焚饗殿成奉安世祖神位致祭如時饗屆二十七月詣太廟祫祭如歲暮祫祭禮康熙六十一年聖祖崩大斂命王公大臣入乾清門瞻仰梓宮並命皇子皇孫行禮丹墀上公主福晉等咸集几筵殿前帝及諸皇子成服以東廡爲倚廬頒遺詔諭禮臣增訂儀節屆時帝立乾清宮外西嚮大學士奉遺詔自中道出帝跪俟過還苫次大學士出乾清門禮部尙書三拜跪受餘如故時遺詔二十七日釋服帝曰持服乃人子之道二十七日服制斷難遵從羣臣以萬幾至重請遵遺詔除服不允復疏云從來天子之孝與士庶不同孝經曰天子以德教加於百姓施於四海爲孝書稱高宗諒陰晉杜預謂釋服後心喪之文蓋人君主宗廟社稷祭爲吉禮必除服後舉行若二十七日不除祀典未免有闕復叩首固請始俞允既釋服仍移御養心殿齋居素服三年靈駕奉安壽皇殿日三尙食退觀德殿席地坐有事此進奏晡奠畢始還倚廬羣臣議進尊諡帝親刺指血圈用聖祖字禮臣進儀注未愜意更定前期並祗告奉先殿至日閱册寶訖帝行一跪三拜禮東次西嚮立俟册寶亭行始還宮豫至殯殿倚廬恭俟會朝鮮貢祭品設几筵前羣臣咸集鴻臚寺官引來使入立儀仗南北嚮三跪九拜遣官讀文三祭酒每祭一拜衆及來使咸舉哀行禮來使復行二跪六拜禮焚燎退外藩款漢王請謁梓宮報可自是蒙藩使者皆得入謁以爲常雍正初元將奉移景陵饗殿廷臣援宋明二代禮謂嗣皇帝不親送梓宮帝不允禮臣議奉安地宮後題太廟神主令親王敬奉還京帝曰明季帝王不親送梓宮故令王大臣代行朕既親往自宜親奉以還爲先奉移二日並遣告后土昌瑞山神屆日帝詣梓宮祭酒率衆三拜舉哀畢趨立大門東旁梓宮出跪舉哀登大昇轝帝跪左禮臣祭轝三叩靈駕發帝步隨至景山東門俟宿次至景陵帝跪迎紅門外舉哀徒步從抵三洞橋跪俟降大昇轝登小轝安奉饗殿設几筵列册寶三祭酒三拜禮成帝不忍別羣臣以皇太后爲言無已翌日還蹕王大臣請御門聽政帝以梓宮未永安命暫緩固請之始行既卜葬屆日晨帝詣景陵奠獻辟踊哀慟祭酒三拜趨陵寢門外跪哭以俟龍輴入地宮復祭酒三拜出俟幄次題主虞祭如常儀歸奉主升祔太廟二十七月將屆滿允吏部尙書朱軾請祫祭太廟頒示臣民世宗崩喪禮悉依景陵故事越日朝奠特簡王貝子公數人入內瞻仰餘集乾清宮廊下行禮嗣後王公大臣額駙暨台吉初至者均得請旨瞻仰又命宗室三十人覺羅二十人番上奠獻中哀慕頒遺詔大學士奉至乾清宮檐下帝親受之陳案上三拜大學士詣黃案前亦三拜詔出中門帝跪迎俟過始還苫次詔至直省軍民男女改素服二十七日梓宮奉移雍和宮帝徒步隨行羣臣諫阻不獲遂留居是宮至二十七日後始還月內日叩謁月外間日一次二月外三日一次時帝欲行三年之喪廷臣請以日易月不許命詳稽典禮尋議上一祭祀按禮記王制喪三年不祭唯祭天地社稷越紼行事註謂不敢以卑廢尊是知三年內本應親行明呂坤謂祖宗不輕於父母奉祭不緩於居喪何可久廢誠以天親一理宗廟之祭亦當並舉謹議凡遇郊廟社稷奉先殿大祀皇帝躬詣行禮或遣官恭代皆作樂先期齋戒素服冠綴纓緯眡祝版御禮服朝日夕月饗帝王先師先農遣官行禮咸禮服作樂屆日冠服如齋期宮內祭神百日後舉行經筵耕耤釋服後舉行一朝會與禮攸關元旦朝正萬國瞻仰朝儀最重謹議二十七月內遇元旦朝賀吉服升太和殿不宣表不作樂常朝亦然一御門聽政典制至鉅昔宋仁宗行三年喪臨朝改服孝宗時二十七日後百官請聽政援書被冕服出應門語固請乃許稽之史册自古爲然謹議常事及引見俱在便殿百日後乃御門一冠服按諒陰之制先儒謂古無可攷史載魏考文帝唐德宗釋服後仍素服練巾聽政宋仁宗雖用以日易月制改服臨朝宮中實行三年之喪蓋縞素不可以臨朝前代行三年喪者亦唯宮中素服而已謹議百日內服縞素百日外易素服詣几筵仍服縞素御門莅官聽政或詣皇太后宮俱素服冠綴纓緯升殿受朝則易吉祭祀及一切典禮

俱禮服二十七月服滿如百日禮致祭釋服一宮中服制帝后齊體服制不容有異二十七日後后素服遇典禮服詣几筵仍縞素妃嬪亦如之皇子與諸王同一在京王公百官二十七日除服遇典禮及朝會坐班吉服在署治事入朝奏事俱素服冠綴纓緯詣几筵去冠纓各署進本章用硃印制可乾隆元年正旦以御極初元御太和殿常朝次年仍能著爲例將移泰陵帝詣梓宮行禮畢皇太后亦三祭酒餘如故向例淸明中元歲暮國忌皆朝服行禮畢素服舉哀唯冬至不更素服帝以梓宮未葬且在服內允禮臣請承祭執事各官不輟冠纓仍用素服嘉慶四年居高宗喪如泰陵故事唯遺詔到直省文武官率紳耆摘纓素服出郊跪迎入公署行禮聽宣畢舉哀始成服哭臨三日官吏軍民自大事日始百日不薙髮大葬帝躬引梓宮御龍輴入地宮復以朝正大禮元年已行二十七月內不再舉仁宗崩熱河越六日梓宮至京始大歛奉安淡泊敬誠殿又四日頒遺詔禮官奉安龍亭驛送入都舊制自太后以下二十七日後俱素服孝和睿皇后改服縞素百日後始易喪將至羣臣出郊哭迎帝先返至安定門東華門並祗俟哭迎步隨入大內奉安乾清宮允禮臣議喪服已屆二十七日改大祭後除服又几筵前奠獻陳法駕鹵簿百官會集暨各署用藍印俱大祭後停罷宣宗崩梓宮奉移圓明園安正大光明殿會衍聖公至京遇二周月致祭命赴園隨行禮文宗崩熱河依宣宗故事梓宮移東陵穆宗年尙幼羣臣援康熙二年例止帝遠送同治三年釋服奉兩宮皇太后懿旨諸慶典及筵宴俟山陵事畢再行穆宗德宗崩並循斯例自世宗親營泰陵吉壤工需動用內帑並諭毋建石像惜人力宣宗葬慕陵規制簡約至同治時侍郎宋晉言定陵工程宜法慕陵雖廷臣囿於成憲而制度毋稍踰侈時稱其儉宣統初爲德宗營崇陵頒帑數百萬親貴主其事移以營私第致踰二年未成遜國後當道撥款營治及葬工甫半故較舊制爲略云

皇后喪儀太祖癸卯年九月皇后葉赫納喇氏崩越三載葬尼雅滿山天聰三年與太祖合葬福陵制甚簡也入關後凡遇列后大事特簡大臣典喪儀會禮臣詳議順治六年四月太宗皇后博爾濟吉特氏崩梓宮奉安宮中正殿設几筵建丹旐門外右旁首親王訖騎都尉公主福晉命婦咸集世祖率衆成服初祭大祭繹祭月祭百日等祭與大喪禮同七年上尊謚曰孝端文皇后葬昭陵聖祖母慈和皇太后佟佳氏康熙二年二月崩初違豫帝時年十一朝夕侍及大漸廢餐輟寐至是截髮成服躃踊哀號水漿不入近侍感泣日尙三食王公大臣二次番哭停嫁娶輟音樂軍民摘冠纓命婦去裝飾二十七日除凡七日四日後入直官摘冠纓服縞素五日頒詔文武官素服泣迎入公署三跪九拜聽宣舉哀行禮如初朝夕哭臨三日服白布軍民男女素服如京師上尊謚曰孝康章皇后梓宮移壖上帝祭酒行禮攀號太皇太后皇太后念帝冲齡止親送與世祖合葬孝陵升祔太廟十二年五月皇后赫舍里氏崩輟朝五日服縞素日三奠內外會集服布素朝夕哭臨三日移北沙河鞏華城殯宮帝親送自初喪至百日亦躬親致祭時用兵三藩慮直省舉哀制服易惑觀聽免治喪餘如故册謚仁孝三周後致祭如陵寢後葬昌瑞山世宗登極謚曰孝誠仁皇后十七年二月皇后鈕祜祿氏崩喪葬視仁孝后册謚孝昭世宗加謚曰仁二十六年世祖母博爾濟吉特氏崩先是太皇太后違豫帝躬侍步禱南郊願減算益慈壽親製祝文詞義懇篤太常宣讀涕泗交頤既遭大喪悲號無間居廬席地毀瘠過甚至昏暈嘔血自是日始內外咸集日三哭臨四日後日二哭臨官民齋宿凡二十七日寺觀各聲鐘三萬杵文移藍印題本硃印詔旨藍批答値除夕元旦羣臣請帝暫還宮不許唯令元旦輟哭一日禮臣議上尊謚曰孝莊文皇后帝以升遐未久遽易徽號爲尊謚心實不忍諭俟奉安寢園稱謚以祭及梓宮啓攢夕攀蓋不勝左右固請升輦堅不就駕斷去車靷慟哭步送遇昇柩番上輒長跽伏泣直至殯宮顏悴足疲悽感衢陌又傳旨還宮日仍居乾淸門外幕次並定志服三年喪不忍以日易月羣臣交章數請除服國子生五百餘人咸以節哀順禮爲請帝冑立長號勉釋衰絰而有觸輒痛閱三年不改初太皇太后病篤時諭帝曰太宗梓宮奉安已久卑不動尊未便合葬若別營塋域不免勞費我心戀汝父子不忍遠去必安厝遵化爲宜帝遂相孝陵南建饗殿奉安梓宮稱暫安奉殿設官奉祀如孝陵制至世宗改建地宮號昭西陵始大葬聖祖仁皇后佟佳氏二十八年七月崩時由妃立后第二日也帝輟朝親臨製四詩悼之謚曰孝懿喪儀如孝昭世祖皇后博爾濟吉特氏五十六年十二月崩先是疾大漸禮臣請如孝康后喪禮帝言孝康升遐朕甫十歲輔臣治喪禮恐未備後見仁孝后喪儀條理頗晰如遇大事其悉議以行及崩會帝病足昇近几筵就榻成服哭而暈有間蘇羣臣環跽叩勸迺勉昇側殿將移殯宮設啓奠禮臣請遣皇子代帝曰此初祭朕必親奠甯壽宮中豈能復行此禮耶至日遣代奠爵仍昇几筵旁榻上行禮梓宮啓行昇榻哭送出甯壽宮西門卬望不見靈駕迺止哀還苦欬大祭足疾少痛即親詣殯宮行禮謚曰孝惠章皇后葬孝東陵雍正元年世宗母仁壽皇太后烏雅氏崩喪禮如孝惠謚曰孝恭仁皇后與聖祖合葬景陵時帝遭聖祖喪齋居養心殿服竟仍終太后喪輔臣援聖祖喪禮請服闋行祫祭帝曰父母之喪人子之心則一帝后之禮國家之制迥殊今屆皇妣釋服期諏日祭告奉先殿無頒諭中外爲也九年九月世宗皇后拉那氏崩帝服縞素十三日除奉移田邨三周年後殯宮時奠與沙河殯宮禮同唯承祭各官改補服高宗立上尊謚曰孝敬憲皇后乾隆二年與世宗合葬泰陵十三年三月帝奉皇太后東巡皇后富察氏從還至德州崩親製悼亡篇喪將至王公大臣詣通州蘆殿會集皇子祭酒舉哀行禮既至羣臣素服跪迎朝陽門公主近支王福晉集儲秀宮諸王福晉及命婦集東華門外咸喪服跪迎梓宮奉安長壽宮帝親臨成服輟朝六日中宮之喪自孝誠仁皇后後直省治喪儀制久未舉行至是王大臣言周禮爲王后服衰註謂諸臣皆齊衰是內外臣工無異也明會典載后喪儀十三布政使司暨直隸禮部請敕差官訃告外省官吏軍民服制與京師同今大行皇后崩逝正四海同哀之日應令外省文武官持服如制從之册謚孝賢五月廷臣奏言后雖儷體禮統所尊升殿視朝事關典制孝賢皇后喪儀應遵祖制百日後皇帝升殿文武百官及外藩使臣朝服行禮如常儀帝兩月除沐禮御門聽政羣臣朝服不挂珠禮畢仍素服百日後如御門羣臣常服挂珠庶協禮制分義帝曰孝賢皇后喪儀朕皆斟酌古今不參私意攷明嘉靖七年孝潔陳皇后之喪張璁援引古禮謂喪服自期以下諸侯絕特爲旁期言若妻喪本三年報服殺爲期年固未嘗絕上宜爲后服期喪云云今據議奏如升殿作樂凡大朝祀典自當如例唯常日視朝但鳴鐘鼓樂懸而不作至明年正月將屆期年一切典禮如常儀時沂州營都司姜興漢錦州知府金文醇國恤期內薙髮所司以聞下部逮治並申明祖制禁百日內薙髮違者處斬諭載入會典三十一年皇后那拉氏薨時帝幸熱河留京王大臣以聞詔言后自册立以來尙無失德去年侍太后南巡性忽改常未盡孝道理應廢黜今仍存其名號喪儀依貴妃例內務府大臣承辦仁宗母魏佳氏四十年正月在貴妃位崩詔稱令懿皇貴妃命皇八子十二子十五子皇孫緜德等穿孝葬勝水峪嗣立仁宗爲皇太子遂贈謚孝儀皇后升祔奉先殿後復上廟謚爲純皇后迺升祔太廟高宗母崇慶皇太后鈕祜祿氏四十二年正月崩帝衰服百日如世宗喪餘仍素服親擬尊謚曰孝聖憲皇后禮臣上喪儀援雍正九年例二十七日內遇郊廟大事素服致祭樂設不作帝曰郊廟典重不應因大喪而稍略復下軍機大臣議旋議上遇郊廟大祀遣官致祭仍作樂朝服行禮常祀素服致祭樂設不作制可頒遺詔自到省會日始停嫁娶王公百官百日軍民一月輟音樂王公百官一年軍民百日餘如故先是歷代喪禮百日後服色禮制未載會典至是命軍機大臣會典喪儀王大臣詳議議上御殿視朝儀注得旨元正朝會二十七月內不必舉行其常日視朝百日後行之又議定御用服色一百日內縞素百日釋服後二十七月內素服詣几筵冠摘纓一百日內遇祭郊社日壇遣官將事齋戒日素服冠綴纓百日外親詣行禮又齋期常服不挂珠閱祝版先期宿壇常服挂珠祭日朝服作樂還宮樂設不作一百日外祭事御龍袍褂百日內祭奉先殿冠綴纓靑袍褂百日外珠頂冠藍袍金龍褂一二十七月內祭月壇帝王先師先農俱遣官行禮一宮中祀大神百日後親詣行禮龍袍藍褂挂珠一二十七日外遇元旦前後七日貂褂挂珠百日外御門聽政常服不挂珠一二十七日外百日內召見及引見俱在便殿服縞素遇萬壽節七日常服一閱眡大行皇太后册寶素服冠綴纓先期齋戒帶牌一閱眡玉牒朝服一十二月封寶正月開寶御龍褂一文武傳臚不升殿一經筵耕耤二十七月後舉行一山陵禮制二十七月內謁陵靑袍褂冠摘纓其往返在途冠並綴纓一內廷主位二十七日釋縞素後二十七月內常服遇元旦萬壽俱七日吉服百日內遇親蠶遣王福晉恭代朝服百日外二十七月內依舊行禮吉服其文武百官二十七日縞素百日內素服冠綴纓夏用雨纓冠詣几筵仍摘纓一百日內祭郊廟社稷日壇遣官恭代先期省牲眡牲咸素服祭日承祭執事各官咸朝服作樂百日外二十七月內親詣行禮齋戒日常服挂珠閱祝版省眡牲宿壇並補褂冬貂褂挂珠祭日朝服作樂一百日外祭堂子俱蟒袍補褂挂珠百日內祭奉先殿靑袍褂冠綴纓百日外補褂挂珠一百日外祭月壇帝王先師先農遣官行禮皆素服齋戒祭日朝服作樂百日內素服行禮樂設不作一二十七月內遇元旦謁堂子百官皆蟒袍補褂挂珠其前後三日及萬壽前後七日皆常服挂珠一二十七日外百日內引見官靑袍褂百日外靑褂一百日外二十七月內遇升殿常朝坐班俱朝服遇朔望常服挂珠一奉移山陵隨從官在途靑袍褂冠摘纓禮成後神主還京並百

日後隨從謁陵在途俱青袍褂冠綴纓謁陵日如之還京時仍短襟袍馬褂一百日內雨衣雨冠均青色百日外雨冠按品級雨衣仍青色皇子以下同嗣可四月葬泰東陵梓宮逕泰陵命暫停道旁帝代向陵寢行禮著爲令至陵翼日行饗奠禮初帝以會典舊稱遣奠稱名未當命儒臣稽所自昉大學士言遣奠之稱禮經並無明文唯見諸孔穎達士喪禮疏唐以後相沿用之蓋穎達第用儀禮葬日將行苞牲體之事名爲遣車遂取遣字爲奠名牽合無當復攷儀禮將行之祭徹巾苞牲鄭康成註象既饗而歸賓俎也又禮記雜記大饗既饗卷三牲之俎歸於賓館所以爲哀也鄭註既饗歸賓俎言孝子哀親之去也是將行之祭本用饗禮舊稱遣奠似不若作饗奠爲長敕下部更正從之四十四年四月帝詣陵釋服諭曰朕昔遭皇考大故思持服三年因遵聖母慈諭斷以百日然縞素雖釋其服仍存嗣值聖母大喪百日後即不存非厚前薄後也蓋彼時年力正壯可終三年喪制今春秋望七設存之而弗克盡禮於心轉不安也仁宗皇后喜塔臘氏嘉慶二年二月崩奉太上皇敕旨喪儀如皇后改爲輟朝五日素服七日奠輟時皇子等成服如制官民俱素服七日不摘纓不蓄髮尋諭輟朝期內仍進章疏毋廢引見諸事其奏事官暨引見官俱常服不挂珠凡停嫁娶輟音樂官二十七日軍民七日餘如儀册謚孝淑嗣葬太平峪十三年正月仁宗皇后鈕祜祿氏崩時在福晉位暫安王佐村園寢二十五年帝即位追封孝穆皇后擬改園寢爲陵寢禮部言園寢規制未備忌辰大祭朔望小祭請如孝淑后殯宮例舉行制可遂命大學士戴均元等勘定寶華峪嗣以地宮滲水道光十一年改葬龍泉峪越二年宣宗皇后佟佳氏崩帝輟朝九日素服十三日册謚孝愼又越二年卜葬與孝穆后同吉壤二十年正月皇后鈕祜祿氏崩帝服青袍褂十三日除臨奠仍素服謚孝全亦葬龍泉峪二十九年十二月仁宗皇后鈕祜祿氏崩謚曰孝和睿皇后時帝年七十二十七日釋縞素數日而崩咸豐三年葬昌西陵方孝和后崩次日文宗后薩克達氏崩福晉位內府治喪殯田邨次年正月帝即位追封孝德皇后其喪儀先期豫改如大喪禮同治四年與文宗合葬定陵康慈皇貴太妃宣宗皇貴妃也咸豐五年七月尊爲皇太后俄崩帝持服百日如制加謚孝靜升祔奉先殿改慕陵妃園爲慕東陵同治初元加廟謚曰成升祔太廟光緒元年二月嘉順皇后蒙古阿魯特氏崩去穆宗喪未百日帝釋縞素後率羣臣服喪二十七日儀如故事謚曰孝哲毅皇后五年與穆宗合葬惠陵慈安皇太后鈕祜祿氏文宗后也七年三月崩謚曰孝貞顯皇后葬定東陵三十四年十月慈禧太皇太后後德宗一日崩詔禮部從優具議尋議百日內上諭用藍筆章疏十五日後具奏王公百官公主福晉命婦二十七日內日三哭臨官停嫁娶期年輟音樂二十七月京師軍民二十七日罷祭祀餘如大喪禮謚曰孝欽顯皇后葬定東陵

皇妃等喪儀順治初定制妃嬪之喪內務府掌行臨時請旨康熙四年壽康太妃博爾濟吉特氏薨帝輟朝三日大內及宗室咸素服王公大臣公主福晉命婦畢集初祭陳楮帛十四萬畫緞萬饌筵三十有一牛一羊十八酒九尊讀文致祭次日繹陳楮帛萬饌筵五羊三酒三尊大祭同初祭奉移豫祭陳楮帛二萬饌筵十三羊五酒五尊歲時致祭如例九年慧妃博爾濟吉特氏薨輟朝三日大內宗室咸素服三日不祀神妃宮中女子翦髮內監截髮辮成服二十七日除又定金棺至殯宮初祭陳楮幣十四萬畫緞千帛九千饌筵二十一羊十九酒十九尊設綵仗行禮奉移則陳楮幣三萬饌筵十三羊酒各五不直班官員跪迎十里外竢過隨行次日行奉安禮如奉移儀十三年太宗懿靜大貴妃博爾濟吉特氏薨帝摘冠纓躬詣致祭餘同太妃儀三十五年溫僖貴妃鈕祜祿氏薨輟朝五日命所生皇子成服大祭日除百日薙髮餘如制雍正三年敦肅皇貴妃年氏薨輟朝五日特簡王公大臣典喪儀遣近支王公七內務府總管一散秩大臣二侍衛九十內府三旗佐領官民男女咸成服大祭日除薙髮日三設奠內外齊集百日後至未葬前日中一設奠朔望仍三奠命內管領妻祭酒三爵奉移日禮部長官祭轝金棺啟行王公百官從禮部長官祭所過門橋初祭陳楮幣十八萬帛九千畫緞千饌筵三十五羊酒各二十一大祭同又定貴妃曾封皇貴妃未受册封前薨罷製金册寶以絹册寶書謚號遣正副使讀文致祭先期遣告太廟後殿奉先殿屆日內外會集正副使赴內閣詣册寶案前一跪三叩奉册寶出至午門外陳綵輿內復三叩校尉舁至殯宮大門外正副使行禮如初奉册寶入中門陳案上正使詣香案前三上香宣訖讀文致祭如儀乾隆二年奉移金棺從孝敬后葬泰陵八年壽祺皇貴太妃佟佳氏薨禮部以輟朝五日請詔改十日摘冠纓親詣行禮謚慤惠餘同貴妃儀二十九年忻妃戴佳氏薨詔加恩如貴妃例治喪先是曾封時金册寶已鐫字未授受至是陳設金棺前其絹册寶增書貴妃字焚之又諭嗣後貴妃以上薨逝王公大臣俱步送暫安處妃嬪豫往滿大臣年老艱步履者如之故事皇貴妃金棺至園寢始製神牌甚稽時日三十三年諭嗣後遇大祭即往園寢製造竣金棺至刻字塡青大學士等監視奉安後陵寢官朝服行禮奉設饗殿著爲令四十年奏定皇貴妃以下五等喪凡請輟朝素服日期傳行內外齊集請遣承祭大臣奉安地宮前期祭告陵寢及金棺前並所過門橋奠酒諸事均禮部掌行其追封贈謚製牌會同工部奏辦餘歸內府掌儀司牒禮工二部襄治之四十九年裕皇貴太妃耿氏薨詔罷輟朝仍親詣奠酒行禮謚純懿餘如故嘉慶四年慶貴妃陸氏薨帝念其撫育如生母特追封慶恭皇貴妃下所司議贈謚典禮尋議上豫期工部製絹册寶寢陵官製神牌遣告太廟奉先殿暨高宗几筵俟高宗梓宮移山陵次日遣正副使詣園寢配殿致祭九年議定皇貴妃喪罷坤甯宮致祭酌減爲五日貴妃二日妃嬪不停止道光十三年仁宗誠僖皇貴妃劉氏薨不輟朝不素服命僧格林沁穿孝謚和裕同治五年十一月初七日琳皇貴太妃烏雅氏薨會初十日慈禧太后萬壽命大內宗室王公百官展期十二日素服一日

清史稿

禮志十二　凶禮二

皇太子皇子及皇子福晉喪儀皇太子喪儀有清家法不立儲貳至乾隆三年皇次子永璉薨高宗諭曰永璉爲朕嫡子雖未册立已定建儲大計其典禮應視皇太子行禮臣奏言皇太子喪禮會典未載舊制冲齡薨不成服今議皇帝素服輟朝七日若親臨奠醊冠摘纓典喪大臣奏遣之王公暨皇太子侍從官咸成服內務府佐領內管領下護軍驍騎校等成服以六百人爲率並祭日除直省官奉文日咸摘冠纓素服三日停嫁娶輟音樂京師四十日外省半之幼殤例無引旛今請依雍正時懷親王喪儀引旛仍用外藩額駙王公台吉公主福晉郡主服內來京男摘冠纓女去首飾朝鮮使臣素服七日金棺用楠木啟奠帝親祭酒奉移親視送禮部長官祭轝初祭內外會集帝至殯殿奠酒三爵每奠衆一拜是日除服薙髮將册謚先期遣告太廟後殿奉先殿日端慧禮成禮部頒行各省並牒朝鮮國王文到率百官素服軍民罷嫁娶音樂各三日八年葬朱華山園寢皇子喪儀順治十五年榮親王薨治喪視親王加厚葬黃花山園寢康熙中定制凡皇子殤備小式朱棺祔葬黃花山唯開墓穴平葬不封不樹雍正六年皇八子福惠卒帝輟朝大內素服各三日不祭神詔用親王禮葬十三年追封親王謚曰懷乾隆十三年皇子永琮甫二周薨帝言建儲之意朕雖默定然未若端慧太子旨已封貯其喪儀應視皇子爲優大祭親臨醊謚悼敏後追封哲親王越二年皇長子永璜薨金棺用杉木其福晉及皇孫緜德等翦髮去首飾成服百日而除素服二十七月成服王公大祭日除禮部以第三日移殯請輟朝三日詔改五日追封定親王謚曰安初祭大祭並親臨奠醊二十五年皇三子永璋薨詔用郡王例治喪輟朝二日大內宗室素服咸五日不祭神追封循郡王四十一年皇十二子永璂薨詔宗室公例治喪嘉慶四年追封貝勒道光十一年皇長子奕緯薨命依皇子例治喪罷公主福晉命婦會集園寢不建碑追封貝勒謚曰隱志三十年曾封郡王皇子福晉喪定制親王世子多羅郡王下及奉恩將軍固倫公主和碩公主下及固山格格奉恩將軍妻咸會集朝供饌筵午果筵初祭引旛一楮幣十二萬饌筵二十五羊十五酒七尊讀文致祭繹則陳楮幣三千饌筵十二羊酒各七日日周年四時致奠禮同嘉慶十三年宣宗時爲皇次子其福晉鈕祜祿氏薨帝命即日成服初祭後除未分府皇子福晉依親王福晉例金棺座罩紅色以無儀仗特賞金黃色座罩儀仗仍視親王福晉例用旗色用鑲白著爲令道光七年皇長子奕緯福晉瓜爾佳氏薨罷內外齊集及豫往暫安處接迎十一年追封貝勒夫人諏吉遣官奉紙册往殯所讀文致祭

親王暨福晉等喪儀順治九年定親王喪聞輟朝三日世子郡王二日後改貝

敕以下罷輟朝歛具親王至貝勒朱棺藉五層貝子至輔國公棺同藉三層鎮國將軍以下朱棺藉一層初燒陳儀衞鞍馬散馬親王十五世子郡王各十四貝勒各十三貝子各十二鎮國公各十輔國公各八鎮國將軍鞍馬七輔國將軍五奉國將軍四奉恩將軍三府屬內外咸成服大祭日除內外去冠飾素服會集各如其例鎮國將軍以下不會喪公主福晉命婦會喪臨時請旨行凡親王至輔國公御祭二遣官至墳讀文致祭宗人府請賜諡撰給碑文工部樹碑建亭貝勒以下碑自建給葬費有差鎮國將軍至奉國將軍賜祭二文一立碑予諡臨時請旨奉恩將軍賜祭無文不立碑不予諡王至公婚娶之子卒許陳鞍馬祭品各如其父母例唯不遣官致祭未婚娶幼子不造墳凡葬期親王期年郡王七月貝子以下五月又定親王福晉以下喪內外會集如制陳儀衞從其封爵親王福晉側福晉世子福晉御祭一十二年定下嫁外藩公主喪御祭一遣官至塋所讀文致祭康熙四年定貝勒至入八分公予諡請旨行九年定親王至輔國公喪本府官屬具喪服其禮親王肅親王承澤親王敬謹親王饒餘親王鄭親王克勤郡王恪僖貝勒靖甯貝勒顧爾馬洪貝子福勒黑公十二支凡爲本支所分者本身暨府屬官命婦咸具喪服非本支會喪者摘冠纓從官如其主尊屬無服五十二年定貝勒生母薨治喪如嫡夫人遣官讀文致祭五十四年定固倫公主有子孫者獲請建碑予諡雍正十四年遵旨議定嗣後皇帝子孫依五等服制遇期服伯叔兄弟喪依例具奏臨喪其諸王以下不論爵次遇小功以上喪會喪成服期六十日大功一月小功七日除乾隆三年更定期服大祭日大功初祭日小功送殯日除二十一年諭諸王側福晉予諡請旨行予祭不踰一次罷給祭文三十六年定貝勒貝子公兼一品職獲請予諡鎮國暨輔國將軍兼一品職獲請賜卹四十年定凡側福晉爲王等生母獲請賜祭降嫡福晉一等五十六年鎮國公昔昌夫人卒詔罷賜祭後倣此嘉慶十七年貝勒緜懃子奕綬卒命封爲未入八分輔國公嗣後宗室如追封公俱作爲未入八分著爲令公主以下喪儀順治九年定固倫公主喪視親王福晉和碩公主視世子福晉郡主視郡王福晉縣主視貝勒夫人郡君視貝子夫人縣君視鎮國公夫人十二年定下嫁外藩公主至縣主並給諭祭文遣官赴墳讀奠郡君以下致祭無文道光二十四年定公主薨內務府請旨如命官爲治喪一切典禮即會禮部具奏得旨再牒各署治辦額駙自行治喪禮部應將會集處奏聞公主以下喪會集臨時請旨如獲請牒宗人府五旗傳行未釐降受封者內務府治喪不會集

醇賢親王及福晉喪儀光緒十六年醇親王奕譞薨定稱號曰皇帝本生考帝持服期年縞素十有一日輟朝如之期年內御便殿仍素服元旦謁堂子詣慈甯宮太和殿受朝並禮服唯升殿不宣表樂設不作罷宗親廷臣筵宴祭文碑文書皇帝名初祭大祭暨奉移園寢並御靑袍褂冠摘纓親詣行禮又定廟制及祭葬廟中殿宇及正門瓦色中用黃琉璃殿脊及正門四圍用綠琉璃祀以天子禮歲時饗四仲月朔舉行忌辰躬親致祭葬以親王禮帝親製碑文諡曰賢三十二年其福晉葉赫那拉氏薨稱皇帝本生妣喪儀如醇賢親王例

忌辰順治十年定盛京興京三陵忌辰遣守陵官行禮獻酒果不讀祝不奠帛十二年改定忌辰遣官禮部具題請旨康熙三年復定三陵忌辰在隆恩殿神牌前揭幔致祭雍正四年帝以聖祖喪滿哀慕無窮思依三年內祭禮舉行下禮臣議尋議上依周年祭祀例遣在京或陵寢王公大臣一人承祭在京王公百官遣三之一陪祭著爲令十三年高宗嗣服議定聖祖忌辰依陵寢四時大祭用太牢獻帛爵讀祝文遣官承祭陵寢官悉陪祀罷遣京官往嗣後列聖列后忌辰永如例行定制帝后忌辰內外俱素服停宴會輟音樂不理刑名帝詣奉先殿後殿上香行禮如祀南郊帝閱祝版遇忌辰御龍袍龍褂挂數珠執事官蟒服補褂挂數珠閱北郊廟社暨各中祀祝版則俱御龍褂挂數珠執事官咸補服挂數珠大祀齊期內御常服挂數珠陪祀執事官亦如之凡祭日遇忌辰行禮時祭服作樂禮畢仍素服

賜祭葬世祖初入關沿崇德間例超品公一二三等公卒遣官祭三次子副都統二次參領佐領一次陣亡與有勳勞者遣官治喪出自上裁順治三年制定民公侯伯子兼任內大臣都統大學士尚書鎮守將軍卒候旨立碑致祭一次襲公侯伯子在任不踰三年止給祭品無祭文不立碑二三品官卒給祭品滿任三年給祭文有戰功者獲請立碑十三年定佐領員外郎主事任滿三年給祭品祭文未滿者無祭文致仕同十五年定部院長官加秩至一二品致祭立碑三品滿三年者如之未滿但致祭而已護軍統領副都統前鋒統領步軍總尉考滿視三品如爲男爵得致祭立碑參領前鋒參領滿三年致祭不立碑四品卿少卿考滿者同否則不給祭文陣亡不論品級獲請恩卹內大臣都統大學士尚書護軍統領副都統前鋒統領侍郎學士步軍總尉原品休致者致祭立碑同見任輕車都尉佐領騎都尉郎中員外郎主事致祭無碑文承襲公侯伯有職任者依職任與卹否則止給祭品十七年定本身所得民公侯伯子及都統有職任內大臣鎮守將軍給全葬大學士尚書左右都御史加級及宮保者視一品給全葬無加銜加級視二品給全葬侍郎無兼銜加級而考滿者視三品給全葬未滿者半之四品卿少卿或兼少卿銜視四品止給祭品護軍統領前鋒統領副都統步軍總尉任滿給全葬未滿者半之並致祭一次武職自參領文職自郎中以下俱不給祭品陣亡者如故十八年定本身所得民公侯伯造葬致祭一次加祭出特恩都統內大臣大學士尚書右都御史子鎮守將軍及加銜加級至一二品官俱依品級造葬致祭一次三品侍郎學士通政使大理寺卿考滿者給全葬未滿者半之俱致祭一次參領協領郎中佐領及三等侍衞護衞官陣亡者致祭一次漢文職一二品或三品考滿俱致祭造葬未滿者半之致祭一次在外布按以上依京秩例行武職加銜副將以上造葬致祭一次無兼銜而考滿者同未滿者半之致祭一次知縣守備以上陣亡者各依加贈品級造葬致祭一次凡滿漢文武原官致仕者卹典同見任康熙九年定本身所得及承襲公侯伯給全葬遣官讀文致祭一次內大臣都統子品級散秩大臣大學士尚書左都御史子世襲子鎭守將軍提督各依品級給全葬遣官讀文致祭一次男品級散秩大臣護軍統領前鋒統領副都統侍郎本身所得男學士副都御史總督總兵官加級至二品巡撫各依所加品級給全葬遣官讀文致祭一次三品侍郎學士副都御史巡撫通政使大理寺卿任滿給全葬未滿者半之俱遣官讀文致祭一次布政使給全葬致祭一次雲騎尉三等侍衞以上文職知縣武職守備以上陣亡者各依加贈品級給全葬致祭一次道光二十四年定賜祭王公以下儀祭日堂中陳儀衞靈座前置供案陳賜祭物品左右分陳自備祭品案前設遣官奠位東設祝案北嚮南設燎位具楮帛遣官至喪主率宗親及屬官跪迎大門外禮部官奉祭文入自中門陳東案遣官隨入就位立喪主以下皆就位跪讀祝官跪讀文訖遣官跪奠三爵每奠一叩鎮國將軍以下立奠喪主率衆隨行禮畢興舉哀燎祭文喪主率衆望闕謝恩三跪九叩遣官出跪送大門外

賜諡親王例用一字貝勒以下及文武大臣二字郡王諡號尙沿明制用二字間有用一字者聖祖時追諡郡王滿漢文俱用一字遂爲定制順治九年定親王以下喪聞宗人府請諡內院撰擬碑文康熙四年定諸王賜諡封號上加一字貝勒以下入八分公以上予否請旨行乾隆三十六年遵旨議定貝勒至輔國公兼一品職者予諡仍請旨其兼二品以下職暨不兼職者罷予諡定制一品官以上予否請上裁二品官以下不獲請其得諡者率出自特旨或以勤勞或以節義或以文學或以武功破格崇褒用示激勸嘉道以前諡典從嚴往往有階至一品例可得而未得者世宗朝一等公福善大學士魏裔介將軍佛尼勒莽依圖都統漢國相尙書湯斌徐潮瑪爾罕輩望實高素入祀賢良逮至高宗初元始獲追諡易名盛典殊不易得令甲得諡者禮部取旨行知內閣典籍撰擬至穆宗朝大學士卓秉恬改歸漢票籤唯侍讀司之大學士及翰林授職者始得諡文亦有出自特恩而獲諡文者侍讀擬八字大學士選四字餘則擬十六字大學士選八字並請上裁定武臣有諡文者如領侍衞內大臣索尼獲諡文忠異數也唯文正則不敢擬出自特恩文職內自三品卿外自布政使以下例不予諡唯御史陸隴其諡淸獻侍講學士秦承業諡文慤太常卿唐鑑諡恪慎則以崇尙儒臣篤念師傅不爲恆式咸豐三年禮臣奏定文職二品官殉難視一品予諡如按察使優卹禮部亦得援例以請軍興而後道府州縣等官死綏不少疆臣疏請不拘常格矣其武職死事參將以下視副將議卹協領以下視副都統議卹皆得援新章奏請唯武功未成者不得擬用襄字至十二年諭嗣後文武各官其官階例不予諡者不得率行奏請至是限制稍嚴光緒四年貴州巡撫黎培敬爲已革總督賀長齡請諡詔以易名之典不容冒濫嚴切申儆且下培敬吏議亦有得諡而被奪者若沈德潛卞三元或追論其生平或敗露於身後削秩仆碑以示誡也至朝鮮國王諡號屬亦內閣撰擬嗣以所擬之字有觸其國王先代名諱則改由其國自擬八字以進請帝裁定云

外藩賜卹順治十三年定蒙藩親王等喪遣官賚祭文至塋所宣讀致祭喪主率屬跪迎禮畢望闕謝恩行三跪九拜禮自王以下致祭如前儀唯牲醴物品則依其爵爲隆殺著有勛勞者建碑優卹特遣大臣侍衞出自恩旨親王郡王福晉喪遣祭如儀貝勒至公夫人並遣祭無祭文其朝鮮國王母妃王妃世子喪訃至禮臣請賜卹遣正副使賚祭品香鈔諭祭乾隆五十一年國王世子李㬀喪禮部奏聞詔以朝鮮世守藩封最稱恭順命倍給祭品示優卹嘉慶十年國王李玜曾祖母莊順王妃訃至賜祭一次琉球越南國王卒告哀遣使諭祭

並給銀絹毋妃世子喪俱不告哀不賜䘏使臣來京病歿則題請䘏典賜棺及祭歸葬者聽

品官喪禮定制有疾遷正寢疾革書遺言三品以上官具遺疏既終迺哭立喪主主婦護喪諸執事人治棺民公侯伯一品官以下朱棺訃告設尸牀帷堂陳沐具迺含三品以上用小珠玉七品以上用金木屑五襲衣常服一稱朝衣冠帶各以其等明日小斂陳斂牀堂東加斂衣三品以上五稱複三禪二五品以上三稱複二禪一六品以下二稱複禪各一皆以紬複衾一又明日大斂蓋棺設靈牀柩東柩前設靈座陳奠几喪主及諸子居苦次族人各服其服朝夕奠肴饌午餠餌遇朔望則朝奠具殷奠肴核加盛初祭陳饌筵羊酒具楮幣公筵十五席羊七楮四萬侯筵十二楮三萬六千伯筵十二楮三萬二千羊俱六一品官筵十羊五楮二萬八千二品筵八羊四楮二萬四千三品筵六楮二萬四品筵五楮萬六千羊俱三五品筵四楮萬二千六七品筵三楮萬羊俱二族人齊集喪主以下再拜哭奠如禮卒奠大功者易素服大祭同初祭期服者易素服百日致奠薙髮三月而葬一品塋地九十步封丈有六尺遞殺至二十步封二尺止繚以垣公侯伯周四十丈守塋四戶二品以上周三十五尺二戶五品以上周三十丈一戶六品以下周十二丈止二人守之公至二品用石人望柱暨虎羊馬各二三品無石人四品無石羊五品無石虎其墓門勒碑公侯伯螭首高三尺二寸碑身高九尺廣三尺六寸龜趺高三尺八寸一品螭首二品麒麟首三品天祿辟邪首四至七品員首方趺首眡公侯伯遞殺二尺至尺八寸止碑身遞殺五寸至五尺五寸止廣遞殺二寸至二尺二寸止趺遞殺二寸至二尺四寸止刻壙誌用石二片一爲蓋書某官之墓一爲底書姓名鄉里三代生年卒葬月日及子孫葬地婦人則隨夫與子孫封贈二石相嚮鐵束埋墓中製柩轝上用竹格結以綵旁施帷幔四角垂流蘇繒荒繒幃並靑藍色公侯伯織五采一二品用銷金五品以上畫雲氣六七品素繒無飾承以槓五品以上髹朱六七品飾紅堊障柩畫翣五品以上四六七品二引布二功布一靈車一明器則從俗諏日發引前夕祖奠翌日遣奠會葬者畢集公鞍馬八遞殺至二數儀從前導引以丹旐銘旌滿用丹旐漢用銘旌至墓所迺窆祀后土題主奉安升車反哭迺虞羊酒楮帛各眡其等祭畢柔日再虞剛日三虞百日卒哭次日祔家廟期年小祥再期大祥遷主入廟祝讀告辭主人俛伏五拜訖改題神主詣廟設東室奉祧主藏夾室迺徹靈座後一月禫喪至此計二十有七月喪主詣廟祇薦禫事其在外聞喪者訃至易服哭奔喪至家憑殯哭翌日成服喪期自聞訃日始餘同期以下聞喪易服爲位而哭奔喪則至家成服官在職非本生父母喪雖期猶從政不奔喪聞訃易服爲位而哭私居持服入公門治事仍常服期喪者期年不與朝祭服滿則於私居爲位哭除之順治九年定百官親喪祭禮以其子品級子視父母命婦視夫同康熙二十六年禁居喪演戲飲博凡官卒任所或父母與妻喪許入城治事乾隆間諭京旗文武官遇親喪百日後即入署治事持服如故罷與祭祀朝會道光二十四年定民公以下軍民以上居喪二十七月不讌會作樂不娶妻納妾門戶不換舊符宣統元年禮部議畫一滿漢喪制自是滿官親喪去職與漢官一例矣

士庶人喪禮順治初年制定士庶卒用朱棺槻一層鞍馬一初祭用引旛金銀楮幣各一千祭筵三羊一大祭同百日期年祭視初祭半之一月殯三月葬墓祭紙幣酒肴有定數通禮士斂衣複禪各一複衾一襲常服一稱含用金銀屑三用銘旌庶人複衾一含銀屑三立魂帛士塋地圍二十步封高六尺墓門不碣圓首方趺壙誌二如官儀柩轝上竹格垂流蘇槓飾紅堊無翣引布二功布一靈車一明器從俗庶人塋地九步封四尺有誌無碣轝以布衾覆棺不施幃蓋槓兩端飾黑中飾紅堊餘略仿品官制從殺雍正初元定軍民故者前後斂衣五襲鞍馬一初祭祭筵二羊一大祭同常祭減半棺罩生監用靑絹軍民春布十三年詔曰朕聞外省百姓喪葬侈靡甚至招集親隣開筵劇飲名曰鬧喪且於喪所殯時雜陳百戲匪唯背理抑亦忍情敕督撫嚴禁陋習違者治罪又諭吉凶異道不得相干故娶在三年外而聘在三年內者春秋猶以爲非三年之喪創深痛鉅迺愚民不知禮教慮服喪後不獲嫁娶遂乘父母疾篤或殯斂未終而貿然爲之者朕甚憫焉自今伊始齒朝之士下逮生監毋違此制其皁隸編氓窮而無告父母臥疾賴子婦治養殯者任其迎娶饋侯疾瘳或服竟再成婚禮古者禮不下庶人其斯之謂歟曾子問親迎在途而壻之父母死女改服布深衣縞總以趨喪亦此義也

服制順治三年定喪服制列圖於律頒行中外道光四年增輯大淸通禮所載冠服絰屨多沿前代舊制制服五曰斬衰服生麻布旁及下際不緝麻冠絰菅屨竹杖婦人麻屨不杖曰齊衰服熟麻布旁取下際緝麻冠絰草屨桐杖婦人仍麻屨曰大功服麤白布冠絰如之繭布緣屨曰小功服稍細白布冠屨如前曰緦麻服細白布絰帶同素屨無飾敘服八曰斬衰三年子爲父母爲繼母慈母養母嫡母生母爲人後者爲所後父母子妻同女在室爲父母及已嫁被出而反者同嫡孫爲祖父母或高曾祖父母承重妻爲夫妾爲家長同曰齊衰杖期嫡子衆子爲庶母子妻同子爲嫁母出母夫爲妻嫡孫祖在爲祖母承重曰齊衰不杖期爲伯叔父母爲親兄弟爲親兄弟之子及女在室者爲同居繼父兩無大功以上親者祖爲嫡孫父母爲嫡長子及衆子爲嫡長子妻爲女在室者子爲人後者繼母爲長子衆子孫爲祖父母者孫女在室出嫁同女出嫁爲父母爲人後者爲其本生父母女在室或出嫁而無夫與子者爲其兄弟姊妹及姪與姪女在室者女適人爲兄弟之爲父後者婦爲夫兄弟之子及女在室者妾爲家長之父母與妻及長子衆子與其所生子爲同居繼父兩無大功以上親者曰齊衰五月爲曾祖父母女雖適人不降曰齊衰三月爲高祖父母女雖適人不降爲繼父昔同居者爲同居繼父兩有大功以上親者曰大功九月祖爲孫及孫女在室者祖母爲諸孫父母爲諸子婦及女已嫁者伯叔父母爲姪婦及姪女已嫁者爲人後者爲其兄弟及姑姊妹在室者既爲人後於本生親屬皆降一等爲人後者之妻爲夫本生父母爲己之同堂兄弟及姊妹在室者爲姑姊妹已嫁者爲兄弟之子爲人後者女出嫁爲本宗伯叔父母爲本宗兄弟及其子爲本宗姑姊妹及兄弟之女在室者妻爲夫之祖父母及伯叔父母者曰小功五月爲伯叔祖父母爲同堂伯叔父母及同堂姊妹已嫁者爲再從兄弟及再從姊妹在室者爲同堂兄弟之子及女在室者爲從祖姑及堂姑在室者祖爲嫡孫婦爲兄弟之孫及孫女在室者爲外祖父母爲母之兄弟姊妹及姊妹之子爲人後者爲其姑姊妹已嫁者婦爲夫兄弟之孫及孫女在室者爲夫之姑姊妹兄弟及夫兄弟之妻爲夫同堂兄弟之子及女在室者女出嫁爲本宗堂兄弟及姊妹在室者曰緦麻三月祖爲衆孫婦祖母爲嫡孫衆孫婦高曾祖父母爲曾玄孫爲乳母爲族曾祖父母族伯叔父母爲族兄弟及族姊妹在室者爲族曾祖姑及族祖姑族姑在室者爲兄弟之曾孫及曾孫女在室者爲再從兄弟之子及女在室者爲從祖姑堂姑及再從姊妹出嫁者爲姑之子舅之子爲兩姨兄弟妻之父母爲壻爲外孫及外孫女爲兄弟孫之妻爲同堂兄弟之妻爲同堂兄弟子之妻婦爲夫高曾祖父母爲夫伯叔祖父母及夫從祖姑在室者爲夫伯叔父母及堂姑在室者爲夫同堂兄弟及同堂兄弟之妻爲夫同堂姊妹爲夫再從兄弟之子及女在室者爲夫同堂兄弟之女已嫁者爲夫同堂兄弟之妻與孫及孫女在室者爲夫同堂兄弟孫之妻及孫女已嫁者爲夫兄弟之曾孫及曾孫女在室者女已嫁爲本宗伯叔祖父母及從祖姑在室者爲本宗從伯叔父母及堂姑在室者爲本宗堂兄弟之子及女在室者乾隆四十年高宗特旨允以獨子兼祧於是始定兼祧例兼祧者從權以濟經足補古禮之闕會典服制別大宗小宗以大宗爲重大宗依服制本條持服兼祧依降服持服道光九年禮臣增議兩祧服制以獨子之子分承兩房宗祧者各爲父母服斬衰三年爲祖父母服齊衰不杖期父故嫡孫承重俱服斬衰三年其本身爲本生親屬俱從正服降一等子孫爲本生親屬祇論所後宗支親屬服制同治十年允禮臣請兼祧庶母服制依定制爲兼祧父母服期爲兼祧庶母服小功其以大宗子兼祧小宗與以小宗兼祧大宗者以大宗爲重爲大宗庶母服期年小宗庶母服小功其以小宗兼祧小宗者以所生爲重爲本生庶母服期年爲兼祧庶母服小功至出嗣而非兼祧者以所後爲重爲所後庶母服期年爲本生庶母服小功既降期而服小功其兼祧庶母爲兼祧子持服亦如之

清史稿

樂志一

記曰安上治民莫善於禮移風易俗莫善於樂樂也者考神納賓類物表庸以其德馨殷薦上帝者也聖道四達聲與政通於是有綴兆之容箾籥之音被服其光輝膏潤其猷烈以與民康之民無癄瘁摯傷之嗟放僻嫚蕩之志夫然後雅頌作焉蓋三苗格而韶舞十一稅而頌謳玄鳥歌而商祚興靈臺奏而周道昌王官失守神不降祉迄及春秋脊脊大亂仲尼序詩列黍离於國風齊王德於邦君明其不能復雅中更暴秦樂經埃滅音亡鄭衛自此而降郊廟登歌聲不逮下擾民齊教無聞焉爾然而歷代創興莫不鋪陳南雅自制郊辭繩祖業之維艱頌帝功之有赫考較鐘懸裁定㝢典雖渾灝三五炳焉同風而寤想聞韶跂之彌邵是則前儒所譏隣於夜誦者也淸起僻遠迎神祭天初沿邊俗及太祖受命始習華風天命崇德中征瓦爾喀臣朝鮮平定察哈爾得其宮懸以備四裔燕樂世祖入關脩明之舊有中和韶樂郊廟朝會用之有丹陛大樂王

公百寮慶賀用之有中和清樂丹陛清樂宮中筵宴用之有鹵簿導迎樂巡蹕用之又製鐃歌法曲奮武敵愾宣鬯八風以儷漢世短簫而滿洲舊舞是曰莽式率以蘭錡世裔充選所陳皆遼瀋故事作麾旄弢矢躍馬沿陣之容屈伸進反輕蹻俯仰之節歌辭異漢不頒太常所謂纘業垂統前王不忘者歟聖祖高宗制作自任臣鄺師曠之聰君逾姬旦之美考音諧金石昭德摛天漢帝秩皇造於斯爲盛但觀其命伶倫使協律召咸黑以賡歌非不陶英鑄莖四隅率同而繼體再傳頌聲寖廢魏文聽之而思臥季札觀之而無譏是知樂之爲懿覘國隆洿謳歌在民匪所自致而三古承流曾靡先覺可爲惋歎者也稽清之樂式遵明故六間七始實紹古亡布咫藃禾論氣灰琯斯乃神瞽以之塞違隸首由其跬步將欲起元音之廢復湣朴之眞弘我夏聲粃秕西奏濟慾繕性一絕庶幾有庇經誥其或在此必監前憲我則優矣國家所書聲容器數之次第管律紘度之討論煥乎秩秩可謂有文今掇其要以備簡籍

太祖肇啟東陲戡亂用武聲物弇朴率緣遼舊天命元年即尊位瀋陽諸貝勒羣臣廷賀上壽始制鹵簿用樂八年定凱旋拜天行禮筵宴樂制太宗天聰八年又定出師謁堂子拜天行禮樂制元旦朝賀樂制九年停止元旦雜劇先是梅勒章京張存仁上言元旦朝賀大體所關雜劇戲謔不宜陳殿陛故事八旗設宴惟用雅樂從之十年建國號曰清改元崇德其明年遂有事太廟追尊列祖四孟時享歲暮祫祭並奏樂皇帝冬至萬壽二節與元日同御前儀仗樂器鑼二鼓二畫角四簫二笙二架鼓四橫笛二龍頭橫笛二檀板二大鼓二小銅鈸四小銅鑼二大銅鑼四雲鑼二嗩吶四樂人綠衣黃褂紅帶六瓣紅絨帽銅頂上綴黃翎從內院官奏請也又詔公主册封諸王家祭受降獻馘皆用樂世祖順治元年攝政睿親王多爾袞既定燕都將於十月告祭天地宗廟社稷大學士馮銓洪承疇等言郊廟及社稷樂章前代各取嘉名以昭一代之制梁用雅北齊及隋用夏唐用和宋用安金用寧元宗廟用寧郊社用咸前明用和我朝削平寇亂以有天下宜改用平郊社九奏宗廟六奏社稷七奏從之於是定圜丘大祀皇帝出宮午門聲鐘不作樂致祭燔柴迎神奏始平奠玉帛奏景平進俎奏咸平初獻奏壽平亞獻奏嘉平終獻奏雍平徹饌奏熙平送神奏太平望燎奏安平禮成教坊司導迎樂奏祐平午門鐘作還宮方澤大祀皇帝出宮午門聲鐘不作樂致祭瘞毛血迎神奏中平奠玉帛奏廣平進俎奏咸平初獻奏壽平亞獻奏安平終獻奏時平徹饌奏貞平送神望瘞奏寧平禮成教坊司導迎樂奏祐平午門鐘作還宮祈穀皇帝出宮午門聲鐘不作樂燔柴迎神奏中平奠玉帛奏肅平進俎奏咸平初獻奏壽平亞獻奏景平終獻奏永平徹饌奏凝平送神奏清平望燎奏太平（餘與圜丘方澤同）太廟時享皇帝出宮鐘止不作樂致祭迎神奏開平奠帛初獻奏壽平亞獻奏嘉平終獻奏雍平徹饌奏熙平送神望燎奏成平禮成教坊司導迎奏禧平聲鐘還宮社稷壇皇帝出宮聲鐘不作樂致祭瘞毛血迎神奏廣平奠玉帛初獻奏壽平亞獻奏嘉平終獻奏雍平徹饌奏熙平送神望瘞奏成平禮成教坊司導迎奏祐平聲鐘還宮舞皆八佾初獻武舞亞獻終獻文舞文武舞生各六十四人執干戚羽籥於樂懸之次引舞旌節四舞生四人司之祭之日初獻樂作司樂執旌節引武舞生執干戚進奏武功之舞亞獻終獻樂作司樂執旌節引文舞生執羽籥進奏文德之舞惟先師廟祗文舞六佾其三大節常朝及皇帝升殿還宮俱奏中和韶樂羣臣行禮奏丹陛大樂親祭壇廟乘輿出入用導迎樂樂章均用平字宴享清樂則以樂詞之首爲章名是年世祖至京行受寶禮先期錦衣衞設鹵簿儀仗旗手衞設金鼓旗幟教坊司設大樂於行殿西前導時龜鼎初奠官懸備物未遑潤色沿明舊制雜用之教坊司置奉鑾一人左右韶舞各一人協同官十有五人俳長二十人色長十七人歌工九十八人宮內宴禮領樂官妻四人領教坊女樂二十四人祠祭諸樂則太常寺神樂觀司之以協律郎教習樂生月三六九日演於凝禧殿二年從有司言春秋上丁釋奠先師樂六奏迎神奏咸平奠帛初獻奏寧平亞獻奏安平終獻奏景平徹饌送神奏咸平祭歷代帝王樂六奏迎神奏雍平奠帛初獻奏安平亞獻奏中平終獻奏肅平徹饌奏凝平送神望燎奏壽平八年制朝日七奏樂章用曦迎神奏寅曦奠玉帛奏朝曦初獻奏清曦亞獻奏咸曦終獻奏純曦徹饌奏延曦送神奏歸曦夕月六奏樂章用光迎神奏迎光奠玉帛初獻奏升光亞獻奏瑤光終獻奏瑞光徹饌奏涵光送神奏保光皆中和韶樂皇太后皇后三大節慶賀皇帝大婚行禮皆丹陛大樂祭眞武東嶽城隍廟教坊司作樂如羣祀是年又允禮部請更定樂舞樂章樂器之數享廟大樂於殿內奏之文武佾舞備列樂章卒歌樂器俱設補舞生舊額五百七十人其後又定常朝升殿中和韶樂奏隆平王公百官行禮丹陛太樂奏慶平外藩行禮丹陛大樂奏治平還宮中和韶樂奏顯平耤田饗先農樂章七奏用豐迎神奏永豐奠帛初獻奏時豐亞獻奏咸豐終獻奏大豐徹饌奏屢豐送神奏報豐望瘞奏慶豐禮成御齋宮導迎大樂奏天下樂升座奏萬歲樂羣臣行禮丹陛大樂奏朝天子筵宴上壽奏三月韶光進饌清樂奏太清歌太廟祫祭迎神奏貞平奠帛初獻奏壽平亞獻奏嘉平終獻奏雍平徹饌奏熙平送神奏清平大享殿合祀天地百神樂章九奏用和迎神奏元和奠玉帛奏景和進俎奏肅和初獻奏壽和亞獻奏安和終獻奏永和徹饌奏協和送神奏泰和望燎瘞奏清和其上皇太后徽號册寶尊封太妃册立中宮太和殿策士諸慶典皆特詔用樂自後幸盛京謁陵進實錄玉牒亦如之康熙初聖祖踐阼幼沖率承舊憲無所改作八年惟詔定皇帝太皇太后皇太后皇后三大節朝賀樂皇帝元旦升座中和韶樂奏元平還宮奏和平冬至升座奏遂平還宮奏允平萬壽節升座奏乾平還宮奏太平羣臣行禮丹陛大樂奏慶平外藩奏治平太皇太后升座奏升平還宮奏恆平行禮奏晉平皇太后升座奏豫平還宮奏履平行禮奏益平皇后升座奏淑平還宮奏順平行禮奏正平而有司肄習日久樂句律度淩厲失所伶倫應官比於制氏但紀鏗鏘鼓舞而已自世祖時已屢飭典樂官演習樂舞聲容儀節嘗諭大學士等曰各處祭祀太常寺所奏樂俱未和諧樂乃祭祀之大典必聲容儀節盡合歌章始臻美善其召太常寺官嚴飭之至十一年聖祖亦諭禮臣愼重禋祀勤加習練勿仍前怠褻越明典二十一年三藩削平天下無事左副都御史余國柱首請釐正郊廟朝賀宴享樂章上曰享祀樂章一代制作所繫禮部翰林院其集議以聞尋奏自古廟樂原以頌述祖宗功德本朝郊壇廟祀樂章曲名曰平遵奉已久太祖太宗世祖同於太廟致祭宜如舊惟朝會宴享等樂曲調風雅未備宜勅所司酌古準今求聲律之原定雅奏之節從之因命大學士陳廷敬重撰燕樂諸章然猶襲明故雖務典蔚有似徒歌五聲二變踵訛奪倫黃鐘爲萬事根本臣工無能言之者帝方謙讓亦未暇革也二十三年東巡謁闕里躬祭孔林陳鹵簿奏導迎大樂樂章樂舞先期命太常寺遣司樂官前往肄習與太學先師廟同二十九年以喀爾喀新附特行會閱禮陳鹵簿奏鐃歌大樂於是帝感禮樂崩隤始有志制作之事三十一年御乾清宮召大學士九卿前指五聲八風圖示之曰古人謂十二律定而後被之八音則八音和奏之天地則八風和諸福之物可致之祥無不畢至言樂律所關者大也而十二律之所從出其義不可知律呂新書所言算數專用徑一圍三之法此法若合則所算皆合若舛則無所不舛矣朕觀徑一圍三之法必不能合蓋徑一尺則圍當三尺一寸四分一釐有奇若積累至於百丈所差當十四丈有奇等而上之舛錯可勝言耶因取方圓諸圖謂羣臣曰所言徑一圍三但可算六角之數若圍圓必有奇零朕觀八線表中半徑句股之法極精微凡圓者可以方算開方之術卽從此出若黃鐘之管九寸空圍九分積八百一十分是爲律本此舊說也其分寸若以尺言則古今尺制不同當以天地之度數爲準惟隔八相生之說聲音高下循環相生復還本音必須隔八乃一定之理也隨命樂人取笛和瑟次第審音至第八聲仍還本音上曰此非隔八相生之義耶羣臣皆曰誠如聖訓非臣等聞見所及三十四年定大閱鳴角擊鼓聲金之制四十九年正月孝惠章皇后七十萬壽又諭禮部曰瑪克式舞乃滿洲筵宴大禮典至隆重故事皆王大臣行之今歲皇太后七旬大慶朕亦五十有七欲親舞稱觴是日皇太后宮進宴奏樂上前舞蹈奉爵極懽乃罷帝既妙擘鐘律時李光地爲文淵閣大學士以耆碩被顧問會進所纂大司樂釋義及樂律論辨因上言曰禮樂不可斯須去身亦不可以一日不行於天下自漢以來禮樂崩壞不合於三代之意者二千餘年而樂尤甚蓋自諸經所載節奏篇章器數律呂之昭然者而紛紛之說終不能以相一又況乎精微之旨與天地同其和者哉今四海靡靡風聲頹敝等威無辨而奢僭不可止聯屬無法而鬬爭不可禁記曰無本不立無文不行神而明之者本也舉而措之者文也謂宜搜召名儒以至淹洽古今之士上監於夏商近稽自漢唐以降攷定斟酌成一代大典以淑天下而範萬世大學士張玉書亦言樂律算數之學失傳已久承譌襲舛莫摘其非奥義微機莫探其蘊臣等躬聆訓誨猶且一時省寤而覆算迷蒙中外臣民何由共喻宜特賜裁定編次成書頒示四方共相傳習正歷來積算之差訛垂萬世和聲之善法學術政事均有裨益帝重違臣下請五十二年遂詔修律呂諸書於蒙養齋立館求海內暢曉樂律者光地薦景州魏廷珍寧國梅瑴成交河王蘭生任編纂蘭生故光地所拔士樂律有神契朱子琹律圖說字多譌謬蘭生以意是正瞭然可曉及被詔入直所與編校者皆淹雅士而蘭生學獨深亦時時折中於帝遇有疑義親臨決焉其法首明黃鐘爲十二律呂根源以縱黍橫黍定古今尺度今尺八寸一分當古尺十寸橫黍百粒當縱黍八十一粒漢志黃鐘之長以子穀秬黍中者一黍之廣度之九十分黃鐘之長一爲一分廣者橫也九十分爲黃鐘之長則黃鐘爲九十橫黍

所累明矣即以橫黍之度比縱黍爲古尺之比今尺以古尺爲一率今尺爲二率黃鍾古尺九寸爲三率推得四率七寸二分九釐即黃鍾今尺之度律呂新書黃鍾九寸空圍九分積八百一十分再置古尺積八百一十分以九十分歸之得面冪九方分用比例相求面線相等面積不同定數圓面積一十萬爲一率方面積一十二萬七千三百二十四爲二率今面冪九方分爲三率推得四率一十一分四十五釐九十豪開平方得三分三釐八豪五絲一忽爲黃鍾古尺徑數求周得十分六釐三豪四絲六忽即以古尺之積比今尺之積古尺一百分自乘再乘得一百萬分爲一率今尺八十一分自乘再乘得五十三萬一千四十一分爲二率黃鍾積八百一十分爲三率推得四率四百三十分四百六十七釐二百十一豪即黃鍾今尺之積以今尺長七寸二分九釐歸之得面冪五分九十釐四十九豪求徑得二分七釐四豪一絲九忽而黃鍾管之縱長體積面徑定矣黃鍾旣定於是制律呂同徑之法以積實容黍爲數三分損益以穀之黃鍾三分損一下生林鍾林鍾三分益一上生太簇太簇三分損一下生南呂南呂三分益一上生姑洗姑洗三分損一下應鍾應鍾三分益一上生蕤賓蕤賓三分益一上生大呂大呂三分損一下生夷則夷則三分益一上生夾鍾夾鍾三分損一下生無射無射三分益一上生仲呂又倍之自蕤賓以下至應鍾半之自黃鍾以下至仲呂皆六不用京房變律之說定宮聲在黃鍾大呂之間黃鍾爲宮次太簇以商應次姑洗以角應次蕤賓以變徵應次夷則以徵應次無射以羽應次半黃鍾以變宮應所謂陽律五聲二變也至半太簇爲清宮仍應黃鍾焉大呂爲宮次夾鍾以商應次仲呂以角應次林鍾以變徵應次南呂以徵應次應鍾以羽應次半大呂以變宮應所謂陰呂五聲二變也至半夾鍾爲清宮仍應大呂焉旋相爲宮折中取聲類而不雜驗之簫笛工爲宮則凡應商六應角五應變徵乙應徵上應羽尺應變宮黃鍾爲低工大呂爲高工而分清濁太簇爲低凡夾鍾爲高凡而分清濁姑洗爲低六仲呂爲高六而分清濁蕤賓爲低五林鍾爲高五而分清濁夷則爲低乙南呂爲高乙而分清濁無射爲低上應鍾爲高上而分清濁倍之則倍無射倍應鍾爲宮聲之右變宮尺字而分清濁倍夷則倍南呂爲變宮之右下羽上字而分清濁倍蕤賓倍林鍾爲下羽之右下徵乙字而分清濁半之則半黃鍾半大呂爲羽聲之左變宮尺字而分清濁半太簇半夾鍾爲變宮之左少宮工字而分清濁半姑洗半仲呂爲少宮之左少商凡字而分清濁古樂所以起下徵而終清商也黃鍾一徑別其長短爲十二律呂復助以倍半而得五聲二變之全由是制以樂器以黃鍾之積爲本加分減分皆用黃鍾之長與徑相比大加至八倍則長與徑亦加一倍小減至八分之一則長與徑亦減其半正律呂管十二倍管六半管六黃鍾同形管五十六亦倍管六半管六同形管又生同徑管十一凡一千三百六十八管依數立制以考其度以審其音八倍黃鍾之管聲應正黃鍾之律濁宮低工七倍黃鍾之管應大呂之呂清宮高工六倍黃鍾之管應太簇之律濁商低凡五倍黃鍾之管應夾鍾之呂清商高凡四倍黃鍾之管應姑洗之律濁角低六三倍半黃鍾之管應仲呂之呂清角高六三倍黃鍾之管應蕤賓之律濁變徵低五三倍宜應仲呂今高半音而應蕤賓蓋管體漸小聲音易別必於三倍之積復加正黃鍾之半積始應仲呂之呂清角高六半積之理由此生也二倍半黃鍾之管應林鍾之呂清變徵高五二倍加四分之一黃鍾之管應夷則之律濁徵低乙二倍黃鍾之管不應夷則而二倍半二倍之間始應之必以半積復半之爲四分之一加於二倍之內其分乃合四分之之理由此生焉二倍黃鍾之管應南呂之呂清徵高乙正加四分之三黃鍾之管應無射之律濁羽低上正加四分之二黃鍾之管應應鍾之呂清羽高上正加四分之一黃鍾之管應半黃鍾之律濁變宮低尺正加八分之一黃鍾之管應半大呂之呂清變宮高尺此管與正黃鍾最近欲取合清宮之分則以四分之一復半之爲八分之一加於正黃鍾之分其聲始應八分之一之理由此生焉繼此則正黃鍾管聲應半太簇之律濁宮低工乃與八倍黃鍾之管相和同聲矣遞減之黃鍾正積八分之七之管應大呂之呂八分之六之管應太簇之律八分之五之管應夾鍾之呂八分之四之管應姑洗之律八分之三分有半之管應仲呂之呂八分之三之管應蕤賓之律八分之二分有半之管應林鍾之呂八分之二又加一分之四分之一之管應夷則之律此一分之四分之一乃正黃鍾三十二分之一至此三十二分之理生焉八分之二之管應南呂之呂八分之一又加一分之四分之三之管應無射之律八分之一又加一分之四分之二之管應應鍾之呂八分之一又加一分之四分之一之管應半黃鍾之律八分之一又加一分之八分之一之管應半大呂之呂此一分之八分之一乃正黃鍾六十四分之一至此六十四分之理生焉而八分之一之管又應正黃鍾而爲正黃鍾長與徑之半自八倍黃鍾至黃鍾八分之一皆具同徑之十二律呂皆成一調之五聲二變推而演之加黃鍾之積至六十四倍則同形管長徑皆四倍於正黃鍾減黃鍾之積至六十四分之一則同形管長徑皆得正黃鍾四分之一六十四倍積同形管應正黃鍾五十六倍積同形管與六十四分之七同形管應大呂四十八倍積同形管與六十四分之六同形管應太簇四十倍積同形管與六十四分之五同形管應夾鍾三十二倍積同形管與六十四分之四同形管應姑洗二十八倍積同形管與六十四分之三加半同形管應仲呂二十四倍積同形管與六十四分之三同形管應蕤賓二十倍積同形管與六十四分之二加半同形管應林鍾十八倍積同形管與六十四分之二加一分四之一同形管應夷則十六倍積同形管與六十四分之二同形管應南呂十四倍積同形管與六十四分之一加一分四之三同形管應無射十二倍積同形管與六十四分之一加一分四之二同形管應應鍾十倍積同形管與六十四分之一加一分四之一同形管應半黃鍾九倍積同形管與六十四分之一加一分八之一同形管應半大呂六十四分之一同形管仍應正黃鍾於是十二律呂之同徑異形者合長短倍半以成旋宮之用而黃鍾之同形異徑者因加減實積亦成旋宮之用制器求聲齊於此矣雖然五聲二變管律與絃度又各不同漢唐以後皆宗司馬淮南之說以三分損益之術誤爲管音五聲二變之次復執管子絃音五聲度分而牽合於十二律呂之中試截竹爲管吹之黃鍾半律不與黃鍾合而合黃鍾者爲太簇之半律則倍半相應之說在絃音而非管音也又黃鍾爲宮其徵聲不應於林鍾而應於夷則則三分損益宮下生徵之說在絃度而非管律也以絃度取聲全絃與半絃之音相應而半律較全律則下一音蓋絃之體實藉人力鼓動而生聲全絃長故得音緩半弦短故得音急長短緩急之間全半相應之理寓焉管之體虛假人氣入之以生聲故管之徑同者其全半不相應求其相應必徑減半始得所以正黃鍾與黃鍾八分之一之管相應同聲也因全半之不同於是管律絃度首音至八音其間所生五聲二變之度分亦異管律黃鍾之全爲宮聲首音則太簇之半爲少宮八音其間太簇之全爲商聲二音姑洗爲角聲三音蕤賓爲變徵四音夷則爲徵聲五音無射爲羽聲六音黃鍾之半爲變宮七音自首音至第八音得七全分若絃度假借黃鍾全分爲宮聲首音則黃鍾之半爲少宮八音其間太簇之分爲商聲二音姑洗之分爲角聲三音蕤賓之分爲變徵四音而林鍾之分乃爲徵聲五音南呂之分爲羽聲六音應鍾之分爲變宮七音各絃之分宮至商商至角角至變徵徵至羽羽至變宮皆得全分而變徵至徵變宮至少宮祇得半分自首音至八音合爲六全分故絃音不可以十二律呂之度取分如以倍無射變宮尺字定絃則得下徵之分倍無射變宮尺字即今簫笛與頭管之合字也凡品樂居首一絃必得下徵之分而五音之位始正故世以頭管合字定琴之一絃爲黃鍾之宮者蓋一絃不得不定以合字正爲取下徵之分也黃鍾宮聲工字定絃得下羽之分太簇商聲凡字定絃得變宮之分姑洗角聲六字定絃得宮絃之分蕤賓變徵五字定絃得商絃之分夷則徵聲乙字定絃得角絃之分無射羽聲上字定絃得變徵之分而半黃鍾變宮尺字定絃仍得徵絃之分爲今借黃鍾之分爲宮絃全分其首音仍定以黃鍾之律則二音限於太簇之分而聲亦應太簇之律三音則變爲夾鍾之分而聲始應姑洗之律如仍取姑洗之分則聲必變而應於仲呂之呂四音復變爲仲呂之分而聲應蕤賓之律如仍取蕤賓之分則聲必變而應於林鍾之呂五音則爲林鍾之分而應夷則之律六音則爲南呂之分而應無射之律七音又變爲無射之分而聲始應半黃鍾之律如仍取應鍾之分則聲必變而應於半大呂之呂此宮絃之分因全絃首音定黃鍾之律而變爲羽絃之分者也或以黃鍾之分爲宮絃全分而本絃七音欲各限以宮絃內七音之分則首音必定以姑洗之律以次分之此宮絃之分因全絃首音定姑洗之律而得宮絃之分者也又或以笛與頭管合字爲今所定倍無射之律爲宮絃全分首音依次分之得下徵絃之分此宮絃之分因全絃首音定以笛之合字而變爲徵絃之分者也依律呂而定絃音則絃度之分隨之潛移依絃度之分命爲七音之次則聲音宮調不與律呂相協此由管律絃度全半生聲取分之不同於是絲樂絃音之旋宮轉調與竹樂管音亦異清濁二均各七調中與管樂有同者有可同者有不可同者同者惟宮調一調五聲二變皆正應可同者商調徵調五聲正應二變借用不可同者角調變徵調羽調變宮調五聲之內清濁相淆如但以絃音奏之而不和以管音祇有四調餘三調皆轉入絃音宮調故周禮大司樂三宮漢志三統皆以三調爲準所謂三統其一天統黃鍾爲宮乃黃鍾宮聲位羽起調姑洗角聲立宮主調是爲宮調也其一人統太簇爲宮乃太簇商聲位羽起調蕤賓變徵立宮主調是爲商調也其一地統林鍾爲宮乃絃音徵分位羽實管音夷則徵聲位羽起調半黃鍾變宮立宮主調是爲徵調也隋志鄭譯云考尋律呂七聲之內三聲乖應當時考較聲律或以管音考核絃音或以絃音考核管音故得四調相和三調乖應即二變調與角調也變徵調與羽調五正聲內祇一聲乖應然羽調猶能自立一調變徵調則轉入宮調聲字至角調變宮調五聲之內二三聲乖應與宮調聲字雷同皆不能成一調也唐志載四宮二十八調率以絃音之分定爲十二律呂之度故有正宮大食高大食之名今即絃音管音

之和不和以辨陽律陰呂之分用合用乃知唐書之二十八調獨取絃音不在管律而古人所用三統實取管音絃音之相和者用之也是以絃音諸樂其要有四一定絃音應某律呂之聲字即得某絃之度分一絃音轉調不能依次遞遷故以宮調爲準有幾弦不移而他絃或緊一音或慢半音遂成一調而各絃七聲之分因之而變一絃音諸調雖無二變而定絃取音必審二變之聲必計二變之分始能得其條貫不然宮調無所取準一絃音宮調惟宮與商徵得與律呂相和爲用餘四調陰陽乖應或淆入宮調聲字不得自成一調即此四者條分縷析則絃音旋宮轉調之法備矣樂之學既微自古言者又歧說繁滋莫衷一是子長孟堅時已異同隋唐登歌雜蘇祇婆龜茲樂以律呂文之神瞽弗世等於詩亡宋人李照和峴范鎭蔡元定之徒稍有志於復古然但資肊驗或且飾以陰陽邪廓之說明鄭世子載堉始以勾股譚律度帝本長疇人術加之以密率基之以實測管音絃分千載之襲謬至是乃定明年書成分三編曰正律審音發明黃鍾起數及縱長體積面冪周徑律呂損益之理管絃律度旋宮之法曰和聲定樂明八音制器之要詳考古今之同異曰協均度曲取波爾都哈兒國人徐日升及意大里亞國人德里格所講聲律節度證以經史所載律呂宮調諸法分配陰陽二均字譜賜名曰律呂正義蘭生廷珍等皆賜及第進官有差既又諭改訂中和樂章聲調曰殿陛所奏中和樂章皆沿明代句有長短體制類詞曾因不雅命大學士陳廷敬等改撰章法皆以四字爲句而樂人未嫻聲調仍以長短句湊拍歌之今考舊調已得宮商節奏其爲和平必使歌章字句亦隨韵逗則章明而宮聲諧其著南書房翰林同大學士詳定以聞是年十一月冬至躬祀圜丘遂用新定樂律五十四年改造圜丘壇金鍾玉磬各十有六五十五年頒中和韶樂於直省文廟剏樂章既改用平而直省仍沿用和至是從禮部請始頒行焉世宗雍正二年定耕耤三十六禾詞耕耤筵宴樂制進筵丹陛樂奏雨暘時若之章進酒管絃樂奏五穀豐登之章進饌清樂奏家給人足之章其辭皆大學士蔣廷錫撰後又定祭時應宮祭風伯廟教坊司作樂祭雷師雲師廟和聲署作樂官民婚嫁品官鼓樂人不得過十二生監軍民不得過八人著爲令高宗即位銳意制作莊親王允祿自聖祖時監修律算三書至是仍典樂事乾隆六年殿陛奏中和韶樂帝覺音律節奏與樂章不協因命和親王弘晝同允祿奏試允祿因言明代舊制樂章以五六七字爲句而音律之節奏隨之樂章音律俱八句故長短相協今殿陛樂若定以四字爲句則與壇廟無殊惟樂章更定大典攸關謂宜會同大學士禮部將樂章十二成詳議令翰林改擬進覽尋大學士鄂爾泰等議樂章十二成內惟淑平順平二成每章八句其十成樂章每章各十句四字而按之音律則每章八句每句六七八字以十句四字樂章和以八句六七八字之音律長短抑揚宜不盡協應將樂章字句按音律之節奏以調和之章酌從八句句無拘四言奏可舊中和樂編鍾內倍夷則四鍾在黃鍾正律之前帝疑其舛兼詢編鍾倍律及設而不作之故於臣工時張照以刑部侍郎副允祿管部名知樂奏言編鍾之制以十六鍾爲一架陽律八爲一懸在上陰律八爲一懸在下陽自陽陰自陰律呂之法必有倍半然後高低清濁具備以成旋宮之用故陽律有倍蕤賓倍夷則倍無射在黃鍾之前有半黃鍾半太簇半姑洗在無射之後陰律則有倍林鍾倍南呂倍應鍾在大呂之前有半大呂半夾鍾半仲呂在應鍾之後倍蕤賓以還則聲過低而啞半仲呂以還則聲過高而促故不用編鍾無倍蕤賓倍林鍾亦無六半律以編鍾具八其音中和已足於用低不至倍蕤賓倍林鍾高不至六半律其序以從低至高濁至清排列爲次倍夷則倍無射當在黃鍾之前倍南呂倍應鍾當在大呂之前與簫管之長短琴弦之巨細爲一例排簫倍夷則倍無射二管在黃鍾之前倍南呂倍應鍾二管在大呂之前琴之倍徵倍羽二絃在宮絃之前若琴絃簫管易位則音不可諧是以編鍾之次第同於絃管又奏編鍾一架上八下八上陽律下陰呂考擊之節南郊廟祀及臨朝大典皆用黃鍾爲宮北郊月壇則用大呂爲宮用黃鍾爲宮則擊上鍾用大呂爲宮則擊下鍾臨朝以下鍾易置於上而擊之非下八鍾不擊也又八鍾原祇七音姑洗爲宮黃鍾起調爲工字倍夷則無射爲變徵太簇爲變宮三鍾不入調是以不擊工字調外則惟二鍾不擊如以太簇爲宮倍無射起調爲尺字則倍夷則無射太簇三鍾皆擊而黃鍾爲變宮夷則爲變徵二鍾又當不擊矣因相沿俱以黃鍾調爲黃鍾宮儒生不知音律謂黃鍾爲聲氣之元萬物之母郊廟朝廷用之吉否則凶不知黃鍾爲宮其第一聲便是下羽除變宮變徵不入調商角徵羽必須迭用若聲聲皆是黃鍾晏子所謂琴瑟專一誰能聽之況大武之樂即是無射爲宮載之國語無射乃陽律之窮而武王用之則十二月各以其律爲宮無所不可亦明矣上是之命如故當是時清興百餘年矣古學萌芽儒者毛奇齡李塨胡彥昇江永輩多著書言樂事考證益邃密帝亦慕簫韶九成之盛制詩緝頌勇於改爲欲以文致太平聖祖時雖編定樂書大氐稽於音律而樂章句逗無譜不與音相應有協律高萬霖者耆年審音改定宮譜然祇壇廟之樂朝會清歌仍踵前繆照遂請續纂律呂書謂前代墜典宜見刊正許之開館纂修仍命允祿監其事未幾館臣上議壇廟樂章字譜天壇太廟朝日壇俱黃鍾爲宮地壇夕月壇大呂爲宮近於南齊祇用黃鍾之說而兼清濁二均及於大呂雖義有可取但編鍾器內必有設而不作者同於隋以前啞鍾之誚我皇上制作定世繼述休明允宜博攷詳稽以襄盛典夫言禮樂必宗成周顧周代遺逸文不足徵所可考者莫如周禮而周禮所載圜鍾爲宮祭天函鍾爲宮祭地黃鍾爲宮祭宗廟之說圜鍾函鍾不知何律鄭康成以圜鍾爲夾鍾函鍾爲林鍾祭地用林鍾義則善矣然林鍾何以又稱函鍾則亦無所據也惟準六樂次第論之有函鍾而無林鍾則知函鍾即林鍾然六樂又有夾鍾無圜鍾其以圜鍾爲夾鍾謂夾鍾生於房心之間房心大辰天帝之明堂則用甘公石申戰代星家之言以解七百年前周公之制度誠非篤詁李光地謂祭天以黃鍾爲宮祭宗廟以圜鍾爲宮圜黃互錯諸儒相承而不知改揆以春禘之文則夾鍾之月也雖若近理然亦出於肊見周禮本言祭天以圜鍾爲宮其下即云黃鍾爲角一章之樂斷無黃鍾既爲宮而又爲角之理六樂次第清濁各一均黃鍾與大呂配祀天神太簇與應鍾配祭地祇姑洗與南呂配祀四望蕤賓與函鍾配祭山川夷則與仲呂配享姜嫄無射與夾鍾配享先祖以律之次第分神之尊卑順律呂同用而清濁之間有同均者有不同均者見諸實用難於施行是以歷代皆欲仰法周制而苦無所憑惟唐貞觀時祖孝孫定爲祭圜丘以黃鍾爲宮方澤以林鍾爲宮宗廟以太簇爲宮朝賀宴饗則隨月用呂爲宮最爲通論蓋黃鍾子位天之統也乾位在亥亥前爲子十二辰之始黃鍾下生林鍾林鍾未位地之統也坤位在申陽順陰逆申前爲未自子至午七律而天之道備自未至丑七律而地之道備故黃鍾屬天林鍾屬地林鍾上生太簇寅位人之統也故以祀宗廟先儒所謂萬物本乎天人本乎祖之義也光地亦稱祖孝孫特有遠識而歷代用樂此最近古臣等愚見謂宜遵聖祖律呂正義所定旋宮轉調之法將地壇樂章改林鍾爲宮太廟樂章改太簇爲宮社稷壇亦地也亦宜改用林鍾爲宮月生於西酉西方正位也又秋分夕月建酉之月也夕月壇宜改用南呂爲宮朝日壇若以日東月西日卯月酉論應用夾鍾爲宮但夾鍾陰而日陽衷以人心屬日之義宜改用太簇爲宮其朝會宴享並應依唐祖孝孫之說各以其月之律爲宮先農壇農事也宜以姑洗爲宮歷代帝王廟孔子廟祭以春秋春夾鍾秋南呂爲宮太歲壇宜以歲始之律太簇爲宮奏上而皇太后皇后升座還宮樂章律呂未定因命禮臣集議允祿議曰皇太后皇后樂章應用律呂博考前典並無明文惟十二律呂皆生於黃鍾故黃鍾爲聲氣之元但既專用於南郊以尊上帝自不便擬用且律協於乾呂協於坤坤元允宜用呂大呂爲黃鍾之呂擬皇太后樂以大呂爲宮禮記天子日也日月東西相從而不已天道也酉爲月之正位援后月之義擬皇后樂以南呂爲宮履親王允祹議曰館臣擬皇太后樂以大呂爲宮皇后樂以南呂爲宮臣愚以爲大呂南呂並是陰呂皇上曾有凡慶賀大典皇太后宮應用陽律之旨舊制一切大典俱以黃鍾爲宮請仍循舊制皇上冬至元旦萬壽三大節皇太后皇后三大節並以黃鍾爲宮帝以大呂者黃鍾之呂也既用黃鍾尊上帝林鍾尊后土太簇尊宗廟而議皇太后樂用大呂大呂之序乃在南呂後皇后樂已用南呂是先於皇太后也又方澤壇用蕤賓之呂林鍾爲宮而社稷亦宜有別因命重議於是館臣請定皇太后樂用南呂爲宮社稷壇祭以春秋二仲月上戊宜以夾鍾南呂爲宮從之七年允祿等又奏太皇太后升座還宮用中和韶樂行禮用丹陛樂與皇帝同而皇太后皇后俱用丹陛樂考諸掌儀司自來升座還宮並用中和韶樂緣陳廷敬撰擬樂章之時以皇太后皇后不敢同於太皇太后便以丹陛名之請仍復舊各爲樂章尋定皇太后御慈甯宮升座中和韶樂奏豫平皇帝率諸王羣臣行禮丹陛大樂奏益平還宮中和韶樂奏履平皇后率皇貴妃貴妃妃嬪及公主福晉命婦至宮行禮並同皇帝三大節臨軒還宮御內殿升座中和韶樂奏元平皇后率皇貴妃貴妃妃嬪行禮丹陛大樂奏雍平降座中和韶樂奏和平皇后三大節升座中和韶樂奏淑平行禮丹陛大樂奏正平降座中和韶樂奏順平皇帝筵宴進茶賜茶丹陛清樂奏海宇昇平日進酒賜酒奏玉殿雲開進饌賜食中和清樂奏萬象清甯皇太后三大節升座還宮行禮與慶賀同筵宴進茶進酒進饌所奏歌詞與皇帝同時山東道監察御史徐以升奏言古有雩祭之典所以爲百穀祈膏雨也其制則爲壇於南郊之旁我朝禮制具備惟雩祭未有壇壝乞勅下禮臣博求典故詳考制度倣古龍見而雩之禮擇地立壇帝下其章大學士鄂爾泰等議曰孟夏之月蒼龍宿見東

方爲百穀祈膏雨故龍見而雩晉永和中依郊壇制爲雩壇祈上帝百辟旱則祈雨唐時雩祀於南郊後行雩禮於圜丘歷代京師孟夏後旱雩之禮皆七日一祈唐制斟酌最善臣等酌議宜倣其制古大雩用舞童二佾衣玄衣各執羽翳歌雲漢之詩今皇上倣雲漢體御製詩歌八章聖念懇誠宸章剴切應用舞童十六人玄衣八列執羽翳終獻樂止贊者贊舞童歌詩歌畢乃望燎令掌儀司選聲音清亮者充之羽翳依周禮皇舞之式禮儀與孟夏常雩同上帝社稷宗廟太歲壇俱舊有樂章惟神祇壇闕應勅律呂館撰進乃定雩祀天神從圜丘以黃鐘爲宮地祇從方澤以林鍾爲宮樂用七成迎神奏祈豐奠帛奏華豐初獻奏安豐亞獻奏興豐終獻奏儀豐徹饌奏和豐送神奏錫豐是年始專設樂部凡太常寺神樂觀所司祭祀之樂和聲署掌儀司所司朝會宴饗之樂鑾儀衞所司鹵簿諸樂均隸焉以禮部內務府大臣及各部院大臣諳曉音律者總理之設署正署丞侍從待詔供奉供用官敔手樂工總曰署吏而以所司樂器別其目鐘曰司鐘磬曰司磬琴瑟笙簫亦如之又禁道士充太常寺樂員初明樂舞生多選道童世祖定都沿而用之羽流慢褻識者慨焉至是其弊始革既又從館臣言定耕耤之樂耕耤前期進種導迎樂前導至日和聲署率屬鵠立綵棚南（綵棚之制後二十三年裁）歌禾辭者十四人司鑼司鼓司版司笛笙簫者各六人搴綵旗者五十人祭畢行耕耤禮禮成導迎樂作駕詣齋宮內門樂止中和韶樂作皇帝御後殿樂止報終畝中和韶樂作皇帝御齋宮升座樂止羣臣慶賀行禮丹陛大樂作進茶賜茶中和韶樂作皇帝乘輦出宮和聲署鹵簿大樂並作筵宴進茶賜茶改兩賜時若爲喜春光進酒賜酒改五穀豐登爲雲和迭奏進饌賜饌改家給人足爲風和日麗升座還宮樂章與三月常朝同羣臣行禮丹陛樂章與元旦同又定祀先蠶樂章器用方響十有六雲鑼瑟杖鼓拍版各二琴四簫笛笙各六建鼓一皇后採桑歌器用金鼓拍版二簫笛笙六遣官致祭樂章與躬祀同又定賜衍聖公宴樂章奏洙泗發源長正一眞人宴奏上清碧落文進士宴奏啟天門武進士奏和气洽鄉飲酒禮歌鹿鳴四牡皇皇者華三章笙御製補南陔白華華黍三章間歌魚麗南有嘉魚南山有臺三章笙御製補由庚崇邱由儀三章合樂周南關雎葛覃卷耳三章召南鵲巢采蘩采蘋三章八年九月高宗東巡狩至盛京儀仗具馬上鼓吹導引翼日設丹陛大樂於兩樂亭禮部設龍亭置慶賀表用導迎樂上御崇政殿升座中和韶樂奏元平諸王大臣行禮宣表丹陛大樂奏慶平朝鮮陪臣朝賀丹陛大樂奏治平頒詔賜茶中和韶樂奏和平是日崇政殿筵宴所奏中和丹陛清樂與太和殿筵宴同改瑪克式舞爲慶隆之舞又增世德之舞旋定樂舞內大小馬護爲揚烈舞舞人所騎竹馬爲禺馬馬護爲面具大臣起舞上壽爲喜起舞歌章者曰司章騎竹馬曰司舞搊琵琶曰司琵琶彈絃子曰司三絃彈箏曰司箏劄節曰司節拍版曰司拍拍掌曰司抃九年親幸翰林院詔樂部設樂升座奏隆平掌院大學士率百官行禮奏慶平進茶賜茶奏文物京華盛進御筵宴奏玉署延英進酒賜酒奏延閣雲濃百官謝恩奏慶平還宮奏顯平是年裁太常寺司樂人六增設天神地祇壇樂器論禮臣除夕保和殿筵宴蒙古王等先進蒙古樂曲次慶隆舞元旦太和殿筵宴王大臣互易用之著爲令帝自御宇樂制屢易因革損益悉出睿裁羣臣希旨務爲補苴非有張乾龜萬寶常之識也帝思隆巍煥遂特詔釐定朝會宴饗諸樂章自七年定郊廟祭祀諸樂章至十一年始成朝會皇帝元旦中和樂升座元平還宮和平冬至中和樂升座遂平還宮允平萬壽中和樂升座乾平還宮泰平上元中和樂升座怡平還宮昇平常朝中和樂升座隆平還宮顯平內廷行禮丹陛樂雝平諸王百官行禮丹陛樂慶平外藩丹陛樂治平皇太后三大節中和樂升座豫平還宮履平丹陛樂益平皇后三大節中和樂升座淑平還宮順平丹陛樂正平郊廟圜丘迎神始平奠玉帛景平進俎咸平初獻壽平亞獻嘉平終獻永平徹饌熙平送神清平望燎太平方澤迎神中平奠玉帛廣平進俎含平初獻大平亞獻安平終獻時平徹饌貞平送神望瘞甯平祈穀迎神祈平奠玉帛綏平進俎萬平初獻寶平亞獻穰平終獻瑞平徹饌渥平送神滋平望燎穀平雩祭迎神靄平奠玉帛雲平進俎需平初獻霖平亞獻靄平終獻霑平徹饌靈平送神灑平望燎霈平太廟時饗迎神貽平奠帛初獻敉平亞獻敷平終獻紹平徹饌光平送神還宮望燎乂平祫祭迎神開平奠帛初獻肅平亞獻協平終獻裕平徹饌誠平送神還宮望燎成平社稷迎神登平奠帛初獻茂平亞獻育平終獻敦平徹饌博平送神樂平望瘞徹平社稷壇祈雨報祀迎神延豐奠帛初獻介豐亞獻滋豐終獻霈豐徹饌綏豐送神貽豐望瘞博豐朝日迎神寅曦奠玉帛朝曦初獻清曦亞獻咸曦終獻純曦徹饌延曦送神歸曦夕月迎神迎光奠帛初獻升光亞獻瑤光終獻瑞光徹饌涵光送神保光歷代帝王迎神肇平奠帛初獻興平亞獻崇平終獻恬平徹饌淳平送神望燎匡平先師迎神昭平奠帛初獻宣平亞獻秩平終獻敍平徹饌懿平送神德平先農迎神永豐奠帛初獻時豐亞獻咸豐終獻大豐徹饌屢豐送神報豐望瘞慶豐先蠶迎神庥平奠帛初獻承平亞獻均平終獻齊平徹饌柔平送神洽平天神地祇迎神祈豐奠帛初獻華豐亞獻興豐終獻儀豐徹饌和豐送神錫豐太歲迎神保平奠帛初獻定平亞獻嘏平終獻富平徹饌盈平送神豐平太歲壇祈雨報祀迎神需豐奠帛初獻宜豐亞獻晉豐終獻協豐徹饌應豐送神治豐皇帝祭壇廟還宮導迎樂祐平慶典導迎樂禧平其詞皆命儒臣重撰天子親裁之分刌而節比合則仍其故不合則易其辭更其調視舊章增損有加而律呂正義後編亦於是年書成曰祭祀樂曰朝會樂曰宴饗樂曰導迎樂曰行幸樂更參稽前代因革損益之異爲樂器考樂制考樂章考度量權衡考復推闡聖祖所以審音定樂制器協均者爲樂問三十五篇大氏詳於宮譜而於律呂之原管音絃度之分合一遵聖祖無所創也帝自製序以冠之十三年二月東巡山左祭岱嶽大學士等上言泰山向不用樂考周禮大司樂奏蕤賓歌函鐘舞大夏以祭山川今特舉盛典秩於岱宗請遵古用樂樂章飭部撰擬於是詔樂章六奏用豐十月張廣泗訥親討金川久無功上特命大學士傅恒爲經略出師行授鉞禮是日御太和殿陳法駕鹵簿樂器如常儀升座中和韶樂奏隆平經略跪受勅印行禮丹陛大樂奏慶平經略隨奉勅印大臣由東階下樂止上還宮中和韶樂奏顯平禡日建八旗大纛於堂子內門外之南軍士執螺角列竣上輿出宮樂陳而不作至紅椿聲螺角上入自街門降輿螺止行禮復聲螺轟前行禮畢出至紅椿螺止導迎樂作駕至東長安門外御武帳升座賜經略酒從征官皆跪辭啟行還宮導迎樂作明年凱旋賜宴豐澤園駕御帳殿進茶賜茶奏景運乾坤泰掌儀司奏聖德誕敷進饌奏日耀中天其後兆惠平定西域阿桂再克金川凱旋皆用此禮改景運乾坤泰爲聖武光昭世聖德誕敷爲禹甸遐通日耀中天爲聖治遐昌改德隆舞爲德勝之舞中和樂章皆增武成慶語以旁膺績上又自作凱歌三十章增鐃歌十六章郊勞時奏之聲容斎庬邁隆古矣二十六年江西撫臣奏得古鐘十一圖以進上示廷臣定爲鎛鐘命依鍾律尺度鑄造十二律鎛鐘備中和特懸既成帝自製銘允祿等又請造特磬十二虡與鎛鐘配鑿和闐玉爲之三十三年定關帝廟樂章迎神送神三獻章各一四十五年八月高宗七旬萬壽增喜起舞樂九章自是凡有大慶典則增製樂章以爲常五十二年命皇子永瑢與鄭奕孝莊存與重定詩經樂譜糾鄭世子載堉之謬五十八年又命樂部肄演安南廓爾喀粗緬甸細緬甸諸樂故清之樂終帝之世凡數變仁宗嘉慶元年增製太上皇帝三大節御殿中和韶樂二章丹陛大樂一章宮中行禮丹陛大樂一章筵宴中和清樂一章丹陛清樂二章慶隆舞樂九章又增皇極殿千叟宴太上皇帝御殿中和韶樂二章自後臨雍幸翰林院文昌廟社稷壇祈晴及萬壽節皆增製樂章八年命筵宴停止安南樂十四年元旦太和殿筵宴命演朝鮮回部金川緬甸樂舞等項遇慶隆舞喜起舞即以承應又增隊舞大臣四人歲如故事宣文之世垂衣而治宮懸徒爲具文雖有增創無關宏典德宗光緒末年倣歐羅巴美利堅諸邦製軍樂又升先師大祀增佾舞之數及更定國歌制作屢載不定以汔於遜國多未施行

清史稿

樂志二

十二律呂尺度

黃鐘　古尺徑三分三釐八毫五絲一忽長九　釐四毫一絲九忽長七寸二分九釐積　一十毫容黍　一千二百粒

大呂　古尺徑三分三釐八毫五絲一忽長八　毫之二百三十九積七百五十八分五　尺徑二分七釐四毫一絲九忽長六寸八分　二積四百零三分一百零七釐八百四十毫

太簇　古尺徑三分三釐八毫五絲一忽長八　釐四毫一絲九忽長六寸四分八釐積　百二十毫容黍一　千零六十七粒

夾鐘　古尺徑三分三釐八毫五絲一忽長七　七分毫之一千一百八十三積六百七　三毫奇今尺徑二分七釐四毫一絲九忽長　毫之四積三百五十八分三百一十八釐零

姑洗　古尺徑三分三釐八毫五絲一忽長七　六百四十分今尺徑二分七釐四毫一　四十分一百二十釐二百　四十毫容黍九百四十八粒

仲呂古尺徑三分三釐八毫五絲一忽長六寸六分五釐九毫一萬九千六百八十三分毫之二千九百零三積五百九十九分三百二十三釐二百七十三毫奇今尺徑一分七釐四毫一絲九忽長五寸三分九釐三毫二百四十三分毫之二百十一積三百一十八分五百零四釐九百六十毫容黍八百八十八粒

蕤賓古尺徑三分三釐八毫五絲一忽長六寸三分二釐〇毫八十一分毫之[illegible]積[illegible]百六十八分八百八十八釐八百八十八毫奇今尺徑二分七釐四毫一絲九忽長五寸一分二釐積三百零二分三百[illegible]十釐八百八十毫容黍八百四十三粒

林鍾古尺徑三分三釐八毫五絲一忽長六寸積五百四十分今尺徑二分七釐四毫一絲九忽長四寸八分六釐積二百八十六分九百七十八釐一百四十毫容黍八百粒

夷則古尺徑三分三釐八毫五絲一忽長五寸六分一釐八毫七百二十九分毫之四百七十八積五百零五分六百七十九釐零一十二毫奇今尺徑二分七釐四毫一絲九忽長四寸五分五釐一毫九分毫之一積百六十八分七百三十八釐五百六十毫容黍七百四十九粒

南呂古尺徑三分三釐八毫五絲一忽長五寸三分三釐三毫三分毫之一積四百八十分今尺徑二分七釐四毫一絲九忽長四寸三分二釐積二百五十五分零九十[illegible]釐六百八十毫容黍七百一十一粒

無射古尺徑三分三釐八毫五絲一忽長四寸九分九釐四毫六千五百六十一分毫之二千二百六十六積四百四十九分四百九十二釐四百五十五毫奇今尺徑二分七釐四毫一絲九忽長四寸〇分四釐五毫八十一分毫之三十五積二百三十八分八百七十八釐七百二十毫容黍六百六十六粒

應鍾古尺徑三分三釐八毫五絲一忽長四寸七分四釐〇毫二十七分毫之二十積四百二十六分六百六十六釐六百六十六毫奇今尺徑二分七釐四毫一絲九忽長三寸八分四釐積二百二十六分七百四十八釐一百六十毫容黍六百三十二粒

七音清濁

倍蕤賓　下徵乙字　　倍林鍾　清下徵高乙字

倍夷則　下羽上字　　倍南呂　清下羽高上字

倍無射　變宮尺字　　倍應鍾　清變宮高尺字

黃鍾　宮聲工字　　大呂　清宮高工字

太簇　商聲凡字　　夾鍾　清商高凡字

姑洗　角聲六字　　仲呂　清角高六字

蕤賓　變徵五字　　林鍾　清變徵高五字

夷則　徵聲乙字　　南呂　清徵高乙字

無射　羽聲上字　　應鍾　清羽高上字

半黃鍾　變宮尺字　　半大呂　清變宮高尺字

半太簇　少宮工字　　半夾鍾　清少宮高工字

半姑洗　少商凡字　　半仲呂　清少商高凡字

黃鍾同形管聲同形管周徑積分表繁詳正長不列

八倍黃鍾之管　黃鍾宮聲工字　正黃鍾之管

七倍黃鍾之管　大呂清宮高工　黃鍾八分之七之管

六倍黃鍾之管　太簇商聲凡字　黃鍾八分之六之管

五倍黃鍾之管　夾鍾清商高凡　黃鍾八分之五之管

四倍黃鍾之管　姑洗角聲六字　黃鍾八分之四即二分之一之管

三倍半黃鍾之管　仲呂清角高六　黃鍾八分之三分半之管

三倍黃鍾之管　蕤賓變徵五字　黃鍾八分之三之管

二倍半黃鍾之管　林鍾清變徵高五　黃鍾八分之二分半之管

二倍加四分之一黃鍾之管　夷則徵聲乙字　黃鍾八分之二又加此一分之四分之一之管

二倍黃鍾之管　南呂清徵高乙　黃鍾八分之二即四分之一之管

正加四分之三黃鍾之管　無射羽聲上字　黃鍾八分之一又加此一分之四分之三之管

正加半黃鍾之管　應鍾清羽高上　黃鍾八分之一又加此一分之四分之二之管

正加四分之一黃鍾之管　半黃鍾變宮尺字　黃鍾八分之一又加此一分之四分之一之管

正加八分之一黃鍾之管　半大呂清變宮高尺　黃鍾八分之一又加此一分之八分之一之管

正黃鍾之管　半太簇宮聲工字　黃鍾八分之一之管

樂之節奏成於聲調聲調也者五聲二變之七音調也者所以調七音而互相爲用者也聲調之原本自旋宮因管律絃度七音取分之不同而旋宮異古旋宮之法合竹與絲並著之自隋以來獨以絃音發明五聲之分律呂旋宮遂失其傳夫旋宮者十二律呂皆可爲宮立一均之主各統七聲而十二律呂皆可爲五聲二變也聲調者聲自爲聲調自爲調而調又有主調起調轉調之異故以轉調合旋宮言之名爲宮調五聲二變旋於清濁二均之一十四聲則成九十八聲此全音也然調雖以宮爲主而宮又自爲宮調又自爲調如宮立一均之主而下羽之聲又大於宮故爲調之首古所謂宮逐羽音是也羽主調宮立宮一均七聲之位定則當二變者不起調而與調首音不合者亦不起調蓋以羽起調徵在其前變宮居其後二音與羽相近得聲淆雜而變徵爲第六音亦與羽首音不合此所以當二變之位與五正聲當徵位者俱不得起調也至於止調亦取本調相合可以起調之聲終之當二變與徵位者亦不用焉其立羽位調首之音自本聲起者即爲本調首音與五音爲羽與角次相合首音與三音爲羽與宮又次相合且均調相應首音與四音爲羽與商轉相合可出入故本調爲一調自宮位起者爲一調自角位起者爲一調自商位起者復爲一調自羽位宮位角位起者爲正自商位起者爲假借故曰可出入如曲中所謂與某宮某調相出入者是也轉相合者下羽之調首至角爲第五位商之第三音至正羽第八音亦五位也一均四調七均二十八調合清濁之一十四均則爲五十六調樂工度曲七調相轉之法四字起四爲正調樂工轉調皆用四字調爲準以四乙上尺工凡六七列位視某字當四字位者名爲某調一如五聲二變還轉旋宮之法以四字當羽位爲起調處也乙字起四爲乙字調上字起四爲上字調尺字起四爲尺字調工字起四爲工字調凡字起四爲凡字調合字起四爲合字調此指管孔言四字調乙凡不用乙字調上六不用上字調尺五不用尺字調工乙不用工字調凡上不用凡字調合尺不用合字調五工不用即如羽聲主調當變宮變徵聲者不用也又四字調乙凡不得起調而六字亦不得起調即如羽聲當羽位主調二變不得起調而徵聲亦不得起調也此七調之七字相轉即五聲二變之旋相爲宮宮調聲字實爲一體析而言之則有四科一曰七聲定位以五聲二變立一定之位自下羽至正羽共列爲八顯明隔八相生之理視下羽位聲字律呂知其爲某宮之某調視宮位聲字律呂知其爲某調之某宮視二變位知某聲字某律呂之當避二曰旋宮主調以五聲二變旋於七聲定位之下亦分八位如羽聲立下羽之下宮聲立宮位之下則爲宮聲立宮而羽聲主調又如商聲立下羽之下變徵立宮位之下則爲變徵立宮而商聲主調三曰和聲起調以十二律呂兼倍半以備用按所生之音各隨其均序於旋宮之下仍以調主相和之聲所起各調注本律本呂之下以正各調之名如黃鍾立宮則夷則立下羽之位以主調倍無射正蕤賓當二變不起調正夷則立徵位亦不起調故用倍夷則起調者爲正羽調起黃鍾宮聲爲正宮起太簇商聲爲正商起姑洗角聲爲正角此正宮之四調也大呂立宮則倍南呂立下羽之位主調用以起調者爲清羽調起大呂宮聲爲清宮起夾鍾商聲爲清商起仲呂角聲爲清角此清宮之四調也其餘立宮主調皆依此例四曰樂音字色以律呂簫笛所命字色隨聲調而序其次列於律呂之下如黃鍾爲工字而簫應黃鍾者爲工字笛應黃鍾者爲五字皆注於黃鍾本律之下大呂爲高工字而簫之高工笛之高五亦皆注於大呂本律之下其立羽位之字即爲主調其立宮位之字即爲立宮其當二變之位則不用當徵位者亦不以起調以此四科列爲表旋宮轉聲主調起調之理犁然矣

黃鍾宮聲立宮倍夷則下羽主調爲上字調

七聲定位	旋宮主調	律管	簫	笛	起調
下羽	下羽	倍夷則	上	凡	正羽調
變宮	變宮	倍無射	尺	合	不起調
宮	宮	黃鍾	工	四	正宮
商	商	太簇	凡	乙	正商
角	角	姑洗	合	上	正角
變徵	變徵	蕤賓	四	尺	不起調
徵	徵	夷則	乙	工	不起調
羽	羽	無射	上	凡	同調首

大呂清宮倍南呂清下羽主調爲高上調

七聲定位	旋宮主調	呂管	簫	笛	起調
下羽	清下羽	倍南呂	上	凡	清羽調
變宮	清變宮	倍應鍾	尺	六	不起調
宮	清宮	大呂	工	五	清宮
商	清商	夾鍾	凡	乙	清商
角	清角	仲呂	六	上	清商
變徵	清變徵	林鍾	五	尺	不起調
徵	清徵	南呂	乙	工	不起調
羽	清羽	應鍾	上	凡	同調首

太簇商聲立宮倍無射變宮主調爲尺字調

七聲定位	旋宮主調	律管	簫	笛	起調
下羽	變宮	倍無射	尺	合	變宮調
變宮	宮	黃鍾	工	四	不起調
宮	商	太簇			
商	角	姑洗	合	上	姑洗商
角	變徵	蕤賓	四	尺	商角
變徵	徵	夷則	乙	工	不起調
徵	羽	無射	上	凡	不起調
羽	變宮	倍無射半黃鍾	尺	六	同調首

夾鍾清商立宮倍應鍾清變宮主調爲高尺調

七聲定位	旋宮主調	呂管	簫	笛	起調
下羽	清變宮	倍應鍾	尺	六	清變宮調
變宮	清宮	大呂	工	五	不起調
宮	清商	夾鍾	凡	乙	清商宮
商	清角	仲呂	六	上	仲呂商
角	清變徵	林鍾	五	尺	清商角
變徵	清徵	南呂	乙	工	不起調
徵	清羽	應鍾	上	凡	不起調
羽	清變宮	倍應鍾半大呂	尺	六	同調首

姑洗角聲立宮黃鍾宮聲主調爲工字調

七聲定位	旋宮主調	律管	簫	笛	起調
下羽	宮	黃鍾	工	四	宮調
變宮	商	太簇	凡	乙	不起調
宮	角	姑洗	合	上	角宮
商	變徵	蕤賓	四	尺	角商
角	徵	夷則	乙	工	夷則角
變徵	羽	無射	上	凡	不起調
徵	變宮	倍無射半黃鍾	尺	六	不起調
羽	宮	黃鍾	工	五	同調首

仲呂清角立宮大呂清宮主調爲高工調

七聲定位	旋宮主調	呂管	簫	笛	起調
下羽	清宮	大呂	工	五	清宮調
變宮	清商	夾鍾	凡	乙	不起調
宮	清角	仲呂	六	上	清角宮
商	清變徵	林鍾	五	尺	清角商
角	清徵	南呂	乙	工	南呂角
變徵	清羽	應鍾	上	凡	不起調
徵	清變宮	倍應鍾半大呂	尺	六	不起調
羽	清宮	大呂	工	五	同調首

蕤賓變徵立宮太簇商聲主調爲凡字調

七聲定位	旋宮主調	律管	簫	笛	起調
下羽	商	太簇	凡	乙	商調
變宮	角	姑洗	合	上	不起調
宮	變徵	蕤賓	四	尺	變徵宮
商	徵	夷則	乙	工	變徵商
角	羽	無射	上	凡	變徵角
變徵	變宮	倍無射半黃鍾	尺	六	不起調
徵	宮	黃鍾	工	五	不起調
羽	商	太簇	凡	乙	同調首

林鍾清變徵立宮夾鍾清商主調爲高凡調

七聲定位	旋宮主調	呂管	簫	笛	起調
下羽	清商	夾鍾	凡	乙	清商調
變宮	清角	仲呂	六	上	不起調
宮	清變徵	林鍾	五	尺	清變徵宮
商	清徵	南呂	乙	工	清變徵商
角	清羽	應鍾	上	凡	清變徵角
變徵	清變宮	倍應鍾半大呂	尺	六	不起調
徵	清宮	大呂	工	五	不起調
羽	清商	夾鍾	凡	乙	同調首

夷則徵聲立宮姑洗角聲主調爲合字調

七聲定位	旋宮主調	律管	簫	笛	起調
下羽	角	姑洗	合	上	角調
變宮	變徵	蕤賓	四	尺	不起調
宮	徵	夷則	乙	工	徵宮
商	羽	無射	上	凡	徵商
角	變宮	倍無射半黃鍾	尺	六	徵角
變徵	宮	黃鍾	工	五	不起調
徵	商	太簇	凡	乙	不起調
羽	角	姑洗	六	上	同調首

南呂清徵立宮仲呂清角主調爲高六調

七聲定位	旋宮主調	呂管	簫	笛	起調
下羽	清角	仲呂	六	上	清角調
變宮	清變徵	林鍾	五	尺	不起調
宮	清徵	南呂	乙	工	清徵宮
商	清羽	應鍾	上	凡	清徵商
角	清變宮	倍應鍾半大呂	尺	六	清徵角
變徵	清宮	大呂	工	五	不起調
徵	清商	夾鍾	凡	乙	不起調
羽	清角	仲呂	六	上	同調首

無射羽聲立宮蕤賓變徵主調爲四字調

七聲定位	旋宮主調	律管	簫	笛	起調
下羽	變徵	蕤賓	四	尺	變徵調
變宮	徵	夷則	乙	工	不起調
宮	羽	無射	上	凡	羽宮
商	變宮	倍無射半黃鍾	尺	六	羽商
角	宮	黃鍾	工	五	羽角
變徵	商	太簇	凡	乙	不起調
徵	角	姑洗	六	上	不起調
羽	變徵	蕤賓	五	尺	同調首

應鍾清羽立宮林鍾清變徵主調爲高五調

七聲定位	旋宮主調	呂管	簫	笛	起調
下羽	清變徵	林鍾	五	尺	清變徵調
變宮	清徵	南呂	乙	工	不起調
宮	清羽	應鍾	上	凡	清羽宮
商	清變宮	倍應鍾半大呂	尺	六	清羽商
角	清宮	大呂	工	五	清羽角
變徵	清商	夾鍾	凡	乙	不起調
徵	清角	仲呂	六	上	不起調
羽	清變徵	林鍾	五	尺	同調首

倍無射變宮立宮夷則徵聲主調爲乙字調

七聲定位	旋宮主調	律管	簫	笛	起調
下羽	徵	夷則	乙	工	徵調
變宮	羽	無射	上	凡	不起調
宮	變宮	倍無射半黃鍾	尺	六	變宮宮
商	宮	黃鍾	工	五	變宮商
角	商	太簇	凡	乙	變宮角
變徵	角	姑洗	六	上	不起調
徵	變徵	蕤賓	五	尺	不起調
羽	徵	夷則	乙	工	同調首

倍應鍾清變宮立宮南呂清徵主調爲高乙調

七聲定位	旋宮主調	呂管	簫	笛	起調
下羽	清徵	南呂	乙	工	清徵調
變宮	清羽	應鍾	上	凡	不起調
宮	清變宮	倍應鍾半大呂	尺	六	清變宮宮
商	清宮	大呂	工	五	清變宮商
角	清商	夾鍾	凡	乙	清變宮角
變徵	清角	仲呂	六	上	不起調
徵	清變徵	林鍾	五	尺	不起調
羽	清徵	南呂	乙	工	同調首

紘音合律呂立論者始自淮南子淮南本之管子管子曰凡將起五音凡首先主一而三之四開以合九九以是生黃鍾小素之首以成宮三分而益之以一爲百有八爲徵不無有三分而去其乘適足以是生商有三分而復於其所以是成羽有三分去其乘適足以是成角夫審紘音無論某紘之全分定爲首音因而半之半分爲二其聲既與首音相合而爲第八音矣次以首音之全分四而四之去其一分而用其三分其聲應於全分首音之第四音此度乃全分首音與半分八音之間又平分爲二分之度是即管子所謂凡將起五音凡首先主一而三之者以全分首音一分度爲主

而以三因之其數大於全分爲三倍也四閒以合九九者以三倍全分之數四分而取其一以合九九八十一之度爲宮聲之分也小素云者素白練乃熟絲即小絃之謂言此度之聲立爲宮位其小於此絃之他絃皆以是爲主故曰以是生黃鍾小素之首以成宮也以八十一三分益一爲百有八爲徵乃此絃首音全分之度此宮絃上生下徵之數於是以百有八三分去一爲七十二是爲商商七十二三分益一爲九十六是爲羽羽九十六三分去一爲六十四是爲角司馬氏律書徵羽之數小於宮而管子徵羽之數大於宮者用徵羽之倍數所謂下徵下羽也首絃起於下徵即白虎通絃音尚徵之義今由三分損益之法詳推其數黃鍾正徵上生皆得七十二爲正商正商上生得九十六爲下羽下生得四十八爲正羽下羽正羽皆得六十四爲正角正角上生得八十五小餘三三爲下於宮音之變宮下生得四十二小餘六六爲高於羽音之變宮下於宮音之變宮高於羽音之變宮皆得五十六小餘八八爲變徵是爲濁均變徵上生得七十五小餘八五爲清宮清宮上生得一百有一小餘一三爲清下徵下生得五十小餘五六爲清徵清下徵清徵皆得六十七小餘四二爲清商清商上生得八十九小餘八九爲清下羽下生得四十四小餘九四爲清羽清下羽清羽皆得五十九小餘九三爲清角清角上生得七十九小餘九一爲下於清宮之清變宮下生得三十九小餘三三爲高於清羽之清變宮下於清宮之清變宮高於清羽之清變宮皆得五十三小餘二七爲清變徵是爲清均凡宮至商商至角角至變徵徵至羽羽至變宮皆得全分而變徵至徵變宮至宮則祇半分管子起音篇司馬氏律書皆五聲之正淮南子始載二變之數但不當以十二律呂名之猶足取者則二變之度分與二變之比於正音一爲和一爲謬之說也所謂應鍾即絃音之變宮度也所謂蕤賓即絃音之變徵度也絃音變宮之在下徵第一絃爲第三音居第三位即如宮絃之角聲第三位音雖不同而分則恰值正聲之度故曰姑洗生應鍾比於正音爲和也變徵之在下徵第一絃爲第七音居第七位即如宮絃之變宮第七位音亦不同而分則皆爲變聲之度故曰應鍾生蕤賓不比正音爲繆也五聲二變之清濁定絃音各分之等差今列於表

首絃首音起於下徵全度一百八分二音下羽得全度一百八分之九十六三音變宮得全度一百八分之八十五小餘三三四音正宮得全度一百八分之八十一五音正商得全度一百八分之七十二六音正角得全度一百八分之六十四七音變徵得全度一百八分之五十六小餘八八八音正徵得全度一百八分之半爲五十四

二絃首音起清下徵全度一百一分小餘一三二音清下羽得全度一百一分之八十九小餘八九三音清變宮得全度一百一分之七十九小餘九一四音清宮得全度一百一分之七十五小餘八五五音清商得全度一百一分之六十七小餘四二六音清角得全度一百一分之五十九小餘九三七音清變徵得全度一百一分之五十三小餘二七八音清徵得全度一百一分之半爲五十小餘五六

三絃首音起於下羽全度九十六分二音變宮得全度九十六分之八十五小餘三三三音正宮得全度九十六分之八十一四音正商得全度九十六分之七十二五音正角得全度九十六分之六十四六音變徵得全度九十六分之五十六小餘八八七音正徵得全度九十六分之五十四八音正羽得全度九十六分之半爲四十八

二絃首音起清下羽全度八十九分小餘八九二音清變宮得全度八十九分之七十九小餘九一三音清宮得全度八十九分之七十五小餘八五四音清商得全度八十九分之六十七小餘四二五音清角得全度八十九分之五十九小餘九三六音清變徵得全度八十九分之五十三小餘二七七音清徵得全度八十九分之五十小餘五六八音清羽得全度八十九分之半爲四十四小餘九四

三絃首音起於變宮全度八十五分小餘三三二音正宮得全度八十五分之八十一二音正商得全度八十五分之七十二四音正角得全度八十五分之六十四五音變徵得全度八十五分之五十六小餘八八六音正徵得全度八十五分之五十四七音正羽得全度八十五分之四十八八音少變宮得全度八十五分之半爲四十二小餘六六

三絃首音起清變宮全度七十九分小餘九一二音清宮得全度七十九分之七十五小餘八五三音清商得全度七十九分之六十七小餘四二四音清角得全度七十九分之五十九小餘九三五音清變徵得全度七十九分之五十三小餘二七六音清徵得全度七十九分之五十小餘五六七音清羽得全度七十九分之四十四小餘九四八音清少變宮得全度七十九分之半爲三十九小餘九五

四絃首音起於正宮全度八十一分二音正商得全度八十一分之七十二三音正角得全度八十一分之六十四四音變徵得全度八十一分之五十六小餘八八五音正徵得全度八十一分之五十四六音正羽得全度八十一分之四十八七音少變宮得全度八十一分之四十二小餘六六八音少宮得全度八十一分之半爲四十小餘五

四絃首音起於清宮全度七十五分小餘八五二音清商得全度七十五分之六十七小餘四二三音清角得全度七十五分之五十九小餘九三四音清變徵得全度七十五分之五十三小餘二七五音清徵得全度七十五分之五十小餘五六六音清羽得全度七十五分之四十四小餘九四七音清少變宮得全度七十五分之三十九小餘九五八音清少宮得全度七十五分之半爲三十七小餘九二

五絃首音起於正商全度七十二分二音正角得全度七十二分之六十四三音變徵得全度七十二分之五十六小餘八八四音正徵得全度七十二分之五十四五音正羽得全度七十二分之四十八六音少變宮得全度七十二分之四十二小餘六六七音少宮得全度七十二分之四十小餘五八音少商得全度七十二分之半爲三十六

五絃首音起清商全度六十七分小餘四二二音清角得全度六十七分之五十九小餘九三三音清變徵得全度六十七分之五十三小餘二七四音清徵得全度六十七分之五十小餘五六五音清羽得全度六十七分之四十四小餘九四六音清少變宮得全度六十七分之三十九小餘九五七音清少宮得全度六十七分之三十七小餘九二八音清少商得全度六十七分之半爲三十三小餘七一

六絃首音起於正角全度六十四分二音變徵得全度六十四分之五十六小餘八八三音正徵得全度六十四分之五十四四音正羽得全度六十四分之四十八五音少變宮得全度六十四分之四十二小餘六六六音少宮得全度六十四分之四十小餘五七音少商得全度六十四分之三十六八音少角得全度六十四分之半爲三十二

六絃首音起於清角全度五十九分小餘九三二音清變徵得全度五十九分之五十三小餘二七三音清徵得全度五十九分之五十小餘五六四音清羽得全度五十九分之四十四小餘九四五音清少變宮得全度五十九分之三十九小餘九五六音清少宮得全度五十九分之三十七小餘九二七音清少商得全度五十九分之三十三小餘七一八音清少角得全度五十九分之半爲二十九小餘九六

七絃首音起於變徵全度五十六分小餘八八二音正徵得全度五十六分之五十四三音正羽得全度五十六分之四十八四音少變宮得全度五十六分之四十二小餘六六五音少宮得全度五十六分之四十小餘五六音少商得全度五十六分之三十六七音少角得全度五十六分之三十二八音少變徵得全度五十六分之半爲二十八小餘四四

七絃首音起於清變徵全度五十三分小餘二七二音清徵得全度五十三分之五十小餘五六三音清羽得全度五十三分之四十四小餘九四四音清少變宮得全度五十三分之三十九小餘九五五音清少宮得全度五十三分之三十七小餘九二六音清少商得全度五十三分之三十三小餘七一七音清少角得全度五十三分之二十九小餘九六八音清少變徵得全度五十三分之半爲二十六小餘六三

絃音旋宮轉調其要有四一定絃音應某律呂聲字即得某絃度分如倍無射之律變宮合字定絃則得徵絃之分黃鍾之律宮聲四字定絃則得羽絃之分太簇之律商聲乙字定絃則得變宮絃之分姑洗之律角聲上字定絃則得宮絃之分蕤賓之律變徵尺字定絃則得商絃之分夷則之律徵聲宮字定絃則得角絃之分無射之律羽聲凡字定絃則得變徵絃之分此陽律一均七聲定絃之正分也陰呂定絃七聲之分亦如之一絃音轉調不能依次遞遷必以宮調爲準故七聲因之而變如琴之正調爲宮調其商調以七絃遞高一音但六絃七絃太急易或變宮調以七絃遞下一音則一絃二絃又慢不成聲故宮調七絃立準轉調則七絃內有更者有不更者有宜緊者有宜慢者絃之轉移間宮調旋爲如一絃三絃六絃俱慢下管律一音在絃度爲半分而餘絃不移即轉爲商調蓋正宮調一絃六絃定倍無射之律變宮合字得徵絃分者下爲倍夷則之律羽聲凡字轉角絃之分三絃定姑洗之律角聲上字得宮絃分者下爲太簇之律商聲乙字轉羽絃之分其二絃四絃五絃七絃不移者仍應本律但二絃七絃原得羽絃分者轉爲徵絃之分四絃原得商絃分者轉爲宮絃之分五絃原得角絃分者轉爲商絃之分其倍無射之律變宮合字爲徵絃分者轉變徵應於倍應鍾之呂清變宮高六應姑洗之律角聲上字爲宮絃分者轉變宮應於仲呂之呂清角高上此二分當二變不用因三絃定太簇之律商聲乙字得羽絃之分以起調四絃原得商絃之分者轉爲宮絃之分以立宮故曰商調如二絃四絃五絃七絃俱緊上管律半音在絃度亦爲半分而餘絃不移即轉爲角調蓋正宮調二絃七絃定黃鍾之律宮聲四字得羽絃分者上爲大呂之呂清宮高五轉徵絃之分四絃定蕤賓之律變徵尺字得商絃分者上爲

林鐘之呂清變徵高尺轉宮絃之分五絃定夷則之律徵聲工字得角絃分者上爲南呂之呂清徵高工轉商絃之分其一絃三絃六絃不移仍應本律但一絃六絃轉爲角分三絃轉爲羽分而轉變徵變宮者不用因三絃應姑洗之律角聲上字得羽絃之分以起調四絃原得商絃之分者上爲角絃之分轉宮絃之分以立宮故曰角調如獨緊五絃管律半音在絃度亦爲半分即轉爲變徵調四絃應蕤賓之律變徵尺字得羽絃之分以起調五絃原得角絃之分者上爲變徵之分轉爲宮絃之分以立宮故曰變徵調如獨慢三絃管律一音在絃度爲半分即轉爲徵調因五絃應夷則之律徵聲工字得羽絃之分以起調一絃六絃原得徵絃之分者轉爲宮絃之分以立宮故曰徵調如以一絃三絃六絃慢下管律一音四絃慢下管律半音在絃度俱爲半分即轉爲羽調因一絃六絃應倍夷則之律羽聲凡字得羽絃之分以起調二絃七絃原得羽絃分者上爲變宮之絃轉宮絃之分以立宮故曰變宮調也一絃音諸調雖無二變而定絃取音必審二變之聲必計二變之分如陽律一均卽徵絃七聲之分言之散聲爲全分首音其二音與羽絃應者爲羽分三音與變宮絃應者爲變宮分至七音與變徵絃應者爲變徵分八音仍與全絃應故爲旋於首音其各分與各絃相應者亦自與各律相應計其分則首音徵至二音羽至三音變宮皆得全分三音變宮至四音宮祇得半分四音宮至五音商五音商至六音角六音角至七音變徵皆得全分七音變徵至八音徵亦得半分以宮絃七聲之分言之散聲爲全半首音其二音與商絃應者爲商分與角絃應者爲角分三至七音與變宮絃應者爲變宮分八音仍與全絃應而四音變徵至五音徵七音變宮至八音宮皆祇半分蓋太簇商聲乙字所應之絃分至姑洗角聲上字所應之絃分與無射羽聲凡字所應之絃分至半黃鐘變宮合字所應之絃分其間必爲半分故各絃七聲之分不移而所應聲律有間雜之別各分全半之間宮調旋焉以宮調七絃爲準據每調徵絃七聲言之商調之徵乃宮調之羽轉而爲徵分者也宮絃之羽全絃首音爲羽其變宮變徵在二音六音是二音至三音六音至七音爲半分也今全絃轉爲徵則變宮變徵在三音七音是三音至四音七音至八音爲半分矣故全絃定黃鐘之律宮聲四字者不移二音卽應太簇之律商聲乙字其間得全分三音若取姑洗之律角聲上字則二音至三音爲半分仍與宮調之羽同是以必取仲呂之呂清角高上其間絃度始得全分其四音仍應蕤賓之律變徵尺字蓋太簇乙字至姑洗上字爲半分加仲呂高上之半分得一全分而仲呂高上至蕤賓尺字爲半分此所以二音至三音得全分爲羽至變宮而三音至四音爲半分乃變宮至宮分也五音仍應夷則之律徵聲工字六音仍應無射之律羽聲凡字此四音至五音五音至六音亦得全分至七音若取半黃鐘之律變宮合字則六音至七音爲半分亦與宮調之羽同必取半大呂之呂清變宮高六其間絃度始得全分其八音仍與首音同應黃鐘之律宮聲四字蓋無射凡字至半黃鐘合字爲半分加半大呂高六之半分得一全分而半大呂高六至黃鐘四字爲半分此所以六音至七音得全分爲角至變徵而七音至八音爲半分乃變徵至徵分也角調之徵乃宮調之變宮與清宮調之羽相雜而爲徵分者也宮調之變宮全絃首音卽變宮而變徵在五音是首音至二音五音至六音爲半分也清商調之羽全絃首音爲清羽其清變宮清變徵在二音六音是又二音至三音六音至七音爲半分也今全絃轉爲徵則三音至四音七音至八音爲半分矣首音若仍定太簇之律商聲乙字則首音徵至二音羽所得全分必當取於仲呂之呂清角高上其本調羽絃則亦應仲呂之呂清角高上是清角調非正角調矣因取姑洗之律角聲上字爲正角調故起調於羽絃者必取姑洗正角聲而徵絃羽分亦當應姑洗之律是以角調徵絃散聲首音反比正宮調變宮絃之散聲首音下半音取清宮調之羽絃散聲大呂之呂清宮高五其分始合蓋因本調羽聲得正角之律故也二音應姑洗之律角聲上字爲羽分三音應蕤賓之律變徵尺字爲變宮分四音應林鐘之呂清變徵高尺爲宮分五音應南呂之呂清徵高工爲商分六音應半黃鐘之律正變宮六字爲角分七音應黃鐘之律正宮四字爲變徵分八音仍應大呂之呂清宮高五是則三音蕤賓至四音林鐘爲半分七音黃鐘至八音大呂爲半分正爲本調徵絃之變宮至宮變徵至徵之二半分也變徵調之徵乃宮調之宮轉而爲徵分者也宮調之宮變徵變宮在四音七音是四音至五音七音至八音爲半分也今全絃轉爲徵則三音至四音七音至八音爲半分移宮調之宮四音至五音半分爲三音至四音半分則四音取南呂之呂清徵高工三音夷則至四音南呂爲半分七音太簇至八音姑洗爲半分徵調之徵乃宮調之商轉而爲徵者也宮調之商變徵變宮在三音六音是三音至四音六音至七音爲半分也今全絃轉爲徵則三音至四音七音至八音爲半分移宮調之商六音至七音半分爲七音至八音半分則七音取仲呂之呂清角高上三音無射至四音半黃鐘爲半分七音仲呂至八音蕤賓爲半分羽調之徵乃宮調之角轉而爲徵分者也宮調之角變徵變宮在六音五音是二音至三音五音至六音爲半分也今全絃轉爲徵則三音至四音七音至八音爲半分也宮調之商二音至三音半分五音至六音半分爲三音至四音半分七音至八音半分則三音取半大呂之呂清變宮高五六音取仲呂之呂清角高上七音取林鐘之呂清變徵高尺三音半大呂至四音黃鐘爲半分七音林鐘至八音夷則爲半分變宮調之徵乃宮調之變徵與清宮調之角相雜而爲徵分者也宮調之變徵變宮在首音四音是首音至二音四音至五音爲半分清宮調之角變徵變宮在二音五音是又二音至三音五音至六音爲半分也今全絃轉爲徵則三音至四音七音至八音爲半分爰定南呂之呂清徵高工爲散聲首音三音黃鐘至四音大呂爲半分七音夷則至八音南呂爲半分此絃音定陽律七調旋相爲用之法也定陰呂七調立調之羽分亦必以陰呂爲主其各絃各分陰陽間用亦如之一絃音諸調惟宮與商徵得與律呂相和爲用宮調各絃之七聲皆應陽律一均（二變七聲之分亦然）清宮調各絃七聲及二變七聲之分皆應陰呂一均此絃音宮調所以得與律呂相和商調各絃之五正聲皆應陽律惟二變聲轉陰呂清商調亦惟二變雜入陽律此商調五正聲所以得與律呂相和徵調各絃之五正聲變宮聲皆應陽律惟變徵一聲取陰呂清徵調亦惟變徵一聲雜入陽律此又徵調五正聲變宮聲得與律呂相和也至角調五正聲內徵絃宮絃商絃皆應陰呂而二變反得陽律且商聲乙字羽聲凡字各絃各分皆不得用遺此二聲字與宮調同清角聲五聲二變陰陽相雜亦然是角調不可與律呂相和變徵調五正聲內宮絃應陰呂二變亦得陽律羽聲凡字各絃各分皆不得用清變徵調亦宮絃雜入陽律是變徵調不可與律呂相和然祇借一音卽與宮調聲字爲同較角調則爲正也羽調五正聲內角絃應陰呂二變應陰呂清羽調角絃二變應陽律是雖不可與律呂相和然據絃音猶爲七聲俱備之一調變宮調五正聲內徵絃宮絃皆應陰呂而二變反得陽律且商聲乙字羽聲凡字各絃各分皆不得用遺此二聲字與角調同清變宮五聲二變陰陽相雜亦然是亦不可與律呂相和也

宮調

聲	絃	律	字	分
徵	一絃	定倍無射之律	變宮合字	得下徵之分
羽	二絃	定黃鐘之律	宮聲四字	得下羽之分
		應太簇之律	商聲乙字	爲變宮之分
宮	三絃	定姑洗之律	角聲上字	得宮絃之分
商	四絃	定蕤賓之律	變徵尺字	得商絃之分
角	五絃	定夷則之律	徵聲工字	得角絃之分
		應無射之律	羽聲凡字	爲變徵之分
徵	六絃	定半黃鐘之律	變宮六字	得徵絃之分
羽	七絃	定半太簇之律	宮聲五字	得羽絃之分

清宮調

聲	絃	律	字	分
徵	一絃	定倍應鐘之呂	清變宮高六	得下徵之分
羽	二絃	定大呂之呂	清宮高五	得下羽之分
		應夾鐘之呂	清商高乙	爲變宮之分
宮	三絃	定仲呂之呂	清角高上	得宮絃之分
商	四絃	定林鐘之呂	清變徵高尺	得商絃之分
角	五絃	定南呂之呂	清徵高工	得角絃之分
		應應鐘之呂	清羽高凡	爲變徵之分
徵	六絃	定半大呂之呂	清變宮高六	得徵絃之分
羽	七絃	定半夾鐘之呂	清宮高五	得羽絃之分

商調

聲	絃	律	字	分
角慢	一絃	定倍夷則之律	下羽凡字	得變徵之分 轉角絃之分
		應倍無射之律 得倍應鐘之呂	變宮合字 清變宮高六	爲下徵之分 轉變徵之分
徵	二絃	定黃鐘之律	宮聲四字	得下羽之分 轉徵絃之分
羽慢	三絃	定太簇之律	商聲乙字	得變宮之分 轉羽絃之分
		應姑洗之律 得仲呂之呂	角聲上字 清角高上	爲宮絃之分 轉變宮之分
宮	四絃	定蕤賓之律	變徵尺字	得商絃之分 轉宮絃之分
商	五絃	定夷則之律	徵聲工字	得角絃之分 轉商絃之分
角慢	六絃	定無射之律	羽聲凡字	得變徵之分 轉角絃之分
		應半黃鐘之律 得半大呂之呂	變宮六字 清變宮高六	爲徵絃之分 轉變絃之分
徵	七絃	定半太簇之律	宮聲五字	得羽絃之分 轉徵絃之分

清商調

角慢一絃　定倍南呂之呂　清下羽高凡　得變徵之分　轉角絃之分
應倍應鍾之呂　清變宮高六　爲下徵之分
得倍黃鍾之律　宮聲四字　轉變徵之分
徵二絃　定大呂之呂　清宮高五　得下羽之分　轉徵絃之分
羽慢三絃　定夾鍾之呂　清商高乙　得變宮之分　轉羽絃之分
應仲呂之呂　清角高上　爲宮絃之分
得蕤賓之律　變徵尺字　轉變宮之分
宮四絃　定林鍾之呂　清變徵高尺　得商絃之分　轉宮絃之分
商五絃　定南呂之呂　清徵高工　得角絃之分　轉商絃之分
角慢六絃　定應鍾之呂　清羽高凡　得變徵之分　轉角絃之分
應半大呂之呂　清變宮高六　爲下徵之分
得半太簇之律　宮聲五字　轉變徵之分
徵七絃　定半夾鍾之呂　清宮高五　得羽絃之分　轉徵絃之分

角調

角一絃　定倍無射之律　變宮合字　得下徵之分　轉角絃之分
應黃鍾之律　宮聲四字　爲下羽之分　轉變徵之分
徵緊二絃　應太簇之律　商聲乙字　得變宮之分
得大呂之呂　清宮高五　轉徵絃之分
羽三絃　定姑洗之律　角聲上字　得宮絃之分　轉羽絃之分
應蕤賓之律　變徵尺字　爲商絃之分　轉變宮之分
宮緊四絃　應夷則之律　徵聲工字　得角絃之分
得林鍾之呂　清變徵高尺　轉宮絃之分
商緊五絃　應無射之律　羽聲凡字　得變徵之分
得南呂之呂　清徵高工　轉商絃之分
角六絃　定半黃鍾之律　變宮六字　得徵絃之分　轉角絃之分
應半太簇之律　宮聲五字　爲羽絃之分　轉變徵之分
徵緊七絃　應半姑洗之律　商聲乙字　得變宮之分
得半夾鍾之呂　清宮高五　轉徵絃之分

清角調

角一絃　定倍應鍾之呂　清變宮高六　得下徵之分　轉角絃之分
應大呂之呂　清宮高五　爲下羽之分　轉變徵之分
徵緊二絃　應夾鍾之呂　清商高乙　得變宮之分
得太簇之律　商聲乙字　轉徵絃之分
羽三絃　定仲呂之呂　清角高上　得宮絃之分　轉羽絃之分
應林鍾之呂　清變徵高尺　爲商絃之分　轉變宮之分
宮緊四絃　應南呂之呂　清徵高工　得角絃之分
得夷則之律　徵聲工字　轉宮絃之分
商緊五絃　應應鍾之呂　清羽高凡　得變徵之分
得無射之律　羽聲凡字　轉商絃之分
角六絃　定半大呂之呂　清變宮高六　得徵絃之分　轉角絃之分
應半夾鍾之呂　清宮高五　爲羽絃之分　轉變徵之分
徵緊七絃　應半仲呂之呂　清商高乙　得變宮之分
得半姑洗之律　商聲乙字　轉徵絃之分

變徵調

商一絃　定倍無射之律　變宮合字　得下徵之分　轉商絃之分
角二絃　定黃鍾之律　宮聲四字　得下羽之分　轉角絃之分
應太簇之律　商聲乙字　爲變宮之分　轉變徵之分
徵三絃　定姑洗之律　角聲上字　得宮絃之分　轉徵絃之分
羽四絃　定蕤賓之律　變徵尺字　得商絃之分　轉羽絃之分
應夷則之律　徵聲工字　爲角絃之分　轉變宮之分
宮緊五絃　應無射之律　羽聲凡字　得變徵之分
得南呂之呂　清徵高工　轉宮絃之分
商六絃　定半黃鍾之律　變宮六字　得徵絃之分　轉商絃之分
角七絃　定半太簇之律　宮聲五字　得羽絃之分　轉角絃之分

清變徵調

商一絃　定倍應鍾之呂　清變宮高六　得下徵之分　轉商絃之分
角二絃　定大呂之呂　清宮高五　得下羽之分　轉角絃之分
應夾鍾之呂　清商高乙　爲變宮之分　轉變徵之分
徵三絃　定仲呂之呂　清角高上　得宮絃之分　轉徵絃之分
羽四絃　定林鍾之呂　清變徵高尺　得商絃之分　轉羽絃之分
應南呂之呂　清徵高工　爲角絃之分　轉變宮之分
宮緊五絃　應應鍾之呂　清羽高凡　得變徵之分
得無射之律　羽聲凡字　轉宮絃之分
商六絃　定半大呂之呂　清變宮高六　得徵絃之分　轉商絃之分
角七絃　定半夾鍾之呂　清宮高五　得羽絃之分　轉角絃之分

徵調

宮一絃　定倍無射之律　變宮合字　得下徵之分　轉宮絃之分
商二絃　定黃鍾之律　宮聲四字　得下羽之分　轉商絃之分
角慢三絃　定太簇之律　商聲乙字　得變宮之分　轉角絃之分
應姑洗之律　角聲上字　爲宮絃之分
得仲呂之呂　清角高上　轉變徵之分
徵四絃　定蕤賓之律　變徵尺字　得商絃之分　轉徵絃之分
羽五絃　定夷則之律　徵聲工字　得角絃之分　轉羽絃之分
應無射之律　羽聲凡字　爲變徵之分　轉變宮之分
宮六絃　定半黃鍾之律　變宮六字　得徵絃之分　轉宮絃之分
商七絃　定半太簇之律　宮聲五字　得下羽之分　轉商絃之分

清徵調

宮一絃　定倍應鍾之呂　清變宮高六　得下徵之分　轉宮絃之分
商二絃　定大呂之呂　清宮高五　得下羽之分　轉商絃之分
角慢三絃　定夾鍾之呂　清商高乙　得變宮之分　轉角絃之分
應仲呂之呂　清角高上　爲宮絃之分
得蕤賓之律　變徵尺字　轉變徵之分
徵四絃　定林鍾之呂　清變徵高尺　得商絃之分　轉徵絃之分
羽五絃　定南呂之呂　清徵高工　得角絃之分　轉羽絃之分
應應鍾之呂　清羽高凡　爲變徵之分　轉變宮之分
宮六絃　定半大呂之呂　清變宮高六　得徵絃之分　轉宮絃之分
商七絃　定半夾鍾之呂　清宮高五　得下羽之分　轉商絃之分

羽調

羽慢一絃　定倍夷則之律　下羽凡字　得變徵之分　轉下羽之分
應倍無射之律　變宮合字　爲下徵之分
得倍應鍾之呂　清變宮高六　轉變宮之分
宮二絃　定黃鍾之律　宮聲四字　得下羽之分　轉宮絃之分
商慢三絃　定太簇之律　商聲乙字　得變宮之分　轉商絃之分
角慢四絃　應姑洗之律　角聲上字　得宮絃之分
得仲呂之呂　清角高上　轉角絃之分
應蕤賓之律　變徵尺字　爲商絃之分
得林鍾之呂　清變徵高尺　轉變徵之分
徵五絃　定夷則之呂　徵聲工字　得角絃之分　轉徵絃之分
羽慢六絃　定無射之律　羽聲凡字　得變徵之分　轉羽絃之分
應半黃鍾之律　變宮六字　爲徵絃之分
得半大呂之呂　清變宮高六　轉變宮之分
宮七絃　定半太簇之律　宮聲五字　得下羽之分　轉宮絃之分

清羽調

羽慢一絃　定倍南呂之呂　清下羽高凡　得變徵之分　轉下羽之分
應倍應鍾之呂　清變宮高六　爲下徵之分
得倍黃鍾之律　宮聲四字　轉變宮之分
宮二絃　定大呂之呂　清宮高五　得下羽之分　轉宮絃之分
商慢三絃　定夾鍾之呂　清商高乙　得變宮之分　轉商絃之分
角慢四絃　應仲呂之呂　清角高上　得宮絃之分
得蕤賓之律　變徵尺字　轉角絃之分
應林鍾之呂　清變徵高尺　爲商絃之分
得夷則之律　徵聲工字　轉變徵之分
徵五絃　定南呂之呂　清徵高工　得角絃之分　轉徵絃之分
羽慢六絃　定應鍾之呂　清羽高凡　得變徵之分　轉羽絃之分
應半大呂之呂　清變宮高六　爲下徵之分
得半太簇之律　宮聲四字　轉變宮之分
應夾鍾之呂　清商高乙　爲變宮之分　轉變徵之分
徵三絃　定仲呂之呂　清角高上　得宮絃之分　轉徵絃之分
羽四絃　定林鍾之呂　清變徵高尺　得商絃之分　轉羽絃之分
應南呂之呂　清徵高工　爲角絃之分　轉變宮之分
宮緊五絃　應應鍾之呂　清羽高凡　得變徵之分
得無射之律　羽聲凡字　轉宮絃之分
商六絃　定半大呂之呂　清變宮高六　得徵絃之分　轉商絃之分
角七絃　定半夾鍾之呂　清宮高五　得羽絃之分　轉角絃之分

徵調

宮一絃　定倍無射之律　變宮合字　得下徵之分　轉宮絃之分
商二絃　定黃鍾之律　宮聲四字　得下羽之分　轉商絃之分
角慢三絃　定太簇之律　商聲乙字　得變宮之分　轉角絃之分
應姑洗之律　角聲上字　爲宮絃之分
得仲呂之呂　清角高上　轉變徵之分
徵四絃　定蕤賓之律　變徵尺字　得商絃之分　轉徵絃之分
羽五絃　定夷則之律　徵聲工字　得角絃之分　轉羽絃之分
應無射之律　羽聲凡字　爲變徵之分　轉變宮之分
宮六絃　定半黃鍾之律　變宮六字　得徵絃之分　轉宮絃之分
商七絃　定半太簇之律　宮聲五字　得下羽之分　轉商絃之分

清徵調

宮一絃　定倍應鍾之呂　清變宮高六　得下徵之分　轉宮絃之分
商二絃　定大呂之呂　清徵高五　得下羽之分　轉商絃之分
角慢三絃　定夾鍾之呂　清商高乙　得變宮之分　轉角絃之分
應仲呂之呂　清角高上　爲宮絃之分
得蕤賓之律　變徵尺字　轉變徵之分
徵四絃　定林鍾之呂　清變徵高尺　得商絃之分　轉徵絃之分

羽 五絃 定南呂之呂 清徵高工 得角絃之分轉羽絃之分
宮 七絃 定半夾鍾之呂 清宮高五 得下羽之分轉宮絃之分

變宮調

羽 一絃 定倍無射之律 變宮合字 得下徵之分轉下羽之分
應黃鍾之律 宮聲四字 爲下羽之分轉變宮之分
宮緊二絃 應太簇之律得大呂之呂 商聲乙字清宮高五 得變宮之分轉宮絃之分
商 三絃 定姑洗之律 角聲上字 得宮絃之分轉商絃之分
角 四絃 定甤賓之律 變徵尺字 得商絃之分轉角絃之分
應夷則之律 徵聲工字 爲角絃之分轉變徵之分
徵緊五絃 應無射之律得南呂之呂 羽聲凡字清徵高工 得變徵之分轉徵絃之分
羽 六絃 定半黃鍾之律 變宮六字 得徵絃之分轉羽絃之分
應半太簇之律 宮聲五字 爲羽絃之分轉變宮之分
宮緊七絃 應半姑洗之律得半夾鍾之呂 商聲乙字清宮高五 得變宮之分轉宮絃之分

清變宮調

羽 一絃 定倍應鍾之呂 清變宮高六 得下徵之分轉下羽之分
應大呂之呂 清宮高五 爲下羽之分轉變宮之分
宮緊二絃 應夾鍾之呂得太簇之律 清商高乙商聲乙字 得變宮之分轉宮絃之分
商 三絃 定仲呂之呂 清商高上 得宮絃之分轉商絃之分
角 四絃 定林鍾之呂 清變徵高尺 得商絃之分轉角絃之分
應南呂之呂 清徵高工 爲角絃之分轉變徵之分
徵緊五絃 應應鍾之呂得無射之律 清羽高凡羽聲凡字 得變徵之分轉徵絃之分
羽 六絃 定半大呂之呂 清變宮高六 得徵絃之分轉羽絃之分
應半夾鍾之呂 清宮高五 爲羽絃之分轉變宮之分
宮緊七絃 應半仲呂之呂得半姑洗之律 清商高乙商聲乙字 得變宮之分轉宮絃之分

右絃音旋宮轉調就琴絃立論以羽絃起調爲主故旋宮首徵黃鍾定二絃羽位爲宮調律呂後編以七音立論立宮爲主黃鍾爲宮則絃之宮分聲應黃鍾商分應太簇角分應姑洗變徵分應甤賓徵分應夷則羽分應無射變宮分應半黃鍾即倍無射大呂爲宮七音之分應陰呂亦然以分言則宮分應黃鍾者即黃鍾之分商分即太簇之分角分卽姑洗之分變徵分即甤賓之分至徵分應夷則者則非夷則之分而爲林鍾之分羽分應無射者亦非無射之分而爲南呂之分變宮分應半黃鍾者非半黃鍾之分而爲應鍾之分大呂爲宮變徵分則爲變林鍾之分徵分則爲夷則之分羽分則爲無射之分變宮分則爲變黃鍾之分其陰陽各七均均各七絃有表詳樂問不備載

清史稿

樂志三

樂章一郊廟羣祀

圜邱九章郊廟樂順治元年定乾隆十一年用舊辭重改今以順治所製分載句中 中和韶樂黃鍾宮立宮倍夷則下羽主調

迎神始平 欽原敬承純祜原祜兮於昭有融時維永清兮四海攸同輪忱元祀兮從律調風穆將景福兮迺眷微躬淵思高厚兮期亮天工原恐負鴻則聿章彝序兮夙夜宣通雲軿延佇原黨格、兮鸞輅空濛原忽降中壇翠旗紛舉兮列缺豐隆肅始和暢兮恭仰蒼穹原慶洽陶匏百靈祗衛兮齊明辟公神來燕娭兮惟帝時聽原恭仰顧穹兮神來燕寧協昭慈惠兮逖鑒臣原予衷

奠玉帛景平 靈旗爰止兮樂在縣原奉玉筵執事有恪兮奉玉筵原駿奔前聿昭誠敬兮駿奔前原有美圭璧兮薦縞繳嘉玉量幣兮相後先原經緯獲理兮耀瑚璉來格洋洋兮思儼然臣原孔忱翼翼兮告中虔

進俎咸平 吉蠲爲饎兮肅豆籩原升肴珍錯兮列豆籩升肴列俎兮敢弗虔原吉蠲爲饎兮格乾圜毛炰鬺粟原九州美味兮薦膏鮮致潔陶匏兮香水泉原特牲潔敬兮苾芳筵願隨原垂降鑒兮駐雲軿錫嘉福兮億萬斯年

初獻壽平 玉斝肅陳兮明光桂漿初醴兮信芳臣心迪惠兮捧觴醴齊藏德兮馨香靈慈徽眷兮斎皇勤仰止兮斯徜徉

亞獻嘉平 考鐘拂舞兮再進瑤觴翼翼昭事兮次第肅將睟顏容與兮蒼几輝煌穆穆居歆兮和氣洋洋生民望澤兮仰睨玉房榮泉瑞露兮慶無疆

終獻永平原雍平 終獻兮玉斝清肅秬鬯兮薦和羹原徵誠磬管鏘鏘兮祀孔明原協氣升旨酒盈盈原盈盈旨酒兮勿替思成明命顧提原尚其醉止兮羣福生原懷嘉生八龍蜿蜒兮芭羽和鳴

徹饌熙平 一陽復兮協氣升原盥薦畢兮精白中盥薦畢兮精白陳原虞燕娭兮勞帝神旋廢徹兮敢逡巡原百辟肅雍兮傾聲容禮將成兮樂欣欣瞻九閶兮轉洪鈞原無二句福施下逮兮佑此原宜佑人民

送神清平原太平 升中告成原嘉德夙成兮晻靄壇場穆思迴盼兮靈駕洋洋原有山河日月兮朗耀崇深青龍按節兮白虎低昂洪鈞濩蕩兮妖孽潛消三句臣原我求時惠兮感思馨香原有鳴玉鏘金兮肅若有望紫壇載鑾兮赫赫皇皇臣乘賚嘏兮載須戎輔三句願蒙博產兮多士思皇原作山岳鍾良天施地育兮百穀蕃昌原不可殫究殖我嘉師兮正直平康原沐浴休光

望燎太平原安平 降儀告備兮誠既將原雷車電邁兮飛遠揚有虔秉火兮焫越芳雷車電邁兮九龍驪原紫會賁鑣兮奮龍旂紫氛四塞兮雲旗揚原俾爾昌兮降蕃光蒸民蒙福兮順五常原富壽康惟予小子兮敬戒永臧原予獲疇祉兮萬億斯皇

方澤八章 中和韶樂林鍾清變徵立宮夾鍾清商主調

迎神中平 吉蠲兮玉宇開薰風兮自南來鳳馭紛兮後先岳瀆竭兮徘徊肅展禮兮報功沛靈澤兮九垓

奠玉帛廣平 式時原神州吉土兮中壇慦我郊兆原畤兮孔安原嚴辟公趨蹌兮就列原吉蠲考鐘伐鼓兮舞般原肆筵黃琮纖縞兮既奠原陳列靈光下燭兮誠丹原誠悃實

進俎含平原咸平 禮行樂奏原玉俎金奏兮未央嘉肴有踐兮大房牲牷告歆兮惟恪民力普存兮肅將厚載資生兮無外几筵來格原備鑾兮洋洋

初獻太平原壽平 醴齊融治兮信芳原飽飫泛齊兮朝踐揚博碩升庖兮鼎方清風穆穆兮休氣翔原靈旗張神明和樂兮舉初觴治百禮兮禋祀將九土兮豐穰

亞獻安平 一茅三脊兮縮漿原江茅兮縮漿山罍雲罍兮馨香介黍稷兮芳旨再滌犧尊兮敬將原再展微誠兮趨蹌樂成八變兮綴兆原樂只儼皇祇兮悅康

終獻時平 紫壇兮嘉氣盈原方壇兮豐瀰盈旨酒思柔兮和且平原中和平懍茲陟降兮心屏營原陟降從容兮駐雲軿禮成三獻兮薦玉觥含宏光大兮德厚靈佑丕基兮永清

徹饌貞平 玉俎列兮庶品該原尊俎畢兮誠未虧黃琮告徹兮雲翔徊原儀景畢晏陰定兮曦景回原邀靈錫南訛秩兮日恢台原奏黨時肅惟昭明兮孔邇覃博厚奠兮九垓原載羣黎

送神望瘞甯平 靈旗兮雲路遵原雲際屯飛龍蜿兮高旻原飛龍兮逝緩緩陰儀粹兮德純眷四海兮無塵配皇穹兮兩大原化宣綏下土原綏百祿兮蒸民

祈穀九章 中和韶樂黃鍾宮立宮倍夷則下羽主調

迎神祈平原中平 帝篤祜民原惟帝勤民兮求莫匪舒小民何依兮飲食惟需原黍稷與與莫嘉於穀兮萬事權輿原元日有事兮百辟建爲民請命兮豈非在予原食威需日用辛兮百辟趨原進蹕龍駕兮歷紫虛瞰將出兮東風徐原日臨黃道兮東風徐惟予小子兮敬盥陳孚原臣深事兮邇昭宵居皇皇龍駕兮穆將愉原願垂嘉惠兮大有書

奠玉帛綏平原肅平 念茲稼穡兮惟民天原民天惟食兮農事先農用八政兮食爲先原粒我烝民兮有大田雨暘時若兮玉燭仝原風霆滾形兮雨澤露粒我烝民兮迄用康年原實穎實粟兮氣化全仰三無私兮昭事虔原玉帛祇奉兮禋祀虔奉璋承帛兮慄若臨淵原仰祈寶宇兮享豐年

進俎萬平原咸平 鼎烹兮苾芬嘉薦兮無文升豳栗兮惟犉原奉雕俎兮大武羶薌達兮干雲原氣干雲昭民力兮普存原昭普存兮民力惟明德兮馨聞

初獻寶平原壽平 初獻兮元原旨酒盈致純潔兮儲精誠原著誠致潔兮儲盛瑟黃流兮罍承原儼對越兮在上酌其中兮外清明原惟昭明兮有融儼對越兮維清原瑟黃流兮玉瓚帝心歆假兮綏我思成原賚嘉禎

亞獻穰平原景平 犧原著尊啟兮告虔清酤既馨原次第兮陳原舉前禮再獻兮祠筵原肅拜光煜爚兮非煙原列瑤觴兮秩斯筵神悅懌兮優然原如在惠我嘉生兮大有年原福便便

終獻瑞平原永平 終獻兮奉明粢原黍稷苾芬嘉旨兮清醴既醽原圭瓚交馳神其衎原神其醉止兮錫祉禮成於三兮陳詞願灑餘瀝兮沐羣黎臣拜手兮青墀原望雲霓

徹饌渥平原凝平 俎豆具陳兮庶品宜原齊盻蠻昭鑒兮荷帝慈原舉荷昭鑒兮靡或遐饌告備原徹兮玉几登歌洋溢兮廢徹不遲原式禮無違肅微忱兮告終事上帝居歆兮錫純禧

送神滋平原清平 祇奉天威兮弗敢康小心翼翼兮昭穹蒼雲垂九天兮露瀼瀼翠旗羽節兮上翺翔原歸何鄉臣拜下風兮肅原意徬徨願沛汪澤兮民多蓋藏原時暘其雨

望燎穀平原太平 卬原翹首兮天闐混茫一氣兮浩無方原迴彼雲海兮何蒼茫燔蕭束帛兮薦馨香精誠感格兮降福穰穰四時順序兮百穀以昌臣同兆姓兮咸荷恩光

社稷壇七章 中和韶樂春夾鍾清商立宮倍應鍾清變宮主調秋南呂清徵立宮仲呂清角主調

迎神登平原廣　媼神蕃釐兮厚德隆原猗歟土兮功化隆　嘉生繁祉兮功化同原蒸民立命兮九域同　壇壝儼肅兮風露融原通　我稷翼翼兮黍芃芃原俎豆豐　望雲駕兮驂鸞龍植璧秉圭兮冀感通原秉圭植璧兮予親躬

奠玉帛初獻茂平原審　恪恭禋祀兮肅且雍原禋祀勤兮北郊同　粒清酤原黏　既載兮臨齋宮朝踐初舉兮玉帛共原璧予衷　洋洋在上兮鑒予衷原錫福洪

亞獻育平原嘉　樂具入奏兮聲喤喤鬱鬯再升兮賓八鄉原兕觥其觩兮恭再揚　厚德配地兮佑家邦綏我豐年原屢豐年　兮兆庶康

終獻敦平原雍　方壇北宇兮神中央盈庭萬原帗　舞兮帗原時　低昂酌酒原醑　三爵兮桂原椒　醑香清雖舊邦原新舊邦　兮命溥將

徹饌博平原熙　大房籩豆原大房籩豆　兮儼成行歆此吉蠲兮神迪嘗原迴翔　廞徹不遲原瑤席椒漿　兮餘芬芳桐生茂豫兮百穀昌原黍稷非馨兮悅且康

送神樂平原成　孔蓋翠旌兮隨風飆龍輈容與兮指天閶咫尺神靈兮隔穹蒼願流景祚兮貺皇章原流景祚兮卜世昌

望瘞徵平原成　玉既陳原玉陳性　兮延景光禮既洽原百禮既洽　兮終瘞藏願神聽兮時予匡垂神佑兮永無疆原四海攸同兮惠無疆

社稷壇祈雨報祀七章乾隆十八年定　中和韶樂仲呂清角立宮大呂清宮主調初祈用夾鐘清商立宮報南呂清徵立宮旋改隨月用律宮調舉四月爲例祈晴報祀同

迎神延豐　九土博厚兮阜嘉生方壇五色兮祀孔明甿力穡兮服耕仰甘膏兮百穀用成熙雲露兮瞻翠旌殷闐澤兮展精誠

奠玉帛初獻介豐　神來格兮宜我黍稷兩圭有邸兮馨明德罍尊湛湛兮干羽飭油雲澍雨兮溥下國

亞獻滋豐　奏齍明兮申載觴龍出泉兮靈安翔周寰宇兮滂洋載神庥兮悅康

終獻霈豐　帗容與兮舊皇舞聲遠姚兮震靈鼓爵三奏兮縮桂醑號屏來御兮德施普

徹饌綏豐　協笙磬兮告吉蠲神迪嘗兮禮莫愆心齋肅兮增惕乾沓田畯兮其樂有年

送神貽豐　撫懷心兮神聿歸蓋邸偈兮驂虬騑洪釐渥兮雨祁祁公私霑足兮孰知所爲

望瘞溥豐　宣祝嘏兮列瘞繒貺允答兮時欽承高原下隰兮以莫不興歌率育兮慶三登

社稷壇祈晴報祀七章嘉慶十一年重定　中和韶樂仲呂清角立宮大呂清宮主調

迎神延和　庶彙涵育兮陽德亨句萌茁達兮物向榮方壇潔兮展誠迓休和兮寰宇鏡清祈昭格兮瞻翠旌沐日月兮百寶生

奠玉帛初獻兆和　瑟圭瓚兮通微合漠神歆明德兮鑒誠恪昭回雲漢兮噓橐籥曜靈司碁兮時暘若

亞獻布和　中獻侑兮奉明齍薦馨香兮和氣隨神介福兮孔綏耀光明兮九逵

終獻協和　帗羽舞兮一風敵爵三奏兮告成享順年祝兮泰階朗元冥收陰兮日掌賞

徹饌雍和　籩俎徹兮受福多笙磬同兮六律和庶徵協兮時無頗熙樂利兮東作南訛

送神豐和　神聿歸兮華蓋揚熙和整馭兮虬螭翔徧臨照兮協晨祥天清地甯兮黍稷豐穰

常雩九章乾隆七年定　中和韶樂黃鍾宮立宮倍夷則下羽主調

迎神靄平　粒我蒸民兮神降嘉生雨暘時若兮百穀用成龍見而雩兮先民有程臣膺天祚兮敢不承念我農兮心靡寧肅明禋兮殫精誠靈皇皇兮穆以清金支五色兮翟靄蜺旌

奠玉帛雲平　玉帛載陳兮磬管鏘鏘爲民請命兮惕弗敢康令清和兮遂百昌麥秀歧兮禾苐稂日照九兮時雨滂俾萬寶兮千斯倉

進俎需平　越十雨兮越五風三光昭明兮嘉氣蒙天所與兮眇躬予小子兮懍降豐紛總總兮賴皇穹犉牡騂亨兮達臣衷

初獻霖平　酌彼兮醽洗饎芬兮椒香愧明德兮維馨假黍稷兮誠將願大父兮念茲衆子穆將愉兮綏以豐穰

亞獻露平　再酌兮醑清仰在上兮明明庶來格兮鑒誠曷敢必兮屏營合萬國兮形神精承神至尊兮思成

終獻霑平　三酌兮成純備物致志兮敬陳多士兮駿奔靈承無斁兮明禋維蕃釐兮媼神雨留甘兮良苗懷新

徹饌靈平　禮將成兮舞已終徹弗遲兮畏神恫願留福兮惠吾農神之貺兮協氣融遂及私兮越我公五者來備兮錫用豐

送神靄平　祥風瑞靄兮彌靈壇上帝居歆兮風肅然左蒼龍兮右白虎般裔裔兮紖縵縵仰九閶兮返御介祉釐兮康年

望燎需平　碧翏翏兮不可度思九奏終兮爟火晢而神光四燭兮休氣彩順安匪舒兮抑抑威儀帝求民莫兮日鑒在茲錫福繁祉兮庶徵日時

大雲雲漢詩八章高宗御製　中和韶樂黃鍾宮立宮倍夷則下羽主調

瞻彼朱鳥爰居實沈協紀辨律羽蟲徵音萬物芸生有壬有林有事南郊陟降維欽瞻仰昊天生物爲心章一　維國有本匪民伊何維民有天匪食則那螻蟈鳴矣平秩南訛我祀敢後我樂維和鼉鼓淵淵童舞娑娑章二　自古在昔春郊夏雩日維龍見田燭朝趨盛禮既陳神留以愉雷師闐闐飛廉衙衙日時雨暘利我新畬章三　於穆穹宇在郊之南對越嚴恭上帝是臨翩粟量幣用將惘忱惴惴我躬肅肅我心六事自責仰彼桑林章四　權輿粒食實維后稷百王承之永奠邦極惟予小子臨民無德敢解祈年潔衷翼翼命彼秩宗古禮是式章五　古禮是式値茲吉辰玉磬金鐘太羹維醇元衣八列舞羽繽紛既侑上帝亦右從神尙鑒我衷錫我康年章六　惟天可感曰維誠恪惟農可稔曰維力作恃天慢人弗刈弗穫尙勤農哉服田孔樂旮爾保介庤乃錢鎛章七　我禮既畢我誠已將風馬電車旋駕九閶山川出雲爲霖澤滂雨公及私興鋤利甿億萬斯年農夫之慶章八

朝日七章順治八年定乾隆七年重改初製分載句中夕月同　中和韶樂太簇商立宮倍無射變宮主調

迎神寅曦　羲馭兮寅賓原於昭兮旭輪　光煜爚兮紅輪原浴虞淵兮初升　春已融兮交泰循典禮兮明禋原惟馨　嚴大采兮祇肅原藹藹乂兮祇肅　神之來兮如雲原神其聽兮和平

奠玉帛朝曦　杲黃道兮暾出原神來格兮太乙東　肅將享原統萬國　兮玉帛同美齊翼兮王君公原肅將享兮承筐篚　盥以薦兮昭格通原盥以薦兮孚有容

初獻清曦　御景風兮下帝局原御景風兮神式臨　酌黃目原酌清酤　兮椒其馨爵方舉兮歌且舞漾和盎兮龍旗青原憑龍兮吹鳳笙

亞獻咸曦　再舉勺原奠　兮鬱金香嘉樂和兮舞洋洋德恢大兮神哉沛原神歆食兮意徜徉　濬容與兮進霞觴原容貌舒兮和以康

終獻純曦　式禮莫愆兮昭清原式禮未竭兮還升　終以告虔兮休成原醇醴　願神且留兮鑒茹以妥以侑兮忱誠原以侑以勸兮至誠

徹饌延曦　物之備兮希德馨原儀既成兮物已饗　神欲起兮景杳冥原神欲起兮運靈爽　徹不遲兮咸肅穆原徹不敢遲兮愼趨蹌　照臨下土兮瞻曜靈原照下土兮常期期

送神歸曦　雲車征兮風馬翔猋萬里兮臨萬方原驂驪千仞兮臨萬方　報神功兮以時享祈神祜兮永無疆原再手兮稱送神振響兮當陽中天麗兮徵曜曾天戴兮恩光數和煦兮成物錫萬寶兮永康報神功兮時饗祈神祜兮悠久無疆

夕月七章　中和韶樂南宮清徵立宮仲呂清角主調

迎神迎光　繼日代明兮象麗天原猗歟太陰兮御望舒　式遵九道兮臨八埏原式遵九道兮遊清虛　玉律分秋兮西顥躔原駕冰輪兮行西陸　聿修歲祀兮樂在懸原今之夕兮來饗予

奠玉帛初獻升光　少采兮將事玉帛兮載陳原有來雍雍幣帛在陳琮璜以嘉明德維馨　式舉黃流兮挹犧尊籩豆靜嘉兮肴核芬

亞獻瑤光　齊醍兮載獻神之來兮肅然原二齊載升維以告虔歌管鍠鍠奉神之愜　仰肸蠁兮鑒願原荷亘古兮麗天　挹清光兮几筵

終獻瑞光　戛瑟鳴琴兮錯玉鏘神嘉虞兮申三觴金波穆穆兮珠熠黃休嘉砰隱兮溢四方原一敬舉中三舉顧瞻誠信潔齊天下有道鼓鐘簫兮聲容並茂象大德兮厥光皓皓

徹饌涵光　對越在天兮禮成徹登豆兮湛露零神悅懌兮德馨世曼壽兮安以甯原其香既歆對越告成徹爾登豆敬用馘奔神悅懌兮意欣欣予惧愼兮安以甯

送神保光　駕卿雲兮景星御風和兮霞斿神留斂兮壇宇福率土之黃丁原彩駕霞兮驂景星御和風兮躡慶雲神欲起兮不再停瞻天衢兮拜雲程影蹕兮光澄清饗予誠兮意懇懇予所祝兮世太平偃武修文兮萬世長春

大享殿合祀天地百神九章順治十七年定後未施行故宮譜失載乾隆十六年改大享殿爲祈年殿於此行祈穀之禮焉祈穀樂章見前

迎神元和　乾元資始兮仰載元功坤厚載物兮率履攸同亭毒萬彙兮昭明有融陰肅陽舒兮協氣流通晝夜遞禪兮二曜在中羣靈畢萃兮陟降景從大德普存兮化著清甯臣思報本兮蠲潔粢盛延跂雲駕兮屏息臣躬馨香祇薦兮爰殫微誠瞻望歆格兮瑞色曈曨至止壇壝兮式慰欽崇

奠玉帛景和　俯仰覆載兮殿萬邦展儀備物兮舉舊章良璧在陳兮介豆觴束帛戔戔兮忱可將對越冥漠兮念彷徨臣虔齊明兮勍趨蹌降鑒無方兮悅而康願錫嘉祉兮慶未央

進俎肅和　和風暢兮神格思治百靈兮誠無移潔豆登兮答洪慈膋芬達兮雜蒞施臣仰祈兮福履綏房產芝兮裔雲垂祝史列兮敬陳詞形聲穆兮鑒在

茲
初獻壽和　威光畢熤肅肅靈旗壺觴肇啓用介神禧普洽和樂罄無不宜鏗
鏘迭奏克叶塤篪駿奔翼翼進反有儀臣薦清酤眷佑弗違
亞獻安和　齋心夙夜祈答碧虛洋洋在上載酒清醑苾芬式享秩秩于于干
戚在舞張弛靡踰彌歆元旨臣藎方舒永言逆惠戩穀錫餘
終獻永和　肴核既旅八音克諧爵罍未罄慈惠靡涯肅將三祝黃流在臺菁
茅既潔祼獻徘徊願言醉止庶展臣懷於皇錫祉景福方來
徹饌協和　百福既洽兮羞明神蘋藻可將兮臣悃申雲軿欲駕兮彌逡巡几
筵敬徹兮不敢陳
送神泰和　敬酬高厚兮肅秩靈壇居歆幸孚兮進止克嫻羣神偕從兮馭鶴
驂鸞清風穆穆兮旌旆生寒遙開閶闔兮雲路漫漫六龍前駕兮劍佩珊珊百
辟相事兮卿士戒班臣心益虔兮跂立盤桓式禮莫愆兮餘忱未殫惠及黎庶
兮四宇騰懽萬物咸若兮遐邇乂安緜緜衍慶兮永奠如磐
望燎望瘞清和　縡光杳靄兮滿雲端霓旌揚兮言還虔蕭焫兮祈上達百執
旅進兮環列紫垣臣仰止兮彌切束躬翹首兮望元關天休滋至兮欽承罔斁
知神永覆兮濊澤寬
太廟時饗六章（順治元年定乾隆七年以舊詞重改初製載句中奉先殿同）　中和韶樂太簇商立宮倍無
射變宮主調
迎神貽平（原開平）　肇茲區夏世德欽崇九州維宅王業自東戎甲十三奮起飛
龍維神格思皇靈顯庸（原皇輿啓圖世德欽崇專此眇躬率土攸同九州維宅爰止自東太室既倖萬國翊宗翼翼孝孫對越肅雝維
神格思皇靈顯庸）
奠帛初獻敉平（原壽平）　於皇祖考克配上天越文武功萬邦（原四方）是宜孝孫受
命不忘不愆（原遵志承前）　羮牆永慕時薦斯虔（原永錫純嘏億萬斯年）
亞獻敉平（原嘉平）　㤘祀精忱（原神）洋洋如生尊罍再舉於赫昭明（原有融昭明陟降於庭）僾
然有容愾然有聲我懷靡及（原孝孫虔只）惕（原容）若中情
終獻紹平（原雍平）　粵若祖德誕受方國肆予小子大猷是式（原越祖宗之德肇茲大歷數曰予小
子享有成績）欲報之德昊天罔極慇懃三獻中心翼翼（原我心悅懌）
徹饌光平（原熙平）　庶物既陳九奏具舉（原儀肅樂成神燕以娛）告成於祖亦右皇妣敬徹
不遲用終殷祀（原用終祀禮）式禮如茲皇其燕喜（原介福綏祿永錫祚祉）
還宮乂平（原成平）　對越無方陟降無迹（原益溢肅護神運無迹）寢祏靜淵孔安且吉（原悅兮安
適）惟靈在天惟主在室於萬斯年孝思無斁
太廟大祫六章（順治十六年定乾隆七年以舊辭重改初製載句中）　中和韶樂太簇商立宮倍無射變
宮主調
迎神開平（原貞平）　承眷命兮撫萬邦嗣丕基兮祖德昌溯謨烈兮唐哉皇（原弗敢忘）
虔歲祀兮式（原舉）舊章肅對越兮誠悃將（原瀝悃誠兮迓休光）尚來格兮仰休光（原所來格兮意徬徨）
奠帛初獻肅平（原壽平）　粵我先兮肇俄朵長白山兮鵲銜果綿瓜瓞兮天所佐
明之侵兮殲其左混中外兮逮乎我奉太室兮安以妥（原紛戚㦸兮神畢臨儼對越兮抒素忱陳纖縞
兮有壬林酌醴酤兮薦德馨格溥將兮俶來歆錫嘉祉兮祐斯民）
亞獻協平（原嘉平）　紛戚㦸兮列聖臨儼對越兮心欽欽陳纖縞兮有壬林擊浮

磬兮彈朱琴恪溥將兮肅來歆錫嘉祉兮天地心（原維肇禋兮德配天垂燕翼兮祚百年潔豆籩兮秩斯筵
載陳醴兮介牲牷協笙鏞兮逸雲軿肅駿奔兮中彌虔）
終獻裕平（原雍平）　椒馥芬兮神留俞爵三獻兮旨清醑萬羽千兮樂孔都禮明
備兮罔敢渝神（原既）醉止兮咸樂胥永啓佑兮披皇圖
徹饌誠平（原熙平）　祝幣陳兮神燕娭（原典儀敍兮神格思）尊俎將兮反威儀（原享禮遂）悅且康
兮徹弗遲不可度兮矧射思禮有成兮釐百宜（原無此二句）鑒精誠（原禮）兮茀祿綏
還宮成平（原清平）　龍之馭兮旋穆清（原孝思展兮禮告成神言歸兮陟在庭卒龍馭兮返穆清三句）神之御兮
式丹楹（原主肅將兮式丹楹）瞻列聖兮僾容聲迴靈眄兮佑丕承維神聽兮和且平繼序
皇兮亶休徵
祭先農七章（順治十一年定乾隆七年以舊詞重改初製載句中）　中和韶樂姑洗角立宮黃鐘宮主調
迎神永豐　先農播穀克配彼天粒我蒸民於萬斯年農祥晨正協風滿旝曰
予小子宜稼於田（原句芒乘令土牛是驅天下一人蒼龍駕車念彼田疇民命所需生成有德肅式臨諸）
奠帛初獻時豐　厥初生民萬彙莫辨神錫之麻嘉種乃誕斯德曷酬何名可
贊我酒惟旨是用初獻（原先農神哉來耜教民田祖靈哉稼穡是親功德深厚天地同仁肅將幣帛肇舉明禋厥初生民萬彙莫辨神
錫之麻嘉種乃誕茲醴齊農功益見玉瓚椒馨肅雍舉奠）
亞獻成豐　無物稱德惟誠有孚載升玉瓚神肯留虞惟茲兆庶豈異古初神
曾子之今其食諸（原上原下隰百穀盈止粒我蒸民秀良興起樂舞具備吹豳稱兕再讀以獻肴馨酒旨）
終獻大豐　秬秠麋芑皆神所貽以之饗神式食庶幾神其丕佑佑我黔黎萬
方大有肇此三推（原麋芑秬秠維神所貽以神饗神日予將之耒耜三推東作允宜五風十雨率土何私）
徹饌屢豐　青祇司職土膏脈起日涓吉亥舉耕耤禮神安留俞不我遐棄執
事告徹予將舉趾（原於皇農事自古爲烈莫敢不承今茲忻悅籩豆既豐簠簋云潔神視井疆執事告徹）
送神報豐　匪且有且匪今斯今靈雨崇朝田家萬金考鐘伐鼓戛瑟鳴琴神
歸何所大地秩鹹（原麻麥芃芃秫稻連阡縱橫萬里皆神所瞻人歌鼓腹史載有年歲有常典茀祿綿延）
望瘞慶豐　肅肅靈壇昭昭上天神下神歸其風肅然玉版蒼幣瘞埋告虔神
之聽之錫大有年（原玉版蒼幣來鑒來歆敷之重之藏於厚深典禮由古予自今今樂樂利利風以永甯）
祭先蠶六章（乾隆七年定）　仲呂清角立宮大呂清宮主調（先蠶壇樂以雲鑼代鐘方響代磬與中和韶樂
微異樂章正義後編列入先農壇之次從之）
迎神庥平　軒轅御籙時西陵位止妃柔桑沃載陽遲鶬儆元黃供祀事稱繭
更繰絲龍精報貺椒屋宗師
初獻承平　春堤柳綻金倉庚有好音衣禕翟致精忱后月躬應教織紝柘館
式齋心黃流初薦肸蠁如臨
亞獻均平　清和日正長靈壇水一方紆香陌執邃筐桑葉陰濃風澹蕩八育
普嘉祥玉卮再陳降福穰穰
終獻齊平　神皋接上園葭蘆翠浪翻鶯聲滑藹花繁天棘絲絲初引蔓三薦
潔蘋蘩雲依實鼎露挹旌旛
徹饌柔平　公宮吉禮成有齋奉豆登僮僮被肅肅升廢徹毋遲咸祗敬法坎
不常盈萬方衣被百福其朋
送神治平　神風拂廣筵靈香下肅然儀不忒禮無愆禹馬流星相燐絢玉蝀
亙平川彤管司職瑞繭登編

祭歷代帝王廟六章（順治二年定乾隆七年以舊詞重改初製載句中）　中和韶樂春夾鍾清商立宮
倍應鍾清變徵主調秋南呂清徵立宮仲呂清角主調
迎神肇平（原雍平）　撫（原乘）時兮極隆造經綸兮顯庸總古今兮一揆貽大寶兮微
躬仰徽猷兮有嚴閟宮（原有儀羣帝兮後先一句）予稽首兮下風
奠帛初獻興平（原安平）　莽若雲兮神之行（原靈之來兮儼若盈）予仰止兮在廷承筐篚兮
既登假靈蓋兮翠旌（原結翠旌）鑒予情兮歆享薦芳馨兮肅成（原有景行兮六龍駕氣兮曈曨奠繡幣兮
以筐以將羣工肅兮屏營惠我蕃則兮允中五句）
亞獻崇平（原中和平）　貳觴兮酒行（原有諸帝熙兮悅成一句）念昔致治兮永清瞻龍袞兮若
英（原自天）　顧紹錫兮嘉平
終獻恬平（原肅平）　鬱鬯（原瑤爵）兮獻終萬舞洋洋兮沐清風龍鸞徐整兮企予（原有
嗣徽音兮何從盼雲車兮緩移二句）示周行兮迪予衷
徹饌淳平（原凝平）　盍肴蒸兮畢升五音會兮滿盈禮將徹兮虔告鑒孔忱兮載
翼載登
送神匡平（原壽平）　羽（原旍）幢縹繞兮動回風和鸞並馭兮歸天宮五雲擁兮高馳
翔顧回靈眄兮錫年豐
望燎同　駕羣龍（原羣龍驂駕）兮一氣中焄蒿芬烈兮實冥通望神光兮逌燭惟終
古兮是崇
先師廟六章（順治元年定乾隆七年以舊詞重改初製載句中）　中和韶樂春夾鍾清商立宮倍應鍾
清變宮主調
迎神昭平（原咸平）　大哉至聖德盛道隆（原峻德宏功）生民未有（原敷文衍化）百王是崇典
則昭垂（原典則有常）式（原昭）茲辟雍載（原有）虔簠簋載（原有）嚴鼓鐘
奠帛初獻宣平（原甯平）　覺我生民陶鑄賢（原前）聖巍巍泰山實予景行禮備樂和
豆籩嘉（原惟）靜既述六經爰斟三正
亞獻秩平（原安平）　至哉聖師克明明德（原天授明德）木鐸萬年（原世）維民之則（原式是羣辟）
清酒既（原維）醑言觀秉翟太和常流英材斯植
終獻敘平（原景平）　猗歟素王示予物軌瞻之在前師表萬祀（原神其甯止）酌彼金罍
我酒惟旨（原惟清且旨）登獻雖（原既）終弗遐有喜
徹饌懿平（原成平）　璧水淵淵芹藻潔（原崇牙欒藥）既歆宣聖亦儀十哲聲金振玉
告茲將徹嚴假有成日月昭揭（原藐牆廟惕）
送神德平（原咸平）　煌煌辟雍（原學宮）四方來宗甄陶樂育（原胄子）多士景從（原鑒予徽躬）
如土斯埴（原思皇多士）如金在鎔（原肅奏厥功）佐予敷治俗美時雍（原佐予永清三王是隆）
直省先師廟六章（乾隆七年重定）　中和韶樂宮調同
迎神昭平　大哉孔子先覺先知與天地參萬世之師祥徵麟紱韻答金絲日
月既揭乾坤清夷
奠帛初獻宣平　予懷明德玉振金聲生民未有展也大成俎豆千古春秋上
丁清酒既載其香始升
亞獻秩平　式禮莫愆升堂再獻響協鼓鏞誠孚罍甗肅肅雍雍譽髦斯彥禮
陶樂淑相觀而善
終獻敘平　自古在昔先民有作皮弁祭菜於論思樂惟天牖民惟聖時若彝

倫攸敍至今木鐸

徹饌懿平 先師有言祭則受福四海黌宮疇敢不肅禮成告徹毋疏毋瀆樂所自生中原有菽

送神德平 鳧繹峨峨洙泗洋洋景行行止流澤無疆聿昭祀事祀事孔明化我蒸民育我膠庠

太歲壇六章 順治元年定乾隆七年以舊詞重改初製載句中 中和韶樂太簇商立宮倍無射變宮主調

迎神保平 協茲五紀歲日月辰天維顯思神職攸分於赫太歲統馭百神承天之德陰下民 原吉日良辰祀典孔殷於維太歲月將百神乘時秉德輔國祐民遙遙龍馭頓轡九閽壇壝蠲潔延佇來臨

奠帛初獻定平 原安 禮崇明祀涓選休成潔齋滌志量幣告成祈福維何福我蒼生陳饋捧酎瞻仰雲旌 原維神至止鑾駕雲旗洋洋在上淑景延禧束帛承筐展我誠斯神示昭鑒尙其無遺神兮弭節薦馨敬後祀事方初陳饋捧酎神光燭徽嘉祥承候百禮不愆樂與入奏

亞獻嘏平 原中 百末蘭生有飶其香升歌清越磬管鏘鏘牲牷肥腯嘉薦令芳神其歆止在上洋洋 原以我齊明事神修行再拜稽首旨酒斯盈牲牷肥腯交彼神明翼翼上下覲假思成

終獻富平 原寧 執事有嚴再拜稽首三爵既升以妥以侑盥薦有孚肅茲籩豆神其歆止人民曼壽 原執事有嚴品物斯備非馨黍稷用宣誠意朱絃登歌絲衣揚觶於胥樂兮神錫爾類

徹饌盈平 原雍 王省維歲有報有祈六氣無易平衡正璣嘉生蕃祉澤及蜎飛百禮以洽承神吉輝 原春祈秋報歲省惟勤含醇飲德莫匪明神惟神臨御肹蠁遠巡獻酬云畢誠敬斯伸

送神豐平 原寧 神兮旋馭肅瞻景光靈飈上下無體無方嘉承惠和億兆溥將歲歲大有神其迪嘗 原出令明堂神爽卒度報功迎氣祟祀斯作神人以和既康且樂瞻望景光遐彼寥廓

太歲壇祈雨報祀六章 乾隆十八年定 中和韶樂太簇商立宮倍無射變宮主調

迎神需豐 持元化兮富媼神秉歲籥兮六氣均馳雲車兮風旗殷闐闐兮天門情徬徨兮孔殷神之來兮康我民

奠帛初獻宜豐 薦嘉幣兮芳醴清練予素兮升飶馨紛肸蠁兮格歆甘膏沃兮神所令

亞獻晉豐 啓山罍兮攝椒漿侑神宮兮靈洋洋旌雲興兮使我心若惠嘉生兮降康

終獻協豐 清竽兮三奏揚翟籥兮載愉靈回翔兮六幕澤霶霈兮遍八區

徹饌應豐 禮儀備兮孔時音繁會兮徹不遲昭靈貺兮逐蕃祉田多稼兮氾濩之

送神治豐 願億兆兮誠求渥甘澍兮神之休慶時若兮百昌遂惠我無疆兮歲有秋

天神地祇壇祈雨報祀六章 乾隆七年定 中和韶樂天神黃鍾宮立宮倍夷則下羽主調地祇林鍾清變徵立宮夾鍾清商主調

迎神祈豐 雲車馳兮風旆征雷闐闐兮雨冥冥表六合兮穹青橫大川兮揚靈紛總總兮來會穆予心兮齊明

奠帛初獻華豐 束帛戔戔兮筐篚將昭誠素兮馨香瘞此下民兮候有望神垂鴻祜兮未渠央

亞獻興豐 疏幕兮再啓芳齊兮載陳惠邀兮神貺福我兮人民

終獻儀豐 犧尊兮三滌旨酒兮思柔誠無斁兮嘉薦神燕娭兮降休

徹饌和豐 禮既成兮孔殷潔明粢兮苾芬廢徹兮不遲至敬兮無文

送神錫豐 流形兮露生苞符兮孕靈介我稷黍兮曰雨曰雨神之格思兮祀事孔明

巡祭泰山岱廟六章 乾隆十三年定 中和韶樂林鍾清變徵立宮夾鍾清商主調

迎神祈豐 資元氣兮鎭青陽鼓橐籥兮孕靈祥行時令兮東巡式展禮兮誠將

奠帛初獻華豐 金壇肅穆兮黼帷張瑟黃流兮茅縮漿昭誠素兮舉初觴神思陟降兮格馨香

亞獻興豐 日觀兮雞鳴天門兮鳳翔犧尊兮再獻維神兮降康

終獻儀豐 醴齊兮三薦金牒兮輝煌申至敬兮無祈鑒予誠兮齋莊

徹饌和豐 瞻石閭兮在望實籩豆兮大房黍稷兮非馨明德兮是將

送神錫豐 禮成兮孔臧神駕兮龍驤膚寸而合兮觸石而起彌於六合兮降福穰穰

巡祭嵩山中嶽廟六章 乾隆十五年定 中和韶樂林鍾清變徵立宮夾鍾清商主調

迎神祈豐 維靈嶽兮鎭中央展時巡兮洛之陽虔望秩兮懷柔儼對越兮神光

奠帛初獻華豐 石闕岩嶤兮鳴鳳翔奏瑤笙兮肅祼將初奉幣兮陳篚筐至誠昭格兮福無疆

亞獻興豐 穎水兮安恬條嶺兮青蒼黃琮兮告薦椒醑兮芬芳

終獻儀豐 香升兮[illegible]黍三滌兮嘉觴答靈響兮嵩門登萬寶兮咸昌

徹饌和豐 三臺蔚兮峻極二室鬱兮相望告徹兮維時懷德兮靡忘

送神錫豐 雲車兮龍驤仰止兮高闊玉漿含滋兮金璧呈瑞配天作鎭兮長發其祥

望祀長白山六章 乾隆十九年定 中和韶樂林鍾清變徵立宮夾鍾清商主調

迎神祈豐 天作高山兮作而康鍾王氣兮應期昌巡豐沛兮來望躬禋祀兮虔將

奠帛初獻華豐 飶黃流兮進初觴緬仙源兮心邈莊靄佳氣兮鬱蒼蒼欣來格兮惠無疆

亞獻興豐 朱果兮實蕃靈淵兮澤霧清尊兮再獻綿祚兮純常

終獻儀豐 具薦兮玉饌三酌兮瓊漿思王迹兮彌欽清緝熙兮敢忘

徹饌和豐 松花水兮湯湯鴨綠波兮泱泱神飫兮錫釐如川至兮莫量

送神錫豐 祀事兮孔臧昭假兮永明邁周岐越殷土萬有千歲兮長發其祥

羣祀慶神歡樂 乾隆七年定每歲祭先醫於景惠殿火神廟顯佑宮關帝廟都城隍廟東嶽廟黑龍潭龍神祠玉泉龍神祠典工祭后土司工之神迎暘祭竈神門神皆用之三獻三奏乾隆三十三年又重定關帝廟迎神三獻送神各一章咸豐三年升入中祀特製樂章列後

先醫 精氣緣乎理調劑觀所頤曰惟古聖嘗草定醫似鐵隨磁沴除吉至化工出自於指萬姓永荷恩施

顯佑宮 居所躔星軫象緯環拱辰貞元運轉臧用顯仁宥密基命毓和葆順潔粢醴以昭信日襄哉贊大鈞

東嶽廟 維嶽崧高五泰岱常祀殊累朝玉檢柴望始虞木德條風吹萬畢煦宅東隅以生物仰天齊鑒有孚

都城隍廟 佳麗皇都務保障神力宏萬方輻輳尨夜不驚正直聰明癉彰如影荷靈貺篤其慶固金甌護玉京

火神廟 離正南方位燭照光九圍粒民火食功用不違璣璧明粢我民祈慰覆祥靄戢鶉尾息融風降福禧

龍神祠 興雨祁祁應歲恩屢覃湫幽神御農扈具瞻寸合崇朝七千有滂黍膏溥牟麥洪賚神庥以作甘

門神 和氣嘉祥應聖日華耀明仰方泰紫俯奠泰甯邃廓紘瀛此惟表正食神德蒙神慶享明禋億萬齡

司工之神 仰眺銀河上閣道如駕梁儼神宅只愉矣穆將揆日鳴橐翳神斯掌奠椒酒以禋享荷神庥澤未央

關帝廟 扶植綱常正浩氣昭日星絕倫獨立英爽若生俎豆常馨夏彝胥敬仰神德莫疇並助邦家永太平

乾隆三十三年重定關帝廟樂五章

迎神 青湛湛玉霄門神來下綵旄紛宮牆輪奐籩豆芳芬光景動人民丹心照日浩氣扶輪

奠帛初獻 調蘭醑酌桂尊神來饗房俎陳忠貫金石義炳乾坤純臣戴一君力扶王室不願三分

亞獻 汎盎齊觴再進簫鼓諧聲歌韻武節絕倫不辭利鈍神勇天威震方知舊史未符公論

終獻 禮秩秩樂欣欣儼成靈至今存惟靈惟佑國佑民典禮極隆文式揚顯號時薦明禋

徹饌送神 司儀告徹靈風來泊神聿歸嘉徵萃大濟羣生善良胥得意邪慝無伸喙皇化所及咸尊廟食東西朔南靡弗暨

咸豐三年關帝廟樂七章 中和韶樂

迎神格平 懿鑠兮焜煌神威靈兮赫八方偉烈昭兮累禩祀事明兮永光逹精誠兮黍稷馨香儼如在兮洋洋

奠帛初獻翊平 英風颯兮神格思紛綺蓋兮龍旂蘭桂醑兮盈卮香始升兮明粢惟降鑒兮在茲流景祚翊昌時

亞獻恢平 觴再酌兮告虔舞干戚兮合宮懸歆苾芬兮潔蠲扇巍顯靈兮神功宣

終獻靖平 鬱鬯兮三申羅籩簋兮畢陳儀卒度兮肅明禋神降福兮宜民宜人

徹饌彝平 物惟備兮咸有明德惟馨兮神其受告徹兮禮終罔咎佑我家邦兮孔厚

送神康平 幢葆葳蕤兮神聿歸馭鳳軫兮驂虬騑降烟熅兮餘芬菲顧回靈盼兮德洽明威

望燎同 君蒿烈兮燎有煇神光遙矚兮祥雲霏祭受福兮茂與無違庶揚駿

烈兮永奠疆畿

文昌帝君廟七章咸豐六年升入中祀重定樂章 中和韶樂

迎神丕平 秉氣靈躔文運兮赫中天蜺旌兮戾止雕俎兮告虔迓神庥兮於萬斯年

奠帛初獻俶平 神之來兮邐籃式陳神之格兮几筵式親極昭彰兮靈貺致蠲潔兮明禋升香兮伊始居歆兮佑我人民

亞獻煥平 再酌兮瑤觴燦爛兮庭燎之光申虔禱兮神座儼陟降兮帝旁棻醴潔兮齋遨將綏景運兮靈長

終獻煜平 禮成三獻兮樂奏三終覃敷元化兮緊神功馨香達兮肸蠁通歆明德兮昭察寅衷

徹饌懿平 備物兮惟時告徹兮終禮儀神悅懌兮監在茲垂鴻佑兮累治重熙

送神蔚平 雲軿駕兮風旗招神之歸兮天路遙瞻翠葆兮企丹霄顧迴靈眷兮福我朝

望燎同 煙熅降兮元氣和神光燭兮梓潼之阿化成耆定兮櫜弓戢戈文治光兮受福則那

順治元年皇帝祭祀回鑾二章 導迎樂

天地羣祀祐平 皇天有命列聖承之我后配德文臣武綏海隅甯謐神靈燕娭於萬斯年流慶降釐

太廟禧平 於皇紹烈累熙重光銛鑠羣慝我武奮揚肅肅清廟我我奉璋奠邑斯馨祚命無疆

乾隆十七年重定祭祀回鑾祐平十三章樂章乾隆七年製十七年始定凡祭祀回鑾樂皆曰佑平而以慶典所奏者爲禧平 導迎樂

圜丘 崇德殷薦升燎告虔惟聖能饗至誠天眷駕六龍臨紫煙佑命申圖籙

方澤 隤爾而靜持載廣生長至修祀聿來光景富媼愉元德升嶽瀆安民物亨

祈穀 民者邦本民食乃天爰卜辛日大君殷薦龍角明祈有年耒耜親天下先

雩祭 炎夏初屆憫我穡夫爲民請命法駕載塗明德馨誠意孚禾稼登斯樂胥

太廟 儀若先典追孝在天鴻慶遐邑烈光不顯祝事明神貺宜福庶民千萬年

社稷壇 分職三大康乂國家平土蕃穀降休中夏薦告蠲禋不遐徧九垓鴉祉嘉

堂子 禋祀隆永維統百靈延福儲祉奠安神鼎修祀祠通紫庭降福祥昭德馨

出師凱旋告祭堂子 維文武略勳業攸崇欽承睿算往征不恭扇仁風在師中月三捷奏膚功

日壇 雝肅音送暾出自東兼燭垂曜與天同用秩典修皇敬通表瑞輝揚至公

月壇 殷仲嘗酎華黍若油興穀繁祉受符天後湧桂華凝彩斿玉燭調千萬秋

歷代帝王廟 時序羣品端在一欽衣德凝命荷天之任景軌儀誠既歆肅駿奔容若臨

先師廟 先聖垂軌千載是祇虔奉師表景行行止奠兩楹神降之啓後人文在茲

先農壇 翩彼桑扈仁氣布和千畝親御百祥膺荷保介歆穜稑多帝手推民樂歌

清史稿

樂志四

樂章二御殿慶賀 禾辭 桑歌

皇帝元旦御殿二章康熙八年定乾隆七年重撰樂章初製附載 中和韶樂黃鍾宮立宮倍夷則下羽主調

升座元平 維天眷我皇四海昇平泰運昌歲首肇三陽萬國朝正拜帝閶雲物奏嘉祥乘鸞輅建太常時和化日長重九譯盡梯航原於穆元后敬授人時四始和令三陽肇基鸞路蒼龍載青旂迎氣布德百工允釐行慶施惠及我烝黎

還宮和平 聖人延俊英鈞天樂奏繞彤廷華夷一統甯士庶懽忻樂太平寶鼎御香盈祥煙裊瑞靄生簫韶喜九成齊慶祝萬千齡原有奕元會天子穆穆鏘鏘羣公至自九服正朔所加海外臣僕率土懷惠萬民子育千齡億祀永綏茀祿

皇帝長至御殿二章康熙八年定乾隆七年重撰樂章初製附載 中和韶樂黃鍾宮立宮倍夷則下羽主調

升座遂平 陽回黍谷春萬國衣冠拜紫宸旭日耀龍鱗雲物呈祥福祿臻堯階蓂莢新熙庶績撫五辰九服共來賓調元化轉鴻鈞原乾符在握道轉鴻鈞天心見復物始資元景長舜日紀協堯春玉琯應瑞寶懸肇新衆正在位輔翼一人

還宮允平 皇心克配天玉琯葭灰得氣先彤廷臚唱宣四海共球奏御筵珠斗應璣璿金鏡朗麟鳳騖人間景福全咨屢省懋乾乾原萬國在宥一陽斯溥淵默臨朝天驥條舉君子道長騂珪聯組瞻日書雲產祥降緝宜暘而暘宜雨而雨

乾隆二十四年平定回部長至御殿增撰武成慶語二章 中和韶樂黃鍾宮立宮倍夷則下羽主調

升座遂平 陽回玉琯春華闕晴暉映紫宸聲教訖無垠烽燧長清玉塞塵絕域盡王臣安作息荷陶甄奉贄獻靈珍超三古懋經綸

還宮允平 淑氣轉瑤閶緹幕葭飛啟百昌恩威亘八荒雪嶺天山道里長納款嚮明堂三足烏暨鳳凰乾珍普降祥彌顧禔敉幾康

乾隆二十四年平定回部御殿羣臣慶賀一章 丹陛大樂

慶平 紫霧氤氳浮彩仗丹階虎隊鵷行敷文德虞徽接響靖邊徼來享來王

皇帝萬壽節御殿二章康熙八年定乾隆七年重撰樂章初製附載 中和韶樂黃鍾宮立宮倍夷則下羽主調

升座乾平 祥雲麗紫冥四海臣民祝聖齡淑氣轉階蓂堯籙羲圖燦御屏嵩呼徧在廷天呈瑞地效靈南極拱台星億萬載頌康甯原二儀清甯三辰順則維帝凝命函冒區域仁恩廣覃至於動植久道化成隆功駿德聖人多壽年世萬億

還宮泰平 皇躬福祿宜永紹鴻圖丕丕基彤陛長仙芝樂奏簫韶丹鳳儀南山獻壽卮人心悅天意隨爲德徧羣黎歌樂愷萬年斯原鑒觀惟德丕命惟皇肇茲壽域溥海要荒物性茂育民俗樂康冠帶之國望斗辨方日惟萬年同於昊蒼

萬壽元旦長至三大節朝賀三章常朝同順治九年定康熙年製樂章乾隆七年重撰又增宮中行禮雝平一章初製附載

丹陛大樂

羣臣行禮慶平 鳳凰在藪麒麟在郊坰不如國士充陛廷野無遺賢宗有英夙夜在公在公明明原皇覆萬宇品物咸亨九賓在列百譯輸誠濟濟卿士式造在廷帝仁如天帝明如日觀賢任能愛民育物禮備樂成聲教四訖

外藩行禮治平 我清世德作求若天行天盡所覆畀我清萬方悅喜來享庭日予一人業業兢兢原天靈所覆以畀我清我德配命涵濡羣生萬國蹈舞來享來庭俱俱蹡蹡視彼干戚天威式臨其儀不忒

宮中行禮雝平 關雎四教家邦作孚先黃裳元吉地承天六宮仁順化穆宜麟之趾兮萬福之原

皇帝上元御殿二章乾隆七年定 中和韶樂太簇商立宮倍無射變宮主調

升座怡平 皇心保泰和海寓昇平樂事多瓊樹長新柯冰泮春風漲玉河晴雲展細羅擎堯酒泛天波花舞鳥能歌齊拜手賦卷阿

還宮昇平 時雍頌帝堯玉佩鏗鏘慶早朝紫禁瑞煙飄春意淩寒上柳條和風禁苑饒陳仙樂奏簫韶三五正良宵宮漏永月輪高

皇帝常朝二章康熙年定 中和韶樂

升座隆平 赫奕天鑒眷求惟聖保佑我清既集有命假樂大君天位以正莅下有容監於萬方念茲崇功駿命孔常

還宮顯平 於昭四后誕降世德亹亹我皇克艱哀職治定功成中和建極龍飛在天鳳儀於廷式奏王夏垂億萬齡

乾隆七年重定皇帝常朝正月二章 中和韶樂太簇商立宮倍無射變宮主調

升座隆平 敷天協氣鮮新又蒼龍正晨萬國歡心仰紫宸皇天錫嘏懿純陳充庭華璘金根扇春風風兆人澤如春睿周萬品化洽無垠

還宮顯平 淵然至道游神協天行地文照寓騰華若早輪清明廣大和閶恩滂洋葭莩需仁念民生生此辰酌於民瑞惟大有實則賢臣

二月二章 中和韶樂夾鍾清商立宮倍應鍾變宮二調

升座隆平 所無逸恭己嚴廊萬寓協嘉祥吹律園鐘諧舜琯負扆當陽柳風初轉芽黃翠旬輕雷蘇百昌發生心皇奉若寬大詔播天常

還宮顯平 肅羣后鳴佩鏘鏘拜手仰龍光初日曈曨奎壁麗明庶風翔普天和氣休穰浹化鷹成鳩眼良躬清明基宥密恩溥治逵要荒

三月二章　中和韶樂姑洗角立宮黃鍾宮主調

升座隆平　日麗風和徧寰區新榆改火龍旂茬苒晃鸞坡赫如曦皇升座羣辟奏瑤珂拂花茵垂佩多天門蕩蕩無偏頗純嘏詠卷阿

還宮顯平　瑞靄祥飈映彤墀紅雲繚繞一人淵默德光昭百花中千門曉銅鶴篆煙飄奏仙音鸞退朝促耕布穀飛靈沼盈耳說農勞

四月二章　中和韶樂仲呂清角立宮大呂清宮主調

升座隆平　玉宸且婺中天王御法宮乘朱路曳長虹六六洽簫諸女鳳萬物被薰風阜財解慍福祿來同

還宮顯平　麥秋滿野登桑穉繭已成玉衡正泰階平上下交孚寰海靖婦子樂盈寧磬天亘地茂豫桐生

乾隆四十一年平定兩金川四月御殿二章　中和韶樂中呂清角立宮大呂清宮主調

升座隆平　玉衡紀正陽昇平景運昌豐功著成稜揚險闢鼇叢歸指掌決勝廟謨長凱聲競奏喜起賡颺

還宮顯平　功成愷澤滂兵消喜氣揚櫜弓矢埽欃槍紫閣酬庸膺懋賞虎拜沐恩光萬年受祜慶衍無疆

乾隆四十一年平定兩金川御殿羣臣慶賀一章　丹陛大樂

慶平　遠播皇威鯨鯢埽瘴雨蠻煙盡消看振旅歡聲載道瞻天處樂奏簫韶

五月二章　中和韶樂蕤賓變徵立宮太簇商主調

升座隆平　禁林清反舌無聲登進忠良佞不行南風假大而宜平坐明堂賞五德法乘離以持衡

還宮顯平　槿初榮萸與朱明天稷星邊漢影萌紅輪照九神嘉生念農芸夏暑雨穆皇心以靡甯

乾隆四十一年平定兩金川五月御殿二章　中和韶樂蕤賓變徵立宮太簇商主調

升座隆平　扇薰風六幕祥融共解征衣拜舞同雲開玉壘昭膚功頌聲靈赫以濯喜韜戈績銘鐘

還宮顯平　慶天中凱奏勳隆萑微煙消化雨濃磨崖紀勒銘重重壯皇猷沛帝澤驩歡聲徧堯封

六月二章　中和韶樂林鍾清變徵立宮夾鍾清商主調

升座隆平　鼓含少黃宮諸鳳伏庚光赤帝騎龍疇彼三星正昏中茂對乘時穆聖衷陳金奏宣景風明光覲辟公

還宮顯平　彌六合黎元祝頌奉三無帝念淵沖蓊鬱元雲滃宸楓大雨時行黍稷芃虞琴奏皇在宮勤思劇月農

七月二章　中和韶樂夷則徵立宮姑洗角主調

升座隆平　金井桐飄大火流夷則聲清律應秋天行轉蓐收黃茂滿田疇曉光閶闔浮搏拊戛鳴球玉殿千官咸拜手仰宸旒

還宮顯平　鷹祭蟬鳴居白藏御廩初登穀始嘗秋回禁陛涼皇居奠總章恩膏正溥將零露浥瀼瀼六合熙熙齊所卬絜珠囊

八月二章　中和韶樂南呂清徵立宮仲呂清角主調

升座隆平　乾坤爽氣澄序宮殿清光靜安設九賓而法見叶九和於天端晻靄揚雲罕玲瓏動玉鑾烈徽猷兮萬世肅纓冕兮千官

還宮顯平　雲高漢迴參見露白飆清蛚寒汽告成夫萬寶祇祝釐於三壇瑞穀歧而秀玉粢好且完喜盈甯兮百室國安泰兮民歡

九月二章　中和韶樂無射羽立宮蕤賓變徵主調

升座隆平　鴻依銀渚菊有黃華隨雲飛木葉下百穀登場龍芳辰逢令嘉黃麾列正衙豹竿移龍鱗射日上朱霞天錫吾皇多稼

還宮顯平　鞭鳴鐘動簾捲烟斜漾金風香衣駕天龎言還暇黃雲香滿車郇郇畫響榔處深宮心區夏重恤民家黼扆豳風圖畫

十月二章　中和韶樂應鍾清羽立宮林鍾清變徵主調

升座隆平　時合黃純熙修司職顓皇執坎持權聽彤廷佩響玉珣風宣懷黃綰白趨丹陛皇儀展於穆同天光華聖日罘罳煥彩暄到齊編

還宮顯平　寰海豐穰農夫之慶深宮理化揮紘念艱難稼穡不敢游畋琳琊萬卷環天祿三餘愛清晏探研時幾敕命明良喜起所寶惟賢

十一月二章　中和韶樂黃鍾宮立宮倍夷則下羽主調

升座隆平　七日陽來天地仁萬象一中分人從心上起經綸綱紀三才屬大君答陽臨玉宸無私學化鈞包元履德日勞勤品類盛荷陶甄

還宮顯平　順氣祥風翩九垓太史正書雲沈幾先物福生人淵默雷聲秉道眞八風依序均天根月窟循照乎若日正三辰不遠復以修身

十二月二章　中和韶樂大呂清宮立宮倍南呂清下羽主調

升座隆平　斗柄將東四序周佳氣滿皇州嘉平吉日諏翠輅充廷立九斿吾皇御大裘法座侍王侯服舊德布新猷穆若天儀福祿遒

還宮顯平　太室黃雲紫氣蒙時雪報年豐天關豪籥充臘鼓催春天地通皇家寶緒隆契合勳昭融月西朓日生東萬載回環不息同

閏月節前用上月宮調節後用下月宮調詞同前除夕升座還宮與十二月常朝同耕耤禮成慶成宮宴與三月同

文進士傳臚御殿二章（乾隆七年定）　中和韶樂蕤賓變徵立宮太簇商主調

升座隆平　啓文明五色雲呈珊網宏開羅俊英梧岡彩鳳雝階鳴氣如珠河似鏡集賢才於蓬瀛

還宮顯平　海榴舒木槿初榮宣賜宮衣最有名薰來殿角微涼生鳳棲梧麟在囿致皇風於昇平

文進士傳臚羣臣慶賀一章　丹陛大樂

慶平　賢關大啓五緯麗霄光九苞彩鳳鳴高岡日華五色舜衣裳濟濟蹌蹌多士思皇

武進士傳臚御殿二章（乾隆七年定）　中和韶樂應鍾清羽立宮林鍾清變徵主調

升座隆平　寶殿雲開朱檐日近甲袍金瑣玲瓏看敦詩說禮國士之風王朝植幹賁英俊參帷幄克詰兵戎雲臺繪畫勳名偉績媲美前蹤

還宮顯平　玉燭光調金甌綏靖兩階干羽雍容念求賢渭水兆協非熊中林罝兎多賢士賁心腹雲起風從龍韜豹略後先疏附鵬翼搏風

武進士傳臚羣臣慶賀一章　丹陛大樂

慶平　鷹揚鶚薦厲翮九霄清兎罝在野維干城龍韜豹略耋英聲肅肅赳赳王國克生

乾隆四十八年乾清宮普宴宗親御殿二章　中和韶樂太簇商立宮倍無射變宮主調

升座隆平　中天鳳紀開新列堯階繡茵聖德重華九族親垂光惇敘家人斆仙蓂十葉宜春扇雍和和氣鬯郁祥芬瓊斝奉日寶鄂承雲

還宮慶平　璇霄氣應韶鈞仰重熙令辰行葦恩華衍燕申歡承麟趾振振需椒觴芳酎會醇荷龍光光被均瑞璘彬萬年聖壽一本天倫

乾隆五十年乾清宮千叟宴御殿二章　中和韶樂太簇商立宮倍無射變宮主調

升座隆平　乾隆五十年春月壬正日辰帝世重熙盛典陳高年高會楓宸有盈廷鶴髮臣民望鑪香開扇輪共尊親年逾書亥福迓重申

還宮慶平　雲開黼座氤氳望天迴紫宸九拜龍光舞蹈中仙韶聲遠徧閭退朝班仙仗繽紛到蓬萊攢紫雲散仙羣九重曼壽千叟長春

乾隆十三年大學士忠勇公傅恒征金川授勅御殿二章　中和韶樂黃鍾宮立宮倍夷則下羽主調

升座隆平　臨軒策將聖武恢仙仗挾風雷龍驤虎賁羣英來專閫正藉勒銘才神機翊上台恩隆轂是推揚威邊徼圖雲臺承廟略往欽哉

還宮顯平　絳霄瑞靄六龍迴寰寓靖氛埃天戈遙指閶闔開敦忠秉信閫外裁風雲列陣該崇墉計日摧鋒車電掣天馬徠軍聲歡騰九垓

乾隆十三年征金川羣臣慶賀一章　丹陛大樂

慶平　金殿晨開銅龍啓推轂恩隆典儀九重上爭歌喜起敷聲教盡仰天威

乾隆十四年金川凱旋慶賀御殿二章　中和韶樂姑洗角立宮黃鍾宮主調

升座隆平　慶溢朝端靄祥雲河山清晏鈴旂迢遞送歸鞍赫元戎緊良翰靖獻寸誠丹載干戈和佩鸞功成萬里勒銘還遐邇共騰歡

還宮顯平　雉扇徐迴徧堯封齊銷烽燧依依楊柳六師歸逮春耕修農禾論賞策勳隨九重深五紘揮敷天率土裒時對日月耀明威

乾隆十四年金川凱旋羣臣慶賀一章　丹陛大樂

慶平　決勝從容籌上將師行肆靖退方宣武略更敷文德垂衣治端拱明堂

乾隆八年盛京謁陵禮成御殿二章　中和韶樂黃鍾宮立宮倍夷則下羽主調

升座元平　維天眷我清一統車書四海甯法駕莅陪京祠謁珠邱展孝誠陟降舊宮庭思祖德答天明佳氣繞龍旂瞰聖日海東升

還宮和平　文思治九瀛神孫繼治洊昇平皇初七德成締造艱難景命膺撫序惕中情凝旒屼若奉盈昭茲萬億齡列祖武敬其繩

盛京御殿慶賀二章　丹陛大樂

羣臣慶平　重熙累洽紘瀛被仁風穆如神孫臨鎬豐橋山禮成御故宮零露

瀼瀼有來雍雍

外藩治平　萬方合敬同愛所親尊思木有本水有源東西朔南咸駿奔純固恪恭日子雲孫

乾隆五十年臨雍二章　中和韶樂夾鍾清商立宮倍應鍾清變宮主調

升座盛平　辟雍建規矩圓方復古自吾皇先聖宮牆千仞近講學升堂於論鐘鼓鏗鏘春水圜橋流浩蕩作君師時萬億隆禮樂煥文章

還宮道平　聖人出天下文明玉振叶金聲日月江河照法象自古經行講筵雝肅和平熙事純常茂典成覺羣黎敷五教彝倫敘萬邦甯

乾隆五十年臨雍羣臣慶賀一章　丹陛大樂

慶平　禮成典學璧水監姬章中天日月瞻容光宸儀有肅拜舞行壽考延昌聖化滂洋

嘉慶三年臨雍二章　中和韶樂夾鍾清商立宮倍應鍾清變宮主調

升座盛平　建皇極端拱垂裳仰止重宮牆欝輅蒼龍親視學鼓篋升堂昭回雲漢爲章璧水和風交濟蕩播金絲傳孔訓盛羽籥邁周庠

還宮道平　睿圖治文教昌明至德播膠黌俎豆衣冠多藹吉講藝橫經聖人玉振金聲明德新民萬世程首修齊崇格致基誠正奏治平

嘉慶三年臨雍羣臣慶賀一章　丹陛大樂

慶平　一人首出作睹仰當陽重華協帝煥文章崇儒右學聖治光鐘鼓鏘洋拜舞軒蹌

乾隆九年幸翰林院二章嘉慶九年幸翰林院同　中和韶樂黃鍾宮立宮倍夷則下羽主調

升座隆平　龍文五色皆羽葆亭童法駕來秘閣列清才就日瞻雲瀛文隈象緯正三台糺縵縵卿雲迴元首賡康哉舟用楫鼎需梅

還宮顯平　恩光浹而槐瀛洲十八並追陪南山頌有臺酒醴笙簧霖雨諧帝展下蓬萊金枝靄秀華堆文光耀九垓求千里始於隗

太上皇帝元日御殿二章嘉慶元年定　中和韶樂黃鍾宮立宮倍夷則下羽主調

升座元平　壽寓犖金甌繩武乘乾甲子周燕翼篤詒謀子帝欽承德澤流歲首建華旃蓍衍莢海添籌五福萃賓疇臚實政訓鴻猷

還宮和平　天下養尊崇萬禩頤和鄧治隆泰運懋延洪嘉會朝正萬國同康強仰聖躬八徵念十全功勵治倘初衷膺篤祜競呼嵩

太上皇長至御殿二章嘉慶元年定　中和韶樂黃鍾宮立宮倍夷則下羽主調

升座遂平　陽回玉琯新祇承忭蹈率臣民行健政躬親問安視膳秉鴻鈞帝範示遵循共球集韶濩陳皇祺茀祿臻紀犛烈頌恆春

還宮允平　懿鑠纘義圖雨暘時若泰階符逢年渥澤敷三除玉粒五蠲租元吉惠心孚恩市寓德覃區寅承保聖謨履端慶舞康衢

太上皇帝萬萬壽節御殿二章嘉慶元年定　中和韶樂黃鍾宮立宮倍夷則下羽主調

升座乾平　壽祿位名全猶日孜孜寶篆鐫保佑命膺天纘序重光福祚延乾符久仔肩丈巍煥武昭宣瑞應角亢躔龍禨衍萬斯年

還宮泰平　曼壽獻瑤樽萬方玉食至尊尊舞綵上儀敦堯辰舜內合乾坤詄蕩啟天門帝奉帝孫有孫祥雯燦紫閣歌景福飫洪恩

太上皇帝三大節慶賀一章嘉慶元年定　丹陛大樂

皇帝率王公百官行禮慶平　御宇六旬九有浹深仁動華一家禔福臻歲萬又萬頌大椿文武聖神帝夏皇春

宮中行禮雝平　雝雝在宮天符人瑞同太上立德更立功京垓億兆運麗鴻雲衍慶萬福來崇

嘉慶元年千叟宴太上皇帝御殿二章　中和韶樂太簇商立宮倍無射變宮主調

升座隆平　乾隆六十一年授嘉慶始元叟宴三開鉅典傳天家尊養彌虔建惟皇錫極無偏率臣鄰逮戶編豎垓埏軒宮初御春殿長筵

還宮慶平　儀鸞扇合鑪煙聽仙韶繹然盛禮觀成九拜虔翹瞻斗運辰躔退朝班皇極門前頌堯仁贊啟賢合義年聖能昌後天不違先

太皇太后三大節御宮二章康熙二十二年定　中和韶樂

升座升平　嘉樂聖母慈徽穆穆協德坤元以涵以育以天下養永綏天祿皇情展慶禮明樂淑億萬斯年受茲介福

還宮恆平　天祐皇家景命膺中宮幃重慶蘩祉川臻如南山壽集嘏斯純我皇樂只燕及臣民薄海內外罔不尊親

太皇太后三大節宮中慶賀一章康熙二十二年定　丹陛大樂

晉平　彤庭景麗旭日祥風繽紛綵仗奕奕璇宮鴻慈燕喜歡洽聖衷萬方一軌來賀來同千官拜舞樂胥有融維壽維祺天地並隆

皇太后三大節御宮二章康熙二十二年定乾隆七年重撰樂章初製附載　中和韶樂南呂清徵立宮仲呂清角主調

升座豫平　慈幃福履昌瑞雲承輦獻嘉祥徽流寶冊光玉食歡心萃萬方旭日正當陽綏眉壽樂且康瑤池蓂葉芳如山阜永無疆原有慈幃惟天下母厚德之符含宏九有式嗣徽音以昌厥後寵綏受之遐不單厚福祿來求如山如阜

還宮履平　瑢宮瑞靄霏翬翟山河上袞衣寶籙慶璇幃萬國歡愉頌德徽長日麗晴暉青鸞舞鳳在墀康強福祿宜億萬載祝期頤原百禮既洽爛然其章瑞雲承輦麗日舒長萬方玉食愉懌未央言旋彤蹕凝祉儲祥一人有慶萬壽無疆

皇太后三大節慶賀二章康熙二十二年定乾隆七年重撰樂章初製附載　丹陛大樂

皇帝率王公百官行禮益平　皇家燕喜福壽協慈幃千官拜舞萬國瞻依靄璇宮聖日輝原品物咸亨景光清泰展禮孔皆式瞻嘉會金石相宣貫珠編貝思媚思齊德洽四沛以介繁禧萬年保艾日壽而臧日昌而大

宮中行禮雝平　詞與皇帝三大節同

乾隆二十四年平定回部長至皇太后御宮二章　中和韶樂南呂清徵立宮仲呂清角主調

升座豫平　慈甯集慶長坤元叶德煥嘉祥晴暉轉一陽玉食承歡福履昌西極盡來王同稽首頌壽康堯階蓂葉芳受茲福永無疆

還宮履平　瑤宮靄紫煙日麗彤墀百福全德範播堯天文筍珠璣晉九邊翠翟耀瓊筵添宮綫玉戺前綏和兆萬年永樂愷協璣璿

皇后三大節御宮二章康熙二十二年定乾隆七年重撰樂章初製附載　中和韶樂南呂清徵立宮仲呂清角主調

升座淑平　承天地道光嗣徽音兮儷我皇椒宮壼教彰萬國爲儀燕翼昌彤管紀芬芳春雲渥環佩鏘安貞德有常敷內政應無疆原乾資於坤儷韓宸極皇化攸宜母儀萬國履順含章茂明內德福履永綏酒燕酒翼

還宮順平　瑤榼煥上台椒殿風和麗景開晴旭上蓬萊佳氣氤氳徧九垓祥雲護燕禖培麟趾毓蘭荄雉扇影徘徊看瑞靄集宮槐原椒宮奕奕陰教修明褘衣有爛環珮和鳴禮容孔恪萬國來成關雎之德流美風聲

皇后三大節宮中慶賀一章康熙二十二年定乾隆七年重撰樂章初製附載　丹陛大樂

正平　正坤維兮儷皇極母儀昭萬國福履永綏將六宮承法則原采章有蔚禮備樂宣令儀令德率履無疆型家而國實惟承乾既淑且和景福綿綿

同治十一年皇帝大婚行冊立禮御殿二章　中和韶樂

升座宜平　作合慶從天高懸日月照垓埏交泰叶坤乾鸞鏘鳳噦樂翩躚星彩麗弧躔雙璧合五珠聯瓜瓞喜綿綿綏福履萬斯年

正使受節愉平　祥暉耀九閶鳳節蜺旌命肅將雅調奏鏗鏘玉管瓊璈廣樂張賡詩蠙治陽鋪鴻藻煥龍章福祿奉霞觴富且壽熾而昌

大婚前一日閱冊寶慶賀三章　丹陛大樂

皇帝升座澄平　玉檢金泥寶氣騰日月頌升恆雲霞仰蔚蒸椒壁蘿圖瑞彩凝河洲德化興海宇慶波澄光復旦福雲礽謨烈昭垂億載承

皇太后升座儀平　萬國共球奉壽卮端冕肅隆儀輝煌鳳詔披玉冊金符福祿宜天容靜有思睟穆拜瑤墀纘前緒答恩慈嘉禮宏前百世基

羣臣行禮普平　黼黻昭文仰大觀高奉五雲端嵩呼萬歲歡鵷鷺成行擁百官維皇宥密單締造念艱難膺寶籙御金鑾億載丕基鞏石磐

大婚前一日閱冊畢皇帝詣慈甯宮行禮皇太后御宮二章　中和韶樂

升座圖平　祥雲五色飛旭日曈曨映紫微曙景麗旌旂仙仗分行寶篆霏承歡舞綵衣歌壽愷切瞻依展禮報春暉隆孝養慰慈幃

還宮懌平　仙璈響禁城簫管均調雅頌聲旭日鳳凰鳴瑞靄繽紛賀禮成慈顏喜氣迎擁豹尾導蜺旌雲奉翠華明馭大丙暢由庚

大婚宣制皇帝御殿二章　中和韶樂

升座叶平　翠琯銀簧下紫霄仙樂奏咸韶趨班肅百僚纖蓋鳴鞭侍早朝惟皇日月昭玉燭慶時調文傳武舜紹堯一德心源切旰宵

正使受節舒平　雲蒸御案香龍節高擎燕尾彰嘉禮敬延康繼繼繩繩百代昌睢麟爲世祥歌渭涘慶洽陽嘉氣溢天閶祝聖壽壽無疆

大婚朝見皇太后御宮二章　中和韶樂

升座禧平　祥暉麗紫宸天地同和萬國春協氣轉鴻鈞燕翼詒謀百福臻星雲爛漫新嘉禮備雅樂陳至德頌慈仁洪寶籙衍疇倫

還宮忻平　吉日承歡厚德酬侍燕禮虔修芬芳潔膳羞玉食瓊漿旨且柔笙簧雅韻流儀衛轉華旃調玉燭鞏金甌穆穆隆儀福祿遒

大婚朝見次日皇帝詣慈甯宮行慶賀禮皇太后御宮二章　中和韶樂

升座軒平　蓬萊旭日紅鳳閣龍樓瑞靄中儀衛拱璇宮肅肅旌旂拂曉風維皇茂矩崇禮既洽樂交融孝養萬方隆瞻景福共呼嵩

還宮頤平　閶道迴環輦路花宮殿爛雲霞蓬壺歲月睟六合光明萬福嘉鳴鑾返翠華喜氣正無涯德自大頌非誇華祝衢歌遍邇遐

大婚朝見次日皇后詣慈甯宮行慶賀禮皇太后御宮二章　中和韶樂

升座翕平　懿範雍和內治襄儷日月同光承天地有常喜洽璇幃慶未央虔恭淑德彰褘褕頌儀詳闈馭肅翠旂颺紹纘徽音式萬方

還宮孚平　茂典邁嬪京任姒相承世德宏內治稟儀型睟穆慈顏福履盈垓珽樂永淸陳葆佾簇霓旌璆佩節和聲雲輅舉日華明

大婚朝見次日皇帝御內殿二章　中和韶樂

升座蕃平　二曜光昭萃茂釐乾籙應昌期中宮肅盛儀肇正人倫萬化基鴛梁福祿宜麟趾叶風詩炳帝極衍宗支萬葉千春海寓熙

起座理平　虔修肅拜儀納福躋仁百祿宜協氣迓蕃釐輦路塵淸六馭馳祥雲護瑞曦迴玉輅繞彤墀湛澤九天滋宜嘉頌慶昌期

升座惠平　蘭殿椒闈迓帝庥懿德軼河洲良辰協吉諏位正坤維內治修嘉祥百祿遒纚轂煥新猷輝翟彩導鸞旂邐迤祥雲輦路周

還宮祥平　中禁宏開靄吉祥律度協珩璜賡歌茀祿康彩煥星軒法服彰豐祺衍熾昌福履慶齊長遵玉𢀿管椒房坤順承天德有常

大婚朝見次日慶賀五章　丹陛大樂

皇太后升座皇帝行禮康平　雲書爛縵祥舞綵宮中愛日長雅樂叶笙簧一曲南陔奏未央金鑪娟篆香看鳳翥喜鸞翔聖壽祝無疆醴澤被惠風颺

皇太后升座皇后行禮巽平　宮扇彩雲移迤瞻鳳輦駐彤墀文裀錦繡披太祝初宣展拜儀肅穆答鴻慈徽音嗣福履綏祥開百世基綿泰祉正坤維

皇帝升座皇后行禮諧平　雉尾雲開喜氣生嘉禮慶初成關雎句載賡一片承平雅頌聲鴛鴦福祿盈鸞鳳叶和鳴光四表暢八紘風始周南雅化行

羣臣行禮燮平　丹鳳銜書降九天香娟靄鑪煙歡聲動八埏成蓋靑雲朵殿前光華億萬年鵷鷺肅班聯輝寶鼎邑宮懸雨露無私聖澤宣

宮中行禮晏平　坤儀令德崇六服光輝典禮隆瑞靄滿中宮綵仗雲旂麗景融鑪煙接陛楓容肅穆福麗洪理內頌成功宜闡政贊皇風

大婚行禮次日筵宴皇帝御殿二章　中和韶樂

升座會平　天心眷至人璧合珠聯耀紫宸雅化洽睢麟祥靄彤廷百福臻鐘鼓韻淸新調律呂奏韶鈞寰海共尊親昌聖緒敘彝倫

還宮抃平　煦日祥光煥翠旂冠佩集螭頭宮中拜賜優歡洽皇心百祿遒香煙仗外浮班散玉階儔敷駿惠式鴻猷慶典覃禧九服周

皇太后賜后母燕御宮二章　中和韶樂

升座序平　寶扇雲移法駕臨萬國盛儀欽仙韶協舜琴曉旭凝輝耀玳簪慈顏悅豫深錫福徧千林延景祚頌徽音媲周家仰太任

還宮愷平　樂奏鈞天吉禮成燕衎洽羣情璇幃喜氣迎歡承壽母共稱觥金萱萬歲榮闓澤普埏紘廻龍馭擁霓旌堯趨舜步協安行

大婚賜承恩公親屬宴四章　丹陛大樂

皇帝升座調平　瑞靄娟鑪香丹陛班分鵷鷺行懿戚喜稱觴衣冠蹌濟覲龍光壺中日正長陳酒醴肆笙簧虞陛效賡颺和以樂壽而昌

后父率親屬謝恩羣臣行禮介平　祥光麗几筵鳳管鸞笙奏九天雨露拜恩先主爵欽承寵詔宣嵩呼玉陛前揚抃舞肅班聯篤慶祝堯年歌椒衍卜瓜綿

后母率親屬行禮入座衎平　曈曨曉日明五色祥雲靄禁城瑞應泰階平冠裳濟濟拜丹楹璇宮喜氣盈陳酒醴泰韶譔燕衎荷恩榮膏澤渥頌同聲

后母率親屬謝恩皐平　堯廚叢獻祥六膳和調出上方珍味列芬芳春滿宮壺雨露香衢尊酌醴漿醲化洽茀祿康肅拜效賡颺介景福熾而昌

大婚頒詔皇帝御殿二章　中和韶樂

升座端平　堯天景運長民物咸熙庶事康離照炳當陽萬里山河日月光昇平寶祚昌福無量壽無疆四表煥文章歌喜起頌明良

還宮融平　嘉祥帝眷孚乾始坤元合聖謨蕃祉炳皇圖藻景昭陳協氣敷宣綸懍步趨編璧葉琭金符裔采煥雲衢六禮備衆情愉

光緒十五年大婚閱册畢皇帝詣慈甯宮行禮皇太后御宮二章　中和韶樂

升座邑平　祥陣靄紫宸瑞滿乾坤淑氣新寰海慶同春作合從天萬福臻瑤階雅樂陳和鸞鳳詠睢麟垂裕荷慈仁崇典禮敘彝倫

還宮懌平　綵仗萬花迎雅雅魚魚慶禮成琴瑟聽和鳴鳳翥鸞翔引韻淸璇闈喜起賡開帝運愜皇情寰宇際昇平徵瑞應動歡聲

大婚宣制皇帝御殿二章　中和韶樂

升座叶平　樂譜簫韶奏九成儀鳳叶和聲鑪香篆裊淸萬國共球集帝京宸修德克明景運啓元亨懸金鏡察玉衡南面垂裳御八紘

正使受節舒平　綵綸錫自天龍節莊持映日鮮璧合並珠聯玉檢金泥紫誥宣欽哉命敬傳椒蕃衍瓜瓞綿歌徧垓埏祝聖壽億萬年

大婚前一日閱册寶慶賀二章　丹陛大樂

皇太后升座儀平　詩詠周南肇始基聖配正坤維惟皇肅上儀展拜雍容侍玉墀貽謀賴聖慈獻壽晉瑤卮延景祚慶昌期瓜瓞綿綿福履綏

羣臣行禮普平　冠佩趨蹌仰九重衮衮樂登庸三多祝華封夔拜皐颺效靖恭維皇駕六龍作覩簇雲從占嘉會慶躬逢四海欣霑帝澤醲

大婚朝見皇太后御宮二章　中和韶樂

升座齋平　春光滿禁闈和煦風柔拂翟褘虔拜仰恩暉宵旰勤劬綜萬幾顯翼翼扇巍巍齊政察璿璣欽德至嗣音徽

還宮忻平　宴罷欣逢大禮成鳳輦映花明鸞旗拂柳輕五色雲霞綵仗迎韶闈喜氣盈椒殿曉風淸調玉琯奏瑤笙一片承平雅頌聲

大婚朝見次日皇帝詣慈甯宮行慶賀禮皇太后御宮二章　中和韶樂

升座軒平　曙景絢蓬瀛閶闔天開瑞靄生紫𧄍彩霞明舞蹈歡呼徹鳳城慈闈喜氣盈儀具舉禮初成孝養竭精誠調管籥奏韶譔

還宮順平　巍煥龍樓矗絳霄日彩麗金貂猊鑪篆馥飄輦路花深漏響迢雲軿樂御調法曲和笙簫隆禮備德音昭萬福來同際聖朝

大婚朝見次日皇后詣慈甯宮行慶賀禮皇太后御宮二章　中和韶樂

升座翕平　風始宏開萬福基厚德正坤維思齊啓嗣徽修栗雍宮贊贊時祥暉駐玉墀鑾輅展文螭循茂典答皇慈日月承天曜二儀

還宮孚平　天地二儀平芼荇求賢內治成懿德纘維行瓜瓞綿延慰聖情形墀福喜盈揚翠蓋擢朱英旋輅節韶譔雲雉轉玉鸞鳴

大婚朝見次日皇帝御內殿二章　中和韶樂

升座蕃平　元氣昭融運二儀風始德宣詩春初瑞應時萬化淵源萬福基軒裳肅茂規媯幄駐祥曦調玉琯衍金支鍾祉延釐頌聖慈

起座理平　虔作禮初成壼範柔雍翊聖淸實輅叶鸞鳴金𢀿彤墀喜氣盈雲移雉扇明回地紐轉天紘雅樂譜韶譔珠露湛玉芝榮

大婚朝見次日皇后御內殿二章　中和韶樂

升座惠平　正始風開萬福原玉輅慶臨軒含章贊至尊乾曜坤儀應德元風生九陛溫旭映六宮暄迎淑氣沐仁恩卿裔歲蕤受祉繁

還宮祥平　繞轂花迎上苑春輦路淨無塵宮鶯囀語新內治修明樂最眞淸芬挹藻蘋雅化溯睢麟歌采采詠振振茂祉繁釐慶翕臻

大婚朝見次日慶賀五章　丹陛大樂

皇太后升座皇帝行禮康平　祥雲麗九天丹陛歡承聖母前壽愷祝洪延垂裕綿長紀萬千寶鼎裊香煙雙璧合五珠聯雅叶宮懸恩澤普福疇仝

皇太后升座皇后行禮巽平　彩仗導丹軿韶咸樂奏八風宣宮花繞御筵鏤檻文墀展細旃璆佩拜儀虔慈顏煦曼福駢山呼徧九埏元正月萬斯年

皇帝升座皇后行禮諧平　褘服葳蕤茂典祥向日月輝光承天地久長容蹈凝華德象彰和鳴協鳳凰景福集鴛鴦瞻袞冕節琚璜慶洽宮闈萬葉昌

羣臣行禮燮平　糺縵星雲煥紫宸芭鳳采璘彬蘿圖萬福臻寶瑟瑤琴雅韻新恩周雨露勻薄海慶同春凝鼎命闡坤珍紉鏷偕登道路遵

宮中行禮晏平　彤庭瑞靄縈象服增華煥采明正位翊昇平德協坤貞品物亨來綏福履成輝黼黻式璜珩芬蕙引風淸調鳳瑟叶鸞笙

大婚行禮次日筵宴皇帝御殿二章　中和韶樂

升座會平　祥光曜紫宸泰宇宏開九陛春雅化肇睢麟采荇歌兼詠采蘋薄海識尊親仰皇極頌皇仁仙樂奏咸鈞逢嘉會宴嘉賓

還宮忭平　慶典欣成日正中頌禱效呼嵩新承帝眷隆歡洽皇心喜氣融祥煙靄九重綵仗擁花紅占人壽卜年豐聖澤覃敷六合同

大婚賜承恩公親屬宴二章　丹陛大樂

皇帝升座調平　左右肅班聯鵷鷺分行別後先戚畹萃親賢夔虎鳴鑾應管紘鏗鏘禁漏傳瞻舜日覲堯天拜舞錦袍鮮列玉砌侍瓊筵

后父率親屬謝恩羣臣行禮介平　鑪煙篆裊香朶殿春和旭日長夔虎效賡颺搢笏垂紳玉佩鏘隆儀九拜彰飫酒醴叶笙簧寶籙衍休祥綏福祿頌鴛鴦

大婚頒詔皇帝御殿二章　中和韶樂

升座端平　皇圖聖德宣金鏡調元喜共延紫極麗中天華祝嵩呼億萬年歡

聲動八埏階啟泰位乘乾瑞靄玉鑪煙輝玉戺炳珠躔

還宮融平　綠綸被萬方丹鳳書銜日月光天語懍煌煌慶典欣成錫祚長休徵應雨暘顏有喜頌無疆盛治贊垂裳夔虎拜鳳鸞鏘

乾隆十七年重定慶典所奏禧平十五章　導迎樂

臨雍　崇聖尊道乾德下交思樂多士化流芹藻鼓篋徵經銜昭聽講環宏育陶

巡狩方嶽　琴麗六飛入蹕出警省方觀民施惠行慶一入行萬人幸載道歡瞻天聖

元日進表　元正朝享臨御萬方閶闔通啓太平呈象旅貢陳軒樂張徧海隅瞻帝光

長至進表　黃鍾應律玉琯迴陽書雲薦瑞迎日履長共球集韶濩張奉金函來萬方

萬壽節進表　神聖文武提絜六符綏以眉壽馨宜多祜邁斗維呈瑞圖萬歲聲山應呼

皇太后萬壽節進表　昭受天貺鍾慶發祥文母禔祉福隆尊養錫類蕃慈訓彰億萬年臨壽康

皇后千秋節進表　坤德柔靜陰教順承螽斯麟角允維嘉應寶冊鐫天慶膺求嗣徽如月恒

進實錄　昭示無垠謨烈聿皇垂布方策日星輝朗配典墳揚耿光永繹思綏萬邦

進玉牒　瓜瓞滋長椒實衍昌公姓千億福疇維懋定角仁朱芾皇錫類洪咸樂康

頒時憲　欽若誠寅皇正朔頒分秒無忒玉衡齊貫敬授時宜暑寒稽事明民庶歡

頒詔　申命重巽綸下九閽句出萌達百昌咸振象魏懸詔鐸巡德意宣天地春

殿試送牓　賢網寬整才俊畢登疏附先後一人維聖教澤長多士盈景運開龍虎蒸

迎吻　皇作宮殿因地順天如竹苞矣美哉輪奐鳥翼飛松桷梴芋且甯居萬年

皇帝親耕進種稑　晨作農正鸞輅勸耕穜稑嘉種降康延慶帝耤開農政行我稼同明賜成

皇后親蠶進筐鉤　戴勝告時西陵肇典爰舉懿筐爰臨柘館御鞠衣登瑞繭金鉤陳嘉義展

皇帝耕耤三十六禾詞一章雍正二年定

光華日月開青陽房星晨正呈農祥帝念民依重耕桑肇新千耤考典章告蠲元辰時日良蒼龍鸞輅臨天閶青壇峙立西南方犧牲簠簋升芬芳皇心祗敬天容莊黃幕致禮虔誠將禮成移蹕天田旁土膏沃洽春洋洋黛犂行地牛服韁司農種稑盛青箱洪縻在手絲鞭揚率先稼穡爲民倡三推一撥制有常五推九推數遞詳王公卿尹咸贊襄甸人千耦列雁行耰耡既畢恩澤滂自天集福多豐穰來牟蕎穱森紫芒華薌赤甲秈稈秎秬秠三種黎白黃穋粟堅好碩且香穈芑大穗盈尺長五菽五豆充壠場穄稾麠㯽九色糧蜀秫玉黍兼東廧烏末同收除童粱雙歧合穎徧理疆千箱萬斛收神倉四時順序百穀昌八區九有富蓋藏歡騰億兆感聖皇

皇后采桑歌一章乾隆七年定

躬耕禮成詔井桑蠶月吉巳迎辰祥金華紫蔚五翟光瑞雲彩映椒塗黃壇南宿戒帷宮張西陵展事搖珩璜齋肅恭敬柔雍彰金鉤綠籧懿筐尚功尚製奉以將柔條在東涵露香鞠衣三擿鳴鳩翙月靈臨賁龍精昌黼黻五色質且良昭事上帝祠蒸嘗儀型宇宙帥妃嬪衣食滋殖被萬方

清史稿

樂志五

樂章三　筵宴　鄉飲酒

太和殿閱皇太后徽號冊寶海上蟠桃一章乾隆七年定　中和清樂

海上蟠桃乍熟日邊紅杏初芳慈幃履慶承天貺景福正綿長解一啓蓬萊排仙仗露溥溥凝仙掌禕衣翟服爛明璫耀金鋪日擁扶桑喜風和駘蕩鑪熏百和香太平有象孝德光昌解二殿當中雲光瀁駕臨軒金閨敞孝思不匱重天常展瑤函寶冊輝煌喜風和駘蕩鑪熏百和香太平有象孝德光昌解三紫霞杯薦釀九華鎔芙蓉衍流霞紺雪酌天漿頌期頤地久天長喜風和駘蕩鑪熏百和香太平有象孝德光昌解四玉衡平金波朗湛露融階蓂長雲璈法曲奏清商奉慈徽長信傳芳喜風和駘蕩鑪熏百和香太平有象孝德光昌解五萬方玉食尊親養孝治烝烝天下仰敬歌萬壽無疆辭缺

嘉慶元年太上皇帝三大節筵宴三章　進饌中和清樂進茶進酒丹陛清樂

進饌爽衍寶疇之章　爽衍寶疇春滿瀛洲六甲慶重周功德誰儔位祿兼名壽並包帝道王猷十全建極八徵念五福居辰百祿遒駕蒼周軼赤劉共臚萬萬添籌解一敬維作所酬高厚圜壇冬至齋宮就方壇夏至明禋奏祈年雩祭均循候加玉表精忱縮鬯通聲臭珠囊氣協神祇祐解二遵守寶籙朝朝誦大猷萬乘謁珠邱冠服貽謀弓矢貽謀盛京賦賦鴻麻霞綳然處明如晝紀恩堂堂構綢繆習騎射御驊騮歲歲木蘭蒐狩解三宵衣問夜傳清漏瑤殿上勤政名留不待雞人報曉籌然絳蠟咨詞頭解四睿慮充周後樂先憂茅檐蔀屋蓋藏謀不惜金鏐蠲租賜復登仁壽羙粱在野羅漿酒吉亥親耕勸早穖雨暘驛遞馳封奏沃壤年年報有秋解五包羅星宿御丹毫文成萬首味腴餐秀有數萬餘篇擒綿繡丹黃四庫皆經奏更臨雍宣講璧水環橋欣覲禮成釋菜又看典茂鴻都石經鐫就解六二十矢天弧彀廣運南朔東西威棱處處周拓疆二萬亥步全收遐陬襁負投歸降歸順更兼廓喀鯤番一候解七仁壽貞符同幅輳十一世金枝秀聯珠合璧月將日就二千里黃河清漱仙蝶呈祥晴雪後慶昌期中天候重逢解八玉燭金甌天行一日一周孜孜惟日耄期猶自強不息符乾九曆篤祜璿英珠籌子帝承歡千萬壽辭缺

進茶玉燭調元之章　玉燭調元日彩旭曈曨正聯珠合璧慶重逢星輝雲爛藹和風角亢吐耀辰居拱春意盎瑞光融看萬年枝更動萬年觴奉添籌積算乾綱總一家堯舜貞符共繞陛雲烟擁壽介衢尊恩流寶甕解一主敬宸衷後天而奉紀元周甲蘿圖鞏隆授受養尊崇積京垓臣民頌萬禩慶延洪如日方中麗桐軒輝松棟解二瓞綿綿椒衍金枝重五福名堂萬福同瑤牒書石渠瑞徵麟趾慶恒鍾繩繩繼繼疊見祥雲擁祝來暑奕禩荷蒼穹解三武於鑠十全同頌文丕煥四德俱隆寶籌錫福福來崇皇極慶道泰時雍解四恩牓制科先中慶遭逢杏花春雨桂秋風澤龐洪年逾耆耋覯光蹄遠超五老首曹松首曹松七旬以外成均貢解五會耆英三千衆奏鈞天廣樂同雲夢甘膏渥湛露濃十年方舉燕方瞳鳩飾許攜筇解六藏富三農八蠲常貢偏隅薄歉停輸供問暘雨罷租庸樂京坻勤耕種鼓腹共融融寰宇綏豐舞康衢賡豳頌解七就日瞻雲九宇同占風協律集球共嶽修川效朝正衆拓輿圖河玉山蔥里逾二萬入堯封奉車書玉帛重重解八昌辰嘉會隆儀重聽雅樂九成鳴鳳八極盡承風九瀛齊獻頌辭缺

進酒日麗瓊霄之章　日麗瓊霄春風先盎蓬萊島樂奏簫韶天賜徵難老解一祇承皇道歡心萬國會三朝正籌添玉荚更斗轉珠杓糺縵縵袞衣依黼座爛輝輝瑤斝奉瓊膏慶昌辰重光重潤仰景運稽舜稽堯養隆山海美軼祁姚解二奕葉臚歡衍慶饒詠振振瑞牒標瑤林琪樹萬壽高蘭芽馥郁彤墀繞幔亭仙樂元音妙祥光絢鳳條祥飈暖鳳巢集雲礽獻壽和風劭欣舞綵燦螭坳解三列清班鵷鷺翩高璽梅一氣調看肅肅衣冠拜絳旓北闕開催曉箭西山爽靜鳴梢斟沆瀣酌蒲萄解四欣邇英日轉槐龍清影搖更集賢風緩梅花雜絮飄喜華縷共彰爐烟暖未消鳳池頭仙翰染鸞掖外珮聲敲齊祝頌聖壽天高解五更曙皤黃髮飄玉杖初扶來聽雲璈祝萬八昌期鎬燕列三千吉語衢謠解六皇州陂淑氣調千門萬戶歡聲早九衢初旭和光繞東華紅輭雲烟裊黃圖紫陌總臚歡萬年枝上鳴春鳥解七聯三殿達四郊綿區帀宇茅檐表綺塍繡罫農功早提壺布穀春聲好兕觥共願獻公堂衢尊衢室歌鴻造解八威棱震德化遙王會冠裳海角山椒長股僬僥瑤階上干羽功昭邁閶闔拜舞兼歡蹈帀爻閭赤斎飄颻紈牛露犬輸奇寶兜離傑昧盡入咸韶解九玉河縹緲星海迢遙占城馴擾擺國招邀南掌山高荷蘭颶飄卻值元正齊到慶中天仰碧霄路繞銅標韻叶鸞鑣占青雲疊來重譯趨黃道共上輕軺會嘉慶舞雲翹南諧北燮祥輝耀晃搖魚藻式燕翔翱解十軼黃農超羲昊進長生水玉膏金鑑常懸帝範高摹欽帝德巍巍煥珠弧上瑞先昭泰策乾符上下交頌兼容並包積京垓億兆霞觴重酌種蟠桃辭缺

皇帝三大節上元除夕筵宴三章　進茶進酒丹陛清樂進饌中和清樂

進茶海宇昇平日之章　海宇昇平日景物雍熙偏乾坤草木樂清時河清海宴麥雙岐麟游鳳集枝連理風濟濟日依依正蓬壺乍啓天顏有喜金門嶰竹傳仙吹金猊篆裊香烟細合殿歡聲殷地一統山河萬年天子解一佳氣佳瑞滿皇畿天門詄蕩御筵披千峯疊嶂排晴翠動龍蛇日煖旌旗青蔥玉樹萬年枝

燕溫溫玉卮金墀解二天工四序平分歲皇心惟念小民依一自農功始祈寒暑雨徧疇咨崇墉櫛比豐樂成民瑞貢民瑞茅檐外簫鼓樂豳詩解三溯當年深仁厚澤到於今累洽重熙皇心繼述踵前徽勤宵旰敕惟時惟幾解四孝饗吉蠲修祀事奉明粢于豆于登祝釐禧爲民祈聖心無逸天庥至天心賜福聖無爲聖無爲太平恭已垂裳治解五得賢臣襄上理賁于旌連茹彙征至蟬有緌鷟在墀九苞颺彩映朝曦來集上林枝解六民俗恬熙盈寧婦子康衢黃髮偕兒齒食舊德服新畬想中天堯舜世鼓腹共游嬉亦越於茲戴堯天遵舜軌解七重譯來時梯航萬里冠裳玉帛圖王會於萬載太平基想中天堯舜世鼓腹共游嬉亦越於茲戴堯天遵舜軌解八皇心和豫陽春似自萬類光輝盛美四海共傾葵五雲齊獻瑞辭逸

進酒玉殿雲開之章　玉殿雲開金門春在蓬壺界日月昭回景福齊天大解一乾坤清泰五雲深處是三台看句陳北指吏闔道南迴明朗朗左樞兼上相爛熒熒龍角枕河魁際中天珠聯璧合仰紫極臨至冕來一人有慶萬國春臺解二府事修和頌俊才扇仁風徧九垓萬方樂育仰栽培一人宵旰符眞宰幾康劼毖天工代民生亦快哉饗殖塵聖懷勵憂勤保大持盈泰歌帝力望堯階解三香馥馥葡萄潑醅天漿泛玉杯光灩灩露從仙掌開北斗傾萬壽觴南山獻延壽杯慶玉食萬方來解四看蓬瀛春燄林巒間早梅喜風和日麗年華入睿裁況山巔水陬玲瓏萬卉開綠芊芊鮮似茵紅灼灼花如海雨過也隱隱輕雷解五到清和暑風來茂對乘時長景恢台敞水殿紅紛綠駭曳暗颸楊柳毿毿解六金颸至商序回清秋皓月揚光彩芙蓉初日舒蓓蕾平疇穲稏黃雲藹歲登大有萬民歡皇仁優渥敷天戴解七寒雲冱四序垓一陽來復天心泰兕觥釃酒公堂介豐年蜡饗吹豳賽乾食美利本無言帝恩廣運眞無外解八天呈瑞愜睿懷金鏡光輝玉燭和諧鳴鳳雝喈堯棟上雲影徘徊舜琴中慍爲吾民解奏南薰還皇民財冠裳玉帛圖王會皇風蕩蕩聖德巍巍解九淵思往代茅茨土階不圖不繪黃屋心齋不築崔嵬不重玫瑰不貴腥羶葅醢卻猩脣滅豹胎惟寶賢才亦有豐梅和舟楫九棘三槐念民依饑渴殷懷願時和田不汙萊神倉御廩藏精粺五風十雨無僭無差解十日晶熒雲靉靆蓂葉芳生玉階紺露丹霞接上台帝居深在蓬萊泛瑤觴玉斝雲罍宮漏銅壺緩緩催頌元首明哉喜君庭臣拜太平時節萬年杯辭逸

進饌萬象清寧之章　萬象清寧海寓承平瑞日麗彤廷乾王大生坤職資生四序不言而成寅居端拱敷皇極帝道無爲法健行五緯明百度貞萬邦額手歡慶解一軒圖麗日懸金鏡堯階蓂莢舒長景陽回黍谷開春令帝車運轉杓攜柄天道本無言主德惟居敬萬邦咸頌吾皇聖解二歡幸累洽重熙際太平萬國獻葵誠簪紱盈廷筐籃充庭圖王會奏咸英微颸不動珠簾卷露漙漙仙掌高擎酒初罄薦瑤觥共祝一人有慶解三彤墀上花甎布影瑤階上鑪烟細生鳳凰鵷鷺敞雲屏宮漏悄玉壺清解四泰階久平大有屢登上林草木瑞光凝卿雲景星梯航萬國冠裳整香烟盎盎排蓮井宮殿風微仙樂盈九成韶濩來儀鳳穆肅天容睟以清解五庭燎初炳仰垂裳一人有慶明離午正又千道彩霞籠瑞景西山峩峩分翠岱共南山獻壽北斗天漿溟涬天長地久永茲九野盈寧萬方綏定解六念世德承天命況復寶籙鴻圖嘉祥歲歲呈五風十雨九穗雙歧紫芝朱草榮木華連理更兼之屈軼階前指佞解七欣慶際昌期觀聖政億萬載培周鼎宵衣旰食日邁月征殫厥心爲民求瘼蒿葉抽時花綻杏寫豳風又思省春省秋省解八玉振金聲皇朝功德慶成從此年年獻兕觥佳節良辰喜交並傾堯酒堯棟雲生壽籙綿綿天共永辭逸

除夕上元上燈火樹星橋一章乾隆七年定　中和清樂

火樹星橋爛煌煌鐙月連宵夜如晝春風料峭鈞天奏徹韶烟雲中瑞靄交籠著鮫綃綿繡叢萬花繚繞魚龍夭矯嵩祝聲高解一分明是洞天是絳霄分明是靈臺靈囿靈沼更春光乍到景物暄妍雨露饒又黃上柳條漏洩春陽在野橋解二賀聖朝世德遙鬱曈曈日麗霄聖嗣聖重明繼照萬民歡樂萬方熙皞昇平節瑞應昭瓊蕊飄蕭寶殿開法曲雲璈魚龍夭矯嵩祝聲高解三金枝麝氣飄西吠琉璃四照影娥池鳳燭燒百子池涎蓺龍膏九華鐙篆烟消寒星纍纍綴銀霄蟻穿九曲珠光耀好良宵是皇家景福滔滔解四滿山椒花簇百枝嬌月輪正高鐙和月一片冰霄是皇家景福滔滔解五殿當中黼座高春悄銅壺漫敲笙歌千萬里而遙是皇家景福滔滔解六良宵正好正好良宵看皇都萬井多娛樂良宵正好正好良宵蓬壺清豹銀海光搖百和香霏瑤島紫羅囊繡綵飄花陰市東風吹飽同慶清朝解七小梅梢暗香浮動淡烟籠罩月上柔枝露滴輕苞今宵裏巷舞衢歌徧寰瀛同慶清朝解八願春光年年好三五迢迢不夜城燈月交奉宸歡暮暮朝朝成矞成卿萬朵祥雲護帝霄辭逸

雍正二年耕耤禮成筵宴三章

進茶雨暘時若之章　祥開黼座兮布瓊筵笙歌迭奏兮天樂宣三推既舉兮賜豐年五風十雨兮時不愆優渥霑足兮溉大田皇心悅豫兮福祿綿

進酒五穀豐登之章　龍犁轉兮春風生帝勤稼穡兮供粢盛戒農用兮勸服耕富教化行兮百穀成禾九穗兮麥兩莖黍稷重穋兮充棟楹歲登大有兮怡聖情堯樽特進兮玉醴盈勞酒禮飲兮邁鎬京

進饌家給人足之章　嘉禾炊羹兮雲子芳仙廚瓊粒兮已馨香吾皇重農兮禮肅將明昭感格兮錫嘉祥千倉萬箱兮百穀穰崇墉比櫛兮逈相望豐亨樂利兮遍八方家多充積兮野餘糧含哺鼓腹兮化日長朝饔夕飧兮壽而康萬邦同慶兮璿圖昌

乾隆七年重定耕耤筵宴三章

進茶喜春光之章　喜春光將瑞靄集斗杓運農祥正土脈融平野水泉滋景風至農夫塗隴長隄柳繡館條桑映簑共笠村謳相永頌元后眉壽萬年育我民四方歡慶解一看風鳥翔玉樹外帝座臨瑞階影百辟趨搢笏共朝天搵衣拜田夫瞻望簫韶奏磬管聲依永寢園內朱櫻初迸玉井藕十丈移根安期棗似瓜晶瑩解二是瑤池來閬苑薦世間物如何並嫌雪甜王母遠相將笑留核冰桃還勝吾皇念菽粟貢民命異物捐芳甘俱屏富方穀在歲有秋勞則思若時恒性解三辨土宜頌月令徧紫陌野人望杏玉盤待賜紅垂上苑櫻辭逸

進酒雲和迭奏之章　雲和迭奏聽倉庚載鳴玉壺清漏萬井歡娛桑柘陰濃綠樹裯紅牆外柳絲微韡鴉黃瘦更桃李暄妍晴晝聖天子勞民勸相今日青轆黛耜芳塍如繡解一霞觴獻壽願吾皇萬年與天齊着玉斝金罍柏葉芳馨綠蟻浮彤墀下緋衣玉帶兼青綬更父老掘趨在後共慶祝皇圖鞏固從此五風十雨年年大有解二皇心在宵念春風始和不忘耕耨婦子盈寧宵旰仍懷饑溺憂深宮內心齋常屏瑤池酒喜天耤既栽黃茂坐廣廈與民同樂但見遐阡邇陌黃童白叟解三芳旨陳金石奏進九醞在廷拜手萬年永錫稱觥樂有秋辭逸

進饌風和日麗之章　風和日麗時鳥初喚春晴卓午清甽外一犂春雨玉砌旁萬年芳樹共慶天田成禮後聖主一游一豫看零雨桑田疏疏秧馬鬧鬧村鼓解一雲開寶殿玉案初進金盤齊舉蘭英末盈翠醑蓬池膾紛紛細縷玉粒長腰雲子飯來自神倉天庾正樂奏咸英春旗簇仗塗歌巷舞解二吾皇廑念四海黔首吾胞吾與所無逸九功六府繪豳風築場治圃一粟一絲民力在信是農家辛苦更問夜求衣亮功熙績治登三五解三勸九歌修六府飭太史順時覛土禮成樂備堯廚扇蓮莆辭逸

乾隆四十八年乾清宮普宴宗親三章　進茶進酒丹陛清樂進饌中和清樂

進茶瑞旭中天麗之章　瑞旭中天麗慶溢昌期敞金門嘉敘宗支叢雲五色藹仙芝華林萬樹連瑤卮光煜煜景透迤正韶風乍吹奉乾清喜奉乾清燕喜天家慶篤重光瑞五雲深處龍樓侍寶胄衍振振公子九族天親九重樂事解一蕃祉嘉燕播仁慈播仁慈因緣時節匪遲遲銀潢一派瞻天咫瞻天咫並家人禮拜丹墀並家人禮拜丹墀寅秩惇敘典行時更鴻儀同瞻光被解二椒繁瓞衍瓊華紀都從若木秀新枝襲慶從今始特恩四品列華資雁行接次綵服紆金紫尊其位富貴以親之解三棣華篇軒宮展愛梓材書疆畎敷菑宸躬教養本無私中天顯庸庸祗祗解四合族敦宗傳古禮肆筵几行葦方苞叶歌詩太平時同榮壹體華連理同菑異畝穗雙歧穗雙歧周家仁政親親始解五況皇朝洪錫類賁大麻光贊放勳治恩載推禮則宜鳳麟左右並來儀黃幕受洪釐解六影颺蒼旗聲騰仙吹言情俯講家人禮仙掌露似珠霏仙掌露似珠霏帕傳柑盤撒荔滿袖共香攜寵沐無涯拜恩華玉案底拜恩華玉案底解七寶序相輝溫顏有喜饒筐昭貺便蕃意陳玉帛以將之燦精鏐列錦綺御墨與封題寵沐無涯拜恩華玉案底拜恩華玉案底解八曦輪垂照光輝美億萬載花跗韡韡禮樂茂前徽史書欽聖瑞辭逸

進酒珠斗杓迴之章　珠斗杓迴銅龍春靄祥雲繪壽寓熙臺慶衍靈長派解一天潢喜會九華敷影扇菱開看天榆銀映更日杏紅栽輝爛爛綵屏翔玉勝馥霏霏仙木間宮梅接花茵宗英師濟仰紫座文治昭回瑞綿姬籙氣盎堯階解二化日舒遲景蕩駘聯蕚跗樂肴飴瓜綿百世溯豳郇雲礽萬葉猗蘭茝蟠根仙李嗤唐代承華懋哉玉牒鏤瓊瑰導璇源鴨綠三江大球琳品植幹材球琳品楨幹材解三蹌濟濟寶冑肩排天家一氣培展懿親仁恩敷睿懷藹藹兮珪瓚酬雍雍也金石諧接武上天街解四喜酬庸五等一番爵賞開慶惇宗九族一般袞繡栽總擢秀三台一時藩翰才荷龍章寵載頒承鳳綍銜新拜列坐處紫綬青緺解五望南山獻頌來辛韭登盤剛卯鐫牌光艷艷麟衫鶴彩羽翩翩花翎黃帶解六晴雪影映松釵鑪烟金穗飄芳靄粉榻牋帖乖銀薤唐花繡纈珠千排觚稜鴉鵲旭初升宮壺仙漏春如海解七祥麟趾威鳳喈金華葩璲承芝蓋蒼龍子蜿

颺靑旆昭華瑞珥三陽泰周家宗室是城垣高陽才子多元凱解八椒花醴柏葉醅露湛尊罍霞映罘罳風扇金階黃幄上曦御徘徊泛瑤觴玉是和闐採泛瑤觴玉是和闐採二千人歌咢榮懷天顏笑語春生靄東西序列昭穆班排解九金枝玉蕾蕙藥蘭荄棣華孔懷棻蕭樂愷不立監催不藉卿陪不用糾儀史在化雍和時麗佳芽逗宮槐頌進蓬萊斟和氣耐象淸淮聽和聲樂奮春雷聽和聲樂奮春雷願年年北斗樽迴東閤壽酒賡歌拜旅酬禮洽積慶圖開解十受洪禧千萬載降福穰穰孔皆六幕和風扇九垓融融佳氣蓬萊仰堯文蕩蕩巍巍覩睦平章渻化推更行葦篇裁協簫韶天籟五雲長奉紫霞杯辭迄

進饌景麗仙瀛之章　景麗仙瀛雲靄彤庭煜煜燦芝英春風送晴春露含淸寶鑪香篆徐縈羽儀幸接靑霄路紳佩欣聯紫闥情鸞鷟鳴華甫生萬年珠樹同慶解一金支派衍雲礽盛一規仁壽懸高鏡卿雲色響瓊枝映工歌先唱麟之定阿閣勳和風步履三霄聽趨陪邀得天家幸解二堪慶四海熙和際治平丹陛彩霞明枝耀華萼葉茂祥蓂宣韶濩奏咸英中天華日曈曈正瀉金珠滿溢金莖延皇屬論宗盟亘古於斯爲盛解三看樓角初陽還映聽枝上宮鶯早鳴天廚特敕賜芳馨春有腳似恩榮解四金盤自明玉盌自瑩山腴水豢未須稱蘭烝蕙烝由來禁臠誇珍盛渻熬將出龍頭鼎多是鹽梅滋味成不須更啖如瓜棗但飽天恩總益齡解五龍墀位定慶振振寶牒分榮祥鍾鵲果迓多福自天申景命今朝公姓駢蕃會念靈根式固日幹光華交映洪罏燃錫好占五色雲邊宗人星炳解六晝漏永瑤階靜迤見雉尾雙開天顏喜氣凝展親誼篤溫綸欽被廣殿樂盈盈氣求聲應頌茂緒彪鴻一人有慶解七深幸鎬京詩同拜命棣蕚會安能並分餐玉食鳳髓麟羹更飄來仙音一片蹤律新調笙吹應飫春膏恰今番人勝花勝解八愷樂歌成成邀四品殊榮俊髦耆年總玉潢賓予歸來黃帕擎慶仙源景福凝承彩雲長護蓬萊頂辭迄

乾隆五十年千叟宴三章　進茶進酒丹陛淸樂進饌中和淸樂

進茶壽愷昇平瑞之章　壽愷昇平瑞慶叶重熙仰宸躬行健天儀乾符象顯泰階期久於其道唐虞際超頊佶軼循蜚正宵衣旰食德之純不已德之純不已輿圖二萬鴻勳啟全書三萬奎文麗允文武古稀天子四海羲圖萬年軒紀解五燕啟拜舞首宗支首宗支公卿牧伯共追隨歸田人許扶鳩至扶鳩至更陪臣海外高麗更陪臣海外高麗封翁壽㝢上丹墀並皤皤皓首龐眉解二黃髫練雀羣僚底兜燮隊帥旅熊羆濟濟章縫士宸躬撫錫徧羣黎老農匠藝鼓舞軒蠶喜軒蠶喜春筵上萬萬萃期頤解三溯當年龍光喜起到於今燕翼謀貽五皇繼述茂前徽重開燕重光奐麗解四尙爵朝廷先尙齒稱兕千役千人介維祺樂淸時東膠養老三王治南山獻頌九如詩九如詩引年今日多加禮解五況天家諸福備慶曾元五代同堂喜桐有䕺蘭載猗春風花發萬年枝瓜瓞衍洪禔解六福有由基人惟德致君王有道嘉祥備風皞皞景熙熙風皞皞景熙熙合諸天環大地都是吉雲垂日月無私普人間添甲子普人間添甲子解七實翰天題元音虞陛人分一首賡颺義聯百韵柏梁詩聯百韵柏梁詩帝庸歌人七字金石播英詞日月無私普人間添甲子普人間添甲子解八天人嘉應重華世問史策誰能媲美珥筆慶昌期稱觴千萬歲辭迄

進酒紫禁春開之章　紫禁春開壺天雲靄羣仙會願祝臺萊春滿三千界解一春風寰海紫霞同上萬年杯仰乾淸辰共正泰運天開紅瑟瑟初陽昇若木白輝輝晴雪在宮槐換桃符千門懸彩喧爆竹萬戶轟雷南弧獻瑞北斗斛醅解二大禹崇情惡旨懷但尋常卻酒杯歡樽庭下醴成醅衢樽陌上春濃海瓦樽田畔盤堆棻同浮玉罍不是等閑排是豳風春酒公堂介稱觥衆徧九垓稱觥衆徧九垓解三雲縵縵卮琢瓊瑰瑄瞪映玉階光瀲瀲和闐白玉材碧瀣漿芳滿壺黃封醲甘滿罍德產自西來解四有年華九十幾人詩耇鮐更頭銜一品幾人廊廟材總優老恩推幾人手賜杯照天光席近前斟天酒春生靄三爵也酡貌春回解五更芳筵布兩階蓬蕭堯廚桃實瑤臺但到處飽餐沆瀣問何人曾聞天籟解六三百歲合三槐綸扉阿伍兼稽蔡朝天免使晨星戴寒風免使朝珂待天恩頤養享康甯傳來感激羣寮寀解七瞻雲日閱蟠來春巡六度江干屆春綸兩度殊恩沛新銜司業諸生拜持將百五歲春秋酬恩萬倍籌添海解八堯尊沛周賚排如意環材繡緞雲裁鳩杖天街三十兩人帶銀牌萬民衣字寫皇恩大萬民衣字寫皇恩大帶爐烟奉出瑤階兒孫巷陌傳佳話人間誰到天上初回解九山龍繡綵金石雍諧德貫三才堂顏五代勝上春臺勝拜堯階勝祝華封人在帝揮紘民阜財壽世羲媧大有埏垓問來朝棻甲挑纔樂春盤有酒如淮樂春盤有酒如淮願年年天上春來香山洛社人千倍燕毛禮洽燕喜圖開解十願從今嘉會再壽宿長明上台千叟恩榮燕屢開重將十體詩排積篇章無量京垓數錫宜民福孔皆感雨露恩栽壽佛醍醐海五雲長是繞蓬萊辭迄

進饌壽宇同登之章　壽宇同登萬國咸甯協氣徧寰瀛三霄露盈三殿春生一人端拱乾淸鵲鑪鸞扇祥烟裊珠樹銀旛繡影縈鷺序橫虎拜成布筵設席同慶解一先春瑞雪農祥正上辛一日豐年定鷄竿詔下新韶令階蓂六葉良辰慶迎氣浹旬旂剪綵來朝勝駢蕃瑞叶筵前應解二昭敬白髮蒼顏氣屛營黃帕正高擎瑤檻趨迎瓊陛階升移雕案近金莖柘黃轍直龍銜柄望紅雲低傍前檻調寶鼎晉仙羹奉向御筵端正解三何須侈麟脯鳳胵何須詡駝峰豹羹君王旰食爲民情非飲食禹功成解四綏桃露零碧藕風淸擷梨大谷瑞烟凝金盤幾層安期巨棗如瓜啗餦餭粔籹高頭飣不是尋常燕席橫回城三果㯄包貢帝耤天禾種得成解五龍墀排定啟黃封四豆甘凝天卮味永看八百瓊筵班列整羣臣長飽天家祿有田間瓦鬴鼓腹兒孫偕慶今朝筵上又來飽德堯廚含滋周鼎解六執醬爵祝噎哽更有春仲羅鳩君親袒割牲古儒傳會諸儒掇拾何如此日誠一堂和樂仰君酢臣酳情親禮敬解七歡慶玉筵頒天語命克食賜傳餐盛鼎珍禁臠共得斟鷺更招來孫曾扶掖六膳攜歸仙味裛飫堯廚荷分惠衢樽非幸解八授几儀成三千黃髮盈庭今古何人見此曾億兆京垓燕屢行願長此萬壽稱觥照世杯明仁壽鏡辭迄

乾隆九年幸翰林院筵宴三章　進茶進酒丹陛淸樂進饌中和淸樂

進茶文物京華盛之章　文物京華盛論道崇儒萃衣冠禮樂在鴻都木天藻飾舊規模暈飛鳥革何軒翥麟在囿鳳棲梧牙籤分四庫更芸香辟蠹綺窗靑鎖朱戶颸輪不隔瀛洲路鈴索丁冬風度寮寀雍容鵷行鷺序解一欣遇欣遇小春初五雲深處啟鑾輿鳴鶯風細雲霞曙擁橋門萬歲山呼詞林曠典古今無泝心源上接唐虞解二聖皇自昔需元輔都俞吁咈矢嘉謨斅學先稽古旁求爰立夢相符後先疏附左右皆心膂皆心膂如魚水在藻更依蒲解三況我朝雨露涵濡採瓖材並植天衢承明著作重璠璵欲方駕子雲相如解四聖學高深超邃古得元珠乙夜丹黃性所娛不知劬琳琅宛委圖書府赤文綠字德充符德充符敦龐渾厚登三五解五戛球琳鳴巽虞際中天堂上虞琴撫獻堯樽接舜壺金齎玉膾出仙廚湛露共霑濡解六巍換天書鸞翔鳳翥羲文奎畫雲霞護光藻井麗金鋪矢卷阿零露湑枚馬共嚴徐億萬斯年慶龍光歌燕譽解七勖爾簪裾勉思建樹風雲月露終無取崇實行是眞儒矢卷阿零露湑枚馬共嚴徐億萬斯年慶龍光歌燕譽解八翠華臨幸恩光溥重儒術榮生藝圃天祿被春風石渠霑化雨辭迄（嘉慶九年幸翰林院樂章改第二解欣遇欣遇小春初爲欣遇欣遇仲春初餘詞同）

進酒延閣雲濃之章　延閣雲濃蘭臺日麗鑾輿蒞香泛玻瓈九醞傳仙醴解一深嚴丹地高張黼座面南離看廣庭碧蔭早淸露晨晞錦熘燧綵仗和風度玉琮琤香階晝漏移光瀲灩雲開蓬島霧氤氳香裊金猊鳳來丹穴鶴在丹墀解二雲漢爲章際盛時命冬官斧藻施雕楹玉碣煥玉桷采椽不斲無華侈伍經貯腹便便笥臨軒集衆思賢才聖所資慕神仙虛妄誠無謂惟得士致雍熙解三啟天祿斯文在茲宵然太乙藜入承明花甎日影移覆錦袍蒙眷禮撤金蓮歸院遲賜玉膾自蓬池解四緬崆峒問道盧懷謁具茨更金華侍講流淸鑒不疲信鴻逵羽儀通經淺漢韋樂橫汾燕鎬京歌在藻思行葦咸英奏春酒初釃解五集簪裾燕鳳池柳外輕颸曲沼漣漪陋宋主賞花垂釣笑唐宗結彩評詩解六班聯肅樂有儀天廚下逮皆珍味凝甘天酒還如醴御鑪鬖髿香烟細賡歌颺拜萬年歡年年侍奉天顏喜解七天顏喜福履綏太和保合中天世珠聯璧合奎坦麗一心妙衍圖書秘賡歌颺拜萬年歡年年侍奉天顏喜解八玉河東抱淸且漣兮斯干既詠不日成之稽古論思銀牓親題用作儒林之氣培其根達其枝無貳無斁若作和羹爲舟楫惟爾攸資思贊襄日有孜孜亮天工庶績咸熙須將器識先文藝有爲有守汝翼汝爲解九湛露濃卿雲麗滿院芝蘭臭味秋水蒹葭寤寐思鵷書時賁巖隈伴靑松商雒仙芝之拜手羣歌既醉詩更東帛安車徧山巔水湄得賢致理聖無爲辭迄（嘉慶九年改第九解稽古論思爲天祿儲材餘詞同）

進饌玉署延英之章　玉署延英環佩葱珩法駕幸蓬瀛龍口琮琤碧沼澄淸壺天一鏡空明廣筵日近祥雲麗阿閣風微寶篆縈象緯呈泰階平儒林額手歡慶解一皇心無逸常居敬松軒雲牖勞咨儆深宮退覽千秋鏡淵思汲古資修綆唐虞授受親奎璧圖書炳百年禮樂於斯盛解二多幸朝野從容際治平麟閣集簪纓鳳敞雲屛鵠立軒庭徵法曲奏咸英靑袍紅綬相輝映露瀼瀼芳瀉瑤觥懸黃流飫大烹共祝一人有慶解三小山上參差桂影梧桐上雝雝鳳鳴尊罍次第沐芳馨早斜日映簾旌解四三都兩京鼓吹縱橫五車四庫擷精英大鳴小鳴柏梁黃竹追高詠仰看五緯駢東井天獻珍符睿情何止高陽聚德星解五天心顧俊灼知見宅心三俊自天保定更保佑自天申景命思皇多士生王國更拔茅連茹多士彙征並進白駒空谷尙無金玉爾音席珍待聘解六行漏永銅烏靜從此書帶芊綿承恩盡向榮五老游河堯心光被垂衣文教成萬方矯首喜蜉蝣蟋蟀氣求聲應解七堪慶佩纕囊隨後乘秘書省龍光炳丹黃點勘削簡

汗青勤著述手讎目覽玉尺冰裁時共懍入承明不須看花影甎影解八玉振金聲儒林徧荷殊榮五色雲從畫棟生石室芸臺有餘清頌聖壽悠久高明學海年年仍望幸趙辭嘉慶九年詞同

乾隆五十年臨雍賜茶君師兼一章　丹陛清樂

仰君師兼道統集講筵啟圜橋聽御論宣皇極示綱常五倫敘君仁臣敬家慈孝與國人交止誠不息維天之命體行健同德乾元亹緝熙同符前聖解一向階前初聽講罷穆穆蹌天垣正左右趨耆彥服膺誠摳衣拜朝班黌序聖賢裔弟子青衿整紹心學外王內聖五十載久道而成萬千歲生民之盛解二況鴻儀彰盛典備四門學歧周並王制云天子曰辟雍笑炎漢三雍非正訓辭著復古質王政泥古詠重言申命燕千叟新歲禮行辦五更舊文論定解三告禮成晉玉茗需渥賜敷茵共慶一規璧水長隨教澤生趙辭

嘉慶三年臨雍賜茶皇圖昌一章　丹陛清樂

正皇圖昌道揆協典文啟師儒盛序仲春諏日吉辰良廣筵肆圜橋觀聽崇經義屏百家浮競敦實學人知興行隔羣蒙惟聖敷言衆說郛折衷彝訓解一會章縫談經講席抑抑威儀攸慎集大昕先鼓儆於庭偕槐市同瞻雲日大哉言著論千秋準本皇極大中至正景聖域鼓舞奮興溯文瀾優游涵泳解二喜春風暄化雨沾菁莪長薪槱詠臨漢庭惇誨集石渠吏天祿羣儒參證軼唐代陛孔苗經訓玉燭調珠囊金鏡需教澤庶彙敷榮肅御扆兩言敬勝解三告禮成晉玉茗需渥賜敷茵共慶作人壽考延洪億萬齡趙辭

乾隆十四年金川凱旋豐澤園筵宴三章　進茶進酒丹陛清樂進饌中和清樂

進茶景運乾坤泰之章　景運乾坤泰八表歸懷迅除戎玉壘陣雲開一封箋表達堯階天顏大霽宣袞采抒壯略運奇才建膚功奏凱永敉寧邊界錦江春色消烟靄人工健美天工代方叔師干應賽續著旂常榮褒圭玠解一指授指授物宜差何殊吉甫頌平淮運籌帷幄成功快賀澄清燕啟蓬萊祥光燴煜襲罘罳暖融融瑞氣南來解二歸而飲至乖方策平安火報樂無涯五服施章采萬方寧謐陟春臺車書玉帛不冒如天大同天大慶酬庸列爵耀三台解三緬嚴冬旗麾色展喜今春笳鼓聲諸都緣廟略聖親裁移時節埽浮雲浮埃解四我武維揚羣虎拜詠良哉來享來王亘紘垓貢金臺洗兵何必臨魚海作舟端藉濟川材濟川材還資燮理調仙鼎解五望前途戈倒載荷包蒙赦宥加寬貸驅獸散叶鳳喈用邁蠻方福孔皆深藝喜盈階解六花雨輕篩香雲結靄鴻鈞氣轉陽和屆扢杏頰暈桃腮睹盈筐嘉實采玉案早安排春並恩長暢宸襟符帝賚解七三殿歡諸千官樂愷堯尊舜樂欣重再知有喜永無猜睹盈筐嘉實采玉案早安排春並恩長暢宸襟符帝賚解八明良遭際光千載喜振旅歡騰中外駿烈協賡歌鴻猷標史冊趙辭

進酒聖德誕敷之章　聖德誕敷皇威遠布賚元輔授鉞前驅蕩定昭神武解一鴟張巴蜀臨軒推轂掌兵符便霜戈西指更羽騎南邀威凜凜先聲馳遠徼顯巍巍撻伐奮孤虛仰台垣權操左相寄專閫星耀中樞灌征咫尺克捷須臾解二奮武揆文秉聖謨甫臨衝奏捷書覲光揚烈志何如申明紀律嚴軍伍指揮決勝天威助風雲八陣圖機宜式範模勵公忠德教忙宣諭恢覆載宥頑愚解三承睿算天兵勦除何愁蜀道紆卜遄征鷹揚出上都凍日寒棧入雲嚴風勁雪載塗乘檋走殫勤劬解四乍營開細柳溫同挾纊餘懍自天成命聲靈震八區把宵人翦除提要似摧枯息氛祲淬戈鋋修文德陳干羽振士氣忠信交孚解五競輸誠悔負嵎面縛來降釜底游魚開湯網遄宣露布慰堯心不事征誅解六班師慶報捷初鳴笳疊鼓催前部不驚雞犬咸安堵威名綽著追强弩太平一統萬年歡酒消兵氣成霖雨解七和風扇淑景攄承恩既醉趨鵷鷺端資啟沃聯心膂儲胥常見風雲護堂廉一德慶昇平春光怎及恩光溥解八需優渥賜大酺三爵言言拜錫宮壺饜飫天廚波瀲灩湛露涵濡競稱觥介壽綏多祜好韶華春盎春衢垂裳有道開昌宇光浮玉盞麗映金鋪解九寵洪異數羣歡樂胥咸馳六合位重三孤進獻嘉謨出靖邊隅允作中朝砥柱企都俞佐唐虞百辟嚴趨殿陛山呼師濟濟颺拜歡娛戛鏘鏘依永笙竽萬斯年玉燭安舒河清海晏金甌固榮生虎竹喜溢簪裾解十日舒長時和煦萬彙從茲昭蘇寶篆氤氳裊御鑪玉盂香泛醼酥想當年在藻依蒲鎬燕何曾今昔殊慶槐鼎雲需賡君臣相遇曈曨旭日照宸居趙辭

進饌日耀中天之章　日耀中天慶祝堯年淑氣正暄妍嫩柳芊綿艷李飄翩遐方永息烽烟雲峯四起迎宸幄霞綺千重映御筵韶略宣羽書傳臣鄰雀躍歡忭解一和風麗日祥雲見九天閶闔開宮殿笙簧酒醴昇平燕勳標麟閣王猷顯寅亮載周官動風徵堯典干戈載戢民遷善解二堪美衛霍功勞相後先樓可上籌邊征罰斯專步伐寧愆中軍實督戎旃布昭聖武彰天罰既來庭底用攻堅福如川酒如泉共沐恩波不淺解三貔貅統山苞禹甸欃槍埽風調舜絃來威補入雅詩篇車嘽嘽鼓淵淵解四王師載旋揚厲無前溫綸鐘鼎姓名鐫安邊定邊天涯靜處消爭戰蠶叢鳥道奇功建高奉霞觴北斗連旌旗柳拂春風暖一點葵心傍日暄解五仙人六膳藉鹽梅分營禁籞玉階舞忭懸日月雙開明雉扇共歡天意同人意賞九重春色飽聽流鶯百囀風光滿美從看香噴金猊花明上苑解六晝漏迴晴霞絢瑣此作楫爲霖台鼎合章紘雲韶燦設彩仗森排徵歡物更妍一人有慶定鮮藏戈甲文修武偃解七婉孌醉仙桃催曉箭見花外高旍轉治登上理海宇晏然億萬載兵銷刑措惕厲精勤資拜獻喜今朝最難忘皇眷天眷解八贊化調元方蹤周召名賢裒對敭天景福全臨照恩光應普徧奚止是甲士三千鼇極高擎欣永奠趙辭

乾隆二十五年西陲凱旋豐澤園筵宴三章　進茶進酒丹陛清樂進饌中和清樂

進茶聖武光昭世之章　聖武光昭世品彙咸熙看平戎玉塞卷雲霓開疆已軼漢關西顯承謨烈追前紀朝授鉞暮鳴鼙正三軍鼓吹便武成誌喜論功靑史應無比天心眷顧君心慰吉甫平淮遜美績著鷹揚榮分龍衛解一堪美堪美亞夫儀晴開細柳拂前麾英風埽盡樓蘭壘擴車書萬里丕基仙韶一派繞彤墀御鑪烟瑞靄霏霏解二投戈解甲風雲會休休士女樂和綏嘉樂承慈惠九重咫尺懍天威鵷班鷺隊羣至如星綴如星綴堯階上干羽舞龍墀解三想前茲伊犂大定喜今朝回部全歸鐃歌齊唱耀旌旗回頭望過東漸西被解四廟算都緣天錫智相機宜乙夜勤勤檄親披壯遐陲月弓星箭皆精銳邪氛綏靖斬鯨鯢從教斧鉞驅民癘解五聽風聲同鶴唳倒前途草木皆兵騎迎簞食實篚綈前歌後舞盡傾葵回向仰光輝解六笳鼓聲催平安火遞春臺普徧祥光起纘偉績誌豐碑際昇平揚盛美仙燕錫蓬池億萬斯年集皇圖符帝軌解七運應昌期師師濟濟御筵瞻啓瞻雲日威赫赫德巍巍際昇平揚盛美仙燕錫蓬池億萬斯年集皇圖符帝軌解八賡歌環慶唐虞際看矯矯師臣拜稽駿烈兆鴻禧祥和開壽域趙辭

進酒禹甸遐通之章　禹甸遐通周疆遠控資良棟撻伐成功庭引來儀鳳解一吾皇端拱軍書方略授元戎把準夷擴定更朔漠來同奉玉帛大宛分左右貢琛賝布魯盡西東沛殊恩豺狼解網思負義梟獍逞凶雖盟既背螳臂稱雄解二師律嚴明主將忠颺征麾拂綵虹衝開朔雪輿嚴風溫如挾纊咸歡哄先聲士氣矜餘勇貔貅百萬雄風雲指顧通笑幺麼小醜懷恇悚驚魑魅竄豜豵解三揚我武王師肅雍遐將跋扈窮諒鳥覆危巢豈待風釜底魚迹漫逃負嵎虎勢莫容騎甲馬埽狂童解四待風淸三竄天山月挂弓更撫懷百雉旌旗漫蔽空任狼奔匿叢妖氛莫避蹤渡西洱似催枯臨拔撻如泉湧逢義旆雙殄元兇解五競歸懷樂蝂嶁願隸王臣爭效球共瞻舜陛元黃納貢達堯庭賤表連封解六班師至露布工西維部落咸風動非關矜武窮荒隨鴻謨自是承先統聖朝大命一時新勳華千祀臚天寵解七皇心悅式燕崇追陪三殿趨鸞鳳涵濡湛露成歌頌卷阿再續周詩詠明良此日慶都俞天河洗甲知無用解八葭灰起律應宮銀雪繽紛苑樹雕瓊秋杜歌融聲鈞寵叶羽諧鏞競承恩拜爵玻璆奏喜時晴光曜曈曨金甌永固山河重春生瑞草慶溢祥松解九需雲乍擁晴霞晝烘百僚鵠立瑤佩丁東仙仗崢嶸芝蓋玲瓏洵是珠輝玉瑩奏師臏開笙鏞偉烈豐功述祖歌宗光奕奕安石來紅響蕭蕭宛馬從東拜氍毹舞紱雍容油油三爵威儀重鶴聞倡和鳳叶萋萋解十醉仙廚花漏永放牛歸馬功成帝德醍醐拜賜榮玉階蓂莢蔥龍想當年燕鎬營豐樂愷與歌今昔同喜瑞靄璇宮更辰居星拱一庭端拜進瑤觥趙辭

進饌聖治遐昌之章　聖治遐昌牒紀嘉祥六幕仰重光化日舒長瑞啟金閶照臨寰被殊方星雲爛縵膺天慶風雨和調佐帝鵤廊昄章靜欃槍皇威遠域宣暢解一金莖玉露融仙掌堯天晴日輝金牓將軍閫外寒威斂橐戈進爵春雲盎麟閣紀勳名瀲灩恩波廣桓桓在泮王猷壯解二遐想大業神功邁漢唐殊策靖疆場兵氣恢揚士馬騰驤中天討逷蠻荒廟謨布算風雷卷握韜鈐指授戎行慶綏康載旂常奏凱師旋舞唱解三榆關外蜺旌虎帳邊城望蜂窠蟻房人皆揚論勳飲至先名將金樽次第遨前賞西域葡萄美且芳共欽王道無偏黨向赤子盡來王清沙漠殪天狼解四歸而解裝人盡軒昂葱山蒲海百花香神揚氣日葵心率土將解五和光駘蕩酌瓊卮珍饈百醲藜蕭露瀼瞻肅穆天容霽漢朗大官六膳調金鼎向御筵供奉雉扇明開兩兩雲霞萬狀呵茲瑞氣輝煌三山蓬閬解六承燕喜皇風鬯從茲斥堠無驚甲冑衅而藏珍符紛郁瑞應駢羅天心降福穰誕敷文德吏阜財解慍薰琴接響解七瞻望沐皇仁抒衆仰似花柳春前放仙桃錫燕恩普德祥解戰袍歡騰貔虎還擬圖形麟閣上靖烽烟願長迓天

錫祚貺八解酒醴笙簧恩膏欣徧巖廊來享來王日是常偃武修文覘治象何異
詠洛水泱泱食德飲和聲教廣趨辭

同治十一年大婚皇后朝見進饌一章　丹陛大樂敬平

瑞日麗扶桑晴開上界金闔雲移雉扇張褘衣鞠服儷當陽肅拜答穹蒼垂環佩叶珩璜安貞度有常升桂殿晉萱堂一解慈闈樂且康侍宴瑤池篤祜長介壽喜稱觴絳霞紺雪酌瓊漿恩風習習翔調鳳律奏鸞簧仙樂聽鏗鏘德音播雅化彰二解正位佐垂裳坤順承天地道昌醴膏頌普將八紘和氣釀休祥臨照徧殊方輝寶籙燦珠囊降福慶穰穰延洪緒永無疆趨辭

光緒十五年大婚皇后朝見進饌一章　丹陛大樂敬平

瑞氣盎簾櫳金鑪香裊翠烟籠瑤階旭日烘瓊卮玉琖映玲瓏奉巹侍深宮儀有象福延鴻一解歡承鳳閣中入覲慈闈鉅典崇介壽樂融融問安視膳秉淵衷躬膺錫賚降瓊筵盛玉食豐韶樂奏雍容歌風動詠露濃二解清蹕度花叢滿進金樽酌醴醲瞻依戀九重詒謀燕翼賴宸聰祝嘏效呼嵩容肅肅度雝雝福祿慶來同顏有喜樂無窮趨辭

同治十一年大婚賜承恩公及王公大臣筵宴三章　進茶進酒丹陛清樂進饌中和清樂

進茶圖肇鴻基之章　圖肇鴻基祥徵燕喜華筵肆寵荷隆儀賜茶宣敕使一解趨侍嘉燕沐恩施蹌蹌濟濟肅威儀雙開雉扇瞻天咫運璣衡穆穆裳垂泰交景運治重熙政平成理本修齊二解華門積善迎繁祉祥鍾蘭闥毓坤儀寵眷從今始龍章鳳誥荷恩暉榮封五等圭爵貽孫子貽孫子承嘉貺福祿屢綏之三解集冠裳彤廷展禮肆笙簧丹陛歌詩王公列辟翊綸扉奏鈞韶聽咸賡樂只四解內外修和成郅治徵嘉禮位定乾坤慶良時迓祥禧同榮瑞木枝連理綏豐秀麥穗雙歧穗雙歧周文仁政睢麟始五解播鴻庥襄上理衍雲礽虹流電光瑞配二儀序四時瑟琴迭和樂怡怡豫悅仰慈闈六解景煥祥曦聲騰仙吹龍團佳茗天家賜金莖露注瑤卮帕傳柑盤薦李攜袖異香霏玉案親依近龍光延燕譽七解川媚山輝禮明樂備祥符億載過姬姒雲糺縵鳳來儀戴堯天游舜世懿戚與榮施玉案親依近龍光延燕譽八解衢樽同酌醴膏被欣燕洽情文備致九叙慶成功三辰瞻獻瑞趨辭

進酒寶扇祥開之章　寶扇祥開金爐香靄欣喜會永錫詩諧春滿三千界一解運降交泰普天人共樂春臺看金樽初泛更玉譜新裁烟嫋嫋祥輝分禁柳樂融融喜氣上宮槐闓皇風周南化啓歌聖治關北恩來詩賡荇菜慶洽蘭陔二解嘉禮初成百福該共騰歡徧九垓螽斯麟定頌聲諧隆儀共仰嬪京邁龍光燕喜欣和會班聯萃衆才軒墀愜聖懷迓蕃釐普慶乾坤泰歌正始覲瑤階三解葡萄泛瓊漿舊醅香濃萬壽杯看肅肅筵從玉殿開調鏗鏘變律叶韵瀏亮鳳管偕喜福祿自天來四解聽睢洲載詠雲霞爛縵開更鸞笙迭奏簫韶宛轉諧恰天上春回宮花錦繡堆漏迢迢日似年光灔灔杯如海鈞天唱境擬蓬萊五解肆芳筵布兩階蓮茂堯廚桃實瑤臺漫斟處味同沆瀣齊拜揚共酌金罍六解翡翠斝鸚鵡杯瓊瑤璀璨呈光彩飲和共樂仁風逮皇仁廣被如天大乾坤合拱獻嘉瑤駢蕃慶典羣欣戴七解儀文備德意恢宸宮化起天心泰壽觴更喜兕觥介和聲鳳翥兼鸞翮嘉祥普慶徧寰瀛二南風教眞無外八解凝繁祉怡聖懷鐘鼓聲偕琴瑟音諧雅頌詩裁歌椒衍餘韵低徊詠瓜緜喜舞兩宮綵慶昇平更祝臺萊蹌蹌濟濟逢良會皇情穆穆帝治巍巍九解皋颺禹拜舜陛堯階金齏玉膾寶琖瓊罍燕衎叨陪凫趨偕來嘉會嘉賓樂愷千祥臻萬福來有酒如淮澤被埏垓集羣工位列棘槐進百爾人盡鹽梅看盈盈日麗雲開珠聯璧合輝光靄賓疇福衍華祝聲諧十解受洪釐千萬載啓金閶拜玉階旭日和風接上台繽紛綵仗雲排步花甎如上春臺宮漏銅壺緩緩偕欣和樂無涯被恩膏汪濊五雲高奉紫霞杯趨辭

進饌天地成平之章　天地成平品物咸亨瑞應協璣衡乾主大生坤職資生兩儀斡運祥呈衣冠虞舜光華治鐘鼓周文豫悅情八音鳴百度貞玉牒萬年流慶一解德齊覆載剛柔應星雲輝爛中天詠和風甘雨綏豐慶二南宣化敷仁政巷舞及衢歌咸頌吾皇聖萬方和樂斯爲盛二解多幸烟嫋鑪香瑞靄縈懿戚衆簪纓酒酌瑤觥樂奏銀笙欣嘉會荷殊榮嶙峋彩仗光輝映露瀼瀼珠瀉金莖羣喜起效歌賡上祝一人有慶三解宮槐上流烏駐影岡梧上飛鳳送聲尊罍次第沐芳馨侑以樂奏咸韺四解金盤疊呈玉椀高擎山腴水豢未須稱蘭烝蕙烝天廚飽飫誇珍盛威儀秩秩衣冠整領略鹽梅許作羹從教悟得調和意合獻嘉猷佐治平五解坤維位定贊乾符禮教修明恩膏疊沛錫圭爵常膺寵命今朝丹陛龍光覲拜溫綸賜燕翼翼維恭維敬庶幾夙夜靖共爾職勤修勛猷彪炳六解晝漏永瑤闈靜遙仰雉扇雲開天顏喜氣增寶瑟初調瑤琴疊奏廣殿樂盈盈珠囊金鏡卜瑞啟蘿圖螽詵麟定七解欣慶際昌期凝景命協禹範培周鼎旁流協氣翠蓋祥蓂更喜見山川樂壽鸞鶩騶虞昭瑞應慶時和燠寒調春令秋令八解樂翕諧聲椒房眷屬恩承搢笏鳴珂盡俊英喜祝金枝玉葉榮綿瓜瓞繼繼繩繩圖籙延長天共永趨辭

同治十一年皇太后賜承恩公妻及親屬筵宴三章　進茶進酒丹陛清樂進饌中和清樂

進茶慶叶重熙之章　慶叶重熙祥成嘉禮隆恩賁燕侍璇墀歡聲殷大地一解嬪京迎渭徽音嗣螽詵麟定衍金枝錫慶從茲始特恩賜燕播仁慈肆筵授几蹌濟紆金紫紆金紫懿親展福履以綏之二解際昌期鴻恩渥被喜今茲燕翼謀詒卿雲糺縵靄皇畿延景運誕受洪釐三解齋器執尊敦古禮展隆儀軒曜承光日依依景逶迤華林萬樹連瑤圃叢雲五色蔭仙芝蔭仙芝壺中日永中天麗四解彩映朝曦祥騰紫氣掖庭親屬承恩禮甘露降似珠霏帕傳柑盤撒荔滿袖共香攜億萬斯年拜恩光今日始拜恩光今日始五解晝漏頻移香階晴霽簇筐昭貺駢蕃集多且旨樂有儀際昇平揚盛美鈞樂奏瑤池億萬斯年拜恩光今日始拜恩光今日始六解神聖作合陰陽理洪錫類繩繩繼繼四海共傾葵萬邦齊獻瑞趨辭

進酒運會昌盈之章　運會昌盈海宇澄清喜氣靄彤廷寶籙欽承嘉禮初成九霄日月齊明宏開北闕輝龍陛共祝南山酌兕觥百禮洽萬福同喜沐天家恩寵一解璇闈侍燕霞觴奉殽蒸禮薦華筵盛聯班懿戚冠裳炳龍旂葩璲祥輝映鴻祉恰凝庥燕喜新頒慶彬彬齊上嘉祥頌二解欣幸拜舞丹墀仰聖明燕衎荷殊榮金罍酒澄寶鼎香凝雲腴馥露漿馨流歡飲福承恩命樂優游玉潤金聲福祿成福祿崇人在蓬壺蹈詠三解恒春樹卿雲瑞擁長樂花靈曜祥呈玲瓏樓閣斂銀屏銅漏轉玉階晴四解藻績承平琴瑟和鳴好風調出鳳鸞聲簫韶九成人間天上同傾聽鈞天歌闋朝儀靜雅雅魚魚縟彩生追陪仙掖聯簪紱拜賜天廚飫鼎烹五解盛美躬逢應知萬里歡騰就日瞻雲蟻慕情食德飲和被澤釀錫祉福齊頌升恒億萬斯年寶祚永趨辭

進饌鈞天疊奏之章　鈞天疊奏仰思齊太任徽音並茂瑞啓萱幃鸞輅從容莅鳳樓同歌舞瑤池競進長春酒況甘旨左宜右有億萬世謀詒燕翼欣睹壬林祜篤申綏福祐一解霞觴獻壽慶長生未央歡承太后鳳髓麟羹柏葉馨香湛露浮彤墀下椒房覲宴芳樽侑更珍品分頒命婦顯懿戚同心同德長飫天廚鼎饌繁釐普受二解恩覃宇宙喜含和履平傾心拜手飽德詩賡共祝皇家百祿遒璇宮內寶鑪香馥靄衣袖聽玉琯聲諧銀漏從今始含飴豫慶定卜祥徵瓜瓞慈仁裕後三解叶銀笙陳鳳卣排仙仗輝煌文繡飲和食德謳歌九州趨辭

光緒十五年大婚賜承恩公及王公大臣筵宴三章　進茶進酒丹陛清樂進饌中和清樂

進茶圖肇鴻基之章　圖肇鴻基風追喜起延景運荷隆儀歡聲騰遠邇一解躬桓蒲穀列丹墀賜茶宣敕沐鴻施九重綸綍欣同被仰恩暉獻藿傾葵龍闕鳳餅味含滋注金甌露挹瑤池二解華門積善徵蘭芷天心眷顧正坤維至德侔周姒永風詩荇菜參差化行俗善推暨從今始從今始膺多福家室慶咸宜三解度翩翩紆青拖紫韵悠悠吹竹彈絲頒來佳茗溢金卮漱芬芳既甘且旨四解平治修齊逢盛世中宮位定采蘩時飭威儀著箴規紫宸作耦稱同體彤庭端範翊昌期翊昌期覲型媯汭追隆軌五解宮商調角徵頌仁慈敬纘箕裘緒念在茲釋在茲璇闈侍膳奉盤匜孝治迓蕃釐六解雪澡香霏雲腴味美金莖露湛重霄賜調瓊液普瑤卮華如桃穠如李甌泛碧琉璃御案親依仰天顏眞尺咫七解彩耀旌旗儀修冠履飲和食德延繁祉貽燕翼衍螽斯爲騶牙爲麟趾戚屬與榮施御案親依仰天顏眞尺咫八解醲膏飽飫芬流齒霑閫澤欣歌樂只乾極儷坤珍祥符綿萬紀趨辭

進酒寶扇祥開之章　寶扇祥開猊鑪烟靄占交泰八極宏恢春盎乾坤大一解重霄澤沛泛醍醐寵錫新醅看光浮玉琖更香溢瓊杯歌濟濟趨蹌依北闕總貞貞舞蹈詠南陔毓芝蘭榮敷柯葉綿瓜瓞肇始根荄垂裳端穆奉斝徘徊二解[illegible]輝煌集衆才禮初成百福該嵩呼華祝徹天街雲霞五色迎華蓋星辰萬點輝珠旆從容步帝階賡颺愜聖懷聽鏘鏘鸞鳳鳴佳會春似海酒如淮三解雕粱璚琄排瑤觴琥珀揩正碧宇春旋北斗魁綠凝烟含禁柳紅捧日映宮槐筵式啓宴叨陪四解看盈盈酒滿金樽釀最佳聽聲聲漏永銅壺箭屢催恰日度花甎高烘紫禁隈奏笙簧鳳律諧綿統緒鴻慈戴徽音欣見嗣思齊五解迓休和徧九陔銘晉椒盤慶洽蘭陔二南風化眞無外詠河洲雅句新裁六解融風暖淑氣偕甘澍雨露徵滂霈寰區共樂皇仁逮醲醞馥郁邀恩賚金鏞振響叶龍吟瑤琴譜曲諧鸞噦七解葡萄酒翡翠杯謖闌祝嘏觥同介珩璜度肅瓊琚佩旌旗彩耀龍蛇紿鴻基鞏固萬斯年驩聲遠逮三千界八解宮殿啓閶闔開和煦風回璀

璨雲堆錦繡霞裁鈞天唱境擬蓬萊惟坤柔德合乾剛配千祥集萬福咸來賓筵歌舞明良會材皆麴蘗人盡鹽梅 九解 鷥翔鳳翽鵷鷺徘徊皋颺夔拜熊虎追陪酒酌金罍樂奏瑤階天地祥符交泰八音調六律諸庶事康哉元首明哉祝維祺有臺有萊賡雅化條肆條枚挹瓊漿玉斝欣開金盤捧出蓬池膾恩周夏甸歡動春雷 十解 帝基昌熙景綸邁姜嫄啓有邰攸敘彝倫福孔皆萬方賴兆民懷卜從今瑞應三階風雨和甘化理該恩澤徧埏垓德教孚中外衢歌巷舞樂無涯 趙辭

進饌天地成平之章　天地成平禮樂修明景運啓元亨乾德資生坤德資成和聲叶鳳凰鳴虞廷致治由嬀水周室開基肇鎬京四時行百度貞南面垂裳居正 一解 倪天作合徽文定雎麟化被周疆盛式歌且舞欽仁聖歡承壽母蘭陔永爵進紫瑤觥任姒徽同景榮懷永錫拜家慶 二解 歡幸椒殿祥雰寶扇縈酒醴百壺清綺饌調饈雅奏鏗鯨協輿頌愜皇情冠裳濟濟龍光覲綸麒麟焜耀簪纓槐棘列鑾旂廣濃露九霄沐潤 三解 和曦暖嫣質轉韵薰風動虞琴送聲金樽玉琖喜同傾麟羹進麂脯烹 四解 霞杯色瑩雲液香清天廚水陸不知名稱觴酌觥股幣夏鼎相輝映悠揚拊石夔鳴磬珍重調梅傅作羹甄陶元氣開昌運黼黻勳華萃散閎 五解 璇宮書靜贊乾樞懋啓休禎分茅胙土拜綸綍覲承寵命焰煌天語垂談訓勵丹忱業業兢兢無忘恭敬庶幾出壯厲滿入贊昇平鈞衡共秉 六解 玉漏永金爐爐欣看華蓋高擎宸旒喜氣迎松棟雲輝貴階日麗淑氣滿春城天開景運卜瑞啓珠囊聲延金鏡 七解 欣慶湛恩覃醴澤飲佐禹範匡周鼎臣鄰翊贊治定功成順更祝珠聯璧合二曜五星昭瑞應翼燕謀詒孫子麟振麟定 八解 謳美恩明祥符至瑞光呈主聖臣賢喜起賡謌出承平雅頌聲臚繁祉騰茂蜚英億萬年綿綿祚永 趙辭

賜衍聖公部宴洙泗發源長一章 乾隆七年定宴正一眞人上清樂落樂章光緒中停止詞俱不載

洙泗發長源麟鳳流芳久眷茲後裔克紹箕裘詩書教澤延禮樂家聲舊茅社長膺天眷厚際端冕凝旒桓圭章甫彤廷舞綴時覲春秋 一解 詔宗伯使饗入進羞大官獻酬形虎形鹽訓恭訓儉慈惠兼施寵錫優勵嘉修素風益懋庶不負皇朝渥澤旨酒思柔 二解

賜文進士部宴啓天門一章 乾隆七年定五十年改奏棫樸詩五章賜考官各執事官宴奏鹿鳴二章具詩樂譜不載

啓天門日麗黃金牓趁驊騮緩步靑雲上論聖賢事業無涯量況生平溫飽何曾望念餙生叨渥澤天來厚雖持寸草心莫報君恩蕩涓埃矢竭酬天貺 一解 玳筵內金壺玉斝月臺上絲竹鏗鏘繼自今木天淸敞增泰嚴不辭土壤 二解

賜武進士部宴和氣洽一章 乾隆七年定五十年改奏兎罝詩三章

和氣洽泰階平皇威截烽烟靖念兎罝亦有干城虎頭猿臂交相慶看鵰鶚秋來勁 解 須知道羽扇綸巾還有那弓強箭勁吏兼之武庫縱橫效折衝驊騮騁執戈殳衛羽林備公侯腹心 一解

鄉飲酒高宗自製補笙詩六章

南陔　我逝南陔言陟其岵昔我行役瞻望有父欲養無由風木何補我逝南陔言陟其屺今我行役瞻望有母母也倚閭歸則甯止南陔有筍擇實勺之孱孱孩提敦噢咻之愼爾溫凊節爾旨肴今爾不養日月其慆

白華　有白者華不汙纖塵杳爾士兮宜修其身不修其身乃貽羞於二人有白者華婉茲靜好杳爾女兮宜修婦道不修婦道乃貽羞於二老白華匪玉湼而不緇白華匪蘭芬乃勝之我擷白華載詠載思白華匪玉質玉之令白華匪蘭臭蘭之淨我擷白華載思載詠

華黍　瞻彼阪田厥黍始華胝足胼手嗟嗟我農夫瞻彼阪田黍華以秀胼手胝足惟勤斯殖茂華有不秀矣秀有不實矣其雨其雨矣杲杲日出矣惄予愁之恤矣

由庚　王庚便便東西朔南六符調燮八風節宣王庚容容朔南西東惟敬與勤百王道同王庚廓廓東西南朔先憂而憂後樂而樂王庚恢恢南朔東西皇極孰建惟德之依

崇邱　澗松童童蛙黽鄰兮邱草萋萋藹靑雲兮凡百君子愼乃託身兮澗松童童澗則卑兮邱草萋萋邱則崎兮凡百君子審所依兮有崇者邱物無不遂有卓者道愚無不智資生育德永植毋替

由儀　在上曰天在下曰地君君臣臣父父子子在下曰地在上曰天父父子子君君臣臣由其儀矣物則熙矣儀其由矣物則休矣

清史稿

樂志六

樂章四 筵宴舞曲　大宴笳吹樂　番部合奏

元旦冬至萬壽三大節慶隆舞樂九章

於鑠皇清受命於天光延鴻祚億萬斯年天開令節瑞啟階蓂共球萬國聖壽千齡粤自我先肇基俄朵長白之山鵲銜朱果綿綿瓜瓞長發其祥篤生列祖積慶重光式廓舊疆東訖海表聖聖相承永世克紹 一章 赫赫神功龍飛崛起戎甲十三舊迹伊始復讎靖難首克圖倫天戈一指震懾強鄰九姓潛侵滅迹如掃蒙古五部來奉大號明師四路五日而殲定鼎遼瀋都城嚴嚴陣雲五色江冰夜凝天助有德應運而興 二章 天亶聰明覆幬下國遠服邇歸誕敷文德四方來附雲集景從建長命官庶職是綜爰創國書頡文羲畫聲協元音萬古不易爰定軍制綵旐央央或純或間永奠八方締造鴻謨創成大業錫福無疆慶鍾千葉 三章 佑啟哲嗣光闡前猷昭崇駿德誕迓天庥攜貳綏懷朝鮮歸款世奉東藩籬爾主瓚三十五郡厥角稱臣西被佛土重譯來賓埽郊圻有而弗取略地松杏厥殪敵軍百戰百克用集大勳 四章 帝德廣運昭受鴻名建國紀元永定大淸敦睦九族彝倫式叙尙德親賢股肱心膂三館是闢鑑古崇儒郊社禘嘗式資皇圖爵秩以班六曹承政百工允釐萬邦表正咸鑠函夏德配蒼穹敬承無斁駿烈豐功 五章 帝授神器統一寰瀛剪滅巨寇乾坤載淸一著戎衣若雨甘雨大告武成作神人主躬親大政節紀整綱制禮作樂昭示典常納練任賢愼微慮遠定律省刑萬世垂憲克勤克儉忠厚開基景命維新兢業自持 六章 聖神建極道冠百王六十一年福祚久長天縱聰明沖齡御宇孝奉兩宮德隆千古三孽蠢動一舉蕩平海氛永靖浪息長鯨親御六師三征沙漠威肅惠懷鋤頑扶弱禹功底績虞典時巡敷天率土莫不尊親 七章 惟天行健神聖則之典學勤政作君作師無逸爲箴宵衣旰食一人憂勞綏此萬國文經武緯地平天成中和立極玉振金聲億萬斯年覲光揚烈敬天勤民聲元作哲天鑒孔彰翼翼後王儀型皇祖帝祚遐昌 八章 瑤圖炳煥六合雍熙星輝雲爛風雨以時翕受嘉祥調和玉燭治躋皇風道光帝籙東漸西被北燮南諧梯航琛賮畢致堯階日升月恒萬拜蒙福擊壤歌衢嵩呼華祝秩秩盛儀洋洋頌聲紹休列祖永慶昇平 九章

嘉慶元年太上皇筵宴慶隆舞樂九章

洪惟太上景福自天紀元周甲席瑞循環丙辰肇歲寶命躬膺昊慈默顯祖武敬繩初願克符弗踰前紀誕昇元良丕承宗祀孟陬朔日端啟重光大廷授受申錫無疆精一執中心傳欽守媲美勳華世躋仁壽 一章 維聖握符祇嚴昭事肅肅泰壇惇稱殷禮兆南就位有舉必躬祈辛卜稼祭雩占龍陟降靈祇精禋肸蠁四序鈞調百神歆享雨暘寒燠日風日時八徵敬念九寓醇熙壽增上耋弗懈益虔茂膺多祜翕應蕃駢 二章 謨烈顯承福基萬億對越在天升聞昭格爰懋中慕彝訓式欽晨興惕若寶籙披尋四莅陪都珠邱展謁綿綿繩繩開國咸宣弧矢化肅冠裳祇循前典曰篤不忘繼繼繩繩昭哉嗣服於萬斯年錫茲祉福 三章 聖人敕政綜攬萬幾至誠悠久維日孜孜恭乃徵健爲乾體洞照八埏勵精才晷丹毫批奏彤陛延英劭農履耤展義巡行相度堤隄於河海肄武習勤賚藩宣愷純一不已用介大年貞恒保泰往牒稀聞 四章 民應如草聖澤如春大鈞默運宙合同仁五免丁糧三蠲庾米豁欠寬徵恩覃肌髓爰諸稼穡普及封圻偏隅有告大賚龐施民隱燭微吏猷選最岸獄平反拊循攸賴乾坤幬載日月照臨莫名帝力允享天心 五章 聖謨廣運文德誕敷道隆金鏡象麗瑤樞禮正圖編詩釐樂府四庫分排七閣崇庋講筵著論史鑒宣評圜橋集鼓泮石橫經文薈三千詩裒五萬雲漢倬章日星炳煥作人教思勝聯棫樸棺杞梓良材蔚然 六章 皇猷赫濯載纘武功殊方奉朔遐裔從風準部回疆天戈雙指二萬輿圖宅畋斯啟金川再定邛僰犂庭樓船震懾海嶠敉寧緬孟敢關交南狂闞衞藏安禪徼夷向日鴻動十告馳驟禹湯苗頑率服纘纁紫光 七章 絶九五福惟帝時承億齡瑞啟奕葉祥凝寶篆十全堂顏四得甲子稽擣貞元衍易洪開壽寓疊舉耆筵珍府闓繹景緯昭宣惟德之基惟福之積芝檢文輝蘿圖慶溢九如曼羨八表蕃釐重輪繼照光我皇儀 八章 太上立德成五登三崇稱卻讓

洪澤均覃動植蕃昌禪瀛照治子帝承顏來昆引牒祥源益溥慶祚洪延璐圖汁紀珠斗輝躔純嘏緝熙康強逢吉光啟帝期永綏皇極會元章蔀正載經畡願齊聖筭長頌臺萊章九

乾隆二十六年皇太后七旬萬壽慶隆舞樂二十章

皇太后萬壽彌增皇帝至孝以承洪福同山海歡聲率土騰章一歲當辛巳建壽屆七旬隆怡愉太平日舞蹈徧寰中章二太后宏溥慈仁宮闈式維均綿延百世澤長此樂長春章三盛際集禎祥祈年日正長臣民敬申輿頌慶覃恩敷八方章四聖節開嘉燕雍容舞蹤允茲祺壽綏神人共歡忭章五金鑰曈曨曉開成行彩仗先排臣工大小陪位會朝稱慶無涯章六皇帝仁孝兼至聖母福壽同綿載考古史所紀罕得於斯盛焉皞皞熙熙盛世氤氤氳氳元氣皇太后聖壽無疆皇帝孝思不匱章八如日之升如月之恒慈壽綿綿如南山是徵章九皇帝聖治臻隆庶彙被澤胥濃以茲悅懌聖母允宜福壽攸崇章十大孝章矣茀祿長矣敷天嘅嘅樂時康矣章十一聖時文教昌萬彙欣解阜多福允受茲清寧並悠久章十二異域輸誠稱臣奉琛屬國以萬數雲集合歡心章十三殊方一以平德威既遐布長治而久安慈懷同增豫章十四回部偕來賀德化漸以深戴恩永無極送喜承皇心章十五迺陟金陛兮慶筵載陳迺展舞綵兮至德洽於無垠章十六鐘鼓既宿懸和聲娛愷樂九重進版圖王會式增廓章十七日雨日暘時若省歲實維屢豐泰宇既安既阜嬉游何幸風同章十八浹兮淪兮沐洪恩兮九州萬國戴逾殷兮章十九聖母延洪康且頤行慶施惠人無遺願集多祜綏維祺勿替引之億萬斯章二十

乾隆三十六年皇太后八旬萬壽慶隆舞樂十八章

聖母萬萬歲既壽而康皇帝逾六旬孝治彌光絪縕化宇兮太和翔治諸福畢至兮純嘏爾常章一重光冒卯歲序新萬壽八秩啟令辰景祜自茲以永慶日引而月升章二皇帝舞綵聖母燕喜協氣充周福祿萃止章三璇宮丹扆新增卿雲糺縵交凝瑞符翕集如松柏之茂承章四奉安輿以時邁迺東至於岱宗陟喬嶽而行禋百神衛祐咸來從章五普陀肇靈刹宗乘宣祝延慈籥羣藩諸部長咸來膜拜瞻威儀章六敷天合歡忭共球萬邦獻玉册揚徽稱煇煌皆萱殿章七慶筵樂備條肸效舞成文協節嘏辭疊舉章八壽如南山崇福如瀛海廣運會超邳隆亘古實無兩章九振振繩繩樂含飴樽樽總總福履綏奉進如意肩相隨同祝聖壽徵攸宜章十金門詄蕩開彩仗棽麗陳羣工忭賀莫不尊親章十一八方太平日負戴來紛闐僉曰盛哉乎斯世維中慶於萬年章十二湛恩汪濊中外禔福臣庶戴德久而彌篤章十三鴻化迪矣昭曷奕矣羣黎百姓洽教澤矣章十四慈訓式於九圍維聖母之貽醴膏浹無外勿替引令祺章十五歲功屢告豐穰五風十雨兆祥荷昊穹兮錫佑協皇心兮降章十六遠藩內面誠殷上爾扈特願歸我幅員率戶口以數萬計呼嵩鞠曆來如雲章十七慈顏有喜安以愉德洋恩普周寰區純休永永慶那居億萬斯年樂于胥章十八

道光二十五年皇太后七旬萬壽慶隆舞樂九章

日升月恒兮天行不息惟聖母之壽與天無極章一淵渟岳峙兮地道有常惟聖母之壽應地無疆章二辰維良月維吉玉觴陳金奏列動六琯之春陽七旬之慶節章三皇帝奉爵龍衮以侑左撫舜琴右酌堯酒合薄海臣庶爲聖母壽章四聖母燕喜悅豫且康乃稽慶典載考彝章覃恩闓澤用錫祉於萬方章五萬方有慶四海同春凡我髦士以逮蒸民仰思齊之盛化咸蹈德而咏仁章六和風習習甘雨祈祈嘉穀六穗瑞麥雙岐祥源福緒惟聖母之貽章七萬姓香花千衢歌舞敬祝聖母誕膺多祜樂意徧八埏歡聲騰九土章八皇帝聖德惟聖母是承龍池春麗鳳液祥凝永介慈福延億萬齡章九

同治十三年皇太后四旬萬壽喜起舞樂二十章

皇太后萬壽無疆孝思共仰當陽多福符三祝維天降百祥章一歲逢甲戌恭遇四旬普天祝嘏輷輷殷殷章二延洪綿寶籙佳節慶長春敬獻升恒頌歡聲徧九垓章三九垓溥被崇釐大化式於璇帷萬姓瞻依切千秋統緒垂章四垂簾十一年夾輔任親賢長治久安歌永賴武功懋兮文治宣章五皇躬資撫育訓政昭嗣服燕翼荷貽謀鴻庥多景福章六生民遂元化濡過腴削寬租逋普樂利醉醒醐熙熙皞皞懌懌愉愉章七殊方如砥平聲教既遐布建此丕丕基慈懷信增豫章八皇帝仁孝兼隆聖母萬福攸同盛世人民樂愷湑時景物照融章九閶闔千門啟安輿駕鳳來德暉欣普照歡喜上臺章十鬱鬱葱葱氣佳行行綵仗齊排鵷序鴻班陪位會朝稱慶無涯章十一萱室開嘉燕萬年觴疊獻良辰壽而康神人共歡忭章十二我皇舞綵聖母情怡太和翔洽福祿來爲章十三奏五英親九族麟定歌鴻恩沐本支百世感深仁天潢一派益敦睦章十四藩王部長咸來賓重譯殊方職貢陳赤子之慕抑何深凡有血氣同尊親章十五奔走偕來趨闕廷鞠躬忭舞祝遐齡錫之冠帶列藩屏小懷大畏懔威靈章十六皇帝治治重熙垂裳恭己無爲以茲怡悅壽母允宜福履綏之章十七大孝章矣茀祿康矣勿替引之純嘏長矣章十八五風十雨兆嘉祥頻書大有告豐穰盛哉斯世泰而昌神功炳焯煥珠囊章十九同游化宇戴高厚躋金陛兮介眉壽慈顏有喜安以愉與天地兮同悠久章二十

光緒十年皇太后五旬萬壽喜起舞樂二十章

至哉神極悠久無疆猗歟令德台撰含章堯門疊瑞婌幄披祥一人有懌萬壽彌臧章一星麗南弧日躔北陸緹室葭飛彤階蓂續太史占雲伶倫候玉上下和同受天百福章二天心復旦聖節長春馨壤齊慶亘霄奉珍月儀外宙雲瑞中宸運隆禮樂感極天人章三其禮伊何鎏册繆章鸞回寶勢鳳欲奇香金支景衆璇衛雲張肅雍長樂艾熾耆昌章四其樂伊何韶韺亮希天歌抗律雲舞蹌儀重華縵縵八風回回玉節金和鏘音之徽章五福以德昌慶因善積齊莊有臨幾康無斁訓流繭觀風光椒掖畢管書儀傾璜奉式章六助隆庶政啟佑我皇纛威弓矢輯瑞梯航氈鄉即敘島譯賓王慈和徧服保畏彌光章七於維廣運上燧昊穹春育夏養內絣外幪薰琴解愠嘉玉祈豐萬年翔治百室熙隆章八鄧林翹秀崑岫搜奇旁求俊乂分職官師四聰明達三宅周咨卷耳進賢如歌風詩章九聖人在上席邑綏和慈雲蔭遠愛日暉多仁歟歸藪靈禽在柯士朝而忭民野而歌章十帝隆孝治躬奉天經凝旒沖幄鳴玉慈庭文容鳳鳳舜慕蒸蒸百禮既至四海其承章十一不顯宗親葳時嘉會遡月瞻星編珠貫珠璇源益濬玉葉知芘訓儉示恭行慶施惠章十二濟濟卿士將將會朝人瞻丹扆天臨慶霄縟文炳藻睿孝圖瑤呼嵩祝華頌魯歌姚章十三亦有藩長綴於朝儀酎珍溢阼貢瑕駢墀來賓璟馬往賨金犀既畜皇祉咸歡壹彝章十四帝命重申如綸如綍劭農賜租勸位詔祿熙熙春臺渠渠夏屋慶賞雲興歡聲雷速章十五昭禮告秩慈顏愷康旋輝玉墀鳴豫瑤觴畜皇聖孝菴藹休昌鉤鈐既朗延嘉亦芳章十六黃屋長今彤篋自古嫣汭嬪虞塗山贊禹徽德孔明重規襲矩以祉元吉宜延遐緒章十七甲子章蔀循環無端易圖大衍義畫先天賓疇演福軒策調元維天佑聖於斯萬年章十八嶋嶋五岳而岱之宗濊濊百川而海斯容兩儀滸穆八表熙雍湛恩波沛峻算山崇章十九靈貺便蕃昌期綏茂帝暉緝熙母儀純佑遐邇壹體小大稽首壽考維祺克昌厥後章二十

光緒二十年皇太后六旬萬壽喜起舞樂二十章

皇太后福壽同綿皇帝仁孝兼全天佑聖母錫之大年章一閼逢歲之陽其陰在敦牂其日維吉其月日良章二王會大同星紀五復萬國萬年以介景福章三猗歟母儀翼我聖主日仁日智允文允武章四其武維何謐謀旋幄龕靖神州威讋殊俗章五其文維何崇儒禮賢奎章藻耀雲漢在天章六其智維何明燭萬里中外一家宮府一體章七其仁維何如湯如堯蠲租發帑以恤民勞章八民勞休止庶優游止雖休勿休民瘼求止章九自普天而率土兮咸浹髓而淪肌聖皇之德兮聖母之慈章十茂矣美矣薦嘉祉兮唐矣皇矣純嘏爾常矣章十一槃印若綬颺拜稽首壤歌衢謳逮及童叟章十二累譯而至屬國以萬計咸含和而吐氣頌曰盛哉乎斯世章十三大矣孝熙聖皇之思以天下養永奠此丕丕基章十四行慶施惠湛恩汪濊而熾而昌眉壽無有害章十五迺鏤璆册兮瑑瑤章迺展瓊筵兮奉玉觴迺瞻金陛兮穆穆皇皇迺奏雅樂兮喈喈將將章十六琴瑟在御鐘磬在簴鼚乎而鼓軒乎而舞章十七蕩蕩八荒惠問所翔願聖母壽應地無疆章十八閟宮戴笠徽音四寨願聖母壽與天無極章十九荷天衢提地釐迄於期頤萬有千歲福履綏之章二十

乾隆四十五年高宗七旬萬壽慶隆舞樂九章

皇帝萬萬壽福如大海源浩元氣兮春和溫澤洋溢兮彌乾坤章一歲維庚子恭遇七旬太平有象鴻禧日新章二班禪覲後藏十方皈舉延企瑞靄集豐年廣法輪宗風被章三麗正門開詄蕩王公大臣拜舞瞻天仗旗罨靄芬芒芒五雲朗鑪烟上章四敬天勤民久純德四海敷皇帝壽萬萬年孔固南山如章五蒙古衆台吉青海衛拉特愛之如赤子傾心世歸德章六土爾扈特歸順武義金川威震如天大德日生蹈舞揚休入覲章七曼壽多福臚懽無疆如松柏茂萬業純常章八皇子及孫曾稱觴介眉壽祝鴻禧兮歲共有與天地兮同悠久章九

乾隆五十五年高宗八旬萬壽慶隆舞樂十八章

皇帝萬萬壽福如大海源亭育德恩普休和暢八埏章一歲維庚戌恭遇八旬神人祝嘏景福益臻章二洞開九重辟公呼嵩祥光罨靄歌舞攸同章三敬天勤民歲書大有萬壽無疆山岳悠久章四文光炳二曜武烈宣萬方義正以育遐邇胥來王章五燕千叟兮嘉龐眉賜鈽帛兮拜鴻施臚懽介祉兮叩彤墀羣登壽寓兮祝蕃釐章六篤天潢賜章服燦五采親九族本支百世感殊恩懽治羣情益敦睦章七臨雍釋菜文教振興人材樂育爲國之楨章八輯四庫書譽髦鼓舞惠茲藝林上下今古章九修藏兮譯金經廣善緣兮福羣生慈雲布濩兮光晶瑩和風甘雨兮

彌八紘章十　藩王部長咸來賓遐荒重譯職貢陳依光嚮化同尊親赤子之慕中外均章十一　安南國王趨闕廷稱臚忭舞祝億齡寵以冠帶列翰屏聲教遠暨海國寧章十二　緬甸來庭龍臚綸詔頒印錫封永綏炎徼章十三　生番嚮化傾心太平恩浹肌髓威畏惟誠章十四　聖明四照福綏綿綿吉祥屢臻億萬斯年章十五　永承天庥祥徵滋至載頌九如祚延萬世章十六　子孫曾元戲綵舞壽而康兮祝純嘏歲歲年年福履增天地合德同博溥章十七　中和舞樂邁韶護普天率土懽同聲慶萬壽兮弗祿膺受天佑兮莫不承章十八

嘉慶十四年仁宗五旬萬壽慶隆舞樂九章

皇帝萬萬壽與天無疆秉德貞恒篤鴻祜珍符曼羨恩滂洋章一　歲維己巳聖節五旬六合昌阜嗞嗞陽春章二　我皇功德冒八極埽除羣慝登袵席磑磑卽卽師象山永綏生民偃兵革章三　民生遂元化濡遐腹飼寬怍浦饜餮粥襲裾襦樂皞皞安愉愉章四　作之君作之師孔容保誕敷思厚莫厚訓宗支仁莫仁篋八旗章五　纘統恭勤兮儉德先有孚惠心兮蹠同延泉府充羨兮軫民艱馮蠲稱和兮功溶川章六　重民耕織雨暘寒燠圖輯授衣纂志祖考大孝備矣養民爲寶章七　辟公卿士俊髦龐蒙雲施山應降福屢豐綿綿瓜瓞上怡皇衷章八　承昊佑兮撫八紘洪景命兮方升恒率土臚懽兮重譯職貢於萬斯年兮福祿永膺章九

嘉慶二十四年仁宗六旬萬壽慶隆舞樂九章

九有嘉吉萬彙昌貞冬嫗煦日載陽帝承昊貺錫兆庶聖壽曼羨長無疆章一　十幹十二枝紀歲周復始皇帝壽齊天循環萬甲子章二　北暨窮髮南雕題耕桑直過崑崙西黃河安恬日東注波澄鏡海騰朝曦章三　景風翔兮卿雲升民游壽宇兮化日恒世臚鴻兮多耆耋生逢太平兮由高曾章四　厚民生省厥懸立嘉禾稂莠茀崇正教恥凡格惠元元徧帝德章五　繼皇統兮承祖澤王業艱難兮孝思靡極眷遼瀋兮夙法駕式考訓兮永無斁章六　帝廑烝民拯之德政日雨日暘天心協應熙熙春臺豐年屢慶章七　日月方升恒川嶽咸效順祝嘏萬方同梯航集琛賮章八　歲己巳兮恩普錫兮茲己卯六旬聖節帝澤汪濊兮海寓樂康願逢旬慶兮萬有千億章九

乾隆四十八年乾清宮普宴宗親世德舞樂九章

天開聖清覺羅肇興列祖繼緒統一寰瀛章一　溯祥長白垂統發跡幅員廣大景附悅懌章二　聖皇立極與天比崇純常弗祿昌後隆宗章三　篤親九族錫恩單厚金黃帶晉畯冠品授章四　枝蕃蕚榮星情則嘉承天和方春載熙章五　璇宮肆筵宗人爰集黼繡盈庭班行辨紱章六　皇睠有喜便蕃賚予侍衛賜茶恩涵露湑章七　腆仁溥澤大府頒金皇慈既渥以洽壬林章八　宗人拜舞臚懽忭祝億萬斯年永綏多福章九

乾隆初巡幸盛京筵宴慶隆舞樂一章

皇天明命篤生太祖錫之聖智奄有東土於聖太祖開基創業始制國書同文六合曰若太宗嗣承天命肇造區夏仁育義正太宗如天不冒純德於鑠大清懋建皇極興京聿興盛京斯盛惟其至仁九有託命欽惟聖皇追慕深思率祖攸行惠我嘉師敬觀實錄日星爲昭祖業艱難中心忉忉乃頒明詔播告臣氓恭謁祖陵旋軫陪京皇帝篤誠珠邸展覲文武從臣駿奔效藎我皇聖哉紬大不遺從臣文武體恤周知乃出邊關乃經蒙古閱七愛曼蕃部悅舞御光遠臨旃裘畢來宸衷軫念錫賚恩恢受我皇恩祝我聖皇合十膜拜恩膏溥將莅克爾素駕言行狩手格虎殪馬射熊仆英哉我皇舍矢如破獲獸孔多萬人腹果爰莅舊邦爰謁三陵既躬既親我心則平豈敢憚遠豈敢畏險至止禮成心猶纚纚皇帝大孝承祭至敬肅將明禋萬拜爲鏡皇仁懋哉重齒敬老清問殷勤德施浩浩盛京莅止臨朝閱武御崇政殿恩敷率土

乾隆八年巡幸盛京大宴高宗御製世德舞樂十章

粵昔造清匪人伊天天女降恩長白闔門是生我祖我弗敢名乃纘乃承遠我元孫章一　元孫累葉維祖之思我西云來我心東依歷茲故土仰溯始謀皇澗過澗緜此丕基章二　於赫太祖肇命興京哈達輝發數渝厥盟如龍田見有虎風生戎甲十三王業以興章三　爰度爰遷拓此瀋陽方城周池太室明堂不寧不靈匪居匪康事異放桀何心底商章四　丕承太宗允揚前烈倬彼崧山明戈耀雪以寡敵衆杵漂流血惜無故老爲余詳說章五　余來故邦瞻仰橋山慰我追思夢寐之間崇政清寧載啓南軒華而不侈鞏哉孔安章六　維我祖宗欽天敬神執豕酌匏咸秩無文帷幔再張尊俎重陳弗渝弗替遵我先民章七　先民宅茲載色載笑今我來思聖日俯照爵我周親藎臣並召亦有嘉賓歡言同樂章八　懿茲東土允維天府土厚水深周原膴膴南陽父老於是道古有登其歌有升其舞章九　我歌既奏我舞亦陳故家遺俗曷敢弗因渾灝淳休被於無垠勿替引之告我後人章十

乾隆十四年金川凱旋筵宴慶隆舞樂一章

乾隆聖世瀛寓乂康元首惟明股肱惟良景運鴻昌休德茂著統馭八埏惠液遐布金川小醜蠢爾冥頑惟時弗率跳梁窮邊用申天討聲罪執言長驅驛駕油雲斯屯聖謨廣運決機萬里聿簡賢臣良弼是倚曰忠曰勇經略戎功心堅金石誠格蒼穹身先烝徒跋履巖阻晨夕盡瘁均勞共苦姦宄是殛逆謀是攘國憲孔昭我武孔揚窟穴犁止岧巢軛止堅卡墮止峻碉毀止爰褫其魄爰喪其膽震慴股栗潛伏於坎如鼠竄穴如鱗游釜號呼哀籲再三求撫元臣執義憤欲蕩除帝德好生曰免駢誅六條攸約虔慄遵循恩綸祇奉解網施仁不革厥心匍匐奔赴除道築壇香雲擁路帝仁覃敷六合滂洋蘇其枯朽賜以再生展也滿兵彌月功成云何其速皇猷是憑神功炳焯乾坤軒豁九重勝算明並日月歡諸瓊玖昭諸汗青禮成鉅典樂奏昇平膚功克奏昇平膚功克奏慶筵是侑太和氤氳翔洽宇宙卿雲糺縵景緯珠聯梯航琛賮億萬斯年

乾隆二十五年西域平定筵宴德勝舞樂一章

祖志繼成翦滅遠叛籌畫從容疆闢二萬川原式廓乃經土田廟算宏深天心契焉車楞內訌丐恩臣服爵錫王公周恤其屬鬼蜮阿睦匍匐帝庭寵以藩服秉鉞專征俘逵瓦齊再生曲宥念彼軍勞崇封晉授阿睦狡獪將伏天誅妄冀非分叛於中途反覆二心棄厥妻子役屬離散巨惡宜爾汲水萬里欲息燎原似彼狂酋徒然自燔竄俄羅斯疫斃其命遐方尊主爰獻於境滿洲索倫淩波飛渡奮勇莫當峻嶺爰度俘厥逋逃收彼牲畜取彼子女如摧朽木弓矢所加賊壘莫禦急思兎脫震駭無措蠢爾賊衆作亂變更帝德涵濡悖獨遂生豈曰黷武乘時遘會忍弗遠撫回首在囚解其禁錮甫還庫車流言煽布惟彼兇渠負君莫比罔念聖恩能弗切齒伊犂既輯諸部賓服豫策久長悉收回族二賊潰逸命將追遏蹤其穴巢直抵巴達爰遣侍衛乃得其情回長捕類獻馘輸誠遂古莫稽列史具在殲寇如斯未有儗類攙槍淨掃寰宇昇平師出以正中外永清睿謨惟誠宵旰無逸宏奏膚功聖心斯懌順我者昌逆我者亡旌別恐遺天語孔彰酬庸封爵袞勇錫名昭茲懋賞章采聿明誅鋤元惡大功告成如春育物德合清寧

道光八年重靖回疆筵宴德勝舞樂二十章

道光聖世德治紘埏獻琛奉賮有翼有虔章一　蠢茲逆回逋誅小醜嘯伏荒裔敢爲戎首章二　慶慶其羣驛驛其氛涉卡潛竊不戢自焚章三　皇赫斯怒爰命揚威汝往討亂執訊以歸章四　渾巴什河先聲克振進殲柯坪靡有遺燼章五　沙闐提提我兵既攻三莊埽穴十日奏功章六　奏功一月四城迅復伯克跪迎頌額神速章七　莫赤匪狐莫黑匪烏星弧所指並伏其辜章八　帝軫八城鋤厥祖賦羣黎九天甘澍章九　於鑠宸謨十條誕敷罪人務得勿俾稽誅章十　稽誅勿俾征師勿佚次第凱還以息勞勤章十一　蒼莽四山偵騎周環妖鳥攸投庭弓攸彎章十二　歲既宴矣烝徒驤驤制梃擬賊阿圖什莊章十三　我追彼竄自昏徂旦抵鐵蓋山去路倏斷章十四　爰喪其馬爰曳其兵奪彼短刃縶以長纓章十五　城柳初黃驛騎載馳都人夾道遙望紅旗章十六　櫜弓錫組告於天祖歸善慈闈孔曼受祜章十七　勳碑誌事御門受俘聿啟喜宴露湛雲需章十八　旨酒既嘉隊舞入侑小大稽首我皇萬壽章十九　聖武維揚聖恩維長曆仁飫義萬壽無疆章二十

大宴笳吹樂六十七章乾隆七年定

牧馬歌　人君之樂恃此紀綱兆民之樂恃我君王室家孔宜夫君之方朋友有成和輯之德

古歌　八種成壞兮實人世常墮迷網中兮慾鎖與情韁愚人無識兮樂茲殊未央執空爲有兮謬語其奚當

如意寶　不澡心於羣經具本性而無明不服膺於佛乘說妙行而聽受

佳兆　一人首出萬國尊親湛恩汪濊普被生民百花敷榮一日悅目灌頂寶光萬衆所伏

誠感辭　良胡畏哉衰以至誠良胡過哉竭己所能良胡僞哉語無文飾良胡怠哉罔敢休息

吉慶篇　有君聖明逾戴天有臣靖共勝後嗣健婦持家過丈夫如意寶珠惟孝子

肖者吟　滅除己罪仗佛眞言如欲療病惟良藥存菩提鐙兮出衆生於黑暗智慧梳兮櫛六慾之糾纏

君馬黃　大海之水不可量天府寶藏奚渠央良朋和睦益無方聖有謨訓番無疆

懿德吟　人君能仁蒸黎之父君子和平羣相胏附懿厥哲人實維師傅匪智懷私乃民之蠹

善哉行　惟安惟和心意所欲無貳無虞朋友式穀

樂土謠　分人以財惠莫大焉施人以慧寧不踰旃

踏搖娘　日將出兮明星煌煌壽斯徵兮秀眉其龐三十維壯五十遲暮莫親
祖母莫尊祖父
頌禱辭　我馬蹀躞行如流水雋英滿座交親悅喜族黨姻婭咸富且貴酌酒
爲歡既多且旨
慢歌　十五歡娛八十衰壯容華茂遲暮悲祖妣最親祖尊哉
唐公主　遵王之路兮遮尤希素位而行兮夫奚疑
丹誠曲　罔有敗事兮遵道而行長無離析兮順親之情
明光曲　瞻彼日月虛空發光聖君聖母焜燿萬拜
吉祥師　日月之明兮容光必照聖君之明兮烝黎咸造
聖明詩　際聖明時良我福只橫被恩澤良我祿只
微言　倏忽變遷順其自然如彼蜃樓余生渺焉
際嘉平　諸惡莫作菩提薩多暝曚妄行用墮三塗
善政歌　經何本本於宗身何本媼與翁罪何本嗔熾熾福何本和雍雍
長命辭　靡言不適於道兮水萬派而朝宗夫惟外道之妄語兮井自畫而不
通
窈窕娘　惴惴原獸思全其身兢兢庶士思庇後昆
湛露　維彼愚人惟知己身維此哲人心周萬民
四賢吟　六欲相牽微生是戀歡彼駒光如夢如電
賀聖朝　慈悲方便永斷疑情極樂淨土不滅不生
英流行　知之而作兮明哲所由不知而作兮庸愚之儔慮而後動卓彼先覺
率而妄動兮是乃下流
堅固子　馬蹀躞兮身不獲康念此身兮本自無常馬騰驤兮生不獲寧念此
生兮本自無生
月圓　良馬之德於田可徵良朋之行相交乃明
綏歌　良馬云何乘者所思良朋云何久而敬之
至純辭　惟帝力兮勞來父母力兮免懷乘騏驥兮馳驟仗巨擘兮弓開
美封君　貢高專美曰惟不仁撕貲自厚不久四分惟不惺惺乃不戒懼凶心
常萌誰與共處
少年行　嗟棄捐於巖穴兮益遠播夫芳聲嗟終老於草莽兮益永垂夫令名
四天王吟　悲哉北邙令聞宜揚北邙悲矣青史不渝
宛轉辭　瞻彼中林芃芃萬木旃檀有香生是使獨萬類咸若擾擾芸芸民之
父母首出一人
鐵驪　載飛載翔惟翮是憑爲聲爲律惟心是經射之能中惟指是憑交之能
善惟和斯恒
木槵珠　榖之成雛兮孚化之功羽用爲儀兮賦命之隆迪彼愚蒙兮惟聖之
功明厥本性兮實在己躬
好合曲　維勤斯哲安不可懷溺茲小樂至樂難期
章阜　乾照無私聖教無類誤訓洋洋鑒茲不昧
天馬吟　騏驥不羣蹇驢鴻鵠不偕斥鷃鵰鶚不邇狐狸聖哲不昵愚賤

大龍馬吟　疇知幻軀祕此佛性疇不退轉佛恩來證上德墮落疇其知病下
士頓起疇其知兢
始條理　福慧天亶誠哉難覯通人達士豈奚易逅
追風赭馬　葱兮蒨兮山有芳蘭僮兮祈兮首有妙鬘
迴波辭　元首明哉首出股肱良哉罕匹賢夾輔兮王室莫執左道蠹賊
長豫　景行行止下民堪憐宜汎愛衆毋逆忠言
平調　騏驥適我體橐鞬衛我身嘉言賚我道經史沃我心
遊子吟　升彼高阜兮思我故鄉有懷二人兮莫出戶堂陟彼崔嵬兮思我故
鄉有懷二人兮莫出垣牆
平調曲　帝王無逸天地和寧辟公肩敏兆民阜成
高士吟　日之升天爲經民之行君爲程水之流隨坎盈牝之游駒之情
哉生明　非冒於貨賄也感兄弟之敬心非貪於飲食也感父老之誠忱
高哉行　云何致太平睪然望皇衢人生夫何常善保千金軀民之不能忘令
名照神區子孫振繩繩百千萬億餘
三章　敬尊佛敕如滋甘雨莫行邪惡種茲罪苦
圓音　身無常花到秋名無常雷不留財無常蜂釀蜜水無常海發漚
欄杆　賢者斯賢賢不賢不賢賢蜜蜂見花駐蜻蜓去翩翩
思哉行　千金寶馬不如先人之畀遺嘗蘦諸果不如母乳之甘兮
法座引　電可畏兮時屆朱明霜可畏兮五穀將登禍可畏兮歡樂所成罔不
畏兮慍神魂之初降生
接引辭　火宅無清涼苦塗無安樂烏路誰能攜閻浮難駐腳
化導辭　閻浮堤界如彼高山越之維艱盡卻今時大海漫漫欲渡良難
七寶鞍　瞻彼隄岸水則不濫有君牧民當無畔散飛鳥雖疲寧甘墮地君子
固窮之死不二
短歌　嗟余生之歡樂兮似黃離之盈昃感韶光之荏苒兮似青葉上之青色
及芳華之當齒兮且喜樂以永日
夕照　時乎時乎時外無時時其逝矣奚與樂爲黃離既昃定少溫暾天光既
暮曀曀其陰
歸國謠　皇矣聖世謫如仁君懷哉懷哉日遠日兮亦有良朋如兄如弟日遠
日離不能遙跂
僧寶吟　投誠皈命既安且吉如佛塔廟云胡遠別和樂且耽手足提攜如姊
如娣云胡遠離
婆羅門引　酪必成醐父將成祖沙必成邱母將成嫗
三部落　試觀三界漚起漚滅如彼秋雲乍興乍沒
五部落　流水何湯湯吾生如是游雖有聖賢人誰能少滯留
乾隆二十五年西域平定筵宴笳吹樂一章
閶闔煌煌鐘鏞鍔鍔鳴鞭祇肅帝用燕康荷天純嘏祖德凝庥從容底定允升
大猷聖德宏敷光被遐邇如拱北辰諸部歸止慈恩覆幬滄海無量爭先效順
奔走來王憲章斯備勝算克成跳梁羣醜魚貫輸誠天威震疊小腆惕厲大君
惟仁莫不臣隸聖教宏敷額手格心月竁同風越邁古今遠謨是協絕徼安康
撫綏之德徧於遐荒乾元功懋滂洽垓埏巍巍盛德億萬斯年
道光八年重靖回疆筵宴笳吹樂九章
於赫皇威式於九圍回疆耆定飲至勞歸章一 有截回疆純皇所綏畏神服教羣
我藩離章二 蠢茲逆裔逋誅再世燎原自焚法不可貰章三 戎車爰西如雲如霓一
月三捷四城其徯章四 四城既治醜黨既夷轂殲張麗妖鳥安之章五 回莊歲遲有
鶡萃止躡迹窮追鐵蓋孔蹄章六 縶以白組報以紅旗新春送喜皇心載怡章七 昔
賦出車今歌采薇受釐天祖歸善慈闈章八 嘉獻允儀溥哉恩施奉觴稽首萬壽
維祺章九
大宴番部合奏三十一章 乾隆七年定惟大合曲染絲曲公莫雅政辭鳳凰鳴乘驛使六章有辭無辭者有宮譜曰兗冒曰西鱶曲曰政治辭曰千秋辭曰鴻鵠辭曰慶君侯曰慶夫人曰羨江南曰敦度辭曰大番曲曰小番辭曰遊逸辭曰興盛辭曰艷冶曲曰慶聖師曰白鹿辭曰合歡曲曰白駝歌曰流鶯曲曰君侯辭曰夫人辭曰賢士辭曰舞辭曰鐃鼓曲曰調和曲不載
大合曲　元繂是依明神是祇一心至誠昭事勤只巍巍大君永底蒸民中心
愛戴稽首來臣念人生之無常兮合勤修夫善行信百行之咸善兮終和平而
神聽
染絲曲　大君至聖教敷率土救寧萬邦拜跪奉主
公莫　丕顯元后惠懷萬方國彥棐恭協贊邦常率土之濱誠意溥將咸拜稽
首依戴聖皇
雅政辭　皇皇聖明無遠弗燭林林衆庶無思不服元化惠心爲善去惡聖人
之邦長生永樂
鳳凰鳴　承乾體元惟我聖君光開草昧惟我聖君綱紀庶政惟我聖君父母
萬國惟我聖君惟我聖君兮覆幬如天惟我聖君兮自新新民惟我聖君兮中
外乂安惟我聖君兮羣慝消淪拜手稽首兮頌溢兆民
乘驛使　大地茫茫大海滄滄豈伊無寶求之奚方自古在昔爲君爲王膺圖
御宇命不于常實心實政惠此萬邦聖御大寶綮惟我皇綮惟我皇兮疇可與
之頡頏
回部樂曲一章 律呂後編回部樂曲國語用漢對音而旁注宮譜今以漢對音載其辭
思那滿塞勒喀思察罕珠魯塞勒喀思

樂志七

樂章五 鐃歌大樂 鐃歌清樂 凱歌詞

巡幸鐃歌大樂二十八章乾隆七年定

大清朝第一　大清朝景運隆肇興戩染奄有大東鵲銜果神靈首出壹戎衣龍起雲從解一雷動奏膚功舉松山拔杏山如捲秋蓬天開長白雲地蹙凌河凍混車書山河一統聲靈四訖萬國來修貢解二皇宅中垂統瓜瓞唪唪聖繼聖功德兼隆昇平頌怙冒如天恩澤濃解三人壽年豐時雍風動荷天之寵慶宸遊六龍早駕一朵紅雲奉扈宸遊六師從幸萬里歡聲共解四

四時仗第二　御句芒春載陽震位峙東方順時令駕蒼龍驂吉良見垂虹青蘼漸芳行慶施惠恩波浩蕩解一御祝融晷正長南極星輝朗駕朱輅萬騎騰驤贊俊傑遂賢良解二蓐收節露華初降金風乍涼兌列西方載白旗乘戎輅移天仗萬寶告成一人有慶天垂貺解三顓帝司方水泉始涸天際彩虹藏乘元輅駕鐵驪雲衢混瀁萬疊明霞奉太陽四時節物邀歡賞解四皇謨聖德欽無兩舜日光天壤花明綵仗齊雲腹龍旂颺際昌時咸翹企仙輿降際昌時咸翹企仙輿降解五

承天眷第三　承天眷際風雲萬國車書奉一人衣冠快睹唐虞盛九域抒丹悃殊荒重譯盡來庭和氣召嘉禎解一稽古訓溯昌辰元首明哉勵股肱一心敬怠丹書儆宵旰不遑寧日新又日憲湯銘翼翼更欽欽解二端不爲繁華麗錦繡春端不爲玉樹菁蔥太液澄喜今日調和玉燭烽烟靖不敢忘百年有備軍容整那辭得陳師鞠旅擁旌旄皇衷切憂盛更危明解三泰階奕奕璣衡正功業麟兮炳千春清晏歌億載登豐慶喜金支紛旖旎蓬山境喜金支紛旖旎蓬山境解四

貢琛球第四　琛球輸貢外藩歸化隸版圖正朔咸尊奉樂浪郡在海東安南國學嶠鬬鬟叢日本國畏威震悚琉球國奉朝請與內臣同解一萬邦虎拜咸修貢千羽何須用東風入律吹千呂青雲涌海安瀾更上獻河清頌海安瀾更上獻河清頌解二

錦繡乾坤第五　錦繡乾坤佳麗御世立綱陳紀四朝輯瑞徵師濟盼皇畿雲開雉扇移黎民引領鑾輿至安堵村村颺酒旗恬熙御鑪中裊瑞烟霏恬熙御鑪中裊瑞烟霏解一鸞聲時時來雲際九奏韶鈞沸觀光仰赤球扈從盈朱芾奉皇歡晝三接天顏喜奉皇歡晝三接天顏喜解二

中天盛世第六　中天盛世邑安甯瑞麥嘉禾表歲成騶虞白象出郊坰共祝吾皇聖嵩嶽欣傳萬歲聲蔥蘢佳氣滿都城萬里皇圖鞏帝京衣冠文物際時亨海隅甯謐無邊警巷舞衢歌樂太平喜今日金甌一統萬年清徧閭閻操縵歌風絃誦興吏郊原野蠶成繭柘陰輕解一時和歲稔調金鼎鳳扆花相映青疇麥兩岐黃穗禾同穎屬車臨喜萬歲聲遙應屬車臨喜萬歲聲遙應解二

奉宸歡第七　奉宸歡天單厚風光輦路浮遐阡邇陌都是黃雲覆羽蓋春旗漏嫵似繡正田家作苦勸耕時休馳驟金鐙鞭敲豹尾懸車後藏富於民於民藏富

晴開五雲第八　晴開五雲移翠輦臣庶咸歡忭載見兮載見懷遠復懷遠聖人朝縵雲歌復旦解一際中天一氣鴻鈞轉習習和風扇龍津燕影低柳陌鶯聲嚦望龍旌迢遞過晴巘望龍旌迢遞過晴巘解二

瑞雲籠第九　綵仗瑞雲籠度晴巒幾重金鑪高擁香烟浮動杳靄大夫松和鸞到處和鸞到處百靈從玉檢金泥編珠毓貺不數漢家封

駕六龍第十　駕六龍御翠華帝德光天下薄海內總一家四徼外正朔加者聲靈赫濯被四表暨荒遐

扈翠華第十一　扈翠華兮載馳御帝車兮載脂命風伯兮叱雲師洒道兮如絲清颸兮應時

四時念第十二　仲春時司馬教振旅喜韶和綠荑芳草滋平楚執鐃執鐸兼賁鼓盤旋處如組還如舞解一念春日萬彙初榮膴況田家負耒牽牛方作苦解置去絡仍弛罟天心祜應節彌甘澍解二仲夏時司馬教茇舍暢炊台銛廬茂草披平野名州名邑驅征馬行圍罷落日征袍卸解三念夏日赤輪炎似炙況我民體足霑塗泥沒踝櫛風沐雨無晨夜休嚴駕沖獸居臺榭解四仲秋時司馬教治兵喜颯爽金風初勁角弓鳴載旗載旐孑擅旌戢軍營萬寶正秋成解五念秋日氣爽又風清況郊原農事方終稼既成用遵周禮詰戎兵望龍旌壺漿父老迎解六仲冬時司馬教大閱正平郊獸肥草淺寒威冽建旗樹表疏行列多歡悅誰道裘如鐵解七念冬日一陽初動脈況南郊陶匏明水將誠潔草甲方萌芽未茁居金闕萬國來朝謁解八

壯軍容第十三　壯軍容威四方礪戈矛森甲仗剖文犀七屬爛如銀帶鮫函璀璨雜名狀者的是金城保障解一有純鈎巨闕和盤郢魚腸更有湛盧紫電承影含光又豪曹似水素質如霜賽莫邪干將解二官笴最精良象弭魚服竹箭弧桑更紅翎白鏃飲羽危梁控弦徵札有猿臂軍中飛將解三潤銛鋒鷫鷞初瑩鎔堇錫龍雀成雙文似靈龜象佯白虎是靈寶亦曰含章比昆吾切玉百鍊純鋼解四垂氏弦木栗弧斯弸冬幹春膠烏號繁弱明月當堋朗九合既成二弓交韔解五振金鐃鳴金鐲晝角悠揚月明時風靜夜清吹還三唱踴躍軍心壯似鳳鳴又如鶴唳更籌嚮刁斗傳千帳解六表和門旌旆揚象七星建九斿置九章錯翡翠鸞鳳煒煌曳招搖韜素錦黃龍大纛在中央解七鏤衢鞍翠羽鐙金梁珊瑚鞭瑪瑙勒靡麗非常啟譁囂啓朝不尙但推轂求良將雲行雷動正正堂堂解八

日初昇第十四　日初昇雲光曉旌旗㬉龍鱗耀望雲山紫翠千重度耕隴桑麻隱約黎民歡樂道餘糧棲畝又長嘉苗解一不讀書知忠孝作與息耕和鑿玉泉流膏雨千塍晴雲歛炊烟萬竈黎民歡樂道餘糧棲畝又長嘉苗解二景融怡風料峭太和會豐年兆喰其饁士女媚依鎛斯趙曾孫迎勞黎民歡樂道餘糧棲畝又長嘉苗解三食君恩深難報願聖壽如山嶽稼既同跂脚高眠戶不閉官清訟少黎民歡樂道餘糧棲畝又長嘉苗解四翠華臨霓旌導遵平陸登山蟜但只見蔀屋衡茅一个个體溫腹飽不知不識日上眠方覺惟祝君王貞有道躔痌瘝薄賦輕徭敷教澤愛親敬老黎民歡樂道餘糧棲畝又長嘉苗道餘糧棲畝又長嘉苗解五

嘉祥曲第十五　溯嘉祥華平朱草毓中唐龍圖授龜書畀檴澤馬駕騰黃延喜玉從天貺屈軼草階前長解一睹榮光白麟赤雁與芝房游河渚赤文綠字舒蘭葉五色成章仙蓂葉葉滋春圃瑞羽鏘鏘鳴女牀亦有祥麟一角和鳴鳳在高岡解二日重光載冠抱珥出扶桑月重輝星重潤玉繩轉南極熒煌竹葦露甘如醴蒲萐風如秋爽解三舞鸞鳳非烟樓閣繡衣裳寶鼎見騶虞出浮沉瀣泛天漿稽往牒探珊網陳瑞物難名狀解四惟我皇不矜異物與殊祥闢四門明四目求俊乂顯賢良愛稼穡垂旒纊措吾民春臺上解五

練吉日第十六　練吉日兮撰佳辰百僚具兮輿衛陳屏翳弭節兮玉宇無塵煌煌兮斗車奕奕兮天輪解一命太常兮奉牲用昭告兮百神潔粢盛兮肅明禋將展軨兮效駕行下觀兮勤民解二旬師清蹕兮縟草如茵野廬歸路兮香霧承輪封人設柩兮左檝右平掌舍具儀兮爰象太宸玉輦兮鏘鏘屬車兮隱轔解三扇微颸兮清巘扈細靄兮朱輪備天官兮周衛盛輿服兮時巡虎賁兮肅肅徒旅兮甡甡解四前驅兮按部後隊兮如鱗徼萬玉兮警迾詔弭策兮入神解五軼浮景兮騰青霄駟蒼螭兮驂絕塵陵高衍兮嶒崚陟巒皋兮輪囷解六仰皇輿兮肅震嶽獻圖兮川貢珍若湛露之晞朝陽兮儼列宿之拱北辰解七蔭華蓋兮翊勾陳綃紈綷縩兮旗旐逡巡配帝居之元圃兮象太乙之威神解八旖旎兮霓旌八方兮列陳表朱兮離位植皁兮元冥飛縞兮象兌峙青兮直震解九流星旐電屬兮盼坱圠以無垠九旗紛而揚旆兮五輅委蛇以接軫盛天下之壯觀兮將豐鎬之是遵頌高山之荒作兮仰一人之饗親解十

謁珠邱第十七　謁珠邱杳靄松楸展几筵敬仰先猷國家積累惟忠厚篤公劉解一緬音容霜露春秋設綴衣大貝天球愾聞僾見如親覲溯前庥解二奉犧尊旨酒思柔觀羹牆蘋藻初羞萬方玉食尊親久無須效漢代衣冠月出游解三寢園展祀尊堂構文謨武烈光前後蔥蘢佳氣浮縹緲祥雲繡億萬載升恒景福從天祐解四高山天作扶輿秀遼海環其右鍾祥瑞氣蟠翊運靈光茂萬斯年永奠定天同壽萬斯年永奠定天同壽解五

御黼座第十八　御黼座肅朝儀沛宮法駕陳元會雲深處天門詄蕩太極崔嵬解一九賓設彤闈啟扶桑初擁曈曨日傳臚句羣僚濟濟百辟師師盡呼嵩冠帶委蛇解二獻琛球圖王會呼韓稽顙瞻雲日無中外雕題鑿齒烏弋黃支慶躬逢盛世威儀解三中天華闕浮佳氣縹造經營萬載基世德念豳岐天澤陳冠屨看到處祥颸晻靄羽蓋葳蕤看到處祥颸晻靄羽蓋葳蕤解四

長白山第十九　長白山遠峙開原冠高峯峨極于天巉巖兮揷漢千里兮嶙峋解一考山經曾傳不咸稽地志亦號商堅唐名兮太白有潭兮在顛解二闥門潭萬頃迴湍鼓天風激瀯文瀾源深兮流廣三江兮出焉解三鴨綠江流自山南混同江北海之源愛滹兮東注萬折兮千盤解四醫無閭縹緲雲端桃花洞下有飛泉嚴冬兮不冰常燠兮無寒解五木葉山石磴盤桓華表山鶴影蹁躚乳峰兮懸溜井列兮寒泉解六石門谿屹立巖前儼雙屏雲鎣連綿迴合兮諸峯窈窕兮羣巒解七松花江波影澄鮮北流兮並海西旋混同兮合流自古兮長川解八遼河兮泙湃狂瀾遼澤兮泥淖蹣跚布土兮爲橋既成兮孔安解九飛瀑巖瀑布常懸翠雲屏雲影連蜷聖水兮傾盆萬松兮晝寒解十平壤城箕子名藩大寧城漢曰新安演範兮陳疇帶礪兮河山解十一鍾扶輿虎踞龍蟠植靈基天作高山拱衛兮

陪京永奠兮萬年解十二

布爾湖第二十　布爾湖明如鏡庫里山秀列雲屏風來千頃碧雨過數峯青萃扶輿淑氣是天地鍾靈解一有天女兮降生池畔吞朱果兮玉質晶瑩珍符賸合爰生聖解二神靈始生即能言睿知聰明不待學徇齊敦敏至德莫能名解三曰角珠庭稽古帝握褒履已更龍顏載千荷勝岐嶷總天生解四當是時厥有三姓角雌雄亂靡有定蠻觸互相爭解五汲清泉言至河濱見眞人如日如雲稽首共來迎解六睹堯眉衆姓咸驚是非常天不虛生葵藿早輸誠解七念吾曹原非好爭今有主得荷生成從此戢戎兵解八定三姓尊爲貝勒似岐州虞芮質成荒度始經營解九溯從來誕聖厥多瑞徵華胥履迹靑雲繞身樞星照野虹流太淸瑤光貫月元鳥承嚳載稽典籍辭難罄肆皇淸至人首出乾坤篤生自義昊軒農瑞鑠祥經奠輿京解十

建遼陽第二十一　建遼陽爰築崇墉矗金城兮萬雉控列辟兮朝宗遠邇兮歸懷庶邦兮是同解一慑天威爭執鞭弭歆孔邇願受蚌蠔輿朝正朔咸尊奉遂荒大東解二有哈達首鼠兩端數渝盟自外陶鎔天兵一舉咸驚悚似草從風解三有輝發反覆不常外生成夜郎自雄六師迅發如雷動棄甲投弓解四有烏拉包藏禍心逞螳臂欲試車衝戈鋋一指雕弧控似埽蚍蜉解五有葉赫憑陵負嵎似游鱗翔洋釜中狡焉潛結朝鮮衆朝夕羽書通解六有朝鮮僻處海濱與葉赫狼狽交通蛩蛩甘草相承奉結壘似屯蜂解七閔明季陽九方丁如懸磬杼柚其空朝鮮葉赫相慫弄勢蹩不知窮解八四路兵犄角來侵無紀律誰適爲雄一時烏合無拳勇號令馬牛風解九五十萬封豕長蛇肆貪狼非不恟恟止緣逐利非心奉臨事各西東解十恣侵陵師出無名我天朝用詰兵戎堂堂八陣天威聳落葉埽秋風解十一壹戎衣爲救黎元曾不費蒿矢桃弓遂陽建後金湯鞏王業首岐豐解十二

瀋陽城第二十二　瀋陽城王氣所鍾氤氳五彩縹渺如龍信佳哉鬱鬱蔥蔥解一析木津箕尾之東上連天弁右抱神宮濟津梁霄漢垂虹解二近北極象逼穹窿元菟置郡都護安東越金元頻建畿封解三我皇朝氣運方隆此惟輿宅用恢厥功相陰陽宅土之中解四維廣寧屹屹崇墉石梯連磴香水春溶十八盤萬樹靑松解五若旅順臨海居衝番彝麕集估船雲從轉南漕天庾斯充解六取廣寧府齒圻封惟茲旅順亦是率從啟鴻圖駿烈豐功解七左朝鮮右際雲中卜維洛食龜筮斯從叶天人是爲大同解八帶渾河滄海朝宗白山控峙石柱雲封是神臯俗厚民豐解九繞西南遼水漴漴襟環東北黑水混同壯聲靈鎬京辟廱解十擴輿圖北暨烏龍牧羝舊部使犬遺戎震天威罔不祗恭解十一念中原民力困窮殫輸將比屋皆空干戈充斥民無控拯其塗炭出水火中會淸明四海來同解十二

鐵嶺山第二十三　鐵嶺山峯似削燔白石不消鑠遼陽之東鼓橐籥解一繡嶺山萬花谷閒松隖連雲壑海城之南氣磅礴上有三泉甘可酌解二平頂山雲漠漠車會駐盆可浴上有積水冬不涸解三木查嶺如劍鍔峻而坦寬以博查水發源巖際落解四降龍山神所託勢蜒蜿如拏攫風雨欲來光景鑠解五水泉山滋乳酪淸且美用烹瀹萬斛珍珠瀉瀼溜解六南雙山巨靈拓左陽峯右陰壑靑天秀削芙蓉萼解七是諸山互聯絡忽低昂而岩嶤羊腸宛轉緣蜂閣鳥道窮兮攀略礿解八粢蔥蔓儼巉巒嶔嶺峒邑嵾廓蔽虧日月愁猱玃可喜可驚兼可愕解九地呈符天開鑰孕靈秀阜飛攫巨木如林纖草弱茂對乘時萬物育茂對乘時萬物育解十

孕嘉產第二十四　孕嘉產厥族滋蕃悉數之更僕爲煩山經爾雅空排纂略疏梗概用告司原解一有於菟蒼質元斑吼腥風林葉摧殘霧中元豹尤虓悍異名同族艾葉金錢解二熊似豕穴處空山善搏人春出冬蟠羆文黃白仍修幹力能拔木不畏戈鋋解三有野馬形質輕猨走深山不服羈韁日行五百如奔電野贏似馬亦產遐邊解四扶輿鹿性喜林泉麀麌無贍力心常戰惟麠惟麃類族殷繁解五狼白頰前高後寬或蒼或黑皆驃健豺尤猛厲祭獸秋原解六一峯駝肉自爲鞍頸修蹏曲眈獨豢力能任重府濟軍饘解七狐性疑貍愛安眠毛深溫厚爲裘暖貉能求食富則資糴解八兎婆娑亦稱比肩鼢鼯五技徒蒙詘鼠名艾虎亦屬戔戔解九貂似鼠其質龐然食松苗以粟爲饘紫毫豐毳服之孔安解十馬牛羊閭巷喧闐白頭豕用給盤餐居民比屋充常膳不須臚列以免辭煩解十一是熙朝茂育功宣致物產滋盛春田四靈爲畜麟游甸殊祥上瑞多載靑編解十二

毓靈禽第二十五　毓靈禽五色名翬虞人歲捕供時祀沙雞無趾出靑林亦貢丹墀解一有舒鳧洵腴且肥家鵝舒雁仍甘美靑鶴次之信天緣鶘鵜之類解二鳴九臯元裳羽衣鶴鳴于垤丹其喙禿鶖長頸在水之湄鶄霜翎用飾忘歸解三鶂在梁載詠風詩淘河吸盡踏涔水斑鳩性拙縮脖高飛並翺翔適性忘機解四燕于飛下上差池善營巢秋去春歸曙色纔分最好是數聲乾鵲檐頭報喜解五啄木兒利口如錐蠹蟲穴樹藏身固緣木而求必得之在衆禽中號爲多智解六黑龍江爰有深池雁來初湛淡羽儀鶬雞麋鴰羣游戲汎淸波卵息繁孳解七到春來田鼠爲鴽考之爾雅黃鸝是倉庚鳴矣夏日遲遲柳陰中好音流利解八遼河鷹松兒朶兒海東靑性尤猛鷙天鵝硃魄狡兎何施虎斑鴨差可肩隨解九萃羽族深林茂枝飮與啄惟性所宜太和洋溢民物恬熙奏銜韶鸞鳳來儀解十

蕃珍樹第二十六　便蕃珍樹籠溪覆隖爰有蕭艾香蒲春雨後叢生幽渚紅杏緋桃紅杏緋桃兎絲葶藶連岡被楚藥籠儲馬藺知時節紅藍茜不如解一松釵雙股是爾雅篇中所著惟有神京秀鍾扶輿歲寒姿其鍼獨五八千歲爲春八千歲爲秋大椿齡綿綿萬古被光華含雲隱霧瑤光降斗樞三椏五葉滋靈草地產奇珍溲秘符地產奇珍溲秘符解二

建皇極第二十七　建皇極司徒度廣輪壯皇居太史陳圭臬端徑遂三塗達九逵相陰陽百堵依繩尺解一南德盛當陽離嚮明東撫近出震靑陽闢西懷遠金行靖甲兵北福盛象緯通天闕解二前天佑高明法健行後地載博厚符坤德左內治訏謨綏廟廷右外攘聲教敷重譯解三表雙闕艱難念武功致太平垂拱思文德崇政殿穹窿憲紫垣鳳凰樓樸素無雕飾解四詄蕩蕩天門闢九重扇巍巍雲際開金闕盛輿服衣冠拜冕旒肅威儀羽衛陳刀戟解五夜漏盡猶傳衛士餐曉鐘鳴遽進雞人幘規久大朝廷多直言謀萬全殿陛無遺策解六援禮經郊壇建國南考彝章展敬陳蒼璧禋閟宮春秋釐孝思重宗盟宗正司宗祏解七得天心謳歌獄訟歸孚人意鎬洛聲靈赫定中原鴻圖萬載基作陪京巡幸朝羣辟解八

鑠皇淸第二十八　鑠皇淸景命隆咸天平地永宅中聖繼聖纘豐功制作定世符御天乘六龍解一樂昭德禮備容覃敷聲教八方通道德一風俗同皇威馳海徼仙仗過崆峒解二詠芹藻歌辟廱崇德絀惡發羣曚蛾有術瞽有宗詩考而作人棫樸其芃芃解三嗟保介咨臣工犂雲耕雨勞厥功繪無逸圖豳風率育配彼天倉箱裕我農解四種浴川桑戾風禕衣東嚮明婦功肅壇壝比先農父老歡德化耕桑帝所崇解五整屏翰屹金墉得人則治簡帝衷甘棠芾棻苗芃廢墜罔不修萬里咸提封解六闢三宅達四聰旁招俊乂秉至公霧豹蔚雲龍從曰畢爾所知名字書屏風解七省耕斂寬租庸神倉百萬備荒凶胥保惠振貧窮暑雨與祁寒咸化爲春風解八畎澮濬航涂通誕疏地脈浞與洪水攸利年自逢浩浩乎恩波匪今頌屢豐解九什一稅維正供求民之莫飭司農免溝壑樂食饗損上以益下皇王儉德共解十海湯湯水朝宗日東月西出其中旦復旦無終窮涵乾而納坤何所不包容解十一幹璇璣走靁霆嘉生繁植蕭艾空沛然雨薰兮風至誠契天心無爲而允恭解十二稽典禮命秩宗釋回增美惇且庸筠其竹心其松本天以殺地夙夜褰夔龍解十三由心生與政通作樂崇德應八風舞蹈蹈鼓逢逢勸之以九歌還相爲其宮解十四師出律萃除戎包戈衅甲百年中戒不虞愼厥終有嚴講武事大閱張軍容解十五鶚食葚泮林中小人革面順以從嘉肺開囹圄空訟庭有靑草獄吏服儒風解十六蘭有秀桂有叢白駒空谷豈時雍無遺賢胥在公天工人其代六合臻郅隆解十七屛藩寄磐石宗本支百世五等崇式分玉瑞翦桐天潢流且長詎曰陝西東解十八繩祖武紹宗功於皇繼序克履中震主器乾飛龍聖聖亹相承凝旒仰篤恭解十九祥繞電瑞流虹於萬斯年聖緒洪麟振姒乙造娀文予復文孫千億紀無窮解二十休滋至昭有融樂胥受祜龐且鴻醴泉溢膏露濃升階協貞吉萬物泰而通解二十一時巡狩朝會同淑旂綏章鞗革沖珪贄集鞮譯從聲靈振夷夏四海仰皇躬解二十二懍帝謂敷帝衷萬年遐福章來同周隋嶽漢呼嵩鑠圖天不老治化日方中解二十三樂九成歌三終一游一豫盛德同臣矢音賡奏公時邁戛籥聲金石閒笙鏞解二十四

乾隆二十五年平定西域郊勞得勝樂鐃歌十六章

帝郊天第一　帝郊天天符帝天心所在帝默契暘雨若風霆明呼吸感應通以誠龔天罰誅譎詭聖人之兵不得已武功成王道昌順我者存逆者亡皇威所訖周遐荒億千萬載德莫量錫慶長功符兩大垂榮光

爍月窟第二　爍月窟震日濡幫準夷開屯田式擴自伊犂地大物府若大宛及婆夷勃律咸慕思弗諼曰中國有聖人願隸塞垣遂極亥章之步罔買之鄉莫不奉正朔備我外藩皇帝愷樂錫福垓埏俾各康爾性壽爾年

振王鈇第三　振王鈇天西極蠢爾回久拘縶繭之蠶褌之蝨出爾水火登衽席俾歐爾田宅爾邑亭毒煦嫗沐我化澤鷹胡飽颺獮反嚙搆逆煽亂其曷可弗殛振王鈇威棱赫

攻庫車第四　庫車言言我兵旣攻有狡而伺其來如風雨殲醜徒蜂矢蝟鏃拏厥回孽賊頸腹縮鄂根之河鯨鯢橫波賊懵就斃圈牢自蹢惟彼僨轅毋戒伏莽鳥啼於幕魚漏於網

厥角稽第五　厥角稽乃自易將速進師所向讋伏弗梧弗枝務面膜拜泐泗

漣洏日惟我戎首突豨張鴟哀我憚人肌瘡痍虻蜉之撼寗不自知斯不缺鏃不遺遂直抵乎大荒之西

黑水戰第六　黑水之戰騎危脊懸軍深入爲所搤蜂屯蟻附衆矢石我馬雖僵人無敵立成壁壘舊戈戟賊來薄攻相距尺瞋目一呼盡辟易鉛丸著樹助我擊靈泉火米資炊汲重圍三月莫敢迫古來誰與比奇績萬賊之中兵四百

援兵來第七　援兵來來自天蹻蹻景迅掣烟援兵來賊回顧舊蝗當張蛙怒援兵來堅轉戰人裹血馬流汗援兵來前軍回摧虎穴蹴蟻堆援兵來若神助數月前奉詔赴

阿克蘇第八　阿克蘇何高旅軍暫以休蓄銳淬戈鋈選堅製兜鍪名駒千隊來霜蹏籥雲浮以布易彼粟籮筐爲乾餱士飽馬亦騰氣已無諸酋

鹿斯奔第九　鹿斯奔威所鑠兵載入批亢卻扼吭弗噬犄角斯搏躲避並竄距蛩偕踐攜載輜重棄老弱走險假息神錯愕火燎毛風轉籜

回城降第十　回城降式歌舞王師入各安堵約法數章爾摩爾撫賦視賓布泉式圜府噢咻爾民久蟄苦叢爾睚釋爾刀斧昔穴巢今吸宇煌煌御碣照萬古鴻荒以來此地榛狉睢盱豈曾隸中土

伊西洱第十一　伊西洱兩馬不得驅賊殲不盡此負嵎自言一夫當關萬夫莫踰偏師薄之忽驚潰倒戈降百千輩賊酋顧之心膽碎獨跳而走惟其喙伊西洱功不刊誰與侔格登山

和門開第十二　和門開軍容壯大荒西喁內向傳檄索伏隍諸羌聞之弗敢臧地犴盡天網張驚紘既隕觸番復以戕遣使詣獻屍已僵和門開旌旆揚滿營笳鼓歡聲長

天斷成第十三　黃河千年而一清聖人千年而一生曠古之事衆所驚惟天有斷斷乃成握神符貫元精二萬餘里雷霆行密勿指授六合淸以寧天斷成巍巍之功莫能名

皇式第十四　皇式有告覲於列祖兢兢業業誕受天緒綏此武功式廓是新守成創業兼於一人鑒彼下國立爾蒸民凡有血氣者莫不尊親大孝承命錫嘏以純慈宮爲慶大地忻忻

辟廱第十五　辟廱水流湯湯爛然五色昭文章豐碑告功峙宮牆鐘鏞鼖鼓同鏗鍠皎如日月中天光鴻庸鉅製相得彰包舉要義重闡揚崇論開惑示萬方羣蒙洞豁祛疑障願壽琢玉揭講堂觀摩維誦垂無疆

帝圖鞏第十六　帝圖鞏以大率土之族延頸面內登三咸五昌期會羣臣請上尊號皇帝讓弗許益持盈而保泰欽承天命夙夜匪懈方論功行賞恤士卒問民疾苦無出明年租稅天之所覆恩皆沛於胥樂兮千萬歲

乾隆四十一年平定金川郊勞鐃歌十六章

皇威鬯第一　聖略宣皇威鬯風行電激物震盪物震盪聲靈馳靡堅不破高不摧蕞西域版圖廓二萬餘里我疆索兩金川敢抗干自作不靖適自殘五載底績除兇頑春風吹鐃入桃關奏凱還虎臣羆士皆騰歡

慎行師第二　索諾木僧格桑貔生羆狙附狼始蠻觸相尋奚事斧斤越數歲益竄食鄰境遂各罹其殃剗閩維州之謠禍心包藏浸假約束是借恩德是忘勢在不得已整我戎行師出以愼動罔弗臧用乃聲厥罪懲厥狂

犄角攻第三　赫斯怒兩軍指巴朗拉從風靡取達圍克資哩西路角之南路犄約咱既得卡了枚革布什咱復其疆里險如達烏安足恃鉦擊柝應俾狂魄震褫夾擊威洊雷駛

躪拉平第四　小金之屏曰僧格宗猱攀不度堅碉如叢我軍先登摧枯振籜深入其阻直抵美諾布朗底木追圍窮林厥子喙走厥父就擒汗牛板昭傳檄帖服躪拉悉平軍聲赫濯

討促浸第五　促浸酋爲逋逃藪罪惡尤鞠旅移指討厥比周徑阻雪積我軍遲留彼潛伺徼飢逞其狡謀降番應之紛相投屹然南路整衆還轉新壁壘厲鋋矛遂進次乎田隴之陬

迅霆復第六　簡我禁旅勇且健七千其衆一敵萬統以將軍旗鼓建定西印授西路進南路是副聲並震獎率蠶材馳敢戰搴旗摩壘士氣奮履險如夷兵不頓有若熊虎懾飈驅躪拉全境薙株蔓曾不旬日收復徧號號如霆一何迅

八旗勇第七　八旗兵來如風西路入谷噶通南之隘克馬尼拉窠卡大如礪醜三路心力齊一阻險功在西喇穆山日則口據默格斷其後八旗兵勇可賈綠營衆悉鼓舞

窮猿僵第八　我軍馳先聲醜徒志以離竄渠伏冥誅械獻貳負尸七圖及蒙固縛之連纍系孥側累來檻致於京師咄哉窮猿僵禍速焚林貽

扼宜喜第九　北路險曰宜喜則死守限尺咫緘布移兵循塗西指綽斯請留願効驅使出奇制勝賊披靡冒雨揚兵兵爲洗扼山梁築我壘

越重壕第十　乘勝攻賊拒遏堅碉矗重壕掘康薩爾山徑險且峷鹿角如麻憑阻轇轕我軍薄之若排闥曷深曷巍一躍而越踞厥巔蹂厥穴木思工噶取如掇臨高壓之下視巉巖蒙茸氣吞力隨拔

河之西第十一　河之西棫棘不可窮元戎決勝合力攻俾賊巔不得顧趾不得容日旁以右羅寨柵棄而逃贏豕躪火其崖垠照爚赫五十里間地爲赤賊潛喘餘燼灰飛將軍從天來

後路淸第十二　夾河陣軍相望風雲通氣益壯噶爾丹既攻建瓴注之扼彼衝淸後路勝算雄狙伏爲患惟遜克爾宗梯牆斫穴如抉叢後路淸賊勢窮世臣繼勇勳名崇

一窟摧第十三　昆色爾高騎脊危拉枯下瞰烈焰飛葘則大海鞭一麾奇謀百出克勒闊八月中夜半時月光鏡膽寒妖魑狡有三窟一窟固已摧膺盾馳木蘭八日來紅旗

釜底魂第十四　西里既剗卡角斯折彼頑不靈螳斧當轍索隆科布屢摧其堅安布魯木迅埽其孱舍齊舂擣雍中朝寨盡撤藩以入巢幕岌焉賊境日蹙百幾一存釜底羣聚游魂曷延

穴蟻埽第十五　賊負固噶喇依困獸猶鬭四面闔批其腹心外不支甲雜獨松潰河西馬邦拾芥彼自隨陸置水詈會我師環以巨礮焦灼期計窮乞命俘渠魁罪人斯得逮旄倪穴蟻迅埽無留遺定以百戰誠若斯

武功成第十六　武功蕆珠邱告禮成駐蹕露布適報策勳懋賞下明詔遂奉慈輦東狩還舉郊勞儀獻擘俘於社廟崇善歸美尊上徽號親製紀功碣勒太學第功臣次燕紫光圖其貌屯師設鎮治聲教億千萬禩安窂徼

巡幸鐃歌淸樂二十七章乾隆七年定

九龍旂第一　九龍旂旌旗列宿懸龍角天田見箕翼常舒展龍尾更連蠍牽牛近代房心建東壁耀星躔解一　婉孌奎文麗日天階見參旗曳九旒玉井珠駢柳七星曲曲如鈎卷和門啟萬幕褰解二

鬯皇威第二　鬯皇威好山如障翠屏圍凝樹色烟成縷鎖嵐光雲漸低回岐嶺絳纚徐按度崇岡玉勒輕提龜背鐙滲金盔月明風曳素綃旗解一　靖邊陲爲思將帥鼓征鼙嫻八陣齊九伐用三驅式九圍撼山岳風雲動色固封疆鸛鶴爭奇驪驔褭跨纖驪日輪高擁杏黃旗解二　奠鴻基百年不用是王師在囿囿麟和鳳貢琛球航與梯因農隙講求獮狩際時和訓練熊羆獅蠻帶錦欄圍晴雲不動絳紅旗解三　太平時狼烟不設羽書稀四郊外無烽壘四民中多壽耇枌榆社我田我稼羽林郎如虎如貔短後衣曼胡垂遠山一抹蔚藍旗解四　綠陰中凱奏歌聲美蘆管淸笳沸四海樂昌期萬國圖王會馬如龍迤邐車如水馬如龍迤邐車如水解五

整貔貅第三　整貔貅順天因地依山建壘制勝爭奇鄭鶴越雁鸛鶴兼魚麗箕翼張舒常山形勢用神機太乙陰符秘先天遁甲奇牝牡方圓縱橫斜銳變化從心起左鋸戈右雄戟朱燏丹羽去忘歸朝陽舒畫旗柳葉貼靑驪車書萬里同文軌

河淸海晏第四　河淸海晏花村犬不喧講武訓戎旂幕府多雄健韜鈐有祕傳虎旅列戈鋋村吹靄暮烟鉦鼓競喧闐郊原自晏然轟雷掣電端的是有征無戰有征無戰

輦路平第五　輦路平錦隊開寶纛懸日麗風和瑞氣鮮前旌載鳴鳶春旗曳柳烟遙聽處喚晴鳩嘷杜鵑寶劔弓繽紛在後先氣雄邊花飄柳葉韉鞭敲錦連錢鉦鼓聲隊隊悠揚出遠天農夫自力田村童自笑喧望前驅早度夕陽川望前驅早度夕陽川

景淸明第六　景淸明萬彙蘇雲物煥皇圖集禎符羽儀絡繹在春田駐

聖武光昭第七　聖武兮光昭玉燭兮時調秋獮冬狩建旌旄曳虹旓四方永定樂淸朝堋弧久已櫜龍泉久已韜句陳翊衛天樞耀兩階干羽格有苗埽盡欃槍舞舜韶中天泰交文教敷文教

皇風泰第八　皇風泰景物妍元虬奕奕辰旒建靡畫旂行鑪靄細烟落花香印馬蹄闐

慶雲呈第九　慶雲呈霞光絢晴鳥囀芳甸柳芊綿風來絮顚柔絲冒盛世多淸晏頌堯年祝堯年

象天行第十　象天行玉輦金根扈宸游萬騎雲屯角弓笳鼓聲相競美車攻之子于征簡車徒有聞無聲解一　際昇平淸眀芳塍慶三農百室盈寗羽旗芝蓋參差映念民依還廑皇情樂淸時盡戴皇仁解二

虹流華渚第十一　虹流華渚星輝電繞樞慶長庚燦爛祥雲氾濩肇皇圖永固非烟非霧非烟非霧東海扶桑日裏金烏蕭索輪囷樓臺殿宇天酒凝甘露

烟雲杳靄中廣樂鈞天盡向風前度時淸每賜酺民樂還獨賦喜隨天仗蹌蹌濟濟幾多鵷鷺

皇都無外第十二　皇都無外更日月光輝一統車書祥麟在藪鳳來儀貢筐篚玳瑁文犀聞說靑雲干呂島嶼平夷是中土聖主當陽喜輦下還將八景題解一　盧溝月曉更西山雪霽瑞色熹微金臺夕照曳斜暉太液池萬頃玻璃還有居庸疊翠峨嶺崔巍崔巍玉泉虹瓊島春雲薊門外空濛烟雨飛解二

夏諺歌第十三　夏諺歌聲徧九垓又見山重複水縈迴相風高指靜塵埃者的是萬國春臺歌元首明哉歌股肱良哉懋哉庶事康哉喜鑾輿到來喜鑾輿到來靡魚須桑罨靄度高原龍旂沛沛邕宸襟周覽徘徊邕宸襟周覽徘徊識民心愛戴民俗和諧華封人祝三多紅日近堯階從今後祝皇圖千秋萬載

芳塍曲第十四　看取芳塍錦句長楸古道細柳淸泉風來霹靂拓弓弦日華組甲飛睛練吟猿落雁垂楊已穿紅陽紫燕蟻封又旋軍容煜爚如雷電解一　畋獵無非習戰車攻四牡王制三田五豝曾詠召南篇七騶用戒司徒演獸肥草淺龍旂有虔批頭挹額虎賁載旋駕言行狩遵先典解二

渥洼曲第十五　渥洼中珠霧氤氳天產龍媒苑蓄祥麟命臧圉辨其物色時其芻秣萬騎駪駪疃夾鏡竹批耳峻權協月風入蹴輕綠蛇衛轂紫燕駢衡騁長途人馬相得如聖主之得賢臣

美留都第十六　美留都崇儉法陶唐大政當陽十署雁分行諮諏政事肅官常飾檻楹無煩刻鏤列棼橑無取焜煌珊瑚琳碧何似茅茨土牆符帝車太乙連中央紀元建號承天貺啟皇圖居尊馭極從民望靈臺雲物紀嘉祥五緯麗文昌覃四國迄八荒瞻雲就日咸歸嚮詠德歌風壽且康解一　金墉屹立平原曠佳氣皇居壯天文屬尾箕地脈開蓬閬鬱蔥蔥與柱軸同輪廣鬱蔥蔥與柱軸同輪廣解二

溯興京第十七　溯興京實帝鄉艱難開創奠中原覆萬方太平休養水源木本繼序不忘我受命溥將率由舊章勤祀典不愆不忘無怠無荒維新舊邦輯瑞玉載弁奉璋來享來王一輪紅日擁扶桑廣樂記鏗鏘歌燕鎬莅明堂雲移北斗成天象酒近南山作壽觴覃四國迄八荒瞻雲就日咸歸嚮詠德歌風壽且康解一　周岐漢沛甯相讓覲天顏和日齊胥瞻仰覲天顏和日齊胥瞻仰解二

格皇天第十八　格皇天民順心聲靈赫濯雲霓望明丁百六餘分閏位穢濁天常肅天威一掃欃槍定兩翼列旌旗分八行黃白紅藍如砌錦東西相次自北而南如山嶽各爲一行握奇經天元地黃四奇四正包羅造化洞陰陽風雲離合無恆象縱橫八卦變化無方握神機位在中央法河鼓先登上將左九星如珠斯貫右九星屈曲如匡中權玉斗安牙帳礪戈矛器甲精良勳臣功績在旂常燮伐藉隲揚廟算長軍容壯指揮大定牛辭阜棧歸桃野馬脫金羈臥華陽解一　師貞協吉天成象聖武兵須講威加四海淸恩逮千夫長看中林罝肅肅干城將看中林罝肅肅干城將解二

大淩河第十九　大淩河爽塏高明被春皐細草敷榮擢纖柯苜蓿秋來盛解一　溜春泉淙淙玉聲匯廣澤水淨沙明注遼河一派澄如鏡解二　曠平夷颯爽風淸際恢台暑退涼生謝炎囂飛蚊知避境解三　宜畜牧牡馬在坰甘水草虻蚋不驚歲蕃孳芻秣無違性解四　還龍媒躍宋何精翻紫燕驚驤長鳴或乘流泝淺過沙汀解五　志俶儻產自幽并控奚官首絡黃金或輕猿萬里志長征解六　或踶齕憑驕怒生或偃臥豐草長林或就浴瀲灩玻璃淨解七　或繫樹身閑體輕或俯齕沙肥草馨或驚馳似畏珊鞭影解八　或舉足遲迴未行或競步浮雲共征或驂驔躑躅靑莎徑解九　或權奇高顙露睛或深穩步遠視明或攜駒汗血天池孕解十　喜昌時澤馬效靈十二閑並觽房精駕鼓車遠方還納賚解十一　萬年基海宇淸甯阜飛黃鸞輅和鳴簡巡游不貴騊駼駿解十二

狩于原第二十　狩于原素節商秋日華宣月金波山川如繡曳明月靡魚須用三驅載馳載驟解一　騣裹驂如舞逵衢去若流亭葷羽葆遵靈囿月滿烏號勁沙融露草柔解二　師執提工執鼓夏苗迄春蒐轂騶頹贅猛愁太白其左天狼右夙駕于原殲禽殪獸解三　言觀其旂參偃風斿言觀其馬乘騶玉蚪撥戟矛畚紲韝獸驚人怒聲啾啾獵圍日落風悠悠解四　兩獸風禽貫脇搭喉目電閃腥雲浮濡繻一映吹斂首序屬三秋嚴凝氣摯木葉山寒翠幄稠解五　孰矢箙之於維縶弱弓孰麋噉之於維屈盧矛以作六師繁豈從禽謀亶帝德煥神猷泰階奕奕綜乾紐解六　紅雲隨過翠紫氣傍行輈山似黛水如油淸切鳴笳馬上謳伊州涼州華鯨撞處靈夔吼解七　習五戎命七騶司徒搢扑施車擧揚淸蹕著岑牟獸臣拜賀同于狩一歲三田昭典禮豳歌狐貉爲公裘解八　雲峯繞宸幄稠壹發五豝奉時辰牡儦儦俟俟如山阜面傷禽不獻蹏撩迹斯求貴人賤勇垂王猷解九　馳深鼓利櫼趨險鶩飛輶塞蠮螉城塋篌既長既溥肇公劉雲赫萬國鞏千秋解十　芭枅兌矣析木之陬於穆原廟皇矣珠邱時祭涓孝饗對揚錫宏休薦芳還講武玉輅統貔貅解十一　鴨綠之江綠波流長白之山白雲浮于京斯宅東序陳天球法駕莅陪都鹵畣颺道游湯網開三面騶虞化可侔解十二　丸丸百尺松鬱鬱千章楸蛟龍奚遁藏豺兕供獮膢天閑上駉來庭麃來庭麃造父執靶王良挾輈睥睨周朝八駿游解十三　溫都魯幘溝婁量衡皇度式膏澤帝功流永千禩光六幽星分箕尾揭嵩尤靈威震疊兎罝肅肅皆公侯解十四　午酉吉日諏金德常剛大火流皇之士盡好仇皇之佐升大猷鳳儀廷兮麟在藪獻之天子萬邦其揉解十五

日上扶桑第二十一　日上扶桑皇風邕日上扶桑皇風邕湛露瀼金莖仙掌聖天子正當陽不顯不丕承六合中恩膏廣舟車至盡來王覲一統太平眞有象解一　叶車攻詠時昌一朶紅雲六龍降簇千官鸞序萬隊鸞行爭戛擊鉦鐲丁東紛纛喬旌旗搖漾鴻龐兆姓天顏仰齊道是春臺上齊道是春臺上解二　翳華芝排仙仗擁貔貅萬騎騰驤輝煌從龍應列象紛纚歷環衛句陳隔御光紛纚歷環衛句陳隔御光皇威朗夏諺祝吾王游豫周官紀天子巡方解三　王路砥騄康莊除道淸塵坦而蕩似觀河刻玉比蹤陶唐敷教化帝德鄉傳奉琛賫臣心葵藿鴻龐兆姓天顏仰齊道是春臺上解四　調玉燭乾坤淸朗幸遭逢時巡狩恩施浩蕩波翻翠瀲灔鍛鋃塘壓黃雲葳蕤搖繡壤同歡慶豐年綏萬邦解五　屬車相望選勝徜徉靈風薦爽引鸞旂引鸞旂轉龍旂飄揚擁耆民歡心合掌天庥和暢稽首頌九如章鞠臘皆萬年觴解六　乍洽宸襟延睿賞喜遙臨玉輅翠幌喜遙臨玉輅翠幌康衢畔擊壤交賡唱聖壽無疆億舜日矢櫜弓韔萬壽年鳳舞麟翔道敷天道宜時令典煌煌風行地筮省方永懷柔時邁其邦省耕斂萬井蒙休養省耕斂萬井蒙休養猗歟慶熙朝奉聖皇解七　表裏山河鴻圖廣洵莫敢不來享倐革和鸞旌旂央央化日高懸正舒長天可參地可兩天可參地可兩解八　合祖輕漢武橫汾上示從禽戀舍往旃以爲轅闌以爲防飭司徒厲飾軍實壯不以火田不獻面傷駕龍文騁空曠解九　列斯青廬還開玉帳秩山川同衡量霑錫賚成專暢旌霓旂虹奉皇歡休徵疊覲奉皇歡休徵疊覲解十　縈瑞氣天和釀到處是上林春滿望花傍輦若含嚬傾珠囊洗塵鞅奏韶英典太常霏霧雨罨靄鑪香眞偏世界恩流德洋看雕題漆齒咸稽顙懸知紹聖緒邁前王解十一　昇平宇宙年豐穰勤補助天工人亮遙聽嵩呼萬歲長解十二

九五飛龍第二十二　九五飛龍慶時乘九五飛龍久萬里錦江山歸大一統今皇紹聖緒克纘豐功望如雲就如日垂裳端拱寅亮天工寅亮天工盡梯航齊來朝貢解一　萬象闢鴻濛超軼姬風殷頌修文偃武履帝位明目達聰皐唐跨宋億萬年大寶金甌鞏糺縵縵沆瀣微甘晶晶旭日昭融解二　問五載禮成巡狩叶車攻練時日鹵簿盛威儀盛威儀未央曉度疏鐘徐張雉扇緩啟銅龍紛雜沓千官前導鸞旂發師師濟濟萬靈呵擁奉皇歡五雲車動從于邁恩澤紀龐鴻從于邁恩澤紀龐鴻解三　時雍萬福來同侍臣珥筆從容晌禹甸幾多甘雨和風天顏有喜煥宸章揮灑騰麟鳳若雲漢倬彼昭回墨寶千秋珍重解四　或有時甘露珠垂或有時甘露珠垂或有時醴泉玉湧或有時澤出金車或有時山開山開得者銀甕惟至聖足有臨兮足有容誠不顯而篤恭上雲峯鸞輅輕移上雲峯鸞輅輕移淩日觀倏鐮解五　香罏傍日溫鳳車瑞雲湧看野陌黍禾如梁積祝無疆躋堂豳人頌敷德化風沕穆喜到處時和也更年豐編氓徧霑膏雨聽歡呼自南自北自西自東解六　規制度衡量同式震疊琛球貢率遐邇北暨恒山率遐邇北暨恒山西至流沙南被交趾典咸修裳華胥叶聲靈神悚信長此獻嘉符振麟儀鳳解七　百職猗歟式序百祿畢其式總於繹哉永綏民於皇哉允執中時巡幸虎賁扈從從律奏譜八風從不冒率俾提封編氓徧霑膏雨樂饗飧自春自夏自秋冬解八　重熙累洽如天永蕩蕩巍巍郅隆翠輦行來紫氣擁解九

聖德巍巍第二十三　聖德巍巍治九天大啟文明會景福綿熙和民物更鮮姸麗紫垣策星夜動鸞旆發郊原解一　河淸海晏王道平平思文誠武烈丕承丕顯緜造巍然監于成憲其永無愆解二　萬方賓服仁風扇義問昭宣雕題鑿齒重譯來朝獻東風便黃支烏弋識時先更白狼元菟金馬朱鳶盡入版輿遠解三　聲教無邊亘九垓控八埏陟堯封過禹甸撫股土歷周原漸被暨訖仰淸光北斗高懸解四　崆峒山色翠如烟訪道人非遠姑射有神仙風吸露綽約嬋娟乘雲氣御靑天有虞氏親巡徧解五　薰風拂五絃蓄恬樂利到處桑麻犬吠啼鼓腹風光堪羨吉蠲探風問俗非法駕淸蹕稅桑田解六　游河五老瑞躍蹁極光連袖裏圖書一卷齊向丹陵獻八駿踏雲烟飛雷掣電黃竹詩篇瑤池淸讌解七　稽古想前賢端垂玉冕鳳車香裏曉發衡開宿霧天霓旌卷蘭生殿往氣滿平川解八　岱嶽齊天七十二君曾駐輦泰山梁父云亭肅然崇封禪金泥印綠文玉檢留丹篆解九　羽林周衛錦袍鮮萬騎驂驔隱見黃雲馬是白日松巔喬貝葉三

花石芝五色搖漾拂寒烟解十虹旂綵仗五雲連柳映旂門在鎬承周燕鳴鸞幸代旂斿橫汾中流簫鼓振樓船解十一乘乾位在德之元八卦陳九疇衍皇極居中建聖帝明王一游一豫芳躅古今傳解十二昇平無事歲三田臨之王制考之風雅冬狩秋獮先期戒事虞人掌焉後道斿前皮軒璧貫珠聯解十三訓典昭然時巡是五年雲沙輦路芊芊德音騰赤縣驪龍作馬日月爲旂霜原玉作田盤營風輕鐃歌一闋霓詠大羅仙解十四

蹀躞游龍第二十四　蹀躞游龍亭童羽葆莅止青野翠郊看蕩漾朱旗金瑤五色瑞雲飄選吉日正麗景含韶好青春是朝廷有道好青春是朝廷有道颺輪霓燭映星旄治宸襟詩歌蓼蕭雲標寶翰擒天藻皇衢慶靄籠霄解一恩威闓澤敷八表百昌萬類咸荷鈞陶西被東漸聲靈遠耀用觀民而設教元良頌凡有血氣者罔不孚尊親戴甘露降榮光繞五雲中盡瞻天認赭袍解二長路波迴兮峯繞航海梯山觚包茅烏弋黃支絕域齊來到荷天恩涵大造婆娑起舞歡欣醉飽舌人重譯感天恬冒一游一豫民歡樂招音作徵與角君臣賡歌仰熙朝解三騎竹童扶鳩老萬年清晏帀恩膏回輦深恩承細草解四

慶皇圖第二十五　慶皇圖肇域燕都重熙累洽聖化覃敷玉燭調金甌固巡方兮繼迹有虞解一聖人之生首出庶物握乾符膺寶籙載歌天保何福不除升恒兮日月居諸解二宏九有入三無惠烝民膏澤涵濡遷善不知衢歌巷舞嘉祥兮磅礴扶輿解三惟天之瑞慶雲甘露日有重光星有連珠惟地之瑞澤馬山車醴泉兮噴若醍醐解四惟草與芝或紫或朱惟鳳與麟或七或五金船銀甕游於王所嵩高兮萬歲長呼解五於皇樂胥撫茲疆宇思武之烈思文之謨念彼車攻載於石鼓吉日兮中用三驅解六禮官整儀羽騎星敷有斿有旐有旜有旟爲龜爲蛇爲熊爲虎振振兮匪疾匪徐解七習習祁祁和風甘雨稷翼翼黍與與屢惟豐年食我農夫農夫兮瞻望乘輿解八翠華斯舉香惹御鑪白雲出封青雲干呂欃槍爲闔明月爲堵塵清兮環衞周廬解九惟春有補惟秋有助所其無逸以游以豫圭璧金錫思我皇度皇皇乎一統車書解十相彼東山啟我土宇奄有四海纘禹舊服聖聖相承以篤清祜卜年兮無疆之祚解十一鳳輦所經瀼瀼湛露五行式序庶草蕃廡帳殿從容鼓吹和愉虎拜兮箕疇斂福解十二

萬國瞻天第二十六　萬國瞻天慶歲稔時昌燦祥雲舜日麗中央翕河喬嶽紀詩章附輿執靶標星象胥栽極復陳常正恩威克壯奉金根陟蹕帝心昭格皇仁廣和鈴戞擊和鸞響德化風行草上刑措兵銷績熙工亮解一春省秋省軫吾皇軫吾皇句陳肅穆出瑤閶叢花練繞時和益時和益閃龍旗渒渒揚揚閃龍旗渒渒揚揚羽林挾轂驟雲驪式儀容玉琢金相解二村村綺出昇平象豐亨原野裕倉箱一自龍輿降九閽詄蕩仰龍光風淳俗美泉水都廉讓都廉讓成功奏退軌邁陶唐解三莅春郊鳥囀花笑稅桑田晨正農祥繁華觸處黯青陽省耕助洵匪幾匪康解四序入恢台當盛長雨肥梅還釀清陰麥風涼遙雲翔眷言萬彙咸敷暢菱荷香帶御鑪香聖情悅豫堪延賞解五矚秋原秋氣爽導鑾輿黃菊香初放躋公堂稱兕觥金風玉露葉滑棠萬壽祝無疆解六乾亥風剛巽辰日朗禮垂冬狩排仙仗時納慶歲迎祥時納慶歲迎祥沛殊恩霑浩蕩王軫聽鏘鏘酒醴笙簧飲堯尊歌舜壤解七以豫以休引恬引養黃童白叟欣瞻仰聲教訖被遐方亶馨香紛肸蠁八駿盡調良雲錦鋪張統車書同衡量統車書同衡量解八宸游睿藻來天上覃闓澤恩波演漾喜起邁明良雝喈相協響解九

昊天命第二十七　昊天有成命受此丕基武烈文謨式轂是貽亹亹我皇克纘鴻規敷天哀對罄無不宜解一欽若昊天敷時繹思求民之莫夙夜其咨迄用康年維星協畢與箕既富且穀迪彼秉彝聖敬日躋帝命式于九圍解二憲憲令德抑抑令儀綱紀四方涵泳聖涯率由前模惠澤勤施民之攸塈如取如攜如壎如篪迪教不違皇帝聖神天錫英姿聽聰視明法式生知并包蓄養解愠紘揮仁滂施厚元氣淋漓千秋萬歲復覯似與姬解三百姓昭明五典慎徽澣濯甄陶沁骨浹肌如彼田矣亦既敷菑如彼室矣亦塗塈茨皇心統天品物咸資維嘉維時樂矣魚麗解四翩翩之鴻言漸於逵嶠嶠之鷺言集于湄藹藹王多吉士赤芾祁祁束脩其躬慎乃樞機左右天子盍簪勿疑解五隆然雙闕晏然三陲端拱明堂默運璿璣禮陶樂淑俗易風移金儀測象玉律定時四野八荒洵不遐遺淀有離隔有施對時育物萬邦是綏省方設教用致雍熙無封靡于爾邦惟日孜孜解六咨我三公及爾庶司豈敢怠安無平不陂建國親侯王者無私卜云襲吉昆命元龜農事告成秋以爲期倬彼雲漢奎畢井觜揆文奮武營壘車騎象緯昭回聖人法之以補以助上繼姚媯億萬斯年壽考維祺整法駕揚華旗六軍雷動萬馬星飛白山嵯嵯綠水漸漸騶虞至鳳凰儀于疆于理皇心則怡解七渺渺川原坦然逶迤遺秉滯穗如京如坻各峙乃粻以饗我師鳥獸充牣碩大蕃茲莫不振疊永藉保釐七騶既馭萬衆咸隨鶬鶬鼓鐸皤皤然旌麾逐獸追禽大戟長鈹爲鐃爲鐲載常載旂左律右鉞平於有司瞻彼翠華朱英㲦㲦星旗月鈒錦鞸珠戣禮百神奠四維王用三驅勿競厥威我求懿德允王保之解八張皇六師如虎如羆天休震動周道驅馳策勳在廟莫不寅威戢干韜矢說禮敦詩天子是毗解九灼灼芙蓉花毿毿楊柳枝旖旎婀娜畫龍與螭干盾騰挐逐豹與麋湛湛甘露酌以玉卮陛下千萬歲撫御萬國歸銜羈解十王會有圖天葩芬奇爻闓赤霈元綠碧基文蜃大蟹孔鳥皋雞隃冠尊耳露大星施白鹿黃騏獻其貔皮在彼澤宮璧水瀰瀰樹爾侯矣射熊與狸槐宸高聳棘路明熹鳴葭駐罕麗日和飈四牡騤騤以車伾伾飲至言歸解十一駿四鸞駕六螭彤雲分五老珠露浥三峗訪姑射拜希夷執衡與規循理因資昭假遲遲恭己無爲解十二誕敷文德懷柔神祇天命靡諶念茲在茲周原膴膴小民之依蠲租賜復王言如綍裁成輔相於鑠純禧首山之陽毋采爾薇商山之顏毋采爾芝三老五更惠和宣慈有馮有翼爾性爾彌祖而割牲謙謙是撝示我周行瑟鼓笙吹解十三蠢蠢恒山幽冀之治絳雲紫霞岐岐嶷嶷青書綠笈神所護持包王孕帝駕軒鑠羲元泉神草瑞勒豐碑爰命太常爰詔后夔式祀上帝饗以騂犧獻琮璧奏成池奎聯璧合星斗陸離洞簫玉琯鳳羽麟差解十四中澤有葵南山有棣豈弟君子佩玉履綦遭逢明盛文煥功巍三墳五典煌煌麗辭顯續雅頌永鎮㢢巖解十五

乾隆二十五年平定西陲凱歌四十章

睿謨獨運武功成天柱西頭奏永清候月占風傳自昔試聽今日凱歌聲其一往歲伊犁振旅回名王尺組就俘來天西月窟咸星拱戎索遙從昧谷開其二狼狽相兼弟與昆虜廷久縶兩花門九天忽遇王師下破械先施再造恩其三賜歸舊部寵榮多俾撫殘戎釋綱羅但使祁連山作礪不教蒲類海揚波其四何期鷹眼終違化翻肆鴞音煽逆塵朔草並霑天上露黃沙偏負塞垣春其五恢恢天網本來寬稔惡誅鋤務欲殫宵旰從容宏廟略偏師重進取兇殘其六梯衝烈烈庫車垣逋寇倉黃竟返奔那識降人爭獻款亡巢徼幸漏游魂其七虎符申命下丹霄璧壘旌旗煥一朝頓覺三門新氣象元戎吏拜霍嫖姚其八一軍早定沙雅爾百堵旋收阿克蘇萬里風馳還電埽大兵直壓賊城孤其九蟻結蜂屯三閱月熊蹯虎踞一當千如山軍勢原難撼醜類空教倒戟旋其十囊𩏶不待裹糧行早喜因糧在敵城奇應何須驚雨粟地留火米待神兵其十一天狼那挹斗杓盈陸海茫茫疏勒城忽報靈泉隨井湛滿營歌舞拜王明其十二颭鼠從知技已窮著林飛礮響隨風鉛丸拾得還殲寇翻爲天朝助火攻其十三天廐飛騰萬騎來追風已過拂雲堆更番士卒符神算恰作奇兵拔壘回其十四六城屏齒扼和闐一夕降旗因壘傳五里何妨迷涿野轉乘霾霧靖狼煙其十五羣酋秉令盡從風聯部扶攜厥角同重譯獻來回字表喜爲臣僕象胥通其十六緇旗乍卷銳師分戈壁風沙結暮雲牛夜賊營齊破膽驚從天上下將軍其十七腹背交攻並力爪牙盡挫挫安逃天風吹蕩蚍蜉陣伏穴潛藏似犴牢其十八葉爾奇木門洞達哈什爾城崔巍此間風景古未識祗今惟有天兵來其十九纏頭夾道拜旌旗澗澤揚沙久赫曦最是神奇回造化雨師今亦迓王師其二十久傳婦子望雲霓今聽歡呼應鼓鼙跪奉雕盤爭獻果葡萄蒟醬比雞齊其二十一殊方何幸戴堯天從此坤城列市廛薄賦但教供苜蓿同文先爲易金錢其二十二勁師分道襲刀環轉戰經時草木殷入夜窮追聲影絕山頭明月一弓彎其二十三萬衆爭先虜氣銷呼聲天半落雕盤至今人過伊西洱猶覺轟霆撼碧霄其二十四舊聞天宇原知向今譬神鋒不可攖一一顋顱盡泥首夜來刁斗靜無聲其二十五陣合將軍飛羽箭酣戰勇士擊瑚戈降戎奉檄皆鷹犬兎走山前得脫麼其二十六殘生暫保齊那爾狡窟難尋罕布孩白鵠旗高函逆首都丸親奉凱書來其二十七蟣肺蟯肱自不支親離衆叛欲何之輕刀砍陣蹂輕騎叉報分張貳負尸其二十八奏捷星馳絕域書御園雲物小陽初葭灰未動春先到應瑞花爭四照舒其二十九送喜璇閨書正長共邀慈福樂時康武成敬頌無疆壽錫類同瞻日月光其三十山川競說方輿記風土爭傳王會圖此日西維逾二萬崑崙猶自在東隅其三十一默伽樂國舊曾誇豈謂還成井底蛙自此天方增喜色貢教土宇屬天家其三十二旭日曈曨元象開八紘七政在璇臺嚐斯納默知欽若同向蓂階奉朔來其三十三萬古冰山雪巘開盡教職貢附朝班落梅何處春風笛一路筠沖接玉關其三十四獻馘膚功紀泮林天章更勒遠山岑祗看雲漢昭中外字字唐虞二典心其三十五功成始仰廟謨神測海捫盤見未眞崇論昭宣聾昧覺共欽至理析天人其三十六泰壇琮璧陳天貺清廟圭璋告大猷盛典輝煌羣祝嘏皇心肅穆自凝庥其三十七日麗風暄敞鳳樓九霄丹詔瑞雲浮數天湛露恩施溥奏凱聲中愷澤流其三十八駿烈都從睿斷成登三咸五總難名祗今尺箠收天外歲籥纔看第五更其三十九舞羽橐弓偃六師策勳飲至拜丹墀小臣願譜鳴笳曲珥筆慚無朱鷺詞其四十

乾隆四十一年平定金川高宗御製凱歌三十章

廿四中秋夜丑時，木蘭營裏遞紅旗本來不寐問軍報孰謂今宵宛見之（其一）
七千里外路迢遙向十餘朝茲八朝可識衆心同一志嘉哉行賞自宜昭（其二）
賊巢最是勒烏圍甲雜小運噶喇依破竹勢成應不日速傳捷信願無違（其三）
行營半夜那來喧卻是紅旗到敘門五載勤勞同上下鴻勳集總沐天恩（其四）
紅鐙一點引紅旗頃刻行營人盡知舊部新藩同賀喜古來報捷可如斯（其五）
成言原有付兒行一見紅旗即奏將雖是慈心早知喜更馳侍衛報山莊（其六）
一破賊巢飛騎馳未邊詳細盡陳之將軍宣力應優賜先示端倪加勉宜（其七）
前次受降惟戢斧今番報捷乃犂庭敬承天眷能無慰未至武成心未寧（其八）
宵衣惟吾理合然喜而不寐那能眠乃知屐齒事誠有較彼殊猶高下懸（其九）
三捷盼來一月間此時軍務正相關執渠埽穴歌耆定佇待郊臺奏凱還（其十）
甲午桃花寺蹕停軍書正此俯窗櫺幸哉今日仍憑處綠柳中飛一點星（其十一）
勒闈報捷夜行營重值上陵晝返程一刻萬人齊色喜光明日月永銷兵（其十二）
三穴猶延一月餘六軍奮勇登饒渠周遭火器熾攻處早爛區區釜底魚（其十三）
旬餘棧驛八朝至一片紅旗萬馬飛夾路羣番喜且懼國之慶也國之威（其十四）
險惡山川靖梟獍邪深機阱絕根株從今番部都安堵強食姦欺自此無（其十五）
蠶叢絕險隱妖氛百戰功成古未聞鼛鼓冬冬聲凱獻羌兒稽首送將軍（其十六）
堅碉林立萬重山破險衝鋒歷盡艱奏績都資軍將力紅旗一道入桃關（其十七）
羌維征處號維州豔美戎人諵語留今日勒圍爲內地無憂城果是無憂（其十八）
盼捷經冬復入春垂成偏覺意屢頻今宵料得方安枕明告愼哉用武人（其十九）
流離此日穴巢傾耆定從茲可罷兵歌凱莫教容易聽五年功幸一朝成（其二十）
郊臺仍是此郊臺何幸重修盛事來漫謂數年經契闊精神注似日相陪（其二十一）
勳臣率拜列靈旗軍士鳴螺赫武儀樂奏鐃歌行抱見詰戎家法萬年垂（其二十二）
己巳班師本受降庚辰郊勞典鴻龐放牛歸馬予素志凱獻何期此見雙（其二十三）
準部回城定五年金川小寇亦如前嘉予將士久敵愾不覺對之增惻焉（其二十四）
地險加之衆志堅林碉步步戰而前小於昔事難過倍慰意恒因意憫然（其二十五）
鑿穴而居避火器終於面縛出番城貪生螻蟻固如此衆族將焚語豈誠（其二十六）
絛經于役五春秋棧道崎嶇似坦鄭夾路花紅復柳綠阿誰致悔覓封侯（其二十七）
脫卻戎衣換吉衣龍章示獎特恩稀同心戮力還掄最便解天閑賜六飛（其二十八）
兵洗金川永不波潢池跋扈竟如何良鄉近遠多黎庶歡喜都來聽凱歌（其二十九）
凱歌亦豈易爲聞五歲辛勤勞衆軍我實未曾安午夜幾多憂慮與平分（其三十）

乾隆五十五年高宗八旬吏部尙書彭元瑞集御詩爲萬壽衢歌三百章帝自圓明園回宮奏以前導而內撤外攘治定功成羣臣亦屢有奏御之篇康熙二十年葉方藹上皇雅曰涇邸十二章美受降也曰關隴十二章平隴右也曰南紀十一章平閩也曰巨浸十一章平海寇也徐嘉炎上鐃歌鼓吹曲曰聖皇出皇帝受命也遂水奠平察哈爾之亂也安隴右平王輔臣也豫章翻定江西賊也掃七閩平耿精忠也海波平驅鄭錦也平五羊討尙之信也桂水深定廣西也殲渠魁吳三桂死逆黨解散也洞庭湖平湖南也收成都平全蜀也克黔陽定貴州也定昆明誅吳世璠平全滇也文德舞告成功也凡一十四章袁佑亦上平滇鐃歌曰聖同天曰出師初曰皇矣曰於鑠曰氏畝曰昔夜郎曰萬方平曰於都曰審天心曰山石凡十章康熙二十三年聖祖巡幸闕里徐元文上東巡雅十三章李振裕上親祠闕里雅一篇顧汧上述聖政雅東山十章南勳十章金居敬上駕幸闕里樂府十二章康熙二十八年聖祖南巡趙執信上南巡樂府凡四章曰東南春道路無擾也曰歲星蠲租稅也曰江水清吏知法廉也曰桃花然變民俗也彭會淇亦上南巡風謠十章康熙三十六年親征沙漠厄魯特逍陳廷敬上聖武雅三篇惟天十有一章言初臨沙漠安邊破敵武功盛也皇矣十有一章言撫降人民也武成十有一章言禽孽殲兇武功大成也王士禎上平北雅一篇杜臻上平漠北鐃歌鼓吹曲曰揚聖武神幾捷峙金湯踣猘獸天駟蝗天行健穽孤雛伏天誅衢歌繁武功成光芝檢陳王會凡十二章陳論上聖武功成鐃歌鼓吹曲曰聖武昭行天討虔祭告命將帥嘉祥應三出塞廣招徠大無外凱歌還辭尊號凡十章宋駿業上平北雅成命九章言天子自將出塞靖邊塵安萬民也皇祐九章言天子再出塞料軍實決機宜也天監九章言天子三出塞兇醜窮蹙服天誅集大功也沈涵上聖駕北巡鐃歌四章撫萬國言天威北指厄魯特遠遁也乘法駕言大駕巡邊喀爾喀懇切輸誠也紫壇高言德合天人甘霖屢沛也六龍旋言還宮齋祓親詣北郊也姜宸英上平沙漠還宮凱歌七章皇矣頌宸斷也有山崔嵬述貞符也從軍樂郵將士也絕大漠頌神武也二儀樂好生也雄狐美諸將能禀神算成大功也歌凱旋樂寇平大駕早旋也雍正二年錢陳羣上青海平定鐃歌曰瞻之窮賊毋俘屈羣醜三章乾隆八年沈德潛上謁陵慶成樂府曰聖大孝發鑾輅盛京樂謁三陵懷祖烈禮成宴羣番朝大狩閱永錫類六龍迴十章萬承蒼亦上帝鑒十章乾隆十四年梁詩正平定金川雅有繹五章美出師也戎車四章剿二豎也繁雲五章番酋降也鸞鑣五章告成功也夢麟亦上聖武遠揚雅一篇乾隆四十二年程景伊上平定兩金川雅四篇曰苞蘖十章纘拉肇釁按旅組征遂平之也寅威七章索諾木納我叛人守險拒命簡師濟師番戎機以摧堅銳也周陛十章師武臣力克承睿策悉俘羣醜武功成也凱懌十章聖武既昭行慶秩典中無疆也雍容揄揚第羣臣之嘉頌雖未頒樂官而掌固有可紀者坿見於末云

樂志八

清代樂制有中和韶樂丹陛大樂中和清樂丹陛清樂導迎樂鐃歌樂禾辭桑歌樂慶神歡樂宴樂賜宴樂鄉樂器則隨所用而各異悉依樂部次第臚列而備舉之所獲藩屬樂器列於宴樂古所未詳尤不可略然第志其名稱形制而已若夫尺度聲律則有司存

中和韶樂用於壇廟者鎛鐘一特磬一編鐘十六編磬十六建鼓一篪六排簫二壎二簫十笛十琴十瑟四笙十搏拊二柷一敔一麾一先師廟琴簫笛笙各六篪四餘同巡幸祭方嶽不用鎛鐘特磬琴簫笛笙各四瑟篪各二餘同用於殿陛者簫四笛四篪二琴四瑟二笙八餘同

鎛鐘範金爲之凡十二應十二律其制皆上徑小下徑大縱徑大橫徑小乳三十六兩角下垂十二鐘各虡大小異制黃鍾之鐘兩欒高一尺八寸二分二釐甬長一尺零八分以次遞減至應鍾之鐘兩欒高九寸六分甬長五寸六分八釐黃鍾之鐘十一月用之大呂之鐘十二月用之太簇之鐘正月用之夾鍾之鐘二月用之姑洗之鐘三月用之仲呂之鐘四月用之蕤賓之鐘五月用之林鍾之鐘六月用之夷則之鐘七月用之南呂之鐘八月用之無射之鐘九月用之應鍾之鐘十月用之簨虡凡四皆塗金上簨左右刻龍首脊樹金鸞咮衡五朵流蘇龍口亦如之下垂至趺中簨有業鏤雲龍附簨結黃絨紃以懸鐘左右兩虡承以五朵伏獅下爲趺趺上有垣鏤山水形黃鍾大呂太簇三虡尺度同夾鍾姑洗仲呂三虡尺度同蕤賓林鍾夷則三虡尺度同南呂無射應鍾三虡尺度同用時不並陳如以黃鍾爲宮則祇懸黃鍾之鐘餘月倣此

特磬以和闐玉爲之凡十二應十二律其制爲鈍角矩形長股謂之鼓短股謂之股皆兩面爲雲龍形穿孔繫紃而懸之十二磬各虡大小異制黃鍾之磬股長一尺四寸五分八釐鼓長二尺一寸八分七釐以次遞減至應鍾之磬股長七寸六分八釐鼓長一尺一寸五分二釐愈小者質愈厚黃鍾之磬厚七分二釐九豪遞增至應鍾之磬厚一寸二分九釐六豪黃鍾之磬十一月用之大呂之磬十二月用之太簇之磬正月用之夾鍾之磬二月用之姑洗之磬三月用之仲呂之磬四月用之蕤賓之磬五月用之林鍾之磬六月用之夷則之磬七月用之南呂之磬八月用之無射之磬九月用之應鍾之磬十月用之簨虡亦四惟上簨左右刻鳳首趺飾臥鳧白羽朱喙十二磬不並陳當月則懸其一與鎛鐘同

編鐘範金爲之十六鐘同虡應十二正律四倍律（夷則南呂無射應鍾各有倍律）陰陽各八外形橢圓大小同制惟內高內徑容積各不同實體之薄厚以次遞增第一倍夷則之鐘體厚一分三釐三豪至第十六應鍾之鐘體厚二分八釐四豪簨虡塗金上簨左右刻龍首中下二簨俱刻朵雲繫金鉤懸鐘兩虡承以五朵伏獅下爲趺鏤山水形

編磬以靈璧石或碧玉爲之十六磬同虡應十二正律四倍律（與編鐘同）陰陽各八皆爲鈍角矩形大小同制股長七寸二分九釐鼓長一尺九分三釐五豪惟實體之薄厚以次遞增第一倍夷則之磬厚六分六豪八絲至第十六應鍾之磬

厚一寸二分九釐六豪𥫱虡制同編鐘惟上簨左右刻鳳首趺飾臥鳧白羽朱喙

建鼓木匡冒革貫以柱而樹之面徑二尺三寸四釐匡長三尺四寸五分七釐匡半穿方孔貫柱上出擊蓋下植至趺蓋上穹下方頂塗金上植金鷺爲飾承鼓以曲木四歧抱匡趺四足各飾臥獅擊以雙桴直柄圓首凡鼓桴皆如之

篪二皆截竹爲質間纏以絲横吹之一孔上出爲吹口五孔外出一孔內出叉二孔並間下出爲出音孔管末有底中開一孔吹孔上留竹節以閉音一姑洗篪徑八分七釐自吹口至管末九寸九分五釐九豪陽月用之一仲呂篪徑八分三釐二豪自吹口至管末九寸五分二釐五豪陰月用之

排簫比竹爲之其形參差象鳳翼十六管陰陽各八同徑殊長上開山口單吹之無旁出孔自左而右列二倍律(夷則無射)六正律以協陽均自右而左列二倍呂(南呂應鐘)六正呂以協陰均管面各鐫律呂名納於一櫝而齊其吹口櫝用木形如几虡其中以受管

壎有二燒土爲之形皆橢圓如鵝子上銳下平前四孔後二孔頂上一孔以手奉而吹之一黃鍾壎內高二寸二分三釐腹徑一寸七分一釐七豪底徑一寸一分六釐八豪陽月用之一大呂壎內高二寸一分三釐三豪腹徑一寸六分四釐二豪底徑一寸一分一釐七豪陰月用之

簫二截竹爲之皆上開山口五孔前出一孔後出出音孔二相對旁出一姑洗簫徑四分三釐五豪自山口至出音孔長一尺五寸八分四釐二豪陽月用之一仲呂簫徑四分一釐六豪自山口至出音孔長一尺五寸一分五釐二豪陰月用之

笛二截竹爲之皆間纏以絲兩端加龍首龍尾左一孔另吹孔次孔加竹膜右六孔皆上出出音孔二相對旁出末二孔亦上出一姑洗笛徑四分三釐五豪自吹孔右盡通長一尺二寸五分一釐七豪陽月用之一仲呂笛徑四分一釐六豪自吹孔右盡通長一尺一寸九分七釐二豪陰月用之

琴面用桐底用梓髹以漆前廣後狹上圓下方中虛通長三尺一寸五分九釐底孔二上曰龍池下曰鳳池腹內有天地二柱天柱圓當肩下地柱方當腰上凡七絃皆朱第一絃一百八綸第二絃九十六綸第三絃八十一綸第四絃七十二綸第五絃六十四綸第六絃五十四綸第七絃四十八綸軫七徽十三其飾岳山焦尾用紫檀徽用螺蚌軫結黃絨紃承以髹漆几

瑟體用桐髹以漆前廣後狹面圓底平中高兩端俯通長六尺五寸六分一釐底孔二是爲越前越四出後越上圓下平凡二十五絃絃皆二百四十三綸中一絃黃兩旁皆朱設柱和絃柱無定位各隨宮調紘孔飾螺蚌承以髹金几二

笙二截紫竹爲管環植匏中匏或以木代之管皆十七束以竹本豐末歛管本近底削半露竅以薄銅葉爲簧點以蠟珠其上各按律呂分開出音孔匏之半施橢圓短嘴昂其末中爲方孔別爲長嘴如鳳頸置於短嘴方孔中末爲吹口氣從吹口入鼓簧成音小笙制如大笙而小亦十七管惟第一第九第十六第十七管不設簧有簧者凡十三管餘均與大笙同

搏拊如鼓而小面徑七寸二分九釐匡長一尺四寸五分八釐匡上施金盤龍二銜小金鐶以黃絨紃繫之橫置趺上用時懸於項擊以左右手每建鼓一擊則搏拊兩擊以爲節

柷以木爲之形如方斗上廣下狹三面正中各隆起爲圓形以受擊一面中爲圓孔以出音以趺承之擊具曰止

敔以木爲之形如伏虎背上有二十七鉏鋙刻以趺承之鼓之以籈以竹爲之析其半爲二十四莖於鉏鋙上橫櫟之

麾黃帛爲之繡九曲雲龍上飾藍帛繡紅日日中繡中和字上繡三台星左北斗右南斗帛上下施橫木上鏤雙龍下爲山水形皆髹金朱杠上曲爲龍首以懸麾麾舉樂作麾偃樂止

丹陛大樂凡御殿受賀及宮中行禮皆用之其器戲竹二大鼓二方響二雲鑼二簫二管四笛四笙四杖鼓一拍板一(簫笛笙同中和韶樂)

戲竹析竹爲之凡二各五十莖髹朱承以塗金壺盧下有柄亦髹朱人各執其一立丹陛上合則樂作分則樂止(戲竹與麾同其用亦與麾同)

大鼓木匡冒革面徑三尺六寸四分五釐匡高三尺二寸四分腹施銅膽面髹黃繪五采雲龍匡髹朱繪交龍匡半金鐶四承以髹朱架架有鉤以鉤鐶平懸之架高六尺鼓者藉蹈以擊之

方響以鋼爲之形長方十六枚同虡應十二正律四倍律(與編鐘同)形質皆同惟以薄厚爲次倍夷則之厚三分三豪四絲遞增至應鍾之厚六分四釐八豪後面近上三分之一皆爲橫脊竅其上端繫以黃絨紃懸於虡而斜倚之擊以小鋼槌各部樂皆同惟馬上凱歌樂分用其八人各一枚擎而擊之

雲鑼范銅爲之十枚同架應四正律六半律(姑洗蕤賓夷則無射四正律半黃鍾至半無射六半律)皆四旁穿竅以黃絨紃繫於架中四左右各三合三行爲九宮形其一上出以薄厚爲次下右應姑洗之律厚二釐五豪二絲遞增至最上應半無射之律厚五釐九豪八絲

管飾頭管以堅木或骨角爲之大小各一皆前七孔後一孔管端設蘆哨入管吹之大管以姑洗律管爲體徑二分七釐四豪哨下口至末長五寸七分六釐小管以黃鐘半積同形管爲體徑二分一釐七豪哨下口至末長五寸六分二豪皆間束以絲兩端以象牙爲飾

杖鼓上下二面鐵圈冒革復楦以木匡細腰匡高一尺九寸四分四釐腰徑二寸八分八釐兩端徑各八寸一分上下面徑各一尺二寸九分六釐面匡俱髹黃繪五采雲龍緣以綠皮掩錢上下邊綴金鉤各六以黃絨紃交絡之腰加束爲腰飾綠皮焦葉文以髹朱竹片擊之

拍板以堅木爲之左右各三片近上橫穿二孔以黃絨紃聯之合擊以爲節

中和清樂用於册尊典禮宴饗進饌除夕元夕張燈亦用之其器雲鑼二笛二管二笙二杖鼓一手鼓一拍板一(笛笙同中和韶樂雲鑼管板同丹陛大樂)

杖鼓同丹陛大樂而小或半之或爲三之二

手鼓木匡冒革面徑九寸一分二豪腰徑一尺二分四釐以柄貫匡持而擊之

丹陛清樂用於宴饗進茶進酒臨雍賜茶亦用之樂器均與中和清樂同

導迎樂鐃歌樂用於乘輿出入鑾駕鹵簿則奏導迎樂騎駕鹵簿則奏鐃歌之行幸樂法駕鹵簿大駕鹵簿則導迎樂間以鐃歌樂惟大祀詣壇廟則導迎樂鐃歌樂設而不作凡三大節進表及進實錄聖訓玉牒又親耕親蠶授時頒詔殿試送榜迎吻凡前導以御仗出入者皆奏導迎鐃歌之樂有鹵簿樂其一部曰鐃歌鼓吹有前部樂其部一曰前部大樂(亦曰大擘波)有行幸樂其部三曰鳴角曰鐃歌大樂曰鐃歌清樂有凱旋樂其部二曰鐃歌曰凱歌鹵簿樂與前部大樂並列亦曰金鼓鐃歌大樂凡圜丘祈穀常雩用大駕鹵簿則前部大樂鐃歌鼓吹行幸樂三部並陳方澤用法駕鹵簿則陳前部大樂鐃歌鼓吹太廟社稷及各中祀用法駕鹵簿則陳鐃歌鼓吹朝會用法駕鹵簿同御樓受俘用法駕鹵簿則陳金鼓鐃歌大樂巡幸及大閱用騎駕鹵簿則陳鳴角鐃歌大樂鐃歌清樂凱旋郊勞則奏鐃歌回鑾振旅則奏凱歌

導迎樂用戲竹二管六笛四笙二雲鑼二導迎鼓一拍板一(笙笛同中和韶樂戲竹雲鑼管板同丹陛大樂)

導迎鼓制如大鼓而小面徑二尺四分八釐匡高一尺六寸二分繪五采雲龍腹施銅膽旁施金鐶四繫黃絨紃二人舁行擊以朱槌

鐃歌鼓吹用龍鼓四十八畫角二十四大銅角八小銅角八金二鉦四笛十二杖鼓四拍板四(笛同中和韶樂板同丹陛大樂)

龍鼓木匡冒革面徑一尺五寸三分六釐匡高六寸四分八釐面匡繪飾金鐶俱如導迎鼓鐶繫黃絨紃行則懸於項陳則置於架架攢竹三貫以樞而揞之

畫角木質中虛腹廣兩端銳長五尺四寸六分一釐二豪上下束以銅中束以籐五就髹以漆以木哨入角端吹之哨長七寸二分九釐

大銅角一名大號范銅爲之上下二截形如竹筒本細末大中爲圓球納上截於下截用則引而伸之通長三尺六寸七分二釐

小銅角一名二號范銅爲之上下二截上截直下截哆各有圓球相銜引納如大銅角通長四尺一寸四釐大角體巨聲下小角體細聲高不以長短論

金范銅爲之面平徑一尺四寸五分八釐深二寸二分七釐五豪旁穿二孔結黃絨紃貫於木柄提而擊之

鉦范銅爲之形如槃面平口徑八寸六分四釐深一寸二分九釐八豪邊闊八分六釐四豪穿六孔兩兩相比周以木匡亦穿孔以黃絨紃聯屬之左右銅鐶二繫黃絨紃懸於項而擊之

杖鼓同丹陛大樂惟面繪流雲中爲太極

前部大樂用大銅角四小銅角四金口角四(大銅角小銅角制同鐃歌鼓吹)

金口角舊名瑣嗩木管兩端金口上弇下哆管長九寸八分九釐管上金口長二寸一分六釐爲壺盧形加小銅槃二管下金口長四寸八分六釐刻管如竹節相間前七孔後一孔以蘆哨入管端吹之

鐃歌大樂用金口角八銅鼓二銅點一金一鈸一行鼓一(金口角同前部大樂金同鐃歌鼓吹)

銅鼓范銅爲之形如金面徑九寸七分二釐中隆起八分一釐徑二寸六分七釐三豪邊穿孔二以黃絨紃懸而擊之

銅點制如銅鼓而小

鈸范銅爲之面徑六寸四分八釐中隆起一寸二分九釐六豪徑三寸二分四

鑾穿孔貫紃左右合擊以和樂
行鼓一名陁羅鼓木匡冒革上大下小面匡繪飾如龍鼓金鐶四貫以黃絨紃
行則跨於馬上陳則置於架
鐃歌清樂用雲鑼二笛二平笛二管二笙二金一鈸一銅點一行鼓一笛笙同中和韶
樂雲鑼管同丹陛大樂金同鐃歌鼓吹鈸銅點行鼓同鐃歌大樂
平笛同中和韶樂惟不加龍首尾
行幸樂合鐃歌大樂鐃歌清樂之數益以大銅角八小銅角八蒙古角二大銅角小
銅角同鐃歌鼓吹
蒙古角一名蒙古號木質中虛末哆上下二截角有雌雄二制雄角上口內徑
三分四釐五豪雌角上口內徑二分八釐五豪皆於管端施銅口以角哨納入
吹之雄者聲濁雌者聲清
鐃歌用大銅角四小銅角四金口角八金四鑼二銅鼓二鐃四鈸四小和鈸二
花匡鼓四得勝鼓四海笛四雲鑼四簫六笛六管六篪六笙六大銅角小銅角金同鐃歌鼓吹
金口角同前部大樂銅鼓鈸同鐃歌大樂簫笛篪笙同中和韶樂雲鑼管同丹陛大樂
鑼制同銅鼓而厚聲較銅鼓低小
鐃范銅爲之面徑一尺二寸中隆起穿孔貫紃左右合擊
小和鈸制與鈸同面徑七寸九分中隆起穿孔貫紃均與鈸同
花匡鼓即腰鼓木匡冒革面徑一尺五寸二分匡高一尺六寸繪花文座以檀
四柱交趺以銅鐶懸鼓而擊之
得勝鼓木匡冒革面徑一尺六寸一分匡高五寸八分繪雲龍座爲四柱懸鼓
於上而擊之
海笛制如金口角而小通長九寸五分
凱歌用雲鑼四方響八鈸二大和鈸二星二銅點二錫二簫四笛四管十二笙
四杖鼓二拍板二簫笛笙同中和韶樂雲鑼管杖鼓同丹陛大樂鈸銅點同鐃歌大樂
方響制同丹陛大樂分用其八人各一枚擎而擊之
大和鈸制與鈸同面徑一尺一寸八分中隆起穿孔貫紃左右合擊
星范銅爲之口徑一寸八分深一寸中隆起各穿圓孔貫以紃左右合擊
錫范銅爲之面徑二寸七分口徑三寸一分五釐深六分穿孔貫紃擊以木片
拍板三片束其二以一拍之
禾辭桑歌樂親耕親桑用之親耕用金六鼓六簫六笛六笙六拍板六親桑用
金二鼓二簫笛笙各六拍板二簫笛笙同中和韶樂板同丹陛大樂
金制同鐃歌鼓吹而微小槌用黃韋瓜形柄髹朱
鼓制如龍鼓而微小懸於項擊之
慶神歡樂凡羣祀用之其器雲鑼二管二笛二笙一鼓一拍板一惟祀先蠶及
關帝文昌則加隆焉笛笙鼓同中和韶樂雲鑼管板同丹陛大樂
宴樂凡九一曰隊舞樂一曰瓦爾喀部樂一曰朝鮮樂一曰蒙古樂一曰回部
樂一曰番子樂一曰廓爾喀部樂一曰緬甸國樂一曰安南國樂
隊舞有三一曰慶隆舞凡殿廷朝會宮中慶賀宴饗皆用之一曰世德舞宴宗
室用之一曰德勝舞凱旋筵宴用之三舞同制皆舞而節以樂其器用箏一奚
琴一琵琶三三絃三節十六拍十六
箏似瑟而小刳桐爲質通長四尺七寸三分八釐五豪十四絃絃皆五十四綸
各隨宮調設柱底孔二前方後上圓下平通體髹金四邊繪金夔龍梁及尾邊
用紫檀絃孔以象牙爲飾
奚琴刳桐爲質二絃龍首方柄槽長與柄等背圓中凹覆以板槽端設圓柱施
皮扣以結絃龍頭下脣爲山口鑿空納絃綰以兩軸左右各一以木繫馬尾八
十一整軋之
琵琶刳桐爲質四絃曲首長頸平面圓背腹廣而橢槽面施覆手曲首中間爲
山口設檀軸四以綰絃左右各二山口上以黃楊木爲四象下以竹爲十三品
按分取聲中腰兩旁爲新月形腹內以細鋼條爲膽絃自山口至覆手長二尺
一寸六分第一絃以朱飾之
三絃斲檀爲質修柄方槽圓角冒以虺皮柄貫槽中柄末檀端覆以木穿孔貫
絃匙頭下半鑿空納絃以三軸綰之左二右一
節編竹如箕髹朱背爲虎形用圓竹二劃之以爲節
拍紫檀板四片束其三以一拍之
太祖平瓦爾喀部獲其樂列於宴樂是爲瓦爾喀部樂舞用觱篥四奚琴四奚琴同隊
舞樂
觱篥蘆管三孔金口下哆中有小孔管端開簧簧口距管末四寸五分三釐
太宗時獲朝鮮國樂列於宴樂是爲朝鮮國俳用笛一管一俳鼓一笛同中和韶樂管同丹陛
大樂
俳鼓如龍鼓而小懸於項擊之
太宗平察哈爾獲其樂列於宴樂是爲蒙古樂曲有笳吹有番部合奏皆爲掇
爾多密之樂掌於什幫處笳吹用胡笳一箏一胡琴一口琴一箏與隊舞所用同惟設六絃
胡笳木管三孔兩端施角末翹而哆自吹口至末二尺三寸九分六釐
胡琴刳木爲質二絃龍首方柄槽橢而下銳冒以革槽外設木如簪頭以扣絃
龍首下爲山口鑿空納絃綰以二軸左右各一以木繫馬尾八十一整軋之
口琴以鐵爲之一柄兩股中設簧末出股外橫銜於口鼓簧轉舌噓吸以成音
番部合奏用雲鑼一簫一笛一管一笙一箏一胡琴一琵琶一三絃一二絃一
月琴一提琴一軋箏一火不思一拍板一簫笛笙同中和韶樂雲鑼管同丹陛大樂箏琵琶三絃同隊舞樂
胡琴二絃竹柄椰槽面以桐槽徑三寸八分四釐爲圓形與笳吹之胡琴橢而
下銳者不同山口鑿空納絃以兩軸綰之俱在右絃自山口至柱長二尺三分
五釐二豪以竹弓繫馬尾八十一整軋之
二絃斲樟爲質槽面以桐形長方底有孔槽面施覆手如琵琶曲首後鑿空納
絃綰以兩軸左右各一絃長二尺三寸四釐設十七品按分取聲
月琴斲檀爲質四絃槽面以桐八角曲項柄貫槽中槽面施覆手曲項鑿空納
絃綰以四軸左右各二絃長二尺三寸四釐設十七品與二絃同
提琴四絃圓木爲槽冒以蟒皮而空其下竹柄貫槽中末出槽外設木扣絃柄
端鑿空納絃綰以四軸俱在右以竹弓繫馬尾夾於四絃間軋之
軋箏似箏而小刳桐爲質十絃前後有梁梁內絃長一尺六寸一分八釐各設
柱以木桿軋之
火不思似琵琶而瘦四絃桐柄刳其下半爲槽冒以蟒皮曲首鑿空納絃四軸
綰之俱在右絃自山口至柱長一尺七寸七分四釐拍板紫檀三片束其二以
一拍之
高宗平定回部獲其樂列於宴樂之末是爲回部樂技用達卜一那噶喇一哈
爾札克一喀爾奈一塞他爾一喇巴卜一巴拉滿一蘇爾奈一
達卜木匡冒革形如手鼓而無柄有大小二制一面徑一尺三寸六分五釐二
豪一面徑一尺二寸二分四釐皆髹黃面繪綵獅以手指擊之
那噶喇鐵匡冒革上大下小形如行鼓旁有小鐶繫黃絨紃兩鼓相聯左右各
以杖擊之
哈爾札克形如胡琴椰槽冒以馬革上木柄下鐵柄槽底中開一孔側開三小
孔以馬尾二縷爲絃上自山口穿於後以兩軸綰之左右各一下繫鐵柄馬尾
絃下設鋼絲絃十上繫木柄下繫鐵柄左右各五軸另以木桿爲弓繫馬尾八
十餘整軋馬尾絃應鋼絃取聲
喀爾奈狀如世俗洋琴鋼絲絃十八刳木中虛左直右曲左設梁如琴之岳山
以繫鋼絃之本銅絃之末施木軸似琴之軫入於右端高下相間作兩層轉其
軸以定絃之緩急以手冒撥指或木撥彈之通體雙絃惟第一獨絃
塞他爾形如匕絲絃二鋼絃七木柄通槽下冒以革面平背圓柄有線縆二十
三道如琵琶之品以九軸綰絃柄端二軸綰絲絃二面三軸左側四軸綰鋼質
雙絃一獨絃六以手冒撥指或木撥彈絲絃應鋼絃取聲
喇巴卜絲絃五鋼絃二木柄通槽槽形如半瓶下冒以革曲首鑿空納絲絃以
五軸綰之左二右三曲首右側以兩軸綰鋼絃用手冒撥指或木撥彈絲絃應
鋼絃取聲
巴拉滿木管上斂下哆飾以銅形如頭管而有底開小孔以出音管通長九寸
四分七孔前出一孔後出管上設蘆哨吹之
蘇爾奈一名瑣奈木管兩端飾銅上斂下哆形如金口角而小七孔前出一孔
後出一孔左出銅管上設蘆哨吹之
高宗平定金川獲其樂及後藏班禪額爾德尼來朝獻其樂均列於宴樂之末
是爲番子樂金川之樂曰阿爾薩蘭曰大郭莊曰四角魯用得梨一柏且爾一
得勒窩一
柏且爾范銅二片圓徑六寸中隆起穿孔貫紃左右合擊
得梨似蘇爾奈而小
得勒窩形似達卜
班禪之樂曰札什倫布用得梨二巴汪一蒼清一龍思馬爾得勒窩四
得梨同金川樂形制略大
巴汪似喇巴卜七絃
蒼清制同雲鑼
龍思馬爾得勒窩似那噶喇而制以銅面徑一尺三寸底銳匡高一尺
高宗平定廓爾喀獲其樂列於宴樂之末是爲廓爾喀樂舞用達布拉一薩朗

濟三丹布拉一達拉一公古哩二

達布拉似那嗎喇一面冒革有二制其一面豐底銳其一底微豐而漸削四圍俱繫韋維聯以綵縷懸之腰間以左右手合擊之

薩朗濟刻木爲質韋絃四鐵絃九項長三寸刳其中面以魚牙刻佛爲飾柄長五寸二分槽面闊三寸自上刳之冒以革中腰削如缺月束以黃韋底橢鑿空於項以納韋絃左右各二軸柄面穿孔九自右至左鱗次斜列各納鐵絃軸九俱在右上五下四槽面設柱中爲九孔納鐵絃上承韋絃以柔木繫馬尾軋韋絃應鐵絃取聲

丹布拉刻桐爲質以大匏爲槽直柄面平背圓鐵絃四縮以四軸上二左右各一柄上以鐵片二爲山口一穿孔納絃一承絃

達拉笵銅二片圓徑二寸一分中隆起穿孔繫以綵縷左右合擊

公古哩笵銅爲鈴以綵縷聯之五十枚爲一串凡四串歌時二人各繫於股雙足騰躍以出聲

乾隆五十三年緬甸國內附獻其樂列於宴樂之末是爲緬甸國樂有粗細二制粗緬甸樂用接內搭兜呼一稽灣斜枯一聶兜姜一聶聶兜姜一結莽聶兜布一

接內搭兜呼木匡冒革匡上有紐繫以帛橫懸於項以手擊之

稽灣斜枯制似雲鑼其數八上下各四同懸於架架後搘以二木斜倚而擊之

聶兜姜木管銅口近下漸哆前七孔後一孔管端設銅哨加盧哨於上管與銅口相接處以銅簽掩之

聶聶兜姜形如金口角而小木管木口餘與聶兜姜同

結莽聶兜布笵銅二片圓徑三寸五分中隆起穿孔貫以韋左右合擊

細緬甸樂用巴打拉一蚌札一總稿機一密穹總一得約總一不壘一接足一

巴打拉以木爲槽形如船通長二尺七寸五分前後兩端各爲山峯形兩峯之尖絡以絲繩排穿竹板二十二片皆闊一寸第一片長五寸二分厚三分五釐以次則長遞加而厚遞減至末片則長一尺一寸五分厚一分以竹裹緜爲槌擊之

蚌札木匡冒革上大下小面徑六寸一分底徑四寸匡高一尺四圍俱繫韋絛以手擊之

總稿機十三絃曲柄通槽柄上曲如蝎尾槽面冒革爲四圓孔以出音順槽腹設覆手穿孔十三繫絃各斜引至柄束之彈以手

密穹總三絃木質爲魚形體長方腹下通長刳槽無底兩旁鐫鱗甲面設品五爲小圓孔九以出音前四中四後一首形銳而上出鐫鬚角鉅齒圓睛尾形亦銳項上以銅爲山口繫朱絃三尾有鐶納絃旁穿孔設軸左二右一以手彈之

得約總三絃木質中虛如扇形中腰兩旁灣曲向內頸半穿孔納絃縮以三軸左二右一槽末施木以繫絃扣用木弓繫馬尾八十餘莖軋之

不壘以竹爲管上端以木塞其半爲吹口七孔前出一孔後出最上一孔前出加竹膜

接足笵銅二片口徑一寸八分中隆起穿孔貫緬左右合擊

乾隆五十四年獲安南國樂列於宴樂之末是爲安南樂舞用丐鼓一丐拍一丐哨一丐彈絃子一丐彈胡琴一丐彈雙韻一丐彈琵琶一丐三音鑼一安南土語凡樂器之名俱以丐字建首

丐鼓木匡冒革空其下徑八寸四分承以架用竹桴二或左手承鼓右手以桴擊之

丐拍用檀板三其一上端綴以連錢其一背刻雁齒其一右爲鋸牙左手執二板相擊連錢激響右手執鋸牙者引擊雁齒錯落成聲

丐哨即橫笛截竹爲箭漆飾二十一節左第一孔爲吹口次加竹膜右六孔末二孔俱上出旁二孔對出兩端飾以角

丐彈絃子三絃蘄檀爲質槽方而橢兩面冒虺皮匙頭鑿空納絃以三軸縮之左二右一

丐彈胡琴二絃竹柄槽形如箭底微豐面冒虺皮曲首鑿空兩軸俱自後穿前縮絃絃自山口至柱長一尺八寸餘如番部合樂胡琴之制

丐彈雙韻如月琴四絃蘄檀爲質槽面以桐形如滿月徑一尺一寸六分厚一寸八分曲項鑿空納絃縮以四軸左右各二槽面覆手山口下七品俱以檀爲之

丐彈琵琶四絃刳桐爲質通長三尺項上鑿空納絃縮以四軸左右各二上設四象下布十品絃自山口至覆手長二尺一寸四分

丐三音鑼笵銅三面縮以鐵圈聯如品字上一徑二寸四分五釐右一徑二寸三分八釐左一徑二寸三分承以檀柄槌用角

賜宴樂凡經筵禮畢賜宴文武鄉會試賜宴宴衍聖公宴正一眞人皆用之其器雲鑼二笛二管二笙二鼓一拍板一笛笙鼓同中和韶樂雲鑼管板同丹陛大樂

鄉樂凡府州縣學春秋釋奠皆用之其器麾一編鐘十六編磬十六琴六瑟二排簫二簫四笛六笙六篪二塤二建鼓一搏拊二柷一敔一制皆同中和韶樂

鄉飲酒用雲鑼一方響一琴二瑟一簫四笛四笙四手鼓一拍板一琴瑟簫笛笙同中和韶樂雲鑼方響板同丹陛大樂手鼓同清樂

節中和韶樂用結旄九重蓋以金葉束以綠皮朱杠上曲爲龍首以銜旄植架東於西各一每架二節司樂者執之以節舞導文舞曰節導武舞曰旄旄亦曰節制與節同

干中和韶樂用木質圭首上半繪五朵雲龍下繪交龍緣以五色羽文中爲粉地朱書兩暘時若四海永淸倉箱大有八方敉甯奉三永奠得一爲正百神受職萬國來庭凡八語佾各一語干背髹朱有橫帶二中施曲木武舞生左手執之

戚中和韶樂用木質斧形背黑刃白柄髹朱武舞生右手執之

羽中和韶樂用木柄植雉羽銜以塗金龍首柄髹朱文舞生右手執之

籥中和韶樂用六孔竹管髹朱文舞生左手執之

舞有二用於祀神者曰佾舞用於宴饗者曰隊舞凡佾舞武用干戚文用羽籥干戚曰武功之舞羽籥曰文德之舞祭祀初獻以武舞亞獻終獻以文舞惟先師廟文昌廟初獻亞獻終獻皆以文舞焉若大雩則童子十六人衣皁衣持羽翳歌而舞皇舞凡此皆隸於佾舞者也隸於隊舞者初名蟒式舞亦曰瑪克式舞乾隆八年更名慶隆舞內分大小馬護爲揚烈舞是爲武舞大臣起舞上壽爲喜起舞是爲文舞是年巡幸盛京筵宴宗室增世德舞十四年平定金川凱旋筵宴又增德勝舞三舞同制各有樂章揚烈舞用戴面具三十二人衣黃畫布者半衣黑羊皮者半跳躍倒擲象異獸騎禺馬者八人介冑弓矢分兩翼上北面一叩興周旋馳逐象八旗一獸受矢羣獸懾伏象武成喜起舞大臣二十二人朝服儀刀入三叩興退東位西嚮立以兩而進舞畢三叩退次隊繼進如前儀此隊舞之大較也外此則有四裔樂舞東曰瓦爾喀曰朝鮮北曰蒙古西曰回曰番曰廓爾喀南曰緬甸曰安南皆同列於宴樂之末瓦爾喀部樂舞司舞八人均服紅雲緞鑲粧緞花補袍狐皮大帽豫立丹陛之西將作樂進前三叩退司樂八人分兩翼上跪一膝奏瓦爾喀樂曲司舞進舞以兩爲隊每隊舞畢三叩退

朝鮮國俳笛技管技鼓技各一人均戴氈帽鏤金頂服藍雲緞袍糉色雲緞背心藍綢帶俳長一人戴面具靑緞帽紅纓服紅雲緞袍白綢長袖綠雲緞虎補背心十字藍綢帶倒擲技十四人服短紅衣立丹陛兩旁俳長從右翼上北面立以高麗語致辭笛管鼓技從右翼上東北面立倒擲技從左翼上自東向西各呈其藝

蒙古樂笳吹司樂器四人司章四人均蟒服立丹陛旁番部合奏司樂器十五人亦均蟒服立丹陛旁與笳吹一班同入一叩跪一膝奏蒙古樂曲

回部樂司樂器八人均錦衣絹裏雜色紡絲接袖衣錦面布裏倭緞緣回回帽靑緞鞾綠綢搭膊司舞二人舞盤二人皆衣靠子錦腰襴紡絲接袖衣倒擲大回子四人皆衣靠子雜色紡絲接袖衣戴五色綢回回小帽小回子二人雜色綢衣絹裏皆豫立丹陛下俟朝鮮國俳呈技後上丹陛作樂司舞起舞舞盤人隨舞畢倒擲小回子繼進呈技

番子樂金川之阿爾薩蘭司樂器三人司舞三人爲戲獅身長七尺披五色毛番名僧格乙引獅者衣雜綵手執繩繫耍球一五色番名僧格乙阿拉喀大郭莊番名大拉噶地司舞十人每兩人相攜而舞一服蟒服戴翎挂珠斜披黃藍二帶交如十字一服藍袍挂珠斜披黃紫二帶交如十字四角魯番名得勒布司舞六人戴舞盔番名達帽插雉翎各六番名達莫乙背縛籐牌番名賽斯丹帶繫腰刀番名江格乙左執弓番名得木尼也右執箭壺番名柏拉盛箭五枝番名格必乙相對而舞班禪之札什倫布番名柏拉噶司樂器六人司舞番童十人各披長帶手執斧一番名沙勒鑑舞而歌梵曲

廓爾喀樂舞司樂器六人均衣回子衣著紅羊皮鞾內二人纏頭以洋錦餘皆以紅綠布司歌五人均以紅綠布纏頭內一人衣綠綢衣著紅綵履餘皆回子衣紅羊皮鞾司舞二人均衣紅綠綢衣戴猩紅氈帽金銀絲巾著紅綵履束腰皆用雜色布舞者每足各繫銅鈴一串曰公古哩騰躍出聲歌舞並奏

粗緬甸樂司樂器五人司歌六人均拖髮紮紅用緬甸衣冠

細緬甸樂司樂器七人均拖髮紮紅衣藍緞短衣司舞四人衣閃緞短衣皆雜色裙以洋錦束腰戴紮巾歌合以粗樂舞合以細樂安南國樂司樂器九人均戴道巾衣黃鸝補服道袍藍緞帶司舞四人衣蟒衣冠帶與司器同執綵扇而舞

清史稿

輿服志一

皇帝五輅　皇帝輦輿

皇后輿車 皇太后輿車附　皇貴妃以下輿車

親王以下輿車　親王福晉以下輿車

京外職官輿車 庶民附　命婦輿車

自虞廷藻繢制黼番衣車服之朌式昭庸典夏綏殷輅文質異觀迄乎有周監於二代巾車典路司服司常各隸專官禮明物備秦漢以降代有異同品數彌繁彙篇具載明初木輅適用於郊崇樸去雕亦有足尚清之太祖肇起東陲遠略是勤戎衣在御太宗纘服遂定遼都天聰六年已命禮官攷定儀衛並因易服懲祖之弊鑒及金元國俗衣冠一沿舊式勿忘數典昭示雲礽世祖入關撫有中夏武功耆定文物寖昌康雍兩朝續有制作朝章國采斯已粲然亦越高宗衣聞克紹治承熙洽爵用儒臣館闢三通籀文紬冀五輅之數改符周官參古準今圖詳禮器遂於乘御增定已多一代儀文於斯爲盛自時厥後上下相承率蹈前規尚無侈改載稽諸制爰志斯篇鹵簿一門迺從附著光宣之際海陸軍興旗式服章舊觀頓改已見兵志茲不複書璽寶印符所以昭信龍龜蟲鳥紐篆各殊列代相沿皆資法守備詳定式悉按等差又自海通國交最重往來酬贈仿製寶星名級攸分以榮佩戴逮乎末季新制漸繁兼有爵章行之未久若斯之類隰略云爾

清初仍明舊有玉輅大輅大馬輦小馬輦之制與香步輦並稱五輦大朝日設於太和門東又涼步輦大儀轎大轎明轎折合明轎均左所掌之冬至大祀夏至祀方澤並乘涼步輦升殿日亦設於太和門東乾隆七年定大祀親詣行禮均乘輿出宮至太和門乘輦祀畢還宮仍備輿八年改大輅爲金輅大馬輦爲象輅小馬輦爲革輅香步輦爲木輅玉輅仍舊是爲五輅鑾儀衛掌之遇大朝會則陳於午門外十三年諭定乘用五輅自今歲南郊始更造玉輦改涼步輦爲金輦是爲二輦又定大儀轎爲禮輿改折合明轎爲輕步輿定大轎爲步輿是爲三輿南郊乘玉輦北郊太廟社稷壇乘金輦朝日夕月耕耤以下諸祀均乘禮輿遇大朝會則並陳於太和門外行幸御輕步輿駕出入則御步輿皇子輿車侯分封後始製茲撮集禮器圖所載其乾隆以前所定者爲初制依類附見用備參稽

皇帝玉輅木質黎朱圓蓋方軫高一丈二尺一寸蓋高三尺一分青飾衔玉圓版四冠金圓頂一尺二寸九分承以鏤金垂雲簷八尺一寸貼鏤金雲版三層青緞垂幨亦三層繡金雲龍羽文相間繫帶四繡金青緞爲之屬於軫四柱高六尺七寸九分相距各五尺六寸繪金雲龍門垂朱簾四面各三座縱八尺五寸橫八尺四寸環以朱闌飾間金彩闌內周布花毯雲龍寶座在中高一尺三寸闊二尺九寸兩輪各十有八輻鏤花飾金貫以軸轅二長二丈二尺九寸五分金龍首尾飾兩端軫長一丈一尺五分徑八尺四寸後建太常十二斿亦青緞爲之繰繡日月五星斿繡二十八宿裏俱繡金龍下垂五彩流蘇用攢竹黎朱竿左加闟戟右飾龍首並綴朱施五垂青綏升用納陛五級左右闌皆黎朱金彩鸞象一輛以朱絨紃陳設時行馬二承轅亦黎朱直竿兩端俱鈷銅初制玉輅尺寸與大輅同輅上平盤滴珠板輪輻輪輞車心軸首及鸞轅諸索制並同惟無平盤下有十二楣及左右八楣之飾輅亭前二柱飾澀粉貼金升龍亭柱檻座尺寸及門楣明栿裝飾輿亭內軟座下諸制悉同大輅惟屏風上雕沈香色描金雲龍五屏後下三楣雕木沈香色描金雲龍三下雕雲板如其數較大輅之制少異焉輅頂圓盤大輪輅亭前諸制及太常旗踏梯行馬之類皆與大輅同

金輅亦駕象一圓蓋方軫黃飾衔金圓版四黃緞垂幨三層繫帶四亦黃緞爲之屬於軫後建大旗十有二斿各繡金龍餘如玉輅之制按金輅之名改由大輅初制大輅高一丈三尺九寸五分廣八尺二寸五分輅上平盤前後車欄並雁翅及四垂如意滴珠板下二轅各長二丈二尺九寸有奇俱朱黎鍍金銅龍首尾鏤葉片裝釘平盤下方箱四周朱黎前後十二楣內青地繪五彩雲鶴左右八楣內上青下綠地繪獸鳥各六輪二匿貫以軸每輪十八輻輞皆朱黎抹金銅鈒花葉片裝釘輪內車心各一抹金銅鈒蓮花瓣輪盤裝釘軸首左右鐵插貫之抹金銅鈒龍項管心裝釘軸中纏紅絨鸞轅諸索輅亭高六尺七寸九分四柱各長五尺八寸四分檻座高九寸五分前後柱戧金雲龍文下山水門高五尺一寸九分廣二尺四寸九分左右門各廣二尺二寸五分上四周裝雕木沈香色描金香草板十二片前左右各有楣二扇明栿皆朱黎抹金銅鈒花葉片裝釘楣欄黃綫織後朱黎屏風屏前上三楣雕沈香色描金雲龍五上朱黎板戧金雲龍一中三楣沈香色描金雲龍三下三楣描金雲板如其數屏後上三楣朱黎戧金龍三其夾戧金雲板如其數中三楣朱黎戧金龍四其夾沈香色描金雲板如其數下三楣沈香色雲板亦如之俱抹金銅鈒花葉片裝釘亭內黃綫織綱朱梁匡軟座黃絨墜座大索四下垂蓮花墜石上施花毯草席並大紅織金綺褥朱黎坐椅一上靠背雕沈香色描金雲龍一下雕雲板一朱黎福壽板一並衣黃織金椅靠坐褥四圍椅裙全周圍施黃綫帷幔或用黃綫羅亭外青綺緣邊紅簾十扇各用挽簾黃綫織二黃鍍圈全輅頂並圓盤高三尺一分鍍金銅蹕館頂帶仰覆蓮座高一尺二寸九分垂襻頂黃絨索四盤高二寸上加朱黎其下外四面沈香色地描金雲青飾輅蓋亭內貼金斗拱承朱匡寶蓋關以八頂黃綺冒之名曰黃屋中並四周繡五彩雲龍九天輪三層朱黎上安雕木貼金龍耀葉板八十一片三層間繪五彩雲襯板數亦如之盤下四周黃銅裝釘上施金黃綺瀝水三層每層摺八十有一間繡五彩雲龍文四角垂青綺絡帶各織五彩雲升龍三圓盤四角連輅座板用攀頂黃綫圓織並貼金木魚輅亭前有左右轉角闌干二扇後一字帶左右轉角闌干一扇皆朱黎內嵌雕木貼金龍間以五彩雲三扇凡十二柱各柱首雕木貼金蹕龍一及描金五彩裝蓮花抱柱闌內四周施花毯草席其後樹太常旗二黃雲緞爲之皆十有二斿每斿內外各繡升龍一朱黎撐竹竿二左竿旗腰繡日月北斗竿首用鍍金銅龍頭右竿旗腰繡鼓字竿首用鍍金銅戟各綴抹金銅鈴二垂紅纓十有二上施抹金銅寶蓋下垂青綫紛錔踏梯一木質朱黎抹金銅鈒花葉片裝釘行馬架二木質朱黎抹金銅葉片裝釘上穿黃絨圍繩黃布面絹裹夾氈衣油綢雨衣各一紅油合扇梯紅油拓叉各一貼金銅寶瓶並木雕貼金仰覆蓮座雕花番草貼金象鞍鞦轡氈籠各二副

象輅服馬四驂馬六設游環和鈴圓蓋方軫高一丈一尺三寸蓋高二尺六寸五分紅飾衔象牙圓版四紅緞垂幨三層繫帶四亦紅緞爲之屬於軫四柱高六尺四寸九分相距各五尺八寸座縱一丈五分橫九尺一寸環以朱闌轅三各長二丈二尺三寸軫長一丈五分徑九尺一寸後建大赤十有二斿各繡金鳳餘制與玉輅同按象輅爲大馬輦之改定初制大馬輦高一丈二尺五寸九分廣八尺九寸五分轅二各長二丈五寸九分輦上平盤滴珠板輪輻輪輞車心軸首及鸞轅諸索制並如大輅亦無平盤下前後十二楣及左右八楣之飾輦亭高六尺四寸九分朱黎四柱長五尺五寸四分檻座高如輦亭上四周雕木沈香色描金雲板十二片下亦如之門高五尺九分廣二尺四寸五分左右門廣較減二寸前及左右各有楣二扇後楣三扇明栿全皆朱黎抹金銅鈒花葉片裝釘楣心欄黃綫織亭內軟座上施素毯餘制與大輅同輦頂並圓盤高二尺六寸五分上下皆朱黎輦蓋青飾銅龍蓮座寶蓋黃屋諸制悉如大輅天輪三層亦如之輦亭前一字闌干一扇後一字帶轉角闌干一扇左右闌干二扇內嵌繡環板亦皆朱黎四扇凡十有二柱各柱首雕飾同大輅闌內周布素毯草席太常旗踏梯行馬氈衣雨衣之類亦如之惟輅以象駕輦以馬駕故鞍韂鞦轡鈴纓之飾均備焉

木輅服馬二驂馬四設游環和鈴圓蓋方軫高一丈一尺六寸五分蓋高三尺六寸一分黑飾衔花梨圓版四黑緞垂幨三層繫帶四亦黑緞爲之屬於軫四柱高六尺五分相距各五尺一寸座縱九尺橫八尺八寸環以朱闌轅三各長二丈一尺軫長九尺徑八尺八寸後建大麾十有二斿各繡神武餘俱如玉輅之制按木輅爲香步輦之改製初制香步輦高一丈二尺五寸座高三尺方廣八尺二寸五分輦座朱黎四周雕木五彩雲渾貼金龍板十二片間以渾貼金仰覆蓮座下雕木線金五彩雲板二十片座下四轅中二轅長三丈五尺九寸左右轅長二丈九尺五寸有奇皆朱黎鍍金銅龍首尾裝釘攀轅黃線圓縧八輦亭高六尺五分四柱各長五尺八寸檻高二寸五分亦皆朱黎上四周雕木沈香色描金香草板十二片抹金銅鈒花葉片裝釘門較大馬輦高遞二寸廣與之同左右門廣二尺二寸前左右各朱黎十字楣二扇雕沈香色描金雲龍板八片下雲板如其數俱抹金銅鈒花葉片裝釘亭內布花毯草席大紅織金綺褥朱黎戧金龍坐椅一靠背以下諸制與大小馬輦並同輦頂並圓盤高二尺六寸有奇鍍金銅蹕龍頂餘制同大小馬輦天輪制亦如之輦亭前左右轉角闌干二扇後一字帶左右轉角闌干一扇皆朱黎嵌雕木貼金龍間以五彩雲三扇凡十有二柱各柱首雕飾與大輅同闌內四周布花毯草席亭內木雕渾貼金劍山一朱黎腳踏一黃緞衣全踏梯一木質朱黎雕貼金行龍五彩雲繡環板六片描金五彩水版十有二片蹕龍四皆抹金銅鈒花葉片裝釘其氈衣雨衣類悉同大小馬輦制

革輅服馬一驂馬三亦設游環和鈴圓蓋方軫高一丈一尺三寸蓋高二尺五寸五分泥銀飾衔圓黃革四白緞垂幨三層繫帶四亦白緞爲之屬於軫四柱高五尺五寸九分座縱一丈六尺橫八尺三寸五分環以朱闌轅二各長一丈九尺五分軫長一丈六寸徑八尺三寸五分後建大白十有二斿各繡金虎餘制均與玉輅同按改小馬輦爲革輅始於乾隆八年初制小馬輦視大馬輦高廣皆減一尺下二轅長一丈九尺五分平盤滴珠板輪輻輪輞諸制悉與大馬輦同輦亭高五尺五寸九分朱黎四柱長五尺四寸五分檻高一寸四分上四周雕沈香色描金雲板十二片下亦如之門高五尺廣二尺二寸五分左右門廣較減一寸有奇前左右各有楣二扇明栿全皆朱黎抹金銅鈒花葉片裝釘楣心楣黃線織後朱黎屏風雕沈香色描金雲龍五及沈香色描金雲龍繡環板三雲板數亦如之周闌亦抹金銅鈒花葉片裝釘亭座朱黎板上施素毯草席紅織金綺褥外紅簾四扇其坐椅靠背以下諸制悉同大馬輦輦頂並圓盤高視大馬輦減一寸上飾鍍金銅寶珠頂蓮座寶蓋等飾及天輪輦亭前諸制亦與大馬輦同焉

玉輦木質黎朱圓蓋方座高一丈一尺一寸蓋高二尺青飾衔玉圓版四冠金圓頂承以鏤金垂雲曲梁四垂端爲金雲葉青緞垂幨三層周爲襞積繫紃四黃絨爲之屬於座隅四柱高五尺三寸相距各五尺繪雲龍門高四尺八寸冬施青氈門幃夏易以朱簾黑緞緣四面各三座高二尺四寸上方七尺六寸下方七尺七寸綴版二層上繪彩雲下繪金雲環以朱闌高一尺六寸八分飾間金彩闌內周布花毯雲龍寶座在中高一尺三寸左列銅鼎右植服劍轅四內二轅長三丈八寸五分外二轅長二丈九尺金龍首尾衔兩端升用納陛五級左右闌皆黎朱亦飾金彩舁以三十六人

金輦圓蓋方軫高一丈五尺蓋高一尺九寸飾蓋用泥金衔金圓版四冠金圓頂簷徑七尺一寸黃緞垂幨二層柱高五尺相距各四尺九寸門高四尺七寸五分冬垂黃氈門幃夏易以朱簾黑緞緣四面各三座上方七尺三寸下方七尺五寸環以朱闌高一尺三寸轅四內二轅長二丈八尺一寸外二轅長二丈六尺一寸舁以二十八人餘如玉輦之制按乾隆十三年改涼步輦爲金輦初制涼步輦高一丈一尺二寸座高二尺五寸輦座朱黎座板並四面朱黎匡雕木渾貼金雲板二十片上貼金地雕五彩雲繡環板十二片帶仰覆蓮座下四轅中二轅長二丈八尺五寸左右二轅長較減二尺皆朱黎前後俱鍍金銅龍首尾裝釘攀轅黃線圓縧八輦亭高五尺五寸五分方四尺八寸朱黎門高四尺七寸廣二尺二寸左右門廣亦如之上四周沈香色描金香草板十二片前左右各有楣二扇後楣三扇明栿全皆朱黎楣以黃線織輦板上施花毯草席並紅織金綺褥朱黎戧金雲龍坐椅一坐下四周雕木沈香色描金雲其上靠背雕沈香色描金龍一並五彩雲下雕貼金雲板一片朱黎福壽板一並衣亭內設雕木渾貼金劍山一腳踏一黃緞衣全銅火鑪及鍍金鏤鉄寶石銅鑪各一坐褥椅裙簾幔之類悉與大小馬輦同輦頂高二尺五寸鍍金銅寶珠頂帶仰覆蓮座高一尺三寸二分垂攀頂黃絨索四頂朱黎冒以黃氈四角如意雲並緣條亦均黃氈爲之周圍施金黃綺瀝水二層每層百二十四摺繡雲龍間以五彩雲文腰繡行龍十六或大紅羅冒頂如意雲緣條亦紅羅爲之四角鍍金銅雲四朵亭內寶蓋繡五龍頂用朱梁木匡冒以黃綺謂之黃屋頂心四周繡雲龍各一輦亭四角王發座攀頂黃線圓織四並貼金木魚亭外闌紅氈面金黃氈緣條綃裏氈衣一副輦亭前左右轉角闌干二扇後一字帶轉角闌干二扇皆朱梁雕木玲瓏金地五彩桃雲板十六片四扇凡十二柱各柱首雕飾同大輅闌內四周施花毯草席踏梯一木質朱梁貼金五彩雲玲瓏板六片描金水板十二片蹕龍四皆抹金銅鈒花葉片裝釘又鍍金銅鉤四金黃線圓織數亦如之紅油高凳四黃氈幟凳二金黃布夾氈衣金黃油綢雨衣各一

禮輿相質高六尺三寸上爲穹蓋二層高一尺三寸上層八角飾金行龍下四角飾亦如之冠金圓頂承以鏤金垂雲雜寶衔之簷縱四尺七寸橫三尺五寸

明黃緞垂幨二層繡金雲龍四柱高五尺飾蟠龍門端及左右闌飾雲龍皆鏤金內設金龍寶座高一尺七寸幃用明黃雲緞紗氈各惟其時左右啟牖夏用藍紗冬用玻璃直轅二長一丈七尺六寸五分大橫杆二長九尺小橫杆四長二尺二寸五分肩杆八長五尺八寸皆髹朱繪金雲龍橫鉆銅縱加金龍首尾舁以十六人（按禮輿爲大儀轎之改定初制大儀轎高四尺八寸五分頂高一尺三寸廣二尺八寸頂雙層渾貼金雕九龍雲花番草繡瓔鎔金龍瀝水二層黃抹爲之髹金直竿二前後橫竿如之短扛四肩扛倍之撐竿二轎頂踏龍十二金頂鈒龍文嵌珊瑚青金松子等石轎扛裝鈒金銅龍首尾黃布幨衣油綢雨衣黃氈頂各一）

輕步輿亦舁以十六人木質髹朱不施幰蓋高三尺四寸倚高一尺五寸八分象牙爲之座高一尺八寸二分縱一尺八寸三分橫二尺二寸踏几高二寸髹以金直轅二長一丈五尺四寸五分加銅龍首尾大橫杆二長九尺一寸小橫杆四長二尺八寸四分肩杆八長五尺八寸五分俱鉆銅餘制與步輿同（按輕步輿之稱改由折合明轎初制折合明轎金漆雕花草獸面廣二尺二寸高三尺四寸地平廣如轎身直竿下數亦如大儀轎裝飾幨衣諸制並與明轎同）

步輿亦舁以十六人木質塗金不施幰蓋高三尺五寸倚高一尺六寸五分鏤花文中爲蟠龍座座高一尺八寸五分縱一尺八寸橫二尺二寸坐具冬施紫貂夏以明黃粧緞四足爲虎爪螭首圓珠承之周繪雲龍踏几高三寸一分籠以黃緞直轅二長一丈五尺五寸大橫杆二長七尺六寸中爲雙龍首相對小橫杆四長二尺八寸肩杆八長五尺六寸餘同禮輿之制（按步輿爲大轎之改稱初制大轎頂朱髹廣三尺高五尺貼金頂廣視轎身較贏八寸高八寸鉛金龍瀝水一層黃抹爲之飾金踏龍四直竿下數亦如大儀轎金頂以下諸制並同）

皇后鳳輿木質髹明黃高七尺穹蓋二重高一尺五寸五分上爲八角下方四隅俱飾金鳳冠金圓頂鏤以雲文雜寶銜之簷縱五尺橫三尺七寸六分明黃緞垂幨上下皆銷金鳳四柱高四尺七寸皆繪金鳳牖四起綱以青緗前爲雙扉高二尺六寸啟扉則舉牖懸之內髹淺紅中設朱座倚高一尺八寸髹明黃繪金鳳坐具明黃緞繡彩鳳前加撫式明黃金鳳髹繪亦如之直轅二長一丈七尺二寸五分大橫杆二長八尺中爲鐵鋄金雙鳳相向小橫杆四長三尺肩杆八長五尺一寸皆髹明黃橫鉆以銅縱加銅鋄金鳳首尾舁以十六人親蠶御之（按后妃輿車之制改定於乾隆十四年初制鳳輿外並有鳳輦柱高三尺六寸廣五尺二寸座高一尺八寸周圍闌柱繼環雕花卉朱髹貼金飾寶座在中下有仙牖座穿以藤牖編石青線頂衣用黃結羅爲之銷金鳳瀝水二層黃緞裏衣外垂珠簾以直竿四牖內扛倍之短扛如內扛之數俱朱髹赤金頂緞鳳文嵌青金珊瑚松子等石扛端裝金鳳首尾紅油凳四托叉二黃布幨衣油綢雨衣各一鳳輿制廣三尺一寸五分柱高三尺三寸二分門高二尺八寸頂廣視面較贏八寸頂樓六獅每獅廣一尺五寸共高一尺二寸幨長一丈七尺五寸輪高五尺俱施黃油彩繪金鳳赤金頂鈒金葉片裝釘黃素緞衣上銷金鳳瀝水二層）

儀輿木質髹以明黃高視鳳輿減一尺一寸上爲穹蓋高六寸七分冠金圓頂塗金簷縱四尺七寸四隅繫黃絨紃屬於直轅明黃緞垂幨四柱高四尺七寸門幃紅裏亦明黃緞爲之中設朱座高一尺五寸倚髹明黃高一尺六寸繪金鳳坐具明黃緞繡彩鳳直轅二長一丈五尺五寸橫杆二長七尺七寸中爲鐵鋄金雙鳳相向肩杆四長五尺二寸兩端鉆銅鋄金舁以八人（初制儀輿廣三尺二寸柱高三尺四寸頂廣視面轅較贏三寸高九寸轅長與鳳輿同輪較低二寸俱施黃油赤金頂鈒金葉片裝釘衣以黃雲緞爲之重簷瀝水紅緞裏黃布幨衣油綢雨衣黃氈頂各一）

鳳車木質髹明黃高九尺五寸穹蓋二層高一尺七寸上繪八寶八角飾以金鳳下繪雲文四隅飾亦如之冠金圓頂鏤雲雜寶銜之簷縱四尺九寸橫四尺明黃緞垂幨蓋明黃絡四隅繫紃明黃絨爲之屬於軫四柱高三尺三寸左右及後皆繪金鳳中各啟牖網以青紃門高三尺上鏤金鳳相向明黃緞幃黃裏坐具亦明黃緞爲之上繡彩鳳輪徑四尺九寸各十有八輻轅二長一丈七尺五寸鐵鋄金鉆兩端軫長六尺二寸駕馬一

儀車木質髹明黃高九尺五寸穹蓋上圓下方高九寸冠金圓頂塗金簷縱五尺五寸橫四尺一寸四隅繫紃明黃絨爲之屬於軫明黃緞垂幨四柱高二尺八寸不加繪飾裏髹淺紅黃裏明黃緞幃坐具亦明黃緞爲之上繡彩鳳輪徑四尺各十有八輻轅二長一丈五尺鉆以鐵鋄銀軫長五尺八寸駕馬一（按初制無儀車有大儀轎廣二尺九寸高四尺八寸頂廣如儀輿頂樓八獅俱施黃油貼金雲鳳繡環嵌五色寶石黃抹爲衣上銷金鳳瀝水二層直橫竿各二短扛四肩扛倍之撐竿二俱朱髹轎頂飾金鳳十二金頂鈒海馬文嵌青紅藍三色寶石轎扛裝鈒金銅鳳首尾幨衣諸制與儀輿同）

皇太后輿車之制與皇后同惟繪繡加龍故遂異其名曰龍鳳輿曰龍鳳車乾隆十六年皇太后六旬聖壽皇上自暢春園躬奉慈駕入宮皇太后御金輦明黃緞繡壽字篆文奉輦以二十八人二十六年三十六年皇太后七旬八旬聖壽並御是輦自暢春園入宮定名曰萬壽輦

皇貴妃翟輿木質髹明黃繪繡皆金翟橫杆中爲鐵鋄銀雙翟相向翟首鋄金凡杆縱加銅鋄金翟首尾肩杆四舁以八人餘同皇后鳳輿之制（按初制皇貴妃輿車有翟車翟轎無儀輿儀車之稱翟轎制廣二尺九寸高四尺六寸頂廣二尺五寸頂樓六獅俱施金黃油彩繪雲龍翟鳥飾五色寶石金黃緞衣上銷金翟瀝水直竿二橫竿如之肩扛四撐竿二俱朱髹轎頂飾金翟十純素金頂銅事件全黃布幨衣油綢雨衣各一）

儀輿木質髹明黃倚繪金翟坐具繡彩翟橫杆中爲鐵鋄銀雙翟相向翟首鋄金餘與皇后儀輿制同

翟車木質髹明黃蓋飾金翟左右及後均繪金翟門亦鏤金翟相向坐具繡彩翟轅鉆以鐵鋄銀餘如皇后鳳車之制（初制翟車廣三尺一寸柱高三尺三寸六有奇頂高一尺二寸轅長一丈六尺六寸輪高四尺八寸俱施金黃油金黃雲緞衣重簷瀝水紅絹裏純素金頂鈒金銅事件全幨衣雨衣外金黃氈頂一）

儀車坐具繡彩翟餘與皇后儀車制同

貴妃翟輿儀輿儀車皆木質髹金黃蓋幨坐具皆金黃緞飾彩繡皆金翟橫杆中爲鐵鋄銀雙翟相向翟首鋄金凡杆皆縱加金翟首尾餘俱同皇貴妃輿車之制

妃嬪翟輿木質髹金黃冠銅圓頂塗金直杆加銅髹金翟首尾肩杆四髹金舁以八人

儀輿木質髹金黃冠銅圓頂塗金肩杆二舁以四人儀車木質髹金黃冠銅圓頂塗金餘如貴妃輿車制（初制貴妃妃嬪車轎與皇貴妃同惟車轎頂及車件俱銅質鈒金）

親王明轎一木質灑金不施幰蓋轅杆皆髹朱飾金暖轎一銀頂金黃蓋幨紅幃緞氈各惟其時（初制親王明轎廣三尺三寸地平廣與轎面同俱施羊肝漆灑金上下雕玲瓏花卉直杆橫杆撐杆各二肩杆四俱朱髹貼金飾紅布幨衣油綢雨衣各一）

親王世子明轎一（制同前）暖轎一紅蓋金黃幨紅幃餘如親王

郡王明轎一暖轎一紅蓋紅幨紅幃餘同親王世子（初制郡王以下貝勒以上俱坐明轎八人舁之如親王儀輔國公以上亦坐明轎四人舁之願乘馬者聽）

郡王長子貝勒明轎一暖轎一（自貝勒以上用輿夫八人）紅蓋青幨紅幃餘如郡王

貝子明轎一暖轎一紅蓋紅幨青幃餘如貝勒

鎮國公明轎一暖轎一皁蓋紅幨皁幃餘如貝子

輔國公明轎一暖轎一青蓋紅幨青幃餘如鎮國公（自輔國公以上用輿夫四）

固倫公主暖轎一金頂朱輪車一皆金黃蓋紅幃紅緣蓋角金黃幨（初制固倫公主車轎蓋以金黃緞爲之蓋角垂簷皆紅緣）

和碩公主暖轎及朱輪車紅蓋紅幃蓋角金黃緣餘同固倫公主（和碩公主以下縣主以上輿用銀頂並按初制固倫公主車轎皆紅緞爲之蓋角亦金黃緣）

郡主暖轎及朱輪車紅蓋紅幃紅幨蓋角皁緣餘如和碩公主（初制郡主蓋幃與和碩公主同惟蓋角青緣）

縣主暖轎及朱輪車紅蓋青幨蓋角青緣餘如郡主（初制縣主蓋幃俱同和碩公主惟蓋角藍緣）

郡君車紅蓋紅幨青幃蓋角青緣（初制郡君車蓋紅緞爲之藍幃蓋角藍緣）

縣君車皁蓋紅幨皁幃蓋角紅緣（初制縣君車蓋青緞爲之蓋角紅緣）

鎮國公女鄉君車皁蓋皁幃紅幨蓋角青緣（初制鎮國公女鄉君車蓋幃亦以青緞爲之蓋角藍緣）

輔國公女鄉君車青幃蓋去緣飾餘如鎮國公女（郡君以下車皆朱輪並按初制輔國公女鄉君車青蓋藍幃）

親王福晉暖轎及朱輪車紅蓋四角皁緣金黃幨紅幃朱轅輿用金頂（自親王以下貝勒以上各側室均降嫡一等並按初制親王妃車轎紅蓋紅幃金黃垂幨蓋角青緣其側妃車轎亦紅蓋紅幃蓋角青緣紅垂幨）

親王世子福晉暖轎及朱輪車紅幨餘如親王福晉（初制親王世子妃轎車蓋幃與親王側妃同其側妃轎車紅蓋紅幃蓋角青緣青垂幨）

郡王福晉暖轎及朱輪車皁幨餘如親王世子福晉輿用銀頂（初制郡王妃轎車蓋幃與親王世子側妃同其側妃轎車紅蓋紅幃蓋角藍緣藍垂緣）

郡王長子福晉暖轎及朱輪車四角藍緣藍幨餘如郡王福晉（初制郡王長子妃轎車蓋幃與郡王側妃同其側妃轎車紅蓋四角青緣青幃紅幨）

貝勒夫人暖轎及朱輪車四角皁緣皁幃餘如郡王長子福晉（初制貝勒夫人轎車與郡王長子側妃同其側夫人轎車紅蓋藍緣藍幃紅幨）

貝子夫人車紅蓋青緣青幃紅幨（初制貝子夫人車與貝勒側夫人同其側夫人車青蓋紅緣青幃紅幨）

鎮國公夫人車朱輪皁蓋紅緣皁幃紅幨（自公夫人以上蓋幃均用雲緞鎮國將軍夫人以下用素緞並按初制鎮國公夫人車蓋幃與貝子側夫人同其側夫人車青蓋藍緣青幃紅幨）

輔國公夫人車朱輪皁蓋青緣皁幃紅幨（初制輔國公夫人車蓋幃與鎮國公側夫人同其側夫人車青蓋藍幃紅幨）

鎮國將軍夫人車朱輪皁蓋青緣皁幃紅幨（初制鎮國將軍夫人車蓋帷與輔國公側夫人同）

輔國將軍夫人車朱輪青蓋紅幨青幃（初制輔國將軍夫人車蓋帷皆以藍緞爲之紅垂幨）

奉國將軍淑人奉恩將軍恭人車均朱輪皁蓋皁幃皁幨（初制奉國將軍淑人車及奉恩將軍恭人車蓋幃幨皆以青緞爲之）

民公夫人車黑轅輪緣蓋皁緣幨皁幃（初制公夫人車皁蓋青緣）

侯伯夫人車四角青緣餘如民公夫人（初制侯伯夫人車青幃蓋角藍緣）

子夫人車皁蓋餘如侯伯夫人（初制子夫人車青蓋綠緣綠幨青幃）

男夫人車皁蓋不緣餘如子夫人（初制男夫人車青蓋青幃綠幨）

滿洲官惟親王郡王大學士尚書乘輿貝勒貝子公都統及二品文臣非年老者不得乘輿其餘文武均乘馬

漢官三品以上京堂輿頂用銀蓋幃用皁在京輿夫四人出京八人四品以下

文職輿夫二人，輿頂用錫。直省督撫輿夫八人，司道以下教職以上輿夫四人。雜職乘馬。

欽差官三品以上輿夫八人。武職三品仍不得用。武職均乘馬，將軍、提督、總兵官年逾七十不能乘馬者，奏聞請旨。（初制，凡公侯伯以下職官三品以上坐四人暗轎，錢金裝飾，銀螭繡帶，青幔。四品以下坐二人暗轎，或乘車，願乘馬者聽。其轎車之制，四五品素獅繡帶，六品以下素雲頭素帶，青幔。漢武官有坐轎者，禁如例。）

乾隆十五年，諭：「本朝舊制，文武滿漢大臣凡遇朝會皆乘馬，並不坐轎。從前滿洲大臣內有坐轎者，是以降旨禁止。武大臣坐轎，未禁止文大臣。今聞文大臣內務求安逸，於京師至近之地亦皆坐轎。若謂在部院行走應當坐轎，則國初部院大臣未嘗坐轎，此由平時不勤習技業，惟求安逸之所致也。滿洲大臣當思本朝舊制，遵照奉行。嗣後文大臣內年及六旬實不能乘馬者，著照常坐轎，其餘著禁止。」

庶民車，黑油，齊頭平頂，皂幔。轎同車制。其用雲頭者，禁之。

一品命婦車，黑輪轅，皂蓋，青緣，綠幨，皂幃。

二品命婦車，皂蓋不緣，餘同一品命婦。

三品命婦車，皂蓋皂幃，餘同二品命婦。（以上輿用銀頂。）

四品命婦車，皂蓋青幃，輿用錫頂，餘同三品命婦。

五品命婦以下車，青蓋，青幨，青幃。（二品以上蓋幃幨用錫，餘均用布。並按初制，內大臣、都統、大學士、尚書、左都御史命婦車，青蓋，綠緣，綠幨，青幃。散秩大臣、前鋒統領、步軍統領、副都統、侍郎、學士、副都御史、通政使司通政使、大理寺卿、詹事府詹事命婦車，青蓋，青幃，綠幨。頭等侍衛、參領、步軍總尉、王府長史、太常太僕光祿寺各正少卿、通政司副使、大理寺少卿、國子監祭酒、內閣侍讀學士、翰林院讀講學士、侍讀、侍講、詹事府少詹事、庶子、諭德、洗馬、郎中、鴻臚寺卿、給事中、監察御史、輕車都尉命婦車，青蓋，青幃，青幨。閑散宗室、二等侍衛、佐領、貝勒長史、欽天監監正、內閣侍讀、國子監司業、鴻臚寺少卿、通政使司參議、詹事府中允、員外郎、步軍副尉、騎都尉命婦車，青蓋，藍幨，青幃。三等侍衛、雲騎尉、五品以下官命婦車，藍蓋，藍幨，青幃。）

清史稿

輿服志二

皇帝冠服　皇后冠服（太皇太后　皇太后附）

皇貴妃以下冠服　皇子親王以下冠服

皇子親王福晉以下冠服　文武官冠服

命婦冠服　士庶冠服

崇德二年，諭諸王貝勒曰：「昔金熙宗及金主亮廢其祖宗時冠服，改服漢人衣冠，迨至世宗始復舊制。我國家以騎射爲業，今若輕循漢人之俗，不親弓矢，則武備何由而習乎？射獵者，演武之法；服制者，立國之經。嗣後凡出師、田獵，許服便服，其餘悉令遵照國初定制，仍服朝衣。並欲使後世子孫勿輕變棄祖制。」乾隆三十七年，三通館進呈所纂嘉禮考，於遼、金、元各代冠服之制，敘載未能明晰。奉諭：「遼、金、元衣冠，初未嘗不循其國俗，後乃改用漢唐儀式。其因革次第，原非出於一時。即如金代朝祭之服，其先雖加文飾，未至盡棄其舊，至章宗乃概爲更制。是應詳考，以徵蔑棄舊典之由。衣冠爲一代昭度，夏收殷冔，不相沿襲。凡一朝所用，原各自有法程，所謂禮不忘其本也。自北魏始有易服之說，至遼、金、元諸君，浮慕好名，一再世輒改衣冠，盡去其純樸素風。傳之未久，國勢寖弱。況揆其議改者，不過云衮冕備章，文物足觀耳。殊不知潤色章身，即取其文，亦何必僅沿其式？如本朝所定朝祀之服，山龍藻火，粲然具列，皆義本禮經，而又何通天絳紗之足云耶？」蓋滿自崇德初元，已釐定上下冠服諸制。高宗一代，法式加詳，而猶於變本忘先，諄諄訓誡。亦深維乎根本至計，未可輕革舊俗。祖宗成憲具在，所宜永守勿愆也。茲就乾隆朝增改之制，以類敘次，而仍以初定者附見於篇。

皇帝朝冠，冬用薰貂，十一月朔至上元用黑狐。上綴朱緯。頂三層，貫東珠各一，皆承以金龍四，飾東珠如其數，上銜大珍珠一。夏織玉草或藤竹絲爲之，緣石青片金二層，裏用紅片金或紅紗。上綴朱緯，前綴金佛，飾東珠十五，後綴舍林，飾東珠七。頂如冬制。

吉服冠，冬用海龍、薰貂、紫貂惟其時。上綴朱緯。頂滿花金座，上銜大珍珠一。夏織玉草或藤竹絲爲之，紅紗綢裏，石青片金緣，上綴朱緯，頂如冬吉服冠。

常服冠，紅絨結頂，不加梁，餘如吉服冠。

行冠，冬用黑狐或黑羊皮、青絨，餘俱如常服冠。夏織藤竹絲爲之，紅紗裏緣。上綴朱氂。頂及梁皆黃色，前綴珍珠一。

端罩，紫貂爲之，十一月朔至上元用黑狐，明黃緞裏。左右垂帶各二，下廣而銳，色與裏同。衮服，色用石青，繡五爪正面金龍四團，兩肩前後各一。其章左日、右月，萬壽篆文，間以五色雲。春秋棉袷，冬裘夏紗，惟其時。

朝服，色用明黃，惟祀天用藍，朝日用紅，夕月用月白。披領及袖皆石青，緣用片金，冬加海龍緣。繡文兩肩前後正龍各一，腰帷行龍五，衽正龍一，襞積前後團龍各九，裳正龍二、行龍四，披領行龍二，袖端正龍各一。列十二章，日、月、星辰、山、龍、華蟲、黼黻在衣，宗彝、藻、火、粉米在裳，間以五色雲。下幅八寶平水。十一月朔至上元，披領及裳俱表以紫貂，袖端薰貂。繡文兩肩前後正龍各一，襞積行龍六。列十二章，俱在衣，間以五色雲。

龍袍，色用明黃。領、袖俱石青，片金緣。繡文金龍九。列十二章，間以五色雲。領前後正龍各一，左、右及交襟處行龍各一，袖端正龍各一。下幅八寶立水，襟左右開。棉、袷、紗、裘，各惟其時。

常服褂，色用石青，花文隨所御，裾左右開。

行褂，色用石青，長與坐齊，袖長及肘。

常服袍，色及花文隨所御，裾四開。行袍同。

行裳，色隨所御，左右各一，前平，後中豐，上下斂。橫幅石青布爲之。氈袷惟時。冬用鹿皮或黑狐爲裏。

雨冠之制二：冬頂崇，前簷深；夏頂平，前簷斂。皆明黃色，月白緞裏，氈及油綢、羽緞惟其時。

雨衣之制六：皆明黃色。一如常服褂而長與袍稱，自衽以下加博，上襲重衣，領下爲襞積，無袖，斜帷相比，上斂下遞豐，兩重俱加掩襟，領及鈕約皆青色。一以及羽緞爲之，月白緞裏，不襲重衣，餘制同，領及鈕約如衣色，油綢爲之，不加裏，鈕約青色。一如常服褂而加領，長與袍稱，氈、羽緞爲之，月白緞裏，領及鈕約如衣色。一如常服袍而袖端平，前施掩襠，油綢不加裏，領用青羽緞，鈕約青色。外加袍，袖如衣色。一如常服褂，長與坐齊，氈、羽緞爲之，月白緞裏，領及鈕約如衣色。一如常服袍而加領，長與坐齊，油綢爲之，不加裏，袖端平，前加掩襠，領用青羽緞，鈕約青色。

雨裳之制二：皆明黃色。一左右幅相交，上斂下遞博，上前加淺帷爲襞積，兩旁綴以紐約，青色，腰爲橫幅，用石青布，兩末削爲帶繫之。一前爲完幅，不加淺帷，餘制同。

朝珠，用東珠一百有八，佛頭、記念、背雲、大小墜雜飾，各惟其宜，大典禮御之。惟祀天以青金石爲飾，祀地珠用蜜珀，朝日用珊瑚，夕月用綠松石，雜飾惟宜，縧皆明黃色。

朝帶之制二：皆明黃色。一用龍文金圓版四，飾紅藍寶石或綠松石，每具銜東珠五，圍珍珠二十。左右佩帉，淺藍及白各一，下廣而銳。中約鏤金圓結，飾寶如版，圍珠各三十。佩囊文繡、燧、觿、刀、削、結佩惟宜，縧皆明黃色，大典禮御之。一用龍文金方版四，其飾祀天用青金石，祀地用黃玉，朝日用珊瑚，夕月用白玉，每具銜東珠五。佩帉及縧，惟祀天用純青，餘如圓版朝帶之制。中約圓結如版飾，銜東珠四。佩囊純石青，左觿，右削，並從版色。

吉服帶，用明黃色，鏤金版四，方圓惟便，銜珠玉雜寶，各從其宜。左右佩帉，純白，下直而齊，中約金結如版飾，餘如朝帶制。常服帶同。

行帶，色用明黃，左右佩繫以紅香牛皮爲之，飾金花文鋄銀鐶各三。佩帉以高麗布，視常服帶帉微闊而短，中約以香牛皮束，綴銀花文佩囊，明黃縧，飾珊瑚結，削、燧雜佩，各惟其宜。（初制，皇帝冠用東珠寶石鑲頂，東金鑲玉版嵌東珠帶。康熙二十三年定，凡大典禮、祭壇廟冠用大珍珠東珠鑲頂，禮服用黃色、秋香色、藍色五爪三爪龍緞。雍正元年定，禮服用石青、明黃、大紅、月白四色緞，花樣三色圓金龍九，龍口珠各一顆，腰襴小圍金龍九，周身五彩雲，下八寶平水，萬代江山。）

皇后朝冠，冬用薰貂，夏以青絨爲之。上綴朱緯。頂三層，貫東珠各一，皆承以金鳳，飾東珠各三，珍珠各十七，上銜大東珠一。朱緯上周綴金鳳七，飾東珠九，貓睛石一，珍珠二十一。後金翟一，飾貓睛石一，珍珠十六。翟尾垂珠，凡珍珠三百有二，五行二就，每行大珍珠一。中間金銜青金石結一，飾東珠、珍珠各六，末綴珊瑚。冠後護領垂明黃縧二，末綴寶石。青緞爲帶。

吉服冠，薰貂爲之，上綴朱緯，頂用東珠。

金約，鏤金雲十三，飾東珠各一，間以青金石，紅片金裏。後繫金銜綠松石結，貫珠下垂，凡珍珠三百二十四，五行三就，每行大珍珠一。中間金銜青金石結二，每具飾東珠、珍珠各八，末綴珊瑚。

耳飾，左右各三，每具金龍銜一等東珠各二。

朝褂之制三：皆石青色，片金緣。一繡文前後立龍各二，下通襞積，四層相間，上爲正龍各四，下爲萬福萬壽文。一繡文前後正龍各一，腰帷行龍四，中有襞積，下幅行龍八。一繡文前後立龍各二，中無襞積，下幅八寶平水。皆垂明黃縧，其飾珠寶惟宜。

朝袍之制三，皆明黃色。一，披領及袖皆石青片金緣，冬加貂緣，肩上下襲朝褂處亦加緣，繡文金龍九，間以五色雲，中有襞積，下幅八寶平水，披領行龍二，袖端正龍各一，袖相接處行龍各二。一，披領及袖皆石青，夏用片金緣，冬用片金加海龍緣，肩上下襲朝褂處亦加緣，繡文前後正龍各一，兩肩行龍各一，腰帷行龍四，中有襞積，下幅行龍八。一，領袖片金加海龍緣，夏片金緣，中無襞積，裾後開，餘俱如貂緣朝袍之制。領後垂明黃縧，飾珠寶惟宜。

龍褂之制二，皆石青色。一，繡文五爪金龍八團，兩肩前後正龍各一，襟行龍四，下幅八寶立水，袖端行龍各二。一，下幅及袖端不施章采。

龍袍之制三，皆明黃色，領袖皆石青。一，繡文金龍九，間以五色雲，福壽文采惟宜，下幅八寶立水，領前後正龍各一，左右及交襟處行龍各一，袖如朝袍，裾左右開。一，繡文五爪金龍八團，兩肩前後正龍各一，襟行龍四，下幅八寶立水。一，下幅不施章采。

領約，鏤金為之，飾東珠十一，間以珊瑚，兩端垂明黃縧二，中貫珊瑚，末綴綠松石各二。

朝服朝珠三盤，東珠一，珊瑚二，佛頭、記念、背雲、大小墜，珠寶雜飾惟宜。吉服朝珠一珠盤，珍寶隨所御，縧皆明黃色。

采帨，綠色，繡文為五穀豐登，佩箴管、縏袠之屬，縧皆明黃色。

朝裙，冬用片金加海龍緣，上用紅織金壽字緞，下石青行龍妝緞，皆正幅，有襞積，夏以紗為之。

太皇太后、皇太后冠服諸制與皇后同。初制，皇后冠服，凡慶賀大典，冠用東珠鑲頂，禮服用黃色、秋香色、五爪龍緞、鳳皇翟鳥等緞。太皇太后、皇太后冠服，凡遇受賀諸慶典，冠用東珠鑲頂，禮服用黃色、秋香色、五爪龍緞、繡緞、妝緞。

皇貴妃朝冠，冬用薰貂，夏以青絨為之，上綴朱緯。頂三層，貫東珠各一，皆承以金鳳，飾東珠各三，珍珠各十七，上銜大珍珠一。朱緯上周綴金鳳七，飾東珠各九，珍珠各二十一。後金翟一，飾貓睛石一，珍珠十六。翟尾垂珠，凡珍珠一百九十二，三行二就，中間金銜青金石結一，東珠珍珠各四，末綴珊瑚。冠後護領垂明黃縧二，末綴寶石，青緞為帶。吉服冠與皇后同。

金約，鏤金雲十二，飾東珠各一，間以珊瑚，紅片金裏，後繫金銜綠松石結，貫珠下垂，凡珍珠二百有四，三行三就，中間金銜青金石結二，每具飾東珠珍珠各六，末綴珊瑚。耳飾用二等東珠，餘同皇后。朝褂、朝袍、龍褂、龍袍、采帨、朝裙皆與皇后同。

領約，鏤金為之，飾東珠七，間以珊瑚，兩端垂明黃縧二，中貫珊瑚，末綴珊瑚各二。

朝服朝珠三盤，蜜珀一，珊瑚二。吉服朝珠一盤，縧明黃色。

貴妃冠服袍及垂縧皆金黃色，餘與皇貴妃同。

妃朝冠，頂二層，貫東珠各一，皆承以金鳳，飾東珠九，珍珠十七，上銜貓睛石。朱緯上周綴金鳳五，飾東珠七，珍珠二十一。後金翟一，飾貓睛石一，珍珠十六。翟尾垂珠，凡珍珠一百八十八，三行二就，中間金銜青金石結一，飾東珠珍珠各四，末綴珊瑚。冠後護領垂金黃縧二，末綴寶石，青緞為帶。吉服冠頂用碧亞玭，餘同貴妃。

金約，鏤金雲十一，飾東珠各一，間以青金石，紅片金裏，後繫金銜綠松石結，貫珠下垂，凡珍珠一百九十七，三行三就，中間金銜青金石結二，每具飾東珠珍珠各六，末綴珊瑚。耳飾用三等東珠，餘同貴妃。朝褂、朝袍、龍褂、龍袍、領約、朝裙、朝珠皆與貴妃同。

采帨繡文為雲芝瑞草，餘與貴妃同。

嬪朝冠，頂二層，貫東珠各一，皆承以金翟，飾東珠九，珍珠十七，上銜磲子。朱緯上周綴金翟五，飾東珠五，珍珠十九。後金翟一，飾珍珠十六。翟尾垂珠，凡珍珠一百七十二，三行二就，中間金銜青金石結一，飾東珠珍珠各三，末綴珊瑚。冠後護領垂金黃縧二，末綴寶石，青緞為帶。吉服冠與妃同。

金約，鏤金雲八，飾東珠各一，間以青金石，紅片金裏，後繫金銜綠松石結，貫珠下垂，凡珍珠一百七十七，三行二就，中間金銜青金石結二，每具飾東珠珍珠各四，末綴珊瑚。耳飾用四等東珠，餘與妃同。

朝褂與妃同。龍褂繡文兩肩前後正龍各一，襟夔龍四，餘同妃制。朝袍、龍袍俱用香色，餘與妃同。

朝服朝珠三盤，珊瑚一，蜜珀二。吉服朝珠一盤，縧用金黃色。領約、朝裙皆與妃同。采帨不繡花文，餘同妃制。初制，皇貴妃、貴妃、妃、嬪冠服，凡慶賀大典，皇貴妃、貴妃冠頂用東珠十二顆，妃冠頂用東珠十一顆，禮服用鳳凰翟鳥等緞、五爪龍緞、妝緞、八團龍等緞，至黃色、秋香色，自皇貴妃以下概不許服。嬪冠頂用東珠十顆，禮服用翟鳥等緞、五爪龍緞、妝緞、四團龍等緞。

皇子朝冠，冬用薰貂、青狐，惟其時，上綴朱緯，頂金龍二層，飾東珠十，銜紅寶石。夏織玉草或藤竹絲為之，石青片金緣二層，裏用紅片金或紅紗，上綴朱緯，前綴舍林，飾東珠五，後綴金花，飾東珠四，頂如冬朝冠。吉服冠，紅絨結頂。

端罩，紫貂為之，金黃緞裏，左右垂帶各二，下廣而銳，色與裏同。龍褂，色用石青，正面繡五爪金龍四團，兩肩前後各一，間以五色雲。

朝服之制二，皆金黃色。一，披領及裳俱表以紫貂，袖端薰貂，繡文兩肩前後正龍各一，襞積行龍六，間以五色雲。一，披領及袖俱石青片金緣，冬加海龍緣，繡文兩肩前後正龍各一，腰帷行龍四，裳行龍八，披領行龍二，袖端正龍各一，下幅八寶平水。蟒袍亦金黃色，片金緣，繡文九蟒，裾左右開。

朝珠不得用東珠，餘隨所用，縧皆金黃色。

朝帶，色用金黃，金銜玉方版四，每具飾東珠四，中銜貓睛石一，左右佩縧如帶色。吉服帶亦色用金黃，版飾惟宜，佩縧如帶色。

雨冠、雨衣、雨裳，均用紅色，氈、羽紗、油綢，各惟其時。初制，皇子冠服，凡慶賀大典，冠用東珠十三顆鑲頂，禮服用秋香等色、五爪三爪龍緞、滿翠、八團龍等緞，束金鑲玉嵌東珠帶。

親王朝冠與皇子同。吉服冠，冬用海龍、薰貂、紫貂，惟其時，夏織玉草或藤竹絲為之，紅紗綢裏，石青片金緣，上綴朱緯，頂用紅寶石。曾賜紅絨結頂者，亦得用之。

端罩，青狐為之，月白緞裏，若曾賜金黃色者，亦得用之。補服，用石青色，繡五爪金龍四團，前後正龍，兩肩行龍。朝服、蟒袍，藍及石青隨所用，若曾賜金黃色者，亦得用之，餘與皇子同。

朝珠、朝帶、吉服帶、雨冠、雨衣、雨裳，均與皇子同。崇德元年定，親王冠頂三層，上銜紅寶石，中嵌東珠八，前舍林嵌東珠四，後金花嵌東珠三，帶用金鑲玉版四片，每片嵌東珠四。順治九年定，冠頂共嵌東珠十，舍林、金花各增嵌東珠一，帶四片，每片嵌東珠四，服用五爪四團龍補、五爪龍緞、滿翠四補等緞。

親王世子朝冠，頂金龍二層，飾東珠九，上銜紅寶石。夏朝冠，前綴舍林，飾東珠五，後綴金花，飾東珠四。吉服冠、端罩、補服、朝服、蟒袍、朝珠皆與親王同。

朝帶，色用金黃，金銜玉方版四，每具飾東珠三，左右佩縧如帶色。吉服帶與親王同。順治九年定，親王世子冠頂三層，共嵌東珠九，帶用金鑲玉版四片，每片嵌東珠三，服與親王同。

郡王朝冠，頂金龍二層，飾東珠八，上銜紅寶石。夏朝冠，前綴舍林，飾東珠四，後綴金花，飾東珠三。吉服冠、端罩皆與親王世子同。

補服用石青色，繡五爪行龍四團，兩肩前後各一。朝服、蟒袍、朝珠皆與親王世子同。

朝帶，色用金黃，金銜玉方版四，每具飾東珠二，貓睛石一，佩縧如帶色。吉服帶與親王世子同。崇德元年定，郡王冠頂三層，上銜紅寶石，中嵌東珠七，前舍林嵌東珠三，後金花嵌東珠二，帶用金鑲玉版四片，嵌綠松石四。順治九年定，冠頂共嵌東珠八，舍林、金花各增嵌東珠一，帶四片，每片嵌東珠二，服與親王同。

貝勒朝冠，頂金龍二層，飾東珠七，上銜紅寶石。夏朝冠，前綴舍林，飾東珠三，後綴金花，飾東珠二。吉服冠、端罩皆與郡王同。

補服，色用石青，前後繡四爪正蟒各一團。朝服通繡四爪蟒文，蟒袍亦如之，均不得用金黃色，餘隨所用。朝珠縧用石青色，餘同郡王。朝帶，色用金黃，金銜玉方版四，每具飾東珠二，佩縧皆石青色。吉服帶，色用金黃，版飾惟宜，佩縧亦皆石青色。崇德元年定，貝勒冠頂三層，上銜紅寶石，中嵌東珠六，前舍林綴東珠二，後金花綴東珠一，帶用金鑲玉版四片，嵌寶石四。順治九年定，冠頂共嵌東珠七，舍林、金花各增嵌東珠一，帶四片，每片嵌東珠二，服用四爪兩團龍補及蟒緞、妝緞。

貝子朝冠，頂金龍二層，飾東珠六，上銜紅寶石。夏朝冠，前綴舍林，飾東珠二，後綴金花，飾東珠一。吉服冠頂用紅寶石，皆戴三眼孔雀翎。孔雀翎有三眼、雙眼、單眼之分，遇賞均得戴用。端罩制同貝勒。補服，色用石青，前後繡四爪行蟒各一團。朝服、蟒袍、朝珠皆與貝勒同。

朝帶，色用金黃，金銜玉方版四，每具飾東珠一。吉服帶與貝勒同。崇德元年定，貝子冠頂二層，上銜紅寶石，中嵌東珠五，前舍林、後金花各嵌東珠一，帶用金鑲玉版四片，每片嵌藍寶石一。順治九年定，冠頂共嵌東珠六，舍林增嵌東珠一，餘如舊，帶四片，每片嵌東珠一，服與貝勒同。

鎮國公朝冠，頂金龍二層，飾東珠五，上銜紅寶石。夏朝冠，前綴舍林，飾東珠一，後綴金花，飾綠松石一。吉服冠，入八分公頂用紅寶石，未入八分公用珊瑚，皆戴雙眼孔雀翎。端罩，紫貂為之，月白緞裏。補服，前後繡四爪正蟒方補。朝服、蟒袍、朝珠與貝子同。

朝帶，金銜玉方版四，每具飾貓睛石一。吉服帶與貝子同。崇德元年定，鎮國公冠頂二層，上銜紅寶石，中嵌東珠四，前舍林嵌東珠一，後金花嵌綠松石一，帶如貝子。順治九年定，冠頂共嵌東珠五，餘如舊，帶四片，每片嵌貓睛石一，服用四爪方蟒補，餘與貝勒同。

輔國公朝冠，頂金龍二層，飾東珠四，上銜紅寶石，餘皆如鎮國公。崇德元年定，輔國公冠頂二層，上銜紅寶石，中嵌東珠三，前舍林嵌綠松石一，後金花嵌寶石一，帶如鎮國公。順治九年定，冠頂共嵌東珠四，舍林、金花、帶、服色俱與鎮國公同。

鎮國將軍朝冠，頂鏤花金座，中飾東珠一，上銜紅寶石。吉服冠頂用珊瑚。補服，前後繡麒麟，餘皆視武一品。崇德元年定，鎮國將軍冠頂上銜紅寶石，帶用金鑲圓版，嵌紅寶石四。順治九年定，冠頂中節嵌東珠，帶用金鑲方玉版，各嵌紅寶石一，補服繡麒麟，餘與鎮國公同。

輔國將軍朝冠頂鏤花金座中飾小紅寶石上銜鏤花珊瑚吉服冠頂亦用鏤花珊瑚補服前後繡獅餘皆視武二品（崇德元年定輔國將軍冠頂上銜藍寶石帶用圓金版順治九年定冠頂改銜紅寶石中飾嵌小紅寶石一帶如鎮國將軍補服繡獅餘與鎮國公同）

奉國將軍朝冠頂鏤花金座中飾小紅寶石一上銜藍寶石吉服冠頂亦用藍寶石補服前後繡豹餘皆視武三品（崇德元年定奉國將軍冠頂上銜水晶石帶用玲瓏鈒金方鐵版順治九年定冠頂上銜紅寶石中飾嵌小藍寶石一帶用起花金圓版補服繡豹餘與鎮國公同）

奉恩將軍朝冠頂鏤花金座中飾小藍寶石一上銜青金石補服前後繡虎餘皆視武四品惟衣裾四啓帶用金黃色凡宗室皆如之覺羅用紅色（順治九年定奉恩將軍冠頂上銜藍寶石中飾嵌小藍寶石一帶用起花金鑲銀圓版補服繡虎餘與鎮國公同）

固倫額駙吉服冠頂用紅寶石戴三眼孔雀翎吉服帶用金黃色餘與貝子同（崇德元年定固倫額駙冠服與貝子同順治八年定冠頂嵌東珠六舍林嵌東珠二金花嵌東珠一帶用金鑲玉圓版四片每片嵌東珠一）

和碩額駙吉服冠頂用珊瑚戴雙眼孔雀翎朝帶色用石青或藍金銜玉圓版四餘與鎮國公同（崇德元年定和碩額駙冠服與超品公同如封爵在公以上者仍照本階服用順治八年定冠頂嵌東珠四舍林嵌東珠一金花嵌綠松石一帶用金鑲玉圓版四片每片嵌貓睛石一）

郡主額駙朝帶用鏤金圓版四每具飾綠松石一餘視武一品（崇德元年定郡主額駙冠頂上銜紅寶石嵌東珠一帶用金圓版四片嵌綠松石四順治八年定冠帶與侯伯同康熙元年定用四爪蟒補服）

縣主額駙冠服視武二品（崇德元年定縣主額駙冠頂上銜紅寶石帶用金圓版四片每片嵌紅寶石四）

郡君額駙冠服視武三品（崇德元年定郡君額駙冠頂上嵌藍寶石帶用金圓版四片）

縣君額駙朝帶用鈒金方鐵版四餘與武四品同（崇德元年定縣君額駙冠頂上銜水晶石帶用鈒金方鐵版四片）

鄉君額駙朝帶用鈒金方鐵版四餘與武五品同（崇德元年定鄉君額駙冠用金頂帶用鈒金圓鐵版四片並按固倫額駙若爵在貝子以上和碩額駙爵在鎮國公以上者冠服各從其品郡主額駙以下皆如之）

民公朝冠冬用薰貂十一月朔至上元用青狐頂鏤花金座中飾東珠四上銜紅寶石夏頂制同吉服冠頂用珊瑚

端罩貂皮爲之藍緞裏補服色用石青前後繡四爪正蟒

朝服藍及石青諸色隨所用披領及袖俱石青片金緣冬加海龍緣兩肩前後正蟒各一腰帷行蟒四中有襞積裳行蟒八十一月朔至上元披領及裳俱表以紫貂袖端薰貂兩肩前後正蟒各一襞積行蟒四皆四爪曾賜五爪蟒緞者亦得用之蟒袍藍及石青諸色隨所用通繡九蟒

朝珠珊瑚青金綠松蜜珀隨所用雜飾惟宜縧用石青色朝帶色用石青或藍鏤金玉圓版四每具飾貓睛石一佩帉下廣而銳吉服帶佩帉下直而齊版飾惟宜雨冠雨衣雨裳俱用紅色（崇德元年定民公冠頂上銜紅寶石中嵌東珠一帶用金圓版四片嵌綠松石四順治二年定冠用起花金頂上銜紅寶石中嵌東珠三帶用金鑲圓玉版四片各嵌綠松石一八年定冠頂嵌東珠四帶片各嵌貓睛石一）

侯朝冠頂鏤花金座中飾東珠三上銜紅寶石朝帶鏤金銜玉圓版四每具飾綠松石一餘皆如公

伯朝冠頂鏤花金座中飾東珠二上銜紅寶石朝帶鏤金銜玉圓版四每具飾紅寶石一餘皆如侯

子朝冠頂鏤花金座中飾東珠一上銜紅寶石補服前後繡麒麟餘皆視武一品

男朝冠頂鏤花金座中飾小紅寶石上銜鏤花珊瑚補服前後繡獅餘皆視武二品（順治二年定侯伯冠用起花金頂上銜紅寶石中嵌東珠一帶用金鑲方玉版四片每片嵌紅寶石一六年定冠頂嵌東珠二帶改用圓金版八年定侯冠頂東珠三帶片各嵌綠松石一）

皇子福晉朝冠頂鏤金三層飾東珠十上銜紅寶石朱緯上周綴金孔雀五飾東珠七小珍珠三十九後金孔雀一垂珠三行二就中間金銜青金石結一飾東珠各三末綴珊瑚冠後護領垂金黃縧二末亦綴珊瑚青緞爲帶吉服冠頂用紅寶石

金約鏤金雲九飾東珠各一間以青金石紅片金裏後繫金銜青金石結貫珠下垂三行三就中間金銜青金石結二每具飾東珠珍珠各四末綴珊瑚耳飾左右各三每具金雲銜珠各二

朝褂色用石青片金緣繡文前行龍四後行龍三領後垂金黃縧雜飾惟宜吉服褂色用石青繡五爪正龍四團前後兩肩各一朝袍用香色披領及袖皆石青片金緣冬加海龍緣肩上下襲朝褂處亦加緣繡文前後正龍各一兩肩行龍各一襟行龍四披領行龍二袖端正龍各一袖相接處行龍各二裾後開領後垂金黃縧雜飾惟宜蟒袍用香色通繡九龍

領約鏤金爲之飾東珠七間以珊瑚兩端垂金黃縧二中貫珊瑚末綴珊瑚各二采帨月白色不繡花文結佩惟宜縧皆金黃色朝裙片金緣冬加海龍緣上用紅緞下石青行龍粧緞皆正幅有襞積夏以紗爲之

朝服朝珠三盤珊瑚一蜜珀二吉服朝珠一盤珍寶隨所御縧皆金黃色

親王福晉吉服褂繡五爪金龍四團前後正龍兩肩行龍餘皆與皇子福晉同（側福晉冠頂等各飾東珠九服與嫡福晉同並按崇德元年定親嵌東珠八側妃嵌東珠七順治九年定嫡妃冠頂增嵌東珠二服龍補五爪龍粧緞滿翠四補等緞側妃冠頂增嵌東珠二服與嫡妃同）

世子福晉朝冠頂鏤金二層飾東珠九上銜紅寶石朱緯上周綴金孔雀五飾東珠各六後金孔雀一垂珠三行二就中間金銜青金石結一飾東珠各三末綴珊瑚冠後護領垂金黃縧二末亦綴珊瑚青緞爲帶

金約鏤金雲八飾東珠各一間以青金石後繫金銜青金石結垂珠三行三就中間金銜青金石結二每具飾東珠珍珠各四末綴珊瑚餘皆與親王福晉同（順治九年定世子嫡妃冠服如親王側妃其側妃冠頂嵌東珠八服與嫡妃同）

郡王福晉朝冠頂鏤金二層飾東珠八上銜紅寶石朱緯上周綴金孔雀五飾東珠各五後金孔雀一垂珠三行二就中間金銜青金石結一末綴珊瑚冠後護領垂金黃縧二末亦綴珊瑚青緞爲帶吉服冠與世子福晉同

金約鏤金雲八飾東珠各一間以青金石後繫金銜青金石結垂珠三行三就中間金銜青金石結二末綴珊瑚

吉服褂繡五爪行龍四團前後兩肩各一餘皆與世子福晉同（崇德元年定郡王嫡妃冠頂嵌東珠七側妃嵌東珠六順治九年定嫡妃冠服與世子側妃同其側妃冠頂嵌東珠七服用蟒緞粧緞各色花素緞）

貝勒夫人朝冠頂鏤金二層飾東珠七上銜紅寶石朱緯上周綴金孔雀五飾東珠各三後金孔雀一垂珠三行二就中間金銜青金石結一末綴珊瑚冠後護領垂石青縧二末亦綴珊瑚吉服冠與郡王福晉同

金約鏤金雲七餘同郡王福晉耳飾亦與郡王福晉同

朝褂繡四爪蟒領後垂石青縧吉服褂前後繡四爪正蟒各一餘與郡王福晉同

朝袍藍及石青諸色隨所用領袖片金緣冬用片金加海龍緣繡四爪蟒領後垂石青縧蟒袍通繡九蟒餘皆與郡王福晉同（崇德元年定貝勒嫡夫人冠頂嵌東珠六側夫人嵌東珠五順治九年定嫡夫人冠服如郡王側妃其側夫人冠頂嵌東珠五服與嫡夫人同）

貝子夫人朝冠頂鏤金二層飾東珠六金約鏤金雲六吉服褂前後繡四爪行蟒各一餘皆與貝勒夫人同（崇德元年定貝子嫡夫人冠頂嵌東珠五側夫人嵌東珠四順治九年定嫡夫人冠服如貝勒側夫人其側夫人冠頂嵌東珠五服與嫡夫人同）

鎮國公夫人朝冠頂鏤金二層飾東珠五金約鏤金雲五吉服褂繡花八團餘皆與貝子夫人同（崇德元年定鎮國公夫人冠頂嵌東珠四順治九年定夫人冠頂嵌東珠五服與貝子夫人同）

輔國公夫人朝冠頂鏤金二層飾東珠四金約鏤金雲四餘皆與鎮國公夫人同（崇德元年定輔國公夫人冠頂嵌東珠三順治九年定夫人冠頂嵌東珠四服與鎮國公夫人同）

鎮國將軍夫人冠服均視一品命婦

輔國將軍夫人冠服均視二品命婦

奉國將軍淑人冠服均視三品命婦

奉恩將軍恭人冠服均視四品命婦

固倫公主冠服制如親王福晉（崇德元年定固倫公主冠頂嵌東珠八順治九年定冠頂增嵌東珠二服用翟鳥五爪四團龍補滿翠四補等緞）

和碩公主朝冠金約制如親王世子福晉餘與固倫公主同（崇德元年定和碩公主冠頂嵌東珠七順治九年定冠頂增嵌東珠二服與固倫公主同）

郡主朝冠金約制如郡王福晉餘與和碩公主同（崇德元年定郡主冠頂嵌東珠六順治九年定冠頂增嵌東珠二服與和碩公主同）

縣主朝冠金約制如貝勒夫人吉服褂制如郡王福晉餘與郡主同（崇德元年定縣主冠頂嵌東珠五順治九年定冠頂增嵌東珠一服與郡主同）

郡君朝冠金約制如貝子夫人吉服褂制如貝勒夫人餘皆與縣主同（崇德元年定郡君冠頂嵌東珠四順治九年定冠頂增嵌東珠一服與縣主同）

縣君朝冠金約制如鎮國公夫人吉服褂制如貝子夫人餘皆與郡君同（崇德元年定縣君冠頂嵌東珠三順治九年定冠頂增嵌東珠一服與郡君同）

鄉君朝冠金約制如輔國公夫人吉服褂制如鎮國公夫人餘同縣君

輔國公女鄉君朝冠頂鏤金二層飾東珠三金約鏤金雲三餘與鎮國公女鄉君同

王貝勒側室女雖降等食五品六品俸其冠服仍與鄉君同

民公夫人朝冠冬用薰貂夏以青絨爲之頂鏤花金座飾東珠四上銜紅寶石前緣金簪三飾以珠寶護領縧用石青色吉服冠薰貂爲之頂用珊瑚金約青緞爲之紅片金裏中綴金火燄飾珍珠一左右金龍鳳各一後垂青緞帶二亦紅片金裏耳飾左右各三每具金雲銜珠各二

朝褂色用石青片金緣繡文前行蟒二後行蟒一領後垂石青絛雜佩惟宜朝袍藍及石青諸色隨所用披領及袖皆石青冬用片金加海龍緣繡文前後正蟒各一兩肩行蟒各一襟行蟒四中無襞積披領行蟒二袖端正蟒各一袖相接處行蟒各二後垂石青絛雜佩惟宜吉服褂色用石青繡花八團

蟒袍藍及石青諸色隨所用通四爪九蟒領約鏤金爲之飾紅藍小寶石五兩端垂石青絛二中貫珊瑚末綴珊瑚各二

朝珠朝服用三吉服用一珊瑚青金蜜珀綠松隨所用雜飾惟宜絛用石青色

采帨月白色不繡花雜飾惟宜絛皆石青色朝裙夏片金緣冬加海龍緣上用紅緞下石青行蟒粧緞皆正幅有襞積（崇德元年定未入八分公夫人冠頂服飾惟正室視其夫品級服用）

侯夫人朝冠頂鏤花金座中飾東珠三上銜紅寶石餘皆如民公夫人

伯夫人朝冠頂鏤花金座中飾東珠二上銜紅寶石餘皆如侯夫人

子夫人朝冠頂鏤花金座中飾東珠一上銜紅寶石餘皆如伯夫人

男夫人朝冠頂鏤花金座中飾紅寶石一上銜鏤花紅珊瑚吉服冠頂鏤花珊瑚餘皆如子夫人

文一品朝冠頂鏤花金座中飾東珠一上銜紅寶石補服前後繡鶴惟都御史繡獬豸朝帶鏤金銜玉方版四每具飾紅寶石一餘皆如公

武一品補服前後繡麒麟餘皆如文一品

文二品朝冠冬用薰貂十一月至上元用貂尾頂鏤花金座中飾小紅寶石一上銜鏤花珊瑚吉服冠頂亦用鏤花珊瑚補服前後繡錦雞朝帶鏤金圓版四每具飾紅寶石一餘皆如文一品

武二品補服前後繡獅餘皆如文二品

文三品朝冠頂鏤花金座中飾小紅寶石一上銜藍寶石吉服冠頂亦用藍寶石補服前後繡孔雀惟副都御史及按察使前後繡獬豸朝帶鏤花金圓版餘皆如文二品

武三品朝冠冬用薰貂補服前後繡豹餘皆如文三品惟朝服無貂緣及無端罩一等侍衛戴孔雀翎端罩猞猁猻間以貂皮月白緞裏餘如武三品

文四品朝冠頂鏤花金座中飾藍寶石一上銜青金石吉服冠頂亦用青金石補服前後繡雁惟道繡獬豸蟒袍通繡四爪八蟒朝帶銀銜鏤花金圓版四餘皆如文三品

武四品補服前後繡虎餘皆如文四品二等侍衛戴孔雀翎端罩紅豹皮爲之素紅緞裏朝服冬夏均藕絨緣色用石青通身雲緞前後方襴行蟒各一腰帷行蟒四中有襞積領袖俱石青粧緞餘如武四品

文五品朝冠頂鏤花金座中飾小藍寶石一上銜水晶石吉服冠頂亦用水晶補服前後繡白鷴惟給事中御史繡獬豸朝服色用石青片金緣通身雲緞前後方襴行蟒各一中有襞積領袖俱用石青粧緞朝帶銀銜素金圓版四餘皆如文四品

武五品補服前後繡熊餘皆如文五品惟無朝珠三等侍衛戴孔雀翎端罩黃狐皮爲之月白緞裏朝服冬夏俱藕絨緣餘如武五品惟得用朝珠

文六品朝冠頂鏤花金座中飾小藍寶石一上銜硨磲吉服冠頂亦用硨磲補服前後繡鷺鷥朝帶銀銜玳瑁圓版四餘皆如文五品惟無朝珠（五品官以下惟京堂翰詹科道得用貂褂朝珠六品官以下惟太常寺鴻臚寺光祿寺國子監所屬官壇廟執事殿庭侍儀得用朝珠）

武六品補服前後繡彪餘皆如文六品藍翎侍衛朝冠頂飾小藍寶石一上銜硨磲戴藍翎端罩朝服朝珠均同三等侍衛餘如武六品

文七品朝冠頂鏤花金座中飾小水晶一上銜素金吉服冠頂亦用素金補服前後繡鸂鶒朝帶素圓版四蟒袍通繡四爪五蟒餘皆如文六品

武七品補服前後繡犀牛餘皆如文七品

文八品朝冠鏤花陰文金頂無飾吉服冠同補服前後繡鵪鶉朝服色用石青雲緞無蟒領袖冬夏皆青倭緞中有襞積朝帶銀銜明羊角圓版四餘皆如文七品

武八品補服如武七品餘皆如文八品

文九品朝冠鏤花陽文金頂吉服冠同補服前後繡練雀朝帶銀銜烏角圓版四餘皆如文八品

武九品補服前後繡海馬餘皆如文九品

未入流冠服制如文九品

凡雨冠民公侯伯子男一二三品文武官御前侍衛乾清門侍衛上書房南書房翰林批本處行走人員皆用紅色四五六品文武官雨冠中用紅色青緣七八九品文武官雨冠中用青色紅緣雨衣雨裳民公侯伯子文武一品官御前侍衛各省督撫皆用紅色二品以下文武官皆用青色其明黃色行褂則領侍衛大臣御前大臣侍衛班長護軍統領健銳營翼領及凡諸臣之蒙賜者皆得用之

凡帶親王以下宗室以上皆束金黃帶覺羅紅帶其金黃帶紅帶非上賜者不得給予異姓

凡朝珠王公以下文職五品武職四品以上及翰詹科道侍衛公主福晉以下五品官命婦以上均得用以雜寶及諸香爲之禮部主事太常寺博士典簿讀祝官贊禮郎鴻臚寺鳴贊光祿寺署正署丞典簿國子監監丞博士助教學正學錄除在壇廟執事及殿廷侍儀准用其平時燕處及在公署仍不得用

凡孔雀翎翎端三眼者貝子戴之二眼者鎮國公輔國公和碩額駙戴之一眼者內大臣一二三四等侍衛前鋒護軍各統領參領前鋒侍衛諸王府長吏散騎郎二等護衛均得戴之翎根並綴藍翎貝勒府司儀長親王以下二三等護衛及前鋒親軍護軍校均戴染藍翎

凡坐褥親王冬用貂夏用龍文赤繒世子郡王冬用猞猁猻緣貂夏蟒文青繒貝勒冬用猞猁猻夏青繒施采貝子冬用白豹夏綵繒緣青繒均藉紅白氈鎮國公冬用全赤豹皮夏青花赤繒輔國公冬用方赤豹皮夏赤花皁繒均藉紅氈鎮國將軍視一品輔國將軍視二品奉國將軍視三品奉恩將軍視四品民公冬用全虎皮夏皁繒侯伯冬均用方虎皮夏侯用綠花皁繒伯用青雲繒均藉紅氈子男各從其品固倫公主額駙視貝子和碩公主額駙視鎮國公郡主額駙冬用貛夏皁褐緣紅褐均藉紅氈郡君額駙視三品縣君額駙視四品鄉君額駙視五品文武官一品冬用狼夏紅褐二品冬用貛夏紅褐緣皁褐三品冬用貉夏皁褐緣紅褐四品冬用青山羊夏皁布均藉紅氈五品冬用青羊夏青布六品冬用黑羊夏褐色布七品冬用鹿夏灰色布八品冬用麕夏土布九品冬用獺夏與八品同均藉白氈

凡寒燠更用冠服每歲春季用涼朝冠及夾朝衣秋季用暖朝冠及緣皮朝衣於三九月內或初五日或十五日或二十五日酌擬一日均前一月由禮部奏請得旨通行各衙門一體遵照

凡文武候補候選官頂帶均與現任同（崇德元年定都統尚書冠頂上銜紅寶石帶用金圓版四片嵌紅寶石四內大臣大學士副都統護軍統領前鋒統領侍郎冠頂上銜藍寶石帶用金圓版四片一等侍衛護衛參領學士滿啓心郎郎中冠頂上銜水晶帶用鍍金鐵版四片二等三等侍衛護衛佐領漢啓心郎員外郎冠用金頂帶用鍍金圓鐵版四片護軍校主事冠用金頂帶用鍍金圓鐵版二片順治二年定一品官冠用起花金頂上銜紅寶石中嵌東珠一帶用金鑲方玉版四片每片嵌紅寶石一二品官冠用起花金頂上銜紅寶石中嵌小紅寶石帶用起花金圓版四片嵌紅寶石一三品官冠用起花金頂上銜紅寶石中嵌小藍寶石帶用起花金圓版四片四品官冠用起花金頂上銜藍寶石中嵌小藍寶石帶用起花金圓版四片銀鑲邊五品官冠用起花金頂上銜水晶中嵌小藍寶石帶用素金圓版四片銀鑲邊六品官冠用起花金頂上銜水晶帶用玳瑁圓版四片銀鑲邊七品官冠用起花金頂中嵌小藍寶石帶用素銀圓版四片八品官冠用起花金頂帶用明羊角圓版四片銀鑲邊九品官冠用起花銀頂帶用烏角圓版四片銀鑲邊順治九年定武官補服一品二品用獅三品用虎四品用豹又雍正五年定奉國將軍及三品官冠用起花珊瑚頂六品官冠用水晶石頂）

一品命婦朝冠頂鏤花金座中飾東珠一上銜紅寶石餘皆如民公夫人

二品命婦朝冠頂鏤花金座中飾紅寶石一上銜鏤花珊瑚吉服冠頂亦用鏤花珊瑚餘皆如一品命婦

三品命婦朝冠頂鏤花金座中飾紅寶石一上銜藍寶石吉服冠頂亦用藍寶石餘皆如二品命婦

四品命婦朝冠頂鏤花金座中飾小藍寶石一上銜青金石吉服冠頂亦用青金石朝袍片金緣繡文前後行蟒各二中無襞積後垂石青絛雜飾惟宜蟒袍通繡四爪八蟒朝裙片金緣上用綠緞下石青行蟒粧緞均正幅有襞積餘皆如三品命婦

五品命婦朝冠頂鏤花金座中飾小藍寶石一上銜水晶吉服冠頂亦用水晶餘皆如四品命婦

六品命婦朝冠頂鏤花金座中飾小藍寶石一上銜硨磲吉服冠頂亦用硨磲餘皆如五品命婦

七品命婦朝冠頂鏤花金座中飾小水晶一上銜素金吉服冠頂亦用素金蟒袍通繡五蟒餘皆如六品命婦（崇德元年定命婦冠服各視其夫官階皇后侍從婦女冠用金頂上銜紅寶石貴妃侍從婦女冠用金頂上銜水晶石親郡王妃侍從婦女與妃侍從婦女同貝勒夫人侍從婦女冠用金頂貝子夫人侍從婦女冠不用頂首飾嵌珍珠寶石綠松石）

會試中式貢士朝冠頂鏤花金座上銜金三枝九葉吉服冠頂用素金狀元金頂上銜水晶授職後各視其品舉人公服冠頂鏤花銀座上銜金雀公服袍青綢藍緣披領如袍式公服帶制如文八品朝帶吉服冠頂銀座上銜素金貢生吉服冠鏤花金頂餘同舉人監生吉服冠素銀頂餘同貢生生員冠頂鏤花銀座上銜銀雀公服袍藍綢青緣披領如袍式公服帶制如文九品朝帶吉服冠頂與監生同外郎耆老冠頂以錫從耕農官袍以青絨爲之頂同八品祭祀文舞生冬冠騷鼠爲之頂鏤花銅座中飾方銅鏤葵花上銜銅三角如火珠形袍以綢爲之其色南郊用石青北郊用黑各壇廟俱用紅惟夕月壇用月白前後方襴銷金葵花帶用綠綢武舞生冠頂上銜銅三稜如古戟形袍以綢爲之通

鎖金葵花餘俱與文舞生同樂部樂生冠頂鏤花銅座上植明黃翎樂部袍紅緞爲之前後方襴繡黃鸝中和韶樂部樂生執戲竹人服之一通織小團葵花丹陛大樂諸部樂生服之帶均用綠雲緞鹵簿輿士冬冠以豹皮及黑氈爲之頂鏤花銅座上植明黃翎袍如丹陛大樂諸部樂生帶如祭祀文舞生鹵簿護軍袍石青緞爲之通織金壽字片金緣領袖俱織金葵花鹵簿校尉冬冠平簷頂素銅上植明黃翎袍帶俱同鹵簿輿士順治三年定庶民不得用緞繡等服滿洲家下僕隸有用蟒緞粧緞錦繡服飾者嚴禁之九年定涼帽暖帽圓月惟職官用紅片金庶人則用紅緞僧道服袈裟道服外許用紬絹紡絲素紗各色布袍用土黑縭黑二色康熙元年定軍民人等有用蟒緞粧緞金花緞片金倭緞貂皮狐皮猞猁猻爲服飾者禁之三十九年定八旗舉人官生貢生生員監生護軍領催許服平常緞紗天馬銀鼠不得服用漢舉人官生貢生監生生員除猻皮外例亦如之軍民胥吏不得用猻狐等皮有以貂皮爲帽者並禁之又兵民人等鞍轡不得用纈緞倭緞搭鐙鑲緣及鍍金爲飾雍正元年以職官不按定例懸帶數珠馬項下懸紅纓使人前馬又有越分者坐褥至以綢爲之令八旗大臣統領衙門及都察院嚴行稽察如大臣等徇情疏忽同罪王諸王間賞所屬人員數珠等物並行文八旗都統歲應彙奏二年又申明加級官員項帶補服坐褥越級僭用之禁官員軍民服色有用黑狐皮秋香色米色香色及鞍轡用米色秋香色者於定例外加罪議處該管官員不行舉發亦如之

清史稿

輿服志三

皇帝御寶　皇后金寶太皇太后皇太后金寶玉寶附

皇貴妃以下寶印　皇子親王以下寶印

文武官印信關防條記

清初設御寶於交泰殿立尙寶司其後以內監典守當用則內閣請而用之乾隆十一年考定寶譜藏之交泰殿者二十有五藏之盛京者十交泰殿所藏曰大清受命之寶以章皇序白玉方四寸四分厚一寸盤龍紐高二寸曰皇帝奉天之寶以章奉若碧玉方四寸四分厚一寸一分盤龍紐高三寸五分曰大清嗣天子寶以章繼繩金方二寸四分厚八分交龍紐高一寸七分曰皇帝之寶以布詔赦青玉方三寸九分厚一寸交龍紐高二寸一分曰皇帝之寶以肅法駕栴檀香木方四寸八分厚一寸八分盤龍紐高三寸五分曰天子之寶以祀百神白玉方二寸四分厚八分交龍紐高一寸三分曰皇帝尊親之寶以薦徽號白玉方二寸一分厚七分交龍紐高一寸三分曰皇帝親親之寶以展宗盟白玉方二寸二分厚一寸二分交龍紐高一寸二分曰皇帝行寶以頒賜賚碧玉方四寸八分厚一寸九分蹲龍紐高二寸五分曰皇帝信寶以徵戎伍白玉方三寸三分厚六分交龍紐高一寸六分曰天子行寶以册外蠻碧玉方四寸八分厚一寸九分蹲龍紐高二寸三分曰天子信寶以命殊方青玉方三寸八分厚一寸三分交龍紐高一寸七分曰敬天勤民之寶以飭覲吏白玉方三寸一分厚一寸五分交龍紐高一寸七分曰制誥之寶以諭臣僚青玉方四寸厚二寸交龍紐高二寸七分曰敕命之寶以鈐誥敕碧玉方三寸五分厚一寸三分交龍紐高一寸八分曰垂訓之寶以揚國憲碧玉方四寸厚一寸五分交龍紐高二寸曰命德之寶以獎忠良青玉方四寸厚一寸四分交龍紐高二寸一分曰欽文之璽以重文教墨玉方三寸六分厚一寸五分交龍紐高一寸六分曰表章經史之寶以崇古訓碧玉方四寸七分厚二寸一分交龍紐高二寸二分曰巡狩天下之寶以從省方青玉方四寸七分厚二寸交龍紐高二寸五分曰討罪安民之寶以張征伐青玉方四寸八分厚二寸交龍紐高二寸五分曰制馭六師之寶以整戎行墨玉方五寸三分厚一寸四分交龍紐高二寸二分曰敕正萬民之寶以詰四方青玉方四寸一分厚一寸五分交龍紐高二寸一分曰廣運之寶以謹封識墨玉方六寸厚二寸一分交龍紐高二寸

盛京所藏曰大清受命之寶碧玉方四寸八分厚一寸九分蹲龍紐高二寸四分曰皇帝之寶青玉方四寸八分厚一寸九分交龍紐高二寸七分曰皇帝之寶碧玉方五寸厚一寸八分盤龍紐高三寸曰皇帝之寶栴檀香木方三寸八分厚六分素紐高五分曰奉天之寶金方三寸七分厚九分交龍紐高二寸曰天子之寶金方三寸七分厚九分交龍紐高二寸曰奉天法祖親賢愛民碧玉方四寸九分厚一寸五分交龍紐高二寸曰丹符出驗四方青玉方四寸七分厚二寸交龍紐高二寸二分曰敕命之寶青玉方三寸七分厚一寸八分交龍紐高二寸五分曰廣運之寶金方二寸四分厚八分交龍紐高一寸五分

高宗御製國朝傳寶記曰國朝受天命宋古制爲璽掌以宮殿監正襲以重盝承以棨几設交泰殿中以次左右列當用則內閣請而用之其質有玉有金有栴檀木玉之品有白有青有碧紐有交龍有盤龍有蹲龍其文自太宗文皇帝以前專用國書既乃兼用古篆其大小自方六寸至二寸一分不一嘗考大清會典載御寶二十有九今交泰殿所貯三十有九會典又云宮內收貯者六內庫收貯者二十有三今則皆貯交泰殿數與地皆失實至謂皇帝奉天之寶即傳國璽兩郊大祀及聖節宮中告天青詞用之此語尤誕謬大祀遵古禮用祝版署名而不用寶聖節宮中未嘗有告天事或道籙祝釐時一行之亦不過偶存其教耳未嘗命文人爲青詞亦未嘗用寶且此璽孰非世之傳守而專以一寶爲傳國璽亦不經蓋緣修會典諸臣無宿學卓識復未嘗請旨取裁僅沿明時內監所書册檔承譌襲謬遂至於此甚矣紀載之難也且會典所不載者復有受命於天既壽永昌一璽不知何時附藏殿內反置之正中按其詞雖類古所傳秦璽而篆文拙俗非李斯蟲鳥之舊明甚獨玉質瑩潔如截肪方得黍尺四寸四分厚得方之三以爲良玉不易得則信矣若論寶無論非秦璽即眞秦璽亦何足貴乾隆三年高斌督河時奏進屬員濬寶應河所得玉璽古澤可愛又與輟耕錄載蔡仲平本頗合朕謂此好事者仿刻所爲貯之別殿視爲玩好舊器而已夫秦璽煨燼古人論之詳矣即使尙存政斯之物何得與本朝傳寶同貯於義未當又雍正年故大學士高其位進未刻碧玉寶一文未刻未成爲寶而與諸寶同貯亦未當朕嘗論之君人者在德不在寶寶雖重一器耳明等威徵信守與車旗章服何異德之不足則山河之險士宇之富拱手而授之他人未有徒恃此區區尺璧足以自固者誠能勤令德繫屬人心則言傳號渙萬里奔走珍非和璧制不龍螭篆不斯籀孰敢不敬信承奉尊爲神明故寶器非寶寶於有德古有待前代符寶君臣動色矜耀侈爲瑞貺者我太宗文皇帝時獲蒙古所傳元帝國寶容而納之初不藉以爲受命之符由今思之文皇帝之臣服函夏垂統萬世在德耶在寶耶不待智者而知之矣善夫唐梁肅之言曰鼎之輕重璽之去來視德之高下位之安危然則人君承祖宗付畀思以永膺斯寶引而勿替其非什襲固守之謂謂夫日新厥德居安慮危凝受皇天大寶命則德足重而寶以愈重璽玉自古無定數今交泰殿所貯紀載失眞且有重複者爰加考正排次定爲二十有五以符天數並著成譜而序其大指如此又盛京尊藏寶譜序曰乾隆十一年春閱交泰殿所貯諸寶既詳定位置爲文記之其應別貯者分別收貯至其文或複見及國初行用者爲數凡十雖不同現用之寶而未可與古玩並列因念盛京爲國家發祥地祖宗神爽實所式憑朕既重繕列祖實錄尊藏鳳凰樓上覲揚光烈傳示無疆想當開天之始凝受帝命寶符煥發六服承式璠璵孚尹手澤存焉記不云乎陳其宗器弘璧琬琰陳之西序崇世守也爰奉此十寶齎送盛京鐍而藏之而著其緣起如此

乾隆十三年九月改鐫御寶始用清篆文左爲清篆右爲漢篆高宗御題交泰殿寶譜序後曰寶譜成於乾隆十一年丙寅越三年戊辰始指授儒臣爲清文各篆因思向之國寶官印漢文用篆書而清文則用本字者以國書篆體未備也今既定爲篆法當施之寶印以昭畫一按譜內青玉皇帝之寶本清字篆文傳自太宗文皇帝時自是而上四寶均先代相承傳爲世守者不敢輕易其櫝香皇帝之寶以下二十有一則朝儀綸綍所常用宜從新制因勑所司一律改鐫與漢篆文祒配並記之寶譜序後云

乾隆四十五年八月高宗七旬聖壽用杜甫句刻古稀天子之寶並御製古稀說兼繫以詩四十六年正月用乾清西暖閣貯敬天勤民寶之例貯古稀天子之寶於東暖閣

皇后金寶清漢文玉筯篆交龍紐平臺高四寸四分厚一寸二分

康熙四年製太皇太后金寶玉寶盤龍紐餘皆與皇后寶同玉寶臺高一寸八分餘同金寶

皇太后金寶玉寶俱盤龍紐餘與皇后寶同

皇貴妃金寶清漢文玉筯篆蹲龍紐平臺方四寸厚一寸二分

貴妃金寶與皇貴妃同

妃金印清漢文玉筯篆龜紐平臺方三寸六分厚一寸

康熙十五年定皇太子金寶玉筯篆蹲龍紐平臺方四寸厚一寸二分

和碩親王金寶龜紐平臺方三寸六分厚一寸親王世子金寶龜紐平臺方三寸五分厚一寸多羅郡王鍍金銀印麒麟紐平臺方三寸四分厚一寸俱清漢文芝英篆

外國王鍍金銀印清漢文尚方大篆駝紐平臺方三寸五分厚一寸順治十年以朝鮮國王原領印文有清字無漢字命禮部改鑄清漢文金印頒給該王仍將舊印繳進

宗人府衍聖公銀印直紐三臺方三寸三分厚一寸俱清漢文尚方大篆公侯伯銀印虎紐方三寸三分厚九分公三臺侯伯二臺經略大臣大將軍將軍領侍衛內大臣銀印虎紐二臺方三寸三分厚九分俱清漢文柳葉篆軍機事務處銀印直紐二臺方三寸二分厚八分宣統三年四月改軍機處爲內閣舊內閣遂裁各部都察院銀印直紐三臺方三寸三分厚九分俱清漢文尚方大篆理藩院銀印直紐三臺方三寸三分厚九分兼清漢蒙古三體字清漢文尚方大篆蒙古字不用篆理藩院後改理藩部盛京五部銀印直紐二臺方三寸二分厚八分盛京五部後裁戶部總理三庫事務銀印直紐二臺方三寸二分厚八分戶部後改名度支部翰林院銀印二臺方三寸

二分厚八分內務府銀印二臺方三寸二分厚八分景陵泰陵內務府總管東陵泰陵承辦事務銅關防（凡關防皆直紐）長三寸闊一寸九分鑾儀衛銀印直紐二臺方三寸二分厚八分（宣統朝因避諱故名鑾輿衛）俱清漢文尚方大篆通政使司大理寺太常寺順天府奉天府銀印直紐方二寸九分厚六分五釐（通政司後裁大理寺後改大理院太常寺併禮部後歸禮部）俱清漢文尚方小篆詹事府銅印直紐方二寸七分厚九分光祿寺太僕寺武備院上駟院奉宸院銅印直紐方二寸六分厚六分五釐（詹事府後裁光祿寺後歸併禮部太僕寺後歸併陸軍部）內繙書房銅關防長三寸闊一寸九分俱清漢文尚方小篆國子監銅印直紐方二寸五分厚六分太醫院銅印直紐方二寸四分厚五分各道監察御史稽察內務府御史稽察宗人府御史巡鹽御史銅印直紐有孔方一寸五分厚三分宗人府左右司太僕寺左右司鑾儀衛左右司各部理藩院各司銅印直紐方二寸四分厚五分內務府各司銅印直紐方二寸二分厚四分五釐崇文門稅務管理坐糧廳戶部分司工部木柴監督工部木廠監督工部管理街道各倉監督（工部後改併爲農工商部）左右翼管稅戶部銀庫緞匹庫戶部辦理八旗俸餉戶部辦理八旗現審順天奉天府丞各關稅監督銅關防長三寸闊一寸九分巡視五城御史管理古北口驛務管理獨石口驛務銅關防長二寸八分闊一寸九分欽天監時憲書銅印直紐方二寸一分厚四分四釐暢春園圓明園清漪園官房稅庫銅條記（凡條記皆直紐）長二寸六分闊一寸九分俱清漢文鐘鼎篆大理寺左右司光祿寺四署五城兵馬司銅印直紐方二寸二分厚四分五釐中書科銅印直紐方二寸一分厚四分五釐內閣典籍廳銅關防長三寸闊一寸九分翰林院典簿廳禮部鑄印局（宣統三年印鑄局改屬內閣禮部亦改典禮院）新理藩院銀庫工部製造庫工部料估所各部院督催所銅關防長三寸闊一寸九分順天府府治中稽察盛京五部將軍衙門稽察黑龍江等處稽察甯古塔等處銅關防長二寸九分闊一寸九分兵馬司副指揮銅關防長二寸六分闊一寸六分宗人府經歷司銅印直紐方二寸四分厚五分都察院經歷司銅印直紐方二寸二分厚四分五釐鑾儀衛經歷司各部院寺司務廳銅印直紐方二寸一分厚四分四釐各壇廟祠祭署銅印直紐方二寸厚四分二釐太醫院藥庫銅印直紐方一寸九分厚四分二釐國子監典籍廳銅印直紐方一寸九分厚四分二釐禮部鑄印局大使銅條記長二寸六分闊一寸九分兵馬司吏目銅條記長二寸四分闊一寸四分俱清漢文垂露篆護軍統領前鋒統領火器營統領銀印虎紐方三寸三分厚九分提督九門步軍統領圓明園總管八旗內府三旗官兵銀印虎紐二臺方三寸三分厚九分總管雲梯健銳營八旗傳事銀關防直紐長三寸二分闊二寸俱清漢文柳葉篆護軍統領參領協領雲梯健銳營翼長各處總管銅關防長三寸闊一寸九分俱清漢文殳篆八旗佐領宗室覺羅族長銅圖記（凡圖記皆直紐）方一寸七分厚四分五釐俱清文懸針篆咸安宮官學景山官學養心殿造辦處銅圖記方一寸七分厚四分看守通州三倉首領銅關防長三寸闊一寸九分俱清漢文懸針篆鎮守將軍銀印虎紐二臺方三寸三分厚九分副都統銀印虎紐二臺方三寸二分厚八分俱清漢文柳葉篆察哈爾都統銀印虎紐二臺方三寸三分厚九分用滿洲蒙古二種字滿文柳葉篆總統伊犂等處將軍銀印虎紐二臺方三寸三分厚九分兼滿漢托忒回子四種字滿漢文俱柳葉篆托忒回子字不篆辦理伊犂烏魯木齊等處事務大臣銀印虎紐二臺方三寸三分厚九分兼滿漢托忒三種字滿漢文俱柳葉篆伊犂分駐雅爾城總理參贊大臣銀印虎紐二臺方三寸三分厚九分兼滿洲托忒回子三種字滿文柳葉篆辦理葉爾羌喀什噶爾阿克蘇諸處事務大臣銀印虎紐方三寸三分厚九分兼滿漢回子三種字滿漢文俱柳葉篆管理巴里坤等處事務大臣銀印虎紐二臺方三寸三分厚九分辦理哈密糧餉事務大臣銀印虎紐二臺方三寸三分厚九分俱柳葉篆八旗游牧總管察哈爾總管城守尉銅印方二寸六分厚六分五釐殳篆興京等城守尉銅關防長三寸闊一寸九分錦州等城守尉銅關防長二寸九分闊一寸九分駐防左右翼長協領參領銅條記長二寸六分闊一寸六分五釐俱殳篆防守尉銅關防長二寸八分闊一寸九分駐防佐領銅條記長二寸六分闊一寸六分五釐俱清漢文懸針篆直省總督巡撫銀關防（直隸總督陝甘總督四川總督兼巡撫字樣江西巡撫河南巡撫兼提督字樣山西巡撫兼提督鹽政字樣）長三寸二分闊二寸俱清漢文尚方大篆欽差大臣銅關防如督撫式三品以上用之各省承宣布政使司銀印直紐二臺方三寸一分厚八分各省提刑按察使司（後改提法使）銅印直紐方二寸七分厚九分各省鹽運使司銅印直紐方二寸六分厚六分五釐各省提督學政（後改提學使並改關防爲印信）銅關防長二寸九分闊一寸九分俱清漢文尚方小篆各處管理織造銅關防長二寸九分闊一寸九分各省守巡道（後於省會地方增設巡警道勸業道）銅關防長三寸闊一寸九分俱清漢文鐘鼎篆欽差官員銅關防如道員式四品以下用之各府銅印直紐方二寸五分厚六分各府同知通判銅關防長二寸八分闊一寸九分各州銅印直紐方二寸三分厚五分京縣銅印直紐方二寸二分厚四分五釐各縣銅印直紐方二寸一分厚四分四釐鹽課提舉司銅印方二寸四分厚五分淮南儀所監製官銅關防長二寸八分闊一寸九分布政使司經歷司理問所銅印方二寸二分厚四分五釐鹽運使司經歷司銅印方二寸一分厚四分四釐布政使司照磨所京府儒學各府經歷司銅印方二寸厚四分二釐京府照磨所司獄司各府照磨所司獄司各府儒學衛儒學布政司庫大使府庫大使巡檢司稅課司茶馬司銅印方一寸九分厚四分各州縣儒學銅條記長二寸六分闊一寸九分縣丞主簿吏目鹽課所批驗所各驛丞遞運所各局各倉各閘銅條記長二寸四分闊一寸三分俱垂露篆提督總兵官銀印虎紐二臺方三寸三分厚九分鎮守掛印總兵官銀印虎紐三臺方三寸三分厚九分鎮守總兵官銅關防長三寸二分闊二寸俱清漢文柳葉篆副將參將游擊銅關防長三寸闊一寸九分宣慰司銅印方二寸七分厚九分俱清漢文殳篆都司銅關防長三寸闊一寸九分都司衛所千總銅關防長二寸八分闊一寸九分守備銅條記長二寸六分闊一寸六分衛守備銅印方二寸六分厚六分五釐宣撫司銅印方二寸五分厚六分宣撫司副使安撫司領運千總銅印方二寸四分厚五分五釐長官司指揮僉事銅印方二寸二分厚四分五釐俱清漢文懸針篆衛經歷宣慰司經歷銅印方二寸一分厚四分四釐垂露篆土千戶銅印方二寸三分厚四分五釐土百戶銅印方二寸厚四分二釐俱清漢文懸針篆管理京城喇嘛班第管理盛京喇嘛班第銅印方二寸二分厚四分五釐俱清漢文轉宿篆正乙眞人銅印方二寸四分厚五分清漢文垂露篆

乾隆十四年禮部奉諭理藩院印文之蒙古字不必篆書外藩扎薩克盟長喇嘛並蒙古西藏一應滿洲蒙古唐特文均亦不必篆書其在京扎薩克大喇嘛印滿文俱篆書蒙古文不必篆書又諭近因新定清文篆書鑄造各衙門印信所司檢閱庫中所藏經略大將軍將軍諸印凡百餘顆皆前此因事頒給經用繳還未經銷燬者會典復有命將出師請旨將庫中印信頒給之文遂至濫觴朕思虎符鵲紐用之昭信無取繁多庫中所藏其中振揚威武建立膚功者具載歷朝實錄班班可考今擇其克捷奏凱底定迅速者經略印一大將軍將軍印各七分匣收貯稽其事迹始末刻諸文笥足以傳示奕禩即仍其清漢舊文而配以今製清文篆書如數重造遇有應用具奏請旨頒給一並藏之皇史宬其餘悉交該部銷燬此後若遇請自皇史宬而用者蒇事仍歸之皇史宬若因遇事特行頒給印信者事完交部銷燬將此載入會典

高宗御定印譜欽命總理一切軍務儲稰經略大臣關防一奉命撫遠甯遠安東征南平西平北大將軍印各一鎮海揚威靖逆靖東征南定西定北將軍印各一並御製印譜序曰國家膺圖御宇神聖代興赫濯撻伐光啟鴻業時則有推轂命將之典及功成奏凱還上元戎佩印載在冊府藏之史宬蓋法物昭詒不啻如彝鼎所稱玉節牙璋倘方齊斧者比乾隆十七年釐考國書篆字成因詳加酌定交泰殿所遵奉世傳御寶仍依本文不敢更易其常行誥勅所鈐用以及部院司寺以下外而督撫提鎮以下咸改鑄篆文以崇典章昭法守而大將軍經略及諸將軍之印或存舊或兼篆一依交泰殿諸寶之例各以時代爲次茲西陲武功將竣爰譜圖系說如左書曰其克詰爾戎兵以陟禹之迹方行天下至於海表罔有不服信大兵可百年不用不可一日不備披斯譜也必將曰是印也是我朝某年殄某寇定某地所用也又將曰是印也鑄自某年某官既奉以集事傳至某年某官復奉以策勳者也想見一時受成廟算元老壯猷豐紐重臺焜燿耳目繼自今覲揚光烈思所以宏此遠謨彌我億萬世丕丕基將於是乎在以視銘績鼎鐘圖形臺閣者不尤深切著明也歟然則觀於寶譜而一人守器之重可知觀於印譜而羣才翊運之殷又可知詩曰王之藎臣無念爾祖記曰君子聽鼓鼙則思將帥之臣一再披閱其何能置大風猛士之懷哉裝潢蒇事並令守者什襲尊藏爲部凡四一皇史宬一大內一內閣一盛京也

清史稿

輿服志四 鹵簿附

皇帝鹵簿 太上皇鹵簿 皇太子儀衞　皇后儀駕 太皇太后儀駕 皇太后儀駕

皇貴妃以下儀仗采仗　親王以下儀衞

固倫公主以下儀衞　額駙儀衞

職官儀衞

清自太宗天聰六年定儀仗之制凡國中往來御前旗三對繖二柄校尉六人其制甚簡自天聰十年改元崇德始定御仗數目及品官儀從迨世祖入關定鼎參稽往制量加增飾原定皇帝儀衞有大駕鹵簿行駕儀仗行幸儀仗之別乾隆十三年復就原定器數增改釐訂遂更大駕鹵簿爲法駕鹵簿行駕儀仗爲鑾駕鹵簿行幸儀仗爲騎駕鹵簿三者合則爲大駕鹵簿而凡皇后儀駕妃嬪儀仗采仗以及親王以下儀衞均視原定加詳茲依乾隆朝所定者標目而以原定器數及崇德初年所定者附見於後又太上皇鹵簿皇太子儀衞皆一時之制非同常設亦并著於篇庶考因革者得以沿流溯源詳稽一代之制焉

皇帝大駕鹵簿圜丘祈穀常雩三大祀用之大閱時詣行宮禮成還宮亦用之其制前列導象四次寶象五次靜鞭四次前部大樂其器大銅角四小銅角四金口角四次革輅駕馬四木輅駕馬六象輅駕馬八金輅駕象一玉輅駕象一次鐃歌樂鐃歌鼓吹與行幸樂並設名鐃歌樂其器金二銅鼓四銅鈸二扁鼓二銅點二龍篴二平篴二雲鑼二管二笙二金口角八大銅角十六小銅角十六蒙古角二金鉦四畫角二十四龍鼓二十四龍篴十二拍板四仗鼓四金四龍鼓二十四間以紅鐙六次引仗六御仗十六吾仗十六立瓜臥瓜各十六星鉞各十六出警入蹕旗各一五色金龍小旗四十次翠華旗二金鼓旗二門旗八日月旗各一五雲旗五五雷旗五八風旗八甘雨旗四列宿旗二十八五星旗五五嶽旗五四瀆旗四神武朱雀青龍白虎旗各一天馬天鹿辟邪犀牛赤熊黃羆白澤角端游麟彩獅振鷺鳴鳶赤烏華蟲黃鵠白雉雲鶴孔雀儀鳳翔鸞旗各一五色龍纛四十前鋒纛八護軍纛八驍騎纛二十四次黃麾四儀鍠氅四金節四進善納言敷文振武褒功懷遠行慶施惠明刑弼教教孝表節旌各二龍頭旛四豹尾旛四絳引旛四信旛四羽葆幢四霓幢四紫幢四長壽幢四次鸞鳳赤方扇八雉尾扇八孔雀扇八單龍赤團扇八單龍黃團扇八雙龍赤團扇八雙龍黃團扇八赤滿單龍團扇六黃滿雙龍團扇六壽字黃扇八次赤素方繖四紫素方繖四五色花繖十五色糚緞繖十間以五色九龍繖十次九龍黃蓋二十紫芝蓋二翠華蓋二九龍曲柄黃蓋四次戟四殳四豹尾槍三十弓矢三十儀刀三十次仗馬十次金方几一金交椅一金瓶二金盥盤一金盂一金合二金鑪二拂二次九龍曲柄黃蓋一前引佩刀大臣十人提鑪二玉輦在中後扈佩刀大臣二人豹尾班執槍佩儀刀侍衞各十人佩弓矢侍衞二十人領侍衞內大臣一人侍衞班領二人後管宗人府王公二人散秩大臣一人前鋒護軍統領一人給事中御史二人各部郎中員外郎四人侍衞班領一人署侍衞班領一人侍衞什長二人次黃龍大纛二領侍衞內大臣一人司纛侍衞什長二人建纛親軍四人鳴佩螺親軍六人太宗崇德元年備大駕鹵簿玉輦四顯黃繖五團扇二纛十旗十大刀六戟六立瓜臥瓜骨朵各二吾仗六馬十金椅金杌香合香鑪金水盆金唾壺金瓶樂器全設嗣復定儀仗數目用金漆椅一金漆杌一蠅拂四金唾盂一金壺一金瓶金盆各一香鑪香合各二曲柄繖一直柄繖四扇二節四骨朵二立瓜臥瓜各二吾仗六紅仗四鑼二鼓二蠡角四簫二笙二架鼓四橫笛二龍頭橫笛二檀板二小銅鈸四小銅鑼二大銅鑼四雲鑼二嗩吶四世祖入關一仍舊制迨順治三年以後更定皇帝鹵簿有大駕鹵簿行駕儀仗行幸儀仗之別大駕鹵簿之制曲柄九龍繖四直柄九龍繖十六直柄瑞草繖六直柄花繖六方繖八大刀二十弓矢二十豹尾槍二十龍頭方天戟四黃麾二絳引旛四信旛傳教旛告止旛政平訟理旛各四儀鍠氅八羽葆幢四青龍白虎朱雀神武幢各一豹尾旛龍頭竿旛各四金節四鎗金龍纛鎗金龍小旗各二十金鉞六馬十鸞鳳扇八單龍扇十二雙龍扇二十拂子二紅鐙六金香鑪金瓶金香合各二金唾壺金盆金杌金交椅金腳踏各一御仗六星六鐙頭八棕薦三十靜鞭三十品級山七十二纛靜旗金鼓旗白澤旗各二門旗八日月風雲雷雨旗各一五緯旗五二十八宿旗各一北斗旗一五嶽旗五四瀆旗四青龍白虎朱雀神武天鹿天馬鷺麟熊羆旗各一立瓜臥瓜吾仗各六蠡角二十四鼓四十八大銅號小銅號各八金金鉦仗鼓各四龍頭篴十二板四串凡郊祀大典萬壽元旦冬至三大朝會及諸典禮皆用之

法駕鹵簿與大駕鹵簿同惟彼用鐃歌樂此則用鐃歌鼓吹其器大銅角八小銅角八金鉦四畫角二十四龍鼓二十四龍篴十二拍板四仗鼓四金二龍鼓二十四間以紅鐙六視鐃歌樂爲減又御仗吾仗立瓜臥瓜星鉞皆各六五色金龍小旗二十五色龍纛二十九龍黃蓋十豹尾槍二十弓矢二十儀刀二十佩弓矢侍衞十人其赤滿單龍團扇黃滿雙龍團扇及五色糚緞繖皆不設亦均較大駕爲減又玉輦改設金輦餘均與大駕鹵簿同凡祭方澤太廟社稷日月先農各壇歷代帝王先師各廟則陳之若遇慶典朝賀則陳於太和殿庭其制九龍曲柄黃華蓋設於太和殿門外正中次拂鑪合盂盤瓶椅几在殿檐東西次儀刀弓矢豹尾槍親軍護軍相間爲十班暨殳戟均在丹陛東西次九龍曲柄黃蓋翠華蓋紫芝蓋九龍黃蓋五色九龍繖五色花繖自丹陛三成相間達於兩階階下靜鞭仗馬列甬道東西紫赤方繖扇幢旛旌節氅麾纛旗鉞星瓜仗列丹墀東西玉輦金輦在太和門外五輅在午門外寶象在五輅之南鹵簿樂即鐃歌鼓吹在寶象之南朝象即導象在天安門外若於圓明園行慶賀禮則陳於正大光明殿階下至大宮門外惟輦輅儀象不設若御樓受俘則設九龍曲柄黃華蓋於樓檐下設丹陛鹵簿於午門外左右兩觀下設丹墀鹵簿於闕左右門至端門北設仗馬於兩角樓前設輦輅儀象於天安門外設靜鞭於兩角樓夾御道左右設金鼓鐃歌大樂鐃歌鼓吹與前部大樂並列曰金鼓鐃歌大樂於午門前設丹陛大樂於鹵簿之末其器雲鑼二方響二簫二篴四頭管四笙四大鼓二仗鼓一拍板一

鑾駕鹵簿行幸於皇城則陳之其制前列導迎樂先以戲竹二次管六篴四笙二雲鑼二導迎鼓一拍板一次御仗四吾仗四立瓜臥瓜星鉞各四次五色金龍小旗十五色龍纛十次雙龍黃團扇十黃九龍繖十次九龍曲柄黃華蓋一皆在皇帝步輦前次前引佩刀大臣十人後扈佩刀大臣二人步輦在中次豹尾班侍衞執槍十人佩儀刀十人佩弓矢十人殿以黃龍大纛原定行駕儀仗鎗金九龍繖十鎗金龍纛十鎗金龍小旗十雙龍扇十金鉞四星四御仗四吾仗四立瓜臥瓜各四凡車駕出入執事人馬上排列

騎駕鹵簿巡方若大閱則陳之其制前列鐃歌大樂間以鐃歌清樂器用大銅角八小銅角八金口角八雲鑼二龍篴二平篴二管二笙二銅鼓四金二銅點二銅鈸二行鼓二蒙古角二次御仗六吾仗六立瓜臥瓜星鉞各六次五色金龍小旗十五色龍纛十次單龍赤團扇六雙龍黃團扇六五色花繖十次豹尾槍十弓矢十儀刀十次九龍曲柄黃華蓋一皆在皇帝輕步輿前若乘馬則在馬前次前引佩刀大臣十人後扈佩刀大臣二人輕步輿在中次豹尾班侍衞執槍十人佩儀刀十人佩弓矢十人殿以黃龍大纛駐蹕御營朝陳蒙古角夕陳鐃歌樂大閱則陳鹵簿於行宮門外原定行幸儀仗糚緞繖十鎗金龍纛十鎗金龍小旗十雙龍扇六單龍扇四豹尾槍二十大刀十弓矢十金鉞六星六御仗吾仗立瓜臥瓜各六金二笙二雲鑼二管二蠡四金鉦四銅鈸四鼓二鎖吶八銅點二小號大號各八蒙古號六凡車駕行幸執事人步行排列

太上皇鹵簿原定無之嘉慶元年因授璽禮成陳太上皇鹵簿於寧壽宮其制引仗六御仗十六吾仗十六立瓜臥瓜各十六星鉞各十六旗纛二百二十四麾氅節各四旌十六旛十二幢二十扇八十六繖六十六戟殳各四豹尾槍弓矢儀刀各三十金交椅金馬杌各一拂二金器八銀水火壺各一兩繖二盤綫鐙二紅鐙六樂器備設笙管雲鑼平篴鈸點鼓各二金及金鉦銅鼓扁鼓仗鼓各四架鼓金口角各十二龍篴十四大銅角小銅角蒙古畫角各二十四龍鼓四十八

皇太子儀衞清自康熙五十二年後不復建儲故國初雖有皇太子儀仗幾同虛設乾隆六十年以明年將行內禪九月議定皇太子出入內朝用導從侍衞四人乾清門侍衞二人如出外朝及城市內外隨從散秩大臣一人侍衞十人領侍衞內大臣一人乾清門侍衞四人前設虎槍六後設豹尾槍八是年復諭禮臣以冊立皇太子典禮既不舉行其一切儀仗製造需時亦毋庸另行備辦原定皇太子儀仗曲柄九龍繖三直柄九龍繖四直柄瑞草繖二方繖四雙龍扇四孔雀扇四白澤旗二金節二羽葆幢二傳教旛告止旛信旛絳引旛各二儀鍠氅二鎗金龍纛十鎗金龍小旗十豹尾槍十弓矢十大刀十馬八金鉞四立瓜臥瓜骨朵吾仗各四拂二畫角十二花匡鼓二十四大銅號八小銅號二金金鉦仗鼓各二龍頭篴二板二金香鑪一金瓶金香合各二金唾壺金盆各一金杌一金交椅一金腳踏一

皇后儀駕原名鹵簿吾仗四立瓜四臥瓜四五色龍鳳旗十次赤黃龍鳳扇各四雉尾扇八次赤素方繖四黃緞繡四季花繖四五色九鳳繖十次金節二次拂二金香鑪二金香合二金盥盤一金盂一金瓶二金椅一金方几一次九鳳曲柄黃蓋一鳳輿一乘儀輿二乘鳳車一乘儀車二乘原定太皇太后鹵簿鎗金龍鳳旗八金節二吾仗四立瓜臥瓜四黃曲柄九鳳繖一黃直柄花繖四紅直柄瑞草繖二青黑直柄九鳳繖各二紅方繖二黃紅鎗金龍鳳扇各二金黃素扇二紅鸞鳳扇二拂二金香鑪二金瓶二金香合二金唾壺一金盆一金杌一金交椅一金腳踏一凡萬壽節元旦冬至及諸慶典鑾儀衞先時陳設皇太后皇后鹵簿並同

太皇太后儀駕暨皇太后儀駕均與皇后儀駕同惟車輿兼繪龍鳳文

皇貴妃儀仗吾仗四立瓜四臥瓜四赤黑素旗各二金黃色鳳旗二赤黑鳳旗各二金黃赤黑三色素扇各二赤黑鸞鳳扇各二赤黑瑞草繖各二明黃赤黑三色花繖各二金節二拂二金香鑪香合盥盤盂各一金瓶二金椅一金方几一七鳳明黃曲柄蓋一翟輿一乘儀輿一乘翟車一乘原定皇貴妃儀仗紅黑鳳旗各二金節二吾仗立瓜二臥瓜二紅曲柄七鳳繖一紅直柄花繖二紅直柄瑞草繖二紅方繖二金黃素扇二紅繡扇二拂二金香鑪一金瓶二金香合一金唾壺一金盆一馬杌一交椅一腳踏一貴妃儀仗同

貴妃儀仗吾仗二立瓜二臥瓜二赤黑素旗各二赤黑鳳旗各二金黃赤黑三色素扇各二赤黑鸞鳳扇各二赤黑瑞草繖各二金黃赤黑三色花繖各二金節二拂二金香鑪香合盥盤盂各一金瓶二金椅一金方几一七鳳金黃曲柄蓋一翟輿一乘儀輿一乘儀車一乘

妃采仗原名儀仗吾仗二立瓜二臥瓜二赤黑鳳旗各二赤黑素扇各二赤黑花繖各二金黃素繖二金節二拂二銀質飾金香鑪香合盥盤盂各一銀瓶二銀椅

一銀方几一七鳳金黃曲柄蓋一翟輿一乘儀輿一乘儀車一乘（原定妃儀仗黑鳳旗二金節二吾仗二立瓜二臥瓜二紅直柄花繖二紅直柄瑞草繖二金黃素扇二拂二銀質飾金香鑪香合各一瓶一唾壺一盆一馬杌一交椅一金腳踏一）

嬪采仗（原名儀仗）視妃采仗少直柄瑞草繖二餘同

親王儀衛（原名儀仗以下並同）吾仗四立瓜四臥瓜四骨朵四紅羅繡五龍曲柄蓋一紅羅繡四季花繖二紅羅銷金瑞草繖二紅羅繡四季花扇二青羅繡孔雀扇二旗槍十大纛二條纛二豹尾槍四儀刀四馬六遇大典禮則陳於府第出使用以導從常日在京用曲柄蓋一紅羅繖扇各二吾仗立瓜臥瓜骨朵全馬四前引十人後從六人因事入景運門帶從官三人（原定有紅羅繡花曲柄繖一豹尾槍二大刀二茲改爲五龍曲柄蓋一豹尾槍四儀刀四餘同崇德初年定親王鎗金紅繖二纛二旗十立瓜骨朵各二吾仗四）

世子儀衛吾仗四立瓜四臥瓜二骨朵二紅羅四龍曲柄蓋一紅羅繡四季花繖一紅羅銷金瑞草繖二紅羅繡四季花扇二青羅繡孔雀扇二旗槍八大纛一條纛一豹尾槍二儀刀二馬六常日用紅羅繖扇各二吾仗立瓜臥瓜骨朵全馬四前引八人後從六人（原定吾仗二立瓜二有紅羅繡花曲柄繖一豹尾槍茲增爲吾仗四立瓜四改曲柄繖爲四龍曲柄蓋增豹尾槍二餘同崇德年所定無世子儀仗）

郡王儀衛吾仗四立瓜四臥瓜二骨朵二紅羅繡四龍曲柄蓋一紅羅銷金瑞草繖二紅羅繡四季花扇二青羅繡孔雀扇二旗槍八條纛二豹尾槍二儀刀二馬六常日用紅羅繖扇各二吾仗立瓜臥瓜骨朵全馬二前引八人後從六人（原定有紅羅繡花曲柄繖一無豹尾槍儀刀茲改曲柄繖爲四龍曲柄蓋增豹尾槍二儀刀二餘同崇德初年定郡王鎗金紅繖一纛一旗八臥瓜二吾仗四）

郡王長子儀衛（原定及崇德年所定均無）吾仗二立瓜二臥瓜二骨朵二紅羅銷金瑞草繖一紅羅繡四季花扇二旗槍六條纛一馬四常日用繖一吾仗立瓜臥瓜骨朵全前引六人後從六人

貝勒儀衛與郡王長子同（原定紅羅銷金繖二茲減一餘同崇德初年定貝勒鎗金紅繖一纛一旗六骨朵二紅仗二）自世子以下至貝勒因事入景運門帶從官二人

貝子儀衛吾仗二立瓜二骨朵二紅羅銷金瑞草繖一紅羅繡四季花扇二旗槍六條纛一常日用吾仗立瓜骨朵全前引四人後從六人（原定紅羅銷金繖二茲減一餘同崇德初年定貝子彩畫雲紅繖一豹尾槍二旗六紅仗二）

鎭國公輔國公儀衛吾仗二骨朵二紅羅銷金瑞草繖一青羅繡孔雀扇一旗槍六常日用吾仗骨朵全前引二人後從八人（原定同崇德初年定鎭國公紅繖一豹尾槍二旗六紅仗二輔國公減豹尾槍一餘同）自貝子以下輔國公以上因事入景運門帶從官一人

鎭國將軍儀衛杏黃繖一青扇一旗槍六常日前引二人後從六人（原定有金黃繖一無青扇茲改爲杏黃繖一增青扇一餘同鎭國將軍以下原定均照崇德初年定制）自

輔國將軍儀衛與鎭國將軍同常日前引一人後從四人（原定常日前引二人茲減一餘同）

奉國將軍奉恩將軍儀衛（原定無奉恩將軍）青扇一旗槍四常日後從四人（原定無青扇）

固倫公主儀衛吾仗二立瓜二臥瓜二骨朵二金黃羅曲柄繡寶相花繖一紅羅繡寶相花繖二青羅繡寶相花扇二紅羅繡孔雀扇二黑纛二前引十人朝賀日隨侍女五人（原定曲柄繖用紅羅茲改金黃羅餘同崇德初年定固倫公主清道旗二紅仗吾仗各二鎗金紅繖一青扇一拂子二金吐盂一金水盆各一）

和碩公主儀衛吾仗二立瓜二臥瓜二骨朵二紅羅曲柄繡寶相花繖一紅羅繡寶相花繖二紅羅繡孔雀扇二黑纛二前引八人隨朝侍女四人（原定同崇德初年定和碩公主紅仗吾仗各二鎗金紅繖一青扇一拂子二金水盆一）

郡主儀衛吾仗二立瓜二骨朵二紅羅繡寶相花繖二紅羅繡孔雀扇二前引六人隨朝侍女三人（原定同崇德初年定郡主吾仗二鎗金紅繖一青扇一拂子二）

縣主儀衛吾仗二立瓜二紅羅繡寶相花繖一青羅繡寶相花扇二前引二人隨朝侍女三人（原定同崇德初年定縣主紅仗二鎗金紅繖一拂子二）

郡君隨朝侍女二人縣君隨朝侍女二人鄉君隨朝侍女一人俱無儀仗（原定郡君以下無儀仗崇德初年定郡君紅仗二鎗金青繖一縣君紅仗二）

親王福晉視固倫公主惟曲柄繖用紅色隨朝侍女四人世子福晉視和碩公主郡王福晉視郡主郡王長子福晉貝勒夫人均視縣主隨朝侍女二人貝子夫人公夫人隨朝侍女一人自貝子夫人以下無儀仗自將軍夫人以下無隨朝侍女（原定同惟福晉皆稱妃又別定側妃側夫人儀仗其制親王側妃視繡妃少青羅花扇二餘同世子側妃纛二吾仗立瓜骨朵各二紅羅繡花繖紅羅繡孔雀扇各二郡王側妃吾仗立瓜各二紅羅繡花繖一青羅繡花扇二貝勒側夫人及貝子夫人均無儀仗崇德初年定親王妃清道旗二紅仗吾仗各二鎗金紅繖一青扇一拂子二金唾盂金水盆各一郡王妃同惟少紅仗金唾盂貝勒夫人紅仗二鎗金紅繖一拂子二貝子夫人以下無儀仗）

額駙儀衛固倫公主額駙紅仗二紅繖一大小青扇二旗槍十豹尾槍二常日前引二人後從八人和碩公主額駙紅棍四杏黃繖二大小青扇二旗槍十常日前引二人後從八人郡主額駙紅棍四杏黃繖一大小青扇二旗槍十常日前引二人後從八人縣主額駙杏黃繖一青扇一旗槍六常日前引二人後從六人郡君額駙青扇一旗槍六常日前引二人後從六人縣君額駙青扇一旗槍四常日無前引惟後從二人鄉君額駙青扇一旗槍二常日惟後從一人

職官儀衛（原名儀從）民公視和碩公主額駙侯金黃棍四餘視郡主額駙其有加級者棍得用紅伯大小青扇二餘視侯子金黃棍二杏黃繖一大小青扇二旗槍八前引後從視侯男金黃棍二杏黃繖一大小青扇二旗槍六常日前引二人後從六人

京官一品視子二品視男三品金黃棍二杏黃繖一大小青扇二旗槍六常日前引二人後從四人四品杏黃繖一大小青扇二旗槍四常日無前引惟後從二人餘官均用青素扇一常日惟後從一人宗室覺羅之有職者各從其品惟扇柄及棍皆髹以朱以上儀衛於京外得全設常日在京不得用旗繖黃棍文官三品以上得用甘蔗棍二武官三品以上得用棕竹棍二自一品至九品均得用扇扇各用清漢字書銜若進皇城扇棍及前引人均不得入文武大臣因事入景運門帶從官一人

直省文官總督青旗八飛虎旗杏黃繖青扇兵拳雁翎刀獸劍金黃棍桐棍皮槊各二旗槍四迴避肅靜牌各二巡撫青旗八杏黃繖青扇獸劍金黃棍桐棍皮槊各二旗槍二迴避肅靜牌各二凡二品以上大臣陛見到京入景運門帶從官一人布政使按察使青旗六杏黃繖青扇金黃棍皮槊各二迴避肅靜牌各二各道青旗四杏黃繖青扇各一桐棍皮槊各二迴避肅靜牌各二知府與道同府倅知州知縣青旗四藍繖一青扇一桐棍皮槊各二肅靜牌二縣佐藍繖一桐棍二學官藍繖一雜職竹板二河道漕運總督視總督學政鹽政織造暨各欽差官三品以上視巡撫四品以下視兩司

武官提督青旗八飛虎旗杏黃繖青扇兵拳雁翎刀獸劍刑仗各二旗槍四迴避肅靜牌各二總兵官青旗八飛虎旗杏黃繖青扇獸劍旗槍大刀各二迴避肅靜牌各二副將青旗六杏黃繖一青扇二金黃棍二迴避肅靜牌各二參將遊擊都司青旗四杏黃繖一青扇一桐棍二迴避肅靜牌各二守備青旗四杏黃繖一青扇一桐棍二各省駐防將軍視內都統副都統以下均與京職同（順治三年定京官儀從公用掌扇貼方金一職官掌扇一品貼圓金四二品貼圓金三三品貼圓金二四品用灑金掌扇五品至七品俱用素黑掌扇八品九品俱用白掌扇六年定公以下四品官以上用大小灑金扇各一文官用甘蔗棍二武官用棕竹棍二八年定民公和碩公主額駙杏黃繖二旗十大小扇二貼方金四侯郡主額駙杏黃繖一旗十大小扇二貼方金三伯杏黃繖一旗十大小扇二貼圓金一一品官杏黃繖一旗八大小扇二貼圓金四二品官杏黃繖一旗六大小扇二貼圓金三三品官杏黃繖一旗六大小扇二貼圓金二四品官旗四灑金大小扇二五品以下官如三年例京城內不得排列旗繖惟於外用之宗室覺羅各官扇柄及棍皆丹漆凡入皇城惟用小扇九年定公以下漢文官三品以上皇城外坐暗轎四人舁之掌扇各書官銜滿漢字康熙初年定公和碩公主額駙旗十杏黃繖二金黃棍四侯伯郡主額駙旗十杏黃繖一金黃棍四都統鎭國將軍內大臣縣主額駙子滿漢大學士尚書左都御史旗八杏黃繖一金黃棍二輔國將軍郡君額駙護軍統領前鋒統領副都統男滿漢侍郎學士步軍總尉及三品官旗六杏黃繖一金黃棍二四品官旗四京城內一品官以上惟用繖棍二品官並不用繖四年定在京文官三品以上武官散秩大臣以上一人引馬前導其餘各官禁之七年定在京各官停用繖棍民公以下俱照順治八年例出京用轆鑼開馬前導　康熙七年定外官儀從總督杏黃繖二金黃棍二旗八扇二兵拳二雁翎刀二飛虎旗二獸劍二桐棍二槊棍二鎗四迴避肅靜牌各二巡撫杏黃繖二金黃棍二旗八扇二獸劍二桐棍二槊棍二鎗二迴避肅靜牌各二布政使按察使杏黃繖二金黃棍二旗六扇二槊棍二迴避肅靜牌各二各道掌印都司知府杏黃繖一旗四桐棍二槊棍二迴避肅靜牌各二同知通判知州知縣藍繖一扇一桐棍一槊棍一迴避牌二州同州判縣丞藍繖一桐棍二典史雜職竹板二提督杏黃繖二金黃棍二旗八扇二兵拳二雁翎刀二飛虎旗二鎗二獸劍二刑杖二迴避肅靜牌各二總兵杏黃繖二金黃棍二旗八扇二大刀一獸劍二鎗二迴避肅靜牌各二副將杏黃繖二金黃棍二旗六扇二迴避肅靜牌各二參將遊擊都司杏黃繖一旗四扇一桐棍二迴避肅靜牌各二守備杏黃繖一旗四扇一棍二　崇德初年定固倫額駙彩畫雲紅繖一豹尾槍二紅杖二超品公和碩額駙金黃繖一豹尾槍二旗六後從十人民公郡主額駙金黃繖一豹尾槍一旗六後從八人都統子尚書縣主額駙金黃繖一旗六後從六人內大臣大學士副都統護軍都領前鋒統領侍郎郡君額駙旗六後從四人一等侍衞護衞參領前鋒參領縣君額駙學士滿啓心郎郎中旗四後從四人二等侍衞護衞佐領漢啓心郎員外郎旗二後從二人三等侍衞護衞護軍校主事以下官員止用後從一人）

清史稿　志

選舉

古者取士之法莫備於成周而得人之盛亦以成周爲最自唐以後廢選舉之制改用科目歷代相沿而明則專取四子書及易書詩春秋禮記五經命題試士謂之制義有清一沿明制二百餘年雖有以他途進者終不得與科第出身者相比康乾兩朝特開制科博學鴻詞號稱得人然所試者亦僅詩賦策論而已洎乎末造世變日亟論者謂科目人才不足應時務毅然罷科舉興學校採東西各國教育之新制變唐宋以來選舉之成規前後學制判然兩事焉今綜其章制沿革新舊異同之故著於篇

選舉一

學校上

有清學校向沿明制京師曰國學並設八旗宗室等官學直省曰府州縣學世祖定鼎燕京修明北監爲太學順治元年置祭酒司業及監丞博士助教學正

學錄典籍典簿等官設六堂爲講肄之所曰率性修道誠心正義崇志廣業一仍明舊少詹事李若琳首爲祭酒請仿明初制廣收生徒官生除恩廕外七品以上官子弟勤敏好學者民生除貢生外廩增附生員文義優長者並許提學考選送監又言學以國子名所謂國之貴遊子弟學焉前朝公侯伯駙馬初襲授者皆入國學讀書滿洲勳臣子弟有志向學者並請送監肄業詔允增設滿洲司業助教等官是爲八旗子弟入監之始厥後定爲限制條例屢更益臻詳備肄業生徒有貢有監貢生凡六曰歲貢恩貢拔貢優貢副貢例貢監生凡四曰恩監廕監優監例監廕監有二曰恩廕難廕通謂之國子監生六堂肄業分內外班初內班百五十名堂各二十五名外班百二十名堂各二十名戶部歲發帑銀給膏火獎勵有差餘備賙恤乾隆初改內班堂各三十名內外共三百名既而裁外班百二十名加內班膏火撥內班二十四名爲外班嘉慶初以八旗及大宛兩縣肄業生距家近不住舍不許補內班補班之始赴監應試曰考到列一二等者再試曰考驗貢生一二等監生一等乃許肄業假滿回監曰復班內班生願依親處館滿蒙漢軍恩監生習繙譯或騎射不能竟月在學者改外班曠大課一次無故離學至三次以上例罰改外置集愆册治諸不帥教者出入必記於簿監丞掌之省親完姻丁憂告病及同居伯叔兄長喪而無子者予假歸里限期回監遲誤懲罰私歸黜革冒替除名課士之法月朔望釋奠畢博士廳集諸生講解經書上旬助教講義既望學正學錄講書各一次會講覆講上書覆背月三回周而復始所習四書五經性理通鑑諸書其兼通十三經二十一史博極羣書者隨資學所詣日摹晉唐名帖數百字立日課册旬日呈助教等批斷朔望呈堂查驗祭酒司業月望輪課四書文一詩一曰大課祭酒季考司業月課皆用四書五經文並詔誥表策論判月朔博士廳課經文經解及策論月三日助教課十八日學正學錄課各試四書文一詩一經文或策一積分歷事之法國初行之監生坐監期滿撥歷部院練習政體三月考勤一年期滿送廷試其免坐監或免歷一月二月者恩詔有之非常例也順治三年祭酒薛所蘊奏定漢監生積分法常課外月試經義策論各一合式者拔置一等歲考一等十二次爲及格免撥歷送廷試超選十五年祭酒固爾嘉渾議令監生考到日拔其尤者許積分不與者期滿咨部歷事積分法一年爲限常課外月試一等與一分二等半分二等以下無分有五經兼通全史精熟或善摹鍾王諸帖雖文不及格亦與一分積滿八分爲及格歲不逾十餘人恩拔歲副咨部歷滿考職照教習貢生例上上卷用通判上卷用知縣例監歷滿考職與不積分貢生一體廷試每百名取正印八名餘用州縣佐貳積分不滿數願分部者咨部不得優選願再肄業滿分者聽從之是年科臣王命岳以貢途壅塞請暫停恩拔歲貢於是坐監人少難較分數十七年固爾嘉渾奏停積分法後遂不復行康熙初並停撥歷期滿咨部考試用州同州判縣丞主簿吏目自是部院諸司無監生惟考選通文理能楷書者送修書各館較年勞議敘照應得職銜選用優者或加等焉監生坐監期恩貢六月歲貢八月副貢廩膳六月增附八月拔貢廩膳十四月增附十六月恩廕二十四月難廕六月例貢廩膳十四月增附十六月俊秀二十四月例監計捐監月分三十六月雍正五年定除監期計算各監生肄業率以連閏扣滿三年爲期告假丁憂考劣記過則扣除月日告假依限到監或逾限而本籍有司官具牘者仍前後通算舊制祭酒司業總理監務雍正三年始設管理監事大臣乾隆二年孫嘉淦以刑部尚書管監事初嘉淦在世宗朝官司業奏言學校之教宜先經術請敕天下學臣選拔諸生貢太學九卿舉經明行修之士爲助教一以經術造士三年考成舉以待用議未及行遷祭酒中輟請世宗諱之先是太學生名爲坐監肄業率假館散處遇釋奠堂期季考月課暫一齊集監內舊有號房五百餘間修圮不時且資斧不給無以宿諸生嘉淦言各省拔貢雲集京師需住監者三百餘人六堂祇可誦讀不能棲止乞給監南官房令助教等官及肄業生居住歲給銀六千兩爲講課桌飯衣服賑助之費允之是爲南學至是請仿宋儒胡瑗經義治事分齋遺法明經者或治一經或兼他經務取御纂折中傳說諸書探其原本講明人倫日用之理治事者如歷代典禮賦役律令邊防水利天官河渠算法之類或專治一事或兼治數事務窮究其源流利弊考試時必以經術湛深通達事理驗稽古愛民之識三年期滿分別等第以示勸懲從之令諸生有心得或疑義逐條劄記呈助教批判按期呈堂季考月課改四書題一五經講義題各一治事策問一時高宗加意太學嘉淦嚴立課程獎誘備至六堂講師極一時之選舉人吳鼎梁錫璵皆以薦舉經學授司業進士莊亨陽舉人潘永季蔡德峻秦蕙田吳鼐貢生官獻瑤王文震監生夏宗瀾皆以潛心經學先後被薦爲本監屬官分長六堂各占一經時有四賢五君子之稱師徒濟濟皆奮自鏃礪研求實學而祭酒趙國麟又以經義治事外應講習時藝請頒六堂欽定四書文資誦習並報可清代臨雍視學典禮綦重順治九年世祖首視學先期行取衍聖公五經博士率孔氏暨先賢各氏族裔赴京觀禮帝釋奠畢詣彝倫堂御講幄祭酒講四書司業講經宣制勉太學諸生越日賜衍聖公冠服國子監官賞賚有差各氏後裔送監讀書嗣是歷代舉行以爲常乾隆四十八年諭曰稽古國學之制天子曰辟雍所以行禮樂宣德化昭文明而流教澤典至鉅也國學爲人文薈萃之地規制宜隆辟雍之立元明以來典尚闕如應增建以臻美備命尚書德保尚書兼管國子監事劉墉侍郎德成仿禮經舊制於彝倫堂南營建明年落成又明年高宗駕臨辟雍行講學禮命大學士伯伍彌泰大學士管監事蔡新進講四書祭酒覺羅吉善鄒奕孝進講周易頒御論二篇宣示義蘊王公衍聖公大學士以下官暨肄業觀禮諸生三千八十八人圜橋聽講禮成賜燕禮部恩賚有加是時天子右文羣臣躬遇休明翊贊文化彬彬稱極盛矣嘉慶以後視學典禮率循不廢咸豐初猶一舉行焉道光末詔整飭南學住學者百餘人監規頹廢已久迄難振作咸豐軍興歲費折發章程亦屢屢更治初元以國學專課文藝無裨實學令兼課論策用經史性理諸書命題獎勵留心時務者明年增發歲費三千兩九年迺復舊額選文行優者四十人住南學廩給廩餼文風稍稍興起光緒二年增二十名十一年許各省舉人入監曰舉監其後無論舉人貢監生凡非正印官未投供舉貢未傳到教習均得入監以廣裁成貢監生諸色目多沿明制歲貢取府州縣學食廩年深者挨次升貢順治二年命直省歲貢士京師府學歲一人州學三歲二人縣學二歲一人一正二陪學政嚴加遴選濫充發回原學五名以上學政罰俸十五年令到部時詳查年力強壯者乃許送監康熙元年減貢額府三歲二人州二歲一人縣三歲一人八年復照順治二年例二十六年罷歲貢廷試其後但由學政挨序考准咨部選授本省訓導得缺後巡撫一加考驗願入監者益鮮矣恩貢因明制國家有慶典或登極詔書以當貢者充之順治元年詔直省府州縣學以本年正貢作恩貢次貢作歲貢歷代恩詔皆如之九年五氏子孫觀禮生員十五人送監讀書准作恩貢乾隆後恩賜臨雍觀禮聖賢後裔廩增附生入監以爲常至康乾間天子東巡親詣闕里拔取五氏十三氏子孫生員貢成均則加恩聖裔非恒制也拔貢因明選貢遺制順治元年舉行順天六人直省府學二人州縣學各一人康熙十年令學臣於考取一二等生員內遴選文行兼優者貢太學從祭酒查祿請也明年始選拔八旗生員滿洲蒙古二人漢軍一人時各省選貢多冒濫三十七八年間祭酒特默德孫岳頒面試山西選拔張漢翀等六名陝西呂爾恒等四名廣東陳其瑋等三名均文理不堪字畫舛謬原卷駁回學臣參處遂停選拔雍正元年禮部尚書陳元龍疏請嚴成均肄業之規部議太學監生皆由捐納能文之士稀少應令學臣照舊例選拔送監從之五年世宗以歲貢較食廩淺深多年力衰憊之人欲得英才必須選拔命嗣後六年選拔一次明年又諭學政選拔不拘一二等生員酌試時務策論果有識見才幹再訪平日品行即未列優等亦許選拔故雍乾間充貢國學以選拔爲最盛乾隆初定朝考制列一二等者揀選引見錄用三等簽監肄業尋停揀選例三年期滿祭酒等分別等第覈實保薦用知縣教職七年帝以拔貢六年一舉人多缺少妨舉人銓選之路且生員優者應科舉時自可脫穎而出不專藉選拔爲進身改十二年一舉遂爲永制十六年以天下教官多昏耄濫竽戀棧雖定例六年甄別長官每以閑曹多方寬假諭詳加澄汰廷臣議督撫三年澄汰教職員缺以朝考揀選拔貢充備未入揀選者劄監肄業如舊四十一年定朝考優等兼用七品小京官五十五年朝考始用覆試學政選拔分二塲試四書文經文策論乾隆十七年經文改經解二十三年增五言八韻詩會同督撫覆試朝考試書藝一詩一副榜入監順治二年令順天鄉試中式副榜增附准作貢監廩生及恩拔歲貢免坐監與廷試十五年他貢停惟副榜照舊解送康熙元年停副貢額十一年以查祿奏復舊制優貢之選與拔貢並重順治二年令直省不拘廩增附生選文行兼優者大學二人小學一人送監康熙二十四年以監生止輸納一途貧窶之士無由觀光令照順治二年例選送雍正間始析貢監名色廩增准作優貢附生准作優監乾隆四年限大省無過五六名中省三四名小省一二名任缺無濫學政三年會同督撫保題分試兩塲略同選拔試四書文經解經文策論後增詩二十三年定優生到部如拔貢朝考例試書藝一詩一文理明通者升太學荒疏者發回學政議處二十九年學臣有以拔貢年分暫停舉優爲請者部議拔貢十二年一舉而學臣三年任滿宜舉優黜劣通省不過數名應仍舊例嘉慶十九年御史黃中傑條奏請與拔貢一體廷試錄用禮部議駁請免來京朝考示體恤帝以優生經朝考准作貢生斯合貢於王廷之義停朝考名實不符弗許然卒以無錄用之條多不赴京報考同治二年議定甲

子科始廷試優生仿順天鄉試例分南北中卷八旗奉天直隸山東山西河南陝西甘肅爲北卷江蘇江西浙江安徽福建湖北湖南爲南卷四川廣東廣西雲南貴州爲中卷考列一二等用知縣教職三等用訓導恩拔副歲優時稱五貢科目之外由此者謂之正途所以別於雜流也恩監由八旗漢文官學生算學滿漢肄業生考取又臨雍觀禮聖賢後裔由武生奉祀生俊秀入監者皆爲恩監例貢與例監相仿由廩增附生或俊秀監生援例報捐貢生者曰例貢由俊秀報捐監生者曰例監凡捐納入官必由之或在監肄業或在籍均爲監生恩廕凡滿漢子弟奉敕送監讀書恩詔分別內外文武品級廕子入監順治二年定文官京四品外三品以上武官二品以上俱送一子入監十一年覺羅廕生照各官廕生例一體送監包衣佐領下官子弟向例不得爲廕監康熙九年例除宗室給廕入監自康熙五十二年始也難廕始順治四年以殉難陝西固原道副使呂鳴夏子入監讀書九年定內外滿漢三品以上官三年任滿勤事以死者廕一子入監後廣其例凡三司首領州縣佐貳官死難者亦得廕子矣外國肄業生康熙二十七年琉球國王始遣陪臣子弟梁成楫等隨貢使至入貢肄業雍正六年鄂羅斯遣官生魯喀等留學中國以滿漢助教等教之月給銀米器物學成遣歸先後絡繹至同治間琉球官生猶有至者他如順治二年於隨征入關奉天十五學取三十人入監爲天下勸十一年定隨征廩生准作貢監生員有軍功二等准作生監吏有軍功二等准作貢生謂之功貢未幾例停則開國時權宜之制也考送校錄始於乾隆三年令國子監選正途貢生年力少壯字畫端楷者十八人送武英殿備謄錄年滿議敍三十四年例停歸吏部謄錄貢生內選取嗣以吏部無合例者仍由在監拔副優貢生考選嘉慶間增十名後不復行五貢就職學政會同巡撫驗看咨部依科分名次年分布後恩拔副貢以教諭選用歲貢以訓導選用康熙中捐納歲貢並用訓導雍正初捐納貢生教諭改縣丞訓導改主簿既仍許廩生捐歲貢者用訓導恩拔副貢年力富強者得就職直隸州州判嘉慶以後凡朝考未錄之拔貢及恩副歲優貢生遇鄉試年得具呈就職就教優貢就教附歲貢末用訓導道光初許滿蒙正途貢生就職與漢員通較年分先後選用貢監考職定例必監期已滿乃許送考惟特恩考職不論監期滿否凡正途捐納各項貢監生及候補謄錄教習校錄一體送考其已就教就職及捐職襲世職者不許初制考職歲一舉貢監一例以州同州判縣丞主簿吏目錄用乾隆元年定考職以鄉試年恩科不考恩拔副貢考列一等以州同二等以州判三等以縣丞選用歲貢一等以主簿二等以吏目選用願就教者聽捐納貢監考取如歲貢例五十六年停考職嘉慶五年僅一行之光緒三十一年直隸總督袁世凱等奏停科舉擬寬籌舉貢生員出路一條請十年三科內優貢加額錄取己酉選拔如舊朝考用京官知縣督撫學政三科內考選舉貢通算學地理財政兵事交涉鐵路礦務警察外國政法之一者三年一次保送若干名略視會試中額兩三倍赴京試取者用主事中書知縣詔議行明年政務處詳議己酉拔貢照向額倍取本年丙午考優以後三年一考視例額加四倍廩生出貢許倍額部院考用謄錄分舉人五貢生員三等二年期滿獎敍舉人優拔擇尤改用七品小京官又爲廣就職之例五貢一體以直隸州州判按察鹽運經歷散州州判經歷縣丞分別註選或分發試用蓋五貢終清之世未嘗廢棄也算學隸國子監稱國子監算學乾隆四年額設學生滿漢各十二蒙古漢軍各六續設漢肄業生二十四遵御製數理精蘊分線面體三部部限一年通曉七政限二年有季考歲考五年期滿考取者滿蒙漢軍學生咨部以本旗天文生序補漢學生舉人用博士貢監生童用天文生此外隸國學者爲八旗官學順治元年若琳奏臣監僻在城東北隅滿員子弟就學不便議於滿州八固山地方各立書院以國學二廳六堂教官分教之以時赴監考課下部議行於是八旗各建學舍每佐領下取官學生一名以十名習漢書餘習滿書二年從所蘊言合兩旗爲一學每學教習十人教習酌取京省生員其後學額屢有增減教習於國學肄業生考選止用恩拔副歲貢生如無其人准例監生亦得考取舉人願就一例考選雍正元年於八旗蒙古護軍領催驍騎內選熟諳國語蒙古語者十六人充蒙古教習向例官學生分佐領選送五年定每旗額設百名滿洲六十習清漢書各半蒙古漢軍各二十通一旗選擇不拘佐領年幼者習清書稍長者習漢文撥八旗教養兵額滿洲三十蒙古漢軍各十名錢糧分給學生定漢教習每旗五人乾隆初定官學生肄業以十年爲率三年內講誦經書監臣考驗擇材資聰穎有志力學者歸漢文班年長願學繙譯者歸滿文班三年欽派大臣考取漢文明通者拔爲監生升太學與漢貢監究心明經治事期滿擇尤保薦考選錄用八年定漢教習三年期滿分等引見一等用知縣二等用知縣或教職銓選一等再教習三年果實心訓課者知縣即用蒙古教習五年期滿實心訓課者用護軍校驍騎校滿助教每旗二人以八旗文進士舉人繙譯進士舉人恩拔副歲貢生文生員繙譯生員廢員筆帖式考取三十三年下五旗包衣每旗增設學生十名滿洲六蒙古漢軍各二不給錢糧五十四年於每旗百名內裁十名選取經書熟文理優者二十人加給膏火資鼓勵嘉道以後官學積漸廢弛八旗子弟僅恃此進身教習停年期滿予錄用例月課虛應故事雖明諭屢督責迄難振刷光緒初力籌整頓每學以滿漢科甲官一人爲管學官專司考覈學生課程教習勤惰簡派滿漢進士出身大員二人爲管理八旗官學大臣每學添設翰林編檢一員月課季考分司考校春秋赴監會考如舊同光間國學及官學造就科舉之才亦頗稱盛然囿於帖括舊制鮮變通三十一年監臣奏於南學添設科學未幾裁國子監併設學部文廟祀典設國子丞一人掌之八旗官學改併學堂算學亦改稱欽天監天文算學隸欽天監而太學遂與科舉並廢云

宗學肇自虞廷命夔典樂教胄子三代無宗學名而義已備唐宋後有其名而制弗詳清順治十年八旗各設宗學選滿洲生員爲師凡未封宗室子弟十歲以上俱入學習清書雍正二年定制左右兩翼設滿漢學習一王公將軍及閒散宗室子弟十八歲以下入學分習清漢書兼騎射以王公一人總其事設總副管以宗室分尊齒長者充之清書教習二人選罷閒旗員及進士舉人貢生生員善繙譯者充之騎射教習二人選罷閒旗員及護軍校善射者充之每學生十人設漢書教習一人禮部考取舉貢充之三年期滿分別等第錄用十一年兩學各以翰林官二人董率課程分日講授經義文法乾隆初以滿漢京堂各一人總稽學課月試經義繙譯及射藝九年定每屆五年簡大臣合試兩翼學生欽定名次以會試中式註册俟會試年習繙譯者與八旗繙譯貢生同引見賜進士用府屬額外主事習漢文者與天下貢士同殿試賜進士甲第用翰林部屬等官十年考試漢文繙譯無佳作諭曰我朝崇尚本務宗室子弟俱講究清文精通騎射誠恐學習漢文流於漢人浮靡之習世祖諭停習漢書所以敦本實黜浮華也嗣後宗室子弟不能習漢文者其各嫺習武藝儲爲國家有用之器明年定學額左翼七十右翼六十二十一年裁漢教習九人改繙譯教習增騎射教習翼各一人嘉慶初晝一兩翼學額增右翼十名定每學教習滿三人漢四人十三年兩翼各增學額三十足百名爲永制覺羅學雍正七年詔八旗於衙署旁設滿漢學各一覺羅子弟八歲至十八歲入學讀書習射規制略同宗學總管王公春秋考驗三年欽派大臣會同宗人府考試分別獎懲學成與旗人同應歲科試及鄉會試並考用中書筆帖式學額鑲黃旗六十一正黃旗三十六正白旗正紅旗各四十鑲白旗十五鑲紅旗六十四正藍旗三十九鑲藍旗四十五滿漢教習旗各二人惟鑲白旗各一景山官學康熙二十四年令於北上門兩旁官房設官學選內府三旗佐領管領下幼童三百六十名清書三房各設教習三人漢書三房各設教習四人初滿教習用內府官老成者漢教習禮部考取生員文理優通者尋改選內閣善書射之中書充滿教習新進士老成者充漢教習雍正後漢教習以舉人貢生考取三年期滿咨部敍用學生肄業三年考列一等用筆帖式二等用庫使庫守乾隆四十四年許回子佐領下選補學生四名嘉慶間定額鑲黃旗正白旗均百二十四正黃旗百四十回童四咸安宮官學雍正六年詔選內府三旗佐領管領下幼童及八旗俊秀者九十名以翰林官居住咸安宮教之漢書十二房清書三房各設教習一人教射教國語各三人如景山官學考取例五年欽派大臣考試一二等用七八品筆帖式漢教習三年清語騎射教習五年分別議敍乾隆初定漢教習選取新進士不足於明通榜舉人考充期滿進士用主事知縣舉人用知縣教職二十三年以後不論年分許學生考繙譯中書筆帖式庫使定教習漢九人滿六人宗學覺羅學隸宗人府景山學咸安宮學隸內務府諸學總管教習等類乏通才經費徒糜甚者黌舍空虛期滿時例報成就學生若干名而已光緒二十八年翰林院侍讀寶熙奏請援同文館歸併大學堂例將宗室覺羅八旗等官學改併中小學堂均歸管學大臣辦理從之他如世職官學八旗及禮部義學健銳營外火器營圓明園護軍營等學皆清代特設習滿蒙語言文字

府州縣衞儒學明制具備清因之世祖勘定天下命賑助貧生優免在學生員官給廩餼順治七年改南京國子監爲江甯府學尋頒臥碑文刊石立直省學宮諭禮部曰帝王敷治文教爲先臣子致君經術爲本自明末擾亂日尋干戈學問之道闕焉未講今天下漸定朕將興文教崇經術以開太平爾部傳諭直省學臣訓督士子凡理學道德經濟典故諸書務研求淹貫明體則爲眞儒達用則爲良吏果有實學朕必不次簡拔重加任用初各省設督學道以各部郎中進士出身者充之惟順天江南浙江爲提督學政用翰林官宣大蘇松江安淮揚肇高先皆分設既乃裁併上下江湖南北則裁併後仍分設雍正中一體

改稱學院省設一人奉天以府丞臺灣以臺灣道兼之甘肅自分闈後始設學政各學教官府設教授州設學正縣設教諭各一皆設訓導佐之員額時有裁併生員色目曰廩膳生增廣生附生初入學曰附學生員廩增有定額以歲科兩試等第高者補充生員額初視人文多寡分大中小學大學四十名中學三十名小學二十名嗣改府視大學大州縣視中學減半小學四名或五名康熙九年大府州縣仍舊額更定中學十二名小學七名或八名後屢有增廣滿洲蒙古漢軍子弟初歸順天考試取進滿洲漢軍各百二十名蒙古六十名康熙中減定滿蒙四十名漢軍二十名旋復增爲滿蒙六十漢軍三十學政三年任滿歲科兩試順治十五年停直省科試康熙十二年復之儒童入學考試初用四書文孝經論各一孝經題少又以性理太極圖語通書西銘正蒙命題嗣定正試四書文二覆試四書文小學論各一雍正初科試加經文冬月晷短書一經一尋定科試四書經文外增策論題仍用孝經乾隆初覆試兼用小學論中葉以後試書藝經藝各一增五言六韻詩聖祖先後頒聖諭廣訓及訓飭士子文於直省儒學雍正間學士張照奏令儒童縣府覆試背錄聖諭廣訓一條著爲令凡新進生員如國子監坐監例令在學肄業以次期新生入學爲滿教官考校之法有月課季考四書文外兼試策論翌日講大清律刑名錢穀要者若干條月集諸生明倫堂誦訓飭士子文及臥碑諸條諸生環聽除丁憂患病游學有事故外不應月課三次者戒飭無故終年不應者黜革試卷申送學政查覆訖於嘉慶月課漸不舉行御史辛從益以爲言詔令整頓嗣是教官多闒茸不稱職有師生之名無訓誨之實矣學政考覈教官按其文行及訓士勤惰隨時薦黜康熙中令撫臣考試嗣教職部選後赴撫院試四等以上給憑赴任五等學習三年再試六等褫職雍正初定四五等俱解任學習六年考成俸滿盡心訓導士無過犯者督撫學政保題擢用知縣學臣按臨謁先師升明倫堂官生以次揖見生員掣籤講書各講大清律三條西嚮立講畢東嚮立俟行賞罰考試生員舊例歲科試俱四書文二經文一自有給燭之禁例不出經題雍正元年科試增經文冬月一書一經六年更定歲試兩書一經冬月一書一經科試書一經一策一冬月減經文乾隆二十三年改歲試書一經一科試書一策一詩一冬月亦如之欠考勒限補行三次黜革後寬其例五次以上乃黜駐防考試清初定制各省駐防弁兵子弟能讀書者詣京應試乾隆時參領金珩請許歲科試將軍先試騎射就近送府院取進嚴旨切責嘉慶四年湖南布政使通恩奏如金珩言詔議行應試童生五六名取進一名佐領約束之訓習清語騎射府學課文藝明年諭曰我滿洲根本騎射爲先若八旗子弟專以讀書應試爲能輕視弓馬怠荒武備殊失國家設立駐防之意嗣後各省駐防官弁子弟不得因有就近考試之例遂荒本業漢軍設廩增自順治九年始康熙十年滿蒙亦設廩增初制各二十名嗣減漢軍十名雍正間定額滿蒙六十漢軍三十直省廩增額府四十州三十縣二十衞十其新設者府學視州學州學視縣學其一學分兩學則均分其額或差分之六等黜陟法視明爲繁密考列一等增附青社俱補廩無廩缺附青社補增無增缺青社復附各候廩原廩增停降者收復二等增補廩附青社補增無增缺青社復附停廩降增者復廩增降附者復增不許補廩三等停廩者收復候廩丁憂起復病痊考復緣事辨復增降附者許收復青衣發社者復附廩降增者不許復四等廩免責停餼不作缺限讀書六月送考停降者不許限考增附青社俱扑責五等廩停作缺原停廩者降增增降附附降青衣青衣發社原發社者黜爲民六等廩膳十年以上發社六年以上與增十年以上者發本處充吏餘黜爲民入學未及六年者發社科試一二等送鄉試替補廩增如歲試大率祇列三等八旗生員給錢糧考列四等以下停給次屆列一二三等給還優等補廩增劣等降青社如漢生員八旗故重騎射往往不苛求文藝但置後等凡優恤諸生例免差徭廩生貧生給學租養贍違犯禁令小者府州縣行教官責懲大者申學政黜革後治罪地方官不得擅責學政校文外賞黜優劣以爲勸懲如教官徇庇劣生不揭報或經揭報學政不嚴加懲處分別罰俸鐫級褫職其大較也光緒末科舉廢丙午並停歲科試天下生員無所託業迺議廣用途許考各部院謄錄並於考優年令州縣官教官會保申送督撫學政考取文理暢達事理明晰者大省百名中省七十名小省五十名咨部以巡檢典史分別註選或分發試用各省學政改司考校學堂未幾學政裁教官停選在職者凡生員考職孝廉方正各事屬之俸滿用知縣或以直州同鹽庫大使用儒學雖不廢名存實亡非一日矣武生附儒學通稱武生順治初京衞武生童考試隸兵部康熙三年改隸學院直省府州縣衞武生儒學教官兼轄之騎射外教以五經七書百將傳及孝經四書學政三年一考順天舊設武學自八旗設儒學教官兼轄滿洲蒙古漢軍武生裁武學官大宛兩縣武生順天教官轄之學額如文生童例分大中小學自二十名遞減至七八名考試分內外場先外場騎射次內場策論歲試列一二等准作科舉故武生有歲試無科試各省書院之設輔學校所不及初於省會設之世祖頒給帑金風勵天下厥後府州縣次第建立延聘經明行修之士爲之長秀異多出其中高宗明詔獎勸比於古者侯國之學儒學寖衰教官不舉其職所賴以造士者獨在書院其裨益育才非淺尠也又有義學社學社學鄉置一區擇文行優者充社師免其差徭量給廩餼凡近鄉子弟十二歲以上令入學義學初由京師五城各立一所後各省府州縣多設立教孤寒生童或苗蠻黎猺子弟秀異者規制簡略可無述也

選舉二

學校下

學校新制之沿革略分二期同治初迄光緒辛丑以前爲無系統教育時期辛丑以後迄宣統末爲有系統教育時期自五口通商英法聯軍入京後朝廷鑒於外交挫衄非興學不足以圖強先是交涉重任率假手無識牟利之通事往往以小嫌釀大釁至是始悟通事之不可恃又震於列強之船堅礮利急須養成繙譯與製造船械及海陸軍之人才故其時首先設置之學校曰京師同文館曰上海廣方言館曰福建船政學堂及南北洋水師武備等學堂京師同文館之設從總理各國事務衙門之請始於同治元年初止教授各國語言文字六年議於同文館內添設算學館時京僚瞢於時務謗議繁興原疏排斥衆議言之剴切謂西人製器之法無不由度數而生中國欲講求製造輪船機器諸法苟不藉西士爲先導師心自用無裨實際疆臣如左宗棠李鴻章等皆深明其理堅持其說詳於奏牘且西人之術聖祖深韙之矣當時列在臺官垂爲時憲本朝掌故不宜數典而忘若以師法西人爲恥其說尤謬中國狃於因循不思振作恥孰甚焉今不以不如人爲恥獨以學其人爲恥將安於不如而終不學遂可雪恥乎學期適用事貴因時物議雖多權衡宜定原議招取滿漢舉人恩拔副歲優貢生並由此出身之正途人員又擬推廣凡翰林院庶吉士編修檢討與五品以下進士出身之京外各官年在三十歲以內者均可送考三年考列高等者按升階優保班次以示鼓勵詔從其議上海廣方言館創設於同治二年江蘇巡撫李鴻章言京師同文館之設實爲良法惟洋人總匯地以上海廣東兩口爲最擬仿照同文館例於上海添設外國語言文字學館選近郡年十四歲以下資稟穎悟根器端靜之文童聘西人教習並聘內地品學兼優之舉貢生員課以經史文藝學成送本省督撫考驗作爲該縣附學生其候補佐雜等官年少聰慧者許入館一體學習學成酌給升途三五年後有此一種讀書明理之人精通番語凡通商督撫衙署及海關監督應設繙譯官承辦洋務者即於館中遴選派充庶關稅軍需可期核實無賴通事亦稍斂迹且能盡閱西人未譯專書探賾索隱一切輪船火器等巧技由漸通曉於自強之道不無裨助上諭廣州將軍查照辦理福建船廠同治五年左宗棠督閩時奏設並設隨廠學堂分前後二堂前堂習法文練習造船之術後堂習英文練習駕駛之術課程除造船駕駛應習常課外兼習策論令讀聖諭廣訓孝經以明義理首總船政者爲沈葆楨規畫閎遠尤重視學堂十二年奏陳船工善後事宜請選派前後堂生分赴英法學習製造駕駛之方及推陳出新練兵制勝之理學生有天資傑出能習礦學化學及交涉公法等事均可隨宜肄業尋葆楨任南洋大臣光緒二年奏派華洋監督訂定章程船政學堂成就之人材實爲中國海軍人材之嚆矢學堂設於馬尾故清季海軍將領亦以閩人爲最多天津水師學堂光緒八年北洋大臣李鴻章奏設次年招取學生入堂肄業分駕駛管輪兩科教授用英文兼習操法及讀經國文等科優者遣派出洋留學以資深造厥後海軍諸將帥由此畢業者甚夥鴻章又於光緒十一年奏設天津武備

學堂規制略仿西國陸軍學堂挑選營中精健聰穎略通文義之弁目入堂肄業文員願習武事者一併錄取其課程一面研究西洋行軍新法如後膛各種鎗礮土木營壘及布陣分合攻守各術一面赴營實習演試鎗礮陣勢及造築臺壘惟學生係挑選弁目雖聘用德國教員不能直接聽講仍用繙譯展轉教授與水師學堂注重外國文者不同初制學習一年後考試及格學生發回各營由統領量材授事其後逐漸延長年限選募良家年幼子弟肄業迨庚子之變學堂適當戰區全校淪爲灰燼矣此外廣東水陸師學堂則粵督張之洞於光緒十三年奏設之洞調任鄂督二十一年又奏設湖北武備學堂其辦法課程水師分管輪駕駛兩項陸師分馬步鎗礮營造等項大略參照北洋成法洎海軍成立新軍改建此類學堂南洋及各省增設日盛不具述至湖北自強學堂亦之洞創設初分方言格致算學商務四門惟方言一齋住堂肄業餘三齋按月考課其後算學改歸兩湖書院教授格致商務停課本堂專課方言以爲西學梯階方言分英法德俄四門亦類似同文館之學堂也光緒丙申丁酉間各省學堂未能普設中外臣工多以變通整頓書院爲請詔飭裁改禮部議准章程併課天算格致等學陝西等省創設格致實學書院以補學堂之不逮焉大抵此期設學之宗旨專注重實用蓋其動機緣於對外故外國語及海陸軍得此期教育之主要無學制系統之足言惟南洋公學雖亦承襲此期教育之宗旨而學制分爲三等已寓普通學校及豫備教育之意旨先是光緒二十一年津海關道盛宣懷於天津創設頭二等學堂頭等學堂課程四年第一年習竣欲專習一門者得察學生資質酌定專門凡五一工程學二電學三鑛務學四機器學五律例學二等學堂課程四年按班次遞升習滿升入頭等意謂二等擬外國小學頭等擬外國大學因初設採通融求速辦法教員既苦乏才學生亦難精擇無甚成效二十三年宣懷又於上海創設南洋公學如津學制而損益之經費取給招商電報兩局捐助奏明辦理因名公學分四院曰師範院曰外院曰中院曰上院外院卽附屬小學爲師範生練習之所中上院卽二等頭等學堂寓中學堂高等學堂之意課程大體分中文英文兩部而注重法政經濟上院畢業生擇尤異者咨送出洋就學於各國大學意謂內國大學猝難設置以公學爲豫備學校而以外國大學爲最高學府論者謂中國教旨有系統之組織此其見端焉後改歸郵傳部管轄定名高等實業學堂其課程性質非復設立之初旨此第一期無系統教育之大略也自甲午一役喪師辱國列強羣起攘奪權利國勢岌岌朝野志士恍然於儒者變法之不得其本侍郎李端棻主事康有爲等均條議推廣學堂光緒二十四年德宗諭曰邇者詔書數下開特科改武科制度立大小學堂惟風氣尚未大開論說莫衷一是國是不定則號令不行特明白宣示中外自王公至士庶各宜努力發憤以聖賢義理之學植其根本博採西學切於時務者實力講求以救空疏迂謬之弊京師大學爲各省倡應首先舉辦凡翰林編檢部院司員各門侍衞候補候選道府州縣以下各官大員子弟八旗世職各省武職後裔均准入學肄業以期人材輩出共濟時艱下軍機大臣總理各國事務王大臣妥議奏聞尋議覆籌辦京師大學堂擬定章程要端凡四一寬籌經費二宏建學舍三愼選管學大臣四簡派總教習詔如所擬命孫家鼐管理大學堂事務經費由戶部籌撥五月又諭各直省督撫將各省府廳州縣大小書院一律改爲兼習中西學之學校其階級以省會之大書院爲高等學郡城之書院爲中學州縣之書院爲小學須給京師大學章程令仿照辦理各書院經費儘數提作學堂經費紳民如能捐建學堂或廣爲勸募准奏請給獎有獨立措捐鉅款者予以破格之賞民間祠廟不在祀典者一律改爲學堂以節糜費而隆教育是時管學大臣之權限不專管理京師大學堂並節制各省所設之學堂實以大學校長兼全國教育部長之職權又以同文館及北洋學堂多以西人爲總教習於中學不免偏枯且外國文不止一國學科各有專門非一西人所能勝任必擇學貫中西能見其大之中國學者爲總教習破格錄用有選派分教習之權蓋以管學大臣必大學士或尚書充任而總教習則不拘資格可延攬新進之人才也學生分兩班已治普通學卒業者爲頭班現治普通學者爲二班猶是南洋公學之舊法課程分普通專門兩類普通學學生必須通習專門學人各占一門或二門普通學科目爲經學理學掌故學諸子學初級算學初級格致學初級政治學初級地理學文學體操學語言文字學專門學科目爲高等算學高等格致學高等政治學法律屬之高等地理學測繪屬之農學礦學工程學商學兵學衞生學醫學屬之考驗學生用積分法學生月給膏火銀兩有差上海設編譯局各學科除外國文外均讀編譯課本籌辦大學章程之概要如此未幾八月政變由舊黨把持朝局卒釀成庚子之禍逮二十七年學校漸有復興之議其首倡者則山東巡撫袁世凱也初世凱奏陳東省開辦大學堂章程有旨飭下各省仿辦令政務處會同禮部妥議選舉鼓勵章程尋議言東西各國學堂皆係小學中學大學以次遞升畢業後始予出身擬請按照辦理小學畢業生考試合格選入中學堂畢業考試合格再選入大學堂畢業考試合格發給憑照督撫學政按其功課嚴密扃試優者分別等第咨送京師大學堂覆試作爲舉人貢生其貢生留下屆應考願應鄉試者聽舉人積有成數由京師大學堂嚴加考試優者分別等第咨送禮部簡派大臣考試候旨欽定作爲進士一體殿試酌加擢用優予官階查世凱辦法以通省學堂一時未能徧舉先於省城建立學堂分齋督課其備齋正齋卽隱寓小學中學之規制既經諭令各省仿辦應酌照將來選舉章程用資鼓勵報可所議混合科舉學制爲一事謂之學堂選舉鼓勵章程各省多未及實行而罷辛丑兩宮回鑾以創痛鉅深力求改革十二月諭曰興學育才實爲當今急務京師首善之區尤宜加意作育以樹風聲前建大學應切實舉辦派張百熙爲管學大臣責成經理務期端正趨嚮造就通才其裁定章程妥議具奏旋諭將同文館併入大學堂毋庸隸外務部二十八年正月百熙奏籌辦大學堂情形豫定辦法一條言各國學制幼童於蒙學卒業後入小學三年卒業升中學又三年升高等學又三年升大學以中國準之小學卽縣學堂中學卽府學堂高等學卽省學堂目前無應入大學肄業之學生通融辦法惟有暫時不設專門先設立一高等學爲大學豫備科分政藝二科以經史政治法律通商理財等事隸政科以聲光電化農工醫算等事隸藝科查京外學堂辦有成效者以湖北自強學堂上海南洋公學爲最此外如京師同文館上海廣方言館廣東時敏浙江求是等學堂開辦皆在數年以上不乏合格之才更由各省督撫學政考取府州縣高材生咨送來京覆試如格入堂肄業三年卒業及格者升大學正科不及格者分別留學撤退大學豫科與各省省學堂卒業生程度相同由管學大臣考驗合格請旨賞給舉人正科卒業考驗合格請旨賞給進士惟國家需材孔亟欲收急效而少棄才則有速成教員一法於預備科外設速成科分二門曰仕學館曰師範館凡京員五品以下八品以上外官道員以下教職以上皆許考入仕學館舉貢生監皆許考入師範館仕學三年卒業擇尤保獎師範三年卒業擇優異者帶領引見生准作貢生貢生准作舉人舉人准作進士分別給予准作小學中學教員文憑蓋豫科生必取年歲最富學術稍精者再加練習儲爲眞正合格之才速成生則取吏事較多立志猛進者取其聽從速化之效至增建校舍附設譯局廣購書籍儀器尤以寬籌經費爲根原經費分兩項一華俄道勝銀行存欵之息金全數撥歸大學堂一請飭各省籌助經費每年大省二萬金中省一萬金小省五千金常年撥解京師從之七月百熙遵擬學堂章程疏言古今中外學術不同其所以致用則一歐美日本諸邦現行制度頗與中國古昔盛時良法相同禮記載家有塾黨有庠州有序國有學比之各國則國學卽大學家塾黨庠州序卽蒙學小學中學等級蓋甚分明周以前選舉學校合而爲一漢以後專重選舉及隋設進士科以來士皆殫精神於詩賦策論所謂學校名存而已今日而議振興教育必以眞能復學校之舊爲第一要圖雖中外政教風氣原本不同然其條目秩序之至賾而不可亂不必盡泥其迹不能不兼取其長謹上溯古制參考列邦擬定京師大學暨各省高等學中學小學蒙學章程候欽定頒行各省核實興辦凡名是實非之學堂及庸濫充數之教習一律從嚴整頓詔下各省督撫按照規條實力奉行是爲欽定學堂章程教育之有系統自此始京師大學堂分大學院大學專門分科大學豫備科附設者仕學師範兩館大學院主研究不講授不立課程專門分科凡七曰政治科曰文學科曰格致科曰農業科曰工藝科曰商務科曰醫術科政治科分目二政治法律文學科分目七經學史學理學諸子掌故詞章外國語言文字格致科分目六天文地質高等算學化學物理動植物農業科分目四農藝農業化學林學獸醫工藝科分目八土木機器造船造兵器電氣建築應用化學採礦冶金商務科分目六簿記產業製造商業語言商法商業史商業地理醫術科分目二醫學藥學豫備科分政藝兩科政科課目倫理經學諸子詞章算學中外史中外輿地外國文物理名學法學理財體操藝科課目倫理中外史外國文算學物理化學動植物地質及礦產圖畫體操爲入專理某科便利計得增減若干科目各三年卒業仕學館課目算學博物物理外國文輿地史學掌故理財交涉法律政治師範館課目倫理經學教育習字作文算學中外史中外輿地博物物理化學外國文圖畫體操各省高等學堂爲中學卒業之升途又爲入分科大學之豫備分政藝兩科課程與大學豫科同三年卒業高等學外得附設農工商醫高等實業學堂亦中學卒業生升入教授用專科教員制各任一門中學堂爲高等小學卒業之升途卽爲入高等學之豫備課目修身讀經算學詞章中外史中外輿

地外國文圖畫博物物理化學體操四年卒業中學外得設中等農工商實業學堂高小卒業生不願治普通學者入之又附設師範學堂課目視中學惟酌減外國文加教育學教授法得合兩班或三班以兩三教員各任數科目分教之小學堂分高等尋常二級兒童自六歲起受蒙學四年十歲入尋常小學修業三年此七年定爲義務教育十三歲入高等小學三年卒業得附設簡易農工商實業學堂尋常小學卒業者入之尋常小學課目修身讀經作文習字史學輿地算術體操高等小學課目增讀古文辭理科圖畫餘同尋常小學教授採用級任制正教習外得置副教習蒙學堂屬義務教育府廳州縣城鎭鄉集均應設立凡義塾或家塾應照蒙學課程核實改辦課目同尋常小學惟作文易以字課蒙學宗旨在於改良私塾故章程規定頗注重教授法之改善於兒童身心之體察三致意焉至學生出身獎勵小學卒業獎給附生中學卒業獎給貢生高等學卒業獎給舉人大學分科卒業獎給進士各省師範卒業照大學師範館例給獎其大較也欽定章程雖未臻完備然已有系統之組織頒布未及二年旋又廢止先是百熙招致海內名流任大學堂各職吳汝綸爲總教習赴日本參觀學校適留日學生迭起風潮謠諑繁興黨爭日甚二十九年正月命榮慶會同百熙管理大學堂事宜二人學術思想既各不同用人行政意見尤多歧異時鄂督張之洞入覲之洞負海內重望於川晉粵鄂曾創設書院及學堂著勸學篇傳誦一時尤抱整飭學務之素志閏五月榮慶約同百熙奏請添派之洞會商學務詔飭之洞會同管學大臣釐定一切學堂章程期推行無弊十一月百熙榮慶之洞會奏重訂學堂章程言各省初辦學堂難得深通教育理法之人學生率取諸原業科舉之士未經小學陶鎔而來言論行爲不免軼於範圍之外此次奏論會商釐定詳細推求倍加審愼博考外國各項學堂課程門目參酌變通擇其宜者用之其於中國不相宜者缺之科目名稱不可解者改之過涉繁重者減之無論何等學堂均以忠孝爲本以中國經史之學爲基俾學生心術壹歸於純正而後以西學瀹其智識練其藝能務期他日成材各適實用擬成初等小學高等小學中學高等學各章程大學附通儒院章程原章有蒙學名目所列實卽外國初等小學之事外國蒙養院一名幼稚園參酌其意訂爲蒙養院章程及家庭教育法此原章所有而增補其缺略者也辦理學堂首重師範原訂師範館章程係僅就京城情形試辦尙屬簡略另擬初級優級師範學堂章程並任用教員章程京城師範館改照優級師範辦理此外仕學館屬暫設不在各學堂統系之內原章應暫仍舊譯學館卽方言學堂進士館係奉特旨令新進士概入學堂肄業課程與各學堂不同併酌定章程課目又國民生計莫要於農工商實業興辦實業學堂有百益而無一弊另擬初等中等高等農工商實業學堂章程附實業補習普通學堂藝徒學堂實業教員講習所各章程此原章未及而別加編訂者也又中國禮教政俗與各國不同少年初學胸無定識哤雜浮囂在所不免規範不容不肅稽察不容不嚴特訂立規條申明禁令爲學堂管理通則並將設學宗旨立法要義總括發明爲學務綱要果能按照現定章程認眞舉辦民智可開國力可富人才可成不致別生流弊至學生畢業考試升級入學考試及獎勵錄用之法亦經詳定專章伏候裁定又奏奉旨興辦學堂兩年有餘至今各省未能多設者經費難籌也經費所以不能捐集者科舉未停天下士林謂朝廷之意並未專重學堂也科舉不變通裁減人情不免觀望紳富孰肯籌捐經費斷不能籌學堂斷不能多入學堂者恃有科舉一塗爲退步不肯專心嚮學且不肯恪守學規況科舉文字多勦竊學堂功課務實修科舉止憑一日之短長學堂必盡累年之研究科舉但取詞章學堂並重行檢彼此相衡難易迥別人情莫不避難就易當此時勢阽危除興學外更無養才濟時之術或慮停罷科舉士人競談西學而中學無人肯講現擬章程於中學尤爲注重凡中國向有之經學史學文學理學無不包舉靡遺科舉所講習者學堂無不優爲學堂所兼通者科舉皆所未備是取材於科舉不如取材於學堂彰彰明矣或又慮學堂雖重積分法分數定自教員保無以愛憎而意爲增損不知功課優絀當堂考驗教員卽欲違衆徇私而公論可憑萬難掩飾臣等尙恐偶有此弊故於中學考試歸學政主持督同道府辦理高等學畢業請簡放主考會同督撫學政考試大學畢業請簡放總裁會同學務大臣考試不專憑本學堂所定分數凡科舉掄才之法已括諸學堂獎勵之中實將科舉學堂合併爲一就事理論必須科舉立時停罷學堂辦法方有起色經費方可設籌惟此時各省學堂未能偏設已設學堂辦理未盡合法不欲遽議停罷科舉然使一無舉動天下未見朝廷有遞減以至停罷之明文實不足風示海內士民收振興學堂之効請查照臣之洞會同袁世凱原奏分科遞減之法明降諭旨從下屆丙午科起每科遞減中額三分之一一面照現定各學堂章程從師範入手責成各省實力舉行至第三屆壬子科應減盡時尙有十年計京外開辦學堂已逾十年以外人才應已輩出天下士心專注學堂籌措經費必立見踴躍人人爭自濯磨相率入學堂求實在有用之學氣象一新人才自奮轉弱爲強實基於此詔悉如所請是爲頒布奏定章程之期時科舉未全廢止也迨三十一年世凱之洞會奏科舉一日不停士人有徼幸得第之人以分其砥礪實修之志民間相率觀望私立學堂絕少如再遲十年甫停科舉學堂有遷延之勢人才非急切可求必須二十餘年後始得多士之用擬請宸衷獨斷立罷科舉飭下各省督撫學政學堂未辦者從速提倡已辦者極力擴充學生之良莠辦學人員之功過認眞考察不得稍辭其責遂詔自丙午科始停止各省鄉會試及歲科試尋諭各省學政專司考校學堂事務於是沿襲千餘年之科舉制度根本剷除嗣後學校日漸推廣學術思想因之變遷此其大關鍵也是時學務之組織尙有一重要之變更則專設總理學務大臣也二十九年之洞言管學大臣既管京城大學堂又管外省各學堂事務當此經營創始條緒萬端專任猶虞不給兼綜更恐難周請於京師專設總理學務大臣統轄全國學務另設總監督一員專管京師大學堂事務受總理學務大臣節制考核俾有專責詔允改管學大臣爲學務大臣並加派孫家鼐爲學務大臣命大理寺少卿張亨嘉充大學堂總監督奏定章程規定學校系統足補欽定章程所未備其分科及課目較舊章亦多有變更大學設通儒院及大學本科通儒院不講授無規定課目大學本科分科八曰經學科分十一門周易尙書毛詩春秋左傳春秋三傳周禮儀禮禮記論語孟子附理學曰政法科分二門政治法律曰文學科分九門中國史萬國史中外地理中國文學英國文學法國文學俄國文學德國文學日本國文學曰醫科分二門醫學藥學曰格致科分六門算學星學物理化學動植物地質曰農科分四門農學農藝化學林學獸醫曰工科分九門土木機器造船造兵器電氣建築應用化學火藥採鑛冶金曰商科分三門銀行及保險貿易及販運關稅各專一門經學頗兼習一兩經者聽各學科分主課補助課三年畢業惟政治醫學四年畢業高等學與大學豫備科性質相同學科分三類第一類爲豫備入經學政法文學商科等大學者治之第二類爲豫備入格致農工等科大學者治之第三類爲豫備入醫科大學者治之學科除人倫道德經學大義中國文學外國語體操各類共同外第一類課歷史地理辨學法學理財第二類課算學物理化學地質鑛物圖畫第三類課蠟丁語算學物理化學動物植物其有志入某科某門者得缺或科目加課他科目分通習主課三年畢業中學科目修身讀經講經中國文學外國語歷史地理算學博物物理及化學法制及理財圖畫體操五年畢業高等小學科目修身讀經講經中國文學算術中國歷史地理格致圖畫體操視地方情形可加授手工農商業等科目四年畢業初等小學科目修身讀經講經中國文學算術歷史地理格致體操爲完全科視地方情形可加授圖畫手工之一二科目其鄉民貧瘠師儒缺少地方得量從簡略修身讀經合爲一科中國文學科歷史地理格致合爲一科算術體操爲簡易科五年畢業中小學科目不外普通教育之學科其特殊者則讀經講經一科也學務綱要載中小學宜注意讀經以存聖教一節其言曰外國學堂有宗教一門中國之經書卽是中國之宗教學堂不讀經則是堯舜禹湯文武周公孔子之道所謂三綱五常盡行廢絕中國必不能立國無論學生將來所執何業卽由小學改業者必須曾誦經書之要言略聞聖教之要義以定其心性正其本源惟學堂科學較繁晷刻有限概令全讀十三經精力日力斷斷不給茲擇切要各經分配中小學堂若卷帙繁重之禮記周禮止選讀通儒節本儀禮止選讀最要一篇自初等小學第一年日讀約四十字起至中學日讀約二百字爲止大率小學每日以一點鐘讀經一點鐘挑背淺解中學每星期以六點鐘讀經三點鐘挑背講解溫經每日半點鐘歸自習時督課學生並不過勞亦無礙講習西學之日力計中學畢業已讀過孝經四書易書詩左傳及禮記周禮儀禮節本十經並通大義較之向來書塾書院所讀所解已爲加多不惟聖經不至廢墜且經學從此更可昌明其立論甚正可考見當時之風氣焉蒙養院意在合蒙養家教爲一輔助家庭教育兼包括女學直系學堂外並詳訂師範及實業學堂專章其大異於舊章者爲優級師範學堂學科分三節一曰公共科以補中學之不足爲本科之豫備科目人倫道德羣經源流中國文學東語英語辨學算學體操一年畢業二曰分類科凡四類第一類以中國文學外國語爲主第二類以地理歷史爲主第三類以算學物理化學爲主第四類以動植物鑛物生理爲主科目除人倫道德經學大義中國文學教育心理體操各類共同外第一類課周秦諸子英語德語或法語辨學生物生理第二類課地理歷史法制理財英語生物第三類課算學物理化學英語圖畫手工第四類課

植物動物生理鑛物地學農學英語圖畫分通習主課均三年畢業三曰加習科於分類科畢業擇教育重要數門加習一年以資深造科目人倫道德教育學教育制度教育政令機關美學實驗心理學校衞生專科教育兒童研究教育演習並增入教授實事練習優級師範附屬中學堂小學堂初級師範學科程度與中學略同完全科學科於中學科目外增教育學習字視地方情形可加外國語手工農工業之一科目或數科目五年畢業初級師範附屬小學堂實業學堂之種類曰實業教員講習所曰高等農工商實業學堂曰中等農工商實業學堂曰初等農工商實業學堂及高等中等初等商船學堂曰實業補習普通學堂曰藝徒學堂實業教員講習所以備教成各項實業學堂之教習分農商工三種農業商業教員講習所除人倫道德英語教育教授法體操爲共同學科外農業課算學及測量氣象農業汎論農業化學農具土壤肥料耕種畜產園藝昆蟲獸醫水產森林農產製造農業理財實習商業課應用化學應用物理商業作文商業算術商業地理商業歷史簿記商品商業理財商業實踐均二年畢業工業教員講習所置完全科及簡易科完全科凡六曰金木科木工科染織科窯業科應用化學科工業圖樣科除人倫道德算學物理化學圖畫工業理財工業衞生機器製圖實習英語教育教授法體操爲共同學科外金工科課無機化學應用力學工場用具及製造法電氣工業大意發動機木工科課無機化學應用力學工場用具及製造法構造用材料家具及建築流派房屋構造衞生建築製圖及意匠染織科課一切器用化學應用機器定性分析工業分析染色配色機織及意匠窯業科課一切應用化學應用機器定性分析工業分析窯業品製造應用化學科課一切應用化學機器電鑄及電鍍工業圖樣科課圖樣材料均三年畢業簡易科分金工木工染色機織陶器漆工六科課目較略一年畢業高等實業學堂程度視高等學堂分豫科本科豫科授以各科普通基本功課一年畢業高等農業本科凡三曰農學科曰林學科曰獸醫學科高等工業分科十三曰應用化學科曰染色科曰機織科曰建築科曰窯業科曰機器科曰電器科曰電氣化學科曰土木科曰鑛業科曰造船科曰漆工科曰圖稿繪畫科各授以本科原理原則應用方法及補助科目多者至三十餘門得斟酌地方情形擇合宜數科設之均三年畢業中等實業學堂程度視中學堂亦分豫科本科課目較高等爲略初等實業學堂程度視高等小學堂分普通實習兩種科目均三年畢業商船學堂亦分三等以授航海機關之學術及駕運商船之知識技術五年或三年畢業實業補習普通學堂以簡易教法授實業必須之知識技能並補習小學科目藝徒學堂授平等程度之工築技術俾成良善工匠均可於中小學堂便宜附設其不在學堂統系內者曰譯學館曰進士館先是同文館併入大學堂設英法俄德日本五國語文專科後由大學分出名譯學館仍設英法俄德日本文各一科無論習何國文皆須習普通及專門學普通科目人倫道德中國文學歷史地理算學博物物理及化學圖畫體操專門科目交涉理財教育五年畢業進士館令新進士用翰林部屬中書者入館肄業講求實用之學課目史學地理教育法學理財交涉兵政農政工政商政格致得選習農工商兵之一科或兩科西文東文算學體操爲隨意科三年畢業各學堂管理通則之規定與舊章大體相同月朔監督教員集諸生禮堂宣讀聖諭廣訓一條皇太后皇上萬壽節至聖先師孔子誕日春秋上丁釋奠爲慶祝日堂中各員率學生至萬歲牌前或聖人位前行三跪九叩禮畢各員西嚮立學生向各員行三揖禮退開學散學或畢業率學生至萬歲牌前聖人位前行禮如儀學生向監督教員行一跪三叩禮監督等施訓語乃散月朔率學生至聖人位前行禮如儀每日講堂授課多者不得過六小時房虛星昴日爲休息例假慶祝日端午中秋節各放假一日每年以正月二十日開學至小暑節散學爲第一學期立秋後六日開學至十二月十五日散學爲第二學期學生賞罰由教員監學摘出監督核定賞分三種曰語言獎勵曰名譽獎勵曰實物獎勵罰分三種曰記過曰禁假曰出堂學生以端飭品行爲第一要義監督監學及教員隨時稽察詳定分數與科學分數合算學堂考試分五種曰臨時考試曰學期考試曰年終考試曰畢業考試曰升學考試臨時試無定期學期年終畢業考試分數與平日分數平均計算年考及格者升一級不及格者留原級補習下屆再試仍不及格者退學評定分數以百分爲滿格八十分以上爲最優等六十分以上爲優等四十分以上爲中等二十分以上爲下等謂之及格二十分以下爲最下等應出學畢業考試最重視學堂程度由所在地方官長會同監督教員視蒞之照鄉會試例高等學畢業簡放主考會同督撫學政考試大學分科畢業簡放總裁會同學務大臣考試分內外二場外場試就學堂舉行擇各科講義精要一二條摘問令諸生答述內場試擇地扃試分兩場首場以中學發題經史各一經用論史用策二場以西學發題政藝各一西政用考西藝用說通儒院畢業不派員考試以平日研究所得各種著述評定等第進呈候欽定其獎勵章程比照獎勵出洋遊學日本學生例通儒院畢業予以翰林升階或分用較優京外官大學分科畢業最優等作爲進士出身用翰林院編修檢討優等中等均作爲進士出身分別用翰林院庶吉士各部主事大學選科比照分科大學降等給獎大學豫備科及各省高等學畢業最優等作爲舉人以內閣中書知州用優等中等均作爲舉人以中書科中書部司務知縣通判用中學畢業分別獎以拔貢優貢歲貢高等小學畢業分別獎以廩增附生初等小學屬義務教育不給獎優級師範畢業最優等優等中等均作爲舉人分別以國子監博士助教學正用初級師範畢業分別獎以拔貢優貢歲貢以教授教諭訓導用高等實業學堂畢業最優等優等中等均作爲舉人分別以知州知縣州同用中等實業學堂畢業獎勵視中學奏定章程規定之概要如此三十一年詔以各省學堂次第興辦必須有總匯之區以資董率而專責成特設學部命榮慶爲尙書熙瑛嚴修爲侍郎裁國子監歸併學部明年學部奏請宣示教育宗旨略言今中國振興學務宜注重普通教育令全國之民無人不學尤以明定宗旨宣示天下爲握要之圖中國政教所固有亟宜發明以距異說者有二曰忠君曰尊孔中國民質所最缺亟宜箴砭以圖振起者有三曰尙公曰尙武曰尙實上諭照所陳各節通飭遵行尋奏定學部官制於本部各司科分掌教育行政事務外設編譯圖書局調查學制局京師督學局又擬設高等教育會議所屬學部長官監督其議員選派部員及直轄學堂各省中等以上學堂監督暨京外官紳學識宏通於教育素有經驗者充任又擬設教育研究所延聘精通教育之員定期講演以訓練本部員司爲先是直督袁世凱奏陳學務未盡事宜以裁撤學政爲言雲南學政吳魯奏請裁撤學政至是學部會同政務處復議言各省教育行政及擴張興學之經費督飭辦學之考成與地方行政在在皆有關係學政位分較尊事權不屬於督撫爲敵體諸事不便於稟承於地方爲客官一切不靈於呼應且地方寥闊官立公立私立學堂日新月盛勢不能如歲科試分棚調考之例而循例按臨吏日不暇給勞費供張無裨實事擬請裁撤學政各省改設提學使司提學使一員統轄全省學務歸督撫節制於省會置學務公所分曹隸事選派官紳有學行者別設學務議紳四人延訪本省學望較崇之紳士充選議長一人學部愼選奏派從之嗣是各省學務始有確定之執行機關矣勸學所之設創始於直隸學務處時嚴修任學務處督辦提倡小學教育設勸學所爲廳州縣行政機關仿警察分區辦法採日本地方教育行政及學校管理法訂定章程頗著成效三十二年學部奏定勸學所章程通行全國卽修呈訂原章也勸學所由地方官監督設總董一員以縣視學兼充綜核各學區事務區設勸學員一人任一學區內勸學之責以勸募學生多寡定勸學員成績之優劣其章程內推廣學務一條規定辦法凡五曰勸學曰興學曰籌款曰開風氣曰去阻力又奏定各省教育會章程省會設立者爲總會府州縣設立者爲分會以補助教育行政與學務公所勸學所相輔而行皆普及教育切要之圖也學部設立後於各項學堂章程多所更正其要者如改訂考試辦法詳定師範獎勵義務變通中小學課程中學分文科實科之類然大致不外修正科目確定限制其宏綱細目不能出奏定章程之範圍所增定者則女學堂章程也先是學部官制已將女學列入職掌三十三年奏定女子師範女子小學章程以裨補家計有益家庭教育爲要旨師範科目修身教育國文歷史地理算學格致圖畫家事裁縫手藝音樂體操四年畢業音樂得隨意學習小學分兩等高等科目修身國文算術中國歷史地理格致圖畫女紅體操得酌加音樂爲隨意科初等科目修身國文算術女紅體操得酌加音樂圖畫二隨意科均四年畢業其授業鐘點較男子小學減少與男子小學分別設立不得混合宣統三年奏設中央教育會議以討論教育應行改進事宜及推行方法則根據學部原奏擬設高等教育會議所之規定行之此爲第二期有系統之教育制度也至考驗遊學畢業生光緒二十九年鄂督張之洞奏准鼓勵遊學章程三十一年學務大臣考驗北洋學生金邦平等援照鄉會試覆試例奏請在保和殿考試給予出身分別錄用迨三十二年學部奏定自本年始每年八月舉行一次並爲綜覈名實起見妥議考驗章程將學成試驗與入官試驗分爲兩事酌照分科大學及高等學畢業章程會同欽派大臣按所習學科分門考試酌擬等第候欽定分別獎給進士舉人等出身仍將某科字樣加於進士等名目之上以爲表識考試分兩場第一場就所習學科擇要命題第二場試中國文外國文罷廷試明年學部憲政編查館會奏遊學畢業廷試錄用章程仍暫照三十一年成案於欽派大臣會同學部考試請予出身後廷試一次分別

授職廷試用經義科學論說各一其醫工格致農等科大學及各項高等實業學堂畢業者免試經義時遊學日本歐美畢業回國者絡繹不絕歲舉行考驗以爲常終清世不廢

清史稿　志

選舉三

文科　武科

有清科目取士承明制用八股文取四子書及易書詩春秋禮記五經命題謂之制義三年大比試諸生於直省曰鄉試中式者爲舉人次年試舉人於京師曰會試中式者爲貢士天子親策於廷曰殿試名第分一二三甲一甲三人曰狀元榜眼探花賜進士及第二甲若干人賜進士出身三甲若干人賜同進士出身鄉試第一曰解元會試第一曰會元二甲第一曰傳臚悉仍明舊稱也世祖統一區夏順治元年定以子午卯酉年鄉試辰戌丑未年會試鄉試以八月會試以二月均初九日首場十二日二場十五日三場殿試以三月二年頒科場條例禮部議覆給事中龔鼎孳疏言故明舊制首場試時文七篇二場論表各一篇判五條三場策五道應如各科臣請減時文二篇於論表判外增詩去策改奏疏帝不允命仍舊例首場四書三題五經各四題士子各占一經四書主朱子集註易主程傳朱子本義書主蔡傳詩主朱子集傳春秋主胡安國傳禮記主陳澔集說其後春秋不用胡傳以左傳本事爲文參用公羊穀梁二場論一道判五道詔誥表內科一道三場經史時務策五道鄉會試同乾隆間改會試三月殿試四月遂爲永制鄉試先期提學考試精通三場生儒錄送禁冒濫在監肄業貢監生本監官考送倡優隸皁之家與居父母喪者不得與試卷首書姓名籍貫年貌出身三代所習本經試卷題字錯落眞草不全越幅曳白塗抹汚染太甚及首場七藝起訖虛字相同二場表失年號三場策題訛寫暨行文不避廟諱御名至聖諱以違式論貼出士子用墨曰墨卷謄錄用硃曰硃卷主考墨筆同考藍筆乾隆間同考改用紫筆未幾仍用藍試士之所曰貢院士子席舍曰號房撥軍守之曰號軍試官入闈封鑰內外門隔以簾在外提調監試等曰外簾官在內主考同考曰內簾官亦有內監試司糾察不與衡文事以大員總攝場務鄉試曰監臨順天以府尹各省初以巡按御史巡按裁巡撫爲之會試曰知貢舉禮部侍郎爲之順天提調以府丞監試以御史初各省提調以布政使監試以按察使各副以道員雍正間以藩臬兩司爲一省錢穀刑名之總匯入闈月餘恐致曠滯提調監試專責二道員會試監試以御史殿試臨軒發策以朝臣進士出身者爲讀卷官擬名第進呈或如所擬或有更定一甲狀元授修撰榜眼探花授編修二三甲進士授庶吉士主事中書行人評事博士推官知州知縣等官有差有清以科舉爲掄才大典雖初制多沿明舊而愼重科名嚴防弊竇立法之周得人之盛遠軼前代其間條例之損益風會之變遷繫乎人才之盛衰朝政之得失述其大者不可闕也鄉會試首場試八股文康熙二年廢制義以三場策五道移第一場二場增論一篇表判如故行止兩科而罷四年禮部侍郎黃機言制科向係三場先用經書使闡發聖賢之微旨以觀其心術次用策論使通達古今之事變以察其才猷今止用策論減去一場似太簡易且不用經書爲文人將置聖賢之學於不講請復三場舊制報可七年復初制仍用八股文二十四年用給事中楊爾淑請禮闈及順天試四書題俱欽命時詔誥題士子例不作文論表判策率多雷同剿襲名爲三場並試實則首場爲重首場又四書藝爲重二十六年廢詔誥既而令五經卷兼作論題舊出孝經康熙二十九年兼用性理太極圖說通書西銘正蒙五十七年論題專用性理世宗初元詔孝經與五經並重爲化民成俗之本宋儒書雖足羽翼經傳未若聖言之廣大論題仍用孝經乾隆三年兵部侍郎舒赫德言科舉之制憑文而取按格而官已非良法況積弊日深僥倖日衆古人詢事考言其所言者卽其居官所當爲之職事也時文徒空言不適於用墨卷房行輾轉抄襲膚詞詭說蔓衍支離苟可以取科第而止士子各占一經每經擬題多者百餘少者數十古人畢生治之而不足今則數月爲之而有餘表判可預擬而得答策隨題敷衍無所發明實不足以得人應將考試條欵改移更張別思所以遴拔眞才實學之道章下禮部覆奏取士之法三代以上出於學漢以後出於郡縣吏魏晉以後出於九品中正隋唐至今出於科舉科舉之法不同自明至今皆出於時藝科舉之弊詩賦祇尙浮華而全無實用明經徒事記誦而文義不通唐趙匡所謂習非所用用非所習是也時藝之弊今該侍郎所陳奏是也聖人不能使立法之無弊在因時而補救之蘇軾有言得人之道在於知人知人之道在於責實能責實雖由今之道而振作鼓舞人才自可奮興若惟務徇名雖高言復古法立弊生於造士終無所益今謂時文經義及表判策論皆空言剿襲而無用者此正不責實之過凡宣之於口筆之於書皆空言也何獨今之時藝爲然時藝所論皆孔孟之緒言精微之奧旨參之經史子集以發其光華範之規矩準繩以密其法律雖曰小技而文武幹濟英偉特達之才未嘗不出乎其中不思力挽末流之失而轉咎作法之涼不已過乎卽經義表判論策苟求其實亦豈易副經文雖與四書並重積習相沿士子不專心學習若著爲令甲非工不錄表判論策皆加覆覈必淹洽詞章通曉律令而後可爲表判有論古之識斷制之才通達古今明習時務而後可爲論策何一不可見之施爲切於實用必變今之法行古之制將治宮室養遊士百里之內置官立師訟獄聽於是軍旅謀於是又將簡不率教者屛之遠方終身不齒毋乃紛擾而不可行況人心不古上以實求下以名應興孝則有割股廬墓以邀名者矣興廉則有惡衣菲食敝車羸馬以飾節者矣相率爲僞借虛名以干進取及莅官後盡反所爲至庸人之不若此尤近日所舉孝廉方正中所可指數又何益乎司文衡職課士者誠能仰體諭旨循名責實力除積習杜絕僥倖文風日盛眞才自出無事更張定制爲也遂寢其議時大學士鄂爾泰當國力持議駁科舉制義得以不廢二十二年詔剔舊習求實效移經文於二場罷論表判增五言八韻律詩明年首場復增性理論御史楊方立疏請鄉會試增周禮儀禮二經命題帝以二禮義蘊已具於戴記不從四十七年移置律詩於首場試藝後性理論於二場經文後五十二年高宗以分經閱卷易滋弊竇且士子專治一經於他經不旁通博涉非敦崇實學之道命自明歲戊申鄉試始鄉會五科內分年輪試一經畢再於鄉會二場廢論題以五經出題並試永著爲令科場擬題最重康熙五十二年以主司擬題多取四書五經冠冕吉祥語致多宿構倖獲詔此後不拘忌諱向例禁考官擬出本身中式題至是弛其禁歷科試官多有以出題錯誤獲譴者先是康熙五十六年從詹事王奕清言場中七藝破承開講虛字槪不謄寫以防關節乾隆四十七年令考官預擬破承開講虛字隨題紙發給士子遵用嘉慶四年以無關弊竇廢止制藝篇末用大結有明中葉每以此爲關節康熙末年懸之禁令乾隆十二年編修楊述曾有復用大結之請大學士張廷玉等以爲無益而弊竇愈起奏駁之初場文原定每篇限五百五十字康熙二十年增百字五十四年會元尙居易以首藝字逾千二百黜革乾隆四十三年始定鄉會試每篇以七百字爲率違者不錄自是遵行不易三場策題原定不得逾三百字乾隆元年禁士子空舉名目草率塞責其後考官擬題每問或多至五六百字空疏者輒就題移易點竄成篇三十六年左都御史張若溎以爲言詔申明定例五十一年定答策不滿三百字照紕繆例罰停科然考官士子重首場輕三場相沿積習難移制義體裁以詞達理醇爲尙順治九年壬辰會試第一程可則以悖戾經旨除名考官學士胡統虞等並治罪世宗屢以清眞雅正誥誡試官乾隆元年高宗詔曰國家以經義取士將以覘士子學力之淺深器識之淳薄風會所趨有關氣運人心士習之端倪呈露者甚微而徵應者甚鉅當明示以準的使士子曉然知所別擇於是學士方苞奉敕選錄明清諸大家時文四十一卷曰欽定四書文頒爲程式行之既久攻制義者或剽竊浮詞罔知根柢楊述曾至請廢制義以救其弊四十五年會試三名鄧朝縉首藝語意粗雜江南解元顧問四書文全用排偶考官並獲譴嘉慶中士子撏撦僻書字句爲文競炫新奇御史辛從益論其失詔曰近日士子獵取詭異之詞以艱深文其淺陋大乖文體考官務各別裁僞體支離怪誕之文不得錄取歷代輒以釐正文體責考官而迄無實效議者謂文風關乎氣運清代名臣多由科目出身無不工制義者開國之初若熊伯龍劉子壯張玉書爲文雄渾博大起衰式靡康熙後益軌於正李光地韓菼爲之宗桐城方苞以古文爲時文允稱極則雍乾間作者輩出律日精而法益備陵夷至嘉道而後國運漸替士習日漓而文體亦益衰薄至末世而勦襲庸濫制義遂爲人詬病矣光緒二十四年湖廣總督張之洞有變通科舉之奏二十七年鄉會試首場改試中國政治史事論五篇二場各國政治藝學策五道三場四書義二篇五經義一

篇其他考試例此用之洞議也行之至廢科舉止鄉會考官初制順天江南正副主考浙江江西湖廣福建正主考差翰林官八員他省用給事中光祿寺少卿六部司官行人中書評事某官差往某省皆有一定康熙三年除其例順天初同各省簡正副二人乾隆中葉增爲三用協辦大學士尚書以下副都御史以上官編檢不復與矣道光中簡三四人同治後額簡四人初考官不限出身康熙初主事蔡騶曹首望俱以拔貢典試十年從御史何元英請考官專用進士出身人員然舉人出身者間亦與焉雍正三年頒考試令始限翰林及進士出身部院官仍參用保舉例乾隆九年御史李清芳言大臣保舉應差主考四十九人滿洲四各直省十六餘均江浙人保薦者大都平日往來相知饒於財而溷於勢至守正不阿者不肯伺候公卿之門邊隅之士聲氣不通交游不廣無人薦舉請將合例人員通行考試帝疑清芳未列保薦激爲是語不允所請仍考試保舉並行三十六年後考試遂著爲令初御試錄取名單皆發出其後密定名次不復揭曉嘉慶以後更別試侍郎閣學及三品京堂等官曰大考差會試總裁初用閣部大員四人或六人多至七人嗣簡二三人或四五人咸豐後簡四人以爲常同考官初順天試京員推知並用各省用甲科屬官及鄰省甲科推知或鄉科教官房數無定會試初用二十人翰林官十二六科四吏禮兵部官各一戶刑工官每科輪用一嗣額定十八人順天試同康熙五十四年令不同省房官二人同閱互相覺察用三十六人未幾卽罷康雍間順天房考停用京員止用直隸科甲知縣各省停用本省現任知縣專調用鄰省在籍候選進士舉人大省十八中省十四小省十二至十均分經校閱厥後增減不一小省減至八人乾隆間禮闈及順天同考始欽簡京員各省復用本省科甲屬官四十二年停五經分房之例至順天房考南北省人迴避南北皿卷邊省人迴避中皿卷會房則同省相迴避云考官綜司衡之責房考膺分校之任歷代極重其選康熙間順天同考官庶吉士鄭江以校閱允當授職檢討雍正元年會試總裁朱軾張廷玉持擇公允帝嘉之加太傅太保有差其衡鑒不公草率將事者罰不貸而交通關節賄賂厥辜猶重順治十四年丁酉順天同考官李振鄴張我樸受科臣陸貽吉博士蔡元禧進士項紹芳賄中田耜鄔作霖舉人給事中任克溥奏劾鞫實詔駢戮七人於市家產籍沒戍其父母兄弟妻子於邊考官庶子曹本榮中允宋之繩失察降官江南主考侍講方猶檢討錢開宗賄通關節江甯書肆刊萬金傳奇記詆之言官交章論劾刑部審實世祖大怒猶開宗及同考葉楚槐等十七人俱棄市妻子家產籍沒一時人心大震科場弊端爲之廓清者數十年康熙五十年辛卯江南士子吳泌程光奎賂副考官編修趙晉獲中二人素不能文輿論譁然事聞命尚書張鵬翮會江南督撫嚴鞫蘇撫張伯行劾總督噶禮賄賣徇庇噶禮亦劾伯行他罪詔俱解任令鵬翮會總漕赫壽確訊覆奏請鐫噶禮級罷伯行職帝怒二人掩飾和解復遣尚書穆和倫張廷樞往鞫奏略如鵬翮等指部議互訐乖大臣體應並褫職帝卒奪噶禮職以伯行清名素著褫職仍留任處晉及同考王曰俞方名大辟以失察奪正考官左必蕃官是年福建房考吳肇中亦以賄伏法考官檢討介孝琛主事劉儼失察削職咸豐八年戊午順天舉人平齡硃墨卷不符物議沸騰御史孟傳金揭之王大臣載垣等訊得正考官大學士柏葰徇家人靳祥請中同考編修浦安房羅鴻繹卷比照交通囑託賄買關節例柏葰浦安棄市餘軍流降革至數十人副考官左副都御史程庭桂子郎中炳采坐接收關節伏法庭桂遣戍蓋載垣端華及會審尚書肅順素惡科目與柏葰有隙因搆興大獄擬柏葰極刑論者謂靳祥已死未爲信讞也然自嘉道以來公卿子弟視巍科爲故物斯獄起北闈積習爲之一變光緒十九年編修丁維禔典陝試同年友饒士騰先期爲之輾轉囑託事覺俱逮問士騰自殺壽並削職有無與關節賄賂而獲咎者康熙三十八年己卯御史鹿祐劾順天闈考試不公正考官修撰李蟠遣戍副主考編修姜宸英牽連下吏未置對死獄中宸英浙江名士善屬古文舉朝知其無罪莫不歎惜四十四年乙酉順天主考侍郎汪霦贊善姚士藟校閱草率落卷多不加圈點下第者束草如人至其門戮之事聞奪職六十年辛丑會試副總裁左副都御史李紱用唐人通榜法拔取知名之士下第者喧鬨於其門被劾落職發永定河効力然是闈一時名宿網羅殆盡頗爲時論所許其他賄通關節未濟敗露與因微眚獲譴者例尤不一鄉試解額順治初定額從寬順天江南皆百六十餘名浙江江西湖廣福建皆逾百名河南山東廣東四川山西陝西廣西雲南自九十餘名遞殺至貴州四十名爲最少俱分經取中順天試直隸生員貝字號約占額十之七北監生皿字號十之三宣化旦字奉天夾字僅二三名江南試南監生皿字號約十之二餘爲江安併閩生員額南雍罷南監中額併入北監十四年監生分南北卷直隸八府延慶保安二州遼東宣府山東山江河南陝西四川廣西爲北皿江南浙江江西福建湖廣廣東爲南皿視人數多寡定中額十七年減各直省中額之半康熙間先後廣直省中額五十年又各增五之一雍正元年湖南北分闈照舊額分中各省略有增減乾隆元年順天皿字分南北中卷奉天直隸山東河南山西陝西爲北皿江南江西福建浙江湖廣廣東爲南皿各中額三十九四川廣西雲南貴州另編中皿十五取一江南分上下江取中下江江蘇十之六上江安徽十之四九年嚴定搜檢之法北闈以夾帶敗露者四十餘人臨時散去者三千八百數十人曳白與不終篇文不切題者又數百人帝既治學政祭酒濫送之罪詔減各直省中額十之一於是定順天南北皿各三十六中皿改二十取一貝字百二夾旦各四江南上江四十五下江六十九浙江江西皆九十四福建八十五廣東七十二河南七十一山東六十九陝西六十一山西四川皆六十雲南五十四湖北四十八湖南廣西皆四十五貴州三十六自是率行罔越光緒元年陝甘分闈取中陝西四十一甘肅三十咸同間各省輸餉輒數百萬先後廣中額四川二十江蘇十八廣東十四福建及臺灣十三浙江湖南湖北江西山西安徽甘肅雲南貴州各十陝西九河南廣西各八直隸山東各二視初定中額尙或過之會試無定額順治三年九年俱四百名分南北中卷浙江江西福建湖廣廣東五省江甯蘇松常鎭淮揚徽甯池太十一府廣德一州爲南卷中二百三十三名山東山西河南陝西四川順天永平保定河間眞定順德廣平大名八府延慶保安二州奉天遼東大甯萬全諸處爲北卷中百五十三名四川廣西雲南貴州四省安廬鳳滁徐和等府州爲中卷中十四名十二年中卷併入南北卷厥後中卷屢分屢併或更於南北中卷分爲左右或專取川廣雲貴四省各編字號分別中一二三名五十一年以各省取中人數多少不均邊省或致遺漏因廢南北官民等字號分省取中按應試人數多寡欽定中額歷科大率三百數十名少或百數十名而以雍正庚戌四百六名爲最多乾隆己酉九十六名爲最少五經中式仿自明代以初場試書藝三篇經義四篇其合作五經卷見長者因有二十三篇之目順治乙酉山東鄉試法若眞以全作五經文賜內閣中書一體會試康熙丁卯順天鄉試浙江監生查士韓福建貢生林文英壬午順天南皿監生莊令輿俞長策皆以兼作四書五經文二十三篇違式奏聞俱授舉人詔嗣後不必禁止旋著爲令鄉會試五經卷於額外取中三名二場添詔誥各一於是習者益衆直隸陝西等省至有以五經卷掄元者五十年增各省鄉試一名順天二名會試三名五十六年停五經應試雍正初復其制順天皿字號中四名各省每額九名加中一名大省人多文佳額外量取副榜三四名雍正四年丙午詔是科以五經中副榜者准作舉人一體會試尤爲特異乾隆十六年始停五經中式之例至歷代臨雍增北闈監生中額恩詔廣鄉會試中額均屬於常額外也鄉會試正榜外取中副榜會試副榜免廷試咨吏部授職康熙三年罷之鄉試副榜原定順天二十名江南十二江西十一浙江福建湖廣各十山東河南各九山西陝西四川廣東各八廣西六取文理優者不拘經房康熙元年停取十一年取中如舊例增雲南五貴州四嗣是各直省率正榜五名中一名惟恩科廣額不與焉雍正四年准是科由副榜復中副榜者作舉人非常例也雍正五年命各省督撫學政甄別衰老教職休致之缺以是年會試落卷文理明順之舉人補授乾隆間屢行選取如例大中小省各數十名明通別爲一榜二十六年廷議於明通榜外選取中書四十名其餘年力老成宜課士者另選用學正學錄數名報可五十五年悉罷此後下第者於正榜外挑取謄錄北闈數百名或百數十名會試額定四十名備各館繕寫積資得邀議叙此則旁搜博採俾寒畯多獲進身之階也八旗以騎射爲本右武左文世祖御極詔開科舉八旗人士不與順治八年吏部疏言八旗子弟多英才可備循良之選宜遵成例開科於鄉會試拔其優者除官報可八旗鄉會試自是年始其時八旗子弟每牛彔下讀滿漢書者有定額應試及各衙門任用悉於此取給額外者不得習往往不敷取中故自十四年至康熙十五年八旗考試時舉時停先是鄉會試殿試均滿洲蒙古爲一榜漢軍漢人爲一榜康熙二十六年詔同漢人一體應試尋定制鄉會場先試馬步箭騎射合格乃應制舉庶文事不妨武備遂爲永制初八旗鄉試僅試清文或蒙古文一篇會試倍之漢軍試書藝二篇經藝一篇不通經者增書藝一篇二三闈試論策各一逐科遞加自與漢人合試非復前之簡易矣鄉試中額順治八年定滿洲漢軍各五十蒙古二十嗣減滿洲漢軍各五之一蒙古四之一康熙八年編滿蒙爲滿字號漢軍爲合字號各取十名二十六年再減漢軍五名後復遞增乾隆九年詔各減十之一定爲滿蒙二十七漢軍十二同治間以輸餉增滿蒙六名漢軍四名各省駐防初亦應順天試嘉慶十八年始於駐防省分試之十人中一多不逾三名副榜如例會試初制滿洲漢軍進士各二十五蒙古十康熙九年編

滿合字號如鄉試例各中四名嗣亦臨時請旨無定額宗室不應鄉會試聖祖世宗降有明諭乾隆八年宗人府試宗學拔其尤者玉鼎柱等爲進士一體殿試是爲宗室會試之始未久卽停嘉慶六年宗室應鄉會試始著爲令先期宗人府或奉天宗學考試騎射如例試期於文闈鄉會試場前或場後或同日試制藝律詩各一一日而畢鄉試九人中一人會試考官酌取數卷候親裁別爲一榜殿試朝考滿漢一體除庶吉士等官有差順治十五年帝以順天江南考官俱以賄敗親覆試兩闈舉人是爲鄉試覆試之始取順天米漢雯等百八十二名准會試江南汪溥勳等九十八名准作舉人罰停會試除名者二十二名惟吳珂鳴以三次試卷文理獨優特許一體殿試異數也康熙三十八年帝以北闈取士不公命集內廷覆試列三等以上者許會試四等黜之五十一年壬辰順天解元查爲仁以傳遞事覺而逸帝疑新進士有代倩中式者親覆試暢春園黜五人會試覆試自是始乾隆間或命各省督撫學政於鄉試榜後覆試或專覆試江蘇安徽江西浙江廣東山西六省丙午前三科俊秀貢監中式者或止覆試中式進士或北闈舉人臨期降旨無定例五十四年貢士單可虹覆試詩失調訛舛不符中卷除名詔旨嚴切謂禮闈非嚴行覆試不足拔眞才懲倖進至嘉慶初遂著爲令道光二十三年定制各省舉人一體至京覆試非經覆試不許會試以事延誤於下三科補行除丁憂展限外託故不到以規避論永停會試與赴部銓選覆試期以會試年二月咸同間因軍興道路梗阻光緒季年以辛丑條約京師停試假闈河南俱得先會試後覆試非恒制也覆試詩文紕謬詩失粘擡寫錯誤不避御名廟諱至聖諱罰停會試殿試一科或一科以上文理不通或文理筆跡不符中卷者黜乾隆五十八年中式舉人鄧棻春等八名補覆試停科者五斥革者二監臨俱獲譴歷科因是黜罰者有之洎末造益趨寬大光緒十九年北闈倩作頂替中式者至數十人言官劾舉人周學熙湯寶霖蔡學淵陳步鑾黃樹聲萬航六人下所司舉出錄科中卷不符者學淵樹聲航三人俱斥革餘覆試無一黜者監臨各官均免議而僥倖者接跡矣定例各省鄉試揭曉後依程限解卷至部磨勘遲延者罪之蓋防考官闈後修改試卷避吏議也磨勘首嚴弊倖次檢瑕疵字句偶疵者貸之字句可疑文體不正舉人除名若干卷以上考官及同考革職或逮問不及若干卷奪俸或降調其校閱草率雷同濫惡雜然並登及試卷不諳禁例字句疵蒙謬類題字錯落眞草不全謄錄錯誤內外簾官舉子議罰有差禁令之密前所未有也磨勘官初禮部及禮科主之康熙間始欽派大臣專司其事解額漸廣試卷日多於是令九卿公同磨勘六部官牽於職事以其餘暇勘校往往虛應故事乾隆初改任都察院科道五品以上科甲京堂中贊以上翰詹官集朝房磨勘嗣復增編檢額定四十人以專責成先是磨勘試卷不署名亦無功過之條與斯役者每託名寬厚不欲窮究乾隆二十一年始令磨勘官塡註銜名二十五年復增大臣覆勘例分別議敍議處功令始嚴是年特派秦蕙田觀保錢汝誠爲覆勘六臣事竟原勘官御史朱丕烈劾其瞻徇下軍機大臣覈覆蕙田等實有誤駁及疏漏之處丕烈亦以彈劾不實俱下部議其時磨勘諸臣愼重將事不稍假借一變因循敷衍之習太僕寺卿宮煥文御史閻循琦朱稽朱丕烈嘉慶初御史辛從益俱以抉擿精審聞於時歷科考官舉子因是譴黜者不乏人而藉端報復蓋亦有之乾隆六十年乙卯會元爲浙江王以鋙第二名卽其弟以銜帝心異之正總裁侍郎竇光鼐素與和珅不協且以詆訶後進忤同列均欲藉以傾之因摘兩人闈墨中並有王道本乎人情語以爲關節抑寘以鋙榜末停其殿試降光鼐四品休致鐫副總裁侍郎劉躍雲祭酒瑚圖禮四級及廷試傳唱以銜第一上意釋然諭廷臣曰此亦豈朕之關節耶以鋙後亦入詞館嘉慶五年磨勘官辛從益戴璐於北闈策題試卷指摘不遺餘力從益江西籍向以嚴於磨勘稱是科江西僅中一人璐子下第人謂因是多所吹求上聞命二人退出磨勘班同治間鴻臚寺少卿梁僧寶復以磨勘過嚴爲人所憚蓋自磨勘例行足以糾正文體抉剔弊竇裨益科目非淺鮮也庶吉士之選無定額順治三年世祖始策貢士於廷賜一甲三人傅以漸等及第簡梁清寬等四十六人爲庶吉士四年六年復選用九年以給事中高辛允言按直省大小選庶吉士直隸江南浙江各五人江西福建湖廣山東河南各四人山西陝西各二人廣東一人漢軍四人另榜授滿洲蒙古修撰編修庶吉士九人自是考選如例惟滿蒙漢軍選否無常康熙間新進士得奏請讀書中秘輒以家世多任館閣或邊隅素少詞臣爲言間邀俞允故自四十五年至六十七年科中各省皆有館選世宗令大臣舉所知參用廷對後親試文藝雍正元二年間漢軍蒙古山西河南陝西湖南及諸邊省每不入選三年太常寺少卿李鍾峨疏請分省簡選廣儲材之路廷議駁之五年詔內閣會議簡選庶常之法尋議照雍正癸卯科例殿試後集諸進士保和殿考試仍令九卿確行保舉考試用論詔奏議詩四題是爲朝考之始乾隆元年御史程盛修言翰林地居清要欲得通材務端始進自保舉例行而呈身識面廣開請託之門額手彈冠最便空疏之輩宜亟停止報可高宗諭禁向來新進士請託奔競呈送四六頌聯之陋習旣愼校文藝復令大臣察其儀止年歲分爲三等欽加簡選三年罷大臣棟選例依省分甲第引見臨時甄別錄用後世踵行其制嘉慶以來每科庶常率倍舊額各省無不入選者矣凡用庶吉士曰館選初制分習清漢書隸內院以學士或侍讀教習之自康熙九年專設翰林院歷科皆以掌院學士領其事內閣學士間亦參用三十三年命選講讀以下官資深學優者數人分司訓課曰小教習六十年以禮部尙書陳元龍領教習事厥後尙書侍郎閣學之不兼掌院事者並得爲教習大臣滿漢各一雍正十一年特設教習館頒內府經史詩文戶部月給廩餼工部供張什物俾庶吉士肄業其中尤爲優異三年考試散館優者留翰林爲編修檢討次者改給事中御史主事中書推官知縣教職其例先後不一間有未散館而授職編檢者或供奉內廷或宣諭外省或校書議敘或召試詞科皆得免其考試凡留館者遷調異他官有清一代宰輔多由此選其餘列卿尹膺疆寄者不可勝數士子咸以預選爲榮而鼎甲尤所企望康熙間庶吉士張逸少散館改知縣遷秦州知州其父大學士玉書奏乞內用復得授編修三十年辛未上以鼎甲久無北人親擢黃叔琳一甲三名叔琳大興人雍正間大學士張廷玉子若靄廷對列一甲第三廷玉執不可上爲抑寘二甲第一誠重之也先是順治九年選庶常四十人擇年靑貌秀者二十人習清書嗣每科派習十數人不等散館試之乾隆十三年修撰錢維城考列清書三等命再試漢書始留館其專精國書者漢文或日就荒落十六年高宗以清書應用殊少而邊省館選無多命雲南貴州四川廣東廣西等省庶吉士不必派習清書他省視人數酌派年力少壯者一二員或二三員但循舉舊章備國朝典制已足其因告假丁憂年齒已長者例准改習漢書於是習者日少道光間例停穆宗初元令以治經治史治事及濂洛關閩諸儒之書課諸庶常光緒季年設進士館課鼎甲庶吉士及閣部官以法政諸科學或賚遣游學異國業成而試優者授職獎擢俱未久卽罷達官世族子弟初制一體應試而中式獨多其以交通關節敗者順治十四年少詹事方拱乾子章鉞應江南試以與正主考方猶聯族獲中事覺遣戍康熙二十三年都御史徐元文子樹聲侍講學士徐乾學子樹屏同中順天試上以是科南皿悉中江浙籍命嚴勘斥革五人樹聲樹屏俱黜三十九年帝以搢紳之家多佔中額有仿寒畯進身之路殿試時諭讀卷諸臣是科大臣子弟置三甲以裁抑之尋詔定官民分卷之法鄉試滿合字號二十卷中一直省視舉額十分中一副榜如之會試除雲南貴州四川廣西四省外編官卷二十人中一未幾罷會試官卷乾隆十五年廷臣有以官生過優爲言者部議仍舊詔責其迴護並及吏禮二部司官編官卷之不當令再議始議中額二十五中官卷一吏禮部司員及內閣侍讀子弟停編官卷明年再議以京官文四品外官文三品武二品以上及翰詹科道等官爲限並減中額順天十四浙江六餘省五至一名二十三年大學士蔣溥學士莊存與復以爲言令官生大省二十卷中一中省十五卷小省十卷中一滿蒙漢軍如小省例南北皿如中省例中皿額中一名不足一名入民卷永以爲例鄉會試考官房考監臨知貢舉監試提調之子孫及宗族例應迴避雍乾間或另試或題由欽命另簡大臣校閱乾隆九年停其例並受卷彌封謄錄對讀等官子弟戚族亦一體迴避矣有清重科目不容倖獲惟恩遇大臣嘉惠儒臣耆年邊方士子不惜逾格歷代優禮予告或在職大臣與夫獎敍飾終之典賜其子孫舉人進士有成例者無論已至如雍正七年廷臣遵旨舉出入闈未中式之大學士蔣廷錫子溥尙書嵇曾筠子璜等十二人俱賜舉人侍郎劉聲芳子俊邦以疾未與試賜舉人尤爲特典康熙間浙江舉人查愼行江蘇舉人錢名世監生何焯安徽監生汪灝以能文受上知召試南書房賜焯灝舉人四十二年賜焯灝蔣廷錫進士六十年以內廷行走舉人王蘭生留保學問素優禮闈不第俱賜進士雍正八年賜江南舉人顧天成廣東舉人盧伯蕃殿試乾隆十八年賜內廷行走監生徐揚楊瑞蓮舉人四十三年助教吳省蘭助教銜張羲年以校四庫書賜殿試俱非常例乾隆以來凡年七十以上會試落第者予司業編檢學正等銜鄉試年老諸生賜舉人副榜雍正十一年詔於雲貴廣東西四川福建會試落卷擇文理可觀人材可用者拔取時餘等十人一體殿試趙繩其等四十人揀選錄用乾隆初揀選如例則邊省士子猶沐殊恩也歷科情形略異者順治三年從大學士剛林請以天下初定廣收人才再舉鄉會試十六年以雲貴新附綏輯需人再舉禮部試均不循子丑之舊康熙十六年鄉試順天專遣官山東山西陝西倂河南省湖廣江西倂江南省福建倂浙江省考試試期九月十五人中一不

取副榜亦無會試江南榜江西無中式者咸同間軍興各直省或數科不試或數科併試倍額取中或一省止試數府州縣減額取中試期或遲至十月十一月不拘成例順天正主考初制均差翰林官康熙初沿明制以前一科一甲一名爲之士子希詭遇者得預通聲氣二十年修撰歸允肅主順天闈撰文自誓力除積弊不通關節榜後下第者譁然冀興大獄刑部尚書魏象樞暴其事浮議始息制亦尋廢二年順天春秋題邾子訛邾人能考官白乃貞等職士子因書子字貼出者弘文院官覆試優者准作舉人無中式者雍正元年順天榜後命大學士王頊齡等同南書房翰林檢閱落卷中二人是年會試覆檢如前中落卷七十八人二年七十七人乾隆元年中三十八人後不復行雍正四年以浙人查嗣庭汪景祺著書悖逆既按治因停浙江鄉會試未幾以李衞等請弛其禁七年廣東連州知州朱振基私祀呂留良生員陳錫首告上嘉之令是科連州應試完場舉子由學政遴取優通者四人賞舉人乾隆四十六年辛丑會試江南解元錢棨領是科會狀嘉慶二十五年庚辰會試廣西解元陳繼昌亦領是科會狀士子豔稱三元有清一代二人而已八旗與漢人一體考試康乾以來無用鼎甲者同治四年蒙古崇綺以一甲一名及第光緒九年宗室壽耆以一甲二名及第漢軍鼎甲尤多至歷代捐輸軍餉賑款園庭工程賞舉人拏獲叛匪及殺賊立功有貢監給舉人舉人給進士之例則又一時權宜之制也初太宗於蒙古文字外製爲清書天聰八年命禮部試士取中剛林等二人習蒙古書者俄博特等三人俱賜舉人嗣再試之順治八年舉行八旗鄉試不能漢文者試清文一篇再舉而罷康熙初復行繙譯鄉試自滿漢合試制舉文罷繙譯科雍正元年詔八旗滿洲於考試漢字生員舉人進士外另試繙譯廷議三場並試滿漢正副考官各二滿同考官四詔鄉試止試一場或章奏一道或四書五經量出一題省漢考官增謄錄餘如文場例嗣後繙譯諭旨或於性理精義及小學限三百字命題乾隆三年令於繙譯題外作清文一篇七年定會試首場試清字四書文孝經性理論各一篇二場試繙譯凡滿洲漢軍滿漢字貢監生員筆帖式皆與鄉試文舉人及武職能繙譯者准與會試先試騎射如例蒙古繙譯科雍正九年詔試蒙古士考官一同考倍之初令鄉會試題俱以蒙字譯清字四書章奏各一道乾隆元年改譯清文性理小學與滿洲繙譯同場試別爲一榜時應清文鄉試者率五六百人額中三十三名應蒙文鄉試者率五六十人額中六名原定繙譯鄉會試三年一次然會試迄未舉行乾隆四年以鄉試已歷六科八月始行會試中滿洲二十名蒙古二名因人數無多詔免殿試俱賜進士出身優者用六部主事二十二年以繙譯科大率尋章摘句無關繙譯本義詔停四十三年復行鄉試罷謄錄對讀明年會試向例須滿六十人是科僅四十七人特准會試免廷試如四年例自是每屆三年試否請旨定奪五十二年更定鄉會試五年一次然會闈自五十三年迄嘉慶八年僅一行之猶不足定例六十名之數且槍冒頂替弊端不可究詰蒙文嘗以不足七八人停試雖詔旨諄諄勉以國語騎射爲旗人根本而應試者終屬寥寥八年從侍郎廣音請復舊制三年一舉以爲常二十四年定鄉會覆試如文闈例道光八年罷繙譯同考官末年始有用庶吉士者各省八旗駐防初但應漢文鄉會試道光二十三年改試繙譯十人中一三名爲額宗室應繙譯試自乾隆時始別爲一題中額欽定

武科自世祖初元下詔舉行子午卯酉年鄉試辰戌丑未年會試如文科制鄉試以十月直隸奉天於順天府各省於布政司中式者曰武舉人次年九月會試於京師中式者曰武進士凡鄉會試俱分試內外三場首場馬射二場步射技勇爲外場三場策二問論一篇爲內場外場考官順天及會闈以內大臣大學士都統四人爲之內場考官順天以翰林官二人會闈以閣部都察院翰詹堂官二人爲之同考官順天以科甲出身京員四人會闈以科甲出身閣科部員四人爲之會試知武舉兵部侍郎爲之各直省以總督巡撫爲監臨主考官科甲出身同知知縣四人爲同考官外場佐以提鎮大員其餘提調監射監試受卷彌封監門巡綽搜檢供給俱有定員大率視文闈減殺殿試簡朝臣四人爲讀卷官欽閱騎射技勇乃試策文臨軒傳唱狀元榜眼探花之名一如文科初制一甲進士或授副將參將遊擊都司二三甲進士授守備署守備其後一甲一名授一等侍衞二三名授二等侍衞二三甲進士授三等及藍翎侍衞營衞守備有差凡各省武生綠營兵丁皆得應鄉試武舉及現任營千把總門衞所千總年滿千總通曉文義者皆得應會試惟年逾六十者不許應試其後武職會試以武舉出身者爲限康熙間欲收文武兼備之材嘗許文生員應武鄉試文舉人應武會試頗滋場屋之弊乾隆七年以御史陳大玠言停文武互試例考試初制首場馬箭射氈毬二場步箭射布侯均發九矢馬射中二步射中三爲合式再開弓舞刀掇石試技勇順治十七年停試技勇康熙十三年復之更定馬射樹的距三十五步中三矢爲合式不合式不得試二場步射距八十步中二矢爲合式再試以八力十力十二力之弓八十斤百斤百二十斤之刀二百斤二百五十斤三百斤之石弓開滿刀舞花掇石去地尺三項能一二者爲合式不合式不得試三場合式者印記於頰嗣改印小臂以杜頂冒三十二年步射改樹的距五十步中二矢爲合式乾隆間復改三十步射六矢中二爲合式馬射增地毬而弓刀石三項技勇必有一項係頭號二號者方准合式遂爲永制內場論題向用武經七書聖祖以其文義駁雜詔增論語孟子於是改論題二首題用論語孟子次題用孫子吳子司馬法鄉試中額康熙二十六年制定略視各省文闈之半雍正間小有增減惟陝甘以人材壯健弓馬嫺熟自康熙迄乾隆先後各增中額三十名咸同間各省輸餉廣額如文闈例綜計順天中額百十漢軍四十奉錦三江南八十一福建六十三浙江四川各六十陝西五十九河南五十五江西廣東甘肅各五十四山西五十山東四十八雲南四十二廣西三十六湖北三十五湖南三十四貴州二十五會試中額多或三百名少亦百名康熙間內場分南北卷各中五十名五十二年始分省取中臨期以外場合式人數請旨裁定嘉慶六年仁宗以科目文武並重文闈條例綦嚴防弊周密武闈考官面定去取尤易滋弊命比照文闈磨勘例鄉試題名錄將中式武生馬步射技勇一一詳註進呈各省交兵部順天另簡磨勘官嚴對濫中及浮報者懲不貸覆試始乾隆時初制從嚴僅會闈行之不符者罰停科考官議處三次覆試不合式除名道光十五年始覆試順天武舉如會試例咸豐七年覆試各省武舉如順天例然稍從寬典矣初制外場但有合式一格其中弓馬優劣技勇強弱無所軒輊內場但憑文取中致嫺騎射習場藝者或遭遺棄康熙五十二年令會試外場擇馬步射技勇人材可觀者編好字號密送內簾內場試官先於好字卷內擇文理通曉者取中不足始於合式卷內選取雍正二年從侍郎史貽直言各省鄉試外場一體別編好字號嗣於好字號再分雙好單好內場先中雙好次中單好而合式卷往往千餘人僅中數人因之內場槍冒頂替諸弊並作乾隆二十四年御史戈濤奏革其弊於是外場嚴合式之格內場罷四書論文理但取粗通者而文字漸輕嘉慶十二年鄉會試內場策論改默寫武經百餘字無錯誤者爲合式罷同考官遂專重騎射技勇內場爲虛設矣歷代踵行莫之或易光緒二十四年內外臣工請變更武科舊制廢弓矢刀石試鎗礮未許二十七年卒以武科所習硬弓刀石馬步射無與兵事廢之滿洲應武科始雍正元年鄉試中二十名會試中四名十二年詔停數十年無復行者嘉慶十八年復舊制滿蒙鄉試中十三名各省駐防就該省應試率十人中一多者十名少或一名會試無定額凡驍騎校城門吏藍翎長拜唐阿恩騎尉親軍前鋒護軍領催馬甲巡捕營千總把總及文員中書七八品筆帖式廕生俱准與武生同應鄉試鄉會內外場與漢軍漢人一例考試

清史稿　　志

選舉四

制科　薦擢

制科者天子親詔以待異等之才唐宋設科最多視爲優選清代科目取士垂爲定制其特詔舉行者曰博學鴻詞科經濟特科孝廉方正科若經學若巡幸召試雖未設科可附見也聖祖敦崇實學康熙甲辰丁未兩科改試策論既廷臣以古學不可猝辦請仍舊制十七年詔曰自古一代之興必有博學鴻儒備顧問著作之選我朝定鼎以來崇儒重道培養人才四海之廣豈無奇才碩彥學問淵通文藻瑰麗追蹤前哲者凡有學行兼優文詞卓越之人不論已仕未仕在京三品以上及科道官在外督撫布按各舉所知朕親試錄用其內外各官果有眞知灼見在內開送吏部在外開報督撫代爲題薦嗣膺薦人員至京詔戶部月給廩餼明年三月召試體仁閣凡百四十三人賜燕試賦一詩一帝親覽試卷取一等彭孫遹倪燦張烈汪霦喬萊王頊齡李因篤秦松齡周清原

陳維崧徐嘉炎陸棻馮勗錢中諧汪楫袁佑朱彝尊湯斌汪琬邱象隨等二十人二等李來泰潘耒沈珩施閏章米漢雯黃與堅李鎧徐釚沈筠周慶曾尤侗范必英崔如岳張鴻烈方象瑛李澄中吳元龍龐塏毛奇齡錢金甫吳任臣陳鴻績曹宜溥毛升芳曹禾黎騫高詠龍燮邵吳遠嚴繩孫等三十人三四等俱報罷命閣臣取前代制科舊事查議授職詩議兩漢授無常職晉上第授尚書郎唐制策高等特授尊官次等予出身因有及等出身之目宋分五等一二等皆不次擢用三等爲上等恩數視廷試第一人四等爲中等視廷試第三人皆賜制科出身五等爲下等賜進士出身得旨俱授爲翰林官以光祿少卿邵吳遠爲侍讀道員郎中湯斌等四人爲侍講進士出身之主事中行評博內閣典籍知縣及未仕之進士彭孫遹等十八人爲編修舉貢出身之推知教職革職之檢討知縣及未仕之舉貢監布衣倪燦等二十七人爲檢討俱入史館纂修明史時富平李因篤長洲馮勗秀水朱彝尊吳江潘耒無錫嚴繩孫皆以布衣入選海內榮之其年老未與試之杜越傅山王方穀等文學素著俱授內閣中書許回籍雍正十一年詔曰博學鴻詞之科所以待卓越淹通之士康熙十七年特詔薦舉召試授職得人極盛數十年來未嘗廣爲搜羅朕延攬維殷宜有枕經葄史殫見洽聞足稱鴻博之選者當特修曠典嘉予旁求在京滿漢三品以上在外督撫學政悉心體訪保題送部朕臨軒親試優加錄用詔書初下中外大吏以事關曠典相顧遲回逾年僅河東督臣舉一人直隸督臣舉二人他省未有應者詔責諸臣觀望高宗卽位再詔督促期以一年內齊集闕下先至者月給廩餼乾隆元年御史吳元安言薦舉博學鴻詞原期得淹深經術敦崇實學之儒詩賦雖取兼長經史尤爲根柢若徒騈綴儷偶推敲聲律縱有文藻可觀終覺名實未稱下吏部議定爲兩場賦詩外增試論策九月召試百七十六人於保和殿賜燕如例試題首場賦詩論各一二場制策二取一等五人劉綸潘安禮諸錦于振杭世駿等授編修二等十人陳兆崙劉藻夏之蓉周長發程恂等授檢討楊度汪沈廷芳汪士鍠陳士璠齊召南等授庶吉士二年補試體仁閣首場制策二二場賦詩論各一取一等萬松齡授檢討二等張漢授檢討朱荃洪世澤授庶吉士自康乾兩朝再舉詞科與其選者山林隱逸之數多於縉紳右文之盛前古罕聞時承平累葉海內士大夫多致力根柢之學天子又振拔淹滯以示風勵爰有保薦經學之制乾隆十四年詔曰崇尚經術有關世道人心今海宇昇平學士大夫精研本業窮年矻矻宗仰儒先者當不乏人大學士九卿督撫其公舉所知不限進士舉人諸生及退休閒廢人員能潛心經學者愼選毋濫尋中外疏薦者四十餘人帝爲防倖進下廷臣覆覈得陳祖范吳鼎梁錫璵顧棟高四人命呈覽著述派翰林中書官在武英殿各繕一部尋授鼎錫璵國子監司業召對勤政殿祖范棟高以年老不能供職俱授司業銜後不復舉行至屬車臨幸宏奬士林康熙四十二年四十四年聖祖巡幸江浙召試士子中選者賜白金赴京錄用有差高宗六幸江浙三幸山東四幸天津凡士子進獻詩賦者召試行在優等予出身授內閣中書次者賜束帛仁宗東巡津淀西幸五臺召試之典亦如前例道光以後科舉偏重時文沿習既久庸濫浮僞寖失精意三十年候補京堂張錫庚請復開博學鴻詞科以儲人才禮部議以非當務之急遂止洎光緒中葉外侮孔棘海內皇皇昌言變法二十四年貴州學政嚴修請設經濟特科下總理各國事務衙門會禮部覈議八月慈禧皇太后臨朝訓政以經濟特科易滋流弊罷之庚子京師搆亂乘輿播遷兩宮怵於時局阽危亟思破格求才以資治理二十七年皇太后詔舉經濟特科命各部院堂官及各省督撫學政保薦有志慮忠純規模閎遠學問淹通洞達中外時務者悉心延攬並下政務大臣擬定考試事宜御史陳秉崧奏請力除賁緣積習詔飭諸臣務矢至公旣三品以下京卿紛紛保送帝覺其冘濫適太僕少卿隆恩薦疏上竟報寢並命撤銷太常少卿李擢英前保諸人二十九年政務處議定考試之制如廷試例於保和殿天子親策之凡試二日首場入選者始許應覆試均試論一策一簡大臣考校取一等袁家穀張一麐方履中陶炯照徐沅胡玉縉秦錫鎭俞陛雲袁勵準等九人二等馮善徵羅良鑑秦樹聲魏家驊吳鍾善錢鑅蕭應椿梁煥奎蔡寶善張孝謙端緒麥鴻鈞許岳鍾張通謨楊道霖張祖廉吳烈陳曾壽等十八人追授官命下京職外任僅就原階略予陞敘舉貢用知縣州佐以視康乾時詞科恩遇寖不如矣三十四年御史俾壽請特開制科政務處大臣議以孝廉方正直言極諫兩科皆無實際惟博學鴻詞科康熙乾隆間兩次舉行得人稱盛際茲文學漸微保存國粹實爲今日急務應下學部籌議時方詔各省徵詔耆儒碩彥湖南舉人王闓運被薦授翰林檢討兩江安徽相繼薦舉王耕心孫葆田程朝儀吳傳綺姚永樸姚永概馮澂等部議以諸人覃研經史合於詞科之選俟章程議定陳請舉行未幾德宗崩遂寢孝廉方正科始於康熙六十一年世宗登極詔直省府州縣衞各舉孝廉方正賜六品章服備召用雍正元年詔曰國家敦勵風俗首重賢良前詔舉孝廉方正距今數月未有疏聞恐有司忽於採訪雖有端方之品無由上達各督撫速遵前詔確訪舉奏尋浙江直隸福建廣西各薦舉一員用知縣年五十五以上者用知州其後歷朝御極皆恩詔薦舉以爲常乾隆元年刑部侍郎勵宗萬言孝廉方正之舉稍有冒濫卽有屈抑從前選舉各官鮮克公當非鄉井有力之富豪卽宮牆有名之學霸迨服官後庸者或以劣黜黠者或以贓敗請愼選舉以重名器吏部議准府州縣衞保舉孝廉方正應由地方紳士里黨合辭公舉州縣官採訪公評詳稽事實所舉或係生員會學官考覈申送大吏覈實具題給六品章服榮身果有德行才識兼優者督撫逾格保薦赴部九卿翰詹科道公同驗看候旨擢用濫舉者罪之五年定考試例除樸實拘謹無他技能不能應試者例予頂戴不送部外其膺薦赴部者驗看後試以時務策牋奏各一於太和殿門內道光間改於保和殿如考試御史例同治初元明詔選舉又以知縣黎庶昌條陳諭令在京四品以上在外督撫學政各舉所知不限紳士布衣以躬行實踐爲先毋得專取文詞藻麗者濫膺盛典其有年登耄耋或誠樸無華足爲里閭矜式不願來京者州縣官歲時存問賜以酒米光緒六年定自恩詔日起予限八年人文到部每年二月八月各會驗奏考一次逾限者止許章服榮身不得與考初制授官用知州知縣厥後薦舉人衆乃推廣用途分別以知縣直隸州州同州判佐雜等官及教職用知縣得缺視拔貢教職視大挑二等舉人餘均分省試用序補歷朝以來有司奉行第應故事徇情冒濫之弊臺諫屢以上聞惟嘉慶朝湖南嚴如熤以對策第一召見授知縣咸豐朝湖南羅澤南以書生率湘勇越境勦賊皆以勳績見稱於時宣統初各省所舉多至百數十人少亦數十人詔飭嚴行甄覈選舉之風於斯濫矣

清代科目取士外或徵之遺佚或擢之廉能或舉之文學或拔之戎行或辟之幕職薦擢一途得人稱盛有足述焉太祖肇興東土選拔英豪以輔大業委略杖策之士咸與擢用或招直文館或留預帷幄乙卯十一月諭羣臣曰國務殷繁必得賢才衆多量能授職勇能攻戰者宜治軍才優經濟者宜理國博通典故者宜諮得失嫻習儀文者宜襄典禮當隨地旁求俾列庶位時削平諸國設八旗制需才亟太宗卽位首任儒臣范文程領樞密重事天聰八年甲喇章京朱繼文子延慶上書言我朝攻城破敵斬將搴旗者不乏人守境治民安內攘外者未多見因疏舉漢人陳極新刑部啟心部申朝紀足備任使帝召延慶等御前溫諭褒奬命延慶極新文館錄用朝紀仍任部事九年諭滿漢蒙古各官薦舉人才不限已仕未仕牒送吏禮二部具名以聞直文館甯完我言古者薦舉之條功罪連坐所以杜弊端防冒濫請自後所舉之人或功或罪舉者同之若其人砥行於厥初改節於末路許舉者隨時檢舉免連坐帝嘉納焉世祖定鼎中原順治初元遣官徵訪遺賢車輅絡繹吏部詳察履歷確覈才品促令來京並行撫按境內隱逸賢良逐一啟薦以憑徵擢順天巡撫宋權陳治平三策首廣羅賢才以佐上理並薦故明薊遼總督王永吉等詔廷臣各舉所知一時明季故臣如謝陞馮銓黨崇雅等紛紛擢用中外臣工啟薦除授得官者不可勝數嗣以廷臣所舉類多明季舊吏廢員未有肥遯隱逸逃名之士詔自今嚴責舉主得人者優加進賢之賞舛謬者嚴行連坐之罰薦章止以履歷上不得品所宜聽朝廷裁奪儻以胥吏雜流及黜革青衿投閑武弁妄充隱逸冒歸若畏避連坐緘默不舉治以蔽賢罪二年陝西江南平詔徵山林隱逸並明文武進士舉人山東巡撫李之奇以保薦濫及貲郎詔旨切責十三年江南巡撫張中元薦故明進士陸貽吉于沚帝親試之是年復詔各省舉奏地方人才給事中梁鋐言皇上寤寐求才詔舉山林隱逸應聘之士自不乏人然采訪未確有負盛舉如江南舉呂陽授監司未幾以贓敗山東舉王運熙授科員未有建明以計典去呂陽等豈眞抱匡濟之才不過爲梯榮之藉耳山林者何謂遠於朝市也隱逸者何謂異於趨競也必得其人乃當其位請飭詳加采訪疏入報聞順康間海內大師宿儒以名節相高或廷臣交章論薦疆吏備禮敦堅臥不起如孫奇逢李顒黃宗羲輩天子知不可致爲歎息不置僅命督撫抄錄著書送京師康熙九年孝康皇后升祔禮成頒詔天下命有司舉才品優長山林隱逸之士自後歷朝推恩之典雖如例行實應者寡初制督撫陞遷離任時薦舉人才一次嗣令歲一薦舉部議大省限十人小省限三四人後復改二年薦舉一次自順治十八年停差巡按乃定各省巡撫應舉方面有司佐貳教官員額總漕總河應薦方面有司佐貳額亦著爲例康熙二年御史張吉午奏三年考滿之法一二等稱職者卽係薦舉請罷督撫二年薦舉例從之六年停考滿用給事中李宗孔言復薦舉與卓異並行先是漕河薦舉例停十二年漕督帥顏保請復舊例每年得舉劾屬吏示勸懲部議行因疏薦糧道范周遲日

巽知縣吳興祚詔擢興祚福建按察使聖祖親政銳意整飭吏治屢詔羣臣薦舉天下廉能官十八年左都御史魏象樞疏薦清廉原任侍郎高珩達哈塔雷虎班迪大理卿瑚密色侍讀蕭維豫郎中宋文運布政使畢振姬知縣張沐陸隴其等十人得旨分別錄用並諭陸隴其廉能之員宜任繁劇如直隸清苑江蘇無錫等縣庶可表見其才十九年福建巡撫吳興祚薦按察使于成龍天下廉能第一遷布政使尋擢直隸巡撫二十年入覲帝溫諭褒美問屬吏中亦有清廉者否成龍以知縣謝錫袞同知何如玉羅京對未幾調成龍兩江總督瀕行疏薦直隸守道董秉忠通州知州于成龍南路通判陳大棟柏鄉知縣邵嗣堯阜城知縣王燮高陽知縣孫宏業霸州州判衞濟賢並堪大用會江寧知府闕詔即以通州知州于成龍擢補不數年擢直隸巡撫同時兩于成龍先後汲引並以清操特邀帝眷時論稱之二十三年諭部臣保舉應補闕差僉以有才及謹慎者不乏人而操守實難知對帝曰清操如何可廢如郝浴居官甚好猶侵蝕錢糧魏象樞曾薦郝浴此事安能豫知朕信部院堂官清操而委任之堂官亦信司官而委任之但將有守之人舉出被舉者自能効力是年九卿詹事科道遵旨疏舉清廉直隸巡撫格爾古德吏部郎中蘇赫范承勳江南學道趙崙揚州知府崔華兗州知府張鵬翮靈壽知縣陸隴其等二十六年帝嘉直隸巡撫于成龍清廉命九卿各舉廉吏如成龍者大學士等薦雲貴總督范承勳山西巡撫馬齊四川巡撫姚締虞帝謂承勳等居官皆優但尚有勉強之意成龍則出自誠心毫無瞻顧命加成龍太子少保銜以勸廉能四十年敕總督郭琇張鵬翮桑額華顯巡撫彭鵬李光地徐潮薦道府以下知縣以上清廉愛民者勿計罣誤降罰勿拘本省隣屬具以名聞時天子廣厲風節羣士慕效吏治不變循吏被薦膺顯擢者先後踵相接先是廷臣會推廣西按察使缺吏部侍郎胡簡敬淮安人以推舉淮陽道高成美違例獲譴至是申禁九卿毋得保舉同鄉及本省官復限每人歲舉毋逾十人五十三年尚書趙申喬舉潮州知府張應詔能耐清貧可爲兩淮運使帝曰清官不係貧富張伯行家道甚饒任所日用皆取諸其家以爲不清可乎一心爲國即好官或操守雖清不能辦事亦何裨於國六十一年世宗嗣位諭曰知人則哲自古爲難朕臨御之初簡用人才或品行端方或操守清廉或才具敏練諸大臣密奏所知勿避嫌徇私沽名市恩有負諮詢又以道府州縣親民要職敕總督舉三員巡撫舉二員布按各舉一員將軍提督亦得舉一員密封奏聞四年以各省所舉未能稱旨詔切責之令各明舉一人不得雷同時薦賢詔屢下帝綜覈名實賞罰必行七年以督撫布按爲全省表率命京官學士侍郎以上外官藩臬以上各密保一人不拘滿漢不限資格即府縣中有信其可任封疆大僚亦許列薦剡高宗重視親民之官乾隆二年諭倣雍正時例督撫布按各密舉一二人次年復命大學士九卿舉堪任道府人員露章啓奏八年詔大學士舉編檢能任知府者十四年命侍郎以上舉能任三品京堂者尚書以上舉能任侍郎者其時明揚密保並行不廢科道行取自康熙七年復舊制詔督撫舉親民之官賢能夙著者親加選用二十九年詔九卿各舉所知尚書王騭舉清苑知縣邵嗣堯李天馥舉三河知縣彭鵬靈壽知縣陸隴其徐元文舉麻城知縣趙蒼璧及廷推時帝復問都御史陳廷敬廉者爲誰廷敬亦以隴其嗣堯天下清官爲言時同舉十二人俱用科道得人爲最乾隆四吏部奏請行取高宗命尚書都御史侍郎於各部屬州縣內秉公保舉如康熙二十九年例次年諭聖祖時如湯斌陸隴其學問純正言行相符陳瓚彭鵬操守清廉治行卓越天下之大人材之衆豈無與數人頡頏者大學士九卿其公舉備采擇七年帝思骨鯁質樸之士如古馬周陽城起布衣爲御史者詔大學士九卿及督撫勿論資格列名舉奏嗣諸臣奏到下吏部定期考試明年二月考選御史試以時務策帝親取中書胡寶瑔第一引見寶瑔涂逢震等十人用御史沈瀾發江南補用既而從御史李清芳奏選用御史令吏部將合例人員奏請考試於是保薦御史例罷清代未設直言極諫之科而選擇言官至爲慎重裨益政治非淺尠也自康乾兩朝敦尚實學一時名儒碩彥膺薦擢者尤難悉數康熙十七年聖祖問閣臣在廷中博學能詩文者孰爲最李霨馮溥陳廷敬張英交口薦戶部郎中王士禎召對懋勤殿賦詩稱旨授翰林院侍講部曹改詞臣自士禎始三十三年詔大學士舉長於文學者王熙張玉書疏薦在籍尚書徐乾學左都御史王鴻緒少詹事高士奇召來京修書乾學未聞命卒詔進呈遺書並召其弟秉義來京四十五年大學士李光地薦直隸生員王蘭生入直內廷尋賜舉人進士授編修洊躋卿貳歷康雍乾三朝凡天祿秘書靡不與校勘之役同時江南何焯亦以寒儒賜舉人進士直南書房授編修被劾解官仍直書局亦光地薦也雍正中侍郎兼祭酒孫嘉淦薦舉人雷鋐學行爲國子監學正乾隆初尚書管監事楊名時薦進士莊亨陽舉人潘永季蔡德峻秦蕙田吳鼐貢生官獻瑤王文震監生夏宗瀾等潛心經學並爲國子監屬官三十八年詔開四庫館延置儒臣以翰林官纂輯不敷大學士劉統勳薦進士邵晉涵周永年尚書裘曰修薦進士余集舉人戴震尚書王際華薦舉人楊昌霖同典秘籍後皆改入翰林時稱五徵君此其著者也嘉慶初和珅敗仁宗下詔求賢諭滿漢大臣密舉操守端潔才猷幹濟居官事蹟可據者降敕褒擢廉吏劉清風厲天下十九年御史卓秉恬請嚴禁濫保帝是之宣宗即位尚書劉鐶之薦起名儒唐鑑授廣西知府四川總督蔣攸銛薦川東道陶澍治行第一擢按察使澍好臧否人物開藩皖中入覲論奏侃侃多所舉劾宣宗疑之密諭巡撫孫爾準察其爲人爾準條列善政密疏保薦遂獲大用擢兩江總督臨歿遺疏薦粵督林則徐繼己任澍以知人稱咸同中興諸名臣多爲所識拔文宗嗣位詔求直言侍郎曾國藩疏陳本原至計尤在用人人材有轉移之道培養之方考察之法帝嘉納之詔中外大臣薦舉保才大學士穆彰阿奏保宗室文彩聶澐特旨用京堂大學士潘世恩疏薦前總督林則徐按察使姚瑩員外郎邵懿辰中允馮桂芬尚書杜受田首薦則徐及前漕督周天爵詔起則徐督師天爵巡撫廣西侍郎曾國藩薦太常少卿李棠階郎中吳廷棟通政副使王慶雲江蘇淮揚道嚴正基浙江知縣江忠源尚書周祖培亦薦棠階廷棟及郎中易棠等多蒙擢用雲貴總督吳文鎔貴州巡撫喬用遷薦知府胡林翼擢道員咸豐五年以各省用兵詔采訪才兼文武膽識出衆之士御史宗稷辰疏薦湖南左宗棠浙江姚承輿江蘇周騰虎管晏廣西唐啓華命各督撫訪察送京引見是時海內多故粵寇縱橫文慶以大學士直樞廷屢密請破除滿漢畛域用人不拘資地謂漢人來自田間知民疾苦熟諳情僞辦賊當重用漢人國藩起鄉兵擊賊戰失利謗議紛起文慶獨謂國藩忠誠負時望終當建非常功宜專任討賊又嘗奇林翼才略林翼以貴州道員留楚帶勇勦賊國藩薦其才堪大用勝己十倍一歲間擢湖北巡撫文慶實中主之袁甲三督師淮上駱秉章巡撫湖南文慶薦其才請勿他調以觀厥成時論稱之七年林翼奏興國處士萬斛泉及其弟子宋鼎鄒金粟砥礪廉隅不求仕進請予獎勵詔賞斛泉等七品冠服有差時軍事方殷迭飭疆吏及各路統兵大臣奏舉將才林翼舉左宗棠予四品京堂襄辦國藩軍務沈葆楨劉蓉張運蘭命國藩林翼調遣他如塔齊布羅澤南李續賓李續宜彭玉麟楊岳斌等俱以末弁或諸生拔自戎行聲績爛然曾胡知人善任薦賢滿天下卒奏中興之功穆宗踐阼以軍興後吏治廢弛特擢天津知府石贊清爲順天府尹諭各省訪察循良有伏處山林德行醇備學問淵通之士督撫學政據實奏聞尋國藩疏稱常州士民尚節義城陷與賊相持其士子多讀書稽古如候選同知劉翰清監生趙烈文方駿謨華蘅芳從九品徐壽等若使閱歷戎行廓其聞見有裨軍謀詔譚廷襄嚴澍森左宗棠薛煥訪求遺送國藩軍營錄用同治元年諭廷臣曰上年屢降旨令保舉人才各督撫已將政績卓著人員登諸薦牘在京如大學士周祖培大學士銜祁寯藻翁心存協辦大學士倭仁侍郎宋晉王茂蔭科道高延祜薛春黎郭祥瑞等各有薦舉人臣以人事君不必俟有明詔始可敷陳其各臚列事實秉公保奏復屢諭國藩保薦督撫大員國藩言封疆將帥惟天子舉措之四方多故疆臣既有征伐之權不當更分黜陟之柄宜防外重內輕之漸兼杜植私樹黨之端帝優詔褒答二年河南學政景其濬奏副貢生蘇源生等學行授本省訓導命各學臣訪舉經明行修之士酌保數人不爲恒制九年浙江學政徐樹銘以采訪儒修疏薦已革編修俞樾請賞還原銜送部引見秀水教諭譚廷獻舉人趙銘江西拔貢楊希閔等比照召試博學鴻詞例予廷試帝以樹銘私心自用下部嚴議鐫四級此因薦舉獲譴乃其變也光緒七年兩督臣張樹聲撫臣裕寬薦在籍紳士山西襄陵知縣南海進士朱次琦國子監典籍銜番禺舉人陳澧篤行詔予五品卿銜以勵績學十年以外釁迭啓時事日艱諭大學士六部九卿直省將軍督撫無論文武兩途有體用賅備謀勇俱優或諳習吏治兵事熟悉中外交涉或善製船械精通算術或饒有機智驍勇善戰或諳練水師及沿海情形者廣爲訪求具實陳奏二十一年訪求奇才異能精天文地輿算法格致製造學者二十四年翰林院侍讀學士徐致靖疏薦工部主事康有爲刑部主事張元濟湖南鹽法長寶道黃遵憲江蘇知府譚嗣同廣東舉人梁啓超特予召見徵遵憲嗣同至京賞啓超六品銜任譯書局事時德宗親政激於外勢亟圖自彊詔求通達時務人才中外紛紛薦舉而草茅新進之臣刻勵求新昌言變法矣未幾黨禍起慈禧皇太后訓政有爲竄海外其弟廣仁及御史楊深秀軍機章京譚嗣同林旭楊銳劉光第棄市致靖以黨附下獄禁錮復追論原保諸臣罪御史宋伯魯湖南巡撫陳寶箴開缺戶部尚書協辦大學士翁同龢俱削官永不敘用禮部尚書李端棻謫戍邊內閣學士張百熙下部議處其他言新政者斥逐殆盡迨庚子京師遘亂越年和議成兩

宮西幸迴鑾時事日棘三十三年詔中外大臣訪求人才不拘官階大小有無官職確知才堪大用及擅專長者切實薦舉派王大臣察驗詢問出具考語召見於時被薦人員分起赴京除官錄用者至宣統間猶未已然自光緒之季改訂官制增衙署置官缺破格錄用人員輒以千數薦擢亦太濫矣宣統元年御史謝遠涵言變法至今長官但舉故舊士大夫不諱鑽營請嚴定章程以貪劣聞者反坐舊主加以懲處疏下所司而已薦舉不拘流品清代才臣以佐雜洊躋開府者如雍正間之李衞田文鏡乾隆間之楊景素李世傑政績最著厥後捐納日廣起家雜流膺顯擢者無算其人大都饒有幹局以視科目循資遷轉以資格坐致高位蓋不侔也薦舉之尤異者康熙初陝西提督王進寶薦其子用予材武可勝副將後以功擢總兵父子同建節鉞雍正間雲南總兵趙坤擢貴州提督請以其子秉鐸爲貴州提標參將帝允所請孫嘉淦爲祭酒舉其弟揚淦爲國子監學正湖南衡永郴桂道汪楷且薦其父原任刑部司官濮學問優裕政事練達授四川知府此則舉不避親其破除成例又如此徵辟幕僚雍正元年詔吏部嗣後督撫所延幕賓將姓名具奏稱職者題部議敘授之職位以示砥礪乾隆元年侍郎吳應棻以鼓勵賢才請立勸懲之法洎道光間幕友濫邀甄敘臺諫屢以爲言詔督撫臨政一切議敘不許保列幕友並嚴禁本省屬員濫充違者吏部查參議處然康熙時布衣陳潢佐靳輔治河特賜僉事道銜雍正時方觀承爲定邊大將軍平郡王記室以布衣召見賜中書銜乾嘉間名臣如王杰嚴如熤林則徐輩皆先佐幕而後通籍迨咸同軍興左宗棠李鴻章劉蓉等多以幕僚佐績戎旃成中興之業曾國藩總制軍務幕府號多才賓從極一時人選尤卓卓可紀者也

清史稿　志

選舉五

封廕　推選

封贈之制文職隸吏部八旗綠營武職隸兵部順治間覃恩及三年考滿均給封贈康熙初廢文武職考滿封贈文職封贈之階初正一品特進光祿大夫尋改光祿大夫從一品光祿大夫後改榮祿大夫正二品資政大夫從二品通奉大夫正三品通議大夫從三品中議大夫正四品中憲大夫從四品朝議大夫正五品奉政大夫從五品奉直大夫正六品承德郎從六品儒林郎吏員出身者宣德郎正七品文林郎吏員出身者宣議郎從七品徵仕郎正八品修職郎從八品修職佐郎正九品登仕郎從九品登仕佐郎武職封贈之階初分三系一曰滿漢公侯伯封光祿大夫後改建威將軍二曰八旗一品光祿大夫二品資政大夫三品通議大夫四品中憲大夫五品奉政大夫六品承德郎後改武信郎七品文林郎後改奮武郎八品修職郎九品登仕郎乾隆三十二年改同綠旗三曰綠旗營封贈官階屢變初制正從一品榮祿大夫正二品驃騎將軍從二品驍騎將軍正三品昭勇將軍從三品懷遠將軍正四品明威將軍從四品宣武將軍正五品武德將軍從五品武略將軍正六品昭信校尉從六品忠顯校尉後增正七品奮勇校尉乾隆二十年改正二品武顯大夫從二品武功大夫正三品武義大夫從三品武翼大夫正四品昭武大夫從四品宣武大夫正五品武德郎從五品武略郎正六品武信郎從六品武信佐郎正七品奮武郎三十二年改正一品建威大夫從一品振威大夫增從七品奮武佐郎正八品修武郎從八品修武佐郎八旗與綠營制度始畫一五十一年改正一品建威將軍從一品振威將軍正二品武顯將軍從二品武功將軍正三品武義都尉從三品武翼都尉正四品昭武都尉從四品昭武都尉正五品武德騎尉從五品武德佐騎尉正六品武略騎尉從六品武略佐騎尉正七品武信騎尉從七品武信佐騎尉正八品奮武校尉從八品奮武佐校尉增正九品修武校尉從九品修武佐校尉於是文武官階等級相侔矣文武正從一品妻封一品夫人滿漢公妻爲公妻一品夫人侯妻爲侯妻一品夫人伯妻爲伯妻一品夫人正從二品夫人正從三品淑人正從四品恭人正從五品宜人正從六品安人正從七品孺人正從八品八品孺人正從九品九品孺人武職八旗八品以下綠旗營七品以下妻無封後改綠旗營正七品妻封孺人順治五年定制凡遇恩詔一品封贈三代誥命四軸二三品封贈二代誥命三軸四五品封贈一代誥命二軸六七品封贈一代勅命二軸八九品止封本身勅命一軸凡軸端一品用玉二品用犀三四品用裹金五品以下用角凡推封之例順治初制父祖現任者不得受子孫封致仕及已故者許給願棄職就封者聽兩子均仕其父母受封從其品大者婦人因子封贈而夫與子兩有官亦從其品大者父官高於子者嫡母從父官生母從子官爲人後者已封贈祖父母父母請以本身妻室封典貤封本生祖父母父母者許貤封康熙五年定父職高於子者依父原品封贈官卑於子者從子官封贈武職子見任文職封贈依文官例雍正三年定四品至七品官願將本身妻室封典貤封祖父母者八九品官願貤封父母者皆許貤封三品以上貤封曾祖父母者請旨定奪乾隆間折中禮制頗有更定二十七年諭曰子孫官品不及祖父之崇則父爲大夫子爲士記有明文舊例依祖父原階封贈殊未允協其議改之吏部議定文武官子孫職大祖父職小依子孫官階封贈祖父職大子孫職小不得依祖父原品封贈父官高於子者生母從子官封贈嫡母繼母不得依父官請封願依子官受封者聽武職子任文職者亦如之五十年定一品至三品官不得貤封高祖父母四品至七品官不得貤封曾祖父母八品官以下不得貤封祖父母道光以後捐封例開二十三年許三品以上官欲捐請本生曾祖父母封贈者得依貤封曾祖父母例報捐二十八年許四品至七品官捐請貤封曾祖父母八品官以下捐請貤封祖父母均依常例加倍報捐而限制始廢矣舊例八九品官許封父母不封本身妻室應封妻者止封正妻一人正妻未封已歿繼室當封者正妻亦得追贈其再繼者不得給封道光二十三年許八品以下捐封人員欲捐請及妻室者加倍報捐咸豐二年許京外文職及捐職人員得先封本身及原配繼配妻室再依本身品級爲第三繼妻捐封四年並從部議第三繼妻以後誼同敵體亦許依次遞捐矣舊例仕宦至三品幼爲外祖父母撫養其外祖父母歿無嗣者許依其官階貤贈其餘外姻不許貤封道光二十三年許捐封人員爲其受恩撫養之母舅舅母姑夫姑母姨夫姨母妻父妻母依祖父母例捐請貤封咸豐三年並許貤封曾祖父母伯叔祖父母伯叔父母庶母兄嫂並嫡堂伯叔祖父母嫡堂伯叔父母嫡堂兄嫂從堂再從堂尊長及外曾祖父母外祖父母妻祖父母按例定品級一體捐請又許爲人婦者爲其已故夫之祖若父捐職請封爲人後者爲祖若父貤封其先人展轉推衍而經制蕩然矣加級請封之制其初限制亦嚴順治初凡恩詔加級者以新加之級給封康熙五十二年定例七品以下加級請封不得逾五品五六品不得逾四品三四品不得逾二品捐級不得計算乾隆間外官加級不論新舊不得依加級請封五十年部議京官八品以下得依加級請五品封不惟逾分亦覺太優嗣後八品以下不得逾七品在外未入流不得給封願捐納榮親者許其捐封從之嘉慶後限制漸寬京外官恭遇覃恩許報捐新級請封議敘三四品職銜人員加級捐請二品封典許加倍納銀按現任及候補候選例給封咸豐初推廣捐例京外各官及捐職人員由加級及捐加之級捐封者現任及候補候選三四品官許捐至二品其五六品加等捐請三品封者依常例加倍報捐加等捐請至二品者依四品職銜得捐二品封例加倍半報捐其七品加等捐請三四品封八品以下加等捐請五六品封均依常例分別加倍報捐十年定三品人員加級捐封按一品人員銀數加倍許給從一品封二三品虛銜人員捐從一品封應按二三品實職銀數加成或加倍報捐其有爲外姻捐從一品封者許各按二三品實職虛銜銀數再行分別加成報捐陵夷至光緒中御史李慈銘疏曰治國之要惟賞與罰罰固不可稍踰賞亦豈可或濫康熙乾隆兩朝享國久長慶典武功纍指難盡其時內外臣工屢逢恩詔論功行賞班序秩然未有越等者今則外官道員多至二品其封皆至一品矣知府同知多加三品其封皆至二品矣牧令大半四品簿尉大半五六品其封率至三四品矣夫爵賞者人君所以進退賢愚人臣所以奔走吏士得之太易則人不知恩予之太驟則士無由勸尊卑不別等級不明長僞士之浮囂惑小民之觀聽非所以尊朝廷清流品也奏上亦未殺減厥後外患頻仍人才缺乏二十六年詔停報捐實官而虛銜封典報捐如故宣統元年吏部議定條例京官依加級外官依本任請封頗欲規復舊制格不得行明年改定京官依加級外官依加銜五品人員許請至三品封贈八品人員許請至六品封贈欲稍事補救而積重難返矣廕敍之制曰恩廕曰難廕曰特廕恩廕始順治十八年恩詔滿漢文官在京四品在外三品以上武官在京在外二品以上各送一子入監護軍統領副都統阿思哈尼哈番侍郎學士以上之子爲廕生餘爲監生初制公侯伯子一品廕子男分別授廕雍正二年改世職俱依三品予廕乾隆三十四年定公侯伯依一品子依二品男依三品予廕雍正初定例廕生廕監生通達文義者交吏部分各部院試驗行走其十五歲以上送監讀書者年滿學成咨部奏聞分部院學習又令文武廕監生通達文理者遵例考試以文職錄用其幼習武藝人材壯健願改武職者呈明

吏部移兵部改廕考試之法雍正三年令廕生到部年二十以上者奏請考試引見乾隆十一年定考試以古論及時務策欽派大臣閱卷評定甲乙進呈御覽文理優通者交部引見荒謬者發回原籍讀書三年再試歷代遵例行光緒三十一年免漢廕生考試如滿員例錄用之法漢廕生有內用外用改武職用三途內用者雍正元年定制尚書一品用員外郎侍郎二品用主事總署同尚書巡撫同侍郎七年改定正一品用員外郎治中從一品用主事正二品用主事都察院經歷京府通判從二品用光錄寺署正大理寺寺副正三品用通政使司經歷太常寺典簿中行評博從三品用光祿寺典簿鑾儀衞經歷詹事府主簿京府經歷四品廕生與捐納貢監考職者一例輪班選用乾隆七年定左都御史廕同尚書同治十年定河道總督廕用員外郎主事宣統間改革官制裁撤各官以相當品級改用外用者乾隆間定制正一品用府同知從一品用知州二品用通判三品用知縣漢世職子爵用知縣終清世無變更改武職用者雍正間定制在京一品尚書等官在外總督將軍廕生用都司銜管都司二品侍郎等官巡撫提督用署都司銜管都司三品副都御史等官布政使總兵官用守備銜管守備按察使加一品銜副將用署守備銜管守備二品銜副將用守禦所千總乾隆間定漢子爵三品用千總男爵四品用把總漢軍錄用康熙十二年原定一品用員外郎二品用大理寺寺正知州雍正七年用知州者以主事改補乾隆五年定三品用七品筆帖式四品用八品筆帖式宣統元年吏部奏言漢文武官廕生按品級正從授職滿廕生不分正從漢廕生引見以內用外用擬旨滿廕生以文職侍衞旗員擬旨惟光緒三十二年以後漢員一體簡授旗職若現任都統副都統廕生依滿例給廕不無窒礙擬請原係尙書侍郎改授升授者都統依漢尙書例副都統依漢侍郎例三品以下京堂監司升授之副都統依漢正二品例仍以內用外用擬旨允之初制非見任官不得廕內務府佐領以下官不給廕康熙六年定各官不論級銜均依實俸廕子是年始許內務府佐領以下官子弟給廕十二年並許原品解任食俸者給廕先是康熙三年定廕監生已得官及科目中式者不得補廕乾隆四十五年改定嫡長子孫有科名尙未選用及有職銜願承廕者許補廕道光以後捐例宏開旣得官職仍許補廕銓選混淆倖進滋多光緒二十二年御史熙麟奏言吏部銓選以奉特旨人員統歷各班然如廕生暨及歲引見之員曾捐道府引見奉諭仍以道府選用者本係捐班部章竟歸特旨班銓選比年以來率皆營私取巧預捐道府爲他日例邀特旨統壓各班之地致使同一廕生暨及歲人員而廉吏兒孫興嗟力薄紈袴子弟遑志貪緣於世道人心大有關係請以此等人員加捐道府者與捐納人員同班銓選下部議行難廕順治三年定制官員歿於王事者依應升品級贈銜並廕一子入監讀書期滿候銓康熙十八年定殉難官依本銜廕子不依贈銜雍正十二年奏定官員因公差委在大洋大江黃河洞庭洪澤等湖遭風漂歿者依應升品級廕贈在內洋內河漂歿者減等廕贈八品以下贈銜不給廕乾隆六十年定官員隨營任事催餉盡力因病身故者依內洋內河漂歿例廕贈道光二十三年許八品以下官因公漂歿及軍營病故者贈銜廕一子監生許應試不得銓選光緒二年奏定見任官遇賊殉難及軍營病故如係以何種官階升用補用即用並捐保升銜者依升階升銜贈銜依實官給廕候補候選者依見任官廕贈休致告病者依原官廕贈降調者依所降官廕贈已揀選之舉人就職就教之恩拔副歲優貢生並考有職銜之捐納貢監生各按品級依見任官廕贈未經揀選舉人依七品例恩拔副歲優貢生依八品例廩增附文生員依九品例廕贈虛銜頂戴人員止予贈銜不給廕乾隆以前旗員效力行間懋著勞績及臨陣捐軀者其子孫例得世職年未及歲已承襲未任職者給半俸綠營員弁陣亡議卹僅得難廕而已乾隆四十九年詔曰旗員及綠營人員效命疆場同一捐忠死事何忍稍存歧視嗣後綠營員弁軍功議敍卹賞仍依舊例陣亡人員無論漢人及旗人用於綠營者一體給予世職襲次完時依例酌給恩騎尉俾賞延於世自是漢員死難者亦多得世職矣凡殉難贈銜總督加尙書銜者贈太子少保銜巡撫加副都御史銜者贈左都御史銜布政使贈內閣學士銜按察鹽運使贈太常寺卿銜道員贈光祿寺卿銜知府贈太僕寺卿銜同知知州通判贈道銜知縣贈知府銜教諭訓導贈國子監助教學錄銜其餘各官按品級比例加贈光緒二年定內洋內河漂歿及軍營病故者減等贈銜惟總督巡撫布政使無庸議減仍減等給廕凡給廕康熙間定制三品以上廕知州四品以下至通判廕知縣布政按察都轉鹽運三司首領官及州縣佐貳六品七品官廕縣丞八品九品官廕縣主簿未入流廕州吏目光緒二年定遇賊殉難官給廕如康熙舊制惟知縣廕州判軍營病故及因公漂歿者減等廕子武職難廕有都司守備千總把總與恩廕改用武職同凡給世職陣亡提督依參贊都統例給騎都尉兼一雲騎尉總兵官依副都統例給騎都尉副將以下把總經制外委以上依參領以下及有頂戴官以上例俱給雲騎給應襲人員年十八歲者送部引見發標學習未及歲者給半俸及歲補送引見光緒間部章恩廕許分發難廕不得援例二十二年熙麟奏言恩廕旣分部並外用待之已優又予分發難廕專外用待之已絀又不予分發殊失其平今時事多艱需人孔亟正賴鼓天下忠義之氣俾臨難毋苟顧於恩廕則爲顯宦兒孫攜功名之路於難廕不爲忠臣後裔開一綫生機是使國殤飲恨於重泉忠義灰心於臨事請飭部臣援恩廕外用例一體分發補用下部議行特廕乾隆三年詔曰皇考酬庸念舊立賢良祠於京師凡我朝宣勞輔治完全名節之臣永享禋祀乘譽無窮其子孫登仕籍者固多或有不能自振漸就零落者朕甚憫焉其旁求賢良子孫無仕宦者或品級卑微者各都統督撫擇其嫡裔品行材質可造就者送部引見加恩四十七年原任廣西巡撫滅寇將軍傅宏烈曾孫世海等降旨錄用嘉慶四年追贈已故御吏曹錫寶副都御史依贈銜給予其子廕生歷代眷念功臣後嗣恩旨屢頒光緒季年海內多故因思將帥有功之臣詔曰咸同以來髮捻回匪次第戡定文武大員勳績卓著懋賞酬庸閱時五十餘年各勳臣子孫名位顯達者固不乏人而浮沉下位伏處鄉里者亦復不少令各督撫都統詳察勳臣後裔有無官職彙列上聞軍機大臣繕單呈覽前西安將軍多隆阿次孫壽慶曾孫奎弼湖北提督向榮曾孫楷迺全安徽巡撫江忠源孫愼勳曾孫勷培布政使銜浙江甯紹台道羅澤南孫長秋曾孫延祚協辦大學士四川總督駱秉章孫懋勳曾孫毓樞江南提督張國樑孫繩祖繼祖巡撫銜浙江布政使李續賓孫前普曾孫正繩兵部尙書彭玉麟次孫見紱曾孫萬澂陝甘總督楊岳斌子正儀孫道澂四川提督鮑超次子祖恩孫世爵署安徽巡撫布政使李孟羣孫興仁興孝江西南贛鎭總兵程學啓嗣子建勳廣東提督劉松山孫國安曾孫家琨貴州提督馮子材次子相華孫承鳳等命各按官級升用湖南提督塔齊布令訪明立嗣奏請施恩其明年又詔開列勳績最著之臣前雲貴總督劉長佑臺灣巡撫一等男劉銘傳贈布政使道員王鑫綏遠城將軍福興福建陸路提督一等男蕭孚泗記名提督一等子河南歸德鎭總兵李臣典浙江提督鄧紹良都統銜廣東副都統烏蘭泰署廣西提督甘肅肅州鎭總兵張玉良工部左侍郎呂賢基漕運總督袁甲三都察院副都御史江西巡撫張芾署貴州巡撫韓超布政使銜福建督糧道趙景賢雲南鶴麗鎭總兵朱洪章直隸提督郭松林廣東等省巡撫蔣益澧布政使銜江南道員溫紹原署安徽廬鳳潁道金光筯護軍統領恆齡新疆巡撫一等男劉錦棠記名提督廣西右江鎭總兵張樹珊贈布政使銜升用知府天津知縣謝子澄令各都統督撫訪明有無後嗣有何官職請旨施恩若夫乾隆四十八年錄用明臣經略熊廷弼五世孫世先督師袁崇煥五世孫炳則推恩特廕勝代忠臣後裔尤曠典也

任官之法文選吏部主之武選兵部主之吏部四司選司掌推選職尤要凡滿漢入仕有科甲貢生監生廕生議敍雜流捐納官學生俊秀定制由科甲及恩拔副歲優貢生廕生出身者爲正途餘爲異途異途經保舉亦同正途但不得考選科道非科甲正途不爲翰詹及吏禮二部官惟旗員不拘此例官吏俱限身家淸白八旗戶下人漢人家奴長隨不得濫入仕籍其由各途入官者內則修撰編檢庶吉士主事中書行人評事博士外則知州推官州縣教授由進士除授內閣中書國子監學正學錄知縣學正由舉人考授及大挑揀選小京官知縣教職州判由優拔貢生錄用員外郎主事治中知州通判由一二品廕生考用此外貢監生考職用州判州同縣丞主簿吏目京通倉書內閣六部等衙門書吏供事五年役滿用從九品未入流禮部儒士食糧三年用府檢校典史吏員考職一等用正八品經歷二等用正九品主簿三四等用從九品未入流官學生考試用從九品筆帖式庫使外郎俊秀識滿漢字者考繙譯優者用八品筆帖式厥後官制變更略有出入其由異途出身者漢人非經保舉漢軍非經考試不授京官及正印官所以別流品嚴登進也凡內外官分滿洲缺蒙古缺漢軍缺漢缺滿洲又有宗室內務府包衣缺其專屬者奉天府尹奉錦山海吉林熱河口北山西歸綏等道缺各直省駐防官理事同知通判爲滿洲缺唐古特司業助教中書游牧員外郎主事爲蒙古缺欽天監從六品秋官正爲漢軍缺宗人府官爲宗室缺內務府官爲內務府包衣缺此外京師各衙門陵寢衙門盛京五部各直省地方俱設額缺滿洲京堂以上缺宗室漢軍得互補漢司官以上缺漢軍得互補外官蒙古得補滿缺滿蒙包衣皆得補漢缺惟順天府府尹奉天府府丞京府京縣官司坊官不授滿洲刑部司官不授漢軍外官從六品首領佐貳以下官不授滿洲蒙古道員以下不授宗室其大凡也官吏論俸序遷曰推陞不俟俸滿遷秩曰即陞內而大學士至京堂外而督

撫滿臬初因明制由廷臣會推嗣停會推開列題請太常鴻臚滿洲少卿開列引見不開列以應陞員擬正陪引見授官曰揀授論俸推取二十人引見授官曰推授京司官小京官筆帖式分留授調授揀授考授皆引見候旨餘則選外官布政使按察使開列運使請旨道府缺有請旨揀授題授調授留授餘則選廳州縣缺同道府無請旨者佐雜教職鹽官要缺則留餘或咨或選初京司官缺題選無定例長官以意爲進退久之員缺率由題補而應陞應補應選者多致沈滯乾隆九年詔以各司題缺咨部註册餘缺則選不得混淆於是定各部各司漢郎中員外郎主事各幾缺題授餘若干缺則選道光間更定題補缺額嗣各部時有增益順治十二年詔吏部詳察舊例參酌時宜析州縣缺爲三等選人考其身言書判亦分三等授缺以是爲差厥後以衝繁疲難四者定員缺緊要與否四項兼者爲最要三項次之二項、一項又次之於是知府同通州縣等缺有請旨調補部選之不同凡選缺分卽選正選插選併選抵選坐選各辨其積缺不積缺到班者選之選班有服滿假滿俸滿開復應補降補散館庶吉士進士舉貢廕生議叙捐納推陞大選雙月急選單月滿蒙漢軍上旬漢官下旬筆帖式中旬初制選人均到部投供點卯已而例停令各回籍部查年月先後掣選寄憑赴任康熙二年給事中于可託言寄憑旣慮頂冒遠省選人往返輒經年遇有事故繳憑更選亦復需時懸缺遲久劾署員肆貪催新任速赴者連章見告宜仍令人文到部按次銓選八年御史戈英復以爲言議行自是應選者悉赴部投供點卯爲永制聖祖念選人一時不能得官往往飢寒旅邸令吏部截留一年選人留京餘聽回籍御史田六善言半載以來截留推官八十選一人知縣三百選三十一人餘須守候三四年陪掣空籤選期難料當按名挨掣實籤臨選前兩月投供下部議罷按月點卯及掣空籤詔減半截留人數選人投供初於應選前月十五日距選期近出缺美惡易滋弊後改每月初一日投供間一選期銓補著爲令選人得缺初試以八股時文尋罷改書履歷三百字條列治民厚俗催科撫字讞獄聽訟諸方法謂之條陳補任陞任並須敷陳舊任地方利弊然條陳多倩作或但作頌聖語其制未久亦廢選人例由吏部會九卿驗看後增科道詹事康熙二十七年從御史荆元實言令州縣同通等官掣缺後俱隨本引見後世踵行爲故事大臣驗看月官查有行止不端出身不正祖父有錢糧虧空或人缺不相當者以聞乾隆時月官有人缺不稱引見時帝輒爲移易頗足劑銓法之窮十年引月官帝以知縣周仲等四人衰頽特降教職十二年復親汰衰庸不勝知縣四人而切責驗看諸臣之不糾舉厥後分發候補試用之州縣同通且一體引見不限實官久之州縣同通在外補官及雜職分發並得援例捐免引見驗看益視爲具文無足輕重矣內外官互用本有成例初行內陞外轉制在內翰詹科道四衙門品望最清陞轉特異他官編檢遷中允贊善日開坊他若翰詹坊局國子監堂官京堂俱得陞調大考上第擢尤不次外轉例始順治十年詔定少詹事以下二十一員用司道治行優者內擢京堂尋更定正少詹事用布政侍讀學士用按察中允用參政編檢用副使十八年復定侍讀以下每年春秋外轉各一員讀講用參政修撰用副使編檢用參議未幾例停康熙二十五年甄別翰林官平常者外用同知運副提舉通判二十八年編修李濤外簡知府翰林官授知府自濤始三十七年左都御史吳涵言編檢陞轉遲滯請破格外用照編修李濤檢討汪楫例補知府一二人若破格改授請照少詹王士禎徐潮侍讀顧藻編修王九齡例用副都御史通政使帝納其言爲授檢討劉涵知府雍正初以編檢庶吉士人多內用科道吏部外用道府州縣以疏通之嗣是編檢率內陞坊缺用科道外授道府以爲常吏部六官之長初定司官內陞外轉歲各一人已罷其制康熙八年用御史余縉言復之四十年例復停與他部司員一體較俸給事中陞轉歲一次御史倍之外簡道府內擢京堂康熙五十九年詔定曆俸制由編檢郎中授者限二年員外郎或主事授者遞增一年乾隆十六年定科道三年陞轉一次五十五年停其例內官外用京察外有截取保送皆俟俸滿保送分發截取則選繁簡由長官定之府牧令丞倅皆得以其班次改外外官內陞初定司道歲三人漢人以科目出身且膺卓異俸薦俱優者爲限知縣行取蓋仿明制初有薦推知皆得考選科道康熙間屢詔部臣行取賢能內用科道吳江知縣郭琇清苑知縣邵嗣堯三河知縣彭鵬靈壽知縣陸隴其麻城知縣趙蒼璧皆以大臣薦舉行取授御史得人稱最四十三年川撫能泰請罷督撫保題例帝韙之詔嗣後知縣無錢糧盜案者省行取三四員明年御史黃秉中言知縣考選科道殊覺太驟廷議停止尋定行取三年一次直隸江南湖廣陝西各五員餘省三員一員不等以主事補用雍正間刑部尙書徐本請復行取御史舊制格於部議行取官用主事者初選補猶易後與捐納間補遂病壅滯乾隆元年令視武官保舉註册例仍留本任已赴京者許外補同知時各省視行取爲具文例以無參罰之次等州縣應選十六年罷之洎光緒季年令州縣以上實官及曾署缺者一體考試御史非復行取遺意亦行之未久而罷銓選按格擬註憑籤掣缺拘於成例歷代間行保薦制以補銓法之不逮順治初定保舉連坐之法十二年以直隸保定河間江南江寗淮揚蘇松常鎭浙江杭嘉湖紹等三十府地方緊要詔京外堂官督撫各舉一人備簡不次擢用已有以貪庸敗者給事中任克溥言皇上對天下知府中權其繁劇難治者三十許二品以上官薦舉破格任用爲時未久以貪劣劾罷者數人諸臣不能仰承聖意秉公愼選乞下吏議從之康熙七年詔部院滿漢官才能出衆者許不計資補用明年吏部請罷保薦仍循俸次陞轉以杜鑽營賄賂報可四十年令總督郭琇張鵬翮巡撫彭鵬李光地等各舉道府州縣惠愛清廉者以聞世宗御極屢詔京外大臣薦舉道府同通州縣所舉非人輒遭嚴譴戶部尙書史貽直言遷擢宜循資格資格雖不足以致奇士而可以造中材捐棄階資倖進者不以爲獎勵之公而陰喜進取之獨巧沈滯者不自咎才智之拙而徒怨進身之無階請照舊例循階按級以次銓除果才猷出衆治行卓越仍許破格薦擢從之乾隆間屢行保薦之法司道郡守多由此選宣宗初元郎中鄭裕知府阿麟唐仲冕皆以大臣推舉陟方面擢疆圻歷代相沿率以薦賢舉能責諸臣工間亦破格任用初京職簡道府疆吏察其才不勝任疏請調京任用多邀俞允乾隆初廷臣有以衰廢之人不宜復玷曹司爲言者詔切止之嗣是外官才力不及者但有休致降補無內用矣官吏陞轉論俸惟外官視年勞爲差異於京秩在外有邊俸有腹俸腹俸之道府州縣佐貳首領官五年無過失例得遷擢邊俸異是廣東崖州感恩昌化陵水等縣廣西百色太平寗明明江鎭安泗城凌雲西隆西林等府廳州縣及忠州河池等數十雜職爲煙瘴缺雲南元江鶴慶廣南普洱昭通鎭邊等府通判同知鎭雄恩樂恩安永善寗洱寶寗等州縣貴州古州兵備道黎平鎭遠都勻銅仁等府同知淸江都江丹江通判永豐知州荔波知縣四川馬邊越巂同知爲苗疆缺俱三年俸滿有政績無差忒者例卽陞用江蘇太倉上海等十縣浙江仁和海寗等十七縣山東諸城膠州等七州縣廣東東莞香山等十三縣福建閩侯等九縣爲沿海缺直隸良鄉通州等十二州縣河南祥符鄭州等十一州縣山東德州東平等十三州縣江南山陽邳州等十三州縣爲沿河缺曆俸陞擢與邊俸同邊疆水土惡毒或不俟三年卽陞其水土非甚惡劣苗疆非甚緊要者陞遷或同腹俸乾隆間定邊缺夷疆海疆久任之制陞用有須滿八年或六年者則爲地擇人不拘牽常例也選班首重科目正途初制進士知縣惟雙月銓五人選官有遲至十餘年者雍正二年侍郎沈近思請單月復銓用四人於是需次二三年卽可得官舉貢與進士雖並稱正途而軒輕殊甚順治間貢生考取通判終身無望得官乾隆間舉人知縣銓補有遲至三十年者廷臣屢言舉班壅滯然每科中額千二百餘人綜十年計之且五千餘人銓官不過十之一謀疏通之法始定大挑制大挑六年一舉行三科以上舉人與爲欽派王大臣司其事十取其五一等二人用知縣二等三人用學正教諭用知縣者得借補府經歷直隸州州同州判縣丞鹽庫大使用學正教諭者得借補訓導視前爲疏通矣異途人員初與正途不相妨康熙初生員例監吏員出身官須經堂官督撫保舉始陞京官及正印官無保舉者郎中員外郎主事以運同府同知分別補用漢軍捐納官朝考後方得授官十八年復令捐納官蒞任三年稱職者題請陞轉否則參劾以示限制自二十六年以宣大運輸許貢監指捐京官正印官者捐免保舉尋復許道府以下納貲者三年後免其具題一例陞轉於是正途異途始無差異乾嘉以後納貲之例大開洎咸同而尤濫始甚捐納外復有勞績一途捐納有遇缺儘先花樣勞績有無論題選咨留遇缺卽補花樣而正途轉相形見絀甲榜到部往往十餘年不能補官知縣遲滯尤甚光緒二年御史張觀準條上疏通部員之法一捐納部員勿庸減成一主事俸滿卽准截取一散館主事儘數先選一進士主事准以知縣改歸原班銓選報可順天府府尹蔣琦齡亦言各省卽用知縣不但無補缺之望幾無委署之期至有以得科名爲悔者廷臣多以進士知縣壅滯紛請變更成例帝輒下所司覈議十六年御史劉綸襄言近日諸臣條奏選補章程吏部議覈日不暇給朝廷設官惟期任用得人以資治理非能胥天下仕者使盡償所願也國家缺額有定士子登進無窮安得如許美官以待縈情膴仕之人徒滋紛擾無濟於事帝爲下詔切止之是時異途競進疆吏多請停分發吏部以仕途倖濫申多用科甲之請勢已積重不能返也滿人入官或以科目或以任子或以捐納議叙亦同漢人其獨異者惟筆帖式京師各部院盛京五部外省將軍都統副都統各署俱設筆帖式額缺其名目有繙譯繕本貼寫其階級自七品至九品其出身有任子捐納議叙考試凡文武繙譯舉人貢監生文武繙譯生員官義學生驍騎閑散親軍領催庫使皆得與試入選者舉貢用七品生監用八品官義學生驍騎閑散等用九品六部主事額設百四十缺滿蒙缺八十五補官較易筆帖式擢補主事或不數年輒致通顯其由科甲進者編檢科僅數人有甫釋褐卽遷擢者翰林坊缺編檢不敷補用得以部院科甲司員充之謂之外班翰林外官東三省新疆各城各省駐防文武大員俱用滿人甘肅新疆等邊地道府同通州縣各省理事同知通判皆設滿洲專缺滿缺外漢缺亦得補用其有終養回旗得授京秩內外文職選補一時不能得官及降調咨回各員許改授武職尤特例也保舉爲國家酬庸之典所以勵勞勩待有功也曆朝纂辦實錄各館奉敕修書及各省軍營河工徵賦緝盜有功者獎敍康熙十一年世祖實錄成四十九年平定朔漠方略成副總裁以下官但獎加級六十一年算法成書始議以三等敍功獎應陞加等卽用有差康雍兩朝實錄成從總裁請無議敍嘉慶間修書館臣請超一二等優獎帝不許尋定非特旨專設之官不得議敍陞用曆代踵行其軍營河工等獎案始不過加級或不俟俸滿卽陞名器非可倖邀迨季世以保舉爲捷徑京外獎案率冒濫不遵成例光緒元年御史王榮琯請下越階保陞之禁帝韙之三年以纂修穆宗實錄過半與事諸臣俱保陞並加銜備極優異十年部議限制保舉五六品京堂翰詹坊缺及遇缺題奏俱不得擅保未幾仍有以候補郎中保京堂編檢保四五品坊缺及應陞缺並開列在前者咸同軍興保案踵起吏部於文選司設專處司稽核事之繁重與一司埒同治十二年閩撫王凱泰言軍興以來保案層迭開捐以後花樣紛繁軍營保案藉花樣以爭先恐後各項保舉又襲軍營名目以紛至沓來名器之濫至今已極盈千累百徒形冗雜請勅部察核京外各班人員酌留一二三成餘令回籍候咨取下所司衆議軍功外號稱冗濫者爲河工保光緒二十年御史張仲炘言山東河工保案近年多至五六百人部定決口一處獎異常尋常者六人該省所報決口多寡輒以所保人數爲衡闕保者以山東爲捷徑捐一縣丞佐雜不數月卽正印矣請飭所司嚴定章程帝俞其請三十二年御史劉汝驥復言吏治之蠹莫如保舉一途其罔上營私者一曰河工國家歲糜數十萬帑金以愼重河防封疆大吏乃以此爲調劑屬員之舉幸而無事丞倅保州縣矣同通保府道矣一曰軍功工廠之鼓噪飢民之嘯聚輒浮夸其詞曰大張撻伐耳未聞聲鼓足未履沙場而謬稱殺敵致果身經百戰者比比然也一曰勸捐順天賑捐一案保至千三百餘人山東工賑保至五百餘人他省歲計亦不下千人請嚴禁徇情濫保以杜倖進下所司核議限制之法其時吏部投供月多至四五百人分發亦三四百人選司原設派辦處司其事者十餘人猶虞不給季年乃毅然廢捐納停部選爲疏通仕途愼選州縣之計然捐例雖停而舊捐移獎層出不窮加以科舉罷後學堂卒業立獎實官舉貢生員考職大逾常額且勳臣後裔悉予官階新署人員虛銜奏調紛然錯雜益難紀極宣統三年裁吏部設銓敍局雖有刷新政治之機而一代銓政終不復能廓清也武職隸兵部八旗及營衛官之選授武選司掌之內而驍騎前鋒護軍步軍火器健銳虎槍各營外而陵寢圍場熱河烏里雅蘇台科布多阿爾泰烏梁海西寧西藏塔爾巴哈台游牧察哈爾綏遠城各省駐防皆旗缺屬八旗門千總爲門缺屬漢軍河營陸路水師皆營缺滿漢分爲漕運爲衛缺漢軍漢人得兼補旗缺副都統以上開列餘則揀選五品以上題補六品以下咨補綠旗總兵以上初用會推嗣罷其例開列具題副將投供引見亦有開列者其次要缺則題簡則推把總拔補其大略也凡滿漢入仕有世職廕生武科八旗世職公侯伯子男補副都統輕車都尉騎都尉補佐領雲騎尉恩騎尉補驍騎校漢伯子男用副將輕車都尉用參將騎都尉用遊擊或都司雲騎尉用守備尙書至副都御史等官總督將軍至二品銜副將廕生改武者用都司守禦所千總衛千總武科進士一甲一名授頭等侍衛二三名授二等侍衛二三甲揀選十名授三等侍衛十六名授藍翎侍衛餘以營衛守備補用漢軍漢人武舉揀選一二等用門千總及營千總三等用衛千總其以貲勞進用者營伍差官提塘隨幫隨營差操經制及外委千把總無責任効用官因功加都督至副將等銜者用遊擊加參將遊擊銜者用都司加都司守備銜者用守備加千總銜者拔補把總武進士武舉充提塘差官滿三年由部考驗弓馬優者用營衛守備次者武舉用防禦所千總武舉隨營差操滿三年以營千總拔補隨幫三運報滿用衛千總凡部推之缺歲二月參將遊擊缺用漢一二等侍衛一人四六八月遊擊都司缺用漢三等侍衛三人正三五七九月都司缺用藍翎侍衛五人正月七月營守衛缺以門衛千總陞用其餘單月缺輪補之班七雙月缺輪補之班十二衛守備單月缺輪補之班十一雙月缺輪補之班六守禦所千總衛千總缺俱不論雙單月推選惟門千總專於雙月銓補爲滿人入官以門閥進者多自侍衛拜唐阿始故事內外滿大臣子弟五年一次挑取侍衛拜唐阿以是閑散人員勳舊世族一經揀選入侍宿衛外膺簡擢不數年輒致顯職者比比也綠旗武職占缺尤多向例山海關至殺虎口保德州副參遊都守缺綠旗補十之三滿洲補十之七馬蘭泰寧二鎭直隸山西沿邊副參遊都守缺滿漢各補其一雍正六年副都統宗室滿珠錫禮言京營參將以下千總以上不宜專用漢人得旨滿洲人數本少補用中外要缺已足若京營參將以下悉用滿洲則人數不敷勢必有員缺而無補授之人乾隆間揀發各省武職率以滿人應選帝曰綠營將領滿漢參用必須員缺多寡適均方合體制若概將滿員揀發行之日久綠營盡成滿缺非所以廣掄選而勵人材飭所司議滿漢間用之法兵部議上凡行走滿二年之漢侍衛與巡捕營八旗滿蒙人員由該管大臣保送記名揀發時與在部候補候推者按滿漢分派引見如所議行三十八年兵部復疏言直隸山西陝西甘肅四川五省自副將至守備滿缺六百四十七各省自副將至守備千一百七十九缺向以綠營人員選補現滿蒙在綠營者逾原額兩倍實綠各省請員時多用滿員揀選請嗣後除原用滿員省分外其河南山東江南江西湖廣腹地及閩浙兩廣海濱煙瘴等省需員請揀應於綠營候補候選及保卓薦人員並行走年滿之頭二三等侍衛藍翎侍衛一併揀選從之自是綠營滿漢員缺始稍劑其平非復從前漫無限制矣武職以行伍出身爲正途科目次之故事考驗部推人員衰老病廢者勒令休致惟軍功帶傷者雖年老仍行推用副參例以俸深參遊題補若有軍功保舉雖俸淺亦得與焉科目自康熙初卽病壅滯御史朱斐疏請定科目行伍分缺選用之制外委効力等與武進士武舉較人數多寡倣二八分缺之例先選科目人員其外委各弁須有戰功及捕盜實績不得止憑咨送選補下所司議行雍正初廷臣有請改併衛所各州縣者部議科甲人員專選衛所守備千總若盡裁衛所必致選法壅滯事不可行帝不許爲定榜下進士增用營守備以調劑之乾隆十五年給事中楊二酉言各省衛守備歸部選者三十九缺現武進士以衛用者積至數百人提塘差官効力報滿歸班選用者亦數十人加以新例飛班壓銓缺少班多選用無期請照乾隆元年例將三等武進士再行揀選一二等以營用三等仍以衛用報可向例揀選武進士以營用者選缺猶易衛用往往濡滯不能得官洎道光間衛用武進士得捐改營用而裁缺衛守備衛千總守禦所千總均准改歸綠營守備以上官並得報捐分發由是部推外補同一沈滯不僅科目爲然矣凡不屬於部推之缺皆題補豫保註册者最先授定例邊疆內河外海水師員缺及陸路緊要者得豫保康熙九年兵部疏言總督提鎭遇標營員缺不論地方緩急銜缺相當輒將標員坐名題補使俸深應補人員致多壅滯請定副將以下守備以上缺出實係近海沿邊巖疆人地相宜者酌量題補餘不得率行題請從之雍正五年詔部推缺由各督撫提鎭保題備用乾隆初罷陸路近省豫保例十年江督尹繼善言武職豫保咨部註册遇缺掣補誠愼重要缺之良法乃或豫保之初年力本強數年後漸已衰老騎射生疏營伍廢弛請將豫保滿三年未得缺者各提督再行甄別果堪陞用出具考語咨部否則註銷報可其時保薦別以三等限以五年於副將堪勝總兵參將堪勝副將者尤愼選一經保薦輒予陞擢洎咸同軍興十餘年保題舊例不復行所恃以鼓勵人材者惟軍功保舉獎敍之案層出不窮以兵丁積功保至提鎭記名者殆難數計同治五年詔以記名提鎭無標營可歸者發往各省各營差遣各省投標候補者提鎭多至數十副參以下數百本職補官終身無望於是定借補之法提鎭准借補副參遊缺副參游准借補都守缺都守准借補千把總缺雖內停部推外停儘先仍不足疏通尤滯光緒季年詔裁綠營練新軍罷武科設武備學校一時新軍將弁與學成授官者特爲優異歷朝武職尊重行伍之意蕩無復存雖綠營武職未盡廢除然無銓法可言云

選舉六

考績

三載考績之法昉自唐虞清沿明制而品式略殊京官曰京察外官曰大計吏部考功司掌之京察以子卯午酉歲部院司員由長官考覈校以四格懸才守政年爲鵠分稱職勤職供職三等列一等者加級記名則加考引見備外用糾以六法不謹罷軟者革職浮躁才力不及者降調年老有疾者休致註考送部自翰詹科道外依次過堂三品京堂由部開列事實四五品由王大臣分別等第具奏引見取上裁大計以寅巳申亥歲先期藩臬道府遞察其屬賢否申之督撫督撫覈其事狀註考繕册送部覆覈才守俱優者舉以卓異劣者劾以六法不入舉劾者爲平等卓異官自知縣而上皆引見候旨六法處分如京察貪酷者特參凡京察一等大計卓異有定額京官七而一筆帖式八而一道府廳州縣十五而一佐雜教官百三十而一以是爲率非歷俸滿者未及年限者革職留任或錢糧未完者滿官不射布靶不諳清語者均不得膺上考其大較也順治八年京察始著爲令以六年爲期十三年吏部奏定則例三品以上自陳四品等官吏部都察院考察議奏親定去留筆帖式照有職官列一體考察遇京察時各官暫停陞轉尋復定考滿議敍例三年考滿與六年察典並行十七年從都御史魏裔介請行糾拾之法以補甄別所未及康熙元年罷京察專用三年考滿例三品以上仍自陳餘官分五等一等稱職者紀錄二等稱職者賞賚平常者留任不及者降調不稱職者革職三年御史季振宜請停考滿三疏極言徇情鑽營章奏繁擾無裨勸懲因停考滿自陳例六年復行京察明年甄別不及官三十七員嗣以各部院甄別司員類多末職二十三年嚴諭指名題參復甄汰王三省等三十六人明年京察又停雍正元年復舉行改爲三年自是爲定制初京察一等無定額康熙三年御史張冲翼疏請以部院員數之多寡定一二等名數以息奔競從之乾隆間部院保送一等或浮濫溢舊額詔停兼部行走仍歸本衙門另班聲叙暨到任未滿半年仍由原衙門註考等例又罷未授職庶吉士保列一等之例以示限制四十二年命部院保送一等人數毋庸過泥上屆成例遞行裁減以防溢額應將上兩次數目比較酌中定制既無虛濫膺保薦亦不至屈抑人才五十年定例保送一等人數以不溢四十八年原額爲準後世踵行間有增損無甚懸殊也向例部院司官由吏部都察院考覈雍正四年命內閣大學士同閱乾隆九年帝慮部院堂官有瞻徇情面濫列一等者敕大學士驗看愼重甄別不稱一等者裁去十一年諭曰前命大學士分別去留亦權宜辦理之道察覈司員惟堂官最爲親切要在平日留心體察臨時舉措公平如上次定一等者三年中行走平常當改爲二三等上次原列二三等者三年中知所奮勉卽改爲一等庶察典肅而人知勸懲厥後考察權責悉屬吏部驗看特奉行故事而已大臣循例自陳求斥罷候旨照舊供職國初以來行之乾隆八年曾諭大臣自陳罷斥者舉賢自代嗣以所舉不得其人或樹黨營私行不久卽罷十七年帝以內外大臣親自簡擢隨時黜陟奚待三年自陳繁文相率爲僞甚無謂也詔罷其例先是京堂官無甄敍例乾隆十五年帝以三品以上堂官具本自陳部院司員皆令引見而四五品京堂不在自陳之列亦無引見之例吏部都察院考語無實龍鍾庸劣者得姑容才具優長者無由見特派王大臣分別等第奏聞引見十八年敕吏部開列三品京堂事實親爲裁奪四十八年以三品京堂不便派大臣驗看令吏部帶領引見嘉慶十二年以三四品京堂向來京察但有降黜無甄敍旣與內外大臣辦理兩歧並不得與部院司員同邀加級於是予太常少卿色克精額等議敍而予陳鍾琛等休致自後三品以下京堂始有甄敍之例矣年老休致例有明文乾隆二十二年定部院屬官五十五歲以上堂官詳加甄別三十三年改定京察二三等留任各官六十五歲以上引見嘉慶三年命京察一二三等官引見以年逾七十爲限尋復舊例六法處分綦嚴長官往往博寬大之名每屆京察祇黜退數人塞應故事餘槪優容而被劾者又不免屈抑雍正中汪景祺查嗣庭輩論列時政以部員壅滯爲言有十年不調白首爲郞等語帝責以怨望誹謗而事實不得謂誣蓋部員冗濫康雍時已然矣乾隆三年鴻臚少卿查斯海疏言京官被劾不無以嫌隙入吏議者京察六法官應援大計例送部引見從之乾隆末士夫習爲諂諛堂官拔職司員率以逢迎巧捷爲曉事察典懈弛仁宗初銳意求治頗思以崇實黜華獎勵氣節風示天下嘉慶五年詔部院堂官愼重選舉猷守兼優者膺首薦餘甯取資格較久謹愿樸實之員其少年浮薄才華發越者應令深其經練下屆保列尙書侍郞各備册密識賢否公議同覽十一年大學士尙書等議奏京察事宜捐納人員限以年資軍機處司員能兼部務者方列上考不許濫保充數報可道光四年侯際淸贖罪舞弊一案刑部司員恩德等朋謀撞騙堂官以謬登薦牘保列一等下部議處論嗣後京察有冒濫徇私者連坐七年給事中吳傑奏大計軍政皆有舉有劾近年六部辦理京察除保舉一等外不問賢否概列二等間有三等數人仍予留任六法不施有勸無懲應申明舊章舉劾並用帝韙其言降諭飭行十五年令於京察外隨時糾參以爲補救咸豐十年刑部堂官濫保不諳例案之員朝廷務循寬大輒以相習成風不獨刑部爲然多爲原宥僅予大學士桂良等鐫級留任出考堂官罰俸而已穆宗卽位大難未平厲精澄叙五年詔部院堂官謹遵嘉慶五年備册密識賢否公議同覽之諭並常川進署與司員講求公事藉覘其屬賢否八年又諭京察不得有舉無劾冀滌瀹舊習一新庶政然積重之勢不能復返光緒七年禮部侍郞寶廷疏陳京察積弊言之痛切謂瞻徇情面之弊不專在部院堂官當責樞臣考察必公必嚴樞臣果精白乃心破除情面不特能考察部院司員之賢否並能考察內外大臣之賢否而考察樞臣功過在聖明獨斷若朝廷先以京察爲故事具文何責乎樞臣更何責乎部院堂官論雖切中而難實行徒託空言而已宣統二年吏部設立憲政籌備處改考功司爲考績科主文職功過應行變通事宜其時浮議紛紜新舊雜糅吏部等於贅疣矣大計始順治二年御史張漋疏請有司殿最宜以守己端潔實心愛民爲上考部覆如議明年定朝覲考察頒五花册令督撫以四格註考故事計參外臺省例有拾遺是歲計羣吏止據撫按所揭爲黜陟臺省擬循故事內大臣不喜大學士陳名夏力主之給事中魏象樞亦以爲請得旨糾拾官照大計處分挾私妄糾者論自後臺省意存瞻顧糾拾者尠已能不行而督撫權乃日重矣四年定大計三年一舉計處官不許還職諭朝覲官曰貪酷重懲闒茸貫爾等姑許留任當思祓濯前愆勉圖後效嗣是每屆入覲之年必嚴切誡飭以爲常舊例朝覲計典藩臬府州縣正官皆入覲順治九年止令藩臬各一員各府佐一員代覲十八年給事中雷一龍疏言三年大計勿得遺大吏而摘微員懲去位而寬現在請令藩臬赴部面同指實按册詳察下部議行康熙元年停藩臬入覲以參政副使等官代十二年復令藩臬入覲二十五年以朝覲藉端苛派姦弊滋生藩臬府佐入覲例悉罷官吏賢否去留憑督撫文册布按二司册籍悉停止國初大計與考滿並行康熙元年罷大計止行考滿司道歷腹俸二年邊俸一年半有司歷邊俸二年腹俸三年錢糧全完者許考滿分別地方荒殘衝疲充實簡易四者開註以政績多寡酌定等第四年考滿停復行大計爲永制大計舉劾註考例由州縣正官申送本府道考覈教官由學道鹽政官由該正官考覈轉呈布按覆考督撫覈定咨達部院河官兼有刑名錢糧之責者總河督撫各行考覈專管河務者總河自行考覈具題康熙二十三年以藩臬與督撫親近停其卓異凡卓異官紀錄卽陞不次擢用歷朝最重其選徇私濫保者罪之康熙初御史張冲翼請申嚴卓異定額以詳覈事蹟使名實相副爲言下部議六年從御史田六善請卓異官以清廉爲本司道等官必註明不派節禮索餽送州縣等官必註明不派雜差重火耗虧損行戶強貸富民以清吏之有無定督撫之賢否其時廉吏輩出靈壽令陸隴其等擢隸憲府吏治蒸蒸稱極盛焉四十四年詔舉卓異務期無加派無濫刑無盜案無錢糧拖欠倉庫虧空民生得所地方日有起色其他虛文不必開載乾隆八年命督撫以務農本計察覈屬員論者謂以勸農爲勸吏之要深得治本與漢詔同風先是雍正六年定卓異薦舉失實處分自行奏參者免卓異官有貪酷不法或錢糧盜案未淸發覺者原薦督撫處分較司道府爲輕乾隆四十八年改定卓異官犯贓覈其年月在原薦上司離任前後分別議處臬司道府減督撫一等藩司照督撫例以道府按例轉詳督撫藩司親爲覈定也五十年帝以保薦卓異向分正附未明定限制易開徼倖之漸敕部詳覈各省大小缺分多寡酌中定制裁去附薦名目於是各省卓異官有定額終清世無大變更也八法處分行之旣久長吏或視爲具文每將微員細故塡註塞責歷朝訓諭諄諄力戒瞻徇猶防寃抑雍正元年詔大計降級罰俸官例不許卓異果有居官廉幹因公詿誤者准與卓異又以卓異八法舉劾不過數十人其不列舉劾之平等官自知縣以上令督撫註考報部察核四年諭參劾人員或有寃抑及避重就輕等弊除貪酷官無庸引見外其不謹浮躁不及等被劾官督撫給咨送部引見乾隆二十四年帝以八法參本內不謹浮躁官未將何事不謹何事浮躁一一聲叙或有公事無誤而節目闕疏才具有爲而氣質粗率上司以意見不洽概登白簡不無可惜其或敗檢踰閑僅與避重就輕均非整飭官方之意命詳註實迹不得籠統參劾嘉慶八年定督撫隨時參劾闒冗平庸等事未列叙實迹被劾官情願赴部引見者得援大計六法例此則考覈不厭詳密冀拔求遺才輔計典之不及也嘉道以後計典一循舊例督撫奉行故事鮮克振刷道光八年山東大計卓異護撫賀長齡

原註新城令容咼悃愊慈祥等語詔以寬厚難膺上考令各省薦舉體用兼備熟明治理者咸同軍興或地方甫收復有待撫綏或疆圉偪寇氛亟籌保衛敕各督撫留心存記廉能之員列上考備擢用時督撫權宜行事用人不拘資格隨時舉措固不能以大計常例繩其後也光緒間言者每條奏計典積弊請飭疆臣認眞考察屢詔戒飭然人才既衰吏治日壞徒法終不能行二十八年詔各省設立課吏館限半年具奏一次三十一年定考覈州縣事實分最優等優等平等次等四級顧課吏祇憑一日文字考覈僅據一年事實責以公當蓋亦難矣宣統二年憲政編查館疏請考覈州縣分別學堂巡警工藝種植命盜詞訟監押錢漕以爲殿最由主管衙門另訂考覈章程名目繁多表册虛僞徒飾耳目於勸懲無當也至若舊例翰詹大考分別優劣陞調降革有差爲特別考績之法外省司道年終有密考州縣一年期滿教佐六年俸滿皆有甄別則又隨時考核之法不屬於察計二典者

武之軍政猶文之考察兵部職方司掌之內外衞所分屬於武選司在京武職由管旗及部院覈奏各省由統兵大員註考京營千總以上外省綠營守備以上各由長官考覈分操守才能騎射年歲四格舉劾與文職同三品以上自陳由部疏聞候旨八旗世爵則校其藝進退之綠營舉劾每於軍政後一年半舉行題陞一二人入薦舉班陞用劾者照軍政處分此其大略也國初未立限制順治九年定六年一舉是爲軍政考覈之始十一年改定五年爲期十三年從給事中張文光請軍政卓異照文官賜服旌勸後改爲加一級康熙元年停軍政專行考滿既而兵部疏請直省武職應依文官例按年限由總督提督會同舉劾御史季振宜疏言武職考滿營謀優等尅扣軍餉貽誤封疆請按歷俸功次陞轉於是六年定舉行軍政事宜京外武職長官註以四格並詳列履行軍功分別去留咨部必註明行止端方弓馬嫻熟管轄嚴肅供職勤愼不擾害地方等考語方許薦舉必有八法等款實迹始行糾參復令提督總兵官自陳提督由總督註考總兵官由總督提督註考無總督省分巡撫註考嗣以滇省用兵海內騷動羽書倥傯軍政曠不舉行者十年至二十一年滇逆蕩平從給事中碩穆科請舉行軍政大典各官事實履行自康熙十一年軍政後開起九門千總等由九門提督註考候補總兵官亦令自陳副將以下候缺者照舊例考察六十一年命在京武職領侍衞內大臣八旗都統前鋒護軍步軍統領副都統等毋庸自陳考選軍政時屬員註考照外省舉劾例各省駐防將軍副都統等照提鎭例自陳屬員照京城例德州等處城守尉協領派大臣往考會同察覈其屬註考以聞雍正元年命平等官守備以上督撫提鎭註考其冬詔曰初次考選軍政有出兵効力年老俸深尚能坐理者留任不宜留任者另奏加恩或雖未効力行間而供職年久者亦留心驗看此則垂念資勞特頒寬典非常例也二年諭各省所保副參游擊輪流引見察其人材弓馬督撫提鎭以其操守訓練分別等第密陳六年山西太原總兵官袁立松疏陳平垣營守備梁玉廉潔敏練以年老入參劾帝以諳練才不可多得命酌量以遊擊題補尤殊恩也是年定卓異官原任內有貪酷不法或陞調他省別犯贓罪原舉長官分別處分乾隆二年部議出兵効力人員年老休致令子弟一人入伍食糧無子弟亦給守糧養贍從之時直省保題員弁類以明白勤敏才堪辦事列上選十一年諭嗣後保題務重弓馬漢仗十五年以各省所保總兵官鮮當意諭曰年滿千總一項類多猥瑣國家擢用武職營伍爲正途拔補將弁必選之若輩綠次而升皆自年滿千總始折衝禦侮之用豫籌於昇平無事之日不可視爲緩圖二十四年以大臣自陳例既罷敕兵部於軍政年將在京都統副都統在外駐防將軍都統副都統各省提督總兵官分別三本條舉事實候鑒裁以重考績四十二年定衞所綠營武職薦舉卓異尙未陞轉再遇軍政列平等者將上次卓異註銷嘉慶四年定侍衞軍政考試向例軍政年不許告病乞休以杜規避八年申諭查閱營伍年分事關考覈照軍政例不得告病乞休咸同軍興百度稍弛軍政大典相沿不廢咸豐二年黑龍江將軍英隆以俄兵窺伺派將弁扼守要隘疏請本年軍政展限舉行不允嗣湖廣總督程矞采等以軍務未竣疏請展限令凱撤後再行補考並諭年老力衰者隨時參辦沿及德宗雖加意振飭勢成弩末展限之舉史不絕書光緒十四年編定北洋海軍由海軍衙門司黜陟甲午以後力鑒覆轍裁綠營練新軍別訂考覈章程三十二年改兵部爲陸軍部其考覈隸軍衡司宣統二年設海軍部其考覈隸軍制司朝廷鋭意革新軍紀宜可少振無如積習已深時艱日棘卒歸罔濟云

清史稿　　志

選舉七

捐納

清制入官重正途自捐例開官吏乃以貲進其始固以蒐羅異途人才補科目所不及中葉而後名器不尊登進乃濫仕途因之殺雜矣捐例不外拯荒河工軍需三者曰暫行事例期滿或事竣即停而現行事例則否捐途文職小京官至郎中未入流至道員武職千把總至參將而職官並得捐陞改捐降捐捐選補各項班次分發指省翎銜封典加級紀錄外此降革留任離任原銜原資原翎得捐復坐補原缺試俸歷俸實授保舉試用離任引見投供驗看迴避得捐免平民得捐貢監封典職銜大抵貢監銜封加級紀錄無關銓政者屬現行事例餘屬暫行事例歷代捐例時有變更惟捐納官不得分吏禮部道府非由曾任實缺正印官捐納僅授簡缺則著爲令銓補則新捐班次視舊班爲優此通例也捐事戶部捐納房主之收捐或由外省或由部庫或省部均得報捐咸豐後並由京銅局凡報捐者曰官生部予以據曰執照貢監並給國子監照俊秀納貢監或職銜貢監納職銜由原籍地方官查具身家清白册季報或歲報納職官者查明有無違礙取具族鄰甘結依限造報逾限或查報不實罪之其大略也文官捐始康熙十三年以用兵三藩軍需孔亟暫開事例十六年左都御史宋得宜言開例三載知縣捐至五百餘人始因缺多易得踴躍爭趨今見非數年不克選授徘徊觀望宜限期停止俾輸捐恐後旣有濟軍需亦愼重名器帝納其言滇南收復捐例停嗣以西安大同饑又永定河工復開事例五十一年增置通州倉廒科臣有請開捐者廷議如所請侍郎王掞抗疏言鄉里童騃一旦捐貲儼然民上或分一縣之符或擁一道之節不惟濫傷名器抑且爲累地方宜禁止以塞僥倖之路杜言利之門帝韙之爲飭九卿再議靑海用兵饋餉不繼內大臣議停各途守選及遷補專用捐資助餉者刑部尙書張廷樞言惟捐納所分員缺可用捐員正途及遷補者宜仍舊從之雍正二年開阿爾台運米事例五年直隸水災議興營田從大學士朱軾請開營田事例雲貴總督鄂爾泰以滇黔墾荒經費無著請開捐如營田例帝曰墾田事例於地方有裨益向因各捐例人多難於銓選降旨停止年來捐納應用之人將次用完越數年必致無捐納之人而專用科目矣應酌添捐納事款除道府同知不許捐納其通判知州知縣及州同縣丞等酌議准捐下九卿議行十二年開豫籌糧運例先是俊秀准貢得輸貲爲教職已慮異途人員不勝訓迪表率之責康熙三十三年令俊秀准貢捐學正教諭者改縣丞訓導改主簿雍正元年諭捐納教職多不通文理少年以之爲學問優長年高齒長者之師可乎詔改用如前例高宗初元詔停京外捐例乾隆七年上下江水災命刑部侍郎周學健直督高斌往同督撫辦理尋合疏言賑務水利需費浩繁請仿樂善好施例出貲効力者量多寡敍職官詔以京官中行評博以下外官同知通判以下無礙正途如所請行嗣是上下江直隸山東河南屢告災輒徇臣工請許開捐例十三年進勦大金川四川巡撫紀山奏行運米事例部議運米石抵捐銀二十五兩納官以是爲差川陝總督張廣泗言軍前口糧領折色石發銀五六兩事例旣開各員以存米納捐計貢監納卽用同知不過千餘金卽用小京官不過數百金請令如數交銀以杜弊端報可三十九年再征金川復開川運例惟四庫館謄錄議叙等職多靳不令捐納餘得一體報捐貢監納道府例自雍正五年後數十年無行者至是復行五十八年詔曰前因軍需河工支用浩繁暫開事例原屬一時權宜迄今二十餘年府庫充盈並不因停捐稍形支絀可見捐例竟當不必舉行不特愼重名器亦以嘉惠士林我子孫當永以爲法倘有以開捐請者卽爲言利之臣當斥而勿用嘉慶三年從戶部侍郎蔣賜棨請開川楚善後事例帝慮正途因之壅滯飭妥議條欵尋議京官郎中員外郎外官道府有理事親民之責未便濫予登進進士舉人恩拔副優歲貢始許捐納非正途候補候選正印人員亦得遞捐現任應補候選小京官佐貳止准以應陞之項捐納從之嗣以河屢決續開衡工豫東武陟等例十一年定捐納道府係曾任知府同知直隸州知州並州縣正印等官加捐及現任京職堪勝繁缺者許以繁簡各缺選用其貢監初捐及現任京職僅堪簡缺並外任佐雜等官遞捐者專以簡

缺選用宣宗文宗御極之初首停捐例一時以爲美談自道光七年開酌增常例而籌備經費豫工遵捐順天兩廣及三省新捐次第議行其時捐例多沿舊制惟於推廣捐例中准貢生捐中書豫工例中准增附捐教職而已咸豐元年以給事中汪元方言罷增附捐教職其已選補者不許濫膺保薦是年特開籌餉事例明年續頒寬籌軍餉章程九年復推廣捐例時軍興餉絀捐例繁多無復限制仕途蕪雜日益甚同治元年御史裘德俊請令商賈不得納正印實官以虛銜雜職爲限下部議行尋部臣言捐生觀望有礙餉需詔仍舊制四年山東巡撫閻敬銘言各省捐輸減成按之籌餉定例不及十成之三彼輩以官爲貿易略一侵吞錢糧已逾原捐之數明效輸將暗虧帑項請將道府州縣照籌餉例減二成專於京銅局報捐從之時內則京捐局外則甘捐皖捐黔捐設局徧各行省侵蝕勒派私行減折諸弊並作光緒初議者謂乾隆間常例每歲貢監封典雜職捐收約三百萬今捐例折減歲入轉不及百五十萬名器重雖虛銜亦覺其榮多費而有所不惜名器輕則實職不難驟獲減數而未必樂輸所得無幾所傷實多停捐爲便時復有言捐官宜考試花翎及在任候選等捐宜停者輒下部議五年帝以捐例無補餉需實傷吏道明詔停止未幾海疆多故十年開海防捐如籌餉例減二成核收常例捐數並核減是時臺灣甫開實官捐他如四川按糧津貼捐順天直隸河南浙江安徽湖北各賑捐戶部廣東軍火捐福建洋藥茶捐雲南米捐自海防例行惟川捐如舊餘或併或罷十三年河南武陟鄭州沁黃兩河漫決御史周天霖李士錕先後請開鄭工例以濟要工部議停海防捐開鄭工捐十五年籌辦海軍復罷鄭工開海防新捐新捐屢展限行之十餘年二十六七年間江甯籌餉秦晉實官捐順直善後賑捐次第舉辦江甯順直捐視新海防例秦晉捐但獎五品以下實官庚子變後帝銳意圖治言者多謂捐納非善政詔卽停止然報効敘官舊捐移獎且繼續行之但有停捐之名而已武職捐雍正初惟納千把總乾隆九年直賑捐有納衞守備者三十九年川運例參遊都守始得遞捐但武生監生捐止都司嘉慶三年川楚善後例武營捐納略如川運同治五年閩浙總督左宗棠言閩省武營捐班太多應嚴加區別以肅軍政並請罷武職捐從之光緒二十一年新海防例展限議增武職捐於揀發外別立一班俾捐輸踴躍三十一年兵部奏開捐十年入欵僅十餘萬無裨國帑有礙營伍請將實官虛銜捐復翎銜封典一切停罷報可捐例初開慮其弊也嘗設爲限制往往不久而其法壞康熙十八年定捐納官到任三年稱職者具題陞轉不稱職者題參然疆吏罕有以不職上聞者已令道府以下捐銀者免具題照常陞轉左都御史徐元文言國家大體所關惟賢不肖之辨三年具題所以使賢者勸不肖者懼輸銀免具題是金多者與稱職同科此曹以現任之官營輸入之計何所不至急宜停止順治間准貢例監出身官不得陞補正印康熙六年定爲保舉之法各途出身官經該堂官及督撫保舉稱職者陞京官及正印無保舉者陞佐貳雜職三十年大軍征噶爾丹戶部奏行輸送草豆例准異途人員捐免保舉御史陸隴其言捐納一事不得已而暫開許捐免保舉則與正途無異且督撫保舉之人必清廉方爲合例保舉可捐免是清廉可納貲得也又言督撫於捐納人員有遲至數年不保舉

亦不糾劾乞敕部通稽捐納官到任三年無保舉者開缺休致疏下九卿議捐免保舉無礙正途若三年無保舉卽休致則營求保舉益甚應毋庸議隴其持之益堅廷議隴其不計緩急輕重浮詞粉飾致捐生觀望遲誤軍機擬奪職帝特宥之自是吏員例監出身者欲陞補或捐納京外正印官必先捐免保舉惟准貢獨否初納歲貢者同正途故捐免保舉例貢監雖同一捐納而軒輊殊甚乾隆二十六年部議御史王啓緒奏豫工例內捐貢納京外正印官捐免保舉如例監例先納官者補行捐免不願者以佐貳改補成例爲一變矣漢軍捐納官非經考試不得銓選如漢官保舉例康熙間並准捐免六十一年帝以捐納部員補主事未久卽陞員郎外官道府亦然飭議試俸之法尋議郎中道府以下小京官佐雜以上於現任內試俸三年題咨實授方許陞轉從之乾隆間試俸復得捐免四十一年戶部奏請保舉考試試俸捐免例列入常捐限制之法至是悉弛官吏緣事罷譴降革留任非數年無過不得開復康熙間大同賑饑部議京察大計罷黜者悉予捐復徐元文力言不可議遂寢三十三年河道總督于成龍以黃運兩河工費繁鉅請倣陝西賑饑例開捐革職年老患疾休致人員得捐復帝面諭捐納稱貸者多非朘削無以償逋負事不可行尚書薩穆哈等議成龍懷私妄奏擬褫職得旨從寬留任乾隆九年直賑捐部議捐復條款京察大計及犯私罪者降調人員無論是否因公及比照六法條例武職軍政糾叅及貪婪者不准捐復因公詿誤無餘罪悉得捐復三十五年帝念降革留任人員因公處分輒停陞轉詔許捐復三十九年川運例增進士舉人捐復原資例四十八年定革職降調官分段承修南運河工程捐復例嘉慶三年川楚善後推廣其例凡常捐不准捐復人員酌核情節得酌加報捐奉旨降革除犯六法外因公情節尚輕人員得加倍捐復大計劾叅有疾休致調治就痊及特旨降革留任限年開復人員加十分之五捐復十年部臣疏請於常例捐復外增文武大員捐復革職留任例帝曰大員身罣吏議應罷斥經改革職留任開復有一定年限若甫罹重譴卽可捐復此例一開毫無畏忌有貲者脫然爲無過之人無貲者日久不能開復殊失政體不允行咸豐二年王大臣等議寬籌軍餉凡降革不准捐復人員除實犯贓私外餘准加倍半捐復降革一二品文武官向不在捐復之列者許捐復原官頂帶允行但飭一二品大員捐復原銜須請旨嗣復推廣文職京察大計六法武職軍政被劾無奸贓情罪亦許捐復原銜終清世踵行不復更也捐納官或非捐納官於本班上輸貲若干俾班次較優銓補加速謂之花樣康熙十三年知縣得納先用卽用班工部侍郎田六善極言其弊謂宜停止三十三年戶部議行輸送草豆例臺臣請增應陞先用捐御史陸機言前此有納先用一例正途爲之壅滯皇上灼見其弊久經停止納先用者大都奔競躁進多一先用之人卽多一害民之人不待辨而知其不可乾隆年事例屢開惟雙月單月不論雙月選用及雙月先用不論雙單月卽用等尋常班次蓋是時正途銓補未病壅滯無庸加捐花樣納貲者亦至是而止七年部議鼓勵江省賑捐各班選用特優道光年增插班間選抽班間選遇缺遇缺前等名目咸豐元年省遇缺遇缺前而增分缺先本班儘先三年復增分缺間不積班九年先後奏設新班遇缺新班儘先分缺先前分缺間前

本班儘先前不論班儘遇缺選補等班推廣捐例又有保舉捐入候補班候補捐本班先用例花樣繁多至斯已極自籌餉例開既多立班次以廣捐輸復減折捐例以期踴躍時納捐率以餉票成數或不及定額之半同治三年另訂加成新章於是有銀捐新班儘先遇缺等項輸銀不過六成有奇而選用之優他途莫及八年吏部以銀班遇缺占缺太多擬改分班輪用刪不積班於新班遇缺上別設十成實銀一班曰新班遇缺先是謂大八成花樣維時分缺先前分缺間前本班儘先前新班遇缺新班遇缺先統曰銀捐而新班遇缺先最稱優異新班遇缺次之序補五缺一週先用新班遇缺先三人然後新班遇缺及各項輪補班各得其一光緒二年江蘇巡撫吳元炳言新班遇缺先新班遇缺等班序補過速有見缺指捐之弊請停捐免試用例以救其失格於部議四年實官及各項花樣一律停捐七年御史葉蔭昉復言近年大八成各項銀捐班次無論選補得缺最易統壓正途勞績各班今捐例已停請改訂章程銀捐人員祇列捐班之前疏下部議然積重難返進士卽用知縣非加捐花樣則補缺綦難他無論已十年臺灣海防相繼例開三班分先分間儘先復得一體報捐而知縣並增海防新班十三年鄭工新例增遇缺先班捐例等大八成班次亦相埒海防新例因之至二十七年各項花樣隨實官捐並停初捐納官但歸部選乾隆間爲疏通選途許加捐分發二十六年豫工例京職郎中以下得捐分各部院外官道府以下得捐分各省三十九年川運例知州同知通判捐分發如舊知縣有礙正途補用靳不與四十年兵部侍郎高樸言捐班知縣不許分發恐有礙舉班查壬辰科會試後揀選分發已閱四年湖北福建均因差委乏人奏請揀選可見舉班漸已補完請變通事例川運捐不論雙單月卽用者許一體報捐分發部議如所奏行惟大省分發不得逾十二人中省不得逾十人小省不得逾八人雲貴兩省需員解送銅鉛雲南得分發二十人貴州如大省額從之是年兵部奏請候補候選衞守備衞千總如文職例加捐分發隨漕學習明年浙江巡撫三寶奏請教職捐不論雙單月卽用者設加捐分發到省委用均報可川運例停分發歸入常例報捐爲永例四十二年以山東布政使陸燿言東省分發佐雜漸多停布政司經歷理問州同以下佐雜官分發例四十六年候補布政司經歷鄭肇芳等候選州同張衍齡等具呈戶部以投供日久部選無期各省佐雜班已疏通請准報捐分發爲奏行如舊例嘉慶四年給事中廣興請將俊秀附生報捐道府州縣者停銓實缺准加捐分發責成督撫試看三年酌量題補帝以停選示人不信令加捐分發有礙政體不允行道咸間增加捐指省例光緒四年捐例停而分發指省以常例得報捐如故五年御史孔憲穀以指省分發流弊不可勝言請罷之格部議不果行八年復申前請部覆如議未幾海防例開仍准報捐時分發人員擁擠殊甚疆吏輒奏停分發期滿復請展限各直省比比然也定例捐納官分發各部院學習三年外省試用一年期滿各堂官督撫實行甄別奏留乃得補官嘉慶十六年諭捐納員籤分部院學習行走年滿當詳加甄別近來該堂官於行走報滿人員無不保留市恩邀譽不顧登進之濫可爲寒心道光八年諭酌增常例報捐分發人員爲數更多著各督撫鹽政留心察看不必拘定年限認眞甄覈然奉行日久長官循例

奏留徒有甄別之名不盡遵上指也咸豐七年從御史何兆瀛請詔各部院考試捐納司員察其能否辦理案牘尋兵部試以論題御史朱文江以爲言詔切責之命嗣後毋得以考試虛文徒飾觀聽外官分發到省例由督撫考試分別等第黜陟有差光緒初各省遵例考試顧雲南有咨回降調者五年詔各省考試捐納人員府廳州縣試論一佐雜試告示判語八年閩浙總督何璟言閩省應試府廳州縣百五十四員鹽大使五十五員佐雜五百九十六員知府直隸州知縣鹽大使取留十之五同通佐雜留十之四報聞三十三年憲政編查館議覆御史趙炳麟疏捐納道府同通州縣佐雜未到省者入吏部學治館肄業半年已到省入法政學堂肄業長期三年速成一年有半尋議上考驗外官章程各省遵章考試間亦能黜數人以應明詔而於澄清吏治之道無補也貢監捐清初已行監捐沿明納粟例順治十二年開廩生捐銀准貢例從御史楊義請也十七年禮部以亢旱日久請暫開准貢令士民納銀賑濟允之貢監例得考職康熙六年御史李棠言進士舉人遲至十年始得一官今例監考補中書吏目用初考職例行各省監生或憚遠道跋涉或因文理不通多倩代頂冒者世宗深知其弊特遣大臣司考試五年令與考者千一百餘人悉引見時以頂冒避匿者九百餘人帝於引見員中揀選七十餘人授內外官有差乾隆元年停考職三年令捐納貢監如歲貢例分別等第以主簿吏目考取捐監未滿三年者不與道光後考職例罷雍正間帝以積貯宜裕允廣東江浙湖廣以本色納監乾隆元年罷一切捐例廷議捐監爲士子應試之階請於戶部收捐備各省賑濟從之三年詔復行常平捐監例各省得一體納本色原定各省捐穀三千餘萬石數年僅得二百五十餘萬石復令戶部兼收折色十年湖廣總督鄂彌達言捐監事例穀不如銀銀有定數穀無成價易捐穀爲捐銀倘遇荒歉亦可動支採買允行大學士等復言各省納本色有名無實請停止專由部收折色得旨各省收捐不必停在部捐折色者聽三十一年以陝甘監捐積弊最甚詔停罷尋並罷安徽直隸山西河南湖南北惟雲南福建廣東收本色如舊三十九年陝西巡撫畢沅陝甘總督勒爾謹請如例收納監糧允之是年甘省奏報六個月內捐監萬九千十七名監糧八十餘萬石帝疑之布政使王亶望主其事私收折色減成包辦更虛報賑災侵冒鉅欵繼任布政使王廷贊知其弊不能革事覺置亶望勒爾謹廷贊於法官吏緣是罷黜者數十人報捐監生或加捐職官者分別停科罰俸停選其後監捐無復納粟遺意矣貢捐屬常例向於部庫報捐嘉慶間疆吏屢以爲請輒阻部議十二年部臣言庫帑充裕請變通常例各省一體收捐報可此外尚有捐馬百匹予紀錄運丁三年多交米三百石給頂帶之例其樂善好施例內凡捐資修葺文廟城垣書院義學考棚義倉橋梁道路或捐輸穀米銀兩分別議敘頂帶職銜加級紀錄有差餘如各省鹽商士紳捐輸鉅欵酌予獎敘皆出自急公好義與捐納相似而實不同也

清史稿　志

選舉八

新選舉

新選舉制別於歷代取士官人之法清季豫備憲政倣各國代議制度選舉議員博採輿論議員選舉有二曰資政院議員選舉曰各省諮議局議員選舉自辛丑回鑾朝廷銳意求治派大臣赴各國考察政治設考察政治館命甄擇各國政法斟酌損益候旨裁定光緒三十一年七月詔曰考察政治大臣載澤等回國陳奏國勢不振由於上下相暌內外隔閡而各國所以富強在實行憲法取決公論今日惟有仿行憲政大權統於朝廷庶政公諸輿論廓清積弊明定責成以豫備立憲基礎俟規模初具妥議立憲實行期限各省將軍督撫曉諭士庶人等各明忠君愛國之義合羣進化之理尊崇秩序保守和平豫備立憲國民之資格九月慶親王奕劻等遵旨核議釐定官制以立憲國官制立法行政司法三權並峙各有專屬相輔而行立法當屬議院今日尚難實行請暫設資政院以爲豫備詔如所議三十三年改考察政治館爲憲政編查館八月諭曰立憲政體取決公論中國上下議院未能成立亟宜設資政院以立議院基礎派溥倫孫家鼐爲資政院總裁妥擬院章請旨施行尋諭各省應有採取輿論之所俾指陳通省利病籌計地方治安並爲資政院儲才之階各省督撫於省會速設諮議局慎選公正明達官紳創辦其事由各屬合格紳民公舉賢能爲議員斷不可使品行悖謬營私武斷之人濫厠其間凡地方應興應革事宜議員公同集議候本省大吏裁奪施行將來資政院選舉議員由該局公推遞升三十四年六月資政院奏言立憲國之有議院所以代表民情議員多由人民公舉凡立法及豫算決算必經議院協贊方足啓國人信服之心大學云民之所好好之民之所惡惡之孟子云所欲與聚所惡勿施又云樂以天下憂以天下皆此理也昔先哲王致萬民於外朝而詢國危國遷實開各國議院之先聲日本豫備立憲於明治四年設左右院七年開地方會議八年立元老院二十三年遂頒憲法而開國會所以籌立議院之基者至詳且備謹旁考各國成規撰以中國情勢酌擬院章目次凡十章先擬就總綱選舉二章呈覽報可是月憲政編查館會同資政院擬訂各省諮議局章程並議員選舉章程奏言立憲政體之要義在予人民以與聞政事之權而使爲行政官吏之監察東西立憲各國雖國體不同法制各異無不設立議院使人民選舉議員代表輿論是以上下之情通暌隔之弊少中國向無議院之說今議倡設人多視爲創舉不知虞廷之明目達聰大禹之建鞀設鐸洪範之謀及庶人周官之詢於外朝古昔盛時無不廣採輿論以爲行政之準則特未有議院之制度耳今將創設議院若不嚴定規則事爲之制曲爲之防流弊不可勝言中國地大民衆分省而治各省之政主於督撫與各國地方之治直接國都者不同而郡縣之制異於封建督撫事事受命於朝廷亦與各國聯邦之各爲法制者不同諮議局爲地方自治與中央集權之樞紐必使下足裒集一省之輿論上仍無妨國家統一之大權此日各省諮議局辦法必須與異日京師議院辦法有相成而無相悖謹仰體聖訓博考各國立法之意兼採外省所擬章程參伍折衷擬訂各省諮議局章程別爲選舉章程一百十五條候欽定頒行詔飭各督撫迅速舉辦實力奉行限一年內一律辦齊並諭曰朝廷軫念民依使國民與聞政事先於各省設諮議局以資歷練凡我士庶當共體時艱同攄忠愛於地方應興應革之利弊切實指陳於國民應盡之義務應循之秩序竭誠踐守各督撫當本集思廣益之懷行好惡同民之政虛衷審察惟善是從至選舉議員尤宜督率有司認眞監督精擇慎選憲政編查館資政院迅將君主立憲大綱暨議院選舉各法擇要編輯並將議院未開以前應籌備各事分期擬議具奏俟親裁後卽將開設議院年限欽定宣布八月憲政編查館資政院會奏遵擬憲法議院選舉法綱要暨議院未開以前逐年籌備事宜自本年起分九年籌備其關於選舉議員者第一年各省籌辦諮議局第二年舉行諮議局選舉各省一律成立頒布資政院章程舉行資政院選舉第三年召集資政院議員舉行開院第九年始宣布憲法頒布議院法暨上下議院議員選舉法舉行上下議院議員選舉諭令京外各衙門依限舉辦先是資政院奏擬院章目次第二章爲選舉宣統元年七月資政院奏續擬院章改訂第二章目次爲議員專詳議員資格額數分類任期而另定選舉詳細章程以免混淆從之院章規定資政院議員資格由下列各項人員年滿三十歲以上者選充一宗室王公世爵二滿漢世爵三外藩王公世爵四宗室覺羅五各部院四品以下七品以上官惟審判檢察巡警官不與六碩學通儒七納稅多額人八各省諮議局議員定額宗室王公世爵十六人滿漢世爵十二人外藩王公世爵十四人宗室覺羅六人各部院官三十二人碩學通儒十人納稅多額者十人各省諮議局議員一百人類別爲欽選互選宗室王公世爵滿漢世爵外藩王公世爵宗室覺羅各部院官碩學通儒納稅多額者欽選各省諮議局議員互選任期三年任滿一律改選九月資政院會奏資政院議員選舉章程疏言資政院議員選任之法大別爲欽選互選二者各有取義而欽選議員名位有崇卑人數有多寡當因宜定制取便推行宗室王公世爵滿漢世爵及外藩王公世爵階級既高計數較少應開列全單恭候簡命宗室覺羅各部院官及納稅多額者合格人數與議員定額比例多少懸殊考外國上院制勅任議員多經互選擬略師其意於欽選之前舉行互選各照定額增列多名好惡既卜諸輿情用舍仍歸於宸斷其碩學通儒資格確定較難人數調查不易互選勢所難行擬略仿從前保薦鴻博之例寬取嚴用以蒐訪之任寄諸庶官抉擇之權授諸學部仍寬定開列名數冀不失欽選之本旨以上各項略採各國上院辦法爲建設上議院之基礎而資政院兼有下院性質不能無民選議員與欽選相對待特以諮議局爲資政院半數議員之互選機關諮議局議員本由各省合格紳民複選而來則諮議局公推遞升之資政院議員卽不啻人民間接所選舉公推遞升之標準不能不以得票多寡爲衡但監督權屬於督撫非經覆定不令遽膺是選既與欽選大權示有區別自與下院要義不相背馳詔如所議行資政院議員選舉章程之規定宗室王公世爵列爵凡十二一和碩親王二多羅郡王三多羅貝勒四固山貝子五奉恩鎭國公六奉恩輔國公七不入八分鎭國公八不入八分輔國公九鎭國將軍十輔國將軍十 奉國將軍十二奉恩將軍按院章定額分配自和

碩親王至奉恩輔國公十人自不入八分鎭國公至奉恩將軍六人滿漢世爵以滿洲蒙古漢軍旗員及漢員三等男以上之爵級爲限按定額分配三等侯以上八人一等伯至三等男四人外藩王公世爵凡下列蒙古回部西藏各爵一汗二親王三郡王四貝勒五貝子六鎭國公七輔國公按定額分配內蒙古六盟盟各一人外蒙古四盟盟各一人科布多及新疆所屬蒙古各旗一人青海所屬蒙古各旗一人回部一人西藏一人凡各項世爵年滿三十歲以上未奉特旨停止差俸及因疾病或事故自請開去一切差使者均得選充資政院議員每屆選舉資政院於前一年九月行知宗人府各該管衙門理藩部分別查明合格者造具清册於選舉年分二月以前咨送資政院由院分別開單於三月以前奏請按額欽選其宗室王公滿漢世爵現任軍機大臣參豫政務大臣及資政院總裁副總裁者無庸選充有缺額時資政院隨時行知各該衙門修正清册按爵級或部落應選充者奏請欽選補足之宗室覺羅凡男子年滿三十歲以上無下列情事者得選充資政院議員一曾處圈禁或發遣者二失財產上信用被人控實未清結者三吸食鴉片者四有心疾者五不識文義者其現任三品以上職官審判檢察巡警官及現充海陸軍軍人者無庸選充按定額分配宗室四人覺羅二人由各該合格人先行互選於選舉年分二月初一日在京師及奉天府行之京師以宗人府堂官爲監督奉天以東三省總督爲監督每屆互選資政院於前一年九月行知互選監督照章舉行設互選管理員掌調查互選人管理投票開票檢票等事宜由互選管理員查明合格人員造具互選人名册先期呈由互選監督宣示公衆如本人認爲錯誤遺漏得於宣示期內呈請互選監督更正補入經批駁者不得瀆請互選選舉人及被選舉人均以列名互選人名册者爲限屆期互選監督應親莅投票所或派員監察之互選人應親赴投票所自行投票用記名單記法互選人有因職務或因疾病事故不能親赴投票者得就互選人內委託一人代行投票應由本人親書密封署名畫押連同委託憑證送致受託人該受託人應將密封及委託憑證臨時向互選監督呈驗方許代投以得票較多數者爲當選互選當選人額數各以議員定額之十倍爲準互選告竣互選監督卽日將當選人名榜示投票所不願應選者得於三日內呈明互選監督撤銷將得票次多數者補入互選管理員造具當選人名册連同票紙呈由互選監督咨送資政院由院將當選人名及得票數目於選舉年分三月以前奏請按額欽選有缺額時資政院隨時將本屆當選人開單奏請欽選補足之本屆當選人數不足議員缺額之三倍時應舉行臨時互選一切照尋常互選辦理各部院官以下列各官爲限一內閣侍讀學士以下中書以上二翰林院侍讀學士以下庶吉士以上三各部左右參議以下七品小京官以上四掌印給事中給事中及監察御史各官以年滿三十歲以上具下列資格之一得選充資政院議員一現任實缺者二曾任實缺未休致革職者三奉特旨署理或奏署者四奉特旨候補補用選用或學習行走者五其餘候補滿三年以上者由合格人先行互選於選舉年分二月初一日在京師行之以都察院堂官爲監督互選當選人額數以議員定額之五倍爲率各部院官選充資政院議員者於院內職權本衙門長官不得干涉其因升轉降調致失原定資格者卽同時失資政院議員之資格所有舉行互選奏請欽選補足缺額各辦法與宗室覺羅選舉同碩學通儒資格凡四一不由考試特旨賞授淸秩者二著書有裨政治或學術者三有入通儒院之資格者四充高等及專門學堂主要科目教習五年以上著有成績者凡年滿三十歲以上具前列資格之一均得選充資政院議員每屆選舉資政院於前一年九月行知學部由部通行京堂以上官翰林給事中御史各省督撫提學司出使各國大臣各蒐訪一人或二人開具事實保送學部審查擇定合格得保多者三十人作爲碩學通儒議員之被選人於選舉年分二月以前咨送資政院由院將被選人姓名及原保人姓名官職開單於三月以前奏請按額欽選有缺額時資政院隨時將本屆被選人照章奏請欽選補足之本屆被選人數不足議員缺額之三倍時應另行保送納稅多額人以下列資格爲限一男子照地方自治章程有選民權者二年納正稅或地方公益捐在所居省分占額較多者凡具此資格年滿三十歲以上得選充資政院議員由合格人先行互選於選舉年分二月初一日在各省城行之以布政使或民政使爲監督每屆互選資政院於前一年九月行知各省督撫照章舉行互選監督會同商務總會總理協理遴派互選管理員互選辦法與普通互選同互選人額數每省以二十人爲限投票用記名連記法以得票過互選人數三分之一者爲當選互選當選人額數以互選人額數十分之一爲率如當選人不足定額就得票較多者令互選人再行投票以足額爲止其得票及格額滿見遺者作爲候補當選人當選人不願應選得呈明互選監督撤銷以候補當選人依次遞補互選管理員造具當選人及候補當選人名册連同票紙呈由互選監督申咨本省督撫各督撫將當選人姓名及得票數目咨送資政院由院開單於三月以前奏請按額欽選有缺額時資政院隨時將本屆當選人開單奏請欽選補足之本屆當選人不足議員缺額之三倍時以候補當選人遞補候補當選人數不敷時舉行臨時互選各省諮議局互選諮政院議員按定額分配奉天三人吉林二人黑龍江二人順直九人江蘇七人安徽五人江西六人浙江七人福建四人湖北五人湖南五人山東六人河南五人山西五人陝西四人甘肅三人新疆二人四川六人廣東五人廣西三人雲南四人貴州二人互選於選舉年分前一年十月十一日在各省諮議局行之以督撫爲監督每屆互選資政院於前一年九月行知各互選監督照章舉行屆期互選監督親莅監察之投票開票檢票等事由諮議局辦事處管理適用普通互選規則互選選舉人及被選舉人均以該省諮議局議員爲限投票用記名連記法以得票過互選人半數者爲當選互選當選人額數以各該省議員額數之二倍爲率如當選人不足定額就得票較多者令互選人再行投票以足額爲止其投票及格額滿見遺者作爲候補當選人諮議局辦事處造具當選人及候補當選人名册連同票紙呈送互選監督覆加選定爲資政院議員不願應選者得呈明互選監督辭退依次將本屆當選人及候補當選人覆加選定補充不敷選充者舉行臨時互選選定後由互選監督造具名册連同當選人及候補當選人原册咨送資政院凡選充資政院議員者不得兼充本省諮議局議員有缺額時由院行知該省督撫覆加選定補充或舉行臨時互選此資政院議員欽選互選辦法之概要也各省諮議局議員選舉章程之規定議員之選任用複選舉法複選之別於單選者單選逕由選舉人投票選出議員複選則先由選舉人選出若干選舉議員人更令選舉議員人投票選出議員是也諮議局議員定額因各省戶口尙無確實統計參酌各省取進學額及漕糧多寡以定準則奉天五十名吉林三十名黑龍江三十名順直百四十名江甯五十五名江蘇六十六名安徽八十三名江西九十七名浙江百十四名福建七十二名湖北八十名湖南八十二名山東百名河南九十六名山西八十六名陝西六十三名甘肅四十三名新疆三十名四川百零五名廣東九十一名廣西五十七名雲南六十八名貴州三十九名京旗及各省駐防以所住地方爲本籍但旗制未改以前京旗得於順直議員定額外暫設專額十名各省駐防得於該省議員定額外每省暫設專額一名至三名選舉權之規定用限制選舉法凡屬本省籍貫之男子年滿二十五歲以上具下列資格之一者有選舉諮議局議員之權一在本省地方辦理學務及公益事務滿三年以上著有成績者二在本國或外國中學堂及與中學同等或中學以上之學堂畢業者三有舉貢生員以上之出身者四曾任實缺職官文七品武五品以上未被參革者五在本省地方有五千元以上之營業資本或不動產者凡非本籍之男子年滿二十五歲寄居本省滿十年以上有萬元以上之營業資本或不動產者亦得有選舉權被選舉權之規定及其限制凡屬本省籍貫或寄居本省滿十年以上之男子年滿三十歲以上者得被選舉爲諮議局議員凡有下列情事之一者不得有選舉權及被選舉權一品行悖謬營私武斷者二曾處監禁以上之刑者三營業不正者四失財產上信用被人控實未淸結者五吸食鴉片者六有心疾者七身家不淸白者八不識文義者其有所處地位不適於選舉議員及被選舉爲議員者一本省官吏或幕友二軍人三巡警官吏四僧道及宗教師五學堂肄業生均停其選舉權及被選舉權其現充小學教員者停其被選舉權諮議局設議長一副議長二用單記投票法分次互選設常駐議員以議員額數十分之二爲額用連記投票法一次互選凡議員三年一改選議長副議長任期同常駐議員任期限一年議長因事出缺以副議長遞補副議長出缺由議員互選充補議員出缺以複選候補當選人依次遞補議員改選再被選者得連任以一次爲限議員非因下列事由不得辭職一確有疾病不能担任職務者二確有職業不能常駐本省境內者三其餘事由經諮議局允許者凡選舉區域初選舉以廳州縣爲選舉區複選舉以府直隸廳州爲選舉區直隸廳州及府之本管地方均作爲初選區直隸廳無屬縣者以附近之府爲複選區初選區廳以同知通判州縣以知州知縣爲初選監督複選區府以知府直隸廳州以同知通判知州爲複選監督府直隸廳州作爲初選區者得遴派教佐員爲初選監督初選複選均設投票開票管理員監察員若干名管理員不拘官紳監察員以本地紳士爲限初選區選舉人名册及當選人姓名票數由初選監督申報複選監督複選當選人姓名票數由複選監督申報督撫分別咨報資政院民政部立案選舉年限三年一次以正月十五日爲初選日期三月十五日

爲複選日期凡初選舉初選監督按地方廣狹人口多寡分劃本管區域爲若干投票區分設選舉調查員按照選舉資格詳細調查將合格選舉人造具名冊於選舉期六個月以前呈由複選監督申報督撫並宣示公衆如本人認爲錯誤遺漏得於宣示期內呈請初選監督更正初選當選人額數按照議員定額加多十倍各初選區應出當選人若干名由複選監督分配投票用無名單記法其有寫不依式者夾寫他事者字跡模糊者不用頒發票紙者選出之人不合被選資格者作爲廢票以本區應出當選人額數除選舉人總數所得半數爲當選票額得票不滿當選票額以上者不得爲初選當選人複選由初選當選人齊集複選監督所在地行之複選當選人卽爲諮議局議員各複選區應得議員若干名由督撫按全省議員定額分配投票當選一切與初選同關於選舉之變更如選舉人名冊有舞弊作僞情事或辦理不遵定章被控判定確實者初選複選均無效當選議員有辭任或疾病不能應選或身故或被選資格不符當選票數不實被控判定確實者其當選無效各以候補當選人遞補如選舉人確認辦理人員不遵定章有舞弊作僞證據或當選人被選資格不符當選票數不實及落員人確信得票可當選而不與選候補當選人名次錯誤遺漏者均得向該管衙門呈控限自選舉日起三十日凡選舉訴訟初選向府直隸廳州衙門複選向按察使衙門呈控各省已設審判廳者分別向地方高等審判廳呈控不服判定者初選得向按察使衙門複選得向大理院上控限判定日起三個月已設審判廳者照審判廳上控章程辦理選舉人及辦理選舉人選舉關係人有違法行爲分別輕重處以監禁罰金有差二年以上十年以下不得爲選舉人及被選舉人專額議員選舉人及被選舉人以京旗及駐防人員爲限選舉及被選舉資格與諮議局普通議員資格同各省駐防專額議員之數視該省駐防取進學額全數在十名以內者設議員一名二十名以內設二名二十名以外設三名初選當選人額數以議員定額十倍之數爲準複選當選人額數以議員定額爲準調查選舉人名冊由督撫會同將軍都統於京旗及駐防人員內各酌派選舉調查員當選改選補選及訴訟罰則各事均照諮議局選舉章程辦理此各省諮議局議員初選複選辦法之概略也各省諮議局選舉宣統元年各督撫次第奏報舉行於九月初一日召集開會舉行互選資政院議員二年四月資政院奏請欽選各項議員奉敕選定以八月二十日爲召集期九月初一日資政院舉行第一次開院禮監國攝政王代行蒞選頒諭嘉勉議員三年九月遵章第二次召集開會資政院諮議局議員選舉外尙有地方自治團體之選舉地方自治爲立憲基礎列於籌備事宜清單光緒三十四年宣統元年憲政編查館先後核議民政部奏城鎭鄉府廳州縣及京師地方自治暨選舉各章程各省次第籌辦其選舉辦法與諸議局議員選舉略有出入以繁瑣不備載

清史稿

職官志序

太祖肇基東土國俗淳壹事簡職專置八旗總管大臣佐管大臣董統軍旅置議政五大臣理事十大臣釐治政刑任用者止親貴數臣官稱職立人稱官置興也勃焉太宗厲精爲治設三館置八承政論功料勤翕斯郅治世祖入關因明遺制內自閣部以迄庶司損益有物藩部剏建名竝七卿外臺督撫杜其紛更著爲令甲綠營提鎭以下悉易差遣爲官旗營御前領衛年宿位重意任隆密都統旗長軍民合治職視專圻駐防分翰外畿規撫京制西北邊陲守以重臣綏靖蒙番方軌都護斯皆因俗而治得其宜已世宗綜覈罷尙寶行人僉都諸目高宗明哲損參政參議副使僉事諸銜沙汰虛冗奉職肅然嘉道以降整釐如舊日久積弛精意浸失日革月易百職相侵光緒變法宣統議制品目張皇掌寄紛雜將以靖國不詧鬻乎夫一國事權操自樞垣匯於六曹分寄於疆吏自改內三院爲內閣台輔拱袂迨軍機設題本廢內閣益類閑曹六部長官數四各無專事甚或朝握銓衡夕兼支計甫主戎政復領容臺一職數官一官數職曲存稟仰建樹甯論時軍機之權獨峙於其上國家興大兵役特簡經略大臣參贊大臣親寄軍要吏部助之用人戶部協以巨餉用能藉此雄職奏厥膚功自是權復移於經略督撫儀品雖與相埒然不過承號令備策應而已厥後海疆衅起經略才望稍爽權力漸微粵難糾紛首相督師屢僨厥事朝廷間用督撫董戎多不辱命猶復不制以文法故能霈施魄力自是權又移於督撫同治中興光緒還都皆其力也洎乎末造親貴用事權削四旁厚集中央釁事遂致不支焉初制內外羣寮滿漢參用蒙古漢軍次第分布康雍兩朝西北督撫權定滿闕領隊辦事大臣專任滿員累朝膺閫外重寄者滿臣爲多逮文宗兼用漢人勳業遂著大抵中葉以前開疆拓宇功多成於滿人中葉以後戡劇整亂功多成於漢人季世釐定官制始未嘗不欲混齊畛域以固厥根本也而弊風相仍一物自爲鴻乙徒致疑駭雖危亡之政無關典要亦必輯而列之以著一時故實治亂之跡庶皎然若覽焉

清史稿

職官志一

宗人府

師傅保　內閣（稽查欽奉上諭事件處　中書科）

軍機處（內繙書房　方略館）　吏部

戶部（三庫倉場　關稅各差）　禮部（會同四譯館　樂部）

兵部　刑部

工部（火藥局　河道溝渠）　盛京五部

宗人府　宗令左右宗正左右宗人俱各一人（宗室王公爲之）府丞漢一人（正三品）其屬堂主事漢主事經歷司經歷（並正六品）左右二司理事官（正五品）副理事官（從五品）主事委署主事俱各二人筆帖式効力筆帖式各二十有四人（俱宗室爲之）宗令掌皇族屬籍（顯祖宣皇帝本支爲宗室繫金黃帶旁支曰覺羅繫紅帶革字者繫紫帶）以時修輯玉牒奠昭穆序爵祿（宗室封爵十有二曰和碩親王曰多羅郡王曰多羅貝勒曰固山貝子曰奉恩鎭國公曰奉恩輔國公曰不入八分鎭國公曰不入八分輔國公曰鎭國將軍曰輔國將軍曰奉國將軍曰奉恩將軍嫡子受封者二等曰世子曰長子福晉夫人之號各視夫爵以爲差公主之等二曰固倫公主曰和碩公主格格之等五曰郡主曰縣主曰郡君曰縣君曰鄉君不入五等曰宗女額駙品級各視公主格格等級以爲差）釐派別申教誡議賞罰承陵廟祀事宗正宗人佐之府丞掌校漢文冊籍左右二司分掌左右翼宗室覺羅譜牒序錄子女嫡庶生卒婚嫁官爵名諡並嚴承襲次序秩俸等差及養給優卹諸事堂主事掌滿文奏稿漢主事掌漢文典籍經歷掌出納文移筆帖式掌繙譯文書（各部同筆帖式爲滿員進身之階國初大學士達海額爾德尼索尼諸人並起家武臣以諳練國書特恩賜號巴克什即後之筆帖式也厥後各署候補者紛不可紀矣）其兼領者左右翼宗學總理學務王二人稽察京堂官二人（並請旨簡派）總管四人（食七品俸）副管十有六人（食八品俸並以宗室中分豫年長者引見補授）清書教習騎射教習各六人漢書教習八人所轄銀庫以本府堂官及滿洲大臣各一人領之（請旨簡派）司官二人（由府引見補授）筆帖式四人空房司官筆帖式亦如之黃檔房司官筆帖式無員限初制列署篤恭殿前置八和碩貝勒共議國政各置官屬順治九年設宗人府置宗令一人（親王郡王爲之）左右宗正（貝勒貝子兼攝）宗人（鎭國公輔國公及將軍兼攝後擇賢不以爵限）俱各二人啟心郎覺羅一人漢軍二人（初制秩視理事官九年改視侍郎始以滿臣不諳漢語漢事令坐其中後多以爲奸康熙十二年省）與府丞並爲正官其郎中六人（康熙三十八年省二人）員外郎四人主事三人以覺羅爲之嗣改覺羅滿洲參用堂主事二人經歷三人（宗室滿洲二人漢一人康熙三十八年省漢一缺）乾隆二十九年改用宗室筆帖式二十有四人（後增減無恆初爲他赤哈哈番筆帖式哈番擧改六七八品及無頂戴筆帖式各部同）康熙十二年省啟心郎增滿洲主事一人分隸左右二司雍正元年增漢主事二人（用進士出身者）明年改郎中爲理事官員外郎爲副理事官並定爲宗室滿洲參用乾隆二十九年允府丞儲麟趾奏始專用宗室人員五十三年增置委署主事四人（筆帖式改）

太師太傅太保爲三公（正一品）少師少傅少保爲三孤（從一品）太子太師太子太傅太子太保（從一品）太子少師太子少傅太子少保（正二品）俱東宮大臣無員限無專授初沿明制大臣有授公孤者嗣定爲兼官加官及贈官

內閣　大學士滿漢各二人（初制滿員一品漢員二品順治十五年改與漢同雍正八年幷定正一品）協辦大學士滿漢各一人（尙書內特簡正一品）學士滿洲六人漢四人（初制滿員二品漢員三品順治十五年並改正五品兼禮部侍郎者正三品雍正八年定從二品後皆兼禮部侍郎銜）典籍廳典籍滿漢漢軍各二人（正七品）侍讀學士滿洲四人蒙漢各二人（初兼太常寺卿銜雍正三年定從四品）中書（正七品）滿洲七十人蒙古十有六人漢軍八人貼寫中書滿洲四十人蒙古六人大學士掌鈞國政贊詔命釐憲典議大禮大政裁酌可否入告協辦佐之（修實錄史志充監修總裁官經筵領講官會試充考試官殿試充讀卷官春秋釋奠攝行祭事）學士掌敷奏侍讀學士掌典校侍讀掌勘對典籍掌出納文移（內閣爲典掌綸綍之地自大學士以下皆不置印惟典籍置之以鈐往來文牒）中書掌撰擬繙譯分辦本章處凡五曰滿本房漢本房蒙古本房滿籤票處漢籤票處又誥勅房稽察房收發紅本副本處飯銀庫俱由大學士委侍讀以下官司之惟批本處額置滿洲翰林官一人（請旨簡派）中書七人（滿中書內補授）初天聰二年建文館命儒臣分直十年更名內三院（曰國史曰秘書曰弘文）始亦沿承政名後各置大學士一人順治元年置滿漢大學士不備官兼各部尙書銜學士滿洲（康熙九年改置二人十年增四人通舊爲六人）漢軍（康熙十年改置二人十二年併入漢缺）各三人漢學士無員限（康熙十年改置二人明年增二人十二年省漢軍入漢缺通舊爲四人）典籍滿漢漢軍各三人（康熙九年改置二人）侍讀滿洲十有一人（清文五人清漢文六人康熙三十八年省清文一人清漢文二人尋復增二人通舊爲十人）蒙古漢軍（康熙九年各置二人）漢（康熙九年省雍正四年置二人）各三人中書滿洲七十有五人蒙

古十有九人漢軍十有三人漢三十有六人（康熙三十八年省滿洲漢軍各五人蒙古三人漢四人乾隆十三年復省漢三人）二年定爲正二品衙門以翰林官分隸之（三院上並繫內翰林字）八年置侍讀學士滿蒙漢軍各三人（十八年增滿洲二人蒙古三人康熙九年增滿洲四人餘改置二人乾隆十七年省漢軍入漢缺）十年置三院漢大學士各二人十五年更名內閣別置翰林院官以大學士分兼殿閣曰中和殿保和殿文華殿武英殿文淵閣東閣諸大學士仍兼尙書學士亦如之十八年復三院舊制康熙九年仍別置翰林院改三院爲內閣置滿漢大學士四人雍正九年禮部尙書陳元龍左都御史尹泰特授額外大學士置協辦自此始厥後多至六人少或一二人乾隆十三年始定大學士協辦大學士員限省中和殿增體仁閣以三殿三閣爲定制唯保和殿不常置（嗣後授保和者止傅恆一人）（凡遇慶節朝會漢員列滿員下自光緒間李鴻章繫文華殿銜而寶鋆時繫武英殿班轉居其右）五十八年停兼尙書銜宣統三年改組內閣別令大學士序次翰林院先是世祖親政日至票本房大學士司票擬意任隆密康熙時改內閣分其職設翰林院雍正時青海告警復分其職設軍機處議者謂與內三院無異顧南書房翰林雖典內廷書詔而軍國機要綜歸內閣猶爲重寄至本章歸內閣大政由樞臣承旨權任漸輕矣

稽察欽奉上諭事件處兼理大臣無員限（滿漢大學士尙書左都御史內特簡）掌察諸司諭旨特交事件督以例限委署主事滿洲一人行走司官漢四人（並於吏兵刑工四部選補）筆帖式四十人額外筆帖式八人

中書科稽察科事內閣學士滿漢各一人（由內閣學士內特簡）掌稽頒册軸掌印中書滿洲一人掌科中書漢一人中書（並從七品）滿洲一人漢三人掌繕書誥勅筆帖式十人初制置滿洲中書舍人一人（乾隆十四年增一人）漢中書舍人八人（雍正十三年派兼內閣行走乾隆十三年省四人）順治九年置滿洲記事官同掌科事康熙九年改記事官爲中書舍人乾隆三十六年置管中書科事漢內閣學士一人明年改管科事爲稽察科事增置滿洲內閣學士一人改中書舍人爲中書科置掌印中書滿漢各一人宣統三年省

軍機處　軍機大臣（無定員由大學士尙書侍郎內特旨召入直其名曰大臣曰大臣上行走其初入者加學習二字）掌軍國大政以贊機務常日侍直應對獻替巡幸亦如之（明降諭旨述交內閣諭本處行者封寄所司並册藏存記人員恒時題奏）其屬曰章京滿洲十有六人漢二十人（名曰行走分頭班二班初無定額嘉慶四年定每班八人後增減無恒光緒三十二年定三十有六人復定領班秩視三品幫領班秩視四品餘並以原官充補二十四年改領班爲從三品幫領班爲從四品）分掌清文漢字初設議政處令章阿岱等爲議政大臣參畫軍要雍正十年用兵西北慮傳直者洩機密始設軍機房後改軍機處而滿洲大學士尙有兼議政銜者（乾隆五十六年停）高宗涖政更名總理處尋復如初時入直者皆重臣故事親王不假事權至嘉慶四年始命成親王入直旋出之咸豐間復命恭親王入直歷三朝領班如故嗣是醇賢親王禮親王慶親王等踵相躡光緒二十七年設政務處以軍機大臣領督辦事（參預大臣無定員提調幫提調總辦幫總辦俱各二人章京八人並以本處員司兼充二十八年附設財政處等繼三十二年更名會議政務處隸內閣宣統三年省）三十一年定署名制越二年設憲政編查館復命軍機大臣領之（先是設考察政治館命度支部尙書載澤等考察各國政治至是更名置提調四總核參議各二庶務處總辦一一二等諮議官無恆額設編制統計官報三局局長副局長各一科員視事酌置又考核科總辦一幫辦正科員各二副科員八調京外官兼充宣統三年省）宣統三年改責任內閣以軍機大臣爲總協理大臣

內繙書房管理大臣滿洲軍機大臣兼充掌繙譯諭旨御論册祝文字提調協辦提調各二人收掌官掌檔官俱各四人（並於本房行走官內酌派）繙譯四十人宣統初改隸翰林院

方略館總裁軍機大臣兼充掌修方略提調收掌俱滿漢二人纂修滿洲三人漢六人（俱由軍機章京內派充漢纂修缺內由翰林院咨送充補一人）校對無員限（六部司員內閣中書兼充）有事權置畢迺省

吏部　尙書（初制滿洲一品漢人二品順治十六年改滿尙書二品康熙六年復故九年仍改正二品雍正八年俱定從一品各部同）左右侍郎（初制滿洲漢軍二品漢員三品順治十六年改滿侍郎三品康熙六年復故九年仍改正三品雍正八年俱定從二品各部同）俱滿漢一人其屬堂主事（初制四品順治十六年改六品康熙六年陞五品九年定正六品各部同）淸檔房滿洲二人漢本房滿洲二人漢軍一人司務廳司務（初制從九品乾隆三十年定正八品各部同）滿漢各一人繕本筆帖式十有二人文選考功驗封稽勳四淸吏司滿洲郎中（初制三品順治十六年改五品尋陞四品康熙六年仍改三品九年定正五品各部同）九人（文選四人考功三人驗封稽勳各一人）蒙古一人（文選司置）漢五人（文選二人餘各一人）員外郎（初制四品順治十六年改五品康熙六年復故九年定從五品各部同）宗室一人（稽勳司置）滿洲八人（文選三人考功驗封各二人稽勳一人）蒙古一人（考功司置）漢六人（文選三人餘各一人）主事宗室一人（稽勳司置）滿洲四人（司各一人）蒙古一人（驗封司置）漢七人（文選三人考功二人餘各一人）筆帖式宗室一人滿洲五十有七人蒙古四人漢軍十有二人學習行走者有額外司員七品小京官（各部同）

尙書掌銓綜衡軸以布邦職侍郎貳之堂主事掌文案章奏司務掌出納文移（以上二員各部同）文選掌班秩遷除平均銓法官分九品各繫正從級十有八不及九品曰未入流選人並登資簿依流平進踵故牒序遷之考功掌考課三載考績京察大計各聽察於長官著跡計簿凡論劾釋免引年稱疾並覈功過處分交議者辨公私輕重條議以聞稽勳掌勳級名籍喪養兼稽京朝官廩祿（稽俸廳隸之）漢司官員數八旗世職繼襲驗封掌廕敘（正一品子正五品敘從一品子從五品敘其下以是爲差）封贈（階十有八正一品授光祿大夫從一品授榮祿大夫正二品授資政大夫從二品授奉政大夫正三品授通議大夫從三品授中議大夫正四品授中憲大夫從四品授朝議大夫正五品授奉政大夫從五品授奉直大夫俱授誥命正六品授承德郎從六品授儒林郎吏員出身者宣德郎正七品授文林郎吏員出身者宣議郎從七品授徵仕郎正八品授修職郎從八品授修職佐郎正九品授登仕郎從九品授登仕佐郎俱授勅命命婦之號九一曰一品夫人二品亦曰夫人三品曰淑人四品曰恭人五品曰宜人六品曰安人七品曰孺人八品曰八品孺人九品曰九品孺人不分正從因其子孫封者加太字夫在則否一品封誥三代二品三品二代四品至七品一代以下止封本身一品四軸用玉二品三軸用犀三品三軸四品二軸用抹金五品以下二軸用角凡嫡母在生母不得並封又兩子當封從其品大者）酬庸獎忠覈贈廕（死難官員有贈有廕）當否襲封則辨分合別宗支等其世流降除勘土官世職移文選司注擬推恩外戚加榮聖裔優郵勝國並按典奏聞別設督催所趣各司交議事督以例限當月處主受事付事兼監堂印（遴司員分司之各部同）

初天聰五年詔羣寮議定官制建六部各以貝勒一人領之（順治元年罷八年復以親王郡王兼攝九年罷）置承政四人（滿二人蒙漢各一人唯工部滿一人漢二人）參政八人（唯工部置蒙漢各二人共十有二人）啓心郎一人（工部置漢二人順治九年定秩視侍郎）崇德三年六部定承政一人左參政二人右參政二人（戶部四人）啓心郎三人（滿一人漢二人）理事官四十有三人（吏禮二部各四人戶兵二部各十人刑部六人工部九人）副理事官六十有五人（吏部六人戶兵二部各十有六人禮部七人刑部八人工部十有二人）額哲庫二人順治元年改承政爲尙書參政爲侍郎理事官爲郎中副理事官爲員外郎額哲庫爲主事初置增減無恒時滿洲尙書滿漢左右侍郎亦無員限漢右侍郎兼翰林院學士銜（非翰林出身者不兼尋罷）本部郎中滿洲四人（十二年增四人光緒十三年增文選一人）漢軍二人（雍正五年省）滿蒙員外郎八人（十二年省蒙古缺十八年復置蒙古八人康熙元年省五十七年復置一人）漢軍六人（康熙三十八年省四人雍正五年並省）滿洲堂主事（淸文淸漢文各二人）司主事（光緒十三年增文選一人）各四人漢軍一人漢司務二人（四年省一人十五年定滿漢各一人各部同）文選司漢郎中員外郎各一人（雍正五年增員外郎一人光緒十三年各增一人）主事二人（光緒十三年增一人）考功稽勳驗封三司漢郎中員外郎主事各一人（雍正五年增考功主事一人）並置筆帖式分隸堂司（各部同）五年定滿漢尙書各一人（七年增滿洲一人十年省）十五年省啓心郎定滿漢左右侍郎各一人康熙五十七年增置蒙古郎中主事各一人雍正元年以大學士領部事嘉慶四年更命親王綜之（尋罷）改滿洲員外郎主事各一人爲宗室員缺六年復以大學士管部自是爲定制光緒二十三年澄汰書吏增文選考功二司郎中員外郎主事各一人（滿漢參用）三十二年定尙書左右侍郎左右丞議各一人（丞參品秩詳新官制外務部）初制滿蒙漢軍司官六部統爲員額不置專曹後始分司定秩如漢人季世詔泯滿漢畛域各部復參用矣吏部班次曩居六部上各司郎官非科甲出身者不得注授（禮部宗人府起居注主事同）自外務部設班位稍爽改組內閣設銓敘制誥等局吏部遂廢

戶部　尙書左右侍郎俱滿漢一人其屬堂主事南檔房滿洲二人北檔房滿洲漢軍各二人司務廳司務滿漢各一人繕本筆帖式二十人江南江西浙江湖廣福建山東山西河南陝西四川廣東廣西雲南貴州十四淸吏司郎中宗室一人（江西司置）滿洲十有七人（江南浙江河南山西陝西四川廣東廣西貴州司各一人福建湖廣山東雲南司各二人）蒙古一人（山西司置）漢十有四人（司各一人）員外郎宗室二人（廣東廣西司置）滿洲三十有六人（山西司一人浙江江西河南四川廣東湖廣司各二人江南陝西廣西山東雲南貴州司各三人福建司五人）漢十有四人主事宗室一人（浙江司置）蒙古一人（福建司置）滿漢各十有四人筆帖式宗室一人滿洲百人蒙古四人漢軍十有六人尙書掌軍國支計以足邦用侍郎貳之右侍郎兼掌寶泉局鼓鑄十四司各掌其分省民賦及八旗諸司廩祿軍士餉糈各倉鹽課鈔關雜稅（江南司兼稽江寧蘇州織造支銷江寧京口駐防俸餉各省平餘地丁撥限未結者江西司兼稽各省協餉浙江司兼稽杭州織造支銷杭州乍浦駐防俸餉及各省民數穀數福建司兼稽直隸民賦天津海稅東西陵熱河密雲駐防俸餉司乳牛牧馬政令文武鄉會試支俱五城賑粟湖廣司兼稽奉省廉課荊州駐防俸餉各省地丁耗羨之數河南司兼稽開封駐防俸餉察哈爾俸餉及報銷未結者山東司兼稽青州德州駐防俸餉東三省兵糈出納蘆票畜稅並察給八旗官養廉長蘆等處鹽課山西司兼稽游牧察哈爾地畝土默特地糧喀爾喀回部定邊左副將軍辦事官屬張家口養廉烏蘇臺站俸餉烏里雅蘇臺科布多屯田官兵番換並各省歲入歲出之數陝西司兼稽甘肅民賦行鹽鹽引西安寧夏涼州莊浪各駐防俸餉並彙覈在京支欵新疆經費四川司兼稽本省關稅兩金川等處新疆屯務成都駐防俸餉並京域章廠出納各部院紙硃支費入官戶口贓罰銀兩凡各省郡縣豐歉水旱歲具其數以上廣東司兼稽廣州駐防俸餉八旗繼嗣戶產更代凡審民孝子節婦受旌者給以坊直廣西司兼稽本省礦政廠稅及京省錢法內倉出納雲南司兼稽本省廠課山東河南江南江西浙江湖廣漕政京通倉儲及江寧水次六倉考覈貴州司兼稽各關稅課並覈貂貢）所轄內倉監督滿洲二人（司員內派委）寶泉局監督（各部司員內保送補用）主事（本部司員內派委）俱滿漢各一人局大使東西南北四廠大使俱滿洲一人（筆帖式充初置漢一人雍正四年增四人七年改滿洲員缺）各省錢局監鑄官十有八人（外官兼充並受法式法部）其別領者三曰井田科典八旗土田內府莊戶曰俸餉處覈八旗俸餉丁册曰現審處平八旗戶口田房評訟又飯銀處減平處捐納房監印處則例館俱派司屬分治其事初天聰五年設戶部順治元年置尙書侍郎右侍郎管錢法堂事郎中滿洲十有八人蒙古四人（康熙三十八年省五十七年復置一人）漢軍二人（康熙三十八年省）員外郎滿洲三十有八人蒙古五人（康熙三十八年省五十七年復置一人）漢軍六人（康熙三十八年省）滿洲堂主事四人主事十有四人漢軍堂主事二人（六年司各增一人十一年省增額康熙六年省）十四司漢郎中員外郎各一人主事各三人（江南浙江江西湖廣福建河南陝西廣西四川貴州各一人三十八年省山東山西廣東雲南各一人）五年定滿漢尙書各一人

(七年增滿洲一人十年省康熙六年復置八年又省)康熙五十七年增置福建司蒙古主事一人雍正初始令親王大學士領部事嘉慶四年以川省用兵銷算務劇復令親王永瑆綜之(尋罷)並改滿洲郎中一人員外郎二人爲宗室員缺十一年仍令大學士管部光緒六年增浙江司宗室主事一人三十二年更名度支部初制按省分職十三司外增設江南一司凡銅關鹽漕及續建行省別以司之事簡領之

管理三庫大臣滿漢各一人(三年諭旨更派)掌庫藏出納月會歲要嚴覈以聞其屬檔房主事一人銀緞疋顏料三庫郎中各一人員外郎各二人司庫五人(正七品銀庫一人餘各二人)大使四人(銀庫二人餘各一人各部司員內補授)筆帖式四人庫使十有一人(未入流以上俱爲滿缺)順治初設後庫(在部署)置郎中四人員外郎二人(康熙二十九年定三庫俱各一人雍正二年增員外郎各一人)十三年分建三庫(改後庫爲銀庫緞疋庫在東華門外即舊裏新庫顏料庫在西安門內即舊甲字庫)置理事官綜其事雍正元年改命王公大臣領之明年置大使各一人(乾隆三年增銀庫一人)並增主事一人稽覈檔案光緒二十八年省

總督倉場侍郎滿漢各一人(分駐通州新城)掌倉穀委積北河運務其屬筆帖式四人所轄坐糧廳滿漢各一人(滿員由六部理藩院郎員漢員由六部郎員內簡用)掌轉運輸倉及通濟庫出納大通橋監督滿漢各一人(十一倉監督內補用)掌轉大通陸運十一倉監督(曰祿米曰南新曰舊太曰富新曰興平曰海運曰北新曰太平俱清初建曰本裕康熙四十五年建曰儲濟雍正六年建曰豐益七年建舊有萬安裕豐後省其恩豐倉乾隆二十六年建隸內府)俱滿漢各一人(各部院保送補用)掌分管京倉中西二倉監督(沿明制建舊有南倉後省)滿漢各一人(十一倉監督內調補)掌分管通倉順治元年置漢侍郎一人(康熙八年省十八年復)京通各倉戶部員司分理之通州坐糧廳(十二年設京糧廳十五年併入大通橋康熙二年置滿漢監督各一人尋省四十七年復)以戶部官一人承其事九年置滿洲漢軍侍郎各一人(尋省漢軍缺十五年定滿漢軍各一人)康熙五十年定京通倉監督滿漢各一人(雍正二年置副監督尋省其缺由內閣中書部院監寺官番選)又初有總理滿洲侍郎一人與總漕並理漕務順治八年省十二年復十八年又省

京師崇文門正監督副監督左翼右翼各一人(內府大臣及尚書侍郎兼充其各常關或部臣題請特簡或由京差部司官或改令外官兼轄天津關長蘆鹽政兼管通州坐糧廳兼管張家口殺虎口部院司員兼充潘桃口多倫諾爾同知兼理龍泉紫荊[illegible]五虎固關白石倒馬茨溝插箭嶺馬水口提督兼管委參將都司守備把總收三座塔八溝烏蘭哈達理藩院司員兼充奉天牛馬稅部院司員兼充中江盛京將軍衙門章京及五部司員番還後歸興鳳道兼理臨清巡撫兼管委知州監收歸化城巡撫兼管委道員監收潼關道員兼理滸墅關蘇州織造監理淮安關兼廟灣口內府司員兼充揚關巡撫兼管委淮揚海道兼收西新關江寧織造兼理後改歸巡撫鳳陽關皖北道兼理贛關巡撫兼管委吉南贛寧道監收閩安關巡撫兼管後改歸總督委福州府同知監收北新關杭州織造兼管後改歸巡撫武昌廠荊關巡撫兼管後改歸總督委員監收夔關總督兼管委知府監收打箭爐同知兼理太平關巡撫兼管委南韶連道監收梧廠潯廠巡撫兼管委梧潯二知府監收)初制榷百貨者曰戶關榷竹木船鈔者曰工關爲戶工二部分司後改今制宣統三年工關多改稱常關(唯直隸等省名稱如故)並隸度支部往例以內府官簡充乾隆間改令內務府大臣爲之後部院大臣並得簡充定爲滿洲員缺

禮部　尚書左右侍郎俱滿漢一人其屬堂主事清檔房滿洲二人漢本房滿洲漢軍各一人司務廳司務滿漢各一人筆帖式宗室一人滿洲三十有四人蒙古二人漢軍四人典制祠祭主客精膳四清吏司郎中滿洲六人(典制祠祭各二人餘俱一人)蒙古一人(主客司置)漢四人(司各一人)員外郎宗室一人(主客司置)滿洲八人(典制祠祭司各三人餘俱一人)蒙古一人(祠祭司置)漢二人(典制祠祭司各一人)主事宗室蒙古各一人(精膳司置)滿洲三人(典制祠祭精膳司各一人)漢四人(司各一人)印鑄局漢員外郎滿洲署主事漢大使(未入流)各一人堂子尉滿洲八人(七品二人八品六人)尚書掌五禮秩敘典領學校貢舉以布邦教侍郎貳之典制掌嘉禮軍禮稽彝章辨名數頒式諸司三歲大比司其名籍四方忠孝貞義訪懋旌閭祠祭掌吉禮凶禮凡大祀中祀羣祀以歲時辨其序事與其用等日月交食內外諸司救護有災異即奏聞凡喪葬祭祀貴賤有等皆定程式而頒行之勳戚文武大臣請葬祭贈諡必移所司覈行並籍領史祝醫巫音樂僧道司其禁令有妖妄者罪無赦主客掌賓禮凡蕃使朝貢館餼賜予辨其貢道遠邇貢使多寡貢物豐約以定頒賞錄玉牒告成褒賞稽藿茶歲額精膳掌五禮燕饗與其牲牷賜百官禮食視品秩以爲差光祿供膳羞會計其數而程其出納彙覈各司鑄印局題銷鑄印掌鑄寶璽凡內外諸司印信並範冶之(用銀質直鈕三臺者宗人府衍聖公清漢文尙方大篆方三寸三分厚一寸六部戶部鹽茶都察院行在部院清漢蒙三體字清漢文尙方大篆蒙文不篆方三寸三分厚九分直鈕二臺者盛京五部戶部三庫清漢文尙方大篆方三寸三分厚八分軍機處內務府盛京內務府翰林院鑾輿衛清漢文尙方大篆方三寸二分厚八分虎鈕三臺者提督總兵虎鈕二臺者侯伯領侍衛內大臣都統前鋒統領護軍統領步軍統領總管火器營神機營圓明園總管八旗包衣三旗官兵經略大臣大將軍鎭守將軍科布多參贊大臣鎭守掛印總兵清漢文柳葉篆西甯辦事大臣駐藏辦事大臣清漢回三體字伊犂將軍清漢回托忒四體字定邊參贊大臣清漢托忒三體字清漢文柳葉篆塔爾巴哈台參贊大臣清文托忒二體字清文柳葉篆庫倫辦事大臣清漢蒙三體字清漢文柳葉篆外藩扎薩克各盟長清蒙二體字不篆並方三寸三分厚九分嚮導總領駐防副都統清漢文柳葉篆方三寸二分厚八分直鈕者布政使司清漢文小篆方三寸一分厚八分通政使司大理寺太常寺順天府奉天府清漢文小篆方二寸九分厚六分五釐用銅質直鈕者詹事府按察使司清漢文小篆額魯特總管清漢蒙三體字清文殳篆宣慰使司指揮使司清漢文殳篆並方一寸七分厚九分光祿寺太僕寺武備院上駟院奉宸苑清漢文小篆鹽運使司清漢文鐘鼎篆旗手衛城守尉清漢文殳篆衛守備清漢文懸鍼篆察哈爾總管清蒙二體字清文殳篆並方二寸六分厚六分五釐府清漢文垂露篆方二寸五分厚六分宗人府左右司左右春坊司經局六部理藩院各司鑾輿衛各所欽天監太醫院盛京五部各司清漢文鐘鼎篆宗人府經歷鹽課提舉司清漢文垂露篆並方二寸四分厚五分宣撫使司副使安撫使司領運千總清漢文懸鍼篆方二寸四分厚五分五釐州清漢文垂露篆方二寸三分厚四分五釐土千戶清漢文懸鍼篆方厚如州內務府各司鑾輿衛馭象等所清漢文鐘鼎篆吏戶二部稽俸廳都察院經歷大理寺太僕寺左右司光祿寺四署樂部和聲署五城兵馬司大興宛平二縣盛京承德縣布政使司經歷理問清漢文垂露篆旗手衛左右司九姓長官司指揮僉事清漢文懸鍼篆並方二寸二分厚四分五釐六科欽天監時憲書清漢文鐘鼎篆中書科太常寺光祿寺典簿詹事府太僕寺主簿部寺司務縣鑾輿衛通政使司按察使司鹽運使司各衛宣慰使司諸經歷並方二寸一分厚四分四釐國子監三廳鴻臚寺欽天監各主簿京府儒學壇廟祠祭署布政使司照磨府經歷清漢文垂露篆方二寸厚四分二釐刑部司獄國子監典簿神樂觀犧牲所光祿寺銀庫太醫院樂庫寶泉寶源二局清漢文垂露篆方一寸九分厚四分二釐京府照磨司獄布政使司司庫按察使司照磨司獄府照磨司獄庫大使府衛儒學巡檢司都稅司稅課司茶馬司清漢文垂露篆並方一寸九分厚四分直鈕有孔者監察御史稽察宗人府內務府御史清漢文鐘鼎篆方一寸五分厚三分喇嘛呼圖克圖或金質或銀質扎薩克大喇嘛銅質並雲鈕用清文蒙古唐古忒三體字不篆或清漢文轉宿篆正一眞人銅質直鈕清漢文鐘鼎篆方二寸六分厚六分五釐僧錄司道錄司銅質直鈕清漢文垂露篆方二寸二分厚四分五釐餘用關防或圖記條記也)別設書籍庫板片庫南庫養廉處地租處俱遴員司分治其事天聰五年設禮部順治元年置尚書侍郎各官(十五年省漢軍侍郎)郎中滿洲四人(十八年增二人)員外郎六人(十二年增四人)堂主事二人司主事四人蒙古章京二人(康熙九年改郎中員外郎各一人三十八年省)漢軍郎中八人(康熙九年省七人雍正五年俱省)員外郎五人(康熙三十八年省二人雍正五年俱省)堂主事一人儀制祠祭主客精膳四司漢郎中員外郎主事各一人(二年省主客精膳員外郎各一人)滿洲讀祝官六人(九年省四人康熙十年改隸太常寺)皇史宬尉(正七品)滿洲三人司牲官(正七品)蒙古二人鑄印局滿洲員外郎一人(以上三員尋省)漢大使一人五年定滿漢尚書各一人康熙五十七年增置蒙古郎中(主客司)員外郎(祠祭司)主事(精膳司)各一人雍正元年以親王郡王大學士領部事隨時簡任不爲常目乾隆三年增置鑄印局漢員外郎筆帖式署主事各一人十三年省行人司入之嘉慶四年改滿洲員外郎主事各一人爲宗室員缺光緒二十四年省光祿鴻臚二寺入之尋復故三十一年詔罷科舉各省學政改隸學務大臣自是釐正士風之責不屬本部矣三十二年以光祿太常鴻臚三寺同爲執禮官仍省入更精膳司曰光祿主客司曰太常並各置郎中員外郎主事各一人鴻臚事稍簡歸入典制司增員外郎一人並滿漢參用是歲定尚書侍郎左右丞參員額如吏部設禮器庫置郎中員外郎各一人贊禮官讀祝官亦如之(俱六品太常寺丞改充)署正(光祿寺署正改充)典簿(太常寺博士改充者三人光祿寺典簿改充者一人)各四人司庫二人(太常光祿兩寺司庫改充以上品秩俱如舊)筆帖式十有四人(三寺內擇選酌留)宣統元年避帝諱改儀制司曰典制初制禮部設馬館置正副監督各一人(正監督本部司員充副監督理藩院司員充)乾隆二十七年省入理藩院又初置滿洲宣表官四人後減二人尋併入太常寺

會同四譯館滿洲稽察大臣二人(部院堂官內簡派)提督館事兼鴻臚寺少卿一人(禮部郎中內選補)掌治賓客諭言語漢大使一人(正九品)正教序班漢二人朝鮮通事官八人(六品七品各二人八品四人)順治元年會同四譯分設二館會同館隸禮部以主客司主事滿漢各一人提督之四譯館隸翰林院以太常寺漢少卿一人提督之分設回回緬甸百夷西番高昌西天八百暹羅八館以譯遠方朝貢文字置序班二十人(十五年定正教協教各八人康熙間省至九人以一人管典務廳事乾隆十三年省典務一人序班六人額定二人)朝鮮通事官六人(後增十八人凡六品十八人七品六人乾隆二十二年省六品四人七品二人增八品二人後俱省)十四年置員外郎品級通事一人掌會同館印(尋省)乾隆十三年省四譯館入禮部更名會同四譯館改八館爲二曰西域曰八夷以禮部郎中兼鴻臚寺少卿一人攝之光緒二十九年省

樂部典樂大臣無員限(禮部滿洲尚書一人兼之後改各部侍郎內務府大臣兼理又滿洲王大臣知樂者亦曰管理大臣)掌考樂律樂均度數協之以聲歌播之以器物辨祭祀朝會燕饗之用以格幽明和上下神樂署署正一人(正六品)左右署丞各一人(從八品)協律郎五人(正八品)司樂二十有九人(正九品)凡樂生百八十人舞生三百人屬之俱漢員兼隸太常寺掌郊廟祠祭諸樂和聲署署正署丞俱滿漢各一人(滿員內務府郎中員外郎兼充漢員禮部郎中員外郎兼充)凡供用官三十人(本署八人禮部筆帖式兼充二十二人內務府贊禮郎兼充六人筆帖式及各項有品級者兼充十有二人鴻臚寺鳴贊官兼充二人)署史長十有六人署史百四十有八人屬之掌殿廷朝會燕饗諸樂其宮廷之樂內務府掌禮司中和樂處典之鹵簿之樂鑾輿衛旗手衛校尉典之並隸以部什傍處掇爾契達一人(兼三等侍衛)六品衛達七品衛達各二人拜唐阿六十人(兼隸侍衛處)掌奏掇爾多密之樂燕饗列之順治元年置教坊司奉鑾一人左右韶舞左右司樂各一人協同十人(以上並正九品)俳長無定員(未入流)太常寺神樂觀漢提點一人(正六品)左右知觀各一人(正八品)漢協律郎五人(康熙三十八年省雍正元年復故乾隆二年增三人九年省六人嘉慶四年增二人道光元年增二人咸豐二年增二人)雍正七年改教坊司爲和樂省奉鑾各官乾隆七年設樂部簡典大臣領之置和聲署官以內府太常鴻臚各官兼攝(侍從侍衛爲加銜)並詔禁太常樂員習道教不願改業者削籍(先是依明制凡樂官祀丞概用道流)明年改神樂觀爲所知觀爲知所十三年復改神樂所爲署更提點曰署正知所曰署丞

兵部　尚書左右侍郎俱滿漢一人其屬堂主事清檔房滿洲二人漢本房滿洲二人漢軍一人司務廳司務滿漢各一人繙本筆帖式十有五人武選車駕職方武庫四清吏司郎中宗室一人(車駕司置)滿洲十有一人(武選三人職方五人車駕一人武庫二人)蒙古一人(武選司置)漢五人(職方二人餘俱一人)員外郎宗室一人(車駕司置)滿洲九人(武選四人職方車駕

各二人武庫一人蒙古三人職方車駕武庫各一人漢四人武選職方各二人主事滿漢各四人司各一人筆帖式宗室一人滿洲六十有二人蒙古漢軍各八人尚書掌釐治戎政簡覈軍實以整邦樞侍郎貳之武選掌武職選授品級階十有八正一品授建威將軍公侯伯同從一品授振威將軍正二品授武顯將軍從二品授武功將軍正三品授武義都尉從三品授武翼都尉正四品授昭武都尉從四品授宣武都尉正五品授武德騎尉從五品授武德佐騎尉正六品授武略騎尉從六品授武略佐騎尉正七品授武信騎尉從七品授武信佐騎尉正八品授奮武校尉從八品授奮武佐校尉正九品授修武校尉從九品授修武佐校尉高下各如其級命婦之號視文職封贈襲廕俱同文職並典營制暨土司政令職方掌各省輿圖綠營官年老三載甄別五年軍政敘功覈過以待賞罰黜陟並典處分敘郵關禁海禁車駕掌牧馬政令以裕戎備凡置郵曰驛曰站曰塘曰臺曰所曰鋪馳驛者驗郵符洩匿稽留者論如法武庫掌兵籍戎器鄉會武科編發戍軍諸事有征伐工部給器仗籍紀其數制敕下各邊徼發或使人出關必驗勘合其分攝者會同館管理館所侍郎一人本部侍郎備派滿漢監督各一人司員內補授典京師驛傳以待使命又捷報處司官無定額駐京提塘官十有六人直隸山東山西河南江西福建浙江湖北湖南四川廣東各一人陝甘新疆一人雲南貴州一人漕河一人由督撫保送本省武進士舉人及守備咨補後改隸郵傳部初天聰五年設兵部順治元年置尚書侍郎各官郎中滿洲八人十二年增三人雍正五年增一人蒙古四人康熙三十八年省五十七年復置一人漢軍二人雍正五年省漢四人雍正五年增一人員外郎滿洲八人十二年增五人康熙三十八年省三人蒙古四人康熙三十八年省五十七年復置三人漢軍六人康熙十八年省四人三十五年俱省漢四人十一年省二人雍正五年增一人堂主事司主事俱滿洲四人漢軍堂主事一人漢主事五人會同館大使一人康熙三十八年省五年定滿漢尚書各一人八年以諸王貝勒兼理部事尋罷十一年增置督捕滿左侍郎漢右侍郎各一人漢協理督捕太僕寺少卿二人尋改左右理事官滿洲漢軍各一人後改滿漢各一人滿漢郎中各一人員外郎滿洲七人漢軍八人漢一人堂主事滿洲三人司主事一人十四年增一人漢主事六人司獄二人郎中以下亦有兼督捕銜者分理八司掌捕政三營將弁隸之十二年增置督捕員外郎八人旗各一人時八旗武職選授處分並隸銓曹康熙二年始來屬三十八年省督捕侍郎以次各官併入刑部雍正元年命大學士管部自後以爲常嘉慶四年省滿洲郎中員外郎各一人爲宗室員缺光緒三十二年更名陸軍部

刑部　尚書左右侍郎俱滿漢一人其屬堂主事清檔房滿洲二人漢檔房滿洲三人漢軍一人司務廳司務滿漢各一人繕本筆帖式四十人直隸奉天江蘇安徽江西福建浙江湖廣河南山東山西陝西四川廣東廣西雲南貴州十七清吏司郎中宗室一人湖廣司置滿洲十有五人除奉天湖廣兩司外司各一人蒙古一人奉天司置漢十有九人湖廣陝西司各二人餘俱一人員外郎宗室二人廣東雲南司各一人滿洲二十有三人江蘇湖廣河南山東陝西廣東司各二人餘俱一人蒙古一人直隸司置漢十有九人直隸浙江司二人餘俱一人主事宗室一人廣西司置滿洲十有五人除奉天湖廣二司外司各一人蒙古一人山西司置漢十有七人司各一人督捕清吏司郎中滿漢各一人員外郎滿洲一人主事滿漢各一人筆帖式宗室一人滿洲百有三人蒙古四人漢軍十有五人提牢廳主事滿漢各一人由額外及試俸主事引見補授司獄從九品滿洲四人漢軍漢各一人贓罰庫正七品滿洲一人庫使未入流滿洲二人尚書掌折獄審刑簡覈法律各省讞疑處當具報以肅邦紀侍郎貳之十七司各掌其分省所屬刑名直隸司兼掌八旗遊牧察哈爾左翼所屬並理京畿道御史順天府東西陵熱河都統圍場總管密雲副都統山海關副都統古北口張家口獨石口喜峯口盧峯口塔子溝三座塔八溝烏蘭哈達喀拉河屯多倫諾爾文移　奉天司兼掌吉林黑龍江所屬並理宗人府理藩院文移　江蘇司兼掌各省減免之案凡遇恩赦審詳具奏並理江南道御史江甯將軍京口副都統漕運總督南河總督文移　安徽司兼理鑲紅旗宣武門文移　江西司兼理江西道御史中城御史正黃旗西直門文移　浙江司兼理都察院刑科浙江道御史南城御史杭州將軍乍浦副都統文移並司條奏事題及各司爰書駁正者會其成比年一奏　福建司兼理都察院戶科倉場衙門左右兩翼監督鑲藍旗阜成門福州將軍文移　湖廣司兼掌湖北湖南所屬並理湖廣道御史荊州將軍文移　河南司兼理禮部都察院禮科河南道御史太常寺光祿寺國子監鴻臚寺欽天監太醫院東城御史正紅旗德勝門文移凡夏令熱審頒行各省欽卹如制　山東司兼理兵部都察院兵科山東道御史太僕寺青州副都統東河總督文移凡步軍營捕獲盜賊歲登其數請敘　山西司兼理察哈爾右翼綏遠城將軍歸化城副都統定邊左副將軍科布多參贊大臣庫倫辦事大臣所屬並理軍機處內閣翰林院詹事府起居注中書科內廷各館內務府山西道御史北城御史鑲白旗崇文門文移及各省年例咨報之案　陝西司兼掌甘肅伊犂烏魯木齊塔爾巴哈台葉爾羌喀什噶爾烏什阿克蘇庫車吐魯番哈喇沙和闐哈密所屬並理陝西道御史大理寺西城御史西安將軍甯夏將軍涼州副都統伊犂將軍文移囚糧則以時散給　四川司兼理工部都察院工科四川道御史成都將軍文移凡秋審以會九卿會審於朝房以定爰書並收發刑具　廣東司兼理鑾輿衛正白旗廣東道御史安定門廣州將軍文移　廣西司兼理通政司廣西道御史文移凡朝審具題稿囚衣則以時散給　雲南司兼理鑲黃旗雲南道御史東直門文移並司堂印封駁　貴州司兼理吏部都察院吏科正藍旗貴州道御史朝陽門文移並定各司滿員陞補督捕司掌八旗及各省逃亡提牢廳掌檢獄圄司獄掌督獄卒贓罰庫掌貯現審贓款會數送戶部別設律例館由尚書或侍郎充總裁提調一人纂修四人司員兼充校對四人收掌二人翻譯謄錄各四人司員及筆帖式充掌修條例五年彙輯爲小修十年重編爲大修秋審處主覈秋錄大典初以四川廣西二司分理雍正十二年始別遣滿漢司員各二人曰總辦秋審處坐辦協辦者四人以錄各省囚謂之秋審錄本部囚謂之朝審歲八月會九卿詹事科道公閱爰書覈定情實凡大辟御史大理寺官會刑司錄問案法隨科曰會小三法司錄畢白長官都御史大理卿詣部偕尚書侍郎會鞫各麗法議獄曰會大三法司讞上復召大臣按覆然後麗之於辟初制刑部會擬朝審俱本部案件其外省之案康熙十六年始命刑部覆擬九卿會議初天聰五年設刑部順治元年置尚書侍郎各官設江南浙江福建四川湖廣陝西河南江西山東山西廣東廣西雲南貴州十四司置滿洲郎中六人五年增八人員外郎八人五年增十人堂主事五人司主事十有四人漢軍郎中四人雍正五年省員外郎十有二人康熙三十八年省八人雍正五年俱省堂主事一人漢郎中雍正五年增江南湖廣陝西司各一人員外郎十五年省湖廣西雲南廣東司各一人雍正三年復故並增四川司一人五年增浙江山東司各一人主事十五年省河南四川陝西貴州司各一人雍正三年復故各十有四人滿洲司庫一人漢司獄四人康熙五十一年增滿洲四人乾隆六年定漢軍漢各二人五年定滿漢尚書各一人七年增滿洲一人十年省十八年置蒙古員外郎八人康熙元年省康熙三十八年增設督捕前後司爲十六司由兵部併入五十七年增置蒙古郎中員外郎主事各一人雍正元年設現審左右二司主鞫訊囚繫十二年析江南司爲江蘇安徽二司定滿漢郎中俱各一人滿洲員外郎三人江蘇司二人安徽司一人漢員外郎二人滿漢主事司各一人併督捕前後司爲一自時厥後親王郡王奉命管部無常員乾隆六年更現審左司爲奉天司右司爲直隸司定滿洲直隸司置蒙古奉天司置郎中各一人漢郎中各一人滿洲員外郎二人蒙古一人直隸司置漢三人奉天司一人直隸司二人滿漢主事俱各一人是爲十七司嘉慶四年以大學士領部事改滿洲郎中員外郎主事各一人爲宗室員缺光緒六年增置雲南司宗室員外郎一人三十二年更名法部

工部　尚書左右侍郎俱滿漢一人其屬堂主事清檔房滿洲三人漢本房滿洲漢軍各一人司務廳司務滿漢各一人繕本筆帖式宗室一人滿洲十人營繕虞衡都水屯田四清吏司郎中宗室一人屯田司置滿洲十有六人營繕虞衡各四人都水五人屯田三人蒙古一人營繕司置漢四人司各一人員外郎宗室一人虞衡司置滿洲十有六人營繕虞衡各四人都水五人屯田三人蒙古一人營繕司置漢四人司各一人員外郎宗室一人虞衡司置滿洲十有六人營繕虞衡各四人都水五人屯田三人蒙古一人營繕司置漢四人司各一人主事宗室一人屯田司置滿洲十有一人營繕屯田各二人虞衡三人都水四人蒙古一人營繕司置漢六人營繕都水各二人虞衡屯田各一人筆帖式宗室一人滿洲八十有五人蒙古二人漢軍十人製造庫郎中滿洲二人漢一人司庫正七品司匠初制七品康熙九年定從九品俱滿洲二人庫使未入流滿洲二十有一人節慎庫滿洲郎中員外郎各一人司庫二人庫使十有二人硝磺庫鉛子庫滿洲員外郎主事俱各一人尚書掌工虞器用辨物它材以飭邦事侍郎貳之右侍郎兼掌寶源局鼓鑄營繕掌營建工作凡壇廟宮府城郭倉庫廨宇營房鳩工會材並典領工籍勾檢木稅葦稅虞衡掌山澤採捕陶冶器用凡軍裝軍火各按營額例價計會覈銷京營則給部製頒權量程式辨東珠等差都水掌河渠舟航道路關梁公私水事歲十有二月伐冰納窨仲夏頒之並典壇廟殿廷器用屯田掌修陵寢大工辨王公百官墳塋制度大祭祀供薪炭百司歲給亦如之並檢督匠役審覈海葦煤課節慎掌主帑藏司出納製造掌典五工曰銀工曰鍍工曰皮工曰繡工曰甲工凡車輅儀仗展采備物會鑾儀衛以供用所轄寶源局滿漢監督各一人滿員由宗人府六部步軍統領衙門司員內保送漢員由六部司員內保送大使二人正九品本部筆帖式內保送初置筆帖式一人雍正七年改置職視寶泉局其皇木廠琉璃窰木倉軍需局官車處惜薪廠冰窨綵紬庫滿漢監督俱各一人礦子庫滿洲監督一人皇差銷算處滿漢司員各二人料估所滿漢司員各三人黃檔房無定員以上各員並由本部司員內選用初天聰五年設工部順治元年置尚書侍郎各官右侍郎兼管錢法康熙十八年增滿洲一人兼管郎中滿洲八人內一人管節慎庫十二年增八人雍正五年增一人蒙古一人康熙三十八年省五十七年復故員外郎滿洲九人十二年增八人康熙五十七年增一人雍正五年增一人道光十六年改營繕司員外郎一人專司鉛子庫都水司員外郎一人專司硝磺庫蒙古三人康熙三十八年省五十七年復置一人滿洲堂主事三人清文二人清漢文一人司主事四人康熙二十三年增八人漢軍郎中二人雍正五年省員外郎六人康熙三十八年省四人雍正五年俱省堂主事一人節慎庫滿洲員外郎一人司庫二人漢大使一人十五年省製造庫滿洲郎中一人員外郎二人尋省司庫司匠各二人營繕虞衡都水屯田漢郎中五人營繕二人餘各一人十五年省營繕一人十六年增虞衡一人十八年復置營繕一人康熙元年增額仍省員外郎七人屯田一人餘各二人十五年省營繕都水虞衡各一人康熙十一年增都水二人三十年增額仍省主事二十人營繕虞衡屯田各三人都水十有一人十四年增營繕三人十五年省都水一人明年省營繕一人康熙元年又省營繕一人六年省營繕虞衡屯田各一人都水四人十二年又省都水四人道光十六年改營繕一人專司鉛子庫都水一人專司硝磺庫營繕司所正所副各一人文思院廣積庫柴炭司通州抽分竹木局各大使俱一人十五年並省寶源局監督三人康熙十七年定二人五年定滿漢尚書各一人十四年增置營繕司所丞二人分管清江廠臨清磚廠十五年省臨清廠一人康熙六年省清江廠一人九年復置清江一人雍正四年俱省康熙五十七年增置蒙古主事一人雍正元年命親王郡王大學士攝部事尋罷七年增置寶源局大使二人初置筆帖式一人至是改置嘉慶四年改滿洲員外郎主事各一人爲宗室員缺十年改令大學士管部光緒六年增置宗室郎中一人屯田司置三十二年更名農工商部省節慎庫併土木工程入民政部木稅船政入度支部軍械兵艦入陸軍部內外典禮分入內府與禮部初制置柴薪正副監督各一人本部司員充煤炭監督二人一以部員兼攝一以內府司員兼攝乾隆四十六年亦改隸內府

管理直年火藥局大臣二人欽派一人本部侍郎一人掌儲火藥監督無恆額本部司員筆帖式內派委

直年河道溝渠大臣四人（本部堂官一人，奉宸院、顧利閘、步軍統領衙門堂官各一人，每歲並由工部奏請），掌京師五城河道溝渠。督理街道衙門御史滿、漢各一人，本部司員、步軍統領衙門司員各一人，掌道路溝瀆。

盛京五部　戶部侍郎一人（自侍郎以下俱滿缺，品秩視京師各部同），掌盛京財賦。宗室郎中、堂主事各一人，經會、糧儲、農田三司郎中三人（農田司一人，乾隆八年增），員外郎六人（司各二人），主事五人（經會、糧儲各二人，農田一人）。經會典泉貨，糧儲典穀稭，農田典畝數，管銀庫。正關防郎中，副關防員外郎各一人，管莊六品官二人，管喇嘛丁銀委六品官一人，司庫二人，庫使八人，筆帖式二十有二人（內漢軍二人），外郎九人（漢軍六缺，候補筆帖式內挨補，六年期滿，除授州同、州判、縣丞）。

禮部侍郎一人，掌盛京朝祭。宗室主事一人，堂主事二人，左右兩司郎中各一人，員外郎各二人，左司典祭物，司關領，右司典祭物，贍僧道。讀祝官（初制五品，後改九品）八人，贊禮郎（初制四品，後改九品）十有六人，管千丁六七品官各一人，管學助教四人，筆帖式十人，庫使八人，外郎二人，僧錄、道錄二司視京師。

兵部侍郎一人，掌盛京戎政。宗室員外郎一人，堂主事二人，左右兩司郎中各一人，員外郎各二人，主事各一人，筆帖式十有二人，外郎四人（內漢軍二缺）。左司典郵政，右司司邊禁。

刑部侍郎一人，掌盛京讞獄（邊外蒙古隸之）。宗室員外郎一人，堂主事二人（漢軍一人），肅紀、前後左右四司郎中各一人，員外郎六人（前司、左司各二人，餘俱一人），主事六人（右司蒙古三人，餘俱一人），司獄二人（漢軍一人），司庫一人，庫使二人，筆帖式三十有一人（內蒙古二人，漢軍五人），外郎二人（漢軍缺）。前司、左司典十五城獄訟，右司典蒙古獄訟，後司典漫庫禁令。

工部侍郎一人，掌盛京工政。宗室主事一人，堂主事二人，左右兩司郎中各一人，員外郎各二人，主事各一人。左司治木稅，右司治葦稅。管千丁四品官一人，司庫二人，庫使八人，筆帖式十有七人（漢軍一人），外郎九人（漢軍四人）。（世襲）大政殿六品官一人（滿洲、漢軍參用），黃瓦廠五品官一人（侯姓世襲），司匠役六品官一人。

初，締造瀋陽，建六部，置承政、參政各官。世祖奠鼎燕京，置官鎮守，戶、禮、兵、工四曹隸之。十五年，設禮部，明年，設戶、工兩部。康熙元年，設刑部，三十年，復設兵部，並置侍郎以次各官，五部之制始備。舊制各置理事官（正四品）一人，六十年省。雍正三年，定每歲差御史一人稽察五部（嘉慶四年停）。五年，允御史傅色納請，增置漢郎中等官（乾隆八年省）。復定鳳凰城迎送官三人（正五品，乾隆三十六年省）。八年，置尚書領其事（尋省）。光緒初，定將軍兼理兵、刑二部，佩金銀庫印鑰，稽覈戶部，餘悉如故。四年，增置宗室司員（如前所列）。三十一年，復命將軍趙爾巽兼管五部，尋以政令紛歧，疏省之，報可。

清史稿

職官志二

理藩院　管理院務大臣滿洲一人（特簡大學士為之）。尚書、左右侍郎俱各滿洲一人（間亦有蒙古人為之）。額外侍郎一人（以蒙古貝勒、貝子之賢能者任之）。其屬：堂主事，滿檔房滿洲二人，蒙古三人，漢檔房漢軍一人。領辦處員外郎、主事，滿、蒙各一人。司務廳司務，滿、蒙各一人。筆帖式滿洲三十有六人，蒙古五十有五人，漢軍六人。旗籍、王會、柔遠、典屬、理刑、徠遠六清吏司郎中，宗室一人（柔遠司置），滿洲三人（旗籍、王會、典屬司各一人），蒙古八人（旗籍、王會、理刑司各二人，典屬、徠遠司各一人）。員外郎，宗室一人（旗籍司置），滿洲十人（王會、柔遠、典屬、理刑司各二人，旗籍、徠遠司各一人），蒙古二十有四人（旗籍二人，王會三人，柔遠五人，典屬六人，理刑、徠遠司各一人）。主事，滿洲二人（旗籍、典屬司各一人），蒙古七人（柔遠、典屬、理刑司各一人，王會、徠遠司各二人）。筆帖式滿洲三十有六人，蒙古五十有五人，漢軍六人。銀庫司官二人（司官內奏委），司庫一人（正七品），庫使、筆帖式各二人（以上俱滿洲缺）。

尚書掌內外藩蒙古、回部及諸番部，制爵祿，定朝會，正刑罰，控馭撫綏，以固邦翰。侍郎貳之。旗籍掌考內扎薩克疆里（大漠以南曰內蒙古，部二十有四，曰科爾沁，曰扎賚特，曰杜爾伯特，曰郭爾羅斯，曰敖漢，曰奈曼，曰巴林，曰扎魯特，曰阿魯科爾沁，曰翁牛特，曰克什克騰，曰喀爾喀左翼，曰喀喇沁，曰土默特，曰烏珠穆沁，曰浩齊特，曰蘇尼特，曰阿巴噶，曰阿巴哈納爾，曰四子部落，曰茂明安，曰烏喇特，曰喀爾喀右翼，曰鄂爾多斯，為旗四十有九），覈封爵（凡六等：一親王，二郡王，三貝勒，四貝子，五鎮國公，六輔國公。不入六等者曰台吉、塔布囊，亦分四等），辨譜系。凡官屬（扎薩克之輔曰協理台吉，其屬曰管旗章京，曰副章京，曰參領，曰佐領，曰驍騎校），部眾會盟（盟地六，曰哲里木，曰卓索圖，曰昭烏達，曰錫林郭勒，曰烏蘭察布，曰伊克昭。盟長、副盟長各一人，由扎薩克請簡），軍旅、郵傳，並隸治之。兼稽游牧內屬者（凡歸化城土默特、黑龍江布特哈皆是）。王會掌內扎薩克賓禮，典朝覲貢獻儀式，凡饗賚館餼，視等級以為差。典屬掌外扎薩克部旗封爵（大漠以北曰外蒙古，部四，曰土謝圖汗，曰賽音諾顏，曰車臣汗，曰扎薩克圖汗，為旗八十有六。又有杜爾伯特部、土爾扈特部、和碩特部、輝特部、綽羅斯部、額魯特部，別於蒙古者曰和托輝特，曰哈柳沁，曰托斯，曰奮集努特，曰古羅格沁，並屬以外扎薩克。封爵有汗，以列王、貝勒、貝子、公之右，無塔布囊，有台吉），治盟會（喀爾喀四盟，曰汗阿林，曰齊齊爾里克，曰克魯倫巴爾和屯，曰扎克畢拉色欽畢都爾諾爾。杜爾伯特二盟，曰賽因濟雅哈圖左翼，曰賽因濟雅哈圖右翼。土爾扈特五盟，曰南烏訥恩素珠克圖，曰北烏訥恩素珠克圖，曰東烏訥恩素珠克圖，曰西烏訥恩素珠克圖，曰青塞特奇勒圖。和碩特一盟，曰巴圖塞特奇勒圖。置盟長、副盟長各一人，於同盟扎薩克內備用。惟青海之盟無長），置郵驛，頒屯田、互市政令，兼稽游牧內屬者（一曰察哈爾，二曰巴爾呼，三曰額魯特，四曰扎哈沁，五曰明阿特，六曰烏梁海，七曰達木，八曰哈薩克）。柔遠掌治外扎薩克眾部，凡喇嘛番僧祿廩朝貢，並司其儀制。徠遠掌回部扎薩克伯克歲貢年班，番子土司亦如之。並典外裔職貢（附牧回城卡倫外曰布魯特，內附者各給以銜，歲遣使輸馬。他哈薩克若浩罕，若博羅爾，若巴達克山，若愛烏罕，並各效其職貢）。理刑掌蒙古番回刑獄爭訟。領辦處掌綜領眾務。銀庫掌帑金出納。其兼領者，蒙古繙譯房員外郎、主事各一人（司官內奏委）。校正漢文官二人（滿蒙內閣侍讀學士、侍讀、翰林院侍讀、侍講學士、侍讀、侍講內奏派），主章奏文移。內外館監督各一人（六部司員）。

（內充補。光緒三十三年省）主賓館繕完滌除。烏蘭哈達、三座塔、八溝司官各一人，分駐塔子溝筆帖式一人（嘉慶十五年撤回，並四處司員俱改為理事官，隸熱河都統，仍由本院司員內簡放），分主蒙古部落民人訟事。察哈爾游牧處理事員外郎十有六人（以在京蒙古各旗與察哈爾各旗官員內番選，由護軍、驍騎校選用者授員外郎，由中書、筆帖式選用者先授主事，三年稱職陞員外郎），分主游牧察哈爾民人訟事。張家、喜峰、獨石、殺虎、古北諸口管理驛站員外郎（司員內奏委）、筆帖式各一人，主蒙古郵驛政令。圍場總管一人（康熙四十五年置，乾隆十四年始來隸，嘉慶七年後改隸熱河都統），左右翼長各一人，章京八人（初制六品，乾隆十八年陞五品），驍騎校八人，主守木蘭圍場，專司巡察。初，崇德元年設蒙古衙門，置承政、參政各官。三年，更名理藩院，定承政、左右參政各一人，副理事官八人，啟心郎一人。順治元年，改承政為尚書，參政為侍郎（滿蒙參用），副理事官為員外郎，置二十有一人（康熙二十年增滿蒙八人，乾隆四十二年省蒙古一人，四十九年改滿洲二人為蒙缺，後滿蒙司官增減不一）。啟心郎三人（滿洲一人，漢軍二人，十五年省）。堂主事二人（康熙二十八年增滿文一人）。司務二人（滿、蒙各一人，康熙三十八年省，雍正十年復故）。漢副使一人（從八品）。五年，增置漢院判（正六品）、知事（正八品。自副使以下俱康熙三十八年省）各一人。十四年，置唐古忒學教習一人（給六品俸，後改司業，其助教以他官兼，乾隆五年定為額缺，尋省）。十六年，定以禮部尚書銜掌院事，侍郎銜協理院事。越二年，以隸禮部未合舊制，停兼銜，依六部例，令入議政班，居工部後。並設錄勳、賓客、柔遠、理刑四司，置滿蒙郎中共十有一人（乾隆四十二年增蒙古一人，四十九年改滿洲二人為蒙缺），員外郎二十有一人（康熙二十年增滿蒙八人，乾隆四十二年省蒙古一人，四十九年改滿洲六人為蒙缺），主事滿漢各四人（康熙二十八年省漢缺，乾隆四十九年改滿洲二人為蒙缺）。康熙二十年，增蒙古文主事二人。三十八年，析柔遠司為二，曰前司，曰後司。四十六年，設銀庫（初制，蒙古王、台吉等入朝，由戶、工二部及光祿寺庀器用、具廩餼，至是始改設），置郎中、員外郎各一人（司員內奏派），司庫一人，庫使四人。雍正元年，始命王公、大學士領院事，省庫使二人。乾隆二十二年，改錄勳司為典屬，賓客司為王會，柔遠後司為旗籍，前司仍曰柔遠。二十六年，合旗籍、柔遠為一，增設徠遠一司。明年，仍析旗籍、柔遠為二。二十九年，改典屬司為旗籍，舊旗籍為典屬。嘉慶四年，改滿洲郎中、員外郎各一人為宗室員缺。咸豐五年，定伊犁、塔爾巴哈台通商章程，始司外交職務（見第十七款）。十年，定中俄續約，以軍機處及本院典外交文移（見第九款，後歸外部）。光緒三十二年，更院為部，擬設殖產、邊衛二司，嗣先設編纂、調查二局，隸領辦處（以漢檔房、俸檔房、督催所改併。漢檔房主事缺未省）。尋置員外郎、主事各一人（蒙古房改，俱蒙缺）。宣統三年，改尚書為大臣，侍郎為副大臣，額外侍郎如故。理藩一職，歷古未有專官，唯周官大行人差近之。秦、漢以降，略存規制，退荒絕漠，統治王官，為有清創制。自譯署設，職權漸替已。

都察院　左都御史（初制，滿員一品，漢員二品。順治十六年並改二品。康熙六年仍陞滿員為一品。九年並定正二品。雍正八年陞從一品），左副都御史（正三品），俱滿、漢二人。其屬：經歷司經歷（正六品），都事廳都事（正六品），俱滿、漢一人。筆帖式四十有二人。十五道掌印監察御史（初制，滿洲、漢軍三品，順治十六年改七品，康熙六年陞四品，九年復為七品，雍正七年改由編檢郎員授者正五品，由主事、中行評博授者正六品，乾隆十七年並定從五品），滿、漢各一人。監察御史，京畿、江西、浙江、福建、湖廣、河南、山西、陝西八道，滿、漢各一人。江南道滿、漢各三人，山東道滿、漢各二人。左都御史掌察覈官常，參維綱紀，率科道官矢言職，率京畿道紏失檢姦，並豫參朝廷大議。凡重辟，會刑部、大理寺定讞。祭祀、朝會、經筵、臨雍，執法紏不如儀者。左副都御史佐之。十五道掌彈舉官邪，敷陳治道，各覈本省刑名（京畿道分理院事及直隸、盛京刑名，稽察內閣、順天府、大興、宛平兩縣。河南道照刷部院諸司卷宗，稽察吏部、府

（事府、步軍統領、五城。江南道稽察戶部、寶泉局、左右翼監督、京倉總督、漕運，磨勘三庫奏銷。浙江道稽察禮部及本院。山西道稽察兵部、翰林院、六科、中書科、總督倉場、坐糧廳、大通橋監督、通州二倉。山東道稽察刑部、太醫院、總督河道、催比五城命盜案牘、緝捕之事。陝西道稽察工部、寶源局，覆勘在京工程。湖廣道稽察通政使司、國子監。江西道稽察光祿寺。福建道稽察太常寺。四川道稽察鑾儀衛。廣東道稽察大理寺。廣西道稽察太僕寺。雲南道稽察理藩院、欽天監。貴州道稽察鴻臚寺。）其祭祀監禮、侍班糾儀，科道同之。經歷掌董察吏胥。知事掌繕寫章奏。其分攝者，巡視五城御史，滿、漢各一人，（科道中簡用，一年更替。）掌綏靖地方，釐剔姦弊。兵馬司指揮，（正六品。）副指揮，（正七品。）吏目，（未入流。自正指揮以下俱漢員。）五城各一人，掌巡緝盜賊，平治道路，稽檢囚徒。火禁區爲十坊，領之。初沿明制，設都察院。天聰十年，諭曰：「凡有政事背謬，及貝勒大臣驕肆慢上者，許直言無隱。」崇德元年，置承政、參政各官。（明年，定承政一人、左右參政、滿蒙漢理事官各二人，後省。）順治元年，改左都御史掌院事，滿、漢各一人，左副都御史協理院事各二人，漢左僉都御史一人。（先用漢軍，後參用漢人。乾隆十三年省。）外省督撫並以右繫銜。（右都御史、右副都御史、右僉都御史爲督撫坐銜。乾隆十三年停右僉都御史銜。）司務，（後改經歷。）滿、漢各一人，都事滿洲二人，（乾隆十七年改滿、漢各一人。）漢軍一人，（康熙三十九年省。）設十五道，河南道參治院事，置監察御史滿洲六人，（河南、江南、浙江、山東、山西、陝西掌印各一人。五年，增十有七人。康熙二十八年增一人，後復省四人。乾隆十四年定江南、山東道各三人，京畿、河南、浙江、山西、陝西、湖廣、福建道各二人，四川、廣東、廣西、雲南、貴州道各一人。）漢軍八人，（協理河南道一人，餘江南等五道。康熙三十九年省，入漢缺。）漢員江南道五人，（內掌印一人。十八年省一人。康熙七年省二人。雍正四年增一人。乾隆十四年增一人。）浙江道六人，（內掌印一人。九年省一人。十八年省二人。康熙七年省一人。雍正四年增一人。乾隆十四年省一人。）江西道六人，（十六年省一人。十八年省三人。康熙七年省一人。雍正四年增一人。乾隆十四年省一人。）福建道五人，（十年省一人。康熙七年省二人。）湖廣道六人，（八年、九年、十五年俱省一人。康熙七年省一人。雍正四年增一人。乾隆十四年復省一人。）河南道六人，（內掌印一人。十年、十八年俱省一人。康熙七年省二人。乾隆六年增一人。十四年復省一人。）山東道五人，（內掌印一人。十八年省二人。康熙七年省一人。乾隆十四年增一人。）山西道五人，（內掌印一人。十年省一人。十八年省二人。乾隆六年增一人。十四年省一人。）陝西道四人，（內掌印一人。十八年省二人。雍正四年增一人。乾隆十四年省一人。）四川道四人，（十八年省二人。康熙七年省一人。雍正四年增一人。乾隆十四年省一人。）廣東道五人，（十八年省二人。康熙七年省二人。雍正四年增一人。乾隆十四年省一人。）廣西道、雲南道各四人，（十八年省二人。康熙七年各省二人。乾隆十四年各省二人。）貴州道四人。（十八年省二人。康熙七年省一人。雍正四年增一人。乾隆十四年省一人。）京畿道無專員。（乾隆十四年定滿、漢各一人。）啟心郎滿洲、漢軍各一人，（十五年俱省。）蒙古章京二人，（康熙元年省。）筆帖式滿洲五十有一人，（康熙三十八年省十有六人。）漢軍七人，（康熙三十八年省二人。雍正十二年置蒙古二人。光緒三十三年滿、蒙、漢軍共酌留三十人。）中東西南北五城兵馬司指揮各一人，副指揮各二人，（康熙十一年省五城各一人。乾隆三十一年改東西南北四城副指揮分駐永定、阜成、德勝諸門外，鈐轄關廂。中城如故。）吏目各一人。是歲，定左都御史、左副都御史、監察御史許風聞言事。（給事中同。）二年，省京畿道。三年，定左副都御史滿、漢各一人。九年，復設京畿道，專司照刷各署卷宗。（乾隆十四年改歸河南道。光緒三十二年停止刷卷。）並置五城漢軍理事官，是爲巡城之始。十年，定滿洲、漢軍、漢五城御史各一人。（十八年，各增滿員一人。雍正元年，定滿、漢各一人。乾隆三十九年，漢軍停開列。）康熙二十九年，命左都御史馬齊同理藩院尚書阿喇尼列議政大臣。故事，二院長官俱不豫議政，豫議自此始。五十七年，增置蒙古監察御史二人。（滿缺改。）雍正二年，置內務府御史四人。（十三年省。乾隆三年復置二人，本院御史內奏派。光緒三十二年停。）五年，增置宗室御史二人。（滿缺改。乾隆十四年改二人，通舊爲四人。）七年，置五城錦司巡檢各一人。（乾隆初省。）乾隆十四年，詔按道定額。先是設十五道，唯河南、江南、浙江、山東、山西、陝西六道授印信，掌印者曰掌道，餘曰協道。（京畿道亦給印信，未設專官。）湖廣等八道分隸之，曰坐道，不治事。（掌河南道兼理福建道，掌江南道兼理江西、四川道，掌浙江道兼理雲南道，掌山東道兼理廣西道，掌山西道兼理廣東、貴州道，掌陝西道兼理湖廣道。）至是各道並給印信，規制始稱。二十年，復命京畿道列河南道前，互易所掌，京畿道遂爲要職。光緒三十二年，改定都御史一人，副都御史二人，按省分道，增設遼瀋道，仿京畿道例，置掌道、協道各二人，析江南爲江蘇、安徽二道，湖廣爲湖北、湖南二道，並增甘肅、新疆二道，置滿、漢御史各一人，是爲二十道。令訪求利病，專司糾察。（後設之外務、農工商、民政諸部，事件多不關報。舊制各部及各衙門分道稽察，至是停止。）其制已灑然非舊云。

順治初，又有巡按御史，省各一人。（十七年省。）巡鹽御史，兩淮、兩浙、長蘆、河東各一人。（十年停。十二年復故。康熙十一年停，尋復置。三十年，復差福建、兩廣各一人。五十九年停兩廣鹽差。雍正元年停福建鹽差。明年停長蘆、河東鹽差。四年，兩浙停差。）巡漕御史一人，（十四年停。雍正七年定差淮安、通州各二人。乾隆二十年改差淮安、濟寧、天津、通州各一人。十七年增差通州四人。二十二年停差天津一人。二十六年復差天津一人。嘉慶二十三年定科道並差。道光二年俱停。）巡視京通各倉御史一人，（七年停。八年復故。康熙七年又停。二十年定差滿、漢各一人。二十六年再停。雍正元年置巡察御史一人，總查倉弊。五十年，改京、通倉各差一人。乾隆十七年，定科道並差。四十三年增差內倉一人。五十九年改令科道監放，停差查倉官。嘉慶四年復故。光緒二十八年又停。）巡視江南上下兩江御史二人，（六年省。）巡視屯田御史一人，（四年省。）督理陝甘洮宣等處茶馬御史一人。（康熙七年省。三十四年復故。四十二年又省。）雍正間，置巡察各省御史，江寧、安徽一人，湖北、湖南一人，山東、河南一人，巡視吉林、黑龍江科道滿洲二人，稽察奉天文武衙門御史一人，巡視山東、河南工務御史一人，直隸巡查御史，順天、永平、宣化二人，保定、正定、河間二人，順德、廣平、大名二人，巡農御史一人，先後俱省。

六科給事中吏、戶、禮、兵、刑、工六科，掌印給事中，滿、漢各一人，（初制，滿員四品，漢員七品。康熙二年改滿員七品。六年復爲四品。九年俱定七品。雍正七年陞正五品。光緒三十二年陞正四品。）給事中滿、漢各一人，（初制七品。雍正七年陞正五品。）筆帖式八十人。（吏、戶、兵、刑各十有五人，禮、工各十人。光緒三十二年酌留三十人。）掌言職，傳達綸音，勘鞫官府公事，以註銷文卷。（吏科分稽銓衡，註銷吏部、順天府文卷。戶科分稽財賦，註銷戶部文卷。禮科分稽典禮，註銷禮部、宗人府、理藩院、太常寺、光祿寺、鴻臚寺、國子監、欽天監文卷。兵科分稽軍政，註銷兵部、鑾輿衛、太僕寺文卷。刑科分稽刑名，註銷刑部文卷。工科分稽工程，註銷工部文卷。）有封駁即聞。初沿明制，六科自爲一署，給事中無員限，並置漢軍副理事官。順治十八年，定滿、漢都給事中，左右給事中各一人，（都給事中由左給事中轉，左給事中由右給事中轉。）漢給事中二人，省副理事官。康熙三年，六科止留滿、漢各一人。五年，改都給事中爲掌印。雍正初，以六科內陞外轉，始隸都察院，凡城倉漕鹽與御史並差，自是臺省合而爲一。光緒三十二年，省六科名，別鑄給事中印，額定二十人。

通政使司　通政使，（初制，滿員二品，漢員三品。順治十六年並定爲三品。康熙六年復故。九年仍改定正三品。）副使，（初制，滿員三品，漢員四品。順治十六年並定正四品。康熙六年復故。九年仍改定爲四品。）參議，（初制，滿員四品，漢員五品。順治十六年並定正五品。）俱滿、漢各一人，經歷司經歷，（正七品。）知事，（初制四品，後改正七品。）滿、漢各一人，筆帖式滿洲六人，漢軍二人。通政使掌受各省題本，校閱送閣，稽覈程限，違式劾之。洪疑大獄，偕部院豫議。副使、參議佐之。經歷、知事分掌出納文移。其兼領者登聞鼓廳，（以參議一人分直，知事帥役巡察。）筆帖式滿洲、漢軍各一人。掌敘雪冤滯，誣控越訴者論如法。初，順治元年，詔自今內外章奏俱由通政司封進。置滿、漢通政使各一人，左通政使各一人，漢右通政使二人，（乾隆十年省一人，三十年俱省。）左參議滿、漢各二人，（康熙五十三年省漢一人。乾隆十三年各省一人。）右參議漢二人，（康熙三十八年省一人。乾隆十三年俱省。）滿、漢司務各一人，（後改經歷。）知事滿洲二人，漢軍一人。（乾隆十七年改滿、漢各一人。）康熙六十一年，以登聞鼓廳筆帖式來屬。故事，通狀（通政司狀。）鼓狀，（登聞院狀。）紛爭無已，自控訴者赴都察院，以給事中或御史一人主受訴訟。至是停科道差，改隸本司。乾隆十三年，改左通政使爲副使，去左右銜，參議亦如之。光緒二十四年省，入內閣，尋復故。二十八年，以改題爲奏，職無專司，復省。

大理寺　卿，（初制，滿員二品，漢員三品。順治十六年並定爲三品。康熙六年復故。九年仍改定正三品。）少卿，（初制，滿員三品，漢員四品。順治十六年並定爲四品。康熙六年復故。九年仍改定正四品。）俱滿、漢一人。其屬，堂評事，（初制四品。順治十六年改七品。康熙六年陞五品。九年定正七品。）滿洲一人，司務廳司務，滿、漢各一人，左右寺丞，（初制，滿員四品，漢員六品。順治十六年並定爲六品。康熙六年陞五品。九年仍改定正六品。）滿洲、漢軍、漢俱各一人，左右評事，漢各一人，筆帖式滿洲四人，漢軍二人。卿掌平反重辟，以貳邦刑，與刑部、都察院稱三法司。凡審錄，刑部定疑讞，都察院糾覈，獄成歸寺，平決不協，許兩議上奏取裁，並參豫朝廷大政事。少卿佐之。寺丞掌覈內外刑名，質成長官，參糾部讞。評事掌繕左右兩寺章奏。順治元年，定滿、漢卿各一人，少卿滿洲一人，漢二人，（乾隆十三年省一人。）滿寺丞一人，（正五品。康熙三十八年省。）漢司務二人，（十五年定滿、漢各一人。）左右寺正，（正六品。）滿洲、漢軍、漢各一人，左右寺副，（從六品。）漢各一人，（康熙三十八年省。）堂評事滿、漢各一人，（康熙三十八年省漢軍一人。）左右評事漢各一人。十一年，差寺正、寺副各一人充各省恤刑官，（刑部差郎中、員外郎十三人，尋省。）乾隆十七年，改左右寺正爲寺丞。光緒二十四年省，入刑部，尋復故。三十二年，更寺爲院。

翰林院　掌院學士，（初制正五品。順治元年陞正三品。雍正八年陞從二品。大學士、侍書內特簡。）滿、漢各一人，侍讀學士，（初制從四品。光緒二十九年陞正四品。）侍講學士，（初制從四品。宣統元年陞正四品。）滿洲各二人，漢各三人，侍讀，（初制正六品。雍正三年陞從五品。光緒二十九年陞正五品。宣統元年陞正四品。）侍講，（初制正六品。雍正三年陞從五品。宣統元年陞正四品。）滿洲各三人，漢各四人，修撰，（初制從六品。）編修，（初制正七品。）檢討，（初制從七品。自修撰以下，宣統元年並改從五品。）庶吉士，（由新進士改用，試博學鴻詞入式，或奉特旨改館職者，間得除授。光緒末停科舉，改由外國留學畢業及本國大學畢業者廷試後授之，食七品俸，或徑授編修、檢討，與舊制殊。）俱無定員。其屬，主事滿洲二人，漢軍一人，典簿廳典簿，（從八品。）孔目，（滿員從九品，漢員未入流。）俱滿、漢各一人，待詔所待詔，（從九品。）滿、漢各二人，筆帖式滿洲四十人，漢軍四人。掌院掌國史筆翰，備左右顧問。侍讀學士以下，掌撰著記載，祭告郊廟神祇，撰擬祝文，恭上徽號，冊立、冊封，撰擬冊文、寶文，及賜內外文武官祭文、碑文，南書房侍直，尚書房教習，咸與其選。修實錄、史、志，充提調、總纂、纂修、協修等官。庶吉士入館，分習清、漢書，吏部疏請簡用大臣二人領教習事，（初以內院學士爲之，侍讀等官亦間有與者。後令掌院兼其職。康熙六年始以工部尚書陳元龍領之，自是尚書、侍郎、內閣學士並得充之，是爲大教習。其小教習由掌院選派，始於康熙三十三年，雍正間停止，高宗復舊制。）侍讀、侍講司訓課，派編、檢二人提調館篠。三年考試，分別散留。辦事翰林，滿、漢各二人，（雍正元年，命滿漢編檢主定稿說堂，此清秘堂辦事翰林之始。厥後人數稍增，有奏辦、協辦之目，侍讀、侍講間亦爲之。）掌帥廳官治事。主事、典簿、孔目掌章奏文移，董帥吏役。待詔掌繕寫校勘。初，翰林之職隸內三院。順治元年，設翰林院，定掌院學士爲專官，置漢員一人，兼禮部侍郎銜。侍讀學士、侍講學士各二人，（十五年，各增二人。）侍讀、侍講各二人，（十五年，各增一人。）修撰、編修、檢討、庶吉士無定員，典簿二人，（十五年，改一人爲滿缺。）孔目一人，（十五年，增滿洲一人。）俱漢人爲之。明年，省入內三院。十五年，復舊制，增滿洲掌院學士一人，兼銜如故。（乾隆五十八年停。）置待詔六人，（滿員四人，漢員二人。）十八年，復歸內三院。康熙九年，定滿、漢侍讀學士、侍講學士、侍讀、侍講各三人，（乾隆五十年省滿洲各一人。光緒二十九年增侍讀、侍講滿、漢各二人。）典簿、孔目各一人，待詔各二人。（康熙九年定滿、漢各一人。）十六年，命侍講學士張英等入直南書房，先是詔冊詞命多由院擬，至是始爲西清專職。（後改歸軍機處。）二十八年，以院務廢弛，命大學士徐元文兼掌院事，重臣兼領自此始。（明年，定尚書、侍郎、左都御史俱得兼攝。）光緒二十九年，增置堂主事滿洲二人，漢一人。是歲，省詹事府，以詞臣敘進無階，增置滿、漢學士，（正三品。）各一人，撰文，（正六品。宣統元年陞正五品。）各二人，三十三年增置秘書郎從六品宣統元年陞正五品滿漢各二人並設講習館令翰林官研習學科備各部丞參選宣統元年復崇侍講學士以下品秩停止外班陞用初制翰詹出缺編檢不敷陞轉以部院科甲出身司員陞用是爲外班初制進士論甲第修撰編修檢討不分升降順治間授編修程芳朝等爲修撰檢討李霨等爲編修婁元衡以編修降檢討不爲定制又內三院編修等官不必盡由科目靳輔劉兆麒等並以官學生授編修蓋亦概舉庶吉士舊隸內宏文院後設本院始來屬雍正十三年建庶常館故事散館後始授職然亦有未選庶常而邁授者均異數也

文淵閣領閣事三人大學士協辦大學士掌院學士兼充掌典綜册府直閣事六人內閣學士少詹事講讀學士兼充掌典守釐緝校理十有六人庶子講讀編檢兼充掌註册點驗檢閱八人內閣中書派充內務府司員筆帖式各四人由提舉閣事大臣遴選奏充

國史館總裁特簡無定員掌修國史清文總校一人滿洲侍郎內特簡提調滿洲內閣侍讀學士或侍讀派充蒙古內閣蒙古堂或理藩院員司派充漢翰林院侍讀學士以下官派充各二人總纂滿洲四人蒙古二人漢六人纂修協修無定員蒙古由理藩院司官充滿漢由編檢充校對滿蒙漢俱各八人內閣中書充光緒間增置筆削員十人

經筵講官滿漢各八人掌進讀講章敷陳訓典歲仲春仲秋兩舉之滿員由大學士以下都察院副都御史以上各官兼充漢員由大學士尚書侍郎副都御史掌院學士侍讀學士侍講學士詹事府詹事少詹事國子監祭酒等官由讀翰林出身者兼充講官滿漢各二人翰林院請旨簡派初制以大學士知經筵事後定經筵講官滿漢各六人閣臣遂不進講自徐元文熊賜履輩相繼以尚書擢大學士仍與兼充嗣是以爲常宣統初各部丞參亦間有與者

起居注館日講起居注官滿洲十人漢十有二人由翰詹各官簡用唯滿漢掌院學士例各兼一缺主事滿洲二人漢一人以科甲出身者充之筆帖式滿洲十有四人漢軍二人日講官掌侍直起居記言記動經筵臨雍御門聽政祭祀耕耤朝會燕饗勾決重囚並以二人侍班凡謁陵校獵巡狩方岳請旨扈從侍直敬聆綸音退而謹書之月要歲會貯匱鐵匭送內閣尊藏主事掌出納文移校勘典籍初天聰二年命儒臣分兩直巴克什達海等譯漢字書即日講所繇始巴克什庫爾禪等記注政事即起居注官所繇始順治十二年始置日講官康熙九年始設起居注館在太和門西廡置滿洲記注官四人漢八人以日講官兼攝十二年增滿洲一人漢二人十六年復增滿洲一人二十年增漢八人三十年定漢員十有二人時日講與起居注各自爲職並置滿洲主事二人漢軍一人五十七年省雍正元年置滿洲二人十二年增漢一人二十五年停日講其起居注官仍繫銜日講二字五十七年省起居注館改隸內閣遇理事日以翰林官五人侍班雍正元年復置日講起居注滿洲六人漢十有二人乾隆元年增滿員二人嘉慶八年復增滿員二人於是日講起居注合而爲一

詹事府詹事正三品少詹事正四品左春坊左庶子正五品左中允正六品左贊善從六品右春坊右庶子右中允右贊善品秩俱同左司經局洗馬從五品俱滿漢各一人其屬主簿廳主簿從七品滿漢各一人筆帖式滿洲六人詹事少詹事掌文學侍從經筵充日講官編纂書籍典試提學如翰林並豫秋錄大典左右春坊各官掌記注撰文洗馬掌圖書經籍主簿掌文移案牘順治元年置少詹事一人掌府事其冬省入內三院九年復置詹事一人少詹事二人主簿一人錄事通事舍人各二人並從九品左右春坊庶子諭德各一人中允贊善各二人司經局洗馬一人正字二人從九品俱漢人爲之令內三院官兼攝專置滿洲詹事一人掌府印十五年省詹事府官康熙十四年復置滿漢詹事各一人漢員兼翰林院侍讀學士銜少詹事各二人滿漢員兼翰林院侍講學士銜三十七年省滿員一人乾隆十三年省漢員一人主簿各一人錄事各二人三十七年省滿缺留漢一人五十二年俱省左右春坊置滿漢左右庶子各一人滿員以四品冠帶食五品俸左右同漢左庶子兼翰林院侍讀銜右庶子兼翰林院侍講銜左右諭德各一人漢員兼翰林院修撰銜三十七年省滿員右諭德一人五十七年省漢右諭德一人乾隆十三年俱省左右中允各二人滿員以五品冠帶食六品俸漢員兼翰林院編修銜二十七年省滿員各一人明年省漢右中允一人五十二年省漢左中允一人左右贊善各二人漢員兼翰林院檢討銜三十七年省滿員各一人明年省漢右贊善一人五十二年省漢左贊善一人司經局滿漢洗馬各一人漢員兼翰林院修撰銜以上各兼銜俱乾隆五十四年停正字各二人三十七年省滿員缺明年省漢一人例以應選內閣中書者除授遂爲中書兼銜乾隆三十六年俱省二十五年命詹事湯斌少詹事耿介等爲皇太子講官尙沿宮僚舊制三十一年命徐元夢入直上書房皇子在上書房讀書選翰林官分侍講讀簡大臣爲總師傅總師傅之稱自乾隆二十二年以介福觀保等爲總師傅始屢時俱稱入直嗣是本府坊局止備詞臣遷轉之階嘉慶二年以府事改隸翰林院五年復舊制光緒二十四年仍省入翰林院尋復故二十八年再省入

太常寺　管理寺事大臣一人滿洲禮部尙書兼卿正三品少卿正四品俱滿漢一人其屬寺丞正六品滿漢各二人贊禮郎宗室二人滿漢二十有八人初制滿員四品順治十六年改九品康熙四年陞六品六年陞五品九年仍改九品尋定由護軍校驍騎校選授者六品職銜八品筆帖式庫監生選授者八品職銜無品筆帖式庫使前鋒護軍選授者九品職銜乾隆元年改定以六品冠帶食七品俸學習宗室四人滿洲五人漢十有四人正九品讀祝官宗室一人滿洲十有一人初制五品康熙九年改正九品尋定品秩如贊禮郎視出身爲差乾隆元年改定以六品冠帶食七品俸學習宗室三人滿洲五人正九品博士廳博士滿洲漢軍漢各一人典簿廳典簿滿漢各一人滿洲司庫一人博士以下並正七品庫使二人正九品筆帖式滿洲九人漢軍一人卿掌典守壇壝廟社以歲時序祭祀詔禮節供品物辨器類前期奏祝版稽百官齋戒祭日帥屬以供事少卿佐之寺丞掌祭祀品式辨職事以詔有司並遴補吏員勾稽廩餼贊禮郎讀祝官分掌相儀序事備物絜器並習趨蹌讀祝祭祀各充執事博士考祝文禮節著籍爲式壇廟陳序畢引禮部侍郎省齍並歲覈祀賦典簿掌察祭品陳牲牢治吏役庫使掌守庫藏順治元年設太常寺隸禮部置卿少卿滿漢各一人滿洲寺丞一人光緒十二年增一人漢左右丞各一人典簿博士滿漢各一人讀祝官滿洲四人康熙十年禮部改隸二人尋增額外二人雍正十一年改正額嘉慶四年增一人道光元年增一人咸豐二年增一人贊禮郎滿雍正十一年增八人乾隆二十七年改二人隸鑾輿衛鳴贊官嘉慶四年增二人道光元年增二人咸豐二年增二人漢康熙二十八年省二人雍正元年復故乾隆二年增二人九年省四人各十有六人犧牲所正千戶五年更名所牧副千戶五年更名所副漢各一人從七品乾隆二十四年改滿缺二十六年改隸內府滿洲司庫一人乾隆十一年省十六年改歸本寺康熙二年復隸禮部十年仍歸本寺十五年救諸官肄習雅樂雍正元年特簡大臣綜理寺事並增庫使二人乾隆十三年改寺丞爲屬官先是沿明舊制丞爲正官議者病贅餘至是體制始協明年定禮部滿洲尙書兼管太常職銜四十年增學習贊禮郎四十六年增三人嘉慶十六年增三人讀祝官四十六年增三人嘉慶十六年增三人滿洲各二人光緒二十四年增宗室學習贊禮郎四人讀祝官三人尋省入禮部旋復故三十二年仍省入

光祿寺　管理寺事大臣一人特簡卿從三品少卿初制滿員漢軍四品漢員五品順治十六年並定正五品俱滿漢各一人其屬典簿廳典簿從七品大官珍饈良醞掌醢四署署正初制滿員四品順治十六年改六品康熙六年陞五品九年定從六品漢員同亦如之署丞初制六品康熙九年定從七品滿洲各二人銀庫司庫滿洲二人筆帖式滿洲十有八人卿掌燕勞薦饗辨品式稽經費凡祭祀會太常卿省牲禮畢進胙天子頒胙百執事齎使廩餼具差等以供少卿佐之大官掌供豕物備器用稽市直徵桑地賦額致諸庫珍饈掌供禽兎魚物大祭祀供龍壺龍爵辨燕饗等差良醞掌供酒醴別水泉量麴蘗並大內牛酪掌醢掌供醯醬筵燕廩餼皆供其物徵果園賦額致諸庫典簿掌章奏文移司庫掌庫帑出納別設督催所當月處俱派員分治其事順治元年設光祿寺置滿漢卿各一人少卿滿洲一人漢二人康熙三十八年省一人漢寺丞一人康熙二十八年省滿漢典簿各一人大官珍饈良醞掌醢四署滿漢署正各一人滿洲署丞各一人各增一人漢署丞十五年省監寺十二年省俱各一人滿洲司庫二人司牲司漢大使一人年省凡事並由禮部具題劄寺遵行十年定各省額解銀米徑送禮部並府州縣考成十五年仍歸本寺十八年復隸禮部錢糧由寺奏銷考成仍歸禮部康熙三年始清釐無法復改隸戶部十年仍以禮部精膳司所掌改歸本寺乾隆十三年始命大臣兼管寺事光緒二十四年省入禮部尋復故三十二年仍省入

鴻臚寺　管理寺事大臣一人滿洲禮部尙書兼卿初制滿員從三品漢員正四品順治十六年並定正四品少卿從五品俱滿漢一人其屬鳴贊從九品滿洲十有四人漢二人學習滿洲四人從九品漢四人學習八人主簿從八品滿漢各一人筆帖式滿洲四人卿掌朝會賓饗贊相禮儀有違式論劾如法少卿佐之鳴贊掌儐導贊唱序班掌百官班次主簿職掌同太僕寺順治元年設鴻臚寺置滿漢卿各一人滿洲少卿一人漢左右少卿各一人十五年省一人漢左右寺丞各一人正六品十五年省一人康熙五十二年省一人主簿各一人鳴贊滿洲十有六人乾隆三十七年改隸鑾輿衛二人漢八人二年省一人十三年省一人乾隆七年省二人序班二十有二人十五年省十八人康熙三十八年省六人乾隆七年省二人司賓序班二十省學習序班無恒額雍正六年定以直隸山東山西河南儒學生內考九年定爲十二人十七年定直隸六人餘各二人省山東等省四人凡事由禮部具題十六年改歸本寺十八年仍隸禮部康熙故雍正四年復歸禮部統轄乾隆十四年始以滿洲尙書領寺事五十九年增置滿洲學習鳴贊四人光緒二十四年省入禮部尋復故三十二年仍省入

國子監　管理監事大臣一人滿漢大學士尙書侍郎內特簡祭酒從四品初制滿員[illegible]治十六年俱定從[illegible]滿漢各一人司業正六品滿蒙漢各一人其屬繩愆廳監丞初制滿員五[illegible]八品後並改[illegible]博士廳博士從七品初制漢員八品乾隆元年改同滿員典簿廳典簿從八品俱滿漢各一人典籍從九品漢一人率性修道誠心正義崇志廣業六堂助教初制從八[illegible]元年陞從[illegible]學正學錄率性修道誠心正義四堂曰學正崇志廣業二堂曰學錄初制學正正九品學錄從九品乾隆元年並陞正八品各[illegible]旗官學助教俱滿洲二人蒙古一人教習俱滿洲一人蒙古二人漢四人貢生內選充筆帖式滿洲四人蒙古漢軍各二人祭酒司業掌成均之法凡國俊選以時都授課第優劣歲仲春秋上丁釋奠釋菜綜典禮儀天子臨雍執進講率諸生圜橋觀聽新進士釋褐坐彝倫堂行拜謁簪花禮監丞掌規制稽勤惰均廩餼覈支銷並書八旗教習功過博士掌分經教授考校程文借助教學正學錄經理南學事宜典簿掌章奏文移典籍掌書籍碑版其兼領者算法館漢助教二人特簡滿洲文臣一人管理俄羅斯館滿漢助教各一人琉球學漢教習一人肄業貢生選充後俱省又檔子房錢糧處俱派廳員司其事初順治元年定滿漢祭酒各一人兼太常寺少卿銜滿洲司業二人乾隆十三年省一人蒙漢各一人兼太常寺寺丞銜後停兼銜滿漢監丞典簿俱各一人漢博士三人康熙五十年省[illegible]

一人建八旗官學置滿洲助教十有六人康熙五十七年省四人雍正三年復故蒙古八人十八年省四人雍正三年復故分設六堂置滿漢助教十五年省六人康熙五十七年省四人雍正三年復增四人學正康熙三十八年省一人五十二年省二人各十有二人學錄六人十五年省四人典籍一人隸禮部十五年復故十八年置滿洲博士一人康熙二年復隸禮部十年仍歸本監雍正元年詔監丞等官停用捐納明年特簡大臣管監事九年建南學在學肄業者為南學在外肄業赴學考試者為北學高宗澄治嚮用儒術以大學士趙國麟尚書楊時孫嘉淦領太學事官獻瑤莊亨陽犨綜領六堂世號四賢五君子乾隆四十八年建辟雍於集賢門國學規制斯為隆備道光三年以成均風勵中外詔監臣無曠厥職光緒三十三年省入學部嗣以文廟辟雍典禮隆重特置國子丞以次各官分治其事初制詔各省選諸生文行兼優者與鄉試副榜貢生入監肄業聖祖初政給事中晏楚瀾疏停鄉試副榜貢生遂不復舉康熙五年徐元文為祭酒始請學政間歲一舉優生鄉試仍取副榜自是為恒制光緒間并推廣舉人入監時風稍振未幾科舉廢此制替已

衍聖公 孔氏世襲正一品順治元年授孔子六十五世孫允植襲封其屬司樂典籍屯田管勾俱由衍聖公保舉題授管勾之屬屯官八人分掌鉅野鄆城平陽東阿獨山五屯林廟守衛司百戶秩視衛守備以上為兵農禮樂四司知印掌書書寫奏差啟事各一人隨朝伴官六人初制一人乾隆十五年定為六人自司樂以下俱正七品由衍聖公保舉題補聖廟執事官四十人三品二人四品四人五品六人七品八人八品九品各十人由衍聖公會同山東學政揀選孔氏族人充補翰林院世襲五經博士正八品孔氏北宗一人順治元年授孔子六十五世孫允鈺奉子思子祀南宗一人自明彥繩授後數世未襲康熙四十一年始授孔子六十六世孫興燫主衢州廟祀東野氏康熙二十三年授元聖周公七十三世孫東野沛然姬氏乾隆四十三年授周公七十七世孫肇勳主咸陽廟祀顏氏順治元年授復聖顏子淵六十八世孫紹緒曾氏順治元年授宗聖曾子輿六十四世孫文遂孟氏順治元年授亞聖孟子子輿六十三世孫貞仁仲氏順治二年授先賢仲子路六十一世孫子閔閔氏康熙三十八年授先賢閔子騫六十五世孫衍箱冉氏雍正二年授先賢冉子伯牛六十五世孫士樸冉氏雍正二年授先賢冉子仲弓六十七世孫天瑞端木氏康熙二十八年授先賢端木子貢七十世孫謙卜氏康熙五十九年授先賢卜子夏六十四世孫韓賢言氏康熙五十一年授先賢言子游七十三世孫德堅顓孫氏雍正二年授先賢顓孫子張六十六世孫誠道道光四年改歸嫡長樹勳有氏乾隆五十三年授先賢有子若七十二世孫守業伏氏嘉慶十年授先儒伏子勝六十五世孫敬紀韓氏乾隆二年授先儒韓子愈三十世孫法祖張氏康熙二十六年授先儒張子載二十八世孫守先主鳳翔廟祀邵氏康熙四十一年授先儒邵子雍三十世孫延祀俱一人朱氏二人順治十二年授先儒朱子熹徽派十五世孫煌奉婺源廟祀康熙二十九年授閩派十八世孫潔主建安廟祀闕氏三人康熙五十八年授關公羽五十七世孫爵七洛陽廟祀雍正四年授五十二世孫居斌奉解州廟祀十三年授五十二世孫朝泰主當陽廟祀其屬於孔氏者又有太常寺世襲博士一人正七品順治九年以孔允銘暫主聖澤書院祀康熙二十六年授六十七世孫毓琮國子監學正一人正八品順治八年授六十五世孫允齊由衍聖公保舉尼山書院學錄正八品順治元年授六十二世孫聞然由衍聖公咨送弟姪題補洙泗書院學錄順治元年授六十四世孫尚澄世襲六品官由衍聖公揀選族人充補各一人孔顏曾孟四氏教授正七品學錄乾隆六年陞補學錄由衍聖公咨送孔氏生員題補後改由移送撫臣驗看送部具題各一人衍聖公掌奉至聖闕里廟祀聖賢後裔翰博各掌奉其先世祀事聖裔太常博士掌奉聖澤書院祀國子監學正掌奉儀封聖廟祀學錄分掌尼山洙泗兩書院祀世襲六品官掌分獻崇聖祠四氏教授學錄掌訓課四氏生徒執事官掌祭祀分獻並司爵帛香祝司樂掌樂章樂器典籍掌書籍及禮生管勾掌祀田錢穀出入百戶掌陵廟戶籍典守樂器祭祀則司滌濯知印掌書書寫掌文書印信奏差掌齎表箋章疏隨朝伴官掌隨從朝覲辦事順治元年復衍聖公及四氏翰博等爵封命孔允植入覲班列閣臣上明年改錫三臺銀印十六年改滿漢文三臺銀印乾隆十四年復改清漢篆文三臺銀印九年世祖視學釋奠召衍聖公孔興燮及四氏博士赴京陪祀觀禮自後以為常十三年依例授光祿大夫康熙六十一年定錫廕視正一品蔭一子五品官著為例舊制衍聖公錫廕依正二品雍正八年以崇奉祀典廣置聖廟執事官各按品級給予章服乾隆二十一年改世職知縣孔傳令為世襲六品官先是曲阜知縣為世職由衍聖公選族人題授至是改為在外揀選調補五十年詔博士有枉法褻職者革職治罪者停其承襲定例衍聖公歸長子襲北宗博士次子襲太常博士三子襲餘並以嫡子襲東野氏及聖門各賢裔由衍聖公達部上名餘各報部云

欽天監 管理監事王大臣一人特簡監正初制滿員四品康熙六年陞三品九年滿漢並定正五品左右監副初制三品康熙六年陞四品九年定正六品俱滿漢各一人其屬主簿廳主簿正八品滿漢各一人時憲科五官正從六品滿蒙各二人漢軍一人漢一人春官正夏官正中官正秋官正冬官正並從六品滿漢各一人司書正九品漢一人博士從九品滿洲四人蒙古二人漢軍一人漢十有六人天文科五官靈臺郎從七品滿洲二人蒙古漢軍各一人漢四人監候正九品漢一人博士滿洲四人漢二人漏刻科挈壺正從八品滿蒙各一人漢二人司晨從九品漢軍一人漢七人筆帖式滿洲十有一人蒙古四人漢軍二人天文生食九品俸滿蒙各十有六人漢軍八人漢二十有四人食糧天文生漢五十有六人食糧陰陽生漢十人並給九品冠帶助教聽助教一人教習二人監正掌治術數典曆象日月星辰宿離不貸歲終奏新曆送禮部頒行監副佐之時憲科掌度驗歲差以均節氣製時憲書以國書蒙文譯布告滿蒙五官正司之推算日月交食七政相距衝退留伏交宮同度漢五官正司之頒之四方天文科掌觀天象書雲物禨祥率天文生登觀象臺凡晴雨風雷雲霓暈珥流星異星彙錄冊簿應奏者送監密疏上聞漏刻科掌調壺漏測中星審緯度祭祀朝會營建諏吉日辨禁忌主簿掌章奏文移籍員數天文生分隸三科掌司觀候推算陰陽生隸漏刻科掌主譙樓直更監官以時考其術業而進退之助教掌分教算學諸生初順治元年設欽天監分天文時憲漏刻回回四科置監正監副五官正保章正挈壺正靈臺郎監候司晨司書博士主簿等官並漢人為之行文具題隸禮部是歲仲秋朔日食以西人湯若望推算密合大統回回兩法時刻俱差令修時憲領監務十四年省回回科改其職隸秋官正尋復舊制十五年定與禮部分析職掌康熙二年仍屬禮部明年增置天文科滿洲官五人滿員入監自此始又明年定滿漢監正各一人左右監副各二人主簿各一人滿蒙五官正各二人省回回科博士仍隸秋官正置漢軍秋官正一人春夏中秋冬五官正漢各一人滿洲靈臺郎三人乾隆四十七年改一人為蒙古員缺漢軍一人漢四人滿洲挈壺正二人乾隆四十七年改一人為蒙古員缺漢二人漢監候一人保章正二人正八品十四年省司書二人十四年省一人漢軍司晨一人漢一人十四年省滿洲博士十六人乾隆四十七年改一人為蒙古員缺漢軍二人漢三十有六人尋省十四人五年復置二人通舊二十有四人並定監官升轉不離本署積勞止加升銜著為例先是新安衛官生楊光先請誅邪教鎸若望職至是以光先為監副尋陞監正仍用回回法南懷仁具疏訟冤八年復能光先以南懷仁充漢監正更名監修用西法如初雍正三年實授西人戴進賢監正去監修名八年增置西洋監副一人乾隆四年置漢算學助教一人隸國子監十年定監副以滿漢西洋分用十八年省滿漢各一人增西洋二人分左右四十四年更命覲王領之道光六年仍定滿漢監正各一人左右監副各二人時西人高拱宸等或歸或沒本監已諳西法遂止外人入官光緒三十一年改國子監助教始來隸

太醫院 管理院事王大臣一人特簡院使初制正五品宣統元年陞正四品左右院判初制正六品宣統元年陞正五品俱漢一人其屬御醫十有三人內廳首領醫事二人初制正八品雍正七年陞七品給六品冠帶宣統元年陞正六品吏目二十有六人內廳首領醫事一人初制八品九品各十有三人宣統元年改八品為七品九品為八品醫士二十人內廳首領醫事一人給從九品冠帶醫生三十人院使院判掌考九科之法帥屬供醫事御醫吏目醫士各專一科曰大方脈小方脈傷寒科婦人科瘡瘍科鍼灸科眼科咽喉科正骨科是為九科初設十一科後痘疹科歸小方脈咽喉口齒併為一科掌分班侍直給事宮中曰宮直給事外廷曰六直西苑壽藥房以本院官二人直宿順治元年置院使左右院判各一人吏目三十人十八年省二十人康熙九年復十四年省十二人雍正元年又復故豫授吏目十人十八年省康熙九年復故三十一年又省御醫十人康熙五十三年省二人雍正元年復故七年增五人道光二十三年省二人醫士二十人十八年省二十人康熙九年復故四年省十人雍正元年增二十人凡藥材出入隸禮部十六年改歸本院十八年生藥庫復隸禮部康熙三年定直省歲解藥材並折色錢糧由戶部收儲付庫雍正七年定八品吏目十人九品二十人後定各十三人乾隆五十八年命內府大臣領院務宣統元年院使張仲元疏請變通舊制特崇院使以次各官品秩初制入院肄業考補恩糧歷時甚久軍營刑獄醫士悉由院簡選光緒末葉民政部醫官陸軍部軍醫司長與院使院判品秩相等至是釐定崇內廷體制也又定制院官遷轉不離本署同治間曾議吏目食俸六年陞用按察司經歷州判嗣以與素所治相剌謬寢

壇廟官 天壇尉地壇尉各八人五品一人六品七人太廟尉十人四品二人五品八人社稷壇尉五人五品一人六品四人並隸太常寺堂子尉八人七品二人八品六人隸禮部俱滿員掌管鑰守衛直宿朔望奉籥以行禮天壇地壇朝日壇夕月壇先農壇各祠祭署奉祀從七品祀丞從八品俱各一人日月二壇祀丞後省帝王廟祠祭署無專員以漢贊禮郎司樂內一人委充並隸樂部俱漢員掌典守神庫以時巡視督役氾埽凡葺治牆宇樹藝林木並敬供厥事四品尉以五品序陞六品等尉其下以是為唯太廟尉以各壇六品尉及各部院休致郎員間次選授吏部八旗番遞除授奉祀以祀丞序陞祀丞以祝板生番選除授

陵寢官 三陵總理事務大臣盛京將軍兼光緒三十年改歸東三省總督承辦事務衙門大臣光緒三十一年改盛京守護大臣置各一人主事委署主事各一人讀祝官八人贊禮郎十有六人四品五品七品官各一人六品官四人外郎九人舊置戶部六品官二人禮部六七品官工部四五六品官各一人又戶禮工三部外郎二十人光緒三十一年省外郎十有一人自讀祝以下並改隸三陵總理事務衙門永陵掌關防官四品副關防官兼內管領正五品副關防官兼尚膳正五品尚茶副尚膳副內管領並八品各一人筆帖式二人福陵昭陵掌關防官各一人副關防官各二人五品尚茶正尚膳正並五品尚茶副尚膳副內管領正五品副內管領俱各一人筆帖式各二人掌守衛三陵凡班直嬰獻氾埽以時分司其事

東陵總管大臣一人泰寧鎮總兵兼內務府大臣簡充承辦事務衙門禮部主事筆帖式各二人石門衛署工部郎中一人員外郎筆帖式各四人昭西陵內務府掌關防郎中嘉慶十五年調往裕陵仍管昭西陵事務員外郎主事尚茶正尚膳正並四品內管領各一人筆帖式二人禮部郎中一人員外郎讀祝官各二人贊禮郎筆帖式各四人工部郎中一人孝陵內務府掌關防郎中員外郎主事尚茶正尚膳正內管領副內管領正六品各一人筆帖式二人禮部郎中一人員外郎讀祝官各二人贊禮郎四

人筆帖式二人工部員外郎一人孝東陵內務府掌關防郎中員外郎主事尙茶正尙膳正尙茶副尙膳副並正七品內管領副內管領各一人筆帖式二人禮部員外郎讀祝官各二人贊禮郎筆帖式各四人工部員外郎一人景陵內務府總管從五品員外郎主事尙茶正內管領副內管領各一人尙膳正筆帖式各二人禮部郎中一人員外郎讀祝官各二人贊禮郎筆帖式各四人工部員外郎一人景陵皇貴妃園寢內務府員外郎尙膳正各一人禮部讀祝官二人贊禮郎三人景陵妃園寢內務府尙茶副尙膳副內管領委署副內管領七品銜各一人禮部讀祝官二人贊禮郎三人筆帖式二人裕陵內務府掌關防郎中員外郎主事尙茶正尙膳正內管領副內管領各一人筆帖式二人禮部郎中一人員外郎讀祝官各二人贊禮郎筆帖式各四人工部員外郎一人裕陵皇貴妃園寢內務府尙茶副尙膳副並七品副內管領委署副內管領各一人禮部讀祝官二人贊禮郎二人端慧皇太子園寢內務府內管領副內管領尙茶副尙膳副各一人禮部讀祝官二人贊禮郎三人定陵內務府掌關防郎中員外郎主事尙茶正尙膳正內管領副內管領各一人筆帖式二人禮部郎中員外郎讀祝官各二人贊禮郎四人普祥峪定東陵內務府掌關防郎中員外郎主事尙茶正尙膳正內管領各一人筆帖式二人禮部員外郎讀祝官各二人贊禮郎四人菩陀峪定東陵內務府掌關防郎中員外郎主事尙茶正尙膳正內管領各一人筆帖式二人禮部員外郎讀祝官各二人贊禮郎四人定陵妃園寢內務府副管領委署副內管領尙茶副尙膳副各一人禮部讀祝官二人贊禮郎三人惠陵內務府掌關防郎中員外郎主事尙茶正尙膳正內管領各一人筆帖式二人禮部郎中一人員外郎讀祝官各二人贊禮郎四人惠陵妃園寢禮部讀祝官二人贊禮郎三人內務府不設官暫選領催一人閑散拜唐阿一人西陵總管大臣泰寧鎮總兵兼內務府大臣簡充承辦事務衙門主事委署主事各一人筆帖式四人易州衙署工部郎中一人員外郎三人主事一人筆帖式二人泰陵內務府總管員外郎主事尙茶正尙膳正尙茶副九品尙膳副九品內管領副內管領各一人筆帖式二人禮部郎中員外郎各一人讀祝官二人贊禮郎筆帖式各四人工部郎中主事各一人泰東陵內務府掌關防郎中員外郎主事尙茶正尙膳正尙茶副尙膳副內管領各一人筆帖式二人禮部員外郎讀祝官各二人贊禮郎筆帖式各四人工部員外郎一人泰陵皇貴妃園寢內務府主事副內管領各一人禮部主事一人讀祝官二人贊禮郎三人工部主事一人昌陵內務府掌關防郎中員外郎主事尙茶正尙茶副尙膳副內管領副內管領各一人尙膳正筆帖式各二人禮部郎中一人員外郎讀祝官各二人贊禮郎筆帖式各四人工部員外郎一人昌西陵內務府掌關防郎中員外郎主事尙茶正尙膳正尙茶副尙膳副內管領各一人筆帖式二人禮部員外郎讀祝官各二人贊禮郎四人工部員外郎一人昌陵皇貴妃園寢內務府主事副內管領各一人禮部讀祝官二人贊禮郎三人慕陵內務府掌關防郎中員外郎主事尙茶正尙茶副尙膳副內管領內副管領各一人尙膳正筆帖式各二人禮部郎中一人員外郎讀祝官各二人贊禮郎四人工部員外郎一人慕東陵內務府掌關防郎中員外郎主事尙茶正尙膳正內管領各一人尙茶副尙膳副委署副內管領筆帖式各二人禮部員外郎讀祝官各二人贊禮郎四人工部主事一人後省慕東陵皇貴妃園寢內務府尙茶副尙膳副委署副內管領各一人禮部讀祝官二人贊禮郎三人東陵宗室主事昭西陵宗室員外郎泰陵宗室員外郎主事各一人餘並滿洲員缺總管大臣掌督帥官兵巡防徼以翊衞陵寢內務府官掌奉祭祀奠享之禮司埽除開闔禮部官掌判署文案監視禮儀歲供品物以序祀事工部官掌修葺繕治凡祭祀供厥楮幣順治十三年置福陵昭陵掌關防等官康熙二年復置各陵寢內府禮部工部司官光緒三十一年改盛京戶禮工三部陵寢官隸總理三陵事務衙門宣統三年陵寢郎員主各缺並改隸內務府帶禮部工部銜如故

僧錄司正印副印各一人正六品左右善世正六品闡教從六品講經正八品覺義從八品俱二人道錄司一人正六品左右正一正六品演法從六品至靈正八品至義從八品俱二人分設各城僧道協理各一人僧官兼善世等銜道官兼正一等銜給予部劄協理給予司劄龍虎山正一眞人正三品提點提舉法籙局提舉由太清宮法官充補各一人副理二人贊教四人知事十有八人自提點以下並由正一眞人保舉報部給劄初天聰六年定各廟僧道以僧錄司道錄司綜之凡諳經義守清規者給予度牒順治二年停度牒納銀例八年授張應京正一嗣教大眞人掌道教康熙十三年定僧錄司道錄司員缺及以次遞補法十六年詔令僧錄司道錄司稽察設教聚會嚴定處分雍正九年嘉法官婁近垣忠誠授四品提點尋封妙正眞人十年定提點以次員缺乾隆元年酌復度牒並授正一眞人光祿大夫妙正眞人通議大夫五年正一眞人詣京祝萬壽鴻臚寺卿梅縠成疏言道流卑賤不宜濫廁朝班於是停朝覲筵宴例十七年改正一眞人爲正五品不許援例請封三十一年以法官品秩較崇復陞正一眞人正三品三十九年眞人府監紀司張克誠留京置協理提點二人四十二年授克誠提點兼京畿道錄司省協理

清史稿

職官志三 外官

順天府　奉天府

總督　巡撫

學政　布政使

按察使　鹽運使

道　府

州　縣

儒學　巡檢

驛丞　庫倉稅課河泊各大使

牐官　醫學

陰陽學　僧綱司

道紀司

順天府　兼管府尹事大臣漢大學士尙書侍郎內特簡尹正三品丞正四品俱各一人其屬治中正五品通判正六品經歷司經歷從七品照磨所照磨司獄司司獄並從九品俱各一人並漢員儒學教授正七品訓導從八品滿漢各一人所轄四路廳正五品二十州縣正七品各一人在京者大興宛平二縣知縣各一人正六品縣丞正七品四人大興一人宛平三人巡檢從九品七人大興三人宛平四人典史閘官崇文門副使俱未入流副使後隸監督各一人尹掌清肅邦畿布治四路帥京縣頒政令條教歲立春迎春東郊天子耕耤具耒耜絲鞭奉靑箱播種禮畢率庶人終畝田賦出納以時勾稽上其要於戶部治鄉飲典禮鄉試充監臨官丞掌學校政令鄉試充提調官治中掌武府事紀綱衆務兼鄉會試場務通判掌土牙稅平禁爭僞經歷照磨掌出納文書司獄掌罪囚籍錄儒學掌京畿黌序文武生月課其藝射不帥教者戒飭之三歲報優劣於學政大興宛平二縣各掌其縣之政令與五城兵馬司分壤而治品秩服章視外縣加一等初世祖奠鼎燕京建順天府置尹一人丞一人兼提督學政銜乾隆五十八年停別置學政丞止中遊童生治中三人通判三人順治六年留管糧一人省馬政軍匠各一人經歷照磨司獄各一人推官知事並從六品檢校從九品以上三員俱康熙六年省遞運所大使康熙三十八年省庫大使康熙三十九年省張家灣宣課司大使康熙四十年省以上三員俱未入流各一人儒學漢教授一人訓導六人順治二年省四人康熙四年俱省五年復置一人京衞武學漢教授一人訓導二人順治二年省康熙十五年復置一人轄大興宛平二縣知縣各一人縣丞各一人雍正四年增宛平管河一人嘉慶十三年復增宛平管河一人巡檢七人主簿順治三年省典史閘官詳內務府各一人順治六年省治中二人康熙十五年始以昌平等十九州縣來隸二十七年置東西南北四路同知雍正元年特簡大臣領府事號兼尹三年改京衞武學爲府武學明年省武學教授訓導官增府儒學教授訓導滿洲各一人乾隆八年定爲二十四州縣隸府嘉慶十八年定所屬官吏歸尹考察光緒元年省治中別設驛巡道宣統二年罷兼尹

奉天府　兼管府事大臣一人盛京五部侍郎內特簡後歸將軍兼管尹滿洲一人丞漢一人其屬治中闈場通判庫大使經歷司獄巡檢兼司獄府學教授各一人所轄海防同知軍糧同知各一人承德縣知縣典史各一人尹掌留都治化與其禁令小事決之大事以聞丞掌主學校兼稽宗室覺羅官學義學治中以次各官所掌視順天府初建盛京順治十年設遼陽府十四年更名奉天府置尹一人經歷教授訓導康熙三年省各一人康熙二年置丞一人治中通判推官六年省各一人設承德縣附郭置知縣典史各一人巨流河巡檢一人乾隆四十二年省七年增府司獄一人二十八年定府丞主奉天考試事乾隆二十七年詔府尹受將軍節度明年增興京理事廳通判一人光緒二年省三十年始以侍郎爲兼尹著爲令光緒二年省治中別設驛巡道改命將軍兼管加兼尹總督銜府尹二品銜以兵部侍郎右副都御史行巡撫事三十一年改行省罷尹丞置知府宣統元年省教佐各官越明年省承德縣

總督從一品掌釐治軍民綜制文武察舉官吏修飭封疆標下有副將參將等官

巡撫從二品掌宣布德意撫安齊民修明政刑興革利弊考覈羣吏會總督以詔廢置標下有參將游擊等官其三年大比充監臨官武科充主試官督撫同初沿明制督撫繫右都御史右副都御史右僉都御史銜無定員順治十年論會

推督撫不拘品秩擇賢能者具題康熙元年停巡撫提督軍務加工部銜不置總督省分隸轄副將以下等官十二年復故並設撫標左右二營三十一年定總督加銜制由各部左右侍郎授者改兵部左右侍郎由巡撫授者陞兵部右侍郎兼都察院右副都御史乾隆十三年定大學士兼管總督者仍帶原銜明年改授右都御史銜其兵部尙書銜由吏部疏請定奪嘉慶十四年定以二品頂戴授者兼兵部侍郎銜俟陞品秩再加尙書銜光緒三十二年更名陸軍部尙書銜宣統二年停七年定山陝督撫專用滿員雍正元年定巡撫加銜制由侍郎授者改兵部右侍郎兼右副都御史銜由學士副都御史及卿員布政使等官授者俱爲右副都御史由左僉都御史或四品京堂按察使等官授者俱爲右僉都御史乾隆十四年定巡撫不由侍郎授者俱兼右副都御史其兵部侍郎銜疏請如總督光緒三十二年更名陸軍部侍郎銜宣統二年停時西安有同署巡撫者山東山西並有協辦巡撫之目非制也是歲諭山陝督撫參用蒙古漢軍漢人纂爲令甲乾隆十八年以漕運河道總督無地方責授銜視巡撫嘉慶十二年定由尙書授者應否兼兵部尙書銜疏請如總督光緒二十四年加總理各國事務衙門大臣銜尋罷三十二年定辟除掾屬分曹治事制條爲十科曰交涉曰吏曰民曰度支曰禮曰學曰軍政曰法曰農工商曰郵傳各置參事秘書是爲幕職宣統二年充會辦鹽政大臣兼職尋亦罷初河南山東山西等省專置巡撫無統轄營伍權以提督爲兼銜直隸四川甘肅等省專置總督吏治歸其考覈以巡撫爲兼銜而巡撫例受總督節度寖至同城巡撫僅守虛名卽分省者軍政民事亦聽總督主裁文宗親政命浙江安徽江西陝西湖南廣西貴州各巡撫節制鎭協武職總督兼轄省分由巡撫署考會題校閱防剿定爲專責職權漸崇光緒季年裁同城巡撫其分省各權幾與總督埒所謂兼轄奉行文書已耳宣統間軍政鹽政厚集中央督撫權削矣

總督東三省等處地方兼管三省將軍奉天巡撫事一人康熙元年置將軍詳武職光緒二年兼管兵刑二部及府尹以兵部尙書都察院右都御史行總督事三十二年建行省改將軍曰總督授爲欽差大臣隨時分駐三省行臺宣統二年發奉天巡撫事初建行省置巡撫一人主是省

總督直隸等處地方提督軍務糧饟管理河道兼巡撫事一人順治五年置直隸山東河南三省總督駐大名十五年改爲直隸巡撫十七年徙眞定明年復置總督於大名康熙三年仍爲三省總督八年省移巡撫還駐保定五十四年加巡撫以總督銜不爲例雍正元年詔嘉李維鈞勤愼特授總督自是爲永制四年以禮部右侍郎協理總督不爲常曰乾隆十四年令兼河道二十八年詔依四川例兼管巡撫事咸豐三年兼管長蘆鹽政同治九年加三口通商事務授爲北洋通商大臣駐天津冬令封河還駐保定初置有宣大總督順天保定宣府三巡撫順治八年省宣府巡撫以宣大總督兼其事十三年省宣大總督令順天巡撫兼之十八年省順天巡撫歸保定巡撫兼管後亦省

總督兩江等處地方提督軍務糧饟操江統轄南河事務一人順治二年以內閣大學士洪承疇總督軍務招撫江南各省尋改應天府爲江寧駐南直隸省府尹四年置江南江西河南三省總督駐江寧九年徙南昌時號江西總督已復駐江寧十八年江南江西分置總督康熙元年加江南總督操江事務初置鳳廬巡撫駐淮安以操江管巡撫事領之六年省歸漕督至是始來隸四年復併爲一十三年復分置二十一年仍合尋定名兩江總督雍正元年以綜治江蘇安徽江西三省加兵部尙書兼都察院右都御史道光十一年兼兩淮鹽政同治五年加五口通商事務授爲南洋通商大臣與北洋遞峙焉

總督陝甘等處地方提督軍務糧饟管理茶馬兼巡撫事一人順治元年置陝西總督駐固原兼轄四川十四年徙漢中康熙三年更名山陝總督兼轄山西還駐西安十四年改爲陝甘總督時山西別置總督十九年仍改陝甘爲山陝省山西總督入之轄四川如故雍正元年以綜治陝西甘肅四川三省加兵部尙書兼都察院右都御史三年授兵部尙書岳鍾琪爲總督先是定爲滿缺參用漢人自此始九年諭仍專轄陝甘十四年復轄四川更名川陝甘總督乾隆十三年西陲用兵仍置陝西總督十九年省甘肅巡撫移陝甘總督駐蘭州兼甘肅巡撫事二十四年別置甘肅總督兼轄陝西駐肅州移川陝總督駐四川尋復定名陝甘總督還駐蘭州仍兼巡撫事光緒八年新疆建行省復兼轄之

總督閩浙等處地方提督軍務糧饟兼巡撫事一人順治二年置福建總督駐福州兼轄浙江五年更名福浙總督徙衢州兼轄福建十五年兩省分置總督福建總督駐漳州浙江總督駐溫州康熙十一年移福建總督駐福州明年省浙江總督二十六年改福建總督爲福建浙江總督雍正五年特授李衛總督浙江整飭軍政吏治並兼巡撫事郝玉麟以浙閩總督專轄福建十二年復省浙江總督仍合爲一乾隆元年詔依李衛例特授嵇曾筠爲浙江總督郝玉麟仍專轄福建三年嵇曾筠入閣郝玉麟仍總督閩浙如故閩浙或分或合至是始爲永制光緒十一年省福建巡撫並兼巡撫事

總督湖北湖南等處地方提督軍務糧饟兼巡撫事一人順治元年置湖廣總督駐武昌康熙七年省九年復置十九年改川湖總督復爲湖廣總督還駐武昌二十六年更名湖北湖南總督光緒三十年兼湖北巡撫事

總督四川等處地方提督軍務糧饟兼巡撫事一人順治元年置四川巡撫駐成都不置總督十年以川省兵馬錢糧皆從陝西調發詔陝西總督孟喬芳兼督四川十四年停陝督兼轄專置四川總督駐重慶康熙七年更名川湖總督徙荊州九年還駐重慶十三年四川省會別置總督一人十九年省隸陝甘總督其川湖總督省歸湖廣總督兼理雍正九年復置駐成都十三年又省乾隆十三年以金川用兵始定爲專缺兼管巡撫事二十四年兼轄陝西尋停兼轄宣統元年以將軍所轄松潘建昌二鎭阜和協所屬各營建昌松茂二道府廳州縣改隸之

總督兩廣等處地方提督軍務糧饟兼巡撫事一人順治元年置廣東總督駐廣州兼轄廣西十二年徙梧州康熙二年別置廣西總督移廣東總督駐廉州三年復併爲一駐肇慶雍正元年復分置明年仍合七年以苗患令雲貴總督兼轄廣西十二年仍隸廣東光緒三十一年兼廣東巡撫事

總督雲貴等處地方提督軍務糧饟兼巡撫事一人順治十六年置經略尋改總督兩省互駐康熙元年分置雲南總督駐曲靖貴州總督駐安順三年復併爲一徙貴陽十二年仍分置尋復故二十六年徙雲南府雍正十年上嘉鄂爾泰才以雲貴總督兼制廣西給三省總督印十二年仍轄兩省以經略苗疆授張廣泗爲貴州總督兼巡撫事尹繼善爲雲南總督專轄雲南十二年復故光緒三十一年兼雲南巡撫事

總督漕運一人掌治漕輓以時稽覈催趲綜其政令標下官同總督順治元年遣御史巡漕尋置總督駐淮安四年以滿洲侍郎一人裏治漕務八年省十三年復置十八年又省六年兼鳳廬巡撫事十六年停兼職康熙二十一年定糧艘過淮總漕隨運述職咸豐十年令節制江北鎭道各官光緒三十年以淮徐盜警改置巡撫明年省

河道總督江南一人山東河南一人直隸河道以總督兼理掌治河渠以時疏濬隄防綜其政令營制視漕督順治元年置總河駐濟甯康熙十六年移駐清江浦二十七年還駐濟甯令協理侍郎開音布等駐其地三十一年總河並駐之三十九年省協理四十四年兼理山東河道雍正二年置副總河駐武涉專理北河七年改總河爲總督江南河道駐清江浦副總河爲總督河南山東河道駐濟甯分管南北兩河八年增置直隸正副總河爲河道水利總督駐天津自是北河南河東河爲三督九年置北河副總河駐固安並置東河副總河移南河副總河駐徐州十二年移河東總督駐兗州乾隆二年省副總河厥後省置無恆十四年省直隸河道總督咸豐八年省南河河道總督光緒二十四年省河東河道總督尋復置二十八年又省河務無專官矣

巡撫江蘇等處地方提督軍務兼理糧饟一人順治元年置江南巡撫駐蘇州轄江甯蘇州松江常州鎭江五府十八年江南分省更名江蘇巡撫

巡撫安徽等處地方提督軍務節制各鎭兼理糧饟一人順治元年置操江兼巡撫安徽甯池太廣駐安慶康熙元年省操江所部十二營改隸總督始置安徽巡撫嘉慶八年以距壽春鎭窵遠加提督銜

巡撫山東等處地方提督軍務糧饟兼理營田一人順治元年置駐濟甯時海防巡撫駐登州九年省康熙四十四年管理山東河道五十三年兼臨清關務乾隆八年依山西河南例加提督銜

巡撫山西等處地方提督軍務兼理糧饟一人順治元年置巡撫駐太原提督雁門等關雍正十二年管理提督事務通省武弁受節度

巡撫河南等處地方提督軍務糧饟兼理河道屯田一人順治元年置駐開封康熙十七年定管理河南歲修工程雍正四年加總督銜不爲例尋省十三年復置乾隆五年以盜警加提督銜

巡撫陝西等處地方提督軍務節制各鎭兼理糧饟一人順治元年置駐西安定爲滿缺雍正九年以兵部尙書史貽直署巡撫參用漢人自此始

巡撫新疆等處地方提督軍務兼理糧饟一人順治元年置甘肅巡撫駐甘州衛雍正二年改衛爲府五年徙蘭州康熙元年移駐涼州衛後亦改府五年還駐蘭州尋改駐鞏昌十九年仍回蘭州四十四年兼管茶馬事乾隆十九年省移陝甘總督來駐兼巡撫事光緒十年新疆建行省置甘肅新疆巡撫駐烏魯木齊初置有延綏巡撫甯夏巡撫各一人康熙間俱省

巡撫浙江等處地方提督軍務節制水陸各鎭兼理糧饟一人順治元年置駐杭州雍正五年改總督十三年仍爲巡撫兼總督銜乾隆元年復置總督三年復故

巡撫江西等處地方提督軍務節制各鎭兼理糧饟一人順治元年置駐南昌轄十一府康熙三年兼轄南安贛州初置南贛巡撫至是省入乾隆十四年加提督銜

巡撫湖南等處地方提督軍務節制各鎭兼理糧饟一人順治元年置偏沅巡

撫駐偏橋鎮同時置撫治鄖陽都御史駐沅州以控湘蜀豫晉之交十八年省康熙十五年以盜警復置十九年又省康熙三年湖南分省移駐長沙雍正二年更名湖南巡撫令節制各鎮

巡撫湖北等處地方提督軍務兼理糧餉一人順治元年置湖廣巡撫駐武昌康熙三年更名湖北巡撫光緒二十四年省尋復置三十二年又省

巡撫廣東等處地方提督軍務兼理糧餉一人順治元年置駐廣州雍正二年兼太平關務光緒二十四年省尋復置三十一年以廣西軍務平又省

巡撫廣西等處地方提督軍務兼理糧餉加節制通省兵馬銜一人順治元年置駐桂林六年省鳳陽巡撫標兵來隸雍正九年令節制通省兵馬

巡撫雲南等處提督軍務兼理糧餉一人順治元年置駐雲南府雍正四年命江蘇布政使鄂爾泰爲巡撫兼總督事十年陞總督兼巡撫事張廣泗繼之亦兼巡撫乾隆十二年始授圖爾炳阿爲巡撫光緒二十四年省尋復置三十年又省

巡撫貴州等處地方提督軍務兼理糧餉加節制通省兵馬銜一人順治十五年置十八年停提督軍務乾隆十二年以苗患復之明年加受必達節制通省兵馬銜十八年着爲例

巡撫臺灣等處地方提督軍務兼理糧餉一人順治元年置福建巡撫駐福州光緒元年移駐臺北十一年臺灣建行省改福建巡撫爲臺灣巡撫兼學政事其福建巡撫事歸閩浙總督兼管二十一年棄臺灣省巡撫

提督學政省各一人以侍郎京堂翰詹科道部屬等官進士出身人員內簡用各帶原銜品級掌學校政令歲科兩試巡歷所至察師儒優劣生員勤惰升其賢者能者斥其不帥教者凡有興革會督撫行之初各省並置督學道緊按察使僉事銜各部郎中進士出身者補用惟直隸差督學御史一人後稱順天學政順治十年改用翰林編檢中贊講讀並差乾隆以來多用卿貳江南江北二人順治十年改用翰林官明年仍用僉事康熙元年省併爲一二十四年復用翰林官雍正三年析置江蘇安徽各一人稱學院順治七年定學道考選部屬制由內閣與吏禮二部會考選禮部二人戶兵刑工各一人十六年停十五年省宣大學政歸山西學道兼理康熙元年併湖北湖南提學道爲一更名湖廣提學道雍正二年復分置明年命奉天府丞主考試事省陝西臨鞏學政改歸西安學道兼理二十三年停督學論俸補授例並定浙江改用翰林官依順天江南北例稱學院其各省由部屬道府任者仍爲學道三十九年定翰林與部屬並差雍正四年各省督學並更名學院凡部屬任者俱加編修檢討銜自是提學無道銜矣明年命巡察御史兼理臺灣學政乾隆十七年改臺灣道兼理光緒十二年巡撫兼學政事七年改廣東學政爲廣韶學政增置肇高學政一人乾隆十六年復併爲一光緒二年增置甘肅學政一人先是甘肅歲科試由陝西學政兼理至是始置三十一年省奉天府承增置東三省學政一人是歲罷科舉興學校改學政爲提學使詳新官制初置有提督滿洲蒙古繙譯學政以滿洲侍讀侍講充雍正元年省

承宣布政使司布政使省各一人從二品其屬經歷司經歷正六品都事從七品照磨所照磨從八品理問所理問從六品庫大使正八品倉大使從九品各一人布政使掌宣化承流帥府州縣官廉其錄職能否上下其考報督撫上達吏部三年賓興提調考試事升賢能上達禮部十年會戶版均稅役登民數田數上達戶部凡諸政務會督撫議行經歷都事掌出納文移照磨掌照刷案卷理問掌推勘刑名庫大使掌庫藏籍帳倉大使掌稽檢倉庾初直隸不置布政使置口北道一人司度支兼山西布政使銜雍正二年改從直隸布政使銜各省置左右布政使一人貴州事簡不置右布政使左右參政參議因事酌置守道並兼參政參議銜所屬經歷江甯蘇州湖南甘肅不置都事福建河南各一人照磨浙江福建湖北山西四川甘肅各一人檢校正九品雍正二年省理問副理問從七品康熙三十八年省庫大使倉大使寶源局大使正九品康熙三十八年省因時因地省置無恆順治三年罷南直隸舊設部院遣侍郎滿漢各一人駐江甯治事至是省定置左右布政使各一人十八年江南分省右布政使徙蘇州左仍駐江甯康熙二年陝西分省右布政使徙鞏昌分治甘肅明年湖廣分省右布政使徙長沙分治湖南六年改江南右布政使爲江蘇布政使左爲安徽布政使陝西左布政使爲西安布政使右爲鞏昌布政使湖廣左布政使爲湖北布政使右爲湖南布政使並定山東山西河南江蘇安徽江西福建浙江湖北湖南四川廣東廣西雲南貴州各一人陝西二人罷左右繫銜名曰守道七年定山西陝西甘肅爲滿洲缺雍正元年授胡期恆陝西布政使明年授高成齡山西布政使又明年授孔毓璞甘肅布政使參用漢人自此始八年置直隸守道一人綜司度支改西安布政使爲陝西布政使徙鞏昌布政使駐蘭州爲甘肅布政使雍正二年改直隸守道爲布政使乾隆十八年停各省守道兼布政使參政參議銜二十五年以江甯錢穀務劇增置布政使一人析江淮揚徐通海六府州隸之蘇松常鎮太五府仍隸蘇州布政使其安徽布政使回治安慶光緒十年新疆建行省增置甘肅新疆一人駐烏魯木齊十三年臺灣建行省增置福建臺灣一人駐臺北三十一年棄臺灣省三十年命江甯布政使兼理江淮布政使事尋罷宣統二年各省設財政公所或名度支公所分曹治事以布政使要其成間省經歷等官

提刑按察使司按察使省各一人正三品其屬經歷司經歷正七品知事正八品照磨所照磨正九品司獄司司獄從九品各一人按察使掌振揚風紀澄清吏治所至錄囚徒勘辭狀大者會藩司議以聽於部院兼領闔省驛傳三年大比充監試官大計充考察官秋審充主稾官知事掌勘察刑名司獄掌檢察繫囚經歷照磨所司視藩署初直隸不置按察使置大名巡道兼河南按察使銜通永天津巡道兼山東按察使銜霸昌井陘巡道兼山西按察使銜雍正二年改置直隸按察使銜各省置按察使一人副使僉事因事酌置巡道並兼副使僉事銜所屬經歷安徽湖南甘肅貴州不置知事江西福建山西廣東廣西一人照磨安徽福建浙江湖南甘肅貴州各一人檢校康熙六年定江西福建山西陝西各一人三十九年省司獄因時因地省置無恆順治三年增置江甯按察使一人康熙三年增置江北按察使駐泗州湖廣按察使駐長沙甘肅按察使駐鞏昌六年定江蘇安徽湖北湖南陝西甘肅浙江江西福建山東山西河南四川廣東廣西雲南貴州各一人名曰巡道徙安徽按察使駐安慶七年定山西陝西甘肅爲滿洲缺雍正元年授高成齡山西按察使二年授費金吾陝西按察使張適甘肅按察使參用漢人自此始八年增置直隸巡道一人綜司刑名徙甘肅按察使駐蘭州雍正二年改直隸巡道爲按察使八年江蘇按察使徙蘇州江甯隸此乾隆十八年停各省巡道兼按察使副使僉事銜咸豐三年加安徽甯池太廣道按察使銜後改皖南道同治五年加奉天奉錦山海道按察使銜後改錦新營口道光緒十三年福建臺灣道甘肅新疆道並加按察使銜三十年加江蘇淮揚海道按察使銜福建臺灣道後省餘並改提法使銜宣統三年更名提法使間省經歷等官

都轉鹽運使司鹽運使從三品奉天直隸山東兩淮兩浙廣東四川各一人鹽法道江南江西福建湖北湖南河南山西陝西四川廣西雲南各一人甘肅二人兼分守地方者二分巡地方者六詳道員運同從四品長蘆山東廣東分司各一人運副從五品兩浙分司一人監掣同知正五品山西河東兩淮淮南淮北各一人鹽課提舉司提舉從五品雲南三人分司石膏黑鹽白鹽三井運判從六品直隸薊永分司兩淮海州通州泰州分司兩浙嘉松分司各一人鹽課司大使正八品直隸場凡八曰越支曰嚴鎮曰蘆臺曰豐財曰石碑曰歸化曰濟民曰海豐山東場凡八曰王家岡曰永阜曰永利曰富國曰濤雒曰石河曰官臺曰西繇各八人山西三人曰東場曰西場曰中場兩淮二十有三人曰板浦曰臨興曰中正曰金沙曰呂四曰餘西曰掘港曰福建十有六人豐利曰石港曰角斜曰栟茶曰廟灣曰劉莊曰新興曰伍佑曰富安曰安豐曰梁垛曰河垛曰草堰曰丁溪曰東臺場各一人內西河浦下驗大使各一人其場曰福清曰詔安曰莆田曰下里曰浯州曰福興曰潯美曰石馬曰惠安曰祥豐曰蓮河又有江陰西場漳浦南場前江閩場兩浙三十有二人內崇明巡鹽大使一人其場曰仁和曰三江曰錢清曰曹娥曰穿長曰石堰曰鳴鶴曰清泉曰大嵩曰雙穗曰長林曰長亭曰黃巖曰下沙曰下沙頭曰杜瀆曰西路曰許村曰海沙曰鮑郎曰蘆瀝曰橫浦曰袁浦曰永嘉曰青村曰浦東曰龍頭曰玉泉曰黃灣曰東江曰金山四川五人曰青隄渡曰甯家渡曰牛華溪曰雲陽曰大甯場各一人廣東十有二人曰白石曰博茂曰大洲曰招收曰淡水曰小靖曰石橋曰茂暉曰隆井曰東界曰墩白曰電茂場各一人雲南七人曰黑鹽井曰白鹽井曰石膏井曰阿陋井曰按板井曰大井曰麗江井場各一人鹽引批驗所大使正八品直隸分駐小直沽長蘆山東分駐雒口濼臺兩淮分駐儀徵淮安各二人四川三人重慶嘉定府經歷各兼一人遂甯縣丞兼一人兩浙四人杭州紹興松江嘉興各一人廣東一人駐西匯關庫大使從八品長蘆兩淮兩浙山東廣東隸鹽運使山西福建四川雲南隸鹽法道各一人經歷從七品長蘆兩淮兩浙山東廣東隸鹽運使山西隸鹽法道各一人知事從八品兩淮廣東各一人巡檢從九品長蘆一人駐張家灣兩淮分駐白塔河烏沙河山西分駐鹽池長樂各二人運使掌督察場民生計商民行息水陸輓運計道里時往來平貴賤以聽於鹽政長蘆兩淮各一人其福建四川廣東總督兼之兩浙山西雲南巡撫兼之沿革詳下鹽法道亦如之運同運副運判掌分司產鹽處所輔運使鹽道以治其事同知掌製鹽政令提舉治事如分司場大使掌治鹽場池井分轄於運同運判統轄於運使或鹽法道初差御史巡視鹽課長蘆咸豐十年省歸直隸總督兼理河東雍正二年省歸川陝總督兼理明年復故乾隆四十年省歸山西巡撫兼理嘉慶十二年改隸河東道兩淮道光十一年省歸兩江總督兼理兩浙雍正三年省歸浙江巡撫兼理乾隆五十八年改織造爲鹽政嘉慶二十五年仍歸巡撫各一人十年停差巡鹽御史十二年復故康熙六年定各部郎員並差滿漢各一人八年仍改御史十年定差一人十一年俱歸各省巡撫兼理十二年復差後兼差內府員司並稱鹽政置都轉鹽運使長蘆山東河東乾隆五十七年省兩淮兩浙康熙四十九年改驛鹽道乾隆五十八年復故福建雍正四年改驛鹽道十二年更名鹽法兩廣尋改驛鹽道康熙三十二年復故各一人雲南鹽法道一人其各省行銷事務並守巡道兼之運同長蘆山東俱康熙十六年省明年復置兩淮康熙六十年省兩浙康熙十六年省明年復置四十三年又省河東康熙十六年省雍正二年復置乾隆五十七年又省兩廣康熙十六年省三十二年復置各一人副使各一人順治十三年省兩淮一人康熙十六年俱省明年復置兩浙一人運判兩淮四人康熙三十八年省一人長蘆康熙十七年省乾隆四十六年復置山東河東俱雍正二年省嘉慶十二年復置十七年又省兩浙各一人提舉廣東一人康熙五年省市舶提舉七人歸鹽提舉兼理三十二年省雲南三人吏目從九品廣東康熙三十二年省雲南雍正十年省各一人經歷知事並所轄各場鹽課司鹽引批驗所庫倉大使巡檢省置無恆順治三年置江南驛鹽道一人十三年省康熙十二年復置二十一年一人分駐江甯省安慶一人七年置湖北驛鹽道一人改屯鹽水利驛傳二道雍正元年復置五十八年又省四十四年改分守武昌鹽法道明年置甘肅慶陽鹽課同知一人尋省康熙四年以廣西桂平梧鬱道兼鹽法明年置江西驛鹽道一人十七年置福建運同一人四十三年省三十年差巡鹽御史兩廣三十二年停五十七年差廣東一人五十九年改歸兩廣總督兼理福建雍正元年改隸閩浙總督十二年改

(歸懷法道)各一人。雍正四年置山西鹽捕同知一人。(嘉慶十二年省)明年置四川驛鹽道一人。(先是歸糧道兼理。十五年專司鹽茶)二十一年置江蘇鹽務巡道。(乾隆六年省)兩廣運判(乾隆七年省)各一人。十二年改陝西驛傳道爲驛鹽專司鹽法。(乾隆五十九年改置分巡鳳邠道)並置湖南驛鹽道一人。(兼轄常寶)十三年改河南開歸道爲分守糧驛鹽道。(先是歸大梁道兼理)乾隆元年置廣西梧州運同一人。(七年省)二十四年定淮南淮北監掣同知二人。(揀員兼攝，明年定爲額缺)嘉慶十一年定陝西鳳邠道(宣統元年省，歸巡警道兼理)甘肅甯夏道兼鹽法。明年復設山西鹽署，以河東道兼鹽法，置監掣同知一人。宣統二年增置奉天運使一人。復改四川鹽茶道爲運使。明年改各省運使爲鹽務正監督。(增福建雲南山東河東各一人)省鹽法道，改置副監督。(定淮南江岸皖岸西岸鄂岸湘岸淮北四川滇黔邊計濟楚廣西甘肅各一人)統轄於鹽政大臣。

道員(正四品)糧道(江南蘇松江安浙江雲南各一人。其山東湖北湖南廣東貴州俱光緒宣統間省。江西兼巡南撫建，福建兼巡福甯，陝西兼守乾鄜，並省)河道(直隸永定河道駐固安，山東運河道，江蘇河庫道，俱光緒季年省。各道兼河務者詳後)海關道(天津海關道駐天津，兼關務者詳後)巡警道勸業道(省各一人，均駐省，詳新官制)分守道山東濟東泰武臨道(兼驛傳水利，駐省)山西雁平道(駐代州，宣統元年省)冀甯道(兼水利駐省，宣統二年省)湖北武昌道廣西桂平梧道(俱兼鹽法道駐省)其帶兵備者黑龍江興東道(兼營務墾務木植礦產，駐內興安嶺)山西河東道(鹽法道，駐運城)兼陝西潼商道(駐省城)福建興泉永道(兼海政驛傳，駐廈門)湖北安襄鄖荊道(兼水利，駐襄陽)湖南衡永郴桂道(兼驛傳，駐衡州)整飭兵備道直隸口北道(駐宣化，定爲滿缺，後參用漢人)甘肅甘涼道(駐涼州)分巡道直隸清河道(兼河務，駐省)霸昌道(駐昌平，光緒三十年省)河南河陝汝道(兼水利驛傳，駐陝州)福建延建邵道(駐延平)浙江金衢嚴道(兼水利，駐衢州)湖南岳常澧道(兼驛傳商埠關務，駐澧州)四川川南道(駐瀘州)廣東廣肇羅道(兼水利，駐肇慶)雲南臨安開廣道(兼關務，駐蒙自)其帶兵備者奉天洮昌道(兼蒙旗事，駐遼源州)臨長海道(駐臨江)錦新營口道(兼關務，駐營口)興鳳道(駐安東)吉林東南路道(兼關務，駐琿城)東北路道(兼關務，駐三姓)西路道(專司交涉，駐長春)黑龍江呼倫道(駐呼倫)璦琿道(駐璦琿。以上五員並加參領銜)直隸通永道(兼河務海防屯田，駐通州)天津道(兼河務，見前)大順廣道(兼河道水利，駐大名)蘇州道(糧道兼，並司水利，見前)蘇松太倉道(兼水利漁業關務，駐上海)常鎮通海道(兼河道關務，駐鎮江)淮揚海道(兼鹽法漕務海防，加提法使銜，駐淮安)徐州道(兼河務，駐宿遷)安徽安廬滁和道(駐省城，光緒三十三年省)皖南道(省甯池太廣道改置，兼關務，加提法使銜，駐蕪湖)皖北道(省鳳穎六泗道改置，駐鳳陽)山東兗沂曹濟道(兼驛傳河務水利，駐兗州)山西歸綏道(兼關務驛傳及蒙旗事，駐綏遠，初定爲滿缺，後參用漢人)河南開歸陳許鄭道(兼河務，駐省)河北道(兼河務水利，駐武陟)南汝光道(兼水利，駐信陽州)陝西陝安道(兼水利，駐漢中)鳳邠道(鹽法道兼，宣統元年省)甘肅平慶涇固化道(鹽法道兼，駐平涼)蘭州道(兼屯田茶馬，駐省城，宣統二年省)阿克蘇道(兼水利屯政，撫馭蒙部，稽查卡倫，駐本城)喀什噶爾道(兼水利屯墾通商，撫馭布魯特，稽查卡倫，駐本城)福建汀漳龍道(駐漳州)臺灣道(光緒二十一年棄臺灣省)浙江杭嘉湖道(兼海防，駐嘉興)甯紹台道(兼水利海防，駐甯波)溫處道(兼水利海防，駐溫州)江西瑞南臨道(鹽法道兼，駐萍鄉)撫建廣饒九南道(兼關務水利窰務，駐九江)吉南贛甯道(兼關務水利驛傳，駐贛州)湖北漢黃德道(兼水利，駐漢口)上荊南道(兼關務水利，駐沙市)施鶴道(兼轄文武，駐施南)湖南辰沅永靖道(兼界亭鎮苗疆，駐鳳凰營)四川成綿龍茂道(兼水利，駐省城，光緒三十四年省)建昌上南道(兼驛傳撫土司，駐雅州)川東道(兼驛傳，駐重慶)川北道(駐保甯)康安道(駐巴安，加提法使銜)邊北道(駐登科。以上二員宣統二年置，隸川滇邊務大臣)廣東南韶連道(兼水利，駐韶州)惠潮嘉道(駐惠州)廉欽道(駐欽州)高雷陽道(駐高州)瓊崖道(駐瓊州)廣西左江道(駐南甯)右江道(駐柳州)太平思順道(駐龍州。以上二員並控制漢土)雲南迤東道(兼驛傳，駐曲靖)迤西道(兼驛傳關務，駐大理)迤南道(兼驛傳，駐普洱)貴州貴東道(兼驛傳，鎮遠駐古州)貴西道(駐安順，宣統二年省)整飭兵備道直隸熱河道(加提法使銜，駐本城)江南江甯道(鹽法道兼，並司水利，駐省)山東登萊青道(兼海防水利，駐登州)陝西延榆綏道(兼鹽茶，駐榆林)甘肅甯夏道(兼鹽法水利，駐甯夏)鞏秦階道(兼茶馬屯田，駐秦州)新疆鎮迪道(兼驛傳，加提法使銜，駐省)伊塔道(兼水利屯田，稽查卡倫，駐塔城)撫治兵備道甘肅西甯道(兼治蒙番，駐西甯。乾隆間定爲滿缺，後參用漢人。嘉慶間復舊制，後仍參用)安肅道(兼屯田，駐肅州)各掌分守分巡及河糧鹽茶，或兼水利驛傳，或兼關務屯田，並佐藩臬覈官吏，課農桑，興賢能，勵風俗，簡軍實，固封守，以帥所屬而廉察其政治。其雜職有庫大使(從九品)倉大使關大使。(俱未入流，詳後雜職)

皆因地建置，不備設。布按二司置正副官，尋改置布政使左右參議，是爲守道；按察使副使僉事，是爲巡道。時道員止轄一府，或數道同轄一府也。十六年，諭各道兼帶布按二司銜，著爲例。康熙六年，省守巡道百有八人。厥後漸次復置，有統轄闔省者，有分轄三四府州者，省置無恆，銜額靡定，均視其升補本職爲差。(初由京堂等官補授者爲參政道，掌印給事中知府補授者爲副使道，由科道補授者爲參議道，郎中員外郎主事同知補授者爲僉事道，守巡道同)乾隆十八年，罷參政參議副使僉事諸銜，特峻其品秩。(初制參政道從三品，副使道正四品，參議道從四品，僉事道正五品，至是俱定正四品)嗣是守巡諸道先後加兵備者八十餘人。四十一年，詔道員署布按二司者許上封奏。嘉慶四年，以道員職司巡察，詔復雍正間舊制，許言事。德宗以降，別就省會置巡警勸業二道，分科治事。議省守巡道，酌留一二帶兵備者，未果。(又初制有山東安徽浙江江西湖北湖南興屯道，浙江江蘇海防道，福建巡海道，江蘇江防道，馬政道，後俱省)

府知府一人(初制正四品，乾隆十八年改從四品)同知(正五品)通判(正六品)無定員。其屬經歷司經歷(正八品)知事(正九品)照磨所照磨(從九品)司獄司司獄(從九品)各一人。(又江蘇檢校，貴州長官司吏目，各二人)知府掌總領屬縣，宣布條教，興利除害，決訟檢姦，三歲察屬吏賢否，職事修廢，刺舉上達，地方要政白督撫，允迺行。同知通判分掌糧鹽督捕、江海防務、河工水利、清軍理事、撫綏民夷諸要職。其直隸布政使者，全國二十有二，制同直隸州，或隸將軍，與道員各因地酌置。經歷知事照磨司獄，所掌如兩司首領官。自同知以下，事簡者不備。初制知府秩正四品，區三等，多用漢員。(時滿州郎員外轉布接不占府缺，縣初始參用)並置推官(康熙六年省)及挂銜推官(順治三年省)督捕左右理事官(康熙三十八年省)各一人。康熙元年，以委署州縣專責知府，行保舉連坐法。五十一年，允御史徐樹庸請，引見督撫特舉人員，自是知府授官引見時，覲敕奏報最時課治蹟，著爲令甲。雍正元年，諭督撫甄別知府。厥後府與同知且許言事。(後停)十二年，以府職重要，援引古誼，思復久任制。部議以遷擢爲鼓厲，止於限年陞調。仁宗親政，以知府爲承上接下要職，嚴諭各督撫考覈。宣宗時猶然，文稔而下，古轍寖遠矣。宣統之季，省各府附郭縣，以知府領其事。自江南、陝西、湖廣分省，奉天、吉林、黑龍江、新疆建省，四川、雲南改土歸流，各以府隸之，計全國府二百十有五。

州知州一人(初制從五品，乾隆三十五年改直隸州知州正五品)州同(從六品)州判(從七品)無定員。其屬吏目一人。(從九品)知州掌一州治理。屬州視縣，直隸州視府。(唯無附郭縣)州同州判分掌糧務水利、防海管河諸職。吏目掌司姦盜、察獄囚、典簿錄。初制州置知州一人，嗣後因地制宜，省析併隨時更易，佐貳亦如之。計全國直隸州七十有六，屬州四十有八。

縣知縣一人(正七品)縣丞一人(正八品)主簿無定員(正九品)典史一人。(未入流)知縣掌一縣治理，決訟斷辟，勸農賑貧，討猾除姦，興養立教。凡貢士、讀法、養老、祀神，靡所不綜。縣丞主簿分掌糧馬、征稅、戶籍、緝捕諸職。典史掌稽檢獄囚。(無丞簿，兼領其事)初制縣置知縣一人。順治十二年，諭吏部參酌州縣制，區三等。先是臺諫需人，依明往例，行取知縣。聖祖親政，以親民官須諳利弊，命督撫舉賢能。康熙二十九年，復諭九卿察廉吏，清苑知縣邵嗣堯等十二人擢置憲府，錚然有聲，高宗猶亟稱之。自部議防太驟，俾回翔曹司，間其途稍紓矣。乾隆十六年，停止行取陞部員，其賢能者仍得題擢也。嘉慶十五年，刊欽定訓飭州縣規條一書，頒示各省。文宗時軍書旁午，民生凋敝，申諭督撫隨時嚴察，顧其時雜流競進，廉能者寡。穆宗厲精圖治，諭各省甄別捐納軍功人員，尋以招流亡、墾地畝課第殿最。同治七年，復命設局刊牧令諸書，猶存振厲至意。光緒間，督撫違例更調，州縣官視同傳舍。二十四年，議復久任制。三十一年，定考覈州縣章程，(詳考績)制亦少密焉。計全國縣凡千三百五十有八。

儒學府教授(正七品)訓導(從八品)州學正(正八品)訓導縣教諭(正八品)訓導俱各一人。教授、學正、教諭，掌訓迪學校生徒，課藝業勤惰，評品行優劣，以聽於學政。訓導佐之。(例用本省人，同府州者否，江蘇安徽兩省通用)初沿明制，府廳州縣及各衛武學並置學官。康熙三年，府州及大縣省訓導，小縣省教諭。十五年復置，自是教職分正復。厥後開俊秀監生捐納教職例。三十年，允江南學政許汝霖請，凡捐學正教諭者改爲縣丞，訓導改主簿。繇是唯生員始得入貲，教授必由科目。三十二年，省各衛武學訓導。三十九年，頒學宮聖諭十六條，月朔望命儒學官集諸生宣讀。四十一年，頒御製訓飭士子文，命學宮鑱石。四十二年，定教職學各二人。雍正元年，允雲南土人、四川建昌番夷、湖南永綏等處建立義學。嗣是改土歸流，塞外荒區，漸次俱設儒學。明年，置雲南井學訓導，井學自此始。又明年，省都司儒學、京衛武學教授，滿洲生員並歸漢官月課。十三年，定府州縣儒學官品秩。(如前所列)光緒三十年後，科舉既罷，各省教職缺出不補。時議改置文廟官，不果。

巡檢司巡檢(從九品)掌捕盜賊，詰姦宄。凡州縣關津險要則置。隸州廳者，專司河防。

驛驛丞(未入流)掌郵傳迎送。凡舟車夫馬、廩糗庖饌，視使客品秩爲差，支直於府州縣，籍其出入。雍正六年，定滿人不得爲驛丞、典史。

庫大使一人(隸布政使者正八品，運使鹽法道各道從九品，鹽茶道及各所俱未入流)掌主庫藏。

倉大使一人(隸布政使及各府從九品，州縣未入流)掌主倉庾。

稅課司大使一人(隸道府者從九品，州縣未入流)掌主稅事。凡商賈儈屠雜市，俱有常徵，以時榷之，輸直於道府若縣。

牐官一人(未入流)掌瀦洩啓閉。

河泊所大使一人(未入流)掌徵魚稅。

醫學府正科、州典科、縣訓科各一人(俱未入流)由所轄有司遴諳醫理者，咨部給劄。(宣統元年奉天模範監獄成，置醫務所所長，省府正科)

陰陽學府正術、州典術、縣訓術各一人(俱未入流)由所轄有司遴行端者，咨部給劄。雍正七年，令兼轄星學。

府僧綱司都綱、副都綱，州僧正司僧正，縣僧會司僧會，各一人。府道紀司都紀、副都紀，州道正司道正，縣道會司道會，各一人。(俱未入流)遴通曉經義、恪守清規者，給予度牒。

清史稿

職官志四 武職 藩部土司各官

公侯伯子男　額駙
侍衞處　鑾輿衞
驍騎營八旗都統　前鋒營護軍營統領景運門直班
八旗內務府三旗護軍營總統三旗包衣驍騎營三旗包衣護軍營
步軍統領　火器健銳神機虎鎗諸營鷹鷂處上虞備用處善撲營
王公府屬各官公主府長史　陵寢駐防各官
各省駐防將軍等官　提督等官
各處駐劄大臣　回部各官
藩屬各官　土司各官
番部僧官

公侯伯超品子正一品男正二品輕車都尉正三品以上俱分三等騎都尉正四品雲騎尉正五品恩騎尉正七品凡九等以封功臣及外戚初天命五年論功序列五爵分總兵爲三等副將參將游擊亦如之牛彔額眞稱備禦天聰八年始設一等公即五備禦之總兵及一二三等昂邦章京即總兵梅勒章京即副將扎蘭章京一二等即參將三等游擊牛彔章京即備禦順治元年加封功臣公侯伯世爵錫之誥券時公侯伯下無子男副參卽其爵也四年改昂邦章京爲精奇尼哈番梅勒章京爲阿思哈尼哈番扎蘭章京爲阿達哈哈番牛彔章京爲拜他喇布勒哈番授爵自拖沙喇哈番始舊爲半個前程漢稱外所千總正五品遞上爲拜他喇布勒哈番阿漢稱外衞指揮副僉事從四品再一拖沙喇哈番稱外衞指揮僉事正四品阿達哈哈番三等稱外衞副同知二等稱外衞指揮同知俱從三品一等稱外衞指揮副使再一拖沙喇哈番稱外衞指揮使正三品阿思哈尼哈番三等稱外衞都指揮副同知二等稱外衞都指揮同知俱從二品一等稱外衞都指揮副使再一拖沙喇哈番稱外衞都指揮使俱正二品精奇尼哈番二等稱鑾儀衞都指揮同知從一品一等稱鑾儀衞都指揮使正一品積拖沙喇哈番二十六爲一等公八年定世襲罔替制十八年定合併承襲制康熙元年以世爵合併至公侯伯者仍與分襲雍正二年錫明裔朱之璉一等侯乾隆十四年錫名延恩八年嘉大學士張廷玉等輔弼勤勞賜一等阿達哈哈番世襲漢世職自此始明年錫公爵嘉名如褒績忠達類外戚命爲承恩公往制爲一等公乾隆四十三年改三等乾隆元年定精奇尼哈番漢字爲子阿思哈尼哈番爲男阿達哈哈番爲輕車都尉拜他喇布勒哈番爲騎都尉拖沙喇哈番爲雲騎尉滿文如故十三年定公侯伯以次封爵表一等公襲二十六次一等侯兼一雲騎尉襲二十三次一等伯兼一雲騎尉十九次一等男兼一雲騎尉十一次自公至男一二三等依次遞降十四年追錫侯伯嘉名如奉義侯敎惠伯類自是畫爲永制十六年定世襲七品官爲恩騎尉是爲九等三十二年嘉黃芳度功予襲公爵十二世並依八旗例復給恩騎尉俾郵於無窮時將軍張勇等提督孫思克等並緣此推恩繇是漢官亦有世襲罔替例同治中興剖符析圭者漢官爲多猶古武功爵也光緒三十三年制定敍與大業者予子男號曰商爵則頒爵之制少異已

公主額駙位在侯伯上尚固倫公主中宮所生女曰固倫額駙秩視固山貝子尚和碩公主妃所生女及中宮撫養者曰和碩額駙秩視超品公親王女曰郡主額駙秩視武職一品世子郡王女曰縣主額駙視二品貝勒女曰郡君額駙視三品貝子女曰縣君額駙視四品入八分鎭國公輔國公女曰鄉君額駙視五品近支格格予歲祿遠支止予虛銜下嫁蒙藩亦如之所生之子各予其父品級初太祖時額駙何和禮授都統達爾漢繼之太宗時巴雅思祜朗授都統拉哈繼之自是御前領衞大臣護軍前鋒統領皆爲專職亦有僅受歲祿而護從隨征受命一充其任者至出鎭西北則自定邊左副將軍策淩始踵其後者世宗時觀音保爲領隊大臣高宗時色布騰巴勒珠爾爲參贊大臣其授文職者止天命間蘇鼐乾隆間福隆安二尚書而已

侍衞處　領侍衞內大臣正一品內大臣初制正一品後改從一品各六人鑲黃正黃正白旗各二人散秩大臣都統護軍前鋒統領滿大學士尚書內特簡散秩大臣無員限從二品食三品俸主事一人署主事三人筆帖式二十有七人內委署十五人協理事務侍衞班領正三品侍衞班領正四品各十有二人署班領二十有四人侍衞什長七十有九人宗室九人侍衞一等正三品六十人旗各二十人宗室九人旗各三人二等正四品百五十人旗各五十人三等正五品二百七十人旗各九十人宗室六十有三人旗各二十一人藍翎侍衞九十人旗各三十人三旗通爲五百七十人內練點筆處三十四人上駟院二十四人上虞備用處三十六人善撲營武備院無常額四等侍衞漢侍衞分一二三等及藍翎俱無員限親軍校正六品署親軍校初無品級乾隆五十一年定從八品各七十有七人領侍衞掌董帥侍衞親軍偕內大臣散秩大臣翊衞扈從協理主事筆帖式分掌章奏文移侍衞掌宿衞周廬更番侍直分兩翼宿衞乾淸門內右門神武門寧壽門爲內班太和門爲外班行幸駐蹕如宮禁制朝會祭祀出則衞官塡街騎士塞路領侍衞內大臣侍衞班領帥豹尾班侍衞散秩大臣侍衞什長執纛親軍以供導從大閱則按隊環衞親軍校掌分轄營衆其常日侍直者御前大臣王大臣兼任御前侍衞御前行走乾淸門行走俱侍衞內特簡無常員故事凡宿衞之臣惟滿員授乾淸門侍衞其重以貴戚或異材乃擢入御前漢籍輒除大門上侍衞領侍衞內大臣轄之其以材勇擢侍乾淸門者班鑾儀衞惟嘉慶間楊芳特授國什哈轄漢國什哈內大臣歎爲未有兼任前引大臣十人內大臣散秩大臣前鋒統領護軍統領副都統兼任所轄奏事處御前大臣兼管侍衞一人御前大臣領侍衞內大臣御前侍衞乾淸門侍衞內特簡章京六人內府司員四人各部院司員二人筆帖式二人內府筆帖式兼充奏蒙古事侍衞六人乾淸門侍衞或大門侍衞兼充初太祖以八旗禁旅勘定區夏鑲黃正黃正白三旗皆自將爰逮其子弟命曰侍衞亦間及宗室秀彥外藩侍子統以勳戚備環直焉順治元年定侍衞處員數如前所列時漢生亦與選罷康熙二十九年擢武進士嫻騎射者爲侍衞附三旗三十七年增宗室侍衞無常員雍正七年定九十人雍正三年選藍翎侍衞材力魁健者置四等後復如故明年定武進士一甲一名授一等侍衞二三名授二等二甲選三等三甲選藍翎置滿洲主事一人乾隆三十六年以隨印協理事務侍衞班領爲一等侍衞班領爲二等凡十人置一長三旗什長六十人宗室九人四十年增委署親軍校七十有七人嘉慶十九年以散秩大臣無辦事責諭凡擢都統者停兼職

鑾輿衞　掌衞事大臣一人正一品無專員以滿蒙王公大臣兼授鑾輿使初制正二品康熙二年改正三品七年復故滿洲二人凡滿蒙古人缺並以滿授漢軍一人凡漢軍人缺並以漢授其屬堂主事滿洲一人經歷滿漢一人筆帖式滿洲七人漢軍三人又六所一衞曰左所曰右所曰中所曰前所曰後所曰旗手衞冠軍使初制正三品康熙二年改正四品七年復故宗室一人滿洲漢軍七人雲麾使初制正四品康熙二年改正五品七年復故宗室二人滿洲漢軍十有八人治宜正初制正五品康熙二年改正六品七年復故宗室三人滿洲漢軍二十有九人整宜尉初制正六品康熙二年改正五品後復故改從六品從七年復故改從六品陞宗室三人滿洲漢軍二十有三人鳴贊鞭官由太常鴻臚二寺贊禮郎鳴贊官咨補滿洲四人學習二人鑾輿使掌供奉乘輿秩序鹵簿辨其名物與其班列凡祭祀朝會時巡大閱帥所司供厥事左所掌輿乘輦路右所掌織蓋刀戟弓矢殳槍中所掌麾氅旛幢纛幟節鉞仗馬前所掌扇罏瓶盂杌椅星拂御仗機鷹靜鞭品級山後所掌旗爪吾仗馴象所掌儀象騎駕鹵簿前部大樂旗手衞掌金鉦鼓角鐃歌大樂兼午門司鐘神武門鐘鼓樓直更主事掌章奏經歷掌文移其別設者往制步輦雲麾使一人治宜正三人駕庫管理整宜尉二人俱漢軍爲之後分金玉象革木五輅並拜褥櫻毯頭亭座駕衣諸管派冠軍使以次各官兼攝則參用滿員順治元年設錦衣衞置指揮等官明年更名鑾儀衞定各官品秩時共五所所止存一司四年省指揮使置鑾儀使以次各官明年省副官及衞官百十有四人六年增攝政王下漢二品鑾儀使三品冠軍使四品雲麾使五品治儀正各二人整儀尉三人後俱省九年始以內臣掌衞事乾隆九年置鑾儀衞事一人十四年省二十六年復置總理衞事內大臣一人三十年又省十一年定鑾儀使滿漢各二人康熙三十一年省漢一人乾隆五十年分滿使爲左右五十七年復舊制陪祀冠軍使漢二人康熙二十三年鑾事三十七年以一人掌庫事四十八年俱停設左右中前後五所鑾輿馴馬擎蓋弓矢旌節旛幢手斧鉞戈戟班劍十司設馴象一所分東西二司設旗手一衞分左右二司定冠軍使十人宗室一人滿洲七人漢軍二人雲麾使二十有二人宗室二人滿洲十二人漢軍八人閑散六滿缺治儀正二十有四人宗室四人漢軍二十人閑散十有八人滿缺整儀尉二十有九人宗室五人滿洲十有四人漢軍十人十五年省滿洲經歷一人康熙十六年改經歷爲漢缺增置滿洲主事一人乾隆三十七年增置鳴贊鞭官四人嘉慶十三年增學習二人四十八年置總辦協辦堂務冠軍使各一人所衞冠軍使兼充嘉慶六年更名綜理七所事務冠軍使派雲麾使二人協理光緒三十三年省冠軍使二人雲麾使八人治儀正十人整儀尉四人定宗室員限如前所列餘並滿漢參用宣統元年避帝諱改鑾儀使爲鑾輿使治儀正整儀尉並易儀爲宜

驍騎營　八旗都統初制正一品後改從一品滿蒙漢軍旗各一人副都統正二品旗各二人參領正三品副參領正四品俱九十有六人滿洲漢軍各四十人蒙古十有六人佐領正四品驍騎校正六品俱千一百五十有一人滿洲各六百八十有一人蒙古各二百有四人漢軍各二百六十有六人協理事務參領四十人滿洲漢軍各十有六人蒙古八人本旗參領內選充章京筆帖式俱百四十有四人滿洲各六十有四人蒙古各三十有二人漢軍各四十有八人隨印房行走散秩官無定員都統副都統掌八旗政令宣教養整詰戎兵以贊旗務參領副參領掌受事付事以達佐領佐領掌稽所戶口田宅兵籍歲時頒其教戒協理各官掌章奏文移計會出納各營同其特派者直年旗大臣八人其屬有參領章京筆帖式旗員內派委管理舊營房大臣滿蒙各一人其屬有章京總驍騎校新營房大臣官房大臣滿蒙漢軍各八人其屬與舊營房同左右翼鐵匠局都統其屬有參領散秩官驍騎校稽察寶坻等處駐大臣各二人左右翼世職官學總理大臣十人其屬有參領章京清語騎射教習十五善射處管理大臣翼各一人漢軍清文義學察學務參領八人其分攝者俸餉處馬圈房管理馬圈籐牌營參領各官漢鳥槍營領催各官城門偏吉章京驍騎校俱於旗員內選充初太祖辛丑年始編三百人爲一牛彔置一額眞先是出兵校獵人取一矢一長領之稱牛彔是遂以名官天命元年編制滿洲牛彔八年編蒙古牛彔天聰四年漢軍牛彔成先分四旗尋增爲八旗乙卯年定五牛彔置一扎蘭額眞五扎蘭置一固山額眞左右梅勒額眞佐之太宗御極置總管旗務八大臣主政事即固山額眞兼議政大臣佐管十六大臣主理事聽訟即梅勒額眞兼理事大臣天聰八年改額眞爲

章京固山額眞如故（管梅勒曰梅勒章京管扎蘭曰扎蘭章京管牛彔曰牛彔章京）其隨營馬兵曰阿禮哈超哈是爲驍騎營之始然猶統滿蒙漢軍爲一也九年始分設蒙古八旗崇德七年復分設漢軍八旗（先是二年設二旗四年分爲四）二十四旗之制始備順治八年定扎蘭章京漢字稱參領十七年定固山額眞漢字稱都統（雍正元年改滿文固山額眞爲固山昂邦）梅勒章京稱副都統牛彔章京稱佐領分得撥什庫稱驍騎校並定都統副都統員額（如前所列）參領滿洲漢軍旗各五人蒙古各三人（尋各增一人）佐領隨事爲員（分四等部落長率屬歸誠愛及苗裔曰勳舊佐領功在旗常錫之戶口曰優異世管佐領止偕兄弟族衆來歸授職相承曰世管佐領戶口寥落合編數姓迭爲是官曰互管佐領康熙十三年復以各佐領餘夫增編公中佐領）驍騎校如參領數康熙三十四年增委署參領視扎蘭爲員限（雍正元年改副驍騎參領定滿洲漢軍旗各五人蒙古各三人）雍正七年增左右司掌關防參領及司務等官（旗各二人十三年省）俱明年定漢軍上三旗爲四十佐領（乾隆三十九年增鑲黃旗一人四十九年又增一人五十五年又增一人嘉慶九年省一人）下五旗爲三十佐領（乾隆二十一年省正紅鑲紅旗各二人鑲藍旗一人三十九年省正藍旗一人）及滿洲（鑲黃正白鑲紅旗各八十六人鑲白旗正藍旗各八十四人正黃旗九十三人正紅旗七十四人鑲紅旗八十六人）蒙古（正黃鑲白旗各二十四人正紅鑲紅旗各二十二人鑲黃旗二十八人正白旗十九人正藍旗三十二人鑲藍旗二十五人）員數乾隆元年增置印務參領章京

前鋒營　前鋒統領（正二品王公大臣兼領）左右翼各一人（自統領以下俱滿蒙人爲之護軍火器健銳各營同）參領（正三品）侍衞（初制正五品乾隆元年陞正四品）各八人委署侍衞（給五品頂戴仍食前鋒校月餉）各四人前鋒校（正六品）各四十有四人協理事務參領侍衞各一人（本翼參領侍衞內充補）前鋒校各二人（本翼前鋒校內酌委）筆帖式四人統領掌前鋒政令遴滿蒙銳兵以時訓練其藝參領侍衞掌督率前鋒警蹕宿衞天聰八年定巴牙喇營前哨兵爲噶布什賢超哈順治十七年定噶布什賢噶喇衣昂邦漢字爲前鋒統領其章京爲參領置前鋒侍衞前鋒校各官並定員數（如前所列）雍正三年置隨印協理事務參領侍衞左右翼各一人前鋒校各二人乾隆十七年增委署前鋒侍衞旗各一人五十四年置避暑山莊帶領前鋒校十人（仍歸入前鋒校員數內）

護軍營　護軍統領（正二品）八人參領（正三品）副參領（初制正五品雍正十二年陞正四品）俱百十有二人（滿洲各八十人蒙古各三十有二人）委署參領（給五品頂戴護軍校內選委）五十有六人護軍校（正六品）八百八十有五人（滿洲六百八十一人蒙古二百有四人）委署護軍校（給金頂虛銜食護軍月餉）如署參領數協理事務參領副參領各八人（各由本旗參領副參領內選補）護軍校（本旗酌委）筆帖式各十有六人統領掌護軍政令遴滿蒙精兵以時訓練其藝大閱爲首隊夾前鋒列陣凡遇朝會得舉非法參領副參領掌董率護軍出則騎從夾乘輿車居則宿衞直守門戶初設巴牙喇營統以巴牙喇纛章京甲喇章京分領之順治十七年定巴牙喇纛章京漢字爲護軍統領旗各一人甲喇章京爲護軍參領旗各十有四人護軍校編制視佐領（乾隆三十三年增二百十四人）並置署護軍參領員額雍正元年改署參領爲副參領旗各十有四人（乾隆三十三年增十六人）三年置隨印護軍參領副參領護軍校等官乾隆十七年增委署護軍參領旗各七人（三十三年增三十有二人）四十一年遴護軍材力優者七十有七人爲委署護軍校

景運門直班大臣一人（前鋒統領護軍統領番直）印務章京（前鋒護軍印務參領十人番直）上三旗下五旗各司鑰章京（本旗護軍參領番直奏充）俱一人直班前鋒參領護軍參領二十有九人（前鋒二人護軍二十七人）巴克什護軍如參領數前鋒校護軍校九十有三人（前鋒二人護軍九十一人）主事一人（上三旗主事署主事各一人番直）門筆帖式五人（上三旗十人以五人番直）

圓明園八旗內務府三旗護軍營掌印總統大臣一人（本營總統大臣內特簡各營同）總統大臣無員限（王公大臣兼任）八旗營總護軍參領各八人（俱正三品）副參領倍之（初制五品雍正十年陞正四品）署參領又倍之（初制六品雍正十年陞正五品）護軍校（正六品）副護軍校（從八品）各百二十有八人協理事務營總護軍參領各二人護軍校四人筆帖式三十有二人三旗營總一人（初制四品乾隆三十七年定三品銜食四品俸）護軍參領（三品銜食五品俸）副參領（四品銜食五品俸）委署參領（五品銜食護軍校俸）各三人護軍校九人副護軍校三人筆帖式四人總統掌圓明園翊衞政令駕出入則警蹕環園門汛督攝守衞營總以下掌轄營衆警夜巡晝雍正二年設圓明園護軍營置八旗營總八人副護軍參領十有六人署副參領三十有二人護軍校八十人（十年增三十三人乾隆十二年增十六人）並設內務府三旗護軍營置參領侍衞委署參領（後改副參領）護軍校委署參領旗各一人護軍校各三人委署護軍校各一人（後改副護軍校）簡總統大臣領之七年八旗置護軍校七十有二人（十年增四十人乾隆十二年增十有六人）十年三旗置營總一人八旗護軍參領各一人乾隆十六年置隨印協理事務營總各官

三旗包衣驍騎營參領（內務府郎中兼充初制五品乾隆三十六年定三品銜仍食五品俸）副參領（初制六品乾隆三十六年定四品銜食俸如故）滿洲佐領（從四品）各十有五人旗鼓佐領漢軍十有八人正黃旗世襲朝鮮佐領二人正白旗回子佐領一人三旗驍騎校三十有六人（正六品內朝鮮二人回子一人）校尉長驍騎校二人內管領（初制正五品道光二十五年改從）副內管領（正六品）旗各十人三旗包衣護軍營統領三人（正三品）參領（初制五品乾隆三十二年改四品銜三十六年定三品銜食俸如故）副參領（同驍騎校）委署參領（本旗護軍校內委署）各十有五人護軍校（五品銜雀翎）委署護軍校（金頂藍翎）各三十有三人（食護軍餉）護軍藍翎長十有五人（正九品）三旗包衣護軍前鋒營參領（護軍校委署參領內簡選雀翎仍食護軍校俸）委署參領（護軍校內簡選五品銜雀翎食俸如故）前鋒校（副護軍校內簡選藍翎仍食護軍餉）委署前鋒校（護軍內選藍翎）各六人藍翎長十有二人（金頂藍翎）驍騎營參領副參領掌備禁城宿衞兼司褻職考射挑甲佐領以下掌轄旗衆稽覈戶口俸餉諸務護軍營掌守宮掖典導引扈從前鋒營掌習解馬花馬箭初設內務府置內管領四人（順治三年六年俱增四人十一年增八人康熙二十四年又增四人三十年增六人）順治元年置內府三旗滿洲佐領九人旗鼓佐領十有二人（康熙三十四年旗各增二人）朝鮮佐領一人（康熙三十四年增一人雍正十年改世管佐領）隸領侍衞內大臣十八年置滿洲佐領下護軍校各二人旗鼓佐領內管領護軍校各一人（康熙二十三年省十二人雍正九年增十五人）康熙十三年改隸內務府十六年定三旗各編五參領置護軍參領驍騎參領（乾隆十六年遴府屬司官五人掌關防處置參領改爲副參領）如其數驍騎校編制視佐領（康熙三十四年增佐領三十三人驍騎校亦如之）二十年置委署護軍參領（雍正九年旗各增五人十二年各省五人）委署護軍校（雍正三年改副護軍校九年旗各增五人十三年省）旗各五人二十三年增副內管領一人（二十四年增四人三十年三十四年俱增三人）三十四年護軍仍隸侍衞處三十六年增侍衞委署參領旗各三人（雍正九年各增二人）乾隆三十年增（一人署前鋒營）四十三年增驍騎營副參領如參領數（雍正十三年省）雍正元年增護軍統領旗各一人復改隸內府四年置委署副驍騎校如佐領數（十三年省）乾隆十三年始立前鋒營置參領委署參領前鋒校各二人以護軍統領轄之十五年增委署前鋒校二人（護軍內選用）二十五年置回子佐領驍騎校各一人三十二年增護軍藍翎長五人四十七年增校尉長驍騎校二人嘉慶七年增前鋒營藍翎長四人宣統三年改隸前鋒護軍等營事務處

步軍營　提督九門步軍巡捕五營統領一人（親信大臣兼任初制正二品嘉慶四年陞從一品）左右翼總兵各一人（正二品）其屬司務廳司務一人筆帖式十有二人左右二司郎中一人員外郎主事各三人（司務以下俱滿缺）所轄翼尉（正三品）副翼尉（從三品）協尉（正四品）副尉（正五品）滿蒙漢軍俱各八人捕盜步軍校（正五品）滿洲二十有四人蒙古漢軍各八人步軍校滿洲百六十有八人蒙古漢軍各六十有四人（內兼捕盜者四十人）委署步軍校（正六品）滿洲四十八人蒙古漢軍各十有六人城門領（初制正四品乾隆十四年改從）城門吏（正七品）滿洲各十有八人漢軍各七人門千總（正六品）漢軍三十有二人巡捕五營副將一人（中營置）參將四人（南北左右營各一人）游擊都司各五人守備十有八人千總四十有六人把總九十有二人（副將之下品級詳見綠營）信礮總管（正四品）滿洲一人監守信礮官（正五品）滿洲漢軍各四人統領掌九門管籥統帥八旗步軍五營將弁以周衞徼循肅靖京邑總兵佐之郎中各官掌勾檢簿書平決諍訟司務掌典守檔冊計會俸餉翼尉各官掌分轄步軍守衞循警城門領掌司門禁稽查出入巡捕營各官掌分汛防守巡邏糾察以執禦非違信礮總管掌有警奉金牌聲衆初置步軍統領一人左右翼總尉各一人（乾隆十九年改翼尉）步軍校八旗滿蒙參領下各四人漢軍各二人（乾隆十九年改步軍尉三十六年復故）並定巡捕二營置參將以次各官以兵部職方司漢主事一人司政令京城內九門外七門置指揮千百戶隸之（順治四年改門千總）順治五年置步軍副尉滿蒙漢軍旗各一人（乾隆十九年改協尉）十年允尚書噶洪達請設白塔山及內九門信礮各五置漢軍信礮官左右翼各二人（雍正二年更名並定員限乾隆八年始來隸員數如前所列）十四年置巡捕中營官康熙十三年始命步軍統領提督九門事務並定城門尉城門校（乾隆十九年改城門領城門吏）內九門俱各二人外七門俱各一人千總門各二人以統轄十六門門軍二十四年八旗滿蒙各參領下增委署步軍校一人（三十四年定八旗滿洲各五人蒙古漢軍各二人）三十年復命步軍統領兼管巡捕三營三十四年增捕盜步軍校四十人（步軍校內遴委）六十一年置滿洲員外郎一人雍正四年置步軍參尉（乾隆十九年改副尉）滿蒙漢軍旗各一人七年簡部臣一人協理刑名（乾隆四十三年省步軍統領由都統副都統授者仍置）明年增滿洲員外郎一人置主事二人十三年置滿洲司務一人四十六年以三營轄境遼廓增設左右二營是爲五營並置副將各官嘉慶四年增左右翼總兵各一人郎中一人九年增副翼尉二人

火器營　掌印總統大臣一人總統大臣無員限（王公侍衞內大臣都統前鋒護軍統領副都統內特簡）內外營翼長（正三品）署翼長營總（正三品）各一人營總各三人鳥槍護軍參領各四人（正三品）副參領倍之（正四品）署參領又倍之（從五品）鳥槍護軍校（正六品）藍翎長俱各百十有二人協理事務翼長署翼長營總各一人鳥槍護軍參領四人（俱以內營人員兼充）委署參領上行走十人（以協理參領不敷督率增內營三人外營七人）筆帖式十有六人總統掌教演火器政令遴滿蒙兵習其藝者別爲營分內外以時較試其御河旁一營兼督水軍習楫櫂巡幸則備扈從翼長各官掌分轄訓練康熙二十七年設漢軍火器兼練大刀營置總管翼長各一人（副都統兼管）協領參領旗各一人操練尉驍騎校各五人（三十六年俱省）三十年始設火器營置鳥槍護軍參領十有六人（以旗員兼任雍正三年省察哈爾八旗護軍參領改入本營爲專缺乾隆二十七年省八人）鳥槍驍騎參領二十有四人（乾隆二十八年省）鳥槍驍騎校百十有二人（乾隆三十五年省入護軍校）簡王公大臣領之乾隆二十八年改置營總鳥槍護軍參領旗各一人副護軍參領各二人委署護軍參領各四人

護軍校藍翎長各二十有八人三十五年以副護軍參領八人兼司礮位(先是置管轄散秩官五十六人乾隆二十八年省至是來隸)並增正副翼長各一人三十八年遴護軍校十人爲委署參領上行走

健銳營 掌印總統大臣一人總統大臣無員限(王大臣兼任)翼長委署翼長前鋒參領各一人前鋒參領八人(正三品)副參領倍之(正四品)署參領又倍之(從五品)前鋒校百人(正六品)副校四十人(前鋒內選用)藍翎長五十人(護軍內選用)番子佐領防禦各一人驍騎校二人前鋒軍水師教習委署千總把總各四人筆帖式八人協理事務章京無恆額(本營參領內委派)總統掌左右翼健銳營政令遴前鋒護軍習雲梯者別爲營以時訓練其藝大閱爲翼隊會外火器營交衞並肄水軍習戰翼長各官掌董率營卒番子佐領掌督攝番兵水師千把掌教駕船駛風演習水嬉乾隆十四年設健銳營駐香山簡王大臣領之分兩翼置翼領各一人八旗前鋒參領副參領各一人(二十八年增前鋒參領二人副參領八人三十五年簡前鋒參領二人爲委翼長)前鋒校各五人(十五年增十八人二十八年增二十四人三十三年增二十六人)十五年定昆明湖教水戰置教習把總八人(內四人爲委署千總向天津福建水師營調取)十八年置委前鋒參領十有六人(二十八年五十年俱增八人)副前鋒校四十人三十九年增藍翎長五十人四十一年金川番子從京置佐領驍騎校各一人五十三年增番子驍騎校防禦各一人

總理行營大臣六人(宗室蒙古王大臣兼任)掌行營政令巡幸前期考其日月行程以定翊衞扈從並稽察各營翊衞官兵所轄辦事章京十有六人(護軍參領兼充)

神機營 掌印管理大臣一人(親郡王兼任)管理大臣無員限(王公領侍衞內大臣都統前鋒護軍各統領副都統內特簡)掌本營政令遴前鋒護軍步軍火器健銳諸營精捷者別爲營以時訓練其藝大閱各備練式分官兵以守衞總理全營事務翼長三人掌董帥隊伍文案營務糧餉嚴對稿案五處總理翼長七人(文案二人營務一人餘各一人)委翼長二人(文案營務各一人)幫辦翼長二人(隸文案處)學習翼長三人(隸營務處)承辦章京一人(隸嚴對處)差委侍衞章京七十有四人(隸營務處)委員九十有四人(文案三十九人營務四十五人糧餉六人嚴對七人稿案五人)印務處委員二人軍火局(製造軍火器械)管帶官營總各一人辦事章京二人軍器庫(受付軍火器械)管帶官委翼長管庫章京各二人委員四人槍礮廠(司訓練測量算學)總辦二人委員二十有七人機器局(製造槍支銅帽火箭鉛丸火藥)總辦三人提調二人總監工一人委員十人辦事官二人馬步隊兵二十五營專操管帶二十有四人幫操二十有五人營總四十有一人令官十有七人道光十九年御前大臣奕紀請建神機營鑄印信未成咸豐十一年始練兵設營置專操大臣十有六人幫操侍衞章京二十有二人帶隊章京百九十有六人同治初改訂官制(如前所列)簡親王領之

虎槍營 總統無員限(王公大臣兼任)總領六人(上三旗各二人自一品至五品內特簡)虎槍校委虎槍校各二十有一人(旗各七人俱虎槍營內選用)筆帖式六人總統總領掌轄本營官兵以備扈從車駕蒐狩列前驅康熙二十三年黑龍江將軍送滿兵善騎射者四十人分隸上三旗始設虎槍營以總統一人領之置總領虎槍校旗各一人雍正元年增總領旗各一人虎槍校各六人置委虎槍校各七人乾隆三年始鑄關防

嚮導處 掌印總統大臣一人(總統大臣內特簡)總統大臣無員限(前鋒統領護軍統領副都統兼任)章京三十有二人(旗各四人護軍參領內選補)藍翎長四人協理事務章京(章京內選充)筆帖式各二人本處掌度地建營凡時巡省方駕行佩櫜鞬前導

上虞備用處(亦曰黏竿處)管理大臣無員限(王公額駙滿蒙大臣內特簡)黏竿長頭等侍衞一人(二等內揀補)二等三人(三等內揀補)三等二十有一人(藍翎內揀補)藍翎十有五人(拜唐阿內揀補)協理事務頭等侍衞一人(黏竿長頭等侍衞兼充)筆帖式三人庫掌一人(庫拜唐阿內揀補)本處掌協衞扈從

善撲營 總統大臣無員限(都統前鋒統領護軍統領副都統內特簡)左右翼翼長各三人(本營侍衞教習各營侍衞章京內揀補)協理事務翼長二人(翼長兼任)筆帖式六人本營掌選八旗勇士習角觝技扈從則備宿衞

王公府屬各官 長史(從三品)親王世子郡王長子府各一人司禮長(從四品)貝勒府一人掌董帥府寮紀綱衆務散騎郎(世職領之)親王府四人世子郡王府三人長子二人掌佐長史理府事護衞親王府二十人(一等六人從三品二等六人從四品三等八人從五品自三等以下並戴藍翎)世子府十有七人(一等三等各六人二等五人)郡王府十有五人(一等六人二等四人三等五人)長子府十有二人(一等二人二等四人三等六人)貝勒府十人(二等六人三等四人)貝子府六人公府四人(俱三等)掌府衞陪從典衞親王府六人(四五六品各二人)世子府五人(四品一人五六品各二人)郡王府四人(五六品各二人)長子府三人(五品二人六品一人)貝勒(五品一人六品二人)貝子(六品一人七品二人)公(七品一人)(八品二人)府各三人掌禮節導引五旗參領各五人(從三品)佐領各七人(從四品)驍騎校如佐領數(從六品)掌王府所屬旗籍政令稽田賦戶口管領(從六品)親王府四人郡王府三人掌文移遣委事典膳(從六品)親王郡王府各一人掌供食薦羞司庫(從七品)親王郡王府各二人掌監守庫藏司匠(從八品)親王郡王府各四人掌營繕修葺牧長(從八品)親王府四人郡王府三人掌蕃育牛馬順治元年定諸王貝勒貝子公護衞員攝政王三十人(一二三等各十人)輔政王二十有三人(一二等各七人三等九人)和碩親王二十人(一二等各六人三等八人)多羅郡王十有五人(一等六人二等四人三等八人)多羅貝勒十人(二等六人三等四人)固山貝子六人公四人(俱三等)八年定王府武職官制置長史司儀長散騎郎護衞典儀各官並佐領下各置驍騎校有差雍正四年定王府散騎郎員數貝子以下並省之乾隆十九年定王公護衞典儀等官俱爲從品宣統元年避帝諱改司儀長爲司禮長典儀爲典衞(公主府同)先是怡賢親王贊襄世祖莊恪親王輔翊高宗俱封雙親王護衞倍之嘉慶初儀成二王並增置一二三等護衞各二人定親王慶郡王增置一等護衞一人二三等各二人宣統嗣位議定監國攝政王官員制度較親王倍之俱曠典也

固倫公主府長史一等護衞各一人二三等各二人典衞二人和碩公主府司禮長一人二等護衞二人三等一人六七品典衞各一人乾隆五十一年始定公主府屬員數

陵寢駐防各官 興京副都統一人(轄永陵翼長各官及護守兵役)守陵總管各一人(正三品)翼長各二人(正三品唯昭西陵孝東陵泰東陵昌西陵普祥峪定東陵菩陀峪定東陵專置防禦驍騎校餘如下)司工匠各一人(初制五品康熙八年陞四品永陵福陵昭陵置)防禦各十有六人(正五品)驍騎校各二人(正六品)園寢守衞防禦各八人驍騎校各一人總管掌守衞陵寢翼長以下悉隸之受副都統節度初天聰八年置永陵燒造甎瓦散秩五品官(順治五年增福陵昭陵各一人康熙八年改司工匠)順治二年置福陵防禦一人(明年增一人)十三年福陵昭陵置總管翼領(乾隆五十九年改翼長)防禦各官乾隆二年置各陵驍騎校二人自是爲定制光緒元年始置興京副都統

各省駐防將軍等官 將軍(初制正一品乾隆三十三年改從)都統(從一品)專城副都統(正二品同城者

分守各地)掌鎮守險要綏和軍民均齊政刑修舉武備參贊大臣掌佐畫機宜領隊大臣掌分統遊牧(品秩俱從原官)總管(正三品)副總管(正五品)掌分理營務城守尉(正三品)防守尉(正四品)掌本城旗籍參領協領(俱從三品)以次各官分掌駐防戶籍以時頒其教戒仍隸京旗亦有佐領或防禦分駐他所者東三省察哈爾所屬是也初鑄大將軍將軍諸印(庫藏經略大將軍將軍印凡百餘乾隆十四年始燬撫遠寧遠安東征南平西平北大將軍印七鎮海揚威靖逆靖東征南定遠定西定北將軍印七收藏皇史宬命將出師奏請頒給康雍間有靖寇安遠奉命平逆平寇建武討逆寧遠靖邊定邊綏遠振武靖逆盪寇乾隆間寧遠靖邊奮威靖逆嘉慶間定西道光間揚威諸目並頒印信)品秩俱從原官先是經略大臣大將軍將軍簡王貝勒貝子公或都統親信大臣爲之大征伐則置畢迺省逮建八旗駐防簡將軍都統領之將軍始專爲滿官西北邊陲大臣及城守尉各官亦槩定滿闕自畿輔達各省東則奉吉黑西回藏北包內外蒙古分列將軍都統及大臣鎮撫之撫其梗槩誌之左方

盛京駐防將軍一人(其屬有主事筆帖式各官吉林黑龍江同)初以內大臣一人爲留守順治三年改昂邦章京康熙元年徙遼東號遼東將軍乾隆十二年移駐盛京光緒三十三年省歸東三省總督兼攝副都統四人(舊置梅勒章京二人康熙元年更名雍正五年徙一人駐錦州復增置熊岳一人道光二十三年徙熊岳一人駐金州光緒元年增置興京一人宣統元年省錦州一人)副都統衙總管一人城守尉八人(盛京四人興京鳳凰遼陽開原城各一人)協領十有五人(內水師一人)防守尉二人(分駐牛莊熊岳)佐領百三十有一人(內宗室二人水師二人)防禦百有二人(內水師四人)驍騎校二百有七人(內水師八人)

吉林駐防將軍一人順治十年置甯古塔昂邦章京二人康熙元年更名(省一人)十五年徙吉林光緒三十三年省副都統七人(順治間置二人康熙十年徙一人來駐十五年還駐甯古塔三十一年置伯都訥一人五十三年置三姓一人雍正三年置吉林一人乾隆元年置阿勒楚喀一人宣統元年俱省)協領二十有三人參領一人佐領百三十有七人防禦八十有一人驍騎校百四十有一人(舊置四五六品管水手官咸豐二年置水師營總管一人光緒十四年增置一人宣統二年俱省)

黑龍江駐防將軍一人康熙二十二年嘉甯古塔副都統薩布素征俄有功授將軍駐璦琿二十九年徙墨爾根三十八年徙齊齊哈爾光緒三十三年省副都統七人(初置二人康熙四十九年增置墨爾根一人光緒五年改呼蘭城守尉爲副都統七年改呼倫貝爾總管爲副都統二十一年增置布特哈一人二十五年增置通肯一人三十一年省齊齊哈爾呼蘭布特哈通肯副都統三十三年省墨爾根呼倫貝爾黑龍江副都統)副都統衙總管一人總管九人(內水師一人)協領二十人參領一人打牲處副總管二十有三人佐領二百五十人防禦二十有八人驍騎校二百五十人護軍校二人水師營管水手四品官四人五品官三人六品官五人

江南駐防將軍一人順治二年置昂邦章京十七年改總管康熙二年更名將軍駐江甯副都統二人(順治二年置駐江甯十六年增置京口二人乾隆二十八年省京口一人三十四年省江甯一人)協領十人佐領四十有六人防禦驍騎校各五十有六人(舊置京口將軍乾隆二十二年省)

福建駐防將軍一人順治十三年置固山額眞十七年改都統康熙二年省十九年置將軍駐福州副都統一人(康熙十九年置雍正五年增一人乾隆四十四年省一人)協領九人(內水師一人)佐領防禦各十人(內水師各二人)驍騎校二十有二人(內水師二人)

浙江駐防將軍一人順治四年置固山額眞十五年改昂邦章京十七年改總管康熙二年更名將軍駐杭州副都統二人(順治十三年置分左右翼駐杭州康熙三十年增漢軍二人雍正七年徙杭州右翼一人駐乍浦乾隆十六年省漢軍一人二十八年漢軍俱省)協領十有四人(內水師五人)佐領三十有四人(內水師十一人)防禦二十有八人(內水師八人)驍騎校四十有八人(內水師十六人)

湖北駐防將軍一人，康熙二十二年置，駐荊州。副都統二人（同時置分左右翼）協領十人佐領四十有六人防禦驍騎校各五十有六人

四川駐防將軍一人乾隆四十一年置駐成都副都統一人（康熙六十年置）協領五人佐領十有九人防禦驍騎校各二十有四人

廣東駐防將軍一人順治十八年置康熙五年省十九年復故駐廣州副都統二人（康熙二十年置漢軍二人乾隆二十一年定滿洲漢軍各一人）協領九人佐領十人防禦三十有四人驍騎校三十有八人（康熙五年置廣西將軍都統各一人十三年省）

綏遠城駐防將軍一人乾隆三年置建威將軍二十六年更名二十八年兼司土默特蒙古事務（初置都統一人管土默特二旗至是省入）副都統一人（康熙三十三年置歸化一人乾隆二年置綏遠二人十二年省二人二十八年分駐二城尋省綏遠一人）協領五人佐領六十有四人防禦二十人驍騎校六十有九人（又歸化城初置都統二人分左右翼康熙三十三年省右翼四十四年復故乾隆二十六年省左翼二十八年俱省）

陝西駐防將軍一人順治二年置昂邦章京康熙元年更名駐西安副都統二人（順治十八年置西安右翼二人康熙二十八年增漢軍二人徙一人駐江寧以江寧左翼一人來駐乾隆二十六年省左翼滿洲一人右翼漢軍一人二十八年定左右翼各一人三十七年徙一人駐涼州四十九年復增一人）協領八人佐領二十有三人防禦驍騎校各四十人

甘肅駐防將軍一人雍正三年置駐寧夏（乾隆二年別置涼州一人三十八年省）副都統二人（同時置分左右翼駐寧夏乾隆二年增涼州莊浪各一人二十八年省莊浪一人三十四年省寧夏右翼一人三十八年省涼州一人徙西安一人駐涼州曰涼莊副都統）城守尉一人（駐莊浪）協領七人佐領三十有二人防禦四十有一人驍騎校三十有九人

新疆駐防伊犂將軍一人乾隆二十七年置參贊大臣一人副都統二人（光緒十年省參贊大臣明年置副都統二人十四年徙一人駐塔爾巴哈臺）領隊大臣四人（分駐索倫額魯特察哈爾錫伯）總管六人副總管七人（掌司駝廠馬廠）協領十有二人佐領驍騎校各百有八人防禦五十有六人

熱河駐防都統一人雍正二年置總管嘉慶十五年改置道光八年命管承德刑名度支圍場總管一人翼長二人協領五人佐領十有五人防禦三十人（圍場八人）驍騎校二十有八人（圍場八人）前鋒校十人

游牧察哈爾駐防都統一人康熙十四年置八旗總管各一人乾隆二十六年改置都統駐張家口副都統一人（初置二人乾隆三十一年省一人）總管十人副總管一人參領副參領各八人佐領驍騎校各百二十人護軍校百十有五人親軍捕盜六品官各四人

直隸駐防副都統二人康熙二十七年置山海關總管乾隆七年改置副都統四十五年增置密雲一人城守尉二人（分駐保定滄州隸駐京稽察九處旗務大臣）協領四人防守尉十有六人（駐東安固安采育里雄縣寶坻霸州良鄉者所隸興城守尉同駐古北昌平州者隸密雲副都統駐永平三河喜峯口玉田順義冷口者隸山海關副都統駐獨石口者隸察哈爾都統）佐領二十有五人防禦七十有三人（乾隆間置天津水師營副都統獨石口副都統各一人後俱省）

山東駐防副都統一人雍正十年置駐青州（舊有將軍乾隆二十六年省）城守尉一人（駐德州）協領四人佐領防禦驍騎校各二十人

山西駐防城守尉二人（順治六年置太原一人康熙三十三年置右衛將軍一人護軍統領二人副都統四人三十七年省護軍統領一副都統各二人乾隆二年省將軍副都統三十三年置右衛城守尉一人隸巡撫）防禦驍騎校各八人

河南駐防城守尉一人（康熙五十七年置駐開封隸巡撫）佐領防禦驍騎校各十人

提督等官　提督軍務總兵官（從一品）掌鞏護疆陲典領甲卒節制鎮協營汛課第殿最以聽於總督鎮守總兵官（正二品）掌一鎮軍政統轄本標官兵分防將弁以聽於提督副將（從二品）為提鎮分守險汛曰提標為總督綜理軍務曰督標中軍將軍標河標漕標亦如之參將（正三品）游擊（初制正三品順治十年改從）掌防汛軍政充各鎮中軍官都司（初制正三品順治十年改從十八年改正四品康熙九年復故二十四年定正四品）所掌視參游充副將中軍官守備（初制正四品康熙三十四年定正五品）掌營務糧餉充參游中軍官千總（初制正六品康熙三十四年營千總改從六品五十八年復故）把總（正七品）外委把總（正九品）額外外委（從九品）各掌營哨汛地初制提督總兵無定品繫左右都督都督同知僉事各銜（乾隆十八年停始定品秩）提督典兵自畿輔海甸迄雪山炎徼星羅碁布腹地兼以巡撫承以總兵副將以下品目粲然有事隨提鎮為員（如隨征營援勦營之類）事畢迺省自三藩之亂提鎮效用者衆咸同間戡定髮捻湘淮楚營士卒徒步起家多擢提鎮參游以下官益纍纍然保舉冗濫往往記名提鎮降充末弁候補千把賺膺統將官職懸殊至斯已極光緒間剏設海軍亦置提鎮無績能之厥後更定陸軍官制河漕標營以次併廢綠營歲有汰革厲行者浙江次廣東廣西湖南湖北謹就可考者著於篇

直隸提督一人順治十八年置駐大名康熙二十七年省三十年復故徙古北口總兵七人（天津正定二鎮俱順治元年置其正定康熙二十七年省雍正四年再置宣化鎮康熙七年改鎮朔將軍置馬蘭鎮雍正二年改副將置泰寧鎮乾隆元年置兼內務府大臣大名鎮道光元年改副將置通永鎮二十三年改陝西西安鎮置）副將八人（山永協順治六年置通州協八年改鎮置河間協康熙八年移正定協改置開州協雍正十年改參將置督標中軍十一年置河屯協乾隆元年改營置大沽協二十三年改營置多倫諾爾協光緒七年改都司置）參將八人（提標紫荊關務關路及保定城守涿州八溝昌平固關諸營）游擊二十有七人都司五十有九人（河標一人）守備七十有二人（河營二人河營協辦一人）千總百五十有七人所千總二人把總三百四十有六人奉天捕盜營把總十有四人

四川提督一人初置勦撫提督順治五年省十七年復置駐省總兵四人（建昌鎮順治四年置川北鎮十五年改保寧鎮置重慶鎮康熙八年移永寧鎮改置松潘鎮十年改副將置）副將八人（夔州協康熙十年改鎮置督標中軍十九年置維州協乾隆十八年改威茂協置阜和協四十三年改都司僉書置將軍標中軍四十六年置懋功協四十七年改營置綏寧協嘉慶二年改營置馬邊協九年改綏定協置）參將七人（提標及峩邊普安永寧漳臘越嶲會川諸營）游擊二十有三人都司三十有二人守備五十有一人千總百十有四人把總二百有七人

廣東提督一人順治八年置十八年徙惠州康熙三年置水師一人駐順德七年省嘉慶十四年改陸路提督復置水師一人駐虎門光緒三十三年併為一尋以海盜警復故宣統三年仍省水師提督總兵七人（潮州鎮瓊州水師鎮俱順治八年置高州鎮十二年置碣石水師鎮十一年置康熙三年省八年復故南澳水師鎮二十四年改海防參將置南韶連鎮嘉慶十五年改左翼鎮置北海鎮光緒十二年改平陽水師鎮置其瓊州南澳碣石俱宣統三年省）副將十有三人（南雄協順治八年置龍門水師協督標中軍俱康熙四年置中軍初分左右翼後併為一廣州惠州黃岡肇慶諸協俱八年置羅定協十二年置三江口協四十一年置順德水師協四十三年改虎門協置大鵬水師協道光二十年改澄海協置崖州水師協二十二年改參將置赤溪水師協同治七年改廣海寨游擊置宣統三年止留中軍及廣州協餘俱省）參將十有二人（督標中軍左營增城營其督標右營前營提標中軍肇慶海口水師欽州新會平海海門澄海諸營俱宣統三年省）游擊二十有七人（內外）都司三十有四人（海水師八人內河水師三人宣統三年止留瓊州鎮中軍南韶連鎮中軍靖遠營各一人）守備八十有二人（外海水師二十人內河水師八人宣統三年止留廣州協左營肇中軍右營佛山饒平營黃岡各一人）千總百六十有八人（外海水師二十人內河水師八人宣統三年止留增城營從化肇慶協那扶各一人）把總三百二十有七人（宣統三年止留陸路提標中營北城一人宣統三年止留廣州協右營饒路尾一人）

廣西提督一人順治八年置十七年省尋復故駐柳州光緒十一年徙龍州宣統三年徙南寧總兵三人（左江鎮康熙元年改右翼總兵置右江鎮雍正十二年改泗城副將置柳慶鎮嘉慶十二年置光緒三十二年省移右江鎮駐柳州左江鎮駐百色宣統三年復移百色駐龍州）副將七人（樂平協順治十二年置梧州協潯州協康熙二十一年改梧潯協分置慶遠協雍正七年置新太協八年置鎮安協十三年置義寧協乾隆六年置宣統三年俱省）參將四人（宣統三年省融懷全州二營止留提標中軍左增城二營）游擊十人都司十有一人守備二十有九人千總六十有五人把總百二十有一人（光緒二十九年後止留撫標都守各一人提標守千把各一人兩鎮游千各一人宣統三年俱裁省）

雲南提督一人順治十八年置駐永昌康熙元年徙大理總兵六人（臨元鎮順治十年置開化鎮康熙六年置鶴麗鎮七年置昭通鎮雍正九年改東川鎮置普洱鎮十年改元普鎮置騰越鎮乾隆四十一年改副將置）副將六人（督標中軍順治十六年置維西協乾隆十二年置曲尋協楚雄協俱三十五年改鎮置永昌協四十年改永順鎮置雲協道光二十九年改營置）參將十有一人（提標及尋霑武定元新鎮雄東川永北威遠廣南龍陵鎮邊諸營）游擊二十有一人都司十有六人守備五十有一人千總百有三人把總二百十有四人

貴州提督一人順治十六年置駐省康熙六年徙安順總兵四人（鎮遠鎮康熙元年置七年省乾隆二年改台拱鎮置威寧鎮康熙三年置六年省乾隆元年復故古州鎮雍正七年置安義鎮嘉慶二年置）副將十人（銅仁協順治十六年置乾隆三年省五年復故定廣協康熙三年置平遠協八年改鎮置大定協雍正三年改鎮置遵義清江都勻三協俱七年置上江協十三年置松桃協乾隆三年置永安協六年置其都勻上江宣統三年俱省）參將七人（撫標提標及羅解丹江台拱黎平朗洞諸營）游擊二十有五人都司二十有三人守備五十有二人千總百二十有二人把總二百有五人

江南提督兼水師一人順治二年置江南提督駐江寧四年置蘇松提督駐松江專轄蘇松常鎮四府康熙元年省江寧一人以蘇松一人轄全省十四年更名江寧提督轄下江七府一州增置安徽提督分轄上江七府三州十七年省安徽一人仍轄全省總兵四人（蘇松鎮兼水師順治二年置狼山鎮十八年改副將置徐州鎮嘉慶十四年改河標左營協置崇明鎮兼水師道光二十三年置）副將五人（督標中軍順治五年置江寧城守協康熙七年改鎮置太湖水師協兼轄浙江太湖游擊乾隆十一年改參將置襄河淞北水師協海門水師協俱同治七年置）參將七人（撫標提標水師右營又蘇州城守鎮江吳淞川沙諸營）游擊二十有五人（水師十人）都司三十有四人（水師九人）守備五十有五人（水師十有五人）千總百十有六人把總百八十有九人衛守備一人

安徽巡撫兼提督一人康熙十四年置提督十七年省嘉慶八年巡撫始兼銜總兵二人（壽春鎮乾隆二十年改副將置皖南鎮咸豐五年置）副將一人（安慶協順治四年改鎮置）參將五人（撫標及徽州蕪采寧國六安安諸營）游擊六人都司八人守備十有七人千總二十有五人把總五十有六人衛守備九人

江北提督一人咸豐十年置淮揚鎮總兵光緒三十一年改置副將一人（提標中軍左營）參將三人（提標右營淮安城守海州諸營）游擊五人都司六人守備十有二人千總二十有八人把總六十有一人

長江水師提督一人同治元年置太平岳州互駐江南湖廣兩總督轄之總兵四人（江南瓜州鎮江西湖口鎮湖北漢陽鎮湖南岳州鎮俱同治五年置）副將五人（提標中軍安慶營江陰營田鎮營荊州營俱同治五年置）參將六人（裕溪金陵吳城饒州擇州沅州諸營）游擊十八人都司四十有二人守備四十有三人千總百五十有八人把總百九十有五人

山東巡撫兼提督一人康熙元年置提督駐青州四年徙濟南二十一年省乾隆八年巡撫始兼銜總兵三人（登州鎮順治十八年改臨清鎮置轄陸路康熙六年兼水師道光三十年改轄水師兼陸路兗州鎮雍正十三年改參將置曹州鎮嘉慶二十二年改參將置）副將三人（膠州協順治十年置沂州協康熙三十二年改鎮置臨清協道光三十年改文登協置）參將十人（撫標及萊州即墨青州泰安臺莊德州東昌單縣濟南城守諸營）游擊九人（水師二人）都司十有二人守備二十有六人（水師三人）千總五十有六人把總百十有二人東河營副將

參將各一人都司三人守備十有一人協辦五人千總十有三人把總二十人衛守備三人領運千總二十有四人

山西巡撫兼提督一人順治十八年置提督康熙元年徙平陽四年改徙太原七年省十三年復故二十年又省雍正十二年巡撫始兼銜總兵二人大同鎮順治元年置六年省十一年復故太原鎮康熙十一年改副將置雍正六年陞提督九年復故副將三人殺虎口協康熙三十年改寧武協置蒲州協雍正二年改游擊置潞安協咸豐十一年改潞澤營參將置參將九人撫標及太原城守平陽汾州澤州新平路助馬路東路諸營游擊八人都司十有七人守備二十有九人千總五十有一人把總百十有二人

河南巡撫兼提督一人順治十八年置提督駐河南府康熙三年徙開封七年省乾隆五年巡撫始兼銜總兵三人南陽鎮河北鎮俱順治元年置歸德鎮咸豐八年置舊有參將隸之副將二人荊子關協嘉慶六年置信陽協咸豐八年改營置參將五人撫標中軍及河南城守汝甯永城彭德諸營游擊七人都司十人守備二十有三人千總四十有六人把總八十有二人領運千總四人

陝西提督一人順治二年置西安提督兼烏金超哈康熙三年改固原提督乾隆二十九年復故嘉慶六年徙漢中七年還駐固原總兵三人延綏鎮順治元年置漢中鎮嘉慶三年改漢羌協置陝安鎮五年改興漢鎮置副將五人西安城守協洮岷協靖遠協俱順治二年置其洮岷六年改參將十四年復故西安協康熙四十年改參將道光二十三年復移神木協改置定邊協順治六年移延綏鎮西協改置潼關協咸豐十年移靖甯協改置參將十人撫標提標及西鳳宜君靜甯神木延安甯陝循化蘭城城守諸營游擊二十有七人都司三十有八人守備四十有四人千總七十有二人把總百七十有四人

甘肅提督一人舊爲總鎮康熙二年改置二十二年省三十年復故駐甘州二十四年徙涼州二十九年徙張掖總兵五人甯夏鎮順治元年置康熙十五年陞提督二十年復故西甯鎮順治十五年置涼州鎮康熙二年改副將置二十六年省三十年復置乾隆二十四年又省越五年又置肅州鎮康熙三十年置河州鎮乾隆四十七年置參將九人督標左右營提標中營及靜甯甘州城守鎮州花馬池平羅靈武諸營游擊三十有六人都司三十有七人守備五十有六人千總百有五人把總二百四十有六人

新疆提督一人雍正十三年置哈密提督乾隆二十四年省移安西提督駐巴里坤更名巴里坤提督二十三年徙烏魯木齊光緒十一年徙喀什噶爾更名喀什噶爾提督總兵三人巴里坤鎮乾隆二十九年移烏魯木齊鎮改置伊犂鎮四十四年置阿克蘇鎮光緒十年移喀什噶爾換防總兵置副將七人哈密協乾隆二十四年置瑪納斯協四十二年置烏什協道光二十六年置伊犂軍標塔城協光緒九年置烏魯木齊城守協十三年置回城協莎車協俱十四年置參將八人撫標提標及濟木薩精河英吉沙爾和闐喀喇沙爾霍爾果斯諸營游擊二十人都司十有七人伊犂軍標四人守備六十有一人伊犂軍標六人千總七十有五人伊犂軍標八人把總二百二十有八人伊犂軍標二十人

福建提督二人轄陸路者順治四年置駐泉州轄水師者康熙元年置駐海澄七年省十六年以海澄公領之十七年復故駐廈門總兵四人汀州鎮順治六年改左路總兵置七年省康熙三十六年改興化鎮復置福甯鎮順治十四年改參將置漳州鎮康熙二十七年改漳浦鎮置建甯鎮雍正十一年改副將置副將八人福州興化延平三城守協俱順治七年置督標中軍十五年置閩安水師協康熙二十七年改鎮置順昌協咸豐八年置金門水師協同治五年改鎮置海壇水師協光緒十三年移澎湖協改置參將九人水師陸路提標及督標左右泉州邵武二城守水師同安烽火門水師諸營游擊三十人都司二十有五人內外海水師八人守備六十人水師十有七人千總八十有四人把總百七十有九人舊置臺灣總兵一人副將三人參將游擊各四人都司九人守備十人千總十有七人把總三十有一人光緒二十一年棄省革

浙江提督兼水師一人順治三年置駐甯波康熙元年置水師提督七年省十四年復故十八年又省總兵五人衢州鎮順治四年置溫州鎮兼水師十二年置處州鎮康熙四十九年改平陽鎮置定海鎮兼水師雍正八年改左路總兵置海門鎮兼水師同治十一年置副將十有一人杭州城守兼水師嘉興湖州紹興金華嚴州六協俱順治五年置樂清協康熙元年置象山協兼水師八年改甯波協置台州協九年置瑞安水師協雍正二年置乍浦水師協道光二十三年改參將置參將六人撫標提標及鎮海水師玉環兼水師甯海太平諸營游擊二十人外海水師十人內河一人都司二十有三人外海水師三人內河二人守備五十有二人外海水師十有七人內河一人千總百有九人把總二百十有三人自提督以次各官俱宣統二年省

江西巡撫兼提督一人舊爲總兵駐南昌順治三年改置提督十八年徙贛州康熙元年徙建昌五年還駐南昌七年省十三年復故徙九江二十一年復省乾隆十八年巡撫始兼銜總兵二人九江鎮順治二年置康熙七年改南瑞鎮十三年省二十一年復置嘉慶九年還駐九江南贛鎮順治三年省副將二人袁州協順治三年置康熙十三年陞總兵二十一年復故南昌城守協嘉慶五年改九江協置參將撫標及廣信饒州寧都南安吉安諸營游擊各六人都司二十有三人水師二人守備十有五人水師一人千總三十有一人把總八十人衛守備三人領運千總二十有五人

湖北提督一人嘉慶六年置駐陽襄總兵二人宜昌鎮雍正十三年改彝陵鎮置鄖陽鎮嘉慶六年改襄陽鎮置副將五人黃州協順治三年置宣統元年省施南協乾隆元年置督標中軍竹山協協俱嘉慶六年置漢陽協同治四年置宣統三年省參將七人提標荊州武昌二城守均光德安諸營其興國營撫標中軍俱宣統三年省游擊十有二人都司八人守備二十有九人千總七十有二人把總百四十有三人衛守備十人

湖南提督一人舊爲湖廣提督駐辰州嘉慶六年改置徙常德道光十八年還駐辰州宣統三年省總兵三人永州鎮康熙九年改副將置鎮筸鎮三十八年移沅州鎮改置綏靖鎮嘉慶二年置副將九人沅州協順治元年置八年改鎮後復如故寶慶協十一年改都司置靖州協十五年置長沙協衡州協俱康熙五年置永順協雍正七年置永綏協置乾州協常德協俱嘉慶二年八年寶慶永順常德宣統元年俱省參將七人撫標及澧州宜章桂陽三營其岳州城守臨武二營俱宣統元年省提標中軍三年省游擊十有五人都司十有七人守備三十有四人千總七十有七人把總百五十有四人屯守備千總各六人把總十八人衛守備一人水師二人

各處駐劄大臣

烏里雅蘇台定邊左副將軍一人參贊大臣二人雍正九年設阿爾泰軍營轄唐努烏梁海五旗三佐領轄土謝圖汗部汗阿林盟一部二十旗賽音諾顏部齊齊爾里克盟一部二十四旗並所附額魯特旗烏梁海一十二佐領車臣汗部喀爾喀巴爾和屯盟一部二十四旗扎薩克圖汗部汗畢都里濟爾盟一部十九旗並所附輝特一旗烏梁海五十佐領內參贊一人以蒙古王公台吉兼任

科布多參贊大臣辦事大臣各一人乾隆二十六年置轄札哈沁明阿特額魯特各一旗阿爾泰烏梁海七旗又二旗兼轄布爾干河新扈爾特青色啓勒圖盟一部二旗哈爾察克新和碩特部一旗杜爾伯特烏蘭固木賽音濟雅哈圖盟左翼十一旗右翼三旗及所附輝特二旗同治七年增置布倫托海辦事大臣幫辦大臣各一人八年省仍隸科布多

庫倫辦事大臣幫辦大臣各一人雍正九年設互市處駐司員經理後改置辦事大臣監督恰克圖俄羅斯通商事宜乾隆四十九年增一人尊定爲額缺內一人以蒙古王公台吉兼任所屬有印房章京理刑司員管理商民事務司員筆帖式等官分駐恰克圖辦事司員一人

塔爾巴哈台副都統乾隆二十九年置參贊大臣一人十四年省移伊犂副都統來駐光緒領隊大臣乾隆四十一年置轄額魯特所屬有印房章京管理糧餉司員筆帖式等官

西甯辦事大臣乾隆元年置轄青海三十六旗會盟所屬有司員筆帖式各一人

西藏辦事大臣一人雍正五年置光緒三十四年增一人宣統二年省人駐轄達木蒙古八旗所屬有辦事司員筆帖式左右參贊各一人初置幫辦大臣宣統二年改置左參贊駐前藏右參贊監督三埠通商事宜所屬有糧譯書記等官

川滇邊務大臣一人光緒三十二年置專司移殖所屬有書記等官

總管十有六人塔爾巴哈台屬一人科布多屬十人唐努烏梁海五人並歸定邊左副將軍兼轄副總管一人參領三人科布多屬佐領驍騎校各三十有三人塔爾巴哈台屬各三人科布多屬各十七人唐努烏梁海蒙古達木俱各八人守卡倫侍衛自京調遣三歲一更邊鎮無額兵者旗營綠營官兵番戍兼治屯焉

烏魯木齊都統副都統各一人初設安西提標綠旗五營乾隆三十六年改滿兵駐防置參贊大臣二人三十八年復置領隊大臣二人四十八年改置協領六人佐領防禦驍騎校各二十有四人吐魯番領隊大臣一人乾隆二十四年建城闢展置辦事大臣一人以廣安城爲回城四十二年改置協領二人佐領防禦驍騎校各四人所轄回子四牛彔佐領驍騎校各四人巴里坤古城領隊大臣各一人乾隆三十七年置參贊大臣領隊大臣各一人後俱改領隊大臣徙一人駐古城協領各二人佐領防禦驍騎校各八人庫爾喀喇烏蘇領隊大臣一人初置侍衛隸烏魯管理糧餉官又兼烏魯木齊調充哈密辦事大臣幫辦大臣各一人乾隆二十四年置有印房章京筆帖式同治初遭回亂各地相繼淪陷唯巴爾庫勒旗營僅留孑遺光緒八年議改新疆行省烏魯木齊暨吐魯番各官並奏裁之十年省庫爾喀喇烏蘇各官改直隸廳州明年復省巴爾庫勒領隊大臣各官遷旗營入古城改置城守尉

喀什噶爾參贊大臣綜理八城事務幫辦大臣各一人參贊大臣駐烏什改置辦事大臣其糧餉辦大臣復舊制所屬有印房四務處經費處牧處糧餉處大臣一人兼管卡倫乾隆二十四年置總兵三十一年改置所屬有筆帖式事各一人乾隆二十四年置二十六年置領人後省所屬有印房章京回務章京事一人乾隆三十年置副都統一人四十二年改置所屬有章京筆帖式阿克蘇辦事大臣一人庫車辦事大臣一人喇沙爾辦事大臣一人八城置辦事領隊各大臣時英吉沙爾隸喀什噶爾和闐隸葉爾羌阿克蘇隸烏什嘉慶二年始分立以喀什噶爾參贊大臣綜之光緒十年新疆建行省俱改直隸廳州

回部各官

總理回務扎薩克郡王一人協理圖撒拉克齊二人爵世襲阿奇木伯克掌綜回務伊犂喀什噶爾屬沙雅爾喀喇沙爾庫車賽里木各一人俱三品喀什噶爾屬牌素隴哈什村擦勒村克里雅城塔克鋒喇村伊什罕伯克掌贊理回務伊犂喀什噶爾兼回兵總管哈資伯克掌理回務伊犂喀什噶爾葉爾羌阿克蘇及所屬賽里木庫車及所屬沙雅爾各一人俱四品伊犂屬巴爾楚克和闐喀喇沙爾拜城一人俱五品噶雜拉齊伯克拉雅哈資伯克掌理細民詞訟伊犂葉爾羌喀什噶爾喀喇沙爾庫車各一人俱五品訥克布伯克帕提沙布伯克莫提色布依伯克密圖瓦利伯克掌田產和闐伊犂喀什噶爾葉爾羌庫車阿克蘇各一人俱七品

柯勒克牙拉克伯克（掌商賈貿易葉爾羌一人五品）巴濟吉爾伯克（掌理税務伊犂喀什噶爾阿克蘇各一人俱六品烏什一人七品）色迪爾伯克（掌釐理税務伊犂喀什噶爾葉爾羌各一人俱七品）阿爾巴布伯克（掌差役喀什噶爾葉爾羌各一人俱六品葉爾羌屬色勒庫爾阿克蘇烏什庫車各一人俱七品）巴克瑪塔爾伯克（掌果園喀什噶爾葉爾羌各一人俱六品）都管伯克（掌兵馬糧饋官物文移伊犂喀什噶爾葉爾羌各一人俱六品和闐伊里齊城二人所屬哈拉哈什城一人阿克蘇庫車各三人俱七品）哈喇都管伯克（掌臺站兵械葉爾羌一人五品和闐伊里齊城及所屬哈拉哈什城各一人俱七品）明伯克（掌千戶征輸喀什噶爾及所屬伯什克勒木阿爾瑚霍爾罕葉爾羌及所屬英額齊盤哈爾哈克鄂普爾各一人俱六品又喀什噶爾二人及所屬牌素巴特一人阿斯圖爾圖什二人塔斯渾二人塔什密里克玉斯圖阿爾圖什烏帕爾罕愛里克和色爾布作賽爾瑞托古薩克阿爾瓦特木什素魯克英吉沙爾葉爾羌屬巴爾楚克密特西林和闐伊里齊城圖薩拉莊伯爾威莊素巴爾莊哈拉哈什村三普拉莊濟普莊克里雅城哈爾魯克莊策勒村各一人阿克蘇十六人所屬賽里木拜城各一人烏什一人庫車三人所屬沙雅爾二人喀喇沙爾屬布古爾一人俱七品）玉賚伯克（掌百戶征輸伊犂七十人喀喇沙爾庫爾勒四人布古爾二人俱七品）鄂爾沁伯克（掌數十人征輸葉爾羌屬鄂普爾一人六品）維布提墨克塔布伯克（掌教習經館）哲伯伯克（掌修造甲械）色依得爾伯克（掌巡察道路園林果木以上三員俱六品葉爾羌置）什和勒伯克（掌驛館米糧喀什噶爾葉爾羌各一人俱六品烏什和闐葉爾羌屬色勒庫爾各一人俱七品）六品伯克（掌修壇管臺喀什噶爾二十一人內雜管回兵盡領玉賚巴什三人阿克蘇及所屬木蘇爾遠巴罕多爾葉爾羌屬喀爾管玉喇里克塔爾塔克各一人）七品伯克（掌司臺站英吉沙爾葉爾羌屬色勒庫爾塔噶喇木各一人）採鉛伯克（和闐屬克里雅城一人五品）挖銅伯克（喀喇沙爾庫爾勒及所屬布古爾各一人）採銅伯克（阿克蘇三人）管銅伯克（庫車及所屬沙雅爾各一人自挖銅以下俱七品）並隨事為員（由辦事大臣疏請）乾隆十九年封吐魯番伯克莽里克托薩克公綜理回務（後獲罪改封額敏和卓）置圖撒拉克齊佐之三十四年撫定西陲因其舊名置伯克等官時隨征効力者並封三品阿奇木以葉爾羌授鄂對喀什噶爾授色提巴爾第庫車授鄂斯滿和闐授漢咱爾巴阿克蘇授達墨特烏什授阿布都拉是為六大城伯克自三品至七品各以授地為差（三品給二百帕籽特瑪帕地畝種地人百名四品百五十畝人五十名五品百畝人三十名六品五十畝人十五名七品三十畝人八名密喇布各員專司灌溉例分地畝不再給種地人各五名）徙阿克蘇回族駐伊犂授茂薩（額敏和卓次子）阿奇木二十七年伊犂建寗遠城復移烏什葉爾羌和闐哈密吐魯番回族來駐置大小各伯克二十八年定陞補制三十一年移喀喇沙爾庫爾勒回族駐庫轍瑪省六品哈資一人增四品阿奇木一人與五品噶雜拉齊七品玉賚各伯克並駐其地三十八年還駐庫爾勒復舊制嘉慶九年依喀什噶爾葉爾羌例增伊犂六品巴濟吉爾七品色迪爾各一人道光八年定三品至五品伯克由本城大臣塡註履行咨送喀什噶爾參贊大臣覆覈上聞六七品伯克咨送驗放故事大伯克迴避本城小伯克迴避本莊至申嚴禁令（葉爾羌屬色勒庫爾距卡倫遠不在是例）並徙喀什噶爾五品訥克布密圖瓦利莫提色布依各三人駐罕愛里克給五品阿奇木職銜以六品哈資駐察拉根主治農田省阿斯圖阿爾圖什七品明伯克二人徙一人佐之別移一人駐阿爾瑚抵補哈資是歲以英吉沙爾事劇賞六品哈資伊什罕銜佐阿奇木治事光緒十年改建郡縣俱省以阿奇木伊什罕職秩較峨仍留原銜俾別齊民

藩屬各官　外藩蒙古扎薩克旗各一人（大漠內科爾沁等二十四部旗四十有九大漠外喀爾喀四部旗八十有六青海五部旗二十有九西套額魯特額濟納土爾扈特杜爾伯特土爾扈特和碩特凡十部旗三十有四以王貝勒貝子公台吉塔布囊為之不置扎薩克者隸將軍都統及大臣）掌一旗政令協理台吉二人或四人（唯土默特左翼旗喀喇沁三旗稱塔布囊與台吉同）贊襄旗務管旗章京各一人副章京各二人（十佐領以下置一人）參領（六佐領置一人）佐領（百五十丁一人或二百丁或二百五十丁置一人）驍騎校（如佐領數）並佐扎薩克董理民事回部哈密一旗扎薩克協理台吉管旗章京副章京各一人參領二人佐領十有三人吐魯番一旗扎薩克一人協理台吉二人管旗章京一人副章京參領各二人佐領十有五人伯克十人所掌如蒙古制初定扎薩克綜理旗務依內八旗編制置管旗章京以次各官順治十六年置佐領驍騎校百五十丁一人（嗣有所增益）十八年定管旗章京副章京員限（如前所列）雍正初平青海編旗置官如故事西藏達賴喇嘛一人（駐拉薩）掌全藏政令班禪喇嘛一人（駐扎什倫布）掌後藏寺院與其教民並受成於駐藏大臣其屬輔國公一等台吉各一人前藏唐古特三品噶布倫四人（掌綜理藏務內一人喇嘛充補不給頂戴）四品仔琫三人（掌稽商上事務凡喇嘛庫藏出納之所曰商上）四品商卓特巴三人（掌庫務）五品葉爾倉巴（掌糧務）朗仔轄（掌治拉撒番民）協爾幫（掌刑名）碩第巴（掌治布達拉番民）六品達琫（掌馬廠）大中譯各二人六品卓尼爾七品小中譯各三人（以上三員並掌噶廈事務凡噶布倫議事之所曰噶廈）四品戴琫六人五品如琫十有二人六品甲琫二十有四人七品定琫百二十八人第巴十有三人（管章一人糌粑柴帳房各二人門牛羊廠各三人）五品邊營官二十有三人（江卡喀喇烏蘇官覺補人工布碩卡絨轄爾營各一人惟爾本錯拉拍克里定結聶拉木濟曬博富達巴喀爾營各人喇嘛營一人無頂戴下同）大營官十有九人（桑昂曲宗工布則岡昔孜協噶爾納倉營各一人乃東瓊結貢噶爾崙孜江孜營各二人喇嘛營四人）六品中營官五十有九人（角木宗打孜作岡江達古漢沃卡曲水突宗僧宗雜仁鎮莊子奪營直谷朗營墨竹宮卡爾孜文扎卡達爾瑪聶母拉噶孜嶺營嶺喀爾營各一人洛隆宗巴浪仁本仁孜朗嶺宗喀撒噶達爾宗碩般多營各二人桑葉冷竹宗茹拖結登拉里沃隆爾江喇嘛營各一人期羊八井嘛轄魯策惟得納布錯喇嘛營八人）七品小營官二十有五人（雅爾堆拉歲頗章扎溪色營堆冲汪墊甲錯瓊科爾結蔡里扎稱折布嶺扎什洛美嘉爾布營各一人金東撒拉浪滿拉康曲隆朗茹里烏隆業黨工布塘喇嘛營各一人）後藏唐古特三品大營官四人（拉孜喇嘛營二人棘金龍喇嘛營各一人）六品中營官十有七人（昂忍喇嘛營二人仁侵孜結倭孜寺帕克仲翁貢寺千殿熱布結寺托布甲里卜德慶熱布結寺絨錯央葱堆喇嘛營各一人角千壩營各一人喇嘛營二人）七品小營官十有六人（彭錯嶺喇嘛營二人倫珠子拉耳塘寺遠爾結甲冲哲宗擦耳昭欽碌洞科朗扎喜孜波多達木牛廠喇嘛營各一人凍噶爾扎苦營各一人）僧官有國師禪師扎薩克大喇嘛扎薩克喇嘛大喇嘛副喇嘛並堪布監督之藏地分衛藏喀木阿里回部各置噶布倫治其地職任綦重仔琫以降為佐理國事官戴琫以降為各城典兵官邊營官以降為各城治民官自國師至喇嘛專司教事置駐藏大臣轄之昉自雍正三年然猶未與達賴班禪抗衡也至乾隆五十七年噶布倫以下始歸約束大臣職權迺與埒並增戴琫一人（原置五人至是始定）如琫十有二人定琫百二十人陞補各按其等差其噶廈小中譯卓尼爾擇東科（譯言世家子弟）優秀者為之

土司各官　明代土司淫昏暴戾播州水西藺州麓川邊患如櫛清鑒前轍迭議歸流曩昔土司隸外藩二隸行省七康雍之盛湖北散毛（舊為宣撫司轄大旺安撫司東流臘璧二長官司雍正十三年改來鳳縣）施南（舊為施州衛轄忠建忠孝二宣撫司忠路忠峒東鄉五路高羅龍潭金峒各安撫司木冊上愛茶峒下愛茶峒鎮南搖把峒鎮遠蠻彝隆奉蠻彝西萍蠻彝劍南思南唐崖各長官司雍正十三年改置恩施宣恩咸豐利川四縣）容美（舊為宣慰司轄盤順水盡源通塔坪各安撫司椒山瑪瑙石梁下峒下岡平茶五峰石寶各長官司雍正十三年改置鶴峰州長樂縣）湖南永順（舊為宣慰司轄施溶安撫司下峒田家峒驢遲峒臘惹峒麥著黃峒白崖峒各長官司南渭上溪二土官雍正七年改置永順龍山二縣）保靖（舊為宣慰司轄五寨筸子坪二長官司雍正七年改縣）桑植（舊為安撫司轄美坪朝南那步人士黃河魚龍夾石苦南梯坪置宣金藏拓山爛洞黃家板山龍潭書洛十七峒安福所上下二峒雍正七年改縣）及永綏（六里紅苗地雍正八年改流官）乾州鳳凰營（筸邊紅苗地康熙四十三年改流官）並以生苗內附列為郡縣四川建昌（舊為指揮司順治初改衛雍正四年置甯遠府）松潘（舊為衛雍正九年改流）天全（舊為六番招討司雍正七年改流）打箭爐（舊為長河西魚通安遠宣撫司雍正七年改流）廣西鎮安（舊為土府康熙二年改流）泗城（舊為州順治十五年陞府尋為土府雍正五年改流）雲南開化（舊為教化王弄安南三長官司康熙六年改流）昭通（舊為烏蒙地雍正五年自四川來隸明年改流）麗江（舊為土府雍正初改流）鎮沅（舊為土州雍正三年改流四年自四川來隸）蒙化（舊為土府康熙四年改流）威遠（舊為土州雍正三年改流明年自四川來隸）貴州威甯（舊為水西宣慰司康熙元年置黔西府改比喇塔為平遠府大方城為大定府四川馬撒為威甯來隸後改黔西諸府為州并隸威甯）郎岱（雍正九年改流）歸化（康佐及冲苗地雍正十二年改流）永豐（安籠長官司地雍正五年改流）因時損益偏置流官乾隆以降大小金川重煩兵力酉陽（舊為宣慰司乾隆元年改流）石砫（舊為宣撫司二十七年改流）狆猺全革猛緬炎荒翕然內面（十三年置緬甯）滇南邊徼聞風震讋（三十一年討平莽匪諸部內附分置整頓綠諸司詳後）嘉道之世貴州守備（嘉慶二十五年省歸化廳屬一人道光元年省安順府屬一人四年省普安廳屬一人十二年省普定縣屬一人）千總（道光元年省安順府屬二人四年省歸化廳屬生苗枝册亨州同屬上分亭各一人十年省普安縣屬上五苑枝一人）把總（道光元年省普定縣屬五人郎岱廳屬六枝一人四年省洛何枝册亨州同屬下分亭各一人六年省平遠縣屬一人八年省貞豐州羅斛亭一人二十年省長寨廳一人）裁損尤多光宣之際雲南富州鎮康四川巴塘裏塘德爾格忒高日春科瞻對察木多置吏一依古事（改巴塘曰巴安直隸廳縣丞駐鹽井裏塘曰順化縣巡檢駐中渡河鄉城曰定鄉縣縣丞駐噶達並隸邊務大臣兼轄明正雲耳五家道塢冷磧諸鹽部）廣西忠州南丹萬承茗盈全茗結安鎮遠江州下石西上下凍下雷那地各州羅白一縣古零定羅安定下旺諸巡司永定長官司永順副司遷隆峒土官停其襲職向武都康安平澂祥思州諸州上林忻城羅陽諸縣東蘭鳳山州同上龍白山興隆諸巡司代以漢官覈衡厥實隨沿舊制湘楚廓清滇蜀改流十之三四黔桂長官州縣以今況往弱半僅存詳稽志乘尚百數十敘其世繫與其土地凡武職非世襲及番部僧官附輯於後庶有所考焉

甘肅指揮使司指揮使八人（正三品平番縣屬三人連城順治元年宏襲大營灣九年魯之鼎襲古城十八年授魯語指揮同知歲餘改襲西甯府屬三人南川順治三年授納元授指揮僉事雍正八年改襲寄彥才溝順治五年祁廷諫襲北川八年陳師文襲河州屬一人韓家集舊為外委乾隆六年韓世改襲狄道州屬一人隨洮衛順治十六年趙樞勳襲）指揮同知七人（從三品碾伯縣屬四人趙家湧順治元年趙璇襲上川口五年李天俞襲老鴉堡六年阿世懃襲勝番溝祁國屏襲平番縣屬一人西大通峽口魯堵襲俱九年授西寗縣屬一人起塔鎮十年李珍品襲河州衛沙馬族一人順治二年何永吉襲）指揮僉事八人（正四品洮州府屬一人資卜順治元年昝承福襲平番縣屬一人紅山堡二年魯典襲西甯縣屬二人亂透溝十五年吉天錫襲西川舊為外委康熙四十汪陞龍改襲碾伯縣屬三人米拉溝康熙十四年冶鼎襲美都溝三十七年廷建襲朱家堡舊為外委四十一年朱廷珍改襲又洮州卓泥堡一人舊為外委四十五年楊朝棟改襲）千戶七人（正五品河州保撤喇四房保安喇五族平番武威永昌古浪堡伯各一人）副千戶二人（從五品平番洮州各一人）百戶九人（正六品循化乩藏一人平番碾伯各二人岷州四人）西甯千戶一人（巴彥南稱族）百戶二十有三人（蒙果爾津族當希葉布族蘇魯克族尼牙木錯族庫固察族稱多族下扎武一下阿拉克沙族上隆各二下格隆吉蘇三人玉樹族四人克安族都族各族人阿里克族扎武族壩族人隆壩族族爾非族多倫尼托）百長二十有六人（在黃河大江鴉礱江瀾滄江怒江各地）西藏百戶十有五人（納克書貢巴族納克書色爾查族納克書畢魯族納克書奔頗族納克書拉克什族納克書達格魯克族卭布納克魯族依式夥爾族勒納夥爾族夥爾遜提麻爾族上岡噶魯族各一人卭布噶魯族卭布色爾查族各二人）百長五十有二人（喀喇烏蘇河南岸各地）四川宣慰使司宣慰使七人（從三品天全州屬一人穆坪董卜韓胡順治元年堅參喃哈襲茂州廳屬一人瓦寺九年授曲翊伸安撫司康熙五十年論隨征西藏功加桑朗溫愷宣慰司銜嘉慶元年即隨維谷襲屬一人梭磨雍正元年授長官司乾隆十五年陞安撫司三十六年論隨征金川功斯丹巴改襲打箭爐廳屬四人明正康熙五年蛇蜡達吧襲布拉克底四十年授綽布木凌安撫司乾隆三十九年其孫阿多爾改襲巴旺乾隆二十九年綽布木凌長子囊索襲德爾格式雍正六年授丹巴七立安撫司十一年改襲）宣撫使司宣撫使五人（從四品越嶲廳屬一人卭部康熙四十二年授南杜變西昌縣屬一人沙麻四十九年安撫襲威打箭爐廳屬三人綽斯甲布康熙四十一年授賨立安撫司乾隆四十年論隨征金川功改襲裏塘康熙五十七年江擺襲巴塘五十八年羅布阿旺襲）安撫使司安撫使十有六人（從五品茂州廳屬一人長金川治九年蘇廷輔襲懋功廳屬一人鄂克什舊名沃日十五年授巴碧太實寗淨慈妙智國師乾隆二十年色達拉改襲什源縣屬二人瓜別康熙四十九年玉珠迫發木里雍正八年六蔵塗都襲打箭爐廳屬十二人單東革什咱康熙三十九年魏珠布策凌襲喇嘎四十九年阿倭塔爾襲其雍正六年授者霍甘孜索諾木良卜襲霍耳章谷羅卜廢旺襲瓦述餘科沙克嘉諾爾布襲霍耳竹孔撤麻蘇爾特親襲霍耳甘孜麻書那木卡索諾木雙霍耳咱阿克旺錯爾恥木襲春科桑卜旺扎爾襲林葱袞卜林親襲上納奢索諾木旺扎爾襲下瞻對策凌卜襲）副使二人（從六品喇嗄春科各一人）長官

司長官三十有七人正六品敍州府屬蠻夷泥溪平夷沐川龍安府屬陽地隘口寧遠府屬威龍州普濟州河東阿都昌州馬喇卬部雅州府屬沈邊冷邊瀘州廳屬九姓打箭爐廳屬瓦述色地上瞻對茹後霍西藏瓦述毛了瓦述崇喜瓦述曲登瓦述喇嘛納林冲瓦述更平雲耳白利雲霸東科春科高日蒙葛使結理番廳屬從噶克卓克采丹壩各一人副長官一人正七品阿都千戶四十有一人咱理松坪雙則紅凹寨班俗寨川柘寨余灣寨斫侖寨寒盼寨商巴寨谷爾壩那渥寨竹當寨包子寺寨甲多寨蟲蒿寨阿強寨呷竹寺丟谷寨雲昌寺沙壩阿里洞寨峨眉寗寨七布寨毛革阿按寨麥羅蛇灣寨酥州黎溪州迷易所鹽井衞中所左所右所古柏樹瓦述寫達瞻對峪納上納奪中郭羅克押落寨中阿樹上瞻對撒墩木朝古土拖事阿朵阿與各一人百戶百五十有九人打箭爐廳屬八十有三人松潘廳屬四十有一人冕寧縣屬十有三人馬邊廳屬六人茂州屬四人鹽源縣屬會理州屬各二人清溪縣屬峨邊廳屬各一人

廣西長官司長官二人慶遠府屬永定永順各一人副長官司二人永順

雲南指揮使司指揮使二人普洱府屬孟艮古孟猛召丙襲整欠叭光捍襲俱乾隆三十一年授指揮同知一人廣西州屬猛龍乾隆三十一年叭護猛襲宣慰使司宣慰使一人普洱府屬車里古名產里順治十八年刀穩禰襲乾隆三十八年省四十二年復故土地十三版納普洱縣五思茅廳八宣撫使司宣撫使七人直隸耿馬一人罕閘括襲隴越廳屬三人南甸古南宋刀呈祥襲隴川古孟緬多安靖襲干崖亦曰平鑼勝渠瀾賧刀建勳襲俱平滇後授永昌府屬一人孟連亦曰哈瓦舊爲長官司康熙四十八年刀派鼎改襲普洱府屬二人整賣召納提襲景線吶賽襲俱乾隆三十一年授古八百媳婦國地副使三人騰越廳屬猛卯盞達龍陵廳屬遮放各一人安撫使司安撫使二人龍陵廳屬潞江古怒江甸線有功襲裔市唐書芒施蠻放愛衆襲俱平滇後授長官司長官三人騰越廳屬戶撒臘撒臨安府屬納樓茶甸各一人副長官司二人大理府屬十二關臨安府屬虧容甸各一人土千戶一人虧容甸

貴州長官司長官六十有五人貴陽府屬中曹養龍白納虎墜定番州屬程番小程番上馬橋盧番方番韋番臥龍番小龍番金石番大龍番木瓜盧番開州屬乖西龍里縣屬大谷龍小谷龍羊腸貴定縣屬平伐大平伐小平伐新添條文縣屬底寨永寧州屬項營募役沙營平越府屬楊義黃平州屬巖門都勻府屬都勻邦水廳哈州屬樂平平定獨山州屬豐寧上豐寧下爛土韻遠府屬偏橋鎮遠縣屬邛水思南府屬隨府辦事豐夷沿河佑溪朗溪思州府屬施溪銅仁府屬省溪提溪烏羅平頭黎平府屬潭溪八舟龍里中林古州新化歐陽亮寨湖耳洪州各一人思州府屬都平平都素黃道各二人副長官司十有九人白納木瓜乖西底寨都勻豐夷都素沿河佑溪朗溪省溪提溪烏羅平頭歐陽湖耳洪州鎮寧縣屬康佐石阡府屬石阡各一人偏橋左偏橋右各二人卬水一人後改七品土官

四川土通判二人石砫廳屬一人順治元年授馬祥麟宣慰司乾隆間孔昭隸事降雜谷廳屬一人陽地隘口順治六年王啓睿襲土知事一人龍安府屬龍溪堡順治六年薛兆選襲土巡檢二人茂州屬牟托水卓坪各一人副巡檢一人茂州竹木坎壩

廣西土知州二十有五人歸順直隸州屬一人上映順治元年許國泰襲慶遠府屬二人南丹是歲莫自乾襲那地九年羅德嚮襲蠻古地南寧府屬三人歸德莫道襲果化趙國鼎襲忠州黃光聖襲鎮安府屬三人下雷許文明襲向武黃嘉正襲俱元年授都康馮太乙襲九年授太平府屬十有六人下石西閘承恩襲田州岑廷鐸襲俱元年授萬承許嘉議襲思陵韋燃遷襲淒祚李維藩襲太平唐波州地李開鎔襲若盈李應芳襲全茗許家鱗襲結安張邦興襲佶倫家猷襲龍英趙廷耀襲都結農廷封襲江州黃廷傑襲上下凍趙應錕襲遠趙秉業襲俱十六年授其田州光緒元年改流置恩隆縣土州同一人東蘭州順治九年韋光祚襲知州雍正七年朝輔綠事降管安康熙四十一年廢土知縣四人百色廳屬一人上林順治元年黃國安襲慶遠府屬一人忻城九年莫猛襲太平府屬二人羅陽黃啟祚襲羅白梁徵龍襲俱十六年授土州判一人士鑑田州地乾隆七年析置陽萬一人光緒五年改流置恩陽分州土巡檢九人太平府屬上龍司思恩府屬白山司興隆司定羅司舊城司安定司都陽司古零司百色廳屬下旺司各一人從九品土官一人思恩府轄其不管理土崗者正六品土官二人從六品正八品正九品土官各一人從九品土官一人未入流土官二人

雲南土知府二人永昌府屬孟定古景罕甸罕宋襲永寧阿鎮麟襲俱順治元年授後永屬改隸永北其景東寧化二人俱康熙四年改流土同知一人隸廣南府順治十六年儂鵬襲土知州四人永北廳屬二人蒗蕖康熙間改土舍道光十七年阿爲柱改襲永昌府屬一人灣甸古細睦景文智襲明史誤刀姓鎮康州一人古石睦刀闡達襲明史誤刀孟俱順治十六年授土州同三人永北廳屬順州于祿祥襲鎮南州段光贊襲姚州高顯爵襲俱順治十六年授州同職銜一人隸武定州順治十六年授那天寵暮連鄉土目雍正八年陞那德洪千戶同治元年康保改襲那土州判二人鎮南州順治十六年陳昌應襲新興州康熙二十二年王鳳襲土知事一人景東廳順治十六年陶敢滇襲土縣丞五人楚雄平彝新平彙化廳南澗各一人土主簿二人雲南孟遠縣各一人土典史一人寧洱縣置土巡檢十有九人羅次縣練象關祿豐縣南平關湯郎馬遣州定西嶺浪穹縣蒲陀崆鳳羽鄉上江嘴下江嘴鄧川州青索鼻雲龍州箭桿場臨安府納更山廣通縣回磴關沙矣舊景東廳保甸三岔河順寧府猛猛大猛麻鵠慶州觀音山鎮南州阿雄關鎮南關各一人土驛丞三人鎮慶州在城驛板橋驛觀普山各一人其不管理苗裔村寨者土通判二人麗江府鶴慶州各一人正八品土官一人嘉慶三年省經歷置

貴州土同知二人鎮遠府屬一人何大昆襲獨山州屬一人蒙一龍襲俱順治十五年授土通判鎮遠府順治十五年楊世基襲土推官鎮遠府順治十五年楊秀璋襲各一人土縣丞五人安化印江餘慶縣各一人甕安縣屬甕水司草塘司各一人土主簿二人安化餘慶縣各一人土吏目一人黃平州重安司土巡檢二人永寧州盤江安化各一人其不管理土崗者正六品正七品土官各一人正八品土官三人正九品從九品土官各二人

右文秩凡七階承襲革除陞遷降調隸吏部

四川土游擊駐越巂廳嶺帶密康熙四十九年授嶺安泰千戶同治二年改襲土都司駐越巂廳松林地康熙四十九年授王德洽千戶同治二年改襲各一人屯守備十有二人撫邊屯屬一人撲拉別思滿阿忠本襲章谷屯屬一人撲拉宅襲阿安本襲崇化屯屬一人促侵阿西固拉約爾瓦襲懋功屯屬二人撲拉八角碉木塔爾襲撲拉漢牛工噶襲松潘廳屬四人雜谷腦沙加豆日襲上孟董美諾更噶豆日襲下孟董沙馬班馬襲九子寨楊阿太襲乾保寨二人阿忠盤阿忠保襲俱乾隆間授土千總七人西昌縣屬河西雷波廳屬千萬貫寬邊廳屬轄巴家哈納家萱瓜家魁西家各一人屯千總十有九人促侵河西三人雜谷腦乾保寨上下孟董九子寨促侵河東各二人撲拉八角碉撲拉漢牛撲拉別思滿撲拉宅襲各一人土把總七人河西千萬貫寬巴納哈魁西各一人萱瓜二人屯把總三十有四人促侵河西六人雜谷腦乾保寨上下孟董九子寨各四人撲拉漢牛撲拉別思滿促侵河東各二人撲拉八角碉撲拉宅襲各一人

雲南土都司一人駐鎮邊府大雅口光緒十三年鎮李芝龍隨征倮黑功授職土守備五人思茅廳屬二人六本猛齋襲景海猛彪襲俱乾隆十三年授騰越廳屬一人芙竹寨是歲授左正邦把總道光二十一年錄大雄隨征雲州烏土各寨功改襲加明光宣慰司衛鎮邊廳屬二人大豐海咸豐十年授石朝龍把總光緒十三年錄大余隨征倮黑功改襲山咸豐九年授石鱗千總光緒十三年錄朝鳳丕東王倮匪功改襲土千總十有八人雲龍州老窩六庫維西騰越廳奔子欄阿墩子思茅廳猛遮寧洱府普鎮猛勇威遠廳猛襲騰越廳杉木籠隘保山縣登梗魯掌永北麗羊坪鎮邊廳猛角猛董圈糯黃草嶺新平縣斗門廓沙補哈順寧府猛撒各一人土把總三十有六人雲龍州漕澗臨安府稿吾卡維西廳奔子欄臨城猛瀾滄江其宗喇普思茅廳倚邦猛遍易武猛臘六順猛猛阿猛籠撒檳嘿窩洱縣猛旺整董仙耶廳儒林等里定南等里威遠廳猛戛猛班朦越廳大塘隘明光隘古勇隘保山縣卯照鎮邊廳下猛引賢宮寨蒙募酒寨東河元江州永豐里茄革里新平縣喇博他旦老是達嚴旺瓦邁宗哈正掌寨各一人又甯洱縣猛鳥烏得各一人光緒二十一年劃隸法蘭西

甘肅土守備一人洮州廳資卜族世襲無考土千總十有六人寄彥才溝西川起塔鎮舊家溝美都溝來拉溝西甯縣陳家臺納家莊各一人資卜務番溝各二人上川口四人土把總二十人寄彥才溝陳家臺納家莊起塔鎮西川趙家灣美都溝來拉溝各一人資卜二人勝番溝四人上川口六人

貴州土千總十人貴陽府屬青巖吉羊枝龍里縣屬大谷龍羊腸麻哈州屬費都江廳屬順德歸仁丹江廳屬雜講黃茅烏疊各一人土把總一人小谷龍其不管理村寨者湖北世襲千總銜十人江夏縣屬四人漢陽縣屬孝感縣屬各三人把總銜五人漢陽一人孝感四人湖南千總銜十有三人石門縣屬慈利縣屬各六人永定縣屬一人把總銜五十有二人石門縣屬二十有二人慈利縣屬二十有六人桑植縣屬二人龍山縣屬永定縣屬各一人貴州六品武土官二人貴陽府屬思南府屬各一人七品武土官四人鎮遠府屬三人石阡府屬一人右武秩凡五階承襲革除陞遷降調隸兵部

武職非世襲者雲南土守備三人麗江府一人中甸迭巴二人土千總七人麗江府二人大中甸神翁小中甸神翁中甸江邊神翁中甸格咱翁中甸泥西神翁各一人土把總十有五人中甸迭賓五人小中甸迭賓中甸江邊迭賓各二人中甸格咱迭賓中甸泥西迭賓各三人土官二十有六人中甸廳轄二十三人麗江府木氏轄三人初皆世襲雍正二年改拔補

番部僧官 甘肅珍珠族國師禪師化族國師靈藏族禪師各一人初隸河州後珍珠靈藏屬循化餘雜廳二十四關禪定寺禪師嘉慶十九年無人襲由土司兼轄隸洮州番寺禪師同治間回變後不修職貢各一人垂巴寺轄番人十族著洛寺轄番人二十三族麻儞寺轄番人二十一族僧綱圓成寺轄番人四族閻家寺後無人襲僧正各一人

清史稿

職官志五 內務府

內務府行宮園囿御船處等官學武英殿修書處　上駟院

武備院　奉宸苑

盛京內務府　宦官

內務府 總管大臣無員限滿洲大臣內特簡初制從二品乾隆十四年定正二品其屬堂郎中主事各一人筆帖式三十有六人廣儲司總管六庫郎中四人內二人由各部員司兼攝銀皮磁緞衣茶六庫郎中四人銀庫二人兼司皮磁二庫緞庫二人兼司衣茶二庫員外郎十有八人庫各二人攝各二人六品司庫六人庫各一人八品司匠六人銀磁衣三庫各二人副司庫十有二人庫使八十人俱無品級織造蘇州杭州各一人司員內奏簡六品司庫各一人庫使筆帖式各二人會計掌儀都虞慎刑營造慶豐六司郎中十有二人司各二人員外郎三十有二人廣儲會稽掌儀各八人都虞慎刑各五人營造慶豐各六人主事各一人催長二十有三人廣儲四人會稽掌儀慎刑營造各四人慶豐三人自八品至九品不等副催長十有三人廣儲都虞各二人會稽掌儀三人營造二人自九品至無品級不等委署主事各一人俱無品級催長一人司匠二人俱無品級錢糧衙門亦曰管理三旗銀兩處郎中一人員外郎四人催長副催長各三人俱九品司俎官四人正六品讀祝官四人學習三人贊禮郎十有三人學習四人俱六品七品衙八品催長一人果房掌果副掌果各二人果上十有二人催長一人俱九品以下自司俎至此俱隸掌儀司木鐵房器薪炭六庫庫掌副庫長各三人庫守五十有五人器木房二庫各十有一人炭庫七人鐵庫四人俱無品級鐵作漆作司匠八品衙委署司匠俱各一人爆作庫掌副庫掌各一人俱未入流隸營造司牛羊羣牧値年委署主事一人六品衙原係隸慶豐司官房租庫庫掌一人庫守三人內管領掌關防一人郎中員外郎兼充協理二人員外郎充內管領初制正五品道光十五年改從五品副內管領正六品各三十人庫掌十有五人菜庫酒醋房器皿庫車庫各五人倉長十有三人官房三人倉內餑餑房六人外餑餑房六品庫掌六人一人倉米倉俱無品級養心殿造辦處郎中員外郎各二人主事一人六品庫掌六人副庫長十人八品催長十有四人其兼轄者圓明園活計處副庫掌四人副司匠九人俱無品級中正殿員外郎副內管領三十額內題補各二人無品級催長一人甯壽宮郎中員外郎各二人主事委署主事各一人武英殿修書處正監造員外郎

副監造副內管領六品庫掌委署主事各一人七品衔庫掌二人御書處正監造司庫六品衔食七品俸一人副監造庫掌六品衔食八品俸二人七品衔副庫掌六人茶膳房一二三等侍衛一等三品二等四品三等五品尚膳正各三人四品尚茶正各二人四品尚膳副尚茶副俱五品主事俱各一人膳上侍衛十有三人茶上侍衛八人俱六品主事委署主事各一人承應長十有三人庖長八人庫掌五人庫守十有六人承應長以下給虛銜金頂御藥房初以總管首領太監管理康熙三十年始來隸主事一人七品衔庫掌二人委署主事催長各一人火藥庫庫掌二人各處筆帖式二百有七人自養心殿以下並簡大臣領之與內府大臣同爲內廷右職其兼攝者昇平署官房租庫犧牲所司員各二人保和太和中和三殿司員內管領各一人壽康宮慈甯宮花園司員各二人御藥房內管領一人副內管領二人總理工程處司員無恆額查覈房督催房彙稿處並遴司員分涖其事總管大臣掌內府政令供御諸職靡所不綜堂郎中主事掌文職銓選章奏文移廣儲掌六庫出納織造織染局隸之會稽掌本府出納凡果園地畝戶口徭役歲終會覈以聞掌禮掌本府祭祀與其禮儀樂舞兼稽太監品級果園賦稅都虞掌武職銓選稽覈俸餉恩卹珠軒歲納佃漁歲輸並定其額以供愼刑掌本府刑名依律擬罪重讞移三法司會訊題結番役處隸之營造掌本府繕修庀材飭工帥六庫三作以供令慶豐掌牛羊羣牧嘉薦犧牲錢糧衙門掌三旗莊賦治其賞罰與其優卹內管領處掌承應中宮差務並稽官三倉物用恩豐倉餼米官房租庫掌收房稅養心殿造辦處掌製造器用中正殿各司員掌喇嘛唪經武英殿修書處掌監刊書籍雍和宮壽兩宮司員掌陳設氾埽兼稽宮監勤惰御書處掌鐫摹御書御茶膳房掌供飲食御藥房掌合丸散犧牲所掌牧養豢牛總理工程處掌行營工作凡遇工程簡勘估大臣承修大臣事畢簡查驗大臣初制設內務府以舊屬司其事入關後明三十二衙人附之設內管領處置內管領八人順治三年增四人十一年增八人分隸三旗康熙二十四年增四人三十年增三人三十四年增三人設茶飯處置總領各三人飯上人三十有五人茶上人十有七人康熙二十年置飯上人委署總領一人雍正元年定總領授二等侍衛飯上人授三等侍衛六人藍翎侍衛七人茶上人授三等侍衛三人藍翎侍衛四人復置茶房侍衛內委署總領一人乾隆八年定三等侍衛內各授一等侍衛一人十五年改飯房爲外膳房二十四年改總領爲尚膳正尚茶正副總領爲尚膳副尚茶副承應長十人康熙六十一年增一人雍正元年增一人庖長三人康熙五十六年增六人六十一年增一人雍正元年增二人及蘇州江甯杭州織造官光緒三十年省江甯一人順治十一年命工部立十三衙門設司禮御用御馬內官尚衣尚膳尚寶司設八監尚方惜薪鐘鼓三司兵仗織染二局并三旗牛羊羣牧處置員外郎六人管理牛隻羊隻各三人康熙二十三年各增二人乾隆十四年省入甯壽宮一人咸豐三年省入愼刑司二人光緒三十年省一人明年改尚方司爲院置郎中三人康熙三十年省一人員外郎六人康熙三十八年省一人六十一年省十人光緒三十年省四人催總一人雍正二年增一人乾隆二十四年更名催長下同十三年改鐘鼓司爲禮儀監尚寶監爲司時猶舊臣寺臣兼用也十七年改禮儀監爲院置郎中三人康熙三十八年省一人員外郎八人光緒三十年省一人贊禮郎十有二人雍正五年增五人司胙官四人康熙三十七年增一人乾隆二十四年改胙爲組光緒三十年省一人喇嘛唪經處催總一人乾隆三十三年省改內官監爲宣徽院置郎中三人康熙二十八年省一人雍正元年增一人乾隆四十年改隸甯壽宮一人員外郎六人光緒三十年省一人催總八人康熙間屢有增損嘉慶十一年定留頂戴催長五人十八年御用監設銀皮緞衣四庫置郎中三人員外郎八人庫使四十人康熙九年增二十人十四年增二十有四人明年省四人二十八年增十有二人乾隆十二年降十二人爲副司庫康熙元年誅內監吳良輔輩復以三旗包衣設內務府改尚膳監爲採捕衙門置郎中三人三十八年省一人員外郎六人六十一年省一人催總四人并改惜薪司爲內工部置郎中三人三十八年省一人員外郎六人十六年增二人光緒三十年省二人無品級庫掌十有二人三十五年增二人雍正三年增三人明年增一人復增置庫守內副庫掌八人尋又改爲庫掌副庫掌各十有二人敞作庫掌副庫掌各一人八品催總一人雍正四年增無品級催總一人復於領催內增委署三人乾隆二十四年改委署催總爲委署司匠庫守五十有九人三十五年增八人並置總管大臣兼以公卿無專員三年置錢糧衙門員外郎六人咸豐二年省入愼刑司四人九年四庫各置六品司庫二人十二年置御藥房庫掌二人明年總管大臣兼轄內三院十六年置堂主事一人改御用監爲廣儲司宣徽院爲會稽司禮儀院爲掌儀司省牛羊羣牧處入之置掌果二人果上人十有二人上方院爲愼刑司採捕衙門爲都虞司內工部爲營造司二十三年又分掌儀司立慶豐司置郎中二人乾隆四十年省入甯壽宮一人五十七年復增一人是爲七司至是奄宦之權悉歸於府矣是歲置內副管領二十人二十四年增四人三十年增三人三十四年增三人二十五年茶飯房設乾肉庫置庫掌一人三十年增一人五十八年增二人雍正五年增一人十二年增一人二十八年廣儲司設瓷茶二庫各置員外郎二人司庫二人六庫通舊十有二人光緒三十年省六人匠役催總六人乾隆二年增買辦催總二人二十四年改買辦催總爲催長匠役催總爲司匠無品級催總四人乾隆二十四年改副催長是爲六庫明年改文書館爲武英殿修書處置監造官六人雍正二年省四年復故乾隆四十七年定正監造爲員外郎副監造爲副內管領御書處監造官四人四十六年增二人雍正二年省八年置一人乾隆四十七年定監造爲司庫二十五年暢春園設柴炭庫置無品級庫掌二人庫守八人四十二年置堂郎中一人授永定河分司齎蘇勒隆後未補四十五年置掌儀司副掌果二人六十年設官房租庫置庫掌一人雍正元年設錢糧衙門置郎中一人堂司委署主事十人十二年省乾隆二十二年復故嘉慶四年增堂上一人光緒三十年省留慶豐司一人明年設養心殿造辦處置六品庫掌四人乾隆三十年增二人嘉慶四年增四人光緒三十年省四人御書處庫掌一人乾隆四年增二人四十七年改一人爲副監造稽查御史一人十一年省乾隆三年改由都察院派員稽查三年置錢糧衙門無品級催總一人七年增一人乾隆四年增一人復於領催內增副催總三人二十四年改副催長嘉慶三年留頂戴催長副催長各三人四年置茶飯房主事一人改都虞司承辦鮮魚歸掌儀司增催總一人八年增一人乾隆八年增置承辦鷹鷂領催內副催總二人二十四年更名副催長十三年復置坐辦堂郎中省督催所入之乾隆元年置錢糧衙門主事一人四十年改隸甯壽宮五年置造辦處專管庫務官造辦事務官各一人御藥房主事一人七年置御書處庫掌二人八年增一人十五年增一人四十四年增二人官房租庫委署主事一人尋省十二年六庫置委署司庫各二人尋改爲副司庫二十三年改造辦處庫務事務官爲郎中各置一人員外郎二人主事委署主事各一人御藥房委署主事一人二十六年置總理工程處委署主事一人後改司員兼管四十年置甯壽宮郎中員外郎各二人主事一人咸豐六年增置讀祝官四人故事內府讀祝官咨取太常寺贊禮郎爲之至是始定員缺宣統元年避上諱改掌儀司曰掌禮初制司吏宣徽禮儀尚方諸院置總理左右協理各一人御用御馬尚衣尚膳諸監置都管左右副管各一人尚寶惜薪二司置都知左右參知各一人司設兵仗二局置總轄左右佐轄各一人文書館置承制左右僉承各一人後俱省

東陵所屬盤山總管一人從五品乾隆二十九年置內圍千總六品委署千總七八品兼用各七人外營千總一人把總七人分駐盤山燕郊白澗桃花寺隆福寺大興莊半營山

西陵所屬黃新莊總管一人乾隆二十九年置內圍千總委署千總外營把總各四人分駐黃新莊半壁店秋瀾村梁格莊

湯泉所屬總管一人康熙五十四年置八品總領乾隆六年改置苑丞六品衔食八品俸嘉慶十七年置苑副未入流各一人內圍千總委署千總各六人外營把總九人分駐石槽三家店密雲縣要亭羅家橋懷柔縣自盤山以下各千總俱乾隆間置

熱河所屬總管康熙四十二年置乾隆十六年定爲本府額外郎中二十一年改佐領職衔三十五年給四品職衔光緒三十年省歸都統管副總管乾隆二十一年置定爲郎中職衔三十五年增三人秩定五品後改苑副光緒三十年省各一人苑丞乾隆五十四年改苑副置苑副乾隆三十五年後置三人四十五年增一人五十四年改苑丞嘉慶十八年後復以千總十人改置二十年增一人二十四年定與千總互爲轉補自是員額無恆制道光十八年省四人二十八年又省四人各四人內圍千總十有八人乾隆九年置道光十二年省二人十八年又省二人委署千總二十有八人道光九年省七品一人十八年省七品八品各十有二人千總委署千總分駐兩間房巴克什營長山峪王家營喀喇河屯釣魚臺黃土坎中關十八里臺汰波洛河屯張三營吉爾哈郎圍總管以下掌翊衛行宮稽察陳設千總以下掌典守器物稽察內圍董帥氾埽

圓明園總管事務大臣無員限特簡其屬郎中主事各一人員外郎二人苑丞六人六七品兼用苑副十有六人七八品兼用委署苑副十有三人九品衔銀庫器皿庫委署庫掌一人庫守十有六人筆帖式十有四人雍正元年置總管大臣有協理事務官或奏派或簡授無恆額明年置總領六人乾隆十六年長春園建成置六品一人二十四年改苑丞三十二年增熙春園六品一人四十六年增春熙院七品一人嘉慶七年省春熙院一人入熙春園十六年改暢春園七品一人爲本園苑副咸豐十年省六品二人光緒三十年省六品一人副總領十有二人乾隆八年增七品八品各一人十六年增長春園七品八品各一人二十四年改苑副三十九年增綺春園七品一人四十五年增春熙院八品一人嘉慶七年省春熙院一人改爲本園額缺十六年復省暢春園八品一人改爲本園額缺道光二年省暢春園四人入綺春園咸豐十年省七品二人八品三人光緒三十年省七品一人八品二人七年定總領爲六品戴藍翎後六七品兼用副總領七八品半之乾隆六年置委署副總領二人十六年增五人三十二年改委署苑副復增九人嘉慶十六年增二人咸豐十年省二人光緒三十年省三人八年置主事一人十四年置庫掌一人三十八年定爲六品增七品一人光緒三十年俱省委署庫掌一人三十二年增一人三十八年省一人庫守六人四十六年增十有二人咸豐十年省二人二十二年增置委署主事一人光緒三十年省明年定協理事務郎中員外郎各一人道光二年改暢春園郎中爲綺春園郎中咸豐十年省並省其員外郎一人令專司長春園事

暢春園總管大臣無員限特簡其屬苑丞三人六七品兼用苑副五人八品委署苑副六人九品銜筆帖式三人康熙間置郎中一人道光二年省入綺春園八品總領三人四十三年增西花園二人乾隆十年省一人入靜明園二十四年改苑丞三十二年改授六品一人七品三人嘉慶十六年省七品一人無品級總領十人四十三年增西花園一人乾隆五年省一人入靜明園三十二年改委署苑副額定十有六人嘉慶十二年省二人入圓明園道光二年省四人入綺春園二十九年置總管大臣乾隆三十二年置八品苑副六人嘉慶十六年省一人入圓明園

頤和園靜明園靜宜園總管大臣無員限特簡其屬郎中一人員外郎三人苑丞十有七人頤和園十有一人靜明園靜宜園各三人並六七品兼用苑副二十有三人頤和園十有三人靜明園六人靜宜園四人並六七品兼用委署苑副七人靜明園三人靜宜園四人俱九品銜筆帖式十有四人乾隆十五年甃山命名萬壽山建行宮改金海爲昆明湖明年更名清漪園光緒十四年更名頤和園置八品銜委署總催一人四十八年陞六品苑丞十六年置總理大臣兼領靜明園靜宜園事並六品總領一人十九年增六品二人二十四年改苑丞嘉慶五年省一人入靜明園十年增六品二人光緒十四年後移靜明園六品四人七品六人慶續置爲本園員額三十年省六品七品各二人七品八品副總領各二人十八年增七品六人二十四年改苑副咸豐十年省八品一人光緒十四年後移靜明園八品八人慶續置爲本園員額三十年省八品四人八品催總一人二十四年改催長四十六年陞六品銜苑丞四十八年定六品秩十八年置委署副總領十有二人尋省六人咸豐十年省二人光緒三十年省四人二十二年置員

外郎一人兼司靜明園事二十六年增一人嘉慶四年置郎中一人協理三園事務明香堂觀妙堂西爽村花隸之其園外鑑遠堂藻鑑堂暢觀堂景明樓鳳凰墩治鏡閣耕織圖又功德寺並由大臣遣本處官承其事玉泉山靜明園初爲澄心園康熙三十一年更名置無品級總領一人乾隆五年增一人八年定秩七品二十四年改苑丞三十四年增六品一人嘉慶四年增六品一人明年又增六品一人道光二十三年省七品一人光緒十三年增六品四人七品六人後省入頤和園副總領二人康熙二十年增一人乾隆五年增一人九年省入靜宜園一人十八年定秩八品二十四年增八品一人改爲苑副三十四年增八品二人嘉慶五年增置七品二人道光二十三年省八品一人咸豐十年省八品一人光緒十三年增八品八人後省入頤和園乾隆二十四年置委署副總領二人三十四年增二人嘉慶五年增一人道光二十三年省二人靜宜園初爲香山行宮乾隆十二年更名乾隆九年置員外郎一人道光二十三年省副總領二人二十四年改苑副十年置八品總領一人十二年增一人十六年定秩七品復增一人二十四年改苑丞三十四年增七品一人四十六年增宗鏡大昭廟六品一人嘉慶四年增七品一人明又增一人道光二十三年省六品一人七品二人無品級副總領一人十二年增一人十六年定秩八品復增一人二十四年改苑副三十四年增八品一人四十六年增宗鏡大昭廟七品一人四十八年增普覺寺七品一人道光二十三年省八品三人咸豐十年省八品一人二十六年置委署苑副六人二十四年增二人四十年增二人道光二十三年省四人咸豐十年省二人

御船處統領大臣無員限兼管司員一人筆帖式二人八品司匠一人八品水手催長四人八品網戶催長二人乾隆十六年改圓明園清漪園御舟事務設御舟處置統領大臣以次各官明年置八品水手催總三人三十一年增一人八品網戶催總一人嘉慶四年增一人二十四年改催總爲催長

管理養鷹狗處大臣無員限養鷹鷂處統領二人侍衛內揀補藍翎侍衛頭領副頭領各五人六品冠戴養狗處統領二人藍翎侍衛頭領五人副頭領十人六品冠戴九人七品一人筆帖式六人初設養狗處及鷹房鴉鶻房乾隆十一年改房爲處三十一年裁養鴉鶻處其員額併入鷹上

咸安宮官學管理事務大臣本府大臣內特簡協理大臣部院各部院滿尚書內特簡各一人總裁滿洲二人漢四人翰林院讀講學士詹事府少詹以下兼充繙譯教習六人八旗滿蒙漢軍舉貢生監考充清語教習滿洲三人弓箭教習滿洲四人本府內挑補漢書教習漢九人進士舉人考補筆帖式一人雍正七年置蒙古官學管理事務大臣一人理藩院書簡總裁三人理藩院司員充教習蒙古二人額外一人乾隆十三年置景山官學總管四人本府司員兼充繙譯教習滿洲九人本府內考補漢書教習漢十有二人舉貢內考補康熙二十四年置以上三學俱光緒三十年後省又初制有回緬官學總管二人本府司員兼充教習回子回子佐領下派充緬子緬甸人派充各二人長房官學教習滿洲二人本府筆帖式內揀補蒙古一人理藩院筆帖式內咨補先後俱省

武英殿總裁滿漢各一人尚書侍郎內簡提調二人纂修內奏充纂修十有二人協修十人翰林官充筆帖式四人

上駟院 兼管大臣無員限卿二人正三品其屬堂主事二人委署主事一人左右二司郎中一人掌左司印右司員外郎管員外郎各二人主事委署主事各一人內張家口直年一人筆帖式十有一人阿敦侍衛十有五人司鞍長三人正六品副長二人六品衛蒙古醫師長三人正六品副長二人八品牧長二人初無品級雍正元年定正七品副長五人八品廄長署主事各一人雍正元年各增一人十二年省乾隆二十二年復故光緒三十年省雍正六年卿秩定三品乾隆十一年置蒙古醫生頭目二人四十三年額定三人十四年定卿額二人一用侍衛一用內府官二十三年置八品頂戴司鞍長二人三十九年定拜唐阿補放者給六品銜戴藍翎四十五年始定三人嘉慶六年依左右司例堂上令侍衛兼司

武備院 兼管大臣無員限卿二人正三品郎中一人主事二人南鞍北鞍甲氈四庫員外郎六品庫掌各二人委署六品庫掌各一人繖房掌蓋正六品乾隆四十四年賞戴藍翎副掌蓋八品帳房處司幄三等侍衛銜食六品俸副司幄六品職銜食七品俸各三人備弓處司弓六品職銜食七品俸乾隆四十四年賞戴藍翎副司弓八品職銜備箭處司矢副司矢各二人職銜同備弓處箭匠鞄頭鞾皮熟皮鞍板染氈沙頭氈作諸司匠及穿甲官頭目各一人鏇作司匠二人俱八品無品級庫掌六人庫守三十有二人筆帖式二十有四人卿掌四庫工作修造器械陳設兵仗凡車駕出入官屬服櫜鞬以從郎中主事掌庫帑出納章奏文移北鞍庫掌御用鞍轡繖蓋幄幕傘房帳房鞍板作隸之南鞍庫掌官用鞍轡皮張兩絨絲帶熟皮作隸之甲庫掌盔甲刀仗旗纛器械鏇作隸之氈庫掌弓箭鞾鞋氈片鞄頭作鞾皮作氈作沙河氈作帽作雜活作帽作以下置領催各一人隸之初名鞍樓置三旗侍衛三人綜其事所屬員外郎四人康熙十五年四十五年俱增三人庫掌三人順治十一年定六品康熙十五年增三人四十五年增二人庫守二十有四人康熙十五年增十有八人三十六年增四人四十五年增十人氈庫弓匠固山達委署固山達各三人亦曰弓箭協領康熙十一年增置備箭固山達一人亦曰備箭協領二十一年定弓匠固山達七品三十八年定備箭固山達八品乾隆二十九年更名司弓司矢委署者曰副司弓副司矢四十四年定司弓司矢六品職銜副司弓司矢八品職銜光緒三十年各省一人掌繖總領二人康熙三十三年增一人乾隆二十四年更名掌蓋帳房頭目委署帳房頭目各三人康熙二十七年定頭目爲七品乾隆三年定委署頭目八品職銜二十四年改頭目爲司幄委署者爲副司幄三十六年定司幄六品職銜副司幄七品職銜順治十一年更名兵仗局十八年更名武備院康熙九年沙河氈作置催總一人乾隆二十四年改司匠下同十五年分設鞍甲氈三庫置無品級庫掌三人四十三年增二人四十五年增四人明年以職掌事務侍衛一人掌印二十一年置郎中一人並定鏇作亮鐵作原置鏇作亮鐵作催總六人二十七年省鏇作三人光緒三十年省亮鐵作一人氈作催總秩八品三十七年分鞍庫爲南北增置鞄頭作催總一人亦曰鳴鏑長三十九年置鞾皮作催總明年置熟皮作催總並定其品秩復置穿甲官頭目一人由拜唐阿內委放乾隆八年定八品職銜六十一年置委署主事一人雍正十二年省乾隆二十二年復故雍正六年以職掌事務侍衛爲三品卿乾隆十四年定卿額二人仍管以大臣

奉宸院 兼管大臣無員限卿二人正三品郎中一人員外郎四人主事一人苑丞十人六品苑副十有九人九品委署苑副十人筆帖式十有五人天壇齋宮苑丞六品一人六品銜一人苑副各二人稻田廠庫掌六品無品級催長委署催長各一人筆帖式三人南苑郎中一人員外郎二人主事一人苑丞七人六品銜苑副十有三人八品銜委署苑副六人九品銜委署催長三人筆帖式五人卿掌苑囿禁令以時修葺備臨幸郎中以下各官掌分理苑囿河道齋宮掌陳設氾掃稻田廠掌供內庭米粟兼徵田地賦稅南苑各官掌徵南苑地賦並治園庭事務其兼攝者齋宮兼理郎中直年員外郎稻田廠直年員外郎各一人初紫禁城後山西華門外臺隸尚膳監管理置八品催總二人雍正二年增二人順治十二年更名景山瀛臺明年改令內監管理玉泉山南苑並隸之十八年改南苑隸採捕衙門置員外郎二人雍正元年增一人康熙八年省南苑員外郎一人改授郎中十年命內務府總管海喇孫侍衛布喇兼司景山瀛臺事十六年改歸都虞司管理二十三年始設奉宸苑置郎中一人乾隆十六年增一人輪管長河行宮事員外郎四人主事一人三十年置南苑八品催總二人乾隆四年增一人十八年復增一人分隸三旗無品級總領一人三十六年增南紅門行宮一人副總領二人三十六年增南紅門行宮二人五十二年增南紅門新行宮一人雍正元年置奉宸苑南苑委署主事各一人十二年省乾隆二十二年復故光緒三十年又省別命大臣領稻田廠舊派司官二人兼理三年始來隸乾隆二十年命會同清漪園大臣管理置玉泉山六品庫掌一人兼司之三年增置稻田廠無品級催總一人明年兼轄下清河以上牐口置牐官司之六年定卿秩三品乾隆元年置南苑主事一人十一年增置闡福寺八品催總一人十四年依上駟院例定卿額二人仍簡大臣領苑事十六年增置樂善園永安寺八品催總各一人十七年增樂善園一人樂善園無品級副總領二人明年增一人南苑委署催總一人原置一人十八年復增一人分隸三旗是歲依各行宮園囿例改瀛臺永安寺等處催總爲總領副催總爲副領二十四年復改總領曰苑丞副總領曰苑副催總曰催長二十六年兼轄正覺寺置苑副一人令萬壽寺倚虹堂苑丞分司之並令闡福寺苑丞兼管宏仁壽二寺置委署苑副二人積水潭置苑副委署苑副各二人是歲省各處委署苑副酌留南苑三處行宮二人析置瀛臺永安寺樂善園及河道四人並給八品職銜三十五年極樂世界萬佛樓建成置委署苑副一人明年定奉宸苑丞品秩先是苑丞秩八品與各園庭體制不一至是俱給六品虛銜仍食原品三十八年復定南苑苑丞品秩食俸同上改三旗八品催長三人爲苑丞副催長爲苑副四十一年置釣魚臺苑丞苑副各一人新乞旱河牐座蓮花池河泡岔並隸之四十二年南苑團河新行宮告成省新舊各行宮苑丞一人苑副二人委署苑副一人置爲本園額缺新舊各行宮原置苑丞二人苑副委署苑副各四人南行宮苑副三人四十六年省樂善園苑丞一人入團河行宮嘉慶六年定奉宸苑苑丞食六品俸苑副九品俸各二人餘悉如故九年復省樂善園苑丞苑副額缺析置中海苑丞苑副倚虹堂苑丞釣魚臺苑副北海及長河委署苑副各一人十二年復析三海等處苑丞苑副各二人令司天壇齋宮故事齋宮隸太常寺歸奉祀壇戶典守雍正間置八品催總治其事至是額置苑丞各官定苑丞食六品俸一人以郎中員外郎兼領之

盛京內務府 總管大臣一人盛京將軍兼後改東三省總督佐領驍騎校各三人堂主事委署主事各一人廣儲司司庫三人庫使十有六人會稽掌禮都虞營造四司及文溯閣九品催長無品級催長各一人織造庫催長內管領處內管領六品虛銜領長無品級各一人牧掌隸都虞司倉長隸內管領處各三人俱無品級筆帖式十有五人順治元年盛京包衣三旗置佐領三人簡一人掌關防並置司庫三人乾隆十九年省一人四十二年增一人及催總筆帖式各官尋置庫使十人乾隆九年增一人康熙十七年置領催驍騎校一人乾隆十七年置總管明年置堂主事一人司庫內改置二十四年改催總爲催長二十九年定各催長員數如前所列增置內管領委署主事筆帖式內改置各一人四十八年文溯閣建成置九品催長無品級催長各一人光緒三十年省主事各官

宦官 四品總管太監銜曰宮殿監督領侍五品總管銜曰宮殿監正侍亦以品執守侍充者六品副總管銜曰宮殿監副侍亦有繫執守侍銜者首領太監銜二七品曰執守侍八品曰侍監又有副首領八品侍監充亦有無品級者筆帖式八品侍監充敬事房置自四品至八品凡五等陞遷降調由內府移咨吏部敬事房縈讀清字書房漢字蒙字書總管三人宮殿監督領侍一宮殿監正侍二人宮殿監副侍總管六人委署總管無定額執守侍充事司奉諭旨承應宮內事務與其禮節收覈外庫錢糧甄別調補內監並巡察各門啟閉火燭關防執守侍首領侍監筆帖式各二人專司掌案牘事承行內府文移並司巡防坐更乾清宮首領四人執守侍監各二人專司供奉

實錄聖訓江山社稷殿香燭收貯賞用器物並司陳設灑掃御前坐更後省二人正首領執守侍充副首領侍監充）乾清門（侍監首領二人專司御門聽政寶座舖展疊香啟閉稽察臣工入登載南書房翰林入直侍衛番宿出）昭仁殿（兼龍光門）弘德殿（兼鳳彩門侍監首領各二人專司陳設灑掃御前坐更故事內廷重坐更御前更尤重更頭更二惟首領及執事內監方充是差以下同）端凝殿（兼自鳴鐘執守侍首領一人專司近御隨侍賞用鐘錶並驗鐘鳴時刻）懋勤殿（兼本房首領二人執守侍侍監各一人專司承直御筆收掌文房書籍並登載內起居注）四執事（執守侍首領一人專司上用冠袍帶履隨侍執傘執爐承應上用武備收貯備賞衣服後增置首領一人以侍監充之）四執事庫（侍監首領一人專司上用冠袍帶履鋪設寢宮帷幔）奏事處（初隸四執事後置侍監首領一人專司傳宣綸綍引帶召對人員承接題奏事件乾隆三十九年太監高雲從洩漏硃批記載自後惟軍機奏事由此進呈各部院奏摺及內府奏家事並由奏事處官轉上）日精門（兼上書房侍監首領一人專司啟閉關防及至聖先師位前香燭）月華門（兼南書房侍監首領一人專司啟閉關防承應內廷翰林出入）尚乘轎（侍監首領二人專司承應請轎隨侍）御藥房（兼太妃太嬪以下各位下藥房侍監首領二人專司帶領御醫各宮請脈及煎製藥餌）交泰殿（侍監首領二人專司收藏御寶收貯勳臣黃冊並驗鐘鳴時刻）坤寧宮（兼坤寧門侍監首領二人專司祭神香燭啟閉關防後改置執守侍首領侍監副首領各一人）東暖殿（兼永祥門）西暖殿（兼增瑞門執守侍首領侍監副首領俱各一人專司陳設灑掃關防坐更後省副首領各一人首領改侍監為之）景和門隆福門基化門端則門（侍監首領各二人後基化端則二門各省一人）內左門內右門（侍監首領俱各二人內右門兼稽膳房衆太監出入每晚具冊報篆事送敬事房）景仁（兼近光左門及御書房收貯書畫御容房初置侍監首領一人後始改隸）永壽（兼近光右門）承乾翊坤鍾粹儲秀延禧啟祥永和長春景陽（兼大寶殿景陽初置侍監首領一人後省始來隸）咸福十二宮（侍監首領俱各二人專司承應傳取餘同各處）養心殿重華宮建福宮（首領四人執守侍侍監各二人專司收貯賞用物品後省執守侍首領一人）養心殿內（兼吉祥門宮殿監副侍副總管一人執守侍首領侍監副首領各二人專司近御隨侍收掌內庫錢糧及古玩書畫）古董房（侍監首領一人專司收貯古玩器皿）御茶房（執守侍首領三人侍監副首領四人專司上用茗飲果品及各處供獻節令宴席後省總管一人）御膳房（執守侍總管三人侍監首領十人專司上用膳羞各宮饌品及各處供獻節令宴席後省總管一人首領二人）烏槍處（執守侍首領一人專司隨侍上用鳥槍弓箭處按摩處隸之後改為侍監）南果房（侍監首領一人專司收貯乾鮮果品）毓慶宮（侍監首領二人嘉慶元年青宮臨御始置）蒼震門遵義門（侍監首領副首領各二人專司啟閉關防蒼震門首領兼稽祭神房衆人出入後省首領增副首領一人）齋宮（侍監首領一人）御花園（侍監首領副首領各二人專司園內斗壇四神祠香燭培灌花木飼養仙鶴池魚後改置執守侍首領侍監副首領各一人）祭神房（侍監首領二人無品級副首領一人專司祭神省牲後省首領一人）中正殿英華殿（無品級首領各一人專司香燭）欽安殿（兼城隍廟侍監首領三人專司諷誦經懺焚修香火後省二人）壽皇殿（兼永思殿侍監首領一人專司御容前香燭後增置無品級副首領一人）雍和宮（執守侍首領侍監副首領各一人後俱省改置無品級首領一人）兆祥所（兼遇壽處無品級首領一人）打埽處（侍監首領一人專司運水添缸並承應雜務後省柴炭燒炕二處侍監各二人隸之）熟火處（侍監首領三人專司各處安設熟火爐運柴炭並承應雜務）造辦處（侍監首領一人專司帶領外匠製造物件）做鐘處（侍監首領一人所司同造辦處）北小花園（無品級首領一人專司培灌花木）皇太后宮（執守侍副總管二人侍監首領五人茶房膳房藥房首領各一人後省宮首領一人增置茶膳藥三房首領一人）太妃太嬪（侍監首領各一人膳房執守侍首領一人侍監首領二人）太妃以次位下膳房（統設執守侍首領一人侍監首領二人）慈寧宮佛堂（無品級首領十人內充喇嘛者二人後改為首領五人充喇嘛者三人副首領二人）壽康宮（無品級首領四人後改置執守侍首領侍監副首領各二人）皇子（侍監首領一人）公主皇孫皇曾孫（無品級首領各一人）瀛臺（兼武成殿侍監首領無品級副首領各一人後增副首領一人）畫舫齋（兼鑒壇侍監首領一人無品級副首領二人初未置後增）永安寺（兼承先殿侍監首領無品級副首領各一人後增置副首領一人）景山（執守侍總管一人侍監首領二人委署首領無品級無恆額）南府（執守侍總管一人侍監首領四人委署首領與景山同）圓明園（兼長春園靜寄山莊宮殿監副侍總管一人執守侍總管二人執守侍首領十人無品級首領四十有二人後增置執守侍總管一人首領四人無品級首領九人內恩賞侍監首領二人）頤和園靜明園靜宜園盤山暢春園泉宗廟聖化寺（俱圓明園總管首領等承應差務）內務府所屬掌禮司（侍監首領五人無品級副首領八人後省首領二人副首領四人）司樂（無品級副首領二人初未置後增）營造司（侍監首領二人無品級副首領四人後省首領一人副首領三人）陵寢及妃園寢（無品級首領二人後省一人）南花園（無品級首領一人）永安寺大西天（無品級首領各一人兼充喇嘛）簾子庫（兼門神庫無品級首領一人後增一人）太廟（無品級首領一人後改置執守侍首領一人侍監副首領二人）鑾輿衛（無品級首領四人後省二人）又傳心殿萬善殿番經廠漢經廠奉宸院武備院尚衣監酒醋局各首領太監後俱省親王郡王固倫公主和碩公主並有定制（首領俱各一人親王七品郡王公主俱八品）順治元年按十三衙門給太監品級（十八年省以內務府大臣總管）康熙十六年設敬事房置總管副總管定太和中和保和文華四殿三作首領太監員數給八品職銜（乾隆二十六年省文華殿員額四十七年三大殿直殿太監俱省）六十一年定五品總管一人五品太監三人六品太監二人太監授職官自此始雍正元年定總管秩四品副總管六品隨侍首領七品宮殿首領八品四年定敬事房正四品總管為宮殿監督領侍衛從四品副總管為宮殿監正侍衛（尋改五品）六品副總管為宮殿監副侍衛七品首領為執守侍衛八品首領為侍監衛八年復定四品至八品不分正從乾隆七年定內監受爵制不使踰越故事寺人不過四品至是纂為令甲五十一年定親王郡王公主太監首領員數並給八品銜（嘉慶間增親王首領秩七品）嘉慶六年賞慶郡王七品太監三人儀親王成親王定親王增置八品太監一人不為恆制太祖太宗鑒往易軌不置宦官世祖入關依明宮寢舊制裁定員額數止千餘諭曰朕稽考官制唐虞夏商未用寺人周始具其職秦漢以後典兵干政流禍無窮敕官員毋與內官交結復於交泰殿鑄鐵碑文曰以後有犯法干政竊權納賄囑託內外衙門交結滿漢官員越分擅奏外事上言官吏賢否者淩遲處死未幾吳良輔輩煽立十三衙門擅竊威福世祖遺詔發姦聖祖嗣統殲厥大憝時明季內監猶有在宮服役者綱紀肅然雍正間防範內監家屬敕內官約束直督具題高宗立法峻厲太監高雲從稍豫外事張鳳盜燬金冊並正刑書車駕幸灤陽時巡檢張若瀛杖責不法內監特擢七階並頒則例俾永遵守又諭明代內監多至數萬人蟒玉濫加今制宮中苑囿綜計不越三千爾時並隸內府蓋猶有冢宰統攝奄人之義然其員數視世祖時已倍之至教字停派漢員報充弗由禮部奏事改易王姓屢加裁抑以清風軌故終高宗六十餘年宦官不敢為惡嘉慶初年以內外交結降吳天成七品總管復以常永貴驕縱無法革去六品總管蕭得祿坐濫保罪並革去督領侍洎劉得財劉金輩崇信邪教謀納叛人釀成林清之變凶悖滋甚其後曹進喜向吏兵曹長索道府職名冊馬長喜冒濫名器曹得英私放鳥槍張府且私藏軍械同治元年御史賈鐸疏聞內監演劇裁貢緞為戲衣迺未聞糾厥罰八年遂有安得海冒名欽差織辦龍衣船颺旗幟居民惶駭他如蓄養優伶馳馬衝仗累纍法度不可殫紀光緒十二年御史朱一新疏陳李蓮英隨醇親王巡閱海口易蹈唐代覆轍詔降主事二十七年總督陶模疏陳近日宦官事微患烈弊政宜除書上不報宦官遂與國相終云

清史稿

職官志六（新官制）

清初釐定官制職儀粗具中更六七作存改洄沿世不同矣延及德宗外患踊迹譯署始立繼改專部商警學部接踵而設並省府寺迺分十部嗣議立憲理藩改部軍諮設處復更巡警為民政戶為度支商為農工商兵為陸軍附立海軍處刑為法別立大理院又取工部所司輪路郵電專設郵傳部以今況往洄稱多制宣統紹述合樞於閣增海軍部省吏部改禮部為典禮院鹽政處為鹽政院猶慮閣權過重設弼德院以相維繫資政院以為監督增埤前事取梟殊方因事𠛬名官冗職雜階資官品肇域未區簡奏咨補故實斯在輯而存之具載後簡亦得失之林也

內閣　總理大臣協理大臣各一人（特簡）國務大臣十人（各部大臣兼充）丞一人承宣廳廳長副廳長各一人制誥敘官統計印鑄四局局長各一人（丞以下俱請簡）其屬有僉事印鑄藝師（俱奏補）藝士錄事（俱咨補）各員所轄法制院院長副院長各一人參議四人（俱請簡）參事（奏補）僉事錄事視事繁簡酌置總理掌參畫機要綜綸時務法律詔令會國務大臣尾署名銜（事涉一部或數部會所司大臣署之）會議時充議長協理佐之丞掌主閣務綜領衆局方軌諸長承宣掌布綸綍守法典司文書圖籍制誥掌詔旨制敕璽書冊命起草進畫稽頒寶星勳章典領藩封勳級敘官掌考功定課彙覈履行統計掌統一計表刊行年鑑印鑄掌編輯官報餘依往制（詳禮部）法制院掌編纂法規修明法令擬上候裁光緒三十二年改組內閣設會議政務處以各部尚書為內閣政務大臣宣統三年改責任內閣以軍機大臣為總協理大臣並定內閣屬官制（如前所列）

外務部　外務大臣副大臣各一人（特簡）承政廳左右丞參議廳左右參議各一人（俱請簡）參事四人（奏補）其屬司務廳司務二人（咨補）和會考工榷算庶務四司郎中員外郎主事各二人（俱奏補以上各部同）大臣掌主交涉昭布德信保護僑人備客以慎邦交副大臣貳之丞掌機密文移綜領衆務參議掌審議法令參事佐之（各部同）和會掌使臣覲見盟約賞賚兼司領事更替司員敘遷考工掌司鐵軌礦產電線船政凡製造軍火聘用客卿招工遊學諸事各擅其職榷算掌番貨海舶征

榷貿易綜典國債郵政勾檢本部暨出使度支庶務掌江海防務疆域界址凡傳教遊歷償卹禁令裁判獄訟並按約以待有丞參上行走額外司員七品小京官民政郵傳法部小京官定額缺所轄儲材館提調幫提調各一人本部司員內遴派文案支應庶務俱派員分治其事雍正五年定恰克圖市約置辦理俄事大臣見第五款不爲恆職咸豐元年改歸理藩院十年文宗北狩特置專官辦理撫局其冬設總理各國事務衙門命恭親王奕訢領之司員統稱章京置滿漢各八人時行分署治事制戶部司員權關稅理藩部司員典文移兵部司員治臺站驛遞內閣人員主機密俱隸總辦幫辦三年改爲英法俄美四股九年增設海防股後改俄德英法日本五股宣統元年合俄德爲一增設秘書機要二股明年置總辦四人日總辦章京同治元年增置額外章京滿漢各二人二年各增六人光緒九年各增四人十年各減四人二十三年各增二人三年設司務廳置司務二人光緒二十七年辛丑和約成更名外務部班列各部上置總理親王會辦尚書兼會辦左右侍郎各一人改總辦爲左右丞左右參議各一人並置郎中以次各官不分滿漢三十二年改訂官制意合滿漢而翰林都察兩院仍依往制是歲增置繙譯官十有五人七八九品各五人分股治事宣統三年新內閣成省總理會辦兼職改尚書爲大臣侍郎爲副大臣省侍郎一缺各部同管部之制至是遂廢

頭等出使大臣正一品特簡參贊正三品通譯官正五品俱奏補無定員有事權置畢迺省

二等出使大臣正二品特簡參贊官初制四品後改從四品奏補各一人英俄德日本奧義和比各一人法日葡各一人美墨秘古各一人分館代使二等參贊官二人日斯巴尼亞一人葡萄牙一人二等參贊兼總領事三人墨西哥一人秘魯一人古巴一人三等參贊八人初制五品後改正五品奏補英法德俄各一人美日本各二人二三等通譯官二等從五品三等從六品奏補一二等書記官一等從五品二等從六品奏補商務委員正五品奏補武隨員各使館俱一人唯奧義和比不置三等通譯官武隨員三分館二等通譯官書記官俱一人總領事從四品奏補十有三人新嘉坡澳洲南斐洲坎拿大各一人隸英使海參葳一人隸俄使墨西哥古巴金山小呂宋美利濱巴拿馬各一人隸美使橫濱朝鮮各一人隸日本使爪哇一人隸和使領事正五品奏補十有四人檳榔嶼紐絲綸仰光溫哥埠各一人隸英使檀香山嘉里約各一人隸美使薩摩島一人隸德使神戶長崎仁川釜山新義州各一人隸日本使泗水巴東各一人隸和使副領事從五品奏補二人元山甑南浦各一人隸日本使又有外國人兼代領事者法馬賽義米朗納婆爾士美波士頓費城諸處使臣掌國際交涉參贊佐之領事掌保護華僑康熙初俄國通使未垂爲制同治六年始遣使辦理交涉以道員志剛等及美使蒲安臣膺其選光緒元年定出使轄命侍郎郭嵩燾使英翰林院侍講何如璋使日本京卿陳蘭彬使美日秘國俱置副使別設秘日分館置金山嘉里約古巴各總領事後爲自主國改遣公使二年定使館參贊二人繙譯四人十四年復定繙譯隨員二人或三人分館參贊兼領事一人繙譯隨員各一人參贊如故三十二年定參贊以次各員額如前所列厥後聯翩四出英使兼領義比俄使兼駐德以奧和隸之四年置新嘉坡領事後改總領事日本各口岸理事官後改領事明年省副使置檀香山領事八年置紐約領事十三年置小呂宋總領事仰光領事檳榔嶼副領事後改領事十七年置南洋各島領事二十一年簡法國專使二十三年簡德國專使和改隸之並增置韓使三十三年撤回改總領事二十六年置韓國各口岸領事及海參葳商務委員後改總領事二十八年改駐法使臣兼使日國駐美使臣兼使古巴別設分館並簡奧義比三國專使明年設墨分館三十年置南斐洲總領事三十一年簡和國專使兼理保和會事並以法日使臣兼領葡使尋設葡分館三十四年定使臣爲二品專官並參贊等官品秩宣統元年置美利濱坎拿大巴拿馬總領事嗣是澳洲溫哥埠薩摩島紐絲綸諸領事踵相躡三年置爪哇總領事泗水巴東領事其秋置朝鮮新義州領事

三等出使大臣正三品特簡參贊官通譯官無定員不恆置

保和會專使大臣一人正二品特簡陸軍議員一人武官請西文者充之光緒三十三年罷和使兼職改置

督辦稅務大臣幫辦大臣各一人以大學士尚書侍郎充後改大臣副大臣充掌主關稅督率關吏提調幫提調分股總辦幫辦俱各一人外務部度支部丞參兼充所轄總稅務司副總稅務司各一人稅務司四人副稅務司六人各關稅務司五十有九人潮海五人粵海岳州北海各三人膠海鎮江東海閩海津海金陵蘇州吉林各二人江海梧州拱北哈爾濱山海浙海廈門九龍蕪湖九江亞東長沙大連甌海三水龍州杭州安東沙市重慶江門南寧瓊海宜昌奉天騰越思茅蒙自各一人副稅務司三十有七人江漢粵海江海三水津海琿春各三人大連湖海瓊海九龍各二人蘇州南寧龍州重慶奉天杭州廈門閩海哈爾濱蕪湖大通鼈局各一人以上俱外國人爲之初海關置監督各部俸深司員充之旋改歸督撫監督名爲耳自道光以來海疆日闢於是始置北洋南洋通商大臣關道及監督隸之亦有將軍兼理者津海歸直隸津海道管理山海歸奉天奉錦山海道管理東海歸山東登萊青道管理俱隸北洋鎮江歸江蘇常鎮通海道管理江海歸江蘇松太道管理蕪湖歸安徽皖南道管理浙海歸浙江寧紹台道管理甌海歸浙江溫處道管理江漢歸湖北漢黃德道管理宜昌歸湖北荊宜施道管理重慶歸四川川東道管理俱隸南洋閩海歸福州將軍管理粵海潮海北海瓊海九龍拱北監督各一人嘉峪歸甘肅安肅道管理龍州歸廣西太平思順道管理蒙自歸雲南臨安開廣道管理隸本省督撫咸豐以後聘用英人威妥瑪美人斯密斯氏襄辦稅務李泰國繼之派爲總稅務司凡海關俱置稅務司副稅務司後沿江各埠及內地陸路增開口岸並屬海關是爲海關募用客卿之始時管轄之權屬總理衙門光緒二十三年始設稅務處總稅務司以次各官並受其節度先是戶關工關分隸戶工兩部至是始以常關標名嗣外部與本處定常關分設稅局五十里外者歸監督五十里內者歸稅務司此內外常關名稱所由昉也

民政部 民政大臣副大臣左右丞左右參議各一人承政廳員外郎主事小京官各四人參議廳參事二人民治警政疆里營繕衛生五司郎中八人民治警政疆里各二人餘各一人員外郎十有六人民治警政各四人餘各二人主事十有八人民治警政各五人營繕四人餘各二人小京官各一人習藝所員外郎一人兼充消防隊總理主事二人五品警官五人消防隊三人習藝所二人六七品警官各九人消防隊各六人習藝所各三人八九品警官各十有二人消防隊各八人習藝所各四人以上俱隸警政司六七品藝師各一人隸營繕司六七品醫官各一人隸衛生司自醫官以下俱奏補八品錄事二十人九品錄事三十有二人俱咨補大臣掌主版籍整飭風教綏靖黎物以奠邦治副大臣貳之民治掌編審戶口兼司保息鄉政警政掌巡察禁令分稽行政司法疆里掌經界圖志審驗官民土地營繕掌陵寢工程修治道路並保守古蹟祠廟衛生掌檢醫防疫建置病院所轄豫審所後隸大理院路工局教養局俱遴員分治之光緒三十年設巡警部置尚書左右侍郎左右丞參議各一人警政警法警保警學警務五司郎中五人三十二年增二人員外郎主事各十有六人三十二年增員外郎二人主事四人三十四年增營繕司一人小京官四人三十二年增五人一二三等書記官各十人仿七八九品筆帖式舊制三十二年改爲八九品錄事習藝所員外郎一人主事二人三十二年更名民政部設承政參議兩廳置參事二人改設民治疆里營繕衛生諸司警政如故宣統元年定習藝所及消防隊員額如前所列三年改尚書爲大臣侍郎爲副大臣

內外城巡警總廳廳丞各一人初制正四品光緒三十三年陞從三品請簡掌徼循坊境並典蹕路警衛總務處總僉事各一人從四品奏補行政司法衛生三處各僉事三人正五品俱奏補五品警官各四人六品警官十有九人內城十人外城九人七品警官二十人內城十有一人外城九人八品警官二十有七人內城十有四人外城十有三人九品警官二十有八人內城十有五人外城十有三人七品以上奏補八品以下咨補八九品錄事各四人委用光緒三十年設京師內外城巡警總廳置廳丞各一人設總務警務衛生三處置參事各一人正五品三十二年改僉事內城五分廳外城四分廳知事九人正五品三十二年增司法處改警務曰行政陞總務處僉事品秩爲屬官首領置五品以下各警官無定員八九品錄事各四人併內五分廳爲中左右三廳外四分廳爲左右二廳省知事四人設內城二十六區外城二十區置區官六七品警官充尋改區長區副八九品警官充尋改區員各一人三十四年省內外城區半之宣統元年裁分廳省知事

度支部 度支大臣副大臣各一人左右丞左右參議各一人承政參議兩廳俱郎中三人員外郎四人主事三人田賦漕倉稅課筦榷通阜庫藏廉俸軍餉制用會計十司郎中三十有一人制用四人餘各三人員外郎四十有四人制用六人田賦庫藏各五人餘各四人主事三十有五人田賦筦榷通阜廉俸會計各四人餘各三人金銀庫郎中一人員外郎四人主事二人收發稽察處督催所改員外郎一人主事二人大臣掌主計算勾會銀行幣廠土藥統稅以經國用副大臣貳之田賦掌土田財賦稽覈八旗內府莊田地畝漕倉掌漕運覈銷倉穀委積各省兵米穀數合其籍帳以聞稅課掌商貨統稅校比海關常關贏絀筦榷掌鹽法雜課凡盤查道運各庫振斂土藥統稅並校其實通阜掌礦政幣制稽檢銀行幣廠文移庫藏掌國庫儲藏典守顏料緞疋兩庫廉俸掌覈給官祿審計百司職錢餐錢軍餉掌覈給軍糈勾稽各省報解協餉制用掌覈工銀經畫京協各餉兼司雜支例支會計掌國用出納審計公債外款編列出入表式金銀庫掌金帛期會收發稽察處掌各司受事付事所轄幣制局提調一人幫提調二人本部丞參兼充庶務處調查籌辦稽覈編譯各股俱派員分治其事光緒三十二年改戶部設省財政處入之置尚書左右侍郎左右丞參議各一人併十四司爲十司改置郎中以次各官如前所列宣統三年改尚書爲大臣侍郎爲副大臣

清理財政處提調幫提調各二人本部丞參兼充總辦幫總辦各一人總覈坐辦科員無恆額各省清理財政正監理官二十人給三四品卿銜奉天直隸江蘇安徽山東山西河南陝西甘肅新疆福建浙江江西湖北湖南四川廣東廣西雲南貴州各一人副監理官二十有四人奏派吉林黑龍江江寧兩淮各一人餘同正監理官宣統元年置

大清銀行正監督正三品請簡副監督各一人儲蓄銀行總辦一人分行總辦二十人津滬漢濟奉營庫重廣贛晉汴浙閩吉秦皖湘滇甯各一人以上由大臣奏派光緒三十三年設戶部銀行置總監督秩視左右丞尋更名正監督明年改爲大清銀行

造幣總廠正監督一人正三品請簡副監督二人分廠總辦奉天江甯廣州四川雲南由清理財政正監理官兼充幫辦江甯武昌廣州四川雲南由副監理官兼充各五人光緒三十三年置

學部 學務大臣副大臣各一人左右丞左右參議各一人參事廳參事四人司務廳司務二人總務專門普通實業會計五司郎中各二人員外郎十有五人總務五人普通四人餘各二人主事十有八人總務普通各六人餘各二人一等書記官正七品奏補十有一人二等正八品十有七人三等正九品十有五人二三等俱咨補大臣掌勸學育材稽頒各

學校政令以迪民智副大臣貳之總務掌機要文移審覈圖書典籍專門掌大學及高等學校政藝專業咸綜領之普通掌師範中小學校各以其法定規程稽督課業實業掌農工商學校並審覈各省實業爲民興利會計掌支計出入典領器物及教育恩給其兼轄者八旗學務處總理協理督學調查圖書各局長局員編訂名詞館總纂圖書館正副監督以次各員俱擇人任使不設專官光緒二十二年置管理官書局大臣（先是京師設強學書局肄練時務至是改歸官辦）二十七年更命尚書張百熙充管學大臣管理大學堂事二十九年改學務大臣三十二年始設學部置尚書侍郎左右丞參議各一人五司郎中各一人員外郎十有二人主事十有五人視學官無恆額（定正五品派司員暫充）明年命大學士張之洞領部事非永制宣統元年改視學官爲差增郎中五人員外郎四人主事三人三年改尚書爲大臣侍郎爲副大臣

國子監丞一人（正四品請簡）掌文廟辟雍典禮典簿（正七品奏補）四人掌祀典廟戶典籍（正八品咨補）四人掌祭器樂器文廟七八九品奉祀官各二人（咨補）正通贊官（從六品奏補）副通贊官（從八品咨補）各二人二三等書記官各三人光緒三十二年置

大學堂總監督一人（正三品請簡）經法文工商五科監督各一人（奏派）教務庶務齋務各提調俱延聘通曉學務者爲之光緒二十五年創設京師大學堂命大學士孫家鼐領之三十二年定總監督爲專官

陸軍部 陸軍大臣（正都統特簡）副大臣（副都統特簡）各一人參事四人檢察官八人部副官四人各省調查員無恆額（俱正參領以次軍官充之副參領以上請簡協參領以下奏補額外軍官軍佐咨補）錄事二人（額外軍官及中下士充之下同）承政軍制軍衡軍需軍醫軍法六司各司長一人（副協都統正參領充處長同）副官一人（正副軍校及相當文官充）科長十有六人（承政科四曰秘書曰典章曰庶務曰收支軍制科七曰蒐簡曰步兵曰馬兵曰礮兵曰工兵曰輜重曰要塞軍衡科四曰考績曰任官曰賞賚曰旗務軍需科三曰統計曰糧服曰建築軍醫科二曰衛生曰醫務軍實科二曰製造曰保儲科各一人正副參領充）一二三等科員百六十有二人（承政二十八人軍制四十有一人軍衡四十有七人軍需三十人軍醫十有四人一等副協參領充二等協參領正軍校充三等正副軍校充）譯員四人司電員三人遞事官十有七人（隸承政司）繪圖員藝師藝士各一人（隸軍制司以上陸軍官佐或學生充之）法規總編纂員二人編纂員三人（隸軍需司以文武相當人員充之）監長（協參領正軍校充）監副（正副軍校充）各一人司法官十有四人看守官三人（隸軍法司以學律軍官充之）審計處處長副官各一人科長二人（綜稽核銷科各一人）科員二十有八人（各十四人）各司處錄事百三十有六人其暫設者軍實司司長副官各一人科長二人（製造保儲科各一人）科員十人（製造四人保儲六人）軍牧司長副官各一人科長二人（均調番殖科各一人）科員十有二人（科各六人）軍學處處長副官各一人科長六人（教育步馬礮工程輜重隊科各一人）科員三十有四人（教育十二人步隊八人馬隊礮兵工程隊各四人輜重隊二人）普通編輯員三人兵事編輯員六人繪圖員一人（屬輜重隊）大臣掌主陸軍稽頒營制饟章以鞏陸防副大臣貳之參事掌法律章制檢察官掌察軍隊學校局廠部副官掌傳宣命令承政掌出納文移旌別員司功過軍制掌編制徵調凡軍械製造交通建築並審驗法式軍衡掌班秩階品（大將軍將軍正一品以正都統有積勞者充之正都統從一品副都統正二品協都統從二品正參領正三品副參領從三品協參領正四品正軍校正五品副軍校正六品協軍校正七品司務長技士長正八品上士從八品中士正九品下士從九品階十有四）等級（共三等九級上等一級正都統職任總統官秩視提督二級副都統職任統制官秩視總兵三級協都統職任統領官秩視副將中等一級正參領職任統帶官正參謀官工隊參領官總軍械官護軍官同正參領職任總軍需官總理醫官總執法官秩視參將二級副參領職任教練官一等參謀官正軍械官中軍官同副參領職任正軍需官正軍醫官正執法官總馬醫官一等書記官秩視游擊三級協參領職任管帶官二等參謀官副軍械官參軍官同協參領職任副軍需官副軍醫官正馬醫官二等書記官秩視都司次等一級正軍校職任督隊官隊官三等參謀官查馬長軍械長執事官同正軍校職任軍需長軍醫長稽查官軍樂隊官副馬醫官三等書記官秩視守備二級副軍校職任排長掌旗官同副軍校職任司事生醫生司號官軍樂排長馬醫長書記長秩視千總同協軍校職任司號長醫生司書生秩視把總）封贈襲蔭凡軍官軍佐並領其籍軍需掌糧饟廩餼兼司軍需人員教育軍醫掌防疫治療兼司軍醫陞遷教育軍法掌審判監獄勾檢軍事條約軍實所掌視舊武庫司軍牧所掌視舊太僕寺軍學掌學校教育隊伍操演審計掌預算決算審覈支銷所轄憲政籌備處銀庫捷報處馬館俱派員分治其事光緒三十三年改兵部設省併練兵處入之（舊置總理親王一人會辦襄辦提調各一人軍政軍令軍學三司正副使各一人自親王以下俱請簡考功蒐討糧饟醫務法律器械隸軍政運籌嚮導測繪儲材隸軍令繕譯訓練教育水師隸軍學十四科監督各一人俱由總理遴委）置尚書左右侍郎各一人設承政參議兩廳置左右丞參議各一人一二三等諮議官檢察官（簡文武官賢能者充之）正副從事官（副協參領充）無定員設軍衡軍乘軍計軍實軍制軍需軍學軍醫軍法軍牧十司職置司長各一人科長三十有三人一二三等科員二百有五人承發官十有二人（承政二人餘各一人軍法未置）譯員五人繪圖員藝師藝士各二人錄事百十有六人官置郎中十有六人員外郎十有八人主事二十有二人筆帖式百有十人（以上統爲部額不繫以司）正參領八人同正參領四人副參領十有二人同副參領六人協參領十有八人同協參領八人（額視郎中員外郎主事）正軍校十有八人同正軍校八人副軍校二十有四人同副軍校十有二人協軍校三十有二人同協軍校十有六人（額視七八九品筆帖式）以官分任各職三十三年命慶親王奕劻領部事非恆制宣統元年修正陸軍官制軍官自正參領以下軍佐自副都統以下並就所習科目冠以各隊（如馬步礮工輜警察各隊正副協參領正副協軍校司務長及上士中士下士之類）專門（如軍需軍醫製械副協都統正副協參領正副協軍校馬醫測繪正副協參領正副協軍校軍樂協軍校測繪軍樂司務長上中下各士會計醫護上中下各士）名稱倂同字二年改尚書爲大臣侍郎爲副大臣省左右丞參議諮議承發各官併兩廳十司爲八司（增承政一司省軍乘軍計軍學三司）設軍學審計二處明年定陸軍官佐補充制置部副官調查員以軍實司省入軍制改軍牧司軍學處爲暫設冀樹軍馬總監軍學院基礎也三年復定陸軍官佐充任制（如前所列）仍與舊司員參錯互用

海軍部 海軍大臣（正都統）副大臣（副都統）各一人一等參謀官二人二等四人（海軍學生充）參事官二人秘書官六人（資格相當軍官文官充）司電員藝師藝士（酌用海軍官佐或文官學生）錄事（酌用文官學生及額外軍官軍佐）無恆額軍制軍政軍學軍樞軍儲軍法軍醫七司各司長一人（協都統正參領充）科長二十有一人（軍制科五曰制度曰考覈曰銓衡曰駕駛曰輪機軍政科三曰製造曰建築曰器械軍學科五曰教育曰訓練曰謀略曰偵測曰編譯軍樞科三曰奏咨曰典章曰承發軍儲科三曰收支曰儲備曰庶務軍醫科二曰醫務曰衛生科各一人正副參領充下同）一二三等科員六十人（軍制軍學各十有四人軍樞軍儲各十人軍政八人軍醫四人充任視陸軍部）一等司法官二人二三等司法官學習司法官八人（學律軍官充）主計處計長一人（正參領充）科長二人（會計統計科各一人）各司處錄事四十有八人大臣掌主海軍稽覈水師及司令部以固海疆副大臣貳之參謀掌參訂改革參事掌法律章制秘書掌機密文移軍制掌規制銓法旌別水師人員功過封蔭卹賞並典領之軍政掌營造船艦檢校器械兼司軍港工程軍學掌學校教育艦隊訓練軍樞掌文牘典章彙紀員司集課文簿軍儲掌經營費用稽覈糧廩服裝與其物用軍法軍醫主計職掌視陸軍部光緒十一年詔設海軍衙門依軍機總署例命醇親王奕譞綜之大學士李鴻章專司籌辦十三年北洋海軍成置提督總兵等官甲午師熸至三十三年始議恢復設海軍處暫隸陸軍部置正使（視協都統）副使（視正參領）各一人承發官二人錄事四人設機要船政運籌三司置司長副官各一人科長七人（機要科四曰制度曰籌械曰駕駛曰輪機運籌科三曰謀略曰教務曰測海科各一人船政不分科）承發官三人（司各一人）一二三等科員十有八人（機要十二人運籌六人）考工官五人（船政司置）藝師三人（船政一人運籌二人）藝士四人（船政運籌各二人）股長股員視事閒劇酌置錄事十有八人明年改設海政船政籌備儲蓄醫務法務六司尋設主計處置計長副長各一人宣統元年命肅親王善耆等籌備海軍設參贊廳分秘書庶務兩司置一二三等參謀官並設第一第二第三第四四司置司長以下各職其夏更命貝勒載濤等充籌辦海軍大臣增設醫務司二年訂海軍暫行官制改第一司曰軍制第二司曰軍政第三司曰軍學第四司曰軍防醫務司曰軍醫秘書司曰軍樞庶務司曰軍儲別設軍法一司是爲八司省參贊廳各職尋改處爲部省軍防司置大臣副大臣各一人

法部 司法大臣副大臣各一人左右丞參議各一人參事四人審錄制勘編置宥恤舉敘典獄會計都事八司郎中二十有五人（審錄四人內宗室一缺餘各三人）員外郎三十有四人（制勘編置各五人內宗室各一缺餘俱四人）主事三十有三人（宥恤五人內宗室一缺餘俱四人）收發所員外郎主事各二人七品小京官二十有六人（內宗室二缺）八品錄事五十有三人九品三十人（內宗室各二缺）大臣掌主法議監督大理院及京外審判檢察以維法治副大臣貳之審錄掌朝審錄囚覆覈大理院審判廳刑名（兼稽雲南貴州廣東廣西察哈爾左翼案狀）制勘掌秋錄實緩定科刑禁（兼稽四川河南陝西甘肅新疆烏里雅蘇台科布多案狀）編置掌盜犯減等定地編發（兼稽奉天吉林黑龍江山東山西察哈爾右翼綏遠城歸化城案狀）宥恤掌恩詔赦典清理庶獄（兼稽江蘇安徽江西福建浙江湖北湖南案狀）舉敘掌陞遷調補籍紀功罪徵考法官律師書記典獄掌修葺囹圄嚴固局鑰習藝所俘隸簿錄並典司之會計掌財用出入勾稽罰鍰鈞金都事掌繙譯章奏收發罪囚文移所轄司獄總管守長正管守長各二人副管守長六人監醫正（正八品）監醫副（正九品）各一人光緒三十二年改刑部設置尚書侍郎左右丞參以次各官併十七司爲八司設收發所置員外郎主事各官明年增置宗室郎中主事各一人員外郎小京官八九品錄事各二人裁司務入都事司司庫入會計司司獄一職改令典獄司小京官兼充曰正管守長八九品錄事兼充曰副管守長舊設提牢廳以典獄司員外郎主事兼充曰總管守長三十四年依提牢廳司獄往制仍定爲兼職尋置監醫正醫副各一人宣統三年改尚書爲大臣侍郎爲副大臣

修訂法律館大臣無定員（特簡兼任）提調二人總纂四人纂修協修各六人庶務處總辦一人譯員委員無恆額（幷以諳法律人員充之）光緒三十三年設

大理院正卿（正二品）少卿（正三品俱特簡）各一人刑科民科推丞各一人（正四品請簡）推事二十有八人（正五品刑科民科第一庭俱各四人第二三庭俱各五人）典簿廳都典簿一人（從五品）典簿四人（從六品）主簿六人（正七品以上俱奏補）八九品錄事三十人（咨補）正卿掌申枉理讞解釋法律監督各級審判以一法權少卿佐之推丞分掌民刑案欵參議疑獄刑科掌被旨推鞫宗室官犯披詳刑事京控上訴法狀民科掌宗室諍訟披詳民事京控上訴法狀都典簿掌簿籍罪囚典簿掌出納文移大理於重罪爲終審凡法庭審判推事五人會鞫之是爲合議制附設總檢察廳掌綜司大理民刑案內檢察

事務監督各級檢察廳調度司法警察官吏廳丞一人從三品請簡檢察官六人正五品奏補主簿二人八九品錄事四人看守所所長一人從五品奏補所官四人正八品奏補九品錄事二人光緒三十三年改大理寺設置正卿少卿各一人推丞二人刑事四庭推事十有九人民事二庭推事九人並置典簿廳以次各官又總檢察廳廳丞一人檢察官六人主簿一人錄事四人設看守所置所長各官宣統元年改刑科四庭爲民科三庭置推事各十有四人三年增置總檢察廳典簿一人改錄事爲八九品各二人

京師高等審判廳廳丞一人正四品請簡掌治廳務監督下級審判廳下同刑科民科推事十有二人從五品刑科民科一二庭俱各三人典簿廳典簿二人正七品主簿四人從七品以上俱奏補九品錄事六人於重罪爲二審輕罪爲終審審判合議大理檢察廳檢察長一人正四品請簡掌糾正同級審判監督下級檢察廳下同檢察官四人從五品奏補典簿主簿各一人九品錄事二人看守所所長正六品奏補所官從八品咨補各一人錄事六人光緒三十三年設宣統三年增置檢察廳典簿主簿各一人並置所長各官

京師地方審判廳廳丞一人從四品請簡刑科民科推事三十人從五品民刑一二庭俱各六人三庭俱各三人典簿二人正七品主簿二人正八品以上俱奏補錄事十有四人於重罪爲初審輕罪爲二審推事三人合議之亦合議制檢察廳檢察長一人正五品奏補檢察官五人正六品奏補典簿從七品主簿從八品錄事各二人看守所所長一人從六品奏補所官二人光緒三十三年設先是京城內外設豫審廳掌主靜訟隸民政部至是省入置廳丞一人設民刑各二庭置推事二十有四人典簿主簿各二人錄事十人檢察廳檢察長一人檢察官四人典簿主簿各一人宣統元年以獄訟煩興增設民刑各一庭置推事各三人錄事四人檢察廳檢察官一人三年增檢察廳典簿主簿各一人

京師初級審判廳凡爲五處刑科民科推事各一人從六品奏補錄事二人於輕罪爲初審推事一人訊斷之是爲單獨制檢察廳檢察官二人從六品奏補錄事一人初級俱不置長官由部揀資深者一人爲監督

農工商部 農工商大臣副大臣各一人左右丞左右參議各一人農務工務商務庶務四司郎中十有二人各司三人員外郎十有六人各司四人主事十有八人庶務六人餘各四人一二等藝師一等正六品二等正七品奏補藝士一等正八品二等正九品咨補各二人大臣掌主農工商政令專司推演實業以厚民生副大臣貳之農務掌農桑屯墾樹藝畜牧並隸通各省水利梟蠶支銷工務掌綜事訓工制器倘衆並物占各省礦產設法利導商務掌埠市治教勵民同貨修訂專利保險約章稽頒保護訴訟禁令庶務掌章奏文移計會本部收支籍紀員司遷補藝師藝士掌治專門職業所轄農事試驗場工藝局勸工陳列所化分礦質所度量權衡局商標局商律館俱遴題業者分治其事光緒二十四年設礦務鐵路總局尋復設農工商總局令大臣綜之尋省二十九年設商部省鐵路礦務總局入之置尚書左右侍郎左右丞參議各一人司務所司務二人設保惠平均通藝會計四司置郎中員外郎主事各二人其冬復省工部入之三十二年更名農工商部改平均司爲農務以戶部農桑等事隸之通藝司爲工務以鐵道等事劃歸郵傳部保惠司爲商務增置郎中各一人員外郎主事各二人併司務廳會計司爲庶務省司務二人增郎中一人員外郎二人主事四人宣統三年改尚書爲大臣侍郎爲副大臣

郵傳部 郵傳大臣副大臣各一人左右丞左右參議各一人承政參議兩廳僉事正五品奏補員外郎主事小京官各二人船政路政電政郵政四司郎中各二人員外郎十人船政郵政各二人路政電政各三人主事二十人船政郵政各四人路政電政各六人小京官各二人八九品錄事無定員大臣掌主交通政令滊行舟車電達文語靡所不綜以利民用副大臣貳之船政掌議船律釐司營闢廠隝測量沙線路政掌議路律釐司釐定軌制規畫路綫電政掌議電律釐司官商局則例海陸線規程郵政掌議郵律釐司郵局匯兌郵盟條約所轄郵政總局局長副大臣兼充總辦法國人充各一人鐵路總局提調二人京漢路局總辦提調各一人南局京局會辦各一人京奉路局總辦二人提調一人京張鐵路總辦會辦各一人滬甯路局總辦一人吉長路局廣九路局總辦提調各一人張綏鐵路總辦會辦各一人萍株鐵路正太路局汴洛路局道清路局總辦各一人電政總局局長一人提調二人分局總辦幫辦提調各一人各省分局總辦各一人電話局總辦會辦各一人天津廣州太原煙臺總辦各一人交通銀行總理幫理各一人北京總銀行上海漢口廣州分銀行總辦各一人天津營口管理各一人差官三十有四人提塘官十有三人舊隸兵部俱遴員分治其事光緒三十三年設先是船政招商局隸北洋大臣內地商船隸工部郵政隸總稅務司路政電政別簡大臣領其事至是俱併入置尚書左右侍郎左右丞參議各一人及承政參議兩廳僉事各官設船政路政電政郵政庶務五司置郎中十人員外郎十有二人主事二十有四人小京官十有四人宣統元年省庶務司郎中員外郎小京官各二人主事四人增承政參議兩廳員外郎主事各二人三年改尚書爲大臣侍郎爲副大臣

軍諮府 軍諮大臣二人特簡掌秉承詔命襄贊軍謨總務廳軍諮使二人副協都統正參領充掌綜領衆務副官二人協參領正副軍校充下同遞事長一人遞事員五人陸軍官佐充第一第二第三第四各廳長協都統參領充正副官俱一人條爲四科科長各一人正副參領充一等科員副協參領同副協參領充二三等科員協參領正副軍校及同協參領同正副軍校充視事閑劇酌置所轄測地局局長一人第四廳長兼充司務三人三角地形製圖三股各股長一人第四廳各科長兼充班長班員印刷所科員藝士司務無恆額軍事官報局正副局長各一人庶務文牘收支編纂譯述校對無恆額俱隸第四廳唯第五廳別置編纂官三人譯述一人錄事六十有三人額外軍官及中士下士充軍事參議官十有五人直隸江甯江蘇江北安徽江西河南湖北湖南山東山西福建廣東浙江陝西各一人協都統正副協參領充光緒三十三年設軍諮處置協都統一人充正使正參領一人充副使副參領六人同副參領一人協參領十人同協參領二人正軍校十人同正軍校二人副軍校十有二人同副軍校三人協軍校十有六人同協軍校五人分充各司長科長一二三等科員第一第二兩司協副參領充測地司同正副參領充十八科科長各一人一二司副參領充測地司同副協參領充第一司科員十有六人第二司四人正副協軍校充測地司六人同正副協軍校充其承發官司各一人譯員五人屬第一司藝師四人藝士六人屬測地司並以陸軍官佐或學生充之隸陸軍部宣統元年以立憲大綱皇帝統率海陸軍別建軍諮處命貝勒載濤等領之設總務廳置軍諮使二人分設四廳各置廳長一人科長十有六人科員無恆額並定文官補充制如前所列尋刱同字詳上陸軍部明年設軍事會議處三年改稱府令陸軍大臣領其事

弼德院 院長副院長各一人特簡兼任顧問大臣三十有二人特簡兼任掌參預密勿朝夕論思並審議洪疑大政參議十人請簡掌纂擬章制秘書廳秘書長一人請簡秘書官一二三等各三人三等六人俱奏補分掌庶務宣統三年設

資政院 總裁王公大臣內特簡副總裁三品以上大臣內簡充各一人掌取決公論凡歲入歲出法典朝章公債稅率及被旨諮議者經議員議決會國務大臣上奏取裁秘書廳秘書長一人請簡一二三等秘書官各四人奏補掌計會文牘議員宗室王公世爵十有六人滿漢世爵十有二人外藩王公世爵十有四人宗室覺羅六人各部院官三十有二人碩學通儒納稅多額者各十人俱欽選各省諮議局六人民選光緒三十三年設置總裁二人尋增協理四人明年復置幫辦參議各三人宣統元年定秘書廳官制二年定總裁副總裁各一人

鹽政院 鹽政大臣國務大臣內特簡兼任一人丞一人總務廳廳長參議南鹽廳廳長北鹽廳廳長各一人以上俱請簡參事二人一二三四等僉事俱奏補一二三等錄事咨補視事閑劇酌置大臣掌主鹽政丞掌佐理鹺綱總務掌綜理庶務典守機密參議掌擬法制僉事佐之南鹽廳掌淮浙閩粵鹽務北鹽廳掌奉直潞東鹽務初沿明制差御史巡視鹽課後改鹽政特旨兼充都察院奏差者亦以鹽政名之由內務司官充者仍帶御史銜各省以督撫綜理者並因地制宜定爲永式宣統元年設督辦鹽政處命鎮國公載澤充督辦大臣產鹽行鹽各省督撫俱充會辦三年以整理國稅改處爲院特置鹽政專官

典禮院 掌院學士副掌院學士各一人特簡學士直學士各八人請簡總務廳廳長一人簿正典簿司庫俱奏補無定員禮制祠祭奉常精膳四署署長各一人一二三等僉事鳴贊俱奏補序班錄事咨補視事閑劇酌置讀祝官贊禮郎陵寢各官如故掌院學士掌修明禮樂典領朝會虔祀明禋副掌院學士佐之學士直學士掌討論參訂總務掌綜理衆務簿正掌庫儲收發與其陳設並司監牢事典簿掌典守庫儲册籍兼稽覈出入司庫掌典守各庫並督率庫使點驗庫兵禮制掌朝會慶典祠祭掌壇廟陵寢奉常掌贊引信導精膳掌筵燕祭品宣統三年改禮部設凡涉行政俱劃歸各部

外省官制變更略少唯省會司道別易新名巡警勸業兩道詳前員額愈益改學政爲提學使按察使爲提法使各級審檢廳隸之故事凡遇地方要政藩臬兩司得與督撫議議定稟仰施行遇吏員陞遷調補亦會詳焉至是改稱爲三司云

提學使司 提學使一人正三品掌教育行政稽覈學校規程徵考藝文師範署設六科曰總務曰專門曰普通曰實業曰圖書曰會計科長科員分治之遴諳學務者充之別設學務公所有議長議紳以討論其事奏充光緒三十一年改置增吉林黑龍江江甯江蘇舊置江南學政新疆各一人餘仍學政額

提法使司 提法使一人正三品掌司法行政督監各級審判廳調度檢察事務署設三科曰總務曰民刑曰典獄科長各一人正五品一等科員各一人正六品二等科員正七品無恆額惟奉天置僉事科員別有正司書正八品副司書正九品光緒三十三年東三省各置提法使一人宣統二年改各省按察使爲提法使停轄驛傳

高等審判廳廳丞一人從四品商埠分廳推事長代之刑科民科推事六人正六品典簿一人正七

（品）主簿二人（正八品）錄事無定員（從九品）檢察廳檢察長一人（從四品）檢察官一人（正六品）錄事二人

地方審判廳推事長一人（從五品）刑科民科推事六人（從六品）典簿（從七品）主簿（從八品。事繁或二人，事簡不置）各一人錄事無定員檢察廳檢察長一人（從五品）檢察官一人（從六品）錄事二人看守所所官一人（正九品）錄事無定員

初級審判廳推事二人（正七品。事繁或三四人）錄事無定員檢察廳檢察官一人（正七品）錄事二人看守所所官一人

管獄官一人（從五品）副管獄官一人（從六品）課長三人（正八品。文牘守衛庶務各一人）所長二人（正九品。教誨醫務各一人）府管獄官一人（從七品）州縣副管獄官一人（從八品）光緒三十四年奉天設模範監獄置正管獄官省府司獄縣典史宣統二年增置副管獄官厥後各府廳州縣有仿而行之者（時天津保定湖北監獄成未置專官）

東三省地處邊要自改建行省變通例章增置司道提學提法各省通置無庸贅述今綜新設諸司詳左（初建行省督署設承宣諮議二廳置左右參贊各一人從二品僉事一人一二三等科員佐之旋省）

民政使司民政使一人（從二品）掌土民籍僉事（從四品）科員（一等從五品二等正六品三等正七品各司同）各有恒任一二等醫官無定員（一等正六品二等正七品）光緒三十三年置秩正三品宣統元年依布政使例陞從二品主屬吏陞遷調補

交涉使司交涉使一人（正三品）掌主邦交有僉事科員一二等譯官佐之（一等正六品二等正七品）光緒三十三年奉天吉林各置一人宣統二年直隸江蘇浙江福建湖北廣東雲南並援奉天例續置

度支使司度支使一人（正三品）掌主財賦有僉事科員一二等庫官佐之（一等正六品二等正七品）光緒三十三年三省各置一人宣統元年省黑龍江一人隸民政司兼理（又光緒三十三年奉天置旗務使司一人僉事科員如各司宣統元年省）

甲午不競當事者鑒於軍政未善取則強邦內自禁衛軍外自督練公所並遵新定章制以漸從事迺三軍兩協方告成而巨變作焉爰就可考者著於篇

禁衛軍　訓練大臣三人（王大臣兼充）掌全軍政令軍諮官六人執事員十人掌章奏文移兼稽四科協標營隊執事佐之書記員五人（一等一人二三等各二人）繪圖員二人印刷收支庶務遞事各一人軍械軍法軍需軍醫四科監督各一人科員十有五人（軍械四人軍需五人餘各二人）俱遴員分治其事協司令處統領官一人（協都統充）掌統師全協參軍官（協參領充）掌贊畫機宜副官（正軍校充）掌綜理衆務各一人司號長一人（協軍校充）司書生二人（同上）標本署統帶官一人（正參領充）掌統轄全標教練官（副參領充）副官掌旗官（俱副軍校充）副軍械官副軍需官副軍醫官（俱協參領充）副馬醫官（正軍校充）司號長各一人司書生二人步馬工程輜重交通陸路礮機關礮警察各隊管帶官（協參領充）副官軍需長軍醫長（俱正軍校充）俱各一人隊官（正軍校充）俱各四人排長俱各三人（副軍校一人協軍校二人原置步隊機關礮隊各十有二人馬隊八人陸路礮隊九人工程輜重交通警察隊各六人宣統三年改定如今制）司務長七十有九人（馬步機關礮隊各四人陸路礮隊三人工程輜重交通隊各二人初以協軍校充宣統元年改札補）軍械長四人（正軍校充工程交通陸路礮機關礮隊各一人）查馬長（正軍校充）馬醫長（副軍校充）各三人司書生三十有五人（馬步機關礮隊各六人陸路礮隊五人工程輜重交通隊各四人）藝師三人（隸交通隊）軍樂隊官排長各一人光緒三十四年設禁衛軍監國攝政王自領之以貝勒載濤等司訓練宣統元年定訓練大臣三人及軍諮官以次員額先是各協標營置執事督隊諸官至是俱改為副官省協標二等書記官及全協書記長

督練公所　督辦一人（督撫將軍都統領之）掌整飭全省新舊營伍軍事參議官一人（協都統正參領充）掌綜領科局一等副官一人（協參領充）二等副官二人（正軍校充）分掌文移衆務一二三等書記官五人（五六七品文官充）司書生十有六人（八九品文官充）籌備糧餉二科科長各一人分掌編練新軍裁汰舊營會計出納服裝物品軍械局局長一人掌新舊軍槍礮彈藥（以上俱副軍校充）一等科員五人（籌備糧餉科各二人軍械一人協參領充）二等十有一人（籌備四人糧餉五人軍械二人正軍校充）三等十有二人（籌備五人糧餉四人軍械三人協軍校充）測地分局員闕光緒三十年各省設督練公所分兵備參謀教練三處置總辦幫辦提調諸目宣統三年改設科局仿陸軍新制任官授職（如前所列）

軍制　總統一人（正都統充）掌全軍政令總參謀官（協都統充）一等參謀官（正參領充）二等參謀官（協參領充）掌協贊號令參畫機宜一二等各員佐之工程隊參領官掌佐本隊事務護軍官掌理庶務轄弁兵礮隊協領官職掌如工程隊總軍械官總執法官總軍需官總軍醫官（詳禁衛軍自工程隊以下俱正參領充）總馬醫官（副參領充）俱各一人司書生十有五人（副協軍校充）初軍鎮協標並置司事後省

鎮制　統制官一人（副都統充）掌統師全鎮正參謀官（正參領充）一二三等參謀官所司同軍制執事官（俱正軍校充）中軍官（副協參領充）掌理庶務正軍械官正執法官正軍需官正軍醫官（俱副協參領充）正馬醫官（協參領充）司號長（副軍校充）俱各一人司書生十有五人其協標營制如禁衛軍光緒三十年改鍊新軍區為三十六鎮定鎮協標營官制宣統元年各省先後編混成等協暫置執法官司事生各一人尋省三年報成鎮者二十有六置總統一人總參謀以下員闕餘或成二協或一協一標鎮數未全

陸軍鎮監監長（協參領正軍校充）監副（正副軍校充）各一人司書生二人光緒三十四年定監獄人員編制

巡防隊　分路統領官（事簡設置）幫統官書記官會計官執事官各一人馬步隊管帶官一人哨官哨長各三人書記長一人（以上各員俱綠營將弁兼充）光緒三十三年以防練舊營綠項隊伍章制不一仿新軍成法置統領以次各職

海軍艦制　巡洋長江艦隊統制一人（副都統加正都統銜）統領二人（協都統）海圻巡洋艦管帶總管輪（正參領）一等參謀官海籌海琛海容巡洋艦南琛鏡清通濟練船江元江利楚同楚泰楚有江貞礮船保民運船諸管帶（副參領）飛鷹魚雷獵船建威建安魚雷礮船江亨楚謙楚豫聯鯨楚觀舞鳳礮船諸管帶（協參領）駐英威克斯阿摩士莊各船廠監造員（正參領）俱各一人餘皆未補官同治十三年朝議防海購置兵輪都二十艘光緒十年法兵構釁盡殲焉越三年編海軍經制分為四軍置提督一人為左翼總兵二人為右翼並置副將五人參將四人游擊九人都司二十有七人守備六十人千總六十有五人把總九十有九人至是又復成軍甲午一役又殲焉宣統元年設籌備處復置海軍提督仿陸軍等級訂海軍官制三年部成先後除授如上制

食貨

明末苛政紛起籌捐增餉民窮財困有清入主中國概予蠲除與民更始逮康乾之世國富民殷凡滋生人丁永不加賦又普免天下租稅至再至三嗚呼古未有也道咸以降海禁大開國家多故耗財之途廣而生財之道滯當軸者昧於中外大勢召禍興戎天府太倉之蓄一旦蕩然賠償兵費至四百餘兆以中國所有財產抵借外債積數十年不能清償攤派加捐上下交困乃改海運以節漕費變圜法以行國幣講鹽政以增歲入開鑛產以擴財源以及創鐵路改郵傳設電局通海船新政繁興孳孳謀利而於古先聖王生衆食寡為疾用舒之道昧焉不講夫以唐虞治平之世而其告舜禹也諄諄以四海困窮天祿永終為戒有國者其可忽哉茲取清代理財始末條著於篇

食貨一

戶口　田制

清之民數惟外藩扎薩克所屬編審丁檔掌於理藩院其各省諸色人戶由其地長官以十月造册限次年八月咨送戶部浙江清吏司司之而滿洲蒙古漢軍丁檔則司於戶部八旗俸餉處年終將民數彙繕黃册以聞其戶之別曰軍曰民曰匠曰竈此外若回番羌苗猺黎夷等戶皆隸於所在府廳州縣凡民男曰丁女曰口男年十六為成丁未成丁亦曰口丁口繫於戶凡腹民計以丁口邊民計以戶蓋番回黎苗猺夷人等久經向化皆按丁口編入民數其以戶計者如三姓所屬赫哲費雅喀勒爾庫葉鄂倫春哈克拉五十六姓甘肅各土司及莊浪廳所屬番子西藏各土司所屬三十九族烏里雅蘇台所屬唐努烏梁海貢貂戶科布多所屬阿爾泰烏梁海貢貂戶貢狐皮戶阿爾泰諾爾烏梁海貢貂戶貢灰鼠皮戶皆是至土司所屬番夷人等但報明寨數族數不計戶者不與其數凡民之著籍其別有四曰民籍曰軍籍亦稱衞籍曰商籍曰竈籍其經理之也必察其祖籍如人戶於寄居之地置有墳廬逾二十年者准入籍出仕令聲明祖籍迴避倘本身已故子孫於他省有田土丁糧願附入籍者聽軍流人等子孫隨配入籍者准其考試之類是也又必辨其宗系如民人無子許立同宗昭穆相當者為後其有女婿義男及收養三歲以下小兒酌給財產不得遂以為嗣之類是也且必區其良賤如四民為良奴僕及倡優為賤凡衙署應役之皂隸馬快步快小馬禁卒門子弓兵仵作糧差及巡捕營番役皆為賤役長隨與奴僕等其有冒籍跨籍跨邊僑籍皆禁之世祖入關有編置戶口牌甲之令其法州縣城鄉十戶立一牌長十牌立一甲長十甲立一保長戶給印牌書其姓名丁口出則注所往入則稽所來其寺觀亦一律頒給以稽僧道之出入其客店令各立一簿書寓客姓名行李以便稽察及乾隆二十二年更定十五條一直省所屬每戶歲給門牌牌長甲長三年更代保長一年更代凡甲內有盜竊邪教賭博賭具窩逃姦拐私鑄私銷私鹽踹麯販賣硝磺並私立名色斂財聚會等事及面生可疑之徒責令專司查報戶口遷移登耗隨時報明門牌內改換填給一紳衿之家與齊民一體編列一旗民雜處村莊一體編列旗人民人有犯地方官會同理事同知辦理至各省駐防營內商民貿易居住

及官兵雇用人役均另編牌册報明理事廳查核一邊外蒙古地方種地民人設立牌頭總甲及十家長等如有偷竊爲匪及隱匿逃人者責令查報一凡客民在內地貿易或置有產業者與土著一律順編一鹽場井竈另編排甲所雇工人隨竈戶塡注一礦廠丁戶廠員督率廠商課長及峒長爐頭等編查各處煤窰雇主將傭工人等册報地方查核一各省山居棚民按戶編册地主並保甲結報廣東寮民每寮給牌互相保結一沿海等省商漁船隻取具澳甲族鄰保結報官給照商船將船主舵工水手年貌籍貫並塡照內出洋時取具各船互結至汛口照驗放行漁船止塡船主年貌籍貫其內洋採捕小艇責令澳甲稽查至內河船隻於船尾設立粉牌責令埠頭查察其漁船網戶水次搭棚趁食之民均歸就近保甲管束一苗人寄籍內地久經編入民甲者照民人一例編查其餘各處苗猺千百戶及頭人峒長等稽查約束一雲南有夷民錯處者一體編入保甲其依山傍水自成村落者令管事頭目造册稽查一川省客民同土著一例編查一甘肅番子土民責成土司查察係地方官管轄者令所管頭目編查地方官給牌册報其四川改土歸流各番寨令鄉約甲長等稽查均聽撫夷掌堡管束一寺觀僧道令僧綱道紀按季册報其各省回民令禮拜寺掌教稽查一外來流丐保正督率丐頭稽查少壯者遞回原籍安插其餘歸入棲流等所管束自是立法益密時各省番苗與內地民人言語不通常有釁之事二十四年定番界苗疆禁例凡臺灣民番不許結親違者離異各省民人無故擅入苗地及苗人無故擅入民地均照例治罪若往來貿易必取具行戶鄰右保結報官給照令塘汛驗放始往棚民之稱起於江西浙江福建三省各山縣內向有民人搭棚居住藝麻種菁開鑪煽鐵造紙製菇爲業而廣東窮民入山搭寮取香木舂粉析薪燒炭爲業者謂之寮民雍正四年定例照保甲法一體編查乾隆二十八年定各省棚民單身賃墾者令於原籍州縣領給印票並有親族保領方准租種安插倘有來歷不明責重保人糾察報究五十五年諭廣東總督奏稱撤燬雷廉交界海面之潿洲及迤東之斜陽地方寮房遞回原籍免與洋盜串通滋事並毀棱椅灣等三十二處寮房共百六十二戶另行撫恤安插沿海各省所屬島嶼多有內地民人安居樂業若遽飭令遷移使數十萬生民流離失所於心何忍且恐辦理不善轉使良民變而爲匪所有各省海島除例應封禁者外餘均仍舊居住至零星散處皆係貧民尤不可獨令向隅而漁戶出洋採捕暫在海島搭寮棲止亦不可概行禁絕且人民既少稽察無難惟在各督撫嚴飭文武員弁編立保甲如有盜匪混入及窩藏爲匪者一經查出將所居寮房概行燒毀俾知儆懼其漁船出入口岸務期取結給照登記姓名倘進口時藏有貨物形迹可疑嚴行盤詰自不難立時拏獲也五十七年諭據福寧所奏山東一省海島居民二萬餘名口各省海島想亦不少當遵照前言不准添建房屋以至日聚日衆仍應留心訪察勿任勾結匪徒滋生事端咸豐元年浙江巡撫常大淳奏言浙江棚民開山過多以致沙淤土壅有礙水道田廬請設法編查安插分別去留如所議行四川經張獻忠之亂孑遺者百無一二耕種皆三江湖廣流寓之人雍正五年因逃荒而至者益衆諭令四川州縣將人戶逐一稽查姓名籍貫果係無力窮民卽量人力多寡給荒地五六十畝或三四十畝令其開墾其吉林寧古塔伯都訥阿勒楚喀拉林等地方乾隆二十七年定例不准無籍流民居住及三十四年吉林將軍傅良奏阿勒楚喀拉林地方流民二百四十二戶請限一年盡行驅逐上曰流寓既在定例之前應准入籍墾種一例安插俾無失所嘉慶中郭爾羅斯復有內地新來流民二千三百三十戶吉林廳有千四百五十九戶長春廳有六千九百五十三戶均經將軍奏令入册安置其山東民人徙居口外者在康熙五十一年已有十萬餘人聖祖諭嗣後山東民人有到口外及由口外回山東者應查明年貌籍貫造册稽查互相對覈其後直隸山西民人亦多有出口者雍正初因陸續設古北口張家口歸化城三同知管理旋移萬全縣縣丞於張家口其古北口增設巡檢一歸化城增設通判四巡檢一各按所屬民人照保甲法將姓名籍貫注册逐年咨部查覈凡民人出入關口由原籍州縣給印票驗明放行所有放過票張造册報部其福建廣東民人徙居臺灣者尤衆嘉慶十五年浙閩總督方維甸奏瑪瑪蘭田土膏腴內地民人流寓者多見檢查戶口漳州人四萬二千五百餘丁泉州人二百五十餘丁粵東人百四十餘丁與生熟各番雜處必須有所鈐制於是議增瑪瑪蘭通判一此外如江蘇銅沛兩縣自黃河退涸變爲荒田山東曹濟等屬民人陸續前往創立湖團相率墾種銅沛土民因客民占墾日相控鬬同治五年戶部奏查明容留捻匪之刁王兩團驅回原籍安分良團卽令各安生業凡此夷漢之雜處土客之相猜慮其滋事則嚴爲之防憫其無歸則寬爲之所要皆以保甲爲要圖顧保行於平時而編審則丁賦之所由出也編審之制州縣官造册上之府府別造一總册上之布政司凡軍民匠竈四籍各分上中下三等丁有民丁站丁土軍丁衞丁屯丁總其丁之數而登黃册督撫據布政司册報達之戶部彙疏以聞順治十四年命州縣官編審戶口增丁至二千名以上各予紀錄康熙五十一年有新增人丁永不加賦之諭自是聖祖仁政遂與一代相終始顧丁有開除卽不能不有抵補故康熙五十五年戶部請以編審新增人丁補足舊缺額數如有餘丁歸入滋生册內造報從之高宗諭內閣曰朕查上年各省奏報民數較之康熙年間計增十餘倍承平日久生齒日繁蓋藏自不能如前充裕且廬舍所占田土亦不啻倍蓰生之者寡食之者衆朕甚憂之猶幸朕臨御以來闢土開疆幅員日廓小民皆得開墾邊外地土藉以暫謀衣食然爲之計及久遠非野無曠土家有贏糧未易享昇平之福各省督撫及有牧民之責者務當隨時勸諭俾皆儉樸成風惜物力而盡地利愼勿以奢靡相競習於怠惰也是時編審之制已停直省所報民數大率以歲造之煙戶册爲據行之日久有司視爲具文所報多不詳覈其何以體朕欲周知天下民數之心乎又諭據鄭輝祖稱從前所辦民數册歲歲滋生之數一律雷同似此簡率相沿成何事體所有各省本年應進民册均展至明年年底倘再疏舛定當予以處分當時民册恐不免任意塡造之弊然自聖祖以來休養生息百有餘年民生其間自少至老不知有兵革之患而又年豐人樂無有夭札疵癘轉徙顚踣以至於凋耗者其戶口繁庶究不可謂盡出子虛也至編審之停始於雍正四年直隸總督李紱改編審行保甲一疏略云編審五年一舉雖意在淸戶口不如保甲更爲詳密既可稽察游民且不必另查戶口請自後嚴飭編排人丁自十六歲以上無許一名遺漏歲底造册布政司彙齊另造總册進呈册內止開里戶人丁實數免列花戶則簿籍不煩而丁數大備矣乾隆五年戶部又請令各督撫於每年十一月將戶口數與穀數一併造報番疆苗界不入編審者不在此例從之三十七年從李瀚請永停編審自是惟有運漕軍丁四年一編審而已蓋淸承明季喪亂戶口凋殘經累朝休養生息故戶口之數歲有加增約而舉之順治十八年會計天下民數千有九百二十萬三千二百三十三口康熙五十年二千四百六十二萬一千三百二十四口六十年二千九百一十四萬八千三百五十九口又滋生丁四十六萬七千八百五十口雍正十二年二千六百四十一萬七千九百三十二口又滋生丁九十三萬七千五百三十口乾隆二十九年二萬五百五十九萬一千一十七口六十年二萬九千六百九十六萬五百四十五口嘉慶二十四年三萬一百二十六萬五百四十五口道光二十九年四萬一千二百九十八萬六千六百四十九口咸同之際兵革四起册報每缺數省其可稽者只二萬數千萬口不等光緒元年三萬二千二百六十五萬五千七百八十一口三十三年釐定官制以戶部爲度支部而改前所設之巡警部爲民政部調查戶口歸其職掌各省則以巡警道專司其事明年諭直省造報民數務須確查實數以爲庶政根本民政部奏稱伏查三十二年黑龍江安徽江蘇福建甘肅廣西雲南丁册並三十一年丁册均未補造在各督撫明知逾限例當查參而積習挽回不易臣部於接收伊始籌一切實辦法擬請敕下各督撫責成府廳州縣分鄉分區自行調查丁口確數統以每年十二月底截算以淸界限仍限次年十月送部彙奏制可宣統元年復頒行塡造戶口格式令先查戶口數限明年十月報齊續查口數限宣統四年十月報齊至三年十月據京師內外城順天府各直省各旗營各駐防各蒙旗所報除新疆湖北廣東廣西各省江甯靑州西安涼州伊犂貴州西甯各駐防泰甯鎭熱河各蒙旗川滇邊務均未册報到部外凡正戶五千四百六十九萬八千有四附戶千四百五十七萬八千三百七十共六千九百二十四萬六千三百七十四戶凡口數男一萬三千九百六十六萬二千四百一十女九千九百九十三萬二千二百有八共二萬三千九百五十九萬四千六百六十八口自雍正十三年戶部題準福建臺灣府生番百九十九名彙入彰化籍廣西慶遠府歸流土民百七十九名彙入宜山籍嗣後臺灣生番四川生番嶺夷歸化者甚衆定例令專管官編立保甲查緝匪類逢望日宣講上諭以興教化自是番民衣冠言語悉與其地民人無異亦有讀書應考者及同治光緒間交通日廣我國之民耕種貿遷徧於重瀛亦有改入他國版籍之事宣統元年外務部會同修訂法律大臣擬定國籍條列因各國國籍法有地脈系血脈系卽屬地屬人兩義兩義相持必生牴觸於是採折衷制分爲固有籍入籍出籍復籍四章注重血脈系辦法憲政編查館就所定四章釐爲二十四條其固有籍章第一凡不論是否生於中國均屬中國國籍者其疑有三一生而父爲中國人者二生於父死以後而父死時爲中國人者三母爲中國人而父無可考或無國籍者第二若父母均無所考或均無國籍而生於中國地方者亦屬中國國籍其生地並無可考而在中國地方發見之棄兒同其

入籍章第三凡外國人願入中國國籍者准其呈請入籍其必具備之欵五一寄居中國接續至十年以上者二年滿二十歲以上照其國法律爲有能力者三品行端正者四有相當之貲財或藝能足以自立者五照其國法律於入籍後卽應消除本國國籍者其本無國籍人願入中國國籍者以年滿二十歲以上並具備前項第一第三第四欵者爲合格第四凡外國人或無國籍人有殊勳於中國者雖不備一至四各欵得由外務部民政部會奏請旨特准入籍第五凡外國人或無國籍人婦人嫁與中國人者以中國人爲繼父而同居者私生子父爲中國人經其父認領者私生子母爲中國人父不願認領經其母認領者如有此等情事之一均作爲入籍惟婦女嫁與中國人須以正式結婚呈報有案者爲限餘欵以照其國法律尚未成年及未爲人妻者爲限第六凡男子入籍者其妻及未成年之子應隨同入籍其照其國法律並不隨同銷除本國國籍者不在此限若其妻自願入籍或入籍人自願使未成年之子入籍者雖不備第三條一至四各欵准其呈請入籍第七入籍人成年之子現住中國者雖不備第三條一至四各欵亦准呈請入籍第八凡入籍人不得就之官職一軍機處內務府各官及京外四品以上文官二各項武官及軍人三上下議院及各省諮議局議員此等限制特准入籍人十年以後餘入籍人二十年以後得由民政部請旨豁免第九凡呈請入籍者應聲明入籍後遵守中國法律及棄其本國權利出具甘結並由寄居地方公正紳士二人各出具保結第十凡呈請入籍者應具呈所在地方官詳請所管長官咨請民政部批准牌示給予執照爲憑其在外國者應具呈領事申由出使大臣或徑呈出使大臣咨部存案其出籍章第十一凡中國人願入外國國籍者應先呈請出籍第十二凡中國人准出籍其欵有四一無未結之刑民訴訟案件二無兵役之義務三無應納未繳之租稅四無官階及出身第十三凡中國人婦女嫁與外國人者以外國人爲繼父而同居者私生子父爲外國人其父認領者私生子母爲外國人其父不願認領經其母認領者如有此等事情之一均作爲出籍惟婦女嫁與外國人以正式結婚呈報有案者爲限餘欵以照中國法律尚未成年及未爲人妻者爲限第十四凡男子出籍者其妻及未成年之子一併作爲出籍若妻自願留籍或出籍人願使其未成年之子留籍准其呈明仍屬中國國籍第十五凡婦女有夫者不得獨自呈請出籍其照中國法律尚未成年及無能力者亦不准自行呈請出籍第十六凡中國人出籍者所有在內地特有之利益一律不得享受第十七凡呈請出籍者應自行出具甘結聲明並無第十二條所列各欵及犯罪未經發覺情事第十八凡呈請出籍者應具呈本籍地方官詳請該管長官咨請民政部批准牌示其在外國者應具呈領事申由出使大臣或徑呈出使大臣咨部其未經呈請批准不問情形如何仍屬中國國籍其復籍章第十九凡因嫁外國人而出籍者若離婚或夫死後准其呈請復籍第二十凡出籍人之妻於離婚或夫死後及未成丁之子已達成年後均准呈請復籍第二十一凡呈准出籍後如仍寄居中國接續至三年以上合第三條三四欵者准其呈請復籍其外國人入籍後又出籍者不在此限第二十二凡呈請復籍應由原籍同省公正紳商二人出具保結並具呈所在地方官詳請所管長官咨請民政部批准牌示第二十三凡復籍者非經過五年後不得就第八條所列各欵之官職第二十四本條例自奏准奉旨後卽時施行此外改籍爲良亦有清善政山西等省有樂戶先世因明建文末不附燕兵編爲樂籍雍正元年令各屬禁革改業爲良並諭浙江之惰民蘇州之丐戶操業與樂籍無異亦削除其籍五年以江南徽州有伴儅寧國有世僕本地呼爲細民甚有兩姓丁口村莊相等而此姓爲彼姓執役有如奴隸亦諭開除七年以廣東蜑戶以船捕魚粵民不容登岸特諭禁止准於近水村莊居住與齊民一體編入保甲乾隆三十六年陝西學政劉嶟奏請山陝樂戶丐戶應定禁例部議凡報官改業後必及四世本族親支皆清白自守方准報捐應試廣東之蜑戶浙江之九姓漁船諸似此者均照此辦理嘉慶十四年又以徽州甯國池州三府世僕捐監應考常爲地方所訐控上諭此等名分總以見在是否服役爲斷如年遠文契無考著卽開豁八旗人丁定例三年編審一次令各佐領稽查已成丁者增入丁册有隱匿壯丁入官伊主及佐領催領各罰責有差凡壯丁三百名爲一佐領後改定爲二百名康熙四年令滿洲蒙古佐領內餘丁多至百名以上願分兩佐領者聽雍正四年諭八旗都統及直省駐防都統將軍等交與佐領驍騎校領催將新舊壯丁逐戶開明幷編審各官姓名保結送部其未成丁及非正身良家子弟幷應除人丁驗實開除五年令凡編審丁册每戶書另戶某人某官無官則曰閑散某上書父兄官職名氏傍書子弟及兄弟之子及戶下若干人或在籍或他往皆備書之其各省駐防旗員兵丁及外任文武各官子弟家屬令各將軍督撫造册咨送該旗乾隆六年令八旗編審各佐領下已成丁及未成丁已食餉之人皆造入丁册分別正身開戶戶下於各名下開寫三代履歷其戶下人祖父或係契買或係盛京帶來或係帶地投充分別注明正戶之子弟均作正身分造七年諭八旗漢軍其初本係漢人有從龍入關者有定鼎後投誠者有緣罪入旗與夫三藩戶下歸入者有內務府王公包衣撥出者以及招募之炮手過繼之異姓並隨母因親等類先後歸旗情節不一中惟從龍人員子孫皆係舊有功勳無庸另議更張其餘各項人民等朕欲廣其謀生之路倘願改歸原籍准其一例編入保甲有願外省居住者亦准前往此內如有世職仍許承襲不願出旗者聽八年又諭前降諭旨原指未經出仕及微末之員而言至於服官既久世受國恩之人其本身及子弟均不得呈請出旗十二年又諭八旗別載册籍之人原係開戶家奴冒入正戶後經自行首明及旗人抱養民人爲子有願出旗爲民者其入籍何處均聽其便本身田產並許帶往二十六年定漢軍凡現任外省自同知守備以上京員自主事以上旗員自五品以上俱不許改歸民籍其餘在京報明該旗咨部轉行各省在外呈明督撫咨報部旗編入民籍並准一體考試大抵清於八旗皆以國力豢養之及後孳生蕃衍雖歲糜數百萬金猶苦不給而逃人之禁復嚴旗民坐是日形困敝及乾隆初御史舒赫德范咸赫泰戶部侍郎梁詩正等先後奏請清查東三省曠地俾移住開墾以圖自養雖疊奉諭旨議行然終未能切實舉辦至八旗戶下人開戶必有軍功勞績或藝能出衆亦有本主念其服勤數世准其另戶或放出爲民者亦有不准放出爲民但准開戶者其例又各不同云

田制曰官田初設官莊以近畿民來歸者爲莊頭給繩地一繩四十二畝其後編第各莊頭田土分四等十年一編定設糧莊莊給地三百晌晌約地六畝莊地坐落順保永宣各屬奉天山海關古北口喜峰口亦立之皆領於內務府此外有部寺官莊分隸禮部光祿寺又設園地植瓜果蔬菜選壯丁爲園頭世宗初設總理專官司口外報糧編審南苑本肆武地例禁開田宣宗嘗諭前已開者並須荒棄而咸同間嵩齡德奎劉有銘鐵祺先後疏陳開放均嚴旨詰斥然至光緒季年仍賦予民自後承地者乃接踵矣考各旗王公宗室莊田都萬三千三百餘頃分撥各旗官兵都十四萬九百餘頃凡王公近屬分別界地大莊給地畝四百二十至七百二十畝半莊二百四十至三百六十畝園給地畝六十至百二十或百八十王府管領及官屬壯丁人三十六畝不支糧凡撥地以見在爲程嗣雖丁增不加丁減不退順治元年定近京荒地及前明莊田無主者撥給東來官兵圈地議自此始於是巡按御史柳寅東上滿漢分居五便部議施行二年令民地被指圈者速籌補給美惡維均四年圈順直各州縣地百萬九千餘晌給滿洲爲莊屯八年帝以圈地妨民諭令前圈占者悉數退還十年又令停圈撥然旗退荒地與游牧投來人丁仍復圈補又有因圈補而並圈接壤民地者康熙初鼇拜專柄欲以正白旗屯莊予鑲黃旗而別圈民地圈補戶部尚書蘇納海總督朱昌祚巡撫王登聯咸以不如指罪至死聖祖親政諭停止圈地本年所圈房地俱退還又以張家口山海關等處曠土換撥各地並令新滿洲以官莊餘地撥給其指圈之地歸民是爲旗退地畝凡官地例禁與民交易然旗人不習耕種生齒日繁不免私有質鬻雍正初清理旗地令須賠贖回凡不自首與私授受者胥入官爲公產旗地令宗人府內務府八旗具各種地畝坐落四至編製清册是爲紅册以備審勘旗民田土之爭乾隆初定回贖旗地仍歸原佃承種莊頭勢豪爭奪者罪之凡贖入官地並抵帑籍沒等田皆徵租曰旗租舊查交入官地定租由旗員主之三十四年以直督楊廷璋言停其例民租旗地本限三年或私行長租業戶租戶科以違禁律八旗地主久禁奪佃增租自和珅筦大農奏改前章於是旗人及府莊頭率多撤地別佃貧民始多失業嘉慶五年部臣請復申前禁詔纂入定例通行咸豐初元又申令如額徵租主佃皆不得以意贏縮若典鬻旗地從盜賣官地律授受同懲顧日久法疏或指地稱貸或支用長租陽奉陰違胥役訛索句結弊遂叢生雖屢申明誡往往因他故禁弛靡常洎光緒中乃定此業無論舊圈自置概不准售與民人惟從前民購升科者仍予執業盛京官莊於順治初卽定八旗屯界旋令沙河以外錦州以內旗員家丁給地人三十六畝康熙中定以奉天所屬地界新滿洲遷來者凡丈出地爲頃三十二萬九千餘以二十七萬六千三百餘頃爲旗地按旗分界又設各旗官員莊屯各城兵丁均酌給隨缺地畝旋令索倫達呼爾官兵耕種墨爾根地奉天官兵耕種黑龍江地乾隆初設黑龍江屯莊呼蘭立莊四十所選盛京旗丁攜家往官爲資裝築屋庀具丁給地畝六十十丁一莊每六畝給籽種二斗莊給牛六頭口糧並給溫德亨都爾圖亦如之凡隨缺官地歸旗入册禁職官侵占嘉慶間令盛京入官地畝應招無地貧民領租職官子弟不得承種管界各官並不得於所管區以子弟之名置房地道光中寗

古塔伯都訥三姓阿勒楚喀拉林各官莊共原額地萬二百晌吉林八旗與各處旗地暨烏拉旗地共三十六萬五千九十二晌而光緒初撥三姓荒爲官兵隨缺地計晌二萬九千餘宣統時以奉省各旗地多盜典隱占之弊令通稽碻覈毋與清賦溷淆先城旗後外城依次釐定此官莊之屬東三省者直省各置駐防旗兵立莊田於所駐地給田人各三畝其全眷挈赴者前在京所得圈地撤還旗員分界園地多則二百四十畝少則六十畝各省不盡同惟浙江駐防無田仍支俸餉乾隆時弛防兵置產之禁惟八旗官仍禁如故光緒之季諭所在檢旗丁名數儘舊有馬廠莊田畫地口分責以農作其本無廠田或有而弗備者所司於鄰近分購民地配發以爲世業由漸推廣俾旗丁歸農受治州縣與齊民不異未及實施蒙古初分五等一二等備與莊屯園地三等以下祇與莊屯各守土疆毋得越境後漸有民人賤收蒙地者乾隆中定有質鬻者峻罰之著爲永令分撥外藩官地其略如此故明內監莊田總領於戶部其宗室祿田散在各省者胥視民田起科先是以新城固安官地二百四十頃制井田選旗民百戶戶授百畝公百畝共力養公田嗣更於霸州永清仿行然成效卒鮮乾隆初改屯莊擇勤敏者充屯戶按畝科糧是爲井田改屯地凡京師壇壝官地暨天下社稷山川厲壇文廟祠墓寺觀祭田公地一切免徵建國初賜聖賢裔祭田其孔林地四氏學學田墓田地墳地咸除租賦學田專資建學及贍䘏貧士佃耕租而租率不齊舊無常額乾隆中都天下學田萬一千五百八十餘頃光緒變法直省徧興學堂需費無藝則又撥所在荒地劃留學田以補劑之耤田行於首都先農壇壇地凡千七百畝雍正間令疆吏飭所屬置耤田東西陵地紅樁以內例絕耕樵東陵白樁界外初聽民耕道光朝乃嚴其禁靑樁以外遵薊密承諸界內兵民私墾至地萬餘區久益增廓光緒末定爲計區勘丈將熟地分則升科儲學堂之用焉牧馬草場在畿輔者順治二年以近畿墾荒餘地斥爲牧場於順天津保各屬分旗置之自御馬廠以下各按其旗地牧養親王方二里郡王一里亦圈地也曰屯墾康熙中招墾天津兩翼牧地計畝二萬一千五百餘乾隆時丈直隸馬廠地振業貧民命曰恩賞官地在盛京者奉天屯衞各地八旗分作牧廠自東迤西本禁民墾於定界所築封堆制限之然大凌河東廠西廠荒地三十一萬八百餘畝養息牧餘地萬四千六百晌乾嘉中陸續放墾後又綜各城旗馬廠可墾地三十八萬九千餘畝悉歸城旗承種並令八旗王公及閑散宗室於所分牧地願墾者得自呈報惟松筠請於養息閒壤移駐旗人以費絀而罷咸豐中以大凌西岸墾妨馬政申禁如前而同治二年變通錦州廣甯義州廠荒西廠留牧東廠招佃其東北隅之高山子地數萬畝義州教場閒地萬餘畝並行租佃以爲城兵伍田然是時西廠有旗領舊地久而越墾妨牧八年命劃棄之於是大凌河墾議遂沮而吉黑山荒多牧獵場益嚴杜姦民攙售矣養息牧地初放時判東西界置專官掌其租入彰武本官牧旋亦勸墾議科於是養息牧生熟地共放六十一萬八千八百餘畝其餘荒八萬九千六百餘畝餘地三萬五千三百餘畝卽以爲蒙漢雜居牧佃兼拊畜窮黎吉林之烏拉康熙時於五屯分莊丁地遂爲五官牧場頗寘零荒宣統時撥充學田放墾實地二千三百餘晌凡駐防營皆置馬廠其牧莊旁餘廡不放墾至荆防馬廠墾熟之地久界諸民而石首監利光緒末釐出廢地二萬餘畝俱令招墾以租息濟警政小學宣統初甯夏滿營牧地餘界開渠墾地畝可二十一萬旗民各半之民領則納價爲旗兵墾本三年安徽萬頃湖牧場改墾放田八萬二千七百餘畝其流民占耕及民間認荒者皆名曰佃民其留旗丁田二萬畝亦招民佃歲輸穀麥是爲官佃至是以抗租膠葛定議民租田令公司補價承業資八旗生計焉口外牧場隸獨石者爲御馬廠此外禮部太僕寺左右翼及八旗均有牧場在張家口外而殺虎口之議畝租察哈爾屬之戢私墾大青山之寬免民占奕興地之招商領耕列朝因時制宜不拘成例其後密雲熱河同時放荒熱河寬曠於留牧外得地千四五百頃更以三一留牧餘咸招墾地利闢而耕牧不相妨甚善政也明之設衞也以屯養軍以軍隸衞洎軍政廢而募民兵屯軍始專職漕運無漕者受役不息屯戶大困清因明之舊衞屯給軍分佃罷其雜徭順治元年遣御史巡視屯田三年定屯田官制衞設守備一兼管屯田又千總百總分理衞事改衞軍爲屯丁六年定直隸屯地輸租例其時裁屯田御史繼裁巡按由巡撫主之十三年定屯軍貼運例浙江各衞有屯無運與無屯有運者均徵撥帖屯戶困始少蘇康熙十五年以各衞荒田在州縣轄境軍地民田多影射令撫所司清釐雍正二年從廷臣請併內地屯衞於州縣裁都司以下官惟帶運之屯與邊衞無州縣可歸者如故九年令屯衞田畝可典與軍戶不得私典與民乾隆元年豁免廣東屯田羨餘因除各省軍田額外加徵例先是屯丁鬻產官利其稅入給契允行至此又令運田歸船者並禁軍民復典實則各省典屯於民所在而有六年定屯田限一年無論在軍在民併清出歸丁贍運十二年漕督顧琮請田已典與民者令旗丁購贖然民執業久丁貧無以贖從阿思哈言釐江西丁田在軍歸軍在民增租給丁永爲定制三十七年又以漕督嘉謨奏命清理湖廣江浙山東等省屯田明年裴宗錫因陳兩江向不歸運之裁衞屯田加徵津費帝以累民不允四十年鄂撫陳輝祖奏武昌諸衞清出典鬻屯田請加津贍運部議如此則私相授受者知誡而仍不病失業庶典鬻之弊漸除五十年以長沙澧州原有弁田轉售紛紜令除弁田名準民產授受五十四年畢沅等奏各省屯丁四年一編審止稽戶口之數其田產或有漏匿以時覈之百餘年來屯田利病與漕運終始及南漕改海運屯衞隱蔽難稽至是而一大變光緒二十四年太常卿袁昶奏理屯田因有改衞爲屯之論令天下覈衞田畝數詳定租章而江西以租悉充餉與他省贍運者不同額仍舊貫二十七年劉坤一張之洞條議屯衞宜裁略稱運軍久虛衞官復無事一衞所屬屯田或隔府或跨省一切操諸胥吏之手田餉弊竇不可勝窮明年諭各省勘實屯地撤屯戶稅契執業改屯餉爲丁糧歸州縣徵解除屯丁運軍名目裁衞官是時綜計各省屯田約二十五萬餘頃頗多與民田殽雜又各丁私相質售久失其舊重以兵後册籍蕩然糧產無從鉤鈲漕督陳夔龍陳大要三端一分丁業民業一見征毋追原額一補繳田價宜輕而江皖兩浙俱折衷定規分別交價輸稅如淮揚徐四衞定有上則三兩中二兩下一兩屯稅每兩納三分餘互有同異惟山東以艱歉請免徵納鄂督張之洞則謂湖北衞田軍戶仰贍卽民人冒替率非素封均難責其呈價僅有徵契稅而已其稅價視民田率洎三十一年宜城屯口搆衅以衞田例不便也之洞更籌簡易八法大旨刪除原則分年減稅豁派累免雜課但學堂捐與民田同以備改屯爲民如式者官予文證嗣湘省亦仿此行焉宣統元年浙撫增韞更請令承田者但刻期報明統不納價部議卽允占業屯價不妨量收蓋屯衞嬗變時勢然也清自開創初撥壯丁於曠土屯田又近邊屯處築城設兵以衞農人世祖始入關定墾荒興屯之令凡州縣衞無主荒地分給流民及官兵屯種如力不能墾官給牛具籽種或量假屯資次年納半三年全納大學士范文程上屯田四事一選舉得人一收獲適宜一轉運有方一賞罰必信上是之令凡自首投誠者授荒田爲永業魏裔介亦請饑民轉徙得入籍占田罪徒當遣者限年屯墾已事釋還其願留占業者聽定直省屯田官助牛種者所收籽粒三分取一民自備者當年十分取一二年三年三分取一初定勸懲例限年之法甚嚴康熙初慮官吏虛報攤派停限年令尋御史徐旭林論墾荒三弊言甚切至然限年卒不可行旋令士民墾地二十頃試其文理優者以縣丞用百頃以知縣用凡新墾地初定三年起科嗣又寬至六年後尋令通計十年旣仍用六年例亦有循三年舊制者雍正初元諭升科之限水田六年旱田十年著爲例當順康間直省大吏以開拓爲功其報墾田總額多者如河南至萬九千三百六十一頃少者如山東百二十頃有奇世宗末年以數多不實嚴誡審覈其有浮飾論如律定議敍法凡官吏召佃資墾者按戶數多寡軍民自措工本者按畝數多寡行之乾隆時令官山官地無論土著流人以呈報之先後予墾民地由業主先報或實力絀他人始得承之凡屯戶加墾者俱令改屯升科又令已墾之地宜愼防護凡官民地於水道蓄洩相關毋擅行墾儻帖已業私墾塘堰陂澤爲田立予懲艾令考歷朝屯墾之政首直省屯田次新疆屯田次東三省開墾次蒙古開墾及青海熱河等處墾務悉具於篇當順治初元令山西新墾田免租稅一歲而河南北荒地九萬四千五百餘頃允巡撫羅繡錦言俾兵課墾二年順天行計兵授田法每守兵予可耕田十畝牛具籽種官資之又直隸山東江北山西凡駐滿兵給無主地令種四年給事中梁維本請開秦豫及廬鳳荒田六年令各省兼募流民編甲給照墾荒爲業毋豫徵私派六年後按熟地征糧十年定四川荒地聽民開墾陝荒則酌調步兵官給牛糧康熙六年定江浙等省分駐投誠官兵屯田人給荒田五十畝得支餉本其眷屬衆者畝數量口遞加福建無荒則分駐有屯諸省七年御史蕭震疏言國家歲費兵餉居其八而綠旗兵餉又居其八誠屯田黔蜀以駐郡縣之兵耕郡縣之地則費省而荒漸闢下部議行時直隸陝西粵閩先後定墾荒例而四川更立特例官吏准立功論於是湘鄂閩魯晉豫等省空荒任民播種限年墾齊雍正四年甘肅甯夏之插漢托輝地平衍可墾田六十萬餘畝招戶認領戶授百畝五年粵督阿克敦陳近年粵東墾弊四一豪強佔奪一胥吏婪索一資本不充一土瘠懼爲課累勸導法五定疆界杜苛取貸籽種輕科額廣招徠其後惠潮貧民墾肇慶屬地高廉雷屬山荒墝埆皆給資招墾並免升科嗣瓊州亦如之又擴滇黔墾計烏蒙兵民並承戶勿逾二頃其各省入蜀民人戶給水田畝三十旱田畝五十甘肅安西久行兵墾移眷駐防以與涼肅二鎭屯兵多貧墾貲悉出官貸並

令邊省內地零星可墾者聽民夷墾種及山西新墾瘠地自十畝以下陝西畸零在五畝以下俱免升科凡隙地及水衝沙雜與田不及畝者及邊省山麓河壖曠土均永遠免科浙江新漲沙塗民竈皆承領百畝爲號十號爲甲十甲老農導耕後値漲地人咸利之嗣有侵墾西湖之禁五十九年巡撫吉慶言沿海沙地灘漲靡常約十三萬三千餘畝悉令入官交原佃耕作納租永著爲例凡各省州縣每歲新墾荒田荒地以及蕩地湖淤督撫隨時疏報升科蓋雍乾以來各省軍屯民墾稱極盛焉福建各番鹿場曠土例許租與民耕然臺灣自歷任鎭臣創莊招佃往往侵據民番地乾隆時論禁武弁墾荒旋禁土民私購番田五十三年福康安請撥餘地畀番民自種遴壯健作屯丁內山未墾及入官荒廢埔地八千八百餘甲每甲準民田十一畝零共屯丁四千分地任耕免賦而不給餉從之嘉慶中噶瑪蘭開闢田園七千五十甲有奇道光初定番社未墾荒埔分給民人徵租粵西設土兵狼兵均給軍田粵東有狼田猺田仍按田充兵其田均禁民典臺灣番地亦然顧雲南永北大姚等處漢典夷地積隙數十年道光建元措理稍定十三年四川復有漢耕夷地之釁乃析界址令漢夷不得互占又用滇督阮元議禁流民私佃苗田並近苗客戶典售苗產十六年以開化廣南普洱地多曠閒流民覆棚啓種因議論入戶甲御史陶士霖論其病農藏奸禁之先是江蘇漲灘冒墾日甚迨道光八年始定歸公而官產民業糾互繳繞於是江督陶澍建言聽民承售部議江河不以墾殖爲利則沙洲不得以占墾病民仍一律入官處置尋耆英謂民間價購興築一旦奪還跡類爭利請寬其既往而關其將來從之二十三年祁墳言修復虎門等礮臺須屯田防護明年程矞采募丁二千試行上曰以本地之民種本地之田守要隘卽捍身家允爲長策同治初元以軍儲亟檄鳳潁等屬戍兵墾鄰近廢田以漸推行諸郡山東遭教匪之亂鄒滕諸縣田里爲墟三年決用移民策而東昌臨清兗曹各屬逆產及絕戶地盡沒入官五年乃有辦理湖團之論湖團者曹濟客民種蘇齊界銅沛湖地聚族立團既而土著歸鄉控閱無已然客墾由官招集不乏官荒所占土田不甚廣且訟者非實田戶也於是曾國藩研燭其情爲之驅逐莠戶留其良團各安所業陝西叛絕荒產前一歲諭令籌設屯田巡撫劉蓉言軍事方殷不如招墾便部從其議乃定募墾新章四曰正經界立制限緩錢糧定租穀廣東沿海沙地定例水涸報勘承墾者人勿過一頃三年成熟照水田起科至後搢紳壟斷侵漁因命查文禁止當是時値東南兵火之餘農久失業光祿少卿鄭錫瀛言國家歲入金約四千數百萬餉糈支耗半之宜廣屯田養兵以節費尋御史汪朝棨稱各省新復土疆宜急墾闢徐景軾亦以修農利安流徙爲言由是曾國藩於皖楊昌濬於浙皆分別土客部署開荒而馬新貽於蘇劉典於陝亦汲汲督勸曾璧光黎培敬前後於黔興屯田之政八月用蘇廷魁言籌墾蘭儀以下乾河灘地十一年諭陝西延榆各屬地瘠民貧宜亟墾闢嚴州縣考成時回衆初就撫也先是御史黃錫彤請設蘇皖屯營選湘淮散勇墾沿江地光緒二年朱以增亦言或謂屯政宜邊陲不宜腹地不知有荒可墾何兵不可農何地不可屯但抽調數營陸續興舉將來化兵爲農裨國非細時津海防兵營墾有效故云然曾國藩嘗言必得千畝無主之田不與民田雜方可資兵立屯李鴻章亦謂兵民雜處不宜於內地議遂寢初貴州屯軍於古州八寨台拱丹江清江五廳分設百二十堡爲屯八千九百三十九戶戶給上田六畝中八畝下十畝附近山地不限逮乾隆中禁止承佃屯軍私鬻嘉慶初銅仁石峴苗地建碉卡置屯軍每軍百名設百戶一總旗二每軍一名予水田四畝百戶六畝總旗五畝皆免租洎同治初更定黎平屯章及是羅應旒言黔苗建屯已久虛名鮮實不如去兵之名收農之實時屯軍凡十衞尋奏定分爲兩番與守兵同操防徵調各額屯設之百戶總旗等有不力者立時革替先是沈桂芬有疏陳安置旗人聽往各省之議御史黃元善亦稱山西暨江蘇等省開荒當仿雙城堡舊章令旗民移墾顧以事體艱鉅未盡舉也十二年臺灣巡撫劉銘傳籌墾內山番荒伐木變價以資撫恤十六年湖南洞庭新漲淤洲建南洲廳治入官佃租共勘實民田十三萬餘畝官田八萬九千二百餘畝二十二年桂撫史念祖言粵西各屬官民荒田可墾令官力爲倡酌簡屯兵督令開熟任民領耕量地厚薄定科計各屬總墾荒田萬四千三百餘畝時陝西清荒甚力巡撫張汝梅言陝地兵燹交乘百姓流散北山氣候夏寒霜早穡事無憑又人工少而穀價廉得不償失匪惟客民去留無定卽土民亦作輟靡常欲求地不復荒惟紓首墾期限寬牧令責成則民少逃亡官不顧慮而公私兩益矣二十五年定新陽荒蕪額田約十萬畝無主者作官田招領分田地場三等繳價名曰繫脚錢有主限期報墾逾限入官從江督劉坤一請也二十八年陝撫升允言西安馬廠各荒地試開水旱田行屯墾營哨官賦地畝自六十以下屯勇人十畝每百畝貸官牛兩頭籽種三石官備農器一年還牛二年全交并擬令分年節餉開屯之初歲發全餉二歲裁半三歲盡裁嗣後地爲水衝雹壞穡入弗豐因復上言驅無餉之兵使自食其力勢且壯志銷於畎畝精銳蝕於農作有屯而實無兵有兵而實無用轉非設屯本意不如不裁其餉而悉以屯利歸公再頒歲穫之二三行賞此所謂兩利者也江西義甯新昌之交有黃岡山自明以還恒爲盜藪二十九年從巡撫柯逢時請開地以益民直隸安州白洋淀淤地肥沃是歲弛禁招民佃作分四等收預租三十一年海洲贛榆間有雜心燕尾二灘利墾牧又徐州微山湖淤灘地均召民墾升科三十二年議定廣西墾荒丁壯既稀資本又絀乃仿外洋法招商領墾南甯則招商本立公司募裁兵充墾丁至宣統初共放山荒十六萬六千五百餘畝三十三年江督端方上言蘇屬兵後荒田不下二百餘萬畝請令歷年報荒者定爲板荒餘新荒許各戶指報豁糧俱由局招墾則虛荒易查又定墾章區別官荒民荒分三等輸價受荒無問土客皆得領種三十四年清丈安徽沿江洲地計懷甯等州縣官荒應繳價者共三十萬餘畝廣東瓊崖從未開殖至是集商本創公司官行清丈分官荒民荒先正其經界宣統三年雲南清出荒地五十六萬畝安徽官民荒地四萬一千餘頃河南沙荒地三萬三千餘頃可墾者分三等曰輕沙曰平沙曰重沙各州縣試行招墾多則四百數十頃少亦二三十頃浙江仁和等屬墾熟甲地山隴百八十餘頃各府紳商領墾荒地萬五千餘畝甘肅自光緒季年設局墾荒達二十餘萬畝新疆屯田始康熙之季察罕爾地駐兵因於蘇勒圖喀喇烏蘇諸處剏屯種令土默特兵千每旗一台吉遣監視大臣一人而哈密巴里坤都爾博勒及西吉木布隆吉爾等咸議立屯命傅爾丹蘇爾德梁世勳分職其事吐魯番亦駐屯兵雍正三年命喀爾喀駐兵墾鄂爾昆田乾隆初定一兵墾二十五畝凡兵二千五百種地三之駐守二之時回部如闢展各要衞多設屯厚兵力逮準噶爾平版圖益廓邊防與屯政相維七年川陝總督尹繼善請以蔡把什湖地租與回民假貲耕種事得允行二十年以伊犂西境喀爾喀東陲多閒壤悉遣滿漢蒙兵數千開屯視蒙古授田例又設額爾齊斯屯田巴里坤亦置屯遣甘涼肅屯地兵五百往種秋收後入城三年更迭塔勒納沁開田三千餘畝二十三年用雅爾哈善永貴等言於闢展魯克察克吐魯番烏嚕木齊托克遜哈喇沙爾規度官墾是時饋饟猶亟誠巴里坤至伊犂循序增屯其願挾家者俾安業如內地村莊初人種十五畝令益五畝置新舊屯兵萬七千出帑三百萬備籽種諸用而特納格昌吉羅克倫均益兵廣屯大聚烏嚕木齊增墾以來歲穫悉供伊犂餉需伊犂墾成又資接續更移喀什噶爾等回衆二千五百戶屯阿克蘇其事則黃廷桂楊應琚兆惠等主之定章百兵一屯地畝人二十分小麥十一穀七靑稞豌豆各一然吐魯番闢展魯克察克兵屯外皆兼回屯而庫車東哈喇沙爾西或分布多倫回人漑種二十五年伊犂屯議起於河南之海努克立回屯察罕烏蘇立兵屯翌年又於葉爾羌喀什噶爾阿克蘇烏什等城增回屯減兵額時戎事方息惟阨塞留兵餘齊赴伊犂屯殖穫粟贏裕卽益屯兵兵不供屯則招集流人分土任業巴里坤饒腴壤穆壘土沃泉滋俱募人大開阡陌蓋舒赫德阿桂明瑞等所建爲多三十七年陝督文綬以新疆餘地宜推廣募墾條列五事以聞四十一年令葉爾羌成丁餘回特界耕地編戶凡千五百戶爲一所三千戶爲一衞初烏嚕木齊屯地共綠旗兵三千二千操練一千屯耕番休三歲後令移眷官予資裝及地日廓而兵不贍率遷甘肅貧民不靳煩費赤貧全給小康半之歲穰自願挈家則不給四十五年定眷兵分編戶籍其牛籽農具屋價口糧皆官措貸約升科時分三年繳納凡承種新疆熟地本年升科新墾三年後升科而商民承墾新地戶三十畝六年升科蓋自此楚呼楚穆壘瑪納斯庫爾哈喇烏蘇屯務駸駸日近矣新疆軍屯分數人穫細糧十五石至十八石官議敍兵丁賞一月鹽菜銀二十五石倍之十二石以上功過半不及官議處兵重責留屯次年收足予復烏嚕木齊但穫糧十一石以上卽敍賞塔勒納沁尤磽瘠賞罰遞降殺之無鹽菜則給口糧其阿奇木伯克等則賞緞匹顧伊犂額多苦累福康安嘗以爲言最後將軍長庚請仿烏嚕木齊例行然部議仍未及減也向例遣犯得留種新地哈密各屬截留伊烏遣犯墾耕年滿乃各致其所罪重勿留又以不敷農作僅限斷洋盜而已後令情輕者改防爲眷用覊縻之遣犯穫額兵丁其敍賞諸事從原例嘉慶十三年撥塔爾巴哈台兵赴伊犂殖田以農隙簡練置武員領之三年一更迭而伊犂原定屯兵三千每歲耕種於中抽調如干藉習戎備其數歲有增減各視其時已耕之十八屯番休輪種以息地力尋定自二十年始每年加種兩屯云初伊犂多可耕田令惠遠惠甯兩滿城派閒散旗人分地試種借給牛具成效昭然九年松筠因言照錫伯營屯種例分界旗兵地畝各使自耕永爲世產以有妨操務祇令轉交閒散代耕二十五年令滿營兼種雜糧先後分田

四萬四千餘畝授八旗閒散自耕但不得違禁佃租私相典賣道光初旣勘定張格爾令回兵試墾大河拐增額則募貧回於是烏什阿克蘇和闐每散布回戶行墾烏嚕木齊屬阜康奇臺暨吐魯番均募民戶伊犂惠遠城迤東亦選土著阿勒卜斯荒俱撥回戶設五莊莊百戶戶得地畝二百喀拉沙爾則裁屯安戶庫車荒地亦予無業回人葉爾羌屬巴爾楚喀多曠土則廣招眷民其霍爾罕新田散與回戶喀什噶爾初開地分處河東西東界回人西招民戶或專屬或兼募冀相安而已凡民人赴回疆領地皆官給印劵自齎以行其徵粮多至畝二斗四升次小麥八升次六升五合最少三升大率視壤肥瘠爲斷阿卜勒斯入三色糧十六石滿營馬兵練餉於茲取贍自嘉道以來數十年中伊犂屯墾後先其事者將軍松筠那彥成布彥泰等而林則徐遣戍日履勘諸地又興水利於伊拉里克厥績尤偉爲同治二年都統平瑞上言烏嚕木齊閒曠孳生馬廠招商戶移墾並請於伊犂各城一律經畫分屯地界屯兵命次第興舉三年飭哈密推廣原屯光緒三年侍讀張佩綸請抽旗丁屯新疆陝甘總督左宗棠謂有所窒礙疑阻凡六事議遂寢是時南路纏民富庶荒曠尙稀北路鎭迪各屬墾熟地不過十二三賦納旣虧閭里窳敝已而建置新疆省治十三年巡撫劉錦棠更酌定新章戶給地六十畝官借籽糧二石農具銀六兩葺屋銀八兩牛兩頭二人卽當一戶月給鹽菜口糧立限初年還半次年全繳繳訖按畝起徵第三年半徵次年足全額仍仿營田制十戶一屯長五十戶一屯正每屯正五設一管領專員正長領地貸本悉如戶民總計安納土客千九十戶以次推行而南路各屬新墾地萬九千餘畝分年起徵均不領墾費丈清南北兩路各則荒熟地千一百四十八萬畝有奇各城伯克向有養廉地自改郡縣裁伯克廉地一律入官佃租十七年魏光燾分劃伊犂各地歸旗屯民屯各六萬餘畝使各自力耕其後土客生息蕃庶歲屢有秋關內漢回挾眷承墾絡繹相屬宣統三年巡撫袁大化言新疆夙號農牧國今日貧瘠由地曠人疏自迪化以西精河以東徧地官荒草湖葦灘無慮千萬頃而南疆東路蕭曠亦同擬集華僑立公司速效非易今令在新各員有獨力或合貲開荒灼著明效者分別奏獎以示鼓勵事得允行金川在乾隆四十年以武功底定初從定西將軍阿桂言於西川之攢拉就近屯田其美諾底木達等處令駐兵受地習耕別斯滿以次改土爲屯各置屯弁處理又帛噶爾角堯諸降番悉視屯兵例概畀以牛具籽糧其番戶多者三四十少者一二十初墾免賦三年後輸糧旋令駐兵挈眷前赴而丁口日增又撥地戶三十畝俾加墾自給地利寖闢矣於是四川之懋功五屯安置降番亦戶給地畝三十選精壯千人半爲屯練給餉半爲餘丁無餉厥後釐出荒壤亦分等加賚塘裏塘沃區亦不乏至光緒三十三年川督趙爾豐疏籌墾計招內地農戶而官資遣之爲關外土曠人稀蒙古地尤廣袤利於屯墾淸初分旗有定界繼因邊內壤瘠糧虧拓邊移墾天聰中令各牛彔就各屯近地擇種所宜以沈佩瑞言於廣寧東西閭陽驛選壯農充步卒屯田分八固山釐牛彔爲二等備牛種農具令材敏者率屯兵往耕崇德五年官兵於義州築城開屯康熙二十五年以錦州鳳凰城等八處荒地分給旗民營墾又遣徒人屯種盛京閒壤二十八年定奉天等處旗民各守田界不得互相侵越

乾隆五年侍郎梁詩正請置八旗閒散屯邊以廣生計命阿里袞往奉天相度地宜於時吉林甯古塔伯都訥阿勒楚喀三姓琿春及長春俱事墾殖貧無力者發官帑相貸四十年流入倫墾岫巖牧場地畝遂定例使入官納租四十二年以大凌河西北杏山松山地豐美徙閒散宗室資地三頃半官墾半自墾築屋編屯助其籽具五十五年令奉天自英額至靉陽邊止丈荒分界城旗之無田者除留圍場葠山餘均量肥瘠配給禁流民出口私墾而積久仍予編戶嘉慶十六年令各關隘詰禁之初以八旗口衆撥拉林地俾開田墾種十七年賽冲阿言拉林近地閒荒可墾者二萬五千餘晌而三道卡薩里諸處地多未墾請移駐旗人尋富俊請揀屯丁千人撥荒三十晌給銀二十五兩籽糧二石墾二十晌留十晌試種三年後第四年起交糧俟移駐京旗分給以熟十五晌荒五晌餘荒熟各五晌卽與原種屯丁爲業而免兵糧已富俊建議更於拉林之西北雙城堡開屯移駐京旗閒散爲地九萬數千晌移戶三千年移二百戶依戶劃地一切費悉領於官區中左右三屯屯鑿井二選丁給地例同拉林京旗領地五年後徵糧二十石每大屯容四十屯每旗五屯置總副屯達各八人每屯屯丁京旗各三十戶二三人以上卽準戶論三屯各建義塾課幼丁道光五年移駐戶七十七墾熟地三萬三千一百餘晌蓋富俊松筠始終其事故其效甚著自後當事寖懈又其地早霜氣寒願徙者少於是博啓圖改移駐戶爲千因以所餘地戶益十五晌閒散不任耕得買僕或賃庸以助英和嘗上言宜推廣成功而緒卒弗竟伯都訥空曠圍場二十餘萬晌荒久壤腴視雙城堡事半功倍富俊請令分屯畫界略仿前規命其地曰新成綴列戶號前後凡百二十屯章凡六七上廷議旋以雙城堡事未遑他及且用弗充事竟已二十八年令鳳凰城邊私墾地已熟及中墾者招佃徵租無幾旗民報墾至二十四萬畝咸豐四年開吉林五常堡荒田先是齊齊哈爾設官屯令罪徒及旗奴承種尋以游惰遣還選壯丁補之嗣御史吳焯謂呼蘭蒙古爾山荒宜墾尋以蔘珠禁域兼防邊務竟不行同治時廣甯南之盤蛇驛擬放地百萬畝民領及半厥後水患頻仍迄光緒末開放始竣是時金場流民失業用富明阿言以藏沙諸河暨樺皮甸子諸處官荒畀墾免交押價而法庫門靉江往往有游民偷墾迨都興阿履查靉江西岸密邇朝鮮安置匪易惟嚴禁越渡以謹其防有沿江陰墾騷擾沿邊者立予拘罰九年乃就靉陽門至鳳凰門邊荒九十一所分勘展界綏奠窮黎而私墾充塞邊境如故光緒七年吳大澂上言甯古塔之三岔口壤沃宜耕可募齊魯愿農編屯一營以實邊塞十四年將軍希元始設局立制以邊瘠收薄限十年後升科尋設五社墾地萬三千四百晌有奇二十二年延茂覆陳吉林開墾始誤於旗民之不和繼誤於委員之自利開局十六年得不償失部議因定分別裁留於是方正泡葦梨場二道漂河頭二道江螞蜒河大沙吉洞等河亟亟以拓地殖民爲務初吉林放有攬頭包領雖荒曈綿袤輒刻期集事而弊溢於利至是始懲革爲又腹地加荒附著各屯多寡不等皆甚饒沃領者麕至則探籌決之先是十二年黑龍江將軍恭鏜請開呼蘭屬通肯荒地疏陳十利已而決議實行至二十四年營通肯克音荒務畫屯安井招民代佃民納課糧旗供正賦官爲之契不奪佃益租二十五年墾布特哈之納謨爾河閒

荒約四十萬晌旗民領佃入費免租從恩澤請也越八年訥河以南放墾三十七萬五千一百餘晌二十八年吉林設局清賦兼放零荒各屬旗戶原無糧額各地查報科徵顧其時經界旣淆包套詭寄棼如亂絲旋日俄變生事益棘手將軍達桂巡撫陳昭常先後清釐至宣統初元都吉林大租原地爲晌百一十八萬三千一百有奇浮多二十八萬四千八百餘晌其明年通吉省民田旗地及夾段零荒勘放訖事又淸出七十九萬三千三百餘晌浮多地者如地形方及東西長均以西爲浮多南北長則以北西北有廬墓則以東南或一地兼二則次則卽浮多也奉天大圍場分東西流二圍自國初撥留是荒有鮮圍十五以捕鮮大圍九十以講武日久防弛流人私墾歷年光緒初將軍岐元奏以十圍增海龍治就地升科至三十年海龍兩翼升科者已達百二十九萬八百餘畝餘八十五圍西四十五圍於二十二年議墾至三十年放訖共正零山荒樹川草甸三百二萬二千餘畝其荒價畝納銀一兩二錢山場熟地六錢生三錢城鎭基地畝二十兩其久年私墾土地則倍納二錢四錢中下差減原戶領回不願則撤放東四十圍以安置金州遷戶開禁撥荒迄三十一年共放百十二萬七千二百餘畝城地上者畝二十五兩中二十兩下十五兩荒地畝收正課二分耗十分其始兩流圍荒地聽民擇所餘夾荒往往侵墾吏緣爲姦自廷杰重勘一清積弊東流圍卽東平全境隱併殆過西流訟閱滋繁三十二年覆丈兩流山荒俱十畝作七畝至浮多地已先納價未及折合則限八年升科以平劑之大率熟地當年起科荒地四年爲限時日俄搆兵奉省稅滯帑虛復查東邊海龍各屬私墾餘荒收價集貲藉維新政又丈放錦州屬海退河淤及各滋生地畝共三十二處云黑龍江地當光緒十八年於綏化之北團林子設屯田旗戶千二百巴蘭蘇蘇之山林設戶六百有餘計戶授田戶四十五晌中以十五晌歸屯丁永業三十晌起科拳匪亂作流徙頻年績於鐵山包招戶又招撫璦琿各屯久乃稍還其舊然是時江省以東民戶日耆汚萊攘剔十纔二三富豪包攬居奇零戶無力分領放荒速而收價遲領地多而闢地少三十三年乃議變通令閒退兵願農者分年給墾寓殖於屯宣統元年又令廣招徠定獎章杜包承賞經費戶仍領地十五晌收公費四錢大都荒價量地爲等差木蘭綏化晌收銀七錢通肯二兩一錢呼蘭墨爾根押租則一兩四錢贏朒不齊均加徵一五經費其大較也時又酌留嫩江迤西未放各荒爲無地官兵生業撥兵助屯之策始自哈拉火燒試行而地鮮上腴兵惰不耐耕畝僅稷斗糧甚且無顆粒收入口食仍仰給於官因復議緩二年仍改招民佃初奉省厲行清賦凡浮多地限令民戶首實納價起科歷三歲僅得荒熟地八十餘萬畝已而議局建用分年免價法東督錫良上言淸賦重升科不重收價其利久暫懸殊又東省爲八旗根本旗民雜居皆土著異於各省駐防內外城旗隨缺伍田向有定額卽計口授田遺意數百年來戶口增而地不給口分體大難舉墾種事便易行令長白新設治移殖最宜如以實邊之策資厚生之利所謂兩益者也夫必先去其待食於人之習然後漸爲人自爲養之謀給田則奮於力農徙地則除其依賴爲八旗計無要於此三年奉天各屬大放民荒共得十二萬畝自順治時令各邊口內曠地聽兵治田不得往墾口外牧地顧其地豐博宜農

雍正初遣京兵八百赴熱河之哈喇河屯三處創墾設總管各官旋置張家口同知十分其地歲人耕逾分予叙不及五分處罰洎乾隆初熱河東西共畫旗地約二萬頃古北口至圍場舊無民地歷年民墾滋紛乃令分撥旗戶未幾高斌請還其舊從之熱河自改州縣後山場平原講求開殖悉向蒙古輸租沿襲已久其圍場周千餘里爲圍七十二置總管一駐防旗兵千同治中用都統瑞麟言展墾閑荒以濟兵食令招富戶承領禁占毗連民地於紅樁外定界立卡倫尋翼長貴山等以阻撓得罪時全圍已放其半領荒者漸侵正圍於是諭河東西佃墾及倫墾地一律封禁斥遣私墾諸戶其侵入山坡溝岔及報領匿多爲少者重按之其後庫克吉泰部署兹事將旗佃圍外隱地撥補圍內民佃俾得移徙安業以清圍界然委員措置失宜姦佃抗衆生釁經崇實再舉勘量更定照册永禁已隱之正圍瑞麟繼之仍無要領光緒初御史鄧慶麟臚列積弊已而定議舉辦京旗徙戶開屯其後確勘熱河五川荒地頃數都二千三百有奇平川地僅及其半旋卽招墾以押荒抵餉季年都統錫良論開放圍荒十事大要留圍座編號目增荒價杜攬售事皆允行蒙古當康熙時哈喇沁等旗地以民種而利其息入輒廉募之致妨游牧乾隆初亦令察哈爾蒙民易居但雜處積年戶衆墾蕃難歸徙而輕生釁議者數稱驅斥之便至嘉慶初土謝圖汗各旗地常有游民棲息蒙人負民債不能償而貧民復苦無歸則爲之明界設限不咎前失儻將來私開一壟增遷一人坐所管盟長等罪其租課官不之問各扎薩克自徵之時郭爾羅斯熟地畝二十六萬五千餘糧畝四升爲定率至十一年墾者踵相屬因伸關禁並諭禁私與民授受違者台吉連坐之然流人私種成習莫能格也初令歸化種地人按編甲例歲上其籍而口外綏遠等地屢容孑身商販往來挈室者有禁其後科爾沁屬達爾汗賓圖二王旗卓哩克圖冰圖二旗所招墾戶亦均編甲社置鄉長焉道光十二年盛京將軍裕泰上科爾沁墾章八事凡寫地必以自名毋過五頃一地複寫者後戶與前戶相均村屯或典於民追契折償地主無力回贖任民再種限年抵還年滿第允自種或租與原佃不得復典及招人民戶交地後得自踏閑荒白局承種其蒙種熟地毋許租人界外民開者亦毋許影射咸如擬行土默特牧場舊惟任意墾治嗣分餘地畀蒙人口率一頃而佃與民種者多至十七年令入蒙押租以其四佐官用其租息無業蒙人四之公家及本旗貝勒各三之同治七年徙喀喇沁越墾諸戶分歸各旗光緒七年創烏里雅蘇臺墾田十頃六十畝爲一屯凡爲屯七濬渠建居牛籽諸費亦官爲補助八年選庫倫土著於圖什車臣西部落學試屯墾從喜昌請也當蒙古生息寖盛時於地之不妨牧者墾之曰牧地又有租地養贍地香火地皆自種自租九年山西巡撫張之洞言豐甯二廳歸綏五廳自招墾蒙荒而戶日蕃所在餘荒時亦畀無業佃民租種其租所入除例與蒙旗外凡開地基本薪公歲耗彌補一切皆取給其間爲益匪細二十一年奉天將軍增祺請丈放各蒙荒副都統壽山亦以爲言而國子司業黃思永請墾內蒙伊克昭烏蘭察布二盟牧地盟長有謂妨其生業者未克實施是時晉邊之豐鎭甯遠墾民積數萬戶而扎賚特杜爾伯特郭爾羅斯陸續報墾人爭趣之察哈爾旗牧及草地雖禁私開然自咸豐中馬廠弛禁至近歲越占紛紜客戶旗丁訟不勝詰二十四年都統祥麟因言欲蒙地無私墾必嚴科罪欲蒙員無私放必懲奸商二十八年命侍郎貽穀督墾務籌察哈爾事陳擴充變通數端大旨主清舊墾招新墾蒙旗生計在耕不在牧蒙古於地租或抵償或私肥或一地數主抑且數租黠商乘間包攬宜由各旗總管詳管詳晰呈明交地開放悉汰從前地戶商總等名設墾務公司於兩翼各旗先後試辦各盟旗順令即奬抗延即罰於是伊克昭盟郡王等旗及準噶爾以次報地杭錦烏審頗反覆烏蘭察布亦懷疑已皆赴議綏遠已墾未墾地畝在乾隆初即無確數迄今八旗牧廠地雜沙石中墾者希民情觀望乃建議自將軍以下俱指認地畝爲商民導旋以財用不足創牛捐並推廣屯捐繼之凡丈蒙地五尺爲弓二百四十弓爲畝百畝爲頃頃編爲號察哈爾兩翼則畝以三百六十弓編號以五頃札薩克圖畝則二百八十八弓十畝爲晌四十五晌爲方凡蒙旗荒價半歸國家半歸蒙旗其歸蒙者自王公台吉至于壯丁喇嘛釐其等差各有當得之數凡地額設者爲排地向免押租生地畝收押租三錢三分滋生地倍之貽穀以恤蒙艱故畝收押荒二錢外僅加一錢局用取其六本旗取其四杭錦在後套近渠水地押荒上地畝八錢中七錢下六錢又言租數多則累民少則累蒙此旗與彼旗難強同外蒙與內蒙不一例因定烏審札薩克郡王三旗荒價上則三錢中二錢下一錢鄂托克準噶爾兩旗地區四等別立中下一則鄂旗上則四錢準旗上則六錢中四錢以下均差減烏蘭盟四子王達爾罕茂明安及烏拉特後旗皆旱地悉如向章三十四年文哲琿訐貽穀敗壞邊局查辦大臣鹿傳霖論其辦墾有二誤四罪因策善後四事謂荒價及繩丈從寬則丈放易欲多收地價則應先儘原佃承耕減歲租而加渠租以其租充渠費渠增即地增地增卽租增久之斥鹵皆腴壤矣貽穀既逮繫信勤繼之減杭錦荒價上地頃九十兩其次遞減以五最下七十兩分烏拉特地爲東西中三公旱地押荒分六等上地頃百四十兩次百中七十中次四十下二十下下十兩先提公費三成其餘半蒙半公胥如例其歸蒙地租亦四等渠地畝歲徵渠租四分五釐科布多及烏蘭古木試行屯墾肇自康熙末年時參贊連魁陳辦科屬新政謂烏蘭古木巴雅特均科屬杜爾伯特牧地宜廣營墾科布多屬雖積沙漠而札哈沁旗明阿特左右翼各旗及厄魯特旗各臨其所屬河泊沿河田陌可耕者多興墾實邊於是乎在廷議允行若烏梁海屬布倫托海蒙地自同治時開屯頒帑金十萬嗣李雲霖以操切激兵變墾事中停至是修渠告成以上渠屯兵併合下渠從其便也阿爾泰旗高寒稀雨澤僅成官屯四民屯一云托薩圖克王公旗荒每晌上等四兩四錢中二兩四下一兩四均收一五經費凡依次領地熟地百晌須兼生荒二百晌王旗至十一年放竣都六十二萬五千餘晌其明年續放旗界山餘各荒設洮南屬縣二公旗自招之戶曰紅戶台吉壯丁等私招者黑戶洮南沿荒段放齊後河北荒段至宣統元年共丈十九萬四千餘晌圖什業圖蒙荒亦仿扎薩克公成案熱河蒙荒喀喇沁東旗已成良沃敖漢牛磽喇巴林較富都統廷杰建言八事以漸興舉其蒙旗荒之隸奉屬者約放八萬九千餘晌而昭烏達盟阿魯科爾沁東西扎魯三旗可耕地共八千頃上則頃收價七十兩中五十下三十扎賚特蒙旗新舊放荒綜六七萬晌置大賚廳捆出本旗蒙屯四十七所外旗五十九所近地餘荒晌收押租一兩四錢時復丈科爾沁公旗地二十四萬一千四百餘晌郭爾羅斯後旗沿江地荒而實腴晌加收公費三十兩蒙地及學務各半之及是開放無餘翌年城甸餘荒亦畢放長春本前旗蒙地凡四十一萬九千餘晌宣統二年復放新荒以公費資辦府屬審判拓荒務以裨新政更定巴林荒價上則頃七十兩中五十下三十達爾汗王旗采哈新甸荒地分三則上則晌六兩中四兩下二兩一共放實荒六萬二百餘晌三年復放達爾罕洮遼站荒備置驛通道焉青海向爲蒙番牧藪久禁漢回墾田而壤沃宜耕者不少曩年龔堯定議開屯發北五省徒人能種地往布隆吉爾興墾最後慶恕主其事以番族雜居與純全蒙地殊異極陳可慮者五端嗣又勸導蒙番各族交地以資拓殖無論遠近漢民皆得領墾惟杜絕回族以遏亂萌於是開局放荒黃河以南出荒萬餘畝北至五萬餘畝又慮其反覆也募實兵額分留以鎭讐之番地僻山峻且寒僅燕麥菜籽雖歲穫畝收不過升四五課務取輕以次推行近地始自光宣之際議墾荒亟以物力之不易而大舉之無時冀其地無棄利人靡餘力蓋猶有待焉清丈蘆洲田畝前允行之九江濱江蘆地原定下則起科是後廬州徵糧普令以一分以下爲率奉天廣甯一帶蕩田墾殖舊矣嗣以將軍弘晌言開鑿鷹二河蕩田三十八萬二千餘頃令三年後升科五年後丈量而牛莊等處葦塘近年河徙荒出葦商大半匿墾往往召爭先後訂變通章程迴別於故荒舊例尋又丈放鳳凰岫巖安東葦塘約十餘萬畝按地編號具魚鱗圖册事在光緒末年江南葦營草地向由大河衛子領墾納租而江北則置樵兵備河務左右兩營當海州阜甯間共地八千五百餘頃而續涸新漲不與焉自河道改而樵兵虛設宣統時部議裁汰改爲放荒任人入貲承業云自光緒中葉御史曾忠彥疏請振興農學特立農工商部耑其職司數詔天下長吏講求蠶桑闢荒產以爲振興之資宣統初部上農林推廣二十二事始於籌欵辦荒而坦區宜闢田山隴畸零邊地宜林木責所司各於其境測驗氣候土性表之圖之荒價之免否升科之緩急分等釐別而以考覈官吏編報成績以行其懲勸復訂種樹行水獎勵專例洎乎革命勢成事之未畢舉者正復不少也曰營田水利聖祖時墾天津荒地萬畝爲水田世宗於灤薊創營田設營田水利府命怡親王董其事王與大學士朱軾彙上事例四端尋於天津等屬分立營田四局領以專官因地勢浚溝築圩建閘開渠民人願耕者官給工本募江浙老農予月餼教耕稼翌年得熟田百五十餘頃至雍正七年營成水田六千頃餘雖糜帑不貲而行之有驗惜功未竟後漸廢弛獨磁州溝洫如故歲常豐稔高宗飭直督李衛修治水田復遣大理卿汪漋總江南水利工務南北並營已而高斌言桑乾河兩岸可開大渠引水治稻田從之嘉慶之季命方受疇經畫直省水利兼戒督撫亦於其境各籌所施顧猶有言直隸難舉水田者百年以來李光地陸隴其朱軾等皆詳言直隸水田利益林則徐擬開近畿水田疏尤切至財絀議沮迄未暢行自後僧格林沁在大沽口屬捐興水利得稻田四千二百餘畝崇厚繼之頻年勸墾鹽水沽亦頗效其後周盛傳鎭天津修水利成稻田六萬餘頃土潤穫饒至今利之同治時陝西西安同州等屬設局釐荒產興營田洎光緒中次第招墾至

三萬四千餘畝改局爲所州縣領理之時直屬營田半荒棄三晉游災臺臣夏獻彝唐樹楠彭世昌劉瑞祺等先後疏言水利華煇亦陳八事直督王文韶謂輕租價以恤民艱疏濬渠以利水道則樂墾者多因是天津營田徵租至四萬九百餘畝山東巡撫張汝梅亦請疏河道濬溝渠以興水利爲農政本源陝甘總督升允則請於陝西募水利新軍左右兩旗將來撥歸屯所授地使耕藉廣屯政其後奉天以東西遼河大凌河諸川無涓滴水利亦奏定采內地引渠灌地諸法先就小河枝水鑿渠試辦焉

食貨二

賦役　倉庫

賦役一曰賦則清初入關首除明季加派三餉時賦稅圖籍多爲流寇所毀順治三年諭戶部稽覈錢糧原額彙爲賦役全書悉復明萬歷間之舊計天下財賦惟江南浙江江西爲重三省中猶以蘇松嘉湖諸府爲最六年戶科右給事中董篤行請頒行易知由單八年世祖親政分命御史巡行各省察民間利病蘇松巡按秦世楨條奏八事曰田地令業主自丈明註印册曰額定錢糧俱塡易知由單設有增減另給小單以免姦胥藉口曰由單詳開總散數目花戶姓名以便磨對曰設立滾單以次追比曰收糧聽里戶自納簿櫃加鈐司府印信曰解放先急後緩勒限掣銷曰民差查田均派與排門册對驗曰備用銀兩不得額外透支徵解銀册布政司按季提取年終報部自後錢糧積弊釐剔漸清十一年命右侍郎王宏祚訂正賦役全書先列地丁原額次荒亡次實徵次起運存留起運分別部寺倉口存留詳列欵項細數其新墾地畝招徠人丁續入册尾每州縣發二本一存有司一存學宮賦稅册籍有丈量册又稱魚鱗册詳載上中下田則有黃册歲記戶口登耗與賦役全書相表裏有赤歷令百姓自登納數上之布政司歲終磨對有會計册備載州縣正項本折錢糧註明解部年月復採用明萬歷一條鞭法一條鞭者以府州縣一歲中夏稅秋糧存留起運之額均徭里甲土貢雇募加銀之額通爲一條總徵而均支之至運輸給募皆官爲支撥而民不與焉頒易知由單於各花戶由單之式每州縣開列上中下地正雜本折錢糧末綴總數於開徵一月前頒之又佐以截票印簿循環簿及糧册奏銷册截票者列地丁錢糧實數分爲十限月完一分完則截之鈐印於票面就印字中分官民各執其半卽所謂串票也印簿者由布政司頒發令州縣納戶親塡入簿季冬繳司報部循環簿者照賦役全書欵項以緩急判其先後按月循環徵收糧册者造各區納戶花名細數與一甲總額相符奏銷册者合通省錢糧完欠支解存留之欵彙造淸册歲終報部核銷定制可謂周且悉矣十五年江西御史許之漸言財賦大害莫如蠹役官以參罰去而此蠹役盤踞如故請飭撫按淸查甚者處以極刑庶積弊可冀廓淸工科給事中史彪古請嚴禁正供外加派並將申飭私派之旨刊入易知由單俾民共曉帝以所奏皆切中時弊下所司詳議以聞聖祖卽位嚴申州縣官隱匿地畝不納錢糧揑報新墾之禁更定州縣催徵議敍經徵督催各官處分其州縣官挪用正欵揑稱民欠及加派私徵者罪之帝以由單欵項繁多民不易曉命將上中下等則地每畝應徵銀米實數列單內由單報部違限八月者罪州縣衞所及轉報官給事中姚文然上言災荒蠲免有收完在前奉令在後者以本年應蠲錢糧抵次年應納正賦名曰流抵自應載入由單俾人沾實惠但部題定額由單於上年十一月頒發州縣磨算編造必在九十月間而各省題報災傷夏災以六月秋災以九月部中行查覆奏咨行撫臣飭知地方官吏輾轉需時計已在頒發由單之後其勢無由塡入應請於流抵之下年塡入由單以杜其弊下部議行直省徵收錢糧夏稅於五六月秋糧於九十月其報部之數責成各司於奏銷時詳加磨勘按年送京畿道刷卷自世祖定賦稅之制正雜欵繁多咨題遲錯駁令查覆印官卽借部駁之名擅行私派其正賦錢糧本有定額地方官吏遇有別項需用輙令設法實與加派無二至是下令嚴禁罷州縣欠糧留任候代完全開復之制七年以夏稅秋糧定限稍遲恐誤協餉仍復舊制州縣開徵後隨收隨解凡各省地丁錢糧巡撫於歲終奏銷詳列通省錢糧起運存留撥充兵餉辦買顏料及餘賸之數造册具報其黃册會計册繁費無益悉罷之十五年嚴定官民隱田罪例官吏查出隱田分別議敍人民擧首隱地逾十頃者卽以其地與之十八年令州縣每歲將日收錢糧流水簿解司磨對罷赤歷自順治間訂正賦役全書至是二十餘年戶口土田視昔有加按戶增徭因地加賦條目紛繁易於淆混二十四年下令重修止載起運存留漕項河工等切要欵目删去絲秒以下尾數名曰簡明賦役全書二十六年書成廷議以舊書遵行已久歷年增減地丁銀米俱有奏銷册籍可稽新書遂罷頒行是歲諭各省蠲免刊刻由單以杜派費擾民之弊二十八年令各省巡撫於每年奏銷時盤查司庫錢糧先是各州縣催徵用二聯串票官民分執不肖有司句結姦胥以已完作未完多徵作少徵弊竇日滋至是議行三聯串票一存有司一付役應比一付民執照其後更刊四聯串票一送府一存根一給花戶一於完糧時令花戶別投一櫃以銷欠未幾仍復三聯串票之制各省紳衿本有優免丁銀之例而豪強土著往往詭寄濫免更有紳衿包攬錢糧耗羨盡入私橐官民交累有詔詭寄地畝悉退還業戶三十年以由單旣停令直省州縣衞所照賦役全書科則輸納數目勒石署門外復諭民間隱匿地畝限兩年內自首尋又展限兩年諭福建淸丈沿海地畝釐定疆界湖南幅員遼闊先飭民人自行丈量官府再事抽丈隱漏者罪之時徵收錢糧官吏往往私行科派其名不一闔邑通里共攤同出者名曰軟擡各里各甲輪流獨當者名曰硬駝於是設滾單以杜其弊其法於每里之中或五戶或十戶一單於某名下註明田地若干銀米若干春秋應各完若干分爲十限發與甲首依次滾催自封投櫃一限旣定二限又依次滾催其有停擱不完不繳者嚴懲民以爲便浙江湖北山東諸省匠班銀均歸入地丁徵收四十五年九江府丈出濱江蘆州地畝三千餘頃均按下則起科五十一年四川巡撫年羹堯上言四川錢糧原額百六十一萬兩有奇現僅徵及十分之一宜立勸懲法五年內增及原額之四五者准升不及二分停升不及一分降調無增者褫其職御史段曦上疏駮之略言川省自經明季兵燹地廣人稀我朝勘定之後雖釐次清查增報僅及原額十分之一近日撫臣加意催查增至二萬六千餘兩今欲五年內增及原額十之二或十之四五是增現糧三四倍也賢能之吏必罹不及分數之參處不肖者抑勒首報滋擾無窮請川省隱漏錢糧徹底清查不必另立勸懲之法從之五十九年諭嗣後各州縣錢糧隨徵隨解若州縣批解後而布政司抵充雜派扣批不發許州縣逕申督撫次年又令各督撫將倉糧虧空限三年補完聖祖在位六十年政事務爲寬大不肖官吏恢恃包荒任意虧欠上官亦曲相容隱勒限追補視爲故事世宗在儲宮時卽深悉其弊卽位後諭戶部工部嗣後奏銷錢糧米石物價工料必詳查覈實造册具奏以少作多以賤作貴數目不符覈估不實者治罪並令各督撫嚴行稽查所屬虧空錢糧限三年補足毋得藉端掩飾苛派民間限滿不完從重治罪濒江沿海地定例十年一清丈雍正元年諭令隨時清查坍者豁免漲者升科二年以山西巡撫諾敏布政使高成齡請提解火耗歸公分給官吏養廉及其他公用火耗者加於錢糧正額之外蓋因本色折銀鎔銷不無折耗而解送往返在在需費州縣徵收不得不稍取盈以補折耗之數重者數錢輕者錢餘行之旣久州縣重斂於民上司苛索州縣一遇公事加派私徵名色繁多又不止於重耗而已康熙季年陝甘總督年羹堯請酌留秦省火耗充各官用度餘者捐出彌補虧空聖祖不許至是諾敏等復以爲言詔從其請諾敏又請限定分數帝以酌定分數則將來竟成定例必致有增無減令耗羨與正項同解州縣皆知重耗無利於己孰肯加徵若將應得之數扣存勢必額外取盈浮於應得之數於是定爲官給養廉之制河南巡撫石文焯請將捐穀耗羨充公帝曰耗羨存庫所以備地方公用也國家經費自有常額豈可以耗羨牽入正項致滋另取挪移諸弊乎又諭戶部曰州縣虧空錢糧有闔屬百姓代償者名曰樂捐實無異強派應飭禁止蘇松浮糧多於他省詔蠲免蘇州額徵銀三十萬松江十五萬永著爲例江蘇巡撫張楷疏言江蘇每年額賦除蠲免浮糧外應實徵銀三百五十萬有奇歷年積欠八百八十一萬有奇計已逹千二百餘萬竭小民一歲所獲勢難全完現籌徵收之法本年新糧責令全完舊欠勻作十分自明年始年徵其一十年而畢每歲奏銷時另册造報嘉定一縣積欠至百四十餘萬請勻作十五分分徵上海崑山常熟華亭宜興吳江武進婁長洲九縣皆積至四十萬應勻作十二分分徵以紓民力帝深納之各省中賦稅繁重蘇松而外以浙江嘉湖二府爲最五年詔減十之一共銀八萬餘兩又命浙省南秋等米每年額徵作十分覈算別爲一本題銷如完解不全罪承督各官各省錢糧完欠細數官吏多不宣示胥吏因緣爲奸虧空拖欠視爲故常詔各督撫布政飭州縣官每年將各鄉里完欠之數呈送覆覈張貼本里俾民周知如有中飽許人民執串票具控其分年帶徵之項亦應將花戶每年應完之數詳列榜示俾不得額外溢徵七年蠲浙江額賦十之三共十萬兩

其江蘇逋賦自壬子年始侵蝕包攬之項分十年帶徵實在民欠之項分二十年帶徵本年完納之項若干次年卽依其數蠲免額徵之糧如額外多完次年亦按多完之數蠲免十一年安徽巡撫徐本條陳徵糧事宜一州縣徵收糧櫃請巡用州縣封條二花戶完糧宜仍用三聯串票三小民零星錢糧一錢以下者許其變通完納制錢許之十年二修賦役全書凡額徵地丁錢糧商牙課稅內應支官役俸工驛站料價以及應解本折絹布顏料銀硃銅錫茶蠟等項分晰原額新徵總散之數務爲精覈自後十年修輯一次江南湖廣等省蘆洲坍漲攤定定制五年一清丈不肖官吏恒藉以納賄舞弊乾隆元年下詔清查又禁各省虛報開墾大學士朱軾請禁民間田地丈量首報御史蔣炳奏州縣徵糧三弊一田畝科則不同請每年照部頒定額覈明刊示一州縣拆封如有短平卽於袋面註明數目令花戶自行補交一州縣設立官匠傾銷銀兩勒索包完侵漁重利嗣後准花戶隨處傾銷官匠永行禁革皆從之諭改減江南浙江白糧十二萬石免蘇松浮糧額銀二十萬石自山西提解火耗後各直省次第舉行其後又酌定分數各省文職養廉二百八十餘萬兩及各項公費悉取諸此及帝卽位廷臣多言其不便帝亦慮多取累民臨軒試士卽以此發問復令廷臣及督撫各抒所見大學士鄂爾泰刑部侍郎錢陳羣湖廣總督孫家淦皆言耗羨之制行之已久徵收有定官吏不敢多取計已定之數與未定以前相較尚不逮其半是迹近加賦而實減徵也且火耗歸公一切陋習悉皆革除上官無勒索之弊州縣無科派之端小民無重耗之累法良意美可以垂諸久遠御史趙青藜亦言耗羨歸公裒多益寡寬一分則受一分之賜且既存耗羨之名自不得求多於正額之外請無庸輕議變更惟御史柴潮生以爲耗羨乃今日大弊詔從鄂爾泰諸臣議先是各省解京餉銀有隨平陋規雍正初嘗有詔禁止嗣因清查部庫虧空二百五十餘萬怡親王議以京餉平餘彌補每餉銀千兩收平餘二十五兩俱於耗羨內動支起解較從前陋規減省已多尋以彌補足額減收其半至是停止解部存儲司庫以充本省賑濟荒災及裨益民生之舉自明以來江南歲額錢糧地丁漕項蘆課雜稅之外復有所謂雜辦者款目甚多彙入地丁分數奏銷逮編賦役全書止載應解之欵未列雜辦原委至是乃妥定章程以杜浮收其實在缺額有累官民者豁免之禁州縣徵糧浮收零尾十二年大學士訥親等議江蘇錢糧拖欠至二百餘萬不免吏役侵蝕酌定自首減免之條復諭黃廷桂等釐剔江蘇催徵諸弊各省積欠錢糧歲終奏報然必待次歲五月奏銷方能定完欠實數諭嗣後各省每年完欠錢糧隨奏銷時覈實具奏毋庸循歲終奏聞之例二十二年免江南乾隆十年以前積欠漕項銀米地價耗羨江蘇巡撫陳宏謀奏江蘇錢糧積年未能歸欵由於州縣案卷任書承攜貯私室以致殘缺無由查考應嚴飭各州縣將卷宗黏連蓋印妥存署中至江省用欵繁多州縣不免借墊嗣後仍令隨時詳請抵兌逾四月不詳報數逹五百兩以上者參處遲至一年並府州題參均如所議行三十年諭奏銷册前列山地田蕩版荒新墾次列三門九則額徵本折地丁起解存留至爲明晰令嗣後刋刻賦役全書以奏銷條欵爲式止將十年內新坍新墾者添註其瑣碎不經名目概刪除之戶部議定各省徵收錢糧及一切奏銷支放等事凡銀悉以釐爲斷不及釐者折衷歸減米糧以勺爲斷奇零在五秒以上者作爲一勺不及五秒者刪除搭放俸餉制錢以一文爲止而册內有絲毫忽微虛數一併刪除至各州縣衞所應徵銀兩統令於由總單數下將奇零歸減其單內前列細數仍存其舊期與賦役全書魚鱗册數相符三十三年諭直省勛田令民戶首報一體輸納三十六年以比歲蠲免天下錢糧民力饒裕令各督撫值輪免之年將緩帶欵項務催徵完納毋致次年有新舊同徵之累四十七年御史鄭澂請令督撫清查倉庫如有虧缺本員治罪償補督撫從重議處並加倍分賠仍令各州縣將倉庫實貯之數三月彙報督撫隨時督覈山東州縣恒多虧挪倉庫之弊並有本無虧短於離任時假揑虧數私立欠約移交後任以爲肥橐之計者請飭下各督撫查有前任虧缺後任有欠約可憑者除責成後任彌補外仍令前任照數追繳入官以杜短交濫接之弊帝嘉納之嘉慶初復令各督撫於地方官交代如限內未能交清應將該員截留俟款項交清方准赴任回籍並禁止私立議單自是以後禁網益密矣御史彭希洛奏各省錢糧多有浮收之弊諭嗣後各督撫務於開徵前按時價覈實換銀上庫之數榜示通衢納銀折錢聽民自便時各省地方官吏於應徵錢糧往往挪移新舊以徵作欠自三四年以來積欠至兩千餘萬有詔將各省歷年積欠在民在官一體清查或留貯或撥解違者罪之戶部奏近五年各省耗羨盈餘內借欵請責成督撫查明補歸原欵並將動支耗羨之欵酌量刪減其各項存貯閒欵並詳列以聞直隸清查各屬歷年虧短數逹巨萬安徽倉庫虧缺各項銀百八十餘萬帝諭新虧各員自本年始限四年完繳舊虧未完者每年酌扣司道府州縣養廉九五成存庫歸欵部奏直隸等十五省除緩徵帶徵其未完地丁餘尚有八百七十餘萬而十二年分又續增未完地丁銀二百九十餘萬帝以上官於經徵之員參限將滿卽設法調署俾接署者另行起限州縣藉是規避令嗣後州縣調署須先查任內果無應徵未完錢糧咨部覈明毋得於參限屆滿時違例調署給事中趙佩湘奏各省虧空輾轉清查多致懸宕請嚴行飭禁先是直隸因州縣虧欠倉庫密令大吏清查分別追賠其後各省援例請立局清查挪新掩舊弊竇潛滋甚有借名彌補暗肆朘削者故佩湘以爲言帝諭直隸三次清查案內未完各欵分期勒令歸補逾限不完者卽責成所管上司攤賠自後永罷清查有瀆請者罪之十七年戶部綜計各省積欠錢糧及耗羨雜稅之數安徽山東各四百餘萬江甯江蘇各二百餘萬福建直隸廣東浙江江西甘肅河南陝西湖南湖北積欠百餘萬數十萬數萬不等帝以大吏督徵不力切責之並令戶部於歲終將各省原欠已完未完各數詳列以聞各省逋賦以江蘇爲最多巡撫朱理奏酌定追補之制分年補完杜絕新虧然屬員掩視拖延如故直隸自二年至十八年積欠銀三百四十餘萬米糧等項十四萬餘石總督那彥成疏請酌予蠲免詔嚴行申飭山東州縣虧欠新舊六百餘萬兩一縣有虧至六萬餘兩乃嚴定科條虧缺萬兩者斬監候二萬以上者斬決所虧之數勒限監追限內全完貸死仍永不敍用逾限不完斬無赦御史葉中萬請清釐藩庫借欵胡承珙請整頓直隸虧空諸弊時各省藩庫因州縣有急需往往濫行借欵日久未歸展轉挪抵弊混叢生而攤捐津貼名目日增州縣派累繁多辦事竭蹶虧欠正項勢所必然雖嚴刑峻法不能禁也當乾隆之季天下承平庶務充阜部庫帑項積至七千餘萬嘉慶中川楚用兵黃河泛濫大役頻興費用不貲而逋賦日增月積倉庫所儲亦漸耗矣道光二年御史羅宸條陳直省解徵錢糧請仿鹽引茶引法防官侵吏蝕帝以紛擾不許革州縣糧總庫總從御史余文銓請也乾隆初州縣徵收錢糧尚少浮收之弊其後諸弊叢生初猶不過就斛面浮收未幾遂有折扣之法每石折耗數升漸增至五折六折餘米竟收至二斗五升小民病之廷議八折徵收以爲限制浮收之計大學士湯金釗疏駁之御史王家相亦言八折之議行之常鎭江淮揚徐等府或可嘗試蘇松糧重之地窒礙孔多議遂寢時東南財賦之區半遭蹂躪未被兵州縣又苦貪吏浮收勒折民怨沸騰聚衆戕官之事屢起州縣率以抗糧爲詞藉掩其浮勒之咎江蘇蘇松等屬每遇蠲緩書吏等輒向業戶索錢名曰賣荒納錢者雖豐收仍得緩徵不納者縱荒歉不獲查辦詔並禁之湖北漕務積弊已久巡撫胡林翼疏請折漕革除規費民間減錢百四十餘萬千文國帑增銀四十餘萬兩節省提存銀三十餘萬兩詔褒美之軍興以後四川等省辦理借徵以充兵餉裕瑞奏請勸諭紳民按糧津貼罷借徵英桂奏交納錢糧半銀半錢之制而官取民仍以銀每錢二千作銀一兩耗銀無出請於應入撥之地丁准搭官票不入撥之耗羨仍徵實銀部臣以辦法兩歧請依原章正雜錢糧一體搭交官票然地方官吏仍收實銀而以賤值之票交納藩庫帝令嚴禁同治元年清查直省錢糧二年兩江總督曾國藩江蘇巡撫李鴻章疏言蘇松太浮賦上溯之則比元多三倍比宋多七倍旁證之則比毘連之常州多三倍比同省之鎭江等府多四五倍比他省多一二十倍不等其弊由於沿襲前代官田租額而賦額遂不平也國初以來承平日久海內殷富爲曠古所罕有故乾隆中年以後辦全漕者數十年無他民富故也至道光癸未大水元氣頓耗然猶勉強枝梧者十年逮癸巳大水而後無歲不荒無縣不緩以國家蠲減曠典爲年例部臣職在守法自宜堅持不減之名疆臣職在安民不得不爲暗減之術始行之者前督臣陶澍前撫臣林則徐也又官墊民欠一欵不過移雜墊正移緩墊急移新墊舊移銀墊米以官中之錢完官中之糧將來或豁免或攤賠同歸無着故歷年糧册必除去墊欠虛數方得徵收實數蘇屬全漕百六十萬厥後遂積漸減損道光辛卯以後十年連除官墊民欠得正額之七八辛丑以後十年除墊欠得正額之五六咸豐辛亥十年除墊欠僅得正額之四成而已自粵逆竄陷蘇常焚燒殺掠慘不可言臣親歷新復州縣市鎭邱墟人煙寥落已復如此未復可知而欲責以數倍他處之重賦向來暴征之吏亦無骨可敲無髓可吸矣細核歷年粮數咸豐十年中百萬以上者僅一年八十萬以上者六年皆以官墊民欠十餘萬在其中是最多之年民完實數不過九十萬也成案如是民力如是惟籲請准減蘇松太三屬糧額以咸豐中較多之七年爲准折衷定數總期與舊額本經之常鎭二屬通融覈計著爲定額卽以此後開徵之年爲始永遠遵行不准再有墊完民欠名目嗣後非水旱亦不准揑災俾去無益之空藉求有着之實徵至蘇松漕粮核減後必以革除大小戶名爲淸釐浮收之原以裁減陋規爲禁止浮收之委制可先是太常卿潘祖蔭御史丁壽昌交章

言減賦事皆下部議覆奏准蘇松減三之一常鎮減十之一大抵蘇松太一畝之稅最重者幾至二斗輕者猶及一斗列朝屢議覈減率爲部議所格雍正間從怡親王請免蘇松兩府額徵銀乾隆間又減江蘇省浮糧皆減銀而不及米至是詔下百姓莫不稱慶三年從閩浙總督左宗棠請諭紹興屬八縣六場正雜錢糧統照銀數徵解革除一切攤捐及陋規計減浮收錢二十二萬有奇米三百六十餘石甯波屬一廳五縣六場減浮收錢十萬四千有奇米八百餘石四年浙江巡撫馬新貽請豁減金華浮收錢十五萬餘串米五百餘石衢州錢十萬餘串米六十餘石嚴州錢六萬餘串米六千餘石洋銀八十餘元米百餘石從之是年宗棠克湖州疏言漕南浮收過多請痛加裁汰事下部議覆奏杭嘉湖漕糧請仿江蘇例減原額三十分之八並確查賦則按輕重量爲覈減所有浮收陋規悉予裁汰其南匠米石無庸議減計三府原額漕白行月等米百萬餘石按三十分之八共減米二十六萬六千餘石國藩請將蘇松等屬地丁漕項一體酌減不許自乾嘉以來州縣徵收錢糧多私行折價一石有折錢至二十千者咸豐中胡林翼始定核收漕糧每石不得過六千錢其後山東亦定每石收錢六千江蘇定每石年內完者收四千五百年外收五千江西收錢三千四百河南每石折銀三兩安徽二兩二錢漕糧浮收其來已久河運海運皆有津貼嘉興一郡徵漕一石有津貼至七錢以上者又徵收漕糧例有漕餘其數多寡不一大抵視缺分肥瘠爲準歷來本折並收而折色浮收較本色更重自正額減折價定遂漸少浮收之弊直隸奉天多無糧之地名曰黑地或旗產日久迷失或山隅海澨新墾之由咸豐季年寶鋆等查出昌平黑地四百四十餘頃試辦升科詔直隸總督盛京將軍順天奉天各府尹一體辦理同治初令黑地業戶各赴所管官署呈報升科許永遠爲業御史陳雋奏直隸奉天除昌平外呈報升科者寥寥蓋由地方官吏徵收入己延不具報甚有將報地人抑勒刑逼諸弊帝遣大臣分查大學士倭仁疏陳黑地升科州縣畏難苟安請申明賞罰尋定州縣查出隱地逾二十頃優敘升科地多者獎之有徇隱匿墾吏胥詐財以溺職論其無賴假稱委員恐嚇得贓照例嚴懲德宗即位之初復新疆籌海防國用日增戶部條陳整頓錢糧之策略云溯自髮逆之平垂二十年正雜錢糧期可漸復原額乃考覈正雜賦稅額徵總數歲計三千四百餘萬兩實徵僅百四十五萬兩賦稅虧額如此財既不在國又不在民大率爲貪官墨吏所侵蝕約而言之其弊有五一曰報荒不實二曰報災不確三曰捏作完欠四曰徵存不解五曰交代宕延覈計近年賦稅短徵以安徽及江蘇之江甯爲最蘇州江西次之河南又次之多者所收不及五分少者亦虧一二分不等請飭各督撫藩司認眞釐剔以裕度支詔從其請然終淸之世諸弊卒未能盡革也二十年中日之戰賠兵費二萬萬二十六年拳匪肇禍復賠各國兵費四萬五千萬其後練新軍興教育創巡警需欵尤多大都就地自籌四川因解賠欵而按糧津貼捐輸之外又有賠欵新捐兩江閩浙湖北河南陝西新疆於丁漕例徵外曰賠欵捐曰規復錢價曰規復差徭曰加收耗羨名稱雖殊實與加賦無大異也總計全國賦額其可稽者順治季年歲徵銀二千一百五十餘萬兩糧六百四十餘萬石康熙中歲徵銀二千四百四十餘萬兩糧四百三十餘萬石雍正初歲徵銀二千六百三十餘萬兩糧四百七十餘萬石高宗末年歲徵銀二千九百九十餘萬兩糧八百三十餘萬石爲極盛云一曰役法初沿明舊制計丁授役三年一編審嗣改爲五年凡里百有十戶推丁多者十人爲長餘百戶爲十甲甲十人歲除里長一管攝一里事城中曰坊近城曰廂鄉里曰里里長十人輪流應徵催辦錢糧句攝公事十年一周以丁數多寡爲次令催納各戶錢糧不以差徭累之編審之法核實天下丁口具載版籍年六十以上開除十六以上添註丁增而賦隨之有市民鄉民富民佃民客民之分民丁外復有軍匠竈屯站土丁名直省丁徭有分三等九則者有一條鞭徵者有丁隨地派者有丁隨丁派者其後改隨地派十居其七都直省徭里銀三百餘萬兩間徵米豆其科則最輕者每丁科一分五釐重至一兩有餘山西有至四兩餘鞏昌有至八九兩者因地制宜不必盡同也三等九則之法沿自前明一條鞭亦同其法將均徭均費等銀不分銀力二差俱以一條鞭從事凡十甲丁糧總於一里各里丁糧總於一州縣而府而布政司通計一省丁糧均派一省徭役里甲與兩稅爲一凡一州縣丁銀悉輸於官官爲僉募以充一歲之役民不擾而事易集定內外各衙署額設吏役以良民充之吏典由各處僉撥後改爲考取或由召募投充役以五年爲滿不退者斥革其府州縣額設祗候禁子弓兵免雜派差役又有快手皂隸門卒庫子諸役皆按額召募額外濫充者謂之白役白役有禁然州縣事劇役繁必藉其力不能盡革也又定州縣鋪司及弓兵之制禁止私役禁人民私充牙行埠頭瀕河之地例有夫役守護順治四年以御史佟鳳彩言設直隸沿河隄夫九年河決封邱起大名東昌兗州及河南丁夫數萬塞之十二年增給河夫工食河工用民之例有二曰僉派曰召募僉派皆按田起夫召募則量給雇值其後額設之夫悉給工食由僉派而召募役民給值較古制爲善矣十七年禁州縣私派里甲之弊康熙元年令江南蘇松兩府行均田均役法戶科給事中柯聳言任土作賦因田起差此古今不易常法但人戶消長不同田畝盈縮亦異所以定十年編審之法役隨田轉冊因時更富者無兎脫之弊貧者無賠負之累臣每見官役之侵漁差徭之繁重其源皆由於僉點不公積弊未剔查一縣田額若干應審里長若干每里十甲每甲田若干多者獨充一名田少者串充一名其最零星者附於甲尾名曰花戶此定例也各項差役俱由里長挨甲充當故力不勞而事易集獨蘇松兩府名爲僉報殷實竟不稽查田畝有田已賣盡而報里役者有田連阡陌全不應差者年年小審挪移脫換叢弊多端田歸不役之家役累無田之戶以致貧民竭骨難支逃徙隔屬今當大造之年請飭撫臣通行兩府按田起役毋得濫空僉報以滋賣富差貧之弊其他花分子戶詭寄優免隔屬立戶買充冊書諸弊宜嚴加禁革下部議行六年嚴禁江西提甲累民提甲之說在明日提編見年追比已完復提次甲責成備辦廣信諸府有連提數甲者實與加派無二以御史戈英言罷之七年定驛遞給夫例凡有驛處設夫役以供奔走其額視路之衝僻爲衡日給工食皆入正賦編徵此項人夫大率募民充之差役稍繁莫不臨時添雇水驛亦然十二年停河南僉派河夫按畝徵銀以抵雇值十六年河道總督靳輔上言河工興舉向俱勒州縣派雇里民用一費十今兩河並舉日需夫十餘萬乃改僉派爲雇募多方鼓舞數月而工成大工用雇募自輔始是年禁有司派罰百姓修築城垛二十九年以山東巡撫佛倫言令直省紳衿田地與人民一律差徭五十一年諭曰海宇承平日久戶口日增地未加廣應以現在丁冊定爲常額自後所生人丁不徵收錢糧編審時止將實數查明造報廷議五十年以後謂之盛世滋生人丁永不加賦仍五歲一編審戶部議缺額人丁以本戶新添者抵補不足以親戚丁多者補之又不足以同甲糧多之丁補之雍正初令各省將丁口之賦攤入地畝輸納徵解統謂之地丁先是康熙季年四川廣東諸省已有行之者至是准直隸巡撫李維鈞請將丁銀隨地起徵每地賦一兩攤入丁銀二錢二釐嗣後直省一體仿行於是地賦一兩福建攤丁銀五分二釐七毫至三錢一分二釐不等山東攤一錢一分五釐河南攤一分一釐七毫至二錢七釐不等甘肅河東攤一錢五分九釐三毫河西攤一分六毫江西攤一錢五釐六毫廣西攤一錢三分六釐湖北攤一錢二分九釐六毫江蘇安徽畝攤一釐一毫至二分二釐九毫不等湖南地糧一石徵一毫至八錢六分一釐不等自後丁徭與地賦合而爲一民納地丁之外別無徭役矣惟奉天貴州以戶籍未定仍丁地分徵又山西陽曲等四十二州縣亦另編丁銀二年江西巡撫裴𢕟度奏裁里長時廷臣有言大小衙署遇有公事需用物件恣行科派總甲串通奸胥從中漁利凡工作匠役皆設立總甲派定當官以次輪轉又設貼差名目不願赴官者勒令出銀大爲民害詔並禁止然日久玩生滋擾益甚乾隆元年復有詔申禁又諭各處歲修工程如直隸山東運河江南海塘四川隄堰河南沁河孟縣小金隄等工向皆於民田按畝派捐經管里甲不無苛索嗣後永行停止凡有工作悉動用帑金十年川陝總督慶復奏興修各屬城垣請令州縣捐廉共襄其事帝曰各官養廉未必有餘名爲幫修實派之百姓其弊更大不許乃定各省城工千兩以下者分年修補土方小工酌用民力餘於公項下支修二十二年更定江西修隄力役之法凡修築土隄圍邑共攤夫從糧徵聽官按隄攤分募夫修築從巡撫胡寶瑔請也二十五年御史丁田樹言自丁糧歸於地畝凡有差徭及軍需必按程給價無所謂力役之征近者州縣於上官迎送同僚往來輒封拏車船姦役藉票勒派所發官價不及時價之半而守候回空概置不問以致商旅裹足物價騰踊嗣後非承辦大差及委運官物毋得濫發官價出票封拏違者從重參處得旨允行三十二年以用兵緬甸經過各地夫馬運送頗資民力特頒帑銀每省十萬分給人民田賦職役本有經制大率東南諸省賦重而役輕西北賦輕而役重直隸力役之征有按牛驢派者有按村莊派者有按牌甲戶口科者間亦有按地畝者然富者地多可以隱匿貧者分釐必科雜亂無章偏枯不公其尤甚者莫如紳民兩歧有紳辦三而民辦七者有紳不辦而民獨辦者小民困苦流離無可告訴時有議仿攤丁於地之例減差均徭每畝一分無論紳民按地均攤直隸總督顏檢力言其不可並謂如議者所言每地一畝攤徵差銀一分其意在藉賦以收減差之實效不知適藉差而添加賦之虛名累官病民弊仍不免疏入議遂寢咸豐時粵西役起征調不時不得不藉民力糧銀一兩派差銀數倍不等事定差徭繁重如故且錢糧或有蠲緩差銀則歉歲仍徵光緒四年山西巡撫曾國荃疏陳

晉省瘠瘦難復請均減差徭以舒民困其略曰晉省右輔畿疆西通秦蜀軍差餉差藏差絡繹於道州縣供億之煩幾於日不暇給車馬既資之民間役夫亦責之里甲而各屬辦理不同有闔邑里甲通年攤認者資衆力以應役法尚公允有分里分甲限年輪認者初年攤之一甲一里次年攤之二甲二里各年差徭多寡不等即里甲認派苦樂不均豪滑者恃有甲倒累甲戶倒累戶之弊將其地重價出售而以空言自認其糧三五年後乘間潛逃於是本甲既代賠無主之糧又代認無主之差貽害無窮計惟減差均徭尚堪略爲補救除大差持傳單勘合循例支應其他概不得藉端苛派如有擅索車馬者治以應得之罪從之五年閻敬銘復條陳八事一裁減例差借差二由臬司發給車馬印票三喇嘛來往須有定班四奉使辦事大臣宜禁濫索五嚴除衙蠹地痞六令民間折交流差錢由衙門自辦七嚴查驛馬足額備用八本省征防各兵給予長車由營自辦下所司議行八年張之洞任山西巡撫復言晉省虐民之政不在賦斂而在差徭向例每縣所派差錢大縣制錢五六萬緡小縣亦萬緡不等按糧攤派官吏朋分衙蠹州縣設立車櫃追集四鄉牲畜拘留過客車馬或長年抽收或臨時勒價居奇行者均受其患現擬籌款生息官設差局嚴定應差章程禁止差員濫支車櫃陋習遂革先是先代陵墓皆設陵戶司巡查灑掃例免差徭又各先賢祠宇凡有祭田皆免其丁糧軍民年七十以上者許一子侍養免其雜泛差役順治二年免直省京班匠價並除其匠籍定紳衿優免例內官一品免糧三十石丁三十二品免糧二十四石丁二十四其下以次遞減外任官減其半十四年部議優免丁徭本身爲止雍正四年四川巡撫羅殷泰言川省各屬以糧載丁請將紳衿貢監優免之例禁革部議駁之復下九卿議定紳衿止免本身其子孫族戶冒濫及私立儒戶官戶者罪之乾隆元年申舉貢生監免派雜差之令三十七年停編審造册時丁銀既攤入地糧而續生人丁又不加賦五年編審不過沿襲虛文無裨實政至是因李瀚言遂罷之翌年陳輝祖請將民屯新墾丁銀隨年攤徵帝以所奏與小民較及錙銖非惠下卹民之道諭嗣後各省辦理丁糧悉仍舊制毋得輕議更張一曰蠲免賦稅蠲免之制有二曰恩蠲曰災蠲恩蠲者遇國家慶典或巡幸或用兵輒蠲其田賦世祖入關首免都城居民被兵者賦役三年順治二年以山西初復免本年田租之半三年收江南免漕糧三之一八年世祖親政給還九省加派額外錢糧免山西荒地額糧一萬五千頃及直隸山東河南陝西荒殘額賦恩蠲災蠲之詔歲數四下康熙十年東巡免蹕路所經今年租十三年蠲免各省八九兩年本折錢糧積欠在民者時海內大定詔用兵以來積欠錢糧悉免之二十七年南巡免江南積欠地丁錢糧及屯糧蘆課米麥豆雜稅三十三年蠲免廣西四川貴州雲南四省應徵地丁銀米四十五年免直隸山東本年積欠錢糧其山西陝西甘肅江蘇浙江安徽江西湖北湖南福建廣東廣西各省自康熙四十三年以前未完地丁銀二百十二萬有奇糧十萬五千石有奇悉行蠲免承平日久戶口漸繁地不加增民生有不給之虞詔直省自五十年始分三年輪免錢糧一周三年中計免天下地丁糧賦三千八百餘萬五十六年免直隸安徽江蘇浙江江西湖廣西安甘肅帶徵地丁屯衛銀二百三十九萬餘兩其安徽江蘇所屬帶徵漕項銀四十九萬餘兩米麥豆十四萬餘石免徵各半五十七年以征策妄阿拉布坦免陝甘明年地丁百八十餘萬聖祖嘗讀漢文帝蠲民田租詔歎曰蠲租乃古今第一仁政窮谷荒陬皆沾實惠然非宮廷力崇節儉不能行此故在位六十年中屢頒恩詔有一年蠲及數省者一省連蠲數年者前後蠲除之數殆逾萬萬世宗即位蠲免江蘇各屬歷年未完民屯地丁蘆課等銀千二百十餘萬西藏苗疆平免甘肅四川廣西雲貴五省田租又諭國家經費已敷宜散富於民乃次第免直省額賦各四十萬乾隆元年詔免天下田租先後免雍正十三年以前各省逋賦及江南錢糧之官侵吏蝕者四年免直隸本年錢糧九十萬江蘇百萬安徽六十萬正耗一體蠲除十年普免天下錢糧二千八百二十四萬有奇援康熙五十一年之例將各省分爲三年以次豁免三十一年詔次第蠲各省漕米五年而徧其例徵折色者亦免之三十五年值帝六旬明歲又際太后八旬照十年之例按各省額賦分三年輪免一周四十二年普免天下錢糧自明年始分三年輪免計二千七百五十九萬有奇各省漕糧自四十五年普免一次四十九年豁免甘肅歷欠起運糧銀百六十餘萬其存留項下民欠銀糧起運項下民欠草束悉免之五十五年高宗八旬詔按各省額徵銀數將所屬各府州縣次第搭配三次按年輪免三年而竣一省之中仍先儘上年災緩之區首先蠲免五十九年普免各省應徵漕糧六十年普免各省積欠及因災緩帶銀千五百五十餘萬兩糧三百八十餘萬石其奉天山西四川湖南廣西貴州六省向無積欠免下年正賦十之二又以明年將歸政免嘉慶元年各省應徵地丁錢糧其省方時巡蹕路所經輒減額賦十之三仁宗即位以湖北湖南教匪苗民蠢動免次年兩省錢糧並及川陝被兵之區四年以郊祀升配禮成普免各省積欠緩徵地丁耗羨及民欠籽種口糧漕糧銀並積欠緩徵民借米穀草束十年謁祖陵免蹕路所經州縣錢糧之半二十四年以六旬萬壽免天下正耗民欠及緩帶銀穀計銀二千一百二十九萬兩有奇米穀四百餘萬石四川貴州兩省無民欠免明年正賦十之二災蠲有免賦有緩徵有賑有貸有免一切逋欠清初定制凡遇災蠲起運存留均減存留不足即減起運順治初定被災八分至十分免十之三五分至七分免二四分免一康熙十七年改爲六分免十之一七分以上免二九分以上免三雍正六年又改十分者免其七九分免六八分免四七分免二六分免一然災情重者率全行蠲免凡報災夏災以六月秋災以七月既報督撫親蒞災所率屬發倉先賑然後聞康熙三年戶部奏遇災之地先將額賦停徵十之三以待題免四年御史郝維訥請凡災地田賦免若干丁亦如之其後丁隨地起凡有災荒皆丁地並蠲旨下之日州縣不即出示或蠲不及數納不留抵者科以侵欺之罪乾隆元年安徽布政使晏斯盛請嗣後各省水旱應免錢糧之數於具題請賑日始限兩月造報並請將丁銀統入地糧銀內覈算蠲免從之聖祖高宗兩朝叠次普免天下錢糧其因偏災而頒蠲免之詔不能悉舉仁宗之世無普免而多災蠲有一災而免數省者有一災而免數年者文宗以後國用浩繁度支不給然遇疆臣奏報災荒莫不立與蠲免若災出非常或連年饑饉輒蠲賑兼施云

倉庫京師及各直省皆有倉庫倉京師十有五在戶部及內務府者曰內倉曰恩豐此外曰祿米曰南新曰舊太曰富新曰興平曰海運曰北新曰太平曰本裕曰萬安曰儲積曰裕豐曰豐益在通州者曰西倉曰中倉各省漕運分貯於此直省則有水次倉七曰德州曰臨清曰淮安曰徐州曰江甯各一惟鳳陽設二爲給發運軍月糧並駐防過往官兵糧餉之需其由省會至府州縣俱建常平倉或兼設裕備倉鄉村設社倉市鎮設義倉東三省設旗倉近邊設營倉瀕海設鹽義倉或以便民或以給軍大抵京通兩倉所放米曰官俸曰官糧亦名甲米二者去全漕十之六其一養工匠名匠米其一定鼎時宗臣封親王者六封郡王者二世宗之弟封親王者一此九王子孫自適裔外並有封爵以世降而隨之統名恩米二者去京倉百之一是以雍正以前太倉之粟常有餘乾隆二十八年戶部侍郎英廉疏言邇年因賑恤屢截留漕運間遇京師糧貴復發內倉米石平糶儲積漸減請於湖廣江西江南浙江產米之區開捐貢監均收本色收足別貯遇截漕之年即於次年照數補運京倉下九卿議准旋復停止及嘉慶中楚川盜起水旱間作工匠既倍於昔而九王之後亦愈衍愈衆咸豐後復有粵寇之亂運道不通倉儲益匱亂平稍復舊例向京師平糶有五城米局八旗米局五城米局始於康熙雍正四年於內城添廠並添五城通州廠各一乾隆二年增五城爲十廠尋又添設八廠於四鄉九年於四路同知設四廠八旗米局凡二十四又通州左右翼兩局皆設於雍正六年乾隆元年併爲八局旋仍舊十五年命二十四局分左右翼辦理不拘旗分十七年以米價未平且有勒買之弊諭併通州兩局停止其直省常平裕備等倉順治十一年命各道員專管每年造册報部十七年戶部議定常平倉穀春夏出糶秋冬糴還平價生息凶歲則按數給散貧戶康熙六年甘肅巡撫劉斗疏言積米年久恐浥爛請變價糴新穀從之七年陝西巡撫賈漢復請將積穀變價生息帝諭出陳入新原以爲民若將利息報部反爲民累著停止生息十九年諭常平倉留本州縣備賑義倉社倉留本村鎮備賑三十年戶部議令直隸所捐米石大縣存五千石中縣四千小縣三千嗣又令再加貯一倍三十一年議定州縣積穀照正項錢糧交代短少以虧空論三十四年議定江南積穀每年以七分存倉三分發糶並著爲通例四十三年議定州縣倉穀霉爛者革職留任限一年賠完復職逾年不完解任三年外不完定罪著落家產追賠時各省州縣貯穀之數山東山西大州縣二萬石中州縣萬六千石小州縣萬二千石江西大州縣一萬二千石江蘇四川率不過五六千石而福建見在捐穀二十七萬石常平又存五十六萬石臺灣捐穀及常平爲最多共八十餘萬石令酌留三年兵需餘變價充餉四十七年議定州縣官於額貯外加買貯倉准其議敘若捐穀以少報多或將見貯米捏作捐輸後遇事發除本管知府分賠外原報督撫一併議處至官將倉穀私借於民計贓以監守自盜論穀石照數追賠五十四年議定紳民捐穀按數之多寡由督撫道府州縣分別給匾永免差役雍正三年以南方潮溼令改貯一米易二穀四年浙閩總督高其倬疏言閩省平糴有二大病一交盤之弊不清各官授受皆有價無穀而價又不敷買補一平糶之價太賤每石減價至一兩且有不及一兩者各屬雖欲買補緣價短束手而姦民乘此謀利往往借價貴煽惑窮民竟欲平糶之期一歲早於一歲平糶之價一年賤

於一年請嗣後視米之程高下每石以一兩二錢或一兩三錢穀則定以六錢五分或六錢總以秋成後既平之價爲準帝韙其言尋定州縣倉廒不修致米穀霉爛者照侵蝕科斷並將虧空各州縣解任其穀令自行催還限以一年逾限者治罪五年定各省常平倉每年底令本府州盤查如春借逾十月不完或捏造俱行參處照數追賠又因福建常平倉各屬有銀穀兩空者有無穀而僅存價者查實將虧空之州縣官更換十三年內閣學士方苞上平糶倉穀三事一倉穀每年存七糶三設遇價昂必待申詳定價窮民一時不得邀惠請令各州縣酌定官價一面開糶一面詳報一江淮以南地氣卑溼若通行存七糶三恐積至數年必有數百萬霉爛之穀有司懼罪往往以既壞之穀抑派鄉戶請飭南省各督撫驗察存倉各穀色因地分年酌定存糶分數河北五省倘遇歲歉亦不拘三七之例一穀之存倉有鼠耗盤糧有折減移動有脚價糶糴守局有人工食用春糶之價卽稍有贏餘亦僅足充諸費請飭監司郡守歲終稽查但數不虧不得借端要挾倘逢秋糴價賤除諸費外果有贏餘詳明上司別貯以備歉歲之用下部議行乾隆三年兩江總督那蘇圖疏言平糶之事止須比市價酌減一二分兩廣總督鄂彌達亦言平糶之價不宜頓減蓋小民較量錙銖若平糶時官價與市價懸殊則市儈必有藏以待價而小民藉以舉火者必皆仰資官穀倉儲有限商販反得居奇是欲平糶而糶仍未平也從來貨積價落民間既有官穀可糴不全賴鋪戶之米鋪戶見官穀所減有限亦必稍抵其價以冀流通請照市價止減十一以次遞減期年而止則鋪戶無所操其權而官穀不至虧其價均報可七年諭從前張渠奏請減價糶穀成熟之年每石照市價減五分米貴之年減一錢但思歉歲止減一錢窮民得米仍艱嗣後著督撫臨時酌量應減若干奏明請旨如有奸民賤糴貴糶嚴拏究治十三年高宗諭大學士戶部曰邇來常平倉額日增有礙民食嗣後應以雍正年間舊額爲準尋議雲南不近水次陝甘兼備軍務向無定額請以見額爲準雲南七十萬石西安二百七十萬石甘肅三百七十萬石各有奇又福建環山帶海商運不通廣東嶺海交錯產穀無幾貴州不通舟楫積貯均宜充裕以見額爲準福建二百五十餘萬石廣東二百九十餘萬石貴州五十萬石其餘照雍正年間舊額直隸二百一十萬石奉天百二十萬石山東二百九十萬石山西百三十萬石河南二百三十萬石江蘇百五十萬石安徽百八十萬石江西百三十萬石浙江二百八十萬石湖北五十萬石湖南七十萬石四川百萬石廣西二十萬石各有奇通計十九省貯穀三千三百七十餘萬石較舊額四千四百餘萬石應減貯千四百餘萬石自是各省或額缺不補二十三年特諭採買還倉三十一年各省奏銷報實存穀數惟江西河南廣東與十三年定額相同其視舊額增多者湖南百四十三萬石山西二百三十萬石四川百八十五萬石廣西百八十三萬石雲南貴州皆八十餘萬石而浙江視舊額減少二百二十萬石奉天減少百萬甘肅減少百四十萬其直隸江蘇安徽福建湖北山東陝西或減二十萬或減五六十萬蓋聚之難而耗之易如此嘉慶初仁宗屢下買補之令四年諭曰國家設立常平倉若不照額存儲僅將穀價貯庫猝遇需米之時豈銀所能濟用命各省採買還倉十七年戶部浙江司所存常平倉穀數凡三千三百五十萬八千五百七十五石有奇去乾隆中定額猶不遠至道光十一年副都御史劉重麟御史卞士雲先後疏言各直省州縣於常平倉大率有價無穀其價又不免侵用帝命各督撫嚴覈究治然據十五年戶部奏查各省常平倉穀實數仍止二千四百餘萬石又非嘉慶時可比況咸豐間天下崩亂之日乎同治三年諭近來軍務繁興寇盜蠭起所至地方輒以糧盡被陷其故由各州縣恣意侵挪遇變無所依賴嗣後各省常平倉責成督撫認眞整頓迨光緒初直隸河南陝西山西迭遭旱災饑民死者日近萬人四年給事中崔穆之八年御史鄔純嘏復先後請籌辦倉穀於是各督撫始稍加意焉其社義各倉起於康熙十八年戶部題准鄉村立社倉市鎭立義倉公舉本鄉之人出陳易新春日借貸秋收償還每石取息一斗歲底州縣將數目呈詳上司報部六十年奉差山西左都御史朱軾奏請山西建立社倉諭曰從前李光地以社倉具奏朕諭言易行難行之數年果無成效張伯行亦奏稱社倉之益朕令伊暫行永平地方其有效與否至今未奏凡建設社倉務須選擇地方敦實之人董率其事此人並非官吏借出之米還補時遣何人催納卽豐收之年倘難還補何況歉歲其初將衆人米穀扣出收貯無人看守及米石缺空勢必令司其事者賠償是空將衆人之米棄於無用而司事者無故爲人破產賠償也社倉之法僅可小邑鄉村若由官吏施行於民無益今朱軾復以此爲請卽令伊久住山西鼓勵試行雍正二年諭湖廣總督楊宗仁湖北巡撫納齊喀湖南巡撫魏廷珍等前命建社倉本爲民計勸捐須俟年豐如値歉歲卽予展限一切條約有司勿預庶不使社倉頓成官倉今乃令各州縣應輸正賦一兩者加納社倉穀一石聞楚省穀石見價四五錢不等是何異於一兩正賦外加收四五錢火耗耶尋議定凡州縣官止任稽查其勸獎捐輸之法自花紅遞加扁額以至八品冠帶如正副社長管理十年無過亦以八品冠帶給之其收息之法凡借本穀一石冬間收息二斗小歉減半大歉全免祗收本穀至十年後息倍於本祗以加一行息三年從江蘇巡撫何天培請止須行社倉五事一賑貸均預造排門冊存案一正副社長外再舉一殷實者總司其事一州縣官不許干預出納一所需紙筆必勸募樂輸或官撥罰項充用一積穀既多應於夏秋之交減價平糶秋收後照時價買補五年因湖廣社倉虧空諭邇年督撫辦社倉最力者惟湖廣總督楊宗仁今據福敏盤查始知原報甚多而見貯無幾朕思舉行此法實難我聖祖仁皇帝深知之是以李光地奏請而未允張伯行暫行而卽罷蓋在富民無藉乎倉則輸納不前而貧者又無餘粟可納至於州縣官實心者豈可多得湖廣虧缺之數倘係州縣私用必嚴追賠補或民間原未交倉或交倉之數與原報多寡不符若令照數完納恐力未敷須斟酌辦理六年世宗諭曰前岳鍾琪請於通省加二火耗內應行裁減每兩五分之數且暫徵收發民買穀分貯社倉俟數足卽行裁減是以暫收耗羨之中隱寓勸輸之法實則應行斟酌之耗羨卽小民切己之貲財而代民買貯之倉儲卽小民自捐之積貯乃陝省官員以爲收貯在官卽是官物而胥吏司其出納者遂有勒買勒借之弊今特曉示鐫石頒布儻地方官有如前者以擾國政貽誤民生治罪乾隆四年戶部議准陝西巡撫張楷奏定社倉事例一社長三年更換一春借時酌留一半以防秋歉一限每年清還一將借戶穀數姓名曉示一令地方官稽查交代分賠五年議定陝甘社穀凡係民間者聽自擇倉正副管理其係加二耗糧內留五分爲社糧者責成地方官經理入於交代自是之後州縣官視同官物凡遇出借層遞具詳雖屬青黃不接而上司批行未到小民無由借領此後應請令州縣於每年封印後酌定借期一面通詳一面出借其期按耕種遲早以爲先後得旨允行十八年直隸總督方觀承疏言義倉始於隋長孫平至宋朱子而規畫詳備雖以社爲名實與義同例其要在地近其人人習其事官之爲民計不若民之自爲計故守以民而不守以官城之專爲備不若鄉之多爲備故貯於鄉而不貯於城令使諸有司於四鄉酌設聚黍從便並選擇倉正副管理不使胥吏干預見據報捐穀數共二十八萬五千三百餘石合百四十四州縣衞所共村莊三萬五千二百一十爲倉千有五帝嘉之三十七年戶部議准社倉仍令官經理出納嘉慶四年又議准社義各倉出納由正副長經理止呈官立案道光五年安徽巡撫陶澍疏言義倉苟欲鮮弊惟有秋收後聽民間量力輸捐自擇老成者管理不減糶不出易不借貸專意存貯以待放賑如所議行其後軍興各省皆廢同治六年特諭興復光緒中惟陝西巡撫馮譽驥所籌建者千六百餘所爲最多云其旗倉在東三省者初皆貯米二千萬石營倉自康熙二十二年始時山海關各口建倉達於黑龍江墨爾根三十年令江甯京口等處各截留漕米十萬石存貯三十六年諭沿邊衞堡如榆林等處均貯穀四十九年以湖南鎭筸改協爲鎭撥借帑銀三千兩買穀貯倉五十四年命貯米密雲古北口雍正三年貯穀歸化城土拉庫四十七年先後命廣東提標各營暨諸鎭協均貯穀其後復推行貴州四川浙江福建河南十一年命喜峯口貯穀乾隆元年設河標營倉十一年又命山東河標設立鹽義倉自雍正四年始時兩淮衆商捐銀二十四萬爲江南買穀建倉之用巡鹽御史噶爾泰以聞並繳公務銀八萬共三十二萬諭以三萬賞給噶爾泰餘照所請賜名鹽義旣而浙江衆商亦捐銀十萬諭巡撫李衞於杭州建倉乾隆九年又准山東票商倣行庫之在京師屬內務府者設御用監掌之順治十六年改爲廣儲司十八年分設緞庫銀庫皮庫衣庫康熙十八年增設茶庫磁庫合之爲六其屬於戶部者曰銀庫曰緞庫曰顏料庫合之爲三此外盛京戶部銀庫貯金銀幣帛顏料等物以供二陵祭祀及東三省官兵俸餉賞賚之用各省將軍副都統城守尉庫各貯官兵俸餉及雜稅官莊糶買糧價布政使司庫貯各州縣歲徵田賦雜賦銀按察司庫貯贓罰銀錢糧道庫貯漕賦銀驛站馬夫工料河道庫貯河餉兵備道庫貯兵餉鹽運使司鹽課各稅務由部差者有監督庫如道府廳州縣官兼理者有兼理官庫均貯關鈔地居衝要之分巡道庫府庫直隸州庫及分駐苗疆之同知通判庫均量地方大小距省遠近酌量撥司庫銀分貯州縣衞所庫貯本色正雜賦銀存留者照數坐支輸運者輸布政使司庫凡諸庫每歲出納之數皆造冊送戶部察覈惟贓罰例輸之刑部河工兵餉又兼達兵工兩部戶部於直省庫儲其別有五曰封儲如酌留各布政司銀兩督撫公同封儲有急需題奏動支擅用論斬是也此制定於雍正五年以直隸近京獨無留貯各省自三十萬至十萬析爲三等其後直隸亦有之惟盛京戶部銀庫自乾隆

四十二年由京撥給一千萬永遠存貯四十三年復命將軍兼管曰分儲如各省道庫府庫封貯銀兩遇州縣急需請領即行發給一面詳報藩司督撫仍令各州縣將支銷銀兩隨案具詳聽覈是也其後各繁劇州縣亦照京縣例撥貯而未有定額及雍正八年乃定各省道府州縣分貯之額自三十萬至十萬析爲四等曰留儲如存留屬庫坐支銀兩撥欵給發例免解司是也曰解儲如布政使司庫儲府州縣衞解送正雜賦銀按察司庫收贓罰銀及將軍副都統城守尉庫糧道庫收各處移解官兵俸餉漕項等銀是也曰撥儲如各省兵備道庫歲儲由布政司或鄰省撥解官兵銀河道庫歲儲本省及鄰省撥解官兵俸餉並歲修搶修銀及伊犂歲需俸餉銀塔爾巴哈台歲需新餉銀西藏歲需臺費銀雲南歲需銅本銀貴州歲需鉛本銀皆由各省撥解是也戶部總稽之俾愼其收發令各省解部地丁將足色紋銀傾鎔元寶合部頒法馬每枚五十兩勿加滴珠凡起解餉銀布政使親同解官兌封押字令庫官鈐印當堂裝鞘給發兵牌又州縣官錢糧交代由接任官造具接收册結同監盤官印結上司加結送司詳請咨部不得逾限布政使升轉離任將庫儲錢糧並無虧挪之處附奏其新任接收亦具摺奏聞仍照例限詳題按察使交代由巡撫會同藩司查覈詳題且時其盤查令各督撫於布政使司庫錢糧奏銷交代時親赴盤查具結報題督撫新任亦然府州縣庫儲錢糧奏銷時所管道府親赴盤查結報不得委查取結及預示日期縱令掩飾至戶部銀庫康熙四十五年以貯銀多諭將每年新收銀別行收貯至用銀時將舊銀依次取用乾隆四十一年戶部奏准各直省解京銀兩無論元寶小錠必鏨鑿州縣年月及銀匠姓名嘉慶十九年命各省銀解部隨到隨交道光十二年又命官解官交蓋向來京餉及捐項皆由銀號交庫也然其弊不易革同治三年戶部奏准凡由銀號交庫者均收足色銀兩錠面鏨明某號字樣倘有弊端即照原數加十倍罰賠光緒四年又奏准嗣後各省督撫並各路統兵大臣赴部領餉須遵章遞印領蓋所以重庫儲而杜流弊也

清史稿　志

食貨三

漕運

清初漕政仍明制用屯丁長運長運者令瓜淮兌運軍船往各州縣水次領兌民加過江脚耗視遠近爲差而淮徐臨德四倉仍係民運交倉者並兌運軍船所謂改兌者也逮至中葉會通河塞而膠萊故道又難猝復借黃轉般諸法行之又不能無弊於是宣宗採英和陶澍賀長齡諸臣議復海運遴員集粟由上海雇商轉船漕京師民咸稱便河運自此遂廢夫河運剝淺有費過閘過淮有費催趲通倉又有費上旣出百餘萬漕項下復出百餘萬幫費民生日蹙國計益貧海運則不由內地不歸衆飽無造船之煩無募丁之擾利國便民計無逾此洎乎海禁大開輪舶通行東南之粟源源而至不待官運於是漕運悉廢而改徵折漕遂爲不易之經今敍次漕運首漕糧次白糧次督運次漕船次錢糧次考成次賞恤而以海運終焉

漕運初悉仍明舊有正兌改兌改徵折徵此四者漕運本折之大綱也順治二年戶部奏定每歲額徵漕糧四百萬石其運京倉者爲正兌米原額三百三十萬石江南百五十萬浙江六十萬江西四十萬湖廣二十五萬山東二十萬河南二十七萬其運通漕者爲改兌米原額七十萬石江南二十九萬四千四百浙江三萬江西十七萬山東九萬五千六百河南十一萬其後頗有折改至乾隆十八年實徵正兌米二百七十五萬餘石改兌米五十萬石有奇其隨時截留蠲緩者不在其例山東河南漕糧外有小麥黑豆兩省通徵正兌改耗麥六萬九千五百六十一石八斗四升有奇豆二十萬八千一百九十九石三斗一升有奇皆運京倉黑豆係粟米改徵無定額凡改徵出特旨無常例折徵之目有四曰永折曰灰石米折曰減徵曰民折官辦永折漕糧山東河南各七萬石石折銀六錢八錢不等江蘇十萬六千四百九十二石有奇石折銀六錢不等安徽七萬五千九百六十一石有奇石折銀五錢至七錢不等湖北三萬二千五百二十石湖南五千二百十有二石各有奇石均折銀七錢其價銀統歸地丁報部灰石改折江蘇二萬九千四百二十四石浙江萬八千六百五十三石渦闊加折四千十有五石石折銀一兩六錢以供工部備置灰石之用自順治十七年始也次年飭江南浙江江西三省大吏凡改折止許照價徵收如藉兌漕爲名濫行科索者卽行參劾又以蘇松常鎭四府差繇賦重漕米每石折銀一兩其隨漕輕齎席木贈截等銀仍徵之耗米及給軍行月贈耗等米亦按時價折徵康熙八年定河南漕糧石折銀八錢九年浙江嘉湖二府被災每石折徵一兩五十八年覆准河南附近水次之州縣額徵漕糧每石八錢內節省銀一錢五分仍令民間上納餘六錢五分令徵本色起運至距水次較遠及不近水次之州縣額徵米石仍依舊例徵銀八錢以一錢五分解部餘交糧道採辦米石雍正元年以嘉湖二屬州縣災歉令收徵漕米本折各半其折價依康熙九年例六年議定河南去水次稍遠州縣均徵本色惟南陽汝寧二府屬河南府之盧氏嵩永甯三縣及光汝二州並屬縣又離水次最遠之靈寶閿鄉路遠運艱共酌減米萬五千六十二石有奇免其辦解分撥內黃濬滑儀封考城等五縣協辦於五縣地丁銀內扣除完漕照部價每石八錢以六錢五分辦運節省之一錢五分徵解糧道補項其南汝等府屬每石折銀八錢解司以抵濬滑等五縣地丁銀數所謂減徵是也乾隆二年以大濬運河江蘇淮安之山陽鹽城阜甯揚州之江都甘泉高郵寶應各縣漕糧每石徵折銀一兩其後海州贛楡兩邑亦然山東河南向所改徵黑豆不敷支給河南再改徵二萬石山東四萬石三年湖廣總督德霈言湖南平江距水次五百餘里請改折色分撥衡陽湘潭代買兌運從之七年江西瀘溪以折價八錢不敷採買定嗣後每年八月借司庫銀撥縣採買照價徵銀歸還其後江蘇之嘉定寶山海州贛楡安徽之甯國旌德太平英山湖北之通山當陽諸州縣悉遵此例十一年定河南祥符等四十州縣額徵粟米內每年改小麥萬石與漕米黑豆並徵運通十六年以京師官兵向養馬駝需用黑豆豫東二省自雍正十年以來於漕糧粟米內節次改徵每年額解黑豆二十萬九千餘石每省酌量再改徵黑豆一二萬石尋定山東三萬石河南二萬石額徵粟米照數除抵其節省銀一錢五分爲運脚之用者並徵之十八年倉場侍郎鶴年言現在京倉黑豆六十萬餘石足供三年支放請自明年始豫東二省應運黑豆酌半改徵粟米分貯京通各倉則豆無潮黴之虞粟價亦平從之二十六年以江蘇之淸河桃源宿遷沭陽不產米粟命嗣後先動司庫銀兩按照時價採辦令民輸銀還欵是謂民折官辦其後阜甯旌德泰興甯國太平英山諸縣皆倣行之二十一年諭曰漕糧歲輸天庾例徵本色勒收折色向干嚴禁現值年豐穀賤若令小民以賤價糶穀交納折色是閭閻終歲勤動所得升斗大半糶以輸官以有限之蓋藏供無窮之朘削病民實甚著通諭有漕省分大吏飭所屬徵收糧米槪以本色交納無許勒折滋弊如有專利虐民者據實嚴參然州縣往往仍藉改折浮收雖有明令莫能禁也正兌改兌改折之外復有截漕及撥運各省截留漕船介於起運停運之間行月二糧應給應追向無定例自乾隆元年議定江蘇安徽浙江截留漕船應支本折月糧三修銀照數全給至行糧盤耗贈銀負重等項按站發給若幫船截留本次或旋兌旋卸或數月後淸贈米亦按月計算江西船大載重每年三修銀不敷則取辦於行月二糧遇有截留將原領折耗行月贈銀贈米斛面米均免扣追嗣以運軍挂欠之項諭將雍正十二年以前各省截留漕船應追等項悉免之七年以各省截留漕船已兌開行例須扣追酌定加給視程途遠近船糧多寡爲衡山東河南每船給銀五十兩江南浙江六十兩湖廣七十兩江西九十兩以充各軍在次修船置備器具及雇募舵工水手安家養贍之用其應給之銀卽於行月折色銀內扣給十八年諭曰前命截留南漕二十萬分貯天津水次各倉備用但恐旗丁等於米色斛面任意攙和短少而州縣胥役又往往藉端勒索令方觀承飭天津道親往監看嗣後截漕之省俱派就近道員稽查不得委州縣著爲令撥運者截留山東河南所運薊州糧撥充陵糈及駐防兵米者也康熙三十四年議定年需粟米三萬六百餘石將山東漕糧粟米照數截留以原船自天津運至新河口撥天津紅剝船百五十艘運至薊州五里橋船載百石每百里給脚價一兩三錢二分所需之銀於過閘入倉脚價內撥給四十五年定密雲駐防兵米在豫東二省每年徵存薊糧項下撥運令該縣於春夏之交赴通領運收倉平時由水運有故則陸運脚價由地糧銀內給發次年令豫東各添撥米百石備支銷折耗又撥運保定雄縣兩處駐防兵米截至西沽就船受兌以節耗費嘉慶初因東省輪免漕糧先令豫省兌運不敷之數許動支節年倉存薊米並動碾公穀其後河南被灾亦准在薊倉存米存穀內碾動其各州縣派撥之數薊州五萬八千六百石易州三萬八千六百石各有奇密雲一萬一千五百餘石保定雄縣共三千一百餘石良鄉暨大興之采育三百餘石順義昌平二百餘石霸州東安固安寶坻三百餘石玉田及遷安之冷口各五百餘石滄州二千七百餘石又青州駐防兵米二千一百餘石亦於薊糧內截留運供德州駐防兵米不敷亦得動支此撥運之大略也各省之徵收漕糧也向係軍民交兌運軍往往勒索擾民順治九年始改爲官收官兌酌定贈貼銀米隨漕徵收官爲支給雍正六年以江浙應納漕糧爲額甚巨若必拘定粳米恐價昂難於輸將以後但擇乾圓潔淨秈紅白兼收秈粳並納著爲令乾隆初奏定民納漕米隨到隨收嚴禁蠹書留難四年諭曰朕聞

湖北糧米以十五萬一千餘石運赴通倉名曰北漕十二萬六千餘石爲荆州官米名曰南漕二項原可合收分解乃有不肖州縣分設倉口令糧戶依兩處完納以圖多得贏餘重累吾民著行文該省將二項漕糧合收永遠遵行七年定直省有漕各屬於隔歲年終刊易知由單條悉開載按戶分給以杜濫科十年工部侍郎范燦奏江南下江徵收漕米向借漕費之名或九折或八折自巡撫尹繼善定每石收費六分諸弊盡革久之吏胥復乘緊兌之際多方刁難小民勢難久待不得不議扣折諭飭有漕省分大小官吏嚴行釐剔積弊嘉慶八年禁止各州縣漕糧私收折色及刁生劣監收攬包交凡漕糧皆隨以耗費耗皆以米正兌一石耗二斗五升至四斗改兌一石耗一斗七升至四斗皆隨正入倉以供京通各倉並漕運折耗之用其南糧又有隨船作耗米自五升至二升三升不等以途之遠近爲差嘉慶間定江蘇漕糧耗米原備篩颺耗米四升有奇嗣後以二升餘劃付旗丁二升隨糧交倉浙江江西兩湖悉依此例逮漕務改章凡改徵折色各省耗米亦折價與正米並徵自是漕耗之名遂廢初各省漕糧改爲官收官兌贈貼名稱山東河南謂之潤耗江蘇安徽謂之漕貼浙江謂之漕截江西兩湖謂之貼運其數多寡不一隨糧徵給均刊列易知由單私派挪移者罪之其後江南每糧百石竟私截至百餘兩浙江至三十餘兩糧道劉朝俊以貪婪漕貼萬二千餘兩被劾給事中徐旭齡亦疏陳贈耗之弊然貪官汚吏積習相沿莫能禁也康熙十年議定江甯等府起運耗米及正糧一體貼贈蘇松常三府改折灰石甎貼漕折等銀悉免之二十四年令各省隨漕截銀免解道庫徑令州縣給發乾隆七年定江南漕米贈耗永免停支例各省收漕州縣除隨正耗米及運軍行月糧本折漕贈等項外別收漕耗銀米其數亦多寡不一此項耗外之米皆供官軍兌漕雜費及州縣辦公之用者也輕齎銀者始於有明中葉以諸倉兌運須給路費徵耗米兌運米一平一銳其銳米量取隨船作耗餘皆折銀名曰輕齎清因之每年正兌米一石江西兩湖諸省加耗四斗六升或六斗六升銳米皆一斗加耗四斗六升者則以三斗隨船作耗而以運銳二斗六升折銀一錢三分加耗六斗六升者則以四斗隨船作耗而以運銳三斗六升折銀一錢八分謂之三六輕齎江蘇安徽每石加耗五斗六升銳米一斗除四斗隨船作耗而以餘米二斗六升折銀一錢三分謂之二六輕齎山東河南每石加耗三升銳米一斗除二斗五升隨船作耗餘米一斗六升折銀八分謂之一六輕齎其改兌止有耗米或三斗二升至一斗七升不等止給本色隨船作耗而以存米二升易銀一分謂之折易輕齎均每升折徵銀五釐解倉場通濟庫康熙四十七年令每年江南等省額解輕齎銀三十八萬四千兩內除山東河南湖廣江西浙江江南等省額解銀二十四萬六千九百餘兩仍留通濟庫應用其蘇松糧道所屬額解銀十三萬七千餘兩徑解戶部如倉場不敷得咨行戶部支發尋分撥蘇松糧道所屬額解輕齎銀五萬分解通庫備用用此項輕齎銀例應兌漕通以濟運務外此有席木竹板等存皆隨漕交納其尺寸長短廣狹均有定制道光二十九年兩江總督李星沅奏南漕改折戶部定價太輕開不肖州縣浮勒之端江蘇巡撫陸建瀛亦言其不便遂罷改徵折色同治四年曾國藩李鴻章請將江蘇鎭洋太倉二州縣漕糧改徵折色不許光緒十年翰林院侍讀王邦璽疏陳丁漕有五弊三難五宜三不可是時直省丁漕積欠頻仍故邦璽以爲言二十三年侍講學士瑞洵言南漕改折有益無損先是江浙漕米除河運十二三萬石外歲約海運百二十餘萬二十年辦理海防江浙各省各折十之五六翌年兩江總督張之洞擬令蘇省州縣收折收本仍其舊而由官全行折解部令仍運本色張之洞復奏蘇漕全折歲可省運費八十萬浙江全折兩湖採買全停剝船挑河各費漕職衛官各項均可酌減歲可省百五十萬嗣戶部以庫儲支絀請將江蘇海運漕糧暫減運三十萬石得銀九十八萬餘兩奕劻等奏言南漕歲有定額兵民生計攸關京師根本重地尤須寬爲儲備言者動稱折漕歲五六百萬實則不過百餘萬有奇似不宜輕議更張從之

漕糧之外江蘇蘇松常三府太倉一州浙江嘉湖兩府歲輸糯米於內務府以供上用及百官廩祿之需謂之白糧原額正米二十一萬七千四百七十二石有奇耗米蘇松常三府太倉一州每石加耗三斗以五升或三升隨正米起交餘隨船作耗共二萬七百七石有奇嘉湖二府每石加耗四斗以五升或三升隨正米起交餘隨船作耗共萬三千四百八十八石有奇康熙初定白糧概徵本色惟光祿寺改折三萬石石徵銀一兩五錢十四年議定江南白糧仿浙省例抽選漕船裝運每船給行月糧米六十九石三斗銀五十六兩七錢六分經費銀浙江舊例四百五十七兩一錢一釐議減去銀百二十六兩二錢四分米二十八石嗣以運漕運白事同一體裁江浙白糧經費仿漕糧之例支給行贈銀兩至白糧悉係包米運送並無折耗俟抵通照例交收先是江浙輸將白糧二十二萬餘石太常寺光祿寺各賓館需用二千餘石王公官員俸約需十五六萬石內務府紫禁城兵卒及內監食用需一萬石尚餘五萬石乾隆二年高宗謂光祿寺等處收支原以供祭祀及賓館之用在所必需其王公百官俸米應用白糧酌減其半以粳米抵充至賞賚禁城兵卒及內監米石應將白糧易以粳米以紓民力自是實徵白糯不過十萬石有奇矣又准松江太倉額徵白糯改徵漕糧即在派運白米十萬石內通融盈縮以均應減應運之數浙江向不產糯白糧中糯米一項隨漕統徵秈粳官爲易糯兌運兩省白糧經費前已議裁至是復照舊例徵收江蘇徵銀十八萬六千九百八十五兩有奇米萬八千八百八十九石有奇舂辦米二萬一千三百九十九石有奇浙江徵銀四萬五千七十五兩有奇米三千九百六十九石舂辦米萬三千二百九十石有奇共實徵銀二十三萬二千六十一兩米五萬五千七百四十八石有奇除給運弁運軍並解通濟庫爲運送京通各倉脚價之用餘銀及米折均造冊送部酌撥逮嘉慶中白糧經費江蘇徵銀六萬餘兩米及舂辦米各萬餘石浙江徵銀五萬餘兩米三千餘石舂辦米萬餘石共實徵銀十一萬四千五百十八兩有奇米五萬三千七百二十九石有奇較之乾隆時經費銀所減又逾半矣江浙之運白糧也初沿明代民運之制嗣以臨期雇募民船時日稽遲改行官運仍不便民乃令漕船分帶以省官民之累康熙三年定浙江行漕帶法需船百二十六艘於漕幫內抽出六十二艘裝運增造六十四艘併入僉運後江蘇亦踵行之每船裝運五百石擇軍船殷實堅固者裝運五年一易制定每年未兌之前責令糧道赴次查驗如運軍力疲船不堅固者別選殷軍補運十六年漕運總督瑚寶奏江蘇運白糧船向例五年更調但爲時過久請依漕船三年抽例定運白三年即行另選從之江浙兩省運白糧船原定蘇州太倉爲一幫松江常州各爲一幫嘉興湖州各一幫領運千總每幫二隨幫武舉一改行官運後以府通判爲總部縣丞典史爲協部吏典爲押運旋裁押運後白糧改令漕船帶運復裁總協二部蘇松常每府增設千總二更番領運每幫設隨幫百總一押趲回空浙江增設千總四隨幫二蘇州太倉運白糧船原定百十八艘船多軍衆分爲前後兩幫增設千總二隨幫一白糧減徵後併兩幫爲一其千總隨幫悉予裁減

清初都運漕糧官吏參酌明制總理漕事者爲漕運總督分轄則有糧儲道監兌押運則有同知通判趲運則有沿河鎭道將領等官漕運總督駐淮南掌僉選運弁修造漕船派撥全單兌運開幫過淮盤掣催趲重運查驗回空覈勘漂流督催漕欠諸務其直隸山東河南江西江南浙江湖廣七省文武官吏經理漕務者皆屬焉糧道山東江安蘇松江西浙江湖北湖南各一河南以開歸鹽驛道兼理糧道掌通省糧儲統轄有司軍衛遴委領運隨幫各官責令各府清軍官會同運弁僉選運軍兌竣親督到淮不得委丞倅代押如有軍需緊要事件須詳明督撫漕臣方許委員代行其職務監兌舊以推官任之推官裁改委同知通判山東以武定同知東昌清軍同知濟南兗州泰安曹州四通判濟甯臨清兩直隸州同河南以歸德衛輝懷慶三通判江南以江甯蘇州督糧同知松江董漕同知鳳陽同知蘇州揚州廬州太平池州甯國安慶常州八管糧通判太倉州臨時添委丞倅一浙江以湖州同知杭州局糧通判嘉興通判江西以南昌吉安臨江三通判淮北湖南每年於通省同知通判內詳委三員監兌江西湖廣安徽監兌押淮之員尋裁凡開兌監兌官須坐守水次將正耗行月搭運等米逐船兌足驗明米色純潔面交押運官糧船開行仍親督到淮聽總漕盤驗糧數不足米色不純者罪之道府廳不揭報照失察例議處意存袒護照徇庇例議處押運本糧道之職但糧道在南董理運務無暇兼顧江浙各糧道止令督押到淮盤驗即回任所總漕會同巡撫遴委管糧通判一專司督押約束運軍防範侵盜攙和等弊山東河南通判各一江南七浙江三江西二湖北湖南各一後因通判官卑職微復令糧道押運其漕船回空仍令通判管押過淮必依定限如有遲誤照重運違限例議處江南浙江江西尋復通判押運之制押運同知通判抵通後出具糧米無虧印結由倉場侍郎送部引見糧道押運二次亦准督撫咨倉場侍郎送部引見其員弁紳董隨同押運到通並准擇尤保奬以昭激勸其後各省大吏往往藉漕運保舉私人朝廷亦無由究詰也淮北淮南沿河鎭道將領遇漕船入境各按汛地驅行如催趲不力聽所在督撫糾彈江南京口瓜洲渡江相對處令鎭江道督率文武官吏催促並令總兵官巡視河干協催過江總兵裁改由副將管理雍正三年巡漕御史張坦麟條上北漕事宜一自通抵津沿河舊汛窵遠請照旱汛五里之例漕船到汛催漕官弁坐視阻抵不行申報者依催趲不力例參處一沿途疏淺約十三四處坐糧廳難以兼顧請交各汛弁率役疏通應銷錢糧仍令坐糧廳管理從之巡

漕御史伊喇齊疏劾河南糧道提催之弊巡撫尹繼善亦疏請革除各州縣呈送監兌押運官役陋規凡漕船回空到省未開兌之前責成本省巡撫及糧道既開兌出境則責成漕督及沿途文武官吏抵津後責成倉場侍郎坐糧廳及天津總兵通州副將嚴行稽查有違犯者捕獲懲治四十八年漕督毓奇言各省督押惟山東糧道抵通餘祇押抵淮安關後各省重運俱令糧道督押本幫至臨清出具糧米無虧印結即行回任其自臨清抵通概令山東糧道往來催趲山東運河每年十一月朔煞壩挑淺開壩之日以南省漕船行抵臺莊爲準徵山等湖收蓄衆泉爲東省濟運水櫃不許民間私截水源閘河遇春夏水微務遵漕規啓閉漕船到閘須上下會牌俱到始行啓板如河水充足相機啓閉以速漕運不得兩閘齊啓過洩水勢其在江中偶遇大風原可停泊守候而催漕官吏惟知促迫軍船冒險進行恆有漂沒之虞回空之船管運員及運丁等恆意存怠玩或吝惜雇價將熟習舟子遣散留不諳駕馭之人而押運員弁每先行回署並不在船督率往往有運船失風之事上諭飭沿途各員催趲應察風色水勢毋得過於急迫至涉險失事亦不得因此旨遂任意逗留致逾定限初運河中銅鉛船及木排往往肆意橫行民船多畏而讓之糧船北上亦爲所阻至是令巡漕御史轉飭沿途文武員弁將運漕船催趲先行餘船尾隨循次前進恃強爭先不遵約束者罪之領運員弁各省糧船分幫每幫以衛所千總一人或二人領運武舉一人隨幫効力順治六年奏定就漕運各衛中擇其才幹優長者授職千總責其押運量功升轉挂欠者治罪追償其後裁衛所外委百總改爲隨幫官康熙五十一年揀候選千總三十員發南漕標効力如有領運千總員缺聽總漕委署押運果能抵通全完倉場總督咨送兵部准其即用揀選武舉候推守衛所千總有願補隨幫者可在總漕處呈明遇缺准其頂補三年無誤以衛千總推用雍正二年漕運總督張大有奏稱山東河南輪運薊州遵化豐潤官兵米石沿途管押及回空催趲例責成押運通判請添設薊糧千總二更番領運從之各衛既有千總領運而漕臣每歲另委押運幫官分爲押重押空一重運費二三千金一空運費浮於千金幫丁之脂膏竭而浮收之弊日滋矣嘉慶十二年諭漕督不得多派委員並禁止運弁等收受餽賂十四年巡漕御史又請大加減省自咸豐三年河運停歇船隻無存領運之名亦廢巡漕御史本明官順治初省雍正七年以糧船過淮陋規甚多並夾帶禁物遣御史二赴淮安專司稽察糧船抵通亦御史二稽察之乾隆二年設巡漕御史四一駐淮安巡察江南江口至山東交境一駐濟甯巡察山東臺莊至北直交境一駐天津巡察至山東交境一駐通州巡察至天津凡徵收漕糧定限十月開倉十二月兌畢惟山東臨清牐內之船改於次年二月兌開依限抵通牐外之船仍冬兌冬開乾隆間令牐內牐外一律春兌春開從漕督楊錫紱請也嘉慶四年諭曰冬兌冬開時期促迫嗣後東省漕糧仍照舊例起徵運赴水次立春後兌竣開幫翌年改爲冬兌春開十五年令牐河內外幫船照春兌春開例辦理江北冬漕定於十二月朔開兌限次年二月兌竣開行凡漕兌首重米色如有倉蠹作奸攙和滋弊及潮濕黴變未受兌前責成州縣既受兌後責在弁軍厥驗之責監兌官任之如縣衛因米色爭持即將現兌米面同封固送總漕巡撫查驗果係潮濕攙雜都令賠換飾颺乃將米樣封送總漕俟過淮後盤查比較分別糾劾然運軍勒索州縣卽借米色爲由州縣開倉旬日米多廒少勢須先兌運軍逐船挑剔不肯受兌致糧戶無廒輸納因之滋事運軍乘機恣索或所索未遂船竟開行累州縣以隨幫交兌之苦及漕米兌竣運弁應給通關通關出自尖丁尖丁者積年辦事運丁也他運丁及運弁皆聽其指揮尖丁索費州縣不遂其欲則靳通關不與使州縣枉罹遲延處分運軍運弁沆瀣一氣州縣惟恐誤兌勢不得不浮收勒折以供其求上官雖明知其弊而憚於改作且慮運軍裁革貽誤漕運於是含容隱忍莫之禁詰州縣既多浮收則米色雜於精擇運軍既有貼費受兌亦不復深求及至通州賄賣倉書經紀通挪交卸米色潮濕不純之弊率由於此積重難返而漕政日壞矣乾隆間漕運總督顧琮條上籌辦漕運七事一州縣親收漕糧以免役胥藉端累民一杜匿富僉貧包丁代運之弊一受未開之幫船催令速行一糧船過淮後分員催趲以速運漕一河道舊有橫淺豫爲疏濬以免阻滯一各閘俱照漕規隨時啓閉江廣漕船攜帶竹木限地解卸一回空三升五合餘米速給副丁以濟回時食用詔從其議各省漕糧過淮順治初定限江北各府州縣十二月以內江南江甯蘇松等處限正月以內江西浙江限二月以內山東河南限正月儘數開行如過淮違誤以違限時日之多寡定督撫糧道監兌推官降罰處分領運等官捆打革職帶罪督押其到通例限山東河南限三月朔江北四月朔江南五月朔江西浙江湖廣六月朔各省糧船抵通均限三月內完糧十日內回空倉場定立限單責成押幫官依限到淮逾限不能到次照章糾劾承平日久漕弊日滋東南辦漕之民苦於運弁旗丁肌髓已盡控告無門而運弁旗丁亦有所迫而然如漕船到通倉院糧廳戶部雲南司等處投文每船需費十金由保家包送保家另索三金又有走部代之聚斂至于過壩則有委員舊規伍長常例上斛下盪等費每船又須十餘金交倉則有倉官常例並收糧衙署官辦書吏種種需索又費數十金此抵通之苦也逮漕船過淮又有積歇攤派吏書陋規投文過堂種種費用總計每幫漕須費五六百金或千金不等此過淮之苦也從前運道深通督漕諸臣只求重運如期抵通一切不加苛察各丁於開運時多帶南物至通售賣藉博微利乾隆五十年後黃河屢經開灌運道日淤漕臣慮船重難行嚴禁運丁多帶貨物於是各丁謀生之計絀矣運道既淺反增添夫撥淺之費每過緊要閘壩牽挽動須數百人道路既長限期復迫丁力之敝實由於此雖經督撫大吏悉心調劑無如積弊已深迄未能收實效也

各省漕船原數萬四百五十五號嘉慶十四年除改折分帶坍荒裁減實存六千二百四十二艘每屆修造十一謂之歲造其升科積缺漂沒者謂之補修改造限以十年至給價之多寡視時之久暫地之遠近爲等差造船之費初於民地徵十之七軍地徵十之三備給料價不足則徵軍衛丁田以貼造漕船十年限滿由總漕親驗實係不堪出運方得改造有可加修再運者量給加修銀仍令再運按年計算舊船可用不驗明駕運督撫查實糾劾司修造漕船各官或詐朽壞或修造未竣詐稱已完或將朽壞船冊報掩飾或承造推諉不依限竣工或該管官督催不力及朽壞船不估價申報均降罰有差直隸山東鳳陽地不產木於清江關設廠由船政同知督造江甯各幫共船千二百餘亦於清江成造自儀徵逆流抵淮四百餘里沿途需用人夫挽曳船成後復渡大江道經千里到次遲延縣官急於考成旗丁利於詐索船未到卽行交兌名曰轉廒於是賠耗使費賠補苛索諸弊日滋運軍苦之嗣裁船政同知統歸糧道管理令運軍支領料價赴廠成造不敷卽於道庫減存漕項銀內動支徐州衛河南後幫漕船向亦在清江船廠成造駕赴河南水次兌糧程途遼遠易誤兌限尋改在山東臨清設廠成造遇滿號之年令各軍於江安道庫銀內領價成造其濟南前幫則在江南夏成鎮成造嗣又改於臨清胡家灣設廠船成查驗之法九一驗木二驗板三驗底四驗樑五驗棧六驗釘七驗縫八驗艙九艙頭梢山東各幫於額運漕船外向設量存船三十江蘇揚州亦有量存船二十四先後議裁並將揚州衞應裁之船抵補江興二衞貧疲軍船乾隆八年漕運總督顧琮上漕船變通事宜一漕船當大造之年遇有減歇卽停造一年與先運之船年限參差將來無須同時配造一賠造之船已出運多次恆欠堅固嗣後將賠造接算原船已滿十年尙能出運者准其將船在通售賣一滿號之船向俱分年抽造其中堅固者交總漕擇令加修出運一次許其流通變賣從之二十九年漕督楊錫紱言各省漕船當十運屆滿應行成造之年如運糧抵通准在通變價再買補之船未經滿運或中途猝遇風火請准就地折變詔從其議大河淮安等幫漕船恆有遭風沈溺之事阿桂奏稱因船過高大掉挽維艱所致請較原定尺寸酌量減小嘉慶十五年復酌減江廣兩省漕船尺寸運丁利於攬載客貨船身務爲廣大不知載重則行遲行遲則壅塞民船被阻甚有相去數丈守候經旬者兼之強挐剝運揀撻交加怨聲載道不僅失風之虞也十七年以浙省成造漕船賠累日甚每船除例給二百八兩外復給銀五百九十餘兩以紓丁力漕船建造修葺其費有經常有額外年糜國帑數十百萬及其出運勒索於州縣者又數十百萬催趲迎提終歲勞壞夾帶愈多雖蘇松內河亦無歲不剝運剝運仍責舟於沿途甚至攔江索費奪船毀器患苦商民抗違官長以天庾爲口實援漕督爲護符文武吏士畏其勢燄莫或究詰凡漕船載米毋得過五百石正耗米外例帶土宜六十石雍正七年加增四十共爲百石永著爲例旋准各船頭工舵工人帶土宜三石水手每船帶土宜二十石嘉慶四年定每船多帶土宜二十四石屯軍領運漕糧冬出冬歸備極勞苦日用亦倍蓰家居於是有夾帶私貨之弊漕船到水次卽有牙儈關說引載客貨又於城市貨物輻輳之處逗留遲延冀多攬載以博微利運官利其餽獻奸商竄入糧船藉免國課其始運道通順督漕諸臣不事苛察逮黃屢倒灌運道淤淺漕臣嚴申夾帶之禁丁力益困當商力充裕時軍船回空過淮往往私帶鹽斤漕運總督張大有條上六事一長蘆兩淮產鹽之處奸民勾串竈丁私賣私販伺回空糧船經過卽運載船中請嚴行禁止違者俱依私鹽例治罪一糧船回空時請於瓜洲江口派瓜洲營協同廳員搜查一運司等官挐獲私鹽請依專管兼轄官例議敘一隨幫官專司回空有能挐獲私鹽三次及幫船三次回空無私鹽事者以千總推用一每船量帶食鹽四十斤多帶者以私鹽例治罪一例帶土宜之外包攬商船木筏者照漏稅例治罪貨物入官自是禁網益密矣幫丁困苦

爰有津貼之議江蘇漕船以松江幫丁力爲最疲定例松太等屬每船津貼銀三百兩旋加爲五百兩幫丁視爲額給之項仍欲另議津貼開船遲延州縣恐貽誤獲譴恆私餽之以致津貼日增流弊無已漕運抵通及遇淺皆須用剝船淸初設紅剝船六百艘每船給田四十頃收租贍船免其徵科近畿州縣距河甚遠恆雇覓民船河干游民藉之邀利及接運漕糧往往有盜賣攙和之弊甚有盜賣將盡故傾覆其船逮運官查明仍責地戶賠償傾家蕩業又領船船戶例受天津鈔關部差管轄每歲河冰未泮之日部差催促過堂守候莫不有費苦累實甚三十九年裁紅剝船依原收租數分派各省於漕糧項下編徵解糧道庫支發乾隆二年定每船給紅剝銀二兩由隨幫千總領發漕船遇淺由運軍自雇民餘米糧聽酌定雇價十三年增設𦩕船六十艘造船及用具夫役工食均於紅剝銀內支用餘仍分給運軍南糧入北河後官爲雇船剝運糧艘未到剝船先期預備守候累日且有妨商鹽挽運五十年諭令另造剝船南糧抵北河卽剝運赴通嗣後毋得封固民船致滋擾累違者罪之尋議定官備剝船千二百艘發交附近沿河天津等十八州縣收管如有商貨鹽斤許其攬載四月以後調赴水次毋得遠離翌年復添造三百隻交江西湖廣成造運送天津與原設剝船在楊村更番備剝豫東二省因水淺阻滯定造剝船三百艘交德州恩武城夏津臨淸五州縣分管淸初沿明衞所之制以屯田給軍分佃罷其雜徭尋改衞軍爲屯丁毋得竄入民籍五年一編審糧道掌之康熙初定各省衞所額設運丁十名三十五年定漕船出運每船僉丁一名餘九名以諳練駕馭之水手充之凡僉選運丁僉責在糧道舉報責衞守備用舍責運弁保結責通幫各丁尋僉本軍子弟一人爲副軍雍正初免文學生員僉運先是江蘇按察使胡文伯以江安十衞去蘇松水次遙遠遇有應更換之丁運官赴衞查僉往返須時請預僉備丁造册送糧道轉送總漕備案經戶部議准漕督楊錫紱上疏爭之略言預僉閒丁其不必者有二不便者有二各省衞幫貧富不等殷富之幫本無俟閒丁預備貧乏之幫遇有應換之丁百計搜查求一二殷丁且不可得安有數十閒丁可以預備其不必一也又殷實軍丁生計饒裕猝遇收成歉薄一二年或卽轉爲貧乏今既僉選註册矣設需用之時已經貧乏是仍以疲丁應選其不必二也至送糧道點驗僕僕道途廢時失業不便一也衞所州縣胥吏喜於有事富者賄脫貧者受僉不便二也請停止預選閒丁註册從之舊制漕船旗丁十名丁地五頃其後丁地半歸民戶運丁生計貧乏經戶部行文淸查不許民間侵占乾隆初巡漕御史王興吾奏屯田籍册年久散失無可稽考亦有册籍僅存而界址難於徵實或軍丁典佃於民而展轉相售屢易其主者淸田歸運徒滋擾累蓋津貼之舉已成通例民出費以贍丁丁得項以承運相沿既久無礙於漕況丁得田不能自耕勢必召佃收租是與未贖時之津貼同一得項承運未見有益也二十五年錫紱奏漕運之有疲幫實緣運丁債負爲累浙江之金衢嚴溫處紹台嘉等幫江南之江淮興武鳳陽大河等幫債欠尤多幫疲益甚欲除私負之累莫若出借官帑請於浙江江安道庫各提銀六萬兩專備疲幫領借每歲督運道員查按沿途及抵通需用銀數提交押運至期散給於次年新運應領項下扣還俟疲幫漸起奏明停止各省州縣衞幫承僉運丁均以奉文派僉日起限兩月僉解並查明田地房產造册送總漕存案設有虧短挂欠令其賠補若僉派後實係貧富差貧或棄船脫逃或重僉已革之丁以及徇情出結將軍丁改入民籍者承僉之員降二級調用不准抵銷其上司照失察例議處從漕督毓奇請也道光十三年給事中金應麟奏江浙內河一帶漕船訛詐商民有買渡排幫等名目州縣以兌米畏其挑剔置若罔聞滯運擾民爲害甚大詔林則徐富呢揚阿嚴行查禁

運軍往來淮通終歲勤苦屯田所入有限於是別給行月錢糧資用其數各省不一江南運軍每名支行糧二石四斗至二石八斗月糧八石至十二石浙江江西湖廣行糧三石月糧九石六斗山東行糧二石四斗月糧九石六斗其通津等衞協運河南漕船運丁行月之數與山東同各省領運千總等官於廩俸外多有兼支行糧者行月二糧舊時本少折多且折價每石不過三四五錢各處官丁常有偏枯之控詔令漕督議定查照歲支行月舊額本折各半折色照漕欠每石銀一兩四錢永著爲令康熙二十九年行月錢糧設立易知由單列明應給各項錢糧丁各一紙照欵支給如官役剋扣婪索許本丁將事由裁單內於過淮時陳控雍正元年覆准運船到次先將本色行月錢糧於三日內給發折色銀由衞守備出具印領受領運千總鈐章解道驗明以半給軍半封固糧道賚淮由總漕監發愆期遲延者罪之乾隆五年議定運丁於解淮驗給一半錢糧內酌留回空費用數多者扣留三之一少者酌扣八兩令糧道另行封兌於過淮時交隨運官弁收領俟抵通交糧後給發各丁緣各省漕船回空每因資斧缺乏不能及時抵次也十年漕督顧琮上言糧道所押幫船多少不同兌開復有遲早必俟最後之幫開竣方得赴幫督察而首進之幫又不免守候領銀之累請仍令糧道兌淮封給領運千總解淮呈驗散給從之凡漕船停歇月糧減半給發民船停運給月糧原額四之一三十年車駕南巡截留江浙二省冬兌漕糧各十萬石減歉之船於應給月糧外加恩再給十之二以示體恤運軍月糧遇閏按月本折均平支給尋罷嗣以閏月錢糧乃計日授食各軍春出冬歸停支一月不免枵腹山東河南浙江江甯鳳陽等衞閏月有糧仍照原額支給山東浙江及蘇太等衞遇閏各有額編加徵銀江興等衞無之遇閏於道庫減存銀內支用江西湖北湖南係按出運船米之數支給河南遇閏亦無加徵銀向准山東等省一例支給經部駁追尋准其照支各省運軍名數參差不齊江浙每船十一二名不等嗣議定每船概以十軍配運按名支給行月安慶衞舊係按漕用軍按名派行月二糧自畫一裁減後每船祗用十軍而所載漕糧則倍於他船應仍按糧支給行月山東德州等衞有自雇民船裝運漕糧者一體支給行月錢糧江甯省衞無贍運屯田遇有減存同出運之船支給安家月糧江淮興武二衞原減駕軍二名准其復設派給行月二糧例由布政司行文各府州縣支領每船餽遺書吏六七金不等否則派撥遠年難支錢糧及極遠州縣而州縣糧書又有需索每船約二三金不等十金之糧運丁所得實不及半也

漕糧爲天庾正供司運官吏考成綦嚴順治十二年定漕糧二道考成則例經徵州縣衞所各官漕糧逾期未完分別罰俸住俸降級革職責令戴罪督催完日開復康熙二年議定隨漕行月輕齎各項錢糧總作十分計算原參各官限一年接徵而接徵之員止限半年殊未平允嗣後接徵官限一年糧道知府直隸州一年半巡撫二年如仍不完照原參分數議處其經徵督催白糧各官考成條例悉與漕糧同白糧項下減存經費銀不得擅用違者題參並勒令賠繳糧道完儲錢糧春秋造册達部候撥解京餉年終及離任日藩司盤查出如有侵虧揭報巡撫題參凡漕欠無論多寡均發各糧道嚴追承追官吏嚴查本弁本軍產業估計變售償補如運軍侵糧逃逸報明戶部行文總督提究挂欠米石追完補運與本幫原欠米不符者將過淮不駁換之總漕及督漕承運各官並採買搭運之員一併糾劾其運到之米按數收用以免累及運軍承平日久法令日弛糧道及監兌押運官既不親臨水次糧船抵淮漕總復不嚴行稽查於是弁軍任意折銀沿途盜賣抵關時遂多挂欠矣四十五年令嗣後耗贈漕截等銀米暫存糧道倉庫俟回空時倉場查明按其挂欠數扣抵不足以行糧抵補旋議定挂欠漕糧不及一分至六分之弁軍治罪總漕糧道按所欠分數議處並將所欠漕糧由總漕糧道及監兌押運僉丁衞所各官至運丁分別担任均限定期內償還不完總漕糧道交部議運官運軍分別治罪仍責成總漕糧道賠償全完者優敘糧船抵通起卸漕米例買別幫餘米抵補雍正三年奏准嗣後漕米如有不足卽分別參處償還不得以別幫餘米買補其運軍日用餘米許其售賣餘並禁阻漕船經涉江湖偶遇風濤漂沒沿途催趲各官及汛地文武官親臨勘驗出結總漕及巡撫覆勘奏免若軍弁詐報漂沒及漂沒而損失不多乘機侵盜至六百石者擬斬不及六百石充發極邊漕米按數賠繳文武官遇漕船沈溺不將情由申報押運官弁巡查不謹致失火焚燬者俱降一級調用地方官不協救延燒他船者罰俸一年雍正初奏准漕船在內河失風漂沈者不許豁免押運官弁照失於防範例罰俸一年如有假捏嚴加治罪出結官弁從重議處凡海洋江河遭風漂沒領運弁軍幸獲生全者照軍功保守在事有功例晉級賜金其漂沒身故者官弁照軍功陣亡例分別准蔭加贈運軍給予祭葬銀乾隆七年議定漕船失風火災船未沉沒無論已未過淮卽令修固復載抵通如已被沈難屌者雇民船載運隨幫過淮盤驗抵通加失事載通幫各丁出具互結稍有虧欠責令償補江廣漕船失風沈溺如果不堪屌修無論已未滿號地方官驗明申報總漕就近變價令運弁賚交糧道發給回空漕船失事亦如之嗣議准江蘇浙江山東河南等省買補船艘如已滿號遇失風事故就近折變價銀封交員弁攜回由糧道驗給各軍以補新造漕船遇冰凌迅下致被損壞及雷火焚燬沈失米糧免其償補

各省漕糧歲有定額凡荒地無徵者督撫勘實報免隨漕銀米一例蠲免災傷之區應徵漕糧及折改漕價酌量各被災輕重分別緩徵帶徵遇帶徵之年復又被災傷分年壓徵帶補沿江沿海田地坍沒水中者保題豁免水旱偏災民地例得蠲免惟應船役卽被災甚重仍須供修船雇募等事不得同邀寬典康熙三十七年議定京畿通州武淸寶坻香河東安永淸六州縣紅剝船戶所領地水旱一體蠲免水淹田畝例於歲終確勘涸前起徵淹則停免雍正十年定

淹田漕米照歷徵例俟冬勘後涸則帶徵淹則豁免蘇松太三屬為東南財賦之區賦額最重世宗以來屢議蠲緩然較之同省諸府縣尚多四五倍或十數倍道光時兩遭大水各州縣每歲歉蠲減遂成年例嗣是徵收之數除官墊民欠每年僅得正額之七八或五六而已軍興以後兩府一州受害尤酷同治二年論江督蘇撫查明折衷議減期與舊額本輕之常鎮二府通融覈計著為定額其紳戶把持州縣浮收諸弊永遠禁革四年戶部遵議江蘇常鎮太五屬編徵米係會同漕贈行月南恤局糧等款徵收應如李鴻章等所奏無分起運留支一體並減酌科則之重輕視減成之多寡計原額編徵米豆二百二萬餘石減五十四萬餘石民困稍舒曾國藩又請將蘇松地漕錢糧一體酌減部覆漕項為辦運要需若議覈減費必不敷勢須另加津貼於民生仍無裨益詔令國藩鴻章仿浙省成例覈實刪減浮收並嚴禁大戶包攬短交等弊是年減浙江杭嘉湖三屬米二十六萬餘石

海運始於元代至明永樂間會通河成乃罷之清沿明代長運之制嘉慶中洪澤湖洩水過多運河淺涸令江浙大吏兼籌海運兩江總督勒保等會奏不可行者十二事略謂海運旣興河運仍不能廢徒增海運之費且大洋中沙礁叢雜險阻難行天庾正供非可嘗試於不測之地旗丁不諳海道船戶又皆散漫無稽設有延誤關係匪細上謂海運旣多窒礙惟有謹守前人成法將河道盡心修治萬一贏絀不齊惟有起剝盤壩或酌量截留為暫時權宜之計斷不可輕議更張所謂利不百不變法也自是終仁宗之世無敢言海運者道光四年南河黃水驟漲高堰漫口自高郵寶應至清江浦河道淺阻輸輓維艱吏部尚書文孚等請引黃河入運添築閘壩鉗束盛漲可無泛溢然黃水挾沙日久淤墊為患滋深上亦知借黃濟運非計於是海運之議復興詔魏元煜顏檢張師誠黃鴻傑各就轄境情形籌議諸臣憚於更張以窒礙難行入奏會孫玉庭因渡黃艱滯軍船四十幫須盤壩接運請帑至百二十萬金未幾因水勢短絀難於挽運復請截留米一百萬石上令琦善往查覆稱玉庭所奏渡黃之船有一月後尚未開行者有淤阻禦黃各壩之間者其應行剝運軍船皆膠柱不能移動上震怒元煜玉庭檢均得罪協辦大學士戶部尚書英和建言治道久則窮窮則必變河道旣阻重運中停河漕不能兼顧惟有暫停河運以治河雇募海船以利運雖一時之權宜實目前之急務蓋滯漕全行盤壩剝運則民力勞而帑費不省暫雇海船分運則民力逸而生氣益舒國家承平日久航東吳至遼海者往來無異內地今以商運決海運則風颶不足疑盜賊不足慮霉濕侵耗不足患以商運代官運則舟不待造丁不待募價不待籌至於屯軍之安置倉胥之稽察河務之張弛胥存乎人矧借黃旣病盤壩亦病不變通將何策之從臣以為無如海運便詔仍下有漕各省大吏議時琦善督兩江陶澍撫安徽咸請以蘇松常鎮太倉四府一州之粟全由海運乃使布政使賀長齡親赴海口督同地方官吏招徠商船並籌議剝運兌裝等事嗣澍言見雇沙船千艘三不像船數十分兩次裝載計可運米百五六十萬石其安徽江西湖廣離海口較遠浙江乍浦寧波海口或不能停泊或盤剝費鉅仍由河運上乃命設海運總局於上海並設局天津復命理藩院尚書穆彰阿會同倉場侍郎駐津驗收監兌以杜經紀人需索留難諸弊六年正月各州縣剝運之米以次抵上海受兌分批開行計海運水程四千餘里踰旬而至米石抵通後轉運京倉派步軍統領衙門文武員弁沿途稽查沙船耗米於例給旗丁十八萬餘石內動放所節省耗米六萬石仍隨同起運承運漕糧每石給耗米八升白糧耗米一斗以補正米之不足仍將漕運商耗覈出二成白糧覈出三成由津局給價收買隨正交運漕糧無故短少黴變於備帶耗米內補足不敷勒令買補如有斫桅鬆艙傷人等事則免之船戶脚價飯米折色並津貼等銀先於受兌後發七成餘三成交押運員弁到壩後查無弊端始行全發沙船餘米不下十萬石初照南糧例聽天津人照市價收買嗣以商人希圖賤價售買改由官為收買其價銀由江南委員轉發船戶後仍令商船自行售賣每屆海運期沿海水師提鎮各按汛地派撥哨船兵丁巡防護送並派武職大員二隨船赴津上海交兌時先期咨照浙江提鎮水師營出哨招寶陳錢一帶地方江南提鎮水師營出哨大小洋山會於馬蹟山山東總鎮出哨成山石島會於鷹游門以資彈壓山東洋面責成游擊守備搜查島嶼防護迎送後以邵燦言停派護送武職大員責成沿海水師逐程遞護嗣甯滬商人各置火輪船一遇新漕兌開行時分別拖要巡防剝船直隸舊設二千五百艘二百艘分撥故城等處八百艘留楊村餘千五百艘集天津備用後雇覓堪裝漕糧二百五十石民船五百艘以備裝載商船首次抵津先僅府縣倉廒廟宇撥卸三十萬石餘令剝船徑運通倉隨將天津倉廒廟宇所儲漕米運通無庸轉卸北倉致多周折至商船二次抵津如剝船不敷裝載即將米先儲府縣倉廒廟宇不敷再剝儲北倉隨令原剝將所儲米石儘數運通剝船足數裝載即按首次商船辦法不必分儲北倉以歸簡便剝船百六十隻為一起由經紀自派人分起押運交倉押運員役稟報倉場覆驗回續押後起米船經紀等止須帶領斛手到船起卸如有藉端刁難需索交地方官從嚴治罪各州縣經管剝船每年例給修艌銀五兩三年小修一次給費二十兩歲終漕竣逐一挑驗船身堅固者酌量修艌如損壞較甚即核賞估價所需經費於道庫油艌銀項下動撥封河守凍期內每船工食銀十五兩運米百石給脚價八兩四錢食米一石一斗五升嗣每百石加脚費五兩李鴻章因官剝船戶貧困滋弊例定工食銀十五兩僅領一半不敷贍家請每船由蘇浙漕項內酌貼五兩部格不行鴻章上疏爭之詔從其議商船領運漕糧迅速無誤萬石以下給區額五萬石獎職銜每次奏保以百二三十人為限七年蔣攸銛請新漕仍行海運上以近年河湖漸臻順軌軍船可以暢行不許其後各省歲運額漕逐漸短少太倉積粟動放無存二十六年詔復行海運二十七年議准蘇松太二府一州漕白糧米自明歲始改由海運三十年復令蘇松太二府一州白糧正耗米援照成案由海運津咸豐元年戶部尚書孫瑞珍請河海並運御史張祥晉請將江蘇新漕援案推廣常鎮各屬及浙江一體海運下江督陸建瀛蘇撫楊文定浙撫常大淳妥議覆稱明年蘇松常鎮太四府一州漕白糧米請一律改由海運浙漕艱難海運請仍循舊章從之二年建瀛上籌辦海運十事下部議行是年以浙江漕船開兌過遲回空不能依期歸次詔來歲新漕改為海運從巡撫黃宗漢請也五年河決銅瓦廂由張秋入大清河挾汶東趨運道益梗六年截留江蘇應運漕糧二十萬石供支兵餉實運漕白正耗及支贈給丁餘耗米七十五萬五千餘石其歉緩南漕令各州縣依限催徵運通同治七年議試用夾板船裝運採買米石水脚銀數悉仍沙船例給銀五錢五分挽至天津紫竹林由商董就近寄棧聽驗米大臣會同通商大臣驗收過剝所需小船剝價棧租挑力每石給銀七分由商董承領經理又每石給保險銀三分設有遭風拋失責令貼補至每米千石隨耗八十石備帶餘米二十石剝船食耗米十一石五斗又每百石給津通剝價銀八兩一錢四釐通倉筒兒錢折銀二兩均照海運正漕採買各案辦理是年以津沽河面狹隘常有沈船失米之虞於大沽增設海運外局九年浙江巡撫楊昌濬奏浙省來歲新漕酌擬海運章程十四條一委員分辦以專責成一新漕仍由上海受兌放洋白糧仍循案裝盛麻袋首先運滬一寬備海運商船並由蘇省多撥沙船移浙濟用一經耗等米仍照數支給商耗飭帶本色並餘耗申糙等米搭交倉一增給天津剝船耗米以彌虧欠一津通經費照案備帶竇美等款仍按數抵解一商船准帶礮械並由商捐輪船護送仍責成沿海水師實力巡防一天津交米後循舊責成經紀續到之船仍由天津道驗收一循案加增海運經費一米船到津應多添排數寬備剝船一商船水脚等項照案核給並二成免稅酌定賞罰一商船二成免私之貨仍以米石計斤所帶竹木照案免稅一商船回空載貨照向章免稅一米船抵津交卸嚴禁經紀斗斛剝船需索浮費下部議行十年鴻章言剝船守候苦累每載米百石請加給脚價銀五兩並另籌運白糧民船守候口糧銀萬二千兩由蘇浙糧道庫漕項內撥解不敷則由司庫通融借撥十一年昌濬請以輪船運漕從之輪船招商由商人借領二十萬串為設局資本盈虧悉由商任之購堅捷輪船三艘每年撥海運漕米二十萬石由招商輪船運津其水脚耗米等項仍照向章辦理輪船到津命直督籌備剝船轉運並會同倉場侍郎臨棧查驗仍仿照白糧例由江浙撫道運通交納以杜折耗偷漏輪船協運江浙漕糧籤明某省漕白糧米字樣於米袋之上糧米上棧時由滬局派員監兌兌竣即由輪船商局給收米回文以後裝船起運俱由商局覈辦滬局不再與聞其棧費夫力亦由商局任之凡漕糧派裝輪船輪船商局酌委執事會同滬局詳驗米色乾潔方行收兌交輪局押赴浦江東棧斛收抵津飭津局各員董提前驗收以免壅滯輪船每艘載米三千石填發運單由津局稽核一切領銀領米等結悉罷之輪船運米由上海道填給免稅執照並援例得酌帶二成貨物其洋藥及二成之外另帶貨物仍須納稅喬松年奏山東境內黃水日益汎濫運河淤塞擬因勢利導俾黃水先驅張秋其張秋南北普行挑濬修建牐壩以利漕丁寶楨文彬奏請挽復淮徐故道事下廷臣會議復稱銅瓦廂決後舊河身淤墊過高勢不能挽復淮徐故道至借黃濟運築堤束水與導衞濟運之法同一難行鴻章奏請仍由海道轉運令各省酌提本色若干運滬由海船解津餘照章折解以節運費並隨時指撥漕折銀兩採買接濟並請停止河運採買糧石推廣海運仍下部議先是江北漕糧由河運通至是亦試辦海運十三年奏准江西在滬採買漕糧八萬石交招商局由海運津每石脚價銀二兩七錢光緒元年湖南漕糧採辦正耗米二萬三百四十五石湖北採辦

三萬石均交招商局由海運津江西湖南尋停寶楨奏運河廢壞莫非黃水之害治運必先治黃應先將微湖之湖口雙閘及各減閘迅速修砌及時收蓄以保湖瀦運河正身亦須量爲疏濬嗣桂清畢道遠廣壽賀壽慈等亦以籌款修復運河爲請黃元善復稱自黃河北徙運河阻滯改由海運原屬權宜之計當時奏定江蘇漕額以河運經費作爲海運支銷每石不得過七錢嗣以經費不敷迭次請增江蘇所加距一兩不遠浙江已加至一兩較道光二十八年咸豐二年海運經費尙有節省歸公者大相逕庭且海運曆涉重洋風波靡定萬有不測所關匪細河運雖迂滯而沿途安定經費維均自各省以達京倉民之食其力者不可數計裕國利民計無善於此者現停運未久及時修復尙屬未晚再遲數年河道日淤需費更鉅臣以爲河運迂而安海運便而險計出萬全非復河運不可上命河督漕督及沿河各督撫籌畫具奏沈葆楨疏駁桂清畢道遠等請將有漕省分酌提漕項及將海運糧石分出十數萬石改辦河運之議並力言河運決不能復運河旋濬旋淤運方定章河忽改道河流不時遷徙漕路亦隨爲轉移而借黃濟運爲害尤烈前淤未盡下屆之運已連檣接尾而至高下懸殊勢難飛渡於是百計逆水之性強令就我範圍致前修之款皆空本屆之淤復積設令因濟運而奪溜北趨則畿輔受其害南趨則淮徐受其害億萬生靈將有其魚之歎又不僅徒縻巨帑無裨漕運已也七年令直督飭招商局有協運漕糧時酌分道員駐津驗兌並責成糧道嚴督治漕事人員兌米時加意查察因招商局協運江浙漕糧有攙雜破碎諸弊故也十年法人搆釁海運梗阻太常卿徐樹銘言漕糧宜全歸河運請於運道經行處疏濬河流修治閘壩並選雇民船以濟運明年曾國荃言來年河運酌添江蘇漕糧五萬石並將邳宿河道淤淺處酌估挑濬從之盧士杰言鄭州黃河漫口奪溜山東運河十里堡門外積淤日寬回空漕船不能挽抵口門現甯蘇新漕待船裝載邳宿挑淤築壩必待空船過竣方可興工上命迅飭疏濬積淤俾漕船早日南下十五年從山東巡撫張曜請改撥海運漕米二十萬石仍歸河運曾國荃黃彭年奏江安河運米石業經截留充賑蘇屬河運漕米十萬前已改歸海運各州縣起運均已抵滬驟改河運窒礙難行且雇船將近千艘亦非旦夕可致請俟本年冬漕再行遵旨提前河運以期規復舊章制可十九年北運河上游潮白等河狂漲水勢高於隄顚數尺原築土堰俱沒水中運河水旱大小決口七十餘處由津運京米麥雜糧千數百艘在楊村阻淺命鴻章將各口門堵合並疏濬河身停蓄水勢以利舟行二十二年王文韶奏南漕改行海運惟江北漕糧仍由河運復於蘇松項下提撥米十萬石併入河運船多道遠自黃入運自運入衞節節阻滯船戶窮無復之竊米攙水諸弊叢生本年漕船到津較昔已遲二三月誠恐有誤回空已飭併程催趲尅日兌收但此次截留江北漕米五萬石米色尙佳江蘇五萬石米色參差甚或蒸變剔除晾曬幾費周章蓋運受黃病已非人力所能挽救擬請自本年始改撥蘇漕之十萬石統歸海運其江蘇冬漕仍辦河運以保運道下部議行御史秦夔揚以江北河運勞費太甚疏請停辦改折解部部議漕糧關係京倉儲積未便遽更舊制二十六年以戰端既開從陳璧請於淸江浦設漕運總局車駕西幸轉運局移漢口清江改設分局是年南漕改用火車由津運京二十七年以財用匱乏諭自本年始直省河運海運一律改徵折色責成各省大吏清釐整頓節省局費運費並查明各州縣徵收浮費勒令繳出歸公以期彙成巨欵奕劻請於應辦白糧外每年採辦漕糧百萬石純用粳米並不得率請截留從之二十八年部議本年江浙漕糧純歸招商局輪船承運費應力從減省盛宣懷奏近年滬局輪船因事起運太遲棧耗既鉅及運至塘沽又値聯軍未退費用倍於常時二十六二十七兩年招商局所領水脚實不敷所出本年太古洋行願減價攬載英日議定商約均欲漕運列入約章臣等力拒之蓋招商局爲中國公司前李鴻章奏准漕米軍米悉歸招商局承運實寓有深意也此次詳察中外情形擬請自二十八年冬漕始於向章每石輪船水脚保險等項漕米銀三錢八分八釐一毫內減去五分永爲定制從之江浙漕糧由海運津向用剝船運至通倉每石支耗米一升一合五勺名曰津剝食耗自南漕改用火車運京此項耗米改令隨正交倉嗣因運米事竣每有虧耗許仍舊支給以抵車運虧耗云

清史稿　志

食貨四

鹽法

清之鹽法大率因明制而損益之蒙古新疆多產鹽地而內地十一區尤有裨國計十一區者曰長蘆曰奉天曰山東曰兩淮曰浙江曰福建曰廣東曰四川曰雲南曰河東曰陝甘長蘆舊有二十場後裁爲八行銷直隸河南兩省奉天舊有二十場後分爲九及日本據金川灘地乃存八場行銷奉天吉林黑龍江三省山東舊有十九場後裁爲八行銷山東河南江蘇安徽四省兩淮舊有三十場後裁爲二十三行銷江蘇安徽江西湖北湖南河南六省浙江三十二場其地分隸浙江江蘇行銷浙江江蘇安徽江西四省福建十六場行銷福建浙江兩省其在臺灣者尙有五場行銷本府後入於日本廣東二十七場行銷廣東廣西福建江西湖南雲南貴州七省四川鹽井產旺者凡州縣二十四行銷西藏及四川湖南湖北貴州雲南甘肅六省雲南鹽井最著者二十六行銷本省河東鹽池分東中西三場行銷山西河南陝西三省陝甘鹽池最著者曰花馬大池在甘肅靈州行銷陝西甘肅兩省長蘆奉天山東兩淮浙江福建廣東之鹽出於海四川雲南出於井河東陝甘出於池其製法海鹽有煎有曬池鹽皆曬井鹽皆煎論質味則海鹽爲佳池鹽井鹽次之海鹽之中灘曬爲佳板曬次之煎又次之論成本則曬爲輕煎之用蕩草者次之煤火又次之木則工本愈重此其大較也初鹽政屬戶部山東司宣統二年乃命戶部尙書兼任督辦鹽政大臣外遣御史巡視後裁歸總督巡撫管理其專司曰都轉運使司無運司各省或以鹽法道鹽糧道驛鹽道茶鹽道兼理其行鹽法有七曰官督商銷曰官運商銷曰商運商銷曰商運民銷曰民運民銷曰官督民銷惟官督商銷行之爲廣且久凡商有二曰場商主收鹽曰運商主行鹽其總攬之者曰總商主散商納課後多剝削侵蝕之弊康熙乾隆間革之而未能去惟兩淮以道光時陶澍變法奏除引目由戶部寶泉局鑄銅板印刷順治三年以淮浙領引距京遠設都理引務官駐揚州至七年裁十五年發引於運司尋命運司仍委員赴部關領票亦領於部商人之購鹽也必請運司支單亦曰照單曰限單曰皮票持此購於場得鹽則貯之官地奉天謂之倉長蘆謂之坨未檢查者曰生鹽已檢查者爲熟鹽熟鹽乃可發售兩淮總棧始由商主改後官棧四川以行銷黔滇者爲邊岸本省及湖北爲計岸潼川州爲潼岸河東總岸立於咸豐初其行陝西者以三河口爲之匯行河南者以會興鎭爲之匯山西則蒲解於安邑運城立岸而澤潞等處亦分立焉大抵暢岸外有滯地或展限或減引或停運或用併引附銷統銷融銷諸法併引附銷者將積鹽附入三引銷一引又納引半之課行一引之鹽納三引之課行二引之鹽是也統銷者將積引統燬其正雜錢糧令商人分年完繳融銷者以暢岸濟滯地是也凡引有大引沿於明多者二千數百斤小引者就明所行引剖一爲二或至十有正引改引餘引綱引食引陸引水引浙江於綱引外又有肩引住引其引與票之分引商有專賣域謂之引地當始認時費不貲故承爲世業謂之引窩後或售與承運者買單謂之窩單價謂之窩價道光十年陶澍在兩淮以其攙價奏請每引限給一錢二分旋禁止票無定域而亦有價當道光咸豐間兩淮每張僅銀五百兩後官商競買逮光緒間至萬金以上又引因引地廣狹大小而定售額票則同一行鹽地售額亦同嘉慶以前引多票少後乃引少票多蓋法以時變如此若夫歲入道光以前惟有鹽課及咸豐軍興復創鹽釐鹽課分二類曰場課曰引課場課有灘課竈課鍋課井課之分長蘆有邊布福建有坵折邊布者明時竈戶按丁徵鹽商人納粟於邊給銀報支是謂邊鹽其有場遠鹽無商支令八百斤折交布三丈二尺後改徵銀三錢是謂布鹽竈課向分地丁爲二但丁不盡有地雍正間用長蘆巡鹽御史鄭禪寶言將丁銀攤入於地徵收由是各省如所奏行然長蘆邊布之名猶仍舊坵折者鹽田所納錢糧謂之折價程場所納錢糧謂之鹽坵其供應內府及京師盛京各衙門之鹽康熙中悉裁祇供內府光祿寺二十萬斤折銀解部充納引課有正課包課雜課鹽釐分出境稅入境稅落地稅逮乎末造加價之法興於是鹽稅所入與田賦國稅相埒是以順治初行鹽百七十萬引徵課銀五十六萬兩有奇其後統一區夏引日加而課亦日盛乾隆十八年計七百一萬四千九百四十一兩有奇嘉慶五年六百八萬一千五百一十七兩有奇道光二十七年七百五十萬二千五百七十九兩有奇光緒末合課釐計共二千四百萬有奇宣統三年度支部豫算鹽課歲入約四千五百萬有奇蓋稅以時增又如此順治二年諭各運司鹽自六月一日起俱照前朝會計錄原額徵收旋蠲免明末新餉練餉及雜項加派等銀十六年戶部議准各商鹽船用火烙記船頭不許濫行封捉其過關祇納船料如借端苛求以枉法論十七年用兩淮巡鹽御史李贊元言回空糧艘禁緝夾帶私鹽康熙九年兩淮巡鹽御史席特納徐旭齡言兩淮積弊六大苦一輸納之苦一過橋之苦一過所之苦一開江之苦一關津之苦一口岸之苦總計六者歲費各數萬斤應請革除又掣摯三大弊一加鉈之弊一坐斤之弊一做斤改斤之弊此三弊者惟有嚴禁斤重一法乞交部議定例凡橋所掣摯溢斤割沒少者三四斤多者七八斤不得逾額如夾帶過多掣官虛塡太重者商則計引科罪官則計斤坐贓庶掣摯公而國法信上命勒石嚴禁立於橋所及經過關津口岸席

特納又陳自康熙七年鹽臣差遣稍遲前任鹽差於徵完本年課銀外又重徵新鹽鹽尚未賣一引而課已徵至二十餘萬此種金錢追呼無措非重利借債卽典質赴比應請停止如所請行十六年用戶科給事中余國柱言命將商鹽掣驗每引加二十五斤加課二錢五分永遠革除著爲例二十年命革除三藩橫徵鹽課自滇黔告變所在揭竿蠭起鹽無行銷地商皆裹足不前至亦榛墟彌望無所得售計臣以軍需所恃督餉之檄急如星火商於是大困時天下鹽課兩淮最多困亦最甚賴巡鹽御史劉錫魏雙鳳多方撫恤輸納忘疲至是海內殷富淮南甯國太平池州等府及兩浙山東廣東福建先後增引利獲三倍不特額外照舊行銷且願先呈課銀請將以前停引補還四川經明季之亂江楚人民遷移其地食鹽日多請引數倍於昔所開之井爲滇黔資水陸無滯而福建廣東兩浙招徠竈丁墾復鹽地鹽坵報部升課者不絕又兩浙各場漲墾蕩地二萬二千七百餘畝廣東各埠每斤加七十斤江西南贛二府鹽引至三十六年加斤配課亦如之上以寰宇昇平免浙江加斤銀之半共三萬一千三百八十餘萬三十八年南巡復諭各鹽差向因軍需於正額外更納所私得羸餘著將此項停罷其兩淮鹽課前曾加四十萬著減其半四十三年用江南總督阿山言革除兩淮浮費數十萬勒石永禁五十六年長蘆巡鹽御史田文鏡請將山東所裁鹽引補足辦課經部議准上以加引增課無益不許先是順治二年世祖定巡視長蘆兩淮兩浙河東鹽政差監察御史各一歲一更代其山東鹽務歸長蘆兼管陝西歸河東兼管十年停鹽務專責成運司尋因運司權輕仍命御史巡察康熙十一年復停巡鹽明年巡撫金世德以直隸事繁請仍差御史於是兩淮兩浙河東皆復舊制旣而兩廣福建並設巡鹽御史五十九年仍交督撫管理時鹽課惟廣東雲南常闕額因康熙初粤商由里下報充三年一換名爲排商故弊端百出嗣將排商費萬餘兩入正課舉報殷戶以充場埠各長商而場商貲薄不能盡數收買致場多賣私五十七年裁場商由運庫籌帑本三十六萬分交場員收買且置艚船給水脚運向東關潮橋存倉候配埠商配鹽按包納價獲有盈餘名爲場羨其滷耗餘賸鹽斤及配引外多收餘鹽發商行運又有子鹽京羨餘鹽羨銀等名後餘鹽改引將餘羨歸入正額而粤鹽遂有辦羨之事後粤商倒歇至五十餘埠滇鹽由商認票辦運而地無舟車全恃人力煎無煤草全恃木柴故運費工本皆重而鹽課率以一分又重於他省富商棄之弗顧強簽鄉人承充及倒罷未由追繳乃責里中按戶攤納迨乾隆時一蹶不振遂令歷年督撫分償世宗初年裁福建浙江巡鹽御史時上於鹽政頗加意河東鹽池形低屢爲山水灌入向例修牆築堰皆派蒲解十三州縣之民應役從巡鹽史碩色言歲撥銀六千兩以三千作歲修三千貯運庫備大修民累始紓又以鹽法莫急於緝私但有場私有商私有梟私而鄰私官私爲害尤鉅欲緝場私必恤竈而嚴其禁故於二年兩淮范隄決沿海二十九場爲潮淹特發帑金以賑五年以淮商捐銀建鹽義倉積穀諭更立數倉於近竈地以備竈戶緩急之需此政之在於恤竈者六年江南總督范時繹言兩淮竈戶燒鹽應令商人舉幹練者數人並設竈長巡役查核鹽數輸入商垣以杜私賣兩淮巡鹽御史戴音保言場竈燒鹽之具深者盤淺者鐵設有定數而煎鹽以一晝夜爲火伏並巡查息火後私燒近有竈戶私置鹽鐵火伏又不稽查故多溢出之數請飭鹽官申嚴舊法至淮南曬掃惟有商人收買配運酌加引課均命著爲例此所以嚴其禁也欲緝商私必恤商而嚴其禁故二年兩淮各場因災竈鹽不繼商本倍增從巡鹽御史噶爾泰言令將本年成本之輕重合遠近脚價酌量時値買賣至食鹽離銷處値有綱地行銷不敷亦准改撥兵部尙書盧詢請加引免課以期減價敵私命長蘆兩淮每引加五十斤免納課銀此政之在於恤商者十一年從江南總督尹繼善言改設淮南巡道督理揚州通州等處鹽務並於儀徵之靑山頭立專營緝私其稽官私也自明以來膺鹽差者回京例有呈獻及上嚴禁始各將所得報繳獨福建八萬餘兩爲總督滿保查出於是裁撤鹽官鹽商命各場由州縣監管嗣廣東總督楊琳言地方官辦課必委之家丁衙役非設鋪分賣中飽卽發地里勒派且恐貲本不足挪動地丁錢糧應將場商停設發帑委官監收埠商仍留運銷納課從之是時上於鹽官最重李衛衛在浙江可稱者莫如辦帑鹽帑鹽者由松江台州溫州三府場鹽產旺竈多漏私衛請發帑銀八萬交場員收買復奏設玉環同知使經理收鹽事而舟山內港內洋岱山附近之秀山長途平陽縣界之肥艚均委官管理收發崇明場鹽令知縣主之所收帑鹽儘銷本處魚戶蜑戶漁鹽亦准引商帑商運往他處銷售各照科則納課外輸經費銀一二三錢不等除歸帑本經費餘銀作爲盈餘由是私淨官暢每年引不敷運加領餘引十五萬凡商運餘引引輸租銀四分所完課銀與帑鹽盈餘併案題報年約銀十萬餘自上淸釐鹽政積弊如洗然自裁革陋規歸入正項上又有耗羨入正額恐正額外復有耗羨商何以堪之諭蓋已知其弊矣十三年署副都御史陳世倌言鹽課引有定額斤有定數按引辦課未必果有奇羸卽獲微利何妨留與商人裕其貲本乃近年多有以隨利歸公者考其實乃陰勒商重出故在官多一分之歸公在商添一分之誅求此商受其弊者也又有以捐助題請者爲急公亦陰勒商總公派及項無所出非拖欠引綱卽暗增引斤或高擡鹽價此國與民並受其弊者也請嗣後祇按引辦課一切歸公捐助等名應永遠停止上命莊親王議尋覆如所請行時江西驛鹽道沈起元與江南總督趙宏恩書亦言昔年陋規非皆收納今以墨吏私賍作報部正欵在大員自無再取之理而僚佐豈能別無交際其爲商累實甚後有聞於高宗者乃將兩淮鹽政公費運使薪水及雲南黑白琅井規禮銀蠲除初世宗從宏恩言命給貧民循環號籌聽於四十斤內負販度日至乾隆初元戶部題准六十歲以上十五歲以下及少壯有殘疾婦女老而無依者許於本縣報明給印烙腰牌木籌日赴場買鹽一次旣兩淮巡鹽御史尹會一兩廣總督鄂彌達先後奏言奸民藉口貧苦結黨販私而查兵役未便概撤後以貧民過多停牌鹽每名日給錢十文至二十四文尋改浙江巡撫爲總督兼管鹽政諭酌定增斤改引法將杭嘉紹三所引鹽照兩淮舊額每引加五十斤松所照溫台例改票引九萬餘道引給四百斤均不加課以期復舊又諭裁雲南羸餘其價減至三兩以下廣西仍減二釐免徵兩廣鹽課每千斤餘平銀二十五兩三年改浙督仍爲巡撫兼管鹽政六年以淮南竈鹽暑月多耗命五六月每引加耗十五斤七八月遞減五斤至十三年淮北亦仿行又命兩淮於定額外每引加給十斤十六年以省方所至諭兩淮綱鹽食鹽於定額外每引加十斤先是雍正初因長蘆積欠甚多每引加五十斤嗣經部覆按所加斤折中核算年應增課銀八萬六千餘兩高宗念商力艱難命減半納課二十八年裁運商支應以雲南巡撫劉藻言加給黑白兩井薪本銀四十二年以河東鹽斤陸運虧折命每斤加耗五斤時價平銷速兩淮請豫提下綱之引歲入至五六百萬惟乘輿屢次遊巡天津爲首駐蹕地蘆商供億浩繁兩淮無論矣或遇軍需各商報効之例肇於雍正年蘆商捐銀十萬兩嗣乾隆中金川兩次用兵西域蕩平伊犂屯田平定臺匪後藏用兵及嘉慶初川楚之亂淮浙蘆東各商所捐自數十萬百萬以至八百萬通計不下三千萬其因他事捐輸迄於光緒宣統間不可勝舉鹽商時邀睿顧或召對或賜宴賞賚渥厚擬於大僚而奢侈之習亦由此而深或有緩急內府亦嘗貸出數百萬以資周轉帑本外更取息銀謂之帑利年或百數十萬數十萬十數萬不等商力因之疲乏兩淮河東猶甚五十一年以兩淮歷四年未豫提命江督查奏尋請嗣後每間一綱豫提一次上諭以正引暢銷爲主無庸拘定年限厥後惟五十七年及嘉慶五年各行一次且自三十三年因商人未繳提引餘息銀數逾十萬命江蘇巡撫彰寶查辦鹽政高恆普福運使盧見曾皆置重典其欵勒商追賠至四十七四十九兩年乃先後豁免三百六十三萬二千七百兩有奇後遇大經費商人但藉輸將之數分限完納一二限後率皆拖欠五十六年江西巡撫姚棻奏建昌府界連閩省路徑較多必添設緝私卡巡始收實效上曰行鹽分界必使民食不至舍近求遠去賤就貴乃善建昌旣距福建爲近其價必輕何以不就近行銷若酌改鹽徵鹽課移彼地輸納非惟便民卽私販亦將不禁自止旋兩江總督覺羅長麟湖廣總督畢沅等奏稱小民惟利是圖往往得寸思尺如建昌劃歸閩省則私販卽可越至撫州於全局所關不細乃命仍舊旣長麟奏請建昌設總店屬縣設子店分銷課引依閩省時價斤減二文以敵私更於各要隘分巡嚴緝得旨速行河東自十年衆紳保就見行賤價定爲長額而商始困後池鹽收歉借配蘆蒙花馬池各鹽又開運城西六十里之小池時民食缺少商倒無人承充乃令退商舉報短商五年更換富戶因受累多規避四十七年巡撫農起奏准仍定爲長商引地分三等配勻復請加價二釐試行三年再覈定嗣經部議駁得旨允行久之力仍竭蹶五十六年命馮光熊巡撫山西調甘肅布政使蔣兆奎爲山西布政使初兆奎以河東運使入覲帝問辦潞鹽之策以課歸地丁對及光熊入京命與軍機大臣議之未定而山西署巡撫布政使鄭源璹疏至力言不便上曰課歸地丁朕早慮及地方官曾受鹽規必持異議今鄭源璹果然伊調任河南河南亦有行銷河東引地倘從中阻撓從重治罪八月光熊言河東鹽務積疲惟有課歸地丁聽民自運旣無官課雜費又無兵役盤詰及關津阻留未有不前者請自乾隆五十七年始凡山西陝西河南課額在於三省引地百七十二屬地丁項下攤徵於是山西攤二十八萬一千一百二兩陝西攤十四萬六千三十七兩河南攤八萬六千六百三十三兩各有奇並議章程十一課銀各解本省藩庫雖遇蠲免地丁之年不得蠲免一部引停領免納紙硃銀一無許地方官私收稅錢一鹽政運使以下各官俱裁汰一

移河東道駐運城總管三場一鹽池照舊歲修一三場仍立官秤牙行一課項內有併餘積餘等銀應分別攤免一運皁運儲二倉穀石應分別歸併存借一鹽政應支各款各就近省藩庫動支從之五十七年上幸五臺光熊兆奎奏言自弛鹽禁民無攤課之苦有貧賤之利而陝西巡撫秦宗恩河南巡撫穆和藺亦以鹽充價減聞上甚悅甘肅鹽課雍正元年嘗攤入地丁九年復招商至是仍行前法而陝西漢中延安二府及鄜州各屬之食花馬池鹽者亦一併攤入地丁焉嘉慶四年命停各省鹽政中秋節貢物五年以雲南課額常虧從巡撫初彭齡言改為竈煎竈賣民運民銷其法無論商民皆許領票運鹽不拘何井銷鹽不拘何地完課後聽其所之就諸井見煎實數將定額勻算攤徵有餘作為溢課儘徵儘解所有放票收課事宜卽歸井員經理至八年著為定章十年諭兩淮鹽每引加十斤不入成本以補虧折先是蒙古阿拉善王有吉蘭泰鹽池向聽民販於託克託城辦鹽分銷山西食土鹽各地不准運赴下游其後稽察漸懈竟順流而下不獨池鹽為所占且侵及長蘆兩淮十年陝甘總督那彥成奏辦奸民出販請飭阿拉善王將所留漢回奸民獻出王懼獻鹽池命將其歲入銀八千兩如數賞給蒙戶部侍郎英和同山西陝甘督撫會奏潞商賠累緣以賤價定為常額請照乾隆十年以前例按本科價其吉蘭泰池潞商力難兼顧請另招他商十五年以新商虧課改官運工部侍郎阮元言官運不難難於官銷若虧課額勢必委之州縣非虧挪倉庫卽勒派閭閻是能銷之弊更甚於不銷於是部議吉蘭泰引請飭還阿拉善王賞項停給原定額引改為潞鹽餘引名吉蘭泰活引兩廣自康熙時發帑收鹽運銷後乃收課乾隆五十三年總督孫士毅以商欠積至六十九萬八千餘兩請停發帑本令各出己貲在省河設局經理五十四年新任總督福康安會同士毅籌定章程併兩粵百五十埠為一局舉十人為局商外分子櫃六責成局商按定額參以銷地難易運配各櫃所有原設埠地悉募運商聽各就近赴局及各櫃領銷交課後發鹽二十九埠如舊所謂改埠歸綱也行之二十餘年局商以無應銷之埠歧視埠商其始准局商捆運餘鹽彌補帑息嗣乃不問正引完否貪銷餘鹽反擬正引疲埠欠餉輒用鹽本墊解久之虧益鉅雖局商認完後埠商仍按引捐輸而此十人者已物故家產蕩然矣嘉慶十一年總督將攸銛以聞乃裁局商改公局為公所擇埠商六人經理六櫃事各有埠地自顧己貲不至濫用且定三年更換以免把持謂之改綱歸所二十五年命停兩淮玉貢折價銀道光元年兩江總督孫玉庭言淮鹽至楚岸本無封輪之例鹽政全德始行之請散賣為便湖廣總督陳若霖奏稱積鹽尚多若全開售恐疏銷不及鹽行水販壓價賒欠論俟積鹽售畢再隨到隨賣二年兩淮巡鹽御史曾燠奏稱輪規散後爭先跌價搶售有虧商本玉庭奏無其事若霖言本年較前實溢銷二十六萬餘引於是定議開輪既湖廣總督李鴻賓又言搶售難免八年復封輪時兩淮私梟日衆鹽務亦日壞其在兩淮歲應行綱鹽百六十餘萬引及十年淮南僅銷五十萬引虧歷年課銀五千七百萬淮北銷二萬引虧銀六百萬上召攸銛還京以江蘇巡撫陶澍代之尋遣戶部尚書王鼎侍郎寶興往查澍奏言其弊一由成本積漸成多一由藉官行私過甚惟有大減浮費節止流攤聽商散售庶銷暢價平私鹽自靖命裁巡鹽御史歸總督管理自九年後御史王贈芳侍講學士顧蒓光祿卿梁中靖皆請就場定稅太僕少卿卓秉恬又請仿王守仁贛關立廠抽稅法下澍議澍商於運使俞德淵以為難行遂覆稱課歸場竈有三難一由竈丁起課淮南煎鹽以鐵淮北曬鹽以池約徵銀百餘兩竈皆貧民若先課後鹽則力未逮先鹽後課設遇產歉必課宕丁逃此竈丁起課之難行也一由垣商納課寓散於整較為扼要惟竈以己業而聽命商人情必不願況商惟利是視秤收則勒以重斤借貸則要以重息竈不樂以鹽歸垣商亦必無貲完課此垣商納課之亦難行也一由場官收買就各場產鹽引額攤定課額照納似亦核實無如淮課為數甚鉅豈微員所能任若聽其儘收儘解難保不匿報侵欺此場官收稅之亦難行也又言鹽在場竈每斤僅值錢一二文若就而收稅則價隨課長爭其利者必多海濱民竈雜處掃煎至易將比戶皆私課且更絀至設場抽稅或可試行一隅若各省豈皆有隘可守漏私必比場竈為甚總之無官無私必須無課無稅業經有課有稅卽屬有官有私如謂歸場竈或設鹽廠卽可化梟為良恐未能也上韙之明年澍周歷各場擬行票鹽法於淮北奏定章程十一條一由運司刷印三聯票一留為票根一存分司一給民販行運立限到岸不准票鹽相離及侵越到岸二每鹽四百斤為一引合銀六錢四分加以諸雜費為一兩八錢八分三各州縣民販由州縣給照赴場買鹽其附近海州者卽在海州請領四於各場適中地立局廠以便竈戶交鹽民販納稅五民販買鹽出場由卡員查驗然後分赴指銷口岸六委員駐紮青口七嚴飭文武查拏匪梃八防河九定運商認銷法以保暢岸十裁陋規時窟穴鹽利之官胥吏舉囂然議其不便澍不為動委員領運倡導既而人知其利遠近輻輳鹽船銜尾抵岸為數十年中所未有未及四月請運之鹽已逾三十萬引是歲海州大災飢民賴此轉移傭值全活無算是法成本既輕鹽質純淨而售價又賤私販無利皆改領票鹽但所試行者僅在湖運滯岸皖之鳳陽懷遠鳳臺靈璧阜陽潁上亳州太和蒙城英山泗洲盱眙五河豫之汝陽正陽上蔡新蔡西平遂平息縣確山與食岸在江蘇境之山陽清河桃源邳州睢甯宿遷贛榆沭陽安東海州二十一州縣而皖之壽州定遠霍山霍邱六安豫之信陽羅山光州光山固始商城十一州縣皆昔所定為暢岸尚仍舊法也十三年乃一律改票惟前議科則較原額為減復依原額引徵一兩五分一釐益以各費定銀二兩五分一釐永不議加於是所未改者惟例由江運之桐城舒城無為合肥廬江巢縣滁州來安及由高郵湖運之天長九州縣以地與淮南相錯未宜招販啓浸灌之端故也其立法在改道不改捆蓋淮北舊額未嘗不輕而由暢運至口岸每引成本已達十餘兩價不償本故官不敵私今票鹽不由槓壩淮所舊道而改從王營減壩渡河入湖且每包百斤出場更不改捆直抵口岸除鹽價錢糧外止加運費一兩河湖船價一兩每引五兩有奇減於綱鹽大半其江運數萬引亦倣此自改章後非特完課有贏無絀兼疏場河捐義廠修考院百廢具興蓋惟以輕課敵私以暢銷溢額故以一綱行兩綱之鹽卽以一綱收兩綱之課時頗欲推行於淮南不果及二十九年湖北武昌塘角大火燒鹽船四百餘號損錢糧銀本五百餘萬羣商請退於是總督陸建瀛從護理運使童濂言請淮南改票法較淮北為詳如運司書吏積弊則改為領引納課設揚州總局辦理漢口匣費雖裁而應酬仍多則改為票鹽運至九江驗票發販鹽船經過橋關有掣驗規費則改為壩掣後不過所掣在龍江一關驗票截角餘皆停免鹽包出場至江口其駁運船價及槓鹽各人工勒索則改為商自雇覓凡省陋規歲數百萬又減去滯引三十萬年祇行百零九萬引每引正課一兩七錢五分雜課一兩九錢二分經費六錢五分八釐食岸正課同雜費減半其要尤在以帶運之乙鹽為新引之加斤乙鹽者乙巳綱鹽船遭火而商已納課例得補運故定為每運新鹽一引帶乙鹽二百斤每引六百斤出場至儀徵改為六十斤子包一引十包既裁浮費又多運鹽二百斤成本輕減過半故開辦數月卽全運一綱之引楚西各岸鹽價驟賤農民歡聲雷動是年兩淮實收銀五百萬兩雖兩綱後復引滯課虧則以起票自十引至千引不等大販為小販跌價搶運所誤始澍行於淮北亦自十引起然淮北地隘淮南則廣故利弊殊又值粵亂起鹺務全廢非無補救之方也其在長蘆乾隆以來正雜課共徵七十餘萬自嘉慶十四年南河大工每斤加價二文謂之河工加價五年又因高堰大工加價三年後半歸商半歸公八年復將充公一文歸商然歷年欠項已積至千數百萬矣時銀價翔貴商虧彌鉅於是又加價以調劑之或一文或二文旋議行減引並包法蓋蘆鹽三百斤成引連加耗包索重三百四十斤搬運築包等費歷年加增亦足病商今以十引改築九包減引一成二十一年再減引二成照前改築二十四年又奏停額引十五萬減去課銀六萬餘兩而困仍莫蘇蓋本因浮費重而欠課因欠課多而增價官鹽價貴私鹽乘之薊遵六屬梟販與官為敵而永平七屬尤甚不得已改為官辦二十八年商倒引懸河南二十州縣直隸二十四州縣未運積引至百餘萬未完積欠至二千餘萬命定郡王載銓倉場總督季芝昌會同直隸總督訥爾經額查究每引因費重需成本五兩有奇乃就正課帑利雜款積欠釐為四類其鹽價每斤減制錢二文以敵私斤重則每引加百五十斤以恤商州縣陋規則嚴行裁汰引地懸岸則直隸招商河南改票皆先課後鹽至停引原限五年再酌展約每引攤算僅二兩有奇其在山東乾隆以來引票正課徵銀十八千九萬八百八十餘兩雜款共十萬一千八百餘兩自嘉慶初帑息遞增至二十一萬餘兩較正課增倍十四年南河大工加價二文每年應欠二十九萬兩較正雜課又增一倍十七年復議加價一文以半歸商半彌補商欠而當年課項不能完乃歸次年帶徵帶徵又未完乃按年分限或十二限或二十限遞年推展至道光元年將河工加價停徵而積欠已五百三十餘萬然尚完課額五年因高堰大工又議加價二文奏明三年後半歸商半歸公然所完僅及半正課反因之拖欠至七年全綱傾敗於是設法調劑以積欠幷為一案俟堰工加價歸商後彌補帑本酌留百二十九萬生息餘銀二十七萬至十二年起限分二十限拔繳南運每引加二十五斤北運加二十斤其歸補舊欠之半文加價並歸商以輕成本免徵南運十三州縣與票地臨朐等六縣堰工加價以敵私而舊欠暨見年應交帑息猶不能完於是將報撥之一文堰工加價悉數歸商並將一分帑息減三釐此道光十五年也時銀價日昂虧折彌甚迨臨朐等九州縣票商倒乏因改官運十七年命鹽務歸巡撫

管理尋又議加二文二十三年停引票二成以八成作總額並停餘引二十七年又議引地加價二文票地加一文逾年各岸竟倒懸二十餘處時新舊積欠計八百餘萬而十五年後所欠正雜課又九十餘萬十九年後積欠八十餘萬二十七八年皆未奏銷於是定郡王等會同山東巡撫徐澤醇奏准將兩年奏銷免其造報積引停運積欠停徵自二十九年始改爲先課後鹽除有商運州縣外皆改官運無論官商每引加七十斤帑息每引減一錢十八年二文加價亦減一文以便民食其在浙江自道光元年裁巡鹽御史以巡撫帥承瀛兼管鹽政承瀛疏言嘉慶十五年前撫臣蔣攸銛清查浙江運庫墊款銀數僅五十五萬餘兩甫十載乃至百七十三萬三百兩緣邇來引壅舊綱未畢新綱即開套搭行銷不能以一綱之課歸一綱之用而每年奏銷有定限但完正課即報全完其帶輸之款及外用銀並未徵足歷次河餉又須撥解是以不得不於徵存銀內挪墊而商捐用欵每遇交辦公事奸商復借名浮支臣今飭運司遇支解銀兩如本欵無銀即停給或不得已亦止以外欵墊發內欵不准以內欵墊給外款嗣後至六年銷數皆及額運庫存銀百二十八萬自七年至十年復短銷僅存十一萬蓋因巡撫程含章請加增餘價鹽貴引壅所致迨十一年停止銷數遂至九成二十九年命芝昌往查時又短銷僅至五六成乃請將停歇各地招商承辦並酌加鹽斤其在廣東所辦羨銀頗多蓋粵鹽至西省每包申出鹽十餘斤嗣又添買餘鹽萬包發埠運銷按九折較羨是爲秤頭鹽羨約二萬七千餘兩慶遠等五府苗疆食鹽無引額皆捆運餘鹽交近埠帶銷爲土司鹽羨約五千餘兩海船運鹽竈戶補船戶耗官爲收買發商運銷是爲花紅鹽羨約四千餘兩額粵省鼓鑄歲資滇銅十餘萬斤滇省廣南府屬歲資粵鹽九萬餘包每年兩省委員辦運至百色交換謂之銅鹽互易又廣州駐防食鹽育英堂鹽各數十包皆取之餘鹽按包計羨藉此充外支經費故無雜課正餉有部飯平頭紙硃等銀又東省鹽船所過抽稅約四千餘西省約四萬餘其帑息則八萬餘各項歷年拖欠初省河因損欵多致奏銷遲緩道光二十四年後潮橋疲滯甚於省河然軍興糜爛廣西淮鹽全棄於地而粵課猶十得八九焉其在四川始以潼川府之射洪蓬溪產鹽爲旺嘉定府之犍爲樂山榮縣敘川府富順次之不數年射洪蓬溪廠反不如犍樂富榮方乾隆四十九年各處鹽井衰歇有林儁者官鹽茶道聽民穿井不加課蜀鹽始盛惟潼川難如初且產鹽花多巴少又煎鹽用草工費致欠課七萬始議與犍商合行以十二年爲限期滿歸清積欠因請續合十二年及期滿自辦甫一載即欠二萬餘於是復請續合至道光八年三次期滿而其廠產鹽愈少每年僅完正課不完羨截羨即羨餘截者於繳課截角時交納也時漢州茂州巴州劍州遂州什邡射洪鹽亭平武江油彰明石泉營山儀隴新甯閬中通江安岳羅江安縣綿竹德陽梓潼南江西充井研銅梁大足定遠榮昌隆昌三十一州縣因滷衰銷滯商倒岸懸民在近廠買鹽以食正雜課銀歸入地丁攤徵蓋鹽商奢侈家產日衰乃覓殷戶出租於引商名曰號商所完課羨須交引商封納引商往往挪用且官復有與爲弊者至三十年全綱額廢會徐澤醇爲總督查積欠羨截銀共二十三萬七千餘兩未繳殘引二十二萬八千五百八十一張於是酌擬代銷將號商姓名入冊責其自行封匭時惟犍富邊商及成都華陽計商稍殷實銷岸亦暢餘皆疲滯而潼商尤甚乃撤出黔邊所行水引交犍富兩商承辦其在雲南自改章後私鹽尤多而諸井或常缺額又在迤西迤南其東北隅食川鹽東南隅食粵鹽至難如期道光六年總督趙慎畛疏請就井稽鹽多寡定地行銷御史廖敦行又言分地行鹽不若廣覓子井上命新任總督阮元試行其後諸大井淹廢猶賴子井挹注乃復振云長蘆於咸豐八年經蒙古親王僧格林沁防津奏准將道光二十八年減價二文起徵名鹽斤復價得銀十八萬餘時粵匪北犯運道多阻鹽集濬縣之道口鎮自道口南皆以販運商省岸費有餘利而坐地引商借官行私所獲尤厚故同治五年河南巡撫因河防又議行銷河南引鹽每斤再加二文得八萬兩撤防以七年榮陽大工耗帑百數十萬改爲榮工加價於是較道光末增欵二十六萬山東因捻匪不能南運同治三年積引百三十餘萬分八年帶銷雖部議提撥道光十八年一文加價解充京餉每年約加銀七萬而正課未能全完河東自嘉慶十四年南河大工每斤加價一文較乾隆課額已增至十六萬餘十七年加入吉蘭泰活引又六萬餘兩河東鹽向侵淮岸至道光十一年淮北改票反灌河東而商力益困乃將活引減半河工加價減二成既由招商變爲舉報又變爲簽商破產者衆咸豐二年命戶部侍郎王慶雲往查尋奏定留商行票分立總岸商運鹽至發販行銷裁革州縣陋規銀二十七萬餘兩運城商廳所攤公費七萬餘兩並知池價踊貴由坐商銷乏將畦地出租坐食銷價夥租者按年輪曬先曬者盜挖鹽根囤私肥己故每名價至百二三十兩於是嚴禁定白鹽不得過六十兩靑鹽不得過四十兩澤潞節省等銀攤入通省引內每引九分另籌經費辦公每引七分並酌加鹽斤計成本引僅一兩六錢商情悅服願將活引之半及加價二成完納未幾殷商九十餘家以急軍需共捐銀三百萬給永免充商執照改爲民運民銷山西陝西河南爲官運官銷刪除河工活引節費名目定每斤徵課銀三釐五毫每名合銀百五兩較前增七萬餘此咸豐四年也時長江梗阻河東以侵淮綱大暢先後加河南靈寶口岸引三百名山西岢嵐等食土鹽十三州縣引二千四百九十四道惟陝甘鹽池舊轄於河東康熙二十八年改令花馬小池歸甘肅疆臣管理而大池如故自咸豐五年陝西巡撫王慶雲議改課歸地丁慶雲旋調山西吳振棫之奏言陝民貧乏若徵鹽課力實不逮小民納無鹽之課賠償無課之鹽事殊欠允請飭豫省改招爲便諭與慶雲會商尋改爲官民並運時庫欵支絀部議令河東抽釐濟餉巡撫以難行第於額引加引每名各取羨餘約加銀五萬直隸總督因海防亦請加斤加價庚申綱遂加引六百名辛酉綱加五百名共加銀四十八萬然惟辛酉綱全完旋值陝回亂捻匪竄河南陝西銷路驟塞乃酌停加引兩淮於咸豐三年以江路不通南鹽無商收賣私販肆行部議令就場徵稅四年復令撥鹽引運赴琦善向榮大營抵餉怡良旋奏易引爲斤每百斤抽稅錢三百以二百四十文報撥以六十文作外銷經費時湖廣總督江西巡撫皆以淮引不至請借運川粵鹽分售於太湖南北江西則食閩浙粵之鹽部議由官借運不若化私爲官奏准川粵鹽入楚商民均許販鬻惟擇堵私隘口抽稅一稅後給照放行北鹽自軍營提鹽抵餉遂爲武人壟斷提督李世忠部下赴場領鹽棧鹽不足輒下場自捆夾私之弊不可究詰同治三年御史劉毓楠疏請整頓事下江督曾國藩國藩疏論淮南鹽務運道難通籌辦有二難一在鄰鹽侵灌太久西岸食浙私粵私而兼閩私楚岸食川私而兼潞私引地被占十年民藉以濟食官亦藉以抽釐勢不能驟絕一在釐卡設立太多淮鹽出江自儀徵以達楚西層層設卡報稅諸軍仰食性命相依不能概撤臣思辦法不外疏銷輕本保價杜私四者自鄰鹽侵占淮界本輕利厚淮鹽難與之敵查之既煩堵且生變計惟重稅鄰私俾鄰本重而淮本輕庶鄰鹽化私爲官淮鹽亦得進步見已咨湖廣江西各督撫將鄰私釐金加抽待至淮運日多銷路日暢然後逐之而申其禁此疏銷之略也近年楚西之鹽每引完釐在十五兩以上今改逢卡抽收爲到岸銷售後彙總完釐前收十五兩有奇今楚岸祇十一兩九錢八分西岸九兩四錢四分皖省四兩四錢既減釐以便商人先售而後納此輕本之略也商販求利皆願價昂然往往跌價搶售其始一二奸商零販但求卸物先銷不肯守日賠利其後彼此爭先愈跌愈賤雖欲挽回以保成本不可得也見於楚西各岸設督銷局鹽運到岸令商販投局挂號懸牌定價挨次輪銷時而鹽少民無食貴之虞時而銷滯商無虧本之慮此保價之略也鹽法首重緝私大夥私梟不難捕拏最易偷漏者包內之重斤船戶之夾帶見改復道光三十年舊章每引六百斤分八包每包給滷耗七斤半包索二斤半共重八十六斤刊發大票隨時添給並於大盛關大通安慶等處驗票截角如有重斤夾帶即提鹽充公其各岸之兼行鄰鹽者亦另給稅單苟無單販私即按律治罪此杜私之略也又論淮北鹽務有必須停止者三急宜整理者四漕臣以清淮設防令場商每包捐鹽五斤每引共二十斤旋因逐包捐繳不便改每運鹽百包帶繳五包其應完鹽課及售出鹽價雖經吳棠奏明作爲清淮軍需但錙銖而取之瑣屑而派之殊非政體所宜此須停止者一也徐州本山東引地前因捻氛引未到岸經督辦徐宿軍務田在田奏准散運北鹽晝收東課日久弊多採買則私自赴場售銷則旁侵皖界今東引業已通行不能再託借運虛名貽侵銷實患此須停止者二也北鹽已改捆爲淨鹽未改爲毛鹽皆須納課方准出湖近來私梟句串營弁朋販毛鹽堵之嚴則營員出而包庇緝之疏則官引盡被占銷此須停止者三也夫榷鹽之法革其弊而利自興臣所謂整理之方蓋亦就諸弊既去因勢利導耳淮北綱引前奏至戊午爲止今於五月接開己未新綱惟兵燹後戶口大減斷不能銷四十六萬引請先辦正額二十九萬六千九百八十二引引收正課一兩五分一釐雜課二錢又外辦經費四錢倉穀河費鹽捕營各一分他欵一概刪除此見籌整理者一也近來軍餉賴鹽釐其接濟而處處設卡商販視爲畏途從前每包約完釐錢二千餘今擬自西壩出湖先在五河設卡每包收五百文運赴上海再於正陽關收五百文他卡只准驗票不准重收蓋非減釐不足以輕本非裁卡不足以恤商此見籌整理者二也淮北解餉向以十成分攤臨淮軍營四成滁州四成安徽撫營二成今臨滁兩營已裁而漕臣應量予撥濟嗣後仍應以十成分派臣營五成撫營四成漕營一成論兵數則小有裒益論舊制則無甚更張此見籌整理者三也北鹽每引例定四百斤捆四包每包連滷耗重百十斤近來棧鹽出

湖皆在西壖改捆大包重百三十斤鹽票不符臣已嚴禁並於例給大票外將每船裝鹽包數亦塡明艙口清單庶可杜避重就輕不致以多報少此見籌整理者四也均如所請行國藩吏張鹽法與陶澍不同者澍意在散輪與玉庭若霖同國藩意在整輪與全德曾燠同然玉庭若霖籌辦散輪必前兩月之輪賣畢再開後兩月續到之輪未嘗不以散寓整澍實師其意故國藩鑑於搶售之弊而主整輪爰有總棧督銷之設一以保場價一以保岸價總棧初以儀徵未易修復設於瓜洲後岸爲水齧而圮復移儀徵督銷局鄂岸於漢口湘岸於長沙西岸於南昌皖岸於大通未幾國藩移督直隸李鴻章繼之其所增損莫要於循環給運其法以認引之事併歸督銷俾商販售出前檔之鹽卽接請後檔之引初行之淮南後及於淮北蓋參綱法於票法之中以舊商爲主而不易新商商有世業則官有責成視以前驗貲掣籤流弊爲少自是歷任循之至光緒五年而增引之說起增引者部咨淮北增額八萬時總督沈葆楨疏言近年鹽商以票價昂貴覬覦增引歷任鹽臣精鹽政者無過曾國藩每審定一法必舉數十年之利病如身入其中而通盤計之然淮北引額僅定爲二十九萬有奇豈置國計商情於不顧哉鹽政之壞首由額浮於銷其始尙勉符奏銷之限久乃不可收拾於是新陳套搭未幾而統銷融銷矣又未幾而帶徵停運矣惟額少則商少商少則剔弊易疏銷亦易也八年左宗棠督兩江乃請增引淮北十六萬淮南鄂岸十一萬湘岸四萬皖岸四萬二千餘部議淮北照行其鄂岸僅增三萬湘岸一萬皖岸一萬七千餘及曾國荃涖任復將淮北加引奏免蓋兩淮正課初合織造河工銅斤等欵祇百八十餘萬每引徵銀一兩餘織造河工銅斤者因鹽政運司養廉厚陋規亦多每年解送織造銀二十二萬捐助河工五萬三藩之變滇銅阻隔派各鹽差採買捐辦水脚又五萬及雍正中裁減養廉規費以爲正欵嗣復及他項於是正雜內外支欵遂鉅每引增至六七兩自改票後始輕同治中引地未復而以釐補課實過之正無庸增引也至南鹽銷數向以鄂岸爲多及爲川鹽所據同治七年國藩請規復引地部議令川鹽停止行楚湖廣總督李瀚章疏言未可停惟於沙市設局以川八成淮二成配銷後以包計淮鹽較川鹽每包斤少名二成實不及一成十年國藩復言川侵淮地當使淮八成而川二成或淮七川三今楚督以鄂餉數鉅恐川鹽不暢入欵驟減臣所求者淮鹽得稍行楚岸則商氣蘇願將應得釐銀多撥數成或全數歸鄂命川楚督撫會議國藩等疏言以武昌漢陽黃州德安四府還淮南安陸襄陽鄖陽荊州宜昌五府荊門州仍淮川鹽借銷湖南祇岳常澧三屬行銷川鹽岳州常德亦應歸淮澧州暫銷川鹽經部議准光緒二年貴州道御史周聲澍疏陳川鹽引地已復請將湖南北各府州全歸淮南部議如所請於是葆楨奏稱湖北川釐每年報部百五十餘萬串計合銀不足九十萬請令淮商包完然湖廣督撫以川釐有定虛包餉難憑合辭袒川拒淮至八年宗棠復移文商權訖不果行長蘆自順治初祇徵課二十萬二千有奇十二年按明制查出甯餉酬商濟珠缺額等欵照舊徵解康熙中復增課增引遂至四十二萬六千有奇乾隆季年以逐年誤課參革者衆於是衆商公議完課外每引捐銀二錢以備彌補名爲參課迨道光末課額愈重岸懸愈多於是又添懸岸課每引交銀

四分而仍不足至是國藩督直疏言認商既交寄庫銀千餘兩宜與保商以三年定限凡欠在限內於本商追繳二成其一成綱總與出結之散商分賠過限卽無涉以免畏避從之是時鹽臣自國藩鴻章葆楨外惟宗棠及丁寶楨以能名同治初宗棠撫浙疏言自金陵陷淮鹽侵灌杭嘉松三所惟紹所勉力搘柱後行鹽地多不守浙省亦陷及浙東克復始飭紹興暫辦票鹽省城及嘉湖繼定而舊商力難運銷請將四所通改票鹽並設局稽查銷數經部議准十年御史奇臣奏言浙東府局於商販鹽至輒低其價以便鹽行收買旋復高其價以便轉售利歸中飽應請裁撤部議敕下巡撫楊昌濬查覆尋覆稱兩浙本先課後鹽自改票運因商力薄僅完半課其半課俟銷後補完擬撤鹽行仍留府局督催後半課銀報可福建當乾隆時西路延平建甯邵武三府屬十五州縣東路福甯府屬五州縣南路閩侯二縣歸商辦號商幫南路福州興化漳州泉州四府屬二十一廳州縣由官辦號官幫亦謂之縣澳官幫包與商辦名樸戶嗣後勻配西路各商代銷於是有代額之名商幫以課輕樂於承運而本課轉拖拖欠嘉慶初乃行帶徵與減引法旋革除代額久之倒罷相繼道光元年乃改發商時舊欠皆價新商加以場務廢弛官居省城聽海船裝鹽私相買賣謂之便海流弊滋多至二十九年復倒罷乃改官運而承辦者以運本半入囊槖蓋閩省行鹽乾隆時用團秤每百斤折中砝秤百六十斤以三十斤抵償折耗嘉慶中改用部砝秤又不給耗鹽其擔引折逢引每百斤僅給四十二斤令作百斤售賣而完代額百斤之課是以虧折日甚其後法愈變愈壞同治四年宗棠爲閩督乃請改票運飭各場官住場西路以引商爲票商縣澳以樸戶爲販戶用鹽道票代引名曰販單西路以三十引起票東南兩路及縣澳以百引起票蓋西路每引六百七十五斤東南路並縣澳每引百斤故也裁雜課令正課一兩加耗一錢於領票時交納外抽釐五錢於行鹽各地設局抽收計西路每引徵銀四兩五錢零東南路及縣澳四錢四分零後以西路課重奏減每課一兩隨徵釐四錢凡舊欠各欵豁免既免帑息帑本則責令陸續歸還是年徵課耗釐銀四十萬餘帶收舊欠課十九萬餘卽以四十萬定爲正額行之數年商情大暢私販斂迹陝西花馬池鹽課向由布政使收納及同治十二年宗棠爲陝甘總督因西陲用兵改課爲釐在定邊設局抽收名曰花定鹽釐於是陝西鹽利歸於甘省初川鹽以滇黔爲邊岸而黔岸又分四路由永甯往曰永岸由合江往抵黔之仁懷曰仁岸由涪州往曰涪岸由綦江往曰綦岸至是運商困敝所恃以暢銷者惟濟楚一策及淮南規復引地滯引積至八萬有奇積欠羨截百數十萬金光緒初寶楨督川定官運商銷先從事黔岸籌章程十五條曰裁減浮費曰清釐積引曰酌核代銷曰局運商銷曰兼辦計岸曰引歸局配曰展限奏銷曰嚴定交盤曰慎重出納曰認眞黜陟曰實給船價曰刪減引底引底者運商向於坐商租引配鹽引給銀二十餘兩由商總租收作爲課稅羨截領繳引費及官吏委員提課規費商局公費餘數二兩分交各坐商至是歷年羨截運商已繳本應全革惟因年久姑准存一兩曰添置辦票曰酌留津貼曰酌給獎敘設總局於瀘州四岸各設分局檄道員唐炯爲督辦其後接辦滇岸川鹽行滇祇昭通東川兩府有張窩南廣兩局謂之大滇邊小滇邊其辦理較黔

岸爲難者滇自有鹽侵越最易寶楨籌堵遏法至五年乃開運自官運商銷計本年邊計各額引全數銷清外復帶銷積引萬餘所收稅羨截釐及各雜欵又百餘萬而奸民不便會上遣恩承童華查辦他岸至川富順富紳王余照假冒戶具詞呈控請改官督商銷有旨垂詢寶楨奏言官督商銷利歸官與商官運官銷權全歸官流弊皆大惟官運商銷官商可相維制既而控案訊明奏請挈辦迨光緒末各計岸亦多改官運焉此外如奉天由納稅改行引自康熙中停止無課者百七十餘年同治六年將軍都興阿奏准行榷釐法每鹽一榷東錢千爲本地軍需光緒三年將軍崇厚請加作二千四百文八年將軍崇綺再請加二千四百文名四八鹽釐是爲練兵之欵十七年戶部籌餉加二千四百文名二四鹽釐是爲解部之欵二十四年將軍依克唐阿加千二百文名一二鹽釐是爲興學之欵此三項總稱八四鹽釐二十八年將軍增祺又奏設督銷局每斤加榷制錢四謂之加價以爲官本然原議由官設局收買置倉運售名爲督銷實則官運也値日俄戰起亦未實行三十二年將軍趙爾巽請裁督銷之名在奉天立官鹽總局吉林黑龍江立分局聽商就灘納稅運銷三十三年東三省設行省總督徐世昌又改官鹽總局爲東三省鹽務總局於是吉林黑龍江始實行官運初歲徵課銀二十四萬或四十萬及爾巽至滿百萬其後至百四十萬蒙古鹽向歸藩部經理其行銷陝甘者以阿拉善旗吉蘭泰池鹽爲大宗俗謂之紅鹽道光以前聽民運銷咸豐八年始招商承運每百斤收銀八兩同治間遭回亂商因課逋經宗棠改課爲釐斤加制錢五其在山西者亦紅鹽最多嘉慶初阿拉善王獻吉蘭泰池由官招商辦運將口外各廳大同朔平二府及太原汾州等屬向食土鹽州縣劃爲吉岸引地至十七年廢除凡入口者由殺虎口徵稅每斤一分五釐其外尙有三種曰鄂爾多斯旗鹽曰蘇尼特旗鹽俗謂之白鹽曰烏珠穆沁旗鹽謂之靑鹽初照老少鹽例於口內行銷嘉慶末納稅至光緒時皆改用抽釐法其在直隸者則靑鹽白鹽光緒二十八年察哈爾都統奏請抽釐每斤制錢四約年得銀十二萬有奇明年熱河都統亦照抽每斤五文是年直督又請在張家口設督銷局在口外設廠收鹽招商承辦每千斤包納課銀二兩約年得三萬有奇三十三年熱河亦設局每百斤徵銀四錢宣統元年減爲一錢五分約年得六萬有奇新疆向聽民製銷光緒三十四年後始於精河鹽池徵稅萬四千四百兩迪化徵五千一百兩鄯善徵二千四百兩餘仍無稅初鹽釐創於兩淮南北數皆重自國藩整頓乃稍減繼以規復淮綱又議重抽川釐咸豐五年定花鹽每引萬斤抽釐八兩嗣因商販私加至萬七千斤川督駱秉章請就所加斤按引加抽十七兩共正釐二十五兩後各省皆加及光緒時行銅圓鹽價已暗增而釐金外更議加價其事起雍正時蓋長蘆鹽價自康熙二十七年定每斤銀一分四毫至一分二釐六毫不等雍正六年巡鹽御史鄭禪寶疏稱商課用鹽民間買鹽用錢康熙時銀一兩換制錢千四五百每鹽一斤錢十六文今每兩合錢二千而鹽價如故亦有減至十三四文者以錢易銀不敷原數應請部臣會同督臣詳議至十年題准每斤加銀一釐乾隆後推行他省然其意在恤商而已嘉慶五年長蘆巡鹽御史觀豫因川楚未靖奏請加價濟用仁宗諭曰以餉需攙及閭閻朕不爲也今計食鹽

者每日止一二文若增價則人人受累且私販必因鹽價過昂而起已而以河工需費道光後猶多至光緒二年辦西徵糧臺戶部侍郎袁保恆奏請各省一體加二文以兩江總督沈葆楨力爭乃寢嗣是新政舉行罔不取諸鹽利如二十年因日本搆釁設防部咨各省每斤加收二文二十七年因籌還賠欵加四文三十四年因抵補藥稅又加四文半抵補練兵經費半歸產鹽省分撥用其最著者也時疆吏集商會議僉以滯銷爲憂而勢不能已自是所入較道光前又增數倍然長蘆經拳匪之擾商本損失至借洋欵山東引票各地自同治六年酌歸官辦弊竇殊多河東仍歸官民並運而不能暢銷福建之票運四川之官運皆然廣東潮橋舊由官運至時與六櫃統歸商辦成效亦寡雲南子井存者寥寥而淮折衰敝猶甚宣統元年度支部尚書載澤疏言淮南因海勢東遷滷氣漸淡石港劉莊等場產鹽既少金沙場且不出鹽若淮北三場離海近滷氣尙厚惟曬鹽出於磚池例須按池定引近則磚池以外廣開池基甚至新基已增舊灘未剗致產額谿無限制而南商同德昌在淮北鋪池北商尤以爲不便兩浙產鹽之旺首推餘姚岱山次則松江之袁浦青村橫浦等場皆板曬之鹽也而杭嘉甯紹所屬煎鹽各場滷料亦曬自餘姚近年滷貴薪昂成本加重商家既舍煎而取曬竈戶亦廢竈而停煎煎數日微故龍頭長亭長林等場久缺而注重轉在餘岱餘姚海灘距場遠岱山孤懸海外向不設場雖經立局建廒而官收有限私曬無窮此產鹽各處之情形也淮浙行鹽各有引地而豫之西平遂平久成廢岸湘之衡永寶三府及靖州本淮界而銷粵鹽鄂之安襄鄖荊宜五府及荊門州本淮界而銷川鹽浙之溫台甯處等處祇抽釐尙未行引就目前情形論之淮北以三販轉運於岸情每多隔膜故票販不問關銷豫販又多歸怨湖販此其病在商情之不相聯而各省抽稅勢亦足以病商淮南有四岸督銷權等運司故運司不能制督銷分銷亦不盡受轄於督銷此其病在官權之不相統而商情渙散勢亦足以自病浙場距場近者有肩引住引之分距場遠者有綱地引地之別加以官辦商包其法不一紛紜破碎節節補苴至捆鹽出場沿途局卡之留難船戶之夾帶則皆不免此銷鹽各處之情形也淮鹽行於蘇皖與浙鹽東鹽引界鄰行於豫岸與東鹽蘆鹽引界鄰行於西岸與浙閩粵鹽引界鄰行於湘鄂兩岸與川鹽粵鹽引界鄰而鄂之襄樊又爲蘆私潞私所灌湘之衡永寶又爲粵私所佔兩浙引地蘇皖西三岸皆與淮鄰卽本省之溫台等處亦爲閩私所侵此皆犬牙相錯時起爭端近年京漢鐵路通車貫豫省而下淮蘆之爭更烈將來津浦粵漢等路告成淮界且四面皆敵然此猶言鄰私也尤甚者皖豫同爲淮界而皖之潁州與汝光界壤則以加價輕而及豫岸台處同爲浙境而處之縉雲爲台商承辦則又以包釐微而侵及處郡江西建昌久爲廢岸近設官運局以圖規復而貶價敵私撫州已虞倒灌上海租界向爲私藪近設事務所以籌官銷而越界行運蘇屬時有責言是以淮侵淮以浙侵浙也大抵利之所在人爭趨之固未易遏所恃惟緝私嚴耳然弁勇窳敗不能制梟販而轉擾平民地方官亦以綱法久廢不負責成意存膜視此又引界毗連各處之情形也近來籌欵以鹽爲大宗而淮浙居天下中心關於全局尤重爲整頓計非事權統一不可擬請將鹽務歸臣部總理其產鹽省分督撫作爲會辦鹽政大臣行鹽省分均兼會辦鹽政大臣銜制曰可其言南商鋪池者蓋光緒三十三年淮南因鹽不敷銷於淮北埒子口葦蕩左營增鋪新池謂之濟南鹽池三十四年北商稱有礙舊池銷路經江督張人駿令案淮南缺額以十萬引爲率三販轉運者淮北票鹽舊由票販自垣運至西壩售於湖販再由湖販運至正陽關按輪售於岸販也載澤既受督辦鹽政大臣之命乃設鹽政處按各區分爲八廳先籌淮北章程四曰規復西遂廢岸曰撤退淮邊蘆店曰體恤路捐商累曰包繳豫省釐價咨商河南巡撫吳重熹惟末條堅持仍舊載澤又奏定於西壩設鹽釐總局臨淮關設掣驗局餘局卡悉裁三販統改岸販淮自赴總局完納釐金加價定每引爲銀幣二元二角折收庫平銀一兩六錢零均一次收清至土銷引地酌減銀幣四角折收一兩二錢較原額少三成此二年七月事也直隸張家口外收蒙鹽各場向由商包辦宣統元年改爲公司至是復改設官棧以各廳州縣爲引岸由商包引每年二萬微銀十五萬七千四川歸丁各地票運咸豐後增至六十八廳州縣官運常爲所礙至是奏查井竈就見有者爲額嚴禁偷賣以杜票私三年以大清銀行欵七百萬直隸銀行欵六十萬爲蘆商償外債收引地三十六歸官辦設局天津其永平七屬道光間由州縣辦課光緒二十九年改設官運局至是與新河平鄉二縣無商認辦者統歸津局經理初與各國通商違禁貨物不許出入口鹽其一也乃奉天之大連旅順吉林之長春有日本鹽吉林之琿春延吉有朝鮮鹽黑龍江之滿洲里黑河吉林之東甯有俄羅斯鹽廣西之鎭南關雲南之蒙自有法蘭西鹽香港澳門所在浸灌至山東膠州灣租借於德而侵卽墨鹽場奉天遼東半島租借於俄又轉於日而佔金州鹽灘與復州之交流鳳鳴兩局有包購餘鹽派員緝私兩議後緝私策行購鹽不果廣東廣州灣租借於法吳川之茂暉場爲所佔每運鹽至香港及越南銷售以入內地實皆敗亂鹽法治鹺政者當有以善其後云

清史稿　志

食貨五

錢法　茶法

鑛政

錢法太祖初鑄天命通寶錢別以滿漢文爲二品滿文爲一品錢質較漢文一品爲大天聰因之世祖定鼎燕京大開鑄局始定一品於戶部置寶泉局工部置寶源局順治通寶錢定制以紅銅七成白銅三成搭配鼓鑄錢千爲萬二千串爲一卯年鑄三十卯每錢重一錢二年增重二分定錢七枚準銀一分舊錢倍之民間頗病錢貴已更定十枚準一分各省鎭遵式開鑄先後開山西陝西密雲薊宣大同延綏臨清盛京江西河南浙江福建山東湖廣及荊州常德江甯三府鑄局五年停盛京延綏二局六年移大同局於陽和七年開襄陽鄖陽二府鑄局八年停各府鎭鑄十年復開密雲薊宣陽和臨清鑄局初戶部以新鑄錢足用前代惟崇禎錢仍暫行餘準廢銅輸官償以直並禁私鑄及小錢僞錢更申舊錢禁嗣以輸官久不盡通令天下限三月期畢輸逾限行使罪之是年廷議疏通錢法以八年增重一錢二分五厘爲定式幕左漢文一厘二字右寶泉鑄一字曰戶寶源曰工各省鎭並鑄開局地名一字如太原增原字宣府增宣字之類錢千準銀一兩定爲畫一通行之制禁私局犯者以枉法贓論時官錢壅滯通以斂散法酌定京外局錢配搭俸餉錢糧舊制徵銀七錢三者著爲令而直省局錢不精私鑄乘之卒壅不行悉罷鑄專任寶泉寶源精造一錢四分重錢幕用滿文俾私鑄艱於作僞現行錢限三月銷燬更定私鑄律爲首及匠人罪斬決財產沒官爲從及知情買使總甲十家長知情不首地方官知情分別坐斬絞告奸賞銀五十兩十七年復直省鑄令準重錢式幕兼用滿漢文康熙元年鑄紀元錢後凡嗣位改元皆鑄如例高宗內禪鑄乾隆錢十二嘉慶錢十八非常例也自改鑄一錢四分錢奸民輒私銷乃定律罪之比私鑄遂禁造銅器爲私銷也十八年申嚴其禁軍器樂器之屬許造用五斤以下者時重錢銷益少直苦昂二十三年允錢法侍郎陳廷敬斜復一錢舊制久之錢貴如故乃申定錢直禁錢一兩易錢毋得不足一千然錢直終不能平季年銀一兩易錢八百八十至七百七十乃發五城平糶銀易銀以平其價自舊錢申禁而閩地僻遠猶雜制錢行之二十四年巡撫金鋐以爲言學士徐乾學疏稱自古皆古今錢相兼行使聽從民便因歷數歷代舊事謂自漢五銖以來未嘗廢古而專用今隋銷古錢明天啓後盡括古錢充鑄錢之變也且錢法敝可資古錢以澄汰故易代仍聽流通矧閩處嶺外宜聽民行使上韙其言盡寬舊錢廢錢之禁是年定旗籍私鑄私銷罪如律四十一年以循舊制改輕錢私鑄復起廷臣請罷小制錢仍鑄一錢四分重錢新舊錢暫兼行新錢千準銀一兩舊錢準七錢詔從之然私鑄竟不能止四十五年山東請鑄大錢會獲得常山私鑄上以私鑄不盡大錢必多私銷宜先收後禁乃令錢糧銀一兩折收二千文錢盡折收銅器戶部以新錢不敷請展至五年後燬舊鑄越二年襄陽私鑄洊盱漕艘入京大理卿塔進泰奉命會查疏請嚴禁收燬再犯私鑄私販罪如律船戶運弁罪同私鑄地方官知情斬決沒其家失察奪職法益加嚴官局用銅自四十四年兼採滇產雍正元年巡撫楊名時請歲運滇銅入京廷議卽山鑄錢爲便因開雲南大理霑益四局鑄運京錢幕文曰雲泉上以錢爲國寶更名寶雲並令直省局錢幕首寶字次省名純滿文其後運京錢時鑄時罷乾隆二年以錢價久不平飭大興宛平置錢行官牙以平錢價上念私銷害尤甚益厲行銅器禁官非三品以上不聽用舊有銅器限三年內輸官逾限以私藏禁物論已禁仍造罪比盜鑄爲從遂通令禁造銅器尋益嚴限制惟一品始聽用餘悉禁之藏匿私用皆以違禁論十二年上以錢重則私銷輕則私鑄令復一錢二分舊制十三年定剪錢邊律罪爲絞監候先是尙書海望以銅禁病民疏陳四弊高宗然之遂罷禁銅收銅令復以京師錢價昂銀一兩僅易八百文詔發工部節慎庫錢平價御史陶正靖疏陳錢價不平弊由經紀蠹害錢法遽命革除之浙江布政使張若震言錢貴弊在私燬如使配合銅鉛參入點錫鑄成青錢則銷者無利試之驗因採其議鑄與黃錢兼行定私鑄鉛錢禁爲首及匠人絞監候爲從及知情買使減一等申嚴販運及囤積制錢之禁凡積錢至百千

以上以違例論。上諭廷臣曰今之言禁者亦第補偏救弊非能正本清源也物之定直以銀不以錢而官民乃皆便錢不便銀趨利之徒以使低昂爲得計何輕重之倒置也嗣是宜重用銀凡直省官修工程民間總置貨物皆以銀二十二年兩廣總督李侍堯請禁舊錢僞錢上以民間雜用吳三桂利用洪化昭武諸僞錢第聽自檢出官爲易之以充鑄舊錢仍聽行使二十四年回部平頒式於葉爾羌鑄乾隆通寶枚重二錢幕鑄葉爾羌名左滿文右回文用紅銅並燬舊普爾錢充鑄越二年阿克蘇請鑄如葉爾羌例復允西藏開鑄銀錢重一錢與五分二種文曰乾隆寶藏幕用唐古忒字邊郭識年分以上二類錢第行之回藏內地不用二十九年令回部鑄錢永用乾隆年號時至中葉錢直昂直省皆增鑪廣鑄償暫趨於平會銅運遲滯市儈居奇增直害錢法通飭督撫毋得輕請停鑪減卯季年私鑄益多四川雲貴爲淵藪流布及江浙雲貴官錢亦以不善罷鑄又自律嚴私鑄常寬之以收燬蔫民恃以行詐私錢日出不窮五十七年湖廣總督畢沅請收買毋立限上謂湖北乃私鑄總匯不圖禁絕而預思所以卸過命嚴稽私販仍予寬限二年五十九年以官私錢錯出錢賤乃暫罷直省鑄私錢通限一年收繳而吏胥緣爲奸嘉慶元年復直省鑄至十年直省未盡復卯錢復貴通飭各督撫按卯鼓鑄然嗣是局私私鑄相踵起京局錢至輪郭肉好糢糊脆薄寶蘇鑄中雜沙子擲地即碎而貴州湖廣私鑄盛行江蘇官局私局秘置至道光間閩廣雜行光中景中景興嘉隆諸夷錢奸民利之輒從仿造貴陽大定官局亦別鑄底大錢錢法自是益壞時華洋互市以貨易銀番舶冒禁歲漏出以千萬計御史黃中模章沅咸以爲言而大髻小髻蓬頭蝙蝠雙柱馬劍各種番銀亦潛輸內地以規利自閩廣通行至黃河以南而洋商復挾至各省海口陽置貨而陰市銀至洋銀日多紋銀日少而貴上患之命粵督申嚴禁約然所禁不及洋銀仿鑄之廣板福板杭板吳莊行莊耗華銀如故御史黃爵滋請並禁使出洋吏立專條議從重科十七年詔沿江沿海督撫海關監督飭屬嚴稽偷漏定功過行賞罰而海內銀卒耗竭每兩易錢常至二千廷臣謀所以重錢以殺銀之勢而議格不行先是道光中葉銀外洩而貴朝野皆欲行大錢以救之廣西巡撫梁章鉅疏言其利文宗即位四川學政何紹基力請行大錢以復古救時上意初不謂然卒與官票寶鈔行爲鈔曾行於順治八年歲造十二萬八千有奇十年而罷嘉慶間侍講學士蔡之定請行鈔咸豐二年福建巡撫王懿德亦以爲請廷議以窒礙難行卻之是時銀虧錢匱重而軍需河餉糜帑二千數百萬籌國計者率以行官票請次年命戶部集議惠親等請飭部製造錢鈔與銀票相輔並行票鈔製以皮紙額題戶部官票左滿右漢皆雙行中標二兩平足色銀若干兩下曰戶部奏行官票凡願將官票兌換銀錢者與銀一律並準按部定章程搭交官項僞造者依律治罪邊文龍鈔額題大清寶鈔漢字平列中標準足制錢若干文旁八字爲天下通寶平準出入下曰此鈔即代制錢行用並準按成交納地丁錢糧一切稅課捐項京外各庫一概收解邊文如票大錢當千至當十凡五等重自二兩遞減至四錢四分當千當五百淨銅鑄造色紫當百當五十當十銅鉛配鑄色黃百以上文曰咸豐元寶以下曰重寶幕滿文局名四年以乏銅兼鑄當五鐵錢及制錢已而更鑄鉛制錢乾隆間京局用銅滇洋兼資後專行滇運時以道梗銅滯故權宜出此定議票銀一兩抵制錢二千鈔二千抵銀一兩票鈔亦準是互相抵民間完納丁糧稅課及一切官欵亦準五成京外應放庫欵如之大錢上下通行如票鈔抵銀如制錢之數輸官以三成鐵錢通用如大錢阻撓罪以違制僞造鈔票斬監候私鑄加嚴通飭京外設置官錢局尋以直省延不奉行嗣後議於各府置鈔局發大錢於行店俾錢鈔通融互易以便民丁糧搭收票鈔零星小戶銀鈔尾零搭交銅鐵大錢皆先從直隸山東實行官吏折勒徵法商民交易不平價從嚴處治七年令順天直隸各屬錢糧自本年上忙始以實銀四成寶鈔三成當十銅鐵大錢三成搭交一切用項亦按成搭放尋從戶部議自本年下忙始直隸照銀七票三徵收大錢三成即納在鈔票三成內交票交錢聽便然鈔法初行始而軍餉繼而河工搭放皆稱不便民情疑阻直省搭收五成以欵多抵撥既艱搭放遂不復肯搭收民間得鈔積爲無用京師持鈔入市非故增直即匿貨持向官號商鋪所得皆四項大錢不便用故鈔行而中外兵民病之其後京師以官號七折錢發鈔直益低落至減發亦窮應付鈔遂不能行矣大錢當千當五百以折當過重最先廢當百當五十繼廢鐵錢以私票梗之而亦廢乃專行當十錢盜鑄叢起死罪日報而不爲止局錢亦漸惡雜私鑄中不復辨奸商因之折減挑剔任意低昂商販患得大錢皆裹足三成搭收徒張文告屢禁罔效法弊而撓法者多固未有濟也當十錢行獨久然一錢當制錢二出國門即不通行咸豐之季銅苦乏申禁銅收銅令同治初鑄錢所資惟商銅廢銅當十錢減從三錢二分光緒九年復減爲二錢六分時孝欽顯皇后銳意欲復制下廷臣議以滇銅運不如額姑市洋銅交機器局試鑄戶部奏稱機器局鑄錢並京局開鑪之不便遂旨罪其委卸卒命直隸總督李鴻章於天津行之重準一錢遂賞唐炯巡撫銜專督雲南銅政十四年廣東試鑄機器錢以重庫平七分識於幕二十四年命直省鑄八分錢而京師以制錢少行當十錢如故三十二年鑄銅幣當十錢民不樂用於是創鑄銀銅圓設造銀行思劃一幣制與東西洋各國相抗衡初洋商麕集粵東西班牙英吉利銀錢大輸入總督林則徐謀自鑄圖抵制以不適用而罷嗣是墨西哥日本以國幣相灌輸光緒十四年張之洞督粵始用機器如式試鑄李鴻章繼任續成之文曰光緒元寶庫平七錢二分廣東省造幕紋龍並鑄三錢六分一錢四分四釐七分二釐三分六釐四種小銀圓中國自行銀錢自此始湖北江西直隸浙江安徽奉天吉林以次開鑄尋以廣東湖北江西所鑄最稱便用許以應解京餉撥充鑄本直省未開鑄者飭從附鑄京外收放庫欵準搭三成因命劉坤一張之洞陶模籌議三局造鑄事宜已復由戶部核定七省所鑄規模成色苦參差不利通行會造幣總廠成擬撤其三而留江南直隸廣東爲分廠初鑄準重墨圓議者頗非之之洞始於湖北試行一兩銀幣戶部亦以中國立算夙準兩錢分釐因定主幣爲庫平一兩而以五錢一錢小銀幣暨銅圓制錢輔助之令總分廠如式造行銅元鑄始閩廣江蘇繼之時京局停鑄命各運數十萬入京由戶部發行備用沿江沿海省分並飭籌欵附鑄而直省陸續開鑄造幣總廠反後成總廠擬鑄之幣凡三品曰金曰銀曰銅最先鑄銅幣自當制錢二十降至當二自重四錢降而四分凡四種文視直省小異大同直省曰光緒元寶總廠初同直省嗣定曰大清銅幣皆識某所造幕皆龍文紫銅鑄直省間亦用黃銅凡私造銅幣僞造紙幣罪視制錢加等初鑄銅元爲補制錢之不足旋艷其餘利新政餉需皆取給焉競鑄爭售乃至不能數鑄本兩江總督周馥首疏其弊戶部爲立法限制之繼與政務處上補救八事旋以開鑄者多至十七省至二三局恐終難言畫一乃令山東歸併直隸湖北歸併湖南江南安徽歸併江寧浙江歸併福建廣西歸併廣東合奉天河南四川雲貴爲九廠由部派員會辦遣大臣周歷察核與戶部籌定會辦事宜顧銅元以積賤當十錢僅能及半數民私局私頗叢奸弊應準銀者銅元折合類致虧損物價翔貴民生日益凋敝省與省復相軋至不相流通山東巡撫袁樹勛繼陳十害時總廠初鑄銅幣常留寶泉鑄六分制錢廣東請改鑄一文錢由總廠頒式通行三十四年命各銅元廠加鑄一文新錢如銅圓式蓋存一文舊制藉爲銅圓補救也自大理少卿盛宣懷奏設通商銀行議者以東西洋各國皆有國立銀行能持國內外財政二十九年允戶部請設置官銀行以部專其名糾合官商資本四百萬通用國幣發行紙幣官欵公債皆主之尋爲發行紙幣並開紙印刷二廠會戶部改度支更銀行名曰大清設正副監督各一造幣總廠亦如之銀行內並附設儲蓄銀行畫一幣制載入各國新定商約部議宜先審定銀幣試行效則積金鑄幣三品之制可使條共貫第計元計兩尚持兩端德宗下其事於督撫適有以實行商約速定幣制請者下政務處核議各督撫亦先後議上主兩者至十一省主圓者僅八省度支部前亦頒布用兩遂定一兩爲主幣復由部設幣制調查局而審慎於鑄造推行畫一成色分量之間至宣統二年仍前定名曰圓銀幣一圓爲主幣五角二角五一角三種鎳幣五分一種銅幣二分一分五釐一釐四種爲輔幣銀幣重七錢二分餘遞降並撤直隸銀銅造幣廠而留漢口廣東成都雲南四廠前所鑄大小銀元暫照市價行使將來由總廠銀行收換改鑄三品之制首金次銀光緒中葉英金磅歲騰長每磅自華銀四兩一錢六分五釐增至八兩有奇御史王鵬運通政司參議楊宜治嘗建議積金仿鑄三十年戶部疏請備幣之用納官者皆準金出使大臣汪大燮極言用金之利孫寶琦則請對內用銀對外必預計用金廷臣之論國幣者亦以不臻至用金幣制不爲完善皆請速定用本位金卒未能實行云

茶法我國產茶之地惟江蘇安徽江西浙江福建四川兩湖雲貴爲最明時茶法有三曰官茶儲邊易馬曰商茶給引徵課曰貢茶則上用也清因之於陝甘易番馬他省則召商發引納課間有商人赴部領銷者亦有小販領於本籍州縣者又有州縣承引無商可給發種茶園戶經紀者戶部寶泉局鑄刷引由備書例欵直省預期請領年辦年銷茶百斤爲一引不及百斤謂之畸零另給護帖行過殘引皆繳部凡僞造茶引或作假茶與販及私與外國人買賣者皆按律科罪司茶之官初沿明制陝西設巡視茶馬御史五西寧司駐西寧洮州司駐岷州河州司駐河州莊浪司駐平番甘州司駐蘭州尋改差部員又令甘肅巡撫兼轄後歸陝甘總督管理四川設鹽茶道江西設茶引批驗大使隸江寧府歲徵之課江蘇發引江寧批發所及荊溪縣屬張渚湖汶兩巡檢司安徽發

引灊山太湖歙休寧黟宣城寧國太平貴池青陽銅陵建德蕪湖六安霍山廣德建平十七州縣江西發引徽商及各州縣小販此三省稅課均於經過各關按則徵收浙江由布政使委員給商每引徵銀一錢北新關徵稅銀二分九釐二毫八絲彙入關稅報解又每歲辦上用及陵寢內廷黃茶共百一十餘簍由辦引委員於所收茶引買價內辦解湖北由咸寧嘉魚蒲圻崇陽通城興國通山七州縣領引發種茶園戶經紀坐銷建始縣給商行銷坐銷者每引徵銀一兩行銷者徵稅二錢五分課一錢二分五釐共額徵稅課銀二百三十兩有奇行茶到關仍行報稅湖南發善化湘陰瀏陽湘潭益陽攸安化邵陽新化武岡巴陵平江臨湘武陵桃源龍陽沅江十七州縣行戶共徵稅銀二百四十兩陝甘發西寧甘州莊浪三茶司而西安鳳翔漢中同州楡林延安寧夏七府及神木廳亦分銷焉每引納官茶五十斤餘五十斤由商運售作本每百斤爲十篦每篦二封共徵本色茶十三萬六千四百八十篦改折之年每封徵折銀三錢其原不交茶者則徵價銀共五千七百三十兩有奇亦有不設引止於本地行銷者由各園戶納課共徵銀五百三十兩有奇四川有腹引邊引土引之分腹引行內地邊引行邊地土引行土司而邊引又分三道其行銷打箭鑪者曰南路邊引行銷松潘廳者曰西路邊引行銷邛州者曰邛州邊引皆納課稅共課銀萬四千三百四十兩稅銀四萬九千一百七十兩各有奇雲南徵稅銀九百六十兩貴州課稅銀六十餘兩凡請引於部例收紙價每道以三釐三毫爲率盛京直隸河南山東山西福建廣東廣西均不頒引故無課惟茶商到境由經過關口輸稅或略收落地稅附關稅造銷或彙入雜稅報部此嘉慶前行茶事例也厥後泰西諸國通商茶務因之一變其市場大者有三曰漢口曰上海曰福州漢口之茶來自湖南江西安徽合本省所產溯漢水以運於河南陝西青海新疆其輸至俄羅斯者皆磚茶也上海之茶尤盛自本省所產外多有湖廣江西安徽浙江福建諸茶江西安徽紅綠茶多售於歐美各國浙江紹興茶輸至美利堅甯波茶輸至日本福州紅茶多輸至美洲及南洋羣島此三市場外又有廣州天津芝罘三所洋商亦麕集焉蓋茶之性喜燠惡寒喜濕惡燥又必避慓烈之風最適於中國泰西商務雖盛然非其土所宜不能不仰給於我國用此駸駸徧及全球矣其業此者有總商有散商領引後行銷各有定域亦有兼行票法者如四川自乾隆五十二年開辦堰工茶票後名目甚繁然第行於產多或銷暢之區非遍及各州縣也惟甘商舊分東西二櫃東櫃多籍隸山西陝西西櫃則回民充之自咸豐中回匪滋事繼以盜賊充斥兩櫃均無人承課總督左宗棠勘定全省乃奏定章程以票代引遴選新商採運湖茶是曰南櫃時領票止八百餘張嗣定爲三年一案領票准加不准減計自光緒十三年至二十七年逐案加增三十年又於湖票外更行銷伊塔之晉票迄於宣統二年茶務日盛茶之與鹽辦法略相似惟鹽爲歲入大宗故掌國計者第附於鹽而總核之其始但有課稅除江浙額引由各關徵收無定額外他省每歲多者千餘兩少祗數百兩或數十兩卽陝甘四川號爲邊引亦不滿十萬金咸豐以來各省次第行釐光緒十二年福建冊報至十九萬餘兩他省欵亦漸多未幾收數復絀宣統三年豫算表所載茶稅特百三十餘萬而已順治初元定茶馬事例上馬給茶篦十二中馬給九下馬給七二年差御史轄五茶馬司時商人多越境私販番族利其值賤趨之若鶩兼番僧馳驛往來夾帶私茶出關吏不能詰戶部奏言陝西以茶易馬明有照給金牌勘合之例今可勿用但定價值至番僧所至如官吏縱容收買私茶聽巡按御史參究茶馬御史廖攀龍又言茶馬舊額萬一千八十八匹崇禎三年增解二千四請永行蠲免並從之四年命巡視茶馬滿漢御史各一直隸河寶營地當張家口之西明時鄂爾多斯部落曾於此交易茶馬旋封閉至是戶部差理事官履勘以狀聞諭仍准互市七年以甘肅舊例大引篦茶官商均分小引納稅三分入官七分給商諭嗣後各引均由部發照大引例以爲中馬之用又舊例大引附六十篦小引附六十七斤定爲每茶千斤概准附百四十斤聽商自賣十三年以甘肅所中之馬旣足命陳茶變價充餉十四年復以廣甯開成黑水安定清安萬安武安七監馬蕃命私馬私茶沒入變價原留中馬支用者悉改折充餉十八年從達賴喇嘛及根都台吉請於雲南北勝州以馬易茶康熙四年遂裁陝西苑馬各監開茶馬市於北勝州七年裁茶馬御史歸甘肅巡撫管理十九年以軍需急加福建茶課銀三百五十九兩至二十六年豁免並除湖廣新增茶稅銀時四川產茶多其用漸廣戶部議增引迄康熙末天全土司雅州邛榮經名山新繁大邑灌縣並有所增二十四年刑科給事中裘元佩言洮岷諸處額茶三十餘萬篦可中馬萬匹陳茶每年帶銷又可中數萬匹請遣員專管三十六年遂差部員督理茶馬事務四十年以陝西私茶充斥令嚴查往來民人凡攜帶私茶十斤以下勿問其馱載十斤以上無官引者論罪四十四年以奸商恃有前例皆分帶零運私販轉多飭照舊緝捕停差部員仍歸甘肅巡撫兼理自康熙三十二年因西寧五司所存茶篦年久浥爛經部議准變賣後又以蘭州無馬可中將甘州舊積之茶在五鎭俸餉內銀七茶三按成搭放尋又定西寧等處停止易馬每新茶一篦折銀四錢陳茶折六錢充餉至六十一年復增西寧莊浪岷州河州茶引各處所存舊茶悉令變賣雍正三年遂議自康熙六十一年始五年內全徵本色五年後卽將舊茶變賣嗣是出陳易新總以五年爲率四年定陝西行茶改令產茶地方官給發船票照商人引目茶數開明如於部引外搭行印票及附茶不遵定額者照私鹽律論查驗失察故縱均加處分八年命陝西商運官茶於舊例每百斤准附帶十四斤外再加耗茶十四斤又諭四川茶稅皆論園論樹夫樹有大小園有寬狹豈能一致若據以爲額未得其平應照斤兩收納著該撫詳議尋議舊例每斤徵課二釐五毫今但徵四絲九忽有奇前後懸絕應酌減其半無論邊土腹引俱納銀一釐二毫五絲時川茶行銷引尙不敷於是復增各府州縣再行給發九年命西寧五司復行中馬法十年又命中馬應見發茶時安徽亦增引照四川例以餘引暫存司庫遇不敷時配給行運十三年復停甘肅中馬始定雲南茶法以七元爲一筒三十二筒爲一引照例收稅乾隆元年令甘肅官茶改徵折色每篦輸銀五錢時西寧五司陳茶充牣令每封減價二錢刻期變賣二年以江西南昌等三十二州縣地不產茶四川成都彭灌等縣滯銷其引或停或減並豁除課銀七年免甘肅地震處之課乃命西寧五司徵本色八年免四川天全所欠乾隆七年前之羨餘截角成都彭灌等縣之未完銀兩十一年甘肅巡撫黃廷桂奏言西寧河州莊浪三司番民銷處惟茶是賴邇年以糧易茶計用茶六萬五千五百餘封易雜糧三萬八千一百餘石請著爲例報可十三年定甘肅應徵茶封每年收二成本色八成折色並申明水陸各路運商驗引截角法推行安徽浙江四川雲南貴州二十四年從甘肅巡撫吳達善言命西甯五司茶封照康熙三十七年例搭放各營俸餉二十五年吳達善又言甘省茶課向爲中馬設今其制已停在甘莊二司地處衝衢西河二司附近青海猶有銷路惟洮司偏僻商銷茶斤曆年俱改別司售賣而交官茶封仍歸洮庫往往積至數十萬封始請疏銷應將洮司額頒茶引改歸甘莊二司給商徵課俟洮司庫貯搭餉完日卽行裁汰二十七年陝甘總督楊應琚復條上疏銷事宜四一官茶應改徵折價也查甘肅庫貯官茶向例如存積過多改徵折色今五司庫內自乾隆七年至二十四年已存百五十餘萬封經前撫臣吳達善奏准每封作價三錢搭放兵餉已搭放四十餘萬封在市肆官茶日多非十年之久不能全數疏銷且每年商人又增配二十四萬封商茶旣多官茶益滯莫若將商交二成官茶五萬四千餘封照例每封徵折價三錢俟陳茶銷售將完再徵本色一商茶應准減配也查甘肅茶法商人每引交茶五十斤無論本折卽係額課外有充公銀三萬九千餘兩亦係按年交納無殊正供至商人自賣茶封每引止應配正茶五十斤連附茶共配售三十餘萬封商人卽以配售之茶納課經吳達善奏准增配以紓商力並無課項第茶封旣增又有搭放兵餉之官茶勢致愈積愈多難免停本虧折今商人願每引止五封內應減無課茶十五萬八千三百十六封共止配茶四十萬九千四百四十封二成本色茶封旣議改徵折價無庸配運一陳積茶封應召商減售也查各司俱有陳茶而洮司爲多見每封四錢發售商民裹足請仍照原議每封定價三錢召商變賣一內地新疆應一體搭放也查乾隆二十四年吳達善奏准滿漢各營以茶封搭餉至新疆茶斤向賚內地今官茶以沿途站車輓運無庸脚費其自肅州運至各處將脚價攤入茶本之內較之買自商賈尙多減省疏入議行二十九年裁甘肅巡撫茶務歸陝甘總督兼理三十四年以甘省庫貯官茶漸少復徵本色一成三十六年又以伊犂等處安插投誠土爾扈特等衆賞給茶封仍議照舊徵收二成三十八年四川總督劉秉恬奏准三雜谷等處土司買茶以千斤爲率使僅敷自食不能私行轉售四川設邊引商人納稅領運於松潘等處銷售無論土司蠻商俱准赴邊起票販運嘉慶七年以陝西神木官銷茶引久經撥歸甘省商銷令豁除舊存羨餘名目四川教匪滋擾蠲除大甯廣元太平通江南江五州縣茶稅十年復免大寗太平通江巫山四縣應稅課十七年以甘肅庫茶充羨定商納官茶全徵折色二十二年諭閩皖浙商人販運武彝松羅茶赴粵銷售向由內河行走近多由海道販運夾帶違禁貨物私賣飭令茶商仍由內河行走永禁出洋販運違者治罪茶入官道光三年諭那彥成奏定新疆行茶章程經戶部議覆烏里雅蘇台科布多磚茶不得侵越新疆各城售賣茲將軍果勒豐阿等奏此項磚茶由歸化城張家口請領部票納稅而來已六十餘年未便遽行禁止惟新疆旣爲官茶引地商茶究有礙官引令嗣後商民每年馱載磚茶一千餘箱前赴古城仍照例給票無許往他

處售賣六年諭前因新疆各城運茶前將軍等請給引招商納課茲據慶祥等奏稱各城無殷實之戶若遽令承充官商必致運課兩誤著北路商民專運售雜茶並在古城設局抽稅卽以所收銀抵蘭州茶商課俟試行三年再行定額至附茶仍由甘商運銷八年欽差大臣那彥成言甘肅官茶年例應出關二十餘萬封近來行銷至四五十萬封皆以無引私茶影射價復遞加每附茶一封售銀七八兩至十餘兩不等請嗣後每封定價阿克蘇不得過四兩喀什噶爾不得過五兩並於嘉峪關外及阿克蘇等處設局稽查詔如所請九年命甘肅茶務責成鎭迪道總司稽查奇臺縣就近經管咸豐三年閩浙總督王懿德奏請閩省商茶設關徵稅五年福建巡撫呂佺孫復言閩茶向不頒給執照徵收課稅自道光二十九年直隸督臣訥爾經額以閩商販運官私莫辨議由產茶之崇安縣給照經過關隘驗稅放行嗣因產茶不止一處商人散赴各縣購買繞道出販復經撫臣王懿德奏請自咸豐三年爲始凡出茶之沙邵武建安甌甯建陽浦城崇安等縣一概就地徵收茶稅由各縣給照販運先後下部議准前歲因粵匪竄擾江楚茶販不前暫弛海禁各路茶販遂運茶至省不從各關經過不特本省減稅卽浙粵江西亦形短絀臣屢任後徧詢茶商獲利較前不啻倍蓰商利益厚正賦轉虧見粵匪未平軍需孔急衆商身擁厚貲什一取盈初無所損且徵諸販客不致擾累貧民完自華商無慮糾纏洋稅以天地自然之利爲國家維正之供迥非加增田賦者比但閩茶不止數縣必在附省扼要處所設關增卡給印照以憑查核連界各省亦應一體設立俾免趨避請自咸豐五年始凡販運茶斤概行徵稅所收專款留支本省兵餉惟創行伊始多寡未能預定俟行一二年後再行比較定額自此閩稅始密然至十年猶未報部經部飭催乃按期奏報六年允伊犂將軍扎拉芬奏請伊犂產茶設局徵稅充伊犂兵餉之用十一年廣東巡撫覺羅耆齡奏請抽收落地茶稅同治元年飭下湖南湖北江蘇安徽江西浙江福建各督撫詳查本省產茶及設茶莊處所妥議章程具奏二年兩江總督曾國藩疏略言江西自咸豐九年定章分別茶釐茶捐每百斤除境內抽釐銀二錢出境又抽一錢五分有零外向於產茶及設立茶莊處所勸辦茶捐每百斤捐銀一兩四錢或一兩二錢不等塡給收單准照籌餉事例彙齊請獎臣仍照舊章辦理本年據九江關署監督蔡錦青詳請遵照戶部奏准飭將鹽茶竹木四項統徵關稅已於三月起徵江西茶葉運至九江有華商洋商之分洋商既完子口半稅固不抽釐華商既納潯關正稅亦未便再令完釐臣卽照部章於義甯州開辦落地稅惟原奏內大箱淨茶科則稍重分別核減參酌茶捐向章每百斤義甯州等處徵一兩四錢河口鎭徵一兩二錢五分概充臣營軍餉由臣刊發稅單護票委員經收或業戶自行完納或茶莊代爲完稅領單至發販時統由茶莊繳銷稅單華商換給護票洋商卽憑運照販至各處銷售除華商完納九江關稅洋商完納子口半稅外經過江西安徽各釐卡驗明放行如此辦理與戶部原奏總理衙門條約一一符合稅單雖係茶莊經手稅銀實爲業戶所出洋商不得藉口於子口半稅而禁中國之業戶不完中國之地稅華商既免逢卡抽釐亦不至紛紛私買運照冒充洋商得旨允行五年戶部奏准甘省引滯課懸暫於陝西省城設官茶總店灃關商州漢中設分店商販無引之茶到陝呈報上色茶百斤收課銀一兩中色六錢下色四錢所收解甘彌補欠課七年議准歸化城商人販茶至恰克圖假道俄邊前赴西洋各國通商請領部照比照張家口減半令交銀二十五兩每票不得過萬二千斤十一年議准甘省積欠舊課仍追舊商召募之新商試新課其雜課養廉充公官禮四項緩徵十三年議准甘省仿淮鹽之例以票代引不分各省商販均令先納正課始准給票其雜課歸併釐稅項下徵收各項名色概予刪除行銷內地者照納正課三兩外於行銷地各完釐稅每引以一兩數錢爲度多不過二兩出口之茶則另於邊境局卡加完釐一次以示區別光緒十年戶部統籌財政於茶法略言據總衙門單開光緒八九等年出口茶數多至萬九千餘萬斤查道光年間英國所收茶稅約每百斤收銀五十兩而我之出口稅僅納二兩五錢不及十一擬照甘肅茶封之例每五十斤就園戶徵銀三錢增課既多洋人無所藉口或照甯夏延榆綏等處茶引每道徵銀三兩九錢之例於產茶處所設局驗茶發給部頒茶照每照百斤徵銀三兩九錢經過內地關卡另納釐稅驗照蓋戳放行不准重複影射所有茶照按年豫行赴督請領原照一年後作廢或於產茶處所驗茶發給部照既完課三兩再倍收銀三兩九錢前後共徵七兩八錢一切雜費均予豁除惟於各海關及邊卡凡應納洋稅仍照向章完納若在內地行銷販運無論經過何省何處釐卡關榷均免再徵則改釐爲課改散爲總既便稽查復免侵漁惟園戶及販商若何防其走漏應令各省參酌定章覆奏辦理十二年以山西商人在理藩院領票詭稱運銷蒙古地方實私販湖茶侵銷新疆南北兩路一票數年循環轉運往往逃釐漏稅經部奏准嗣後領票註明不准販運私茶字樣如欲辦官茶卽赴甘肅領票繳課完釐倘復運銷私茶查出沒官是時泰西諸國嗜茶者衆日本印度意大利豔其利厚雖天時地質遜於我國然精心講求種植之法所產遂多蓋印度種茶在道光十四年至光緒三年乃大盛錫蘭意大利其繼起者也法蘭西既得越南亦令種茶有東山建吉富華諸園美利堅於咸豐八年購吾國茶秧萬株發給農民其後愈購愈多歲發茶秧至十二萬株足供其國之用故我國光緒十年以前輸出之數甚鉅未幾漸爲所奪印度茶往英國者歲約七十三萬二千石價約二千四萬兩吾國茶往者八十九萬八千石價約千八百六十八萬兩印度茶少於華而價反多迨二十二年我國運往乃止二十一萬九千四百餘石而已日本之茶多售於美國亦有運至我國者光緒十三年我茶往日本者萬二千餘石而彼茶進口萬六千餘石其專尙華茶取用宏多者惟俄叢自哈薩克浩罕諸部新屬於彼地加廣人加衆需物加多而茶尤爲所賴光緒七年定約允以嘉峪關爲通商口岸而往來益盛十年後我國運往之茶居全數三之一十三年倂雜貨計出口價九百二萬兩有奇而進口價僅十一萬八千餘兩凡輸自我者八百九十萬兩然十二年茶少價多十三年茶多價少華商已有受困之勢厥後亦兼購於他國用此華茶之利驟減蓋我國自昔視茶爲農家餘事惟以隙地營之又採摘不時焙製無術其爲他人所傾奪所必至三十三年茶葉公會以狀陳於度支部稅務司亦以茶稅減少爲言於是命籌整理之策宣統初農工商部遂有酌免稅釐之議漢口福州皆自外國購入製茶機器且由印度聘熟練教師江西巡撫又籌款貸與茶戶自是銷入歐洲及北阿非利加洲者乃稍暢旺夫吾國茶質本勝諸國往往澀味中含有香氣能使舌本回甘泰西人名曰膽念他國所產鮮能及此故日本雖有茶必購於我荷蘭使臣克羅伯亦言爪哇印度賜蘭茶皆不如華茶遠甚然則獎勵保護無使天然物產得彼族人力所奪是不能不有望於今之言商務者

鑛政清初鑒於明代競言鑛利中使四出暴斂病民於是聽民採取輸稅於官皆有常率若有礙禁山風水民田廬墓及聚衆擾民或歲歉穀踊輒用封禁世祖初開山東臨朐招遠銀鑛八年罷之十四年開古北喜峯等口鐵鑛康熙間遣官監採山西應州陝西臨潼山東萊陽銀鑛二十二年悉行停止並諭開鑛無益地方嗣後有請開採者均不准行世宗卽位羣臣多言鑛利粵督孔毓珣粵撫楊文乾湘撫布蘭泰廣西提督田畯廣東布政使王士俊四川提督黃廷桂相繼疏請開鑛均不准行或嚴旨切責十三年粵督鄂彌達請開惠潮韶肇等府鑛下九卿議行上以妨本務停止蓋粵東山多田少而鑛產最繁土民習於攻採鑛峒所在千百爲羣往往聚衆私掘嘯聚剽掠故其時粵東開鑛較他省尤爲厲禁乾隆二年諭凡產銅山場實有裨鼓鑄准報開採其金銀鑛悉行封閉先是五年允魯撫朱定元請開章邱淄川泰安新泰萊蕪肥城甯陽滕嶧泗水蘭山郯城費莒蒙陰益都臨朐博山萊陽海陽各州縣煤鑛而蒙城知縣高蔚請自備貲開嶧滕費淄沂平陰泰安銀銅鉛鑛則禁之然貴州思安之天慶寺鎭遠之中峯嶺陝西之哈布塔海哈拉山甘肅之扎馬圖敦煌沙洲南北山伊犂之皮裏沁山古內雙樹子烏魯木齊之迪化奎騰河呼圖壁瑪納斯庫爾喀喇烏蘇條金溝各金鑛貴州法都平遠達摩山雲南三嘉麗江之迴龍昭通之樂馬各銀鑛相繼開採嘉慶四年給事中明繩奏言民人潘世恩蘇廷祿請開直隸邢臺銀鑛上謂國家經費自有正供潘世恩蘇廷祿覬覦鑛利敢藉納課爲詞實屬不安本分命押遞回籍明繩下部議六年保甯以請開塔爾巴哈台金鑛明安以請開平泉州銅鑛均奉旨申飭道光初年封禁甘肅金廠直隸銀廠蓋其時歲入有常不輕言利惟雲南之南安石羊臨安箇舊銀廠歲課銀五萬八千餘兩其餘金鑛歲至數十兩銀鑛歲至數千兩而止又旋開旋停興廢不常賦入亦尠銅鉛利關鼓鑄開採者多邀允准間有蠲除課稅者廣東等縣廣州肇慶兩府銅鉛鑛均行開採百餘年來雲貴兩湖兩粵四川陝西江西直隸報開銅鉛鑛以百數十計而雲南銅鑛尤甲各行省蓋鼓鑄鉛銅並重而銅尤重秦鄂蜀桂黔贛皆產銅而滇最饒滇銅自康熙四十四年官爲經理嗣由官給工本雍正初歲出銅八九十萬不數年且二三百萬歲供本路鼓鑄及運湖廣江西僅百萬有奇乾隆初歲發銅本銀百萬兩四五年間歲出六七百萬或八九百萬最多乃至千二三百萬戶工兩局暨江南江西浙江福建陝西湖北廣東廣西貴州九路歲需九百餘萬悉取給焉鑛廠以湯丹碌碌大水茂麓獅子山大功爲最甯臺金釵義都發古山九度萬象次之大廠鑛丁六七萬次亦萬餘近則土民遠及黔粵仰食鑛利者奔走相屬正廠峒老砂竭輒開子廠以補其額故滇省銅政累葉程功非他項鑛產可比道光二十四年詔雲

南貴州四川廣東等省除現在開採外如尚有他鑛願開採者准照現開各廠一律辦理二十八年復詔四川雲貴兩廣江西各督撫於所屬境內確切查勘廣爲曉諭其餘各省督撫亦著留心訪查酌量開採不准託詞觀望至官辦民辦商辦應如何統轄彈壓稽查之處朝廷不爲遙制一時鑛禁大弛咸豐二年以寬籌軍餉招商開採熱河新疆及各省金銀諸鑛三年詔曰開採鑛產以天地自然之利還之天地較之一切權宜弊政無傷體制有裨民生當此軍餉浩繁左藏支絀各督撫務當權衡緩急於鑛苗豐旺之區奏明試辦時軍興餉乏當時開採者僅新疆噶爾蒙古達拉圖噶順紅花溝之金鑛直隸珠窩山偏山綫室溝土槽子錫蠟片牛圈子溝蒙古哈勒津羅圈溝庫察山長杭溝之銀鑛新疆迪化羅布淖爾三個山之銅錫鑛數處同治七年吉林請開火石嶺子等處煤鑛以伏莽未靖格部議不果行十三年以滇鑛經兵燹久廢諭飭開辦從滇督岑毓英請也是年海防議起直隸總督李鴻章船政大臣沈葆楨請開採煤鐵以濟軍需上允其請命於直隸磁州福建臺灣試辦光緒八年兩江總督左宗棠亦言北洋籌辦防務製造船礮及各省機器輪船所需煤鐵最爲大宗請開辦江蘇利國驛煤鐵報聞嗣是以次修築鐵路煤鐵益爲當務之急於是煤鑛則吉林大石頭頂子亂泥溝牛拉窩鷄溝二道河陶家屯石牌嶺黑龍江太平山察漢敖拉卡倫直隸開平唐山內邱縣之上坪永固磁窰溝南陽寨臨城縣之岡頭石固膠泥溝楊家溝新莊竹壁牟村焦村宣化府之鷄鳴玉帶八寶寺山阜平縣炭灰鋪村曲陽縣白石溝野北村張家口廳海拉坎山馬連圪達宛平縣青龍澗碑碣子承德府榆樹溝奉天海龍府遠來義和進寶玉盛永順永益萬利人和同德順發錦州府大窰溝錦西廳碣石溝本溪縣王千溝興京廳蜜蜂溝遼陽州窰子峪江西萍鄉永新餘干山東嶧縣安徽貴池廣德繁昌東流涇縣湖北荊門河南禹州山西平定鳳台浙江桐廬餘杭江蘇上元句容湖南湘鄉祁陽廣西富川賀縣奉議恩陽南寧邪坡陝西白水澄城同官宜君邠州隴州湻化鐵鑛則直隸遷安縣灤州湖北大冶廣西永寧州江西永新縣雲南開廣兩府貴州青谿皆先後開採而秦晉商民零星開採尤難悉數二十二年詔開辦各省金銀鑛廠自光緒初年開直隸窯溝銀鑛甘肅西寧甘涼黑龍江漠河觀音山奇乾河各金鑛外無聞焉自明令頒行而後金鑛則直隸之平泉州屬轉山子建昌縣屬金廠溝撫寧縣屬雙山子灤平縣屬寬溝豐寧縣大營子西磢子溝翁牛特旗之紅花溝水泉溝拐棒溝而遷安縣所產尤旺奉天之鳳凰安東遼陽通化寬甸懷仁鐵嶺開原通化海城錦縣蒙古之賀蓮溝大小槽磢溝除虎溝朱家溝板橋子珠爾琥珠克勒司布恭特勒基哈拉格囊圖奎騰河圖什業圖汗四川之冕溝湖南之平江浙江之諸暨黑龍江之黑河新疆之和闐焉耆銀鑛則四川之天全盧山大穴山頭皆報明開採而銅錫鉛銻石油硫磺雄黃等鑛亦接踵而起銅則雲南迤東湯丹茂麓正廠六子廠十一迤西回龍得寶正廠八子廠九楚雄永北及雲武所屬萬寶雙龍叉永安順寧臨安開化曲靖各廠均招商承採而江西贛州陝西鎭安湖南綏寧新疆拜城庫車亦有銅廠錫則廣東儋州廣西南丹土州富川賀縣鉛則南南常寧湘鄉臨武四川會理浙江鎭海奉化象山寧海太平銻則湖南益陽邵陽新准沅陵慈利湘鄉祁陽新安漵浦貴州銅仁四川秀山廣東曲江防城乳源廣西南太泗鎭陵陽都石油則陝西延長甘肅玉門新疆庫爾喀喇烏蘇硫磺則山西陽曲奉天遼陽錦州雄黃則湖南慈利或官辦或商辦或官商合辦或用土法或用西法九年詔各省煤鑛招商集股舉辦自是雲南四川均設招商及鑛務局貴州設鑛務公商局山西設鑛務公司粵東瓊州之銅鑛浙江寧波之鉛鑛皆率招商集股開辦開辦歷數十年惟開平萍鄉之煤大冶之鐵規模宏遠次則平江之金益陽之銻常寧之鉛猶爲民利漠河金鑛所產雖富歲解部銀僅二十萬兩滇銅自十三年命唐炯督辦歲運京銅不過百餘萬各省鼓鑄猶以重直購洋銅鐵產爲漢陽廠鍊鋼造軌略供輪路之需粵桂晉出鐵雖饒以提鍊不精國內製造仍多購自英廠二十四年詔設鑛務鐵路總局於京師以王文韶張蔭桓主之奏定章程二十二准華商辦鑛假貸洋款及華洋合股設立公司自是江西萍鄉煤鑛則借德欵湖北大冶鐵鑛則借日本欵浙江寶昌公司則借義欵直隸臨城煤鑛則借比欵當其議定合同於抵押息金外輒須延聘鑛師甚者涉及用人管理至直隸井陘安徽宣城煤鑛山西盂平澤潞平陽四川江北煤鐵鑛新疆塔城直隸霍家地廠子溝金鑛廣西上思貴州正安鉛鐵福建邵武建寧汀州直隸八道河奉天尾明山及吉林新舊鑛均華洋合辦一經訂約時生轇轕若福公司之於晉鑛其尤甚者也二十四年河南豫豐公司以其專辦懷慶左右黃河以北各鑛之權山西商務局以其專辦盂平澤潞平陽煤鐵各鑛之權同時讓與辦理一公司壟斷兩省鑛務更議修鐵道自晉訖汴因鑛及路利權損失爭持三年始允合辦汴既侵攘華官主權晉復干涉人民開採全晉紳民堅持廢約運之又久始以銀二百七十餘萬贖回他如陝西延長四川富順巴萬石油鑛湖南常甯龍王山湖北興國龍角山鑛均因商民私相授受釀成交涉自議訂膠濟東清路約附路十三里內華人無開鑛權而開平煤鑛漠河觀音山金鑛復因內亂爲外人所侵佔開平煤鑛自光緒元年直隸總督李鴻章集官商之力經營二十年效力大著二十六年拳匪亂後洋員德璀琳因督辦張翼委其保護與鑛師胡華私立賣約而張翼亦即簽押移交轉以加招洋股中外合辦奏聞由是而唐山西山半壁店馬家溝無水莊趙各莊林西各鑛秦皇島口岸地畝附屬之承平建平永平金銀鑛悉操於英公司嚴詔責令收回赴英控訴卒未就緒三十四年籌辦灤州煤鑛英公司阻撓之乃劫爲營業聯合之法合設開灤總局觀音山金鑛亦因拳亂爲俄人佔據三十二年始以俄銀萬二千盧布贖回二十八年外務部改定鑛章凡華洋商人得一體承辦鑛務惟必稟部批准乃爲允行之據是年皖撫聶緝椝許英人凱約翰承辦歙銅陵大通寧國廣德潛山鑛產嗣以專辦銅陵之銅官山訂約定期百年佔地三十八萬四千餘畝皖中紳民合力爭之始以銀四十萬兩贖回自辦法人彌樂石亦於是年以勘辦全滇鑛務請於滇督及外務部皆拒之仍獲徵江臨安開化雲南楚雄元江永北等府廳州鑛權以去繼是英商立樂德以合辦東昭兩府金銀鑛不獲遂援彌樂石例索廣南曲靖麗江大理順寧普洱永昌七府鑛亦堅拒未允一時舉國上下咸以保全鑛產爲言由是蜀設保富公司華洋承辦川省鑛務購地轉租事宜屬之閩設商政局旋奏設鑛務總公司凡請辦各鑛場查核准駁之權屬之山西保晉公司安徽鑛務總局類能集合股富鳩貲開辦湘鄂則於所屬鑛地勘明圈購以杜私售二十五年江南籌辦農工鑛路各學堂兩湖復籌設高等鑛業學堂三十一年商部以洋商私佔鑛地鑛山疏請申明約章以維權限尋奏設各省鑛政調查局以勘明全國鑛產嚴禁私賣爲先務鄂督張之洞條上鑛務正章七十四附章七十三蓋自二十四年以來鑛章屢易每因鑛務齟齬洋商輒引爲口實二十九年商約大臣呂海寰與各國議訂商約許以開採鑛產之利但必須遵守中國鑛章而中國鑛章則比較各國通行者爲之準則特詔張之洞擬定乃取英美德法比利時西班牙鑛章參互考証區別地面地腹釐定鑛界鑛稅分晰地股銀股曁華洋商限制至周尤注重於中國主權華民生計地方治理閱數年乃成下部議行中國鑛章始具云

清史稿　志

食貨六

征榷　會計

征榷濟興首除煩苛設關處所多仍明制自海禁開常關外始建洋關而釐局之設洋藥之徵亦相繼而起三者皆前代所無茲列著於篇至印花稅煙酒加徵均試行旋罷不具裁常關順治初定各省關稅專差戶部司員督徵左右兩翼張家口稅差滿官督徵時京師初定免各關徵稅一年並豁免明季稅課虧欠嗣浙閩以次蕩平復禁革明末加增稅額及各州縣零星落地稅三年革明末加增太平府姑溪橋米稅金柱山商稅四年定戶工各關兼差滿洲漢軍漢官八年減定關差員數並停止關差議敘九年併西新關江寧倉爲一差停獨石口差嚴關差留用保家委官之禁凡額設巡攔各製號衣腰牌十年令各關刋示定則設櫃收稅不得勒扣火耗需索陋規並禁關役包攬報單十一年用給事中杜篤祜言清釐關弊四事一裁吏役一查稅累一關差迴避本籍一批文核對限期十六年移潘桃口於永平移古北口於密雲並設關徵木植稅十分取二十七年裁永平密雲新關歸併古北口兼督管理二十八年定各口木植什一而稅停臨清甎差其板閘稅交北河公司徵收康熙元年移設河西務於天津更名天津關更定各關兼差滿漢官筆帖式各一由六部咨送輪掣停蒙古漢軍差其張家口殺虎口專差滿蒙官二年定盤詰漕船止於儀眞瓜州淮安濟寧天津五關免外國貨物入崇文門稅四年嚴禁各關違例徵收永免溢額議敘之例五年命各關稅均交地方官管理於是崇文門歸治中天津歸天津道龍泉等歸井陘道紫荊歸直隸守道臨清歸東昌道乞運廳歸通薊道居庸歸昌密道西新歸鎭江道蕪湖歸池太道揚州歸驛傳道滸墅歸蘇昌道淮安歸淮海道北新歸浙江布政使荊州歸荊州同知九江歸九江道贛歸吉安贛道太平橋歸南雄知府遇仙橋洺光廠歸韶州知府各稽徵稅課又裁古北口差歸密雲縣管理惟兩翼張家口殺虎口如故只差戶部司員申令直省關刋示稅則罷崇文門出京貨物稅八年臨清倉歸併臨清關以給事中蘇拜言

地方官兼關稅事務繁多且恐畏懼上司希圖足額派累商民復定稅額較多之滸墅蕪湖北新九江淮安太平橋揚州贛西新臨清天津鳳陽倉仍差部員督徵餘如故是年定關差缺出以六部俸深司員輪掣其差過之員不准重差又定關差考覈法欠稅不足半分者罰俸半分至四分分別降調五分以上革職旋又定不及半分者降留全完者紀錄凡部差官員不令督撫管轄九年定淮安關兼轄淮安倉及工部清江廠兩翼專差滿官筆帖式十年裁西新戶關歸併龍江工關裁蕪湖工關歸併蕪湖戶關各兼理既而改鳳陽倉歸鳳陽知府正陽歸通判臨淮交大使徵收停差部員十七年裁北河分司臨清閘稅歸濟寧道兼管十九年開山東海禁令查船戶匿稅差滿部員督收瀋關山海關稅課瀋關兼轄大慶關龍駒寨稅務二十一年移九江關駐湖口停瀋關山海關部員差仍歸地方官管理鳳陽仍差六部滿員二十三年更定各關輪差各部院司員例是時始開江浙閩廣海禁於雲山寧波漳州澳門設四海關關設監督滿漢各一筆帖式期年而代定海稅則例免海口內橋津地方抽稅分設西新龍江二關課稅專官二十四年西新仍歸戶部免外國貢船稅減洋船丈抽例十之二三十五年定州縣海船隱匿處分時海禁初開沿海漁船州縣既徵漁課海關復稅梁頭民甚苦之上用福建巡撫張仲舉言定漁船五尺以上梁頭稅統歸地方官徵收先是康熙四年罷抽稅溢額議敘例至十四年又定溢額多寡分別加級升用及是上以苛取累商復停止溢額議敘二十六年滸墅監督桑額徵收溢額二萬一千有奇上以擾累閭閻罪之永減閩海稅額六千四百兩有奇二十八年蠲沿海魚蝦船及民間日用物糊口貿易之稅著爲令先是沙滸於二十六年歸併淮關其朦朧軋東沭河等處悉免稽查至是以沙滸係朦朧軋東總滙不宜再增一稅將朦朧歸海關軋東歸淮關沙滸免稅復歸併西新戶關於龍江工關三十三年仍差部員督收山海關稅張家口稅歸宣化府兼收三十四年分設浙海關署於寧波定海令監督往來巡視三十五年定洋海商船往天津運米至奉天者但收貨物正稅三十六年嚴關差官自京私帶年滿舊役謀佔總科庫頭之禁三十七年永減粵海關額稅三萬二百兩有奇三十八年上恐各關差苛取病商停罷額外盈餘銀設河寶營差滿官督收大靑山木稅四十年裁陝西三原縣商稅歸潼關龍駒寨大慶關兼收裁通會河分司通州木廠歸通永道管理四十一年大靑木稅歸併殺虎口兼轄四十六年以金州牛莊交山海關監督巡察越關漏稅設瀛關於重慶歸川東道徵收木稅四十七年仍差工部司員督收荆關稅五十三年以臨清關稅關額改歸巡撫監收未幾鳳陽天津杭州荆州江海浙海淮安板閘及淮關先後改交各巡撫監收停瓜州稅裁稅課大使定臺灣收泊江浙等省商船經過廈門就驗者不重徵福建糖船至廈門者赴關納稅其往江浙貿易者免徵設橫城稅口歸山海關監督監收增稅千兩作爲定額六十一年禁各番部落夾帶硝磺軍器出邊其進口稅許從輕減雍正元年移湖口關於九江並設大孤塘分口裁淮安北新鳳陽天津臨清江海浙海荆州各關加增贏餘銀嚴禁各省關及崇文門胥役分外苛求是年定各關稅務俱交地方官管理惟崇文門仍差內務府官山海關兩翼古北潘桃殺虎三口暨打箭鑪仍差部員盛京呼納呼河木稅亦交將軍府尹委沿河官徵收明年淮安仍差部員滸墅改歸蘇州織造鳳凰城中江稅派盛京部員各督收河西務運糧船料改於通州徵收三年以暹羅進獻稻種果樹等物免回空壓載貨物稅禁邊關城門索取蒙古貢物稅其假名匿稅者罪之五年宿遷關歸併淮關徵收由牐稅交地方官管理河寶營木稅由殺虎口監督徵收奉天牛馬稅改差部院司員六年更定臨清關米麥雜糧船稅定各關稅則龍江西新二關交江甯織造兼管永免暹羅米稅七年夔州關改委專員督收南北二新關交杭州織造兼收移荆州之徐關於田家洲更名田關江蘇廟灣稅歸淮關兼管定閩海關減折船稅丈尺例裁古北口監督交密雲縣徵收以潼關商稅浮於部例相安已久照現徵之數著爲令移潘桃口正關於潘家桃林二分口徵收八年減各關餘平銀之半革除天津戥耗例外徵收定落地稅搜求溢額議處例嚴黃金出洋之禁十年設交城縣水泉灘木廠武元城設立稅口徵收十一年改天津關歸長蘆鹽政管理十三年設居庸關稅課大使定潘桃古北殺虎三口給商印票兼滿漢蒙三體文字山東海口各州縣衞設兩聯印票塡註客商年貌籍貫船隻字號梁頭丈尺豆石數目出口年月分給商船回日查銷乾隆元年革除龍江西新二關衙規票銀初外洋夾板船到粵起其礮位候交易事畢給還其稅法每船按梁頭徵銀二千兩左右貨稅照則徵收革除額稅外另徵置貨銀加一繳送稅定閩省漁船稅分上中下三則起科除額外重徵定各省稅課則例頒行定九江贛州二關三聯稅單例一給商人一交撫署一存稅署准張家口居庸關收取車馱貨物過稅飯錢以資養贍禁偸運米穀接濟外洋分別擬罪有差免沿海採捕魚蝦罾桅船稅二年定米穀稅凡遇地方旱澇米穀船到即放行俟成熟後照舊徵收永停徵廣東開建恩平二縣米船稅三年裁滸墅關之轉水柏瀆二口改瓜州由閘稅歸兩淮鹽政九江差內務府司員蕪湖鳳陽派部員各管理監督四年定歸化城木稅額歸殺虎口徵收五年復差部員監督荆關用御史陸尹燿言嚴揑名討關之禁六年復定考覈關稅贏餘例淸查外省私增口岸免領額採銅錫鉛及米穀稅仍徵船料惟黃豆非麥稷比雖歉歲照常徵收改宿遷之豐沛蕭碭四縣陸稅仍交各縣分徵永禁龍江關木稅飛量法定各關贏餘比較上年數目考核著爲令七年永免直省關豆米額稅復設通州分司之黃村臨清關之德州魏家灣尖冢樊口等口岸免徵臨清關船料以揚州關歸兩江總督遴員徵收停止閩海關之南山邊口徵稅專司稽查八年定官運米穀免徵船料九年嚴蒙古來京漏稅及爲奸商私運貨物之禁十年交阯亂平復開徵雲南馬白稅禁止宿遷關通船一載收稅例改按擔數徵收定一官兼管兩關其徵額有此贏彼絀者准其抵補再有短歉仍著追賠移福建詔安之雅溪稅館於懸鐘以閩省舊有帖子頭船包攬走私永禁製造十三年復徵米豆稅十四年定各關贏餘以雍正十三年爲准短少者按分數分別議處罰俸降調有差十五年移福建甯德縣稅口於酒嶼十七年改渝關木稅歸併夔關徵收十八年移廈門查稅之玉洲館駐石美鳳陽關查稅之灘陽口駐虹縣改虹縣徵稅之靑陽鎭駐灘河口二十年移淮南關之流均口駐涇河二十二年增定浙閩二海關稅則照粵海關例尋又申禁洋船不准收泊浙海有駛至者仍令回粵貿易納稅二十四年定葉爾羌喀什噶爾牲畜稅二十取一緞布皮張稅十之一自外番販入者倍徵嚴絲斤出洋之禁二十五年始派員徵收多倫諾爾皮張等稅並設盛京拉林阿勒楚稅局派員徵收如甯古塔伯都訥例革除粵海關陋規銀歸公造報二十六年設淮安關石碪稅口又設歸化城總稅局並綏遠歸化和林格爾托克托薩拉齊西包頭崑都崙八十家子等口差蒙古筆帖式二員分督徵收牲畜稅二十七年以龍江淮安二關歸兩江總督滸墅歸江蘇巡撫各稽查嚴禁權關漏稅積弊並定漏稅罰數江蘇巡撫陳宏謀條上滸墅關四弊一舖戶代客完稅包攬居奇仍令商人自行完納按簿親塡一貨船抵關簽驗納稅給票後始准過關以杜偸越一官員遴委佐雜官半年而代一督撫與監督原相助爲理所徵數目應令監督按月知會督撫再於年滿奏報時統咨知會從之是年弛絲斤出洋之禁仍示限制定崇文門兩翼稅差期滿由部開列滿蒙大學士尚書都統侍郎副都統等職名請簡更代遂爲永制二十八年畫一天津各口稅則定商販山東豆石由海運浙照運赴江南例輸稅張家口出口鐵器照殺虎口例納稅革除蕪湖關之戶工書貼飯費江海關之驗票給單挂號油燭飯費看驗艙錢文揚關由閘之給串錢二十九年更定臨清關船隻補稅例定外番商貨至回部貿易者三十抽一皮貨二十抽一回商往外番貿易二十抽一皮貨十之一其牲畜貨物不及抽分之數視所値折算三十年更定吉林等處稅額裁潘桃口監督稅歸張家口徵收所屬六小口改歸通永道管理明年復改潘桃口稅歸多倫諾爾同知徵收設局大河口差理藩院司員督收歸化城稅既而改歸山西巡撫遴員徵收岫巖城屬之鮑家馬頭等七口岸海船商稅歸山海關監督設局徵收三十三年定山海關張家口八溝塔子溝三座塔烏蘭哈達多倫諾爾交直隸總督殺虎口歸化城交山西巡撫盛京牛馬稅中江稅交盛京戶部侍郎坐糧廳交倉場侍郎打箭鑪交四川總督荆關交湖廣總督均兼管稽差各監督有侵蝕情弊參處後不能完項者即令兼管之員代賠三十四年准九江關正稅一兩加平餘一分以供飯食費需之用停洋船入口夾帶硫磺之禁著爲令三十五年裁潯梧二廠公費歸入正稅三十八年裁多倫諾爾監督歸多倫諾爾同知管理移由閘南墟稅口於中閘四十年封閉廣西由村隘口禁內地商民越關交易四十一年改通州分司及河西務計價科稅爲計數科稅並革除張家灣油斛等出店進店稅改定打箭鑪商貨按數徵稅例明年定打箭鑪稅差照山海關例於宗人府及部院司員內選派四十五年停荆關打箭鑪司員差交各督撫遴員管理四十六年裁荆關監督養廉銀於荆宜施道荆州知府遴派一員監收四十九年定粵海關珍珠寶石概不徵稅著爲令五十一年裁荆州之郝關及郝支關另設口於越市更名越關移楊關於調賢口更名調關定除暹羅貢使船外其帶貨私船照例徵收五十二年定各關預期請領稅册檔及請領遲延擅用本關簿册參處例以安南奉貢請封弛水口等關之禁越四年緬甸效順亦准開關通市於永昌騰越順甯收徵出口稅杉木籠暮福南河口徵收入口稅以福建五虎門與臺灣淡水八里坌設口開渡由閩安鎭徵收進口稅南臺口徵收出口稅貨物進口復運往他處限一月內免重徵若逾限出口或限

內移貨別船均徵出口稅五十七年定粵海關到關船貨責成督撫查明按月册咨一年期滿與監督清册覈對不符參辦五十八年定西洋除貢船外別項商船不得免徵以杭州織造改歸鹽政南北二新關交巡撫管理開山西得勝口歸綏虎口監督稽徵時英吉利貨船求往江浙寗波珠山及天津廣東等處收泊交易上不許仍令照例於澳門互市向粵海關納稅並徵船料嘉慶二年併左右翼爲一差越二年復簡派二員定辰關渝關潘家口通永道古北口五處各關例是年命覈減各關贏餘額數於是定戶關之坐糧廳六千兩天津二萬臨淸一萬一千江海四萬二千滸墅二十三萬五千淮安十一萬一千海關廟灣口二千二百揚州六萬八千西新二萬九千九江三十四萬七千八百贑關三萬八千閩海十一萬三千浙海三萬九千北新六萬五千武昌一萬二千夔關十一萬粵海八十五萬五千五百太平七萬五千五百梧州七千五百潯州五千二百歸化城一千六百山海關四萬九千四百八十七殺虎口一萬五千四百十四張家口四萬五百六十一打箭鑪儘收儘解工關之辰關二千八百兩宿遷七千八百蕪湖四萬七千龍江五萬五千荆關一萬三千通永道三千九百閘南新渝三關潘桃古北殺虎三口竹木稅向無贏餘無庸更議五年議准回空漕船於六十石例額外夾帶二十石均免輸稅嚴禁崇文門盧溝橋及各省關役訛索行旅以辰州知府李大鼉接管稅額外贏餘萬兩有奇下部議敘六年定盛京牛馬稅差於盛京五部侍郎內簡派定打箭鑪正稅額二萬兩革除閩海徵收二八添平銀七年改密雲縣徵收古北口木稅爲儘收儘解並織銷原額監督關防九年復增定各關贏餘額數浙海四萬四千西新三萬三千九江三十六萬七千滸墅二十五萬淮安十三萬一千十一年定辰關歲徵加一耗銀二千七百七十餘兩十五年定崇文門蔘稅則例令營汛官分查崇文門私放私收冒充白役之弊二十二年飭各海關查禁例不出洋之貨道光元年裁浙江鹽政改設杭州織造兼管南北新關稅務三年飭各省關整頓奸蠹包攬書吏徇縱等積弊嚴各關員例外橫徵及糧船夾帶偷漏之禁定多倫諾爾木稅更定浙海關稅則九年申定回疆稅課三十抽一時英吉利大班等以洋行閉歇拖欠貨銀商船停泊外洋延不進口每言在粵海關年納稅銀六七十萬以爲居奇上曰洋商私帶鴉片入口偷買紋銀出洋得不償失倘故刁難卽不准開艙少此一國貨稅所損幾何至請分別商船大小納餉尚可變通十年定各關盈餘銀以六成爲額內四成爲額外覈其溢額細額分別功過例先是御史許乃濟言崇文門稅局需索嘗令巡視五城御史隨時稽查至是御史曾昌復言巡役勒索胥吏買放特派滿漢御史各一專司稽查一年而代十一年減滸墅盈餘二萬兩淮安二萬一千兩定賠繳短徵關稅按數多寡分別限期久暫例命廣東嚴緝快蟹船爲洋商運私偷稅十二年停止白鉛出洋十三年革除各關標禮並查船謝儀及地棍報單等名目以翟罕悔罪輸誠復准入卡貿易並免稅課十四年嚴禁各關家丁需索實放及書役盤踞地棍包攬之弊又查禁粵商增收洋商私稅定貢物到京崇文門免稅驗放十七年嚴禁紋銀出洋查辦粵省匪艇及窰口走私漏稅十九年設韶州東江二關歸南韶連道管理二十一年移設荆州正關於柳家集吏名柳關並改支關爲柳支關二十四年免暹羅接正貢使船貨稅二十五年裁龍江關查驗木植稅局咸豐二年查禁沿海各關走私積弊三年以捻匪擾江南滸墅淮安蕪湖鳳陽等關紛請儘徵儘收漫無限制令仍遵定額照常徵收六年定打箭鑪稅額二萬兩八年定盛京盈餘稅以錢抵銀及漁船大小牛船交納船規例九年設山東煙臺稅局十年以士子會試入京照例驗放嚴禁崇文門巡役訛詐更定奉天海口稅則增收黃豆豆餅包頭油簍四稅加贏餘八萬兩又定各關監督未及一年離任者交後任接徵扣足一年分晰彙報例革除北新關南北二口貨稅過關五日十日之限是年俄羅斯於黑龍江互市免稅課同治二年免巴爾楚克過稅加徵葉爾羌正稅三年設福建臺南之打狗口海關歸巡撫管理暫停北新關徵稅四年暫停龍江西新關滸墅三關徵稅湖北新關竹木稅遴本省道府一員督徵先是粵海關額徵常洋不分至是定貨由華船裝運者爲常稅額徵五萬六千五百餘兩贏餘十萬兩再有贏餘儘徵儘解是年裁革太平關文武各署規費並飭粵海關嚴查各口偷漏隱匿裁山海關監督改設奉錦山海關道稽徵七年定太平關歸南韶連道專管其四分廠委員仍由巡撫遴派八年申定貢物解京崇文門放行毋許留難勒索十一年停江蘇滸關傳辦活計光緒二年復開蕪湖鳳陽兩關三年嚴定考核各關章程四年定輝發穆欽等處及寗古塔三姓稅務均由吉林將軍委員徵收山西交城縣木稅由知縣設口於武元城故交村徵收八年定蕪湖關稅額十三萬六千餘兩九年中江稅務改歸東邊道徵收十三年改廣東黃江廠稅委員專管裁廠書簽子官房總散房名目並革除額外加平辦用官錢鹽頭船錢墟艇錢黑錢包攬錢七項陋規榜示通衢定梧潯二廠贏餘六萬兩改滬尾打狗兩關歸臺灣巡撫監督二十五年勅各將軍督撫綜核各關卡陋規中飽之數酌量歸公勒限稟報三十四年減崇文門華商稅爲值百抽三如洋商稅例免日食蔬菜等物稅宣統元年設立吉林省稅務處分設稽徵庶務支應核銷四所所有捐稅各局所公司概行裁撤歸併更定四川常關徵收章程及辦事規則洋關之設自五口通商始前此雖有洋商來粵貿易惟遵章向常關納稅而已道光十九年有躉船繳煙之役是秋各商船來粵者皆爲英兵船所阻不得入口粵海稅課以洋貨爲大宗至是徵收短絀二十二年秋英人要求通商口岸允於沿海廣州福州廈門寗波上海五口開埠通商明年定洋貨稅則値百徵五先於廣州上海開市洋貨進口按則輸納後由華商運入內地所過稅關只照估價若干每兩加稅不過某分二十四年定法商條約一允法人赴五口通商船隻不得進別口及沿海岸私行交易違者貨沒官一法商出入五口照則輸貨稅船鈔外不再收別項規費一商船進口二日不繳船牌貨單由領事照會海關者每逾一日罰洋五十元但不得過二百元倘未領海關牌照擅自開艙卸貨罰銀五百元貨並沒官一船進口未卸貨在二日內可往別口卽在彼口納稅一船進口二日外全完船鈔百五十噸以上噸納銀五錢以下噸納一錢一估價之貨有損壞者得核減稅銀一船進口按卸貨之多寡輸納餘貨如帶往別口卸賣卽在彼口輸稅二十五年定比利時商約照章納稅輸鈔二十七年定瑞典那威商約稅鈔亦如之咸豐四年設江海關於上海八年復定英約一牛莊臺灣登州潮州瓊州等口均准開埠通商一値百抽五之貨多有價値漸減者應將舊則重修此次新定稅則如欲重修以十年爲限須先六月知照否則照前章完納復俟十年一子口稅按値百抽二五如願一次輸納洋貨在進口土貨在經過第一關納稅給票後他口不再徵一英船納鈔給照後四月內不重徵一貨船進口二日卽全納鈔一英商自用艇如帶例應納稅之貨每四月納鈔一次一商貨納稅後改運他口係原包免重徵是年允法商於潮州瓊州臺灣之淡水登州江甯通市納稅輸鈔均同有約國九年設粵海關於廣州允俄人於上海寗波福州廈門廣州臺灣瓊州七口通商稅則視各國例定美約亦如之並允於潮州臺灣兩口開市照新章完納稅鈔十年設潮海關於汕頭允英人於漢口九江通商以英人李泰國爲總稅務司幫司各口稅務設天津牛莊登州三口通商大臣十一年設浙海關歸寗紹台道監督津海關歸通商大臣統轄並設閩海鎭江九江三關定各國洋稅自上年八月始每三月結報一次四結奏銷一次英美二國於九江漢口開埠俄亦於漢口通商於是定長江及各口通商章程洋貨入江於上海納正稅及子口稅土貨出口納出口稅復進口時完一正稅准扣二成若完半稅不扣二成再入內地仍照納稅釐又定德商約其稅約與英同同治元年設廈門關以五口商務歸通商大臣兼理二年設東海臺南淡水三關免英租界洋貨釐金並准添開宜昌蕪湖溫州北海四口岸其沿江之大通安慶湖口武穴陸溪口沙市均准英輪船暫時停泊用民船上下貨物除洋貨半稅單照章查驗外土貨只准上船不准卸賣又英商自置土貨非運出海口不得援子口半稅例是年定麥丹及荷蘭商約輸納稅鈔如英例三年設山海關於牛莊定日斯巴尼亞稅則視咸豐八年各國例明年定比約稅鈔亦如之又改定法船鈔章程凡商船進口已納稅往他口並往來安南之法國各埠與附近之日本碼頭由海關給照逾四月再納鈔初粵海關稅常洋不分至是始定由洋船裝運者爲洋稅五年定義商約稅鈔商船入口漏捏者罰船主五百兩餘如法約八年定奧商稅鈔均視義約又定俄商約一邊界百里內及往蒙古各盟貿易者不納稅一俄商運貨至天津納進口稅減三之一其酌留張家口之貨納正稅如再運赴通州天津不再徵並將張家口多納之一分補還一由天津運俄貨至各口須補足減一之稅他口不再徵如由他口復入內地另納子口半稅一運土貨及洋貨由水路進口納稅視各國例一在天津通州運土貨由陸路返國照例納正稅不再徵沿途不得銷賣一在津運復進口土貨由陸返國納稅後限一年起運不再徵並給還復進口稅沿途不得銷賣一在津或他口運別國貨由陸返國已交正稅子稅不再徵如只交正稅應補交子稅一議定稅章試行五年限滿欲修改先六月照會九年設江漢關裁三口通商大臣東海山海二關均歸直隸總督統轄另設津海道監督新鈔兩關光緒三年設蕪湖宜昌二關歸徽甯池太廣道荆宜施道各監督瓊海北海二關歸粵海關兼理又設甌海關於溫州六年續定德商約一中國允除宜昌蕪湖溫州北海前已添開岸並沿江之大通安慶湖口武穴陸溪口沙市前已作爲上下客貨之處外又允德船於吳淞口停泊上下貨物一夾板進口停泊十四日應納減半之鈔一船貨報關有漏捏應罰船主不得過五百兩一

德商運土煤出口噸納正稅三錢一無照冒充引水者罰銀不得過百兩一船隻損壞准在各口修理飾詞偷漏罰倍圖免噸鈔之數一中船挂德旗而德人知情與德船挂中旗而貨主知情貨均沒官是年定美商約稅鈔視各國例七年設嘉峪關歸安肅道監督改定俄陸路商約一俄貨至嘉峪關照天津關例納三分減一之稅再運內地納稅亦視天津例一貨至天津與原照不符者沒官查係繞越避查驗者罰令完一正稅一在通州運土貨回國完出口正稅在張家口運回暨在內地運土貨至通州張家口回國者均納子口稅沿途不得售賣餘同前約十二年復定法商約一中國准於北圻界擇開兩處通商設關徵稅一洋貨入雲南廣西兩邊關納減半正稅三之二一洋貨入此關納稅轉往彼關者三十六月內不再徵如轉入各口另納正稅土貨在此關納稅復轉彼關只徵復進口稅如轉入各口另徵正稅入內地仍納子口稅一進出口貨到關逾十八時不報驗日罰五十兩惟不得過二百兩報有漏捏貨並沒官餘同前約十三年允法人於廣西之龍州雲南之蒙自及蠻耗開埠通商並減洋貨進口稅十之三出口稅十之四尋改蠻耗爲河內並添雲南之思茅口岸由通商各口運土貨前往四口時徵出口十成正稅到四口照十分減四徵復進口半稅又定葡約其稅鈔及罰例均視上年法約是年設拱北關於澳門九龍關於香港由粵海關監督改臺南淡水兩稅歸臺灣巡撫監督十五年設鎭南蒙自二關十六年設重慶關二十年開西藏之亞東關允英通商除禁運貨物外自開關日始免進口稅五年限滿再定稅章照納又允由蠻允盞西兩路販運各貨限六年內減進口稅十之四二十一年設思茅關及猛烈易武二分關歸思茅同知兼理二十二年定日本商約一進出口貨稅各國例只輸進口或出口稅一已進口貨再運各口不論貨主及運貨係何國人及何國船所有鈔稅釐金雜派各項一概豁免一運貨入內地再納子口稅係免稅者按值百抽二五一出口土貨完正稅子稅後限十二月運往外國如係禁運出外洋之物出口時只完正稅一洋貨已完進口稅三年內復運出口不再徵一船鈔視各國例是年設杭州蘇州及沙市三關明年設梧州三水二關並甘竹江門二分關改定英人長江通商章程一在長江貿易輪船由上海稅務司給專照年換一次或在漢口及宜昌換領亦可船鈔在給照之關交納違者照罰再犯繳銷專照一撤銷出口正稅復進口半稅同時完納之例有專照江輪出口及復進口稅照各口例在裝貨起貨之口分次完納至裝貨撥貨卸貨亦如各口例二十四年設岳州關及江海之吳淞分關明年設膠州關與德會定徵稅辦法一青海設關應揀派德人充稅務司一海運進口之貨不徵稅若膠州界口運赴內地徵進口稅惟無海關准單不准出膠州界一土貨陸運入租界再水運他口徵出口稅惟租界內產土貨並土產及海運入口之物料製成各貨出口時不徵一土貨進口復運內地照約納稅一土貨納出口稅復運他口納半稅又定韓暨墨國稅鈔及各費悉視海關例是年設金陵關又設福海關於三澳二十六年設騰越關及蠻允弄璋二分關二十七年定常關距口岸在五十里內稅由洋關兼徵二十八年設秦王島分關先是商約大臣盛宣懷呂海寰等言稅務司赫德等擬洋貨進口稅援照洋藥稅釐並徵之法核估時值按正稅子口稅七二五統加釐金一倍爲值百抽十五由海關並徵以免各處釐局留難紛雜貨可暢銷洋商或可允從並擬出口土貨向完半稅者改完釐金以抵洋貨釐捐改歸海關並徵之數於各省釐金亦無所損上以此事利害出入關係甚大下南北洋大臣各督撫參酌各省情形妥議具陳至是始與英定裁釐加稅之約一約欵照行時中國允除現有各常關外向設各釐卡及抽類似釐捐之關概行裁撤一英國允於進口洋貨增至切實值百抽五加一額外倍半之數以抵撤釐金子口稅及各項稅捐至土貨出口稅總數不得逾值百抽七五之數一現有常關仍舊存留其有海關而無常關及沿海沿邊非通商口岸處均可添設常關如新開口岸應設海關者可併設常關一民帆各船運貨所納出入口稅不得少餘輪船進口正稅及添加稅之總數土貨運出至第一常關照海關例徵出口加稅給照單限一年內無論經何關出口不再徵如運出各租界外銷售應納銷場稅一土貨運出除正稅外加徵半稅以爲裁撤釐捐之抵補至絲斤出口正稅不得逾值百抽五之數一向不出洋之貨於銷售處徵銷場稅凡民船運至口岸之土貨將銷售本地者無論貨主何國均徵銷場稅惟不在租界內徵收一華洋各商在內地用機器紡織之紗布只納出場稅餘概豁免凡機器織成類似之洋貨視此惟漢陽大冶鐵廠及國有免稅各廠與後設之製造局船澳等廠所出物件不在此例尋與美日大西洋各國均定此約卒以事費調查迄未能實行也二十九年與俄協定北滿稅關試辦章程一鐵路運貨減三之一納稅指定界限按車站大小四面各距十里或五里三里不等如運出指定界限外應補足正稅並照運貨入內地章程辦理一鐵路運貨減價此中俄特約除俄貨外各國貨經東省鐵路運入者准此一章程稅項有應更改者俟一年再商定又定通商進口善後章程一進口洋貨稅則不載者照值百抽五例按市價估貨以市平合足關平並扣除使費方爲貨物實價一貨未報關已售於華商即視合同價值之總數爲市價一由海關估定之價與該商不合即由海關與該商本國領事並領袖領事各派一人公同斷定若查出該商所報每百少至二十四兩按估定價值徵正稅並按所報應完之正稅罰繳四倍一洋船專載免稅之米糧等仍稅鈔是年設澳門分關三十年與德會定青島設關徵稅辦法附件一無論華洋輪船行駛內港應領關牌一年而易初次納牌費十兩換領只納二兩每四年納鈔一次明年與德修改青島徵稅辦法一改青島口岸概行免稅惟擇定稅界內一區爲無稅地餘均起徵一無稅區外製成各貨出口納稅不得逾運原料應完之稅數改三水之江門爲正關三十三年設南寧大連二關又設安東關及大東溝分關三十四年設濱江關及滿洲里綏芬河二分關宣統元年設愛琿三姓二分關二年設琿春關及延吉分關三年更定東海關各口稅則爲值百抽二五再收一二五內地捐所有規費概行裁免自光緒二十二年裁撤臺南淡水漢城各關外爲關二十七宣統三年續增南寧梧州三水岳州福海吳淞金陵膠海騰越江門安東大東溝大連濱江滿洲里綏芬河愛琿三姓琿春延吉等爲關四十七先是土藥各稅列入進口同治十二年始列專欵合計洋關歲徵各稅咸豐末年只四百九十餘萬同治末年增至千一百四十餘萬光緒十三年兼徵洋藥釐金增爲二千五十餘萬三十四年增至三千二百九十餘萬宣統末年都三千六百十七萬有奇爲歲入大宗云

釐金抽捐創始揚州一隅後遂推行全國咸豐三年刑部右侍郎雷以諴治軍揚州始於仙女廟等鎭創辦釐捐是年蘇常疊陷丁漕無收乃設釐局於上海藉資接濟又設江北釐捐歸大營糧臺經理五年江西設六十五局卡湖北設四百八十餘局卡湖南亦設城內外總分各局江蘇揚常鎭各府屬添設小河口普安新港三江營荷花池五局御史宗稷辰言大江南北設卡過多收捐太雜刑部左侍郎羅惇衍亦言泰州仙女廟釐局官紳弁兵刁難勒索上命酌量裁併嚴禁查辦六年盛京抽收商貨及糧石捐值百取一吉林亦如之烏魯木齊之吐魯番亦抽收棉花釐金七年設湖北釐金總局八年定豫省釐捐除水煙藥材茶葉外餘概不抽收並裁撤陝州荊子關及沿河各局卡是年福建廣西均設局卡抽收貨釐九年登萊青三府屬海口設局抽釐山西設籌餉局收行商藥稅及百貨釐捐於各隘口設七總卡及各分卡十年以張家口辦理釐金不善激成事變文武各員俱獲嚴譴兩江總督曾國藩以湘軍援鄂請於長沙設東征局克復一處即酌添局卡以濟軍儲凡貨物皆於本省釐金外加抽半釐允之是時江北八里舖及廣東韶關肇慶府俱設局卡抽釐十一年改山西行商藥釐爲稅安徽抽收釐金設立正卡省局所屬四皖南及淮北局屬各三並設分卡分巡五十九貴州亦設貨釐局於川楚鄰近之區時各省釐局過多上恐有累商民命除各省通衢要口外其餘局卡概行裁撤同治元年以廣東官紳辦理釐捐營私病民特命三品京堂晏端書駐紮韶關督辦廣東釐金四川總督駱秉章亦以粵省釐捐積弊爲言上諭端書以釐捐原出於不得已總期有益軍餉無戾民情御史丁紹周言釐捐各委員徒事中飽民怨沸騰命裁革各委員統歸地方官管理其通都大邑捐釐事繁著派道府等官辦理並照部章分斷開載榜示通衢是年設江寧大勝關釐卡河南禹州陝州暨河內縣清化鎭均設藥材釐金分局禹州並抽收百貨移設衢州府牙釐總局於浙江省城除杭州金華嚴州三府外餘八府均設分局分卡設周口三河尖兩釐稅局三年督辦揚州軍務漢軍統領富明阿言襄下河一帶南北糧臺設立捐卡百餘處有一處而設數卡一卡而分數局每月局用少者二百金多者至千餘金委員既繁局費尤濫上以江北如此他省可知嚴飭各督撫歸併裁革遴委賢能地方官經理尋湖北巡撫嚴樹森言胡林翼創辦湖北釐金倣劉晏用士類不用吏胥之法歷久著有成效若改歸地方官諸多窒礙並臚陳八弊請仍舊章又言湖北釐金年收百三十四萬全賴分設小局稽查偷漏大局之徵收始旺零卡勢難議裁且以一省之財力協濟數省軍餉多藉資釐金輕議更張恐入款頓減均允之是年江北設釐捐總局裁併各卡留存大勝關等二十六卡江蘇亦設牙釐捐總局裁併各卡留存蘇城等十四卡浙江定百貨釐捐值百抽九浙東兩起兩驗閒卡抽收貨值千文起卡抽三十驗卡減半捐足兩起兩驗不重徵浙西則一起一驗由第一卡併徵餘皆驗放三年直隸設天津雙廟卡淮南亦設卡抽收鄰私釐金浙江定絲斤捐河南以捻匪肆擾停止禹州釐捐尋復之時湖廣總督官文言直隸山東山西河南陝甘雲貴廣西等省釐金不多軍務告竣即可議撤其餘東南各省釐

金不可驟裁留作善後之費曾國藩則以江寧克復請停廣東釐金上恐餉項不繼未之許也四年撤湖南東征局改江北總局爲金陵釐捐總局福建設稅釐總局徵收百貨及茶釐六年湖北裁存釐局分卡八十六湖南合併分局統名厘金鹽茶總局七年定釐金報部照兩淮鹽釐排式年分兩次時軍務漸平督撫臺諫屢以裁撤釐金爲言上飭各省酌留大宗裁去零星分局於是湖北又裁去五十四局卡浙江裁併十六十八年甘肅開百貨及鹽茶釐捐定廣東省城及佛山江門陳村各繁盛處所補抽百貨坐釐由商承辦九年廣西減釐改徵西稅十年用御史黃槐森言禁革廣東釐局幫費名目並裁汰吏胥直隸改天津府捐輸義館爲百貨釐捐局設東河西河南河海河四分卡並於東關設洋藥釐捐局十三年停止山海關之臨榆縣釐局雲南省城設牙釐總局各府屬設分局二十三及各井鹽釐局光緒元年浙江復裁併十四卡存留六十五卡免湖北米穀釐金二年安徽規復蕪湖鳳陽兩關分別裁撤釐卡永免湖南境內運售米穀釐金販運出境者仍於首卡完釐一次三年山西大祲商貨滯銷裁併各路添設之分卡吉林於雙城堡農安城抽收七釐貨捐四年貴州貨釐減收二成五七年給事中劉瑞祺言厘捐無裨國計飭各督撫酌量裁留山西以釐金減收復設各分卡八年江楊裁撤分卡一巡卡一滬釐局裁併布貨捐局閩廣三幫雜貨捐局暨東溝四釐卡並撤古山水橋巡卡明年滬局又裁東溝大涇兩巡卡十年陝西裁留二十八卡十三年貴州增設二十五分局先是各省局卡林立擾民病商屢經奉飭裁併而江西一省尚多至七十餘局御史鄭思賀又以爲言核實刪減二十三年戶部疏言各省釐局中飽弊在承辦之員不肯和盤托出各省例不應支而非得已者輒於釐稅收款提留濟用所謂外銷者也院司類有存案原非自謀肥己然既有外銷之事即有匿報之款否則從何羅掘無惑乎人言藉藉僉謂各省實收之數竟數倍報部之數現在中飽之弊已諭飭各將軍督撫認眞整頓自不至仍前泄沓惟外銷之數若不和盤托出臣部總握度支歲入歲出終於無可句稽即外銷款目不能驟議全裁亦宜咨報臣部權衡緩急內外一氣共濟時艱擬准將外銷最要之款切實聲明量予留支使無窘公用此後再有隱匿甚或巧立名目謬稱入不敷出則典守之官不能辭咎上下大學士及廷臣議越二年上從諸臣議飭各將軍督撫詳細稽核究竟裁去陋規中飽之數若干酌量提歸公用之數若干勒限奏明其外銷款項應准臚列報部以昭核實所有水陸總分各局卡應如何因地制宜官紳並委著體察情形辦理二十九年江西巡撫柯逢時言江西釐局積弊過深改辦統捐凡納捐貨物黏貼印花概不重徵報聞宣統元年四川以實行禁煙籌抵土藥各稅釐加倍徵收肉釐允之二年貴州三江釐局改辦木植統捐局陝西百貨釐捐亦改照統稅辦法減爲二十七局

洋藥道光初英吉利大舶終歲停泊零丁洋大嶼山等處名曰躉船凡販鴉片煙至粵者先剝赴躉船然後入口省城包買戶謂之窰口議定價値同至夷船兌價給單卽僱快艇至躉船憑單取土其快艇名快蟹械礮畢具行駛如飛兵船追捕不及灌輸內地愈禁愈多各項貨物亦多從躉船私售紋銀之出洋關稅之偷漏率由於此疊經諭飭驅逐嚴拿而躉船停泊快蟹遞私如故十八年鴻臚卿黃爵滋言自煙土入中國粵奸商勾通巡海弁兵運銀出洋運土入口查道光初年歲漏銀數百萬十四年以前歲漏二千餘萬近年歲漏三千餘萬此外各海口合之亦數千萬年復一年伊於胡底耗銀之多由於販煙之盛販煙之盛由於食煙之衆實力查禁宜加重罪名上韙其言特命林則徐爲欽差大臣赴粵查辦明年截獲躉船煙土二萬八百八十餘箱焚之時定禁煙章程凡開設窰口及煙館與興販吸食無論華洋均擬極刑咸豐七年閩浙總督王懿德等始有軍需緊要暫時從權量予抽捐之請朝旨允行八年與法定約向來洋藥不准通商現稍寬其禁聽商貿易每百斤納稅銀三十兩只在口銷售離口卽屬中國貨物准華商運往內地法商不得護送嗣與各國定約皆如之九年上以洋藥未定稅前地方官多有私收情弊現既議定稅章自應一律遵辦上海爲各商薈萃之區尤宜及早奉行不得以多報少藉肥私橐兩江總督何桂淸請減輕洋藥稅下廷議尋議洋藥稅則各省關均照辦江蘇何得獨異所征稅銀每三月報解不准留支至洋藥釐捐與關稅有別原定銀二十兩毋庸再加十兩惟不得以洋稅抵作釐捐允之雲貴總督張亮基言滇省向無洋藥上命先將所產土藥分別徵收稅釐不得以洋藥混土藥十一年上海新行洋藥稅章程而普魯斯領事密迪樂以洋商既定進口稅重徵華商有礙洋商貿易上曰洋商進口華商出口兩稅各不相礙不允其請時稅務司赫德言洋藥抽稅今昔情形不同收稅愈重則走漏愈甚上以其言可采下所司酌議施行光緒初元廣東招商包收洋藥捐年認交四十二萬元五年限滿每年遞增二萬元二年與英定約洋藥入口由官稽查封存棧房或躉船俟售賣時照則納稅並令購者輸納例稅以防偷漏其數由各省酌定六年廣東新商接辦洋藥捐年認交九十萬元仍五年爲限七年大學士左宗棠言禁食鴉片宜先增稅洋藥百觔擬徵稅釐百五十兩土藥價低准依洋藥推算上命將軍督撫及海關監督各就情形妥議以聞尋直隸總督李鴻章言洋藥旣難驟禁只可先加稅釐煙價增則吸者漸減未始非徐禁示罰之意惟釐稅太重恐偷漏愈多亦須通盤籌計查洋藥由印度先到香港然後分運各口奸商卽於該港私相授受檢閱貿易總册同治十三年至光緒四年到港洋藥每年八萬四千至九萬六千餘箱運銷各口有稅者只六萬五千至七萬一千餘箱五年到港十萬七千餘箱運銷各口有稅者只八萬六千餘箱年計私銷二萬數千箱加捐易辦偷漏難防擬於洋藥每百觔正稅三十兩外加徵八十兩統計釐稅百一十兩土藥不論價之高下每百觔徵四十兩帝用其議又以洋藥來自英商命出使大臣曾紀澤與英磋商至九年始如前議定約併在進口時輸納十年定不分洋土藥給華商行坐部票例其行票每限十斤斤捐銀二錢經過關卡另納稅釐無票貨沒官其行店坐票無論資本大小年捐二十兩換票一次無票不得售賣十一年定洋藥入口由官驗明封存俟每箱百斤完納正稅三十兩釐金八十兩方允出運十三年與葡定議在澳門協助中國徵收運往各口之洋藥稅釐一如英香港辦法二十八年定洋藥稅釐並徵仍照現行約章嗣後應以釐金作爲加稅又定英商莫啡鴉之禁其爲醫藥用者進口仍照則納稅俟領海關專單方准起岸違者沒官是年裁浙江洋藥釐金局歸海關燕稅併徵三十二年德宗銳意圖強命限十年將洋藥一律革除淨盡又以鴉片爲生民之害禁吸尤必禁種爲淸源辦法務令遞年減種統限十年將洋土藥盡絕根株是年開廣西巡撫柯逢時缺賞侍郎銜督辦各省土藥統稅設總局於湖北各省並設分局逾年以洋土兩藥稅釐爲歲入鉅欵既嚴行禁斷應預籌的欵以資抵補初定莫啡鴉進口每兩徵稅三兩至是以既准醫藥需用減輕照百貨例值百徵五宣統二年度支部奏言各省土藥減收業將浙江福建江蘇安徽山東山西土藥統稅分局先後裁撤其兩湖陝甘兩粵略有收數自應及時收束惟稅局之應否裁撤以有無稅項爲斷而統稅之應否停徵以有無產土爲衡於是分遣司員派赴各省調查明年又奏言現在擬裁土藥統稅分局倘未據各省議定辦法派員接收而洋藥進口已與英定約稅釐並徵每百兩增收二百五十兩土藥亦須同時比例加稅查土藥價値不及洋藥三分之二以徵爲禁稅則無妨略重卽照洋藥稅推算定土藥百觔加徵二百三十兩凡未禁運及本產本銷地方卽按新章徵收從之時與英議定禁煙遞減已滿三年如於未滿之七年期內土藥禁絕則洋藥亦禁進口以洋藥加稅實行停止各項捐收

會計順治初旣除明季三餉南服諸省尙未底定歲入本少而頻年用兵經營四方供億不貲歲出尤距至九年海宇粗定歲入則地丁等欵征銀二千一百二十六萬兩有奇鹽課征銀二百一十二萬兩有奇關稅等銀一百餘萬兩米麥豆之征本色者五百六十二萬石有奇歲出則諸路兵餉需千三百餘萬兩王公官俸各費需二百餘萬兩各省留支驛站等欵三百餘萬兩其後兵餉增至二千四百萬兩地丁亦至二千五百餘萬兩康熙之初三藩叛逆歲入地丁等欵自二千六百餘萬減至二千一百餘萬二十一年三藩削平歲入地丁等銀復至二千六百三十四萬兩有奇鹽課銀亦至二百七十六萬兩有奇關稅等銀二百餘萬兩米麥豆之征本色者爲六百三十四萬石有奇雍正初年整理度支收入頗增至乾隆三十一年歲入地丁爲二千九百九十一萬兩有奇耗羨爲三百萬兩有奇鹽課爲五百七十四萬兩有奇關稅爲五百四十餘萬兩有奇蘆課魚課爲十四萬兩有奇茶課爲七萬兩有奇落地雜稅爲八十五萬兩有奇契稅爲十九萬兩有奇牙當等稅爲十六萬兩有奇礦課有定額者八萬兩有奇常例捐輸三百餘萬是爲歲入四千數百餘萬之大數而外銷之生息攤捐諸欵不與焉歲出爲滿漢兵餉一千七百餘萬兩王公百官俸九十餘萬兩外藩王公俸十二萬兩有奇文職養廉三百四十七萬兩有奇武職養廉八十萬兩有奇京官各衙門公費飯食十四萬兩有奇內務府工部太常寺光祿寺理藩院祭祀賓客備用銀五十六萬兩採辦顏料木銅布銀十二萬兩有奇織造銀十四萬兩有奇寶泉寶源局工料銀十萬兩有奇京師各衙門胥役工食銀八萬兩有奇京師官牧馬牛羊象芻秣銀八萬兩有奇東河南河歲修銀三百八十餘萬兩各省留支驛站祭祀儀憲官俸役食科場廩膳等銀六百餘萬兩歲不全支更造漕船歲約需銀一百二十萬兩是爲歲出三千數百餘萬之大數而宗室年俸津貼漕運旗丁諸費之無定額者各省之外銷者不與焉自是至道光之季軍需河工賑務賠欵之用及歷次事例之開鹽商等報效修

河工料之攤征凡爲不時之入與供不時之出者爲數均鉅然例定之歲入歲出仍守乾隆之舊是以乾隆五十六年歲入銀四千三百五十九萬兩歲出銀三千一百七十七萬兩嘉慶十七年歲入銀四千十三萬兩歲出銀三千五百十萬兩道光二十二年歲入銀三千七百十四萬兩歲出銀三千一百五十萬兩均有奇咸豐初年粵匪驟起捻回繼之國用大絀迄於同治歲入之項轉以釐金洋稅爲大宗歲出之項又以善後籌防爲鉅欵光緒五年八月翰林院侍讀王先謙奏舊入之欵如地丁雜稅鹽務雜款等共四千萬今止入二千七八百萬新入之欵如洋稅一千二百萬鹽釐三百萬舊出欵如兵餉河工京餉各省留支四千萬今止支二千四五百萬新有出欵如西征津防兩軍約一千萬各省防軍約一千萬十年戶部奏更定歲出歲入以光緒七年一年歲出入詳細冊底爲據言臣部爲錢糧總匯之區從前出入均有定額入欵不過地丁關稅鹽課耗羨數端出欵不過京餉兵餉存留協撥數事最爲簡括乃自軍興以來出入難依定制入欵如抑成減平提解退回等項皆係入自出欵之中出欵如撥補籌還移解留備等項又皆出歸入欵之內彙核良非易易此次所辦冊籍以地丁雜賦地租糧折漕折漕項耗羨鹽課常稅生息等十項爲常例徵收以釐金洋稅新關稅按糧津貼等四項爲新增徵收以續完捐輸完繳節扣等四項爲本年收欵除去錙緩未完各數通計實入共收銀八千二百三十四萬九千一百九十八兩是爲銀收以陵寢供應交進銀祭祀儀憲俸食科場餉乾驛站廩膳賞卹修繕河工採辦辦漕織造公廉雜支等十七項爲常例開支以營勇餉需關局洋欵還借息欵等四項爲新增開支以補發舊欠豫行支給兩項爲補支豫支以批解在京各衙門銀兩一項爲批解支欵除去欠發未報各數通計實出共支銀七千八百十七萬一千四百五十一兩是爲銀支原奏並及錢收糧收錢支糧支實爲明晰今按十七年歲入歲出之籍入項爲地丁二千三百六十六萬六千九百一十一兩雜賦二百八十一萬有一百四十四兩租息十四萬一千六百七十二兩糧折四百二十六萬二千九百二十八兩耗羨三百萬四千八百八十七兩鹽課七百四十二萬七千六百有五兩常稅二百五十五萬八千四百一十兩釐金一千六百三十一萬六千八百二十一兩洋稅一千八百二十萬六千七百七十七兩節扣二百九十六萬四千九百四十四兩續完七百十二萬八千七百四十四兩捐繳一百八十七萬五千五百七十六兩均有奇統爲歲入八千九百六十八萬四千八百兩有奇出項爲陵寢供應等欵十三萬五百五十九兩交進十八萬兩祭祀三十三萬六千七百三十三兩儀憲七萬四千八百七十九兩俸食三百八十四萬一千四百二十四兩科場十萬五千二百七十兩餉乾二千三十五萬六千一百五十九兩驛站一百七十三萬四千七百有九兩廩膳十一萬二千有二十九兩賞卹五十二萬五千二百十六兩修繕二十萬九千七百四十八兩採辦四百有三萬三千九百有三兩織造一百有三萬四千九百十五兩公廉四百五十七萬五千七百八十三兩雜支三十萬三千二百七十八兩勇餉一千八百二十六萬八千三百十三兩關局經費三百十四萬四千六百十六兩洋欵三百八十六萬一千五十一兩補支一千二百七十七萬五千五百二十五兩豫支一百七十四萬二千七十三兩解京各衙門飯食經費各項支欵三百四十七萬二千五百三十三兩統爲歲出七千九百三十五萬五千二百四十一兩再三年爲甲午朝鮮役起軍用浩繁息借洋欵商欵及和議既定又借俄法英德之欵付日本賠欵增攤各省關銀一千二百萬兩益以匯豐克薩華商各欵本息及新增宋慶等軍餉共八百萬蓋歲出之增於前者二千萬迨於庚子復釀兵禍辛丑約成遂有四萬五千萬之鉅派之各省者一千八百萬兩有奇二十九年以練新軍復攤各省練兵經費而各省以創練新軍辦巡警教育又有就地自籌之欵奉天一省警費至三百餘萬兩湖北一省撥提地丁錢價充學費者六十萬兩捐例停於二十七年以練兵復開至三十二年復停庚子以後新增之徵收者大端爲糧捐如按糧加捐規復徵收丁漕錢價規復差徭加收耗羨之類鹽捐如鹽斤加價鹽引加課土鹽加稅行鹽口捐之類官捐如官員報效酌提丁漕盈餘酌提優缺盈餘之類加釐加稅如菸酒土藥之加釐稅百貨稅之改統捐稅契加征之類雜捐如彩票捐房舖捐漁戶捐樂戶捐之類節省如裁節綠營俸餉節省河工經費核扣驛站經費節省各署局經費之類實業如鐵路電局郵政收入及銀行銀銅元局官辦工廠商局餘利之類出欵自賠欵練兵費學警司法諸費外各官署新增費亦爲大端宣統二年度支部奏試辦宣統三年預算歲入爲類八曰田賦經常四千六百十六萬四千七百有九兩臨時一百九十三萬六千六百三十六兩皆有奇曰鹽茶課稅經常四千六百三十一萬二千三百五十五兩曰洋關稅經常三千五百十三萬九千九百十七兩曰常關稅經常六百九十九萬兩一千一百四十五兩臨時八千五百二十四兩曰正雜各稅經常二千六百十六萬三千八百四十二兩曰釐捐經常四千三百十八萬七千九百七兩曰官業收入經常四千六百六十萬八百九十九兩曰雜收入經常一千九百十九萬四千一百有一兩臨時一千六百有五萬六百四十八兩附列者爲類二曰捐輸五百六十五萬二千三百三十三兩曰公債三百五十六萬兩皆臨時歲入歲出爲類十八曰行政經常二千六百六萬九千六百六十六兩臨時一百二十五萬八千一百八十四兩曰交涉經常三常三十七萬五千一百有三十兩臨時六十二萬六千一百七十七兩曰民政經常四百四十一萬六千三百三十八兩臨時一百三十二萬四千五百三十一兩曰財政經常一千七百九十萬三千五百四十五兩臨時二百八十七萬七千九百有四兩曰洋關經費經常五百七十四萬八千二百三十七兩臨時九千一百六十三兩曰常關經費經常一百四十六萬三千三百三十二兩曰典禮經常七十四萬五千七百五十九兩臨時五萬四千有三十七兩曰教育經常二百五十五萬三千四百十六兩臨時一百四萬一千八百九十二兩曰司法經常六百六十一萬六千五百七十九兩臨時二十一萬八千七百四十六萬曰軍政經常八千三百四十九萬八千一百十一兩臨時一千四百萬有五百四十六兩曰實業經常一百六十萬三千八百三十五兩曰交通經常四千七百二十二萬一千八百四十一兩臨時七百有八十萬四千九百有八兩曰工程經常二百四十九萬三千二百四十兩臨時二百有二萬二千有六十四兩曰官業支出經常五百六十萬四百三十五兩曰各省應解賠欵洋欵三千九百有十二萬九百二十二兩曰洋關應解賠欵洋欵一千一百二十六萬三千五百四十七兩曰常關應解賠欵洋欵一百二十五萬六千四百九十兩曰邊防經費一百二十三萬九千九百有八兩附列者爲類一曰歸還公債四百七十七萬二千六百十三兩統爲歲入二萬九千六百九十六萬二千七百兩有奇歲出三萬三千八百六十五萬兩有奇十二月資政院覆覈於歲入有增加於歲出有減創次年即值變更國體故有預算而無決算蓋自光緒三十三年度支部即奏准令京師各衙署及各省實報歲入歲出又於各省設財政監理官以督之凡昔日外銷之欵項與夫雜捐陋規之類及新定之教育司法實業軍政外債諸費皆列於簿書期會故較順治康熙之出入多至十倍茲錄之以見一代財政之盈虧焉其軍需河工賑務賠欵之鉅者乾隆初次金川之役二千餘萬兩準回之役三千三百餘萬兩緬甸之役九百餘萬兩二次金川之役七千餘萬兩廓爾喀之役一千有五十二萬兩臺灣之役八百餘萬兩嘉慶川湖陝教匪之役二萬萬兩紅苗之役湖南一省請銷一千有九十萬洋匪之役廣東一省請銷三百萬兩道光初次回疆之役一千一百餘萬兩二次回疆之役七百三十萬兩英人之役一千數百萬兩咸豐初年粵匪之役二千七百萬其後江南大營月需五十萬兩徽寧防營月需三十萬兩則一年亦千萬湖北供東征之需者歲四百餘萬湖南亦不貲而北路及西南各省用兵之費不與焉同治中曾國藩奏湘軍四案五案合之剿捻軍需共請銷三千餘萬兩李鴻章奏蘇滬一案二案合之淮軍西征兩案共請銷一千七百餘萬兩左宗棠奏西征兩案共請銷四千八百二十餘萬兩此外若福建援浙軍需合之本省及臺灣軍需截至三年六月已逾六百萬兩四川湖南援黔軍需歲約四百萬兩積五年二千萬兩雲南自同治二年至同治十二年請銷軍需一千四百六十餘萬兩而甘肅官紳商民集捐銀糧供軍需者五千餘萬兩再加各省廣中額學額計之當不下數萬萬光緒中惟中法之役用三千餘萬兩若西征之餉海防之餉則已入年例歲出不復列河工自康熙中即趨重南河十六年大修之工用銀二百五十萬兩原估六百萬兩迨蕭家渡之工用銀一百二十萬兩自乾隆十八年以南河高郵邵伯車邏壩之決撥銀二百萬兩四十四年儀封決河之塞撥銀五百六十萬兩四十七年蘭陽決河之塞自例需工料外加價至九百四十五萬三千兩浙江海塘之修則撥銀六百餘萬兩荊州江隄之修則撥銀二百萬兩大率興一次大工多者千餘萬少亦數百萬嘉慶中如衡工加價至七百三十萬兩十年至十五年南河年例歲修搶修及另案專案各工共用銀四千有九十九萬兩而馬家港大工不與二十年睢工之成加價至三百餘萬兩道光中東河南河於年例歲修外另案工程東河率撥一百五十餘萬兩南河率撥二百七十餘萬兩逾十年則四千餘萬六年撥南河王營開壩及堰盱大隄銀合爲五百一十七萬兩二十一年東河祥工撥銀五百五十萬兩二十二年南河揚工撥六百萬兩二十三年東河牟工撥五百十八萬兩後又有加咸豐初豐工亦撥四百萬兩以上同治中山東有侯工賈莊各工用欵二百餘萬兩光緒十三年河南鄭州大工請撥一千二百萬兩其後山東時有河溢然用欵不及道光之什一賑務康熙中賑陝西之災用銀至五百餘

萬兩乾隆七年江蘇安徽夏秋大水撫恤正賑加賑江蘇給被災軍民等米共一百五十六萬石有奇銀五百五萬兩有奇安徽給被災軍民等米八十三萬石有奇銀二百三十三萬兩有奇十八年以高郵運河之決撥米穀一百十萬石銀四百萬兩賑江蘇災此其最鉅者其後直隸山東江蘇河南湖北甘肅諸省之災發帑截漕及資於捐輸者不可勝舉嘉慶初山東曹單等縣災賑銀米合計三四百萬兩六年以直隸水災撥賑銀一百萬兩截漕米六十萬石江蘇安徽山東河南諸省之因災賑恤者節次糜帑均不下數十百萬資於捐輸者如十九年江蘇安徽之災至二三百萬兩道光十一年撥江蘇賑需銀一百餘萬兩二十七年賑河南災銀一百餘萬兩二十八年賑河北災銀一百三十八萬兩二十九年撥江蘇等四省賑災銀一百萬兩而安徽浙江之截留辦賑者皆近百萬江蘇一省則一百四十餘萬此外尙多而官紳商民捐輸者尙不與光緒初山西河南陝西之災撥帑截漕爲數均鉅合官賑義賑及捐輸等銀不下千數百萬兩鄭州河決賑需河南用銀二百五十餘萬兩時各省有水旱之災輒請開賑指直隸自十六年之水至二十一年海嘯之災用銀七百餘萬兩山東自十一年後頻年河溢至二十五年用銀七百餘萬兩江蘇自十五年之水至二十四年淮徐海之災用銀五百餘萬兩二十七年秦晉之災則開實官捐以濟之爲數至七百六十萬兩有奇賠欵始于道光壬寅江寧之約二千一百萬兩咸豐庚申之約一千六百萬兩光緒辛巳伊犂之約六百餘萬兩乙未中日之約併遼南歸地二萬三千萬兩至辛丑公約賠欵四萬五千萬兩而槪以息金計之實九萬萬餘兩淸代田賦徵糧之數乾隆三十一年爲八百三十一萬七千七百石有奇江蘇安徽山東河南浙江江西湖北湖南八省白歲漕京師外留充本省經費直隸奉天山西陝西甘肅福建四川廣東廣西雲南貴州則全充本省經費光緒十年新疆改行省歲徵糧二十七萬一千石有奇亦全充本省經費吉林黑龍江之徵米者亦如之各省駐防旗營官兵綠營兵丁皆支月米凡留充本省經費者大率供旗綠營月支米豆之需有餘則報糶易銀候撥云

清史稿

河渠志一

黃河

中國河患歷代詳矣有清首重治河探河源以窮水患聖祖初命侍衛拉錫往窮河源至鄂敦塔拉即星宿海高宗復遣侍衛阿彌達往西踰星宿更三百里乃得之阿勒坦噶達蘇老山自古窮河源無如是之詳且確者然此猶重源也若其初源則出葱嶺與漢書合東行爲喀什噶爾河又東會葉爾羌和闐諸水爲塔里木河而匯於羅布淖爾東南潛行沙磧千五百里再出爲阿勒坦河伏流初見輒作黃金色蒙人謂金阿勒坦因以名之是爲河之重源東北會星宿海水行二千七百里至河洲積石關入中國經行山間不能爲大患一出龍門至滎陽以東地皆平衍惟賴隄防爲之限而治之者往往違水之性逆水之勢以與水爭地甚且因緣爲利致潰決時聞勞費無等患有不可勝言者自明崇禎末李自成決河灌汴梁其後屢塞屢決順治元年夏黃河自復故道由開封經蘭儀商虞迄曹單碭山豐沛蕭徐州靈璧睢寧邳宿遷桃源東逕清河與淮合歷雲梯關入海秋決溫縣命內祕書院學士楊方興總督河道駐濟寧二年夏決考城又決王家園方興言自遭闖亂官竄夫逃無人防守伏秋汎漲北岸小宋曹家口悉衝決濟寧以南田廬多淹沒宜乘水勢稍涸鳩工急築上命工部遴員勘議協修七月決流通集一趨曹單及南陽入運一趨塔兒灣魏家灣侵淤運道下流徐邳淮陽亦多衝決是年孟縣海子村至渡口村河淸二日詔封河神爲顯佑通濟金龍四大王命河臣致祭明年流通集塞全河下注勢湍激由汶上決入蜀山湖五年決蘭陽七年八月決荆隆朱源寨直往沙灣潰運隄挾汶由大清河入海方興用河道方大猷言先築上游長縷隄遏其來勢再築小長隄八年塞之九年決封邱大王廟衝圮縣城水由長垣趨東昌壞平安隄北入海大爲漕渠梗發丁夫數萬治之旋築旋決給事中許作梅御史楊世學陳斐交章請勘九河故道使河北流入海方興言黃河古今同患而治河古今異宜宋以前治河但令入海有路可南亦可北元明以迄我朝東南漕運由清口至董口二百餘里必藉黃爲轉輸是治河即所以治漕可以南不可以北若順水北行無論漕運不通轉恐決出之水東西奔蕩不可收拾今乃欲尋禹舊蹟重加疏導勢必別築長隄較之增卑培薄難易曉然且河流挾沙東之一則水急沙流播之九則水緩沙積數年之後河仍他徙何以濟運上然其言乃於丁家寨鑿渠引流以殺水勢是年復決邳州又決祥符朱源寨戶部左侍郎王永吉御史楊世學均言治河必先治淮導淮必先導海口蓋淮爲河之下流而濱海諸州縣又爲淮之下流乞下河漕重臣凡海口有爲姦民堵塞者盡行疏濬其漕隄閘口因時啟閉然後循流而上至於河身剔淺去淤使河身愈深足以容水議皆不果行十一年復決大王廟給事中林起龍劾方興侵冒上解方興任遣大理卿吳庫禮工科左給事中許作梅往按起龍坐誣復方興任十三年塞大王廟費銀八十萬十四年方興乞休以吏部左侍郎朱之錫代之是年決祥符槐疙疸隨塞十五年決山陽柴溝姚家灣旋塞復決陽武慕家樓十六年決歸仁隄先是御史孫可化疏陳淮黃隄工事下總河之錫言桃源費家嘴及安東五口淤澱久工繁費鉅且黃河諺稱神河難保不旋濬旋淤惟有加意修防補偏救弊而已之錫陳兩河利害條上工程器具夫役物料八弊又言因材器使用人所亟獨治河之事非澹泊無以耐風雨之勞非精細無以察防護之理非慈斷兼行無以盡羣夫之力非勇往直前無以應倉猝之機故非預選河員不可因陳預選之法二曰薦用曰儲才諳習之法二曰久任曰交代又條上河政十事曰議增河南夫役曰均派淮工夫役曰察議通惠河工曰建設柳園曰嚴剔弊端曰釐覈曠盡銀兩曰愼重職守曰明定河工專職曰申明激勸大典曰酌議撥補夫役均允行十七年決陳州郭家埠虞城羅家口隨塞康熙元年五月決曹縣石香爐武陟大村睢寧孟家灣六月決開封黃練集灌祥符中牟陽武杞通許尉氏扶溝七縣七月再決歸仁隄河勢既逆入淸口又挾睢湖諸水自決口入與洪澤湖連直趨高堰衝決翟家壩流成大澗九淮陽自是歲以災告二年決睢寧武官營及朱家營三年決杞縣及祥符閻家寨再決朱官營旋塞四年四月河決上游灌虞城永城夏邑又決安東茆良口五年之錫卒以貴州總督楊茂勳爲河道總督六年決桃源煙墩蕭縣石將軍廟逾年塞之又決桃源黃家嘴已塞復決沿河州縣悉受水患清河衝沒尤甚三汊河以下水不沒骭黃河下流既阻水勢盡注洪澤湖高郵水高幾二丈城門堵塞鄉民溺斃數萬遣官蠲賑冬命明珠等相視海口開天妃石閘白駒等閘毀白駒姦民閉閘碑八年決清河三汊口又決清水潭副都御史馬紹曾巡鹽御史李棠交章劾茂勳不職罷之以羅多爲河道總督九年決曹縣牛市屯又決單縣譙樓寺灌清河縣治是歲五月暴風雨淮黃並溢撞卸高堰石工六十餘段衝決五丈餘高寶等湖受淮黃合力之漲高堰幾塌淮陽岌岌可虞工科給事中李宗孔疏言水之合從諸決口以注於湖也江都高寶無歲不防隄增隄與水俱高以數千里奔悍之水攻一綫孤高之隄值西風鼓浪一瀉萬頃而江高寶泰以東無田地興化以北無城郭室廬他如溧陽平望諸湖淺狹不能受水各河港疏濬不時范公隄下諸閘久廢入海港口盡塞雖經大臣會閱嚴飭開閘出水而年深工大所費不貲兼爲傍海奸竈所格竟不果行水迂回至東北廟灣口入海七邑田舍沈沒動經歲時比宿水方消而新歲橫流又已踵至矣御史徐越亦言高堰宜乘冬水落時大加修築於是起桃源東至龍王廟因舊址加築大隄三千三百三十丈有奇臘後冰解水溢沿河村舍林木剷刷殆盡十年春河溢蕭縣六月決清河五堡桃源陳家樓八月又決七里溝以王光裕總督河道光裕請復明潘季馴所建崔壩鎭等三壩而移季太壩於黃家嘴舊河地以分殺水勢是歲茆良口塞十一年秋決蕭縣兩河口邳州塘池舊城又溢虞城遣學士郭廷祚等履勘十二年桃源七里溝塞十三年決桃源新莊口及王家營又自新河鄭家口北決十四年決徐州潘家塘宿遷蔡家樓又決睢寧花山壩復灌清河治民多流亡十五年夏久雨河倒灌洪澤湖高堰不能支決口三十四漕隄崩潰高郵之清水潭陸漫溝之大澤灣共決三百餘丈揚屬皆被水漂溺無算上遣工部尙書冀如錫戶部侍郎伊桑阿訪究利病是歲又決宿遷白洋河于家岡清河張家莊王家營安東邢家口二舖口山陽羅家口塞桃源新莊十六年如錫等覆陳河工壞潰情形光裕解任勘問以安徽巡撫靳輔爲河督輔言治河當審全局必合河道運道爲一體而後治可無弊河道之變遷總由議治河者多盡力於漕艘經行之處其他決口則以爲無關運道而緩視之以致河道日壞運道因之日梗河水裹沙而行全賴各處清水併力助刷始能奔趨歸海今河身所以日淺皆由從前歸仁隄等決口不即堵塞之所致查自清江浦至海口約長三百里向日河面在清江浦石工之下今則石工與地平矣向日河身深二三四丈不等今則深者不過八九尺淺者僅一二尺矣河淤運亦淤今淮安城堞卑於河底矣運淤清江與爛泥淺盡淤今洪澤湖底漸成平陸矣河身既墊高若此而黃流裹沙之水自西北來晝夜不息一至徐邳宿桃即緩弱散漫臣目見河沙無日不積河身無日不加高若不大修治不特洪澤湖漸成陸地將南而運河東而清江浦以下淤沙日甚行見三面壅遏而河無去路勢必衝突內潰河南山東俱有淪胥沈溺之憂彼時雖費千萬金錢亦難剋期補救因分列大修事宜八曰取土築隄使河寬深曰開清口及爛泥淺引河使得引淮刷黃曰加築高家堰隄岸曰周橋閘至翟家壩決口

三十四須次第堵塞曰深挑清口至清水潭運道增培東西兩隄曰淮揚田及商船貨物酌納修河銀曰裁併河員以專責成曰按里設兵畫隄分守廷議以軍務未竣大修募夫多宜暫停疏再上惟改運土用夫爲車運餘悉如所請於是各工並舉大挑清口爛泥淺引河四及清口至雲梯關河道創築關外束水隄萬八千餘丈塞于家岡武家墩大決口十六又築蘭陽中牟儀封商邱月隄及虞城周家隄明年創建王家營張家莊減水壩二築周橋翟壩隄二十五里加培高家堰長隄山清安三縣黃河兩岸及湖堰大小決口盡塞優詔褒美十八年建南岸碭山毛城鋪北岸大谷山減水石壩各一以殺上流水勢二十年塞楊家莊蓋決五年矣是歲增建高郵南北滾水壩八徐州長樊大壩外月隄千六百八十九丈大修至是已三年河未盡復故道輔自劾部議褫職上命留任二十一年決宿遷徐家灣隨塞又決蕭家渡先是河身僅一線輔盡堵楊家莊欲束水刷之而引河淺窄淤刷鼎沸遇徐家灣隄卑則決蕭家渡土鬆則又決會候補布政使崔維雅上河防芻議條列二十四事請盡變輔前法上遣尚書伊桑阿侍郎宋文運履勘命維雅隨往維雅欲盡毀減水壩別圖挑築伊桑阿等言輔所建工程固多不堅改築亦未必成功輔亦中辦工將次第告竣不宜有所更張並下廷議因召輔至京輔言蕭家口明正可塞維雅議不可行上是之命還工二十二年春蕭家渡塞河歸故道明年上南巡閱河賜詩褒美二十四年秋輔以河南地在上游河南有失則江南河道淤澱不旋踵乃築考城儀封隄七千九百八十九丈封邱荆隆口大月隄三百三十丈滎陽埽工三百十丈又鑿睢甯南岸龍虎山減水閘四上念高郵諸州湖溢淹民田命安徽按察使于成龍修治海口及下河聽輔節制旋召輔成龍至京集議成龍力主開濬海口輔言下河海口高內地五尺應築長隄高丈六尺束水趨海所見不合下廷臣議亦各持一說上以講官喬萊江北人召問萊言輔議非是因遣尚書薩穆哈等勘議還言開海口無益會江甯巡撫湯斌入爲尚書詢之斌言海口開則積水可洩惟高郵興化民慮毀廬墓爲不便耳乃黜薩穆哈頒內帑二十萬命侍郎孫在豐董其役時又有督修下河宜先塞減水壩之議上不許召輔入對輔言南壩永塞恐淮弱不敵黃強宜於高家堰外增築重隄截水出清口不入下河停丁溪等處工程成龍時任直撫示以輔疏仍言下河宜濬修重隄勞費無益議不決復遣尚書佛倫等勘議佛倫主輔議二十七年御史郭琇劾輔治河無績內外臣工亦交章論之乃停築重隄免輔官以閩浙總督王新命代之仍督修下河鑴在豐級以學士凱音布代之明年上南巡閱高家堰謂諸臣曰此隄頗堅固然亦不可無減水壩以防水大衝決但靳輔欲於舊隄外更築重隄實屬無益並以輔於險工修挑水壩令水勢回緩甚善車駕還京復其官三十一年新命罷仍令輔爲河督輔以衰疾辭命順天府丞徐廷璽副之輔請於黃河兩岸值柳種草多設涵洞俱報可是冬輔卒上聞歎悼予騎都尉世職以于成龍爲河督越二年召詢成龍曰減水壩果可塞否對曰不宜塞仍照輔所修而行上曰如此何不早陳爾排陷他人則易身任總河則難非明驗耶三十四年成龍遭父憂以漕督董安國代之明年大水決張決莊河會丹沁偪滎澤徙治高埠又決安東童家營水入射陽湖是歲築攔黃大壩於雲梯關挑引河千二百餘丈於關外馬家港導黃由南潮河東注入海去路不暢上游易潰而河患日亟三十六年決時家馬頭明年仍以成龍爲河督三十八年春上南巡臨視高家堰等隄謂諸臣曰治河上策惟以深浚河身爲要河底浚深則洪澤湖水直達黃河興化鹽城等七州縣無汎濫之患田產自然涸出若不治源治流終無裨益今黃淮交會之口過於徑直應將河淮之隄各迤東灣曲拓築使之斜行會流則黃不致倒灌矣明年成龍卒以兩江總督張鵬翮爲河督是歲塞時家馬頭從鵬翮先疏海口之請盡拆雲梯關外攔黃壩賜名大清口建宿遷北岸臨黃外口石閘徐州南岸楊家樓至段家莊月隄四十一年上謂永定河石隄甚有益欲推行黃河兩岸自徐州至清口皆修石隄鵬翮言建築石工必地基堅實惟河性靡常沙土鬆浮石隄工繁費鉅告成難以預料遂作罷四十二年上南巡閱視河工製河臣箴以賜鵬翮秋移建中河出水口於楊家樓逼溜南趨清水暢流敵黃海口大通河底日深黃水不虞倒灌上嘉鵬翮績加太子太保四十六年八月決豐縣吳家莊隨塞明年鵬翮入爲刑部尚書以趙世顯代之四十八年六月決蘭陽雷家集儀封洪邵灣及水驛張家莊各隄六十年八月決武陟詹家店馬營口魏家口大溜北趨注滑縣長明東明奪運河至張秋由五空橋入鹽河歸海自河工告成黃流順軌安瀾十餘年矣至是遣鵬翮等往勘九月塞詹家店魏家口十一月塞馬營口世顯罷以陳鵬年署河道總督六十一年正月馬營口復決灌張秋奔注大清河六月沁水暴漲衝塌秦家廠南北壩臺及釘船幫大壩時王家溝引河成引溜由東南會滎澤入正河馬營隄因無恙鵬年復於廣武山官莊峪挑引河百四十餘丈以分水勢九月秦家廠南壩甫塞北壩又決馬營亦漫開十二月塞之雍正元年六月決中牟十里店婁家莊由劉家寨南入賈魯河會鵬年卒齊蘇勒爲總河慮賈魯河下注之水山盱高堰臨湖隄工不能容納亟宜相機堵閉上命兵部侍郎嵇曾筠馳往協議七月決梁家營詹家店復遣大學士張鵬翮往協修是月塞九月決鄭州來童寨民隄鄭民挖陽武故隄洩水並衝決中牟楊橋官隄尋塞是歲建清口東西束水壩以禦黃蓄清二年以嵇曾筠爲副總河駐武陟轄河南河務東河分治自此始六月決儀封大寨蘭陽板橋逾月塞之三年六月決睢甯朱家海東注洪澤湖明年四月塞未竣河水陡漲衝塌東岸壩臺睢甯虹泗桃源宿遷悉被淹命兩廣總督孔毓珣馳勘協防十二月塞是月河清起陝西府谷訖江南桃源五年齊蘇勒以朱家海素稱險要增築夾壩月隄防風埽並於大溜頂衝處削陡岸爲斜坡懸密葉大柳於坡上以抵溜之汕刷久之大溜歸中泓柳枝沾掛泥滓悉成沙灘易險爲平工不勞而費甚省因請凡河崖陡峻處俱仿此行六年曾筠內遷禮部尚書副總河如故命署廣東按察使尹繼善協理江南河務七年改河道總督爲江南河道總督駐清江以孔毓珣任省副總河以曾筠爲山東河道總督駐濟甯上以明臣潘季馴有每歲派夫加高隄身五寸之議前靳輔亦以爲言計歲費不過三四萬下兩河總督議毓珣等請酌緩急分年輪流加倍約歲需二萬餘金下部議行八年毓珣卒曾筠調督南河田文鏡兼署東河總督五月敕建河州口外河源神廟成加封號是月河清起積石關訖撒喇城查漢斯是歲決宿遷及桃源沈家莊旋塞以封邱荆隆口大溜頂衝開黑堈口至柳園口引河三千三百五十丈十年增修高堰石隄成十一年揀派部院司員赴南河學習期以三年授曾筠文華殿大學士兼吏部尚書督南河如故命兩淮鹽政高斌就習河務曾筠旋遭母憂斌署南河總督乾隆元年四月河水大漲由碭山毛城鋪閘口洶湧南下隄多衝塌潘家道口平地水深三五尺上以下流多在蕭宿靈虹睢甯五河等州縣令止議濬上源而無疏通下游之策則水無歸宿下江南河南各督撫暨兩總河委勘會議並移南副總河駐徐州以專督率旋高斌請濬毛城鋪迤下河道經徐蕭睢宿靈虹至泗州安河陡門紆直六百餘里以達洪澤出清口會黃而淮揚京員夏之芳等言其不便明年召斌詢問斌繪圖呈覽乃知之芳等所言失實令同總督慶復偏估定議並將開濬有利無害曉喻淮揚士民初斌疏濬毛城鋪水道別開新口塞舊口以免黃河倒灌至三年秋河漲灌運論者多歸咎新開運口斌言十月後黃水平退湖水暢流新淤隨溜刷去可無虞淺澀四年斌又言上年清水微弱時值黃水異漲並非開新口所致而南人言者不已上遣大學士鄂爾泰馳勘亦言新口宜開明年黃溜仍南逼清口仿宋陳堯佐法製設木龍二挑溜北行六年斌以宿遷至桃源清河二百餘里河流湍激北岸只縷隄六並無遙隄又內逼運河將運河南岸縷隄通築高厚作黃河北岸遙隄更於縷隄內擇要增築格隄九未成斌調督直隸完顏偉繼之先是上以河溜逼清口倒漾爲患詔循康熙間驗迹開陶莊引河導黃使北遣鄂爾泰會勘議亦定以汛水驟漲停工斌亦去任至是完顏偉慮引河不就於清口迤西黃河南岸設木龍挑溜北走引河之議遂寢厥後四十一年上決意開之踰年工竣新河直抵周家莊會清東下倒漾之患永絕七年決豐縣石林黃村奪溜東趨又決沛縣縷隄旋塞完顏偉調督東河改白鍾山南河總督初豐沛決時大學士陳世倌往勘添建滾水石壩二於天然南北二壩處以分洩水勢十年決阜甯陳家浦時淮黃交漲沿河州縣被淹漕督顧琮言陳家浦逼近海口以下十餘里向無隄工每遇水漲任其散溢若仍於此堵塞是與水爭地費多益少應於上流築遙隄以束水勢事下訥親高斌仍議塞舊決口十一年鍾山罷顧琮署南總河建木龍三於安東西門逼溜南趨自木龍以上皆淤灘化險爲平十三年琮調督東河詔大學士高斌管南河事斌以雲梯關下二套漲出沙灘大溜南趨直逼天妃宮辛家蕩隄工開分水引河並修補徐州東門外蟄裂石隄琮亦以祥符十九堡南岸日淤大溜北趨逼隄根建南北壩臺並於壩外捲埽簽樁十六年六月決陽武命斌赴工會琮堵築十一月塞十七年上以豫省河岸大隄外有大行隄一連接直東年久殘缺在直隸者令方觀承勘修其山東界內有無汕刷殘缺令鄂容安查修鄂容安言曹單二縣大行隄大小殘缺三千四百三十丈並加幫卑薄補築缺口三百三十餘丈疏濬隄南洩水河以宣城水十八年秋決陽武十三堡九月決銅山張家馬路衝塌內隄縷越隄二百餘丈南注靈虹諸邑入洪澤湖奪淮而下以尹繼善督南河遣尚書舒赫德偕白鍾山馳赴協理同知李焞守備張賓侵帑誤工爲學習河務布政使富勒赫所劾勘實置之法高斌及協理張師載坐失察縛視行刑是冬河塞方銅山之始決也下廷議吏部尚書孫嘉淦獨主開減河引水入大清河略言自順康以來河

決北岸十之九北岸決潰運者半不潰者半凡其潰道皆由大清河入海者也蓋大清河東南皆泰山基脚其道亙古不壞亦不遷移前南北分流時已受河之半及張秋潰決且受河之全未聞有衝城郭淹人民之事則此河之有利無害已足徵矣今銅山決口不能收功上下兩江二三十州縣之積水不能消涸故臣言開減河也上游減則下游微決口易塞積水早消但河流湍急設開減河而奪溜以出不可不防故臣言減入大清河也現開減河數處皆距大清河不遠計大清河所經只東阿濟陽濱州利津四五州縣即有漫溢不過偏災忍四五州縣之偏災可減兩江二三十州縣之積水並解淮揚兩府之急難此其利害輕重不待智者而後知也減河開後經兩三州縣境或有漫溢築土埂以禦之一入大清河則河身深廣兩岸堵築處甚少計費不過一二十萬而所省下游決口之工費賑濟之錢米至少一二百萬此其得失多寡亦不待智者而後知也計無便於此者上慮形勢隔礙不能用自銅山塞後月隄內積水尚深七八尺至丈八九尺上命於引河兜水壩南再開引河分溜使新工不受衝激二十一年決孫家集隨塞明年二月上南巡至天妃閘閱木龍時鍾山調總南河偕東河總督張師載言徐州南北岸相距甚迫一遇盛漲時有潰決請挑濬淤淺增築隄工並堵築北岸支河爲南北分籌之計制可二十三年命安徽巡撫高晉協理南河秋七月決竇家寨新築土壩直注毛城鋪漫開金門土壩晉言土壩過高阻遏水勢以致壅決不須再築上不許並令開蔣家營傳家窪引河仍導入黃二十六年七月沁黃並漲武陟滎澤陽武祥符蘭陽同時決十五口中牟之楊橋決數百丈大溜直趨賈魯河遣大學士劉統勳公兆惠馳勘巡撫常鈞請先築南岸上謂河流奪溜宜亟堵楊橋鈞言大謬調撫江西以胡寶瑔爲河南巡撫並令高晉赴豫協理十一月塞上聞大喜命於工所立河神廟三十年上南巡祭河神閱清口東壩木龍惠濟閘三十一年決銅沛廳之韓家堂旋塞三十三年豫撫阿思哈請以豫工節省銀加築隄岸總河吳嗣爵言豫省河面寬溜勢去來無定旋險旋平若將土埽劃爲成數恐各工員視爲年例額支轉啓興工冒銷之弊議遂寢明年嗣爵言銅瓦廂溜勢上提楊橋大工自四五埽至二十一埽俱頂衝迎溜請於桃汛未屆折修加鑲層土層柴鑲壓堅實兩岸大隄外多支河積水汛發時引溜注隄宜多築土壩攔截上俱可其奏三十七年東河總督姚立德言前築土壩保固隄根頻歲安瀾已著成效請俟冬春間曠培築土壩密栽柳株俾數年後溝槽淤平可永固隄根上嘉獎之三十八年五月河溢朝邑漲至二丈五尺民居多漂沒三十九年八月決南河老壩口大溜由山子湖下注馬家蕩射陽湖入海板閘淮安俱被淹沒尋塞四十一年嗣爵言黃水倒灌洪湖運河清口挑挖引河恐於事無濟會內遷薩載署南總河上命偕江南總督高晉勘議晉等言臣晉在工二十餘年歷經倒灌惟有將清口通湖引河挑挖使得暢流攔黃東注併力刷沙則黃河不濬自深海口不疏自治補偏救弊惟此一法又言清口西所建木龍原冀排溜北趨刷陶莊積土使黃不逼清但驟難盡刷宜於陶莊積土之北開一引河使黃離清口較遠至周家莊會清東注不惟可免倒灌淤沙漸可攻刷即盱堰亦資穩固所謂治淮即以治黃也明年二月引河成上喜成此鉅工一勞永逸可廢數百年藉清敵黃之說飭建河神廟於新口石壩自製文記之四十三年決祥符旬日塞之閏六月決儀封十六堡寬七十餘丈地在諸口上掣溜湍急由睢州甯陵永城直達亳州之渦河入淮命高晉率熟諳河務員弁赴豫協堵撥兩淮鹽課銀五十萬江西漕糧三十萬賑恤災民並遣尚書袁守侗勘辦八月上游迭漲續塌二百二十餘丈十六堡已塞復決十二月再塞之越日時和驛東西壩相繼蟄陷遣大學士公阿桂馳勘明年四月北壩復陷二十餘丈上念儀工綦切以古有沈璧禮河事特頒白璧祭文命阿桂等詣工所致祭四十五年二月塞是役也歷時二載費帑五百餘萬堵築五次始合命於陶莊河神廟建碑記之六月決睢甯郭家渡又決考城曹縣未幾俱塞十一月張家油房塞而復開四十六年五月決睢甯魏家莊大溜注洪澤湖七月決儀封漫口二十餘北岸水勢全注青龍岡十二月將塞復蟄塌大溜全掣由漫口下注四十七年兩次堵塞皆復蟄塌阿桂等請自蘭陽三堡大壩外增築南隄開引河百七十餘里導水下注由商邱七堡出隄歸入正河掣溜使全歸故道曲家樓漫口自可堵閉上從其言明年二月引河成三月塞四十九年八月決睢州二堡仍遣阿桂赴工督率十一月塞先是上念豫工連歲漫溢隄防外無宣洩之路欲就勢建減水壩俾大汛時有所分洩下阿桂及河撫諸臣勘議至是阿桂等言豫省隄工滎澤鄭州土性高堅距廣武山近毋庸建減壩中牟以下沙土夾雜或係純沙建壩不能保固至隄南洩水各河惟賈魯河係洩水要路經鄭州中牟祥符尉氏扶溝西華至周家口入沙河又惠濟係賈魯支河二河窄狹淤墊如須減黃應大加挑浚需費浩繁非一時所能集事惟蘭儀高家寨河勢坐灣若挑濬取直引溜北注河道可以暢行上然之五十一年秋決桃源司家莊烟墩十月塞明年夏復決睢州十月塞十二月山西河清二旬自永甯以下長千三百里五十四年夏決睢甯周家樓十月塞五十九年決豐北曲家莊尋塞嘉慶元年六月決豐汛六堡刷開運河余家莊隄水由豐沛北注山東金鄉魚臺漾入昭陽微山各湖穿入運河漫溢兩岸江蘇山陽清河多被淹南河總督蘭錫第導水入藺家山壩引河由荊山橋分達宿遷諸湖又啓放宿遷十家河竹絡壩桃源顧家莊隄洩水仍入河下注並於漫口西南挑穵舊河引溜東趨入正河繪圖以聞上令取直向南而東展寬開穵俾溜勢直注正河較爲得力命兩江總督蘇淩阿山東布政使康基田會勘籌辦十一月復因淩汛蟄塌壩身二十餘丈時蘇淩阿按事江西改命東河總督李奉翰赴工會辦明年二月塞加奉翰太子太保調督兩江兼管南河事是年七月河溢曹汛二十五堡三年春壩工再蟄奉翰自劾遣大學士劉墉尚書慶桂履勘並責問奉翰等因循墉等言漫口已跌成塘晌屆淩汛請展至秋後興工八月溢睢州水入洪澤湖上游水勢既分曹工遂以十月塞明年正月睢工亦塞三月以河南布政使吳璥署東河總督璥言豫東兩岸隄工丈尺加增而淤墊如故病在豐曹睢疊經漫溢雖塞後順軌安瀾然引河不能寬暢且徐城河狹旁洩過多遂成中梗去淤之法惟在束水攻沙以隄束水聞江南河臣康基田培築隄工極爲認眞應令酌看堤埽情形守護閘壩宣洩有度自可日見深通上命與基田商辦八月決碭汛邵家壩十二月已塞復滲漏又料船不戒延燒殆盡基田奪職留工調璥督南河以河南布政使王秉韜爲東河總督移東河料物迅濟南河五年冬邵家壩塞六年九月溢蕭南唐家灣十一月塞八年九月決封邱衡家樓大溜奔注東北由范縣達張秋穿運河東趨鹽河經利津入海直隸長垣東平開州均被水成災上飭布政使瞻住撫卹復遣鴻臚卿通恩等治賑兵部侍郎那彥寶赴工會同東河總督嵇承志堵築明年二月塞十年閏六月兩江總督鐵保言河防之病有謂海口不利者有謂洪湖淤墊者有謂河身高仰者此三說皆可勿論惟宜專力於清口大修各閘壩借湖水刷沙而河治湖水有路入黃不虞壅滯而湖亦治上嘉其言明晰扼要至謂清水敵黃所爭在高下不在深淺所論固是但湖不深焉能多蓄是必蓄深然後力能敵黃俟大汛後會商南河總督徐端迅將高堰五壩及各閘壩支河酌量施工時有議由王營減壩改河經六塘河入海者鐵保偕南河總督戴均元上言新河隄長四百里中段漫水甚廣急難施工必須二三年之久約費三四百萬堵築減壩不過二三月費只二百餘萬且舊河有故道可尋施工較易上從之十一年四月兵部侍郎吳璥再督東河六月復置南副總河降徐端爲之七月決宿遷周家樓八月決郭家房先後塞之十二年六月漫山安馬港口張家莊分流由灌口入海旋塞七月決雲梯關外陳家浦分流強半由五辛港入射陽湖注海十三年二月陳家浦塞鐵保等請復毛城鋪石壩王營減壩培兩岸大隄接築雲梯關外長堤及培高堰山盱隄後土坡遣大學士長麟等馳勘太僕寺卿莫瞻菉言河入江南惟資淮以爲抵禦淮萃七十二河之水匯於洪澤以堰盱石隄五壩束之令出清口匯黃入海此即束水攻沙之道今治南河宜先治清口保守五壩五壩不輕啓洩則湖水可並力刷黃黃不倒灌運河自可疏通今河臣請接築雲梯關外長隄二百餘里則於坐灣取直處必須添築埽段以爲防護既設修防必添建廳營多設官兵是徒多糜費之煩未必收束刷之效至謂修復毛城滾壩挑穵洪灘爲減黃流異漲以保徐城則可若恃此助清濟運則不可自黃水入湖淤停水勢奔注堰盱五壩且難防守又何能使之暢出清口故加培五壩使湖水暢出悉力敵黃順流直下即可淘刷河身以入海御史徐亮言鐵保等條陳修防各事惟於原議高堰石坦坡未曾籌及蓄清刷黃專在固守高堰實得全河關鍵以柔制剛其法最善風浪衝擊至坡則平然全堰俱得坦坡外護則五壩可永閉不開清水可全力刷黃淮陽可長登衽席此萬世永圖而目前急務也海口尾閭也清口咽喉也高堰則心腹也要害之地宜先著力璥亦以爲言長麟等覆稱毛城壩易致衝決應無庸議王營減壩積水太深難以施工請改建滾壩於其西並添築石壩至碎石坦坡工段綿長時難猝辦先築土坡餘如鐵保言均元病免端復督南河初陳家浦漫溢由射陽湖旁趨入海鐵保等以挑河費鉅徑由射陽湖入海較正河爲近因有改河道之議至是命璥等履勘璥等言前明及康熙間所有灌河入海之路覆轍具在現北潮河匯流馬港口張家莊漫水尚在壅積可見去路不暢又不能刷出河槽此外更無可另闢海口之路仍請修復故道接築雲梯關外大隄束水東注上如其言是年六月決堂子對岸千根棋杆及荷花塘掣通臨湖甎百餘丈堂子對岸及千根棋杆隨塞荷花塘既堵復蟄端再降副總河以璥總南河明年正月塞是年冬築高堰碎石坦坡十五

年八月端復督南河省副總河十一月大風激浪決山盱屬仁義智三壩輒石堤三千餘丈及高堰屬輒石堤千七百餘丈端啟高郵車邏大壩及下游歸江各閘壩並先堵仁智壩以洩水勢時璥養病家居上垂詢辦法璥言義壩應一律堵築高堰石工尤須於明年大汛前修竣上嘉所論切要未幾仁義智三壩及馬港俱塞河歸正道入海明年四月馬港復決五月王營減壩蟄陷七月決邳北綿拐山及蕭南李家樓十二月王營減壩塞十七年二月李家樓亦塞十八年九月決睢州及睢南薛家樓桃北丁家莊褫東河總督李亨特職以均元代之明年正月均元內召起璥再督東河董理睢工二十年二月塞二十三年六月溢虞城二十四年七月溢儀封及蘭陽再溢祥符陳留中牟奪葉觀潮職以李鴻賓督東河璥時爲刑部尚書偕往會籌未幾陳留祥符中牟俱塞而武陟纏隄決觀潮連堵溝槽五又決馬營壩奪溜東趨穿運注大清河分二道入海儀封缺口尋涸上命枷示觀潮河干均元以大學士偕侍郎那彥寶履勘那彥寶留督馬營壩工久之壩基不定鴻賓被斥責遂以不諳河務辭上怒奪其職觀潮復督東河二十五年三月馬營口塞加河神金龍四大王黃大王朱大王封號是月儀封又漫塌削觀潮及豫撫琦善職宣宗立仍命璥及那彥寶赴工會辦十二月塞道光元年禮部右侍郎吳烜言據御史王雲錦函稱去冬回籍過河密視原武陽武一帶隄高如嶺堤內甚卑向來堤高於灘約丈八尺自馬營壩漫決灘淤堤高於灘不過八九尺若不急於增隄恐至夏盛漲不免有出隄之患上命河督張文浩偕豫撫姚祖同履勘三年江督孫玉庭河督黎世序加培南河兩岸大隄令高出盛漲水痕四五尺除有工及險要處堤頂另估加寬餘悉以丈五尺及二丈爲度五月工竣四年十一月大風決高堰十三堡山盱周橋之息浪菴壞石隄萬一千餘丈奪文浩職以嚴烜督南河遣尚書文孚汪廷珍馳勘侍講學士潘錫恩言蓄清敵黃相傳成法大汛將至則急堵禦黃壩使黃水全力東趨今文浩遲堵此壩致黃河倒灌釀成如此巨患且欲籌減洩當在下游乃輒開祥符閘減黃入湖壩口既灌於下閘口復灌於上黃無出路湖墊極高爲患不可勝言尋文孚等亦以爲言文浩遣戍玉庭褫職留任十二月十三堡息浪菴均塞五年十月東河總督張井言自來當伏秋大汛河員皆倉皇奔走救護不遑及至水落則以見在可保無虞不復求疏刷河身之策漸至清水不能暢出河底日高堤身遞增城郭居民盡在水底之下惟仗歲積金錢擡河於最高之處上嘉所言切中時弊初琦善等有改移海口以減黃拋護石坡以蓄清之議至是井言灌河海口屢改屢決自不可輕易更張即碎石坦坡亦有議及流弊者尤不可不從長計議是月增培河南十三廳山東曹河糧河二廳堤堰壩戧各工皆從井請也六年春河復漲命井偕琦善烜會勘海口琦善烜知海口不能改乃條上五事皆一時補苴之計井言履勘下游河病中滿淤灘梗塞難疏海口無可移改請由安東東門工下北岸別築新隄改北隄爲南隄相距八里十里中挑引河導河由北傍舊河行至絲網濱入海河水高隄內灘丈五六尺引河挑深一丈則水勢高下幾三丈形勢順利自東門工至禦黃壩六十里去路既暢上游可落水四五尺黃落則禦壩可啟束清壩挑清水外出刷黃底淤攻盡黃可落至丈餘湖水蓄七八尺已爲建瓴石工易保上善其策於是烜坐瑕盱新工掣卸降三品調署東河而以井督南河淮揚道潘錫恩副之使經畫其事而琦善以改河非策請啟王家營減壩將正河挑空深通放清水刷滌再堵壩挽黃歸正河已允行矣給事中楊煊言嘉慶中王家營減壩開上下游州縣俱災如止減黃不奪溜河必奏籌撫卹今奏啟減壩至預及撫卹堵口事宜即與從前情形無異下墊上潰不可不防事下江督河督會議井初議安東改河時撓之者謂東門工埽外有舊拋碎石正當咽喉恐有阻遏井謂有石處可啟除其吳工碎石千餘方但上下掣通亦斷不致礙全河然議者終以爲疑及井見煊奏復言嘉慶間減壩過水後次年黃仍倒灌今河底淤高丈四五尺豈如當時深通兼以洪湖石工隱患甚多本年二月存水丈二尺八寸遇風已多掣卸秋後湖水止能蓄至三丈冬令有耗無增來年重運經行必黃水止存二丈八九尺清方高於黃一尺若黃加高即成倒灌禦黃壩外河底墊高淤運淤湖爲害不小且海州積水未消鹽河遙堤地高去路不暢啟壩後河必擡高徒深四邑之災無補全河之病請於減壩迤下安東門工上山安廳李工遙隄外築北隄斜向趨東仍與前議改河隄工相連增長七千餘丈挑河至八套即入正河李工至八套舊隄長四萬一千丈取直築隄僅長三萬二千餘丈可避東門碎石之阻河減清高漕行自利督臣意以開放減壩已經奏定不得以旁觀一言輒思變計並臚列七難駁臣所議臣已逐條致覆疏入上終以改河爲創舉從琦善議十一年七月決楊河廳十四堡及馬棚灣十二月塞十二年八月決祥符九月桃源姦民陳端因河水盛漲糾衆盜挖于家灣大隄放淤肥田致決口寬大掣全溜入湖桃南通判田銳等褫職遣戍是月祥符塞明年正月于家灣塞十五年以栗毓美爲東河總督時原武汛串溝受水寬三百餘丈行四十餘里至陽武汛溝尾復入大河又合沁河及武陟滎澤諸灘水畢注隄下兩汛素無工故無稭料隄南北皆水不能取土築隄毓美試用拋磚法於受衝處拋磚成壩六十餘壩甫成風雨大至支河首尾決而壩如故屢試皆效遂請減稭石銀兼備磚價令沿河民設窯燒磚每方石可購二方埽行之數年省帑百三十餘萬而工益堅會有不便其事者持異議於是御史李蒓請停燒磚上遣蒓隨尚書敬徵履勘卒以溜深急則塼不可恃停之十九年毓美復以塼工得力省費爲言乃允於北岸之馬營滎原兩堤南岸之祥符下汛陳留汛各購塼五千方備用二十一年六月決祥符大溜全掣水圍省城河督文沖請照睢工漫口暫緩堵築遣大學士王鼎通政使慧成勘議文沖又請遷省治上命同豫撫牛鑑勘議時河溜由歸德陳州折入渦會淮注洪澤湖折展禦黃東清各壩尚不足資宣洩並展放禮智仁壩義河亦啟放八月鑑言節逾白露水勢漸落城垣可無虞自未便輕議遷移鼎等言河流隨時變遷自古迄無上策然斷無決而不塞塞而不速之理如文沖言俟一二年再塞且引睢工爲證查黃水經安徽匯洪澤宣洩不及則高堰危淮揚盡成巨浸況新河所經須更築新堤工費均難數計即幸而集事而此一二年之久數十州縣億萬生靈流離豈堪設想且睢工漫口與此不同河臣所奏斷不可行疏入解文沖任枷示河干以朱襄繼之二十二年祥符塞用帑六百餘萬加鼎太子太師七月決桃源十五堡蕭家莊溜穿運由六塘河下注未幾十五堡挂淤蕭家莊口刷寬百九十餘丈掣動大溜正河斷流河督麟慶意欲改道遣尚書敬徵廖鴻荃履勘敬徵等言改河有礙運道惟有迅堵漫口挽歸故道俟明年軍船回空後築壩合龍從之十一月以吏部侍郎潘錫恩總督南河二十三年御史雷以誠言決口無庸堵塞請改舊爲支以通運道下錫恩勘議錫恩言灌口非可行河之地北岸無可改河之理不敢輕議更張漕船仍由中河灌塘上然之更命侍郎成剛順天府尹李德會勘六月決中牟水趨朱仙鎮歷通許扶溝太康入渦會淮復遣敬徵等赴勘以鍾祥爲東河總督鴻荃督工旋以尚書麟魁代敬徵二十四年正月大風壩工蟄動旋東壩連失五占麟魁等降黜有差仍留工督辦七月上以頻年軍餉河工一時並集經費支絀意欲緩至明秋興築鍾祥等力陳不可十二月塞用帑千一百九十餘萬二十九年六月決吳城十月命侍郎福濟履勘會同堵合

咸豐元年閏八月決豐北下汛三堡大溜全掣正河斷流時侍郎瑞常典試江南命試竣便道往勘又命福建按察使查文經馳赴會辦三年正月豐北三堡塞勅建河神廟從河督楊以增請也五月大雨水長溜急豐北大壩復蟄塌三十餘丈上責以增及承修各員加倍罰賠五年六月決蘭陽銅瓦廂奪溜由長垣東明至張秋穿運注大清河入海正河斷流上念軍務未平餉糈不繼若能因勢利導使黃流通暢入海則蘭陽決口即可暫緩堵築事下河督李鈞察奏鈞旋陳三事曰順河築埝東西千餘里築隄所費不貲何敢輕議除河近城垣不能不築堤壩以資抵禦餘擬就漫水所及酌定埝基勸民接築高不過三尺水小藉以闌阻水大聽其漫過散水無力隨漫隨淤地面漸高且變沙磧爲沃壤矣曰遇灣切灘河性喜坐灣每至長水遇灣則怒而橫決惟於坐灣之對面勸令切除灘嘴以寬河勢水長即可刷直就下愈暢並可免兜灘沖決之虞曰堵截支流見在黃流漫溢既不能築堅隄以束其流又不能挑引河以殺其勢宜乘冬令水弱溜平勸民築壩斷流再於以下溝槽跨築土格高出數尺漫水再入上無來源下無去路冀漸淤成平陸東撫崇恩亦以爲言上令直隸山東河南各督撫妥爲勸辦十一年御史薛書堂言南河自黃水改道下游已無工可修請省南河總督及廳員下廷臣議侍郎沈兆霖言導河始自神禹九河故道皆在山東入海處在今滄州是禹貢之河固由東北入海自漢王莽時河徙千乘入海而禹之故道失歷東漢迄隋唐從無變異宋神宗時河分南北兩派並行北派由北清河入海即今大清河至元至元間會通河成懼河北行礙運而北流塞歷今五六百年河屢北決無不挽之使南說者謂河一入運必挾泥沙以入海而運道亦淤故順河之性北行爲宜乾隆朝孫嘉淦請開減河入大清河一疏言之甚詳足破北行礙運之疑夫河入大清由利津入海正今黃河所改之道見在張秋以東自魚山至利津海口皆築民堰惟蘭儀之北張秋之南河自決口而出奪趙王河及舊引河汎濫平原田廬久被淹浸張秋高家林舊堰殘缺過多工程最鉅如東明長垣菏澤鄆城其培築較張秋爲易宜乘此時順水之性聽其由大清河入海諭令紳民力籌措辦或應開減河或應築堤堰統於水落興工河慶順軌民樂力田缺額之地丁可復歷年之賑濟可停就此裁去南河總督及廳員可省歲帑數十萬而歸德徐淮一帶地幾千里均可

變爲沃壤逐漸播種升科似亦一舉而兼數善者矣下直督恆福東撫文煜豫撫慶廉東河總督黃贊湯勘議六月省南河總督及淮揚淮海豐北蕭南宿南宿北桃南桃北各道廳改置淮揚徐海兵備道兼轄河務同治二年復省蘭儀儀睢睢甯商虞曹考五廳六月漫上南各廳屬水由蘭陽下注直東境內涸出村莊復被淹沒菏澤東明濮范齊河利津等州縣水皆逼城下署河督譚廷襄上言河已北行攔水惟恃民埝從未議疏導恐漸次淤墊海口稍有扞格阻滯事更爲難查濮范一帶舊有金堤前臣任東撫時設法修築未久復被沖缺上游毗連直隸開州處亦有沖缺開州不修濮范築亦無益東長之埝開濮之堤須設法集貲督民修築庶可以衞城池而保廬墓此外既未專設河員要在沿河地方官督率修理並勸助裒集以助民力之不逮請飭下直督東撫迅將蘭陽下游漫溢地方揀員會同該州縣妥辦從之十二月又言今年夏秋陰雨來源之盛迥異尋常一股直下開州一股旁趨定陶曹單豫省以有堤壩幸獲保全直東則無不能不聽其汎濫迄今半載直隸未聞如何經畫開州缺口亦未興工至山東被害尤深或欲培築堤埝或欲疏濬支河議無一定濮州金堤亦因開未動工不能興辦瞬屆春汎何以禦之臣遣運河道宗稷辰履勘直至利津之鐵門關測量水勢深至六七丈去路不爲不暢而上游仍到處旁溢則大清河身太狹不能容納之故如蒲臺齊東濟陽長清平陰肥城民埝缺口寬數丈或數十丈不下三四十處不加修築則來歲依然漫淹是欲求下游永奠必先開支渠以減漲水而後功有可施必將附近徒駭馬頰二河設法疏濬庶水有分洩再堵各缺口並築壩以護近水各城垣此大清河下游之當先料理者也至開濮金堤及毗連菏澤之史家隄當先堵築並加培舊堰擇要接修此大清河上游之當先經畫者也復下直督劉長佑東撫閻敬銘會籌明年三月以濮州當河衝允敬銘請移治舊城並築堤捍禦五年七月決上南廳胡家屯長佑言溜勢趨重西北新修金隄概被沖刷開州沖開支河數道自開滑之杜家寨至開濮界之陳家莊險工五段長九千六百餘丈均須加厚培高方資捍禦惟上游在豫下游在東非直隸一省所能辦理應會同三省統籌全修再行設汛撥款備料庶可一勞永逸自河流改道直隸隄工應並歸河督管轄作爲豫直東三省河督以專責成疏入命河督蘇廷魁履勘會同三省督撫籌議七年六月決滎澤十堡又漫武陟趙樊村水勢下注潁壽入洪澤湖侍郎胡家玉言不宜專塞滎澤新口疏蘭陽舊口宜仿古人發卒治河成法飭各將領督率分段挑濬舊河一律深通然後決上游之水掣溜東行庶河南之患不移於河北治河卽所以治漕下直督曾國藩鄂督李瀚章江督馬新貽漕督張之萬及河督江蘇河南山東安徽各巡撫妥議國藩等言以今日時勢計之河有不能驟行規復者三蘭陽漫決已十四年自銅瓦廂至雲梯關以下兩岸堤長千餘里歲久停修堤塌河淤今欲照舊時挑深培高恐非數千萬金不能蕆事且廳營久裁兵夫星散一一復設仍應分儲料物廂辦埽壩並預籌防險之費又歲須數百萬金當此軍務初平庫藏空虛安從籌此鉅欵一也滎澤地處上游論形勢自應先堵滎澤蘭工勢難並舉使滎口掣動全黃則蘭工可以乾涸今滎口分溜無多大溜仍由蘭口直注利津入海其水面之寬跌塘之深施工之難較之滎工自增數倍滎工堵合無期蘭工更無把握原奏決放舊河掣溜東行似言之太易且瞬交春令興工已難二也漢決酸棗再決瓠子爲發卒治河之始元明發丁夫供役亦以十數萬計見在直東江豫捻氛甫靖而土匪游勇在在須防所留勇營斷難盡赴河干亦斷不敷分挑之用若再添募數十萬丁夫聚集沿黃數千里間駕馭失宜滋生事端尤爲可慮三也應俟國庫充盈再議大舉因時制宜惟有趕堵滎工爲保全豫皖淮揚下游之計上然之八年正月滎澤塞十年八月決鄆城侯家林東注南旺湖又由汶上嘉祥濟甯之趙王牛朗等河直趨東南入南陽湖時廷魁內召命新河督喬松年會同東撫丁寶楨勘辦寶楨方以病在告乃借護撫文彬至工相度文彬言河臣遠在豫省若往返咨商恐誤要工一面飛咨河臣遴派掌壩並管理正雜料廠員弁及諳習工程之弁兵工匠帶同器具於年內來東一面由臣籌購應需料物以期應手上責松年剋期興工松年言已飭原估委員並熟習工程人員赴東聽遣並飭購備竹纜及覓雇綑鑲船隻備提用惟已交立春春水瞬生辦工殊無把握並移書文彬主持其事文彬不能決寶楨力疾視事上言河臣職司河道疆臣身任地方均責無旁貸乃松年一概諉之地方不知用意所在見在已過立春若再候其的信以定行止恐誤要工且此口不堵必漫淹曹兗濟十餘州縣若再向南奔注則清淮裏下河更形喫重松年即立意諉卸臣若避越俎之嫌展轉遷延實有萬趕不及之勢惟有力疾銷假親赴工次擇日開工俟松年所遣員弁到工即責成該工員等一手經理剋期完工保全大局應請破格保獎以昭激勸倘敢陽奉陰違有心貽誤一經驗實應請便宜行事即將該員弁正法工次以爲罔上殃民者戒上嘉其勇於任事並諭松年當和衷共濟不遽加責也十一年二月侯家林塞予寶楨優敘先是同知蔣作錦條上河運事宜朝廷頗韙其議下河漕撫臣議奏未幾侯家林決松年寶楨意見齟齬及寶楨塞侯家林松年上言作錦所陳卓然有見可以采取並稱東境黃水日愈汎濫運道日愈淤塞宜築隄束黃先堵霍家橋諸口並修南北岸長隄俾黃趨張秋以濟運挑濬張秋迤南北淤塞修建閘壩以利漕行上以松年意在因勢利導不爲無見令寶楨文彬詳議毋固執己見旋覆稱目前治黃之法不外堵銅瓦廂以復淮徐故道與東省築隄卽由利津入海兩策顧謂二者之中以築堤束黃爲優而上下游均歸緩辦臣實未見其可自銅瓦廂至牡蠣觜計千三百餘里創建南北兩隄相距牽計約須十里除見在淹沒不計外尚須棄地數千萬頃其中居民不知幾億萬作何安插是有損於財賦者一也東省沿河州縣自二三里至七八里者不下十餘若齊河齊東蒲台利津皆近在臨水築堤必須遷避是有難於建置者二也大清河近接泰山麓山陰水悉北注除小清漯瀰諸河均可自行入海餘悉以大清河爲尾閭置堤束黃以後水勢擡高向所洩水之處留閘則虞倒灌堵遏則水無所歸是有妨於水利者三也東綱鹽場坐落利津霑化壽光樂安等縣濱臨大清河兩岸自黃由大清入海鹽船重載溯行於湍流甚形阻滯而灘地間被漫溢產鹽日絀海灘被黃淤遠納潮甚難東綱必至隳廢私梟亦因而蠭起是有礙於鹺綱者四也臣寶楨身任地方於通省大局所關固宜直陳無隱然使於治運濟漕果有把握則京倉爲根本至計猶當權利害之輕重而量爲變通臣等熟思審計實未見其可恃而深覺其可慮似仍以堵合銅瓦廂使復淮徐故道爲正辦並陳四便御史游百川亦言河運並治宜詳籌妥辦疏入廷議不能決下直督李鴻章鴻章因遣員周歷齊豫徐海訪察測量期得要領十二年六月上言治河之策原不外恭親王等審地勢識水性酌工程權利害四語而尤以水勢順逆爲要見在銅瓦廂決口寬約十里跌塘過深水涸時猶逾一二丈舊河身高決口以下水面二三丈不等如欲挽河復故必挑深引河三丈餘方能吸溜東趨查乾隆間蘭陽青龍岡之役費帑至二千餘萬阿桂言引河深至丈六尺人力無可再施今豈能挑深至三丈餘乎十里口門進占合龍亦屬創見國初以來黃河決口寬不過三四百丈且屢堵屢潰常閱數年而不成今豈能合龍而保固乎且由蘭陽下抵淮徐之舊河身高於平地三四丈年來避水之民移住其中村落漸多禾苗無際若挽地中三丈之水跨行於地上三丈之河其停淤待潰危險莫保情形有目者無不知之歲久隄乾卽加修治必有受病不易見之處萬一上游放溜下游旋決收拾更難議者或以河北行則穿運爲運道計終不能不強之使南以會清口臣查嘉慶以後清口淤墊夏令黃高於清已不能啟壩送運道光以後禦黃壩竟至終歲不啟遂改用灌塘之法自黃浦洩黃入湖湖身頓高運河水少灌塘又不便遂改行海運今卽能復故道亦不能驟復河運非河一南行卽可僥倖無事此淮徐故道勢難挽復且於漕運無益之實在情形也至河臣所請就東境束黃濟運一節查清口淤墊卽借黃濟運之病今張秋運河寬僅數丈兩岸廢土如山若引重濁之黃以閘壩節宣用之水勢擡高其淤倍速人力幾何安能挑此日進之沙且所挑之沙仍堆積於積年廢土之上雨淋風蕩河底日高閘亦壅塞久之黃必難引明宏治中荆龍口銅瓦廂屢次大決皆因引黃濟張秋之運遂致導隙濫觴臨清地勢低於張秋數丈而必以後無掣溜奪河之害臣亦不敢信也至霍家橋堵口築隄工尤不易該處本非決口乃大溜經行之地兩頭無岸一望浮沙並無眞土可取勉強堆築節節逼溜下注恐浮沙易塌實足攖河之怒而所耗實多一遭潰決水仍別穿運道而不專會張秋豈非全功盡棄至作錦擬導衞濟運原因張秋以北無清水灌運故爲此議查元村集迤南有黃河故道地多積沙施工不易且以全淮之水不能敵黃尚致倒灌停淤豈一清淺之衞遂能禦黃濟運耶其意蓋襲取山東諸水濟運之法不知泰山之陽水皆西流因勢利導十六州縣百八十泉之水源旺派多自足濟運衞水來源甚弱最順今必屈曲使之南行勢多不便此借黃濟運及築隄束水均無把握與導衞濟運之實在情形也惟河既不能挽復故道則東境財賦有傷水利有礙城池難以移置鹽場間被漫淹如寶楨所陳誠屬可慮臣查大清河原寬不過十餘丈今已刷寬半里餘冬春水涸尚深二三丈岸高水面又二三丈是不汎時河槽能容五六丈奔騰迅疾水行地中此人力莫可挽回之事亦祀禱以求而不可得之事目下北岸自齊河至利津南岸齊東蒲台皆接築民埝雖高僅丈許詢之土人遇盛漲出槽不過數尺尚可抵禦岱陰繡江諸河亦經擇要築隄汎至則漲汎過則消受災不重至齊河濟陽齊東蒲臺利津各城近臨河岸十九年來幸防守無患以後相勢設施若驟議遷徙經費無籌民情難喻無此辦法

東省鹽場在海口者雖受黃淤產鹽不旺經撫臣南運膠濟之鹽時爲接濟引地無虞淡食惟價值稍昂耳河在東省固不能無害但得設法維持尚不至爲大患昔乾隆中銅山決口不能成功孫嘉淦曾有分河入大清之疏其後蘭陽大工屢敗垂成嵇璜又有改河大清之請此外裘曰修錢大昕胡宗緒孫星衍魏源諸臣議者更多其時河未北流尚欲挽之使北今河自北流乃欲挽使南流豈非拂逆水性大抵南河堵築一次通牽約七八百萬歲修約七百餘萬實爲無底之壑今河北徙近二十年未有大變亦未多費巨款比之往代已屬幸事且環拱神京尤得形勝自銅瓦廂東決粵捻諸逆竄擾曹濟幾無虛日未能過河一步而北岸防守有所憑依更爲畿輔百世之利此兩相比較河在東雖不亟治而後患稍輕河回南即能大治而後患甚重之實在情形也近世治河兼言治運遂致兩難卒無長策臣愚以爲天庾正賦以蘇浙爲大宗國家治安之道尤以海防爲重今沿海洋船駢集爲千古創局已不能閉關自治正不妨借海運轉輸之便逐漸推廣以擴商路而實軍儲蘇浙漕糧見既統由海運臣前招致華商購造輪船搭運漸有成效由海船解津較爲便速至海道雖不暢通河務未可全廢此時治河之法不外古人因水所在增立隄防一語查北岸張秋以上有古大金堤可恃以爲固張秋以下岸高水深應由東撫隨時飭將民埝保護加培至侯家林上下民埝應倣照官堤辦法一律加高培厚更爲久遠之計又銅瓦廂決口水勢日向東坍刷久必汎濫南趨請飭松年察看形勢量築堤埝與曹州之堤相接俾資周防而期順軌至南河故道千餘里居民佔種豐收並請查明升科以免私墾爭奪之患疏入議乃定是年夏秋決開州焦邱濮州蘭莊又決東明之岳新莊石莊戶民埝分溜趨金鄉嘉祥宿遷沭陽入六塘河寶楨勘由鄆城張家支門築隄堵塞旋乞假展墓十三年春溜益南趨潰漫不可收拾江督累章告災九月寶楨回任改由菏澤賈莊建壩十二月興工光緒元年三月東明決塞並築李連莊以下南隄二百五十里時河督曾國荃請設南岸七廳部議俟直東豫籌有防汎的款再定二年春署東撫李元華言黃河南隄自賈莊至東平二百餘里均完固惟上游毗連直豫自東明謝寨至考城七十餘里並無隄岸此工刻不可緩昔年侯家林塞後恍於費多未暇顧問遂至賈莊決口此次賈莊以下堤雖完固上游若不修築設有漫決豈惟前功盡棄河南安徽江蘇仍然受害山東首當其衝無論已臣擬調營勇兼僱民夫築此七十餘里長隄深恐呼應不靈已商直督豫撫協力襄辦至濮范之民自黃河改道昏墊十有餘年賈莊決後稍有生機及賈莊塞受災如故查南隄距北面金隄六七十里以屛蔽京師則可於濮范村莊田畝則不能保衞該處紳民願修北隄惟力有未支請酌加津貼既成以後派弁勇一律修防濮范陽穀壽張東阿五縣地畝可涸出千餘頃又查濮范以上有黃水二道擬於壽張東阿境內新河尾閭抽挑引河二冀歸併一渠於南隄之北黃河之南再立小隄以束水又可涸出地畝千餘頃至北隄上游內有八里係開州轄若不一律修築不惟北堤徒勞無功即畿輔亦難保不受其患已商直督遣員協助妥速蕆功惟所歷直豫地畝該處居民無甚大益而山東百姓受益無窮自應由山東折償地價上游收束既窄下游水溜勢急不可不防自東平至利津海口九百餘里已飭沿河州縣就民堤加培酌給津貼以工代賑各項通計需費二千餘萬此黃河大段擬辦情形也事下所司五年決歷城溞溝明年復決八年決歷城桃園十一月塞九年東撫陳士杰創建張秋以下兩岸大隄時山東數遭河患朝士屢以爲言上遣侍郞游百川馳往會勘百川言自來論河者分持南行北行二說臣詳察形勢將來遇伏秋盛漲復折而東自尋故道亦未可知若挽以人力則勢有萬難一則北隄決後已冲刷淨盡築隄進占工已甚鉅且全河正流北行中流堵禦以圖合龍必震駭非常辦理殊無把握一則故道旁沙嶺勢難挑動且徐海一帶河身涸出淤地千餘里民盡墾種一旦驅而之他民豈甘心失業此南行之說應無庸議也至大清河本汶濟交會自黃流灌入初猶水行地中今則河身淤墊既患水不能洩自濟河上下北則濟陽惠民濱州利津南則青城章邱歷城至鄒長高博漫決十一處竊惟河入濟瀆已二十八年其始誤於山東無辦河成案誘民自爲堤埝縱屢開決未肯形諸奏牘貽患至斯今則泛濫數百里漂沒數百村徧歷災區傷心慘目謹擬辦法三一疏通河道黃初入濟尚能容納淤墊日高至海口尤日形淤塞沙淤水底人力難施計惟多用船隻各帶鐵篦混江龍上下拖刷使不能停蓄日漸刮深疏導之方似無踰此一分減黃流濟一受黃其勢岌岌不可終日查大清河北徒駭最近馬頰較遠鬲津尤在其北大清河與徒駭最近處在惠民白龍灣相距十許里若由此開築減壩分入徒駭河其勢較便再設法疏通其間之沙河寬河屯民等河引入馬頰鬲津分疏入海當不復虞其滿溢一亟築縷堤民間自築縷隄近臨河干多不合法且大率單薄又斷續相間屢經塌陷一築再築民力困竭今擬自長清抵利津南北岸先築縷隄其頂衝處再築重隄約長六百餘里仍借民力加以津貼可計日成功爲民捍患民自樂從至謂治水不與水爭地其法無過普築遙隄然濟武兩郡地狹民稠多占田畝小民失業正非所願且其間村鎭廬墓不可數計兼之齊河濟陽齊東蒲台利津皆城臨河干使之實逼處此民情未免震駭價買民田需款不下四五百萬工艱費鉅可作緩圖臣所以請築縷隄以濟急而不敢輕持遙隄之議者此也士杰持異議會海豐人御史吳峋言徒駭馬頰二引河不可輕開命直督李鴻章偕士杰會勘亦如峋言乃定議築兩岸長隄是年決利津十四戶十年三月塞閏五月決歷城河套圈崔家溜齊河李家岸陳家林蕭家莊利津張家莊十四戶先後塞之是年兩岸大堤成各距河流數百丈即縷隄也而東民仍守臨河埝有司亦諭令先守民埝如埝決再守大隄而隄內村廬未議遷徙大漲出槽田廬悉淹居民遂決隄洩水官亦不能禁嗣是只守埝不守大隄矣十一年蕭家莊溞溝再決又決齊河趙莊十二月溞溝趙莊塞明年二月蕭家莊塞六月再決河套圈又決濟陽王家圈惠民姚家口章邱河王莊壽張徐家沙窩惟王家圈工緩辦餘皆年內塞東境河雖屢決然皆分溜少奪溜每堵築一次費數萬或數十萬多亦不過一二百萬較南河時所省正多被淹地畝亦較少地平水緩故也十三年六月決開州大辛莊水灌東境濮范壽張陽穀東阿平陰禹城均以災告八月決鄭州奪溜由賈魯河入淮直注洪澤湖正河斷流王家圈旱口乃塞鄭州既決議者多言不必塞宜乘此復故道戶部尚書翁同龢工部尚書潘祖蔭同上言河自大禹以後行北地者三千六百餘年南行不過五百餘年是河由雲梯關入海本不得謂故道即指爲故道而現在溜注洪澤湖形北金南下不能導之使出清口去故道尚百餘里其勢斷不能復或謂山東數被水害遂以河南行爲幸不知河性利北行自金章宗後河雖分流有明一代北決者十四南決者五我朝順康以來北決者十九南決者十一況淮無經行之渠黃入淮安有歸宿之地下流不得宣洩上游必將復決決則仍入東境山東之患仍未能弭至黃水南注有二大患五可慮黃注洪澤而淮口淤墊久不通水僅張福口引河闊不過數丈大溜東注以運河爲尾閭僅恃東隄爲護已岌岌可危今忽加一黃河必不能保大患一洪澤淤墊高家堰久不可恃黃河勢悍入湖後難保不立時塌卸不東衝裏下河即南灌揚州江淮河漢併而爲一東南大局何堪設想大患二裏下河爲產米之區萬一被淹漕米何從措辦可慮一即令漕米如故或因黃挾沙墊運不能浮送或因積水漫溢縴道無存漕艘停滯且山東本借黃濟運黃既遠去沂汶微弱水從何出河運必廢可慮二兩淮鹽場胥在范公隄東范隄不保鹽場淹沒國課何從征納可慮三潁壽徐海好勇鬥狠小民蕩析難保不生事端可慮四黃汛合淮勢不能局於湖瀦必別尋入海之道橫流猝至江鄉居民莫保旦夕可慮五至入湖之水亦須早籌宣洩裏下河地勢西北俯東南仰宜順其就下之勢由興化以北歷朦朧傅家塢入舊河避雲梯關淤沙北濬大通口入潮河以達淮河海口則取徑直形勢便經費亦不過鉅百倍尋常查治水不外宣防二策而宣之用尤多洪湖出路二皆由運入江今大患特至不能不於湖之上游多籌出路分支宣洩博採羣議桃源有成子河南接洪湖北至舊河又北爲中運河若加挑成子河使通舊河直達中運河兩岸築隄即可引漫水由楊莊舊河至雲梯關入海此洪湖上面新闢一去路也清河有碎石河西接張福口引河東達舊河大加挑挖亦可引漫水由楊莊舊河至雲梯關入海此洪湖下面新闢一去路也詢之耆舊僉謂舍此別無良法是以臣等議定即勘估興工不敢拘泥成規往返遷延致誤事機上韙之並遣前山西布政使紹諴降調浙江按察使陳寶箴前山東按察使潘駿文迅赴鄭工隨同河督成孚豫撫倪文蔚襄理河務時工賑需款鉅且急戶部條上籌款六事一裁防營長夫一停購軍械船隻機器一停止京員兵丁米折銀一酌調附近防軍協同工作一令鹽商捐輸給獎一預征當商匯號稅銀議上詔裁長夫捐鹽商及預征稅銀餘不允九月命禮部尚書李鴻藻偕刑部侍郞薛允升馳勘鴻藻留督工時黃流漫溢河南州縣如中牟尉氏扶溝鄢陵通許太康西華淮甯祥符沈邱鹿邑多被淹浸水深四五尺至一二丈特頒內帑十萬並截留京餉三十萬賑撫而河工需款急允御史周天霖李世瑆請特開鄭工新捐例奪成孚職以李鶴年署河督十月東撫張曜言山東河淤潮高黃流實難容納請乘勢規復南河故道下鴻藻鶴年議鴻藻等遂請飭迅籌合辦上以黃河籌復故道迭經臣工條奏但費鉅工繁斷難於決口未堵之先同時並舉此奏於故道宜復止空論其理語簡意疏一切利害之輕重地勢之高下工用之浩大時日之迫促並未全局通籌縷晰奏覆如此大事朝廷安能據此寥寥數語

定計決疑故道一議可暫從緩至所稱一切工作先自下游開辦南河舊道現在情形如何工程能否速辦經費能否立籌有無滯礙著國荃士杰崧駿迅速估奏國荃言黃流東注淮南北地處下游宜籌分洩之策請就楊莊以下舊河二百餘里挑濬以分沂泗之水騰出中運河預備洪河盛漲挾黃北行堪以容納是上游籌有去路而淮由三河壩直趨而東則運堤極爲喫重勢不能不開壩宣洩裏下河如臨釜底而枝河頗多若預先疏導使水能順軌則田廬民命亦可保全同龢祖蔭所言洵得水性就下之勢業經遣員履勘並請調熟悉河工之江蘇臬司張富年督理制可先是侍郎徐郙有通籌黃河全局之疏文蔚言郙所陳口門北岸上游酌開引河上南廳以下河內挑川字河及築排水壩三者皆河南必辦之事卽前人著效之法臣前請於河身闊處切灘疏淤卽郙酌開引河及川字河之意河員以近日河勢略變須更籌辦法且有引河不可挑之說而此項土夫皆係應賑之人無論何工皆係應辦之事將來或幇挑運河或幇築河身應就商河臣隨時調度報聞十二月國荃士杰言同龢等所陳二患五慮不啻身歷其境將臣等所欲言者代達宸聰當經派員分投履勘自傳家塢入舊黃河過雲梯關至大通口測量地勢北高丈五七尺揆諸就下之性殊未相宜不敢不恪遵聖訓於興化境內別籌疏淤查下河入海河道以新陽射陽兩河爲最門龍港次之祇以支河阻塞未能通暢查興化屬之大圍閘丁溪場屬之古河口小海均極淤淺疏濬以後如果高郵開壩可冀水皆順軌由新陽等河宣暢歸海其閘門窄狹過水不暢者另於左右開挖越河俾得滔滔直注此外幹支各河再接續擇要興挑以期逐節通暢核與同龢祖蔭之奏事異功同十四年正月國荃等又言徐郙通籌河局疏稱淮揚實無處位置黃河宜先籌宣洩之方再求堵合之法洵屬確中肯綮至請挑天然及張福口引河本係由淮入黃咽喉昔人建導淮之議皆從引河入手祇以張福淤墊太高挑不得法且恐沂泗倒灌又順淸河爲淸江三閘來源曩時堵築以資自衛自河北徙此壩久廢今既引淮入黃仍須堵築順淸壩庶三閘可保無虞經臣等派員會度河底雖北高南低加工挑深尙可配平順淸河雖水深溜急多備料土亦可設法堵築又經臣士杰履勘陳家窖可開引河上接張福口下達吳城七堡與碎石河功用相同已於十月分段興挑自張福口內窖河起至順淸河止開深丈四尺至二丈冀上游多洩一分之水下河卽少受一分之災其工段亦間調哨勇幇同挑濬以補民夫之不足以上辦法與該侍郎所陳江南數條不謀而合先是上以將來河仍北趨有趁溜流驟減挑濬東明長隄開州河身加培堤埝之論至是鴻章言直境黃河長八九十里一律挑濬工鉅費煩卽酌挑北面數處亦需二三十萬兩岸河灘高於中洪一二丈河身尙可容水惟東明南隄歷年衝刷亟應擇要修築已調派大名練軍春融赴工並募民夫同時力作開州全隄殘缺已甚亦經派員估修至長垣南岸小堤離河較遠尙可緩辦北岸民埝飭勸民間修培不得逼束河流致礙大局六月小楊莊塞是月鴻藻言鄭工兩壩共進占六百一十四丈尙餘口門三十餘丈因伏秋暴漲人力難施請緩俟秋汛稍平接續舉辦上嚴旨切責褫鶴年職與成孚並戍軍台鴻藻文蔚均降三級留任以廣東巡撫吳大澂署河道總督大澂言醫者治病必考其治病之由病者服藥必求其對症之方臣日在河干與鄉村父老諮詢舊事證以前人紀載知豫省河患非不能治病在不治築隄無善策鑲埽非久計要在建壩以挑溜逼溜以攻沙溜入中洪河不著隄則堤身自固河患自輕廳員中年久者僉言咸豐初滎澤尙有磚石壩二十餘道隄外皆灘河溜離隄甚遠就壩築埽以防險而堤根之埽工甚少自舊壩失修不數年廢棄殆盡河勢愈逼愈近埽數愈添愈多廳員救過不遑顧此失彼每遇險工輒成大患河員以鑲埽爲能事至大溜圈注不移旋鑲旋蟄幾至束手臣親督道廳趕拋石垜三四丈深之大溜投石不過一二尺溜即外移始知水深溜激惟拋石足以救急其效十倍埽工以石護溜溜緩而埽穩歷朝河臣如潘季馴靳輔栗毓美皆主建壩挑溜良不誣也現以數十年久廢之要工數十道應修之大壩非一旦所能補築竣工惟有於鄭工款內核實撙節省得一萬卽多購一萬之石垜省得十萬卽多做十萬之壩工雖係善後事宜趁此乾河修築人力易施否則鄭工合龍後明年春夏出險必至措手不及雖不敢謂一治而病卽愈特愈於不治而病日增果能對症發藥一年而小效三五年後必有大效上嘉勉之大澂又言向來修築壩垜皆用條磚碎石每遇大汛急溜壩根淘刷日深不但磚易衝散重大石塊亦卽隨流坍塌聞西洋有塞門德土拌沙黏合不患水侵趁此引河未放各處須築挑壩正在河身乾涸之時擬於磚面石縫試用塞門德土塗灌斂散爲整可使壩基做成一片足以抵當河溜用石少而工必堅似亦一勞永逸之法報聞十二月鄭工塞用帑千二百萬實授大澂河督詔於工次立河神廟並建黃大王祠賜扁額與黨將軍俱加封號是年七月決長垣范莊未幾塞十五年六月決章邱大寨莊金王莊分溜由小淸河入海又決長淸張村齊河西紙坊山東濱河州縣多被淹浸是冬塞十六年二月東撫張曜言前南總河轄河工九百餘里東總河轄五百餘里自決銅瓦廂河入山東遂裁南總河而東河所轄河工僅二百餘里今東河縣長九百里日淤日高全恃隄防爲保衛本年臣駐工二百餘日督率修防日不暇給請將自菏澤至運河口河道二百餘里歸河督轄與原轄之河道里數相等部議以此段工程向由巡撫督率地方官兼管河督恐呼應不靈曜又言向來沿河州縣本歸河臣兼轄員缺仍會河臣題補遇有功過河臣亦應舉劾尙無呼應不靈之患請並下河督籌議先是大澂遣員測繪直東豫全河至是圖成上之五月決齊河高家套旋塞十八年六月決惠民白茅墳奪溜北行直趨徒駭入海又決利津張家屋濟陽桑家渡及南關灰壩俱匯白茅墳漫水歸徒駭河七月決章邱胡家岸夾河以內一片汪洋遷出歷城章邱濟陽齊東靑城濱州蒲臺利津八縣災民三萬三千二百餘戶初河督許振禕請於歲額六十萬內提十二萬歸河防局籌添料石先事預防由河督主之至是部令分案題銷振禕言河工大險恃法不如用人如以恃法論則從來報銷例案工部知之河工亦知之故自每年添款及鄭工報銷之千數百萬未聞其不合例也如以用人論則臣近此改章從事比年大險橫生亦均次第搶補幸奏安瀾至添料添石固有不盡合例者矣原臣立河防局意有二端一則恐廳員遇險推諉藉口無錢無料故提此鉅款先事預防之資一則恐廳員不實不盡故添委官紳臨時匡救之用而限十二萬纖悉到工不準絲毫入局並不準開支薪水河南官紳吏民罔不知之卽如今歲之得保鉅險就買石一款已用過十一萬數千兩餘則補鄭工金門沈裂之隄此不能分案題銷者也又多方買石隨處搶堵險未平必加拋險已過卽停止此不能繪圖貼說者也上如所請行是年白茅墳各口塞二十一年六月決壽張高家大廟齊東趙家大隄未幾決濟陽高家紙坊利津呂家窪趙家園十六戶是冬次第塞明年六月決利津西韓家陳家御史宋伯魯條上東河積弊一冒領朦消宜嚴定處分一收發各料宜設法稽查一申明賠修舊例以防隨意改名一武弁宜認眞巡察詔東撫嚴除積弊並令有河務各督撫查察遇有劣員嚴參懲辦二十三年正月決歷城小沙灘章邱胡家岸隨塞十一月凌汛決利津姜家莊扈家灘水由霑化降河入海二十四年六月決山東黑虎廟穿運東洩仍入正河又決歷城楊史道口壽張楊家井濟陽桑家渡東阿王家廟分注徒駭小淸二河入海遣鴻章偕河督任道鎔東撫張汝梅會勘未幾省東河總督尋復置二十五年二月鴻章等言山東黃河自銅瓦廂改道大淸河以來時當軍興未遑修治同治季年漸有潰溢始築上游南隄光緒八年後潰溢屢見遂普築兩岸大隄乃民間先就河涯築有小埝緊逼黃流大隄成後復勸民守埝且有改爲官守者於是隄久失修每遇汛漲埝決水遂建瓴而下隄亦隨決此歷來失事病根也上游曹兗屬南北隄湊長四百餘里兩隄相距二十里至四十里民埝偶決水由隄內歸入正河大決則隄亦不保計南北埝工二十四同治以來決僅四五見此上游情形也中游濟泰屬兩岸隄埝各半湊長五百里南岸上段傍山無隄下段守埝北岸上守堤下守埝參差不一無非爲隄內村莊難遷權爲保守計下游武定屬南岸全守隄北岸全守埝湊長五百餘里地勢愈平水勢愈大險工七十餘處二十五年來已決二十三次此中下游情形也東省修防事本草創間有興作皆因費絀未按治河成法前撫臣李秉衡歷陳山東受河之害治河之難謂近幾無歲不決無歲不數決朝廷屢縻鉅金閭閻終無安歲若不按成規大加修治何以仰答愛養元元之意臣等詳考古來治河之法惟漢賈讓徙當水衝之民讓地於水實爲上策前撫臣陳士杰建築中下游兩岸大隄湊長千里兩堤相距五六里至八九里就此加培修守似不失爲中策惟先有棄隄守埝處如南岸濼口上下守埝者百一十里上段近省六十里商賈輻輳近險工稍平暫緩推展下段要險極多十餘年來已決九次擬遷出埝外二十餘村棄埝守隄離水稍遠防守易固此南岸酌擬遷民廢埝辦法也至北岸隄工自長淸至利津四百六十里埝外堤內數百村莊長埝逼近溜流河面太狹無處不灣無灣不險河脣淤高埝外地如釜底各村斷不能久安室家且埝破隄必破欲保埝外數百村併隄外數千村同一被災尤覺非計但小民安土重遷屢被沈災不肯遠去非可旦夕議定今擬北岸自長淸官莊至齊河六十餘里河面尙寬利津至鹽窩七十餘里地皆斥鹵不便徙民均以埝作隄埝外之民無庸遷徙其齊河至利津尙有三百二十里民埝緊逼河干竟有不及一里者勢不得不廢埝守堤但北隄殘缺多半無可退守且需欵過鉅遷民更難應暫守舊埝此北岸分別守埝作隄及將來再議廢埝守隄辦法也至南北大隄爲河工第一重大關係旣處處卑薄擬並改埝之隄及暫

定之民埝照河工舊式一律修培總期足禦汛漲至下口入海尾閭尤關全河大局查鐵門關故道尚有八十餘里愈下愈寬深直通海口形勢較絲網口韓家垣爲順工費亦較省然建攔河大壩挑引河築兩岸大隄需費頗鉅下口不治全河皆病不得不核實勘估此又加培兩岸隄工改正下口辦法也約估工費需九百三十萬有奇分五六年可告竣朝議如所請先發帑百萬交東撫毓賢督修毓賢言黃河治法誠如部臣所云展寬河面盤築隄身疏通尾閭三事爲扼要查尾閭之害以鐵板河爲最全河挾沙帶泥到此無所歸束散漫無力經以風潮膠結如鐵流不暢則出路塞而橫流多故無十年不病之河擬建長隄直至淤灘防護風潮縱不能徑達入海而多進一步即多一步之益至隄埝卑薄擬修培時土方必足夯硪必堅尤加意保守其坐灣處一灣一險如上游賈莊孫家樓中流埛家岸霍家溜桑家渡下游白龍潭北鎭家集鹽窩均著名巨險餘險尤多固非裁灣取直不可然亦須相度形勢必引河上口能迎溜勢下口直入河心方得蒲臺迤西魏家口至迤東宋莊約長四十里河水分流納正河之溜三分之若就勢修隄建壩挑溜使歸北河正河如淤蒲臺城垣永免水患此裁灣取直之最有益者擬即勘估興辦報聞二十六年拳匪亂作未續請款嗣時局日艱無暇議及河防矣是年淩汛決濱州張肖堂家明年三月塞六月決章邱陳家窰惠民楊家大堤隨塞黃河之初北徙也忠親王僧格林沁有裁總河之請嗣東河改歸巡撫兼轄河督喬松年復以爲請至是河督錫良言直東河工久歸督撫管轄豫撫本有兼理河道之責請仿山東成案改歸兼理而省東河總督制可二十八年夏決利津馮家莊秋決惠民劉旺莊逾年二月劉旺莊塞六月決利津甯海莊十二月塞三十年正月淩汛決利津王莊扈家灘姜莊馬莊隨塞六月河溢甘肅皋蘭淹沒沿灘村莊二十餘又決山東利津薄莊淹村莊鹽窩各二十餘先是山東屢遭河患當事者皆就水立隄隨灣就曲水不暢行張秋以下隄卑河窄又無石工幫護利津以下尾閭改向南形勢益不順巡撫周馥請帑三百萬略事修培部臣靳不予不得已自籌二十萬添購石料又給貲遷利津下民之當水衝者而民徙未盡又於隄南增建大堤以備舊隄壞民有新居可歸至薄莊決水東北由徒駭河入海馥言舊河淤成平陸若依舊堵合估須九十萬有奇鉅款難籌且堵合之後防守毫無把握漫口以下水深丈餘至二三丈奔騰浩瀚就下行疾入徒駭後勢益寬深較鐵門關韓家垣絲網口尤暢遂與其逆水之性耗無益之財救民而終莫能救不如遷民避水不與水爭地而使水與民各得其所依此而行其益有三尾閭通順流暢消速益一舟楫便利商貨流通益二河流順直險輕費省益三所省堵築費猶不計也然補救之策費財亦有三一遷民之費二築埝之費三移設鹽垣之費約需五十萬金較堵築費省四之三而受益過之制可遂不堵嗣是東河安瀾數年未嘗一決宣統元年決開州孟民莊明年塞三年東撫孫寶琦言自黃入東省河道深通初無修防積久淤溢始築民埝緊逼黃流嗣經普築大隄而復令民守埝埝有漫決官無處分直東兩省定例皆然元年開州決水循東省上游埝外隄內下注至中游始歸正河濮范壽張受災甚重臣會商直督遣員協款堵築上年始告成功如能通籌分別勘治改歸官守明定責成自無推諉河工向以稭料爲大宗不如磚石經久磚又不如石質堅重東省南岸臨河多山前周馥請撥款購石改修石壩頗著成效現輪軌交通如直豫設法運石漸逐改作則一勞永逸治河良法無踰於此下游至海口尙有數十里無隄南高則北徙北淤則南遷數十年來入海之區已經數易長此不治尾閭淤墊日高必致上游橫決爲患何堪設想臣昔隨李鴻章來東勘河時比工程司建議築隄伸入海深處爲最要辦法卒以費鉅不果如由主治者統籌經費分年築隄藉束水爲攻沙之計再酌購外洋挖泥輪機往來疏濬尾閭可望深通全局皆受其益河工爲專門之學非久於閱歷不能得其奧竅亟宜仿照豫省定章改定文武額缺爲終身官三省互相遷調臣上年設立河工研究所招集學員講求河務原爲養成治河人材如設廳汛此項人員畢業即可分別試用於工程大有裨益以上四端必應與辦臣愚以爲宜設總河大員歷勘會商將三省常年經費百數十萬統歸應用俟議定大治辦法隨時請撥俾免掣肘而竟事功疏入詔會商直督豫撫通籌未及議覆而武昌變作遂寘不行

清史稿

河渠志二

運河

運河自京師歷直沽山東下達揚子江口南北二千餘里又自京口抵杭州首尾八百餘里通謂之運河明代有白漕衞漕閘漕河漕湖漕江漕浙漕之別清自康熙中靳輔開中河避黃流之險糧艘經行黃河不過數里即入中河於是百八十里之河漕遂廢若白漕之藉資白河衞漕之導引衞水閘漕湖漕之分受山東江南諸湖水與明代無異嘉慶之季河流屢決運道被淤因而借黃濟運道光初試行海運二十八年復因節省幫費續運一次迨咸豐朝黃河北徙中原多故運道中梗終清之世海運遂以爲常夫黃河南行淮先受病淮病而運亦病由是治河導淮濟運三策羣萃於淮安清口一隅施工之勤糜帑之鉅人民田廬之頻歲受災未有甚於此者蓋清口一隅意在蓄清敵黃然淮強固可刷黃而過盛則運隄莫保淮弱末由濟運黃流又有倒灌之虞非若白漕衞漕僅從事疏淤塞決閘漕湖漕但期蓄洩得宜而已至江漕浙漕號稱易治江漕自湖廣江西沿漢沔鄱陽而下同入儀河溯流上駛京口以南運河惟徒陽陽武等邑時勞疏濬無錫而下直抵蘇州與嘉杭之運河固皆清流順軌不煩人力今撮其受患最甚工程最鉅者著於篇順治四年夏久雨決江都運隄隨塞六年夏高郵運隄決數百丈七年運隄潰挾汶水由鹽河入海八年募民夫大挑運河十四年河督朱之錫言南旺南距台莊高百二十尺北距臨清高九十尺應遵定例非積六七尺不准啓閘以免瀉涸閉下閘啓上閘水凝亦深閉上閘啓下閘水旺亦淺重運板不輕啓回空板不輕閉從之十五年董口淤之錫於石牌口迤南開新河二百五十丈接連大河以通飛輓先是漳水於九年從邱縣北流逕靑縣入海至十七年春夏之交衞水微弱糧運澀滯乃堰漳河分溉民田之水入衞濟運時河北累年亢旱部司姜天樞言昔僉事江良材欲導河注衞增一運道今獨不可借其議而反用之導衞以注河乎之錫從其言並置衞河主簿著爲令康熙元年定運河修築工限三年內衝決參處修築官過三年參處防守官不行防護致有衝決一並參處四年秋高郵大水決運隄五年運河自儀徵至淮淤淺知縣何崇倫募民夫濬之漕督林起龍言糧艘北行處處阻閘阻淺請飭河臣履勘安山馬踏諸湖暨各櫃閘子隄斗門隄岸及東平汶上諸泉有無堵塞務期濬泉清湖以通運道六年決江都露筋廟明年塞之十年決高郵清水潭明年再決十三年始塞十四年決江都邵伯鎭十五年夏久雨漕隄崩潰高郵清水潭陸漫溝江都大潭灣共決三百餘丈十六年以靳輔爲河督時東南水患益深漕道益淺輔言河運宜爲一體運道之阻塞率由河道之變遷向來議治河者多盡力於漕艘經行之地其他決口以爲無關運道而緩視之以致河道日壞運道因之日梗是以原委相關之處斷不容歧視也又運河自清口至清水潭長約二百三十里因黃內灌河底淤高居民日患沈溺運艘每苦阻梗請勅下各撫臣將本年應運漕糧務於明年二月內盡數過淮俟糧艘過完即封閉通濟閘壩督集人夫將運河大爲挑濬而寬十一丈底寬三丈深丈二尺日役夫三萬四千七百有奇三百日竣工並堵塞清水潭大潭灣決口六及翟家壩至武家墩一帶決口需帑九十八萬有奇又言向因河身淤墊阻滯盤剝艱苦萬端若清口一律浚深則船可暢行省費甚多因令量輸所省之費作治河之用請俟運河浚深船艘通行凡過往貨物船分別徵納剝淺銀數分一年停止均允行十七年築江都漕隄塞清水潭決口清水潭逼近高郵湖頻年潰決隨築隨圮決口寬至三百餘丈大溜湍急前年尙書冀如錫勘估工費五十七萬夫柳仍派及民間猶慮功不成輔周視決口就湖中離決口五六十丈爲偃月形抱兩端築之成西隄一長六百五丈更挑繞西越河一長八百四十丈僅費帑九萬至次年工竣上嘉之名河曰永安新河隄曰永安隄是歲挑山清高寶江五州縣運河塞決口三十二輔又請按里設兵分駐運隄自清口至邵伯鎭南每兵管兩岸各九十丈責以栽柳蓄草密種菱荷蒲葦爲永遠護岸之策又言運河既議挑深若不束淮入河濟運仍容黃流內灌不久復淤請於高堰隄工單薄處幫修坦坡爲久遠衞隄計均如所議行十八年決山陽戚家橋隨塞明初江南各漕自瓜儀至清江浦由天妃閘入黃後黃水內灌潘季馴始移運口於新莊閘納清避黃仍以天妃名然口距黃淮交會處僅二百丈黃仍內灌運河墊高年年挑濬無已兼以黃淮會合瀠洄激蕩重運出口危險殊甚至是輔議移南運口於爛泥淺之上自新莊閘西南挑河一至太平壩又自文華寺永濟河頭起挑河一南經七里閘轉而西南亦接太平壩俱達爛泥淺引河內兩渠並行互爲月河以舒急溜而爛泥淺一河分十之二佐運仍挾十之八射黃黃不內灌並難抵運口由是重運過淮揚帆直上如履坦途是歲開滾水壩於江都鰍魚骨創建宿遷桃源清河安東減壩六十九年創建鳳陽廠減壩一碭山毛城鋪大谷山宿遷攔馬河歸仁隄邳州東岸馬家集減壩十一康熙初糧艘抵宿遷由董口北達後董口淤塞遂取道駱馬湖淺水面闊縴纜無所施舟泥濘不得前挑掘舁送宿邑騷然輔因創開皁河四十里上接泇河下達黃河漕運便之是歲霪雨黃淮並漲決興化漕隄水入高郵治壞泗州城郭特築滾壩於高郵南八里及寶應之子嬰溝二十年七月黃水大漲皁河淤澱不能通舟衆議欲仍由駱馬湖輔力持不可覩

督挑掘丈餘黃落清出仍刷成河隨閉阜河口攔黃壩於迤東龍岡岔路口至張家莊挑新河三千餘丈使出皁河石磡之清水盡由新河行至張家莊入黃河是爲張莊運口是歲增築高郵南北滾水壩八對壩均開越河以防舟行之險凡舊隄險處皆更以石二十二年九月黃河由龍岡漫入新河又淤隨於石磡築攔黃壩復設法疏導旬餘新河仍暢行二十三年上南巡閱河至清口以運口水緊令添建石閘於清河運口二十五年輔以運道經黃河風濤險惡自駱馬湖鑿渠歷宿遷桃源至清河仲家莊出口名曰中河糧船北上出清口後行黃河數里即入中河直達張莊運口以避黃河百八十里之險議者多謂輔此功不在明陳瑄鑿清口下而按察使于成龍漕督慕天顏先後劾輔開中河累民上斥其阻撓二十七年復遣尚書張玉書圖納左都御史馬齊等往視亦稱中河安流舟楫甚便但逼近黃流不便展寬而裏運河及駱馬湖之水俱入此河窄恐難容應於蕭家渡楊家莊新莊各建減壩俾水大可宣洩仲家閘口大直恐倒灌應向東南斜挑以避黃流詔俟臨閱時定奪是歲大雨中河決淹清河民田數千頃明年春上南巡閱視河工至宿遷支河口諭諸臣曰河道關繫漕運民生地形水勢隨時權變今觀此河狹隘逼近黃岸萬一黃隄潰決失於防禦中河黃河將淆爲一此河開後商民無不稱便安識日後若何圖納馬齊言臣等勘河時正值大水懼河隘不能容諸水故議於迤北遙隄修減壩三令由舊河形入海輔言臣意開此河可東水入海及濬畢觀之漕艘亦可行今若加增遙堤以保固黃河隄岸當可無慮河督王新命言支河口止一鎮口閘微山湖諸水甚大遇淫潦不能支必致潰決若於駱馬湖作減壩令漲水入黃再修築郯城禹王臺以禦流入駱馬湖之水令注沭河則中河無慮上諭可仍開支河其黃河運道並存不廢先是玉書等請閉攔馬河事下總河至是新命言攔馬河原以宣黃水異漲似應仍留水漲則開放水平則閉以免中河淤墊至駱馬湖三減壩玉書等議留二座於隄內減水入中河又恐中河不能容擬於迤東蕭家渡楊家莊新河口量建減壩宣洩臣謂既以中河不能容何必留此二壩之水減入中河復從蕭家渡等處建壩多此曲折不若將三壩俱留遙隄外令由舊河形入海於蕭家渡三處量留缺口二酌水勢以宣塞之爲愈郯城沭水口舊有禹王臺障遏水勢會白馬沂河之水入駱馬湖愈覺泛溢不可遏應於臺舊基迎水處堵塞斷流令仍由故道入海下扈從諸臣確議惟駱馬湖減壩用玉書等原議餘如新命言三十二年直隸運河決通州李家口等五口天津耍兒渡等八口衛河微弱惟恃漳爲灌輸由館陶分流濟運明隆萬間漳北徙入滏陽河館陶之流遂絕至是三十六年忽分流仍由館陶入衛濟運三十八年廷議改高郵減壩及茆家園等六壩均爲滾水壩增加高堰石工五尺三十九年上以清口日淤恐誤糧艘海道運津又極艱險擬以沙船載糧自江下海至黃河入海之口運入中河則海運不遠下河督張鵬翮籌議鵬翮言運河決口已塞清水又已引出糧船當可暢達若改載沙船僱募水手徒滋縻費且由江入海從黃河海口入中河風濤不測實屬難行從之初河督于成龍以中河南逼黃河難以築隄乃自桃源盛家道口至清河棄中河下段改鑿六十里名曰新中河至是鵬翮見新中河淺狹且盛家道口河頭灣曲輓運不順因於三義壩築攔河隄截用舊中河上段新中河下段合爲一河重加修濬運道稱便四十年以湖口清水已出宜籌節宣之法允鵬翮請於張福口裴家場二引河間再開引河一合力敵黃若黃漲在糧艘已過堵攔黃壩使不得倒灌漲在行船時閉裴家場引河口引清水入三汊河至文華寺濟運是歲建中河口南岸石閘四十二年以仲莊牐清水出口逼溜南趨致礙運道詔移中河運口於楊家莊即大清水故道由是漕鹽兩利逾年又命建直隸運河楊村減壩以分水勢四十四年上言高堰及運河減壩不開放則危及堤堰開洩又潦傷隴畝宜於高堰三滾壩下挑河築隄束水入高郵邵伯諸湖其減壩下亦挑河築隄束水由串場溪注白駒丁溪草堰諸河入海令江漕河各督勘估遣官督修自是淮揚各郡悉免漫溢之患四十五年鵬翮於中河橫隄建草壩二飽家營引河處建草壩一相機啟閉免中河淤墊又以運河水漲隄岸難容於文華寺建石閘閘下開引河自楊家廟單楊口迄白馬湖長萬四千八百丈有奇水漲開放入湖水涸堵閉是年濟甯道張伯行請引漳自成安柏寺營通漳之新河接館陶之沙河古所謂馬頰河者疏其淤塞使暢流入衛議未及行越二年全漳入館陶漳衛合而勢悍急恩德當衝受害乃於德州哨馬營恩縣四女寺建壩開支河以殺其勢六十年東撫李樹德請開彭口新河先是濟甯道某言彭口一帶有昭陽微山西湖噴沙積於三洞橋內屢開屢塞阻滯糧艘應挑新河避噴沙以疏運道至是樹德以爲言上曰山東運河自西湖之水流入前此百姓以爲宜開即開以爲宜閉亦閉開者何意堵者何意務悉其故方可定其開否不然虛耗矣又曰山東運河全賴湖泉濟運今多開稻田截上流以資灌溉湖水自然無所蓄瀦安能濟運往年東民欲開新河朕恐下流泛濫禁而弗許今又請開新河此地一面爲微山湖一面爲嶧縣諸山更從何處開鑿耶張鵬翮到東將此旨詳諭巡撫申飭地方相度泉源蓄積湖水俾漕運無誤自易易耳雍正元年河督齊蘇勒偕漕督張大有言山東蓄水濟運有南旺馬踏蜀山安山馬場昭陽獨山微山郗山等湖水漲則引河水入湖涸則引湖水入槽隨時收蓄接應運河古人名曰水櫃歷年既久昭陽安山南旺多爲居民占種私墾現除已成田不追外餘俟水落丈量樹立封界永禁侵佔設法收蓄至馬踏蜀山馬場南陽諸湖原有斗門閘座如以土壩可收蓄深廣備來年濟運之資惟獨山一湖濱臨運河一綫小堰且多缺口相度水勢河水盛漲聽其灌入湖中湖河平即築堰堵截河水稍落不使湖水走洩涓滴或遇運河淺塞則引湖水下注庶幾接濟便捷至諸湖閘座仍照舊例灌塘積水啟閉以時則湖水深廣運道疏通矣下所司議行二年齊蘇勒以駱馬湖東岸低窪易洩舊壩不足抵禦於湖東陸塘河通甯橋西高地築攔河滾壩再築攔水堤六百丈口門寬三十丈以便宣洩又甯築運河西岸地洞口堤身五百十丈高寶江東西岸隄工五千二十四丈寶應西堤七里閘迤南至柳園頭埽工五百七十丈四年齊蘇勒改种家渡南之舊彭口於十字河而彭口沙壅積如故先是侍郎蔣陳錫疏陳漕運事宜上命內閣學士何國宗等勘視豫東運道至是覆稱山東運河必賴湖水接濟請將安山湖開濬築隄南旺馬踏諸隄及關家壩俱加高培厚建石閘以時啟閉其分水口兩岸沙山下各築束水壩一汶水南戴村壩應加修築建坎河石壩於汶水北恩縣四女寺應建挑壩一壙平運河西岸修復進水關二東岸建滾壩一濮州沙河會趙王河處舊有土壩引河應修築開濬其河西州縣聽民開通水道匯入沙河於運道民生均有裨益武城及恩縣北岸各挑引河一河南運河自北泉而下歷仁義禮智信五閘遏水旁注愚民不無截流盜水之弊請拆去五閘於泉池南口建石堰一開口門三分爲三渠築小隄使無旁洩東西各開一渠渠各建五閘分溉民田小丹河自清化鎮下應開濬築小隄河東一里開水塘一石閘三分爲三渠以小丹河爲官渠東西各一爲民渠其洹河石壩皆已湮廢宜增修爲挑壩諸泉源應各開深廣入衛濟運下所司議行五年東撫塞楞額以柳長河日見淤淺雖一帶相連而中有金錢嶺分隔特開引河二一從嶺北注安山入湖一從嶺南出閘口濟運八年河督嵇曾筠言宿遷駱馬湖舊有十字河口門引湖濟運兼以刷黃嗣湖水微弱恐黃倒灌堵閉河口又於西甯橋迤西建攔湖壩因是湖水不通專資黃濟運致中河之水挾沙淤墊今秋山水暴漲去路遏塞漫溢橫出請復十字河舊口門俾湖水入中河刷深運道攔湖壩酌量開寬俾上游之水由六塘河入海從之是年始設黃運兩岸守堤堡夫二里一堡堡設夫二住堤巡守遠近互爲聲援九年兼總河田文鏡言汶南流濟運向有玲瓏及亂石滾水三壩伏秋盛漲水由滾壩入鹽河沙由玲瓏亂石洞隙隨水滾瀉自何國宗於三壩內增建石壩涓滴不通既無尾閭洩水又無罅隙通淤致汶挾沙入運淤積日高請改壩爲牐建磯心五十六中留水門五十五安牐板以資宣洩又以不能啟閉別築土堤名春秋壩如所請行十一年東撫岳濬言東省水櫃舊有東平之安山湖廢閘四自國宗議復安山湖水櫃重築臨河及圈湖隄修通湖蛇溝二閘並於八里灣十里鋪兩廢閘間建石閘一曰安濟閘俱經修竣仍不能蓄水濟運緣湖底土疏非圈隄所能收蓄均宜修防其圈湖隄缺概停補築以免糜費從之十二年直督李衛以故城與山東德州武城毗連係河流東注轉灣處向無隄埝水漲漫溢勸諭民間僨修土埝量給食米以工代賑東撫岳濬以德州河溜頂衝於東岸挑新河建滾壩兩岸各築遙隄酌開涵洞以資宣洩乾隆二年御史馬起元言直東運河近多淤塞尚書來保言衛水濟運灌田請飭詳查地勢使漕運不阻民田亦資灌溉上命侍郎趙殿最侍衛安甯會同直漕河三督豫東兩撫勘奏經部議東省泉源四百三十九無不疏通閘壩亦完固惟戴廟七級柳林新店師莊棗林萬年頓莊各閘或雁翅潮蟄或面石裂縫兩岸斗門涵洞有滿家三空橋雁翅低陷石閘面太低應交河督興修又馬踏蜀山馬場獨山微山諸湖嚴禁佔種蘆葦南旺南陽昭陽諸湖水櫃僅堪洩水小清河久淤塞均宜次第修治至衛水濟運灌田宜於館陶臨清各立水則一測驗淺深以時啟閉起元又言通州至天津河路多淤淺糧艘不便命殿最偕顧琮勘議尋議天津溯流而上設有兵弁無官管轄應增置漕運通判一駐張家灣專司疏濬把總二外委四聽通判調遣又普濟寺等四閘屬通州增置吏目一慶豐等七閘屬大興增置主簿一遇應開挑處報坐糧廳覈實修濬用鄂爾泰言建獨流東岸滾壩並開引河注之中塘窪以免靜海有羨溢之虞並減天津三汊口爭流之勢是歲大挑淮揚運河自運口至瓜州三百餘里三年河督白鍾山

言衛河水勢惟在相機啟閉殿最前奏設館陶臨清二水則可不必立嗣雨水調勻百泉各渠閘照舊官民分用儻值水淺澀即暫閉民渠民閘以利漕運或河水充暢漕艘早過官渠官閘亦酌量下板以灌民田是年修復三教堂減壩挑濬淤墳支河使洩水入馬頰河又於三空橋舊址修減壩仍挑通支河使洩水入徒駭河增建裴家口東南涵洞二修築房家口上下堤岸馬家閘土隄及自嶧縣臺莊迄臨清板閘運隄八百里縴道亦資障護瀕河田廬先是疏濬毛城鋪河道時高斌以黃流倒灌移運口於上游七十餘丈與三汊河接次年黃仍灌運論者多謂新開運口所致特命大學士鄂爾泰相度旋言運口直對清口湖水由裴家場引河東北直趨清口入運之水仍係迴流平緩惟新口外挑水壩稍短清水盛旺或恐溜寬宜再築長壩不必仍舊開口惟舊河直捷新河紆曲今新建閘壩未開漕船應行舊河以利挽運新河於天妃閘下重建通濟福興二閘隨時啟閉每歲漕船過後河水充溢則開放新河以分水勢湖水漲溢則閉舊河及新河閘以待水消庶新舊兩河可以交用鄂爾泰又言詳勘漳河故道一自直隸魏縣北經山東邱縣城西至效口村會滏陽河入大陸澤下會子牙河由天津入海一由魏縣北老沙河自潘爾莊經邱縣城東歷清和武城景州阜城各地過千頃窪入運歸海邱縣城西故道去衛河較遠舊迹既淹開通匪易且滏陽河下會子牙河全漳之水亦難容納惟老沙河即古馬頰河河形寬闊於此挑復故道自和爾寨村東承漳河北折之勢開至漳洞村歸入舊河勢順工省即於新挑河頭下東流入衛處建閘如衛水微弱則啟以濟運衛水足用則閉閘使歸故道再於青縣下酌建閘壩臨清以北運道可免淤墊青縣以下田廬永無浸淹應飭直東兩省會勘估修五年改山東管河道爲運河道專司蓄洩疏濬閘壩事仍管河庫從白鍾山請也二十二年添建高郵東隄石壩酌定水則視水勢大小以爲啟閉巡漕給事中海明言江南運河惟桃源之古城砂礓溜灘灣沙積黃河以南惟揚州之灣頭閘至范公祠三千三百餘丈間段阻淺均應挑濬鎭江至丹徒常州水本無源恃江潮灌注冬春潮小則淺加以每日潮汐易淤兩岸土鬆易卸應六年大挑一次否則三年亦須擇段撈淺丹徒兩閘以下常州之武進等縣亦間段淺滯均應一律挑濬詔挑河易滋浮冒宜往來查察毋得屬之委員二十四年命海明及河督張師載東撫阿爾泰會勘直東運河初運河水漲漫溢德州等處景州一帶道路淤阻至是海明等言漳衛二河伏秋盛漲宜旁加疏洩自臨清至恩縣四女寺二百五十餘里河身盤曲臨清塔灣東岸原有沙河一即黃河遺迹由清平德州高唐入馬頰河歸海請開挑作滾水石壩使汶衛合流分洩水勢四女寺哨馬營兩支河原係旁洩汶衛歸海之路請將狹處展寬以免下游德州等處衝溢二十五年巡漕給事中耀海偕師載言南旺以北僅馬踏一湖水患不足獨山湖有金綫閘水祇南流利濟閘水可北注請移金綫閘於柳林閘北使獨山諸湖全注北運河制可二十七年以魚臺辛莊橋北舊有洩水口二口門刷深難以節制允師載等請改建滾壩一是歲挑德州西方菴對岸引河自魏家莊至新河頭長四十丈建築齊家莊挑溜埽壩接築清口東西壩修李家務石閘二十八年用阿爾泰言於臨清運河逼近村莊處開引河五以分水勢三十三年黃水入運命大學士劉統勳等往開臨黃壩以洩盛漲並疏濬運河淤淺三十七年河督姚立德言泗河下流董家口向建石壩分洩今泗水南趨轉爲石壩所累請拆去並展寬孟家橋舊石橋如所請行五十年命大學士阿桂履勘河工阿桂言臣初到此間詢商薩載李奉翰及河上員弁多主引黃灌湖之說本年湖水極小不但黃絕清弱至六月以後竟至清水涓滴無出又值黃水盛漲倒灌入運直達淮揚計惟有借已灌之黃水以送回空蓄積弱之清水以濟重運查本年二進糧艘行入淮河全藉黃水浮送方能過淮渡黃則回空時雖值黃水消落而空船喫水無多設法調劑似可銜尾遄行借黃濟運自此始也五十一年運河盛漲致淮安迤下東岸涇河洩水石閘牆墊底翻難資啟閉越五年山陽寶應士民修復之嘉慶元年河決豐汛刷開南運河佘家莊隄由豐沛北注金鄉魚臺漾入微山昭陽各湖穿入運河漫溢兩岸是冬漫口塞凌汛復蟄陷次年東西兩壩並蟄二月工始竣自豐工決後若曹工睢工衡工幾於無歲不決九年因山東運河淺塞大加濬治又預蓄微山諸湖水爲利運資然自是以後黃高於清漕艘轉資黃水浮送淤沙日積利一而害百矣十二年倉場侍郎德文等請挑修張家灣正河堵築康家溝以復運道御史賈允升請挑濬減河均下直督溫承惠勘辦承惠請濬溫榆河上遊上命侍郎托津英和偕德文等覆勘尋奏言頻年漕運皆藉溫榆下游倒漾之水以致泥沙淤積若從上游深挑直抵石壩實爲因勢利導惟地勢高下須逐細測量俾全河毫無滯礙方善制可十三年通州大水康家溝壩衝決成河張家灣河道遂淤倉場侍郎達慶請來年糧艘由康家溝試行一年暫緩挑復張家灣河身上命尚書吳璥往勘與達慶議合遂允之明年御史史祜言康家溝河道難行請復張家灣正河下直督溫承惠言康家溝溜勢奔騰漕船逆流而上大費縴輓該處地勢正高恐旱乾之歲河水一瀉無餘漕行更爲棘手惟張家灣兩岸沙灘壩基難立而正河積淤日久挑濬亦甚不易上復遣工部尚書戴均元往勘亦言壩基難立且時日已迫恐河道未復漕運已來請仍由康家溝行再察看一年酌定如所請行時淮揚運河三百餘里淺阻兩淮鹽政阿克當阿請俟九月內漕船過竣堵閉清江三壩築壩斷流自清江至瓜洲分段挑濬下部議覆稱近年運河淺阻固由疊次漫口而漫口之故則由黃水倒灌倒灌之故則由河底墊高清水頂阻不能不借黃濟運以致積淤潰決百病叢生是運河爲受病之地而非致病之原果使清得暢出敵黃並分流濟運則運口內新淤不得停留舊淤並可刷滌若不除倒灌之根而亟亟以挑濬運河爲事恐旋挑旋淤運河之挑濬愈深倒灌之勢愈猛決隄吸溜爲患滋多命尚書托津等偕河督勘辦十八年漕督阮元以邳宿運河閘少水淺沙停請於匯澤閘上下添建二閘下江督百齡核奏道光元年山東河湖山水並發戴村壩迤北隄埝漫決六十餘丈草工刷三十餘丈四女寺支河南岸汶水旁洩處三用巡撫姚祖同言於正河旁舊河形內抽溝導水濟運兼顧湖瀦三年漫直隸王家莊由各廳汛賠修是歲添築戴村壩北官堤碎石壩四四年侍講學士潘錫恩陳借黃濟運之弊略言蓄清敵黃爲相傳成法今年張文浩遲堵禦黃壩致倒灌停淤釀成巨患若更引黃入運河道淤滿處處壅溢恐有決口之患下尚書文孚等妥議自嘉慶之季黃河屢決致運河淤墊日甚而歷年借黃濟運議者亦知非計於是有籌及海運者五年上因漕督魏元煜等籌議海運羣以窒礙難行獨大學士英和有通籌漕河全局暫雇海船以分滯運酌折漕額以資治河之議下所司及督撫悉心籌畫卒以黃運兩河受病已深非旦夕所能疏治詔於明年暫行海運一次新授兩江總督琦善言臣抵清江即赴運河及濟運束清各壩逐加履勘自借黃濟運以來運河底高一丈數尺兩灘積淤寬厚中泓如綫向來河面寬三四十丈者今只寬十丈至五六丈不等河底深丈五六尺者今只存水三四尺並有深不及五寸者舟隻在在膠淺進退俱難濟運壩所蓄湖水雖漸滋長水頭下注不過三寸未能暢注淮安三十餘里皆然高寶以上之運河全賴湖水其情大可想見請飭河漕二臣將河面淤墊處展挑寬深再放湖水藉資輓送以期不誤北上期限上以借黃濟運原係權宜辦理孫玉庭察看漕艘挽運艱難不早陳奏變計魏元煜舊任漕督乃與顏檢坐觀事機敗壞隱忍不言糜帑病民是誠何心令將運河淤墊一律挑深費由玉庭元煜檢分賠琦善又言自禦黃壩堵閉運河淤墊不復增高而洪湖清水蓄至丈餘各船可資浮送不敢冒昧挑濬工費至省在百萬外玉庭等辯其所有斷無如許家貲更可慮者欲濬運河必先堵束清壩阻絕來源而後可以涸底挑辦現湖水下注湍急束清壩外跌塘甚深又係清水不能挂淤閉氣設正事與挑而束清壩啟開則工廢半途費歸虛擲請停止裏揚運河挑工以免草率而節糜費允之是年築溫榆河上游果渠村壩埽七年東河總督張井副總河潘錫恩請修復北運河劉老澗石滾壩中河廳南縴堤揚糧二廳東西縴隄及隄外石工移建昭關壩上遣英和等馳勘乃定移昭關壩於其北三元宮之南餘如所請行十一年高郵湖河漫馬棚灣及十四堡湖河連爲一江督陶澍請依嘉慶間故事運河決口重空糧艘均繞湖行八月十四堡塞冬馬棚灣塞先是澍撫蘇時以鎭江運河並無水源祇恃江潮浮送下練湖湮塞已久移建黃泥閘於張官渡以當湖之下流俾得擎托湖流使之回漾稍濟江潮之不逮曾著成效至十四年遷江督復偕巡撫林則徐相度於湖頂冲之黃金壩及東岡築兩重蓄水壩培圩埂二千八百八十丈使水得入湖又建減水石壩二於湖之東堤俾可宣洩暴漲於入運處修復念七家古涵以作水門並建石閘以放水濟運是冬工竣由涵引水出竟能倒漾上行數十里軍船得銜尾而南越二年溜勢變遷河形灣曲復移建黃泥閘於迤上二百丈改爲正越二閘中建磯心並改張官渡迤下六十里呂城閘爲正越二閘以利漕行十五年移築囊沙引渠沙壩於西河滸外以資收蓄從東河總督吳邦慶請也十八年運河淺阻用河督栗毓美言暫閉臨清閘於閘外添築草壩九節節擎蓄於韓莊閘上朱姬莊迤南築攔河大壩一俾上游各泉及運河南注之水並攔入微山湖定收瀦濟運章程六十九年毓美以戴村壩卑矮致汶水多旁洩照舊制增高之初給事中成觀言淮揚芒稻閘人字河不宜堵壩阻水去路下陶澍等議至是覆稱此壩蓄水由來已久並不攔阻衆水歸江不得輕議更張從之時衛河淺澀難以濟運東撫經額布請變更三日濟運一日灌田例詔將百門泉小丹河各官渠官閘一律暢開暫避民渠民閘如有竇水阻運盜空情弊即行嚴懲明年漕督朱澍復言衛河不能下注有

妨運道命河督文冲豫撫牛鑑察勘文冲等言衛河需水之際正民田待溉之時民以食爲天斷不能視田禾之枯槁置之不問嗣後如雨澤愆期衛河微弱船行稍遲毋庸變通舊章倘天時亢旱糧船阻滯日久是漕運尤重於民田應暫閉民渠民閘以利漕運從之咸豐元年甘泉閘河撈隄潰塌三十餘丈河決豐縣山東被淹運河漫水漕艘改由湖陂行先是戶部尚書孫瑞珍言十字河爲全漕之害若於河西改寬新河以舊河爲甕沙於彭口作滾壩納濁水而漾清流漕船無阻可省起剝費二十萬下東河總督顏以燠議至是以燠言改空新河事無把握無庸輕議更張報聞二年決北運河北寺莊隄命尚書賈楨侍郎李鈞勘堵並改次年漕糧由海道運津自是遂以海運爲常同治而後更以輪船由海轉運費省而程速雖分江北漕糧試行河運然分者什一藉保運道而已五年銅瓦廂河決穿運而東隄埝衝潰時軍事正棘僅堵築張秋以北兩岸缺口民埝殘缺處先作裹頭護埽黃流倒漾處築壩收束未遑他顧也十年決淮揚馬棚灣同治五年決清水潭八年河決蘭陽漫水下注運河隄埝殘缺更甚自張秋以北別無來源歷年惟借黃濟運而已九年漕督張之萬請於黃流穿運處堅築南北兩隄酌留運口爲漕船出入門戶並築草壩平時堵閉以免倒灌已下所司議之萬旋改撫江蘇繼任張兆棟以旣築隄束水留口門又築壩堵閉恐過水稍滯而上游一氣奔注新築隄閘難當冲激設奪運北趨則東昌臨清暨天津河間淹沒在所必至北路衛河亦將廢壞惟有於鄆城沮河一帶迤黃東流即以保南路之運道於張秋八里廟等處疏運河之淤墊即以通北上之漕行較之築隄束水稍有實際制可十年侯家林河決直注南陽昭陽等湖鄆城幾爲澤國漕督蘇鳳文言安山以北運河全賴汶水分流至臨清以上始得衛水之助今黃河橫亘於中挾汶東下安山以北毫無來源應於衛河入運及張秋清黃相接處各建一閘蓄高衛水使之南行俟漕船過齊即啟臨清新閘仍放衛北流以資浮送並於張秋淤高處挑深丈餘安山以南亦一律挑濬庶黃水未漲以前運河旣深舟行自易江督曾國藩言河運處處艱阻如嶧縣大泛口沙淤停積水深不及二尺必須挑深四五尺並將近灘石堆剷除與河底配平方利行駛北則滕縣郗山口入湖要道淺而且窄微山湖之王家樓滿家口安家口獨山湖之利建閘南陽湖北之新店閘華家淺石佛閘南旺閘分水龍王廟化之劉老口袁口閘處處淤淺或數十丈至百餘丈須一律挑深此未渡黃以前阻滯之宜預爲籌辦者至黃水穿運處漸徙而南自安山至八里廟五十五里運隄盡被黃水衝壞而十里鋪姜家莊道人橋均極淤淺宜一面疏濬一面於缺口排釘木樁貫以巨索俾船過有所依傍牽挽此渡黃時運道艱滯宜預爲籌辦者渡黃以後自張秋至臨河二百餘里河身有高下須開挖相等於黃漲未落時閉閘蓄水以免消耗或就平水南閘迤東築挑壩引黃入運此渡黃後運道易涸宜爲籌辦者東平運河之西有鹽河爲東省鹽船經行要道若漕船由安山左近入鹽河至八里廟仍歸運道計程百餘里較之徑渡黃流上有缺口大溜下有亂石樹樁者難易懸殊如行抵安山遇黃流過猛宜變通改道須先勘明立標爲誌此又渡黃改道宜預爲籌辦者下河漕督及東撫商籌十一年河督喬松年請在張秋立閘借黃濟運同知蔣作錦則議導衛濟運上詢之直督李鴻章鴻章言當年清口淤墊即借黃濟運之病今張秋河寬僅數丈若引重濁之黃以閘壩節宣用之水勢抬高其淤倍速至作錦導衛原因張秋北無清水灌運故爲此議以全淮之強不能敵黃尙致倒灌停淤豈一清淺之衛遂能禦黃濟運耶其意蓋襲取山東諸水濟運之法不知泰山之陽水皆西流因勢利導百八十泉之水源旺派多自足濟運衛水微弱北流最順今必屈曲注之南行一水兩分勢多不便若分沁入衛以助其源沁水猛濁一發難收昔人已有明戒近世治河兼言利運遂致兩難卒無長策事窮則變變則通今沿海數千里洋艀駢集爲千古以來創局正不妨借海道轉輸由滬解津較爲便速疏入詔江安糧道漕米年約十萬石仍由河運餘仍由海運光緒三年東撫李元華條上運河上中下三等辦法並言量東省財力擬用中等將北運河一律疏通復還舊址並建築北閘時值年荒寓賑於工省而又省需費三十萬有奇下所司議五年有請復河運者江督沈葆楨言以大勢言之前人之於河運皆萬不得已而後出此者也漢唐都長安宋都汴梁舍河運無他策然屢經險阻官民交困卒以中道建倉伺便轉餽而後疏失差少元則專行海運故終元世無河患有明而後汲汲於河運遂不得不致力於河防運甫定章河忽改道河流不時遷徙漕政與爲轉移我朝因之前督臣創爲海運之說漕政於窮無復之之時藉以維持不敝議者謂運河貫通南北漕艘藉資轉達兼以保衛民田意謂運道存則水利亦存運道廢則水利亦廢臣以爲舍運道而言水利易兼運道而籌水利難民田於運道勢不兩立兼旬不雨民欲啟涵洞以溉田官必閉涵洞以養船迨運河水溢官又開閘壩以保隄隄下民田立成巨浸農事益不可問議者又太息經費之無措舳艫之不備以致河運無成臣以爲即使道光間歲修之銀與官造之船至今一一俱存以行漕於借黃濟運之河未見其可也近年江北所雇船隻不及從前糧艘之半然必俟黃流汛漲竭千百勇夫之力以挽之過數十船而淤復積今日所淤必甚於去日而今朝所費無益於明朝即使船大且多何所施其技乎近因西北連年亢旱黃河來源不旺遂乃狎而玩之物極必返設因濟運而奪溜北趨則畿輔受其害南趨則淮徐受其害如民生何如國計何八年伏秋大汎張家灣運河自蘇莊至姚辛莊冲開新河一段長七百餘丈上下口均與舊河接形勢順直大溜循之而下舊河上口至下口長六千四百餘丈業已斷流惟新河身係自行冲開不能一律深通明年直督李鴻章飭製新式鐵口刮泥大板在兩岸拖拉使一律通暢十二年通州潮白河之平家疃漫口東趨入箭杆河未幾堵復運河故道十三年六月復漫刷平家疃新工下之北市莊東小隄並老隄續塌百數十丈連成一口奪溜東趨十之八尋堵塞之是年河決鄭州山東黃水斷流漕船不能南下向之借黃濟運者至是束手無策旋將臨口積淤疏挑空船始得由黃入運十五年東撫張曜言河運未能久停請改海運漕米二十萬仍歸河運從之十六年用江督曾國荃言修揚屬南運河隄閘涵洞及附城附鎭埽工又用漕督松椿言濬邳宿運河十九年潮白河漲溢運隄兩岸決口七十餘上游務關廳決口七是冬均塞二十年濬濟甯汶上滕嶧茌平陽穀東平各屬運河明年濬陶城埠至臨清運河二百餘里二十四年侍讀學士瑞洵言南漕改折有益無損請每年提折價在津購米以實倉庾御史秦夔揚亦言河漕勞費太甚請停江北河運皆不許仍飭認眞疏濬照常起運二十六年聯軍入京師各倉被占踞倉儲粒米無存江北河運行至德州改由陸路運送山陝二十七年慶親王奕劻大學士李鴻章言漕糧儲積關於運務者半因時制宜請詔各省漕糧全改折色其採買運解收放儲備各事分飭漕臣倉臣籌辦自是河運遂廢而運河水利亦由各省分籌矣

清史稿

河渠志三

淮河　永定河　海塘

淮水源出桐柏山東南經隨州復北折過桐柏東歷信陽確山羅山正陽息光山光固始阜陽霍邱潁上所挾支水合而東注逹正陽關其下有沙河東西淝河洛河洱河芡河天河俱入於淮過鳳陽又有渦河澥河東西濠及漴澮沱潼諸水俱匯淮而注洪澤湖又東北逕清河山陽安東由雲梯關入海經行湖北河南安徽江蘇四省千有七百餘里淮固不爲害也自北宋黃河南徙奪淮瀆下游而入海於是淮受其病淮病而入淮諸水泛溢四出江安兩省無不病夫下壅則上潰水性實然故治河即所以治淮而治淮莫先於治河有清一代經營於淮黃交匯之區致力綦勤糜帑尤鉅迨咸豐中銅瓦廂決黃流北徙宋元來河道爲之一變然河徙淤留導淮之舉又烏容已今於淮流之源委分合及清口之蓄洩洪澤湖之堰壩工築皆列備焉順治六年夏淮溢息縣壞民田舍康熙元年盱泗民由古溝鎭南及谷家橋北盜決小渠八淮水強半分洩高寶諸湖而清口淮弱無力敵黃六七年間淮大漲沖潰古溝翟家墩由高寶諸湖直射運河決清水潭又溢武家墩高良澗清口湮而黃流上潰十五年淮又大漲合睢湖諸水幷力東激高良澗板工決口二十六高堰石工決口七涓滴不出清口黃又乘高四潰一入洪澤湖由高堰決口會淮並歸清水潭下流益淤墊總河靳輔言洪澤下流自高堰西至清口約二十里原係汪洋巨浸爲全淮會黃之所自淮東決黃內灌一帶湖身漸成平陸止存寬十餘丈深五六尺至一二尺之小河淤沙萬頃挑濬甚難惟有於兩旁離水二十丈許各挑引河一俾分頭沖刷庶淮河下注可以沖闢淤泥徑奔清口會黃刷沙而無阻滯散漫之虞輔又言下流旣治淮可直行會黃刷沙但臨湖一帶隄岸除決口外無不殘缺單薄危險堪虞板工固易壞即石工之傾圮亦不可勝數惟堤下係土坦坡雖遇大水不易沖今求費省工堅惟有於隄外近湖處挑土幫築坦坡每隄

一丈築坦坡寬五尺密布草根草子其上俟其長茂則土益堅至高堰石工亦宜酌築坦坡埋石工於內更爲堅穩較之用板用石用埽可省二十一萬有奇且免沖激頹卸之患又言自周家閘歷古溝唐埂至翟家壩南估計築三十二里之隄並堵此原沖成之九河及高良澗高家堰武家墩大小決口三十四需費七十萬五千有奇皆係用埽不過三年悉皆朽壞臣斟酌變通除鑲邊裹頭必須用埽餘俱宜密下排樁多加板纜用蒲包裹土繩紮而填之費可省半而堅久過之今擬改下埽爲包土仍築坦坡制可十八年大濬清口爛泥淺裴家場帥家莊引河使淮水全出清口會黃東下三十五年總河董安國因泗州知州莫之翰議請開盱眙聖人山禹王河導淮注江略言禹王古河自盱眙聖人山歷黑林橋桐城鎮楊村天長縣迄六合之八里橋各有河形溪澗岡不等若開引入江則天長楊村桐城各汊澗大水時可不入高郵湖水不致泛溢而下河之水可減至古河之口見與淮不通流必立閘座水小閉閘以濟漕漲則開閘以洩水庶淮水洶湧之勢可減格廷議不行明年上有宜堵塞高堰壩之諭逾二年總河于成龍申塞六壩之請會病卒未底厥績其年水復大至已堵三壩旋委洪流三十九年張鵬翮爲總河盡塞之使淮無所漏悉歸清口又開張福裴家塲張家莊爛泥淺三岔及天然天賜引河七導淮以刷清口又以清口引河寬僅三十餘丈不足暢洩全湖之水加開寬闊於是十餘年斷絕之清流一旦奮湧而出淮高於黃者尺餘四十年築高堰大隄四十四年聖祖南巡閱高堰隄工詔於三壩下濬河築隄束水入高郵邵伯諸湖又洪湖水漲泗州均被水災應於受水處酌量築隄束水四十五年兩江總督阿山等請於泗盱溜淮套別開河道直達張福口以分淮勢計費三百十餘萬部議靳之廷臣亦以河工重大請上親臨指示逾年上南巡閱河諭曰詳勘溜淮套地勢甚高雖開鑿成河亦不能直達清口且所立標杆多在墳上若依此開河不獨壞田廬甚至毀墳冢何必多此一事今欲開溜淮套必鑿山穿嶺不獨斷難成功且恐汎水泛溢不浸入洪湖必衝決運河命撤去標杆並譴阿山鵬翮等有差上又謂明代淮黃與今迥異明代淮弱故有倒灌之虞今則淮強黃弱與其開溜淮套無益之河不若於洪湖出水處再行挑濬寬深使清水愈加暢流爲利不淺四十九年加長禦黃西壩工程從河督趙世顯請也雍正元年重建清口東西束水壩於風神廟前以蓄清各長二十餘丈三年總河齊蘇勒因朱家海衝決湖底沙淤恐高堰難保改低三壩門檻一尺五寸以洩湖水而救一時之急不知水愈落淮愈不得出致力微不能敵黃連年倒灌分溜直趨李衛頗非之先是高堰石工未能一律堅厚至七年冬發帑百萬命總河孔毓珣總督尹繼善將隄身卑薄傾圮處折砌務令一律堅實十年秋高堰石工成乾隆一年用總河高斌言飭疏濬毛城鋪迤下河道經徐蕭睢宿靈虹各州縣至泗州之安門陡河紆曲六百餘里以達洪湖出清口而淮揚京員夏之芳等言其不便下各督撫及河漕督會議並召詢斌斌至進圖陳說乃知芳等所言非現在情形卒從斌議明年毛城鋪河道工竣四年高宗以高堰三壩既改低過岸之水足洩用大學士鄂爾泰言永禁開放天然二壩五年秋西風大暴湖浪洶湧高堰汎第八堡舊隄擡擊倒卸十四段旋修補之六年斌言江都三汊河乃瓜儀二河口門瓜河地勢低淮水入瓜河分數少故溜緩不能刷深河道致日漸淤墊應築壩堵閉瓜河舊口門於洋子橋營房迤下別挑越河減淮水入瓜河之分數則儀河可分流刷淤並堵閉瓜洲廣惠閘之舊越河於閘下別開越河使閘越二河水勢均平既緩淮水直下入江之勢於運道更爲便利七年河湖並漲議者又謂淮河上游諸水俱匯入洪湖邵伯以下宜多開入江之路斌亦以爲言於是開濬石羊溝舊河直達於江築滾壩四十丈並開通芒稻閘下之董家油房白塔河之孔家涵三處河流增建滾壩使淮水暢流無阻八年淮暴漲丈餘逼臨淮城改治於周樑橋十六年上以天然壩乃高堰尾閭盛漲輒開下游州縣悉被其患命立石永禁開放並用斌言於三壩外增建智信二壩以資宣洩十八年七月淮溢高郵壞車邏壩邵伯二閘下河田廬多沒二十二年以湖水出清口賴東西二壩堵束併力刷黃湖水過大奔溢五壩亦恐爲下河患因定制五壩過水一寸東壩開寬二丈以此遞增泐石東壩嗣是遇湖水增長即展寬東壩以洩盛漲有展寬至六七十丈者二十七年上言江南濱湖之區每遇大汛霖潦堪虞洪澤一湖尤爲橐籥關鍵爲澤國計安全莫如廣疏清口爲及今第一要義見在高堰五壩高於水面七尺有奇清口口門見寬三十丈當即依此酌定成算將來兩壩水增長至一尺拆寬清口十丈水遞長口遞寬以此爲率是年六月五壩水誌逾一尺河督高晉遵旨拆寬清口十丈宣洩甚暢三十二年南河總督李宏言正陽關三官廟舊立水誌考驗水痕本年所報消長與下游不符請於荊山塗山間及臨淮鎮各增設水誌一以驗諸水消長允之三十四年上恐高堰五壩頂封土障水不足當風浪命酌加石工高晉等言其不便乃增用柴柳四十年大修堰盱各壩及臨河甎石工先是上以清口倒灌詔循康熙中張鵬翮所開陶莊引河舊跡挑穵導黃使北遣鄂爾泰偕斌往勘以汛水驟至而止旋完顏偉繼斌爲河督慮引河不易就乃用斌議自清口迤西設木龍挑溜北趨而陶莊終不敢議次年南河督吳嗣爵內召極言倒灌爲害薩載繼任亦主改口議上乃決意開之於是清口東陵壩基移下百六十丈之平成臺築攔黃壩百三十丈並於陶莊迤北開引河使黃離清口較遠清水暢流有力攻刷淤沙明年二月引河成黃流直注周家莊會清東下清口免倒灌之患者近十年五十年洪湖旱涸黃流淤及清口命河南巡撫畢沅祭淮瀆疏賈魯惠濟諸河流以助清湖水仍不出黃復內灌上欲開毛城鋪王家營減壩下大學士阿桂等議阿桂言欲治清口之病必去老壩工以下之淤尤當挈低黃水使清水暢出攻沙不勞自治於是閉張福口四引河浚通湖支河蓄清水至七尺以上始開王營壩減洩黃水盡啓諸河出清口滌沙修清口兜水壩易名東清壩復移下惠濟祠前之東西水壩三百丈於福神巷前加長東壩以禦黃縮短西壩以出清易名禦黃壩嘉慶元年湖水弱清低於黃者丈餘淮遏不出淮漲則開山盱五壩吳城七堡黃漲或減水入湖以救清口之倒灌五年用江督費淳河督吳璥言開吳城七堡引渠使洩湖水入黃以減盛漲八年黃流入海不暢直注洪澤湖璥赴海口相度請力收運口各壩止留口門清雖力弱難出黃亦不能再入七月淮漲高堰危甚開信義兩壩洩水西風大作壞仁智兩壩淮南奔清口上責璥遂罷免九年春湖水稍發伏汛黃仍倒灌河督徐端以東清壩在運口北分溜入運致不敵黃請移建湖口迤南從之十一年江督鐵保言潘季馴靳輔治河專力清口誠以清口暢出則河腹刷深海口亦順洪澤亦不致泛濫爲今之計大修閘壩借清刷沙不能不多蓄湖水即不能不保護石隄尤不能不急籌去路又偕徐端陳河工數事一外河廳之方家馬頭及三老壩爲淮揚保障宜塡護碎石一義壩宜堵築一仁智禮信四壩殘損宜拆修廷議如所請上恐四壩同修清水過洩命次第舉行十五年十月大風激浪義壩決堰盱兩工掣坍千餘丈議者謂宜築碎石坦坡以費鉅不果璥與端請加培大隄外靳輔所築二隄以爲重門保障亦爲廷議所駁及陳鳳翔督南河復申二隄之請下江督百齡議百齡言不若培修大隄十七年遣協辦大學士松筠履勘亦主百齡議於是築大隄子堰自束清壩尾至信壩迤南止鳳翔以不知蓄清於湖未長之先即啓智禮兩壩致禮壩潰下游淹清水消耗貽誤全河爲百齡所劾奪職遣戍十八年百齡及南河督黎世序以仁義禮三壩屢經開放壞基跌塘請移建三壩於蔣家壩南近山岡處各挑引河先建仁義壩因禮壩基改築草壩備本年宣洩上命先建義壩如節宣得宜再分年遞估二十三年增建束清二壩於束清壩北收蓄湖水道光二年增修高堰石工四年冬河漲洪澤湖蓄水至丈七尺尚低於黃尺許高堰十三堡隄頂被大水掣動山盱周橋之息浪菴亦過水八九尺各壩均有坍損上遣尚書文孚汪廷珍履勘而褫河督張文浩職十三堡缺口旋塞侍郎朱士彥言高堰石工在事諸臣惟務節省辦理草率又因搶築大隄就近二隄取土事後亦不培補至山盱五壩宣洩洪湖盛漲未能謹守舊章相機開放致石工掣卸並下文孚等勘覈明年春從文孚等議改湖隄土坦坡爲碎石於仁義禮舊壩處所各增建石滾壩以防異漲八年上以禦黃壩上下積淤丈餘清水不能多蓄禦黃壩終不可開下南總河張井等籌議井等言乾隆間湖高於河七八尺或丈餘入夏折展禦黃壩洩清刷淤至冬始閉嘉慶間因河淤改夏閉秋啓而黃水偶漲即行倒灌今積淤日久縱清水能出止高於黃數寸及尺餘暫開即閉僅免倒灌未能收刷淤之効上不懌曰以昔證今已成不可救藥之勢爲河督者祇知洩清水以保堰閉禦壩以免倒灌增工請帑但顧目前不思經久如國計何如民生何如後日何十年井言淮水歸海之路不暢請於揚糧廳之八塔鋪商家溝各斜挑一河匯流入江分減漲水並折除芒稻河東西閘挑穵淤灘可抵新闢一河之用從之十二年移建信壩於夏家橋十四年以義字引河跌深三四丈堵閉不易允河督麟慶請改挑義字河頭二十一年河決祥符奪溜注洪澤湖而江潮盛漲又復頂托因拆展禦黃束清及禮智仁各壩並啓放車邏等壩以洩湖水二十三年河決中牟全溜下注洪澤湖高堰石工掣卸四千餘丈先後拆展束清禦黃智信各壩並啓放順清禮義等河金灣舊壩及東西灣壩同時並啓減水入江咸豐五年河復決銅瓦廂東注大清河入海黃河自北宋時一決滑州再決澶州分趨東南合泗入淮蓋淮下游爲河所奪者七百七十餘年河病而淮亦病至是北徙江南之患息士民請復淮水故道者歲有所聞同治八年江督馬新貽濬張福口引河淮遂由清口達運嗣又挑楊莊以下之淤黃河以洩中運河盛漲九年新貽等言測量雲梯關以下河身及成子河張福口高良

潤一帶湖心始知黃河底高於洪湖底一丈至丈五六尺不等必先大濬淤黃使淮得暢流入海繼闢清口導之入舊黃河再堵三河以杜旁洩而資擡蓄然非修復堰盱石工堅築運河兩隄不敢遽堵三河闢清口統籌各工非數百萬金不能集事擬分別緩急次第籌辦不求利多但求患減爲得寸得尺之計收循序漸進之功光緒七年江督劉坤一言臣此次周歷河湖知淮揚水利有關國計民生前議導淮未可中輟自楊莊以下舊黃河淤平則山東昭陽微山等湖之水由中運河直趨南運河夏秋之間三閘甚形喫重自洪澤湖淤淺淮水不能合溜北高於南水之分入張福引河者無多大溜由禮河徑趨高寶等湖上年挑濬舊黃河後山東蛟水屢次暴發由此分瀉入海築禮壩後湖水猶深且由張福河入運口者頗旺此挑舊河築禮壩之不無微効也惟是張福河淺湖水仍趨重禮河越壩終爲可慮倘遇湖水汎濫禮河即無越壩亦難分消必開信智兩壩由高寶湖入南運河亦必開車邏南關等壩由裏下河入海沿途淹沒田廬所損匪細今擬就張福河開穵寬深以引洪澤湖之水復穵碎石河以分張福河之水由吳城七堡匯順清河水小則由順清入運途紆而勢稍舒水大則由舊黃河入海途直而勢自順約三四年間便可告竣所費尙不過鉅議者或謂導淮入海當盡瀉洪湖之水有妨官運民田臣以爲別開引河或不免有此患今循張福河碎石河故道以歸順清河自非淮漲一二丈則順清河之水何能高過中運河溢出舊黃河如使淮水暴漲方有潰決之虞惟恐水無去路此正導淮之本意也議者或謂多引湖水入運恐三閘不能支持不思洪湖未淤以前湖水四平蓄水深廣張福以外有四引河以濟漕運維時黃未北徙每遇漕船過閘方且蓄清敵黃以五引河全注運口而三閘屹然今特張福一河決無致損三閘之理且上年挑通舊黃河已分減中運河水其入南運河者不過三四成湖水雖增與前略等卽遇大水有舊黃河可以分減亦不至專出三閘也議者又謂如此導淮無弊亦屬無利何必虛費帑藏其說亦不盡然夫治水之道必須通盤規畫並須預防變遷洪湖南有禮河北有張福河均爲分洩淮水而水勢就下禮河常苦水大築禮河壩所以蓄張福之水濬張福口所以顧禮河之隄彼此互相維繫如使禮河受全湖之沖新壩恐不能保續修則所費彌鉅不修則爲害滋深下者益下高者益高張福河漸形壅塞矣且導淮之舉原防盛漲肆虐如引湖由張福出順清以舊黃河爲出海之路偶有泛溢該處土曠人稀趨避尙易若張福不暢全湖之水折而南趨則淮揚繁盛之區億萬生靈將有其魚之歎導淮之利見於目前者猶小見於日後者乃大也疏入下部知之八年江督左宗棠言濬沂泗爲導淮先路洵爲確論惟雲梯關以下二百餘里河身高仰且有遠年沙灘昔以全黃之力所不能通者今欲以沂泗分流通之其勢良難大通在雲梯關下十餘里舊黃河北岸係嘉慶中漫口東北流四十餘里至響水口接連潮河至灌河口入海就此加挑寬深出海較便沂泗來源當大爲分減淮未復而運道亦可稍安淮既復而歸海無虞阻滯此疏濬下游宣洩沂泗實導淮先路不可不亟籌者也淮挾衆流匯爲洪澤本江皖巨浸自道光間爲黃所淤北高南下由禮河趨高寶湖以入運者垂三十年今欲導之復故不啻挽之逆流自張福口過大通響水口入海三百五十餘里節節窒礙非下游暢其去路上游塞其漏卮其不能舍下就高入黃歸海也明甚査張福口及天然引河皆北趨陳家集之大沖至碎石河以達吳城七堡又北至順清河口接楊莊舊黃河張福河面六十餘丈宜加寬深天然河更須疏瀹吳城七堡一帶高於張福河底丈六七尺尤必大加挑濬使湖水果能入黃然後可堵禮河以截旁趨之出路堵順清河以杜運河之奪河此引淮入海工程當以次接辦者也湖水不高不能入黃太高不特堰盱石工可慮運口閘壩難支且於盱眙五河近湖民田有礙擬修復智信等壩以洩湖漲更建閘大沖俾湖水操縱由人多入淮而少入運此又預籌以善其後者也三十四年江督端方會勘淮河故道力陳導淮四難因於清江浦設局遴紳籌議久之無端緒乃撤局宣統元年江蘇諮議局開總督張人駿以導淮事列案交議決定設江淮水利公司先行測量務使導淮復故專趨入海二年侍讀學士惲毓鼎以濱淮水患日深上言自魏晉以降瀕淮田畝類皆引水開渠灌溉悉成膏腴近則沿淮州縣年報水災浸灌城邑漂沒田廬自正陽至高寶盡爲澤國實緣近百年間河身淤塞下游不通水無所歸侵成汎濫是則高堰壩之爲害也異時黃淮合流有南下之勢治河者欲束淮以敵黃故特堅築高堰壩頭逼淮由天妃閘以濟運今黃久北徙堰壩無所用之當別籌入海之途其道有二一以由清口西壩鹽河至北潮河爲便尾閭既暢水有所歸不獨潁壽鳳泗永濬沈災即高寶與泰亦百年高枕矣事下江督張人駿蘇撫程德全皖撫朱家寶勘議人駿等言正事測量俟測勘竣即遴員開辦報聞三年御史石長信言導淮一舉詢謀僉同美國紅十字會亦擬遣工程師來華查勘則我之思患預防尤不可緩江蘇水利公司既允部撥費用安徽亦應設局測量以爲消弭巨災之圖下部議允之導淮之舉經始於同治六年時曾國藩督兩江嘗謂復瀆之大利不敢謂其遽興淮揚之大害不可不思稍減迨黃流北徙言者益多大要不出兩策一謂宜堵三河闢清口濬舊河排雲梯關使由故道入海一謂導淮當自上流始洪澤湖乃淮之委非淮之源宜於上游闢新道循睢汴北行使淮未注湖中途已洩其半再由桃源之成子河穿舊黃河經中河雙金閘入鹽河至安東入海使全淮分南北二道納少瀉多淮患從此可減二說所持各異然同光來濬成子碎石沂泗等河疏楊莊以下至雲梯關故道固已小試其端卒之淮爲黃淤積數百年已無經行之渠由運入江勢難盡挽迄於國變終鮮成功

永定河亦名無定河即桑乾下游源出山西太原之天池伏流至朔州馬邑復出匯衆流經直隸宣化之西甯懷來東南入順天宛平界逕盧師臺下始名盧溝河下匯鳳河入海以其經大同合渾水東北流故又名渾河元史名曰小黃河從古未曾設官營治其曰永定則康熙間所錫名也永定河匯邊外諸水挾泥沙建瓴而下重巒夾峙故鮮潰決至京西四十里石景山而南逕盧溝橋地勢陡而土性疏縱橫蕩漾遷徙弗常爲害頗鉅於是建隄壩疏引河宣防之工亟焉順治八年河由永清徙固安與白溝合明年決口始塞十一年由固安西宮村與清水合經霸州東出清河又決九花臺南里諸口霸州西南遂成巨浸康熙七年決盧溝橋隄命侍郎羅多等築之三十一年以河道漸次北移永清霸州固安文安時被水災用直隸巡撫郭世隆議疏永清東北故道使順流歸淀三十七年以保定以南諸水與渾水匯流勢不能容時有汎濫聖祖臨視巡撫于成龍疏築兼施自良鄉老君堂舊河口起逕固安北十里鋪永清東南朱家莊會東安狼城河出霸州柳岔口三角淀達西沽入海濬河百四十五里築南北隄百八十餘里賜名永定自是渾流改注東北無遷徙者垂四十年三十九年郞城淀河淤且平上游壅塞命河督王新命開新河改南岸爲北岸南岸接築西隄自郭家務起北岸接築東隄自何麻子營起均至柳岔口止四十年加築南岸排樁遙隄修金門閘四十八年決永清王虎莊旋塞五十六年修兩岸沙隄大隄決賀堯營六十一年復決賀堯營隨塞雍正二年修郭家務大隄築清涼寺月隄修金門閘築霸州堂二鋪南隄決口三年因郭家務以下兩岸頗狹永清受害特重命怡親王允祥大學士朱軾引渾水別由一道入海毋使入淀遂於柳岔口少北改爲下口開新河自郭家務至長淘河凡七十里經三角淀達津歸海築三角淀圍隄以防北軼又築南隄自武家莊至王慶坨北隄自何麻子營至范甕口其冰窖至柳岔口隄工遂廢十二年決梁各莊四聖口等處二百餘丈黃家灣河溜全奪水穿永清縣郭下注霸州之津水窪歸淀總河顧琮督兵夫塞之十三年決南岸朱家莊北岸趙家樓水由六道口小隄仍歸三角淀乾隆二年總河劉勷勘修南北隄開黃家灣求賢莊曹家新莊各引河濬雙口下口黃花套六月漲漫南岸鐵狗北岸張客等村四十餘處奪溜由張客決口下歸鳳河命吏部尙書顧琮察勘請倣黃河築遙隄之法大學士鄂爾泰持不可議於北截河隄北改挑新河以北隄爲南隄沿之東下下游作洩潮埝數段復於南北岸分建滾水石壩四各開引河一於北岸張家水口建壩卽以所衝水道爲引河東匯鳳河一於南岸寺臺建壩以民間洩水舊渠入小清河者爲引河一於南岸金門閘建壩以渾河故道接牤牛河者爲引河一於南岸郭家務建壩卽以舊河身爲引河合清隔濁條理自明詔從其請四年直督孫嘉淦請移寺臺壩於曹家務張客壩於求賢莊又於金門閘長安城添築草壩定以四分過水顧琮言金門閘長安城兩壩水勢僅一河宣洩恐汎發難容擬分引河爲兩股一由南窪入中亭河一由楊靑口入津水窪又言郭家務小梁村等處舊有遙河千七百丈年久淤塞請發帑興修均從之五年孫嘉淦請開金門閘重隄濬西引河開南隄放水復行故道六年凌汎漫溢固良新涿雄霸各境多淹從鄂爾泰議堵閉新引河展寬雙口等河挑葛漁城河槽築張客曹家務月隄改築郭家務等壩八年濬新河下口及董家河三道河口修新河南岸及鳳河以東隄埝又疏穆家口以下至東蕭莊鳳河邊二十重有奇九年以范甕口下統以沙葉兩淀爲歸宿而汎水多歸葉淀遂疏注沙淀路並將南北舊減河濬歸鳳河十五年五月河水驟長由南岸第四溝奪溜出逕固安城下至牛坨循黃家河入津水窪一由牤牛河入中亭河命侍郎三和同直督堵禦於口門下另挑引河截溜築壩遏水南溢使歸故道十六年凌汎水發全河奔注冰窖隄口卽於王慶坨南開引河導經流入葉淀以順水性十九年南埝水漫隄頂決下口東西老隄奪溜南行漫勝芳舊淀逕永清之武家廠三聖口霸州之信安入口明年高宗臨視改下游由調河頭入海挑引河二十餘里加培埝身二千二百餘丈二十一年直督方觀承請於北埝外更作遙隄預爲

行水地鳳河東隄亦接築至遙埝尾從之二十四年大雨直隸各河並漲下游悉歸淀內大清河不能宣洩轉由鳳河倒漾阻遏渾流南岸四工隄決命御前侍衛赫爾景額協同直督尅日堵築三十五年三十六年兩岸屢決三十七年命尚書高晉裘曰修偕直督周元理履勘疏言永定河自康熙間築隄以來凡六改道救弊之法惟有疏中洪挑下口以暢奔流築岸隄以防衝突濬減河以分盛漲遂興大工用帑十四萬有奇自是水由調河頭逕毛家窪沙家淀達津入海三十八年調河頭受淤其澄清之水散漫而下別由東安響水村直趨沙家淀四十年堵北三工南頭工漫口四十四年展築新北隄加培舊越隄廢去瀕河舊隄使河身寬展四十五年盧溝橋西岸漫溢北頭工衝決由良鄉之前官營散溢求賢村減河歸黃花店爰開引溝八百丈引溜歸河五十九年決北二工隄溜注求賢村引河至永定河下游入海旋即斷流又漫南頭工隄水由老君堂莊馬頭入大清河凡築南隄百餘丈又於玉皇廟前築挑水壩嘉慶六年決盧溝橋東西岸石隄四土隄十八命侍郎那彥寶高杞分駐堵築並疏濬下游集民夫五萬餘治之御製河決歎頒示羣臣兩月餘工竣十五年永定河兩岸同時漫口直督溫承惠駐工堵合之十七年河勢北趨葛漁城淤塞水由黃花店下注乃於舊淤河內挑挖引河並於上游築草壩挑溜東行另建圈隄以防泛衍二十年拆鳳河東隄民埝以去下壅六月大雨北岸七工漫塌開引河由舊河身稍南直至黃花店東抵西洲長五千六百九丈九月水復故道二十四年北岸二工漫溢頭工繼溢側注口門三百餘丈大興宛平所屬各村被淹九月塞決口並重濬北上引河道光三年河由南八工隄盡處決而南直趨汪兒淀四年侍郎程含章勘議濬復未果十年直督那彥成請於大范甕口挑引河並將新隄南遙埝加高培厚報可十一年春河溜改向東北逕寶淀歷六道口注大清河汪兒淀口始塞水由范甕口新槽復歸王慶坨故道十四年宛平界北中北下汛決口水由龐各莊循舊減河至武清之黃花店仍歸正河尾閭入海良鄉界南二工決口水由金門閘減河入清河經白溝河歸大清河爰挑引河自漫口迤下至單家溝間段修築二萬七千四百餘丈二十四年南七工漫口就迤北三里許之河西營為河頭挑引河七十餘里直達鳳河三十年五月上游山水下注河驟漲北七工漫三十餘丈由舊減河逕母豬泊注鳳河勘於馮家場北河灣開引河十月竣工咸豐間南北隄潰決四次時軍務方棘工費減發補苴罅漏而已同治三年因河日北徙去路淤淺於柳坨築壩堵截北流引歸舊河展寬挑深張坨胡家房河身經東安武清天津入海六年以後時有潰決八年直督曾國藩請於南七工築截水大壩兩旁修築圈埝並挑濬中洪疏通下口以免壅潰從之十年南岸石隄漫口奪溜逕良鄉涿州注大清河入海明年允直督李鴻章請修金門閘壩疏濬引河由童村入小清河石隄決口塞十二年南四工漫口由霸州牤牛河東流爰將引河增長復築挑水壩一光緒元年南二汛漫口隨塞四年北六汛決口築合後復於坦坡埝尾接築民埝至青光以下十年以鳳河當永定河之衝年久淤墊以工代賑起南苑五空閘訖武清縣上村間段挑濬並培築隄壩決口十六年大水畿輔各河並漲永定北上汛南三汛同時漫決命直督迅籌堵築添修挑壩岸隄又疏引河六十餘里十八年夏大雨河水陡漲南上汛灰壩漫口四十餘丈給事中洪良品言北岸頭工關繫最重請接連石景山以下添砌石隄以資捍衛下所司籌議因工艱費鉅擇要接築石隄八里並添修石格十九年冬因頻年潰決為患命河督許振禕偕直督會勘籌辦振禕陳疏下游保近險濬中洪建減壩治上游五事直隸按察使周馥並建議於盧溝南岸築減水大石壩以水抵涵洞上楣為準逾則瀉去詔如所請二十二年北六工北中汛先後漫溢由韓家樹匯大清河遂挑濬大清河積淤二十餘里二十五年詔直督裕祿詳勘全河形勢以紓水患裕祿言畿輔緯川百道總匯於南北運大清永定子牙五經河由海河達海惟永定水渾善淤變遷無定從前下口迤隄寬四十餘里分南北中三洪嗣因南中兩洪淤墊全由北洪穿鳳入運因陳統籌疏築之策七一先治海河俾暢尾閭然後施工上游一宜以鳳河東隄外大窪為永定下口一修築北運河西隄一規復大清河下口故道於西沽一修築格淀一修築韓家樹橫直各隄一疏濬中亭河以期一勞永逸需費七十七萬有奇帝命分年籌辦適有拳匪之亂不果行三十年後南北岸屢見潰決均隨時堵合論者以為若將險工全作石隄灣狹處改從寬直並於南七工放水東行傍淀達津再加以石壩分洩盛漲庶幾永保安瀾云

海塘惟江浙有之於海濱衛以塘所以捍禦鹹潮奠民居而便耕稼也在江南者自松江之金山至寶山長三萬六千四百餘丈在浙江者自仁和之烏龍廟至江南金山界長三萬七千二百餘丈江南地方平洋暗潮水勢尚緩浙則江水順流而下海潮逆江而上其衝突激涌勢尤猛險唐宋以來屢有修建其制未備清代易土塘為石塘更民修為官修鉅工累作力求鞏固濱海生靈始獲樂利矣順治十六年禮科給事中張惟赤言江浙二省杭嘉湖寧紹蘇松七郡皆濱海賴有塘以捍其外至海鹽兩山夾峙潮勢尤猛故明代特編海塘夫銀以事歲修近此欵不知銷歸何地塘基盡圮儻風濤大作徑從坍口深入恐為害七郡匪淺請嚴飭撫按勒限報竣仍定限歲修以防患未然下部議行康熙三年浙江海寧海溢潰塘二千三百餘丈總督趙廷臣巡撫朱昌祚請發帑修築並修尖山石隄五千餘丈二十七年修海鹽石塘千丈三十七年颶風大作海潮越隄入衝決海寧塘千六百餘丈海鹽塘三百餘丈築之五十七年巡撫朱軾請修海寧石塘下用木櫃外築坦水再開濬備塘河以防泛溢五十九年總督滿保及軾疏言上虞夏蓋山迤西沿海土塘衝坍無存其南大亹沙淤成陸江水海潮直衝北大亹而東並海寧老鹽倉皆坍沒因陳辦法五一築老鹽倉北岸石塘千三百餘丈保護杭嘉湖三府民田水利一築新式石塘使之穩固一開中小亹淤沙使江海盡歸赭山河莊山中間故道可免潮勢北衝一築夏蓋山石塘千七百餘丈以禦南岸潮患一專員歲修以保永固下部議如所請行雍正二年帝以塘工緊要命吏部尚書朱軾會同浙撫法海蘇撫何天培勘估杭嘉湖等府塘工需銀十萬五千兩有奇松江府華婁上海等縣塘工需銀十九萬兩有奇部議允之六年巡撫李衛請將驟決不可緩待之工先行搶修隨後奏聞搶修之名自此始十一年命內大臣海望直督李衛赴浙查勘海塘諭曰如果工程永固可保民生即費帑千萬不必惜尋請於尖塔兩山間建石壩堵水並改建草塘及條石塊石各塘為大石塘更於舊塘內添築上備塘十二年因堵尖山水口開中小亹引河久未施工責浙督程元章等督辦不力命杭州副都統隆昇總理御史偏武佐之五月工竣十三年命南河督嵇曾筠總理塘工曾筠言海寧南門外俯臨江海請先築魚鱗石塘五百餘丈保衞城池下廷臣議行乾隆元年署蘇撫顧琮請設海防道專司海塘歲修事曾筠請於仁寧等處酌建魚鱗大石塘六千餘丈均從之明年建海寧浦兒兜至尖山頭魚鱗大石塘五千九百餘丈四年允浙撫盧焯請築尖山大壩次年秋工竣御製文記之六年左都御史劉統勳言前據閩浙總督德沛請改老鹽倉至章家菴柴塘為石塘廷議准行臣意以為草塘改建不必過急南北岸塘工實不宜緩蓋通塘形勢海寧之潮猶屬往來滌盪而海鹽之潮則對面直衝其大石塘歲久罅漏尤宜及早補苴臣以大概計之動發七十萬金而通塘可有苞桑之固疏入命統勳會同浙督德沛浙撫常安察勘尋覆稱改建石工誠經久之圖但須寬以時日年以三百丈為率七年總督那蘇圖請先於最險處間段排築石簍俟根脚堅實再建石塘越二年遣尚書訥親勘視疏言仁寧二邑柴塘穩固若慮護沙坍漲無常第將中小亹故道開濬俾潮水循規出入上下塘俱可安堵於是改建石工之議遂寢七月蘇撫陳大受言寶山地濱大海月浦土塘被潮衝刷請建單石壩外加樁石坦坡各百七十丈並接築沙塘使與土塘聯屬中設涵洞宣洩下部議行十一年常安言蜀山迤北有積沙四五百丈橫亙中間先就沙嘴開溝四以引潮水攻刷今伏汛已過南沙坍卸殆盡蜀山已在水中潮汐漸向南趨倘秋汛不復涌沙則大溜竟行中小亹矣報聞十二年常安委員疏濬蜀山一帶用切沙法疏刷十一月朔中小亹引河一夕沖開大溜經由故道南北岸水遠沙長皆成坦途十三年大學士高斌訥親先後奉命查勘塘工斌請於東西柴石各塘後身加築土堰攔護潮頭四月訥親疏陳善後事宜命巡撫方觀承酌議觀承請於北塘北大亹故道及三里橋撥轉廟等處設竹簍滾壩堵禦潮溝大小山圩改建塊石塘南塘各工預籌防護並將右營員弁兵丁調派分汛防駐下廷議允行十六年允巡撫永貴請改建山陰宋家漊土塘為石塘加築坦水十七年巡撫雅爾哈善言中亹山勢僅寬六里浮沙易淤且南岸文堂山脚有沙觜百三十餘丈挑溜北趨北岸河莊山外亦有沙觜五十餘丈頗礙中亹大溜見將兩處漲沙挑切疏通俾免阻滯得旨嘉勉十九年因浙省塘工無險省海防道二十一年喀爾吉善言水勢南趨北塘穩固而險工在紹興一帶擬於宋家漊楊柳港照海甯魚鱗大條石塘式建四百丈從之二十三年增築鎮海縣海塘二十六年蘇撫陳宏謀言常熟昭文濱海地方從太倉州境接築土塘嗣開白茆河徐六涇二口建閘啓閉本年潮漲石牆傾圮請改為滾壩得旨允行二十七年帝南巡閱海甯海塘工諭曰朕念海塘為越中第一保障比歲潮勢漸趨北大亹實關海甯錢塘諸邑利害計改老鹽倉一帶柴塘為石而議者紛歧及昨臨勘則柴塘沙性澀汕石工斷難措手惟有力繕柴塘得補偏救弊之一策其悉心經理定歲修以固塘根增坦水石簍以資擁護又諭曰尖山塔山之間舊有石塘朕今見其橫截海中直逼大溜實海塘扼要關鍵就目下形勢論或多用竹簍加鑲或改用木櫃排砌如將來

沙漲漸遠宜即改築條石壩工俾屹然如砥柱庶北岸海塘永資保障該督撫等其善體朕意動帑儹辦並勒石塔山以誌永久二十八年蘇撫莊有恭言江南松太海壖土性善坍華亭寶山向築坦坡皆不足恃應倣浙江老鹽倉改建塊石簍塘詔如所請三十年春帝南巡閱視海甯海塘諭曰繞城石塘實爲全城保障塘下坦水祇建兩層潮勢似覺頂衝若補築三層尤資裨益著將應建之四百六十餘丈一律添建三月工竣三十五年巡撫熊學鵬請於蕭山山陰會稽改建魚鱗大石塘帝以潮勢正趨北亹與南岸渺不相涉斥之三十七年巡撫富勒渾疏報中亹引河情形略言潮頭大溜一由蜀山直趨引河一由巖峰山西斜入引河至河莊山中段會合互相撞擊仍分兩路西行隨令員弁於引河中段挑掘溝二十餘道導引潮溜俾復中亹故道諭曰潮汛遷移乃噓吸自然之勢若開空引河恐徒勞無益止宜實力保衞隄塘以待其自循舊軌不必執意開溝引溜欲以人力勝海潮也四十三年浙撫王亶望疏陳海塘情形命江督高晉會同相度尋疏言章家菴一帶柴工五百丈潮神廟前柴塘三百丈應添建竹簍並排列兩層樁木以防動搖從之四十五年帝南巡幸海甯尖山閱海塘十二月命大學士阿桂南河督陳輝祖赴浙履勘疏言海塘工程應建石塘二千二百丈若改爲條石施工易而成事速約計三年可以蕆工又言辦理魚鱗石塘仿東塘之例量地勢高下用十六層至十八層約需三十萬帝命工部侍郎楊魁駐工協辦次年八月竣工四十九年帝幸杭州閱視海塘諭曰老鹽倉舊有柴塘一律添建石塘四千二百餘丈於上年告竣自應砌築坦水保護乃該督撫並未慮及設遇異漲豈能抵禦著將柴塘後之土順坡斜做並於其上種柳俾根株盤結則石柴連爲一勢即以柴塘爲石塘之坦水至范公塘一帶亦必接建石工方於省城足資鞏護著撥帑五百萬交該督撫覈算分限分年修築五十二年工竣嘉慶四年浙撫玉德請改山陰土塘爲柴塘十三年浙撫阮元請改蕭山土岸爲柴塘十六年浙撫蔣攸銛請將山陰各土塘隄一律建築柴塘蘇撫章煦請將華亭土塘加築單壩二層均從之道光十三年五月巡撫富呢揚阿疏言東西兩防塘工先擇尤險者修築需銀五十一萬二千餘兩十一月又言限內限外各工俱擊坍需銀十九萬四千餘兩十二月又言東塘界內應於前後兩塘中間另建鱗塘二千六百餘丈需銀九十二萬二千兩均下部議行十四年命刑部侍郎趙盛奎前東河督嚴烺會同富呢揚阿查勘應修各工尋疏言外護塘根無如坦水擬自念里亭汛至鎭海汛添建盤頭三座改建柴塘三千三百餘丈其西塘烏龍廟以東應接築魚鱗石塊海甯繞城石塘應加高條石兩層俟明年大汛時續辦遣左都御史吳椿往勘留浙會辦十六年三月工竣計修築各工萬七千餘丈用銀一百五十七萬有奇三十年巡撫吳文鎔疊陳海塘石工衝缺令速搶辦十月工竣咸豐七年八月海塘埽各工猝被風潮衝坍十二月次第堵合同治三年御史洪燕昌言浙江海塘潰決請速籌款修理部議將浙海關等稅撥用五年內閣侍讀學士鍾佩賢疏陳海塘關繫東南大局有四害三可慮命巡撫馬新貽詳勘修海甯魚鱗石工二百六十餘丈六年以浙江海塘工鉅費多議分最要次要修築期以十年告竣七年兩江總督曾國藩等請修華亭石塘護壩嗣是塘工歲有修築光緒三年修寶山北石塘護塘建護土攔水各壩及仁和海甯魚鱗石塘千三百餘丈十年修昭文華亭寶塘等處山壩及石坦坡十二年浙江巡撫劉秉璋言海鹽原建石塘四千六百餘丈積年坍損過半擬擇要興辦埋砌者五百丈建復者四百六十丈需銀二十萬允之十八年浙撫劉樹棠疏言海甯繞城石塘坍塌日甚請添築坦水以塘工加抽絲捐積存餘款先行開辦隨籌款次第興修從之十九年修太倉茜涇口樁石坦坡百五十一丈鎭洋楊林口樁石二百丈昭文施家橋至老人濱雙樁夾石護壩二百丈華亭外塘純石斜壩四十六丈綜計兩省塘工自道光中葉大修後疊經兵燹半就頹圮迄同治初興辦大工庫款支絀遂開辦海塘捐輸並勸令兩省絲商於正捐外加抽塘工絲捐給票請獎旋卽停止光緒三十年浙江巡撫聶緝槼請復捐輸舊章以濟要工因鉅款不能歷久鞏固云

清史稿

河渠志四

直省水利

清代軫恤民艱亟修水政黃淮運永定諸河海塘而外舉凡直省水利亦皆經營不遺餘力其事可備列焉順治四年給事中梁維請開荒田興水利章下所司十一年詔曰東南財賦之地素稱沃壤近年水旱爲災民生重困皆因水利失修致誤農工該督撫責成地方官悉心講求疏通水道修築隄防以時蓄洩俾水旱無虞民安樂利康熙元年重修夾江龍興堰又鑿大渠以廣灌溉二年修和州銅成堰龍首通濟二渠交城磁瓦河漲水侵城築隄障之三年修嘉定楠木堰九年修郿縣金渠甯曲水利十二年重修城固五門堰十九年濬常熟白茆港武進孟瀆河二十三年修五河南湖隄壩二十七年修徽州魚梁壩三十七年命河督王新命修畿輔水利三十八年聖祖南巡至東光命直隸巡撫李光地察勘漳河滹沱河故道覆疏言大名廣平眞定河間所屬凡兩河經行之處宜開濬疏通由館陶入運老漳河與單家橋支流合至鮑家嘴歸運可分子牙河之勢三十九年帝巡視子牙河隄命於閻留二莊間建石閘隨時啟閉御史劉珩言永平眞定近河地應令引水入田耕種諭曰水田之利不可太驟若剋期齊舉必致難行惟於興作之後百姓知其有益自然鼓勵效法事必有成四十年李光地言漳河分四支三支歸運皆弱一支歸淀獨強遇水大時當用挑水壩等法使水分流北不至挾滹沱以浸田南不至合衞河以害運如所請行四十三年挑楊村舊引河先是子牙河廣福樓開引河時文安大成民謂有益靑縣民謂不便各集河干互控至是河成三縣民皆稱便天津總兵官藍理請於豐潤寶坻天津開墾水田下部議旋諭曰昔李光地有此請朕以爲不可輕舉者蓋北方水土之性迥異南方當時水大以爲可種水田不知驟長之水其涸甚易觀琉璃河莽牛河易河之水入夏皆涸可知次年部臣仍以開墾爲請諭以此事暫宜存置可令藍理於天津試開水田俟冬後踏勘四十八年濬鄭州賈魯河故道自東趙訖黃河涯口新莊於東趙建閘一黃河涯口築草壩石閘各一甘肅巡撫舒圖言唐渠口高於身水勢不暢應引黃河之水匯入宋澄堡如水不足用更於上游近黃處開河引水酌建閘壩以資蓄洩從之江蘇巡撫于準言丹陽練湖冬春洩水濟運夏秋分灌民田自奸民圖利將下湖之地佃種升科民田悉成荒瘠請復令蓄水爲湖得資灌溉從之五十七年以沛縣連年被水命河督趙世顯察勘世顯言金鄉魚臺之水由沛之昭陽湖歷微山湖從荊山口出貓兒窩入運近因荊山口十字河淤墊致低田被淹應將沙淤濬通再於十字河上築草壩若遇運河水淺即令堵塞俾水全歸微山湖出湖口閘以濟運則民田漕運兩有裨益後之世宗時於畿輔水利尤多區畫雍正三年直隸大水命怡親王允祥大學士朱軾相度修治因疏請濬治衞河淀池子牙永定諸河更於京東之灤薊京南之文霸設營田專官經畫疆理召募老農謀導耕種四年定營田四局設水利營田府命怡親王總理其事置觀察使一自五年分局至七年營成水田六千頃有奇後因水力贏縮靡常半就湮廢是年命侍郎通智單疇書會同川督岳鍾琪開惠農渠於查漢托護以益屯守復建昌潤渠於惠農渠東北六年浚文水近汾河渠引灌民田開嵩明州楊林海以洩水成田八年帝以甯夏水利在大淸漢唐三渠日久頹壞命通智同光祿卿史在甲勘修是年修廣西興安靈渠以利農田通行舟濬陳許二州溝澮十年雲貴總督鄂爾泰言滇省水利全在昆明海口見經修濬膏腴田地漸次涸出惟盤龍江金棱銀棱寶象等河俱與海口近亟宜建築壩臺又言楊林海水勢暢流周圍草塘均可招民開墾宜良江頭村舊河地形稍高宜另開河道以資灌溉尋甸河整石難鑿宜另濬沙河俾得暢流東川城北漫海水消田出亦可招墾均從之十二年營田觀察使陳時夏言文安大城界內修橫隄千五百餘丈營田四十八頃俱獲豐收但恐水涸即成旱田請於大隄東南開建石閘北岸多設涵洞以資宣洩從之乾隆元年大學士嵇曾筠請疏濬杭湖水利兩廣總督鄂彌達言廣肇二屬沿江一帶基圍關繫民田廬舍常致衝坍請於險要處改土爲石陸續興建下部議行江南大雨水淮陽被淹命濬宿遷桃源淸河安東及高郵寶應各水道二年命總督尹繼善籌畫雲南水利無論通粵通川及本省河海凡有關民食者及時興修陝西巡撫崔紀陳鑿井灌田以佐水利之議諭令詳籌勿擾閭閻三年大學士管川陝總事查郎阿言瓜州地多水少民田資以灌溉者惟疏勒河之水河流微細查靖逆衞北有川北蘆昌兩湖西流合一名蘑菇溝其西有三道柳條溝北流歸擺帶湖請從中腰建閘下濬一渠截兩溝之水盡入渠中爲回民灌田之利貴州總督張廣泗請開鑿黔省河道自都勻經舊施秉通淸水江至湖南黔陽直達常德又由獨山三脚坉達古州抵廣西懷遠直達廣東興天地自然之利均下部議行四年安徽布政使晏斯盛言江北鳳潁以睢水爲經廬州以巢湖爲緯他如六安舊有堤堰滁泗亦多溪壑槪應動帑及時修濬從之川陝總督鄂彌達等言甯夏新渠寶豐前因地震水湧二縣治俱沉沒請裁其可耕之田將漢渠尾展長以資灌溉惟查漢渠百九十餘里渠尾餘水無多若將惠農廢渠口修整引水使漢渠尾接長可灌新寶良田數千頃上嘉勉之五年河督顧琮言前經總河白鍾山奏稱漳河復歸故道則衞河不致泛溢爲一勞永逸之計臣等確勘自和兒寨

東起至青縣鮑家嘴入運之處止計程六百餘里河身淤淺兩岸居民稠密若益以全漳之水勢難容納則改由故道於直隸不能無患然不由故道又於山東不能無患惟有分洩防禦使兩省均無所害庶爲經久之圖總辦江南水利大理卿汪漋言鹽城東塘河及阜甯山陽各河道高郵寶應下游及串場河溱潼河俱淤淺應挑濬其串場河之范堤及拼茶角二場隄工俱逼海濱應加寬厚揚州各閘壩應疏築限三年告成均如所請行安徽巡撫陳大受言江北水利關繫田功原任藩司晏斯盛奏定興修估銀四十餘萬竊思水利固爲旱潦有備而緩急輕重必須熟籌各州縣所報如河圩湖澤及大溝長渠工程浩繁民力不能獨舉自應官爲經理其餘零星塘壋見有管業之人原可自行疏濬朝廷豈能以有限錢糧爲小民代謀畚鍤上韙之河南巡撫雅爾圖言豫省水利工程惟上蔡估建隄壩係防蔡河異漲之水其餘汝河滍河隄堰應令地主自行修補至開濬汝河潁河等工請停罷以節糜費報聞六年春雅爾圖言永城地窪積潦城南舊有渠身長三萬一千餘丈通澮河年久淤淺見乘農隙勸諭紳民挑濬俾水有歸又言前奉諭旨開濬省城乾涯河復於中牟創開新河一分賈魯河水勢由沙河會乾涯河以達江南之過河而匯於淮長六萬五千餘丈今已竣工賜名惠濟九年御史柴潮生言北方地勢平衍原有河渠淀泊水道可尋如聽其自盈自涸則有水無利而獨受其害請遣大臣齎帑興修命吏部尚書劉於義往保定會同總督高斌督率辦理尋請將宛平良鄉涿州新城雄縣大城舊有淀渠與擬開河道並隄埝涵洞橋閘次第興工下廷議如所請行先是御史張漢疏陳湖廣水利命總督鄂彌達查勘至是疏言治水之法有不可與水爭地者有不能棄地就水者三楚之水百派千條其江邊湖岸未開之隙地須嚴禁私築小垸俾水有所匯以緩其流所謂不可爭者也其倚江傍湖已闢之沃壤須加謹防護隄塍俾民有所依以資其生所謂不能棄者也其各屬迎溜頂衝處長隄逆接責令每歲增高倍厚寓疏濬於壅築之中報聞十一年大學士署河督劉於義等疏陳慶雲鹽山續勘疏濬事宜下部議行青州瀰河水漲衝開百餘丈決口旋堵博興樂安積水挑引河導入淄河十二年夏宿遷桃源清河安東之六塘河及沭陽海州之沭河山水漲發地方被淹命大學士高斌總督尹繼善會同河臣周學健往勘議於險處加寬挑直建石橋開引河官民協力防護從之十三年湖北巡撫彭樹葵言荆襄一帶江湖袤延千餘里一遇異漲必借餘地容納宋孟珙於知江陵時曾修三海八櫃以瀦水無如水濁易淤小民趨利者因於岸腳湖心多方截流以成淤隨借水糧魚課四圍築隄以成垸人與水爭地爲利以致水與人爭地爲殃惟有杜其將來將見垸若干著爲定數此外不許私自增加報聞十四年雲南巡撫圖爾炳阿以疏鑿金沙江底績纂進金沙江志十七年江蘇巡撫莊有恭言蘇州之福山塘河太倉之劉河乃常熟等八州縣水利攸關歲久不修旱潦無備請於附河兩岸霑及水利各區按畝酌捐興工修建得旨嘉獎十八年陝甘總督黃廷桂言巴里坤之尖山子至奎素百餘里內地畝皆取用南山之水自山口以外多滲入沙磧必用木槽接引方可暢流請於甘涼肅三處撥種地官兵千名前往疏濬如所請行以江南山東河南積年被水而山東之水匯於淮徐河南之水達於鳳潁須會三省全局以治之命侍郎裘曰修夢麟往來察閱會江蘇安徽河南各巡撫計議尋曰修言包澮二河在宿永連界處爲洩水通商之要道入安徽境內有石橋六應加寬展洪河睢河與虹縣之柏家河下江之林子河羅家河應補修子堰鳳臺之裔溝黑濠涇泥三河應挑深使暢達入淮夢麟言碭山蕭縣宿遷桃源山陽阜甯沭陽共有支河二十餘應分晰疏濬均從之二十三年豫省開濬河道工竣允紳民請於永城建萬歲亭並御製文誌之山東巡撫阿爾泰言濟甯汶上嘉祥毗連蜀山湖地畝淹沒約千餘頃擬將金錢利運二閘啓閉使湖水濟運坡水歸湖可以盡數涸出得旨嘉獎二十四年濬京師護城河及圓明園一帶河御史李宜青請疏濬畿輔水源命直隸總督方觀承條議以聞觀承言東西二淀千里長隄即宋臣何承矩興堰遺蹟今昔情形有異倘泥往迹害將莫救如就淀言利則三百餘里中水村物產視昔加饒惟遇旱而求通雨澤於水土之氣則人事有當盡者耳四川總督開泰言灌縣都江大堰引灌成都各屬及眉邛二州田畝甯遠南有大渡河自冕甯抵會理三口與金沙江合支河雜出堰壩最多俱應相機修濬部議從之初御史吳鵬南請責成興修水土之政命各督撫經畫浙江巡撫莊有恭言水之大利五江湖海渠泉他省得其二三而浙實兼數利金衢嚴三郡各有山泉溪澗灌注成渠堰壩塘蕩無不具備惟仁和錢塘之上中市三河垸區塘苕溪塘海鹽之白洋河湯家舖廟涇河長興之東西南漊港永嘉之七都新洲陡門九都水湫三十四都黃田浦陡門實應修舉以收已然之利至杭州臨平湖紹興夏蓋湖有關田疇大利應設法疏挑或召佃墾種再體勘辦理允之二十五年阿爾泰疏言東省水利以濟運爲關鍵以入海爲歸宿濟東泰武之老黃河馬頰徒駭等河兗沂曹之洸涑等河共六十餘道皆挑濬通暢運河民埝計長七百餘里亦修整完固青萊所屬樂安平度昌邑濰縣高密等州縣應挑支河三十餘俱節次挑竣萊州之膠萊河納上游諸水高密有膠河亦趨膠萊易致漫溢應導入百脈湖以分水勢沂州屬蘭郯境內應開之武城等溝河二十五道又續挑之響水等溝河二十五道引窪地之水由江南邳州入運並已工竣帝嘉之二十六年河東鹽政薩哈岱言鹽池地窪全恃姚暹渠爲宣洩近因渠身日高漲漫南北隄堰禁牆內黑河實產鹽之本年久淺溢涑水河西地勢北高南下倘汎漲南趨則鹽池益難保護五姓湖爲衆水所匯恐下游阻滯逆行爲患均應及時疏通從之明年帝南巡諭曰江南濱河阻洳之區霖潦堪虞而下游蓄洩機宜尤以洪澤湖爲關鍵自邵伯以下金灣及東西灣滾壩節節措置特爲三湖旁疏曲引起見若溯源絜要莫如廣疏清口乃及今第一義至六塘河尾閭橫經鹽河以達於海所有修防事宜該督撫河臣會同鹽政悉心覈議以聞二十八年帝以天津文安大城屢被霪潦積水未消命大學士兆惠督率經理又以曰修前辦豫省水利有效命馳往會勘復命阿桂會同總督方觀承酌辦阿桂等以子牙河自大城張家莊以下分爲正支二河支河之尾歸入正河形勢不順請於子牙河村南斜向東北挑河二十餘里安州依城河爲入淀尾閭應挑長二千二百餘丈安肅之漕河應挑長三千七百餘丈其上游之姜女廟應建滾水石壩使水由正河歸淀新安韓家埝一帶爲西北諸水匯歸之所應挑引河十三里有奇如所議行二十九年改建惠濟河石閘修湖北溪鎭十里長隄及廣濟黃梅江隄濬江都堰開支河一使漲水徑達外江三十二年修築淀河隄岸自文安三灘里至大城莊兒頭長二千七百餘丈山東巡撫崔應階言武定近海地窪每遇汛漲全恃徒駭馬頰二河分流入海徒駭下游至霑化入海處地形轉高難議興挑勘有壩上莊舊漫口河形地勢順利應開支河俾兩道分洩江蘇巡撫明德言蘇州南受浙江諸山經由太湖之水北受揚子江由鎭江入運之水伏秋汛發多致漫溢請修吳江震澤等十縣塘路均從之三十三年滹沱水漲逼臨正定城根添築城西南新隄五百七十餘丈迴水隄迤東築挑水壩五河神祠前築魚鱗壩八十丈藁城東北兩面滹水繞流順岸築埽三百六十丈埽後加築土埝三十五年挑濬蘇郡入海河道白茆河自支塘鎭至滾水壩長六千五百三十餘丈徐六涇河自陳蕩橋至田家壩長五千九百九十餘丈三十六年濬海州之薔薇王家口下坊口王家溝四河以直隸被水命侍郎袁守侗德成分往各處督率疏消尙書裘曰修往來調度總司其事山東巡撫徐績查勘小清河情形請自萬丈口挑至還河口計四十里使正引兩河分流由河入泊由泊達溝歸海詔如所議行廣西巡撫陳輝祖言興安陡河源出海陽山至分水潭舊築鏵觜以分水勢七分入湘江爲北陡三分入灕江爲南陡於進水陡口內南北建大小天坪以資蓄洩復建梅陽坪以遏旁行故道並以引灌糧田近因連雨衝陷請修復土石各工下部知之三十八年挑濬禹城潔河高密百脈湖引河四十年修築武昌省城金河洲太乙宮濱江石岸江南旱高寶皆歉收總督高晉河督吳嗣爵薩載合疏言嗣後洪湖水勢應以高堰誌樁爲準各閘壩涵洞相機啓放總使運河存水五尺以濟漕餘水儘歸下河以資灌溉從之四十一年修西安四十七州縣渠堰共千一百餘處總督高晉言瓜州城外查子港工接連廻瀾壩江岸忽於六月裂縫坍塌入江約百餘丈西南城墻塌四十餘丈見在水勢已平擬將瓜州量爲收進讓地於江並沿岸築土壩以通縴路諭令妥善經理四十二年山西巡撫覺羅巴延三言太原西有風峪口旁俱大山大雨後山水下注縣城猝難捍禦請自峪口起開河溝一直達汾水所占民田止四十餘畝而太原一城可期永無水患四十三年疏濬湖州漊港七十二修昌邑海隄居民認墾隄內鹻廢地千二百餘頃濬鎭洋劉河自西陳門涇上頭起至王家港止四十四年改建宣化城外柳川河石壩並添築石坦坡漳河下游沙莊壩漫口淹及成安廣平水無歸宿於成安柏寺營至杜木營繞築土埝千一百餘丈四十七年雲南巡撫劉秉恬言鄧川之瀰苴河上通浪穹下注洱海中分東西兩湖東湖由河入海河高湖低每遇夏秋漲發迴流入湖淹沒附近糧田紳民倡捐將湖尾入海處堵塞另開子河引東湖水直趨洱海又自青石澗至天洞山築長隄建石閘使河歸隄內水由閘出歷年所淹田萬一千二百餘畝全行涸出得旨嘉獎又言楚雄龍川江自鎭南發源入金沙江近年河溜逼城請於相近鎭水塔挑濬深通導引河溜復舊又澂江之撫仙湖下游有清水渾水河各一渾水之牛舌石壩被衝匯流入清以致爲害請於牛舌壩東另開子河以洩渾水並將河身改直使清水暢達上獎勉之五十年河南巡撫何裕城言衛河歷汲淇滑濬四縣濱河田畝農民築隄以防淹

浸不能導河灌田輝縣百泉地勢卑下而獲嘉等縣較高難以紆迴導引其餘汲縣新鄉並無泉源祇有鑿井一法既可灌田亦藉以通地氣已派員試開濬賈魯惠濟兩河修甯夏漢延唐來大清惠農四渠五十一年山東商人捐貲挑濬鹽河並於東阿長清齊河歷城建閘八五十三年荆州萬城隄潰水從西北兩門入命大學士阿桂往勘尋疏言此次被水較重土人多以下游之窖金洲沙漲逼溜所致恐開挑引河江水平漾無勢仍至淤閉請於對岸楊林州靠隄先築土壩再接築雞觜石壩逐步前進激溜向南俟洲坳刷成兜灣再趁勢酌挑引河較爲得力報聞五十四年濬通惠河朝陽門外護城河及溫榆河五十五年培修千里長堤濬龍河大清河盧僧河等隄鳳河東隄及西沽南倉海河等隄道改建豐城東西隄石工築潛江仙人舊隄千二百八十餘丈挑濬永城洪河五十七年兩江總督書麟等言瓜州均係柴壩江流溜急接築石磯不能鞏固請於迴瀾舊壩外拋砌碎石護住埽根自裏頭坍卸舊城處所靠岸亦用碎石拋砌上面鑲埽嗣後每年挑溜可期溜勢漸遠得旨允行又言無爲州河形兜灣應將永成圩壩加築寬厚擬於馬頭埂開空河口三十丈曾家腦至東圩壩舊河亦展寬三十丈俾河流順暢上蹚之改蕭山荷花池隄爲石工堵河內民堰漫口五十餘丈修復豐城江岸石隄五十九年荆州沙市大壩因江流激射勢露頂衝添建草壩嘉慶五年挑濬牤牛河黃家河及新安安雄任邱霸高陽正定新樂八州縣河道六年京師連日大雨撥內帑挑濬紫禁城內外大城以內各河道及圓明園一帶引河文安被水命直督陳大文詳議疏言文地極窪受水淺地與河平自建治以來別無疏濬章程惟查大城河之廣安橫隄爲文邑保障迤南有河間千里長隄可資外衛兩隄之中有新建閘座以洩河間漫水再於地勢稍下之龍潭灣開溝疏濬或不致久淹從之八年伊犁將軍松筠言伊犁土田肥潤可耕之地甚多向因乏水今擬設法疏渠引泉以資汲灌應請廣益耕屯以裕滿兵生計並借官款備辦耕種器物如所請行十一年疏築直隸千里長隄及新舊格淀隄十二年湖廣總督汪志伊言隄垸保衛田廬關繫緊要漢陽等州縣均有未涸田畝未築隄塍應亟籌勘辦以興水利而衛民田從之十六年以畿輔災歉命修築任邱等州縣長隄並雄縣疊道以工代賑十七年濬武進孟瀆河挑阜甯救生河太倉劉河修天津靜海兩縣河道濬東平小清河及安流龍拱二河民便河十八年江南河道總督初彭齡疏陳江省下河水利宜加修理得旨允行十九年大名清豐南樂三縣七十餘莊地畝久爲衛水淹沒村民自願出夫挑空請官爲彈壓御史王嘉棟疏言杭嘉湖被旱歉收請開濬西湖以工代賑皆允之二十一年疏濬吳淞江二十二年章邱民言長白東嶺二山之水向歸小清河入海自灰壩被衝水歸引河章邱等縣屢被水災命禮部侍郎李鴻賓往勘次年巡撫陳預疏言小清河以章邱鄒平長山新城爲上游高苑博興樂安爲下游正河及支派溝多有淤墊請先疏濬上游並將滸山等二泊一湖挑空寬深則水勢不至建瓴直注下游亦不驟虞漫溢得旨允行建沔陽石閘挑引渠以時啟閉二十五年修都江堰御史陳鴻條陳興修水利營田事宜命直隸山東山西河南各督撫一體籌畫興舉修襄陽老龍石隄庫車辦事大臣嵩安疏報別什托固喇克等處挑渠引水墾田五萬三千餘畝有詔褒勉道光元年修湖州黑窰廠江隄濬涇陽龍洞渠鳳陽新橋河二年加築襄陽老龍石隄濬正定柏棠護城洩水東大道等河並修斜角迴水等隄興修杭州北新關外官河緜道直隸總督顏檢請築滄州捷地減河閘壩濬青縣興濟兩減河修通州果渠村壩埝皆如議行疏濬銅山荆山橋河道及南鄉奎河挑江都三汊河子鹽河五閘淤淺及沙漫州江口沙埂修豐城及新建惠民橋隄三年修汾河隄堰並移築李綽堰改空河身修天門京山鍾祥隄垸及監利櫻桃堰荆門沙洋堤挑空熱河旱河並添修荆條罩壩堵文安崔家窰崔家房漫口修河東鹽池馬道護隄並濬姚暹渠李綽堰涑水河刑部尚書蔣攸銛言上年漳河漫水下流由大名元城直達紅花隄潰決隄埝由館陶入衛應亟籌議命大學士戴均元馳勘尋奏言元城引河穿隄入衛河身窄狹應挑直展寬以暢其流紅花隄以下新刷水溝五百餘丈應挑成河道以期分洩又漳自南徙合洹以來衛水爲其頂阻每遇異漲民埝不能捍禦以致安陽內黃頻年衝決今漳北趨業已分殺水勢擬於樊馬坊陳家村河幹北岸築壩堵截使分流歸併一處自柴村橋起接連洹河北岸建築土壩樊馬坊以下王家口添築土格土壩以免串流南趨使漳洹不致再合詔皆從之四年築德化建昌南昌新建四縣圩隄修培荆州萬城大隄橫塘以下各工及監利任家口吳謝垸漫決隄塍給事中朱爲弼請疏浚劉河吳淞及附近太湖各河御史郎葆辰請修太湖七十二漊港引苕霅諸水入湖以達於海御史程邦憲請擇太湖洩水最要處所如吳江隄之垂虹橋遺愛亭龐山湖疏剔沙淤剷除蕩田令東注之水源流無滯先後疏入命兩江總督孫玉庭江蘇巡撫韓文綺浙江巡撫帥承瀛會勘玉庭等言江南之蘇松常太浙江之杭嘉湖等屬河道淤墊遇漲輒溢見勘水道形勢疆域雖分兩省源委實共一流請專任大員統治全局命江蘇按察使林則徐綜辦江浙水利御史陳澐疏陳畿輔水利請分別緩急修理給事中張元模請於趙北口連橋以南開橋一座以古趙河爲引河並挑北盧僧河以分減白溝之獨流帝命江西巡撫程含章署工部侍郎辦理直隸水利會同蔣攸銛履勘含章請先理大綱興辦大工九如疏天津海口濬東西淀大清河及相度永定河下口疏子牙河積水復南運河舊制估修北運河培築千里長隄先行擇辦此外如三支黑龍港宣惠滹沱各舊河沙洋洺滋洨唐龍鳳龍泉瀦龍牤牛等河及文安大城安州新安等隄工分年次第辦理又言勘定應濬各河道塌河淀承六減河下達七里海應挑寬暨口河以洩北運大清永定子牙四河之水入淀再挑西隄引河添建草壩洩淀水入七里海挑邢家圪洩七里海水入薊運河達北塘入海至東淀西淀爲全省瀦水要區十二連橋爲南北通途亦應擇要修治均如所請行濬虞城惠民溝夏邑巴清河永城減水溝玉庭言三江水利如靑浦婁縣吳江震澤華亭承太湖水下注黃浦各支河淺滯淤阻亟應修砌吳淞江爲太湖下注幹河由上海出閘與黃浦合流入海因去路阻塞流行不暢應於受淤最厚處大加挑浚得旨允行五年陝西巡撫盧坤疏報咸甯之龍首渠長安之蒼龍河涇陽之清治二河盩厔之澇峪等河郿縣之井田等渠岐山之石頭河寶雞之利民等渠華州之方山等河榆林之榆溪河芹河均挑濬工竣開復水田百餘頃至數百頃不等修監利江隄襄陽老龍石隄已革御史蔣時進畿輔水利志百卷直隸總督蔣攸銛疏陳防守千里長隄善後事宜報聞安陽湯陰廣潤陂屢因漳河決口淤墊命巡撫程祖洛委員確勘挑渠將積水引入衛河使及早涸復築荆州得勝臺民隄七年閩浙總督孫爾準言莆田木蘭坡上受諸渠之水下截海潮灌溉南北洋平田二十餘萬畝近因屢經暴漲泥沙淤積陡門石隄損壞以致頻歲歉收現經率同士民捐貲修培南北兩岸石工告竣得旨嘉獎濬漢川草橋口消涸湖口水道御史程德潤言荆山王家營屢決下游各州縣連年被災請飭相度修築命湖廣總督嵩孚籌議因請仿黃河工程切灘法平其直射之溜勢再將下游沙洲開挑引河破其環抱以順正流帝恐與水爭地慮糜無益命刑部尚書陳若霖等往勘覆言京山決口三百二十餘丈鍾祥潰口百七十餘丈正河經行二百餘年不應舍此別尋故道惟有挑除胡李灣沙塊先暢下游去路將京山口門挽築月隄展寬水道鍾祥口門於堵閉後添築石壩二護隄攻沙帝韙之命嵩孚駐工督辦八年河南巡撫楊國楨言湯河伏道河並廣潤坡上游之羑河新惠等河向皆朝宗於衛因故道久湮頻年漫溢見爲一勞永逸之計因勢利導悉令暢流又南陽白河淅川丹江水勢浩瀚俱切近城根亟應築碎石磨盤等壩二十餘道分別挑溜抵禦均如所請行挑濬冀州東海子淤塞溝身以工代賑九年修宿遷各河隄岸丹陽下練湖閘壩濬宿州奎河築喀什噶爾新城沿河隄岸兩江總督蔣攸銛言徐州河道如蕭縣龍山河邳州睢甯界之白塘河邳州舊城民便河碭山利民永定二河又沛縣隄工邳州沂河民埝豐縣太行隄皆最要之工請次第估辦與挑從之十年修湖北省會江岸並添建石壩挑濬漳河故道修保定南關外河道及徐河石橋河間陳家門隄濬東平小清河及安流龍拱二河修公安監利隄十一年修南昌新建進賢圩隄及河間獻縣河隄天門漢水南岸隄工桐梓被水開濬戴家溝河道命工部尚書朱士彥察勘江南水患疏請修築無爲及銅陵江壩給事中邵正笏言江湖漲灘占墾日甚諭兩江總督陶澍湖廣總督盧坤等飭屬詳勘其沙洲地畝無礙水道者聽民認墾否則設法嚴禁十二年挑除星子蓼花池淤沙疏通溝道並築避沙壩修築南昌新建隄圩又改豐城土隄爲石十三年湖廣總督訥爾經額請修襄陽老龍及漢陽護城石隄武昌荆州沿江隄岸兩江總督陶澍請修六合雙城果盒二圩隄埂濬孟瀆得勝灣港三河並建閘座均如議行戶部請興修直隸水利城工命總督琦善確察附近民田之溝渠陂塘擇要興修以工代賑御史朱逵吉言湖北連年被水請疏江水支河使南匯洞庭湖疏漢水支河使北匯三臺等湖並疏江漢支河使分匯雲夢七澤間隄防可固水患可息御史陳諡言安陸濱江隄塍衝決爲害請建五閘壩挑濬河道以洩水勢疏入先後命訥爾經額尹濟源吳榮光等遴員詳勘十四年修良鄉河道橋座濬沔陽天門牛蹏支河漢陽通順支河並修築濱臨江漢各隄濬石首潛江漢川支河修荆州萬城大隄華容等縣水衝官民各垸濬碭山利民永定二河築南昌新建進賢建昌鄱陽德安星子德化八縣水淹圩隄修潛江鍾祥京山天門沔陽漢陽六州縣臨江潰隄以工代賑修邳宿二州縣沂河隄埝及王翻湖等工濬太倉七浦及太湖以下泖澱並修元和南塘寶帶橋十六年濬河東姚暹

渠修庫車沿河隄壩濬海鹽河道又貸江蘇司庫銀濬鹽城皮大河豐縣順隄河並修築隄工從兩江總督林則徐等請也命大學士穆彰阿步軍總領耆英工部尚書載銓勘估京城內外應修河道溝渠十七年修武昌沿江石岸鍾祥劉公菴何家潭老隄潛江城外土隄及豐城土石隄工並建小港口石閘石壩十八年修黃梅隄濬豐潤玉田黑龍河十九年修武昌保安門外江隄蘄州衛軍堤漢陽臨江石隄葉爾羌參贊大臣恩特亨額覆陳巴爾楚克開墾屯田情形先是帝允伊犁將軍特依順保之請命於巴爾楚開墾屯田嗣署參贊大臣金和疏陳不便復命恩特亨額詳籌至是疏言該處渠身僅三百二十八里有奇沿隄兩岸培修水勢甚旺足資灌溉並派屯丁分段看守遇水漲時有渠旁草湖可洩不致淹漫要路諭照舊妥辦務於屯務邊防實有裨益伊犁將軍關福疏報額魯特愛曼所屬界內塔什畢圖開正渠二萬五千七百餘丈計百四十餘里得地十六萬四千餘畝實屬肥腴引水足資灌溉詔奬勉之是歲漢水盛漲漢川沔陽天門京山隄垸潰決二十年總督周天爵疏報江漢情形擬疏堵章程六一沙灘上游作一引壩攔入湖口再作沙隄障其外面以堵旁洩一江之南岸改虎渡口東支隄爲西隄別添新東堤留寬水路四里餘下達黃金口歸於洞庭再於石首調弦口留二四十里沮洳之地瀉入洞庭一江之北岸舊有閘門應改爲滾壩冬啟夏閉一襄陽上游多作挑壩撑水外出再於險要處所加築護隄護灘一襄陽河四面隄畔應用磚石多砌陡門夏令相機啟閉一襄河水勢浩大應添造滾壩冬啟夏閉於兩岸低窪處所引渠納水下所司議行是年修華容武陵龍陽沅江四縣官民隄垸又修荊州大隄及公安監利江陵潛江四縣隄工二十二年堵鹿邑渦河決口先是黃水決口大溜直趨渦河將南岸觀武集鄭橋劉窪莊古家橋及淮甯之閻家口吳家橋徐家灘婁家林李家樓隄頂漫塌太和民田悉成巨浸阜陽以次州縣亦被漫淹至是安徽巡撫程楙采言豫工將次合龍渦河決口若不及時興修下游受害益深請敕河南撫臣迅籌堵築從之湖廣總督裕泰等疏報江水盛漲衝陷萬城隄以上之吳家橋水閘並決下游上漁埠頭大堤直灌荊州郡城倉庫監獄均被淹漫水消退後而埠頭漫口較寬勢難對口接築擬修挽月隄一並先於上下游各築橫隄一如所請行修築庫倫隄壩及鄚縣橫河口李家河口民堰二十三年直隸總督訥爾經額疏陳直隸難以興舉屯政水利略云天津至山海關戶口殷繁地無遺利其無人開墾之處乃沿海鹻灘潮水鹹滷不足以資灌溉至全省水利歷經試舉水田屢興屢廢總由南北水土異宜民多未便而開源疏泊建閘修塘皆需重帑未敢輕議試行但宜於各境溝洫及時疏通以期旱澇有備或開鑿井泉以車戽水亦足裨益田功如所議行修海陽寮哥宮澗溪竹崎頭隄工二十四年修江夏江隄濬海州沭河七月荊州江勢汎漲李家埠內隄決口水灌城內江陵虎渡口汎江支各隄亦多漫溢諭總督裕泰籌款修築九月萬城大隄合龍伊犁將軍布彥泰等言惠遠城東阿齊烏蘇廢地可墾復良田十餘萬畝擬引哈什河水以資灌注將塔什鄂斯坦田莊舊有渠道展寬接開新渠引入阿齊烏蘇東界並開段酌挑支河又言伊拉里克地畝與喀喇沙爾屬蒙古游牧地以山爲界該處河水一道由山之東面流出距游牧地尚隔一山於蒙古生計無礙堪以開墾請濬大渠支渠並洩水渠引用伊拉里克河水又言奎屯地方寬廣有河一道係由庫爾喀喇烏蘇南山積雪融化匯流成河近水地畝早有營屯戶民承種又蘇沁荒地有萬餘畝土脈肥潤祗須挑渠引水可以俱成沃壤均如所請行二十五年濬賈魯河修汶上馬踏湖民堰命喀喇沙爾辦事大臣全慶查勘和爾罕水利疏言和爾罕地本膏腴宜將西北哈拉木扎什水渠並東南和色熱瓦特大渠接引可資耕種中隔大小沙梁業已挑通宜於衝要處砌石釘樁使沙土不致坍卸渠道日深足以灌溉良田又言伊拉里克地居吐魯番所轄托克遜軍臺之西土脈腴潤謂之板土戈壁其西爲沙石戈壁二百餘里至山口出泉處有大阿拉渾小阿拉渾兩水匯成一河從前渠道未開水無收束一至沙石戈壁散漫沙中而板土戈壁水流不到轉成荒灘今將極西之水導引而東在沙石戈壁鑿成大渠三段復於板土戈壁多開支渠即遇大汎水有所歸又吐魯番地畝多係掘井取泉名曰卡井連環導引其利甚溥惟高埠難引水逆流而上應聽戶民自行乞井冬春水微時可補不足下廷臣議行二十六年烏魯木齊都統惟勤請修理喀喇沙爾渠道壩隄並陳章程四命伊犁將軍薩迎阿覆覈尚無流弊詔如所請行六塘河隄衝潰各州縣連年被水命兩江總督壁昌等覈辦覆言海州境內六塘河及薔薇河淤墊衝決田廬受淹於運道宣防大有關繫應從速借款挑築允之修溫榆河果渠村壩埽二十七年扎薩克郡王伯錫爾呈獻私墾地畝內有生地四千八百三十餘畝接濬新渠二添開支渠二以資分灌二十八年兩江總督李星沅請修沛縣民埝埽壩裕泰請修江夏隄工鍾祥窰家店外灘岸直隸總督訥爾經額請修築萬全護城石壩均如所請御史楊彤如劾河南撫臣三次挑乞賈魯河決口費幾百萬迄無成功請敕查辦詔褫鄂順安以下職新任巡撫潘鐸疏言賈魯河工程應以復朱仙鎭爲修河關鍵惟朱仙鎭內及街南北河道淤墊最甚今議添辦柴楷埽工以防兩岸淤沙其淤沙最深處挑濬較難另擇乾土十數里改道以通舊河責成各員賠修限四十五日工竣從之二十九年江蘇巡撫傅繩勛言陰雨連緜積水無從宣洩以致江淮揚等屬隄圩多被衝破請仿農政全書櫃田之法以土護田堅築高峻內水易於車涸勸民舉行以工代賑並查勘海口開空閘洞洩水帝嘉勉之三十年修襄陽老龍石隄及漢陽隄壩武昌沿江石岸潛江土堤鍾祥高家隄御史汪元方以浙江水災多由棚民開山水道淤阻所致疏請禁止諭巡撫吳文鎔嚴查並命江蘇安徽江西湖廣各督撫一體稽查妥辦咸豐元年浙江巡撫常大淳疏陳清理種山棚民情形略言浙西水利餘杭南湖驟難濬復應先開支河修石閘以資蓄洩上游治而下游之患亦可稍平浙東則紹興之三閘口外鄞縣象山等河溪見經籌挑報聞三年太常卿唐鑑進畿輔水利備覽命給直隸總督桂良閱看並著於軍務告竣時酌度情形妥辦同治元年御史朱潮請開畿輔水利並以田地之治否定府縣考績之殿最命直隸總督文煜等將所轄境內山泉河渠淀湖及可開渠引水地方詳查並妥議章程尋覆疏言有可舉行之處或礙於地界或限於力量或當掘井製車或須抽溝築圩均設法催勸推行盡利三年江蘇士民殷自芳等以山陽鹽城境內市河十字河小市河蜿蜒百里東注馬家蕩沿河民田數千頃旱則資其灌溉潦則資其宣洩自乾隆六年大挑以後迄今百餘年河淤田廢水旱均易成災懇請挑濬築壩引運河水入市河以蘇民困命兩江總督江蘇巡撫覈辦五年御史王書瑞言浙江水利海塘而外又有漊港烏程有三十九漊長興有三十四漊自逆匪竄擾後泥沙堆積漊口淤阻請設法開濬又言蘇松諸郡與杭嘉湖異派同歸湖州處上游之最要蘇松等郡處下游之最要上游阻塞則害在湖州下游阻塞則害在蘇松並害及杭嘉湖請飭江蘇一併勘治從之六年濬清河張福口引河八年安徽巡撫吳坤修言永城與宿州接壤之南股河久經淤塞下接靈壁低窪如釜早成巨浸水無出路擬查勘籌辦從之九年濬白茆河道改建近海石閘江蘇紳民請濬復淮水故道命兩江總督江蘇巡撫漕運總督會籌覆疏言挽淮歸故必先大濬淤黃河以暢其入海之路繼開清口以導其入黃繼堵成子河張福口高良澗三河以杜旁洩應分別緩急興工期以數年有效下部議從之是年內閣侍讀學士鍾佩賢亦以疏濬海港爲請於是浙撫楊昌濬言漊港年久淤塞查明最要次要各工分別估修擬趁冬隙時先將寺橋等九港及諸沈二漊趕辦其餘各工及碧浪湖工程次第籌畫應與吳江長橋及太湖出水各口同時修濬得旨允行十年修龍洞舊渠並開新渠以引涇水江蘇巡撫張之萬請設水利局興修三吳水利於是重修元和吳縣吳江震澤橋竇各工最大者爲吳淞江下游至新閘百四十丈別以機器船疏之凡太倉七浦河昭文徐六涇河常熟福山港河常州河武淮孟瀆超瓢港江陰黃田港河道塘閘徒陽河丹徒口支河丹陽小城河鎭江京口河均以次分年疏導幾及十年始克竣事先是侯家林決口河督喬松年以爲時較晚請來年冬舉辦至是巡撫丁寶楨言此處決口不堵必致浸淹曹兗濟十餘州縣若再向東南奔注則清津裏下河一帶更形吃重請親往督工堵築詔奬勉之十二年以直隸河患頻仍命總督李鴻章仿雍正間成法籌修畿輔水利旋議定直隸諸河皆以淀池爲宣蓄西淀數百里河道爲民生一大關鍵先堵趙村決口築磁河豬龍河南隄以禦外水挑濬盧僧中亭兩河分減大清河水勢以免倒灌並疏通趙王河道將苟各莊以上巨隄及下口鷹嘴壩各建閘座是年秋直隸運河隄決內閣學士宋晉請擇修各河渠以工代賑從之十三年挑濬天津陳家溝至塌河淀遙減河三千七百餘丈又自塌河淀循金鐘河故道斜趨入薊運河開新河萬四千一百餘丈俾通省河流分溜由北塘歸海石莊戶決口奪溜南趨命寶楨速籌堵築旋以決口驟難施工請在迤下之賈莊建壩堵合即於南北岸普築長隄而北岸濮州之上游爲開州並飭直督合力籌辦光緒元年濬文安勝芳河修菏澤賈莊南岸長隄及北岸金隄二年濬張家橋新舊泗河三年濬濟甯夏鎭迤南十字河給事中夏獻馨請修水利以裕民食諭各督撫酌奪情形悉心區畫四年修補濱江黃柏山至樊口四十里老隄並於樊口內建石閘五年修都江堰隄灌縣溫江崇慶舊淹田地涸復八萬二千餘畝七年挑濬大清河下游使水暢入東淀並於獻縣朱家口古羊河東岸另闢滹沱減河使水歸子牙河故道達津入海濬寶坻武清境內北運減河大學士左宗棠請興辦順直水利以陝甘應餉之軍助直隸治河之役總督李鴻章言近畿水利受病過深凡永定大清滹沱北運南

運五大河及附麗之六十餘支河原有閘壩堤埝無一不壞減河引河無一不
塞而節宣諸水之南泊北泊東淀西淀早被濁流塡淤僅恃天津三岔口一綫
海河迤邐出口平時既不能暢消秋冬海潮頂托倒灌節節皆病修治之法須
先從此入手五大河中以永定之害爲最深其大清北運南運須分別挑濬築
隄修復減河滹沱趨向無定自來未設隄防同治七年由藁城北徙以文安大
窪爲壑其故道之難復上游之難分下游之難洩曾國藩與臣詳陳有案東西
淀寬廣數百里淤泥厚積人力難施頻年以來修復永定河金門閘壩裁灣切
灘加築隄段大清河則於新雄境內開廬僧減河霸州文安境內接開中亭勝
芳等河分洩上游盛漲於任邱開趙王減河分洩西淀盛漲又於文安左各莊
至臺頭挑河身二十餘里以暢下游去路滹沱河則於河間及文安窪開引河
二又於獻縣朱家口另闢減河三十餘里均歸子牙河達津北運河則於通州
築壩挽潮白河歸槽於香河王家務武清筐兒港修復石壩以洩漲水於天津
霍家嘴疏濬引河以通下口又於武清寶坻挑挖王家務筐兒港兩減河以資
暢洩南運河則於靑滄靜海修隄二百餘里於靜海新官屯另闢減河六十餘
里使別途出海又於天津城東永定大淸滹沱北運交會之陳家灣開河百餘
里分洩四大河之水迤達北塘入海其無極藁博高陽一帶則堅築珠龍河隄
以防滹沱北越任邱至天津一帶則加築千里隄格淀隄使河自河而淀自淀
又於廣平開洺河順德挑澧河趙州濬沵槐午諸河此外河道受害較深者均
酌量疏築今宗棠請以隨帶各營移治上游正可輔直隸之不逮此後應修河
處當隨時會商貸力襄助疏入命恭親王奕訢醇親王奕譞會同辦理是年加
修子牙河隄萬七千四百餘丈文安西隄二千九百餘丈展寬靜海東堤二千
四百餘丈九年安徽學政徐郙言江皖兩省水患頻仍亟須挑泗沂爲導淮先
路倣抽溝法循序疏治由大通口引河入海洩水較易命宗棠昌濬會商籌辦
尋疏覆言天下無有利無害之水疏舊黃河分減泗沂近年已著成效自當加
挑寬深兼疏大通口以暢出海之途設復淮局於清江派員提調估計分年分
段興辦去其太甚之害留其本然之利江北於皖省爲下游下游利上游自無
不利矣報聞十年河南巡撫鹿傳霖言豫省地勢平衍衞淇沁漳襟帶西北淮
汝渦潁交匯東南如果一律疏通加以溝渠引灌農田大可受益今河道半皆
壅滯溝渠亦多荒廢擬借人力以補天災派員分赴各州縣履勘籌畫或疏或
濬志在必成使民間曉然於有利農田自能踴躍用命詔如所請行宗棠言興
修江南水利各工最大者爲朱家山赤山湖朱家山自浦口至張家堡接通滁
河綿亙百二十餘里赤山湖自道士壩蟹子壩至三汊河下游亦綿亙百二十
里兩年工竣不惟沿江圩田均受其利而糧艘貨船亦可由內河行尤屬農商
兩便下部知之十一年七月以張曜所部十營馮南斌二營蔣東才四營濬京
師內外護城河十一月竣工十三年河決鄭州全溜注淮因濬張福口引河及
興化之大周閘河丁溪場之古河口小海三河俾由新陽射陽等河入海十四
年鑿廣西江面險灘由蒼梧迄陽朔七百餘里共開險灘三十五十六年江蘇
巡撫剛毅以寶山蘊藻河道失修迤西大壩壅遏水脈請興工挑築給事中金
壽松言利少害多命總督曾國荃安籌覆疏言擬拆去同治間所築土壩以通

嘉定寶山之水道仍規復咸豐間所建舊閘以還嘉定之水利另開引河以通
河流俾得隨時宣洩下部知之挑濬餘杭南湖並疏濬苕溪華州羅紋河下游
各村連年遭水沿河數百頃良田盡成澤國巡撫鹿傳霖請由吳家橋北大荔
之胡村開渠引水注渭則其流舒暢被淹民田即可涸復耕作從之給事中洪
良品以直隸頻年水災請籌疏濬以興水利事下總督籌議鴻章言原奏大致
以開溝渠營稻田爲急大都沿襲舊聞信爲確論而於古今地勢之異致南北
天時之異宜尚未深考夫以太行左轉西北萬峰矗天伏秋大雨口外數千里
千溪萬派之水奔騰而下畿南一帶地平土疏頃刻輒漲數尺或一二丈衝蕩
泛溢勢所必然聖祖慮清濁河流之不可制也乃築千里隄格淀隄使淀與子
牙河各行一路世宗慮永定河南行之淤淀也令引渾河別由一道改移下口
其餘官隄民隄今昔增築綜計不下三四千里沙土雜半險工林立每當伏秋
盛漲兵民日夜防守甚於防寇豈有放水灌入平地之理今若語沿河居民開
渠引水鮮不錯愕駭怪者且水田之利不獨地勢難行即天時亦南北迥異春
夏之交布秧宜雨而直隸彼時則苦雨少泉涸今釜陽各河出山處土人頗知
鑿渠藝稻節屆芒種上游水入渠則下游舟行苦淺屢起訟端東西淀左近窪
地鄉民亦散布稻種私冀旱年一穫每當伏秋漲發輒遭漂沒此實限於天時
斷非人力所能補救者也以近代事考之明徐貞明僅營田三百九十餘頃汪
應蛟僅營田五十頃董應舉營田最多亦僅千八百餘頃然皆黍粟兼收非皆
水稻且其志在墾荒殖穀並非藉減水患今訪其遺蹟所營之田非導山泉即
傍海潮絕不引大河無節制之水以資灌溉安能藉減河水之患又安能廣營
多穫以抵南漕之入雍正間怡賢親王等興修直隸水利四年之間營治稻田
六千餘頃然不旋踵而其利頓減九年大學士朱軾河道總督劉於義即將距
水較遠地勢稍高之田聽民隨便種植可見直隸水田之不能盡營而踵行擴
充之不易也恭讀乾隆二十七年上諭物土宜者南北燥溼不能不從其性儻
將窪地盡改作秧田雨水多時自可藉以儲用雨澤一歉又將何以救旱從前
近京議修水利營田始終未收實濟可見地利不能強同諄訓昭垂永宜遵守
即如天津地方康熙間總兵藍理在城南墾水田二百餘頃未久淤廢咸豐九
年親王僧格林沁督師海口墾水田四十餘頃嗣以旱潦不時迄未能一律種
稻而所費已屬不貲光緒初臣以海防緊要不可不講求屯政曾飭提督周盛
傳在天津東南開挖引河墾水田千三百餘頃用淮勇民夫數萬人經營六七
年之久始獲成熟此在潮汐可恃之地役南方習農之人尚且勞費若此若於
五大河經流多分支派穿穴隄防濬溝遂於平原易黍粟以秔稻水不應時土
非澤埴竊恐欲富民而適以擾民欲減水患而適以增水患也十七年剛毅言
吳淞江爲農田水利所資自道光六年浚治後又經六十餘年淤墊日甚前年
秋雨連旬河湖汎濫積潦竟無消路去年十月派員開辦並調營勇協同民夫
分段合作約三月內可告竣報聞鴻章又言寶坻靑龍灣減河自香河之王家
務經寶坻至甯河入海去歲霪雨兼旬河流狂漲橫隄決岸寶坻受害獨深廣
安橋以下河身淺窄大寶莊以上並無河槽應與昔年所開之普濟河黃莊新
河一律挑深添建石閘沈秉成松椿言湖南堰圩廳所管之洪澤湖關係水道

利病鹽漕諸務今全湖之水下趨毫無節制見勘得應行先辦之工曰修復三
壩曰修整束水隄曰展挑三福口計三項工程不過數萬兩可以集事或有議
於禮河迤西蔡家莊建滾水石壩使水可蓄洩較有把握惟巨款難籌應暫緩
辦均詔如所請堵築吳橋宣惠河缺口二河陝汝道鐵珊以閿鄉北濱黃河城
垣屢被衝坍因於城外築大石壩挑溜護城十八年疏鑿福山港徐六涇二河
及高浦耿涇海洋塘西洋港四河山東巡撫福潤言小清河爲民田水利所關
年久淤塞前撫臣張曜籌議疏通因工長款絀僅修下游博興之金家橋至壽
光海道長百餘里其上游工程應接續興挑庶使歷城等縣所受各水悉可入
海今擬規復小清河正軌而不拘牽故道由金家橋而西取直擇窪區接開正
河歷博興高苑新城長山鄒平至齊東曹家坡長九十七里又於金家橋迤下
開支河二十四里至柳橋以承濟麻大湖上游各河之水引入新河計長四千
二百餘丈詔從之二十年崇明海岸被湖衝嚙逼近城牆於靑龍港東西兩面
設立敵水壩四加建木橋疊砌石塊以禦風潮二十一年署兩江總督張之洞
言黃河支流之減水河洪河自虞城夏邑永城經碭山蕭縣達宿州靈璧泗州
之睢河而注於洪湖其間湖港紛歧皆下注睢河乾隆年間以睢河不能容導
水爲三曰北股中股南股中股爲睢河正流咸豐初黃河日益淤墊漸及改徙
豫江皖各河亦逐段淤阻水潦泛溢爲害尤以永蕭碭爲甚同治間建議疏河
恆以工程過大屢議屢輟今擬改道辦法導北股河之水以達靈壁岳河導中
股南股河之水合流入宿州運糧溝以達澮河而運糧一溝恐不能容納應治
沱河梁溝以復其舊使各河之水皆順軌下注洪湖不致橫溢則各屬水患永
息矣詔如所請行二十二年御史華煇疏陳興修水利八事曰引泉曰築塘曰
開渠曰通湖曰開井曰蓄水曰用車曰塡石下所司議二十四年濬太倉劉河
自殷港門至浦家港口四千一百餘丈二十八年江西巡撫李興銳言近年水
患頻仍皆由鄱陽湖日見淤淺而長江昔寬今狹驟遭大雨疏洩不及遂至四
溢爲災請於冬晴水淺時購製挖泥機器輪船數艘將全湖分別挑挖其上游
河道亦一律擇要疏治既爲防水患起見亦爲興商務張本從之修湖北省城
北路隄紅關至春山八段南路隄白沙洲至金口十段以禦外江之汛漲建石
閘數座以備內湖之宣洩又於附郭沿江十餘里一律增修石剝岸濬小淸河
開徒陽河百二十餘里宣統元年署直隸總督那桐言通州鮎魚溝隄岸自光
緒九年決口流入港溝而歸鳳河嗣後屢堵屢潰至二十四年大汛復決迄今
未能堵閉以致武清百數十村頻年潰沒今擬於鮎魚溝暫建滾水壩俾全溜
不致旁趨倘遇盛漲即將土埝挑除俾資分洩一面將上游堤壩挑補整齊疏
濬靑龍灣等處引河以減盛漲築攔水埝以禦渾流修估龍鳳河以疏積潦滾
水壩工程應即興辦其修隄及疏引河應於本年秋後部署來年二月興工攔
水埝及龍鳳河應於來年秋後部署次年二月興工均限伏汛前報竣下部議
行湖廣總督陳夔龍請修復江襄潰口略謂江襄各隄以潛江之袁家月隄爲
最要此次潰口隄身沖刷頓落四百餘丈迴流湍急附近悉成澤國應及時築
合此外郭家嘴禹王廟潰隄及天門黑牛渡沔陽呂蒙營公安高李公松滋楊
家腦監利河龍廟各隄工均擬派員督辦籌修以期鞏固從之甯夏滿營開墾

馬廠荒地先治唐渠以裕瀦停之地挑濬百二十餘里曰正渠自靖益堡開支口引水西北行四十餘里而入之溝曰新渠沿渠列小口四十挾水以歸諸田曰支渠唐渠以西淪爲澤國非溝以宣之不爲功自杏子湖起穿溝二百八十餘里建大小石閘木閘四十二石橋木橋三十三經始上年九月至本年八月告成名曰湛恩渠約成腴田二十萬畝是年東三省總督奉天巡撫合詞請修遼河先從雙臺子河隄入手次年續修鴨島冷家口工程並挑挖海口攔江沙與遼河工程同時舉辦下部知之

清史稿　志

兵志

有清以武功定天下太祖高皇帝崛起東方初定旗兵制八旗子弟人盡爲兵不齊舉國皆兵焉太宗征藩部世祖定中原八旗兵力最強聖祖平南服世宗征青海高宗定西疆以旗兵爲主而輔之以綠營仁宗勦教匪宣宗禦外寇兼用防軍而以鄉兵助之文宗穆宗先後平粵捻湘軍初起淮軍繼之而練勇之功始著至是兵制蓋數變矣道咸以後海禁大開德宗復立海軍內江外海與水師並行而練軍陸軍又相繼以起擾攘數年卒釀新軍之變以兵興者終以兵敗嗚呼豈非天哉今作兵志一曰八旗二曰綠營三曰防軍四曰鄉兵五曰土兵六曰水師七曰海軍八曰邊防九曰海防十曰訓練十一曰製造十二曰馬政並分著於篇

兵志一

八旗

清初太祖以遺甲十三副起歸附日衆設四旗曰正黃正白正紅正藍復增四旗曰鑲黃鑲白鑲紅鑲藍統滿洲蒙古漢軍之衆八旗之制自此始每旗三百人爲一牛彔以牛彔額眞領之五牛彔領以札闌額眞五札闌額眞領以固山額眞每固山設左右梅勒額眞天命五年改牛彔額眞俱爲備禦官天聰八年定八旗官名總兵爲昂邦章京副將爲梅勒章京參將爲甲喇章京各分三等備禦爲牛彔章京旗長爲專達又定固山額眞行營馬兵爲阿禮哈超哈其後曰驍騎營巴雅喇營前哨兵爲噶布什賢超哈其後曰護軍及前鋒營駐防盛京兵爲守兵預備兵爲援兵各城寨兵爲守邊兵舊蒙古左右營爲左右翼兵舊漢兵爲烏眞超哈孔有德之天祐兵尙可喜之天助兵幷入漢軍九年以所獲察哈爾部衆及喀喇沁壯丁分爲蒙古八旗制與滿洲八旗同崇德二年分漢軍爲二旗置左右翼四年分爲四旗曰純皂曰皂鑲黃曰皂鑲白曰皂鑲紅七年設漢軍八旗制與滿洲同世祖定鼎燕京分置滿蒙漢八旗於京城以次釐定兵制禁衞兵大類有二曰郎衞曰兵衞郎衞之制領侍衞內大臣六人鑲黃正黃正白旗各二人內大臣六人散秩大臣無定員侍衞分四等更有藍翎侍衞凡御前侍衞乾清門侍衞由三旗簡用漢侍衞由武進士簡用皆無定員初鑲黃正黃正白三旗天子自將選其子弟曰侍衞凡值殿廷以領侍衞內大臣統之宿衞乾清門內右門神武門寧壽門爲內班宿衞太和門爲外班行幸駐蹕咸從其扈從後扈二人前引十人豹尾班侍衞六十人凡佐領親軍鑲黃旗滿洲八十五佐領蒙古二十八佐領每佐領親軍二人正黃旗滿洲九十三佐領蒙古二十四佐領正白旗滿洲八十六佐領蒙古二十九佐領三旗親軍選六十人隨侍衞行走餘皆值宿巡幸則御前大臣侍衞乾清門侍衞咸從行營則列兩廂餘於幔城之隅環拱宿衞康熙二十九年以武進士技優者拔置侍衞偕三旗值宿雍正十一年以親軍未滿十年者挑選前鋒滿漢八旗左右翼各設前鋒統領一人備警蹕宿衞侍衞班內有上駟院侍衞司轡司鞍其兼尙虞鷹鷂房鶻房十五善射射鵠善撲等侍衞統在三旗額內俱無定員鑾儀衞亦侍從武職設掌衞司內大臣一人鑾儀使三人冠軍使十人雲麾使治儀正整儀尉各有差專司乘輿鹵簿校尉由內府選者爲旗尉由五城選者爲民尉此八旗郎衞制也兵衞之制定鼎初即以上三旗守衞紫禁宮闕以護軍統領參領前鋒統領率之噶布什賢超哈滿洲蒙古八旗分左右翼備宿衞內務府三旗各設佐領三人旗鼓佐領四人正黃旗設朝鮮佐領一人每二丁設馬甲一每佐領各設領催六護軍十五以領侍衞內大臣率之內務府官兵守護行宮者分東西北三路設千總等官兵額不等熱河行宮亦如之其守護陵寢者順治初永陵福陵昭陵各設雲騎尉騎都尉嗣後盛京三陵增設總管防禦驍騎校京師東西陵制亦如之所屬各旗驍騎有差八年制定親王至輔國公等以次設長史護衞等官十七年定八旗漢字官名固山額眞曰都統梅勒章京曰副都統甲喇章京曰參領牛彔章京曰佐領昂邦章京曰總管烏眞超哈曰漢軍凡滿蒙漢各旗共選四千八百人爲養育兵訓練技藝嗣後兵額屢增乾隆中滿蒙養育兵至二萬三百餘人盛京捕牲烏拉設總管協領佐領等員轄打牲兵丁吉林之參戶蜜戶漁戶獵戶鷹狐獺鶴諸戶咸隸內府三旗其巡捕營汛守外七城門上設步兵汛二十五所城外分中南北三營馬步兵汛額各有差統以參將遊擊等暢春圓明靜明等園守兵統以守備康熙初定駐蹕之地八旗護軍分左右翼巡宿啓蹕則三旗營總護軍參領隨行十三年定八旗步兵二萬一千餘名鳥槍步兵凡千七百三十七名又定內九門外七門設城門校轄十六門門軍其步軍營汛守皇城內各汛專用滿洲城外各汛兼用蒙古漢軍尋定上駐園則八旗兩翼翼分七汛更番宿衞每日當值之前鋒鳥槍護軍共七百二十八人二十一年定田獵每年三舉八旗各簡前鋒軍校以從二十二年定車駕巡幸期八旗驍騎營於內外城並增汛所二十三年以黑龍江所進精騎射善殺虎者編虎槍營三十年設火器營雍正元年設巡捕營馬兵汛十五步兵汛五十二凡朝會期協尉副尉率步軍巡警二年諭各旗共選四千八百教養兵習長槍挑刀各藝四年令八旗前鋒習射月六次其專司防火者曰防範兵九年令五旗門汛護軍馬甲均歸本營操演令三旗增訓練兵二千編爲二營十三年額定馬甲五千二百五十春秋二季合操乾隆十四年設雲梯兵一營又於昆明湖設趕繒船以前鋒軍習水戰二十五年令來京回人編一佐領以和卓爲佐領統轄之後皆準此三十九年定大閱頭隊前鋒八旗分爲八隊每隊小旗八海螺四爲殿後兵四十一年以來京之番子視回人例編一佐領統於內務府正白旗四十六年增京師步軍左右二營合南北中爲五營分二十三汛領兵一萬於八旗漢軍鄂爾布步甲閒散內擇壯丁充補嘉慶四年令巡捕五營以中營作提標管圓明園五汛參將四人分管南北左右四營共十八汛兩翼總兵分轄之十七年以增設之健銳營歸左翼外火器營歸右翼合八旗前鋒內火器營驍騎營凡三十六營咸豐三年諭京師各旗營兵十四萬九千有奇統兵大臣分班親閱馬步火器務令精整不得以臨時召募濫充十年從勝保請令八旗兵加練槍礮擡槍同治四年諭醇親王訓練神機營旗綠各營亦隨時校閱光緒二十四年選練神機營馬步隊以萬人爲先鋒隊習槍礮及行陣戰法此八旗兵衞制也八旗駐防之兵大類有四曰畿輔駐防兵其藩部內附之衆及在京內務府理藩院所轄悉附焉曰東三省駐防兵曰各直省駐防兵新疆駐防兵附焉曰藩部兵畿輔駐防兵制順治初獨石口張家口山海關喜峯口古北口並設防禦一人或二人采育里固安縣設防守尉防禦有差康熙十四年察哈爾八旗每旗設總管一人副總管一人參領三人佐領驍騎校護軍校各有差捕盜官每旗二人親軍前鋒各二護軍十七領催四驍騎二十五在京蒙古都統兼轄之山海關總管一人防禦八人滿蒙漢兵七百有奇尋設張家口總管一防禦七兵百三十有奇獨石口古北口增防禦各二喜峯口冷口羅文口防禦各一兵多則六十八少則十二人雍正三年設天津水師營都統一協領六佐領防禦驍騎校各三十二旗兵千六百人蒙古兵四百人分左右兩翼乾隆三年增熱河駐防兵二千人委前鋒校前鋒領催鳥槍領催馬甲鳥鎗馬甲炮甲弓矢匠各有差以千四百人駐熱河四百駐喀喇河屯二百駐樺榆溝八年改山海關總管爲副都統增協領佐領諸屬滿蒙漢兵共八百人分左右翼二十六年設察哈爾都統一人駐張家口理八旗游牧兼轄防兵副都統二人駐左右翼游牧邊界四十五年設駐防密雲滿蒙兵二千嘉慶三年增熱河圍場副都統九年改總管十五年改設都統一人以厄魯特達什達瓦降衆徙居科布多旋分其屬爲三旗設總管副總管佐領驍騎校等尋移至熱河作爲官兵先是康熙中建避暑山莊於熱河設總管守備千總分守各行宮乾隆間增建行宮設千總委署千總一二人兵自六人至九十八人不等木蘭圍場總管一人康熙季年設有防禦八及滿蒙兵百餘迨乾隆中年增左右翼長二驍騎校八駐兵共八百人每一兵給地一頃二十畝或地不宜耕種則改給牛羊木蘭之地周遭樹柵爲界設營房八卡倫四十八旗各分五卡倫各以旗兵守之道光四年諭駐京旗兵遇閏月賞給甲米他省不得援例此畿輔駐防兵制也東三省駐防兵制共駐四十四所兵三萬五千三百餘人凡前鋒領催馬甲守門庫等兵步甲夜捕手匠役養育兵烏鎗馬甲領催水手之屬或設或否名額多寡各視駐地所宜損益區置之初無定限其在盛京天聰間始設駐防於牛莊蓋州兵九十六人順治元年世祖將遷燕京設盛京八旗駐防兵以正黃旗內大臣和洛會總統之以鑲黃旗梅勒

章京統左翼正紅旗梅勒章京統右翼每旗設滿洲協領一佐領四蒙古漢軍佐領各一設熊岳城守官其下滿洲佐領三漢軍佐領一錦州鳳凰城甯遠城守官其下各設滿洲佐領各二漢軍佐領一興京遼陽牛莊岫巖義州城守官滿洲佐領各一人蓋州海州滿漢佐領各一統駐防兵康熙元年改盛京昂邦章京爲鎭守遼東等處將軍梅勒章京二人爲副都統統轄協領佐領驍騎校四年改遼東將軍爲奉天將軍十四年設錦州義州城守尉各一佐領驍騎校各有差各邊門皆置防禦一尋設開原防禦三金州防禦一兵弁各有差五十五年設金州駐防水師營船十號兵五百水手一百雍正五年設熊岳副都統一人廣甯義州錦州甯遠至山海關設副都統一復州南金州鳳凰城岫巖旅順等處設副都統一分轄旗兵乾隆十二年改奉天將軍爲鎭守盛京將軍盛京各額兵都一萬五千有奇其在吉林順治十年設甯古塔昂邦章京一梅勒章京二佐領驍騎校各八十八年設吉林水師營康熙元年改甯古塔昂邦章京爲將軍梅勒章京爲副都統三年設水營總管各員七年增甯古塔協領二十年以甯古塔副都統一佐領驍騎校各十一兵七百移駐吉林又增吉林協領八佐領防禦驍騎校各十二兵六百人尋增防禦十五人十五年移甯古塔將軍駐吉林留副都統於甯古塔增吉林副都統一人三十一年設伯都訥協領二人佐領驍騎校各三十防禦八五十三年設三姓琿春協領一佐領驍騎校防禦有差雍正三年設阿勒楚喀協領一人佐領驍騎校防禦各五十年設三姓副都統一人尋設吉林烏鎗營參領一人佐領驍騎校各八烏鎗兵千乾隆十三年令打牲烏拉兵歸吉林將軍兼轄先是順治時設打牲烏拉協領二又設總管一人統轄珠軒頭目及參蚩瀕獵諸戶專司采捕諸役後遞增佐領防禦八驍騎校十或八額兵千至是以在吉林境命兼統於吉林將軍二十一年設阿勒楚喀副都統一人道光六年以雙城堡移駐京旗分左右翼各設總副屯達二人嗣又分一旗五屯增總副屯達各六人其在黑龍江當康熙初年自吉林移駐水師營來駐齊齊哈爾等處水手一千有奇盛京壯丁散處者隨時編入八旗巴爾呼人錫伯人居近吉林卦勒察人居近伯都訥庫爾喀人居近琿春並設佐領驍騎校等分駐其東北最遠者索倫達呼爾二部天命天聰間相率內附其後分充各城額兵至鄂倫春所居益遠使馬使鹿部分處山林業捕貂皆審戶比丁列於軍伍二十二年初置黑龍江將軍原水師營總管等並屬之設副都統二協領四佐領驍騎校各二十四防禦八滿洲兵千索倫達呼爾兵五百駐愛琿城二十三年設打牲處總管一副總管二以索倫達呼爾壯丁編設佐領驍騎校尋於墨爾根城設駐防兵二十九年移將軍駐墨爾根又增協領四佐領驍騎校各七索倫達呼爾兵四百餘以副都統一人統兵駐愛琿尋設兵千餘駐防齊齊哈爾三十八年將軍復自墨爾根移駐齊齊哈爾四十九年設墨爾根副都統一人雍正六年增設打牲處總管三滿洲索倫達呼爾副總管十六索倫達呼爾佐領驍騎校各六十二十年設呼倫貝爾統領一索倫巴爾呼總管副總管各二佐領驍騎校各五十兵三千尋增兵二千有奇厄魯特總管副總管各一乾隆八年改呼倫貝爾統領爲副都統嘉慶九年以齊齊哈爾等處承種官田馬甲歸各本旗所墾新田改增養育兵耕種咸豐八年增黑龍江馬甲千光緒八年將軍文緒請由黑省至茂興設七站由茂興至呼蘭設五台共台站六十人置掌路記防禦一驍騎校二領催六分隸鈐東黑龍江八旗兵約分五類曰前鋒共百四十六人佩櫜鞬負旗幟爲先導曰領催供會計書寫馬甲之長也共七百四十八人曰馬甲又稱披甲共九千二百十三人曰匠役爲鳥槍弓鐵鞍諸匠共一百五十二人曰養育兵康熙季年始以旗兵屯田至嘉慶中改屯田馬甲爲養育兵共八百人別有未入伍者曰西丹譯言控馬奴不得預征伐之事此東三省駐防制也各直省駐防制順治二年始設江南江甯左翼四旗陝西西安右翼四旗皆置滿蒙兵二千弓匠二十八鐵匠五十六六年於山西太原設正藍鑲藍二旗滿蒙駐防兵暨游牧察哈爾兵初太宗親征察哈爾降土默特之衆後編爲二旗設左右翼都統部衆得同辦事旋裁都統以旗務掌之將軍副都統與內八旗等至是游牧察哈爾遂列於山西駐防十一年設山東德州鑲黃正黃二旗滿蒙領催馬甲暨弓鐵匠十五年增設西安佐領驍騎校二十八驍騎一千設浙江杭州滿蒙八旗馬甲步甲弓匠漢軍馬甲步甲鐵匠滿漢棉甲兵共四千有奇其後每旗並增佐領驍騎校驍騎十六年改設京口駐防鎭海將軍一副都統二協領參領防禦佐領驍騎校有差尋增江甯西安步甲各一千康熙十三年增西安右翼四旗滿蒙馬甲千弓鐵匠十四漢軍馬甲等江甯馬甲千後又各增兵二千及弓鐵匠等是年增京口步甲千人十五年設陝西甯夏八旗滿蒙領催馬甲步甲弓鐵匠十九年設福建福州左翼四旗漢軍領催馬甲步甲鐵匠及滿蒙步甲二十年設廣東廣州鑲黃正黃正白上三旗漢軍領催馬甲炮甲弓匠二十二年設湖廣荊州八旗滿蒙領催馬甲步甲弓鐵匠共二千八百有奇尋增至四千人是年又增西安將軍增滿洲左右翼副都統各一漢軍左右翼亦如之八旗滿蒙協領各八漢協領佐領防禦驍騎校不等滿蒙漢兵共七千滿蒙步軍七百暨弓鐵匠等二十二年續設廣州鑲白正紅鑲紅正藍鑲藍五旗漢軍兵設將軍一人副都統二協領參領各八防禦驍騎校各四十八旗鳥槍領催鳥槍驍騎領催驍騎炮驍騎弓鐵匠共三千有奇兼置綠旗左右前後四營將領八兵三千四百有奇尋於福州荊州甯夏江甯京口杭州並分設鳥槍領催鳥槍驍騎領催驍騎各有差京口步軍內兼設鳥槍弓箭長槍籐牌等兵額是年增設杭州駐防八旗滿蒙漢兵共三千二百人三十二年設山西右衞八旗滿蒙漢護軍領催馬甲鐵匠共五千六百有奇以將軍統之設隨甲四十八筆帖式六三十六年裁京口綠旗水師總兵改設京口副將分左右二營設遊擊以下將領八人兵一千九百人五十九年設河南開封滿蒙領催鳥槍領催馬甲鳥槍馬甲弓鐵匠六十年設四川成都副都統一協領四佐領防禦驍騎校鳥槍領催鳥槍驍騎驍騎暨步軍弓箭鐵匠雍正元年福州駐防漢軍步兵悉改馬兵二年增太原德州駐防兵各五百人六年設福州駐防水師營協領一人佐領防禦各二驍騎校六水師五百七年設駐防浙江乍浦水師旗營設靑州駐防將軍副都統各一人協領四佐領防禦驍騎校十六暨八旗滿蒙兵弓鐵匠設廣州駐防水師營協領一人佐領防禦各二驍騎校八旗漢軍水師領催有差八年以各省駐防漢軍營伍廢弛令所在將軍訓練之設防駐靑州八旗滿洲兵二千人增右衞駐防兵五百人自將軍及兩翼副都統以下設協領佐領防禦驍騎校滿蒙前鋒滿蒙漢領催等及驍騎三千有奇十三年設甘肅涼州八旗滿蒙漢兵凡二千人設駐防莊浪八旗滿蒙漢兵凡千人乾隆二年設駐防綏遠城以征準噶爾之滿蒙漢開戶家丁二千四百熱河駐防兵千及右衞蒙古兵五百凡三千九百人設涼州將軍副都統各一人滿蒙漢佐領防禦驍騎校步軍尉及八旗驍騎二千人步軍六百人又設莊浪駐防副都統一人滿蒙漢協領佐領防禦步軍尉及八旗驍騎一千人步軍四百人四年改甯夏駐防步甲六百爲養育兵增荊州養育兵四百人十年設江甯駐防養育兵二十一年定開封城守尉歸巡撫統轄二十二年裁京口將軍以綠旗左右營改隸江甯將軍二十五年改綏遠將軍駐防兵額步軍養育兵各四百共領催前鋒驍騎實二千四百人二十八年以土默特二旗歸綏遠城將軍統轄設歸化城副都統一人三十九年改杭州駐防步軍一百二十八人爲養育兵四十一年設成都駐防將軍一人四十九年增西安副都統一人嘉慶十二年飭各將軍不得以老弱充兵額此各直省駐防兵制也新疆駐防兵制乾隆二十五年始議於新疆設兵駐守命阿桂率滿洲索倫驍騎五百綠營兵百回人二百至伊犂搜捕馬哈沁招撫厄魯特並築城屯墾其後陸續由內地增調屯田兵至二千五百人五年更替以五百人差操二千人屯種分二十五屯設屯鎭總兵其明年阿桂奏定卡倫侍衞十五人增伊犂駐防馬兵千五百合原額兵凡二千五百人二十七年以涼州莊浪駐防兵五千並戶口移駐伊犂旋以新疆底定設駐防兵制凡卡倫兵以侍衞領之屯田兵以督屯武職領之駐防馬兵以佐領領之綠旗兵以營員領之而特設將軍爲之總轄侍衞章京等皆按年番替二十九年調綠營兵千在伊犂河岸築惠遠城其管理築城兵設副將一守備二千總二把總八以察哈爾移駐兵一千八百戶編兩昂吉領隊大臣統之設十二佐領分左右二翼每佐領設兵二百以黑龍江移駐戶千編一昂吉設六佐領領隊大臣統之又撥錫伯兵熱河滿蒙兵各一千及達什達瓦厄魯特兵五百俱攜眷駐伊犂定馬兵永遠駐守綠旗兵五年番換三十年以投出之厄魯特人編一昂吉與達什達瓦部衆俱爲厄魯特昂吉以領隊大臣統之原厄魯特兵作厄魯特右翼自領隊大臣以下二三等侍衞藍翎侍衞無定員三十一年定烏魯木齊駐辦事大臣及協辦大臣統駐防兵及工作官兵置經理新疆貿易稽察卡倫台站各官三十二年定左翼厄魯特六佐領爲上三旗右翼厄魯特共十佐領編爲下五旗三十四年增惠甯城滿兵領隊大臣一人三十七年以投誠之沙畢納爾人等歸入下五旗厄魯特增設四佐領統之嘉慶二十年於沙畢納爾四佐領內增副總管一人道光十年以惠遠城滿兵四千六百有奇巴燕岱滿兵二千一百有奇諭將軍等不得議增兵額同治六年以哈薩克人東犯飭李雲麟訓練厄魯特蒙古兵以防之增布倫托海辦事大臣督率喇嘛建署治事並設幫辦一人此屬新疆北路者也其在南路防兵烏什駐總理回務參贊大臣協辦大臣各一人統轄滿洲綠旗及屯田各官兵兼轄阿克蘇賽里木拜城各駐防兵所屬有侍衞章京等官滿洲營領隊侍衞二駐轄翼長參領各一副參領委署參領各二前鋒校六綠旗營游擊以下屯田副將以下

各十八人阿克蘇駐章京一綠旗營游擊一賽里木駐翼長一兼統拜城駐防葉爾羌駐辦事參贊大臣及領隊大臣統轄滿洲營領隊副都統侍衞參領副參領等如烏什例和闐喀什噶爾並駐辦事大臣及領隊大臣統轄滿洲營侍衞章京領隊侍衞參領副參領等暨綠營總兵參將等官庫車駐辦事官統轄綠營都司以下官兼轄沙雅爾事哈喇沙爾駐辦事官統轄綠旗營城守及屯田駐防兵闢展駐領隊大臣一統協領佐領以下暨步兵綠旗兵乾隆二十四年以後於烏什駐辦事大臣阿克蘇駐辦事大臣協辦大臣各一人葉爾羌設辦事大臣二人及章京卡倫侍衞等滿洲營設副都統一人統健銳營前鋒參領副參領等安西滿洲營佐領五品官委倫五品官察哈爾佐領等綠營總兵游擊以下各官又於和闐駐領隊總兵官及游擊以下又喀什噶爾駐總兵理回疆事務大臣協辦大臣各一滿洲營設副都統一領隊侍衞二領隊侍衞兼統索倫兵索倫設委署副總管及佐領各二察哈爾總管一副總管二及護軍校以下綠營設提督及都司以下官英阿薩爾駐領隊總兵官一兼統索倫察哈爾綠旗兵又於庫車哈喇沙爾闢展並駐辦事大臣初臺站之改屬闢展者凡六每臺置外委千把總一人葉爾羌西路南北路卡倫六各置坐卡侍衞一人東西南三路凡二十一臺各置筆帖式一人沙雅爾南路卡倫一庫車東路至哈喇沙爾西凡十臺臺置筆帖式一人每臺卡俱置防守兵多至十人少或一人俱有供役回人十戶尋各官兵歸併烏什阿克蘇止駐一章京及游擊以下旋改駐協辦大臣及領隊侍衞等喀什噶爾之總理大臣移駐烏什之永寧尋改設辦事大臣二人三十一年撤回索倫兵改遣健銳營兵九百人換防並令健銳營翼領一人正副委署參領十八人護軍校二十四人統兵分駐各回城四十四年裁闢展辦事大臣改設領隊大臣旋設土魯番屯田都司以下官道光八年以阿克蘇爲南路適中之地增兵一千移柯爾坪防兵五百歸阿克蘇裁拜城參將以下弁兵共新舊防兵二千二百人守卡借差兵外得練兵一千三百人控制各路九年於喀什噶爾邊增八卡倫弁兵尋以八卡倫內喀浪圭圖舒克塔烏拍拉特三處通霍罕要路於明約洛建堡設都司一人綠營兵二百人駐守阿爾瑚馬廠三處建堡置兵二百或六十人葉爾羌屬卡倫七以亮葛爾庫庫雅爾爲通夷要隘英吉沙爾屬卡倫五惟烏魯克爲要路皆建土堡兵房設千總官其次設把總外委駐守兵多者六十人少者十五或十人咸豐三年以新疆南北兩路駐兵四萬餘人歲餉一百四十五萬軍興後餉餽艱難諭陝甘赴口外駐防官自是年始即行停止其喀什噶爾英吉沙爾葉爾羌和闐八城防兵由烏魯木齊駐防滿洲兵綠旗兵酌撥四年改定新疆南路換防兵制增伊犂滿洲兵二百人烏魯木齊綠營兵千二百人滿洲兵三百人裁葉爾羌喀什噶爾烏什阿克蘇四城防兵一千人七年以喀城肅清撤回土爾扈特蒙兵留伊犂官兵防守八年令南路換防官兵自是年始分六年抽換以節糜費天山以南爲回部所居自設臺站卡倫無俟重兵防守烏什葉爾羌喀什噶爾英阿薩爾咸以滿漢兵協力守邊他如和闐阿克蘇庫車哈喇沙爾闢展則守以綠旗兵凡滿洲營駐防兵以三年更換綠旗營駐防兵以五年更換此南路之制也同治以來回疆不靖欽差大臣左宗棠次第殄平之新疆漸歸版籍光緒初年改省議起左宗棠擬令將軍率旗營駐伊犂塔爾巴哈台改設都統並統綠旗各營迨八年收復伊犂從譚鍾麟劉錦棠言於南北兩路增設額兵其舊有參贊辦事領隊各大臣悉予裁汰即自哈密至伊犂都統暨諸大臣名額亦酌撤之巴里坤古城烏魯木齊庫爾喀拉烏蘇等處所餘旗丁歸併伊犂滿營均改從各省駐防將軍營制十一年行省制成伊犂旗營實存勇七千留其精壯改馬隊九旗步隊十三旗以提督總兵分領之伊犂開屯由此始而旗屯居其一焉蓋新疆自藩部迄於設行省綜其駐防旗兵制度約略如此

其藩部兵制曰內外蒙古曰青海曰西藏內外蒙古之兵設旗編次略同內八旗每旗設扎薩克一人汗王貝勒貝子公台吉爲之協理旗務二或四人亦台吉以上充任按丁數編爲佐領設佐領一驍騎校六每六佐領設參領一人佐領較多者設章京副章京各率所屬以聽於扎薩克內扎薩克蒙古凡二十四部四十九旗科爾沁六旗分左右二翼二翼又各分前後旗崇德元年設左翼旗左翼前旗右翼旗右翼前後旗順治六年設左翼後旗郭爾羅斯前後二旗杜爾伯特一旗扎賚特一旗皆順治五年設扎魯特二旗左翼崇德元年設右翼順治五年設喀爾喀左翼一旗康熙三年設奈曼一旗敖漢一旗皆崇德元年設土默特二旗左翼崇德元年設右翼順治二年設喀沁喇沁三旗右翼崇德元年設左翼順治五年設康熙中增設一旗翁牛特左右二旗阿魯科爾沁一旗皆崇德元年設巴林左右二旗順治五年設克什克騰一旗順治三年設烏珠穆沁二旗右翼崇德六年設左翼順治三年設浩齊特二旗順治三年設左翼十年設右翼阿巴哈納爾二旗康熙四年設左翼六年設右翼阿巴噶二旗崇德六年設右翼順治八年設左翼蘇尼特二旗崇德六年設左翼七年設右翼四子部落一旗順治八年設烏喇特右翼一旗順治十年設茂明安一旗順治元年設烏喇特前中後三旗順治五年設鄂爾多斯七旗兩翼中旗前旗後旗皆順治六年設雍正九年增設一旗歸化城土默特左右二旗崇德元年設後置副都統隸綏遠將軍轄之是爲內蒙古兵制外扎薩克蒙古喀爾喀四部凡八十六旗喀爾喀土謝圖汗部二十旗爲中路康熙三十年設十七旗逮雍正間遞增至三十八旗尋分二十旗屬三音諾顏部存十八旗乾隆初復增二旗於本旗外分十九扎薩克掌之仍統於土謝圖汗部車臣汗部二十三旗爲東路康熙三十年設十二旗其後增至二十一旗乾隆間遞增二旗於本旗外分二十二扎薩克掌之仍統於車臣汗扎薩克圖汗部十七旗爲西路康熙三十年設八旗逮雍正間遞增至十五旗乾隆時遞增二旗於本旗外分十六札薩克掌之仍統於札薩克圖汗三音諾顏親王部二十二旗雍正十年設即於土謝圖汗部內分轄二十旗乾隆初增二旗於本旗分二十一札薩克掌之仍統於三音諾顏札薩克親王烏蘭烏蘇厄魯特部二旗康熙二十五年分設乾隆間隸移烏蘭烏蘇並隸三音顏部賀蘭山厄魯特一旗康熙三十六年設青海厄魯特部二十一旗雍正三年設二十旗乾隆十一年增設一旗青海游牧綽羅斯部二旗輝特部一旗土爾扈特部一旗喀爾喀部一旗皆雍正三年設哈密一旗康熙三十六年設吐魯番一旗雍正十年設都爾伯特十四旗乾隆十八年編設土爾扈特部乾隆三十六年編設康熙十三年定每年春季王貝勒以各旗下台吉兵丁合操乾隆元年諭內札薩克六會防秋兵丁各備牧馬器械分二班錫林郭勒烏蘭布伊克昭三會爲一班哲里木昭烏達卓索圖三會爲一班以大札薩克爲盟長每年遣大臣會同盟長按旗察閱兵丁其喀爾喀四部游牧防守兵萬人遣參贊大臣同喀爾喀將軍貝勒公等分年簡稽軍實三年命賞六會防秋牧馬之兵視康熙間成例分給弓矢衣服銀兩有差五十一年諭蒙古兵丁應習圍場者車臣汗土謝圖汗二部由庫倫辦事王大臣三音諾顏扎薩克圖汗二部由烏里雅蘇臺將軍大臣等分領練習並令各部落汗王公選大台吉各四人小台吉十人赴木蘭圍場道光三年從陝西總督那彥成言以青海二十四旗分左右二翼每翼設盟長副盟長每六旗設霍碩扎噶爾齊每三旗設一梅勒每旗設一甲喇各旗兵按人數之多寡隨官兵番値巡防十一年允楊遇春請以蒙古兵五百人析爲二班分防八卡十五年諭令察哈爾兵丁選補缺額與扎薩克游牧共衞北邊同治十年諭邊外各路台站都統或盟長分任管轄每台額定駱駝百頭馬五十匹戈壁地備駱駝百五十頭此內外蒙古及青海兵制也蒙古各盟當雍乾時征討準回資其兵力以集事自俄人闌入烏蘭海南北並受羈牽喀魯倫東西侵爲田牧雜居無限卡倫鄂博蓋同虛設矣

西藏旗兵自乾隆五十七年始前後藏各設番兵千定日江孜各設五百前藏領兵者曰戴琫其下如琫又下甲琫定琫原置戴琫三人二駐後藏一駐定日復增戴琫一人駐江孜前藏番兵游擊統之後藏及江孜定日都司統之原有唐古特兵歸戴琫督練初制每番兵千弓箭三之鳥槍七之鬮選唐古特兵三千鳥鎗刀矛各半至是新設額兵三千每千人五成鳥槍三成弓矢二成刀矛其唐古特兵由駐防將領督同番目教練前藏駐游擊守備各一千總二把總三外委五後藏駐游擊都司各一守備三千總二把總七外委九是年以福康安疏請江孜增守備一外委一兵三十人定日增守備一把總一外委一兵四十人尋用和琳疏言定日要隘曰轄爾多曰察木達杏嶺曰古喇噶木洞曰宗喀每處各設定琫一人番兵二十五人此西藏兵制大略也當乾隆十五年始除西藏王爵設駐藏大臣以達賴喇嘛統前藏班禪統後藏前後藏凡設四汎游擊都司守備千把總外委十六人兵丁六百六十人戴琫如琫甲琫定琫百六十六人番兵三千人騎兵五百人駐藏大臣與達賴班禪參制之咸同以後廓爾喀崛強於西英吉利侵軼於南中朝威力羈縻而已

八旗官兵額數代有增減舉其最近者以見例光宣之季實存名數職官約六千六百有奇兵丁十二萬三百有奇八旗各營印務參領雖設專職大率參領副參領兼之印務章京印務筆帖式亦兼職親軍校親軍拜唐阿等在各旗支餉實於他所供差其醇王闔寢守護兵光緒間始增設前鋒護軍統領諸職雖已汰去而設官已久職亦較崇仍序列之其他不具錄云鑲黃旗滿洲都統一副都統二印務參領二參領副參領各五印務章京八佐領八十六驍騎校八十六印務筆帖式八凡二百有三人領催四百二十八馬甲千五百六十二隨甲八十六養育兵二千二百二十七親軍校十一親軍百五十八弓匠長七弓匠七十八倉甲二十五 通州十九 清河六 餘如通州領催備宴馬甲盔纓鞍轡頭箭鐵諸匠拜唐阿分網戶粘杆備箭一人至九人陸軍部承差三人凡四千六百三十

人正黃旗滿洲自都統至印務章京及筆帖式並同鑲黃旗惟佐領九十三驍騎校九十二爲小異凡二百十六人領催四百六十二馬甲千六百二十八隨甲九十三養育兵二千三百九十三親軍校十一覺羅親軍四親軍百七十一南苑驍騎校一弓匠長八弓匠八十四餘如南苑馬甲備宴馬甲倉甲盔鏇鞍匠庫使守吏酒吏鷹手鞭子手亭兵網戶粘杆拜唐阿等一至六人陸軍部承差一人凡四千九百十二人正白旗滿洲都統以下並同上佐領驍騎校亦同鑲黃旗凡二百有三人領催四百三十馬甲千四百十四隨甲八十六養育兵二千二百四親軍校十一覺羅親軍五親軍百五十六弓匠長十弓匠七十六倉甲三十（通州二十清河十）餘如南苑馬甲備宴馬甲鵰頭鞍箭盔諸匠鞭子手網戶備箭拜唐阿傳事兵等一至十二人陸軍部承差三人凡四千四百八十八人正紅旗滿洲都統以下並同上惟佐領驍騎校各七十四凡一百七十九人領催三百七十馬甲千二百八十七隨甲七十四養育兵一千八百八十八親軍校十六親軍百三十二弓匠長二弓匠七十二倉甲二十七（通州十九清河八）餘如南苑馬甲守吏庫吏傳事兵粘杆宰牲拜唐阿等一至九人凡三千八百九十五人鑲白旗滿洲都統以下並同上惟佐領驍騎校各八十四凡一百九十九人領催四百二十馬甲千四百十四隨甲八十四養育兵二千一百八十親軍校十三親軍百五十四覺羅親軍二弓匠長二弓匠七十二帳房頭目二倉甲二十七（通州二十本裕倉七）餘如鏇盔諸匠鞭子手傳事渡吏亭兵備箭宰牲拜唐阿等一至四人陸軍部承差三人凡四千三百九十七人鑲紅旗滿洲都統以下並同上佐領驍騎校亦同鑲黃旗凡二百有三人領催四百三十馬甲千五百四十八隨甲八十六養育二千二百四親軍校十九覺羅親軍三親軍百五十弓匠長六弓匠八十倉甲二十七（通州二十本裕倉七）餘如盔匠鏇匠鞭子手南苑馬甲承差傳事兵亭兵宰牲拜唐阿等一至四人凡四千五百七十七人正藍旗滿洲都統以下並同上惟佐領驍騎校各八十三凡一百九十七人領催四百十七馬甲千四百九十一隨甲八十三養育兵二千一百三十九親軍校十七覺羅軍十一親軍百四十弓匠長二弓匠八十三倉甲九（通州七清河二）餘如鏇匠盔匠鞭子手承差兵傳事兵亭兵南苑馬甲守吏拜唐阿宰牲拜唐阿等一至五人凡四千四百三十三人鑲藍旗滿洲都統以下並同上佐領驍騎校俱同鑲白旗凡二百有七人領催四百三十九馬甲千五百九十隨甲八十六公餘馬甲二十四恩餘馬甲一養育兵二千二百四十九親軍校十五覺羅親軍六親軍百五十五弓匠長六弓匠八十八餘如南苑馬甲南苑領催帳房頭目鏇匠鞭子手酒醋局吏庫使傳事兵亭兵宰牲兵等一至八人陸軍部承差一人凡四千六百九十人鑲黃旗蒙古都統一副都統二印務參領一參領二副參領二印務章京四佐領驍騎校各二十八印務筆帖式四凡七十二人領催一百四十馬甲四百九十七隨甲二十八養育兵五百九十二親軍校四親軍五十二弓匠長一弓匠二十七餘如長號達長號盔匠鞍匠網戶苑甲承差傳事兵亭兵等一至六人凡千三百六十三人正黃旗蒙古自都統以下至印務章京及筆帖式並同鑲黃旗惟佐領驍騎校各二十四凡六十四人催百二十馬甲四百五十二養育兵五百八親軍校四親軍四十四弓匠二十四餘如長號拜唐阿茶拜唐阿鞍匠一至七人凡千一百七十一人正白旗蒙古都統以下並同上惟佐領驍騎校各二十九凡七十四人領催百四十五馬甲四百八十七隨甲二十九養育兵六百九親軍校四親軍五十四弓匠長二弓匠二十七餘如長號拜唐阿達拜唐阿網戶拜唐阿南苑馬甲盔匠鞍匠亭兵等一至七人凡千三百七十八人正紅旗蒙古都統以下並同上惟佐領驍騎校各二十二凡六十人領催一百十馬甲三百八十一隨甲二十二養育兵四百六十親軍校六親軍三十八弓匠長三弓匠十八餘如南苑馬甲哈那器馬甲盔匠粘杆拜唐阿亭兵等一至五人凡一千五十人鑲白旗蒙古都統以下並同上佐領驍騎校俱同正黃旗凡六十四人領催一百二十馬甲四百四十養育兵五百八親軍校二親軍四十八凡千一百十八人鑲紅旗蒙古都統以下並同上佐領驍騎校如正紅旗凡六十人領催一百十馬甲三百八十八隨甲二十二養育兵四百五十九親軍校三親軍四十一弓匠長一弓匠十八承差盔匠各一凡一千四十五人正藍旗蒙古都統以下並同上惟佐領驍騎校各三十凡七十六人領催一百五十馬甲五百四十四隨甲三十養育兵六百三十親軍校九親軍五十一弓匠長二弓匠二十八承差盔匠馬甲亭兵蒙古通事兵各一凡一千四百四十八人鑲藍旗蒙古都統以下並同上惟佐領驍騎校各二十五凡六十六人領催百二十五馬甲四百四十二隨甲二十五養育兵五百二十七親軍校五親軍四十四包衣護軍校二弓匠長一弓匠二十二鞍匠盔匠恩餘馬甲聽差馬甲亭兵各一凡千一百九十八人鑲黃旗漢軍都統一副都統二印務參領二參領副參領各五印務章京六佐領驍騎校各四十一印務筆帖式六凡一百有九人領催二百五馬甲千六百八十一隨甲四十一敖爾布三百二十八養育兵九百三十七藍甲三十九弓匠長六弓匠三十一炮手四十餘如更夫承差兵拜唐阿銅匠盔匠鞍匠亭兵等一至五人凡三千三百三十二人正黃旗漢軍自都統以下至印務章京及筆帖式並同鑲黃旗惟佐領驍騎校各四十凡一百有七人領催二百馬甲隨甲千六百八十敖爾布三百二十養育兵九百十四藍甲三十一弓匠長三弓匠三十六炮手四十餘如更夫承差兵拜唐阿備箭拜唐阿銅匠盔匠鞍匠聽差兵亭兵一至十二人隨印外郎一人凡三千二百六十人正白旗漢軍都統以下並同上佐領驍騎校亦同鑲黃旗凡一百有七人領催二百馬甲千六百四千隨甲四十敖爾布三百二十養育兵九百十四藍甲五十二弓匠長二弓匠三十八炮手四十餘如更夫承差兵拜唐阿銅匠盔匠鞍匠等一至六人隨印外郎三人凡三千二百六十八人正紅旗漢軍都統以下並同上惟佐領驍騎校各二十八凡八十三人領催百三十八馬甲千一百五十三隨甲一敖爾布二百二十藍甲五養育兵六百四十一弓匠長八弓匠十四炮手三十九餘如更夫拜唐阿盔匠鞍匠亭兵承差兵等一至五人凡二千二百三十二人鑲白旗漢軍都統以下並同上惟佐領驍騎校各三十凡八十七人領催百五十馬甲千二百三十隨甲三十敖爾布二百四十養育兵六百九十九弓匠長四弓匠十五炮手四十餘如更夫備箭拜唐阿承差兵盔匠等一至五人隨印外郎一人凡二千四百二十四人鑲紅旗漢軍都統以下並同上惟佐領驍騎校各二十九凡八十五人領催百四十五馬甲千一百八十七隨甲二十九敖爾布二百三十三養育兵六百七十四弓匠長二弓匠二十炮手四十餘如拜唐阿更夫承差兵盔匠亭兵一至四人隨印外郎二人凡二千三百四十二人正藍旗漢軍都統以下並同上佐領驍騎校俱同鑲紅旗凡八十五人領催百四十五馬甲千一百九十四隨甲二十二敖爾布二百三十二養育兵六百七十六弓匠長四弓匠二十二炮甲炮手各二十餘如盔匠馬甲盔匠公主門甲更夫拜唐阿承差兵亭兵等一至七人凡二千三百六十二人鑲藍旗漢軍都統以下並同上佐領驍騎校亦同鑲紅旗凡八十五人領催百四十五馬甲千二百十八敖爾布二百三十二養育兵六百七十五藍甲十八弓匠長五弓匠二十四炮手四十餘如更夫拜唐阿盔匠匠役亭兵等一至五人隨印外郎二人凡二千三百七十六人圓明園隨同辦事營總二營總六護軍參領八副護軍參領十六委護軍參領三十二護軍校副護軍校各百二十八包衣營總一包衣護軍參領副護軍參領各三包衣護軍校九凡三百三十六人護軍三千六百七十二馬甲三百槍甲四百養育兵千八百二十六包衣護軍一百二十包衣馬甲三十包衣養育兵六十凡六千四百八人健銳營翼長四正參領八副參領十六委參領三十二番子防禦一前鋒校副前鋒校各七十凡百有二人前鋒千九百六十委前鋒一千領催四馬甲八十一養育兵八百三十三凡三千八百七十八人內火器營管營長官二正翼長委翼長各一營總四正參領四副參領八委參領十六護軍校一百十二凡一百四十八人鳥槍護軍二千五百十二炮甲五百二十八養育兵八百八十凡三千九百二十人外火器營全營翼長一委翼長一營總三正參領四副參領八委參領十六護軍校一百十二凡一百四十五人鳥槍護軍二千五百三十槍甲三百五十二養育兵八百十八凡三千七百八人左右翼前鋒營左右翼前鋒統領二前鋒參領前鋒侍衛各十六委前鋒侍衛八空銜花翎十六前鋒校九十六空銜前鋒校八藍翎長四十八委藍翎長十六印務筆帖式四凡二百三十八人前鋒兵千六百六十八人八旗護軍營護軍統領八護軍參領副護軍參領各一百十二委護軍參領五十六空銜花翎一百十二護軍校八百八十二空銜護軍校五十六藍翎長一百十二門筆帖式三十六印務筆帖式十六凡一千五百有二人護軍萬四千八十一人八旗包衣屬鑲黃旗者參領副參領各五佐領十一管領十章京一護軍參領副護軍參領各五護軍校三十五驍騎校十一凡八十八人領催七十九護軍四百披甲千六百八十九隨甲十一養育兵八十八拜唐阿四百二十一凡二千六百八十八人屬正黃旗者參領副參領各五佐領十三管領十護軍參領副護軍參領委護軍參領各五護軍校三十三前鋒校二驍騎校十三凡九十六人領催九十五護軍四百七十八披甲千八百九隨甲十三養育兵八十九拜唐阿等三百四十七凡二千八百三十一人屬正白旗者參領副參領各五佐領十二管領十護軍參領副護軍參領委護軍參領各五護軍校三十三前鋒校二驍騎校十二凡九十四人領催八十八護軍三百六十前鋒四十披甲等千七百三十八隨甲十二養育兵八十五拜唐阿等六百三十五凡二千九百五十八人屬正紅旗者參領五佐領十一管領十九包衣達等十六護軍校六十驍騎校十

二凡一百二十三人領催三十四護軍八十五馬甲八百四十六藍甲三百三十二蒙古護軍七十凡千三百六十七人屬鑲白旗者參領五佐領十四管領十一包衣達等三十二親軍校一護軍校八十驍騎校十三凡一百五十六人領催七十四護軍百四十二藍甲五百六十六白甲一百三十一拜唐阿三凡一千九百十六人屬鑲紅旗者參領五佐領十七管領六包衣達等六十三護軍校五十八驍騎校十二凡一百六十一人領催四十七護軍一百八紅甲千一百十八藍甲五百四十五凡千八百十八人屬正藍旗者參領五佐領六管領七包衣達等五十九護軍校一百三驍騎校十六凡一百九十六人領催七十八護軍二十二十六馬甲千六百二十四藍甲七百六十一拜唐阿十五凡二千七百四人屬鑲藍旗者參領五佐領二十一管領三十八司庫等九十二護軍校一百三十七驍騎校十六收三百有九人領催七十八護軍百八十九馬甲千三百八十六藍甲千二百八百二凡二千九十三十五人醇賢親王園寢翼領一防禦一驍騎校一凡三人領催二披甲四十六凡四十八人以上凡職官六千六百八十人兵丁十二萬三百有九人

清史稿　　志

兵志二

綠營

綠營規制始自前明清順治初天下已定始建各省營制綠營之制有馬兵守兵戰兵戰守皆步兵額外外委皆馬兵綜天下制兵都六十六萬人安徽最少閩廣以有水師故最多甘肅次之綠營隸禁旅者惟京師五城巡捕營步兵將軍兼統綠營者惟四川有屯兵者惟湖南貴州其新疆之綠營屯防始乾隆二十五年由陝甘陸續移往駐防各省標兵規制督撫得隨時疏定綠營戰功自康熙征三藩時用旗綠兵至四十萬雲貴多山地綠營步兵居前旗兵繼之所向輒捷其後平定準部回疆金川咸有勛績乾隆四十六年增兵而川楚教匪之役英法通商之役兵力反遜於前迨粵寇起廣西綠營額二萬三千士兵一萬四千遇敵輒靡承平日久暮氣乘之自同治迄光緒疊經裁汰綠營之制僅存而已京師巡捕五營設步軍統領一人統左右翼總兵以官及十六門門千總海淀暢春園樹村汛靜宜園樂善園設副將或守備各官不等置兵共三千人京城內九門外七門每門設千總二門甲十或二十門軍四十人左翼總兵統步軍營巡捕南左二營各汛官凡兵三千六百有奇右翼總兵統步軍營巡捕北右二營各汛官凡兵二千五百有奇各直省營制順治元年定直隸官兵經制設直隸巡撫標兵分左右二營游擊以下八人設宣府正定薊州通州天津山海關六鎮總兵官及鎮標守備游擊等設紫荊關等七協副將及協標官兵設拱極城等十七處參將山永等營游擊鞏華城等處守備都司分領各營兵定山東官兵經制設河道總督標兵分中左右三營設副將或游擊以下將八兵凡三千備河防護運山東巡撫標兵分左右二營設游擊以下將領八兵凡二千設臨清沂州二鎮總兵官及將領八兵共二千四百有奇設德州青州武定三營參將或守備將領八或六兵共二千二百有奇登州水師營守備登州萊州臨清濟南各營游擊或守備四兵共一千二百有奇初山東與直隸河南共一總督康熙元年設山東提督尋並裁去以巡撫兼任山西江南陝西官兵經制並於順治二年定之山西設宣大總督及巡撫督標分中左右三營撫標分左右營各設將領八兵凡二千設太原平陽二協副將及協標官兵設汾州等營參將游擊守備分領營兵十三年裁宣大總督康熙元年設山西提督迭裁迭復雍正九年仍裁之以巡撫兼任江南設漕運總督江南鳳廬二巡撫標兵及左右營如制將領九或八人兵共四千有奇並設奇兵營游兵營設江南漢兵提督分中左右前後五營分設將領八兵凡四千設蘇州鎮江浦口安慶池太東山廣德八鎮總兵官鎮標兵及將領設狼山等七協副將金山常州各營參將游擊守備分領營兵國初設江南江西河南總督其後分合不常康熙間定爲兩江總督又裁鳳廬巡撫歸併江蘇設蘇松提督尋定爲江寧提督增安徽提督分轄營務又裁安徽提督改江南水陸提督統全省官兵先是設操江巡撫轄安慶等五府滁和等三州兵後改安徽巡撫以鳳廬兵並屬之陝西初設川陝總督幷轄四川兵標兵分五營別設西安延綏甘肅寧夏四巡撫標兵各分左右營將領略如諸省設延綏固原臨鞏鳳翔漢羌甘肅六鎮總兵官鎮標兵亦分五營將領如之延綏又分設東西二協設西安慶陽等八處副將宜君階州等各營參將游擊都司及守備分領營兵康熙時迭改川陝總督並轄山陝甘尋改川陝甘總督乾隆間甘肅分設總督以四川總督兼轄陝西兵爲川陝總督復改陝甘總督國初設甘肅巡撫其寧夏延綏巡撫先後裁撤寧夏歸甘肅延綏歸陝西後又裁甘肅巡撫陝甘總督兼統撫標兵甘州置甘肅總兵官尋改設甘肅提督初設陝西漢兵提督及寧夏提督分五營皆將設領八兵凡四千人後改西安提督又移駐固原改固原提督云順治三年定河南江西湖廣官兵經制河南設巡撫標兵分左右營將領八兵二千制同上設河南提督標兵中左右三營設將領分統設河北南陽開歸三鎮總兵官標兵各分左右營將領兵數如撫標制設開封副將守備以下將領七兵一千人河南衞輝汝寧歸德各營各參將等兵各一千設磁州營都司兵五百人後屬直隸嵩縣等二營守備兵三百或二百先是河南與直隸山東共一總督兼轄河南官兵其後或專設河南總督或裁改之至雍正十三年仍爲爲河南巡撫江西初設巡撫及南贛巡撫標兵分左右營設將領五人兵凡千五百人設江西提督標兵分五營營設將領八兵凡五千人設南贛九江二鎮總兵官標兵分五營各設游擊以下將領官兵如提標之數設袁州等四協副將分左右營將領各八兵凡二千人設廣德各營參將撫州各水師營守備兵六百人南康等營守備兵三百人康熙初年裁南贛巡撫以標兵屬江西巡撫七年裁提督十三年復設嗣增設撫建提督旋裁之並裁江西提督以巡撫兼任湖廣設總督標兵分中左右營將領各八兵凡三千人設湖北巡撫鄖陽巡撫偏沅巡撫標兵分左右營將領官兵如江西撫標例設湖廣提督標兵分五營將領官兵如江西提標例設荊州鄖陽長沙三鎮總兵官辰州協副將標兵各分中左右營各設將領八兵凡三千人設黃州承天常德三協副將協標兵各設將領七兵凡千二百人承天協後改安陸營設漢陽等營參將將領各四兵六百人彝陵等營游擊各設將領三兵四百人設三江口等營守備把總兵各二百人康熙初幷湖廣總督爲川湖總督其後四川總督不轄湖廣復設湖廣總督裁鄖陽巡撫以湖北巡撫統轄標兵順治四年定四川官兵經制設四川巡撫標兵分左右營各設將領八兵凡千三百人設建昌保寧永寧夔州四鎮總兵官鎮標分三營設將領八兵凡二千人設松潘成都重慶三協副將協標兵分二營設游擊以下將領官兵設威茂等各營參將游擊守備分領營兵四川初僅設巡撫駐成都府川陝總督駐陝西兼轄四川十四年嗣設四川總督駐重慶府其間或幷爲川湖總督駐荊州九年移駐重慶十九年或云川陝甘或云川陝遷改靡常至乾隆間定爲四川總督順治五年定浙江官兵經制設總督標兵分三營設副將或游擊將領各八兵共三千設浙江巡撫標兵二營將領各八兵共二千浙江提督標兵三營設將領八兵共三千設定海衢州二鎮總兵官標兵皆三營營設將領八共兵各三千錢塘水師二營台州水師三營營設將領八共兵各三千衢州設水師左右路總兵官標兵三營游擊以下將領分統營兵設衢州湖州嘉興等七協副將標兵皆三營營皆設將領八每協共兵二千五六百金華嚴州處州三協副將標兵二營將領各八共兵皆千六百設吉安等各營守備參將分統營兵先是設浙江總督其後改稱閩浙兼轄福建裁改不常雍正間定爲閩浙總督順治七年定福建官兵經制設福建巡撫標兵二營將領八兵凡二千設福建水陸提督標兵三營營設將領八兵凡三千設汀州泉州銅山三鎮總兵官及援剿總兵官中路總兵官標兵各二營各設將領八兵十二千設福州漳州建甯三協副將標兵三營各設將領八兵凡三千設福州水師及汀州興化邵武延平閩安同安七協副將標兵各設將領八兵凡二千福甯協副將二營將領七兵凡千八百人泉州等營參將長樂等營游擊將領各八共兵各一千順治八年定兩廣官兵經制廣東設巡撫標兵二營將領八兵凡二千設廣東提督標兵五營將領八兵凡五千設廣東水師總兵官標兵六千分左右二協中左右三營二協設副將復分二營設將領八兵一千五百三營水師各設將領八兵各一千設肇慶潮州瓊州三鎮總兵官標兵二營將領八兵凡二千韶州惠州高州南雄四協副將協標兵皆二營將領各八共兵各二千惟南雄爲一千六百設肇慶高州水師及吳川等營參將柘林

鎭各營游擊將領各七共兵各一千設東莞始興等州縣守備以下兵二百至五百有差廣西設巡撫標兵二營將領八兵凡千五百廣西提督標兵分五營將領八兵凡四千有奇設左右翼總兵官並桂林暨南甯城守營九年增設潯梧柳慶思南三協副將以下將領兵各千二百鬱林新太河池三營參將以下將領兵各六百永甯昭平二營參將以下將領兵各四百上思三里二營守備以下將領兵各二百賀縣營守備兵百人十年定兩廣總督標兵分五營中營設將領八左右前後營共將領八兵凡五千國初置兩廣總督康熙二年專轄廣東四年兼轄兩廣雍正元年復專轄廣東十三年仍兼轄兩廣順治十六年定雲貴官兵經制設雲貴總督標兵分中左右前四營中營設將領八餘三營將領八兵凡四千設雲南巡撫標兵二營將領八兵一千五百先一年貴州設巡撫營制亦同及是設貴州提督標兵分左右前後四營左營設將領八餘三營將領八兵凡三千設大定黔西鎭遠威寧四鎭總兵官標兵三營將領八兵各二千有奇設貴陽城守協及平遠定廣銅仁安南五協副將標兵二營游擊以下將領設思南營等處參將游擊守備分統官兵國初雲貴總督兩省互駐康熙元年分置兩省總督自後或改或併迨乾隆中仍定爲雲貴總督此直省綠營初制也雍正四年靖逆將軍富甯安於哈密置大小卡路八西安總兵潘之善於沙州西南諸隘設哨探置臺站防夷五年以浙江綠營積弱選山陝甘兵壯健者移駐之十年以苗疆遼闊貴州改設總兵游擊統轄丹江台拱等營及銅仁鎭遠石阡各協並新設上江下江諸營協隸古州以鎭攝之十一年諭各總兵官巡察營伍乾隆五年用湖廣總督那蘇圖言裁虛設戰船除私立提塘及字識占冒口糧之弊十六年定哈密駐防兵制於安甘涼肅四提鎭營分遣將弁廿餘兵二千往駐二年一受代四月八月迭更半數新舊相間以資教練回營時鎭臣核其勤惰分別擢用之十八年陝甘總督尹繼善疏陳西陲防務宜愼選安西將材多備槍彈預蓄資糧築城垣擇畜牧允行二十四年改安西提督爲巴里坤提督設哈密副將以下將領八兵八百餘裁改有差尋改設烏魯木齊總兵官分中左右營及城守營隸巴里坤提督凡巴里坤烏魯木齊將領官兵歸陝甘總督統屬乾隆四十一年大小金川平新入版圖屯兵駐守制同內地設懋功綏靖崇化撫邊慶甯等營置游擊守備等官兵共二千六百有奇四十九年以陝甘總督福康安言甘肅原設額兵五萬六千六百人陝西額兵三萬四千五百九十人迭經移駐裁併存兵五萬五千九百餘減原額過半嗣增兵萬二千七百餘合舊存兵額凡七萬人而州縣墩戍兵力猶單請於平涼等府州縣各增兵額墩堡四十四座於各標兵內酌選移駐從之旋議再增兵三千又議陝甘各營兵習弓矢鳥槍馬上槍箭每日在本營習技五日小合操十日大合操演九進十連環陣法練勁旅三萬人五十三年諭提鎭不得私立旗牌件當等名致侵兵額嘉慶四年以剿辦教匪各省額兵徵調四出令各省召募補充五年陝西設甯陝鎭總兵副將以下官咸如昔制十年諭各督撫提鎭以練習鄉勇法練習綠旗兵道光五年諭直隸備戰兵萬五千三百有奇演習車炮陣式旋卽議裁十六年諭直隸營兵以四成習弓矢二成習步槍兼馬槍其刀矛二技令籐牌軍盡習之二十二年直隸礮台增設通永鎭總兵官以北塘海口等十五營均歸統屬分三營設游擊守備等將領新鎭標兵凡五千四百餘專操水陸技藝咸豐八年河南歸德營升爲鎭設總兵官左右營都司游擊等馬兵五百八十步兵千一百有奇同治元年諭專設總督之直隸江南四川甘肅及督撫同城之福建廣東湖北由總督會同提督節制其江蘇浙江安徽江西陝西湖南廣西貴州各鎭兵就近由巡撫節制四年增安徽皖南鎭總兵官設將領弁兵如制六年諭甯夏鎭綠營兵原額七千陝西定邊協原額千人回匪亂後存者寥寥咸令補足九年改廣東赤溪營爲水師隸陽江鎭統轄變通巡洋舊章又移湖北武昌城守營分防金口簰洲二汛十二年於山西南北二鎭選兵一千分二營設將領訓練光緒十一年以廣西南邊二千餘里原設隘一百九分卡六十六兵力猶單分要處爲三路鎭南關口關前隘憑祥土州爲中路白關以東諸隘爲東路以西諸隘爲西路就原有防軍二十二營幷爲二十四營以十二營專防中路餘十二營分防東西路廣西提督自柳州移駐龍州其城守營設游擊及守備等增設柳慶鎭總兵官駐柳州綠營歷年增損規制大略如是其移駐編改節目不能覼縷以詳也若其裁汰之數自順治中所裁山西標兵四千餘陝甘將領四十八兵一萬六百餘河南五百湖廣五千江西三千將領八江南萬九千餘將領百十七其最多者也餘者海州一協裁將領七兵六百餘臨淸一鎭裁將領五兵一千三營兵五百沂州鎭裁將領九臨淸城守營將領五兵三百壽張營兵二百又裁江西及南贛撫標二營官兵四川撫標湖北及鄖陽撫標各二營官兵多少不等康熙八年裁辰常鎭總兵設辰州協標官兵二十三年裁崇明提督設崇明水師總兵定三營及奇兵營制三十四年後計所裁標兵南贛鎭千餘九江協九百餘銅鼓營兵八百餘爲最多餘者自四五百以下少至六七人乾隆中裁撫標新設二營餘所裁最多三百餘最少十人九人嘉慶十九年諭各標額兵六十二萬四千餘較雍乾以來所增實多令督撫提鎭量加裁汰於是次第減萬四千有奇二十五年又諭各省勿糜餉以養額兵道光中裁陝甘綠營馬兵三千六百餘又裁山東山西撫標及兗州等三鎭太原大同二鎭東河河標雲貴督撫鎭協各標兵額暨福建水陸各營浙江馬步兵兩廣江蘇安徽馬步守兵各有差咸豐元年曾國藩疏言八旗勁旅以強半翊衞京師以少半駐防天下而山海要隘往往布滿其額數常不過三十五萬綠營兵名爲六十餘萬其實缺額常六七萬人乾隆中葉增兵議起向之空名坐糧悉令補足一舉而增兵邀六萬經費驟加大學士阿桂爭之不得至嘉慶道光間覩帑藏之漸絀思阿桂之遠慮特詔裁兵而兩次所裁僅一萬六千請飭各省留強汰弱復乾隆初制諭如所請命各督撫分三年裁復舊額所裁之數年終彙陳不得再有空糧之弊四年裁山西馬步守兵五千八百餘雲南步守兵三千九百餘同治八年裁九江洞庭岳州荊州等水師營改城守營並酌設陸汛光緒五年左宗棠楊昌濬疏言軍興未收制兵之效由餉薄而額多不能應時精練兵不練與無兵同練不精與不練同甘肅賦少兵多軍實向資他省餉源稍絀動滋事端亟宜量減可裁之兵以節餉糈卽以所裁軍餉加所留之兵庶可責其勤練雍正中甘兵定額較內地爲多後雖陸續裁減計尙存馬步守兵五萬七千餘卽須分成核減六年丁寶楨言四川自軍興後招募營勇裁者少而增者多同治間楚黔川勇多至六萬餘次第裁撤至今存營勇二千九百餘尙可裁其什一是歲湖南各營弁兵及水陸防勇次第裁者四千三百餘湖北裁者三千二百餘安徽陸續裁者約九千餘八年張曜疏言裁汰勇丁卽可規復兵額變通營制方能永固邊防九年張之洞奏整頓山西綠營練軍裁湘軍正勇千人設籌資遣籌復裁汰綜合前後裁兵約及六千人時貴州制兵裁汰二成守兵裁者三千二百餘戰兵二千九百餘江西額兵萬一千九百餘近始以制兵作練軍然長年調練冒替弊生遂有兵止一人人已三變之誚因定撫標選鋒仍舊操練裁外屬各營抽練之軍悉回原汛十一年諭直省裁汰綠營卞寶第言廣西額兵二萬三千土兵一萬四千粵逆初起不過二千人合此巨數之兵不能擊少數之賊廣西如此他可類推自後髮捻回苗悉亂綠營戰績無聞今宜以漸變通營制裁額併糧以兩餉挑一兵如額兵一萬分二十營一半駐守一半巡防無事則計日操防有警則隨時援應綠營積習無許復存二十二年諭近者戶部奏請裁兵宜汰綠營七成勇營三成通諭以來惟山東陳明分限五年裁減五成此外酌裁無幾綜各省兵勇尙八十萬有餘歲餉約共三千餘萬綠營積惰久成虛設當茲借款期迫棄有用之餉養無用之兵因之國窮民蹙各將軍督撫亟應定限切實裁減以聞二十四年從胡燏棻等言裁併綠營練勇選練新操時山東兵額已陸續裁十之三至是以不敷分配未裁之二成仍止不裁於是山西以汰存兵額不敷防卡之用請增練新軍數營恭壽亦言綠營弊深屢裁而益弱須藉民力以輔之宜急行團練二十七年劉坤一張之洞奏汰綠營言綠營官皆選補兵皆土著兵非弁之所自招弁非將之所親信既無恩義自難鈐束以傳舍之官馭世業之兵亦如州縣之於吏役欲其整飭變化服教從風此必無之事況綠營將弁薰染官習官弁且不易教況於兵乎層層積弊已入膏肓旣甚驕頑又極疲弱本難練成可用之兵自非裁汰不可惟有分年漸裁一策不分馬步戰守每年裁二十分之一計百人裁五限二十年而竣計成扣餉按次銷除卽以節省之餉作緝捕營察之用惟湖南鎭筸鎭保改土歸流無土著農戶除苗產外地皆屯田民皆兵籍綏靖鎭亦然請於此兩鎭兵額不再裁汰但將綠營改爲勇營所裁將領可用者改隸勇營不能帶勇者開缺或改官使武職無把持之弊合天下兵出於勇營之一途更定營名以符名實二十九年從徐世昌等言以綠營挑改巡警宣統元年步軍統領衙門疏言巡捕五營原設馬戰制兵萬人嗣因屢次裁併中營見兵千五百人內分馬兵五百四十戰兵八百六十簡差戰兵百人南營兵千二百五十人內分馬兵三百二十戰兵三百三十簡差戰兵百人左營兵八百人內分馬兵三百二十戰兵三百八十簡差戰兵百人右營兵七百人內分馬戰兵各三百簡差戰兵百人惟南營汛地設巡警後差務較簡請撥南營兵三百七十五人隸北左右三營每營馬兵各三百六十五人戰兵四百十人是年免裁之鎭筸綏靖二鎭定議改爲續備軍此外乾州永綏常德諸協河溪保靖等營留兵各三四百人去綠營之名改勇營規制作爲續備軍岳州澧州等營各裁將弁存兵六十四人或至九十三人其餘撫提鎭協諸營統將各裁統將一以同城將領兼統餘兵湖北通省將領

副將五人裁去一人參將七人裁二人遊擊十七人裁五人都司十一人裁三人守備三十三人裁十人其撫標各營尚未盡裁俟分軍裁汰是年裁江北舊役衞兵左右二哨兵貴州綠營已裁二成尋裁副將以下各官歸并四營酌改六營惟邊防要地佐防軍所不及者緩裁二年浙江綠營裁汰後尙餘將領三百九十九兵七千餘一律裁盡收取馬匹軍械改編巡防隊八營四川綠營次第裁盡挑選精壯改練防軍湖廣營已裁十成之七二年後即可裁盡湖北自咸豐八年裁馬兵改步兵同治八九年先後裁撤水陸軍二千一百有奇馬二百餘匹光緒十一年以來又裁二千九百有奇馬步戰守兵七千六百有奇馬八百八十餘匹實存馬步守兵共七千餘馬千六百六十匹以後分年裁盡尋湖北之漢陽協興國等營湖南之衡州協保靖等營副將以下各官一律停補裁福建綠營計至宣統六年裁盡見存將領三百八十人步戰守舵炊兵夫五千九百有奇直隸綠營於同治年間改爲練軍光緒以來通永等鎮分年裁減至二十九年實存馬步戰守兵二萬六千餘人其天津城守及葛沽通永通州北塘等凡十一營當庚子之變潰散無餘遂悉裁撤此外各營均十裁其三復裁將弁三百十四人其大沽六營庚子年傷亡過甚亦全裁之改設巡警三年直隸綠營尙存官弁七百餘兵六千六百餘實行裁汰惟淮練巡防各營暫仍其舊四川關外原設台兵向由綠營撥派共三十九台將弁兵丁一律裁撤福建綠營豫定裁盡年限所節之餉編練巡防隊江西亦擬裁盡綠營甘肅邊要陸軍尙未成鎮僅存馬步守兵萬七千餘資其防制之力暫從緩裁山西綠營所存無幾分三年盡裁之江南綠營亦然惟徐州鎮標緩撤山東以全裁綠營情事窒礙因請緩裁廣東綠營三江崖州二協儋州營督標中營均免裁其餘十減其四將領五百餘除邊要及兼防營之缺緩裁餘悉停補改練陸軍廣西綠營自光緒二十九年裁後僅存撫提標將領五或四人兵四五十人左江右江兩鎮將領各二人兵各二十人此歷朝裁兵大較也綠營積重沿數百年同治中興以後疆臣列帥懲前毖後漸改練勇巡防之制光宣間屢加裁汰宣統三年武昌事起陸軍部疏言時局艱危各省綠營巡防隊一律從緩裁撤綠營之制遂與有淸相終始云

直隸總督統轄督標四營節制一提督七總兵兼轄保定城守熱河喀爾沁吉林奉天捕盜永定河運河等營

督標四營 左營右營前營後營

保定城守等營 新雄營涿州營拱極營良鄉營中路東路南路西路北路張家口獨石口

熱河喀爾沁等營 烏蘭哈達塔子溝承德府平泉州三座塔多倫諾爾廳

吉林捕盜營 賓州廳五常廳敦化縣雙城廳伊通州

奉天捕盜營 昌圖府新民廳海城廳承德縣開原縣鐵嶺遼陽州錦縣寧遠州義州廣寧縣蓋平縣復州金州廳懷德縣奉化縣康平縣海龍廳鳳凰廳安東縣寬甸縣懷仁縣通化縣興京岫巖州

永定河運河等營 北運河務關廳楊村廳通惠河漕運廳南運河

直隸古北口提督統轄提標四營節制七鎮兼轄河屯一協三屯等營 提標中營左營右營前營密雲城守營順義營承德府河屯協左營右營唐三營三屯營喜峯路燕河路建昌路八溝營建昌營赤峯營朝陽營昌平營居庸路鞏華營懷柔路湯泉營古北口

馬蘭鎮總兵統轄鎮標二營兼轄遵化等營 鎮標左營右營遵化營薊州營曹家路牆子路黃花山餘丁營

泰寧鎮總兵統轄鎮標二營兼轄紫荊關等營 鎮標左營右營水東郵營紫荊關白石口營廣昌營插箭嶺犢山營易州營房山營淶水營馬水口沿河口

宣化鎮總兵統轄鎮標三營兼轄獨石口多倫諾爾二協蔚州等營 鎮標中營左營右營獨石口協左營右營鎮安營龍門所營雲州堡馬營堡鎮寧堡松樹堡滴水堡赤城堡君子堡靖安堡多倫諾爾協中營左營右營蔚州營東城營宣化城守營懷來營懷來城守營岔道營龍門路營懷安營左衛營柴溝營西陽河堡營張家口營萬全營膳房堡營新河口堡營洗馬林堡營

天津鎮總兵統轄鎮標二營兼轄河間大沽二協務關等營 鎮標左營四黨口營右營河間協左營右營鄚家口營景州營大沽協前左及中左後左前右中右後右六營葛沽營祁口營務關營滄州營武清營靜海營舊州營天津城守營

正定鎮總兵統轄鎮標二營兼轄固關等營 鎮標左營右營固關營龍泉關營倒馬關營忠順關營龍固城守營

大名鎮總兵統轄鎮標三營兼轄開州協大名城守等營 鎮標中營左營右營開州協杜勝營東明營長垣營大名城守營廣平營順德營磁州營

通永鎮總兵統轄鎮標二營兼轄通州山永二協北塘等四營 鎮標左營右營通州協左營右營張家灣營采育營三河營山永協左營右營山海路營石門路營蒲河營樂亭營北塘營豐順營玉田營寶坻營

山東巡撫兼提督駐濟南府節制三鎮統轄撫標二營兼轄登榮水師一協

撫標 左營右營登榮水師練軍營

兗州鎮總兵統轄鎮標二營兼轄沂州一協泰安等六營 鎮標左營右營沂州協泰安營寨莊營濟南城守營武定營安東營沙溝營

登州鎮總兵統轄鎮標二營兼轄文登等七營 鎮標左營右營文登營膠州協萊州營即墨營青州營甯福營壽樂營

曹州鎮總兵統轄鎮標二營兼轄臨清協德州等營 鎮標中營右營臨清協德州營東昌營單縣營壽張營濮州營高唐營梁山營鉅野營桃源營

河東河道總督統轄河標三營兼轄濟甯城守及運河懷河豫河等營

河標 中營左營右營濟甯城守營運河營懷河營黃河北岸下北河黃沁河陽封豫河營上南河中河下南河

山西巡撫兼提督節制二鎮統轄撫標二營兼轄精兵兩哨口外七廳捕盜營

撫標 左營右營精兵兩哨歸化廳標薩拉齊廳豐鎮廳標甯遠廳標和林格爾廳標托克托城廳標清水河廳標

太原鎮總兵統轄鎮標二營兼轄蒲州潞安二協太原等營 鎮標左營右營蒲州協運城營吉州營潞安協澤州營東陽營粟城營太原營平陽營隰州營汾州營平垣營孟壽營東灘營平定營

大同鎮總兵統轄鎮標三營殺虎口一協新平路等營 鎮標中營左營右營殺虎協左營右營甯武營偏關營鎮西城河保營保德營水泉營平魯營靖遠營歸化城新平路天城營陽和營渾源營得勝路豐川營助馬路懷仁城北樓營東路忻州營靈邱路山陰路

河南巡撫兼提督節制三鎮統轄撫標二營兼轄開封營

撫標 左營右營開封城守營

河北鎮總兵統轄鎮標二營兼轄河南城守等營 鎮標左營右營河南城守營左營右營衞輝營彰德營陝州營內黃營嵩陽營王祿店營滑縣營

南陽鎮總兵統轄鎮標二營兼轄荊子關信陽二協汝甯等營 鎮標左營右營荊子關協盧氏營信陽協左營右營汝甯營鄧新營襄城城守營新野營光州營固始縣營

歸德鎮總兵統轄鎮標二營兼轄永城等營 鎮標左營右營永城營考城營陳州營

兩江總督統轄督標二營節制三巡撫一提督九總兵兼轄江甯城守一協揚洲鹽捕二營

督標 中營右營江甯城守協左右兩營奇兵營青山營浦口營溧陽營瓜州營揚州營鹽捕營

漕運總督統轄各衞所外復統轄旗綠漕標三營兼轄淮安城守等營

漕標 中營左營右營淮安城守營海州營鹽城水師營東海水師營

江蘇巡撫節制三鎮統轄撫標二營兼轄蘇州城守營

撫標 左營右營蘇州城守營

江南水陸提督節制五鎮統轄提標五營兼轄太湖松北二協松江城守等營 提標中營左營右營前營後營太湖協左營右營松北協松江城守營金山營柘林營青村營平望營江陰營靖江營孟河營常州營鎮江營松南水師營南匯水師營

狼山鎮總兵統轄鎮標二營兼轄通州等營 鎮標中營右營通州水師營掘港水師營泰州營泰興營三江水師營

蘇松鎮水師總兵統轄鎮標三營兼轄海門一協 鎮標中營左營右營海門協

徐州鎮總兵統轄鎮標中營兼轄徐州城守等營 鎮標中營徐州城守營蕭營宿州營

淮揚鎮總兵統轄鎮標三營兼轄清江城守等營 鎮標中營左營右營清江城守營宿遷營廟灣水師營佃湖營洪湖水師營鼓蕩左營鼓蕩右營

福山鎮總兵統轄鎮標二營吳淞川沙二營 鎮標左營右營吳淞水師營川沙水師營

安徽巡撫兼提督節制二鎮統轄撫標二營兼轄安慶一協游兵潛山二營

撫標 左營右營安慶協左營右營游兵營潛山營

壽春鎮總兵統轄鎮標二營兼轄六安等營 鎮標中營右營六安營潁州營泗州營廬州營亳州營龍山營

皖南鎮總兵統轄鎮標二營兼轄徽州等營 鎮標中營右營徽州營池州營蕪采營廣德營

江西巡撫兼提督節制二鎮統轄撫標二營兼轄南昌城守一協

撫標 左營右營南昌城守協

九江鎮總兵統轄鎮標二營兼轄九江城守等營 鎮標前營後營九江城守營廣信營鉛山營饒州營浮梁營建昌營廣昌營武甯營瑞州營撫州營銅鼓營南康營

南贛鎮總兵統轄鎮標三營兼轄袁州一協贛州城守等營 鎮標營中左營後營袁州協臨江營贛州城守營甯都營南安營吉安營龍泉營萬安營永豐營蓮花營興國營文英營永鎮營橫岡營羊角營

長江水師提督節制四鎮統轄提標五營兼受兩江總督湖廣總督節制 提標中營金陵營裕溪營大通營蕪湖營

長江水師岳州鎮總兵統轄鎮標四營 鎮標中營荊州營沅江營陸溪營

長江水師漢陽鎮總兵統轄鎮標四營 鎮標中營田鎮營鄂州營巴河營

長江水師湖口鎮總兵統轄鎮標五營 鎮標中營安慶營吳城營饒州營華陽營

長江水師瓜洲鎮總兵統轄鎮標四營 鎮標中營江陰營三江營孟河營

閩浙總督節制二巡撫三提督十二鎮統轄督標二營兼轄撫標二營南臺水師營

督標三營 中營左營右營撫標左營右營南臺水師營

福州將軍除統轄八旗駐防官兵外兼轄福州城守營節制福甯鎮標福州城守及同安等營

福建陸路提督節制四鎮統轄提標五營兼轄福州城守興化城守二協泉州城守等營 提標中營左營右營前營後營福州城守協左營右營興化城守協左營右營泉州城守營長福營

福甯鎮總兵統轄鎮標三營其左營係水師提督節制兼轄海壇閩安二協烽火門四營 鎮標中營左營右營海壇協左營右營閩安水師協左右兩營烽火門水師營桐山營連江營羅源營

汀州鎮總兵統轄鎮標三營兼轄邵武城守營 鎮標中營左營右營邵武城守營左營右營

建甯鎮總兵統轄鎮標三營兼轄延平城守協楓嶺營 鎮標中營左營右營延平城守協左營右營楓嶺營

漳州鎮總兵統轄鎮標三營兼轄順良協同安等營 鎮標中營順昌協同安營詔安營平和營雲霄營龍巖營漳州城守營

福建水師提督節制三鎮及福甯鎮左營廣東南澳鎮左營統轄提標五營兼轄金門協銅山湄州等營 鎮標中營左右前後四營金門協銅山水師營湄州水師營

閩粵南澳鎮外海水師總兵 左營

福建臺灣巡撫節制二鎮

臺灣鎮總兵統轄鎮標中營兼轄臺灣北路臺灣水師二協臺灣城守及臺灣南路等營鎮標中營臺灣北路協中營右營臺灣水師協中營左營右營臺灣城守營左營右營臺灣南路營臺灣嘉義營臺灣艋舺水師營滬尾水師營噶瑪蘭營臺灣恒春營臺灣道標臺灣南路下淡水營

澎湖鎮外海水師總兵統轄鎮標二營鎮標左營右營

浙江巡撫統轄撫標二營兼轄海防營

撫標左營右營巡鹽營海防營

浙江水陸提督節制五鎮統轄提標五營兼轄杭州等協太湖等營提標中營左營右營前營後營杭州城守協錢塘水師營嘉興協左右兩營湖州協左右兩營安吉營紹興協左營右營乍浦水師協左營右營太湖水師營寧波城守營澉浦水師營海寧水師營

定海鎮總兵統轄鎮標三營兼轄象山協鎮海定海城守營鎮標中營左營右營象山協左營右營石浦水師營鎮海水師營定海城守營

海門鎮總兵統轄鎮標三營兼轄台州協海門城守等營鎮標中營左營右營台州協中營左營右營海門城守水師營寧海營太平營

溫州鎮總兵統轄鎮標三營兼轄樂清瑞安平陽三協玉環溫州城守等營鎮標中營左營右營樂清協大荊營磐石營瑞安協左營右營平陽協左營右營玉環營左營右營溫州城守營

處州鎮總兵統轄鎮標三營兼轄金華協麗水營鎮標中營左營右營金華協左營右營麗水營

衢州鎮總兵統轄鎮標三營兼轄嚴州協楓嶺衢州城守等營鎮標中營左營右營嚴州協左右兩營楓嶺營衢州城守營

湖廣總督節制二巡撫二提督五鎮統轄督標三營

督標中營左營右營

湖北巡撫統轄撫標二營

撫標左營右營

湖北提督節制二鎮統轄提標五營兼轄黃州漢陽二協荊州城守等營提標中營左營右營前營後營黃州協蘄州營漢陽協荊州城守營武昌城守營德安營興國營均光營鄖陽城守營荊門營安陸營

鄖陽鎮總兵統轄鎮標四營兼轄竹山協鄖陽城守營鎮標中營左營右營前營竹山協鄖陽城守營

宜昌鎮總兵統轄鎮標四營兼轄施南協遠安等營鎮標中營左營前營後營施南協左營右營遠安營衛昌營宜都營荊州隄防營

湖南巡撫節制三鎮統轄撫標二營兼轄鳳凰等屯軍營

撫標左營右營鳳凰廳屯永綏廳屯乾州廳屯古丈坪廳屯保靖廳屯

湖南提督節制三鎮統轄提標五營兼轄長沙等協澧州等營提標中營左營右營前營後營長沙協左營右營乾州協左營右營鎮溪營河溪營永順協常德協龍陽城守營澧州營岳州營九溪營永定營辰州城守營古丈坪營

鎮筸鎮總兵統轄鎮標四營兼轄沅州靖州二協綏甯長安等營鎮標中營左營右營前營沅州協晃州營靖州協綏甯營長安營

永州鎮總兵統轄鎮標三營兼轄寶慶衡州二協臨武等營鎮標中營左營右營寶慶協衡州協臨武營宜章營桂陽營武岡營嶺東營

綏靖鎮總兵統轄鎮標二營兼轄永綏協保靖營鎮標左營右營永綏協中營左營芭茅坪營保靖營左營右營

陝甘總督節制二巡撫三提督十一鎮統轄督標五營

督標中營左營右營前營後營

陝西巡撫統轄撫標三營

撫標中營左右兩營

陝西固原提督節制四鎮統轄提標五營兼轄靖遠等協靜甯等營提標中營左右前後四營靖遠協蘆塘營鹽茶營下馬關營八營潼關協金鎖關三要司商州協中營左營右營西安城守協左營右營盩厔營靜甯營馬營監營安定營隆德營西鳳營邠州營長武營慶陽營涇州營紅德城守營固原城守營硝河城汛平涼城守營秦州營利橋營宜君營化平營

延綏鎮總兵統轄鎮標三營兼轄定邊協神木等營鎮標中營左營右營定邊協靖邊營鎮靖營安邊營神木營黃甫營麻池溝營高家營鎮羌營波羅營綏德城守營延安營鄜州營延綏城守營

陝安鎮總兵統轄鎮標三營兼轄鎮安城等守營鎮標中營左營右營鎮安城守營磚坪營興安城守營鎮坪營孝義城守營紫陽營白河營洵陽營

河州鎮總兵統轄鎮標二營兼轄洮岷協循化等營鎮標左營右營洮岷協階州營文縣營西固營岷州營舊洮營循化營保安營起臺營蘭州城守營鞏昌營臨洮營河州城守營

漢中鎮總兵統轄鎮標三營兼轄甯陝等營鎮標中營左營右營甯陝營陽平關營甯羌營略陽營留壩營定遠營西鄉營華陽營東江口營漢中城守營漢鳳營鐵鑪川營佛坪營

甘肅提督統轄提標五營兼轄永固城守協節制西甯等四鎮提標中營左營右營前營後營永固城守協甘州城守營梨園營洪水營南古城營山丹營峽口營大馬營察漢俄博營

西甯鎮總兵統轄鎮標五營兼轄鎮海協西甯城守等營鎮標中營左營右營前營後營鎮海協哈拉庫圖爾營西甯城守營巴燕戎格營巴暖三川營貴德營南川營大通營永安營白塔營碾伯營威遠營

甯夏鎮總兵統轄鎮標五營兼中衛協花馬池等營鎮標左營右營前營後營兼管城守營城守營中衛協石空寺堡古水井堡花馬池營安定堡靈武營靈州營同心營平羅營洪廣營玉泉營廣武營興武營橫城營

涼州鎮總兵統轄鎮標五營兼轄永昌莊浪二協鎮標中營左營右營前營後營西把截堡永昌協甯遠營水泉營新城營張義營鎮番營安城營大靖營土門營莊浪協俄博嶺營松山營鎮羌營岔口營紅城堡紅水營三眼井營

肅州鎮總兵統轄鎮標三營兼轄金塔安西二協肅州城守等營鎮標中營左營右營金塔協鎮彝營清水營高台營撫彝營紅崖堡安西協布隆吉爾營橋灣營肅州城守營嘉峪關營沙州營靖逆營赤金營

甘肅新疆巡撫節制三鎮統轄撫標四營瑪納斯協濟木薩等營

撫標中營左營右營城守協中營喀喇巴爾噶遜營瑪納斯協濟木薩營庫爾喀喇烏蘇營精河營叶魯番營

新疆喀什噶爾提督節制三鎮統轄提標五營兼轄回城莎車二協英吉沙爾等營提標中營左右兩營前營城守營回城協中營左右兩旗莎車協中營中左右三旗英吉沙爾營和闐營瑪喇巴什營

新疆阿克蘇鎮總兵統轄鎮標四營兼烏什協喀喇沙爾等營鎮標中左右三營城守營烏什協喀喇庫車營沙爾營

新疆巴里坤鎮總兵統轄鎮標四營兼轄哈密協古城等營鎮標中營左右兩營城守營哈密協古城營塔爾納沁營木壘營

伊犁將軍節制一鎮統轄軍標二營軍標中營左營

伊犁鎮總兵統轄鎮標四營兼轄塔爾巴哈台協霍爾果斯等營鎮標中營左營右營綏定城守營塔爾巴哈台協霍爾果斯營甯遠城營

四川總督節制一提督四鎮統轄督標三營

督標中營左營右營

成都將軍除統轄八旗駐防官兵外統轄軍標綠營二營節制建昌松潘二鎮

軍標左營右營

四川提督節制四鎮統轄提標三營兼轄阜和懋功馬邊三協成都城守等營提標中營左營右營阜和協左營右營黎雅營泰甯營懋功協崇化營綏靖營慶甯營撫邊營馬邊協左營右營存城營萬全營平安營成都城守營右營永甯營瀘州營敘馬營建武營普安營右營安阜營峨邊營右營鎮遠營綿州營

川北鎮總兵統轄鎮標三營兼轄綏定等營鎮標中營左營右營綏定營順慶營太平營巴州營廣元營潼川營城口營通江營

重慶鎮總兵統轄鎮標三營兼轄夔州綏甯二協忠州營鎮標中營左營右營夔州協左營右營巫山營梁萬營鹽廠營綏甯協左營右營酉陽營黔彭營邑梅營忠州營

建昌鎮總兵統轄鎮標二營兼轄會川等營鎮標中營左營會川營永定營越巂營甯越營保安營靖遠營瀘甯營會鹽營懷遠營冕山營

松潘鎮總兵統轄鎮標三營兼轄維州協漳臘等營鎮標中營左營右營維州協左營右營茂州營漳臘營疊溪營龍安營平番營

兩廣總督節制二巡撫三提督九鎮統轄督標五營兼轄本標水師綏猺等營

督標中營左營右營前營後營督標水師營綏猺營

廣州將軍除統轄八旗駐防官兵外節制南韶連鎮標潮州鎮標高州鎮標瓊州鎮標惠州協標肇慶協標廣州城守協三江口協黃岡協羅定協增城各二營南雄協欽州各一營雷州左營前山永靖連陽惠來曉平潮陽廉州儋州萬州和平四會那扶永安興甯平鎮潮州城守石城陽春三水徐聞綏猺等營

廣東巡撫統轄撫標二營

撫標左營右營

廣東陸路提督節制五鎮統轄提標五營廣州城守等協增城等營提標中營左營右營前營後營廣州城守協左營右營三水營惠州協左營右營和平營肇慶城守協左營右營四會營那扶營增城營左營右營永靖營永安營

南韶鎮總兵統轄鎮標三營兼轄三江口南雄二協清遠佛岡等營鎮標中營左營右營三江口協左營右營連陽營南雄協清遠營左軍右軍佛岡營

潮州鎮總兵統轄鎮標三營兼轄黃岡協惠來等營鎮標中營左營右營黃岡協左營右營惠來營饒平營潮陽營興甯營平鎮營潮州城守營

高州鎮水師兼陸路總兵統轄鎮標二營兼轄羅定協陽江等營鎮標左營右營羅定協左營右營陽江營硇州營吳川營電白營東山營陽春營

廣東水師提督節制五鎮統轄提標五營香山等四協新會前山等營提標中營左營右營前營後營香山協左營右營順德協左營右營大鵬協左營右營赤溪協左營右營新會營左營右營前山營

碣石鎮總兵統轄鎮標三營兼轄平海營鎮標中營左營右營平海營

瓊州鎮水師兼陸路總兵統轄鎮標二營兼轄崖州協海口等營鎮標左營右營崖州協海口營萬州營儋州營海安營

南澳鎮總兵分管閩粵二省統轄鎮標二營兼轄澄海等營鎮標左營隸福建水師提督節制右營澄海營左營右營海門營達濠營

北海鎮水陸總兵統轄鎮標二營兼轄龍門協雷州等營鎮標左營右營龍門協左營右營雷州營欽州營白龍營徐聞營石城營靈山營

廣西巡撫統轄撫標二營

撫標左營右營

廣西提督節制三鎮統轄提標中軍一營兼轄平樂新太二協全州等營提標中軍平樂協左營右營富賀營麥嶺營新太協馗纛營全州營賓州營三里營上思營東蘭營桂林城守營龍州城守營

左江鎮總兵統轄鎮標三營兼轄梧州潯州二協南甯城守等營鎮標中營左營右營梧州協左營右營懷集營潯州協左營右營南甯城守營鬱林營

右江鎮總兵統轄鎮標三營兼轄鎮安協思恩等營 鎮標中營　左營　右營　鎮安協左營　右營　思恩營　隆林營　上林營　恩隆營

柳慶鎮總兵統轄鎮標二營慶遠義甯二協融懷等營 鎮標左營　右營　慶遠協左營　右營　義甯協　左營　右營　融懷營　永甯營　柳州城守營

雲貴總督節制二巡撫二提督十鎮統轄本標三營兼轄曲尋協雲南城尋霑等營

督標中營　左營　右營　曲尋協左營　右營　雲南城守營　尋霑營

雲南巡撫統轄撫標二營

撫標左營　右營

雲南提督節制六鎮統轄提標三營兼轄楚雄協武定大理城守等營 提標中營　左營　右營　楚雄協　武定營　大理城守營

臨元鎮總兵統轄鎮標四營兼轄元新澂江等營 鎮標中營　左營　右營　前營　元新營　澂江營

開化鎮總兵統轄鎮標四營兼轄廣南廣西等營 鎮標中營　左營　右營　後營　廣南營　廣西營

騰越鎮總兵統轄鎮標二營兼轄永昌等二協龍陵營 鎮標中營　左營　右營　永昌協左營　右營　順雲協中營　左營　右營　龍陵營

鶴麗鎮總兵統轄鎮標三營兼轄維西協永北劍川等營 鎮標中營　左營　右營　維西協左營　右營　永北營　劍川營

昭通鎮總兵統轄鎮標四營兼轄東川鎮雄等營 鎮標中營　左營　右營　東川營　鎮雄營

普洱鎮總兵統轄鎮標三營兼轄威遠景蒙等營 鎮標中營　左營　右營　威遠營　景蒙營

貴州巡撫統轄撫標二營兼轄古州等十衞都江下江等營

撫標左營　右營　古州左衞　右衞　八寨衞　台拱衞　黃施衞　丹江衞　凱里衞　清江左衞　右衞　石峴衞　都江廳標　下江廳標

貴州提督節制四鎮統轄提標三營兼轄大定等協羅斛等營 提標左營　右營　前營　大定協左營　右營　平遠協左營　右營　遵義協左營　右營　定廣協左營　右營　羅斛營左營　右營　貴陽營　平越營　歸化營　黔西營　安順城守營　仁懷營　新添營

安義鎮總兵統轄鎮標三營兼轄永安協長壩等營 鎮標中營　左營　右營　永安協左營　右營　長壩營　普安營　安南營　冊亨營

古州鎮總兵統轄鎮標三營兼轄上江都勻二協朗洞等營 鎮標中營　左營　右營　上江協左營　右營　都勻協左營　右營　朗洞營左營　右軍　黎平營左營　右軍　熟波營　下江營

鎮遠鎮總兵統轄鎮標三營兼轄清江等三協台拱等營 鎮標中營　左營　右營　清江協左營　右營　松桃協左營　右營　銅仁協左營　右軍　台拱營左營　右軍　丹江營　左營　右軍　思南營　凱里營　黃平營　天柱營　石阡營

威甯鎮總兵統轄鎮標二營兼轄畢赤水城等營 鎮標左營　右營　畢赤營　水城營

綠營兵額清初未定攷明代京軍二十萬餘外軍九十九萬餘順治間不可考大約視舊額約裁減十三四康熙兵制京巡捕三營經制馬步兵三千三百直隸各標兵三萬七百山西二萬五千川陝總督陝甘兩巡撫及提鎮各標兵八萬五千九百七十八四川四萬雲南四萬二千貴州二萬廣西二萬湖廣四萬廣東七萬三千一百十人江南總督總漕江甯安徽兩巡撫京口將軍四萬九千八百五十浙江四萬三千四百五十江西萬五千福建六萬九千七百二十六山東總河及撫鎮標兵二萬河南一萬都各省經制馬步兵五十九萬四千四百十四逮乾隆二十九年次第增加各省多者一千至六千餘惟貴州加至萬八千二百餘減者江西七百餘廣東四百餘浙江二千餘福建三千餘都六十三萬七千三百二十三至五十年各省綠營兵額京巡捕五營一萬直隸三萬九千四百二山東萬七千五百四山西二萬五千七百五十二河南萬一千八百七十四江南四萬八千七百四十七江西萬三千九百二十九福建六萬三千一百十九浙江四萬三千七湖北萬七千七百九十四湖南二萬三千六百四四川三萬千一百十二陝甘八萬四千四百九十六廣東六萬八千九十四廣西二萬三千五百八十八雲南四萬千三百五十三貴州三萬七千七百六十九都五十九萬九千八百十四綜計數減於舊者凡四萬餘各省減者自數百至數千不等惟陝甘減至萬二千則以四十六年新增者不在此數而山東河南江南視舊額轉多蓋河漕標兵本定分額此實併入各省中也嘉慶十七年綠營都數爲六十六萬千六百七十一視乾隆中葉增額六萬餘各省均所有益惟浙江減額千餘其江南總額此分江甯七千三十九南河萬五千六百六十六漕運三千六百八十一江蘇二萬三千七百四十八安徽八千七百三十八總爲五萬六千八百七十二增舊額八千餘又舊額但舉山東此分山東萬五千九百三十三東河四千二百四十一增額三千餘略可考見十九年山西等省共裁兵萬五千四百餘內改馬戰兵爲步守兵共千二百餘道光初元諭行裁汰減額萬餘復議裁改二十九年兵額直隸四萬千三百三十五山東二萬五十七河南萬五千三百八十一 東河併入河南山東 山西二萬一千八百五江蘇三萬八千一百八安徽九千四百四十二 南河漕運併入江南 江西萬二千四百七十二福建六萬千六百七十五浙江三萬七千五百六十五陝西二萬四千七百二十甘肅六萬八千八百六十二湖北二萬五百五湖南二萬七千百十五四川三萬三千八百十一廣東六萬八千三百二十二廣西二萬二千四百七十二雲南三萬九千七百六十二貴州三萬六千四百七十七都五十八萬五千四百十二 京營萬名作外 減於乾隆舊額且逾萬矣咸豐軍興以來綠營議裁迄同治光緒間兵制一變直省屢行簡汰顧不能悉廢存額尚不爲少再綜近時綠營兵額京巡捕營一萬外十六門門甲三百十門軍六百四十凡萬九百五十直隸四萬二千八百十山東萬七千八百七十五山西萬六千四十五河南萬四百六十八江蘇二萬五千七百七十安徽九千三百六十四江西萬一千七百四十長江水師萬一千六十四福建二萬三千六百七十八臺灣八千二百六十八浙江二萬三千四百九湖北萬五千三百四十三湖南三萬零二十四陝西萬八千六百八十七甘肅萬二千七百二十五新疆二萬六千五百十五四川三萬千二百八十一廣東四萬六千七百七十四廣西萬四千一百十五雲南萬二千五百七十二貴州四萬二千九百五都四十六萬二千三百八十二取道光末年額較之減於舊者幾十二萬但舊額不及長江水師與臺灣云

清史稿　志

兵志三

防軍　陸軍

防軍初皆召募於八旗綠營以外別自成營兵數多寡不定分布郡縣遇寇警則隸於專征將帥二百年間調發徵戍咸出於此若乾隆年臺灣之役乾嘉間黔楚征苗之役嘉慶間川陝教匪之役道光年洋艘征撫之役皆暫募勇營事平旋撤故嘉慶七年楚北初設提督卽以勇丁充補標兵道光十七年以練勇隸於鎮筸鎮標二十三年以防守海疆之水陸義勇三萬六千人仍遣回本籍無防練軍之名也道咸間粵匪事起各省多募勇自衞張國樑募潮州勇丁最多咸豐二年命曾國藩治湖南練勇定湘軍營哨之制爲防軍營制所昉迨國藩奉命東征湘勇外益以淮勇多至二百營左宗棠平西陲所部楚軍亦百數十營軍事甫定各省險要悉以勇營留防舊日綠營遂同虛設綠營兵月餉不及防勇四分之一升擢擁滯咸辭兵就勇粵捻旣左宗棠諸臣建議防營誠爲勁旅有事則兵不如勇無事則分汛巡守宜以制兵爲練兵而於直隸江淮南北扼要之處留勇營屯駐遂有防軍之稱練軍始自咸豐間以勇營日多屢令統兵大臣以勇補兵額而以餘勇備緩急尚無別練之師至同治元年始令各疆吏以練勇人數口糧悉數報部稽核是年於天津創練洋槍隊二年以直隸額兵酌改練軍四年兵部戶部諸臣會議選練直隸六軍始定練軍之名各省練軍乃踵行之練軍雖在額設制兵內選擇而營哨餉章悉準湘淮軍制與防軍同其綠營制兵分布列郡汛地練軍則屯聚於通都重鎭簡器械勤訓練以散爲整重在屯防要地其用亦與防軍同故練軍亦防軍也同治光緒間各省所增編防練軍兵部戶部於光緒二十四年核其總數直隸練軍一萬一千人留防淮軍三萬一千人新軍一萬一千四百人毅軍一萬人奉天練軍一萬一千四百人吉林防軍八千五百九十八人練軍四千四百三十八人黑龍江練軍七千九百七十一人山西練軍四千九百人河南防軍九千一百九十人陝西防練軍一萬四千四百五十八人甘肅防軍一萬二千五百人新疆防軍二萬七千八百四十五人塔爾巴哈臺勇營二千四百三十二人四川勇營一萬五千六百九十八人雲南防軍一萬五千三十三人貴州練軍九千四百八十六人廣東勇營一萬一千八百人廣西勇營一萬六千九百四十人湖南練軍一萬二千九百七十人湖北勇營一萬二千六百九十人新軍一千九十三人江西防軍九千三百六十三人安徽防練軍一萬一千二百九十人江蘇防軍二萬三千七百九十人自強軍三千一百七十人得勝軍三千人浙江防軍二萬一千三百人山東防軍一萬三千九百五十人福建防軍一萬五百四十人各省防軍練勇凡三十六萬餘人歲需餉銀二千餘萬兩其後綠營兵屢加裁汰各省衞戍之責遂專屬於防練軍光緒中葉後防練軍改爲巡防隊光宣之間又改爲陸軍至宣統三年各省巡防隊猶未裁盡也茲列同光宣三朝改設防練軍規畫於篇而以陸軍新制附焉防軍同治元年直隸省於大沽協標六營內選練五百人復增至二千五百人分爲五營營分十隊設總統一人翼長二人各營管帶一人副管帶二人正副令官二人帶隊官十人分隊官二十人沈

葆楨於江蘇省額兵一萬二千人內嚴汰老弱增補精銳分爲二班一班調至省城操練一班留防汛地半年換班其赴操者酌加練費較募勇之費不及其半練成卽調赴前敵助戰二年劉長佑以直隸省營務積年廢弛各營兵數多寡懸殊號令不一乃改仿湘軍成規以五百人爲一營設營官哨隊官及親兵分別隊伍旂幟申明號令改設六軍凡築營結陣諸法一律講求其步隊營制設營官一人哨官四人哨長五人什長四十人正兵三百六十人營官親兵五十人哨官護兵四十人營官自率中哨凡五百人其馬隊營制設營官一人幫辦二人督隊官五人每哨五棚每棚什長一人正兵九人營官自率中哨合伙兵馬夫凡三百十六人保定練軍馬步守兵一千九百五十人爲一軍宣化練軍一千四百八十人爲一軍古北口練軍二千四百十人爲一軍大名練軍一千二百三十四人爲一軍正定練軍一千四百八十人爲一軍通永練軍一千七百五十四人爲一軍共編爲六軍五年令遵化等處各駐防軍每軍定爲步隊二千人馬隊五百人在督標提標內選取凡一萬五千人分爲六軍頒練兵章程十七條隸總督節制以防畿輔又於六軍外續練防勇二軍以奉天留防隊伍調補直隸練軍缺額其訓練京營由神機營量增兵額是年左宗棠以福建省綠營額冗餉薄乃裁兵十成之四卽以裁餉加留營之兵并營操練六年丁寶楨於山東省增練馬隊三千人七年以各省綠營日益孱弱令各省以壯健練勇易之曾國藩經理直隸省練兵事宜就全省綠營內抽練六千人仿勇營規制分地巡防海防議起調駐天津分中左右前後五營與勇營相犄角八年曾國藩以軍事既竣宜練兵不宜練勇而勇營良法爲練軍所當參用者一文法宜簡一事權宜專一情意宜洽減兵增餉汰弱留強嚴杜頂替之弊於原有練軍四千人外古北口正定保定各練千人統以東南戰將練成之後分爲四軍以二軍駐京北二軍駐京南俟功效既著增練五千人全省防營於未撤之九營外以劉銘傳全部淮軍駐防張秋以督標親軍炮隊營及前營副營駐天津以親軍炮隊營駐大沽炮臺以盛字中軍六營左軍三營仁軍二營馬隊五營駐馬廠青縣於運河西岸築炮臺五座駐盛字前軍三營右軍三營老左軍一營於滄洲駐樂字中左各一營其盛字營兼辦屯田以衞畿輔是年丁日昌以江蘇省自淮軍全部撤防以後江蘇撫標兵僅有一千六百餘人乃裁汰老弱補以勇丁分左右二營練習洋槍及開花炮諸技馬新貽以江南全省額兵一萬二千七百餘人分防各處徒有其名必須化散爲整始能轉弱爲強乃於督標內選千人爲左右營浦口瓜洲營內選五百人爲中營揚州泰州營內選五百人爲前營駐省城訓練於徐州鎭標內選千人爲徐防新兵左右營以地方之輕重定練兵之多寡劉錦棠以新疆全境自回民亂後旗營零落殆盡乃於烏魯木齊創設標兵於天山南北路各置額兵新疆所有駐防旗兵歸并伊犂整頓別以精騎重兵居中屯駐爲南北各路策應之師崇實以四川省軍事漸定酌裁防軍選練旗綠各營九年曾國藩於直隸省增募馬勇千人分爲四營原有額兵增足萬人分練馬隊步隊奏定各營哨之制及底餉練餉出征加餉之制爲北方重鎭十年鮑源深以山西省撫標兵仿曾國藩直隸練兵之法選練馬隊一營步隊二營以次推行各鎭吳棠以四川全省額兵類多疲弱乃歸并訓練得精壯萬人王文韶以苗疆戡定所有湖南省留防軍三十營分布於湖南貴州接壤之區又於撫標提標內各選練精壯一營十二年令陝甘督臣左宗棠雲貴督臣岑毓英各選所部勇丁以補營兵之額是時中外臣工皆注意練兵李宗羲謂勇與兵有主客聚散勤惰之異未可易勇爲兵王凱泰謂各省練兵宜令更番換防雲貴蕩平以後兩省制兵亦宜換防調操以杜久駐疲惰之漸兵部諸臣會議以同治初年創議練兵京師神機營及直隸省六軍別籌練餉特立營制福建浙江廣東江蘇等省皆就所減之餉加於練軍河南山西山東湖南等省則按直隸之法於額兵內抽練於正餉外略加練費甘肅省則因軍事初定先練千五百人但各省所抽撥之兵不過原額十之二三若其餘之兵置之不問終成疲弱應令各省統兵大臣已練之兵以時休息其未練者次第調操期通省額兵咸成勁旅十三年都興阿於奉天各城額兵內選練馬隊二千人於各城八旗內選蘇拉千人爲餘兵俟客兵裁撤再行增練光緒二年崇實因奉天換防旗兵日久弊生乃於岫巖熊岳大孤山靑堆子等處改設練軍三年允李慶翺之議於河南省增設練軍步隊六年令各疆臣酌量裁兵各省防軍自裁撤後爲數尙多直隸陝甘須辦邊防雲南貴州則防軍較少此外各省均應大加裁汰水師自設兵輪船後舊式戰船水師亦分別去留旋廣西撫臣慶裕以廣西省兵單餉薄乃酌裁防軍以所節之餉仿直隸練兵章程在省標提標內各選練二營左右江兩鎭各選練一營岐元以奉天省自同治間馬賊四出肆擾先後商調客軍增練旂綠各營而營制餉章未能畫一光緒五年乃以直隸客軍歸并奉天省合槍炮馬步各隊釐定營制編爲奉字中左右前後馬步隊五營中軍增步隊一營丁寶楨因四川省自軍興以後川勇而外益以湖南貴州各軍多至六萬餘人事定次第裁并至光緒三年實存防軍一萬餘人須分守要隘未可再裁貴州防軍較他省爲少李明墀於光緒五年後陸續裁汰四千餘人李瀚章以湖北省防軍若升字三營忠義八營武毅七營水師七營皆扼要駐守不宜裁汰就湖北通省額兵酌量裁去三千餘人裕祿以安徽省自捻寇平後駐防皖南皖北各軍凡一萬八千餘人次第歸并訓練實存水陸防軍萬人七年岑毓英因苗亂已平貴州之屯軍防勇量爲裁并屯軍裁去九千人以裁軍補額兵酌改練軍旋移撫福建乃率貴州練軍二千人赴閩教練閩省制兵譚鍾麟以浙江省防軍於光緒六年募足三十營旋裁去四營以練軍十營駐溫州海門省垣各一營餘皆歸守汛地是年以各省防軍歲餉甚鉅令統兵大臣一律嚴核不得有吞蝕空額諸弊八年崇綺裁并奉天各軍於八旗捷勝營及東邊道標兵蒙古練勇外所有馬步營中之南方防勇邊地勿良乃裁并爲一營餘悉遣歸原省任道鎔於山東省撫標及兗曹鎭標內抽調步兵千二百人分爲三營加餉訓練張曜劉錦棠以伊犂收復就關外營勇選練制兵改行餉爲坐糧略更舊制增馬隊重火器設游擊之師復參用屯田法以足軍食九年張之洞練山西省軍隊由省標先練掃除積習爲全省軍營模範李鴻章裁撤直隸省防軍除裁撤外實存直字榮字義勝各營數千人與淮軍之親兵及仁軍盛軍銘軍楚軍等馬步水師三十九營分防各地岑毓英以貴州苗疆多事原設重兵數逾三萬積久廢弛專恃防軍定亂事定後以防軍歸入制兵雲南省制兵凡戰兵九千餘人守兵七千餘人塘汛堆卡零星散布而巡防緝捕專任練軍乃以戰兵屯聚於統將駐所隨時整飭潘霨裁并江西省防軍實存七千八百餘人每哨續裁十餘人量爲省并曾國荃綜核廣東省募兵之數於光緒六年張之洞曾募沙民千人守虎門楊玉科增募千人及惠靖營五百人鄭紹忠募安勇二千人八年募勁勇千人駐欽州鄧安邦續募千人散布廣州各屬其廣東額兵實存九千餘人十年奎斌裁汰山西省兩鎭兵三千餘人挑練大同鎭馬步隊各一營太原鎭步隊一營十一年卞寶第裁湖南省綠營選精壯爲練軍給以雙餉其未足之額以營勇補之希元等抽撥吉林防軍左右路馬步營千五百人又於未練之兵及八旗臺站西丹內選三千人編爲吉字營分左右二翼修築壁壘歸營訓練岑毓英以雲南省沿邊之防軍一萬六千人分編三十營於每年瘴消之際親歷邊疆巡視防務卞寶第分湖南全省額兵之半加以訓練編爲巡防營十二年劉秉璋以四川省防營漸染習氣所有壽字武字等十營巡鹽五營一律選練整飭十三年穆圖善整理東三省練兵事宜每省挑練馬隊二起步隊八營奉天吉林黑龍江各足成四千五百人以克魯伯炮六十尊分配三省防營剛毅裁并山西省額兵六千人就餉練兵撫標馬隊一旗步隊三營太原鎭馬隊二旗步隊四旗大同鎭馬隊七旗步隊二營編列成軍其北路則以樹字各營分地巡防十四年岑毓英就雲南省內地防軍及邊關勇營內共選練九千六百餘人以符通省戰兵五成之數而邊境遼闊分防倘屬不敷乃增練三十營凡一萬五千四百餘人分防騰越蒙自各邊及大理普洱各府十五年譚鈞培更定雲南省營制雲南防軍於光緒二年劉長佑挑練戰兵以三百七十人編爲一營十年岑毓英以督師出關改編二百二十人爲一小營營分五哨哨各四隊隊各十人十一年合練軍各營以半防內地半防邊境仍以二百人上下爲一小營凡調防八成戰兵七十七營留防粵勇十二營猓黑防勇六營西南土防二十五營乃裁汰三成歸并整齊以三營爲一營每營分編五哨中哨六隊餘各三隊以散合整凡戰兵二十六營粵勇五營猓黑勇二營土勇十三營十六年張曜練山東省步隊一營十七年福潤增練步隊左營鹿傳霖以陝西省自經亂後兵制未復乃酌留馬步防軍並練軍各營居中策應各路馬隊利於巡緝乃改步隊爲馬隊以節餉糈凡防練軍馬隊千五百人在平原及北山扼要駐守張煦以湖南省自湘勇回籍後專恃防軍彈壓各路凡防軍萬人水勇二千四百餘人乃歸并損益互爲聲援二十一年依克唐阿編定奉天省炮兵三哨合原有之防軍爲五營又以效力獵戶二千人編爲四營是年張之洞創練自強軍十三營於江南器械訓練悉仿歐洲二十二年張之洞練洋操隊二營於湖北聶士成於直隸駐防淮軍內選練馬步隊三十營仿德國營制操法編爲武毅軍二十三年張之洞以練軍重在操演令分防各營以十之一更番來省教以新操俟練成後轉授各營二十四年王毓藻練貴州軍隊先就省防三營改習洋操次第推及各營王文韶挑留直隸全省淮練各軍二萬餘人編爲二十營分左右翼駐守大沽口及山海關以練軍三十三營分防內地及熱河等處色楞額以熱河兼轄蒙古兩盟十七旗而馬步防兵僅有千人乃增練壯丁五

百人爲一營馬隊五百人爲二營佐以炮隊百人增祺以福建省多山新練防軍宜重步隊參以炮隊增製過山快炮十二尊胡聘之以東直秦豫各省皆有防軍支餉自數十萬至百萬不等而山西省屛蔽畿疆僅有練軍五千人乃增練新軍同西路之防榮祿因北洋四大軍訓練已成分路駐防以武毅軍駐蘆臺爲前軍甘軍駐薊州爲後軍毅軍駐山海關爲左軍新建軍駐小站爲右軍別練萬人駐南苑爲中軍軍械不足令江南機器局撥解新式快槍三千枝快炮七尊原有之淮軍一萬二千人防練軍一萬九千人歸幷訓練劉坤一以江南省之江寧鎭江吳淞江陰徐州五路防軍悉改習洋操所用軍械統歸一律是年令王大臣選京師神機營馬步萬人爲選鋒營令北方各省營伍由新建軍遣員教習南方各省營伍由自強軍遣員教習東三省防練各營伍由北洋武備學堂遣人教習二十五年李秉衡上言奉天仁育二軍訓練已成應擇地修築營壘俾成重鎭裕祿以直隸防練各軍爲數太多乃挑留馬步精兵一萬八百餘人編爲練軍步隊十二營馬隊二十營更定營制步隊以三百人爲一營馬隊以二百餘人爲一營凡三十二營分爲直隸練軍左右翼以通永鎭總兵統左翼天津鎭總兵統右翼其新建等軍仍與宋慶之二十五營各守原防劉樹堂以浙江防軍雲字吉字勝字旅字各營凡十一營二十三旗幷爲五軍名爲兩浙新軍用北洋武毅軍操法訓練松壽以江西省防軍有忠新等營二千餘人內江及贛防水師二千四百餘人武威等營旗三千餘人分布各路乃在省城設全省營務處爲訓練各軍之總匯劉坤一以江南各軍歸幷爲三十七營加以新法教練漸有成效文興以盛京八旗制兵汰弱留強仿北洋練軍新法教練裕祥就四川駐防旗兵內選精銳爲一營陣法營制與防軍一式松壽以江西省新練防軍三千人撥解南北洋新式槍炮以資操練黃槐森選廣西省各軍先就省標提標及左右江各營挑練一千四百人爲各軍模範廖壽豐以浙江省寧波鎭海各營次第改習洋操省防各軍先練步隊三哨炮隊一哨凡標營及防練軍俟四哨教成更番改練推及全省二十六年端方以陝西新練洋操之馬步十三旗分防南北山隘是年令各省疆臣嚴定將弁貪墨之刑並整理浙江省防營積弊二十七年李興銳以江西防軍人數不一乃分爲五路釐定人數以中軍爲常備軍前後左右軍爲續備軍各五營營各五哨劉坤一以江南武衞先鋒軍江勝軍各二千人爲常備左右軍其餘防軍四十餘營悉編爲續備軍岑春煊以山西省兵制紛歧有練軍防軍晉威軍之別乃仿北洋武衞軍制以省標三千人分左右翼爲常備軍以太原大同二鎭兵共練三千人爲續備軍魏光燾以雲南省防軍二十四營營各二百五十人改編爲常備軍十二營營各三百人舊有練軍改爲續備軍均練習洋操丁振鐸於廣西省防軍三營內選千人爲常備軍各屬防軍就人數多寡練一二隊不等鄧華熙以貴州防軍及威遠營幷練五營凡千五百人爲常備軍東西路練軍及緝捕營共二十九營選練五千七百人爲續備軍分防各隘是年設軍政司於天津總司直隸省淮練各防軍操防事宜二十八年升允以陝西省新舊各軍均已改習洋操乃選精銳六旗爲常備新軍其忠靖八旗兩翼步隊武威兩翼馬隊改爲步隊十二旗以六旗爲續備防軍六旗爲續備長軍防軍有地方之責長軍爲開荒之需以馬隊炮隊佐之二十九年夏時以江西省新軍僅有千二百人江防重要殊苦不足九江爲全省門戶乃別募一軍亦爲常備軍合中前常備兩軍共十營專防省城及九江二處以左右後續備三軍分防各地三十年曹鴻勛以貴州各軍於光緒二十六年改編爲常備軍續備軍共二十四營嗣因沿邊戒嚴增募防勇十九營而籌餉艱難遂每營酌減人數凡防練軍及親兵減存一萬五百餘人次第改習洋操潘效蘇於新疆標防巡練各軍三萬二千餘人內選存正勇一萬三千餘人於南北各路勻配分防三十一年練兵處王大臣以山東省武衞先鋒隊二十營分防散漫令擇地屯駐增募成鎭是年命鐵良校閱江蘇安徽江西湖北各省防軍練軍陸軍旗兵巡警兵鐵良遍閱各軍大都軍械不一操法亦未盡嫻舊營改練進步甚遲惟安徽練軍二隊九江常備五營湖北二鎭較爲生色三十三年張之洞以沿江督捕營下游緝匪營改編爲水陸巡緝隊王士珍以江北巡防隊改爲步隊六營馬隊二營其餘淮海水師練軍衞隊悉仍其舊錫良以雲南防軍二十七營鐵路巡防十一營士勇一營凡三十九營次第改編新軍以全省防軍每營二百五十人爲定額分南防西防普防江防鐵路巡防爲五路凡四十七營宣統元年以熱河巡防強勝營改編常備軍以察哈爾原有之精壯精健等營改編爲巡防馬隊一營步隊二營徐世昌以奉天巡防隊分駐五路勦匪旋合編爲步隊一標其河防營亦一律改編王士珍因江南防軍步隊六營炮隊二營改隸江北乃合原有之巡防隊及留防各營編爲巡防第七營共巡防步隊八營以備練成一鎭原有衞隊增募一哨編爲一營尚有練軍三百人水師十棚均改爲巡防隊沈秉堃以雲南防軍內有各屬之保衞隊係舊日團營名爲營隊實卽鄉團未能遽改爲巡防隊廣福以伊犁軍標漢隊係金順西征營勇之舊其營制餉章均仿湘軍乃遵新章以步隊一營馬隊二旗爲左路巡防隊馬隊二旗爲右路巡防隊分駐惠遠惠甯各城袁樹勛以山東省原駐淮軍於光緒二十四年移防長江新增防兵二營駐兗沂二府及德州均當南北要道未能遽裁聯魁以新疆籌餉維艱就原有防營改編爲步隊三營馬隊二營又增編工程兵一隊馬隊一營勉成一協寶棻以山西省軍隊向分太原大同口外三大支巡防隊乃歸併分編爲中前後三路各以統領節制之凡馬步二十二隊吳重熹以河南省巡防營不合部章就通省巡防步隊二十八營馬隊十二營分爲五路豫正左軍爲中路南陽鎭爲前路歸德鎭爲左路河州鎭爲右路豫正右軍爲後路趙爾巽以四川省防軍二十九營編爲六軍每軍六營分中前後左右副中爲六路分駐防境其防守甯遠之靖字二營游擊步隊二營增募甯遠之靖字後營改爲巡防副左路副右路兩軍每三營爲一軍成都駐防滿營亦改編巡防隊三營俾臻一律瑞澂以江蘇省各營練成一協外尚有太湖水師巡防隊陸師左右巡防隊係陸路三旗及蘇捕營衞隊等先後改編者乃次第換防調操以免弛懈二年岑春蓂改編湖南省巡防隊酌定餉章卽日成軍其餘緝私三旗改爲南路巡防隊孫寶琦改編山東省巡防隊所有中前後左右五路各就坐營之中哨改編其炮隊以快炮六尊爲一隊各府州縣巡勇悉改爲巡防隊兗沂曹三府原有之巡防營亦遵新章編練恩壽以陝西省巡警軍悉改爲巡防隊楊文鼎以湖南省巡防隊分爲中東西南四路駐防各府昆源以察哈爾八旗壯丁編練巡防馬隊松壽以裁撤福建全省之綠營兵改爲巡防隊十六營分五路駐防各府張人駿以兩江巡緝隊及師船十艘改爲探訪隊其沿江巡防隊深資得力以協解北洋之淮軍餉爲巡防軍餉並以江防軍分駐江甯省城錫良以奉天原有之協巡隊備補隊炮隊衞隊各防營遵章改編爲陸軍步隊一標炮隊一營是年山東山西撫臣咸擬緩裁巡防軍以靖地方三年張人駿以兩江巡防軍關係重要其屬於江甯者馬步三十二營屬於江蘇者步隊六營屬於江北者步隊八營一哨馬隊一營江南北地勢扼要未可議裁並擬以新兵中副二營留防三隊改爲第一二三巡防隊以一哨爲提督衞隊丁寶銓以山西太原滿營於光緒二十八年已改練新操乃遵章改編爲巡防隊恩壽以陝西省巡警軍已改編巡防隊並設馬步巡防營務處慶恕以青海墾荒已開墾六萬餘畝原有巡防隊不敷分布增練防軍一旗誠勳以熱河雖有直隸練軍八營僅防朝建一帶其先後所練巡防隊十三營分防各屬未能遽改陸軍張勳以長江巡防馬步炮隊十三營分駐浦口六合江甯蘇州懷遠各府縣並在沿江一帶廣布偵探以靖盜源瑞澂以湖南六營已裁所有撫標之兵選精壯編巡防一營此改設防練軍之大略也自咸豐軍興由綠營改爲勇營爲留防營爲練軍爲巡防隊爲陸軍兵制變而益新至宣統年非特綠營盡汰卽湘淮營勇駐防南北洋者所存亦無幾矣

陸軍新制始於甲午戰後步軍統領榮祿疏保溫處道袁世凱練新軍是曰新建陸軍復練兵小站名曰定武軍兩江總督張之洞聘德人教練新軍名曰江南自強軍其後榮祿以兵部尚書協辦大學士節制北洋海陸各軍益練新軍是爲武衞軍庚子亂後各省皆起練新軍或就防軍改編或用新式招練至光緒三十年畫定軍制京師設練兵處各省設督練公所改定新軍區爲三十六鎭新軍制始畫一三十三年京外新練陸軍除禁衞軍外統計近畿第一鎭駐京北仰山窪官七百四十八員兵一萬一千七百六十四名第六鎭駐南苑官七百四十七員兵一萬一千八百四十六名直隸第二鎭駐保定永平等府官七百三十七員兵一萬一千七百三十一名第四鎭駐馬廠官七百四十八員兵一萬一千七百五十六名山東第五鎭駐省城濰縣昌邑等處官七百四十八員兵一萬一千七百六十四名江蘇第二十三混成協駐蘇州等處官二百七十四員兵四千三百四十五名江北第十三混成協駐淸江浦官三百七十六員兵二千四百八十一名安徽步隊一標馬隊一營礮隊一隊駐省城官一百五十三員兵四千一百五十五名江南第九鎭步隊一營馬隊一隊駐省城等官七百八十九員兵八千二百五十五名江西步隊一協馬隊二隊駐省城官二百三十一員兵四千二百八十七名河南第二十九混成協駐省城官三百三十八員兵五千六百十八名步隊一協馬礮隊各一營調駐京城官一百六十二員兵三千八百十五名湖南步隊一協礮隊一營駐省城官二百四十八員兵四千五十六名湖北第八鎭駐省城官七百二員兵一萬五百二名第二十一混成協駐武昌漢陽及京漢鐵路官二百八十八員兵四千六百十二名浙江步隊一協駐省城官一百五十九員兵二千三百八十四名福建第十鎭

駐省城及福甯延平等處官四百五十五員兵六千七百八十八名雲南步隊一協礮隊一營駐省城及臨安官二百三十八員兵四千二百四十八名貴州步隊一標礮隊一隊駐省城官一百七員兵一千八百四十六名四川步隊駐省城官十二員兵六十一名山西步隊二標馬礮隊各一營駐省城官二百六十二員兵四千五百五十七名陝西步隊一協礮隊一隊駐省城官二百二十員兵三千九百三十六名甘肅步隊二標礮隊一營駐省城河州固原西甯官二百二十一員兵四千一百二十八名新疆步隊一協馬隊一標礮隊一營駐省城官一百六十七員兵二千三百二十二名東三省第三鎭駐吉林省城長春甯安延吉及奉天錦州等處官七百五十三員兵一萬一千八百八十三名第一混成協駐奉天省城官三百三員兵三千五百五十九名第二混成協駐奉天新民等處官三百四員兵五千五十三名步隊一協一標礮隊一營駐吉林官三百六十一員兵七千八百七十名宣統三年統計除前列外浙江成第二十一鎭雲南成第十九鎭四川成第十七鎭奉天成第二十鎭吉林成二十三鎭廣東成第二十六鎭駐省城廣西成第二十五鎭駐省城及桂林等處先後共成二十六鎭未幾武昌陸軍先變各省應之而三十六鎭卒未全立云

清史稿　志

兵志四

鄉兵

鄉兵始自雍乾旋募旋散初非經制之師嘉慶間平川楚教匪鄉兵之功始著咸豐之季粵東寇起各省舉辦團練有駐守地方者有隨營征勦者侍郎曾國藩以衡湘團練討寇練鄉兵爲勇營以兵制部勒之卒平巨憝其始皆鄉兵也而邊徼之地則有鄉兵其在東三省者則甯古塔以東之赫哲部克雅克部混同江東北之鄂倫春部不設佐領惟設鄉兵姓長其在黑龍江者有打牲人在江以南之錫伯卦勒察江以北之索倫達胡爾則附屬於滿營在蒙古者蒙兵而外有奇古民勇在山陝邊外者有番兵有僧俗兵在四川雲南貴州邊境者有夷兵有土司兵有黑猓勇丁在西藏者有藏番兵皆與內地鄉兵不同故不詳其各直省之鄉兵曰屯練曰民壯曰鄉團曰獵戶曰漁團曰沙民額數之多寡不齊器械之良窳不一餉章之增減不定良以聚散無恒故與額兵迥異無編制之可紀茲特志其始末於後焉雍正八年鄂爾泰平西南夷烏蒙之亂調官兵萬餘人鄉兵半之遂定東川是爲鄉兵之始乾隆三十八年用兵小金川定邊將軍溫福定西將軍阿桂疏言調滿洲兵道遠費重不如多用鄉兵人地相宜四川鄉兵以金川屯練爲強自平定金川以後設屯練鄉兵其糧餉倍於額兵分屯大小金川兩路春夏訓練秋冬蒐獵有戰事則搜剿山路退兵則爲殿後之用嘉慶初苗疆事起傅鼐以鄉兵平苗功冠諸將詔以鼐總理邊務合各省督撫以鼐練鄉兵之法練官兵川楚教匪之役官兵征討而鄉兵之功爲多其勛績最著者文臣則四川按察使劉清武臣則四川提督桂涵湖北提督羅思舉各統鄉兵分路勦寇大小數百戰遂奏膚功嘉慶十七年以雲南邊外野夷猓匪肆擾而緬甯騰越各隘皆瘴癘之地難駐官兵乃練鄉兵一千六百人以八百人駐守緬甯之內野山梁等處以八百人駐守騰越蠻章山等處省官兵征調之勞其時苗疆底定亦增設鄉兵凡屯丁七千人訓練之暇開墾屯防田數十萬頃道光二年令直隸疆臣招集團練修築土堡互爲策應十五年令各州縣額設民壯一律充補訓練復令各省民壯每月隨營操演範以紀律是年調大小金川鄉兵千名給以千人之糧隨營征戰歸屯則仍食五百人之糧二十一年令山東巡撫於蓬萊黃縣榮城甯海掖縣膠州卽墨所屬之十三臯編練鄉兵互相防衞又令沿海疆臣仿浙江定海縣土堡之法凡近海村落招募鄉兵興築土堡以聯聲勢二十三年令廣東省以團練助防海口旋疆吏疏言廣東民風宜於鄉團招集已得十萬人以升平學社爲團練總匯之區推及韶州廉州等處一律舉行二十六年令各州縣民壯隨營考察技藝是年甘肅沿邊番賊肆擾令疆臣召募獵戶千人編爲一軍供遠探近防之用及道光季年張國樑募廣東潮州鄉兵追逐粵寇轉戰東下卒以獷悍不馴遂至潰散咸豐二年令在籍侍郎曾國藩辦理湖南鄉團旋國藩疏言先行練勇一千人所辦者乃官勇非團丁是爲鄉團改勇營之始三年令山東登萊青三府舉辦聯莊團練給以兵械四年令甘肅沿邊增募獵戶三千人以防番騎八年安徽巡撫翁同書疏言皖省定遠壽州合肥等縣舉辦團練旬日之間遠近響應和州踞賊屢出焚掠多被鄉團擊回以其深明大義踴躍同仇凡董事團總人等傳諭嘉勉九年河南巡撫恒福疏言皖寇進偪豫境令道府大員於接近皖寇之地舉辦鄉團睢州等州縣興築堡寨已數十處旋諭河南官紳訓練鄉勇聯村築寨迅速舉行十年諭勝保等督辦鄉團以資統率酌定章程凡辦團州縣一律遵行惟鄉團更番調營所領糧餉易滋流弊毋得冒濫又諭江蘇等省在籍紳士除已經辦理團練外其明曉大義律身公正者自不乏人所有在京籍隸江蘇安徽浙江河南等省之六小官員將如何舉行鄉團隨同官兵勦賊及防守等一切事宜各陳所見各舉所知迅卽上聞尋侍郎沈兆霖疏陳自咸豐三年以後迭奉朝旨舉行鄉團已至再至三各省官紳士民未嘗不遵旨辦理而賊勢披猖卒無成效良由苟且塗飾未經實力講求或募勇以充數徒取外觀或藉端以營私轉成欲壑無事則恃爲威脅擾害鄉閭有警則首先遁逃流爲盜賊議者幾鄉謂團之無益而有損矣不知名爲民團卽當以民爲團而不可以募勇塞責也民統於紳則紳之邪正宜愼擇也紳倚於官則官之賢否宜嚴辨也不歸并於一路則督察無人必不能一律堅固不專力於四鄉則城守雖嚴已難免四面受敵官與紳宜兩相孚不宜兩相阨兵與民宜兩相顧不宜兩相仇任封疆者當知民本吾民用兵數少何如用民數多任將帥者當知兵本衞民我能救民自然民能救我現在賊氛猖獗非實辦民團更無安全之法乃擬上事宜十二條一民團須招本地有業之民不可招市井無賴也一宜分別地段以近賊一二百里爲最要距賊稍遠中隔一二縣者爲次要其遠在三四百里外者則從緩辦團也一各州縣要地宜一律辦團無使一處疏漏俾寇得乘隙而入也一辦團宜四鄉加密有警則互相應援無事則嚴詰奸宄庶城守完固也一牧令宜擇賢能與辦團之紳不得各存意見亦不得任用劣紳也一宜簡道府大員分路辦團俾各縣聯爲一氣也一民團有急官兵速往救援不得觀望也一宜擇要設卡盤查也一民團祗可就地助戰不宜調遣變爲練勇失其恒業也一立功宜卽獎勵視官兵稍優也一團費宜自捐自辦不得藉端漁利也一民團辦成則分防之兵可省集合成軍攻勦更爲得力也同時應詔陳言者有載垣等所議團練章程十條賈楨等所擬辦理章程八條旋命順天府府丞毛昶熙爲督辦河南團練大臣南汝光道鄭元善幫辦團練事宜按照怡親王載垣等所擬章程辦理命戶部右侍郎杜翻爲督辦山東團練大臣登萊青道賁瓆登州府知府盧朝安幫辦團練事宜按照大學士賈楨等所擬條欵並參酌河南章程體察情形辦理又以皖南地方緊要應一律辦團命兩江總督曾國藩察看情形擇其諳練軍務素有人望者酌保一人卽令督辦皖南團練事宜旋曾國藩覆陳鄉團本是良法然奉行不善縣官徒借以斂費局紳亦從而分肥賊至則先行潰逃賊退則重加苛派轉爲地方之弊所經過各省從未見有鄉團能專打一股專克一城者不過隨官兵之後勝則貪財敗則先奔常藉口於工食之太少而辦理歧異者每多給錢文團丁所領之餉與官勇例價相同且有過之其取之民間無非勸捐抽釐之類是於團練已失其本義於軍餉又大有妨礙今奉諭舉行皖南團練皖南嶺隘紛歧若築碉設卡有險可憑徽甯各要隘宜擇地築碉以資防守有在籍翰林院編修宋夢蘭當賊由太平縣竄擾徽州宋夢蘭督帶練丁協力嚴守衆論翕然請卽以該員辦理皖南團練事宜會同委員董勸各屬紳民興築碉寨其未經克復者官兵攻勦概不令團丁隨往其已經克復者紳耆修碉團丁守之庶幾軍民兩利名實相符矣又以四川地屬嚴疆毗連雲貴滇匪滋擾未能肅清嘉慶間四川舉辦鄉團行堅壁清野之法著有成效自應仿辦所有應行事宜諭四川在京各員就地方情形各抒所見官紳中有練達時務者各舉所知以俟後命同時尚書陳孚恩等以江西毗連安徽浙江廣東等省疏請辦理團練酌保辦事人員並擬團練事宜八條疏入允行命在籍翰林院修撰劉繹爲江西督辦團練大臣吉南贛甯道沈葆楨甘肅安肅道劉于潯幫辦團練事宜按照陳孚恩等所擬章程妥爲辦理同時督辦河南團練大臣順天府府丞毛昶熙疏陳團練辦法並酌擬規條一添築堡寨以扼要隘一講求險要以便堵禦一愼擇首事以資統率一分選團丁以備訓練一攤派練費以備公用一互爲聲援以資聯絡一申明號令以壹衆志一嚴定約束以禁頑暴一秉公賞罰以示勸懲一嚴察奸宄

以防內應一旗表忠義以作民氣一事貴實力以冀成功疏入允行毛昶熙又疏陳河南團練以歸陳二府爲先前統兵大臣勝保因調團不齊勒派百姓出資雇丁統計勇糧運費較正供多至倍蓰百姓苦累紛紛稟請以抽丁一項民力已竭鄉團勢難再辦其開封等府百姓聞歸陳雇勇之苦亦復觀望不肯實辦團練之事仍恐有名無實奉諭用民之法總宜深得民心勝保等所辦章程旣與民心不洽自應改絃更張以期得力慶廉即體察情形將此項雇勇酌量裁撤毛昶熙按照截圻等會議章程速即集團練勇以輔兵力又以甘肅控制西陲地方遼闊且與陝西四川毗連匪患未靖自應一律舉辦團練以靖邊陲所有甘肅省團練事宜即命陝甘總督樂斌督辦並命甘涼道蕭浚蘭刑部員外郎吳可讀江西候補道楊昇幫辦團練十一年以歸化之番衆僧俗兵四千餘人馬四千餘匹防禦枹罕羌人是年奉諭鄉團之設原以濟兵力所不逮必須官紳一體兵勇同心協力內靖土匪外禦賊氛於地方庶有裨益若如清盛疏劾山東章邱縣之水寨街新城之南斐里等莊以及博山萊蕪等縣鄉團遇有經過客商往來差役輒敢擅行殺戮害及無辜撫臣之差弁馬匹亦被刦奪是團練禦賊尚無成效而抗官滋事竟有滋蔓之勢巡撫譚廷襄速將清盛所奏各情嚴密查訪如有藉團爲名肆行不法及私立黑團聚衆抗官立即嚴懲又諭浙江巡撫前以浙省軍務未平籌辦團練勸諭捐輸原以保衞民生若如王履謙疏劾辦團情形雜亂無章勸捐委員令捐戶加捐至數十倍之多並於捐戶加以威逼今賊氛逼近浙東若因勸捐辦理不善致失人心必致激成內訌巡撫王有齡速即會同王履謙妥爲勸辦議定章程不得徇私委派貪劣之員是年左副都御史潘祖蔭疏言各省設立團練大臣辦理年餘曾無一效請獎請敍紛紛效尤並未克復一城其爲無益已可概見應將團練大臣分別裁撤以一事機而節糜費翰林院侍講學士顏宗儀疏言鄉團之設原以百姓之財力衞百姓之身家果能衆志成城同仇敵愾即一舉貢生監足以統領之無俟大員爲之督率若必以大僚繼任之幫辦司員分理之是督撫之外又設督撫僚屬之外又增僚屬徒滋紛擾上年豫省辦團各省團練大臣亦紛紛四出旋因浙江四川陝西甘肅等省情形不同旋即裁撤而直隸山東江南江北等處則仍歸由團練大臣辦理於是幫辦人員假公濟私百端紛擾或倡勒州縣供應或苛派民間銀錢或於官設捐局之外團練再設捐局或於官抽釐金之外團練再抽釐金或查閱各處團防支應紛煩地方告乏或任令家人奴僕勒索規費約束不嚴幫辦人員或十餘人或數十人薪水所出皆刻剝民間刁生劣監因以把持地方狡吏貪夫藉以希圖名利流弊實多各省團練大臣直隸桑春榮操守尙嚴山東杜𠾧已嘖有煩言至於江北江南所辦鄉團自上年至今未聞有團練大臣收復一州一縣者徒以騷動天下無益有損今山東杜𠾧已經撤回河南毛昶熙較有成效其直隸江南江北等處團練大臣宜一幷撤回其各省州縣距賊較遠者停止辦團以安民業其距賊較近之處仍責地方官切實辦團而以本省督撫總其成庶事權不至紛歧商民可免滋擾旋奉諭直隸團練大臣桑春榮回京供職直隸團練事宜責成文煜辦理江西團練大臣劉繹來京任用江西團練事宜責成毓科督同官紳辦理其二省京官如有回籍辦團者各部院查取職名飭令來京供職江北團練大臣晏端書江西團練大臣龐鍾璐其辦理團練是否仍須該員經理抑或即可裁撤令曾國藩薛煥速議以聞王履謙幫辦浙江團練兼辦浙東捐務今浙江軍務方殷自難遽撤令王有齡會同王履謙切實籌辦以固疆圉毛昶熙在河南歸德著有成效應否仍令毛昶熙督辦團練及有無把握之處令嚴樹森速議以聞旋兩江總督曾國藩覆陳團練之設只能防小支千餘之游匪不能勦大股數萬之悍賊其練丁口糧若太多則與募勇之價相等不必僅以團名若太少則與官勇之餉迥殊不能得其死力其團防經費若取諸丁漕釐捐四者之中則有礙督撫籌欵之途若設法四者之外則更無措手之處事權既無專屬剛柔實覺兩難晏端書在江北不設餉局但勸各邑築圩自保龐鍾璐在江南激勸鄉民俾知同仇敵愾之義辦理極有斟酌今之賊勢決非鄉團所能奏功應俟賊氛稍衰大功將成然後辦團練以善其後晏端書龐鍾璐二員清操雅望內任最宜應請裁去團練差使回京供職疏入允之同治元年諭鄉團之設原以使民自衞身家藉可保全地方以輔官兵前因各路辦理團練大臣隨帶多員任意騷擾有害無利是以陸續裁撤仍責令地方官切實經理乃邇來統兵大員守土牧令或恐其分餉而輕爲裁撤或疑其無益而視爲具文於是民心不固盜賊橫行所過州縣村莊動遭刦掠是又地方官不能因地制宜舉行團練之所致因噎廢食貽誤殊多嗣後各省團練仍由督撫臣通飭各州縣選公正紳士實力興辦務使官不掣肘民悉同心城市鄉村聲勢聯絡其有認眞辦理保全地方者將其實在勞績聲明保獎二年以都察院代遞山東貢生朱德秀條陳團練事宜語多可采命朱德秀回籍隨同英桂趙德轍辦理團練並命英桂督飭官紳就地方情形認眞辦團毋得有名無實是年統兵大臣僧格林沁疏言各省練團築寨本以助守望而禦寇盜爲權宜補救之法乃各團每以有寨可據輒藐視官長擅理詞訟或聚衆抗糧或挾仇械鬬甚至謀爲不軌踞城戕官如山東之劉德培河南之李瞻先後倡亂而安徽之苗沛霖尤爲梟桀反復勞師糜餉始得次第剪除辦團之舉始則合一鄉爲一團繼則聯衆團爲一練地廣人多良莠不齊不肖團長有跋扈情形承辦團練紳士又不能杜漸防微隨時舉發致有尾大不掉之勢况捻匪屢經竄擾之區亦未見各團堵禦得力其河南團練均由侍郎毛昶熙管理毛昶熙於通省地方勢難周歷兼顧而各練旣有專管大員地方官轉至呼應不靈今賊氛漸平請命毛昶熙回京供職所有團練視直隸山東之例歸地方官經理以一事權並請飭河南巡撫嚴查各團如有增置軍械等事均責令稟請地方官允准置備如不肖團長借修圍製械種種歛錢以致苦累鄉民即從嚴懲辦庶幾權歸於上免滋流弊御史裘德俊疏言團練之舉本屬有治人無治法今直隸善後章程有抽撥鄉團訓練之議但抽撥鄉兵必得賢明牧令駕馭有方乃能權不下移民無擾累若遇不肖州縣借端苛歛抽丁派費吏胥因緣爲奸上下咸思中飽小民已不聊生加以每縣聚衆數百人游手無著以強凌弱甚或恃衆把持一有亂萌尤易響應不可不遠慮及之旋奉諭山東鄉團已由官爲經理所有河南省團練事宜亦統歸官辦以一事權其直隸抽練團丁督臣劉長佑權其利害是否可行如有窒礙之處即據實以聞六年李雲麟招募奇古民勇駐八里岡與科布多塔爾巴哈台蒙兵爲犄角七年諭各疆臣捻寇蕩平勇丁亦各還鄉里誠恐江南安徽河南山東從前被兵處所不免伏莽潛匿乘隙爲害江皖等省督撫於徐海潁亳歸汝曹沂等處飭各地方官勸諭民間照舊修理圩寨整頓鄉團互相保衞此外各處民團亦應一律整飭愼選牧令安良除暴以靖地方十二年因四川峨邊廳蠻族投誠擇充千百戶等職編制夷兵建修碉堡光緒六年兩廣總督張之洞募沙民千人助守虎門楊玉科增募千人及惠清營五百人鄭紹忠募安勇二千人所募鄉兵以防勇規制編之是年命黑龍江將軍於增練馬隊外秋冬之季招集打牲人等加以訓練八年兩江總督左宗棠以江蘇沿江海州縣捕魚爲業者甚多於內江外海風濤沙線無不熟諳而崇明尤爲各海口漁戶爭趨之所其中有技勇而悉洋務者所在不乏外洋船駛入內江者每用漁戶爲導江蘇自川沙迄贛榆二十二州縣濱臨江海漁戶約數萬人乃令蘇松太道員爲沿海漁團督辦於漁戶每百人中選壯健二十人練漁團五千名設總局於吳淞口設分局於濱海各縣每月操練二次習水勇技藝用以捕盜緝私兼備水師之選十一年雲貴總督岑毓英釐定雲南通省營制猓黑勇丁編爲六營西南土防編爲二十五營又因雲南沿邊由西而東南皆野人山寨布列於九隘之外乃調兵二千人與原有防軍及鄉團土司協力警備督辦廣東軍務大臣彭玉麟以欽州廉州地廣兵單招募鄉團協守是年吉林將軍增練防軍佐以烏拉牲丁凡萬五千人二十四年都察院代陳湖南舉人何鎭圭條陳團練事宜命兵部議奏又諭侍郎張蔭桓疏請實行團練同時臣工屢有仿西法練民兵之請若各省實行團練即以鄉團爲民兵用更番替換之法較諸遽練民兵爲有把握廣西會匪滋事尤宜速辦以收捍禦之功各省督撫一律切實籌辦各省於三月內廣東廣西於一月內將辦理情形具疏以聞三十年廣西巡撫柯逢時令廣西各州縣增募鄉勇八千人給以毛瑟後膛槍並令民間多築碉堡共禦外侮三十一年兩廣總督李經羲增練防營並募土著鄉兵備廣西邊境新疆巡撫潘效蘇以新疆兵費太重改募土著仿勇營訓練次第遣散客軍三十四年雲南防軍裁幷於騰越臨安兩路創設團練藉資捍衞宣統元年各省改防營爲巡防隊雲貴總督沈秉堃以雲南防軍內有各屬之保衞團係昔日之鄉團名爲營隊實即鄉兵未能遽改爲巡防隊乃仍其舊此鄉兵舉廢之概略也

兵志五

土兵

土兵惟川甘湖廣雲貴有之調征西南常得其用康熙間莽依圖戰馬寶於韶嶺猺兵爲後援傅宏烈平廣西亦藉土兵義勇之力乾隆征廓爾喀調金川土兵五千討安南以土兵隨征傅恆征金川疏言奮勇催敵固仗八旗嚮導必用土兵小金川土兵尤驍勇善戰岳鍾琪平西藏咸同間討黔蜀髮匪其明效也古西南夷多槃瓠遺種曰獠曰犵曰獞曰猺曰苗其後蕃衍有西番僰人儸夷麽些狢狑咱哩猓玀狼猺等目苗蠻種類尤多如花苗紅苗花犵猪犵紅犵猪白猓玀黑猓玀皆是土兵多出其中故驍強可用土兵之制甘肅四川兩廣湖南雲貴或隸土司或屬土弁或歸營汛甘肅土兵附番部四川土兵附屯弁屯番湖南土兵附練兵屯兵別有番民七十九族分隸西甯西藏茲並述于篇

甘肅土兵

狄道州　臨洮衞指揮僉事轄十五族　河州指揮僉事轄四十八戶　韓家集指揮使轄二族

岷州宕昌城指揮使轄十六族　攢都溝外委百戶轄四十一莊　麻竜里外委土官轄二族　閭井外委百戶轄十一莊　歸安里副千戶轄土民四十八族番民四十三族

洮州廳卓泥堡指揮使兼護國禪師轄五百二十族馬兵五百步兵千五百土守備一千總把總四外委七　資卜指揮使轄七十六族土守備一千總把總外委各二馬兵五十步兵百　著遜百戶轄七族兵十八人　西甯縣寄彥才溝指揮使轄八族土千總一把總二馬兵五十步兵百　陳家臺指揮使轄一百十二戶土千總把總各一馬兵五步兵二十　乞塔城指揮使轄四十八族土千總把總各一馬步兵各五十　納家莊指揮僉事轄百二十戶土千總把總各一兵二十五人　西川海子溝指揮僉事轄番民十八戶土民三十戶土千總把總兵額同上　亂迭溝指揮僉事轄九十戶土千總把總兵額同上　循化廳土千戶轄西鄉上四工韓姓撒拉　保安堡土千戶轄東鄉下四工馬姓撒拉（撒拉不同番回似羌而奉回教舊十三工今隸循化八工餘隸巴燕戎格）　亂藏土百戶轄五族

大通縣大通川土千戶轄五族

碾伯縣勝番溝指揮同知轄七百戶土千總二把總四馬步兵百　上川口指揮同知轄四千戶土千戶一百戶二土千總四把總六馬步兵三百　趙家灣指揮同知轄百二十戶土千總把總各一馬兵五步兵二　白崖子指揮同知轄百五十戶兵二十五　美都川指揮僉事轄三百戶土千總把總各一兵二十五　朱家堡指揮僉事轄六十二戶兵二十五　米拉溝指揮僉事轄七十戶土千總把總各一馬步兵二十五　九家巷百戶轄百餘戶兵二十五　王家堡百戶轄百餘戶兵二十　喇守莊指揮僉事轄七十二戶

莊浪掌印土司指揮使轄指揮僉事指揮使指揮同知正副千戶各一百戶二土民十旗番民八旗文職隸甘涼道武職隸西甯鎮　紅山堡掌土司印指揮僉事兵五十　古城及大營灣指揮使大通峽口指揮同知古城正千戶馬軍堡副千戶西坪正千戶西六渠百戶均率親丁効力不轄土民

永昌縣流水溝寺千戶轄番民五旗

甘肅番部

狄道州三族河州十八族皆康熙時舊族雜處二十四關內

洮州廳八族大小九十餘處亦曰南番　土司楊積慶屬番民五百二十族　皆天錫屬番民七十六族　楊永隆屬番民七族　著洛寺僧綱楊溯洛旺秀轄番民二十三族　麻儞寺僧綱馬昂旺丹主轄番民二十一族　圓成寺僧正侯洛扎旦主轄番民四族

岷州熟番四十三族舊屬土司後爲歸安里惟白水江以南南山內外皆黑番所在亦稱若瓦南山以東馬土司轄以西楊土司轄凡番寺三十五所轄番民竜古喇哈等二十四族

文縣番族五百族番地二十二處　馬百戶番地二十八處雍正八年改番歸流曰新民

西甯縣番民十三族番寺三十八族

貴德廳熟番舊五十四族存五族生番舊十九族存五族野番十九族俱插帳

河濱峩寺大者六所

循化廳口內熟番十二族口外西番四十九寨口外南番二十一寨

丹噶爾廳南鄉熟番一族河南西番八族

武威縣峽溝番民三族沙溝一族上下大水寺五族南山八族

鎮番縣八力曼插漢番民一族

永昌縣番民五族

古浪縣東山闇場溝番民四族　黃羊川五族　柏林溝二族

平番縣熟番三十六族舊十餘萬丁同治間存千餘人番寺十四所　洛洛城十三堡番民八族二千三百餘丁

張掖縣唐烏忒黑番三族康熙間給首領劄銜　撫彝通判轄西喇古兒黃番五族唐烏忒黑番三族八族設正副頭目給守備千總職銜番民俱充兵伍

高臺縣唐烏忒黑番一族每壯丁一納馬一匹入營　西喇古兒黃番二族隸紅崖營

四川土兵

松潘廳中營所屬土司七寨土百戶二千戶五　左營所屬土司二寨土千戶百戶各一　右營所屬土司一寨土百戶一　漳臘營所屬土司五十二寨土千戶十四百戶二十五土目十三　平番營所屬土司二寨一寺土千戶三

南坪營所屬土司二寨寨首二人

茂州疊溪營所屬土司六寨土千戶百戶各一

龍安府龍安營所屬土司隘口一堡一長官司一土通判知事各一

雜谷廳維州協左營所屬土司宣慰司一轄大小二十八寨　右營所屬土司宣慰司一轄十九寨長官司三轄四十五寨

茂州營所屬土司長官司一副長官司一安撫司土巡檢各一

懋功廳懋功協所屬土司安撫司宣撫司各一轄大小四十六寨

建昌鎮中營所屬土司河東長官司一土百戶三土目十一民戶皆猓玀部落

阿都正長官司一轄土目四人阿都副長官司一轄土目十一民戶皆苗夷

沙罵宣撫司所轄土目五十民戶皆蠻夷　右所屬河西土千總一土目四民戶皆平夷

越嶲廳越嶲營所屬土司卭部宣撫司一土目十一　嶲越營所屬煖帶密土千戶一轄鄉總七土目一　煖帶田壩土千戶一　松林地土千戶一轄土百戶五以上民戶皆番夷

鹽源縣會鹽營所屬土司木里安撫司一　瓜別安撫司一　馬喇副長官司一　古柏樹土戶一轄土目二　中所左所轄土目一右所土千戶各一　前所後所土百戶各一以上民戶皆番夷

冕寧縣冕山營所屬土千戶土百戶十三土目四村戶皆夷也

會理州會川　所屬營司土千戶三土百戶四民戶皆番也　永定營所屬土千戶一村戶皆夷也

打箭爐泰甯營所屬沈邊長官司一　冷邊長官司一民戶皆番也

天全州黎雅營所屬穆坪宣慰司一

清溪縣黎雅營所屬土千戶一土百戶二

打箭爐阜和協所屬明正宣慰司一土千戶一土百戶四十八　革什咱安撫司一　巴底宣慰司一　喇袞安撫司一　霍耳竹窩安撫司一轄土千戶百戶各二　章谷安撫司一轄土百戶四納林冲長官司一　瓦述色他長官司一　瓦述更平長官司一　瓦述保科安撫司一以上戶皆土民多少不等

德耳格忒宣慰司一轄土百戶六民戶皆番　霍耳白利長官司一　霍耳咱安撫司一轄土百戶二　霍耳東科長官司一　春科安撫司一副土司一

上瞻對茹長官司一　峪納土千戶一　蒙葛結長官司一　林蔥安撫司一

上納奪安撫司一轄土千戶一百戶三　下瞻對安撫司一轄土百戶二

上瞻對撒墩土千戶一　中瞻對茹色長官司一以上戶皆土民

上述土司其中如春科等有已納印者清季設專官治之三瞻曾畀西藏爲其轄境其後邊衅屢生宣統初收復

裏塘糧務所屬裏塘宣撫司一副土司一轄長官司三土百戶二戶皆番民

巴塘糧務所屬巴塘宣撫司一副土司一轄土百戶七戶皆土民

石砫廳夔州協所屬宣慰司一（乾隆間改土通判）

瀘州瀘州營所屬長官司一

雷波廳普安營所屬土千總一土舍二　安阜營所屬土舍一　屏山縣所屬長官司四以上民平皆番夷

馬邊廳馬邊營所屬土千戶一百戶九土外委一

峨邊廳歸化汛冷磧汛所屬嶺夷十二地夷人頭目十二　赤夷十三枝　腈巴家土千總把總各一轄頭目四　哈納家土千總把總各一轄頭目三　甘瓜家千總一把總二轄頭目二　魁西家土千總把總各一以上民戶娃子爲多（娃子者漢人被擄入夷巢之名）

四川屯弁

雜谷廳維州協所屬雜谷腦屯守備一轄屯千總二屯把總四屯外委八　乾堡寨上孟董下孟董九子寨均屯守備一轄千總把總外委十四以上民戶皆番

懋功廳懋功協所屬攢拉八角碉屯守備一千總把總外委六　撫邊屯所屬屯把總一　攢拉漢牛屯守備一千總把總外委六　撫邊屯所屬攢拉別思滿屯守備一千總把總外委七馬爾富屯外委一曾頭溝千總一　章谷屯屬攢拉屯守備一千總把總外委八分轄宅壟屯把總一外委四　崇化屯屬促侵河東屯守備一千總把總外委十五　綏靖屯屬促侵河西屯守備一千總把總外委二十四以上戶皆屯番

四川已廢土司

建昌道所屬天全六番招討司副招討司各一　大涼山阿都宣撫司一　建昌壩南路安撫司一　河西宣慰司一土百戶四　審札等處土百戶三　北路何沙關土千戶一

冕山營所屬寧番安撫司一土百戶二　皮羅木羅等處土百戶四頭人三枝

靖遠營土百戶四頭人四枝　涼山等處番夷頭人六枝　如昆等處頭人九枝　冕山營徵收土千戶及頭人二枝

雅州府屬司徒一大國師一

打箭爐屬中瞻對長官司一

川東道屬宣慰司長官司各一

松茂道屬雜谷土司一

兩廣土兵

廣東高州府　茂名縣猺兵六百六十四狼兵六百六十六轄　山四十四　電白縣獞兵百六十五轄猺山二十一　信宜縣猺兵百七十七狼兵五百九十五轄猺山四十一　化州猺兵五百二十四狼兵百九十四轄猺山五十一

石城縣猺兵四百九十七轄猺山二　廉州府牛藤隘狼總一兵四十六　馬頭隘狼目一兵十五　水鳴隘狼目一兵三十四　冷水隘狼目一兵二十三　九叉隘狼目一兵十四　沙尾隘狼目一兵二十　藤柯隘狼目一兵二十　丹竹隘狼目一兵十九　樟木隘狼目一兵三十

廣西桂林府　龍勝廳二堡堡目各一　臨桂十三堡堡目十三　靈川五堡一隘堡目五隘長一　永寧州二鎭狼長二　永福十一堡堡目十一　義寧五堡堡目五　金州隘長六　以上各土兵自二十四至二百九十二灕陽狼兵最少臨桂最多

柳州府　雒容土舍一堡目三　羅城十五堡堡目十五　柳城二十一堡堡目二十一　融縣二堡堡目二以上土兵自十四至二百六十五融縣最少雒容最多

慶遠府　宜山堡目一　天河堡目一　河池州堡目一　思恩堡目一　東蘭土州目一　永定土司一　永順正副土司各一土兵自三十二人至百十人惟那地土州兵二百八十南丹土州兵五百十二土州又各分兵五十屬德勝廳又忻城土縣兵三百數爲最多

思恩府　上林土舍頭目總練三十八兵五百七十五爲多　土田州兵四百陽萬土州判兵三百次之　土上林縣兵三十武緣堡兵五十爲少

平樂府　恭城鳳皇堡隊長六　賀縣田總一哨長三隊長十四　荔浦堡目二　修仁堡目五　永安土舍二以上土兵自六十五至三百十荔浦最少永安最多

梧州府　岑溪狼總狼目　懷集耕總哨長耕兵撫兵二縣兵皆逾三百

潯州府　桂平平南貴縣皆狼兵武宣爲土勇土兵自三四十至三百十四不等

南寧府　宣化土勇隆安隘兵　橫州狼兵永淳狼兵耕守兵　遷隆土峒兵自三十至三百不等

太平府　龍州廳屬下龍土司兩關三卡十四隘　明江廳屬上石西州兵崇善兵安平土州兵　萬承土州九甲兵應調運糧及六坊土兵　茗盈全茗龍英佶倫鎭遠思陵等土州兵　土江州兵　土思州兵　下石西土州兵上下凍土州兵　羅陽土縣兵　上龍土巡檢隘兵以上至四五十至五百不等餘如都結土州頭目三兵十六爲極少土思州兵七百餘太平土州兵千餘爲最多

鎭安府　府額土兵　小鎭安廳土勇　天保兵　歸順州隘兵湖潤寨隘目兵　都康上映兩土州兵　下雷土州土勇自三十至二百五十不等惟向武土州土目二百二十土兵額千二百其最多者也

鬱林州　北流狼兵　陸川狼目狼兵　興業狼兵皆不過三五十綜廣西土兵蓋萬三千八百有奇

湖南土兵

湖南苗疆鳳凰廳設中營右營守備各官苗兵二千練兵千屯兵四千　乾州廳設守備各官苗兵八百屯兵六百　永綏廳設守備各官苗兵千八百屯兵二千　永順縣設守備各官苗兵屯兵各百　保靖縣設守備各官苗兵屯兵各三百嘉慶十年設屯弁統屯丁原有備戰練兵千人準營制操習著爲例

雲南土兵

鎭遠廳　大雅口土都司各一

麗江府　大山茨竹寨土守備各一　中甸迭巴土守備二

鎭邊廳黃草嶺　杉木籠隘　六庫　阿敦子　猛遮　普寧縣普藤　維西廳奔子闌　元江州　雲龍州老窩　威遠廳猛戛　永北廳羊坪　保山縣登梗　魯掌　麗江府　新平縣斗門磨沙　大中甸神翁　小中甸神翁中甸江邊神翁　中甸格沙神翁　中甸泥西神翁　鎭邊廳猛角猛董　闌糯千總各一　臨安府稿吾卡　漕澗　奔子欄　阿敦子　瀾滄江　臨城

其宗喇普　思茅廳倚邦　易武　猛獵　六順　猛籠　橄欖壩　猛旺

整董　他郎廳儒林里　定南里　威遠廳猛戛　猛班　騰越廳大塘隘

明光隘　古勇隘　卯照　下猛引　賣官寨　募乃寨　東河　元江州

永豐里　茄革里　喇博　他旦　老是達　岩旺　烏猛　烏得土把總各一　迭賓土把總五　中甸江邊　小中甸迭賓　中甸格咱　中甸泥西土把總各三

鎭邊廳大山分防　猛弄掌寨　猛喇掌寨　水塘掌寨　五畝掌寨　五邦掌寨　者米掌寨　茨桶壩掌寨　馬龍掌寨　瓦遮宗哈正掌寨　瓦遮副掌寨　宗哈副掌寨　斗岩掌寨　阿土掌寨土外委各一　賓川州赤谷里

保山縣練地　武定州勒品甸土巡捕各一

止那隘　猛豹隘　壩竹隘　黃草嶺隘撫夷各一　八關撫夷　銅壁關萬仞關神護關巨石關鐵壁關正副撫夷各有努練土兵自二十五六戶至百五十餘戶　虎踞關天馬關漢龍關正副撫夷

貴州土兵

貴陽府屬　中曹長官司　養龍長官司　白納長官司副長官司　虎墜長官司

定番州屬　程番長官司　上馬橋長官司　小程番長官司　盧番長官司

方番長官司　韋番長官司　臥龍番長官司　小龍番長官司　金石番官司　羅番長官司　大龍番長官司　木瓜長官司副長官司　麻向長官司

開州屬　乖西長官司副長官司

龍里縣屬　大谷龍長官司　小谷龍長官司　羊場長官司

貴定縣屬　平伐長官司　大平伐長官司　小平伐長官司　新添長官司

郎岱廳屬　西堡副長官司

歸化廳屬　康莊副長官司

永寧州屬　頂營長官司　沙營長官司

鎭遠府屬　偏橋長官司　卬水長官司

黃平州屬　巖門宣化長官司

思南府屬　蠻夷長官司　朗溪長官司副長官司　沿河祐溪長官司副長官司

平越州屬　楊義長官司

思南府屬　都坪長官司副長官司　都素長官司副長官司　黃道溪長官司副長官司　施溪長官司

黎平府屬　潭溪長官司副長官司　歐陽長官司副長官司　龍里長官司

亮寨長官司　中林驗洞長官司　古州長官司　湖耳長官司副長官司

八舟長官司　新化長官司　洪洲泊里長官司副長官司

都勻府屬　都勻長官司副長官司　邦水長官司

麻哈州屬　平定長官司　樂平長官司

獨山州屬　爛土長官司　豐甯上長官司下長官司

銅仁府屬　省溪長官司副長官司　提溪長官司副長官司

松桃廳屬　烏羅長官司副長官司　平頭著可官官司副長官司

西藏土兵

雍正九年新撫南稱巴彥等處番民七十九族地居四川西藏西寧問十年夏

川藏毗西甯分遣專官會同勘定近西甯者歸西甯管轄近西藏者暫隸西藏云

西甯管轄四十族 阿哩克族 蒙古爾津族 雍希葉布族 玉樹族 噶爾布族 蘇魯克族 尼雅木錯族 固察族 稱多族 洞巴族 多倫尼托克安圖族 阿薩克族 克列玉族 克阿永族 克葉爾濟族 克拉爾濟族 克典巴族 隆布族 上隆布族 札武族 上札武族 下札武族 札武班右族 上阿拉克碩族 上隆壩族 下隆壩族 蘇爾莽族 白利族 哈爾受族 登坡格爾吉族 下格爾吉族 格爾吉族 巴彥南稱族 南稱桑巴爾族 南稱隆冬族 南稱卓達爾族 吹冷多拉族 巴彥南稱界作牧喇嘛 拉布庫克作牧喇嘛

西藏管轄三十九族 納書克貢巴族 畢魯族 瑋岔族 達格魯族 拉克族 色爾札族 札嘛爾族 阿札克族 上阿札克族 下阿札克族 夥爾川木桑族 夥爾札麻蘇他爾族 夥爾札麻蘇他爾 只多族 瓦拉族 夥爾族 麻魯族 甯塔 尼札爾 參麻布瑪 尼牙木札族 利松麻巴族 勒達克族 多麻巴族 革巴族 依戎夥爾族 夥爾族 彭他麻族 夥爾拉賽族 上剛噶魯族 下剛噶魯族 瓊布拉克魯族 噶魯族 色爾札族 上多爾樹族 下多爾樹族 三札族 三納拉巴族 樸族

以上四十族共八千四百四十三戶三十九族共四千八百八十九戶雍正間定族內人戶千戶以上設千戶一百戶以上設百戶一不及百戶者設百長一每千百戶下設散百長數人至乾隆末別定三十九族總百戶一百戶十三百長五十三後增爲百戶十六百長六十一

兵志六

水師

水師有內河外海之分初沿海各省水師僅爲防守海口緝捕海盜之用轄境雖在海疆官制同於內地至光緒間南北洋鐵艦製成始別設專官以統率之其內河水師天聰十年自甯古塔征瓦爾喀以地多島嶼初造戰船天命元年以水師循烏勒簡河征東海薩哈連部落順治初以京口杭州水師分防海口八年始於沿江沿海各省循明代舊制設提督總兵副將游擊以下各武員如陸營之制各省設造船廠定師船修造年限三年小修五年大修十年拆造十年以水師克舟山增造戰艦擴充兵額十四年增設崇明水師總兵官調撥江甯江蘇安徽各省標兵萬人分防吳淞江及崇明諸口十六年增設京口左右兩路綠旂水師總兵官十八年設吉林水師營造艀船及划子船康熙八年增設福建水師總兵官十四年改崇明總兵官爲水師提督十七年設福建水師提督及參將以下各官二十四年裁京口右路水師改左路水師爲京口總兵官二十六年增設南臺水師營置參將以下各官二十九年更定修造戰船之制外海戰船哨船自新造之年爲始三年後以次小修大修更閱三年或大修或改造內江戰船哨船則小修大修後更閱三年仍修治用之三十四年令督撫提鎭凡修理戰船銀兩不得浮冒核減致船料薄弱五十二年令趕繒等船於船之首尾刋捕盜各營鎭船名以次編列五十三年增設金州水師營於海島內選諳習水性者充之五十六年設松江水師營雍正二年令沿海各督撫出洋巡視其戰船向由地方官修造者改歸營員修造是年設乍浦水師營三年以滿洲兵丁未習水戰增設天津水師營以滿洲蒙古兵二千人隸之四年以福建水師常駐內地不耐風浪浙江水師尤甚乃更改舊制於本省洋面巡哨外每年選派船弁在閩浙外洋更番巡歷會哨以靖海氛五年以杭州駐防旗兵抽練水師江甯駐防旗兵卽以鎭江原有戰船隸江甯將軍督率旗兵習水戰尋令旗兵四千人悉習水營事務令江南江西各水師營於弓矢鳥槍外增練籐牌大刀鉤鐮槍過船槍鈀斧標彈等武器戰船分大中小三等增練排槍湖廣水師每兵千人增鳥槍四百桿六年令水師船廠附近省城者凡戰船造成在城之督撫提鎭會同驗看是年因浙江水師技藝生疏乃於福建水師中擇精練之兵赴浙江教練尋定浙江戰船用木之丈尺及船身深廣之制奉天水師亦如之七年以旅順水師不諳戰務撥福建水師營精卒赴奉天教練是年增浙江乍浦水師營八年撥江甯駐防兵八百人隸乍浦營旋因各省水師營承修造船之員逐層需索迨交收後復盜賣損毀各營皆然京口標兵尤甚令督撫嚴懲之九年以文武各員承修戰船每多貽誤弊竇叢生乃嚴治各員限期修竣以除巧脫中飽之弊十年令天津水師大小趕繒船所用梗木舵牙及籐蔑等具收存備用各省戰船設承修官以董造船之役由督撫提鎭委副將參將會同文職道府領價督修委都司會同文職府佐辦料修造隸將軍標者委參領等官辦理大修小修之年各營呈報有司題咨承修官具册領價江南江西湖廣福建浙江廣東等省於屆修兩月前領銀備料臺灣瓊州於四月前備料天津山東於八月前備料各營駕船赴廠承修官卽於次月興工如期修竣違則懲之其船名號各殊大小異式皆因地制宜山東登州膠州南北二汛海口趕繒船雙篷船福建大號趕繒船及二三號船雙篷舢船江西南湖營沙唬船天津大小趕繒船京口水師船蘇州狼山川沙吳淞水師船湖北湖南廣東各水師船之船身大小木板厚薄咸遵定制令道員會同副將等監視督造廣東外海內河戰船亦如之十一年定修造戰船限期直隸限四月福建臺灣限十月山東限六月江西大修拆造限三月小修限兩月江南限四月湖廣大修拆造限六月小修限四月浙江限四月廣東瓊州限六月其餘各廠均限四月十二年裁江蘇太湖營參將改設太湖協副將兼轄浙江太湖營游擊各官定爲內河水師營十三年議定天津福建浙江廣東各戰船所需物料或按年更新或越年更新乾隆元年議准江南各廠拆造及修理沙唬船艍繒船兩淮廠拆造沙唬船修造趕繒船於部價外加津貼銀兩有差各廠同之二年令山東登膠南北二汛額設雙篷船趕繒船屆修之年亦增津貼銀三年撥湖北武昌水師駐漢口爲漢陽水師營中軍議准廣東各標營外海戰船拆造覩修工大小加津貼有差五年因沿海各省戰船報部有缺少至十之二三者或侵蝕修船帑銀或賃與商人謀利令督撫嚴懲又諭浙江繒艍船拆修視江蘇省之例舢舶船視江蘇省沙唬船之例量加津貼五年復申禁沿海戰船缺少賃用之弊六年以臺灣遠隔重洋修造戰船仍循舊制其福建各船廠與泉道之泉廠與興泉永三府協辦汀漳龍道之漳廠與汀漳龍三府協辦鹽法道承修之福建廠與延邵建三府協辦七年裁江蘇黃浦營弁兵改爲提標水師右營八年加福建三船津貼銀十二年加臺灣船廠運費十四年令外海內河水師戰船哨船修竣後承修官以船身丈尺及器具報有司毋損十五年以閩浙海洋緜亘數千里遠達異域所有外海商船內洋賈舶藉水師爲巡護尤恃兩省總巡大員督飭弁兵保商靖盜而舊法未盡周詳自二月出巡至九月撤巡爲時太久乃令各鎭總兵官每閱兩月會哨一次其會哨之月上汎則先巡北洋後巡南洋下汎則先巡南洋後巡北洋定海崇明黃巖溫州海壇金門南澳各水師總兵官南北會巡指定地方蟬遞相聯後先上下由督撫派員稽察至臺澎水師仍循曩例十六年令福建三江口營大小戰船按季整洗十七年令各省水師除江南省沙唬船巡快船福建省艍船舢船輕便易使廣東虎門協營沙礁迂曲外其沿海各省戰船一律製備頭巾插花借助風力以資巡哨巡船則仿民船隨時修整五十四年以外海內河戰船舊例酌留一半爲捕盜之用其餘各船次第屆期改造咸令展期三月福建浙江江南山東各省咸展期半年五十五年以搜捕海盜戰船拙滯允水師將弁之請仿民船改製戰船以期迅捷五十八年因廣東海盜充斥自南澳至瓊崖千有餘里水師戰船雖有大小百數十號僅能分防本營洋面不敷追捕致商船報刦頻聞曆年捕盜俱賃用東莞米艇而船隻不多民間苦累乃籌欵十五萬兩製造二千五百石大米艇四十七艘二千石中米艇二十六艘一千五百石小米艇二十艘限三月造竣按通省水師營視海道遠近分布上下洋面配兵巡緝以佐舊船所不及五十九年以浙江定海縣之舟山外有五奎山外洋船隻皆於此寄泊實爲海濱要區於定海鎭標內酌撥弁兵更番戍守六十年以沿海戰船過於累重不便捕盜每屆修造需費尤多通飭各督撫屆修造之年俱仿商船之式改造以節浮費爲外洋緝捕之用嘉慶二年浙江戰船俱仿民船改造山東戰船亦仿浙省行之其餘沿海戰船於應行拆造之年一律收小仿民船改造以利操防五年諭各省水師向設統巡總巡分巡及專汎各員出洋巡哨奉行日久有以千總等代巡之弊嗣後令總兵官爲統巡副將參將游擊爲總巡都司守備爲分巡遇有事故以次代巡不得以微員擅代山東水師向未有統巡等職名亦一律行之九年因各省師船向遵部頒定式僅能就近海巡查不能放洋遠出多改雇商船出洋捕盜廷臣建議戰船改商船制度以收實用旋諭江蘇省濱海之區屢有盜刦所有舊式戰船令疆臣仿廣東福建浙江之例卽行改製十一年諭沿海疆吏當乾隆五十五年曾嚴飭統兵官實力訓練舟師乃日久玩生弁兵於操駕事宜全不練習遇放洋之時雇用舵工名爲舟師不諳水務嗣後通飭所轄各營勒期訓練一切帆舵各技務皆嫻習其最優者不次擢用惰

者懲之。二十一年規復天津水師營汛以閩浙兩廣兩江各省所裁水師遵舊制募足額數改隸天津水師分營管轄二十二年增設天津水師總兵官以專責成道光四年諭福建疆臣前以閩省戰船運重駕駛不便曾裁汰十五船其餘俟拆修之年令承修官仿同安梭船式一律改造嗣後閩洋米艇緝捕仍不得力其已改造之勝字六號米艇八艘無須裁汰外所有屆修之捷字六號十二艘存營之勝字一號十號兩艘修竣之勝字三號一艘悉行裁撤十年令直隸浙江福建統兵官增撥哨船梭巡南北洋面是年定水師人員一年試驗之制各統兵官隨帶出洋親加考驗又嚴定改用外海水師人員之制其外省世職及陸路呈改人員有才具可用或曾立功績者由督撫保題十三年整頓浙江省水師增造闘船舢板船十五年以各省水師廢弛憚於出巡致盜案叠出嚴飭水師提鎮實力訓練緝捕十八年以各省戰船每屆修造之年承辦各員冒領中飽不能如式製造或以舊代新或操駕不勤馴至朽腐令統兵大臣核實辦理十九年令督撫提鎮禁將弁扣索之弊並甄汰劣員如有呈改召募不得瞻徇二十年以各省戰船修造草率並有遲延積壓各弊福建船廠所修成字四號大船甫經拆造卽致破壞自道光六年至二十年積壓各船至三十艘之多承修各員悉予懲處各船應修之船一律嚴催其水師各船巡洋之餘各提鎮大員飭將弁操練嫺洗毋任久泊海壖又因廣東虎門海口爲海防中路要區以西境之香山東境之大鵬爲左右兩翼嘉慶十五年設水師提督節制各路香山副將所轄水師兵力稍厚大鵬參將所轄弁兵僅九百餘人道光十年又分爲二營其所轄大嶼山及尖沙觜洋面爲夷船聚泊之所乃擇要建砲臺二座與水師相依護以澄海副將改爲大鵬協副將移駐九龍山增額設水師兼守砲臺增造大號中號米艇四艘快船二艘在水師各協營抽配弁兵巡緝洋面二十一年以外夷船堅炮利舊設外海水師強弱不敵等於虛設擬改水師爲陸師專防內地尋以海盜滋擾全恃水師緝捕廣東之虎門爲外海藩籬尤藉舟師之力乃定議緩裁二十二年以海上用兵專恃火炮令各疆臣訓練弁兵一律以施放炮位有準爲弁兵去取又以海上用兵二載閩粵江浙水師迭致挫敗命四川湖廣等省采購巨木速製堅船駛往閩浙等省防守海疆尋因各省戰船如快蟹拖風撈繒八槳等船僅能用於江湖港汊新造之船亦止備內河巡緝難於海上衝鋒惟潘仕成捐資新製之船堅固適用炮亦得力並仿美利堅國兵船製造船樣一艘又仿英吉利國中等兵船之式調取各省工匠改造大船其例修師船一律停造以資挹注並以船炮圖說飭江蘇福建浙江三省督撫詳勘何者利用由廣東省製成分運各省又因湖北省所轄長江千餘里舊設宜昌鎮標荊州漢陽各水師營戰船不能載炮廣東匠役何禮貴曾爲外洋造船能造火輪及各式戰船飭赴湖北擇何項戰船利於長江駕駛卽就海船之式量爲變通裕泰擬造之開浪船於海戰未宜罷之二十三年飭沿海各提鎮於每歲出洋及巡洋事畢所經歷情形悉以上聞三十年因浙江省水師廢弛飭有司整治船炮嚴禁奸民接濟海盜並令沿海將領按時出洋會哨又令山東疆臣以三汛師船四縣水勇合而爲一統以專員往來策應並於扼要島嶼設置大炮咸豐元年以長江轄境綿長令張亮基等購置船炮擇要駐守三年調廣東外海水師拖罟戰船及快蟹大扒等船百艘統以大員由海道駛赴江甯助勦粵寇是年江忠源疏請廣製戰船以靖江面旋令兩廣督臣以廣東拖罟船式咨行四川湖廣各督撫或在本省或在湖北宜昌一帶迅簡工匠造水師船百餘艘每船載兵五十人於三月內竣事兼飭湖南湖北二省購船募兵與長江下游艇船協力防江旋以所購民船不合用乃收買江船之巨者仿廣東船式安置炮位與廣東所募紅單船及賃用拖罟船駛赴江南勦寇又以廣東內河及濱海各廳縣均有捐造緝捕快蟹船道光間江海捕盜悉藉其力船頭藏巨炮旁列子母炮勇丁咸技藝精練泅水戰最長令各船由海道至長江會師是年曾國藩試造師船於湖南以規模過小乃就廣東之拖罟船快蟹船二種參酌其製先造十艘續增二三十艘以能載千斤之炮爲度至拖罟船則由兩湖督撫如式製造四年令廣東賃用之紅單船二十三艘並修治十九艘凡四十二艘統一武員駛入長江是年以粵寇竄擾東南水師不敷勦堵下游惟廣東紅單拖罟等船漸集瓜洲上游惟曾國藩新造戰船自湖南順流而下已達武昌其九江安慶等處尚無戰艦令張亮基駱秉章購置江船及釣鉤等船裕瑞夏廷樾在四川采購材料與駱秉章商辦旋駱秉章以四川造船江險而途遠水程不便仍在湖南購料製造兩湖紳士丁善慶遵曾國藩所定之式已成大板艇五十號長龍等船亦次第告成長江勦寇在江南取勝者以紅單船拖罟船二種爲最體勢雄壯置炮最多而能順風不能逆風宜江面寬闊不宜港汊在湖南取勝者以舢板船長龍船快蟹船三種爲最往來輕便搜捕尤宜而風急水溜一下難於遡上勢散而力單令湖南水師沿江攻勦與江南水師會合各用其所長以期制勝六年以曾國藩在江西所造戰船最爲得力令福濟選擇將弁率工匠赴廬州仿造所需洋炮在上海撥款辦解六年胡林翼以長江水師自五年春間回駐武漢以後戰艦無多乃與駱秉章協商督率船炮局各員盡力籌謀水師復振湖南紳局所製船械交至營中者大小戰船凡三百餘艘火藥四十餘萬斤炮子一百四十萬斤其餘各械咸備請優詔獎之水師重在炮位廣東運到洋炮二百尊續運六百尊配置各師船自武漢至九江所向克捷惟長江水戰上下游形勢不同武漢以上利用輕便戰船潯皖以下江面漸廣利用巨艦秋冬風勁宜巨艦春夏宜小艇船炮之大小宜因時因地而損益之請令兩廣督臣續購大小洋炮自四百斤至一千五百斤凡八百尊盡易舊式炮位以利東征八年以天津原設水師道光間先後裁撤乃籌復設以重海防令福建廣東疆吏各抽調大號戰艦備齊炮械由海道駛赴天津設水師三千人十年令清淮籌防局籌欵爲防湖水師常年經費增設淮揚水師營以保兩淮鹽場兼佐陸軍蕪湖孤懸水中令曾國藩籌設甯國水師以攻蕪湖爲克金陵之本增設太湖水師爲克蘇州之本同治二年諭沿海督臣舉水師將才又令曾國藩所部內江水師都興阿所部揚防水師有勝外海水師之任者各舉以聞四年在山東省仿長江戰船之式造長龍舢板船於黃河水性駕駛合宜以水師泊黃運二河防堵逸寇必須分段扼守而地勢綿長不敷調遣復由山東增造長龍船並增舢板船十艘以武職大員督領巡防五年改造江南海口之紅單廣艇三十艘合原有廣艇凡四十艘分防海口六年整頓福建臺灣海防增置龍艚等船七年曾國藩議改水師之制以江南水師向分外海內河二支外海水師六千七百七十六名武員一百十八人內河水師八千二十一名武員一百三十三人船數則近稽道光二十四年江兩舊例水師船二百七十五艘朽壞居多別造舢板船一百三十五艘大舶船十二艘約計各船不過載兵二千數百人而額定之兵數尚有萬餘人徒費餉項有水師之名無舟楫之實宜大爲變通講求實際江蘇水師其營制餉章悉仿長江水師之例外海之紅單廣艇亦略增其餉與李鴻章丁日昌諸臣協力籌辦期於外防與內盜並謀舊制與新章兼顧俟章程既定沿海福建廣東各省水師均可酌改行之八年部臣定議從曾國藩所陳改江蘇水師爲內洋外海裏河三大支以資控禦裏河水師以原設提標右營太湖左營右營及增設淞北淞南二營爲五營隸提督統轄舢板船每營船數不等一律興修不得缺額所有太湖七營改爲裏河五營其裁員歸并提標序補馬新貽等續議九江水師營改城守營設陸汛四處鄱陽營改陸汛二處洞庭水師營改龍陽城守營岳州水師營酌留水兵隸陸路營轄荊州水師營酌留弁兵有差九年諭定安等以甯靈各軍運餉艱難增造炮船由黃河運送所有大小戰船三十二艘編爲一營設統帶等官十年沈葆楨以外海兵船製成應簡知兵大員督率操練尋以福建水師提督李成謀爲兵船統領是年曾國藩以江南水師章程初議十四條嗣由馬新貽等增爲二十五條乃減刪減歸并定爲二十一條外海六營以次巡哨內洋五營分定汛界裏河五營分定汛界淞南營淞北營太湖左營太湖右營酌增戰船水師營所遺陸汛移并留防京口三營陸汛炮隄分別管轄改定轄營及留設守備要汛多留陸兵定將弁處分則例規定各營船數酌定外委員數酌定裁缺薪糧營官建衙署地方各營座船之數官兵額定數目書吏名數雨蓬旗幟等費官兵糧額各船酌用槍炮數目各船酌用火藥鎗炮彈綜計餉項之數下所司核議行之十一年丁寶楨調撥福建省所製安瀾兵輪赴山東洋面巡緝瑞麟調撥福建省小號兵輪赴奉天海口巡緝光緒四年裁去廣東輪拖巡船水勇二千三百餘人五年以各省舉辦水師奉天直隸山東江蘇浙江福建廣東次第駐泊兵輪編制水師而沿海各省形勢不同操法未能一律吳淞口爲南北海疆適中之地乃命江南提督李朝斌爲外海兵輪統領督率各省大小兵輪定期在吳淞口會操六年以新置蚊炮船便利合用續向外洋購置數十艘募福建廣東沿海精壯之民爲水師分屯北洋各海口七年以奉天旅順口原有旂營艇船朽壞弁兵疲弱悉行裁汰歸陸師巡防別以快炮防海時丁汝昌由英國率戰艦回國爲中國水軍航外海之始乃擢丁汝昌爲水師提督八年以江南形勢先海後江朝議擬以長江水師提督駐吳淞口狼山福山崇明三鎮標隸之以江南提督移駐淮徐改福建水師提督爲閩浙水師提督尋左宗棠彭玉麟議覆以海防不外戰守二端戰宜宜厚集兵力守宜因勢設險仍循舊制爲宜福建水師自裁兵加餉後實存水師六千九百餘人旂營水師三百餘人各營拖繒龍艚快艇等大小戰船實存四十艘臺灣澎湖戰船六艘大小兵輪十艘宜聯合浙江省水師會操官制則仍循其舊九年以廣東內河之肇慶河面綿長六百餘里僅有小巡船二十餘艘不數分布九龍洋面水淺大船難於行駛乃於二處各增設淺水兵輪船十年試造尖底舢板船分布海口旋以船質弱小罷之十一年彭玉麟以海防日亟議設水師總統於吳淞分設二鎭一駐直隸大沽凡盛京直隸山東江南各海口戰船隸之一駐福建廈門凡浙江福建臺灣廣東各海口戰船隸之兩鎭每年周巡海口會哨於吳淞是爲南北洋水師建議之始十二年議裁減浙江沿海水師旋浙撫劉秉璋以舊額戰船二百五十餘艘粵寇亂後購造不及半數光緒八年裁水師船十三艘停修舊船三艘已符裁兵三成之數惟巡洋之紅單船十一艘不在額設裁減之例十四年因臺灣彊土日闢改安平水師副將爲臺東陸路副將改鹿港游擊爲安平水師遊擊任新設地方鎭守之職十五年以福建內河水師炮船舊額共九十八艘頻年裁撤實存三十艘每船配置水師六人專任巡緝內洋十六年調撥福建海壇水師駐防福淸縣屬以靖海盜十七年於湖南選鋒水師中前後左右營內撥一千六百餘人分防省城及岳州等處撥長勝毅安水師四百餘人分防辰州沅州常德等處撥澄湘水師三百餘人分防衡州等處以專責成是年因奉天遼河下游舊有巡船上游則僅有陸隊兼巡未有水師乃增置長龍炮船一艘舢板船八艘於練軍內選撥弁勇梭巡遼河上下及省南之洋河十九年令提督黃翼升校閱長江提標五營上江十三營下江四營定訓誡之規禁陸居戒嗜好勤練藝屏虛文不得蹈綠營之習日久玩生閩浙疆臣會議以浙江省有元凱超武二兵輪福建省有伏波琛航靖遠三兵輪與沿海水師協力緝捕而浙省水師船自裁減後僅存五十餘艘閩省自馬江戰後僅存艇船二十九艘乃在寗波海口賃用紅單等船八艘酌撥弁兵以靖海盜二十四年令江蘇省之外海內洋裏河太湖四支水師一律酌裁水勇二十五年以安徽省江防在下游者爲東西梁山建有炮隄炮臺在上游者爲闌江磯前江口及省城之江心洲咸有炮臺而缺乏水師乃撥澄淸營炮船二十五艘及長江水師之蕪湖裕溪大通安慶華陽各營聯絡防守又令長江五省督撫各派將領不分畛域嚴密設防二十六年以奉天鳳皇廳沿海一帶素稱盜藪曾由北洋撥兵輪巡洋其支港各處宜市泊水師乃於大孤山太平溝沙河三口岸各造兵船三艘酌配水師巡緝三十四年因浙江杭嘉湖三府捕匪兵單於原有水師中抽練游擊一隊駐嘉興府增練游擊三隊分布嘉興湖州各河港以游擊小隊駐杭州省城賃用上海商人之小輪船十艘曳帶兵梭船巡水道以期迅捷在南洋船塢造淺水兵輪船四艘配快炮八尊江蘇亦製淺水兵輪船四艘協同內河水師仿歐西各國章程編爲聯隊以資防勦此整治水師之概略也其兵額之增減船械之配置各省隨時編定外海水師北自盛京南訖閩廣凡拖繒紅單等船隸焉內河水師各省巡哨舢板等船隸焉奉天直隸山東福建水師船均屬外海江西湖廣水師船均屬內河江南浙江廣東水師船分屬外海內河其別練之師有巡湖水師巡鹽水師親兵營練軍營同治以後增定長江水師太湖水師之制視舊制加詳矣其巡防之規外海水師巡防盛京以協領爲總巡佐領防禦驍騎校爲分巡直隸等沿海各省以總兵官爲總巡副將以下爲分巡各於所治界內率水師沿海上下更番往來詰姦禁暴兩界相交之處戒期會哨以巡緝情形申報所屬將軍總督提督委員稽察若因風阻滯各廠到界之日具報其每歲定期以二月四月五月爲始至九月事竣回營有引避不巡或巡而不周遍者論如軍律其內河水師巡防之制長江自四川巫山而東出三江口至湖廣界經岳州武昌興國至江西界經九江江寗京口等處東至於海各省將軍總督提鎭分委旗標弁兵沿江游巡及界而還自康熙以後以外海利用巨艦內河利用輕舟故船制屢改而轄境遼闊水師兵額時有增加遇有戰事增艦尤多征吳三桂之役命尙善率舟師入洞庭湖取岳州及鄂鼐統水師增造鳥船百艘沙船四百三十八艘置水師三萬人征臺灣之役命萬正色督率湖南浙江戰船二百艘由海道赴福建姚啓聖亦修戰船三百艘水師二萬人施琅之克澎湖用戰船三百艘水師二萬人施世驃之平朱一貴用大小戰船六百餘艘乾隆間征緬甸之役命湖廣船匠造船於蠻暮取道金沙江以攻緬甸兼調福建廣東水師助之李長庚之勦海寇在福建造大船三十艘名曰霆船配置大炮四百尊合閩浙水師全力轉戰重洋遂平蔡牽道光以後海警狎至木質舊船不敵外洋鐵艦之堅利同治五年始仿歐洲兵輪船式於福建省開廠製造輪船江蘇初設輪船四艘十一年廣東山東各設輪船一艘奉天設小輪船一艘咸配置水師其後沿海各省購置兵輪歲有增益舊式水師戰船分別裁汰至光緒中葉綜各省外海內河實存師船之數奉天外海繒船十艘直隸外海長龍船二艘先鋒舢板船四十八艘山東外海拖罾船十四艘內河哨船六艘江蘇外海輪船二艘艇船八艘內洋輪船二艘舢板船六十艘內河舢板船艇船三百八十五艘長江舢板船七十六艘督陣舢板船七艘長龍船十艘巡哨舢板船一百二十八艘安徽舢板船二百八十二艘長龍船十五艘八團船一艘槍划十艘護卡巡船十五艘督陣舢板船七艘輪船二艘江西長龍船十五艘舢板船二百六十三艘督陣舢板船六艘輪船一艘福建外海長龍船一艘舢板船十九艘小艇十四艘哨船十四艘龍艚船二艘拖艚船一艘內河炮船三十艘浙江外海釣船二十七艘艇船十二艘龍艚船十七艘哨船二艘快船一艘內河大舢板船五十八艘中舢板船八十四艘飛划船四十九艘長龍船座船二百十三艘槍船八艘炮船五艘湖北督陣大舢板船八艘長龍船十二艘舢板船一百八十艘湖南督陣大舢板船四艘長龍船四艘舢板船六十艘廣東外海大小輪船二十二艘巡船十四艘拖船十艘長龍船一艘扒船一艘內河兩艄槳船一艘艄槳船四十艘巡船一百九十六艘急跳船十五艘平底槳船二艘快哨船二艘快船十四艘快槳船七艘舢艄船四艘艄船二艘各省戰船咸分隸標營擇地屯泊以時會哨外海師船以海軍規制漸立僅任沿海捕盜之責各省內河師船均仿長江水師舢板船之式惟巡緝等船分巡支河汊港利用輕捷船制少殊耳其漕河水師營制始於明代隆慶間淸代略更其制以衞卒專司輓運漕糧以營兵專任護漕別設城守營守護城池分隸漕院與巡撫爲二漕運總督標下統轄左右中三營及城守四營駐山陽境及漕運要地分別置兵淮郡舊爲黃淮二河交注之區特建兩大閘設河兵及堡夫守之河營遂與漕營並重各有副將參將游擊守備等官河營升遷之例與軍功等專司塡築隄防之事而緝捕之責不與焉淸代水師武功之盛守洞庭而平吳逆戰重洋而殲蔡牽下長江而制粵寇東南數千里威行桴鼓勞臣健將蹈厲功名超踰曩代及海禁宏開鐵船橫駛舟師舊制弱不敵堅遂盡失所恃時會迫迮非規畫之疏也凡直省舊額船數分防之制分列於篇曰東三省曰直隸曰山東曰江南附太湖湖標漕標各水師曰浙江曰福建曰廣東曰廣西曰湖南曰湖北曰安徽曰長江水師

東三省沿海各口岸以金州旅順口爲尤要淸初卽有水師之制松花江嫩江貫注吉林黑龍江二省腹地所設水師營汛由吉林而北抵墨爾根黑龍江一帶至光緒間旅順築海軍港屯駐鐵艦迥殊曩制其東部之圖門混同江上時有俄羅斯戰艦侵軼非舊制師船械弱兵單所能控制矣列經制水師於後奉天旅順口於順治初年設水師營以山東趕繒船十艘隸之始編營汛康熙十五年設水師協領二人佐領二人防禦四人驍騎校八人水兵五百人五十三年由浙江福建二省船廠造大戰船六艘由海道至奉省駐防海口金州水師營隸城守尉水兵百人吉林水師營順治間設四五六品官光緒十四年增設總管一人六品官二人齊齊哈爾水師營康熙二十三年設總管一人四品官二人六品官二人造船四五六品官各一人領催八人水兵二百六十八人後增至五百六十八人大戰船二艘二號戰船十五艘康熙四十年撥歸黑龍江十艘雍正間撥歸墨爾根六艘存大小戰船二十五艘江船五艘划子船十艘墨爾根水師營康熙二十三年設四品官一人領催一人由本城協領兼轄凡戰船六艘水兵四十三人雍正間增戰船六艘黑龍江水師營康熙二十三年設總管一人五品官二人六品官二人領催八人戰船三十艘水兵四百十九人四十年自齊齊哈爾撥船增之凡大戰船十艘二號戰船四十艘江船十艘划子船十艘

直隸省水師始於雍正四年設天津水師營都統一人駐天津專防海口水師凡二千人省內各河咸歸陸汛無內河水師乾隆八年增設副都統一人水師千人大小趕繒船二十四艘艍仔船八艘三十二年以海口無事徒費餉糈全行裁汰嘉慶二十一年復設水師千人旋設大名鎭以水師總兵歸幷大名實存守備一人參將一人千總二人把總三人水師四百九十一人嘉慶十九年直隸督臣那彥成以官兵虛設兵船多朽疏請裁撤仍幷入大名鎭咸豐八年以海疆多警增設海口六營於大沽南北兩岸修築炮臺凡大炮臺五座平炮臺十座大炮九十九尊水師三千人以五百人爲一營分編左右六營九年改爲一千八百人同治八年督臣李鴻章疏請酌定營制設大沽協副將駐新城海口防守炮臺光緒元年李鴻章於大沽北塘等處增建炮臺購置歐洲鐵甲快船碰船水雷船以海軍將領統之不隸舊制協標之內其內河水師船始於同治間仿長江水師之制設督標水師中營管帶官一人哨官三十二人水師四百七十六人舢板戰船三十二艘駐三岔河口親兵總哨官一人哨官十四人水師二百二人舢板戰船十四艘駐西沽河口

山東順治元年始於登州府設水師營領以守備千總等官凡沙唬船邊江船十三艘水兵三百八十六人駐紮水城分防東西海口十五年移沂州鎭於膠州改膠州水師爲陸營十八年移臨淸鎭於登州以隸屬城守營之水師改爲

前營水師康熙四十三年增設游擊一員及守備以下各官增水師爲千二百人改沙唬船爲趕繒船爲二十艘分巡東西海口東至寗海州西至萊州府分爲前後二營各專其職四十五年以前營水師移駐膠州巡哨南海後營水師駐水城巡哨北海五十三年裁後營經制員弁裁水師七百人撥趕繒船十艘赴旅順口僅存前營水師游擊等官趕繒船十艘分南北二汛以游擊守備分轄兵船之半雍正七年每船增兵十人兩汛共增兵百人增雙篷船七艘每艘配兵三十人南汛船三艘北汛船四艘北汛增將弁一人九年又增設船三艘增兵一百九十人每船共配兵四十人南北汛各五艘十二年增將弁六人又於成山頭增設東汛水師抽撥南北汛趕繒船各一艘雙篷船各一艘分配戰守兵撥南北汛將弁四人配船巡哨成山馬頭嘴一帶與各汛會旗總歸水師前營管轄以本鎭統之列定制於後前營水師游擊守備各一人千總二人把總四人外委千總二人外委把總四人水戰兵八百人守兵二百人趕繒船十艘雙篷船十艘每船各帶脚船一艘南汛膠州之頭營子游擊一人把總二人外委千總把總各一人趕繒船四艘雙篷船四艘共配戰守兵四百人南境巡哨至江南交界之鶯游山東至榮成縣馬頭嘴與東汛會旗東汛駐養魚池千總把總各一人外委千總把總各一人趕繒船四艘雙篷船船四艘共配戰守兵四百人南境巡哨至馬頭嘴與南汛會旗北境巡哨至成山頭與北汛會旗北汛駐登州府水城中軍守備千總把總各一人外委把總二人趕繒船四艘雙篷船四艘共配戰守兵四百人南境巡哨至成山頭與東汛會旗北境巡哨至隍城島與直隸水師盛京水師分界

江南水師順治初年江蘇松江等營各有捕盜小快船四十艘常州鎭江等營各有一二十艘不等自康熙七年查毁沿江海各營出海之船其內河快船亦從裁汰嗣巡撫馬祜提督楊捷疏請蘇松常鎭四府各塘汛設水師巡船三百二十五艘以靖水盜雍正元年江蘇浙江督撫會商以太湖連跨二省夙爲盜藪乃於湖濱各口增設水師營汛巡船分界巡防其湖內各地係二省交會者令參將各率水師會同巡緝雍正五年令京口八旗營仿天津水師之制設京口水師營分撥京口大小戰船二十艘至江甯練習其駐甯水師凡滿洲蒙古兵千人設協領四人佐領防禦驍騎校各十二人是爲江南水師之始鎭守京口左右兩路水師設統兵官二人分統左右營各置沙船二十八艘水艍船八艘犂繒船八艘舵椗手二百二十人水手匠役四百九十二人康熙二十一年改隸江南提督標下分爲中左右三營三十六年裁總兵官設副將以下各官每營設沙船二十三艘唬船七艘小巴船四艘水手四百六十八人雍正二年後迭有改撥每營存唬船二艘小巴虎船七艘渡馬淺船六艘江南提督水師標兵順治四年始設參將以下各官分爲中左右前後五營及城守六營中營唬船一艘巡船十五艘中號四艄哨船二艘槳艄快哨船二艘左營唬船三艘巡船十五艘中號四艄哨船二艘槳艄快哨船二艘右營浦江游巡哨船四艘改設哨船一艘槳船一艘二艄哨船一艘巡船七艘前營中號四艄哨船二艘槳艄快哨船二艘巡船二十二艘後營唬船一艘中號四艄哨船二艘槳艄快哨船二艘巡船八艘松江城守營唬船一艘中號四艄哨船二艘槳艄快哨船二艘巡船一艘金山營巡船十三艘柘林營巡船四艘靑村營巡船二艘小哨船一艘南匯營大罟船二艘小哨船四艘川沙營捕匪大罟船三艘放大罟船三艘大罟船二艘小哨船二艘小號二艄哨船二艘劉河營巡船八艘吳淞營沙船三艘艍犂船四艘福山營沙船四艘官渡船四艘巡船十六艘後改爲福山鎭標設總兵以下各官太湖營沙船快船巴虎船共三十二艘後改爲太湖協標設副將以下各官常州營巡船二十九艘江陰營唬船二艘巡船七艘靖江營唬船二艘楊舍營巡船二艘鎭江城守營順治十五年設鎭守蘇松水師總兵官分中左右水師三營各設沙船九艘趕繒船五艘尋改爲參將等官設巡船二十三艘江南督標游兵營順治初年隸操江巡撫標下設游擊以下各官大唬船一艘小唬船二十七艘康熙元年裁弁入督標奇兵營順治初年隨操江巡撫赴安徽省駐防改爲太平右營設游擊以下各官康熙元年裁弁入安慶營瓜洲營順治二年設守備以下各官專防江北水汛唬船八艘康熙元年改爲參將並入江南督標十一年改爲瓜洲城守備唬船八艘其各縣分防水師寶應汛船十五艘汜水汛船十四艘永安汛船二十三艘高郵汛船十六艘江都汛船十四艘淮安廟灣營順治初年設游擊以下各官沙船五艘唬船四艘佃湖營雍正九年由廟灣營分防設都司以下各官沙船三艘巡船四艘唬船一艘內河巡哨船一艘營城營順治三年設守備以下各官唬船四艘小巡船四艘乾隆十一年改爲唬船一艘巡海哨船二艘三號四號沙船二艘小巡船四艘小關營雍正十一年由鹽城營分防設都司以下各官沙船二艘唬船一艘快船一艘海州營順治四年設游擊以下各官小巡船五艘康熙三年幷入東海營增設沙唬船十艘東海營順治初年設守備以下各官十八年裁撤康熙十八年復設其分防汛地鷹游內外洋汛船二艘大浦汛商船二艘海頭汛唬船一艘臨洪口汛哨船二艘高公島汛沙船一艘江蘇撫標左右營順治四年設參將以下各官左營巡船十艘右營巡船十艘蘇州城守營順治四年設參將以下各官巡船五十八艘平望營順治三年設游擊以下各官巡船十七艘初隸提督標乾隆以後改隸巡撫標巡船二十艘福山營自提督標分防設游擊以下各官其沙船四艘巡船六艘官渡船四艘船數仍如曩制道光間以海疆要地改爲鎭標設總官以下各官分爲中左右三營淞北營原隸督標內河水師同治十一年改隸江南提標水師增設副將以下各官仿長江水師之制設舢板船十六艘淞南營同治十一年改隸裏河淞北協標增設游以擊下各官仿長江水師之制設舢板船座船凡三十七艘江北狼山鎭標順治十八年設總兵以下各官分中左右三營中營趕繒船一艘沙船一艘唬船三艘渡船五艘左營趕繒船一艘沙船二艘唬船三艘渡船六艘右營趕繒船六艘沙船一艘唬船四艘渡船三艘泰州營順治二年設游擊以下各官趕繒船二艘沙船二船掘港營順治三年設守備以下各官唬船三艘康熙二十三年以京口將軍標下沙船二十二艘唬船十八艘隸狼山鎭標爲海口巡防水師二十八年以戰船四艘仍撥歸京口四十八年改爲中左右三營中營趕繒船三艘沙船二艘左營趕繒船三艘沙船三艘右營趕繒船四艘沙船二艘唬船四艘雍正十年實存大小水師船二十二艘十三年右營增小哨沙船一艘同治五年增設綏通綏海二營隸長江水師提督江南福山鎭標道光二十三年設總兵以下各官分中左右三營以舊有之福山營水師爲福中營蘇松奇營水師爲福左營楊庫水師爲福右營中營舊設巡船十五艘日久朽壞無存以沙船四艘增換闊頭舢板船五艘左營設大小舢板船八艘右營設大小舢板船五艘同治九年改定營制以中營幷入左右營以左營原轄之海門廳屬西牛洋沙等汛隸通州營以左營分中左右三哨分駕巡船十二艘出巡洋面以右營駐防陸路各汛太湖水師始於雍正間太湖連跨蘇州常州湖州之境爲全吳巨浸湖中風浪與江海異故巡湖水師船制亦殊其衛所巡司則以巡船水師則以哨船雍正二年設太湖營游擊千總把總各一人五年以大錢汛口爲浙江省瀕湖要道增守備千總各一人把總三人戰守水兵原額千人歷年裁併實存水戰兵一百八十六人守兵四百七十二人分防各處角頭汛兵一百八十五人沙快船五艘西山汛兵六十九人沙快船二艘浙江烏程汛兵一百九十七人沙快船九艘伍浦汛兵六十九人快巡船九艘南浦汛兵一百七人快巡船九艘七年以沙船六艘爲湖中大汛巡防其餘改小號巡船二十艘巡緝支河小港九年分水師爲左右二營左營守備駐簡村列汛凡六當震澤縣界千總一人駐鮎魚口列汛十有二當吳縣吳江震澤界把總二人一駐東山列汛凡八當吳縣界一駐吳江列汛凡八當吳江震澤界右營守備駐周鐵橋列汛凡六當宜興陽湖界千總一人駐馬山列汛十有四當常州無錫陽湖界把總二人一駐黿山列汛凡七當吳縣界一駐鳳川列汛凡七當宜興荆溪界乾隆間設副將以下各官水師戰船凡巴唬船十六艘沙船三艘大快船七艘小快船三十二艘至道光間存巴唬船十六艘沙船二艘大快船六艘小快船二十艘槳船十艘迨咸豐年粵匪亂後營伍船械全失同治間重整水師盡易舊制仿長江營制設大湖協標二營舢板戰船三十六艘此江南水師之制也其長江水師之在江南省者爲瓜洲鎭標轄瓜洲營孟湖營三江營江陰營戰船兵額與各省長江水師同河道總督標營凡二十營雍正七年以漕標右營改隸河標設巡船九艘山清裏河上營康熙十七年設船六十八艘裏河下營雍正六年由裏河營分設船十三艘外河上營船一百十四艘山安海防河營雍正七年由外河營分設船五十四艘高堰上營康熙三十八年由盱眙營分設船三十四艘山盱下營雍正七年由高堰營分設船十七艘桃源安清營康熙三十八年設船二十三艘揚河上營康熙十七年設船八十二艘揚河下營雍正七年設船十四艘徐河南北營雍正六年設船三十艘邳睢河營順治初年設船七十五艘宿虹南北營順治初年設船百艘桃源南北營順治初年設船六十八艘宿遷運河營雍正六年設船十九艘凡河防各營設守備以下各官大小各船分浚船柳船二類修防河工以營制部勒之漕運總督水師標營分中營左營右營城守四營以中左右三營任護漕之責以城守四營任地方之責駐山陽境及漕運所經之地其運輓漕糧則以衞卒任之

浙江水師杭州協錢塘水師營順治初年設守備各官兵一百十五人鼈子門汛兵七十九人新城汛兵三十一人塘棲汛兵九十三人錢江汛兵七十七人富陽汛兵一百五十人防守河莊山唬船四艘運河內河快唬船十一艘錢塘

江渡馬船六艘乍浦水師營雍正二年以定海鎮右營改歸乍浦設參將各官水戰兵二百四十人守兵二百七十六人戰船十艘內洋岑港轄洋面汛三十三內洋瀝港轄洋面汛十五內洋岱山轄洋面汛十九嘉興協營設副將各官駐防府城兵四百三十二人快唬船五艘海鹽汛兵一百七十五人快唬船三艘乍浦汛兵二百十三人快唬船二艘澉浦汛兵百人快唬船一艘石門汛兵一百十人快唬船四艘桐鄉汛兵七十六人快唬船二艘濮院汛兵六十一人快唬船三艘新城汛兵四十人快唬船一艘平湖汛兵九十九人快唬船三艘嘉善汛兵七十人快唬船二艘嘉興汛兵六十九人快唬船二艘王江涇汛兵五十六人快唬船二艘雍正十年裁撤快唬船二十艘改造大號巡船二十艘小號巡船二十艘分配各汛湖州協營設副將各官駐防府城兵四百七十六人快巡船十三艘左營分防雙林汛兵五十人快巡船三艘德清汛兵三十四人快巡船四艘新市汛兵四十二人快巡船四艘含山汛兵四十二人快巡船四艘菱湖汛兵三十九人快巡船五艘右營分防泗安汛兵五十人快巡船三艘長興汛兵四十四人快巡船二艘武康汛兵二十人快巡船一艘馬要汛兵二十人快巡船一艘烏鎮汛兵二十四人快巡船一艘南潯汛兵五十八人快巡船六艘菁山汛兵十六人快巡船一艘梅溪汛兵八十人快巡船二艘紹興協營設副將各官水師一千八百七十二人用衞所之制設臨海觀海二衞瀝海三江二所雍正十年設周家路水師汛置紹字一二號巡船二艘寗波府順治三年設水師營參將二人分左右二營水戰兵四百人守兵四百人十四年設寗台溫水師總兵官及以下各官康熙九年設水師提督及左右二路總兵官七年罷之設總兵官一人轄中左右水師三營兵三千人春秋二汛率戰船出洋巡緝其戰船之數隨時增改順治三年水師左右二營大小戰船五十二艘九年定海鎮左右二營戰船四十九艘十四年水師左右前後四營戰船二百二艘康熙元年水師前左右三營戰船一百七十三艘九年定海鎮中左右三營戰船八十艘增設哨船二十艘歷年裁汰定爲水艍船十二艘𦨴繒船七號水艘中艍船一艘中號𦨴繒船五艘沙船七艘雙篷艍船十三艘唬船二艘哨船二十艘象山城守營設將副各官哨四艘海口汛兵一百五十人哨船十艘雍正四年裁存四艘昌石營設都司等官汛兵五百六十五人戰船六艘鎮海營原設定海水師左右二營雍正二年改設鎮海營參將各官汛兵二百三十五人哨船八艘台州府順治十四年設寗台總鎮十五年改水師提督尋改總兵設黃巖鎮標三營水師二千七百七十五人戰哨船二十五艘海門駐游擊等官前所駐都司等官右營分防海洋七汛玉環山干江雞齊山標桃嶼石塘龍王堂沙護中營分防海洋六汛鄎幾山黃礁門深門三山老鼠嶼川礁左營分防海洋八汛聖堂門米篩門白岱門牛頭門靖寇門狗頭門山茶盤山迷江山溫州府順治三年設副將各官十三年改總兵官設鎮標中左右水師三營戰哨船二十二艘中營水戰兵六十五人守兵一百五十二人戰船九艘快哨船二艘釣船三艘分巡二處一專防防三盤口水師百六十二人戰船二艘一專長沙海洋水師一百二十八人沙戰船二艘分防汛地凡七曰霓嶴黃大嶴三盤大門長沙鹿西雙排左營水戰兵六十八人守兵一百七十三人戰船九艘快哨船二艘分巡二處一專防鳳山汛一專防南龍海洋分防汛地凡五曰鳳皇山銅盤山南龍山大瞿山白腦門右營轄陸地汛兵瑞安水師營設副將各官水戰兵九十八人守兵一百四十三人內洋巡哨戰船四艘外洋巡哨戰船五艘快哨船四艘釣船二艘分巡二處一專防北關洋水師七十人戰船一艘一專防官山洋水師五十人戰船一艘分防汛地凡六曰北關官山金鄉嶴琵琶山南鹿山四大嶼玉環水師營設參將等官水戰兵一百四十五人守兵二百五十四人八槳船四艘戰船四艘快哨船四艘左營轄陸地汛兵右營水師一百八十四人戰船四艘分巡二處一專防坎門水師六十五人戰船一艘一專防長嶼水師三十四人戰船一艘內洋凡三汛曰烏洋梁灣黃門外洋一汛曰沙頭左右營率水師一百八十四人戰船一艘輪巡洋面又江口水師一百八十四人戰船四艘雍正二年額定四種戰船曰水艍船曰趕繒船曰雙篷船曰快哨船其六槳船八槳船雍正七年後所增設也

福建水師順治十三年始設福建水師三千人唬船哨船趕繒船雙篷船百餘艘康熙二十四年裁撤雙篷船八十艘以二十艘分防臺灣及澎湖島雍正三年於福州漳州臺灣三處各設船廠製造外海內河大小戰船七年設泉州船廠修造各提鎮協標水師戰船福州船廠承修四十六艘泉州船廠承修四十八艘漳州船廠承修五十二艘臺灣船廠承修九十六艘乾隆十六年令三江口戰船按季燂洗三十三年裁撤哨船五十艘嘉慶四年令戰船悉改同安船式五年裁撤內地額設戰船三十艘增造米艇船三十艘編爲勝字號七年以福寗府陸路鎮標左營改爲水師左營駐三沙海口編新字號戰船十二艘十年增臺灣水師同安梭船三十艘編爲善字號分設臺灣協標中左右三營十一年增米艇八艘編爲捷字號又增大橫洋梭船二十艘分編爲集字號十艘成字號十艘分防內地十三年裁撤中號小號梭船十七艘十四年增集字號成字號大同安梭船二十艘捷字號米艇八艘十五年裁撤臺灣港口善字號船二十一艘於鹿耳門增守港師船十六艘編爲知字號增八槳快船十六艘編爲方字號十六年裁撤各營中號小號梭船三十七艘道光二年裁撤捷字號米艇勝字號米艇共十五艘餘改爲一二三號同安梭船之式七年裁撤臺灣水師營知字號方字號船共三十二艘善字號船九艘別造白底艍船三十二艘編爲順字號十六艘濟字號十六艘分撥臺灣協標中左右三營澎湖協標艋舺營其外海戰船名號凡十類曰趕繒船曰雙篷艍船曰雙篷船曰平底哨船曰圓底雙篷船曰白艕船曰哨船曰平底船曰雙篷哨船曰平底艍船內河戰船名號凡九類曰八槳船曰六槳平底小巡船曰花篙座船曰八槳哨船曰小八槳船曰中八槳船曰大八槳船曰花官座船曰哨艍船各船水師多寡之數以船之大小爲衡提督標分中左右前後五營中營戰船九艘左營八艘右營八艘前營十艘後營十艘總督標水師左營戰船二艘金門協標後改鎮標左營戰船九艘右營九艘改鎮標後增戰船二艘海壇協標後改鎮標左營戰船十艘右營八艘閩安協標左營戰船七艘右營七艘福寗鎮標左營戰船十艘烽火營戰船十一艘南澳鎮標戰船十艘銅山營戰船十一艘臺灣協標中營戰船十九艘左營十四艘右營十六艘澎湖協標左營戰船十七艘右營十六艘艋舺營十四艘

廣東水師自順治九年設官弁千人嗣設總督標水師駐肇慶府分爲中左右前後五營中營二艣槳船一艘急跳船一艘左營槳船二艘急跳船一艘舢板船三艘右營槳船二艘急跳船二艘前營急跳船二艘舢板船四艘後營槳船一艘急跳船一艘舢板船三艘水師營二艣槳船十四艘四艣槳船六艘急跳船六艘四會營四字號槳船三艘新會營急跳船一艘急跳槳船一艘小舢板船二艘後改肇慶城守協標轄左右營四會營那扶營永安營以新會營改隸提標水師之順德協巡撫標轄水師左右營廣州協左右營三水營前山營順德協左右營新會左右營增城左右營大鵬營永靖營光緒二十九年裁廣東巡撫以各營分隸提督標及廣州城守協水師提督標康熙元年設駐惠州府轄四營嘉慶後移駐虎門分中左右前後五營香山協左右營順德協左右營新會左右營大鵬左右營赤溪協左右營清遠右營廣海寨營永靖營凡六艣船十一艘八艣船四艘十艣船二艘十二艣船二艘米艇十一艘撈繒船六艘快槳船二十七艘淺水槳船十二艘巡船十四艘二艣船六艘四艣船十二艘艍船四艘嗣後裁廣海寨營以清遠左右營隸三江口協標以永靖營改隸撫標又改隸城守協標增設赤溪左右營南澳水師鎮標左營戰船十艘屬福建省右營趕繒船九艘艕仔船六艘八槳船二艘澄海協左營艍船二艘艕仔船二艘烏敝船一艘快槳船三艘右營趕繒船一艘艍船二艘艕仔船一艘烏敝船一艘快槳船二艘海門營趕繒船二艘艍船二艘艕仔船四艘快槳船四艘達濠營艍船二艘艕仔船一艘快槳船一艘碣石水師鎮標康熙八年展界分中左右三營米艇十艘哨船一艘平海營康熙元年以惠州協右營駐平海所雍正四年設平海營隸鎮標一號趕繒船一艘二三四號艍船三艘五六七八號拖風船四艘一號快船一艘歸善城守營舢板哨船十三艘惠來營屬陸路潮州鎮標分中左右三營城守營快船五艘饒平營快船四艘黃岡協左右營左右哨船二艘右營哨船二艘北海鎮標及城守營康熙初年設二十三年改設龍門水師協標分左右二營左營水師八百二十三人右營八百十一人共大米艇三艘中米艇四艘小米艇一艘撈繒船三艘艍船一艘乾隆二十年後實存趕繒船二艘艍船四艘拖風船一艘快馬船三艘舊轄有硇州營大小戰船二十七艘後改隸高廉水師鎮標高廉鎮標陽江營嘉慶十五年以南韶連鎮標左翼兵移駐陽江設陽江鎮標左營大米艇五艘撈繒船二艘右營大米艇三艘撈繒船一艘後改隸高廉鎮標電白營雙篷艍船七艘吳川營外海雙篷艍船二艘外海拖風船三艘槳船二艘硇州營舊爲乾體營大戰船十三艘龍艇六艘哨船五艘康熙四十二年改爲硇州營存趕繒船三艘艍船六艘拖風船十二艘外海雙篷船四艘快槳船七艘東山營大米艇一艘撈繒船二艘雷瓊鎮標康熙二十七年設分左右二營趕繒船二艘艍船六艘快哨船六艘雍正間增快哨船十艘嘉慶十五年改稱水師營左營水師八百七十六人右營水師八百八十八人海安營康熙初年設副將各官八年改設游擊隸鎮標大小哨船凡二十艘白鴿寨營順治初年設參將各官大小哨船九艘康熙間裁撤存哨船三艘海口營嘉慶十五年設水師協標左營水師四百九十二人

右營四百八十五人後改參將並左右營爲一營崖州水師協標中營屬陸路右營水師一二三號拖風哨船三艘四五六號艍船三艘又廣東駐防八旗營水師乾隆十年設領催等三十人水師四百七十人分左右二營匠役十二人教習副工兵百人

廣西水師舊設駐柳州後移駐龍州康熙二十一年以梧州地居兩廣之中扼三江之要分額設弁兵之半於潯南一帶設哨船巡防其後惟梧州潯州平樂南甯慶遠各府有經制水師爲數無多至光緒初年以灕江左江右江水程緜亘盜賊充斥設水師五營嗣因餉絀并爲三營旋增募勇丁凡巡哨船一百四十艘兵丁一千三百餘人仍苦不敷分布乃復設水師五軍以水程之長短定師船之多少自桂林府至平樂府爲中軍汛地設將領四人巡船四十艘兵五百人自梧州府至潯州府爲前軍汛地設將領二人巡船二十艘兵三百五十二人自平南府至南甯府爲左軍汛地設將領三人巡船三十艘兵三百七十六人自慶遠府至武宣爲右軍汛地設將領四人撥車扒船四艘巡船三十六艘兵五百三十六人自南甯府至百色等廳河面爲後軍汛地設將領三人扒船八艘巡船二十艘兵四百二十四人此光緒季年之制也其舊設水師弁兵船數列後梧州府水師三營設副將各官水師千人塘船十三艘快船六艘舢板船三十八艘慶遠府協標左營兼轄水師哨船二艘平樂府水師哨船四十七艘廣運營八槳哨船七艘柳兵哨船七艘大亮營八槳哨船一艘柳兵哨船一艘大定營八槳哨船一艘柳兵哨船二艘足灘營柳兵哨船十二艘潯州府左營兼轄來賓江口水師哨船勒馬汛水師哨船南甯府隆安縣水塘十八處哨船十五艘水師一百四十人橫州水塘二十處哨船三艘水師三十四人永淳縣水塘九處哨船一艘水師十人

湖北水師武昌府城守營舊有水師營設守備以下各官乾隆二年撥入漢陽營任江漢巡防之責武昌省城存城守營內河巡哨船五艘下游道士洑營巡江船三艘漢陽城守營兼轄水師營戰船三艘虎戰船一艘漢川虎戰船二艘黃州協營巡江船三艘蘄州城守營巡江船二艘荊州水師營設守備以下各官戰船二十五艘巡江船二艘宜昌府水師順治十三年設彝陵鎭轄水師前後二營康熙十九年改爲彝陵水師協標乾隆元年改爲宜昌鎭標仍設水師前後二營戰船三十艘小鰍船十一艘經粵寇之亂舊制無存同治間設長江水師其屬湖北省者爲漢陽水師鎭標轄漢陽營田鎭營簰洲營巴河營其戰船兵額與各省長江水師同制

江西水師清初設九江鎭標水師營南湖水師營鄱湖水師營唬船二十艘分防水巡各營設塘船一艘康熙元年改九江鎭標爲九江協標水師七百七十三人增設沙船三十艘水汛巡哨船十七艘乾隆間實存沙船八艘唬船二十三艘後改爲城守營同治八年裁撤城守營其南湖水師營鄱湖水師營自設長江水師後亦皆裁撤長江水師之屬於江西省者爲湖口水師鎭標轄湖口營吳城營饒州營華陽營安慶營戰船兵額與各省長江水師同制

安徽省水師安慶鎭標壽春鎭標及游兵營泗州營均有戰船順治初年安慶鎭標游兵營隸操江巡撫康熙元年改隸江南總督標泗州營舊隸江南提督標後改隸安徽巡撫標安慶鎭標分防懷甯桐城望江東流貴池銅陵及江西彭澤縣等處大唬船一艘小唬船二十二艘游兵營分防和州無爲含山銅城繁昌蕪湖當塗等處及江蘇之江甯縣大唬船一艘小唬船二十七艘壽春鎭標潁州營哨船二艘泗州營扒唬船四艘經粵寇之亂師船盡毀同治間設長江水師屬安徽省者爲長江提督標中營駐太平府轄裕溪營蕪湖營大通營金陵營戰船兵額與各省長江水師同制

湖南水師清初設辰州洞庭二營康熙二十八年裁辰州水師改設岳州水師營歸岳州營參將兼轄設守備各官頭舵戰兵六十八人水步戰兵六十五人水守兵一百四十八人分防岳州府城及東西湖上下江二汛自雍正至嘉慶迭有增減存頭舵戰兵三十四人水步戰兵三十九人水守兵一百四十二人戰船十八艘洞庭水師營原設洞庭協標嘉慶二年以洞庭副將都司移駐常德改常德爲協以常德游擊守備移駐洞庭改洞庭協爲水師營設游擊各官戰兵一百九人守兵四百三十六人戰船十二艘分防小船游巡小船各十艘分駐龍陽縣及東西湖各汛承平日久將弁兵丁咸居陸地船敝不修舊制寖廢咸豐三年曾國藩治水師於湖南造船練兵以長龍船舢板船尤爲便利粵寇定後至同治八年裁撤水勇設長江水師在湖南境者設岳州鎭標四營爲岳州營沅江營荊州協標營陸溪營原設之岳州水師歸并岳州城守營原設洞庭水師歸并龍陽城守營咸豐軍興以後常於省城駐水師一營湘潭駐水師二營衡州駐水師一營益陽縣則由省城撥師船駐防常德駐水師一營底州駐一營靖州之洪江駐一營澧州則由常德撥師船駐防又於岳州安鄉合駐水師一營不在經制水師之列而分地駐巡參錯布置實與經制水師相輔云

長江水師道光季年各省內河水師及沿江水師船多朽敝値操練之期臚衍儀式粵寇東犯無以制之咸豐三年江忠源始建制艦練兵之議四年命侍郎曾國藩治水師於衡州造拖罟快蟹長龍舢板各船惟舢板船尤爲輕捷制勝長龍船次之大率水師一營設長龍船一二艘舢板船或十餘艘或二十餘艘以拖罟船快蟹船守營不以出戰其後水師日增悉廢拖罟快蟹舊式之船專以舢板船摧敵任彭玉麟楊岳斌爲水師統帥循長江轉戰東下克名城以百計蹈巨憝於金陵同治三年東南底定曾國藩彭玉麟以江防重要疏請設立長江經制水師簡授長江水師提督一人得專摺奏事隸兩江湖廣總督節制率提標五營駐安徽太平府每歲於所轄湖南湖北江西安徽江南五省江面巡閱設岳州漢陽瓜洲湖口四總兵官每鎭標各統水師四營惟湖口鎭標五營以狼山鎭標水師二營並隸之凡二十四營總兵及參將游擊於收泊戰艦處所立汛建署爲營汛治事之地以船爲家不得在署常居都司守備各官以至兵丁不得陸居總兵座船三艘督陣舢板二艘親兵十二人副將座船二艘督陣舢板一艘長龍二艘親兵十二人游擊座船二艘督陣舢板一艘長龍一艘親兵十二人都司二人各座船一艘長龍一艘守備二人各座船一艘舢板一艘飛划一艘四哨千總八人各座船一艘舢板一艘飛划一艘四哨把總九人各座船一艘舢板一艘飛划一艘四哨外委十一人各座船一艘舢板一艘飛划一艘又外委一人管帶督陣舢板有座船一艘無舢板戰船之大者每艘或設兵二十八人爲舵兵一人頭兵一人炮兵二人槳兵十六人或設兵二十五人爲舵兵一人艙兵一人頭兵一人炮兵四人槳兵十八人舢板船每艘設兵十四人總兵以下各官設稿書書識自七人至一人不等以都司一人管駕長龍船爲領哨守備爲副領哨每哨戰船十艘惟岳州漢陽係游擊營制而統戰船三十三艘視參將例左哨都司專任錢糧右哨都司專任船炮軍械及巡查諸務大小戰船咸設炮位長龍船千斤頭炮二位七百斤邊炮四位艘炮一位舢板船八百斤頭炮一位六七百斤哨炮一位船邊五十斤轉珠小炮二位洋槍刀矛之屬隨宜分配旗幟以桅旗爲主懸方式長龍旗凡長一丈二尺舢板船旗長九尺船艄懸尖式龍旗書某標某營某哨桅上小旗或船首立旗書駕船將弁之姓以示區別凡駐師之處漁船由水師編號稽查以清盜源其疏防之責以哨官爲專汛營官爲本轄遇有盜劫視汛地所轄題參江鄂各營半年更調一次副將與副將之營互調參將游擊與參將游擊之營互調每營調居客汛二次又調回本汛一次如承緝盜案未獲則不得更調凡副將參將以下由本境巡撫節制總兵由總督節制土匪猝發須用戰船由督撫徼調境內水師往勦總兵奉檄即發兵督撫調水師操練亦奉檄即行其事涉重大者督撫會同長江提督疏陳其餘水營政務由長江提督主持餉糈之制將弁則視其職以定廉養公費兵丁月餉每名銀三兩有差全軍餉糈由沿江釐捐局指定支撥設火藥局於湖北安徽購硝斤於江蘇江西湖南設子彈局於湖南之長沙設造船廠於湖北之漢陽江西之吳城江南之草鞋夾戰船均三年一修十二年更換定水師事宜三十條未盡者續定十條銀米有稽銓補有章訓練有規鄭重江防嚴申禁約有犯必懲自荊州以達海門沿江數千里稱天塹雄師至光緒季年特命大臣查閱長江營伍實存長龍舢板戰船七百六十二艘飛划船六百四十二艘水師弁兵一萬有七十九人其自荊州以上溯江至宜昌巴東漢陽以上溯江至襄陽鄖陽湖南之湘江沅江江西之吳城以上諸河各疆吏自設防營其淮河一帶自正陽關至洪澤湖及江蘇境各支河水師隸淮陽鎭標光緒間改設江北提督凡清江營洋河營佃湖營洪湖營莽蕩營咸隸之自鎭江以東內河各汛及太湖水師五營則統以江南提督凡各省內河有水師者悉改舊式一準長江水師其海口原有之狼山鎭福山鎭仍如前制由鎭將督率大號戰船巡防內海惟狼山鎭兼隸長江水師提督每營設大舢板船二十艘並仿紅單拖罟船式設大號戰船數艘多置炮位爲巡緝內洋之用其長江水師營制防汛列後岳州設總兵官置中軍中營游擊戰船三十三艘仿參將營之例分防自城陵磯至鹿角壘石濾陵潭湘陰一帶沅江設參將屬岳州鎭左營分防君山西湖及常德龍陽華容等河通洞庭湖之處其沅湘等水汛由湖南省別行設防荊州設副將屬岳州鎭後營分防自荊州以下江面石首監利一帶至荊河口止陸溪口設游擊屬岳州鎭前營分防自荊州河以下江面螺山新隄及倒口內之黃蓋湖漢陽設總兵官置中軍中營游擊戰船三十三艘仿參將營之例分防自沌口以下江面至團風等處並防省城兩岸後湖青林湖其漢水上通樊城千餘里及各河汊由湖北省別行設防

牌洲設參將屬漢陽鎮後營分防自倒口以下江面至沌口兼防金口以內之斧頭湖巴河設游擊屬漢陽鎮右營分防自團風以下江面黃州蘭溪至道士洑兼樊口以內之梁子湖田家鎮設副將屬漢陽鎮前營分防自道士洑以下江面漳源口蘄州武穴至陸家嘴兼防漳源口及隆平以內之湖湖口設總兵官置中軍中營游擊分防自陸家嘴以下江面至九江老洲頭吳城設參將屬湖口鎮左營分防自湖口以內姑塘南唐渚磯一帶饒州設參將屬湖口鎮後營分防都昌鄱陽康山一帶其彭蠡湖東境各湖南達省城贛江由江西省別行設防華陽鎮設游擊屬湖口鎮右營分防自老洲頭以下江面彭澤縣香口至東流等處兼防吉水溝以內各湖安慶府設副將屬湖口鎮前營分防自東流以下江面黃石磯李陽河至樅陽兼防北岸鹽河及樅陽以下南岸通殷家匯之河太平府設長江水師提衙署置中營軍中營副將分防金柱關以下江面至烏江大通設參將屬提標後營分防自樅陽以下江面池州土橋至荻港蕪湖設游擊屬提標右營分防自荻港以下江面至裕溪口並灣沚青弋江等處裕溪口設參將屬提標左營分防東西梁山江面至金柱關兼防運漕無為州各內河及巢湖百餘里水汛金陵草鞋夾設參將屬提標前營分防烏江以下江面至通江集兼防江浦六合內河瓜洲設總兵官置中軍中營游擊分防通江集以下江面至焦山兼防內河至揚州自揚州以上高郵等湖由淮揚鎮別行設防孟河營設游擊屬瓜洲鎮右營分防南岸各夾江自焦山至江陰口其南岸內河由松江提標別行設防三江營設游擊屬瓜洲鎮左營分防北岸各夾江自焦山至靖江口其北岸內河由淮揚鎮別行設防江陰設副將屬瓜洲鎮前營分防自江陰以下江面而鹿苑港及壽興等河其鹿苑港以下由福山鎮標接防狼山鎮總兵循舊日之制增水師二營兼隸長江提督原統中左右三營鹽捕揚州三江泰州泰興掘港各營悉仍其舊惟通州設綏通營置游擊各官分防自靖江八團港以下江面至通州凡長龍戰船二艘督陣舢板一艘舢板十艘大舢板十艘仍酌增紅單拖罟等船海門廳設綏海營置副將各官分防自狼山至海門北岸江口海汊凡長龍戰船二艘督陣舢板二艘大舢板二十艘仍酌增兵輪船及紅單拖罟等船其崇明南岸海汊由江南提督別行設防綜長江經制水師副將六營參將七營游擊十一營凡二十四營

兵志七

海軍

中國初無海軍自道光年籌海防始有購艦外洋以輔水軍之議同治初曾國藩左宗棠諸臣建議設船廠鐵廠沈葆楨興船政於閩海李鴻章築船隖於旅順練北洋海軍是為有海軍之始而甲申馬江甲午東海師船盡燬嗣後兵艦歲有購置自光緒中葉迄宣統初南北洋海軍僅有船五十餘艘舊式居半其能出海任戰者止海籌海圻等巡艦洋四艘楚泰楚謙江元江亨等礮艦十餘艘而已爰紀開創之漸脩繕之規廠隖之建築兵艦之購造咸列於篇道光二十二年文豐疏言購呂宋國船一艘駕駛靈便足以禦敵旋諭隸水師旗營操演並諭紳商多方購置是為海軍購艦之始咸豐六年怡良疏言允英國司稅李泰國之請置買火輪船以勦粵匪旋隸向榮調遣十一年曾國藩疏請購買外洋船炮奕訢等請以關稅欵購外洋小兵輪十餘艘飭廣東江蘇各督撫募內地人學習駕駛以已租之美利堅輪船二艘一名土只坡一名可敷本為護運之用配以炮械駛赴安慶隸曾國藩調遣同治元年曾國藩於安慶設局自造小輪船一艘二年令容閎出洋購買機器四年曾國藩丁日昌於上海設鐵廠造槍炮五年左宗棠疏請於福建省擇地設廠購機器募洋匠自造火輪兵船聘洋員日意格等買築鐵廠船槽及中外公廨工匠住屋築基砌岸一切工程開設學堂招選生徒習英法語言文字算學圖畫釆辦鋼鐵木料期五年內成大小輪船若干均仿外洋兵船之式需銀三百萬兩並陳船政事宜十則請簡重臣督理旋以沈葆楨為船政大臣六年李鴻章遷虹口製造局於高昌廟建船隖名曰江南製造局沈葆楨疏言福州馬尾山為省垣奧區天險設船隖於馬尾之中歧隖周四百五十丈有奇鐵船槽長三十丈寬十五丈可修造二千五百噸之船隖內濱江者為鐵廠輪廠斵木匠架木棧房隖東北為船政大臣駐所紳員公所及外國匠房其左為法文英文學堂及生徒住舍江干為煤廠山麓為中國匠房山之左駐楚軍一營山之右為洋員駐所傍江岸為官街以便貿易旋派洋員日意格回國采辦器具選用工匠是年瑞麟向英國訂購六兵船七年沈葆楨疏言於船隖之右創建船臺四座臺長二十餘丈船成入水順推而下其旁增五廠曰鐵廠曰水缸廠曰打鐵廠曰鑄鐵廠曰合攏鐵器廠規模既具次第興工尋疏陳外洋機器到閩復運煤運木於臺灣運埠於廈門廠內增設轉踞廠木模廠銅廠風洞繪事廠廣儲廠儲材廠東西考工所先後告竣疏入諭英桂馬新貽李福泰卞寶第等籌給經費俾蕆要工是年曾國藩疏言上海設廠自造第一號輪船告成汽鑪船身皆考究圖說自出機杼長十八丈寬二丈餘命名恬吉請續造二十餘丈之大艦旋諭兩江總督馬新貽等從曾國藩李鴻章所請製器設廠增建譯館諸端悉心講求是年福州船廠自造安瀾等小輪船十艘告成濟安永保海鏡等輪船亦告成八年沈葆楨疏言廠中自製第一號大輪船下水長二十三丈八尺寬二丈七尺八寸每小時行八十里以副將率弁兵水手管駕安置巨炮駛出大洋暫名曰萬年青第二號暫名曰湄雲俟駛赴天津再請錫名以光海宇是年購法國澄波兵船江南製測海操江兵船成又購建威海東雲二船九年沈葆楨疏言第三號福星船第四號伏波船告成本屬戰艦利於巡洋以學堂上等學生移處船中令洋員教其駕駛由近而遠以收實效是年江南威靖兵船成十年令學生十八人駕建威練船巡曆南北各海口是年曾國藩疏請仿英國小鐵船式令滬廠製造為守海口之用十一年船政製安瀾鎮海揚武飛雲靖遠五兵船成文煜宋晉等以造船費重疏請暫罷不許是年李鴻章疏言滬廠造成第五號船長三十丈鍋爐均在水綫之下置大炮二十六尊係仿外洋三枝桅兵船式英法人稱為中國最巨之船請飭沿江海各省不得自向外洋購船如有所需向閩滬二廠商撥訂製以節度支十二年江南製海安兵船成沈葆楨疏言閩廠七號揚武八號飛雲兵船下水揚武用英國前膛炮飛雲用布國後膛炮以後十三十四十五號兵船請兼仿外洋商船之式運載貨物以裕經費九號靖遠十號振威十一號濟安十二號永保十三號海鏡兵船已告成以都司遊擊等管駕出洋其建威練船巡曆浙江上海天津牛莊及香港新加坡檳榔嶼等處在船學徒練習風濤成績甚優來年遣散洋匠以中國學徒自造然能守已成之法不能拓未竟之緒請選擇學生分赴英法二國深究造船駕駛之方練兵制勝之理十三年船政製濟安琛航大雅三運船成福建善後局購美國二炮船曰福勝建勝李鴻章疏言中國東南北三洋請各設大兵船六艘根鉢小兵船十艘合成四十八艘三洋各需大鐵船二艘北洋駐煙臺旅順等處東洋駐長江口外南洋駐廈門虎門等處鐵甲船每艘需銀百萬兩外分年向外洋購置餘船由閩滬二廠仿造以足四十八艘之數請飭沿江沿海各省裁并新舊紅單拖罟艇船舢板等船以節省之欵專練海軍是年沈葆楨疏言續辦船工尚有三端一挖土大機船一船上鐵脅一新式輪機鐵脅須購自法國以閩船皆法匠所造也臥機立機須購自英國以其製精無弊也光緒元年製造局製馭遠兵船成船政製元凱兵船成以揚武練船令學生游歷南洋各處至日本而還尋諭南北洋大臣籌辦海防令總稅務司赫德赴天津與李鴻章商訂購英國二十六頓半三十八頓半之炮船各二艘專備海防之用是年沈葆楨購法國威遠兵船二年沈葆楨會同李鴻章奏派學生分赴英法各國入大學堂製造局練習此為第一屆出洋學生是年船政製登瀛洲藝新兩兵船成製造局製金甌小鐵甲船成三年四年泰安威遠超武兵船亦成沈葆楨疏請各省協欵每年解南北洋各二百萬專儲為籌辦海軍之用期十年成南洋北洋粵洋海軍三大枝猶恐緩不濟急請以四百萬先解北洋俟成軍後再解南洋五年李鴻章疏言外洋訂購之四炮船來華以福建船政局員管駕名飛霆策電龍驤虎威炮射甚遠輪機亦精請再購四艘沈葆楨疏言續購蚊炮船四艘到華以留學英國畢業生管駕名鎮東鎮西鎮南鎮北分防吳淞江陰二口為夾護礮臺之用何璟疏言閩廠製造各兵船惟揚武威遠濟安較為得力其餘止供巡緝內洋之用旋諭沿江海各督撫整頓海軍沈葆楨旋卒海軍屬李鴻章設海軍營務處於天津六年江督劉坤一疏言蚊炮船購自外洋費鉅而炮位過重請由粵自造木殼船丈尺與包鐵者同炮位改用三萬餘斤之後膛炮先造二艘以備守口之用李鴻章疏請購外洋每半時行十五海里之快船及碰船蚊子

船又疏言購辦鐵甲船之舉倡議已歷七年福建已定購蚊子船四艘碰船二艘請移二碰船之價一百三十萬兩先購鐵甲船一艘專歸臺灣防剿以原有之福勝建勝二蚊子船及船廠自造兵輪之堅利者合爲一軍則臺防可固南洋擬購之快碰船二艘亦請抵購鐵甲船一艘當與南洋大臣會商合原有之各兵輪編練海軍互爲應援旋以滬廠因鑄造槍炮經費過重停造輪船閩廠亦以財絀停造木質兵船專造快船與鐵甲船是年吉林將軍銘安請於三姓一帶造舢板戰船諭李鴻章籌度鴻章覆陳俄國於庫葉島設廠造兵輪輒由混同江駛入松花江等處非舢板所能敵請於三姓水深之處設廠造蚊子船可巡駛及黑龍江以佑陸軍鴻章尋向英訂造新式鐵甲船並飭閩廠仿造彭玉麟亦請飭閩廠分造十七八丈之小兵輪十艘以長江任戰之員爲管帶巡緝洋面諭兩江福建廣東各省籌辦是年在英廠訂造之超勇揚威快碰船來華令提督丁汝昌管駕與鎮中鎮邊蚊炮船二艘同泊旅順又於閩廠訂造快船二艘專爲朝鮮口岸之用李鴻章設水師學堂於天津旋以在德國船廠定購之定遠鎮遠二鐵艦濟遠穹甲艦將成令管輪學生赴德國練習令洋教習率鎮東等四兵船赴渤海一帶梭巡是年船政製澄慶兵船成七年李鴻章在大沽口建船隖九月超勇揚威二艦製成來華鴻章乘赴旅順察看形勢籌備建築船隖炮壘大沽設水雷營水雷學堂旅順設水雷魚雷挖泥船威海設魚雷局機器廠並設屯煤所以丁汝昌統領北洋海軍定兵艦國旗質地章色之制會同福建船政派學生赴歐洲肄業八年北洋粵督各購德國雷艇數艘以英人琅威理司海軍訓練與各國兵艦相遇始有迎送交接之禮李鴻章疏言英法美德國近年所造船曰穹面鋼甲快船入水十五尺八寸馬力二千八百匹壓水力二千三百噸每時行十五海里合中國五十里機艙等鋼面厚三寸半炮臺周圍鋼面厚至十寸每艘需銀六十二萬兩與鐵艦相輔最爲海軍利器閩廠自造快船不及其精已由出使大臣訂購一艘與鎮遠鐵艦同駛來華九年船政製開濟快碰船成南洋向德國購南琛南瑞二巡洋艦十年船政製鏡清快碰船橫海兵船成李鴻章疏言自光緒元年至六年經營北洋海防有龍驤等蚊炮船八艘水雷小艇一艘其龍虎霆電四船於六年撥赴南洋調遣七年以後先後購到超勇揚威快碰船二艘鎮中鎮邊蚊炮船二艘由閩廠調至北洋脩改練船之威遠康濟兵輪二艘調赴朝鮮旅順等處海鏡一艘在滬製造之快馬小輪船一艘在津製造之利順小輪船一艘守雷下雷所用之暗輪包鋼小輪船二艘察看船隻之大小頓載之輕重機器炮位桅帆器械之繁簡酌定人數餉章與水師統領教習洋員分別損益務使利器可得實用是年五月以長江水師提督李成謀總統南洋兵輪總督曾國荃疏言江南購買兵輪蚊快等船及自造者爲數無多所有登瀛洲靖遠澄慶開濟龍驤虎威飛霆策電威靖測海馭遠金甌大小兵輪及新購之南琛南瑞上海機器局所造之鋼板保民兵輪各船大小不齊兵額不一以之海戰則不足以之防守江海門戶與礮臺相輔藉固江防八月法國海軍犯福建駐防福州海口之揚武振威飛雲伏波濟安福星藝新兵船七艘蚊炮船二艘琛航永保商輪二艘與法國兵船戰於馬江悉數沈燬存者惟伏波藝新二船時李鴻章令德國武員率快船五艘與曾國荃所部開濟南琛南瑞澄慶馭遠五船援閩未至而閩師已覆澄慶馭遠二船亦沉於石浦是年總理衙門請設海軍專部出使大臣許景澄在德國訂購之定遠鎮遠鐵甲艦二艘濟遠鋼甲艦一艘均告成粵督向德國訂購雷艇八艘十一年曾國荃疏言於福建廣東浙江三省增設鐵艦快艦雷艇嗣後各兵船專事操練巡洋不得載勇拖船與北洋大臣會奏派第三屆學生出洋同時左宗棠疏請開采鐵鑛擇吳楚扼要處立船政炮廠專造鐵甲兵船後膛巨炮製造局製保民兵鋼板船成九月海軍衙門成立以醇親王總理海軍慶郡王李鴻章爲會辦曾紀澤善慶爲幇辦十二年粵省造淺水兵輪曰廣元廣亨廣利廣貞防護海口向德國購福龍魚雷艇一艘三月南洋兵船赴北洋會操命醇親王李鴻章校閱海陸軍及沿海臺壘丁汝昌率兵船巡歷朝鮮船政大臣裴蔭森於福州增設練船造鐵甲船疏言江蘇之上海廣東之黃埔雖有船隖而港道狹淺福建羅星塔之下員山寨之上兩山間有天成巨港請建大船隖備定遠等鐵艦修理之處十三年閩廠寰泰快碰船廣甲兵船造成並造雙機鋼甲輪船及穹式快船淺水兵輪是年北洋向英國購左一出海魚雷大快艇一艘向德國購左二左三右一右二右三魚雷艇五艘挖泥船一艘北京設水師學堂於昆明湖廣東設水師學堂於黃埔十四年海軍衙門奏定官制設提督總兵副將參將游擊都司守備千總把總經制外委等官是年在英德廠所造致遠靖遠經遠來遠四快船來華英百濟公司所造出海魚雷快艇亦告成六月臺灣番民叛命致遠靖遠二艦往剿平之十五年船政製平遠鋼甲船廣庚兵船成十六年裴蔭森疏言閩廠修整龍威鋼甲兵輪更名平遠廣乙魚雷快船亦告成并入北洋艦隊操演又言石船隖告成請簡專員董理八月北洋設水師學堂於劉公島南洋設水師學堂於南京十月李鴻章疏言旅順口船隖工竣堪爲修理鐵艦之用並築劉公島青島等處沿海炮臺北洋所聘海軍總查英人琅威理以爭提督升旂辭職回國英政府遂拒我海軍學生在英留學十七年船政製廣丙魚雷快船成二月命直隸總督李鴻章山東巡撫張曜出海閱海軍操北洋之定遠等十二艦廣東之廣甲等三艦南洋之寰泰等六艦畢會於旅順口操演船陣槍炮魚雷並勘炮臺船隖四月戶部請停購外洋槍炮船隻機器二年以所節價銀解部充餉六月提督丁汝昌率兵艦六艘赴日本東京七月威海增設魚雷三營十九年船政製福靖魚雷快船成粵督改水師講堂爲水師學堂二十年船政製通濟練船成訂購英國炮艦一艘命名福安二月鎮遠定遠二艦置新式克鹿卜快炮十二尊四月朝鮮內亂北洋遣兵艦往勦五月與日本船戰於牙山口外濟遠船傷廣乙船沈操江船失載兵之高升商船亦沈九月丁汝昌率北洋兵艦與日本戰於大東溝失致遠經遠超勇揚威四艦二十一年日本以師船攻威海定遠鎮遠各艦亦失丁汝昌敗死冬南洋訂購之辰宿列張四雷艇來華飛霆飛鷹二驅逐艦在英德廠造成以康濟飛霆飛鷹建靖各艦駐防北洋以南洋之開濟鏡清寰泰南琛福建之福靖兵艦往來調防二十二年福州羅星塔石隖成閩浙總督邊寶泉請設法擴充船政總理衙門疏陳船政始於大學士左宗棠兩江總督沈葆楨嗣後十餘年泰西製造日精閩廠雖有出洋畢業學生而財力短絀旣不能增機拓廠復不能製料儲材自光緒八九年後以購買之機器就廠合攏成寰泰鏡清平遠開濟各快艦而新出之法以無機無廠不能急起謀新同治年間所製之琛航靖遠木質各艦馬力微者又不適於用凡一船之成材居其七工居其三各材之中屬煤鐵土木等爲生料有產自中國者有產自外洋者屬綱甲鐵甲帆纜等爲熟料有能自製者有必待增機廠而製者請簡用重臣督辦開采礦產增購機械獎勵學生籌度經費以期日起有功四月在德國訂造海容海籌海琛三巡洋艦五月在英國訂造海天海圻二巡洋艦是年以福州將軍裕祿兼船政大臣諭加整頓二十三年德國據山東膠州灣法租廣州灣英租威海衞俄租旅順大連灣是年船政製福安運船成二十四年船政製吉雲拖船成諭各督撫於船政原有經費外別籌專欵以振海軍二十五年在德訂購之海龍海華海青海犀來華諭沿海疆臣增設海軍學堂講求駕駛戰術二十六年拳匪亂作北洋各艦悉赴南洋二十七年和議成海容軍艦回防二十八年船政製建威建安魚雷快船建翼魚雷艇成又製淺水巡洋兵船二艘一曰安海一曰定海是年船政會辦魏瀚以監督杜業爾不職遣回法國二十九年張之洞疏言南洋各兵艦年久咸不適用徒費國帑各艦惟寰泰鏡清二兵輪威靖登瀛二運船尚可備巡緝之用其南瑞南琛保民三兵輪龍驤虎威飛霆策電四蚊船請一律裁停鈞和一船令商人自養爲護商之用以所節之欵積之十年可購長江淺水新式快船六七艘允之是年煙臺設海軍學校江督向日本訂造江元淺水快船三十年端方疏請選擇水師學生由駐滬英國水師總兵分派在英艦學習較出洋游歷費少而收效同報可南洋大臣周馥等疏請以提督葉祖珪督辦南洋水師上海船隖湖廣總督張之洞在日本廠購雷艇四艘曰湖鵬湖鶚湖鷹湖隼淺水炮艦六艘曰楚泰楚同楚豫楚有楚觀楚謙兩廣總督岑春煊開辦魚雷局於黃埔三十一年以薩鎮冰總理南北洋海軍江督在日本廠購淺水快艦三艘曰江亨江利江貞三十二年政務處王大臣疏言振興海軍首重軍港沿海惟象山港形勢合宜請飭南北洋大臣勘度經營以重戎備並飭各省選派學生四十人赴日本留學海軍三十三年設海軍處附於陸軍部內設正副二使機要船政運籌儲備醫務法務六司北洋大臣令海籌海容二艦巡歷西貢新加坡等處商部令海圻海琛二艦巡歷非律賓爪哇蘇門答拉等處粵督令廣亨廣貞安香安東四艦巡歷九洲洋等處三十四年江南船隖製甘泉安豐二船成派學生赴日本習航海各技術宣統元年以貝勒載洵提督薩鎮冰爲籌辦海軍事務處大臣度支部撥開辦費七百萬兩各省每年分籌海軍費五百萬兩六月事務處成立設參贊及八司統一南北洋各艦爲巡洋艦隊長江艦隊八月載洵等赴歐洲各國考察海軍令學生留學英國二年江南船隖製聯鯨兵船成日本訂購之二炮艦亦成七月載洵等赴日美二國考察尋在英造應瑞肇和在德造建康豫章同安江鯤江犀在日本造永翔永豐在江南船隖造永建永績在揚子江造船公司造建中拱辰永安在膠州船隖造舞鳳各軍艦冬改海軍事務處爲海軍部以載洵譚學衡爲海軍部正副大臣薩鎮冰爲海軍統制定九級官制三年令海琛軍艦赴南洋各埠撫慰華僑六月查察沿海炮臺令海圻軍艦赴英

賀加冕禮旋赴美國八月江南船隖造澄海炮船成是月武昌變起江海各兵艦悉附民軍此建置海軍之概略也

北洋海軍規制北洋海軍設於光緒中葉直隸總督李鴻章實總之其時有鎭遠定遠鐵甲船二艘濟遠致遠靖遠經遠來遠超勇揚威快船七艘鎭中鎭邊鎭東鎭西鎭南鎭北蚊炮船六艘魚雷艇六艘威遠康濟敏捷練船三艘利運運船一艘鎭遠定遠弁兵各三百二十九人致遠靖遠來遠經遠弁兵各二百二人超勇揚威弁兵各一百三十七人左隊一號魚雷艇弁兵二十九人二號魚雷艇三號魚雷艇右隊一號魚雷艇二號魚雷艇三號魚雷艇弁兵各二十八人鎭中鎭東蚊炮船弁兵各五十五人鎭邊鎭西鎭南鎭北弁兵各五十五人威遠康濟練船弁兵各一百二十四人敏捷夾板練船弁兵六十人利運運船弁兵五十七人練勇學堂弁兵十四人炮目練勇二百七十人凡弁兵四千餘人其員弁之目曰管帶曰幫帶大副曰魚雷大副曰駕駛二副曰槍炮二副曰船械三副曰舢板三副曰正炮弁曰水手總頭目曰副炮弁曰巡查曰總管輪曰二三等管輪曰水手正副頭目曰一二三等水手曰一二等管旂曰魚雷頭目曰一二三等升火曰二等管艙曰一二等管油曰一等管汽曰油漆匠曰木匠曰電燈鍋爐洋槍魚雷等匠曰夫役曰文案曰支應官曰醫官曰一二等舵工曰一二等雷兵曰一二三等練勇曰教習曰學生其官制設海軍提督一員統領全軍駐威海衞總兵二員分左右翼各統鐵艦爲領隊翼長副將以下各官以所帶船艦之大小職事之輕重別其品秩總兵以下各官船居不建衙署副將五員參將四員游擊九員都司二十七員守備六十員千總六十五員把總九十九員經制外委四十三員其升擢之階分爲三途曰戰官由水師學堂出身兼備天算地輿槍炮魚雷水雷汽機諸學及戰守機宜充各船管帶暨大二三副職事曰藝官由管輪學堂出身充各船管輪專司汽機者曰弁目由練勇水手出身充炮弁水手等專司槍炮帆繩者各歸各途論資升轉提鎭大員等請旨簡放弁目等咨送海軍衙門送兵部帶領引見統由北洋大臣節制調遣其考選海軍官學生也一英國語言文字二地輿圖說三算學至開平方諸方四幾何原本前六卷五代數至造對數表法六平弧三角法七駕駛諸法八測量天象推算經緯度諸法九重學十化學格致肄業期四年學成錄用其考選練勇也招沿海漁戶年壯者充之在練船練習帆纜泅水及輪炮之操法洋槍刀劍之操法由三等遞升至一等以備充補水手水手以上各級核其才藝勞績以次遞擢其俸餉規制曰官弁俸銀兵匠錢糧船上差缺薪糧各船俸餉官弁傷廢俸兵丁加賞行船公費醫藥費酬應公費歲需銀一百七十六萬八千一百餘兩其定儀制也曰冠服曰相見禮節曰國樂曰軍樂曰王命旗牌曰印信其立軍規也由提督秉公酌擬呈報北洋大臣核辦輕者記過重者降級革職撤任其餘不法等事由提督援引會典雍正元年軍規四十條參酌行之其簡閱巡防也逐日小操按月大操立冬以後各艦赴南洋與南瑞南琛開濟鏡清寰泰保民等艦合操巡閱江浙閩廣沿海要隘至新加坡以南各島保護華商兼資歷練每逾三年欽派王大臣與北洋大臣出海校閱以定賞罰水師後路儲備有資應時取給船政由本境駐防提督主之槍炮藥彈收發考驗則總管軍火專員主之兵弁衣糧因公用費總管糧餉專員主之他若學堂專員測候譯書畫圖專員醫藥專員皆受命於海軍部以專責任旅順口大石船塢及海口操防特命文武大員董理其大沽木船塢海防支應局旅順天津軍械局製造局旅順魚雷營威海機器廠養病院由北洋大臣簡員董理規模略備自光緒二十一年海軍挫敗所餘南洋各兵艦新舊大小不齊僅備巡防之用後雖復設北洋統領及幫統官董理海軍事宜名存而已

福州船廠同治五年創於閩浙總督左宗棠船政大臣沈葆楨閩縣馬尾江距省會四十里海口六十里船隖光緒十三年創於船政大臣裴蔭森十九年告成羅星塔距船廠三里費二千餘萬實爲中國海軍之基其船廠所分隸者一曰工程處辦公所以洋員領辦公所華員入工程處一曰繪事院承繪船身船機鍋爐以及鑲配等總圖分圖圖成乃按圖造船兼精測算之學院廣六千八百方尺給生三十九人一曰模廠專任製造船模汽鼓模各機件以及細木雕刻各工其能力須審圖理譜折算悉模型與竅辦五金冷熱漲縮之度廠廣一萬五千一百二十方尺設各種鋸機刨機各種旋機凡二十具工程緊時匠額一百六十人恆時四十七人一曰鑄鐵廠專任船上所需之鑄銅鐵機件其能力須譜圖理明算術仿木模製土模及鼓鑄之時辨明火候研考銅鐵原質曾鑄成重大鐵件達三萬斤銅件達一萬斤廠廣二萬八千八百餘尺設鑄銅鐵大小爐凡十一座轉運重件之將軍柱礮機風箱風櫃凡二十三具工程緊時匠額一百六十餘人恆時五十餘人一曰船廠凡舢板皮廠板築廠咸屬之專任船身工程設石製船臺一座長二百九十七英尺木製船臺一座長二百七十六英尺凡船身長短廣狹桅舵艙位噸載速率中心點度數咸均算之先繪經寸總圖後繪全船按圖造船曾造木質鐵質鋼質穹甲鋼甲各式兵船四十餘艘其能力可製四五千噸之船所有起蓋鑲配亦廠中經理設有鋸木機八架所轄之皮廠則製皮帶及各式皮件舢板廠則製桅舵及大小舢板船板築所則造船上爐竈及各煙筒爐竈一切泥水修築各工廠廣十五萬六千四百餘尺工程緊時匠額一千三百餘人恆時一百五十人一曰鐵脅廠專任製造鋼鐵船脅船殼龍骨橫梁及船上鋼鐵件拗彎鑲配各工廠於光緒元年增設其能力須審識船身圖理制度鋼鐵原質各法曾製成鋼甲鋼鐵船身二十餘艘廠廣七萬九千八百餘尺配設鋸機翦機鑽機捲機碾機刨機三十五具工程緊時匠額七百人恆時六十八人一曰拉鐵廠專任拉製銅鐵爲製船所必需能拉製重大之鋼鐵板鋼鐵槽條及重大之輪機轉輪軸車軸轉輪臂汽餅桿活軌鐵錨各件廠廣九萬四千四百餘尺設汽鎚七架汽鎚力大者至七噸此外拉機翦旋床鑽機刨床并轉運重機之將軍柱凡大小五十一具拉鋼鐵打鐵各爐凡大小五十七座工程緊時匠額三百八十餘人恆時八十七人一曰輪機廠附屬有合攏廠專任全船大小機器製成先在廠試驗故合攏廠屬之須較準中綫尤須審明圖理通曉進脫冷暖壓助嘯吃機關各竅汽力廠廣三萬三千二百餘尺設車光機刨機礪石機螺絲床鉗床等凡大小二百二十三具工程緊時匠額三百六十人恆時一百二十人一曰鍋爐廠專任鍋鑪煙筒烟艙汽表向盤各工其能力須審辨鋼鐵原質究汽機之理由天氣之漲力以及鑲配法度廠廣二萬九千六百尺配設捲鐵床水力泡丁機鑽床鑽床船床凡四十一具工程緊時匠額三百五十人恆時一百十七人一曰帆纜廠專造船上之風帆天遮帆索桅上鑲配繩索及起重搭架各工其能力須審帆纜制度登高工作及風帆面積繩索力度廠廣一萬八千五百尺不設機器以手製爲多工程緊時匠額七十人恆時四十人一曰儲炮廠專備收儲各船炮械炮彈魚雷各件廠廣二千六十尺恆時守兵二人一曰廣儲所附設儲材所專任收發銅鐵煤炭機件油雜各料件儲材之所專任收發各種木料凡船政料件到工先由兩廠驗收其職任須審料質之良窳愼重存儲凡儲料棧房九座廣四萬二千一百尺儲材所一萬五千一百尺廣儲所夫役工程緊時六十人恆時四十人儲材所肄夫工程緊時三十六人今存二人一曰船槽各國自建船隖後多不設船槽此槽乃初興船政時所設可修一千噸以上之船年久多損僅能修整小船較入隖爲易槽長三百二十二尺上設機房凡廣一萬七千三百尺設拖船機四十架大螺絲四十條四十匹馬力一副工程緊時匠額六十人恆時三十七人一曰船隖建築費五十萬隖身純用石砌長四百二十尺廣一百十尺足容定遠等鐵艦閩粵江浙各兵艦及外國兵艦咸得入隖修整並建抽水機廠機器廠丁役水手房木料棧房等面積凡二十九萬三千尺有船入隖由各廠飭匠修之恆時匠額二十七人船政經費同治十三年首次報銷造船購費蓋廠各費達五百十六萬兩養船費十九萬兩光緒二年後船政常年費爲六十萬兩自同治五年至光緒三十三年造船四十艘用銀八百五十二萬兩營造廠屋用銀二百十一萬兩裝造機器用銀六十四萬兩洋員歲俸及修機器置書籍用銀五百五萬兩學堂費六十七萬兩養船費一百四十六萬兩經營船政四十餘年凡用銀一千九百萬兩有奇此福州船廠船隖之概略也又製火磚練鐵亦具規模至光緒三十三年以後洋監工全數遣散遂無續制之船云

旅順船隖創議於光緒七年直隸總督李鴻章時值外洋訂購兵艦到華鴻章疏言奉天金州旅順口形勢險要局廠船隖各工當陸續籌興九年二月續陳旅順工程開山濬海工大費鉅實難預爲估定旋由法國人德威尼承攬鴻章派員督同興辦并增築攔潮石壩十六年秋全工告成派員赴旅順驗工所築大石船隖長四十一丈三尺寬十二丈四尺深三丈七尺石階鐵梯滑道俱全隖口以鐵船橫攔爲門全隖石工俱用山東大方石壘以西洋塞門德土凝結堅實堪爲油修鐵甲戰艦之用其隖外停艦大石澳東南北三面共長四百十丈六尺西面攔潮大石壩長九十三丈四尺形如方池潮落時尚深二丈四尺西北留一口門爲兵船出入所由四周悉砌石岸由岸面量至澳底深三丈八尺周岸泊船不患風浪鼓盪凡兵艦入隖油底之後即可出隖傍岸鑲配修整至爲便利隖邊修船各廠九座占地四萬八千五百方尺爲鍋爐廠機器廠吸水鍋爐廠吸水機器廠木作廠銅匠廠鑄鐵廠打鐵廠電燈廠又澳南岸建大庫四座隖東建大庫一座每座占地四千八百七十八方尺備儲船械雜料以上廠庫概用鐵梁鐵瓦高寬堅固足防風雪火患又於澳隖之四周聯以鐵道九百七丈間段設大小起重鐵架五座專起重大之物以濟人力之窮又於各

廠庫馬頭等處設大小電燈四十六座爲併作夜工之用慮近海鹹水之不宜食用也遠引山泉束以鐵管由地中穿溪越隴曲屈達於澳隖四旁使水陸將士機廠工匠不致飲水生疾又慮臨海遠灘之不便起卸也建丁字式大鐵馬頭一座使往來兵艦上煤運械不致停滯其餘如修小輪船之小石隖藏舢板之鐵棚繫船浮標鐵臼以及各廠內一應修船機器設置完備於是年九月二十七日工竣由是日起限一年係代德威尼担保之銀行照料限滿再保固十年均與包工監工洋人訂明此項工程共用銀二百餘萬兩甲午後遂迭爲日俄所踞云

沿海軍港旅順威海既失海軍無駐泊之所於是籌邊者起議築港宣統初命親藩南下建築未遑而沿海七千里港灣鱗次就海軍部所預籌分爲四區第一區營口在奉天遼河左岸錦州灣爲渤海兩岸之良港大沽口爲直隸諸水入海所匯秦皇島東控山海關爲不凍之港長山列島分內外三層爲旅順外援大連灣在遼東半島南芝罘港在山東福山縣三面負山北臨渤海第二區揚子江口爲沿江七省之門戶沙灘連亙多暗礁舟山在定海縣諸山環列爲杭州海灣之屏蔽象山港深可泊巨艦爲寧波後路三門灣在臨海縣有三門列島海水甚深第三區永嘉灣卽甌江口三都澳卽三沙灣在福建霞浦縣港口水淺港內水深容大軍艦福州灣卽閩江口羣島林立淺岸交錯爲完固之港海檀島爲閩省海岸中樞廈門港有廈門金門二島近接臺灣汕頭港在廣東澄海縣崖岸峻險番禺灣卽廣州灣巨石環列擅天然形勢第四區海口島在廣東瓊山縣北與雷州島對峙爲拒險之所榆林港在瓊州島南背負崖壁前臨東京灣以上各港惟象山港三都澳確定爲修築軍港之地他如北塘口榮成灣靖海灣胡盧島大鵬灣廟島等處亦由漸擴充云

外國訂購各兵艦始於咸豐十年廷議購船艦炮位助剿粵寇十一年總理各國事務衙門與總稅務司會商購買自同治光緒朝迄宣統初年歷五十年得船不及百艘爰依次歲月列其船名凡所購之國所造之廠及丈尺馬力噸數炮位兵弁咸詳之其應瑞巡洋艦一艘永豐永翔炮艦二艘建康豫章同安驅逐艦三艘建中永安拱辰淺水快船三艘告成於宣統三年後者不與焉金臺船原名北京一統船原名中國廣萬船原名廈門得勝船原名釋克德思百粵船原名廣東三衛船原名天津鎭吳船原名江蘇同治元年在英國訂購二年到華價銀八十萬兩以英國總兵阿思本爲總統以長江水師武員分統各船旋議以武職大員爲漢總統阿思本副之是年六月李鴻章以金陵垂克勿庸外國兵船助剿疏請所購七船令阿思本駕駛回英變價售賣欵歸中國所募水兵一律遣散天平船同治二年由總稅務司購買安瀾船定濤船澄清船綏靖船飛龍船鎭海船同治五六年間兩廣總督瑞麟自英國購置價銀二十四萬兩恬波船同治七年兩廣總督瑞麟自法國購置價銀四萬兩海東雲船原名五雲車同治九年閩浙總督桂英自洋商購置以武員管駕巡緝臺灣洋面建威練船同治九年閩浙總督桂英購自德國爲駐練學生之用福勝炮艦建勝炮艦同治十三年福建善後局購自美國光緒二年到華價銀二十四萬兩龍驤炮艦虎威炮艦飛艇炮艦策電炮艦光緒元年直隸總督李鴻章自英國阿摩士莊廠訂購每艘價銀十五萬兩撥歸南洋調遣鎭東炮艦鎭西炮艦鎭南炮艦鎭北炮艦光緒元年兩江總督李宗羲自英國阿摩士莊廠訂購每艘價銀十五萬兩撥歸北洋調遣鎭中炮艦鎭邊炮艦光緒七年李鴻章代山東省自英國船廠訂購每艘價銀十五萬兩超勇巡洋艦揚威巡洋艦光緒五年李鴻章向英國阿摩士莊廠訂購六年合提督丁汝昌率員弁二百餘人赴英國駕駛回華二艦均木身鋼板定遠鐵甲艦鎭遠鐵甲艦光緒六年李鴻章自德國伏爾鏗廠訂購價銀六百二十萬馬克十一年來華附小魚雷艇三艘魚雷筒三具小輪船一艘濟遠鋼甲艦光緒六年與定遠船同廠訂購單雷艇二艘光緒八年由德國訂購歸北洋調遣雷龍魚雷艇雷虎魚雷艇雷中魚雷艇光緒八年兩廣總督張之洞由德國訂購雷乾魚雷艇雷坤魚雷艇雷離魚雷艇雷坎魚雷艇雷震魚雷艇雷艮魚雷艇雷巽魚雷艇雷兌魚雷艇光緒十年兩廣總督張之洞由德國訂購南琛巡洋艦南瑞巡洋艦又名運送艦光緒九年兩江總督左宗棠由德國伏爾鏗廠訂購福龍魚雷艇光緒十二年由德國訂購十六年隸北洋海軍致遠巡洋艦靖遠巡洋艦光緒十二年由英國訂購船價及炮位凡銀一百六十九萬有奇經遠巡洋艦來遠巡洋艦光緒十二年由德國訂購船價及炮位凡銀一百七十三萬有奇光緒十三四年與致遠靖遠先後到華均隸北洋海軍左隊一號魚雷大快艇光緒十二年直隸總督李鴻章由英國百濟公司訂購價銀八萬有奇十三年到華左隊二號魚雷大快艇左隊三號魚雷大快艇右隊一號魚雷大快艇右隊二號魚雷大快艇右隊三號魚雷大快艇以上魚雷艇六艘光緒十二三年先後由德國船廠購買材料到華配合以德員教授辰字魚雷艇宿字魚雷艇由德國伏爾鏗廠訂購光緒二十一年到華列字魚雷艇張字魚雷艇由德石效廠訂購光緒二十一年到華福安炮艦光緒二十年由英國阿摩士莊廠訂購飛霆驅逐艦光緒二十一年由英國阿摩士莊廠訂購飛鷹驅逐艦光緒二十二年由德國伏爾鏗廠訂購海天巡洋艦海圻巡洋艦即穹甲快船光緒二十二年由總稅務司在英國阿摩士莊廠訂購每艘價值三十二萬八千二百四十二磅海籌巡洋艦海容巡洋艦海琛巡洋艦光緒二十二年由總理衙門在德國伏爾鏗廠訂購每艘價值十六萬三千磅二十四年與海天海圻巡洋艦先後到華江元炮艦江亨炮艦江利炮艦江貞炮艦由兩江總督在日本川崎廠訂購江元於光緒三十三年告成江亨於三十四年告成江利江貞於宣統元年告成先造一艘價日本金三十一萬五千元續造三艘每艘價日本金二十九萬三百二十五元湖鵬魚雷艇湖鶚魚雷艇湖鷹魚雷艇湖隼魚雷艇由湖廣總督張之洞在日本川崎廠訂購湖鵬湖鶚二艇於光緒三十三年到華湖鷹湖隼二艇於三十四年到華每艘合日本金三十八萬元楚泰炮艦楚同炮艦楚豫炮艦楚有炮艦楚觀炮艦楚謙炮艦均航海炮艦由湖廣總督張之洞在日本川崎廠訂購楚同楚泰楚有三炮艦於光緒三十三年二月到華楚豫楚觀楚謙三炮艦於十月到華每艘合日本金四十五萬五千元海龍魚雷艇海青魚雷艇海華魚雷艇海犀魚雷艇在德國實碩廠訂購於光緒三十四年到華舞鳳航海炮艦宣統三年在青島德國船廠訂購江犀炮艦江鯤炮艦均淺水炮艦原名新璧新珍江犀艦在德國克魯伯廠訂購江鯤艦在德國伏爾鏗廠訂購均以材料運華宣統三年在江南造船所配合每艘價值一萬八千九百八十磅肇和巡洋艦宣統三年在英國阿摩士莊廠訂購價值二十一萬磅

福州船廠自造各兵艦始建船廠聘工師於法延教員於英建船臺購機器同治八年秋第一號萬年清輪船成十二年冬華匠漸諳製造廠機亦稍備乃遣散洋員凡九年成大小兵船商船十五艘成於洋員者十二成於華匠者三光緒三年始遣學生藝徒至英法二國留學六年歸國製造駕駛悉以任之其製船之質始皆以木繼易木脅爲鐵脅易木板爲鐵板更進則純用鋼脅鋼板且護以鋼甲船機則由立機改臥機船式則由常式爲快船爲穹甲爲鋼甲至光緒三十三年成船達四十艘凡商船八艘木質兵船十四艘鐵脅木質兵船五艘鋼脅木質兵船一艘鐵甲雙重木質快礮船三艘鋼甲兵船一艘鋼甲鋼脅魚雷快船六艘鋼脅拖船一艘鋼脅練船一艘已失者二十六艘存者十四艘曰湄雲曰伏波曰靖遠曰琛航曰元凱曰登瀛洲曰鏡清曰通濟曰福安曰吉雲曰建威曰建安曰建翼曰淺水江船備列船制於後湄雲木質兵船船價銀十六萬三千兩同治八年八月造成福星木質兵船船價銀十萬六千兩同治九年九月造成伏波木質兵船船價銀十六萬一千兩同治十年二月造成安瀾木質兵船船價銀十六萬五千兩同治十一年十一月造成鎭海木質兵船船價銀十萬九千兩同治十一年六月造成揚武木質兵船船價銀二十五萬四千兩同治十一年十一月造成飛雲木質兵船船價銀十六萬三千兩同治十一年九月造成靖遠木質兵船船價銀十一萬兩同治十一年十一月造成振威木質兵船船價銀十一萬兩同治十二年二月造成濟安木質兵船船價銀十六萬三千兩同治十三年三月造成永保木質武裝商船船價銀十六萬七千兩同治十二年九月造成元凱木質兵船船價銀十六萬二千兩光緒元年八月造成藝新木質兵船船價銀五萬一千兩光緒二年閏五月造成登瀛洲木質兵船船價銀十六萬二千兩光緒二年七月造成泰安木質兵船船價銀十六萬二千兩光緒三年三月造成威遠鐵脅木壳兵船船價銀十九萬五千兩光緒三年八月造成超武鐵脅木壳兵船船價銀二十萬兩光緒四年八月造成澄慶鐵脅木壳兵船船價銀二十萬兩光緒六年十一月造成開濟鐵脅雙重快礮船船價銀三十八萬六千兩光緒九年八月造成橫海鐵脅木壳兵船船價銀二十萬兩光緒十年二月造成鏡清鐵脅雙重木壳快礮船船價銀三十六萬六千兩光緒十年七月造成寰泰鐵脅雙重木壳快礮船船價銀三十六萬六千兩光緒十三年七月造成廣甲鐵脅木壳兵船船價銀二十二萬兩光緒十三年十月造成平遠鋼甲鋼壳兵船船價銀五十二萬四千兩光緒十五年四月造成廣乙鋼脅鋼壳魚雷快船船價銀二十萬兩光緒十六年十月造成廣庚鋼脅木壳兵船船價銀六萬兩光緒十五年十月造成廣丙鋼脅鋼壳魚雷快船船價銀十二萬兩光緒十七年十月造成福靖鋼脅鋼壳魚雷快船船價銀二十萬兩光緒十九年十月造成通濟鋼脅鋼壳練船船價銀二十二萬六千兩光緒二十年八月造成吉雲鋼脅鋼壳拖船價銀五萬六千兩光緒二十四年八月造成建威鋼脅鋼壳魚雷快船船價銀六十三萬七千

兩光緒二十八年十一月造成建安鋼脅鋼殼魚雷快船船價銀六十三萬七千兩光緒二十八年十一月造成建翼鋼脅鋼殼魚雷艇船價銀二萬四千兩光緒二十八年五月造成廣東船廠自造各兵艦光緒十二年兩廣總督張之洞於省河設廠選募華工采用香港英國船廠圖說自造淺水兵輪四艘曰廣元廣亨廣利廣貞

直隸大沽船隖自造拖船遇順暗輪鋼拖船光緒十四年造成又守雷暗輪包鋼小輪船一艘下雷暗輪包鋼小輪船一艘

江南船廠自造各兵艦咸豐十一年曾國藩始有購買船炮及中國試造輪船之疏同治二年於安慶設局不用洋員自造一小輪行駛令容閎出洋購買機器四年國藩於上海虹口奏設製造局李鴻章撫蘇偕丁日昌於上海鐵廠專造槍炮以供征伐六年四月國藩疏請撥留洋稅一成爲專造輪船之用汽鑪機器船殼三者成研究圖說自出機杼先造汽鑪廠機器廠熟鐵廠洋槍樓木工廠鑄銅鐵廠火箭廠庫房棧房工務房工匠室以應要需復築船隖以整破舟建瓦棚以儲材料立學館以譯圖說建築既堅規模亦肅同治六年李鴻章建江南製造局從事製船八年瀏海操江兩兵船製成九年威靖兵船成以萬金購德國船爲練船之用十二年海安兵船製成光緒元年馭遠兵船製成二年金甌小鐵甲船製成五年兩江總督沈葆楨疏言江南船廠所製兵船五百匹馬力以下者五艘其兵數餉章與福州所造各兵船相等八年購外洋商船一艘改造爲防緝之用名曰鈞和嗣後未有造作光緒三十年南洋大臣周馥等以南洋近年以來舊有兵船日益窳朽徒糜餉項無裨實際亟應分別裁留認眞整理非定章程不能革除舊習非專派大員督辦不能造就將才因奏派現統北洋海軍廣東水師提督葉祖珪督辦南洋水師學堂上海船隖凡餉械支應一切事宜有與海軍相關者均歸考核嗣復奏稱江南製造機器總局內舊有船隖本爲製造官商輪船並修理船械而設日久弊生多糜經費而辦理之員類無造船專門之學以致承修船隻工價高昂近年以來商船裹足不前兵船反入洋隖非認眞整理無由振興經與北洋大臣會商定議船隖別簡大員經理仿商隖辦法掃除舊習妥籌改良船隖與海軍事相表裏廣東水師提督葉祖珪係總理南北洋海軍往來津滬則上海船隖事宜自應歸其督察以一事權遂將船隖與製造局劃分名曰江南船隖製造局歸陸軍部轄船隖歸海軍部轄以專責任此後製造復興三十四年甘泉安豐二兵船成宣統二年聯鯨兵船成三年澄海炮船成

海軍自甲午戰後所餘南洋各艦不復成軍嗣後逐漸購置其編制非復北洋舊章每艦設艦長一員副長一員協長一員航海正一員航海副一員或二員槍炮正一員槍炮副一員或二員魚雷正魚雷副一員或二員輪機長一員輪機正一員或二員輪機副一員至八員軍需正一員軍需副一員或二員軍醫正一員軍醫副一員或二員書記官一員其戰艦約分新舊二類新式而有武力者巡洋艦四曰海圻四千三百噸曰海容曰海琛曰海籌各二千九百五十噸炮艦十一曰楚泰曰楚謙曰楚觀曰楚豫曰楚有曰楚同各七百八十噸曰江元曰江亨曰江利曰江貞曰江鏡各五百噸水雷炮艦一曰飛鷹八百五十噸其屬於舊式者曰巡洋艦五曰通濟一千九百噸曰南琛一千九百零五噸曰鏡清一千一百噸曰保民一千四百七十七噸曰登瀛洲一千二百五十八噸水雷炮艦二曰建威曰建安各八百十七噸炮艦二十曰泰安曰甘泉曰廣玉曰廣戊曰靖海曰藍洲海曰並徵曰海鏡清曰廣金曰廣己曰廣庚曰策電曰第電曰海長清曰清海曰鈞和曰飛虎曰靖遠曰綏遠曰鎮濤共一萬零八百二十七噸報知艦四曰超武曰琛航曰元凱曰伏波共五千一百七十七噸雷魚艇八曰湖鵬曰湖隼曰湖鶚曰湖鷹曰辰曰宿曰列曰張共一千噸新舊大小各艦凡五十五艘

清史稿 志

兵志八

邊防

中國邊防東則三省北則蒙邊西則新甘川藏南則粵湘滇黔而沿邊臺卡亦內外兼顧蓋邊防與國防並重焉茲分述之曰東三省曰甘肅曰四川曰雲南曰廣東曰廣西曰蒙古附直隸山西蒙邊防務曰新疆曰西藏曰苗疆曰沿邊墩臺卡倫鄂博碉堡

東三省爲陪都重地曰奉天曰吉林曰黑龍江東連日韓北連俄羅斯邊防尤要奉天當康熙元年廷臣建議自興京至山海關東西千餘里自開原至金州南北千餘里有河東西之分河東自開原至牛莊河西自山海關歷松杏山大凌河爲明季邊防之地戶口寥落請預籌實邊嗣後休養生聚城鎮日繁凡大城十四邊門二十餘至同治間邊界漸廣將軍都興阿以鳳凰二邊門外之地自靉陽門外八里甸子東至兩江匯口轉西南至海沿而下直至貢道北老邊牆南路經孤頂子等岡由西南至舊邊小黑山均展拓爲邊界此外若大東溝江海相連之處一律查勘以綏瀋服壽以地方遼闊增調防軍其防軍之外尤以練軍爲重光緒二年崇實以金州大東溝等處旂兵不足增練步隊分防十一年王大臣等會議奉天界接朝鮮舊以遼陽通東鳳皇城等四城爲要地今則水路趨重大連灣旅順口陸路自同治間開墾荒地以後耕廛比櫛直抵鴨綠江西岸額設防兵二萬二千餘人新設練軍及緝捕勇丁一萬三千餘人而練習新式槍礮者不及半數宜加練大支勁旅扼要屯駐宣統元年以延吉廳一帶爲交涉要地令奉省疆吏調遣軍隊分配憲兵建築營房新設之長白廳開山通道駐兵建署鴨綠江上游之防務亦次第籌備蓋自日據朝鮮與奉吉接壤東邊防務日益亟矣吉林凡大城八邊門四其防務至重者一爲琿春與俄羅斯偪壤兼接朝鮮曠無障阻一爲三姓乃松花江之上游伯都訥腹地之屏蔽其三岔口可由蒙古草地達奉天法庫邊門光緒初年就未練之兵及八旂臺站西丹內選精壯者練馬步四營七年吳大澂始於吉林創設機器局製造軍械並於扼要處建築炮臺以陸路轉運維艱協商直隸督臣李鴻章派員及熟手工匠至吉林開廠俟廠局告成再於甯古塔琿春等處增築炮臺十一年增練馬隊步隊共六營足四千五百人之數隸左右翼統率訓練吉林額設防兵及烏拉牲丁凡一萬五千餘人內靖萑苻外支強敵時虞不給云黑龍江凡大城六新舊卡倫七十一中俄接界向以尼布楚與恰克圖爲重地故斥堠之設多在北徼舊制於歲之五六月間齊齊哈爾墨爾根黑龍江三處疆吏各遣協領佐領等官率兵分三路至格爾畢齊額古訥墨里勒克楚爾海圖等處巡視歲終具疏以聞康熙二十三年始設將軍以下各官以鎮守之凡前鋒領催馬甲匠役養育兵咸歸統率額設之兵一萬三千餘人光緒元年以正兵六千人西丹四千人合練步隊萬人時俄騎東略沿邊自北而東列戍防秋遂無甯歲六年加練西丹五千人分布愛琿呼倫貝爾布特哈墨爾根呼蘭齊齊哈爾等處原有馬隊二千人加練千人秋冬之際招集打牲人等加以訓練以佐兵力八年籌備黑龍江邊防在奉天調教習在天津運炮械共練馬隊五千人分駐各城裁舊設卡倫二十六處以新練之隊伍巡防十一年命奉天吉林黑龍江三省疆吏各練勁兵爲東西策應之師並墾闢荒地開采礦山爲實邊之計黑龍江復增練馬步各營蓋自俄人侵食黑龍江以北及烏蘇里江興凱湖以東各地處處與我連界邊防日重及俄築東清鐵道日占南滿於是防不勝防云

甘肅北達蒙部南雜番回西接新疆甯夏以河套爲屏藩西甯與撒喇相錯處爲西陲奧區康熙三十三年增戍兵五百於大馬營控扼雪山要路增馬步兵三千人於定羌廟以守硤口咸隸於肅州總兵官雍正二年青海蕩平於西甯之北川邊之外自巴爾託海至扁都口一帶創築邊牆城堡於青海巴爾虎隘池等處設副將以下各官於大通河南北設參將以下各官以西陲重要全省馬步戰守兵凡五萬七千餘人關外換防兵凡九千餘人兵額獨多於他省三年以布隆吉爾爲安西鎮設總兵等官額兵五千人因莊浪西之仙米寺地方山深林密設守備等官移涼州高古城額兵駐守五年於大通鎮設馬步兵二千人以白塔川側爾吐二處逼近邊境各設兵八百人以插漢地方遼闊設賓豐新渠二縣設文武各官並增戍兵控制賀蘭山一帶八年岳鍾琪於吐魯番通伊犂之要路嚴設卡倫巴爾庫庫等處多駐防兵闢舍圖地方爲南北二山鎖合處屯駐重兵分防南北山口十一年因西路之布隆吉爾北連哈密西接沙洲爲關外重地乃建築城垣屯兵防守乾隆四十九年福康安阿桂籌備邊防自蘭州迤東至涇州一千餘里北達邊城外則番族環居內則回民錯處墩戍寥落乃擇要增設營戍凡將弁二十三人兵丁二千人嗣又增兵三千人北路靖遠南路秦階大河東西各處互爲捍衞道光二年以察罕諾門汗投誠其所轄二十族分爲左右二翼視蒙古例每翼統以專員嚴稽關卡以孤河北野番之勢三年因青海蒙古向未有受事盟長乃就青海二十旗內設正副盟長各一人隨同官兵習武以防番衆渡河十一年楊遇春於察罕託洛地方增設蒙古兵分作二班布守各卡以佐官兵二十三年富尼揚阿於將軍臺會亭子二處各建城垣防禦西番二十六年布彥泰以番賊擾邊規復防河舊制增兵

千人分布沿河渡口又哈喇庫圖爾營所屬之南山根及南川營所屬之青石坡二處爲野番出入總路各以汛兵駐守永安營紅崖營永昌協所屬之扁都口石灰關各要口三十八處均撥兵巡守自數十人至百餘人不等沿邊小口各備坑塹以遏賊騎時番賊恃其槍馬便利頻年竄擾亦斯門沁地方爲番騎來往要區募獵戶千人編爲一軍供遠探近防之用旋以亦斯門沁設兵僅可防甘涼二州之扁都口等隘二十七處兵力尙嫌不足復於沙金城設兵千人以防涼州所屬之一顆樹等三十處隘口於野牛溝設兵千人以防甘州所屬之大磁窰等十八處隘口提鎭大員復督率沿邊將弁先事預防自粵寇披猖回匪乘之玉關雪嶺間騷然不靖咸豐元年以番賊復出令琦善等撥兵設卡嚴密巡防二年令舒興阿等督率邊卡文武修濠壘增馬探各營定期會哨分途堵截四年因西甯一帶番族窺伺增募獵戶三千人分防隘口八年以青海迤西戈壁給番民暫居令西甯總兵道員定立界址九年令甘肅省疆臣督辦團練事宜同治十年豫師等於甘涼各處邊隘自平番至威遠各口及巴燕戎格山後與西甯番地通連者一律加意嚴防張曜因甘肅之金塔一帶邊牆損壞平番之裴家營古浪之大靖土門甘涼之南山各口時有土番竄擾分遣員弁偵探防堵十一年左宗棠于河州迤西之西南北三面毗連番界及槐樹關老鴉關土門關三隘口與抱罕羌人接境之處以歸化之番衆僧俗四千人馬四千餘匹防守各關是時平定關隴皆客軍之力數萬額兵幾同虛設左宗棠懲前毖後乃減兵加餉繕器械簡軍實以重邊防惟新設之靈武化平硝海三營兵數無多逼近蒙番之永昌莊浪松山三營仍循舊額云

四川西連衞藏北接青海南盡蠻夷自雍正乾隆間青海大小金川次第綏定沿邊之防以打箭爐爲尤重康熙三十九年移化林營於打箭爐以防爐番雍正元年年羹堯於川陝各處邊隘擇要增兵一爲中渡河口乃通西藏要路修築土城以守備移駐一爲保縣在大河之南乃土番出沒之所一爲越嶲地多蠻猓一爲松潘外之阿樹及黃勝關察木多均撥兵駐守設游擊千總等官二年青海蕩平於邊外單葛耳斯地方設參將等官暗門拉科恒鉛子三處設守備等官河州保安堡設游擊等官打箭爐外之木雅吉達鴉龍江中渡裏塘巴塘鄂洛五處設總兵副將等官率兵駐守六年岳鍾琪因河東西苗民改土歸流以後建昌遂爲沿邊重鎭乃於柏香坪冕山甯番越嶲井波沙托木熱水等處增設將備營汛合原有之弁兵咸隸於建昌鎭標十年黃廷桂以建昌之竹核及涼山西南之魚紅地方當諸蠻出入門戶谷堆格落二處大赤口小河瑀勒必鐵阿都四處皆係邊要乃於竹核設將備兵丁共三千人阿都設兵千人乾隆十七年岳鍾琪因番衆投誠以威茂副將移駐雜谷腦設兵千二百人西南境與梭卓接壤之處均設汛駐兵四十一年金川平定於雅州建城命提督移駐增兵六千五百人分守沿邊四十四年設懋功綏靖崇化撫邊慶甯五營制同內地隸松潘鎭總兵以控番徼四十五年特成額因川邊外之察木多曾設游擊等弁兵控制西藏今藏事敉平乃抽撥營兵移防江卡增築碉房並於三暗巴一帶設守備等官道光十三年以副將率兵二千人駐大樹堡濬濠建碉兼防河道以松潘屯千九百人歸并峨邊十九年因川邊防兵僅四千餘人不敷防守於馬邊雷波越嶲峨邊屏山各廳縣增兵二千人增練兵千六百人改營制修碉堡并飭鎭道各員於秋冬分巡邊界壽以馬邊等廳夷匪不靖命大臣齊愼親往籌防同治十二年因峨邊廳蠻族投誠擇充千百戶等職編制夷兵建修碉堡光緒二十三年鹿傳霖以三瞻地接裏塘爲入藏北界擬設定瞻直隸廳而移建昌道於打箭爐仿金川五屯之制設立屯官及將弁汛兵並接展電線至前藏其事議而未行三十三年部臣議裁并邊防軍趙爾豐以川邊原有巡防五營已屬不敷調遣遂定議緩裁宣統初年趙爾巽以打箭爐外所有改土歸流屬地擬悉隸於邊務大臣并增設官吏寬籌經費協濟兵食以固邊圉三年趙爾豐收回三瞻土司之梗化者遂自請歸流云

雲南沿邊環接外夷南境之蒙自當越南國西南境之騰越當緬甸國尤爲南維鎖鑰騰越界連野番舊設八關九隘以土練駐防緬甸國入貢之道向由虎踞關入經孟卯隴川等處以達南甸設南營都司以備之自外海輪船南來直抵新街商賈咸趨北道由騰城西南行經南甸千崖盞達三宣撫司歷四程而至蠻允過此卽野人境其間有三路下爲河邊路中爲石梯路上爲炎山路下路較近上路則柴草咸便行四日至蠻暮入緬甸界舟行一日可達新街又印度東境之野山係貉貐番族英吉利人由印度侵入闢地種茶桑其地可通孟養而達騰越邊外強鄰野俗錯處可虞明代舊置銅壁巨石萬仞諸關以固邊圉水道則海珀江自千崖以下水勢漸寬與大金沙江合流元代征緬甸以舟師制勝取速領之勢也其永昌順甯大理三府及蒙化一廳楚雄府之姚州皆迤西邊界山深箐密漢夷雜處淸初原設永順鎭總兵迨改鎭爲協僅於永昌城駐兵沿邊一帶有鞭長莫及之虞雍正二年青海平定於鶴龍江各處設副將等官宗鄒地方當雲南孔道設參將等官以靖邊服三年因威遠大山爲苗猓盤踞之所乃於普茶山各處設參將等官兵丁千二百人并於九龍江口設立防汛四年以四川阿墩子地方當中甸門戶移其防汛歸雲南省管轄與裏塘打箭爐相爲犄角五年以中甸延袤千里爲滇省西南藩籬維西乃通西藏要隘增設參將營於中甸守備營於維西六年因烏蒙鎭雄二處地方遼闊於烏蒙設總兵等官鎭雄設參將等官分隘駐防所有舊設之貴州威甯營雲南鎭雄營東川營咸隸烏蒙鎭總兵調遣建築城垣旋增兵千五百人設尋甸州參將等官七年設普洱府及普洱鎭將標兵三千二百人分防各路乾隆三十二年以木邦爲通緬甸要路並九龍江隴川黑山門各隘咸以兵駐守四十三年李侍堯因永昌普洱等府向以鎭協標千五百人在三台山龍江一帶駐營防緬冬去春回頗形煩累雲南省控制全邊重在騰越其南甸之東南爲杉木籠距虎踞關百餘里當騰越左臂南甸之西南爲千崖距銅壁萬仞神護巨石諸關均一二百里實爲各路咽喉乃於杉木籠千崖二處各增將弁營汛龍陵地方道通木邦原駐兵千五百人其南三台山尤爲扼要亦增設弁兵以順甯一路舊有之額兵分駐緬甯與永順右營協同防守總督提鎭大員每年酌赴騰越邊外巡閱一周以期嚴密嘉慶十七年以雲南邊外野夷猓匪肆擾而緬甯騰越各隘皆瘴癘之地難駐官兵復設土練兵一千六百人以八百人駐守緬甯之丙野山梁等處八百人駐守騰越之蠻章山等處省官兵征調之勞道光間林則徐於迤西移改協營增設弁兵其扼要之處爲永平縣永昌府龍街汛永定汛漾濞汛姚關汛等凡二十一汛咸增兵駐防而瀾滄江橋尤爲扼險順甯府毗連夷地以龍陵協與順甯參將對調緬甯廳錫臘右甸阿魯史塘等處防軍或分汛多而存城少或分汛少而存城多地之夷險與兵之多少不均咸酌量增調大理府原駐提督而上下二關及太和縣城彌渡紅岩趙州等處尙屬空虛均增兵塡防姚州蒙化二處亦改汛增兵同治間雲南平定岑毓英因迤西麗江府城地處極邊界連西藏麗江劍川交界之喇雞鳴地方係江邊要隘江外卽野人境向未設兵乃以麗鶴鎭都司移駐麗江府劍川營都司移駐喇雞鳴此外楚雄府屬之八哨地方三四百里間猓夷雜居亦係要地令楚雄協副將設汛駐兵十三年以昭通標兵之半赴金沙江外駐守光緒七年劉長佑因劍川城地當孔道爲迤西要區以喇井營移駐劍川喇井亦瀾滄江要地以吉尾汛移駐互相會哨十一年岑毓英因滇省入越南之路以白馬關爲要法蘭西人通商之路以蒙自縣爲衝沿邊千里處處錯壤留防之兵一萬六千人編爲三十營以白馬關隸開化鎭總兵蒙自隸臨元鎭總兵每年瘴消之際親赴邊堆簡閱營伍箇舊錫廠規制宏大廠丁數萬人漢夷雜處且通三猛蠻耗各路乃增設同知一員移臨元之都司營兵駐防箇舊調原駐開化游擊移守白馬關以右營都司分防古林移右營守備駐長岡嶺以臨元游擊駐蒙自縣右營都司分防水田右營守備分防蒿田爲因地制宜之計自雲南入緬甸共有六途以蠻允一途爲捷徑沿邊由西而南而東皆野人山寨布列於九隘之外兵團守望時虞不足乃調關外勁旅二千餘人與原有防軍及鄉團土司協力警備十四年岑毓英以邊境猓黑夷匪頻年滋事分別勦撫猓黑所屯踞之地分上下改心在瀾滄江畔界接土司其東西大路與緬甸逼處爲順甯普洱兩府屏蔽其下改心地方尤爲扼要乃增設鎭邊撫夷廳擇地建築城垣並設參將等官駐防兵丁一千一百五十八人二十二年鹿傳霖以維西協所屬阿墩子汛地界接川邊之巴塘左臨瀾滄江右挹金沙江地勢至要英緬鐵路所經相距漸近僅四五日程乃協商四川疆臣酌設重鎭並於川滇交界處兩省各設文武員弁協力防邊雲南自英據緬甸法奪越南防守兩難光緒之季西南騰越臨安兩路創設團練稍資捍衞而餉絀兵單邊防漸弛矣

廣東邊防海重於陸同治十三年越南不靖督臣瑞麟慮其越界以防勇二千人扼守欽州光緒八年曾國荃因欽州之東興街地接越南撥勁兵二營駐守續撥老勇三營助之十年法蘭西侵奪越南彭玉麟督辦粵防以欽州與廉州並重增調營勇赴欽廉恐地廣兵單以團練協守至省內防務則有江口之排猺瓊崖之黎匪時或出巢滋事排猺山境四百餘里康熙四十一年於猺境適中之三江口設立寨城置副將等官兵丁千餘人道光十二年增三江口戍兵二千人建築碉臺以控制悍猺光緒十三年張之洞剿平瓊州黎匪山路開通收撫黎衆十萬人定撫黎章程十二條粵省負山帶海西來歐舶首及粵洋陸路僅欽廉一路當敵防戍較易於海疆也

廣西南邊縣亘千餘里原設隘所百有九處分卡六十六處與越南之諒山高平宣光等處接壤叢山密箐中小徑咸通鎭南關至龍州一路地較寬平爲中

越南旅通衢東出太平南甯西出歸順鎮安之總匯自龍州以東下水直達梧潯有建瓴之勢歷朝南藩向化自清初至道光咸豐閒惟於龍憑營所轄水陸各隘口以戍兵及沿邊土司協力防守同治十一年令馮子材等就戍所之鎮柳選選各營分布各隘是爲防軍守邊之始迨法越戰事起邊氛日亟征調頻煩兵無久駐之地光緒十二年中法款議既成兩廣總督張之洞以鎮南一關鈐轄中外固屬極衝之地卽鎮南關之中後左右各路亦須分兵設防關以內之關南隘及憑祥土州爲中路自關以東明江廳轄之由隘甯明州轄之羅隘思陵土州轄之愛店隘上思州轄之㕵岳隘剝機隘爲東路自關以西龍州廳轄之平西關水口關下凍土州轄之布局隘梗花隘歸順州轄之類峒隘龍邦隘鎮安廳轄之猛峒隘剝淰隘百懷大隘等爲西路以上各隘咸增兵屯守以十二營防鎮南關中路以四營防東路六營防西路其道路寬者築臺置炮路窄者設卡淩濠甚僻者則掘斷徑路禁阻往來豫造地營無事則操練有警則徵調赴援廣西提督由柳州移駐龍州以控制邊夷而邊境過長貴能扼要關前隘爲諒山來路雖隘爲間道所通歸順之龍邦隘鎮安之那坡隘分扼牧馬保樂夷寇來路由隘當文淵之衝卽龍州後路下凍土州通鎮邊璧息令駐邊各將領加宜嚴防旋督臣張之洞以沿邊之新太協上思營鎮安協各營兵或改勇補兵或裁兵留勇各就所宜卽分防之舉爲幷省之謀十三年復移駐鎮道各員以資分任二十三年譚鍾麟因邊境迤長凡千七百里僅持營汎終嫌單薄乃扼要建築炮臺原有防軍二十營以分防見少每營止能抽撥二棚駐守炮臺二十六年蘇元春因南太泗鎮及上思歸順四府二廳州皆爲邊地勇丁數僅萬人凡三關百隘沿邊炮臺皆須防守乃以新募調赴江南之五營並抽調邊軍五營合成十營爲勷辦沿邊游勇土匪之用三十年柯逢時令各州縣增募勇丁八千餘人給以毛瑟後膛槍以佐防軍並令各屬勸民間多築碉堡籍禦外侮三十一年李經羲以廣西沿邊全恃防軍近年邊防大軍專駐龍州訓練而南太鎮等郡以迄滇邊無復邊營蹤迹客軍又撤回過半乃酌增防營募土著親兵就地防禦蓋廣西制兵舊額六萬二千餘人自同治四年以後屢加裁汰由制兵而趨重防軍法越事起於邊地防軍尤爲注重至光緒季年改練新軍非復防營規制矣

蒙古以瀚海爲界畫其部落之大類有四曰漠南內蒙古曰漠北外蒙古曰漠西厄魯特蒙古曰青海蒙古清初漠南蒙古臣服最先至康熙初年而漠北喀爾喀三部內欵及親征準噶爾而青海諸部來庭惟漠西厄魯特部至乾隆閒始征定焉漠北外四盟蒙古康熙閒初定增爲五十五旗雍正閒增三音諾顏部共前三部爲四部乾隆中增至八十二旗其會盟分四路土謝圖汗爲中路車臣汗爲東路札薩克圖汗爲西路三音諾顏爲北路乾隆閒築城於烏里雅蘇臺及科布多二處以鎮撫之其統率蒙兵之制內札薩克之兵統於盟長外札薩克之兵統於定邊左副將軍杜爾伯特及新土耳扈特和碩特之兵統於科布多辦事大臣土耳扈特之兵統於伊犂將軍青海各部落之兵統於西甯辦事大臣雍正閒西埵未靖阿爾泰及河套以北迤西直達巴里坤平原沙磧數千里閒無險可扼乃於四臺至三十五臺每臺選精兵駐守互爲聲援於烏里雅蘇臺城外山顚扼要處復各建炮臺屯重兵於特斯台錫里旋增設卡路八處於鹽口戈壁二口遣兵更番巡探以期嚴密其時防在西徼而北鄙無驚自乾隆閒蕩平準部而衞拉特來歸內外各盟長從征回準屢奏邊勳新舊土耳扈特同隮茅土北境俄羅斯亦方輯睦陰山瀚海閒百有餘年無事矣迨咸豐同治閒中原多故蒙邊亦多不靖同治四年增熱河馬隊三百人五年以包頭鎮爲綏遠要區原有防兵積年疲乏調吉林馬隊協同駐守六年李雲麟以三音諾顏蒙兵專防烏城而招募奇古民勇駐八里岡與科布多塔爾巴哈臺二城蒙兵爲犄角八年以布倫託海各領隊大臣所有旂兵改隸科布多大臣分防熱河等處令烏梁海總管自卜果蘇克霸至沙賓達巴哈與俄羅斯接界處新立鄂博界牌八處嚴密巡察徙厄魯特僧衆於阿爾泰山徙俗衆於青格里河九年調大同宣化練軍二千人駐防庫倫修復推河以北至烏城十五臺站並牧馬三千匹熱河增練洋槍隊三百人以固庫倫西路之防十年以濟斯洪果爾臺站爲察哈爾及歸化綏遠運糧要區撥兵駐守令蒙古各臺自張家口至八臺以察哈爾都統管理自九臺至科布多及庫倫歸化二路以各盟長管理每臺增設駝馬百五十匹凡軍械糧食接護轉運以利軍行十一年改建烏里雅蘇臺石城並整頓沿邊臺務庫倫西接俄疆向未設兵乃於圖車兩盟蒙兵內輪派四百人分駐庫倫四境十二年調察哈爾馬隊協防烏里雅蘇臺旋以軍臺四十四站地勢縣長分防散漫乃分爲四路於中二路擇要駐營調綏遠城馬隊移防哈爾尼敦以原有之兵守塞爾烏蘇至光緒閒新疆大定西顧無虞而北境俄患漸偪光緒六年調宣化練軍直隸步隊赴庫倫防俄七年因烏城三面鄰俄邊防重要而原有防軍技藝生疏烏城共駐蒙古練軍及黑龍江察哈爾馬隊二千五百人由京營派教習前往教練俾成勁旅十八年李鴻章以熱河東境山谷叢雜毗連奉天撥直隸練軍馬步隊各一營擇要駐防二十四年以熱河察哈爾爲蒙邊要地令各都統等選練兵丁整備軍實三十二年以熱河馬步隊三營改編爲常備軍其兵額均次第補足時內外蒙古兵日益孱弱俄人遂駸駸闌入烏梁海以南受其牢籠喀魯倫河以東悉其墾牧鄂博卡倫遂同虛設矣直隸沿蒙邊防務雍正九年令直隸疆臣修治邊牆其古北宣化大同三處咸募兵增防自獨石口以西至殺虎口一帶要隘亦酌增弁兵十年於獨石口改設副將以下各官增額兵八百人邊牆衝要處增設鹿柵木柵以備堵禦自清初至乾隆嘉慶朝蒙邊綏輯咸同之閒西埵用兵蒙匪亦漸滋事同治四年以直隸北境沿邊關口五十餘處兵數甚單調撥京師火器營威遠隊提標馬步隊分駐喜峰口鐵門關潵陽灤河橋遵化羅文峪迤北迤西等處光緒七年李鴻章以北邊多倫廳地兼蒙旗僅有新舊防軍七百餘人不敷分布增調宣化練軍馬隊一營分段梭巡十八年以直隸防軍五營駐古北口十九年李鴻章因古北口防營調回內地而熱河地廣兵單乃別練馬隊三哨與原有之朝陽馬隊一營圍場馬隊百人互爲援應直隸邊務重在海疆東之山海關爲遼瀋門戶南之天津大沽爲京師屏蔽其北境惟緝捕蒙匪無事重兵屯戍也山西邊界之歸化綏遠包頭鎮控扼草地毗連大靑山南抵殺虎口西邈纏金東接得勝口與蒙古回部錯壤咸豐軍興以後官兵四出征討邊備空虛寇盜乘機竊發同治六年左宗棠督師秦晉以山西省弁兵團勇均不可恃乃分撥營勇駐守黃河西南兩岸別募三千人赴禹門保德閒防守並造炮船四十艘酌配水師駐垣曲三門一帶軍事定後防軍旋撤光緒閒曾國荃調撥湘軍擇要屯守而兵數僅一千二百人九年張之洞以雁門關爲晉邊要口止有練軍千人合各營以次抽練以固邊防十年增練大同太原二鎮馬步營衞榮光增練馬隊五旗以三旗駐口外二旗駐口內以佐湘軍之不逮由省西省迤西爲陝西之北境惟榆林神木一隅地接蒙疆而障以長城環以河套民情馴樸防務更簡於燕晉也

新疆爲西域三十六國故壤歷代籌邊列戍近在玉門遠亦僅龍堆而外自乾隆年準部平道光朝回疆定至光緒閒再定天山開省治於迪化城設五府三十六縣而俄羅斯邊境由北而西綿延錯互自奪取霍罕三部後伊犂及南路喀什噶爾皆與俄屬相接全境中界天山分南北二路北路爲準噶爾部落西北以伊犂爲重鎮烏魯木齊當往來孔道塔爾巴哈台爲北境屏藩南路悉回族所居烏什當適中之地葉爾羌喀什噶爾雄冠諸城英吉薩爾西達外藩乾隆十八年以準噶爾逼處邊境哈密及西藏北路雖已設防而選將備具駝馬簡軍實勘水草儲糧餉修城垣諸端待理命疆吏先事籌備次第施行哈密已駐重兵而防所全恃卡倫天山冰雪嚴寒加意撫循士卒南路各城以滿洲營綠旗營協同防守和闐庫車闢展諸城則但設綠旗營兵其卡倫臺站自哈密西至闢展北至巴里坤自闢展西至庫車北至烏魯木齊自庫車西至烏什又西至葉爾羌又西至喀什噶爾其南至和闐視卡倫之大小定戍兵之多寡各臺站設駝馬車輛毋缺前行阻水則造舟以濟之二十四年戡定準部北路重地咸分兵設防山川隘口悉置卡倫臺站各卡倫設索倫錫伯厄魯特兵丁自十名至三十餘名有差各臺站設滿洲綠旗察哈爾兵丁各十五名南路各城設辦事大臣其理事回官阿奇木伯克以下各有所司分統回兵隸駐防大臣調遣二十六年設伊犂馬步兵二千五百人二十七年設伊犂將軍及參贊領隊大臣三十一年設烏魯木齊辦事大臣嘉慶二年於惠遠城之北關增調戍兵道光六年以新疆防軍已增至萬餘人令疆吏調兵四千人赴回疆二千人赴阿克蘇協力防堵又因喀什噶爾防兵較少於城北要隘增兵二營城南增兵二營道光八年分遣喀什噶爾防兵四千三百人防守各路選精壯二千人分十班教練那彥成因阿克蘇爲南路要地增兵千人合原有防兵凡二千餘人以控制南北二路其冰嶺一路北通伊犂西南卡倫外通烏什之捷徑一律封禁喀什噶爾葉爾羌英吉薩爾各卡倫向僅駐兵十餘名乃於各卡倫適中處凡通霍罕巴達克山克什米爾外夷之路增築土堡以都司等官率兵駐守兵數自數十人至二百人不等九年於喀什噶爾邊界增卡倫八處十一年回疆大定命參贊大臣駐葉爾羌總理八城回務節制巴里坤伊犂兩路滿漢兵一萬四千餘人分防各路喀什噶爾之八卡倫道通霍罕築土堡三座增建兵房葉爾羌所屬卡倫通克什米爾外夷要隘英吉薩爾通布魯特要隘各修土堡駐兵於烏克蘇烏什二處各駐八旗兵一千三百人於喀什噶爾駐綠營兵三千人爲前鋒兼守邊卡英吉薩爾駐馬隊五百人綠營兵千人爲前後二城

中權接應之師巴爾楚克綠營兵三千人築堡屯守和闐增足防兵五百人所餘滿漢兵六千餘人悉數駐葉爾羌隸參贊大臣統轄遇警援勦其喀什噶爾葉爾羌備額回兵仍挑補訓練以替防兵十四年以索倫錫伯察哈爾額魯特四處營兵守衛伊犁沿邊大小卡倫七十餘座按期會哨統兵將領不得輕出邀功咸豐二年廷臣會議以新疆南北路駐兵發多數踰三萬頻年由內地換防殊苦煩費乃於伊犁等處綠營兵內調撥換班其不足者就地募之咸同間中原用兵關外南北各城邊氛四起同治二年調察哈爾蒙兵悉數由科布多赴烏魯木齊屯守五年調烏里雅蘇臺蒙兵六千人赴伊犁九年調黑龍江兵二千人察哈爾兵千人馬隊二百餘人馳赴烏城並令喀爾喀各盟長隨時整頓蒙兵十年在烏梁海一帶安設臺站迤西亦一律設臺直抵塔爾巴哈臺十一年因庫爾喀喇烏蘇等處爲晶河要地招募勇丁協同馬隊防守調宣化古北口營兵分赴烏城十二年調大同宣化兵千人赴防塔爾巴哈臺十三年以塔城爲西路防務扼要之區調伊犁迤北之察哈爾兵二千人及蒙古兵益之尋命左宗棠由關隴西征天山內外次第戡平而俄羅斯亦歸我伊犁光緒三年左宗棠於伊犁增築炮臺多駐勁旅劉錦棠就關外營勇之精壯者編爲制兵改行餉爲坐糧參用屯田之法以足軍實張曜更定新疆營制三事一增騎兵佐步兵之不逮一重火器減養兵之費爲購器之資一設游擊之師駐南北路之間預防俄患六年恭鏜因烏魯木齊之鞏甯城接壤精河旁達烏城間道而舊城已圮乃於迪化城外高原別建新城以駐防兵而資控扼十二年劉錦棠以巴里坤滿營歸并古城伊犁共駐馬步防軍二十八營酌裁新募之勇編留精壯爲馬隊九旗步隊十三旗自伊犁至大河沿及精河以東分路駐防十四年額爾慶額因塔爾巴哈臺駐防漢隊久役思歸就甘肅額兵及察哈爾部內選二千六百人調防十五年復於塔城增募防兵凡步隊三營馬隊四旗弁勇二千人十六年以伊犁滿洲營經兵亂後額數久虛酌量挑補定爲二千人再挑留錫伯新滿洲千人以備不足伊犁漢隊改立標營凡步隊一營馬隊二營格林炮隊一哨惠遠城北關設炮隊一哨定遠城設馬隊三旗十七年楊昌濬因塔城境內漢蒙回哈雜居東接烏梁海西接伊犁地既險要路復分歧共增將弁三十一員步隊三旗馬隊四旗以備巡防彈壓十九年以總兵官駐防綏定統漢隊三千人策應四境若廣仁城果子溝三台瞻德城三道河霍爾果斯拱宸城甯遠城以馬步炮隊分防三十一年潘效蘇因新疆兵費過重改練土著遣散客軍回纏民性各殊以二三成攙入漢軍訓練漢軍則各營旗皆減爲哨節餉防邊始能兼顧宣統二年札拉豐阿因塔爾巴哈臺屏蔽西北以原有馬步炮隊及左右旗蒙滿隊悉改新式操法時中朝方議減餉裁兵未皇遠略俄羅斯正經營東陲遂暫安無事云

西藏初設駐藏大臣而番衆仍統屬於喇嘛當崇德七年達賴班禪與厄魯特同時入貢順治康熙間朝請不絕康熙之季準噶爾侵藏由西甯進兵平之雍正五年弭噶隆之爭以頗羅乃有定亂功進封郡王十年留雲南兵於察木多以防番衆乾隆十五年除頗羅乃王爵始設駐藏大臣與達賴班禪參互制之其西南之廓爾喀時窺藏境中朝以兵力佐之收復巴勒布所侵占藏地增設塘汎守兵十三處以寨落之多寡爲衡前藏增唐古特兵八百人後藏增四百人五十四年始於前後藏各設番兵千人其通內地之定日江孜二處要隘各設番兵五百人就近選補設戴琫三人以二人駐後藏一人駐定日增江孜戴琫一人前藏番兵隸駐防游擊後藏番兵隸駐防都司令四川督臣以頭等將備爲駐藏之選統以大臣其駐藏之兵令駐藏大臣親爲校閱嗣因定日江孜爲各部落來藏必經之路各增防汎設守備等官打箭爐之外擇地設游擊等官五十八年和琳等會勘後藏邊界及鄂博情形江孜番漢兵已敷防守惟定日地方遼闊爲聶拉木宗喀絨轄三處總匯之區其捷徑如薩爾多古利噶等處均爲要隘增設番兵統以定琫修寨落以備棲止立鄂博以守界畫道光二年懲治聶拉木絨轄各營官私釋喇嘛之罪別遣番兵補營兵之額二十一年令番兵習弓矢者改習鳥槍二十二年令後藏大臣督率將弁教練堆葛爾本空金番民武技咸豐五年以廓爾喀不靖駐防兵單令喇嘛等聯絡防範調前藏僧俗土兵二千人赴策墊地方防範同治四年駐藏大臣滿慶等調派土兵及統兵番員防備披楞八年因披楞侵占哲孟雄與唐古特相持令恩麟等整頓後藏番漢營伍十一年命德泰赴藏校閱江孜定日後藏三汎防營以固哲孟雄及聶拉木門戶二十四年駐藏大臣文海因後藏定日地方營伍及靖西設防駐藏大臣久未巡視乃率兵親往各處校閱光緒季年駐藏大臣聯豫仿內地制設武備學堂擇營弁衞隊及達木三十九族中之優秀者習速成科俟畢業後先練一營以開風氣宣統二年聯豫因工布平定以馬步炮隊工程隊分地駐守旋疏請裁去幫辦大臣設左右參贊分駐前後藏三年波密對番滋事即以工布之兵勦辦並以步隊擇地駐防爲各營後援至川軍入藏之舉始於雍正初年準噶爾窺邊詔以川陝兵二千人駐防設正副大臣分駐前後藏其時雲南省軍隊亦分途入藏事定仍撤歸原省歷朝鎮撫藏地多用漢軍番卒至光緒三十一年四川督臣錫良奏調川軍出打箭爐並招募土勇爲向導以勦窮回是年八月巴塘喇嘛戕官大臣全藏震動四川提督馬維祺建昌道趙爾豐合兵進克巴塘裏塘勦平邊亂三十二年裏塘逆番桑披復率衆倡亂錫良命趙爾豐等以川軍討平之其時番僧與北部回民日就衰弱全藏邊境爲英吉利俄羅斯遠勢所包藏事遂不可問云

苗疆當貴州湖南之境叛服靡常歷朝皆勦撫兼施康熙三十八年以鎮筸居苗疆衝要改沅州鎮爲鎮筸鎮設總兵以下各官增額兵千人合原有之兵凡二千一百人以防紅苗雍正九年復增兵二千人是年鄂爾泰因都江與清水江形勢劃分增設清江鎮標以新設之丹江台拱等營及原有之銅仁鎮遠等營咸隸清江鎮而以都勻黎平並上江下江各協營隸於古州鎮總兵乾隆元年楊名時銳意治苗以貴州省苗衆分生熟二苗生苗在南熟苗在北乃屯駐重兵於內地而擇鄰苗之要道增修壁壘使民有所歸兵有可守遇苗衆出巢滋事則互相援勦戰勝勿事窮追兼撫熟苗俾漸知向化五年那蘇圖因永順所屬緊接苗疆且與湖北省之容美土司四川省之酉陽土司連界乃以永順協標兵改隸鎮筸總兵聯絡楚南聲勢合力防苗嘉慶初年戡定苗疆以後於鳳皇乾州永綏古丈坪保靖各廳縣沿邊次第建修屯堡碉臺築邊牆以嚴界畫築土堡以資守禦築哨臺以瞭望碉卡則戰守咸資炮臺則堵截尤利設練勇千餘人屯丁七千人墾闢屯防田十三萬一千餘畝悉以屯兵耕種其他皆附近碉堡以便駐守且節餉糈歷嘉道兩朝沿邊甯謐咸豐軍興以後苗衆乘機肆擾至同治年席寶田等大舉平苗雖間有剽掠之事以防勇隨時勦撫光緒十二年譚鈞培因苗民馴擾無常乃仿傅鼐防苗之法增修石碉土堡由附郭而漸及山林險阻之處互爲守望以備苗民出入於舊日之苗疆營制無所變更也

沿邊墩臺卡倫鄂博碉堡清初於各省邊境扼要處設立墩臺營房有警則守兵舉烟爲號寇至百人者挂一席鳴一炮至三百人者挂二席鳴二炮至五百人者挂三席鳴三炮至千人者挂五席鳴五炮至萬人者挂七席連炮傳遞康熙七年諭各省將領凡水陸孔道之旁均設墩臺營房駐宿兵丁傳報緊急軍機稽察匪類護衞行人乾隆三年兵部議定汎兵缺少處按地方衝僻情形酌量撥補器械務令整備隨時察驗有離汎誤防者革責官吏嚴懲之其軍臺之制始於順治四年自張家口迤西黃海迤東設臺三百四十四座臺軍七百三十二名自張家口迤山海關迤西設臺四百十七座臺軍一千二百五十一名蒙古各旂臺卡鄂博之制以大漠一望無垠凡內外扎薩克之游牧各限以界或以鄂博或以卡倫盛京吉林則以柳條邊爲界依內興安嶺而設其內蒙古通驛要口凡五道曰喜峯口古北口獨石口張家口殺虎口以達於各旂內蒙路近商旅通行水草無艱其外蒙古之驛則由阿爾泰軍臺以達於邊境各卡倫康熙朝征準噶爾時設定邊左副將軍而外蒙古軍臺之設由內而外其制始密自察哈爾而北而西北而又西迄烏里雅蘇臺共置四十八臺康熙三十一年自古北口至烏珠木秦置臺九自獨石口至高齊式置臺六自張家口至四子部落置臺五自張家口至歸化城置臺六自殺虎口至吳喇忒置臺九自歸化城至鄂爾多斯置臺八自喜峯口至扎賴特置臺十六乾隆三十四年自喜峯口路扎賴特盡處起置臺十四自古北口路烏珠木秦盡處起置臺六自殺虎口路吳喇忒大路外起置臺七自張家口路四子部落盡處起置臺十六喀爾喀則自備鄰站其東路首站曰尼爾得尼拖羅海西路首站曰哈拉尼敦後路首站曰肯特山迤邐而北直抵三音諾顏境其首站曰博羅布爾哈蘇凡汗王貝勒過境警晨夜伺牲畜商旅出其途亦資捍衞焉圍場卡倫之制規取高地爲之或於岡或於阪或於山川之隙隨宜設置其柳條邊境之設立卡倫者東爲崖口西爲濟爾哈朗圖北爲色堪達巴漢色欽等處又西爲庫爾圖羅海等處又南爲木壘喀喇沁等處又南而西爲珠爾噶岱等處又南爲海拉蘇台等處又南而東爲巴倫克得依等處老柳邊在外卡倫在內其故地在周阹之中者爲翁牛特爲喀喇沁爲敖漢爲奈曼爲喀爾喀左翼等故地咸在焉其恰克圖及沿邊鄂博卡倫之制因山河以表鄂博無山河則表以卡倫鄂博者華言石堆也其制有二以壘爲鄂博以山河爲鄂博蒙古二十五部察哈爾牧廠八旂各如其境以鄂博爲防其與俄羅斯接界中間隙地蒙古語曰薩布凡薩布皆立鄂博以申畫之恰克圖之中俄邊界凡俄國卡倫房屋在鄂爾懷圖山頂中國鄂博卡倫適中而平分之如有山河即橫斷山河爲界由沙畢納

依嶺至額爾古訥河岸向陽爲中國背陰爲俄國叢沿邊之地自黑龍江庫倫烏里雅蘇臺科布多四屬迤邐而西凡八十二卡倫科布多所屬極西之卡倫曰和尼邁拉呼由此渡額爾齊斯河至輝邁拉呼一帶卡倫均與俄羅斯接壤其在黑龍江境內之卡倫以將軍轄之在蒙古喀爾喀等部落之卡倫按其游牧遠近每卡倫設章一員率兵攜眷戍守遇森林叢雜難立鄂博卡倫之處則刱大樹而刋識之自同治七年裁撤科布多境內卡倫以後各項哈薩克人赴界強據光緒初年乃於烏克克等處由沁達蓋圖烏爾魯向西南至馬尼嘎圖勒幹止與塔爾巴哈臺卡倫相接一千數百里之要隘與俄羅斯接壤者均設卡倫所有協理台吉等員咸復舊制其新疆全境之卡倫分南北二路北路之塔爾巴哈臺與科布多毗連以額爾齊斯河爲界河東卡倫隸科布多河西卡倫隸塔爾巴哈臺自輝邁拉呼至塔城夏季設大小卡倫十三處冬季設卡倫八處此外皆哈薩克游牧之地塔城西南一帶卡倫八處界連伊犂卡倫以外爲哈薩克游牧伊犂東北七百餘里與塔城接界之處由哈布塔海達闌一帶而南設大小卡倫二十三處此外亦哈薩克游牧又西而南至伊犂河北岸設大小卡倫八處乃索倫領隊大臣專轄自伊犂河南而西設大小卡倫十六處乃錫伯領隊大臣專轄卡倫之外與哈薩克接壤其錫伯屯牧西南因有回子屯所每年夏秋設卡倫於達耳達木圖以資巡察由錫伯卡倫迤西轉南而東設大小卡倫十七處乃厄魯特領隊大臣專轄西南爲布魯特游牧西北爲哈薩克游牧又厄魯特游牧東南界連喀喇沙耳之土爾扈特和碩游牧設大小卡倫八處亦厄魯特領隊大臣專轄其伊犂城北塔耳奇一帶及伊犂河渡口設卡倫七處專爲哈薩克貿易交通並稽察逃人而設乃惠甯領隊大臣專轄此伊犂及塔爾巴哈臺大小卡倫之方向也其南路自伊犂南經木蘇耳達巴罕至回疆烏什城西北一帶設卡倫六處外通布魯特乃烏什辦事大臣專轄自烏什而西經草地及布魯特游牧地樹窩子等處七百餘里直達喀什噶爾城由城東北而西轉南設卡倫十七處外通布魯特西達霍罕安集延乃喀什噶爾領隊大臣專轄自喀什噶爾東南行二百餘里至英吉沙爾城由城西北而南設卡倫十二處外通布魯特西南行千數百里至巴達克山乃英吉沙爾領隊大臣專轄自英吉沙爾東行三百餘里至葉爾羌城由城西南轉而東北設卡倫七處西南一帶外通布魯特東北一帶專爲稽查逃人乃葉爾羌辦事大臣專轄又東南行七百餘里至和闐城城外之東西河共設卡倫十二處爲稽查采玉回民又札馬耳路通阿克蘇專設卡倫一處均和闐領隊大臣專轄自葉爾羌東北行一千四百里至阿克蘇城其東北路通著勒士斯專設卡倫一處稽查喀喇沙爾所屬之土耳扈特游牧乃阿克蘇辦事大臣專轄又東北行七百餘里至庫車城由城西北而南設卡倫五處又東北行八百餘里至喀喇沙爾城城之東北設卡倫二處又東北行九百餘里至吐魯番城由城西南而東設卡倫六處又東北行一千七百餘里至哈密城城東北設卡倫四處均由駐紮各城大臣專轄此回疆各城所屬大小卡倫之方向也自咸同朝回逆鴟張俄羅斯復乘機蠶食邊堠盡廢迨新疆定後至光緒五年收回伊犂與俄羅斯畫定邊界規復舊日卡倫之制卡倫之例有三其在內者曰常設卡倫在外者曰移設卡倫最在外者曰添設卡倫三者惟常設卡倫爲永遠駐守之地餘皆值氣候和煖則外展寒則內遷進退盈縮或千里或數百里不等沙漠浩蕩漫無定準皆在常設卡倫之外自西域亂作凡移設添設之卡倫悉爲俄人所攘奪左宗棠平定新疆乃與俄羅斯重定界約凡常設卡倫以外均作爲甌脫之地中俄邊境之民彼此不居以免逼處其常設卡倫嚴申舊制邊烽少息矣其黔楚苗疆碉堡之制始於嘉慶朝征苗之役傅鼐精練鄉兵遍設碉堡師苗技以制苗遂平邊患自湖南乾州界之木林坪起至中營之四路口築圍牆百數十里以杜竄擾其險隘處增設屯堡聯以碉卡鳳皇廳境內設堡卡調臺八百八十七座永綏廳境內設堡卡碉臺一百三十二座乾州廳境內設汛碉一百二十一處古丈坪及保靖境內設汛碉六十九處環苗疆數百里烽燧相望聲息相聞關牆則沿山澗建之炮臺則擇衝要處築之哨臺則於關牆之際修之卡碉屯堡則因地制宜或品字式或一字式或梅花式其修建之制關牆則土石兼施炮臺則以石砌而築土以實中沁哨臺亦石砌環繫槍孔高峻堅實碉樓之制亦然關牆以嚴邊界炮臺以備堵截戰守哨臺爲巡邏瞭望之用屯堡爲邊民聚衞之所卡碉則戰守兼資其防守兵丁有警則荷戈無事則秉耒進攻退守爲持久計以待敵之可勝遂以底定蠻荒云

清史稿 志

兵志九

海防

國初海防僅備海盜而已自道光中海禁大開形勢一變海防益重海防向分南北洋山東煙臺歸北洋兼轄閩浙粵三口歸南洋兼轄茲取沿海各省有海防者分述之曰東三省曰直隸曰山東曰江南附江防曰浙江曰福建曰廣東

奉天沿海南自牛莊至金蓋各州轉東至鴨綠江口西則自山海關至錦州地皆濱海口岸凡三十九處康熙初廷議錦州一帶籌備沿邊旋定金州旅順口設水師戰船隸金州副都統督率訓練戰船皆木質舊式雍正四年將軍噶爾弼以自旅順海口至鳳凰城水程千里僅恃旅順水師一營議增二營聯絡巡哨道光二十一年耆英以奉省海防經營不易有移民內徙之議海防漸重咸豐之季歐艦北犯津沽奉天亦嚴海防同治四年崇厚調天津洋槍隊千人赴營口屯駐五年以奉天兵船拙重調天津輕利兵船十餘艘赴長島駐防復增新練洋槍隊五百人於營口十一年瑞麟以南洋自製兵艦告成礮械咸備乃商撥兵艦一艘巡防牛莊海口光緒初年以俄羅斯有窺北邊沿海亦有俄艦游弋乃於制兵外加餉練兵凡選練馬步隊四千二百餘人又增綠營兵四千人調撥吉林黑龍江蒙古馬隊各二百餘人駐營口與宋慶豫軍協同防守其東邊道之練軍馬步隊一千三百人則分駐鳳凰城大孤山北河長甸河口及安東等處額設正兵幾同虛設海上有警全恃客軍金州與海參威毗連之處尤爲重要李鴻章遣鎮東等四礮艦巡防奉省海口八年鴻章以北洋迤東口岸惟奉天旅順口爲首衝乃在旅順之黃金山頂仿築德國新式礮臺設巨礮多尊並建築兵房子藥庫近山要路復設行營礮壘海口內則布置水雷沿海岸可登陸處擇要埋藏地雷陸路則有護軍營八哨毅軍十一營水路則有快礮船蚊礮船各二艘表裏依護其次爲營口海灘平衍敵易抄襲復調勁旅接應後路十年將軍定安於營口創設水雷營電綫火藥建雷庫十間存儲十七年李鴻章以大連灣爲渤海門戶築老龍頭等處礮臺六座仿西洋曲折式兵房藥庫皆備二十六年將軍增祺以岫岩安東沿海雖有北洋兵艦巡防而海濱港汊紛歧乃增造大號水師船八艘布列於沙河大孤山太平溝等處至吉林黑龍江之海防以有松花黑龍二江貫省境而趨海舊制二省各設水師營巡防水師船止運船三十艘槳船二十艘每爲運糧及采東珠取獐皮之用亦稱水手營非戰艦也吉林海防首重琿春松花江雖可行海舶而江水淺處爲多同治四年以後屢有俄羅斯兵船乘江水漲時駛入至阿勒楚喀及伯都訥境內將軍岐元擬於三姓設水師營不果光緒六年府丞王家璧有整頓東省水師改造戰艦之議李鴻章以長江水師船不適用於松花黑龍二江宜於吉林三姓左近擇水深溜大之處設船廠造小號兵輪船如廣東蚊礮船之式入水不深上可行駛伯都訥省城附近下可巡行黑河口轉入黑龍江以佐陸軍備俄船侵入並擬開花礮新式馬槍快槍等爲吉省練兵之用時將軍銘安及督辦甯古塔等處防務吳大澂喜昌以俄患未平於吉省沿江沿邊增練防軍馬步隊五千人各旗及西丹又募千五百人練成即赴琿春駐守並設護江關防範水路又慮俄國海軍船堅力猛水關不能阻其衝突乃擇要依山建築礮臺以禦俄艦黑龍江省於光緒三年始籌辦海防通省額兵及西丹共一萬人增鄂倫春兵五百人兼習新式槍礮黑省近俄俄人環黑龍江左岸盤踞達二千餘里每相間百餘里輒有俄兵屯駐之所刁斗相聞故黑省防務重在陸而不在海其江流入海之口在省境東北隅雖額設師船三十餘艘僅循例操演東三省海防奉天尤重自日占旅大遼東半島藩籬盡撤而吉黑二省向受俄患北海屢警防務益形棘手云

直隸津沽口爲南北運河永定大清子牙五河入海處北遼連東有旅順大連以爲左翼南走登萊有威海衞以爲右翼爲北洋第一重鎭順治初天津巡撫雷興疏言大沽海口爲神京門戶請置戰船以備海防下所司議行雍正四年於海口蘆家嘴創設天津水師營令滿洲兵丁駐紮學習水師特簡都統大員守禦海口復自天津城南門外起至慶雲縣止所有沿海各州縣設立海撥二十五處分遣守兵扼要防範乾隆四年直隸總督高斌請拓天津水師營汛增

駐滿兵一千合舊額爲三千乃道光六年那彥成奏請裁撤海口官兵改歸大名鎭十二年琦善奏天津地處海隅與山東登州奉天錦州遙相拱衞沙綫分歧非熟習海徑者無由曲折而至且海口二十里外有攔港沙一道融結天成儼若海口外衞總兵陸路營伍足資捍衞所有天津水師無庸復設於是水師營遂裁二十年又據琦善奏英艦到粵難保不分投竄擾天津密邇京畿尤宜愼重防堵遂復嚴旨派員駐紮要隘協同防禦二十一年天津海口增駐官兵建礮臺營房近海村落招集團練修築土堡互爲策應二十二年令直隸沿海營兵善於鳧水及諳習風濤駕駛之技者飭統兵官訓練並增設巡哨兵船以蕆事爲北塘後路設通永鎭標十五營駐守二十三年令天津水師營每年撥戰船六艘分三路巡防與奉天山東師船定期會哨以登州岫巖城錦州三處爲呈票考驗之地有畏避風浪巡哨貽誤者嚴懲之三十年令訥爾經額察視海防咸豐八年令僧格林沁在大沽口及雙港修築礮臺設水路木筏及沿岸營壘調宣化鎭兵會大沽協標守護海口礮臺又令史榮椿等由天津赴山海關履勘海防要隘同治元年令曾國藩薛煥等購買外洋兵船巨礮統以鎭將酌分數艘駐泊天津海口九年山東巡撫丁寶楨以大沽北塘等處爲京師門戶慮直隸兵力不足調山東舊部十八營赴直隸邊境候調十年直隸總督李鴻章增設大沽協海口六營酌定營制修築大沽口南北兩岸礮臺與北塘相犄角調遵化練軍千人移駐十三年又以北洋海防僅恃大沽北塘二海口礮臺後路尙恐單薄乃就運河北岸用三合土建築新城四圍設大小礮臺護以金剛墻引海河爲城濠屯駐重兵與大沽防營相應光緒元年李鴻章復於大沽北塘新城各處增築洋式礮臺營壘購置鐵甲快船碰船水雷船以備攻守二年令總兵周盛傳率淮軍馬步二十餘營建築新城礮臺三年成之六年李鴻章以北塘迤東至山海關延長數百里調宋慶郭松林二軍分駐沿海蒲河口秦皇島等處並增建礮臺又以淮練各軍駐天津防守大沽北塘各口以鮑超全軍三十營駐昌黎樂亭防守大清河洋河各口以山海關防軍兼顧金山嘴秦皇島老龍頭各處時曾國荃建議直隸海防不宜遠守營口宜以重兵守山海關乃命曾國荃統率安徽湖北山西各軍赴山海關駐守八年李鴻章於大沽北塘礮臺下埋伏水雷大沽口內設攔河木筏山海關內外築三合土大礮臺一土礮臺二瀕海營牆均仿礮臺建築又甯海城臨海受敵於礮臺牆外悉以沙土掩護其時大沽南北岸礮臺大小共數十座輔以水雷鐵艦沿岸以陸軍駐守十一年因京東沿海空虛調練軍各營移駐灤州昌黎等處二十三年直隸總督王文韶以武毅軍訓練初成率前後二軍及馬隊一軍周歷山海關沿海一帶以重防務自歐艦來窺僧格林沁戰敗廷議始專津沽之防中日之役旅順威海相繼淪陷而津海未開戰事及拳匪肇釁聯軍北犯沽口礮臺毀於一日北洋海防務遂日形懈弛云

山東海岸綿亙自直隸界屈曲而南以達江蘇其間大小海口二百餘處東北境之登萊青三府地形突出三面臨海威海煙臺島嶼環羅與朝鮮海峽對峙爲畿輔屛藩海禁旣開各國商帆戰艦歷重洋而來至山東成山而折入渤海以達沽口故創練海軍以威海旅順爲根據地欲守津沽先守威旅齊魯關山遂與畿疆並重矣順治十一年令蘇利爲水軍都督駐軍碣石爲山東防海之始乾隆五十五年以膠州文登卽墨等營兼防海口以總兵駐登州統水師三營戰船十二艘修治各海口礮臺道光二十一年以芝罘島扼東海之口撥兵防守蓬萊黃縣榮城甯海掖縣膠州卽墨所屬之十三島編練民團互爲防衞三十年以瀕海之三汛師船四縣水勇合幷防守海口幷扼要安設大礮咸豐元年登州總兵陳世忠以海寇奪掠官船山東水師無多會閩粵大號師船合力截捕三年於登萊青三府舉辦聯莊團練給以兵械八年飭天津鎭總兵赴山東詳勘海豐一帶海口九年以海豐縣之大沽河有防營故址飭崇恩等撥兵防守十年文煜令青州等沿海各城滿綠營兵勸加訓練分守城官兵之半以守海口同治九年丁寶楨以東境海口紛歧惟有扼要防守其文登縣屬之馬頭石島福山縣屬之煙台蓬萊縣屬之廟島掖縣屬之小石島爲洋船北來所必經地居險要共撥兵六千餘人分守十一年撥大號兵船一艘駐泊登州洋面光緒元年丁寶楨以山東之東三府三面環海外寇隨處可登宜扼要屯守其要地有三一煙臺於通申岡設防營駐兵三千煙臺山下及八蜡廟芝罘島之西共建浮鐵礮臺三座芝罘島之東築沙土曲折礮臺一座一威海衞於劉公島之東口建浮鐵礮臺一座而於島口內築沙土曲折礮臺於口外海面密布水雷其北口內亦建沙土浮鐵礮臺可作兵輪船水寨之用一登州於城北建沙土高式礮臺城內建沙土圓式礮臺長山之西建沙土曲折礮臺與郡城相犄角礮臺用克魯伯後膛大礮參用阿姆司脫郞前膛大礮兵丁用格林礮克魯伯四磅礮亭利馬梯尼快槍講求行陣攻守之法六年以新購外洋蚊礮船駐防煙臺海面十二年許景澄建議山東膠州灣當南北洋之中東爲浮山西爲靈山口狹而水深宜規畫形勢爲新練海軍屯港與旅順口東西相應是年李鴻章於威海衞南北岸築礮臺布水雷十七年於威海黃泥岩增築新式礮臺又於南岸龍廟嘴礮臺外增築趙北口礮臺劉公島新築地阱礮臺設後膛巨礮於隧道其西之黃島水中之日島亦設礮臺與南岸相應劉公島又設大鐵碼頭爲海軍寄椗上煤之所防務益周密東省形勢以威海膠州爲要口於海軍屯泊尤宜乃甲午一役威海水陸之防旣毀於日本而德因教案曾以大隊鐵艦奪踞膠州灣闢商埠開鐵路浸窺腹地東省海防遂無所藉手云

江南海防自海州南歷長江吳淞江二口稍折而西至松江奉賢縣境之海灣南接浙江洋面其間港口羅列惟江陰吳淞二處一爲長江之筦鑰一爲蘇松之門戶防務尤重至江陰以上以江流深廣外海兵艦商船溯流而上西達夔渝三千里流域雖皖贛楚蜀各有江防實以江南當下游之衝自狼福山以迄京口金陵礮壘防營星羅棋布上游防衞與下游繁簡迥殊而江蘇轄境長江千里兵艦礮臺無異海防水陸營汛亦與海疆聯絡故安徽省以上江防卽隸於蘇省海防爲自海州南抵江口乃昔年黃河入海處泥沙積久凝結內海稱五條沙海潮甚急海船北赴燕齊者必東行一晝夜以避其沙故淮海州郡得稍寬海防者以五條沙爲之保障也自狼福山口南抵吳淞沙凝潮急略同北境惟長江吳淞二口水深溜大巨艦可直駛內江故海口防務視海濱倍重清初平定江南分八旗勁旅駐京口以鎭海大將軍統之設水師營造沙唬船以習水戰旋以沙唬船難涉大洋乃改造鳥船時鄭成功據臺灣以師船進窺江表由京口薄金陵梁化鳳擊敗之順治十四年命梁化鳳爲水軍都督率軍萬人駐防崇明吳淞以松江府三面臨海設提督駐重兵康熙六年因崇明孤懸大海嚴出海之禁十四年以提督統八營駐崇明二十三年減存四營列汛六十有八太倉州爲元代海運放洋之口明代置兵屯守清初設游擊以劉河營移駐茜涇鎭雍正四年分設寶山縣列汛五十有七上海縣當黃浦江之衝原有墩臺十七座康熙二年以墩臺距海較遠乃建外塘斥堠其南爲金山縣踞青浦南匯之上游設參將駐守列汛七十有八常熟之福山與隔江之狼山對峙常熟昭文瀕海之口爲許浦徐陸涇白茆港康熙間設墩堡戍守列汛二十有四通州爲狼山營汛地如皋爲掘港營汛地皆近海要區也其北境之海州爲南北襟要海口之大者凡九最北爲荻水口其東北雲臺山清初曾徙民內地阻塞入海之道康熙二十年復開通設通海營列汛五十有五淮安府昔爲淮河入海之處設廟灣鹽城二營會哨巡防列汛四十有二揚州府北之興化南之泰州爲濱海之縣清初設守備康熙十一年設游擊鎭之列汛凡十雍正八年以福山營爲江海門戶於江蘇鎭標四營四分兵船二艘隸之與狼山營會哨此清初至雍正年江南之海防也乾隆至道光江海清平防汛率循舊制及道光中葉海警驟起東南戒嚴二十一年以寶山海口爲江南要隘屯駐大營分設游緝之兵吳淞亦屯兵增設濠壘二十二年令耆英等周歷吳淞狼山福山圌山關各處整頓戰船礮械二十三年以江陰鵝鼻嘴爲由海入江要口設險守禦又防堵瓜洲及南河灌河射陽湖之口令璧昌等察沿海城邑聯絡保障所用礮位設局開鑄並造水師三板船築礮臺於江岸南北二十四年璧昌因狼福山江面太寬於劉聞沙東生洲順江洲沙圩等處修築礮堤水師各營增大小戰船一百三十餘艘分廠製造二十七年李星沅籌防泖湖貯石沈船增置木牌並存儲礮位分布重兵而其時所築礮臺實止因土爲堤且器械窳舊布多疏非特不足禦歐洲巨艦咸豐間粵寇東下沿江河成咸望風奔靡及湘軍底定東南軍勢始振同治元年諭薛煥等購西洋兵艦在上海等要口防守四年曾國藩於狼山鎭標每營增造大舢板船二十號仿紅單船之式多設礮位巡緝內洋海門設綏海營置大舢板船二十號酌設兵輪分防北岸海汊七年更定內洋水師五營外洋水師六營之制以兵輪四艘分隸蘇松狼山福山三鎭總兵駐防海口九年南洋初設兵輪統領駕駛出洋周歷島嶼十三年調陝防武毅軍馬步二十二營赴山東江南沿海適中之地駐防日本時臺灣告警李宗羲以蘇松之門戶吳淞爲要長江之關鍵江陰爲先而鎭江府屬之焦山象山對岸之都天廟江甯府屬之烏龍山省城外之下關均爲扼要以大木方石爲基擣三和土築礮臺礮門護以鐵柱鐵板空其下以藏礮兵先築烏龍山礮臺十六座以次江陰都天廟象山焦山下關各築明暗礮臺置巨礮北岸之沙州圩吳淞口及江陰北岸之劉聞沙亦一律增建礮臺以嚴防務光緒元年劉坤一於江陰鵝鼻嘴礮臺外復於下游增築礮臺其北岸之十圩港亦增築礮臺與南岸相犄角又修改焦山圌山關烏龍山等處礮門以期合法五年以外海兵輪統領駐吳淞口凡沿海各省兵輪悉歸調遣七年令彭玉麟

籌辦江陰至吳淞口一帶海防重修圌山關東生洲兩岸舊築礮堤並築營壘設大礮又改天都廟舊式礮臺爲明礮臺八年左宗棠舉辦沿海漁團選漁戶精壯者五千人隸吳淞鎭給以糧械隨時操練彭玉麟以狼福山爲長江總口長江下游雖修治礮臺而江面空虛鐵甲大戰艦無多止有海防未能海戰議造鐵甲小兵艦十艘專顧內洋與礮臺相掩護十年令安徽疆臣籌備上游江防乃於安慶城外築明暗礮臺各一座石營一座攔江磯北岸建明礮臺二座石營一座南岸建明礮臺石營各一座西梁山建明礮臺四座石營一座土營二座東梁山就其形勢築石城礮隄各一道以控制江面十年曾國荃以新購西洋十四口徑八百磅子大礮及開花子彈分置江陰吳淞二口礮臺又購馬梯尼快槍二千枝分給各營又於吳淞礮臺增兵八營江陰礮臺增兵十二營扼守江海總路十三年又增建吳淞江陰礮臺以鐵木石土各料築成各設新式後膛大礮其旁佐以哈乞開司礮江陰之四門大礮臺分建於小角山黃山二處黃山舊礮臺所存之八十磅子後膛礮移設於大石灣明礮臺凡礮臺之門各建礮房護以三合土牆又田雞礮爲軍中利器於江干要隘建礮房置田雞礮以資操練二十二年張之洞以江南各礮臺分爲四路南路獅子林南石塘各臺爲一路南北岸各臺爲一路象山焦山圌山關都天廟各臺爲一路江甯之獅子山幕府山鍾山下關各臺爲一路設總管礮臺官四員以新購外洋四十餘磅子快槍礮三十具分置各礮臺二十五年以長江水師兵力單弱皖省防軍尤少令沿江督撫不分畛域節節設防三十一年以東南各省新軍次第練成命兵部侍郎鐵良至江南攷察江海防務旋鐵良覆陳江南之沿江海礮臺分爲四路曰吳淞曰江陰曰鎭江曰金陵第一路吳淞礮臺在寶山縣南分設三臺置前後膛大小礮三十四具礮勇三百餘人水旱雷營二哨雷勇一百餘人以盛字五營駐防第二路江陰礮臺在縣城北於長江南北岸分設礮臺南岸置前後膛大小礮三十七具北岸置礮二十具礮勇共四百餘人水旱雷營三哨雷勇二百餘人以合字南字等八營分兩岸駐守第三路鎭江礮臺五處曰圌山關曰東生洲曰象山曰山焦曰都天廟南岸各臺置礮十五具北岸各臺置礮六具礮勇二百餘人以新湘二旗駐防瀏江至鎭江府城南岸象山北岸都天廟中流焦山分設三臺象山置礮十八具焦山六具都天廟九具礮勇三百餘人以武威六營新湘三旗駐防金陵城外礮臺七處曰烏龍山曰幕府山曰下關曰獅子山曰富貴山曰清涼山曰雨花臺烏龍山在省城外四十里於南岸分設五臺置礮十二具礮勇一百餘人幕府山在北門外礮臺依次置礮七具迤西老虎山置礮四具礮勇一百餘人下關礮臺在城外東面對岸東岸置礮二具西岸置礮十具礮勇一百餘人獅子山在城內分設東西二臺置礮八具礮勇九十人富貴山在鍾山之麓置礮六具礮勇四十餘人清涼山在西門內依城爲臺礮置礮二具礮勇十四人雨花臺在聚寶門外置礮二具礮勇十四人安徽省礮臺分爲四路曰東西梁山曰攔江磯曰前江曰棋盤山梁山夾江對峙東臺置礮十四具臺西十二具以精銳營步兵三哨爲礮兵攔江磯礮臺在省城外四十里西岸置礮十五具以續備步隊中營駐臺爲礮兵前江口礮臺在上游十餘里與東岸高阜分上下二臺置礮十二具由續備中營撥兵分駐棋盤山礮臺在安慶東門外北岸置大小礮六十八具以步兵前營駐防江西省礮臺分爲四路曰馬當曰湖口曰金雞坡曰岳師門馬當在彭澤縣東南岸分設五臺置礮五具礮勇六十人湖口礮臺在縣城北之東西岸分設二臺置礮十具礮勇七十人金雞坡礮臺在九江府十里外東西岸分設三臺列東西北三面置礮十二具礮勇二百人岳師門礮臺在九江東門外分上下二臺沿江岸建築置礮二十一具礮勇七十人湖北省礮臺僅田家鎭一路分中南北三臺置礮三十一具礮勇五十人自同治間經營江海防務歷務歷四十餘年始稱完密云

浙江東南境瀕海者爲杭嘉甯紹溫台六郡凡一千三百餘里南連閩嶠北接蘇松自平湖海鹽西南至錢塘江口折而東南至定海舟山爲內海之堂奧自鎭海而南歷甯波溫台三府直接閩境東俯滄溟皆外海論防內海則嘉興之乍浦澉浦海甯之洋山杭州之鼈子門紹興之沙門爲要論防外海則定海縣與玉環廳皆孤峙大洋定海爲甬郡之屏藩玉環爲溫台之保障尤屬浙防重地定海之東其遠勢羅列者首爲海中之馬蹟山山北屬江蘇境山南屬浙江境而五奎山亦爲扼要陳錢山則在馬蹟之東北山大而隩廣可爲舟師屯泊之所迤南經岱山普陀山出落迦門至東霍山與陳錢山南北相爲犄角其南有昌國外之韭山均可駐泊舟師自甯波而南內有佛頭桃渚松門楚門諸山外有茶盤牛頭積穀石塘大小鹿山爲溫台所屬水師會哨之所由玉環廳而更南歷漁山三盤鳳皇北屺南屺而至此關則接閩省防地矣清初平定浙江後沿明制嚴海防順治八年命甯波溫州台州三府沿海居民內徙以絕海盜之蹤康熙二年於沿海立樁界增設墩堠臺寨駐兵警備四年以欽差大臣巡視浙江海防七年命偕總督出巡沿海直至福建邊境提督則每年必巡歷各海口增造巨艦備戰守二十九年命江浙二省疆臣會勘轄境海面分界巡哨勒石於洋山垂爲定制雍正五年以提標之游擊守備二員統率兵丁改隸水師六年定沿海商船漁船之帆檣符號以別奸良並增設汛弁選福建之精練水兵至浙教練浙軍十二營水戰諸務巡游海口七年增建沿海要口礮臺增設巡船及防汛移駐之區總兵官出巡之制乾隆五十九年以五奎山爲浙洋扼要之地撥定海標兵駐守道光二十年奇明保等以杭州之鼈子門爲錢塘通海要口於潮神廟江狹之處屯兵防守二十一年令沿海疆臣仿定海土堡之法凡近海村落招募團練築土堡互相聯絡三十年以漁山孤懸海外令黃巖鎭總兵以舟師靖盜光緒六年譚鍾麟以浙省沿海各口巨艦之可深入者距省最近爲乍浦次則甯波之鎭海定海石浦台州之海門溫州之黃華關舊有礮臺三十餘座惟海門鎭礮臺建築合法其澉浦之長山乍浦之陳山定海之舟山海門鎭之小港口各礮臺咸加修改鎭海之金雞招寶二山於原有礮臺外增築金雞山嘴礮臺一座十三年劉秉璋以浙江海防首重舟山次以招寶金雞二山爲要塞乃酌度形勢分建宏遠平遠綏遠安遠礮臺四座置克魯伯後膛大小銅礮東禦蛟門海口十四年衞榮光以浙江原有之營勇礮兵已陸續汰弱留強加以整練鎭海新築礮臺及改造舊式礮臺皆已竣工增置新購後膛巨礮以新練之軍駐守十九年譚鍾麟以浙江水師船僅五十餘艘增紅單船八艘助巡洋面二十五年劉樹棠以浙江武備新軍左營操法最精其陸軍水師前敵駐防洋槍隊各營步伐分合進退亦均嫻熟飭分甯駐台三門灣各隘並澉浦乍浦沿海口岸三十三年張曾敭建言浙江象山港在定海之南深入象山境六十六里口寬而水深羣山環繞作海軍根據地最宜壽論南北洋大臣勘度經營浙江海岸綿長省垣據錢塘江上游外恃龕赭二山爲口門江狹沙橫儼如天塹敵艦卒難闌入道光以後海疆屢警雖甯台戒嚴而不致牽動全局中法之役法艦曾至甯波洋面招寶山礮臺卻之此後遂無歐艦之蹤惟象山港天然形勝與膠澳旅順鼎峙而三惜築港未成云

福建東南沿海凡二千餘里港澳凡三百六十餘處要口凡二十餘處額設水師二萬七千七百餘人分三十一營大小戰船二百六十六艘自清初以迄乾隆勦平鄭氏三定臺灣及嘉慶間靖海之役福建用兵海上較他省爲多島嶼星羅處處與臺澎相控制故海防布置尤爲繁密其州郡濱海者爲福甯福州興化泉州漳州五府而臺灣障其東方五府防務各有注重之處福甯重在各港口自北境之南關山沙埕港口迤邐而西南爲烏岐港口鹽田港口白馬門口金垂港口飛鸞江口東沖總口海舶之輕利者隨處可入其外海島嶼較大者爲東西臺七星礁浮瀛大小崙山足資屏衞此福甯之防也福州重在閩江以江口內爲省治所在其外自北境松崎江戶經東西洛南北竿塘鼇江口至閩江近口之琅崎島金牌五虎門皆扼要之所入口經大小嶼羅星塔乃同光間所創建之海軍船廠軍械製造局咸在於是出口沿海而南經梅花江口龍江口少東卽海壇島水師重鎭所在其外海之島若猴嶼受閩江之衝東永當長樂之臂較白大東沙諸島爲要此福州之防也興化重在海濱諸島自三江口經鹿耳大小邱循平海衞湄洲嶼至雙溪港口乃沿海之境其外海島嶼爲平海南日二島列汛置官視爲重地而湄洲亦與郡屏藩此興化之防也泉州重在金廈二島自北境惠安峰崎港口經獺陽江晉江安海港三口其南爲金州鎭又西經大登小登卽廈門島島北爲同安港口金廈二門遠控臺澎近衞泉漳爲海防重地其外海之永甯定安烏潯諸島亦設汛置兵此泉州之防也漳州重在南澳鼓浪嶼爲南境隘處尤擅形勢其沿海之境自九龍江口折而西南經六鼇港漳江二口循銅山而南爲詔安港口其南隔海爲南澳鎭南疆要地與粵海共之其外海島嶼首爲烏邱最當衝要而鼓浪嶼當海門之口與鎭海城礮臺同爲重地此漳州之防也中國沿海各省自浙洋而北海濱淤沙多而島嶼少其海岸徑直故防務重在江海總口而略於海岸自浙洋而南島嶼多而淤沙少其海岸紆曲故防務旣重海口而巨島與海岸亦並重焉順治十七年王命岳以閩省之海門與廈門相望左爲鎭海衞乃漳州府之門戶同安縣之高浦城等處地近廈門爲泉州府屏衞乃屯兵於鎭海高浦二城而分營以防鄰近隘口雍正四年浙閩總督高其倬奏陳操練沿海水師並令閩洋水師巡視本省各口兼赴浙洋巡緝嘉慶四年令閩省水師仿商船式改造戰船八十艘編爲兩列自泉州之崇武分南北犄角由崇武而南令南澳銅山金門及提標後營各鎭將率船巡緝崇武而北令海壇閩安及金門右營各鎭將率船巡緝道光二十年諭鄧廷楨招募練勇嚴守澎湖以扼閩省赴臺灣之路

二十二年諭怡良等屯兵福州金牌各要口其距省二十里外之洪塘河及少岐均沈船布樁設防閩省門戶在外洋者爲五虎芭蕉二口入口爲壺江水勢稍狹無險可扼進至金牌長門有巨石橫亙中流扼守較易又進乃閩安之南北岸爲水路總匯兩山夾峙可稱天險光緒六年於南岸建鐵門暗礮臺六明礮臺八北岸建鐵門暗礮臺七七年又於長門建暗礮臺四明礮臺六悉仿洋式二十四年增祺因閩省濱海屯戍空虛增練旗綠各營以厚兵力二十五年許應騤以漳州之鼓浪嶼設防尙未周備增建礮臺置新式礮綜閩省海防所注重者隨時異宜當康熙間以鄭氏由臺澎據海壇金廈故海防獨重泉漳其時水師以沙唬船不適於海戰改造鳥船施琅之平臺灣卽藉鳥船之力及嘉慶間海盜蔡牽竄擾浙閩粵三省洋面而閩省當其中寧福興泉漳五郡皆標掠經由之境故列郡咸重海防其時水師利用巨艦李長庚造霆船三十艘置大礮四百餘具屢敗牽於閩海卒合閩浙水師之力圍而殲之最後爲光緒中法之戰法人以大隊鐵艦專攻福州故海防獨重閩江口而各郡無驚同治以後創船廠造鐵艦築礮臺製槍礮海防漸臻嚴密乃馬江失律盡隳前功良足慨耳臺灣西與福興泉漳四府相值距澎廈各數百里其山脈北起雞籠南盡沙馬碕東西沃野一歲三熟宋稱毗舍那國明季日本荷蘭人迭踞之順治間鄭成功占臺灣金廈時犯泉漳康熙初姚啓聖以閩省水師三百艘討之先克金廈二十二年施琅以水師二萬克臺灣乃置臺灣府設廳縣各官鑄錢幣開學校築城垣逐生番戍兵萬有四千遂爲海外重鎭康熙六十年朱一貴之叛施世驃由厦門率水師六百艘進攻七日而克之乃以總兵官鎭臺灣副將守澎湖乾隆間福康安平林爽文之亂臺灣北境乃漸展拓其山後之地至嘉慶間始闢之光緒十三年開臺灣爲省治設巡撫以下各官爲中國海南右臂及中日之戰割讓於日本而疆事益不可問云

廣東南境皆瀕海自東而西歷潮惠廣肇高雷廉七郡而抵越南其東境始於南澳與閩海接界潮郡支山入海有廣澳赤澳諸島皆水師巡泊所在迤西爲惠州民性剽悍與潮郡無異設碣石鎭總兵以鎭之又西爲廣州境其海灣深廣自新安折而北又折而南至香山是爲內海羣島環羅爲廣州省治之外護又西爲金州馬鞍諸山則肇郡陽江之屏障也又西爲高州海多暗礁暗沙海防較簡又西爲雷州其南幹突出三百餘里三面皆海渡海而南爲瓊州又西爲廉欽與越南錯壤廉州多沙欽州多島嶼山帶海界接華夷瓊州孤懸海表其州縣環繞黎疆沿海多沈沙行舟至險水師可寄泊港口僅有六七處此全境海防之形勢也廣州海防自零丁洋過龍穴而北兩山斜峙東曰沙角西曰大角由此入內洋爲第一重隘進口七里有山曰橫當前有小山曰下橫當左爲武山亦曰南山爲海船所必經乃第二重隘再進五里曰大虎山西曰小虎山又西曰獅子洋乃黃埔入省城之路爲第三重隘歷朝於此雖築壘駐兵而設備未周歐艦東來粵東首當其衝道光禁煙之役英艦進薄廣州內海林則徐督粵屢戰卻之其時布防較密而壁塢皆循舊式至光緒間彭玉麟張之洞守粵始有曲折掩護之礮臺後膛連珠之槍礮防務益嚴矣清初規制設大小兵船一百數十艘僅能巡防內洋不能越境追捕遇有寇盜則僱用民船康熙五十六年始建廣州海濱橫當南山二處礮臺乾隆五年以廣東戰船年久失修諭疆吏加意整頓四十六年巴延三以各海口時有寇船出沒於石棋村總口設立專營與虎門營汛聯絡五十八年吳俊以東莞米艇堅固靈捷便於追捕海寇造二千五百石大米艇四十七艘二千石中米艇二十六艘一千五百石小米艇二十艘分布上下洋面配置水兵常年巡緝嘉慶五年於沙角建礮臺九年倭什布以粵海窮漁伺劫商船遇水師大隊出巡輒登陸肆擾遂無寧歲乃規畫水陸緝捕事宜十五年設水師提督駐虎門扼中路要區以二營駐香山一營駐大鵬爲左右翼二十年就橫當礮臺加築月臺又於南山之西北增建鎭遠礮臺置礮多具二十二年建大虎山礮臺置礮三十二具道光十年於大角山增建礮臺一置礮十六具十五年在虎門礮臺置六千斤以上大礮四十具又於南山威遠礮臺前環築月臺亦置礮位於橫當之陰及對岸蘆灣山增建永安鞏固二礮臺沙角大角並增建瞭望臺十九年林則徐籌防粵海以零丁洋入口之要隘數重歷年雖增築礮臺而武山橫當海面較狹設大木排八千排分爲二道大鐵練七百丈臨以礮臺輔以水兵以阻敵船來路時鄧廷楨因虎門當粵海中路亦於橫當山前海狹之處增設練排又於武山下威遠鎭遠二礮臺之間增大礮臺一座置礮六十具以護排練二十年林則徐以大鵬營所轄尖沙嘴一帶海門島嶼爲海船東赴惠潮北往閩浙所必經乃於尖沙嘴之石脚上官涌偏南之處皆建礮臺並藥庫兵房二十三年祁貢等以廣東民風宜於團練招集已得十萬人以升平社學爲團練總匯之所推及韶州廉州等處二十七年增築高要縣屬琴沙礮臺並虎門廣濟墟兵卡同治十年瑞麟以欽州海面與越南接界調撥兵輪會同舟師巡洋時閩滬二廠兵輪次第告成粵省亦仿造兵輪以備巡防光緒六年劉坤一修整大黃窖及中流砥柱虎門各礮臺威遠及下橫當共築礮臺六十餘座沙角及浮舟山各礮臺亦依次建築八年曾國荃以瓊廉二郡洋面與越南沿海相通撥兵八艘拖船二艘赴北海駐防九年國荃以虎門爲省城門戶而黃埔長洲白兎輪岡魚珠沙路尤爲要區乃於兩岸屯重兵爲礮臺犄角兼顧後路十年彭玉麟辦理廣東軍務就粵省原有各礮臺修整改造並於礮臺後闢山開路以藏弁兵築壘亘牆濠聯絡各礮臺聲勢自虎門大角沙角以次各隘節節設防其新會香山順德等縣選練精壯漁團及新編靖海營兵防堵各口十一年玉麟以省城要口雖已嚴防而橫門磨刀門厓口皆可由海口互達窺伺後路淺水兵輪尙未造成先造舢板船百艘編爲水師以散御整藉固內口十二年張之洞於廣州駐防兵內選千五百人習洋槍洋礮以旗營水師幷入編爲兩翼分防海疆十四年張之洞吳大澂以瓊州一島內綏黎族外通越南就瓊州原有制兵酌設練軍並加練餉一洗綠營積弊舊額四千九百餘人按七成營抽練共編練一千七百五十人崖州等處水師加以整頓原有拖船亦配撥練軍以二艘駐崖州二艘駐儋州二艘駐海口二艘駐海安其守兵二千人勻撥緊要塘汛三十三年以廣東民風不靖已裁之廣東水師提督復其舊制以資鎭懾此粵海防務之概略也歷朝海疆有警若大沽若吳淞若馬江迭遭挫敗惟林則徐彭玉麟先後守粵忠勇奮勵身當前敵將士用命敵艦逡巡而退云

兵志十

訓練

清代訓練軍士綜京外水陸各營咸有成規而歷朝整軍經武之諭則隨時訓練因地制宜茲分述之其定期訓練者爲領侍衛府三旗親軍訓練之制鑲黃旗正黃旗正白旗每月分期習騎射二次習步射四次八旗驍騎營訓練之制每月分期習射六次次都統以下各官親督之春秋二季擐甲習步射由本旗定期擐甲習騎射由部臣定期春月分操二次合操一次秋月合操二次預奏操期仲春孟秋登城操習兵部稽察之歲以爲常八旗漢兵訓練之制於春秋月試炮於蘆溝橋各旗咸出炮十位演放五日而畢越三年鳥槍營兵與炮兵合演槍炮籐牌於蘆溝橋其春秋季常操四旗合操四次八旗合操二次初冬則分選各旗演習步圍前鋒營訓練之制月習步射六次春秋擐甲習騎射二次左右翼各分前鋒之半兼習鳥槍月習十次均由統領督率每年秋季前鋒統領會同護軍統領奏聞率所屬兵演習步圍二三次護軍營訓練之制月習步射六次春秋擐甲習騎射二次與前鋒同圓明園八旗護軍營訓練之制月習步射六次春秋習騎射兼習鳥槍步軍營及巡捕營訓練之制八旗步軍習步射城門驍騎習鳥槍均以春秋操演內九門外七門咸設炮位每屆三年隨同八旗兵運炮至蘆溝橋演放巡捕營參將游擊月考其屬之弓矢守備等各練其汛兵春秋兼習鳥槍與城門驍騎同內府三旗訓練之制月習步射六次春秋擐甲習射二次立冬後內府護軍及尙虞處執事等演習步圍別選三旗護軍習馬射各技火器營訓練之制月習步射六次騎射六次馬上技藝六次統轄鳥槍炮兵護軍驍騎各官按日於本旗考驗至合操之日八旗分左右翼列陣環施槍炮秋季至蘆溝橋演炮五日健銳營訓練之制月習雲梯鳥槍各藝六次騎射步射鞭刀等藝六次餘日於本期習槍箭值駐蹕圓明園左右翼各以舟演習水戰旗營校閱之時自七月開操至次年四月設教場於九門外將軍都統副都統掌校閱騎射槍炮之事第其優劣以爲賞罰春秋合操與京營同陸路綠旗營訓練之制總督所屬爲督標兵巡撫所屬爲撫標兵提督所屬爲提標兵總兵所屬爲鎭標兵每歲秋季霜降日先期各營將弁齎伍赴教場設軍幕屆時軍士擐甲列陣中軍建大纛於場中統兵大臣於將臺上傳令合操中軍揚旗麾衆臺下舉炮三軍中鳴角伐鼓步騎甲士列隊行陣施放火槍連環無間如京營之制若長矛籐牌扁刀短刀之屬各因其地之宜以教士卒咸有成法閱竟試材官將士騎射技勇申明賞罰犒軍釋甲歸伍漕運總督標河道總督標訓練之制咸與京營同各營將弁率其所屬按日督練八旗水師營訓練之制每年春秋二季將軍都統副都統督率官兵分駕戰艦奉天福建浙江廣東水師各赴海口齊齊哈爾墨爾根江寧省水師各赴江面天津水師赴海口洋面每年自四月至八月於潮平風順時張帆起碇列陣出洋以次鳴炮操演餘日各率所屬講習水務其綠旗水師營有內河水師江海水師出洋會哨信候各省不同每歲春秋之季乘艦列陣揚帆駛風鳴角發炮操演咸如軍律其隨時訓練者天聰七年太宗始舉大閱之典八旗護軍漢軍馬步滿

洲步軍咸集分八旗爲左右翼漢軍滿洲步兵爲二營四方環立前設紅衣炮三十位上擐甲乘馬諸貝勒率護軍如對嚴敵親軍爲後盾傳令聞炮而進聞蒙古角聲而退次漢軍馬步次滿洲步軍進攻炮軍大閱禮成嚴申退後之令崇德八年大閱於瀋陽北郊前列漢軍炮手次滿洲步兵蒙古步兵次騎兵次守城應援兵次守城炮兵綿亙二十里聞炮合戰上親臨簡閱步代止齊軍容整肅順治七年誡各將領勿以太平而忘武備弓馬務造精良十一年定每年閱操賞銀之制定騎射各兵分期演習之制定督撫提鎮獎賞優等弁兵之制康熙十一年令各省營伍須武職大員巡察嗣後各鎮臣以巡察之期上聞不得擾累各營十二年以漢軍不能騎射者甚多每旗宜增練火器尋議八旗漢軍驍騎每佐領下增鳥槍兵十八名十六年令各營於安營駐宿之道馳騁奔走之勞皆須習練不得僅拘操演成法直省提鎮每歲督選標兵行圍以習勞苦十九年定每年演放紅衣大炮之期二十八年定演炮之制每年九月朔八旗各運大炮十位至盧溝橋西設槍營炮營各一都統率參領佐領散秩官驍騎炮手咸往工部修炮車治火藥日演百出及進步連環槍炮越十日開操太常寺奏簡都統承祭兵部奏簡兵部大臣驗操各旗演炮十出記中的之數卽於炮場合隊操演嚴鼓而進鳴金而止槍炮均演九進十連環鳴螺收陣還營三十年定春操之制每旗出炮十位火器營兵千五百名漢軍每旗出炮十位鳥槍兵千五百名每佐領下之護軍鳥槍兵護軍驍騎每參領下之散秩官驍騎校及前鋒參領護軍參領侍衞等更番以從既成列演放鳥槍鳴螺進兵至所指處分兵殿後而歸五十年定火器營合操陣式八旗炮兵鳥槍兵護軍驍騎分立十六營中列鑲黃正黃二旗次六旗按左右翼列隊將臺在中兩翼各建令纛爲表每旗鳥槍護軍在前次炮兵次鳥槍兵次驍騎臺下鳴海螺者三以次整械結隊出營施號槍三臺下及陣內海螺遞鳴乃開陣演槍炮九次至十次炮與鳥槍連環無間雍正四年改定盧溝橋演槍炮爲三年一次均演一月兵械等火藥器用由工部預儲五年以滿洲夙重騎射不可專習鳥槍而廢弓矢有馬上槍箭熟習者勉以優等七年以直隸營汎多演空槍通飭直省將帥令各營以鉛子演準八年劉汝驥建議漢軍應習步圍尋諭各旗兵於初冬行步圍每旗行二三次統以各旗大臣步行較獵侍衞打牲人等一律學習九年以八旗官兵未能精整統兵各官擇不堪騎射者立爲一營稍優者別立一營每營千人勤加操練化弱爲强又以兵丁重在步行凡八旗兵給限一年習步以日行百四十里爲率優者賞之十年以邊陲用兵操演加勤免各旗輪班值日專習騎射長槍十二年定八旗漢軍驍騎演習鳥槍之制春季二月爲始秋季八月爲始各習槍四十五日本旗四翼仍合操二次乾隆四年定旗兵合操之制每年春季本旗各營官兵於本旗教場分操二次八旗各營官兵於鑲黃正黃二旗教場合操一次至秋季合各營大操其隊伍號令旗纛器械均遵大閱之制六年議准八旗驍騎營步射由本旗定期騎射由兵部定期八年令八旗漢軍至盧溝橋演放槍炮於九月朔爲始演放一月簡都統大臣監視日演十出兵部閱操之日每旗各演百出演畢合操槍炮其金鼓號令悉如大閱之制十年以沿海水師經大臣察閱其操演多屬具文未諳水務通飭將軍督撫提鎮實心訓練甄別十四年以旗兵習練雲梯隨征金川有功凱旋後別立健銳營雲梯兵千名爲一營統以大臣專練雲梯鳥槍馬步射及鞭刀等藝並隨侍行圍又於昆明湖設戰船以前鋒軍習水戰駕船駛風之技是年恭阿納上言整頓邊省營伍章程一步弓均改五力以上一馬射與步射一式一馬兵騎射宜槍箭二技一鳥槍專練准頭一槍兵兼習弓矢一定優劣賞罰一預儲軍械以固邊陲十七年定八旗漢軍籐牌兵之制春季與旗兵一律操演遇大閱及諸營合操則守護炮位入隊演習三十六年令鳥槍兵宜遵定例於演槍時檢回鉛子以勵勤能三十八年定各營增演馬上四箭四槍之制三十九年以金川用兵京城之健銳火器二營功績最多令各省綠營習鳥槍兵弁悉仿火器營進步連環之法操練不得虛演陣式尋定各營槍兵升補之序以資鼓勵四十年令健銳營兵月習槍十二日定三等爲賞罰四十三年令各省習槍兵弁仿京營火器操練之法各總兵於巡閱時有進步連環精熟者紀功四十四年令各省綠營兵習射以五矢中三爲一等五十年以綠營陣法向習兩儀四象方圓等舊式無裨實用改仿京營陣式由提督頒發各標鎮如式教演各營每月定期合操幷演九進十連環之陣其堆撥應差兵丁暇日一律練習又以各省巡撫標兵向供給使訓練甚稀飭各撫臣實力整理其舊式之籐牌兵均兼習鳥槍五十五年令軍機大臣會同兵部審定演放炮位步數及懲勸之例嘉慶二年罷水師冬令覓水習藝以恤兵艱四年令水營兵丁一律兼習陸戰又令新疆屯田之兵每營分半屯種餘悉回營操練令各省督撫修理營汛墩臺督操將備加力振奮九年令各統兵官習射以六力弓爲度習槍以迅速命中爲度申明教誡力挽積習不得養尊處優十一年令德楞泰等兵丁以十成之一兼習長矛其製不得逾丈道光元年令各軍均習長矛步槍不得專精馬槍是年楊芳上言兵丁於練騎射槍矛之外加以車騎合步連環三項融結參合日操一隊以五隊更番演習六日合操爲一陣直隸額兵抽練四成得一萬五千三百餘人成二百四十隊按圖操演以齊勇怯而節進退允之二年以廣東營伍廢弛嚴飭撫臣實力練習不得多立章程四年罷撤梅花車炮陣式專習部頒九進連環陣式五年允英和之請以八旗圜馬四百匹改撥巡捕營令滿洲蒙古馬兵演習騎射春秋二季步軍統領會同左右翼總兵簡閱三年後親臨大閱八年令那彥成等回疆增設防兵籌給餉糈議定操兵章程並於喀什噶爾防兵內抽練二千名伊犂滿兵亦勤習騎射由參贊大臣及總兵督操十五年以山西滿漢營伍廢弛嚴飭閱兵大臣嚴明甄別是年常大淳上言新疆湖南廣東四川各營伍日久生玩滿營則奢靡自逸漢營則糧額多虛由於拔補之循私操演之不實以國家養兵之資爲衆人雇役之用請飭將軍督撫力除積習遇勦匪保案不得冒濫以勵戎行允之並令各州縣額設民壯一律充補訓練十七年令各省民壯每月隨營操演授以紀律以輔兵力所不及十八年令盛京滿洲兵各勤操務遇行圍之時不得有雇役情弊十九年以四川各營技疏膽怯致夷匪日張特簡大臣督率鎮道親往校閱二十二年令天津增兵六千餘人飭各將備率新舊兵丁悉加練習首火炮次鳥槍刀矛輔以馬隊遇警則各營聯合南北炮臺命精能武員專司稽察講求方略二十六年令各州縣民壯隨營調考刀矛雜技三十年令各督撫提鎮汰老弱冗濫之兵抽練精壯俾各營皆有選鋒勁旅不得以工匠僕役虛占兵糧咸豐元年奕山等以伊犂及烏魯木齊二處滿洲營增練鳥槍擬定考驗章程並綠營一律辦理三年綜各省綠營額兵共六十餘萬人除征調之兵所餘存營者汰弱留強定期分練各省駐防旗兵亦如之五年令健銳火器圓明園八旗營及前鋒護軍八旗漢軍營飭閱兵大臣核實校令分別勸懲又令僧格林沁等將滿洲火器營操演陣式十一年以盛京吉林黑龍江馬隊官兵日就疲弱飭將軍副都統無論在城在屯一體挑練可造者多方鼓勵貧苦者酌量周恤遇行圍兵數不足以餘丁隨同操演同治元年以上海甯波等海口官兵延歐洲人訓練令曾國藩李鴻章左宗棠等酌選武員數十人在上海甯波習外國兵法以副參大員統之學成之後自行教練中國兵丁又以廣東福建營伍久弛飭耆齡劉長佑等於旗綠營營內擇驍勇員弁習外國兵法天津練軍亦如之其內地營兵仍遵舊章隨時訓練是年令文煜等定京營綠旗兵槍隊炮車合陣之制四年醇郡王等訓練神機營兵及練兵三萬餘人操演漸著成效綠營亦就整肅令仍隸醇郡王卽制督操閱兵大臣一幷閱看是年令崇厚率洋槍隊千五百人赴畿南飭天津鎮盧臺鎮選擇標兵增練新式洋槍六年以丁寶楨所擬訓練馬隊章程十四條飭特普欽於黑龍江所屬富明阿於吉林所屬打牲人內招募壯丁三千人遵章速練馬隊以勦捻匪曾經出師回旗之員分起訓練入關候調十年曾國藩建議用兵十餘年綠營幾同虛設查閱江南營伍約有四宗曰經制綠營曰新設水師曰挑練新兵曰留防勇營凡陸兵四十一營水師十一營新兵十一營防勇十二營兵數實存二萬四千餘人舊習宜改者約有四端一兵丁應差與操演分爲二事應差以分塘分汛爲額操演以分營分哨爲額一綠營餉薄兵疲宜仿新軍練軍之制裁兵加餉一舊用鳥槍土藥不利戰陣各營宜以次悉改洋槍一水師不得仍沿馬兵戰兵守兵之名各省水師皆應籌造船之費以船爲家但兼陸操不得居陸外海內洋裏河水師器械船隻力求精整凡此皆事關全局請特旨通行內外臣工合議遵行是年令長江水師及外海內洋裏河水師均應專習槍炮不得藉口演習弓矢致開陸居之漸沿海兵輪水師亦免習弓矢十二年沈葆楨以各兵輪雖分駐各省而操演徵調必應聲勢聯絡請飭兵輪統領躬歷各海口隨時調操十三年李鴻章以八旗綠營兵用弓矢刀矛擡槍鳥槍舊法訓練固難制勝卽新練各軍用洋槍者已少用後膛槍及炸炮者更少可靖內匪而不可禦外侮曾國藩曾擬以兩總理衙門議以制勝之洋槍隊練習水戰丁日昌議合各省練精兵十萬人新械練兵沿海七省共練陸兵九萬人沿江三省共練三萬人計年餉八百萬皆以費重未能遽行陸軍與水師規制各殊訓練亦異水師猶可陸戰陸軍不能操舟請以現有陸營一律選練洋槍裁綠營疲弱之額加新軍之餉沿海防營悉改後膛槍於海岸要口屯大支勁旅專講操練及築壘諸事各海口修洋式沙土炮臺置十餘寸口大炮擇良將勁兵練習以命中及遠爲度以固海疆光緒五年李鴻章以德國陸軍步隊尤精得力在每日林操熟演料敵應變之法夏秋大操熟演露宿野戰攻守之法其法備於一唷囌而充之可營可軍前

於海防營內選游擊等七員赴德國學習林操及迎敵設伏布陣繪圖各法三年餘學成回國乃於親軍營內挑選哨隊仿德國一哨之制依法教練漸次擴充九年李鴻章始創設水師學堂於天津習駕駛等藝十一年張之洞酌定海防各營操練章程舊式刀叉弓矢已無實用改用新操一練臥槍一練過山炮隊一練掘造地營一練安放水雷一練修築炮臺一練臨敵散隊一練洋式火箭一練安設行軍電線一練疾步踰濠越嶺一練夜戰一練堅守地營及濬濠築牆一切工程是年李鴻章以外洋留學生回華於操法陣法電學水雷旱雷均有心得飭分赴各營教練弁兵並設武備學堂十二年張之洞以廣東省駐防營於光緒六年選甲兵千五百人改練洋槍洋炮及陣法乃裁汰旗營水師附入步軍編爲兩翼合陣操演飭製造局移解新式槍炮增練炮隊十三年李鴻章以北洋武備學堂學生於炮臺營壘馬隊步隊炮隊諸新法咸有成就飭令回營轉相傳授是年張之洞始於廣東設水師陸師學堂水師分管輪及駕駛攻戰二種陸師分馬步槍炮營造三種兼采各國之長二十年張之洞以南洋水師學堂著有成效加以獎勵又於江甯省設陸軍學堂講求地理測量營壘諸術馬步炮隊諸法二十一年張之洞建議舊營積弊太深人皆烏合來去無恆一弊也兵皆缺額且充雜差二弊也里居不確良莠不分三弊也攤派剋扣四弊也新式槍炮拋棄損壞五弊也營壘工程不知講求六弊也弁習尚奢華七弊也若以洋將統之期其額必足人必壯餉必裕軍火必精技藝必嫻勇丁不供雜差將領不得濫充此七者練兵之必要所聘德國武將三十五人已來華即仿德國營制設步隊八營二百五十人分爲五哨馬隊二營一百八十騎分爲三哨炮隊二營二百人分爲四哨工程隊一營百人醫官槍匠等咸備凡勇丁二千八百六十人餉四十四萬兩俟操練有效推廣加練增至萬人以此軍洋將移練第二軍俾次第以成勁旅是年胡燏芬建議新練各軍宜用一律槍炮北洋先練五萬人爲大軍南洋練三萬人廣東湖北練二萬人餘省萬人操法軍械務歸一律以便徵調各省應一律設立武備學堂二十二年始以新法訓練海陸各軍各省設立學堂同時舉辦是年張之洞始裁撤湖北武防等三旗改練洋操二營工程隊一營仿直隸武毅軍新練洋操章程參用德國軍制聘德國武員爲教習以開風氣是年盛宣懷建議全國綠營兵歲餉千餘萬練勇歲餉亦千餘萬凡八十餘萬人徒耗財力無裨實用宜悉行裁撤共練新軍三十萬人就各省情形輕重定兵數多寡徵募訓練悉仿西法旋總理衙門以各省營伍驟難盡裁先就北洋新練兩軍及江南自強軍湖北洋操隊切實教練俟裁兵節餉次第推廣飭兩江兩湖督臣較準製造局槍炮畫一辦理又於武昌城設武備學堂聘洋員教習二十四年令各省稽察缺額攤派之弊嚴行革除至操練之法宜不拘成格盡利變通飭督辦軍務王大臣議之壽以神機營火器營健銳營武勝新隊操演嫻熟賞統兵大臣有差令滿蒙漢各軍驍騎營兩翼前鋒護軍營五成改習洋操五成改用洋槍八旗漢軍炮隊營籐牌營一并改練神機營汰弱留強共練馬步兵萬人其陣法器械營制餉章酌仿泰西兵制是年秋上親詣團河及天津大閱新操又令各省增水師學堂學額增造練船習駕駛諸術二十五年以北洋各軍訓練三年飭統兵大臣取各種操法繪圖貼說以聞步隊以起伏分合爲主炮隊以攻堅摧銳爲期馬隊以出奇馳驟爲能工程隊以擴地利備軍資爲事以平時操練之法備異日戰陣之需二十五年鄧華熙於安徽省城設立武備學堂習槍炮戰陣諸學二十七年以各省制兵防勇積弊甚深飭將軍督撫就原有各營嚴行裁汰精選若干營分爲常備續備巡警等軍更定餉章一律操習新式槍炮又令南北洋湖北之武備學堂山東之隨營學堂酌量擴充認眞訓練是年劉坤一張之洞等以二十年來各省練習洋操屢經整頓而舊日將領於新操多未諳習東西各國教將練兵要旨約有十二一曰教士以禮使知有恥自重一曰調護士卒起處飲食一曰講明槍炮藥彈性質源流之法一曰槍炮綫路取准之法一曰掘濠築壘避槍炮之法一曰馬步各隊擇地借勢之法一曰測量繪圖之法一曰隊伍分合轉變之法一曰守衛偵探之法一曰行軍工程製造之法一曰籌備行軍衣糧輜重之法一曰行軍醫藥之法各疆臣均應選擇統領營哨各官均切實研究練兵固亟練將尤要數年以後非武備學堂出身者不得充將弁更請仿英法之總營務日本之參謀部於都城專設衙門掌全國水陸兵制餉章地理繪圖操練法式儲備槍餉轉運舟車外交偵探等事平日之預籌臨時之調度悉以此官掌之兼采衆長務求實用命內外臣工合議二十八年設北洋行營將弁學堂實演戰擊諸法此歷朝訓練之規也

清史稿　　志

兵志十一

製造

清代以弧矢定天下而威遠攻堅亦資火器故京營有火器營烏槍兵之制履命各省防軍參用槍炮初皆前膛舊制繼購歐洲新器其後始命各省設局製造製造之事實始天津當咸同間中原未靖李鴻章疏請在天津設機器局自造槍炮以供北方軍隊之用同時江蘇亦創立機器局同治四年江蘇巡撫李鴻章疏言統軍在江南剿賊習見西洋火器之精乃棄習用之抬槍烏槍而改爲洋槍隊留防各軍五萬餘人約有洋槍四萬枝銅帽月須千餘萬顆粗細洋火藥十數萬斤均在香港上海購買又開花炮四營每炮一具重者千餘斤輕亦數百斤炮具精堅藥彈繁重惟器械子彈皆係洋式所用銅鐵木煤各項均來自外洋必須就近設局自造以省繁費江蘇先設三局嗣因丁日昌在上海購得機器鐵廠一座將丁日昌韓殿甲二局移并上海鐵廠以後能移設金陵附近濱江僻地最爲久遠之謀五年閩浙總督左宗棠疏言外洋開花炮近日督飭工匠仿造已成三十餘尊用尺測量施放與西洋同其功用十三年船政大臣沈葆楨疏請飭沿江海各省仿津滬二廠自設槍炮子藥廠局光緒二年李鴻章沈葆楨丁日昌疏請選派製造學生十四人製造藝徒四人由出洋監督帶赴法國學習製造此項學生既宜另延學堂教習課讀以培植根本又宜赴廠習藝以明理法俾兼程並進以收速效備他日監工之選其藝徒學成後可備分廠監工之選凡所習之藝均須新巧勿循舊式如有他廠新式機器及炮臺兵船營壘礦廠應行攷訂之處由監督酌帶生徒前往學習山東巡撫丁寶楨疏言今在山東省城創立機器製造局不用外洋工匠一人局基設在濼口自春及秋將機器廠生鐵廠熟鐵廠木樣廠繪圖房及物料庫工料庫大小十餘座一律告成其火藥各廠如提硝房蒸硫房熇炭房碾炭房碾硫房碾硝房合藥房碾藥房碎藥房壓藥房成粒房篩藥房光藥房烘藥房裝箱房亦次第告竣其各廠煙筒高自四十尺至九十尺不等凡大小十餘座所買外洋機器次第運取俟機件煤炭各種備全廠局告成不逾一年即可開工將來如格林炮克魯伯炮林明敦槍馬梯尼槍均可自造不至受制於人並可接濟各省由水路轉運即使洋商閉關不虞坐困也直隸總督李鴻章兩江總督沈葆楨江蘇巡撫吳元炳疏言上海製造局自同治四年開辦閱七年曾請獎一次今又閱七年先後增造機器二百三十三座大小銅鐵炮三百四十八尊炮架七百八十餘座開花實心炮彈十萬一千餘顆各式洋槍一萬八千六百餘枝槍彈八十餘萬顆火藥十七萬磅其他零件關係軍事者甚多在事諸人寢饋於刀鋸湯火之側出入於硝磺毒物之間積數年之辛苦乃克有此成績請優獎以資鼓勵三年湖南巡撫王文韶疏言近年上海天津江甯均有製造局濱海固宜籌備而內地亦應講求湘省一年以來先建廠次製器仿造洋式規模粗具後膛槍及開花炮子試演均能如法與購自外洋者並無區別以後隨時添造自數千斤以至萬斤大炮或鋼或銅均可自造湘省向產煤鐵攸縣安化各處所產之鐵與洋鐵一律受鑽火藥一項督匠精造與洋火藥不相上下自光緒元年五月開辦至二年十月共用二萬二千餘兩以後每月以三千兩爲度請援津滬二局成案專摺奏銷四川總督丁寶楨疏言川省已設機器局今外洋機件運到即行開局自造洋槍子彈等項四年總理衙門王大臣疏言前陳海防事宜有簡器一條巨炮應如何購辦各軍洋槍應如何一律以後應如何自行仿造請飭疆臣切實詳議以聞嗣據各將軍督撫覆陳有言前膛槍穩實者有言後膛槍靈捷者有言綫槍勝於洋槍者有言宜勤加操練磨洗者有言不宜多購防新出更勝者有言宜派人赴外洋學習者有言宜內地設局以防後患者臣等查外洋槍炮近時皆用後膛名目甚多必須擇其至精之品一律切實辦理庶在彼不敢售其欺在我得以適其用外洋軍械價值本無成案可考故承辦之員視爲利藪查上海爲各洋商聚集之地多在該處交易請以精明廉正之員總理其事各省有委辦軍火者責成該員核定如有浮冒等事嚴行治罪至仿造外洋軍火李鴻章先後奏在上海天津設局製造丁寶楨王文韶亦在山東湖南二省各設局廠不用洋人其費最省丁寶楨復於四川設局

以上三局均設在內地滬局製造槍藥歲用銀四五十萬兩津局歲用銀二十餘萬兩近據李鴻章沈葆楨奏報津局造後膛炮滬局則前膛後膛洋槍並造既非通力合作未必易地皆宜請飭兩局派得力人員隨時酌核畫一辦理時廷臣有議以上海機器局款充固本餉及賑捐者兩江總督沈葆楨疏陳謂機器局締造十餘年僅恃二成洋稅入不敷出而南北洋所用槍炮子藥咸取給於此海防重要未可停工五年丁寶楨疏言四川機器局近以恩承童華疏請停辦奉諭令酌度辦理仍請設法興辦毋令廢墮遂復開局製造七年兩江總督劉坤一疏言金陵製造局於光緒六年卽飭工匠加工製造各軍撥用洋槍先後已及萬枝今軍械所尚存來福前膛槍一萬三千餘枝馬梯尼後膛槍七千餘枝林明登後膛槍八千餘枝細洋火藥六十五萬餘磅洋炮火藥四十餘萬磅棉花火藥九萬九千餘磅銅火一千萬磅各項銅管火十七餘萬件又水雷應用之電線七十五車所儲尙不爲少而上海製造局現造之洋藥及林明登槍可隨時接濟金陵復定購機器增設洋火藥局並定購前後膛槍一萬五千枝尙不在此數內至各處明暗炮臺所用之炮位有上海製造局現造之一百二十磅子之鋼炮年內可成金陵局中所造陸營之炮亦多可用是年督辦甯古塔等處事宜吳大澂疏請吉林創辦機器局十一年直隸總督李鴻章疏言上海江甯天津廣東各機器局大都分造炮械子藥以供各軍操練戰守之用尙未能仿造後膛大炮至若三四寸口徑後膛小炮後膛連珠炮爲水陸軍必需之利器應就內地已開煤鐵礦近水之處分設造槍造炮專廠至克魯伯鋼炮近來德奧義各國恐純鋼不盡合用均改造硬銅後膛小炮融煉別有新法日本已聘洋匠仿造中國亦宜踵行各國後膛槍式樣不一新式改用連珠或六七響精利無匹日本已設廠自造中國亦宜專造以應各省之用約計造槍及小炮機器皆不過數十萬金尙不甚鉅水師所用之魚雷伏雷與炮並重各種伏雷中國機器局多能自造至魚雷則理法精奧別有不傳之秘只可向西洋訂購天津機器局已購備試雷修雷之具仿造則未易言也兩廣總督張之洞疏言粵省請募欵開設槍雷各局其大炮仍歸滬閩二廠製造又疏言省城有機器局城西增步地方有軍火局以器具未備僅能製小鋼炮開花子尋常洋火藥白藥水雷殼洋火箭修理船炮尋常機器除火藥火箭尙可用其餘能成而不能精設局十餘年用銀數十萬迥非津滬閩各局之比今重加整頓以機器軍火二局并入城西增步一局以就水運之便名曰製造局仍製槍炮彈火藥等物其修理魚雷歸黃埔雷局就製械而言以槍彈與行營炮爲尤要蓋購槍可用數年購彈不能支三月一舉而購槍數千則易一舉而購炮數十則難自宜分條並舉循序圖功期以一年半而鑄槍炮廠成兩年而炮臺備庶足以禦強敵大學士左宗棠疏言各省製造局廠宜合并籌辦以專責成前曾疏請開徐州稼源各礦爲鐵甲鋼炮材料茲奉諭飭議設廠處所若論常格自應由兩江閩浙籌欵試辦或委公正富紳集股創辦並招通曉化學之人研求煉法俾速出鋼鉄應用其實礦政船炮相爲表裏應設海防全政大臣所有製造船炮礦廠軍火事宜皆宜一手經理以歸畫一十二年兩江總督曾國荃疏報金陵洋火藥局竣工四川總督丁寶楨疏言川省建設製造局已及五年仿造洋槍爲數不下一萬五千餘枝除接濟廣西雲南軍營外局中尙存後膛洋槍三千五百枝前膛洋槍四千枝恐不敷用向上海洋商訂購克虜伯開花炮格林炮各十尊另造得用之劈山炮七十餘尊擡槍五百枝備用其火器彈丸銅帽等除撥用外尙存九萬餘斤今加工製造每月可得火藥七千餘斤以資接濟十三年四川總督劉秉璋疏言川省機器委員曾照吉等能用巧思不招洋匠自教工徒仿造外洋槍炮創用水輪機器以省煤力又於省城外設局以水機製造火藥數年以來成機三部機器一千五百九十件洋槍一萬四千九百枝火藥二十八萬餘斤銅火帽一千三百七十五顆後膛藥彈六十八萬五千五百顆鉛子六十萬五千顆洋炮三具成績甚優兩廣總督張之洞疏言前以籌辦海防購運軍火並濟雲南廣西軍營而後膛槍彈需用尤多必須購置機器自行仿製乃在上海洋行購運製造槍彈機器來粵正擬設廠開辦適廣東西撫臣李秉衡以廣西所購槍彈機器一部運解到粵而廣西撤防且無力設局請留在廣東備用當卽在省城之北石井墟地方創立製造槍彈廠一所所有機器大大廠一座打鉄烘銅殼鍋爐造木箱裝子藥房共五處儲料發料庫各一處又有裝蠟餅紙餅火藥及工匠等房共安設機器二副能造毛瑟馬梯尼士乃得雲者士得四種槍彈試辦之初每日約造二千顆熟習之後每日可造八千顆目前卽可開造尙有需用鎔銅碾銅等機器并增建廠屋俟次第到齊卽可舉辦十五年張之洞疏言廣東籌建水師陸師學堂並於堂外建機器廠一座鑄鐵廠一座烟筒一座及儲料所打鐵廠工匠房操場演武廳石隄馬頭等約用銀六萬兩機器廠內有十二匹馬力汽鍋機爐全座大小旋鐵床刨鐵床鑽鐵機剪鐵機共一十七架手用器具銅鐵鋼料約用英金二千五百磅其機器在英國廠訂購之又疏言前曾由文武官紳及鹽埠各商分年捐銀八十萬造小兵輪十號今接續捐募三年專爲購買製造機器並建築廠屋經費乃電詢德國柏林地方力拂機器廠訂購新式製造連珠毛瑟槍及造克虜伯炮過山炮各項機器全副其汽機馬力加大以便槍炮兼造鍋爐并爲一廠較爲節省旋由出使德國大臣與該廠訂造槍機器一分每日能造新式連珠十響槍五十枝汽機馬力一百二十匹又造炮機器一分每年能成克魯伯炮口徑七生的半至十二生的之過山炮五十具又購槍尾尖刀機器全分價共一百八十一萬七千兩今擇定省城西北石門地方依山臨江輪運便利於建廠相宜乃卽日開工起築其槍管鋼料及煉鋼罐等均向德國名廠購備以期精良他日鐵礦各山開采得法則鋼鐵材料取給內地次第擴充並可接濟各省軍營也十六年湖廣總督張之洞於湖北省城初建兵工廠是年總理海軍事務大臣與戶部會議以廣東槍炮廠改移湖北省開廠後常年經費由湖北籌辦旋由湖廣總督張之洞覆陳鄂省開廠後督飭洋匠悉心攷求原定造槍機器一副每年能造新式連珠十響毛瑟槍一萬五千枝造炮機器每年能成克魯伯七生的半至十二生的行營炮及臺炮共一百具又應添購造槍炮藥造白藥造彈造炮車造炮架各機器每槍一枝隨彈五百顆每年須成槍彈七百五十萬顆每炮一尊外洋向例隨帶炮彈三百顆茲就最少之數亦須隨彈二百顆每年須成實心彈開花彈各種彈共三萬顆統計一切經費約需銀七十五萬兩計一年所造槍炮全分比外洋買價所省甚多特是鉅欵難籌此次開廠試辦所有槍炮藥彈每年各造一半約需銀四十萬兩機器今已到鄂置閒必至鏽壞工匠亦必練習方能精熟就鄂省財力自行籌措查四川機器製造局係奏明支用土藥稅釐今湖北槍炮廠乃奉旨特辦較四川製造局大小懸殊關繫尤重請將湖北省歲入土藥稅銀二十萬兩川鹽加價銀十萬兩共三十萬兩撥充槍炮廠常年經費將來各省需用撥欵由鄂廠代造則隨時收回價本卽可推廣多造此次鄂省新設槍炮廠所造各械皆係南北洋廣東山東四川等省製造局所無者至鄂廠所造克魯伯各種車炮尤爲邊防海防及陸道戰守必不可少之利器前大學士左宗棠曾言購械外洋以銀易鐵實爲非計一旦有警敵船封口受制於人運均購無從下手況陸續遠購之器種式旣殊彈碼亦異每至誤事懲前毖後則建廠自造乃未雨綢繆之計也是年兵工廠成十九年直隸總督李鴻章兩江總督劉坤一疏言上海機器局於光緒十五年令道員劉麒祥辦理局務專心創造新式槍炮及自煉鋼料外洋新出利器不肯以秘法示人其機括靈巧猝難臆測開辦之始幾無端緒可尋乃精選洋匠博訪窮探攷索成式參以心得造成試驗之有稍不如法者拆改重造於二年之內盡羣才之力竟成造成新式槍炮並煉就鋼料迭次攷驗與西洋所造一律精堅湖廣總督張之洞疏言湖北新建煉鐵廠告成開煉生鐵爐一座已煉成生熟鐵具銅碾鐵軌鐵條均有成效其煉西門士鋼廠開煉時極險北洋上海各爐迭有炸裂堵塞之患鄂省此項鋼爐飭洋匠詳攷火候向來至速須六點餘鐘出鋼今止三點餘鐘已能煉就鋼料成色無異洋製足以爲造炮之用炮廠亦卽開工卽以煉出之鋼試造六生的半及七八生的克魯伯陸路車炮若能鋼料精堅演放有準卽可造十二生的大炮以軍需孔急飭工匠多煉西門士鋼及貝色麻鋼爲製造槍炮之用外洋陸戰全恃連珠快炮僅有後膛槍炮不足以盡之鄂廠添購製快炮機器尤爲利用也煉鐵廠之鐵路運道及洋匠華工原爲二爐之用今止一爐每年只能出鐵一萬五千餘噸折虧甚鉅馬鞍山煤井焦炭爐完工在卽擬以湖南省所出白煤和擬焦炭冶鍊勉供二爐之用始足以資周轉二十年總理衙門王大臣疏言軍務緊急以赶造軍火爲先務而經費有限以之購買外洋軍火則不足且多須時日以之就各省現有局廠加工製造則軍火可倍而出之前由戶部撥欵在吉林設立機器局專供吉林黑龍江二省常年操防之用請飭吉林機器局加添工料趕造軍火以應急需湖廣總督張之洞疏言湖北新設之漢陽鐵廠先開生鐵大爐一座日夜出鐵八次共五十餘噸以後日見進步有每日出六七十噸者其次乃煉熟鐵煉貝色麻鋼碾鐵條製鋼軌以及錘煉烘壓各法一時並舉所出之鐵雖係初煉已與外洋相較無甚軒輊現在江夏馬鞍山煤井所出之煤可作焦炭合於煉鐵之用已開橫穴煤巷現擬進掘三層橫穴外洋之大洗煤機及運煤之鐵挂線路均已次第竣工洋式焦炭爐十座年內當可一律告成足敷生鐵一爐及各廠煉鋼之用參以湖南所產白煤油煤卽可二爐齊開此製造鋼鐵已有成效之情形也又疏言鐵廠之設實兼采鐵煉鋼采煤三大端爲一事而開煤所費幾與煉鐵相等本擬并入造廠煉鐵計算開平煤礦費至二百萬

始克成功今鐵廠自經始至觀成用款繁鉅所有奏明撥用之款早經用罄雖以槍炮經費勻撥不敷仍多非原估續估之多疏漏實因開煉以後經費與造廠工程本係二事必須先行籌墊一年且事皆創舉機局變更無常隨時補救增出用款多在洋匠原擬之外非預料所及其增出之款除零星雜費數十項不計外舉其重大者數端一增購機爐工料如增置十五噸大汽錘一具增貝色麻大壓汽機一副增造西門士爐底火泥管及造火磚機器增改生鐵大爐架一座爐內用磚合與礦煤之性相合增生鐵廠內之鐵瓦敞棚增中西兩式洗煤機增內地火磚焦炭爐增鋪地鐵板增廠內運物鐵路增運礦煤鐵車增爐上鐵蓋爐外水池水溝及四周之保險門增銅鐵管及水箱增化驗煤鐵大小各項器具材料以及汽表風表水表皆爲精細貴重之件一增募開煉洋匠原擬雇用八人其餘雇用熟手之華匠百餘人應用開煉之事以生鐵大爐爲重中國向未煉過若欲選用華匠非有極聰明之人在廠精練多年難與此選卽煉鋼各廠亦非得專門名家之洋匠領首作工不可若手法稍不中程度卽致變生意外危險之至現募到洋匠二十八人均萬不可少較原估八人多出二倍餘一添補不全機器外洋運到之機件沿途損缺頗多其簡便者由漢陽本廠自行修補二千餘件外其重大精細機器必須由外洋或上海洋行重行購補或此種不甚靈動則洋匠必另購一機以救之或此式之爐試煉焦炭不淨或舊法所采之礦不多則洋匠又思一法以損益之曠日加工致多糜費一外洋金磅值價日昂比初定機器時價高過半而改換機器訪訂洋匠等事日積月累亦成鉅款一多用煤斤凡鐵山煤礦開采轉運以及鐵廠起重運料試鑽開井抽水壓氣無在不需機器卽無日不用煤斤爲數甚鉅又生鐵大爐購用外洋焦炭試煉兩月費亦不貲各款皆原估所難周悉加以煤井開至數十丈已費盡人工機器之力而煤層忽脫節中斷外洋辦法必仍就原處追尋另行開井而重開一井非鉅款不辦現實無此財力若非馬鞍山煤井有成則全恃湘煤所費更鉅此則時局變遷多費用款初非意料所及前曾督飭局員及洋匠礦師續估用款以爲能銷貨周轉不致再有增加之款乃移步換形層折過多加工遂致加料費日因以費工不特非局員所能限定並非洋匠所能預知多方補救繁費滋多今撥借各款所餘無幾若行銷拖注必俟兩爐齊開一年以後始能流通周轉尤須鋼鐵各料胥臻精美合於製造之用方可期流通無滯至暢銷後尤防洋鐵有減價奪售之患此開煉之初必須寬籌經費庶不致停爐待款原擬就槍炮廠經費挹注無如槍炮廠增設炮彈槍彈炮架三廠計機器運費等已需銀三十萬兩建廠之費尚不在內勢不能全行撥用値此廠工已竣煉鐵已成之際所欠者僅此籌墊之款若鎔鋼煉鐵因此停工則製造槍炮何所取資當海防緊急之秋而軍械缺乏貽誤戎機關係匪淺今各省財力自顧不遑豈能協助惟有就湖北本省各款竭力勻撥周轉機爐勿使停工軍實得資接濟庶不致功虧一簣也又疏言前因開煉鋼鐵爲造械之本以槍炮廠經費勻撥濟用而槍炮廠更形支絀前辦海防所購軍械每槍式參差彈碼互異及舊槍攙雜藥彈潮濕流弊滋多故炮架炮彈槍彈三廠之設萬不可緩今竭力籌款先將炮架炮彈機器於十八年夏間在德國力拂廠購定製造水陸行營各種炮架機器全副每年能成六七生的至十二生的炮架炮車一百副購定製造克魯伯炮彈機器一副每日能成六七生的至十二生的炮彈一百顆其他開花彈實心彈羣子彈子母彈均能自造又購定小口徑槍彈機器一副每日可成槍彈二萬五千顆造銅板造鉛條裝藥入彈修理器具俱全共用銀三十萬兩有奇又添廠屋大小鐵梁鐵地板水泥火磚各種建築工程三廠合計共用銀十五萬八千兩近日外洋快炮益精卽兵船八十磅至百磅之大炮亦用機器造成鄂廠本係製造新式連珠槍若能兼造快炮於軍事尤多裨益已電詢洋廠增購新式快炮機器及炮管各件共價銀三萬兩有奇其廠仍舊俟機器到齊卽可改製較之另起廠屋所省經費實多此種快炮六生的者每分鐘可放三十出九生的者每分鐘可放二十餘出洵爲制勝之具也是年陝西巡撫鹿傳霖疏請以甘肅省舊存製造軍火機器全具運至陝西省城試造槍炮子藥二十一年奉天增練新軍將軍依克唐阿遣員在山東吉林奉天遼陽等處製造銅鐵等各項炮位華洋各式步槍以及炮車炮架並購製造子彈礮火藥造地雷器具暨刀矛等件在正餉動支山東巡撫李秉衡以山東省自設立槍炮機器局後供給各路軍火逐年增加製造請增常年經費兩江總督張之洞以前年任湖廣總督創辦湖北漢陽煉鐵廠及興國州馬鞍山二處采煤以供煉鐵之用著有成效請優獎在事人員陝西巡撫張汝梅以陝西省各軍所用里明毛瑟中針後膛各式洋槍皆由他省協撥不盡合用咨商甘肅省撥舊存製造軍火之機器等件運至陝西卽在省城設立機器局試造槍炮子藥隨時修理舊械兩江總督張之洞上言天津江南廣東山東四川原有製造局所造軍需水陸應用各件頗多而所成槍炮甚少或止能造槍炮彈而不能造槍炮或能造槍而汽機局廠尙小均宜量加擴充福建船政局現有大鍋爐機器及打鐵各廠并多諳悉機器員司工匠若增置造槍炮機器費省而工亦易集如奉天爲根本重地而道遠難於接濟宜專設一廠陝西爲中原奧區且可以接濟西路亦宜專設一廠至各廠製造大率皆宜以小口徑快槍及行營快炮爲主或槍炮並造或槍炮分造宜每項擇定一式各廠統歸一律以免參差腹省各局只須陸路過山小炮卽足供陸戰之用若沿江沿海數局並宜造船臺大快炮每廠每年至少須出快槍五六千枝陸路過山二種小快炮一百餘尊方能濟用一面雇用洋匠一面選派工匠赴外洋名廠學習冀他日能擴充製造廠數處惟各省局廠上海金陵二處雖各有製造局而金陵局規模頗小機器未備所出槍炮無多其設局之處限於地勢不能展拓僅能擇行軍要需者酌增機器究不能多上海製造局雖較宏大惟所造槍彈炮彈水雷火藥及修理輪船等門類頗多而不專一並非專造快槍之機器每月成槍不過百餘枝亦無造陸路過山二種快炮之機器至大炮則一年或出一二尊不等且該局軍械須運出吳淞江後再轉入長江若有兵事敵人以戰船封口一切轉運立卽束手前此開局滬上只圖取材便利未能盡善故沿江內地必須添設局廠湖北槍炮廠因上年槍廠被火後改造鐵料廠屋修補機器甚費經營快炮所增新機以工匠初試未熟綫路猝難較準今甫造快槍式樣數十枝快炮式樣一尊車炮二尊均尙合用以後所出自可日多惟槍機曾經火灼敏速之力稍減一年以內人器相習每年約計可造成快槍七八千枝陸路過山二種快炮百尊局廠地踞上游最爲穩固上可接濟川湘陝豫下可接濟江皖轉運甚便若在江南另行擇地建造所費至鉅不如就湖北廠添購機器廣爲擴充其鋼鐵卽用鄂省鐵廠所煉除鄂廠原造之數外今每年能加出快槍一萬枝無煙藥槍彈一千萬顆陸路過山二種快炮二百尊炮彈二十萬顆湖北向無新式藥廠擬并造無煙藥棕色藥黑藥令足敷各種槍炮之用合計槍炮架藥彈各項機器與外洋名廠考較諸從節省凡運費造廠約需銀二百萬兩又因湖北省鐵廠開煤井煉焦炭煉各種精鋼熟鋼熟鐵正在緊要之際槍炮廠則甓造五處廠屋試造槍炮此二廠皆經費支絀所造軍械非專供湖北之用請就江南籌防局撥款協濟又以江南省製造局自光緒十七八年沿江各省教案會匪紛起深恐海上有警當將製造局應行增製快槍快炮新式火藥各件籌議購機試造迨光緒二十年日本軍事起各省徵調頻繁處處調撥軍火局中積年所造之槍炮藥彈幾至撥發一空自應及時擴充機器加緊製造近年軍械以槍炮藥彈爲先而槍炮尤以新出快式爲利是以鄂省設廠自煉鋼料爲炮筒槍管之用又因新式巨炮皆用栗色火藥餅快炮快槍皆用無煙火藥局中自造者無多應增置各項機器擇要先辦將煉鋼製藥及造快槍快炮各機器數十座向洋商定購又購買基地增建煉鋼廠造栗色火藥餅廠無煙火藥廠及添購製造鋼料與造火藥物料合計用銀四十餘萬兩其在外洋訂購之器件與洋商籌議令其暫行墊辦不致稽延時日先將各項機器運到卽可開廠製造自光緒二十年海防戒嚴各省防軍需用軍火甚急而火藥子彈尤爲大宗外洋守局外之例不肯代購卽使設法運購而價値驟增數倍遠涉重洋敵船又不時邀截至爲困難今江南製造局購機設廠自能仿造不待外求自爲當務之急但局中常年經費僅有二成洋稅數十萬兩只能製造各項子藥分濟南北兩洋操練防守之需若加造新式槍炮接濟各軍則機廠既增工料自倍加於昔擬於江海關常年洋稅或洋藥稅釐每年加撥銀二十萬兩爲擴充製造後常年工作之需二十二年成都將軍恭壽因四川省軍實不充而防務重要乃與駐防川省之八旗協領等量力捐廉製造抬槍九十六枝鳥槍四百八十枝均用煆煉純鐵綑綵製造堅實可恃其舊存槍枝一律修整爲操練之需直隸總督王文韶以北洋機器局所造各種炮子名目雖不同而十生的半之子彈居多皆係舊式不盡合用乃向洋商訂購洋式翻沙泥及造彈各機器自行仿歐西新式製造兩江總督劉坤一攷核機器局成績於常年製造之外煉鋼廠每年可出快炮快槍筒及槍炮槍件炮架器具等鋼料共二千二百餘噸栗色火藥廠每年可出栗色火藥二十餘萬磅無煙火藥廠每年可出無煙火藥六萬餘磅所創立造槍炮新廠購機已備加工製造每年可出快利新式槍一千五百枝一百磅子之快炮六尊四十磅子之快炮十二尊快利新槍子一百三十餘萬顆快炮子彈一千五百顆大小鐵彈一萬餘顆漸著成績四川總督鹿傳霖以四川省機器局自光緒十二年至十七年前督臣劉秉璋曾將在局出力人員獎勵今又屆五年所陸續造成機器藥彈等項皆精良合用增造後膛毛瑟抬槍亦頗快利在局各員仍行獎勵之直隸總督

王文韶因京師練兵處王大臣以京營訓練需用打帽抬槍一千五百枝令北洋製造局如式製造以應要需乃造成邊機抬槍中機抬槍各一枝試放均屬靈捷合用惟邊機抬槍分兩太重不便施放若用中機抬槍改造邊機其尺寸斤兩仍與中機抬槍一致卽令製造局按照此式製造邊機前門大式抬槍五百枝隨槍物件共五百分以中機抬槍改造邊機前門小式抬槍一千枝隨槍物件共一千分其製造欵項由北洋作正開支北洋製造局向有歲造荷炮子彈經費銀四萬兩本年以此項荷彈歲費改造後門抬槍今練兵處需槍孔急擬卽以此欵移用湖廣總督譚繼洵以湖北省製造軍火向年所造舊式抬槍線槍抬炮劈山炮等項均係前膛不及後膛新槍炮之敏捷擬向外洋購置機器改造各項後膛槍炮並製造炮彈槍彈銅殼等項今因部臣允從奉天府丞李培元之議令各省製造局兼造抬槍並造內地火藥籌度辦理因抬槍抬炮本中國向日制勝之具將弁兵丁素所習練今若改用後膛操演易於精熟用欵不多而日後可收大效雖漢陽槍炮廠規模宏遠而機器種類各有不同若抬槍抬炮等器他日能製造精純亦可爲漢廠之助也山東巡撫李秉衡攷核機器局成績於光緒二十一年所造成各種火藥十五萬六千九百六十斤大銅帽火七十二萬顆開花炸子一千六百顆炸子銅螺絲引門一千六百副克需力伯銅炮拉火銅管四萬四千枝帶活架瓶炮九尊大炮子一千四百九十顆洋鉛彈丸一百三十九萬四百五十粒添造各廠應用機器及熟鐵大鍋爐一具修理各營損壞洋槍洋炮製成各項軍火箱盒修理槍子廠軋銅廠房屋及大鍋爐爐台烘銅爐大煙筒生鐵廠保險爐提硝房工務廠之屋宇等又采買硝磺銅鐵鋼鉛及華洋各種物料暨員匠工役薪工運脚雜費等共支用銀六萬四千七百餘兩有奇是年戶部從吉林將軍長順之議增吉林機器局製造軍火常年經費除黑龍江軍隊領用外其餘分給奉天防軍二十三年大學士榮祿上言製造軍火以煤鐵爲根本外洋購價日昂中國各省煤鐵礦產以山西河南四川湖南爲最應令山西等疆吏籌欵從速開采設立製造局廠漸次擴充以重軍需廷議允之令督撫臣就地方情形認眞籌辦總期有備無患庶足倉卒應變是年湖北巡撫譚繼洵以湖北省製造軍火增置炮架槍彈炮彈三廠所有機器工料之價並改換新式快炮機器尙需銀十四萬餘兩卽在籌捐項下撥給山東巡撫李秉衡上言山東機器局於光緒二十二年間所造軍火共造成各種洋火藥十九萬六千餘斤堅利遠後膛大抬槍二百十六枝步槍六枝大銅帽火四百四十二萬顆粗細銅管拉火六萬二千枝銅炮炸子二千一百顆炸子引門二千一百副炮子一千一百九十個各種群子八萬四千八百個各種後膛自來火帶藥槍子一百十六萬八千四百顆洋鉛丸一百七十二萬一千五百粒抬槍抬炮來福槍鳥槍及裝配毛瑟槍哈乞開司槍各種大小鉛丸一百五十九萬粒捲筒鉛子二萬一千二百斤並修成各營抬槍抬炮洋槍洋炮添買車牀鑽牀及各項雜費均歸戶部核銷原有機器局設法擴充製造添造槍械采購應用材料增建廠屋購買機器乃於機器廠後建設洋式大槍廠一所造槍需用銅鐵零件甚多則熟鐵廠必須擴充乃於舊鐵廠之後另建洋式熟鐵大廠一所造槍則用槍子倍多乃於舊槍子廠之東另建洋式槍子廠一所槍子需銅最多乃另建軋銅大廠一所外洋製造廠視鍋爐之大小以定烟囪之高下今造成九十五尺高之烟囪一座七十五尺高之煙囪一座五十五尺高之煙囪一座鐵煙囪一座廠基深掘五尺煙囪基深掘八尺均密釘排樁上築三和土蓋以大石板再砌條石牆脚則扁磚實砌純灌灰漿梁棟皆用外洋木之方而巨者屋柱則生鐵鑄成卽機器常年震動不致有鼓裂之虞此外所增建者軍械日富則有存儲之區工匠目多則有休息之所乃建軍火庫二十間工匠房四十間又建水龍房以備不虞泥工廠以資修葺皆不可少之工共增廠四座羣屋八十餘間較原廠擴充三分之二至製造抬槍機器外洋商參本無抬槍名目故無此專用機器嗣選通曉製造之員與洋商定造抬槍機器並可兼造毛瑟洋槍機器共六十餘種此外地軸皮帶鑢鉗軸枕螺絲各種輪模刀鑽共一百七十餘件已陸續運解到省俟機器及鋼鐵鋼料運齊工匠募足卽可開車製造共用銀十二萬兩先由藩庫及南運局籌給大學士榮祿建議通飭各省製造快槍快炮無煙火藥並煉鋼鐵各項機器海疆多事武備爲先須通力合作以備強敵河南巡撫劉樹棠上言河南機器局規模甚小若遵榮祿所議兼造各式軍械財力實有未逮豫省機器局建設於省城南門外卓屯地方其造彈機器已向上海信義洋行定購在外洋加工造成陸續運至河南安置妥貼開工製造槍彈火藥其造抬槍車牀亦經運到並訂購鋼觜五百枝先造後膛抬槍五百桿以資應用本省新練之豫正全軍一律改習洋操又通令各州縣籌欵自練勇隊所需槍械子藥皆省局自造湖廣總督張之洞上言大學士榮祿議令產煤鐵各省咸從速開采已經設立有製造局廠省分規模未備者尤宜擴充自煉鋼以迄造無烟藥彈各項機器均須實力講求以重軍需所言切中機宜亟應籌辦湖北製造廠所造快槍快炮爲新式最精之械若有械無彈無藥仍屬虛器故既添設銅殼廠又須添設無烟藥廠因外洋裝配快槍快炮悉用無烟火藥他項洋藥皆不合用又槍管炮身必須精煉之罐子鋼方足以受無烟火藥之漲力湖北鐵廠所煉之西門馬丁鋼以之製他器則已稱精良以之製槍炮則尙非極致外洋罐子鋼之價値數十倍於常鋼非徒購運道遠也故鋼藥二者必須購機自造雖物力困絀終不敢畏難自沮致已成之槍炮廠有不全不備之弊故於上年卽飭局員在漢口禮和洋行議定向德國格魯森廠添購無烟火藥機每十點鐘能出火藥三十三磅每年約出火藥五十噸共價德銀十三萬六千八百馬克今機器已運至上海上年又與禮和洋行訂購德國名廠煉罐子鋼機器全副每日能煉罐子鋼二三噸鑄鋼機能鑄塊鋼每塊重二噸價値運保各費共用德銀十三萬馬克久已起運卽可到滬至廠中儀製行營快炮以備陸戰之用因經費太絀故於炮臺之大炮未經議及外洋新式十二生的長快炮安置沿江炮臺能施放有準足禦敵艦上年由出使德國大臣許景澄在力拂廠訂購十二生的快炮並架彈等機共用德銀三十二萬五千馬克機器月內可到以上各機皆屬無欵可籌不得不與洋商婉商暫欠分期歸欵庶可及早舉辦加以添購大小新式樣炮碾銅板機拉鋼機壓鋼機大汽錘以及添配最精之鋼模樣板等件約須銀十數萬兩再加增建廠屋又需銀十餘萬兩其增雇華洋工匠常年製造工料之費爲數甚鉅又需銀二十三萬兩各欵均無所出如上海製造局年撥八十萬兩嗣因添製快槍並加撥常年工作之需每年用欵已逾百萬兩現在湖北廠所造槍炮子彈比津局既逾數倍比滬局亦復加多近又添造無烟火藥添煉罐子鋼添造炮臺所用十二生的大快炮功用益廣而常年經費僅土藥稅等三十六七萬兩較滬局止及三分之一惟有請加撥常年專款符原估七十五六萬之數庶可增料加工使舊有各廠得盡機器之力新增各廠早收美備之功況近年武備最重鄂廠調撥槍炮供給各處爲數甚多造成槍炮並非湖北一省之用事關全局滬廠鄂廠理無二致軍實要需必多爲籌備也二十四年山西巡撫胡聘之以山西省向無機器製造局亟宜籌辦因派員赴天津向洋商定購製造槍炮各種機件並酌建廠屋雇集工匠仿洋式自行製造在省城北關外擇地建廠因山西僻在內地非通商口岸凡辦料募匠等事用費極昂卽以歸化城關稅盈餘之款撥用各機器運到晉省開廠興工山東巡撫張汝梅以山東省機器局自創造至今並未延聘西人而內地風氣初開其精於製造人員實不多見且所造全係銅鐵硝磺等火器局員工匠素鮮經驗非洋匠專門之比稍一不愼卽有損傷炸裂之虞至難極險與尋常差使不同乃量予獎敍直隸總督裕祿以北洋之軍械共有二局一爲機器局一爲製造局機器局所有製造火藥毛瑟槍子銅帽各式後膛炮彈及硝磺鏹水雷電器具捲銅煉鋼等機每年能造黑色火藥七十餘萬磅栗色火藥二十五萬餘磅棉花火藥五萬餘磅無烟火藥八千餘磅毛瑟後膛槍子四百餘萬粒銅帽火二千八百餘萬粒鋼彈一千二百顆大小炮子一萬四千餘顆製造局每年能造七生的半開花炮子一萬二千顆銅件一萬六千副克魯伯鐵身炮車十具銅管拉火二萬四千枝哈乞炮子五萬餘顆哈乞開司槍子二百十萬餘粒雲者士得槍子一百四十餘萬粒而外洋所出軍械日新月異令各路軍營所用毛瑟快槍小口毛瑟槍格魯森五生的過山快炮克魯伯七生的半陸路行營快炮七生的過山快炮頗爲合用宜次第仿造兩江總督劉坤一以江南省製造局之後膛抬槍上海製造局之快利新槍及大小炮位均稱合用金陵局機器無多凡大宗軍火胥由上海製造局供用近年增設煉銅廠栗色火藥廠無烟火藥廠三處其所製炮有十二磅子六磅子二種快炮與北洋所用快炮口徑相同惟北洋之七生的快炮湖北之三生的七快炮南洋之六生的快炮若購自外洋終非久計乃擬增換機爐自行製備專精仿造所有槍炮子彈與天津湖北二廠咸歸一律四川總督文光因前奉朝旨令四川製造局漸次擴充前督臣恭壽擬就川省原有機器局擴充製造不必另設局廠但機器局雖創設多年而規制未宏若欲廣制槍炮殊不敷用乃擬增置長刨牀一部小車牀及壓銅機器引長機器齊口機器各四部緊口機器二部均已一律製全靈動堅固與購自外洋者不異惟機器既已增加則製造亦宜推廣應加常年經費銀二萬兩以備製造之需二十五年湖廣總督張之洞上言軍實最爲急需利器必須完備近日煉鋼造藥尤爲槍炮廠必不可少之需無罐子鋼則槍炮不精非無烟藥則槍炮無用屢經奉旨責令湖北與上海各局趕造軍械供京營之用而籌欵艱難何從趕辦前所請加撥宜昌關稅銀五萬兩仍請照撥俾

購機建昌製造等事徐庭於成上海製造局新增鋼藥三廠每年加撥經費銀二十萬兩鄂廠事同一律舊設各廠經費本屬不敷新廠所需更無從出若從部議不得動用關稅則製造將無可措手綜計新廠需欵共二十餘萬兩但能加撥宜昌稅銀五萬當設法周轉不使廠務停滯也吉林將軍延茂於吉林省機器局增置機器並代造黑龍江鎮邊軍及靖邊新軍各營軍火山東巡撫毓賢擴充東省機器局增建製造新槍大廠造槍子廠熟鐵廠軋銅廠化銅廠泥工廠軍火庫房水龍廠房法藍爐房儲器房又造大小磚鐵煙筩鐵柵等件黑龍江將軍恩澤上言黑龍江鎮邊軍每年由練餉內提銀三萬兩充軍火經費歸吉林機器局兼造近年物料昂貴實不敷用以新編之師操練宜勤軍火尤爲繁巨應仿照奉天吉林二省設局自造軍火成案於黑龍江省城擇地設立專局悉心製造此項購買機器建築廠房各費約用銀十萬餘兩在鎮邊新軍歲需軍火經費內分年籌撥是年令各省疆臣製造槍炮爲邊防第一要著惟各省財力不齊自應就原有局廠切實擴充以備鄰近各省就近購用又令各疆臣天津上海江甯湖北等處均有製造槍炮局廠督令督撫臣切實會商務將所製槍炮膛口子彈大小各局統歸一律以期通用並將每年所造槍件子藥若干據實上聞並按季咨報戶部神機營查核乃爲時已久並未據報有案槍炮爲行軍要需豈容因循延宕命裕祿劉坤一張之洞詳析查明各廠局所造槍炮究係何項名目是否業已會商造成一律迅即切實復陳嗣後仍遵前旨按年按季分別奏咨毋得延緩各督撫督率承辦各員認眞經理精益求精並將槍炮膛口子彈彼此比較畫一務令不差絫黍庶各省互相接濟臨時不致缺誤倘管理局員草率從事虛糜經費或演放時有炸裂等事治以重罪旋經兩江總督劉坤一復陳當飭滬甯二處製造局員將出入欵項核實勾稽製造軍械詳細考究並令與天津機器局湖北槍炮廠隨時知照互相講求復由上海製造局員馳赴湖北比較數次兩局所製成槍炮子彈格式分量口徑大小一律合膛並無歧異惟江甯製造局所造後膛抬槍係出新創各省槍械均無此式其兩磅子一磅子後膛快炮亦與上海局中所造一律此外炮架炮彈各種槍子拉火等件分解南北洋各軍應用以經費有限未能加撥擴充該局在江甯城外粗具規模且居腹地形勝之區一旦海上有事在內地製造接濟軍需庶幾緩急足恃至上海製造局並能造各項快炮除炮臺所用之大炮外其所造四十磅一種卽北洋之十二生的快炮其十二磅一種卽北洋之七生的半快炮其六磅一子卽北洋之五十七米里快炮其兩磅子一種卽湖北三生的七快炮洋廠名稱雖殊其尺寸大小則不差絫黍今由上海製造局派員與天津湖北二局逐一比試均無參差其快利新槍係以舊機參用人工所造亦頗便利究嫌費用多而出槍少去年飭各軍改用小口徑毛瑟快槍本擬訂造此種槍枝及造槍彈機器專一仿製以歸一律訪之上海各洋行需款數十萬爲期且甚久一時無此財力遂仍用舊機更易機簧添配車座訂購改造七米里之毛瑟槍枝槍彈等件按照合同每日可出槍十枝俟安裝全備卽日開工嚴定章程按年按季上聞以期核實各局兼造各項快炮均係新式尙敷應用至仿造小口徑毛瑟槍僅有湖北上海二廠其機器一係新購專門一係舊式更改能力所限每年造槍不多各路軍營恐難遍給曾與直隸湖廣督臣商酌添購造槍新機無論在津鄂甯滬何廠承造均以款絀未能卽行擴充南洋軍火經費但期洋稅暢收並竭力撙節另款存儲以備添置仿造小口徑毛瑟槍機器一部能數年之內機器購全與湖北槍炮廠分途仿造以期器械日精又擬請設立工藝學堂學習船械槍炮汽雷等各種製造以廣人才是年浙江巡撫劉樹堂向金陵軍械所撥用德國老毛瑟槍三千枝子彈一百五十萬顆供浙省防軍之用二十六年直隸總督裕祿上言北洋機器局經費每年用銀二十五萬餘兩所造軍火向供北洋海軍及淮練各營操防之用近年經費減收而向例撥解軍火之外又加以新練武衞等五大軍而京師神機虎神等營復時有調撥每虞缺乏況增募各軍皆以快槍快炮爲利器各項槍炮子彈必須自行製造始能不誤操防因於光緒二十四年始陸續購辦製造快炮快槍子彈及造無烟槍炮火藥等項機器今始由外洋次第運至天津安設入廠並派員赴上海江甯等處將各局所造快槍快炮格式及渣子炮彈分量互相討論取到江南湖北二局所造槍炮各種子彈詳加比較以求畫一所有北洋增造快槍子廠無烟火藥廠快炮子廠並整頓煉鋼廠等項經費每年至少須增用銀十五萬兩應由部臣在各海關洋稅內加撥以濟軍用二十八年兩江總督劉坤一以上海製造局自製之新式無烟快槍車輪快炮協濟廣西軍營四川總督奎俊以四川省機器局自光緒二年創建廠房製造槍炮五年停辦六年奉旨復開局製造並增修熟鐵鎔爐碾火藥各廠房各洋火藥局迄今二十餘年所造軍械成績頗多而屋宇年久漸多朽壞一律修造以濟要工上年因擴充製造已增設繪圖委員既經培修各廠乃增繪圖房白火藥房各一所四川人心浮動調撥威遠軍一營常年駐守局旁以資巡察並建修表碼廠一所爲演試槍炮之地閩浙總督許應騤以上年防務戒嚴福建機器局製造槍子所需用魚子火藥及海口炮臺所用炮位藥餅因外洋禁售軍火乃采購土硝硫磺以備製造復飭機器局按照洋式自造車輪快炮並快槍共采買土硝七萬斤硫磺一萬斤自製成魚子洋式火藥五萬磅各大炮藥餅六百九十三出三磅子車輪快炮十二尊十二磅子快炮二尊後膛新式抬槍一百枝修改後膛子輪快炮六尊在海防經費內開支二十九年兩江總督張之洞以滬上之製造局所有機器七年以前所造係林明登槍乃外洋陳舊不用之式兩年以前所造係快利槍乃製造局臆造之式亦不甚合用故槍械新舊湊配出數無多炮機亦未能完備而歲費巨款頗爲可惜當整頓武備之時軍營所用槍械宜歸一律乃定議上海廠仿照湖北廠改造小口徑新式毛瑟快槍惟上海廠槍機不能全備必須兼以人工費工多而出槍少近年雖增機整頓每日止能出槍七枝一年出二千餘枝於武備大局無裨其炮廠所造車輪炮亦不甚合用必須購新式造槍機器每年能造五萬枝快槍者添配新式造炮機器每年能造大臺炮十尊七生的半口徑快炮二百尊者庶數年之後足以應各省之求而歸畫一江西巡撫夏旹以江西省製造局規模狹小擬先造快槍向外洋定購小口徑毛瑟槍新式機器全副每日約能出槍十五枝彈殼機器全副每日約能造槍彈三千顆並向洋商酌配購機件俾一機能造數器以期價省而用宏另備公用機器一副爲添配修理各廠機器之用閩浙總督崇善以福建省於光緒二十五年將前所移附馬尾船廠之機器仍移設省城水部門內專製各炮台炮子炸釘等項旋於二十六年在機器局旁擴充地基增建槍子廠屋一座又於二十八年在省城西關外另設製造局專造無煙快槍其機器槍子二廠自開辦至二十八年止共用經費銀一十七萬八千餘兩製成三磅子快炮二十四尊與上海局所造炮同式福字一號二號陸軍後膛快炮二尊洋式十二磅半快炮二尊而機簧標準均不甚靈捷倘有修改船廠舊式陸路快炮四尊福強軍後膛車炮六尊製造新式後膛抬槍一百枝改造短柄洋槍一百枝製造各項後膛槍子三百二十餘萬顆其餘修理各項洋槍製造前膛炮子彈等件爲費甚多其機器槍子二廠建設在水部門內人烟稠密之處存儲軍火大非所宜不如西關外製造局地面寬大不近民居蓋製造槍炮與製造子彈本係一事與其分廠而費大不如合廠而費省乃飭二廠一律暫行停造歸幷製造一局將製成槍炮子彈及機件材料妥爲存儲其員役工匠大加裁減每年只造各式抬槍及各式子彈以備操防所用山東巡撫周馥以山東省爲海防要地而軍隊器械不足請向金陵製造局購新製三十七米里小快炮湖北槍炮廠購格魯森五生的七過山快炮並開花子彈兩江總督張之洞以湖北上海二局一律專造小口徑毛瑟快槍乃將上海製造局所存快利槍枝悉行報廢期軍火日精河南巡撫張人駿以河南省機器局製造軍械規模未備亟應增購槍炮子彈需用銅鐵各料並自造毛瑟快槍無烟火藥山東巡撫周馥以山東省機器局歷年造成各種西式槍枝火藥槍丸今復采買外洋銅鐵各料增造各廠機器爐房箱盒是年以湖北漢陽廠仿格魯森新式所造五生的三及五生的七之開花炮彈二種又曼利亞槍彈絫意槍彈各槍拉火撥穀軍備用福建機器局增造無烟火藥機器三十年河南巡撫陳夔龍以河南省原有機器局因陋就簡未能講求新法請增購機器十部及一切應用物件並購兩磅銅炮胚二十尊四磅銅炮胚十尊以備自行製造遂漸開拓兩江總督魏光燾擴充金陵機器局仿照外洋製造各式炮位架具炸彈銅火及炮台需用各件分設機器翻沙鐵木火箭各廠三十一年兵部議江南天津山東各處機器局並金陵洋火藥局所有運送軍裝軍火等運費一律報部四川總督錫良因奉部臣議自光緒三十年以後所有修整廠房機器並造成機器火藥洋槍等件遵新章呈報戶部山東巡撫楊士驤以山東省機器局自創設以來所造西式各種火藥大銅帽火各種後膛槍來福槍各式洋鉛丸並增各廠機器爐房尙不敷用又采買外洋銅鐵物料擴充製造河南巡撫陳夔龍擴充河南機器局卽開工製造槍炮子彈以供軍實是年戶部定議通飭各省所有機器製造局以後如采購物料必報部核銷三十二年四川總督錫良綜核機器局成績續造機器槍械蜀利抬槍利川手槍等一百有四起火藥二萬餘斤馬梯尼槍彈毛瑟槍彈三十餘萬顆湖廣總督張之洞以湖北省新增鋼藥各廠所有經費由兵工總局兌收兩江總督周馥上言上海製造局各項軍火悉仿西式造成分給各省共經費二百三十八萬兩有奇所用材料多係洋產工資

物價均無定例難以常例相繩陝西巡撫曹鴻勛以陝西省製造局陸續製給各營火藥三萬餘斤鉛丸七千餘斤爲滿綠各營操防之用直隸總督袁世凱兩江總督端方會議令金陵機器局仿照外洋製造各式炮位車兩架具炸彈銅火以及修配炮台等處需用物件分設機器翻沙鐵木槍子捲銅火藥各廠雇募工匠常川製造四川總督錫良擴充川省製造槍炮所造毛瑟槍彈一切改良仿造外洋九響毛瑟等槍子彈亦能如式命中修造機件日益加多是年命政務處大臣會同部臣嚴核各省機器槍炮局廠五年保獎一次三十三年陸軍部議建四大兵工廠使所出軍械日精日多以備緩急之用護理四川總督趙爾豐綜核機器局成績於光緒三十二年內共修理機器五十九起舊式洋槍一千餘枝新造法藍單響毛瑟槍一千四百餘枝標刀帽火鉞簧一千四百二十餘起洗把一百四十餘箇九響毛瑟槍藥彈一百零四萬二千餘顆毛瑟槍藥壳三十三萬餘顆單響毛瑟槍藥彈三十三萬六千顆銅擊火八百顆十三響馬槍彈一千二百顆礮火二千顆紅銅小火四十六萬顆黃銅釘五十二萬顆火槍八枝洋鼓二百十二箇各項機件一萬五千十一起已成洋火藥二萬八千一百八十五斤均經試放合用分別存儲湖廣總督張之洞創建湖北兵工廠始於光緒十六年經營籌度至是年而規模始具初辦時每日所出七米里九口徑毛瑟快槍不過十餘枝復經設法擴充增置機器以後每日可造成五十餘枝槍彈一項僅日造數千顆逐漸加造至五萬餘顆所造三生的七格魯森快炮自開機至二十五年止共造成六十餘尊嗣於二十五年改造五生的七過山快炮每年可造成六十餘尊至九十尊開花炮彈由五萬餘顆遞加至每年七萬餘顆所造各項槍炮子彈與來自外洋者無所區別至鋼藥二種逐年次第增設煉鋼拉鋼各廠所煉出鋼質亦頗精良合用火藥廠所造成無烟火藥足能源源接濟使兵工廠無誤製造子彈之用所造軍械至三十二年年底止共造成馬步快槍十萬一千六百九十枝槍彈四千三百四十三萬七千九百三十一顆各種快炮七百三十尊前膛車炮一百三十五尊各種開花炮彈六十三萬一千七百顆前膛炮彈六萬零八百六十顆辦事各員不辭勞瘁寒暑無間乃能有此成績光緒二十四年曾加獎勵以又及十年之久仍彙案給獎安徽巡撫馮煦以安徽省所用槍彈向年購自他省乃以原有之造幣廠改爲製造局爲自造子彈及修理槍械之用遂購機募匠開局興辦四川總督錫良以上年曾派員出洋考察製造軍械事宜即在德國名廠訂購製造小口徑毛瑟快槍及造子彈造無烟火藥各種機器分運到川因舊日製造局無可展拓乃另擇相宜之地建築造槍廠造槍彈廠造無烟火藥廠仿德國蜀赫廠新式自造三十四年直隸總督楊士驤在保定省城內軍械局增建火藥庫及兵房東三省總督徐世昌以近年東省新軍日增乃於省城設立軍械總局吉林黑龍江二省各設分局以修械司附屬之宣統元年陸軍部建議奏西各國軍械製造局廠內首領以次各官多與我國副協都統參領軍校諸秩相埒我國製造軍械設立學堂將來製造人才造就日多應仿各國成規於各製造廠設工官以供驅使湖廣總督陳夔龍以湖北省兵工鋼藥廠自成立以來爲軍械要需每年經費增銀至八十萬兩以維局務二年東三省總督錫良在奉天省垣設立軍裝製造局選集木材鐵革各工師分科製造以供奉吉黑三省軍隊巡警之用三年吉林巡撫陳昭常以吉林省陸軍改編成鎮設立軍械專局附設修械司備軍警之需綜舉各省製造軍械之事同治元年天津初造槍炮二三年間江蘇分設機器局於江甯上海共設三局四年并三局於上海定名機器製造局六年天津擴充製造設軍火機器局九年改名天津機器局十三年福建設機器局自造開花炮上海製造局仿造林明登槍天津上海二局均仿造水雷廣東設機器局軍火局上海江甯二局增槍炮子彈機光緒二年派學生藝徒出洋分赴各國學習製造湖南山東二省均設機器局自造軍械不用洋匠三年四川設局專造馬梯尼後膛槍四年津局造後膛炮六年江甯局造來福槍馬梯尼槍林明登槍七年上海局造炮臺鋼炮吉林設機器局江甯增設洋火藥局十一年廣東設製造局及水雷局十三年江甯局造田雞炮廣東設槍彈廠十六年湖北設兵工廠所造新式槍炮爲南北洋川廣各製造局所無並籌備煉鐵廠及開煤礦爲製造之基十八年貴州設爐煉鐵十九年天津上海二局均設爐煉鐵上海局增造新式槍炮湖北設煉鐵廠二十年湖北增設炮架炮彈槍彈三廠陝西運取甘肅舊存機器以備造械二十一年天津機器局改名總理北洋機器局廣東造抬槍線槍湖北江南二省均增設煉鋼廠栗色火藥廠無烟火藥廠陝西設機器局二十二年江南新廠造快利新槍天津局購機造新式炮子四川局造後膛毛瑟抬槍天津局造中機邊機前門抬槍湖北廠以舊日之抬槍線槍抬炮劈山炮均改造後膛山東增熟鐵廠軋銅廠槍子廠大槍廠河南局增造槍彈火藥及造抬槍機器二十三年湖北廠增造罐子鋼及造無烟火藥機器二十四年山西設製造槍炮廠上海天津二局均增造快炮機器二十五年山東增建造槍造彈化銅軋銅各廠黑龍江設機器局二十六年福建增建槍子廠天津增建快炮子廠快槍子廠無烟火藥廠二十八年江西局增造槍炮機器二十九年福建并造槍造藥二廠爲一廠三十年河南局增造槍炮機器三十三年陸軍部議建四大兵工廠四川設造槍廠造彈廠造無烟火藥廠安徽建槍彈廠宣統二年奉天建軍裝製造局宣統三年吉林設軍械局各省機器局廠之設歷時垂五十餘年開局遍十七行省幾經增改漸就精良此製造軍械之大概也

兵志十二

馬政

清初沿明制設御馬監康熙間改爲上駟院掌御馬以備上乘畜以備御者曰內馬供儀仗者曰仗馬御馬選入以印烙之設蒙古馬醫官療馬病上巡幸及行圍扈從官弁各給官馬以副都統或侍衞爲放馬大臣主其事上謁祖陵需馬二萬三千餘匹東西陵需馬四千三百餘匹悉取察哈爾牧廠馬應之迨乾隆時每扈從用馬匹輒二萬餘嘉慶中物力漸耗停木蘭秋獮十二年減額馬之半道光九年如盛京謁陵額馬視乾隆時約略相等計取給廠馬暨各盟長所進蓋二萬六千餘匹云

順治十五年定軍馬親王出征馬四百匹郡王三百貝勒二百貝子百五十鎮國公百四輔國公八十不入八分鎮國公七十輔國公六十五將軍八十副將軍七十護軍統領前鋒統領副都統皆六十其下各有差最少者護軍領催各六匹康熙三十五年敕出征兵一人馬四匹四人爲伍一伍主從騎八匹馱器糧用具亦八匹是歲征噶爾丹以兵丁馬瘦褫兵部尚書索諾和職五十一年覈定軍中職官馬數大學士尚書左都御史十六匹侍郎以下遞減經略大將軍各二十五匹副將軍以下遞減乾隆十六年八旗牧官馬二萬七千七百餘匹以萬匹於都城外牧養熱河千匹各莊頭二千匹餘者分畀直隸標營圈馬之設始乾隆二十八年從都統舒赫德請也滿洲八旗旗養馬二百匹蒙古八旗旗百匹洎五十九年撤圈分給各兵拴養嘉慶十二年諭成親王永瑆議復圈馬大學士戴衢亨等會議立章程十條圈馬仍舊道光末軍興遂廢後亦不復籌矣同治元年諭曰馬政廢弛積弊已深以致軍馬羸瘠牧廠大臣等應妥實整頓差功罪以挽頹風著爲令溯自世祖入關迄於康乾之際盛京吉林黑龍江直隸江南浙江廣東福建湖北四川陝甘山東山西諸省設駐防滿洲營馬凡十萬六千四百餘匹惟福建水師駐防僅數十匹乾隆季年定西藏兵制前藏供差營馬六十匹後藏二十匹舊塘四十三共塘馬二百二十匹新設番塘二十四共番馬九十八匹黑龍江兵向無額馬道光十六年從哈豐阿請始設置之

天聰時征服察哈爾其地宜牧馬蕃息順治初大庫口外設種馬廠隸兵部康熙九年改牧廠屬太僕寺分左翼右翼二廠均在口外是時大凌河設牧廠一邊牆設廠二曰商都達布遜諾爾曰達里岡愛隸上駟院尋分設牧廠五曰大凌河牧羣馬營曰養息牧哈達牧羣馬營曰養息所邊外蘇魯克牧牛羊羣及黑牛羣牧營曰養息牧邊外牧羣牛營並在盛京境凡馬牡曰兒牝曰騍不及三歲曰駒及壯擇割其牡曰騸別其騍騸以爲羣率騍馬五配兒馬一羣無過四百匹騍馬及羊三年一平羣牛六年騍馬羣三歲以息補耗三馬而取一駒騸馬羣歲耗其十一置牧長牧副牧丁任其事轄以協領翼長總管官兵皆察哈爾蒙古人充之飼秣所需木槽鏇鏟鑊杓每羣各二五年一給之總管三年番代二十四年定牧羣牲畜歲終彙報增減數目視其贏絀以第賞罰二十六年令八旗豢馬春夏驅赴察哈爾牧放曰出青秋冬回圈曰回青四十四年將

軍楊福請市馬給兵丁上不許諭曰朝廷歷以太僕寺廠馬並茶馬給各兵丁故無賠馬之苦歷觀宋明議馬政皆無善策牧馬惟口外最善水草肥美不糜餉而孳生甚多如驅入內地牧之卽日費萬金不足矣雍正三年定在廠馬以四萬匹爲率至乾隆五年足額外溢七千餘匹兩翼牧廠共騍馬百六十羣騸馬十六羣令分在兩翼廠牧放八年敕牧界毋許侵越先是甘涼肅三州及西甯各設馬廠分五羣羣儲牝馬二百匹牡四十尋改甘州廠屬巴里坤二十五年伊犂設孳生馬駝廠畀錫伯察哈爾索倫厄魯特四營牧之三十二年定牧廠官屬所需馬視內地驛傳例按官品給之不得逾額嘉慶中從都統慶溥言撤回厄魯特人牧廠初富俊建言撤大凌河牧廠分歸東三省仁宗嚴諭斥之迨道光七年上經杏山東閱馬廠見河岸馬羣壯整因諭是間牧廠寬闊水草蕃滋馬恃以生息若輕議裁則散之甚易聚之甚難再有牽爲此請者以違制論咸豐四年科爾沁親王僧格林沁剿捻檄取察哈爾戰馬六百匹不堪乘用奏聞上大怒嚴諭都統慶昀整頓蓋馬政漸衰弛矣光緒九年太僕寺言兩翼騍馬騸一百十四羣并孳生馬五羣駝亦五羣較乾隆時羣數大減嗣是穆圖善練兵至黑龍江求馬無良稱然曰地氣其盡乎迨於末葉厲行新法舊時牧政益廢不講豈非時勢使然歟

順治初陝西設洮岷河州西甯莊浪甘州茶馬司及開成安定廣甯黑水清平萬安武安七監歲遣御史一人專理之七年喀爾喀額魯特來市馬諭令白章京監察之販客及買人與不係披甲者概不許購違者鞭一百馬入官蒙古携馬來京不許商販私買胥役私購者罪之康熙七年裁茶馬御史以馬政歸甘肅巡撫三十四年諭遣師中等往蒙古諸旗購馬歸化城科爾沁各二千匹餘定額有差乾隆十二年禁朝鮮買馬二十五年敕烏魯木齊市易哈薩克馬百三十餘匹歸巴里坤旋以五吉等言選哈薩克所易馬撥往巴里坤遂停購買阿桂言伊犂易來哈薩克馬漸成大羣敕書嘉予二十八年定甯江浙江福建駐防馬匹出口採買例三十二年以伊犂易哈薩克馬累積至多擇巴里坤善地牧放尋烏里雅蘇臺馬缺亦以哈薩克馬換易之陝甘營馬例調自伊犂轉補道遠耗時咸豐四年用廢福請由伊犂塔爾巴哈臺隨地變價令各營自購七年並敕山東缺額馬亦就近買補云

貢馬昉於國初歸化城土默特土旗每歲四時貢馬百匹十三年吐魯番貢三百二十四匹嗣減令貢西馬四匹蒙古馬十四匹康熙八年以邊外蒙古貢馬沿途抑買諭嚴禁之三十年諭土謝圖車臣俱留汗號貢白駝一白馬八如初自餘毋以九白進三十五年喀爾蒙古獻駝馬多不可計感聖祖破噶爾丹得歸原牧地也四川各土司例貢及折徵馬各營少者一二匹最多十二匹甘肅唐古特七族西喇古兒例貢馬匹各營最多者八十二匹少者遞減至二三匹乾隆元年諭四川土司折價馬每匹納銀十二兩通省營馬改從驛馬例納銀八兩永著爲令三十年哈薩克沁德穆爾等獻馬敕其餘馬赴伊犂毋於喀什噶爾諸地貿易尋令沙拉伯爾游牧之哈薩克與沙拉伯爾一體貢馬嘉慶元年停葉爾羌進馬十六年諭烏里雅蘇臺將軍等貢馬及備用馬選取之又諭伊犂進馬材具佶閑足御供用令正備貢各五匹有私帶者以違制論道光二年從那彥成奏青海屬玉樹番族歲納貢馬據丁口數依二十壯丁貢馬一匹例按數遞裁涼州屬番族歲仍納馬一匹初內外蒙部多貴戚每征伐爭先輸馬駝漢唐以來所未有也康熙初察哈爾親王郡王貝勒等聞三藩叛各獻馬匹佐軍道光九年章佳胡圖克圖捐馬百匹收其半二十三年察哈爾蒙旗捐馬千九百七十匹咸豐初哲布尊丹巴等捐馬千匹喀爾喀土謝圖等二千匹錫林果勒盟長等三千匹帝以其多卻之嗣聞已在途中令擇善地牧以待用自是三音諾顏部等以軍事輸馬駝旋捐馬二千一百錫林果勒盟等千二百或留或否七年各部落蒙古王等捐馬六千四百匹詔納之時粵捻擾畿東利於用騎也同治間黑龍江將軍德英於呼倫貝爾各城勸捐軍馬光緒初豐紳托克湍辦海防時昭烏達盟郡王捐馬六百匹因請踵行推廣勸諭以助軍實云

驛置肇自前漢歷代因之清沿明制設驛馬爲額四萬三千三百有奇各省驛制定於康熙二年凡裔奏官驛馬之數各藩馬五匹公將軍提督督撫三匹總兵巡鹽御史二匹從兵部侍郎石麟請也邊外之驛定於九年凡明詔特遣及理藩院飭赴蒙古諸部宣諭公務得乘邊外驛馬三十五年征噶爾丹設邊外五處驛站用便車糧運輸又從理藩院言自張家口外設蒙古驛其大略也驛傳在僻地者僅供本州縣所須亦曰遞馬額不過數匹衝繁州縣置驛或二或三額馬至六七十匹驛差大者皇華使臣朝貢蕃客餘如大臣入覲蒞官視鹺監稅皆是若齎奏員役呈奉表册其小者也要者如星馳飛遞刻期立赴之屬若閔勞恤死尤給郵傳其散者也驛政弊壞張汧嘗極言之甚數誅求橫索滋擾蠹國病民勢所必至已定例諸驛額馬每年十蹄其三循例買補咸豐中粵氛孔熾湖湘境爲賊據刦失驛騎焚毀號舍往往有之各州縣或買馬墳補或賃馬應差其有失驛未設郵置夫代馬甘肅舊設馬額六千餘亦以軍興廢弛光緒九年軍務既平驛遞漸簡所留馬視前減三分二而驛政亦無所妨十一年新疆南路設驛是時綜通國驛站歲費約三百萬餘金二十九年劉坤一張之洞條陳新法謂驛站耗財不如仿外人之郵政郵政遞信速驛政文報遲弊由有驛州縣馬缺額又復疲瘦驛丁或倚爲利藪因致稽延請設驛政局推行郵政俾驛鋪經費專取給郵資卽三百萬歲耗可以省出矣時韙其言已而驛馬漸裁嗣是驛遂廢不用

順治初建常盈庫凡車駕司朋椿站銀武庫司馬値太僕寺馬價皆儲之康熙初改常盈庫儲歸戶部乾隆十六年敕雲南營馬除十蹄其三按例應賠外其逾額蹄斃者免賠椿銀二十七年定給留圈馬乾每匹視綠營稍優異三十八年又令雲南買補馬價每匹減銀三兩初馬乾歲費約四十四萬有奇道光中從載銓等言裁八旗官拴馬半額以節出之費補兵餉焉

清初定見任官得養馬餘悉禁之尋許武進士武舉兵丁捕役養馬康熙元年禁民人養馬有私販馬匹爲人首告者馬給首告之人其主有官職予重罰平民荷枷鞭責十年令民人仍得養馬二十六年定出廠馬駝或踐食田禾或縱逸侵擾兵鞭責官罰俸以差其兵丁強人代牧及勒索擾累者兵發刑部官降調凡牧馬斃則驗其皮蹄斃例須賠抵有一九一七之罰應取駒千匹者以百匹爲一分百匹者以十匹爲一分雍正十三年定馬駝出廠時毛齒皆有册回日覈驗如疲瘠十不及三免議否則兵鞭責官罰俸有差乾隆初禁牧丁等盜馬私售及與人乘峻其科罰十六年嚴牧馬減尅料草之罪二十八年官馬出青每百匹准倒十匹逾額勒其買補嘉慶十一年行圍木蘭查獲私販馬匹諸犯重懲之因諭我朝講武時巡扈從均給官馬大臣祿入較優給馬較少官員兵丁視差務之繁簡定馬數之多寡少者一二匹多至五匹事竣原馬還官如蹄斃呈驗耳尾仍按價折交收放時命王大臣督察乃官兵等竟私竄官單察哈爾官兵收馬利其折銀易於買補積弊日深大妨馬政自後設有買單及折收者一體科罰私買之馬販從嚴問擬大臣等其妥議定章以聞凡營馬或走脫竊失責令賠補謂之賠椿年遞減十之一至十年悉免之應敵傷損者免賠騎至三年蹄斃者亦免其餘一年或二三年內蹄斃賠額視其省而異以十金爲最多同治二年定古北口盤獲私馬逾三十匹者送京不及三十匹賞與兵丁者爲令

清史稿

刑法志一

中國自書契以來以禮教治天下勞之來之而政出爲匡之直之而刑生焉政也刑也凡皆以維持禮教於勿替故尚書曰明于五刑以弼五教又曰士制百姓于刑之中以教祇德古先哲王其制刑之精義如此周衰禮廢典籍散失魏李悝著法經六篇流衍至於漢初蕭何加爲九章歷代頗有增損分合至唐永徽律出始集其成雖沿宋迄元明而面目一變然科條所布於扶翼世教之意未嘗不兢兢焉君子上下數千年間觀其教化之昏明與夫刑罰之中不中而盛衰治亂之故綦可覩矣有清起自遼左不三四十年混一區宇聖祖沖年踐阼與天下休養六十餘稔寬恤之詔歲不絕書高宗運際昌明一代法制多所裁定仁宗以降事多因循未遑改作綜其終始列朝刑政雖不盡清明然如明代之廠衛廷杖專意戮辱士大夫無有也治獄者雖不盡仁恕然如漢唐之張湯趙禹周興來俊臣輩深文慘刻無有也德宗末葉庚子拳匪之變創巨痛深朝野上下爭言變法於是新律萌芽迨宣統遜位而中國數千年相傳之刑典俱廢是故論有清一代之刑法亦古今絕續之交也爰備志之俾後有考焉

清太祖嗣服之初始定國政禁悖亂戢盜賊法制以立太宗繼武於天聰七年遣國舅阿什達爾漢等往外藩蒙古諸國宣布欽定法令時所謂盛京定例是也嗣復陸續著有治罪條文然皆因時立制不盡垂諸久遠世祖順治元年攝政睿親王入關定亂六月卽令問刑衙門准依明律治罪八月刑科給事中孫襄陳刑法四事一曰定刑書刑之有律猶物之有規矩準繩也今法司所遵及故明律令科條繁簡情法輕重當稽往憲合時宜斟酌損益刊定成書布告中外俾知畫一遵守庶奸慝不形風俗移易疏上攝政王諭令法司會同廷臣詳繹明律參酌時宜集議允當以便裁定成書頒行天下十月世祖入京卽皇帝位刑部左侍郎党崇雅奏在外官吏乘茲新制未定不無遊移舞文之弊並乞暫用明律候國制畫一永垂令甲得旨在外仍照明律行如有恣意輕重等弊指參重處二年命修律官參稽滿漢條例分輕重等差從刑科都給事中李士

焜請也。三年五月大清律成，世祖御製序文曰：朕惟太祖太宗創業東方，民淳法簡，大辟之外，惟有鞭笞。朕仰荷天休，撫臨中夏，人民既衆，情僞多端，每遇奏讞，輕重出入，頗煩擬議。律例未定，有司無所稟承。爰敕法司官廣集廷議，詳譯明律，參以國制，增損劑量，期於平允。書成奏進，朕再三覆閱，仍命內院諸臣校訂妥確，乃允刊布，名曰大清律集解附例。爾內外有司官吏，敬此成憲，勿得任意低昂，務使百官萬民畏名義而重犯法，冀幾刑措之風，以昭我祖宗好生之德。子孫臣民，其世世守之。十三年，復頒滿文大清律。康熙九年，聖祖命大學士管理刑部尚書事對喀納等將律文復行校正。十八年，特諭刑部定律之外，所有條例應去應存，著九卿詹事科道會同詳加酌定，確議具奏。嗣經九卿等遵旨會同更改條例，別自爲書，名爲現行則例。二十八年，臺臣盛符升以律例須歸一貫，乞重加考定，以垂法守。特交九卿議准，將現行則例附入大清律條。隨命大學士圖納、張玉書等爲總裁。諸臣以律文昉自唐律，辭簡義賅，易致舛訛，於每篇正文後增用總注，疏解律義。次第酌定名例四十六條。三十四年，先行繕呈。三十六年，發回刑部，命將奏聞後更改之處補入。至四十六年六月，輯進四十二本，留覽未發。雍正元年，巡視東城御史湯之旭奏：律例最關緊要，今六部見行則例，或有從重改輕，從輕擬重，有先行而今停，事同而法異者，未經畫一。乞簡諳練律例大臣專掌律例館總裁，將康熙六十一年以前之例並大清會典逐條互訂，庶免參差。世宗允之，命大學士朱軾等爲總裁，諭令於應增應減之處，再行詳加分晰，作速修完。三年書成，五年頒布。蓋明律以名例居首，其次則分隸於六部，合計三十門，都凡四百六十條。順治初釐定律書，將公式門之信牌移入職制，漏泄軍情移入軍政，於公式門刪漏用鈔印，於倉庫門刪鈔法，於詐僞門刪僞造寶鈔，後又於名例增入邊遠充軍一條。雍正三年之律，其刪除者，名例律之吏卒犯死罪、殺害軍人、在京犯罪軍民共三條，職制門選用軍職、官吏給由二條，婚姻門之蒙古色目人婚姻一條，宮衞門之懸帶關防牌面一條。其併入者，名例之邊遠充軍併於充軍地方，公式門之毀棄制書印信併二條爲一，課程門之鹽法併十二條爲一，宮衞門之衝突儀仗併三條爲一，郵驛門之遞送公文併三條爲一。其改易者，名例之軍官軍人免發遣更爲犯罪免發遣，軍官有犯更爲軍籍有犯，儀制門之收藏禁書及私習天文生節爲收藏禁書。其增入者，名例之天文生有犯充軍地方二條。總計名例律四十六條。吏律曰職制十四條，曰公式十四條。戶律曰戶役十五條，曰田宅十一條，曰婚姻十七條，曰倉庫二十三條，曰課程八條，曰市廛五條。禮律曰祭祀六條，曰儀制二十條。兵律曰宮衞十六條，曰軍政二十一條，曰關津七條，曰廄牧十一條，曰郵驛十六條。刑律曰賊盜二十八條，曰人命二十條，曰鬬毆二十二條，曰罵詈八條，曰訴訟十二條，曰受贓十一條，曰詐僞十一條，曰犯姦十條，曰雜犯十一條，曰捕亡八條，曰斷獄二十九條。工律曰營造九條，曰河防四條。蓋仍明律三十門，而總爲四百三十六條。律首六贓圖、五刑圖、獄具圖、喪服圖，大都沿明之舊。納贖諸例圖、徒限內老疾收贖圖、誣輕爲重收贖圖銀數，皆從現制。其律文及律注，頗有增損改易。律後總注，則康熙年間所創造，律末並附比引律三十條。此其大較也。自時厥後，雖屢經纂修，然僅續增附律之條例，而律文未之或改。惟乾隆五年館修奏准芟除總注，並補入過失殺傷收贖一圖而已。例文自康熙初年僅存三百二十一條，末年增一百一十五條。雍正三年，分別訂定，曰原例，累朝舊例凡三百二十一條；曰增例，康熙間現行例凡二百九十條；曰欽定例，上諭及臣工條奏凡二百有四條。總計八百十有五條。其立法之善者，如犯罪存留養親，推及孀婦獨子；若毆妻致死，并得准其承祀，恤孤嫠且教孝也。犯死罪非常赦所不原，察有祖父子孫陣亡，准其優免一次，勸忠也。枉法贓有祿人八十兩，無祿人及不枉法贓有祿人一百二十兩，俱實絞，嚴貪墨之誅也。衙蠹索詐，驗贓加等治罪，懲胥役所以保良懦也。強盜分別法無可貸、情有可原，殲渠魁赦脅從之義也。復讐以國法得伸與否爲斷，杜兇殘之路也。凡此諸端，或隱合古義，或矯正前失，皆良法也。而要皆定制於康、雍時。又國初以來，凡纂修律例，類必欽命二三大臣爲總裁，特開專館。維時各部院則例陸續成書，苟與刑律相涉，館員俱一一釐正，故鮮乖牾。自乾隆元年刑部奏准三年修例一次，十一年內閣等衙門議改五年一修。由是刑部專司其事，不復簡派總裁，律例館亦遂附屬於刑曹，與他部往往不相關會。高宗臨御六十年，性矜明察，每閱讞牘，必求其情罪曲當，以萬變不齊之情，欲御以萬變不齊之例。故乾隆一朝纂修八九次，刪原例、增例諸名目，而改變舊例及因案增設者爲獨多。嘉慶以降，按期開館，沿道光、咸豐以迄同治，而條例乃增至一千八百九十有二。蓋清代定例，一如宋時之編敕，有例不用律，律既多成虛文，而例遂愈滋繁碎。其間前後牴觸，或律外加重，或因例破律，或一事設一例，或一省一地方專一例，甚且因此例而生彼例，不惟與他部則例參差，即一例分載各門者，亦不無歧異。輾轉糾紛，易滋高下。雍正十三年，世宗遺詔有曰：國家刑罰禁令之設，所以詰奸除暴，懲貪黜邪，以端風俗，以肅官方者也。然寬嚴之用，又必因乎其時。從前朕見人情淺薄，官吏營私，相習成風，罔知省改，不得不懲治整理，以戒將來。今人心共知警惕矣，凡各衙門條例，有前嚴而改寬者，此乃從前部臣定議未協，朕與廷臣悉心酌核而後更定，自可垂諸永久。若前寬而改嚴者，此乃整飭人心風俗之計，原欲暫行於一時，俟諸弊革除，仍可酌復舊章，此朕本意也。向後遇事斟酌，如有應從舊例者，仍照舊例行。惜後世議法諸臣，未盡明世輕世重之故，每屆修例，第將歷奉諭旨及議准臣工條奏節次編入，從未統合全書，逐條釐正。穆宗號稱中興，母后柄政，剷平髮、捻、回疆之亂，百端待理，尙於同治九年纂修一次。德宗幼沖繼統，未遑興作，兼之時勢多故，章程叢積，刑部既憚其繁猥，不敢議修，羣臣亦未有言及者。因循久之，逮光緒二十六年，聯軍入京，兩宮西狩，憂時之士，咸謂非取法歐美，不足以圖強。於是條陳時事者，頗稍稍議及刑律。二十八年，直隸總督袁世凱、兩江總督劉坤一、湖廣總督張之洞，會保刑部左侍郎沈家本、出使美國大臣伍廷芳修訂法律，兼取中西。旨如所請，並諭將一切現行律例，按照通商交涉情形，參酌各國法律，妥爲擬議，務期中外通行，有裨治理。自此而議律者，乃羣措意於領事裁判權。是年刑部亦奏請開館修例。三十一年，先將例內今昔情形不同，及例文無關引用，或兩例重複，或舊例停止者，奏准刪除三百四十四條。三十三年，更命侍郎俞廉三與沈家本俱充修訂法律大臣。沈家本等乃徵集館員，分科纂輯，並延聘東西各國之博士律師，藉備顧問。其前數年編纂未竣之舊律，亦特設編案處，歸併分修。十二月，遵旨議定滿漢通行刑律，又刪併舊例四十九條。宣統元年，全書纂成繕進，適交憲政編查館核議。二年覆奏訂定，名爲現行刑律。時官制改變，立憲詔下，東西洋學說朋興，律雖仍舊分三十門，而芟削六部之目。其因時事推移及新章遞嬗而刪者，如名例之犯罪免發遣、軍籍有犯、流囚家屬、流犯在道會赦、天文生有犯、工樂戶及婦人犯罪、充軍地方，職制之大臣專擅選官、文官不許封公侯、官員赴任過限、無故不朝參公座、姦黨，公式之照刷文卷、磨勘卷宗、封掌印信，戶役之丁夫差遣不平、隱蔽差役、逃避差役，田宅之任所置買田宅，婚姻之同姓爲婚、良賤爲婚姻，課程之監臨勢要中鹽、阻壞鹽法、私礬、船商匿貨，禮制之朝見留難，宮衞之內府工作人匠替役，軍政之邊境申索軍需、公侯私役官軍、夜禁，關津之私越冒度關津、詐冒給路引、遞送逃軍妻女出城、私出外境及違禁下海、私役弓兵，廄牧之公使人等索借馬匹，郵驛之占宿驛舍上房，賊盜之起除刺字，鬬毆之良賤相毆，訴訟之軍民約會詞訟、誣告充軍及遷徙，受贓之私受公侯財物，犯姦之良賤相姦，雜犯之搬做雜劇，捕亡之徒流人逃，斷獄之徒囚不應役，營造之有司官吏不住公廨是也。其緣政體及刑制遷變而改者，如名例之化外人有犯改爲蒙古及入國籍人有犯，徒流遷徙地方改爲五徒三流二遣地方，婚姻之娶樂人爲妻妾改娶娼妓爲妻，人命之殺子孫及奴婢圖賴人節去及奴婢字，鬥毆之奴婢毆家長改爲雇工人毆家長，罵詈之奴婢罵家長改爲雇工人罵家長，犯姦之奴婢姦家長妻改爲雇工人姦家長妻是也。綜計全律仍存三百八十有九條，而比引律則刪存及半，依類散入各門，不列比附之目。舊例除刪併外，合續纂之新例，統一千六十六條。其督捕則例一書，順治朝命臣工纂進，原爲旗下逃奴而設。康熙十五年重加酌定，乾隆以後續有增入，計條文一百一十，亦經分別去留，附入刑律，而全書悉廢。律首仍載服制全圖，以重禮教。是年冬頒行焉。若蒙古治罪各條藏諸理藩院則例，及西甯番子治罪條例別行諸岷洮等處者，以其習俗既殊，刑制亦異，未敢輕議更張。新律則光緒三十二年法律館撰上刑民訴訟律，酌取英美陪審制度，各督撫多議其窒礙，遂寢。三十三年，復先後奏上新刑律草案，總則十七章，曰法例，曰不論罪，曰未遂罪，曰累犯罪，曰俱發罪，曰共犯罪，曰刑名，曰宥恕減輕，曰自首減免，曰酌量減輕，曰加減例，曰緩刑，曰暫釋，曰恩赦，曰時效，曰時期計算，曰文例。分則三十六章，曰關於帝室之罪，曰關於內亂之罪，曰關於國交之罪，曰關於外患之罪，曰關於漏洩機務之罪，曰關於瀆職之罪，曰關於妨害公務之罪，曰關於選舉之罪，曰關於騷擾之罪，曰關於逮捕監禁者脫逃之罪，曰關於藏匿罪人及湮滅證據之罪，曰關於僞證及誣告之罪，曰關於放火決水及水利之罪，曰關於危險物之罪，曰關於往來通信之罪，曰關於秩序之罪，曰關於僞造貨幣之罪，曰關於僞造文書及印文之罪，曰關於僞造度量衡之罪，曰關於祀典及墳墓之罪，曰關於鴉片煙之罪，曰關於賭博彩票之罪，曰關於姦非及重婚之罪，曰關於飲料水之罪，曰關於衞生之罪，曰關於殺傷之罪，曰關於墮胎之罪，曰關於遺棄之罪，曰關於逮捕監禁之罪，曰關於略誘及和誘之罪，曰關於安全信用名譽及秘密之罪，曰關於竊盜及強盜之罪日關於詐欺取財之罪曰關於侵占之罪曰關於贓物之罪曰關於毀棄損壞之罪兩編合共三百八十七條經憲政編查館奏交部院及疆臣覈議簽駁者夥宣統元年沈家本等彙集各說復奏進修正草案時江蘇提學使勞乃宣上書憲政編查館論之曰法律大臣會同法部奏進修改刑律義關倫常諸條未依舊律修入但於附則稱中國宗教遵孔以綱常禮教爲重如律中十惡親屬容隱干名犯義存留養親及親屬相姦相盜相毆發塚犯姦各條未便蔑棄中國人有犯以上各罪應仍依舊律別輯單行法以昭懲創竊維修訂新律本爲籌備立憲統一法權凡中國人及在中國居住之外國人皆應服從同一法律是此法律本當以治中國人爲主今乃依舊律別輯中國人單行法是視此新刑律專爲外國人設矣本末倒置莫此爲甚草案案語謂修訂刑律所以收回領事裁判權刑律內有一二條爲外國人所不遵奉即無收回裁判權之實故所修刑律專以摹仿外國爲事此說實不盡然泰西各國凡外國人居其國中無不服從其國法律不得執本國無此律以相爭亦不得恃本國有此律以相抗今中國修訂刑律乃謂爲收回領事裁判權必盡舍固有之禮教風俗一一摹仿外國則同乎此國者彼國有違言同乎彼國者此國又相反是必窮之道也總之一國之律必與各國之律相同然後乃能令國內居住之外國人遵奉萬萬無此理亦萬萬無此事以此爲收回領事裁判權之策是終古無收回之望也且夫國之有刑所以弼教一國之民有不遵禮教者以刑齊之所謂禮防未然刑禁已然相輔而行不可缺一者也故各省簽駁草案每以維持風化立論而案語乃指爲渾道德法律爲一其論無夫姦曰國家立法期於令行禁止有法而不能行轉使民玩法而肆無忌憚和姦之事幾於禁之無可禁誅之不勝誅即刑章具在亦祇具文必教育普及家庭嚴正輿論之力盛廉恥之心生然後淫靡之風可少衰又曰防遏此等醜行不在法律而在教化即列爲專條亦無實際其立論在離法律與道德教化而二之視法律爲全無關於道德教化故一意摹仿外國而於舊律義關倫常諸條棄之如遺焉用此法爲乎謂宜將舊律有關禮教倫紀各節逐一修入正文並擬補干名犯義犯罪存留養親親屬相姦相毆無夫姦子孫違犯教令各條法律館爭之明年資政院開憲政編查館奏交院議將總則通過時勞乃宣充議員與同院內閣學士陳寶琛等於無夫姦及違犯教令二條尤力持不少怠而分則遂未議決餘如民律商律刑事訴訟律民事訴訟律國籍法俱編纂告竣未經核議惟法院編制法違警律禁煙條例均經宣統二年頒布與現行刑律僅行之一年而遜位之詔下矣

刑法志二

明律淵源唐代以笞杖徒流死爲五刑自笞一十至五十爲笞刑五自杖六十至一百爲杖刑五徒自杖六十徒一年起每等加杖十刑期半年至杖一百徒三年爲徒五等流以二千里二千五百里三千里爲三等而皆加杖一百死刑二曰斬曰絞此正刑也其律例內之雜犯斬絞遷徙充軍枷號刺字論贖淩遲梟首戮屍等刑或取諸前代或明所自創要皆非刑之正清太祖太宗之治遼東刑制尙簡重則斬輕則鞭扑而已迨世祖入關沿襲明制初頒刑律笞杖以五折十注入本刑各條康熙朝現行則例改爲四折除零雍正三年之律乃依例各於本律注明板數徒流加杖亦至配所照數折責蓋恐扑責過多致傷生命法外之仁也文武官犯笞杖則分別公私代以罰俸降級降調至革職而止徒者奴也蓋奴辱之明發鹽場鐵冶煎鹽炒鐵清則發本省驛遞其無驛縣分撥各衙門充水火夫各項雜役限滿釋放流犯初制由各縣解交巡撫衙門按照里數酌發各處荒蕪及瀕海州縣嗣以各省分撥失均不免趨避揀擇乾隆八年刑部始纂輯三流道里表將某省某府屬流犯應流二千里者發何省何府屬安置應流二千五百里者發何省何府屬安置應流三千里者發何省何府屬安置按計程途限定地址逐省逐府分別開載嗣於四十九年及嘉慶六年兩次修訂然第於州縣之增併道里之參差略有修改而大體不易律稱犯流妻妾從之父祖子孫欲隨者聽乾隆二十四年將僉妻之例停止其軍流遣犯情願隨帶家屬者不得官爲資送律成虛設矣斬絞同是死刑然自漢以來有秋後決囚之制唐律除犯惡逆以上及奴婢部曲殺主者從立春至秋分不得奏決死刑明弘治十年奏定眞犯死罪決不待時者淩遲十二條斬三十七條絞十二條眞犯死罪秋後處決者斬一百條絞八十六條順治初定律乃於各條內分晰注明凡律不注監候者皆立決也凡例不言立決者皆監候也自此京外死罪多決於秋朝審遂爲一代之大典雜犯斬絞准徒五年與雜犯三流總徒四年大都創自有明清律於官吏受贓枉法不枉法滿貫俱改爲實絞餘多仍之名實混淆殊形轇轕遷徙原於唐之殺人移鄉而定罪則異律文沿用數條然皆改爲比流減半徒二年幷不徙諸千里之外惟條例於土蠻猺獞苗人讎殺刦擄及改土爲流之土司有犯將家口實行遷徙然各有定地亦不限千里也明之充軍義主實邊不盡與流刑相比附清初裁撤邊衛而仍沿充軍之名後遂以附近近邊邊遠極邊煙瘴爲五軍且於滿流以上爲節級加等之用附近二千里近邊二千五百里邊遠三千里極邊煙瘴俱四千里在京兵部定地在外巡撫定地雍正三年之律第於十五布政司應發省分約略編定乾隆三十七年兵部根據邦政紀略輯爲五軍道里表凡發配者視表所列然名爲充軍至配幷不入營差操第於每月朔望檢點實與流犯無異而滿流加附近近邊道里反由遠而近司讞者每苦其紛歧而又有發遣名目初第發尙陽堡甯古塔或烏喇地方安插後幷發齊齊哈爾黑龍江三姓喀爾喀科布多或各省駐防爲奴乾隆年間新疆開闢例又有發往伊犂烏魯木齊巴里坤各回城分別爲奴種地者咸同之際新疆道梗又復改發內地充軍其制屢經變易然軍遣止及其身苟情節稍輕尙得更赦放還以視明之永遠軍戍數世後猶句及本籍子孫者大有間也若文武職官犯徒以上輕則軍臺效力重則新疆當差成案相沿遂爲定例此又軍遣中之歧出者焉枷杻本以羈獄囚明代問刑條例於本罪外或加以枷號示戮辱也清律犯罪免發遣條凡旗人犯罪笞杖各照數鞭責軍流徒免發遣分別枷號徒一年者枷號二十日每等遞加五日流二千里者枷號五十日每等亦遞加五日充軍附近者枷號七十日近邊沿海邊外者八十日極邊煙瘴者九十日原立法之意亦以旗人生則入檔壯則充兵鞏衞本根未便離遠有犯徒流等罪直以枷號代刑強榦之義則然然犯係寡廉鮮恥則銷除旗檔一律實發不姑息也若竊盜再犯加枷初犯再犯計次加枷犯姦加枷賭博加枷逃軍逃流加枷暨一切敗檢踰閑不顧行止者酌量加枷則初無旗民之別康熙八年部議囚禁人犯止用細鍊不用長枷而枷號遂專爲行刑之用其數初不過一月二月三月後竟有論年或永遠枷號者始制重者七十觔輕者六十觔乾隆五年改定應枷人犯俱重二十五觔然例尙有用百觔重枷者嘉慶以降重枷斷用三十五觔而於四川陝西湖北河南山東安徽廣東等省匪徒又有繫帶鐵桿石礅之例亦一時創刑也刺字古肉刑之一律第嚴於賊盜乃其後條例滋多刺緣坐刺兇犯刺逃軍逃流刺外遣改遣改發有刺事由者有刺地方者並有分刺滿漢文字者初刺右臂次刺左臂次刺右面左面大抵律多刺臂例多刺面若竊盜責充警跡二三年無過或緝獲強盜二名以上竊盜三名以上例又准其起除刺字復爲良民蓋惡惡雖嚴而亦未嘗不予以自新之路焉贖刑有三一曰納贖無力照律決配有力照例納贖二曰收贖老幼廢疾天文生及婦人折杖照律收贖三曰贖罪官員正妻及律難的決並婦人有力者照例贖罪收贖名曰律贖原本唐律納贖贖罪名爲例贖則明代所創行順治修律五刑不列贖銀數目雍正三年始將明律贖圖內應贖銀數斟酌修改定爲納贖諸例圖然自康熙現行例定有承問官濫准納贖交部議處之條而前明納贖及贖罪諸舊例又節經刪改故律贖俱照舊援用而例贖則多成具文其捐贖一項順治十八年有官員犯流徒籍沒認工贖罪例康熙二十九年有死罪現監人犯輸米邊口贖罪例三十年有軍流人犯捐贖例三十四年有通倉運米捐贖例三十九年有永定河工捐贖例六十年有河工捐贖例然皆事竣停止其歷朝沿用者惟雍正十二年戶部會同刑部奏准預籌運糧事例不論旗民罪應斬絞非常赦所不原者三品以上官照西安駝捐例捐運糧銀一萬二千兩四品官照營田例捐運糧銀五千兩六品官照營田例捐銀四千兩七品以下進士舉人二千五百兩貢監生二千兩平人一千二百兩軍流各減十分之四徒以下各減十分之六俱准免罪西安駝捐行自雍正元年營田例則五年所定也乾隆十七年西安布政使張若震奏請另定捐贖笞杖銀數經部議預籌運糧事例杖笞與徒罪不分輕重一例捐贖究未允協除犯枷號杖責者照徒罪捐贖外酌擬分杖爲一等笞爲一等其數杖視徒遞減笞視杖遞減二十三年諭將斬絞緩決各犯納贖之例永行停止遇有恩赦減等時其憚於遠行者再准收贖而贖鍰則仍視原擬罪名不得照減等之罪著爲令嗣後官員贖罪者俱照運糧事例核奪刑部別

設贖罪處專司其事此又律贖例贖而外別自爲制者矣淩遲用之十惡中不道以上諸重罪號爲極刑梟首則强盜居多戮屍所以待惡逆及强盜應梟諸犯之監故者凡此諸刑類皆承用明律略有通變行之二百餘年至過誤殺之賠人竊盜之割脚筋重辟減等之貫耳鼻强盜貪官及窩逃之籍家產或沿自盛京定例或順治朝偶行之峻令不久革除非所論也自光緒變法二十八年山西巡撫趙爾巽奏請各省通設罪犯習藝所經刑部議准徒犯毋庸發配按照年限於本地收所習藝軍流爲常赦所不原者照定例發配到配一律收所習藝流二千里限工作六年二千五百里八年三千里者十年遣軍照滿流年限計算限滿釋放聽其自謀生計並准在配所入籍爲民若爲常赦所得原者無論軍流俱無庸發配即在本省收所習藝工作年限亦照前科算自此五徒並不發配即軍流之發配者數亦銳減矣二十九年刑部奏准刪除充軍名目將附近近邊邊遠併入三流極邊及煙瘴改爲安置仍與當差並行自此五軍第留其二而刑名亦改變矣三十年劉坤一張之洞會奏變法第二摺內有恤刑獄九條其省刑責條內經法律館議准笞杖等罪仿照外國罰金之法改爲罰銀凡律例內笞刑五以五錢爲一等至笞五十罰銀二兩五錢杖六十者改爲罰五兩每一等加二兩五錢以次遞加至杖一百改爲罰十五兩而止如無力完納折爲作工應罰一兩折作工四日以次遞加至十五兩折作工六十日而止然竊盜未便罰金議將犯竊應擬笞罪者改科工作一月杖六十者改科工作兩月杖七十至一百每等遞加兩月又附片請將軍流徒加杖概予寬免無庸決責自此而笞杖二刑廢棄矣三十一年修訂法律大臣沈家本等奏請刪除重法數端略稱見行律例款目極繁而最重之法亟應先議刪除者約有三事一曰淩遲梟首戮屍淩遲之刑唐以前無此名目遼史刑法志始列入正刑之內宋自熙寧以後漸亦沿用元明至今相仍未改梟首在秦漢時惟用諸夷族之誅六朝梁陳齊周諸律始於斬之外別立梟名自隋迄元復棄而不用今之斬梟仍明制也戮屍一事惟秦時成蟜軍反其軍吏皆斬戮屍見於始皇本紀此外歷代刑制俱無此法明自萬歷十六年定有戮屍條例專指謀殺祖父母父母而言國朝因之後更推及於强盜凡此酷重之刑固所以懲戒凶惡第刑至於斬身首分離已爲至慘若命在頃忽葅醢必令備嘗氣久消亡刀鋸猶難倖免揆諸仁人之心當必慘然不樂謂將以懲本犯而被刑者魂魄何知謂將以警戒衆人而習見習聞轉感召其殘忍之性實非聖世所宜遵請將淩遲梟首戮屍三項一概刪除死罪至斬決而止凡律例內淩遲斬梟各條俱改斬決斬決而下依次遞減一曰緣坐緣坐之制起於秦之參夷及收司連坐法漢高祖除三族令文帝除收孥相坐律當時以爲盛德惜夷族之誅猶間用之晉以下仍有家屬從坐之法唐律惟反叛惡逆不道律有緣坐他無有也今律則姦黨交結近侍諸項俱緣坐矣反獄邪教諸項亦緣坐矣一案株連動輒數十人夫以一人之故而波及全家以無罪之人而科以重罪漢文帝以爲不正之法反害於民北魏崔挺嘗曰一人有罪延及闔門則司馬牛受桓魋之罰柳下惠膺盜跖之誅不亦哀哉其言皆篤論也今世各國皆主持刑罰止及一身之義與罪人不孥之古訓實相符合請將律內緣坐各條除知情者仍坐罪外其不知情者悉予寬免餘條有科及家屬者准此一曰刺字刺字乃古墨刑漢之黥也文帝廢肉刑而黥亦廢魏晉六朝雖有逃奴刼盜之刺旋行旋廢隋唐皆無此法至石晉天福間始創刺配之制相沿至今其初不過竊盜逃人其後日加煩密在立法之意原欲使莠民知恥庶幾悔過而遷善詎知習於爲非者適予以標識助其兇橫而偶罹法網者則黥刺一膺終身僇辱夫肉刑久廢而此法獨存漢文所謂刻肌膚痛而不德者未能收弼教之益而徒留此不德之名豈仁政所宜出此擬請將刺字款目概行刪除凡竊盜皆令收所習藝按罪名輕重定以年限俾一技能嫻得以餬口自少再犯三犯之人一切遞解人犯嚴令地方官僉差押解果能實力奉行逃亡者自少也奏上諭令淩遲梟首戮屍三項永遠刪除所有現行律例內淩遲斬梟各條俱改爲斬決其斬決各條俱改爲絞決絞決各條俱改爲絞監候入於秋審情實斬監候各條俱改爲絞監候與絞候人犯仍入於秋審分別實緩至緣坐各條除知情者仍治罪外餘悉寬免其刺字等項亦概行革除旨下中外稱頌焉三十二年法律館奏准將戲殺誤殺擅殺虛擬死罪各案分別減爲徒流自此而死刑亦多輕減矣又是年法律館以婦女收贖銀數太微不足以資警戒議准婦女犯笞杖照新章罰金徒流軍遣除不孝及姦盜詐僞舊例應實發者改留本地習藝所工作以十年爲限餘俱准其贖罪徒一年折銀二十兩每五兩爲一等五徒准此遞加由徒入流每一等加十兩三流准此遞加遣軍照滿流科斷如無力完繳將應罰之數照新章按銀數折算時日改習工藝其犯該枷號不論日數多寡俱酌加五兩以示區別自此而收贖銀數亦稍變矣故宣統二年頒布之現行刑律第將近數年奏定之章程采獲修入於是刑制遂大有變更其五刑之目首罰刑十以代舊律之笞杖一等罰罰銀五錢至十等罰爲銀十五兩據法律館議覆恤刑獄之奏也次徒刑五年限仍舊律次流刑三道里仍舊律然均不加杖以法律館業經附片奏刪也次遣刑二曰極邊足四千里及烟瘴地方安置曰新疆當差以閏刑加入正刑承用者廣不得不別自爲制也次死刑二曰絞曰斬時雖有死刑唯一之議以舊制顯分等差且淩遲梟首等項甫經議減不敢徑行廢斬也徒流雖仍舊律然爲制不同按照習藝章程五徒依限收入本地習藝所習藝流遣毋論發配與否俱應工作故於徒五等注明按限工作流二千里注工作六年二千五百里注工作八年三千里注工作十年遣刑俱注工作十二年收贖則根據婦女贖罪新章酌減銀數改爲通例罰刑照應罰之數折半收贖徒一年贖銀十兩每等加銀二兩五錢至徒三年收贖銀二十兩流刑每等加銀五兩至三千里贖銀三十五兩遣刑與滿流同科絞斬則收贖銀四十兩亦分注於各刑條下然非例應收贖者不得濫及也捐贖據光緒二十九年刑部奏准照運糧事例減半銀數另輯爲例其笞杖雖不入正刑仍留竹板以備刑訊之用外此各刑具盡行廢除枷號亦一概芟削刑制較爲徑省矣惟就地正法一項始自咸豐三年時各省軍興地方大吏遇土匪竊發往往先行正法然後奏聞嗣軍務敉平疆吏樂其便已相沿不改光緒七八年間御史胡隆洵陳啓泰等屢以爲言刑部聲請飭下各省體察情形仍照舊例解勘分別題奏嗣各督撫俱覆稱地方不靖礙難規復舊制刑部不得已乃酌量加以限制如實係土匪馬賊游勇會匪方准先行正法尋常強盜不得濫引自此章程行沿及國變而就地正法之制迄未之能革

清史稿

刑法志三

太祖始創八旗每旗設總管大臣一佐管大臣二又置理政聽訟大臣五人號爲議政五大臣扎爾固齊十人號爲理事十大臣凡聽斷之事先經扎爾固齊十人審問然後言於五臣五臣再加審問然後言於諸貝勒衆議既定猶恐冤抑親加鞫問天命元年諭貝勒大臣曰國人有事當訴於公所毋得訴於諸臣之家茲播告國中自貝勒大臣以下有罪當靜聽公斷執拗不服者加等治罪凡事俱五日一聽斷於公所其私訴於家不執送而私斷者治罪不貸十一年太宗以議政五大臣理事十大臣不皆分授或即以總管佐管兼之於是集諸貝勒定議裁撤每旗由佐管大臣審斷詞訟不令出兵駐防其每旗別設調遣大臣二員遇有駐防調遣所屬詞訟仍令審理天聰七年設刑部承政參政啓心郎等官聽訟始有專責世祖入主中夏仍明舊制凡訴訟在外由州縣層遞至於督撫在內歸總於三法司然明制三法司刑部受天下刑名都察院糾察大理寺駮正清則外省刑案統由刑部核覆不會法者院寺無由過問應會法者亦由刑部主稿在京訟獄無論奏咨俱由刑部審理而部權特重刑部初設十四司雍正元年添置現審左右二司審理八旗命盜及各衙門欽發事件後復改併定爲十八清吏司曰直隸曰奉天曰江蘇曰安徽曰江西曰福建曰浙江曰湖廣曰山東曰山西曰陝西曰四川曰廣東曰廣西曰雲南曰貴州凡各省刑名咨揭到部各司具稿呈堂以定准駮吉林黑龍江附諸奉天甘肅新疆附諸陝西京曹各署關涉文件亦分隸於十七司現審則輪流籤分順治十年設督捕衙門置侍郎滿漢各一員其屬有前司後司初隸兵部專理緝捕逃旗事宜康熙三十八年裁撤將前後司改隸刑部嗣復併爲督捕一司不掌外省刑名亦不分現審刑部收受訟案已結未結每月彙奏設督催所而督以例限審結尋常徒流軍遣等罪按季彙題案係奏交情雖輕專案奏結死罪既取供大理寺委寺丞或評事都察院委御史赴本司會審謂之會小法獄成呈堂都察院左都御史或左副都御史大理寺卿或少卿挈同屬員赴刑部會審謂之

會大法如有翻異發司覆審否則會稿分別題奏罪干立決旨下本司派員監刑監候則入朝審各省戶婚田土及笞杖輕罪由州縣完結例稱自理詞訟每月設立循環簿申送督撫司道查考巡道巡歷所至提簿查核如有未完勒限催審徒以上解府道臬司審轉徒罪由督撫彙案咨結有關人命及流以上專咨由部彙題死罪係謀反大逆惡逆不道劫獄反獄戕官並洋盜會匪强盜拒殺官差罪干淩遲斬梟者專摺具奏交部速議殺一家二命之案交部速題其餘斬絞俱專本具題分送揭帖於法司科道內閣票擬交三法司核議如情罪不符及引律錯誤者或駁令覆審或徑行改正合則如擬核定議上立決命下釘封飛遞各州縣正印官或佐貳會同武職行刑監候則入秋審朝審原於明天順三年令每歲霜降後但有該決重囚三法司會同公侯伯從實審錄秋審亦原於明之奏決單冬至前會審決之順治元年刑部左侍郎党崇雅奏言舊制凡刑獄重犯自大逆大盜決不待時外餘俱監候處決在京有熱審朝審之例每至霜降後方請旨處決在外直省亦有三司秋審之例未嘗一麗死刑輒棄於市望照例區別以昭欽恤此有清言秋朝審之始嗣後逐漸舉行而法益加密初制分情實緩決矜疑然疑獄不經見雍正以後加入留養承祀區爲五類截止日期雲南貴州四川廣東廣西以年前封印日福建以正月三十日奉天吉林黑龍江陝西甘肅湖北湖南浙江江西安徽江蘇以二月初十日河南山東山西以三月初十日直隸以三月三十日然遇情重之案雖後期有聲明趕入秋審者刑部各司自歲首將各省截止期前題准之案分類編册發交司員看詳初看藍筆句改覆看用紫輪遞至秋審處坐辦律例館提調墨書粘籤一一詳加斟酌而後呈堂核閱朝審本刑部問擬之案刑部自定實緩秋審則直省各督撫於應勘時將人犯提解省城率同在省司道公同會勘定擬具題刑部俟定限五月中旬以前各省後尾到齊查閱外勘與部擬不符者別列一册始則司議提調坐辦主之繼則堂議六堂主之司議各員與爲議定刑部將原案及法司督撫各勘語刊刷招册送九卿詹事科道各一分八月內定期在金水橋西會同詳核先日朝審三法司九卿詹事科道入座刑部將監內應死人犯提至當堂命吏朗誦罪狀及定擬實緩節略事畢回禁次日秋審遝招册審核如俱無異議會同將原擬陸續具題有異前期簽商若各執不相下持異之人奏上類由刑部回奏聽裁苟攻及原審則徑行扣除再訊二百餘年來刑部歷辦秋朝審句稽講貫備極周密長官每以此校司員之優劣究之人命至重死者不可復生其所矜慎尤在實緩乾隆以前各司隨意定擬每不盡一三十二年始酌定比對條欵四十則刊分各司並頒諸各省以爲勘擬之準繩四十九年復行增輯嗣刑部侍郎阮葵生別輯秋讞志略而後規矩略備中外言秋勘者依之並比附歷年成案故秋朝審會議其持異特奏者每不勝爲秋審本上入緩決者得旨後刑部將戲殺誤殺擅殺之犯奏減杖一百流三千里竊贓滿貫三犯竊贓至五十兩以上之犯奏減雲貴兩廣極邊煙瘴充軍其餘仍舊監固俟秋審三次後查辦間有初次入緩後復改實者權操自上非常例也入可矜者或減流或減徒留養承祀者將該犯枷號兩月責四十板釋放案係鬬殺追銀二十兩給死者家屬養贍情實則大別有三服制官犯常犯是也本下內閣隨命欽天監分期擇日句到刑部按期進呈黃册至日素服御殿大學士三法司侍上秉硃筆或命大學士按單予句服制册大都殺傷期功尊長之案既以情輕而改監候類不句決情實二次大學士會同刑部奏請改緩官犯則情重者刑部從嚴聲叙未容幸免輕則一律免句十次改緩常犯之入情實固罪無可逭者其或一線可原刑部粘籤聲叙類多邀恩不句十次亦改緩向例句決重囚刑科三覆奏自乾隆十四年簡去二覆第於句到前五日覆奏一次句到時將原本進呈覆閱一俟批發在京例由刑科給事中刑部侍郎各一人赴西市監視官犯無論句否俱綁赴行刑場候決在外則刑部各司將句單連同榜示釘封送兵部發驛文到之日行刑如恭逢慶典或國家有故則下旨停句順治十三年諭刑部朝審秋決係刑獄重典朕必詳閱招案始末情形尤協令死者無冤今決期伊邇朝審甫竣招册繁多尚未及詳細簡閱驟行正法朕心不忍今年姑著暫停秋決昭朕矜恤至意自是列朝於秋讞俱勤慎校閱康熙二十二年聖祖御懋勤殿召大學士學士等入酌定在京秋審情實重犯聖祖取罪案逐一親閱再三詳審其斷無可恕者始定情實因諭曰人命事關重大故召爾等共相商酌情有可原即開生路雍正十一年世宗御洞明堂閱秋審情實招册諭刑部曰諸臣所進招册俱經細加斟酌擬定情實但此內有一綫可生之機爾等亦當陳奏在前日定擬情實自是執法在此刻句到商酌又當原情斷不可因前奏難更遂爾隱默也高宗尤垂意刑名秋審册上每干飭責乾隆三十一年湖南官犯饒佺以其迴護已過予句迨閱浙省招册知府黃象震亦以承審迴護原題僅擬軍臺効力急諭湖南巡撫將饒佺暫停處決令刑部查明兩案情節不同始行明諭處分其慎重讞典如此仁宗亦嫻習法律嘉慶七年御史廣興會議秋審奏請將鬬殺擬緩之廣東姚得輝改入情實援引乾隆十八年一命必有一抵之旨仁宗謂一命一抵原指械鬬等案而言至尋常鬬毆各斃各命自當酌情理之平分別實緩若拘泥一命必有一抵之語則是秋讞囚徒凡殺傷斃命之案將盡行問擬情實可不必有緩決一項有是理乎命仍照原擬入緩其剖析法意致爲明允自後宣宗文宗遵循前軌罕可紀述穆宗德宗兩經垂簾每逢句到命大學士一人捧單入內閣恭代後遂沿爲故事而前行之秋審條款因光緒季年死刑遞有減降法律館重加釐定奏頒內外爲熱審之制順治初賡續舉行康熙十年定每年小滿後十日起至立秋前一日止非實犯死罪及軍流俱量予減等四十三年諭刑部停止雍正初復行乾隆以後第准免笞杖則遞行八折決放枷號漸釋餘不之及且惟京師行之外省笞杖自理無從考核具文而已列朝無寒審而有軍流遣犯隆冬停遣之例未起解者十月至正月終及六月俱停遣若已至中途至十一月初一日准停倘抵配不遠並發往東南省分人犯有情願前進者一體起解又有停審之例每年正月六月十月及元旦令節七日上元令節三日端午中秋重陽各一日萬壽聖節七日各壇廟祭享齋戒以及忌辰素服等日並封印日期四月初八日每月初一初二日皆不理刑名然中外問刑衙門於正月六月十月及封印日期每月初一二等日不盡如例行也其農忙停審則自四月初一日至七月三十日一應戶婚田土細故不准受理刑事不在此限又有停刑之例每年正月六月及冬至以前十日夏至以前五日一應立決人犯及秋朝審處決重囚皆停止行刑凡審級直省以州縣正印官爲初審不服控府控道控司控院越訴者笞其有冤抑赴都察院通政司或步軍統領衙門呈訴者名曰京控登聞鼓順治初立諸都察院十三年改設右長安門外每日科道官一員輪值後移入通政司別置鼓廳其投廳擊鼓或遇乘輿出郊迎駕申訴者名曰叩閽從前有擅入午門長安門堂子跪告及打長安門內正陽門外石獅鳴冤者嚴禁始絕即迎車駕而衝突儀仗亦罪至充軍京控及叩閽之案或發回該省督撫或奏交刑部提訊如情罪重大以及事涉各省大吏抑經言官督撫彈劾往往欽命大臣莅審發回及駁審之案責成督撫率同司道親鞫不准復發原問官名爲欽部事件文武官犯罪題參革職道府副將以上遴委道員審理同知遊擊以下遴委知府審理巡按御史順治初猶常設四年從大理寺卿王永吉奏差官往直省鄆刑然皆不久停罷外省刑名遂總匯於按察使司而督撫受成焉京師笞杖及無關罪名詞訟內城由步軍統領外城由五城巡城御史完結徒以上送部重則奏交如非常大獄或命王大臣大學士九卿會訊自順治迄乾隆間有御廷親鞫者律稱八議者犯罪實封奏聞請旨不許擅自句問在京大小官員亦如之若宗室有犯宗人府會刑部審理覺羅刑部會宗人府審理所犯笞杖枷號照例折罰責打犯徒宗人府拘禁軍流鎖禁俱照旗人折枷日期滿日開釋屢犯軍流發盛京吉林黑龍江等處圈禁死刑宗人府進黃册閹寺犯輕罪內務府慎刑司訊決徒以上亦送部八旗地畝之訟屬諸戶部現審處刑事統歸刑部清初有都統會審之制有高牆拘禁之條至乾隆時俱廢旗營駐防省分額設理事同知旗人獄訟同知會同州縣審理熱河都統衙門特設理刑司刑部派員聽訟三年一任同治三年以吉林獄訟繁多詔依熱河設立刑司例令刑部揀派滿漢郎中員外主事各一員分別掌印主稿統歸將軍管轄嗣吉林建省裁撤而熱河如故蒙古刑獄內外扎薩克王公台吉塔布囊及協理台吉等承審康熙三十七年曾遣內地官員教導蒙古王等聽斷盜案後不常設沿邊與民人交涉案件會同地方官審理死罪由盟長核報理藩院會同三法司奏當在京犯斬絞刑部審訖會理藩院法司亦如之盛京刑部掌讞盛京旗人及邊外蒙古之獄秋審會同四部侍郎奉天府尹酌定實緩彙題蓋皆特別之制凡檢驗以宋宋慈所撰之洗冤錄爲準刑部題定驗屍圖格頒行各省人命呈報到官地方正印官隨帶刑書仵作立即親往相驗仵作據傷喝報部位之分寸行兇之器物傷痕之長短淺深一一塡入屍圖若屍親控告傷痕互異許再行覆檢不得違例三檢如自縊溺水事主被殺等案屍屬呈請免驗者聽京師內城正身旗人及香山等處各營房命案由刑部當月司員往驗街道及外城人命無論旗民歸五城兵馬司指揮相驗檢驗不以實者有刑凡訊囚用杖每日不得過三十熬審得用掌嘴跪鍊等刑強盜人命酌用夾棍婦人拶指通不得過二次其餘一切非刑有禁斷罪必取輸服供詞律雖有衆證明白即同獄成之文然非共犯有逃亡幷罪在軍流以下不輕用也凡審限直省尋常命案限六閱月盜刧及情重命案欽部事件並搶奪掘墳一切雜案俱定限四閱月其限六月者州縣三月解府州府州一月解司司一月

解督撫督撫一月咨題其限四月者州縣兩月解府州府州二十日解司司二十日解督督撫二十日咨題如案內正犯及要證未獲或在監患病准其展限或扣限若隔屬提人及行查者以人文到日起限限滿不結督撫咨部即於限滿之日起算再限一叅四月各級分限如前如仍遲逾照例參處按察司自理事件限一月完結州縣自理事件限二十日審結上司批發事件限一月審報刑部現審笞杖限十日遣軍流徒二十日命盜等案應會三法司者三十日每月奏報聲明曾否逾限如有患病及查傳等情亦得依例扣展速議速題均限五日覆死罪會核自科鈔到部之日立決限七十日監候限八十日會同題覆院寺各分限八日由咨改題之案展限十日係清文加譯漢十日或二十日逾限附參盜賊逾月不獲捕役汛兵予笞官罰俸吏兵兩部處分則例尙有疎防及初二三四參之分命案兇犯在逃承緝接緝亦按限開參然例雖嚴而巧於規避者蓋自若也凡解犯有三一定案時之解審徒犯解至府州轉報軍流遣及死罪自府州遞省逐級訊問無異督撫然後咨題一秋審時之解勘死罪非立決發回本州縣監禁逮秋審徑行解司審勘官犯自定案即拘禁司監待決常犯緩決者二次秋審即不復解其直省各邊地離督撫駐處窵遠有由該管巡道審勘加結轉報者非通例也一發遣時之解配徒囚問發隔縣軍流起解省分預行咨明應發省分督撫查照道里表酌量州縣大小遠近在配軍流多寡先期定地飭知入境首站州縣隨到隨發遣犯解至例定地方安插犯籍州縣僉差名曰長解沿途州縣派撥兵役護送名爲短解罪囚視罪名輕重定用鐵鎖杻鐐道數若中途不覺失囚訊明有無賄縱分別治罪隔屬關提及發交各地方官管束者視此爲差京師現審徒犯發順天府充徒流囚由刑部定地劄行順天府起送五軍咨由兵部定地提發外遣亦咨兵部差役起解綜計訴訟所歷自始審迄終結其程序各有定規毋或踰越迨光緒變法三十二年改刑部爲法部統一司法行政改大理寺爲大理院配置總檢察廳專司審判於是法部不掌現審各省刑名畫歸大理院覆判並不會都察院而三法司之制廢題本改爲摺奏內閣無所事事秋朝審專屬法部其例緩者隨案聲明不更加勘而九卿科道會審之制廢京師暨各省設高等審檢廳都城省會及商埠各設地方及初級審檢廳改按察使爲提法司三十二年法部奏定各級廳試辦章程宣統二年法律館奏頒法院編制法由初級起訴之案不服可控由地方而至高等由地方起訴之案不服可控由高等而至大理院名爲四級三審從前審級審限解審解勘之制州縣行之而不行於法院審判分民事刑事民律艱於成書所據者第舊律戶役田宅錢債婚姻各條而法未備司法事務有年度判斷有評議刑事有檢察官莅審人命由檢察官相驗法院行之而不能行於州縣刑訴制度蓋雜糅矣然爾時所以急於改革者亦曰取法東西列強藉以收回領事裁判權也考領事裁判行諸上海會審公堂其源肇自咸豐朝與英法等國締結通商條約載中外商民交涉詞訟各赴被告所屬之國官員處控告各按本國律例審斷嗣遇他國締約俱援利益均沾之說羣相仿效同治八年定有洋涇浜設官章程遴委同知一員會同各國領事審理華洋訴訟其外人應否科刑讞員例不過問華人第限於錢債鬬毆竊盜等罪在枷杖以下准其決責後各領擴張權限公堂有逕定監禁數年者外人不受中國之刑章而華人反就外國之裁判清季士大夫習知國際法者每咎彼時議約諸臣不明外情致使法權坐失光緒庚子以後各國重立和約我國斷斷爭令撤消而各使藉口中國法制未善靳不之許迨爭之既亟始聲明異日如審判改良允將領事裁判權廢棄載在約章存爲左劵故二十八年設立法律館有按照交涉情形參酌各國法律務期中外通行之旨蓋亦欲修明法律俾外國就範也夫外交視國勢之強弱權利既失豈口舌所能爭故終日言變法逮至國本已傷而收效卒鮮豈法制之咎與然其中有變之稍善而未竟其功者曰監獄有政體所關而未之變者曰赦典監獄與刑制相消息從前監羈罪犯並無已決未決之分其囚禁在獄大都未決犯爲多既定罪則笞杖折責釋放徒流軍遣即日發配久禁者斬絞監候而已州縣監獄以吏目典史爲管獄官知州知縣爲有獄官司監則設按司獄各監有內監以禁死囚有外監以禁徒流以下婦人別置一室曰女監徒以上鎖收杖以下散禁囚犯日給倉米一升寒給絮衣一件鎖杻常洗滌蓆薦常鋪置夏備涼漿冬設煖牀疾病給醫藥然外省監獄多湫隘故例有輕罪人犯及干連證佐准取保候審之文無如州縣憚其延誤每有班館差帶諸名目胥役藉端虐詐弊竇叢滋雖屢經內外臣工參奏不能革也刑部有南北兩監額設司獄八員提牢二員掌管獄卒稽查罪囚輪流分值每月派御史查監有瘐斃者亦報御史相驗年終並由部彙奏一次防閑致爲周備自光緒三十二年審判畫歸大理院院設看守所以羈犯罪之待訊者各級審檢廳亦然於是法部犴狴空虛別設已決監於外城以容徒流之工作並令各省設置新監其制大都採自日本監房有定式工廠有定程法律館特派員赴東調查又開監獄學堂以備京外新監之用然斯時新法初行措置未備外省又限於財力未能徧設也赦典有恩赦恩旨之別歷朝登極升祔册立皇后皇上五旬以上萬壽皇太后六旬以上萬壽及武功克捷之類例有恩赦其詔書內開一官吏軍民人等有犯除謀反大逆子孫謀殺祖父母父母內亂妻妾殺夫奴婢殺家長殺一家非死罪三人採生折割人謀殺故殺眞正人命蠱毒魘魅毒藥殺人強盜妖言十惡等眞正死罪不赦外軍務獲罪隱匿逃人及侵貪入己亦不赦外其餘已發覺未發覺已結未結者咸赦除之若尋常萬壽及喜慶等事則傳旨行赦恩赦死罪以下俱免恩旨則死罪已下遞減詔書既頒刑部檢查成案分別准免不准免開單奏定名爲恩赦條款恩旨則分別准減不准減名爲減等條款部設減等處專司核駁其巡幸所經赦及一方及水旱兵災清理庶獄者則視詔旨從事焉明制徒流已至配不復援赦清自康熙九年准在配徒犯會赦放免乾隆二年恩詔軍流在配三年安靜悔過情願回籍查明准釋迨嘉慶二十五年始將到配未及三年人犯一體查辦尤爲曠典昔人有言赦者小人之幸君子之不幸意第謂赦恩之不可濫耳若夫非常慶典特頒汗號使之蕩滌瑕穢洒然自新未始非仁政之一端有清一代赦典屢頒然條款頗嚴毋虞濫及且行慶施惠王者馭世之大權非苟然也故光緒三十四年宣統登極猶循例大赦云

藝文志

清起東陲太宗設文館命達海等繙譯經史復改國史秘書弘文三院編纂國史收藏書籍文教始興世祖入定中原命馮銓等議修明史復詔求遺書聖祖繼統詔舉博學鴻儒修經史纂圖書稽古右文潤色鴻業海內彬彬向風焉高宗繼試鴻詞博采遺籍特命輯修四庫全書以皇子永瑢大學士于敏中等爲總裁紀昀陸錫熊等爲總纂與其事者三百餘人皆極一時之選歷二十年始告成全書三萬六千册繕寫七部分藏大內文淵閣圓明園文源閣盛京文溯閣熱河文津閣揚州文匯閣鎭江文宗閣杭州文瀾閣命紀昀等撰全書總目著錄三千四百五十八種存目六千七百八十八種都一萬二百四十六種復命于敏中王際華擷其精華別爲四庫薈要凡一萬二千册分繕二部藏之大內摛藻堂及御園味腴書屋又別輯永樂大典三百八十五種交武英殿以聚珍版印行時大典儲翰林院者尙存二萬四百七十三卷合九千八百八十一册其宋元精槧多儲內府天祿琳瑯備詳宮史經籍既盛學術斯昌文治之隆漢唐以來所未逮也各省先後進書約及萬種阮元旣補四庫未收書四百五十四種復刊經解一千四百十二卷王先謙又續經解一千三百十五卷而各省督撫廣修方志郡邑典章粲然大備其後曾國藩倡設金陵蘇州揚州杭州武昌官書局張之洞設廣雅書局延聘儒雅校刊羣籍私家亦輯刻日多叢書之富曩代莫京及至晚近歐風東漸競譯西書道藝並重而敦煌寫經殷墟龜甲奇書祕寶攷古所資其有裨於學術者尤多實集古今未有之盛焉藝文舊例胥列古籍茲仿明史爲志凡所著錄斷自清代唯清人輯古佚書甚夥不可略之則附載各類之後

藝文一

經部十類一曰易類二曰書類三曰詩類四曰禮類五曰樂類六曰春秋類七曰孝經類八曰四書類九曰經總義類十曰小學類

易類

易經通注九卷順治十三年傅以漸等奉敕撰日講易經解義十八卷康熙二十二年牛鈕等奉敕撰周易折中二十二卷康熙五十四年李光地等奉敕撰周易述義十卷乾隆二十年傅恒等奉敕撰易圖解一卷周易補注十一卷簡親王德沛撰易翼二卷孫承澤撰讀易大旨五卷孫奇逢撰周易稗疏四卷考異一卷周易內傳六卷發例一卷周易大象解一卷周易外傳七卷王夫之撰易學象數論六卷黃宗羲撰周易象辭二十一卷尋門餘論二卷圖書辨惑一卷黃宗炎撰讀易筆記一卷張履祥撰周易說略四卷張爾岐撰易酌十四卷刁包撰易聞十二卷歸起先撰田間易學十二卷錢澄之撰大易則通十五卷閏一卷易史一卷胡世安撰周易疏略四卷張沐撰易學闡十卷黃與堅撰讀易緒言二卷謝文洊撰易經衷論二卷張英撰讀易日鈔六卷張烈撰周易通論四卷周易觀象大指二卷周易觀象十二卷李光地撰周易淺述八卷陳夢雷撰周易定本一卷邵嗣堯撰易經識解五卷徐秉義撰易經筮貞四卷趙世對撰周易明善錄二卷徐繼發撰易原就正十二卷包儀撰周易通十卷周易辨正二十四卷浦龍淵撰合訂刪補大易集義粹言八十卷納喇性德撰周易筮述八卷王宏撰撰周易應氏集解十三卷應撝謙撰仲氏易三十卷推易始末四卷春秋占筮書三卷易小帖五卷

太極圖說遺議一卷毛奇齡撰喬氏易俟十八卷喬萊撰大易通解十卷魏荔彤撰周易本義蘊四卷周易蘊義圖考二卷姜兆錫撰周易傳注七卷周易筮考一卷李塨撰學易初津二卷易翼宗六卷易翼說八卷晏斯盛撰周易劄記二卷楊名時撰易經詳說不分卷冉覲祖撰易經辨疑七卷張問達撰周易傳義合訂十二卷朱軾撰易宮三十六卷讀易管窺五卷吳隆元撰讀易觀象惺惺錄十六卷讀易觀象圖說二卷太極圖說二卷周易原始一卷天水答問一卷羲皇易象二卷羲皇易象新補一卷李南暉撰孔門易緒十六卷張德純撰易圖明辨十卷胡渭撰身易實義五卷沈廷勳撰先天易貫五卷劉元龍撰易互六卷楊陸榮撰周易玩辭集解十卷易說一卷查慎行撰易說六卷惠士奇撰周易函書約存十八卷約注十八卷別集十六卷胡煦撰易箋八卷陳法撰周易觀象補義略不分卷諸錦撰索易臆說二卷吳啟昆撰周易孔義集說二十卷沈起元撰陸堂易學十卷陸奎勳撰易經揆一十一卷易學啟蒙補二卷梁錫璵撰易經詮義十五卷易經如話十五卷汪紱撰周易本義爻徵二卷吳曰慎撰周易圖說正編六卷萬年茂撰易翼述信十二卷王又樸撰周易原始六卷范咸撰周易淺釋四卷潘思榘撰易學大象要參四卷林贄龍撰周易解翼十卷上官章撰東易問八卷統樞撰周易洗心九卷任啟運撰空山易解四卷牛運震撰周易剩義二卷盛能蘊撰周易彙解衷翼十五卷許體元撰易象援古不分卷申樹宜撰豐川易說十卷王心敬撰周易粹義五卷薛雪撰周易圖說六卷蔡新撰讀易別錄三卷全祖望撰周易經言拾遺十四卷徐文靖撰易象大意存解一卷任陳晉撰周易集解纂疏三十六卷李道平撰周易圖書質疑二十四卷趙繼序撰易象通義六卷秦篤輝撰易深八卷許伯政撰易說存悔二卷汪憲撰卦氣解一卷八卦觀象解二卷彖傳論一卷彖象論一卷繫辭傳論二卷莊存與撰易例舉要五卷十家易象集說九十卷吳鼒撰周易大衍辨一卷吳鼒撰周易井觀十二卷周大樞撰周易注疏校正一卷盧文弨撰易守三十二卷葉佩蓀撰周易二閭記三卷周易小義二卷茹敦和撰周易輯要五卷朱蘅撰易卦私箋二卷蔣衡撰易經明洛義六卷孫慎行撰易卦圖說一卷崔述撰周易章句證異十一卷翟均廉撰周易考占一卷金榜撰易經貫一二十二卷金誠撰周易辨畫四十卷連斗山撰大易擇言三十六卷程氏易通十四卷易說辨正四卷程廷祚撰周易懸象八卷黃元御撰周易本義注六卷胡方撰周易略解八卷馮經撰周易述二十三卷易漢學八卷易例二卷易微言二卷易大誼一卷周易本義辨證五卷增補周易鄭注一卷周易鄭注爻辰圖一卷易說六卷惠棟撰觀象居易傳箋十二卷汪師韓撰周易述翼五卷黃應騏撰周易述補五卷李林松撰孫氏周易集解十卷孫星衍撰卦本圖考一卷胡秉虔撰周易虞氏義九卷虞氏消息二卷虞氏易禮二卷虞氏易事二卷虞氏易言二卷虞氏易候一卷虞氏易變表二卷周易鄭氏義二卷周易荀氏九家義一卷易義別錄十四卷易圖條辨一卷易緯略義三卷張惠言撰易大義補一卷桂文燦撰學易討原一卷姚文田撰易說十二卷易說便錄二卷郝懿行撰易經衷要十二卷李式穀撰易章句十二卷易通釋二十卷易圖略八卷周易補疏二卷易餘籥錄二十卷易話二卷易廣記二卷焦循撰易經異文釋六卷李氏集解賸義三卷校異二卷李富孫撰易問四卷觀易外編六卷紀大奎撰周易指三十八卷易例一卷易圖五卷易斷辭一卷端木國瑚撰卦氣解一卷周易考異二卷宋翔鳳撰古易音訓二卷宋咸熙撰周易倚數錄二卷圖一卷楊履泰撰周易虞氏略例一卷李銳撰周易學三卷沈夢蘭撰周易述補四卷江藩撰六十四卦經解八卷易鄭氏爻辰廣義二卷易經傳互卦卮言一卷易章句異同一卷易消息升降圖二卷學易札記四卷朱駿聲撰易經述傳二卷周易訟卦淺說一卷周易解詁一卷易經象類一卷丁晏撰周易姚氏學十六卷周易通論月令二卷易學闡元一卷姚配中撰虞氏易消息圖說一卷胡祥麟撰易確十二卷許桂林撰易漢學考二卷易漢學師承表一卷易彖傳大義述一卷易爻例一卷吳翊寅撰周易附說一卷羅澤南撰周易舊疏考證一卷劉毓崧撰讀易叢記二卷葉名灃撰周易舊注十二卷徐鼒撰鄭氏爻辰補六卷戴棠撰周易爻辰申鄭義一卷何秋濤撰諸家易學別錄一卷虞氏易學彙編一卷周易卦象集證一卷周易互體詳述一卷周易卦變舉要一卷方申撰周易故訓訂一卷黃以周撰易例輯略五卷龐大堃撰易貫五卷玩易篇一卷艮宧易說一卷邵易補原一卷卦氣直日解一卷易窮通變化論一卷八卦方位說一卷卦象補考一卷周易互體徵一卷俞樾撰陳氏易說四卷讀易漢學私記一卷陳壽熊撰易釋四卷黃式三撰讀易筆記二卷方宗誠撰周易釋爻例一卷成蓉鏡撰易解說二卷吳汝綸撰易經通論一卷皮錫瑞撰唐史徵周易口訣義六卷宋司馬光溫公易說六卷宋邵伯溫易學辨惑一卷宋李光讀易詳說十卷宋鄭剛中周易窺餘十五卷宋都絜易變體義十二卷宋程大昌易原八卷宋趙善譽易說四卷宋徐總幹易傳燈四卷宋馮椅厚齋易學五十二卷宋蔡淵易象意言一卷宋李杞周易詳解十六卷宋俞琰讀易舉要四卷宋丁易東周易象義十六卷元吳澄易纂言外翼八卷元解蒙易精蘊大義十二卷元曾貫易學變通六卷以上均乾隆三十八年王際華等奉敕輯周卜氏易傳一卷漢孟喜周易章句一卷漢京房周易章句一卷漢馬融周易傳一卷漢荀爽周易注一卷漢鄭玄周易注三卷補遺一卷漢劉表周易章句一卷漢宋衷周易注一卷魏董遇周易章句一卷魏王肅周易注一卷蜀范長生周易注一卷吳陸績周易述一卷吳姚信周易注一卷吳虞翻周易注十卷晉王廙周易注一卷晉張璠周易集解一卷晉向秀周易義一卷晉干寶周易注一卷晉翟玄周易義一卷齊劉瓛周易義疏一卷以上均孫堂輯連山一卷歸藏一卷漢蔡景君易說一卷漢丁寬易傳二卷漢韓嬰易傳二卷漢劉安周易淮南九師道訓一卷漢施讎周易章句一卷漢梁邱賀周易章句一卷漢費直易注一卷易林一卷周易分野一卷古五子易傳一卷不著時代薛虞周易記一卷魏王肅周易音一卷魏何晏周易解一卷晉鄒湛周易統略一卷晉楊乂周易卦序論一卷晉張軌周易義一卷晉黃穎周易注一卷晉徐邈周易音一卷晉李軌周易音一卷晉孫盛易象妙於見形論一卷晉桓玄周易繫辭注一卷宋荀柔之周易繫辭注一卷齊明僧紹周易繫辭注一卷齊沈驎士周易要略一卷梁武帝周易大義一卷梁伏曼容周易集解一卷梁褚仲都周易講疏一卷陳周弘正周易義疏一卷陳張譏周易講疏一卷後魏盧景裕周易注一卷後魏劉昞周易注一卷隋何妥周易講疏一卷隋侯果周易注三卷不著時代姚規周易注一卷崔覲周易注一卷王凱沖周易注一卷王嗣宗周易義一卷傅氏周易注一卷莊氏易義一卷唐崔憬周易探元三卷唐李淳風周易元義一卷唐陰弘道周易新論傳疏一卷唐徐勛周易新義一卷唐僧一行易纂一卷以上均馬國翰輯齊劉瓛乾坤義一卷黃奭輯漢京房易飛候一卷晉郭璞易洞林一卷以上均王謨輯

書類

日講書經解義十三卷康熙十九年庫勒納等奉敕編書經傳說彙纂二十四卷康熙六十年王頊齡等奉敕撰書經圖說五十卷光緒二十九年奉敕撰尚書近指六卷孫奇逢撰書經稗疏四卷尚書引義六卷王夫之撰書經筆授三卷黃宗羲撰尚書體要六卷錢肅潤撰尚書埤傳十七卷禹貢長箋十二卷朱鶴齡撰尚書集解二十卷九州山川考三卷洪範經傳集義一卷孫承澤撰書經衷論四卷張英撰尚書解義一卷尚書句讀一卷洪範說一卷李光地撰古文尚書考一卷陸隴其撰古文尚書疏證八卷閻若璩撰古文尚書冤詞八卷尚書廣聽錄五卷舜典補亡一卷毛奇齡撰古文尚書辨一卷朱彝尊撰禹貢錐指二十卷圖一卷洪範正論五卷胡渭撰書經蔡傳參議六卷姜兆錫撰禹貢解八卷晏斯盛撰尚書地今釋一卷蔣廷錫撰尚書質疑八卷王心敬撰禹貢譜二卷王澍撰尚書質疑二卷顧棟高撰今文尚書說三卷陸奎勳撰書經詮義十二卷汪紱撰尚書約註四卷任啟運撰禹貢會箋十二卷徐文靖撰尚書注疏考證一卷齊召南撰尚書既見三卷尚書說一卷莊存與撰晚書訂疑三卷程廷祚撰尚書注疏堂正三卷盧文弨撰尚書質疑二卷尚書異讀考六卷趙佑撰尚書後案三十卷附後辨一卷王鳴盛撰尚書小疏一卷沈彤撰尚書釋天六卷盛百二撰禹貢三江考三卷程瑤田撰古文尚書考二卷惠棟撰古文尚書辨僞二卷崔述撰尚書義考二卷戴震撰古文尚書撰異三十二卷段玉裁撰古文尚書正辭三十三卷吳光耀撰尚書讀記一卷閻循觀撰尚書今古文疏證七卷莊述祖撰禹貢川澤攷二卷桂文燦撰大雲山房十二章圖說一卷惲敬撰尚書今古文注疏三十卷古文尚書馬鄭注十卷尚書逸文二卷孫星衍撰禹貢地理古注考一卷孫馮翼撰尚書訓詁一卷王引之撰尚書敘錄一卷胡秉虔撰尚書集注音疏十二卷尚書經師系表一卷江聲撰尚書周誥考辨二卷章謙存撰禹貢鄭注釋二卷尚書補疏二卷焦循撰書說二卷郝懿行撰尚書略說二卷尚書譜二卷宋翔鳳撰逸湯誓考六卷徐時棟撰尚書隸古定釋文八卷附經文二卷李遇孫撰書異文釋八卷李富孫撰尚書今古文集解三十一卷書序述聞一卷劉逢祿撰古文尚書私議二卷張崇蘭撰召誥日名考一卷李銳撰尚書古注便讀四卷朱駿聲撰禹貢集釋三卷禹貢錐指正誤一卷禹貢蔡傳正誤一卷尚書餘論一卷丁晏撰太誓答問一卷龔自珍撰禹貢正字一卷王筠撰尚書伸孔篇一卷焦廷琥撰尚書通義二卷尚書傳授異同考一卷邵懿辰撰尚書沿革表一卷戴熙撰禹貢舊疏考證一卷劉毓崧撰尚書今文二十八篇解楊鑑秦撰禹貢鄭注略例一卷何秋濤撰尚書後案駁正二卷王劼撰考正胡氏禹貢圖一卷陳澧撰今文尚書經說考三十二卷尚書歐陽夏侯遺說考一卷陳喬樅撰虞書命義和章解一卷曾釗撰書傳補商十七卷戴鈞衡撰書古微十二卷魏源撰達齋書說一卷生霸死霸考一卷九族考一卷俞樾撰禹貢說一卷倪文蔚撰書傳補義一卷方宗誠撰尚書歷譜二卷禹貢班義述三卷成蓉鏡撰尚書故三卷吳汝綸撰尚書古文辨惑十八卷釋難二卷析疑一卷商是一卷洪良品撰書經通論一卷今文尚書攷證三十卷皮錫瑞撰尚書孔傳參正三十六卷王先謙撰尚書大傳考異補遺一卷盧文弨撰別本尚書大傳三卷補遺一卷孫之騄撰尚書大傳注四卷孔廣林撰尚書大傳注五卷五行傳注三卷陳壽祺撰宋胡瑗洪範口義二卷宋毛晃禹貢指南四卷宋程大昌禹貢論五卷後論一卷山川地理圖一卷宋史浩尚書講義二十卷宋夏僎尚書詳解二十六卷宋傅寅禹貢說斷四卷宋楊簡五誥解四卷宋袁燮絜齋家塾書鈔十二卷宋黃倫尚書精義五十卷宋錢時融堂書解二十卷宋趙善湘洪範統一一卷以上均乾隆三十八年王際華等奉敕輯今文尚書一卷古文尚書三卷漢歐陽

生尙書章句一卷漢夏侯建尙書章句一卷漢馬融尙書傳四卷魏王肅尙書注二卷晉徐邈古文尙書音一卷晉范甯尙書舜典注一卷隋劉焯尙書義疏一卷隋劉炫尙書述義一卷隋顧彪尙書疏一卷以上均馬國翰輯漢伏勝尙書大傳四卷漢張霸百兩篇一卷漢劉向五行傳二卷以上均王謨輯漢鄭玄尙書注九卷尙書五行傳注一卷尙書略說注一卷以上均袁鈞輯

詩類

詩經傳說彙纂二十卷序二卷康熙六十年王鴻緒等奉敕撰詩義折中二十卷乾隆二十年傅恆等奉敕撰詩經稗疏四卷詩經考異一卷詩廣傳五卷王夫之撰田間詩學十二卷錢澄之撰詩說簡正錄十卷提橋撰詩經通義十二卷朱鶴齡撰毛詩稽古篇三十卷陳啓源撰詩問一卷汪琬撰毛詩日箋六卷秦松齡撰詩所八卷李光地撰毛朱詩說一卷閻若璩撰毛詩寫官記四卷詩札二卷國風省篇一卷詩傳詩說駁義五卷續詩傳鳥名三卷白鷺洲主客說詩一卷毛奇齡撰詩蘊四卷姜兆錫撰詩識名解十五卷姚炳撰毛詩國風繹一卷讀詩隨記一卷陳遷鶴撰詩傳名物集覽十二卷陳大章撰詩說三卷附錄一卷惠周惕撰詩經劄記一卷楊名時撰陸堂詩學十二卷陸奎勳撰讀詩質疑三十一卷附錄十五卷嚴虞惇撰朱子詩義補正八卷方苞撰詩經測義四卷李鍾僑撰毛詩類說二十一卷續編三卷顧棟高撰詩疑辨證六卷黃中松撰毛詩說二卷諸錦撰詩經詮義十五卷汪紱撰毛詩名物圖說九卷徐鼎撰詩經正解三十卷姜文燦撰毛詩說四卷莊存與撰詩細十二卷毛詩草木鳥獸蟲魚疏校正二卷趙佑撰虞東學詩十二卷顧鎭撰三家詩拾遺十卷詩瀋二十卷范家相撰詩序補義二十四卷姜炳章撰讀風偶識四卷崔述撰毛詩廣義不分卷紀昭撰毛鄭詩考正四卷詩經補注二卷戴震撰詩經小學四卷毛詩故訓傳三十卷段玉裁撰童山詩說四卷李調元撰邶風說一卷龔景瀚撰詩志八卷牛運震撰詩考異字箋餘十四卷周邵蓮撰韓詩內傳徵四卷敍錄二卷宋綿初撰韓詩外傳校注十卷周廷寀撰毛詩考證四卷周頌口義三卷莊述祖撰毛詩證讀不分卷讀詩或問一卷戚學標撰三家詩補遺三卷阮元撰毛詩天文考一卷洪亮吉撰韓詩遺說二卷訂譌一卷臧庸撰詩古訓十卷錢大昭撰詩譜補亡後訂一卷吳騫撰毛詩傳箋異義解十六卷沈鎬撰毛詩通說三十卷補遺一卷任兆麟撰毛詩補疏五卷毛詩地理釋四卷陸璣毛詩疏考證一卷焦循撰三家詩遺說考一卷陳壽祺撰詩經補遺一卷郝懿行撰詩說二卷詩問二卷郝懿行妻王照圓撰詩氏族考六卷李超孫撰詩經異文釋十六卷李富孫撰詩序辨正八卷汪大任撰毛詩紬義二十四卷李黼平撰毛詩後箋三十卷胡承珙撰山中詩學記五卷徐時棟撰三家詩異文疏證六卷補遺三卷續補遺二卷馮登府撰重訂三家詩拾遺十卷葉鈞撰多識錄九卷石韞玉撰毛鄭詩釋四卷鄭氏詩譜考正一卷詩考補注二卷補遺一卷毛詩陸疏校正二卷詩集傳附釋一卷丁晏撰讀詩札記八卷詩章句攷一卷詩樂存亡譜一卷朱子詩集傳校勘記一卷夏炘撰毛詩通考二十卷毛詩識小三十卷鄭氏詩譜考正一卷林伯桐撰毛詩禮徵十卷包世榮撰齊詩翼氏學四卷迮鶴壽撰讀詩小牘二卷焦廷琥撰詩古微二十卷魏源撰毛詩傳箋通釋三十二卷馬瑞辰撰三家詩遺說考四十九卷毛詩鄭箋改字說四卷四家詩異文考五卷齊詩翼氏學疏證二卷詩緯集證四卷陳喬樅撰詩經集傳拾遺二卷吳德旋撰詩名物證古一卷達齋詩說一卷讀韓詩外傳一卷俞樾撰詩毛氏傳疏三十卷鄭氏箋攷徵一卷釋毛詩音四卷毛詩說一卷毛詩傳義類一卷陳奐撰詩小學三十卷吳樹聲撰毛詩多識二卷多隆阿撰詩學詳說三十卷正詁五卷顧廣譽撰詩地理徵七卷朱右曾撰詩本誼一卷龔橙撰詩經異文四卷韓詩輯一卷蔣曰豫撰毛詩序傳三十卷毛詩讀三十卷王劼撰毛詩異文箋十卷陳玉樹撰毛詩譜一卷胡元儀撰詩經通論一卷皮錫瑞撰詩三家義集疏二十九卷王先謙撰宋楊簡慈湖詩傳二十卷宋戴溪續呂氏家塾讀詩記三卷宋袁燮絜齋毛詩經筵講義四卷宋林岊毛詩講義十二卷元劉玉汝詩纘緒十八卷以上均乾隆三十八年王際華等奉敕輯漢申培魯詩故三卷漢后蒼齊詩傳三卷漢韓嬰詩故二卷詩內傳一卷詩說一卷漢薛漢韓詩章句二卷漢侯苞韓詩翼要一卷漢馬融毛詩注一卷魏劉楨毛詩義問一卷魏王肅毛詩注一卷毛詩義駁一卷毛詩奏事一卷毛詩問難一卷魏王基毛詩駁一卷吳韋昭朱育毛詩答雜問一卷吳徐整毛詩譜暢一卷晉孫毓毛詩異同評三卷晉陳統難孫氏毛詩評一卷晉郭璞毛詩拾遺一卷晉徐邈毛詩音一卷齊劉瓛毛詩序義一卷宋周續之毛詩周氏注一卷梁簡文帝毛詩十五國風義一卷梁何胤毛詩隱義一卷梁崔靈恩集注毛詩一卷不著時代舒瑗毛詩義疏一卷不著時代撰人毛詩草蟲經一卷毛詩提綱一卷後周沈重毛詩義疏二卷後魏劉芳毛詩箋音義證一卷隋劉炫毛詩述義一卷唐施士丐詩說一卷以上均馬國翰輯漢韓固齊詩傳一卷魏王基毛詩申鄭義一卷均黃奭輯漢鄭玄毛詩譜一卷王謨輯

禮類

周官義疏四十八卷乾隆十三年鄂爾泰等奉敕撰周官筆記一卷李光地撰周禮述注二十四卷李光坡撰高註周禮二十卷高愈撰周官辨非一卷萬斯大撰周禮問二卷毛奇齡撰周禮訓纂二十一卷李鍾倫撰周禮節訓六卷黃叔琳撰周官集注十二卷周官析疑三十六卷考工記析義四卷周官辨一卷方苞撰周官翼疏三十卷沈淑撰周禮輯義十二卷姜兆錫撰禮說十四卷惠士奇撰周官記六卷周官說二卷周官說補三卷莊存與撰周禮疑義舉要七卷江永撰周禮精義十二卷連斗山撰周官祿田考三卷沈彤撰周官祿田考補正三卷倪景曾撰考工記圖注二卷戴震撰周禮軍賦說四卷王鳴盛撰周禮漢讀考六卷段玉裁撰田賦考一卷任大椿撰攷工記論文一卷牛運震撰周禮故書考一卷程際盛撰周禮故書疏證六卷宋世犖撰車制圖考一卷阮元撰車制考一卷錢坫撰周官肊測六卷敘錄一卷孔廣林撰周禮學二卷王聘珍撰周官故書考四卷徐養原撰周禮畿內授田考實一卷胡匡衷撰周官禮鄭氏注箋十卷莊綬甲撰周禮學一卷沈夢蘭撰周禮釋注二卷丁晏撰考工輪輿私箋二卷鄭珍撰圖一卷珍子知同撰周官注疏小箋五卷曾釗撰考工記考辨八卷王宗涑撰周禮補注六卷呂飛鵬撰周官參證二卷王寶仁撰周禮正義八十六卷孫詒讓撰宋王安石周官新義十六卷附考工記解二卷宋易祓周官總義三十卷元毛應龍周官集傳十六卷以上均乾隆三十八年王際華等奉敕輯漢鄭興周禮解詁一卷漢鄭衆周禮解詁六卷漢杜子春周禮注二卷漢賈逵周禮解詁一卷漢馬融周官傳一卷漢鄭玄周禮音一卷晉干寶周禮注一卷晉徐邈周禮音一卷晉李軌周禮音一卷晉陳邵周官禮異同評一卷不著時代劉昌宗周禮音二卷聶氏周禮音一卷後周沈重周官禮義疏一卷陳戚袞周禮音一卷以上均馬國翰輯

以上禮類周禮之屬

儀禮義疏四十八卷乾隆十三年鄂爾泰等奉敕撰儀禮鄭注句讀十七卷附監本正誤一卷張爾岐撰讀禮通考一百二十卷徐乾學撰儀禮述注十七卷李光坡撰儀禮商二卷附錄一卷萬斯大撰喪禮吾說篇十卷三年服制考一卷毛奇齡撰喪服翼注一卷閻若璩撰儀禮章句十七卷吳廷華撰儀禮節要二十卷朱軾撰儀禮析疑十七卷喪禮或問一卷方苞撰儀禮經傳內編二十三卷外編五卷姜兆錫撰饗禮補亡一卷諸錦撰朝廟宮室考十三卷肆獻祼饋食禮三卷任啓運撰禮經本義十七卷蔡德晉撰儀禮釋宮增注一卷儀禮釋例一卷江永撰儀禮小疏一卷沈彤撰儀禮管見十七卷褚寅亮撰喪服文足徵記十卷程瑤田撰儀禮注疏詳校十七卷盧文弨撰儀禮漢讀考一卷段玉裁撰儀禮集編四十卷盛世佐撰儀禮今古文疏證二卷宋世犖撰禮經釋例十三卷目錄一卷凌廷堪撰儀禮圖六卷讀儀禮記二卷張惠言撰冕服考四卷焦廷琥撰儀禮今古文異同疏證五卷徐養原撰儀禮校正十七卷黃丕烈撰禮經宮室答問二卷洪頤煊撰儀禮經注一隅一卷朱駿聲撰儀禮釋官九卷鄭氏儀禮目錄校正一卷胡匡衷撰儀禮學一卷王聘珍撰儀禮今古文疏義十七卷胡承珙撰喪禮經傳約一卷吳卓信撰儀禮正義四十卷胡培翬撰儀禮宮室提綱一卷胡培系撰儀禮經注疏正譌十七卷金日追撰儀禮禮服通釋六卷凌曙撰儀禮釋注二卷丁晏撰儀禮私箋八卷鄭珍撰讀儀禮錄一卷曾國藩撰喪服會通說四卷吳嘉賓撰士昏禮對席圖一卷喪服私論一卷俞樾撰昏禮重別論對駁義二卷劉壽曾撰宋李如圭儀禮集釋三十卷儀禮釋宮一卷以上均乾隆三十八年王際華等奉敕輯蔡氏月令二卷蔡雲輯漢戴德喪服變除一卷漢何休冠禮約制一卷漢鄭衆昏禮一卷漢馬融喪服經傳注一卷漢鄭玄喪服變除一卷漢劉表新定禮一卷魏王肅喪經傳注一卷喪服要記一卷吳射慈喪服變除圖一卷晉杜預喪服要集一卷晉袁準喪服經傳注一卷晉孔倫集注喪服經傳一卷晉劉智喪服釋疑一卷晉蔡謨喪服譜一卷晉賀循喪服譜一卷葬禮一卷喪服要記一卷晉葛洪喪服變除一卷晉孔衍凶禮一卷不著時代陳銓喪服經傳注一卷謝徽喪服要記注一卷宋裴松之集注喪服經傳一卷宋雷次宗略注喪服經傳一卷宋崔凱喪服難問一卷宋周續之喪服注一卷齊王儉喪服古今集記一卷齊王逡之喪服世行要記一卷以上均馬國翰輯

以上禮類儀禮之屬

日講禮記解義六十四卷乾隆元年敕編禮記義疏八十二卷乾隆十三年敕撰禮記章句四十九卷王夫之撰深衣考一卷黃宗羲撰禮記纂編六卷李光地撰禮記述注二十八卷李光坡撰禮記偶箋三卷萬斯大撰廟朝圖考四卷萬斯同撰陳氏禮記集說補正三十八卷納喇性德撰曾子問講錄四卷檀弓訂誤一卷毛奇齡撰禮記章義十卷姜兆錫撰禮記疑義十八卷吳廷華撰禮記析疑四十六卷喪禮或問一卷方苞撰戴記緒言四卷陸奎勳撰禮記章句十卷或問四卷汪紱撰禮記章句十卷任啓運撰檀弓疑問一卷邵泰衢撰禮記訓義擇言八卷深衣考誤一卷江永撰學禮闕疑八卷劉青蓮撰續衞氏禮記集說一百卷杭世駿撰禮記注疏考證一卷齊召南撰禮記注疏校正一卷盧文弨撰祭法記疑二卷王元啓撰明堂大道錄八卷禘說二卷惠棟撰深衣釋例三卷弁服釋例八卷任大椿撰撫州本禮記鄭注考異二卷張敦仁撰釋服二卷宋綿初撰明堂考三卷孫星衍撰明堂億一卷孔廣林撰禮記鄭讀考四卷禮記天算釋一卷孔廣牧撰盧氏禮記解詁一卷蔡氏月令章句一卷臧庸撰禮記集解六十一卷孫希旦撰七十二候考一卷曹仁虎撰禮記補疏三卷焦循撰禮記說八卷楊秉杷撰禮記異文釋八卷李富孫撰禮記箋四十九卷郝懿行撰禮記宮室答問二卷洪頤煊撰燕寢考三卷胡培翬撰禮記經注正譌六十三卷金日追撰禮記訓纂四十

九卷朱彬撰 禮記釋注四卷投壺考原一卷丁晏撰 檀弓辨誣三卷夏炘撰 禮記鄭讀考六卷陳喬樅撰 禮記質疑四十九卷郭嵩燾撰 禮記異文箋一卷俞樾撰 禮記鄭讀考一卷七十二候考一卷俞樾撰 禮記集解補義一卷方宗誠撰 禮記淺說二卷皮錫瑞撰 宋張虙月令解十二卷宋袁甫蒙齋中庸講義四卷以上乾隆三十八年王際華等奉敕輯 漢馬融禮記注一卷漢盧植禮記注一卷漢蔡邕月令章句一卷月令問答一卷魏王肅禮記注一卷魏孫炎禮記注一卷不著時代謝氏禮記音義隱一卷晉范宣禮記音一卷晉徐邈禮記音一卷不著時代劉昌宗禮記音一卷宋庾蔚之禮記略解一卷梁何胤禮記隱義一卷梁賀瑒禮記新義疏一卷梁皇侃禮記義疏四卷後魏劉芳禮記義證一卷後周沈重禮記義疏一卷後周熊安生禮記義疏四卷唐成伯璵禮記外傳一卷以上均馬國翰輯 唐明皇月令注釋一卷黃奭輯 吳射慈禮記音義隱一卷漢蔡邕明堂月令論一卷漢崔寔四民月令一卷以上均王謨輯

以上禮類禮記之屬

夏小正解一卷徐世溥撰 曾子問天員篇一卷梅文鼎撰 夏小正註一卷黃叔琳撰 夏小正詁一卷諸錦撰 夏小正輯注四卷范家相撰 夏小正攷注一卷畢沅撰 曾子注釋四卷阮元撰 大戴禮記補注十三卷敘錄一卷孔廣森撰 夏小正經傳攷釋十卷莊述祖撰 夏小正傳校正三卷孫星衍撰 大戴禮解詁十三卷敘錄一卷王聘珍撰 大戴禮記正誤一卷汪中撰 夏小正分箋四卷異義二卷黃模撰 大戴禮記箋證五卷胡培系撰 大戴禮記補注十三卷目錄一卷附錄一卷汪照撰 大戴禮記考一卷吳文起撰 夏小正傳箋四卷公符篇考一卷王謨撰 夏小正補注四卷任兆麟撰 夏小正補傳三卷朱駿聲撰 夏小正經傳通釋四卷梁章鉅撰 夏時考五卷安吉撰 夏時考一卷劉逢祿撰 夏小正經傳考二卷本義四卷雷學淇撰 夏小正集解四卷校錄一卷顧鳳藻撰 孔子三朝記七卷目錄一卷洪頤煊撰 夏小正疏義四卷附釋音異字記一卷洪震煊撰 夏小正正義四卷王筠撰 夏小正箋疏四卷馬徵麐撰 夏小正集說四卷程鴻詔撰 夏時考一卷鄭曉如撰 夏小正戴氏傳訓解四卷考異一卷通論一卷王寶仁撰 夏小正私箋一卷吳汝綸撰

以上禮類大戴禮之屬

學禮質疑二卷宗法論一卷萬斯大撰 讀禮志疑十二卷禮經會元疏解四卷陸隴其撰 郊社禘祫問一卷北郊配位尊西向義一卷昏禮辨正一卷大小宗通繹一卷明堂問一卷廟制折衷一卷學校問一卷毛奇齡撰 參讀禮志疑二卷汪紱撰 鈞璜遺書四卷任啟運撰 禮經質疑二卷杭世駿撰 稽禮辨論一卷劉凝撰 三禮鄭注考一卷程際盛撰 禮箋三卷金榜撰 禮學卮言六卷孔廣森撰 五服異同彙考三卷崔述撰 禘祫觿解篇一卷孔廣林撰 三禮義證十卷武億撰 白虎通闕文一卷莊述祖撰 三禮圖三卷孫星衍嚴可均同撰 禮說四卷凌曙撰 鄭氏三禮目錄一卷臧庸撰 禘祫答問一卷胡培翬撰 禮堂經說二卷陳喬樅撰 三禮陳數求義三十卷林喬蔭撰 四禘通釋三卷崔適撰 白虎通疏證十二卷陳立撰 三禮通釋二百八十卷林昌彝撰 求古錄禮記五卷補遺一卷金鶚撰 求古錄禮說校勘記三卷王士駿撰 學禮管釋十八卷三綱制服述義三卷夏炘撰 佚禮扶微五卷丁晏撰 禮經通論一卷邵懿辰撰 積石禮說三卷張履撰 禮說二卷吳嘉賓撰 鄭康成駁正三禮考一卷玉佩考一卷俞樾撰 禮書通故五十卷禮說略三卷黃以周撰 經述三卷林頤山撰 漢戴聖石渠禮論一卷漢鄭玄魯禮禘祫志一卷三禮圖一卷魏董勛問禮俗一卷晉盧諶雜祭法一卷晉范汪祭典一卷晉干寶後養議一卷晉范甯禮雜問一卷晉范宣禮論難一卷晉吳商禮雜議一卷宋顏延之逆降義一卷宋徐廣禮答問一卷宋何承天禮論一卷宋任預禮論條牒一卷齊王儉禮義答問一卷齊荀萬秋禮論鈔略一卷梁賀述禮統一卷梁周捨禮疑義一卷梁崔靈恩三禮義宗四卷後魏李謐明堂制度論一卷不著時代梁正三禮圖一卷唐張鎰三禮圖一卷唐元行沖釋疑論一卷以上均馬國翰輯 漢叔孫通禮器制度一卷漢鄭玄三禮目錄一卷晉孫毓五禮駁一卷以上均王謨輯 漢鄭玄答臨碩難禮一卷袁鈞輯

以上禮類總義之屬

朱子禮纂五卷李光地撰 辨定祭禮通俗譜五卷家禮辨說十六卷毛奇齡撰 讀禮偶見二卷許三禮撰 呂氏四禮翼一卷朱軾撰 禮學彙編七十卷應撝謙撰 禮樂通考三十卷胡掄撰 禮書綱目八十五卷江永撰 六禮或問十二卷汪紱撰 四禮甯儉編一卷王心敬撰 五禮通考二百六十二卷秦蕙田撰 五禮經傳目五卷沈廷芳撰 冠昏喪祭儀考十二卷林伯桐撰 三禮從今三卷黃本驥撰 四禮榷疑八卷顧廣譽撰

以上禮類通禮之屬

樂類

律呂正義五卷康熙五十二年御撰 律呂正義後編一百二十卷乾隆十一年敕撰 詩經樂譜三十卷樂律正俗一卷乾隆五十三年敕撰 樂律二卷薛鳳祚撰 大成樂律一卷孔貞瑄撰 古樂經傳五卷李光地撰 聖諭樂本解說二卷皇言定聲錄八卷竟山樂錄四卷毛奇齡撰 古樂書二卷應撝謙撰 李氏學樂錄二卷李塨撰 昭代樂章恭紀一卷張廷玉撰 易律通解八卷沈光邦撰 樂律古義二卷童能靈撰 樂經律呂通解五卷樂經或問三卷汪紱撰 樂律表微八卷胡彥昇撰 琴旨三卷王坦撰 律呂新論二卷律呂闡微十卷江永撰 律呂攷略一卷孔繼煒撰 大樂元音七卷潘士權撰 律呂古義六卷錢塘撰 燕樂考原六卷晉泰始笛律匡謬一卷凌廷堪撰 樂縣考二卷江藩撰 樂譜一卷任兆麟撰 律呂臆說一卷荀勗笛律圖註一卷管色考一卷徐養原撰 古律經傳附考六卷紀大奎撰 樂志輯略三卷倪元坦撰 音分古義二卷附一卷戴煦撰 聲律通考十卷陳澧撰 律呂通今圖說一卷律易一卷晉音調定程一卷繆闐撰 元熊朋來瑟譜六卷元余載韶舞九成樂補一卷元劉瑾律呂成書二卷以上均乾隆三十八年王際華等奉敕輯 漢陽城子長樂經一卷漢劉向樂記一卷漢劉德樂元語一卷漢楊雄琴清英一卷梁武帝樂社大義一卷鍾律緯一卷陳僧智匠古今樂錄一卷後魏信都芳樂書一卷後周沈重樂律義一卷不著時代撰人樂部一卷琴歷一卷隋蕭吉樂譜集解一卷唐趙惟暕琴書一卷以上均馬國翰輯 漢劉歆鍾律書一卷漢蔡邕琴操一卷以上均黃奭輯

春秋類

左傳讀本三十卷道光三年英和等奉敕撰 左傳杜解補正三卷顧炎武撰 續春秋左氏傳博議四卷王夫之撰 讀左日鈔十二卷補二卷朱鶴齡撰 左傳事緯十二卷附錄八卷馬驌撰 春秋地名考略十四卷高士奇撰 春秋國都爵姓考一卷補一卷陳鵬撰 春秋分年繫傳表一卷方苞撰 春秋左傳事類年表一卷顧宗瑋撰 春秋長歷十卷春秋世族譜一卷陳厚耀撰 春秋識小錄九卷程廷祚撰 春秋左傳補注六卷惠棟撰 春秋地理考實四卷江永撰 讀左補義五十卷姜炳璋撰 春秋左傳小疏一卷沈彤撰 春秋左傳古經十二卷附五十凡一卷段玉裁撰 春秋左傳會要四卷左傳官名考二卷李調元撰 春秋左傳詁五十卷春秋十論一卷洪亮吉撰 春秋列國官名異同考一卷汪中撰 左通補釋三十二卷梁履繩撰 春秋左傳分國土地名二卷春秋列國職官一卷春秋器物宮室一卷沈淑撰 左傳劉杜持平六卷邵瑛撰 春秋名字解詁二卷王引之撰 春秋左氏補疏五卷焦循撰 讀左卮言一卷石韞玉撰 左氏春秋考證二卷劉逢祿撰 春秋左傳補注三卷馬宗璉撰 左傳識小錄一卷朱駿聲撰 春秋左傳補注十二卷考異十卷左傳地名補注十二卷沈欽韓撰 春秋左氏古義六卷臧壽恭撰 左傳賈服注輯述二十卷李貽德撰 左傳杜注辨正六卷張聰咸撰 春秋國都爵姓續考一卷曾釗撰 左傳舊疏考正八卷劉文淇撰 春秋名字解詁補義一卷俞樾撰 春秋世族譜拾遺一卷成蓉鏡撰 春秋名字解詁駁一卷胡元玉撰 補春秋僖公事闕書一卷桑宣撰 晉杜預春秋釋例十五卷宋呂祖謙春秋左氏傳續說十二卷以上均乾隆三十八年王際華等奉敕輯 漢劉歆春秋左氏傳章句一卷漢賈逵春秋左氏傳解詁二卷春秋左氏傳長經章句一卷漢服虔春秋左傳解誼四卷漢彭汪左氏奇說一卷漢許淑春秋左傳注一卷魏董遇春秋左氏經傳章句一卷魏王肅春秋左傳注一卷魏嵇康春秋左傳音一卷晉孫毓春秋左氏傳義注一卷晉干寶左氏傳函義一卷陳沈文阿春秋左氏經傳義略一卷陳王元規續春秋左氏傳義略一卷不著時代蘇寬春秋左氏傳義疏一卷以上均馬國翰輯 隋劉炫左氏傳述義一卷黃奭輯 漢劉玄春秋傳服氏注十二卷袁鈞輯

以上春秋類左傳之屬

春秋正辭十一卷春秋舉例一卷春秋要指一卷莊存與撰 公羊墨史二卷周拱辰撰 春秋公羊通義十一卷敘一卷孔廣森撰 公羊何氏釋例十卷公羊何氏解詁箋一卷發墨守評一卷箴膏肓評一卷穀梁廢疾申何二卷劉逢祿撰 公羊補注一卷馬宗槤撰 公羊禮疏十一卷公羊禮說一卷公羊答問二卷春秋繁露注十七卷凌曙撰 春秋決事比一卷龔自珍撰 公羊義疏七十六卷陳立撰 公羊注疏質疑二卷何若瑤撰 公羊歷譜十一卷包慎言撰 公羊逸禮考徵一卷陳奐撰 漢董仲舒春秋決事一卷漢嚴彭祖公羊春秋一卷漢顏安樂春秋公羊記一卷漢何休春秋公羊文諡例一卷以上均馬國翰輯

以上春秋類公羊之屬

穀梁釋例四卷許桂林撰 穀梁大義述三十卷柳興恩撰 穀梁禮證二卷侯康撰 穀梁經傳補注二十四卷鍾文烝撰 漢尹更始春秋穀梁傳章句一卷漢劉向春秋穀梁傳說一卷魏糜信春秋穀梁注一卷晉徐邈春秋穀梁傳注義一卷音一卷晉范甯薄叔元問穀梁義一卷晉鄭嗣春秋穀梁傳說一卷以上均馬國翰輯 晉范甯穀梁傳例一卷黃奭輯

以上春秋類穀梁之屬

春秋傳說彙纂三十八卷康熙三十八年王掞等奉敕撰 日講春秋解義六十四卷雍正七年敕撰 春秋直解十六卷乾隆二十三年傅恆等奉敕撰 春秋稗疏二卷春秋家說三卷春秋世論五卷王夫之撰 春秋平義十二卷春秋四傳糾正一卷俞汝言撰 春秋傳議四卷張爾岐撰 學春秋隨筆十卷萬斯大撰 春秋大義春秋隨筆共一卷春秋燬餘四卷李光地撰 春秋毛氏傳三十六卷春秋簡書刊誤二卷春秋屬辭比事記四卷春秋占筮書三卷春秋條貫篇十一卷毛奇齡撰 春秋集解十二卷校補春秋集解緒餘一卷春秋提要補

遺一卷惠撝謙撰春秋參義十二卷春秋事義慎考十四卷公穀彙義十二卷姜兆錫撰春秋管窺十二卷徐庭垣撰春秋三傳異同考一卷吳陳琰撰春秋遵經集說二十八卷邵瑆仁撰三傳折諸四十四卷張尚瑗撰春秋闕如編八卷小國春秋一卷焦袁熹撰春秋宗朱辨義十二卷張自超撰春秋通論四卷春秋義法舉要一卷春秋比事目錄四卷春秋直解十二卷方苞撰半農春秋說十五卷惠士奇撰春秋義十五卷孫嘉淦撰春秋大事表五十卷輿圖一卷附錄一卷顧棟高撰春秋七國統表六卷魏翼龍撰春秋義存錄十二卷陸奎勳撰春秋日食質疑一卷吳守一撰春秋集傳十六卷首末各一卷汪紱撰空山堂春秋傳十二卷牛運震撰春秋原經二卷王心敬撰春秋深十九卷許伯政撰春秋一得一卷閻循觀撰三正考二卷吳鼐撰春秋三傳定說十二卷張甄陶撰春秋夏正二卷胡天游撰春秋究遺十六卷葉酉撰春秋隨筆二卷顧奎光撰春秋三傳雜案十卷讀春秋存稿四卷趙佑撰三傳補注三卷姚鼐撰春秋三傳比卷李調元撰春秋疑義二卷華學泉撰公穀異同合評四卷沈赤然撰春秋經傳朔閏表二卷姚文田撰春秋說略十二卷春秋比二卷郝懿行撰春秋目論二卷鄧顯鶴撰三傳異同考一卷陳萊孝撰春秋經傳比事二十二卷林春溥撰春秋三家異文覈一卷春秋亂賊考一卷朱駿聲撰春秋三傳異文釋十三卷李富孫撰春秋屬辭辨例編六十卷張應昌撰春秋上律表四卷范景福撰春秋至朔通考四卷張冕撰駁正朔考一卷陳鱣撰春秋三傳異文箋四卷趙坦撰春秋新義十二卷春秋歲星表一卷日食星度表一卷日表一卷朱兆熊撰春秋釋地韻編五卷徐壽基撰春秋述義拾遺九卷春秋規過考信九卷陳熙晉撰春秋古經說二卷侯康撰達齋春秋論一卷春秋歲星考一卷春秋古本分年考一卷俞樾撰春秋朔閏異同考三卷羅士琳撰春秋鑽燧四卷曹金籀撰春秋經傳朔閏表發覆四卷推春秋日食法一卷施彥士撰春秋日月考四卷譚澐撰春秋朔閏日食考二卷宋慶雲撰春秋釋一卷黃式三撰春秋訓義三十五卷強汝詢撰春秋說一卷陶正靖撰春秋傳正誼四卷方宗誠撰春秋日南至譜一卷成蓉鏡撰春秋說二卷鄒杲撰宋劉敞春秋傳說例一卷宋蕭楚春秋辨疑四卷宋崔子方春秋經解十二卷春秋例要一卷宋張大亨春秋通訓六卷宋葉夢得春秋考十六卷春秋讞二十二卷宋高閌春秋集注四十卷宋戴溪春秋講義四卷宋洪咨夔春秋說三十卷元程端學春秋三傳辨疑二十卷以上均乾隆三十八年王際華等奉敕輯春秋大傳一卷漢鄭衆春秋牒例章句一卷漢馬融春秋三傳異同說一卷漢戴宏解疑論一卷漢穎容春秋釋例一卷晉劉兆春秋公羊穀梁傳解詁一卷晉江熙春秋公羊穀梁二傳評一卷晉京相璠春秋土地名一卷後魏賈思同春秋傳駁一卷隋劉炫春秋述義一卷春秋規過一卷春秋攻昧一卷不著時代撰人春秋井田記一卷唐啖助春秋集傳一卷唐趙匡春秋闡微纂類義統一卷唐陸希聲春秋通例一卷唐陳岳春秋折衷論一卷以上均馬國翰輯漢嚴彭祖春秋盟會圖一卷晉樂資春秋後傳一卷以上均黃奭輯漢鄭玄箴膏肓一卷起廢疾一卷發墨守一卷以上均上復武億同輯

以上春秋類通義之屬

孝經類

孝經注一卷順治十三年御撰孝經集注一卷雍正五年敕撰欽定繙譯孝經一卷雍正五年敕撰孝經全注一卷李光地撰孝經問一卷毛奇齡撰孝經類解十八卷吳之騄撰孝經正文一卷內傳一卷外傳一卷李之素撰孝經集注二卷陸遇霖撰孝經詳說二卷冉覲祖撰孝經注三卷朱軾撰孝經三本管窺三卷吳隆元撰孝經章句一卷或問一卷汪紱撰孝經章句一卷任啓運撰孝經通義一卷華玉淳撰孝經約義一卷汪師韓撰孝經外傳一卷孝經中文一卷周春撰孝經音義考證一卷盧文弨撰孝經通釋十卷曹庭棟撰孝經鄭注補證一卷洪頤煊撰孝經義疏補九卷阮福撰孝經述注一卷孝經徵文一卷丁晏撰孝經曾子大孝一卷邵懿辰撰孝經指解補正一卷孝經辨異一卷伊樂堯撰孝經今古文傳注輯論一卷吳大廷撰孝經十八章輯傳一卷汪宗沂撰孝經鄭注疏二卷皮錫瑞撰明項霦孝經述注一卷乾隆三十八年王際華等奉敕輯周魏文侯孝經傳一卷漢后蒼孝經說一卷漢張禹孝經安昌侯說一卷漢長孫氏孝經說一卷魏王肅孝經解一卷吳韋昭孝經解讚一卷晉殷仲文孝經注一卷晉謝萬集解孝經一卷齊永明諸王孝經講義一卷齊劉瓛孝經說一卷梁武帝孝經義疏一卷梁嚴植之孝經注一卷梁皇侃孝經義疏一卷隋劉炫古文孝經述義一卷隋魏眞已孝經訓注一卷唐元行冲御注孝經疏一卷以上均馬國翰輯漢鄭玄孝經注一卷袁鈞輯

四書類

日講四書解義二十六卷康熙十六年庫勒納奉敕撰繙譯四書集注二十九卷乾隆二十年敕譯四書近指二十卷孫奇逢撰大學講義一卷中庸講義二卷朱用純撰孟子師說二卷黃宗羲撰四書訓義三十八卷讀四書大全說十七卷四書稗疏一卷四書考異一卷王夫之撰四書反身錄十四卷續錄二卷李顒撰四書翊注四十二卷刁包撰四書講義困勉錄三十七卷續困勉錄六卷松陽講義十二卷三魚堂四書大全四十卷陸隴其撰大學古本說一卷中庸章段一卷中庸餘論一卷讀論語劄記二卷讀孟子劄記二卷李光地撰四書述十九卷陳詵撰四書貫一解十二卷閔嗣同撰論語稽求篇七卷四書賸言四卷補二卷大學證文四卷四書改錯二十二卷四書索解四卷大學知本圖說一卷大學問一卷中庸說五卷逸講箋三卷毛奇齡撰四書釋地一卷續一卷又續二卷三續二卷孟子生卒年月考一卷閻若璩撰四書朱子異同條辨四十卷李沛霖李禎撰四書諸儒輯要四十卷李沛霖撰大學傳注四卷中庸傳注一卷論語傳注二卷傳注問一卷李塨撰四書劄記四卷辟雍講義一卷大學講義二卷中庸講義二卷楊名時撰四書講義四十三卷呂留良撰大學困學錄一卷中庸困學錄一卷王澍撰成均講義不分卷孫嘉金撰大學翼眞七卷胡渭撰此木軒四書說九卷焦袁熹撰大學說一卷惠士奇撰四書詮義十五卷汪紱撰中庸解一卷任大任撰四書錄疑三十九卷陳鋐撰四書本義匯參四十五卷王步青撰論語說二卷桑調元撰四書約旨十九卷任啓運撰論語隨筆二十卷牛運震撰論語附記二卷孟子附記二卷翁方綱撰四書溫故錄十一卷趙佑撰四書逸箋六卷程大中撰四書注說參證七卷胡清駿撰鄭黨圖考十卷江永撰魯論說三卷程廷祚撰四書考異總考三十六卷條考三十六卷翟灝撰論語補注三卷劉開撰論語駢枝一卷劉台拱撰孟子字義疏證三卷戴震撰論語後錄五卷錢坫撰論語餘說一卷崔述撰中庸注一卷惠棟撰四書摭餘說七卷曹之升撰四書偶談二卷戚學標撰四書考異句讀一卷武億撰四書拾義五卷胡紹勳撰孟子四考四卷周廣業撰孟子七國諸侯年表一卷張宗泰撰論語偶記一卷方觀旭撰論語竢質三卷江聲撰孟子時事略一卷任兆麟撰論語古訓十卷陳鱣撰論語異文考證十卷馮登府撰論語補疏三卷論語通釋一卷孟子正義三十卷焦循撰讀論質疑一卷石韞玉撰四書瑣語一卷姚文田撰論語說義十卷孟子趙注補正六卷四書釋地辨證二卷大學古義說二卷宋翔鳳撰論語魯讀考一卷徐養原撰大學舊文考證一卷中庸舊文考證一卷朱日佩撰論語旁證二十卷梁章鉅撰論語類考二十卷孟子雜記四卷陳士元撰四書拾遺五卷孟子外書補證四卷林春溥撰論語孔注辨僞二卷沈濤撰鄭黨正義一卷金鶚撰六書段借經徵四卷朱駿聲撰孟子音義考證二卷蔣仁榮撰論語述何二卷四書是訓十五卷劉逢祿撰論語古解十卷梁廷枏撰孟子學一卷沈夢蘭撰四書地理考十一卷王瑬撰四書釋地補一卷續補一卷又續補一卷三續補一卷樊廷枚撰四書典故覈三卷凌曙撰大學臆古一卷附古今文附證一卷中庸臆測二卷王定柱撰四書說略四卷王筠撰論語集注附考一卷丁晏撰讀孟子劄記二卷羅澤南撰孟子班爵祿疏證十六卷正經界疏證六卷連鶴壽撰論語正義二十卷劉寶楠撰大學質疑一卷中庸質疑二卷郭嵩燾撰論語古注集箋十卷考一卷潘維城撰論語鄭義一卷何邵公論語義一卷續論語駢枝一卷論語小言一卷孟子古注擇從一卷孟子高氏義一卷孟子續義一卷四書辨疑辨一卷俞樾撰論語注二十卷戴望撰何休注訓論語述一卷劉恭冕撰論語後案二十卷黃式三撰讀孟子質疑二卷孟子外書集證五卷施彥士撰論語集解校補一卷蔣曰豫撰讀大學中庸筆記二卷讀論孟筆記二卷補記一卷方宗誠撰朱子論語集注訓詁考二卷潘衍桐撰宋余允文尊孟辨三卷續辨二卷別錄一卷以上乾隆三十八年王際華等奉敕輯古論語十卷齊論語一卷漢孔安國論語訓解十一卷漢包咸論語章句二卷漢周氏論語章句一卷漢馬融論語訓說一卷漢鄭玄論語注十卷論語孔子弟子目錄一卷魏陳羣論語義說一卷魏王朗論語說一卷魏王肅論語義說一卷魏周生烈論語義說一卷魏王弼論語釋疑一卷晉譙周論語注一卷晉衛瓘論語集注一卷晉繆播論語旨序一卷晉繆協論語說一卷晉郭象論語體略一卷晉樂肇論語釋疑一卷晉虞喜論語讚注一卷晉庾翼論語釋一卷晉李充論語集注二卷晉范甯論語注一卷晉孫綽論語集解一卷晉梁凱論語注釋一卷晉袁喬論語注一卷晉江熙論語集解二卷晉殷仲堪論語解釋一卷晉張憑論語注一卷晉蔡謨論語注解一卷宋顏延之論語說一卷宋僧慧琳論語說一卷齊沈驎士論語訓注一卷齊顧歡論語注一卷梁武帝論語注一卷梁太史叔明論語注一卷梁褚仲都論語義疏一卷不著時代沈峭論語說一卷熊埋論語說一卷不著時代撰人論語隱義注一卷漢趙岐孟子章指二卷篇叙一卷漢程曾孟子章句一卷漢高誘孟子章句一卷漢劉熙孟子注一卷漢鄭玄孟子注一卷晉綦毋邃孟子注一卷唐陸善經孟子注一卷唐張鎰孟子音義一卷唐丁公著孟子手音一卷以上馬國翰輯逸論語一卷趙在翰輯逸語十卷曹庭棟輯逸孟子一卷李調元輯

經總義

繙譯五經五十八卷乾隆二十年敕譯五經翼二十卷孫承澤撰墨庵經學不分卷沈起撰經問十八卷經問補三卷毛奇齡撰松源經說四卷孫之騄撰七經同異考三十四卷韋庵經說一卷周象明撰此木軒經說彙編六卷焦袁熹撰十三經義疑十二卷吳浩撰經義雜記三十卷臧琳撰經稗六卷鄭方坤撰經玩二十卷沈淑撰朱子五經語類八十卷程川撰經咫一卷陳祖范撰經言拾遺十四卷徐文靖撰考信錄三十六卷讀經餘論二卷崔述撰古經解鉤沈三十卷余蕭客撰易堂問目四卷吳鼎撰九經說十七卷姚鼐撰羣經補義五卷江永撰羣經互解一卷馮經撰十三經札記二十二卷朱亦棟撰經學巵言六卷孔廣

森撰經傳小記三卷漢學拾遺一卷劉台拱撰九經古義十六卷惠棟撰經考六卷戴震撰通藝錄四十八卷程瑤田撰羣經釋地六卷呂吳撰五經小學述二卷莊述祖撰羣經識小八卷李惇撰經義知新記一卷汪中撰詩書古訓八卷阮元撰浙士解經錄五卷阮元編周人經說四卷王氏經說六卷王紹蘭撰九經學三卷王聘珍撰五經異義疏證三卷左海經辨二卷陳壽祺撰邃雅堂學古錄七卷姚文田撰經義述聞三十二卷經傳釋詞十卷王引之撰五經要義一卷五經通義一卷宋翔鳳撰羣經宮室圖二卷焦循撰頑石廬經說十卷徐養原撰經義未詳說五十四卷徐卓撰十七史經說十二卷張渚香撰經義叢鈔三十卷嚴杰編鳳氏經說三卷鳳韶編介庵經說十卷雷學淇撰十三經詁答問六卷馮登府撰說緯六卷王崧撰安甫遺學三卷江承之撰實事求是齋經說二卷朱大韶撰讀經說一卷丁晏撰玉函山房目耕帖三十一卷馬國翰撰漢儒通義七卷陳澧撰娛親雅言六卷嚴元照撰經傳考證八卷朱彬撰十三經客難五十五卷龔元玠撰一鐙精舍甲部稿五卷何秋濤撰羣經平議三十五卷茶香室經說十五卷詁經精舍自課文二卷經課續編八卷羣經賸義一卷達齋叢說一卷俞樾撰開有益齋經說五卷朱緒曾撰讀書偶志十一卷鄒漢勛撰貴陽經說一卷經說殘稿一卷劉書年撰巢經巢經說一卷鄭學錄三卷鄭珍撰儆居經說四卷黃式三撰愚一錄十二卷鄭獻甫撰敗經筆記一卷陳倬撰隸經賸義一卷林兆豐撰鄭志考證一卷成蓉鏡撰漢碑徵經一卷朱百度撰漢學室經說一卷陶方琦撰經說略二卷黃以周撰操敎齋遺書四卷管禮耕撰經窺四卷蔡以盛撰九經誤字一卷五經同異三卷顧炎武撰助字辨略五卷劉淇撰十三經注疏正字八十一卷沈廷芳撰注疏考證六卷齊召南撰九經辨字瀆蒙十二卷沈炳震撰經典釋文考證三十卷盧文弨撰經典文字考異一卷錢大昕撰羣經義證八卷經讀考異八卷補一卷句讀敘述二卷補一卷武億撰經典文字辨正五卷畢沅撰十三經注疏校勘記二百十七卷孟子音義校勘記一卷釋文校勘記二十五卷阮元撰羣經字考四卷曾廷枚撰十經文字通正書十四卷錢坫撰經苑不分卷錢儀吉撰七經異文釋五十卷李富孫撰羣經字考十卷吳東發撰經典釋文補條例一卷汪遠孫撰經典異同四十八卷張維屏撰十三經注疏校勘記識語四卷汪文臺撰漢書引經異文錄證六卷繆祐孫撰授經圖四卷明朱睦㮮原本黃虞稷龔翔麟重編十三經注疏姓氏一卷翁方綱撰建立伏博士始末二卷孫星衍撰傳經表一卷通經表一卷洪亮吉撰西漢儒林傳經表二卷周廷寀撰漢西京博士考二卷胡秉虔撰兩漢五經博士考三卷張金吾撰兩漢傳經表二卷蔣曰豫撰國朝漢學師承記七卷附經義目錄一卷隸經文四卷江藩撰古文天象考十二卷附圖說一卷雷學淇撰經書算學天文考一卷陳懋齡撰學計一得二卷鄒伯奇撰石經考一卷顧炎武撰石經正誤一卷張爾岐撰漢魏石經考一卷唐宋石經考一卷萬斯同撰石經考異二卷杭世駿撰漢石經殘字考一卷翁方綱撰魏石經毛詩殘字一卷王昶撰蜀石經毛詩考異二卷陳鱣撰石經考文提要十三卷彭元瑞撰魏三體石經殘字考二卷孫星衍撰石經儀禮校勘記四卷阮元撰漢石經殘字證異二卷孔廣牧撰唐石經校文十卷嚴可均撰石經補考十二卷馮登府撰北宋汴學篆隸二體石經記一卷丁晏撰唐開成石經圖考一卷魏錫曾撰漢劉向五經通義一卷漢鄭玄六藝論一卷鄭記一卷不著時代雷氏五經要義一卷魏王肅聖證論一卷晉譙周五經然否論一卷晉束晳五經通論一卷晉楊方五經鉤沈一卷晉戴逵五經大義一卷後魏常爽六經略注一卷後魏邯鄲綽五經析疑一卷後周樊文深七經義綱一卷漢石經尚書一卷魯詩一卷儀禮一卷公羊傳一卷論語一卷魏三字石經尚書一卷春秋一卷以上均馬國翰輯漢鄭玄駮五經異義一卷補遺一卷魏鄭小同鄭志三卷補遺三卷以上均王復武億同輯

小學類

爾雅補注六卷姜兆錫撰爾雅補郭二卷翟灝撰爾雅正義二十卷音義三卷邵晉涵撰爾雅補注四卷周春撰爾雅漢注三卷臧庸撰爾雅釋文補三卷錢大昭撰爾雅義疏二十卷郝懿行撰爾雅釋地以下四篇注四卷爾雅古義二卷錢坫撰爾雅古義二卷胡承珙撰爾雅小箋三卷江藩撰爾雅古義十二卷黃奭撰爾雅注疏本證誤五卷張宗泰撰爾雅匡名二十卷嚴元照撰爾雅補注殘本一卷劉玉麐撰爾雅詁二卷徐孚吉撰爾雅郭注補正三卷戴鎣撰爾雅經注集證三卷龍啟瑞撰爾雅正郭三卷潘衍桐撰爾雅古注斠三卷閨秀葉蕙心撰續方言二卷杭世駿撰方言校正十三卷盧文弨撰方言補校一卷劉台拱撰方言疏證十三卷戴震撰續方言補證一卷程際盛撰方言箋疏十三卷錢繹撰續方言疏證二卷沈齡撰釋名疏證八卷補遺一卷續釋名一卷江聲撰廣釋名二卷張金吾撰釋名補證一卷成蓉鏡撰廣雅疏義二十卷錢大昭撰廣雅疏證十卷王念孫撰小爾雅約注一卷朱駿聲撰小爾雅訓纂六卷宋翔鳳撰小爾雅義證十三卷胡承珙撰小爾雅疏八卷王煦撰小爾雅疏證五卷葛其仁撰補小爾雅釋度量衡一卷鄒伯奇撰字詁一卷黃生撰越語肯綮錄一卷毛奇齡撰連文釋義一卷王言撰別雅五卷吳玉搢撰經籍籑詁一百六卷附補遺一百六卷阮元撰比雅十九卷洪亮吉撰釋繒一卷任大椿撰通詁二卷李調元撰越言釋二卷茹敦和撰釋廟一卷釋車一卷釋帛一卷釋色一卷釋詞一卷釋農具一卷朱駿聲撰釋服一卷宋翔鳳撰釋穀一卷劉寶楠撰釋人注一卷孫馮翼撰釋祀一卷黃鑑舟撰拾雅二十卷夏味堂撰夏紀堂注騈字分箋二卷程際盛撰騈雅訓纂十六卷魏茂林撰周秦名字解詁補一卷王萱齡撰疊雅十三卷史夢蘭撰別雅訂五卷許瀚撰漢郭舍人爾雅注一卷漢樊光爾雅注一卷漢李巡爾雅注三卷魏孫炎爾雅注三卷音一卷晉郭璞爾雅音義一卷圖讚一卷梁沈旋集注爾雅一卷陳施乾爾雅音一卷陳謝嶠爾雅音一卷陳顧野王爾雅音一卷唐裴瑜爾雅注一卷以上均馬國翰輯吳韋昭辨釋名一卷黃奭輯

以上小學類訓詁之屬

康熙字典四十二卷康熙五十五年張玉書等奉敕撰字典考證三十六卷道光十一年王引之奉敕撰急就章考異一卷孫星衍撰急就姓氏補注一卷吳省蘭撰急就章音略一卷音略考證一卷王紹蘭撰急就章考證一卷鈕樹玉撰急就篇統箋一卷急就姓氏考一卷陳本禮撰急就篇考異一卷莊世驥撰說文廣義三卷王夫之撰說文引經考二卷吳玉搢撰說文繫傳考異四卷附錄一卷汪憲撰說文答問一卷錢大昕撰六書通十卷閔齊伋撰說文偏旁考二卷吳照撰說文舊音一卷音同字異辨一卷畢沅撰六書轉注古義考一卷曹仁虎撰說文解字段氏注三十卷六書音韻表五卷汲古閣說文訂一卷段玉裁撰惠氏讀說文記十五卷惠棟撰說文解字通正十四卷潘奕雋撰王氏讀說文記一卷說文解字校勘記一卷王念孫撰說文補考一卷漢學諧聲二十四卷古音論一卷附錄一卷戚學標撰說文古籀疏證六卷莊述祖撰說文古語考二卷程際盛撰六書轉注錄十卷洪亮吉撰說文解字義證五十卷說文段注鈔案一卷補一卷桂馥撰說文段注訂補十四卷王紹蘭撰說文徐氏新附考證一卷說文統釋序注一卷錢大昭撰說文解字斠詮十四卷錢坫撰說文述誼二卷毛際盛撰說文字原集注十六卷表一卷說一卷蔣和撰席氏讀說文記十五卷席世昌撰說文管見三卷胡秉虔撰六書說一卷江聲撰說文校義三十卷姚文田嚴可均同撰說文聲系十四卷說文解字考異十四卷偏旁舉略一卷姚文田撰說文翼十六卷說文聲類二卷說文訂訂一卷嚴可均撰說文五翼八卷王煦撰說文辨字正俗八卷李富孫撰說文解字羣經正字二十八卷邵英撰說文通訓定聲十八卷補遺一卷東韻一卷說雅一卷小學識餘四卷朱駿聲撰說文經字考一卷陳壽祺撰說文檢字二卷補遺一卷毛謨撰說文雙聲疊韻譜一卷鄧廷楨撰形聲類編五卷丁履恆撰說文段注札記一卷徐松撰讀說文證疑一卷陳詩庭撰小學說一卷吳夌雲撰說文古字考十四卷沈濤撰說文說一卷孫濟世撰說文繫傳校錄三十卷說文釋例二十卷說文補正二十卷說文解字句讀三十卷句讀補正三十卷說文韻譜校五卷新附考校正一卷正字略一卷文字蒙求四卷王筠撰說文諧聲譜九卷張成孫撰說文段注訂八卷說文新附考六卷續考一卷說文解字校錄三十卷說文玉篇校錄一卷鈕樹玉撰說文釋例二卷說文音韻表十八卷江沅撰說文段注匡謬八卷徐承慶撰說文辨疑一卷顧廣圻撰說文段注札記一卷龔自珍撰許氏說音四卷許桂林撰說文引經考異十六卷柳榮宗撰說文疑疑二卷附錄一卷孔廣居撰說文拈字七卷補遺二卷王玉樹撰說文校定本二卷朱士端撰說文答問疏證六卷薛傳均撰說文新附考六卷說文逸字二卷附錄一卷鄭珍撰說文聲讀考七卷說文聲訂二卷說文建首字讀一卷苗夔撰六書轉注說二卷夏炘撰說文諧聲孳生述一卷陳立撰說文引經考證八卷說文舉例一卷陳瑑撰讀說文記一卷許棫撰唐寫本說文木部箋異一卷莫友芝撰諧聲補逸十四卷附札記一卷宋保撰六書系韻二十四卷檢字二卷李貞撰說文雙聲二卷說文疊韻二卷劉熙載撰兒笘錄四卷俞樾撰印林遺著一卷許瀚撰說文段注撰要九卷馬壽齡撰說文外編十六卷說文引經例辨三卷雷浚撰說文揭原二卷說文發疑六卷汲古閣說文解字校記一卷張行孚撰說文解字索隱一卷補例一卷張度撰說文繫傳校勘記三卷承培元夏灝吳永康撰說文引經證例二十四卷承培元撰說文古籀補十四卷補遺一卷附錄一卷字說一卷吳大澂撰說文本經答問二卷說文淺說一卷鄭知同撰說文重文本部考一卷曾紀澤撰古籀拾遺三卷附宋政和禮器文字考一卷名原二卷孫詒讓撰說文引羣說故二十七卷鄭文焯撰說文解字引漢律令考二卷附錄一卷王仁俊撰淩民遺文一卷孫傳鳳撰小學考五十卷謝啓昆撰九經字樣疑一卷五經文字疑一卷孔繼涵撰汗簡箋正七卷鄭珍撰隸釋刊誤一卷黃丕烈撰復古編校正一卷附錄一卷葛鳴陽撰古音駢字續編五卷莊履豐莊鼎鉉同撰繆篆分韻五卷補一卷桂馥撰篆隸考異二卷周靖撰隸辨八卷顧藹吉撰隸法彙纂十卷項懷述撰漢隸拾遺一卷王念孫撰漢隸異同六卷甘揚聲撰隸通二卷錢慶曾撰隸篇十五卷續十五卷補十五卷翟云升撰金石文字辨異十二卷邢澍撰鐘鼎字源五卷汪立名撰積古齋鐘鼎彝器款識十卷阮元撰筠清館金文五卷吳榮光撰从古堂款識學十六卷徐同柏撰攈古錄金文九卷吳式芬撰兩罍軒彝器圖釋十二卷吳雲撰攀古樓彝器款識二卷潘祖蔭撰石鼓然疑一卷莊述祖撰石鼓文考釋一卷任兆麟撰石鼓文讀七種一卷吳東發撰石鼓文定本十卷沈梧撰續字彙補十二卷吳志伊撰字貫提要四十卷王錫侯撰字學辨正集成四卷姚心舜撰倉頡篇三卷續一卷補二卷孫星衍原輯任大椿續輯陶方琦補輯小學鉤沈十八卷任大椿輯字林考逸八卷補一卷任大椿原輯陶方琦補輯周太史籀篇一卷秦李斯等倉頡篇一卷漢司馬相如凡將篇一卷漢楊雄訓纂篇一卷漢杜林倉頡訓詁一卷漢服虔

通俗文一卷漢衛宏古文官書一卷漢蔡邕勸學篇一卷漢郭顯卿雜字指一卷魏張揖埤蒼一卷古今字詁一卷雜字一卷魏周成雜字解詁一卷吳朱育異字一卷吳項峻始學篇一卷晉索靖草書狀一卷晉衛恒四體書勢一卷晉葛洪要用字苑一卷晉束晳發蒙記一卷晉顧愷之啟蒙記一卷晉李彤字指一卷附單行字一卷宋何承天纂文一卷宋顏延之庭誥一卷纂要一卷詁幼一卷梁元帝纂要一卷梁阮孝緒文字集略一卷梁庾儼默演說文一卷梁樊恭廣蒼一卷後魏楊承慶字統一卷後魏江式古今文字表一卷隋曹憲文字指歸一卷隋諸葛潁桂苑珠叢一卷不著時代撰人分毫字樣一卷以上均馬國翰輯後魏宋世良字略一卷不著時代陸善經新字林一卷字書一卷唐開元文字音義一卷小學一卷以上均黃奭輯

以上小學類字書之屬

易音三卷詩本音十卷顧炎武撰詩叶韻辨一卷王夫之撰易韻四卷毛奇齡撰詩經叶音辨譌八卷劉維謙撰九經韻證一卷吳延華撰十三經音略十三卷周春撰詩音表一卷錢坫撰詩音辨二卷李調元撰詩聲類十二卷詩聲分例一卷孔廣森撰詩經韻讀四卷羣經韻讀一卷先秦韻讀一卷江有誥撰詩聲衍一卷劉逢祿撰毛詩雙聲疊韻說一卷王筠撰毛詩韻訂十卷苗夔撰三百篇原聲七卷夏味堂撰爾雅直音二卷王祖源撰唐韻正二十卷補正一卷顧炎武撰廣韻正四卷李因篤撰唐韻考五卷紀容舒撰唐韻四聲正一卷江有誥撰九經補韻考正一卷錢繹撰集韻考正十卷方成珪撰廣韻說一卷吳夌雲撰集韻校譌四卷羣經音辨校譌一卷陸心源撰音論三卷古音表二卷顧炎武撰古今通韻十二卷毛奇齡撰古今韻考四卷李因篤撰聲韻叢說一卷韻問一卷毛先舒撰古音通八卷柴紹炳撰古今韻略五卷邵長蘅撰古音正義一卷熊士伯撰聲韻圖譜一卷錢人麟撰古韻標準四卷江永撰聲韻考四卷聲類表十卷轉語二十章戴震撰聲類四卷音韻問答一卷錢大昕撰漢魏音四卷洪亮吉撰古音譜八卷姚文田撰古韻論三卷胡秉虔撰廿一部諧聲表一卷入聲表一卷江有誥撰古今韻準一卷朱駿聲撰歌麻古韻考四卷苗夔撰五音論二卷鄒漢勛撰述韻十卷夏燮撰古韻通說四卷龍啟瑞撰劉氏遺著一卷劉禧延撰韻府鉤沈四卷雷浚撰欽定叶韻彙輯五十八卷乾隆十五年梁詩正等奉敕撰榕村韻書五卷李光地撰韻岐四卷江昱撰詩韻析五卷附錄二卷汪紱撰官韻考異一卷吳省欽撰韻辨附文五卷沈兆霖撰詩韻辨字略五卷黃倬撰韻詁五卷補遺一卷方濬頤撰欽定音韻闡微十八卷韻譜一卷康熙五十四年李光地等奉敕撰欽定同文韻統六卷乾隆十五年莊親王允祿等奉敕撰欽定音韻述微三十卷乾隆三十八年敕撰類音八卷潘耒撰等切元聲十卷熊士伯撰四聲切韻表四卷音學辨微一卷江永撰沈氏四聲考二卷紀昀撰四聲韻和表五卷洪榜撰四聲易知錄四卷姚文田撰等韻叢說一卷江有誥撰字母辨一卷黃廷鑑撰四聲切韻表補正三卷汪曰楨撰劉氏碎金一卷中州切音論贅論一卷劉禧延撰四聲定切四卷劉熙載撰切韻表六卷外篇三卷陳澧撰翻切簡可篇二卷張燮承撰宋司馬光切韻指掌圖二卷附檢例一卷以上乾隆三十八年王際華等奉敕和魏李登聲類一卷晉呂靜韻集一卷北齊陽休之韻略一卷唐僧神珙四聲五音九弄反紐圖一卷以上均馬國翰輯宋李燊音譜一卷聲譜一卷唐孫愐唐韻二卷唐顏眞卿韻海鏡源一卷唐李舟均韻一卷以上均黃奭輯

以上小學類韻書之屬

西域同文志二十四卷乾隆二十八年傅恒等奉敕撰增訂清文鑑三十二卷補編四卷總綱八卷補總綱二卷乾隆三十六年傅恒等奉敕撰滿漢對音字式一卷乾隆三十七年敕撰滿州蒙古漢字三合切音清文鑑三十二卷乾隆四十四年阿桂等奉敕撰清文彙書十二卷李延基撰清文補彙八卷宗室宜興撰清文備考六卷戴穀撰清文啟蒙四卷舞格撰三合便覽十二卷不著撰人名氏清文總彙二卷不著撰人名氏

以上小學類清文之屬

清史稿　志

藝文二

史部十六類一曰正史類二曰編年類三曰紀事本末類四曰別史類五曰雜史類六曰詔令奏議類七曰傳記類八曰史鈔類九曰載記類十曰時令類十一曰地理類十二曰職官類十三曰政書類十四曰目錄類十五曰金石類十六曰史評類

正史類

明史三百三十六卷康熙十八年敕撰乾隆四年書成表進遼金元三史國語解四十六卷乾隆四十六年敕撰史記補注一卷方苞撰史記疑問一卷邵泰衢撰史記考證七卷杭世駿撰史記志疑三十六卷梁玉繩撰讀史記十表十卷汪越撰徐克范補史記天官書補目一卷考證十卷孫星衍撰史記律麻天官書正譌三卷王元啟撰史記三書釋疑三卷錢塘撰史記功比說一卷張錫瑜撰史記毛本正誤一卷丁晏撰校刊史記札記五卷張文虎撰史漢箋論十卷楊于果撰史漢駢枝一卷成蓉鏡撰漢書辨疑二十二卷錢大昭撰漢書拾遺一卷劉台拱撰漢書疏證三十六卷沈欽韓撰漢書注校補五十六卷周壽昌撰漢書管見四卷朱一新撰漢書補注一百卷王先謙撰漢初年月日表一卷姚文田撰漢書律麻志正譌二卷王元啟撰漢書地理志稽疑六卷全祖望撰漢書地理志補注一百三卷吳卓信撰新斠注漢書地理志十六卷錢坫撰漢書地理志校注二卷王紹蘭撰漢書地理志校本二卷汪遠孫撰漢志水道疏證四卷洪頤煊撰漢書地理志水道圖說七卷陳澧撰漢志釋地略漢志志疑一卷汪士鐸撰漢書地理志集釋十四卷西域傳補注二卷徐松撰漢西域圖考七卷李光廷撰漢書古今人表考九卷梁玉繩撰人表攷校補一卷續補一卷蔡雲撰漢書正誤四卷王峻撰漢書刊誤一卷石韞玉撰漢書注攷證一卷何若瑤撰兩漢朔閏表二卷附漢太初以前朔閏表一卷張其翻撰兩漢舉正五卷陳景雲撰後漢書補注二十四卷惠棟撰後漢書辨疑十一卷續後漢書辨疑九卷後漢書補表八卷補續漢書藝文志一卷後漢郡國令長攷一卷錢大昭撰後漢書疏證三十卷沈欽韓撰後漢書補注續一卷補後漢書藝文志四卷侯康撰後漢書注補正八卷周壽昌撰後漢書注又補一卷沈銘彝撰後漢書儒林傳補二卷李聿修撰後漢書補逸二十一卷姚之駰撰後漢書注刊誤一卷後漢公卿表一卷練恕撰後漢三公年表一卷華湛恩撰後漢書注攷證一卷何若瑤撰三國志舉正四卷陳景雲撰三國志攷證八卷潘眉撰三國志補注六卷杭世駿撰三國志續攷證一卷盧文弨撰三國志辨疑三卷錢大昭撰三國志注補六十五卷趙一清撰三國志補注十六卷沈欽韓撰三國志旁證三十卷梁章鉅撰三國志證聞二卷錢儀吉撰三國紀年表一卷周嘉猷撰補三國疆域志二卷洪亮吉撰三國職官表三卷洪飴孫撰三國志注續一卷補三國藝文志四卷侯康撰三國志注證遺四卷周壽昌撰晉書地理志新補正五卷畢沅撰東晉疆域志四卷洪亮吉撰晉書補傳贊一卷杭世駿撰補晉書兵志一卷錢儀吉撰晉書校勘記四卷周雲撰晉書校勘記三卷勞格撰補晉書藝文志四卷晉書校文五卷丁國鈞撰晉宋書故一卷補宋書刑法志一卷食貨志一卷郝懿行撰宋書州郡志校勘記一卷成蓉鏡撰補梁疆域志四卷洪齮孫撰魏書校勘記一卷王先謙撰北周公卿表一卷練恕撰南北史識疑四卷王懋竑撰補南北史表七卷周嘉猷撰補南北史志十四卷汪士鐸撰隋書經籍志考證十三卷章宗源撰隋書地理志考證九卷楊守敬撰新舊唐書互證二十卷趙紹祖撰舊唐書疑義四卷張道撰舊唐書校勘記六十六卷羅士琳劉文淇陳立劉毓崧同撰唐學士年表一卷錢大昕撰五代史志疑四卷楊陸榮撰五代史纂誤補四卷吳蘭庭撰五代史纂誤續補六卷吳光耀撰五代史纂誤補續一卷周壽昌撰舊五代史考異二卷邵晉涵撰新五代史注七十四卷彭元瑞劉鳳誥同撰五代紀年表一卷周嘉猷撰五代史地理考一卷練恕撰補五代史藝文志一卷顧櫰三撰五代學士年表一卷錢大昕撰宋史地理志校勘記一卷成蓉鏡撰宋史藝文志補一卷倪燦撰宋中興學士年表一卷宋修唐書史臣表一卷錢大昕撰遼史拾遺二十四卷補五卷厲鶚撰遼史拾遺續三卷楊復吉撰金史詳校十卷金源劄記二卷施國祁撰元史本證五十卷元史證誤二十三卷汪輝祖撰元史氏族表三卷補元史藝文志四卷錢大昕撰元史譯文證補三十卷洪鈞撰宋遼金元四史朔閏考二卷遼金元三史拾遺五卷錢大昕撰補遼金元三史藝文志一卷倪燦撰補遼金元三史藝文志一卷金門詔撰明史考證擴逸四十二卷王頌蔚撰二十二史考異一百卷諸史拾遺五卷錢大昕撰十七史商榷一百卷王鳴盛撰二十二史劄記三十六卷補遺一卷趙翼撰四史發伏十二卷洪亮吉撰讀史舉正八卷張熷撰諸史然疑一卷杭世駿撰諸史考異十八卷洪頤煊撰歷代史目表一卷洪飴孫撰宋薛居正等舊五代史一百五十卷目錄二卷宋吳縝五代史記纂誤三卷以上乾隆時奉敕輯漢書音義三卷補遺一卷臧鏞堂輯

編年類

太祖實錄十三卷崇德元年敕纂康熙二十一年聖祖重修雍正十二年勅加校訂太宗實錄六十八卷順治九年勅纂康熙十二年聖祖重修雍正十二年勅加校訂世祖實錄一百四十七卷康熙六年勅纂雍正十二年勅加校訂聖祖實錄三百三卷康熙六十一年勅纂世宗實錄一百五十九卷雍正十三年勅纂高宗實錄一千五百卷嘉慶四年勅纂仁宗實錄三百七十四卷道光四年勅纂宣宗實錄四百七十六卷咸豐二年勅纂文宗實錄三百五十六卷同治元年勅纂穆宗實錄三百七十四卷光緒五年勅纂德宗實錄五百六十一卷宣統時勅纂御批通鑑輯覽一百十六卷附明唐桂二王本末三卷乾隆三十二年傅恒等奉敕撰御定通鑑綱目三編四十卷乾隆四十年敕撰開國方略三十二卷乾隆三十八年敕撰竹書統箋十二卷徐文靖撰竹書紀年集證五十卷陳逢衡撰考定竹書十三卷孫之騄撰竹書紀年校正十四卷郝懿行撰校正竹書紀年二卷洪頤煊撰竹書紀年集注二卷陳詩撰竹書紀年校補二卷張宗泰撰考訂竹書紀年十四卷竹書紀年義證

四十卷雷學淇撰。竹書紀年補證四卷林春溥撰。資治通鑑後編一百八十四卷徐乾學撰。續資治通鑑後編校勘記十五卷夏震武撰。續資治通鑑三百二十卷畢沅撰。續資治通鑑長編拾補六十卷秦緗業撰。續資治通鑑長編拾遺六十卷黃以周撰。通鑑胡注舉正一卷陳景雲撰。通鑑注辨正二卷錢大昕撰。通鑑注商十八卷趙紹祖撰。通鑑刊本識誤三卷通鑑補略一卷張敦仁撰。通鑑校勘記七卷張瑛撰。通鑑地理今釋十六卷吳熙載撰。綱目訂誤四卷陳景雲撰。綱目分注補遺四卷芮長恤撰。通鑑綱目釋地糾繆六卷釋地補注六卷張庚撰。綱目志疑一卷華湛恩撰。讀通鑑綱目條記二十卷李述來撰。明鑑前紀二卷齊召南撰。明通鑑一百卷夏燮撰。明紀六十卷陳鶴撰。周季編略九卷黃式三撰。古史紀年十四卷古史考年異同表二卷戰國紀年六卷附年表一卷林春溥撰。國策編年一卷顧觀光撰。小腆紀年附考二十卷徐鼒撰。東華錄三十二卷蔣良騏撰。十朝東華錄四百二十五卷王先謙撰。咸豐朝東華續錄六十九卷潘頤福撰。光緒東華錄二百二十卷朱壽朋撰。滇雲歷年傳十二卷倪蛻撰。宋李燾續資治通鑑長編五百二十卷宋不著撰人兩朝綱目備要十六卷宋王益之西漢紀年三十卷宋熊克中興小紀四十卷以上乾隆時敕輯。陸機晉紀一卷干寶晉紀一卷習鑿齒漢晉春秋一卷鄧粲晉紀一卷孫盛晉陽秋一卷劉謙之晉紀一卷徐廣晉紀一卷檀道鸞續晉陽秋一卷劉道薈晉起居注一卷以上黃奭輯。晉紀五卷晉陽秋五卷漢晉春秋四卷三十國春秋十八卷以上湯球輯。

紀事本末類

平定三逆方略六十卷康熙二十一年勒德洪等奉敕撰。親征平定朔漠方略四十八卷康熙四十七年溫達等奉敕撰。平定金川方略三十二卷乾隆十三年來保等奉敕撰。平定準噶爾方略前編五十四卷正編八十五卷續編三十三卷乾隆三十七年傅恆等奉敕撰。臨清紀略十六卷乾隆四十二年于敏中等奉敕撰。平定兩金川方略一百五十二卷乾隆四十一年阿桂等奉敕撰。蘭州紀略二十卷乾隆四十六年敕撰。石峰堡紀略二十卷乾隆四十九年敕撰。臺灣紀略七十卷乾隆五十三年敕撰。安南紀略三十二卷乾隆五十六年敕撰。廓爾喀紀略五十四卷乾隆六十年敕撰。巴布勒紀略二十六卷乾隆時敕撰。平苗匪紀略五十二卷嘉慶二年鄂輝等奉敕撰。剿平三省邪匪方略前編三百六十一卷續編三十六卷附編十二卷嘉慶十五年慶桂等奉敕撰。平定教匪紀略四十二卷嘉慶二十一年托津等奉敕撰。平定回疆剿擒逆裔方略八十卷道光九年曹振鏞等奉敕撰。剿平粵匪方略四百二十卷同治十一年敕撰。剿平捻匪方略三百二十卷同治十一年敕撰。平定陝甘新疆回匪方略三百二十卷光緒二十二年敕撰。平定雲南回匪方略五十卷光緒二十二年敕撰。平定貴州苗匪紀略四十卷光緒二十二年敕撰。繹史一百六十卷馬驌撰。左傳紀事本末五十三卷高士奇撰。通鑑本末紀要八十一卷蔡毓榮撰。遼史紀事本末四十卷金史紀事本末五十二卷李有棠撰。明紀事本末八十卷谷應泰撰。續明紀事本末十八卷倪在田撰。明紀事本末補編十五卷彭孫貽撰。三藩紀事本末四卷楊陸榮撰。四藩始末四卷錢名世撰。綏寇紀略十二卷吳偉業撰。滇考二卷馮甦撰。皇朝武功紀盛四卷趙翼撰。聖武記十四卷魏源撰。平定羅剎方略四卷不著撰人名氏。平臺紀略一卷附東征集六卷藍鼎元撰。平定粵匪紀略十卷附記四卷杜文瀾撰。湘軍志十六卷王闓運撰。湘軍記二十卷王定安撰。平浙紀略十六卷秦緗業陳鍾英同撰。吳中平寇記八卷錢勗撰。淮軍平捻記十二卷周世澄撰。豫軍紀略十二卷尹耕雲撰。山東軍興紀略二十二卷不著撰人名氏。霆軍紀略十六卷陳昌撰。平定關隴紀略十三卷易孔昭胡孚駿同撰。粵東勦匪紀略五卷陳坤撰。平回志八卷楊毓秀撰。

剿定新疆記八卷魏光燾撰。浙東籌防錄四卷薛福成撰。國朝柔遠記十八卷王之春撰。中西紀事二十四卷夏燮撰。普法戰紀二十卷王韜撰。中東戰紀本末八卷蔡爾康撰。

別史類

歷代紀事年表一百卷康熙五十一年王之樞等奉敕撰。續通志五百二十七卷乾隆三十二年敕撰。逸周書補注二十二卷補遺一卷陳逢衡撰。汲冢周書輯要一卷郝懿行撰。逸周書集訓校釋十卷逸文一卷朱右曾撰。逸周書集訓校釋增校一卷朱駿聲撰。逸周書管箋十六卷丁宗洛撰。逸周書王會篇箋釋三卷何秋濤撰。校輯世本二卷雷學淇撰。世本輯補十卷秦嘉謨撰。帝王世紀考異一卷宋翔鳳撰。帝王世紀地名衍四卷迮鶴壽撰。春秋戰國異詞五十六卷陳厚耀撰。春秋紀傳五十一卷李鳳雛撰。尚史一百七卷李鍇撰。後漢書補逸二十一卷姚之駰撰。季漢書九十卷章陶撰。季漢書九十卷湯成烈撰。季漢五志十二卷王復禮撰。後漢書十四卷王廷璨撰。晉記六十八卷郭倫撰。晉略六十卷周濟撰。西魏書二十四卷謝啟昆撰。續唐書七十卷陳鱣撰。宋史翼四十卷陸心源撰。元史新編九十五卷魏源撰。元祕史注十五卷李文田撰。元史備志五卷王光魯撰。續宏簡錄四十二卷邵遠平撰。明書一百七十一卷傅維鱗撰。明史稿三百十卷王鴻緒撰。明史稿二十卷續二卷湯斌撰。擬明史列傳二十四卷汪琬撰。擬明史傳不分卷姜宸英撰。明史分稿殘編二卷方象英撰。明史擬傳六卷藝文志五卷外國志五卷尤侗撰。國史考異六卷潘檉章撰。開闢傳疑二卷林春溥撰。歷代甲子考一卷黃宗羲撰。二十一史年表十卷顧炎武撰。歷代史表五十九卷萬斯同撰。二十一史四譜五十四卷歷代世系紀年編一卷沈炳震撰。歷代帝王年表三卷齊召南撰。歷代帝王廟謚年諱譜一卷陸費墀撰。紀元要略二卷陳景雲撰。歷代建元考十卷鍾淵映撰。元號略四卷補遺一卷梁玉繩撰。紀元通考十二卷葉維庚撰。列代建元表十卷建元類聚考二卷錢東垣撰。紀元編三卷李兆洛撰。歷代統紀表十三卷段承基撰。漢劉珍東觀漢記二十四卷元郝經續後漢書九十卷乾隆時敕輯。世本一卷孫馮翼輯。漢宋衷世本注五卷張澍輯。七家後漢書二十一卷汪文臺撰。重訂謝承後漢書補逸五卷孫志祖輯。薛瑩後漢書一卷華嶠後漢書注一卷謝沈後漢書一卷袁山松後漢書一卷張璠後漢記一卷虞預晉書一卷朱鳳晉書一卷何法盛晉中興書一卷謝靈運晉書一卷臧榮緒晉書一卷衆家晉書一卷以上黃奭輯。九家舊晉書三十七卷湯球輯。

雜史類

蒙古源流八卷蒙古小徹辰薩囊台吉撰，乾隆四十二年敕譯。國語韋昭注疏十六卷洪亮吉撰。國語校文一卷汪中撰。國語補注一卷姚鼐撰。國語補校一卷劉台拱撰。國語補韋四卷黃模撰。國語三君注輯存四卷國語考異四卷國語發正二十一卷汪遠孫撰。國語翼解六卷陳瑑撰。國語釋地三卷譚澐撰。國語正義二十一卷董增齡撰。戰國策去毒二卷陸隴其撰。戰國策釋地二卷張琦撰。國策地名考二十卷程恩澤撰，狄子奇箋。讀戰國策隨筆一卷張尚瑗撰。戰國策札記三卷顧廣圻撰。武王克殷日記一卷滅國五十考一卷林春溥撰。考信錄提要二卷補上古考信錄二卷唐虞考信錄四卷夏考信錄二卷商考信錄二卷豐鎬考信錄八卷豐鎬別錄三卷考古續說二卷考信附錄二卷崔述撰。熹廟諒陰記一卷聖安本紀六卷明季實錄六卷顧炎武撰。南宋六陵遺事一卷庚申君遺事一卷萬斯同撰。見聞隨筆二卷馮甦撰。安南使事記一卷李仙根撰。建文帝後紀一卷邵遠平撰。武宗外紀一卷後鑒錄七卷毛奇齡撰。烈皇勤政記一卷思陵典禮記四卷孫承澤撰。三朝野紀七卷李遜之撰。宏光日錄四卷永歷實錄二十五卷行朝錄十二卷汰存錄一卷贛州失事記一卷紹武爭立記一卷舟山興廢記一卷四明山寨記一卷沙州定亂記一卷賜姓始末一卷鄭成功傳一卷滇考一卷日本乞師記一卷黃宗羲撰。永歷實錄二十六卷王夫之撰。魯春秋一卷查士佐撰。偽東宮偽后及黨禍記略一卷榆林城守記略一卷保定城守記略一卷揚州城守記略一卷戴田有撰。二申野錄八卷孫之騄撰。遜代陽秋二十八卷余美英撰。復社記事一卷吳偉業撰。社事始末一卷杜登春撰。啟禎野乘十六卷二集八卷鄒漪撰。蜀難敘略一卷沈荀蔚撰。金陵野鈔十四卷顧苓撰。甲申傳信錄十卷錢士馨撰。史外八卷汪有典撰。明季北略二十四卷南略十八卷計六奇撰。東南紀事十二卷西南紀事十二卷邵廷宷撰。南疆逸史三十卷卹謚錄八卷摭遺十八卷溫睿臨撰。南疆繹史五十八卷李瑤撰。海東逸史十八卷不著撰人名氏。爝火錄三十卷李本撰。小腆紀傳六十五卷徐鼒撰。補遺五卷考異一卷徐承禮撰。閩事紀略二卷華廷獻撰。平定耿逆記一卷李之芳撰。平閩記十三卷楊捷撰。嘯亭雜錄十卷續錄三卷禮親王昭槤撰。養吉齋叢錄二十二卷吳振棫撰。郞潛記聞初筆十四卷二筆十六卷三筆十二卷陳康祺撰。聖德紀略一卷儼直紀略一卷恩遇紀略一卷舊聞紀略一卷張鵬翮撰。宋不著撰人咸淳遺事二卷大金弔伐錄四卷元王鶚汝南遺事四卷乾隆時敕輯。國語賈注一卷蔣日豫輯。鄭衆國語解詁一卷賈逵國語注一卷唐固國語注一卷王肅國語章句一卷孔晁國語注一卷孔衍春秋後語一卷陸賈楚漢春秋一卷伏侯古今注一卷王粲英雄記一卷司馬彪戰略一卷九州春秋一卷傅暢晉諸公讚一卷荀綽晉後略一卷盧綝晉八王故事一卷晉四王遺事一卷以上黃奭輯。

詔令奏議類

太祖高皇帝聖訓四卷康熙二十五年敕編。太宗文皇帝聖訓六卷順治時敕編，康熙二十六年告成。世祖章皇帝聖訓六卷康熙二十六年敕編。親政綸音不分卷順治時敕編。聖祖仁皇帝聖訓六十卷雍正九年敕編。庭訓格言不分卷世宗御撰。聖諭廣訓不分卷雍正二年敕刊。上諭內閣一百五十九卷雍正七年敕刊，乾隆時續刊。硃批諭旨三百六十卷雍正十年敕編，乾隆三年告成。上諭八旗十三卷上諭旗務議覆十二卷諭行旗務奏議十三卷雍正九年敕編。訓飭州縣條規二十卷雍正八年敕刊。世宗憲皇帝聖訓三十六卷乾隆五年敕編。高宗純皇帝聖訓三百卷嘉慶十二年敕編。仁宗睿皇帝聖訓一百十卷道光四年敕編。宣宗成皇帝聖訓一百三十卷咸豐六年敕編。文宗顯皇帝聖訓一百十卷同治五年敕編。穆宗毅皇帝聖訓一百六十卷光緒五年敕編。明名臣奏議二十卷乾隆四十六年奉敕編。息齋疏草五卷金之俊撰。龔端毅奏議八卷附錄一卷龔鼎孳撰。孟忠毅公奏議二卷孟喬芳撰。趙忠襄奏疏存稿六卷趙良棟撰。張襄壯奏疏六卷張勇撰。兼濟堂奏議四卷魏裔介撰。寒松堂奏議四卷魏象樞撰。文襄公奏疏十五卷李之芳撰。撫虔奏議一卷佟國器撰。平岳疏議一卷平海疏議一卷萬正色撰。郝恭定集五卷郝惟訥撰。中山奏議四卷郝浴撰。靳文襄奏疏八卷靳輔撰。乾清門奏對記一卷湯斌撰。撫浙奏議一卷督閩奏議一卷范承謨撰。撫浙疏草五卷朱昌祚撰。撫吳封事八卷撫楚封事一卷撫黔封事一卷撫漕封事一卷輯瑞陳言一卷慕天顏撰。于山奏牘七卷于成龍撰。清忠堂奏疏不分卷朱宏祚撰。西臺奏議一卷京兆奏議一卷附曲徙錄一卷楊素蘊撰。楊黃門奏疏不分卷撫黔奏疏八卷楊雍建撰。華野疏稿五卷郭琇撰。河防疏略二十卷朱之錫撰。西陂奏疏六卷宋犖撰。督漕疏草二十二卷董訥撰。奏疏稿不分卷汪灝

撰 撫豫宣化錄四卷田文鏡撰 防河奏議十二卷嵇曾筠撰 平蠻奏疏一卷鄂爾泰撰 張公奏議二十四卷張鵬翮撰 條奏疏稿二卷蔣廷錫撰 奏疏十卷高其倬撰 望溪奏疏一卷方苞撰 尹元孚奏議十卷尹會一撰 裘文達奏議一卷裘日修撰 那文毅奏議八十卷那彥成撰 兩河奏疏不分卷嚴烺撰 思補齋奏稿偶存一卷潘世恩撰 恭壽堂奏議十二卷韓文綺撰 楚蒙山房奏疏五卷晏斯盛撰 東溟奏稿四卷姚瑩撰 林文忠政書三卷林則徐撰 陶雲汀先生奏奏三十二卷陶澍撰 耐菴奏議存稿十二卷賀長齡撰 吳文節遺集八十卷吳文鎔撰 張大司馬奏稿四卷張亮基撰 駱文忠奏議十六卷駱秉章撰 李文恭奏議二十二卷李星沅撰 李尙書政書八卷李宗羲撰 王侍郎奏議十卷王茂蔭撰 臺垣疏稿一卷丁壽昌撰 張文毅奏稿八卷張芾撰 曾文正奏稿三十二卷曾國藩撰 胡文忠奏稿五十二卷胡林翼撰 左文襄奏疏初編三十八卷續編七十六卷三編六卷左宗棠撰 曾忠襄奏疏六十一卷曾國荃撰 沈文肅政書十二卷沈葆楨撰 李忠武奏議一卷李續賓撰 劉中丞奏稿八卷劉崐撰 劉中丞奏議二十卷劉蓉撰 劉武愼奏稿十六卷劉長佑撰 彭剛直奏議八卷彭玉麟撰 郭侍郎奏疏十二卷郭嵩燾撰 岑襄勤奏稿三十卷岑毓英撰 丁文誠奏議二十六卷丁寶楨撰 毛尙書奏稿十六卷毛鴻賓撰 曾惠敏奏議六卷曾紀澤撰 出使奏疏二卷薛福成撰 養雲山莊奏稿四卷劉瑞芬撰 錢敏肅奏疏七卷錢鼎銘撰 黎文肅奏議十六卷黎培敬撰 許太常奏稿一卷許乃濟撰 豸華堂奏議十二卷金應麟撰 水流雲在館奏議二卷宋晉撰 吳柳堂奏疏一卷吳可讀撰 王文敏奏疏稿一卷王懿榮撰 袁太常戊戌條陳一卷袁昶撰 諫垣存稿四卷安維峻撰 李文忠政書一百六十五卷李鴻章撰 張宮保政書十二卷張之洞撰 端忠敏奏議十六卷端方撰 三賢政書十八卷湯斌宋犖張伯行撰 嘉定長白二先生奏議四卷徐致祥寶廷撰 宋陳次升讜論集五卷乾隆時敕輯

傳記類

宗室王公功績表傳十二卷乾隆四十六年敕撰 蒙古王公功績表傳十二卷乾隆四十四年敕撰 八旗滿洲氏族通譜八十卷乾隆九年敕撰 勝朝殉節諸臣錄十二卷乾隆四十一年敕撰 滿漢名臣傳八十卷貳臣十二卷叛臣傳四卷乾隆時敕撰 史傳三編五十六卷朱軾撰 歷代忠臣義士卓行錄八卷臧作銘撰 歷代名臣言行錄二十四卷朱桓撰 廣羣輔錄六卷徐汾撰 臣鑒錄二十卷蔣伊撰 歷代黨鑑五卷徐賓撰 續高士傳五卷高兆撰 續補高士傳三卷魏裔介撰 孝史類編十卷黃齊賢撰 元祐黨人傳十卷陸心源撰 明名臣言行錄四十五卷徐開任撰 崇禎五十宰相傳一卷年表一卷曹溶撰 明儒言行錄十卷續錄十卷沈佳撰 東林列傳二十四卷留溪外傳十八卷陳鼎撰 復社姓氏傳略十卷吳山嘉撰 國朝耆獻類徵初編七百二十卷編目十九卷李桓撰 碑傳集一百六十卷錢儀吉撰 續碑傳集八十六卷繆荃孫撰 國朝先正事略六十卷李元度撰 中興將帥別傳三十卷一作咸同以來功臣別傳一作中興名臣事略一作續先正事略 續編六卷朱孔彰撰 大清名臣言行錄一卷留保撰 文獻徵存錄十卷錢林撰 從政觀法錄三十卷朱方曾撰 初月樓聞見錄十卷續錄十卷吳德旋撰 學統五十六卷熊賜履撰 雒閩淵源錄十九卷張夏撰 聖學知統錄二卷聖學知統翼編二卷魏裔介撰 道統錄二卷附錄一卷道南源委六卷伊洛淵源續錄二十卷張伯行撰 儒林宗派十六卷萬斯同撰 理學宗傳二十六卷孫奇逢撰 理學宗傳辨正十六卷劉廷詔撰 宋元學案一百卷黃宗羲原本全祖望補編 明儒學案六十二卷黃宗羲撰 明儒林錄十九卷張恆撰 國朝學案小識十五卷唐鑑撰 國朝經學名儒記一卷張星鑑撰 國朝宋學淵源記二卷附記一卷江藩撰 國朝儒林文苑傳四卷阮元撰 康熙己未詞科錄十二卷秦瀛撰 鶴徵錄八卷李集李富孫李遇孫同撰 詞科掌錄十七卷餘話二卷杭世駿撰 鶴徵後錄十二卷李富孫撰 疇人傳四十六卷阮元撰 續疇人傳六卷羅士琳撰 疇人傳三編七卷諸可寶撰 國朝名家詩鈔小傳二卷鄭方坤撰 畿輔人物志二十卷孫承澤撰 洛學編四卷湯斌撰 中州人物考八卷孫奇逢撰 中州道學編二卷補編一卷耿介撰 關學編十卷廉偉然撰 東越儒林後傳一卷文苑後傳一卷陳壽祺撰 閩中理學淵源考九十二卷閩學志略十七卷李清馥撰 粵東名儒言行錄二十四卷鄧淳撰 豫章十代文獻略五十卷王模撰 金華徵獻略二十卷王崇炳撰 嘉禾徵獻錄四十六卷盛楓撰 松陵文獻錄十五卷潘檉章撰 海州文獻錄十六卷許喬林撰 吳門耆舊記一卷顧承撰 列女傳補注八卷附敘錄一卷校正一卷閨秀王照圓撰 列女傳校注八卷閨秀梁端撰 列女傳集注八卷閨秀蕭道管撰 廣列女傳二十卷劉開撰 勝朝彤史拾記六卷毛奇齡撰 賢媛類徵初編十二卷李桓撰 越女表微錄五卷汪輝祖撰 宋不著撰人慶元黨禁一卷京口耆舊傳九卷元辛文房唐子傳八卷以上乾隆時奉敕輯 魏稽康聖賢高士傳一卷後魏常景鑒戒象讚一卷以上馬國翰輯 趙岐三輔決錄一卷劉向孝子傳一卷蕭廣濟孝子傳一卷師覺授孝子傳一卷以上黃奭輯

以上傳記類總錄之屬

晏子春秋音義一卷孫星衍撰 晏子春秋校正一卷盧文弨撰 晏子春秋校勘一卷黃以周撰 周公年表一卷牟廷相撰 孔子年譜五卷楊方晃撰 孔子年譜輯注一卷江永撰黃定宜輯注 孔子編年注五卷胡培翬撰 至聖編年世紀二十四卷李灼黃晟同撰 先聖生卒年月考二卷孔廣牧撰 孔子世家考二卷仲尼弟子列傳考一卷鄭環撰 宗聖志十二卷孔允植撰 闕里文獻考一百卷孔繼汾撰 孔子世家補訂一卷孔門師弟年表一卷孔孟年表一卷孟子列傳纂一卷孟子時事年表一卷林春溥撰 孔子編年四卷孟子編年四卷狄子奇撰 洙泗考信錄四卷餘錄一卷孟子事實錄二卷崔述撰 孔子弟子門人考一卷孟子弟子門人考一卷朱彝尊撰 孟子年譜一卷黃玉蟾撰 孟子生卒年月考一卷閻若璩撰 孟子游歷考一卷潘眉撰 三遷志十二卷孟衍泰王特選仲蘊錦同撰 從祀名賢傳六卷常安撰 劉更生年表一卷梅毓撰 許君年表一卷陶方琦撰 鄭司農年譜一卷孫星衍撰 漢鄭君晉陶靖節魏陳思王唐陸宣公年譜四卷丁晏撰 鄭康成紀年一卷袁鈞撰 鄭學錄四卷鄭珍撰 諸葛忠武故事五卷張澍撰 忠武志八卷張鵬翮撰 王右軍年譜一卷魯一同撰 安定言行錄一卷丁寶書撰 濂溪周夫子志十五卷吳大鎔撰 增訂歐陽文忠年譜一卷朱文藻撰 胡少師年譜一卷胡培翬撰 王荊公年譜二十五卷雜錄二卷附錄一卷蔡上翔撰 米海岳年譜一卷翁方綱撰 考訂朱子世家一卷江永撰 朱子年譜四卷考異四卷附錄二卷王懋竑撰 重訂朱子年譜一卷褚寅亮撰 別本朱子年譜二卷附錄一卷黃中撰 陸象山年譜二卷李紱撰 楊文靖年譜二卷張夏撰 洪文惠年譜一卷洪文敏年譜一卷陸放翁年譜一卷王伯厚年譜一卷錢大昕撰 王深寧年譜一卷張大昌撰 謝皋羽年譜一卷徐沁撰 元遺山年譜三卷翁方綱撰 元遺山年譜二卷凌廷堪撰 元遺山年譜一卷施國祁撰 周文襄公年譜二卷周仁俊撰 李文正公年譜一卷法式善撰 王文成集傳本二卷毛奇齡撰 王弇州年譜一卷錢大昕撰 歸震川年譜一卷孫岱撰 楊升庵年譜一卷李調元撰 周忠介公遺事一卷彭定求撰 繆文貞公年譜一卷繆之鎔撰 袁督師事蹟一卷不著撰人氏名 倪文正公年譜一卷倪會鼎撰 黃忠端公年譜二卷黃炳垕撰 左忠毅年譜二卷左宰撰 張忠烈公年譜一卷趙之謙撰 劉子行狀二卷黃宗羲撰 蕺山年譜二卷劉汋撰 顧亭林年譜一卷吳映奎撰 顧亭林年譜四卷張穆撰 黃黎洲年譜二卷黃炳垕撰 孫夏峰年譜二卷湯斌撰 李二曲歷年紀略二卷惠靇嗣撰 楊園先生年譜四卷陳梓撰 楊園先生年譜一卷蘇惇元撰 顏習齋先生年譜二卷李塨撰 李恕谷先生年譜五卷馮辰撰 申鳧盟先生年譜一卷申涵煜申涵昐同撰 甯海將軍固山貝子功績錄一卷不著撰人氏名 漁洋山人自訂年譜注一卷惠棟撰 旋愚山年譜四卷施念曾撰 陸清獻年譜一卷羅以智撰 陸稼書年譜二卷吳光酉撰 閻潛邱年譜四卷張穆撰 朱文端公行述一卷朱必階撰 阿文成年譜二十四卷那彥成撰 錢文端公年譜三卷錢儀吉撰 王述庵年譜二卷嚴榮撰 孫文靖年譜一卷孫惠惇撰 黃崑圃年譜一卷黃叔琳撰 黃蕘圃年譜一卷江標撰 戴東原年譜一卷段玉裁撰 洪北江年譜一卷呂培撰 焦理堂事略一卷焦廷琥撰 寄圃老人自記年譜一卷孫玉庭撰 思補老人自訂年譜一卷潘世恩撰 石隱山人自訂年譜一卷朱駿聲撰 彭文敬自訂年譜一卷彭蘊章撰 翁文端年譜一卷翁同龢撰 駱文忠年譜一卷駱天保撰 曾文正年譜十二卷黎庶昌撰 曾文正公大事記四卷王定安撰 吳柳堂孤忠錄三卷傳嚴霖撰 豫章先賢九家年譜九卷四朝先賢六家年譜七卷楊希閔撰 四史疑年錄七卷阮元撰 歷代名人年譜十七卷吳榮光撰 疑年錄四卷錢大昕撰 續疑年錄四卷吳修撰 補疑年錄四卷錢椒撰 疑年賡錄二卷張鳴珂撰 三續疑年錄十卷陸心源撰

以上傳記類名人之屬

史鈔類

史緯三百三十卷陳允錫撰 讀史蒙拾一卷王士祿撰 廿一史約編十卷鄭元慶撰 漢書蒙拾三卷後漢書蒙拾二卷杭世駿撰 漢書古字類一卷郭夢星撰 國志蒙拾二卷郭麐撰 宋書瑣語一卷郝懿行撰 兩晉南北集珍六卷陳維崧撰 南史識小錄八卷北史識小錄八卷沈名蓀朱昆田同撰 南北史識小錄補正二十八卷張應昌撰 南北史捃華八卷周嘉猷撰 新舊唐書合鈔二百六十卷沈炳震撰

載記類

吳越春秋校文一卷蔣光煦撰 吳越春秋校勘記一卷逸文一卷顧觀光撰 讀吳越春秋一卷讀越絕書一卷俞樾撰 越絕書札記一卷逸文一名錢培名撰 增訂吳越備史五卷補遺一卷錢時鈺撰 補華陽國志三州郡縣目錄一卷廖寅撰 華陽國志勘記一卷顧觀光撰 十六國疆域志十六卷洪亮吉撰 十六國春秋輯補一百卷十六國春秋纂錄校本十卷湯球撰 十六國年表一卷張愉曾撰 十六國年表三十二卷孔尚質撰 西秦百官表一卷練恕撰 十國春秋一百十四卷吳任臣撰 拾遺一卷備考一卷周昂撰 南漢書十八卷考異十八卷叢錄二卷文字略二卷梁廷枏撰 南漢紀五卷地理志一卷金石志一卷吳蘭修撰 南唐拾遺記一卷毛先舒撰 西夏國志十六卷洪亮吉撰 西夏書事四十二卷吳廣成撰 西夏紀事本末三十六卷張鑑撰 西夏書十卷周春撰 西夏事略十六卷陳崑撰 晉陸翽鄴中記一卷唐樊綽蠻書十卷宋不著撰人江南餘載二卷乾隆時奉敕輯

時令類

月令輯要二十四卷圖說一卷康熙五十四年李光地等奉敕撰 古今類傳歲時部四卷董穀士董炳文同編 時令彙紀十六卷餘日事文四卷朱濂撰 月日紀古十二卷蕭智漢撰 節序同風錄十二卷孔尚任撰 七十二候考一卷曹仁虎撰 月令粹編二十四卷秦嘉謨撰 二十四史日月考二百三十六卷汪日楨撰 古今冬至表四卷譚澐撰 唐韓鄂四時纂要一卷馬國翰輯

地理類

皇輿表十六卷康熙四十三年喇沙里等奉敕撰方輿路程考略不分卷康熙時汪士鋐等奉敕撰大清一統志三百四十卷乾隆八年敕撰大清一統志五百卷乾隆二十九年敕撰皇朝職貢圖九卷乾隆十六年傅恆等奉敕撰歷代疆域表三卷沿革表三卷段長基撰歷代地理沿革表四十七卷陳芳績撰東晉南北朝輿地表二十一卷徐文范撰輿地沿革表四十卷楊丕復撰周末列國所有郡縣考一卷古國都今郡縣合考一卷閻鎮珩撰戰國地輿一卷林春溥撰楚漢諸侯疆域志三卷劉文淇撰歷代郡國考略三卷葉澧撰今古地理述二十卷王子音撰歷代地理沿革圖一卷輿地圖一卷歷代地理志韻編今釋二十卷皇朝輿地韻編二卷李兆洛撰王會新編一百四十五卷茹鉉撰乾隆府廳州縣志五十卷洪亮吉撰皇朝輿地全圖不分卷范祐誠撰大清一統輿圖三十卷胡林翼撰皇朝輿地韻編一卷輿地略一卷懷德撰郡縣分韻考十卷黃本驥撰肇域志一百卷天下郡國利病書一百二十卷顧炎武撰讀史方輿紀要一百三十卷形勢紀要九卷顧祖禹撰太平寰宇記補缺二卷陳蘭森撰山河兩戒考十四卷徐文靖撰晉太康三年地記一卷王隱晉書地道記一卷唐濮王泰等括地志一卷以上黃奭輯

以上地理類總志之屬

滿洲源流考二十卷乾隆四十二年阿桂等奉敕撰熱河志八十卷乾隆四十六年和珅等奉敕撰日下舊聞考一百二十卷乾隆三十九年敕撰日下舊聞四十二卷朱彝尊撰盛京通志一百二十卷乾隆四十四年阿桂等奉敕撰新疆識略十二卷道光元年汪廷珍等奉敕撰盛京通志四十八卷雷以䛊等修畿輔通志一百二十卷李衛等修畿輔通志三百卷李鴻章等修江南通志二百卷趙宏恩等修安徽通志二百六十卷陶澍等修安徽通志三百五十卷劉坤一等修江西通志二百六卷白潢等修江西通志一百六十二卷謝旻等修江西通志一百八十卷劉坤一等修浙江通志二百八十卷嵇曾筠等修福建通志七十八卷郝玉麟等修福建通志二百七十八卷吳棠等修湖廣通志八十卷徐國相等修湖廣通志一百二十卷邁柱等修湖北通志一百卷吳熊光等修湖南通志一百七十卷陳宏謀等修湖南通志二百二十八卷巴哈布等修湖南通志三百十五卷裕祿等修河南通志八十卷王士俊等修續河南通志八十卷阿思哈等修山東通志三十六卷岳濬等修山東通志六十四卷錢江等修山西通志二百三十卷覺羅石麟等修山西通志一百八十四卷張煦等修山西志輯要十卷雅德撰陝西通志一百卷劉於義等修甘肅通志五十卷許容等修甘肅通志一百卷長庚等修四川通志四十七卷黃廷桂等修四川通志二百二十六卷楊芳燦等修廣東通志六十四卷郝玉麟等修廣東通志三百三十四卷阮元等修廣西通志一百二十八卷金鉷等修廣西通志二百八十卷吉慶等修雲南通志三十卷鄂爾泰等修續雲南通志稿一百九十四卷王文韶等修貴州通志四十六卷鄂爾泰等修吉林通志一百二十二卷長順等修順天府志一百三十卷李鴻章等修保定府志八十卷李培祜等修承德府志六十卷海忠修永平府志七十二卷游智開修河間府志二十卷周嘉謨修天津府志四十卷李梅賓修天津府志五十四卷李鴻章修正定府志五十卷鄭大進修順德府志十六卷徐景曾修廣平府志二十四卷吳穀修大名府志二十二卷李㯌修大名府志六卷武蔚文修宣化府志四十二卷王畹修江甯府志五十六卷呂燕昭修江甯府志十五卷蘇啟勛修蘇州府志八十卷習寯撰蘇州府志一百六十卷石韞玉撰蘇州府志一百五十卷馮桂芬撰松江府志八十四卷宋如林修松江府志四十卷博潤修常州府志三十八卷于琨修淮安府志三十二卷顧棟高撰揚州府志四十卷張萬壽修揚州府志七十二卷張世浣修揚州府志三十卷晏端書撰徐州府志三十卷王峻修安慶府志三十二卷張楷修徽州府志八卷鄭交泰修甯國府志三十八卷魯銓修池州府志五十八卷張士範修太平府志四十四卷朱肇基修廬州府志五十四卷張祥雲修鳳陽府志二十一卷馮煦修潁州府志十卷王斂福修南昌府志七十六卷蔣良棟修饒州府志三十六卷黃家遴修廣信府志二十六卷康基淵修南康府志十二卷廖文英修九江府志二十二卷胡宗虞修建昌府志三十四卷姚文光修撫州府志四十五卷張四教修臨江府志十六卷施閏章撰瑞州府志二十四卷黃廷金修袁州府志十五卷陳喬樅撰吉安府志七十六卷盧崧修贛州府志七十八卷李本仁修南安府志二十卷陳奕禧撰南安府志三十二卷黃鳴珂修杭州府志四十卷馬鐸修杭州府志一百十卷鄭澐修嘉興府志十六卷吳永芳修嘉興府志八十卷伊湯安修嘉興府志九十卷許瑤光修湖錄一百五卷鄭元慶撰湖州府志十二卷程量修湖州府志四十八卷李堂修湖州府志九十六卷宗源瀚撰甯波府志三十六卷曹秉仁修紹興府志六十卷鄒僩周修紹興府志八十卷李亨特修台州府志十八卷馮甦修金華府志三十卷張藎修衢州府志三十五卷楊廷望修嚴州府志三十五卷吳士進修溫州府志三十卷汪爌修處州府志二十卷曹掄彬修處州府志三十二卷潘紹詒修福州府志七十六卷高景崧修泉州府志七十六卷章倬標修建甯府志四十八卷張琦修延平府志四十六卷徐震耀修汀州府志四十五卷曾曰瑛修邵武府志三十卷王琛修邵武府志二十四卷張鳳孫修漳州府志五十卷沈定均修福甯府志三十卷李拔修臺灣府志二十六卷六十七修武昌府志十二卷裴天錫修漢陽府志五十卷陶士偰修安陸府志三十六卷張尊德修襄陽府志四十卷陳鍔修鄖陽府志十卷王正常修鄖陽府志三十八卷楊廷耀修德安府志二十四卷傅鶴祥修黃州府志二十卷王勍修荊州府志五十八卷施廷樞修宜昌府志十六卷聶光鑾修施南府志三十卷松林修長沙府志五十卷呂肅高修岳州府志三十卷黃凝道修寶慶府志一百五十七卷黃宅中修衡州府志三十二卷饒佺修常德府志四十八卷應先烈撰辰州府志十一卷畢本烈修沅州府志四十卷張官五修永州府志十八卷宗績辰撰永順府志十二卷張天如修開封府志四十卷管竭忠修陳州府志三十卷崔應階修歸德府志三十六卷陳錫輅修彰州府志三十二卷湯康業修衛輝府志五十五卷德昌修懷慶府志三十二卷杜琮修河南府志一百十六卷施誠修南陽府志六卷孔傳金修汝甯府志三十卷德昌修濟南府志七十二卷王贈芳修泰安府志三十二卷成城修武定府志三十八卷李熙齡修兗州府志三十二卷陳顧㶁修沂州府志二十三卷李希賢修曹州府志二十二卷周尚質修東昌府志五十卷白潢修青州府志六十四卷毛永柏修登州府志六十九卷賈瑚修萊州府志十六卷嚴有禧修太原府志六十卷沈樹聲修平陽府志三十六卷章廷珪修蒲州府志二十四卷周景柱修潞安府志四十卷張淑渠修汾州府志三十六卷孫和相修澤州府志五十二卷朱樟修大同府志三十二卷吳輔宏修甯武府志十二卷周景柱修朔平府志十二卷劉士銘修西安府志八十卷嚴長明撰同州府志三十四卷李思繼修鳳翔府志十二卷達靈阿修漢中府志三十二卷嚴如熤撰興安府志三十卷葉世倬修延安府志八十卷張憲修榆林府志五十卷李熙齡修蘭州府志四卷陳如稷修西甯志七卷蘇銑修甘州府志十六卷鍾賡起修保甯府志六十二卷史觀修重慶府志九卷王夢庚修夔州府志三十六卷恩成修雅州府志二十卷陳鈞修廣州府志六十卷沈廷芳修肇慶府志二十一卷何夢瑤撰韶州府志十六卷唐宗堯修惠州府志二十卷呂應奎修惠州府志四十五卷劉淮年修潮州府志四十二卷廉州府志二十卷周碩勳修高州府志十六卷黃安濤撰雷州府志二十卷雷學海修瓊州府志四十四卷張岳崧撰平樂府志四十卷清桂修潯州府志三十九卷魏篤修鎮安府志八卷傅聚修雲南府志三十卷張毓修大理府志三十卷黃元治修臨安府志二十卷江濬源修楚雄府志十卷張嘉穎修澂江府志十六卷柳正芳修廣南府志四卷何愚修順甯府志十卷劉埥修曲靖府志八卷程封修麗江府志二卷萬咸燕修永昌府志二十六卷宣世濤修永北府志二十八卷陳奇典修東川府志二十卷方桂修思州府志八卷蔣深修鎮遠府志二十卷蔡宗建修銅仁府志十一卷徐誾修黎平府志四十一卷劉宇昌修遵義府志四十八卷鄭珍莫友之同撰遵化直隸州志十二卷劉靖修易州直隸州志十八卷張登高修冀州直隸州志二十卷范清曠修趙州直隸州志十卷祝萬祉修深州直隸州風土記二十二卷吳汝綸撰定州直隸州志四卷王榕吉修口北三廳志十八卷黃可潤修川沙廳志十四卷俞樾撰海州直隸州志三十二卷唐仲冕撰通州直隸州志十五卷王宜亨修廣德直隸州志五十卷周廣業修滁州直隸州志三十卷秦敎修和州直隸州志二十四卷夏煒修六安直隸州志五十卷周廣業修泗州直隸州志十八卷莫之翰修蓮花廳志十卷李其昌修甯州直隸州志三十二卷劉丙修定南廳志八卷賴勳修定海直隸廳志三十卷陳重威黃以周同撰玉環廳志四卷張坦龍修玉環廳志十五卷呂鴻燾修廈門廳志十六卷周凱修永春直隸州志十六卷龍巖直隸州志十六卷鄭一崧修噶瑪蘭廳志八卷董正官修淡水廳志十五卷陳培桂修荊門直隸州志十二卷黃昌輔修鶴峰直隸廳志十四卷吉鍾穎修澧州直隸州志二十八卷魏式曾修桂陽直隸州志二十七卷陳廷棨修鳳皇直隸廳志二十卷黃應培修永綏直隸廳志十八卷周玉衡修乾州直隸廳志十六卷趙文在修晃州直隸廳志四十四卷俞光振修靖州直隸州志十二卷汪尚文修郴州直隸州志四十三卷朱偓修鄭州直隸州志十二卷張鉞修許州直隸州志十六卷段汝舟修陝州直隸州志二十卷龔崧林修淅川直隸廳志九卷徐光第修汝州直隸州志十卷錢福昌修濟甯直隸州志三十四卷周永年盛百二同撰臨清直隸州志十一卷朱度修膠州直隸州志八卷於智修平定直隸州志十卷金明源修忻州直隸州志四十二卷方戊昌修代州直隸州志六卷吳重光修保德直隸州志十二卷王秉韜修霍州直隸州志二十五卷崔允臨修解州直隸州志十八卷言如泗修絳州直隸州志二十卷張成德修沁州直隸州志十卷雷鶴修商州直隸州志十四卷王如玖修潼關廳志九卷楊端本修定遠廳志二十六卷余修鳳修留壩廳志十卷賀仲瑊修漢陰廳志十卷錢鶴年修鄜州直隸州志十卷吳鳴捷修涇州直隸州志二卷張延福修階州直隸州志二卷林忠修秦州直隸州志十二卷任其昌修肅州直隸州志不分卷黃文煒修循化廳志八卷龔景瀚撰資州直隸州志三十卷劉烱修綿州直隸州志五十四卷范紹泗修茂州直隸州志四卷楊迦懌修馬邊廳志六卷周斯才修敘永直隸廳志四十六卷周偉業修江北廳志八卷宋煊修酉陽直隸州志二十四卷馮世瀛修忠州直隸州志八卷呂覲麟撰石砫直隸廳志十二卷王槐齡修眉州直隸州志十九卷徐長發修邛州直隸州志四十六卷吳鞏修連州直隸州志十二卷單興詩修連山直隸廳志一卷姚東之修南雄直隸州志三十四卷黃其勤修嘉應直隸州志十二卷王之正修欽州直隸州志十二卷朱椿年修陽江直隸州志八卷胡瑃修崖州直隸州志十卷宋錦修景東直隸廳志二十八卷羅含章修廣西府志二十六卷周埰修元江直隸州志四卷廣裕修蒙化直隸廳志六卷徐時行修永北府志二十八卷陳奇典修鎮邊撫彝直隸廳志八卷謝體仁修永清縣志二十四卷章學誠撰遷安府志二十卷撫甯縣志十二卷史夢蘭撰靈壽縣志十卷陸隴其撰上元江甯志三十卷莫友芝甘紹盤同撰高淳縣志二十八卷張裕釗撰吳江縣志四十六卷郭琇撰黎里志十六卷徐達源撰崇明縣志十

八卷李聯琇撰華亭縣志二十四卷姚光發張文虎撰婁縣志三十卷陸錫熊撰上海縣志二十卷李林松撰南滙縣志二十二卷張文虎撰青浦縣志四十卷王昶撰武進陽湖縣志三十卷湯成烈撰無錫金匱縣志四十卷秦緗業撰宜興荊溪縣志十卷吳德旋撰荊溪縣志四卷唐仲冕撰丹徒縣志六十卷呂耀斗撰寶應圖經六卷劉寶楠撰邳州志二十卷清河縣志二十四卷魯一同撰山陽縣志二十一卷何紹基丁晏同撰合肥縣志三十六卷左輔撰鳳臺縣志十二卷李兆洛撰弋陽縣志十四卷宜春縣志十五卷分宜縣志十五卷萬載縣志十八卷陳喬樅撰海昌備志十六卷錢泰吉撰海鹽縣續圖經七卷王爲珪撰南潯鎮志四十一卷汪曰楨撰黃巖縣志四十卷王詠霓撰羅源縣志三十卷林春溥撰臺灣縣志十七卷王禮撰黃岡縣志二十四卷劉恭冕撰麻城縣志五十六卷潘頤福撰東湖縣志三十卷王柏心撰湘陰縣志三十六卷郭嵩燾撰武陵縣志三十一卷楊丕復楊彝珍同撰龍陽縣志三十一卷黃教鎔撰杞紀二十二卷張楨撰孟縣志十卷馮敏昌撰偃師縣志三十卷孫星衍撰登封縣志二十八卷洪亮吉撰新城縣志十四卷王士禎撰曲阜縣志二十六卷孔毓琚撰聊城縣志四卷傅以漸撰雲石縣志十二卷王志溫撰澄城縣志二十一卷洪亮吉孫星衍同撰武威縣志一卷鎮番縣志一卷永昌縣志一卷古浪縣志一卷平番縣志一卷張昭美撰什邡縣志五十四卷紀大奎撰羅江縣志十卷李調元撰遂甯縣志六卷張鵬翮撰新會縣志十四卷黃培芳曾釗同撰師宗州志二卷夏治元撰彌勒州志二十七卷王緯撰祿勸州志二卷李廷宰撰永甯州志十二卷沈毓蘭撰

以上地理類都會郡縣之屬

盤山志二十一卷乾隆十九年蔣溥等奉敕撰清涼山新志十卷康熙間敕撰萬山綱目二十一卷李誠撰長白山錄一卷補遺一卷王士禎撰萬歲山考證一卷昌平山水記二卷岱岳記一卷顧炎武撰泰山志二十卷金棨撰泰山道里記一卷聶鈫撰岱覽三十二卷唐仲冕撰泰山述記十卷宋思仁撰說嵩三十二卷嵩岳廟史十卷景日昣撰南岳志八卷高自位撰嶽麓志八卷趙寧撰華岳志八卷李榕撰恆岳志三卷張崇德撰恆山志五卷桂敬順撰攝山志八卷陳毅撰寶華山志十五卷劉名芳撰盋山志八卷顧雲撰茅山志十四卷笪重光撰北固山志二卷釋了璞撰金山志略四卷釋行海撰焦山志二十六卷吳雲撰虎邱山志二十四卷顧詒祿撰慧山記續編四卷邵涵初撰黃山志七卷閔麟嗣撰九華紀勝二十三卷齊山巖洞志二十六卷陳蔚撰廬山小志二十四卷蔡瀛撰青源山志略十三卷施閏章撰四明山志九卷黃宗羲撰普陀山志十五卷朱謹陳璿同撰西天目祖山志八卷釋廣賓撰天台山全志十六卷張聯元撰廣雁蕩山志三十卷曾唯撰天竺山志十二卷管廷芬撰武夷山新志二十四卷董天工撰麻姑山丹霞洞天志十七卷羅森撰鼓山志十二卷釋元賢撰大別山志十卷黃鶴山志十二卷胡鳳丹撰蓮峰志五卷王夫之撰洛陽龍門志一卷路朝霖撰太岳太和山紀略八卷王槩撰峩眉山志十八卷蔣超撰羅浮山志會編二十二卷宋廣業撰西樵志六卷馬符錄撰桂鬱巖洞志一卷賈敦臨撰雞足山志十卷范承勳撰水經注集釋訂譌四十卷沈炳巽撰水經注釋四十卷刊誤十二卷附錄一卷趙一清撰水經注校三十卷水地記一卷戴震撰水經注校正四十卷補遺一卷附錄一卷全祖望撰水經注釋地四十卷水道直指一卷補遺一卷張匡學撰水經釋地八卷孔繼涵撰水經注疏證四十卷沈欽韓撰水經注圖說殘稿四卷董祐誠撰水經注西南諸水考三卷陳澧撰水經注洛涇二水補一卷謝鍾英撰水經注圖二卷汪士鐸撰合校水經注四十卷附錄二卷王先謙撰河源紀略三十六卷乾隆四十七年紀昀陸錫熊等奉敕撰今水經一卷黃宗羲撰水道提綱二十八卷齊召南撰江源說一卷查拉吳麟撰導江三議一卷王柏心撰長江圖說十二卷黃翼升撰淮流一勺二卷范以煦撰崑崙河源考一卷萬斯同撰黃河全圖五卷吳大澂倪文蔚同撰中國黃河經緯度圖一卷梅啟照撰歷代黃河變遷圖考四卷劉鶚撰東西二漢水辨一卷王士禎撰漢水發源考一卷王筠撰直隸河渠志一卷陳儀撰二渠九河圖考一卷孫彤撰永定河志三十二卷李逢亨撰西域水道記五卷徐松撰關中水道記一卷孫彤撰蜀水考四卷陳登龍撰汴水說一卷朱際虞撰漳水圖經一卷姚東之撰山東全河備考四卷葉方恆撰山東運河備覽十二卷陸燿撰揚州水道記四卷劉文淇撰太湖備考十六卷金友理撰新劉河志一卷婁江志一卷顧士璉撰水經流考一卷朱際虞撰浙江圖考三卷阮元撰洞庭湖志十四卷萬年淳撰兩河清彙八卷薛鳳祚撰河紀二卷孫承澤撰居濟一得八卷張伯行撰治河奏續書四卷靳輔撰畿輔水利輯覽一卷水利營田圖說一卷畿輔河道管見一卷水利私議一卷吳邦慶撰河防芻議六卷崔維雅撰畿輔水利四案四卷附錄一卷潘錫恩撰畿輔安瀾志十卷王履泰撰畿輔水利議一卷林則徐撰北河續記八卷閻廷謨撰行水金鑑一百七十五卷傅澤洪撰續行水金鑑一百五十六卷黎世序撰五省溝洫圖說一卷沈夢蘭撰西北水利議一卷許承宣撰東南水利八卷沈愷曾撰明江南治水記一卷陳士鑛撰三吳水利條議一卷錢中諧撰江蘇水利圖說二十一卷陶澍撰江蘇水利全案正編四十卷附編十二卷李慶雲撰浙西水利備考八卷王鳳生撰西湖水利考一卷吳農祥撰蕭山水利書七卷來鴻雯張文瑞張學懋同撰湘湖水利志三卷毛奇齡撰海塘新志六卷兩浙海塘通志二十卷方觀承撰海塘擥要十二卷楊鑅撰捍海塘志一卷錢文瀚撰海塘錄二十六卷翟均廉撰海道圖說十五卷金約撰元沙克什河防通議二卷王喜治河圖略一卷以上乾隆時奉敕輯

以上地理類山川河渠之屬

西域圖志五十二卷乾隆二十一年劉統勳等奉敕撰藩部要略十八卷西陲要略四卷西域釋地一卷西域行程記一卷萬里行程記四卷祁韻士撰蒙古游牧記十六卷張穆撰漢西域圖考七卷李光廷撰西陲總統事略十二卷松筠撰西域聞見錄八卷七十一撰衛藏圖志五十卷盛繩祖撰西藏通考八卷黃沛翹撰康輶紀行十六卷姚瑩撰金川瑣記六卷李心衡撰西游記金山以東釋一卷沈垚撰朔方備乘八十五卷何秋濤撰三州輯略九卷和甯撰蠻司合志十五卷毛奇齡撰楚南苗志六卷段汝霖撰苗防備覽二十二卷三省邊防備覽十六卷嚴如熤撰苗蠻合志二卷曹樹翹撰楚峒志略一卷吳省蘭撰雲緬山川志一卷李榮陛撰臺灣紀略一卷林謙光撰澎湖紀略十二卷胡建偉撰澳門記略二卷印光任張汝霖同撰海防述略一卷杜臻撰海防備覽十卷薛傳源撰防海輯要十八卷圖一卷俞昌會撰洋防輯要二十四卷嚴如熤撰

以上地理類邊防之屬

西湖志纂十二卷乾隆十六年梁詩正等奉敕撰歷代帝王宅京記二十卷顧炎武撰歷代陵寢備考五十卷宗廟附考八卷朱孔陽撰帝陵圖說四卷梁份撰唐兩京城坊考五卷徐松撰宋東京考二十卷周城撰圓明園記一卷黃凱鈞撰南宋古蹟考二卷周春撰北平古今記十卷建康古今記十卷營平二州地名記一卷山東考古錄一卷譎觚一卷顧炎武撰關中勝蹟圖志三十二卷畢沅撰江城名蹟二卷陳宏緒撰潞城考古錄二卷劉鍚信撰兩浙防護錄不分卷阮元撰西湖志四十六卷傅玉露撰先聖廟林記一卷屈大均撰闕里廣志二十卷宋際李慶長同撰闕里述聞十四卷鄭曉如撰倉聖廟志一卷祝炳森撰梅里志四卷吳存禮撰伍公廟志六卷金志章撰臥龍岡志二卷羅景星撰鸚鵡洲志四卷胡鳳丹撰蘭亭志一卷王復禮撰南岳二賢祠志八卷尹繼隆撰濂溪志七卷周誥撰岳廟志略十卷馮培撰于忠肅公祠墓錄十二卷丁丙撰平山堂小志十二卷程夢星撰滄浪小志二卷宋犖撰竹垞小志五卷阮元撰白鹿書院志十九卷毛德琦撰鵝湖講會彙編十二卷鄭之僑撰明道書院紀續四卷章秉法撰東林書院志二十二卷高嵀高廷珍高陛許獻同撰毓文書院志八卷洪亮吉撰學海堂志一卷林伯桐撰文瀾閣志二卷孫樹禮等撰

以上地理類古蹟之屬

宸垣識略十六卷吳長元撰天府廣記四十四卷孫承澤撰金鰲退食筆記二卷高士奇撰松亭行紀二卷塞北小鈔一卷東巡扈從日錄一卷西巡扈從日錄二卷高士奇撰都門紀略四卷楊靜亭撰盛京疆域考六卷楊同桂孫宗瀚同撰遼載前集二卷林本裕撰吉林外紀十卷薩英額撰黑龍江外紀四卷西清撰龍江述略六卷徐宗亮撰龍沙紀略一卷方式濟撰甯古塔紀略一卷吳振臣撰柳邊紀略五卷楊賓撰封長白山記一卷方象瑛撰畿輔地名考三卷王灝撰顏山雜記四卷孫廷銓撰津門雜記三卷張燾撰江南星野辨一卷葉燮撰三吳采風類記十卷張大純撰百城烟水九卷徐崧張大純同撰白下瑣言十卷甘熙撰清嘉錄十二卷顧祿撰具區志十六卷翁澍撰林屋民風十二卷王維德撰廣陵通典三十卷汪中撰廣陵事略七卷姚文田撰揚州畫舫錄十八卷李斗撰邗記六卷北湖小志五卷焦循撰淮壖小記六卷范以煦撰桃溪客語五卷吳騫撰太倉風俗記一卷程穆衡撰雲間第宅志一卷王澐撰皖省志略四卷朱雲錦撰皖游紀略二卷陳克劬撰姑孰備考八卷夏之符撰杏花村志十二卷郎遂撰二樓小志四卷程元愈撰汪越沈廷儒補潯陽蹠醢六卷文行遠撰東鄉風土記一卷鵝湖書田志四卷吳嵩梁撰浙江通志圖說一卷沈德潛撰杭志三詰三誤辨一卷毛奇齡撰武林志餘三十二卷張暘撰西湖夢尋五卷張岱撰西湖覽勝志十四卷夏基撰增修雲林寺志八卷厲鶚撰武林第宅考一卷柯汝霖撰東城雜記四卷厲鶚撰北隅掌錄二卷黃士珣撰清波小志二卷徐逢吉撰南湖紀略六卷邵晙撰龍井見聞錄六卷汪孟鋗撰定鄉小志十六卷張道撰湖壖雜記一卷北墅瑣言一卷陸次雲撰唐棲景物略二卷張芈菴撰乍浦九山補志十二卷李確撰峽石山水志一卷蔣宏任撰濮川所聞錄六卷金淮濮璜同撰海昌外志不分卷談遷撰石柱記箋釋五卷鄭元慶撰四明談助十六卷徐兆昺撰越中觀感錄一卷陳錦撰蕭山縣志刊誤三卷毛奇齡撰僑陽雜錄一卷張大來撰甌江逸志一卷勞大與撰江心志十二卷釋元奇撰閩越巡視紀略六卷杜臻撰閩小紀四卷周亮工撰續閩小紀一卷黎定國撰臺海使槎錄八卷黃叔璥撰東槎紀略五卷姚瑩撰中州雜俎三十五卷汪价撰鄂署雜鈔十二卷汪爲熹撰光緒湖北輿地記二十四卷不著撰人名氏漢口叢談六卷范鍇撰監利風土記一卷王柏心撰湖南方物志八卷黃本驥撰浯溪考二卷王士禎撰灃志舉要三卷補一卷潘相撰海岱史略一百三十卷王馭超撰濟甯圖記二卷王元啓撰海岱日記一卷張榕端撰雲中紀程二卷高懋功撰高平物產記二卷鄒漢勛撰河套志六卷陳履中撰延綏鎮志六卷譚吉璁撰陝西南山谷口考一卷毛鳳梧撰三省山內風土雜記一卷嚴如熤撰新疆大記六卷闞鳳樓撰伊犂日記二卷天山客話二卷洪亮吉撰荷戈紀程一卷林則徐撰輪臺雜記二卷史善長撰蜀徼紀聞四卷隴蜀餘聞一卷王士禎撰蜀典十二卷張澍撰蜀都碎事六卷陳祥裔撰錦江脞記十二卷戴鑅撰廣東新語二十六卷屈大均撰羊城古鈔八卷仇巨川撰廣州游覽志一卷王士禎撰嶺南雜記二卷吳震方撰韓江聞見錄十卷鄭昌時撰南粵筆記十六卷李調元撰嶺海見聞四卷錢以塏撰粵行紀事三卷瞿昌文撰嶺

南風物記一卷吳綺撰連陽八排風土記八卷李來章撰惠陽山水紀勝四卷吳騫撰星餘筆記一卷王鉞撰粵西偶記一卷陸祚蕃撰桂游日記三卷張維屏撰滇繫四十卷師範撰雲南備徵志二十一卷王崧撰滇南雜志二十四卷曹樹翹撰滇海虞衡志十三卷檀萃撰洱海叢談一卷釋同揆撰滇黔土司婚禮記一卷陳鼎撰黔書二卷田雯撰續黔書八卷張澍撰黔記四卷李宗昉撰黔話二卷吳振棫撰黔軺紀程一卷黎培敬撰淮西見聞記一卷俞慶遠撰唐劉恂嶺表錄異三卷元訥新河朔訪古記二卷以上乾隆時奉敕輯

以上地理類雜志之屬

海國聞見錄二卷陳倫炯撰坤輿圖志二卷西洋南懷仁撰異域錄一卷圖理琛撰八紘譯史四卷紀餘四卷八紘荒史一卷陸次雲撰海錄二卷楊炳南撰瀛寰志略十卷徐繼畬撰海國圖志一百卷魏源撰朝鮮史略六卷不著撰人氏名朝鮮載記備編二卷朝鮮史表一卷周家祿撰奉使朝鮮日記一卷柏葰撰朝鮮箕田考一卷韓百謙撰越史略三卷不著撰人氏名海外紀事六卷釋大汕撰安南史事記一卷李仙根撰安南紀游一卷潘鼎珪撰越南世系沿革略一卷越南山川略一卷中外交界各隘卡略一卷徐延旭撰中山沿革志二卷汪楫撰中山傳信錄六卷徐葆光撰琉球志略十五卷周煌撰續琉球志略五卷費錫章撰中山見聞辨異二卷黃景福撰記琉球入學始末一卷王士禎撰琉球入學見聞錄四卷潘相撰琉球朝貢考一卷王韜撰緬述一卷彭崧毓撰緬事述聞一卷師範撰緬甸瑣記一卷傅顯撰征緬紀聞一卷王昶撰從征緬甸日記一卷朱裕撰滇緬邊界紀略一卷不著撰人氏名暹邏考略一卷龔柴撰暹邏別記一卷李光廷撰日本外史二十二卷賴襄撰日本圖經三十卷傅雲龍撰日本圖志四十卷黃遵憲撰日本新政考二卷顧厚焜撰東槎聞見錄四卷陳家麟撰使東雜記一卷何如璋撰東游叢錄四卷吳汝綸撰使俄羅斯行程錄一卷張鵬翮撰綏服紀略一卷松筠撰俄羅斯國紀要一卷林則徐撰俄游彙編十二卷繆祐孫撰俄羅斯疆界碑記一卷徐元文撰吉林勘界記一卷吳大澂撰中俄交界圖不分卷洪鈞撰西北邊界俄文譯漢圖例言一卷帕米爾圖說一卷許景澄撰東三省韓俄交界表一卷聶士成撰使俄草八卷王之春撰英吉利考略一卷汪文臺撰英政概一卷英藩政概四卷法政概一卷劉錫彤撰法國志略二十四卷王韜撰英法德俄四國志略四卷沈敦和撰美利加圖經三十二卷傅雲龍撰初使泰西記一卷宜厚撰乘槎筆記一卷斌春撰使西紀程一卷郭嵩燾撰奉使英倫記一卷黎庶昌撰英軺私記一卷劉錫鴻撰西軺紀略四卷劉瑞芬撰出使英法日記二卷曾紀澤撰出使英法義比日記六卷續十卷薛福成撰出使美日秘日記十六卷崔國因撰使德日記一卷李鳳苞撰李傅相歷聘歐美記二卷蔡爾康編三洲日記八卷張蔭桓撰游歷巴西國經十卷游歷圖經餘記十五卷傅雲龍撰使美紀略一卷陳蘭彬撰四述奇十六卷張德彝撰環游地球新錄四卷李圭撰西史綱目二十卷周維翰撰邊事彙鈔十二卷續鈔七卷朱克敬撰宋趙汝适諸蕃志二卷乾隆時奉敕輯

以上地理類外志之屬

職官類

詞林典故八卷乾隆九年鄂爾泰等奉敕撰皇朝詞林典故六十四卷嘉慶十年朱珪等奉敕撰國子監志六十二卷乾隆四十三年梁國治等奉敕撰歷代職官表六十三卷乾隆四十五年敕撰刑部則例二卷康熙十八年敕撰工部則例五十卷乾隆十四年史貽直等奉敕撰工部續增則例九十五卷乾隆二十四年史貽直奉敕撰吏部則例六十六卷乾隆三十七年傅恆等奉敕撰戶部則例一百二十卷乾隆四十一年于敏中等奉敕撰戶部則例一百卷同治十二年潘祖蔭等奉敕撰禮部則例一百九十四卷乾隆四十九年德保等奉敕撰兵部處分則例三十九卷道光五年明亮等奉敕撰金吾事例十卷咸豐三年步軍統領衙門奉敕撰內務府則例四卷光緒十年福錕等奉敕撰宗人府則例二十卷光緒十四年世鐸等奉敕撰理藩院則例六十四卷光緒十七年松森等奉敕撰光祿寺則例九十卷官本古官制考一卷王寶仁撰歷代官制考略二卷葉標撰漢官答問五卷陳樹鏞撰漢州郡縣吏制考一卷強汝詢撰唐折衝府考四卷勞經撰樞垣紀略十六卷梁章鉅撰重修樞垣紀略二十六卷朱智等撰中書典故考八卷王正功撰槐廳載筆二十卷清秘述聞十六卷法式善撰清秘述聞續十六卷王家相撰國朝翰詹源流編年二卷館選爵里諡法考二卷吳鼎雯撰南臺舊聞十六卷黃叔璥撰春曹儀注一卷王士禎撰南省公餘錄八卷梁章鉅撰宋程俱麟臺故事五卷陳騤南宋館閣錄十卷不知撰人續錄十卷以上乾隆時奉敕輯

以上職官類官制之屬

人臣儆心錄一卷順治十二年世祖御撰朋黨論一卷雍正三年世宗御撰訓飭州縣條規二十卷雍正八年敕撰政學錄五卷鄭端撰爲政第一編八卷孫鋐撰百僚金鑑十二卷牛天宿撰臣鑑錄二十卷蔣伊撰大臣法則八卷謝文洊撰學仕遺規八卷在官法戒錄四卷陳宏謀撰居官日省錄六卷烏爾通阿撰居官寡過錄六卷李元春撰臨民金鏡錄一卷澹殿成撰從政餘談一卷王定柱撰學治臆說二卷續說一卷說贅一卷汪輝祖撰庸吏庸言二卷庸吏餘談二卷蜀僚問答一卷劉衡撰牧令書二十三卷徐棟撰勸諭牧令文一卷黃輔辰撰勸戒淺語一卷曾國藩撰吏治輯要一卷倭仁撰福惠全書三十二卷黃六鴻撰道齊正軌二十卷鄭鳴鎬撰圖民錄四卷袁守定撰富教初桄錄二卷宗源瀚撰宦海慈航一卷周壎撰不著撰人州縣提綱四卷乾隆時敕輯

以上職官類官箴之屬

政書類

大清會典二百五十卷起崇德元年迄康熙二十五年聖祖敕撰自康熙二十六年至雍正五年世宗敕撰雍正十年刊大清會典一百卷會典則例一百八十卷乾隆二十六年履親王允祹奉敕撰大清會典八十卷圖一百三十二卷事例九百二十卷嘉慶二十三年敕撰大清會典一百卷圖二百七十卷事例一千二百二十卷光緒二十五年敕撰續通典一百四十四卷乾隆三十二年敕撰續文獻通考二百五十二卷乾隆十二年敕撰皇朝通典一百卷乾隆三十二年敕撰皇朝通志二百卷乾隆三十二年敕撰皇朝文獻通考二百六十六卷乾隆十二年敕撰元朝典故編年考十卷孫承澤撰明會要八十卷龍文彬撰宋李攸宋朝事實二十卷乾隆時敕輯

以上政書類通制之屬

幸魯盛典四十卷康熙二十三年孔毓圻編萬壽盛典一百二十卷康熙五十二年王原祁等編南巡盛典一百二十卷乾隆三十一年高晉等編八旬萬壽盛典一百二十卷乾隆五十四年阿桂等編西巡盛典二十四卷嘉慶十六年董誥等編大清通典四十卷乾隆元年敕撰皇朝禮器圖式二十八卷乾隆二十四年敕撰滿洲祭神祭天典禮六卷乾隆四十二年敕撰國朝宮史三十六卷乾隆七年敕撰宮史續編一百卷嘉慶六年敕撰大清通禮五十四卷道光四年敕撰廟制圖考一卷萬斯同撰壇廟祀典三卷方觀承撰壇廟樂章一卷張樂盛撰萬壽衢歌樂章六卷彭元瑞撰北郊配位議一卷辨定嘉靖大禮議二卷毛奇齡撰北岳恆山歷祀上曲陽考一卷劉師峻撰盛京典制備考八卷崇善撰滿洲四禮考四卷索寧安撰太常紀要十五卷四譯館考十五卷江蘩撰學典三十卷孫承澤撰國學禮樂錄二十四卷李周望謝履忠同撰頖宮禮樂全書十六卷張安茂撰聖門禮樂統二十四卷張行言撰文廟祀典考五十卷龐鍾璐撰直省釋奠禮樂記六卷應寶時撰醴陵縣文廟丁祭譜四卷盧錫瑞撰文廟從祀先賢先儒考一卷郎廷極撰孔廟從祀末議一卷閻若璩撰家塾祀典一卷應撝謙撰大清通禮品官士庶儀纂六卷劉師陸撰吾學錄初編二十四卷吳榮光撰國朝諡法考一卷王士禎撰皇朝大臣諡法錄四卷邵晉涵撰皇朝諡法考五卷鮑康撰漢衛宏漢官舊儀一卷補遺一卷不著撰人廟學典禮四卷以上乾隆時敕輯

以上政書類典禮之屬

學政全書八十卷乾隆三十九年素爾訥等奉敕撰磨勘簡明條例二卷續二卷乾隆時奉敕撰科場條例六十卷光緒十四年奉敕撰奏定學堂章程不分卷光緒二十九年管學大臣奉敕撰吏部銓選則例十七卷嘉慶十年敕撰吏部處分則例五十二卷驗封司則例六卷稽勳司則例八卷道光十年敕撰光緒十三年重修歷代銓選志一卷袁定遠撰銓政論略一卷蔡方炳撰登科記考三十卷徐松撰國朝貢舉年表三卷陳國燦頤湯中同撰國朝貢舉考略三卷黃崇蘭撰歷科題名錄一卷考官試題錄四卷黃崇蘭饒玉成同撰國朝鼎甲考一卷狀元事考一[illegible]成撰制義科瑣記四卷續記一卷淡墨錄十六卷李調元撰國朝右文學錄一卷[illegible]制科雜錄一卷毛奇齡撰彙征錄一卷不著撰人氏名歷代武舉考一卷譚吉璁撰

以上政書類銓選科舉之屬

賦役全書一百卷順治間敕撰孚惠全書六十四卷乾隆六十年彭元瑞奉敕撰辛酉工賑紀事三十八卷嘉慶六年敕撰戶部漕運全書九十六卷光緒二年敕撰官田始末考一卷顧炎武撰蘇松歷代財賦考一卷不著撰人氏名杭州府賦役全書一卷不著撰人氏名浙江減賦全案十卷楊昌濬編大元海運記二卷胡敬撰明漕運志一卷曹溶撰丁漕指掌十卷王大經撰海運芻言一卷施彥士撰江蘇海運全案十二卷賀長齡撰浙江海運全案十卷黃宗漢編江北運程四十卷董恂編錢幣芻言一卷王鎏撰泉刀彙纂不分卷邱峻撰錢錄十二卷[illegible]大錢圖錄一卷鮑康撰長蘆鹽法志二十卷附編十卷琢隆阿修河東鹽法志十[illegible]等修山東鹽法志二十四卷附編十卷崇福等修山東鹽法續增備考六卷王定柱編兩淮鹽法志四十卷吉慶修兩淮鹽法志五十六卷佶山修兩淮鹽法志一百二十[illegible]修淮南鹽法紀略十卷龐際雲撰淮鹽備要十卷李澄撰淮鹽問答一卷周濟撰淮鹺志略四卷不著撰人氏名淮北票鹽續略十二卷許寶書撰兩浙鹽法續纂備考十[illegible]楊昌濬編兩廣鹽法志三十五卷阮元等修粵鹽鹺測編一卷陳銓撰鹽法議略一卷[illegible]歷代征稅紀一卷彭甯和撰續纂淮關統志十四卷元成編北新關志十六卷許夢閎撰[illegible]海關志三十卷豫堃編荒政叢書十卷附錄二卷俞森撰救荒備覽四卷勞潼撰荒政輯要十卷汪志伊撰康濟錄六卷倪國璉撰籌濟編三十二卷楊景仁撰捕蝗考一卷陳[illegible]生撰[illegible]蝗彙編一卷陳僅撰伐蛟說一卷魏廷珍撰畿輔義倉圖六卷方觀承撰左司筆記二十卷吳璟撰已庚編六卷祁韻士撰石渠餘紀六卷王慶雲撰光緒會計錄三卷李希聖撰

以上政書類邦計之屬

八旗通志初集二百五十卷雍正五年鄂爾泰等奉敕撰八旗通志三百五十四卷乾隆七年[illegible]安等奉敕撰八旗則例十二卷乾隆三十七年福隆安等撰軍器則例二十四卷嘉慶十九年敕撰綠營則例十六卷官本中樞政考三十二卷嘉慶二十年明亮等奉敕撰中樞政考續纂七十二卷道光九年長齡等奉敕撰杭州駐防八旗志略二十五卷張大昌撰荊州駐防八旗志十六卷[illegible]撰駐粵八旗志二十四卷長善撰馬政志一卷蔡方炳撰保甲書四卷徐棟撰鄉守外編輯要十卷許乃釗撰

以上政書類軍政之屬

督捕則例二卷乾隆二年徐本等奉敕撰 大清律例四十七卷乾隆五年三泰等奉敕撰 大清律續纂條例總類二卷乾隆二十五年敕撰 五軍道里表四卷乾隆四十四年福隆安等奉敕撰 三流道里表四卷乾隆四十九年阿桂等奉敕撰 刪除律例附商律不分卷光緒三十一年沈家本奉敕撰，商律三十二年商部奉敕撰 清現行刑律三十六卷 秋審條款一卷光緒時沈家本等奉敕撰 禁煙條例一卷光緒時沈家本等奉敕撰 蒙古律例十二卷官本 刑部奏定新章四卷官本 刑部比照加減成案三十二卷許槤熊莪同撰 刑案匯覽六十卷卷首一卷卷末一卷拾遺備考一卷續編十卷祝慶祺撰 駁案新編三十九卷全士潮等編 秋審比較彙案續編八卷不著撰人氏名 清律例歌括一卷不著撰人氏名丁承禧注 重修名法指掌圖四卷徐灝撰 法曹事宜四卷不著撰人氏名

以上政書類法令之屬

乘輿儀仗做法二卷乾隆十三年奏刊 工程做法七十四卷雍正十二年果親王允禮等撰 物料價值則例二百二十卷乾隆三十三年陳宏謀等奉敕撰 武英殿聚珍板程式一卷乾隆三十八年金簡等奉敕撰 內廷工程做法八卷簡明做法無卷數工部會同內務府撰 圓明園工部則例不分卷不著撰人氏名 城垣做法冊式一卷官本 工部軍器則例六十卷嘉慶十六年劉權之等奉敕撰 戰船則例內河五十八卷外海四十卷官本 重訂鐵路簡明章程一卷光緒二十九年商部撰 河工器具圖式四卷麟慶撰 浮梁陶政志一卷吳允嘉撰 築圩圖式一卷孫峻撰

以上政書類考工之屬

目錄類

天祿琳瑯書目十卷乾隆四十年敕撰 天祿琳瑯書目後編二十卷嘉慶二年敕撰 四庫全書總目提要二百卷乾隆三十七年紀昀等奉敕撰 簡明目錄二十卷乾隆三十九年紀昀等奉敕撰 抽燬書目一卷官本 禁書目錄一卷官本 違礙書目一卷乾隆五十三年官刻頒行 四庫全書考證一百卷王太岳曾燏等撰 四庫簡明目錄標注二十卷邵懿辰撰 四庫全書提要纂稿一卷邵晉涵撰 四庫未收書目提要五卷阮元撰 四庫闕書目一卷徐松撰 國子監書目一卷不著撰人氏名 徵刻唐宋人秘本書目三卷黃虞稷周在浚同編 傳是樓宋元板書目一卷徐乾學藏 靜惕堂宋元人集書目一卷曹溶藏 汲古閣珍藏秘本書目一卷毛扆編 藝芸書舍宋元本書目一卷汪士鐘藏 古泉山館宋元板書序錄一卷瞿中溶撰 滂喜齋宋元本書目一卷潘祖蔭撰 宋元舊本書經眼錄三卷附錄一卷莫友芝撰 宋元本行格表二卷江標撰 崇文總目輯釋五卷補佚一卷錢東垣撰 通志堂經解目錄一卷翁方綱撰 全上古三代秦漢三國六朝文編目百三卷嚴可均撰 天一閣書目四卷汪本撰 天一閣見在書目六卷薛福成撰 絳雲樓書目一卷錢謙益撰 述古堂藏書目四卷錢曾撰 千頃堂書目三十二卷黃虞稷撰 傳是樓書目八卷徐乾學撰 培林堂書目二卷徐秉義撰 含經堂書目四卷徐元文撰 潛采堂書目四卷曝書亭宋元人集目一卷朱彝尊撰 季滄葦藏書目一卷季振宜撰 楝亭書目三卷曹寅撰 孝慈堂書目不分卷王聞遠撰 佳趣堂書目二卷陸漻撰 百歲堂書目三卷惠棟撰 小山堂藏書目二卷趙一清撰 好古堂藏書目四卷姚際恒撰 文瑞樓書目十二卷金檀撰 塾南書庫目錄六卷王昶撰 稽瑞樓書目一卷陳揆撰 振綺堂書目六卷汪誠撰 抱經樓書目一卷盧址撰 清吟閣書目四卷瞿世瑛撰 環碧山房書目一卷汪輝祖撰 暝琴山館藏書目四卷范楷撰 別下齋書目一卷蔣光煦撰 樂意軒書目四卷吳成佐撰 石研齋書目四卷秦恩復撰 竹掩盦傳鈔書目一卷趙魏撰 孫氏祠堂書目內編四卷外編三卷孫星衍撰 績溪金紫胡氏所著書目二卷胡培系撰 鑑止水齋書目一卷許宗彥撰 津逮樓書目十八卷甘福撰 結一廬書目四卷朱學勤撰 帶經堂書目五卷陳徵芝撰 海源閣書目一卷楊以增撰 持靜齋書目五卷丁日昌撰 郘亭知見傳本書目十六卷莫友芝撰 行素堂目睹書目十卷朱記榮撰 讀書敏求記四卷錢曾撰 薰習錄二十卷吳焯撰 廉石居藏書記二卷平津館鑒賞記三卷補遺一卷續編一卷孫星衍撰 士禮居藏書題跋記四卷續錄一卷百宋一廛錄一卷黃丕烈撰 拜經樓藏書題跋記六卷吳壽暘撰 愛日精廬藏書志三十六卷張金吾撰 鐵琴銅劍樓藏書目二十四卷瞿鏞撰 皕宋樓藏書志一百二十卷續志四卷陸心源撰 滂喜齋藏書記三卷潘祖蔭撰 善本書室藏書志四十卷附錄一卷丁丙撰 楹書偶錄五卷續編四卷楊紹和撰 經義考三百卷朱彝尊撰 經義考補正十二卷翁方綱撰 古今僞書考一卷姚際恒撰 歷代載籍足徵錄一卷莊述祖撰 知聖道齋讀書跋尾二卷彭元瑞撰 校訂存疑十七卷朱文藻撰 竹汀先生日記鈔三卷何元錫編 經籍跋文一卷陳鱣撰 經籍舉要一卷龍翰臣撰 曝書雜記三卷錢泰吉撰 羣書答問二卷補遺一卷凌曙撰 書目答問七卷張之洞撰 羣書提要一卷皇清經解提要一卷皇清經解淵源錄一卷沈豫撰 半氈齋題跋二卷江藩撰 東湖叢記六卷蔣光煦撰 開有益齋讀書志六卷續一卷朱緒曾撰 木居士書跋二卷瞿中溶撰 鄭堂讀書日記不分卷周中孚撰 儀顧堂題跋十六卷續跋十六卷陸心源撰 浙江采輯遺書總錄十一卷三寶等撰 關右經籍考十一卷邢澍撰 長河經籍考十卷田雯撰 毘陵經籍志四卷盧文弨撰 武林藏書錄三卷丁申撰 日本訪書志十七卷楊守敬撰 汲古閣題跋初集二卷續一卷毛扆編 汲古閣校刻書目一卷補遺一卷刻板存亡考一卷鄭德懋編 金山錢氏家刻書目十卷錢培蓀編 勿菴歷算書目一卷梅文鼎撰 嘉定錢氏藝文略三卷錢師璟撰 廬江錢氏藝文略一卷錢儀吉撰 流通古書約一卷曹溶撰 藏書紀要一卷孫從添撰 百宋一廛賦一卷顧廣圻撰 藏書紀事詩六卷葉昌熾撰 靈隱書藏紀事一卷潘衍桐撰 焦山藏書約一卷書目一卷續一卷梁鼎芬撰 藝文待訪錄一卷羅以智撰 國朝著述未刊書目一卷鄭文焯撰 國朝未刻遺書志略一卷朱記榮撰 漢劉向七略別錄一卷馬國翰輯

金石類

西清古鑑四十卷乾隆十四年梁詩正等奉敕編 西清續鑑甲編二十卷附錄一卷乾隆五十八年敕編 校正淳化閣帖釋文十卷乾隆三十四年金簡奉敕編 積古齋藏器目一卷阮元藏 清儀閣藏器目一卷張廷濟藏 竹崦盦藏器目一卷趙魏藏 嘉蔭簃藏器目一卷劉喜海藏 平安館藏器目一卷葉志詵藏 雙虞壺館藏器目一卷吳式芬藏 懷米山房藏器目一卷曹載奎藏 簠齋藏器目一卷陳介祺藏 木庵藏器目一卷程振甲藏 梅花草盦藏器目一卷丁彥臣藏 選青閣藏器目一卷王錫棨藏 愛吾鼎齋藏器目一卷李璋煜藏 石泉書屋藏器目一卷李佐賢藏 兩罍軒藏器目一卷吳雲藏 愙齋藏器目一卷吳大澂藏 天壤閣藏器目一卷王懿榮藏 愙齋集古錄二十六卷 恆軒吉金錄不分卷 度量權衡實驗說不分卷吳大澂撰 吉金錄八卷續二卷端方撰 焦山鼎銘考一卷翁方綱撰 周無專鼎銘考一卷羅士琳撰 齊侯罍銘通釋二卷陳慶鏞撰 盤亭小錄一卷劉銘傳撰 京畿金石考二卷孫星衍撰 畿輔金石記殘稿不分卷沈濤撰 畿輔碑目二卷樊彬撰 常山貞石志二十四卷沈濤撰 趙州石刻錄一卷陳鍾祥撰 江甯金石記八卷待訪錄二卷嚴觀撰 江左石刻文編四卷韓崇撰 江甯金石待訪錄四卷孫彤撰 吳郡金石目一卷程祖慶撰 吳中金石記一卷顧沅撰 徐州金石記一卷方駿謨撰 崇川金石志一卷馮雲鵬撰 安徽金石略十卷 涇川金石記一卷趙紹祖撰 山左金石志二十四卷畢沅阮元同撰 山左訪碑錄十三卷法偉堂撰 山左碑目四卷段赤亭撰 山左南北朝石刻存目一卷尹彭壽撰 至聖林廟碑目六卷孔昭薰撰 孔林漢碑攷一卷顧仲清撰 濟州金石志八卷徐宗幹撰 濟州學碑釋文一卷張弨撰 濟南金石記四卷馮雲鵷撰 歷城金石考二卷周永年撰 諸城金石略二卷李文藻撰 益都金石記四卷段赤亭撰 山右金石志一卷夏寶晉撰 山右金石記八卷楊篤撰 山右石刻叢編四十卷胡聘之撰 中州金石記五卷畢沅撰 中州金石考八卷黃叔璥撰 中州金石目四卷補遺一卷姚晏撰 中州金石目錄八卷楊鐸撰 安陽金石錄十三卷武億趙希璜同撰 河陽金石記三卷馮敏昌撰 河內金石記二卷補遺一卷方履籛撰 嵩洛訪碑日記一卷黃易撰 嵩陽石刻集記二卷葉封撰 登封縣金石志一卷洪亮吉撰 偃師金石記四卷偃師金石遺文補錄二卷 郟縣金石志一卷 寶豐金石志五卷 魯山金石志三卷武億撰 孟縣金石志三卷馮敏昌撰 濬縣金石錄二卷熊象階撰 關中金石記八卷畢沅撰 雍州金石記十卷朱楓撰 關中金石附記一卷蔡汝霖撰 陝西得碑目二卷 長安獲古編二卷補遺一卷劉喜海撰 關中金石文字存佚考十二卷毛鳳枝撰 唐昭陵石蹟考五卷林侗撰 昭陵六駿贊辨一卷張弨撰 昭陵碑考十三卷孫三錫撰 扶風金石錄二卷 鄠縣金石遺文錄二卷 興平金石志一卷張塤撰 寶雞縣金石志一卷鄧夢琴撰 武林金石刻記十卷倪濤撰 武林金石記殘稿不分卷丁敬身撰 兩浙金石志十八卷補遺一卷阮元撰 吳興金石志十六卷陸心源撰 墨妙亭碑目考二卷張鑑撰 越中金石記十二卷杜春生撰 東甌金石錄十二卷戴咸弼撰 台州金石錄十三卷闕訪二卷黃瑞撰 括蒼金石志十二卷續四卷李遇孫撰 括蒼金石志補遺四卷鄒柏森撰 湖北金石存佚考二十二卷陳詩撰 湖北金石詩二卷嚴觀撰 永州金石略一卷宗績辰撰 三巴香古志不分卷劉喜海撰 蜀碑補記十卷李調元撰 粵東金石略十八卷阮元撰 高要金石略四卷彭泰來撰 粵西金石略十五卷謝啟昆撰 粵西得碑記一卷楊翰撰 滇南古金石錄一卷阮福撰 和林金石錄一卷李文田撰 高麗碑全文八卷葉志詵撰 海東金石苑四卷 海東金石存考一卷劉喜海撰 日本金石志二卷傅雲龍撰 兩漢金石記二十二卷翁方綱撰 隋唐石刻拾遺二卷黃本驥撰 南漢金石志二卷吳蘭修撰 元刻偶存一卷陸增祥撰 元碑存目一卷黃本驥撰 寰宇訪碑錄十二卷孫星衍邢澍同撰 訪碑續錄一卷嚴可均撰 訪碑後錄三卷黃本驥撰 補寰宇訪碑錄五卷趙之謙撰 攈古錄二十卷吳式芬撰 天一閣碑目一卷 潛揅堂金石文字目錄八卷錢大昕撰 小蓬萊閣金石目一卷黃易撰 平安館碑目八卷葉志詵撰 玉雨堂碑目四冊韓泰華撰 式訓堂碑目三卷章壽康撰 求古錄一卷金石文字記六卷顧炎武撰 來齋金石考三卷林侗撰 觀妙齋金石文考略十六卷李光暎撰 金石續錄四卷劉青藜撰 金石經眼錄一卷褚峻摹圖牛運震補說 金石錄補二十七卷續七卷 金石小箋一卷葉奕苞撰 金薤琳瑯補遺一卷宋振譽撰 平津館讀碑記八卷續記一卷再續一卷三續二卷洪頤煊撰 潛研堂金石文字跋尾二十五卷錢大昕撰 金石三跋十卷金石文字續跋十四卷武億撰 古泉山館金石文跋不分卷瞿中溶撰 鐵橋金石跋四卷嚴可均撰 古墨齋金石文跋六卷趙紹祖撰 寶鐵齋金石跋尾三卷韓崇撰 石經閣金石跋文一卷馮登府撰 攀古小廬古器物銘釋文不分卷 碑跋不分卷許瀚撰 清儀閣題跋一卷張廷濟撰 枕經堂金石題跋三卷方朔撰 求是齋金石跋尾四卷丁紹基撰 宜祿堂金石記六卷朱士端撰 簠齋金石文字考釋一卷筆記一卷陳介祺撰 開有益齋金石文字記一卷朱緒曾撰 十二硯齋金石過眼錄十八卷汪鋆撰 金石萃編一百六十卷王昶撰 金石萃編補目三卷黃本驥撰 金石續編二十一卷

目一卷陸耀遹撰 金石萃編補略二卷王言撰 金石萃編補正四卷方履籛撰 八瓊室金石補正一百三十卷陸增祥撰 匋齋藏石記四十四卷端方撰 金石表一卷曹溶撰 金石存十六卷吳玉搢撰 金石索十二卷馮雲鵬、馮雲鵷撰 金石品二卷金石存十五卷李調元撰 金石契四卷張燕昌撰 金石屑四卷鮑昌熙撰 金石摘十卷陳希祥撰 香南精舍金石契二卷覺羅崇恩撰 金石遺文錄十卷陳奕禧撰 金石文釋六卷吳穎芳撰 古誌石華三十卷黃本驥撰 金石文鈔八卷趙紹祖撰 碑錄二卷朱文藻撰 續語堂碑錄不分卷魏錫曾撰 金石圖二卷褚峻摹圖牛運震說 求古精舍金石圖四卷陳經撰 小蓬萊閣金石文字不分卷黃易撰 古均閣寶刻錄一卷許槤撰 平安館金石文字不分卷葉名灃撰 隨軒金石文字八種無卷數徐渭仁撰 二銘草堂金石聚十六卷張德容撰 淇泉摹古錄一卷趙希璜撰 漢碑篆額不分卷何澂撰 紅崖碑釋文一卷鄒漢勛撰 漢武梁祠畫象考證二卷沈啟撰 漢射陽石門畫象彙考一卷張寶德撰 華山碑考四卷阮元撰 石門碑醳一卷王森文撰 天發神讖碑釋文一卷周在浚撰 國山碑考一卷吳騫撰 漢魏碑刻記存一卷謝道承撰 北魏鄭文公碑考一卷諸可寶撰 龍門造象釋文一卷陸繼煇撰 瘞鶴銘辨一卷張紹撰 瘞鶴銘考一卷汪士鋐撰 瘞鶴銘考一卷吳東發撰 瘞鶴銘考補一卷翁方綱撰 山樵書外紀一卷張開福撰 唐尚書省郎官石柱題名考二十六卷唐御史臺精舍題名考三卷附錄一卷趙鉞、勞格同撰 楚州石柱考一卷范以煦撰 邠州石室錄三卷葉昌熾撰 石魚文字所見錄一卷姚觀元撰 九曜石刻錄一卷周中孚撰 蒼玉洞題名石刻一卷劉喜海撰 翠微亭題名考一卷釋達受撰 龍興寺經幢題跋一卷羅榮撰 金天德鐘款識一卷丁晏撰 鐵券銅墖考三卷錢泳撰 岳廟彝器銘一卷不著撰人名氏 分隸偶存二卷萬經撰 碑文摘奇一卷梁廷枏撰 碑別字五卷羅振鋆撰 金石要例一卷黃宗羲撰 碑版廣例十卷王芑孫撰 誌銘廣例二卷梁玉繩撰 金石例補二卷郭麐撰 金石綜例四卷馮登府撰 金石訂例四卷鮑振方撰 金石稱例五卷續一卷梁廷枏撰 漢石例六卷劉寶楠撰 漢魏六朝墓銘纂例四卷吳鎬撰 唐人志墓例一卷徐朝弼撰 金石學錄四卷李富孫撰 金石學錄補四卷陸心源撰 金石札記四卷祛僞一卷陸增祥撰 語石六卷葉昌熾撰 閑者軒帖考一卷孫承澤撰 淳化秘閣法帖考正十二卷王澍撰 淳化閣帖考證十卷吳有蘭撰 淳化閣跋一卷沈蘭先撰 淳化閣帖源流考一卷周行仁撰 法帖釋文十卷徐朝弼撰 南村帖考四卷程文榮撰 鳴野山房帖目四卷沈復粲撰 禊帖綜聞一卷胡世安撰 蘇米齋蘭亭考八卷翁方綱撰 定武蘭亭考一卷王瀛撰 鳳墅殘帖釋文二卷錢大昕撰 惜抱軒法帖題跋三卷姚鼐撰 蘇米齋題跋二卷翁方綱撰 竹雲題跋四卷王澍撰 鐵函齋書跋六卷楊賓撰 芳堅館題跋四卷郭尚先撰 錢錄十六卷乾隆十六年敕撰 泉神志七卷李世熊撰 泉志校誤四卷金嘉采撰 錢志新編二十卷張崇懿撰 琴趣軒泉譜一卷黃灼撰 廣錢譜一卷張延世撰 歷代古錢目一卷朱楏撰 泉布統志九卷孟麟撰 選青小牋十卷許原愷撰 虞夏贖金釋文一卷劉師陸撰 古今待問錄六卷朱楓撰 吉金所見錄十六卷初尚齡撰 古今錢略三十四卷倪模撰 貨布文字考四卷馬昂撰 泉寶所見錄十六卷沈鑅皆撰 歷代鍾官圖經八卷陳萊孝撰 吉金志存四卷李光廷撰 癖談六卷附錄四卷蔡雲撰 運甓軒錢譜四十卷呂佺孫撰 癖泉臆說六卷高煥撰 古泉叢話三卷藏泉記一卷戴熙撰 觀古閣泉說一卷叢稿二卷續稿一卷三編二卷鮑康撰 論泉絕句二卷劉喜海撰 古泉滙六十卷續十四卷補遺二卷李佐賢撰 齊魯古印攈四卷續一卷高慶齡撰 集古官印考證二卷瞿中溶撰 兩罍軒印考漫存九卷吳雲撰 秦漢瓦當文字二卷續一卷程敦撰 浙江磚錄不分卷馮登府撰 百磚考一卷呂佺孫撰 千甓亭磚錄六卷續四卷古塼圖釋二十卷陸心源撰 匋齋藏塼記二卷端方撰 秋景庵主印譜四卷黃易撰 龍泓山人印譜八卷丁敬撰 訒葊集古印存三十二卷汪啟淑撰 求是齋印譜四卷陳豫鍾撰 吳讓之印存二卷吳廷颺撰 楊龔石印存二卷楊澥撰 選集漢印分韻二卷續二卷袁日省撰 楊嘯邨印集二卷楊大受撰 胡鼻山人印集二卷胡震撰 觀自得齋印集十六卷徐子靜撰 秦漢印選六卷石潛撰 二金蜨堂印譜四卷趙之謙撰 封泥考略十卷吳式芬、陳介祺同撰 宋不著撰人實刻類編八卷乾隆時敕輯 宋歐陽棐集古錄目五卷黃本驥輯

史評類

御批通鑑綱目五十九卷通鑑綱目前編一卷外紀一卷舉要三卷通鑑綱目續編二十七卷康熙四十六年御撰 評鑑闡要十二卷乾隆三十六年劉統勳等奉敕編 古今儲貳金鑑六卷乾隆四十六年敕撰 承華事略補圖六卷元王惲撰、光緒時徐郙等奉敕補圖 史記評注十二卷牛運震撰 史漢發明五卷傅澤鴻撰 宋論十五卷王夫之撰 史論五答一卷施國祁撰 明史評二卷納蘭常安撰 明印十二論一卷段玉裁撰 讀通鑑論三十卷王夫之撰 讀通鑑札記二十卷章邦元撰 通鑑評語五卷申涵煜撰 看鑑偶評四卷尤侗撰 鑑語經世編二十七卷魏裔介撰 唐鑑偶評四卷周池撰 綱目通論一卷歷代通論一卷任兆麟撰 讀史雜記一卷讀宋鑑論三卷方宗誠撰 鑑評別錄六十卷黃恩彤撰 閱史郄視四卷續一卷李瑤撰 讀史管見一卷湯斌撰 午亭史評二卷陳廷敬撰 茗香堂史論四卷彭孫貽撰 史見二卷陳遇夫撰 史評一卷謝濟世撰 四鑑十六卷尹會一撰 中山史論二卷郝浴撰 十七朝史論一得一卷郭倫撰 石溪史話八卷劉鳳起撰 史學提要箋釋五卷楊錫祜撰 讀書任子自鏡錄二十二卷胡季堂撰 史林測義三十八卷計大受撰 讀史大略六十卷附錄一卷沙張白撰 味雋齋史義二卷周濟撰 讀史筆記十二卷吳烜撰 讀史提要錄十二卷夏之蓉撰 史論五種十二卷李獻陶撰 史說一卷黃式三撰 史說略四卷黃以周撰 讀史臆說五卷楊琪光撰 史通二十卷周悅讓撰 救文格論一卷顧炎武撰 炳燭偶鈔一卷陸錫熊撰 南江書錄一卷邵晉涵撰 讀史劄記一卷盧文弨撰 文史通義八卷校讎通義三卷文史通義補編一卷章學誠撰 史通通釋二十卷浦起龍撰 史通訓故補二十卷黃叔琳撰 史通校正一卷盧文弨撰 史通削繁四卷紀昀撰 宋曹彥約經幄管見四卷李心傳舊聞證誤四卷以上乾隆時奉敕輯

子部十四類：一曰儒家，二曰兵家，三曰法家，四曰農家，五曰醫家，六曰天文算法，七曰術數，八曰藝術，九曰譜錄，十曰雜家，十一曰類書，十二曰小說，十三曰釋家，十四曰道家。

儒家類

勸善要言一卷世祖御撰 資政要覽三卷後序一卷順治十二年世祖御撰 內則衍義十六卷順治十三年世祖御定 聖諭廣訓一卷聖祖御撰聖諭廣訓世宗推繹 庭訓格言一卷雍正八年世宗御纂 日知薈說四卷乾隆元年高宗御撰 孝經衍義一百卷順治十三年奉敕撰康熙二十一年告成 朱子全書六十六卷康熙五十二年李光地等奉敕撰 性理精義十二卷康熙五十六年李光地等奉敕撰 執中成憲八卷雍正六年敕撰 御覽經史講義三十一卷乾隆十四年蔣溥等奉敕撰 孔子家語疏證十卷陳士珂撰 孔子家語疏證六卷孫志祖撰 孔子集語十七卷范家相撰 孔子集語十七卷孫星衍撰 孔叢子正義五卷姜兆錫撰 曾子注釋四卷阮元撰 子思內篇五卷外篇二卷黃以周撰 刪定荀子一卷方苞撰 荀子楊倞注校二十卷附校勘補遺一卷謝墉撰 荀子補注一卷劉台拱撰 荀子補注二卷郝懿行撰 荀子集解二十卷王先謙撰 賈子次詁十六卷王耕心撰 鹽鐵論考證三卷張敦仁撰 新序校補一卷說苑校補一卷盧文弨撰 讀說苑一卷俞樾撰 潛夫論箋十卷汪繼培撰 周子疏解四卷王明弼撰 讀周子札記不分卷崔紀撰 通書注一卷李光地撰 通書集解二卷王植撰 通書解拾遺一卷後錄一卷李文炤撰 太極圖說論十四卷王嗣槐撰 太極圖說集注一卷孫子昶撰 太極圖說集釋一卷王植撰 太極圖說注解不分卷陳兆成撰 太極圖解拾遺一卷李文炤撰 太極圖說遺議一卷毛奇齡撰 張子淵源錄十卷張鏐撰 張子正蒙注九卷王夫之撰 注解正蒙二卷李光地撰 正蒙初義十七卷王植撰 正蒙集解九卷李文炤撰 西銘集釋一卷王植撰 西銘解拾遺一卷後錄一卷李文炤撰 西銘講義一卷羅澤南撰 二程學案二卷黃宗羲撰 二程子遺書纂二卷李光地撰 二程語錄十八卷張伯行撰 程門主敬錄一卷謝文洊撰 集程朱格物法一卷王澍撰 邵子觀物篇注二卷李光地撰 皇極經世考三卷徐文靖撰 尊朱要旨一卷李光地撰 讀朱隨筆四卷陸隴其撰 朱子語類輯略八卷張伯行撰 朱子聖學考略十卷朱澤澐撰 紫陽大旨八卷秦雲爽撰 朱子學歸二十三卷鄭端撰 朱子爲學考三卷童能靈撰 朱子語類纂十三卷王鉞撰 集朱子讀書法一卷王澍撰 朱子講習輯要編十卷龍敏垣撰 朱子言行錄八卷舒敬亭撰 朱子語類日鈔五卷陳澧撰 考正朱子晚年定論二卷孫承澤撰 朱子晚年全論八卷李紱撰 朱子論定文鈔二十卷吳震方撰 迷朱質疑十六卷夏炘撰 近思錄集注十四卷茅星來撰 近思錄集解十四卷江永撰 近思錄集解九卷李文炤撰 近思錄集解十四卷續近思錄十四卷廣近思錄十四卷張伯行撰 近思續錄四卷劉源淥撰 讀近思錄一卷汪紱撰 續近思錄二十八卷鄭光羲撰 小學集解六卷小學衍義八十六卷張伯行撰 小學集解六卷黃澄撰 小學集解六卷蔣永修撰 小學纂注六卷高愈撰 小學纂注二卷彭定求撰 小學淺說一卷郭長清撰 小學分節二卷高熊徵撰 小學句讀記六卷王建常撰 小學大全解名六卷陸有容、謝庭芝、沈眉同撰 續小學六卷葉鈔撰 朱子白鹿洞規條目二十卷王澍撰 讀白鹿洞規大義五卷任德成撰 陸子學譜二十卷李紱撰 大學衍義輯要六卷補輯要十二卷陳宏謀撰 大學衍義輯七十卷強汝詢撰 薛子條貫篇十三卷續篇十三卷戴楳撰 薛文清讀書錄八卷張伯行節錄 薛文清讀書錄鈔四卷陸緯撰 讀書錄鈔二卷李大紀撰 讀讀書錄一卷汪紱撰 薛氏粹語四卷劉世蕃撰 王陽明遺書疏證四卷胡泉撰 王學質疑五卷附錄一卷張烈撰 姚江學辨二卷羅澤南撰 呂子節錄四卷補遺一卷陳宏謀撰 呂語解釋四卷尹會一撰 新吾粹語四卷汪霈原撰 呻吟語賨疑一卷陸隴其撰 周程張朱正脈不分卷魏裔介撰 濂洛關閩書十九卷張伯行撰 三子定論五卷王復禮撰 王劉異同五卷黃百家撰 下學指南一卷當務書一卷顧炎武撰 思問錄內外篇二卷語錄二卷王夫之撰 理學心傳纂要八卷歲寒居答問二卷附錄一卷語錄二卷孫奇逢撰 觀感錄一卷悔過自新錄一卷李顒撰 二曲粹言四卷吳鳳藻撰 二曲集錄要四卷倪元坦撰 毋欺錄一卷朱用純撰 洙泗問津一卷盛集鳴撰 匏瓜錄六卷芮長恤撰 潛室劄記二卷刁包撰 思辨錄輯要三十五卷論學酬答四卷陸世儀撰、張伯行刪 思辨錄疑義一卷劉蓉撰 聖學入門書一卷淮雲問答一卷陳瑚撰 言行見聞錄四卷備忘錄四卷近古錄四卷初學備忘錄三卷經正錄一卷願記一卷答問一卷張履祥撰 事心錄一卷萬斯大撰 正學隅見述一卷王宏撰撰 存學編四卷存性編二卷存治編一卷存人編四卷顏元撰 顏習齋言行錄二卷鍾錂撰 顏氏學記十卷戴望撰 顏學辨八卷程朝儀撰 大學辨業四卷聖經學規纂二卷論學二卷小學稽業五卷

瘳忘篇二卷平書訂十四卷李塨撰籐陰劄記不分卷明辨錄二卷孫承澤撰學言三卷白允謙撰紫陽通志錄四卷高世泰撰此菴語錄十卷胡統虞撰張界軒集八卷張時爲撰性圖一卷黃采撰學案一卷王甡撰致知格物解二卷論性書二卷約言錄二卷希賢錄十卷魏裔介撰知言錄一卷儒宗錄一卷庸言一卷魏象樞撰郝雪海筆記三卷郝浴撰讀書質疑二卷欲從錄十卷王鉞撰臆言四卷朱顯祖撰儒宗理要二十九卷張能鱗撰理學辨一卷王庭撰常語筆存一卷湯斌撰理學要旨不分卷耿介撰雙橋隨筆十二卷周召撰閑道錄三卷下學劄記三卷熊賜履撰榕村語錄三十卷榕村講授三卷經書筆記讀書筆錄共一卷道南講授三卷觀瀾錄一卷初夏錄一卷李光地撰三魚堂賸言十二卷松陽鈔存二卷學術辨一卷問學錄四卷日記十卷陸隴其撰性理譜五卷蕭企昭撰困學錄集粹八卷性理正宗四十卷張伯行撰儒門法語一卷彭定求撰讀書偶記三卷勵志雜錄一卷雷鋐撰理學逢源十二卷讀困知記一卷讀問學錄一卷汪紱撰儒林譜一卷焦袁熹撰大儒粹語二十八卷顧棟高撰憤助編四卷蔡方炳撰溯流史學鈔二十卷張沐撰程功錄五卷楊名時撰切近編一卷桑調元沈廷芳編沈端恪遺書四卷沈近思撰健餘劄記四卷讀書筆記四卷尹會一撰聖賢儒史一卷王復禮撰理學正宗十五卷事親庸言二十卷竇克勤撰性理纂要八卷天理主敬圖一卷冉覲祖撰嵩陽學凡六卷景日昣撰會語支言四卷陸鳴鑣撰性理大中二十八卷應撝謙撰體獨私鈔四卷黃百家撰信陽子卓錄八卷張鵬翮撰正修錄三卷于準撰心印正說三十四卷吳台頤撰尊道集四卷朱奉撰儒門語要六卷儒學入門一卷慎獨圖說一卷倪元坦撰讀書日記六卷劉源淥撰性理辨義二十卷王建衡撰原善三卷戴震撰靜用堂偶編十卷涂天相撰廣字義三卷黃叔璥撰虛谷遺書三卷何國材撰慎思錄二卷李南暉撰載道集六十卷許煒撰趾亭遺書十卷周宗濂撰棉陽學準五卷藍鼎元撰絅齋隨筆一卷孔毓煒撰躬行實踐錄十五卷桑調元撰理學疑問四卷童能靈撰性理淺說一卷郭長清撰淑艾錄十四卷下學編十四卷祝洤撰逸語十卷曹廷棟撰困勉齋私記四卷閻循觀撰明儒講學攷一卷程嗣章撰讀書小記三十一卷范爾梅撰東莞學案不分卷吳鼎撰坊表錄六卷蘇宗經撰宗輝錄六卷陸元綸撰省身錄一卷王灝撰省身錄十卷蘇源生撰懺摩錄一卷彭兆蓀撰省疚錄一卷孔廣牧撰非石子二卷鈕樹玉撰養一齋劄記九卷潘德輿撰焚香錄一卷求復錄一卷晚聞錄一卷孟超然撰倭文端遺書十四卷倭仁撰忱行錄二卷邵懿辰撰梅窗碎錄六卷陳會芳撰弟子箴言十四卷胡達源撰畜德錄二十卷席啟圖撰大意尊聞三卷進修錄一卷未能錄二卷志學錄八卷俟命錄十卷方宗誠撰來復堂學內篇四卷學外篇六卷講義四卷丁大椿撰生齋讀易日識六卷自知錄三卷自識一卷自識續一卷方坰撰經說拾餘一卷經說弟子記一卷胡泉撰敦艮齋遺書十七卷徐潤第撰辨心性二卷心述三卷性述三卷方潛撰持志塾言二卷劉熙載撰理學辨似一卷潘欽仁撰孝友堂家規一卷家訓一卷孫奇逢撰奉常家訓一卷王時敏撰喪祭雜記一卷訓子語一卷張履祥撰養正類編十三卷張伯行撰蔣氏家訓一卷蔣伊撰家規一卷竇克勤撰家規三卷倪元坦撰範身集略四卷秦坊撰里堂家訓一卷焦循撰雙節堂庸訓六卷汪輝祖撰敬義堂家訓一卷紀大奎撰喪禮輯略二卷家誡錄一卷孟超然撰養蒙大訓一卷熊大年撰養正篇一卷初學先言一卷謝文洊撰閑家編八卷王士俊撰先正遺規四卷汪正撰人範六卷蔣元撰身範十三卷孫希朱撰五種遺規十五卷陳宏謀撰學究類編二十七卷張伯行撰學規一卷訓門人語一卷張履祥撰學約續編十四卷孫承澤撰教習堂條約一卷徐乾學撰鼇峯學約一卷蔡世遠撰泌陽學規一卷尋樂堂學規一卷竇克勤撰志學會規一卷倪元坦撰國朝先正學規彙鈔一卷黃舒昺撰箴友言一卷趙青藜撰士林彝訓八卷關槐撰古格言十二卷梁章鉅撰箴銘錄要一卷倪元坦撰座右銘類鈔一卷續鈔一卷汪汲顧景瀛同編子史粹言十二卷丁晏撰小學韻語一卷羅澤南撰女教經傳通纂二卷任啟運撰女學六卷藍鼎元撰秦氏閨訓新編十二卷秦雲爽撰婦學一卷章學誠撰經世篇十二卷顧炎武撰明夷待訪錄二卷黃宗羲撰教民恆言一卷魏裔介撰繹志十九卷胡承諾撰擬太平策六卷李塨撰潛書四卷唐甄撰居濟一得八卷張伯行撰法書十卷檀萃撰治嘉格言一卷涖政摘要二卷陸隴其撰齊沿錄三卷于準編萬世玉衡錄四卷蔣伊撰強學錄四卷夏錫疇撰仕學備餘二卷紀大奎撰樞言一卷續樞言一卷經論疏一卷王柏心撰校邠廬抗議二卷馮桂芬撰唐太宗帝範四卷宋袁采袁氏世範三卷宋劉清之戒子通錄八卷宋胡宏知言六卷附錄一卷宋劉荀明本釋三卷宋呂祖謙少儀外傳二卷宋項安世項氏家說十卷附錄二卷宋張洪齊熙朱子讀書法四卷舊題朱子撰家山圖書一卷以上乾隆時敕輯周管夷吾內業一卷周漆雕子一卷周宓不齊宓子一卷周景子一卷周世碩世子一卷周魏斯魏文侯書一卷周李克書一卷周公孫尼子一卷周孔穿讕言一卷周甯越甯子一卷周王孫子一卷周李氏春秋一卷周董無心董子一卷周徐子一卷周魯仲連魯連子一卷周虞卿虞氏春秋一卷漢朱建平原君書一卷漢劉敬書一卷漢賈山至言一卷漢劉德河間獻王書一卷漢兒寬書一卷漢公孫弘書一卷漢終軍書一卷漢吾邱壽王書一卷漢王逸正部一卷漢仲長子昌言一卷漢魏朗魏子一卷魏周生烈要論一卷魏王肅正論一卷魏杜恕體論一卷魏王基新書一卷吳周昭周子一卷吳顧譚新言一卷吳陸景典語一卷晉袁宏去伐論一卷晉殷基通語一卷晉譙周法訓一卷晉袁準正論二卷正書一卷晉孫毓孫氏成敗志一卷晉王嬰古今通論一卷晉蔡洪化清經一卷晉夏侯湛新論一卷晉華譚新論一卷晉陸機要覽一卷晉梅氏新論一卷晉虞喜志林新書一卷廣林一卷釋滯一卷通疑一卷晉干寶干子一卷晉顧夷義訓一卷隋王邵讀書記一卷以上馬國翰輯魏文帝典論一卷晉楊泉物理論一卷以上黃奭輯

兵家類

握奇經注一卷李光地撰握奇經解一卷王敕撰握奇經定本一卷正義一卷圖一卷張惠言撰孫子彙徵四卷鄭端撰孫子集注一卷郭廷羅撰司馬法古注三卷附音義一卷曹元忠撰軍禮司馬法考徵一卷黃以周撰衛公兵法輯本二卷考證一卷汪宗沂撰懽謀錄四卷顧炎武撰兵謀一卷兵法一卷魏禧撰兵鏡十一卷兵鏡或問二卷鄧廷羅撰戊笈談兵十卷汪紱撰洴澼百金方十四卷吳宮桂撰治平勝算全書十六卷年將軍兵法二卷年羹堯撰兵法類案十三卷謝文洊撰兵法集鑑六卷史策先撰兵鑑五卷測海錄五卷徐宗幹撰行軍法戒錄二卷秦光第撰奇門行軍要略四卷劉文淇撰兵法入門一卷左宗棠撰武備志略五卷傅禹撰慎守要錄九卷韓霖撰防禦纂要一卷游閎撰堅壁清野議一卷龔景瀚撰練勇芻言五卷王鑫撰臨陣心法一卷劉連捷撰簡練集一卷程榮春撰教練紀要十卷謝瑛撰武備輯要六卷續編十卷許乃釗撰武備地利四卷施永圖撰讀史兵略四十六卷胡林翼撰百將傳二卷丁日昌撰學射錄二卷李塨撰貫蝨心傳一卷紀鑑撰征南射法一卷內家拳法一卷黃百家撰手臂錄四卷吳殳撰歷代車戰敘略一卷張泰交撰練閱火器陣紀一卷薛熙撰火器眞訣解證一卷沈善蒸撰火器略說一卷王達權王韜同撰中西火法一卷薛鳳祚撰礮規圖說一卷陳暘撰礮法撮要一卷董祖修撰六韜逸文一卷孫星衍輯六韜逸文一卷孫同元輯六韜一卷孫奭輯太公兵法逸文一卷武侯八陣心法輯略一卷汪宗沂輯別本司馬法一卷張澍輯

法家類

欽頒州縣事宜一卷田文鏡撰刪定管子一卷方苞撰管子校正二十四卷戴望撰管子義證八卷洪頤煊撰弟子職集解一卷莊述祖撰弟子職箋釋一卷洪亮吉撰弟子職集注一卷任文田撰弟子職注一卷孫同元撰弟子職正音一卷許瀚撰弟子職音誼一卷鍾廣撰弟子職正音一卷王筠撰管子地員篇注四卷王紹蘭撰商君書新校正五卷嚴萬里撰韓非子識誤三卷顧廣圻撰韓非子校正一卷盧文弨撰韓非子集解二十卷王先慎撰疑獄集箋四卷陳方生撰洗冤錄詳義四卷撫遺二卷許槤葛元煦撰洗冤錄集證四卷王又槐撰洗冤錄辨正一卷瞿中溶撰洗冤錄集解一卷姚德豫撰洗冤錄證四卷剛毅撰巡城條約一卷風憲禁約一卷魏裔介撰提牢備考四卷趙舒翹撰審看擬式六卷剛毅撰爽鳩要錄二卷蔣超伯撰牧令書輯要十卷徐致初撰筮仕金鑑二卷邵嗣宗撰學治臆說二卷續說一卷說贅一卷佐治藥言一卷續一卷汪輝祖撰學治一得錄一卷何耿繩撰學治偶存八卷陸維祺撰吏治懸鏡一卷徐文弼撰續刑法敘略一卷譚瑄撰讀律佩觿一卷王明德撰讀律琯朗一卷梁他山撰讀律提綱一卷楊榮緒撰讀律心得三卷劉衡撰明刑管見錄一卷穆翰撰明刑弼教錄六卷王祖源撰折獄卮言一卷陳士鑛撰辦案要略一卷王又槐撰檢驗合參一卷郎錦麒撰幕學舉要一卷萬維翰撰未信編六卷潘杓燦撰蕭曹隨筆四卷不著撰人氏名治山經律劄記一卷朱廷勳撰守禾日記六卷盧崇興撰天台治略八卷戴兆佳撰問心一隅二卷何秋濤撰寄簃文存八卷二編二卷沈家本撰宋鄭克折獄龜鑑八卷乾隆時敕輯周申不害申子一卷漢晁錯新書一卷漢崔寔政論一卷魏劉廙部論一卷魏阮武政論一卷魏桓範世要論一卷吳陳融要言一卷以上馬國翰輯李悝法經一卷黃奭輯

農家類

授時通考七十八卷乾隆二年鄂爾泰等奉敕撰授衣廣訓二卷嘉慶十三年董誥等奉敕撰補農書二卷張履祥撰梭山農譜三卷劉應棠撰恆產瑣言一卷張英撰寶訓八卷郝懿行撰農業易知錄三卷鄭之任撰澤農要錄六卷吳邦慶撰增訂教稼書四卷盛百二撰農雅六卷倪倬撰農候雜占四卷梁章鉅撰農圃備覽一卷丁宜曾撰區田書一卷王心敬撰區種五種五卷附錄一卷趙夢齡撰江南催耕課稻篇不分卷李彥章撰豳風廣義三卷楊屾撰蠶桑萃編十五卷衛杰撰種桑說三卷附飼蠶詩一卷周凱撰蠶桑說一卷沈練撰蠶桑簡編一卷楊名颺撰廣蠶桑說輯要二卷仲學輅撰廣蠶桑說輯補一卷宗源瀚撰桑志十卷李聿修撰湖蠶述四卷汪日楨撰橡繭圖說二卷劉祖震撰樗繭譜一卷鄭珍撰木棉譜一卷褚華撰種苧麻法一卷李厚裕撰廣種柏樹興利除害條陳一卷徐紹基撰野菜贊一卷顧景崇撰撫郡農產考略二卷何剛德撰元官撰農桑輯要七卷元魯明善農桑衣食撮要二卷元王楨農書二十二卷以上乾隆時敕輯神農書一卷野老書一卷周范蠡范子計然三卷養魚經一卷漢尹都尉書一卷漢氾勝之書一卷漢蔡癸書一卷漢卜式養羊法一卷唐郭橐駝種樹書一卷以上馬國翰輯范子計然一卷黃奭輯

醫家類

御定醫宗金鑑九十卷乾隆十四年鄂爾泰等奉敕撰素問直解九卷高世栻撰素問集注九卷張志聰撰素問懸解十三卷黃元御撰素問釋義十卷張琦撰素問校義一卷胡澍撰內經知要

二卷李念莪撰內經運氣病釋九卷內經運氣表一卷內經難字一卷陸懋修撰靈樞經
集注九卷張志聰撰靈樞懸解九卷黃元御撰素問靈樞類纂九卷汪昂撰靈樞素問淺注
十二卷陳念祖撰難經懸解二卷黃元御撰難經經釋二卷徐大椿撰金匱玉函經注二十二
卷張揚俊撰金匱要略方論本義二十二卷魏荔彤撰金匱要略論注二十四卷徐彬撰金
匱懸解二十二卷黃元御撰金匱要略淺注十卷金匱方歌括六卷陳念祖撰金匱心典
三卷尤怡撰傷寒論注六卷張志聰撰傷寒懸解十五卷傷寒說意十一卷黃元御撰傷寒
論注四卷一名傷寒來蘇集傷寒論翼附翼四卷柯琴撰傷寒論注六卷傷寒論附錄二
卷傷寒例新注一卷讀傷寒論心法一卷王丙撰傷寒論綱目十六卷沈金鼇撰傷寒
分經十卷吳儀洛撰傷寒論條辨續注十二卷鄭重光撰傷寒論淺注六卷長沙方歌括
六卷傷寒醫訣串解六卷傷寒眞方歌括六卷陳念祖撰傷寒論陽明病釋四卷陸懋
修撰傷寒卒病論讀不分卷沈又彭撰傷寒集注十卷附錄五卷傷寒六經定法一卷
舒詔撰傷寒論後條辨十五卷程應旄撰傷寒纘論二卷傷寒緒論二卷張璐撰傷寒類
方一卷徐大椿撰傷寒論補注一卷顧觀光撰傷寒辨證廣注十四卷中寒論辨證廣注
三卷汪琥撰傷寒舌鑑一卷張登撰傷寒兼證析義一卷張倬撰傷寒貫珠集八卷尤怡
撰傷寒審證表一卷包誠撰傷寒大白論四卷秦之楨撰長沙藥解四卷黃元御撰聖濟總
錄纂要二十六卷程林撰四聖心源十卷四聖懸樞四卷素靈微蘊四卷黃元御撰尙
論篇四卷後篇四卷傷寒答問一卷醫門法律六卷寓意草一卷生民切要二
卷喻昌撰醫學眞傳一卷高世栻撰診家正眼二卷病機沙篆二卷李中梓撰診宗三昧一
卷張璐撰四診抉微八卷林之翰撰證治大還四十卷陳治撰馬師津梁八卷馬元儀撰醫笈
寶鑑十卷董西園撰蘭臺軌範八卷醫學源流論二卷醫貫砭二卷徐大椿撰醫林纂要
十卷汪紱撰醫學從衆錄八卷醫學實在易八卷陳念祖撰醫學舉要六卷徐撰醫門
棒喝四卷二集九卷章楠撰救偏瑣言十卷費啓泰撰侶山堂類辨一卷張志聰撰名醫彙
粹八卷羅美撰辨證錄十四卷陳士鐸撰病機彙論十八卷沈朗山撰醫學讀書記三卷續
一卷尤怡撰續名醫類案六十卷魏之琇撰醫林集腋十六卷趙學敏撰醫學彙纂指南八
卷端木縉撰醫理信述六卷夏子俊撰醫經原旨六卷薛雪撰醫津筏一卷江之蘭撰醫醇賸義
四卷費伯雄撰張氏醫通十六卷張璐撰李氏醫鑑十卷續補二卷李文來撰洄溪醫案一
卷徐大椿撰王氏醫案五卷王士雄撰康齋醫案偶存一卷陳其晉撰錢氏醫略四卷錢一桂撰爕
臣醫學十卷屠通和撰世補齋醫書十六卷陸懋修撰李翁醫記三卷焦循撰柳州醫話一
卷魏之琇撰冷廬醫話五卷陸以湉撰潛齋醫話一卷王士雄撰神農本草百種錄一卷徐大椿撰
神農本草經讀四卷陳念祖撰本草述三十二卷劉若金撰得宜本草一卷王子接撰本草備
要四卷汪昂撰本草崇原三卷高世栻張志聰撰本草通原二卷李中梓撰本草綱目藥品藥
目一卷蔡烈先編圖三卷許燮年撰本草萬方鍼綫八卷蔡烈先撰本草話二十二卷本草綱
目拾遺十卷藥性元解四卷花藥小名錄四卷奇藥備考六卷趙學敏撰本草綱目
求眞十一卷黃宮繡撰本草滙纂十卷屠通和撰本經逢原四卷張璐撰本經疏證十二卷
續疏六卷本經序疏要八卷鄒澍撰藥性歌括一卷汪昂撰玉楸藥
解四卷黃元御撰要藥分劑十卷沈金鼇撰藥性賦音釋一卷金萃華撰古方考四卷龍柏撰名
醫方論三卷羅美撰程氏易簡方論六卷程履新撰絳雪園古方選注三卷王子接撰醫方
集解二十三卷湯頭歌括一卷汪昂撰臨證指南醫案十卷葉桂撰養素園傳信方
六卷趙學敏撰洄溪秘方一卷徐大椿撰成方切用十四卷吳儀洛撰得心錄一卷李文淵撰時方

妙用四卷時方歌括二卷景岳新方砭四卷十藥神書注解一卷陳念祖撰四科簡
效方十卷王士雄撰集驗良方六卷年希堯撰便易經驗集三卷毛世洪撰良方集腋二卷良
方合璧二卷謝元慶編醫方易簡十卷龔月川撰行軍方便方三卷羅世瑤撰平易方三卷葉香
侶撰萬選方一卷金標撰急救良方一卷余成甫撰世補齋不謝方一卷陸懋修撰運氣精微
二卷薛鳳祚撰時節气候決病法一卷王丙撰升降秘要二卷趙學敏撰經絡歌括一卷汪昂
撰脈訣彙辨十卷李延是撰脈理求眞一卷黃宮繡撰釋骨一卷沈彤撰雜病源流三十卷
沈金鼇撰溫證語錄一卷喻昌撰廣溫熱論五卷戴天章撰溫熱論一卷薛雪撰瘟疫傳症彙
編二十卷熊立品撰溫疫條辨摘要一卷呂田撰松峯說疫六卷劉奎撰溫熱經緯五卷
王士雄撰溫症瘀痧辨證一卷許汝楫撰痧脹玉衡書三卷後書三卷郭志邃撰治瘧痢方一
卷倪涵初撰痢疾論四卷孔毓禮撰痧法備旨一卷歐陽調律撰霍亂論二卷陳念祖撰霍亂論二
卷王士雄撰弔腳痧方論一卷徐子默撰喉科秘鑰二卷許佐廷撰爛喉痧輯要一卷金德鑑撰
時疫白喉捷要一卷張紹修撰血症經驗良方一卷潘霨撰傳靑主男科二卷女科二
卷傅山撰濟陰綱目十四卷武之望汪淇箋撰女科要旨四卷陳念祖撰寗坤寶
笈二卷附一卷釋月田撰女科輯要八卷周紀常撰婦科玉尺六卷沈金鼇撰女科經論八卷
蕭壎撰產科心法二卷汪喆撰產孕集二卷張曜孫撰胎產護生編一卷李長科撰達生編一
卷亟齋居士撰保生碎事一卷汪淇撰幼科鐵鏡六卷夏鼎撰雅愛堂痘疹驗方一卷邵嗣堯
撰馮氏錦囊秘錄雜症大小合參二十卷痘疹全集十五卷雜症痘疹藥性合
參十二卷馮兆張撰痘疹不求人方論一卷朱陸撰痧痘集解六卷俞茂崐撰保童濟世論
一卷陳含章撰痘證寶筏六卷強健撰莊氏慈幼二書二卷莊一夔撰幼科釋謎六卷沈金鼇撰
幼幼集成六卷陳復成撰天花精言六卷袁句撰牛痘要法一卷蔣致遠撰外科正宗評十
二卷徐大椿撰外科證治全生一卷王維德撰治疔彙要三卷過鑄撰一草亭目科全書一
卷鄧苑撰眼科方一卷葉桂撰治蠱新方一卷路順德撰理瀹駢文二卷吳尙先撰串雅八卷
祝由錄驗四卷趙學敏撰藥症宜忌一卷陳澈撰醫學三字經四卷陳念祖撰愼疾芻言一
卷徐大椿撰勿藥須知一卷尤乘撰攝生間覽四卷趙學敏撰醫故二卷鄭文焯撰不知時代撰
人顱經二卷宋王袞博濟方五卷宋沈括蘇沈良方八卷宋董汲腳氣治法
總要二卷旅舍備要方一卷宋韓祗傷寒微旨二卷宋王貺全生指迷方四卷
宋夏德衛生十全方三卷奇疾方一卷東軒居士衛濟寶書二卷不知撰人太
醫局程文九卷產育寶慶方二卷宋李迅集驗背疽方一卷宋嚴用和濟生方
八卷不知撰人產寶諸方一卷救急仙方六卷元沙圖穆蘇瑞竹堂經驗方五
卷以上乾隆時敕輯神農本草經三卷孫星衍孫馮翼同輯神農本草經三卷顧觀光輯

天文算法類

曆象考成四十二卷康熙五十二年聖祖御撰曆象考成後編十卷乾隆二年敕撰儀象考成三十
二卷乾隆九年戴進賢等奉敕撰儀象考成續編三十二卷道光二十四年敬徵等奉敕撰律曆淵源一百
卷雍正元年世宗御定萬年書不分卷道光時奉敕撰曆代三元甲子編年三卷道光時奉敕撰天經或
問前集一卷後集一卷游藝撰天步眞原一卷天學會通一卷薛鳳祚撰天元曆理大
全十二卷徐發撰天文考異一卷徐文靖撰續天文略一卷戴震撰天學入門一卷徐朝俊撰
圜天圖說三卷續編二卷李明徹撰天學問答二卷梅啟照撰天算或問一卷李善蘭撰測天
約術一卷陳昌齊撰曉庵新法六卷曉庵雜著一卷曆法表三卷王錫闡撰曆學會通正
集十二卷考驗部二十八卷致用部十六卷薛鳳祚撰曆學疑問三卷疑問補二卷

曆學駢枝四卷曆學答問一卷交會管見一卷交食蒙求三卷七政細草補注
一卷平立定三差解一卷梅文鼎撰平立定三差詳說一卷梅瑴成撰曆象本要一卷李光
地撰曆法記疑一卷王元啟撰推步法解五卷曆學補論一卷歲實消長辨一卷恒氣
注曆辨一卷中西合法擬草一卷七政衍一卷江永撰八綫測表圖說一卷余熙撰
古今歲實考校補一卷古今朔實考校補一卷黃汝成撰交食圖說舉隅一卷推算
日食增廣新術二卷羅士琳撰表算日食三差一卷朔食九服里差三卷強弱率通
考一卷古今積年解源二卷徐有壬撰日法朔餘強弱考一卷李銳撰陵犯新術三卷
司徒棟杜熙齡同撰交食細草三卷張作楠撰尺算日晷新義二卷劉衡撰推步簡法三卷顧觀光撰
推步迪蒙記一卷成蕃撰推步惟是四卷安清翹撰古今推步諸術考二卷太歲超辰
表一卷疑年表一卷汪曰楨撰躔離引蒙一卷交食引蒙一卷交食捷算四卷
五緯捷術四卷黃炳垕撰五星行度解一卷王錫闡撰中星譜一卷胡亶撰五星紀要一卷
火星本法一卷梅文鼎撰中西經星同異考一卷南極諸星考一卷金水發微
一卷江永撰中星表一卷徐朝俊撰恒星說一卷江聲撰歲星表一卷朱駿聲撰恒星餘論一
卷張星江撰中星全表三卷劉文瀾撰星土釋三卷李林松撰恒星圖表一卷賈步緯撰新測恒星
圖表一卷中星圖表一卷更漏中星表三卷金華暑漏中星表二卷張作楠撰句陳
晷度一卷廿星距度一卷日星測時表二卷余煌撰赤道南北恒星圖一卷鄒伯奇撰
赤道經緯恒星圖一卷六嚴撰黃道經緯恒星圖一卷戴進賢撰北極經緯度分表一
卷齊彥槐撰北極高度表一卷劉茂吉撰冬至考一卷梅文鼎撰冬至權度一卷江永撰全史日
至源流三十三卷許伯政撰璣遺述七卷揭暄撰三政考一卷吳烺撰顓頊曆考二卷
鄒漢勛撰顓頊新術一卷夏殷曆章蔀合表一卷周初年月日歲星表一卷李銳撰漢
太初曆考一卷成蕃撰三統術衍三卷術鈐三卷錢大昕撰三統術補一卷董祐誠撰三
統術詳說三卷陳澧撰漢三統術注三卷漢四分術注三卷漢乾象術注二卷補
修宋奉元術幷注一卷補修宋占天術並注一卷李銳撰麟德術解三卷李善蘭撰大
統曆法啟蒙一卷王錫闡撰大統書志十七卷梅文鼎撰六曆通考一卷回回曆解一卷
六卷邵昂霄撰揆日候星紀要一卷歲周地度合考一卷諸方日軌高度表一卷梅文
鼎撰揆日正方圖表一卷徐朝俊撰地球圖說補一卷焦循撰地圓說一卷二儀銘
補注一卷梅文鼎撰授時術解六卷黃鉞撰測地志要四卷輿地經緯度里表一
卷丁取忠撰元趙友欽原本革象新書五卷乾隆時敕輯黃帝泰階六符經一卷不知撰
人五殘雜變星書一卷漢張衡靈憲一卷渾儀一卷吳姚信昕天論一卷晉虞
喜安天論一卷以上馬國翰輯

以上天文算法類推步之屬

數理精蘊五十三卷康熙五十三年聖祖御撰周髀算經圖注一卷吳烺撰周髀算經校勘記
一卷顧觀光撰周髀算經述一卷馮經撰算略一卷方田通法一卷方程論六卷句股
舉隅一卷句股闡微四卷梅文鼎撰句股引蒙五卷句股述二卷陳訏撰句股矩測解
原二卷黃百家撰句股正義一卷楊作枚撰句股割圜記三卷戴震撰句股容三事拾遺三
卷附例一卷羅士琳撰句股淺術一卷梅沖撰句股尺測量新法一卷劉衡撰句股六術
一卷項名達撰句股截積算術二卷羅士琳撰句股圖解四卷少廣拾遺一卷梅文鼎撰
少廣補遺一卷陳世仁撰少廣正負術內外篇六卷孔廣森撰少廣縋鑿一卷夏燮撰開方

補記六卷求一算術一卷附通論一卷張敦仁撰開方釋例四卷游藝錄二卷駱騰鳳撰開方之分還原術一卷宋景昌撰開諸乘方捷術一卷項名達撰方程新術細草一卷李銳撰方程術一卷句股術一卷句股目錄一卷句股細草一卷散根方釋例一卷吳嘉善撰方田通法補例六卷張作楠撰海島算經細草圖說一卷李潢撰海島算經緯筆一卷李鏐撰五經算術考證一卷戴震撰緝古算經考注二卷李潢撰校緝古算經一卷圖解一卷細草一卷音義一卷陳杰撰緝古算經細草三卷張敦仁撰緝古算經圖草四卷揭廷鏘撰緝古算經補注一卷劉衡撰九章錄要十二卷屠文漪撰九章算術細草圖說九卷李潢撰天元一術圖說一卷葉棠撰天元一術一卷天元名式釋例一卷天元一草一卷天元問答一卷吳嘉善撰天元一釋二卷焦循撰天元句股細草一卷測圓海鏡細草十二卷李銳撰測圓海鏡法筆一卷李鏐撰校正算學啓蒙三卷羅士琳撰算學啓蒙通釋三卷徐鳳誥撰四元玉鑑細草二十四卷附一卷增一卷四元釋例二卷羅士琳撰四元玉鑑省筆一卷李鏐撰四元算式一卷徐有壬撰四元解二卷李善蘭撰四元名式擇例一卷四元草一卷吳嘉善撰四元術贅一卷方克猷撰弧矢啟秘二卷李善蘭撰弧矢算術補一卷羅士琳撰弧矢算術細草圖解一卷李銳草馮桂芬圖解幾何補編五卷幾何通解一卷梅文鼎撰幾何論約七卷杜知耕撰幾何易簡集三卷李子金撰幾何舉隅六卷鄒銶英譯新譯幾何原本十三卷續補二卷代微積拾級十八卷曲綫說一卷李善蘭譯增刪算法統宗十一卷梅瑴成撰割圜密率捷法四卷明安圖撰校正割圜密率捷法四卷羅士琳撰莊氏算學八卷莊亨陽撰數學鑰六卷杜知耕撰筆法便覽五卷紀大奎撰算賸一卷江永撰九數通考十三卷屈曾發撰衡齋算學七卷汪萊撰算牖四卷宣西通三卷許桂林撰算迪八卷何夢瑤撰學強恕齋筆算十卷梅啟照撰算學發蒙五卷潘逢禧撰九藝算解一卷九數外錄一卷算賸初編一卷續編一卷餘稿二卷顧觀光撰古算演略一卷古算器考一卷筆算五卷籌算七卷梅文鼎撰百鷄術演二卷時日醇撰珠算入門一卷張豸冠撰算術問答一卷錢大昕撰學計一得二卷鄒伯奇撰西算新法直解八卷馮桂芬陳暘同撰平三角舉要五卷弧三角舉要五卷環中黍尺六卷塹堵測量二卷方圓冪積一卷割圜八綫表一卷度算釋例二卷梅文鼎撰數度衍二十四卷方中通撰測算刀圭三卷視學二卷面體比例便覽一卷對數表一卷年希堯撰同度記一卷孔繼涵撰正弧三角疏義一卷江永撰弧角簡法四卷余煌撰象數一原六卷橢圓術一卷項名達撰加減乘除釋八卷釋弧三卷釋輪二卷釋橢一卷開方通釋一卷焦循撰矩綫原本四卷一綫表用六卷安清翹撰三角和較算例一卷演元九式一卷臺錐積演一卷比例會通四卷綴術輯補一卷增廣新術二卷羅士琳撰洞方術圖解二卷致曲術一卷致曲術圖解一卷萬象一原九卷夏鸞翔撰平三角平視法一卷陳澧撰格術補一卷對數尺記一卷乘方捷術三卷鄒伯奇撰外切密率四卷假數測圓二卷對數簡法二卷續對數簡法一卷戴煦撰弧田問率一卷演元要義一卷直積回求一卷謝家禾撰量倉通法一卷算學奇題削筆一卷李鏐撰量倉通法五卷倉田通法續編三卷八綫類編三卷八綫對數類編二卷八綫對數表一卷弧角設如三卷高弧細草一卷張作楠撰弧三角舉隅一卷江臨泰撰籌表開諸乘方捷法二卷借根方淺說一卷四率淺說一卷劉衡撰割圜連比例術圖解三卷橢圓求周術一卷堆垜求積術一卷斜弧三邊求角補術一卷董祐誠撰測圓密率三卷堆垜測圜一卷垜積招差一卷橢圓正術一卷截球解義一卷弧三角拾遺一卷圜率通考一卷橢圓求周術一卷割圜八綫綴術四卷造各表簡法一卷徐有壬撰方圓闡幽一卷對數探源二卷垜積比類四卷橢圓正術解二卷橢圓新術一卷橢圓拾遺三卷尖錐變法釋一卷級數回求一卷李善蘭撰綴術釋明二卷綴術釋戴一卷左潛撰圜率考眞圖解一卷曾紀鴻左潛黃宗憲同撰求一術通解二卷左潛黃宗憲同撰客圓七術三卷曲面容方一卷黃宗憲撰開方用表簡術一卷程之驥撰弧角拾遺一卷開方表一卷賈步緯撰對數詳解五卷曾紀鴻丁取忠同撰對數四問一卷劉彝程撰八綫對數表一卷對數詳解一卷數學拾遺一卷丁取忠撰借根方句股細草一卷李錫蕃撰粟米演草二卷補一卷第一卷丁取忠曾紀鴻吳嘉善李善蘭同撰第二卷鄒伯奇丁取忠左潛補卷丁取忠撰筆算一卷今有術一卷分法一卷開方釋一卷立方立圓術一卷平方術一卷平圓術一卷平三角術一卷弧三角術一卷測量術一卷差分術一卷盈朒術一卷割圜八綫綴術一卷方程天元合釋一卷吳嘉善撰西算初堦一卷算法須知一卷開方別術一卷數根術解一卷開方古義一卷積較術三卷算草叢存四卷學算筆談六卷華蘅芳撰尖錐曲綫學一卷八綫法術一卷諸乘差對數說一卷方克猷撰不知時代撰人九章算術九卷孫子算經三卷晉劉徽海島算經一卷不知撰人五曹算經五卷夏侯陽算經三卷北周甄鸞五經算術五卷宋秦九韶數學九章十八卷元李冶益古演段二卷以上乾隆時敕輯

以上天文算法類算書之屬

術數類

易林釋文一卷丁晏撰易林校略十六卷翟云升撰太元解一卷焦袁熹撰太元別訓五卷劉斯組撰太元經補注四卷孫澍撰太元闡秘十卷陳本禮撰太元後知六卷許桂林撰潛虛解一卷焦袁熹撰潛虛述義三卷蘇天木撰皇極經世書解十四卷王植撰皇極數鈔二卷陶成撰皇極經世緒言九卷黃泉泰包燿同撰皇極經世易知八卷何夢瑤撰洪範補注五卷潘士權撰洪範圖說四卷舒俊鯤撰衍範二卷顧昌祚撰數書探賾不分卷數書索隱五卷數書致遠二卷不著撰人氏名濬元十六卷張必剛撰河洛理數便覽一卷紀大奎撰宋張行成皇極經世索隱二卷宋丁易大衍索隱三卷乾隆時敕輯

以上術數類數學之屬

天文大成管窺輯要八十卷黃鼎撰推測易知四卷陳松撰請雨經一卷紀大奎撰校正開元占經九藝術一卷徐有壬撰

以上術數類占候之屬

葬經箋注一卷吳元音撰撼龍經校補十二卷疑龍經校補三卷楊錫勳撰撼龍經注二卷李文田撰天玉經注七卷天玉經說七卷黃越撰青囊天玉通義五卷張惠言撰楊氏地理元文注四卷附周易葬說一卷端木國瑚撰地理大成三十六卷葉九升撰山法全書十九卷平陽全書十五卷葉泰撰地理辨直正解五卷地理存眞一卷地理古鏡歌一卷歸厚錄一卷蔣大鴻撰地理末學六卷水法要訣五卷紀大奎撰羅經解定七卷胡國楨撰青囊解惑四卷汪沆撰地理述八卷陳詵撰地理旨宗二卷程永芳撰地理或問二卷陸應穀撰堪輿洩秘六卷熊起磻撰陽宅大成十五卷魏青江撰陽宅撮要二卷吳鼒撰陽宅鬮謬一卷原題梅漪老人撰風水袪惑一卷丁芮樸撰五種秘竅十七卷甘時望撰定穴立向開門放水道宅便覽要訣四卷梅自實撰靈城秘旨一卷余楙撰

以上術數類相宅相墓之屬

卜法詳考四卷胡煦撰易冒十卷程良玉撰風角書八卷張爾岐撰三才世緯一百卷不著撰人名氏景祐六壬神定經一卷楊維德撰六壬指南五卷程起鶚撰六壬經緯六卷毛志道撰六壬課經集四卷郭載騋撰六壬類敍四卷紀大奎撰大六壬尋源四卷張純照撰奇門一得二卷甘時望撰奇門闡秘六卷羅世瑤撰奇門金章一卷不著撰人氏名

以上術數類占卜之屬

太乙照神經三卷經驗二卷劉學曾撰子罕言四卷沈志言撰命盤圖說三卷陶胥來撰中西星命叢說一卷溫葆深撰五星聚脁十卷續編一卷廖冀亨撰舊題周老子月波洞中記二卷周鬼谷子命書唐李虛中注三卷晉郭璞玉照定眞經張顒注一卷南唐宋齊邱玉管照神局三卷後周王朴太清神鑑六卷宋徐子平徐氏珞琭子賦注二卷宋岳珂注三命指迷賦一卷遼耶律純星命總括三卷金張行簡人論大統賦一卷以上乾隆時敕輯

以上術數類相書命書之屬

星歷考原六卷康熙五十二年李光地等奉敕撰協紀辨方書三十六卷乾隆四年莊親王允祿等奉敕撰選擇歷書十卷康熙二十三年欽天監奉敕撰禽遁七元成局書十四卷汪漢謀撰永寧通書十二卷王維德撰選擇天鏡三卷任端書熊鑑遺同撰諏吉便覽二卷俞榮寬撰諏吉彙纂六卷梅齋門撰擇吉禽要四卷姚承恩撰陳子性藏書十二卷陳應選撰出行寶鏡一卷不著撰人氏名

以上術數類陰陽五行之屬

字觸六卷周亮工撰梧玫經一卷吳嶼撰夢書一卷閨秀王照圓撰紀夢編年一卷釋成鷲撰

以上術數類雜技之屬

藝術類

佩文齋書畫譜一百卷康熙四十七年孫岳頒等奉敕撰石渠寶笈四十四卷秘殿珠林二十四卷乾隆九年張照等奉敕撰六藝之一錄四百六卷續編十二卷倪濤撰隸八分辨一卷方輔撰楷法溯源十二卷潘存撰十七帖述一卷王弘撰撰草韻彙編二十六卷陶南望撰顏書編年錄四卷黃本驥撰飛白錄二卷陸紹曾撰書法正傳十卷馮武撰重校書法正傳不分卷蔣和撰鈍吟書要一卷馮班撰書法雅言一卷項穆撰書學彙編十卷萬斯同撰書學捷要二卷朱履貞撰漢溪書法通解八卷戈守智撰臨池心解一卷朱和羹撰臨池瑣語一卷陳昌齊撰龔安節書訣一卷龔賢撰書筏一卷笪重光撰評書帖一卷梁巘撰頻羅庵論書一卷梁同書撰藝舟雙楫九卷包世臣撰初月樓論書隨筆一卷吳德旋撰墨海人名錄十卷童翼駒撰國朝書人輯略十一卷震鈞撰玉臺書史一卷厲鶚撰讀畫錄四卷周亮工撰繪事備考八卷王毓賢撰重編圖繪寶鑑八卷馮仙湜撰月湖讀畫錄一卷王槃撰畫學鉤深一卷汪日楨撰苦瓜和尚畫語錄一卷釋道濟撰畫訣一卷龔賢撰畫筌一卷笪重光撰題畫詩一卷畫跋一卷惲格撰南窗漫筆一卷王原祁撰東莊論畫一卷王昱撰指頭畫記一卷高秉撰石村畫訣一卷孔衍栻撰畫壁一卷沈灝撰繪事發微一卷唐岱撰小小畫譜二卷鄭一桂撰傳神秘要一卷蔣驥撰山靜居畫論二卷方薰撰松壺畫贅二卷畫憶二卷錢杜撰國朝畫徵錄三卷續錄二卷圖畫精意識一卷浦山論畫一卷張庚撰鄭板橋題畫一卷鄭燮撰二十四畫品一卷黃鉞撰山南論畫一卷王學浩撰畫學心印八卷桐陰論畫三卷續一卷畫訣一卷秦祖永撰畫絮十卷戴熙撰溪山臥游錄四卷盛大士撰覯園煙墨著錄一卷徐堅撰畫筌折覽一卷湯貽汾撰南宋院畫錄八卷厲鶚撰明畫錄八卷徐沁撰南薰殿圖象考二卷國朝院畫錄二卷胡敬撰無聲詩史七卷姜紹書撰歷代畫家姓氏

韻編七卷顧仲清撰。宋元以來畫人姓名錄三十六卷魯駿撰。明畫姓氏彙編八卷陳撰撰。畫史彙傳七十二卷彭蘊燦撰。歷代畫史彙傳附錄二卷邵步洲撰。墨林今話十八卷續編一卷蔣寶齡撰。海虞畫苑略一卷補遺一卷魚翼撰。越畫見聞一卷陶元藻撰。玉臺畫史五卷閨秀湯漱玉撰。芥子園畫傳五卷王安節撰。西清劄記四卷胡敬撰。石渠隨筆八卷阮元撰。庚子消夏記八卷孫承澤撰。庚子消夏記校正一卷何焯撰。江村消夏錄三卷高士奇撰。書畫記六卷吳其貞撰。式古堂書畫彙考六十卷卞永譽撰。吳越所見書畫錄六卷陸時化撰。大觀錄二十卷吳升撰。鳴野山房書畫記三卷沈復粲撰。好古堂書畫記二卷姚際恒撰。臥庵藏書畫目一卷朱之赤撰。湘管齋寓賞編六卷陳焯撰。烟雲過眼錄二十卷周在浚撰。梁溪書畫徵一卷嵇曾筠撰。墨緣彙觀四卷原題松泉老人撰。寫意錄四卷繆日藻撰。辛丑消夏記八卷吳榮光撰。嶽雪樓書畫錄五卷孔廣鏞孔廣陶同撰。聽颿樓書畫記五卷潘正煒撰。夢園書畫錄二十五卷方濬頤撰。紅豆樹館書畫記八卷陶樑撰。須靜齋雲烟過眼錄一卷潘世璜撰。玉雨堂書畫記四卷韓泰華撰。過雲樓書畫記十卷顧文彬撰。書畫鑑影二十四卷李佐賢撰。穰梨館過眼錄四十卷續錄十六卷陸心源撰。贖讀齋書畫記四卷謝誠鈞撰。甌鉢羅館書畫過目考四卷李玉棻撰。諸家藏書畫簿十卷李調元撰。砥齋題跋一卷王弘撰撰。義門題跋一卷何焯撰。湛園題跋一卷姜宸英撰。麓臺題畫稿一卷王原祁撰。隱綠軒題識一卷陳奕禧撰。天瓶齋書畫題跋二卷張照撰。半氈齋題跋二卷江藩撰。汪文端題跋一卷汪由敦撰。清儀閣題跋四卷張廷濟撰。儀顧堂題跋十六卷續十六卷陸心源撰。退庵金石書畫題跋二十卷梁章鉅撰。太滌子題畫跋一卷釋道濟撰。南田畫跋一卷惲格撰。墨井題跋一卷吳歷撰。畫梅題跋一卷查禮撰。畫竹題記一卷畫梅題記一卷畫馬題記一卷畫佛題記一卷自寫真題記一卷金農撰。畫梅題記一卷朱方藹撰。裝潢志一卷周嘉胄撰。賞延素心錄一卷周二學撰。宋岳珂寶眞齋法書贊二十八卷 元李衎竹譜十卷 元鄭杓衍極十卷以上乾隆時敕輯。

以上藝術類書畫之屬

印典八卷朱象賢撰。續三十五舉一卷再續三十五舉一卷重定續三十五舉一卷桂馥撰。再續三十五舉一卷黃子高撰。續三十五舉一卷余楙撰。再續三十五舉一卷姚晏撰。篆刻鍼度八卷陳克恕撰。說篆一卷許容撰。六書緣起一卷篆印發微一卷孫光祖撰。古印考略一卷夏一駒撰。印文考略一卷鞠履厚撰。印章要論一卷朱簡撰。敦好堂論印一卷吳先聲撰。秋水園印說一卷陳鍊撰。折肱錄一卷周濟撰。摹印述一卷陳澧撰。印人傳三卷周亮工撰。飛鴻堂印人傳八卷汪啓淑撰。紫泥法一卷汪鎬京撰。

以上藝術類篆刻之屬

松風閣琴譜二卷抒懷操一卷程雄撰。操縵錄十卷胡世安撰。溪山琴況一卷徐谼撰。琴學心聲一卷莊臻鳳撰。琴談二卷程允基撰。琴學內篇一卷外篇一卷曹庭棟撰。立雪齋琴譜二卷汪紱撰。與古齋琴譜四卷祝鳳喈撰。以六正五之齋琴學秘譜六卷孫寶撰。自遠堂琴譜十二卷吳灴撰。琴學正聲六卷沈琯撰。琴旨補正一卷孫長源撰。琴譜合璧十八卷何素繙譯。弦歌古樂譜一卷簫譜一卷任兆麟撰。操縵卮言一卷梅毅成撰。

以上藝術類音樂之屬

奕妙一卷魏今、程蘭如、施襄夏、范世勳撰。奕理指歸三卷施襄夏撰。桃花泉棋譜二卷范世勳撰。投壺考原一卷丁晏撰。

以上藝術類雜技之屬

譜錄類

西清古鑑四十卷乾隆十四年梁詩正等奉敕撰。西清續鑑二十卷附錄一卷乾隆五十八年王杰等奉敕撰。西清硯譜二十四卷乾隆四十三年于敏中等奉敕撰。焦山古鼎考一卷王士祿撰。漢甘泉宮瓦記一卷林佶撰。保母磚跋尾一卷高士奇撰。宣爐歌注一卷冒襄撰。紀聽松庵竹爐始末一卷鄒炳泰撰。玉紀一卷陳性撰。古玉圖錄一卷瞿中溶撰。古玉圖考一卷吳大澂撰。瓊居譜三卷姜紹書撰。怪石贊一卷宋犖撰。觀石錄一卷高兆撰。觀石後錄一卷毛奇齡撰。石譜一卷諸九鼎撰。怪石錄一卷沈心撰。石畫記一卷阮元撰。黃山松石譜一卷閔麟嗣撰。水坑石記一卷錢朝鼎撰。端溪硯史三卷吳蘭修撰。說硯一卷朱棟撰。硯錄一卷曹溶撰。硯林一卷余懷撰。硯小史四卷朱棟撰。寶研堂硯辨一卷何傳瑤撰。端溪硯譜記一卷袁樹撰。淄硯錄一卷盛百二撰。漫堂墨品一卷宋犖撰。雪堂墨品一卷張仁熙撰。曹氏墨林二卷曹素功撰。筆史一卷梁同書撰。金粟箋說一卷張燕昌撰。文房四譜四卷倪濤撰。文房肆考圖說八卷唐秉鈞撰。筆墨紙硯譜一卷不著撰人氏名。浮梁陶政志一卷吳允嘉撰。景德鎮陶錄四卷藍浦撰。陶說六卷朱琰撰。窰器說一卷程哲撰。琉璃志一卷孫廷銓撰。楊羨茗壺系二卷吳騫撰。紬譜一卷陳丁佩撰。杖扇新錄一卷王廷鼎撰。川扇記一卷謝鳴篁撰。羽扇譜一卷張燕昌撰。湖船錄一卷厲鶚撰。續湖船錄二卷丁午撰。骨董卷十二卷李調元撰。

以上譜錄類器物之屬

續茶經三卷附錄一卷陸廷燦撰。茶史二卷劉源長撰。茶史補一卷余懷撰。岕茶彙鈔一卷冒襄撰。洞山岕茶系一卷周高起撰。飯有十二合說一卷張英撰。酒部彙考十八卷不著撰人氏名。酒社芻言一卷黃周星撰。南村觴政一卷張惣撰。醯略四卷趙信撰。居常飲饌錄一卷曹寅撰。豆區八友傳一卷王著撰。養小錄一卷顧仲撰。隨息居飲食譜七卷王士雄撰。隨園食單一卷袁枚撰。香乘二十八卷周嘉胄撰。非煙香法一卷董說撰。煙譜一卷張燻撰。勇盧間詰一卷趙之謙撰。

以上譜錄類食用之屬

廣羣芳譜一百卷康熙四十七年汪灝等奉敕撰。植物名實圖考三十八卷吳其濬撰。壽花日記一卷歸莊撰。傭圃蒔植記三卷曹溶撰。北野抱甕錄一卷高士奇撰。花部農談一卷焦循撰。種烏桕樹圖說一卷吳鼒康撰。竹譜一卷陳鼎撰。蘭言一卷冒襄撰。藝蘭四說一卷杜文瀾撰。蘭蕙原說一卷徐嶺湖撰。青在堂菊譜一卷不著撰人氏名。菊說一卷計楠撰。藝菊須知一卷顧祿撰。藝菊志八卷陸廷燦撰。東籬中正一卷許兆熊撰。洋菊譜一卷鄒一桂撰。亳州牡丹述一卷鈕琇撰。曹州牡丹譜一卷余鵬年撰。茶花譜三卷不著撰人氏名。鳳仙譜一卷趙學敏撰。徐園秋花譜一卷吳儀一撰。箋卉一卷吳菘撰。苔譜六卷汪憲撰。嶺南荔支譜六卷吳應逵撰。荔支譜一卷陳鼎撰。荔譜一卷陳寶國撰。賴園橘記一卷譚瑩撰。檇李譜一卷王逢辰撰。水蜜桃譜一卷褚華撰。吳蕈譜一卷吳林撰。甘藷譜一卷陸燿撰。參譜一卷黃叔燦撰。人薓譜一卷陸烜撰。龍經一卷王晫撰。談虎一卷趙彪詔撰。貓乘一卷王初桐撰。貓苑一卷黃漢撰。燕子春秋一卷郝懿行撰。烏衣香牒四卷陳邦彥撰。畫眉筆談一卷陳均撰。鵪鶉譜一卷陳石麟撰。異魚圖贊箋四卷胡世安撰。異魚圖贊補三卷閏集一卷胡世安撰。記海錯一卷郝懿行撰。晴川蟹錄四卷後蟹錄四卷孫之騄撰。蛇說一卷趙彪詔撰。春駒小譜二卷陳邦彥撰。四蟲備覽二十三卷倪廷模撰。蠕範八卷李元撰。

以上譜錄類植物動物之屬

雜家類

墨子經說解二卷張惠言撰。墨子注十五卷目錄一卷畢沅撰。墨子間詁十五卷目錄一卷附錄後語二卷孫詒讓撰。呂子校補二卷梁玉繩撰。呂子校補獻疑一卷蔡雲撰。呂氏春秋正誤一卷陳昌齊撰。呂氏春秋雜記十卷徐時棟撰。淮南天文訓補注二卷錢塘撰。淮南校勘記一卷顧廣圻撰。淮南子補校一卷劉台拱撰。淮南子正誤十二卷陳昌齊撰。淮南子校勘記一卷汪文臺撰。淮南許注異同詁六卷補遺一卷陶方琦撰。淮南天文訓存疑一卷羅士琳撰。顏氏家訓補注七卷補遺一卷附錄一卷趙曦明撰。息齋藏書十二卷裴希度撰。激書二卷賀貽孫撰。衡書三卷唐大陶撰。格物問答三卷螺峯說錄一卷聖學眞語二卷毛先舒撰。潛齋處語一卷蒙訓一卷楊慶撰。理學就正言十卷祝文彥撰。聖學大成不分卷孫鐘瑞撰。拳拳錄二卷顏巷錄一卷晚聞篇一卷李衷燦撰。萬世太平書十卷勞大輿撰。龍巖子集十二卷李丕則撰。呼居隨錄四卷張貞生撰。圖書秘典一隅解一卷張沐撰。五倫懿範八卷不著撰人氏名。天方典禮擇要解二十卷劉智撰。進善集不分卷張天杜撰。方齋補莊不分卷方正瑗撰。公餘筆記二卷張文炳撰。莕西問答一卷吳學孔撰。紹箋山房集略十八卷鄭道明撰。聖學逢源錄十八卷金維藩撰。聖門擇非錄五卷毛奇齡撰。聖門辨誣一卷皇甫埠撰。書林揚解二卷 漢學商兌六卷方東樹撰。梁孝元帝金樓子六卷乾隆時敕輯。許叔重淮南子注一卷孫馮翼輯。淮南萬畢術一卷丁晏輯。周由余書一卷 漢唐蒙博物記一卷 漢伏無忌伏侯古今注一卷 魏蔣濟蔣子萬機論一卷 魏杜恕篤論一卷 晉鄒氏鄒子一卷 吳諸葛恪諸葛子一卷 吳張儼默記一卷 吳裴元裴氏新言一卷 吳劉廞新義一卷 吳秦菁秦子一卷 晉張顯析言論一卷古今訓一卷 晉楊偉時務論一卷 晉郭義恭廣志二卷 晉陸機陸氏要覽一卷 宋范泰古今善言一卷 宋江邃文釋一卷 梁劉杳要雅一卷 沈約俗說一卷以上馬國翰輯。

以上雜家類雜學之屬

宋王應麟困學紀聞注二十卷翁元圻輯。困學蒙證六卷宋翔鳳撰。日知錄三十二卷日知錄之餘四卷顧炎武撰。日知錄集釋三十二卷刊誤二卷續刊誤二卷黃汝成撰。識小錄一卷王夫之撰。義府二卷黃生撰。羣書疑辨十二卷萬斯同撰。藝林彙考二十四卷沈自南撰。潛邱劄記六卷閻若璩撰。湛園札記四卷姜宸英撰。白田雜著八卷讀書記疑十六卷王懋竑撰。義門讀書記五十八卷何焯撰。樵香小記二卷何琇撰。管城碩記三十卷徐文靖撰。訂譌雜錄十卷胡鳴玉撰。識小編二卷董豐垣撰。修潔齋閒筆四卷劉堅撰。天香樓偶得十卷虞兆漋撰。陔餘叢考四十三卷趙翼撰。言鯖二卷呂種玉撰。事物考辨六十二卷周象明撰。天祿識餘二卷高士奇撰。畏壘筆記四卷徐昂發撰。古今釋疑十八卷方中履撰。螺江日記八卷續記四卷張文檒撰。知新錄三十二卷王棠撰。西圃蒙辨三十二卷田同之編。經史問五卷郭植撰。掌錄二卷陳祖范撰。讀書記聞十卷陳景雲撰。讀書筆記六卷尹會一撰。矩齋雜記一卷施閏章撰。經傳釋義五十卷陳煒撰。羣書札記十六卷朱亦棟撰。松崖筆記三卷九曜齋筆記三卷惠棟撰。韓門綴學五卷續編一卷談書錄一卷汪師韓撰。經史問答十卷全祖望撰。南江劄記四卷邵晉涵撰。羣書拾補三十七卷鍾山札記四卷龍城札記四卷盧文弨撰。十駕齋養新錄二十卷餘錄三卷竹汀日記鈔三卷恆言錄一卷潛研堂答問十卷錢大昕撰。蛾術編一百卷王鳴盛撰。曉讀書齋雜錄初錄二卷二錄二卷三錄二卷四錄二卷洪亮吉撰。讀書雜志八十卷王念孫撰。考古錄四卷鍾褱撰。清白士集二十八卷瞥記七卷梁玉繩撰。清白士集校補四卷蔡雲撰。庭立紀聞四卷梁學昌撰。援鶉堂隨筆四十卷姚範撰。漑亭述古錄二卷邇言六卷錢塘撰。目耕帖三十卷馬國翰撰。曬書堂筆記二卷郝懿行撰讀書脞錄七卷續編四卷孫志祖撰惜抱軒筆記八卷姚鼐撰札樸十卷桂馥撰拜經日記十二卷臧庸撰大雲山房雜記一卷惲敬撰寄傲軒讀書隨筆十卷續筆六卷三筆六卷沈赤然撰柚堂筆談四卷續筆談八卷盛百二撰南野堂筆記十二卷續筆記五卷吳文溥撰筠軒讀書叢錄二十四卷台州札記十二卷洪頤煊撰四寸學六卷張寶澂撰經史管窺六卷蕭曇撰遂雅堂學古錄七卷姚文田撰小學盦遺書四卷錢馥撰隨園隨筆二十八卷袁枚撰蠡勺編四十卷凌揚藻撰愈愚錄六卷劉寶楠撰合肥學舍札記十二卷陸繼輅撰通俗編三十八卷翟灝撰丙辰雜記一卷章學誠撰鄭堂札記五卷周中孚撰借間隨筆一卷汪遠孫撰擥對八卷許桂林撰蕘友蛾術編二卷蕘友叢說一卷王筠撰劉氏遺書八卷劉台拱撰讀書小記二卷焦廷琥撰古書拾遺四卷開卷偶得十卷林春溥撰寶甓齋札記不分卷趙坦撰過庭錄十六卷宋翔鳳撰炳燭編四卷李賡芸撰讀書雜記一卷周鎬撰質疑刪存三卷張宗泰撰經史質疑錄二卷張聰咸撰潘瀾筆記一卷彭兆蓀撰寒秀草堂筆記四卷姚衡撰癡學八卷黃本驥撰經史答問四卷朱駿聲撰卍齋瑣錄十卷讀書雜識十二卷李調元撰勞格撰多識錄四卷陳愬撰說緯二卷王崧撰癸巳類稿十五卷癸巳存稿十五卷俞正燮撰𧦝補隅錄不分卷蔣光煦撰讀書隨筆一卷吳德旋撰落颿樓初稿四卷沈垚撰窺豹集二卷南漘楛語八卷麓澞薈錄十四卷榕堂續錄四卷蔣超伯撰吳項儒遺書一卷吳卓信撰遜志齋雜鈔十卷吳翌鳳撰研六室雜著不分卷胡培翬撰蕙櫋雜記一卷嚴元照撰玉井山館筆記一卷許宗衡撰武陵山人雜著一卷顧觀光撰讀書偶識八卷鄒漢勛撰禮耕堂叢說一卷施國祁撰求闕齋讀書錄四卷日記類鈔二卷曾國藩撰有不爲齋隨筆十卷光律元撰銅熨斗齋隨筆八卷瑟榭叢談二卷交翠軒筆記四卷沈濤撰鈕匪石日記一卷鈕樹玉撰讀書偶得一卷吳蕢原撰諸子平議三十五卷俞樓雜纂五十卷曲園雜纂五十卷古書疑義舉例七卷讀書餘錄二卷湖樓筆談七卷春在堂隨筆十卷九九消夏錄十四卷俞樾撰讀書雜釋十四卷徐鼒撰羣書校補一百卷陸心源撰絧思堂答問一卷成蓉鏡撰無邪堂答問五卷朱一新撰學古堂日記不分卷雷浚撰思益堂日札二十卷周壽昌撰臨川答問一卷劉壽曾撰札迻十二卷孫詒讓撰舒藝室隨筆六卷續筆一卷餘筆三卷張文虎撰復堂日記八卷譚獻撰悔翁筆記六卷汪士鐸撰東父筆記一卷雜記一卷鄭杲撰子通二十卷周悅讓撰東塾讀書記二十一卷陳澧撰雲山讀書記六卷藻川堂談藝四卷鄧繹撰橫陽札記十卷吳承志撰唐蘇鶚蘇氏演義二卷宋張淏雲谷雜記四卷宋袁文甕牖閒評八卷宋邢凱坦齋通編一卷宋葉大慶考古質疑六卷宋陳昉潁川語小二卷不著撰人愛日叢鈔五卷以上乾隆時敕輯

以上雜家類雜考之屬

亭林雜錄一卷顧炎武撰俟解一卷噩夢一卷黃書一卷王夫之撰蕉林雜俎不分卷梁清標撰春明夢餘錄七十卷孫承澤撰書影十卷周亮工撰讀書偶然錄十二卷程正揆撰見聞記憶錄五卷余國楨撰冬夜箋記一卷王崇簡撰樗林三筆五卷魏裔介撰雕邱雜錄十八卷梁清遠撰居易錄三十四卷池北偶談二十六卷香祖筆記十二卷古夫于亭雜錄六卷分甘餘話四卷王士禎撰蒿菴閒話二卷張爾岐撰聽湖居存業十卷原良撰匡林二卷毛先舒撰庸言錄不分卷姚際恆撰筠廊偶筆二卷二筆二卷宋犖撰廣陽雜記五卷劉獻廷撰山志六卷王弘撰撰尚論持平二卷析疑待正二卷事文標異一卷陸次雲撰在園雜志四卷劉廷璣撰東山草堂邇言六卷邱嘉穗撰經史慧解六卷蔡含生撰此木軒雜著八卷焦袁熹撰熙朝新語十六卷余金撰嶺西雜錄二卷後海堂雜錄二卷王孝詠撰南村隨筆六卷陸廷燦撰枝語二卷孫之騄撰諤崖脞說五卷章楹撰然疑錄六卷顧奎光撰瀟湘聽雨錄八卷江昱撰人海記二卷查慎行撰艮齋雜說十卷尤侗撰仁恕堂筆記一卷黎士宏撰客舍新聞一卷彭孫貽撰聰訓齋語四卷張英撰澄懷園語四卷張廷玉撰古懽堂雜著八卷田雯撰據鞍錄一卷楊應琚撰日貫齋塗說一卷梁同書撰玉几山房聽雨錄一卷陳撰撰寒燈絮語一卷汪憲撰春草園小記一卷趙昱撰桃溪客語五卷尖陽叢筆十卷吳騫撰簷曝雜記六卷續一卷趙翼撰定香亭筆談四卷小滄浪筆談四卷阮元撰瀛舟筆談十二卷阮亨撰小琅嬛叢記四卷阮福撰西征隨筆二卷王景祺撰楚南隨筆一卷吳省蘭撰匏園掌錄一卷楊慶生撰天山客話一卷外家紀聞一卷洪亮吉撰柳南隨筆六卷續筆四卷王應奎撰雞窗叢話一卷蔡澄撰退餘叢話二卷鮑倚雲撰爪棚避暑錄一卷誠是錄一卷廣愛錄一卷孟超然撰茶餘客話十二卷阮葵生撰蕉窗日記二卷王豫撰莪田雜錄二卷瑣記二卷綴語二卷桑梓外志二卷涉世雜談一卷大怪錄一卷聞見雜記四卷知味錄二卷崔述撰天慵菴筆記二卷方士庶撰水曹清暇錄十六卷焠掌錄二卷汪啟淑撰橋西雜記一卷葉名澧撰思補齋筆記八卷潘世恩撰淮南雜識四卷闓益撰退菴隨筆二十二卷南省公餘錄二卷梁章鉅撰無事爲福齋隨筆二卷韓泰華撰憶書六卷焦循撰竹葉亭雜記八卷姚元之撰甕餘叢話四卷樗園消夏錄三卷郭麐撰向果微言三卷方東樹撰石亭紀事二卷丁晏撰吹網錄六卷鷗波漁話六卷葉廷琯撰履園叢話二十四卷錢泳撰蘿摩亭筆記八卷喬松年撰蕉軒隨錄十二卷夢園叢說內篇八卷方濬師撰轉徙餘生記一卷方濬頤撰維摩室遺訓四卷莊受祺撰古南餘話五卷湘舟漫錄五卷舒夢蘭撰萩概六卷劉熙載撰浮邱子十二卷湯鵬撰冷廬雜識八卷甦廬偶筆四卷陸以湉撰桐陰清話八卷倪鴻撰庸間齋筆記十二卷陳其元撰丹泉海島錄四卷徐景福撰寄龕甲志四卷乙志四卷丙志四卷丁志四卷孫德祖撰多暇錄二卷程庭鷺撰雞澤脞錄一卷迎鑾筆記二卷程鳴詔撰天壤閣雜記一卷王懿榮撰養和軒隨筆一卷陳作霖撰宋呂希哲呂氏雜記二卷宋宇文紹奕石林燕語考異十卷宋吳箕常談一卷宋謝采伯密齋筆記五卷續筆記一卷宋鄭至道琴堂諭俗編二卷元李治敬齋古今黈八卷元李翀日聞錄一卷以上乾隆時敕輯

以上雜家類雜說之屬

韻石齋筆談二卷姜紹書撰七頌堂識小錄一卷劉體仁撰研山齋雜記四卷不著撰人氏名老老恆言五卷曹庭棟撰初學藝引二十三卷李士學撰博物要覽十二卷谷應泰撰秋園雜佩一卷陳貞慧撰物類相感續志一卷補遺一卷王晫撰心齋雜俎二卷張潮撰清閒供一卷程羽文撰怡情小錄一卷馬大年撰陸地仙經一卷馬譔撰游戲錄一卷程景沂撰西湖器具錄一卷莊仲方撰幽夢影一卷張潮撰幽夢續影一卷朱錫綬撰前塵夢影錄二卷徐康撰

以上雜家類雜品之屬

悅心集五卷世宗御編唐馬總意林注五卷逸文一卷周廣業撰元明事類鈔四十卷姚之駰撰鈍吟雜錄十卷馮班撰懿行編八卷李灨撰倫史五十卷成克鞏撰雅說集十九卷魏裔介撰嗜退菴語存十卷嚴有穀撰勝飲編一卷郎廷極撰經世名言十二卷蘇宏祖撰寄園寄所寄十二卷趙吉士撰四本堂右編二十四卷朱潮遠編敦行錄二卷張鵬翮撰仕學要咸五卷張忻編人道譜不分卷閔忠撰硯北雜錄不分卷黃叔琳編查浦輯聞二卷查嗣瑮撰會心錄四卷孔尚任撰權衡一書四十一卷王植撰多識類編二卷曹昌言撰養知錄八卷紀昭撰閑家類纂二卷彭紹謙撰物詮八卷汪紱撰宋稗類鈔八卷潘永因編古愚老人消夏錄六十二卷汪汲撰茶香室叢鈔二十三卷續鈔二十五卷三鈔二十九卷四鈔二十九卷俞樾撰元張光祖言行龜鑑八卷乾隆時敕輯意林補闕二卷李宮係輯

以上雜家類雜纂之屬

類書類

淵鑑類函四百五十卷康熙四十九年張英等奉敕撰駢字類編二百四十卷康熙五十八年吳士玉等奉敕撰分類字錦六十四卷康熙六十年何焯等奉敕撰子史精華一百六十卷康熙六十年吳士玉等奉敕撰古今圖書集成一萬卷雍正三年蔣廷錫等奉敕撰佩文韻府四百四十三卷康熙四十三年張玉書等奉敕撰佩文韻府拾遺一百十二卷康熙五十九年張廷玉等奉敕撰編珠補遺二卷續編珠二卷高士奇撰鑒古錄十六卷沈廷芳撰考古類編十二卷柴紹炳撰教養全書四十一卷應撝謙撰政典彙編八卷王芝藻撰政譜十二卷朱栗夷撰文獻通考節貫十卷周宗濂撰考古略八卷考古原始六卷王文清撰說略三十卷顧啟元撰同書四卷周亮工撰古事苑十二卷鄧志謨撰同人傳四卷陳祥裔撰古事比五十三卷方中德撰彙史四十八卷王希廉撰五經類編二十八卷周世樟撰三才彙編四卷陳在升撰三才藻異三十三卷屠粹忠撰讀書記數略五十四卷宮夢仁撰格致鏡原一百卷陳元龍撰花木鳥獸集類三卷吳寶芝撰歷朝人物氏族會編十卷尹敏撰氏族箋釋八卷熊峻運撰姓氏譜六卷類纂五十卷李繩遠撰姓氏尋源十卷姓辨誤一卷張澍撰姓氏解紛十卷避諱錄五卷黃本驥撰百家姓韻語三編一卷丁晏編千家姓文一卷崔冕撰代北姓譜一卷遼金元姓譜一卷周春撰希姓補五卷單隆周撰齊名紀數十二卷王承烈撰奇字名十二卷李調元撰別號錄九卷葛萬里撰廿四史諱略一卷周榘撰國志蒙拾二卷郭麐撰史姓韻編六十四卷九史同姓名略七十二卷補遺一卷三史同名錄四十卷汪輝祖撰同姓名錄八卷王廷燦撰歷代同姓名錄二十三卷劉長華撰親屬記二卷鄭珍撰稱謂錄三十二卷梁章鉅撰異號類編二十卷雙名錄一卷史夢蘭撰人壽金鑑二十二卷程得齡撰古今記林二十九卷汪士漢撰類林新詠三十六卷姚之駰撰喻林一葉二十四卷王蘇撰廣事類賦四十卷華希閔撰十三經注疏錦字四卷方言藻二卷李調元撰連文釋義一卷王言撰清河偶鈔四卷駢字分義二卷程際盛撰漢書蒙拾一卷後漢書蒙拾一卷文選課虛四卷杭世駿撰唐句分韻初集四卷二集四卷續集二卷四集五卷馬綸撰杜韓集韻三卷汪文柏撰韻粹一百七卷朱彝撰三禮撫韻十二卷朱昆田撰唐詩金粉十卷沈炳震撰月滿樓甄藻錄一卷顧宗泰撰梁孝元帝古今同姓名錄二卷唐林寶元和姓纂十八卷宋馬永易實賓錄十四卷宋鄧名世古今姓氏書辯證四十卷宋唐仲友帝王經世圖譜十六卷以上乾隆時敕輯

小說類

山海經廣注十八卷吳任臣撰山海經存九卷汪紱撰山海經箋疏十八卷圖讚一卷訂譌一卷郝懿行撰讀山海經一卷俞樾撰穆天子傳補正六卷陳逢衡撰穆天子傳注疏六卷檀萃撰謠觚一卷顧炎武撰漢世說十四卷章撫功撰世說補二十卷黃汝琳撰今世說八卷王晫撰明語林十四卷吳肅公撰隴蜀餘聞一卷皇華紀聞四卷王士禎撰矩齋雜記二卷施閏章撰玉堂薈記一卷楊士聰撰客途偶記一卷鄭與僑撰玉劍尊聞十卷梁維樞撰灊園集錄十六卷屠倬撰關隴輿中偶憶編一卷張祥河撰客話三卷劇話二卷弄話二卷李調元撰兩般秋雨盦隨筆八卷梁紹壬撰藤陰雜記十二卷戴璐撰歸田瑣記八卷浪迹叢

談十一卷續八卷（梁章鉅撰）說鈴一卷（汪琬撰）觚賸八卷續編四卷（鈕琇撰）堅瓠集六十六卷（褚人穫撰）虞初新志二十卷（張潮撰）虞初續志十二卷（鄭澍若撰）史異纂十六卷有明異叢十卷（傅燮詷撰）續廣博物志十六卷（徐壽基撰）閱微草堂筆記二十四卷（紀昀撰）池上草堂筆記八卷（梁恭辰撰）筆談二卷（史夢蘭撰）右台仙館筆記十六卷（俞樾撰）奩史一百卷（王初桐撰）影梅庵憶語一卷（冒襄撰）西青散記四卷（史震林撰）板橋雜記三卷（余懷撰）古笑史三十四卷（李漁撰）宋吳淑江淮異人錄二卷宋張洎賈氏談錄一卷宋范鎭東齋記事六卷宋高晦叟珍席放談二卷宋王讜唐語林八卷宋朱彧萍洲可談三卷宋曾慥高齋漫錄一卷宋張知甫張氏可錄一卷宋陳長方步里客談二卷不著撰人東南紀聞三卷（以上乾隆時敕輯）靑史子一卷周宋鈃宋子一卷魏邯鄲淳笑林一卷晉裴啓裴子語林二卷晉郭澄之郭子一卷郭氏玄中記一卷宋東陽無疑齊諧記一卷隋杜寶水飾一卷（以上馬國翰輯）

釋家類

揀魔辨異錄八卷（世宗御撰）語錄十九卷（世宗御撰）南宋元明僧寶傳十五卷（釋自融撰）五集弘傳二十二卷（釋智安撰）重定教乘法數十二卷（釋起海通理廣治同撰）宗統編年三十二卷（釋紀蔭撰）摩尼燭坤集要七十二卷（尼得一撰）宗門頌古摘珠二十八卷（釋淨符撰）洞宗會選二十六卷（釋智考撰）現果隨錄一卷（釋戒顯撰）正宏集一卷（釋本果撰）萬法歸心錄三卷（釋超溟撰）萬善光資四卷欲海探源三卷（周思仁撰）續指月錄二十卷尊宿集一卷（聶先撰）治心編一卷（李蓁撰）如幻集四卷（釋心源撰）歸元鏡二卷（釋智達撰）揞黑豆集八卷（中樂橐撰）種蓮集一卷（陳本仁撰）淨土聖賢錄九卷續錄四卷善女人傳二卷（彭際淸撰）佛爾雅八卷（周春撰）釋雅一卷梵言一卷（李調元撰）楞嚴經蒙鈔十卷心經略疏小鈔二卷金剛經疏記懸判一卷疏記會鈔一卷金剛經論釋懸判一卷偈記會鈔一卷（錢謙益撰）金剛經注一卷多心經注一卷（石成金撰）圓覺經析義疏四卷（釋通理撰）金剛般若波羅蜜經解注一卷附金剛經諸衷心經淺說（王定柱撰）閱藏隨筆二卷續筆一卷（釋元度撰）心經集注一卷（徐淨醇撰）金剛經注二卷（俞樾撰）浮石禪師語錄十卷（釋行淳等編）林野奇禪師語錄八卷（釋行謐等編）龍池萬如禪師後錄一卷（釋行果超英同編）憨予暹禪師語錄六卷（釋法雲廣學同編）徑山費隱禪師語錄一卷（釋行和同）具德禪師語錄二卷（釋濟義編）普濟玉林禪師語錄十二卷附年譜二卷（釋超琦編）岫峯憲禪師語錄五卷（釋智賢編）介子彌禪師語錄二卷（釋明成等編）信中符禪師偈言二卷（釋淨符撰）南山天愚寶禪師語錄四卷（釋智普編）雄聖惟極禪師語錄三卷（釋超越編）東悟本禪師語錄四卷（釋通界編）丈雲語錄一卷（釋澂潤編）徹悟禪師遺稿二卷（釋了亮編）夢東禪師遺集二卷（釋際醒撰）昌啟順禪師語錄二卷（釋明成等編）普照禪師文錄一卷附淨業記一卷（釋顯振等編）

道家類

御注道德經二卷（世祖御撰順治十三年）陰符經注一卷（李光地撰）陰符經注一卷（徐大椿撰）陰符經本義一卷（黃德甯撰）讀陰符經一卷（汪紱撰）陰符經注一卷（宋葆淳撰）陰符經發隱一卷（楊文會撰）老子衍一卷（王夫之撰）老子說略二卷（張爾岐撰）老子道德經考異二卷（畢沅撰）老子參注四卷（倪元坦撰）老子解一卷老子別錄一卷非老一卷（吳鼒撰）老子章義二卷（姚鼐撰）老子約說四卷（紀大奎撰）道德經編注二卷（胡與高撰）讀道德經私記二卷（汪縉撰）道德經懸解二卷（黃元御撰）道德經注二卷（徐大椿撰）道德經臆注二卷（王定柱撰）道德寶章翼二卷（金道果撰）道德經發隱一卷（楊文會撰）列子釋文二卷考異一卷（任大椿撰）列子辨二卷（不著撰人名氏）沖虛經發隱一卷（楊文會撰）莊子解三十三卷莊子通一卷（王夫之撰）莊詁不分卷（錢澄之撰）莊子解三卷（吳世尚撰）莊子因六卷讀莊子法一卷（林雲銘撰）莊子獨見三十三卷（胡文英撰）莊子本義二卷（梅沖撰）莊子解一卷（吳峻撰）說莊三卷（韓泰靑撰）莊子集解八卷（王先謙撰）莊子約解四卷（劉鴻典撰）南華通七卷（孫家淦撰）南華釋名一卷（金人瑞撰）南華本義二卷（林仲懿撰）南華經傳釋一卷（周金然撰）南華簡鈔四卷（徐廷槐撰）南華摸象記八卷（張世犖撰）南華眞經影史九卷（周拱辰撰）南華通七卷（屈復撰）南華經正義不分卷（陳壽昌撰）南華經發隱一卷（楊文會撰）列仙傳校正二卷附列仙讚一卷（王照圓撰）參同契章句一卷鼎符一卷（李光地撰）讀參同契三卷（汪紱撰）參同契注二卷（陳兆成撰）參同契集注六卷（劉英龍撰）古文周易參同契注八卷（袁仁林撰）周易參同契集韻六卷（紀大奎撰）參同契金隄大義三卷（許桂林撰）參同契集注二卷（仇滄柱撰）悟眞篇集注五卷（仇兆鰲撰）列仙通紀六十卷（薛大訓撰）仙史八卷（王建章撰）金仙證論一卷（柳華陽撰）萬壽仙書四卷（曹無極撰）果山修道居誌二卷（集鎔撰）金蓋心燈八卷（鮑廷博撰）眞詮二卷（不著撰人氏名）得一參五七卷（婁中白撰）瓣香錄一卷（邵璞撰）質神錄一卷（彭兆升撰）太上老君說常淸靜經注一卷（徐廷槐撰）黃庭經發微二卷（董德寧撰）太上感應篇注二卷（惠棟撰）感應篇讚義一卷（俞樾撰）宋杜道堅文子纘義十二卷（乾隆時敕輯）抱朴子內篇佚文一卷外篇佚文一卷（顧廣圻嚴可均同輯）商伊尹書一卷周辛甲書一卷魏公子牟子一卷田駢子一卷楚老萊子一卷黔婁子一卷鄭長者書一卷魏任嘏任子道論一卷闞朗洞極眞經一卷吳唐滂唐子一卷晉蘇彥蘇子一卷陸雲陸子一卷杜夷杜子幽求新書一卷孫綽孫子一卷苻朗苻子一卷齊張融少子一卷顧歡夷夏論一卷（以上馬國翰輯）

清史稿　　志

藝文四

集部五類：一曰楚詞類，二曰別集類，三曰總集類，四曰詩文評類，五曰詞曲類。

楚詞類

補繪離騷全圖二卷（蕭雲從原圖乾隆四十七年奉敕補繪）楚詞通釋十四卷（王夫之撰）山帶閣注楚詞六卷楚詞餘論二卷楚詞說韻一卷（蔣驥撰）楚詞燈四卷（林雲銘撰）楚詞新注六卷（屈復撰）楚詞疏八卷（吳世尚撰）楚詞會眞一卷（卿彬撰）楚詞貫一卷（董國英撰）楚詞章句七卷（劉夢鵬撰）離騷圖一卷（蕭雲從圖並注）離騷經注一卷（李光地撰）離騷正義一卷（方苞撰）離騷經解一卷（方楘如撰）離騷解一卷（顧成天撰）離騷箋二卷（龔景瀚撰）離騷解一卷（謝濟世撰）離騷辨一卷（朱冀撰）離騷節解一卷（張德純撰）離騷中正二卷（林仲懿撰）離騷補注一卷（朱駿聲撰）天問補注一卷（毛奇齡撰）天問校正一卷（屈復撰）九歌注一卷（李光地撰）九歌解一卷（顧成天撰）屈原賦注六卷通釋二卷音義三卷（戴震撰）屈子生卒年月考一卷（陳瑒撰）楚詞人名考一卷（俞樾撰）離騷草木疏辨證四卷（祝德麟撰）楚詞辨韻一卷（陳昌齊撰）楚詞韻讀一卷宋賦韻讀一卷（江有誥撰）離騷釋韻一卷（蔣曰豫撰）屈子正音三卷（方績撰）

別集類

淸聖祖文初集四十卷二集五十卷三集五十卷四集三十六卷避暑山莊詩二卷世宗文集三十卷悅心集二卷高宗文初集三十卷二集四十四卷三集十六卷詩初集四十八卷二集一百卷三集一百十二卷四集一百十二卷五集一百卷餘集二十卷樂善堂定本三十卷全史詩二冊全韻詩二冊擬白居易樂府四冊圓明園詩不分卷仁宗文初集十卷二集十四卷餘集二卷詩初集四十八卷二集六十四卷三集六十四卷餘集六卷味餘書屋全集定本四十卷附隨筆二卷全史詩六十四卷宣宗文集十卷餘集六卷詩集二十四卷餘集十二卷養正書屋全集定本四十卷文宗文集二卷詩集八卷穆宗文集十卷詩集六卷（諸王宗室詩文集已見本傳不載）

魏曹植子建集銓評十卷（丁晏撰）晉阮籍詠懷詩注四卷（蔣師瀹撰）晉孫楚馮翌集發微四卷（于宗林撰）晉陶潛詩彙注四卷（吳瞻泰撰）陶詩箋五卷（邱嘉穗撰）陶詩集注四卷（詹夔錫撰）陶靖節集注十卷（陶澍撰）陶詩附考一卷（方東樹撰）周庾信開府集箋注十卷（吳兆宜撰）庾子山集注十六卷（倪璠撰）陳徐陵孝穆集箋注六卷（吳兆宜撰）唐王勃子安集注二十五卷（蔣淸翊撰）駱賓王臨海集注十卷（陳熙晉撰）李白詩集注三十六卷（王琦撰）杜甫工部集注二十卷（錢謙益撰）杜詩輯注二十三卷（朱鶴齡撰）杜詩詳注二十五卷附編二卷（仇兆鰲撰）杜詩鏡銓二十卷（楊倫撰）杜詩注解二十卷（張溍撰）杜詩注釋二十四卷（許寶善撰）杜工部詩疏解二卷（顧施禎撰）知本堂讀杜二十四卷（汪灝撰）杜詩提要十四卷（吳瞻泰撰）杜詩說十二卷（黃生撰）杜詩疏八卷（紀容舒撰）杜詩會粹二十四卷（張遠撰）杜詩闡三十三卷（盧元昌撰）杜詩論五十六卷（吳見思撰）杜詩注解十二卷（顧宸撰）杜詩集說二十卷（江浩然撰）杜詩譜釋二卷（毛張健撰）歲寒堂讀杜二十卷（范輦雲撰）讀杜心解六卷（浦起龍撰）杜詩通解四卷（李文煒撰）杜工部詩注五卷（陳之壎撰）杜詩直解五卷（范廷謀撰）王維右丞集注二十八卷附錄二卷（趙殿成撰）白香山詩集四十卷附年一卷（顧嗣立編及集釋）韓愈昌黎詩箋注十一卷（顧嗣立撰）昌黎詩增注證譌十一卷（黃鉞撰）編年昌黎詩注十二卷（方世舉撰）韓集點勘四卷（陳景雲撰）昌黎集補注四十卷（沈欽韓撰）讀韓記疑十卷（王元啟撰）柳宗元集點勘三卷（陳景雲撰）李賀長吉歌詩彙解四卷外集一卷（王琦撰）協律鉤元注四卷（陳本禮撰）樊宗師紹述集注二卷盧仝玉川子詩集注五卷（孫之騄撰）杜牧樊川文集注二十卷（馮集梧撰）李商隱義山詩注三卷補注一卷（朱鶴齡撰）重訂李義山詩集箋注三卷外集箋注一卷（程夢星撰）李義山詩集注十六卷（姚培謙撰）李義山文集箋注十卷（徐樹穀箋徐炯注撰）玉溪生詩詳注三卷樊南文集詳注八卷（馮浩撰）樊南文集箋注補編十二卷附錄一卷（錢振倫箋錢振常注）溫庭筠飛卿集箋注九卷（顧予咸撰子嗣立增補）孫樵文志疑一卷（汪師韓撰）羅鄴比紅兒詩注一卷（沈可培撰）宋王安石荊公文集注四十四卷（沈欽韓撰）蘇軾詩施注補注四十二卷王注正譌一卷（邵長蘅李必恆同撰）蘇詩補註一卷（馮景撰）補注東坡編年詩五十卷（查慎行撰）蘇詩查注補正四卷（沈欽韓撰）蘇詩合注五十卷附錄五卷（馮應榴撰）蘇詩編注集成一百三卷雜綴一卷（王文誥撰）蘇詩補注八卷（翁方綱撰）范成大石湖詩集注三卷（沈欽韓撰）謝翺西臺慟哭記注一卷（黃宗羲撰）金元好問遺山詩集注十四卷（施國祁撰）元吳萊淵穎先生集注十二卷（王朝棠王繩曾同撰）楊維楨鐵崖樂注十卷逸編注八卷詠史注八卷（樓卜瀍撰）明高啓靑邱詩集注十八卷附鳧藻集五卷（金檀

撰。陳子龍忠裕集注三十卷王昶等撰。

以上箋注自魏至明詩文集

亭林文集六卷詩集五卷餘集一卷佚詩一卷顧炎武撰。南雷文定前集十一卷後集四卷三集三卷詩歷四卷黃宗羲撰。薑齋文集十卷詩集十八卷王夫之撰。夏峰先生集十四卷孫奇逢撰。用六集十二卷刁包撰。桴亭詩鈔八卷文鈔六卷陸世儀撰。居易堂集二十卷徐枋撰。隰西草堂詩集五卷文集三卷萬壽祺撰。蜃園文集四卷詩集四卷梅花百詠一卷九山游草一卷李確撰。愧訥集十二卷朱用純撰。楊園先生文集五十四卷張履祥撰。霜紅龕文集四卷詩集不分卷傅山撰。白耷山人詩集十卷文集二卷閻爾梅撰。懸弓集三十卷元恭文續鈔七卷歸莊撰。田間詩集二十八卷文集三十卷錢澄之撰。二曲集二十六卷李顒撰。五公山人集十四卷王餘祐撰。巢民詩集八卷文集六卷冒襄撰。魏伯子文集十卷魏際瑞撰。魏叔子文集二十二卷詩集八卷魏禧撰。魏季子文集十六卷魏禮撰。邱邦士文集十七卷邱維屏撰。寒支初集十卷二集四卷李世熊撰。燮雅堂文集五卷詩集四卷杜濬撰。聰山集十四卷申涵光撰。柿葉庵詩選一卷張蓋撰。爲可堂詩集十六卷朱一是撰。蒿庵集三卷張爾岐撰。馮氏小集七卷馮班撰。屈翁山詩集八卷外集十八卷屈大均撰。獨漉堂稿六卷陳恭尹撰。犀崖文集二十五卷雲湖堂集六卷易學實撰。陳士業全集十六卷陳宏緒撰。棗林詩集一卷談遷撰。水田居士文集五卷賀貽孫撰。宇台集四十卷孫治撰。潛齋先生集十卷應撝謙撰。五經堂文集五卷范鄗鼎撰。敬修堂釣業一卷査繼佐撰。瀨園文集二十卷詩後集三卷嚴首昇撰。內省齋文集三十二卷湯來賀撰。虎溪漁叟集十卷劉命清撰。落木庵詩集二卷徐波撰。困亭齋集二卷王錫闡撰。紫峰集十四卷杜越撰。白茅堂集四十六卷顧景星撰。愚庵小集十五卷朱鶴齡撰。杲堂文鈔六卷詩鈔七卷李鄴嗣撰。初學集一百十卷有學集五十卷錢謙益撰。梅村集四十卷吳偉業撰。吳詩集覽二十卷談藪一卷靳榮藩撰。吳梅村詩箋注二十卷吳翌鳳撰。燕香齋文集四卷詩集六卷劉餘祐撰。金文通集二十卷金之俊撰。灌研齋集四卷李元鼎撰。秀巖集三十一卷胡世安撰。澹友軒集十六卷桴菴集四卷薛所蘊撰。靑溪遺稿二十八卷程正揆撰。已亥存稿一卷孫承澤撰。浮雲集十一卷陳之遴撰。靜惕堂詩集四十四卷曹溶撰。了菴文集九卷且園近集且園近詩四卷王岱撰。讀史亭詩集十六卷文集二十二卷彭而述撰。山閣堂集二十三卷鄭宗圭撰。石雲居士集十五卷詩七卷陳名夏撰。栖雲閣詩十六卷高珩撰。靑箱堂文集三十三卷詩集三十三卷王崇簡撰。東村集十卷李呈祥撰。東谷集三十四卷。歸庸集四卷桑榆集三卷白允謙撰。定山堂詩集四十三卷龔鼎孳撰。雪堂先生集選十一卷熊文舉撰。賴古堂集二十四卷周亮工撰。沚亭刪定文集二卷自刪詩一卷孫廷銓撰。兼濟堂文集二十卷魏裔介撰。寒松堂文集十卷詩集三卷魏象樞撰。西北文集四卷畢振姬撰。蘭雪堂詩集三卷謝賓王撰。祓園集九卷梁淸遠撰。心遠堂詩集十二卷李霨撰。且亭詩集不分卷楊思聖撰。四思堂文集八卷傅維鱗撰。王文靖集二十四卷王熙撰。傅忠毅集八卷傅宏烈撰。佳山堂集十卷馮溥撰。林屋文藁十六卷詩藁十四卷宋實穎撰。愼齋遺集五卷蔣永脩撰。安雅堂詩不分卷文集四卷未刻稿十卷宋琬撰。學餘堂文集二十八卷詩集五十卷外集二卷施閏章撰。屺思堂文集八卷詩集一卷劉子壯撰。熊學士詩文集三卷熊伯龍撰。志壑堂文集十三卷詩集十五卷唐夢賚撰。中山文鈔四卷詩鈔四卷郝浴撰。湯文正遺稿五卷湯斌撰。蓮龕集十六卷李來泰撰。嵩游集一卷葉封撰。萬靑閣全集八卷林臥遙集三卷趙吉士撰。堪齋詩存八卷顧大申撰。學源堂文集十八卷郭棻撰。堯峰文鈔五十卷鈍翁類稿一百十八卷汪琬撰。司勳五種集二十卷王士祿撰。抱山集選一卷王士禧撰。古鉢集選一卷王士祜撰。帶經堂全集九十二卷王士禛撰。漁洋山人精華錄訓纂十卷惠棟撰。精華錄箋注十二卷補遺一卷金榮撰。樂圃集七卷顏光敏撰。鶴嶺山人詩集十六卷王澤宏撰。恥躬堂文集二十卷王命岳撰。七頌堂集十四卷劉體仁撰。午亭文編五十卷陳廷敬撰。經義齋集十八卷熊賜履撰。庸書二十卷張貞生撰。蒼峴山人文集六卷詩集五卷秦松齡撰。讀書齋偶存稿四卷葉方藹撰。松桂堂全集三十七卷彭孫遹撰。張文貞集十二卷張玉書撰。忠貞集十卷范承謨撰。抱犢山房集六卷嵇永仁撰。蓮洋詩鈔十卷吳雯撰。西陂類稿三十九卷宋犖撰。正誼堂詩集二十卷文集不分卷董以寧撰。鐵廬集三卷外集二卷附錄一卷潘天成撰。溉堂前集九卷續集六卷後集六卷孫枝蔚撰。閒修齋稿一卷蕭企昭撰。蘋灣全集二十九卷張仁熙撰。織齋集鈔八卷李煥章撰。謝程山集十八卷謝文洊撰。燕峰文鈔一卷費密撰。省廬文集七卷詩集七卷彭師度撰。省軒文鈔十卷柴紹炳撰。張秦亭詩集十二卷張丹撰。潠書八卷思古堂集四卷東苑文鈔二卷詩鈔一卷小匡文鈔四卷蕊雲集一卷晚唱一卷毛先舒撰。會侯文鈔二十卷毛際可撰。學園集一卷續編一卷沈起撰。黃山詩留十六卷法若眞撰。春樹草堂集六卷杜恒燦撰。天延閣詩前集十六卷後集十三卷梅淸撰。託素齋集十卷黎士宏撰。雪鴻堂文集十八卷李蕃撰。秋笳集十卷吳兆騫撰。改亭文集十六卷詩六卷計東撰。挹奎樓文集十二卷吳山鷇音八卷林雲銘撰。嵩庵集五卷馮甦撰。世德堂集四卷王鉞撰。古愚心言八卷彭鵬撰。聊園全集十五卷孔貞瑄撰。葉忠節遺稿十三卷葉映榴撰。谷口山房詩集十卷李念慈撰。中巖集六卷宋振麟撰。稽留山人集二十卷陳祚明撰。陋軒詩四卷吳嘉紀撰。定峰樂府十卷沙張白撰。突星閣詩鈔十五卷王戩撰。冠豸山堂文集三卷童能靈撰。丁野鶴詩鈔十卷丁耀亢撰。吾好遺稿一卷章靜宜撰。萊山堂集八卷遺稿五卷章金牧撰。懷葛堂文集十五卷梁份撰。江泠閣詩集十四卷文集四卷續集二卷冷士嵋撰。海日堂詩集五卷文集二卷程可則撰。問山詩集十卷文集八卷丁煒撰。已畦詩集十卷文集十四卷葉燮撰。習齋記餘十卷顏元撰。恕谷後集十三卷李塨撰。居業堂集二十卷王源撰。林蕙堂集二十六卷吳綺撰。思綺堂文集十卷章藻功撰。善卷集四卷陸繁弨撰。尺五堂詩刪六卷嚴我斯撰。讀書堂集四十六卷趙士麟撰。篤素堂詩集七卷文集十六卷存誠堂詩集二十五卷應制詩五卷張英撰。戒菴詩存一卷邵遠平撰。古懽堂集三十六卷田雯撰。鬲津草堂詩集不分卷田霡撰。學文堂集四十三卷陳玉璂撰。石屋詩鈔八卷補鈔一卷魏寧徵撰。榕村集四十卷李光地撰。皋軒文編一卷李光坡撰。三魚堂文集十二卷外集六卷附錄二卷陸隴其撰。憺園集三十八卷徐乾學撰。健松齋集二十四卷續集十卷方象瑛撰。百尺梧桐閣集二十六卷汪懋麟撰。趙恭毅剩稿八卷趙申喬撰。玉巖詩集七卷林麟焻撰。安靜子集十三卷安致遠撰。臨野堂文集十卷鈕琇撰。有懷堂詩文稿二十八卷韓菼撰。蘋村類藁三十卷徐倬撰。鳳池園集十六卷顧汧撰。寶嵒堂詩藁四卷河上草二卷蘭樵歸田稿一卷張榕端撰。張文端集七卷張鵬翮撰。因園集十三卷趙執信撰。寶菌堂遺詩二卷趙執端撰。通志堂集十八卷納喇性德撰。靑門簏稿十六卷靑門旅稿六卷靑門賸稿六卷邵長蘅撰。淸芬堂存稿八卷胡會恩撰。橫雲山人集十六卷王鴻緒撰。于淸端政書八卷于成龍撰。世恩堂集三十五卷王頊齡撰。受祺堂詩集三十四卷李因篤撰。遂初堂詩集十五卷文集二十卷別集四卷潘耒撰。抱經齋集二十卷徐嘉炎撰。叢碧山房集五十七卷龐塏撰。曝書亭集八十卷附錄一卷朱彝尊撰。曝書亭集外稿八卷馮登府輯。曝書亭詩注二十二卷楊謙撰。曝書亭賦詩注二十二卷程恭銘撰。曝書亭詩鈔箋注十二卷汪浩撰。湖海樓詩集十二卷文集十八卷陳維崧撰。陳檢討四六注二十卷程師恭撰。西河集一百八十九卷毛奇齡撰。西堂全集六十六卷尤侗撰。白雲村集八卷李澄中撰。秋錦山房集二十二卷李良年撰。南州草堂集三十卷徐釚撰。深秀亭近草五卷潘鍾麟撰。超然詩集八卷張遠撰。香草居集七卷李符撰。秋水閣文鈔一卷陳維岳撰。野香亭集十三卷李孚靑撰。馮舍人遺詩六卷馮廷櫆撰。居業齋文集二十卷金德嘉撰。葛莊分類詩鈔十四卷劉廷璣撰。益戒堂詩集十六卷揆敍撰。南堂集十二卷施世綸撰。與梅堂集十三卷佟世思撰。楝亭詩鈔八卷文鈔一卷曹寅撰。墨井詩鈔二卷吳歷撰。甌香館集十二卷惲格撰。離垢集五卷華嵒撰。蓄齋集十六卷黃中堅撰。笠翁一家言十六卷李漁撰。柯庭餘習十二卷汪文柏撰。後甲集二卷章大來撰。正誼堂集十二卷續集八卷張伯行撰。愛日堂詩二十七卷陳元龍撰。鶴侶齋集三卷孫勷撰。岕老編年詩鈔十三卷金張撰。崑崙山房集三卷張爲慶撰。懷淸堂集二十卷湯右曾撰。欒亭詩集二卷梁佩蘭撰。湛園未定稿六卷葦間詩集五卷姜宸英撰。經進文稿六卷淸吟堂集九卷歸田集十四卷高士奇撰。紺寒亭詩集十卷文集四卷趙俞撰。杕左堂詩集六卷孫致彌撰。過江集四卷史申義撰。寒村集三十六卷鄭梁撰。嶢山文集四卷詩集一卷田從典撰。潘中丞集四卷潘宗洛撰。東山草堂文集二十卷邵嘉穗撰。陸堂文集二十卷陸奎勳撰。時用集不分卷陳訏撰。小谷口著述緣起不分卷鄭元慶撰。思復堂集十卷邵廷采撰。高陽山人文集十二卷劉靑藜撰。南山文集十六卷戴名世撰。呂用晦文集六卷續集四卷呂留良撰。跌草三卷黃百家撰。眺秋樓詩八卷高岑撰。赤嵌集四卷孫元衡撰。四香樓集四卷范纘撰。釀川集十三卷許尙質撰。南園詩鈔十卷尤世求撰。在陸草堂集六卷儲欣撰。道榮堂文集六卷近詩十卷陳鵬年撰。固哉叟詩鈔八卷高孝本撰。咸齋文鈔七卷查旭撰。味和堂詩集六卷高其倬撰。德蔭堂集十六卷阿克敦撰。淸端集八卷陳瑸撰。夢月巖詩集二十卷冶古堂文集五卷呂履恒撰。靑要集十二卷呂謙恒撰。嚴太僕詩文集十卷嚴虞惇撰。天鑒堂集八卷沈近思撰。樸學齋詩集十卷林佶撰。畏壘山人詩集四卷徐昂發撰。楊文定文集十二卷楊名時撰。澄懷園全集三十七卷張廷玉撰。詠花軒詩集六卷張廷璐撰。秋江詩集六卷黃任撰。黑蝶齋詩鈔四卷沈岸登撰。樓村集二十五卷王式丹撰。古劍書屋文鈔十卷吳廷楨撰。緯蕭草堂詩六卷宋至撰。彭南畇文稿十二卷詩稿十卷編年詩十七卷彭定求撰。補瓢存稿六卷韓騏撰。硯溪先生詩稿七卷惠周惕撰。斐湖草堂文集六卷近集四卷高世杰撰。二希堂文集十二卷蔡世遠撰。查浦詩鈔十二卷查嗣瑮撰。敬業堂集五十卷查愼行撰。望溪集十八卷外集十二卷方苞撰。四知堂集三十六卷楊錫紱撰。存硯樓文集十六卷儲大文撰。績學堂文鈔六卷詩鈔四卷梅文鼎撰。滋蘭堂詩集十卷沈元滄撰。澹初詩稿八卷沈翼機撰。十峯集五卷徐基撰。圭美堂集二十六卷徐用錫撰。性影集八卷王時憲撰。橘巢小稿四卷王世琛撰。改堂文鈔二卷唐紹祖撰。師經堂集十八卷徐文駒撰。閭邱詩集六十卷顧嗣立撰。今有堂詩集六卷程夢星撰。墨香閣詩文集十三卷彭維新撰。何端簡集十二卷何世璂撰。趙裘萼賸稿四卷趙熊詔撰。白田草堂存稿二十四卷王懋竑撰。近道齋詩集四卷文集六卷陳儀撰。孟鄰堂文鈔十六卷楊椿撰。健餘文集十卷尹會一撰。義門先生集十二卷何焯撰。解舂文鈔十二卷補遺二卷詩鈔二卷馮景撰。穆堂類稿五十卷續稿五十卷別稿五十卷李紱撰。近靑堂詩集一卷卓爾堪撰。積山先生遺集十卷汪維憲撰。可儀堂文集二卷兪長城撰。虞東先生文錄八卷顧鎭撰。黃葉村莊詩集十卷吳之振撰。大谷集六卷方殿元撰。大樗堂初集十二卷王隼撰。雲華閣詩略六卷易宏撰。鹿洲初集二十卷藍鼎元撰。龍溪草

堂集十卷王士禛撰　雲溪文集五卷儲掌文撰　寒香閣詩集四卷鄒鍾岳撰　畢麟詩集十二卷　秋滕文鈔十二卷馬維翰撰　三州詩鈔四卷魯曾煜撰　文蔚堂詩集八卷西林遺稿六卷鄂爾泰撰　楚蒙山房詩文集二十卷晏斯盛撰　香樹齋文集二十八卷續集五卷詩集十八卷續集三十六卷錢陳羣撰　澂潭山房古文存稿四卷詩集十七卷程夢龍撰　師善堂詩集十卷[illegible]撰　小蘭陔集十二卷謝道承撰　桐村詩九卷馮詠撰　崇德堂集八卷王植撰　墻東雜著一卷王汝驤撰　王已山文集十卷別集四卷王步青撰　甘莊恪集十六卷甘汝來撰　課忠堂詩鈔不分卷魏廷珍撰　靈川閣詩集九卷杜詔撰　學古堂詩集六卷[illegible]撰　渠亭山人半部稿一卷潛州集一卷或語集一卷娛老集一卷張貞撰　湖海集十二卷孔尚任撰　陳司業文集四卷詩集四卷陳祖范撰　芙蓉集十七卷宋元鼎撰　懷舫集三十六卷魏荔彤撰　笛漁小稿十卷朱昆田撰　秋水集十卷嚴繩孫撰　清芬樓遺稿四卷任啟運撰　松泉文集二十卷詩集二十六卷汪由敦撰　蕉尾詩集十五卷文集二卷鄭方坤撰　樹人堂詩七卷[illegible]撰　涵有堂詩文集四卷游紹安撰　江聲草堂詩集八卷金志章撰　王艮齋集十四卷王峻撰　四焉齋文集八卷詩集六卷曹一士撰　金管集一卷花語山房詩文小鈔一卷顧成天撰　柳漁詩鈔十二卷張湄撰　秋水齋詩集十五卷張映斗撰　松桂讀書堂集八卷姚培謙撰　寒齋詩集四卷岳鍾琪撰　道腴堂詩編三十卷詩續十二卷鮑鉁撰　孱守齋遺稿四卷姚世鈺撰　在亭叢稿十二卷李果撰　後海書堂遺文二卷王孝詠撰　豐川全集二十八卷後集三十四卷王心敬撰　纖塘詩集一卷楚頌亭詩二卷扈從清平遺調一卷賴貞觀撰　質園詩集三十四卷商盤撰　綠陰亭集二卷[illegible]撰　江湖間吟八卷[illegible]撰　翰村詩稿六卷仲是保撰　芝庭文稿八卷詩稿十六卷彭啟豐撰　尹文端公詩集十卷尹繼善撰　柳南詩鈔十卷文鈔六卷王應奎撰　上湖紀歲詩編四卷續編一卷分類文編一卷補鈔二卷汪師韓撰　矢音集十卷梁詩正撰　筠谷詩鈔六卷別集一卷[illegible]撰　露香書屋遺集十卷張映辰撰　蕉堂未定稿八卷外集四卷查為仁撰　吞松閣集二十卷[illegible]撰　朱文端公集四卷朱軾撰　銅鼓書堂遺集三十二卷查禮撰　珂雪集二卷實庵詩略二卷曹貞吉撰　培遠堂偶存稿四十八卷陳宏謀撰　雙池文集十卷汪紱撰　陶晚聞先生集十卷陶正靖撰　經笥堂文鈔二卷雷鋐撰　晴嵐詩存八卷張若靄撰　壽藤齋集三十五卷鮑倚雲撰　南華山人詩鈔十六卷賜詩展和集六卷張鵬翀撰　問靑堂詩集十卷朱倫瀚撰　蔣濟航先生文集二卷蔣汾功撰　奉石堂集二卷[illegible]撰　受宜堂集四十三卷常安撰

以上順治康熙雍正朝

綳庵內外集二十四卷劉綸撰　東山草堂集六卷潘安禮撰　絳跗閣詩稿十一卷諸錦撰　道古堂文集四十八卷詩集二十六卷杭世駿撰　紫竹山房文集十一卷詩集十二卷陳兆崙撰　隱拙齋集五十卷沈廷芳撰　實綸堂文鈔八卷詩鈔六卷齊召南撰　石笥山房詩集十一卷補遺四卷文集六卷補遺一卷胡天游撰　歸愚詩文鈔五十八卷沈德潛撰　小倉山房文集三十卷詩集三十一卷外集七卷袁枚撰　隨園詩錄十卷邊連寶撰　白雲詩集七卷盧存心撰　白雲山房文集六卷詩集二卷張象津撰　雲逗樓集二卷楊度汪撰　黃靜山集十二卷黃永年撰　檜門詩存四卷金德瑛撰　强恕齋文鈔五卷張庚撰　睫巢集六卷後集一卷李鍇撰　大谷山堂集六卷[illegible]撰　雷溪草堂詩一卷長海撰　陳玉几詩集三卷陳撰撰　無悔齋集十五卷周京撰　樊榭山房集二十卷厲鶚撰　果堂集十二卷沈彤撰　賜書堂詩選八卷周長發撰　明史雜詠四卷嚴遂成撰　位山詩賦全集二卷徐文靖撰　雲在詩鈔九卷查祥撰　六峰閣詩稿一卷宋紹孫撰　黍谷山房集十卷吳鎮撰　桑弢甫集八十四卷桑調元撰　唐堂集六十一卷香屑集十六卷黃之雋撰　集虛齋學古文十二卷方楘如撰　綠蘿山房文集二十四卷詩集三十三卷胡浚撰　海峰文集十卷詩集四卷劉大櫆撰　結埼亭文集三十八卷外集五十卷詩集八卷句餘土音四卷全祖望撰　愛日堂吟稿十五卷趙昱撰　沙河逸老小稿一卷馬曰琯撰　南齋集二卷馬曰璐撰　澄悅堂集十四卷梁國治撰　薇香集一卷燕香集二卷二集二卷方觀承撰　裘文達詩集十二卷文集六卷裘曰修撰　春覓小稿十二卷符曾撰　摩石齋詩集四十九卷錢載撰　空山堂文集十二卷詩集六卷牛運震撰　阮齋集十卷[illegible]撰　槐堂詩文稿二十卷汪沆撰　秀硯齋吟稿二卷趙信撰　蘭藻堂集十二卷舒瞻撰　西齋詩輯遺三卷博明撰　固哉草亭集六卷高斌撰　陶人心語六卷唐英撰　緝齋文集八卷詩稿八卷蔡新撰　板橋全集四卷鄭燮撰　海門詩鈔初集十卷外集四卷鮑皐撰　賜書堂文集六卷詩集四卷翁照撰　介石堂詩集十卷古文十卷郭起元撰　素餘堂集三十四卷于敏中撰　敬思堂詩集六卷文集六卷梁國治撰　知足齋文集六卷詩集二十卷朱珪撰　笥河文集十六卷朱筠撰　切問齋集十六卷陸燿撰　潛研堂文集五十卷詩集十卷續集十卷錢大昕撰　可廬十種著述敘例一卷錢大昭撰　春融堂集六十八卷王昶撰　西莊始存稿三十九卷西沚居士集二十四卷王鳴盛撰　樗亭詩稿十八卷[illegible]撰　蘭玉堂文集二十卷詩集十卷張雲錦撰　燕川集十四卷范泰恆撰　援鶉堂文集六卷姚範撰　蘇園仲文集二卷補遺一卷詩集六卷蘇去疾撰　梅崖居士文集三十卷外集八卷朱仕琇撰　研經堂文集三卷詩集十三卷吉夢熊撰　松崖文鈔二卷惠棟撰　復初齋文集三十五卷詩集六十六卷翁方綱撰　聽鶯居文鈔三十卷[illegible]撰　紀文達遺集十六卷紀昀撰　一瓢齋詩存六卷薛雪撰　柘坡居士集十二卷萬光泰撰　澄碧齋詩鈔十二卷錢琦撰　靜廉齋詩集二十四卷金甡撰　劉文清遺集十七卷劉墉撰　冬心集四卷金農撰　產鶴亭詩集七卷曹廷棟撰　省吾齋集二十卷竇光鼐撰　筠心書屋詩鈔十二卷褚廷璋撰　月滿樓詩集四十一卷別集六卷顧宗泰撰　葆淳閣集二十六卷王杰撰　泊鷗山房存稿三十八卷陶元藻撰　墨香閣文集十五卷彭惟新撰　小山詩鈔十一卷鄒一桂撰　東原集十卷戴震撰　南江集鈔四卷邵晉涵撰　抱經堂文集三十四卷盧文弨撰　玉芝堂文集六卷詩集三卷邵齊燾撰　學福齋文集二十卷詩集三十卷沈大成撰　還讀齋詩稿二十卷韓錫胙撰　西澗草堂集四卷[illegible]撰　南皐山人詩集七卷高鳳翰撰　紅櫚書屋文稿七卷詩稿四卷孔繼涵撰　玉虹樓遺稿一卷孔繼涑撰　靈巖山人文集四十卷詩集二十卷畢沅撰　靑溪文集十二卷程廷祚撰　存悔齋集二十八卷劉鳳誥撰　恩餘堂經進初稿十二卷續稿十二卷三稿十一卷彭元瑞撰　秋士先生遺集六卷彭績撰　二林居士集二十四卷彭紹升撰　尊聞居士集八卷羅有高撰　惜抱軒詩文集三十八卷姚鼐撰　山木集四卷魯仕驥撰　忠雅堂文集十二卷詩集二十九卷蔣士銓撰　白華前稿六十卷後稿四十卷吳省欽撰　聽彝堂偶存稿二十一卷吳省蘭撰　悅親樓詩集三十卷祝德麟撰　三松堂詩集二十卷文集四卷續集六卷潘奕雋撰　勉行堂文集六卷詩集二十四卷程晉芳撰　小峴山人文集六卷詩集二十八卷秦瀛撰　錢南園遺集五卷錢灃撰　經韻樓集十二卷段玉裁撰　百一山房詩集十二卷孫士毅撰　寶奎堂集十二卷陸錫熊撰　甌北集五十卷續三卷甌北詩鈔二十卷趙翼撰　海愚詩鈔十二卷朱孝純撰　夢樓詩集二十四卷王文治撰　紅豆詩人集十九卷[illegible]撰　清獻堂集十卷趙佑撰　頻羅菴集十六卷梁同書撰　無不宜齋稿四卷[illegible]撰　陳乾初文集十八卷詩集十二卷別集十九卷陳確撰　臨江鄉人詩四卷吳穎芳撰　靑盧山房集十一卷王太岳撰　程侍郎遺集十卷程恩澤撰　訒菴詩存六卷汪啟淑撰　響泉集三十卷顧光旭撰　梅菴文鈔六卷詩鈔五卷鐵保撰　石間詩稿三十卷陳景元撰　竹葉庵集三十三卷張塤撰　柚堂文存四卷盛百二撰　蘭韻堂詩集八卷御覽集四卷沈初撰　孟亭居士文稿五卷詩稿四卷馮浩撰　述學內外篇六卷詩集六卷汪中撰　校禮堂集三十六卷凌廷堪撰　無問集四卷崔述撰　授堂文鈔八卷武億撰　顨軒所著書六十卷孔廣森撰　拜經堂文集四卷臧庸撰　問字堂集五卷岱南閣集五卷五松園文集一卷芳茂山人詩錄九卷孫星衍撰　卷施閣文甲集十卷補遺一卷乙集十卷續編一卷詩集二十卷更生齋文甲集四卷乙集二卷詩集八卷續集十卷洪亮吉撰　純則齋駢文二卷詩二卷洪齮孫撰　嘉樹山房詩文集二十卷外集二卷張士元撰　大雲山房文稿四卷二集四卷言事二卷惲敬撰　淵雅堂編年詩稿二十卷惕夫未定稿二十六卷詩外集四卷文外集四卷王芑孫撰　吉堂文稿十二卷詩稿八卷欽善撰　壹齋集四十卷黃鉞撰　瓶庵居士文鈔四卷詩鈔四卷孟超然撰　雙佩齋文集四卷駢體文一卷詩集八卷王友亮撰　船山詩草二十卷張問陶撰　衍慶堂詩稿十一卷顏檢撰　晚學集八卷桂馥撰　簡松草堂詩集二十卷文集十卷張雲璈撰　韞山堂文集八卷詩集十六卷管世銘撰　陶山詩錄十二卷唐仲冕撰　兩當軒集二十二卷黃景仁撰　劉端臨遺書四卷劉台拱撰　稼門詩文草十卷汪志伊撰　第六弦溪文鈔四卷黃廷鑑撰　雙桂堂稿十卷續編八卷紀大奎撰　亦有生齋詩集三十二卷文集二十卷續集六卷趙懷玉撰　珍藝宦文鈔七卷詩鈔二卷莊述祖撰　貞率齋初稿十卷芙蓉山館詩稿十六卷楊芳燦撰　童山文集二十卷補遺一卷李調元撰　烟霞萬古樓文集六卷仲瞿詩錄一卷王曇撰　榮性堂集二十卷吳俊撰　易簡齋詩鈔四卷和寧撰　香湖文存一卷詩鈔二卷李堯文撰　存素堂詩初集二十四卷二集二卷法式善撰　素修堂詩集二十四卷後集六卷吳蔚光撰　雙藤書屋詩集十二卷何道生撰　餅水齋詩集十七卷舒位撰　淸愛堂集二十三卷魏成憲撰　留春草堂詩鈔七卷伊秉綬撰　五硯齋文鈔十卷詩鈔二十卷沈赤然撰　澹靜齋文鈔六卷詩鈔六卷[illegible]撰　陶園文集八卷詩集二十四卷張九鉞撰　笙雅堂文集四卷詩集十四卷張九鐔撰　有正味齋文集十六卷駢體文二十四卷詩集十六卷吳錫麒撰　樹經堂文集四卷詩集十八卷謝啟昆撰　忍不辱齋文集四卷詩集四卷萬承風撰　吳學士文集四卷吳鼒撰　東潛文稿二卷趙一清撰　玉山逸稿四卷鮑廷博撰　炳燭齋遺文一卷江藩撰　棕亭古文鈔十卷駢體文鈔八卷詩鈔十八卷金兆燕撰　邁堂文略四卷李惇撰　南澗文集二卷李文藻撰　南野堂詩集七卷吳文溥撰　論山詩選十五卷鮑之鍾撰　悔生文集八卷王灼撰　祇平居士集三十卷王元啟撰　揅經室一集十四卷二集八卷三集五卷四集十一卷詩集十二卷續集九卷再續集六卷阮元撰　茗柯文集五卷張惠言撰　崇百藥齋文集二十卷續集四卷三集十二卷陸繼輅撰　太乙舟文集八卷陳用光撰　東溟文集六卷外集四卷姚瑩撰　南村草堂文鈔二十卷鄧顯鶴撰　壯學齋文集十二卷周樹槐撰　月滄文集八卷呂璜撰　孟塗文集十卷劉開撰　通藝閣文集十二卷詩錄八卷和陶詩二卷姚椿撰　休復居文集六卷毛嶽生撰　初月樓集十八卷詩鈔四卷吳德旋撰　雕菰樓集二十四卷焦循撰　思適齋集十八卷顧廣圻撰　蛻稿四卷梁玉繩撰　左海文集二十卷絳跗閣詩集六卷陳壽祺撰　鑑止水齋集二十卷許宗彥撰　鐵橋漫稿八卷嚴可均撰　尙絅堂文集二卷詩五十二卷劉嗣綰撰　小謨觴館文集四卷續二卷詩集八卷續二卷彭兆蓀撰　章氏遺書十一卷章學誠撰　泰雲堂文集二十五卷[illegible]撰　賞雨茆屋詩集二十二卷駢體文二卷曾燠撰　求是堂詩集二十二卷文集六卷駢體文二

卷胡承珙撰。養素堂文集三十五卷張澍撰。柯家山館遺詩六卷悔庵學文八卷嚴元照撰。簡莊文鈔六卷續編二卷詩鈔一卷陳鱣撰。心齋詩稿一卷任兆麟撰。養一齋文集二十六卷李兆洛撰。丹稜文鈔四卷蔣彤撰。幼學堂詩集十七卷文集八卷沈欽韓撰。香蘇山館詩集二十一卷文集二卷吳嵩梁撰。落颿樓文稿六卷賸稿二卷沈垚撰。柀經廎文稿十八卷李富孫撰。借閒生詩三卷汪遠孫撰。花宜館詩鈔十六卷續鈔一卷文略一卷吳振棫撰。是程堂集二十二卷屠倬撰。頤道堂文鈔十三卷詩選三十卷外集十三卷戒後詩存十六卷補遺六卷陳文述撰。崇雅堂駢體文鈔四卷文鈔二卷詩鈔十卷刪餘詩一卷胡敬撰。潘少白古文八卷詩五卷潘諮撰。太鶴山人集十三卷端木國瑚撰。秋室集十卷楊鳳苞撰。沈四山人詩錄六卷沈誥撰。晚聞居士遺集九卷王宗炎撰。三長物齋詩略五卷文略六卷黃本驥撰。篔軒文鈔八卷詩鈔四卷洪頤煊撰。鶴泉文鈔二卷戚學標撰。研六室文鈔十卷補遺一卷胡培翬撰。石經閣文集八卷拜竹詩龕詩存四卷馮登府撰。悔過齋文集七卷續集七卷補遺一卷顧廣譽撰。白鵠山房詩選四卷駢體文鈔二卷徐熊飛撰。靈芬館詩集三十五卷郭麐撰。游道堂集四卷朱彬撰。眞有益齋文編十卷詩娛室詩二十四卷息耕草堂詩十八卷黃安濤撰。桂馨堂詩集八卷張廷濟撰。倚晴樓詩集十二卷續集四卷黃燮清撰。後甲集二卷章大來撰。陶文毅公全集六十四卷陶澍撰。養一齋詩文集二十五卷潘德輿撰。適齋居士集四卷舒敏撰。餘暇集二卷特依順撰。寸心知堂存稿六卷湯金釗撰。秋水堂文集六卷詩集六卷莊亨陽撰。犖峰集五卷沈清瑞撰。岑華居士詩八卷鳳巢山樵詩十一卷文集四卷吳慈鶴撰。曬書堂文集十二卷外集二卷別集一卷郝懿行撰。汪子文錄十卷詩錄十卷汪縉撰。功甫小集十一卷東津館文集三卷潘曾沂撰。知止堂文集八卷詩稿十二卷朱綬撰。遂雅堂文集十卷姚文田撰。蘊素閣文集八卷詩集十二卷盛大士撰。小萬卷文稿二十四卷詩稿三十二卷朱珔撰。野雲詩鈔十二卷鮑文逵撰。獨學廬初集九卷二集九卷石韞玉撰。輿稽齋叢稿十八卷吳翌鳳撰。天眞閣集五十四卷外集六卷孫原湘撰。劉禮部集十二卷劉逢祿撰。陶山詩錄二十八卷唐仲冕撰。貞定先生遺集四卷莫與儔撰。印雪軒文鈔三卷詩鈔十六卷俞鴻漸撰。儆居集十卷黃式三撰。問奇室詩集二卷續集一卷文集一卷蔣曰豫撰。見星廬集九卷林家桂撰。釣魚篷山館集六卷劉佳撰。

以上乾隆嘉慶朝

舊香居文稿十卷王寶仁撰。仙樵詩鈔十二卷劉文麟撰。抱沖齋詩集三十六卷斌良撰。求是山房遺集四卷郭恒撰。柏梘山房文集十六卷續集一卷詩集十卷駢文二卷梅曾亮撰。小安樂窩文集四卷詩存二卷張海珊撰。怡志堂集八卷朱琦撰。求自得之室文鈔十二卷尚絅廬詩存二卷吳嘉賓撰。龍璧山房文集十卷詩鈔十二卷王拯撰。通甫類稿四卷續編二卷詩存四卷詩存之餘二卷魯一同撰。玉笥山房詩集四卷文一卷顧廣綸撰。蒼筤文集六卷孫鼎臣撰。因寄軒文初集十卷二集六卷補遺一卷管同撰。儀衛軒文集十二卷遺詩五卷方東樹撰。月齋居士文集八卷張穆撰。傳經室文集十卷賦一卷臨嘯閣詩鈔五卷朱駿聲撰。味經山館文集四卷續集二卷戴鈞衡撰。萬善花室文集六卷續集一卷詩集五卷方履籛撰。孫仰晦先生文集七卷孫希朱撰。味無味齋詩鈔七卷文一卷駢文二卷黃兆麟撰。杉華館駢體文四卷董基誠撰。董方立文甲集二卷乙集二卷董祐誠撰。柴辟亭詩集四卷十經齋文集四卷沈濤撰。衎石齋紀事稿十卷續稿十卷刻楮集四卷旅逸小稿二卷錢儀吉撰。甘泉鄉人文稿二十四卷錢泰吉撰。安吳四種三十六卷包世臣撰。古微堂內集三卷外集七卷詩集六卷魏源撰。介存齋詩六卷文稿二卷周濟撰。弇榆山房詩略十卷許喬林撰。紅豆樹館詩集十四卷陶樑撰。定盦文集三卷續集四卷文詩集補二卷雜詩一卷文集補編四卷龔自珍撰。復莊詩問三十四卷駢體文榷八卷姚燮撰。青溪舊屋文集十卷劉文淇撰。齊物論齋文集六卷董士錫撰。悔廬文鈔六卷張崇蘭撰。密梅花館詩錄二卷焦廷琥撰。李文恭公文集十六卷詩集八卷李星沅撰。胡文忠公集八十八卷胡林翼撰。倭文端公遺書十二卷倭仁撰。吳文節公遺集八十卷吳文鎔撰。曾文正公文集四卷詩集三卷曾國藩撰。曾忠襄公集三十二卷曾國荃撰。唐確愼公集十卷唐鑑撰。拙修集十卷吳廷棟撰。習苦齋詩文集十二卷戴熙撰。沈文忠公集十卷沈兆霖撰。盾鼻餘瀋一卷左宗棠撰。羅忠節公詩文集八卷羅澤南撰。彭剛直公詩集八卷彭玉麟撰。江忠烈公遺集十卷江忠源撰。王壯武公遺集二十五卷王鑫撰。張文節公遺詩一卷張洵撰。彭文敬集四十四卷彭蘊章撰。躬恥集文鈔十四卷後編六卷詩鈔十四卷後編十一卷宗稷辰撰。受恆受漸齋集十二卷沈曰富撰。半巖廬文集二卷詩集二卷邵懿辰撰。遜學齋文鈔十卷詩鈔十卷孫衣言撰。一燈精舍甲部稿五卷何秋濤撰。顯志堂文集十二卷馮桂芬撰。思益堂古詩二卷駢文二卷詩集六卷周壽昌撰。昨非集四卷劉熙載撰。斅藝齋文存三卷詩存一卷外集一卷鄒漢勛撰。蓬萊閣詩錄四卷陳克家撰。養晦堂文集十卷詩集二卷劉蓉撰。水流雲在館詩鈔六卷宋晉撰。玉井山館文略五卷文續二卷詩十五卷許宗衡撰。經德堂文集七卷浣月山房詩集五卷龍啟瑞撰。梓湖文錄八卷吳敏樹撰。聽松廬詩略二卷張維屏撰。海陀華館文集一卷詩集三卷何若瑤撰。面城樓集十卷曾釗撰。樂志堂文集十八卷詩集十二卷續集三卷譚瑩撰。修本堂稿一卷月亭詩鈔一卷林伯桐撰。東塾集六卷陳澧撰。守柔齋詩集八卷蘇廷魁撰。斯未信齋文編十二卷徐宗幹撰。虹橋老人遺稿九卷秦緗業撰。未灰齋文集八卷徐鼒撰。翠巖室文稿二卷詩鈔五卷韓弼元撰。楓南山館遺集八卷莊受祺撰。漱六山房全集十三卷吳昆田撰。無近名齋文鈔四卷彭翊撰。閱茖草堂遺草四卷王拓撰。意苕山館詩稿十六卷陸嵩撰。楸花盦詩二卷葉廷琯撰。袖海樓文錄六卷黃汝成撰。郘亭詩鈔六卷遺詩八卷遺文八卷莫友芝撰。賓萌集六卷外集四卷春在堂雜文二卷續編五卷三編四卷四編八卷五編八卷六編十卷詩編二十三卷詁經精舍自課文二卷俞樾撰。武陵山人雜著一卷顧觀光撰。微尚齋遺文一卷馮志沂撰。東洲草堂詩鈔二十七卷何紹基撰。大小雅堂詩鈔十卷邵堂撰。西漚全集十卷李惺撰。簡學齋詩文鈔十二卷陳沆撰。小重山房初稿二十四卷張祥河撰。好雲樓集二十八卷李聯琇撰。易畫軒詩錄二卷王學浩撰。依舊草堂遺稿一卷費丹旭撰。海秋詩集二十六卷後集二卷湯鵬撰。如舟吟館詩鈔一卷瑞常撰。大小雅堂集一卷承齡撰。佩蘅詩鈔十二卷寶鋆撰。碣欿亭集三十二卷祁寯藻撰。澄懷書屋詩草四卷穆彰阿撰。香南居士集六卷崇恩撰。通藝閣全集四十三卷姚椿撰。梅麓詩鈔十八卷文鈔八卷齊彥槐撰。巢經巢詩鈔九卷鄭珍撰。積石詩存十八卷張履撰。木雞書屋文鈔三十卷黃金臺撰。靜遠堂集三卷陳謨熊撰。健修堂詩集二十二卷邊浴禮撰。澄懷堂詩集十四卷陳裴之撰。勿二三齋詩一卷孔廣牧撰。琴隱園詩集三十六卷湯貽汾撰。竹石居文草四卷詩草四卷章華撰。李文忠公全集一百六十三卷李鴻章撰。求補拙齋文略二卷詩略二卷黎培敬撰。大潛山房詩鈔一卷劉銘傳撰。周武壯公遺書九卷周盛傳撰。曾惠敏公詩文集九卷曾紀澤撰。結一廬遺文二卷朱學勤撰。心白日齋集四卷尹耕雲撰。養雲山莊文集四卷詩集四卷劉瑞芬撰。湖塘林館駢體文二卷白華絳跗閣詩集十卷李慈銘撰。拙尊園文稿六卷黎庶昌撰。有恆心齋集四十四卷程鴻詔撰。謫麐堂文集四卷戴望撰。復堂文四卷文續五卷詩十一卷譚獻撰。舒藝室雜著甲編二卷乙編二卷賸稿一卷詩存七卷張文虎撰。仰蕭樓文集一卷張星鑑撰。通齋詩集五卷外集一卷文集二卷垂金蔭綠軒詩鈔二卷圓琅巖詩鈔四卷蔣超伯撰。曉瀛遺稿二卷蔣繼伯撰。賭棊山莊集七卷謝章鋌撰。陶堂遺文一卷志微錄五卷高心夔撰。毋自欺室文集十卷王炳燮撰。劍虹居文集二卷詩集二卷秦煥撰。天岳山館文鈔四十卷李元度撰。歸盦文稿八卷葉裕仁撰。悔餘庵詩稿十三卷文稿九卷何栻撰。攜雪堂全集四卷吳可讀撰。存素堂詩文十三卷錢寶琛撰。集義齋詠史詩鈔六十卷羅惇衍撰。倚晴樓詩集十二卷續集四卷黃燮清撰。小匏庵詩存六卷吳仰賢撰。汀鷺文鈔三卷詩鈔二卷詩餘一卷楊傳第撰。蒿庵遺集十二卷莊棫撰。小酉腴山房全集二十卷吳大廷撰。百柱堂詩稿八卷王柏心撰。亭甫詩選八卷張際亮撰。悔庵詩鈔十五卷汪士鐸撰。煙嶼樓文集四十卷詩集十六卷徐時棟撰。栢堂集七十一卷方宗誠撰。琴鶴山房遺稿八卷趙銘撰。仙心閣詩鈔八卷彭崧毓撰。古紅梅閣遺集八卷劉履芬撰。漸西村人詩初集十三卷安般簃詩續鈔十卷水明樓詩一卷于湖文錄六卷袁昶撰。澤雅堂詩集六卷文集八卷施補華撰。寒松閣詩集四卷張鳴珂撰。漢孳室文鈔四卷陶方琦撰。緩雅堂駢體文八卷王詒壽撰。扁善堂文存二卷詩存一卷鄧嘉緝撰。鄭東父遺書六卷鄭杲撰。濂亭文集八卷張裕釗撰。儀顧堂集二十卷陸心源撰。枕經堂文鈔二卷駢文二卷方朔撰。虛受堂文集十六卷王先謙撰。庸盦全集十五卷薛福成撰。吳摯甫文集四卷詩集一卷吳汝綸撰。函雅堂集二十四卷王詠霓撰。誦芬詩略三卷黃炳垕撰。意園文略一卷鬱華閣遺詩三卷盛昱撰。靈石山房詩草二卷貴成撰。藤香館詩詞刪存六卷薛時雨撰。退補齋詩存十六卷二編七卷文存十二卷二編五卷胡鳳丹撰。寶韋齋類稿一百卷李桓撰。香禪紀游草四卷潘鍾瑞撰。汲菴文存六卷詩存八卷楊象濟撰。小芋香館遺集十二卷李杭撰。蘿摩亭遺詩四卷潘松年撰。養知書屋文集二十八卷詩集十五卷郭嵩燾撰。句溪雜著二卷陳立撰。廣經齋文鈔一卷劉恭冕撰。學詁齋文集二卷薛壽撰。心巢文錄一卷成蓉鏡撰。頤情館聞過集十二卷宗源瀚撰。元同文鈔六卷黃以周撰。愛經居雜著四卷黃以恭撰。崇蘭堂詩存十卷張預撰。玉鑑堂詩存一卷櫟寄詩存一卷汪曰楨撰。味靜齋詩存八卷徐鼒實撰。范伯子詩集十九卷范當世撰。通雅堂詩鈔十卷施山撰。伏敔堂詩錄十五卷續錄四卷江湜撰。隨安廬文集六卷詩集九卷亢樹滋撰。西圃集十卷潘遵祁撰。佩弦齋文存三卷詩存一卷朱一新撰。姚震甫文略十卷姚興撰。榴石山房遺稿十卷吳存義撰。嘯古堂文集八卷蔣敦復撰。讀有用書齋雜著二卷韓應陛撰。秋蟪吟館詩鈔六卷文鈔一卷金和撰。冬暄草堂詩鈔二卷陳豪撰。訓眞書屋詩存二卷黃國瑾撰。鮮庵遺稿一卷黃紹箕撰。縵庵遺稿一卷黃紹第撰。籀稿述林十卷孫詒讓撰。人境廬詩十一卷黃遵憲撰。雁影樓詩存一卷李希聖撰。賀先生文集四卷賀濤撰。張文襄公全集二百四十卷張之洞撰。雄白文集一卷張宗瑛撰。望雲山房文集三卷詩集一卷安維峻撰。瞿文愼公詩選遺墨四卷瞿鴻禨撰。題曾文正公祠百詠一卷朱孔彰撰。蒿盦類稿三十二卷馮煦撰。

以上道光咸豐同治光緒宣統朝

六宜樓稿一卷綠華草一卷吳宗愛撰。拙政園詩集二卷陳之遴室徐燦撰。徐都講詩一卷徐昭華撰。芸香巢賸稿一卷查為仁室金玉元撰。挹青軒詩稿一卷華浣芳撰。玉窗遺稿一卷葛宜撰。鷹書樓稿一卷陳敏撰。蘊眞軒詩草二卷高其倬室蔡琬撰。培遠堂詩四卷張學象母沅撰。蠹鬯詩集十四卷張英女令儀撰柴車倦游集二卷蔣士銓母鍾令嘉撰晚晴樓詩草二卷陸錫熊母曹錫淑撰長離閣集一卷孫星衍室王采薇撰寫韻軒小稿二卷王芑孫室曹貞秀撰五真閣吟稿一卷陸繼輅室錢惠尊撰長真閣集七卷孫原湘室席佩蘭撰古春軒詩文鈔二卷許宗彥室梁德繩撰閨中文存一卷郝懿行室王照圓撰梯仙閣餘課一卷曹一士室陸鳳池撰如亭詩草一卷鐵保室瑩川撰芳蓀書屋存稿四卷吳瑛撰澹仙詩鈔四卷文鈔一卷熊璉撰蘭居吟草一卷陳玉瑛撰繡閒集一卷浦淡英撰問花樓遺稿三卷許權撰傳書樓詩稿一卷金順撰南樓吟稿二卷徐映玉撰盋書閣遺稿一卷葉宸撰素文女子遺稿一卷袁機撰樓居小草一卷袁杼撰浣青詩草一卷錢維城女孟鈿撰纕芷閣遺稿一卷左如芬撰蘊玉樓集四卷屈秉筠撰紅香閣集二卷麟慶母惲珠撰繡餘小草一卷歸懋儀撰起雲閣詩鈔四卷鮑之蘭撰清娛閣吟稿六卷鮑之蕙撰三秀齋詩鈔二卷鮑之芬撰聽秋軒詩集四卷駱綺蘭撰不櫛吟三卷潘素心撰鼓瑟樓偶存一卷葉魚魚撰貽硯齋詩稿四卷孫蕙意撰珠樓遺稿一卷徐貞撰蘭如詩鈔一卷葉蕙心撰蘭韞詩草四卷徐裕馨撰梅花繡佛齋草一卷畢汾撰秋紅丈室遺詩一卷王曇室金禮嬴撰澹鞠軒詩稿四卷張䌌英撰緯青遺稿一卷張紃英撰鄰雲友月之居詩集四卷餐楓館文集三卷張紈英撰綠槐書屋詩稿五卷張綸英撰自然好學齋詩鈔十卷陳裴之室汪端撰芸香閣詩稿一卷黃婉璚撰濾月軒集七卷道蓁撰小維摩集一卷江珠撰繡篋小集四卷朱綬室高篃撰天游閣集五卷貝勒奕繪側室顧太清撰芸香閣遺稿二卷宗室博爾濟吉特妻喀爾喀部那遜蘭保撰清足居集一卷鄧瑜撰

以上閨閣

寶雲堂集四卷南潛撰完玉堂詩集十卷元璟撰冬關詩鈔六卷通復撰懶齋別集十四卷通門撰雙樹軒詩鈔一卷滿汎撰香域內外集十二卷敏膺撰蔵空遺響十二卷如乾撰偏行堂續集十六卷今釋撰石堂集七卷元玉撰芝庢詩集二卷超凡撰流香一覽一卷明開撰話墮集六卷篆玉撰洞庭詩稿六卷大鐙撰笠堂詩草一卷福紅撰倚杖吟五卷古風撰南磵吟草一卷實月撰烎虛大師遺集三卷明中撰法喜集三卷唾餘集三卷禪一撰水明山樓集四卷寶謠撰借菴詩草十二卷清恆撰竹窻賸稿一卷作霞撰口頭吟一卷龍池撰鑊頭吟一卷起信撰茶夢山房吟草二卷達宣撰古樹軒錄一卷嘯顯撰小綠天菴吟草一卷達受撰

以上方外

宋潘閬逍遙集一卷趙湘南陽集六卷夏竦文莊集三十六卷宋庠宋元憲集四十卷宋祁宋景文集六十二卷補遺二卷附錄一卷胡宿文恭集五十卷補遺一卷宋強祠部集三十六卷王珪華陽集六十卷附錄十卷金君卿金氏文集二卷劉敞公是集五十四卷劉攽彭城集四十卷陳舜俞都官集十四卷鄭獬鄖溪集三十卷呂陶淨德集三十八卷劉摯忠肅集二十卷王安禮王魏公集八卷李廌濟南集八卷張舜民畫墁集八卷陸佃陶山集十四卷華鎮雲溪居士集三十卷李復潏水集十六卷劉跂學易集八卷畢仲游西臺集二十卷吳則禮北湖集五卷謝逸溪堂集十卷李彭日涉園集十卷呂南公灌園集二十卷慕容彥逢摛文堂集十五卷附錄一卷許翰襄陵集十二卷毛滂東堂集十卷周行己浮沚集八卷趙鼎臣竹隱畸士集二十卷洪朋洪龜父集二集李新跨鼇集三十卷李若水忠愍集三卷王安中初寮集八卷許景衡橫塘集二十卷洪芻老圃集二卷葛勝仲丹陽集二十四卷張守毘陵集十五卷汪藻浮溪集三十六卷李光莊簡集十八卷趙鼎忠正德文集十卷張擴東窻集十六卷翟汝文忠惠集十卷附錄一卷劉才邵㰘溪居士集十二卷呂頤浩忠穆集八卷張嵲紫微集三十六卷王洋東牟集十四卷王之道相山集三十卷黃彥平三餘集四卷李正民大隱集十卷洪皓鄱陽集四卷李流謙澹齋集十八卷朱翌灊山集三卷郭印雲溪集十二卷綦崇禮北海集四十六卷附錄三卷李處權崧庵集六卷吳可藏海居士集二卷曾幾茶山集八卷張元幹蘆川歸來集十卷附錄一卷鄧深鄧紳伯集二卷仲并浮山集十卷吳芾湖山集十卷汪應辰文定集二十四卷陳長方唯室集四卷附錄一卷王之望漢濱集十六卷曹協雲莊集五卷林季仲竹軒雜著六卷王質雪山集十六卷李石方舟集二十四卷喻良能香山集十六卷崔敦禮宮教集十二卷陳棣蒙隱集二卷衛博定庵類稿四卷李呂澹軒集八卷虞儔尊白堂集六卷袁說友東堂集二十卷許及之涉齋集十八卷趙蕃乾道稿一卷淳熙稿二十卷章泉稿五卷彭龜年止堂集二十卷曾丰緣督集二十卷袁燮絜齋集二十四卷蔡戡定齋集二十卷員興宗九華集二十五卷附錄一卷趙善括應齋雜著六卷李洪芸庵類稿六卷張鎡南湖集十卷韓元吉南澗甲乙稿二十二卷章甫自鳴集六卷楊冠卿客亭類稿十五卷史堯弼蓮峯集十卷孫應時燭湖集二十卷附編二卷曹彥約昌谷集二十二卷廖行之省齋集十卷周南山房集九卷衛涇後樂集二十卷度正性善堂稿十五卷葛紹體東山詩選二卷袁甫蒙齋集十八卷吳泳鶴林集四十卷許應龍東澗集十四卷戴栩浣川集十卷陳元晉漁墅類稿八卷程公許滄洲塵缶編十四卷蘇泂泠然齋集八卷韓淲澗泉集二十卷陳耆卿篔窗集十卷王邁臞軒集十六卷包恢敝帚稿略八卷趙汝騰庸齋集六卷趙孟堅彝齋文編四卷張侃張氏拙軒集六卷唐士恥靈巖集十卷徐元杰楳埜集十二集高斯得恥堂存稿八卷陽枋字溪集十二卷附錄一卷釋文珦潛山集十二卷劉辰翁須溪集十卷胡仲弓葦航漫游稿四卷馬廷鸞碧梧玩芳集二十四卷舒岳祥閬風集十二卷衛宗武秋聲集六卷董嗣杲廬山集五卷英溪集一卷家鉉翁則堂集六卷連文鳳百正集三卷陳杰自堂存稿四卷蒲壽晟心泉學詩稿六卷金王寂拙軒集六卷元張養浩歸田類稿二十四卷艾性夫剩語二卷陸文圭墻東類稿二十卷趙文青山集八卷胡祗遹紫山大全集二十六卷楊宏道小亨集六卷魏初青崖集五卷劉將孫養吾齋集三十二卷耶律鑄雙溪醉飲集八卷滕安上東庵集四卷程端禮畏齋集六卷姚燧牧庵文集三十六卷陳宜甫陳秋巖詩集二卷王旭蘭軒集十六卷張之翰西巖集二十卷劉敏中中庵集二十卷王結王文忠集六卷蕭𣂏勤齋集八卷同恕榘庵集十五卷王沂伊濱集二十四卷程端學積齋集五卷朱晞顏瓢泉吟稿五卷張仲深子淵詩集六卷劉仁本羽庭集六卷吳皋吾吾類稿三卷周巽性情集六卷胡行簡樗隱集六卷明謝肅密庵集八卷錢宰臨安集六卷藍仁藍山集六卷藍智藍澗集六卷鄭潛樗庵類稿二卷龔斅鵝湖集九卷以上乾隆時敕輯宋晏殊元獻遺文一卷胡亦堂輯宋尤袤梁溪遺稿一卷尤侗輯

以上輯佚

總集類

古文淵鑒六十四卷康熙二十四年徐乾學等奉敕編唐宋文醇五十八卷高宗御定全唐文一千卷嘉慶十九年敕編清文穎一百二十四卷乾隆十二年張廷玉等奉敕編清續文穎一百八卷嘉慶十五年敕編全唐詩九百卷康熙四十六年彭定求等奉敕編唐詩三十二卷附錄一卷康熙五十二年聖祖御選四朝詩三百十二卷康熙四十八年張豫章等奉敕編全金詩七十四卷郭元釪原本康熙五十年奉敕刊佩文齋詠物詩選四百八十六卷康熙四十五年張玉書等奉敕編歷代題畫詩一百二十卷康熙四十六年陳邦彥等奉敕編唐宋詩醇四十七卷高宗御定熙朝雅頌集首集二十六卷正集一百八卷嘉慶九年鐵保等奉敕編千叟宴詩四卷康熙六十一年敕編千叟宴詩三十四卷乾隆四十九年敕編重舉千叟宴詩三十四卷乾隆五十五年敕編南巡召試錄三卷乾隆時謝墉等奉敕編上書房消寒詩一卷嘉慶時董觀國等奉敕編三元詩一卷附三元喜讌詩一卷嘉慶二十五年陸錫熊奉敕編歷代賦彙一百四十卷外集二十卷逸句二卷補遺二十二卷康熙四十五年陳元龍等奉敕編四書文四十一卷乾隆元年方苞奉敕編

文選舉正二卷陳景雲撰文選理學權輿八卷汪師韓撰文選理學權輿補一卷文選李注補正四卷文選考異四卷孫志祖撰文選考異十卷胡克家撰文選音義八卷余蕭客撰陳彬華補輯文選集釋二十四卷朱珔撰選學膠言二十卷張雲璈撰文選旁證四十六卷梁章鉅撰文選箋正三十二卷胡紹煐撰讀選意籤一卷陳倬撰選學規李一卷選學規何一卷徐攀鳳撰文選疏解十九卷顧施禎撰選詩定論十八卷吳淇撰古詩十九首說一卷徐昆撰古詩十九首注一卷鄭彬撰古詩十九首解一卷張庚撰古詩十九首詳解二卷饒學斌撰文選古字通疏證六卷薛傳均撰文選考音一卷趙晉撰文選編珠一卷石蘊玉撰文選通段字會四卷杜宗玉撰文選課虛四卷杭世駿撰玉臺新詠考異十卷紀容舒撰玉臺新詠箋注十卷吳兆宜撰才調集補注十卷殷元勳宋邦綏同撰三體唐詩補注六卷高士奇撰唐詩鼓吹箋注十卷錢朝鼒王俊臣撰王清臣陸貽典撰詩紀匡謬一卷馮舒撰全上古三代秦漢三國六朝文七百四十六卷嚴可均輯唐文粹補遺二十六卷郭麐輯唐文拾遺八十卷續十六卷陸心源輯宋文選三十卷顧宸編宋四大家文選八卷陶延編南宋文範七十卷莊仲方編南宋文錄二十四卷董兆熊編遼文萃七卷王仁俊輯金文雅十卷莊仲方編金文最一百二十卷張金吾輯南漢文字四卷梁廷枏編西夏文綴二卷王仁俊輯明文海四百八十二卷明文授讀六十二卷黃宗羲編明文在一百卷薛熙編國朝古文彙鈔初集一百七十六卷二集一百卷朱珔編國朝文錄八十二卷續錄六十六卷李祖陶編國朝文錄一百卷姚椿編國朝文徵四十卷吳翌鳳編國朝古文正的七卷楊彝珍編國朝六家文鈔八卷劉執玉編三家文鈔三十二卷宋犖編湖海文傳七十五卷王昶編切問齋文鈔三十卷陸燿編皇朝經世文編一百二十卷賀長齡編皇朝經世文續編一百二十卷盛康編唐宋八大家文鈔十九卷張伯行編唐宋八大家全集錄五十一卷儲欣編唐宋八大家文讀本三十卷沈德潛編唐宋八家文分體初集八卷二集八卷三集八卷汪份編金元明八大家文選五十三卷李祖陶編斯文正統十二卷刀包編古文雅正十四卷蔡世遠編古文精藻二卷李光地編續古文雅正十四卷林有席編文章正宗讀本十六卷王輸熙編文章練要十卷王源編古文近道集二卷王贊元編古文約編十卷倪承茂編乾坤正氣集五百七十四卷潘錫恩編古文詞類纂四十八卷姚鼐編古文詞略二十四卷梅曾亮編續古文詞類纂三十四卷王先謙編續古文詞類纂二十八卷黎庶昌編經史百家雜鈔二十卷經史百家簡編二卷鳴原堂論文二卷曾國藩編續古文苑二十卷孫星衍輯金石文鈔八卷趙紹祖編八旗文經五十六卷作者考一卷盛昱

編燕臺文選八卷補遺一卷田茂遇編容城三賢集十卷張斐然編金陵文鈔十六卷陳作霖編七十二峰足徵集一百一卷吳定璋編松陵文錄二十四卷凌淦編南昌文考二十卷徐午編臨川文獻八卷胡亦堂編豐陽人文紀略十卷聶芳聲編金華文略二十卷王崇炳編當湖文繫初編二十八卷朱壬林編緗雲文徵二十卷補編一卷湯成烈編湖南文徵一百九十卷羅汝懷編中州文徵五十四卷蘇源生編續垂棘編三集十卷四集九卷范鄗鼎編滇南文略四十七卷袁文揆張登瀛編楊氏五家文鈔十二卷楊長世及從子以叡以儀從孫兆鳳兆年撰義門鄭氏奕葉集十卷鄭爾垣編申氏拾遺集二卷申居鄖編汪氏傳家集一百三十卷汪琬編三陶集二十二卷楊沂孫編沈氏三代家言十五卷沈中祐編彭氏三先生集七卷彭祖賢編安吉施氏遺著七卷戴翊清朱廷樊同編錢氏四先生集十五卷不著編人駢體文鈔三十一卷李兆洛編唐駢體文鈔十七卷陳均編宋四六選二十四卷彭元瑞曹振鏞同編駢體正宗十二卷曾燠編駢文類苑十四卷姚燮編八家四六八卷孫星衍編十家四六十卷王先謙編歷朝賦格十五卷陸葇編歷朝賦楷九卷王修玉編賦彙錄要箋略十卷吳光昭撰七十家賦鈔五卷張惠言編藏茂集十六卷周在浚編尺牘嚶鳴集十二卷王相編顏氏家藏尺牘四卷姓氏考一卷潘仕成編明尺牘墨華三卷黃本驥編宮閨文選三十五卷周壽昌編漢詩音注五卷漢詩評五卷李因篤撰漢詩統箋三卷陳本禮撰唐詩選十七卷唐人萬首絕句選七卷唐賢三昧集三卷王士禛編唐賢三昧集箋注三卷吳煊胡棠撰全唐詩錄一百卷徐倬編唐四家詩選八卷汪立名編說唐詩二十二卷戴明說撰續三體唐詩八卷唐詩掞藻八卷高士奇撰唐詩叩彈集十二卷續集三卷杜詔杜庭珠同編唐詩貫珠箋釋六十卷胡以梅編唐詩別裁集三十卷沈德潛編讀雪山房唐詩選四十卷序例一卷管世銘編全五代詩一百卷李調元編宋詩鈔一百六卷吳之振編宋詩刪二十五卷顧貞觀編宋百家詩存二十八卷曹廷棟編宋詩選四十九卷曹學佺編元詩選三集一百十一卷元詩選癸集十卷顧嗣立編列朝詩集六集八十一卷錢謙益編明詩綜一百卷朱彝尊編明詩別裁集十二卷沈德潛編明三十家詩選二集十六卷閨秀汪端編古詩選三十二卷王士禛編詩原二十五卷顧大申編歷朝詩約選九十二卷劉大櫆編古詩錄十二卷張琦編十六家詩鈔二十卷曾燠編宋金元詩會一百卷陳焯編宋金元詩永二十卷補遺二卷吳綺編宋金元詩選八卷吳翌鳳編宋元四家詩選四卷戴熙編清詩選三十卷孫鋐編清詩初集十二卷蔣鑨等編盛朝詩選初集十二卷顧施禎編本朝應制琳琅集十卷鄒一桂編本朝館閣詩二十卷阮學洪編國朝賡颺集注十六卷張日珣邱允德同編國朝應制詩粹四卷許大綸編清詩鼓吹四卷周佑予編國雅集二卷傳王露編國朝詩別裁集三十六卷沈德潛編國朝正雅集一百卷符葆森編國朝詩十卷外編一卷補六卷吳翌鳳編國朝詩的六十三卷陶煊等編國朝詩乘十卷劉然編國朝詩鐸二十六卷張應昌編國朝詩隱一卷不著編人氏名國朝詩萃初集十卷二集四卷潘瑛等編國朝六家詩鈔八卷劉執玉編國初十家詩鈔七十五卷王相編四家詩鈔二十八卷王企靖編詩持十卷廣集八十九卷魏憲編陸陳二先生詩鈔十六卷劉德模編二家詩鈔二十卷邵長蘅編七子詩選十四卷沈德潛編八家詩選八卷吳之振編二馮詩集九卷胡思敬編國朝四家詩集四卷葉燮編詩觀十二卷鄧漢儀編明遺民詩十六卷卓爾堪編感舊集十六卷王士禛編同人集十二卷冒襄編舊懷集二卷馮舒編篋衍集十二卷陳維崧編溯洄集十卷魏裔介編近光集二十四卷汪士鋐編羣雅集十二卷李振裕編高言集四卷田茂遇董俞同編于野集七卷王原編友聲集七卷顧紐升編續同人集十三卷袁枚編金蘭續集一卷徐堅編八表停雲集三十卷嚴長明編羣雅集四十

卷二集九卷王豫編清尊集十六卷汪遠孫編刻燭集一卷曹仁虎編壺觴集十卷劉國楷編過日集十六卷曾燠編幽光集一卷方登賢編沈珠集一卷陳辰生編金鈴集十二卷張綸編天懷集一卷鄭旭旦編慰託集十六卷黃安濤編印須集八卷續集六卷又續集六卷懷舊集十二卷續集六卷又續集二卷吳翌鳳編同調集一卷龍鐸舒位同編拜颺集八卷馬俊臣編蘭言集二十卷謝堃編蘭言集十二卷趙紹祖編篤舊集十八卷劉存仁編師友集十卷梁章鉅編擷芳集二卷謝桐岡編共賞集一卷二編一卷錢辰編湖海詩傳四十六卷王昶編扶輪新集十四卷黃傳祖編同岑詩選十二卷黃孫燦編同人題贈集四卷何承燕編蛻翁所見錄十卷葉廷琯編白山詩介十卷鐵保編國朝畿輔詩傳六十卷陶樑編滄州詩鈔十二卷王國均編津門詩鈔三十卷梅成棟編燕齊四家詩集十二卷不著編人磁人詩十卷楊方晃編易臺風雅四卷蘇宏祖編易臺風雅續集四卷蘇元森編江蘇詩徵一百八十卷王豫編國朝金陵詩徵四十八卷朱緒曾編石城七子詩鈔十四卷翁長森編金陵名勝詩鈔四卷秦淮詩鈔二卷李鼇編南邦黎獻集十六卷鄂爾泰編吳風二卷江左十五子詩選十五卷宋犖編江左三大家詩鈔九卷顧有孝編江左十子詩鈔十卷王鳴盛編吳會英才集二十四卷畢沅編吳門三家詩三卷朱琳編姑蘇楊柳枝詞一卷汪琬編木瀆詩存十四卷汪正編國朝松陵詩徵二十卷費周仁編禊湖詩十八卷徐達源編松風餘韻五十一卷姚宏緒編國朝練音集十二卷王輔銘編青浦詩傳三十二卷王昶編海曲詩鈔十六卷馮金伯編太倉十子詩選十卷吳偉業編毘陵六逸詩鈔二十三卷莊仕芬徐梅同編梁溪詩鈔五十八卷顧光旭編京江耆舊集十三卷張學仁編焦山詩集一卷盧見曾編淮海英靈集二十二卷阮元編邗上題襟集一卷續集一卷曾燠編甓湖聯吟集七卷李光國撰高郵耆舊詩存二十卷王敬之編東臯詩存四十八卷汪之珩編崇川詩鈔彙存五十一卷王藻編崇川詩集十二卷孫翊編續宛雅八卷蔡蓁編合肥三家詩錄二卷譚獻編江西詩徵九十四卷曾燠編岳陽詩傳四卷李崍李嶸同編江浙詩存六卷阮元秦瀛同編兩浙輶軒錄四十卷補遺十卷阮元編續兩浙輶軒錄五十四卷補遺六卷潘衍桐編浙人詩存八卷柴杰編國朝杭郡詩輯三十二卷吳顥孫振棫重編杭郡詩輯續編四十六卷吳振棫編國朝杭郡詩三輯一百卷丁丙編西泠三太守詩鈔三卷西泠六君子詩鈔六卷聶先編西泠五布衣遺著二十五卷丁丙編錢唐懷古詩一卷王德溥編湖墅詩鈔八卷孫以榮編西泠十子詩選十卷不著編人西湖柳枝詞五卷王昶編海昌麗則八卷吳騫編檇李詩繫四十二卷沈季友編續檇李詩繫四十卷胡昌基撰嘉禾百詠偶鈔一卷不著編人梅里詩輯二十八卷許燦編梅里續詩輯十二卷補遺一卷沈愛蓮編梅會詩集十三卷李維鈞編梅會詩選十二卷李稻塍編魏唐詩陳八卷錢佳編峽川詩鈔二十卷曹宗載編峽川詩續鈔十六卷許仁沐蔣學堅同編鴛鴦湖櫂歌四卷不著編人柳洲詩集十卷陳曾新編國朝湖州詩續錄十六卷鄭佶編吳興詩存四集四十八卷陸心源編浙西六家詩鈔六卷吳應和編甬上耆舊詩三十卷胡文學編四明四友詩六卷鄭性編越姥詩蒐十二卷倪勳編越風三十卷商盤編姚江逸詩十五卷黃宗羲編續姚江逸詩十二卷倪繼宗編越七十二家詩集八卷不著編人越三子集七卷潘[illegible]陳編諸暨詩存十六卷酈滋德編諸暨詩存續編四卷郭肇編嵊詩鈔四卷呂岳孫編上虞詩選四卷徐幹編上虞四家詩鈔十八卷不著編人金華詩錄六十卷朱琰編永康十孝廉詩鈔二十二卷胡鳳丹編東陽歷代詩九卷盧標勳編國朝嚴州詩錄八卷宗源瀚編黃巖集三十二卷王詠霓編三台詩錄三十二卷戚學標編仙居集二十四卷王壽頤編兩浙教官詩錄十八卷許正綬編國朝全閩詩錄初集三十二卷

續集十一卷鄭杰編莆風清籟集六十卷鄭王臣編黃岡二家詩鈔三十四卷陳師晉編資江耆舊集六十四卷沅湘耆舊集二百卷鄧顯鶴編國朝山左詩鈔六十卷盧見曾編山左詩續鈔三十二卷補鈔四卷張鵬展編曲阜詩鈔八卷孔憲彝編渠風集略七卷馬長淑編山右詩存二十四卷附錄八卷李錫麟編晉四人詩六卷戴廷栻編蒲溪吟社三家詩鈔四卷顧貽祿編潞安詩鈔前編四卷程之璐編潞安詩鈔後編十二卷常煜編隴西二家詩鈔三卷李俊編蜀雅二十卷李調元編蜀詩十五卷費經虞編粵東詩海一百卷補遺六卷溫汝能編粵風集四卷李調元編廣東詩粹十二卷梁善長編嶺南羣雅集六卷劉彬華編嶺海詩鈔二十四卷凌揚藻編楚庭耆舊詩前集二十一卷後集二十二卷伍崇曜編端人集四卷彭泰來編粵詩蒐逸四卷黃子高編粵十三家詩鈔一百八十三卷伍元薇編倪城風雅二卷務嶼編黔詩紀略二十三卷黎兆勳編滇詩嗣音集二十卷補遺一卷黃琮編滇詩重光集十八卷許印芳編滇詩拾遺六卷陳榮昌編午夢堂詩鈔四卷葉燮編曲阜孔氏詩鈔十四卷孔憲彝編長林四世弓冶集五卷林其茂編述本堂詩集二十一卷桐城方氏編二方詩鈔六卷方觀承編篤敘堂詩集五卷保官許氏編棣華書屋近刻四卷朱湘朱棆朱綱撰沈氏詩錄十二卷沈祖禹編桐鶴詩鈔二十九卷單銘編湖陵江氏集五卷江八斗編春星堂詩集十卷續集一卷汪憲編汪氏傳家集一卷汪宗豫編邵氏聯珠集四卷邵齊燾邵齊烈邵齊熊邵齊然撰陳氏聯珠集十五卷王鑒編翟氏詩鈔一卷附錄一卷翟灝編諸氏家集十卷諸家樂編後村周氏淵源錄十三卷周源編蕭山任氏遺芳集三卷任渠編虞山黃氏五家集五卷黃泰編秀水王氏家藏集五十卷王棨之編錫山秦氏詩鈔十五卷秦彬編錢氏傳芳集一卷錢泳編繼生堂集四卷張實張洪張瀛張椿年撰鄂韡聯吟集二卷馬國偉馬用俊撰桐城馬氏詩鈔七十卷馬樹華編尹氏歷代詩鈔七十卷尹掄編許氏巾箱集四卷許兆熊編琴川黃氏三集三卷黃廷鑑黃叔燦撰瑞竹亭合稿四卷王愈擴王愈融撰居氏昆季詩鈔二卷居秉等撰戴氏三俊集三卷戴芬戴讓戴蘊撰胡氏羣從集三卷胡理胡琨撰方氏喬梓集一卷方鷟及子宗誠撰毘陵楊氏詩存六卷附編三卷楊葆彝編新安先集二十卷朱之榛編海豐吳氏詩存四卷吳重熹編石氏喬梓集二卷潘鍾瑞編二熊君詩賸二卷熊其英熊其光撰二許集二卷許乃濟等撰同懷忠孝集二卷嚴辰編高氏一家稿一卷高雲麟編汪氏全集十二卷汪曾唯編湖墅錢氏家集十八卷錢錫寶等撰濟陽家集一卷丁丙編城北唱隨集一卷徐葉鈞及妻吳婉宜撰唱和初集一卷隨草二卷隨草續編一卷李元鼎及妻朱中楣撰鳴和集一卷抵掌八十一吟集一卷馬履泰及子慶孫孫怡增鏞撰亭林同志贈言一卷沈岱瞻編雙節堂贈言三十卷汪輝祖編湯將軍懷忠錄八卷湯成烈編查氏一門烈女編一卷查禮編紫陽書院課餘選二卷屠倬編敬修堂詩賦課鈔十五卷胡敬編八甎吟館刻燭集二卷阮元編問梅詩社詩鈔一卷尤興詩編林屋吟榭詩鈔十二卷附錄三卷任兆麟編謝琴詩鈔八卷吳景潮編載書圖題詠一卷王士禛編塡詞圖題詠一卷陳維崧編楓江漁父圖詠一卷徐釚編松吹堂讀書圖題詠一卷杭世駿編夢境圖唱和詩一卷黃丕烈編張憶娘簪花圖題詠一卷不著編人樂府英華十卷顧有孝編樂府廣序三十卷朱嘉徵編古謠諺一百卷杜文瀾編古今諺補注二卷古今風謠拾遺四卷古今諺拾遺六卷史夢蘭編古諺箋十卷林伯桐撰唐宮閨詩三卷費密編婦人集一卷陳維崧編國朝閨秀正始集二十卷附錄一卷補遺一卷惲珠編紅樹樓名媛詩選十二卷陸昶編國朝閨閣詩鈔九十九卷蔡殿齊編女士詩鈔不分卷吳翌鳳編袁家三妹合稿三卷袁枚編鮑氏三女子詩鈔三卷鮑之蘭等撰隨園女弟子詩選六卷袁枚編碧城仙館女弟子詩一

卷陳文述編京江三上人詩選三卷洪亮吉編宋陳起江湖小集九十五卷江湖後集二十四卷元方回文選顏鮑謝詩評四卷汪澤民張師愚宛陵羣英集十二卷以上乾隆時敕輯

詩文評類

救文格論二卷顧炎武撰夕堂永日緒論一卷王夫之撰論學三說一卷黃與堅撰伯子論文一卷魏際瑞撰日錄論文一卷魏禧撰棗林藝簣一卷談遷撰鐵立文起二十二卷王之績撰惺齋論文一卷王元啟撰古文緒論一卷吳德旋撰述菴論文別錄一卷王昶撰鳴原堂論文二卷曾國藩撰藝概六卷劉熙載撰論文章本原三卷方宗誠撰四六金鍼一卷陳維崧撰四六叢話三十三卷孫梅撰宋四六話十二卷彭元瑞撰讀賦卮言一卷王芑孫撰見星廬賦話十卷林聯桂撰賦話十卷李調元撰春秋詩話五卷勞孝輿撰選詩叢話一卷孫梅撰讀雪山房唐詩凡例一卷管世銘撰李杜詩話三卷潘德輿撰五代詩話十二卷王士禎撰五代詩話十卷鄭方坤撰西崑發微三卷吳喬撰江西詩社宗派圖錄一卷張泰來撰遼詩話二卷周春撰明人詩品二卷杜蔭棠撰歷代詩話八十卷吳景旭撰歷代詩話考索一卷何文煥撰全閩詩話十二卷鄭方坤撰榕城詩話三卷杭世駿撰南浦詩話八卷雁宕詩話二卷梁章鉅撰全浙詩話五十四卷陶元藻撰全浙詩話刊誤一卷張道撰廣陵詩事十卷阮元撰杜律詩話二卷陳廷敬撰杜詩雙聲疊韻譜括略八卷周春撰玉溪生詩說二卷紀昀撰蘇海識餘四卷王文誥撰蘇亭詩話六卷張道撰詩律蒙告一卷顧炎武撰詩譯一卷王夫之撰梅村詩話一卷吳偉業撰帶經堂詩話三十卷王士禎撰張宗柟輯師友詩傳錄一卷郎廷極撰續錄一卷劉大勤撰然燈記聞一卷何世璂撰蠖齋詩話二卷施閏章撰談龍錄一卷趙執信撰漫堂說詩一卷宋犖撰靜志居詩話二十四卷朱彝尊撰西河詩話八卷毛奇齡撰詩辨坻四卷毛先舒撰初白庵詩評三卷查慎行撰寒廳詩話一卷顧嗣立撰談詩錄一卷詩學纂聞一卷汪師韓撰野鴻詩的一卷黃子雲撰詩義固說二卷龐塏撰圍爐詩話八卷吳喬撰原詩一卷葉燮撰說詩晬語四卷沈德潛撰蓮坡詩話三卷查爲仁撰隨園詩話十六卷補遺十卷袁枚撰石洲詩話八卷翁方綱撰北江詩話六卷洪亮吉撰茗香詩論一卷宋大樽撰甌北詩話二卷趙翼撰兩村詩話二卷李調元撰拜經樓詩話四卷吳騫撰月山詩話一卷宗室恆仁撰柳亭詩話三十卷宋俊撰槐塘詩話一卷汪沆撰鳧亭詩話二卷陶元藻撰靈芬館詩話十八卷郭麐撰雅歌堂詩話二卷陳經撰瓶水齋詩話一卷舒位撰山靜居詩話一卷方薰撰菀廬詩話三卷姚椿撰養一齋詩話十卷潘德輿撰筠石山房詩話六卷楊潘撰小匏菴詩話十卷吳仰賢撰射鷹樓詩話二十四卷林昌彝撰壽松堂詩話四卷陳來泰撰燈窗瑣話四卷于源撰春雪亭詩話一卷徐熊飛撰春草堂詩話八卷謝堃撰綠庵詩話三卷李堂撰耐冷譚十六卷宋咸熙撰小滄浪詩話四卷張燮承撰養自然齋詩話十卷鍾駿聲撰緗雅堂詩話二卷潘衍桐撰然脂集例一卷王士祿撰詩法萃編十五卷許印芳撰閨秀詩話四卷梁章鉅撰閨秀詩話續編四卷丁芸撰全唐文紀事一百二十二卷陳鴻墀撰宋詩紀事一百卷厲鶚撰宋詩紀事補遺一卷羅以智撰宋詩紀事補遺一百卷附小傳補正四卷陸心源撰本事詩十二卷徐釚撰詞壇紀事三卷李良年撰國朝詩人小傳四卷鄭方坤撰國朝詩人徵略六十卷二編六十四卷張維屏撰制藝叢話二十四卷梁章鉅撰試律新話四卷倪鴻撰聲調譜一卷續譜一卷趙執信撰聲調譜拾遺一卷翟灝撰聲調八病說一卷吳鎬撰聲調譜說一卷吳紹燦撰聲調三譜四卷王祖源撰聲調四譜十二卷董文煥撰宋吳可藏海詩話一卷不著撰人名氏環溪詩話一卷王正德餘師錄四卷李耆卿文章精義二卷周密浩然齋雅談三卷元陳繹文說一卷以上乾隆時敕輯

詞曲類

鼓棹初集一卷二集一卷瀟湘怨詞一卷王夫之撰隰西草堂詞一卷萬壽祺撰梅村詞二卷吳偉業撰定山堂詩餘四卷龔鼎孳撰棠村詞三卷梁清標撰玉琴齋詞四卷余懷撰炊聞詞二卷王士祿撰衍波詞二卷王士禎撰藝香詞鈔四卷吳綺撰蒼梧詞十二卷董元愷撰二鄉亭詞二卷宋琬撰曝書亭詞七卷江湖載酒集三卷蕃錦集二卷朱彝尊撰曝書亭詞注七卷李富孫撰迦陵詞三十卷陳維崧撰珂雪詞二卷曹貞吉撰納蘭詞五卷納喇性德編彈指詞三卷顧貞觀撰紫雲詞一卷丁煒撰微雲詞一卷秦松齡撰秋笳詞一卷吳兆騫撰溉堂詩餘二卷孫枝蔚撰茗齋詩餘二卷彭孫貽撰延露詞三卷彭孫遹撰秋錦山房詞一卷李良年撰楓香詞一卷宋犖撰西河塡詞六卷毛奇齡撰百末詞六卷尤侗撰蓉渡詞一卷董以寧撰玉山詞一卷陸次雲撰餘波詞二卷查慎行撰蕊香詞一卷竹聽詞一卷獨旦詞一卷高士奇撰楝亭詞鈔一卷曹寅撰茗柯詞一卷程夢星撰歸愚詩餘一卷沈德潛撰紅藕莊詞三卷龔翔麟撰石笥山房詩餘一卷胡天游撰樊榭山房詞二卷續集一卷厲鶚撰押簾詞一卷查爲仁撰冬心先生自度曲一卷金農撰靑衫詞一卷鄭方坤撰板橋詞鈔一卷鄭燮撰銅弦詞二卷蔣士銓撰冰天雪窖詞一卷機聲燈影詞一卷洪亮吉撰竹眠詞二卷黃景仁撰茗柯詞一卷張惠言撰念宛齋詞鈔一卷左輔撰兼塘詞一卷惲敬撰曬書堂詩餘一卷郝懿行撰蠡翁詞二卷李調元撰嶰谷詞一卷馬曰琯撰南齋詞二卷馬曰璐撰月滿樓詞二卷顧宗泰撰有正味齋詞八卷吳錫麒撰紅薇翠竹詞一卷焦循撰求是堂詞一卷胡承珙撰扁舟載酒詞二卷江藩撰棕亭詞鈔七卷金兆燕撰亦有生齋詞五卷趙懷玉撰芙蓉山館詞鈔二卷眞率齋詞二卷楊芳燦撰梅邊吹笛詞二卷凌廷堪撰金牛湖漁唱一卷張雲璈撰齊物論齋詞一卷董士錫撰香草詞二卷洞簫詞一卷碧雲盦詞二卷宋翔鳳撰立山詞一卷張琦撰享帚詞四卷秦恩復撰瑤想詞一卷王芑孫撰借閑生詞一卷汪遠孫撰梅邊吹笛譜二卷篷櫳翦燭集二卷李堂撰百綠語業一卷朱昂撰箏船詞一卷劉嗣綰撰銀藤花館詞四卷戴延介撰琴筑山房樂府二卷盛大士撰小謨觴館詩餘一卷彭兆蓀撰蘅夢詞二卷浮眉樓詞二卷懺餘綺語二卷幾餘詞一卷郭麐撰百萬紅詞二卷吳鼒撰香蘇山館詞一卷吳嵩梁撰露蟬吟詞鈔一卷唐仲冕撰蜩翼詞一卷李兆洛撰思賢閣詞一卷丁履恆撰萬善花室詞一卷方履籛撰蘭石詞一卷盧祐誠撰存審齋詞三卷周濟撰杕雅一卷蔣曰豫撰耶溪漁隱詞二卷屠倬撰紅豆樹館詞八卷陶樑撰臨嘯閣詩餘四卷朱駿聲撰知止堂詞錄三卷朱綬撰桐月修簫譜一卷王嘉祿撰翠微雅詞一卷戈載撰因柳閣詞二卷焦廷琥撰拙宜園詞二卷黃憲清撰柯家山館詞三卷嚴元照撰玉壺詞選二卷改琦撰種芸仙館詞四卷釣船笛譜一卷馮登府撰六花詞一卷徐熊飛撰倚晴樓詩餘四卷黃燮清撰桐花閣詞鈔一卷吳蘭修撰鶯宜福館吹月詞二卷陳元鼎撰淸夢盦二白詞五卷沈傳桂撰金粱夢月詞二卷懷夢詞一卷周之琦撰冰蠶詞一卷承齡撰空靑詞三卷邊浴禮撰淸鄰詞一卷陸繼輅撰竹鄰詞一卷金式玉撰養一齋詞三卷潘德輿撰無著詞一卷懷人館詞一卷影事詞一卷小奢摩詞一卷庚子雅詞一卷龔自珍撰雙硯齋詞二卷鄧廷楨撰玉井山館詩餘一卷許宗衡撰蒼寶館詞一卷孫鼎臣撰心庵詞一卷何兆瀛撰詩舲詞續一卷張祥河撰茂陵秋雨詞四卷王拯撰春在堂詞錄三卷俞樾撰玉洤詞一卷潘曾瑋撰眉綠樓詞八卷顧文彬撰芬陀利室詞一卷潘祖蔭撰思益堂詞一卷周壽昌撰東洲草堂詩餘一卷何紹基撰拜石山房詞四卷顧翰撰斅藝齋詩餘一卷鄒漢勛撰琴隱園詞四卷湯貽汾撰汀鷺詩餘一卷楊傳第撰藤香館詞一卷薛時雨撰悔翁詩餘五卷汪士鐸撰憶雲詞五卷項鴻祚撰水雲樓詞二卷蔣春霖撰漚夢詞一卷劉履芬撰復堂詞三卷譚獻撰新蘅詞六卷張景祁撰笙月詞五卷花影詞一卷王詒壽撰疏影樓詞五卷姚燮撰陳比部詞鈔一卷詩餘別集一卷陳壽祺撰緪秋詞一卷程庭鷺撰索笑詞二卷張文虎撰太素齋詞鈔二卷勒方錡撰采香詞四卷杜文瀾撰黃雁山人詞四卷莊縉度撰空一切盦詞一卷鄭嘉純撰晴花暖玉詞二卷鄭嘉績撰荔墻詞一卷汪曰楨撰寒松閣詞二卷張鳴珂撰香禪精舍詞四卷潘鍾瑞撰袖墨集一卷蟲秋詞一卷味梨集一卷鷲翁集一卷蜩知集一卷梭夢龕集一卷庚子秋詞一卷春蟄吟一卷王鵬運撰蘭當詞二卷陶方琦撰鬱華閣詞一卷宗室盛昱撰賭棋山莊詞八卷謝章鋌撰璞齋詞一卷諸可寶撰漱泉詞一卷成肇麐撰霞川花隱詞二卷李慈銘撰雲起軒詞鈔一卷文廷式撰麟棲詞一卷劉恩黻撰山中和白雲一卷拈花詞一卷蔣敦復撰搴紅詞一卷陳如升撰樵風樂府九卷鄭文焯撰紅蕉詞一卷江標撰宋葛勝仲丹陽詞一卷以上乾隆時敕輯

以上詞曲類詞集之屬

歷代詩餘一百二十卷康熙四十六年沈辰垣等奉敕撰絕妙好詞箋七卷查爲仁厲鶚同輯詞綜三十四卷朱彝尊撰詞綜補八卷明詞綜十二卷王昶撰詞綜補遺二十卷陶樑撰選聲集三卷吳綺撰東日堂詞選初集十五卷佟世南編歷朝名人詞選十三卷夏秉衡撰詞選二卷張惠言撰五代詞選三卷成肇麐撰宋七家詞選七卷戈載撰詞辨二卷宋四家詞選一卷周濟撰續詞選二卷董毅撰林下詞選十四卷周銘撰十六家詞三十九卷孫默撰今詞苑三卷陳維崧等編今詞選二卷納喇成德顧貞觀編昭代詞選三十八卷蔣重光撰國朝詞綜四十八卷王昶撰國朝詞綜補五十八卷丁紹儀撰國朝詞綜續編二十四卷黃燮清撰國朝詞雅二十四卷姚階編絕妙近詞六卷孫麟趾編絕妙近詞續鈔二卷余集徐楙同編詩餘偶鈔六卷王先謙編燕市聯吟集四卷討春合唱一卷袁通編金陵詞鈔八卷秦際唐編江東詞社選一卷秦耀曾編廣陵唱和詞一卷孫金礪編高郵耆舊詩餘一卷王敬之編粵風續九四卷吳淇編閩詞鈔四卷本事詞二卷天籟軒詞選六卷葉申薌編明湖四家詞四卷趙國華編四明近體樂府十五卷袁鈞編硤川詞鈔一卷曹宗載編同聲集九卷王鵠編侯鯖詞五卷邊保樞編篋中詞六卷續四卷譚獻編詞學全書十四卷查繼超編詞學叢書二十三卷秦恩復編

以上詞曲類詞選之屬

花草蒙拾一卷王士禎撰詞話二卷毛奇齡撰詞苑叢談十二卷徐釚撰古今詞話六卷沈雄撰詞藻四卷詞統源流一卷金粟詞話一卷彭孫遹撰詞家辨證一卷李良年撰七頌堂詞繹一卷劉體仁撰詞綜偶評一卷許昂霄撰塡詞名解四卷毛先舒撰遠志齋詞衷一卷鄒祗謨撰詞林紀事二十二卷張宗橚編雨村詞話一卷李調元撰香研居詞麈五卷方成培撰蓮子居詞話四卷吳衡照撰聽秋聲館詞話二十卷丁紹儀撰賭棋山莊詞話十二卷謝章鋌撰芬陀利室詞話三卷蔣敦復撰詞譜四十卷康熙五十四年御定詞律二十卷萬樹撰詞律拾遺六卷徐本立撰詞律校勘記二十卷杜文瀾撰塡詞圖譜六卷續集二卷賴以邠撰白香詞譜一卷舒夢蘭撰白香詞譜箋四卷謝朝徵撰天籟軒詞譜六卷葉申薌撰詞韻選集一卷應撝謙撰榕園詞韻一卷吳烺撰學宋齋詞韻一卷吳寧撰詞韻二卷仲恆撰詞林正韻三卷戈載撰詞韻考略一卷許昂霄撰碎金詞韻四卷謝元淮撰新聲譜一卷朱和羲撰

以上詞曲類詞話詞譜詞韻之屬

曲譜十四卷康熙五十四年奉敕撰九宮大成曲譜八十一卷閏集一卷莊親王撰昭代簫韶

二十卷王廷章等輯 製曲枝言一卷黃周星撰 南曲入聲客問一卷毛先舒撰 樂府傳聲二卷徐大椿撰 一笠庵北詞廣正譜不分卷李元玉撰 南詞定律十三卷楊緒等撰 太古傳宗二卷鄒金生等撰 曲目表一卷支豐宜撰 曲海總目一卷黃文暘撰 雨村曲話二卷李調元撰 曲話五卷梁廷枏撰

以上詞曲類南北曲之屬

清史稿

交通志序

有清之世歐洲諸國以製器相競致強富路船郵電因利乘權道光朝五口通商各國踵迹至中外棣通外舟侵入我江海置郵通商地大北大東兩公司海底電線貫太平洋大西洋而來亦駢集我海上駸駸有返客爲主之勢爲李鴻章郭嵩燾諸臣以國權商務戎機所關甚鉅抗疏論列其始也阻於衆咻其繼也卒排羣議而次第建設之闢我國數千年未有之奇局於時鴻章總督直隸領北洋通商大臣忍詬負重卒觀厥成長江招商輪船局始於同治十三年逮光緒三年有唐山胥各莊鐵路之築四年設郵政局五年設電線於大沽北塘海口礮臺西達天津自時厥後歲展月拓分途並進輪船則有官輪商輪之別鐵路則有官辦商辦之別電線則有部辦省辦之別郵政則有總局分局之別宣統初郵傳部計路之通車者逾萬里綫之通電者九萬餘里局之通郵者四千餘處歲之所入路約銀二千萬電約一千萬郵六百餘萬而歲支外所盈無幾無乃分其利者衆歟昔者車行日不過百里舟則視風勢水流爲遲疾廷寄軍書驛人介馬竢盡日夕行不過六七百里已耳今則京漢之車津滬之舟計程各二三千里而道不出三日郵之附舟車以達者如之若以電線達者數萬里外瞬息立至民情慮始難觀成易故船電路皆有商辦名顧言利之臣胥欲籠爲國有以加諸電商者加之川漢自辦之路操之過激商股抗議者輒罪之淫刑而逞以犯衆怒黨人乘之國本遂搖孔子論治以書同文車同軌行同倫爲極盛清之天下可謂同文同軌矣惟行殊焉而理亂頓異則知伏羲氏所謂通天下之志者有形下之器尤貴有形上之道以維繫之未可重器而遺道也撰交通志

清史稿

交通志一

鐵路

鐵路創始於英吉利各國踵而行之同治季年海防議起直督李鴻章數爲執政者陳鐵路之利不果行光緒初英人擅築上海鐵路達吳淞命鴻章禁止因借江督沈葆楨檄盛宣懷等與英人議卒以銀二十八萬兩購回廢置不用識者惜之三年有商人築唐山至胥各莊鐵路八十里是爲中國自築鐵路之始六年劉銘傳入覲疏言自古敵國外患未有如今日之多且強也一國有事各國環窺而俄地橫亙東西北與我壤界交錯尤爲心腹之憂俄自歐洲起造鐵路漸近浩罕又將由海參崴開路以達琿春此時之持滿不發者以鐵路未成故也不出十年禍且不測日本一彈丸國耳師西人之長技恃有鐵路亦遇事與我爲難舍此不圖自強恐無及矣自強之道練兵造器固宜次第舉行然其機括則在於急造鐵路鐵路之利於漕務賑務商務鑛務釐捐行旅者不可殫述而於用兵尤不可緩中國幅員遼闊北邊綿亙萬里毗連俄界通商各海口又與各國共之畫疆而守則防不勝防馳逐往來則鞭長莫及惟鐵路一開則東西南北呼吸相通視敵所趨相機策應雖萬里之遙數日可至百萬之衆一呼而集且兵合則強分則弱以中國十八省計之兵非不多餉非不足然此疆彼界各具一心遇有兵端自顧不暇徵餉調兵無力承應若鐵路告成則聲勢聯絡血脈貫通裁兵節餉併成勁旅防邊防海轉運鎗礮朝發夕至駐防之兵即可爲遊擊之旅十八省合爲一氣一兵可抵十數兵之用將來兵權餉權俱在朝廷內重外輕不爲疆臣所牽制矣方今國計絀於邊防民生困於釐卡各國通商爭奪利權財賦日竭後患方殷如有鐵路收費足以養兵則釐卡可以酌裁裕國便民無踰於此今欲乘時立辦莫如籌借洋債中國要路有二南路一由清江經山東一由漢口經河南俱達京師北路由京師東通盛京西達甘肅若未能同時併舉可先修清江至京一路與本年擬修之電線相爲表裏事下直督李鴻章江督劉坤一議覆鴻章言鐵路之設關於國計軍政京畿民生轉運郵政鑛務招商輪船行旅者其利甚溥而借用洋債外人於鐵路把持侵佔與妨害國用諸端亦不可不防坤一以妨礙民生釐稅爲言學士張家驤言興修鐵路有三大弊復下其疏於鴻章鴻章力主銘傳言會臺官合疏力爭侍講張楷言九不利御使洪良品言五害語尤激切以廷臣諫止者多詔罷其議嗣是無復有言之者矣十一年既與法國議和朝廷念海防不可弛詔各臣工切籌善後李鴻章言法事起後借洋債累二千萬十年分起籌還更無力籌水師之歲需開源之道當效西法採煤鐵造鐵路興商政鑛藏固爲美富鐵路實有遠利但招商集股難遽踴躍官又無可資助若輕息假洋欵爲之雖各國所恒有乃羣情所駭詫非聖明主持於上誰敢破衆議以冒不韙大學士左宗棠條上七事一言宜仿造鐵路外國以經商爲本因商造路因路治兵轉運靈通無往不利其未建以前阻撓固甚一經告成民因而富國因而強人物因而倍盛有利無害固有明徵電報輪船中國所無一旦有之則爲不可少之物倘鐵路造成其利尤溥清江至通州宜先設立鐵路以通南北之樞一便於轉漕而商務必有起色一便於徵調而額兵即可多裁且爲費僅數百萬由官招商股試辦即可舉行且與地方民生並無妨礙迨辦有成効再添設分支至推廣西北一路尤爲日後必然之勢疏下王大臣議雖善其言而不能用也是年冬鴻章復言陶城臨清間二百餘里運道淤墊請試辦鐵道爲南北大道樞紐上用漕督崧駿等言格不行初法越事起以運輸不便軍事幾敗事平執政者始知鐵路關係軍事至要十三年春海軍衙門王大臣奕譞等言鐵路之議歷有年所毀譽紛紜莫衷一是自經前歲戰事始悉局外空談與局中實際判然兩途臣奕譞總理事務見聞較切臣曾紀澤出使八年親見西洋各國輪車鐵路之益現公同酌覈調兵運械貴在便捷自當擇要而圖據天津司道營員等稟直隸海岸綿長防守不易轉運尤艱請將開平至閻莊商辦鐵路南接大沽北岸八十餘里先行接造再由大沽至天津百餘里逐漸興修津沽鐵路告成續辦開平迤北至山海關則提督周盛波所部萬人馳騁援應不啻數萬人之用此項海防要工集資不易應以官欵興辦調兵勇協同工作以期速成如蒙俞允即派員督率開平公司經理從之明年路成總理衙門奏言新造津沽鐵路自天津府城經塘沽蘆台以至閻莊長一百七十五里其自閻莊至灤州之唐山長八十里爲各商舊造鐵路新舊鐵路首尾銜接輪車通行快利爲輪船所不及通塞之權操之自我斷無利器假人之慮由此經營推廣一遇徵兵運械輓粟飛芻咄嗟可致商民貿遷無遠弗屆榛莽之地可變通衢洵爲今日自強之急務會粵商陳承德請接造天津至通州鐵路略言現造鐵路其所入不敷養路之用如接造此路既可抽還造路借本並可報効海軍經費直督李鴻章以聞已如所請矣於時舉朝駭然尚書翁同龢奎潤閣學文治學士徐會灃御史余聯沅洪良品屠仁守交章諫阻其大端不外資敵擾民失業三者亦有言宜於邊地及設於德州濟甯以通河運者命俱下海軍衙門籌議上略言原奏所慮各節一在資敵不知敵至而車已收回豈有資敵之慮一在擾民建設鐵路首在繞避民間廬舍邱墓其萬難繞避者亦給重價諭令遷徙可無擾民之事一在失業鐵路興而商業盛謀生之途益廣更鮮失業之虞津通之路非爲富國亦非利商外助海軍相輔之需內備徵兵入衛之用乃議者不察底蘊不相匡助或竟道聽途說或竟憑空結撰連章論列上瀆天聽方今環球諸國各治甲兵其往也非干羽所能格其來也非牛餼所能退全視中華之強弱爲相安相擾之樞機臣等創修鐵路本意不在效外洋之到處皆設而專主利於用兵不僅修津通之路而志期應援全局誠能於江南趙北關東隴西各設重兵各安鐵路則軍行萬里無胼胝之勞糧運千倉有瞬息之効零星隊伍可撤可併浮濫餉乾或裁或節此外如海防河運裨益實多而通貨物銷鑛產利行旅便工役速郵遞利之所興難以枚舉而事屬創辦不厭求詳請下沿江沿海各將軍督撫各抒所見遂如所請命各詳議以聞臺灣巡撫劉銘傳議由津沽造路至京師護蘇撫黃彭年議先辦邊防漕路緩辦腹地及沿江沿海各省而試行於津通粵督張之洞請緩辦津通改建腹省幹路疏言今日鐵路之用以開通土貨爲急進口外貨歲逾出口土貨二千萬兩若聽其耗漏以後萬不可支惟有設法多出土貨多銷土貨以濟之有鐵路則機器可入笨貨可出山鄉邊郡

之產悉可致諸江岸海壖流行於九洲四瀛之外矣而沿江沿海遼東三省秦隴沿邊強鄰窺伺防不勝防若無鐵路應援赴敵以靜待動安得無數良將精兵利礮巨餉而守之宜先擇四達之衢首建幹路爲經營全局之計至津通鐵路則關係甚鉅不便尤多設此路創造之時稍有紛擾則習常蹈故者益將執爲口實視爲畏途以後他處續造集股之官商必裹足疑沮之愚民必有辭則鐵路之功終無由成而鐵路之効終無由見矣翁同龢請試行於邊地以便運兵徐會澧等請改設於德州濟甯以便運漕均擬緩辦津通爲另闢一路之計但邊地偏遠無裨全局効亦難見且非商賈輻輳之所鐵路費無所出不足以自存德濟一路黃河岸闊沙鬆工費太鉅臣以爲宜自京城外之蘆溝橋起經河南達於湖北漢口鎭豫鄂居天下之腹中原綰轂胥出其塗鐵路取道宜自保定正定磁州歷彰衞懷等府北岸在淸化鎭以南南岸在滎澤口以上擇黃河上游灘窄岸堅經流不改之處作橋以渡河則三晉之轍下於井陘關隴之驂交於洛口西北脅息刻期可通自河以南則由鄭許信陽驛路以抵漢口東引淮吳南通湘蜀語其便利約有數事內處腹地不近海口無引敵之慮利一南北三千餘里原野廣漠編戶散處不似近郊之稠密一屋一墳易於勘避利二幹路袤遠廠盛站多經路生理既繁緯路枝流必旺執鞭之徒列肆之賈生計甚寬舍舊謀新決無失所利三以一路控八九省之衝人貨輻輳貿易必旺將來汴洛荆襄濟東淮泗經緯縱橫各省旁通四達不悖豈惟有養路之資費實可裕無窮之餉源利四近畿有事三楚舊部兩淮精兵電檄一傳不崇朝而雲集都下或內地偶有土寇竊發發兵征討旬日立可盪平徵兵之道莫此爲便利五中國鑛利惟煤鐵最有把握太行以北煤鐵最旺而最精而質最重路最艱既有鐵路則輦機器以開採用西法以煎鎔鑛產日多大開三晉之利源永塞中華之漏卮利六海上用兵首慮梗漕東南漕米百餘萬石由鎭江輪船溯江而上三日而抵漢口又二日而達京城由蘆溝橋運赴京倉道里與通縣相等足以備河海之不虞關飛輓之坦道而又省挑河剝運之浮縻較之東道王家營一路礙於黃河下流者辦理轉有把握利七若慮費鉅難成則分北京至正定爲首段次至黃河北岸又次至信陽州爲二三段次至漢口爲末段每里不過五六千金每段不過四百萬內外合計四段之工須八年造成款亦八年分籌中國之大每年籌二百萬之款似尚不至無策籌款之法除由鐵路公司照常招股外應酌擇各省口岸較盛鹽課較旺之地由藩運兩司關道轉發印票股單設法勸集鐵料運自晉省置鑪鍊冶以供取用庶施工有序而藏富在民奏上仍下海軍衙門尋復議上各國興辦鐵路以幹路爲經以枝路爲緯有事則以路徵兵無事則以商養路就五大洲言之宜於西洋宜於東洋豈其獨不宜於中國就中國言之或云宜於邊防或云宜於腹地豈其獨不宜於臣衙門所奏准之津通津通綫東南一正幹也水路受沿海七省之委輸陸路通關東三省之命脈豫鄂則綫西南一正幹也控荆襄達關隴以一道扼七八省之衝初意徐議中原而先以津沽便海防繼以津通擴商利區區二百里其關係與豫鄂之千里略同今張之洞亦設爲津通五宜審之說其中所慮各節前奏固已剖析無遺惟事關創始擇善而從津通鐵路應即暫從緩辦而蘆漢必以漢口至信陽爲首段層遞而北並改爲蘆溝漢口兩路分投試辦綜計需銀三千萬兩以商股官帑洋債三者爲集款之法議上詔旨允之初鴻章倡津通鐵路之議舉朝以爲不可鴻章持之甚力之洞特創蘆漢幹路之說調停其間而醇親王奕譞復贊之於內其事始定然其時廷臣尙多不以蘆漢造路爲然但無敢昌言者故通政黃體芳謂鐵路不可借洋債以自累而尊臣亦有言黃河橋工難成者以執政者堅持舉辦久之浮議始息鴻章與之洞書謂局外議論紛歧宜速開辦免生枝節之洞深然之未幾之洞總督湖廣之洞既移鄂益銳意興辦蘆漢鐵路其所經畫曰儲材宜急勘路宜緩興工宜遲竣工宜速以商股難恃請歲撥帑金二百萬兩以備路用上如所請十六年以東三省邊事亟從海軍衙門王大臣及直督李鴻章言命移蘆漢路款先辦關東鐵路擬由林西造幹路出山海關至瀋陽達吉林另由瀋陽造枝路以至牛莊營口計二千三百二十三里年撥銀二百萬兩爲關東造路專款命李鴻章爲督辦大臣裕祿爲會辦大臣而蘆漢路工因之延緩蓋自光緒初年內外臣工往往條陳鐵路當國者亦欲試行以開風氣而疆吏畏難因循顧慮淸議莫敢爲天下先蘆漢鐵路已定議矣尋復中輟至是年國內鐵路僅有唐山至閻莊八十五里閻莊至林西鎭二百三十五里又基隆至淡水六十里而已二十一年命張之洞遴保人才及籌議淸江至京路事之洞言鐵路以蘆漢爲要江甯蘇杭次之淸江築路非宜上韙其言時之洞方督兩江特命移鄂綜其事以蘆漢路長款鉅諭有招股千萬者許設公司自辦粵人許應鏘方培垚等咸言集貲如額遵旨承辦直督王文韶與之洞言承辦各商恐不足恃請以津海關道盛宣懷爲督辦允之命以四品京堂督路事宣懷條上四事一請特設鐵路總公司撥官款募商股借洋債先辦蘆漢次第及於蘇滬粵漢上如所請是年設總公司於上海而蘆漢之始基以立自中日戰後外人窺伺中國益亟侵略之策以攬辦鐵路爲先俄索接造西伯利亞幹路橫貫黑吉兩省修枝路以達旅順大連灣英則請修五路一蘇杭甬自蘇州經杭州以達甯波一廣九自廣州以達九龍一津鎭自天津以達鎭江一浦信自浦口以達信陽一自山西河南以達長江法自越南築路以達雲南省自龍州築路以達鎭南關德踞膠州灣築路以達濟南葡據澳門築路以達廣州日本擅於新民廳築路達奉天更獲有奉天至安東鐵道之權此各國以鐵路侵略中國之大略也先是俄人陰結朝鮮窺奉天建言者請急建關內外路以相鈐制乃命順天府尹胡燏棻督辦津榆路事後以續造吉林一路款絀中輟二十四年俄事急燏棻請息借英款爲之疏言關外一路初擬逕達吉林以無款又落後著迨歸併津蘆俄即起而爭執近允其由俄邊直接大連灣奉吉兩省東北之利盡爲所佔計惟有由大凌河趕造至新民廳鐵路以備聯絡瀋陽之路並可兼護蒙古熱河鑛務一面由營口至廣甯庶中國海關不致爲俄侵佔尙可保全奉省西北之利現東三省全局已在俄人掌握幸留此一綫之路堪以設法抵禦若坐失機宜後悔何及從之初英人圖粵路甚亟王文韶張之洞盛宣懷合疏言粵漢南幹路原擬稍緩續籌無如時局日亟刻不及待羣雄環伺輒以交涉細故兵輪互相馳騁海洋通塞靡有定期今海軍既無力能與設有外變隔若異域必內地造有鐵路方可聯絡貫通廣東財賦之區南戒山河未可遐棄此粵漢南路當與北路並舉者也又疏言德國無理肇衅占踞膠墨要害並獲承辦山東鐵路俄已造路於黑龍江吉林爲通奉天旅順之謀法已造路於廣西以爲割滇之計獨英人窺伺最久尙無所得今年春英商屢來攬辦粵路堅持未允其所擬急行者在趕營中國中部或廣東建築軌道蓋英所欲者一借款一修路一擬索香港對岸之深水埠其爲覬覦鐵路無疑現在德已踞膠俄已留旅法已窺瓊英有圖扼長江吳淞之謀是中國各海口幾盡爲外國所佔僅有內地尙可南北往來若粵漢一綫再假手英人將來俄路南引英軌北趨惟有蘆漢一路跼蹐其中何能展布甚或爲英俄之路所併惟有趕將粵漢一路占定自辦尙足補救萬一嘉納之初粵漢路議由鄂入贛達粵嗣病其迂遠改道湘之郴永衡長至是定議三省紳商自辦總公司綜其綱領蓋各省幹路以關東肇其端蘆漢粵漢次之此外則建天津至蘆溝橋之津蘆路正定至太原之正太路鄭州東至開封西歷滎陽汜水達洛陽之汴洛路廣州至九龍之廣九路上海至江甯之滬甯路萍鄉至昭山之萍昭路道口至淸化鎭之道淸路京師至張家口之京張路天津至浦口之津浦路吉林長春之吉長路齊齊哈爾卜魁城至昂昂溪之齊昂路此屬於官辦者也若潮汕新甯川漢同蒲洛潼西潼廣廈歸包歸新桂全滇桂滇蜀騰越以及浙蘇皖贛滇蜀諸省咸請自修幹枝等路悉如所請至是建造鐵路之說風行全國自朝廷以逮士庶咸以鐵路爲當務之急趨嚮既定籌款與辦法最關緊要籌款有官帑有洋債有民股修路有官辦有商辦有官督商辦自劉銘傳倡借債築路之議爲衆論所尼借款修路遂爲當時所諱言故蘆漢建議之初猶以部帑爲請未敢昌言借洋債也借洋債自津蘆關內外鐵路始迨盛宣懷督辦路事首以三路分三國借款之策進曰蘆漢借比款滬甯借英款粵漢借美款上兪其請由是正太則借俄款汴洛則借比款廣九蘇杭甬則借英款津浦則借英德款貸之者大率資金什予其九息金二什而取其一以路爲質或併及附路之產物付息還本贖路咸有定程而還本贖路未及其時且勿許贖料勘路興工多假外人爲之故外人多以款爲餌冀獲承辦之利蘆漢路近三千里費逾四千萬黃河橋工糜款尤鉅官帑僅資開辦而已借款始擬美以所望奢改與比議英德法諸國接踵而至卒借比款一百十二兆五十萬佛郎比小國饒鋼鐵嫺工事於中國無大志三十一年續借一百二十五萬佛郎逾年路成北端直抵京師因易名京漢京漢之枝路曰正太曰汴洛正太借款始二十三年俄璞科第與晉官紳議定而中止二十八年盛宣懷與議借款四千萬佛郎約成而俄人挨士巴尼忽索太原至榆次至成都至太谷至西安石莊至東光徹水橫潤四岔道及同蒲諸路均格部議而岔道卒如所請三十三年秋工竣自容閎倡辦津鎭盛宣懷恐奪蘆漢之利因議辦汴洛開濟以相鈐制汴洛借款開始於二十五年至二十八年而約成借比款二千五百萬佛郎比人慮法爾主工事嗣續借千六百萬佛郎三十四年路成津沽用款百三十萬官帑商股兼備以洋債補其不足津蘆假英金四十萬磅關內外路借英金二百三十萬鎊本由商辦迨胡燏棻爲督辦始官爲之率匪亂起關外路爲俄踞關內路爲英踞命袁世凱等與英使立約收回英人遂攫有百里內

不准他人承修之權三十一年全路告竣是爲京奉路道淸路爲英商福公司所造長九十里利微費鉅初英商索澤襄懷浦俱不獲遂以借款收回道淸爲言內外臣工咸持不可終借英金六十一萬四千六百鎊贖回津浦路因津鎭之議不果行改議北起天津南訖浦口借英德款五百萬鎊尙書呂海寰主其事宣統三年工竣其促成各省鐵路自辦與拒絕外債之機者則滬甯蘇杭甬粵漢借款所致也滬甯築路倡於盛宣懷南北洋大臣據以入告得請方從事淞滬工作而英聲請承辦宣懷與訂草約二十九年正約成借英金三百二十五萬鎊五十年爲期商部以借款幾倍於原估之數詰之而工未及半款已告罄復議續借百萬鎊蘇人羣起責難並疏聞於上命唐紹儀督辦滬甯京漢罷鐵路總公司紹儀既任事徇英工程司之請復議售小票六十五萬鎊疏言盛宣懷移交合同文卷及購地工程帳冊支款浮濫當經駁回滬甯合同喫虧比京漢幹路爲甚其最棘手者在設立總管理處華員二人洋員三人每會議時彼衆我寡已佔低著議者有添舉監督之說豈知權在總管理處合同早已訂明雖有監督實不濟事其尤棘手者財政之權操於洋人掌握用款雖由華員簽字而司帳者爲洋員也分段司帳其支發權仍在工程司也購料事宜向由怡和洋行經手行車總管材料總管皆洋員專司也本彼衆我寡之因以成事事掣肘之果挽回補救之術惟有改訂總管理處章程加派華員司帳並分任各總管現已分別辦理至路款不敷尙擬續售小票六十五萬鎊以資接濟下所司議行方紹儀擬續借英款也侍郎吳郁生上疏力爭略言滬甯鐵路由英國銀公司要求承造盛宣懷與之訂立合同以長不逾六百里之路工借款至三百五十萬鎊之鉅估價多必至浮濫自合同宣布後遠近駭然上年奉嚴旨改派唐紹儀妥籌辦理近聞滬甯工程司來京又以工款不敷有議續售小票七十萬鎊之說此項路工即就業經借定之三百五十萬鎊儘數開支每里合銀三萬兩以上視他路浮逾兩倍公家受虧已多今若再借鉅債是唐紹儀接辦以來於盛宣懷失算之處並無補救之方請飭按照合同嚴覈用款一面自行籌款接濟不可再令銀公司出售小票致以九折虛數受人盤剝疏上下所司知之而滬甯鐵路終以本息過鉅收贖無期也蘇杭甬鐵路自二十四年許英商承辦是年盛宣懷與訂草約大要悉本滬甯約成而英人置之三十一年浙路自辦之局定御史朱錫恩請廢前約上命宣懷偕浙撫主其事英人恃有前約堅欲承辦往復辨難要挾久之不決侍郎汪大燮與議分修路借款爲二事浙人以路股集有成數一意拒款聞之大譁詆大燮甚力大燮旋使英以梁敦彥繼之浙推孫廷翰蘇推王同愈等議於京終以成約難廢由部借英款貸之兩省而事息粵漢借用美款倡於盛宣懷駐美使伍廷芳與合興公司議借美金四千萬期以五年工竣美以畢來斯司路事起粵之三水築路十五里糜款逾二百萬畢來斯歿工事亦輟而美股多售之比人鄂督張之洞以比已承修廬漢粵漢再假之比兩路相合非國之利力倡廢美約之議湘人助之上用御史黃昌年言命之洞妥籌辦理之洞主廢約益力宣懷不願陰撓其事詔宣懷不得干預之洞復屬駐美使梁誠與合興公司議年餘始定借英金百十萬鎊贖回爲方之洞議借英款也英人乘間請改訂廣九路約廣九爲英人請辦五路之一二十五年簽訂草約懸而未定者也三十年滬甯約成英人索議未果迨蘇杭甬事起相持方急部許英人先議廣九以緩其事而正約以成至是議粵漢借款英人復索合辦廣九全路粵督持不可旋索以粵鹽及路質借款粵人亦不之許終假英金百五十萬鎊而約成之洞既借英款贖美約一時議者以爲以英易美其害相埒相與詬病昌年復言路權至重贖款難擔亟宜興修嚴杜干涉詔以借款修路流弊滋多應由三省集股興修以保利權自明詔嚴禁借債修路而商部復有限制借款之條各省人士亦以外人謀我之亟咸謀鐵路自辦以杜外患鑒外債受虧之鉅爭欲招集股款自保路權此由官辦改爲商辦之所由來也商辦鐵路始於唐山至閻莊更自天津大沽以達林西鎭皆開平公司爲之嗣是武舉李福明請修京至西沽路粵人許應鏘等請辦廬漢路俱不獲自此無復有言商辦者二十九年粵人張煜南請設公司承辦潮汕鐵路既得請而川漢繼之川督錫良以英美商人競涎川路而美商班士復索灌縣富順枝路奏准由川人籌款自辦明年贛人以李有棻總理江西鐵路以南潯爲幹路第一段三十一年編修陳榮昌等以法人已修滇越路滇省內地應自行推廣以杜口實請辦滇蜀鐵路滇督丁振鐸據以入告報可黔撫林紹年言黔路不通滇亦少利因併及黔榮昌嗣請展修騰越以編修吳琨總理其事皖以李經方爲總理經始於蕪湖以期北接廬漢南通贛浙閩以陳寶琛爲總理築路廈門浙以湯壽潛爲總理幹路一自杭達蘇一歷富陽達江西枝路則南道江山以通閩西道湖長以通皖新甯廣廈鐵路粵人陳宜禧張振勳經辦西潼路近聯汴洛遠達甘新爲東南緯幹之樞紐陝撫曹鴻勛奏准三十二年蘇人以王淸穆爲總理規畫江蘇全路江南自上海經松江以達浙江北自海州入徐以達豫桂以于式枚爲總理擬自桂林築路至全州以達湘經梧州以達粵漢自美約廢後三省公設路局於鄂籌款築路各自爲之不相攙越先幹後枝以爲要約湘以袁樹勛爲總理粵人內閣侍讀梁慶桂道員黎國廉與粵督岑春煊爭粵路商辦被劾奪官上命往查旋起二人原官路由官督商辦旬日集股數達四千萬元以鄭官應爲總理當其時以鐵路爲救時要圖凡有奏請立予俞允請辦幹枝各路經緯相屬幾遍全國其籌款於招集民股外大率不外開辦米穀鹽茶房屋彩券土藥等捐及銅元餘利隨糧認股數者而程功之速事權之一首推新甯陳宜禧者籍新甯嫻鐵路學衆相推戴始終其事故二年而路竣次則潮汕雖勘路招股事變屢起而卒底於成總理張煜南擢三品京堂此外以粵漢路粵人集股爲最多傾軋亦最劇總理屢易路工停滯川省以租股爲大宗數達千餘萬元浙閩皖贛亦均次第興工其餘各省大都集股無多有名鮮實西潼一路以商股難成奏歸官辦其見端也三十四年上用蘇撫陳啓泰言以大學士張之洞督辦粵漢冀以統一事權亦無所濟是年詔以鐵路爲交通大政紳商集股各設公司奏辦有年多無起色命所司遴員分往查勘尋奏上勘路查款辦法時川漢已派員往查其餘以洛潼西潼同蒲江蘇浙江最要爲一起粵漢潮汕新甯惠潮廣西福建次要爲一起滇蜀安徽江西再次爲一起擬先查洛潼西潼同蒲三路報聞宣統二年川路司出納者虧倒路股百九十餘萬川人官京者甘大璋等聞於上查明飭追徙託空言而已三年給事中石長信言我國興造各省鐵路事前並未謀定後動今宜明定幹路枝路辦法使天下咸知國家鐵路政策之所在此後有所遵循不再如從前之羣議龐雜茫無主宰當此時事日亟邊防最要國家若不趕將東西南北諸大幹路迅速次第興築則強鄰四逼無所措手人民不足責其如大局何此中利害間不容髮惟有仰懇乾綱獨斷不再游移在德奧法日本墨西哥諸國其鐵路均歸國有而我分枝路與民已爲優異況幹枝相輔上下相維於理尙順於事稍易此路政之大綱亟宜明定辦法者一也又東南幹路以粵漢議辦爲最早光緒二十六年督辦大臣會同湖廣總督等奏准借美款興造當時訂定合同後業已築成粵省之佛山三水鐵路一百餘里廣州至英德幹路亦已購地開工乃三十年春間張之洞忽信王先謙等之言不惜鉅資經向美公司廢約堅持固執卒至停罷廢約後原欲集鄂湘粵三省之力以成此路詎悠忽數年粵則有款而紳士爭權辦路甚少湘鄂則集款無著徒糜局費張之洞翻然悔悟不護前非仍擬借款築造乃向英德法三國銀行訂定借款草合同簽押後正欲入告因美國援案插入暫緩陳奏張之洞旋卽病故此事遂一擱至今計自廢約以來已閱七載倘若無此翻覆粵漢早已告成亦如京漢已屆十年還本之期矣至川漢集款皆屬取諸田間其款確有一千餘萬紳士樹黨各懷意見上年始由宜昌開工至歸州以東此五百里工程尙不及十分之二三不知何年方能告竣而施典章擅將川路租股之所入倒帳竟至數百萬之多此又川粵漢幹路之潰敗延誤亟宜查辦者又一也近來雲貴督臣李經羲議造滇桂邊路於國防尤有關係然不有粵漢幹路自湖南之永興與廣西之全州相接則滇桂路何能自守今我粵漢直貫桂滇川漢遠控西藏實爲國家應有兩大幹路萬一有事緩急可恃故無論袤延數千里之幹路斷非民間零星湊集之款所能圖成卽使遲以十年或二十年造成之後而各分畛域倘於有事之際命令不行仍必如東西洋之議歸國家收買此幹路之必歸國有者又一也國家成法待民寬厚雖當財賦極困難之時不肯加賦四川湖南現因興造鐵路刱爲租股名目每畝帶徵以充路款聞兩省農民正深嗟怨偶遇荒年追呼尤覺難堪但路局以路亡地亡之說驚嚇愚民遂不得不從川省民力較紓尙能勉強擔負湘民本非饒足若數年之間強逼百姓出此數千鉅萬之重貲而路工一日不完路利一日無著深恐民窮財盡欲圖富強而轉滋貧弱是以幹路收歸國有命下之日薄海百姓必無阻撓之慮況留此民力以造枝路其工易成其貲易集其利易收使其土貨得以暢行民間漸資饒富此枝路之可歸民有者又一也疏上下所司議行詔曰中國幅員遼闊邊疆袤延數萬里程途動需數閱月之久朝廷每念邊防輒勞宵旰欲資控禦惟有速造鐵路之一策況憲政之諮謀軍務之徵調土產之運輸胥賴交通便利大局始有轉機熟籌再四國家必有縱橫四境諸大幹路方足以資行政而握中央之樞紐從前規畫未善並無一定辦法以致全國鐵路錯亂紛歧不分枝幹不量民力一紙呈請輒行批准商辦乃數年以來粵則收股及半造路無多川則倒帳甚鉅參追無著湘鄂則開局多年徒資坐耗竭萬民之脂膏或以虛糜或以侵蝕恐曠時愈久民累愈深上下交受其害貽誤何堪設想用特明白曉諭

昭示天下幹路均歸國有定爲政策所有宣統三年以前各省分設公司集股商辦之幹路延誤已久應即由國家收回趕緊興築除枝路仍准商民量力酌行外其從前批准幹路各案一律取消至應如何收回之詳細辦法著度支部郵傳部悉心籌畫迅速請旨辦理度支部奏粵川湘鄂四省所抽所招之公司股票盡數收回由度支郵傳兩部特出國家鐵路股票常年六釐給息嗣後如有餘利按股分給倘願抽本五年後亦可分十五年抽本其不願換國家鐵路股票者均准分別辦理以昭平允粵路全係商股因路工停頓糜費太甚票價不及五成現每股從優發給六成其虧耗之四成發給國家無利股票路成獲利之日准在本路餘利項下分十年攤給湘路商本照本發還其米捐租股等款准發給國家保利股本鄂路商股並准一律照本發還其因路動用賑糶捐款准照湖南米捐辦理川路宜昌實用工料之款四百數十萬兩准給國家保利股票其現存七百餘萬兩願否入股或歸本省興辦實業仍聽其便從之詔停川湘兩省租股起端方以侍郎督辦粵漢川漢鐵路其粵漢川漢英德法三國借款亦即簽訂方幹路收歸國有之詔既頒湘粵人士羣起譁譟力謀抗拒顧未久即定護川督王人文代陳川諮議局請緩接收川路詔旨斥之川人羅綸等言部臣對待川民均以威力從事毫不持平人文復據以上聞仍嚴斥之未幾以趙爾豐署四川總督川人因路事持久不決始以罷市罷課抗糧抗捐發布自保商權書繼則集衆圍攻督署再攻省垣遂命端方率軍入川又以川事日棘命前粵督岑春煊赴川辦理勦撫春煊既受命請以現金償川省路股桂撫沈秉堃亦以爲言部議借英金三百萬鎊不能決也春煊至鄂會成都圍解稱疾不往御史陳善同上章請罷斥郵傳大臣盛宣懷以弭巨變疏言竊維國以民爲本自古未有得民心而國不興者即未有失民心而不危者傳曰衆怒難犯書曰民可近不可下此中消息至微此次以鐵路幹綫歸國有政策本極相宜比者屢詔蠲除各項雜捐所以卹民者固已仁至義盡而湘粵等省人心惶駭擾擾不靖川患且日以加劇者則以郵傳大臣盛宣懷於此事之辦理實有未善也各路商辦之局其始皆懸奉先皇帝諭旨根據大清商律如欲改歸官辦自應統籌全局劃定年限分期分段量力遞收於國於民方爲兩利今盛宣懷事前毫無預備徒仰仗借款突然將批准各案奏請一律取消各路以十餘年之經營千數百萬之籌集一但盡取諸其懷而奪之而所訂借款合同利率之高虛折之多抵押之鉅債權之重又著著失敗予人口實各省人民痛念前勞怵心後禍宜其奔走駭告岌岌若不終日也查給事中石長信之請定幹路枝路辦法在四月初七日郵傳部之覆奏宣布國有政策在十一日而借款合同之簽押在二十二日似政策之改定實緣借款而發生也者舉辦此等大事乃平時漫無布置出以猝遽如此反使朝廷減輕民累之恉晦沒不彰而復不能審愼臨機强令宜歸工程每月工項仍由川款開支實與五月二十一日上諭川路仍存七百餘萬願否入股或辦實業並聽其便等語大相違背必欲使我皇上體恤商民之恩壅遏之不使下逮陷朝廷以不信示天下以可疑羣起抵抗何怪其然幸以國家三百年來深仁厚澤淪浹人心故雖衆怨交集於盛宣懷終無敢有歸怨朝廷者比聞川省風潮日烈皆以盛宣懷喪權誤國欲得而甘心月餘以來屢開全省股東大會每次到者近萬人誓與路爲存亡在場之人無不爲之泣下合十餘州縣地方並相約不納錢糧不上捐輸學堂停課商民罷市各戶恭設先皇帝靈位朝夕痛哭人無樂生之心士懷必死之志愁慘蕭條如經大劫至可憐念夫今日皇皇失所之窮民皆國家豢養在疚之赤子情形狼狽至此我皇上聞之必有惻然動念者若不亟爲拯救萬一相持不解稍延時日或有不軌之徒從中鼓煽强者併命於尋仇弱者絕望於逃死衆志一睽全體瓦解終非國家福也現在湘鄂爭路餘波尚未大熄而雨水爲災幾近十省盜匪成羣流亡徧野若川省小有風鶴之警恐由滇藏以至沿江沿海必有起而應之者其爲患又豈止於路不能收而已頃者我皇上諭派鄂粵川湘等省督撫令於所轄境內鐵路事宜各得會同辦理盛宣懷剛愎自用不洽輿情已可慨見應如何懲處以儆將來至川民爭議久懸不斷終慮釀成鉅變應責成督辦會辦各大臣酌度情形妥速維持以息衆喙時宣懷入爲郵傳大臣幹路收歸國有及息借外債築路處分四省路股實主其事故善同及之語至切直疏入不省而川省溫江等十餘州縣民團每起數千或萬人所至焚掠勢極猖獗大軍擊退之旋據崇慶新津頓山而嘉定灌縣相繼失陷邛州軍隊譁變汶川縣署被毀命湘鄂陝諸軍赴援會鄂事起川亂愈亟以岑春煊爲川督而川省旋爲民軍所據端方趙爾豐均及於難乃罷盛宣懷以謝川人而國事已不可爲矣蓋論辦路之優劣官辦則籌欵易竣工速自非商辦可及而外債之虧耗大權之旁落弊害孔多亦遠過於商路惟京張鐵路以京奉餘利舉辦詹天佑躬親其役絲毫不假外人允爲中國自辦之路而鄂之鐵廠製鋼軌以應全國造路之需挽回大利尤爲不尠統計官辦之路京漢長二千六百三十里資本金一萬萬零五百六十二萬八千餘元京奉長二千二百四十六里資本金五千零八十八萬四千餘元津浦長一千八百六十三里資本金八千零四十九萬餘元京張長五百四十六里資本金一千零三十二萬餘元滬甯長七百二十五里資本金三千六百五十三萬餘元正太長六百二十三里資本金二千三百十二萬六千餘元汴洛長四百零二里資本金二千零五十萬元道清長三百三十里資本金九百五十四萬九千餘元廣九長三百零三里資本金一千一百六十六萬二千餘元吉長長一百四十里資本金一百二十萬三千七百零四元萍株長二百零五里資本金四百六十一萬六千餘元齊昂長五十六里資本金四十八萬八千餘元商辦之路浙江長三百四十二里資本金一千二百七十八萬八千餘元新甯長二百六十里資本金四百零八萬九千餘元南潯長七十七里資本金三百五十萬六千餘元福建長二十八里資本金二百四十二萬八千餘元潮汕長八十三里資本金三百五十四萬六千餘元其借外債所築各路惟京漢屆期贖歸我有其他則尚未及云

清史稿

交通志二

輪船

自西人輪船之制興有兵輪有商輪其始僅往來東西洋各國口岸而已中國自開埠通商而後與英吉利訂江甯條約而外輪得行駛海上矣續與訂天津條約而外輪得行駛長江矣商旅樂其利便趨之若鶩於時內江外海之利盡爲所佔同治十一年直隸總督李鴻章建議設輪船招商局論者謂妨河船生計鴻章謂當咸豐間河船三千餘艘今僅存四百艘及今不圖將利權盡失請破羣議力行之十三年鴻章又疏言同治間曾國藩丁日昌在江蘇督撫任迭據道員許道身同知容閎創議華商造船章程分運漕米兼攬客貨曾經寄請總理衙門核准飭由江海關道曉諭各口商人試辦日久因循未有成局同治七年僅借用夾板船運米一次旋又中止本年夏間臣於驗收海運之暇遵照總理衙門函示商令浙局總辦海運委員知府朱其昂酌擬輪船章程嗣以現在官造輪船內並無商船可領各省在滬股商或自置輪船行駛各埠或挾貲本依附西商之籍若中國自立招商局則各商所有輪船股本必漸歸官局似足順商情而强國體擬請先行試辦招商爲官商浹洽地步俟商船造成即可隨時添補推廣通行又海運米石本屆江浙沙甯船不敷應請以商船分運以補沙甯之不足將來米數愈增可無缺船之患請照戶部核准練餉制錢借給蘇浙典章准商等借領二十萬緡以作設局商本仍預繳息錢助賑所有盈虧全歸商認與官無涉當令朱其昂回滬設局招商商人爭先入股現已購集堅捷輪船三艘經臣咨商浙江督撫臣飭撥明年漕米二十萬石由招商輪船運津其水脚耗米等項悉照沙甯船定章至攬載貨物報關納稅仍照新關章程以免藉口若從此輪船暢行庶使我內江外海之利不致爲洋人佔盡其關於國計民生者實非淺鮮疏入報可先是閩廠專爲製造兵輪而設學士宋晉言糜款過鉅議請罷之事下鴻章力持不可略言歐洲諸國闖入中國邊界腹地無不款關而求互市海外之險有兵船巡防而我與彼可共分之長江及各海口之利有輪船轉運而我與彼亦共分之或不至讓洋人獨擅其利與險而浸至反客爲主也又言沿江沿海各省不准另行購雇西洋輪船若有所需令其自向閩滬兩廠商撥訂製至載貨輪船與兵船規制迥異閩廠現造之船商船皆不合用曾國藩前飭滬廠造兵船外另造商船四五艘閩廠似亦可間造商船以資華商雇領現與曾國藩籌議中國殷商每不願與官交涉且各口岸生意已被洋商佔盡華商領官船另樹一幟洋人勢必挾重貲以傾奪則須華商自立公司自建行棧自籌保險本鉅用繁初辦恐亦無利可圖若行之既久添造與租領稍多乃有利益聞華商願領者必准其兼運漕糧方有專門生意不至爲洋商排擠將來各廠商船造有成數再請敕下總理衙門商飭各省籌辦疏上下所司議行是年冬招商局成立以知府朱其昂主其事道員盛宣懷佐之其昂以道員胡光墉李振玉等招徠商股入貲者極爲踴躍宣懷亦援粵人唐廷樞徐潤董局事購船設棧立埠次第經營悉屬商本規模粗具光緒元年鴻章奏獎其昂等有差三年增購旗昌船艦始假用直隸江蘇江西湖北東海

撥官款百九十萬兩有奇初擬購旗昌輪船宣懷持之最力需銀二百數十萬兩商本無幾不足以應宣懷以國防大計江海利源之說力陳於江督沈葆楨葆楨爲所動撥銀百萬以濟論者咸謂是舉爲失計至以旗昌棄垂敝之裘得值另製新衣期於適體爲喻事後募集商股應者寥寥僅得銀四萬者以此也御史董儁翰言招商局每月虧至五六萬兩致虧之由因置船過多輪車行駛經費過鉅必須一船得一船之用方可無虞折耗聞商局各船攬載之資不敷經費船多貨少刻下既未能遽赴外洋各國以廣收貿易之利祇宜量爲變置使所出之數不至浮於所入也六年祭酒王先謙請整頓招商局務語涉懷宣疏下江督劉坤一言宣懷於購旗昌輪船時聲言有商款百餘萬實無所有有意欺罔冀獲酬金請奪宣懷職復請以官款概作官股以其贏餘作海防經費疏入均不報招商局所假官帑至光緒六年應分期拔還乃償已逾半復假洋債鴻章言兼籌並顧招商局力有未逮請先償洋債後及官帑格於部議嗣以遞年清還而商股尙達四百萬兩爲當招商開辦之初僅輪船三艘嗣承領閩滬兩廠購之英國增至十二艘迨購入旗昌輪船十八艘遂與英商太古怡和並稱三公司貲本過鉅收入轉微是年以言官劾奏招商局辦理毫無實濟請飭認眞整頓諭李鴻章及江督吳元炳澈查鴻章等奏言輪船招商局之設乃各商集股自行經理已於創辦之初奏明盈虧全歸商認與官無涉輪船商務牽涉洋務更不便由官任之與他項設立官局開支公款者迥不相同惟此舉爲收回中國利權事體重大故須官爲扶持並酌借官帑以劻商力之不足光緒三年冬曾將商局事宜籌畫整頓復奏並飭江海津海兩關道於每年結帳就近分赴滬洋各局淸查帳目如有隱冒據實奏請參賠數年以來雖有英商太古怡和洋行極力傾擠而局事尙足相持官帑漸可拔還復先承運京倉漕米各省賑糧不下數百萬石徵兵調餉解送官物軍械者源源不絕豈得謂於國事毫無實濟其攬載客貨以及出入款目責成素習商業之道員唐廷樞徐潤總理其事每年結帳後分晰開列淸册悉聽入本各商閱看稽查若局中稍有弊端則衆商不待官查必已相率追控而自開辦至今並無入股商人控告者現値漕運攬載喫緊之時若紛紛調簿淸查不特市面徒滋搖惑生意難以招徠且洋商嫉忌方深更必乘機傾擠冀遂其把持專利之謀殊於中國商務大局有礙總之商局關係國課最重而各關各納稅課絲毫無虧所借官款出商局運漕水腳分年扣還公款已歸有着其各商股本盈虧應如前奏全歸商認與官無涉應俟每年結帳時照案由滬津兩關道就近淸查以符定章疏入報聞十一月學士梅啟照言招商局自歸併旗昌輪船各國輪船之利漸減然祇在香港福州甯波上海天津牛莊長江等處碼頭不如推廣竟令其赴東西洋各國請飭南北洋大臣督令局員酌派豐順保大等船先赴東洋試行行之有効漸及於西洋則貿遷有無之利中外分之明年祭酒王先謙亦以爲言均下所司核議先是招商局船駛往新嘉坡小呂宋日本等處不足與外輪競利尋即停罷嗣遣和衆船往夏威仁國之檀香山美之舊金山兩埠華人麕集航業頗振因復遣美富船往而各國商業英爲巨擘七年粵人梁雲漢等設肇興公司於倫敦船政大臣黎兆棠實倡斯議鴻章疏言西洋富强之策商務與船政互相表裏以兵船之力衞商船必先以商船之稅養兵船則整頓尤爲急務邇者各國商船爭赴中國計每年進出口貨價約銀二萬萬兩以外洋商所逐什一之利已不下數千萬兩以十年計之則數萬萬兩此皆中國之利有往無來者也故當商務未興之前各國原可閉關自治逮風氣大開既不能拒之使不來惟有自擴利源勸令華商出洋貿易庶土貨可暢銷洋商可少至而中國利權亦可逐漸收回前此招商局輪船嘗駛往新嘉坡小呂宋越南等埠攬載近年和衆美富等船分駛夏威仁國之檀香山美國之舊金山載運客貨究止小試其端尙未厚集其力英國倫敦爲通商第一都會並無華商前往黎兆棠志在匡時久有剏立公司之議盡心提倡力爲其難現既粗定規模自當因勢利導期於必成報聞十年法人來擾海疆不靖股商洶懼局船慮爲刼奪以銀五百二十五萬兩暫售之旗昌行主事平收回復增置江新新昌新康新銘各艦而沈沒朽敝者不一而足其後共達二十九艘云十二年鄂督張之洞遣總兵王榮和至南洋籌辦捐船護商事項宣統三年設商船學校於吳淞凡此皆爲擴充航業之張本而局船行駛外洋之利終不能與各國爭衡也招商局之設本爲挽回江海已失航利開辦之始即知爲洋商所嫉而彌補之策首在分運蘇浙漕米嗣更推之鄂贛江安而滇之銅觔蜀之燈木江浙之採辦官物直晉之賑糧胥由局船經營其事光緒十一年道員葉廷眷復條上扶持商局運鄂茶鄂鹽增加運漕水腳諸策事下直督李鴻章先是局船運漕石銀五錢有奇嗣英美人攬運故廉其値商局運費因之減少勢益不支鴻章請稍增益之格部議不果行蓋招商局自開辦以來局中之侵蝕與局外之傾擠所有資力頗虞虧耗商股不足貸及官款繼以洋債當事者日言維持補救之策裨益實尠而以用款浮濫復屢爲言官所劾至是部臣疏言三代之治法貴本而抑末重農而賤商從古商務未嘗議於朝廷海上互市以來論者乃競言商政竊謂商者逐什一之利以厚居積權子母爲事者也厚居積必月計之有餘權子母必求倍入之息若計存本則日虧問子母則無著甚且稱貸乞假以補不足猶號於衆曰此吾致富之術也有是理乎嘗見富商大賈必擇忠信之人以主會計其入有經其出有節守餘一餘三之法核實厚積乃能久遠若主計不得其人生之者寡食之者衆取之無度用之無節不旋踵而終窶用人理財之道與政通矣前者李鴻章沈葆楨創立此局謀深慮遠實爲經國宏謀固爲收江海之利與洋商爭衡轉貧爲富轉弱爲强之機盡在此舉乃招商局十餘年來不特本息不增而官款洋債欠負纍纍豈謀之不臧哉稽之案牘證之人言知所謂利權上不在國下不在商盡歸於中飽之員紳如唐廷樞朱其昂之被參於前徐潤張鴻祿之敗露於後皆其明證主計之不得其人出入之經不能講求撙節又安得以局本虧折諉之於海上用兵耶商局既撥有官款又津貼以漕運水腳減免於貨稅其歲入歲出之款即應官爲稽察請飭下南北洋大臣將局中現存江海輪若干隻碼頭幾處委員商董銜名及運腳支銷分別造報此後總辦如非其人原保大臣應即議處報可然管理招商局之權始終屬之直隸總督部臣無從過問迨三十三年商局與英商怡和太古訂利益均享之約始免互相傾擠而其利漸著此招商局辦理之大略情形也招商輪船航行各埠悉自滬始駛行長江者曰江輪駛行海洋者曰海輪停泊口岸大小不一惟商務殷闐之所設貨棧焉以故上海設總棧而蘇之鎭江南京皖之蕪湖贛之九江鄂之漢口浙之甯波溫州閩之福州汕頭粵之廣州香港魯之煙台奉之營口直之塘沽天津皆設行棧而通州以漕運所關亦設棧焉江輪海輪時統名之爲大輪其與大輪並行於內江外海或駛行大輪所不能達之處則有小輪光緒初商置小輪之行駛僅限於通商口岸十年明申禁令小輪不得擅入內河官商雇用須江海關給照乃可然祇限於蘇杭之間其輸運客貨駛入江北內河者皆在所禁十六年詹事志銳疏請各省試行小輪總署王大臣議以爲不可護湘撫沈晉祥言湘民沿河居住操舟爲業者實繁有徒自上海通商以後僅有淮鹽一項尙可往來裝運其餘貨物多由輪船載送湘省民船祇能行抵江漢而止舵工水手失業者多今再加以小輪行駛內河誠如總理衙門原奏所云必至奪民船之利有礙小民生計江督劉坤一亦言小輪行駛內河流弊滋多礙民生妨國課病地方請嚴禁之俱如所請初外輪行駛長江由滬至漢口而止二十一年馬關約成許日輪一自漢口達宜昌更溯江上至重慶一自上海入運河以抵蘇杭於時朝旨始許華商小輪於蘇杭間行駛而江督張之洞更推廣其航行之路於鎭江江甯淸江浦及贛之鄱陽二十四年長江通商約成而通州蘆涇港泰興天星橋湖北荆河口悉定爲洋輪上下搭客處而桂之西江直之白河瀋之遼河松花江亦先後許外輪行駛迨中英馬凱約成更及於粵之北江東江與英日訂內港行輪章程凡內地水道外輪悉攙得行駛之權於是向之華商小輪不得行駛各地始一律弛禁焉江浙閩粵輪船公司次第設立轉輸客貨人稱便捷特以洋商剏始於前華商瞠乎其後而跌價傾擠時有所聞欲求贏利蓋綦難矣三十年商部參議王淸穆言植商業之基礎莫如內河航政一事凡鐵路之尙未通者可藉航路控接之凡軌路所不能達者可由航路轉輸之江鄂諸省若漢湘若九南若鎭揚鎭浦蘇杭蘇滬常鎭各航路四通八達往往爲外人所經營其公司多不過數萬金視軌路之動需千百萬者難易迥殊華商之力尙能興辦洵爲今日切要之舉請飭各省有航路處所於華商輪船公司亟予保護未設者提倡籌辦報可自是小輪公司漸推漸廣閩粵濱海之區輪檣如織隨處可通直則有往來安東天津大連營口牛莊烟台龍口義馬島威海衞海參崴之小輪蘇則有往來鎭江淸江浦通州海門上海蘇杭江甯揚州六合之小輪皖則有往來蕪湖廬州安慶甯國巢縣之小輪贛則有往來南昌九江吳城湖口豐城樟樹鎭吉安饒州之小輪湘鄂則有往來漢口黃州沙市宜昌武昌嘉魚長沙株州常德咸甯岳州湘潭益陽仙桃鎭老河口之小輪桂則有往來梧州南甯貴縣柳州之小輪浙則有往來甯波溫州穿山定海象山甯海台州海門沈家門普陀山餘姚西隖瑞安平望震澤南潯之小輪川則有往來宜昌重慶嘉定敍府之小輪各公司盈虧不一而航路四達商旅便之實與江海大輪有相輔而行之利此外則有各省官用小輪暨專用小輪是又於商輪之外特設者也三十一年修撰張謇醵銀五十萬設大達輪步公司於上海宣統三年吉林巡撫陳昭常創辦吉林圖長航業公司自滬越日本長崎達圖們江以滬商朱江募貲爲之此皆於招商局外

別樹一幟者也

清史稿

交通志三

電報

電報之法自英吉利人初設於其國都推及於印度再及於上海同治十三年日本犯臺灣兩江總督沈葆楨疏言電報之利詔旨飭辦不果行光緒五年直隸總督李鴻章始於大沽北塘海口礮臺設綫達天津試行之而利明年因有安設南北洋電報之請先是同治間英使阿禮國請設電綫於中國境內力拒之乃已九年其使臣威妥瑪復申前議易陸綫為水綫自廣州經閩浙以達上海爭之數月卒如所請嗣是香港海綫循廣州達天津陸綫達九龍而丹國陸綫亦由吳淞至滬上駸駸有闌入內地之勢天津道盛宣懷言於鴻章宜仿輪船招商之例醵集商股速設津滬陸綫以通南北兩洋之郵遏外綫潛侵之患並設電報學堂育人才備任使鴻章韙之明年疏言用兵之道神速為貴泰東西各國於講求鎗礮之外水路則有快輪船陸路則有火輪車而數萬里海洋欲通軍信則又有電報之法近來俄羅斯日本均效而行之故由各國以至上海莫不設立電報瞬息之間可以互相問答獨中國文書尚恃驛遞雖日行六百里加緊亦已遲速懸殊查俄國海綫可達上海旱綫可達恰克圖欽使曾紀澤由俄國電報到上海祗須一日而由上海至京城輪船附寄尚須六七日到京如遇海道不通由驛必以十日為期是上海至京僅二千數百里較之俄國至上海數萬里消息反遲十倍倘遇用兵之際彼等外國軍信速於中國利害已判若徑庭且其鐵甲兵船在津洋日行千餘里勢必聲東擊西莫可測度全賴軍報神速相機調援是電報實為防務所必需現自北洋以至南洋調兵饋餉在在俱關緊要亟宜設立電報以通氣脈如由天津陸路循運河以至江北越長江以達上海安置旱綫即與外國通中國之電綫相接需費不過十餘萬兩一半年可以告成約計正綫支綫橫亙三千餘里沿路分設局棧常年用費先於軍餉內斡辦辦成後仿照輪船招商章程擇公正商董招股集貲俾令分年繳還本銀嗣後即由官督商辦並設電報學堂雇用洋人教習中國學生自行經理庶幾權自我操歷久不敝疏入報可踰年工竣以宣懷董其事未幾英法德美各使擬設萬國電報公司於上海增滬至香港各口海綫英使格維納並援案請增上海至寗波溫州福州廈門汕頭海綫鴻章言宜令華商速設沿海陸綫以爭先著使彼無利可圖庶幾中止且從此海疆各省與京外脈絡貫注實與洋務海防有裨即商民轉輸貿易消息靈通為利更大從之而蘇州至浙閩粵陸綫因之告成其時香港英商方欲設水綫至廣州粵督曾國荃亟造陸綫以遏之於是港綫不得侵入粵境英綫不獲造至福州而上海丹綫九龍英綫先後毀去或貲購之沿海電綫其權悉操於中國之手此因外綫之侵入而次第創設者也當沿海陸綫未設之先海疆萬里消息阻絕緩急無以為備御史陳啟泰上防海六策其一言洋面既派兵輪分駐即不可不設電綫以通消息議者必以不急之務虛糜鉅款為疑不知非常之原斷非省嗇所能集事即以目前而論越南情形每藉各國新聞紙以為耳目今年朝鮮之變非由日本發來電信中國倘不得知軍情緊急日夕萬狀郵傳迂緩既恐有誤機宜藉助外人事體更多窒礙自不如招雇洋匠自行安設之為愈中國電報似宜推廣各省海口凡兵船寄椗之處一律開辦廣東瓊州之綫逕達越南奉天旅順之綫逕達朝鮮總期脈絡聯貫呼應靈通遇有警報瞬息可至下所司議行十年法越事起海防急設綫北塘以訖山海關遞及於營口旅順江督左宗棠則設長江綫以通武漢粵督張樹聲則設廣西綫以達龍州二十一年中日戰事亟慮直東一綫有阻接設老河口至西安綫是役江蘇增上海至獅子林金山衛乍浦清江至青口板浦揚州至通州泰州鎮江至圖山關都天廟崇明至吳淞等綫而奉天至仁川電綫先成於十一年臺灣以瀕海要區十四年亦水陸綫並設焉此因海防緊要而次第安設者也滇桂密邇越南緬甸邊備為急滇省電綫其始僅通鄂通蜀與南寗接綫之議光緒十一年得請而未果行十三年滇督岑毓英復言由緬入滇以騰越為入境門戶猶蒙自之於越南也今英國有開辦通商之請自當先事籌維擬就粵西工匠到滇之便即將省城至騰越一路安設電綫以通英緬聲息時粵督張之洞亦言廣西南界接壤滇邊桂滇皆西鄰越南滇則西接緬甸若僅恃由鄂入滇一綫傳達電音設有雷雨折斷電桿阻滯堪虞且遇有軍務之時由滇川滬鄂展轉至粵恐有交會壅滯之患已商之滇督自剝隘至蒙自由粵接造並增騰越之綫疏入報聞蓋剝蒙設綫所以備越南騰越設綫所以備緬甸也吉林黑龍江偪處俄疆邊防尤要十五年自吉林省城設綫至松花江南岸歷茂興站齊齊哈爾布素特哈墨爾根興安嶺黑龍江以達黑河鎮從練兵大臣穆圖善之言也十八年陝甘總督楊昌濬言新疆西北鄰俄西南與英屬部接壤文報濡滯貽誤必多宜由肅州設綫至新疆省城及於伊犁喀什噶爾宣統元年桂撫張鳴岐疏陳設柳邕電綫二千三百餘里俱得請此因邊備而增設者也初奏設南北洋陸綫北端僅至天津法事將起出使大臣曾紀澤請接營近畿電綫謂可壯聲威以保和局靈呼應以利戰事下所司與鴻章議展拓之法鴻章言神京為中外所歸嚮發號施令需用倍切前於創辦電報之初頗慮士大夫見聞未熟或滋口舌是以暫從天津設起漸開風氣其於軍國要務裨益實多今總理衙門與曾紀澤皆以近畿展綫為善策擬暫設至通州逐漸接展至京允行踰年津綫遂踰通州達京師自時厥後各省咸知電報之利或本無而創設或已有而引伸其尤要之區則陸綫水綫兼營正綫支綫並設縱橫全國經緯相維直蘇粵桂滇魯鄂諸省設局多至二十餘所餘省亦十餘局或數局有差其互相銜接者京師之綫所達曰庫倫濟南太原天津之綫所達曰奉天奉天之綫所達曰天津旅順吉林吉林之綫所達曰海參崴齊齊哈爾奉天黑龍江之綫所達曰吉林海蘭泡江蘇之綫所達曰京師蕪湖安徽之綫所達曰江寗九江山西之綫所達曰京師西安山東之綫所達曰京師開封清江浦河南之綫所達曰京師濟南西安陝西之綫所達曰開封太原蘭州漢口甘肅之綫所達曰迪化西安新疆之綫所達曰蘭州浙江之綫所達曰上海福州江西之綫所達曰廣州蕪湖河口湖北之綫所達曰九江成都長沙鄭州湖南之綫所達曰漢口桂林四川之綫所達曰漢口福建之綫所達曰杭州廣州廣東之綫所達曰福州梧州九江廣西之綫所達曰長沙廣州雲南之綫所達曰漢口重慶八莫南寗貴州之綫所達曰重慶外蒙則達京師張家口為瀕海之區則設海綫直隸自大沽以通之罘江蘇自上海東通長崎北通之罘大沽南通廈門香港廣東自香港通海防新嘉坡廈門上海馬尼喇山東自之罘通大沽旅順威海衛青島上海福建自川石山通臺灣淡水自廈門通上海香港蓋總計陸綫之設不下四萬里有奇而水綫不與焉電報設局亦如輪船招商之例商力舉辦而官董其成謂官督商辦也津滬一綫其始倡以官帑未幾即歸商局醵貲至二百餘萬而各省電綫不盡由商辦者良以商人重利入貲則權子母計盈虧其於海防邊備情勢緩急國內交通利便與否不以措意往往一綫官辦商辦參互錯綜大率以官辦補商辦之不足兩粵電綫廣州至龍州則屬之官至梧州則屬之商欽廉雷瓊及鎮南關虎門則官商協力而滇綫一自鄂入一自蜀入一自桂入西安迄嘉峪關甘新奉吉黑等省通州至承德陸綫俱官為之此類是也然由滬達粵之綫本為防止外綫而設需費四十餘萬兩咸由商力措備其時香港英人並欲引綫達廣州亦賴華合公司預設綫至九龍其謀始戢方華合公司設綫九龍也華民抗拒英商撓阻其勢洶洶公司商人何獻墀等排衆難而為之不為所屈卒底於成中日戰事棘引襄陽綫千餘里直達西安俾京滬軍報不至梗阻而張家口至恰克圖一綫以俄使援約相促亦由商局集金六十餘萬兩接綫二千七百餘里經營至二三年之久工鉅費繁為全國最此外造成之綫不能里數其所裨殆非淺鮮矣二十五年大學士徐桐言電報局獲利不貲並無裨益公家之實廷臣亦有以招商電報各局假公濟私為言者俱下協辦大學士剛毅查復剛毅時以事銜命赴蘇尋疏陳電局自恰綫成後所虧至鉅俟有贏餘歲輸南北洋學款十二萬四千兩報可明年廷臣復言電局利權太重宜遴員接辦詔飭宣懷按年冊報收支款目官電應免收費宣懷上疏略言電局本係集華商合衆之力以與洋商爭衡旁觀每驚為大利所叢其實析分千百股商仍皆寸寸銖銖之微利近年電綫開拓日廣則局用及修綫養綫之費亦日增上年因中俄條約接造恰克圖之綫用費六十餘萬兩未請官款悉係電商集貲辦成沙漠荒僻之區絕少報費而常年用數尤鉅至本年應辦之工因

辦理鐵路蘆溝橋至保定綫已造成又須造保定至漢口幹綫因辦理海防乃須造寗波至溫州之綫總理衙門因洋人之請則須造山東泰安沂州之綫此外各路加綫要工絡繹不絕官款並無可籌皆借股商之力以赴公家之急總局收支各賬均係按年刊布各局詳細坐簿亦任股商隨時查閱一出一入衆見衆聞非如官中所辦報銷出於一二人之手者可比原奏所疑各節似屬不知此中原委至官報之費前定章程擬一半報効一半給貲期於官商兼顧持久不廢仍宜照舊辦理以維大局報聞宣懷時綜司輪電兩局疊被指摘二十八年言於直督袁世凱電報宜歸官有輪船純係商業可易督辦不可歸官世凱謀諸執政者以爲然聞於上尋命世凱督辦電局候補侍郎吳和喜副之明詔發還商股不遽予行衆商洶懼爭欲持券售之外人宣懷力遏之乃已尋詔原有商股一仍其舊蓋其時僅易一商股官辦之局而已三十四年郵傳設部已二年將以全國電局爲實行部轄之計郵傳部尙書陳璧疏言電報爲交通全國機關各國電報之權皆操諸國家中國電報創始原歸商辦而光緒初年商股微薄仍賴官力以爲補助非完全商辦也歷年獲利約計五六百萬果使全國交通推行無阻則富商即可富國亦何必別議更張乃觀商綫所至之處皆屬市鎭都會而邊遠省分如雲貴廣西甘肅新疆商人以無利可圖均推歸官辦雖商力實有未逮而顧私利忘遠略實悖朝廷立部之初心衡以中國近狀自非改爲官辦無以定區畫之方即末由收擴充之效東西各國電綫如織策應靈通故伏莽方生旋就撲滅中國電報無論要荒即腹地稍僻者亦多缺而未舉一旦有事道途修阻聲息不通實於軍務有礙況當百度維新外交內政關係非輕稍滯交通輒形扞格近來科布多川藏蒙古閩浙江西蘇松紛紛請設電綫本年四月奉旨迅設貴陽至義興電綫又陸軍部以秋間江鄂各軍在安徽會操請設安慶至太湖電綫外務部請設川藏通印度電綫以爲收贖英人江孜綫路張本湖北官電局以賠累不堪請改歸部辦紛來沓至均爲不可稍緩之圖核計各省請設各綫不下萬有餘里工程當在一百餘萬以上且此萬餘里半皆荒村僻壤報務不多增一綫即賠一綫之本修一里即虧一里之費前此添設雲貴二邊省電綫各股商尙慮虧損今統籌荒瘠之區更難著手至利則歸己損則歸公恐亦無此情理此展綫之宜歸官辦者也各省綫路待修者衆朽敗難支而陝豫閩三省尤甚設遇軍興倉猝何堪設想現在遴員調查通盤籌畫尙有應移近鐵路者有關係交涉亟須先占者有文報日多應行添綫者次第修舉工費浩繁需銀約五六十萬兩此項巨費即盡括商股餘利息項亦難支抵此大修之宜歸官辦者也中國報費昂貴甲於全球遠省一二字之費幾與各國二十字相等近據甯夏副都統志鋭請核減報費以利交通又據赴葡部員周萬鵬稱葡國公會亦以中國報費太昂爲詞自當酌減使價目與各國略同爲入萬國電政會之預備惟核減電費以歲入三百餘萬元計算若減一二成即在五六十萬以上若遞減至四五成或減至與東西洋相等爲數尤多此事一行則商股年息恐不可保餘利更不待言此減費之宜歸官辦者也凡此三事實爲電政今日最要之圖即爲商股今日最損之策與其苟且因循日積月累致官商之兩病曷若平價收贖期上下之交益實見夫今日電報有必須擴充之勢即有不免折閱之時在商人祇課贏餘在國家必求利便事實不同斷難强合臣等擬恪遵光緒二十八年諭旨改爲官辦籌還商股即由部備價收贖於每股股本外特予加價以示國家恤商之意奏入允行八月電股收贖完竣陳璧疏言臣部收贖商電酌核市值贖之每百圓電股給予一百七十圓旋復從衆商之請加價十圓作爲優待費計共二十二萬圓自頒發收贖章程後旬月之間共收回商股二萬一千四百餘股其未到之五百餘股委係外埠及內地僻處遞寄維艱擬請寬予限期照章給價提存現款以便續領仍給優待費以示體恤此後即全歸國有與商無涉收贖之款三百九十六萬臣部暫由路款借撥仍須另行設法歸還以清款目又言電政爲交通樞機圖擴充方期發達今既改歸國有應將減費展綫修綫諸事次第整頓而減價爲中外衆目所睹非實行籌辦尤不足以饜人望而廣招徠擬自光緒三十五年正月始酌減電費二成以所收商報約三百萬圓之額計之即少收約六十萬圓不敷在二十萬圓以上減費之後報費必增可供挹注而一時添綫修綫並擴充電話在在需款所增之數必須抵撥逐漸推廣工程之用預算短額擬暫由臣部各路餘利項下每年分撥二十萬圓以三年爲限自第四年起至六年止每年勻還二十萬圓一律還清一轉移間路款均歸有著電政亦可漸興不煩續借他款實收財政統籌之益報可自時厥後事權統一呼應靈通每歲展拓電綫三四千里以爲常而取值之廉迥異疇昔此則非商辦之所及也中國幅員遼闊文報稽延至於變起倉猝往往因消息遲滯坐誤機宜釀成鉅患歷朝變亂之起大率以此自有電報舉向來音信隔絕之弊一掃而空若朝陽教匪之倡亂雲南猛喇游匪魏名高之滋事均因電報之告警與軍事佈置之迅速得以立即剿平而外則朝鮮之二次內訌越南事變之先事防禦亦惟電報是賴此其明効大驗也然當創辦之初鄉僻囿於見聞外人多所撓阻艱難曲折乃克成功設綫之處若係邊疆瘴癘塞外荒涼之地措手之艱什伯內地以故在事人員得邀獎敘而近省不得援例以請者此也至於意外之損壞其事尤夥貴州畢節鄉民之拆綫山西翟山鄉民之毀桿湘省澧州民誤以電綫爲外人所設集衆毀棄陝之長武乾州醴泉邠州永壽甘之涇州平涼等處人民謂旱疫爲電綫所致拆毀殆盡俱由地方官出貲修復首犯有論重辟者二十六年拳匪之變京師至保定電綫先爲所毀京津京德繼之山西河南又繼之馴至晉豫直隸山東四省境內蕩然無一綫之遺南北隔閡中外阻塞消息不通者數月而外兵盤踞京津初設行軍電綫嗣擬設大沽至上海水綫以大東大北兩公司主其事宣懷密行作價購其機器料物屬於中國商局其謀竟不得逞宣懷尋請修復已毀各綫其經戰事損壞者商局任之晉豫未有戰事地方官保護不力甚且指使拆壞者援畢節翟山之例分別賠修報可三十年東三省綫再毀於日俄之戰迨三十四年總督徐世昌修復之此已毀復修各綫之大略情形也電報之利於交通與鐵路相輔而行缺一不可然鐵路需費過鉅每有興築擬假外貲集事非如電報工省費輕商力已足舉辦其借外債而成者僅滬煙沽正副水綫而已光緒二十六年外兵方據京津謀設大沽至滬水綫宣懷以其侵我主權密向承辦之大東大北公司購歸商局辦理方是時兩公司因利乘便故昂其值中國官商交困復絀於力於是以購價作爲息借分三十年償還殆迫於勢之不得已也前外人在中國設綫由商股購回者如丹國所設之淞滬旱綫德國所設之京沽幹綫鐵路至天津支綫是也電報非僅達於國內已也必行馳域外而其用益宏於是與外國通綫若法若英若俄既訂通綫費之約幷分訂聯合其價攤分之約以相約束焉電局既日漸擴充尤以培養人才爲要電報學堂創於光緒六年嗣分設按報測量高等諸塾以宏造就二十五年並設電話學科以附益之電話初名曰德律風二十五年宣懷疏言德律風創自歐美入手而能用著耳而得聲坐一室而可對百朋隔顏色而可親謦欬此亙古未有之便宜故創行未三十年徧於各國其始止達數十里現已可通數千里新機既闢不可禁遏日本電報德律風統歸遞信省學生敎於一堂機器出於一廠中國之有德律風也自英人設於上海租界始近年各處通商口岸洋人紛紛謀設吳淞漢口則請借桿掛綫矣廈門則請自行設綫矣電報公司竭力堅拒但恐各國使臣將赴總理衙門要求又滋口舌一經應允爲患甚鉅況西人眈眈逐逐欲攘我電報之權利而未得其間沿江沿海通商各埠若令皆設有德律風他日由短綫而達長路由傳聲而兼傳字勢必一縱而不可收拾不特中國電報權利必爲所奪而彼之消息更速於我防備不早補救何從現在官報恐難籌措臣與電報各商董再四熟籌惟有勸集華商貲本自辦德律風與電報相輔而行自通商各口岸次第開辦再以次及於省會各郡縣庶可預杜彼族覬覦之謀保全電報已成之局報可自是京師天津上海奉天福州廣州江甯漢口長沙太原皆設之此則連類而及者也

清史稿

交通志四

郵政

海國大通以來異域僑民恒自設信局咸豐十一年訂約駐京公使郵件初與總理衙門交驛代寄同治五年改由總稅務司稟各駐京公使文件遞天津寄上海光緒五年增設封河後由天津至牛莊煙臺鎭江三路郵差迄十一年郵務愈繁總稅務司乃於天津鎭江上海各稅務司處專員理之此總稅務司兼理郵遞之權輿也初光緒二年總稅務司英人赫德建議創辦郵政四年始設送信官局於北京天津煙臺牛莊以赫德主其事九江鎭江亦繼設局是爲中國試辦郵政之始十六年命通商口岸推廣舉辦十九年北洋大臣李鴻章南洋大臣劉坤一以各國增設各地信局妨推廣之路請速籌善策總署付赫德議二十一年十二月署南洋大臣張之洞疏請舉辦郵政略言泰西各國視郵政重同鐵路特設郵政大臣綜理取資甚微獲利甚鉅即以英國而論一歲所收

之費當中銀三四千萬兩各國通行莫不視爲巨帑且權操於上有所統一利商利民而即以利國近來英法美德日本先後在上海設立彼國郵局其餘各口岸亦於領事署內兼設郵局侵我大權攘我大利實背萬國通例光緒十一年間前浙江寧紹台道薛福成據委員李圭條陳請中國自行設局以挽利權並經稅務司葛顯禮前往香港日本向彼國商議收回上海所設英日兩國郵局已有端倪南洋大臣曾國荃曾據咨總理衙門飭總稅務司赫德議復辦法赫德亦謂此舉爲裕國便民大政陳有要端七事並稱須有奏准飭辦之明文使各國皆知係中國國家所設即可商令各國將在中國所設之郵局撤回並可商入萬國信會之舉查各關試辦郵遞有年未能推行及遠外國所設信局並未裁撤良由稅關所辦郵遞與國家所設體制不同故推廣每多窒礙現復與葛顯禮面加籌議知其情形熟悉各關稅務司熟諳辦法者當不乏人請飭總理衙門轉飭赫德妥議章程開辦即推行沿江沿海各省兼及內地水陸各路務令各國將所設信局全撤並與各國聯會彼此傳遞文函互相聯絡如果認眞舉行各國在華所設信局必肯裁撤此各國通行之辦法有利無弊誠理財之大端便民之要政也總理衙門疏言光緒二年間赫德因議滇案請設送信官局爲郵政發端之始四年擬開設京城天津烟臺牛莊上海五處略仿泰西郵政辦法交赫德管理嗣因各國紛紛在上海暨各口設立郵局攘佔華民生計九年德國使臣巴蘭德來請派員赴會十一年曾國荃咨稱州同李圭條陳郵政利益並據寧海關稅務司葛顯禮申稱香港英監督有願將上海英局改歸華關自辦之議十六年三月劄行赫德以所擬辦法無損民局即就通商各口推廣辦理擬俟辦有規模再行請旨定設此各稅關試辦郵遞之始也十八年冬赫德以數年來創辦艱難若再不奏請設立官郵政局恐將另生枝節十九年五月李鴻章劉坤一稱江海關道聶緝槼稟稱上海英美工部局現議增設各口信局異日中國再議推廣必更維艱考泰西郵政自乾隆初年普國始議代民經理統以大臣位齊卿貳各國以爲上下交通爭相仿效葛顯禮呈送萬國郵政條例聯約者六十餘國大端以先購圖記紙黏貼信面送局以抵信資其資每封口信重五錢者取銀四分道遠酌加其取資既微又有定期百貨騰跌萬里起居隨時徑達如有事時並可查禁敵國私函誠如張之洞所稱權有統一爲利商利民即以利國之要政也溯自十八年以來美國一國郵局清單一紙所收銀圓至六十四兆二十萬九千四百九十圓之多張之洞所舉英國收數當中銀三四千萬兩尚係約略之辭利侔鐵路誠爲不虛且西國郵政與電局相輔以火車輪船爲遞送近來法國設立公司輪船十艘通名信船遇口停泊信包未到不能開碇其鄭重如此中國工商旅居新舊金山檀香山新嘉坡檳榔嶼古巴秘魯者不下數百萬人往往有一紙家書十年不達者緣郵會有扣阻無約國文函之例也中國郵政若行即以獲資置備輪船出洋藉遞信以流通商貨其挽回利權所關尤鉅臣等博訪周諮知爲當務之急爰於十九年劄飭赫德詳加討論上年六月至十二月復與總稅務司面商屢次先後據其遞到四項章程計四十四款臣等詳加披閱大致釐然自應及時開辦應請旨敕下臣衙門轉飭總稅務司赫德專司其事仍由臣衙門總其成即照赫德所擬章程定期開辦應製單紙亦由赫德一手經理遇有應行酌改增添之處隨時呈由臣衙門核定務期有利無弊至赫德呈內稱萬國聯約郵政公會係在瑞士國應備照會寄由出使大臣轉交其國執政大臣爲入會之據自可援萬國通例轉告各國將所設信局一律撤回以上所議如蒙俞允即由臣衙門欽遵分別咨照劄飭辦理俟辦有頭緒即推行內地水陸各路剋期興辦並咨行沿江沿海及內地各直省將軍督撫知照屆期即將簡要辦法飭地方州縣曉諭商民咸知利便凡有民局仍舊開設不奪小民之利並准赴官局報明領單照章幫同遞送期與各電局相爲表裏其江海輪船及將來鐵路所通處所應如何交寄文信由總稅務司與各局員會商辦理官郵政局歲入暨開支款目由總稅務司按結申報臣衙門彙核奏報奉旨如所議行此開辦郵政之始末也自是徧通全國上下交受其利其郵政區域北部東起朝鮮渤海西訖新疆青海北起西比利亞蒙古南訖江蘇湖北四川而盛京吉林黑龍江直隸山東山西河南陝西甘肅括焉中部東起浙江福建西訖西藏雲南北起安徽陝西河南甘肅南訖廣東廣西雲南而江西湖北湖南四川貴州括焉東部即長江下游東起黃海西訖湖北江西北起山東河南南訖福建而江蘇安徽浙江括焉南部東起臺灣西訖緬甸北起江西貴州湖南四川南訖越南而福建浙江廣東廣西雲南括焉其郵局則總局副總局分局支局代辦處總計六千二百又一其郵路里數則郵差郵路民船郵路輪船郵路火車郵路總計三十八萬一千里每面積百里通郵綫路七里又四九其郵件則通常特種總計三萬萬六千二百二十一萬六千二百三十九其包裹則通常特種總計件數三百零二萬二千八百七十二重量一千零六萬零四百三十三啓羅其滙兌則旱滙局火滙局總計七百五十八滙入銀數三百九十三萬六千兩兌出銀數三百九十八萬四千二百兩總計銀數七百九十二萬零二百兩歲入經常二百五十二萬八千五百餘兩臨時六百八十三萬五千八百餘兩歲出經常二百八十二萬七千八百餘兩臨時六百四十六萬六千五百餘兩出入兩抵實盈六萬九千九百餘兩此據宣統三年統計也其各國郵局設於中國各口岸者英國則上海天津漢口煙臺福州廈門廣州汕頭寧波九處德國則上海北京天津漢口煙臺福州廈門廣州汕頭南京濟南青島宜昌鎭江十四處法國則上海北京天津漢口煙臺福州廈門廣州寧波重慶瓊州北海龍州蒙自十四處日本國則上海北京天津漢口煙臺福州廈門廣州汕頭重慶南京牛莊唐沽沙市蘇州杭州十六處美國則上海一處俄國則上海北京天津漢口煙臺五處此其大略也

清史稿

邦交志序

中國古重邦交有清盛時諸國朝聘皆與以禮自海道大通而後局勢乃一變其始葡萄牙和蘭諸國假一席之地遷居貿易來往粵東英法美德諸大國連袂偕來鱗萃羽集其意亦僅求通市而已洎乎道光己亥禁煙釁起倉猝受盟於是畀英以香港開五口通商繼後法蘭西美利堅瑞典那威相繼立約而德意志和蘭日斯巴尼亞義大里奧斯馬加葡萄牙比利時均援英法之例訂約通商海疆自此多事矣俄羅斯訂約在康熙二十八年較諸國最先日本訂約在同治九年較諸國最後中國逼處強鄰受禍尤烈其他若秘魯巴西剛果墨西哥諸小邦不過尾隨大國之後無他志也咸豐庚申之役聯軍入都乘輿出狩其時英法互起要求當事諸臣不敢易其一字講成增約其患日深至光緒甲午馬關之約喪師割地忍辱行成而列強據利益均霑之例乘機攘索險要盡失其尤甚者則定有某地不得讓與他國之條直以中國土疆視爲己有辱莫大焉庚子一役兩宮播遷八國連師勢益不支其不亡者幸耳夫中國幅員之廣遠軼前古幽陵交阯之衆流沙蟠木之屬莫不款關奉贄同我版圖乃康乾以來所力征而經營者任人蠶食置之不顧西則浩罕巴達克諸部失之於俄南則越南緬甸失之英法東則琉球朝鮮失之日本而朔邊分界喪地幾近萬里守夷守境之謂何此則尤令人痛心而疾首者也爰志各國邦交始末以備後人之考鏡焉

清史稿

邦交志一

俄羅斯

俄羅斯地跨亞細亞歐羅巴兩洲北境清初俄東部有羅刹者由東洋海岸收毳獷之貢抵黑龍江北岸據雅克薩尼布楚二地樹木城居之侵擾諸部嗣又越興安嶺南向侵掠布拉特烏梁海四佐領崇德四年大兵再定黑龍江毀其城兵退而羅刹復城之順治中屢遣兵驅逐以餉不繼而返十二年及十七年俄察罕汗兩附貿易人至京奏書然不言邊界事康熙十五年帝召見其商人尼果賚貽書察罕汗令管束羅刹毋擾邊陲既而羅刹復肆擾帝命黑龍江將軍薩布素圍雅克薩城會荷蘭貢使至乃賜書付荷蘭轉達其汗二十五年九月其新察罕汗復書至言中國前屢賜書本國無能通解者今已知邊人搆釁之罪自當嚴治即遣使臣詣邊定界請先釋雅克薩之圍許之遂詔薩布素退師二十八年冬十二月與俄定黑龍江界立約七條先是俄使臣費岳多羅額

克里謝等由陸路至喀爾喀土謝圖汗境文移往復至是始與領侍衛內大臣索額圖等會議於黑龍江一循烏倫穆河相近格爾必齊河上游之石大興安嶺以至於海凡山南流入黑龍江之溪河盡屬中國山北溪河盡屬俄一循流入黑龍江之額爾古納河爲界南岸盡屬中國北岸盡屬俄乃歸中國雅克薩尼布楚二城定市於喀爾喀東部之庫倫立石於黑龍江兩岸刊泐會議條款用滿漢拉提諾蒙古俄羅斯五體文字是爲尼布楚條約自後貿易之使每歲間歲一至未嘗稍違節制三十三年遣使入貢時有二犯逃入俄俄遣人送回理藩院行文獎之遂復遣使入貢帝閱其章奏諭大學士曰外藩朝貢雖屬盛事恐傳至後世未必不因此反生事端總之中國安甯則外釁不作故當以培養元氣爲根本要務三十九年遣使齎表至雍正五年秋九月與俄訂恰克圖互市界約十一條俄察罕汗卒後其妃代臨朝爲叩肯汗遣使臣薩瓦暨俄官伊立禮與理藩院尚書圖禮善喀爾喀親王策淩在恰克圖議定喀爾喀北界自楚庫河以西沿布爾固特山至博移沙嶺爲兩國邊境而互市於恰克圖議定陳兵鳴礮謝天立誓是月定俄人來京就學額數俄國界近大西洋者崇天主教其南境近哈薩克者崇回教其東境近蒙古者崇佛教康熙間嘗遣人至中國學喇嘛經典並遣子弟入國子監習滿漢語言文字居舊會同館以滿漢助教各一人教習之至是定俄人來學喇嘛者額數六人學生額數四人十年更代爲例乾隆二十三年春正月俄人獻叛人阿睦撒納屍初厄魯特輝特部阿睦撒納背準噶爾來附帝封爲親王命副定北將軍班第征準噶爾降其部衆已復叛歸逃入俄索之以渡河溺死聞既而患痘死遂移屍至恰克圖來獻未幾厄魯特台吉舍楞戕中國都統唐喀祿叛逃入俄索之又不與絕其恰克圖貿易三十年秋八月俄綽爾濟喇嘛丹巴達爾扎等請附又恐俄人追索中國擒送遣人來探瑚圖靈阿以聞帝命納之三十三年秋八月復俄恰克圖互市理藩院設庫倫辦事大臣掌之四十四年再停互市次年復之五十四年又以納叛人閉市嚴禁大黃茶葉出口俄人復以爲請五十七年乃與訂恰克圖市約五條嘉慶七年秋七月喀爾喀親王蘊端多爾濟請巡查恰克圖兩國邊界帝命逾十年與庫倫辦事大臣輪次往查十年冬十二月俄商船來粵請互市不許道光二十五年俄進呈書籍三百餘種二十八年俄商船來上海求互市不許初嘉道間俄由黑海沿裏海南侵游牧各回部英吉利旣據東南兩印度漸拓及溫都斯坦而北於是葱嶺西自布哈爾浩汗諸部皆併於俄夾恒河城郭回國半屬於英英俄邊界僅隔印度歌士一大山連年爭戰俄思結援中國遣使約中國以兵二萬由緬甸西藏夾攻印度事未行英旋助土耳其與俄戰始講和而罷逮江甯撫議定法美未與議者亦照英例並在五口通商而俄人自嘉慶十一年商船來粵駁回後至是有一船亦來上海求市經疆臣奏駁後遂有四國聯盟合從稱兵之事咸豐元年俄人請增伊犂塔爾巴哈台喀什噶爾互市經理藩院議允伊塔而拒喀什噶爾文宗即位命伊犂將軍弈山等與之定約成通商章程十七條三年俄人請在上海通商不許又請立格爾畢齊河界牌許之至五年俄帝尼哥拉斯一世始命木喇福岳福等來畫界先是木喇福岳福至莫斯科議新任地諸事以爲欲闢西伯利亞富源必利用黑龍江航路欲得黑龍江航路則江口及附近海岸必使爲俄領而以海軍協力助之俄帝遂遣海軍中將尼伯爾斯克爲貝加爾號艦長使視察堪察加鄂霍次克海兼黑龍江探險之任與木喇福岳福借乘船入黑龍江由松花江下駛即請在松花江會議八月開議以三款要求旣指地圖語我謂格爾畢齊河起至興安嶺陽面各河止俱屬俄界而請將黑龍江松花江左岸及海口分給俄又以防備英法爲辭且登岸設砲逼遷屯戶迭由弈山景淳與之爭議迄不能決六年四月俄人復率艦隊入黑龍江七年木喇福岳福歸伊爾庫次克時英法聯軍與中國開釁俄人乘英國請求遣布恬廷爲公使來議國境及通商事宜中國拒之布恬廷遂下黑龍江由海道進廣東與英法美公使合致書大學士裕誠請中國派全權大臣至上海議事咨以英法美三國交涉事由廣東總督辦理俄國交涉事由黑龍江辦事大臣辦理布恬廷乃與三國公使進上海木喇福岳福乘機擴地於黑龍江左岸並廣築營舍遣使詰責則荅以與俄公使在上海協商尋遣使告黑龍江將軍弈山在愛琿議界弈山遂迎木喇福岳福至愛琿會議木喇福岳福要求以黑龍江爲兩國國境提出條件明年四月遂定愛琿條約先劃分中俄東界將黑龍江松花江左岸由額爾古訥河至松花江海口爲俄界右岸順江流至烏蘇里河爲中國界由烏蘇里河至海之地有接連兩國界者兩國共管之於是繪圖作記以滿漢俄三體字刊立界碑時英法聯軍已陷大沽礮臺俄與美藉口調停因欽差大臣桂良與英法締約遂援例增通商七海口初中俄交涉向由理藩院行文至是往來交接用與國禮前限制條款悉除焉是年議結五年塔爾巴哈臺焚俄貨圈案俄屢索償至是以茶箱貼補之九年五月俄遣伊格那提業福爲駐北京公使十年秋中國與英法再開戰聯軍陷北京帝狩熱河命恭親王議和伊格那提業福出任調停恭親王乃與英法訂北京和約伊格那提業福要中政府將兩國共管之烏蘇里河以東至海之地域讓與俄以爲報十月與訂北京續約其重要者一兩國沿烏蘇里河松阿察河興凱湖白琳河湖布圖河琿春河圖們江爲界以東爲俄領以西爲中國領二西疆未勘定之界此後應順山嶺大河及中國常駐卡倫等處立標爲界自雍正五年所立沙賓達巴哈之界碑末處起往西直至齊桑淖爾湖自此往西南順天山之特穆爾圖淖爾南至敖罕邊境爲界三俄商由恰克圖到北京經過庫倫張家口地方准零星貿易庫倫設領事官一員四中國許喀什噶爾試行貿易十一年夏五月倉場侍郎成琦與俄人勘分黑龍江東界秋七月俄設領事於漢陽八月俄人進槍礮是年俄人請進京貿易不許後援英法例改至天津同治元年春二月與俄訂陸路通商章程俄人初意欲納稅從輕商蒙古不加限制張家口立行棧經關隘免稽查總署以俄人向在恰克圖等處以貨易華茶出口今許其進口貿易宜照洋關重稅免礙華商生計又庫倫爲蒙古錯居之地其爲庫倫大臣所屬者向止車臣汗圖什業圖汗等地此外各游牧處所地曠族繁不盡爲庫倫大臣所轄若許俄隨地貿易稽查難周又張家口距京伊邇嚴拒俄商設立行棧久之始定章程二十一款於天津續增稅則一册三月俄人以喀什噶爾不靖請暫移阿克蘇通商不許時俄人在伊犂屬呢瑪圖一帶私設卡倫阻中國赴勒布什之路復於沙拉托羅海境率兵攔阻查邊人聲稱哈薩克布魯特爲其屬國又於各卡倫外壘立鄂博烏里雅蘇台將軍明誼等詰責之不聽八月明誼等與俄人會議地界俄使以續約第二條載有西疆尚在未定之界此後應順山嶺大河之流及現在中國常駐卡倫之語執爲定論並出設色地圖欲將卡外地盡屬俄國明誼等以爲條約內載自沙賓達巴哈界牌末處起至浩罕邊爲界袤延萬里其中僅有三處地名未詳逐段立界之處況條約內載見在中國常駐卡倫等處並無爲界之語自不當執以爲詞屢與辨論不省忽遣兵隊數百人執持器械礮車於伊犂卡倫附近伐木滋擾是月俄人請派兵船至滬助勦粵賊許之十月俄人復進槍礮是年俄人越界盜耕黑龍江右岸地畝詰之二年四月俄官布色依由海蘭泡遣人到齊齊哈爾省城借用驛馬並求通商請假道前往吉林自松花江回國黑龍江將軍特普欽以非條約所載不許是月俄人復遣兵隊數百人至塔爾巴哈台巴克圖卡倫住牧中國諭令撤回不聽又遣隊往伊犂科布多又派兵數千分赴齊桑淖爾等地耕種建屋遣兵四出潛立石壘爲將來議界地步明誼等議籌防並與交涉不省五月俄人以哈薩克兵犯伊犂博羅胡吉爾卡倫擊之始退六月復來犯沿邊卡倫復擊之七月俄使進議單仍執條約第二款爲辭又以條約所載西直字爲西南字誤必欲照議單所指地名分界不許更易乃許照議單換約於是烏里雅蘇台將軍明誼上言照議單換約實與烏梁海蒙古及內服之哈薩克布魯特並伊犂距近邊卡居住之索倫四愛曼人等生計有妨請籌安插各項人衆及所有生計廷諭令與俄人議須使俄人讓地安插及中國人照舊游牧俄人仍不許三年秋八月俄人復遣兵進逼伊犂卡倫九月俄使雜哈勞至塔爾巴哈台與明誼會仍執議單爲詞時新疆回氛甚熾朝廷重開邊釁遂照議單換約綜計界約分數段一爲烏里雅蘇台所屬地即烏城界約所立爲八界牌者自沙濱達巴哈起往西南順薩彥山嶺至唐努額拉達巴哈西邊末處轉往西南至賽留格木山嶺之柏郭蘇克山爲止嶺右歸俄嶺左歸中國二爲科布多所屬地即科城界約所立牌博二十處者自柏郭蘇克山起向西南順賽留格木山嶺至奎屯鄂拉即往西行沿大阿勒台山至海留圖河中間之山轉往西南順此山直至察奇勒莫斯鄂拉轉往東南沿齊桑淖爾邊順喀喇額爾齊斯河岸至瑪呢圖噶圖勒幹卡倫三爲塔爾巴哈台所屬地即自瑪呢圖噶圖勒幹卡倫起先往東南後向西南順塔爾巴哈台山嶺至哈巴爾蘇轉往西南順塔境西南各卡倫以迄於阿勒坦特布什山嶺西北爲俄地東南爲中國地四爲伊犂所屬地即順阿勒坦特布什等山嶺以北偏西偏屬俄再順伊犂以西諸卡倫至特穆爾圖淖爾由喀什噶爾邊境迤邐達天山之頂而至葱嶺倚浩罕處爲界期明年勘界立牌會回亂亟中俄道阻界牌遷延未立四年伊犂將軍明緒因回亂請暫假俄兵助勦許之然俄人延不發兵僅允餉需假俄邊轉解及所需糧食槍砲火藥允賫借五年春正月伊犂大城失守俄允借兵仍遲延不至三月與俄議改陸路通商章程俄人欲在張家口任意通商及删去小本營生天津免納子稅二事中國以張家口近接京畿非邊疆可比不可無限制小本營生字樣若删去則俄商貨色人數無從稽攷惟天津免納子稅與他國販土貨出口僅納一正稅相合遂

議免天津子稅而張家口任意通商及删去小本營生事並從緩商五月俄人請往黑龍江內地通商不許是月俄人占科布多所屬布克圖爾滿河北境六年六月俄使倭良嘎哩以西疆不靖有妨通商貽書總署責問是月俄人占科布多所屬霍呢邁拉扈卡倫及烏里雅蘇台所屬霍呢音達巴罕之烏克果勒地詰之不省七年二月俄人越界如庫倫所屬烏雅拉噶哈當蘇河等處採金阻之不聽反以爲俄國游牧地不認雍正五年所定界址及嘉慶二十三年兩國所繪地圖界址中國屢與爭議不決時新疆毘連俄境未立界牌鄂博烏里雅蘇台將軍麟興等請派大員會定界址許之然遲久未勘俄人又私伐樹株標記所侵庫倫所屬地又於朝鮮慶興府隔江遙對之處建築房屋朝鮮國王疑懼咨中國查詢七月俄人又如呼倫貝爾所屬地盜伐木植阻之不聽八年春三月與俄國續訂陸路通商條約五月榮全等與俄立界大臣巴布閣福等會立界牌鄂博至烏里雅蘇台所屬賽留格木俄官藉口原約第六條謂非水源所在辯議三日始遵紅綫條約於博果蘇克壩塔斯啓勒山各建牌博其由珠嚕淖爾至沙賓達巴哈分界處原圖所載險阻難行俄官輒欲繞道由珠嚕淖爾迤北數十里唐努山之察布雅齊壩上建立鄂博由此直向西北繞至沙賓達巴哈朝旨不許乃改由珠嚕淖爾東南約十數里哈爾噶小山立第三牌博又順珠嚕淖爾北唐努山南約二百里察布雅齊壩上立第四牌博照原圖所繪紅綫以外珠嚕淖爾圈出爲俄國地哈爾噶小山以東察布雅齊壩以北爲中國地又順珠嚕淖爾北唐努山南直向西行至珠嚕淖爾末處轉折而北而東均係紅綫以外科屬阿勒坦淖爾烏梁海地已分給俄至庫色爾壩上已接唐努烏梁海向西偏北極邊地於此壩上立第五牌博由此向西無路可通乃下壩向東北入唐努烏梁海復轉折而西而北至唐努鄂拉達巴哈末處迤西有水西流名楚拉察河亦係紅綫以外分給俄者於此立第六牌博其東南爲唐努烏梁海邊境其西北爲俄地又由楚拉察河順薩勒塔斯臺噶山至蘇爾壩上立第七牌博由此壩前進直至沙賓達巴哈山脉一綫相連此處舊有兩國牌博與此壩相接因不再立榮全仍欲復增牌博俄官允出具印結聽中國自立榮全乃遣人立焉八月科布多參贊大臣奎昌又與俄官議立科屬牌博俄官仍欲以山形水勢爲憑奎昌等抗辯非按原圖限道建立不可遂於科布多東北邊末布果素克嶺至瑪呢圖噶圖勒幹各立牌博至塔爾巴哈台所屬布倫托海分界中國因塔城未經克復道途梗塞未暇辦理俄使遽欲於塔城所屬瑪呢圖嘎圖勒汗至哈巴爾蘇從北起先建鄂博並稱無中國大臣會辦亦可自行建立中國以分界關兩國地址決無獨勘之理允俟明年春融派員會勘是年俄人輪船由松花江上駛抵呼蘭河口要求在黑龍江內地通商黑龍江將軍德英以聞朝旨以非條約所載不許九年正月俄人來言哈巴爾蘇牌博已於去秋自行建立中國以不符會辦原議詰之並命科布多大臣奎昌按圖查勘二月俄人復請派員赴齊齊哈爾吉林與將軍議邊事命禁阻之秋八月奎昌至塔城所屬瑪呢圖噶圖勒幹卡倫與俄立界大臣穆魯木策傅會勘俄自立牌博中國亦於俄國自立牌博內建立牌博復往塔爾巴哈台山嶺等處勘查直至哈巴爾蘇共立牌博十至是分界始竣十月庫倫辦事大臣張廷岳等以烏里雅蘇台失陷烏梁海與俄界毘連請防侵占十年夏五月俄人襲取伊犂復欲乘勝收烏魯木齊帝命將軍參贊大臣等止其進兵不省既又出兵二千欲勦瑪納斯賊以有妨彼國貿易爲詞中國命榮全奎昌劉銘傳等督兵圖復烏魯木齊規收伊犂俄人既得伊犂即令圖爾根所駐索倫人移居薩瑪爾屯又於金頂寺造屋令漢回分駐綏定城淸水河等處復遣人赴喀拉沙爾晶河勸土爾扈特降又說瑪納斯賊投降事聞命防阻十二月俄人請援各國例通商瓊州許之是年俄人帶兵入科布多境諭令退兵久之始去十一年四月伊犂將軍榮全與俄官博呼策勒傅斯奇會于俄國色爾賀鄂普勒議交還伊犂事俄官置伊犂不問僅議新疆各處如何平定並以助兵爲言要求在科布多烏里雅蘇台烏魯木齊哈密阿克蘇喀什噶爾等處通商設領事及賠補塔城商館及匡蘇勒官龎齡等被害各節並請讓科布多所屬喀拉額爾濟斯河及額魯特游牧額爾米斯河歸俄榮全等拒之博呼策勒傅斯奇遂置伊犂事不議已忽如北京總署請仍與榮全會議博呼策勒傅斯奇又忽辭歸國至是接收伊犂又遲延矣八月俄人載貨入烏魯木齊所屬三塘湖請赴巴里坤哈密等處貿易阻之不聽既聞回匪有由哈密東山西竄察罕川古之信乃折回已復有俄官來文謂伊犂所屬土爾扈特游牧西湖晶河大沿子居民均歸順俄國中國軍隊不得往西湖各村中國以當初分界在伊犂迤西並無西湖之名西湖係烏魯木齊所屬軍隊原由總署與俄使議有大略何可阻止拒之時榮全將帶兵由塔赴伊安設台站俄人以越俄國兵所占地不許又阻榮全接濟錫伯銀兩十月俄商赴瑪納斯貿易中途被殺傷五十餘人十二年夏四月俄人忽帶兵及哈薩克漢回等衆入晶河土爾扈特遊牧索哈薩克所失馬並執貝子及固山達保來綽囉木等又修治伊犂迤東果子溝大路吏換錫伯各官圖東犯又於塔爾巴哈台所屬察罕鄂博山口駐兵盤詰往來行旅同治十三年八月俄人自庫倫貿易入烏里雅蘇台建房詰以非條約所載不省旋命陝甘總督左宗棠督辦新疆軍務光緒元年夏五月俄游歷官索思諾等來蘭州言奉國主之命欲與中國永敦和好俟中國克復烏魯木齊瑪納斯即便交還左宗棠以聞既而左宗棠以新疆與俄境毘連交涉事繁請旨定奪帝命左宗棠主辦三年議修陸路通商章程俄使布策欲於伊犂未交之先通各路貿易中國不允僅允西路通商而仍以交收伊犂與商辦各事並行爲言俄人又以榮全張示激伊犂人民不遵俄令烏里雅蘇台官吏擅責俄人江海關道扣留俄船英廉擅殺哈薩克車隆及徵收俄稅指爲違約謂非先議各事不可會新疆南路大捷各城收復回匪白彥虎等竄入俄中國援俄約第八款請其執送屢與理論未決四年五月命吏部左侍郎崇厚使俄議還伊犂及交白彥虎諸事十二月抵俄五年二月與俄外部尙書格爾斯開議格爾斯提議三端一通商一分界一償款而通商分界又各區分爲三通商之條一由嘉峪關達漢口稱爲中國西邊省分聽其貿易一烏魯木齊塔爾巴哈台伊犂喀什噶爾等處稱爲天山南北各路妥議貿易章程一烏里雅蘇台科布多等處稱爲蒙古地方及上所舉西邊省分均設立領事分界之條一展伊犂界以便控制回部一更定塔爾巴哈台界以便哈薩克冬夏游牧一新定天山迤南界以便俄屬浩罕得淸界綫崇厚皆允之惟償款數目未定崇厚以聞命塔爾巴哈台參贊大臣錫綸接收伊犂及分界各事既議償款盧布五百萬圓俄亦遣高復滿等爲交還伊犂專使崇厚將赴黑海畫押回國而恭親王奕訢等以崇厚所定條欵損失甚大請飭下李鴻章左宗棠沈葆楨金順錫綸等將各條分別酌核密陳於是李鴻章等及一時言事之臣交章彈劾而洗馬張之洞抗爭尤力略謂新約十八條其最謬妄者如陸路通商由嘉峪關西安漢中直達漢口秦隴要害荆楚上游盡爲所窺不可許者一東三省國家根本伯都訥吉林精華若許其乘船至此卽與東三省任其游行無異是於綏芬河之西無故自蹙地二千里且內河行舟乃各國歷年所求而不得者一許俄人效尤踵至不可許者二朝廷不爭稅課當恤商民若準回兩部蒙古各盟一任俄人貿易概免納稅華商日困且張家口等處內地開設行棧以後逐漸推廣設啓戎心萬里之內首尾銜接不可許者三中國屛藩全在內外蒙古沙漠萬里天所以限夷狄如蒙古全站供其役使一旦有事音信易通必撤藩屛爲彼先導不可許者四條約所載俄人准建卡三十六延袤廣大無事而商往則譏不勝譏有事而兵來則禦不勝禦不可許者五各國商賈從無許帶軍器之例今無故聲明人帶一鎗其意何居不可許者六俄人商稅種種取巧若各國希冀均霑洋關稅課必至歲絀數百萬不可許者七同治三年新疆已經議定之界又欲內侵斷我入城之路新疆形勢北路荒涼南城富庶爭磽瘠棄膏腴務虛名受實禍不可許者八伊犂塔爾巴哈台科布多烏里雅蘇台喀什噶爾烏魯木齊古城哈密嘉峪關等處准設領事官是西域全疆盡由出入且各國通例惟沿海口岸准設外邦領事若烏里雅蘇台等乃我邊境今日俄人作俑設各國援例又將何以處之不可許者九名還伊犂而三省山嶺內卡倫以外盤踞如故割霍爾果斯河以西格爾海島以北金頂寺又爲俄人市廛約定俄人產業不更交還地利盡失不可許者十又言改議之道一在治崇厚以違訓越權之罪一在請諭旨將俄人不公平臣民公議不願之故布告中外行文各國使評曲直一在據理力爭使知使臣畫押未奉御批示覆不足爲據一在設新疆吉林天津之防以作戰備疏入命與修撰王仁堪等及庶吉士盛昱所奏併交大學士等議並治崇厚罪六年正月命大理寺少卿曾紀澤爲使俄大臣續議各款時廷臣多主廢約曾紀澤以爲廢約須權輕重因上疏曰伊犂一案大端有三曰分界曰通商曰償款三端之中償款固其小焉者也卽通商一端亦較分界爲稍輕查西洋定約之例有二一則長守不渝一可隨時修改長守不渝者分界是也分界不能兩全此有所益則彼有所損是以定約之際其愼其難隨時修改者通商是也通商之損益不可逆睹或開辦乃見端倪或久辦乃分利弊是以定約之時必商定年限修改所以保其利而去其弊也俄約經崇厚議定中國誠爲受損然必欲一時全數更張而不別予一途以爲轉圜之路似亦難降心以相從也臣以爲分界既屬永定自宜持以定力百折不回至於通商各條惟當即其太甚者酌加更易餘者宜從權應允時俄人以中國治崇厚罪增兵設防爲有意尋衅欲拒紀澤不與議事英法二使各奉本國命亦以因定約治使臣罪爲不然代請寬免中國不得已允減崇厚罪詔仍監禁已又與俄使凱陽

德先議結邊界各案六年七月紀澤抵俄侍郞郭嵩燾疏請準萬國公法寬免崇厚罪名紀澤亦請釋崇厚許之初紀澤至俄俄吉爾斯布策諸人咸以非頭等全權大臣欲不與議遣布策如北京議約已成行而朝旨以在俄定議爲要命紀澤向俄再請始追回布策紀澤與議主廢約俄人挾崇約成見屢與忤紀澤不得已乃遵總署電謂可緩索伊犂全廢舊約尋接俄牒允還帖克斯川餘不容議布策又欲俄商在通州租房存貨及天津運貨用小輪船拖帶紀澤以非條約所有拒之而改約事仍相持不決十一月俄牒中國允改各條其要有七一交還伊犂二喀什噶爾界務三塔爾巴哈台界務四嘉峪關通商允許俄商由西安漢中行走直達漢口五松花江行船至伯都訥六增設領事七天山南北路貿易納稅曾紀澤得牒以俄既許讓則緩索之說自可不議於是按約辯論於伊犂得爭回南境喀什噶爾得照兩國現管之地派員再勘塔爾巴哈台得於崇厚明誼所訂兩界之間酌中勘定嘉峪關通商得仿照天津辦理西安漢中兩路及漢口字均刪去松花江行船因愛琿條約誤指混同江爲松花江又無畫押之漢文可據致俄人歷年藉口久之始允將專條廢去聲明愛琿舊約如何辦法再行商定增設領事俄人請設烏魯木齊一處總署命再商改始將烏魯木齊改爲吐魯番餘俟商務興盛時再議增設天山南北路貿易納稅將原約均不納稅字改爲暫不納稅俟商務興盛再訂稅章此外償款崇厚原約償五百萬盧布俄人以伊犂南境既已讓還欲倍原數久之始允減定爲盧布九百萬紀澤又以此次改約並未用兵兵費之名絕不能認於是將歷年邊疆腹地與俄人未結之案有應賠應䘏者一百九案併入其中作爲全結又於崇厚原訂俄章字句有所增減如條約第三條刪去伊犂已入俄籍之民入華貿易游歷許照俄民利益一段第四條俄民在伊犂置有田地照舊管業聲明伊犂遷出之民不得援例且聲明俄民管業既在貿易圈外應照中國民人一體完納稅餉並於第七條伊犂西境安置遷民之處聲明係安置因入俄籍而棄田地之民第六條寫明所有前此各案第十條吐魯番非通商口岸而設領事暨第十三條張家口無領事而設行棧均聲明他處不得援以爲例第十五條修約期限改五年爲十年章程第二條貨色包件下添註牲畜字樣其無執照商民照例懲辦改爲從嚴罰辦第八條車脚運夫繞越捷徑以避關卡查驗貨主不知情分別罰辦之下聲明海口通商及內地不得援以爲例是爲收回伊犂條約又同時與俄訂陸路通商章程七年正月與俄外部尚書吉爾斯及前駐京使臣布策在俄都畫押鈐印旋批准換約七月賀俄君即位遞國書索逆犯白彥虎等俄以白彥虎等犯係屬公罪不在條約所載之列不允交還允嚴禁尋命伊犂將軍金順參贊大臣升泰接收伊犂八年二月接收訖金順進駐綏定城升泰會同俄官勘分地界並以哈密幫辦大臣長順會辦西北界務巴里坤領隊大臣沙克都林扎布會辦西南界務四月俄人帶兵潛入科布多所屬哈巴河清安等以聞因言圖內奎峒山黑伊爾特什河薩烏爾嶺等處形勢與積年新舊圖說不符朝旨命就原圖應勘之處力與指辯酌定新界十一月分界大臣長順等與俄官佛哩德勘分伊犂中段邊界先是距那林東北百餘里之格登山有高宗平準噶爾銘勳碑同治三年已畫歸俄至是爭回立界約三條九年督辦新疆軍務大臣劉錦棠以新疆南界烏什之貢古魯克地爲南北要津請按約索還先是舊約所載伊犂南界係指貢古魯克山頂而言上年沙克都林扎布與俄使勘分南界由貢古魯克等處卡倫繞貢古魯克山麓至別疊里達坂設立界牌侵佔至畢底爾河源故錦棠以爲言朝旨命長順等據理辯論旣而沙克都林扎布又與俄官畔登斯格勘伊犂南界俄人必欲以薩瓦巴齊爲界沙克都林扎布以爲薩瓦巴齊在天山之陽距天山中梁尙遠不許乃以天山中梁爲界又立碑博於別疊里達坂是爲喀什噶爾界約七月分界大臣升泰等與俄官巴布闊福等勘分科塔界務巴布闊福等欲照圖中直綫以哈巴河爲界升泰等以哈巴河地居上游爲科境之門戶塔城之藩籬若劃分歸俄不惟原住之哈薩克蒙民等無地安揷即科屬之烏梁海塔屬之土爾扈特等處游牧之所亦俱受逼界址旣近釁端必多拒之俄使乃允退離哈巴河迤西約八十餘里之畢里克河劃分升泰等以畢里克係小河原圖並未繪刊若以此劃界則哈巴河上游仍爲俄所佔復與力爭俄使乃允復退出五十里議定在於阿拉喀別克河爲界計距哈巴河至直綫共一百三十餘里即原圖黃綫之旁所開之小河也餘均照黃綫所指方位劃分至兩國所屬之哈薩克願歸俄者歸俄願歸中國者歸中國如有人歸中國而產業在俄或人居俄而產業在中國均照伊犂辦法以此次議定新界換約日爲始限一年遷移約定又與俄官斐里德勘塔城西南未分之界俄使意欲多分升泰以此段界務新約第七條內業經指明係順同治三年塔城界約所定舊界即原約第二條內所指依額爾格圖巴爾魯克莫多巴爾魯克等處卡倫之路辦理是原有圖線條約可循非若他處尙須勘酌議分可比不許俄使乃以巴爾魯克山界內住牧之哈薩克久已投俄一經定界不免遷移請借讓安揷許之仍援舊約第十條所開塔屬原住小水地方居民之例限十年外遷隨立牌博九月分界大臣額爾慶額等與俄官撇斐索富勘分科布多界自阿拉克別克河口之喀拉素畢業格庫瑪小山梁起至塔木塔克薩斯止共立牌博四又立牌博於阿克哈巴河源先是喀什噶爾西邊界務已經長順與俄人劃分以依爾克池他木爲界而幫辦軍務廣東陸路提督張曜以爲有誤請飭覆查長順以勘界係依紅綫依爾克池他木雖舊圖不載而新圖正在紅綫界限不容有誤尋總署以約內有現管爲界一語意曾紀澤定約時必因新圖不無縮入又知左宗棠咨報克復喀城有佔得安集延遺地邊界展寬之說故約內添此一語旣以現管爲界即可不拘紅綫仍命長順與爭俄人以喀拉多拜帖列克達灣屯木倫三處雖現爲中國所管然均在綫外百數十里執不允仍俟紅綫履勘自喀克善山起至烏斯別山止共立牌博二十二指山爲界者七遂定議是爲續勘喀什噶爾界約是年塔爾巴哈台錫綸與俄人會議俄商在塔貿易新圈地址十年三月塔爾巴哈台參贊大臣錫綸與俄人會定哈薩克歸附條約凡在塔城境內混居之哈薩克提爾賽呼克部拜吉格特部賽波拉特部托勒圖勒部滿必特部柯勒依部圖瑪台部各大小鄂拓克約五千餘戶除願遷回俄境外其自願歸中國者一千八百戶均由中國管轄並訂管轄條欵七月法因越南與中國開釁法人請俄國保護在華之旅人敎士及一切利益俄使允保護牒中國十一年三月總署以吉林東界牌博中多舛錯年久未修請簡大員會勘據約立界先是俄人侵佔琿春邊界將圖們江東岸沿江百餘里誤爲俄國轄地並於黑頂子安設俄卡招致朝鮮流民墾地前督辦寧古塔等處事宜吳大澂請飭查令俄人交還朝廷乃命吳大澂等爲欽差大臣與俄人訂期會勘大澂等以咸豐十年北京條約中俄東界順黑龍江至烏蘇里河及圖們江口所立界牌有俄國阿巴瓦噶達耶熱皆伊亦喀拉瑪那倭怕啦薩土烏二十字頭十一年成琦勘界圖內尙有伊亦喀啦瑪那倭怕啦薩土烏十二字頭何以官界記文內僅止耶亦喀啦那倭怕土八字頭圖約不符又界牌用木難經久應請易石及補立界牌又以俄人所佔黑頂子地即在土字界牌以內尤爲重要又以自琿春河源至圖們江口五百餘里處處與俄接壤無一界牌又成琦所立界牌八處惟土字一牌之外尙有烏字一牌以交界記文而論圖們江左邊距海不過二十里立界牌一上寫俄國土字頭是土字一牌已在交界盡處更無補立烏字界牌之地二者必有一誤又補立界牌無論烏字土字總以圖們江左邊距海二十里之地爲斷十二年夏吳大澂等赴俄境岩杵河與俄勘界大員巴啦諾伏等商議界務大澂等首議補立土字界牌因咸豐十一年所立土字界牌之地未照條約記文江口相距二十里之說大澂等與之辯論俄員以爲海灘二十里俄人謂之海河除去海河二十里方是江口大澂等以爲江口即海口中國二十里即俄國十里沙草峰原立土字界牌旣與條約記文不符此時即應更正巴啦諾伏仍以舊圖紅線爲詞久之始允於沙草峰南越嶺而下至平岡盡處立土字牌又於舊圖內拉字那字兩牌之間補立瑪字界牌條約內怕字土字兩牌之間補立啦薩二字界牌悉易以石又於界牌相去甚遠之處多立封堆或掘濠爲記至俄人所佔黑頂子地亦允交還大澂等又以甯古塔境內倭字那字二界牌與記文條約不符請更正緣倭字界牌本在瑚布圖河口因當時河口水漲木牌易於衝失權設小孤山頂離河較遠大澂等以爲若以立牌之地即爲交界之所則小孤山以東至瑚布圖河口一段又將割爲俄地乃與巴啦諾伏議定將倭字石界牌改置瑚布圖河口山坡高處那字界牌原在橫山會處距瑚布圖河口百餘里僅存朽爛木牌二尺餘因易以石仍立橫山會處迤西即係小綏芬河源水向南流處又於交界處增立銅柱是爲中俄琿春東界約是年俄莫斯克瓦商人欲携貨赴科布多哈密肅州甘州涼州蘭州等處貿易中國以科布多哈密肅州皆係條約訂明通商處所自可前往甘州涼州蘭州係屬內地非條約所載不許十四年俄人在烏梁海所屬掘金開地建房阻之不聽十五年俄人越界入黑龍江所屬以刈草爲名搭棚占地總署以詢北洋大臣李鴻章鴻章請但許刈草不許搭棚切與要約以示限制從之十六年俄商請照約由科布多運貨回國許之初俄商由陸路運貨回國舊章祇有恰克圖一路光緒七年改訂新約許由尼布楚科布多兩路往來運貨至是許由科布多行走其收繳執照諸辦法由科布多參贊大臣派員查驗是年出使大臣洪鈞以俄人在恰克圖境穴地取金請自設廠掘金不果俄人又勾結藏番私相餽贈十七年俄遣兵至海參崴開辦鐵路是年俄太子來華游歷命李鴻章往煙台欵接初俄欲中國簡親藩接待未允乃遣鴻

章往有加禮十八年與俄人議接琿春海蘭泡陸路電綫先是中國陸路電線創自光緒六年惟丹國大北公司海綫先於同治十年由香港廈門迤邐至上海一通新加坡檳榔嶼以達歐洲名爲南綫一通海參崴由俄國亞洲旱綫以達歐洲名爲北綫俄丹早有連綫之約嗣丹復與英合辦水綫逮各省自設陸綫併拆去英丹在滬粵已成之陸綫迨中國吉林黑龍江綫成與俄之東海濱境內近接大北公司等深慮中俄綫接分奪其利屢起爭議至是命鴻章與俄使喀希呢議約酌擬滬福廈港公司有水綫處不與爭減此外各口電價亦不允水綫公司爭減遂定議是爲中俄邊界陸路電綫相接條約是年俄入帕米爾帕米爾高原在中國回疆邊外舊爲中國所屬自俄英分爭而迤北迤西稍稍歸屬於俄迤南小部則附於英屬之阿富汗惟東路中路久服中國迄今未變俄欲取帕米爾以通印度英人防之以劃清阿富汗邊界爲辭欲使中國收轄帕境中間之地勘明界址俄人亦欲會同中國勘界分疆不使英與聞至是俄兵入帕英領事璧利南以從前英俄立約喀什噶爾阿富汗之間並無俄地願出作證又據所繪圖力闢俄圖俄人不顧欲以郎庫郎里湖爲界移軍而南將據色勒庫爾色勒庫爾乃步車境益逼近新疆南境陝甘總督楊昌濬請設防許之既因出使大臣洪鈞所繪地圖有誤李鴻章據薛福成所寄圖謂喀約既稱烏斯別里南向係中國地界自應認定南向二字方合若無端挿入轉東二字所謂謬以千里況烏斯別里爲葱嶺支脈如順山梁爲自然界以變一直往南之說不特兩帕盡棄喀什噶爾頓失屏蔽葉爾羌西藏等全撤藩籬且恐後此藉口於交界本循山脊而行語更寬混尤難分劃此固萬難允也如彼以喀約語太寬混爲辭擬仿照北亞墨利加英美用經緯度分界之法以烏斯別里山口之經綫爲界北自烏斯別里山口一直往南至阿富汗界之薩雷庫里湖爲止方與經綫相合如此則大帕米爾可得大半小帕米爾全境俱在綫內其簡當精確更勝於自然界而與原議之約亦相符合否則阿里楚爾山環三面惟東一面與喀境毗連界亦自然何彼竟舍外之山梁而專用內之山梁以求多占地界耶議久不決是年俄茶在戈壁被焚索償允由攬運俄茶之人分償俄使欲公家代償不允十九年四月議收俄國借地初俄借塔爾巴哈台所屬之巴爾魯克山給所屬哈薩克游牧限十年遷回至是限滿伊犂將軍長庚請遣員商辦俄人請再展十年不許久之俄始允還地遷民遂立交山文約聲明限滿不遷即照人隨地歸之約又續立收山未盡事宜文約以清釐兩屬哈薩克欠債及盜牲畜等事二十年與俄復議帕界俄初欲據郎庫里阿克塔什出使大臣許景澄以此爲中國地力爭不許既而俄允於色勒庫爾山嶺之西請中國指實何地相讓中國仍以自烏仔別里至薩雷庫里湖爲言俄人不允總署欲改循水爲界擬循阿克拜塔爾河南踰阿克蘇河東南循河至阿克塔什平地轉向西南循伊西提克河直至薩雷庫里湖各將分界水名詳敍仍未決是年俄嗣皇即位遣布政使王之春爲專使往賀明年春與日本講成割台灣及遼河以南地俄聯法德勸阻遼南割地日本不允俄忽調戰艦赴烟台日本允還遼惟欲於二萬萬外加償費俄皇特命戶部大臣威特見出使大臣許景澄云欲爲中國代借鉅款俾早日退兵許景澄以聞總署命與俄商辦遂訂借法銀四萬萬佛郎以海關作保年息四釐分年償還是爲中俄四釐借款合同九月俄人分赴東三省勘路初俄興造悉畢爾鐵路欲在滿州地方借地接修總署議自俄境入華境以後由中國自造十月俄水師輪船請暫借山東膠澳過冬許之山東巡撫李秉衡上言烟台芝罘島並非不可泊船膠州向非通商口岸應請飭俄使進泊後退出須定期限報可十二月賞俄使喀希呢及法德二使頭等第三寶星二十二年四月俄皇尼哥拉斯二世加冕命李鴻章爲專使王之春爲副使贈俄皇頭等第一寶星九月與俄訂新約時李鴻章尚未回國俄使喀希呢特密約求總署奏請批准約成俄使貴族郎多穆斯契以報謝加冕使來北京議立華俄銀行遂命許景澄與俄結華俄道勝銀行契約中國出股本銀五百萬兩與俄合辦別立中國東省鐵路公司又立條例九章其第二章銀行業務之第十項規定對於中國之業務一領收中國內之諸稅二經營地方及國庫有關係之事業三鑄造中國政府允許之貨幣四代還中國政府募集公債之利息五布設中國內之鐵道電綫並訂結東清鐵道會社條約以建造鐵路與經理事宜委悉銀行二十三年十一月俄以德佔膠州灣爲口實命西伯利亞艦隊入旅順口要求租借旅順大連二港且求築造自哈爾濱至旅順之鐵道權十二月俄以兵入金州城徵收錢糧阻之不省鄉民聚衆抗拒俄人遂於貔口槍斃華民數十奉天將軍依克唐阿以聞命出使大臣楊儒迅與俄人商辦議久不決俄皇謂許景澄曰俄船借泊一爲膠事二爲度冬三爲助華防護他國佔據景澄再與商不應二十四年二月命許景澄專論旅大俄船借泊及黃海鐵路事俄以德既占膠州各國均有所索俄未便不租旅大又鐵路請中國許東省公司自鴨綠江至牛莊一帶水口擇宜通接限三月初六日訂約過期俄即自行辦理詞甚決絕既而俄提督率兵登岸張接管旅大示限中國官吏交金州城中國再與交涉俄始允兵屯城外遂訂約將旅順口及大連灣暨附近水面租與俄已畫押遣員分勘將軍伊克唐阿以附近二字大寬泛電總署力爭謂金西金東各島離岸一二十里三四十里不等謂之附近尙可至索山以南廟兒七島近者三四十里遠者二百餘里在山東登萊海面非遼東所屬不得謂之附近爭之再三俄請將廟羣島作爲隙地免他國佔據總署告以中國但可允認不讓與他國享用並通商等利益不能允作隙地致損主權俄人又請允許立字不設礮臺不駐兵總署仍與力駁不省久之始允照中國議刪去作爲隙地及不設礮臺等語復於專條廟羣島下增繕不歸租界之內字而金州東海海陽五嶸二島仍租俄七月出使大臣許景澄楊儒與東省鐵路公司續訂合同初中俄會訂條約原許東省鐵路公司由某站起至大連灣或酌量至遼東半島營口鴨綠江中間沿海較便地方築一支路未行至是與議許景澄與俄外部商明枝路末處在大連灣海口不在遼東半島沿海別處列入專條訂合同俄人嗣以造路首重運料擬照原合同所許各陸路轉運之事訂定暫築通海口枝路暨行船辦法並自行開採煤礦木植等事許景澄等以原合同第一款載明中國在鐵路交界設關照通商稅則減三分之一此係指陸路而言今大連灣海口開作商埠貨物來往內地竟援減徵稅恐牛莊津海兩關必致掣礙至內地與租地交界視中俄兩國交界有別設關處所亦須變通擬改定專欵俄人尙欲并開各礦產拒之並議限制轉運開採各事又商加全路工竣年限俾暫築枝路屆期照拆凡七欵一枝路名東省鐵路南滿洲枝路二造路需用料件許公司用輪船及別船樹公司旗駛行遼河並枝河及營口並隙地各海口運卸料件三公司爲運載料件糧草便捷起見許由南路暫築枝路至營口及隙地海口惟造路工竣全路通行貿易後應將枝路拆去不得逾八年四許公司採伐在官樹株每株由總監工與地方官酌定繳費惟盛京御用產物暨關係風水不得損動並許公司所過開採煤礦亦由總監工與地方官酌定計斤納稅五俄可在租地內自酌稅則中國可在交界徵收貨物從租界運入內地或由內地運往租地之稅照海關進出口稅則無增減並允俄在大連灣設關委公司代徵別遣文官駐紮爲稅關委員六許公司自備行海商船照各國通商例如有虧折與中國無涉應照原合同十二條價買及歸還期限辦理七造路方向所過地方應俟總監工勘定由公司或北京代辦人與鐵路總辦公司商定復定鐵路經過奉天應繞避陵寢俄允繞距三十里遂畫押二十五年盛京將軍文興等遣知府福培同知涂景濤與俄員倭高格伊林思齊等勘分旅大租界俄員擬先從租地北界西岸亞當灣起勘福培等以中國輿圖無亞當灣地名應照總署電亞當即普蘭店之文爲憑當從普蘭店西海灣之馬虎島起俄員以續約明言西從亞當灣北起無普蘭店字堅不允改遂從北界西岸起次第立碑至大海濱凡三十有一碑北刻漢文南鐫俄國字母復立小碑八以數目爲號界綫由西至東長九十八里餘九十四弓界既定與俄員會議分界專條又將所繪界圖用華俄文註明畫押蓋印互換後分呈俄使及總署批定完結初由李鴻章張蔭桓與俄使巴布羅福訂此約於北京至是命王文韶許景澄加押時中國欲自造山海關至營口枝路英欲投資俄使牒總署謂借用外國資本與續約相背俄人又以東省鐵路將興工擬在北京設東省鐵路俄文學堂招中國學生學習俄國語言文字以備鐵路調遣之用許之是年俄以遼東租借地爲關東省二十六年拳匪亂各國聯軍入北京俄乘勢以兵佔東三省藉口防馬賊保鐵路初奉天土匪先攻俄鐵道警衛兵亂兵燒天主教堂破毀鐵嶺鐵道掠洋庫旋攻遼陽鐵道俄鐵道員咸退去同時黑龍江亦礮擊俄船俄開釁遣軍分道進攻由璦琿三姓甯古塔琿春進據奉天乃迫將軍增祺訂奉天交地約擬在東三省駐兵政賦官兵均歸俄管轄時朝廷以慶親王李鴻章爲全權與各國議欵並命駐俄欽使楊儒爲全權大臣與俄商辦接收東三省事楊儒與爭論久始允作廢而俄人別出約稿相要張之洞等連電力爭遂暫停議二十七年七月各國和議成李鴻章乃手擬四事一歸地二撤兵三中國在東三省除指定鐵路公司地段不再增兵四交還鐵路償以費用與俄使開議於北京講未成而鴻章卒王文韶繼之二十八年三月訂約四條四月俄人強占科布多所屬阿拉克別克河參贊大臣瑞洵以聞命外務部商辦不得要領七月鐵路公司與華俄道勝銀行訂立正太鐵路借欵及行車合同又與俄續訂接綫展限合同九月交還關外鐵路及撤退錦州遼河西南部之俄軍是爲第一期撤兵至翌年三月第二期金州牛莊遼陽奉天鐵嶺開原長春吉林甯古塔琿春阿拉楚喀哈爾濱駐

紮之俄兵仍不如期撤退俄代理北京公使布拉穆揖向外務部新要求七欵拒之俄使撤回要求案會俄使雷薩爾復任復提新議五欵宣言東省撤兵斷不能無條件縱因此事與日本開戰亦所不顧三十年日俄開戰中國守中立是年俄造東三省鐵路成又改定中俄接線續約議照倫敦萬國公會所訂條例各減價三十一年日本戰勝旅順大連租借權移歸日本俄專力於東清鐵道於是有哈爾濱行政權之交涉哈爾濱爲東清鐵道中心地初祇俄人住居自三十一年開放爲通商口岸各國次第置領事按中國各商埠辦法中國有行政權乃俄人謂哈爾濱行政權當歸諸東清鐵道會社中國拒之既而俄領事霍爾哇拖忽布東清鐵道市制凡居住哈爾濱市內中外人民悉課租稅命東三省總督徐世昌與俄人交涉不洽宣統元年俄領事赴北京與外務部議外務部尚書梁敦彥與霍爾哇拖議設自治會於東清鐵道界內以保中國主權亦不違反東清鐵道會社諸條約遂議結而松花江航權之議又起初中俄條約所指之松花江係指黑龍江下流而言未許在內地松花江通航也俄謂咸豐八年光緒七年所結條約係指松花江全部而言至是命濱江關道施肇基與俄領事開議俄人仍執舊約爲詞中國以日俄訂立樸資茅斯約已將中俄在松花江獨得行船之權利讓出舊約不適用相與辯論不決既而俄人又欲干預中國管理船舶之權及防疫並給發專照等事復嚴拒之俄人仍執全江貿易自由不認商埠內地之區別又以江路與陸路爲一類不與海路并論久之始就範明年締約一滿洲界內之松花江許各國自由航行二船泊稅依所載貨物重量收納三兩國國境各百里之消費貨各免稅四穀物稅比從來減三分之一五內地輸出貨在松花江稅關照例納稅此約成於是各國得航行於松花江內而北滿之局勢一變時中國與俄訂東省鐵路公議會大綱俄人以中國開放商埠與東清鐵路地段性質不同東清鐵路地段內有完全行政之權意在於東清鐵路界內施行其行政權政府以俄侵越主權嚴拒之并通告各國曰東清鐵路合同首段即載明中政府與華俄道勝銀行合夥開設生意曰合夥開設生意明係商務之性質與行政上之權限絲毫不得侵越乃俄引此合同第六條爲據謂有由公司一手經理字樣爲完全行政之權不知其一手經理即合同所指鐵路工程實在必需之地段而公司經理之權限不得越出鐵路應辦之事絕無可推移到行政地位又宣統元年中俄兩國所訂東省鐵路界內公議會大綱條欵自第一條以至第五條均係聲明鐵路界內中國主權不得稍有損失又光緒三十一年俄日在美國議定條約第三條載明俄日兩國政府統行歸還中國全滿洲完全專主治理之權又俄政府聲明俄國在滿洲並無地方上利益或優先及獨得讓與之件致侵害中國主權或違背機會均等主義豈能强解商務合同並以未經中國明認宣布之言爲依據而轉將兩國之約廢棄不論耶俄人屈於詞乃定議宣統二年屆中俄通商條約期滿應改訂因與駐京俄使交涉俄使堅執舊約正爭議間俄使奉本國政府電旨轉向中國提出要求案一兩國國境各百里內俄制定之國境稅率不受限制兩國領土內之產物及工商品皆無稅貿易二旅中國俄人訟案全歸俄官審理兩國人民訟案歸兩國會審三蒙古及天山南北兩路俄人得自由居住爲無稅貿易四俄國於伊犂塔爾巴哈台庫倫烏里雅蘇台喀什噶爾烏魯木齊科布多哈密古城張家口等處得設置領事官並有購置土地建築房屋之權久之始復俄使云一國境百里內中國確遵自由貿易之約並不限制俄國之國境稅率二兩國人民訟案應照舊約辦理三蒙古新疆地方貿易原定俟商務興盛即設定稅率四科布多哈密古城三處既認爲貿易隆盛中國依俄國設領事之要求俄國亦應依原約允中國制定關稅俄使以告本國政府俄以制定關稅不應與增設領事並提更向中國質問並命土耳其斯坦駐軍進伊犂邊境遂允之俄人又遣兵駐庫倫向外務部邀求開礦優先權拒之會革命軍興庫倫獨立事益不可問矣

清史稿

邦交志二

英吉利

英吉利在歐羅巴西北清康熙三十七年置定海關英人始來互市然不能每歲至雍正三年來粵東所載皆黑鉛番錢羽緞哆囉嗶嘰諸物未幾去七年始通市不絕乾隆七年冬十一月英巡船遭風飄至廣東澳門總督策楞令地方官給貲糧修船舶遣之二十年來甯波互市時英商船收定海港運貨甯波踰年遂增數舶旋禁不許入浙並禁絲觔出洋二十四年英商喀喇生通事洪任輝欲赴甯波開港既不得請自海道入天津仍乞通市甯波並詰粵海關陋弊七月命福州將軍來粵按驗得其與徽商汪聖儀交結狀治聖儀罪而下洪任輝於獄旋釋之二十七年夏五月英商咱嘛等以禁止絲觔其貨艱於成造仍求通市粵督蘇昌以聞許之然仍限每船只許配買土絲五千觔二蠶湖絲三千觔至頭蠶湖絲及綢緞綾匹仍禁五十八年英國王雅治遣使臣馬戛爾尼等來朝貢表請派人駐京及通市浙江甯波珠山天津廣東等地並求減關稅不許六十年復入貢表陳天朝大將軍前年督兵至的密英國曾發兵應援的密即廓爾喀也奏入敕書賜賚如例嘉慶七年春三月英人窺澳門以兵船六泊雞頸洋粵督吉慶宣諭回國至六月始去十年春三月英王雅治復遣其臣多林文附商船來粵獻方物十三年秋九月復謀襲澳門以兵船護貨爲詞總督吳熊光屢諭使去不聽遂據澳復以兵船闖入虎門進泊黃埔命勒辦絕市褫熊光職英人始於十月退師明年春二月增築澳門礮臺夏五月定廣東互市章程十九年冬十一月禁英人傳教二十年春三月申鴉片煙禁二十一年夏六月英國遣其臣加拉威禮來粵東投書言英太子攝政已歷四年感念純皇帝聖恩遣使來獻方物循乾隆五十八年貢道由海洋舟山至天津赴都懇總督先奏時總督蔣攸銛方入朝巡撫董教增權督篆許其管見援督撫大吏見暹羅諸國貢使禮加拉威禮不受再三議相見儀教增不得已許之其日總督及將軍兩副都統海關監督畢坐節堂陳儀衛加拉威禮上謁免冠致敬通事爲達意教增離坐起立相問答允爲入告加拉威禮徑出比教增奏入而貢使羅爾美都副貢使馬禮遜乘貢舟五已達天津帝命戶部尚書和世泰工部尚書蘇楞額往天津率長蘆鹽政廣惠伴貢使來京一日夜馳至圓明園車路顚簸又衣裝皆落後詰朝帝升殿受朝會時正使已病副使言衣車未至無朝服不能成禮和世泰懼獲譴詭奏二貢使皆病遂却其貢不納遣廣惠伴押使臣回粵初英貢使齎表帝覽表文抗若敵體又理藩院迓接不如儀帝故疑其慢絕不與通羅爾美等既出都有以實入告者帝始知非貢使罪復降諭錫賚追及良鄉酌收貢物仍賜國王珍玩數事並敕諭國王歸咎使臣不遵禮節謝宴英使怏怏去七月降革蘇楞額和世泰廣惠等有差道光元年復申鴉片煙禁七年廣東巡撫朱桂楨毀英商公局以其侵佔民地也十三年英罷商公司西洋市廣東者十餘國皆散商惟英有公司公司與散商交惡是年遂散公司聽商自運而第征其稅明年粵督盧坤誤聽洋商言以英公司雖散而粵中不可無理洋務之人遂奏請飭英仍派遣大司大班來粵管理貿易英王乃遣領事律勞卑來粵尋代以義律義律議在粵設審判署理各洋交涉訟事其貿易仍聽散商自理十六年定食鴉片煙罪初英自道光元年以後私設貯煙大船十餘隻謂之躉船又省城包買戶謂之窰口由窰口兌價銀於英館由英館給票單至躉船取貨有來往護艇名曰快蟹礮械畢具太常寺卿許乃濟見銀輸出歲千餘萬奏請弛煙禁令英商仍照藥材納稅入關交行後只許以貨易貨不得用銀購買以示限制已報可旋因疆臣奏請嚴販賣吸食罪名加重至死而私販私吸如故十八年鴻臚寺卿黃爵滋請嚴吸食罪行保甲連坐之法且謂其禍烈於洪水猛獸疏上下各督撫議於是請禁者紛起湖廣總督林則徐奏尤剴切言鴉片不禁絕則國日貧民日弱十餘年後豈惟無可籌之餉抑且無可用之兵帝深然其言詔至京面授方略以兵部尚書頒欽差大臣關防赴粵東查辦明年春正月至粵東與總督鄧廷楨會申煙禁頒新律以一年又六月爲限吸煙罪絞販煙罪斬時嚴捕煙犯洋人泊零丁洋諸躉船將徙避則徐咨水師提督各營分路扼守令在洋躉船先繳煙方許開艙又傳集十三行商人等令諭各商估煙土存儲實數並索歷年販煙之查頓顚地二人查頓遁走義律託故回澳門及事亟斷水陸餉道義律乃使各商繳所存煙土凡二萬二百八十三箱則徐命悉焚之而每箱償以茶葉五觔復令各商具永不售賣煙土結於是煙商失利遂生觖望義律恥見挫辱乃鼓動國人冀國王出干預國王謀於上下議院僉以此類貿易本干中國例禁其曲在我遂有律士丹者上書求禁並請禁印度栽種又有地爾洼作鴉片罪過論以爲既壞中國風俗又使中國猜忌英人反礙商務然自燒煙之信傳入外洋茶絲日見翔踊銀利日長義律遂以爲鴉片興衰實關民生國計時林則徐令各洋船先停洋面候查必無携帶鴉片者始許入口開艙各國商俱如命獨義律抗不遵命謂必俟其國王命定章程方許貨船入口而遞書請許其國貨船泊近澳門不入黃埔則徐嚴駁不許又禁絕薪蔬食物入澳義律率妻子去澳寄居尖沙嘴貨船乃潛招其國兵船二又取貨船配以礮械假索食突攻九龍山參將賴恩爵礮沈其雙桅船一餘船留漢仔者亦爲水師攻燬義律求澳人轉圜願遵新例惟不肯

即交毆斃村民之犯又上書請毋逐尖沙嘴貨船且俟其國王之命水師提督關天培以不交犯擲還其書冬十月天培擊敗英人義律遁十一月罷英人互市英貨船三十餘艘皆不得入又搜捕偵探船日數起英商人人怨義律義律不得已復遣人投書乞恩請仍回居澳門林則徐以新奉旨難驟更復嚴斥與之絕而英貨船皆泊老萬山外洋不肯去惟以厚利啗島濱亡命漁舟蜑艇致薪蔬且以鴉片與之市是月廣東增嚴海防二十年春正月廣東游擊馬辰焚運煙濟英匪船二十餘夏五月林則徐復遣兵逐英人於磨刀洋時義律先回國請益兵其國遂命伯麥率兵船十餘及印度兵船二十餘來粵泊金星門則徐以火艘乘風潮往攻英船避去英人見粵防嚴謀擾閩敗於廈門六月攻定海殺知縣姚懷祥等事聞特旨命兩江總督伊里布爲欽差大臣赴浙督師七月則徐遣副將陳連升游擊馬辰率船五艘攻英師士密於磨刀洋馬辰一艘先至乘風攻之礮破其船八月義律來天津要撫時大學士琦善任直隸總督義律以其國巴里滿衙門照會中國宰相書遣人詣大沽口上之多所要索一索貨價二索廣州廈門福州定海各港口爲市埠三欲敵體平行四索犒軍費五不得以外洋販煙之船貽累岸商六欲盡裁洋商浮費琦善力持撫議旋宴其酋目二十餘人許陳奏遂入都面陳撫事乃頒欽差大臣關防命琦善赴粵東查辦是月免浙江巡撫烏爾恭額以失守海疆又英人投書不受故也義律既起椗過山東巡撫托渾布具犒迎送代義律奏事謂義律恭順且感皇上派欽差赴粵查辦恩罷兩廣總督林則徐上諭切責以怡良暫署總督事會義律南行過蘇復潛赴鎭海時伊里布駐浙接琦善議撫咨遣家丁張喜赴英船犒師英水師統領伯麥踞定海數月聞撫事定聽洋艘四出游奕至餘姚有土人誘其五桅船入攔淺灘獲黑白洋人數十伊里布聞之飛檄餘姚縣設供張委員護入粵冬十月琦善抵廣州尋授兩廣總督義律請撤沿海諸防虎門爲廣州水道咽喉水師提督駐焉其外大角沙角二礮臺燒煙後益增戍守師船火船及蜑艇扒龍快蟹悉列口門內外密布橫檔暗樁至是裁撤殆盡義律遂日夜增船艣造攻具首索煙價繼求香港且行文趣琦善速覆十二月五日突攻沙角礮臺副將陳連升等兵不能支遂陷皆死之英人又以火輪三板赴三門口焚我戰船十數艘水師亦潰英人乘勝攻大角礮臺千總黎志安受傷推礮落水潰圍出礮臺陷英人悉取水中礮分兵戍守於是虎門危急水師提督關天培總兵李廷鈺游擊馬辰等守靖遠威遠礮臺僅兵數百遣弁告急不應廷鈺至省泣求增兵以固省城門戶琦善恐妨撫議不許文武僚屬皆力請始允遣兵五百義律仍挾兵力索煙價及香港二十一年春正月琦善以香港許英而未敢入奏乃歸浙江英俘易定海義律先遣人赴浙繳還定海續請獻沙角大角礮臺以易之琦善與訂期會於蓮花城義律出所定貿易章程並給予香港全島如澳門故事皆私許之既而琦善以義律來文入奏帝怒不許罷琦善並伊里布命宗室奕山爲靖逆將軍尚書隆文湖南提督楊芳爲參贊大臣赴粵勦辦時義律以香港已經琦善允給徧諭居民以香港爲英屬埠又牒大鵬營副將令撤營汛粵撫怡良聞之大駭奏聞帝大怒命籍琦善家遂下詔暴英人罪促奕山等兼程進會各路官兵進勦尋以兩江總督裕謙爲欽差大臣赴浙視師時定海鎭海等處英船四出游奕裕謙遣兵節次焚勦並誅其酋目一人二月英人犯虎門水師提督關天培死之乘勝薄烏涌省城大震十三日參贊楊芳抵粵各路官兵未集而虎門內外舟師悉被燬楊芳議以堵爲勦使總兵段永福率千兵扼守東勝寺陸路總兵長春率千兵扼鳳凰岡水路英人率師近逼雖經鳳凰岡官兵擊退仍乘潮深入飛礮火箭並力注攻會美領事以戰事礙各國商船進口赴營請進埔開艙兼爲英人說和謂英人繳還定海惟求通商如舊並出義律書有惟求照常貿易如帶違禁物即將貨船入官之文時定海師船亦至粵楊芳欲藉此緩兵退敵遂與怡良聯銜奏請帝以其復踵請撫故轍嚴旨切責不許三月詔林則徐會辦浙江軍務尋復遣戍新疆四月奕山以楊芳隆文等軍分路夜襲英人不克英人遂犯廣州城不得已仍議欵義律索煙價千二百萬美商居間許其半議既定奕山奏稱義律乞撫求許照舊通商永不售賣鴉片將所償費六百萬改爲追交商欠撫議既定英人以撤四方礮臺兵將擾佛山鎭取道泥城經蕭關三元里里民憤起號召各鄉壯勇四面邀截英兵死者二百餘殪其渠帥伯麥等義律馳援復被圍亟遣人突出告急於廣州知府余葆純葆純馳往解散翼義律出圍登舟免時三山郁民亦擊殺英兵百餘佛山義勇圍攻英民於龜岡礮臺殲英兵數十又擊破應援之杉板船新安亦以火攻燬其大兵船一餘船遁義律牒總督示諭衆始解散義律受挫久之始變計入閩攻廈門再陷復統兵攻定海總兵葛雲飛等戰沒裕謙以所部兵赴鎭海方至而英人自蛟門島來攻時鎭海防兵僅四千提督余步雲與總兵謝朝恩各領其半步雲違裕謙節制不戰先走英遂據招寶山俯攻鎭海陷之裕謙赴水死謝朝恩亦戰歿英人乘勝據寗波八月英人攻鷄籠爲臺灣道姚瑩所敗九月命大學士宗室奕經爲揚威將軍侍郎文蔚副都統特依順爲參贊大臣赴浙以怡良爲欽差大臣赴閩會辦軍務二十二年春正月大兵進次紹興將軍參贊定議同日分襲寗波鎭海豫洩師期及戰官軍多損失是月姚瑩復敗英人於大安二月英人攻慈谿營金華協副將朱貴及其子武生昭南督糧官即用知縣顏履敬死之是月起用伊里布先是伊里布解任並逮其家人張喜入都遣戍至是浙撫劉韻珂請起用報可旋以耆英爲杭州將軍命臺灣設防夏四月英人犯乍浦副都統長喜同知韋逢甲等戰死時伊里布已來浙即命家人張喜見英酋告以撫事有成令先退至大洋即還所俘英人英人如約遂以收復乍浦奏聞英人連陷寶山上海江南提督陳化成等死之遂犯松江陷鎭江殺副都統海齡淮揚鹽商懼甚賂英師乞免秋七月犯江寗英火輪兵船八十餘艘溯江上自觀音門至下關時耆英方自浙啟行伊里布亦奉詔自浙馳至遣張喜詣英船道意英人要求各欵一索煙價商欠兵費銀二千一百萬一索香港爲市埠並通商廣州福州廈門寗波上海五口一英官與中國官用敵體禮餘則劃抵關稅釋放漢奸等欵末請鈐用國寶會耆英至按欵稍駁詰英突張紅旗揚言今日如不定議詰朝攻城遂即夜覆書一如所言翼日遣侍衞咸齡布政司黃恩彤寗紹台道鹿澤長往告各欵已代請俟批回即定約奏上許之時耆英伊里布牛鑑以將修好遣張喜等約期相見馬利遜請以本國平行禮見耆英等遂詣英舟與璞鼎查等用擧手加額禮訂約復親具牛酒犒師畫諾於靜海寺是爲白門條約自此煙禁遂大開矣而英猶以臺灣殺英俘爲總兵達洪阿兵備道姚瑩罪來詰不得已罷之十二月以伊里布爲欽差大臣赴廣東督辦通商事二十三年夏伊里布卒詔耆英往代先許英廣州通市初英粵東互市章程各國皆就彼挂號始輸稅法人美人皆言我非英屬不肯從遂許法美二國互市皆如英例二十四年英人築福州烏石山英領事官見浙閩總督劉韻珂請立商埠欲於會城內外自南臺至烏石山造洋樓阻之値交還欠欵照江寗約已付甲辰年銀二百五十萬應將舟山鼓浪嶼退還中國英公使藉不許福州城內建樓事不與交還屢經辯論始允退還鼓浪嶼然執在彼建屋如故福州既得請遂冀入居廣州城廣州民憤阻揭帖議劫十三洋行英酋逸去入城之議遂不行二十六年秋七月英人還舟山十二月請與西藏定界通商以非條約所載不許二十八年英酋文翰復請入廣州城互市總督徐廣縉拒之越日英舟闖入省河廣縉單舸往諭省河兩岸義勇呼聲震天文翰請仍修舊好不復言入城事咸豐元年文宗嗣位英人以火輪船駛赴天津稱來弔大行皇帝喪直隸總督以聞命却之三年洪秀全陷江寗英以輪船駛至江寗迎入城與通欵英人言不助官亦不助洪四年劉麗川據上海作亂初英人阻官軍進兵江督怡良等詰之既而英人欲變通貿易章程聯法美二國請於粵督葉名琛不許遂赴上海見蘇撫吉爾杭阿九月赴天津帝命長蘆鹽政崇綸等與相見拒其遣使駐京諸條久之始去六年秋九月英人巴夏里致書葉名琛請循江寗舊約入城不省英人攻粵城不克逞復請釋甲入見亦不許冬十月攻虎門橫檔各礮臺又爲廣州義勇所却乃馳告其國於是簡其伯爵額爾金來華擬由粵入都先將火輪兵船分泊澳門香港以俟額爾金至粵初謀入城不可與水師提督領事等議欵牒粵中官吏俟其復書定進止名琛置不答七年冬十二月英人遂合法美俄攻城城陷執名琛去因歸罪粵中官吏上書大學士裕誠求達裕誠覆書令赴粵與新命粵督黃宗漢商辦不省八年夏四月聯兵犯大沽連陷前路礮臺帝命科爾沁親王僧格林沁率師赴天津防勦京師戒嚴帝命大學士桂良吏部尚書花沙納赴天津查辦復起用耆英偕往耆英至往謁英使不得見擅自回京賜自盡英有里國太者嘉應州人也世仰食外洋隨英公使額爾金爲行營參贊聞桂良至即持所定新議五十六條要桂良允許桂良辭之津民憤與英人鬬擒里國太將殺之桂良譚廷襄恐誤撫局亟遣人釋里國太送回舟時廷臣交章請罷撫議以疆事棘不得已始命桂良等與定和約五十六欵六月遣桂良花沙納巡視江蘇籌議諸國通商稅則冬十月定通商稅則時英人以條約許增設長江海口商埠欲先察看沿江形勢定約後即遣水師領事以輪船入江溯流至漢口踰月而返是年議通商善後事時各國來天津換約均因桂良原議改由北塘海口入獨英船先抵天津海口俄人繼之突背前約闖入大沽口直隸總督恒福遣人持約往令改道不聽九年夏五月英船十餘艘駛至灘心越日竪紅旗挑戰拔倒港口鐵鍊鐵樁遂逼礮臺開礮轟擊時僧格林沁防海口開礮應之沈燬其數船英人復以步隊接戰又敗之十年夏六月復犯天津海口直隸提督樂善守北岸礮臺拒戰中礮死時僧格林沁尙守南岸礮臺詔罷兵議

撫乃自天津退軍張家灣英遂乘勢陷天津尋復遣僧格林沁進軍通州帝仍命大學士桂良往天津議撫桂良抵津牒洋人商和局英公使額爾金參贊巴夏里請增軍費及在天津通商並請各國公使帶兵入京換約桂良以聞嚴旨拒絕仍命僧格林沁等守通州八月英人犯通州帝命怡親王載垣赴通議款時桂良及軍機大臣穆蔭皆在英使額爾金遣其參贊巴夏里入城議和請循天津原議並約法使會商翼日宴於東嶽廟巴夏里起曰今日之約須面見大皇帝以昭誠信又曰遠方慕義欲覲光上國久矣請以軍容入王憤其語不遜密商僧格林沁擒送京師兵端復作時帝適秋獮自行在詔以恭親王奕訢爲全權大臣守京師並詔南軍入援時團防大臣大學士周祖培尚書陳孚恩等議籌辦團練城守事恭親王桂良駐城外而英師已薄城下焚圓明園英人請開安定門入與恭親王面議和乃約以次日定和議而釋巴夏里於獄遣恒祺送歸九月和議成增償兵費八百萬並開天津商埠復以廣東九龍司地與英人是年用里國太幫辦稅務十一年春二月英人始立漢口九江市埠均設洋關九月總署因與英使卜魯士議暫訂長江通商章程十二欵納稅章程五款是月交還廣東省城卜魯士始駐京同治元年粵賊陷蘇松常太各城各國懼擾上海商務謀自衞英水師提督何伯隨法美攻勦復靑浦寗波諸處捷聞嘉獎九月與英人續訂長江通商章程二年春以英將戈登統常勝軍權授江蘇總兵四年秋七月英交還大沽礮臺五年春正月與英人議立招工章程七年十二月臺灣英領事吉必勳因運樟腦被阻牽及教堂洋將茄當踞營署殺傷兵勇焚燒軍火局庫索取兵費事聞詰英使久之始將吉必勳撤任未幾英兵船在潮州又有毀燒民房殺死民人事幾釀變八年九月與英換新約英使阿禮國請朝覲不許九年請辦電綫鐵路不許既而請設水底電綫於中國通商各口許之十年請開瓊州商埠先是同治七年修新約英使阿禮國允將瓊州停止通商以易溫州至是英使威妥瑪與法俄美布各國咸以爲請允仍開瓊州十二年穆宗親政始覲見初因覲見禮節中外不同各國議數月不決英持尤力至是始以鞠躬代拜跪惟易三鞠躬爲五號爲加禮光緒元年正月乙卯英繙譯官馬嘉理被戕於雲南先是馬嘉理奉其使臣威妥瑪命以總署護照赴緬甸迎探路員副將柏郞等偕行至雲南騰越廳屬蠻允土司地被戕時岑毓英以巡撫兼署總督威妥瑪疑之聲言將派兵自辦帝派湖廣總督李瀚章赴滇查辦威妥瑪遂出京赴上海於是有命李鴻章丁日昌會同商議之舉威妥瑪至津見李鴻章以六事相要鴻章拒之政府派前兵部侍郞郭嵩燾使英威妥瑪亦欲拒議又駐滬英商租上海吳淞間地敷設鐵軌行駛火車總督沈葆楨以英人築路租界外違約飭停工至是威妥瑪遣其漢文正使梅輝立赴滬商辦鴻章乃與約令英商停工而中國以原價購回自辦初上海既通商租界內仍有釐捐局專收華商未完半稅之貨至是威妥瑪欲盡去釐捐局界內中國不得設局征收釐稅鴻章請政府勿許二年五月諭馬嘉理案疊經王大臣與英使威妥瑪辯論未洽命李鴻章商辦早結六月命鴻章爲全權大臣赴煙台與威妥瑪會商相持者逾月議始定七月鴻章奏稱臣抵煙台威妥瑪堅求將全案人證解京覆訊其注意尤在岑毓英主使臣與反復駁辨適俄德美法日奥六國使臣及英德水師提督均集煙台往來談讌因於萬壽聖節邀請列國公使提督至公所燕飲慶賀情誼聯洽翌日威使始允另議辦法將條欵送臣查核其昭雪滇案六條皆總理衙門已經應允惟償欵銀數未定其優待使臣三條一京外兩國官員會晤禮節儀制互異欲訂以免爭端一通商各口會審案件一中外辦案觀審兩條可合併參看觀審一節亦經總署於八條內允行至通商事務原議七條一通商各口請定不應抽收洋貨釐金之界並欲在沿海沿江沿湖地面添設口岸一請添口岸分作三項以重慶宜昌溫州蕪湖北海五處爲領事官駐紮湖口沙市水東三處爲稅務司分駐安慶大通武穴陸溪口岳州瑪斯六處爲輪船上下客商貨物一洋藥准在新關併納稅釐一洋貨半稅單請定劃一欵式華洋商人均准領單洋商運土貨出口商定防弊章程一洋貨運回外國訂明存票年限一香港會定巡船收稅章程一各口未定租界請再議訂以上如洋藥釐稅由新關併徵既免偷漏亦可隨時加增土貨報單嚴定章程冀免影射冒騙諸弊香港妥議收稅辦法均尙於中國課餉有益其餘亦與條約不背英使又擬明年派員赴西藏探路請給護照因不便附入滇案優待通商三端之內故列爲專條免定口界添設口岸兩事反覆爭論乃允免定口界僅於租界免抽洋貨釐金且指明洋貨土貨仍可抽收將來洋藥加徵稍資撥補似於大局無甚妨礙至添口岸一節總署已允宜昌溫州北海三處赫德續請添蕪湖口亦經奏准今仍堅持前議准添四口作爲領事官駐紮處所其重慶派英員駐寓總署已於八條內議准未便即作口岸聲明俟輪船能上駛時再行議辦至沿江不通商口岸上下客商貨物一節自長江開碼頭後輪船隨處停泊載人運物因未明定章程礙難禁阻英使既必欲議准似不在停泊處所之多寡要在口岸內地之分明臣今與訂上下貨物皆用民船起卸仍照內地定章除洋貨稅單查驗免釐外有報單之土貨只准上船不准卸賣其餘應完稅釐由地方官一律妥辦等語是與民船載貨查收釐金者一律只須各地方關卡員役查察嚴密耳英使先請湖口等九處臣與釐定廣東之水東係沿海地方不准驟開此禁岳州距江稍遠不准繞越行走姑允沿江之大通安慶湖口武穴陸溪口沙市六處輪船可暫停泊悉照內地抽徵章程臣復與德國使臣巴蘭德議及德國修約添口即照英國議定辦理威妥瑪請半年後開辦口岸租界免洋貨釐洋藥並納釐稅須與各國會商再行開辦因准另爲一條至派員赴西藏探路一節條約既准游歷亦無阻止之理臣於原議內由總理衙門駐藏大臣查度情形字樣屆時應由總理衙門妥愼籌酌迨至諸議就緒商及滇案償款英使謂去冬專爲此事調來飛游幫大兵船四隻保護商民計船費已近百萬臣謂兩國並未失和無認償兵費之例囑其定數英使謂吳淞鐵路正滋口舌如臣能調停主持彼即擔代仍照原議作二十萬遂定議因於二十六日將所繕會議條欵華洋文四分彼此畫押蓋印互換至滇邊通商威使面稱擬暫緩開辦求於結案諭旨之末豫爲聲明疏入報聞鴻章仍回直督本任約成互換是爲煙台條約約分三端一曰昭雪滇案二曰優待往來三曰通商事務又另議專案一條是年遣候補五品京堂劉錫鴻持璽書往英爲踐約惋惜滇案也三年英窺喀什噶爾以護持安集延爲詞陝甘總督左宗棠拒之英人欲中國與喀什噶爾劃地界又請入西藏探路皆不行是年始於英屬地星嘉坡設領事四年秋八月福建民燬英烏石山教堂英人要求償所失乃已五年英欲與中國定釐稅併徵確數總署擬仍照煙台原議條欵稅照舊則釐照舊章七年十月李鴻章復與威妥瑪議洋藥加徵稅釐初洋藥稅釐併徵之議始發於左宗棠原議每箱徵銀一百五十兩其後各督撫往來商議訖無成說滇案起鴻章乃與威妥瑪議商洋藥加徵稅釐威妥瑪謂須將進出口稅同商定議進口稅值百抽十而出口稅以英商不願加稅爲辭並主張在各口新關釐稅並加通免內地釐金鴻章以欲通免釐金當於海關抽稅百二十兩須加正稅三倍如不免釐金則須增加一倍至六十兩既威妥瑪接到本國擬定鴉片加稅章程數條一釐稅併徵增至九十兩一增正稅至五十兩各口釐金仍照舊收三擬由中國通收印度鴉片而印度政府或約於每年減種鴉片或由兩國商定當減年限至限滿日停種至每石定價或按年交還或另立付價時候亦由兩國訂明其價或在香港撥還或在印度交兌其事則官辦商辦均可四擬立專辦洋藥英商公司每箱應償印度政府一定價值應納中國國家一定釐稅至繳淸此項釐稅後其洋藥在中國即不重徵印度政府約明年限將鴉片逐漸裁止初威妥瑪於進口已允值百抽十至是因洋藥稅釐未定又翻又欲於各口租界外酌定二三十里之界免收洋貨釐鴻章以租界免釐載在條約業經開辦有年何得復議推廣拒之威妥瑪又請由香港設電綫達粵省其上岸祗准在黃埔輪船停泊附近之處由粵省大吏酌定九年三月上諭洋藥稅釐併徵載在煙台條約總理衙門歷次與英使威妥瑪商議終以咨報本國爲詞藉作延宕威妥瑪現已回國著派出使大臣曾紀澤妥爲商辦如李鴻章前議一百一十兩之數併在進口時輸納即可就此定議洋藥流毒多年自應設法禁止英國現有戒煙會頗以洋藥害人爲恥如能乘機利導與英外部酌議洋藥進口分年遞減專條逐漸禁止尤屬正本淸源之計並著酌量籌辦紀澤奉旨與英外部議三年始定十一年六月奏曰臣遵旨與英外部尙書伯爵葛蘭斐爾侍郞龐斯茀德克雷等商論力爭數目最後乃得照一百一十兩之數今年二月准彼外部允照臣議開具節略咨送臣署且欲另定專條聲明中國如不能令有約諸國一體遵照英國即有立廢專約之權臣復力爭不允載入專條彼乃改用照會詳勘所送節略即係商定約稿其首段限制約束等語緣逐年遞減之說印度部尙書堅執不允其侍郞配德爾密告臣署參贊官馬格里云照專條辦法印度每年已減收英金七十萬餘鎊中國欲陸續禁減洋藥入口惟有將來陸續議加稅金以減吸食之人而不能與英廷豫定遞減之法遂未堅執固爭而請外部於專案首段加入於行銷洋藥之事須有限制約束一語以聲明此次議約加稅之意而暗伏將來修約議加之根至如何酌定防弊章程設立稽徵總口煙台條約第三端第五節固已明定要約臣此次所定專條第九欵又復聲明前說將來派員商定自不難妥立章程嚴防偷漏其餘各條核與疊准總理衙門函電吻合旋承總署覆電照議畫押時適英外部尙書葛蘭斐爾退位前尙書侯爵沙力斯伯里推爲首相仍兼外部六月三日始據來文定期七日畫押臣届期帶同參隨等員

前往外部與沙力斯伯里將續增條約專條漢文英文各二分互相蓋印畫押按此次所訂條約除第二條稅釐併徵數目恪遵諭旨議得百一十兩外又於第五條議得洋藥於內地拆包零售仍可抽釐是內地並未全免稅捐將來若於土煙加重稅釐以期禁減則洋藥亦可相較均算另加稅釐臣於專條中並未提及土煙加稅之說以期保我主權疏入得旨允行旋兩國派員互換是爲煙台續約秋八月英人議通商西藏是歲英窺緬甸踞其都滇督岑毓英奏請設防旋遣總兵丁槐率師往騰越備之中國以緬甸久爲我屬電曾紀澤向英外部力爭令存緬祀立孟氏英外部不認緬爲我藩屬而允立孟氏支屬爲緬甸教王不得與聞政令紀澤未允外部尙書更易教王之說亦置諸不議矣既英署使歐格訥以煙台約有派員入藏之文堅求立見施行總署王大臣方以藏衆不許西人入境力拒所請會歐格訥以緬約事自詣總署言緬甸前與法私立盟約是以興師問罪今若重立緬王則法約不能作廢故雖從命今欲依緬甸舊例每屆十年由緬甸長官派員赴京而勘定滇緬邊界設關通商以踐前約王大臣等以但言派員赴京並未明言貢獻辨爭再四始改爲呈進方物循例舉行而勘界通商則皆如所請歐格訥始允停止派員入藏藏印通商仍請中國體察情形再行商議議既定總署因與歐格訥商訂草約四條得旨允行十二年九月請英退朝鮮巨文島不聽十月議瓊州口岸英領事以條約有牛莊登州台灣潮州瓊州府城口字樣謂城與口皆口岸中國以英約十一欵雖有瓊州等府城口字樣而煙台續約第三端聲明新舊各口岸除已定有各國租界應無庸議云云英約天津郡城海口作通商埠紫竹林已定有各國租界城內亦不作爲口岸以此例之則瓊州海口係口岸瓊州府城非口岸也十三年秋七月與英換緬約於倫敦十四年春英人麻葛藟督兵入藏藏人築卡禦之爲英屬印兵所逐藏人旋又攻哲孟雄境之日納宗又敗先是藏地國初歸附自英侵入印度後藏遂與英鄰乾隆年英印度總督曾通使班禪求互市班禪謂當請諸中國議未協而哲孟雄者藏印間之部落也道光間英收爲印屬及煙臺訂約有派員入藏之說而藏人未知遂築礮臺於邊外之隆吐山冀阻英兵使不得前英人以爲言帝諭四川總督劉秉璋飛咨駐藏大臣文碩幇辦大臣升泰傳各番官嚴切宣示迅撤卡兵於時升泰尙未抵任文碩未諳交涉輒以拒英護藏覆奏於是嚴旨切責以長庚代之仍有旨催令升泰赴藏傳齊番官諭以上年與英人訂議緩辦通商正朝廷護持黃教覆庇藏番代籌一永保安全之至計但令迅速撤卡印督已言明彼決不越藏中定界熱勒巴拉山嶺一步彼此未經開戰無論此地屬藏屬哲將來尙可從容辨論時十四年正月也寄諭未至英兵已進攻隆吐毀其壘藏番悉潰乃欲藉通商以緩師文碩復左右之竟以藏人與英自行立約入奏四月丁亥諭曰印藏通商一事英人約定并不催辦此次開衅與通商絕無干涉文碩始終不明機要乃欲藉通商爲轉圜不思藏爲中國屬地豈有聽其自行與人立約之理升泰文碩接奉此旨即傳集番官諭以事須禀明駐藏大臣具奏由總理衙門核定候旨遵辦五月庚申又諭曰使英大臣劉瑞芬電稱印督近又函達藏官但令藏衆退回原界便可仍舊和好絕不欲侵入藏地致礙兩國睦誼向來藏務專歸商上第穆呼圖克圖人尙和平曉事現在掌辦商上責有專歸升泰接奉此旨即傳諭第穆令其妥爲了結未幾升泰抵任受事九月奏言藏番自作不靖肇起兵戈所有隆吐山南北本皆哲孟雄地英人雖視爲保護境內實則哲孟雄布魯克巴皆西藏屬藩每屆年終兩部長必與駐藏大臣呈遞賀禀駐藏大臣循例優加賞犒唐古特自達賴喇嘛以下均有額定禮物商上亦回賞緞疋銀茶與兩部復書草稿必呈送駐藏大臣批准始行繕覆哲布兩部遇有爭訟亦禀由藏官酌派漢番官辦理此哲布本爲藏地屬番之實在情形也兩部長於光緒二年曾各遞番字禀以英人有窺伺藏地之心請早爲設法辦理雖經前西藏糧員四率關通判周溱帶同戴琫札喜達結往辦祇取哲孟雄空結一紙敷衍了事並不妥籌善後貽悞邊疆其禍實自此始嗣後哲夷知藏番並無遠慮始一意與英人交接又復貪利取租聽英人修路直至捻納迄今仍稱租界又藏中自失藩籬之始末也藏人不知優待屬藩哲部偶受欺凌不爲申理此時漸覺英人有偪己之心忽又攘奪哲地以爲己有更揚言哲夷私結英人屢議起兵攻伐哲夷內不自安則益句結英人以圖自保此又藏印交兵之所由來也藏人自四月十三日戰敗之後不思設法弭患又復添調各路土兵分由小道至帕克里沿途騷擾良民大受荼毒番官管餉又多減刻人有怨言軍無鬥志除向隸戴琫之兵三千及工布兵數百人差可用命餘則悉係烏合現箚帕隘以外者一萬餘人分布各口又數千人一旦敗北譁潰則數千里臺站伏莽增多此內患之堪虞者也近時開導之難實因曩時初與外人交涉商上辦事諸員邀三大寺僧衆以護教爲名共立誓詞云藏地男女不願與洋人共生於天地此後藏中男女老弱有違此誓即有背黃教人人得而誅之此本不肖之徒爲聳衆抗官之謀三大寺僧衆亦藉此干預政事今事機危迫特旨到藏第穆亦知凜畏無如遽違初議即禍在目前雖掌辦商務之尊恐亦不免自危其噶布倫以次更不待言窺其情形似非背城一戰難望轉機此臣探其隱衷而言非藏番等自有此語也此時兵尙未撤委員不便前往且委員至彼辦理界務應與英國何人會議應請飭詢英使由總署知照藏中庶免隔閡近年藏番異常刁悍今自開兵衅尙不自知悔悟實難姑容第藏衛距川過遠餉絀兵單無事不形掣肘臣萬不敢不出之審愼籌慮萬全相機駕馭冀紓朝廷西顧之憂是月丁卯又奏臣於五月二十六日抵藏第穆與大小番官僧俗公同遞禀譯其情詞總以隆吐之南日納宗爲藏界藏人設卡係在境內英人無端恃強動兵侵地爲言臣以經界爲地方要政從前豈無案牘乃派員將新舊各案卷概行檢閱始尋出乾隆五十九年前大臣尙書和琳內閣學士和瑛任內奏設鄂博原案一卷注明藏內界址係在距帕克里三站之雅拉支木兩山設有鄂博又有春丕日納宗兩處上年雖係藏界乾隆五十三年廓番用兵哲孟雄被廓夷追過藏曲大河哲部窮蹙達賴喇嘛始將日納宗地賞給哲部筦理原派委員西藏遊擊張志林原禀即聲叙日納宗不應作爲藏界只在雅拉支木兩山設立鄂博禀詞甚爲明晰此圖惜已佚又覓得舊圖一張並注明納蕩一地乃哲孟雄邊境藏圖南面極邊界綫之上亦繪有雅拉山是雅拉山確屬藏地南界至藏人設卡之隆吐山攷之舊圖實無此名以英人所云日納宗在隆吐北數十里而藏番新圖則日納宗又在隆吐之南顯係藏人多繪此一段飾稱藏界臣既考察明確即以原卷舊圖發交開導委員轉給藏番閱看番人雖有媿色然終以日納宗本屬藏地從前雖賞給哲夷今哲夷已歸英屬應卽收回自筦旋奉電傳寄諭臣即面授第穆臣深慮第穆使將屯兵先行撤入帕克里並札飭哲布兩部長親赴英軍告以藏人畏偪故兵難先撤印兵亦宜克踐前言彼此約期同日撤退仍由臣致信英官促其速撤忽又得報英人於六月二十八日添兵九百餘名又益以大礮六門第穆旋亦禀英人屢次攻撲我營且廓爾喀前王子果爾雜捻曾出奔印度今亦由印帶兵五百名前來助戰聞已過大吉嶺是以未敢撤兵伏乞飭下總署詳告英使轉電印督約期撤兵並飭印兵毋得再動疏入奉上諭升泰所陳頗中肯綮劉瑞芬八月二十八日電稱印兵在熱勒巴拉山近處與藏兵攻戰藏兵傷亡數百印兵追入徵畢山岔九月十五日電稱英外部照覆云來攻納蕩之英軍統領拉哈瑪已遵印度政府之諭不可占據藏地故追入徵畢後立即退回印督又報告其政府謂駐藏大臣將以西歷十月三日由拉薩前赴邊界已派政事官保爾前往會晤目前升泰想已接晤保爾藏哲界址當已查明印督又有甚望速了之語著即熟商妥辦升泰先使江孜守備蕭占先馳往開導又以知縣秀蔭繼之藏兵之敗也英兵追至仁進岡將盡焚山上下民舍會占先至見英將力爭乃退屯對邦而促升泰前往會議數日復進據姑布升泰十一月至與英員保爾相見於對邦議經月未就乃奏言英人戰勝而驕必欲諸事議妥始允撤兵現議哲孟雄事不下十次保爾必欲將哲爲英屬註明條約而畫咱利拉山爲界即歷次奏牘所謂熱勒巴拉山也臣議以印督前言藏衆退回原界仍守二年以前情形不在隆吐山駐兵便可照舊辦理絕不侵入藏界等語折之保爾則謂此語當在未開戰前戰衅既開自當另議通商一事英人開來條欵直欲到藏貿易臣百端辨說始允退至江孜又答以萬不能行則又意在帕克哩帕隘乃藏南門戶其險要在山要之格林卡若至帕克哩則已在高原爲廓爾喀哲孟雄布魯克巴三部通衢目前開導藏番通商必在界外始可期其遵從是以臣堅未允許保爾意甚怫然臣惟有平心靜氣婉與商榷冀紓目前之急是年英定華工往澳大利亞例限英君主維多利亞登位五十年中國遣使致賀十五年升泰復與英人接議通商分界久不決十六年二月朝旨派總務司赫德之弟赫政赴藏協商藏印約事升泰奏言撤兵藏番已願遵旨所難者分界通商兩大端耳臣自到邊哲部長之母率其親族頭目來營具禀云英人昔年立約曾經議明無論如何不得逾日喜曲河一步哲部租地與英每年應收租費洋銀十二千圓英人分毫未給此次印藏搆兵以致殃及實不願再歸英屬臣維哲孟雄本屬小邦僻在極邊本年印藏用兵被英人掠取全土復遷其部長安置印度噶倫綳之地而以重兵駐守扛多即部長平時治所也流離轉徙情實可矜是以此次會議但許其保護而必爭照舊兩字使藏人不至咎臣辦理邊事失去屬藩並可藉此羈縻布魯克巴至布魯克巴地大物博民俗强悍其地數倍哲孟雄實爲前藏屏蔽西人呼爲布丹國上年曾經入貢其部長向無印信亦無封號臣此次到邊其部長派兵千七百人來營效力臣方飭藏兵遣撤豈可留此多人

致貽口實是以優給賞賚勉以大義飭令速回許事後爲之代懇天恩該部人歡忻鼓舞而去赫政既抵藏升泰與英官開議保爾雖奉命印督爲議約專員然不得自主事事仍請命印督藏番不願與英接壤必間哲孟雄於中乃可定界英既幽哲酋於噶倫繃直欲收入印度幅員之內藏人聞之益憤升泰嚴飭番官僧俗毋率行干預哲事而亟使赫政勸阻英官勿遽更易哲酋使藏人有所藉口藏哲舊界本在雅納支木兩山間其後商販往來另闢捷徑於是有所謂咱利孔道者即熱勒巴拉嶺之支麓也升泰議即咱利山立石畫分藏哲之界其印哲舊界在日喜河者亦擬仍舊而於條約註明藏番不願通商初指對邦附近地爲商埠後始議定後藏之亞東於其地修建關卡設漢官治之藏番甫首肯而英官又遷延不遽決升泰亟奏請飭總署促英使迅速議約總署王大臣旋擬四條與英使華爾身籌商久之始議定八款總署乃上奏謂第一款藏哲以咱利山一帶山頂爲界第二款哲地歸英保護第三款兩邊各無犯越其餘緩議各條善後應辦事宜儘可徐與商権彼此派員定議請簡派升泰爲全權大臣與英員先行畫押奉旨僉允是歲秋七月出使大臣薛福成與英外部互換於倫敦是爲中英會議藏印條約是年德宗大婚英派使臣華爾身齎英主維多利亞國書致賀並自鳴鐘一座上刻祝辭云日月同明報十二時吉祥如意天地合德慶億萬年富貴壽康旋命駐使薛福成赴英外部傳旨致謝幷遞國書是年英開重慶商埠十七年春正月換約限滿前駐藏大臣升泰遣員黃紹勳張昉及總務司赫政與英印督蘭士丹所派之保爾在大吉嶺會議各擬辦法保爾欲在仁進岡入藏一百五十餘里之法利城即帕克里設關通商並俟十年後再定入口貨稅升泰執定十二年條款藏印邊界通商由中國體察情形之語辯駁久不決十八年夏六月復與保爾商議辦法九款續款二條定於交界之咱利山下亞東境內爲英商貿易所商上等復懷疑慮堅請於二款內註明不得擅入關內字樣又請禁印茶運藏一再與英使華爾身辯論仍不決至十九年五月總理衙門奏現據赫德稱印度已將辦法九款更改商訂最緊要之第二款內註明英商在亞東貿易自交界至亞東而止第四款內註明進出口稅俟五年期滿酌定稅則至印茶一項現議開辦時不即運藏俟五年限滿方可入藏銷售應納之稅不得過華茶入英納稅之數此外各款均照升泰所擬辦理臣等查中英通商稅則茶葉每百斤徵銀二兩五錢而洋商運華茶至英每百斤徵銀十兩現在先與議定如印茶入藏應照華茶入英每百斤稅銀十兩磋議經年始克就範竊思藏約未結三端自十七年開議至今已屆三年之久始得印藏兩情翕然允協即可就此收束以綏邊圉是爲續議中英會議藏印條款是年十月在大吉嶺互換既又與英議滇緬界務初曾紀澤與英議約英許中國稍展邊界擬予以潞江以東南掌撣人之地既紀澤又向英外部要求八募之地不允英外部侍郎克當謂英廷已飭駐緬之英官勘驗一地允中國立埠設關收稅有另指舊八募之說在八募東二三十里紀澤因與外部互書節略存卷暫停不議旋受代回華至是出使大臣薛福成見英人與暹羅勘界幷有創築鐵路通接滇邊之訊恐分界通商事宜不早籌議臨時必受虧損於是上書請與英人提議及福成往促踐前議英以公法爲解謂西洋公法議在立約之後不可不遵議在立約以前不能共守蓋不認讓中國展邊界及以大金沙江爲公共江八募近處勘地中國立埠設關三端薛福成以英既翻前議因思野人山地緜亘數千里不在緬甸轄境之內復照外務部請以大金沙江爲界江東之境歸滇而印度總督不允出師盞達邊外之昔馬攻擊野人以示不願分地之意又欲借端停商全約福成仍促速議久之英始允將久淪於緬之漢龍天馬兩關還中國又久之始允讓所據之鐵壁關惟虎踞關英人以深入彼境七八十里與八募相近不允讓至於設關拒尤力福成以英既不允我地則英所得於我之權利亦應作廢相持甚久始就滇境東南商定於孟定橄欖壩西南邊外讓一地曰科干又自猛卯土司邊外抱括漢龍關在內作一直綫東抵潞江麻栗壩之對岸止劃歸中國約計八百英方里又車里孟連土司所屬鎭邊廳係爲兩屬亦允全讓並野人山毗連之昔馬亦允讓至此界務告一結束而商務大金沙江行船八募立埠設關英仍不允福成久與爭論始於行船一事於約中另立一條不許他國援例而設關仍不肯通融惟約中於英人所得權利如緬鹽不准運入滇境英關暫不征收貨稅領事僅設一員限一定駐所商貨僅由二路不准開埠英亦無詞遂於二十年正月二十四日在倫敦定約共二十條一二三四劃定各段界綫五中國不再索問永昌騰越邊界外隙地英國於北丹泥及科干照所劃邊界讓與中國孟連江洪之地亦歸中國惟未定議前不得讓與他國八各貨物分別應稅不應稅十十一分別各貨物准販運不准販運十三中國派領事駐仰光英國派領事駐蠻允十五定交逃犯例十七定中英民在兩國界內相待最優例又專條內各條款僅用於兩國所指屬地不能用於別處是爲中英續議滇緬界務商務條款是年又與英議接滇緬邊界陸路電綫條約尋又議藏印條款二十一年夏中日和議既成法索雲南普洱徼外猛烏烏得兩地英使歐格訥以兩地屬緬江洪指爲違約欲中國將八募北野人山地由薩伯坪起東南到螽達西南順南碗河折向瑞麗江循江至猛卯向南至工隆八關科干皆在內讓歸英不許英忽請允西江通商再議野人山地許之復要求在肇慶梧州桂林潯州南甯五府設立領事佛山高要封川南新墟等處停泊輪船由廣州澳門出入中國以野人山地減索無幾而通商口岸太多且桂林在北江之北潯州南甯在籐江龔江上游並非西江豈能強索阻止之英外部又以北丹尼科干兩地原屬緬爲前薛福成定界時誤畫入華求索回又請於騰越順甯思茅三處設領事及緬甸現有及將來續開之鐵路接入中國又請援照俄法條約利益於新疆設領事再三駁論始允將新疆設埠及援照俄法利益一節刪去滇緬接路一節改爲俟中國鐵路展至緬界時彼此相接滇界領事一節改爲將已設之蠻允領事改駐或順甯或騰越一處其思茅領事係援利益均霑之例非英獨創其野人山界綫改爲南坎一處作爲永租餘俟兩國派員勘定惟西江通商一節允至梧州而止梧州之東祇開三水縣城江根墟兩地商船由磨刀門進口其由香港至廣州省城本係舊約所許仍限江門甘竹肇慶德慶四處遂定議立中緬條約附款時二十三年正月也是年英主維多利亞在位六十年命張蔭桓前往致賀二十四年四月議展香港界址至九龍城租期九十九年五月英租威海衞初威海爲日本軍占領英人致書日相伊藤博文願代繳償款要求早撤兵會我償款繳清北洋大臣派員收回英使竇納樂遂請租借政府派慶親王奕劻尚書廖壽恒與立約文云以劉公島並在威海灣之羣島及威海全灣沿岸以內十英里之地租與英國威海衞城牆以內仍由中國自行管理又所租於英國之水面中國兵船無論在局內局外仍可享用並另備照會謂中國重整海軍船舶可泊港內請英人代爲訓練是月英領事因沙市教案照請開辦湖南通商口岸張之洞以岳州係奉准開埠尙須體察詳商辦理致總署請商緩總署擬推展兩年英使不允總署以湖南係我自開口岸與他口不同不許亦不許牽入沙案久不決二十五年五月駐漢英領事牒鄂督張之洞云本國巴管帶欲乘威拉小兵輪往洞庭湖上下游先至岳州再往湘陰長沙後往沅江龍陽常德安鄉等處張之洞以條約並無兵輪准往內地之說阻之十二月英參贊璧閣衛欲由湖南長沙取道常德永順入川過酉陽州抵重慶張之洞復阻之尋允改由宜昌入川二十六年拳匪起五月漢口英領事法磊斯見張之洞面述沙侯電云如長江一帶布置彈壓英願以水師相助張之洞答以當與江督劉坤一力任保護不須外助力阻之時英以保全東南商務爲辭已派水師提督西摩入長江七月二十日聯軍入京英軍從廣渠門入各據地段八月英與德結保護中國商務土地條款又欲代中國理財練兵卻之西摩欲派小輪入襄河探水道張之洞阻之既復議浙衢教案時湘案未結英又欲派兵輪往壓阻之是年英君主逝國書致唁皇太后復專電弔唁之二十七年既與各國議定和約大綱十二條四月英人請直隸山西停考張之洞以所請與大綱條約第十條不符辨駁久之七月始定議八月英商立德欲在川河行駛輪船沿江購地七處請地方官註册英領事照會到鄂以條約非通商口岸無准洋商置買地基產業之條拒之十一月英使馬凱赴江鄂與劉坤一張之洞商議免釐答以去年在京與赫德籌議洋貨稅釐併征必須稅至値百抽二五方能免釐馬凱允加進口稅而不欲多加於是朝命尙書呂海寰爲辦理商約大臣侍郎盛宣懷副之並命劉坤一張之洞皆與議研商數月海寰等乃會奏臣等奉命會辦商約英使馬凱開送約稿二十四款衆議六十餘次加稅免釐一款業經奏明允如所請此外各款均經臣等隨時會奏惟第十款內港行輪續經妥定章程第十一款通商口岸權利共議列三條馬凱自請刪除統核所索二十四款駁拒未允者七曰洋鹽進口曰內地僑居貿易曰郵政電報曰設海上律例曰整頓上海會審衙門曰口岸免釐界限曰貨物同在一河免復進口稅議定後而又刪除者一曰通商口岸利權歸入加稅免釐款內併議藉爲抵制者五曰新開口岸曰減出口稅曰三聯單曰子口單曰常關歸新關兼理商允改妥者十一曰存票曰國幣曰廣東民船輪船稅則一律曰華洋合股曰整頓珠江川江曰推廣關棧曰保護牌號曰加稅免釐曰礦務章程曰內港行輪曰米穀禁令此就馬凱原議款目分別刪改歸併者也臣之洞等復向馬凱索議彼允入約者三款曰治外法權曰籌議教案曰禁止嗎啡皆我補救國計民生要圖幸就範圍實有裨益馬凱於定議後補請入約者二款曰修改稅則年限曰約文以英文爲憑查係照舊約辦理爲約中應有之義共計十六

欵臣等按馬凱所請加稅之款意在不得抵原撥鎊金五百萬以外之洋債賠款及挪作別用恐各省再將貨物收捐業已先後奏明本定八月初二日畫押馬凱又接英廷來電必欲增叙詳明以慰加稅洋商之意駐英使臣張德彝亦稱英外部謂擬加之稅務須降旨歸督撫提用否則不能畫押似英廷用意總慮稅加而釐不能撤臣等詳細審度彼雖請全數撥還各省而內叙各省向解北京及應還洋債仍如數照撥我復照會聲明應撥各項即留存海關聽候戶部與各省商定抵解將來戶部如何商定派撥劃抵由我自主彼亦無從過問且現議償款易金還銀正以我財力竭蹶爲言則加稅聲明祇抵裁釐不涉賠款可見毫無盈餘藉可杜列國之口實畫押已延多日即於八月初四日亥刻會同英使馬凱在上海畫押蓋印疏入報聞同時又續改內港行輪章程十款自滬蘇滬杭蘇杭三綫外江蘇則有海門綫（自上海東北至海門）蘇鎮綫（自蘇州至鎮江）鎮寗綫（自鎮江至江寗）鎮清綫（自鎮江至清江）浙江則有餘姚綫（自寗波至餘姚）舟山綫（自寗波至舟山）海門綫（自寗波至台州之海門）安徽則有廬州綫（自蕪湖至廬州）江西則有南昌綫（自九江至南昌）湖北則有武穴綫（自漢口至武穴）襄河綫（自漢口至仙桃鎮）岳州綫（自漢口至湖南岳州）湖南則有湘潭綫（自岳州至湘潭）常德綫（自岳州至常德）而福建亦有水口梅花兩綫（皆發自福州）又議湖南辰州府斃英教士案是月英交還關內外鐵路是年英皇愛惠將加冕特命貝子載振爲專使往賀先期遞國書向例須候各國專使齊集同見英皇特定單班先見屆期行鞠躬禮英主答禮各述頌詞答詞二十九年春二月與英訂滬甯鐵路借款合同初英於光緒二十四年欲攬自滬至甯鐵路令英商怡和承辦已議草約旋以拳匪亂延緩久之始定議以年息五釐借英金三百二十五萬鎊張之洞乃上奏言借英金三百二十五萬鎊慮數九扣年息五釐五十年爲期准其分次印售金鎊小票如中國國家有款撥給或中國紳富集資願購借款總數便應照減撥還淞滬鐵路工價後即將已成車路暨備造滬甯全路作爲借欵抵押所獲餘利銀工司得五分之一即照售票應分之數另給餘利憑票十二年半後每百鎊加給二鎊半隨時可將小票贖還二十五年後便照一百鎊原價取贖毋庸加給至餘利憑票年期屆滿分給餘利即時作廢毋庸取贖造路期內就本付息路成以後贖票撥本悉在鐵路進款支給全路訂定五年全竣設無事故逾此期限銀公司五年內應得餘利全行扣罰上海設立總管理處一所本省督撫與督辦大臣會派總辦兩員會同英員專理工程另由南洋大臣加派一員職銜相當隨時查閱賬目稟報督撫稽核洋工司祇管工程不能干預地方公事凡所建築悉應順洽華人意見尊敬中國官員借款期內不收專稅如日後中國推設各項稅捐如印花稅之類別項商稅一律徵收則滬甯鐵路亦應照准全路雙軌地畝總公司自備仍由銀公司墊欵另須購地於標界之外預備日後推展商務所必需一併加售小票綜計不得逾英金二十五萬鎊年息六釐在中國應得餘利項下支給不能仍由鐵路進欵支付此項加售購地小票並無年限隨時可以取贖造路購用中外材料按照西例每百給五此外別無絲毫加用漢陽鐵廠自造料件訂明儘先購用凡遇調兵運械賑饑各事照核定車價減半給發儘先載運侵碍中國主權概不得經由此路正約簽定草約作廢十二個月不興工即將正約註銷中國祇認英國銀公司不准轉與他國及他國之人民報可十月又與英訂滬甯路電交接辦法合同三十年四月英新任水師提督率大小兵船十艘抵滬欲進長江張之洞聞之電阻英提督僅以四艘入江至江寗而止是年與英訂保工條約時英於南斐洲新屬欲招華工開礦政府援咸豐十年約與訂專章至是約成遣領事於華工駐在地善視之三十一年四月與英續訂滇緬電綫約款英派委印度電務司貝林登爲議約專員電政大臣袁世凱委道員朱寶奎與議貝林登又請添造江通至思茅副綫一條不許遂定議簽押又與英訂道清鐵路借款行車合同初英使向總署索英商承造鐵路五條不許英復援鑛務合同許有修築鐵路由鑛山運送鑛產至河口以達長江欲修澤襄鐵路嗣以襄陽至漢口水道不能通暢請改道澤鐵路欲在河南懷慶府與蘆漢銜接渡河後折入安徽正陽關以達江蘇江浦縣之浦口改名懷浦鐵路總署以懷浦遠跨豫皖名爲緯路實已斜互南北隱然增一幹路以爲有妨蘆漢仍不許英使乃請修由澤州至道口鐵路許之鐵路大臣盛宣懷等與議借欵爲目二十一行車款十英金七十萬鎊五釐行息九扣交付折實六十三萬鎊又同時訂擬設山西鎔化廠及合辦鑛務合同並請修廣州九龍鐵路英使復請借欵合同須由外務部將上諭照會立案方允畫押許之三十二年四月與英訂藏印條約初中國於光緒十六十九兩年與英訂藏印條約然藏哲界牌既未建立英人入藏細則又久未定二十九年印督遣兵入藏次年春度大吉嶺據江孜其夏遂入拉薩及達賴私與英訂約駐藏大臣有泰始入告而英藏約已成政府命有泰與英議廢約無效復命外務部左侍郎唐紹儀爲議約全權大臣赴印度與英外部專使費利夏會議費利夏欲我認印藏新約方允改訂紹儀不可英遂欲停議紹儀不得已與商訂約稿六條外務部王大臣以約內第一欵有英國國家允認中國爲西藏之上國一語最有關係電紹儀使改上國爲主國費利夏持不可約久未定九月召紹儀回京而以參贊張蔭棠爲大臣接辦約事外務部商諸英使薩道義刪約稿第一條英政府允諾而其他條款則不容再改然費利夏仍堅持初議數促蔭棠畫諾即第一條亦不能增減一字蔭棠力拒之會英廷新易政府繼任者乃飭薩道義在京續商久之始議訂正約五條未幾片馬交涉又起片馬處滇緬交界之間屬於騰越英併緬甸至是兩國會勘境界至片馬附近各執爲本國土地久不決時英又欲遣工程師勘騰越至大理中間道路請中國保護滇督丁振鐸照會英領事以滇現奏設公司自行修造與前會勘時情形不同請勿派往英使朱爾典旋照會外務部云據光緒二十八年二月初七日照會英得有承造新街至騰越鐵路之權而承辦此段較短之鐵路英政府不能視爲足抵光緒二十四年三月准法政府或法政府所指之法商修造勞開至雲南府鐵路之利益外務部覆引中緬附約謂第十二條載明中國答允將來審量在雲南修建鐵路與貿易有無裨益如果修建即允與緬甸鐵路相接是該處中國境內鐵路應由中國自行審量迨光緒二十七年九月十九十月十六等日本部先後復薩前大臣照會均一再守此旨並聲明法國鐵路由雲南邊界修至雲南本爲條約所准與滇緬約意不同緣兩國交涉各有約章可據固不能相提並論也逮二十八年二月初三日准薩前大臣照稱本國署理騰越烈領事不日將往雲南府與滇督面商鐵路邊界各事宜滇緬鐵路相接爲振興商務之舉凡在滇省允給法商之利益應一體允給英商本部當以原照所稱面商鐵路邊界各事宜又稱滇緬鐵路相接曰邊界曰相接均係按照原約立論故於是月初七日以據咨滇督也嗣於本年正月准滇督文稱准英務領事照會接烈領事來電奉緬政府電擬由新街達騰越修造一鐵路以便商人運貨先派公司勘明可否能修再議商辦當復以派員會勘各修各路各出各費等語是滇與英領事所迭次議商者亦均抱定約章鐵路相接之一語毫無剌謬本年五月滇督奏請修理騰越小鐵路籌欵自辦奉旨允准原期中國雲南境內次第修建以符與緬路相接之權乃貴大臣來照以爲英政府得有承造新街至騰越鐵路之權並引二十八年二月初七日之文爲據而以允給法商之利益相比例實與中緬附約暨本部迭次照會之意不符蓋不認英有造騰越鐵路之權也三十三年正月與英訂九廣鐵路借欵正合同初英既得九龍即請承修由廣州至九龍鐵路總署令督辦鐵路大臣盛宣懷與英商怡和洋行議辦已簽草合同五條旋因事未行至是又以爲請外務部電知粵督岑春煊以此項草約雖云仿照滬甯辦法而滬甯路長費鉅九廣路短費少情形不同應查酌第二欵熟權利弊派員與中英公司研商以符原議四月與英公司代理人羅士濮蘭德議岑春煊欲照津榆鐵路辦法濮蘭德以成議在先不允由粵到京與唐紹儀等接議久之約成議借英金一百五十萬鎊照慮九四折納年息五釐以本路作抵押三十年爲期滿十二年半後按照列表分期還本二十五年以前如欲於表額外多還股本每英金一百鎊加還兩鎊半中英公司代售此項股票其股票塡明價値若干鎊由中國駐英大臣與英公司商定所有建路及一切工需均由粵督督辦其重要職司應用中國人允當開工時即於廣州設立總局一所總理造路行車各事由總督派中國總辦一人管理佐以英國總工程司及總管帳各一人均由總督核准英公司辦事出力給予酬金三萬五千鎊兩期交付其一切用錢暨酬勞費均在內並聲明此路確係中國產業倘自本合同簽定之日起八個月並未興工即作廢紙所載權利均不得讓給他國中國亦不得另建一路以奪本路利益旋簽押六月政府命湖南巡撫岑春蓂查辦雲南與英畫界失地案先是雲貴總督丁振鐸委候補知府石鴻韶與英領事烈敦會勘騰越北段尖高山以北界從尖高山起向北勘越高黎共雪山直抵麗江府所管地烈敦執定以大啞口爲界石鴻韶執定以小江邊爲界貴州提學使陳榮昌奏參石鴻韶定界有失地事政府命岑春蓂查辦春蓂派候補道沈祖燕往勘旋覆稟云卷查烈領事此次所勘之界係從尖高山起東至胆札山過狼牙山磨石河頭搬瓦了口姊妹山大啞口茨竹了口片馬了口直上高黎共雪山北往西藏所云大啞口即爲恩買卡河與潞江中間之分水嶺其照會石道有云由明光河頭直上高黎共雪山頂由山頂北往西藏凡水入金沙江者概歸緬甸管理等語若不幸照此定界則是由滇而蜀而藏邊界之地所被其割去者當以數千里計外務部所謂直是分割華境是斷不能允從可無庸置議者也若石道所擬以小江邊爲界係從尖高山起由磨石河頭直上歪頭山過之非河經張家坡登高良共山又抵九角塘河

順小江邊復另行樠出上至小江源又至板廠山爲止查其所勘之界於騰越保山雲龍龍陵各屬土司素所管轄之地數百年來向化中國者一旦棄去不少又言北段界務自以外務部所言之界綫由尖高山起至石我獨木二河之間循恩買卡河至小江西恩買卡河之東之分水嶺爲界按此嶺當是他戛甲大山最爲持平且英使本有以小江即恩買卡河以東之分水嶺作爲定界又云天然界綫係自東流入恩買卡河即小江諸江之分水嶺等語與此正合則此次勘界即於恩買卡河循流而行至小江止已足滿意且所勘滇緬北段本祇爲騰越與野人山之界則必執定騰越諸土司之屬地及野人山之分界處以畫界自是一定不易之理而與小江即恩買卡河以東之分水嶺又自東流入恩買卡河即小江諸江之分水嶺並與譯出薛星使福成二十年簽押英文圖內之恩買卡分水嶺其部位亦均相符合石道併不先自詳審界限而惟處處曲徇以致失誤此眞爲人意料所不及者也查此次勘界英使既言以小江即恩買卡河以東之分水嶺爲界又言自東流入恩買卡河即小江諸河之分水嶺既明曰以東又明曰自東流入何以任烈領事之混爲西流竟勘至狼牙山迤北至大啞口而止此其誤者一又外務部覆稱明有各守邊界之文此爲甘稗地茨竹派賴燒殺之役而起各守之地自即在此何以不實守此小江邊界之說至小江順流而下而反另向東行指鹿爲馬再直上別尋一小江源至板廠山爲界此其誤者二又英使所言天然界綫乃自東流入恩買卡河即小江諸水之分水嶺而烈領事所勘乃指恩買卡河與龍江之分水嶺謂嶺之東所有溪河均入明光龍江嶺之西所有溪河均入恩買卡金沙江以此嶺之東西爲中緬之分界石道不能明據小江東流力爲駮斥而乃以山形水勢則然一語含混答覆而竟任烈領事之隨意所指東西自便此其誤者三且即如英使照會恩買卡河與潞江之分水嶺之說此嶺即爲大啞口亦祇西勘至片馬了口爲止何以任烈領事直上高黎共雪山竟偕測繪王生勘至麗江府屬蘭州邊界始回也此其誤者四又小江外如噬戛等寨係騰越屬之茨竹大塘土司所轄確鑿可據乃烈領事照會言貴道來示謂已摒諸化外而石道覆稱又言業經聲明久在化外石道責在勘界並不援據力爭而反先自認久在化外實所不解此其誤者五又茅貢等寨原係滇灘屬土司所轄本中國舊有之地不過英兵曾經至此並强收門戶稅而已並非英人實已占爲屬地而中國有允認之明文也乃石道照會謂早經貴國辦過案件不復管理竟絕不置辨此其誤者六至於大啞口外如甘稗地等各處烈領事欲仿三角地成案作爲永租既欲議租則已明認爲中國之地正可趁此力駮使之無辭可遁計大啞口外共有一十八寨其地甚廣豈可輕棄且既認租則茨竹派賴燒殺一百十四命之案明是入我中國之界正可提議使之不能諉卸何以絕不辨論此其誤者七又狼速之地甚爲遼闊一名狼宋大理府志莪昌散處於狼宋曹潤趕馬撒之間道光十八年准兵部議以趕馬撒曹潤等寨歸雲龍州管轄則狼速乃大理府屬境若如石道所勘另尋一小江源至板廠山爲界則不特噬戛等一十八寨摒諸化外且並將狼速地一帶地方亦概棄之不問矣此其誤者八然此八者其害尚祇在滇省也更有大誤足以爲將來之後患者一則小江外之狼速地一旦棄去再北而爲猺夷其地踞龍潞兩江之上流東接維西中甸直通麗江北與四川之巴塘裏塘諸土司相接西北即可以通至西藏一則高黎共雪山之地任其節外生枝自往履勘將來若果曲從則即可從此高黎共雪山之頂沿潞江金沙江之上流由北直進不特球夷猺夷之地去其大半即維西屬之鋪拉籠西藏屬之擦瓦龍一帶皆將被其所侵佔所失之土地豈尚可以數計岑春蓂得覆即據以入奏上諭革石鴻韶等職仍不允時因津鎮鐵路借款直隸山東江蘇三省商民欲廢約英不允允改章德與英同英又因鄂境修造粵漢川漢兩路需款欲借款於中國却之是年山西商務局與英福公司議定贖回開礦製鐵轉運合同初晉省礦由晉商與福公司商人羅沙第訂立合同旋於光緒二十四年復由商務局紳商與福公司改訂借欵章程二十條三十一年又經盛宣懷續立合同四條案久未結至是商務局員紳並全省代表各員在京開議訂定贖回自辦合同十二條贖欵行平化寶銀二百七十五萬兩由山西商務局擔任按期交清三十四年二月與英訂滬杭甬鐵路借欵合同先是滬杭甬鐵路已立有草合同四條一訂草約章程與滬甯鐵路章程一樣二將來訂正約仍與嗣後商定核准之滬甯正約一樣三從速測勘四如有地方窒礙之處即行更正俟訂正約即會同入奏至是浙江紳士籌辦全省鐵路欲廢前約收回自辦英使不允因命侍郎汪大燮等與英公司改商借欵辦法久未決於是政府再命侍郎梁敦彥接議分辦路借欵爲兩事路由中國自造除華商原有股本儘數備用外約仍需英金一百五十萬鎊即向英公司籌借按九三折扣交納年五釐息以三十年爲期並聲明如所收此路進項不足由關內外鐵路餘利撥付凡提用款項均由郵傳部或其所派之人經理此鐵路建造工程以及管理一切之權全歸中國國家英公司代購外洋材料機器以三萬五千鎊作爲酬勞一切用銀均在內選用英總工程司一人仍須聽命於總辦等語遂定議九月與英訂藏印通商章程是年借英滙豐及法滙理銀行欵收回京漢鐵路宣統元年四月督辦鐵道大臣張之洞與英及德法美四國銀行訂粵漢川漢鐵道借款草約豫定六百萬鎊會之洞卒復與盛宣懷立約續成之又與英及德兩公司續訂津浦鐵路借欵合同共二十四欵借英金五百萬鎊年息五釐路工四年造竣二年英人以兵力據片馬設礮台於高黎貢山侵踞小江以北茶山土司地滇人大憤各省人亦起應之遂電政府請力爭滇督李經羲亦請外務部與英使交涉英卒不退兵三年復派員與英劃境不省是年度支部尚書載澤與英及德法美締結一千萬鎊借欵契約以改革幣制及東三省興業爲詞是爲四國借款契約又與英訂禁煙條件原議十年遞減至是中國以爲國內栽種吸食漸已減少欲縮短年限禁絕與英特訂專條期印藥不入中國而第三條又言廣州上海二口爲最後之結束不能驟禁於是煙卒不能禁矣

清史稿

邦交志三

法蘭西

法蘭西一名佛郎機在歐羅巴之西清順治四年來廣東互市廣東總督佟養甲疏言佛郎機國人寓居濠境澳門與粵商互市仍禁深入省會法人素崇天主教康熙以來屢禁漢人入教道光二十五年法商赴粵詣總督署請弛漢人習教之禁總督耆英據以入告許之開堂傳教仍限於海口禁入內地咸豐三年十二月有法輪船一駛入長江未幾解纜去而法與英美又欲變通成約廣東總督葉名琛以換約未屆期拒之遂偕英美逕赴天津要求如英美并請釋陝西傳教人長蘆鹽政崇綸等以聞上以定例五口通商外不許外人擅入內地何以陝西盩厔縣有法人傳教飭令詳查並嚴詞拒之乃去時粵賊踞上海築礮隄防禦吉爾杭阿因向法提督辣厄爾告以賊築礮隄爾國領事署首當其衝應速遷以免受傷辣厄爾立毀其隄并礮擊賊事聞獎之六年六月英美各國求換約法公使顧思照會兩廣總督葉名琛援約與英美一體力阻不從七年十二月二十一日英人結法公使噶歷爲援襲入廣東省城擄名琛以去先是法人謂有人殺其說書老人向名琛索犯限三日交出並要求五事一入城二索河南地三求改章程四索補兵費五求通商限日答覆名琛回牒許通商餘皆不許而又不設備遂至被擄英法連檣赴天津美俄亦相繼至各有所求法人又欲推廣商埠任意傳教遣公使駐京入內地買絲茶並請查辦廣西西林縣殺馬神父案皆不許八年三月法與英人攻踞海口礮臺進逼天津於是命大學士桂良吏部尚書花沙納往議徇所請遂於五月定約法得通商傳教及兵費幾與英等九年五月法公使布爾布隆以進京換約爲名隨英公使普魯斯赴天津拒不納致傷敗數百人折回上海聲言調兵復仇未幾法人復北駛分擾登靑等處十年六月隨英來攻連陷新河唐兒沽北岸礮臺遂入天津先是遣西甯辦事大臣文俊武備院卿恆祺往議不報至是又遣桂良恆福爲欽差大臣往津會議冀緩師而法與英益恣要求初津約原許補法軍費二百萬英四百萬至是英索倍加法欲照英數復要求天津通商京師長駐朝旨不許乃隨英督兵北上進逼通州京師戒嚴怡親王載垣等再議和不就進薄京師八月恭親王奕訢留守再議和九月和議成所得通商軍費權利與英等而傳教建堂初無限制十月始定傳教之人須薙髮服中國衣冠其入內地預領中法合同護照向所過地方官鈐印以爲信據法人以江南爲新許商埠欲早通商請助勦粵賊不許十一年二月法公使布爾布隆借英使普魯斯由津如京此爲各國公使駐京之始先是條約有還清軍費始行退出廣東省城之議至是法人哥士耆來言願先撤兵退出粵城並求廣東藩署賃作領事署又索還京城及各省天主堂舊基均許之九月交還廣東省城同治元年正月粵賊陷蘇松常太等郡朝議募洋將助勦法人與焉是年貴州提督田興恕殺教民毀天主堂法使哥士耆以爲言朝廷命崇實駱秉章勞崇光及張亮基入黔查辦久不決會哥士耆回國新公使柏爾德密至始允照中律擬結同治四年法請開江甯商埠五年議招工章程七年冬四川酉陽州有殺傷教士案又有

貴州遵義民教仇殺事法使羅淑亞上書稱遠臣歸咎於中國官吏且言當離京往津候本國水師提督到後偕行以爲要挾命湖廣總督李鴻章查辦久之始結十二月始遣欽使總理各國事務衙門章京志剛孫家穀偕美前使蒲安臣至法遞國書見其國主那波侖第三復見其后各致頌詞成禮而退九年夏五月天津民擊殺法領事豐大業初天津喧傳天主教堂迷拐幼孩抉眼剜心爲藥料人情洶洶三口通商大臣崇厚等詣法領事豐大業赴堂同訊觀者麕集偶與教堂人違言磚石相抛擊豐大業怒徑至崇厚署忿詈至擬以洋槍出遇劉傑復以槍擊傷某僕遂羣起毆斃豐大業鳴鑼集衆焚燬教堂洋房數處教民及洋人死者數十人事聞命大學士直隸總督曾國藩赴津查辦國藩至津示諭士民宣布懷柔外國息事安民之意法公使羅淑亞來見以四事相要曰賠修教堂曰埋葬豐大業曰查辦地方官曰懲究凶手尋牒請將府縣官及提督國瑞抵罪國藩拒之與崇厚會奏稱仁慈堂查出男女訊無被拐情事懇降諭各省俾士民咸知謠傳多係虛誣請將道府縣三員均撤任查辦奏入報可遂於八月擬結辦爲首十數人天津府縣減戍黑龍江十一年法遣全權大臣熱福里如京換約並進書籍十二年穆宗親政各國請覲見法與焉是年法人侵越南入河內省城光緒四年始遣兵部左侍郎郭嵩燾以英使兼法使明年代以太常寺少卿曾紀澤越南向隸藩屬自法據西貢脅越人訂約許於紅江通舟曾紀澤與法外部言法越私立之約中國不能認不省八年二月法兵船由西貢駛至海防進口三月陷河內省朝議始遣提督黃桂蘭等軍出關既而法公使寶海向北洋大臣李鴻章要求中國退兵及通商保勝驅逐盜賊畫紅江南北爲界朝廷下各督撫議法人見不允所求遂欲增軍撤使以相恫喝九年三月戰事起法據南定旋爲劉永福所敗會越王薨法以兵脅嗣王立新約二十七條盡攘其兵權利權政權並申明越境全歸保護中國不得干預中國聞之乃命唐炯徐元旭出關彭玉麟辦粵防張佩綸會辦軍務會山西北甯連陷官軍退守太原法乘勢擾浙閩陷基隆澎湖至是始宣戰十年二月諒山大捷法忽請和命吳大澂陳寶琛張佩綸會辦海防以議和全權任李鴻章先是福祿諾所擬五條僅允不索兵費不入滇境而要挾中國不再與聞越事議久不決五月法兵以巡防爲名忽攻諒山敗走藉口中國不能如約退師責賠費不允法使巴德諾出京六月攻台北基隆爲劉銘傳所敗秋七月法水師提督孤拔等率兵船入閩泊馬尾等處迫交船廠欲據爲質時張佩綸以會辦海防兼船政大臣漫不設備法遂開礮毀船廠復分兵擾東京臺灣陷基隆窺諒山十一年春正月犯鎮南關楊玉科戰沒旋收復大創之並砲斃孤拔於南洋法人乃請和願照天津原約不索償款李鴻章與議新約十條一法自行弭亂華不派兵赴北圻二法與越自立約或已定或續立中越往來不礙中國威望體面亦不違此次約三六箇月會勘界北圻界處或稍改正以期兩益四法保護人民欲過界入中國邊員給照華人入越請法給照五保勝以西諒山以北通商華設關法設領事北圻亦可駐華領事六三個月內會定商款法運越貨稅照他處較減七法在北圻造鐵路中國若造鐵路雇法工八此約十年再修九法即退基隆二月內台灣澎湖全退中法前約照舊等語旋法派戈可當代爲駐華公使欲改前約出所擬二十四條鴻章以與原約不符不許戈使又欲辦滇粵礦務及製造土貨運越南食鹽復拒之又欲於雲南省城及廣西內地設領事時正遣鄧承修周德潤與法勘界鴻章謂宜俟邊界勘明方能指定通商碼頭戈使又要求稅則減半鴻章祇允五分減一又另擬通商章程十八款並將互交逃犯洋藥進出口各條亦擬在內法使復援咸豐八年約內第七款有工作二字仍要求增入在口製造許之時雲南界務周德潤會商岑毓英後出關與法使狄隆晤商擬先勘保勝上游一二段並同擬全局辦法八條一中法兩國勘界大臣等說明所應勘之界俱是現在之界一勘現界後或有改正之處兩國勘界大臣公同商酌如彼此意見不合各請旨商辦一續開勘雲越交界中國大臣等意欲一律勘完所以照會法國請旨一各大臣等商議先由老街勘到龍膊河及龍膊河鄰近地方復回老街再勘老街鄰近地方一勘老街至龍膊河之界中法繪圖各官從紅江南岸歸一路同走中國繪圖官歸法國保護自老街起至龍膊河止兩國勘界大臣等各走雲越邊界一紅河自北河岸之老鑿至南岸之龍膊以河中爲界一雲越之界遇有以河爲界均以河中爲界如有全河現在歸中國界者仍歸中國現在歸越南界者仍歸越南一勘界時隨處開節略圖說均由兩國大臣等畫押以上節略彼此畫押遵守德潤與狄隆各按地圖校改互有爭執而於大小賭呪河猛梭猛賴兩段爭執尤力會法勘路弁兵在者蘭被越游勇所戕法指爲雲南提督散勇中國不承狄隆欲緩勘但就圖定界粵東粵西界務鄧承修與張之洞李秉衡等會商其與法使浦理燮在關門文淵會議承修執約內北圻邊界必要更正以期兩國有益之語欲以諒山迤西自艽葑高平省至保樂州東自祿平那陽先安州至海甯府劃歸中界浦使以據約不過於兩邊界址略爲更改不能及諒山及東西地旋允請示本國卒不行十二年復議界會浦理燮病僅由鎮南起勘至平關而止東西不過三百餘里餘未履勘浦理燮旋回國法改派狄隆由滇赴粵與鄧承修等議界先是鴻章欲先議界後議商約法使不從乃復議商約至是議成十九款一保勝以上某處諒山以北某處中國設關通商許法設立領事二中國可在河內海防二處設立領事並可商酌在北圻他處設領事惟須後日三兩國領事駐紮及商民通商均須優待四中國人在越置地建屋及官商往來公文書信電報法允保護遞送五兩國游歷人過界各發給護照六七出口貨照稅則三分減一進口貨照稅則五分減一估價之貨爲稅則所未載者進出口仍照値百抽五徵收至洋土各貨赴內地買賣應完子口稅不在減徵之列八九載明洋土各貨在邊關已完稅復轉運通商各海關者均照海關稅則另收正稅不以邊關單作抵其在邊關所領存票亦只准在邊關抵稅概不發還現銀十至十二嚴防詐僞偷漏之法十三定洋人自用雜物免稅之法十四定洋土各藥不准販運買賣十五米穀等糧不准販運出中國邊關進關准免稅違禁物各禁十六中國商民僑居越南所有命案賦稅詞訟等件法國應優待十七中國人犯罪照中律法領事宜拘送不得庇匿十八十九定條約續修期限及互換遵守各事是爲滇粵邊界通商約商約既定鄧承修即赴欽州之東興與狄隆議勘東界狄隆以中國所屬江平黃竹白龍尾爲越境鄧承修以數地皆內地有圖可據不許辯論不洽狄隆又約履勘承修欲照雲南分途履勘辦法並請先撤江平法兵越日復議請旨立約三條一大段相合二較圖不合作爲未定各請示本國三勘其去江平之兵及辦事官員又令以後未定界內不得再派兵及官員前往狄隆不允轉要承修不得於未定界內駐兵時張之洞所派道員王之春李興銳亦與會議界將及一年中國屢請撤兵法兵分屯江平黃竹石角句冬白龍尾等處如故會總署允承修所定三條承修命王之春往議狄隆執不允而法人突以兵踞白龍尾驅害汛兵華民築營壘承修請令撤退狄隆諉之時桂界已校竣欽界南自嘉隆河北抵北崙十萬山分茅嶺西至峒中墟北亦允歸中國而白龍江平狄隆謂須以商務抵換又以九頭山未議及之春與議亦無效狄隆又欲議海界以津約所無未奉旨議海界郤之法又欲以白龍江平抵換龍州通商初恭思當來華也即有求改商約之請總署以界務方殷且商約既經畫押何能議改拒之至是復以爲請並以商務苟可通融界務亦可稍讓稱已奉本國訓准令在京商辦總署以狄隆與鄧承修議界久不決允與商辦恭思當始允中國廣東邊界除現在勘界大臣劃定外所有白龍尾及江平黃竹一帶地方並雲南邊界前歸另議之南丹山以北西至狗頭寨東至清水河一帶地方均歸中國管轄又議減稅總署以俄國通商章程辦有成案滇桂邊界皆爲陸路不得不酌議減稅以歸平允於是議進口稅減十分之三出口稅減十分之四滇土藥每百觔定稅釐各二十兩必完釐者方准法商完稅接買並不准法越商人往入內地販運高平諒山往來之船隻免征稅仍納船鈔惟運販食鹽接辦鐵路及越南與滇粵通商進出口稅則均請減半運中國土貨往中國各海口稅則減三分之一各節均拒絕刪節計訂商務續約十條界務續約四條又照會緩設領事及法在龍蒙等處之領事等官不得設立租界二端是爲與法勘界通商續約十四年法領事藉口華船常到海防向廉州請示諭船戶須向領事領照無照即將船扣留張之洞以條約向章所無海防各國船隻均可往何獨華船不許駁阻法領事張貼告白收取船規每船輸銀自數元至數十元不等云係法使所定之洞致總署請其停止收規是年法人請接中國兩粵電綫許之又芒街法兵越界焚掠那沙之洞致總署請向法使責賠償十五年法船駛進瓊州所屬崖州東百里之榆林港測探水道上岸釘樁插標阻之法領事又在北海徵收漁船照費政府以有侵中國主權不許十月定界委員李受彤與法官勘東興一帶河界定議此後河中淤有沙洲近華者歸華近越者歸越河道即有更改無論河在何境兩國均許行船是年法使以華兵駐越南之板邦爲言又稱那沙墟不在中國界內實在北圻橫模社對面先安河北岸與板邦相近又稱去冬官兵迎收被剿敗匪係指離芒街八里之甯陽大廟對面大河北岸而言並命查復嗣李受彤復電謂州西分界自八莊歷板興板山冷峒止前有溝離越南峒中三里即以此溝爲界冷峒係丑艮寅向峒中係未坤申向那沙在西北戌乾亥向峒中墟居中兩旁有溝水向西合流入先安河以方向論溝西南概爲越地溝西北概爲華地以社論那沙與板峒爲建延社地與峒中爲橫模社地無涉以交界論那沙北壓那懷約二十五里即北岩係廣西上思州地以欽差所定界圖論

那懷屬我那沙即附連那懷相離僅三里前並無墟去年正月峒中墟華民始由峒中遷此去年十一月以前法未踰溝到此十二月始有焚殺那沙墟事擄去婦女隨即給銀放回其法官自向婦女言係踰界誤拏再查界圖西北有板邦隘係廣西地又土人言橫模西南離六十里有板邦屬越地峒中之東並無板邦只有板奔離峒中約九里係內地去年秋萃軍防營駐此因疫退駐板興今板奔並無防勇又查寧陽離芒街十餘里在東興西南中隔河必船乃渡即有勇亦難迎庇且並無勇等語又馮子材電亦云然張之洞以兩說歧異由於華民以溝水爲界法以先安河北岸爲界溝即河也原圖均未指明那沙係去年正月新立之墟距界甚近故致彼此爭執既悉板邦隘另是一地實屬廣西十六年九月歸逃人魏名高等十八人十七年八月法使林椿改擬新咖雷多尼招工合同第十四條緣第十四條中國原擬派員作理事官林使不允改作爲華工統領所得權利僅止赴訴公堂及請狀師理論李鴻章以所改仍與工頭無異爲得有權保護不許時湖南民攻詆洋教法領事欲赴長沙開馬頭設教堂阻之十九年四月請東興芒街接修電綫粵督以前辦界案尚有數十里至今未定遽與接綫界未劃定之處歸何人保護必致多生轇轕仍促先速定界二十年法使日海遞國書又議寓越華人減身稅事並論暹羅邊界李鴻章據英與法議暹羅交界有甌脫地應歸中國日海不允三月與法會勘欽越界初法派巴拉第法蘭亭均以約內載明屬我之板興嶺懷等處爭爲己有政府不允至是法改派柯麻暨其總辦綢釐啖接辦粵督李瀚章派李受彤與會勘始知巴拉第法蘭亭所爭險要與越南皆隔深溝峻嶺而溝尤多因與約定按界綫有水處以水爲界有山處以山爲界計長四百里陸界僅五十里皆峻嶺餘悉溝界惟披勞縱橫約三里各分一半餘如原勘圖約所載分茅嶺板興板典嶺懷等處及峒中十里均歸中國時滇越亦議界滇督王文韶不允爭已定界祇就黃樹皮箐門及猛岡各處向駐有華兵處緩撤兵以待法防之至界約遂定二十一年中日約成法求換商約界約遂許開龍州蒙自等埠並與越界綫內猛烏烏得二地初中國認此二地爲寧洱縣屬車里土司之地法使謂舊屬越遂歸法有二十三年法要求瓊州不割讓租借於他國許之二十四年法乘廣東雷州人殺其士民二人以兵艦據廣州灣來商租借言爲停船屯煤之所無損中國主權而所租借跨高雷二府之間由海岸以入內地所得東海硇洲各島及赤坎志滿新墟等處均歸入租界又得吳川之半島及通明港是年又以兵強佔上海寧波四明公所義地寧人罷市幾激變久之始定時廣西永安有殺斃法教民之事方議辦犯劾官賠償建堂四條適值北海鐵路造至南甯援龍州鐵路案中法合辦法使遂要求將鐵路歸併教案議久始允就案議結不及他事又施南宜昌長沙均因教堂教民啟衅未結二十六年春拳匪亂法人調兵與德英俄美日本聯軍入京復督兵西進至廣昌屢阻之二十七年展漢口租界是年法遣鮑渥爲駐華公使二十八年外務部與法隆興公司總辦彌樂石訂雲南礦務章程先是彌樂石到滇與礦務大臣唐炯議欲設中西礦務公司唐炯入告奉旨交雲貴總督魏光燾等與彌樂石議歷七閱月始竣乃入奏略謂一初議限制中國公司延聘礦師貸用洋款後亦不入別國洋股專用英法礦師定議一運礦自修鐵路接通滇越幹路訂明俟幹路成時再議並禁售票搭載客貨預存限制一公司收買山地按民間租價公平租賃地由滇官指交價由公司照給逾限三年不辦原地歸還業主一完納礦稅議定按出井出爐礦質每百抽五抵納稅課並派員分礦監收適彌樂石由滇入京向外務部催訂合同外務部告以礦地未定未便先議章程並不准攬辦全省彌樂石允指澂江臨安開化雲南楚雄等府及元江州永北廳凡七處載入章程第一欵內將原議嗣後別國公司概不准來滇辦礦改爲嗣後別國公司概不准在公司所指之地勘采以清界限彌樂石以原議包辦全省礦利故願歲給京銅一百五十萬斤並津貼員弁兵勇護廠銀二萬兩今既改爲七處應請減議定繳京銅一百萬斤護廠費由公司給發不拘定數招募土勇改爲稟請地方官招募遴選武官一員管帶遂定議惟第一欵內載有公司尋出之金銀煤鐵五金白銅錫及火油寶石硃沙礦允給公司承辦等語滇督魏光燾以礦類白金白銅錫三項爲原章所無因咨外務部請照滇中前定原章照會英法公使轉令彌樂石仍將三項删除二十九年總理外務部慶親王奕劻與法使呂班訂滇越鐵路條約三十四條一鐵路自河口抵蒙自或由蒙自附近至雲南省城日後擬改須彼此商准二至四勘路繪圖及交地購地各事五各項廠棧同時開工六鐵軌寬一邁當七鐵路經過地方不得損壞城垣公署八九購料及挖取沙石採伐林木各事十運路及暫時興工各地用竣後即交還十一幹路造成商接支路十二各執事凡須專門學者可用外國人十三四工匠之招募管理及賞卹傷亡懲辦犯罪各辦法十五巡丁可募土民不得請派西兵十六洋員請給護照事十八租賃房屋事十九不得損及民人產業有則賠償二十火藥炸藥之運製及防險二十一二運貨納稅免稅各例二十三收費減費免費各例二十四鐵路不准載運交鹽及西國兵械如中國有戰事悉聽調度二十八設專門學堂二十九設電綫電話三十一滇省派員襄助公司三十二定公司補償中國查看費各員來往照料費三十四此路十八年期滿中國可與法國商議收回是年法人因吉林教案索賠償三十年秋七月法使館交還欽天監觀象臺儀器二十八件三十一年春法商欲自上海至紹興行輪阻之是年與各國定值百抽五稅則法有違言久之始允三十二年春正月二十九日南昌縣知縣江召棠被殺於天主堂先是召棠辦教案頗持正法教士王安之因上年荏港教案有二教民鄧貴和葛洪泰在南昌縣監禁強請釋放召棠向索縱囚其一匿法教堂中王安之不交函約召棠會飲被殺民情大憤集衆毀法教堂傷斃王安之及教習等數名並波及英教堂久之始定法人欲坐召棠自刎及派兵船來贛責償命鄂督張之洞查辦屢執仵傷單及醫憑單與爭終徇其請賠以法銀二十餘萬三十三年法遣領事入滇商辦事六月蒙自法郵局設代收遞人役詰之九月索還法人所佔塘沽碼頭宣統三年與四國銀行定粵漢川漢鐵路借欵合同原借五百五十萬金鎊五釐行息專爲築造粵漢川漢兩路法與英德美均與焉

美利堅

美利堅在亞美利加洲初來華貨船常至粵東道光二十一年英因鴉片之役詔停貿易美爲英人請准貨船入口不許二十二年與英和許寧波互市美商船由定海駛至甯波請報稅通商浙撫劉韻珂以聞朝旨以美通商向在粵東不許已復請增商埠將軍伊里布以聞許之命與英併議稅則明年三月美商船駛至上海求通商拒以稅則未定既聞英通商章程已議定復請援英例開市又稱進口洋參鉛斤二項稅則繁重請減輕以百斤取五爲率江督耆英等以洋參鉛斤歲來無多允酌改美人福士又請入覲不許冬十月福士忽稱有使臣顧盛來粵仍求覲見並遞國書欲與中國商議定約並稱沒蘭的彎兵船欲赴天津諭令折回不省二十四年四月美兵船進黃浦阻之答以進口專爲約束商民防範海盜無他意又責中國款待要求甚堅耆英等屢與駁詰於是酌定條款如商船納鈔已畢因貨未全銷改往別口轉售免重征又商船進口並未開艙即欲他往限二日出口不征稅鈔又商船進口納清稅餉欲將已卸之貨運往別口售賣免重納稅鈔此外又許其於貿易港口租地建禮拜堂及殯葬處所又許延請中國士人教習方言佐理筆墨及採買中國各項書籍又增入商人擅赴五口外私行交易及走私漏稅攜帶鴉片及違禁貨物聽中國官自行辦理治罪一款遂定議耆英請賜詔書褒美許之二十六年諭通商傳教祇許在五口不得羈留別地緣美人在定海傳教非條約所許故也十一月美使義華業來粵呈遞國書初欲入覲面呈耆英等以條約折之乃已咸豐三年七月美酋馬沙利來粵接辦本國公使事務齎有國書仍欲進京投遞中國持定約不許時賊氛未靖美兵船忽至滬揚言往鎮江等處察看賊情並整頓海口商務如督撫不與會晤當繕奏賫往天津投遞蘇撫許乃釗以聞命赴粵聽欽差大臣察辦同時美兵船又入琉球琉球王世子咨閩浙總督王懿德懿德以聞命粵督葉名琛曉諭使撤回兵船四年六月美麥蓮至上海要求赴揚子江一帶貿易請代奏江督怡良諭令回粵候葉名琛察辦麥蓮返粵名琛不予接見乃復回上海與英法人往見蘇撫吉爾杭阿要求赴天津變通成約吉爾杭阿拒之不聽既而船至天津命長蘆鹽政文謙等復阻之仍以進京求覲爲詞遞清摺要求十一款駁之惟華洋訴訟豁免積欠及廣東茶稅每擔加抽二錢允與商辦麥蓮等遂去六年美人伯駕來粵請換約時英人包令法人顧思同至亦請換約與伯駕同赴天津朝命葉名琛阻之旋駛至福建遞國書要求公使駐京中國遣大臣駐美京華盛頓劄命閩浙總督王懿德約回廣東嚴詞駁之伯駕不省八月偕本國水師提督奄師大郎乘火輪至上海云奉國主命必須入京覲見屢諭不從是年減免美在滬未繳關稅因粵賊滋擾美商受損失故也七年十月美遣新公使列衛廉來粵代伯駕會英人虜葉名琛省城被據美人來滬投遞牒大學士裕誠文顧勸和裕誠覆以已命黃宗漢赴廣辦理外國事務可速赴廣東會晤八年二月美隨英法調兵船來津命直隸總督譚廷襄等接晤美使與俄使普提雅廷同見廷襄欲變通舊

約未允五月命大學士桂良吏部尙書花沙納爲欽差大臣與美使列衞廉定約初美條款要求添商埠保教民立塔表鑄銀元賠損失防凌害船隻駛揚子江及粵東珠江並各支流文移達內閣使臣駐北京丈量船身計噸納鈔法以各用法律治本國人民特援最惠國利益均沾之例載入約中迄未行至是復請冬十月定通商稅則桂良致書美與英法使臣議通商善後事極陳領事之弊美列衞廉覆書略謂美國商民進內地按天津條約利益均沾是則美進內地所有請執照等情應同英法一例俟國主及國會議允批准和約後必明立律例交領事禁止不請執照或強請執照等事致免國民違犯中國憲典又整理有約無約各國之法本大臣向知此事應變通今請將中國所能行者略爲陳列按泰西各國公使凡此國領事奉遣至別國者若不得所往之國準信延接即不得赴任今凡有稱領事而中華國家或省憲地方官不肯明作準信延接者彼即無權辦事是則中國於此等兼攝領事即可推辭不接已延接者亦可聲明不與交往設有美國人兼攝無約領事藉作護身符以圖己益者地方官可却不與延款遇有事故令彼投明美國領事自應隨時辦理間或美國人兼攝領事而代無約商民討求地方官協助申理地方礙情代爲辦理者亦可對彼說明並非職守當然祇由於情面而已又若此等自稱領事有與海關辦理船隻餉項事宜者地方官可却以必須按照條約遵行倘彼固執己見干犯則例者中國地方官應用強禁阻前在天津時本大臣照會桂中堂花冢宰以中國必須購造外國戰艦火輪船者特爲此故足徵所言非謬也又領事不得干預貿易現美國定制凡干涉貿買者不得派作領事官又領事與地方官爭論前此動多牴牾本大臣深爲恨憤業經設法將一切事宜妥爲辦正嗣後果有仍前事款請照知本大臣定當修正若領事官不合之處地方官按理據實直斥其非不與共事此最善之法也總領事之設美國奉使駐紮中華者從無此制領事官亦無發給旗號之事本大臣復嚴諭領事嗣後不得有此以上據問直達猶有管見須照知者中國宜立國家旗號俾中國公私船盡行升用蓋美國制度凡本國人必用本國旗號泰西各國莫不皆然今中華貿易之盛而無旗號以保護何不亦仿他國之法使商船與盜賊有所區別而免商民之借用與假冒外國旗號哉桂良據奏厥後中國造輪船購戰艦用龍旗多采其議九年夏五月美使華若翰遵滬約改道北塘呈遞國書諭旨嘉獎七月換約還所擄前附和英人之蔣什坡美使回滬請照新章完納船鈔及在潮州臺灣先行開市欽差大臣兩江總督何桂清以前大學士桂良等給與照會言明各口通商俟英法條約議定再照新章辦理不服乃允先開潮州台灣兩口市及照新章納船鈔餘仍從緩十年美船隨英法聯軍北駛是年美國書及原本條約稅則遺失特命蘇撫薛煥先與說明照俄國一律以通行刊本爲憑美人許諾十一年四月始至漢口通商旋立九江市埠先是三月美水師總領施碟烈倫以火輪船至九江尋去至是美商擇地勘定九江城西琵琶亭空地三十畝以地勢低窪興工建築居民以未給價阻之領事別列子始赴道署許照英國價例給發九江關監督以此地在大街繁盛之區與龍開河偏僻有水者不同駁詰之別列子去監督因牒駐漢口總領事始許依民間賣買又增索至五十畝是爲美立九江市埠之始秋七月美設領事於漢陽並代理俄國漢口通商事務又爲美人在漢設領事之始同治元年粵賊陷蘇太各城上海爲各國通商之地蘇松太道吳煦招募壯勇雇洋人領隊有美人華爾者煦令管帶印度兵既印度兵遣撤煦令華爾管帶常勝軍協守松江屢出討賊有功奏給翎頂又白齊文者亦美人因華爾進命並在松江教習兵勇協同官軍勦賊屢立功華爾旋攻慈谿陣亡秋七月美伯理璽天德林肯亞伯剌罕遣使蒲玲堪安臣致皇帝書二年白齊文不遵調遣毆傷道員楊坊並刦餉四萬餘元事聞褫白齊文職命蘇撫李鴻章拿辦白齊文匿英兵艦美使蒲安臣以白齊文爲美國人覆牒爲代辨無罪總署以白齊文受中國官職應照中國法律懲辦辨駁久之美使始代白齊文認罪白齊文尋投賊被獲牒美使衞廉士述其罪狀請照前議亟予正法美使覆以請示本國白齊文尋溺死六年十月以美卸任使臣蒲安臣權充辦理中外交涉事務使臣時外洋諸國公使領事等先後來華於是特派蒲安臣以英人柏卓安法人德善爲左右協理志剛孫家穀二員同往會辦緣蒲安臣充美公使最久中外交涉總署深相倚任故特派往特與議定條欵凡事須咨總署覈定准駁試辦以一年爲期又以中外儀節不同呈遞國書須存國體又慮各國因蒲安臣係西人以西例優待當告以中國體制使各國了解不致疑中國將來無報施之禮迭咨蒲安臣蒲安臣遂西是年美羅妹商船至台灣之瑯璚洋面遭風船破被生番戕害又前有美商船羅發遭風飄至臺灣滷南海島亦被害至是美住廈門領事李讓禮欲坐兵船赴台住泊八月到瑯璚會台灣鎭總兵劉明燈究詰此案而龜仔角生番糾集十七番社謀抗拒劉明燈招番目卓杞篤往諭始知五十年前龜仔角一社之番悉被洋人殺害僅存樵者二人以致世世挾仇圖報因諭番人解散勸李讓禮無深究免再結仇李讓禮許諾遂議結既而李讓禮請在象鼻山設立礮臺未允七年春二月美使來言前年九月有本國商船兩隻在高麗閣淺被害尙餘四人請轉知高麗設法救護政府請高麗自行查明酌覈六月美人派兵船入高麗國王李熙奏聞中國查明並無羈留美人情事函致美使代爲解釋美使乃無言其兵船亦啟椗去是月蒲安臣等至美遞國書並增定條約其要目有八一美國與他國失和不得在中國洋面奪貨刼人二除原定貿易章程外與美商另開貿易之路皆由中國作主三中國派領事駐美通商各口四中美奉教各異兩國不得稍有屈抑五兩國人民互相往來游歷不得用法勉強招致六兩國人民互相居住照相待最優之國利益均沾七兩國人民往來遊學照最優之國優待並指定外國所居之地互設學堂八美國聲明並無干預中國內治之權其時曾國藩等鑒於道咸間條約失利特建議遣使往訂此約於領海申明公法於租界爭管理權於出洋華工謀保護且預防干涉內治云九月美使勞文羅斯來華遞國書並呈書籍及五穀各種請換中國書籍穀種許之九年三月美遣鏤斐迪充出使中國大臣遞國書前使勞文羅斯回國四月中國出使大臣蒲安臣在俄病卒特予一品銜給卹銀萬兩十年正月美致朝鮮函請中國代達謂將以兵船前往商辦事務中政府以權宜許爲轉達旋接朝鮮咨謂美使所投封函專爲曩年美商船來韓一遭風遇救一人沒貨無以爲一救一害相懸太甚欲請究治朝鮮以己國無殘害美船之事不允所請並請中國降旨開諭美使美使以降旨開諭是以屬國相待不受乃以兵船抵朝鮮脅之朝鮮人不服與力爭並報中國牒美使解之十二月美請援例開瓊州商埠十一年春二月許美國領事官代辦瑞士國商務瑞士國一名蘇益薩又稱綏沙蘭其商船至中國向以無約小國不設領事官至是請美領事官代辦商務美使牒稱遂次蘭國總署覆美使以瑞士事務祇可照料不能兼攝至通商納稅等事仍照向來無約各國祇許在海口通商其內地口岸及內地遊歷設局招工等事均不得一律均霑美使照覆更正遂次蘭爲瑞士美領事雖得照料瑞士國商務不得稱瑞士國領事官十二年春穆宗親政美隨英法俄德請覲見十三年美使鏤斐迪回國以艾忭敏爲駐華全權大臣覲見面遞國書光緒二年十一月美旗昌公司歸併中國招商局南洋大臣沈葆楨奏請給價銀二百二十萬兩報可四年出使大臣陳蘭彬等蒞美呈遞國書旋請設領事言華人僑美各邦約二十餘萬不設領事無以保護華民奏入許之五年美前統領格蘭忒來華値日本滅琉球政府因格蘭忒將遊日本託其轉圜格蘭忒至日本函勸中國與日本各設領事保護琉球中部其南部近台灣爲中國屬地割隸中國北部近薩摩島爲日本屬地割隸日本兩國均不允又請派員會議卒不得要領六年七月美遣使臣安吉立及修約使臣帥腓德笛銳克來華請與中國大臣議事總署以聞並言同治七年中國與美續增條約其第五款內有兩國人民任便往來得以自由等語近來金山士人深嫉華人奪其工作不能相容上年美議院曾有限制華人之議經其總統據約批駁去年彼國開議又欲苛待華人經副使臣容閎牒外部言與約不符始將此例停止是華人在彼得有保護者惟恃續增條約之力居多今遣使來華恐有刪改續增條約之意請派員商議奏入命總署大臣寶鋆李鴻藻爲全權大臣與美使議約初美續約第五款祇言兩國人民往來及遊歷貿易久居等人無華工字樣至是美使安吉立等遞修約節略內稱華工分住各口不下十萬人於本國平安有損請整理限制禁止總署以禁止一層與舊約不符惟限制一層尙可酌擬章程安吉立等以章程須由本國議院酌定此次來華祇求中國一言許其自行定限總署遂入奏與安吉立等議定四款凡傳教學習貿易遊歷人等仍往來自由其已在美華工亦仍舊保護惟續往承工之人定人數年數限制不得凌虐遂畫押蓋印期一年兩國御筆批准互換既而美金山於中國招商局和衆輪船進口有額外加徵船鈔貨稅之事出使美國大臣陳蘭彬等請乘美派人來華議約之際與交涉時美使安吉立亦牒總署詢中國徵收美國各船稅鈔與徵收中國及別國船稅鈔是否相同又中國在常關納稅鈔之船是否均與新關納稅鈔之船相同各等語又欲將兩國商民貿易有益之事及兩國商民爭訟申明觀審辦法加入約欵總署以商民貿易一款原可隨時商辦觀審一款本煙台條約所載此次申明與原議亦無出入因與定議仍候兩國御筆批准互換明年六月鈐印八年三月美欲與朝鮮結約通商遣總兵薾孚爾爲全權大臣乘兵船往議約朝鮮遣余允植赴保定謁見李鴻章請代爲主持與美使商議美使旋出所擬約稿其約稿未提明朝鮮爲中國屬邦鴻章請刪改薾孚爾執不允會

美署使何天爵在京與總署議允增屬邦字樣而內治外交仍許朝鮮自主九年出使美國大臣鄭藻如請於美紐約設領事官略言美國西通太平洋以金山埠爲首站東通大西洋以紐約埠爲首站兩埠爲往來必經之路金山業設領事近紐約華民往者日見增多土人不無嫉忌兼以古巴一島與紐約水路相通華民由古巴回籍者必假道紐約實爲通行要路請仿金山例設領事以資保護報可是年美與朝鮮換約遣使駐朝鮮漢城朝鮮遣使報之仍咨中國禮部僅報聞而已十年中法因越南啟釁招商局輪船商人籌照西國通例暫售與美國旗昌洋商保管旋事定仍收回十二年春美舊金山華民被美西人虐害中國索賠總統却之粵人聞之大憤爭欲起抗粵督張之洞恐其滋事一面曉諭粵民一面致總署及駐美使臣與美交涉請其賠償懲辦因疏言出洋粵民所訴焚掠殺逐種種遭害臚列各案內如光緒十年十二月天李架埠一案焚舖逐商刼財七萬餘元十年七月二十五日洛市內冷埠一案慘殺廖臣頌等二十八命傷十五人焚毀舖屋財物值十四萬餘元七月二十八日舍路埠一案慘殺莫月英等三命焚燒煤廠約值數萬旋將華人盡逐八月十一日倒路粉坑一案枉殺李駒南等五命九月二十八日喊龍埠一案焚逐失財數萬十二月初四日尾矢近地一案慘殺伍厚德等二命皆爲無辜被害其餘密謀殺害不可勝紀以致卓忌埠禮靜埠則有被逐之事與當埠拓市埠喜路卜埠鈴近埠匿架市埠洒市埠鉢倫埠云乃埠坎下埠古魯妞埠粒卜綠埠亦皆有定期議逐之事其金山大埠華民住房則有十苦之訴洗衣裳館則有六不近情之訴統大小各埠工商人等則有七難之訴所謂十苦者金山大埠住房每人限地八尺不足八尺者查拏監禁謂之犂房拏房之苦計地少紲同居概捉一也監後寓財盡竊無追二也回華有期暫寓被禁三也到埠貧乏借寓亦拏四也畏捉夜行㕞街被打五也工藝出監無處傭食六也監房地狹疾癘溢增七也入監勒銀始任贖出八也監鬱鬢亂被翦違制九也昏夜巡查破窗越屋十也所謂六不近情者洗衣館八九百間木樓木屋歷數十年乃借防火私擅勒令改建甎樓鐵門既非美廷所命別處又不一律一也拆改不獨勞費工衆無處容身二也甎鐵本重租貴主客兩受其害三也曬棚謬謂惹火別處樓棚更多四也任意拏人罰銀被擾至數百間五也洋館木樓曬棚何以不用此律六也所謂七難者一爲欲守業之難二爲欲拒匪之難三爲求保護之難四爲居散埠之難五爲居大埠之難六爲業工者之難七爲業商者之難等語又言金山各埠始則利華民之工勤價省多方招徠開礦修路諸工美商藉華工以獲利者不知其幾千億萬乃因埃利士黨人嫉妬把持合謀驅逐殘毒焚掠以奪其資財勒逼行主辭用華工以斷其生路華工既無生計華商亦遂賠折窮蹙留不能留歸不能歸保護亦無從保護情形實爲危慘假如將此十餘萬華民盡行驅歸中國沿海各省何處容之既屬可閔亦多隱憂此外南洋諸埠設皆踵事效尤何堪設想美與中國雖無嫌隙但此事係由美境土人專利而起其視華工究不免稍分畛域且美國官員近亦多有埃利士黨人在內多設苛政實有此情應請敕催美國嚴懲速辦初沙面燒洋房十四間償欵至鉅至是出使美國大臣鄭藻如電張之洞請查案援例之洞以金山殺掠重情過之十倍應照本案華民所失之數賠足並須財命兩究電覆令與交涉先是美使田貝允電本國速辦時新任張蔭桓爲美使仍留鄭藻如會同經理既而美調兵緝匪斃匪一名傷數名美總統及議院亦漸議護禁久之始允賠尋議寓美華工約定約六款首言中國以華工在美受虐申明續約禁止華工赴美次言華工在美有眷屬財產者仍准往來三言華工以外諸華人不在限禁之例並准假道美境四言華人在美除不入美籍外美國仍照約盡力保護五言華工人被害各案美國一律清償六言此約定期二十年互換議定畫押復命張蔭桓再與籌議蔭桓以三端要美一請酌減年限二請訂約以前回華之工如有眷產亦可禀報中國領事補給憑批回美三回華工人在美財產不及千元者作何辦法亦應商及議久不決十四年四月廣西桂平縣美教士富利淳醫館被毀領事索賠五千餘元拒之時粵民憤華工見拒羣起抵制且歸咎張蔭桓會命翰林院侍講崔國因代爲美日祕國出使大臣十六年國因到美美戶部忽訂新例於假道華民入境索質銀二百元出境發還下議院又議立限清查寓美華民戶口給照國因力與辯例旋廢初金山新例拘執華人令徙遷者限地界以華工居處不潔釀疾爲言至是始廢例銷案時換約期將屆適楊儒出使總署又以商改新例事委之儒涖美值美迫行華工註册新例當援條約駁詰美外部始商允議院展限半年被拘工人釋放而於註册之例堅不改移華工以例專分別新舊工人舊工固有安居樂業之便而新工因限禁不能到美屢倩律師控訴察院欲除此例美外部以例經議院議定不能廢仍限華人註册而總署電儒以先修約後註册爲關鍵儒當牒外部並就十四年約稿删去賠償一款易爲互交罪犯原約二十年之期改爲十年旋又接總署電言美必欲先行註册擬令寓華美民亦註册以相抵制屢議不決既美外部謂交犯一款與限禁華工保護華民不相涉應另訂專約不列款內十年之期可以允從寓華美工亦聽中國註册楊儒力爭寓華之美國教士亦須註册遂擬除工人外寓華別項美民自換約日起美政府允每年造册一次報知中國政府乃定議並於第五欵中寓華別項美民下註包括教士在內二十年二月畫押蓋印是爲重訂限禁華工保護華民約款又立互交罪犯約既成楊儒復籌寓美華民善後事宜因上言華工在美始自咸豐年間光緒六年始有限制工人之約華人寓美洋人指爲風俗之害者約有三端一曰鴉片一曰賭博一曰械鬭今惟有將此諸弊力圖革除一在申明律例治以各項應得之罪中國不爲袒庇一在詳示教條使知目前限制之故皆與煙賭械鬭各弊有涉俾各愧奮改圖庶不至爲人厭薄此治本之法也至於治標之法一在嚴禁冒商俾眞商不至受累一在疏通工路使新來之工得以謀生海外如此不獨華民生計可紓即中外邦交從此愈固矣是年中日啟釁美代中國保護在日本華商明年四川福建教案相繼起而古田案尤劇美與英法均請中國償款辦犯議久不決既而美使田貝函總署稱有各國耶穌教人公舉在華辦理教務教士李提摩太惠志縉册摺擬呈查閱請謁見允之二十三年美人在上海侵占租界外地初美所租同治初年止九百餘畝後美領事西華自畫界圈入未租民地萬餘畝光緒十九年十月兩江總督劉坤一飭將界綫內東北未租地收回二千六百畝而於西北界外所占之地未及淸釐至是美領事在蘇州河邊自立界石而河內地起建樓房署兩江總督張之洞請與英法界外侵占同嚴禁疏入交議二十四年出使大臣伍廷芳見德與中國因膠州失和請聯美略謂美合衆爲國其保邦制治國律以兼併他洲土地爲戒溯自海上用兵以來美兵船皆由英軍牽率而至道光二十一年粵東議款美實居間排解遂得定盟咸豐九年英法闖入大沽毀我防具美守前約船由北塘駛入呈遞國書情詞謙遜先換約而歸是通商以來美視諸國最爲恭順此次守約惟謹不肯附和雖因古巴議自主檀島議兼隸近在同洲大局未定不遑遠略亦因與我交誼素篤故不從合從之謀若能聯絡邦交深相結納似與大局不無裨益又因檀香山歸併於美請設領事保護華民略謂檀香山居太平洋之衝前本君主後改民主近因弱小求庇美邦設爲行省美議院業經議行此島華民不下三萬人向由商董立中華會館排難解紛光緒七年曾令商董陳國萬爲領事後美禁華工抵埠華民出洋皆趨檀島請設領事報可是年中國議修盧漢粵漢寧滬寧漢四路借欵各國美國願貸四百萬鎊於粵漢路旋聘美工師勘路二十六年拳匪作亂各國聯軍入京既各國會議條款美惟增教案被議人員不准復用之條餘未與附和會俄與中國訂退還東三省約中國復請美政府排解明年和議成議償欵四百五十兆美所分得償金三十二兆九十三萬有奇合美金二十四兆四十四萬餘元除給商人損失及海陸軍費外尙有溢出數十二兆七十餘萬元美總統羅斯福向議院提議溢出金仍還中國助中國教育即以此欵爲格致學生留美之用議行牒中國中國特遣專使唐紹儀赴美申謝既而各國賠款欲改銀爲金以金價算美爲商勸各國並謂衆議合索四百五十兆兩由各國自行均派中國不管其易作何項金錢是此項賠款照約載金價核算即四百五十兆海關銀數照約銀數付還亦即與用金付給無異美旋允照約還銀二十八年春三月議各國商約美使不願加稅至十五免釐與否聽中國自便是年命呂海寰盛宣懷議美約與美使迭次磋商張之洞劉坤一通電參酌始定議因上言釐定約欵十七條大致與英約相同而其中得失損益稍有區別第一款曰駐使體制美使原送約文聲明駐使可以行文各省將軍督撫駐紮大臣駁以美國向由外部轉行中國亦係由外務部咨轉不能兩歧駁令删去改爲中國駐使爲美國優待是以美使駐京中國亦一律優待以昭平允第二款曰領事權限報施一如駐使而聲明美國領事按例妥派外務部按照公例認許如所派不妥或與公例不合我即可不認冀以挽回主權第三款曰口岸利益此係查照日本舊約不能不許因即比照日約核改妥協第四款曰加稅免釐此爲全約主腦美使初祇允加至值百抽十並請我裁內地常關又不提明銷塲出廠等稅以爲中國主權所係不欲有所干礙屢費磋商勸至決裂臣等往復電酌彼始允加至十二五其所裁內地常關之稅任我改抽出產稅以爲抵補竊思內地常關不過十餘處各省土貨未必悉所經由按照英約載明進出口貨加稅後均得全免重徵則內地常關亦祇能徵土貨運出第一道之二五半稅若非第一常關則並無稅可收至土貨未經第一常關徵過二五半稅者出口時仍須徵足七五之數是常關雖裁亦無大礙今既任我改

抽出產稅則從源頭處抽收較無遺漏似更合算當時尙以與英約兩歧爲慮美使自認將來勸英照辦祇得允裁至於銷塲稅出廠稅及議增之出產稅美使雖不願詳載名目而於專條中聲敍本款所載各節毫無干礙中國主權徵抽他等稅項之意以渾括銷塲等稅保我主權第五款曰稅則附表彼請美國人在中國輸納稅項較最優待之國不得加重另徵臣等索其增入中國人民在美國納稅亦如之一節第六欵曰准設關棧係照英約酌辦第七款曰振興鑛務前半悉照英約彼請准美國人遵章開辦鑛務此本路鑛衙門定章所許因訂明美國人民辦理礦務居住之事應彼此會定章程以資鈐束第八款曰存票抵稅第九欵曰保護商標均與英約意義相等而於存票款中聲明除去船鈔一項以補英約所未及第十欵曰創製專照此欵深慮有礙中國工藝仿造駁論再三改爲俟中國設立專管衙門定有創製專律後再予保護其權仍自我操第十一款曰保護版權即中國書籍翻刻必究之意與之訂明若係美文由中國自繙華文可聽刊印售賣並中美人民所著書籍報紙等件有礙中國治安者應各按律例懲辦爲杜漸防微之計第十二欵曰內港行輪前兩節照英約大意聲明嗣後無論何時修改應由我查看酌辦末節如奉天府安東縣開埠事拖定自開而辦法略有變通第十三款曰改定國幣將英約所附照會納稅仍照關平一節增入款末第十四款曰輯睦民教教民犯法不得因入教免究並應遵納例定捐稅教士不得干預中國官員治理華民之權詳晰列明冀資補救第十五款曰治外法權第十六款曰禁止嗎啡鴉片皆我索其增添與英約一律第十七款曰修約換約期限係照立約通例復於約欵之外另行訂附件三端一爲內地徵抽鴉片鹽觔稅捐之事及保全稅捐防範走漏之法均任由中國政府自行辦理二爲所留通商口岸之常關設立分關保持稅餉三爲申明第五款所載稅則附表即前定切實値百抽五之稅則至內地常關雖裁並不藉此以裁北京崇文門並各城門及左右翼等處之稅由美使備一照會存案又第四欵不礙征抽他等稅項一語尙涉籠統由我備一照會聲明他等稅項即係包括銷塲出廠及改抽之出產各稅應仍聽中國自行辦理彼亦復一照會言明彼此意見相同分別簽押蓋印是爲中美商約一名通商行船條約三十年春美公司背約私售粵漢股票於比利時允比在湘造湘陰過常德至辰州一路張之洞致湖南巡撫趙爾巽請力阻並援合同第十七條專認美公司不得轉與他國人爲主旨湘人議曰承辦稟請廢約趙爾巽力主之時張之洞已奉廷寄廢約遂以三省紳民力持廢約電致盛宣懷宣懷旋電出使大臣梁誠牒美外部略謂美公司顯背合同必應作廢續約十七欵不得轉售他國現查底股比法居多事權他屬正約四十欵禁別人侵壞合同現派非美公司之錫度來華干預全路工程逾限廣州一節逾佔甚鉅請牒外務部註銷正續合同美政府覆牒允註銷合同仍不允廢約既而美公司舉前兵部路提等代議路事中國亦延美前外部大臣福士達鐵路律師良信等與之辯始允再集股東議售股本贖價及合同特權等費必須付現又索賠給工程司執事人等合同未滿撤退及註銷訂購物料合同之用二十五萬久不決至三十一年夏始簽字久之始以美金六百七十五萬元還美再加利息定議簽押時粵民因美禁華工並苛待留美商民私議抵拒美貨不果三十二年遣學生赴美留學三十三年美教士在河南信陽州所屬雞公山購地造房豫撫張人駿執條約公法教規與爭始允撤房退地停工卒延未撤銷三十四年八月與美訂立公斷專約初美使康格曾奉其總統命向中國提議與英法一律訂立公斷專約嗣以美總統與議院意見不合英法約作廢因罷議至是第二次和會和解紛爭之約又已畫押各國多互訂公斷專約美亦與英法日本訂約中國即電致出使美國大臣伍廷芳向美廷提議遂訂條約四欵凡關於法律意義或條約解釋爲外交法不能議結者皆屬之換約以五年爲限是年美約請各國在滬會議禁鴉片事宜中國命南洋大臣端方等涖會宣統元年春正月美使牒外務部請免收東三省新開各埠一切雜稅旋由外務部咨東三省覆稱不能免收因覆美使謂現所收各稅於各埠試辦章程並無妨礙若必欲使洋貨於抽釐一事毫無轇轕自非實行加稅免釐不可中國固甚願各國贊成斯舉也五月定留學生赴美名額因美退還庚子賠款爲中國學生赴美游學費議自退還之年起初四年每年遣一百名以後每年至少須遣五十名遂訂辦法大綱是年美工商部新頒華人入美保護例凡十條大旨仍重在禁止限制華工影射赴美而於商賈教習學生等游歷則從寬牒外部立案並同時通咨南北洋施行二年九月度支部大臣載澤與美使喀爾霍商定借款一千萬磅利息五釐美招英法德日結爲借欵團體是爲四國借欵

清史稿

邦交志五

德意志

德意志者日耳曼列國總部名也舊名邪馬尼居歐洲中原同盟三十六國而中惟布路斯最強咸豐十一年布路斯及德意志諸國請照英法等國換約江蘇巡撫薛煥不可其使臣艾林波赴天津呈三口通商大臣請立條約王大臣以聞命總理各國事務倉場總督崇綸充全權大臣赴天津會崇厚酌辦布使呈條約四十二款附款一條通商章程十款另款一條稅則一册其代呈德意志公會各國部名均照布國條約辦理既又稱日耳曼通商諸國欲在臺灣之雞籠浙江之溫州通商並照各國駐京辦事崇綸覆以日耳曼各國通商均歸布路斯統轄約束只辦通商不得涉別事並諭以京師非貿易之區不能派員常駐至雞籠溫州二處爲英法兩國條約所無不能增益時當四國換約法使哥士耆言日耳曼各國其最大者爲布路斯此外尙有邦晏等二十餘國一切章程歸布國議定崇綸等以所言告總署總署令哥士耆代阻之忽有布國人入京直入輔國將軍奕權宅強住總理各國事務戶部左侍郎文祥赴英館晤英使普魯斯言布國既不以禮來我國卽不能以禮往並告以艾林波如或來京亦當拒之不得謂中國無禮也普魯斯請牒知艾林波令迅速調回未幾布人相率回津而艾林波牒總署猶要求如故遂定議以五年後許派秉權大臣一員駐京兼辦各國事餘與法國條約略同是爲德意志與中國立約之始約既定總署又恐五年後布國派員來京仿照英法國住居府第復函屬崇綸等令其將不住府第一層載明約內艾林波允遞牒聲明將來不住府第由中國給一空閒地基聽其自行修蓋許之艾林波隨來京詣總署謁見未幾回津同治元年冬布使列斐士牒辦理通商事務大臣薛煥江蘇巡撫李鴻章謂換約一事德意志公會內除本國外尙有二十二國曰拜宴曰撒遜曰漢諾威曰威而顛白而額曰巴敦曰黑辛加習利曰黑星達而未司大曰布倫帥額曰阿爾敦布爾額曰盎生布而額曰撒遜外抹艾生納曰撒遜麥甯恩曰撒遜阿里廷部而額曰撒遜各部而額大曰擧播曰宜得克比而孟地曰安阿而得疊播郭定曰安阿而得比爾你布而額曰立貝曰實瓦字部而魯德司答曰實瓦字部而孫德而士好遜曰大支派之各洛以斯曰小支派之各洛以斯曰鄢格缶而德曰昂布而士曰模令布而額水林曰模令布而額錫特利子曰律百克曰伯孫門昂布爾請將和約照錄二十二册鈐印分送各國薛煥等不許久之始議會同互換和約列擧德意志拜宴以下各國不再分送明年列斐士復遣隨員京根思敦來京要求分送各國條約鈐用江蘇藩司印並請收各國國書許之三年春三月布國遣使臣李福斯來京欲見總署王大臣呈遞國書三口通商大臣崇厚以聞並稱布國坐來兵船在大沽攔江沙外扣留丹國商船三艘總署以布使不應在中國洋面扣留敵船詰之李福斯接牒卽將丹船放回二艘並遣譯官謝罪總署始允會晤七年夏四月布路斯君主維利恩復以李福斯爲秉權大臣來華呈遞國書八年咸伯國商人美利士私在台灣大南澳境伐木墾荒閩浙總督以聞總署以美利士違約妄爲牒布使詰問請其查辦十年春李福斯遞國書言德意志各國共推戴布國君主爲德意志國大皇帝中國覆書致賀是年李福斯回國以領事安訥克爲署使十一年安訥克以條約十年期滿牒中國請換約未果李福斯復來十二月復遞國書明年正月穆宗親政請覲見許之屆時李福斯因病回國署使和立本特備文慶賀因聲明將來本國使臣朝覲應按此次所定節略辦理許之光緒元年九月德國安訥船在福建洋面遭水賊殺斃船主大夥並毀其船閩撫丁日昌嘗將犯拏獲斬梟幷追贓一萬三千餘元德使責中國賠償總署以德約三十三欵明言不能賠償贓物不許二年德以巴蘭德爲駐華公使春三月直隸總督李鴻章始遣游擊卞長勝等五弁赴德武學院學習陸軍鎗礮操法巴蘭德牒總署催請換約十月巴蘭德復牒總署索三事一洋商在租界內售賣洋貨不再抽釐金二發給存票不立期限並准其以存票支取現銀三德商入內地採買土貨准攜現銀又請於年內開辦上海一口又求在大孤山添開口岸鄱陽湖拖帶輪船吳淞口上下貨物三端總署拒之屢辯駁不省明年五月遂偕繙譯官阿恩德出京旣抵天津往晤李鴻章鴻章曉以兩國意見卽有不合應往返商辦力勸之巳使乃回京總署促與開議忽言俟十月閒再議是年德使館定居東交民巷仍納租償四年以光祿寺少卿劉錫鴻爲出使德國大臣並遞國書劉錫鴻尋奏聞德外務大臣促巳

蘭德速立新約而巴蘭德於吳淞起卸貨物鄱陽拖帶輪船內地租住店房三條仍力爭至是竟回國明年閏三月巴使復來華議約仍著重前三條時德丕里約夾板船至山東榮成縣所屬海面觸礁巴使要求賠償拒之巴使又以天津紫竹林無德國租界要求在法界以上另添租界不許是年閏五月以候選道李鳳苞爲出使德國大臣六年春二月朝廷因德約議久未成特派總理各國事務協辦大學士兵部尚書沈桂芬戶部尚書景廉爲全權大臣復與巴使開議久之巴使始允將大孤山鄱陽湖及洋商入內地刪去並照英國新約辦法彼此條款略相抵惟江蘇吳淞口一處允德船隻暫停泊上下客商貨物章程仍由中國江海關道自訂遂於二月二十一日畫押並聲明二事一德國夾板在中國口岸停泊十四日以外者則自第十五日起即於應交正數船鈔減半先行試辦一第六款內德國允德國人等條內有游歷二字德譯與華文不符應將德文字意更正遂約自畫押之日起限一年內互換已巴使於六月三十日又來牒稱德國國法凡議立條約必須先問國會國會允許方能批准本國國會約在明年所議光緒七年三月初二日互換約章一款請將期限改爲光緒七年十月初十日七年秋七月巴使請定期互換條約政府命景廉與巴使在北京總署畫押互換是爲中德續約十款并善後章程九條八年夏六月德始與朝鮮議約中國派員涖盟聲明爲中國屬邦九年冬十月議結德魯麟洋行地畝案初廣東汕頭新開附地有海坪官地中國欲塡築作爲商埠忽有德魯麟洋行買辦華民郭繼宗謂係伊地陰結德駐汕領事沙博哈及德水師兵船豎旗强佔中國聞之牒向德使詰問並命出使大臣李鳳苞與德外部辯論時德相爲畢士馬克電致巴使命速令師船退出并撤領事任已德使歸咎中國地方官屢請派員查辦議久不決至是總署從李鴻章議令赫德派洋員會同粵員議辦遂辦結十年贈德皇景泰窰器答歷次派員監造鐵艦撥借魚雷及兵船教習等事修好也十二年春二月出使英國大臣曾紀澤將回華德駐英公使伯爵哈子斐爾德遣參贊官伯爵美塔尼克來言德皇暨德相畢斯馬克欲與晤談邀臨其國遂游各製造局廠十四年秋七月德皇薨命出使大臣洪鈞弔唁德命駐華公使巴蘭德致謝二十年夏四月德人阿爾和欲在漢口建火油池初德商在上海創設火油池棧許之既又欲於漢口購地踵建不許德使爭辯旋議將火油照市價收買及償造油製器各費德使仍不從明年又請增開天津漢口租界許之二十二年春正月德外部馬沙爾求在中國借地泊船出使大臣許景澄以告時李鴻章使德將還留稅務司德璀琳與德外部商辦加稅事德廷謂須中國讓給兵船埠地始允加稅德璀琳阻之不省二十三年十月山東曹州府鉅野縣有暴徒殺德教士二人德以兵艦入膠州灣逼守將章高元退出砲台占領之德使海靖向總署邀求六款一革巡撫李秉衡職永不敍用二給天主堂建築費六萬六千兩賠償盜竊物品銀三千兩三鉅野荷澤鄆城單縣曹縣魚台武涉七處各建教師住房共給工費二萬四千兩四保以後永無此等事件五以兩國人資本設立德華公司築造山東全省鐵道並許開採鐵道附近之鑛山六德國辦理此案費用均由中國賠償總署屢與折衝始將第一款永不敍用四字二三兩款全允四六兩款全刪除五款許以膠州灣至濟南府一段鐵道由德築造議漸就緒忽曹州有驅逐教師殺害洋人之說德使復要求租借膠州灣二十四年二月總署與德使海靖另訂專條三章一章膠州灣租界一灣內各島嶼及灣口與口外海面之羣島又灣東北岸自陰島東北角起劃一線東南行至勞山灣止灣西南岸自齊伯山島對岸劃一線西南行至笛羅山島止又灣內全水面以最高潮爲標之地皆爲租借區域二租借區域德國得行使主權建築砲台等事但不得轉租與他國中國軍艦商船來往均照德國所定各國往來船舶章程一例待遇三租借期限以九十九年爲期如限內還中國則德國在膠州灣所用款項由中國償還另以相當地域讓與德國四自膠州灣水面潮平點起周圍中里一百里之陸地爲中立地主權雖歸中國然中國若備屯軍隊須先得德國許可但德國軍隊有自由通過之權二章鐵道鑛務辦法一中國准德國在山東築造自膠州灣經濰縣靑州等處至濟南及山東界又自膠州灣至沂州經萊蕪至濟南之二鐵道二鐵道附近左右各三十里中國里內之鑛產德商有開採之權三章山東全省開辦各項事務一以後山東省內開辦何項事務或須外資或須外料或聘外人德國有儘先承辦之權是爲中德膠澳租界條約二十四年山東日照教案起德人進兵據城案結仍不退又中國擬修天津至鎭江鐵路德人阻之並欲自修濟南至沂州一段總署不許又要求中國借德款用德工程師二十五年山東高密民人阻德人修鐵路山東巡撫袁世凱諭解之因立鐵路章程設華商德商膠濟鐵路公司立交涉局招股購地丈量建築又立膠澳交涉章程十一款一兩國交涉案件須兩國會辦二德人游歷須發護照三兩國交涉事統由交涉官商辦四靑島租界內華洋案件歸交涉官提訊審斷五租界內華人牽涉德人案件須德官會同山東交涉官審問六德雇用華民之案須由德官審訊七華人案件仍由華審斷八租界外罪犯逃入靑島華民及德人住處者分別由華官德官提拏解交九華德人在租界內外行兇華德兵均可拿禁解交十華德官商辦案件須和衷十一重大案件本省不能結者由總署及駐京德使商辦又與德議立礦務章程未定二十六年五月駐京德使克林德爲拳匪所戕七月德與英法俄美日本荷蘭意比奧瑞十一國聯軍入北京推德將瓦德西爲總司令瓦德西入居禁城儀鑾殿時命李鴻章爲全權大臣入京議和各國提出條款一中國政府爲被戕德公使克林德置立石碑一中國政府應派親王前往德國謝罪一將總理衙門撤去一嚴辦禍首一廢去大沽口及直隸各處礮台一禁止軍裝礮火入口一各省有曾經戕戮西人停止鄉試小考五年一有事直達中國皇上一駐華各使館永遠設兵保護一由京至海電報郵政設兵保護一國家公司以及私產均照賠久之始定議共十二款而爲克林德立碑京城及遣醇王載灃入德謝罪均如所請行十月獲戕德使克林德犯恩海交德駐京提督誅之明年醇親王載灃至德見德皇遞書時帶隨員一人俱行鞠躬禮二十八年秋七月德商在漢口華界偪近襄河口請設立躉船駁之時政府要求德及英法日本撤兵德使聞他國有在揚子江獨享中國特予權利者請定明長江上下游進兵要隘不得讓與他國以定撤兵日期拒之三十年與德會訂小淸河岔路合同初膠濟鐵路章程原不許擅行另造枝路今爲商務便利計特委膠濟鐵路公司代辦是年德水艦隊擬入長江及各內河遊巡演礮阻之三十一年德撤退膠州高密兩處兵隊初德人在山東修造膠濟鐵路因高密民衆阻工先後由靑島派兵赴膠高保護鐵路山東巡撫袁世凱派員查辦議結駐膠德兵旋即撤回靑島既拳匪滋事德人又派兵分駐膠州並於城北車站旁價購民地十四畝修造兵房二十九年秋又於附近沈家河續租民地七畝安設水管以便取汲高密兵隊先駐城內後又在城外古城地方議租民地九十餘畝修造兵房議定以六個月爲限尋又修築由古城至小王莊火車站馬路一道時六個月限期已滿東撫商令退兵屢延展至是始訂撤兵善後事宜五款遂議結又議商約朝廷派呂海寰盛宣懷爲商約大臣德人提出十四欵袁世凱張之洞往返電商海寰等與德使穆默總領事克納具迭次會議彼此堅持至三十三年始議定條約十三欵在北京互換第一欵釐金中國政府與諸國立約裁撤現有之釐金加增進出口之關稅以抵裁釐此約須立約各國派員議決德國政府亦允派員議結此事惟中國須當擔保釐金定必全行裁撤方可第二欵住居德國人民及德國保護之人民准在中國已開及日後所開爲外國人民通商各口岸或通商地方往來居住辦理商工各業製造等事以及他項合例事業且准租買房屋地基經商之地及他項實產並可在租買之地內建造房屋第三欵關棧中國政府允准在通商口岸設法屯積洋貨及拆包改裝等事中國政府一經由德領事請將某德商或德國保護人民之棧得享關棧之利益則中國政府須准如所請惟須遵照海關所訂之專章辦理以保餉源海關官員又須與各國領事議定關棧專章以及規費若干須按照該棧離關遠近屯何貨物並工作早晚酌量核定凡在通商地方所設之關棧德國人民及德國保護人民均准用之第四欵礦務中國政府振興礦務並招徠外洋資本興辦礦業故允自簽押此約之日起於一年內倣照德國及他國現行礦務章程頒發礦務新章以期一面振興中國人民之利益於中國主權毫無妨礙一面於招致外洋資財無礙且比較諸國通行章程於礦商亦不致有虧是以中國政府須准德國人民及德國保護人民在中國地方開辦礦務及礦務內所應辦之事凡所辦礦業不得因稅項之故致其財源有所虧損除徵抽淨利之稅及礦產之地稅外不得另抽他項之稅第五欵貨稅還稅之存票須自商人稟請之日起如查係應領者限於二十一日內由海關發給此等存票可用在各處海關按所載銀數除子口稅一項外以抵各項出入口貨稅至洋貨入口後三年之內轉運外洋凡執持此等存票者即准任便在發給之港向海關銀號按全數領取現銀倘請發存票之人意圖走漏關稅一經查出則須罰銀照其所圖騙之數不得逾五倍或將其貨入官第六欵保護商標凡中國商標一經呈出在中國各領事所給之據證明此項商標已在中國認可且實屬於稟請之人者均可在德國享保護之利益與德國之商標相同華商之姓名牌號必須在德國保護以免倣冒德國商標亦須在中國保護以防假冒惟須呈出德國官員並領事所給之據證明該商標實已在德國註册德商之姓名商標以及中國行名均須保護凡德商包裹貨物之特法在中國之同業曾已認爲某行用以區別某項貨物者亦

須一律保護德國保護之人民亦能享以上所言之利益商標註册局一經成立保護商標章程亦已刊佈則中德兩國必須開議特約以便彼此保護商標至此約未議之前以上之欵必須施行第七欵營業中國人民購買他國營業及公司之股票是否合例尚未明定又因華民如此購買爲數頗巨故中國現將華民或已購買或將來購買他國公司股票均認爲合例凡同一合資公司願入股購票者彼此一律不得稍有岐異遇有華民購買德公司股份者應將該人民購買股份之舉即作爲已允遵守該公司訂定法律章程並願按德國公堂解釋該法律章程辦法之據倘不遵辦致被公司控告中國公堂應即飭令買股份之華民遵守該章程當與德國公堂飭令買股份之德國人民相等無異不得另有苛求德國人民如購中國公司股票其當守本分與華民之有股份者相同凡尋常合資股東及一人或數人有無限之責任與一人或數人有有限之責任爲合資股東在德屬經商之有限合資公司註册合辦會社有限公司及各項商業公司等均須按照以上二節辦理玆並訂明本約告成之時凡曾經呈控公堂而由公堂判定及不予准理之案均與是款無涉第八欵開埠凡各國代其本國人民船舶索開之口岸地方德國商人與德國保護之人民及德國船舶均可共享此益第九欵行船中國本知宜昌至重慶一帶水道宜加整頓以便輪船行駛所以彼此訂定未能整頓以前應准輪船業主聽候海關核准自行出資安設拖拉過灘利便之件其所安設利便之件無論民船輪船均須遵照海關與創辦利便之人商議後所定章程辦理其標示記號之台塔及指示水槽之標記由海關酌度何地相宜備設將來整頓水道及利於行船而無害於地方百姓且不費中國國家之欵中國不宜拒阻第十欵內港行船章程前已特准在通商口岸行駛貿易因是年七月二十八號及九月先後所訂此項章程間有未便是以彼此訂明從新修改第十一欵園法中國允願設法定爲合例之國幣將來德國商人及德國保護人民並中國人民應遵照以完納各項稅課及付一切用欵第十二欵禁令一千八百八十一年九月二號中德條約附載之通商章程第五欵第三節內開凡米穀等糧德商欲運往中國通商別口照銅錢一律辦理等因玆彼此應允若在某處無論因何事故如有饑荒之虞中國政府先於二十一日前出示禁止米穀等糧由該處出口各商自當遵辦倘船隻爲專租載運穀米若在奉禁期前或甫屆禁期到埠尙未裝完已買定之米穀者仍可准於禁期七日內一律裝完出口惟米穀禁期之內應於示內聲明漕米軍米有無出口如運出口者應於海關册簿詳細登記進出若干其餘他項米穀中國政府必須設法一概不准轉運出口其禁止米穀以及禁期內應運之漕米軍米數目各告示均須由中國政府頒發以期共見二十一日之期限必須自京報登刊之日起計限滿弛禁之告示亦須載於京報使衆得聞至米穀等糧仍不准運出外國第十三欵中德兩國於本約以前所立各條約除因立本約有所更改外均仍舊施行嗣後如有文詞辯論之處應以德文作爲正義是年與德訂互寄郵件暫行章程訂後德使穆默牒總稅務司聲明三事一高密所設之德國郵局應俟德軍撤屯方能裁撤二山東一帶涉及德人之處所有華局酌用德文人員三山東鐵路允中國郵政得有任藉此路運送郵袋之權總稅務司得牒均照允惟酌用德文人員謂須視有無人才方能照辦會德人收中國商報電政大臣袁世凱請外務部嚴禁旣而德允停收商報並允中國電報局設在山東鐵路車站已復又請由煙台至上海線及北京至大沽行軍陸線求借用拒之又拒德商禮和洋行私購湖南礦產又德定濟南漢口江甯等處領事兼管各處交涉事宜照會外務部略謂山東省除登州府仍歸煙台本國領事辦理本國交涉事宜並膠澳租地歸駐青島德國總督外其餘所有東省本國交涉事統歸駐濟南商辦事件委員經理其煙台本國領事官僅有登州府本國交涉事歸其經理又定明漢口本國領事應辦本國交涉事宜係湖南陝西甘肅三省湖北除歸宜昌領事辦理各府外並江西省之袁州府等處悉歸漢口本國領事經理至駐江甯府領事應辦本國交涉事宜係安徽江西二省除歸漢口領事之袁州府外又江蘇省之江甯府等處云云是年德福親王來京覲見德皇子婚禮命出使德國大臣廕昌往賀并派學生往柏林留學三十二年二月德人始在津關請領聯單赴新疆採買土貨三月德使穆默牒中國請派員往柏林商議無綫電會約章政府約二次開會再行核辦閏四月德交還天津馬隊營盤等處房地並礮隊機器槍隊屠牲場養病院各房屋是月德在營口改設正領事德使穆默回國署使葛爾士牒中國復以通商口岸限制洋人置地辦法與條約不符請除限制並謂德人地產收回公用可會商六月德人李卜克在北京設立學堂德使請中國攤出經費不許三十三年四月以孫寶琦爲出使德國大臣遞國書是月外務部咨改訂青島租界製成貨物征稅新章初青島設關征稅一事已於光緖二十五年與德使海靖議定辦法嗣於三十一年又與德使穆默修改其大意即係德國允在海邊劃一地界作爲停泊船隻起下貨物之定所凡出口貨在未下船以前即完出口稅進口貨除軍用各物暨租地內所用機器並建修物料免稅外其餘百貨於起岸後未出新定之界以前即完進口稅關員在彼辦理德國相助無阻又由中國允每於結底將本結所收進口稅提出二成撥交青島德國官憲應用旣因續訂章程德租界內製成貨物征稅一條語義未盡因與德使葛爾士再訂徵稅新章初中國欲修天津至鎭江鐵路與德英借欵已立合同至是直隸江蘇山東三省京官請攬歸自修命張之洞袁世凱商辦議改合同德英執不允乃又增派外務部右侍郎梁敦彥會同張之洞等籌議初津鎭鐵路借欵之開議也德使增索接造支路二道一由德州至正定一由兗州至開封爲原議所無不允德使乃始變計一允由膠澳至沂州府一段仍作爲津鎭支路歸入官路二允由濟南府往山東界之一道包入津鎭官路中國亦允由德州至正定府及由兗州府或幹路中之他處過濟甯州至開封府兩支路於十五年內由中國自行籌辦並聲明儻用洋欵須向德華公司商借至是遂由梁敦彥與德英銀行等改訂借欵合同二十四欵名爲中國國家天津浦口鐵路五釐利息借欵旣定議即由外務部牒德使聲明膠沂濟東路綫應作爲津鎭支路其由德州至正定兗州至開封支路均由中國自造已復與德議訂電政合同即青烟滬水綫交接辦法並購回京沽軍綫條欵及山東鐵路附設電綫辦法章程共十四款是年德栢林賽衛生民學會及萬國玩要排列館請中國派員入會許之宣統元年山東巡撫孫寶琦與德立山東收回五礦合同先是光緖三十三年山東巡撫楊士驤與德商採礦公司議定合同八條所指之沂州沂水諸城濰縣四處已次第查勘惟第五處礦界內甯海州屬之茅山金礦查勘未竟會山東士民倡立保礦會德公司遂欲將茅山轉售向中國索價二百二十五萬馬克並聲言此外四處一並歸還中國官紳亦以收回爲然籌議久之始以庫平銀三十四萬兩分四年清還作結三年山東巡撫孫寶琦與德訂收回各路礦權合同初德商礦務公司照約在坊子馬莊開礦屢禁華人在附近開礦爭執有年迨津浦借款合同簽定又要索膠沂津浦路內礦權並請封禁大汶口華礦政府不許於是德使照會始有劃清礦權之語孫寶琦即派道員蕭應椿等與德公司總辦畢象賢領事貝斯商議收回而畢象賢等則以中國欲收回三路礦權須以相當之利益互換否則不允初議淄博礦界公司第一次繪送礦界圖係淄川全境並毗連博山蕭應椿等以淄博窮黎向以採煤爲衣食若兩境全爲公司所有勢必至華民無以爲生因議博境全留淄境各半以天台崑崙兩山爲界山北歸公司山南歸華人公司未允蕭應椿因親赴淄川會畢象賢查勘並邀集紳董礦商旋議定淄川東南境由大奎山起斜經龍口鎭西北至淄川東境爲界界南礦產歸華商辦理博山亦全讓還次議淄川華礦次議濰縣礦界次議金嶺鎭鐵礦次議償給勘礦購地費自是公司已成之膠濟鐵路未成之津浦鐵路甫勘之膠沂路及曹州教案條約許與公司之三十里礦權均允取消

清史稿

邦交志六

日本

日本久通中國明季以寇邊禁互市淸興始復故康熙十二年平南王尙可喜致書於長崎奉行請通商船閩粤商人往者益衆雜居長崎市初有船百八十艘後由七十艘迭減至二十餘艘貨運中國歲限八千貫置奉行三人譏察之権其稅然日本方嚴通海之禁其國人或潛來臺灣及各口貿易事發輒罪之三十二年廣東廣西總督石琳奏日本船避風至陽江縣詔賚以衣食送浙江具舟遣歸雍正六年浙江總督李衛以日本招集內地人敎習弓矢技藝制造戰船慮爲邊患奏明密飭沿海文武營縣及各口稅關員役嚴行稽查水師兵船不時哨巡以爲有備無患之計上覽奏諭曰昔聖祖遣織造烏林達麥爾森陽爲商人往覘其國比復命盛言國小民巽開洋之舉繼此而起朕數諭閩廣督撫留意考察聞日本近與朝鮮交親往來無間夫安內攘外之策以固本防

患爲先其體朕前諭無怠並頒諭沿海諸省防海兩廣總督孔毓珣疏請沿海練舟師置火器增礮臺並自赴廈門虎門諸口巡察上不欲啟外人疑懼但令飭備而已李衛復奏稱日本貿易不能遽絕請於洋商中擇殷富老成者立八人爲商總責其分處稽察互相繩舉庶免日久弊生之虞報可乾隆四十六年戶部奏請頒江海關則例定東洋商船出口貨稅律嘉慶元年上諭日本商人每遇風暴漂至沿海情殊可憫其令有司送乍浦附商船歸國著爲令初日本專主鎖港通華商而禁西洋諸國及明治維新始與各國開港通商後以各國咸在中華互市同治元年長崎奉行乃遣人至上海請設領事理其國商稅事通商大臣薛煥不許三年日本商船介英領事巴夏禮以求通七年長崎奉行河津又致書江海關道應寶時言其國人往來歐洲時附西船經行海上或赴內地傳習學術經營商業皆有本國符信乞念鄰誼保護許之九年日本遣外務權大丞柳原前光齎外務卿書致總理各國事務署略曰方今文化大開交際日盛我近與泰西十四國訂盟鄰如貴國宜先通情好結和親而內國多故遷延至今信誼未修深以爲憾茲令前光等詣臺下豫商通信以爲他日遣使修約之地幸取裁焉前光至天津三口通商大臣成林直隸總督李鴻章達其書總署議允通商而拒其立約前光謁鴻章曰西人脅我立約彼此相距十萬里尚遣公使領事遠來保其僑民中日脣齒相依商賈往還以無約故反託外人代理聽其約束喪失國權莫此爲甚今特使人遠輸誠意而其來也西人或交尼之若不得請是重吾恥也前光雖死不敢奉命鴻章復爲請於朝下廷議兩江總督曾國藩等疏言日本二百年來與我無嫌今援西國之例詣關陳辭其理甚順自宜一視同仁請與明定規約分條詳列不載比照泰西總例一語致啟利益均沾之心上韙其議允前光請命總署答書詔鴻章豫籌通商事十年日本以大藏卿藤原宗臣爲專使來聘命授李鴻章欽差大臣應寶時陳欽副之與議條款日使初請照西約辦理久之始訂條約十八款通商章程三十三款互遣使臣設領事以上海等十五口與日本橫濱等八口通商而禁其私入內地徵異西國諸約既成宗臣來獻儀物期來年換約十一年日本罷宗臣官遣柳原前光詣北洋大臣李鴻章交日本外務卿副島照會謂來歲與歐西諸國改修條約欲酌改所議事件與歐西一律豫擬條款請商鴻章答以去秋甫經立約倘未互換此時遽行改議殊非信守特令津海關道陳欽等與商均俟換約後照約商辦十二年四月日本使臣副島種臣來京換約遣其隨員柳原前光繙譯官鄭永寧詣總署詢三事一詢澳門是否中國管轄抑由大西洋主張一詢朝鮮諸凡政令是否由朝鮮自主中國向不過問一詢臺灣生番戕害琉球人民擬遣人赴生番處詰問等語王大臣等當與辯正尋命李鴻章爲換約大臣與之互換副島種臣並致國書慶賀大婚及親政大典時各國因請覲報可副島種臣亦請面遞國書許之尋進賀儀方物答以禮並給璽書副島種臣照會使事畢回國李鴻章以日本換約時其上諭內僅蓋用太政官印未用國璽駁令換用繙譯官鄭永寧謂本國向與西洋各邦換約均鈐用太政官印鴻章謂見爾國副本聲明鈐用國璽又上海道抄送總領事井田讓等敕書亦用國璽鄭永寧允回國換寄時日本未設駐京公使交涉事託俄使倭良嘎哩代辦十三年三月日本兵船至廈門聲稱赴台灣查辦生番李鴻章致書總署謂各國興兵必先有文函知會因何起衅台灣生番一節並未先行商辦豈得遽爾稱兵既聞美人李讓禮帶領陸軍又僱美國水師官領兵船欲圖台灣李鴻章復致總署謂此事如果屬實不獨日本悖義失好即美人幫助帶兵僱商船裝載弁兵軍械均屬違背萬國公法且與美約相助調處之意不符應請美使遵照公法撤回李讓禮等嚴禁商船應僱裝載弁兵日本既無文函知會僅將電信抄送上海道云派員往台灣查問難保不乘我不備闖然直入閩省應先派兵輪水師往台灣各港口盤查瞭望另調得力陸軍數千即用輪船載往鳳山琅𤩝附近一帶擇要屯紮爲先發計乃日本兵船忽犯台灣番社以兵船三路進攻路各五六百人生番驚竄牡丹高士佛加芝來竹仔各社咸被焚其時尚有兵輪船泊廈門於是台灣戒嚴命船政大臣沈葆楨渡台設防葆楨密疏聯外交儲利器儲人才通消息四事閩浙總督李鶴年亦陳台灣地利併遣水路各營分往鳳山澎湖等處屯紮是月日本攻生番網索加芝來等社移兵脅龜仔角社社番誓不降帝命福建布政使潘霨赴台灣會商設防五月沈葆楨潘霨率洋將日意格斯恭塞格至台灣奏陳理諭設防開禁等事皆報可初八日潘霨偕台灣兵備道夏獻綸及洋將日意格斯恭塞格等乘輪船由安平出海抵琅𤩝詣日營晤中將西鄉從道示以葆楨照會略云生番土地隸中國者二百餘年殺人者死律有明條雖生番豈能輕縱然此中國分內應辦之事不當轉煩他國勞師糜餉迺聞貴中將忽然以船載兵由不通商之琅𤩝登岸台民惶恐謂不知開罪何端使貴國置和約於不顧及觀貴中將照會閩浙總督公文方知爲牡丹社生番戕害琉球難民而起無論琉球雖弱儘可自鳴不平即貴國專意恤鄰亦何妨照會總理衙門商辦乃積累年之舊案而不能候數日之回文此中曲直是非想亦難逃洞鑒今牡丹社已殘毀矣而又波及於無辜之高士佛等社來文所稱殛其兇首者謂何也所稱往攻其心者謂何也幫辦潘布政使自上海面晤貴國柳原公使已商允退兵以爲必非虛語乃聞貴中將仍紮營牡丹社且有將攻卑南社之謠夫牡丹社戕琉球難民者也卑南社救貴國難民者也以德爲怨想貴中將必不其然第貴中將知會閩浙總督公文有佐藤利八至卑南番地亦被刦掠之語誠恐謠傳未必無因夫鳧水逃生者有餘貲可刦天下有刦人之財肯養其人數月不受値者耶即謂地方官所報難民口供不足據貴國謝函俱在並未涉及刦掠一言貴國所賞之陳安生即卑南社生番頭目也所賞之人即所誅之人貴國未必有此政體兩國和誼載在盟府永矢弗諼本大臣敢不開誠布公以效愚者之一得惟高明裁察見覆霨復造其營從道辭以病霨及獻綸遂遣人傳各社番目至者凡十五社譯傳大意皆求保護因諭令具狀願遵約束不敢刦殺霨等宣示國家德意加以犒賞番目等咸求設官經理永隸編氓霨等因從道不出將還從道復來謁堅以生番非中國版圖爲詞及示以台灣府志所載生番歲輸番餉之數與各社所具結狀日將始婉謝請遣人附我輪船一至上海致書柳原前光一請廈門電報本國暫止添兵霨等遂返初日本逐牡丹社番踞其地旋有輪船二先後至一還往後山射寮港一載兵二百婦人十餘泊射寮港携食物什具農器及花果草木各種分植龜潭後灣爲久居計窺我兵力不厚仍肆要求沈葆楨請派水師提督彭楚漢率師來台灣日旋增兵駐風港沈葆楨急飭營將王開俊由東港進駐枋寮以戴德一營由鳳山駐東港爲後應日人水野遵入豬勝束高士佛諸社又自後灣開道達龜山巔其風港之營將分駐平埔爲援應因遣其通事彭城中平至琅𤩝謁委員周有基訊中國四處布兵何意有基以巡察應之葆楨照會日將勸令回兵時李鴻章亦深慮台地兵單及沈葆楨請借撥洋槍隊即奏以提督唐定奎統軍赴台灣助防葆楨亦奏稱澎湖爲台廈命脈所關守備單弱非大枝勁旅仍無以壯民氣而戢戎心請催迅速前來庶台澎氣脈藉以靈通金廈諸防亦資鞏固奉旨俞允潘霨又偕前署鎭曾元福等赴鳳山舊城募土勇並勵鄉團因親履海口之打鼓山等處踏勘要隘建立兵柵以待淮軍分駐是月柳原前光入京先謁李鴻章鴻章遣道員孫士達往答拜屬以到京後勿言兵費及請覲兩事日本又遣大久保利通入京美領事畢德格復出任調停說鴻章仍允照柳原原議三條並加撫卹啗命初日人劉穆齋在花蓮港遭風破船失銀稱社番盜刦沈葆楨命夏獻綸集訊其地居人及船戶查無刦掠失銀之事惟日人欲從生番租地給有洋銀番目來詣不受而止並繳出日本前給旗物葆楨因奏言日本和約第三條禁商民不准誘惑土人第十四條約沿海未經指定口岸不准駛入第二十七條船隻如到不准通商口岸私作買賣准地方官查拿今台後歧萊地方中國所轄並非通商口岸此次前赴歧萊之成富清風等携游歷執照勾引土番均違和約現已確查歧萊各社並無竊盜銀物其繳出旗扇各件當即發交蘇松太道轉給駐滬日本領事收回將游歷執照追銷其違約妄爲之處應由彼國自行查辦並錄民番供結咨呈總署牒其外務省轉飭日本領事照章辦理以弭衅端從之命速修安平礮台及籌辦鐵甲船續諭日本雖未啟兵端然日久相持終非了局現淮軍續抵鳳山羅大春業抵蘇澳滬尾鷄籠等口調兵阨紮葆楨於是設防益嚴日人乃謀撤兵而西鄉從道仍遷延不即退欲牡丹社賠給兵費柳原前光既至京先遞照會有台灣生番爲無主野蠻本不必問之中國之語先請覲見總署責以台灣生番係中國地不應稱爲無主野蠻迭次來京並未與中國商明何以捏稱中國允許日本自行辦理柳原前光答辯久之始議定三條給撫卹銀十萬再給修道建房費四十萬兩定期撤兵付銀互換條約於是大久保往琅𤩝命領事福島九成謁沈葆楨陳五事一請派人受代一請撤銷兩國大臣來往公文一請被害遺骸於收埋處建碑表墓並許日人以後登岸掃祭一請以後台灣交涉事件由中國官交廈門領事葆楨以撫局已成允之惟於登岸掃祭一節覆以須有領事官鈐印執照祭畢即歸遂各遣員交代事訖西鄉從道率兵去光緒元年八月日本署公使鄭永寧牒中國請補正前約李鴻章令津滬兩道詳議復將各條逐加查核因致總署云通商章程第二十八款進出口稅未便一例及日本進口稅則第八十三條氈布類又日入至日出不准開封鎖艙應行更正補載等事可以照准但換定之約不便改寫祇可由總署另給照覆附列章程之後至鴉片嚴定罰款一條彼國既有各國貿易通例或可權宜照辦無須補列查曾國藩預籌日本議約奏內亦云彼國嚴禁傳

敎與鴉片中國犯者即由中國駐員懲辦或解回本省審辦而鄭署使照會末段華民歸彼地方官照料是中國遣理事官一端實有難再從緩之勢查橫濱長崎神戶三處華民最多總理事官駐最要之口各口即選各幫公正司事俾爲副理事官遇事妥商辦理實與中外大局有裨應主持早辦總署亦以爲然會日使議改章欲於鴉片進口照西例加倍嚴罰李鴻章亦援西例與爭議久不決是秋日本派使臣率兵船往朝鮮攻毀礮台以朝鮮礮擊日船特遣森有禮爲駐華公使要求總署發給護照派人前往又欲代遞文信總署堅拒李鴻章謂宜由總署致書朝鮮政府勸其以禮接待或更遣使赴日本報聘辨明開礮轟船原委以釋疑怨爲息事甯人之計總署即派辦理大臣往問朝鮮政府朝鮮政府頗不願與日本通商往來而日使森有禮往謁李鴻章則以高麗非中國屬邦爲詞因提出條件三一高麗以後接待日本使臣一日本或有被風船隻代爲照料一商船測量海礁不要計較鴻章答以高麗係中國屬國事既顯違條約中國豈能不問森使急求與高麗通好鴻章請徐之二年八月始命直隸候補道許鈐身出使日本擬設理事副理事各員日使森有禮詣李鴻章謂中國商民向由日本地方官管理中國若派領事官前往恐日本不肯承認鴻章答以同治十年修好條規第八條云兩國指定各口彼此均可設理事官茲照約選派理事日本何能不認日本自訂約後在上海廈門天津設立領事中國無不照約招待彼此一例何能稍有區別森使乃不復言是年日本屯兵琉球福建巡撫丁日昌以琉球距台北鷄籠水程不過千里請統籌全局以防窺伺報可三年三月日本因內亂來借士乃得槍子百萬政府以十萬應之五月琉球國王密遣陪臣齎咨赴閩訴日本阻貢物閩浙總督何璟等以聞並出使日本大臣何如璋如璋乃往日本外務寺島宗則商議並照會其外務卿延不答覆五年正月日人驅遣琉球官員之在日本者令回琉球並派內務大丞松田往琉球廢琉球爲郡縣並令改用紀元如璋函報總署復親往見其內務卿伊藤博文及外務卿皆不得要領時有美前總統格蘭忒者游歷來華又將有日本之行鴻章因以琉球事相託格蘭忒慨然以調處自任及至日本以琉球各島本分三部商擬將中部歸球立君復國中東兩國各設領事保護其南部近台灣爲中國屬地割隸中國北部近薩摩島爲日本屬地割隸日本冀可息事而日本總稱琉球爲已屬國改球爲縣係其內政格蘭忒請另派大員會商李鴻章因達總署請照會日本外務省請其另派大員來華會商而日本則欲中國另派大員前往東京或如光緒二年在煙台會議李鴻章執不許會俄因廢約事與中國肇釁詹事府左庶子張之洞奏俄人恃日本爲後路宜速聯絡日本所議商務可允者早允但得彼國兩不相助俄事自沮政府得奏因徇日使宍戶璣之請以南部宮古八重山二島歸中國而加入內地通商照各國利益均霑之條宍戶璣又以本國見與西洋各國商議增加關稅管轄商民兩事美國已允請一併加入條約總署以日本既與各國商議俟日本與各國訂定後再彼此酌議暫不併加入約已定議矣而右庶子陳寶琛以俄事垂定球案不宜遽結日約不可輕許上言兩江總督劉坤一出使日本大臣黎庶昌內閣學士黃體芳各有建議皆不果行八年十二月李鴻章復與總署議球案欲

就前議中國封貢議結仍不決十年九月日本公使榎本武揚請於登州牛莊二口運豆餅政府以非條約所有李鴻章謂同治元年總署徇英使之請暫弛豆禁而已開竟難禁止同治八年滬上洋商雇用輪船徑從牛莊裝豆運往長崎當經總署飭總稅司查禁議罰不果以後豆石漸多流入東洋旋値中日訂約其時豆禁開已十年日使援例爲請但允以通商別口買運至登牛兩處仍堅持不許榎使所請僅豆餅一項中日通商章程載明年限屆滿兩國方可會商酌改今尚未訂改期若婉辭以緩至重修商辦似無不可如仍曉瀆應予通融聲明原約其餘各欵照舊信守庶於羈縻之中仍寓限制之義會朝鮮亂日本進兵以保護使館爲名又以中國兵槍傷日本兵爲口實十一年正月派參議伊藤博文爲全權大臣來華議事幷遞國書進謁李鴻章初日本勅書內有議辦前日案件妥商善後方法之語李鴻章以爲隱括朝案宗旨伊藤開議要求三事一撤回華軍二議處統將三償卹難民鴻章以撤兵一節尚可商議議處統將償卹難民力爭不許函致總署謂議處償卹兩層縱不能悉如所請須求酌允其一但我軍入宮保護名正言順交戰亦非得已斷無再加懲處之理伊藤強請三事皆允鴻章只允撤兵並要同撤伊藤亦允吳大澂擬四條送交伊藤一一同撤兵二練兵各營須有中國教習武弁若干人定立年限年滿再行撤回三以後朝鮮與日本商民爭端日本派員查辦不得帶兵中國亦然四朝鮮如有內亂朝王若請中國派兵自與日本無涉事定亦即撤兵不再留防伊藤不以爲然自出所擬條欵一議定將來中日兩國永不派兵駐朝二前約款仍與中日兩國戰時之權無干若他國與朝鮮或有戰爭或朝鮮有叛亂亦不在前條之例三將來在朝鮮如有中日兩國交涉或一國與朝鮮交涉兩國各派員商辦四朝鮮教練兵士宜由朝鮮選他國武弁一員或數員教練五兩國駐朝兵於畫押蓋印後四個月限盡撤鴻章以伊藤所擬五條意在將來彼此永不派兵駐朝辨駁不允旋奉旨撤兵可允永不派兵不可允至教練兵士一節亦須言定兩國均不派員爲要鴻章奉旨後與伊藤會議因議將前五條改爲三條一議定兩國撤兵日期二中日均勿派員在朝教練三朝鮮若有變亂重大事件兩國或一國要派兵應先互行文知照遂定議而於議處償卹仍不許惟因當時日兵實被我軍擊敗傷亡鴻章因牒日本致惋惜並自行文戒飭官兵以明出自己意與國家不相干涉三月初四日立約畫押是爲中日天津會議專條十二年五月日本公使鹽田議修約李鴻章以爲宜緩因致總署謂日廷現與歐美各國改約應俟彼商定後我再與議庶可將西國所訂各欵參酌辦理又球案亦當並商妥結免致彼此久存芥蒂請總署酌奪旋因長崎兵捕互鬭案出暫置未議而琉球遂屬於日不復議及矣十三年正月鹽田因崎案已結請催修約總署仍令李鴻章核覆鴻章謂原約分修好條規通商章程爲二條規首段聲明彼此信守歷久弗渝通商章程第三十二欵則聲明現定章程十年重修是章程可會商酌改條規並無可改之說至通商章程大致本與西約無甚懸殊惟第十四五款不准日人運洋貨入內地赴內地買土貨爲最要關鍵當時伊達與柳原前光爲此兩款力爭鴻章堅持不改今日稿第一款內一日遵守彼國通商章程再日遵守清國與各與國所締通商章程固

寓一體均霑之意實欲將十四五欵刪除關係甚大請緩議時日本伊藤博文新秉政仍欲中國派全權商議卒不果二十年三月朝鮮東學黨亂作乞援於中國中國派兵前往日本旋亦以兵往李鴻章電駐日公使汪鳳藻與日本政府抗議日仍陸續出兵及事平駐韓道員袁世凱牒日本駐韓公使大鳥圭介援約同時撤兵日本外務省提出三項一中日兩國兵協同平定韓國內亂二亂定後兩國各設委員於京城監督財政及吏治三募集公債以爲朝鮮改革經費總署電令汪鳳藻答覆略謂朝鮮內政應由朝鮮自由改革不應干預日本政府覆鳳藻謂朝鮮缺獨立資格日本爲隣邦交誼不能不代謀救濟既又提出二條件謂無論中國政府贊成提案與否日本軍隊決不撤回中國主撤兵再議日本則要求議定再撤兵持久不下七月日本遂宣戰誤擊沈高陞英船時日本寓華商民屬美領事保護中國寓日商民亦託美保護美使調停無效及戰事起提督葉志超衞汝貴守平壤牙山先潰左寶貴陣亡海軍繼敗於是日軍渡鴨綠江九連城鳳凰城金州海城大連旅順蓋平營口登州次第失守又破威海衞襲劉公島降提督丁汝昌海軍艦盡燬初日人志在朝鮮至是並欲中國割地賠費指索台灣又提出四條件一派大員往東洋議約二賠兵費五萬萬三割旅順及鳳凰城以東地四韓爲自主之邦二十一年正月命張蔭桓邵友濂赴日本議和拒不納乃再以李鴻章爲全權鴻章至日本日本派伊藤博文陸奧宗光爲全權大臣與鴻章會議於馬關月餘不決鴻章旋爲日本刺客所傷又命其子李經芳爲全權幫辦卒訂約十一款認朝鮮獨立割遼南及臺灣賠款二萬萬且許以內地通商內河行輪製造土貨等事暫行停戰張之洞劉坤一等聞之亟電力爭俄國亦約法德勸日讓還遼南日索交臺灣益亟朝旨命臺灣巡撫唐景崧交臺臺民洶洶欲變並引公法力爭政府不得已又因王文韶劉坤一電阻乃諭之曰新定和約讓地兩處賠款二萬萬日人堅執非此不能罷兵連日廷臣來奏皆以和約爲必不可准目前事機至迫和戰兩事利害攸關即應主斷命直陳又命李鴻章覆電伊藤展期鴻章以原議批准電知若改約另議適速其決裂請暫行批換乃派道員伍廷芳聯元等往煙臺換約初限期四月十四日及伍廷芳等至煙台日使伊東美久治請速換約限十四日申刻廷芳駁以停戰至十四夜子刻爲止乃磋稍緩亥刻換訖伊東美久治即行會臺灣民變將劫唐景崧劉永福守臺別求各國查照公法從公剖斷於是日派水師提督樺山資紀赴臺限日交割政府乃派李經芳爲交付臺灣大臣經芳之澎湖與樺山指交於舟次自是臺灣屬日矣尋議還遼遂派林董爲全權與李鴻章議商辯論久不決嗣定議分爲六款一還遼南地二償兵費三千萬三交款三個月以內撤兵四寬貸日本軍隊占踞之間所有關涉日本之中國臣民五漢文日本文遇有解譯不同之處以英文爲憑六兩國批准自署名蓋印之日起遂在北京互換復訂專條於定議五日內互相達知以期迅速是爲中日遼南條約先是中日新約第六款所列各條如蘇州杭州重慶沙市等處添設口岸聽其任便往來第二條日本輪船得駛入各口搭客運貨第三條日本臣民得在中國內地購買經工貨件若自生之物第四條日本臣民得在中國製造各項工藝又得將各項機器裝運進口止交進口稅日

本在中國製造一切貨物即照日本運入中國貨物一體辦理等節朝廷因損失利權欲挽救之又值通商行船章程將開議乃命中外臣工籌議廖壽豐譚繼洵鹿傳霖均有論奏而張之洞言尤切直並擬辦法十九條電總署代奏一甯波口岸並無租界名目洋商所居地名江北岸即名曰洋人寄居之地其巡捕一切由浙海關道出費雇募洋人充當今日本新開蘇杭沙市三處口岸係在內地與海口不同應照甯波章程不設租界名目但指定地段縱橫四至名爲通商場其地方人民管轄之權仍歸中國其巡捕緝匪修路一切俱由地方官出資募人辦理不准日人自設巡捕以免侵我轄地之權二製造貨物自係單指通商口岸而言華文有含混內地之意須更正任便兩字太寬宜議定限制三出示曉諭產貨地方須先完坐賈釐捐方准售賣無論洋商華商一律辦理日本人在內地購買土貨只可暫行租棧存放不准自行開行及自向散戶收買以免奪我產貨地方坐賈釐稅且杜華商影射洋票漏釐四內地收買土貨准其租棧暫存不准購買房地懸掛招牌所買土貨務須運載出口不得在內地轉售洋貨運入內地須大宗販賣不准零售租棧應給地方公舉費用須照華民房屋一律攤派五日本人在內地製造土貨出廠後即完正稅一道運出通商地界無論行銷內地及運出外洋均須再完半稅一道六通商章程善後條約第二款所載各項器用食物進口通商各口皆准免稅原爲洋商在各口岸自用若作貨物轉售應照值百抽五納稅不得藉口家用雜物蒙混免稅七日本輪船不准販運食鹽八米穀銅錢不准販運出洋九軍火禁販非有官買執照不准進口十日本輪船不准拖帶民船免致影射漏釐十一日本行內河輪船尺寸大小時刻早晚須有限制以免傷礙民船十二日本輪船只准到指定口岸裝卸人貨不准沿途起卸搭載十三內河輪船應收船鈔須較長江加多以備修理河道之費十四日本人入內地辦貨賣貨不准薙髮改爲華裝違者查出即作華人照奸細治罪十五雇用華民工作須按日給值聽其自願不得立約限期抑勒作工鞭撻虐待十六裝運機器製造各物須無傷民命方能照准不得以任便兩字藉口十七船隻非日本商人購置行戶藉日本商資本不得懸掛日本旗若有冒名包庇查出即行充公十八製造各廠如有藏匿犯法華人一面由地方官知照領事一面即派人到廠緝拏廠主不得袒庇如廠主確知爲奸人須照洋例存銀作保到審訊日交出候審十九廠內如有華工滋鬧毀傷機器廠屋地方官只能辦犯不能賠償若僅罷工細故應由廠主自行調停官不與聞於是派張蔭桓爲全權大臣與日本使臣林董議商約林董交約稿四十款之洞致總署請駁辯即由全權另擬約本與林董議屢延不決是年開蘇州商埠日人欲即行船總署以租界未定稅關未設行船不便日本又欲於租界設巡捕立工程等局總署援甯波章程復不允二十二年正月商約開議張蔭桓將日使原稿駁刪九款駁改七款惟第三十四款日本官商財產遇有辦理案件均照相待最優之國一律第三十五款日本商民所有事件均照中國臣民中國船中國貨並相待最優之國臣民船貨一律相待第三十六款他國國家官員船貨人民得有利益日本一律同獲其美此三款日本舊約皆不得與各國均霑不能過拒乃照英約第二十四款改作一條刪此三款遂定議初馬關約准開四口本有均照向開海口及內地鎭市章程辦理之言中國欲以甯波辦法爲程日本欲取法上海章程專管租界之條乃不得不允矣是年開四口租界初開沙市租界因地窪下要中國築堤中國以與各國通例不符却之又索漢口城外德國租界起沿江之地長三百丈作租界中國以所索地在中國與辦鐵路應用限內不許惟許在德界千丈以外偪近鐵路讓給租界三百丈因聲明兩條入條款一偪近鐵路江岸日本一年須自築堤岸以資保障二所給界內軌道穿過之處已爲鐵路購用若干方數內應仍歸鐵路總公司管業兩不相礙等語二十四年三月日使至總署請沙市租界未定以前日商運貨暫免釐金許之是月僑寓沙市湘人因與招商局起衅延燒日本領事館駐沙日領事永瀧訴於日本公使矢野要求五事已復提四條一索賠一萬八千兩二以八萬六千餘兩作沿江隄費兩國各半三專界內道路免價豁租四界內租地價酌行核減張之洞即電總署謂一條索賠一萬八千兩一節擬允給一萬兩第二條以八萬六千餘兩作沿江隄費兩國各半一節彼此兩益事屬可行當照允第三條專界內道路免價豁租一節其租可免地價未便不給第四條界內租地價酌行核減一節可行當照允案旋結五月准中國商民居住日本專界援德界例也六月駐沙日領事請地價減一半道路溝渠地價認十分之一許之七月命派學生遊學日本十月日使矢野又請中國南北洋湖北三處各派武備學生前往肄業二十六年春拳匪起連戕日本使館書記生杉山彬德使克林德各國皆出兵日本福島正安統兵赴津六月與各國聯軍攻天津城七月二十日入京師時政府已特召李鴻章未至而京師陷兩宮出狩日本外部電告李鴻章等維持中國善後福島正安請速奕劻返京奕劻遂有全權大臣之命與李鴻章同議和適盛京將軍增祺與俄擅定暫約日本外部謂公約未定不應立私約俄約應歸公議與英德同然勸俄訖不應時禍首已懲辦公約亦定朝廷因日本使館書記生杉山彬被害特簡戶部侍郎那桐爲專使赴日本道歉所得償款四百五十兆日本應得三千七百九十三萬一千兩惟以俄不退東三省俄約不歸公議爲言二十八年三月日本領事小田切奉其政府命詣張之洞一告阻止俄約情形二勸中國收買洋藥三勸江鄂會奏改東三省官制章程四欲與中國商人合開銀行五欲與招商局合辦推廣江海輪船既又談商約三條一日美使不願加稅日本意與美同二日長沙常德開口岸三日米穀出洋張之洞分別答辨並將所言致書商約大臣呂海寰等核議未幾日本商稅使日置益小田切又送新約十款大抵皆抽稅免釐行輪開埠居住合股等特殊利益時方議英約中國只欲於英約已允者照辦未允者不允屢議不行九月改派伍廷芳充商約大臣並派袁世凱會議日本於加稅免釐仍不允如英約加至十二五僅允值百抽十並欲將由日本運進中國之煤炭棉紗及一切棉貨概不加稅尤與英約相背中國不允惟第三款川江設施拖攬第四款內港行輪及修補章程第七款中日商民合股經營第八款保護商牌第九款改定國幣均爲英約所有允之又於商牌款內議增保護版權一事內港行輪款後議增照會聲明往來東三省輪船亦係照內港章程辦理不能駁拒此外第五款索開各處口岸第六款口岸城鎭任便居住第九款第二節釐飭度量權衡第十款請運米穀出口均駁拒不允日使內田康哉赴部晤商又提出北京開埠加稅免釐米穀出口三條欲在京與張之洞議餘仍歸滬定時之洞在京外務部答以不能兩處分議遂暫停十月漢口因議給比利時界增日本租界初日本索租界三百方丈止允給一百方丈留二百方丈備中國公司之用當時日使言明日界外地如別有餘地讓給他國日本仍須照原議添索二百方丈茲議給比界中僅餘地約三百丈擬添給日本租界一百五十丈仍畫留約一百五十丈立作華業公司地界以備中國官商自用日本猶爭不許日本議設兩湖輪船公司欲華洋合股不果是月撤駐滬日兵尋復議約日使內田康哉與張之洞在京會議研商數月始漸就緒即致總署謂我所索允者三事一照各國一律加稅一查禁違礙書報一中國人民在日本者極力優待駁辯刪去者三事一請運米穀出口一口岸城鎭任便居住一常德府等九處口岸以要索爲抵制者一事各國護路護館兵隊全撤後北京方能開埠因有益於中國商民可除積弊而許其入約者度量權衡一款照滬議原文增改字句者改定國幣一款內港行輪一款川江設施拖攬一款因英已有而許其入約定議者長沙通商一款餘皆仍照滬議原文又致外務部及呂海寰等謂日約東三省開埠言明悉照美約文法惟安東縣改大東溝緣大東溝係日本原議所索嗣增索安東縣再三商駁內田始允仍將安東縣刪去遂定議於二十九年八月十八日在滬畫押是爲日本商約是年日商三井在漢廠購生鐵一萬六千噸值日俄戰起中國處於局外中立有礙擬阻止會日本領事永瀧來函謂訂運生鐵不在戰時禁貨之列日使亦來函聲明作爲商工製造之用不得以禁貨論遂許運三十一年日戰勝俄兩國議和政府令外務部照會日俄謂關涉中國之事若中國不與聞者中國將來斷不承認是年十一月二十六日外務部慶親王奕劻與日本大使小村壽太郞公使內田康哉訂新約正約三款一凡俄國允讓之利益中政府悉承諾之二凡中俄所訂借地造路等項日本悉照約履行三此約簽字即便施行附約十二款一中國將東三省自行開闢商埠二三撤兵事宜四日本允將所佔公私產業在撤兵前後交還六七八安奉南滿鐵道建築事宜九另訂奉天日本租界辦法十鴨綠江右岸設中日木植公司十一十二中日彼此以最優國相待遇三十二年日人設立南滿洲鐵道株式會社並於關東州置都督府另設領事五人總領事駐奉天安奉鐵道外有間島領土權撫順炭坑新法鐵道營口支綫新奉吉長兩鐵道借款諸事經東三省總督趙爾巽徐世昌及外務尙書袁世凱先後與日使爭議久不決三十三年三月外務部大臣那桐與日本駐京公使林權助訂中日新奉吉長鐵路協約七條一二中國以日金一百六十六萬元收買日本所已造之新奉鐵路其續造遼河以東一段及自造吉長鐵路需款均向南滿洲公司籌借半款三除還清期限外均照山海關內外鐵路借款合同辦理其主要事務又開列六條甲借款還清期限遼河以東十六年吉長二十五年限前不得還清乙借款以鐵路產業及進款作保未還清以

前不得以此作他項借欵之抵保物中國自行籌欵建築他路與南滿洲公司無涉丙借欵本息由中國政府作保到期爽約應由政府代還或將產業交公司暫管丁在借欵期內總工程師應用日本人並添派鐵路日帳房一員戊如遇軍務賑務政府在各路運送兵食均不給價己各路進欵應存日本國銀行四與南滿洲鐵路公司訂立關於遼河以東之借欵合同及吉長鐵路借欵合同五中國奉新吉長鐵路均應與南滿洲鐵路聯絡派員會訂章程六借欵實收價値照中國最近與他國借欵酌定此約結後日人又要求吉長鐵路延長至延吉廳南境以與韓國會甯鐵道相聯且照吉長鐵道例於南滿鐵道會社借資本之半數築之政府不允遂成懸案三十四年日使忽提出安奉鐵道案要求解決先是滿洲善後協約之附約允安奉鐵道仍歸日本經營改爲工商業鐵道規定自此路竣工日起以十五年爲限至是復提議郵傳部乃派委員與日本委員會勘改良之新路綫日政府又要求勘定綫路即行收買地基東三省總督錫良祇許按舊綫改築要求日本撤退鐵道守備兵與警察等事日本不允令鐵道會社自由起工海陸皆作警備乃命錫良會同奉天巡撫程德全與日本奉天總領事締結安奉鐵道協約此宣統元年七月事也協約要目如左一中國確認前次兩國委員勘定之路綫陳相屯至奉天一段由兩國再協議決定二軌道與京奉鐵道同樣三此約調印之當日即協議購買土地及一切細目四此約調印之翌日即行急進工事五沿鐵道之中國地方官關於施行工事應妥爲照料未幾間島之爭議又起先是康熙年間政府與朝鮮劃定國境於鴨綠江圖們江水源之長白山上樹立界碑規定西以鴨綠江東以圖們江爲兩國國境因圖們江中有江通灘地面不及二千畝因地居江間四面環水故以間島呼之此島向屬吉林惟皇室以長白山一帶爲發祥之地不許人民移居因之吉林東部所在人烟稀少間島愈形荒僻同治間朝鮮鐘城歲飢其民多渡圖們江移居間島按年納地租於我國光霽峪經歷署光緒初年朝鮮人忽請免納地租政府以主權攸關令朝鮮人退出間島不果乃置延吉廳以治之間島仍准朝鮮人民居住按納地租日俄戰後日本伊藤統監命齋藤中佐率兵據之政府與日使交涉日使謂光霽峪以東爲東間島和龍峪一帶爲西間島係兩國未定之界甚謂長白山上界碑載土門江爲界朝鮮人稱海蘭河爲土門河圖們江係豆滿江非土門江中韓國境實爲海蘭河中國以土門豆滿圖們均係一音之轉圖們江北岸界碑矻立鑿鑿可據且光緒十三年朝鮮王致北洋大臣書聲明鴨綠江豆滿江爲兩國境界是豆滿江即土門江無疑執不許至是日使伊集院彥吉與外部尙書梁敦彥重提舊案締間島條約一中日兩國協約以圖們江爲中韓兩國國境其江源地方以界碑爲起點依石乙水爲界二中國准外國人居住龍井村局子街頭道溝百草溝等處貿易日本於此等地方得設置領事館三中國准韓國人民在圖們江北之墾地居住四圖們江墾地之韓人服從中國法權歸中國地方官管轄及裁判中國官吏於此等韓人與中國人一律待遇所有納稅及其他一切行政上處分亦同於中國人五韓人訴訟事件由中國官吏按中國法律秉公辦理日本領事或委員可任便到堂聽審惟人命重案則須先行知日領事到堂如中國有不按法律判斷之處日領事可請覆審六圖們江雜居區域內韓人之財產中國地方官視同中國人民財產一律保護該江沿岸彼此人民得任便往來惟無護照公文不得持械過境七中國將吉長鐵道延長至延吉南邊界與朝鮮會甯鐵道聯絡一切辦理與吉長鐵道同八本協約調印後日本統監府派出所及文武人員於兩月內完全撤退是約既成政府以吳祿貞爲延吉邊務大臣嗣議五案協約即新法鐵道營口支線撫順煙台炭鑛安奉鐵道沿線及南滿鐵道幹路沿線之鑛務是也新法鐵道者新民屯至法庫門之鐵道政府欲借英欵築造此路以分南滿鐵道之勢力日本謂係南滿鐵道競爭線極力抗議營口支綫者光緒二十五年東淸鐵道會社規定築造旅順哈爾濱間之鐵道得設營口支綫以運送材料俟鐵道落成後拆去日俄戰爭後南滿鐵道歸日本政府要求日本拆此支綫日本不允撫順炭鑛距奉天城東六十里日公使以此地炭鑛爲東淸鐵道附屬品利權應歸日本政府以炭山在東淸鐵道三十里外不認爲附屬財產日使不允並煙台炭鑛均成懸案因安奉鐵道交涉定約如下一中國如築新法鐵道時當先與日本商議二中國允日本營口支路俟南滿鐵道期限滿同時交還並允將該支線延長至營口新市街三中國承認日本有開採撫順煙台兩處炭鑛之權日本承認該兩處開採之煤觔納稅與中國惟稅率應按照中國他處最輕煤稅之例另行協定其鑛界及一切章程亦另委員定之四安奉鐵道沿綫及南滿洲鐵道幹路沿線之鑛務除撫順煙台外應按照光緒三十三年東三省督撫與奉天日本總領事議定之大綱歸中日合辦五京奉鐵道沿長至奉天城根一節日本無異議自此南滿洲大勢遂一變矣吉長新奉兩路借欵細目旋亦議定其後錦齊鐵道渤海漁權與領海鴨綠江架橋南滿鐵道附屬電綫收買日本遼東方面軍用電綫及旅順芝罘間海底電綫諸交涉次第起焉錦齊鐵道者即自錦州經洮南至齊齊哈爾之鐵道也日本原允中國自修惟要求昌圖洮南間之鐵道歸日本築造及滿洲諸協約成英美爭錦齊鐵道借欵迭與中國交涉事皆中阻渤海漁業與領海交涉自光緒三十二年中國課關東漁業團漁稅迭經日本領事要求住關東之日本人有滿洲沿岸漁業權日本漁團因避稅全出距海岸三海里外海面東督錫良通告日本領事謂三海里外之海面係中國領海應准中國漁業規則課稅日本領事以三海里外爲公海反抗之鴨綠江駕橋聯絡滿韓議定依安奉鐵道契約十五年後賣還中國南滿鐵道附屬電綫原中國所設日本占有之後取供公用中國抗爭無效又日俄戰爭時日本在南滿洲所設軍用電綫戰局終應歸中國收買日本初起反抗後始歸中國收買旅順芝罘之海底電綫係俄國布設戰時皆斷絕至此日本要求依該海底電綫直通芝罘之日本電綫局爲中國所拒卒以距芝罘海岸七里半以內之一部歸中國餘盡屬諸日本其後復有日俄協約之議於是東三省大勢又一變矣

清史稿

邦交志七

瑞典那威

丹墨

和蘭

日斯巴尼亞

比利時

義大利

瑞典即瑞丁在歐羅巴西北境與那威同一區雍正十年始來華互市道光二十七年春二月與瑞典及那威國訂通商約時法美諸國通商俱仿英和約條欵瑞本小國亦求照英法美三國成案議通商條約時瑞鋼鐵等項價甚賤幷求酌減稅則兩廣總督兼五口通商善後事宜耆英以各項稅鈔甫經議定通行未便因瑞鋼鐵率議輕減不許惟通商條約奏請許之遂與瑞公使李利華訂約三十三條同治六年政府派出使大臣志剛等遊歷各國至瑞遞國書光緒三年八月瑞典開整理萬國刑罰監牢會使臣愛達華達擺柏照會駐英使臣郭嵩燾請中國派員入會嵩燾以聞許之十八年五月瑞典國教士梅寶善樂傳道二人往麻城縣宋埠傳教被毆致斃上海瑞典總領事柏固聞赴鄂見張之洞要求四事一辦犯一撫䘏一參麻城縣知縣一宋埠設教堂時犯已緝獲張之洞允辦犯撫䘏而參麻城縣則不許謂麻城縣事前力阻事後卽獲正犯未便參劾至開教堂宋埠民情正憤改在漢口武穴覓一地建堂柏固亦不允久之始議定絞犯二名給兩教士各一萬五千元失物諸項一萬五千元期二十月後再往傳教三十四年六月與瑞修改通商條約先是瑞使倭倫白來京請覲見呈遞國書並照稱奉本國君主諭請修改通商條約並錄其君主所給議約全權文憑送外務部外務部以道光二十七年所訂瑞典那威條約係兩國聯合所立近兩國已各獨立前訂之約距今六十年通商情形今昔不同當重訂約以資遵守許之於是瑞使擬具約稿三十九欵大致多採各國與中國所訂約欵外務部以所擬欵目繁多另擬約稿併爲十七欵研商久之始定議外務部因上奏言臣部另擬約稿歸併爲十七欵查向來與各國所訂條約我多允許與各國利益而各國鮮允許與我利益按諸彼此優待之例實非平允惟光緒七年巴西條約暨二十五年墨西哥條約多持平之處此次擬議約稿注重此意不使各項利益偏歸一面更於各約中採用較爲優勝之條取益防損如第三欵領事官應照公例發給認許文憑第十欵訂明俟各國允棄其治外法權瑞典亦必照辦第十三欵聲明給與他國利益立有專條者須一體遵守方准同沾俱係參照巴西墨西哥二約第十二欵入教者犯法不得免究捐稅不得免納教士不得干預華官治理華民之權俱係參照中美商約又瑞使原擬約稿有數欵照錄英美日各商約今皆刪去如商標礦務之類則以第十三欵內載所有商業工藝應享各利益均一體享受等語括之如加稅免釐之類則以第十四欵內載中國與各國商允通行照辦遵守等語括之以免掛一漏萬於第五欵內又載進出口稅悉照中國與各國現在及將來所訂之各

稅則辦理等語亦可爲將來加稅不得異議之根據此外各欵如派駐使設領事及通商行船一切事宜始終不離彼此均照最優待國相待之意以扼要領而示持平雖瑞典遠在歐洲北境現尙無前往貿易之華商其所許我利益未能遽沾實惠然際此中外交通風氣日開不可不預爲地步數旬以來與瑞使往返蹉磨間有字句删改無關出入之處亦輒允其請而大旨已臻妥協謹錄全約欵文恭呈御覽如蒙俞允應請簡派全權大臣一員會同瑞使署名畫押仍候批准互換疏入報可宣統元年四月在北京互換

丹墨即嗹馬在歐羅巴洲西北其來市粵東也以雍正時粵人稱爲黃旗國同治二年三月丹馬遣其使臣拉斯勒福來華抵天津徑赴京師署三口通商大臣董恂以丹使並未知照無故來京亟函知總署飭城門阻之而英使言丹國來人乃本館賓客請勿阻總署遂置不問英威妥瑪復代請立約恭親王告以丹使擅越天津來京議約萬難允其立約威妥瑪乃言丹與英爲姻婭之國並援法使爲布路斯葡萄牙代請換約之例固請王大臣等因語以丹使如欲中國允行宜循中國定章仍回天津照會三口通商大臣方可立約威妥瑪乃請嗣後外國使臣到津應令天津領事告知中國常例又爲函致三口大臣代爲之謁大臣等以聞朝旨交總署核議旋派工部左侍郎恒祺會同三口通商大臣兵部左侍郎崇厚辦理五月約成大致以英約爲本初恆祺等議約擬仿照大西洋成案威妥瑪謂丹係英國姻婭應從英文義辯論久之各有增減定和約五十五款通商條約九欵稅則一册明年五月丹遣水師副提督璧勒來滬派提督銜李恆嵩及江蘇布政使劉郇膏與換約屆時李恆嵩等向璧勒索觀應換條約而原定印約未携只另書英字條約璧勒謂此約係照英文原定條約繕寫工整以示尊崇中國之意並無別故又以本國軍務方殷不能久待遂將條約核對與英文相符允互換屬將原定用印和約補訂照繕和約之內補鈐丹副提督印信並簽押遂互換收執九年十月丹遣使來華呈遞國書報中國簡派使臣蒲安臣志剛孫穀使丹之聘也十年復呈遞國書光緒七年十月督辦中國電報事宜盛宣懷與丹總辦大北電報公司恒寗生會訂收遞電報合同先是同治十年丹國大北公司海綫由香港廈門迤邐至上海一通新嘉坡檳榔嶼以達歐洲名爲南線一通海參崴由俄國亞洲旱綫以達歐洲名爲北綫此皆水綫也至同治十二年又擅在上海至吳淞設有旱綫至是中國甫設電局因先與訂合同十四條一中國電報寄往外國之綫路二電局與大北互定通電之價三四由中國寄外國外國寄中國內地之報其報價應先行收淸後再劃還並在上海立册每月互對六電價概由自定惟寄外國報須按照萬國電報定章又傳報可自編新碼七電局與大北往來用英文惟合同以華文爲主八大北願竭力幫助中國設電惟中國自主之事不得干預十大北海綫中國旱綫如有斷絕停滯互相通知十一中國電政歸北洋大臣主持有向大北購料者應禀明北洋核奪十二大北應繳回中國電報之費每三月一結時法英美德四國以大北公司僅有單股海綫又沿途祇通廈門口岸其餘如汕頭福州溫州甯波各口皆距較遠請添設海綫就便通至各口拒之仍專與大北公司合辦方議立合同大北公司恒寗生欲載明中國不再租陸綫與他人且須永租大北議遂中止九年李鴻章致總署及盛宣懷擬中英丹三公司合約英丹海綫均至吳淞爲止將丹自淞至滬旱綫購回由我代遞議久之始收回初大北公司原禀六條內有不准他國及他處公司於中國地界另立海綫又中國欲造海綫旱綫與大北有礙者不便設立二條爲大北公司獨得之利益因之中國亦取得總署南北洋及出使大臣往來電報凡從大北電綫寄發者不取報費爲中國獨得之利益當時鴻章已批准咨行英美法德各使聞之合詞照會總署威妥瑪復援同治九年允英人設海綫之案必欲大東公司添設政府不能阻因之大北公司恒寗生請將中國官報照常給費旋復來電謂自十月初三日爲始所有中國頭等官報由大北電綫寄發者須照章付足電費方爲發報等語十六年薛福成議與大北及大東公司訂立合同初大北與大東慮我與俄接陸綫奪其水綫之利故願訂明滬福廈有水綫處貼中國十分之一其餘各口出洋報費悉歸華局續議並允報效海綫官電之費嗣因各國並俄使牽制以致久擱至是由福成另議祇讓官電費不要貼價歲銀十萬圓

和蘭明史作荷蘭歐羅巴濱海之國淸順治十年因廣東巡撫請於朝願備外藩修職貢十三年齎表請朝貢部議五年一貢詔改八年一貢以示柔遠十八年鄭成功攻台灣逐和蘭而取其地詔徙沿海居民嚴海禁康熙二年夏六月和人始由廣東入貢刀劍八者可屈伸馬四鳳膺鶴脛能迅走二十二年和蘭以助剿鄭氏功首請開海禁通市許之乾隆元年冬十月裁減和蘭稅額初和蘭通商粤省納稅甚輕後另抽加一稅至是諭曰朕聞外洋紅毛夾板船到廣泊於黃埔起所帶礮位然後交易俟交易事竣再行給還至輸稅之法每船按樑頭徵銀二千兩左右再照則抽貨物之稅此向例也近來礮位聽其安置船中而於額稅之外將伊所帶置貨見銀另抽加一之稅名曰繳送殊與舊例不符朕思從前洋船到廣既有起礮之例仍當遵守至加添繳送銀兩尤非嘉惠遠人之意命照舊例裁減並諭各洋人知之同治二年秋八月與和蘭立約和蘭與中國通商最早至是見西洋諸國踵至亦來天津援請立約三口通商大臣崇厚以聞朝議許之卽命崇厚在津與其使臣訂和約十六欵初和蘭使送來約稿皆照英法各國及參用續立之布西丹國等條約章程分別各欵請議三口通商大臣崇厚答以現在各口通商均有定章不必多列條欵和使亦允删減惟前往京師南京通商並內地傳教減稅暨在京互換條約各節以和文爲正義爭論久之始允删去而於稅則一層許另立一欵議明各國稅則屆重修之年和國亦許重修並與照會言將來重修稅則時亦應按照價値秉公增減遂定議一通使二海船通商三游歷四傳教六八至十二關稅六七交涉案件十三交際議文十四行移文書各用本國文字十五利益均霑十六批准一年內換約此與和蘭立約之始三年五月和公使磐大何文以換約期將屆遣員伯飛鯉詣天津三口通商大臣請在廣東省城換約崇厚以所請符原議奏請簡員往朝廷命廣東巡撫郭嵩燾爲換約大臣屆期和使僅以鈔錄副本上嵩燾駁令取原本再定換約期逾年始換十年四月出使各國大臣志剛孫家穀詣和蘭呈遞國書十二年四月和蘭公使費果蓀來華呈遞國書總署允與各國使臣同覲見禮節亦如之光緒七年和使牒中國稱本國將於光緒九年夏在都城亞摩斯德爾登等處設立衒奇公會請中國與各國同入會許之是年以候補道三品卿銜李鳳苞充德義和奧四國出使大臣此爲和蘭遣使之始八年二月和使費果蓀復將衒奇會章程及增擬華商赴會章程並開中國物產及工藝奇巧製造等件請其會集運往總署飭各海關照辦十一年出使大臣許景澄如和蘭遞國書十三年許景澄出使期滿以內閣學士洪鈞代之是年兩廣總督張之洞特派副將王榮和知府余瓗先往和蘭所屬南洋各島調查和蘭不允前出使大臣許景澄與和外部辯論以遊歷爲名和始允行既返張之洞上疏請設領事略謂日里有華工萬餘衆噶羅巴華民七萬餘衆其附近之波哥內埠文丁內埠以及三寶壠與疏羅及麥里芬及泗里末及惹加皆和屬地華人二十餘萬衆宜設總副領事以資保護旋議從緩二十年出使大臣許景澄請禁機器進口牒和蘭外部略謂外洋各項機器除中國自購並託洋商代購外其洋商自行販運機器查係無礙華民生計性命之物酌照稅則不載之貨估價値百抽五准其進口若洋商販運機器有礙華民生計性命者皆不准進口二十一年命許景澄遞萬壽致謝國書二十四年以候補四品京堂呂海寰充出使德國大臣兼充和奧兩國公使二十五年各國在和都海牙設保和公會和使牒中國請入會許之旋派前駐俄使臣楊儒赴會又推廣紅十字會水戰條約請用御寶由駐俄使臣胡惟德轉送和政府二十七年呂海寰以和屬南洋各島虐待華民乃上言和屬南洋各島開埠最早華民往彼謀生者亦最多噶羅巴一島尤爲薈萃之區寄居華民不下六十萬人初尙優待後因迫令入籍率多殘虐其故以中國未經設立領事保衞之也各島有所謂瑪腰甲必丹雷珍蘭者管理華人以生長其島者充之擅作威福華人初到概入供堂問供註册赴各鄉營生須經批准方許前往嗣下不准華民居鄉之例限二十四點鐘立將生意產業賤售而去逾限罰銀逐出產業消歸無有此其一又華人到和屬地向須憑照方准登岸嗣又變立新例無論有無憑照登岸後帶至官衙繩圈一處俟查老客有原日出口憑照放行新客則驅入繩圈之內候帶入瑪腰公館照像俟有人擔保始放否則輒上鐐紐刑具遇有輪船驅逐出境此其二又華人來往本島貿易必領路票使費外仍繳印花銀若干到一處又須掛號再繳銀若干如一日到三五處則兩處繳費亦須三五次掛漏查出重罰此其三又華人詞訟審費照西人最多之例科罰則照土番最重之例縱令理直追回銀數已不敷狀師之費以至沉冤莫訴此其四再如華人家資產業身故後權歸和官雖妻子兒女執遺囑照章領取亦必多方挑剔反復延宕若無遺囑則產業概沒入官此其五華人在日裏承種菸葉者往往係由奸販誘惑拐騙出洋身價五六十元八九十元三四十元不等立據三年爲期入園後不准自由出入雖父兄子弟不能晤面加以尅扣工資盤剝重利華人吞聲忍氣呼籲無門且各國人民皆得購地自業種菸華人獨否此其六以上苛虐各節慘不忍聞正擬設法向和廷理論忽英文報紙載有班喀地方華人在錫礦各廠作工突遇水患飢寒潮溼病死相仍又經廠主勒購廠物物劣價昂支借工資則一兩納息五錢以致積憤肇事爲廠主鎗擊死傷無算和官

拿獲逃散華民窮詰再三始知爲廠主苛刻所致按華工素循規矩若非相待太苛必不至於啟釁等語竊思華民作工各島受此任意淩虐與古巴之夏灣拿同一殘忍領事之設斷難再緩迭與和外部大臣樸福爾再三爭論並譯錄商稟及報紙所載苛待情形詳爲中述復備文照會請其允設領事保我僑民生計彼外部以事屬藩部爲詞支梧未決臣復照會彼外部以新嘉坡小呂宋等處中國早設有領事卽以荷屬之噶羅巴而論歐美各國無不設有領事何獨於中國而靳之反覆辯論稍有轉機查和屬島嶼林立應設領事之處有七卽如噶羅巴三寶壟泗里盃望加錫勿里洞日里文島等處均關緊要今一時萬難徧設惟噶羅巴一島設立總領事一員萬不可緩奏入交外務部議二十八年外部議准在噶羅巴等處設立領事未實行三十年各國議免紅十字會施醫船稅鈔請中國派員赴和蘭會議許之是年熱河都統松壽奏稱蒙古喀拉沁王貢桑諾爾布擬與和商白克耳合辦本旗右翼地方巴達爾胡川金礦作爲華洋合辦股本各居其半一切遵章辦理外務部以喀拉沁王原將右翼全旗指給逸信公司開辦五金各礦業經飭令畫清界限不得包佔全旗若今又遽允和蘭商人難保不滋轇轕應請暫緩報可三十一年和使照稱本國南洋屬地蘇門答臘以北名撒般者遇有外國兵船進口施放敬炮請外務部知照南北洋大臣三月外務部奏萬國保和會和解公斷條約業經批准各國欲在和蘭都城設立萬國公所作爲公斷衙門請中國派員入會作爲議員許之尋以伍廷芳充選保和會卽弭兵會也是月和使照稱本國屬地茫咖薩巴東二處遇有外國兵船進口不再施放敬炮仍請外部知照南北洋大臣八月萬國弭兵會舉和人男爵米何離斯爲判斷公堂總辦十月簡知府陸徵祥充出使荷國大臣並兼辦保和公會事宜三十二年派駐美使署顧問洋員福士達充和蘭保和會公斷議員宣統二年和京設萬國禁烟會請中國派員入會尋遣外務部右丞劉玉麟往嗣因禁烟會展期劉玉麟簡充英使別遣出使德國大臣梁誠赴會三年四月與和定設立領事約初和送交領約全稿十七條政府命陸徵祥與議顧約文外另有附則一條謂施行本約不得以所稱和蘭臣民之人視爲中國臣民徵祥議加以亦不得以中國臣民視爲和蘭臣民一句和外部不允乃命徵祥回京由外務部照請和使來署接議和使初仍持前議繼允將附則改爲公文不入約又久之始允將生長和屬之人遇有國籍紛爭在彼屬地可照和律解決等語備文互換又一面將此項人民回至中國如歸中國籍亦無不可等語由彼備文敘明存案議遂定外務部於是上言臣部查和屬設領保積年懸案屢議屢擱垂二十年此次重提前議以來一年有奇始克開議旋因附則一條致生枝節彼此研商又更兩稔蓋近世各國國籍法多偏重出生地主義生長其地之人大率隸屬其籍而我國新定之國籍法則採用血脈主義根本解釋迥然不同彼之欲加附則者以此我之堅持刪去亦以此至回國僑民沿用外籍誠多流弊茲定明和屬人民回至中國可歸華籍藉資補救其非出生於和屬之僑民仍可認爲華籍與我國國籍法亦不致相背就此結束俾可迅派領事以慰僑民喁喁之望又奏和屬苛例修改情形略謂華人流寓和屬所最難堪者如種種苛例臣部迭據華商來稟電駐和使陸徵祥向和政府交涉彼初以爲治理屬地數百年成例未易更張強詞拒駁經我大臣極力磋商據稱警察裁判祇允將改良之法從事調查未能卽時遽改其入境居留旅行三項允先修改現入境新章雖尚未見頒布而居留及旅行二者先已從爪哇馬渡拉兩島改有新章較之舊例已多寬大奏入派陸徵祥爲全權大臣與和使貝拉斯署名畫押條約用法文

日斯巴尼亞一名西班牙卽大呂宋也明嘉靖初據南洋之蠻里喇是爲小呂宋檣帆遂達粵東及淸咸豐八年見英法俄美立五口通商之約遂與葡萄牙同請立約不許同治三年五月西班牙使臣瑪斯復來請並呈所奉全權憑據三口通商大臣崇厚令瑪斯在天津候旨朝廷復命候補京堂薛煥涖津會同崇厚與瑪斯議約瑪斯援丹馬西洋各國進京議約之案薛煥等以丹馬等國雖在京議約仍赴天津塡寫定約日期不得謂之在京立約瑪使始允在津商辦久之出所擬條欵有爲各國條約所無者而于駐京一節立意尤堅久之始議定共定條約五十二欵專條一欵六年四月崇厚與瑪斯始公立文憑互換十年穆宗親政各國請覲見呈遞國書日使與焉自是歲沿爲例光緒三年日國因索伯拉那船遭風案聲稱欲派兵船來臺灣福建巡撫丁日昌上奏言西班牙屬島小呂宋之北卽連臺灣之南海中山勢斷續相接較之日本尤爲迫近本年五六月間用兵蘇祿攻破其城故有狡焉思逞之意非亟加整備速辦礮務鑾務水雷鐵甲船輪路電綫諸舉無以圖自強已而兵船不果來是年日屬地古巴因招華工請訂專約時日使爲伊巴理政府派總理各國事務大臣沈桂芬毛昶熙董恂夏家鎬成林爲全權大臣與議約先是光緒元年總署奏派陳蘭彬出使美國及日斯巴尼亞祕魯三國辦理交涉事件日與祕魯均有應議華人出洋承工事宜祕魯已經李鴻章議有條欵日則自陳蘭彬查復後復由總署議定保護華工條欵與各國使臣定期晤論日使丁美霞及各國使臣亦議具條欵復將此條欵參酌合而爲一正在會議適滇省有戕斃英國繙譯官馬加理事英使威妥瑪來言事遂中止自滇案議結伊巴理時已來京晤議訖未就緒至是始議出章程凡十六欵一維持同治三年天津條約不得收留中國逃人二既除去前約承工出洋未能盡善之情所有賠償一層作罷論三華人出洋須出情願不得勉強及施詭譎之計四聽華民前往不得禁阻五出洋報名領蓋印執照六派遣領事七予華人隨便往來准單須與各國人一律八訴訟事件九查驗華民多寡之數十載華民出洋應守之船規十一十二資送華工回國事件十三限制華人前往居住事件十四執照准單一切事宜新到之華人與期滿之華人享同等利益十五此次條約未載之利益中國若與他國則日國應一體均沾十六換約事件及期限是爲重訂華工條欵畫押蓋印明年換約復公立文憑六年小呂宋華民請設領事不果十三年四月張蔭桓由美赴日都馬得利呈遞國書屆期君后臨朝張蔭桓恭捧國書致遞君后親接後卽付外部讀烈翅立與蔭桓爲英語繙繹代答禮成君后回宮蔭桓立送君后回顧三曲膝爲禮時中國議在小呂宋設領事日外部已允發准照而商務總辦米阿斯以條約未載爲言張蔭桓商之律師科士達謂若必挾條約爲言約內第四十七欵中國商民至小呂宋貿易應與最優之國一律相待此明文也而日官所收身稅路稅自丁卯換約起至甲申共十八年小呂宋刋發新例止共征華人銀七百七萬八千一百六十一元二角四仙專征華人每人歲納九元六仙甲申後乃兼征西人每人一元五角華人則四元五角計至丁亥共四年又長征銀五十二萬八百三十六元又路照一項西人每征四角五華人每征則一元二五又須預納一年身路稅無理之甚卽與西人比較將四角五除去實長征華人八角自丁卯至丁亥廿一年共銀七十二萬九千一百七十元四角預納之身路稅猶在外也又每華人歲征醫院費二角五仙甚微自丁卯換約至本年廿一年共征銀二十二萬七千八百六十五元七角五仙此項與甲申以前之身路稅係獨征華商甚違一律優待之約此中人數就去年正月至九月數目共計華人四萬三千四百零三人逐年淸計尚不止此數也苛待華人如此應索償已往禁遏將來方合辦法旋得外部文言日后將議新例爲各領事而設而于小呂宋設官一事仍不能決尋見日后並見兩公主及君姊問答如禮蔭桓旋去日赴美議久無效十五年張蔭桓受代以崔國因出使美日祕大臣駐美別遣楊慕璿爲駐日參贊十六年四月崔國因自美赴日遞國書屆期日接引大臣以宮車來迎是日大君主未御殿后著公服南面坐國因奉國書入門行三鞠躬禮各問君主起居退十九年崔國因受代以四品京堂楊儒爲出使美日祕大臣二十六年七月聯軍入京八月二日日使葛絡幹函留京辦事大臣稱各國統兵各員及公使人等定於四日辰刻入大內瞻仰許之二十七年各國要求使臣會同覲見必在太和殿一國使臣單行入覲必在乾淸宮及遞國書用御輿入中門皇帝親陪宴等以日使葛絡幹領銜政府准駁有差明年日君主阿廍豐第十三行加冕禮駐京日使賈思理照會總署欲中國遣專使往賀出使美日祕大臣伍廷芳亦以爲請政府乃以張德彝爲賀日加冕專使

比利時舊名彌爾尼壬淸初其國商船曾來粵東道光季年法人復爲請通市而貨舟不至及五口通商比遣使臣包禮士赴上海呈請照各國立約通商時薛煥撫江蘇荅以應與無約諸邦同一通市無須另立條約包禮士謂須入都定議阻之允暫留上海先是咸豐九年比遣使臣怡性要求蘇撫何桂淸三條一比官商眷屬船隻貨物與中國相待最優國同視二定約後以十二年爲度三和約議定須請用實至是復以爲請薛煥亦開三條一各口均設領事二禁商民赴內地遊歷通商三使臣不得赴京比使堅不允更易辯論久之始議定初比使稱本國主爲大皇帝煥援英稱君主例稱君主遂定約四條時同治元年六月也四年七月比遣使臣金德來華牒三口通商大臣兵部左侍郎崇厚謂前包禮士與薛煥所訂約未將兩國通商章程並各等事宜詳敘請再議不允迭牒要求於是派董恂崇厚爲全權大臣辦理比通商事務金德旋擬約五十欵大致皆采各國條約董恂併去三欵共存四十七欵旋畫押鈐印五年九月在滬與蘇撫郭柏蔭換約並致君主第二禮波勒德國書郭柏蔭以西洋通商各國從無恭進國書之事金德稱係新君嗣立應當入告乃許呈進九年六月比復進國書請使臣駐京許之十一年冬使臣許景澄如比都伯魯色遞國書君主及其妃並邀宴宮內參贊隨員均預焉又是年剛果國立爲自主之邦

奉比國君主爲君比侍從大臣伯施葛辣照會中國比主復致國書自稱大比利時國主留波德第二謹上書大清國仁聖威武大皇帝陛下竊查剛果地方設有商會開闢疆土曾與各國訂約立爲自主之邦又推不佞爲該處之主現經議院核准自應統馭此邦理合報明大皇帝陛下惟此新國乃專歸不佞兼轄並非比國統屬闢地之始尤宜宣教布化治政養民聯與國之誼以敦和睦興通商之利以固邦基盡心圖維昇平同慶仰副各國期望之意倘祈大皇帝眷顧優隆俾免隕越云云十三年正月比使以本國彙印各國稅則請中國入會許景澄以聞政府旋致比外部謂中國現行稅則即各國議定通行稅則各國條約均經載明此外別無通商稅則與西洋諸國各約各訂者情形不同未便入會五月比遣謝惠施爲駐京公使呈遞國書並覲見光緒十五年三月以江蘇按察使陳欽明爲英法義比大臣十七年八月請中國派員入第四次鐵路公會考求鐵路新法許之十八年正月湖廣總督張之洞遣繙譯俞忠沅帶工匠十人赴比國工廠學煉鋼鐵二十三年議借外債修蘆漢鐵路比領事法蘭吉詣張之洞言其國家願借比他國尤爲公道尋與比商定議共十七欵二借四百五十萬金鎊九扣實付銀四百零五萬鎊分四期交到三按周年四釐起息四前十年還利不還本十年後分二十年還清五以路業作保六五年工竣八由比派工程師名曰監察但督辦大臣一人節制九外國路員由監察遴薦督辦定派公司所用工路人員除監察外均歸督辦所派之大員節制中西員如有意見聽督辦核定但准監察在旁聽斷十比員如有不職由督辦勒退十一材料儘中國本有者購買如購外料將一半投標其餘由比公司照辦十二所購外料比公司應扣五釐之用十四此合同期內比公司無論何事均不得託他國商民管理並不能將此合同轉與他國及他國之人十五如中國未到合同之限願將此欵一概還清利息即以清還之日停止已又增訂合同又續訂詳細合同於原利四釐之外加收四毫又辦事銀行按所付照酬以二毫半各股票提前還本者亦酬以二毫半二十五年比使請增漢口租界謂沿江日本租界旁地除設鐵路站外中間尙餘一萬尺本國請用一千尺不允已而駐漢比國總領事復見張之洞援同治四年中比條約第十二欵仍請在漢口日本界下給比租界百丈張之洞告以各國專界皆須有專約同治四年之約祇言比人在通商各口宜居住宜建造之處可聽其租地建造並無圈畫租界歸比國管轄之語因與約三條比人在漢口如欲租地居住上有英俄法德日本各界下有自日本界至鐵路中國之地均宜居住可聽各與業主議租在他國租界則遵守各界巡捕納捐各章程在租界外中國之地則遵守中國巡捕納捐章程不准自修道路自設巡捕亦不准抗違拏犯一也比商欲買何處可向業主商議彼此情願公平議價照條約不得強壓迫受租值二也有比商一家即議地一段不能預圈空地一片歸比管轄以致暗中作成租界三也二十八年四月比使詣外務部謂漢口租界早經購妥地畝即將圈築圍牆外務部命張之洞查復之洞致外務部謂比人在漢口鐵路總站附近夾鐵路兩旁購地一大片請劃爲租界當告以鐵路爲中國之路總站處不能爲他國所佔萬難照辦囑其沿江一段後至距鐵路總站六十丈止作爲租界其餘路綫以後沿路之三十丈六十丈各地段必須全數讓還中國此係格外通融辦法比使來鄂時亦已當面切實辯論迨飭關道備文照會比領事比領事照復將給與租界照收而未提及其餘應還中國地段務望囑其早日照鄂定界址定界將餘地歸還若再延宕即已准之界亦不能作爲租界請堅持駁之久不決是年八月比商赴信陽辦貨運至漢口並未請領聯單又抗不完釐張之洞飭關道暨稅司詰之二十九年八月與比公司訂汴洛鐵路借欵合同暨行車合同附鐵路管理材料廠章程土木合同購地章程先是光緒二十五年鐵路大臣盛宣懷奏請將開封河南兩府枝路統歸總公司籌欵接造奉旨報可旋因拳匪事起停議至是比公司代理人盧法爾重申前議於是盛宣懷乃與盧法爾商議借欵因上奏言蘆漢幹路在滎澤左近渡河東至開封約一百七十里西至河南府約二百五十里現由盧法爾估計應借工欵一百萬鎊約合法金二千五百萬佛郎克議明利息期限悉照蘆漢章程俟合同簽定後九個月內開辦所有議訂合同各條飭由總公司法文參贊俟選道柯鴻年等與盧法爾數月研商並經臣盛宣懷與河南巡撫陳夔龍逐條斟審刪汰商榷並經外部增改定細目二十九條又行車合同十條奉旨交外務部覈議具奏外務部奏言臣等查蘆漢分枝開封河南兩府既經奏蒙俞允自應准其展造本年六月盛宣懷函造合同到部臣詳加覆核其還本付息用人購器一切辦法均與蘆漢合同相符而意義較爲周密惟合同第二十三欵內載倘日後中國國家准由河南府接長至西安府督辦大臣可以應允先儘比公司按照本合同章程妥商議辦等語查二十五年十月盛宣懷原奏雖經申明自洛以通秦隴應歸總公司籌欵接造而此段枝路地勢綿長將來如議用華欵自辦亦不可不預留地步當令添敘倘中國國家自行籌欵或招集華商股本接展此路比國公司不能爭執又令於行車合同第九欵內添敘中國郵政局由此鐵路寄送各郵件應特備專車沿途各站皆須備給房屋以設郵局均照中國各鐵路通行章程辦理沿途並不得由承辦之國另設郵局等語以保權利硃批依議宣懷遂與盧法爾定議借金欵二千五百萬佛郎克合英金一百萬鎊年息五釐歸還之期由賣票之第十年起分二十年均還三十年二月張之洞聞比國欲在湘造湘陰過常德至辰州一路特電致湘撫趙爾巽以紳商稟請承辦拒之三十四年始議收回漢口比國租界張之洞上奏言比國乘鐵路購地之際在漢口私購民地三萬六千餘方以預備鐵路比國工人賃住爲辭自光緒二十四年向總署索訂比國路界經臣力拒自光緒二十四年起議相持至二十八年比使復迭向外務部催杳臣思比國原購地段緊倚京漢鐵路南端江邊馬頭之劉家廟火車站包過鐵路實阨南北鐵路咽喉於中國管理鐵路主權及京漢粵漢兩路交接之馬頭大有妨礙堅不允許僅就濱江一邊劃地一萬六千餘方擬作比界東北兩面皆與鐵路相離數十丈比使復求加寬駁以查明窒礙否復外務部酌復自是又相持數年比駐漢領事將所買地契送交關道稅印要挾甚力臣思此地跨越鐵路橫當要衝雖一再駁令減讓究於附近鐵路地權地利有損不如議價收回留作擴充華商貿易以永保權利惟自鐵路告成後地價數十倍於前經臣礎議經年始將全數基地議定價銀八十一萬八千餘兩暫行息借華洋商欵墊付奏入報可

義大利即意大利亞後漢書所稱大秦國也在歐羅巴洲南境康熙九年夏六月義國王遣使奉表貢金剛石飾金劍金珀書箱珊瑚樹琥珀珠伽南香哆囉絨象牙犀角乳香蘇合香丁香金銀花露花幔花氈大玻璨鏡等物使臣留京九年始遣歸國召見於太和殿賜宴聖祖以其遠泛重洋傾誠慕義錫賚之典視他國有加同治五年秋八月義國使臣阿爾明雍介駐京法國領事德微亞詣三口通商大臣兵部左侍郎崇厚請立通商條約許之旋派戶部左侍郎譚廷襄爲全權大臣會同崇厚辦理通商條約九月阿爾明雍借法國繙譯官李梅親齎所擬條約五十五欵請核並遞國書其約大致本丹國和約而參用法布等國條約獨禁用夷字一條本之英約而中國於義向未稱夷與英事實不同政府以無關緊要亦不予駁遂定議其目之要者爲二附稅則一與法布二國同與英美丹與日本各國權度名略異通商章程善後九欵與丹與比等國大致同約定後阿使回國旋由法使伯洛內致送我國訂約大臣圓形金牌上印本國君主容儀以爲紀念受之六年九月義使駱通恩抵滬請換約朝命江蘇布政使丁日昌與互換法領事狄隆赴日昌行館聲稱此次義國換約派伊爲繙譯官請日昌先往駱通恩處致候日昌告以義國公使奉其國差遣出使中華應先見中國使臣致其君命方爲盡禮狄隆又言前在天津照會聲明於九月在滬換約今已十月日昌告以上年比利時國訂于九月換約先于五月通知今義國訂於九月換約遲至九月中旬始行通知由三口通商大臣咨呈總署王大臣奏請派使用寶委員齎送來蘇現于十月換約已極迅速其遲延不在中國也屆期駱通恩偕法總領事白來尼副領事狄隆等齊集日昌行館公服帶劍恭請聖安日昌偕蘇松太道應寶時等按章禮待駱通恩索覲憑據日昌恭捧諭旨給與開讀並將條約公同展對駱通恩出視條約一匣緞有義國君主用印之銀盒蠟餅裝飾整齊惟係用洋字另書並無上年在京所定原本日昌不允互換駱通恩免冠懇求自認錯誤謂值新舊使臣交換之際誤以爲有其國君主用印之條約即可爲憑致將原約漏未携帶此次蒙恩准予換約各國皆知今屆期不換實覺無顏對人等語白來尼等亦爲之代求願代爲繙譯並謂見帶用洋字條約儻與漢文原約文義不符惟法國領事是問懇爲通融辦理日昌與應寶時商明先飭洋務委員督同熟諳意大里亞國文義之監生沈鼎鐘並白來尼等將駱通恩所齎洋字條約與奉頒條約詳校無訛仍不允與換駱通恩一再情懇日昌乃與變通告以貴使祇齎有君主用印之洋字條約一分則中國使臣亦祇能先將我皇上用寶之漢文條約一分與之互換所附洋文條約暫爲拆下留在上海道署限駱使于四個月內取上年原定條約來換此約並聲明彼時祇能由蘇松太道就近與換不再遣使駱使允照辦惟四個月限期改爲六個月十年三月義遣使臣費三多來華並遞國書兼考求浙江養蠶事光緒十一年夏義國擬開養生會請中國入會十五年命江蘇按察使陳欽銘爲出使英法義比大臣旋代以大理寺卿薛福成十七年春二月薛福成呈遞國書義王出見慰勞備至立談甚久大旨謂義與中國數百年來交誼最先極爲企慕我觀地圖始知中國之大義國之地不及中國十分

之一云云旋辭退禮三鞠躬復握手次日謁見王后亦鞠躬遵西例也二十二年以四品卿銜羅豐祿爲出使英法義比國欽差大臣二十五年義國索三門灣不許先是各國皆於中國索有海軍根據地至是義命駐京公使瑪爾七諾向總署要求租借三門灣向總署發最後通牒要求四日內答復未幾義政府命取消最後通牒調馬爾七諾回國二十八年義請派專使駐京許之政府亦以許玨爲出使義國專使十一月呈遞國書義主躬親接授向例公使見義主無座至是賜坐逾月又見義后及義太后義主設讌宮中請各國公使義主義后均入座席散義后詳詢中華文字書籍二十九年三月義國開農學會請中國入會玨派員往四月許玨譯送義國財政考于外務部謂義國幅員廣袤不及中國十分之一而歲入之款較中國多至五倍歲出之款較中國亦多四倍有餘十月又譯送義國關卡稅則于外務部謂徵稅章程二十條應稅之物分十七類共三百六十八種又包皮稅及去包皮章程十六條註册費章程十一條其中綜核至悉分析至精較之中國通商稅則疏密懸殊冀中國取則是月許玨請商部派員赴義考察商務謂義國在華商務無多間有他國商人運華貨來義者除蠶繭茶葉二宗外他物絕尠至華商從未到義國及其屬地貿易應即派員考察云云二十九年日俄開戰十二月義與英美德法公同照會俄日云除滿洲外不得在北洋水陸境內開戰三十年許玨又譯送義國權煙志及銀行章程三十一年許玨譯送義國國債册律章程彙編及官售煙價表三十二年夏駐滬義領事面遞約稿十一條於商約大臣呂海寰盛宣懷海寰等即將歷次與外務部電商之加稅傳教嗎啡鴉片國幣治外法權等五款照交因致外務部及鄂督張之洞直督袁世凱謂查義約前四條係新款一欲綠貨出口與旺索開紹興無錫兩處口岸一願襄助中國詳細考求養蠶學堂及設立局所代爲經理一於未加稅以前改訂蘇杭鐵路運貨釐金推廣義商辦繭稅單期限後七條爲英美各約所有均略變其詞一內地行輪一治外法權一華洋合股一礦務一國幣一優待利益一條約期限及以義文爲正義等外部得電即逐款指駁海寰等因告義領一再爭辯遂議口岸援日約長沙例照辦蠶學用兼聘教員字樣大致已就已忽翻異欲廢議約海寰等恐于加稅有碍欲照所擬允准令稅司爲轉圜爲是年義國密拉諾賽會牒請中國派員入會並送到章程各册及會塲總圖許玨得牒當將總章全譯分章九門祇譯子目因致外務部謂此會原起係爲慶賀義大利瑞士兩國交界地方所鑿新潑龍山洞鐵道告成而設歐洲山洞鐵道向以法義交界之蒙斯尼山洞工程爲最鉅計長一萬二千二百三十三邁當現開之新潑龍山洞計長一萬八千七百四十三邁當實爲歐洲山洞第一深長鐵道從前輪船商貨運往北歐者必由法國馬賽起岸陸運今此路告成以後可改由義境之折努阿起程陸運此爲義國新得商利之大端故會中章程以陸運海運河運三項居首中國各省現議開鐵道如派員前來考察似于講求路政有裨政府得電許之義又設農業會意在聯絡地球諸國崇本勸農請中國入會計此次入會者四十國會員共一百十人前後會議者十分議者五許玨僅于開會及簽押日一到而已

清史稿

邦交志八

奧斯馬加
秘魯
巴西
葡萄牙
墨西哥
剛果

奧斯馬加即奧地利亞久互市廣東粵人以其旗識之稱雙鷹國同治八年遣使臣畢慈來華介英使阿禮國請立約并呈其君主敕諭欲在京議約總署以在京議約與歷來各國成案不符應先照會三口通商大臣由三口通商大臣請旨奧使遞照會三口通商大臣崇厚以聞朝議許之命總理各國事務衙門大臣兵部尚書董恂會同崇厚辦理奧使呈所遞條約四十九款大致均從各國內採集而成董恂等於應删應添各節逐一改定而奧使於恂所添商人不准充領事官一語不願列入約於恂所删傳教一條仍列入約迭議不決久之奧使始允删傳教一條而於商人不准充領事官一節仍欲另備照會於畫押日一同呈遞許之遂訂定和約四十五款通商章程九款稅則一册是年奧夾板船名伊來撒各利亞用英國旗號私運外國鹽一百餘包計重二萬餘斤進口天津稅務司函致總署總署以奧船運鹽進口顯違條約應查拏並知照英領事前往查起十年九月奧換約屆期使臣嘉理治照會總署請換約特旨派江蘇布政使恩錫赴上海互換嗣因約本內漢文所載善後章程第五第八兩欵均有引用條約第八條字樣其奧文內皆誤寫作第一條又稅則進口項下呀囒治木漢文載明長不過三十五幅地奧文誤寫作五十五幅地又羽綾羽紗羽綢小呢等類漢文載明每丈奧文誤寫作每疋須更改至十一年六月始竣事十一年奧使照會總署以接奉本國文稱去歲本國出有政令自同治十年七月十七日起凡量奧斯馬加各樣海船噸數之法皆與英國丈量噸數之法相同請劄知總稅務司轉知各口海關遵行十二年穆宗親政奧隨各國公使覲見光緒六年使臣李鳳苞函致李鴻章稱奧君長子明年正月十六日婚期中國雖未派駐使宜令鄰邦駐使往賀以盡友誼總署即電飭李鳳苞屆期往賀十年夏四月以翰林院侍講許景澄充出使德美和奧大臣駐德十三年代以內閣學士洪鈞十四年四月洪鈞赴奧呈遞國書見奧主於馬加行宮頌答如禮冬十月奧爾而伯納親王來京欲瞻仰天壇許之十六年秋七月復以許景澄充出使俄德奧和大臣十七年夏四月景澄赴奧通問覲見奧主奧主爲述前歲有兵艦抵華承中國官員以禮相待屬爲陳謝九月奧使畢格哩本覲見上於承光殿十八年奧主以西歷六十七年即馬加王位距今滿二十五年西俗以爲慶事先期由奧外部通知各國公使詣馬加都城申賀許景澄備文傳賀旋即親赴伯達彼斯（馬加都城）覲見奧主申謝悃奧亦發電至京答謝二十年四月許景澄照會奧與俄德和等外部申明總署現章酌定洋機進口稅文十月皇太后六旬壽奧使隨各使呈遞國書致賀上見之於文華殿二十一年奧主叔父病故許景澄請旨致唁許之二十二年十月以都察院左都御史楊儒充出使俄奧和大臣十一月駐德奧使送節略稱奧廷擬派瓦耳布倫爲駐京專使請中國家允認中國派使駐奧亦如之二十三年四月奧使齊幹覲見上於文華殿二十六年春三月命內閣學士桂春使俄兼使奧七月拳匪之變奧兵隨德美法英意日俄聯軍入京師二十八年四月三品卿吳德章充出使奧國大臣二十九年代以山東道員楊晟三十年十月奧使齊幹覲見上於皇極殿三十一年八月以三品京堂李經邁充出使駐奧大臣三十二年三月奧使顧新斯基覲見上於乾清宮三十三年七月以外務部參議雷補同充出使駐奧大臣

秘魯在南亞美利加洲同治十一年秘魯國瑪也西船私在澳門拐華民二百餘人行抵日本橫濱經日本截留訊辦知會中國派員前往時通商大臣何璟派補用同知知縣陳福勳偕英美兩領事派員前往旋各運回並謝日本十二年秘魯遣使來華議立約已而秘使葛爾西耶到津謁李鴻章詰以虐待華工等事不允相商秘使旋以本國新立雇工章程實無凌虐情事牒鴻章鴻章覆牒謂貴國新立雇工章程雖尚公道但查同治八年十年間華民公禀內所稱苛求打罵枷鎖飢寒雖立合同而章程虛設雖曰送回而限滿無歸等語是即保護華工未能照辦之證據也又來文所載一千八百五十五年八月十四日議立搭客船規不准載大幫之人查同治十一年日本國扣留秘魯瑪也西船載有拐買華民二百三十人之多據各國領事公同訊問船主苛酷相待飲食不繼並有割去辮髮鞭打囚禁等事又據粵海關稅務司報稱同治九年秘魯船一隻在澳門販載華工三百十三人同治十年秘魯船十三隻在澳門販載華工五千九百八十七人同治十一年秘魯船十九隻在澳門販載華工九千三百八十一人此皆係大幫秘國並不查禁近又據粵海關稅務司報稱本年七月間廣東省城黃浦河面有秘魯船七隻前來招工因其違背通行章程諭令驅逐出口以上各節是又帆船禁載大幫華人未能照辦之證據也查上年中國通行各國照會內載凡係無約各國一概不准設局招工其船隻不准搭載華工出洋即有約各國亦不准在澳門招工均經各國知照在案秘國向係無約之國照章不准裝載華人出口乃昨據貴大臣面稱現載往秘魯華人已有十萬餘人明係違背公法況華民在秘魯重受凌虐曾兩次公禀美國欽差轉達總理衙門是以日前疊據英美法各大臣述知貴大臣欲來華議約即經總理衙門王大臣照覆各國以秘魯向來專以拐販華工爲事華工受盡痛苦其相待中國情形與別國不同必須與伊國說明先將所招華工全數送回中國並聲明不准招工方能商議立約否則實難辦理等語想貴大臣必已與聞無煩贅述旋據函稱遵照總署原議先將所招華工全數送回中國自可妥商鴻章訂期會議屆時不至鴻章責之復請期鴻章因再約期至日秘使偕愛勒謨爾秘妥士來適同知容閎由美國回津鴻章令閎與議秘使將鴻章原函取出逐條剖辨謂無苛待情事又謂中國既令無約之國不准招工是以本國亟派使前來議約以後自必照約互相稽查保護并稱華工送回可於約內聲明除華人在秘魯設肆寓居自不願歸無庸送回其餘工人等合同限滿即

令原主送回分別辦理容閎因言美國向例無立合同年限雇工之事華民在金山等處傭工去留自便美官不能勉强勒揹即有先立合同者若不願當隨時將合同繳銷作爲廢紙秘國亦應照辦秘使允商辦鴻章仍以拐去華民爲言秘使怫然謂即回國覆議不決十三年三月復與秘使接議秘使自交所擬條約鴻章不受久之始定查辦華工專條其文曰現因秘國地方有華民多名且有稱華民有受委屈之處茲會同商訂先立通商條欵和好往來庶幾彼此同心由中國派員往秘將華民情形澈查並示諭華工以便周知一切秘國無不力助以禮接待如查得實有受苦華工合同年限未滿不拘人數多寡均議由委員知照地方官雇主倘不承認即由地方官傳案訊斷若華工仍抱不平立許上告秘國各大員再爲覆査凡僑寓秘國無論何國人民呈稟式樣最優者華工應一體均霑其㫖自秘國核定此項章程之日起凡華工合同已經期滿若合同內有雇主應出回國船脚之議該工人有願回國者即當嚴令雇主出貲送回又各華工合同若無送回字樣合同已滿期該工人無力自出船貲有願回國者秘國應將該工人等附華船送回船貲無須工人自備秘國自行料理云云復將通商條約十九欵及已訂查辦專條改定因致總署謂在秘使之意及各國公論彼既允定查辦資遣華工專條是秘魯已予中國以便宜我亦當照各國和約允以一律現訂通商十九欵大致亦與西約詞意略同然均經鴻章逐條酌改如各約篇首所稱互相較閱俱屬妥當或妥善字樣轉覺不妥茲將俱屬妥協四字删去各約欽差駐京往來有彼國而無我國茲先載明中國欽差各約領事官無商人不准兼充明文茲添不得委商人代理各約游歷通商執照秘使不肯删通商貨物字樣茲特添入貨物應照報單章程辦理各約多以英法文爲憑茲改彼此各用本國文字亦可兼看英文其餘凡通商納稅兵船商船控告詞訟各節均將中國一面敍入所最要者招工流弊無窮澳門販運已久華工既在秘國受苦以前雖允查辦以後若仍開招害將何所底止茲會訂第六欵上半節照美國續約云別有招致之法均非所准下復添敍不准在澳門及各口岸勉強誘騙中國人運載出洋違者其人嚴懲船隻罰辦等語嗣後中國但能照約嚴禁不獨秘魯不敢違犯即各國招工之舉亦得援引辨證又前訂查辦華工專條商令派員前往秘使允即遵照旋派容閎往查辦容閎查辦訖報告華工到彼被賣開山種蔗及糖寮鳥糞島等處虐待情形合同限內打死及自盡投火爐糖鍋死者甚多實可慘憫會屆換約之期秘魯遣使臣愛勒謨爾來華求換約光緒元年派巡撫丁日昌爲換約大臣日昌謂去年中國所以與秘國立約者因秘國葛使照會內言秘國設有新章新例保護華民盡除弊端乃立約之後派員前往秘國確查始知華工受屈顯與條約內保護優待之例相背甫經立約而秘國即種種違約是不能不加一照會聲明換約後即當遵約辦理再不能仍照從前之凌虐秘使聞之不待辭畢即怫然去日昌以秘使無禮因致總署請暫緩換約四年秘魯因澳門停止招工香港英總督又申嚴禁秘魯乃赴廣東省城與美商同爭洋行私立運載華工合同五年爲期每年得船費洋銀十六萬圓設局招誘粤督聞之即予查禁秘使詣天津謁鴻章拒之時出使大臣爲陳蘭彬雖由美使兼日秘並未赴秘七年以津海關道鄭藻如爲出使美日秘大臣十年五月始由美赴秘謁總統遞國書開辦使署於利馬都城奏派參贊一員代辦使事又於嘉理約海口設領事一員管理華民事宜仍禁絕招工並咨請查拿廣州城外私設招工行棧十二年鄭藻如歸迭以傅雲龍張蔭桓崔國因楊儒充公使又增設代理領事十就秘籍中之廉正者充之遇事報使署由參贊區處公使仍不駐秘二十一年秘總統即位各國均有國書致賀介由美使請總署代遞二十二年始頒國書二十三年六月駐秘代辦李經敍行抵嘉理約因疫疾盛行恐傳染阻止入口從秘制也久之始聽入時公使楊儒赴秘遞國書秘外部先派護衞大臣一員在嘉理約迎伺隨派火車接至利馬又派副外部在車站迎伺遞書日又用宮車迎接公使遞國書他國均用軍裝佩劍中國以秘係民主沿例用行裝行鞠躬禮致頌詞秘主答頌如禮二十四年利馬華人在香港辦貨秘駐港領事照驗加戳向例戳費值百抽一至是增加又改用金鎊比前增逾倍華商以秘違例請秘外部飭知港領事照向例核收又籲請于駐秘代辦謝希傅於是照會秘外部謂貨單戳費向有定章值百抽一又爲萬國通例貨本用金用銀各國不一而抽費皆按此爲衡即就利馬論麥麵一項由智利販運者抽費俱按智洋洋貨各項由英倫販運者抽費俱按金錢載在秘國稅則衆所共知乃同一抽費於智於英皆就地照抽獨至香港一處忽示歧異於理不解或謂香港爲英屬口岸應改金鎊則粵商貨本亦應升算金錢方與通商各國一律應請批示秘外部不允批示旋稱港銀成色太低換兌金鎊虧損過多謝希傳告以一律改從金鎊華商亦所甚願秘外部始允收費按照貨本一律改從金鎊宣統元年五月秘工黨仇視駐秘利馬華人暴動秘政府特頒苛例令進口華人每名須有英金五百鎊呈驗始得入口時出使美日秘大臣伍廷芳赴秘與交涉先謁總統遞國書即照會秘外部謂秘所設苛例違反兩國所立條約旋復見秘總統辨論請廢止飭諭總統不允已復由秘外部覆文秘外部大臣玻立士謂廷芳請先妥議限制中國工人出口來秘善法附入條約廷芳答以章程不應附入條約玻立士又欲使秘領事有察驗華官所給護照是否合例之權及到秘時仍由地方官查驗方准登岸廷芳駁之執不允廷芳閱草案又請加寓智利厄瓜多巴拿馬等處華商欲來秘者可由代理中國領事等官發給護照以爲入境憑據等語玻立士允諾時留秘華人多吸食鴉片廷芳請秘贊助設法限制秘總統許之旋復定議廷芳與秘外部立廢除苛例證明書九條一中國允自限工人來秘二至六定非作工之華人往秘護照辦法七定非作工者概不限制八定免請護照者之資格九發照驗照祇須繳費五圓并停止秘國五月十四號頒發飭諭之效力時宣統元年七月十三日即西歷一千九百零九年八月二十號署押蓋印

巴西國南亞美利加洲共和民主新國也光緒六年始遣使臣喀拉多來天津請議立和約總署請飭南北洋大臣就近商辦旋派李鴻章爲全權大臣與議約六月一日喀使抵天津照會鴻章請立約並擬先送約稿呈閱遂訂期接議研商至再始定約鴻章因上奏言此次巴西議約數易其稿嗣以秘魯條約爲底本删去招工各條並參用別國條約定爲十六款其關係中國權利者皆力爲辯論變通酌定如第一款兩國人彼此皆可前往僑居句下添入須由本人自願一語即寓禁阻設法招致之弊第三款設立領事官必須奉到駐紮之國批准文憑方得視事如辦事不合可將批准文憑追回本係四國通例其立法之善有二一則其人或非平素公正或與我國向不浹洽我皆可以不准一則通商口岸或係新設人情未安不欲領事驟至我亦可以不准至辦事不合追回文憑是予奪之權我亦得而操之第四款游歷執照一節洋人游歷各處多有由領事自塡執照送請關道用印幾若內地往來全憑領事作主今改爲領事照會關道請領印照可稍助地方官之權第五款遵守專章一節即是德國新約第一款之義查均霑二字利在洋人害在中土設法防弊實爲要圖特聲明嗣後如有優待他國利益彼此須將互相酬報之專條或互訂之專章一體遵守方准同霑優待他國之利益似較周妥第六款本擬照德國新約酌用漏報揑報辦法惟巴約係仿秘魯約本並無通商詳細章程若僅添漏報揑報一層轉恐挂一漏萬今定爲兩國商人商船凡在此國通商口岸即應遵從此國與各國原議續議通行商務章程辦理第九第十第十一第十二等款皆指問案之事查西國案件俱由地方官訊斷領事不得干預惟中西法律懸殊各國不能聽地方官審辦於是領事遂有其權此次定爲被告所屬之官員專司訊斷各本國律例定罪蓋被告多係華民前因會審掣肘受虧不少茲由被告所屬之官訊斷當可持平辦理又第十一款內將來另議中西交涉公律巴西亦應照辦一節雖公律驟難定議究爲洋務緊要關鍵特倡其說以作權輿以上各節皆按照各國約章酌議變通期歸妥善至洋藥一項雖非巴西出產惟中土受害滋深今議令巴使知會巴國外部查酌禁止巴商販賣先由巴使另備照會存案臣亦給予照覆約既訂遂於八月初一日會同畫押鈐印明年三月喀拉多忽詣李鴻章謂接本國電報復請商改於是增删巴西原約共十七款前約正副本作廢八年四月換約於上海八月巴西貽鴻章寶星旋答之宣統元年巴西使臣貝雷拉請與中國立公斷專約先是巴使詣外務部援照保和會公約請與中國訂一公斷條約並呈所擬洋文約稿遂派外務部左侍郎聯芳爲全權大臣與貝雷拉議約四條一兩國外交官不能和平了結之案可向海牙所設之常川公斷衙門投控並請審斷但須無礙兩國利益及國權榮譽亦不得干涉第三國之利益二公斷員之權限及細則須臨時由中國皇帝及巴西總統擬酌合宜辦法三次約以五年爲限限滿六閱月未聲明作廢者作爲續訂五年嗣後期限照此計算四本約批准後在巴西京城換約用華文葡文法文三體而遇疑難解釋之處則以法文爲憑此約畫押後因事羈延未及互換三年十月駐法代辦使事戴陳霖與巴西駐法代辦達旒格芬始在巴黎互換

葡萄牙在歐羅巴極西明正德年初至中國舟山寧波泉州隆慶初至廣東香山縣濠鏡請隙地建屋歲納租銀五百兩實爲歐羅巴通市粤東之始清雍正五年夏四月葡國遣使臣麥德樂表貢方物抵粤巡撫楊文乾遣員伴送至京召見賜宴於賞賚外特賜人葠緞匹瓷漆器紙墨字畫絹鐙扇香囊諸珍加賞使臣命御使常保住伴送至澳遣歸國麥德樂在澳天主堂率洋商誦經行禮

恭祝聖壽乾隆十八年夏四月葡國遣使巴哲格伯里多瑪諾入貢奉表言臣父昔年仰奉聖主聖祖皇帝世宗皇帝備極誠敬臣父即世臣嗣服以來纘承父志敬效虔恭臣聞寓居中國西洋人等仰蒙聖主施恩優眷積有年所臣不勝感激歡忭謹遣一介使臣以申誠敬因遣使巴哲格等代臣恭請聖主萬安並行慶賀伏乞聖主自天施降諸福以惠小邦至寓居中國西洋人等更乞鴻慈優待再所遣使臣明白自愛臣國諸務俱令料理臣遣其至京必能慰悅聖懷凡所陳奏伏祈採納道光二十九年其酋啞嗎嘞爲澳民所殺藉端尋釁釘關逐役抗不交租又屯兵建台編牌勒稅於是澳地關閘以內悉被侵佔粵省大吏置之不問咸豐八年冬十月葡萄牙遣人來上海請立約時欽差大臣大學士桂良駐滬初拒之旋爲奏聞未許光緒七年葡人欲在澳門設立領事粵督張樹森不允欲令駐香港領事兼辦出使大臣曾紀澤謂葡人之於澳門儼然據爲己有唯租住之名尙存若忽令香港領事兼理將借香港領事之名引爲澳門領事之據查澳門本有縣丞等官似宜倣上海租界之例設立官職較崇委員並令督同縣丞辦理交涉事件庶幾可圖補救十二年政府因開辦洋藥稅釐併徵新章總署奏請飭派邵友濂會同總稅務司赫德前往香港會商辦法查知洋藥自印度來華香港爲總滙之區必須英葡兩國一律會辦始能得力因與澳門總督商緝私辦法又恐葡爲無約之國遽與商辦或多要求於是遣赫德與之電商擬設稅務司澳督亦允乃訂草約四條一兩國在京互換通商條約一中國准葡國永駐管理澳門一葡國允非中國則澳地不讓與他國一洋藥稅徵香港如何會同澳門即類推辦理當派稅務司金登幹在葡國畫押並允其派使來華擬議詳細條約粵督張之洞上疏言澳門爲香山縣管轄距省城二百餘里陸路可通實爲廣東濱海門戶非如瓊州之孤縣海外亦非如香港之矗立海中葡人今因事要求曲徇其請遽就立約實多可慮挽回補救之策約有五條一曰細訂詳約查簡約雖經金登幹畫押而詳細條約應删應增仍須俟葡使到華會同總署核議請旨辦理其永駐澳門一條原因協辦藥徵格外見讓租銀非畫地歸葡者可比且約有不得轉讓他國之文可見澳門係中國疆土讓與葡國居住應聲明葡國居住免其租銀不得視爲葡國屬地其不讓於他國一條應聲明澳門係中國疆土葡國不得讓于他國如此則我有讓地之名而無損權之實仍與原約之義毫不相背一曰畫清界限有陸界有水界何謂陸界東北枕山西南濱海是爲澳門其原立之三巴門水坑門新開門舊址具在志乘可徵所築礮台馬路兵房均屬格外侵佔應於立約時堅持圍牆爲界不使尺寸有踰何謂水界公法淑地主有管轄水界之權以礮子能及之處爲止兩國土地毗連中隔小河則以中流爲界此係指各國自有之地及征伐所得者而言澳門本係中國之地不過准其永遠居住葡人只能管轄所住之地宜明立條欵所有水道准其船隻往來不得援引公法兼管水界一曰界由外定准葡住澳免其租銀水界仍是中國所有自無水界之可分陸界至舊有圍牆爲止葡人于同治初年將圍牆拆卸希圖滅跡然墻可拆而舊址終不可沒將來約有成議似應由粵省督撫臣就近派員會同葡使親往勘驗詳查舊址公同立界俾免影射踰越一曰核對洋文查赫德中稱所訂草約四條與澳門洋報所載者文義輕重懸殊第一條派使來華擬議通商條約洋文內加須有利益均霑字樣第二條葡國永駐澳門管理一切洋文內加悉與葡國別處屬地無異字樣草約內澳門字樣凡三見洋文皆作澳門及澳門附地查附地二字意極含糊不惟將圍墻外至望廈村陰括在內卽附近小島毗連村落皆可作附地觀至謂與葡國別處屬地無異一語措詞亦謬雖洋報所載未盡可信傳說必非無因既與總署奏案不符亦非奉旨准其永駐之本意應請飭下總署先將草約漢洋文詳細核對以防侵越一曰暫緩批准立約雖有成議批准權在朝廷此各國之通例美國煙臺條約光緒二年所立有未經批准三條直至上年始行議定成案可據自應明與之約定約後須俟稅釐欵項大增拐騙逃亡隨捉隨解諸事皆有明效可徵兩國始行批准互換庶彼不得終售其欺疏入報可葡使羅沙旋來華詣總署呈節略及地圖總署王大臣閱圖與見在葡人所居之地界址不清多所辯駁復致北洋大臣李鴻章派員赴澳確查張之洞復上疏請先清界址緩議條約略謂澳門水陸一帶大抵有葡人原租之界有久佔之界有新佔之界有圖佔未得之界除原租之圍墻以內仍舊聽其居住外已佔者明示限制未佔者力爲劃清又謂洋藥來華皆徑到香港分運各口從無徑運澳門之船是稽察之關鍵在香港不在澳門等語總署因界址一時難清仍主先議約後劃界久之始定於是總署上言曰向者總署兩次商辦此事一議通商訂約一議給價收回迄無成說今因洋藥緝私一事允其重申前議並以澳門地方界址一層從先久經含混因與葡使羅沙迭商於約內言明澳門界址俟勘明再定並聲明未經定界以前不得有增減改變之事仍將不得讓與他國一層專立一條永昭信守葡使允即電達本國照此定議正籌辦間續接李鴻章函稱粵省督撫臣分別原租久佔新佔未佔四層辦法所謂久佔者不知何年新佔者亦在咸豐同治以後委員程佐衡回津面與討論查圍牆以內爲原租關閘以內皆所久佔潭仔過路環則爲新佔此皆已佔者也關閘以北直達前山澳西對岸灣子銀坑各處遠及東南各島皆欲佔而未佔者也應俟將來派員勘界時隨時斟酌辦理尋報可嗣因交犯一條葡使欲照英約載明華人犯罪逃至澳門者查明實係罪犯交出總署不允磋商久之始允添改華民犯案逃往澳門官員仍照向來辦法查獲交出又稽查洋藥一事復于專約內添寫所有澳門出口前往中國各海口之洋藥必須由督理洋藥之洋員給發准照一面由該洋員立將轉運出口之准照轉致拱北關稅務司辦理遂定議共計條約五十四欵及緝私專約三欵當即劃押是年葡人散鈔單于望廈不納明年三月命李鴻章與葡使在天津換約復公立換約文憑華洋文各一畫押蓋印藏事是月葡人出關閘外設一路燈又脩復前山營廠卡張之洞責令撤去旋據澳酋照稱關閘外至北山嶺中間一帶向爲局外之區建廠須兩國會商非一國所能擅主已照會鈞署云云張之洞即致總署謂條約載未定界以前俱照依現時情形勿動自係指澳境關閘以內彼所已占者而言同治元年葡使來京議約亦言關閘以外係華官把守未敢侵及從無局外之說此次來文實堪詫異請折辯五月葡人又欲爭執舵尾山管轄權張之洞致總署謂舵尾山在十字門小横琴島上爲香山縣屬向無葡人居此此處瘋人得葡人養濟不過尋常善舉何得視爲管治證據如各省常有洋人施醫院豈能即爲洋界乎請嚴切駁復二十七年與各國修改稅則各國皆會同簽押葡不派員特與照會葡使仍不至久之始派參贊阿梅達來仍不主改稅則既又請求澳門對面各島開商埠復拒絕之二十八年正月葡使白朗穀來言本國商民願在澳門振興商務修濬河道前定和約已認澳門附近屬地爲葡國永居管理應將此地之界址廣闊等項丈量妥訂按對面山一島居澳門之西小横琴大横琴二島居澳門西南各島係澳門生成屬地又經和約認明請會商妥定外務部王大臣等復以中國邊海島嶼向隸府廳州縣從無此島屬於彼島之事祇能就澳門現管界址照約勘定不得于界之外另有屬地二月初葡使復來照會以上年各國公約第六欵所載進出口稅則改爲切實值百抽五葡未與議表明本國人民所運各項貨物應仍照光緒十三年兩國條約所訂稅則辦理王大臣等嚴詞駁拒葡仍請求不已初葡使面稱願將界務暫置不提但求擴充商務開具條欵大要照分兩端如應允改定稅則稽征洋藥稅餉在澳門設立分關爲有益中國之欵在澳門附近任便工程由澳至廣東省城修造鐵路爲有益葡國之欵王大臣等以澳門附近任便修造工程仍慮暗侵界址駁令先行删除設關一欵札飭總稅務司赫德核辦鐵路一欵電咨前兩廣總督陶模督辦鐵路大臣盛宣懷分別核復旋據赫德復稱澳門設關有裨稅收但章程必須妥定陶模復稱由澳至省修造鐵路於地方情形尙無妨礙盛宣懷復稱造路於稅務有益必須由總公司與之定立合同不必列入約款王大臣等得復復與葡使一再研商將允造鐵路另用照會聲明不入約內葡使亦允從遂與定議乃上言曰此次葡使來京意在展拓澳界磋商十餘次始將勘界之議商允停辦現與議訂條欵第一款聲明舊約照舊遵守第二款聲明上年各國公約加增稅則大西洋國均允遵照並與訂明該國人民所納稅項不得較別國稍有增減以預留日後加稅地步第三第四欵在澳門設分關一道以稽查出入澳門洋藥並征收各項稅項該關須在澳門界內但使稅司稽征得力似於餉項不無裨益第五第六兩款均申論設關事宜章程由兩國酌定第七款訂約文字第八第九欵批准互換各節皆向來訂約應叙之欵應請簡派大臣與葡使定期畫押再將約本進呈請用御寶以憑互換至設立中葡公司修造由澳門至廣東省城鐵路地僅二百餘里現辦粵漢九廣兩路已議定通至省城再添一路亦藉以擴充商務既與葡使訂明另用照會爲憑擬俟命下即將照會互換仍咨行督辦鐵路大臣盛宣懷與葡詳定合同以期周妥報可慶親王奕劻旋畫押三十年二月葡駐京使臣白朗穀照稱奉本國諭改修稅則一事派使前赴上海畫押並將光緒二十八年九月新訂增改條欵暨是年十二月會訂分關章程條欵內之意同語異之處改爲一律其修改稅則及新定增改條欵並會訂分關章程條欵合訂一本以歸畫一葡使赴滬與商約大臣呂海寰等會晤海寰等面詢照會內所稱各節將何者爲意同語異及如何改歸一律之處詳爲解明以便會同辦理葡使答以光緒二十八年新定增改條欵及會訂分關章程條欵本國議院未經核准不克互換是以此次修改商約另行擬送條欵即將前此條欵章程意同

語異之處包括在內海實等以葡使晤對之詞與照會外務部文意不符駁之並照會詰問葡使令其明晰照復葡使旋復以本國訓諭業在外務部聲明一本政府准議院所議給權於駐華公使新立商約即照近日各國與中國所立之商約無異二現欲請立新約包括光緒二十八年九月所立之條款暨是年十二月會訂之專條但內有更改者俾中葡兩國主權免有視爲關礙之處三至於葡國協助中國防緝走私洋藥一事奉本國政府訓諭可將此項緝私之法整頓以便全免走私四因今欲立之新約應包括光緒二十八年九月所立條款並十二月所訂專條內之宗旨或係更改或係推廣悉行包括在內所以本國之意毋庸將前約核准海實等電詢外務部復云葡使並未向部聲明前約作廢當日議約原以分關鐵路爲彼此互換利益儻不將光緒二十八年之約核准藉包括爲詞以廢分關之議則中國亦必將鐵路互換之照會聲明作廢海實等即照部電直告葡使拒不與議葡使迭來商懇以澳門設立分關實有礙于本國主權故議院未能核准欲明言前約作廢又有礙于本國體制故以包括宗旨毋庸核准爲詞海實等遂與議訂新約初葡使送來商約款文二十條海實等就中摘其不能允者往返磋商葡使又請爲寓澳華民每年准運米六百萬石免納稅課以資食用海實等以澳門華民不過十萬人何至歲需六百萬石拒之旋外務部據粵督調查每年只准運三十萬石又購米地方限以廣東一省葡使不允久之始將各款議定海實乃入奏曰綜計釐訂條約二十款第一款聲明舊約照舊遵守第二款聲明和議所定加洋稅則葡國允遵照辦第三款聲明入澳門洋藥均囤于官棧每年澳門食用洋藥定數以外不得再有搬出凡報運中國各處亦應設法以防私行運往所有應定各項章程應由彼此兩國商訂又葡國迅定律例如有犯此約章應分別懲處第四款澳門水陸地方如何防緝走私彼此派員會訂查緝之地位並可行之辦法第五款照英約推廣西江各口及廣州府屬各埠行輪惟須遵守現行一切章程如不遵守仍不准照辦葡國並定律例分別懲辦第六款葡萄牙酒無葡國執照不得照本約所附稅則納稅第七款通商口岸地方居住貿易第八款華人入葡國版籍須專定律例杜其在內地所享利益及藉葡國籍以脫卸在華所立有合同責任第九款加稅免釐第十款發還海關存票第十一款釐定國幣第十二款禁止嗎啡鴉片第十三款振興礦務第十四款合股經營第十五款保護貨牌及創藝執照第十六款整頓律例第十七款籌安民教第十八款條約年限第十九款本約以英文爲準第二十款在北京互換以上各款爲我所側重者在洋藥緝私一事葡使立意約文以渾括爲準免致議院再有疑阻商酌至再將詳細辦法另立專章計釐定第三款專章五條大旨在洋藥運至澳門必須囤入官棧其由棧報運中國則由彼此會同稽查必須完淸海關稅釐始准搬出如不進官棧私自登岸按葡律核辦其由原船私運中國由拱北關緝辦並嗣後有應行商酌加添由澳官與稅務司商訂第五款專章十五條在澳門專設躉船以便由拱北關查驗由澳門來往各處貨物爲要義其一切限制辦法悉照英約內港行輪章程核議迭經臣世凱臣之洞往復籌度公同斟酌妥善電請外務部核准然後與之定議至陸路稽征稅項訂明設在總車站截入鐵路合同之內又第三款澳門食用洋藥定數恐將來澳督與稅司多少爭執意見不同特用照會聲明可由彼此在北京之代表人細查會定又籌安民教一款葡使奉其政府訓條另備照會聲明凡有天主教堂在華之他國已經允許者葡國始可照辦此會訂約款章程及另備照會之情形也伏念葡萄牙國以和約未經與議不認各國修改稅則而要索澳門分設鐵路與粵漢鐵路相接是以外務部原議在澳門設關以爲互換利益今葡國以議院未能核准前約已不廢而廢故此次詳訂中國海關在澳門水陸地方查緝洋藥走私辦法權限以爲補救葡使欲以新約包括前約誠心相助妥訂條款章程雖無設關之名可收緝私之實並由臣宣懷與葡使將粵澳鐵路合同兩國商董妥議已將車站徵稅一條列入合同之內已請外務部核准忽接來電謂廣東紳商不允葡運粵米不能不俯順輿情令再研商適葡使急于返國不能再候擬將米事留後再議先將商約暨章程先行畫押報可三十四年正月日本船辰丸號密運鎗礮彈藥向中國輸入假泊澳門附近之過路環島東方二海里地爲中國礮艦所捕獲日本政府以係葡萄牙領海爲詞葡國政府亦言辰丸碇泊地係葡國領海於是復議中葡畫境一事宣統二年葡政府派海軍提督瑪喀多中政府派雲南交涉使高而謙爲畫境全權大臣會議于香港葡使初要求澳門半島及拱北小橫琴大橫琴譚仔過路環諸島與附近海面均爲葡領謙不允又要求譚仔過路環二島澳門半島及拱北大小橫琴諸島之一部及附近海面爲葡領謙仍不允只允譚仔過路環二島承認爲葡領餘皆不承認相持四閱月不決葡使請付萬國平和會議解決謙又拒之旋停止會議移議于北京甫開議會葡萄牙革命起遂輟議成爲懸案

墨西哥在北亞美利加洲光緒甲申乙酉年間墨以立約招工來請中國駐美公使楊儒派員赴墨察看情形擬定約款電請總署籌辦久未定二十三年駐美公使伍廷芳與墨駐美使臣盧美路重提前議會盧美路卒繼使臣阿斯芘羅斯復議此事久之始定爲二十款初廷芳與盧美路議也已允將前議永行墨圜一節刪除交犯一款允照總署來函辦法至是定議廷芳乃上奏言查泰西通例領事初到須領駐劄之國認准文憑方得視事大小各國無不皆然中國除巴西約外各國約內皆無此款今於第三款內訂明領事得有認准文憑方能視事如辦事不合違背地方條約可將認准文憑收回將來各國修訂條約亦可視此爲衡第五款不准誘拐華人出洋一節是查照日斯巴尼亞約辦理墨約之訂實前任使臣鄭藻如首倡其議蓋謂出洋不必禁誘拐則不可不防與其受凌虐之後始行設官不若乘未往之先妥爲設法現定必須本人情願不准誘令出洋則包攬誘拐之風不禁自絕第六款中國人民與列國人民一律同霑利益一節我國人民往來貿易與別國一律無異將來開荒種植之事均可援照各國章程辦理第八款原稿彼此土產稅則未載者暫時免稅承准總理衙門電示遵即改爲彼此進出口稅均照相待最優之國一律辦理此是仿照法墨商約改訂第十款遇有軍務不准勒令僑民充當兵勇不得强令捐輸一節此是仿照英墨約辦理第十五款中國將來議立交涉公律一節歐美通例凡僑居他國人民遇有控告案件均歸地方官訊斷惟中國與各國定約各歸本國領事訊斷墨國以利益均霑爲詞不得不暫行照辦惟於約內聲明若中國將來與各國議立交涉公律以治僑居中國之外國人民墨民亦應照辦第十六款凡船到口岸船上諸色人等如有上岸在二十四點鐘內滋事者准由地方官訊斷罰鍰監禁此是創給中國官訊問外國人之權如地方官辦理得宜他日各國修約即可循此而推第十七款中國人民有事在墨國控告得享權利與墨國或相待最優之國人民無異一節查本年五月間墨國覃壁古埠華民數百人被工頭凌虐尅扣工資具詞呈訴經臣備文由墨使轉達彼國政府派員嚴切查辦惟條約未立保護莫及今約內聲明控告事件得享權利則遇有不平隨時赴官剖白於僑居商民不無裨益以上各款均經悉心酌定並將漢文與英墨文字句一一校對皆相符合查墨西哥國地分二十九部其南部一歲三稔尤爲沃壤民惰耕作地利未興近年新定招人開荒章程一經開墾即爲永業內地人稠時虞艱食託足海外謀生日蹙有此邦爲消納之區既可廣開利源又可隱消患氣歷任使臣均以訂墨約爲要務職此之由向例草約定後議約之員即須會同簽押臣隨將約本繕就訂期十一月十二日率同參贊隨員將會訂條約漢文墨文英文各二分覆校無訛與墨國全權大臣阿斯芘羅斯互相畫押蓋印咨送總理衙門請旨批行報可二十八年伍廷芳據粵商稟咨外務部謂自上年中墨訂約後華人由香港搭船赴墨者日多惟華人由香港附輪先須假道美國舊金山埠方能赴墨殊非便商之道因美正禁止華工入境故也擬商明輪船公司特派數艘由香港逕赴墨國口岸俾僑民任便往來現在中國業已換約華人附搭輪船來往庶不致有所窒礙外務部照會英公使轉行香港總督飭知英輪公司照辦二十九年出使美日秘古國大臣梁誠咨外務部請援古巴成案設總領事官一兼充參贊駐墨國薩理那古盧司海口遇有與外部商辦事件即可馳赴墨都並以美使兼攝日秘古三國使事外務部奏請允行是年墨派員充駐廣州等處領事官尋又派領事分駐上海福州廈門是年墨因防疫禁止華人前往梁誠與交涉旋弛禁墨訂立中國及東方諸國移民入境章程六條俾共遵守三十年梁誠赴墨都遞國書開辦使署分館墨亦派使臣鄺華來華遞國書並邀覲見請頒給墨總統暨其國各執政大臣寶星許之三十一年墨前總統由國民公舉續任六年墨致國書由其國駐京公使烏海慕呈遞尋由外務部擬覆國書是年墨開萬國地理會請中國派員入會許之

剛果在亞非利加洲剛果河左右光緒二十四年六月遣其使臣余式爾來華請訂和好通商之約許之先是光緒十一年十一月剛果國外部大臣伊特倭照會中國謂奉命充外部大臣願與中國開通往來遇有交涉事件必當妥善辦理尙望貴王大臣推誠相待以敦睦誼至是乃訂簡明條約二條一中國與各國所立約內凡載身家財產與審案之權其如何待遇各國者今亦可施諸剛果自主之國二議定中國民人可隨意遷往剛果自主之國境內僑寓居住凡一切動產不動產皆可購買執業並可更易業主至行船經商工藝各事其待華民與待最優國之民人相同各大臣先爲親筆畫押蓋用關防以昭信守

清史稿

皇子世表序

自周室衆建同姓穆屬維城炎漢以降帝王之子靡不錫以王爵攷帝繫者於以見親親之誼焉清初封爵之制未嘗釐定武功慧哲宣獻諸王皆以功績而獲崇封崇德元年定九等爵順治六年復定爲親郡王至奉恩將軍凡十二等有功封有恩封有考封惟睿禮鄭豫肅莊克勤順承八王以佐命殊勳世襲罔替其他親郡王則世降一等有至鎮國公輔國公而仍延世賞者若以旁支分封則降至奉恩將軍迨世次已盡不復承襲蓋自景祖以上子孫謂之覺羅與顯祖以下子孫謂之宗室者親疏攸別爵秩亦殊數傳而後僅得子男原夫錫爵之本意酬庸爲上展親次之故有皇子而僅封貝勒貝子公者揆諸前禩至謹極嚴雍正後惟怡賢親王以公忠體國恭忠親王以贊襄大政醇賢親王以德宗本生考皆世襲罔替至末年而慶親王奕劻乃亦膺茲懋賞矣自餘宗潢繁衍非國有大慶不得恩封非嫻習騎射不得考封而入關二百餘年習尚文勝無復開國勇健之風每屆歲終與於選者益尠此盛衰強弱之原歟今自肇祖以下子孫列爲世表本諸璆牒支別派分其不列於十二等之封者謂之閑散宗室則從略焉作皇子世表

清史稿

皇子世表一

肇祖系

充善 肇祖第一子

妥羅 充善第一子。無嗣

妥義謨 充善第二子。無嗣

錫寶齊篇古 充善第三子

褚晏 肇祖第二子。早卒

興祖系

德世庫 興祖第一子

尼揚古 德世庫子

庫爾喀 尼揚古子

布三 庫爾喀子

布祜 布三子。封三等男

額訥布 布祜子。封三等男

劉闡 興祖第二子

索長阿 興祖第三子

務泰 索長阿子

僧額 務泰子

翁阿岱 僧額子

阿克善 翁阿岱子

塞克森 阿克善子。封二等男

巴彥德 塞克森子。封二等男

包朗阿 興祖第五子

郎騰 包朗阿子

伯林 郎騰子

拜三岱 伯林子。封三等男

顧納岱 拜三子。封一等男

談洛渾 顧納岱子。封一等子

顧巴岱 拜三子

席持庫 顧巴岱子。封一等子

舒祿 席持庫子。封一等子

伊靈阿 舒祿子。襲二等子

瑪爾泰 舒祿子

安崇阿 瑪爾泰子

四寶 安崇阿子。封二等子

機達席庫 郎騰子

穆成格 機達席庫子。封一等男

德勒渾 機達席庫子。封二等男

納泰 德勒渾子。封二等男

寶實 興祖第六子

景祖系

禮敦巴圖魯 景祖第一子。崇德元年追封武功郡王

博伊和齊 禮敦巴圖魯第一子。天聰七年卒

塞勒 博伊和齊第一子。順治四年封一等子。十四年卒。謚勤愍

額爾德 塞勒第三子。封一等子。康熙八年革爵。尋襲二等子。十

喇祜塔 額爾德第一子。康熙十年襲二等子。二十三年卒

額爾袞 景祖第二子。順治十年追封慧哲郡王。無嗣

齋堪 景祖第三子。順治十年追封宣獻郡王。無嗣

塔察篇古 景祖第五子。順治十年追封恪恭貝勒

祜爾哈齊 塔察篇古第一子。早卒

阿世布 祜爾哈齊第二子。庚戌年以罪賜自盡

葉穆濟 阿世布第一子。順治元年卒

瓦爾瑪 葉穆濟第一子。順治七年封三等男。九年晉一等。十七年

蘇爾瑪 瓦爾瑪第二子。順治十七年襲一等男。康熙二十二年革爵。二十七年卒

朗唐 蘇爾瑪子。康熙二十二年襲一等男。緣事革爵

佛英額 蘇爾瑪第三子。康熙三十一年襲瑪克蘇之一等男。乾隆元年卒

莽嘉 阿世布第五子。康熙二十五年卒

瑪克蘇 莽嘉第一子。康熙二十二年襲朗唐之一等男。三十七年卒。無嗣

薩克圖

舒淑 朗圖第

阿賽 博伊和齊第六子。順治十六年卒

薩賽 阿賽第一子。封三等男。順治十七年卒

年卒

噶爾漢 額爾德子。康熙二十四年襲二等子。三十四年革爵

莽嘉第三子康熙十三年陣亡

二子蘇克圖嗣子康熙三十二年襲二等男四十四年卒

朗圖 莽嘉第五子順治十八年襲三等男康熙三十二年卒

顯祖系

穆爾哈齊 顯祖第二子初封誠毅貝勒天命五年卒順治十年追封多羅諡曰勇壯

達爾察 穆爾哈齊第二子天命九年卒順治十年追封輔國公諡曰剛毅

穆青 達爾察第四子順治二年封奉恩將軍六年晉三等輔國將軍八年晉三等鎮國將軍尋晉輔國公康熙十二年卒諡曰懿厚

勒塞禮 穆青第四子康熙八年封三等奉國將軍三十六年以西路昭莫多軍功晉二等

達里祜 勒塞禮第六子康熙四十三年封奉恩將軍雍正八年革退

巴延布 達里祜第一子雍正三年封奉恩將軍乾隆十一年因病告退

海存 巴延布第二子乾隆十一年襲奉恩將軍三十四年卒

永登額 海存第一子乾隆三十四年襲奉恩將軍五十年卒

國祥 永登額第一子乾隆五十年襲奉恩將軍道光十七年卒

潤壽 國祥嗣子道光十八年襲奉恩將軍二十八年卒

連華 國祥嗣子道光二十八年襲奉恩將軍光緒十一年卒

札朗阿 連華嗣子光緒十六年襲奉恩將軍

達里伯 勒塞禮第七子康熙五十年封奉恩將軍雍正三年卒

海誠 達里伯第二子雍正四年襲奉恩將軍乾隆三十六年因病告退五十四年卒

特恒額 海誠第六子乾隆三十六年襲奉恩將軍三十七年卒

圭達杭阿 海誠第七子乾隆三十七年襲奉恩將軍尋卒

赫勒布 勒塞禮第九子康熙四十七年封奉恩將軍乾隆十八年卒

巴啟納 赫勒布第二子乾隆十八年襲奉恩將軍二十四年卒

天師保 巴啟納第一子乾隆二十四年襲奉恩將軍五十一年卒

長永 天師保第二子乾隆五十一年襲奉恩將軍嘉慶三年卒無嗣

達里珠 勒塞禮第十子康熙四十九年封奉恩將軍乾隆六年卒

成岱 達里珠第一子雍正十三年封奉恩將軍乾隆二十二年因病告退

清岱 成岱第二子乾隆二十三年襲奉恩將軍五十二年卒

喀勒充阿 成岱第四子乾隆五十二年襲奉恩將軍嘉慶六年因病告退

博奇屯 成岱第六子嘉慶七年襲奉恩將軍十三年因病告退

安平阿 博奇屯第二子嘉慶十四年襲奉恩將軍道光元年卒

哈格 博奇屯第四子道光二年襲奉恩將軍光緒十五年卒

長山 勒塞禮第十一子雍正三年封奉恩將軍乾隆四年卒

八十六 長山第三子乾隆五年襲奉恩將軍四十三年卒

仙聽 八十六第三子乾隆四十三年襲奉恩將軍嘉慶四年卒

松柱 仙聽第三子嘉慶五年襲奉恩將軍道光二十二年卒無嗣

德賽禮 穆青第八子康熙十二年襲三等奉國將軍二十五年卒

崇揚赫 德賽禮第一子康熙二十五年襲奉恩將軍乾隆元年卒

巴延德 崇揚赫第一子雍正三年封奉恩將軍乾隆四年因病告退

善志 巴延德第二子乾隆五年襲奉恩將軍五十年卒

色克圖懇 善志子

國柱 色克圖懇子乾隆五十一年襲奉恩將軍嘉慶二年卒無嗣

務達海 穆爾哈齊第四子崇德四年封三等輔

托克托慧 務達海第六子順治六年封三等輔國

當阿賴 托克托慧第三子康熙八年封三等奉

國將軍順治二年晉二等四年晉三等鎮國將軍五年晉貝子十二年卒諡曰襄敏

將軍八年晉鎮國公康熙十二年卒諡曰純和

國將軍二十七年因病告退無嗣

卓隨 托克托慧第七子康熙十二年封三等奉國將軍四十九年卒

卓善 卓隨第四子康熙四十三年封奉恩將軍雍正十二年因病革退

寶月 卓善第四子雍正十二年襲奉恩將軍乾隆三十一年卒不准承襲

揚福 托克托慧第八子康熙十八年封三等奉國將軍五十四年襲不入八分鎮國公尋卒諡曰襄毅

三官保 揚福第四子康熙五十二年封奉國將軍五十五年襲不入八分鎮國公六十一年卒

嵩阿禮 揚福第八子雍正三年封三等鎮國將軍乾隆十九年緣事革退

素爾登額 嵩阿禮第二子乾隆九年封輔國將軍二十一年卒

愛新德 素爾登額第二子乾隆二十一年襲奉國將軍二十三年卒無嗣

噶爾瑪 揚福第十一子雍正二年襲鎮國將軍三年卒

德爾登額 噶爾瑪子雍正四年襲輔國將軍乾隆四十年緣事革退

富爾嵩阿 揚福第十六子雍正七年封三等鎮國將軍二十八年緣事革退

魁文 富爾嵩阿第三子乾隆二十一年封一等奉國將軍三十二年緣事革退

宗泰 富爾嵩阿第四

義和禮 宗泰第

子乾隆二十一年封奉國將軍三十五年卒
一子乾隆三十五年襲奉恩將軍嘉慶二十四年卒無嗣

英善 富爾滿阿第五子乾隆二十一年封三等奉國將軍嘉慶三年卒
伊昌阿 英善第一子乾隆六十年襲奉恩將軍咸豐二年卒
錫祜 伊昌阿第一子咸豐三年襲奉恩將軍同治二年緣事革退

莽顧賚 揚福第十七子乾隆四十年襲三等奉國將軍五十年卒
來齡 莽顧賚第六子乾隆五十一年襲奉恩將軍嘉慶十一年緣事革退
新瑞 來齡胞弟來義之子嘉慶十一年襲奉恩將軍十五年因病告退

恭耀 來齡堂姪嘉慶二十二年封奉恩將軍道光十六年卒
福芬 恭耀嗣子道光十六年封奉恩將軍咸豐元年卒
瑞和 福芬第一子咸豐元年封奉恩將軍光緒三年卒
延慶 瑞和第二子光緒四年襲奉恩將軍

白努機 托克托慧第九子康熙二十四年封三等奉國將軍雍正二年卒
噶林 白努機第八子雍正二年襲奉恩將軍乾隆三年卒
阿朗阿 噶林嗣子乾隆三年襲奉恩將軍二十三年卒
和齊匡武 阿朗阿第一子乾隆三十四年襲奉恩將軍道光二年卒
伊里布 和齊匡武第二子道光四年封奉恩將軍二十二年卒
崇齡 伊里布第一子道光二十二年襲奉恩將軍二十九年緣事革退
盛寬 崇齡第一子咸豐二年襲奉恩將軍光緒十五年卒
斌瑄 盛寬第二子光緒三十三年襲奉恩將軍

漢岱 穆爾哈齊第五子順治元年封三等鎮國將軍四年晉輔國公八年晉鎮國公十一年因罪革爵十二年封鎮國將軍品級十
海蘭 漢岱第一子順治二年封奉恩將軍六年晉三等輔國將軍八年晉輔國公十二年卒諡曰愍厚
哈爾薩 海蘭第一子順治十年封三等奉國將軍康熙十九年卒
占泰 哈爾薩第二子康熙十八年封奉恩將軍乾隆十二年卒
德克精額 占泰第九子雍正四年封奉恩將軍乾隆三十三年卒
楝科諾 德克精額子
明俊 楝科諾子乾隆三十三年襲奉恩將軍嘉慶七年卒
端明 明俊第二子嘉慶七年襲奉恩將軍咸豐元年卒無嗣

三年以罪革爵

席布錫綸 漢岱第二子順治六年封三等輔國將軍八年晉輔國公尋卒諡曰悼敏
蘇爾德宜 席布錫綸嗣子順治十三年封三等奉國將軍康熙十七年卒
納蘇圖 蘇爾德宜第四子康熙十七年封奉恩將軍三十四年卒
康武利 納蘇圖第一子康熙三十五年襲奉恩將軍雍正二年卒無嗣

納拉泰 蘇爾德宜第六子康熙十七年襲奉恩將軍十九年卒無嗣

嵩布圖 漢岱第三子順治六年封三等輔國公八年晉輔國公尋卒諡曰懷恩
錫立渾 嵩布圖第一子順治九年封奉恩將軍康熙九年晉三等奉國將軍三十七年因病告退
天祥 錫立渾第二子康熙二十五年封奉恩將軍五十八年卒
霄格 天祥第五子康熙五十八年襲奉恩將軍乾隆九年卒
慶善 霄格第一子乾隆十一年襲奉恩將軍四十三年因病告退
顯齡 慶善第一子乾隆四十三年襲奉恩將軍嘉慶二十一年因病告退
夢麟 顯齡第一子嘉慶二十一年襲奉恩將軍道光十年緣事革退

務立渾 嵩布圖第二子康熙二年封三等奉國將軍十二年卒
無嗣

塔海 穆爾哈齊第七子順治二年封奉恩將軍八年晉輔國公康熙四年卒
台穆布祿 塔海第二子順治十五年封三等輔國將軍康熙二十五年卒
滿珠錫禮 台穆布祿第二子康熙二十五年襲三等奉國將軍乾隆八年卒
善海 滿珠錫禮第三子乾隆三年襲奉恩將軍二十八年卒
薩穆達 善海第一子乾隆二十八年封奉恩將軍二十八年卒
素松額 薩穆達第一子乾隆二十八年襲奉恩將軍道光十一年卒
讓爾耕額 素松額子
崇豐 讓爾耕額子道光十二年襲奉恩將軍咸豐五年卒

塞爾赫 台穆布祿第四子康熙三十六年封奉國將軍
鄂洛順 塞爾赫第四子雍正十二年封奉恩將軍乾隆
德音泰 鄂洛順第二子乾隆三十三年襲奉恩將軍五
保興 德音泰第一子乾隆五十八年襲奉恩將軍五十九年卒無嗣

乾隆十二年卒
三十三年卒
十八年卒

德楞 塔海第四子康熙四年封三等輔國將軍四十年卒
額爾赫布 德楞第一子康熙二十三年封三等奉國將軍五十二年卒無嗣

瑪勇 德楞第二子康熙二十四年封三等奉國將軍雍正十二年卒
常山保 瑪勇第五子雍正十二年襲奉恩將軍乾隆三十六年卒
誠實 常山保第一子乾隆三十六年襲奉恩將軍嘉慶二十五年告退
福昇 誠實子
邦英 福昇子嘉慶二十五年襲奉恩將軍道光二十四年卒襲次已盡不襲

訥爾特宜 德楞第五子康熙三十三年封奉恩將軍五十六年卒無嗣

祜世塔 穆爾哈齊第九子順治二年封奉恩將軍八年晉輔國公康熙二年卒
祜世布 祜世塔第一子順治六年封三等輔國將軍八年晉三等鎮國將軍康熙九年卒
滿達 祜世布第二子康熙九年襲三等奉國將軍四十六年卒
八十三 滿達第四子康熙四十六年襲奉恩將軍雍正四年緣事革退

蘇赫 祜世塔第二子順治八年封三等鎮國將軍十二年卒諡曰懷愍無嗣

伊尚阿 祜世塔第四子順治十八年封三等輔
錫布 伊尚阿第二子康熙九年襲三等奉國將軍雍正十三
錫通額 錫布第十子乾隆元年襲奉恩將軍十年卒無

國將軍。康熙八年卒。

年休致。嗣

慶泰阿　錫布第十二子。乾隆十一年襲奉恩將軍。三十七年緣事革退。

定祿　伊尚阿之曾孫，同泰之子。乾隆三十七年襲慶泰阿之奉恩將軍。四十一年卒。

揚慶　定祿第四子。乾隆四十一年襲奉恩將軍。五十七年卒。

績文　揚慶第二子。乾隆五十七年襲奉恩將軍。道光十七年卒。

誠敬　績文子。道光十七年襲奉恩將軍。光緒二十一年卒。

煜勳　誠敬子。

恩銘　煜勳子。光緒二十二年襲奉恩將軍。三十一年卒。

崇俊　恩銘第一子。光緒三十二年襲奉恩將軍。

喇世塔　穆爾哈齊第十子。順治二年封奉恩將軍。八年封輔國公。十七年卒。諡曰恪僖。

喇克達　喇世塔第一子。順治十五年封三等輔國將軍。康熙二十二年卒。

敬德　喇克達第一子。康熙十一年封三等奉恩將軍。四十七年卒。

班進泰　敬德第二子。康熙三十四年封奉恩將軍。雍正七年因病告退。

增誠　班進泰第二子。雍正七年襲奉恩將軍。乾隆三十五年卒。

德良阿　增誠第二子。乾隆二十一年封奉恩將軍。五十四年卒。

連祿　德良阿第一子。乾隆五十四年襲奉恩將軍。道光二年卒。

色和洪額　連祿第二子。道光二年襲奉恩將軍。同治十三年卒。

英山　色和洪額第三子。同治九年襲奉恩將軍。光緒三十年卒。

桂芳　英山第一子。光緒三十年襲奉恩將軍。

雍占　喇克達第二子。康熙二十二年封三等奉國將軍。三十三年卒。

琳康　雍占第三子。康熙三十三年襲奉恩將軍。乾隆二十四年卒。

武興　琳康第一子。雍正十三年封奉恩將軍。乾隆二十年因病告退。

果爾明阿　武興第二子。乾隆二十年襲奉恩將軍。三十四年因病告退。

祿哈布禮額　果爾明阿第一子。乾隆三十四年襲奉恩將軍。四十四年卒。

色炳額　祿哈布禮第一子。乾隆四十五年襲奉恩將軍。嘉慶二十一年卒。

景年　色炳額第二子。嘉慶二十二年襲奉恩將軍。同治五年卒。

明恩　景年第四子。

春煦　明恩子。同治十二年襲奉恩將軍。光緒二十六年卒。

隆譽　春煦第一子。光緒三十三年襲奉恩將軍。

琳安　雍占第六子。雍正三年封奉恩將軍。乾隆十一年卒。

碩安　琳安第一子。乾隆十二年襲奉恩將軍。二十五年卒。

祿增　碩安第一子。乾隆二十五年襲奉恩將軍。嘉慶八年卒。

廉聰　祿增第一子。嘉慶八年襲奉恩將軍。道光元年卒。

成福　廉聰第二子。道光元年襲奉恩將軍。十七年緣事革退。

舒爾哈齊　顯祖第三子。初封貝勒。以軍功賜號達爾漢巴圖魯。辛亥年薨。順治十年追贈親王。諡曰莊。

阿慜　舒爾哈齊第二子。天命元年封和碩貝勒。天聰四年以罪削爵。

宏科泰　阿慜第一子。

塞克圖　宏科泰第一子。順治八年封三等輔國將軍。十一年卒。諡曰懷儀。無嗣。

塞勒伯　宏科泰第二子。順治八年封三等輔國將軍。十一年卒。嗣

舒特　塞勒伯第一子。順治十二年襲奉國將軍。十八年卒。無嗣。

諡曰懷儀。

都爾伯　宏科泰第三子。順治八年封三等輔國將軍。十五年卒。諡曰愨厚。無嗣。

固爾瑪渾　阿慜第三子。崇德四年封輔國公。尋因父獲罪革爵。順治五年復封輔國公。六年晉貝子。康熙二十年卒。諡曰溫簡。

瑪爾圖　固爾瑪渾第一子。順治六年封鎮國公。十五年卒。諡曰懷恩。

索斐　瑪爾圖第一子。康熙二年封三等奉國將軍。三十六年以西路昭莫多軍功晉二等。三十七年卒。

恩特赫默　索斐第四子。康熙三十七年襲奉恩將軍。雍正四年卒。

色克　恩特赫默第五子。雍正四年襲奉恩將軍。乾隆二十六年因病告退。

德茂　色克第一子。乾隆三十六年襲奉恩將軍。四十九年卒。無嗣。

富清　索斐第五子。康熙四十二年封奉恩將軍。雍正十三年卒。

福康　富清第二子。雍正六年封奉恩將軍。乾隆八年卒。無嗣。

綏海　索斐第七子。康熙五十年封奉恩將軍。乾隆八年卒。

壽德　綏海第一子。乾隆三年封奉恩將軍。八年卒。無嗣。

多齡阿　綏海第三子。乾隆八年襲奉恩將軍。嘉慶元年卒。

德禮瑋額　多齡阿第一子。嘉慶元年襲奉恩將軍。十六年卒。襲次已盡，不襲。

鄂斐　瑪爾圖子。康熙六年封三等奉國將軍。四十六年襲堂弟齊克塔爾之輔國公爵。五十四年卒。

鄂齊　鄂斐第五子。康熙三十八年封奉恩將軍。四十八年緣事革退。雍正四年襲輔國公。五年晉鎮

國公六年緣事革退。

僧額　固爾瑪渾第二子。順治六年封鎮國公。十五年卒。諡曰懷愨。

辦額　僧額第一子。順治十五年襲奉恩將軍。康熙四年卒。無嗣。

瑪三　固爾瑪渾第三子。順治六年封鎮國公。十四年卒。諡曰懷僖。無嗣。

瓦三　固爾瑪渾第四子。康熙四年封三等輔國將軍。二十年襲輔國公。二十四年卒。諡曰襄敏。

齊克塔哈　瓦三第二子。康熙二十五年封輔國公。四十六年緣事革退。

伊克塔哈　瓦三第三子。康熙三十九年封三等鎮國將軍。雍正十二年卒。

雙麟　伊克塔哈第四子。雍正十二年襲輔國將軍。乾隆十五年卒。

亨興　雙麟第一子。乾隆十六年襲奉國將軍。十四年卒。無嗣。

寶麟　伊克塔哈第五子。乾隆三年封奉國將軍。十七年卒。

和中額　寶麟第一子。乾隆十七年襲奉恩將軍。五十三年卒。

喀爾崇義　和中額第一子。乾隆五十年封奉恩將軍。道光二十二年卒。

全朗　喀爾崇義第一子。嘉慶二十年襲奉恩將軍。同治元年緣事革退。

平麟　伊克塔哈第六子。乾隆三年封奉國將軍。二十二年卒。

果明額　平麟第一子。乾隆二十二年襲奉恩將軍。嘉慶九年卒。

景鳳　果明額第一子。嘉慶九年襲奉恩將軍。道光十二年卒。

英秀　景鳳第一子。道光十二年襲奉恩將軍。同治元年緣事革退。

杭麟　伊克塔哈第十子。乾隆

十一年封奉國將軍二十二年卒無嗣

扎三 固爾瑪渾第五子康熙十四年封三等輔國將軍三十三年卒諡曰敏恪無嗣

薩二 固爾瑪渾第七子康熙二十一年封三等輔國將軍五十四年緣事革退

恭阿 阿鑾第四子順治六年封鎮國公尋卒

法塞 恭阿子順治八年襲輔國公康熙四十九年卒

阿裕爾 法塞第二子康熙二十年封三等輔國將軍四十九年改襲三等奉國將軍五十八年卒

德塞勒 阿裕爾子

蘇赫訥 德塞勒子康熙五十八年襲奉恩將軍雍正二年卒無嗣

鄂岳 法塞第三子康熙二十三年封三等奉國將軍乾隆二年卒

多福 鄂岳第一子康熙四十九年封奉恩將軍五十五年緣事革退乾隆二年襲奉恩將軍十一年卒無嗣

阿哈尼 法塞第四子康熙二十四年封二等奉國將軍

五十九 阿哈尼第三子雍正三年襲奉恩將軍乾隆二

和隆武 五十九第四子乾隆二十四年襲奉恩將軍五

雍正二年卒

十三年因病告退

十七年卒無嗣

安圖 法塞第十子康熙四十二年封奉恩將軍雍正四年卒

阿爾金 安圖第一子雍正六年襲奉恩將軍乾隆十七年卒

亨霖 阿爾金第一子乾隆十七年襲奉恩將軍五十年卒

榮善 亨霖第四子乾隆五十二年襲奉恩將軍嘉慶二十三年緣事革退

果蓋 阿鑾第五子順治六年封三等鎮國將軍八年晉鎮國公十七年卒諡曰端純

塞祜德 果蓋第三子順治十八年封三等輔國將軍康熙二十六年卒

塞赫禮 塞祜德第一子康熙二十四年封奉國將軍雍正六年卒

熙成 塞赫禮第八子雍正十二年襲奉恩將軍乾隆十八年因病告退

成翰 熙成第一子乾隆十八年襲奉恩將軍四十一年因病告退

明凱 成翰第一子乾隆四十一年襲奉恩將軍五十二年卒無嗣

雅鼐 塞祜德第三子康熙二十六年封三等奉國將軍三十七年因病告退無嗣

果賴 阿鑾第六子順治六年封三等鎮國將軍八年晉鎮國公十月卒

翁武 果賴第一子順治九年襲輔國公十四年卒諡曰懷思無嗣

薩克新 果賴嗣子康熙十一年封三等輔國將軍雍正十二年因病告退

漢章阿 薩克新第九子雍正十二年襲奉國將軍乾隆二十九年因病告退

祥彥 漢章阿第一子乾隆二十九年襲奉恩將軍嘉慶元年卒

連英 祥彥第一子乾隆五十三年襲奉恩將軍嘉慶十七年緣事革退

扎薩克圖 舒爾哈齊第三子

扎克納 扎薩克圖第二子崇德四十年封鎮國

瑪喀納 扎克納第五子康熙四年襲三等鎮國

瑪稷 瑪喀納子

瑪尙阿 瑪稷子雍正十一年襲奉國將軍乾隆

英祿 瑪尙阿第二子乾隆十四年襲奉恩將軍四十

公尋緣事降輔國公七年以罪黜宗室順治二年復入宗室封輔國公六年晉貝子九年以罪革爵十四年以軍功授輔國公品級十六年卒於軍

將軍品級四十三年緣事革退五十七年卒

十四年卒

年卒子福享細降襲雲騎尉

圖倫 舒爾哈齊第四子甲寅年卒追封多羅貝勒諡曰恪僖

屯齊喀 圖倫第一子崇德四年封輔國公順治元年封貝子五年緣事降鎮國公六年復封貝子十四年緣事革爵無嗣

溫齊哈 屯齊喀第一子順治九年封鎮國公十五年卒諡曰懷思

滿度 溫齊哈第一子順治十五年襲輔國公十七年卒諡曰懷思無嗣

屯齊 圖倫第二子崇德四年封輔國公順治元年晉貝子六年晉貝勒九年緣事革爵十二年授鎮國公品級尋封鎮國公康熙二年卒

溫齊 屯齊第一子順治六年封貝子康熙十六年降輔國公十八年緣事革退

額爾圖 溫齊第二子康熙七年封鎮國公五十七年卒

愛音圖 額爾圖第一子康熙二十六年封三等輔國將軍四十六年緣事革退五十八年襲輔國公乾隆六年卒諡曰敦勤

吉存 愛音圖第七子雍正六年封三等輔國將軍乾隆七年襲輔國公十二年卒諡曰勤僖

特通額 吉存第一子乾隆十二年襲輔國公三十四年卒

英盛 特通額第一子乾隆三十五年襲輔國公四十九年降下入八分輔國公五十七年卒無嗣

達明阿 吉存第三子乾隆三十年封三等奉國將軍五十年因病告退五十五年卒

英章阿 達明阿第一子乾隆五十年襲奉恩將軍嘉慶十五年卒

英隆 英章阿第一子嘉慶十六年襲奉恩將軍咸豐八年休致

崇芳 英隆第一子咸豐十年襲奉恩將軍同治四年緣事革退

賽音

東海

楊森

廷伯

貴當

		塞桑武 舒爾哈齊第五子天命十年卒追封多羅貝勒諡曰和惠			濟爾哈朗 舒爾哈齊第六子初封貝勒崇德元年以軍功晉鄭親王順治	
		洛托 塞桑武子崇德元年封貝子七年緣事革爵順治八年封三等鎮國將軍十六年晉一等康熙四年卒			富爾敦 濟爾哈朗第一子封世子順治八年卒諡曰慤厚	濟度
		琶帕 洛托第一子順治九年封三等輔國將軍十五年卒諡曰懷愍	巴克均 洛托第二子順治九年封三等輔國將軍十五年卒諡曰懷思	富達禮 洛托第七子康熙四年襲奉國將軍八年晉輔國將軍二十五年緣事革退		墨美
		揚岱 琶帕子順治十五年襲三等奉國將軍康熙十五年卒	伯爾圖 巴克均第二子順治十五年襲三等奉國將軍康熙十六年卒無嗣			拜塞
圖 綽爾圖第二子康熙三十四年封三等輔國將軍五十年卒	訥音圖 綽爾圖第三子康熙三十八年封輔國將軍五十五年緣事革退	威範 揚岱子康熙十七年襲奉恩將軍四十三年緣事革退				瑪富
寨音圖第一子康熙五十年襲奉國將軍乾隆九年卒						
東海第七子乾隆九年襲奉恩將軍嘉慶十一年休致						
揚森第一子嘉慶十一年襲奉恩將軍二十一年卒						
阿 廷伯第一子嘉慶二十二年襲奉恩將軍道光二十二年卒無嗣						

元年加封信義輔政叔王五年緣事降郡王旋復親王爵九年加封叔和碩鄭親王十二年薨諡曰獻乾隆四十三年以佐命殊功配享太廟						
濟爾哈朗第二子順治八年封簡郡王尋封世子十四年襲和碩親王仍號曰簡十七年薨諡曰純						
濟度第一子康熙五年封三等輔國將軍二十二年緣事革退	喇布 濟度第二子康熙七年封三等輔國將軍九年襲簡親王二十年薨二十二年緣事追削王爵	德塞 濟度第三子順治十八年襲簡親王康熙九年薨諡曰惠無嗣	雅布 濟度第五子康熙十一年封三等輔國將軍二十二年襲簡親王四十年薨諡曰修			
墨美第一子康熙二十一年封三等輔國將軍三十二年卒			雅爾江阿 雅布第一子康熙三十六年封世子四十一年襲簡親王雍正四年緣事革爵			
塔 拜塞第一子康熙三十三年襲奉恩將軍五十四年卒無嗣			永謙 雅爾江阿第三子雍正三年封鎮國公四年緣事革退	永煥 雅爾江阿第五子雍正三年封一等鎮國將軍乾隆六年卒		永敘 雅爾江阿第六子雍正三年封三等輔
				儀啟 永煥第二子乾隆十年襲一等輔國將軍十八年卒		儀常 永敘第四子乾隆十二年襲奉國將軍
				林輝 儀啟第一子乾隆十九年襲奉國將軍四十四年卒	連輝 儀啟第二子乾隆三十五年封奉恩將軍三十六年卒無嗣	訥伊勒 儀常第一子乾隆四十二年封
				金福 林輝第一子乾隆四十四年襲奉恩將軍嘉慶十七年緣事革退		多羅鑾 訥伊勒第一子嘉慶七年襲奉
						瑞慶 多羅鑾第一子道光十三年襲奉恩將

		阿扎蘭 雅布第三子康熙四十一年封三等輔國將軍四十六年因病告退	實格 雅布第五子康熙四十三年封三等奉國將軍五十四年卒無嗣	敬順 雅布第六子康熙四十五年封鎮國公五十五年緣事降一等鎮國將軍乾隆九年卒	巴祿 雅布第七子康熙四十六年封三等輔國將軍四十八年卒	理盛額 雅布第八子康熙四十七年封三等奉
國將軍乾隆十二年卒				長興 敬順第二子乾隆九年襲一等輔國將軍二十三年卒	瑚綬 巴祿第一子康熙四十九年襲三等奉國將軍五十五年卒無嗣	德綸泰 理盛額子康熙五十一年襲奉恩將軍
嘉慶二年卒				舒賢 長興第三子乾隆二十三年襲奉恩將軍三十年因病告退		
奉恩將軍嘉慶七年卒	訥伊格 儀常第三子乾隆五十五年封奉恩將軍嘉慶十三年卒			重厚 舒賢第一子乾隆三十年襲奉恩將軍五十三年卒		
恩將軍道光十三年卒	福祿堪 訥伊格第一子嘉慶十三年襲奉恩將軍道光二十三年卒			嘉瑞 重厚第一子乾隆六十年襲奉恩將軍嘉慶二十二年因病告退		
軍二十八年卒無嗣	桂林 福祿堪第一子道光二十三年襲奉恩將軍光緒元年卒無嗣			繼信 嘉瑞第三子道光十二年襲奉恩將軍同治二年緣事革退		

國將軍。五十一年卒。

雍正六年卒。無嗣。

揚桑阿　雅布第九子。康熙四十九年，封鎮國公。五十五年，緣事降一等鎮國將軍。乾隆四年，緣事革退。

武格　雅布第九子。康熙五十年，封三等奉國將軍。雍正九年卒。

牟尼保　武格第四子。雍正九年，襲奉恩將軍。乾隆十八年卒。

舒爾金　牟尼保第一子。乾隆十八年，襲奉恩將軍。二十七年卒。

庫桂　舒爾金第一子。乾隆三十七年，襲奉恩將軍。道光四年卒。

祥瑞　庫桂第二子。道光五年，襲奉恩將軍。咸豐五年卒。無嗣。

忠保　雅布第十一子。康熙五十三年，封三等輔國將軍。乾隆十九年卒。無嗣。

敬儼　雅布第十三子。康熙五十三年，封一等鎮國將軍。雍正四年，緣事革退。

神保住　雅布第十四子。康熙五十五年，封一等鎮國將軍。雍正四年，襲簡親王。乾隆十三年，緣事革退。

勒度　濟爾哈朗第三

子。順治八年，封敏郡王。十二年薨，諡曰簡。無嗣。

巴爾堪　濟爾哈朗第四子。順治十二年，封三等輔國將軍。康熙七年，緣事降二等奉國將軍。八年，復封三等輔輔國將軍。十六年，緣事革退。十九年卒。四十九年，追封三等輔國將軍。雍正元年，追封不入八分輔國公，諡曰武襄。巴爾堪墓碑陰刻有乾隆十七年追封簡親王之號。

巴賽　巴爾堪第一子。康熙二十一年，封三等奉國將軍。雍正元年，襲不入八分輔國公。九年，陣亡，諡曰襄敏。乾隆十七年，追封簡親王。

奇通阿　巴賽第一子。雍正四年，封三等輔國將軍。九年，襲不入八分輔國公。乾隆十七年，襲德沛之簡親王爵。十八年薨，諡曰勤。

豐訥亨　奇通阿第一子。乾隆八年，封三等輔國將軍。二十八年，襲簡親王。四十年薨，諡曰恪。

積拉閔　豐訥亨第一子。乾隆三十四年，封二等奉恩將軍。四十二年，因病告退。

福珠齡阿　積拉閔第五子。乾隆四十二年，襲奉恩將軍。嘉慶十二年卒。

素博麟　福珠齡阿第一子。嘉慶十二年，襲奉恩將軍。道光二十七年卒。

長吉　素博麟第一子。道光二十八年，襲奉恩將軍。咸豐八年，緣事革退。

積哈納　豐訥亨第二子。乾隆四十一年，襲簡親王。四十三年，以濟爾哈朗茂著壯猷，仍復號鄭親王。十九年薨，諡曰恭。

烏爾恭阿　積哈納第一子。乾隆五十九年，襲鄭親王。道光二十六年薨，諡曰慎。

肅和　烏爾恭阿第二子。道光六年，封三等輔國將軍。十二年卒。無嗣。

端華　烏爾恭阿第三子。道光六年，封三等輔國將軍。二十六年，襲鄭親王。咸豐十一年，以罪革爵，賜自盡，降世爵爲不入八分輔國公。

恩華　烏爾恭阿第五子。道光十三年，封輔國將軍。咸豐三年，以罪革退。四年卒。

壽善　恩華第一子。道光三十年，封奉國將軍。同治十二年卒。

增鏃　壽善第一子。同治七年，封奉恩將軍。光緒十七年卒。無嗣。

增傑　壽善第二子。同治十一年，封奉恩將軍。光緒三十一年卒。

賡麟　增傑第一子。光緒三十二年，襲奉恩將軍。

嘉善

增慧

續麟

恩華第二子。道光三十年，封奉國將軍。光緒二十年，緣事革退。

嘉善第一子。同治十一年，封奉恩將軍。光緒三十一年卒。

增慧第一子。光緒三十二年，襲奉恩將軍。

肅順　烏爾恭阿第六子。道光十六年，封三等輔國將軍。咸豐十一年，以罪革職處死。

惠略　烏爾恭阿第七子。道光十八年，封三等輔國將軍。同治七年卒。

寶善　惠略第二子。同治七年，襲奉國將軍。光緒二十三年卒。無嗣。

寬略　烏爾恭阿第八子。道光二十四年，封三等輔國將軍。同治三年卒。無嗣。

愛仁　積哈納第二子。嘉慶七年，封三等輔國將軍。道光七年卒。

瑞至　愛仁第一子。道光四年，封二等奉國將軍。二十五年卒。

戩穀　瑞至子。道光二十五年，襲奉恩將軍。光緒四年卒。無嗣。

恩至　愛仁第一子。道光六年，封三等奉國將軍。咸豐七年卒。

遐齡　恩至第一子。道光三十年，封奉恩將軍。光緒十三年卒。無嗣。

遐昌　恩至第二子。道光三十年，封奉恩將軍。咸豐十一年陣亡。無嗣。

遐康 恩至第三子。同治元年，封奉恩將軍。光緒十二年卒。無嗣。

遐亨 恩至第四子。同治三年，封奉恩將軍。光緒十六年卒。無嗣。

廉至 愛仁第三子。道光十二年，封三等奉國將軍。同治五年卒。

耆徵 廉至第一子。同治三年，封奉恩將軍。宣統三年卒。

慶至 愛仁第四子。同治十年，襲鄭親王。光緒四年薨。謚曰順。

凱泰 慶至第二子。光緒四年，襲鄭親王。二十六年薨。謚曰恪。

昭煦 凱泰子。光緒二十八年，襲鄭親王。

樂泰 慶至第三子。光緒二十三年，封鎮國將軍。

伊鏗額 豐納亨第三子。乾隆四十九年，封三等鎮國將軍。嘉慶十六年，革退。

葉鏗額 豐納亨第四子。乾隆五十四年，封一等

興增額 葉鏗額第一子。嘉慶十七年，襲奉恩將

奉國將軍。嘉慶十七年卒。

軍。二十三年卒。無嗣。

興林 葉鏗額第二子。嘉慶十七年，封奉恩將軍。道光十九年卒。

英奎 興林第一子。道光二十年，襲奉恩將軍。同治二年卒。無嗣。

伊彌揚阿 豐納亨第七子。乾隆六十一年，封奉國將軍。嘉慶二十三年卒。

松德 伊彌揚阿第二子。嘉慶二十四年，襲奉恩將軍。道光二年卒。

經拉亨 奇通阿第四子。乾隆三十年，襲不入八分輔國公。四十年卒。同治三年，追封鄭親王。

積納堪 經納亨第一子。乾隆四十一年，襲不入八分輔國公。嘉慶十二年，緣事革退。

積忠額 經納亨第二子。乾隆四十九年，封一等奉國將軍。六十年卒。

額勒冲額 積忠額子。嘉慶元年，襲奉恩將軍。十五年卒。

咸林 額勒冲額第一子。嘉慶十六年，襲奉恩將軍。道光九年卒。無嗣。

伊豐額 經納亨第五子。乾隆五十四年，封二等奉國將軍。嘉慶十二年，襲不入八分輔國公。道光元年卒。同治三年，追封鄭親王。

西朗阿 道光元年，襲不入八分輔國公。二十八年卒。同治三年，追封鄭親王。

承志 西朗阿第三子。道光二十九年，襲不入八分輔國公。同治三年，襲鄭親王。十年，以罪革爵。

岳齡 濟爾哈朗之八世孫，保泰之子。同治元年，襲不入八分輔國公。三年，以承志襲鄭親王，改襲承志之不入八分輔國公。五年卒。

王

崇吉 奇通阿之五世孫，秦博通額之子。同治十一年，襲岳齡之不入八分輔國公。光緒元年卒。

聯寬 崇吉嗣子。光緒元年，襲不入八分輔國公。

阿爾蘇 巴爾堪第四子。康熙二十五年，封奉國將軍。雍正十一年卒。

德有 阿爾蘇第九子。雍正十一年，襲奉恩將軍。乾隆十五年卒。

靈通 德有第一子。乾隆十五年，襲奉恩將軍。四十二年卒。

恆課 靈通第一子。乾隆四十二年，襲奉恩將軍。嘉慶十六年卒。

扎倫布 恆課第一子。嘉慶十六年，襲奉恩將軍。同治九年卒。襲次已盡，不襲。

輝蘭 濟爾哈朗第五子。順治十一年，封三等輔國將軍。康熙二十四年，緣事革退。

固美 濟爾哈朗第七子。順治十六年，封輔國將軍。康熙三十二年卒。無嗣。

武錫 濟爾哈朗第九子。康熙六年，封三等輔國將軍。三十七年，因病告退。

西克特恩 武錫第一子。康熙二十二年，封三等奉國將軍。四十一年卒。無嗣。

西親 武錫第三子。康熙二十五年，封三等奉

國將軍。五十七年卒。無嗣。

費揚武 舒爾哈齊第八子。崇德元年封貝子。四年緣事革爵。尋復封輔國公。八年卒。順治十年追封貝勒。諡曰靖定。乾隆十五年因曾孫德沛襲簡親王。復追封簡親王。

尚善 費揚武第二子。順治元年封輔國公。尋晉貝子。六年封貝勒。十六年緣事降貝子。康熙十一年復封貝勒。十七年卒于軍。十九年追革。

門度 尚善第四子。康熙七年封鎮國公。三十七年緣事革退。尋封輔國公。雍正四年因罪革爵。

準度 門度第三子。康熙三十四年封三等鎮國將軍。雍正六年卒。

都祥 準度第一子。雍正三年封三等輔國將軍。乾隆三十一年因病告退。

向順 都祥子。

德海 向順子。乾隆五十一年襲奉恩將軍。五十四年卒。無嗣。

都歆 準度第二子。雍正三年封三等輔國將軍。乾隆元年卒。

裕喜 都歆第三子。乾隆元年襲奉國將軍。三年卒。無嗣。

準保 門度第六子。康熙四十四年封三等輔國將軍。雍正二年緣事革退。

古祿固 尚善第五子。康熙八年封奉恩將軍。三十六年晉奉國將軍。五十年卒。

舒魯渾 古祿固第一子。康熙二十六年封奉恩將軍。三十二年卒。無嗣。

延都 古祿固第三子。康熙三十九年封奉恩將軍。五十六卒。

登杜 延都第二子。康熙五十七年襲奉恩將軍。雍正十二年卒。無嗣。

履順 古祿固第五子。康熙三十九年封奉恩將軍。乾隆十七年卒。

登布 履順第一子。雍正六年封奉恩將軍。十二年緣事革退。

登九 履順第七子。乾隆十七

海英阿 登九第一子。乾

年襲奉恩將軍。二十八年卒。

隆二十八年襲奉恩將軍。道光二年卒。無嗣。

七十九 古祿固第十一子。雍正六年封奉恩將軍。八年卒。無嗣。

履德 古祿固第十二子。雍正七年封奉恩將軍。乾隆十三年卒。

德忒赫 履德第一子。乾隆十三年襲奉恩將軍。四十六年卒。

五訥錫 德忒赫第一子。乾隆四十一年襲奉恩將軍。五十六年卒。

杭惠 五訥錫第一子。乾隆五十六年襲奉恩將軍。道光二十六年卒。襲次已盡不襲。

根度 尚善第六子。康熙十一年封鎮國將軍。三十七年緣事革退。

裕綬 根度第四子。雍正四年襲門度之輔國公爵。乾隆五年卒。諡曰敏恪。

嵩椿 裕綬第六子。乾隆六年襲輔國公。六十年諡曰勤僖。

景熠 嵩椿第一子。乾隆三十年封二等輔國將軍。五十七年襲輔國公。嘉慶六年緣事革退。

景煥 嵩椿第二子。嘉慶六年追封輔國公。

祿義 景煥子。嘉慶六年襲輔國公。咸豐九年卒。

恩弼 祿義嗣子。咸豐十年襲輔國公。同治四年緣事革退。

榮頤 恩弼族弟桂香之子。同治四年襲恩弼之輔國公爵。光緒二十三年卒。

壽全 榮頤第一子。光緒六年封二等輔國將軍。二十四年襲輔國公。

鍾奇 尚善第九子。康熙十八年封奉恩將軍。三十四年卒。

尤奇 鍾奇第三子。康熙三十四年襲奉恩將軍。雍正十年卒。

綬祜 尤奇第一子。雍正六年封奉恩將軍。十三年緣事革退。

綬克 尤奇第五子。雍正十年襲奉恩將軍。乾隆十一年卒。

綬全 尤奇第六子。乾隆十一年襲奉恩將軍。二十三年卒。

珠蘭泰 尤奇第七子。乾隆二十三年襲奉恩將軍。三十四年卒。

靈嵩 珠蘭泰第一子。乾隆三十四年襲奉恩將軍。五十一年卒。

興達 靈嵩第一子。乾隆五十一年襲奉恩將軍。道光十二年緣事革退。

傅喇塔 費揚武第四子。順治二年封輔國公。六年晉貝子。十六年緣事降輔國公。十八年復封貝子。康熙五十年卒於軍。諡曰惠獻。乾隆十五年因孫德沛襲簡親王。追封為簡親王。

福善 傅喇塔第二子。康熙六年封鎮國公。十七年襲貝子。十九年緣事革退。

德瞻 福善第一子。康熙二十四年封鎮國公。三十年緣事革退。

福存 傅喇塔第五子。康熙十七年封鎮國公。二十年襲貝子。三十九年卒。乾隆十五年追封簡親王。

德普 福存第二子。康熙三十九年襲鎮國公。雍正七年卒。

恒魯 德普第一子。雍正七年襲輔國公。乾隆三十年卒。諡曰恭恪。

興光 恒魯第二子。乾隆三十年封二等輔國將軍。三十七年襲輔國公。嘉慶四年緣事革退。

成寬 興光第一子。乾隆四十九年封三等輔國將軍。嘉慶四年襲輔國公。十二卒。

成秀 興光第三子。乾隆五十五年封一等奉國將軍。嘉慶十二年襲輔國公。十九年卒。

繼崑 成秀第一子。嘉慶十九年襲輔國公。咸豐二年卒。

續銘 繼崑第一子。咸豐二年襲輔國公。同治十三年卒。

奎瑛 續忠子。續銘嗣子。光緒元年襲輔國公。

續忠 繼崑第二子。咸豐十年封奉恩將軍。光緒三十四年卒。

繼峯 成秀第二子。道光九年封二等輔國將軍。咸豐元年卒。

興郡 恒魯第三子。乾隆三十五年封輔國將軍。二十八年卒。

興瑞 恒魯第四子。乾隆四十年封一等奉恩將軍。嘉慶十九年卒。

誠興 恒質第二子。乾隆十九年襲奉國將軍。四十三年因病告退。

恒質 德普第二子。乾隆十七年封輔國將軍。十九年因病告退。

德沛 福存第八子。雍正十三年封鎮國將軍。乾隆十二年襲神保住

成英 興郡子。乾隆五十七年襲二等奉國將軍。道光二十八年卒。

成謹 興瑞第一子。嘉慶四年封奉恩將軍。十九年卒。無嗣。

成章 興瑞第三子。嘉慶四年封奉恩將軍。道光二年卒。

成鈞 興瑞第四子。嘉慶十年封奉恩將軍。十六年卒。無嗣。

穆精阿 興誠子。乾隆四十六年襲奉恩將軍。十一年卒。

純齡 成英第一子。道光九年封奉恩將軍。十八年卒。無嗣。

純昭 成英第二子。道光十八年襲奉恩將軍。咸豐三年卒。無嗣。

恩隆 成章第五子。道光二年襲奉恩將軍。八年卒。無嗣。

阿克色布庫 穆精阿第一子。乾隆五十二年襲奉恩將軍。嘉慶二十四年卒。

文霖 阿克色布庫嗣子。道光十五年襲奉恩將軍。同治八年卒。襲次已盡，不襲。

之簡親王爵。十七年薨，諡曰儀。無嗣。

德全 福存第九子。康熙四十七年封奉恩將軍。五十二年卒。無嗣。

德延 福存第十子。康熙四十九年封奉恩將軍。五十三年卒。無嗣。

努賽 費揚武第六子。初封輔國公。順治六年晉貝子。七年卒。諡曰悼哀。

拉篤祜 努賽第一子。順治八年襲鎮國公。十七年卒。諡曰端純。無嗣。

雅爾哈齊 顯祖第四子。無嗣。順治十年追封通達郡王。十一年以開創功配享太廟。

巴雅喇 顯祖第五子。以軍功賜號篤義。天命八年卒。順治十年追封貝勒，諡曰剛果。

拜音圖 巴雅喇第二子。順治二年封一等鎮國將軍。四年晉鎮國公。五年晉貝子。六年晉貝勒。九年以罪削爵，黜宗室。嘉慶四

年復入宗室。

清史稿

皇子世表二

太祖系

褚英 太祖第一子。以軍功賜號洪巴圖魯。尋封廣略貝勒。乙卯年以罪賜死。

杜度 褚英第一子。初封貝勒。崇德元年以功封安平貝勒。七年卒。

杜爾祜 杜度第一子。初封輔國公。崇德七年襲鎮國公。因罪革爵，黜宗室。順治二年以功復宗室，封輔國公。八年晉貝勒。十二年卒。諡曰慤厚。

敦達 杜爾祜第五子。順治十二年襲貝子。康熙十三年卒。諡曰恪恭。

普貴 敦達第一子。康熙十三年襲鎮國公。雍正元年因病告退。

明保 普貴第三子。康熙四十九年封三等鎮國將軍。雍正二年緣事革退。

誠保 普貴第七子。雍正五年封輔國公。乾隆十九年卒。諡曰溫僖。

慶春 誠保第二子。乾隆二十年襲輔國公。三十八年卒。

恒穎 慶春第一子。乾隆三十八年襲輔國公。道光元年卒。

純福 恒穎第二子。追封輔國公。

崇錫 純福子。道光元年襲輔國公。咸豐四年卒。

端秀 崇錫第一子。咸豐四年襲輔國公。光緒二年卒。

德裕 端秀第一子。光緒十四年封二等輔國將軍。

光裕 端秀第四子。光緒二年襲輔國公。二十六年殉難，贈貝子銜，入祀昭忠祠，諡曰勤愍。

廣壽 光裕子。光緒二十八年襲輔國公。

純惠 恒穎第四子。道光元年封奉國將軍。同治七年卒。

崇善 純惠第四子。咸豐元年封奉恩將軍。光緒三十四年卒。

榮秀 崇善子。宣統元年襲奉恩將軍。二年卒。

常祿 榮秀子。宣統三年襲奉恩將軍。

崇斌 純惠第五子。咸豐七年封奉恩將軍。光緒十五年卒。

毓秀 崇斌第一子。光緒十五年襲奉恩將軍。宣統二年卒。

常泰 毓秀子。宣統三年襲奉恩將軍。

崇謙 純惠第七子。道光二十四年封奉恩將軍。咸豐八年卒。

智保 普貴第十一子。雍正元年襲輔國公。三年卒。

蘇保 普貴第十三子。雍正三年襲輔國公。四年卒。

普奇 敦達第四子。康熙二十四年封鎭國公。十七年緣事革退。五十一年復封鎭國公。五十四年又緣事革爵黜。

普昌 敦達第六子。康熙三十三年封輔國公。三十五年卒。無嗣。

準達 杜爾祜第八子。康熙六年封貝子。二十年緣事降鎭國公。雍正四年卒。謚曰溫恪。

善綬 準達第五子。康熙五十九年卒。雍正元年追封輔國公品級。

永齊 準達第七子。康熙四十二年封三等鎭國將軍。雍正四年襲輔國公。十一年緣事革退。

蘇爾禪 準達第十二子。雍正六年封三等輔國將軍。十一年襲輔國公。乾隆四年卒。謚曰簡恪。

廣齡 蘇爾禪第二子。雍正十三年封奉恩將軍。乾隆四年襲輔國公。十年卒。謚曰敦僖。

博爾莊武 廣齡第三子。乾隆十一年襲輔國公。五十二年卒。

明崇 博爾莊武子。乾隆四十四年封一等奉國將軍。五十三年襲不入八分輔國公。嘉慶十年卒。

瑞泰 明崇第二子。嘉慶二年襲鎭國將軍。十七年緣事革退。

德本 瑞泰族弟瑞吉之子。道光八年襲瑞泰之鎭國將軍。同治八年卒。

聯森 德本第二子。同治八年襲鎭國將軍。光緒十八年卒。

際亨 聯森第二子。光緒十七年襲鎭國將軍。二十七年卒。無嗣。

際符 聯森第三子。光緒十四年封輔國將軍。二十八年襲鎭國將軍。

際昌 聯森第四子。光緒十四年封輔國將軍。十五年卒。無嗣。

聯曜 德本第三子。同治三年封輔國將軍。光緒十六年卒。無嗣。

聯魁 德本第四子。同治七年封輔國將軍。光緒十六年卒。無嗣。

穆爾祜 杜度第二子。天聰九年以功封輔國公。崇德七年因罪革爵黜宗室。順治元年因功復入宗室。封三等鎭國將軍。三年晉一等。四年晉輔國公。六年晉貝子。九年緣事革爵。十一年卒。

長源 穆爾祜第二子。順治十六年襲鎭國將軍品級。康熙三十四年緣事革退。六十年卒。

察爾岱 長源第四子。康熙三十四年襲輔國將軍品級。雍正十一年卒。

訥爾博 察爾岱第三子。雍正十二年襲奉國將軍品級。乾隆二十五年因病告退。

鳳文 訥爾博第四子。乾隆二十五年襲奉恩將軍品級。嘉慶九年卒。第一子榮光降襲雲騎尉品級。

特爾祜 杜度第三子。崇德四年封輔國公。七年因罪革爵黜宗室。順治二年以功復入宗室。封輔國公。六年晉貝子。十五年卒。謚曰恪僖。

噶爾哈圖 特爾祜第二子。順治十八年襲鎭國公。康熙二年卒。

登塞 特爾祜第三子。康熙三年襲輔國公。十二年晉鎭國公。雍正二年卒。謚曰恪恭。

瑟爾臣 登塞第十一子。康熙五十五年封三等鎭國將軍。雍正二年襲輔國公。乾隆十五年卒。謚曰溫僖。

德朗阿 瑟爾臣第二子。乾隆二十一年襲輔國公。二十二年緣事革退。

德尊 德朗阿第二子。乾隆二十三年襲三等鎭國將軍。嘉慶十三年卒。

秀福 德尊子。嘉慶七年封奉恩將軍。十四年襲輔國將軍。道光二十九年卒。

瑞華 秀福第二子。道光二十九年襲奉國將軍。光緒四年卒。

恒廣 瑞華第一子。光緒五年襲奉恩將軍。十七年卒。

福寬 恒廣嗣子。光緒十七年襲奉恩將軍。二十三年卒。

玉通 恒隆之子。光緒二十四年襲福寬之奉恩將軍。

瑪爾噶圖 特爾祜第五子。

康熙八年封奉恩將軍。三十七年因病革退。

杜努文 杜度第六子。順治二年以功封輔國公。五年卒。康熙三十七年追封貝子。謚曰懷愍。

蘇努 杜努文子。順治十四年封鎭國公。康熙三十七年晉貝子。六十一年晉貝勒。雍正二年以罪革爵黜宗室。

薩弼 杜度第七子。順治二年以功封輔國公。六年晉貝子。十二年卒。諡曰懷愍。

巴鼐 薩弼第一子。順治十八年襲鎮國公。康熙二十三年卒。

阿布蘭 巴鼐第三子。康熙二十三年襲輔國公。雍正元年封貝勒。二年緣事革爵，仍授輔國公。

福爾善 阿布蘭第二子。康熙五十年封三等輔國將軍。乾隆十年卒。諡曰溫僖。

旭昇 福爾善第一子。乾隆三年封奉恩將軍。十九年因病告退。

書伯 旭昇第一子。乾隆十年襲奉恩將軍。三十三年因病告退。

郡德 書伯第一子。乾隆三十三年襲奉恩將軍。五十八年卒。

祝康 郡德第一子。乾隆五十八年襲奉恩將軍。道光十七年卒。襲次已盡，不襲。

旭英 福爾善第二子。乾隆三年封奉恩將軍。十年襲三等奉國將軍。乾隆三十一年卒。

富明額 旭英第三子。乾隆三十一年襲奉恩將軍。五十七年卒。

定海 富明額第一子。乾隆五十八年襲奉恩將軍。嘉慶十七年因病告退。

那當阿 定海第一子。嘉慶十八年襲奉恩將軍。咸豐五年卒。

明安 那當阿第二子。咸豐八年襲奉恩將軍。同治十一年卒。

恩常 明安第二子。同治十三年襲奉恩將軍。

哲爾慶額 旭英第六子。乾隆三十五年封奉恩將軍。五十五年卒。無嗣。

西清額 旭英第七子。乾隆四十九年封奉恩將軍。嘉慶五年卒。

玉廣 西清額第一子。嘉慶六年襲奉恩將軍。十三年卒。

法布蘭 巴鼐第四子。康熙三十三年封三等輔國將軍。雍正九年卒。乾隆十五年追封輔國公。

法爾善 法布蘭第一子。雍正五年襲阿布蘭之輔國公。乾隆五年卒。諡曰和懿。

祿慶 法爾善第二子。乾隆五年襲輔國公。二十三年緣事降三等鎮國將軍。二十七年卒。

倫成 祿慶子。乾隆二十七年襲三等鎮國將軍。五十七年卒。

定明 炳康子。乾隆五十八年襲倫成之鎮國將軍。嘉慶五年卒。

碩壽 定明第一子。嘉慶五年襲鎮國將軍。道光九年卒。

保英 碩壽子。道光十年襲鎮國將軍。光緒十年卒。

景勳 保英子。光緒十四年襲鎮國將軍。二十五年卒。

安齡 景勳第一子。光緒二十八年襲鎮國將軍。

固鼐 薩弼第二子。順治十二年襲鎮國公。十

五年卒。諡曰悼愍。無嗣。

尼堪 褚英第三子。天聰九年以功封貝子。順治元年晉貝勒。五年晉敬謹郡王。六年晉敬謹親王。尋緣事降郡王。八年復封親王。九年薨。諡曰莊。

蘭布 尼堪第一子。順治十三年封三等輔國將軍。十八年襲貝勒。康熙六年襲敬謹郡王。七年以父尼堪功襲親王。八年緣事降鎮國公。七年卒。十九年緣事追削。

賴士 蘭布第四子。康熙十八年襲輔國公。五十三年緣事革退。雍正八年授輔國公品級。十年卒。諡曰悼愍。

伊爾敦 賴士第二子。雍正四年襲輔國公。乾隆十四年卒。諡曰簡恪。

富春 伊爾敦第七子。乾隆十四年襲輔國公。四十二年緣事革退。

斌英 富春第三子。乾隆二十七年封二等奉國將軍。十二年襲輔國公。四十三年晉鎮國公。嘉慶四年卒。

果爾豐阿 斌英第一子。乾隆四十九年封二等輔國將軍。嘉慶五年襲鎮國公。道光七年卒。

有麟 果爾豐阿第二子。道光元年封輔國將軍。八年襲鎮國公。十二年緣事降輔國公。十九年緣事革退。

玉潔 有麟第一子。道光十八年封二等輔國將軍。同治十三年卒。

有鳳 果爾豐阿第四子。道光四年封輔國將軍。十九年襲鎮國公。咸豐十年卒。

順樂 有鳳族姪。

桂池 順樂子。同治元年襲有鳳之鎮國公。五年緣事革退。

桂豐 順樂子。同治六年襲鎮國公。光緒十八年卒。

全榮 桂豐第一子。光緒十四年封一等輔國將軍。十八年襲鎮國公。

全福 桂豐第三子。光緒二十年封一等輔國將軍。二十五年卒。無嗣。

有興 果爾豐阿第五子。道光四年封輔國將軍。咸豐六年卒。

玉鑛 有興第三子。咸豐七年襲奉國將軍。同治元年緣事革退。

博爾慶阿 斌英第二子。乾隆四十九年封一等輔國將軍。五十七年卒。無嗣。

斌泰 富春第五子。乾隆三十五年封二等輔國將軍。四十二年卒。

伊忠阿 斌泰第一子。乾隆四十二年襲奉國將軍。道光二十年卒。

德鼐 伊忠阿第一子。嘉慶二十一年封奉恩將軍。道光二十年卒。

致祥 德鼐子。道光二十一年襲奉恩將軍。咸豐八年卒。無嗣。

斌靜 富春第七子。乾隆四十二年封二等輔國將軍。嘉慶二十三年緣事革退。

務友 蘭布第五子。康熙十八年封輔國公。四十八年卒。

富增 務友第六子。康熙四十八年襲三等鎮國將軍。五十三年襲賴士之輔國公。雍正四年緣事革退。

富宏 務友第七子。雍正四年襲三等鎮國將軍。十三年卒。

阿慈圖 富宏第二子。雍正十三年襲三等輔國將軍。乾隆二十七年因病告退。

惠英 阿慈圖第八子。乾隆二十八年襲三等奉國將軍。道光四年卒。

煥魁 惠英第一子。乾隆五十五年封奉恩將軍。道光十八年卒。

訥爾和春 煥魁子。

灌麟 訥爾和春子。道光十九年襲奉恩將軍。咸豐十年卒。

近光 灌麟第一子。咸豐十一年襲奉恩將軍。光緒九年緣事革退。

煥明 惠英第二子。乾隆五十五年封奉恩將軍。道光十一年卒。

舒錦 煥明子。

緝御 舒錦子。道光十二年襲奉恩將軍。同治元年緣事革退。

拜音布 務友子。

玖雅圖 拜音布子。雍正四年封奉恩將軍。十三年卒。無嗣。

尼思

哈 尼堪第二子。順治十年襲敬謹親王。十七年薨，諡曰悼。無嗣。

代善 太祖第二子。以軍功賜號古英巴圖魯。天命元年封貝勒。崇德元年晉和碩兄禮親王。順治五年薨，諡曰烈。乾隆四十三年以佐命殊功配享太廟。

岳託 代善第一子。天命十一年以功封貝勒。崇德元年晉成親王。尋緣事降貝勒。二年又降貝子。三年以功復封貝勒。四年薨，追封克勤郡王。乾隆四十三年以佐命殊功配享太廟。

羅洛渾 岳託第一子。崇德四年封貝勒。七年緣事革爵。八年復封貝勒。順治元年以功晉衍禧郡王。三年薨，諡曰介。

羅科鐸 羅洛渾第一子。順治五年襲衍禧郡王。八年改號平郡王。康熙二十一年薨，諡曰比。

訥爾圖 羅科鐸第四子。康熙十八年封世子。二十二年襲平郡王。二十六年以罪革爵。

訥清額 訥爾圖子。追封克勤郡王。

雅朗阿 訥清額子。乾隆四十五年襲克勤郡王。五十九年薨，諡曰莊。

恒節 雅朗阿第二子。乾隆五十五年封三等鎮國將軍。嘉慶二十五年卒。

春和 恒節第一子。嘉慶十七年封奉國將軍。二十五年襲二等輔國將軍。道光五年卒。

碩景 春和第二子。道光五年襲奉國將軍。二十四年卒。

惠興 碩景第一子。道光二十四年襲奉恩將軍。光緒十二年卒。

松瑞 惠興第三子。光緒十四年襲奉恩將軍。

惠雲 碩景第三子。同治三年封奉恩將軍。光緒二十七年卒。

崇瑞 惠雲子。光緒二十八年襲奉恩將軍。三十一年卒。

祺陞 崇瑞子。光緒三十二年襲奉恩將軍。

碩成 春和第三子。道光二十五年封奉國將軍。二十九年卒。無嗣。

春庭 恒節第二子。道光元年封三等輔國將軍。六年緣事革退。

恒謹 雅朗阿第三子。乾隆四十九年封三等鎮國將軍。六十年襲克勤郡王。嘉慶四年以罪革爵。

春齡 恒謹第一子。嘉慶七年封輔國將軍。八年襲鎮國將軍。十六年卒。

慶恩 春齡第一子。嘉慶十七年襲輔國將軍。十九年卒。無嗣。

春林 恒謹第二子。嘉慶十年封奉國將軍。十三年卒。無嗣。

恒元 雅朗阿第四子。追封克勤郡王。

尙格 恒元子。嘉慶四年襲克勤郡王。道光四年因病告退。十三年薨，諡曰簡。

承碩 尙格第二子。道光元年封一等鎮國將軍。九年晉不入八分輔國公。十三年襲克勤郡王。十九年薨，諡曰恪。

慶惠 承碩第一子。道光二十二年襲克勤郡王。咸豐十一年薨，諡曰敬。

晉祺 慶惠第一子。咸豐十一年襲克勤郡王。光緒十五年加親王銜。二十六年薨，諡曰誠。

崧杰 晉祺第二子。光緒二十六年襲克勤郡王。宣統元年薨，諡曰順。

晏森 崧杰子。宣統元年封克勤郡王。

延祺 慶惠第二子。同治七年封三等鎮國將軍。光緒二十三年卒。

廷魁 延祺第二子。光緒二十年封三等輔國將軍。

佑祺 慶惠第三子。同治七年封三等鎮國將軍。光緒二年卒。無嗣。

齡祺 慶惠第四子。同治十一年封奉國將軍。光緒二十六年卒。

崧燿 齡祺子。光緒二十八年襲奉恩將軍。

增祺 慶惠第七子。光緒六年封奉國將軍。

承順 尙格第三子。道光四年封三等鎮國將軍。二十三年卒。

景錫 承順第一子。道光二十三年襲輔國將軍。同治十二年卒。

吉鈞 景錫第二子。同治十三年襲奉國將軍。光緒二十六年卒。

光耀 吉鈞子。光緒二十八年襲奉國將軍。

吉瀛 景錫第三子。光緒十三年封奉國將軍。十五年卒。

邁拉遜 吉瀛子。光緒十五年襲奉恩將軍。十六年卒。無嗣。

慶炤 承順第二子。同治三年封輔國將軍。光緒二十八年卒。

吉康 慶炤第一子。光緒十四年封三等奉國將軍。二十五年卒。無嗣。

承慶 尙格第四子。道光九年封鎮國將軍。二十九年卒。

景恩 承慶第二子。道光二十九年襲輔國將軍。光緒三十四年卒。

寶賢 景恩子。光緒二十年封三等奉國將軍。三十四年襲輔國將軍。

承智 尙格第五子。道光二十四年封奉國將軍。同治二年卒。

景惠 承智第一子。同治三年襲奉恩將軍。四年卒。

祿祺 景惠第二子。同治四年襲奉國將軍。光緒二十八年卒。無嗣。

訥爾福 羅科鐸第六子。康熙二十四年封貝子。二十六年襲平郡王。四十年薨，諡曰悼。

訥爾蘇 訥爾福第一子。康熙四十年襲平郡王。雍正四年因罪革爵。乾隆五年卒，照郡王品級殯葬。

福彭 訥爾蘇第一子。雍正四年襲平郡王。乾隆十三年薨，諡曰敏。

慶明 福彭第一子。乾隆十四年襲平郡王。十五年薨，諡曰僖。

福秀 訥爾蘇第四子。乾隆二十年卒，照貝子品級殯葬。

慶恒 福秀子，福彭嗣子。乾隆十五年襲平郡王。二十七年降貝子。四十年復封平郡王。四十三年以岳託茂著壯猷，仍復號克勤郡王。四十四年薨，諡曰良。

福靖 訥爾蘇第六子。乾隆二年封奉國將軍。二十四

慶祥 福靖第一子。乾隆十二四年襲奉恩將軍。嘉慶

年卒

八年緣事革退

諾尼　羅洛渾第三子。順治十三年封貝勒。康熙四年，因罪革爵。三十九年復封貝勒。四十四年卒。

諾恩託和　諾尼第十三子。康熙四十三年封三等鎮國將軍。四十四年襲輔國公。乾隆四年卒。諡曰恪順。

斗寶　諾恩託和第五子。乾隆五年襲輔國公。二十四年緣事革退。

福明阿　斗寶第一子。乾隆二十四年襲奉恩將軍。四十年緣事革退。

喀爾楚渾　岳託第二子。順治二年封鎮國公。六年，以功晉貝勒。八年卒。諡曰顯榮。

克齊　喀爾楚渾子。順治九年襲貝勒。康熙六十一年薨。

祿寶　克齊第一子。康熙二十三年封貝子。雍正四年緣事革退。復封輔國公。乾隆八年卒。諡曰恪思。

巴爾楚渾　岳託第四子。順治六年封貝勒。十二年卒。諡曰和惠。

巴思哈　岳託第五子。崇德四年封鎮國將軍。順治六年晉貝勒。十一年緣事革爵。十二年封鎮國將軍。十八年卒。

固克度渾　巴思哈第二子。順治十八年襲輔國將軍。康熙四年卒。

庫普素渾　巴思哈第三子。康熙五年襲三等奉國將軍。十二年封三等輔國將軍。三十四年因病革退。

蘭翀　庫普素渾第一子。康熙三十四年襲封奉國將軍。五十八年卒。

宗智　蘭翀第四子。康熙五十八年襲奉恩將軍。乾隆九年卒。

訥穆金　宗智子。乾隆九年襲祿寶之奉恩將軍。四十八年因病告退。尋卒。

薩賓圖　訥穆金第一子。乾隆四十九年襲奉恩將軍。嘉慶八年緣事革退。

恒萃　訥穆金第二子。嘉慶八

崇慶　恒萃子。

興瑞　崇慶子。道光十年襲奉

恩鈺　國敢子。崇榮嗣子。光緒

年襲奉恩將軍。道光十年卒。

恩將軍。光緒元年卒。

二年襲族叔興瑞之奉恩將軍。

祜里布　岳託第六子。順治六年封貝勒。九年卒。諡曰剛毅。

碩託　代善第二子。天聰八年以功封貝子。崇德四年緣事降輔國公。尋復封貝子。八年以罪削爵，黜宗室。

薩哈璘　代善第三子。天命十一年以功封貝勒。崇德元年晉郡王。尋薨。追封穎親王。諡曰毅。

阿達禮　薩哈璘第一子。崇德元年襲郡王。八年以罪處死，黜宗室。

勒克德渾　薩哈璘第二子。順治元年以兄罪黜宗室。尋復入宗室。封貝勒。五年以功晉順承郡王。九年薨。諡曰恭惠。

諾羅布　勒克德渾第三子。康熙五十四年襲順承郡王。五十六年薨。諡曰忠。

錫保　諾羅布第四子。康熙五十六年襲順承郡王。雍正九年承親王。十一年以罪革退親王。乾隆七年薨。照郡王品級殯葬。

熙良　錫保第一子。雍正三年封輔國公。十年封世子。十一年以父罪革世子。尋襲順承郡王。乾隆九年薨。諡曰恪。

泰斐英阿　熙良第一子。乾隆九年襲順承郡王。二十一年薨。諡曰恭。

恒英　泰斐英阿第一子。乾隆三十年封奉恩將軍。嘉慶七年因病告退。

倫蓋　恒英第一子。嘉慶八年襲奉恩將軍。二十一年卒。

純玉　倫蓋第一子。嘉慶二十一年襲奉恩將軍。同治六年卒。

松通　純玉第三子。同治六年襲奉恩將軍。光緒十年卒。

恩奎　松通第一子。光緒十一年襲奉恩將軍。

恒齡　泰斐英阿第二子。乾隆三十五年封三等奉國將軍。道光十三年卒。

倫康　恒齡第一子。乾隆六十年封奉恩將軍。嘉慶七年卒。

順英　倫康第一子。嘉慶七年襲奉恩將軍。十四年卒。無嗣。

倫興　恒齡第二子。嘉慶七年封奉恩將軍。十二年卒。

順慶　倫興第一子。嘉慶十二年襲奉恩將軍。道光十七年卒。

福禧　順慶第一子。道光十八年襲奉恩將軍。同治元年卒。無

嗣

倫恭　恒齡第三子。嘉慶十一年封奉恩將軍。咸豐八年緣事革退。

恒昌　泰斐英阿第四子。乾隆二十一年襲順承郡王。四十三年薨。諡曰慎。

倫柱　恒昌第一子。乾隆五十一年襲順承郡王。道光三年薨。諡曰簡。

春山　倫柱第四子。道光元年封鎮國將軍。三年襲順承郡王。咸豐四年薨。諡曰勤。

慶恩　春山第五子。咸豐四年襲順承郡王。光緒七年薨。諡曰敏。

訥勒赫　慶恩子。光緒七年襲順承郡王。

春佑　倫柱第五子。道光元年封三等鎮國將軍。光緒二年卒。

謙士　春佑第一子。道光三十年封輔國將軍。同治二年卒。無嗣。

謙德　春佑第六子。咸豐六年封三等輔國將軍。光緒二十一年卒。

銓福　謙德第二子。光緒二十二年襲奉國將軍。

謙光　春佑第七子。咸豐七年封三等輔國將軍。光緒二十一年晉二等。二十五年卒。

興瑞　謙光第一子。光緒二十五年襲奉國將軍。

麒瑞　謙光第三子。光緒三十二年封奉國將軍。

春祿　倫柱第九子。道光十三年封三等奉國將軍。同治七年卒。無嗣。

春英：倫柱第十子。道光九年封三等鎭國將軍。同治元年卒。
春定：倫柱第十一子。道光九年封三等鎭國將軍。同治六年卒。
春靜：倫柱第十二子。道光九年封三等鎭國將軍。二十五年卒。無嗣。
春安：倫柱第十三子。道光九年封三等鎭國將軍。咸豐十一年卒。
春益：倫柱第十七子。道光十六年封鎭國將軍。同治九年卒。無嗣。

謙禧：春英第一子。咸豐七年封三等輔國將軍。同治二年晉襲二等。光緒十六年卒。
謙華：春英第三子。同治十一年封三等輔國將軍。
謙升：春定第三子。咸豐七年封三等輔國將軍。十年緣事革退。同治七年襲輔國將軍。光緒八年卒。
謙詩：春安子。同治元年襲奉恩將軍。光緒三年卒。無嗣。

靈熙：謙禧第二子。光緒十六年襲奉國將軍。
靈魁：謙升第一子。光緒八年襲三等奉國將軍。十六年卒。

文灝：靈熙第五子。光緒三十二年封奉恩將軍。宣統元年卒。
文治：靈熙第七子。光緒三十二年封奉恩將軍。

鐵珊：文灝子。宣統元年襲奉恩將軍。

恆慶：秦斐英阿第五子。乾隆四十年封奉國將軍。五十五年因病告退。
恆柏：秦斐英阿第六子。乾隆四十四

倫成：恆昌第二子。乾隆六十年封一等輔國將軍。嘉慶三年卒。無嗣。
倫正：恆昌第三子。嘉慶四年封二等輔國將軍。二十一年卒。

春戩：倫柱第十八子。道光十九年封奉國將軍。光緒九年卒。
春瑞：倫柱第十九子。道光二十四年封奉恩將軍。咸豐十一年卒。無嗣。
順萃：倫正第一子。嘉慶二十一年襲三等奉國將軍。道光十三年卒。無嗣。
春修：倫正第二子。道光二十四年封奉國將軍。同治十二年卒。

慶恕：春戩第二子。光緒九年襲奉恩將軍。
扎隆阿：春修第一子。同治元年襲奉恩將軍。光緒二十六年殉難。

樸厚：扎隆阿第一子。光緒二十八年襲奉恩將軍。

勒爾錦：勒克德渾第四子。順治九年襲順承郡王。康熙十九年緣事革爵。四十五年卒。

封訥赫：諾羅布第七子。雍正十三年封奉恩將軍。乾隆十一年因病告退。三十年卒。緣事追革。
勒爾貝：勒爾錦第三子。康熙二十年襲順承郡王。二十一年薨。
延奇：勒爾錦第四子。康熙二十一年襲順承

克明：熙良第四子。乾隆二十一年封二等鎭國將軍。嘉慶二年卒。
德宗：熙良第五子。乾隆二十一年封奉恩將軍。四十九年卒。

年封三等奉國將軍。嘉慶六年緣事革退。
文獻：克明第一子。乾隆四十一年封二等奉國將軍。六十年卒。
文弼：克明第二子。乾隆四十九年封三等奉國將軍。嘉慶十七年緣事革退。

倫忠：文獻子。乾隆六十年襲奉恩將軍。嘉慶三年晉襲輔國將軍。咸豐九年卒。

崇儉：倫忠第二子。道光四年封奉國將軍。咸豐二年卒。無嗣。

郡王。二十六年薨。

穆布巴 勒爾錦第五子。康熙三十八年，襲順承郡王。五十四年，緣事革爵。

充保 勒爾錦第七子。康熙二十六年，襲順承郡王。三十七年薨。

杜蘭 薩哈璘第三子。順治六年，封貝勒。康熙七年，降鎭國公。十四年卒。

訥默孫 杜蘭第一子。康熙四年，封貝子。十一年，緣事革退。十四年，襲輔國公。五十三年卒。

訥圖 訥默孫第三子。康熙三十七年，封三等鎭國將軍。五十三年，襲輔國公。乾隆二年卒，謚曰敦敏。

興英 訥圖第四子。乾隆二年，襲輔國公。十八年卒，謚曰勤僖。

崇尚 興英第一子。乾隆十八年，襲輔國公。嘉慶十二年卒。

恒勳 崇尚第一子。嘉慶十四年，襲不入八分輔國公。二十六年卒。

保齡 恒勳第一子。嘉慶二十一年，封三等輔國將軍。二十六年，襲鎭國將軍。道光十三年卒。

弼禮克 杜蘭第二子。康熙九年，封輔國公。十六年卒。

弼爾特訥 弼禮克第四子。康熙十六年，襲鎭國將軍。四十二年，緣事革退。

瓦克達 代善第四子。順治三年，以功封三等鎭國將軍。四年，晉鎭國公。五年，晉郡王，加號曰謙。九年薨。謚曰襄。

留雍 瓦克達第二子。順治十年，封三等奉國將軍。康熙六年，晉鎭國將軍。八年，緣事降奉國將軍品級。二十五年，襲鎭國公。三十七年革爵。

台渾 留雍第三子。康熙三十三年，封三等輔國將軍。五十九年，緣事革退。

忠端 台渾子。

洞福 忠端子。乾隆四十三年，以瓦克達有功，命洞福襲一等鎭國將軍。五十七年卒。

德文 洞福第二子。乾隆五十五年，封二等奉國將軍。五十七年，襲一等鎭國將軍。道光六年卒。

蘇藩 德文第一子。嘉慶十七年，封一等奉國將軍。道光六年，襲一等鎭國將軍。十六年卒。

承瑞 蘇芳第五子。蘇藩嗣子。道光十六年，襲鎭國將軍。同治六年卒。

岳康 承澤子。承瑞嗣子。同治七年，襲鎭國將軍。光緒二十四年卒。

恩厚 斌昌第二子。岳康嗣子。光緒二十一年，襲鎭國將軍。

蘇敏 德文第二子。嘉慶二十一年，封三等輔國將軍。道光三年卒。無嗣。

停襲

蘇芳 德文第三子。道光元年，封三等輔國將軍。咸豐元年卒。

成藩 蘇芳第一子。道光四年，襲三等奉國將軍。咸豐九年卒。

斌昌 成藩第二子。咸豐九年，襲奉恩將軍。光緒十年卒。

恩榮 斌昌第一子。光緒十年，襲奉恩將軍。

蘇哲 德文第四子。道光九年，封三等輔國將軍。同治元年，緣事革退。

德恭泰 洞福第三子。乾隆六十年，封二等奉國將軍。嘉慶二十五年卒。

達英 德恭泰第二子。道光元年，襲奉恩將軍。二十三年卒。無嗣。

噶爾賽 瓦克達第三子。順治十年，封三等奉國將軍。康熙六年，襲鎭國公。八年，緣事降奉國將軍品級。二十一年，復封鎭國公。二十五年，以罪革爵。

海淸 噶爾賽第一子。康熙二十一年，封輔國公。二十五年，以父罪革退。

瑪占 代善第六子。崇德元年，以功封輔國公。三年卒。無嗣。

滿達海 代善第七子。崇德六年，以功封輔國公。順治二年，晉貝子。六年，襲親王。八年，賜號曰巽。九年薨，謚曰簡。十六年，緣事追奪謚法及碑文。

常阿岱 滿達海第一子。順治九年，襲親王。十六年，以父罪降貝勒。康熙四年卒，謚曰懷愍。

錫楞圖 常阿岱第二子。康熙十五年，封奉恩將軍。二十八年，緣事革退。雍正八年卒。

英俊 錫楞圖第三子。雍正八年，襲奉恩將軍。乾隆八年卒。無嗣。

英永 錫楞圖第二子。乾隆八年，襲奉恩將軍。三十九年卒。無嗣。

世憲 常阿岱第三子。康熙十五年，封奉恩將軍。五十八年卒。

成文 世憲第三子。康熙五十八年，襲奉恩將軍。雍正十三年，緣事革退。

積善 成文第二子。乾隆元年，襲奉恩將軍。十八年，緣事革退。

廣昌 常阿岱第四子。康熙十七年，封奉國將軍。三十六年卒。

申德 廣昌第二子。康熙三十七年，襲奉恩將軍。雍正三年卒。

巴爾薩 申德第二子。雍正四年，襲奉恩將軍。乾隆二十二年，因病告退。

普正 巴爾薩第一子。乾隆二十三年，襲奉恩將軍。二十四年，緣事革退。

素淸阿 普正第二子。乾隆二十四年，襲奉恩將軍。嘉慶二年卒。

達三布 素淸阿第一子。嘉慶三年，襲奉恩將軍。七年卒。

德春 達三布第一子。嘉慶七年，襲奉恩將軍。道光十一年卒。

安祿 德春第二子。道光十一年，襲奉恩將軍。同治五年卒。襲次已盡，不襲。

希常 常阿岱第五子。康熙十七年，封奉恩將軍。五十二，緣事革退。

星尼 常阿岱第六子。康熙四年，襲貝子。二十七年，緣事革退。五十二年，復降襲輔國公。

星海 星尼第一子。康熙二十七年，襲鎭國公。五十二年，緣事革退。

常平 星海子。

福色鏗額 常平子。乾隆五十三年，封一等輔國將軍。道光元年卒。

明嵩 福色鏗額第一子。乾隆五十五年，封三等奉國將軍。嘉慶十八年卒。

明憲 福色鏗額第三子。道光元年，襲輔國將軍。十三

祿智 明憲第二子。道光十四年，襲輔國將軍。同治元

年卒

年緣事革退

祜塞 代善第八子。順治二年封鎮國公。三年卒。十年追封郡王，諡曰惠順。康熙元年追封親王。

精濟 祜塞第二子。順治三年襲鎮國公，尋晉郡王。六年卒。諡曰懷愍。

傑書 祜塞第三子。順治六年襲郡王，賜號曰康。十六年襲巽親王，改號曰康。康熙三十六年薨。諡曰良。

呢他哈 傑書第一子。康熙二十年封三等輔國將軍。五十一年緣事革退。

扎爾圖 傑書第三子。康熙三十二年封三等輔國將軍。五十四年緣事革退。雍正二年卒。

尚德 扎爾圖第三子。雍正三年襲奉國將軍。乾隆十七年卒。

德明 尚德第三子。乾隆十七年襲奉恩將軍。五十六年卒。

富雲 德明第二子。乾隆五十六年襲奉恩將軍。道光十七年卒。

阿昌阿 富雲第二子。道光十七年襲奉恩將軍。光緒十一年卒。

春元 阿昌阿第一子。光緒十二年襲奉恩將軍。

巴爾圖 傑書第四子。康熙三十二年封三等輔國將軍。雍正十卒

讀章 巴爾圖第一子。雍正十年封奉國將軍。乾隆二十七年卒。

善存 讀章第四子。乾隆二十八年襲奉恩將軍。三十八年卒。無嗣。

都隆額 星尼第七子。雍正八年封奉恩將軍。乾隆十五年緣事革退。

祿紳 明憲堂姪明益子。同治元年襲輔國將軍。光緒二十一年卒。

鐵山 祿紳第三子。光緒二十一年襲一等輔國將軍。

二年襲康親王。乾隆十八年薨，諡曰簡。

讀本 巴爾圖第四子。雍正十三年封奉國將軍。乾隆二十四年卒。

善廣 讀本第一子。乾隆二十四年襲奉恩將軍。五十二年卒。無嗣。

讀雲 巴爾圖第八子。乾隆七年封三等鎮國將軍。二十九年卒。

崇敬 讀雲第五子。乾隆二十九年襲三等輔國將軍。嘉慶六年卒。

哲豐 崇敬第一子。嘉慶七年襲三等奉國將軍。道光九年卒。

魁舒 哲豐第一子。道光四年封奉恩將軍。十四年卒。無嗣。

魁樂 哲豐第二子。道光十一年封奉恩將軍。十六年緣事革退。

崇林 讀雲第六子。乾隆四十年封一等奉國將軍。嘉慶八年卒。無嗣。

崇英 讀雲第七子。乾隆四十年封輔國將軍。五十八年卒。

哲麟 崇英第二子。乾隆五十八年襲奉國將軍。嘉慶二十五年卒。

奎璧 哲麟第一子。嘉慶二十二年封奉恩將軍。道光十八年卒。無嗣。

奎福 哲麟第二子。道光元年封奉恩將軍。九年卒。無嗣。

奎華 哲麟第三子。道光六年封奉恩將軍。二十七年卒。

玉清 奎華第一子。道光二十八年襲奉恩將軍。光緒七年卒。

祺昌 玉清第三子。光緒七年襲奉恩將軍。二十二年卒。襲次已盡，不襲。

奎安 哲麟第四子。道光九年封奉恩將軍。二十九年卒。

玉佑 奎安第一子。道光二十九年襲奉恩將軍。同治五年卒。

奎定 哲麟第五子。道光十三年封奉恩將軍。咸豐五年卒。

玉剛 奎定第一子。咸豐六年襲奉恩將軍。同治十三年卒。

祥厚 玉剛第一子。同治十三年襲奉恩將軍。

奎文 哲麟第六子。道光十八年封奉恩將軍。咸豐二年緣事革退。

讀恭 巴爾圖第十三子。乾隆二十一年封二等奉國將軍。四十二年卒。

善儀 讀恭第一子。乾隆四十二年襲奉恩將軍。嘉慶十五年卒。

富爾閎 善儀第一子。嘉慶十五年襲奉恩將軍。道光十年卒。無嗣。

讀經 巴爾圖第十四子。乾隆二十二年封三等奉國將軍。三十五年卒。無嗣。

讀典 巴爾圖第十五子。乾隆二十一年封二等輔國將軍。二十四年緣事革退。

讀廣 巴爾圖第十七子。乾隆二十二年封一等輔國將軍。三十年卒。

善永 讀廣子。乾隆三十一年襲一等奉國將軍。五十六年卒。無嗣。

讓顯 巴爾圖第二十子。乾隆二十二年封二等輔國將軍。五十三年卒。無嗣。

讓亮 巴爾圖第二十三子。乾隆二十六年封三等鎮國將軍。六十年卒。

良鳳 讓亮第二子。嘉慶元年襲三等輔國將軍。道光六年卒。

福年 良鳳第一子。道光元年封奉國將軍。同治四年卒。

崑山 福年第二子。咸豐六年封奉恩將軍。同治八年卒。

鍾沛 崑山第一子。同治八年襲奉恩將軍。十三年卒。

福彰 良鳳第二子。道光四年封奉國將軍。十三年卒。無嗣。

椿泰 傑書第五子。康熙三十六年襲康親王。四十八年卒。謚曰悼。

崇安 椿泰子。康熙四十八年襲康親王。雍正十一年卒。謚曰修。

永恩 崇安第二子。雍正十二年封貝勒。乾隆十八年襲康親王。四十三年以代善茂著壯猷，仍復原號爲禮親王。嘉慶十年薨。謚曰恭。

昭槤 永恩子。嘉慶七年封不入八分輔國公。十年襲禮親王。二十一年緣事革爵。

永惠 崇安第三子。乾隆十四年封二等鎮國將軍。五十五年卒。嘉慶二十一年追封禮親王。

麟趾 永惠第一子。乾隆五十四年封二等輔國將軍。嘉慶二十二年襲禮親王。道光元年薨。謚曰安。

錫春 麟趾子。嘉慶十四年封奉恩將軍。二十四年卒。道光四年追封禮親王。

全齡 錫春子。嘉慶二十五年襲奉恩將軍。道光元年襲禮親王。三十年薨。謚曰和。

世鐸 全齡第三子。道光三十年襲禮親王。

誠厚 世鐸子。光緒十年封不入八分輔國公。

阿拜 太祖第三子。崇德四年封三等鎮國將軍。順治四年晉二等。五年卒。十年追封鎮國公。謚曰勤敏。

席特庫 阿拜第一子。初封奉國將軍。崇德六年緣事革退。順治二年封鎮國將軍。六年晉鎮國公。七年緣事降鎮國將軍。康熙十六年卒。

能額里 席特庫第二子。順治六年封奉恩將軍。康熙十二年卒。無嗣。

英額里 席特庫第三子。順治六年封三等輔國將軍。八年晉輔國公。康熙二十一年卒。

務爾登 英額里第二子。康熙二十一年襲三等奉國將軍。五十九年緣事革退。

敢昭 務爾登第三子。康熙五十五年襲奉恩將軍。乾隆二十六年卒。

鵬志 敢昭第三子。乾隆二十六年襲奉恩將軍。三十九年卒。

獻福 志鵬第一子。乾隆三十九年襲奉恩將軍。嘉慶八年緣事革退。

務爾德宜 英額里第四子。康熙二十六年封三等奉國將軍。五十九年卒。

揚安 務爾德宜第三子。康熙五十九年襲奉恩將軍。雍正十三年因病告退。

六十八 務爾德宜第六子。雍正十三年襲奉恩將軍。乾隆三十四年卒。

俊福 六十八第一子。乾隆三十四年襲奉恩將軍。道光十三年卒。

忠秀 俊福第一子。道光十三年襲奉恩將軍。同治六年卒。無嗣。

英格宜 席特庫第四子。順治六年封三等輔國將軍。八年晉輔國公。康熙二十四年卒。

業爾圖 英格宜第一子。康熙六年封三等奉國將軍。十七年因病告退。

新岱 業爾圖第二子。康熙五十三年襲奉恩將軍。乾隆十三年卒。

富勒森 新岱第一子。乾隆三年封奉恩將軍。三十一年卒。

蘇隆阿 富勒森第二子。乾隆三十一年襲奉恩將軍。三十八年緣事革退。

費雅三 阿拜第三子。順治二年封奉恩將軍。三年卒。無嗣。

干圖 阿拜第四子。崇德六年封三等奉國將軍。順治六年晉三等鎮國將軍。八年晉輔國公。十六年卒。謚曰介直。

範圖 阿拜第五子。順治二年封奉恩將軍。五年卒。十年追封輔國將軍。謚曰懷僖。

法喀 範圖第一子。順治九年封三等輔國將軍。十七年緣事降一等奉國將軍。康熙四十七年卒。

法復禮 範圖第二子。順治九年封三等輔國將軍。康熙三十四年因病告退。

塞德宜 法復禮第二子。康熙十四年封三等奉國將軍。五十五年卒。

色本臣 塞德宜第五子。康熙五十五年襲奉恩將軍。六十一年卒。無嗣。

鞏安 阿拜第六子。順治三年封奉恩將軍。五年襲三等鎮國將軍。六年晉輔國公。康熙二十一年卒。

圖薩 鞏安第二子。康熙七年封三等輔國將軍。三十四年因病告退。

塞爾都 圖薩第一子。康熙二十六年封三等奉國將軍。五十五年卒。

格爾斐音 塞爾都第五子。康熙五十五年襲奉恩將軍。雍正元年卒。

格爾賓 塞爾都第六子。雍正三年封奉恩將軍。乾隆十一年卒。

瑤章 格爾賓第一子。乾隆十一年襲奉恩將軍。三十五年卒。

承宗 格爾賓第五子。乾隆三十六年襲奉恩將軍。嘉慶六年卒。

慶瑤 承宗第一子。嘉慶七年襲奉恩將軍。二十二年因罪革爵，黜宗室。

托爾渾

塞留都 第七子。雍正三年封奉恩將軍。乾隆五年卒。

巴哈穆 蒙安第三子。康熙九年封三等輔國將軍。五十六年卒。

務鼐 巴哈穆第三子。康熙五十六年襲三等奉國將軍。雍正元年卒。

德爾弼 巴哈穆第六子。乾隆五年襲奉恩將軍。十六年卒。

珠靈阿 德爾弼第四子。乾隆十七年襲奉恩將軍。嘉慶十年卒。

景祿 珠靈阿第二子。嘉慶十年襲奉恩將軍。道光八年卒。

定柱 景祿第二子。道光八年襲奉恩將軍。十三年卒。

玉杜 景祿第三子。道光十四年襲奉恩將軍。同治十二年卒。

承謙 玉杜第一子。同治十二年襲奉恩將軍。光緒元年卒。無嗣。

玉岑 景祿子。光緒元年襲蒙安一支之奉恩將軍。二十四年卒。

承卓 玉岑第一子。光緒二十四年襲奉恩將軍。宣統元年卒。

文緒 承卓子。宣統二年襲奉恩將軍。

顯善 阿拜第七子。順治六年封三等鎮國將軍。八年晉輔國公。康熙四十五年卒。

佛格 顯善第一子。康熙九年封三等輔國將軍。三十四年緣事革退。雍正二年封鎮國將軍。尋緣事革退。十年卒。

瑚連 佛格第一子。康熙二十六年封三等奉國將軍。雍正二年緣事革退。

保格 顯善第二子。雍正二年封奉恩將軍。十二年卒。

善福 顯善第三子。康熙十五年封三等輔國將軍。雍正十二年卒。

珠隆 善福第六子。雍正十二年襲奉國將軍。乾隆二十五年因病告退。

普順 德敏第六子。珠隆嗣子。乾隆二十六年襲奉恩將軍。嘉慶十五年卒。

倘祿 顯善第六子。康熙十七年封三等輔國將軍。三十四年因病革退。乾隆八年卒。

瑪錫禮 顯善第五子。康熙十九年封三等輔國將軍。乾隆六年卒。

德敏 佛格子。瑪錫禮嗣子。乾隆六年襲三等奉國將軍。十四年緣事革退。

順昌 德敏第二子。乾隆十八年襲奉恩將軍。嘉慶五年卒。

保秀 順昌第四子。嘉慶五年襲奉恩將軍。十一年卒。

順勇 德敏第三子。嘉慶十一年襲奉恩將軍。十九年因病告退。

保倫 順勇第一子。嘉慶十九年襲奉恩將軍。道光十年卒。

海鷲 保倫子。

定榮 海鷲子。道光十年襲奉恩將軍。光緒元年休致。

祥增 定榮第一子。光緒元年襲奉恩將軍。

薩穆當 顯善第七子。康熙二十年封三等輔國將軍。雍正十二年因病告退。乾隆九年卒。

西林 薩穆當第三子。雍正三年封三等奉國將軍。乾隆四十六年因病革退。

富察 西林第一子。乾隆八年封奉恩將軍。五十六年卒。

慶雲 富察第二子。乾隆五十六年襲奉恩將軍。嘉慶七年卒。

特祥 慶雲第一子。嘉慶七年襲奉恩將軍。道光三十年卒。無嗣。

富瑞 西林第五子。乾隆二十二年封奉恩將軍。五十九年因病告退。

祥敬 富瑞第一子。乾隆五十九年襲奉恩將軍。道光二年卒。

蘇勒保 祥敬第一子。道光二年襲奉恩將軍。十一年緣事革退。

伯祥 薩穆當第五子。雍正三年封三等奉國

廣寬 伯祥第一子。乾隆十年封奉恩將軍。二

寬誠 廣寬第三子。乾隆二十八年襲奉恩將

武爾袞 寬誠第一子。乾隆四十五年襲

將軍。乾隆四年因病告退。

十二年卒。

軍。四十五年卒。

奉恩將軍。道光二十年卒。無嗣。

祥杜 伯祥第二子。乾隆十二年封奉恩將軍。四十六年卒。

明慶 祥杜第三子。乾隆四十六年襲奉恩將軍。嘉慶十年卒。

吉陞 明慶第二子。嘉慶十三年襲奉恩將軍。咸豐十年卒。無嗣。

廣普 伯祥第三子。乾隆十四年封奉恩將軍。四十六年卒。

雙敬 廣普第二子。乾隆四十七年襲奉恩將軍。嘉慶十四年卒。

德克進 雙敬第二子。嘉慶十五年襲奉恩將軍。道光七年卒。無嗣。

忠順 薩穆當第八子。雍正十三年封奉恩將軍。乾隆三十一年因病告退。

伊克積善 忠順第一子。乾隆三十一年襲奉恩將軍。三十二年卒。

和克積善 忠順第二子。乾隆三十二年襲奉恩將軍。嘉慶十六年緣事革退。

湯古代 太祖第四子。崇德四年封三等鎮國將軍。五年卒。諡曰克潔。

聶克塞 湯古代第一子。崇德五年襲三等奉國將軍。順治二年以功封二等奉國將軍。四年晉一等。六年晉鎮國公。九年緣事降輔國公。尋又降三等輔國將

軍。康熙五年卒。無嗣。

穆爾察 湯古代第二子。封三等奉國將軍。崇德五年，襲三等鎮國將軍。順治四年，晉二等。六年卒。諡曰恪恭。

莽古爾泰 太祖第五子。天命元年，封貝勒。天聰六年卒。以謀爲大逆，奪爵，子孫降爲紅帶子。

塔拜 太祖第六子。天聰八年，封三等輔國將軍。崇德四年卒。順治十五年，追封輔國公，諡曰慤厚。

額克親 塔拜第二子。崇德四年，封奉國將軍。尋襲三等輔國將軍。順治元年，以功晉二等。四年，晉一等。尋封輔國公。六年，晉鎮國公。七年，晉貝子。八年，因罪革爵，黜宗室。尋復入宗室。

額奇 額克親第一子。順治二年，封奉恩將軍。六年，晉輔國將軍。康熙二十一年，緣事革退。三十五年，仍封三等輔國將軍。尋卒。

度爾黼 額克親第二子。順治六年，封三等輔國將軍。康熙二十五年卒。

巴甸紫 度爾黼第一子。康熙四年，封三等奉國將軍。二十三年，緣事革退。

噶爾圖

度爾黼第四子。康熙十八年，封三等奉國將軍。三十六年，緣事革退。

伯奇 額克親第三子。順治六年，封三等輔國將軍。康熙九年卒。

阿爾巴 伯奇第二子。康熙十一年，襲三等奉國將軍。十七年，緣事革退。

阿爾圖 伯奇第六子。康熙十八年，封三等奉國將軍。十七年，緣事革退。

伯爾赫宜 額克親第四子。順治六年，封三等輔國將軍。康熙二十八年，緣事革退。

伯爾森 伯爾赫宜第二子。康熙十七年，封三等奉國將軍。三十七年，緣事革退。

伯赫 額克親第八子。康熙八年，封三等輔國將軍。二十一年，緣事革退。

巴穆布爾善 塔拜第四子。崇德四年，襲三等奉國將

巴爾岱 巴穆布爾善第四子。順治十四年，封三等輔國

軍。順治元年，以功晉二等。四年，晉一等。六年，晉三等鎮國將軍。八年，晉輔國公。康熙五年，革爵。八年，以罪處死，子孫黜宗室。

將軍。康熙八年，以父罪革爵。

塞圖 巴穆布爾善第五子。順治十六年，封三等輔國將軍。康熙八年，以父罪革爵。

拔都海 塔拜第六子。順治二年，封奉恩將軍。六年，晉三等鎮國將軍。八年，晉輔國公。十七年卒。諡曰恪僖。

席爾圖 拔都海第一子。順治十一年，封三等輔國將軍。康熙元年卒。

博爾都 拔都海第三子。順治十七年，封三等輔國將軍。康熙八年，以罪革退。十九年，復原封。三十六年卒。尋追削封爵。

時通 博爾都第五子。康熙五十二年，襲三等奉國將軍。乾隆十六年卒。

七福 時通第三子。乾隆十七年，襲奉恩將軍。五十五年卒。

喇都海 塔拜第七子。順治二年，封奉恩將軍。六年卒。諡曰懷僖。

巴特瑪費揚武 塔拜第八子。順治二年，封奉恩將軍。六年卒。十年，追封

巴爾善 巴特瑪費揚武第一子。初封輔國將軍。康熙八年，緣事革退。十

增盛 巴爾善第四子。康熙二十年，封三等奉國將軍。乾隆元年卒。

康泰 增盛第一子。乾隆二年，襲奉恩將軍。二十九年，因病告退。

瑞松 康泰第四子。乾隆二十九年，襲奉恩將軍。嘉慶十九年，因病告退。

長曉 瑞松嗣子。嘉慶十九年，襲奉恩將軍。尋卒。

佑錫 長曉第一子。嘉慶十九年，襲奉恩將軍。道光二十二年卒。無嗣。

輔國將軍。諡曰悼愍。

九年，復封三等輔國將軍。三十四年卒。

阿巴泰 太祖第七子。天命十一年，封貝勒。崇德元年，封饒餘貝勒。順治元年，晉饒餘郡王。三年薨。康熙元年，追封饒餘親王。諡曰敏。

尚建 阿巴泰第一子。天聰四年卒。順治十年，追封貝子。諡曰質愍。

博和托 阿巴泰第二子。初封輔國公。順治元年，以功晉貝子。八年卒。諡曰溫良。

蘇布圖 尚建第一子。初封輔國公。順治三年，以功晉貝子。五年卒。諡曰悼愍。

強度 尚建第二子。順治六年

永德 巴爾堪第六子。康熙二十一年，封三等奉國將軍。三十六年卒。

慶泰 增盛第六子。康熙五十一年，封奉恩將軍。五十六年卒。無嗣。

顏齡 蘇布圖子。順治九年，封鎮國公。康熙四十年卒。無嗣。

德興 巴爾善第七子。康熙二十四年，封三等奉國將軍。四十三年，因病告退。

英靜 永德第一子。康熙三十六年，襲奉恩將軍。雍正二年卒。

格色泰 永德第四子。雍正二年，封奉恩將軍。乾隆二十四年卒。

瑞昌 英靜第三子。雍正三年，襲奉恩將軍。乾隆五年，緣事革退。

瑞華 英靜第四子。乾隆五年，襲奉恩將軍。四十九年卒。

都爾濟 格色泰第七子。乾隆二十四年，襲奉恩將軍。六十年，以罪革爵。處死。

如恒 瑞華第一子。乾隆五十年，襲奉恩將軍。嘉慶八年卒。無嗣。

封饒餘親王。諡曰敏。

封貝子。八年卒。諡曰介潔。

翁古 博和託第一子。初封輔國公。順治四年卒。諡曰懷愍。

錦柱 博和託第二子。初封輔國公。順治六年卒。諡曰懷僖。無嗣。

佛克齊庫 博和託第三子。順治六年，封貝子。十四年卒。諡曰介潔。無嗣。

彰泰 博和託第四子。順治八年，封鎮國公。尋晉貝子。康熙二十九年卒。

博尼 翁古第一子。順治四年，襲輔國公。六年卒。無嗣。

百綬 彰泰第一子。康熙七年，封鎮國公。二十五年，緣事降鎮國將軍。二十七年，緣事革退。

屯珠 彰泰第三子。康熙十一年，封鎮國公。二十七年，緣事降鎮國將軍。二十九年，襲鎮國公。五十七年卒。追封貝子品級。諡曰恪敏。

安詹 屯珠子。

逢信 富爾都子。安詹嗣子。康熙五十七年，襲輔國公。乾隆十二年卒。諡曰恭恪。

盛昌 逢信第二子。乾隆十二年，襲輔國公。二十二年，緣事革退。二十三年，封鎮國將軍。尋晉輔國公。五十二年卒。

慶怡 盛昌第一子。乾隆四十九年，封二等輔國將軍。五十二年，襲輔國公。嘉慶十八年卒。

景綸 成綿子。慶怡嗣子。嘉慶十八年，襲輔國公。道光十九年，緣事革退。

景崇 成綿子。道光十九年，襲輔國公。咸豐八年，緣事革退。

純堪 景錫子。景崇姪。咸豐九年，襲輔國公。光緒八年卒。

麟嘉 純堪第一子。光緒九年，襲輔國公。二十七年卒。

麟興 純堪第二子。光緒十五

增培 麟嘉嗣子。光緒二十八年，襲輔國公。

博洛 阿巴泰第三子。崇德元年，封貝子。順治元年，以功晉貝勒。四年，晉端重郡王。六年，晉端重親王。七年，緣事降郡王。八年，復親王。九年薨。諡曰定。十六年，以罪追削爵諡。

岳樂 阿巴泰第四子。初封鎮國公。順治六年，以功晉貝勒。八年，襲郡王。號曰安郡王。十四年，晉安親王。康熙二十八年薨。諡曰和。三十九年，緣事追降郡王。奪諡。

塔爾納 博洛第四子。順治十四年，封郡王。尋薨。諡曰敏。以父罪追削爵。

齊克新 博洛第八子。順治九年，襲端重親王。十六年，以父罪降貝勒。十八年卒。諡曰懷思。

瑪爾渾 岳樂第五子。康熙十六年，封世子。二十九年，襲安郡王。四十八年薨。諡曰懿。

明瑞 彰泰第五子。康熙十九年，封鎮國公。三十七年，緣事革退。

華玘 瑪爾渾第四子。康熙四十九年，襲安郡王。五十八年薨。諡曰節。雍正元年，以岳樂罪不准襲爵。

錫貴 華玘嗣子。華斌第二子。

岱英 錫貴子。追封輔國公。

布蘭泰 岱英子。嘉慶十年，襲輔國公。道光元年卒。

恒明 布蘭泰第四子。道光元年，襲輔國公。咸豐十年卒。

裕善 恒明第一子。道光二十四年，封奉國將軍。咸豐四年卒。

裕安 恒明第二子。道光三十年，封奉國將軍。光緒元年卒。無嗣。

裕恪 恒明第三子。咸豐十一年，襲輔國公。同治十二年卒。

惠普 裕善第一子。咸豐四年，襲奉恩將軍。

意普 裕恪第二子。同治十二年，襲輔國公。

年封二等輔國將軍。光緒二十二年卒。無嗣。

奇昆　錫貴子。乾隆四十三年，以阿巴泰、岳樂功，命奇昆襲輔國公。四十七年卒。

崇積　奇昆第二子。乾隆四十七年襲輔國公。嘉慶九年緣事革退。

華斌　瑪爾渾第三子。康熙四十四年封奉恩將軍。雍正十一年緣事革退。

色楞額　岳樂第八子。康熙十一年封三等輔國將軍。三十七年卒。

色痕圖　色楞額第一子。康熙二十六年封三等奉國將軍。三十八年襲二等。六十一年緣事革退。

熙文　色痕圖第二子。康熙五十年封奉恩將軍。雍正三年緣事革退。

綽爾　色痕圖第三子。康熙五十一年封奉恩將軍。雍正元年緣事革退。

色貝　色楞額第四子。康熙四十四年封奉恩將軍。乾隆十六年卒。

塞沖阿　色貝第十二子。乾隆十六年襲奉恩將軍。五十八年卒。

烏爾希松　塞沖阿第二子。乾隆五十八年襲奉恩將軍。嘉慶十九年卒。無嗣。

務爾圖　色楞額第六子。雍正十年封奉恩將軍。乾隆十五年因病告退。

齡嵩　務爾圖第一子。雍正十三年封奉恩將軍。乾隆三十六年因病告退。

達慶阿　齡嵩第一子。乾隆二十一年封奉恩將軍。三十四年卒。

伊崇額　達慶阿子。乾隆三十六年襲奉恩將軍。四十四年緣事革退。

賽布禮　岳樂第十六子。康熙十七年封三等輔國將軍。四十七年緣事革退。

經希　岳樂第十七子。康熙二十一年封僖郡王。十九年以父罪降鎮國公。五十六年卒。

蘊端　岳樂第十八子。康熙二十三年封勤郡王。二十九年降貝子。三十七年緣事革退。

巴布泰　太祖第九子。崇德六年封三等奉國將軍。順治二年晉一等。四年晉輔國將軍，尋晉輔國公。八年晉鎮國公。十二年卒。諡曰恪。傳

噶布喇　巴布泰第一子。初封三等奉國將軍。順治四年晉二等。六年晉三等鎮國將軍。八年晉輔國公。康熙十六年卒。

輝塞　噶布喇第一子。順治八年封三等鎮國將軍。康熙三十八年卒。

威塞　輝塞第一子。康熙七年封三等奉國將軍。五十五年卒。無嗣。

握內　輝塞第二子。康熙八年封三等奉國將軍。二十九年卒。

杜穆德　握內第一子。康熙五十二年封奉恩將軍。乾隆四年卒。

松年　杜穆德第四子。雍正十三年封奉恩將軍。乾隆十九年緣事革退。尋復原封。二十八年復革退。

齊塞　輝塞第三子。康熙九年封三等奉國將軍。四十五年因病革退。

甘笙　齊塞第一子。康熙三十六年封奉恩將軍。四十三年緣事革退。

齊爾弼　輝塞第四子。康熙十一年封奉國將軍。三十四年卒。無嗣。

齊穆布　噶布喇第二子。康熙五年封三等輔國將軍。四十六年緣事革退。

索達塞　齊穆布第一子。康熙二十年封三等奉國將軍。四十四年緣事革退。

寶善　索達塞第一子。康熙四十一年封奉恩將軍。雍正十三年因病告退。

沙爾伸　寶善第二子。乾隆元年襲奉恩將軍。四十年緣事革退。

佛常　寶善子。

那爾慎　佛常子。乾隆四十一年襲奉恩將軍。嘉慶七年卒。

松吉　那爾慎第一子。嘉慶七年襲奉恩將軍。咸豐四年卒。

清凱　松吉子。咸豐五年襲奉恩將軍。光緒十三年卒。

聯福　清凱子。光緒十三年襲奉恩將軍。

寶良　索達塞第二子。康熙四十九年封奉恩將軍。雍正十三年卒。

尙金　寶良第一子。乾隆元年襲奉恩將軍。十年卒。

隆泰　尙金第一子。乾隆十年襲奉恩將軍。五十八年卒。襲次已盡，不襲。

裕英　索達塞第三子。雍正三年封奉恩將軍。十八年卒。

敬文　裕英第四子。乾隆十八年襲奉恩將軍。三十五年卒。無嗣。

寶德　索達塞第四子。雍正七年封奉恩將軍。十二年卒。無嗣。

勒特渾

昂阿圖

經英　昂阿圖

嵩惠　經英第

齊穆布第二子。康熙二十二年，封三等奉國將軍。六十一年卒。

勒特渾第一子。康熙五十四年，封奉恩將軍。乾隆二十年卒。

第五子。乾隆二十年襲奉恩將軍。三十四年卒。

二子。乾隆三十六年襲奉恩將軍。五十五年卒。無嗣。

亨德 齊穆布第三子。康熙二十四年，封三等奉國將軍。乾隆元年卒。

穆錫 亨德第二子。雍正十二年，封奉恩將軍。乾隆四十年，緣事革退。

發度 噶布喇第四子。康熙十年，封輔國將軍。三十五年，以昭莫多軍功晉二等。四十年，緣事革退。五十一年卒。

銘全 發度第一子。康熙三十九年，封三等奉國將軍。乾隆十二年卒。

和正額 銘全第四子。乾隆十三年襲奉恩將軍。嘉慶十四年卒。

莊泰 和正額子。

桓矩 莊泰子。嘉慶十四年襲奉恩將軍。咸豐二年，緣事革退。

德儀 噶布喇第五子。康熙十七年襲三等輔國將軍。四十一年，因病革退。

尚寶建 德儀第四子。康熙五十七年襲奉國將軍。乾隆二十一年卒。

格圖肯 尚寶建子。乾隆二十一年襲奉恩將軍。尋以罪處死，黜宗室。

拉善 德儀第五子。雍正三年，封三等奉國將軍。乾隆二年卒。

勒克 拉善第一子。乾隆三年襲奉恩將軍。四十六年卒。

雙貴 拉善第二子。乾隆八年，封奉恩將軍。十三年卒。

佛爾恆額 雙貴第一子。乾隆二十四年襲奉恩將軍。二十八年卒。

蒙額圖 雙貴第

富康阿 蒙額圖

西林布 富康阿

三子。乾隆二十八年襲奉恩將軍。嘉慶十六年卒。

第二子。嘉慶十七子襲奉恩將軍。十八年卒。

第一子。嘉慶十八年襲奉恩將軍。二十年卒。無嗣。

景安 拉善第三子。乾隆九年，封奉恩將軍。二十四年，緣事革退。

祜錫祿 巴布泰第三子。順治十三年襲三等鎮國將軍。康熙三十四年，緣事革退。

富良 祜錫祿第一子。康熙二十六年，封三等輔國將軍。三十九年卒。

尼雅翰 富良第二子。康熙三十九年襲三等奉國將軍。雍正五年卒。

佛照 尼雅翰第四子。雍正六年襲奉恩將軍。九年卒。

多義 尼雅翰第五子。雍正十年襲奉恩將軍。乾隆四十一年卒。

翰額穆 多義第三子。乾隆四十三年襲奉恩將軍。嘉慶十二年卒。

魁秀 翰額穆第一子。嘉慶十二年襲奉恩將軍。十七年卒。

舒圖 富良第三子。雍正三年，封三等奉國將軍。乾隆五年卒。

托禪 舒圖第二子。雍正五年襲奉恩將軍。乾隆三十二年，因病告退。

倭克經額 托禪第二子。乾隆三十三年襲奉恩將軍。嘉慶二十五年，緣事革退。

斐新 富良第五子。雍正四年，封三等奉國將軍。乾隆六年卒。

多隆額 斐新第一子。雍正十三年，封奉恩將軍。乾隆二十一年卒。

祿興 多隆額第五子。乾隆二十一年襲奉恩將軍。五十三年卒。

倭昇額 祿興第一子。乾隆五十五年襲奉恩將軍。嘉慶十三年卒。

福松阿 倭昇額第一子。嘉慶十四年襲奉恩將軍。道光十九年卒。

瑞慶 福松阿第三子。道光十九年襲奉恩將軍。同治十二年卒。

連喜 瑞慶第一子。同治十二年襲奉恩將軍。光緒三十二年卒。

裕德 連喜第一子。光緒三十三年襲奉恩將軍。

哈富喀 富良第八子。雍正三年，封三等

托錫 哈富喀第二子。雍正九年襲奉恩將軍。乾隆三

和倫泰 托錫第一子。乾隆四十年襲奉

素興 和倫泰第二子。乾隆五十六年襲奉恩將軍。嘉

秀良 素興第一子。嘉慶四年襲奉恩將軍。咸豐三年

奉國將軍。八年卒。

十九年卒。

恩將軍。五十六年卒。

慶四年卒。

卒。襲次已盡，不襲。

德格類 太祖第十子。天命十一年，封貝勒。天聰九年卒。以謀逆發覺，奪貝勒，子孫降紅帶子。

巴布海 太祖第十一子。初封鎮國將軍。崇德八年，以罪並子阿喀喇處死。

阿濟格 太祖第十二子。天命十一年，以功封貝勒。崇德元年，以功晉武英郡王。順治元年，晉英親王。八年，以罪賜死，其子孫降爲庶人。尋以其次子傅勒赫無罪，仍入宗室。乾隆四十三年，將其後人伯爾遜等各支子孫列入宗譜。

和度 阿濟格第一子。初封輔國公。順治元年，晉貝子。三年卒。無嗣。

傅勒赫 阿濟格第二子。順治二年，封鎮國公。八年，以父罪黜宗室，爲庶人。十七年卒。十八年，復入宗室。康熙元年，追封鎮國公。

構孳 傅勒赫第二子。順治十八年，封輔國公。康熙五年卒。

訥延 構孳第一子。康熙五年襲鎮國將軍。六年卒。無嗣。

綽克都 傅勒赫第三子。康熙四年，封輔國公。三十七年，緣事革退。

素嚴 綽克都第一子。康熙二十一年，封輔國公。三十一年卒。

素拜 素嚴第三子。康熙三十一年襲三等鎮國將軍。三十四年卒。無嗣。

興綬 綽克都子。追封輔國公。

九成 興綬子。乾隆十一年襲輔國公。二十六年，緣事革退。

謙德 九成第四子。乾隆二十六年襲三等鎮國將軍。三十二

年卒。無嗣。

順德 九成第七子。乾隆三十二年襲奉恩將軍。嘉慶元年休致。

華英 順德第一子。嘉慶三年襲奉恩將軍。道光十年緣事革退。

華德 碩臣子。道光十一年襲華英之奉恩將軍。二十七年卒。

秀平 華德第一子。道光二十八年襲奉恩將軍。咸豐五年卒。

良喆 秀平第二子。咸豐六年襲奉恩將軍。光緒十六年卒。

隆煦 良喆第二子。光緒十六年襲奉恩將軍。宣統元年卒。

存耀 隆煦子。宣統二年襲奉恩將軍。

普照 綽克都第八子。康熙三十七年襲輔國公。五十二年緣事革退。雍正元年以功復封輔國公。二年卒。

亨新 普照子。雍正二年襲輔國公。十年追論父罪革爵。

經照 綽克都第九子。康熙五十二年襲輔國公。雍正十年緣事革退。

璐達 綽克都孫，隆德子。雍正十年襲輔國公。乾隆六年卒。諡曰恭簡。

麟魁 璐達第一子。乾隆六年襲輔國公。十年緣事革退。

樓親 阿濟格第五子。原封親王，以罪削爵，賜自盡。

賴慕布 太祖第十三子。順治二年封奉恩將軍。二年卒。十年追封輔國公。諡曰介直。

來祜 賴慕布子。順治三年襲奉恩將軍，尋封三等鎮國將軍。八年晉輔國公。康熙八年緣事革退。

來度 來祜第三子。康熙六年封三等輔國將軍。二十年卒。

扎昆泰 三等侍衛愛珠子。乾隆元年襲來祜之奉恩將軍。二十二年卒。

永武 扎昆泰第一子。乾隆二十二年襲奉恩將軍。二十八年卒。

多爾袞 太祖第十四子。以功封貝勒。崇德元年晉睿親王。順治四年薨。以罪追奪王爵，黜宗室。乾隆四十三年復睿親王爵。諡曰忠。配享太廟。

多爾博 多鐸第五子。順治十四年封貝勒。康熙十一年薨。乾隆四十三年命爲多爾袞後。

蘇爾發 多爾博第二子。康熙十二年襲貝子。三十九年降鎮國公。四十七年卒。乾隆二十七年追封信郡王。四十三年追封睿親王。

塞勒 蘇爾發第一子。康熙三十八年封三等鎮國將軍。四十七年襲輔國公。雍正七年卒。乾隆二十七年追封信郡王。四十三年追封睿親王。

齊努渾 塞勒第一子。雍正七年襲輔國公。乾隆九年卒。諡曰簡。傳

功宜布 塞勒第五子。乾隆九年襲輔國公。十一年卒。諡曰恪勤。二十七年追封信郡王。四十三年追封睿親王。

如松 功宜布第三子。乾隆十一年襲輔國公。二十七年襲信郡王。三十五年薨。諡曰恪。四十三年追封睿親王。

淳穎 如松子。乾隆三十六年襲輔國公。四十三年襲睿親王。嘉慶五年薨。諡曰恭。

寶恩 淳穎第一子。嘉慶四年封不入八分輔國公。六年襲睿親王。七年薨。諡曰慎。

禧恩 淳穎第二子。嘉慶七年封鎮國將軍。道光十二年晉不入八分輔國公。二十六年緣事降鎮國將軍。咸豐二年卒。

榮壽 禧恩第一子。道光六年封輔國將軍。同治四年卒。

克誠 榮壽第一子。同治五年襲二等奉國將軍。六年卒。無嗣。

崇壽 禧恩第四子。道光十八年封三等輔國將軍。二十九年卒。無嗣。

徵壽 禧恩第五子。道光二十四年封輔國將軍。同治四年卒。

琳誠 徵壽子。同治四年襲二等奉國將軍。光緒二十七年卒。

文斌 琳誠第一子。光緒二十八年襲奉恩將軍。

興壽 禧恩第八子。咸豐六年封輔國將軍。同治八年卒。

德寬 興壽第五子。同治八年襲奉國將軍。光緒十年卒。無嗣。

惠恩 淳穎第三子。嘉慶十年封三等鎮國將軍。十三年降三等，尋卒。

安壽 惠恩第一子。道光九年封三等輔國將軍。同治十年卒。

惟誠 安壽第一子。同治十年襲三等奉國將軍。光緒二年卒。無嗣。

端恩 淳穎第四子。嘉慶七年襲睿親王。道光六年薨。諡曰勤。

仁壽 端恩第六子。道光六年襲睿親王。同治三年薨。諡曰僖。

德長 仁壽第三子。咸豐七年封二等鎮國將軍。同治四年襲睿親王。光緒二年薨。諡曰愨。

魁斌 德長第四子。光緒二年襲睿親王。

德隆 仁壽第四子。同治七年封二等鎮國將軍。光緒二十一年卒。無嗣。

德岫 仁壽第六子。光緒六年封鎮國將軍。宣統二年卒。

文光 德岫子。宣統二年襲鎮國將軍。

德崐 仁壽第七子。光緒十二年封二等鎮國將軍。三十年卒。

文華 德崐子。光緒三十年襲輔國將軍。

德鋼 仁壽第八子。光緒三年封二等鎮國將軍。十年卒。無嗣。

裕恩 淳穎第六子。嘉慶十四年封二等鎮國將軍。道光二十五年卒。無嗣。

吉恩 淳穎第八子。嘉慶十七年封三等鎮國將軍。同治七年卒。

岳壽 吉恩子。道光二十四年封三等輔國將軍。光緒十一年卒。無嗣。

多鐸 太祖第十五子。初封貝勒。以功賜號額爾克楚虎爾。崇德元年封豫親王。四年緣事降貝勒。七年晉豫郡王。順治元年復晉豫親王。二年以功加德豫親王。四年加封輔政叔德豫親王。六年薨。九年坐多爾袞罪追降郡王。諡曰通。乾隆四十三年復豫親王。以佐命殊功配享太廟。

多尼 多鐸第二子。崇德七年封郡王。順治六年襲親王。賜號曰信。順治九年坐父罪降郡王。十八年薨。諡曰宣和。

鄂札 多尼第二子。順治十八年襲信郡王。康熙四十一年薨。

扎爾布 鄂扎第一子。康熙二十五年封三等奉國將軍。四十年卒。

基綬 扎爾布第一子。康熙四十年襲奉恩將軍。雍正十年卒。

茂惠 基綬第二子。雍正十年襲奉恩將軍。乾隆二十四年卒。

盛福 茂惠第一子。乾隆二十四年襲奉恩將軍。五十三年卒。

哲崇額 盛福第一子。乾隆五十三年襲奉恩將軍。道光十四年卒。

廣瑞 哲崇額第一子。道光十四年襲奉恩將軍。光緒二十五年卒。襲次已盡，不襲。

謙恩 諸頴第九子。嘉慶二十一年封二等鎮國將軍。咸豐七年卒。無嗣。

德昭 鄂扎第五子。康熙四十五年襲信郡王。乾隆二十七年薨。諡曰恪。四十三年追封豫親王。

華齡 德昭第二子。乾隆十一年封奉恩將軍。二十五年緣事革退。

修齡 德昭第十五子。乾隆三十六年襲信郡王。四十三年以多鐸戰功爲開國諸王之最，追復親王，令修齡仍襲豫親王。五十一年薨。諡曰良。

裕豐 修齡第一子。乾隆五十一年襲豫親王。嘉慶十九年緣事革爵。

裕瑞 修齡第二子。乾隆六十年封不入八分輔國公。嘉慶十八年緣事革退。

裕興 修齡第三子。乾隆六十年封不入八分輔國公。嘉慶十九年襲豫親王。二十五年緣事革退。

裕全 **義道** **本格** **懋林**

察尼 多鐸第四子。順治十二年封貝勒。康熙十九年緣事革爵。二十

查達 察尼第一子。康熙十年封奉恩將軍。四十三年緣事革退。雍正

鄂明 多尼第四子。康熙九年封三等奉國將軍。三十八年卒。

扎克丹 鄂明第一子。康熙三十九年襲奉恩將軍。六十年卒。

瑪察 扎克丹第一子。康熙六十一年襲奉恩將軍。乾隆十一年卒。

保綱 瑪察第一子。乾隆十一年襲奉恩將軍。二十三年卒。

博爾和 保綱嗣子。乾隆二十四年襲奉恩將軍。四十四年卒。

扎拉芬 鄂明第五子。康熙五十一年封奉恩將軍。乾隆二十五年卒。

濟昌 扎拉芬子。

慶麟 濟昌嗣子。乾隆二十五年襲奉恩將軍。五十六年卒。

英齡 德昭第十六子。乾隆三十五年封奉恩將軍。嘉慶三年卒。

福祥阿 英齡第二子。嘉慶四年襲奉恩將軍。十年卒。

咸宜 福祥阿第一子。嘉慶十年襲奉恩將軍。咸豐八年卒。無嗣。

裕全 修齡第五子。嘉慶四年封不入八分輔國公。二十五年襲豫親王。道光二十年薨。諡曰厚。

義道 裕全第二子。道光二十一年襲豫親王。同治七年薨。諡曰愼。

本格 義道第一子。同治七年襲豫親王。光緒二十四年薨。諡曰誠。

懋林 盛照子。本格嗣子。光緒二十五年襲豫親王。

義閔 裕全第三子。道光二十年封二等鎮國將軍。咸豐七年卒。無嗣。

義寶 裕全第四子。咸豐元年封二等鎮國將軍。同治四年卒。無嗣。

七年卒。以輔國公品級殯葬。諡曰恪僖。

二年復封奉恩將軍。乾隆十三年卒。

德福 察尼第五子。康熙十五年封奉恩將軍。三十七年緣事革退。

洞鄂 多鐸第七子。順治十八年封貝勒。康熙十六年以無軍功革退。四十二年襲信郡王。四十五年薨。

鄂齊禮 洞鄂第一子。康熙三十七年封奉國將軍。乾隆四年卒。

鄂泰 鄂齊禮第三子。康熙五十一年封奉恩將軍。雍正四年緣事革退。

費揚阿 鄂齊禮第五子。康熙五十一年封奉恩將軍。五十八年卒。無嗣。

積善 鄂齊禮第十五子。乾隆五年襲奉恩將軍。二十年卒。

烏爾恭阿 積善第二子。乾隆二十年襲奉恩將軍。四十六年因病革退。

慶碩 烏爾恭阿第二子。乾隆五十年襲奉恩將軍。嘉慶元年卒。無嗣。

查庫齊 洞鄂第十六子。雍正九年封三等奉國將軍。乾隆十四年緣事革退。十六年卒。

貝和珠 查庫齊第二子。乾隆八年封奉恩將軍。二十七年緣事革退。

綽和諾 查庫齊第四子。乾隆十

愛新泰 綽和諾第一子。乾隆四

明智 愛新泰第一子。嘉慶三年襲奉恩將軍。

誠永 明智第一子。嘉慶十九年襲奉恩將軍。

二年封奉恩將軍二十九年卒

十年襲奉恩將軍嘉慶□年卒

十八年因病告退

同治十二年卒襲次已盡不襲

費揚古 多鐸第八子康熙二年封三等奉國將軍五十一年晉輔國公五十八年緣事革退雍正元年卒

畢喇席 費揚古第二子康熙十一年封奉恩將軍雍正四年卒

訥延 畢喇席第八子雍正三年封奉恩將軍乾隆二十四年因病告退

達福 訥延第二子乾隆二十四年襲奉恩將軍嘉慶元年卒無嗣

巴延 畢喇席第九子雍正三年封奉恩將軍八年卒

尙福 巴延第一子乾隆八年襲奉恩將軍二十二年卒

達喜 巴延第二子乾隆三十二年襲奉恩將軍四十五年卒無嗣

世照 畢喇席第十三子雍正四年封奉恩將軍乾隆二十四年卒

永明阿 世照第六子乾隆二十五年襲奉恩將軍嘉慶十八年緣事革退

詹布 費揚古第五子康熙二十三年封奉恩將軍乾隆九年卒

岳和 詹布第七子乾隆九年襲奉恩將軍四十六年因病告退

叙恒 岳和第三子乾隆四十八年襲奉恩將軍嘉慶二年卒

色克星額 叙恒第一子嘉慶二年襲奉恩將軍道光元年卒

吉泰 色克星額第一子道光二年襲奉恩將軍同治三年卒

吉謙 色克星額子

文英 吉謙子同治四年襲奉恩將軍光緒十年卒

裕誠 文英第二子光緒十一年襲奉恩將軍

遙努 費揚古第六子康熙三十八年封奉恩

根英 遙努第一子康熙四十五年襲奉恩將

費揚果 太祖第十六子太宗時獲罪正法子孫降爲紅帶子

將軍四十四年卒

軍乾隆四年卒

皇子世表三

太宗系

豪格 太宗第一子初封貝勒天聰六年晉和碩貝勒崇德元年以功晉肅親王緣事降貝勒二年復封肅親王六年降郡王七年以功復封肅親王順治元年緣事削爵尋復封肅親王五年革爵幽禁自盡七年以無辜被害追封肅親王十三年追謚曰武乾隆四十三年以佐命殊功配享太廟

國泰 豪格第二子順治十年封輔國將軍康熙三年緣事革退

揑赫納 豪格第三子順治十年封輔國將軍康熙元年卒

富綬 豪格第四子順治八年襲親王改號曰顯康熙八年薨謚曰懿

武禮 揑赫納第一子康熙元年襲三等奉國將軍五十一年緣事革退

丹臻 富綬第四子康熙九年襲顯親王四十一年薨謚曰密

圖訥 武禮子封奉國將軍緣事革退

成信 丹臻第二子康熙四十七年封三等奉國將軍乾隆二十三年卒四十三年追封肅親王

松健 圖訥子封奉恩將軍

額爾德蒙額 圖訥子封奉恩將軍

永傯 成信第二子乾隆十七年封奉恩將軍二十八年卒

永錫 成信第五子乾隆四十三年襲肅親王

春韶 永傯第三子乾隆二十二年封奉恩將軍四十七年卒

敬敏 永錫第一子乾隆六十年封不入八分

華連 敬敏第一子嘉慶十七年封三等輔國

道光元年薨諡曰恭

輔國公道光元年襲肅親王咸豐二年薨諡曰愼

將軍道光九年卒無嗣

華豐 敬敏第三子道光四年封三等鎭國將軍九年封不入八分輔國公咸豐三年襲肅親王同治八年薨諡曰恪

隆懃 華豐第三子同治元年封二等鎭國將軍九年襲肅親王光緒二十四年薨諡曰良

隆愛 華豐第四子同治元年封二等鎭國將軍光緒二十三年卒

隆普 華豐第十子光緒三年封二等鎭國將軍

隆鑑

善耆 隆懃第一子光緒十二年封二等鎭國將軍二十四年襲肅親王

善豫 隆懃第二子光緒十四年封二等鎭國將軍

善亨 隆懃第三子光緒十四年封二等鎭國將軍二十五年卒無嗣

善旌 隆懃第四子光緒二十年封二等鎭國將軍宣統元年卒

善岫 隆愛第一子光緒二十三年襲輔國將軍

憲章 善耆第一子光緒三十年封不入八分輔國公

憲德 善耆第二子光緒三十二年封不入八分輔國公

憲同 善旌子宣統元年襲鎭國將軍

華豐第十一子光緒十四年封二等鎮國將軍

隆慧 華豐第十二子光緒三年封二等鎮國將軍十六年休致

善詒 隆慧第一子光緒十七年襲輔國將軍

隆志 華豐第十三子光緒六年封二等鎮國將軍

華莊 敬敏第四子道光六年封二等鎮國將軍咸豐五年卒

隆怡 華莊第二子咸豐三年封三等輔國將軍六年襲二等十年卒無嗣

隆懋 華莊第四子咸豐七年封二等輔國將軍同治十一年卒無嗣

敬敘 永錫第二子嘉慶四年封不入八分輔國公道光六年卒

慶碩 敬敘子道光六年襲三等鎮國將軍三十年卒

德琨 慶碩子咸豐元年襲輔國將軍

敬效 永錫第三子嘉慶十一年封不入八分輔國公道光十年卒

蔚樞 敬效第二子道光十一年襲鎮國將軍同治四年卒

春賢 蔚樞第一子同治四年襲輔國將軍光緒七年卒

成麟 春賢子光緒八年襲奉國將軍

敬徵 永錫第四子嘉

慶十年封不入八分輔國公咸豐元年卒無嗣

敬敦 永錫第五子嘉慶十七年封不入八分輔國公道光四年卒

恒齡 敬敦第一子道光四年襲三等鎮國將軍三十年卒

盛昌 恒齡子道光三十年襲三等輔國將軍光緒五年卒

普榮 盛昌第一子光緒六年襲奉國將軍十七年卒無嗣

恒訓 敬敦第二子道光二十四年封輔國將軍光緒九年卒

盛昆 恒訓第一子光緒十年襲奉國將軍

敬敳 永錫第六子嘉慶十四年封二等鎮國將軍道光十八年卒

志勳 敬敳第三子道光十八年襲輔國將軍咸豐八年卒無嗣

志良 敬敳第四子道光十八年封輔國將軍同治九年卒

承光 志良第一子同治九年襲奉國將軍光緒十年休致

桂齡 承光第一子光緒十五年襲奉恩將軍

敬數 永錫第八子嘉慶十四年封三等鎮國將軍道光二十七年卒

銳莊 敬數第二子道光十六年封三等輔國將軍光緒元年卒

麒光 銳莊第二子光緒二十年襲奉國將軍宣統元年卒無嗣

瑞全 敬數第三子道光十六年封三等輔國將軍二十二年卒無嗣

銳藝 敬數第四子道光十八

恩榮 銳藝第五子同治三年

年封三等輔國將軍光緒二十二年因病告退

封奉國將軍

銳芬 敬數第五子道光十八年封三等輔國將軍同治十年因病告退

麟定 銳芬第二子同治十年襲奉國將軍光緒二十四年卒

益秀 麟定子光緒二十四年襲奉恩將軍

敬斌 永錫第十子道光元年封二等鎮國將軍咸豐七年卒

質善 敬斌第一子道光十八年封三等輔國將軍同治三年卒

保岱 質善第三子同治三年襲奉國將軍光緒四年卒無嗣

質濬 敬斌第二子道光二十四年封三等輔國將軍同治十二年卒無嗣

衍璜 丹臻第六子康熙四十一年襲顯親王乾隆三十六年薨諡曰謹

延德 丹臻第七子康熙五十年封三等奉國將軍乾隆二十四年因病告退

寶銘 延德第三子乾隆二十四年襲奉恩將軍五十八年卒

純裕 寶銘第一子乾隆五十九年襲奉恩將軍尋卒

祥璧 純裕第一子乾隆六十年襲奉恩將軍道光二十七年卒

靈秀 祥璧第二子道光二十八年襲奉恩將軍同治三年因病告退

崇恩 靈秀第一子同治四年襲奉恩將軍光緒二十年卒襲次已盡不襲

拜察禮 富綬第五子康熙二十年封三等輔國

蘊著 拜察禮第三子康熙四十七年襲三等奉國將軍乾隆

舒明 蘊著第一子乾隆八年封奉恩將軍二十八年卒

忠靈 舒明第三子乾隆二十八年襲奉恩將軍五十七年卒

聰順 忠靈第一子乾隆五十七年襲奉恩將軍嘉慶十一年

將軍。四十七年卒。乾隆三十七年，追封顯親王。

三十七年，襲顯親王。四十三年，復始封之號曰肅。薨，謚曰勤。

蘊清 拜察禮第四子。雍正三年，封三等奉國將軍。乾隆十九年卒。

淑衡 蘊清第二子。乾隆十九年，襲奉恩將軍。三十年卒。

忠傑 淑衡第一子。乾隆三十一年，襲奉恩將軍。嘉慶十三年卒。

惠喜 忠傑子。

壁芳 惠喜子。嘉慶十三年，襲奉恩將軍。道光十四年卒。無嗣。

蘊興 拜察禮第六子。雍正四年，封三等奉國將軍。乾隆二十二年，因病告退。

淑德 蘊興子。乾隆二十二年，襲奉恩將軍。二十九年，緣事革退。

伽藍保 富綬第六子。康熙二十二年，封三等輔國將軍。四十六年，緣事革退。

猛峨 豪格第五子。順治十四年，封溫郡王。康熙十三年薨。謚曰良。

佛永惠 猛峨第一子。康熙十三年，襲溫郡王。十七年薨。謚曰哀。

延綬 猛峨第二子。康熙十七年，襲溫郡王。三十七年，降貝勒。五十四年卒。

撥惠 延綬第一子。康熙五十年，封奉恩將軍。五十四年，襲輔國公。雍正元年，緣事革爵。

撥良 延綬第二子。康熙五十五年，封奉恩將軍。乾隆七年卒。

普祿 撥良第三子。乾隆七年，襲奉恩將軍。三十五年卒。

延信 猛峨第三子。康熙二十七年，封三等奉國將軍。雍正元年，襲貝子。尋以功晉郡王。六年，因罪革爵。子孫降爲紅帶子。

星保 豪格第六子。順治十四年，封輔國將軍。康熙五年，緣事革退。

洛格 太宗第二子。早卒。無嗣。

洛博會 太宗第三子。早卒。無嗣。

葉布舒 太宗第四子。封三等鎭國將軍。康熙八年，晉輔國公。二十九年卒。

蘇爾登 葉布舒第一子。康熙十四年，封三等鎭國將軍。四十一年，因病告退。

佛爾奇 蘇爾登第四子。康熙五十年，襲輔國將軍。雍正二年卒。

扎延 佛爾奇第三子。雍正二年，襲奉國將軍。乾隆六年卒。無嗣。

額爾奇 蘇爾登第六子。乾隆七年，封奉恩將軍。十六年卒。

雙關保 額爾奇第二子。乾隆十七年，襲奉恩將軍。四十二年卒。

寵君保 雙關保第三子。乾隆四十三年，襲奉恩將軍。五十一年卒。無嗣。

碩塞 太宗第五子。順治元年，封承澤郡王。八年，以功晉親王。十一年薨，謚曰裕。

博果鐸 碩塞第一子。順治十二年，襲親王，改號曰莊。雍正元年薨，謚曰靖。以聖祖十六子允祿爲後。

博翁果諾 碩塞第二子。康熙四年，封惠郡王。二十三年，緣事革爵。

福蒼 博翁果諾第五子。乾隆五年卒。以貝勒品級殯葬。十五年，追封貝勒。

球琳 福蒼第一子。雍正元年，襲貝勒。六年，晉惠郡王。乾隆十一年，降貝勒。二十二年，緣事革退。

德謹 球琳第二子。乾隆二十三年，襲輔國公。二十八年，緣事革退。

德春 球琳第三子。乾隆二十九年，襲三等鎭國將軍。三十年，因病告退。

德三 球琳第四子。乾隆三十三年，襲三等輔國將軍。五十六年卒。

徙義 德三第一子。乾隆五十七年，襲奉國將軍。嘉慶十一年，緣事革退。

萬祥 肅章阿子。徙義族弟。嘉慶十一年，襲奉恩將軍。道光十五年卒。

恒麟 萬祥第二子。道光十五年，襲奉恩將軍。同治十三年卒。

英萃 恒麟子。

中瑞 英萃子。同治十三年，襲奉恩將軍。光緒十四年卒。

英茂 恒麟第三子。光緒十四年，襲奉恩將軍。

明赫 博翁果諾孫，伊泰子。乾隆二年，封鎭國公。四年，緣事革退。

韓額布

榮貴 韓額布

碩塞第三子康熙五年封三等輔國將軍二十年卒諡曰溫僖
第六子康熙二十年襲奉國將軍二十二年卒無嗣

高塞 太宗第六子初封輔國公康熙八年晉鎮國公九年卒諡曰愨厚
靖恒 高塞第一子康熙九年襲不入八分輔國公雍正六年緣事革退
雲升 高塞第三子康熙十七年封不入八分輔國公二十六年緣事革退雍正三年卒
釋迦保 雲升第一子雍正六年襲三等鎮國將軍乾隆元年緣事革退
忠福 釋迦保第一子乾隆二年襲輔國將軍二十八年緣事革退
成孚 高塞第五子康熙二十二年封不入八分輔國公六十年緣事革退雍正元年卒以公品級殯葬

常舒 太宗第七子初封三等鎮國將軍康熙八年晉輔國公十四年緣事革退三十七年封輔國公品級三十八年卒
德明 常舒第二子康熙十二年封三等鎮國將軍五十四年緣事革退
海林 常舒第十子乾隆元年封奉恩將軍八年卒
福喜 海林第一子乾隆九年襲奉恩將軍二十三年卒
塞沙達 福喜子
慧文 塞沙達嗣子乾隆二十四年襲奉恩將軍五十年卒

韜塞 太宗第十子初封三等鎮國將軍康熙八年晉輔國公三十四年卒
容吉 韜塞第四子康熙二十二年封三等鎮國將軍四十三年緣事革退
靈泰 容吉第五子康熙五十一年襲三等輔國將軍雍正十二年緣事革退
論德 韜塞第五子乾隆元年封奉恩將軍十年卒
明堯 論德第二子乾隆十年襲奉恩將軍四十年卒
阿爾吉圖 明堯第一子乾隆四十一年襲奉恩將軍嘉慶十年卒
慶誠 阿爾吉圖第一子嘉慶十一年襲奉恩將軍咸豐元年卒無嗣

博穆博果爾 太宗第十一子順治十二年封襄親王十三年薨諡曰昭無嗣

世祖系

牛鈕 世祖第一子早卒

福全 世祖第二子康熙六年封裕親王四十二年薨諡曰憲
保泰 福全第三子康熙四十一年封世子四十二年襲裕親王雍正二年緣事革爵
廣善 保泰第一子康熙六十一年封世子雍正二年緣事革退封公品級六年又革退
廣華 保泰第三子雍正二年封輔國公尋緣事革退
保綬 福全第五子初封輔國公品級康熙四十五年卒雍正三年追封親王諡曰悼
廣靈 保綬第二子雍正二年襲裕親王四年緣事革爵
廣祿 保綬第三子雍正四年襲裕親王乾隆五十年薨諡曰莊
亮景 廣祿第三子乾隆十四年封三等鎮國將軍十七年卒
恒國 亮景第三子乾隆十八年襲輔國將軍十九年卒無嗣
亮智 廣祿第七子乾隆二十一年封一等輔國將軍三十八年緣事革退
亮淸 廣祿第八子乾隆三十五年封二等輔國將軍四十一年卒
恒維 亮淸第一子乾隆四十一年襲二等奉國將軍嘉慶十四年卒
文彥 恒維第一子嘉慶十年封奉恩將軍道光八年卒
祥來 文彥第一子道光九年襲奉恩將軍光緒元年卒
春榮 祥來第二子光緒二年襲奉恩將軍三十三年卒襲次已盡不襲
文瑚 恒維第三子嘉慶二十一年封奉恩將軍同治元年卒
亮杜 廣祿第十一子乾隆二十七年封三等奉國將軍四十八年卒
恒璧 亮杜第一子乾隆四十八年襲奉恩將軍嘉慶四年卒
亮煥 廣祿第十二子乾隆二十七年封三等輔國將軍五十一年襲裕郡王嘉慶十三年薨諡曰僖
恒存 亮煥第二子乾隆四十九年封三等奉國將軍嘉慶元年卒十三年追封貝勒
文和 恒存子嘉慶二年襲奉恩將軍十三年襲貝勒二十年卒
祥端 文和第一子嘉慶二十一年襲貝子道光十六年卒
繼善 祥瑞第一子祥端嗣子道光十六年襲鎮國公咸豐十一年卒
榮鋮 繼善第一子咸豐十一年襲鎮國公光緒二十三年卒
魁璋 榮鋮子光緒二十四年襲鎮國公
文傑 恒存第二子嘉慶七年封奉恩將軍道光十四年卒
祥瑞 文傑第三子道光十五年襲奉恩將軍十七年卒

恒略 亮煥第四子。嘉慶四年，封一等輔國將軍。十二年卒。
文徵 恒略第三子。嘉慶十二年，襲一等奉國將軍。道光二十一年卒。
祥登 文徵第一子。道光二十一年，襲奉恩將軍。光緒七年，因病告退。
繼凰 祥登第二子。光緒七年，襲奉恩將軍。十七年卒。
榮昌 繼凰第一子。光緒十七年，襲奉恩將軍。
祥翰 文徵第二子。道光三十年，封奉恩將軍。光緒十八年卒。
繼麟 祥翰子。
榮兆 繼麟子。光緒十八年，襲奉恩將軍。
祥亨 文徵第三子。道光三十年，封奉恩將軍。光緒三十年卒。無嗣。
恒晉 亮煥第五子。嘉慶七年，封三等鎮國將軍。道光二十六年卒。
文羲 恒晉第七子。道光十三年，封三等輔國將軍。咸豐八年卒。無嗣。
恒津 亮煥第七子。嘉慶十五年，封奉國將軍。道光十八年卒。
文錫 恒津第一子。道光十八年，襲奉恩將軍。同治八年卒。無嗣。
亮魁 廣祿第十三子。乾隆二十七年，封三等鎮國將軍。嘉慶二十一年，因病告退。
恒持 亮魁第二子。乾隆五十五年，封三等奉國將軍。嘉慶十二年告退。
文謙 恒持第一子。嘉慶二十二年，襲奉恩將軍，尋襲三等輔國將軍。二十五年卒。
祥善 文謙子。嘉慶二十五年，襲奉國將軍。道光元年卒。無嗣。
亮慶 廣祿第十四子。乾隆二十七年，封三等鎮國將軍。五十二年卒。
恒多 亮慶子。乾隆五十三年，襲三等輔國將軍。嘉慶十四年卒。

亮遠 廣祿第十七子。乾隆三十五年，封二等輔國將軍。嘉慶十三年卒。
恒貴 亮遠第一子。嘉慶十三年，襲奉國將軍。十五年卒。無嗣。
亮瑚 廣祿第十八子。乾隆四十年，封二等鎮國將軍。嘉慶二年卒。無嗣。
亮聰 廣祿第二十一子。乾隆四十九年，封二等鎮國將軍。嘉慶二年卒。
恒翰 亮聰第一子。嘉慶二年，襲二等輔國將軍。同治元年卒。
文初 恒翰第四子。同治二年，襲二等奉國將軍。光緒二十八年卒。無嗣。
榮親王 世祖第四子。未命名。順治十五年卒。無嗣。
常穎 世祖第五子。康熙十年，封恭親王。四十二年薨。
永綬 常穎第一子。康熙二十四年，封三等輔國將軍。二十五年卒。無嗣。
滿都護 常穎第二子。康熙五十一年，襲貝勒。雍正四年，緣事降貝子，尋復降鎮國公。九年卒。

海善 常穎第三子。康熙三十四年，封奉恩將軍。四十二年，襲貝勒。五十一年，緣事革退。雍正十年，復封貝勒。乾隆八年卒。諡曰僖敏。
祿穆布 海善子。
斐蘇 祿穆布子。雍正九年，襲貝勒。乾隆二十八年卒。
明韶 斐蘇第二子。乾隆二十八年，襲貝子。五十二年卒。
晉昌 明韶第一子。乾隆四十年，封輔國將軍。五十三年，襲鎮國公。嘉慶八年，緣事革爵。嘉慶二十二年，復襲輔國公。道光八年卒。
祥林 晉昌第二子。道光八年，襲不入八分鎮國公。十四年，因病告退。
承熙 祥林第一子。道光二十八年，襲不入八分鎮國公。光緒十七年卒。
崇略 承熙第一子。光緒十八年，襲不入八分鎮國公。二十年卒。
德蔭 崇略第一子。光緒二十年，襲不入八分鎮國公。二十一年卒。
德茂 崇略第二子。光緒二十一年，襲不入八分鎮國公。
晉隆 明韶第二子。乾隆四十九年，封一等輔國將軍。嘉慶八年，襲輔國公。二十二年，緣事革爵。
玉彩 晉隆第一子。嘉慶十年，封三等輔國將軍。道光十三年，因病告退。
明恭 斐蘇第五子。乾隆三十年，封二等輔國將軍。嘉慶元年卒。
嘉培 明恭第二子。嘉慶二年，襲三等奉國將軍。二十二年卒。
連喜 嘉培第二子。嘉慶二十三年，襲奉恩將軍。道光十六年，緣事革退。
明佩 斐蘇第六子。乾隆三十年，封二等輔國將軍。道光五年卒。
純嘏 明佩子。
慶琳 純嘏子。道光五年，襲奉國將軍。二十年卒。
靈瑞 慶琳第二子。道光二十年，襲奉恩將軍。咸豐七年卒。無嗣。
明纘 斐蘇第十一子。乾隆四十年，封奉恩將軍。五十九年卒。
宜貴 明纘第一子。乾隆六十年，襲奉恩將軍。道光二十七年卒。
官瑞 宜貴第一子。道光二十八年，襲奉恩將軍。咸豐七年卒。襲次已盡，不襲。
明該 斐蘇第十一子。
玉顯 明該第一子。乾

乾隆四十年封奉恩將軍。五十七年因病告退。　隆五十九年襲奉恩將軍。嘉慶十五年卒。無嗣。

明範　夔蘇第十二子。乾隆四十九年封奉恩將軍。嘉慶二十年卒。

明昆　夔蘇第十四子。乾隆四十九年封奉恩將軍。嘉慶十八年因病告退。道光五年卒。
恒春　明昆第二子。嘉慶十九年襲奉恩將軍。道光二十四年卒。
榮秀　恒春第一子。道光二十四年襲奉恩將軍。光緒九年卒。襲次已盡，不襲。

對清額　常穎第四子。康熙三十九年封三等輔國將軍。乾隆五年因病告退。
愛隆阿　對清額第四子。乾隆五年襲奉國將軍。九年卒。
安楚杭阿　愛隆阿第三子。乾隆九年襲奉恩將軍。十年卒。無嗣。

福格　對清額第八子。乾隆二十二年封奉恩將軍。四十二年卒。無嗣。

奇臣　對清額第九子。乾隆二十二年封三等奉國將軍。嘉慶十二年緣事革退。

卓泰　常穎第五子。康熙四十一年封三等輔國將軍。

四十四年卒。無嗣。

奇授　世祖第六子。早卒。無嗣。

隆禧　世祖第七子。康熙十三年封純親王。十八年薨。諡曰靖。
富爾祜倫　隆禧子。康熙十九年襲純親王。尋薨。無嗣。

永幹　世祖第八子。早卒。無嗣。

皇子世表四

聖祖系

允禔　聖祖第一子。康熙三十七年封直郡王。四十七年緣事革爵。雍正十二年卒。照貝子例殯葬。
弘昉　允禔第二子。雍正十二年封鎮國公。十七年卒。
永揚　弘昉第九子。乾隆二十八年襲輔國公。尋緣事革退。

弘晌　允禔第十三子。乾隆二十八年封奉恩將軍。四十六年卒。
永多　弘晌第一子。乾隆四十六年襲奉恩將軍。嘉慶十四年卒。
綿亘　永多子。
奕章　綿亘子。嘉慶十四年襲奉恩將軍。道光二十八年因病告退。
載禡　奕章子。
溥瑞　載禡嗣子。道光二十八年襲奉恩將軍。同治元年卒。
毓荃　溥瑞第三子。同治元年襲奉恩將軍。光緒十五年卒。
毓英　溥麟子，溥瑞嗣子。光緒十五年襲奉恩將軍。

允礽　聖祖第二子。康熙十四年立爲皇太子。四十七年廢。四十八年復立。五十一年復廢。雍正二年薨。追封理親王。諡曰密。
弘晳　允礽第二子。雍正元年封理郡王。六年晉理親王。乾隆四年緣事革爵。

弘晉　允礽第三子。康熙五十六年卒。封輔國公品級殯葬。
永璥　弘晉第三子。乾隆元年封輔國公。五十二年卒。

弘曣　允礽第六子。雍正六年封輔國公。乾隆十五年卒。諡曰恪僖。
永瑋　弘曣第一子。乾隆十五年襲輔國公。五十二年卒。諡曰恪勤。
綿俊　永瑋第一子。乾隆三十五年封三等奉國將軍。五十五年因病告退。嘉慶三年卒。
奕澤　綿俊第一子。乾隆五十九年襲奉恩將軍。道光二十八年卒。
載普　奕澤第三子。道光二十九年襲奉恩將軍。光緒十一年卒。
溥榮　載普子。
毓寬　溥榮子。光緒十一年襲奉恩將軍。

綿侃　永瑋第二子。乾隆三十五年封奉恩將軍。嘉慶二年卒。無嗣。

綿佐　永瑋第五子。乾隆四十四年封三等輔國將軍。五十三年襲輔國公。嘉慶十一年卒。
奕賓　綿佐第一子。嘉慶十二年襲不入八分輔國公。二十二年卒。

奕贇　綿佐第三子。嘉慶十七年封奉恩將軍。同治八年卒。無嗣。

弘晀　允礽第七子。雍正十二年封輔國公。乾隆二十四年緣事革退。
永增　弘晀第一子。乾隆二十六年封奉恩將軍。四十八年卒。
綿肢　永增第二子。乾隆四十九年襲奉恩將軍。嘉慶七年緣事革退。

永璒　弘晀第四子。乾隆三十年封三等奉國將軍。三十九年卒。
綿昫　永璒第一子。乾隆四十年襲奉恩將軍。道光十二年卒。無嗣。

永砇　弘眯第
綿庭　永砇第
奕錩　綿庭第
載績　奕錩第

五子乾隆三十年封二等奉國將軍三十三年卒
二子乾隆三十三年襲奉恩將軍嘉慶十六年卒
三子嘉慶十六年襲奉恩將軍咸豐元年因病告退
一子咸豐元年襲奉恩將軍十年緣事革退

永退 弘暎第七子乾隆三十年封二等奉國將軍道光元年卒
綿烈 永退第一子乾隆四十九年封奉恩將軍嘉慶二十一年卒
奕置 綿烈第二子嘉慶二十二年襲奉恩將軍道光二十二年卒無嗣

弘鷗 允祕第十子乾隆元年封輔國公四年襲諴郡王四十五年薨諡曰恪
永曖 弘鷗第一子乾隆三十五年封三等輔國將軍四十五年襲貝勒五十三年卒
綿溥 永曖第二子乾隆五十四年襲貝子嘉慶六年卒
奕灝 綿溥第一子嘉慶六年襲鎮國公道光十年緣事革退十八年復襲輔國公尋緣事革退
載受 奕灝第一子道光十一年封輔國將軍二十八年卒
福存 載受第二子道光二十九年襲奉國將軍光緒十四年卒
毓均 福存子光緒十五年襲奉恩將軍宣統元年卒無嗣
載寬 奕灝第三子道光十年襲輔國公十八年卒
載岱 奕芝子奕灝族姪道光十九年襲奕灝之輔國公爵同治十三年卒
溥豐 載岱第一子道光三十年封二等輔國將軍光緒元年襲輔國公二十二年卒
毓炤 溥豐第四子光緒二十二年襲輔國公
溥盛 載岱第二子道光元年封二等輔國將軍光緒十七年因病告退二十二年卒
毓佑 溥盛第三子光緒十七年襲奉國將軍
溥徵 載岱第三子咸豐七年封輔國將軍光緒十五年卒
毓鏴 溥徵子光緒十六年襲奉國將軍

允祉 聖祖第三子康熙三十七年封誠郡王三十八年緣事降貝勒四十八年晉誠親王雍正六年緣事降誠郡王八年復封誠親
弘晟 允祉第三子康熙五十九年封世子雍正二年緣事革退
弘暻 允祉第七子雍正五年封鎮國公八年晉貝子乾隆四
永珊 弘暻第三子乾隆四十二年襲鎮國公嘉慶二年卒
綿策 永珊第三子嘉慶二年襲輔國公五年卒
奕果 綿道子綿策嗣子嘉慶六年襲不入八分輔國公同治
載齡 奕果第一子同治九年襲不入八分輔國公光緒元年
溥元 載雙子載齡嗣子光緒十年襲不入八分輔國公

弘晥 允祕第十二子乾隆三年封輔國公四十年卒
永浩 弘晥第二子乾隆四十年襲不入八分輔國公四十三年卒

永準 弘曕第五子乾隆五十九年封一等輔國將軍嘉慶二十二年卒無嗣
永育 弘曕次子乾隆四十年封三等奉國將軍五十九年卒
綿澤 永育第三子乾隆六十年襲奉恩將軍咸豐八年卒
奕堂 綿澤第三子咸豐八年襲奉恩將軍光緒十四年卒
載鈺 奕堂第二子光緒十四年襲奉恩將軍
奕魁 綿溥第二子嘉慶十四年封三等鎮國將軍二十三年卒
載鏽 奕魁子嘉慶二十三年襲輔國將軍道光七年卒無嗣
溥銳 載岱第六子光緒十二年封一等奉國將軍二十一年卒無嗣

王尋緣事革爵十年薨照郡王例殯葬乾隆二年追諡曰隱
十二年卒
九年卒
卒

允祺 聖祖第五子康熙三十七年封貝勒四十八年晉恆親王雍正十年薨諡曰溫
弘昇 允祺第一子康熙五十九年封世子雍正五年緣事革退乾隆十九年卒照貝勒品級殯葬諡曰恭恪
永澤 弘昇第三子乾隆四十年封不入八分輔國公五十五年襲貝子嘉慶十五年卒
綿疆 永澤第三子嘉慶四年封三等鎮國將軍十五年襲鎮國公十六年卒
奕奎 綿椽子綿疆嗣子嘉慶十六年襲鎮國公道光十五年緣事革退
綿崧 永澤第四子嘉慶四年封一等輔國將軍道光十五年襲輔國公十七年卒
奕禮 綿槐子道光十八年襲綿崧輔國公之爵二十九年卒
載茯 奕禮第一子道光十八年封二等輔國將軍二十九年襲輔國公同治元年卒
溥泉 載茯第一子同治二年襲不入八分輔國公三年卒
毓森 溥泉子同治四年襲不入八分輔國公
載茂 奕禮第三子道光二十四年封一等奉國將軍咸豐八年卒
溥鏡 載茂子咸豐八年襲奉恩將軍同治五年緣事革退

弘晊 允祺第二子雍正三年封輔國公五年晉鎮國公十年襲恆親王乾隆四十年卒諡曰恪
永馨 弘晊第一子乾隆二十一年封二等輔國將軍二十五年卒
綿銓 永馨第一子乾隆二十六年襲三等奉國將軍四十年緣事革退
永勳 弘晊第三子乾隆三十年封二等奉國將軍五十一年卒
綿果 永勳第四子乾隆五十一年襲奉恩將軍嘉慶二十一年卒
奕微 綿果第一子嘉慶二十四年襲奉恩將軍道光二十九年卒無嗣
永皓 弘晊第十子乾隆四十年襲恆

郡王五十三年薨。諡曰敬。

弘昂 允祺第四子。雍正三年，封一等鎮國將軍。乾隆四十年，緣事革退。

弘晌 允祺第六子。雍正十三年，封奉恩將軍。乾隆五年，因病告退。

永慶 弘晌第二子。乾隆五年，襲奉恩將軍。四十二年，因病告退。

綿彰 永慶第一子。乾隆四十二年，襲奉恩將軍。嘉慶十五年，卒。無嗣。

弘曈 允祺第七子。雍正十三年，封奉恩將軍。乾隆六年，因病告退。

永春 弘曈第一子。乾隆六年，襲奉恩將軍。二十二年，因病告退。

綿綱 永春第一子。乾隆二十四年，襲奉恩將軍。三十五年，緣事革退。

永朝 弘曈第二子。乾隆六年，襲奉恩將軍爵。卒。

允祚 聖祖第六子。早卒。

允祐 聖祖第七子。康熙三十九年，封貝勒。四十八年，晉淳郡王。雍正元年，晉淳親王。八年，薨。諡曰度。

弘曙 允祐第一子。雍正元年，封世子。五年，緣事革退。

弘晫 允祐第二子。乾隆八年，封輔國將軍。八年，卒。

永玒 弘晫第二子。乾隆九年，襲奉國將軍。十七年，卒。

永莊 弘晫第三子。乾隆十八年，襲奉恩將軍。四十二年，因病告退。

弘暻 允祐第六子。雍正五年，封世子。八年，襲淳郡王。乾隆四十二年，薨。諡曰慎。

永鋆 弘暻第八子。乾隆四十三年，襲貝勒。嘉慶二十五年，卒。

綿清 永鋆第二子。嘉慶十七年，封一等輔國將軍。道光元年，襲貝子。咸豐元年，卒。

奕樑 綿清第四子。道光十八年，封三等鎮國將軍。咸豐元年，襲鎮國公。同治十一年，加貝子銜。光緒十三年，卒。

載鉌 奕樑第六子。光緒十三年，襲鎮國公。二十年，卒。

溥堃 載鉌子。光緒二十一年，襲鎮國公。

奕權 綿清第五子。道光二十四年，封二等輔國將軍。同治三年，卒。無嗣。

奕榕 綿清第六子。道光二十四年，封奉恩將軍。光緒元年，緣事革退。

奕楓 綿清第十二子。咸豐元年，封奉國將軍。光緒七年，卒。

載熗 奕楓第三子。光緒八年，襲奉恩將軍。

綿淩 永鋆第三子。道光六年，封一等輔國將軍。同治十年，卒。無嗣。

綿洵 永鋆第五子。道光六年，封奉恩將軍。咸豐八年，卒。

奕櫃 綿洵第一子。咸豐九年，襲奉恩將軍。光緒十二年，卒。

載煜 奕櫃第一子。光緒十二年，襲奉恩將軍。

綿澍 永鋆第六子。道光六年，封奉恩將軍。咸豐九年，卒。

奕梅 綿澍第一子。咸豐十年，襲奉恩將軍。同治元年，緣事革退。

綿淑 永鋆第七子。道光六年，封奉恩將軍。二十七年，卒。

奕樺 綿淑第一子。道光二十七年，襲奉恩將軍。同治元年，緣事革退。

弘泰 允祐第七子。乾隆八年，封三等奉國將軍。二十二年，卒。

允禩 聖祖第八子。康熙三十七年，封貝勒。六十一年，晉廉親王。雍正四年，以罪革爵。

允禟 聖祖第九子。康熙四十八年，封貝子。雍正三年，以罪革爵。

弘晸 允禟第一子。乾隆四十七年，封不入八分輔國公。四十八年，緣事革退。

允䄉 聖祖第十子。康熙四十八年，封敦郡王。雍正二年，以罪革爵。乾隆二年，封輔國公品級。六年，卒。照貝子例殯葬。

允祹 聖祖第

十一子早卒

允祹 聖祖第十二子。康熙四十八年，封貝子。六十一年，晉履郡王。雍正元年，緣事降貝子。二年，降鎮國公。八年，復封履郡王。十三年，晉履親王。乾隆二十八年薨。以高宗第四子永珹爲嗣。

弘昆 允祹第五子。乾隆十五年卒。照世子例殯葬。

允祥 聖祖第十三子。康熙六十一年，封怡親王。雍正八年薨。諡曰賢。

弘昌 允祥第一子。雍正元年，封貝子。十三年，晉貝勒。乾隆四年，緣事革退。

弘暾 允祥第三子。雍正六年卒。照貝勒例殯葬。

永喜 弘晈第一子。弘暾嗣子。雍正八年，襲貝勒。九年卒。無嗣。

弘晈 允祥第四子。雍正八年，封寧郡王。乾隆二十九年薨。諡曰良。

永福 弘晈第二子。乾隆二十九年，襲貝勒。四十七年薨。諡曰恭恪。同治三年，追封怡親王。

綿譽 永福第四子。乾隆四十七年，襲貝勒。道光二十三年卒。同治三年，追封怡親王。

奕遙 綿譽第一子。道光元年，封二等鎮國將軍。十九年，緣事革退。

奕格 綿譽第三子。道光二十四年，襲貝子。咸豐八年卒。同治三年，追封怡親王。

載敦 奕格第二子。咸豐七年，封三等鎮國將軍。八年，襲鎮國公。同治三年，襲怡親王。光緒十六年薨。諡曰端。

溥靜 載敦第一子。同治七年，封不入八分輔國公。光緒十七年，襲怡親王。二十六年薨尊以罪革爵。

溥耀 載敦第二子。光緒六年，封二等鎮國將軍。二十六年卒。

毓麒 溥耀子。光緒二十八年，襲怡親王。

載熙 奕格第七子。咸豐七年，封鎮國將軍。光緒元年卒。

溥榮 載熙第一子。光緒二年，襲輔國將軍。二十年卒。無嗣。

奕連 綿譽第四子。道光十三年，封奉恩將軍。二十九年卒。無嗣。

奕斌 綿譽第六子。道光十六年，封一等輔國將軍。光緒九年卒。

載孔 奕斌第二子。光緒九年，襲奉國將軍。二十七年卒。

溥凱 載孔第一子。光緒二十八年，襲奉恩將軍。

溥彩 載孔第二子。光緒二十三年，封奉恩將軍。

奕存 綿譽第八子。同治元年，封奉恩將軍。光緒二年卒。

載壽 奕存第一子。光緒二年，襲奉恩將軍。十六年卒。無嗣。

弘昑 允祥第六子。雍正七年卒。照貝勒品級殯葬。

弘曉 允祥第七子。雍正八年，襲怡親王。乾隆四十三年薨。諡曰僖。

永杭 弘曉第一子。乾隆三十年，封三等鎮國將軍。四十二年卒。無嗣。

永琅 弘曉第二子。乾隆三十年，封三等鎮國將軍。四十三年，襲怡親王。嘉慶四年薨。諡曰恭。

綿標 永琅第二子。乾隆五十五年，封不入八分輔國公。嘉慶四年卒。五年，追封怡親王。

奕勳 綿標第一子。嘉慶四年，襲三等鎮國將軍。尋襲怡親王。二十三年薨。諡曰恪。

載坊 奕勳第一子。嘉慶二十四年，襲怡親王。二十五年薨。

載垣 奕勳第二子。道光五年，襲怡親王。咸豐十一年，因罪革爵，賜自盡。

載坪 奕勳第三子。道光十六年，封三等輔國將軍。二十一年卒。

載圻 奕勳第四子。道光十六年，封三等輔國將軍。同治八年卒。

溥綸 載圻第二子。同治九年，襲奉國將軍。十一年卒。

載增 奕勳第五子。道光十六年，封三等輔國將軍。咸豐九年卒。

溥瑛 載增第一子。咸豐九年，襲三等奉國將軍。光緒十七年卒。

毓寓 溥瑛第二子。光緒十七年，襲奉恩將軍。三十一年卒。無嗣。

載堃 奕勳第六子。道光十八年，封三等輔國將軍。咸豐三年卒。無嗣。

載堪 奕勳第七子。道光十八

溥儀 載堪第一子。咸豐十一

毓秀 溥儀第一子。光緒九年

年封三等輔國將軍咸豐十一年卒
年襲奉國將軍光緒九年卒
襲奉恩將軍十二年卒無嗣

永邁 弘曉第八子乾隆五十五年封三等輔國將軍嘉慶四年卒無嗣

載泰 允祥第五世孫奕增子同治元年襲載垣所降之不入八分輔國公三年襲載敦所遺之輔國公五年緣事革退

載帛 允祥第五世孫奕協子同治五年襲載敦所遺之輔國公

允禵 聖祖第十四子康熙四十八年封貝子雍正元年晉郡王三年緣事降貝子四年革爵乾隆二年封輔國公十二年晉貝勒十三年復封恂郡王二十年薨諡曰勤

弘春 允禵第一子雍正元年封貝子二年緣事革退四年封鎮國公六年晉貝子九年晉貝勒十一年晉泰郡王十二年緣事降貝勒十三年革退

永晉 弘春子

綿偹 永晉子

奕山 綿偹子道光十七年封一等鎮國將軍光緒四年卒

載鑾 奕山第二子咸豐元年封二等輔國將軍光緒二年卒

溥翰 載鑾第一子咸豐七年封奉國將軍光緒四年襲輔國將軍十二年告退

毓照 溥翰第三子光緒十二年襲奉國將軍

弘明 允禵第二子雍正十三年封貝

永忠 弘明第一子乾隆二十一年封

綿算 永忠第五子乾隆五十八年襲

勤乾隆三十二年薨諡曰恭勤
三等輔國將軍五十八年卒
奉國將軍道光二十四年卒

永碩 弘明第二子乾隆二十二年封三等輔國將軍三十二年襲貝子嘉慶十三年卒

綿齡 永碩第三子乾隆六十年封三等輔國將軍嘉慶十三年襲鎮國公道光四年卒

奕興 綿齡第四子道光四年襲鎮國公咸豐八年卒

載森 奕興第二子咸豐八年襲不入八分鎮國公光緒十三年卒

溥博 載森第一子光緒十三年襲不入八分鎮國公二十年卒

溥多 載森第二子光緒二十一年襲不入八分鎮國公

載國 奕興第三子同治七年封三等輔國將軍光緒二十一年卒無嗣

綿贊 永碩第四子嘉慶四年封二等輔國將軍二十三年卒

奕誠 綿贊第一子

載桂 奕誠子嘉慶二十四年襲奉國將軍同治五年卒

奕譜 綿贊第二子道光元年封奉國將軍十四年卒無嗣

奕洽 綿贊第三子道光四年封奉國將軍同治七年卒

載荷 奕洽第一子咸豐七年封奉恩將軍光緒十一年卒無嗣

載申 奕洽第二子同治三年封奉恩將軍

綿榜 永碩第五子嘉慶四年封三等輔國將軍十七年緣事革退

綿默 永碩第六子嘉慶四年封奉恩將軍咸豐四年卒

奕班 綿默第一子咸豐四年襲奉恩將軍光緒元年卒無嗣

綿翊 永碩第七子嘉慶十四年封奉恩將軍道光九年緣事革退

綿翔 永碩第八子嘉慶十七年封奉恩將軍道光二年卒

奕萃 綿翔第一子道光三年襲奉恩將軍咸豐八年卒

載策 奕萃第一子咸豐八年襲奉恩將軍光緒四年卒無嗣

永恬 弘明第三子乾隆二十二年封一等奉國將軍三十二年卒

綿旭 永恬第一子乾隆三十二年襲奉恩將軍嘉慶十八年卒

奕渭 綿旭第一子嘉慶十八年襲奉恩將軍道光六年陣亡於和闐

奕道 綿旭第四子道光七年襲奉恩將軍二十四年卒襲次已盡不襲

永梯 弘明第四子乾隆二十七年封一等奉國將軍五十五年因病告退

綿欽 永梯第一子乾隆五十六年襲奉恩將軍道光六年卒

奕樸 綿欽第二子道光六年襲奉恩將軍咸豐九年卒

載屯 奕樸第一子咸豐九年襲奉恩將軍光緒七年因病告退二十一年卒

襲次已盡不襲

允禑 聖祖第十五子雍正四年封貝勒八年晉愉郡王九年薨諡曰恪

弘慶 允禑第三子雍正九年襲愉郡王乾隆三十四年薨諡曰恭

永珔 弘慶第一子乾隆三十五年襲貝勒嘉慶二十五年卒

綿岫 永珔第一子嘉慶七年封鎭國將軍道光元年襲貝子三十年卒

奕樇 綿岫第一子道光九年封二等輔國將軍三十年襲鎭國公同治五年卒

載忞 奕樇第一子咸豐七年封一等輔國將軍九年卒無嗣

載璨 奕樇第二子咸豐七年封輔國將軍同治五年襲輔國公光緒十一年卒

溥釗 載霞子載璨嗣光緒十一年襲輔國公

奕棖 綿岫第三子咸豐七年封二等輔國將軍光緒十三年卒

載霖 奕棖第一子同治七年封奉國將軍光緒十五年卒無嗣

載光 奕棖第四子光緒三年封奉國將軍

溥培 載光第一子光緒三十二年封奉恩將軍

載燕 奕棖第六子光緒三年封奉國將軍宣統三年卒

溥坪 載燕子光緒二十二年封奉恩將軍

奕楸 綿岫第四子咸豐七年封二等輔國將軍同治三年卒無嗣

奕根 綿岫第七子咸豐七年封奉恩將軍十一年卒無嗣

奕楠 綿岫第八子同治七年封奉恩將軍光緒十年因病告退十六年卒

載莊 奕楠第二子光緒十六年襲奉恩將軍

綿峻 永珔第二子嘉慶七年封鎭國將軍道光二十三年卒

奕樟 綿峻第二子道光二十三年襲三等輔國將軍光緒十年卒

載雯 奕樟第一子光緒三年封奉國將軍九年卒無嗣

奕櫺 綿岫第九子同治七年封奉恩將軍十一年卒無嗣

綿岐 永珔第五子嘉慶十七年封輔國將軍道光十一年卒

奕構 綿岐第四子道光十一年襲奉國將軍光緒十六年卒無嗣

綿崑 永珔第六子嘉慶十七年封二等鎭國將軍道光十一年卒

奕棟 綿崑第一子道光十二年襲輔國將軍同治十一年卒

載搜 奕棟第一子咸豐七年封奉國將軍九年緣事革退

奕桷 綿崑第三子道光二十四年封三等輔國將軍同治元年卒

載臧 奕棟第二子同治十二年襲奉國將軍光緒元年卒無嗣

綿崙 永珔第七子嘉慶十七年封一等輔國將軍道光二十年卒

奕杰 綿崙子道光十六年封奉國將軍光緒四年卒

載照 奕杰第二子光緒四年襲奉恩將軍

綿崗 永珔第八子嘉慶二十一年封一等輔國將軍道光二十一年卒

奕芳 綿崗第二子道光二十一年襲奉國將軍二十四年卒無嗣

綿峯 永珔第九子道光元年封輔國將軍十七年卒

奕彬 綿峯子道光二十七年襲奉國將軍光緒十四年卒

綿巃 永珔第十子道光六年封輔國將軍同治十二年卒

奕樵 綿巃子同治十三年襲奉國將軍光緒元年卒

載儥 奕樵第一子光緒元年襲奉恩將軍

永勒 弘慶第二子乾隆五十五年封奉恩將軍嘉慶四年卒無嗣

弘富 允禑第四子乾隆十四年封三等鎭國將軍四十八年卒

永淳 弘富第三子乾隆四十九年襲輔國將軍嘉慶二十三年卒

綿鈖 永淳第一子乾隆五十五年封奉恩將軍道光元年卒

奕元 綿鈖子道光元年襲奉恩將軍咸豐元年卒

載裕 奕元第一子咸豐八年襲奉恩將軍同治元年緣事革退

允祿 聖祖第十六子嗣博果鐸後雍正元年襲莊親王乾隆三十二年薨諡曰恪

弘普 允祿第二子乾隆元年封貝子四年緣事革退尋封鎭國公八年卒追封世子諡曰恭

永瑺 弘普第一子乾隆八年襲輔國公三十二年襲莊親王五十三年薨諡曰慎

綿課 永瑺第一子永瑺嗣子乾隆五十三年襲莊親王道光二年降郡王四年復封莊親

奕賰 綿課第四子嘉慶十八年封不入八分輔國公道光六年緣事革退十一年封三等奉

勳

王六年襲，諡曰襄。

國將軍。十二年革退。

奕叡　綿課第七子。道光六年封三等鎮國將軍。八年緣事革退。十一年封奉國將軍。十九年休致。

奕腆　綿課第九子。道光六年封三等輔國將軍。八年緣事革退。十九年襲奉恩將軍。同治四年卒。

載瘵　奕腆第四子。同治四年襲奉恩將軍。六年緣事革退。

溥整　載廉子，載瘵堂姪。同治六年襲奉恩將軍。光緒二十六年卒。

毓輩　溥整第一子。光緒二十八年襲奉恩將軍。

奕賨　綿課第十三子。道光六年襲莊親王。八年降郡王。十一年復封親王。十八年緣事革爵。

永珂　弘晉第二子。乾隆二十七年封三等奉國將軍。五十九年卒。

弘明　允祿第六子。乾隆二十一年封一等輔國將軍。五十二年卒。

永麻　弘明第二子。乾隆五十二年襲奉國將軍。嘉慶十一年卒。

綿厚　永麻第一子。嘉慶七年封奉恩將軍。道光四年緣事革退。

綿綜　永麻第三子。嘉慶七年

奕沈　綿綜第四子。道光十四

封奉恩將軍。道光十三年卒。

年襲奉恩將軍。咸豐四年卒。無嗣。

弘曧　允祿第八子。乾隆二十一年封二等鎮國將軍。三十二年襲輔國公。嘉慶十一年卒。

永蕃　弘曧第一子。乾隆四十年封二等輔國將軍。五十四年卒。

綿護　永蕃第一子。乾隆五十四年襲奉國將軍。嘉慶十二年襲輔國公。十八年襲莊親王。道光二十一年薨，諡曰勤。

綿譯　永蕃第二子。嘉慶十年封奉國將軍。道光二十二年襲莊親王。二十五年薨，諡曰質。

奕仁　綿譯第二子。道光二十四年封不入八分輔國公。二十六年襲莊親王。同治十三年薨，諡曰厚。

載勛　奕仁第二子。同治十一年封不入八分輔國公。光緒元年襲莊親王。二十六年以罪革爵。二十七年賜自盡。

溥綱　載勛第一子。光緒二十三年封不入八分輔國公。宣統元年卒。

毓懋　溥綱子。宣統元年襲鎮國將軍。

載勉　奕仁第三子。光緒三年封鎮國將軍。十二年卒。無嗣。

載功　奕仁第四子。光緒六年封二等鎮國將軍。二十八年襲莊親王。

溥　載功第二子。光緒二十九年封不入八分輔國公。

奕佩　綿譯第二子。道光三十年封不入八分輔國公。光緒八年卒。

載勃　奕佩第二子。光緒八年襲鎮國將軍。

奕保　綿譯第

三子。同治元年封三等輔國將軍。十一年告退。

永蕚　弘曧第二子。乾隆四十一年封一等奉國將軍。嘉慶五年因病告退。

綿韶　永蕚第二子。嘉慶八年襲奉恩將軍。道光十八年卒。無嗣。

綿枌　永蕚第三子。嘉慶十七年封奉恩將軍。道光二十七年因病告退。無嗣。

永芚　弘曧第四子。嘉慶四年封一等奉國將軍。道光六年卒。

綿林　永芚第一子。道光十七年襲奉恩將軍。同治二年卒。

奕增　綿林第三子。同治二年襲奉恩將軍。光緒七年卒。

載勵　奕增第二子。光緒七年襲奉恩將軍。

允禮　聖祖第十七子。雍正元年封果郡王。六年晉果親王。乾隆三年薨，諡曰毅。以世宗第六子弘曕為嗣。

允祄　聖祖第十八子。早卒。

允禝　聖祖第十九子。早卒。

允禕　聖祖第二十子。雍正四年封貝

弘閏　允禕第二子。乾隆二十年襲貝

永玉　弘閏第一子。乾隆五十七年襲

綿通　永蕐子，永玉嗣。道光七年襲

子。八年，封貝勒。十二年，緣事降輔國公。十三年，復封貝勒。乾隆二十年卒。諡曰簡靖。

子。五十六年卒。

輔國公。道光七年卒。

不入八分鎮國公。十八年，緣事革退。

永揆 弘閏第五子。嘉慶四年，封奉國將軍。五年卒。無嗣。

永皋 弘閏第六子。嘉慶四年，封三等輔國將軍。二十三年卒。無嗣。

永彩 弘閏第七子。嘉慶十年，封二等輔國將軍。二十年卒。

綿壽 永彩子。嘉慶二十一年，襲奉國將軍。道光十八年，襲綿迪之不入八分鎮國公。咸豐十一年，因病告退。同治十年卒。

奕賀 綿壽第二子。同治十一年，襲不入八分鎮國公。光緒十五年卒。

載鉞 奕賀第一子。光緒十五年，襲不入八分鎮國公。三十年卒。

載鎧 奕賀第二子。光緒二十三年，封三等輔國將軍。三十一年，襲不入八分鎮國公。

載鏜 奕賀第三子。光緒二十九年，封輔國將軍。

允禧 聖祖第二十一子。雍正八年，封貝子。尋晉貝勒。十三年，晉慎郡王。乾隆二十三年薨。諡曰靖。以高宗第六子永瑢爲嗣。

允祜 聖祖第二十二子。雍正八年，封貝子。十二年，晉貝勒。乾隆八年卒。諡曰恭勤。

弘曥 允祜第一子。乾隆九年，襲貝子。十九年卒。

永芝 弘曥第一子。乾隆四十九年，襲鎮國公。五十年，緣事革退。

弘嵩 允祜第四子。乾隆三十年，封二等鎮國將軍。四十二年卒。

永若 弘嵩第三子。乾隆四十二年，襲三等輔國將軍。五十四年卒。無嗣。

弘豐 允祜第五子。乾隆三十年，封一等輔國將軍。嘉慶八年卒。

綿鸑 永晉子。弘豐嗣孫。嘉慶八年，襲奉恩將軍。咸豐十年卒。

奕慶 綿鸑第四子。道光十三年，襲奉恩將軍。光緒四年卒。

載麟 奕慶第三子。光緒五年，襲奉恩將軍。二十三年卒。

溥陽 載麟第一子。光緒二十四年，襲奉恩將軍。

奕昌 綿鸑第五子。道光十六年，封奉恩將軍。光緒六年卒。

載哲 奕昌第三子。光緒七年，襲奉恩將軍。十二年卒。無嗣。

允祁 聖祖第二十三子。雍正八年，封鎮國公。十三年，晉貝勒。乾隆二十三年，緣事降貝子。四十二年，又降鎮國公。四十五年，晉貝子。四十七年，晉貝勒。四十九年，加郡王銜。五十年卒。諡曰誠。

弘昑 允祁第二子。乾隆二十二年，封一等奉國將軍。四十六年卒。

永厚 弘昑第二子。乾隆四十六年，襲奉恩將軍。四十八年卒。無嗣。

永本 弘昑第三子。乾隆四十九年，封奉恩將軍。嘉慶十五年卒。無嗣。

弘亮 允祁第三子。嘉慶十四年，封奉國將軍。十八年卒。

永楞 弘亮第一子。嘉慶十八年，襲奉恩將軍。道光十六年卒。

綿城 永楞子。道光十六年，襲奉恩將軍。咸豐八年，緣事革退。

弘謙 允祁第五子。乾隆五十年，襲貝子。嘉慶十四年，加貝勒品級。二十年卒。

永康 弘謙第一子。嘉慶十四年，封一等奉國將軍。二十年，襲鎮國公。咸豐八年卒。

綿興 永康第一子。道光六年，封三等輔國將軍。咸豐四年卒。無嗣。

綿英 永康第二子。道光十八年，封一等輔國將軍。咸豐八年，襲不入八分輔國公。同治四年卒。無嗣。

綿慶 永康第三子。道光十八年，封三等輔國將軍。同治十一年卒。無嗣。

綿亨 永康第四子。道光二十四年，封三等輔國將軍。咸豐七年卒。

奕光 綿亨第一子。咸豐七年，襲奉國將軍。光緒十七年卒。

載玢 奕光第一子。光緒十七年，襲奉恩將軍。三十三年卒。

溥裕 載玢第一子。光緒三十三年，襲奉恩將軍。

奕耀 綿亨第二子。同治七年，封奉國將軍。光緒二十一年卒。

載仝 奕耀第二子。光緒三十一年，襲奉恩將軍。

奕燽 綿亨第三子。同治七年，封奉國將軍。光緒二年卒。無嗣。

綿達 永康第五子。道光二十四年，封三等輔

奕煊 綿達子。同治七年，襲奉國將軍。光緒二

載增 奕煊第二子。光緒二十一年，襲奉恩將

國將軍十一年軍

同治五卒

年卒

綿忠 永康第六子。道光二十四年封三等輔國將軍。咸豐十年卒。無嗣。

永緒 弘謙第三子。嘉慶二十一年封奉恩將軍。道光二年卒。

綿銘 永緒第一子。道光三年襲奉恩將軍。咸豐二年卒。無嗣。

弘㴑 允祁第六子。乾隆六十年封奉恩將軍。嘉慶十年卒。

永𨮜 弘㴑第一子。嘉慶十年襲奉恩將軍。道光十年緣事革退。

弘善 允祁第七子。乾隆六十年封奉恩將軍。嘉慶十四年加輔國將軍品級。二十四年晉輔國將軍。道光四年卒。

永良 弘善第二子。道光五年襲奉國將軍。二十二年緣事革退。

允祕 聖祖第二十四子。雍正十一年封誠親王。乾隆三十八年薨。諡曰恪。

弘暢 允祕第一子。乾隆二十一年封不入八分輔國公。三十九年襲誠郡王。六十年薨。諡曰密。

永珠 弘暢第一子。乾隆四十九年封二等鎮國將軍。六十年襲貝勒。道光二十六年緣事革退。

永祥 弘暢第二子。乾隆四十九年封鎮國

綿傑 永祥第二子。道光六年襲鎮國

三等鎮國將軍。道光六年卒。

將軍。九年卒。無嗣。

永芩 弘暢第三子。乾隆五十五年封三等鎮國將軍。道光五年緣事革退。

綿煥 永芩第一子。嘉慶十年封輔國將軍。道光五年緣事革退。尋封奉恩將軍。二十一年卒。無嗣。

綿蚩 永芩第二子。道光四年封輔國將軍。五年緣事革退。尋封奉恩將軍。六年又革退。

永裕 弘暢第四子。乾隆五十五年封三等鎮國將軍。嘉慶五年卒。

綿丹 永裕第一子。嘉慶五年襲輔國將軍。二十五年卒。無嗣。

弘旿 允祕第二子。乾隆二十八年封二等鎮國將軍。三十九年晉貝子。四十三年緣事革退。五十九年封奉恩將軍。嘉慶四年又革退。十四年復封奉恩將軍。十六年卒。

永松 弘旿第五子。嘉慶十六年襲奉恩將軍。道光七年卒。十七年追封貝子。

綿勳 永松第二子。道光七年襲奉恩將軍。二十六年襲永珠之貝子。光緒十九年卒。

奕均 綿勳第二子。同治七年封鎮國將軍。十年卒。

載信 奕均子。同治十一年襲輔國將軍。光緒二十年襲鎮國公。二十六年卒。

溥霱 載信第一子。光緒二十八年襲鎮國公。

溥霽 載信第二子。光緒二十九年封輔國將軍。

溥霦 載信第三子。光緒二十九年封輔國將軍。

溥霖 載信第四子。光緒二十

弘康 允祕第三子。乾隆三十五年封二等鎮國將軍。嘉慶十四年加不入八分輔國公品級。十九年卒。

永純 弘康第一子。嘉慶七年封奉國將軍。十九年襲輔國將軍。道光十一年緣事革退。

九年封輔國將軍。

弘超 允祕第四子。乾隆四十年封三等輔國將軍。四十二年緣事革退。

承瑞 聖祖子。早殤。

承祜 聖祖子。早殤。

承慶 聖祖子。早殤。

賽音察渾 聖祖子。早殤。

長華 聖祖子。早殤。

長生 聖祖子。早殤。

萬黼 聖祖子。早殤。

允禶 聖祖子。早殤。

允䄔 聖祖子。早殤。

允禨 聖祖子。早殤。

允禐 聖祖子。

早殤

皇子世表五

世宗系

弘暉 世宗第一子。康熙四十三年殤。雍正十三年追封親王。謚曰端。無嗣。

弘昀 世宗第二子。早殤。無嗣。

弘時 世宗第三子。早殤。無嗣。

弘晝 世宗第五子。雍正十一年封和親王。乾隆三十五年薨。謚曰恭。

永璧 弘晝第二子。乾隆二十一年封不入八分輔國公。三十五年襲和親王。三十七年薨。謚曰勤。

綿倫 永璧第一子。乾隆三十七年襲和郡王。三十九年薨。謚曰謹。

綿循 永璧第二子。乾隆四十年襲和郡王。嘉慶二十二年薨。謚曰恪。

奕亨 綿循第三子。嘉慶七年封輔國將軍。二十二年襲貝勒。道光十二年卒。

載容 奕亨第四子。道光十二年襲貝子。同治十一年加貝勒銜。光緒七年卒。謚曰敏。

溥廉 載容第一子。光緒三年封二等鎭國將軍。七年襲鎭國公。二十四年卒。

毓璋 溥廉第一子。光緒二十四年襲鎭國公。

溥益

毓書

恪

溥益 載容第二子。光緒三年封三等輔國將軍。光緒三十三年卒。

毓書 溥益第一子。光緒三十三年襲奉國將軍。

溥綬 載容第三子。光緒三年封二等輔國將軍。三十二年卒。

毓遴 溥綬第一子。光緒三十二年襲奉國將軍。

載崇 奕亨第五子。道光三十年封一等輔國將軍。光緒二年卒。

溥善 載崇第一子。光緒二年襲奉國將軍。

溥良 載崇第二子。光緒十二年封奉國將軍。

溥興 載崇第三子。光緒六年封奉國將軍。三十三年卒。

毓嵩 溥興第二子。光緒三十三年襲奉恩將軍。

奕聰 綿循第四子。嘉慶十年封三等鎭國將軍。道光十六年卒。

載嘉 奕聰第一子。道光十六年襲三等輔國將軍。同治元年緣事革退。

奕謹 綿循第六子。嘉慶十三年封鎭國將軍。道光六年卒。無嗣。

奕惪 綿循第九子。道光元年封奉國將軍。十九年卒。

綿倬 永璧第五子。乾隆四十九年封三等鎭國將軍。五十二年卒。無嗣。

永瓌 弘晝第四子。乾隆二十二年封二等鎭國將軍。嘉慶三年卒。

綿命 永瓌第二子。嘉慶四年襲輔國將軍。道光十二年卒。

奕俊 綿命第一子。道光六年封三等奉國將軍。十二年晉襲二等。道光二十三年卒。無嗣。

奕猛 綿命第二子。道光十六年封三等奉國將軍。咸豐九年緣事革退。

綿傳 永瑸第三子。乾隆五十五年封一等奉國將軍。嘉慶六年因病告退。道光十三年卒。無嗣。

永煥 弘晝第六子。乾隆四十四年封二等鎭國將軍。四十八年卒。

綿偕 永煥第一子。乾隆四十九年襲輔國公。嘉慶十二年卒。

奕交 綿偕第一子。嘉慶十二年襲奉國將軍。咸豐九年卒。無嗣。

奕烈 綿偕第二子。嘉慶十五年封奉恩將軍。咸豐元年卒。

載透 奕烈第三子。咸豐二年襲奉恩將軍。同治元年緣事革退。

弘	永	綿	奕	載	溥
			奕瑶 綿偕第三子道光四年封奉國將軍十九年卒	載良 奕瑶子道光二十五年襲奉恩將軍光緒十五年卒無嗣	
	永琨 弘曇第七子乾隆三十三年封不入八分輔國公嘉慶四年緣事降奉恩將軍尋晉二等奉國將軍七年復封不入八分輔國公八年卒	綿仲 永琨第一子嘉慶八年襲二等鎮國將軍十九年卒	奕順 綿仲第一子嘉慶十九年襲輔國將軍道光二十一年卒	載畤 奕順子道光二十一年襲奉國將軍同治元年緣事革退	
		綿合 永琨第二子乾隆四十九年封三等輔國將軍嘉慶二年卒	奕煌 綿合子嘉慶二年襲二等奉國將軍三年卒無嗣		
弘瞻 世宗第六子嗣允禮後乾隆三年襲果親王二十八年緣事降貝勒三十年復封果郡王尋薨諡曰恭	永瑹 弘瞻第一子乾隆三十年襲果郡王五十四年薨諡曰簡	綿從 永瑹第一子乾隆五十五年襲貝勒五十六年卒	奕湘 綿律第一子綿從嗣子道光十三年襲鎮國公同治十一年加貝子銜光緒七年卒諡曰恪慎	載坤 奕湘第一子咸豐七年封輔國將軍光緒二年緣事革退	
				載卓 奕湘第三子光緒七年襲輔國公三十三年卒	溥閣 載卓子光緒三十三年襲輔國公
		綿律 永瓅第一子永瑹嗣子乾隆五十六年襲貝勒嘉慶十一年緣事革退			
	永瓅 弘瞻第二子乾隆四十年封一等鎮國將軍嘉慶五年因病告退	綿侗 永瓅第二子嘉慶十一年襲貝子道光十二年卒	奕雯 綿侗第一子道光十三年封二等鎮國將軍同治元年卒	載品 奕雯第一子同治元年襲三等輔國將軍光緒三十年卒	溥棠 載品第一子光緒三十一年襲奉國將軍

弘	永	綿	奕	載	溥	毓
弘盼 世宗第六子早殤						
福宜 世宗第七子早殤						
福惠 世宗第九子雍正六年薨十三年追封親王諡曰懷無嗣						
福沛 世宗第十子早殤						
高宗系						
	永璜 高宗第一子乾隆十五年薨追封定親王諡曰安	綿德 永璜第一子乾隆十五年襲定親王七年降郡王四十一年緣事革爵四十二年封鎮國公四十九年晉貝子五十一年卒	奕純 綿德子乾隆四十四年封三等輔國將軍四十九年晉鎮國公品級五十一年襲貝子嘉慶二十一年卒	載錫 奕純第一子嘉慶四年封三等鎮國將軍十四年晉不入八分輔國公二十一年襲貝子道光元年卒	溥喜 載錫第二子道光元年襲鎮國公十二年緣事降不入八分輔國公十八年緣事革退	
					溥吉 載錫第三子道光八年封二等鎮國將軍十八年襲輔國公同治五年卒	
				載銘 奕純第三子嘉慶二十一年封三等輔國將軍道光二十年卒	溥咸 載銘第三子道光二十三年襲奉國將軍同治五年襲溥吉之不入八分輔國公七年卒	毓厚 溥咸第一子同治七年襲不入八分輔國公光緒十六年卒
						毓祥 溥咸族姪溥和子光緒十七年襲毓厚之不入八分輔國公

永	綿	奕	載	溥	毓	恒
	綿恩 永璜第二子乾隆四十一年襲定郡王五十八年晉親王道光二年薨諡曰恭	奕紹 綿恩第二子嘉慶四年封不入八分輔國公七年晉輔國公八年晉貝子二十四年晉貝勒道光二年襲定親王十六年薨諡曰端	載銓 奕紹第一子嘉慶二十一年封二等輔國將軍道光三年晉二等鎮國將軍十一年晉不入八分鎮國公十五年晉輔國公十六年襲定郡王咸豐三年加親王銜四年薨追封親王諡曰敏	溥煦 載銘第五子載銓嗣子咸豐四年封輔國將軍尋襲定郡王光緒三十三年薨諡曰慎	毓長 溥煦第一子同治十一年封鎮國將軍光緒二十九年卒	恒圻 毓長第四子光緒二十九年襲輔國將軍
					毓朗 溥煦第二子光緒十二年封三等鎮國將軍三十三年襲貝勒	
					毓盈 溥煦第四子光緒二十九年封鎮國將軍	
永璉 高宗第二子乾隆三年薨追封皇太子諡曰端慧						
永璋 高宗第三子乾隆二十五年薨追封循郡王	綿懿 永瑆第二子永璋嗣子乾隆五十二年襲貝勒嘉慶九年緣事降二等鎮國將軍十年封貝子十四年卒追封貝勒	奕緒 綿懿第一子嘉慶四年封輔國將軍品級十四年襲貝子咸豐八年卒	載遷 奕緒第二子咸豐八年襲鎮國公光緒二十五年卒	溥葵 載遷第一子光緒二十三年封輔國將軍二十五年襲輔國公		
				溥荃 載遷第二子光緒二十九年封輔國將軍		
		奕經 綿懿第二子嘉慶二十一年封二等輔國將軍二十二年緣事革退				
		奕紀 綿懿第三子嘉慶二十				

二年封一等輔國將軍。道光十五年晉一等鎮國將軍。二十年緣事革。

永珹 高宗第四子。嗣允祹後。乾隆二十八年襲履郡王。四十二年薨。諡曰端。嘉慶四年，追封履親王。

綿惠 永珹第一子。乾隆四十二年襲貝勒。嘉慶元年薨。六年，追封履郡王。

奕綸 綿懃子，綿惠嗣子。嘉慶元年襲貝子。十四年晉貝勒。道光十五年緣事降貝子。十六年卒。追封貝勒。

載鍇 奕綸第六子。道光十八年封一等輔國將軍。二十七年卒。

溥森 載鍇子。道光二十七年襲奉國將軍。光緒七年卒。

毓存 溥森第四子。光緒七年襲奉恩將軍。卒。無嗣。

載鈖 奕綸第十子。道光十六年襲貝子。咸豐二年卒。

溥楙 載鋼第三子，載鈖嗣子。咸豐四年襲鎮國公。光緒八年卒。

毓昌 溥楙子。光緒八年襲鎮國公。十二年卒。

載華 奕綸第十一子。道光二十二年襲奕綸之貝子。同治四年緣事革退歸宗。

載鎓 奕綸第十二子。咸豐六年封奉恩將軍。光緒十年卒。

溥楨 載鎓子。光緒十一年襲毓昌之鎮國公。

載譪 奕綸第十三子。咸豐六年封奉恩將軍。光緒二十七年卒。

溥泉 載譪第一子。光緒二十八年襲奉恩將軍。

永琪 高宗第五子。乾隆三十年封榮親王。三十一年薨。諡曰

綿億 永琪第五子。乾隆四十九年封貝勒。嘉慶四年晉榮郡

奕繪 綿億第一子。嘉慶二十年襲貝勒。道光十八年卒。

載鈞 奕繪第一子。道光十八年襲貝子。咸豐七年卒。

溥楣 載釗第一子，載鈞嗣子。咸豐七年襲鎮國公。同治五年

純

王。二十年薨。諡曰恪。

緣事革退。

載釗 奕綸第二子。道光二十四年封一等輔國將軍。光緒七年卒。追封鎮國公。

溥芸 載釗第三子。同治五年襲鎮國公。光緒二十八年卒。

毓敏 溥芸第二子。光緒二十八年襲鎮國公。宣統三年卒。

溥菖 載釗第九子。光緒七年襲奉國將軍。

載初 奕綸第四子。咸豐七年封輔國將軍。同治元年緣事革退。

永瑢 高宗第六子。嗣允禧後。乾隆二十四年襲貝勒。三十七年晉質郡王。五十四年晉質親王。五十五年薨。諡曰莊。

綿慶 永瑢第六子。乾隆五十五年襲質郡王。嘉慶九年薨。諡曰恪。

奕綺 綿慶子。嘉慶十四年襲貝勒。道光十九年緣事革爵。二十二年卒。追復貝勒。

載鋼 奕綸第九子，奕綺嗣子。道光二十四年封一等輔國將軍。同治四年襲鎮國公。光緒七年卒。

溥泰 載鋼第一子。同治七年封一等輔國將軍。光緒八年襲鎮國公。九年緣事革退。

溥齡 載鋼第二子。同治十一年封二等鎮國將軍。光緒九年襲鎮國公。二十三年卒。

毓亨 溥齡第一子。光緒二十三年襲鎮國公。

溥霖 載鋼第四子。同治十一年封一等輔國將軍。光緒十年卒。無嗣。

溥葳 載鋼第七子。光緒十四年封輔國將軍。

永琮 高宗第七子。乾隆十二年薨。諡曰悼敏阿哥。嘉慶四年，追封哲親王。

永璇 高宗第八子。乾隆四十四年封儀郡王。嘉慶四年晉儀親王。道光十二年薨。諡曰慎。

綿志 永璇第一子。嘉慶四年封不入八分輔國公。七年晉貝子。十四年晉貝勒。十八年加郡王銜。二十年緣事革郡王銜。二十四年復還加銜。二十五年又革銜。道光三年復還加銜。十二年襲儀郡王。十四年薨。諡曰順。

奕綱 綿志第四子。道光十一年封輔國公。十四年襲貝勒。光緒十年加郡王銜。十九年卒。

載桓 奕綱子。追封貝子。

溥頤 載桓子。

毓崐 溥頤子。光緒二十年襲貝子。二十七年卒。贈貝勒銜。

毓岐 溥頤子。光緒二十八年襲鎮國公。

奕綵 綿志第五子，綿懋嗣子。道光十七年襲慶親王。二十二年緣事革爵。仍回本支。

永瑆 高宗第十一子。乾隆五十四年封成親王。道光三年薨。諡曰哲。

綿懃 永瑆第一子。嘉慶四年封不入八分輔國公。七年晉貝勒。二十四年加郡王銜。二十五年薨。追封成郡王。

奕綬 綿懃第一子。嘉慶十七年卒。十八年追封不入八分輔國公。道光三年追封成郡王。

載銳 奕綬第一子。嘉慶十八年封鎮國將軍。二十五年襲貝勒。道光三年襲成郡王。咸豐九年薨。諡曰恭。

溥莊 載銳第一子。咸豐七年封三等鎮國將軍。九年襲貝勒。十年加郡王銜。同治十一年卒。

毓橚 溥蓁子，溥莊嗣子。同治十一年襲貝子。

溥蘭 載銳第五子。咸豐七年封三等鎮國將

毓杲 溥蘭第二子。光緒五年襲三等輔國將

軍。光緒五年卒。

溥蔚 載銳第五子。咸豐七年封三等奉國將軍。光緒二十七年卒。無嗣。

溥蘊 載銳第六子。咸豐七年封鎮國將軍。同治元年緣事革退。

溥葆 載銳第十一子。同治七年封三等輔國將軍。光緒十五年卒。

毓振 溥葆第一子。光緒十六年襲輔國將軍。二十五年卒。無嗣。

溥菊 載銳第十二子。同治十一年封三等奉國將軍。光緒十年卒。無嗣。

溥衛 載銳第十四子。同治十一年封三等奉國將軍。光緒十七年卒。

毓樸 溥衛第一子。光緒十八年襲奉恩將軍。

奕儒 綿愨第八子。道光九年封一等輔國將軍。十六年因病告退。無嗣。

奕綍 綿愨第九子。道光十八年封奉恩將軍。

同治二年卒。無嗣。

奕紓 綿愨第十一子。道光二十四年封一等輔國將軍。咸豐元年因病告退。

載錞 奕紓第一子。咸豐四年襲奉國將軍。光緒二十二年卒。無嗣。

載磺 奕紓第二子。同治七年封三等奉國將軍。光緒二十卒。無嗣。

載破 奕紓第三子。同治七年封三等奉國將軍。光緒二十六年卒。

溥敬 載破子。光緒二十八年襲奉恩將軍。

載碄 奕紓第四子。同治十一年封三等奉國將軍。光緒二十四年卒。無嗣。

綿聰 永瑆第三子。嘉慶四年封輔國將軍。道光三年晉鎮國將軍。八年卒。追封不入八分輔國公。

奕緒 綿聰第二子。道光八年襲三等輔國將軍。同治二年緣事革退。

綿懫 永瑆第七子。道光元年封鎮國將軍。二十一年卒。

奕爵 綿懫第二子。道光二十一年襲二等輔國將軍。光緒二十三年卒。

載山 奕爵第一子。同治十三年襲三等奉國將軍。宣統元年卒。

溥正 載山子。宣統二

載峻

奕爵第五子。光緒十四年封三等奉國將軍。二十五年卒。無嗣。

載崑 奕衡第六子。光緒二十九年封奉國將軍。三十二年卒。

溥柏 載崑子。光緒三十三年襲奉恩將軍。

載岭 奕爵第八子。光緒三十二年封奉國將軍。

載埔 奕爵第九子。光緒二十九年封奉國將軍。

載岳 奕爵第十一子。光緒三十二年封奉國將軍。

永璂 高宗第十二子。乾隆四十一年卒。嘉慶四年追封貝勒。

綿偲 永瑆第四子。永璂嗣子。嘉慶四年封一等鎮國將軍。六年晉鎮國公。二十四年晉貝子。道光十八年晉貝勒。二十八年卒。

奕縉 綿偲第一子。道光元年封二等鎮國將軍。二十九年襲貝子。咸豐六年卒。

奕繕 綿偲第三子。道光元年封三等鎮國將軍。咸豐七年襲鎮國公。同治五年卒。

載岐 奕爵第二子。奕繕嗣子。同治六年襲不入八分鎮國公。

永璟 高宗第十三子

永璐 高宗第十四子

永璘 高宗第十七子乾隆五十四年封貝勒嘉慶四年晉慶郡王二十五年晉慶親王薨謚曰僖

綿愍 永璘第三子嘉慶七年封輔國公二十四年晉貝子二十五年襲慶郡王道光十六年薨謚曰良

綿悌 永璘第五子道光十一年封不入八分輔國公十七年晉不入八分鎮國公二十二年緣事降鎮國將軍二十九年卒咸豐二年追封貝子

奕劻 綿性第一子綿悌嗣子道光三十年襲輔國將軍咸豐二年封貝子十年晉貝勒同治十一年加郡王銜光緒十年晉慶郡王二十年晉慶親王

載振 奕劻第一子光緒十年封二等鎮國將軍十七年加貝子銜

載捷 奕劻第二子光緒三十年封鎮國將軍

綿性 永璘第六子道光十三年封鎮國將軍十七年晉不入八分輔國公二十二年緣事革退

仁宗系

穆郡王 仁宗第一子未命名乾隆四十五年殤嘉慶二十五年追封

綿愷 仁宗第三子嘉慶二十四年封惇郡王二十年晉惇親王道光七年緣事降郡王八年復封親王十八年又降郡王尋薨復還親王謚曰恪以宣宗第五子奕誴爲嗣

奕績 綿愷第一子嘉慶二十五年封不入八分輔國公道光元年卒追封貝勒無嗣

綿忻 仁宗第四子嘉慶二十四年封瑞親王道光八年薨謚曰懷

奕誌 綿忻子道光八年襲瑞郡王三十年薨謚曰敏

載洵 奕譞第六子奕誌嗣子光緒十三年封不入八分輔國公十五年晉輔國公十六年晉鎮國公二十八年襲貝勒二十四年加郡王銜

綿愉 仁宗第五子嘉慶二十五年封惠郡王道光十九年晉惠親王同治三年薨謚曰端

奕詢 綿愉第四子咸豐十年封不入八分輔國公同治三年晉鎮國公十年卒

載澤 奕棖第七子奕詢嗣子光緒三年襲輔國公二十年晉鎮國公三十四年加貝子銜

奕詳 綿愉第五子咸豐十年封不入八分輔國公同治三年晉鎮國公襲惠郡王十一年加親王銜光緒十二年薨謚曰敬

載潤 奕詳第一子光緒十二年襲貝勒

奕謨 綿愉第六子咸豐十年封不入八分鎮國公同治三年晉鎮國公十一年加貝子銜光緒十年晉貝子十五年加貝勒銜三十一年卒

載濟 奕詳第二子奕謨嗣子光緒十三年封三等鎮國將軍二十年卒

溥佶 載光第二子載濟嗣子光緒三十一年襲鎮國公

宣宗系

奕緯 宣宗第一子嘉慶二十四年封貝勒道光十一年薨謚曰隱志三十年追封郡王

載治 奕紀子奕緯嗣子咸豐四年襲貝勒十年加郡王銜光緒六年卒謚曰恭勤

溥倫 載治第四子光緒七年襲貝子二十年加貝勒銜

溥侗 載治第五子光緒七年封二等鎮國將軍二十年晉一等三十四年加不入八分輔國公銜

奕綱 宣宗第二子道光七年薨三十年追封順郡王謚曰和無嗣

奕繼 宣宗第三子道光九年薨三十年追封慧郡王謚曰質無嗣

奕誴 宣宗第五子道

載濂 奕誴第一子同

光二十六年嗣綿愷後，襲惇郡王。咸豐五年降貝勒。六年復封郡王。十年晉惇親王。光緒十五年薨。諡曰勤。

治元年封二等鎮國將軍。尋晉不入八分鎮國公。十一年晉輔國公。光緒十五年襲貝勒。加郡王銜。二十六年以罪革爵。

載漪 奕誴第二子。奕志嗣子。咸豐十年襲貝勒。光緒十四年加郡王銜。二十年晉端郡王。二十六年以罪革爵。發新疆永遠監禁。二十八年命仍歸本支。

溥僎 載濂第一子。光緒二十年封一等鎮國將軍。

溥儁 載漪第二子。光緒二十五年立為大阿哥。二十七年因載漪獲罪，撤大阿哥名號，賞入八分公銜俸。

載瀾 奕誴第三子。同治十二年封二等輔國將軍。光緒十年晉二等鎮國將軍。十五年晉不入八分輔國公。二十六年以罪革爵。發新疆永遠監禁。

載瀛 奕誴第四子。光緒十五年封二等鎮國將軍。

十年加不入八分輔國公銜。二十八年襲貝勒。

載津 奕誴第五子。光緒十五年封二等鎮國將軍。二十年加不入八分輔國公銜。二十二年卒。

溥修 載濂子。載津嗣子。光緒二十二年襲二等鎮國將軍。

奕訢 宣宗第六子。道光三十年封恭親王。同治十三年降郡王。尋復親王。光緒二十四年薨。諡曰忠。以有功社稷，配享太廟。

載澂 奕訢第一子。咸豐十年封輔國公。同治元年晉貝勒。十二年加郡王銜。十三年革爵。尋復封貝勒，加郡王銜。光緒十一年卒。諡曰果敏。

溥偉 載瀅第一子。載澂子。光緒二十一年封貝勒。二十四年襲恭親王。

載瀅 奕訢第二子。奕詥嗣子。同治三年封不入八分鎮國公。七年襲貝勒。光緒十五年加郡王銜。二十六年以罪革爵。仍歸本支。

載濬 奕訢第三子。同治三年封輔國公。五年卒。無嗣。

載潢 奕訢第

四子。光緒七年封不入八分輔國公。十一年卒。無嗣。

奕譞 宣宗第七子。道光三十年封醇郡王。同治三年加親王銜。十一年晉醇親王。光緒十六年薨。稱為皇帝本生考。諡曰賢。

載洸 奕譞第四子。光緒七年封輔國公。十年卒。無嗣。

載灃 奕譞第五子。光緒十年封不入八分輔國公。十五年晉鎮國公。十六年襲醇親王。三十四年命為監國攝政王。宣統三年罷去監國攝政王。

奕詥 宣宗第八子。道光三十年封鍾郡王。同治七年薨。諡曰端。

載濤 奕譞第七子。奕詥嗣子。光緒十六年封二等鎮國將軍。晉不入八分輔國公。二十三年嗣貝子奕謨後。二十八年改嗣奕詥後。襲貝勒。三十四年加郡王銜。

奕譓 宣宗第九子。道光三十年封孚郡王。同治十一年加親

載沛 奕棟第六子。奕譓嗣子。光緒三年襲貝勒。四年卒。

溥伒 載瀛子。奕譓嗣孫。光緒二十四年封貝子。

	王衍光緒三年奕瞻子襲謚曰敬	載澍 奕譓嗣子光緒四年襲貝勒二十三年緣事革爵	
文宗系	憫郡王 文宗第二子未命名早殤咸豐十一年追封		

清史稿

公主表

屬	母	名	封	下嫁	生薨	額駙事略	附載
顯祖第一女	宣皇后生			歲癸未八月下嫁噶哈善哈斯虎		噶哈善哈斯虎伊爾根覺羅氏附見常書傳	太祖又以女弟下嫁揚書揚書郭絡羅氏與常書合傳主旋與揚書不睦天命八年九月薨雍正間追贈和碩公主太祖又以女弟和碩公主降額亦都皆不見於玉牒
太祖第一女	元妃佟佳氏生	稱爲東果格格	固倫公主	歲戊子下嫁何和禮	歲戊寅二月生順治九年七月薨年七十五	何和禮棟鄂氏有傳	
太祖第二女	側妃伊爾根覺羅氏生	稱爲嫩哲格格	和碩公主	天命初下嫁達爾漢	歲丁亥生順治三年七月薨年六十	達爾漢郭絡羅氏附常書傳	
太祖第三女	繼妃富察氏生	莽古濟		天聰二年下嫁瑣木諾杜棱	生年無考天聰九年九月以罪削格格號十二月以家奴訐告與母兄莽古爾泰等謀逆誅死	瑣木諾杜棱博爾濟吉特氏蒙古敖漢部長尚主賜號濟農主罪誅削號順治元年卒五年追封郡王	莽古濟以罪誅玉牒不列
太祖第四女	庶妃嘉穆瑚覺羅氏生	穆庫什		歲戊申下嫁布占泰	歲乙未生	布占泰納拉氏烏喇貝勒有傳	主適布爾泰爲所輕射以鳴鏑太祖討布占泰以主歸
太祖第五女	庶妃嘉穆瑚覺羅氏生			歲戊申下嫁達啟	歲丁酉生歲癸丑四月薨年十七	達啟鈕祜祿氏額亦都子附見額亦都傳	
太祖第六女	庶妃嘉穆瑚覺羅氏生			歲癸丑下嫁蘇納	歲庚子生順治三年九月薨年四十七	蘇納葉赫納喇氏附見阿什達爾漢傳	
太祖第七女	庶妃伊爾根覺羅氏生		鄉君品級	天命四年十月下嫁鄂札伊	歲甲辰三月生康熙二十四年四月薨年八十二	鄂札伊納喇氏牛彔章京世職崇德六年四月驟死	
太祖第八女	側妃葉赫納喇氏生		和碩公主	天命十年正月下嫁固爾布什	歲壬子十二月生順治三年二月薨年三十五	固爾布什博爾濟吉特氏附恩格德爾傳	
太祖撫弟莊親王舒爾哈齊第四女			初封郡主進和碩公主	歲丁巳二月下嫁恩格德爾	歲庚寅六月生順治六年四月薨年六十	恩格德爾博爾濟吉特氏有傳	太祖尚有女一下嫁吳爾古代吳爾古代哈達納喇氏附見萬傳玉牒不列不知所自出一下嫁圖爾格圖爾格鈕祜祿氏有傳主與之不睦崇德間離婚命兄巴布泰弟巴布海賚贍是必庶妃嘉穆瑚覺羅氏所生玉牒亦不列又太祖嘗言巴圖魯伊拉喀朕以女妻之乃不移效力無端棄妻恐後生變故殺之此又一女也玉牒亦不列並附載於此
太宗第一女	繼妃烏喇納喇氏生		固倫公主	天聰七年正月下嫁班第	天命六年三月生順治十一年正月薨年三十四	班第博爾濟吉特氏敖漢部台吉太祖壻瑣諾木杜棱弟之子也崇德元年進敖漢郡王順治十三年卒	
太宗第二女	孝端文皇后生	馬喀塔	初封固倫公主順治十三年進固倫長公主十六年封永寧長公主復改溫莊長公主	天聰十年正月下嫁額哲	天命十年八月生康熙二年三月薨年三十九	額哲博爾濟吉特氏察哈爾林丹汗子號額爾孔果洛尚主封察哈爾親王六年卒	額哲弟阿布鼐亦尚主生子布爾尼主薨後布爾尼以叛誅阿布鼐亦坐死詔仍收葬主墳園玉牒不列
太宗第三女	孝端文皇后生		初封固倫公主順治十四年進固倫長公主十六年封延慶長公主復改靖端長公主	崇德四年正月下嫁奇塔特	天聰二年七月生康熙二十五年五月薨年五十九	奇塔特博爾濟吉特氏孝莊文皇后兄子崇德八年賜固倫額駙儀仗順治六年封科爾沁郡王八年卒	
太宗第四女	孝莊文皇后生	雅圖	初封固倫公主順治十四年進固倫長公主十六年封興平長公主復改雍穆長公主	崇德六年正月下嫁弼爾塔哈爾	天聰三年正月生康熙十七年閏三月薨年五十	弼爾塔哈爾博爾濟吉特氏亦孝莊文皇后兄子主既受聘以弼爾塔哈爾父卓禮克圖親王吳克善有罪太宗怒欲絕其婚吳克善入朝服罪仍許弼爾塔哈爾尚主崇德八年賜固倫額駙儀仗康熙五年襲封親王六年卒	
太宗第五女	孝莊文皇后生	阿圖	順治十四年封固倫長公主十六年封和碩長公主復改淑慧長公主	順治五年二月下嫁色布騰	天聰六年二月生康熙三十九年正月薨年六十九	色布騰博爾濟吉特氏初封輔國公順治七年進封巴林郡王康熙十七年卒	主爲孝莊文皇后所愛康熙十二年孝莊文皇后有疾遣使迎至京師後屢入朝三十一年詔設護衛長史視貝勒例
太宗第六女	側妃札魯特博爾濟吉特氏生		固倫公主	順治元年十二月下嫁夸札	天聰七年十一月生順治六年三月薨年十七	夸札伊爾根覺羅氏固山額眞一等精奇尼哈番阿山子順治六年主薨後逾月卒	
太宗第七女	孝莊文皇后生		初號淑哲公主嗣封固倫公主諡端獻	下嫁鏗吉爾格	天聰七年十一月生順治五年二月薨年十六	鏗吉爾格博爾濟吉特氏內大臣二等梅勒章京鄂齊爾桑子	實錄言崇德六年二月以主許字鄂齊爾桑子鏗吉爾格順治二年正月下嫁鄂齊爾桑子喇麻思鄂齊爾桑[illegible]子喇麻喇尚主授固倫額駙玉牒但書鏗吉爾格當是鏗吉爾格改名喇麻思譯文作喇麻喇耳
太宗第八女	孝端文皇后生		初封固倫公主順治十四年封固倫長公主十六年封昌樂長公主復改永安長公主諡端貞	順治二年四月下嫁巴雅斯護朗	天聰八年閏八月生康熙三十一年正月薨年五十九	巴雅斯護朗博爾濟吉特氏土謝圖親王巴達禮子康熙十一年襲爵是年卒	
太宗第九女	側妃札魯特博爾濟吉特氏生			順治五年九月下嫁哈尚	天聰九年九月生順治九年三月薨年十八	哈尚博爾濟吉特氏尚主順治八年卒	
太宗第十女	庶妃納喇氏生		縣君	順治八年八月下嫁輝塞	天聰九年十月生順治十八年八月薨年二十九	輝塞瓜爾佳氏固山額眞一等公圖海子附見圖海傳	
太宗第十一女	懿靖大貴妃阿霸垓博爾濟吉特氏生		固倫公主順治間進固倫長公主諡端順	順治四年十二月下嫁噶爾瑪索諾木	崇德元年三月生順治七年七月薨年十五	噶爾瑪索諾木博爾濟吉特氏阿霸垓部人尚主授一等精奇尼哈番主薨後以禮親王代善女妻焉加少保兼太子太保康熙三年卒	
太宗第十二女	母氏闕		鄉君品級	順治八年八月下嫁班第	崇德二年三月生康熙十七年十月薨年四十二	班第博爾濟吉特氏官頭等侍衞康熙十年授理藩院侍郎三十年遷理藩院尚書三十九年卒	
太宗第十三女	庶妃納喇氏生			順治九年二月下嫁拉哈	崇德三年七月生順治十四年四月薨年二十	拉哈瓜爾佳氏官梅勒額眞	
太宗第十四女	庶妃察哈爾奇壘氏生		初封和碩公主順治十四年進和碩長公主	順治十年八月下嫁吳應熊	崇德六年十二月生康熙四十三年十二	吳應熊三桂子尚主授三等精奇尼哈番加少保兼太子太保康熙初進少傅兼太	主以夫被誅寵視常慰藉之嘗有疾手詔宣諭謂主爲叛寇所累久之乃薨

公主	生母	封號	下嫁	生卒	額駙	附記
		主十六年封建寧長公主復改恪純長公主		月薨年六十三	子太傅十三年三桂反十四年並其子世霖皆誅死	
太宗撫從兄克勤郡王岳託等一女		和碩公主	天聰二年正月下嫁曼珠習禮	歲乙卯二月生崇德二年七月薨年二十三	曼珠習禮博爾濟吉特氏科爾沁台吉尙主賜號達爾漢巴圖魯崇德元年封郡王順治十六年進封和碩達爾漢親王康熙四年卒	
太宗撫從兄貝勒圖倫女	號肫哲公主	和碩公主	天命十一年五月下嫁奧巴	歲壬子七月生順治五年薨年	奧巴博爾濟吉特氏科爾沁台吉尙主賜土謝圖汗號天聰六年卒	主爲太祖從孫女天命間撫育宮中玉牒繫於太宗行輩相當今特從之奧巴長子巴達禮亦尙主巴達禮初授台吉賜號土謝圖濟農進親王康熙十年卒玉牒不列太宗尙有女下嫁察爾哈索爾哈博爾濟吉特氏額駙三等總兵官恩格德爾子其兄額爾克戴青授三等甲喇章京以索爾哈襲順治初卒玉牒亦不列不知所自出附載於此
世祖第一女	庶妃陳氏生	未封		順治九年三月生十年十月殤		
世祖第二女	庶妃楊氏生	初封和碩公主康熙間進封恭愨長公主	康熙六年十二月下嫁納爾杜	順治十年十二月生康熙二十四年十月薨年三十三	納爾杜瓜爾佳氏官領侍衛內大臣加少傅以從父太師輔政大臣鼇拜得罪坐奪官尋復起康熙十五年加太子少師卒	
世祖第三女	庶妃巴氏生	未封		順治十年十二月生十五年三月殤		
世祖第四女	庶妃烏蘇氏生	未封		順治十一年十二月生十八年三月殤		
世祖第五女	庶妃王氏生	未封		順治十一年十二月生十七年十二月殤		
世祖第六女	庶妃納喇氏生	未封		順治十一年十二月生十八年二月殤		
世祖撫兄承澤親王碩塞第二女		和碩公主	順治十七年六月下嫁尙之隆	順治五年八月生康熙三十年十一月薨年四十四	尙之隆平南親王可喜子附可喜傳	
世祖撫從兄簡親王濟度第二女		初封和碩端敏公主雍正元年進封固倫端敏公主	康熙九年九月下嫁班第	順治十年六月生雍正七年五月薨年七十七	班第博爾濟吉特氏曼珠習禮孫尙主襲科爾沁達爾漢親王康熙四十九年卒	
世祖撫從兄安郡王岳樂第二女		和碩柔嘉公主	康熙二年十一月下嫁耿聚忠	順治九年五月生十二年七月薨年二十二	耿聚忠靖南王耿繼茂子附其祖仲明傳	
聖祖第一女	庶妃張氏生	未封		康熙七年十一月生十年十一月殤		
聖祖第二女	端嬪董氏生	未封		康熙十年三月生十二年二月殤		
聖祖第三女	榮妃馬佳氏生	初封和碩榮憲公主四十八年進封固倫榮憲公主	康熙三十年六月下嫁烏爾袞	康熙十二年五月生雍正六年四月薨年五十六	烏爾袞博爾濟吉特氏色布騰孫尙主康熙四十三年襲巴林郡王五十八年命從征西陲六十年卒於軍	烏爾袞父鄂齊爾淑慧長公主所出也主下嫁之明年命設護衛長史視貝勒例
聖祖第四女	庶妃張氏生	未封		康熙十三年二月生十七年十二月殤		
聖祖第五女	貴人兆佳氏生	和碩端靜公主	康熙三十一年十月下嫁噶爾臧	康熙十三年五月生四十九年三月薨年三十七	噶爾臧烏梁罕氏尙主襲喀喇沁杜稜郡王康熙五十年坐事奪爵六十一年卒	主下嫁之明年命設護衛長史視貝勒例
聖祖第六女	貴人郭絡羅氏生	初封和碩公主康熙四十五年封和碩恪靖公主雍正元年進固倫恪靖公主	康熙三十六年十一月下嫁敦多布多爾濟	康熙十八年五月生雍正十三年三月薨年五十七	敦多布多爾濟博爾濟吉特氏襲喀爾喀郡王尙主進親王四十一年坐事降郡王雍正元年以軍功復進親王八年卒	
聖祖第七女	孝恭仁皇后生	未封		康熙二十一年六月生八月殤		
聖祖第八女	孝懿仁皇后生	未封		康熙二十二年六月生閏八月殤		
聖祖第九女	孝恭仁皇后生	和碩溫憲公主雍正元年追進封固倫溫憲公主	康熙三十九年九月下嫁舜安顏	康熙二十二年九月生四十一年七月薨年二十	舜安顏佟佳氏佟國維孫尙主授額駙康熙四十八年以黨附皇八子允禩削額駙禁錮後釋之雍正二年命總理三陵事務授領侍衛內大臣卒	
聖祖第十女	通嬪納喇氏生	和碩純愨公主雍正十年追進封固倫純愨公主	康熙四十五年五月下嫁策棱	康熙二十四年二月生四十九年三月薨年二十六	策棱博爾濟吉特氏有傳	主葬京師郊外策棱合葬
聖祖第十一女	溫僖貴妃鈕祜祿氏生	未封		康熙二十四年九月生二十五年五月殤		
聖祖第十二女	孝恭仁皇后生	未封		康熙二十五年閏四月生三十六年閏三月殤		
聖祖第十三女	敬敏皇貴妃章佳氏生	和碩溫恪公主	康熙四十五年七月下嫁倉津	康熙二十六年十一月生四十八年六月薨年二十三	倉津初名班第博爾濟吉特氏襲翁牛特杜稜郡王尙主雍正五年坐事奪爵	
聖祖第十四女	貴人袁氏生	和碩愨靖公主	康熙四十五年下嫁孫承運	康熙二十八年十二月生乾隆元年十一月薨年四十八	孫承運甘肅提督一等阿思哈尼哈番思克子襲爵授散秩大臣尙主五十八年卒	
聖祖第十五女	敬敏皇貴妃章佳氏生	和碩敦恪公主	康熙四十七年十二月下嫁多爾濟	康熙三十年正月生四十八年十二月薨年十九	多爾濟博爾濟吉特氏科爾沁台吉尙主授額駙康熙五十八年坐事削額駙仍予台吉品級五十九年卒	
聖祖第十六女	庶妃王氏生	未封		康熙三十四年十月生四十六年十月殤		
聖祖第十七女	庶妃劉氏生	未封		康熙三十七年十二月生三十九年十一月殤		
聖祖第十八女	惇怡皇貴妃瓜爾佳氏生	未封		康熙四十年十月生尋殤		
聖祖第十九女	襄嬪高氏生	未封		康熙四十二年二月生四十四年二月殤		
聖祖第二十女	庶妃鈕祜祿氏生	未封		康熙四十七年十一月生十二月殤		
聖祖撫弟恭親王常寧第一女		初封和碩純禧公主雍正元年進封固倫純禧公主	康熙二十九年三月下嫁班第	康熙十年十一月生乾隆六年十二月薨年七十一	班第博爾濟吉特氏科爾沁台吉尙主累官內大臣都統前鋒統領雍正四年卒乾隆十八年追諡恭勤	主下嫁後二年命設護衛長史視貝勒例班第卒後居京師病篤乃請還旗
世宗第一女	懋嬪宋氏生	未封		康熙三十三年三月生未逾月殤		
世宗第二女	齊妃李氏生	初封郡君進郡主雍正元年追進封和碩懷恪公主	康熙五十一年下嫁星德	康熙三十四年七月生五十六年三月薨年二十三	星德納喇氏雍正十二年命往達里剛愛操練蒙古兵乾隆元年召還四年卒	
世宗第三女	懋嬪宋氏生	未封		康熙四十五年十二月生未逾月殤		

公主	生母	封號	下嫁	生卒	額駙	附記
世宗第四女	敦肅皇貴妃年氏生	未封		康熙五十四年三月生五十六年五月殤		
世宗撫兄理親王允礽第六女		和碩淑慎公主	雍正四年十二月下嫁觀音保	康熙四十七年正月生乾隆四十九年九月薨年七十七	觀音保博爾濟吉特氏科爾沁部人官理藩院額外侍郎雍正十三年卒	
世宗撫弟怡親王允祥第四女		和碩和惠公主	雍正七年十二月下嫁多爾濟塞布騰	康熙五十三年十月生雍正九年十月薨年十八	多爾濟塞布騰博爾濟吉特氏喀爾喀親王丹津多爾濟子尚主封世子以丹津多爾濟冒功坐削爵十三年卒	
世宗撫弟莊親王允祿第一女		和碩端柔公主	雍正八年十二月下嫁齊默特多爾濟	康熙五十三年二月生乾隆十九年十二月薨年四十一	齊默特多爾濟博爾濟吉特氏科爾沁郡王羅卜藏喇什子尚主襲爵四十七年卒	
高宗第一女	孝賢純皇后生	未封		雍正六年十月生七年十二月殤		
高宗第二女	哲憫皇貴妃富察氏生	未封		雍正九年四月生十年二月殤		
高宗第三女	孝賢純皇后生	固倫和敬公主	乾隆十二年三月下嫁色布騰巴爾珠爾	雍正九年七月生乾隆五十七年六月薨年六十二	色布騰巴爾珠爾博爾濟吉特氏世祖從女端敏公主額駙班第孫封科爾沁輔國公尚主乾隆十七年進襲親王二十年賜雙俸增護衛坐縱阿睦爾撒納奪爵二十三年復以軍功封親王授理藩院尚書金川參贊大臣被劾復奪爵職幽禁三十八年復額駙金川參贊大臣授領侍衛內大臣四十年卒於軍復親王諡曰毅	
高宗第四女	純惠皇貴妃蘇氏生	和碩和嘉公主	乾隆二十五年正月下嫁福隆安	乾隆十年十二月生三十二年九月薨年二十三	福隆安富察氏大學士一等忠勇公傅恒子附傅恒傳	
高宗第五女	皇后納喇氏生	未封		乾隆十八年六月生二十年四月殤		
高宗第六女	忻貴妃戴氏生	未封		乾隆二十年七月生二十三年八月殤		
高宗第七女	孝儀純皇后生	固倫和靜公主	乾隆三十五年七月下嫁拉旺多爾濟	乾隆二十一年七月生四十年正月薨年二十	拉旺多爾濟博爾濟吉特氏額駙超勇親王策棱孫封世子尚主襲爵歷官領侍衛內大臣都統賜御用補服嘉慶二十一年卒	
高宗第八女	忻貴妃戴佳氏生	未封		乾隆二十二年十二月生三十二年五月殤		
高宗第九女	孝儀純皇后生	和碩和恪公主	乾隆三十七年八月下嫁札蘭泰	乾隆二十三年七月生四十五年十一月薨年二十三	札蘭泰烏雅氏協辦大學士一等武毅謀勇公兆惠子附兆惠傳	
高宗第十女	惇妃汪氏生	固倫和孝公主	乾隆五十四年十一月下嫁豐紳殷德	乾隆四十年正月生道光三年九月薨年四十九	豐紳殷德和珅子附和珅傳	主高宗少女素所鍾愛未嫁賜乘金頂轎和珅得罪籍沒仁宗命留資爲主贍豐紳殷德再賜公爵品級亦以主故推恩也
高宗撫弟和親王弘晝女		和碩和婉公主	乾隆十五年十二月下嫁德勒克	雍正十二年六月生乾隆二十五年三月薨年二十七	德勒克博爾濟吉特氏尚主襲巴林輔國公乾隆四十八年進貝子授理藩院額外侍郎五十九年卒	
仁宗第一女	簡嬪關佳氏生	未封		乾隆四十五年四月生四十八年十一月殤		
仁宗第二女	孝淑睿皇后生	未封		乾隆四十五年四月生四十八年八月殤		
仁宗第三女	和裕皇貴妃劉氏生	莊敬和碩公主	嘉慶六年十一月下嫁索特納木多布濟	乾隆四十六年十二月生嘉慶十六年三月薨年三十一	索特納木多布濟博爾濟吉特氏額駙科爾沁郡王齊默特多爾濟孫襲爵尚主授御前大臣賜紫韁嘉慶二十五年受顧命道光五年卒進親王無子以從子僧格林沁爲後	主葬王佐村乾隆以上公主封號皆繫於固倫和碩之下嘉慶中改冠於上道光二十四年宣宗諭定先列封號次別固倫和碩書法始定
仁宗第四女	孝淑睿皇后生	莊靜固倫公主	嘉慶七年十一月下嫁瑪尼巴達喇	乾隆四十九年九月生嘉慶十六年五月薨年二十八	瑪尼巴達喇博爾濟吉特氏襲土默特貝子尚主賜紫韁歷官前鋒統領都統御前大臣加郡王銜賜四團龍補服道光十一年進貝勒十二年卒	主葬王佐村
仁宗第五女	遜嬪沈氏生	追封慧安和碩公主		乾隆五十一年十一月生六十年五月殤		主葬梁格莊
仁宗第六女	華妃侯氏生	未封		乾隆五十四年六月生五十五年五月殤		
仁宗第七女	孝和睿皇后生	未封		乾隆五十八年六月生六十年六月殤		
仁宗第八女	恭順皇貴妃鈕祜祿氏生	未封		嘉慶十年二月生十一月殤		
仁宗第九女	恭順皇貴妃鈕祜祿氏生	追封慧愍固倫公主		嘉慶十六年正月生二十年五月殤		主葬梁格莊
宣宗第一女	孝慎成皇后生	追封端憫固倫公主		嘉慶十八年七月生二十四年十月殤		主葬許家峪
宣宗第二女	祥妃鈕祜祿氏生	未封		道光五年正月生七月殤		
宣宗第三女	孝全成皇后生	追封端順固倫公主		道光五年二月生十五年十一月殤		
宣宗第四女	孝全成皇后生	壽安固倫公主	道光二十一年十月下嫁德穆楚克札布	道光六年四月生咸豐十年閏三月薨年三十五	德穆楚克札布博爾濟吉特氏奈曼部台吉尚主襲奈曼部札薩克郡王歷官御前大臣都統賜紫韁黃韁親王補服同治四年卒進親王	
宣宗第五女	祥妃鈕祜祿氏生	壽臧和碩公主	道光二十二年十一月下嫁恩崇	道光九年十月生咸豐六年七月薨年二十八	恩崇初名恩醇那木都魯氏尚主歷官副都統內務府總管同治三年卒	
宣宗第六女	孝靜成皇后生	壽恩固倫公主	道光二十五年四月下嫁景壽	道光十年十二月生咸豐九年四月薨年三十八	景壽富察氏將軍一等誠嘉毅勇公明瑞之裔有傳	
宣宗第七女	彤貴妃舒穆嚕氏生	未封		道光二十年七月生二十四年十二月殤		
宣宗第八女	彤貴妃舒穆嚕氏生	壽禧和碩公主	同治二年十月下嫁札拉豐阿	道光二十一年十一月生同治五年八月薨年二十六	札拉豐阿初名瑞林鈕祜祿氏官御前侍衛尚主歷官副都統護軍統領都統管神機營賜紫韁固倫額駙補服光緒二十四年卒	
宣宗第九女	莊順皇貴妃烏雅氏生	初封壽莊和碩公主光緒七年進封壽莊固倫公主	同治二年十一月下嫁德徽	道光二十二年二月生光緒十年二月薨年四十三	德徽博羅特氏都統一等誠勇公班第之裔尚主授散秩大臣同治四年卒	
宣宗第十女	彤貴妃舒穆嚕氏生	未封		道光二十四年三月生二十五年正月殤		
文宗女	莊靜皇貴妃他他拉氏生	榮安固倫公主	同治十二年八月下嫁符珍	咸豐五年五月生同治十三年十二月薨年二十	符珍初名瑞煜瓜爾佳氏固山額眞一等雄勇公圖賴之裔襲爵尚主歷官散秩大臣副都統護軍統領	

文宗撫弟恭親王奕訢第一女

榮壽固倫公主

同治五年九月下嫁志端

咸豐四年二月生

志端富察氏都統襲一等誠嘉毅勇公景壽子一品蔭生尚主賜雙眼花翎同治十年卒

御前大臣都統內大臣賜紫韁宣統元年卒

清史稿

外戚表序

班書始立外戚恩澤侯表，遼明二史因之。遼外戚不皆有封爵，然世選北府宰相預政事，明則揚徐二王僅假虛號，自後皆封侯伯，嘉靖間詔不得與汗馬餘勳並列，惟分封大邑帶礪相承，未嘗區以別也。清初太祖娶於葉赫，草昧干戈，制度未備。太宗世祖娶於蒙古，追進崇封外戚恩澤，自此始。雍正八年，世宗詔定外戚爲承恩公，乾隆四十三年高宗又詔后族承恩與佐命功臣櫛風沐雨拓土開疆者實難並論，俱改爲三等公，名既專屬，等復攸殊，裁抑制防，視明尤嚴。用是終清世外家皆謹守法度，無預政事者，不可謂非詒謀之善也。明史用班氏例，兼及宦官恩倖之得封者，尤清所未有，茲次第諸后族爲外戚表。凡以外戚封及其家初有爵以外戚進者，皆入爲后族，別以功封仍列功臣世爵表。

清史稿

外戚表

一世 二世 三世 四世 五世 六世 七世 八世 九世 十世 十一世 十二世

孝慈高皇后父揚吉努 姓納喇氏葉赫貝勒

孝端文皇后父莽古思 姓博爾濟吉特氏世居科爾沁左翼中旗崇德二年六月庚寅追封和碩福親王

孝莊文皇后父宰桑 莽古思子順治十一年五月壬辰追贈和碩忠親王
- **滿珠習禮** 宰桑子順治十六年五月乙巳晉封科爾沁達爾汗巴圖魯親王
- **和拖** 滿珠習禮長子康熙四年七月丙戌襲停巴圖魯名號
- **班第** 和拖長子康熙十年三月丁丑襲
- **羅布藏袞布** 班第長子康熙四十九年十一月乙未襲
- **色騰巴勒珠爾** 羅布藏袞布三子乾隆十七年襲二十年有罪黜
- **色旺諾爾布** 羅布藏袞布次子乾隆二十年襲
- **旺扎勒多爾濟** 色旺諾爾布長子乾隆三十九年襲
- **丹曾旺布** 旺扎勒多爾濟長子嘉慶三年襲
- **布彥溫都爾** 丹曾旺布子嘉慶十三年襲
- **索特那木綳蘇克** 布彥溫都爾子道光十八年襲
- **棍布旺濟勒** 索特那木綳蘇克子同治十三年二月辛巳襲
- **那木濟勒色楞** 棍布旺濟勒子光緒十年襲

孝惠章皇后父綽爾濟 滿珠習禮子科爾沁鎮國公康熙元年十月戊申晉封貝勒
- **鄂緝爾** 綽爾濟長子康熙九年十二月戊戌襲
- **巴克什固爾** 鄂緝爾長子康熙二十一年三月乙亥襲
- **阿喇布坦** 巴克什固爾長子康熙五十九年十二月丁未襲
- **薩木丕勒扎木素** 阿喇布坦四子雍正十三年七月壬戌襲
- **三音察袞** 薩木丕勒扎木素嗣子乾隆二十二年襲
- **色楞多爾濟** 三音察袞子嘉慶七年八月壬子襲
- **貢格拉布坦** 色楞多爾濟子道光三年十一月庚寅襲
- **桑魯布多特賽** 貢格拉布坦子咸豐九年襲
- **昂噶扣** 桑魯布多特賽從弟同治五年二月乙未襲
- **濟克登達克齊瓦** 昂噶扣子光緒十年襲
- **濟克登諾爾布林沁扎木蘇** 濟克登達克齊瓦長子光緒三十二年襲

孝康章皇后父佟圖賴 隸滿洲鑲黃旗官兵部尚書都統康熙間追封一等公贈太師謚勤襄
- **佟國綱** 佟圖賴子康熙六年八月襲一等公征厄魯特殁於陣贈太師謚忠勇
- **鄂倫岱** 佟國綱子康熙二十九年十二月襲雍正三年五月有罪黜爵
- **夸岱** 佟國綱子鄂倫岱弟雍正三年五月襲
- **納穆圖** 夸岱子官都統雍正八年九月襲卒謚榮靖
- **嗣存** 納穆圖子官散秩大臣乾隆三十二年襲謚愨僖
- **普璽** 嗣存子乾隆三十四年襲
- **書明阿** 嗣存繼子官杭州將軍乾隆三十九年襲四十三年改爲三等公卒謚勤敏
- **裕誠** 書明阿子
- **克昌** 裕誠子
- **楚林** 克昌子
- **倚功** 克昌從子宣統三年十二月戊申襲

佟圖賴父佟養眞官游擊世職追封一等公謚忠烈

孝獻皇后父鄂碩 姓董鄂氏隸滿洲正白旗順治十四年二月晉封三等伯
- **費揚古** 鄂碩子順治十五年二月襲康熙二十六年七月以戰功晉封一等公卒謚襄壯
- **陳泰** 費揚古子降襲一等侯康熙四十年十二月有罪削爵
- **圖把** 陳泰弟雍正十年五月襲
- **圖桑阿** 圖把子乾隆十年襲

孝誠仁皇后父噶布拉 姓赫舍里氏隸滿洲正白旗康熙十三年十二月追封一等公加太子少保卒謚恪僖
- **長泰** 噶布拉子康熙二十一年正月襲有罪削爵
- **倫布** 長泰弟雍正五年十月襲一等公有罪削爵
- **達爾瑪** 倫布叔雍正九年襲尋卒
- **法爾瑪** 達爾瑪兄雍正九年十二月庚戌襲一等公
- **善保** 法爾瑪從子乾隆二十三年十二月庚子襲有罪黜爵四十七年四月復爵
- **雙福** 善保長子嘉慶十二年十二月丙辰襲
- **祿豐** 雙福子道光十九年十二月己卯襲
- **和瑞** 祿豐嗣子咸豐八年十二月丁巳襲
- **玉山** 和瑞子光緒六年十二月辛亥襲
- **興安** 玉山子光緒十五年十二月戊子襲

阿爾景阿

善保叔乾隆二十九年九月甲申襲四十三年改爲三等公有罪爵黜

孝昭仁皇后父遏必隆 姓鈕祜祿氏隸滿洲鑲黃旗額亦都第六子官鑾儀衛掌衛事大臣加少保輔政大臣加太師從征山東湖廣有功襲一等子晉封一等公卒謚恪僖

法喀 遏必隆子康熙六年八月襲一等公二十五有罪爵黜

孝懿仁皇后父佟國維 佟國綱子官內大臣康熙間封一等公卒贈太師謚端純

隆科多 佟國維子康熙六十一年襲有罪爵黜

慶復 隆科多弟雍正五年六月襲乾隆十二年有罪停襲

孝恭仁皇后父衛武 姓烏雅氏隸滿洲正黃旗官護軍參領雍正元年二月癸丑追封衛武祖泊布

博啓 衛武子雍正元年二月癸丑襲一等公

博永 博啓子乾隆十九年四月癸未襲

希明 博永子乾隆二十三年十二月甲申襲

志福 希明子乾隆年襲四十三年改爲三等承恩公

吉祥保 志福子嘉慶五年十二月乙丑襲

增喜 吉祥保子道光二十八年十二月庚辰襲

瑞興 增喜子咸豐五年十二月丙午襲

振陞 瑞興嗣子

根父內大臣額森三代一等公

孝敬憲皇后父費揚古 姓那喇氏隸滿洲正黃旗官正一品步軍統領雍正元年十二月戊子追封一等侯十三年十月辛卯追晉一等公費揚古祖透納巴圖魯父布查克三代追封一等承恩公

五格 費揚古子雍正十二年十月辛卯襲一等公世襲罔替

德保 五格子官都統乾隆十六年五月甲午襲有罪爵黜

德祿 五格第二子乾隆十九年十二月戊寅襲

嵩山 德祿孫乾隆四十一年十二月癸丑襲四十三年正月辛未改爲三等公

承恒 嵩山子嘉慶十八年十二月丁未襲

繼善 承恒嗣子道光十六年十二月甲子襲

肇馨 繼善子同治二年十二月己丑襲

麟徵 肇興子光緒四年十二月壬辰襲

珠爾杭阿 麟徵子光緒十二年十二月丙子襲

孝聖憲皇后父凌柱 姓鈕祜祿氏隸滿洲鑲黃旗官四品典儀雍正十三年十一月戊申追封一等承恩公謚良榮祖額亦騰父吳祿追封一等承恩公

伊通阿 凌柱子乾隆十二年十二月戊子襲

伊松阿 凌柱次子乾隆十八年十二月壬辰襲

觀音保 伊松阿子乾隆四十三年十二月丁亥襲改襲三等承恩公

富僧額 觀音保子嘉慶六年十二月戊午襲

盛福 富僧額子嘉慶二十年十二月甲子襲

明存 盛福子咸豐十一年十二月庚午襲

瑞興 明存子同治九年十一月丁丑襲

孝賢純皇后父李榮保 姓富察氏隸滿洲鑲黃旗官察哈爾總管乾隆

富文 李榮保子乾隆十二年五月癸丑襲

明瑞 富文子乾隆十四年二月庚戌襲二十四年二月進一等承恩毅勇公三十三年改封

二年追封一等承恩公謚莊慤

富玉 李榮保子乾隆四十七年五月丁酉襲

一等誠嘉毅勇公官將軍雲貴總督征緬甸戰死謚果烈

奎林 明瑞弟乾隆三十三年正月辛卯襲四十三年正月辛未改爲三等承恩武勇公官成都將軍卒謚武毅

明俊 富玉子嘉慶四年十二月己亥襲

喜倫 明俊子嘉慶十四年十二月丙申襲

春福 喜倫嗣子道光十七年十二月乙丑襲

志鈞 春福嗣子光緒十二年十二月甲戌襲

孝儀純皇后父清泰 姓魏佳氏隸滿洲鑲黃旗官內管領嘉慶二年四月庚子追封一等承恩公清泰祖護軍校嗣興父內務府大臣武士宜追封三等承恩公

花沙布 清泰曾孫嘉慶四年四月庚子晉封三等承恩公

安誠 花沙布子道光八年十二月辛巳襲

恩榮 安誠子咸豐七年十二月辛酉襲

瑞山 恩榮子

孝淑睿皇后父和爾經額 姓喜塔臘氏隸滿洲正白旗嘉慶元年二月甲辰追封三等承

盛住 和爾經額長子嘉慶四年六月庚子襲三等承恩公有罪爵黜

孟住 盛住弟嘉慶十年十二

智林 孟住子道光四年十二

崇端 智林嗣子道光十一年

裕輝 崇端子同治三年十二

熙俊 裕輝嗣子光緒十三年

承禔 熙俊嗣子光緒二十七

恩公四年四月庚辰追封和爾經額祖員外郎愛星阿父拜唐阿常安三等承恩公	月癸巳襲官廣州將軍卒諡敬愼	月壬申襲	十二月壬辰襲	月辛巳襲	十二月丙申襲
					年十二月丙午襲

孝和睿皇后父恭阿拉 姓鈕祜祿氏滿洲鑲黃旗嘉慶四年四月丙午晉封三等承恩公官禮部尚書卒諡勤恪父恭保官筆帖式追封三等承恩公	和世泰 恭阿拉子嘉慶十八年三月癸巳襲	崇恩 和世泰子道光三十年改襲一等承恩侯	維慶 崇恩長孫同治元年十二月癸巳襲官寧夏將軍諡恪勤	信恪 維慶長子光緒十四年十二月甲午襲	官箴 信恪子
孝穆成皇后父布彥達賚 姓鈕祜祿氏滿洲鑲黃旗官戶部尚書道光元年八月辛亥追封三等承恩公卒諡恭勤	熙敏 布彥達賚子道光元年九月乙丑襲	克興額 熙敏嗣子道光九年十二月丙子襲	恩慶 克興額子同治七年十二月乙未襲	英俊 恩慶嗣子光緒二十七年十二月戊申襲	
孝愼成皇后父舒明阿 姓佟佳氏隸滿洲鑲黃旗佟圖賴之後已襲一等公道光元年	裕寬 舒明阿子道光十二年十月戊申襲一等承恩侯	廣林 裕寬子道光十六年三月甲辰襲	克勤 廣林子咸豐十一年十二月壬戌襲	偉功 克勤子光緒十八年十二月壬寅襲	

十月丁未晉封舒明阿子裕寬一等承恩侯舒明阿卒諡勤敏舒明阿祖都統納穆圖父散秩大臣嗣存並追諡已見佟圖賴封爵			
孝全成皇后父頤齡 姓鈕祜祿氏隸滿洲鑲黃旗官乾淸門二等侍衞道光十四年十月庚戌追封一等承恩侯諡榮僖	胡圖哩 頤齡子道光二十四年十二月庚戌襲	文壽 胡圖哩長子道光二十年七月甲辰改襲三等承恩公	慶麟 文壽嗣子光緒十二年十二月戊戌襲
孝靜成皇后父恩齡 姓博爾濟吉特氏隸滿洲正黃旗道光三十年五月戊申晉封一等子咸豐間加封一等承恩侯官兵部左侍郎追封恩齡曾祖刑部員外郎崐山三等承恩公諡簡勤祖浙江烏鎭同知興德三等承恩公	吉拉敏 恩齡子早卒	承蔭 恩齡孫	

諡榮僖父刑部員外郎花良阿三等承恩公諡敦敏			
孝德顯皇后父富泰 姓薩克達氏隸滿洲鑲黃旗官太僕寺卿道光三十年十一月戊辰追封三等承恩公諡肅愼同治元年八月戊辰追封富泰祖刑部尙衡明山三等承恩公諡端愨父兵部員外郎祺昌三等承恩公諡端和	德懋 富泰嗣子同治元年三月乙酉襲	鍾秀 德懋子同治十一年十二月丁卯襲	瑛玉 鍾秀嗣子光緒三十一年甲戌襲
孝貞顯皇后父穆揚阿 姓鈕祜祿氏隸滿洲鑲黃旗官廣西右江道同治元年八月戊辰追封三等承恩公諡榮敬同日追封穆揚阿祖陝西綏鎭總兵官普坦三等承恩公諡端勤父西	廣科 穆揚阿子咸豐十一年十二月辛未襲官杭州將軍諡勤愨	恩瀫 廣科子光緒六年八月丁酉襲	榮泉 恩瀫子光緒三十年十二月辛酉襲

寧辦事大臣福克精阿三等承恩公，諡端敏。

孝欽顯皇后父		
惠徵 姓葉赫那拉氏，隸滿洲鑲黃旗。官安徽寧池太廣道。同治元年八月戊辰，追封三等承恩公，諡端恪。同日追封惠徵祖戶部員外郎吉朗阿三等承恩公，諡端勤；父刑部員外郎景瑞三等承恩公，諡莊勤。	照祥 惠徵長子。咸豐十一年十二月辛巳襲。官護軍統領。諡恭愨。	德善 照祥子。光緒七年六月壬辰襲。

孝哲毅皇后父		
崇綺 姓阿魯特氏，原隸蒙古正藍旗，改隸滿洲鑲黃旗。同治四年一甲第一名進士。官吏部尚書，諡文節，後追削。同治十一年六月丙辰晉封三等承恩公。	葆初 崇綺子。官散秩大臣。光緒十六年十二月壬子襲。	法亮 葆初嗣孫。光緒二十七年十二月甲辰襲。

孝定景皇后父	
桂祥	德恆 桂祥子。

惠徵子。官都統。光緒十四年十月己亥晉封三等承恩公。

清史稿

諸臣封爵世表序

史記、漢書皆表列侯，明史世表亦及功臣。清於封爵，皆仿古制，世及為禮，視漢特優，非罔替者，甲令按等皆有襲次，不容稍紊。開國所封，沐雨櫛風，攀鱗附翼，與漢元功實無差異。其後盪定邊徼，開拓疆宇，僃爵酬庸，赫奕當代。內地征討役稍鉅者，胙茅傳胤，亦等邊功。惟福康安非有殊勳，竟贈眞王，襲降之制，一視天潢，亦云濫矣。子男以次，得世職者，往往併襲。今並為表。最初封者，恆越十代，除爵既鮮，延世莫廢，非漢列侯所敢望也。外戚封者，附書於後。作諸臣封爵世表。

清史稿

諸臣封爵世表一

初封	一次襲	二次襲	三次襲	四次襲	五次襲	六次襲	七次襲	八次襲	九次襲	十次襲	十一次襲	十二次襲	十三次襲	十四次襲	十五次襲	十六次襲	十七次襲	十八次襲
定南王 孔有德 正紅旗漢軍。崇德元年四月以來歸封恭順王。順治六年五月，以軍功改封定南王，鎮廣西。九年七月殉節桂林，諡武壯。無嗣。																		

靖南王

初封	一次襲	二次襲
耿仲明 正藍旗漢軍。崇德元年四月以來歸封懷順王。順治六年五月以軍功改封靖南王。征廣東，十一月自殺。加贈開國輔運推誠宣力武臣。	耿繼茂 耿仲明子。順治八年四月襲。鎮廣西，移鎮福建。康熙十年五月薨，諡忠敏。	耿精忠 耿繼茂子。康熙十年五月襲。鎮福建。十三年三月叛。二十一年正月伏誅。

平南王

初封	一次襲	二次襲
尚可喜 鑲藍旗漢軍。崇德元年四月以來歸封智順王。順治六年五月以軍功改封平南王，與靖南王	尚之孝 尚可喜次子。康熙十三年三月襲，旋辭命，仍父可喜管藩務。	尚之信 尚可喜子。康熙十五年十二月幽父可喜，叛。十六年六月反正，詔襲親王。十九年八月伏誅[illegible]

	同征廣東留鎭康熙十四年正月晉封平南親王十五年二月爲子之信所幽十月薨謚曰敬
	襲

平西王

吳三桂	遼東人隸漢軍旗順治元年五月以迎降封平西王鎭雲南康熙元年五月晉平西親王十六年十一月叛革爵

義王

孫可望	正白旗漢軍順治十四年十二月以來歸封義王十七年十一月薨謚恪順康熙十一年追降
孫徵淇	孫可望子順治十七年十一月襲爵卒
孫徵淳	孫徵淇弟順治十八年十月襲康熙十一年薨謚順慤
孫徵灝	襲義王孫徵淳弟康熙十一年八月降襲慕義公二十年正月撤銷五十四年六月卒謚清論

	嘉義公
	子孫弘相襲降入世職表

忠銳嘉勇貝子

福康安	鑲黃旗滿洲自三等嘉勇男累封至一等忠銳嘉勇公乾隆六十年九月以勦湖南等處苗匪屢著勞勣特恩照宗室之例晉封貝子爵銜嘉慶元年五月卒贈郡王謚文襄配享太廟子襲貝勒
德麟	福康安子嘉慶元年襲貝勒子降襲貝子
慶敏	德麟子嘉慶二十三年降襲貝子子降襲鎭國公
文謙	慶敏子咸豐五年四月襲不入八分鎭國公光緒四年卒謚誠靖
海淩	文謙子光緒四年襲
海年	光緒七年襲

輔國公

蘇巴西里	鑲黃旗蒙古雍正元年奉旨照宗室例封輔國公
綽依濟多爾濟	蘇巴西里弟
德埒克多爾濟	綽依濟多爾濟繼子
羅普藏尼瑪	德埒克多爾濟族弟乾隆五十二年改公銜頭等台吉
巴彥桑	羅普藏尼瑪子
博端	巴彥桑子
博麟	博端弟
宗祐	博麟子
和勝武	宗祐繼孫
祺克坦	和勝武族弟宣統三年襲

超等英誠公

揚古利	正黃旗滿洲初積軍功授一等總兵官天聰八年五月以軍功加牛錄章京尋封超等公崇德二年正月征朝鮮陣亡追封武勳王順治元年配享太廟雍正九年三月給號超等英誠公
塔瞻	揚古利子崇德二年七月仍襲超等公六年十二月緣事降爲一等公順治四年卒
愛星阿	塔瞻子順治四年六月襲一等公七年三月恩詔准世襲罔替康熙三年卒謚敬康
福善	愛星阿子康熙三年七月襲四十七年卒謚恭慤
海金	福善子康熙四十七年十月襲
豐盛額	海金子康熙五十九年十二月襲雍正九年三月襲一等英誠公
豐安	豐盛額子乾隆二年二月襲三十九年以軍功兼一雲騎尉再准襲一次
阿克東阿	豐安子乾隆三十五年十二月襲
富克錦	阿克東阿子嘉慶十六年襲
連成	富克錦子咸豐二年襲
銘勛	連成繼子光緒九年襲
扎克丹	銘勛子光緒十三年襲

一等雄勇公

圖賴	正黃旗滿洲初積軍功屢加至三等昂邦章京順治二年三月以軍功超封三等公三年五月晉一等公四年
惠塞	圖賴子順治四年六月襲尚太宗皇十女後爲墨勒根王所構奪爵八年十月卒九年正月事白追復原爵
頗爾盆	惠塞弟順治九年四月襲
永謙	頗爾盆子康熙五十一年十二月襲雍正九年三月襲一等雄勇公
景惠	永謙子乾隆二十七年十二月襲
景恒	景惠弟乾隆四十九年十二月襲
英海	景恒子嘉慶十年十二月襲
祿賢	英海子嘉慶十九年襲
復昌	祿賢繼子道光十年襲
符珍	復昌子咸豐七年襲尚文宗皇女榮安公主宣統元年十二月卒
松年	符珍子宣統二年襲

卒九年正月追諡昭勳配享太廟雍正九年三月給號雄勇

一等超武公	
鼇拜	鑲黃旗滿洲初積軍功屢加至一等昂邦章京尋封三等侯順治八年閏二月以軍功晉一等侯九年正月恩詔優封二等公康熙六年七月以輔政功晉一等公原所有二等公令其子納穆福襲八年五月以罪革卒雍正五年十一月特旨追復一等公九年三月給
納穆福	鼇拜子康熙六年八月襲二等公八年五月緣事革
達福	鼇拜孫本襲一等男雍正五年十一月特旨賜襲一等公九年三月襲一等超武公陣亡
岱吞	達福子雍正九年十一月襲
德勝	岱吞子乾隆二十六年十二月襲四十五年十一月奉旨毀出缺時停襲仍給予一等男爵
慶玉	德勝子嘉慶十二年改襲一等男
鍾靈	慶玉子嘉慶十九年襲
貴麟	道光十三年襲
鍾壽	貴麟弟道光二十三年襲
鶴齡	鍾壽子咸豐四年襲
錫惠	鶴齡子同治四年襲

號超武

一等公	
索尼	正黃旗滿洲初以任事有能及軍功屢加至三等昂邦章京尋加爲二等順治九年正月恩詔晉封三等伯又以恩詔晉一等伯康熙六年閏四月以輔政功於一等伯外加封一等公尋卒諡文忠公爵無襲子心裕襲初封之一等伯
心裕	索尼子康熙六年閏四月襲一等伯四十二年四月緣事革
法保	心裕弟康熙六年十月襲封一等公二十二年三月緣事革四十二年四月襲兄心裕一等伯
法爾薩	法保子康熙四十九年九月襲雍正九年十二月晉襲一等公見外戚噶布喇表
令德	法爾薩弟雍正九年十二月襲乾隆十四年八月以祖索尼功晉號一等翊烈伯
保善	令德子乾隆十五年繳去恩詔所得襲二等子二十二年復襲一等公以其從弟法隆武襲二等子

一等褒績公	
賴塔	正白旗滿洲順治十三年以軍功封三等阿思哈尼哈番康熙
撥爾吞	賴塔孫原襲一等阿思哈尼哈番雍正五年十月襲一等
舒陵阿	撥爾吞兄子雍正十二年襲
隆興	舒陵阿子乾隆二十五年襲
祥敏	隆興子嘉慶五年襲
布都爾呼那	祥敏子嘉慶十年襲
佛爾恒額	布都爾呼那繼子道光十七年襲
錫露	佛爾恒額子光緒三十二年襲

二十五年以恢復雲南功晉一等阿思哈尼哈番卒諡襄毅雍正五年十月追封一等公九年三月給號褒績世襲

公九年襲褒績公十二年緣事革

一等海澄公	
黃梧	福建平和人順治十三年七月自明鄭成功部將以海澄縣投誠功封海澄公康熙六年五月錫封一等十三年卒諡忠恪
黃芳度	黃梧子康熙十三年八月襲十四年十月漳州陷闔門死之贈郡王諡忠勇
黃芳世	黃梧兄子康熙十五年三月襲十七年卒諡忠襄
黃芳泰	黃芳世弟康熙十七年五月襲二十九年卒諡襄愍
黃應纘	黃芳度嗣子康熙三十年正月襲
黃仕簡	黃應纘子雍正八年十月襲乾隆五十二年坐罪奪爵
黃嘉謨	黃仕簡孫乾隆五十二年襲
黃慶春	道光年襲
黃懋澄	

一等忠達公	
圖海	正黃旗滿洲初以勤勞及軍功康熙十四年八月累加至一等阿思哈尼
諾敏	圖海子康熙二十一年六月襲三等公
瑪爾賽	諾敏子康熙三十二年七月襲三等公六十一年十二月襲一等公
瑪禮善	瑪爾賽弟雍正十年九月襲
瑪賢	瑪禮善子雍正十一年十二月襲坐事奪爵
瑪賓	瑪賢弟乾隆五年十二月襲
特通額	瑪賓從弟乾隆十八年十二月襲
隆福	特通額承繼子乾隆五十一年十二月襲
德興	隆福子道光二十二年襲
恩輝	德興子光緒九年襲

哈番。十五年八月以軍功超封三等公。二十年十二月卒。諡文襄。六十一年十一月追封一等公。雍正二年配享太

雍正九年三月襲一等忠達公。十年九月奪爵。

鼐。九年三月給號忠達。

一等公

費揚古
三等伯鄂碩子。順治十五年二月襲三等伯。康熙三十六年七月以平噶爾丹功晉一等公。卒。諡襄壯。子辰泰襲侯。

一等公

年遐齡
鑲黃旗漢軍。雍正元年以子羹堯功封。三年革。

一等公

年羹堯
鑲黃旗漢軍。雍正元年三月自川陝總督叙平西藏功封三等公。十月晉二等公。二年三月自撫遠大將軍以平青海功進一等公。三年七月黜降三等公。八月奪爵。尋賜自盡。

一等忠勇公

傅恒	廂黃旗滿洲。孝賢純皇后弟。乾隆十四年正月以平定金川軍功封一等忠勇公。三十五年七月卒。諡文忠。嘉慶元年五月晉贈郡
福隆安	傅恒子。乾隆三十五年閏三月卒。諡勒格。
豐紳濟倫	福隆安子。乾隆四十九年襲。嘉慶十二年二月卒。
富勒琿凝珠	豐紳濟倫子。嘉慶十二年襲。
慶興	富勒琿凝珠子。道光九年襲。
果齊遜	咸豐六年襲。
松椿	果齊遜嗣孫。光緒十七年襲。

王銜。配享太廟。

一等誠勇公

班第	廂黃旗蒙古。乾隆十九年十月以軍功封一等子。二十年五月以軍功晉封一等誠勇公。十二月殉節伊犁。諡義烈。
巴祿	班第子。乾隆二十年襲。二十七年以軍功兼一雲騎襲。
慶林	巴祿子。乾隆三十六年襲。
官惠	慶林伯父色布騰之子。其雲騎尉襲次已完。乾隆五十三年襲一等誠勇公。
裕恒	官惠族姪。道光十年襲。
德崇	裕恒子。同治三年襲。
聯恩	德崇子。光緒二十七年襲。

一等武毅謀勇公

兆惠	正黃旗滿洲。乾隆二十二年三月以平定回部功封一等武毅伯。明年十一月晉封一等武毅謀勇公。世襲罔替。二十九年十一月卒。諡文襄。配享太廟。
扎蘭泰	兆惠子。乾隆三十年襲。
英俊	扎蘭泰子。乾隆五十三年襲。
百善保	英俊兄。嘉慶八年十二月襲。
崇恩	百善保繼子。嘉慶十九年襲。
忠山	崇恩繼子。咸豐元年襲。
恒山	忠山弟。咸豐六年襲。
松山	恒山弟。同治元年襲。
德壽	松山子。光緒元年襲。

一等誠嘉毅

明瑞	鑲黃旗滿洲。初
惠倫	明瑞子。乾隆三
博啓圖	惠倫子。嘉
景慶	博啓圖子。道光
景壽	景慶弟。咸豐六
麟光	景壽子。光緒十

公勇

襲一等承恩公乾隆二十四年以軍功晉一等承恩毅勇公三十三年正月以進勦緬甸深入賊境改封一等誠嘉毅勇公世襲罔替二月陣亡諡果烈
十三年襲
慶二年襲道光十三年七月卒諡敬傳
十四年襲
年襲光緒十五年六月卒諡端勤
五年襲

一等誠謀英勇公

阿桂	正白旗滿洲乾隆四十一年正月以平定兩金川功封一等誠謀英勇公世襲罔替嘉慶二年八月卒諡文成祀享太廟
阿迪斯	阿桂子嘉慶二年十二月丁未襲官成都將軍五年三月以罪革戍
那彥桂	阿迪斯子嘉慶五年十二月壬戌襲
承霈	那彥桂繼子
繼勳	承霈子光緒二年襲
裕興	繼勳子光緒二十年襲

一等超勇公

海蘭察	鑲黃旗滿洲賜號巴圖魯乾隆二十
安祿	海蘭察子乾隆四十九年以海蘭察軍功
恩特賀	莫扎拉芬嘉慶四年襲
安成	嘉慶六年襲
阿玉璽	嘉慶二十五年襲
克興額	道光二十年襲
阿淩阿	道光二十二年襲
祥保	道光二十六年襲
扎綿	同治十二年襲
瑞普	扎綿子光緒十八年襲
倭林保	光緒二十五年襲

七年以軍功給騎都尉兼一雲騎尉世職四十一年以軍功晉封一等超勇侯五十二年以軍功晉封二等超勇公五十七年以軍功晉一等超勇公世襲罔替五十八年三月卒諡武壯
襲騎都尉五十八年十二月襲一等超勇公嘉慶四年卒諡壯毅

一等謀勇公

孫士毅	浙江仁和人乾隆五十三年十二月以平安南封一等謀勇公明年正月奪爵嘉慶元年四月以勦教匪功封三等男旋卒于軍諡文靖
孫均	孫士毅孫嘉慶元年七月襲伯爵尋停十一年六月革並銷旗籍

追復公爵允其遺奏所請入正白旗漢軍籍以其孫降襲伯爵

一等忠襄公

和珅	正黃旗滿洲乾隆四十九年併其世職封一等男五十三年晉封三等忠襄伯嘉慶三年八月以俘教匪王三槐功晉封一等忠襄公四年正月賜死奪公爵仍留伯爵
豐紳殷德	和珅子嘉慶四年正月襲伯爵尋奪七年十二月賜民公品級八年八月削十二年十二月仍授伯爵品級十五年四月再晉公爵品級旋卒無襲

一等威勇公

額勒登保	正黃旗滿洲嘉慶元年以苗疆肅清封一等威勇侯二年以勦教匪無功
莫爾廣額	額勒登保子嘉慶十年襲一等侯
哈郎阿	莫爾廣額弟嘉慶十三年襲道光三十年卒諡剛恪
那銘	哈郎阿子道光三十年襲
榮全	那銘子咸豐元年襲
富康	榮全子光緒三年襲

降二等伯三年奪爵四年封二等男尋晉一等男六年晉二等子尋晉三等伯七年正月復降一等男十二月以三省敉匪蕩平封一等侯世襲罔替十年八月封三等威勇公旋卒諡忠毅子降襲

一等威勇公

長齡：正白旗蒙古。道光八年以平張格爾功封二等威勇公。十七年晉一等公，世襲罔替。十八年卒。諡文襄。

桂輪：長齡子。道光十八年襲。卒。諡恪慎。

麟興：桂輪繼子。

成德：麟興子。光緒九年襲。

成端：麟興繼子。光緒七年襲。

奎元：成端子。光緒十四年襲。

二等公

英古爾代

伊圖：英古爾代

碩塔：伊圖弟順

額爾金：碩塔

英敏：英古爾代

英俊：英敏子雍

保賀：英俊子乾

哲臣：保賀子乾

福珠隆阿

海慶

志勤

如璧

阿拉哈

正白旗滿洲。初積軍功及考績屢加至三等昂邦章京。順治二年三月超封三等公。四年六月以考績晉二等公。五年二月卒。

子。順治五年九月襲。後緣事降爲三等精奇尼哈番。九年恩詔加爲二等。是年卒。今漢文改爲二等子。

治九年四月襲二等子。

叔父之孫。康熙二十二年十月襲。以罪革。

孫。康熙五十六年十一月降襲三等精奇尼哈番。今漢文改爲三等子。坐事革。

正六年十二月襲。

隆十二年四月襲。

隆四十七年十二月襲。

二等公

羅璧：一等伯程尼叔父。順治十二年併本身所得之一等阿達哈哈番，襲封二等公。

三等勇勤公

和碩圖：三等子何和禮子。初襲父職。天聰二年以軍功超封三等公。卒。追諡端恪。雍正九年三月贈三

何爾本：和碩圖子。天聰八年五月襲。

哲爾本：何爾本弟。崇德四年六月襲。

蘇布：哲爾本弟。順治五年七月襲。

袞布：蘇布兄之子。順治七年三月襲。九年正月恩詔晉一等公。卒。

彭春：袞布叔父之子。順治九年六月襲。康熙四十年以病解退。

增壽：彭春子。康熙四十年四月降襲三等公。

恆泰：增壽子。康熙六十年十二月襲。雍正九年三月襲三等勇勤公。坐事革。

色楞格：恆泰兄之子。雍正十一年九月襲。

和音布：色楞格從弟。乾隆十四年六月襲。

明英：和音布從弟。乾隆十六年十二月襲。

和色布：明英從弟。乾隆五十年十二月襲。

福蔭：和色布子。嘉慶三年襲。

慶瑞：福蔭子。道光元年襲。

阿那洪阿：慶瑞繼子。咸豐三年襲。

咸齡：阿那洪阿子。光緒八年襲。

豫隆：咸齡子。光緒十三年襲。

普齡：咸齡弟。光緒二十二年襲。

存鍾：咸齡繼子。光緒三十四年襲。

等勇勤公世襲

三等果毅公

圖爾格：廂黃旗滿洲。一等子贈宏毅公額宜都子。初積軍功屢加至三等昂邦章京。緣事革。後以軍功復加至三等昂邦章京。崇德八年十月以軍功超封三等公。順治二年卒。九月追諡忠義。配享太廟。雍正九年三月給號果毅。

科布梭：圖爾格子。順治二年二月降襲三等昂邦章京。尋以罪革。八年閏三月事白，襲父三等公。九年正月恩詔晉二等公。緣事革。

遏必隆：圖爾格弟。初襲一等子，別見。順治九年正月併科布梭爵爲一等公。康熙六年八月以輔政功於一等公外加賜一等公。原所有一等公令其子法喀襲。九年緣事革去所賜一等公。尋復與一等公銜。十二年卒。諡恪僖。十六年聖祖立其女爲皇后，是爲孝昭仁皇后。

法喀：遏必隆子。康熙六年八月襲。十五年緣事革。

阿靈阿：法喀弟。康熙二十五年四月襲。

阿爾通阿：阿靈阿子。康熙五十六年四月襲。銷去恩詔所得，降襲二等公。雍正二年十月緣事革。

殷德：阿靈阿兄。初襲見子爵表。雍正二年十月襲。五年四月因病告退，以其子承襲公爵。十月卒。諡愨敬。

訥親：殷德子。雍正五年四月襲。十三年十二月以行走勤慎實心供職晉襲二等果毅公。十三年十二月晉一等公。乾隆十三年九月革。

策楞：訥親兄。乾隆十三年襲二等果毅公。以罪削爵。

達爾黨阿：策楞從弟。初襲見子爵表。乾隆十九年九月襲。二十二年緣事削爵。

阿里袞：達爾黨阿從弟。乾隆二十三年襲。二十四年以軍功加一雲騎尉，并爲一等果毅公。三十四年卒。諡襄壯。四十二年追封一等果毅繼勇公。

豐昇額：阿里袞子。乾隆三十四年襲。乾隆四十一年以軍功加號繼勇，爲一等果毅繼勇公，並別賞給一等子世襲，見子爵表。四十二年十月卒。諡誠武。

明安：豐昇額承繼子。乾隆四十二年七月襲。嘉慶七年革。

興長：嘉慶七年襲。

那蘇巴圖：嘉慶十年襲。

巴雅爾綽克托：豐昇額孫。道光五年襲。

寶全：同治三年襲。

鐵麟：光緒二十七年襲。

三等奉義公

恩格德理：正黃旗滿洲天

額爾克代青：恩格德理

賽努克：額爾克代青兄順治

大壽：額爾克代青子康熙六年

費揚古：大壽兄康熙八年襲

喇阿泰：費揚古子康熙二十

噶爾薩：喇阿泰弟之子康熙

英泰：噶爾薩子乾隆九年十二

安琳：英泰子乾隆三十三年十

成德：安琳子乾隆四十七年十

琦善：成德子道光三年襲二十

松桂：琦善族姪道光二十一年

立瑞：松桂繼子同治八年襲

恩特和圖：立瑞繼子光緒

聽八年以率衆來歸，授三等昂邦章京。崇德元年卒。後諡端順。雍正七年特旨追封三等公。九年三月給號奉義。

子。崇德元年襲三等昂邦章京。順治二年加爲二等。七年恩詔超封三等侯。後以事削去侯爵，降爲二等精奇尼哈番。事白，晉封一等侯。九年兩次恩詔加至二等公。是年七月併其弟索爾哈之一拖沙喇哈番，晉一等公。十一年緣事降爲二等公。後以罪革。

十六年以額爾克代青有罪，將所襲伊父三等精奇尼哈番令囊努克襲，合本身所得之二等阿達哈哈番，併爲二等伯。康熙六年以所襲職與弟之子承襲，仍留本身二等阿達哈哈番。今漢文改爲二等輕車都尉。

特旨賜襲二等公。

三等公分一拖沙喇哈番與其叔索爾哈之子色凌襲。

八年襲。

五十四年銷去恩詔所得，襲一等侯。雍正七年特旨襲三等公。九年三月襲三等奉義公。

月，仍降襲一等侯。十四年復給號奉義。

二月襲。以事革。

二月襲。道光三年卒。

一年正月以專擅割地革。後卒。諡文勤。

襲。

三十四年襲。

三等信勇公	
費英東	鑲黃旗滿洲。太祖時積軍功授三等總兵官。天命五年卒。崇德元年追封直義公，配享太廟。順治十六年以開創第一功臣特贈三等公。雍正九年三月給號信勇，世襲。
索海	費英東子。天命五年襲三等總兵官。今漢文改爲三等子。
納海	索海兄。與弟圖賴分襲三等總兵官。緣事革。
圖賴	索海弟。與兄納海分襲三等總兵官。緣事革。
查喀尼	索海弟。天聰八年改襲三等昂邦章京。今漢文改爲三等子。
倭黑	查喀尼子。崇德八年襲。恩詔加爲二等精奇尼哈番。順治九年累加爲一等。十六年特旨賜襲三等公。
傅爾丹	倭黑子。康熙三十年襲。雍正九年晉襲三等信勇公。十年九月革。後卒。諡溫愨。
兆德	傅爾丹子。雍正十一年襲。坐事革。
哈達哈	兆德弟。乾隆元年襲。二十二年坐事革。
哈甯安	哈達哈子。乾隆二十二年襲。坐事革。
兆德	傅爾丹子。乾隆二十三年復襲。
富興	兆德子。原襲雲騎尉。乾隆三十六年併爲二等信勇公。四十二年晉一等公。卒。諡勤毅。
富銳	富興弟。乾隆五十四年襲。
安甯	富銳從子。嘉慶五年十二月襲。
盛貴	安甯子。嘉慶十五年襲。
聯綬	咸豐四年襲。
定昌	聯綬子。光緒四年襲。
錫明	光緒二十七年襲。

三等公	
吳內格	正白旗蒙古。初以來歸及軍功屢加至三等總兵官。天聰八年五月以軍功超封三等公。
光泰	吳內格子。天聰九年二月襲。崇德四年六月以罪降一等梅勒章京。令其兄齊墨圖克襲。
齊墨圖克	光泰兄。崇德四年襲一等梅勒章京。今漢文改爲一等男。
光泰	齊墨圖克弟。順治五年四月復襲一等阿思哈尼哈番。七年恩詔晉三等精奇尼哈番。緣事降一等阿思哈尼哈番兼一拖沙喇哈番。九年兩次恩詔加至二等精奇尼哈番。後仍降爲一等阿思哈尼哈番。以其兄之子沙哈納襲。今漢文改爲一等男。
沙哈納	光泰兄之子。初襲父齊墨圖克之拜他喇布勒哈番。恩詔加一拖沙喇哈番。康熙八年襲叔父光泰職，併爲二等精奇尼哈番。今漢文改爲二等子。
智勇	沙哈納弟之子。康熙二十一年襲。以罪革。
延福	智勇子。雍正八年銷去恩詔所得，襲三等精奇尼哈番。今漢文改爲三等子。
阿玉璽	延福子。乾隆十八年襲。坐事革。
安泰	阿玉璽從弟。乾隆十九年襲。
伊魯爾圖	安泰子。乾隆四十年襲。
佛興額	伊魯爾圖子。嘉慶元年襲。
富珠隆阿	佛興額弟。
英瑞	富珠隆阿子。
永福	英瑞子。

三等建烈公	
多尼庫魯格	廂黃旗蒙古。初積軍功授一等昂邦章京。崇德七年陣亡，超贈三等公。雍正九年三月給號建烈。
博羅	多尼庫魯格子。崇德七年八月襲。
噶爾瑪	博羅子。順治九年六月襲。
杜噶爾	噶爾瑪子。康熙四十六年十二月襲。
達什琳陳	杜噶爾子。康熙五十四年十二月襲。雍正九年三月襲三等建烈公。
敏珠爾多爾濟	達什琳陳子。乾隆十八年十二月襲。
扎木巴爾車淩	敏珠爾多爾濟子。乾隆五十五年襲。
阿爾塔西迪	
索特那木拉	阿爾塔西迪子。
淩錦多爾濟托克	索特那木拉子。
德木楚克扎布	淩錦多爾濟托克弟。光緒二年襲。

三等威信公	
岳鍾琪	四川成都人。雍正二年三月以平青海功封三等公。十年四月緣事降侯。七月奪爵。乾隆十四年三月復三等威信公。十九年卒。諡襄勤。子降襲。

三等義烈公	
那木扎爾	正白
保甯	那木扎爾子。乾
慶祥	保甯子。嘉慶十
文輝	慶祥子。道光六
憙鑑	文輝子。咸豐元
希璋	憙鑑子。光緒二

	續順公	弘毅公	海澄公
旗蒙古乾隆二十一年以軍功封一等勤襄伯二十四年四月陣亡追封義烈公世襲罔替諡武毅	沈志祥 正白旗漢軍崇德四年十月以來歸封續順公	額亦都 廂黃旗滿洲太祖時以功授一等總兵官天命六年卒崇德元年追封弘毅公配享太廟	鄭克塽 正紅旗漢軍鄭成功孫初
隆二十四年四月襲嘉慶十三年卒諡文端	沈永忠 志祥兄之子順治六年二月襲十二年緣事革	遏必隆 額亦都子天聰六年襲一等總兵官後緣事革今漢文改爲一等子餘詳前三等果毅公	
三年十二月襲道光六年六月以殉難喀什噶爾併爲一等義烈公諡壯直	沈永興 永忠從弟順治十二年六月襲	殷德 額亦都孫康熙五十二年特恩賜襲一等精奇尼哈番今漢文改爲一等子雍正二年晉三等果毅公	
年襲一等義烈公	沈瑞 永忠子康熙九年四月襲二十年十一月在福建全家殉節	豐阿達 殷德伯父之孫雍正三年襲	
年襲	沈熊昭 瑞叔父之孫康熙二十四年十月襲	達爾黨阿 豐阿達弟乾隆三年襲十九年特恩賜襲二等果毅公將一等子另襲	
十九年襲	沈之義 熊昭子康熙五十九年七月襲	特通阿 達爾黨阿從兄子乾隆二十年襲坐事革	
	沈鐸 之義子雍正二年三月襲	仁和 額亦都之四世孫乾隆二十一年襲坐事革	
	沈定文 鐸子乾隆十九年十二月襲二十三年緣事革	毓奇 額亦都之四世孫乾隆四十六年襲	
	沈廣文 定文弟乾隆二十三年十二月襲	班喜 額亦都之五世孫乾隆五十六年襲	
	德通 廣文子乾隆三十九年十二月襲		
	玉山 德通子道光四年襲		
	善佑 玉山子咸豐十一年襲		
	瑞崑 善佑子光緒十四年襲		
	明志 榮墍子		
	榮塾 善佑次子		
	慶鼐 榮塾子		

	承恩公	公
順治十年五月封成功爲海澄公不受十一月復封仍不受康熙二十二年克塽歸順仍封海澄公四十六年病故無襲	白文選 正白旗漢軍康熙元年十一月以歸順封承恩公十四年卒	陳福 陝西定邊人二等阿思哈尼哈番加三等精奇尼哈番康熙十四年以陝西提督被戕贈三等公諡忠愍
	白繪 文選子降襲三等精奇尼哈番無襲	

清史稿

諸臣封爵世表二

初封	一等侯
初封	伊爾德 正黃旗滿洲初積軍功屢加至二等昂邦章京順治七年三月恩詔准世襲罔替五月以軍功加爲一等九年正月恩詔超封三等侯緣事降一等伯又以恩詔由一等伯加一拖沙喇哈番緣事革十四年九月以軍功復爵[illegible]晉一等侯又一拖沙喇哈番今漢文改爲一等侯又一
一次襲	巴渾岱 伊爾德孫順治十八年十二月襲卒子降襲二等伯
二次襲	馬哈達 巴渾岱子雍正元年十二月降襲二等伯乾隆四年卒十四年八月贈號宣義世襲
三次襲	巴通阿 馬哈達子雍正八年襲
四次襲	郭爾多 巴通阿子乾隆四年十二月襲十四年八月襲二等宣義伯
五次襲	噶爾炳阿 郭爾多子乾隆十九年十二月襲
六次襲	巴爾桑阿 噶爾炳阿子乾隆三十六年十二月襲
七次襲	文恒 巴爾桑阿孫嘉慶八年襲
八次襲	勒英 文恒子道光十四年襲
九次襲	盛啓 勒英子
十次襲	德啓 盛啓弟光緒二十四年襲
十一次襲	
十二次襲	
十三次襲	
十四次襲	
十五次襲	
十六次襲	
十七次襲	
十八次襲	

雲一騎尉卒謚襄敏

一等侯

馬得功	廂黃旗漢軍順治十三年二月以來歸及軍功屢加至一等精奇呢哈番十八年五月超封三等侯康熙二年十月征福建海賊陣亡四年正月加贈一等侯謚襄武乾隆十四年贈一 等順勤侯世襲
馬三奇	馬得功子康熙四年正月襲一等侯雍正二年九月緣事革
馬爾瑛	馬三奇弟之子雍正三年五月襲
馬國鍾	馬爾瑛子雍正十年五月襲乾隆十四年八月襲一等順勤侯以罪革
馬國銘	馬國鍾從弟乾隆十五年七月襲
馬官正	馬國銘子乾隆四十年十二月襲
善慶	馬官正子乾隆四十九年十二月襲
蘇勒芳阿	善慶子嘉慶二十二年襲
岳齡	蘇勒芳阿子道光十八年襲
英俊	岳齡子光緒元年襲
憝珍	英俊子光緒三十四年襲

一等靖逆侯

張勇	遼東人隸陝西潼關衛康熙十四年四月以軍功由一等輕車都尉封靖逆侯
張雲翼	張勇子康熙二十五年襲
張宗仁	張雲翼子康熙四十九年襲
張謙	張宗仁子康熙五十九年襲
張承勳	張謙子乾隆十三年十二月襲
張秉樞	張承勳子乾隆三十二年襲五十九年十一月特旨自其父張承勳始歸
張順	
張禹銘	張順繼子
張培	張禹銘子光緒十三年襲

十五年八月復晉一等侯卒謚襄壯

入漢軍正黃旗

一等昭武侯

陳泰	贊揚古子康熙四十年十二月降襲一等侯以罪革乾隆十四 年八月贈一等昭武侯世襲
圖把	陳泰弟雍正十年五月襲
圖桑阿	圖把子乾隆十年十二月襲十四年八月襲一等昭武侯
松齡	圖桑阿子嘉慶七年襲
明慶	松齡孫
錫光	明慶子
果權	錫光子

一等延恩侯

朱之璉	正白旗漢軍雍正二年十二月以明代後裔由正定知府 特賜一等侯八年卒乾隆十四年八月贈一等延恩侯世襲
朱震	朱之璉子雍正八年十一月襲一等侯
朱紹美	朱震子乾隆十一年二月襲一等侯十四年八月改襲一 等延恩侯緣事革
朱儀鳳	朱紹美從子乾隆四十年十二月襲
朱毓瑞	朱儀鳳子嘉慶二年襲
朱秀吉	朱毓瑞子
朱秀祥	朱秀吉弟道光八年襲
朱貽坦	朱秀祥族祖道光九年襲
書桂	朱貽坦族叔道光十六年襲
鶴齡	書桂繼子
誠端	鶴齡族孫同治八年襲
朱煜勳	誠端子光緒十七年襲

一等成勇靖遠侯

富德	正黃旗滿洲乾隆二十四年以平回

部功封二十七年革

一等侯

福長安	傅恆子官軍機大臣嘉慶三年八月以擒教匪王三槐功封四年三月革

一等繼勇侯

德楞泰	嘉慶七年十二月以平三省教匪封十四年九月卒謚壯果
蘇崇阿	德楞泰子嘉慶十四年九月襲道光九年卒
倭什訥	蘇崇阿子道光九年十二月襲咸豐二年八月卒
希元	倭什訥子咸豐三年襲光緒二十年八月卒
世榕	光緒二十年襲

一等昭勇侯

楊遇春	四川崇慶武舉嘉慶十八年平滑縣教匪封二等男道光五年晉一等昭勇侯十七年二月卒謚忠武
楊國楨	遇春子道光十七年三月襲二十九年八月卒
楊炘	國楨子道光三十年襲咸豐十年陣亡謚威肅
楊光坦	同治八年襲
楊正藩	光緒三十年襲

一等毅

曾國藩
曾紀澤
曾廣鑾

勇侯	
	同治三年六月以江南平封一等侯十一年二月卒謚文正
	國藩子同治十一年襲光緒十六年閏二月卒謚惠敏
	紀澤子光緒二十三年襲

一等肅毅侯	
李鴻章	同治三年六月以江南平封一等肅毅伯光緒二十七年九月卒晉一等侯世襲
李國杰	鴻章孫光緒三十年八月襲

一等侯	
袁世凱	河南項城附貢生官內閣總理大臣宣統三年十一月封

二等順義侯	
田雄	廂黃旗漢軍順治二年以來歸及軍功授一等精奇尼哈番十八年五月復敘
田象坤	雄弟之子康熙四年正月襲二十五年七月以軍功晉一等侯
田存德	象坤子雍正十年閏五月襲
田國恩	存德子乾隆十二年五月襲十四年八月襲一等順義侯坐事革
田國榮	國恩弟乾隆十八年十二月襲
慶通	國榮子嘉慶十年襲
景端	慶通子
恩綬	景端子
錫光	恩綬子同治元年襲
延秀	錫光子光緒四年襲

	其擒獻明福王功超封二等侯康熙三年卒謚毅勇乾隆十四年八月贈二等順義侯世襲

二等果	
楊芳	貴州松桃道光八年以俘逆回張格爾封三等果勇侯是年晉二等侯十三年晉一等侯十四年降二等二十六年卒謚勤勇
楊建烘	楊芳曾孫同治十三年襲光緒十九年卒
楊國墀	楊建烘子光緒三十二年襲

二等恪靖侯	
左宗棠	同治三年以平浙江封一等恪靖伯光緒二年以回疆肅清晉二等侯十一年七月卒謚文襄
左念謙	左宗棠孫光緒十四年襲十八年卒
左景裕	左念謙子光緒三十年襲

三等侯	
巴世泰	三等子圖魯什巴天聰八年十一月襲父職順治九年正月恩詔晉封至一等伯四月以在御前爲蒙古侍衛所刺追贈爲三等侯
諸蘭泰	巴世泰子順治九年四月襲
桑格	諸蘭泰子順治十二年七月襲
偏圖	桑格子康熙二十三年十月襲
鄂圖	偏圖弟康熙五十六年銷去恩詔所得襲一等精奇尼哈番令漢文改爲一等子
納爾泰	鄂圖姪乾隆二年襲
德成額	納爾泰子乾隆五年襲
永祥	乾隆五十九年襲
克什布	永祥孫嘉慶十八年襲
希拉布	道光二十九年襲
崇壽	咸豐四年襲
安緒	崇壽嗣子光緒十七年襲
安成	光緒二十五年襲

三等侯	
李國翰	廂藍旗漢軍國初三等副將李繼學子初襲見三等男表順治五年六月晉封至一等精奇尼哈番九年正月晉至一等伯閏六月晉三等侯十七年卒謚敏壯
海爾圖	李國翰子康熙元年二月襲
李廷燮	海爾圖孫康熙二十一年八月襲
伊爾拜	李廷燮弟康熙三十四年十二月襲以罪革後以伯爵降襲
李秋	伊爾拜從姪雍正七年六月降襲三等伯坐事革
黑格	李秋從孫雍正十三年閏四月襲坐事革
李坦	黑格從弟雍正十三年十二月襲坐事革
李境	李坦再從兄乾隆十三年十二月襲十四年八月以其高祖李國翰功賜號勳烈伯世襲
慶壽	李境子乾隆四十五年十二月襲
成山	慶壽子嘉慶十年襲
慶英	成山族叔道光二十年襲
恩來	慶英子道光二十四年襲
延康	恩來子光緒十一年襲

三等靖海侯

施琅 廂黃旗漢軍康熙七年三月封伯爵二十九年九月以平臺灣功晉封靖海侯世襲三十五年三月卒諡襄壯

施世范 琅子康熙三十五年五月襲

施廷皐 世范子乾隆二十年二月襲

施純愷 廷皐子乾隆二十四年十二月襲

施鏻 純愷子乾隆四十一年十二月襲

施秉仁 鏻子乾隆四十七年十二月襲

施斌 秉仁子嘉慶十九年襲

施德霖 斌子道光七年襲

施德露 德霖弟咸豐六年襲

施振 德露子同治十年襲

施恩榮 振子光緒十一年襲

施澍 恩榮堂叔光緒二十一年襲

施普澤 澍族弟光緒三十二年襲

三等襄勇侯

明亮 廂黃旗滿洲乾隆四十一年正月以功封一等襄勇伯四十八年七月革嘉慶元年十二月復以苗境肅清封原爵三年正月再革七年十二月封一等男十年五月晉封一等子十四年正月再晉三等伯二十四年十一月晉封三等襄勇侯道光二年七月卒諡文襄

聯慶 明亮孫道光二年襲

恩昌 聯慶子道光九年襲

恩崇 恩昌弟道光十五年襲

奎璧 恩崇姪同治四年襲

存興 光緒二十七年襲

三等果勇侯

和隆武 正黃旗滿洲乾隆二十二年六月追贈其父和起爲一等伯併給一等子令其承襲四十一年正月以平定金川功晉封三等果勇侯世襲罔替四十七年八月卒諡壯毅

和雙額 和隆武弟乾隆四十七年十二月襲

和英額 和雙額弟

圖麟 和英額子道光元年襲

穆輅 圖麟子咸豐三年襲

希蘭 穆輅子同治八年襲

秀綸 希蘭孫光緒三十二年襲

三等威勤侯

勒保 廂黃旗滿洲嘉慶二年九月以功封一等威勤侯三年八月晉封威勤公四年七月革六年八月封三等男七年十二月晉封一等威勤伯二十四年八月卒晉贈一等威勤侯諡文襄

英惠 勒保子嘉慶二十四年襲封三等侯

文厚 英惠子道光十二年襲

廷鈞 文厚子同治四年襲

廷楨 廷鈞弟光緒四年襲

琦璐 廷楨嗣子光緒十八年襲

恭順侯

吳惟華 明侯順治二年叙迎順功封九年坐罪削爵

同安侯

鄭芝龍 正紅旗漢軍順治五年八月以歸順授一等精奇尼哈番十年五月晉封同安侯後戍遼東十八年十月殺

慕義侯

譚洪 順治十六年以來降封康

熙十三年叛革

建義侯 林興珠 鑲黃旗漢軍無襲

清史稿

諸臣封爵世表三

初封 一次襲 二次襲 三次襲 四次襲 五次襲 六次襲 七次襲 八次襲 九次襲 十次襲 十一次襲 十二次襲 十三次襲 十四次襲 十五次襲 十六次襲 十七次襲 十八次襲

一等伯

- 初封：芬古爾代 正黃旗滿洲天聰八年五月自蒙古來歸授三等昂邦章京順治二年二月加爲二等七年三月恩詔加爲一等九年正月恩詔超封二等伯又以恩詔晉一
- 一次襲：巴特瑪 芬古爾代兄之子順治九年七月襲康熙三十一年十二月以病退
- 二次襲：額參 巴特瑪子康熙三十一年十二月襲三十七年十月以庸劣解退
- 三次襲：四哥 額參兄康熙三十七年十月襲緣事革後降襲
- 四次襲：班達爾沙 四哥伯父之二世孫雍正七年降襲二等精奇尼哈番今漢文改爲二等子
- 五次襲：班岱 班達爾沙子乾隆八年十二月襲
- 六次襲：班達哈 班岱弟乾隆十一年十二月襲
- 七次襲：特通阿 班達哈子乾隆四十九年十二月襲
- 八次襲：哈當阿 班塔子嘉慶四年襲
- 九次襲：松桂
- 十次襲：立端
- 十一次襲：恩特和圖 立端繼子光緒三十四年襲

等伯是年卒

一等伯

- 程尼 三等子勞薩子崇德七年八月襲順治七年三月恩詔加爲二等精奇尼哈番九年正月兩次恩詔超封一等伯陣亡加一拖沙喇哈番今漢文改爲一等伯又一雲騎尉抵誠介

一等昭信伯

- 霸彥 三等子李永芳子順治九年正月論功封一等伯乾隆十四年追贈一等昭信伯
- 釋迦保
- 長生 釋迦保子
- 天保 長生族叔
- 李繩宗
- 李淑忠
- 李侍堯 霸彥三世孫乾隆三十三年襲
- 李奉堯 李侍堯弟

一等伯

- 舜保 二等公羅璧子
- 奇通額 舜保子康
- 欽拜 奇通額子康熙
- 固甯阿 欽拜姪乾
- 阿克敦 固甯阿子
- 武爾恭額 阿克
- 松甯 武爾恭額叔乾
- 慶亮 嘉慶四年襲
- 秀聯 慶亮子道光二
- 鍾潤 秀聯子光緒十

康熙元年分襲一等伯又一拖沙喇哈番今漢文改爲一等伯又一雲騎尉

康熙十二年三月襲

三十四年十二月襲

隆十三年五月降襲二等精奇尼哈番今漢文改爲二等子

乾隆三十年十二月襲

敦子乾隆四十七年十二月襲

隆四十九年十二月襲

十八年襲

八年襲

一等伯

- 趙良棟 甯夏人康熙二十四年四月追敘平雲南功封一等子三十六年三月卒謚襄忠乾隆三十二年予世襲罔替四十七年詔追晉一等伯
- 趙弘燦 良棟次子康熙三十七年襲一等子六十一年卒
- 趙之璧 弘燦子康熙六十一年襲一等子
- 趙日祕 之璧孫乾隆四十七年襲一等伯
- 趙其楨 道光年襲一等伯官河南河北鎮總兵二十年卒
- 趙延熉 其楨子道光二十年襲

一等伯

- 伊勒圖 正白旗滿洲乾隆五十年七月卒以久任伊犁將軍辦事安協由雲騎尉追封一等伯謚襄武
- 哲琛泰 伊勒圖子乾隆五十年七月襲
- 西爾杭阿 哲琛泰子
- 毓壽 哲琛泰繼子
- 良續 毓壽子光緒七年襲
- 良休 毓壽繼子
- 德印 良休子宣統三年襲

一等宣勇伯

和琳	正黃旗滿洲。乾隆五十八年任四川總督，以辦理廓爾喀軍餉妥協，授雲騎尉世職，合伊子豐紳宜綿襲。六十年九月以軍功特恩封一等宣勇伯。嘉慶元年八月卒，贈一等宣勇公，謚忠壯，配享太廟。四年正月皆追奪。
豐紳宜綿	和琳子。嘉慶元年襲。四年奪。

一等毅威伯

曾國荃	同治三年六月以江南平，封一等威毅伯。光緒十六年十月卒。謚忠襄。
曾廣漢	國荃孫。光緒二十年襲。

一等果威伯

官文	本漢軍，姓王，撥入正白旗滿洲。同治三年六月以金陵克復封。十年正月卒，謚文恭。
榮綠	官文繼子。
榮緒	官文繼子。光緒三年襲。
興恩	榮緒繼子。光緒四年襲。

二等伯

伊爾登	廂黃旗滿洲。天命六年授二等副將，緣事革。天聰五年積軍功加至一等副將。十年又以罪革。崇德六年以軍功授三等梅勒章京。順治二年加爲一等。七年恩詔加爲三等精奇尼哈番。九年恩詔超封三等伯。又以恩詔晉二等伯。十三年以年老休致。康熙二年卒，謚忠直。
噶杜	伊爾登兄之孫。康熙二年八月襲。
唐保住	噶杜子。康熙二十六年十二月襲。雍正六年三月緣事革。
詹布	唐保住嗣子。雍正六年三月降襲一等阿思哈尼哈番，今漢文改爲一等男。
恒德	詹布叔父。雍正十二年六月襲。
伊興阿	恒德兄子。乾隆五年十二月襲。坐事革。
方海	伊興阿兄子。乾隆十四年十二月襲。
索諾木策凌	方海從叔。乾隆十七年十二月襲。四十七年五月以罪革，尋賜死。
伍爾圖那思圖	方海孫。乾隆四十七年襲。
貴山	伍爾圖那思圖子。道光十七年襲。
維寬	貴山子。同治六年襲。
維厚	光緒九年襲。
普津	維厚子。光緒二十三年襲。

二等伯

明安	正黃旗滿洲。天聰八年五月以自蒙古來歸，授三等昂邦章京。順治七年三月恩詔加爲二等。九年正月恩詔優封三等伯。又以恩詔晉二等伯。十一年卒，謚忠順。雍正七年二月贈一等侯。乾隆十四年八月晉贈一等恭誠侯，世襲。
耶蘇	明安子。順治十一年七月襲。康熙元年九月緣事革，以其子班第襲。八年八月復爵。
班第	耶蘇子。康熙元年九月襲。八年八月罷。二十五年六月再襲。三十四年十二月以病解退。
巴圖	班第弟。康熙三十四年十二月襲。
馬蘭泰	巴圖子。康熙四十三年九月襲。雍正七年二月特旨晉一等侯。乾隆元年革。
博倫岱	馬蘭泰從弟。乾隆元年五月襲。十四年八月給號恭誠。
德甯	博倫岱子。乾隆二十二年十二月襲。
白淸額	德甯從弟。原襲三等子。乾隆三十四年七月改襲。
永德	白淸額堂弟。乾隆五十四年襲。
樂善	永德子。嘉慶十年襲。道光十九年卒。
錫光	樂善子。道光十九年襲。
啓泰	錫光子。光緒元年襲。

二等伯

都雷	正紅旗滿洲。順治二年以軍功授牛彔章京。七年以
新達里	都雷孫。順治十四年襲。坐事革。
石柱	新達里子。順治十八年將都雷因和碩額駙所得之
七十	石柱叔父。康熙元年襲。
朱良	七十子。康熙二十二年襲。後降襲

係和碩額駙加三等阿思哈尼哈番併前職爲一等。恩詔加一拖沙喇哈番。特恩加爲三等精奇尼哈番。九年兩次

三等阿思哈尼哈番銷去降襲二等阿思哈尼哈番今漢文改爲二等男

恩詔超封二等伯

二等伯

納海	二等子哈山子。以軍功加至三等阿達哈哈番。順治十二年十一月併哈山職　襲封二等伯
納秦	納海弟。順治十七年二月襲二等伯
穆爾泰	納秦子。康熙三十三年十月襲。子奇山降襲

二等伯

馬齊	一等男李榮保兄。康熙五十六年降襲一等阿達哈哈番。六十一年十一月仍
富興	馬齊子。乾隆四年十月襲
富良	富興弟。乾隆十三年七月將原襲之騎都尉併爲一等伯。十四年八月襲一等
善明	富良子。乾隆四十二年十二月襲
富爾嵩阿	乾隆六十年襲
松蔭	嘉慶二十年襲
承志	道光二十三年襲
宗佑	光緒十一年襲
宗英	光緒十四年襲
宗華	宣統三年襲

准襲一等阿思哈尼哈番。十二月復以勤勞晉封二等伯。乾隆四年五月卒，諡文穆。十四年八月晉二等敦惠伯

敦惠伯。卒，諡恭勤

三等伯

噶爾瑪僧格	二等子博本弟。天聰八年襲。順治九年正月恩詔晉封三等伯
穆哈連	噶爾瑪僧格兄之子。順治九年六月襲。以罪革
赫良色	穆哈連叔父之孫。康熙二十三年五月襲。以罪革

三等襄寧伯

阿積格	**尼堪** 正白旗滿洲。初襲兄阿哈尼堪之三等甲喇章京，積軍功加至一等昂邦章京。順治四年十月，又以
伊理布	阿積格尼堪子。順治八年二月襲。九年正月恩詔晉二等伯，又以恩詔晉一等伯。康熙十七年征湖廣陣亡，諡武壯
阿什譚	伊理布子。康熙十九年八月襲
英德	阿什譚弟之子。康熙五十五年五月襲。以事革
馬爾遜	英德兄。雍正十年十二月襲。尋緣事革
阿爾遜	馬爾遜兄。雍正十二年二月襲
六十一	阿爾遜子。雍正十二年十二月襲。乾隆十四年八月襲三等襄寧伯。坐事革
德福	六十一從弟。乾隆二十二年十二月襲
扎拉芬	德福子。乾隆五十五年襲一等襄寧伯
哈齊香阿	扎拉芬子
延慶	哈齊香阿子
長有	延慶子。光緒二年襲
銳鏞	長有繼子。光緒十八年襲

軍功優封三等伯。七年從征湖廣，卒於軍。諡武敏。乾隆十四年八月贈三等襄寧伯，世襲

三等伯

石廷柱	正白旗漢軍。順治七年八月以軍功由一等精奇尼哈番封三等伯。八年正月復以軍功晉二等伯。九年正月恩詔晉一等伯。十四年八月緣事降三等伯。十八年卒，諡忠勇
石文炳	廷柱孫。順治十八年八月襲
富達禮	文炳子。康熙三十四年十一月襲。雍正八年六月緣事革。後降襲
慶德	富達禮弟。雍正八年六月降襲一等精奇尼哈番，又一拖沙喇哈番，今漢文改爲一等子，又一雲騎尉。坐事革
祥泰	慶德兄之子。雍正十一年十月襲。緣事革
石勇	祥泰族叔。雍正十二年十二月襲
明德	勇子。乾隆四十四年十二月襲
阿裕嚕	明德子。嘉慶三年襲
呢爾吉巴圖	阿裕嚕子。道光二十七年襲
景全	呢爾吉巴圖子。光緒五年襲
鳳岐	景全子。光緒十七年襲

三等伯

王之鼎	二等子王世選子。順治七年十一月襲。九
王毓秀	之鼎子。康熙二十二年四月襲
王鉽	毓秀子。康熙三十四年六月襲。乾隆十四年八
王淳	鉽子。乾隆十五年七月降襲二等子
王條	淳子。乾隆十八年十二月襲
王熾	條子。乾隆二十四年十二月襲
王炎	熾弟。乾隆三十六年襲
王增	炎子。乾隆五十二年襲
王燊	增叔祖子。道光四年襲
王基	燊子。道光十三年襲
桂普	基子。同治七年襲
德源	桂普子。光緒二十四年襲
德浩	德源弟。光緒二十五年襲

年正月恩詔加爲一等精奇尼哈番康熙九年二月以軍功晉封三等伯十九年在貴州殉節謚忠毅乾隆十四年八月贈三等誠武伯

月襲三等誠武伯

三等伯

六十 二等子普漢弟崇德二年十月襲順治九年正月恩詔晉封三等伯

佟國瑤 六十子順治十七年五月襲卒謚忠愍

海福 佟國瑤子康熙二十九年六月襲

三等伯

車爾布 一等子葉臣子順治三年積軍功授牛彔章京兼半個前程緣事降拖沙喇哈番五年分襲伊

蟒喀 車爾布子康熙七年襲

圖祿 蟒喀子康熙五十四年襲

亨一 圖祿子康熙元年襲

瑚圖靈阿 亨一子乾隆四十三年襲

花里雅松阿 嘉慶七年襲

伊隆阿 嘉慶十八年襲

貴明 嘉慶二十一年襲

常興 貴明叔道光十八年襲

常英 常興弟道光二十年襲

海泉 常英子同治元年襲

榮椿 光緒十三年襲

連奎 光緒三十年襲

父之二等精奇尼哈番九年恩詔晉封三等伯十四年以軍功晉一等伯又一拖沙喇哈番緣事仍降爲三等伯

三等伯

線國安 正紅旗漢軍順治十一年九月以軍功由二等阿思哈尼哈番封三等伯康熙十四年四月病故無襲

三等伯

巴都禮 正白旗滿洲國初征大同陣亡天聰八年十一月贈三等梅勒章京康熙四年晉贈三等伯

卓羅 巴都禮子天聰八年十一月襲三等梅勒章京順治二年九月以功晉一等九年正月累晉一等康

赫特賀 卓羅孫康熙七年十二月襲

舒敏 赫特賀弟康熙十六年六月襲

伊雷 舒敏子康熙三十八年閏七月襲

伊勒慎 舒敏子康熙四十三年九月襲

永慶 伊勒慎子乾隆十三年十二月降襲三等伯十四年八月襲三等昭毅伯二十四年六月以軍功晉

豐陞額 永慶子

松岫 豐陞額子

達明 松岫叔祖之孫同治五年襲

瑞麒 達明子

恩濤 瑞麒子光緒十五年襲

熙二年十二月以功晉封二等伯卒謚忠襄乾隆十四年八月贈二等昭毅伯世襲

二等昭毅伯

三等伯

龔圖 二等男艾晉達睦子康熙十九年六月襲一等子三十六年七月以軍功晉封三等伯

噶敏圖 龔圖子康熙三十九年三月襲三等伯坐事革

永泰 噶敏圖弟康熙五十七年十二月仍降襲二等精奇尼哈番今漢文改爲二等子

富勒赫 永泰子乾隆二十年七月襲二等子

珠爾松阿 富勒赫子乾隆五十三年襲

三等伯

阿喇納 一等子哈岱孫康熙十九年十一月襲雍正二年以在布隆吉病故加贈拜他喇布勒哈番併爲三等伯乾隆十四年八月贈

伍彌泰 阿喇納子雍正二年十二月襲三等伯乾隆十四年八月襲三等誠毅伯

伍彌烏遜 伍彌泰子乾隆五十一年十二月襲

景文 伍彌泰子嘉慶元年十二月襲

伍彌烏遜 伍彌泰子嘉慶三年襲

鄂羅什音阿布拉克齊 伍彌烏遜子嘉慶六年襲

拉什格哩克 伍彌烏遜子嘉慶九年襲

彥慶 道光十八年襲

彥齡 彥慶弟同治六年襲三等誠毅伯

保林 彥齡子同治八年襲

	三等誠毅伯世襲

三等襄勤伯	
鄂爾泰	鑲藍旗滿洲雍正五年十二月以軍功授爲一等輕車都尉七年正月萬壽恩詔晉三等男十年二月以平苗積功晉一等伯十三年七月諸苗叛降三等男八月加賜一等輕車都尉併作一等子乾隆十年十二月復給一騎都尉并爲三等伯十年四月卒謚文端配享太廟十四年八月贈號三等襄勤伯
鄂容安	鄂爾泰子乾隆十年十二月襲十四年八月改襲襄勤伯二十年八月殉節伊犂謚剛烈
鄂津	鄂容安子乾隆二十一年四月襲
鄂岳	鄂津之兄乾隆三十四年十二月襲
保倫	鄂岳子嘉慶十四年十二月壬寅襲
福謙	保倫子道光六年襲
趙珏	福謙子同治八年襲

三等勤宣伯	
張廷玉	江南桐城雍正八年十月以勞賜世職十三年八月併其世職封三等子乾隆二年十二月晉封三等伯十四年八月賜號三等勤宣伯十四年十二月革後卒謚文和配享太廟

三等忠勤伯	
黃廷桂 鑲紅	旗漢軍乾隆二十二年十二月以軍功由騎都尉晉封三等忠勤伯二十四年正月卒謚文襄
黃嘉	黃廷桂長孫乾隆二十四年六月襲
黃文煒	黃嘉子乾隆三十三年十二月襲
瑞保	黃文煒子嘉慶九年襲
松山	瑞保子道光五年襲
黃永安	松山子光緒元年襲
廣俊	黃永安子宣統元年襲

三等敬勤伯	
鄂爾奇達遜	正黃旗滿洲原額魯特台吉乾隆二十七年五月敍功封三等敬勤伯
徹靈達史	鄂爾奇達遜子乾隆四十六年十二月襲五十一年移入本旗蒙古
伊昌阿	徹靈達史子乾隆五十三年襲
敦珠布拉史	伊昌阿叔父乾隆五十五年襲五十七年故無嗣停襲

三等伯	
溫福	鑲紅旗滿洲乾隆三十八年六月以征金川陣亡追封一等伯七月革
永保	溫福子乾隆三十八年襲旋停

三等壯烈伯	
李長庚	嘉慶十三年自福建水師提督以勦海寇蔡牽陣亡追封謚忠毅
李廷鈺	長庚嗣子

三等伯	
許世亨	四川人官廣西提督乾隆五十三年以平安南功封一等
許文謨	世亨子乾隆五十四年襲
許林	文謨子道光年襲
許保瑞	文謨次子道光二十六年襲
許承鼇	世亨曾孫同治十二年八月襲

	子。五十四年以陣亡富良江贈三等伯。

慕恩伯	
鄭纘緒	正白旗漢軍。康熙二年八月以投誠封二等伯。十二月改慕恩伯。
鄭修典	鄭纘緒子。康熙六年六月襲。後無襲。

承恩伯		
周全斌	正黃旗漢軍。康熙三年四月以投誠封三等伯。十二月改承恩伯，食三等伯俸。	准襲一次。卒，謚恪順。
周公仁	周全斌子。康熙十一年七月襲。	
周鳴岐	周全斌孫。康熙五十九年因伯爵襲次已完，特旨賜襲三等阿達哈哈番，今漢文改為三等輕車都尉。	

伯	
馬承廕	康熙十八年以來降封。復反，誅。

忠誠伯	
馮希范	正白旗漢軍。康熙二

	十一年以自臺灣歸順封。無襲。

初封	一等子		
	多爾機達爾漢諾彥	廂黃旗蒙古。崇德元年	以來歸，授一等梅勒章京。順治二年以係太宗恩養之臣，加半箇前程。課績，加為三等昂邦章京。恩詔加至一等。
一次襲	博地	多爾機達爾漢諾彥子。順治十七年七月襲。	
二次襲	色楞	博地子。康熙四十五年十二月襲。降三等精奇尼哈番。	今漢文改為三等子。
三次襲	黑達色	色楞子。雍正三年五月襲。	
四次襲	奇拉克	黑達色子。乾隆二十四年十二月襲。	
五次襲	興安	奇拉克子。乾隆四十八年十二月襲。	
六次襲	保清	興安子。	
七次襲	伊什扎木蘇	保清子。	
八次襲	祥麟	伊什扎木蘇子。	
九次襲	俊璋	祥麟子。光緒十一年襲。	
十次襲			
十一次襲			
十二次襲			
十三次襲			
十四次襲			
十五次襲			
十六次襲			
十七次襲			
十八次襲			

	又一拖沙喇哈番，今漢文改為一等子又一雲騎尉。卒，謚順傳。

一等子			
祖澤潤	正黃旗漢軍。崇德元年六月以隨父	祖大壽投誠授三等昂邦章京。順治元年二月以軍功加為二等。緣事革，尋以軍功復職。九年恩詔加至一等又一	拖沙喇哈番，今漢文改為一等子又一雲騎尉。
祖植松	祖澤潤子。順治十八年正月襲。		
祖興邦	祖植松子。康熙二十年六月襲。		
官保	祖興邦子。康熙二十九年十月襲。		
祖俊	官保弟。康熙五十九年七月降襲二等精	奇尼哈番，今漢文改為二等子。	
祖雲龍	祖俊子。雍正七年二月襲。		
拉瑪	祖雲龍子。乾隆三十一年十二月襲。緣事	革。	
那慶	拉瑪弟。乾隆四十八年十二月襲。		
如意	那慶弟。乾隆五十年十二月襲。		
庚音布			
志和	庚音布孫。咸豐七年襲。光緒四年更名志	桐。	
麟桂			
鍾綸			

一等子	
色楞澈臣	廂白旗蒙古。崇德元年五月以來歸
阿鹹錫	色楞澈臣子。康熙十一年十二月襲。無嗣。

授三等昂邦章京順治二年二月以軍功加爲二等九年恩詔加至一等又一拖沙喇哈番今漢文改爲一等子又一雲騎尉

一等子	
張存仁	鑲藍旗漢軍崇德元年六月以同祖大壽投誠授三等梅勒章京順治三年五月軍功加至三等昂邦章京九年恩詔加至一等又一拖沙喇哈番今漢文改爲一等子又一雲騎尉是
張斑	存仁孫順治九年正月襲
張朝午	斑叔父順治十年六月襲
張瑆	朝午子康熙五十六年五月降襲三等精奇尼哈番今漢文改爲三等子
張世芳	瑆子乾隆五年十二月襲
張秉聰	世芳子乾隆三十九年襲
張仲敬	秉聰子嘉慶十一年襲
張廷岳	仲敬姪道光十九年襲
張國正	廷岳子光緒元年襲
張裕輝	國正子光緒二十四年襲

年卒諡忠勤

一等子	
阿楠達	一等男圖爾子順治十二年三月襲康熙五年併伊伯父瓦色之拜他喇布勒哈番又一拖沙喇哈番襲爲一等精奇尼哈番陣亡今漢文改爲一等子

一等子	
六格	一等子阿楠達子康熙十九年三月襲二十五年追敘伊父陣亡功加一拖沙喇哈番今漢文改爲一等子又一雲騎尉
沙晉	六格子雍正十年閏五月襲降襲一等男
博爾敦	沙晉子乾隆十五年十二月襲
博爾忠額	博爾敦子乾隆四十五年十二月襲

一等子	
陳泰	廂黃旗滿洲崇德六年以軍功授牛彔章京順治八年正月以軍功晉封二等阿思哈尼哈番九年正月恩詔晉三等精奇尼哈番又晉二等十三年以軍功晉一等今漢文改爲一等子卒諡忠襄
倪滿	陳泰嗣子順治十三年八月襲
白奇	倪滿嗣子順治十八年正月襲以才力不及爵除
善岱	白奇子康熙三十四年十二月襲
陳隆	善岱子乾隆十四年五月襲降襲一等男
全泰	陳隆孫乾隆六十年襲
福恩	全泰子嘉慶二十二年襲
廣順	全泰嗣子道光七年襲
桂林	廣順子同治十年襲
維榮	桂林子光緒九年襲
惠志	維榮子光緒二十二年襲

一等子	
阿爾津	正藍旗滿洲順治五年六月積軍功授一等阿思哈尼哈番八年二月加至二等精奇尼哈番九年正月恩詔晉一
濟錫	阿爾津子順治七年七月襲以罪革
卓林	濟錫弟康熙八年十月襲以才力不及革
噶住	卓林叔父康熙三十四年十二月襲
德克經額	噶住子康熙四十五年九月降襲二等精奇尼哈番今漢文改爲三等子
伊凌阿	德克經額子雍正九年六月襲
六十五	伊凌阿從弟乾隆三年十二月襲
積福	六十五子乾隆十四年十二月襲
福祿	積福子乾隆五十三年襲
三音博勒格圖	福祿子嘉慶七年襲
雙壽	三音博勒格圖子道光二十四年襲
連祥	雙壽子同治十年襲
文澤	連祥子
錫善	文澤繼子光緒二十四年襲

等卒諡端果

一等子

冷格里	正黃旗滿洲國初積軍功授一等總兵官今漢文改為一等子卒諡武襄
穆成額	冷格里子天聰八年襲
穆赫林	穆成額子崇德五年六月襲順治九年正月恩詔晉封二等伯又晉一等伯
四格	穆赫林子康熙四年正月襲一等伯
吉當阿	四格子康熙四十九年二月降襲一等精奇尼哈番今漢文改為一等子坐事革
色克圖	吉當阿弟雍正四年六月襲
楊桑阿	色克圖兄子乾隆九年十二月襲十八年緣事革
舒崇阿	楊桑阿弟乾隆十八年十二月襲二十五年十二月卒仍以兄楊桑阿襲
楊桑阿	乾隆二十五年復襲
賽炳阿	楊桑阿弟子乾隆三十年十二月襲
舒勳	賽炳阿子
瑞文	舒勳子道光七年襲
奎文	瑞文叔祖扎清阿孫道光二十八年襲
貴文	奎文弟咸豐三年襲
毓順	貴文子同治元年襲
鍾斌	毓順子光緒十七年襲
榮華	鍾斌叔子光緒三十一年襲

一等子

顧爾布錫	鑲黃旗滿洲原係喀爾喀巴禹特貝子天命六年率部屬來歸授三等總兵官順治元年以軍功晉二等七年恩詔晉一等今漢文改為一等子八年正月革九年十一月復封十八年正月卒諡襄武
色楞	顧爾布錫子順治十八年三月襲
多爾濟	色楞子康熙二十五年十二月襲
沙穆巴	多爾濟子康熙三十年襲
阿世坦	沙穆巴伯父之子康熙四十七年四月降襲二等精奇尼哈番今漢文改為二等子
沙進	阿世坦弟康熙五十年十月襲
伽藍保	沙進兄之子康熙五十七年十二月襲坐事革乾隆八年十一月復襲
景文	伽藍保子乾隆十三年六月襲
托壽	景文弟乾隆二十五年十二月襲
博昆	托壽子嘉慶十七年襲
珠爾杭阿	博昆子同治七年襲
勳良	光緒八年襲

一等子

敦拜	正黃旗滿洲天聰八年以辦事勤慎授牛彔章京軍功加至一等阿達哈哈番順治七年五月以軍功加為三等阿思哈尼哈番八月緣事降事白復前職九年正月恩詔晉一等阿思哈尼哈番十三年閏五月以軍功晉一等精奇尼哈番今漢文改為一等子卒諡襄壯
胡什布	敦拜弟之孫順治十六年七月襲
瑪爾岱	胡什布子康熙四十五年十一月降襲一等阿思哈尼哈番今漢文改為一等男
富鼐	瑪爾岱子乾隆二年十二月襲以事革
富如	富鼐從姪乾隆七年十二月襲
阿克棟阿	富如子乾隆十八年三月襲
傅和德	原名文成阿克棟阿子乾隆三十一年十二月襲
富僧阿	文成從叔祖乾隆五十二年襲
成明	富僧阿繼子道光二年襲
鳳紀	成明子道光十九年襲
連興	鳳紀子光緒元年襲
祥茂	連興子光緒十七年襲

一等子

準塔	正白旗滿洲天聰八年以辦事
阿喇彌	準塔弟順治五年六月襲
雅爾瑚	阿喇彌孫康熙二十一年
舒書	準塔兄之子康熙二十一年七
邁圖	舒書子康熙三十三年閏五月
尹達	準塔弟之子康熙四十六年八
西佛	尹達子康熙五十三年十一月
關保	西佛兄之子雍正四年七月襲
積德	關保伯祖之曾孫乾隆四年十
常安	積德子乾隆十七年十二月襲
永住	常安伯祖之二世孫乾隆五十
福克精阿	永住叔曾祖之三世
清泰	福克精阿叔高祖之六世孫道
額勒精額	清泰子
恩綬	額勒精額子
扎昆珠	恩綬子宣統三年襲

有能授牛彔章京崇德四年七月以軍功加至二等梅勒章京緣事降順治五年六月以軍功加至一等精奇尼哈番今漢文改為一等子卒諡襄毅

七年恩詔准世襲罔替九年正月恩詔晉封二等伯緣事降三等伯

三月襲三等伯

月因阿喇彌罪銷去恩詔所得仍降襲一等精奇尼哈番今漢文改為一等子

襲以罪革

月襲

襲

二月襲

三年襲

孫嘉慶六年襲道光十一年九月以聲名狼藉革

光十一年襲

一等子

范文程	鑲黃旗漢軍天聰八年以軍功授三等甲喇章京崇德元年課績加為二等順治二年二月以勤勞加至三等梅勒章京五年十一月加至一等九年正月恩詔晉至一
范承斌	文程子康熙六年正月襲
范時捷	承斌子康熙三十四年四月襲
范濟	時捷子乾隆三年十二月降襲一等男
范建中	濟子乾隆十七年十二月襲
范樹廷	建中子嘉慶五年襲
范正容	樹廷子嘉慶二十四年襲
范一夔	正容子道光四年襲
范懋昭	一夔子道光十八年襲
范懋彰	懋昭曾祖之曾孫咸豐十一年襲
范先彝	懋彰子光緒二十一年襲

等精奇尼哈番今漢文改爲一等子康熙五年八月卒諡文肅

一等子

馬光遠　廂黃旗漢軍天聰八年五月以投誠授一等昂邦章京今漢文改爲一等子卒諡誠順
馬思文　馬光遠弟之子順治四年襲九年正月恩詔晉封三等伯
馬世斌　馬思文子康熙二十五年七月襲三等伯
馬元熙　馬世斌子雍正二年十二月仍降襲一等精奇尼哈番今漢文改爲一等子坐事革
馬元凱　馬元熙弟乾隆五年十二月襲
馬肇永　馬元凱子乾隆二十七年十二月襲
恒興　馬肇永子嘉慶十三年襲
寶善　恒興子光緒九年襲
鍾祺　寶善子光緒十七年襲
榮振　鍾祺子

一等子

祖澤洪　廂黃旗漢軍崇德元年六月以隨祖大壽投誠授一等梅勒章京順治八年正月以軍功累加爲三等精奇尼哈番九年正月恩詔晉至一等今漢
祖良棟　祖澤洪子康熙五年四月襲
祖良璧　祖良棟弟康熙九年八月襲
祖應樞　祖良璧子康熙五十七年十二月降襲一等阿思哈尼哈番今漢文改爲一等男
祖尚賢　祖應樞子雍正十一年八月襲
祖學恭　祖尚賢子乾隆二十五年十二月襲坐事革
祖學讓　祖學恭弟乾隆三十年十二月襲
裔恒　祖學讓子乾隆四十年十二月襲
祥安　裔恒子嘉慶二十年襲
耆慶　祥安孫咸豐十年襲

文改爲一等子

一等子

塔什海護魯格　廂黃旗蒙古崇德元年五月以來歸授三等精奇尼哈番順治九年正月恩詔加至一等今漢文改爲一等子
馬德理　塔什海護魯格孫順治九年正月襲
黑雅圖　馬德理子康熙十四年閏五月襲
關壽　黑雅圖子康熙四十六年四月降襲三等精奇尼哈番今漢文改爲三等子
善福　關壽子雍正十一年十月襲
常明　善福子乾隆三十二年十二月襲
德奎　常明子
文志　德奎子道光八年襲
恩裕　文志子
祥霖　恩裕繼子同治十一年襲

一等子

郭爾圖徹臣　正黃旗蒙古崇德元年五月以率戶口來歸授一等昂邦章京今漢文改爲一等子
塞音察克　郭爾圖徹臣子順治五年十二月襲
班第　塞音察克子順治十五年七月襲
巴爾彌特　班第伯父之子順治十八年五月襲
多爾濟　巴爾彌特子康熙三十三年四月襲
鄂奇爾　多爾濟兄康熙五十四年二月襲
永達　鄂奇爾子康熙五十七年十二月襲
巴扎爾　永達伯父康熙五十八年八月襲
鍾文　巴扎爾子乾隆十六年閏三月襲坐事革
鍾惠　鍾文弟乾隆十八年十二月襲
慶祥　鍾惠孫乾隆五十一年十二月襲
吉善
英志　吉善子光緒九年襲
啓勳　英志子光緒十一年降
啓元　光緒十三年襲

一等子

德參濟旺　正黃旗蒙古崇德元年五月以
噶爾瑪　德參濟旺子順治五年八月襲
劉保住　噶爾瑪孫康熙二十九年九月襲
常在　劉保住子雍正七年二月襲
拜凌阿　常在子乾隆元年十二月襲坐事革
達崇阿　拜凌阿弟乾隆十四年十二月襲
塔思哈　達崇阿子乾隆四十七年十二月襲
吉祥保　塔思哈子乾隆五十四年襲
慶興　吉祥保子嘉慶三年襲
慶祿
玉麟
榮恩　光緒二十五年襲

率部屬來歸授一等昂邦章京順治二年十月緣事降爲三等四年三月又以軍功加至一等今漢文改爲一等子

一等子

峨爾克奇代青　正白旗蒙古崇德元年五月以率戶口來歸授二等昂邦章京七年八月以軍功加爲一等今漢文改爲一等子卒順治十八年追諡勤良
嘉穆素　峨爾克奇代青子崇德八年二月襲恩詔准世襲罔替
根篤賈布　嘉穆素子康熙六年十月襲尋卒
綽格圖　根篤賈布子康熙六年十二月襲
希喇巴　峨爾克奇代青弟之孫康熙九年十月襲
喇馬扎布　希喇巴叔父之子康熙十三年九月襲
八達理　喇馬扎布弟康熙四十四年八月襲
常德　八達理子雍正十二年五月襲
溫都遜　常德兄子乾隆九年十二月襲
德爾格楞貴　溫都遜子乾隆二十四年十二月襲
策楞多爾濟　德爾格楞貴姪嘉慶九年襲
敬昌　策楞多爾濟孫咸豐六年襲

一等子

布爾哈都　正藍旗蒙古崇德元
班腌　布爾哈都子順治元年三月襲九年
巴特馬桑　班腌子康熙二年四
索諾木喇什　巴特馬桑子康
吉昌　索諾木喇什子康熙五十五年襲
色布騰　吉昌子乾隆三十六年十
巴彥庫拉哲依　色布騰子
那木扎爾　巴彥庫拉哲依子系
哈達固濟拉　那木扎爾子
圖們達賚　哈達固濟拉繼子
誠志　圖們達賚繼子光緒二十年襲

年六月以率戶口來歸屢立軍功授一等昂邦章京今漢文改爲一等子
正月恩詔晉封一等伯
月襲一等伯
熙二十二年十二月襲
二月襲
嘉慶二年襲
慶十六年襲

一等子	
胡有陞	廂白旗漢軍崇德四年八月以投誠授二等梅勒章京順治元年二月以軍功晉爲二等九年正月以恩詔晉至三等精奇尼哈番康熙三年十月以軍功晉至一等今漢文改爲一等子
胡啓泰	胡有陞子康熙六年閏四月襲
胡繩祖	胡啓泰子康熙三十四年十二月襲
胡世勳	胡繩祖子康熙五十七年十二月降襲一等阿思哈尼哈番今漢文改爲一等男坐事革
胡松齡	胡世勳子乾隆八年十二月襲坐事革
胡松年	胡松齡從弟乾隆十一年十二月襲坐事革
百順	胡松年從姪乾隆二十一年十二月襲
七十一	百順子乾隆四十五年二月襲
扎拉豐阿	七十一子道光七年襲
富珠隆阿	扎拉豐阿弟道光十三年襲
誠配	富珠隆阿族弟道光十九年襲
富興阿	誠配族弟光緒元年襲
廣喜	富興阿子光緒十年襲
海山	廣喜子光緒二十三年襲

一等子	
巴泰	廂藍旗漢軍姓金崇德六年以軍功授牛
蘇赫	巴泰子康熙三十年二月襲
蘇白合	蘇赫子康熙五十九年九月降襲一
金文彥	蘇白合子雍正七年六月襲坐事革
通瑞	金文彥子乾隆九年十二月襲
和鳴	通瑞從叔乾隆十四年十二月襲
金文奎	和鳴從弟乾隆二十年十二月襲
善薩保	金文奎子乾隆四十四年十二月襲
慶瑞	善薩保子嘉慶九年襲
金泳	慶瑞子咸豐十一年襲
桂祥	金泳子同治六年襲

個前程順治二年加爲牛彔章京恩詔加至二等阿達哈哈番康熙三年四月以竭盡忠義加至三等阿思哈尼哈番九年十一月以效力年久加至一等精奇尼哈番今漢文改爲一等子二十九年十一月卒諡文恪
等阿思哈尼哈番今漢文改爲一等男坐事革

一等子	
賴達庫	三等男安達禮子崇德八年襲順治八年二月恩詔以軍功加爲一等子
席喇	賴達庫子康熙二十三年五月襲緣事退
薩賴	席喇子康熙二十八年五月襲三十七年正月以不勝任罷
席喇	薩賴父康熙三十七年正月復襲四十六年四月以年老革
三保柱	席喇子康熙四十六年四月降襲一等阿思哈尼哈番今漢文改爲一等男尋以罪罷
保奈	三保柱弟康熙四十八年七月襲
傅起	保奈子雍正六年三月襲
六十五	傅起弟乾隆二十四年十二月襲
福倫	六十五子乾隆二十六年十二月襲
福海	福倫子乾隆五十六年襲

一等子	
阿山	正藍旗滿洲順治二年二月積軍功封三等公三年正月緣事降爲一等昂邦章京今漢文改爲一等子
色赫	阿山子順治四年七月襲
法喀	色赫子順治六年五月因阿山罪降襲一等阿思哈尼哈番七年恩詔准世襲罔替九年正月恩詔加至三等精奇尼哈番十二年三月緣事降爲一等阿思哈尼哈番今漢文改爲一等男尋以罪革
桑格	法喀弟順治十三年五月襲一等男
雅爾泰	桑格子康熙二十年十一月襲
鄂爾多	雅爾泰叔祖之子康熙三十六年正月襲
圖納	鄂爾多子雍正元年七月襲以事革
堆音齊	圖納從兄之子乾隆三年十二月襲
法靈阿	堆音齊子乾隆十二年十二月襲
海昌	法靈阿子乾隆四十九年十二月襲
恒康	海昌子
阿穆昌阿	恒康高伯祖四世孫嘉慶十一年襲
恒福	阿穆昌阿子
奎鳳	恒福子道光五年襲
廷佐	奎鳳子
德鑑	廷佐子宣統二年襲

一等子	
許定國	廂白旗漢軍順治二年以率衆投誠授一等昂邦章京今漢文改爲一等子
許爾安	許定國子順治五年八月襲十二年三月以罪革成
許爾吉	許爾安弟順治十二年六月襲
許世文	許爾吉子康熙二十三年三月襲
許重琦	許世文子康熙三十七年七月襲坐事削停襲

一等子	
吳拜	正白旗滿
郎談	吳拜子康
拉欽	郎談子康
英兆	拉欽子雍
文慶	英兆子乾
七十一	文慶
玉興	七十一堂
吉昌	玉興子嘉
松犖	吉昌孫

	洲順治四年三月積軍功授一等昂邦章京七年三月恩詔晉封二等伯十六年三月緣事降爲一等精奇尼哈番今漢文改爲一等子卒諡勇壯
	熙四年九月襲
	熙三十四年十月襲
	正十三年十二月襲
	隆二十九年十二月襲緣事革
	從弟乾隆四十五年十二月襲
	姪乾隆五十九年襲
	慶十一年襲

一等子

左夢庚	正黃旗漢軍順治五年八月以率屬投誠授一等精奇尼哈番今漢文改爲一等子卒諡莊敏
左元廕	左夢庚兄之孫順治十一年三月襲
左世永	左元廕子康熙四十二年八月襲
左宏銳	左世永子雍正五年閏三月襲
左淵	左宏銳子乾隆二十一年十二月襲
左濤	左淵弟乾隆五十三年襲
左廷桐	左濤子
左炘	左廷桐子道光十七年襲任廣東參將在廣西打仗陣亡加給雲騎尉世職
惠成	左炘子
訥勒賀	惠成子

一等子

董學禮	正黃旗漢軍順治五年八月以投誠纍立軍功授一等精
董永蕃	董學禮子康熙十九年六月襲
董斯教	董永蕃子雍正九年十二月襲
董官	董斯教子乾隆二十八年十二月襲
董瑞梧	董官子
治善	董瑞梧子
繼光	治善子光緒二年襲
福順	繼光子
存淮	福順子

	奇尼哈番今漢文改爲一等子

一等子

唐通	廂藍旗漢軍順治五年八月以率衆投誠授一等精奇尼哈番今漢文改爲一等子
唐翰輔	唐通子康熙三年二月襲
唐之汾	唐翰輔子康熙十一年襲五十一年特旨停襲

一等子

馬爾賽	二等男譚拜子順治七年三月襲九年正月恩詔加至一等阿思哈尼哈番又一拖沙喇哈番十七年七月軍功加至一等精奇尼哈番今漢文改爲一等子康熙八年二月卒諡忠敏

	未幾追革爵諡

一等子

和善	正黃旗蒙古康熙十年兼襲叔祖亥色叔父阿桑爵晉一等子
色特理	和善子康熙三十四年十二月襲一等子
膺壽	色特理子雍正三年六月降襲一等阿思哈尼哈番今漢文改爲一等男
班第	諾木奇塔布鼐叔父之三世孫雍正八年六月襲
式古思	班第子乾隆二十八年襲
明保	式古思子乾隆四十年襲
貴亮	嘉慶元年襲
保慶	嘉慶十一年襲
奎祥	道光九年襲
玉麟	光緒十四年襲
陞林	光緒三十一年襲

一等子

多爾機	班愓思希布子康熙十二年五月襲三等子三十九年七月軍功加爲二等精奇尼哈番雍正三年四月又以軍功加爲一等今漢文改爲一等子
汪查遜	多爾機孫雍正十一年十二月襲
武巴希	汪查遜叔乾隆十二年襲
奇旺	武巴希弟乾隆十九年襲
式古思	奇旺子乾隆二十九年十二月襲以病罷爵
巴圖章駕	式古思弟乾隆三十二年十二月襲
巴爾黨拉蒲齊	巴圖章駕子乾隆五十四年襲

一等子

王進寶	甘肅靖遠人康熙十九年以平川陝
王用予	進寶子康熙二十六年襲二等子
王珏	用予子康熙三十五年襲
王世廉	珏子康熙六十年襲
王永	世廉子乾隆四年襲
王承勳	永子乾隆三十年襲四十七年晉襲

等省功晉三等精奇尼哈番尋晉二等乾隆四十七年追封一等子

一等子

一等子

根敦 贈一等伯拉爾敦子乾隆十五年十一月以其父璽節封一等子

隆保 根敦從子乾隆十六年十月襲三十年三月革因無應襲之人停襲

音德布

雙喜

多隆武 雙喜子咸豐七年襲

成全 多隆武子光緒二十年襲

一等子

明仁 贈一等伯傅清子乾隆十五年十一月襲

寶綸 明仁子乾隆四十年十二月襲

聯昌 寶綸嗣子道光十七年襲

振格 光緒十一年襲

重鑫 光緒三十三年襲

一等子

豐陞額 鑲黃旗滿洲本封一等果毅繼勇公已見公爵乾隆四十一年正月別給一一等子以其弟襲封

布彥達賚 豐陞額弟乾隆四十一年正月襲餘見外戚表

熙敏 布彥達賚子嘉慶六年襲道光元年改襲三等公見外戚表

兆那蘇圖 熙敏弟道光十五年十二月襲咸豐二年八月卒

寶壽 兆那蘇圖子咸豐三年襲

寶聯 光緒三年襲

鐵棟 宣統三年襲

一等子

王得祿 福建嘉義人嘉慶十四年官福建水師提督論平蔡牽功封二等子道光二十一年以台灣海防功晉一等子加太子太保二十二年卒贈伯爵太子太師

一等子

徐廣縉 河南鹿邑進士官兩廣總督道光二十九年以粵人阻英人入城封咸豐二年以勦粵匪貽誤革

一等子

瑞昌 廂黃旗滿洲官杭州將軍咸豐十年

續光 瑞昌子同治六年襲

和霖 光緒七年襲

博霖 和霖族弟光緒二十四年襲

以復杭州省城功予一等輕車都尉同治元年陣亡加騎都尉併爲一等子

一等子

李臣典 湖南邵陽人同治三年六月克金陵功封一等子七月卒諡忠壯

李長祿 臣典嗣子光緒十年襲

一等子

鮑超 四川奉節人同治三年由提督以平粵匪封光緒十四年卒諡忠壯

鮑祖齡 超長子光緒十四年襲二十七年功革

二等子

索諾穆 正藍旗滿洲國初以率戶口來歸授二等總兵官今漢文

博本 索諾穆子襲父職以罪革

二等子	
	改爲二等子卒諡順良
根篤札布	三等伯祿哈達孫康熙五十七年五月降襲二等精奇尼哈番今漢文改爲二等子以罪革
達克薩哈	根篤札布兄雍正八年六月襲坐事革
英謙	達克薩哈姪孫乾隆十五年七月襲
鄂碩和	英謙子乾隆四十七年襲
成林	鄂碩和子嘉慶二十年襲
松淩	成林嗣子道光二十五年襲一作成麟
承厚	松淩叔高祖六世孫
彝箴	承厚子光緒三十二年襲

二等子	
佟養性	正藍旗漢軍國初以投誠授三等副將克遼東後加至二等總兵官今漢文改爲二等子卒諡勤惠
普漢	佟養性子天聰八年五月襲

二等子	
七復	三等伯福海子康熙四十年五月仍襲二等精奇尼哈番
佟鎔	佟養性之三世孫原襲雲騎尉雍正七年五月併襲二等
八十六	佟養性之四世孫雍正十二年正月削去佟鎔雲騎
德昌	八十六子乾隆四十二年十二月襲
和順武	德昌子乾隆四十三年十二月襲
玉慶	和順武子道光十年襲
聯勛	玉慶子道光十三年襲
峻功	聯勛子光緒十一年襲

	今漢文改爲二等子坐事革
	子坐事革
	尉仍襲二等子

二等子	
哈山	鑲藍旗滿洲初以來歸授備禦天聰八年以軍功加至三等梅勒章京順治二年加至一等九年正月恩詔加至二等精奇尼哈番今漢文改爲二等子卒諡敏壯

二等子	
王世選	正紅旗漢軍天聰八年五月以歸順授三等昂邦章京順治七年三月恩詔加爲二等今漢文改爲二等子

二等子	
達運	正黃旗蒙古崇德元年五月以自察哈爾來歸授一等梅勒章京順治九年正月恩詔加至二等精奇尼哈番緣事革尋復原職今漢文改爲二等子
俄奇爾	達運子康熙十年九月襲
巴達爾呼	俄奇爾子康熙四十年十二月降襲一等阿思哈尼哈番今漢文改爲一等男
色楞	巴達爾呼弟康熙四十九年六月襲
僧格多爾濟	色楞子乾隆二十六年十二月襲
德甯	僧格多爾濟子乾隆四十九年十二月襲
保慶	道光九年襲
沐恩	保慶子咸豐二年襲
沐璡	咸豐八年襲
榮煜	光緒二十七年襲

二等子	
沙理代	三等男沙濟弟原襲兄吳班和碩齊之三等甲喇章京加爲二等順治十五年五月襲兄沙濟之三等阿思哈尼哈番併爲二等子
達爾查	沙理代叔之孫康熙九年襲
巴特思呼朗	達爾查子雍正三年襲
白玉	巴爾思呼朗姪乾隆元年襲
唐努	白玉子乾隆三十八年襲
常亮	唐努弟乾隆四十七年襲
齊巴克那木札爾	常亮嗣子乾隆五十六年襲
伍勒登	齊巴克那木札爾叔嘉慶八年襲
莫德哩	伍勒登子道光七年襲
希朗阿	道光十五年襲
恩佑	希朗阿子咸豐四年襲
福蔭	光緒三十一年襲

二等子
巴寨卓
巴岱 巴寨
色楞 巴岱
阿玉錫
吳巴希
吳巴第
班珠爾
巴圖扎
羅布桑

爾齊泰	正黃旗蒙古。崇德元年五月以率戶口來歸，授三等昂邦章京。順治二年七月，軍功加爲二等。今漢文改爲二等子
	卓爾齊泰子。順治二年七月襲
	弟。順治五年七月襲
	色楞子。順治十八年五月襲
	阿玉錫子。康熙五十一年二月襲。以罪革
	吳巴希弟。雍正三年六月襲
	吳巴希子。乾隆五年六月襲
布	班珠爾弟。乾隆十九年十二月襲
依喜	巴圖扎布子。乾隆四十二年十二月襲

二等子	
曳格都蘭	鑲紅旗蒙古。崇德元年五月以自察哈爾率衆來歸，授三等昂邦章京。順治三年五月，以軍功加爲二等。今漢文改爲二等子
三津	曳格都蘭子。順治三年五月襲。恩詔准世襲罔替
渾進	三津弟。順治十四年十月襲
阿里渾	渾進子。康熙十八年四月襲。尋追敍伊父軍功，加爲一等精奇尼哈番。今漢文改爲一等子
根篤札布	阿里渾子。康熙五十六年四月襲
達勒瑪大都	根篤札布子。乾隆八年襲
班札布	達勒瑪大都叔。乾隆十六年襲。十七年以軍功加一雲騎尉，爲一等子
丹達爾布瑪	班札布姪孫。初襲雲騎尉，併爲一等子兼一雲騎尉。乾隆三十年十二月襲
董魯	丹達爾布瑪子。嘉慶六年襲

多爾濟	
巴彥德拉格爾	多爾濟孫。光緒二十三年襲

二等子	
覺羅色勒	鑲黃旗滿洲。崇德二年以
覺羅額爾德	覺羅色勒子。順治二
覺羅喇祜塔	覺羅額爾德子。康熙
覺羅噶爾漢	覺羅喇祜塔弟。康熙

	軍功授牛彔章京。順治四年以係武功郡王之係加至一等梅勒章京。恩詔加至二等精奇尼哈番。今漢文改爲二等子。十四年六月卒，諡勤愍
	年以軍功授牛彔章京。恩詔加至二等阿達哈哈番，緣事降爲拜他喇布勒哈番。後襲父職，併爲一等精奇尼哈番又一拖沙喇哈番。康熙八年緣事革去本身所得，止襲二等精奇尼哈番。今漢文改爲二等子。十年九月卒
	十年襲。二十三年十一月卒
	二十四年七月襲。三十四年十二月以罪爵除

二等子	
尼堪	鑲白旗滿洲。崇德五年以辦事勤慎授三等甲喇章京。定鼎燕京，加爲二等。積軍功加至三等梅勒

	章京。恩詔加至三等精奇尼哈番。順治十年五月以效力年久加爲二等。卒後以其職令四人分襲。今漢文改爲二等子

二等子	
鄂羅塞臣	正藍旗滿洲。崇德七年以軍功授二等甲喇章京。恩詔加爲一等。特恩加至三等阿思哈尼哈番。恩詔加至二等精奇尼哈番。今漢文改爲二等子。康熙三年九月卒，諡果敏
鄂渾	鄂羅塞臣子。康熙四年四月襲
鄂善	鄂渾子。康熙二十七年七月襲。五十二年五月革。後降襲

二等子	
杜爾麻占	
齊錫	杜爾麻占巴圖
德爾格爾	
外庫	德爾格爾弟。康
塞布特	外庫
索諾木策	
林親贊布	
榮奎	林親贊布孫。道

巴圖魯	鑲黃旗蒙古。崇德七年以軍功授三等甲喇章京。順治二年以係太宗親臣加至三等梅勒章京。恩詔加至二等，稱精奇尼哈番。今漢文改為二等子。卒，謚忠直。
	魯孫。康熙三年五月襲。
	齊錫子。康熙十五年十月襲。
	熙三十一年五月襲。
	子。康熙三十八年閏七月襲。
楞	塞布特子。乾隆三十二年襲。降三等男。
	索諾木策，楞弟。嘉慶二年襲。
	光十年襲。

二等子

奇塔特徹爾貝	初為察哈爾宰桑。太宗征察哈爾，來歸。崇德六年積軍功晉二等子。
索諾木奇塔特	奇塔特徹爾貝子。康熙三年襲。
阿木爾布彥	
三音阿本果朗	阿木爾布彥子。咸豐元年襲。
巴朗	三音阿木果朗子。同治四年襲。
阿拉布坦塔	奇塔特徹爾貝六世孫。光緒四年襲。
元論	阿拉普坦子。光緒十四年襲。

二等子

索納馬	蒙古烏魯特貝勒。來歸，封二等子。
勃綳	索納馬子。
憂爾馬	勃綳弟。順治二年升一等子。順治三年升等伯。
穆賀林	憂爾馬兄子。
賀達色	憂爾馬孫。
根都札布	穆賀林孫。緣恩詔所加，仍襲二等子。
達克薩哈	根都札布兄。
英謙	根都札布兄孫。
倭所霍	英謙子。
成敏	倭所霍子。
松齡	成敏繼子。
承厚	成敏始祖六世孫。光緒十八年襲。

二等子

劉良佐	鑲黃旗漢軍。順治五年八月以率官弁十萬投誠，破賊有功，授二等精奇尼哈番。今漢文改為二等子。
劉澤涵	劉良佐子。康熙五年六月襲。
劉俊傑	劉澤涵子。康熙十八年八月襲。坐事革。
常柱	劉良佐孫。雍正五年五月襲。十二年以罪革。停襲。

二等子

碩色納	鑲紅旗滿洲。順治五年襲叔父和託之三等阿達哈哈番。恩詔加至一等，又一拖沙喇哈番。十二年併子海瀾之二等阿達哈哈番，襲為二等精奇尼哈番。康熙四年八月以軍功加為二等。今漢文改為二等子。
蒙古	碩色納子。康熙八年十二月襲。四十一年閏六月以罪革。
蘇喀	蒙古兄。康熙四十一年閏六月襲。降二等阿思哈尼哈番。今漢文改為二等男。
明全	蘇喀子。康熙四十二年襲。雍正八年六月以罪革。
德克旌格	明全伯父之子。雍正八年降襲二等男。
明亮	德克旌格叔父之子。乾隆元年十二月降襲三等男。
花沙布	明亮姪。乾隆二年十二月襲。
伍當阿	花沙布子。乾隆十九年四月襲。
雅爾江阿	伍當阿弟。乾隆二十九年十二月襲。
巴甯阿	雅爾江阿子。乾隆五十一年襲。
英安	
伊綿阿	
耆紳	伊綿阿子。同治元年襲。
托雲保	耆紳子。同治三年襲。
世魁	

二等子

蘇克薩哈	正白旗滿洲。順治七年以本身之三等阿達哈哈番，襲伊父蘇納之三等阿達哈哈番，併為三等阿思哈尼哈番。恩詔加至一等，又一拖沙喇哈番。軍功加至二等精奇尼哈番。今漢文改為二等子。康熙六年七月為鰲拜所殺。謚忠勇。
蘇常壽	蘇克薩哈子。康熙八年襲。
蘇永祖	蘇常壽兄。康熙十一年襲。五十一年緣事去，銷恩詔所得，降三等阿思哈尼哈番，以其兄之子襲。五十九年奉旨復襲。今漢文改為三等男。
衆神保	蘇永祖兄之子。康熙五十一年襲三等阿思哈尼哈番。五十九年因不及解遇，復以蘇永祖襲。
阿林	蘇永祖子。雍正七年襲。

二等子

古木台什	鑲白旗蒙古。國初率衆來歸，賞給三等子。軍功晉給二等。
諾爾佈	古木台什子。軍功賞給一等子。
索諾木什喇布	諾爾佈子。
巴哩瑪特	索諾木什喇布子。
齊當	巴哩瑪特弟。
敏珠爾	齊當子。
策博克扎布	敏珠爾子。
布彥德勒格爾	策博克扎布子。嘉慶二十二年襲。
齊墨特永嚨	布彥德勒格爾堂弟。道光十一年襲。
班咱達喇	齊墨特永嚨孫。
蒙克鄂齊爾	班咱達喇子。
魯普桑則文	蒙克鄂齊爾子。光緒二十二年襲。

		子世襲罔替
二等子	馬濟勝	官福建陸路提督道光十三年論勦平臺匪功封二等男是年十二月晉二等子十六年卒諡昭武
二等子	劉松山	湖南湘鄉人官廣東陸路提督同治七年論平西捻功予一等輕車都尉九年攻甘肅金積堡之馬五寨中礮卒十年金積堡平追加予一等輕車都尉併爲二等子
	劉鑫	松山子光緒年襲官山西按察使
	劉國安	鑫子光緒年襲
三等子	何和禮	

		正紅旗滿洲天命年間率所部來歸積軍功授三等總兵官今漢文改爲三等子天命九年八月卒追諡溫順
三等子	李永芳	正藍旗漢軍天命年間歸順恩賜三等副將克遼東後加至三等總兵官今漢文改爲三等子
三等子	吳巴海	正黃旗滿洲國初積軍功授三等昂邦章京崇德四年九月卒以其職令三人分襲今漢文改

		爲三等子崇德四年降一等輕車都尉
三等子	古魯格	正白旗蒙古崇德三年六月來歸授一等梅勒章京順治二年八月以軍功加至三等昂邦章京四年緣事降一等梅勒章京特恩復授三等精奇尼哈番今漢文改爲三等子
	吳巴什代	古魯格子康熙六年二月襲
	阿玉錫	吳巴什代子康熙二十四年二月襲
	多爾濟	阿玉錫子康熙三十六年十月襲以罪革
	丹金	多爾濟叔祖之孫康熙五十九年七月襲
	札什泰	丹金子乾隆二年九月襲二十四年十一月兼襲三等男
	富勒赫	札什泰子乾隆三十五年十二月襲以罪革
	富保	富勒赫弟乾隆三十六年十二月襲
	羅布藏多爾濟	富保承繼子乾隆五十四年襲
	沙金達賚	羅布藏多爾濟子嘉慶二十五年襲
	諾們達賚	沙金達賚弟道光七年襲
	托克托布	諾們達賚子同治四年襲
	福隆額	托克托布子光緒十四年襲
	安緒	福隆額子宣統二年襲
三等子	覺善	正紅旗滿洲國初任備禦積軍功加至一等甲喇章京兼半個前程順治七年三月恩詔加爲三等
	噶爾圖	覺善子康熙四年正月襲
	沙爾圖	噶爾圖子康熙四年八月襲
	三泰	沙爾圖子康熙二十三年三月襲
	關保	三泰伯父之孫雍正五年三月降襲三等阿思哈尼哈番今漢文改爲三等男
	法保	關保子乾隆十七年十二月襲
	五十一	法保子乾隆十八年十二月襲
	富忠	五十一子乾隆三十九年十二月襲
	法福禮	富忠子道光九年襲
	文英	法福禮子同治元年襲
	樂斌	文英繼子光緒四年襲

阿思哈尼哈番。軍功加爲二等。緣事降一等阿達哈哈番，又一拖沙喇哈番。事白，復還原職。九年正月恩詔加至三等精奇尼哈番。今漢文改爲三等子。康熙三年卒，諡敏勇。

三等子

祖可法	正黃旗漢軍。崇德七年以投誠授一等副將。軍功加半個前程。順治七年三月恩詔加爲三等精奇尼哈番。今漢文改爲三等子。諡順僖。
祖永烈	祖可法子。順治八年正月襲。九年正月晉至一等子。
祖永煦	祖永烈弟。康熙二十年九月襲。雍正十一年降騎都尉。

三等子

勞薩	鑲紅

旗滿洲。天聰八年五月積軍功授三等梅勒章京。崇德四年七月以軍功加爲二等。緣事降一等甲喇章京。六年以軍功復職。七年八月錦州陣亡，贈三等昂邦章京。今漢文改爲三等子，諡忠毅。

三等子

孫有光	三等男孫得功子。順治九年積軍功晉三等子。
孫承祖	孫有光子。順治九年正月襲三等子。
孫蘭	孫承祖子。康熙二十五年十月襲三等子。
孫惟善	孫蘭子。康熙五十年五月降襲一等阿思哈尼哈番。今漢文改爲一等男。
保德	孫惟善子。康熙六十年八月襲。
色克精額	保德子。乾隆三十五年十二月襲。
阿爾綳阿	色克精額子。
成祥	阿爾綳阿子。道光二十七年襲。
那丹珠	成祥子。同治五年襲。
思生	那丹珠子。光緒三十三年襲。

三等子

圖魯什	鑲黃旗滿洲。原係備禦。以軍功

加至二等參將。緣事仍降爲備禦。天聰八年五月軍功加至三等梅勒章京。十一月陣亡。贈三等昂邦章京。今漢文改爲三等子。諡忠宣。

三等子

多爾濟	正黃旗滿洲。天聰八年以率衆來歸，授牛彔章京。軍功加至一等梅勒章京。順治二年特恩加至三等昂邦章京。今漢文改爲三等子。
綽爾濟	多爾濟弟之子。順治五年十月襲。七年恩詔加至一等精奇尼哈番，又一拖沙喇哈番。緣事銷去九年恩詔所得。以弟納穆生格襲三等精奇尼哈番。尋以前議過重，仍以綽爾濟襲二等精
保住	綽爾濟弟之子。康熙十九年八月襲。
保壽	保住子。康熙五十五年五月降襲三等精奇尼哈番。今漢文改爲三等子。以疾除爵。
佛佑	保壽弟。康熙五十七年六月襲。
白淸額	佛佑子。乾隆九年十二月襲。三十四年晉襲恭誠侯。
祥泰	白淸額姪。乾隆五十四年襲三等子。
福珠禮	祥泰子。乾隆五十六年襲。
博昌	福珠禮子。道光十八年襲。
啓英	博昌姪。光緒十三年襲。
麟興	啓英子。宣統元年襲。

奇尼哈番，今漢文改爲二等子。坐事革。

三等子	
鑈拜	鑲白旗滿洲。天聰八年以率衆來歸，授三等昂邦章京。今漢文改爲三等子。卒。鑈倂順
阿都實	鑈拜子。天聰八年五月襲。順治七年恩詔加爲二等精奇尼哈番。今漢文改爲二等子。
賴善	阿都實子。順治七年八月襲。
安保	賴善子。康熙五十五年十二月降襲三等精奇尼哈番。今漢改爲三等子。
永福	安保子。乾隆四年十二月襲。
剛奎	永福子。乾隆三十六年十二月襲。
祥壽	剛奎子。嘉慶十六年襲。
德恩	祥壽子。
常志	德恩子。光緒二年襲。
培鈺	光緒二十七年襲。

三等子	
馬喇希	鑲紅旗滿洲。天聰八年襲兄嗚祿二等甲喇章京。積軍功加至三等梅勒章京。順治七年恩詔加爲二等。緣事降一等阿達哈哈番又一拖沙喇哈番。事白，復職。又遇九
馬邇漢	馬喇希子。順治十二年三月襲。
福邇蘇	馬邇漢子。康熙十六年八月襲。
傅來	福邇蘇子。康熙六十年十二月降襲三等阿思哈尼哈番。今漢文改爲三等男。
書通阿	傅來子。雍正八年六月襲。
舒敏	書通阿子。乾隆十年六月襲。
巴綳阿	舒敏子。乾隆五十年十二月襲。
興保	
喜合	
喜智	喜合弟。道光三十年襲。同治五年革。
喜林	喜智弟。同治五年襲。
聯英	喜林繼子。光緒元年襲。

年恩詔加三等精奇尼哈番，今漢文改爲三等子。

三等子	
傅夸禪	鑲紅旗滿洲。天聰八年襲父翁柯尼之一等甲喇章京。順治九年恩詔加至一等阿思哈尼哈番。康熙四年二月以軍功加至三等精奇尼哈番。今漢文改爲三等子。
穆成格	傅夸禪子。康熙八年六月襲。
辛住	穆成格弟。康熙二十二年閏六月襲。以病辭爵。
傅岱	辛住子。康熙四十一年閏六月降襲二等阿思哈尼哈番。今漢文改爲二等男。
富山	傅岱子。乾隆三年十二月襲。
福甯阿	富山子。乾隆二十三年十二月襲。以罪革。
福通阿	福甯阿弟。乾隆二十七年十二月襲。
咸中	福通阿子。乾隆四十五年十二月襲。
咸章	咸中弟。乾隆五十四年襲。
達哈布	
侍順	
文熙	侍順孫。同治八年襲。

三等子	
張大猷	鑲黃旗漢軍。天聰八年以首出誘叛之人，授三等甲喇章京。順治三年五月積
張應庚	張大猷子。順治九年七月襲。
張國華	張應庚弟之孫。康熙十七年六月襲。
張正興	張國華子。康熙三十八年正月襲。
張正文	張正興弟。康熙四十七年四月降襲三等阿思哈尼哈番。今漢文改爲三等男。
張崑	張正文子。乾隆十四年十二月襲。坐事革。
張峻	張崑從兄。乾隆十九年十二月襲。
張玉龍	張峻子。乾隆三十六年十二月襲。
安得	張玉龍子。
成齡	安得子。
慶善	成齡子。咸豐八年襲。
奎光	慶善子。同治二年襲。
匯泉	奎光子。光緒三十四年襲。

軍功加至三等梅勒章京。九年正月恩詔加至三等精奇尼哈番。今漢文改爲三等子。

三等子	
鑈奇蘭	鑲紅旗滿洲。天聰九年積軍功授一等梅勒章京。以傷發身故。十年二月贈三等昂邦章京。今漢文改爲三等子。
拜山	鑈奇蘭子。天聰十年二月襲。順治九年恩詔加至一等精奇尼哈番。今漢文改爲一等子。
瓦爾達	拜山子。康熙六年正月襲。
衆神保	瓦爾達子。康熙二十八年八月襲。
保德	衆神保子。康熙四十五年五月降襲三等精奇尼哈番。今漢文改爲三等子。
白夔	保德子。康熙五十三年十月襲。
何爾敦	白夔叔祖。康熙五十五年五月襲。
黑申	何爾敦族孫。雍正七年三月襲。坐事革。
勒伸	黑申堂弟。雍正十三年十二月襲。
齊克唐阿	勒伸之孫。乾隆二十八年十二月襲。
雙和	
永恰布	雙和子。道光二十五年襲。
雙瑞	永恰布子。同治二年襲。
雙順	雙瑞弟。光緒十四年襲。
恩齡	光緒三十年襲。

三等子	
劉之源	鑲黃旗漢軍。天聰十年授三等甲喇章京。順治九年正月恩詔加至一等阿思哈尼哈番。軍功
劉光	劉之源子。康熙二十年四月襲。
劉邦柱	劉光弟。康熙二十二年六月襲。
尼雅哈	劉邦柱弟。康熙三十二年三月襲。
劉鳳起	尼雅哈兄之子。康熙三十九年八月降襲三等阿思哈尼哈番。今漢文改爲三等男。
劉永年	劉鳳起子。康熙四十四年八月襲。坐事革。
劉保住	劉鳳起叔父之子。康熙四十六年正月襲。以罪革。
章武	劉保住從姪。乾隆五年七月襲。以老罷爵。
玉保	章武子。乾隆十八年十二月襲。
三福	玉保子。乾隆二十九年十二月襲。
長和	三福子。乾隆五十五年襲。
德齡	長和子。道光四年襲。
承勛	德齡子。同治三年襲。
銳啓	承勛子。光緒元年襲。
崇志	銳啓子。光緒二十二年襲。

晉三等精奇尼哈番。後緣事革。事白，復職。今漢文改爲三等子。

三等子

希福 正黃旗滿洲。天聰十年積功授三等甲喇章京，累績加爲二等。順治九年正月恩詔加至三等阿思哈尼哈番，以功加至一等。四月又以功加爲三等精奇尼哈番。今漢文改爲三等子。九年十一月卒。諡文

奇塔特 希福子。順治十年正月襲。

費揚古 奇塔特子。康熙十七年五月襲。

希昌 費揚古子。康熙四十九年六月襲。

來先 希昌弟。雍正三年六月襲。坐事革。

文玉 來先弟。乾隆三年十二月襲。

公安 文玉兄子。乾隆十三年十二月襲。

嵩壽 公安叔曾祖之孫。乾隆十九年十二月襲。

增保 嵩壽孫。乾隆二十年十二月襲。

善奎 增保子。嘉慶十五年襲。

榮昌 奎善繼子。道光二十五年襲。

文福 榮昌繼子。光緒十八年襲。

清霖 文福子。光緒二十七年襲。

三等子

把賴都邇芬翁 正黃旗蒙古。崇

哈岱 把賴都邇芬翁子。崇德七年八月襲。順治

德元年以來歸，授一等梅勒章京。八年八月陣亡，加贈三等昂邦章京。今漢文改爲三等子。

四年三月以軍功加爲二等昂邦章京。恩詔准世襲罔替。十一年九月以軍功加爲一等。今漢文改爲一等子。卒，諡勤壯。

三等子

噶爾瑪葉爾登 正黃旗滿洲。崇德元年以來歸，授三等昂邦章京。今漢文改爲三等子。

宜納穆 噶爾瑪葉爾登子。順治八年襲。恩詔准世襲罔替。

班達爾沙 宜納穆子。康熙六年二月襲。

巴理彌 班達爾沙弟之子。康熙三十年十二月襲。坐事革。

阿爾那 巴理彌叔父之子。雍正十一年八月襲。

百成 阿爾那子。雍正十三年二月襲。

博永武 百成子。乾隆四十六年十二月襲。

該哈蘇 博永武子。乾隆五十九年襲。

永恰布 該哈蘇子。道光十四年襲。

奎華 永恰布繼子。光緒十六年襲。

三等子

畢喇希 鑲紅旗蒙古。崇德元年六月以率衆來歸，授三等昂邦章京。今漢文改爲三等子。

多爾吉 畢喇希子。順治三年十二月襲。九年正月恩詔加爲二等精奇尼哈番。今漢文改爲二等子。

畢禮格 多爾吉伯父之孫。順治九年四月襲。

南第 畢禮格子。康熙二十二年八月襲。

吳爾圖那思圖 南第子。康熙四十八年三月降襲三等精奇尼哈番。今漢文改爲三等子。

佛保 吳爾圖那思圖子。乾隆七年五月襲。

金剛保 佛保子。乾隆十六年十二月襲。

阿爾京阿 金剛保子。乾隆二十九年十二月襲。

瑞祥 阿爾京阿子。乾隆五十年十二月襲。

博玉 瑞祥叔高祖扎拉芬之子。嘉慶十五年襲。

蘇太 博玉子。道光二十一年襲。

穆特布 蘇太子。同治十一年襲。

三等子

色稜布篤馬 鑲藍旗蒙古。崇德元年五月以率衆來歸，授三等昂邦章京。今漢文改爲三等子。

多爾濟 色稜布篤馬子。崇德三年八月襲。順治九年恩詔加至一等精奇尼哈番。今漢文改爲一等子。

庫色爾特 多爾濟子。順治十一年九月襲。

回色 庫色爾特子。康熙十八年三月襲。

伊靈阿 回色子。康熙五十五年十二月降襲三等精奇尼哈番。今漢文改爲三等子。

西靈阿 伊靈阿弟。雍正三年五月襲。

河倫特 西靈阿子。雍正九年四月襲。乾隆十九年因事革停襲。

三等子

夏成德 正白旗漢軍。順治元年二月以投誠授三等昂邦章京。今漢文改爲三等子。

夏璞 夏成德子。順治四年六月襲。七年三月恩詔加爲二等精奇尼哈番。今漢文改爲二等子。

夏襄元 夏璞子。康熙三十年十一月襲。

夏冕 夏襄元子。雍正九年六月降襲三等精奇尼哈番。今漢文改爲三等子。後因夏冕兄夏坤病故所遺騎都尉與夏冕本身原有三等子併爲一等子。

夏銳 夏冕之孫。乾隆二十六年十二月襲。

夏永祥 夏銳子。

武全 夏永祥子。道光十八年襲。後在甘肅陣亡，議給雲騎尉世襲。

維璋 武全子。光緒元年襲。

常福 維璋繼子。光緒二十五年襲。

三等子

朱瑪喇 鑲白旗滿洲。順治二年以軍功授牛彔章

博通鄂 朱瑪喇子。康熙元年三月併本身之拜他

柯三 博通鄂子。康熙十五年五月襲。

富寧 柯三子。康熙六十年十二月降襲一等阿思哈尼哈

京。九年正月，恩詔加爲三等阿達哈哈番。又以軍功加爲二等。又加至三等阿思哈尼哈番。十三年閏五月，又以軍

喇布勒哈番，襲爲一等精奇尼哈番。今漢文改爲一等子。

番。今漢文改爲一等男。乾隆十七年，改輕車都尉。

功加至三等精奇尼哈番。今漢文改爲三等子。卒，諡襄敏。

三等子

李本深 甘肅西寧人。順治二年，以明提

督率高傑所部兵降，封三等子。康熙十二年，叛，革。

三等子

吳應熊 平西親王吳三桂子。順治九年，以額

駙封三等子。十三年，以三桂反，誅。

三等子

綽爾濟 正白旗蒙古。順治五年，以來歸，授拜他喇布勒哈番。

納馬札爾 綽爾濟子。康熙二十年十一月襲。後降襲。

恩詔加至二等阿達哈哈番。康熙六年正月，襲叔父鄂齊禮之一等阿達哈哈番又一拖沙喇哈番，併爲三等

精奇尼哈番。今漢文改爲三等子。

三等子

曹恭誠 正白旗漢軍。崇德元年六月，以投誠，授二等阿思哈尼哈

曹熙麟 曹恭誠子。順治十四年五月襲。

曹秉桓 曹熙麟子。康熙五年七月，襲子。降襲。

番。順治九年，恩詔加至三等精奇尼哈番。今漢文改爲三等子。

三等子

丹代 一等男噶爾哈圖弟。原係拜他喇布

夸哈 丹代子。順治十五年襲。康熙元年，降襲。

勒哈番。順治十二年三月，襲兄職，併爲三等精奇尼哈番。今漢文改爲三等子。

三等子

呂應學 二等男呂國贊

呂雲翔 呂應學。康熙十一年襲。

子。崇德七年正月襲。順治十四年八月，軍功加至三等精奇尼哈番。今漢文改爲三等子。

三等子

班思惕

希布　一等男色稜子崇德八年五月襲順治年恩詔准世襲罔替十四年九月軍功加爲三等精奇尼哈番今漢文改爲三等子

三等子

敬桑　正黃旗滿洲噶爾瑪索諾木額駙子康熙三年因係固倫端順長公主所生授三等精奇尼哈番今漢文改爲三等子

三等子

王輔臣　山西大同人康熙十三年官陝西提督以

首吳三桂逆書封三等子十三年以叛革十五年降復爵二十年卒停襲

三等子

陳世怡　陳福從子康熙十五年襲三等子

陳世琳　陳福子康熙二十一年襲

陳謚　陳世琳子雍正八年襲

陳大用　陳謚子乾隆二十八年襲

陳述祖　道光年襲

三等子

明寶　一等男又一雲騎尉法色子康熙三十年五月襲雍正十二年二月軍功加爲三等精奇尼哈番今漢文改爲三等子

三等子

布納海　一等男路什子康熙二十七年七月襲三十六年七月軍

功加爲三等精奇尼哈番今漢文改爲三等子

三等子

額森特　正白旗滿洲乾隆四十一年正月以軍功封一等男四十六年六月以軍功晉封三等子

哈金泰　額森特子乾隆四十八年十二月襲

哈豐阿　哈金泰子乾隆五十四年襲

伊爾綳阿　額森特繼嗣子乾隆五十七年襲

德山　伊爾綳阿子嘉慶元年襲

額勒精額　德山從子嘉慶七年襲

揚桑阿　額勒精額子道光七年襲

三等子

三泰　正白旗漢軍姓石原西路參贊大臣奉命前赴軍營遇賊被害乾隆二十四年四月加恩追封三等子世襲罔替諡果勇

佛住　三泰子乾隆二十四年四月襲在四川陣亡優給騎都尉加一雲騎尉併原襲三等子爲一等子加一雲騎尉

瑞齡　佛住子嘉慶二年襲

純綬　瑞齡子道光十二年襲

吉和　純綬子

宜麟　吉和子

阿霖　宜麟弟光緒二十五年銷去佛住所得仍襲三等子加一恩騎尉

三等子

那彥成　正白旗滿洲嘉慶十八年

容安　那彥成子嘉慶二十一年襲道

容照　容安弟道光十年十月襲

鄂素　容照孫咸豐二年襲

鄂禮　鄂素伯祖之孫同治二年襲

	十二月以擊滅天理教匪功封三等子。二十一年六月革。旋卒。諡文毅
	光十年十月革

三等子

王文雄	貴州玉屏人。官陝西固原提督。嘉慶五年陣亡西鄉縣法資山。予三等子。諡壯節
王開雲	文雄子。嘉慶五年襲。官山東鹽運使
王鳳翥	文雄孫。道光二十年襲

清史稿

諸臣封爵世表五上

初封
一次襲
二次襲
三次襲
四次襲
五次襲
六次襲
七次襲
八次襲
九次襲
十次襲
十一次襲
十二次襲
十三次襲
十四次襲
十五次襲
十六次襲
十七次襲
十八次襲

一等男

孫塔	鑲藍旗滿洲。天聰八年以辦事有能授牛彔章京。順治二年軍功加至三等甲喇章京。五年考績加爲二等。順治九年正月恩詔加至三等阿思哈尼哈番。十五年三月以監造勤慎加爲二等。康熙三年十一月以軍功加至一等阿思哈尼哈番。今漢文改爲一等男。四年十二月卒。諡襄忠
馬錫泰	孫塔子。康熙五年正月襲。二十五年六月積軍功加至一等精奇尼哈番。今漢文改爲一等子
吳爾希	馬錫泰子。康熙三十年五月襲一等子
德彝	吳爾希子。康熙六十年八月降襲一等阿思哈尼哈番。今漢文改爲一等男
達桑阿	德彝子。乾隆五年十二月襲。坐事革。子扎勒杭阿降襲

一等男

李思忠	正黃旗漢軍。天聰八年以軍功授一等甲喇章京。九年以增益丁壯功加至三等梅勒章京。順治九年正月恩詔加至一等阿思哈尼哈番。今漢文改爲一等男
塞伯理	李思忠子。順治十一年三月襲
李鋑	塞伯理子。康熙十五年六月襲
李鑄	李鋑弟。康熙二十三年十一月襲。坐事革
李景唐	李思忠三世孫。雍正八年五月降襲三等阿思哈尼哈番。今漢文改爲三等男。坐事革
李景虎	李景唐弟。雍正十三年二月襲
李周德	李景虎堂叔。乾隆十年九月襲
九容	李周德子。乾隆十七年十二月襲
台補	九容子。乾隆四十三年十二月襲。以病罷爵
那達納	台補從姪。乾隆四十九年十二月襲
承啓	那達納子
富達那	承啓族叔
阜保	富達那子
穆通阿	阜保族叔
恩啓	穆通阿子
恒昌	恩啓子
李志福	恒昌弟

一等男

紳爾門	鑲黃旗蒙古。崇德元年五月以率戶口來歸授一等梅勒章京。順治四年以軍功加半個前程。今漢文改爲一等男
隆古	紳爾門子。順治七年四月襲。恩詔准世襲罔替。十三年閏五月以軍功加爲三等精奇尼哈番。今漢文改爲三等子
阿喇納	隆古子。康熙九年二月襲三等子
畢禮克	阿喇納弟。康熙十八年八月襲。以不及解退
布達	畢里克兄。康熙三十七年六月襲
色勒	布達子。康熙三十九年四月襲
畢禮克	色勒叔父。康熙四十二年復襲
烏爾圖那蘇圖	畢禮克子。康熙五十九年四月襲
德福	烏爾圖那蘇圖孫。乾隆十二年十二月襲。二十四年革。無襲

一等男

雅賴	正白旗滿洲。崇德八年積軍功授牛彔章京。順治七年恩詔加爲三等阿達哈哈番。八年二月封二等阿思哈尼哈番。九
華色	雅賴子。康熙三年七月襲。坐事革
安圖	華色子。康熙十三年七月襲。坐事革
安扎	安圖弟。康熙三十九年十二月降襲三等阿思哈尼哈番。今漢文改爲三等男
富清	安扎子。康熙四十四年二月襲
阿爾金	富清叔父。康熙四十四年八月襲
九格	阿爾金子。康熙五十四年十二月襲
普扎保	九格子。乾隆三十四年十二月襲
普康	普扎保子。乾隆四十二年十二月襲
豐勝阿	普康子。乾隆五十七年襲
德保	豐勝阿子
德啓	德保弟
麟壽	德啓子。同治八年襲

	年正月恩詔加至一等今漢文改爲一等男

一等男		
葛爾沁	鑲白旗蒙古崇德八年襲叔父阿爾沙庫墨勒	根之一等甲喇章京順治九年正月恩詔加至二等阿思哈尼哈番軍功加至一等今漢文改爲一等男卒謚襄敏
鄂爾輝	葛爾沁子康熙九年五月襲	
馬爾圖	鄂爾輝孫康熙二十五年五月襲	
栢起	馬爾圖父康熙四十二年七月降襲二等阿思哈尼	哈番今漢文改爲二等男
鄂爾德尼	栢起孫康熙五十七年十二月襲坐事革	後降襲

一等男	
路什	鑲黃旗滿洲順治二年以軍功授二等甲喇章京九年正月恩詔加至三等阿思哈尼哈番十七年

	七月軍功加爲二等陣亡晉贈一等今漢文改爲一等男

一等男			
哈什屯	鑲黃旗滿洲順治二年以勤勞授牛	彔章京四年加至二等甲喇章京尋加爲一等恩詔加一拖沙喇哈番緣事降爲拜他喇布勒哈番特恩復賜原職	九年正月恩詔加至一等阿思哈尼哈番今漢文改爲一等男贈見外戚封爵
米思翰	哈什屯子康熙三年五月襲十三年	十二月卒謚敏果乾隆十三年五月贈一等承恩公	
李榮保	米思翰子康熙十四年四月襲坐事	革乾隆二年十二月贈一等承恩公謚壯愨	

一等男	
金礪	鑲紅旗漢軍天聰八
金俊	金礪弟順治十八年
金聲振	金俊子康熙六
金鐸	金俊子原名金洪振

	年十一月封二等梅勒章京順治九年正月恩詔晉至一等阿思哈尼哈番今漢文改爲一等男十八年卒
	襲
	年九月襲
	康熙二十三年十一月襲子降襲

一等男		
孫思克	正白旗漢軍康熙三十一年以功授拜他喇布勒哈番三十六年軍功加一拖沙喇哈番三十	九年卒特恩加贈一等阿思哈尼哈番今漢文改爲一等男
孫承運	孫思克子康熙三十九年八月襲	
孫承思	孫承運弟康熙四十五年十月襲	
吉福	孫承恩子雍正十一年十一月襲	
孫惟中	吉福子乾隆十五年十二月襲	
慶麟	孫惟中子乾隆四十八年十二月襲	
慶長	孫思克之三世孫	
彭壽	慶長子	
銳齡	彭壽子	
麟輝	銳齡子光緒二十七年襲	

一等男	
黑東格	正黃旗滿洲太祖時率五十五
尼馬禪	黑東格弟緣事革

人來歸以功授一等副將今漢文改爲一等男

一等男

碩詹 正紅旗滿洲初以勳績授備禦積軍功加至一等甲喇章京順治九年正月恩詔加至一等阿思哈尼哈番緣事降十年正月事白復授一等阿思哈尼哈番今漢文改爲一等男

達色 碩詹孫康熙三年分襲二等阿達哈哈番陣亡今漢文改爲二等輕車都尉

法色 達色伯父之子康熙二十二年十月以本身之二等阿達哈哈番襲達色職併爲一等阿思哈尼哈番因達色陣亡又加一拖沙喇哈番今漢文改爲一等男又一雲騎尉

一等男

席特庫 鑲藍旗滿洲天聰八年以辦事有能授牛彔章京順治四年積軍功加至一等甲喇章京九年正月恩詔加至一等阿思哈尼哈番今漢文改爲一等男

塞爾古德 席特庫子康熙五年六月襲

生格特 塞爾古德子康熙十四年閏五月襲

蘇丹 生格特子康熙二十八年二月襲

楚庫 蘇丹子康熙三十八年閏七月襲子降襲

一等男

慕克譚 鑲藍旗滿洲初以軍功授三等梅勒章京陣亡加贈爲一等今漢文改爲一等男追謚忠勇

艾音塔睦 慕克譚子天聰八年五月襲順治九年正月恩詔加至二等精奇尼哈番軍功至一等今漢文改爲一等子

一等男

恩格圖 正紅旗蒙古原係備禦天聰八年以軍功加至三等甲喇章京課績加爲二等積軍功加至二等阿思哈尼哈番順治七年十二月恩詔加爲一等今漢文改爲一等男

克什圖 恩格圖兄之子順治七年三月襲九年正月恩詔加至三等精奇尼哈番十八年將原襲之一等阿思哈尼哈番襲於恩格圖子鄂爾濟圖止留本身所得之拜他喇布勒哈番今漢文改爲騎都尉

鄂爾濟圖 恩格圖子順治十八年五月仍襲一等阿思哈尼哈番今漢文改爲一等男

關保 鄂爾濟圖子康熙三十一年正月襲

伍十 關保子康熙四十六年二月降襲二等阿思哈尼哈番今漢文改爲二等男

廣福 伍十承繼子乾隆八年十二月襲

慶亮 廣福子乾隆五十一年十二月襲

一等男

綽拜 鑲白旗蒙古天聰八年以辦事有能授牛彔章京順治二年積軍功加至一等甲喇章京九年正月恩詔加至一等阿思哈尼哈番今漢文改爲一等男

齊墨格圖 綽拜子順治十年正月襲

常保 齊墨格圖子康熙三年十二月襲

巴圖 常保子康熙二十二年十二月襲乾隆十五年銷去恩詔所得加一等輕車都尉彙一雲騎尉與伊子貢楚達襲

一等男

張仲第 正黃旗漢軍天聰八年襲父張世爵之三等甲喇章京軍功加至一

張應慧 張仲第子康熙十六年四月襲

張松齡 張應慧子康熙二十二年九月襲子張英降襲一等輕車都尉

（續）		等。恩詔加一拖沙喇哈番。順治八年正月軍功加至三等阿思哈尼哈番。九年正月恩詔加至一等。今漢文改爲一等男。康熙十五年卒。
一等男	朱瑪喇	正白旗滿洲。天聰八年以辦事有能授牛彔章京。軍功加至二等甲喇章京。課續加爲一等。恩詔加至一等阿思哈尼哈番。今漢文改爲一等男。
	伊瑪喇	朱瑪喇弟。順治十年三月襲。
	滿色	伊瑪喇子。康熙三十七年襲。軍功加一拖沙喇哈番。今漢文改爲一等男，又一雲騎尉。
	滿丕	滿色子。乾隆六年銷恩詔所加，襲三等男。二十一年銷滿色軍功所加。從子清德降
一等男	集雅漢瞻	正黃旗蒙古。崇
	巴特瑪	集雅漢瞻子。順治元
	阿穆護朗	巴特瑪子。順治
	多爾濟	阿穆護朗子。康熙二
	崇林	多爾濟子。康熙四十七年
	富勒渾	崇林子。乾隆十二年
	索諾木扎史	富勒

（續）		德元年五月以來歸，授一等梅勒章京。今漢文改爲一等男。
		年六月襲。
		九年五月襲。
		十年十月襲。
		六月襲。
		襲。
		渾子。乾隆四十六年襲。
一等男	鄧長春	鑲黃旗漢軍。崇德元年五月同祖大壽投誠，授三等梅勒章京。軍功加爲二等。緣事降爲一等甲喇章京。順治九年正月恩詔加至一等阿思哈尼哈番。今漢文改爲一等男。
	鄧志琳	鄧長春子。順治十年八月襲。
	鄧其璋	鄧志琳子。康熙二十七年六月襲。後降襲
一等男	色棱	鑲紅旗蒙古。崇德元年五月自察哈爾率戶口來歸，授一等梅勒章京。今

（續）		漢文改爲一等男。
一等男	阿祿哈	鑲黃旗滿洲。原係科爾沁扎魯特貝子。崇德五年以來歸，授三等甲喇章京。順治二年以定鼎燕京加爲二等。九年正月恩詔加至一等阿思哈尼哈番。今漢文改爲一等男。卒，諡勤傳。
	尹濟納	阿祿哈孫。康熙二十七年月襲。後降襲。
一等男	覺羅瓦爾馬	鑲藍旗滿洲。順治元年襲父覺羅葉穆濟之半個前程。四年特恩加爲牛彔章京。七
	覺羅蘇爾馬	覺羅瓦爾馬子。順治十七年七月襲。康熙二十二年四月坐事革。
	覺羅郎湯	覺羅蘇爾馬子。康熙二十二年六月襲。坐事革。
	覺羅馬克蘇	覺羅郎湯叔祖。康熙二十二年九月襲。三十年十二月罷。[illegible]
	覺羅佛寧我	覺羅郎湯弟。康熙三十一年二月襲。乾隆元年十二月卒。子降襲。

年恩詔加一拖沙喇哈番。尋併叔父之子覺羅馬克圖之二等阿達哈哈番襲，爲三等阿思哈尼哈番。九年正月恩詔加至一等。今漢文改爲一等男。

一等男	阿哈泰	正白旗蒙古。順治二年以來歸，授牛彔章京。恩詔加至二等阿達哈哈番。康熙四年併伯父之子星南之二等阿達哈哈番襲，爲一等阿思哈尼哈番。今漢文改爲一等男。
	特穆爾	阿哈泰子。康熙十八年六月襲。後降襲。

一等男	希爾根	正黃旗滿洲。順治三年四月積軍功授三等梅勒章京。緣事降三等阿達哈哈番。恩詔加爲二等。事白，加爲一等。九年正月恩詔加至二等阿思哈尼哈番。緣事降爲三等。軍功仍加爲二等。事白，加爲一等。今漢文改爲一等男。
	商世泰	希爾根孫。康熙十八年十月襲。
	杜太	商世泰子。康熙二十七年十一月襲。子降襲。
一等男	白爾黑圖	正白旗滿洲。順治三年積軍功授牛彔章京。恩詔加至一等阿達哈

哈番。康熙三年二月以軍功加至一等阿思哈尼哈番。今漢文改爲一等男。卒，諡忠勇。

一等男	阿哈尼堪	鑲黃旗滿洲。順治四年積軍功授一等甲喇章京。九年正月恩詔加至一等阿思哈尼哈番。今漢文改爲一等男。卒。
	噶爾哈圖	阿哈尼堪子。原係三等阿達哈哈番。順治九年四月襲。
一等男	吳喇禪	鑲紅旗滿洲。順治四年襲父洪尼牙喀之二等甲喇章京。恩詔加爲一等。軍功加一拖沙喇哈
	胡喇禪	吳喇禪子。康熙六年十二月襲。
	朱麻喇	胡喇禪叔父。康熙二十二年十一月襲。
	朱承格	朱麻喇子。康熙四十三年銷恩詔所得，襲三等男。乾隆七年又銷吳喇禪所得兩雲騎尉，降一

番九年正月恩詔加二等阿思哈尼哈番十四年九月軍功加至一等今漢文改爲一等男

等輕車都尉

一等男

蘇拜 正白旗滿洲順治五年六月積軍功授三等精奇尼哈番恩詔加爲二等十六年三月緣事降一等阿思哈尼哈番今漢文改爲一等男卒諡勤僖

昂安鬍 蘇拜子康熙四年二月襲

和山 昂安鬍子康熙三十年十一月襲

徐常 和山兄康熙四十三年十二月襲

阿爾泰 徐常子康熙六十一年九月襲雍正十二年十二月坐事革

馬爾泰 阿爾泰子雍正十二年十二月襲

伊立布 馬爾泰子乾隆十六年十二月襲

穆克德克 伊立布子乾隆三十一年十二月襲

舒隆安 穆克德克子

延煦 舒隆安繼子

恩銘 延煦

一等男

鄂莫格圖 正藍旗滿洲順治五年積軍功授一等阿達哈哈番又一拖沙

超思奇 鄂莫格圖子康熙二十二年九月襲

瑚什呑 超思奇子康熙三十四年九月襲乾隆十四年銷去恩詔所加襲一

喇哈番九年正月恩詔晉一等阿思哈尼哈番今漢文改爲一等男

等輕車都尉兼一雲騎尉瑚什呑子瑚圖禮降襲

一等男

劉忠 正黃旗漢軍順治五年八月以投誠及軍功授一等阿思哈尼哈番今漢文改爲一等男

劉應宗 劉忠子順治十三年襲

劉應正 劉應宗弟順治十五年八月襲

劉應杜 劉應正弟康熙三十三年正月襲

劉琦 劉應杜子康熙五十五年五月襲

劉德禮 劉琦子康熙五十八年四月襲

劉瑛 劉德禮叔父康熙六十一年十一月襲

劉沛德 劉瑛姪乾隆三年十二月襲

一等男

張天福 正黃旗漢軍順治五年八月以投誠及軍功授一等阿思哈尼哈番今漢文改爲一等男

張其烈 張天福子康熙六年閏四月襲子降襲

一等男

劉進忠 正紅旗漢軍順治五年八

劉澤龍 劉進忠子順治十六年九

劉震 劉澤龍伯父之孫康熙十三年

劉紹洪 劉震子康熙三十四年襲

月以投誠授一等阿思哈尼哈番今漢文改爲一等男

月襲

十二月襲

五十一年卒無嗣停襲

一等男

綽世禧 正白旗蒙古順治六年以來歸授拜他喇布勒哈番恩詔加至三等阿達哈哈番十一年正月襲兄色楞之一等阿達哈哈番併爲一等阿思哈尼哈番今漢文改爲一等男

吳爾圖 綽世禧子康熙三十一年五月襲子降襲

一等男

覺羅岳色卜 鑲黃旗滿洲特恩授一等阿思哈尼哈番今漢

爵	姓名	事蹟
		文改爲一等男

一等男	事蹟
李率泰	正藍旗漢軍順治九年十一月封三等阿思哈尼哈番十四年五月以平廣東功晉一等即一等男襲一等阿達哈哈番坐事降康熙五年正月卒謚忠襄
李正宗	李率泰子康熙五年襲父李率泰之一等阿達哈哈番六年四月追敘伊父功加一等阿思哈尼哈番今漢文改爲一等男
李淑德	李正宗子康熙四十七年六月襲坐事革
李淑明	李淑德弟雍正元年七月襲坐事革
李靈保	李淑德之二世孫乾隆四年十二月襲
李仁源	靈保子乾隆二十七年十二月襲
李瑞增	李仁源子乾隆三十八年十二月襲
哈豐阿	李瑞增子嘉慶五年襲
德英額	哈豐阿子道光十六年襲

一等男	事蹟
李國英	遼東人官四川總督康熙七年追敘巫山勦賊功封一等男
李爛	國英子
李永陞	爛子

一等男	事蹟
佛保	一等子馬爾賽叔父之孫康熙八年十月因馬爾賽罪降襲二等阿思哈尼哈番軍功加爲一等今漢文改爲一等男
多奇禪	二等男譚拜孫康熙四十五年九月降襲三等阿思哈尼哈番今漢文改爲三等男
德保	多奇禪子雍正十二年七月襲
永泰	德保子乾隆三十三年十二月襲
富爾松阿	永泰弟乾隆三十五年十二月襲
佛爾卿額	富爾松阿子乾隆三十六年十二月襲
福光	佛爾卿額子
明恒	福光子
錫珍	明恒孫光緒元年襲

一等男	事蹟
奇山	二等伯穆爾泰子雍正三年十二月降襲一等阿思哈尼哈番今漢文改爲一等男緣事革
喀甯阿	奇山子乾隆二十三年襲
查郎阿	喀甯阿子乾隆五十五年襲
景文	查郎阿子嘉慶六年襲
惠隆	景文子道光三年襲
普祥	惠隆子道光三十年襲
德垣	
恩廣	德垣子光緒二十一年襲

一等男	事蹟
札拉豐阿	正黃旗滿洲世襲二等輕車都尉乾隆二十七年閏五月以軍功加一雲騎尉三十三年在雲南陣亡特旨贈一等男世襲罔替謚昭節
春寧	札拉豐阿子乾隆三十六年六月襲坐事革
福勒洪阿	春寧子乾隆四十八年九月襲
順慶	福勒洪阿弟之子道光九年襲
蘇勒芳阿	順慶子道光二十八年襲
蘇勒當阿	蘇勒芳阿弟同治元年襲
永祥	蘇勒當阿繼子光緒十八年襲

一等男	事蹟
奎林	鑲黃旗滿洲本襲一等承恩公乾隆四十一年以軍功別封一男爵卽以其子襲
崇倫	奎林子乾隆四十一年襲
博敬	崇倫姪道光四年襲
景成	博敬子咸豐十一年襲
麟鈺	光緒二十八年襲

一等男	事蹟
書麟	鑲黃旗滿洲本漢軍姓高嘉慶六年四月卒於軍追封一等男世襲謚文勤
吉郎阿	書麟子嘉慶六年襲
常善	吉郎阿子道光四年襲
久壽	咸豐十年襲
德禧	久壽繼子光緒二十一年襲
績昌	宣統元年襲

一等男	事蹟
葉名琛	湖北漢陽進士道光二十九年官廣東巡撫以粵民阻英人入城封咸豐八年以失守廣東省城爲英人執去革

一等男	事蹟
蕭孚泗	
蕭有名	

湖南湘鄉人。同治三年，由記名提督論克金陵功，封一等男。光緒十年卒。諡壯肅。

孚泗子。光緒十年襲。

一等男

張國樑　廣東高要人。官福建漳州鎮總兵。咸豐六年以克復鎮江予騎都尉。八年以收復揚州、溧水晉三等輕車都尉。十年陣亡丹陽。贈騎都尉。同治三年又追予三等輕車都尉，併爲一等男。

張蔭清　國樑子。同治年襲。

一等男

程學啓　安徽桐城人。官江西南贛鎮

程集勳　學啓嗣子。同治年襲。

總兵。同治二年以復蘇州省城功予雲騎尉。同治三年以攻嘉興中礮卒，贈三等輕車都尉，併爲一等男爵。

一等男

多隆阿　蒙古正白旗世襲騎都尉。官福州副都統。咸豐十一年以復安徽桐城、舒城予雲騎尉，累擢荊州將軍。同治元年以克復廬州府予騎都尉。尋授欽差大臣督辦陝西軍務。同治三年攻盩厔中槍，卒于軍。贈太子

雙全　多隆阿子。同治年襲。

壽長　多隆阿孫。

太保。予一等輕車都尉。諡忠勇。尋併爲一等男。

一等男

劉銘傳　安徽合肥人。文童。官直隸提督。同治六年以平東杜等功予三等輕車都尉。七年以平西捻張總愚功封一等男。光緒十一年官福建臺灣巡撫。十五年加少保。二十一年卒。贈太子太保。諡壯肅。

劉朝印　銘傳長孫。光緒二十年襲。

一等男

劉錦棠　湖南湘鄉人。監生。官甘肅西寧道。光緒二年以克復烏魯木齊功予騎都尉

劉道謙　錦棠子。光緒二十三年襲。

劉家璠　光緒三十二年襲。

四年以新疆平功晉二等男爵擢甘肅新疆巡撫十五年加太子少保十六年晉太子太保二十年正月晉一等男

是年七月卒謚襄勤

一等男

劉坤一 湖南新寧監生官兩江總督光緒二十八年卒追論庚子匡扶大局功封一等男謚忠誠

劉能紀 劉坤一嗣子光緒三十二年襲

一等男

榮祿 正白旗滿洲官大學士光緒二十九年三月卒追封一等男世襲謚文忠

良揆 榮祿繼子光緒二十九年襲

二等男

巴山 鑲黃旗滿洲天聰八年以勤慎授牛彔章京順治二年積軍功加至三等甲喇章京九年正月加至三等阿思哈尼哈番十一年二月以軍功加爲二等今漢文改爲二等男

舒書 巴山子康熙十二年七月襲二十五年七月軍功加爲一等阿思哈尼哈番今漢文改爲一等男子降襲

二等男

喀愷 正黃旗滿洲天聰八年以軍功授牛彔章京尋加至一等甲喇章京恩詔加至二等阿思哈尼哈番康熙五年卒以其子常岱阿庫

譴舒淑三人分襲今漢文改爲二等男

二等男

努山 正黃旗滿洲天聰八年以辦事勤慎授三等甲喇章京軍功加至二等順治九年正月恩詔加至二等阿思哈尼哈番今漢文改爲二等男

陶代 努山子初以軍功授牛彔章京順治十六年二月襲父職併爲一等阿思哈尼哈番又一拖沙喇哈番緣事革去本身所得將父職以其弟之子襲

江瀾 陶代弟之子康熙二十二年八月襲二等阿思哈尼哈番今漢文改爲二等男後降襲

二等男

薩弼圖 正白旗滿洲天聰八年以辦事有能授牛彔章京軍功加至一等甲喇章京順治年恩詔加至二等阿思哈尼哈番今漢

郭立 薩弼圖子康熙元年襲

阿哈納 郭立子康熙二十年十二月襲

豐鐘 阿哈納弟康熙二十年十月襲子降襲

文改爲二等男

二等男

譚拜　正白旗滿洲。天聰八年以辦事有能授牛彔章京。軍功加至三等甲喇章京。順治元年定鼎燕京加爲二等。課績加爲一等。五年六月軍功加至三等阿思哈尼哈番。七年三月恩詔加爲二等。今漢文改爲二等男。

二等男

鄂闌　正藍旗滿洲。天聰八年襲父綽爾嘉爾之二等甲喇章京。課績加爲一等。軍功

喇布介　鄂闌子。順治九年正月襲。康熙二十五年七月以軍功加至一等阿思哈

劉祥　喇布介子。康熙三十三年閏五月襲。

永壽　劉祥子。雍正九年三月降襲二等阿思哈尼哈番。今漢文改爲二等男。乾隆三

加半個前程。順治九年正月恩詔加至二等阿思哈尼哈番。今漢文改爲二等男。

尼哈番。今漢文改爲一等男。

年。子郭新降襲。

二等男

甘篤　鑲藍旗蒙古。天聰八年以軍功授三等甲喇章京。課績加爲二等。軍功加至三等阿思哈尼哈番。恩詔加爲二等。今漢文改爲二等男。

吳山布　甘篤子。順治七年三月襲。

巴爾賽　吳山布叔父。順治八年正月襲。九年正月恩詔加至一等阿思哈尼哈番又一拖沙喇哈番。今漢文改爲一等男又一雲騎尉。

常保　巴爾賽孫。康熙三十五年襲。

萬神保　常保子。康熙三十七年七月襲。故，無嗣，未襲。

訥爾樸　萬神保女之子。雍正七年特旨襲封。

宗嘉　訥爾樸子。乾隆六年襲。十三年以異姓革。

二等男

荊古爾達　正白旗滿洲。天聰九年積軍功授一等甲喇章京。順治年恩詔加至二等阿思哈尼

崇阿　荊古爾達弟。順治十三年二月襲。

富爾都　崇阿弟之子。順治十三年十月襲。子降襲。

哈番。今漢文改爲二等男。卒，諡忠直。

二等男

阿賴　正黃旗蒙古。崇德元年以軍功授一等甲喇章京。順治九年正月恩詔加至二等阿思哈尼哈番。今漢文改爲二等男。

高良　阿賴弟之孫。康熙二十二年十月襲。子降襲。

二等男

呂國寶　鑲白旗漢軍。崇德元年以投誠授二等梅勒章京。今漢文改爲二等男。

二等男

衮出克古英　正紅旗蒙古。崇德元年五月以率戶

垂班　衮出克古英子。順治八年三月襲。九年正月恩詔准

濟穆巴　垂班孫。康熙十三年三月襲。

色楞達什　濟穆巴子。康熙三十年四月襲。坐事革。

魯普桑　色楞達什弟。雍正十二年六月襲。

旺吉勒　魯普桑姪。雍正十三年十月襲。乾隆二十四年

敏珠　旺吉勒子。乾隆二十四年十二月襲。

巴圖吉爾　敏珠子。乾隆三十年十二月襲。

固倫扎布　巴圖吉爾子。乾隆五十八年襲二等男。

達克黨朋素克

巴雅斯呼朗　達克黨朋素克子。光緒二十年襲。

口來歸授一等梅勒章京緣事降一等甲喇章京順治三年四月以軍功加至三等梅勒章京八年正月陣亡加贈爲二等今漢文改爲二等男

世襲罔替

陣亡贈一等男

二等男

阿育習　鑲黃旗蒙古崇德二年以率戶口來歸授三等甲喇章京軍功加至一等順治九年正月恩詔加至二等阿思哈尼哈番今漢文改爲二等男

達都　阿育習子康熙九年八月襲

多爾濟　達都弟之子康熙十九年九月襲

色楞　多爾濟弟康熙二十四年八月襲子降襲

二等男

孫達禮　鑲白旗滿

杭書　孫達禮子康熙

洲崇德四年以軍功授一等甲喇章京順治年恩詔加至二等阿思哈尼哈番今漢文改爲二等男卒諡果壯

二十二年閏六月襲子降襲

二等男

雍舜　鑲紅旗滿洲崇德五年積軍功授一等甲喇章京順治九年正月恩詔加至二等阿思哈尼哈番今漢文改爲二等男

根圖　雍舜子原係拜他喇布勒哈番順治九年十一月襲父職並爲一等阿思哈尼哈番今漢文改爲一等男

明格里　根圖子順治十八年十一月襲

吳爾善　明格里子康熙十年十二月襲

吳爾欽　吳爾善子康熙四十三年八月降襲三等阿思哈尼哈番今漢文改爲三等男

惠昌　吳爾欽子雍正七年三月襲

廣全　惠昌姪乾隆三十四年十二月襲

富玉　道光元年襲

瑞淩　富玉子道光二十五年襲

瑞徵　光緒元年襲

達薩布　光緒三十三年襲

二等男

金玉和　正黃旗漢軍崇德七年以軍功授牛彔章京尋加至三等甲喇章京陣亡

金維廷　金玉和子順治二年二月襲七年三月恩詔加爲一等阿思哈尼哈番今

金維垣　金維廷弟順治七年十月襲

金世鐸　金維垣子康熙八年十二月襲

金璋　金世鐸子雍正十年五月降襲二等阿思哈尼哈番今漢文改爲二等男坐事

金履巽　金璋子乾隆十四年十二月襲

六十三　金履巽子乾隆二十九年十二月襲

長福　六十三從弟乾隆五十一年十二月襲

承祿　長福子

明德　承祿子

瑞麟　承祿繼子明德兄道光七年襲

金塤　瑞麟子

德志　瑞麟繼子

德貴　德志弟

文齡　德貴子

順治二年二月加贈二等梅勒章京今漢文改爲二等男

漢文改爲一等男

革

二等男

吳巴什　鑲藍旗滿洲原係敖漢貝子崇德七年九月以來歸授三等梅勒章京順治七年三月恩詔加爲二等阿思哈尼哈番今漢文改爲二等男

霸圖　吳巴什叔父順治八年三月襲九年正月恩詔加至一等阿思哈尼哈番今漢文改爲一等男

二等男

特錦　鑲紅旗滿洲初以辦事有能授牛彔章京順治二年軍功加至三等甲喇章京課績加爲二等恩詔

特爾赫　特錦子康熙十一年襲

額爾德　特爾赫孫康熙二十一年八月襲後降襲

	加至三等阿思哈尼哈番十七年八月以軍功加爲二等今漢文改爲二等男卒謚襄壯

二等男	
色爾格	正白旗蒙古初襲父阿拜代巴圖魯之三等甲喇章京順治二年以定鼎燕京加爲二等六年二月因追叙伊父來歸功加至二等阿思哈尼哈番恩詔加至一等又一拖沙喇哈番十六年閏三月緣事降三等阿思哈尼哈番康熙
錫札保	色爾格孫康熙二十年十二月襲
索諾木	錫札保姪雍正十二年十二月襲
瞻祿	索諾木弟乾隆三年十二月襲
格魯特	瞻祿子乾隆八年四月襲
賽桑阿	格魯特子乾隆二十七年十二月襲
噶魯弟	賽桑阿叔乾隆二十八年十二月襲
蘇隆阿	噶魯弟子乾隆四十五年十二月襲
德通	蘇隆阿子道光十年襲
連壽	德通子咸豐七年襲
連肇	連壽叔子
玉增	連驊子光緒二十九年襲

	三年特恩復加爲二等今漢文改爲二等男

二等男	
徐大貴	正白旗漢軍積軍功授三等甲喇章京恩詔加至一等阿達哈哈番又一拖沙喇哈番順治十四年九月以軍功加至二等阿思哈尼哈番今漢文改爲二等男
徐永泰	徐大貴孫康熙十九年二月襲子降襲

二等男	
胡宏先	正白旗漢軍初以投誠授三等甲喇章京以軍功加爲二等順治九年正月恩詔加至三等阿思
胡秉嶽	宏先子順治十七年十月襲以罪革
胡秉彝	秉嶽弟康熙二十三年七月襲子降襲

	哈尼哈番十七年七月以軍功加爲二等今漢文改爲二等男

二等男	
兆布泰	鑲黃旗滿洲順治二年積軍功授牛彔章京兼半個前程課績加爲三等甲喇章京恩詔加爲二等又以軍功加至二等阿思哈尼哈番緣事革特恩復還原職今漢文改爲二等男
增壽	兆布泰子康熙十七年襲
西圖	增壽子康熙三十六年襲後降襲

二等男	
費揚古	鑲黃旗滿洲順治二年以勤勞授牛彔章京恩詔加至二
色赫	費揚古子康熙九年襲
色克圖	色赫子康熙三十一年襲後降襲

等阿達哈哈番。十一年，又以勤勞加至二等阿思哈尼哈番。緣事降爲拜他喇布勒哈番。事白，復還原職。今漢文改爲二等男。

二等男

吳穎　鑲黃旗滿洲。順治二年，積軍功授二等甲喇章京。九年正月，恩詔加至二等阿思哈尼哈番。今漢文改爲二等男。卒，諡康毅。

顧德　吳穎子。順治十年十月襲。坐事革。

結爾門　顧德弟。康熙十六年六月襲。子降襲。

二等男

俄莫克圖　正黃旗滿洲。順治二年以勤勞授牛彔章

班岱　俄莫克圖孫。康熙二十四年十月襲。軍功加至一等

京。恩詔加至二等阿達哈哈番。十一年八月，特恩加至二等阿思哈尼哈番。緣事降三等阿達哈哈番。事白，復還原職。今漢文改爲二等男。

阿思哈尼哈番。今漢文改爲一等男。後其孫降襲。

二等男

阿慕古朗　正紅旗蒙古。順治二年襲父古魯達蘇爾海之一等甲喇章京。

阿齊圖　阿慕古朗子。順治十四年九月襲。

龔額　阿齊圖叔父之子。康熙二十二年十二月襲。三十六年七月以軍功加至一等阿思哈尼哈番。今漢文改爲一等男。

吳什巴　龔額子。康熙四十九年十一月降襲三等阿思哈尼哈番。今漢文改爲三等男。坐事革。後降襲。

二等男

莊機達　鑲黃旗滿洲。兼半個前程。順治九年正月，恩詔加至二等阿思哈尼哈番。今漢文改爲二等男。

達爾占　莊機達子。

達郎阿　達爾占子。

吳清格　達郎阿子。

洲。順治四年正月，襲兄高赫德巴圖魯之三等甲喇章京。恩詔加至一等阿達哈哈番又一拖沙喇哈番。軍功加至二等阿思哈尼哈番。今漢文改爲二等男。

順治十八年十一月襲。康熙五十二年十二月，以效力議叙加至一等阿思哈尼哈番。今漢文改爲一等男。

康熙五十九年七月降襲三等阿思哈尼哈番。今漢文改爲三等男。

雍正元年六月襲。坐事革。乾隆三年，其弟降襲。

二等男

劉洪澤　鑲黃旗漢軍。順治五年以投誠授二等阿達哈哈番。九年正月襲父劉良臣之三等阿達哈哈番，併爲二等阿思哈尼哈番。今漢文改爲二等男。

劉俊德　劉洪澤子。康熙三十四年九月襲。

法靈阿　劉俊德孫。乾隆十三年閏七月襲。緣事革。

劉延燦　劉洪澤孫。乾隆四十四年十二月襲。

寶柱　劉延燦子。乾隆四十六年十二月襲。

二等男

藍拜　鑲藍

甘都海

蘇白赫

蘇黑　蘇白

爵	一	二	三	四
	旗滿洲順治六年積軍功授二等阿達哈哈番九年正月恩詔加至二等阿思哈尼哈番今漢文改爲二等男	藍拜子康熙四年九月襲	甘都海弟康熙十八年九月襲	赫子康熙三十四年二月襲子降襲
二等男	孫延齡 順治十年封			
二等男	馬雄 順治十一年封			
二等男	胡什屯 三等子布納海子康熙四十六年六月降襲二等阿思哈尼哈番今漢文改爲二等男	海昌 胡什屯子雍正二年十二月襲後降襲		
二等男	覺羅塞克森 正黃旗滿洲順治十六年	覺羅拜音德 覺羅塞克森子康熙三十		

爵	一	二
	襲父覺羅阿克善之三等阿達哈哈番康熙三十二年十一月襲弟覺羅巽領之二等阿達哈哈番併爲二等阿思哈尼哈番今漢文改爲二等男三十四年十月卒	五年正月襲雍正六年坐事革
二等男	班秩福 鑲藍旗漢軍初以隨尙可喜歸順封三等阿思哈尼哈番順治十四年晉贈二等今漢文改爲二等男	班際盛 班秩福子順治十四年八月襲後加爲一等阿思哈尼哈番今漢文改爲一等男後以叛爵除
二等男	劉武元 遼東人康熙三年追論南	劉渡 武元子康熙三年襲

爵	一	二	三	四	五	六	七	八	九
	轄巡撫保城功封二等男								
二等男	李爛 正紅旗漢軍康熙六年襲父李國英之二等阿達哈哈番七年六月追敍伊父軍功加至二等阿思哈尼哈番今漢文改爲二等男	李永陞 李爛子康熙二十九年十月襲雍正八年六月革	李永安 李永陞從弟雍正十年五月襲坐事革	李時敏 李永安族兄之子雍正十一年十二月襲坐事革	李承澤 李時敏子乾隆六年十二月襲	李承綸 李承澤弟乾隆十六年襲	李興爵 李承綸子嘉慶九年襲	李維德 李興爵子道光十二年襲	恩聯 李維德子同治元年襲
二等男	常遠 正藍旗滿洲康熙二十年襲祖畢里克圖之一等阿達哈哈番又一拖沙喇哈番二十五年追敍伊祖軍功加至二等阿思哈尼哈番今漢文改爲二等男	七十 常遠子康熙四十六年三月降襲三等阿思哈尼哈番今漢文改爲三等男	布喀 七十堂弟乾隆十六年五月襲	宗魁 布喀伯父之孫乾隆二十六年十二月襲					

二等男

二等男	
普爾普	正黃旗蒙古。乾隆四十一年以軍功封三等男。五十四年以軍功加至二等男。將原立之雲騎尉銷去，世襲罔替。
托布濟圖	普爾普子。乾隆五十五年襲。

二等男	
惠齡	正白旗蒙古。任陝甘總督。勦捕教匪勤慎。嘉慶九年六月卒。追封二等男。諡勤襄。
桂斌	惠齡子。陣亡。議給騎都尉，併爲一等男，加一雲騎尉。
麟綬	桂斌子。
成棟	麟綬繼子。
達元	成棟子。光緒二十八年襲。

二等男	
樂善	正白旗蒙古。官直隸提督。咸豐十年，天津海口防堵陣亡。給二等男。
成友	樂善子。
錫振	成友子。
倭和布	錫振子。光緒二十七年襲。

二等男	
賚沖阿	正黃旗滿洲。
特克慎	賚沖阿孫。
清安	特克慎姪。道光
清福	清安弟。道光二
明喜	清福繼子。同治
何守貴	明喜子。光

	洲。嘉慶十九年二月以軍功封二等男。道光八年六月卒。諡勳。襲
	道光八年襲。
	十八年襲。
	十六年襲。
	三年襲。
	緒二十三年襲。

二等男	
邱良功	福建同安人。嘉慶十四年官浙江提督。論平蔡牽功，封二等男。卒，諡剛勇。
邱聯恩	邱良功子。嘉慶年襲。

二等男	
和春	正黃旗滿洲。官欽差大臣、江寧將軍。咸豐十年閏三月陣亡。贈二等男。諡忠武。
霍順武	和春繼子。咸豐十一年襲。
恩厚	霍順武孫。光緒十五年襲。

二等男	
李續賓	湖南湘鄉人。官巡撫銜浙江布政使。咸豐八年陣亡安徽三河。予騎
李光久	續賓子。同治八年襲。官浙江按察使。

	都尉。同治三年追予二等輕車都尉，併爲二等男。

二等男	
楊玉科	湖南善化人。籍雲南。官江南記名提督。光緒元年以全滇肅清予改一等輕車都尉，旌以彙襲叔父世職，併爲二等男。光緒十年陣亡鎮南關。贈太子少保。諡武愍。
楊汝康	玉科子。光緒年襲。

二等男	
張曜	順天大興人。同治七年張總愚平，由總兵予騎都尉。十年寧夏平，予騎都尉。光緒三
張端本	曜子。光緒十八年襲。

	年，克吐魯番，予一等輕車都尉。十七年，卒於山東巡撫，諡勤果。併為二等男爵。
二等男	
余虎恩	湖南平江人。由陝西陝安鎮總兵。光緒二年，論克復烏魯木齊功，予雲騎尉。三年，論克吐魯番功，予騎都尉。四年，論平新疆功，晉一等輕車都尉。二十二年，併為二等男爵。三十一年卒。
余應璜	
二等男	
黃萬鵬	湖南人。官記名提督。光緒二年，論復托遜
黃鉞	萬鵬子。光緒三十年襲。

	城功，予雲騎尉。四年，新疆平，改三等輕車都尉。二十三年，併叔父黃登和等雲騎尉各世職為二等男爵。二十四年卒。
二等男	
岑毓英	廣西西林人。官雲南巡撫。同治十年，以平雲南回匪功，予一等輕車都尉。光緒十一年，以出師越南功，加一雲騎尉。十五年卒。併為男爵。
岑春榮	毓英子。光緒年襲。官河南河北道。
二等男	
馮國璋	直隸河間人。文生。官軍諮使。宣統三年十月，以克復漢陽功

封二等男	

清史稿

諸臣封爵世表五下

初封	三等男
初封	布爾杭俄　正紅旗滿洲人。原係葉赫西城貝勒。天命年間，授為三等副將。今漢文改為三等男。
一次襲	格巴庫　布爾杭俄子。初襲父職。順治年，恩詔加至一等阿思哈尼哈番，又一拖沙喇哈番。尋將父職分與弟朱孔額襲，止留本身所得拜他喇布勒哈番，又一拖沙喇哈番。
二次襲	朱孔額　布爾杭俄子。分襲父三等阿思哈尼哈番。今漢文改為三等男。
三次襲	殷圖　朱孔額子。襲父職。康熙二十八年五月，緣事革，停襲。
四次襲	
五次襲	
六次襲	
七次襲	
八次襲	
九次襲	
十次襲	
十一次襲	
十二次襲	
十三次襲	
十四次襲	
十五次襲	
十六次襲	
十七次襲	
十八次襲	

今漢文改為騎都尉，又一雲騎尉

三等男	
達諸護	正藍旗滿洲，初以軍功授三等副將，今漢文改為三等男。卒，諡襄敏。
翁阿代	達諸護子。天聰八年五月襲。崇德六年亡陣，加附一等梅勒章京，今漢文改為一等男。
錦布	翁阿代弟之子。崇德六年七月襲。順治九年三月恩詔加至二等精奇尼哈番，今漢文改為二等子。
蘇爾泰	錦布子。康熙二十一年七月襲三等子。
額爾赫德	蘇爾泰子。康熙二十六年八月襲。以庸劣革。
蘇班泰	額爾赫德叔父之子。康熙五十二年四月仍襲一等阿思哈尼哈番，今漢文改為一等男。以罪革。
滿丕	蘇班泰兄。雍正三年六月襲。
富僧額	滿丕堂姪。乾隆三年十二月襲。
永順	富僧額堂弟。乾隆四年十二月襲。
托克托遜	永順子。乾隆四十一年十二月襲。
瑞春	托克托遜子。乾隆五十五年襲。
慶春	瑞春伯高祖吉穆布之四世孫。
官明	慶春子。
松秀	官明子。同治四年襲。
斌桂	松秀子。光緒二十九年襲。

三等男	
把爾巴圖里爾	鑲黃旗滿洲，原係蒙古察哈爾貝勒，以來歸授三等副將，今漢文改為三等男。
諾孟達賴	把爾巴圖里爾子。天聰八年五月襲。順治九年正月恩詔加至一等阿思哈尼哈番，今漢文改為一等男。
阿圖海	諾孟達賴孫。康熙八年七月襲。以庸劣革。
孫保住	阿圖海子。康熙三十年十二月襲。
報國	孫保住子。乾隆二十六年十二月襲。
德寧	報國子。乾隆四十六年十二月襲。
慶明	德寧子。嘉慶五年襲。
伊克唐阿	慶明子。嘉慶二十五年襲。
舒祥	伊克唐阿子。道光七年襲。
樂兆	舒祥子。同治七年襲。

三等男	
俄奇爾桑	鑲黃旗滿洲，原係蒙古扎魯特貝子
褚祿	俄奇爾桑子。順治五年四月襲。七年三月恩詔
俄綽爾	褚祿弟。順治七年三月襲。
圖護祿克	俄綽爾兄。順治十六年十二月襲。以罪
畢力克圖	圖護祿克子。順治十六年五月襲。
沙金達賴	畢力克圖弟。康熙二十五年十二月
特古思	沙金達賴弟。康熙五十年正月襲。
龔山	特古思子。乾隆九年四月降襲三等男。
鄂恆	龔山子。乾隆二十二年十二月襲。
松祿	鄂恆子。乾隆二十七年十二月襲。
蘇爾泰	松祿族兄。乾隆二十八年十二月襲。
四格	蘇爾泰之伯祖。乾隆三十六年十二月襲。
永清	四格子。乾隆四十六年十二月襲。
祥安	永清孫。道光八年襲。
國慶	祥安子。同治元年襲。
全勝	光緒十年襲。

以來歸授備禦，天聰八年積軍功加至三等甲喇章京，定鼎燕京，以係太宗舊臣加至三等梅勒章京，今漢文改為三等男。
加為二等阿思哈尼哈番，今漢文改為二等男。
革
襲以罪革

三等男	
雅爾納	鑲白旗滿洲，初以來歸授備禦，天聰八年以軍功加至二等甲喇章京，順治年以恩詔加至三等阿思哈尼哈番，今漢文改為三等男。
胡納金	雅爾納子。順治十三年五月襲。
佛倫	胡納金弟。康熙二十四年三月襲子，降襲。

三等男	
馬光先	鑲黃旗漢軍，天聰四年以投誠
馬思芳	馬光先子。順治十二年六月襲。

授二等參將，順治年恩詔加至三等阿思哈尼哈番，今漢文改為三等男。
子降襲

三等男	
孫得功	正白旗漢軍圖初以投誠授遊擊，天聰八年五月軍功加至三等副將，今漢文改為三等男。

三等男	
王元忠	鑲白旗漢軍圖初以投誠授備禦，積軍功加至二等甲喇章京，順治年恩詔加至三等阿思哈尼哈番，今漢文改為三等男。
王希貴	王元忠子。順治九年四月襲。
王承祖	王承祖弟之子。康熙元年襲子，降襲。

三等男
覺羅拜

三	鑲黃旗滿洲初以軍功授遊擊天聰元年五月陣亡八年五月加贈三等梅勒章京今漢文改爲三等男

三等男

覺羅顧納代	三等男覺羅拜三子天聰八年五月襲順治三年軍功加至三等昂邦章京七月恩詔加爲二等陣亡贈一等今漢文改爲一等子
覺羅宏洛莫	覺羅顧納代子順治七年五月襲一等精奇尼哈番十七年陣亡贈三等伯爵剛勇又贈拜他喇布勒哈番以嗣子覺羅諾爾遜叔之子覺羅席圖庫二人分襲
覺羅席圖庫	覺羅莫洛宏叔父之子以本身之拜他喇布勒哈番分襲三等精奇尼哈番併爲一等精奇尼哈番今漢文改爲一等子康熙二十七年七月襲
覺羅舒魯	覺羅席圖庫子康熙三十七年十一月襲雍正三年五月卒
覺羅伊靈阿	覺羅舒魯子雍正四年二月降襲二等精奇尼哈番今漢文改爲二等子十三年坐事革

三等男

德爾格勒	正黃旗滿
南格	德爾格勒子天聰八
索爾和	南格弟崇德二
敖色	索爾和弟順治十二
噶那海	敖色弟之子康
巴錫	噶那海伯父之孫康
穆爾泰	巴錫從姪雍正
長庚	後更名那延保穆爾
富順	那延保子嘉慶十五
巴彥泰	富順繼子道光
慶瑞	巴彥泰子同治十年
錕鈺	慶瑞子光緒三十一

洲國初以自葉發來歸授三等梅勒章京今漢文改爲三等男
年襲以罪革
年六月襲順治九年正月恩詔加至一等阿思哈尼哈番又一拖沙喇哈番緣事降二等阿思哈尼哈番今漢文改爲二等男
年四月襲
熙二十三年八月襲
熙三十一年三月以本身之拖沙喇哈番併襲爲一等阿思哈尼哈番今漢文改爲一等男
八年六月襲
泰子乾隆四十四年十二月將巴綠之拖沙喇哈番銷去襲三等男
年襲
八年襲
襲
年襲

三等男

昂洪達爾漢和碩奇	正黃旗滿洲國初以來歸授三等甲喇章京軍功加至三等梅勒章京今漢文改爲三等男
俄奇爾	昂洪達爾漢和碩奇子天聰八年五月襲順治二年二月特恩加爲二等梅勒章京七年三月恩詔晉一等緣事降爲三等九年正月又遇恩詔加至一等緣事降爲二等今漢文改爲二等男
丹岑	俄奇爾子順治十四年十月襲
阿禹錫	丹岑弟順治十七年七月襲
通寶	昂洪達爾漢和碩奇弟之子順治十八年十一月襲
圖喇	通寶子康熙二十七年十一月襲坐事革
明中	圖喇伯父之子雍正十二年十一月襲
永常	明中子乾隆八年十二月襲坐事革
永德	明中堂弟乾隆四十三年十二月襲
樂善	永德子
錫光	樂善孫
啓泰	錫光子光緒元年襲

三等男

額爾格圖	鑲黃旗滿洲天聰八年課績授牛彔章京加三等甲喇章京順治年恩詔加至三等阿思哈尼哈番今漢文改爲三等男
賴杜	額爾格圖子順治十七年十月襲
阿哈道	賴杜弟康熙元年襲
興麟	阿哈道孫康熙三十五年四月襲後降襲

三男等

安達禮	正黃旗滿洲天聰八年以軍功授三等甲喇章京緣事降爲牛彔章京崇德八年九月以太宗文皇帝升遐從死優贈三等阿思哈尼哈番今漢文改爲三等男

三等男

昂昆杜稜　正黃旗滿洲天聰八年五月以自蒙古來歸授三等梅勒章京今漢文改爲三等男

綽爾吉　昂昆杜稜子崇德八年十二月襲順治七年恩詔加爲二等阿思哈尼哈番緣事降一等阿達哈哈番又一拖沙喇哈番九年又遇恩詔加爲三等阿思哈尼哈番今漢文改爲三等男坐事革

噶爾瑪　綽爾吉弟順治九年襲

沙殷查渾　噶爾瑪兄之子康熙八年襲

德爾格勒　沙殷查渾伯父之孫康熙十年五月襲

關保　德爾格勒子康熙十四年十二月襲

巴喀那　關保子康熙四十八年以年銷去恩詔所得襲一等阿達哈哈番又一拖沙喇哈番今漢文改爲一等輕車都尉又一雲騎尉

吉齡　巴喀那子乾隆八年襲

博德　吉齡子乾隆二十三年襲

季祿　博德叔乾隆二十四年襲

成德　季祿堂姪乾隆二十五年十二月襲將原襲之騎都尉併爲三等男

額爾景額　成德子乾隆四十四年十二月襲

全山　額爾景額子嘉慶六年襲

伊鏗額　全山孫道光二十二年襲

榮貴　伊鏗額子光緒三年襲

三等男

布顏塔布囊　正黃旗滿洲天聰八年以來歸授牛彔章京軍功加至二等甲喇章京特恩加

莽色　布顏塔布囊子順治八年二月襲恩詔准世襲罔替

阿勒格泰　莽色伯父順治九年正月襲

毛奇塔　阿勒格泰弟之子順治十五年三月襲康熙三十六年以軍功加爲二等阿思哈尼哈番今漢

長保　毛奇塔子康熙五十三年十月襲

松凌　長保子雍正十一年八月襲

永太　松凌子乾隆二十八年十二月襲

春年　永太子嘉慶四年襲

貴存　春年孫道光十九年襲

德敏　存貴堂叔咸豐七年襲

常喜　德敏子同治十年襲

阿隆達　常喜子光緒十九年襲

爲一等順治五年襲兄之子吳海納陣亡所得之拜他喇布勒哈番併爲三等阿思哈尼哈番今漢文改爲三等男

文改爲二等男

三等男

那木泰　正黃旗滿洲天聰八年課績授三等甲喇章京十年四月以軍功加至三等梅勒章京今漢文改爲三等男

阿哈連　那木泰子天聰十年四月襲

阿拉密　阿哈連兄順治二年三月襲七年三月恩詔加爲二等阿思哈尼哈番緣事降一等阿達哈哈番九年正月又遇恩詔加至三等阿思哈尼哈番緣事復降一等阿達哈哈番陣亡仍加贈三等阿思哈尼哈番今

齊藍布　阿拉密子順治十二年七月襲

積壽　齊藍布孫康熙三十八年閏七月襲子降襲

漢文改爲三等男

三等男

眞杜懇　正白旗滿洲天聰八年以率戶口來歸授牛彔章京軍功加至二等甲喇章京順治年恩詔加至三等阿思哈尼哈番今漢文改爲三等男

瓦爾達　眞杜懇孫康熙四年五月襲子降襲

三等男

圖爾奇業爾登　鑲白旗滿洲天聰八年以自蒙古率衆來歸授三等梅勒章京今漢文改爲三等男

顧魯　圖爾奇業爾登子天聰八年五月以隨父來歸授牛彔章京後襲父職以本身職襲予弟綽爾圖襲順治二年三月以軍功加爲二等梅

克什圖　顧魯子順治十八年十一月襲

查彌殿　克什圖子康熙二十四年八月襲

富陞　查彌殿子康熙四十六年八月仍襲二等阿思哈尼哈番今漢文改爲二等男

富僧額　富陞子乾隆十六年十二月襲

福伸　富僧額子乾隆二十一年十二月襲五十年併一騎都尉世襲改爲一等男

德昌　福伸姪乾隆五十一年十二月襲

倭清額　德昌子嘉慶十二年襲

景興　倭清額子嘉慶二十五年襲

嵩玉　景興叔姪道光三年襲

恩遠　嵩玉子

瑞全　恩遠叔祖孫光緒十年襲

恩通

文啓　光緒三十年襲

勒章京九年恩詔加至二等精奇尼哈番今漢文改為三等子

三等男	
齊爾格申	鑲黃旗滿洲天聰八年以辦事有能授牛彔章京恩詔加一拖沙喇哈番後襲伯父之子多尼喀巴圖魯之拜他喇布勒哈番兼一拖沙喇哈番併為一等阿達哈哈番順治年恩詔加至三等阿思哈尼哈番今漢文改為三等男
石清	齊爾格申孫康熙十二年八月襲
蒙安塔	石清弟康熙二十年襲

三等男	
布當	正藍旗滿洲天聰八年以自蒙古率戶口來歸授二等甲喇章京旋以軍功加至三等梅勒章京今漢文改為三等男
袞奇	布當子崇德四年七月襲
和爾渾	袞奇弟崇德八年七月襲順治九年正月恩詔加至一等阿思哈尼哈番今漢文改為一等男
木合林	和爾渾兄之子康熙七年十二月襲
塔布岱	木合林子康熙十八年七月襲
阿玉璽	塔布岱子康熙三十五年四月襲
秀林	阿玉璽子乾隆七年三月降襲三等男坐事革
玉林	秀林弟乾隆十年十二月襲
永奇	玉林子乾隆二十年十一月襲
恒通	永奇子乾隆五十五年襲
文奎	恒通子
敬蔭	文奎子
敬謙	敬蔭弟
續忠	敬謙子光緒十六年襲

三等男	
宜拜	正藍旗滿洲天聰八年以辦事有能授半個前程軍功加至三等甲喇章京順治九年正月恩詔加至三等阿思哈尼哈番今漢文改為三等男卒諡勤直
偏俄	宜拜子順治十五年十月襲
巴爾戶達	偏俄子康熙四年正月襲
綏哈達	巴爾戶達伯父之子康熙四年八月襲子降襲

三等男	
舒賽	鑲藍旗滿洲原係牛彔分中備禦天聰八年五月積軍功加至三等梅勒章京今漢文改為三等男卒諡壯敏
席特庫	舒賽孫崇德六年十月襲順治三年四月以軍功加至二等梅勒章京今漢文改為二等男
常舒	席特庫子順治五年六月襲
桑格	常舒弟順治五年十二月襲七年正月恩詔加為一等阿思哈尼哈番今漢文改為一等男
瑪哈理	桑格子康熙二十年十二月襲
舒保	瑪哈理子康熙四十七年正月降襲二等阿思哈尼哈番今漢文改為二等男
舒德	舒保弟乾隆二十年二月襲坐事革
西蒙額	舒德姪乾隆二十四年十二月襲
瑪興阿	西蒙額子乾隆三十七年十二月襲
瑪昇阿	瑪興阿族弟道光八年襲
哈普齊賢	

三等男	
俄本岱	正黃旗蒙古天聰八年五月以率衆來歸授三等甲喇章京軍功加至三等梅勒章京今漢文改為三等男
瓦色	俄本岱兄天聰九年正月襲
俄爾介圖	瓦色孫崇德五年二月襲
古祿固	俄爾介圖子順治七年三月襲順治七年三月恩詔加為二等阿思哈尼哈番今漢文改為二等男
土梅	古祿固叔祖順治七年八月襲九年正月恩詔加至一等阿思哈尼哈番今漢文改為一等男
拖克塔哈爾	土梅子康熙二十年二月襲三十六年七月以軍功加為三等精奇尼哈番今漢文改為三等子
集柱	拖克塔哈爾子康熙五十二年十二月降襲二等阿思哈尼哈番今漢文改為二等男
薩炳阿	集柱子乾隆三十四年十二月襲三等男
富慶	薩炳阿弟乾隆四十七年十二月襲
恒齡	嘉慶十一年襲
恒福	恒齡兄道光二年襲
全興	道光十六年襲
文貴	道光十九年襲
松秀	光緒十四年襲

三等男	
馬光輝	鑲黃旗漢軍天聰八年以投誠授三等甲喇章京緣事降為牛彔章京軍功加至一等甲喇章京[illegible]續加半個前程緣事復降
馬爾泰	馬光輝子順治十二年十一月襲
馬思雲	馬爾泰弟康熙元年襲
馬世偉	馬思雲子康熙二十二年十一月襲子降襲

	拜他喇布勒哈番恩詔加一拖沙喇哈番事白陞爲一等阿達哈哈番又一拖沙喇哈番順治九年正月恩詔加爲	三等阿思哈尼哈番今漢文改爲三等男卒謚忠靖

三等男		
佟國鎮	鑲紅旗漢軍國初以投誠授三等甲喇章	京又以出首私藉加至三等梅勒章京今漢文改爲三等男
佟一鵬	佟鎮國子天聰八年五月襲恩詔加至一	等阿思哈尼哈番又一拖沙喇哈番今漢文改爲一等男又一雲騎尉
佟光先	佟一鵬子順治十四年九月襲	
佟諮詢	佟光先子康熙七年六月襲	
佟維藩	佟諮詢子康熙三十一年五月襲	
佟桂	佟維藩子康熙五十七年七月降襲三等阿思	哈尼哈番今漢文改爲三等男
佟兆勳	佟桂子雍正十二年十二月襲	
佟璜	佟兆勳子乾隆二十五年十二月襲更名佟春	以病罷爵
達隆阿	佟春子乾隆四十九年十二月襲	
恆慶	達隆阿子嘉慶十二年襲	
達興阿	恆慶胞叔嘉慶二十年襲	
長壽	達興阿子道光十二年襲	
德齡	長壽子咸豐四年襲	
崇麟	德齡子光緒十七年襲	
永山	崇麟子宣統元年襲	

三等男	
孟喬芳	鑲紅旗漢軍天聰八
孟能弼	孟喬芳子順治十一
孟繹祖	孟能弼子康熙二十
孟維祖	孟繹祖弟康熙二十

	年以軍功授二等甲喇章京緣事降爲牛彔章京軍功加至一等阿達哈哈番順治九年正月恩詔加至三等阿思	哈尼哈番今漢文改爲三等男卒謚忠毅
	年七月襲	
	一年七月襲	
	八年十月襲子降襲	

三等男		
阿蘭柱	鑲紅旗滿洲隨父阿格伯燕率所部來歸屢立軍功	陣亡贈三等梅勒章京今漢文改爲三等男謚順毅
布蘭砞	阿蘭柱弟襲職天聰八年其弟布爾堪因兄罪降襲	

三等男	
陳邦選	鑲藍旗漢軍崇德元年六月以同祖大壽
陳維德	陳邦選子順治元年三月襲
陳其謨	陳維德兄之子順治二年十二月襲七年
陳鎮	陳其謨子康熙十八年十二月襲
陳俊	陳鎮弟康熙二十八年七月襲
陳國儀	陳俊子雍正五年四月降襲三等阿思哈
陳朝環	陳國儀從姪乾隆三十六年襲
陳梁柱	陳朝環子乾隆四十七年十二月襲
景寬	
桂齡	景寬子光緒十三年襲

	投誠授三等梅勒章京今漢文改爲三等男
	三月恩詔加爲二等阿思哈尼哈番今漢文改爲二等男
	尼哈番今漢文改爲三等男乾隆三十六年以陳邦選次子陳維道所得之世襲騎都尉併爲一等男

三等男	
姜民望	正紅旗漢軍崇德元年以投誠授三等梅勒章京今漢文改爲三等男
姜永基	姜民望子順治十四年三月襲
姜雲慶	姜永基子康熙三年三月襲六十一年故特旨停襲

三等男	
鄔布格德墨勒根保	正黃旗蒙古崇德元年以率戶口來歸授一等甲喇章京順治九年正月恩詔加至
多爾濟	鄔布格德墨勒根保子康熙十六年二月襲
佛保住	多爾濟子康熙二十五年四月襲雍正十一年子馬恩圖降襲

三等阿思哈尼哈番今漢文改為三等男

三等男

充固	正白旗蒙古崇德元年以軍功授半個前程尋加為牛彔章京順治五年累積加至三等阿達哈哈番恩詔加至一等阿達哈哈番又一拖沙喇哈番陣亡順治十七年七月贈三等阿思哈尼哈番今漢文改為三等男
色特爾	充固子順治十二年七月襲
鄂山	色特爾兄之子康熙六年九月襲四十五年子輝色降襲

三等男

額森侯痕	鑲白旗蒙古崇德元年以率衆來歸
多爾濟	額森侯痕子順治十七年十月襲
胡圖克	多爾濟子康熙十八年十二月襲
納穆僧	胡圖克叔父之子康熙二十三年三月襲
阿玉錫	納穆僧兄之子康熙三十二年九月襲
札什	阿玉錫弟康熙三十五年八月以本身之拜他喇布
普明	札什子康熙三十六年七月襲雍正十一年其族叔

授三等甲喇章京順治元年軍功加為二等順治九年正月恩詔加至三等阿思哈尼哈番今漢文改為三等男

勒哈番襲兄職併為一等阿思哈尼哈番今漢文改為一等男

子兆保降襲

三等男

蘇朗	正黃旗蒙古崇德二年以率戶口來歸授牛彔章京軍功加至二等甲喇章京順治九年正月恩詔加至三等阿思哈尼哈番今漢文改為三等男
朱珥	蘇朗孫康熙二十三年九月襲四十一年其弟雲敎降襲

三等男

阿什	正白旗滿洲崇德二年積軍功授三等梅勒章

京今漢文改為三等男

三等男

羅理	正黃旗蒙古崇德三年以率戶口來歸授一等甲喇章京陣亡七年八月贈三等梅勒章京今漢文改為三等男
沙濟	羅理兄崇德七年八月襲

三等男

達爾漢和碩奇	鑲藍旗滿洲崇德三年八月以自蒙古率衆來歸授三等梅勒章京今漢文改為三等男
安丹	達爾漢和碩奇子崇德七年七月襲
博思希	安丹弟崇德八年八月襲順治四年三月以軍功加為二等梅勒章京七年三月恩詔加為一等阿思哈尼哈番今漢文改為一等男
鄂齊爾	博思希子順治十一年六月襲
奇塔奈	鄂齊爾伯父順治十八年正月襲
阿喇納	奇塔奈子康熙十一年三月襲
舒淑	達爾漢和碩奇弟之孫康熙十五年八月襲
巴圖	舒淑父康熙十六年六月襲
班達爾沙	巴圖叔父之孫康熙十八年三月併本身之一等阿達哈哈番襲為一等精奇尼哈番今漢文改為一等子
蒙克	班達爾沙子康熙三十三年三月襲一等子
恩式亨	蒙克子乾隆八年六月襲
鄂永武	恩式亨子乾隆十三年四月襲

三等男

奇塔特

虎尼齊

諾木奇

哈木尚

魏徵	正黃旗滿洲。崇德三年陣亡，贈三等梅勒章京。今漢文改爲三等男。
	奇塔特魏徵子。崇德三年八月襲。
	虎尼齊子。崇德八年八月襲。順治年恩詔加至一等阿思哈尼哈番。今漢文改爲一等男。
	諾木奇子。順治十二年八月襲。十三年因獲罪停襲。

三等男

許天寵	鑲黃旗漢軍。崇德三年以同沈志祥投誠，授三等梅勒章京。今漢文改爲三等男。
許廷臣	許天寵子。康熙十七年六月襲。二十四年以罪革，停襲。

三等男

達禮善	正黃旗滿洲。崇德四年以軍功授三等甲喇章京。順治年恩詔加至三等阿思哈尼哈番。今漢文改爲三等男。
六占	達禮善孫。康熙二十五年襲。後追叙伊祖達禮善軍功，加爲二等阿思哈尼哈番。今漢文改爲二等男。以庸劣革。
代奇立	達禮善孫。康熙四十四年十二月以伊祖達禮善軍功及三次恩詔所得之職不可餘去，仍襲二等阿思哈尼哈番。今漢
阿桑達	代奇立嗣子。雍正十年閏五月襲。乾隆二年子蘇隆阿降襲。

文改爲二等男。

三等男

阿什代巴圖魯	鑲黃旗蒙古。崇德四年以軍功授牛彔章京，尋加半個前程。恩詔加至一等阿達哈哈番。順治十七年十二月軍功加至三等阿思哈尼哈番。今漢文改爲三等男。
顧穆	阿什代巴圖魯子。康熙六年四月襲。
代馬尼	顧穆叔父之孫。康熙三十八年七月襲。雍正四年子吳爾圖那蘇圖降襲。

三等男

金聲遠	正白旗漢軍。崇德四年以投誠授一等甲喇章京。順治九年正月恩詔加至三等阿思哈尼哈
金玉成	金聲遠子。順治十六年九月襲。
金鋐	金玉成子。康熙十二年六月襲。四十五年子金啟瑞降襲。

番。今漢文改爲三等男。

三等男

蘇班岱	鑲黃旗蒙古。崇德五年以率戶口來歸，授三等甲喇章京。軍功加爲二等。順治九年正月恩詔加至三等阿思哈尼哈番。今漢文改爲三等男。
白冲	蘇班岱子。順治十一年十月襲。
色冷嘉錫	白冲子。康熙七年四月襲，尋卒。
色爾古冷	色冷嘉錫弟。康康七年十二月襲。四十九年子速興降襲。

三等男

譚布	正黃旗滿洲。崇德五年以軍功授牛彔章京，尋加至一等阿達哈哈番，又一拖沙喇哈番。緣事革去拖沙喇哈番。恩詔加一拖沙喇哈番
喀代	譚布子。康熙四年五月襲。
烏法	喀代子。康熙三十一年八月襲。
五雅祿	烏法子。康熙五十二年十一月襲。坐事革。
興安泰	五雅祿兄之孫。乾隆十七年五月襲。
音登額	興安泰子。乾隆三十九年十二月襲。
六十三	音登額叔。乾隆四十五年十二月襲。
恭安	初名甯安。六十三繼子。嘉慶元年襲。
松壽	恭安子。
濟焜	松壽繼子。
札崑珠	濟焜繼子。光緒三十年襲。

順治八年二月，軍功加為三等阿思哈尼哈番。九年正月，恩詔加為二等。緣事降一等阿達哈哈番又一拖沙喇哈番。又遇恩詔加為三等阿思哈尼哈番。今漢文改為三等男。

三等男

代都	正黃旗漢軍。本姓李。崇德七年以軍功授半個前程。尋加至三等甲喇章京。累積加為二等。順治九年正月恩詔加至三等阿思哈尼哈番。今漢文改為三等男。
花色	代都子。順治十七年七月襲。
李綸	花色弟。康熙十七年襲。雍正七年，子李裕德降襲。

三等男

諾木奇	正黃旗蒙古。崇德七年九月以半戶口來歸，授三等梅勒章京。今漢文改為三等男。
阿桑	諾木奇子。順治二年四月襲。緣事降為一等阿達哈哈番。恩詔加一拖沙喇哈番。今漢文改為一等輕車都尉又一雲騎尉。

三等男

滿韜	鑲白旗蒙古。崇德七年以父綽格圖率衆來歸，授三等甲喇章京。恩詔加至一等又一拖沙喇哈番。順治十三年五月以軍功加為三等阿思哈尼哈番。今漢文改為三等男。
那木僧格第	滿韜子。康熙十六年八月襲。四十年，子官保降襲。

三等男

額對	鑲黃旗蒙古。崇德八年積軍功授三等甲喇章京。順治二年軍功加為二等。九年正月恩詔加至三等阿思哈尼哈番。今漢文改為三等男。
朱馬喇	額對子。康熙十年五月襲。五十三年，子貴揚古降襲。

三等男

賴達哈	鑲白旗滿洲。崇德八年以登城功授二等甲喇章京。順治年恩詔加至三等阿思哈尼哈番。今漢文改為三等男。
蘇麻喇	賴達哈子。康熙十八年襲。四十年，子馬德降襲。

三等男

舒理渾	正黃旗滿洲。崇德八年襲父扎福尼之牛彔章京。恩
穆禮宏	舒理渾子。順治十八年閏七月襲。
薩爾禪	穆禮宏子。康熙二十七年六月襲。乾隆五年，子舒爾

詔加至一等阿達哈哈番順治年軍功加至三等阿思哈尼哈番今漢文改為三等男

金降襲

三等男

線應琦 正白旗漢軍順治元年以投誠授三等甲喇章京軍功加為二等順治九年正月恩詔加至三等阿思哈尼哈番今漢文改為三等男

線應藻 線應琦叔父之子順治十年五月襲

線桂 線應藻孫康熙二十三年六月襲六十年子線承烈降襲

三等男

夏景梅 正白旗漢軍順治元年以投誠授三等甲喇章京恩詔加至一等阿達哈哈番又一拖沙喇哈番順治十七年十月以軍功加為三等阿思哈尼哈番今漢文改為三等男

夏增 夏景梅弟之子康熙十六年五月襲四十六年子夏長灝降襲

三等男

宜爾格德 正黃旗滿洲順治二年以軍功授牛彔章京績加半個前程恩詔加為三等阿達哈哈番又以軍功加為二等恩詔加至一等又一拖沙喇哈番陣亡順治十二年六月贈三等阿思哈尼哈番今漢文改為三等男

殷達理 宜爾格德子順治十二年七月襲

三等男

鮑敬 山西應州人順治九年以父承先功封三等男

鮑鐸 鮑敬孫康熙三十六年襲

三等男

李朝雲 鑲白旗漢軍順治五年八月以投誠授三等梅勒章京今漢文改為三等男

李人龍 李朝雲子康熙二年十月襲

李蘭桂 李人龍子康熙三十年十二月襲四十五年病殁停襲

三等男

路有良 鑲藍旗漢軍順治三年積軍功授三等甲喇章京恩詔加至一等又一拖沙喇哈番軍功加為三等阿思阿尼哈番今漢文改為三等男

（續）	十五年緣事革。無襲。

三等男	
韓文	鑲藍旗漢軍。順治五年八月以投誠授三等阿思哈尼哈番。今漢文改爲三等男。
韓佐周	韓文子。康熙十二年十二月襲。三十五年坐事革。停襲。

三等男	
許得功	鑲藍旗漢軍。順治五年八月以率衆投誠授三等阿思哈尼哈番。今漢文改爲三等男。
許國相	許得功孫。康熙十六年十二月襲。五十四年特旨停襲。

三等男	
胡申布魯	正藍旗滿洲。順治三年積軍功授牛彔章京。恩詔加至二等阿達哈哈番。又以軍功加至
愛音查	胡申布魯子。順治十八年正月襲。有軍功。傷發卒。晉贈二等阿思哈尼哈番。卽二等男。
雅岱	愛音查子。康熙十九年八月襲。二十五年因追敍伊父軍功。加爲二等阿思哈尼哈番。今漢文改爲
僧保	雅岱子。康熙二十七年七月襲。坐事革。後降襲。

（續）	一等。又一拖沙喇哈番。陣亡。順治十八年正月加贈三等阿思哈尼哈番。今漢文改爲三等男。
	二等男

三等男	
喀爾塔喇	鑲白旗滿洲。順治三年以軍功授半個前程。恩詔加爲拜他喇布勒哈番。又以軍功加一拖沙喇哈番。恩詔加至一等阿達哈哈番。陣亡。順治十二年六月加贈三等阿思哈尼哈番。今漢文改爲三等男。
赫特赫	喀爾塔喇子。順治十二年七月襲。陣亡。
格爾德	赫特赫弟。康熙二年正月襲。五十一年子格爾圖降襲。

三等男	
雅喇	正白旗滿
陽壽	雅喇之弟
夸嗒	陽壽子。康

（續）	洲。順治三年積軍功授牛彔章京兼半個前程。恩詔加至一等阿達哈哈番。順治十三年閏五月以軍功加至三等阿思哈尼哈番。今漢文改爲三等男。
	子。康熙十一年閏七月襲。
	熙三十一年六月襲。四十六年子相岱降襲。

三等男	
覺羅布古	鑲紅旗滿洲。順治四年特恩授半個前程。恩詔加至三等阿達哈哈番。十八年襲父覺羅布三之三等阿達哈哈番。併爲三等阿思哈尼哈番。今漢文改爲三
覺羅額訥布	覺羅布古子。康熙二十五年四月襲。雍正十三年四月卒。無襲。

	等男康熙二十五年二月卒

三等男	
蘇魯邁	正藍旗滿洲積軍功授二等甲喇章京順治九年正月恩詔加至三等阿思哈尼哈番今漢文改爲三等男卒諡勤勇
孫塔哈	蘇魯邁子康熙元年十二月襲四十六年子索杜降襲

三等男	
趙之龍	鑲黃旗漢軍順治五年八月以投誠授三等阿思哈尼哈番今漢文改爲三等男
趙清榑	趙之龍孫順治十一年正月襲
趙鐘岱	趙清榑叔順治十四年九月襲
趙清櫶	趙鐘岱弟之子康熙八年十二月襲
趙仁	趙清櫶子康熙四十二年二月襲
趙連璧	趙仁子乾隆十二年十二月襲坐事革
趙連炎	趙連璧從弟乾隆十八年十二月襲以病罷爵
趙永興	趙連炎子乾隆三十一年十二月襲緣事革
趙坦	趙永興從兄乾隆四十一年十二月襲

三等男	
費雅思哈	正黃旗滿洲順治五年積軍功授三等阿思哈尼哈番今漢文改爲三等男
蘇旦	費雅思哈子康熙十一年十月襲
蘇湖濟	蘇圖子雍正十年因蘇圖陣亡所得隸部

	授拜他喇布勒哈番又一拖沙喇哈番恩詔加至一等阿達哈哈番軍功加至三等阿思哈尼哈番今漢文改爲三等男卒諡僖恪
	尉彙一雲騎尉併爲三等男

三等男	
鄭嘉棟	鑲白旗漢軍順治五年八月以投誠授三等阿思哈尼哈番今漢文改爲三等男
鄭仁瑞	鄭嘉棟子順治十六年三月襲
鄭佩蘭	鄭仁瑞子康熙二十一年十一月襲四十四年故停

三等男	
吳學禮	鑲紅旗漢軍順治五年以同左夢庚投誠授二等阿達哈哈番十七年七月以軍功加至三等
吳爾鼎	吳學禮子康熙二年十一月襲以罪革
吳子祥	吳爾鼎子康熙二十三年六月襲
吳昌祖	吳子祥子康熙四十四年六月襲坐事革
吳文煌	吳昌祖弟之子雍正七年三月襲
吳文煥	吳文煌從兄乾隆十一年十二月襲
吳文燦	吳文煥弟乾隆三十九年十二月襲
吳慶通	吳文燦子嘉慶二年襲
吳慶泰	
瑞麟	吳慶泰子道光十一年襲

	阿思哈尼哈番今漢文改爲三等男

三等男	
劉麟圖	鑲白旗蒙古原保山海關副將順治五年八月以來歸授三等阿思哈尼哈番今漢文改爲三等男
唯圖	劉麟圖子順治十六年十月襲
鈞塞	唯圖弟康熙二十二年十二月襲四十年子金樑降襲

三等男	
介桑札爾固齊	正藍旗滿洲以自蒙古車戶口來降授三等阿思哈尼哈番今漢文改爲三等男
賈杜	介桑札爾固齊子順治六年二月襲九年正月恩詔加至一等阿思哈尼哈番今漢文改爲一等男
陶番齊	賈杜子康熙十八年二月襲
馬尼	陶番齊兄之子康熙五十七年十二月降襲三等阿思哈尼哈番今漢文改爲三等男
宗杜克	馬尼子乾隆四十年二月襲
舒敏	宗杜克子乾隆五十二年襲
圖善	舒敏弟
富昌	圖善子
普林	富昌子
玉堃	普林子光緒六年襲
奎光	玉堃子光緒二十四年襲

三等男	
阿哈旦	正黃旗滿洲順治八年襲兄費揚古之二等阿達哈
烏格	阿哈旦子康熙二年襲乾隆二年子興常降襲

哈番，恩詔加至一等阿達哈哈番又一拖沙喇哈番。陣亡。康熙二年，加贈三等阿思哈尼哈番。今漢文改爲三等男。

三等男

蔡祿	順治十八年封。康熙十三年叛，誅。

三等男

梁化鳳	陝西延安人。官蘇松總兵。順治十六年以保守江寧，敗鄭成功，予輕車都尉。十八年晉三等男。康熙十年十一月卒於江南提督，贈少保，謚敏壯。
梁鼎	化鳳子。康熙十二年襲。晉二等。坐事削爵。
梁祚昌	鼎子。康熙二十三年襲。仍三等男。
梁宏勳	祚昌子。康熙五十五年襲。
梁秉暘	宏勳子。乾隆二十四年襲。
梁秉睿	宏勳弟子。乾隆四十三年襲。
梁翼之	咸豐六年由三等男發雲南以參將用。

三等男

杜克	正白旗蒙古。康熙八年襲父明阿達理之一等阿達哈哈番又一拖沙喇哈番。三十六年七月軍功加爲三等阿思哈尼哈番。今漢文改爲三等男。
明福	杜克子。雍正元年六月襲。乾隆十八年子永安降襲。

三等男

巴雅爾	鑲紅旗蒙古。康熙十二年襲父桑圖之一等阿達哈哈番又一拖沙喇哈番。陣亡。三十年九月贈爲三等阿思哈尼哈番。今漢文改爲三等男。
戴通	巴雅爾子。康熙三十年九月襲。
那親	戴通姪。乾隆六年襲。

三等男

高其倬	鑲黃旗漢軍。雍正二年以盡心辦事授拜他喇布勒哈番。八年九月以相萬年吉地封三等阿思哈尼哈番。今漢文改爲三等男。乾隆三年十月卒，謚文良。
高格	高其倬子。乾隆四年十二月襲。
高烜	高格子。乾隆十五年十二月襲。
高坦	高烜子。乾隆十七年十二月襲。
高焜	高坦之叔。乾隆十八年十二月襲。
高垣	高焜子。乾隆四十二年十二月襲。
高維鐘	高垣子。嘉慶五年襲。
高士俊	高維鐘子。道光十三年襲。

三等男

舒明	正黃旗蒙古。乾隆二十二年十一月以軍功加封三等男。
雅滿泰	舒明子。乾隆二十七年十二月襲。五十七年十二月革。
台興阿	雅滿泰姪。乾隆五十七年襲。
常慶	道光十三年襲。
連瑛	常慶子。光緒七年襲。
勳光	光緒三十一年襲。

三等男

札克塔爾	四川番目。內務府正黃旗滿洲官護軍統領。嘉慶八年閏二月以捕獲逆犯陳德封三等
常安	札克塔爾子。嘉慶十七年襲。

男。十七年四月卒。

三等男

鄂輝 正白旗滿洲。嘉慶元年十二月，以勦教匪功封三等男。三年六月卒。諡恪靖。

鄂彌善 鄂輝子。嘉慶三年襲。

慶寬 鄂彌善子。

賽崇阿 慶寬子。

穆都哩 賽崇阿子。

宜格 穆都哩子。光緒三十年襲。

三等男

百齡 漢軍。嘉慶二十年，官兩江總督，以捕獲逆犯方榮升功封三等男。二十一年卒。

札拉芬 百齡子。

玉年

文濤 玉年子。同治五年襲。

三等男

西淩阿 正白旗滿洲。官察哈爾都統。咸豐六年，以北路肅清功封

托克通阿 西淩阿子。

德爾泰 托克通阿子。光緒二十年襲。

三等男

德成 三等子明寶承繼子。乾隆十八年四月降襲三等男。

三等男

黃翼升 湖南長沙人。同治二年，由淮揚鎮總兵論克復蘇州功，予雲騎尉。三年，論克金陵功，予一等輕車都尉。七年，張總愚平，再加一雲騎尉，併為三等男爵。光緒十年，卒於長江水師提督，諡武靖。

黃宗炎 翼升子。光緒年襲。

黃恆

三等男

宋慶 山東蓬萊人。同治七年，由湖南提督論平張總愚功，予一等輕車都尉。二十八年卒，封三等男爵。

宋天傑 慶子。光緒三十年襲。

三等男

彭毓橘

彭秀挺

湖南湘鄉人。記名布政使。同治三年，論克金陵功，予一等輕車都尉。尋補福建汀漳龍道。同治六年二月，以勦東捻陣亡湖北蘄水，贈內閣學士，諡忠壯，予騎都尉，尋併為三等男。

毓橘子。同治年襲。

三等男

胡子勳 湖南益陽人。原任湖北巡撫胡林翼嗣子。以應襲一等輕車都尉及騎都尉併為三等男。同治八年襲。

胡祖蔭 子勳子。光緒二十三年襲。

清史稿

大學士年表序

清大學士沿明舊名，例稱政府，實則國初有議政處以掣其柄，雍正以後承旨寄信有軍機處，內閣宰輔名存而已。新唐元史表宰相者，備列三公。清大學士滿漢兩途，勳高位極，乃以相授，內閣實權遠不逮明，然其品列皆首文班，任軍機者自親王外，其領袖者必大學士，唐元三公尚不及也。

清史稿

大學士年表一

年分	大學士	協辦
崇德元年丙子	剛林五月授內國史院大學士 范文程五月授內秘書院大學士 希福五月授內弘文院大學士 鮑承先五月授內秘書院大學士	
崇德二年丁丑	剛林 范文程 希福 鮑承先	
崇德三年戊寅	剛林 范文程 希福 鮑承先七月改吏部右參政	
崇德四年己卯	剛林 范文程 希福	
崇德五年庚辰	剛林 范文程 希福	
崇德六年辛巳	剛林 范文程 希福	
崇德七年壬午	剛林 范文程	
崇德八年癸未	希福 剛林 范文程 希福	
順治元年甲申	范文程元年八月辛酉革 希福 剛林 甯完我 馮銓五月辛丑以書徵 洪承疇六月丁巳仍以太子太保兼副都御史同內院官佐理機務爲內秘書院大學士 謝陞八月壬午召入內院	
順治二年乙酉	范文程 剛林 甯完我 馮銓 洪承疇閏六月招撫南方總督軍務 謝陞正月癸卯卒 祁世格二月己巳爲內弘文院大學士 李建泰故明文淵閣大學士三月庚子陞見慰諭之十二月丙午革	
順治三年丙戌	范文程 剛林 甯完我 馮銓 洪承疇 祁世格 宋權正月戊辰爲內翰林國史院大學士	
順治四年丁亥	范文程 剛林 甯完我 馮銓 洪承疇十月命回內院 祁世格 宋權	
順治五年戊子	范文程 剛林 甯完我 馮銓	
順治六年己丑	洪承疇 祁世格 宋權 范文程 剛林 甯完我 馮銓 洪承疇加少傅兼太子太傅 祁世格 宋權	
順治七年庚寅	范文程 剛林 甯完我 馮銓 洪承疇 祁世格 宋權	
順治八年辛卯	范文程閏二月乙亥革留 剛林閏二月乙亥坐與睿王謀逆棄市 甯完我三月己丑轉內國史院大學士 馮銓閏二月乙丑致仕 洪承疇閏二月戊辰管左都御史事 祁世格閏二月乙亥坐與睿王謀逆棄市 宋權 希福三月己丑爲內弘文院大學士 陳泰三月己丑爲內國史院大學士七月戊子革 雅泰七月戊子爲內國史院大學士十一月卒 陳名夏七月己亥爲內翰林弘文院大學士 額色黑十月丁巳爲內翰林國史院大學士	
順治九年壬辰	范文程 甯完我 洪承疇五月毋憂仍入直 宋權致仕六月壬子卒 希福十一月卒 陳名夏 額色黑 陳之遴二月辛酉爲內翰林弘文院大學士	
順治十年癸巳	范文程 甯完我	

洪承疇　正月丁丑調內翰林弘文院大學士。五月乙酉升太保兼太子太師、內國史院。經略湖廣廣東廣西雲南貴州。

陳名夏　正月丁丑調內翰林祕書院大學士。二月丁未署吏部尚書。

額色黑

陳之遴　二月丁未仍以太子太保調戶部尚書。

高爾儼　仍以太子太保爲內翰林弘文院大學士。三月戊子疾假。六月丁酉病休。

馮銓　三月癸巳仍以弘文院大學士原官。

圖海　四月丁未爲內翰林弘文院大學士。

成克鞏　閏六月丙寅爲內翰林祕書院大學士。

張端　閏六月丙寅爲內翰林國史院大學士。

劉正宗　閏六月丙寅爲內翰林弘文院大學士。十一月丙辰加太子太保、管吏部尚書。

呂宮　十二月爲內翰林弘文院大學士。

順治十一年甲午

范文程　八月壬午加少保兼太子太保。九月己丑解。太傅兼太子太師

甯完我　八月壬午加太子太保。

洪承疇

陳名夏　三月辛丑棄市。

額色黑　八月壬午加太子太保。

馮銓　五月乙巳降二級。

圖海

成克鞏　五月乙巳降二級。

張端　予告。六月卒。

劉正宗

呂宮　五月乙巳降二級。

金之俊　二月丙寅爲內翰林國史院大學士。

蔣赫德　三月庚寅爲內翰林國史院大學士。

王永吉　四月丁亥爲內翰林祕書院大學士。八月甲戌革調。

党崇雅　五月丙午爲內翰林國史院大學士。

傅以漸　八月庚辰爲內翰林祕書院大學士。

順治十二年乙未

甯完我　二月辛酉加少保兼太子太保。

洪承疇

額色黑

馮銓　四月乙卯加少師兼太子太師。

圖海　二月辛酉加太子太保。

成克鞏　二月辛酉加太子太保。

劉正宗　四月乙卯加少保兼太子太保。

金之俊　四月乙卯加少傅兼太子太傅。

蔣赫德　二月辛酉加太子太保。

党崇雅　二月丁巳加太保兼太子太傅。病免。

傅以漸　二月辛酉加太子太保。

呂宮　二月辛酉加太子太保。二月壬戌以太子太保病解。

巴哈納　二月辛酉加太保兼太子太保。五月庚子爲內翰林弘文院大學士。

車克　二月辛酉加少保兼太子太保。

陳之遴　二月庚辰爲內翰林弘文院大學士。四月乙卯加少保兼太子太保。

王永吉　二月庚辰爲內翰林國史院大學士。

順治十三年丙申

甯完我

洪承疇

額色黑

馮銓　二月己卯加太保兼太子太師，致仕。

圖海

成克鞏

劉正宗

金之俊

蔣赫德

傅以漸

車克　六月辛巳兼管戶部尚書事。

陳之遴　三月乙未革，以原官發往盛京。十月癸卯著回京入旗。

王永吉

巴哈納

順治十四年丁酉

甯完我

洪承疇

額色黑

圖海

成克鞏

劉正宗

金之俊

蔣赫德

傅以漸

車克

王永吉

巴哈納

順治十五年戊戌　九月辛丑內三院改中和保和文華武英東閣文淵大學士。

甯完我　九月己未以原銜少傅兼太子太傅大學士致仕。

洪承疇　九月甲寅改爲武英殿大學士，兼管兵部尚書。

額色黑　九月甲寅改爲保和殿大學士，兼管戶部尚書。

圖海

成克鞏　九月甲寅改爲保和殿大學士，兼管戶部尚書。

劉正宗　九月甲寅改爲文華殿大學士，兼管禮部尚書。

金之俊　九月甲寅改爲中和殿大學士，兼管吏部尚書。

蔣赫德　九月甲寅改爲文華殿大學士，兼管禮部尚書。

傅以漸　九月甲寅改爲武英殿大學士，兼管兵部。

車克

王永吉　四月辛卯降五級調用。

巴哈納　九月甲寅改爲中和殿大學士，兼管吏部尚書。

胡世安　五月癸亥爲內院大學士。九月甲寅改爲武英殿大學士，兼管兵部尚書。

衞周祚　五月癸亥爲內院大學士。九月甲寅改爲文淵閣大學士，兼管刑部尚書。

李霨　五月癸亥爲內院大學士。九月甲寅改爲東閣大學士，兼管工部尚書。

順治十六年己亥

洪承疇

雅泰

額色黑

圖海

成克鞏

劉正宗
金之俊
蔣赫德
傅以漸
車克
巴哈納
胡世安 閏三月壬戌病假
衛周祚 五月癸酉降四級調用九月壬申寬免賜舊辦事
李霨
馮銓 二月丙戌仍以原銜改爲中和殿大學士

順治十七年 庚子

洪承疇
雅泰
額色黑
圖海
成克鞏 六月己亥革十一月辛酉仍留原任
劉正宗 六月己亥革吏部十一月辛酉革
金之俊
蔣赫德 二月病癈病痊起用
傅以漸
車克
巴哈納
胡世安
衛周祚
李霨
馮銓

順治十八年 辛丑 六月丁酉仍復舊制設內秘書院國史院弘文院

洪承疇 四月丙午致仕
雅泰
額色黑 七月己酉爲內國史院大學士九月卒
圖海
成克鞏 七月己酉爲內國史院大學士
金之俊 七月己酉爲內秘書院大學士
蔣赫德 七月己酉爲內弘文院大學士
傅以漸 六月癸巳病休
車克 閏七月庚辰調吏部尚書
巴哈納 七月己酉爲內秘書院大學士
胡世安 七月己酉爲內秘書院大學士十一月壬午以原官加少師兼太子太師病休
衛周祚 七月己酉爲內國史院大學士
李霨 七月己酉爲內弘文院大學士
馮銓
覺羅伊圖 七月辛酉爲內弘文院大學士
蘇納海 九月癸未爲內國史院大學士

康熙元年 壬寅

成克鞏 十月壬寅還內秘書院大學士
金之俊 八月辛丑以原官休
蔣赫德
巴哈納
衛周祚
李霨
覺羅伊圖
蘇納海
車克 七月壬寅爲內秘書院大學士

康熙二年 癸卯

成克鞏 四月甲寅病免
蔣赫德 三月癸未還內國史院大學士
巴哈納
衛周祚 七月丁亥予假
李霨
覺羅伊圖
蘇納海
車克
孫廷銓 五月丙子爲內秘書院大學士

康熙三年 甲辰

蔣赫德
巴哈納
衛周祚
李霨
覺羅伊圖
蘇納海
車克
孫廷銓 十一月甲午病免
巴泰 六月甲午爲內國史院大學士
魏裔介 十一月丁未爲內秘書院大學士

康熙四年 乙巳

蔣赫德
巴哈納
衛周祚 六月戊戌假滿召
李霨
覺羅伊圖
蘇納海
車克
孫廷銓
巴泰
魏裔介

康熙五年 丙午

蔣赫德
巴哈納
衛周祚
李霨
覺羅伊圖
蘇納海 十二月甲申革丙寅處絞
車克
孫廷銓
巴泰
魏裔介

康熙六年 丁未

蔣赫德
巴哈納
衛周祚
李霨
覺羅伊圖
車克 致仕
孫廷銓
巴泰
魏裔介
班布爾善 正月丁卯爲內秘書院大學士
圖海 正月丁卯爲內弘文院大學士

康熙七年 戊申

蔣赫德
巴哈納
衛周祚
李霨
覺羅伊圖
孫廷銓
巴泰 二月己卯疾解以原官休致
魏裔介

（續前）	班布爾善 圖海 對喀納 九月癸卯爲內國史院大學士
康熙八年 己酉	蔣赫德 巴哈納 衛周祚 四月丙寅病免 李霨 覺羅伊圖 孫廷銓 魏裔介 班布爾善 圖海 巴泰 五月乙未爲內秘書院大學士 對喀納 七月乙未加太子太保管刑部尚書事 杜立德 四月癸酉爲內國史院大學士 索額圖 八月甲申爲內國史院大學士
康熙九年 庚戌 八月乙未內三院改爲內閣	蔣赫德 九月卒 巴哈納 李霨 十月甲午爲保和殿大學士兼戶部尚書事 覺羅伊圖 孫廷銓 圖海 十月甲午爲中和殿大學士兼禮部尚書事 巴泰 十月甲午爲中和殿大學士兼禮部尚書事 對喀納 十月甲午爲文華殿大學士管刑部尚書事 杜立德 十月甲午爲保和殿大學士兼禮部尚書事 索額圖 十月甲午爲保和殿大學士兼戶部尚書事 魏裔介 十一月壬午爲保和殿大學士
康熙十年 辛亥	李霨 圖海 巴泰 對喀納 杜立德 索額圖 魏裔介 正月戊寅病免 馮溥 二月丁酉爲文華殿大學士
康熙十一年 壬子	李霨 圖海 巴泰 對喀納 杜立德 索額圖 馮溥 衛周祚 四月壬寅召入閣。六月壬寅爲保和殿大學士。十二月丁卯以原官致仕
康熙十二年 癸丑	李霨 圖海 巴泰 對喀納 杜立德 索額圖 馮溥
康熙十三年 甲寅	李霨 圖海 巴泰 對喀納 杜立德 索額圖 馮溥 莫洛 二月辛酉爲武英殿大學士，仍以刑部尚書管兵部事，經略陝西。十二月癸巳兵變死之
康熙十四年 乙卯	李霨 圖海 三月丁亥爲副將軍，征察哈爾。閏五月癸卯凱旋 巴泰 三月戊子仍以原銜入閣辦事 對喀納 九月乙巳祭葬 杜立德 索額圖 馮溥 熊賜履 三月戊子爲武英殿大學士
康熙十五年 丙辰	李霨 圖海 八月乙亥封三等公 巴泰 杜立德 索額圖 馮溥 熊賜履 七月甲午革
康熙十六年 丁巳	李霨 圖海 巴泰 七月甲辰致仕 杜立德 索額圖 馮溥 明珠 七月甲辰爲武英殿大學士 勒德洪 七月甲辰爲武英殿大學士
康熙十七年 戊午	李霨 圖海 杜立德 索額圖 馮溥 明珠 勒德洪
康熙十八年 己未	李霨 圖海 杜立德 索額圖 馮溥 明珠 勒德洪
康熙十九年 庚申	李霨 圖海 杜立德 索額圖 八月戊寅病免 馮溥 明珠 勒德洪
康熙二十年 辛酉	李霨 圖海 十二月戊戌卒

杜立德
馮溥
明珠
勒德洪

康熙二十一年壬戌

李霨
杜立德 五月己未病解
馮溥 六月甲辰以原官致仕
明珠
勒德洪
王熙 五月戊辰爲保和殿大學士
黃機 十月己丑爲文華殿大學士
吳正治 十月己丑爲武英殿大學士

康熙二十二年癸亥

李霨
明珠
勒德洪
王熙
黃機
吳正治

康熙二十三年甲子

李霨 八月甲寅卒
明珠
勒德洪
王熙
黃機 二月己未病休
吳正治
宋德宜 七月乙亥爲文華殿大學士

康熙二十四年乙丑

明珠
勒德洪 十月丙申削去太子太傅降一級留任
王熙
吳正治
宋德宜

康熙二十五年丙寅

明珠 四月壬寅加太子太師
勒德洪 四月壬寅加太子太傅
王熙 四月壬寅加太子太傅
吳正治 四月壬寅加太子太傅
宋德宜 四月壬寅加太子太傅

康熙二十六年丁卯

明珠
勒德洪
王熙
吳正治 正月乙巳休
宋德宜 七月卒
余國柱 二月甲寅爲武英殿大學士
李之芳 八月壬午爲文華殿大學士

康熙二十七年戊辰

明珠 正月己酉革
勒德洪 正月己酉革
王熙
余國柱 正月己酉革
李之芳 正月己酉休致
梁清標 正月甲寅爲保和殿大學士
伊桑阿 正月甲寅爲文華殿大學士

康熙二十八年己巳

王熙
梁清標
伊桑阿
阿蘭泰 五月乙巳爲武英殿大學士
徐元文 五月乙巳爲文華殿大學士戊申兼管翰林院掌院學士事

康熙二十九年庚午

王熙
梁清標
伊桑阿
阿蘭泰
徐元文 六月癸酉休致
張玉書 六月己酉爲文華殿大學士兼戶部尚書

康熙三十年辛未

王熙
梁清標 九月卒
伊桑阿
阿蘭泰
張玉書

康熙三十一年壬申

王熙
伊桑阿
阿蘭泰
張玉書
李天馥 十月己卯爲武英殿大學士

康熙三十二年癸酉

王熙
伊桑阿
阿蘭泰
張玉書

李天馥 六月己丑憂

康熙三十三年甲戌

王熙
伊桑阿
阿蘭泰
張玉書
李天馥

康熙三十四年乙亥

王熙
伊桑阿
阿蘭泰
張玉書
李天馥 十一月庚午命入閣辦事

康熙三十五年丙子

王熙
伊桑阿
阿蘭泰
張玉書
李天馥

康熙三十六年丁丑

王熙
伊桑阿
阿蘭泰
張玉書
李天馥

康熙三十七年戊寅

王熙
伊桑阿
阿蘭泰
張玉書 六月戊辰丁憂回籍
李天馥
吳琠 七月癸酉爲保和殿大學士

康熙三十八年己卯

王熙
伊桑阿
阿蘭泰 九月戊午卒
李天馥 十月己卯卒
吳琠
馬齊 十一月己亥爲武英殿大學士
佛倫 十一月己亥爲文淵閣大學士
熊賜履 十一月己亥爲東閣大學士
張英 十一月己亥爲文華殿大學士

康熙三十九年

王熙

庚辰	伊桑阿
	吳琠
	馬齊
	佛倫 三月丙申致仕。
	熊賜履
	張英
康熙四十年 辛巳	王熙 九月庚戌致仕。癸丑加少傅。
	伊桑阿
	吳琠
	馬齊
	熊賜履
	張英 十月癸酉以原官致仕。
	張玉書 十月己未召。
康熙四十一年 壬午	伊桑阿 十一月丙寅致仕。
	吳琠
	馬齊
	席哈納 九月己巳自禮部尚書爲文淵閣大學士。
	熊賜履
	張玉書
康熙四十二年 癸未	吳琠
	馬齊
	席哈納
	熊賜履 四月丁亥病免。
	張玉書
	陳廷敬 四月丙申爲文淵閣大學士兼吏部尚書。
康熙四十三年 甲申	吳琠
	馬齊
	席哈納
	張玉書
	陳廷敬
康熙四十四年 乙酉	吳琠 五月己卯卒。
	馬齊
	席哈納
	張玉書
	陳廷敬
	李光地 十一月己巳自吏部尚書管直隸巡撫爲文淵閣大學士。
康熙四十五年 丙戌	馬齊
	席哈納
	張玉書
	陳廷敬
	李光地
康熙四十六年 丁亥	馬齊
	席哈納
	張玉書
	陳廷敬
	李光地
	溫達 十二月丙戌爲文華殿大學士兼吏部尚書。
康熙四十七年 戊子	馬齊
	席哈納 正月癸酉致仕。
	張玉書
	陳廷敬
	李光地
	溫達
康熙四十八年 己丑	馬齊 正月甲午革。
	張玉書
	陳廷敬
	李光地
	溫達
康熙四十九年 庚辰	張玉書
	陳廷敬 十一月庚子致仕。
	李光地
	溫達
	蕭永藻 十一月乙巳爲文華殿大學士。
康熙五十年 辛卯	張玉書 五月丙午卒。
	李光地 五月患病，陳廷敬署衙門辦事。
	溫達
	蕭永藻
	陳廷敬 五月丙辰起。
康熙五十一年 壬辰	溫達
	陳廷敬 四月卒。
	李光地
	蕭永藻
	嵩祝 四月乙亥爲文華殿大學士兼禮部尚書。
	王掞 四月乙亥爲文淵閣大學士兼禮部尚書。
康熙五十二年 癸巳	溫達
	李光地
	蕭永藻
	嵩祝
	王掞
康熙五十三年 甲午	溫達 正月甲子以原官致仕。十二月己巳著仍在大學士任辦事。
	李光地
	蕭永藻
	嵩祝
	王掞
康熙五十四年 乙未	李光地 七月甲午給假二年，仍來京辦事。
	溫達
	蕭永藻
	嵩祝
	王掞
康熙五十五年 丙申	李光地 假。
	溫達 五月卒。
	蕭永藻 六月己丑革留。
	嵩祝
	王掞
	馬齊 五月辛酉爲武英殿大學士。
康熙五十六年 丁酉	馬齊
	李光地 假。
	蕭永藻
	嵩祝
	王掞
康熙五十七年 戊戌	馬齊
	李光地 六月己丑卒。
	蕭永藻
	嵩祝
	王掞
	王頊齡 九月丙戌爲武英殿大學士兼工部尚書。
康熙五十八年 己亥	馬齊
	蕭永藻
	嵩祝
	王掞
	王頊齡

年份	大學士	協辦大學士
康熙五十九年庚子	馬齊 蕭永藻 嵩祝 王掞 王頊齡	
康熙六十年辛丑	馬齊 蕭永藻 嵩祝 王掞 王頊齡	
康熙六十一年壬寅	馬齊十二月乙亥加太子太傅 蕭永藻十二月癸亥加太子太傅銜 嵩祝十二月乙亥加太子太傅 王掞 王頊齡 白潢十二月己巳爲文華殿大學士兼兵部尚書 富甯安十二月甲子爲武英殿大學士兼吏部尚書	
雍正元年癸卯	馬齊 蕭永藻 嵩祝 王掞正月乙巳病免 王頊齡五月壬午加太子太傅 白潢 富甯安 張鵬翮二月壬子爲文華殿大學士兼吏部尚書	徐元夢五月丁酉署大學士
雍正二年甲辰	馬齊 王頊齡 白潢 富甯安 張鵬翮	徐元夢 田從典六月癸未協理大學士
雍正三年乙巳	馬齊 王頊齡八月乙亥卒 白潢七月壬子病免 富甯安 張鵬翮二月辛卯卒 高其位七月壬子爲文淵閣大學士 朱軾九月甲寅爲文華殿大學士仍管吏部尚書事 田從典四月辛卯爲文華殿大學士	徐元夢 田從典四月辛卯遷 張廷玉四月署大學士
雍正四年丙午	馬齊 富甯安十一月壬子封三等侯世襲 田從典 高其位十一月己亥以原官致仕 朱軾九月癸丑丁憂著素服仍在內閣辦事 張廷玉二月辛卯爲文淵閣大學士	徐元夢八月革 張廷玉二月辛卯遷
雍正五年丁未	馬齊 富甯安四月丁亥加太子太傅 田從典 朱軾 張廷玉十月戊戌爲文華殿大學士仍管戶部尚書翰林院學士事 孫柱九月丙寅爲文淵閣大學士	孫柱正月乙巳署大學士九月丙寅遷
雍正六年戊申	馬齊 富甯安五月丁卯革去世職七月壬午卒 田從典三月丁巳加太子太師老休 朱軾 張廷玉三月辛酉爲保和殿大學士 孫柱 蔣廷錫三月戊午爲文淵閣大學士兼戶部尚書 馬爾賽八月乙酉爲武英殿大學士	尹泰正月丁巳爲額外大學士 陳元龍正月丁巳爲額外大學士
雍正七年己酉	馬齊 朱軾 張廷玉十月戊辰加少保 孫柱 蔣廷錫十月戊辰加太子太傅 馬爾賽 陳元龍正月癸酉爲文淵閣大學士兼禮部尚書 尹泰正月癸酉爲東閣大學士兼兵部尚書	
雍正八年庚戌	馬齊十一月癸亥兼管兵部尚書 朱軾十一月癸亥兼管兵部尚書 張廷玉 孫柱 蔣廷錫 馬爾賽 陳元龍 尹泰	
雍正九年辛亥	馬齊 朱軾 張廷玉正月己丑賜扁額 孫柱 蔣廷錫正月己丑賜扁額 馬爾賽七月授鎮撫大將軍 陳元龍 尹泰	
雍正十年壬子	馬齊 朱軾 張廷玉 孫柱 蔣廷錫七月乙巳卒 馬爾賽十二月丁卯正法 陳元龍 尹泰 鄂爾泰正月壬子爲保和殿大學士七月乙酉賜第丁酉命督巡陝甘十二月甲子賜扁	福敏七月己酉協理大學士
雍正十一年癸丑	馬齊 朱軾 張廷玉 孫柱七月乙未致仕八月乙卯卒 陳元龍七月乙酉太子太傅致仕 尹泰 鄂爾泰 嵇曾筠四月乙卯爲文華殿大學士兼管吏部尚書仍管河道	福敏
雍正十二年甲寅	馬齊 朱軾 張廷玉 尹泰 鄂爾泰 嵇曾筠	福敏
雍正十三年乙卯	馬齊九月庚申致仕 朱軾 張廷玉十月丁卯封三等子 尹泰	福敏

年	大學士	協辦大學士
	鄂爾泰 七月乙卯解任仍食俸十月乙酉封一等子世襲罔替 嵇曾筠 邁柱 七月辛酉爲武英殿大學士兼吏部尚書 查郎阿 七月辛酉爲文華殿大學士兼兵部尚書	
乾隆元年丙辰	朱軾 九月庚戌卒 張廷玉 尹泰 鄂爾泰 嵇曾筠 十一月甲午加太子太傅 邁柱 查郎阿 徐本 十一月壬午爲東閣大學士兼禮部尚書仍管部事	
乾隆二年丁巳	張廷玉 十二月庚子賞一騎都尉癸卯封三等伯 尹泰 鄂爾泰 十二月庚子賞一騎都尉癸卯封三等伯 嵇曾筠 邁柱 十二月壬寅病免 查郎阿 徐本 十二月庚子賞一雲騎尉	
乾隆三年戊午	張廷玉 尹泰 鄂爾泰 嵇曾筠 查郎阿 徐本 福敏 正月乙卯爲武英殿大學士兼工部尚書	
乾隆四年己未	張廷玉 五月癸酉加太保 尹泰 鄂爾泰 正月癸酉加太保 嵇曾筠 正月癸酉卒 查郎阿 正月癸酉加太子太保 徐本 五月癸酉加太子太保 福敏 五月癸酉加太保 趙國麟 正月壬申爲大學士二月授文淵閣	訥親 三月甲子協辦大學士
乾隆五年庚申	張廷玉 鄂爾泰 查郎阿 徐本 福敏 趙國麟	訥親
乾隆六年辛酉	張廷玉 鄂爾泰 查郎阿 徐本 福敏 趙國麟 六月丙辰降 陳世倌 七月丙子爲文淵閣大學士兼工部尚書	訥親
乾隆七年壬戌	張廷玉 鄂爾泰 查郎阿 徐本 福敏 陳世倌	訥親
乾隆八年癸亥	張廷玉 鄂爾泰 查郎阿 徐本 十二月辛未卒 福敏 陳世倌 十一月己酉假	訥親 史貽直 十一月己酉協辦大學士
乾隆九年甲子	張廷玉 鄂爾泰 查郎阿 徐本 六月己酉以病休加太子太傅 福敏 陳世倌 史貽直 正月辛巳實授大學士	訥親 史貽直 正月辛巳遷 劉於義 正月辛巳以吏部尚書協辦大學士
乾隆十年乙丑	張廷玉 鄂爾泰 三月辛巳加太傅四月乙卯卒 查郎阿 福敏 十二月辛亥致仕加太傅 陳世倌 三月乙未加太子太保 史貽直 三月乙未加太子太保 訥親 五月戊子爲保和殿大學士兼吏部尚書	訥親 五月戊子遷 劉於義 高斌 十二月辛亥協辦大學士
	慶福 十二月辛亥爲文華殿大學士仍留川陝督任	
乾隆十一年丙寅	訥親 張廷玉 查郎阿 陳世倌 史貽直 慶福	高斌 劉於義、
乾隆十二年丁卯	訥親 張廷玉 查郎阿 三月壬寅病休 陳世倌 史貽直 慶福 十二月己卯革 高斌 三月丙午爲文淵閣大學士兼吏部尚書 來保 十二月庚辰爲武英殿大學士	高斌 三月丙午遷 劉於義
乾隆十三年戊辰 十二月，裁中和殿名，增體仁閣，定內閣大學士滿漢各二人	張廷玉 十月辛丑罰俸一年十二月辛卯免降 陳世倌 十二月辛卯革 史貽直 正月管兵部十二月辛卯革留 訥親 四月經略四川軍務十月壬午革 高斌 四月癸酉革留十二月丁酉革大學士 來保 正月管戶部兼吏部七月免管吏部兼理兵部九月暫管吏部十二月辛卯降留 傅恆 九月經略金川十月丁亥爲保和殿大學士兼管戶部十二月乙酉加太子太保	阿克敦 正月協辦大學士四月甲子免十二月復任 傅恆 四月甲子協辦大學士兼管吏部 劉於義 二月乙未卒 陳大受 四月癸酉以吏部尚書協辦大學士九月暫管戶部 尹繼善 十月丙午協辦大學士十一月授陝西總督解
乾隆十四年己巳	傅恆 正月丁卯封忠勇公三月回京仍兼管吏戶部三月兼管理藩院尚書 張廷玉 十一月戊辰致仕 史貽直 五月兼理工部 來保 正月丙辰加太子太傅三月兼管兵部尚書七月暫管吏戶部	阿克敦 二月加太子少保 陳大受 二月加太子少傅七月出署直隸總督 汪由敦 十一月壬戌署協辦大學士十二月丙戌革 梁詩正 十二月丙戌以吏部尚書署協辦大學士
乾隆十五年庚午	傅恆 史貽直 來保	阿克敦 陳大受 正月授兩廣總督 梁詩正

年	大學士	協辦大學士
	張允隨正月丁未任大學士。乙巳爲東閣大學士，兼禮部尚書。三月丙午加太子太保。	
乾隆十六年辛未	傅恒 史貽直 來保 張允隨三月庚戌卒。 陳世倌三月丁卯仍入閣。四月癸巳爲文淵閣大學士，兼工部尚書。九月管禮部。	阿克敦 梁詩正
乾隆十七年壬申	傅恒 史貽直 來保 陳世倌	阿克敦 梁詩正九月庚辰告養免。 孫嘉淦九月庚辰以吏部尚書協辦大學士。
乾隆十八年癸酉	傅恒 史貽直 來保 陳世倌	阿克敦 孫嘉淦十一月丁亥卒。 蔣溥十二月協辦大學士。
乾隆十九年甲戌	傅恒 史貽直 來保十二月辛亥予告。 陳世倌	阿克敦 蔣溥
乾隆二十年乙亥	傅恒五月壬辰加封一等公。 史貽直五月休致。 來保 陳世倌 黃廷桂五月辛卯爲大學士。壬子授武英殿大學士，兼吏部尚書，仍留川總督。	阿克敦五月癸巳假。 蔣溥 達爾黨阿五月癸巳協辦大學士。
乾隆二十一年丙子	傅恒 來保 陳世倌 黃廷桂	阿克敦 達爾黨阿五月出爲定邊右副將軍。十二月丙戌免。 鄂彌達十二月丙戌以刑部尚書協辦大學士。 蔣溥
乾隆二十二年丁丑	傅恒 史貽直三月甲寅仍入閣。四月癸酉爲文淵閣大學士，兼吏部尚書。十二月甲申加太子太傅。 來保 陳世倌十二月甲申加太子太傅。 黃廷桂三月甲寅以大學士管陝甘總督。	鄂彌達十二月加太子太保。 蔣溥
乾隆二十三年戊寅	傅恒 史貽直 來保 陳世倌四月庚午卒。 黃廷桂七月丙午加少保。十二月甲寅封三等伯。	鄂彌達 蔣溥
乾隆二十四年己卯	傅恒 史貽直 來保 黃廷桂正月己亥卒。 蔣溥正月癸卯爲大學士，兼管戶部尚書。庚戌爲東閣大學士。	鄂彌達 蔣溥正月癸卯遷。 劉統勳正月癸卯以吏部尚書協辦大學士。
乾隆二十五年庚辰	傅恒 史貽直 來保 蔣溥	鄂彌達 蔣溥
乾隆二十六年辛巳	傅恒 史貽直 來保 蔣溥四月己卯卒。 劉統勳五月癸巳爲大學士，管禮部。丁未授東閣大學士，兼管禮部尚書。	鄂彌達七月辛丑卒。 劉統勳五月癸巳遷。 兆惠七月辛丑協辦大學士。 梁詩正五月以吏部尚書協辦大學士。
乾隆二十七年壬午	傅恒 史貽直 來保 劉統勳	兆惠 梁詩正
乾隆二十八年癸未	傅恒 史貽直五月庚午卒。 來保 劉統勳 梁詩正六月壬寅爲東閣大學士，兼吏部尚書。十月甲申加太子太傅。十一月丁卯卒。 楊廷璋十一月己卯爲大學士。十二月授體仁閣大學士，仍留閩總督任。	兆惠 梁詩正六月壬寅遷。 劉綸六月以戶部尚書協辦大學士。
乾隆二十九年甲申	傅恒 來保二月卒。 劉統勳 楊廷璋七月辛亥改散秩大臣。	兆惠十一月乙丑卒。 阿里袞十一月乙丑以戶部尚書協辦大學士。 劉綸
	尹繼善四月壬午爲大學士，任文華殿大學士，兼兵部尚書，仍留兩江。 楊應琚七月辛亥爲東閣大學士，留陝甘總督。	陳宏謀七月爲添設協辦大學士。
乾隆三十年乙酉	傅恒 劉統勳 尹繼善 楊應琚	阿里袞 劉綸正月憂免。 莊有恭正月以刑部尚書協辦大學士。 陳宏謀
乾隆三十一年丙戌	傅恒 劉統勳 尹繼善 楊應琚	阿里袞 莊有恭正月革。 陳宏謀
乾隆三十二年丁亥	傅恒 劉統勳 尹繼善 楊應琚三月辛巳革。 陳宏謀三月辛巳爲東閣大學士，兼理工部尚書。	阿里袞 陳宏謀三月遷。 劉綸三月以吏部尚書協辦大學士。
乾隆三十三年戊子	傅恒二月經略緬甸軍務。 劉統勳 尹繼善 陳宏謀	阿里袞二月授征緬甸副將軍。 劉綸
乾隆三十四年己丑	傅恒 劉統勳 尹繼善 陳宏謀	阿里袞正月協辦征緬事宜。十一月卒于軍。 官保正月協辦大學士。 劉綸
乾隆三十五年庚寅	傅恒七月丁巳卒。 劉統勳 尹繼善 陳宏謀 阿爾泰九月丙午爲武英殿大學士，兼吏部尚書，仍留辦四川總督事。	官保 劉綸
乾隆三十六年辛卯	劉統勳 尹繼善四月壬辰卒。 陳宏謀二月辛巳致仕，加太子太傅。六月壬午卒。 阿爾泰十一月丙辰革。 劉綸二月辛卯爲文淵閣大學士，兼工部尚書。 高晉五月壬戌爲文華殿大學士，兼禮部尚書，仍留兩江總督任。	官保 劉綸二月遷。 于敏中二月辛卯以戶部尚書協辦。

年	大學士	協辦大學士
	溫福 十一月丙辰授大學士十二月戊辰爲武英殿大學士兼兵部尚書	
乾隆三十七年壬辰	劉統勳 劉綸 高晉 溫福	官保 于敏中
乾隆三十八年癸巳	劉統勳 十一月辛未卒 劉綸 六月癸丑卒 高晉 溫福 四月加太子太保六月陣亡 舒赫德 七月甲子爲武英殿大學士兼刑部尚書十一月管吏部仍兼刑部 于敏中 八月戊子爲文華殿大學士兼戶部尚書仍管戶部 李侍堯 十二月辛丑爲武英殿大學士仍管兩廣總督事	官保 九月吏部尚書 于敏中 八月戊子遷 程景伊
乾隆三十九年甲午	高晉 舒赫德 四月甲申賞古今圖書集成一部 于敏中 四月甲申賞古今圖書集成一部 李侍堯	官保 程景伊
乾隆四十年乙未	高晉 舒赫德 于敏中 李侍堯	官保 程景伊
乾隆四十一年丙申	高晉 舒赫德 于敏中 李侍堯	官保 正月丁巳病免 阿桂 正月丁巳以吏部尚書協辦大學士 英廉 正月署協辦 程景伊
乾隆四十二年丁酉	高晉 舒赫德 四月丁巳卒五月永貴暫署大學士 于敏中 李侍堯 阿桂 五月丁亥爲武英殿大學士兼禮部尚書	阿桂 正月往雲南五月遷 英廉 正月署五月協辦 程景伊
乾隆四十三年戊戌	高晉 于敏中 李侍堯 阿桂	英廉 程景伊
乾隆四十四年己亥	高晉 正月乙未卒 于敏中 十二月戊午卒 李侍堯 阿桂 三寶 正月乙未補大學士十二月己巳爲文淵閣大學士兼禮部尚書 程景伊	英廉 程景伊 十二月遷 嵇璜 十二月己巳以吏部尚書協辦大學士
乾隆四十五年庚子	李侍堯 三月丁酉革 阿桂 三寶 程景伊 八月乙卯卒 英廉 三月辛丑補大學士四月甲子爲東閣大學士兼戶部尚書	英廉 三月遷 嵇璜 九月戊寅遷 永貴 三月以尚書協辦大學士 蔡新 九月以吏部尚書協辦大學士
乾隆四十六年辛丑	阿桂 三寶 英廉 嵇璜 九月戊寅爲文淵閣大學士兼兵部尚書	永貴 蔡新
乾隆四十七年壬寅	阿桂 三寶 英廉 八月甲戌加太子太保 嵇璜 八月甲戌加太子太保	永貴 蔡新
乾隆四十八年癸卯	阿桂 三寶 英廉 八月庚寅卒 嵇璜 蔡新 七月乙卯補大學士八月己巳爲文華殿大學士兼吏部尚書	永貴 五月丙午卒 蔡新 七月乙卯遷 伍彌泰 五月丁未協辦大學士 梁國治 七月乙卯以尚書協辦大學士
乾隆四十九年甲辰	阿桂 三寶 六月壬寅卒 嵇璜 蔡新 伍彌泰 七月癸酉爲東閣大學士兼吏部尚書	伍彌泰 七月癸酉遷 和珅 七月癸酉以吏部尚書協辦大學士
乾隆五十年乙巳	阿桂 嵇璜 蔡新 四月戊戌致仕晉加太子太傅 伍彌泰 梁國治 五月丙子爲東閣大學士兼戶部尚書	和珅 梁國治 五月丙子遷 劉墉 五月丙子以尚書協辦大學士
乾隆五十一年丙午	阿桂 嵇璜 伍彌泰 閏七月庚辰卒 梁國治 十二月壬子卒 和珅 閏七月庚寅爲文華殿大學士兼吏部尚書管戶部兼吏部	和珅 閏七月遷 福康安 七月以吏部尚書協辦大學士仍留陝甘總督九月召 劉墉
乾隆五十二年丁未	阿桂 嵇璜 和珅 王杰 正月丁亥補大學士癸巳爲東閣大學士兼禮部尚書管禮部	福康安 八月授將軍剿台灣逆匪林爽文
乾隆五十三年戊申	阿桂 嵇璜 和珅 王杰	福康安 十月署閩浙總督 劉墉
乾隆五十四年己酉	阿桂 嵇璜 和珅 王杰	福康安 正月調兩廣總督 劉墉 三月乙丑降
乾隆五十五年庚戌	阿桂 嵇璜 和珅 王杰 十一月加太子太保	福康安 十一月授將軍征廓爾喀 彭元瑞 十二月戊辰以尚書協辦大學士
乾隆五十六年辛亥	阿桂 嵇璜 和珅 王杰	福康安 彭元瑞 四月辛未革 孫士毅 四月辛未以吏部尚書協辦大學士
乾隆五十七年壬子	阿桂 嵇璜 和珅 王杰 福康安 八月癸酉授大學士戊子爲武英殿大學士兼吏部尚書三月加大將軍 孫士毅 八月癸酉授大學士戊子爲文淵閣大學士兼禮部尚書	福康安 八月遷 孫士毅 八月遷
乾隆五十八年癸丑 四月除大學士兼尚書銜	阿桂 嵇璜	

年分	大學士	協辦
	和珅 王杰 福康安七月調雲貴總督 孫士毅	
乾隆五十九年甲寅	阿桂 嵇璜七月丙午卒 和珅 王杰 福康安 孫士毅三月署四川總督	
乾隆六十年乙卯	阿桂 和珅 王杰 福康安 孫士毅	

清史稿大學士年表二

年分	大學士	協辦
嘉慶元年丙辰	阿桂九月壬戌辭兼管兵部 和珅 王杰十月己卯辭兼禮部 福康安五月壬申卒 孫士毅七月辛亥卒 董誥十月己卯授大學士兼管禮部事務	
嘉慶二年丁巳	阿桂八月己未卒 和珅 王杰 董誥三月壬戌丁憂 劉墉 蘇淩阿九月甲申任東閣大學士	保寧十二月協辦大學士仍留伊犁將軍
嘉慶三年戊午	和珅八月戊戌封公爵 王杰 劉墉 蘇淩阿	保寧
嘉慶四年己未	和珅正月丁卯科道列款糾劾下獄 王杰 劉墉二月己亥加太子少保 蘇淩阿正月乙亥以原品致仕 保寧正月戊辰任武英殿大學士二月加太子太保 慶桂三月己未任文淵閣大學士管刑部九月庚申加太子太傅 董誥五月甲申服闋授文華殿大學士十二月己亥加太子太保九月庚午加太子太傅	保寧正月遷 慶桂正月戊辰以刑部尚書協辦大學士 書麟三月癸亥協辦大學士
嘉慶五年庚申	王杰 劉墉 保寧 慶桂 董誥六月丁卯管刑部	書麟
嘉慶六年辛酉	王杰 劉墉 保寧 慶桂四月管吏部 董誥	書麟四月卒 吉慶四月協辦大學士仍留兩廣總督
嘉慶七年壬戌	王杰七月甲申致仕加太子太傅食俸十年 劉墉 保寧 慶桂十二月癸丑賞給騎都尉世職 董誥十二月癸丑賞給騎都尉世職	吉慶十月降 琳寧十一月以吏部尚書協辦大學士加太子少保 朱珪八月以戶部尚書協辦
嘉慶八年癸亥	劉墉 保寧 慶桂 董誥	琳寧 朱珪
嘉慶九年甲子	劉墉十二月庚辰卒 保寧 慶桂 董誥	琳寧六月免 祿康六月協辦 朱珪正月遷
嘉慶十年乙丑	保寧 慶桂 董誥 朱珪正月辛亥任體仁閣大學士管工部事	祿康 紀昀正月授二月卒 劉權之二月授閏六月降 費淳閏六月授
嘉慶十一年丙寅	保寧十月丁酉疾免令食公爵全俸 慶桂 董誥 朱珪十二月戊寅卒 祿康十一月己未任東閣大學士管戶部	祿康十一月遷 長麟十一月授 費淳
嘉慶十二年丁卯	慶桂 董誥 祿康 費淳	長麟 費淳正月遷 戴衢亨正月授
嘉慶十三年戊辰	慶桂 董誥 祿康 費淳	長麟 戴衢亨
嘉慶十四年己巳	慶桂正月辛酉加太子太師 董誥正月辛酉加太子太師 祿康十二月辛丑降 費淳十二月庚戌降	長麟 祿康十二月降授 戴衢亨
嘉慶十五年庚午	慶桂五月管戶部 董誥 勒保正月庚辰任武英殿大學士五月癸亥革降 祿康五月癸亥仍復東閣大學士管吏部 戴衢亨五月癸酉任體仁閣大學士管工部	祿康 明亮五月授 戴衢亨 劉權之正月復授
嘉慶十六年辛未	慶桂 董誥 祿康六月癸丑革 戴衢亨四月戊申卒 劉權之五月辛巳任體仁閣大學士管工部 勒保六月丁巳任武英殿大學士管吏部	明亮六月革 松筠六月授 劉權之 鄒炳泰五月授
嘉慶十七年壬申	慶桂 董誥	松筠 鄒炳泰

年份	大學士	協辦大學士
	劉權之 勒保	
嘉慶十八年癸酉	慶桂 九月癸未休 董誥 劉權之 九月癸未休 勒保 松筠 九月甲申任東閣大學士仍兼伊犁將軍 曹振鏞 九月甲申任體仁閣大學士管工部	托津 九月授 鄒炳泰 九月降 曹振鏞 九月授 百齡 九月授
嘉慶十九年甲戌	董誥 勒保 八月辛未病休 松筠 曹振鏞 托津 八月辛未任東閣大學士管戶部九月癸巳加太子太保	托津 百齡 十二月革 明亮 八月以兵部尚書協辦 章煦 十二月授
嘉慶二十年乙亥	董誥 松筠 曹振鏞 托津	明亮 章煦
嘉慶二十一年丙子	董誥 松筠 九月乙未朔復太子太保 曹振鏞 托津	明亮 章煦
嘉慶二十二年丁丑	董誥 六月管刑部 松筠 六月甲戌革 曹振鏞 托津 六月管理藩院 明亮 六月甲戌任武英殿大學士管兵部辛巳加太子太保	明亮 伯麟 六月甲戌協辦仍留雲貴總督 章煦 三月病免 戴均元 三月授
嘉慶二十三年戊寅	董誥 二月乙亥以疾致仕 曹振鏞 托津 明亮 章煦 三月庚戌任文淵閣大學士管刑部	伯麟 戴均元
嘉慶二十四年己卯	曹振鏞 托津 明亮 章煦	伯麟 戴均元
嘉慶二十五年庚辰	曹振鏞 托津 明亮 二月癸卯以疾致仕 章煦 二月癸卯任文淵閣大學士加太子太保 戴均元 管理刑部	伯麟 戴均元 二月遷 吳璥 二月授
道光元年辛巳	曹振鏞 三月己巳加太子太傅 托津 三月己巳加太子太傅 明亮 四月癸巳致仕 戴均元 伯麟 五月己未任體仁閣大學士兼管兵部	伯麟 五月遷 長齡 五月庚子協辦大學士仍留陝甘總督任 吳璥 二月戊戌予告 孫玉庭 二月庚子協辦大學士仍留兩江總督任
道光二年壬午	曹振鏞 托津 戴均元 伯麟 六月癸丑休仍充實錄館總裁 長齡 六月戊辰任文華殿大學士兼管理藩院事	長齡 六月遷 英和 六月戊辰以戶部尚書協辦大學士 孫玉庭
道光三年癸未	曹振鏞 托津 正月革 戴均元 長齡	英和 孫玉庭
道光四年甲申	曹振鏞 托津 戴均元 三月戊辰太子太保七月辛巳休 長齡 孫玉庭 閏七月丁未任體仁閣大學士	英和 孫玉庭 閏七月遷 蔣攸銛 閏七月丁未協辦大學士仍留直隸總督任
道光五年乙酉	曹振鏞 托津 長齡 孫玉庭 六月戊午降 蔣攸銛 六月戊午任體仁閣大學士仍留直隸總督任十一月召入管刑部	英和 蔣攸銛 六月遷 汪廷珍 六月戊午以尚書協辦
道光六年丙戌	曹振鏞 托津 長齡 蔣攸銛	英和 汪廷珍
道光七年丁亥	曹振鏞 七月壬申晉太子太師 托津 五月管刑部 長齡 五月管戶部 蔣攸銛 五月授兩江總督七月壬申加太子太保	英和 七月己未免 富俊 七月己未以理藩院尚書協辦 汪廷珍 七月卒 盧蔭溥 七月丁巳以吏部尚書協辦
道光八年戊子	曹振鏞 正月乙丑晉加太傅銜賞用紫韁 托津 長齡 二月丁丑封二等威勇公五月庚戌晉太保賞三眼花翎 蔣攸銛 正月丙寅晉太子太傅	富俊 盧蔭溥
道光九年己丑	曹振鏞 十月賞還雙眼花翎 托津 長齡 蔣攸銛	富俊 盧蔭溥
道光十年庚寅	曹振鏞 托津 十二月解管刑部 長齡 蔣攸銛 九月丁丑免 盧蔭溥 九月戊寅任體仁閣大學士	富俊 盧蔭溥 九月遷 李鴻賓 九月戊寅協辦仍留兩廣總督
道光十一年辛卯	曹振鏞 托津 十一月丙辰病免 長齡 十二月管兵部 盧蔭溥 富俊 十二月乙酉任東閣大學士管兵部丁亥改管理藩院	富俊 十二月遷 文孚 十二月乙酉以尚書協辦 李鴻賓
道光十二年壬辰	曹振鏞 長齡 盧蔭溥 富俊	文孚 李鴻賓 八月甲午革 阮元 八月甲午協辦仍留雲貴總督
道光十三年癸巳	曹振鏞 長齡 盧蔭溥 三月丙子致仕加太子太保在籍食俸 富俊 潘世恩 四月己酉任體仁閣大學士	文孚 阮元
道光十四年甲午	曹振鏞 正月丁卯加恩在紫禁城內乘車轎 長齡 正月丁卯加恩在紫禁城內乘車轎 富俊 正月丁卯加恩在紫禁城內乘車轎二月乙丑卒贈太子太傅 潘世恩 文孚 十一月丙戌任東閣大學士管吏部事	文孚 十一月遷 穆彰阿 十二月授 阮元
道光十五年乙未	曹振鏞 正月戊子卒 長齡 正月解管戶部	穆彰阿 七月管工部 阮元

年份	大學士	協辦大學士
	潘世恩七月管戶部 文孚七月管吏部 阮元二月己亥任體仁閣大學士管兵部	王鼎二月己亥以戶部尚書協辦管刑部
道光十六年丙申	長齡 潘世恩 文孚七月丙申致仕 阮元 穆彰阿七月庚子任武英殿大學士管理工部	穆彰阿七月遷 琦善七月庚子協辦仍留直隸總督 王鼎
道光十七年丁酉	長齡正月己卯賞四開禊袍 潘世恩正月己卯太子太保 阮元 穆彰阿	琦善 王鼎
道光十八年戊戌	長齡正月乙亥卒 潘世恩五月癸丑改武英殿大學士 阮元五月癸丑致仕 穆彰阿五月癸丑改文華殿大學士八月壬辰丁母憂 琦善二月癸卯任文淵閣大學士仍留直隸總督 王鼎五月癸丑任東閣大學士仍管刑部	琦善 伊里布二月癸卯協辦仍留雲貴總督 王鼎五月遷 湯金釗五月癸丑以戶部尚書協辦
道光十九年己亥	潘世恩 穆彰阿 琦善 王鼎	伊里布 湯金釗
道光二十年庚子	潘世恩 穆彰阿 琦善 王鼎正月壬辰加太子太保	伊里布 湯金釗
道光二十一年辛丑	潘世恩 穆彰阿 琦善正月辛亥革 王鼎七月赴河南籌辦河工 寶興二月戊辰任文淵閣大學士仍留四川總督	伊里布二月革 奕經二月授 湯金釗閏三月戊寅降 卓秉恬閏三月戊寅以吏部尚書協辦大學士
道光二十二年壬寅	潘世恩 穆彰阿 王鼎二月加太子太師四月卒 寶興	奕經十月甲午革 敬徵十月乙未以戶部尚書協辦 卓秉恬
道光二十三年癸卯	潘世恩 穆彰阿 寶興	敬徵 卓秉恬
道光二十四年甲辰	潘世恩 穆彰阿 寶興 卓秉恬十二月戊申任體仁閣大學士	敬徵 卓秉恬十二月遷 陳官俊十二月戊申以吏部尚書協辦
道光二十五年乙巳	潘世恩 穆彰阿 寶興 卓秉恬七月辛未管兵部事	敬徵二月革 耆英二月授 陳官俊
道光二十六年丙午	潘世恩 穆彰阿 寶興十二月入覲留管刑部 卓秉恬	耆英 陳官俊
道光二十七年丁未	潘世恩 穆彰阿 寶興 卓秉恬	耆英 陳官俊
道光二十八年戊申	潘世恩正月丁丑晉加太傅銜賞用紫韁 穆彰阿 寶興正月丁丑加太保銜十月甲寅卒 卓秉恬 耆英十一月己卯任文淵閣大學士管兵部	耆英十一月遷 琦善十月復任 陳官俊
道光二十九年己酉	潘世恩 穆彰阿 卓秉恬 耆英	琦善 陳官俊七月卒 祁寯藻七月授
道光三十年庚戌	潘世恩六月癸丑致仕 穆彰阿十月乙酉革 卓秉恬六月庚午改武英殿大學士 耆英十月乙酉降 祁寯藻六月癸亥任大學士庚午爲體仁閣大學士	琦善 賽尚阿十月授 祁寯藻六月遷 杜受田六月授
咸豐元年辛亥	卓秉恬 祁寯藻正月戊子管工部 賽尚阿正月戊子任大學士管戶部戊申爲文華殿大學士	琦善五月革 裕誠五月以戶部尚書協辦 杜受田五月管戶部
咸豐二年壬子	卓秉恬九月壬子改管工部 祁寯藻三月壬子加太子太保九月壬子改管戶部 賽尚阿九月戊申革 裕誠正月辛酉大學士管兵部辛未爲文淵閣大學士三月壬子加太子太保 訥爾經額九月辛亥大學士壬戌爲文淵閣大學士仍留直隸總督	訥爾經額 禧恩九月以尚書協辦管理藩院 杜受田七月卒 賈楨九月授 文慶
咸豐三年癸丑	卓秉恬 祁寯藻 裕誠 訥爾經額九月丙午革仍留直隸辦理防剿事宜	文慶 賈楨
咸豐四年甲寅	卓秉恬 祁寯藻十一月庚寅致仕 裕誠 賈楨十一月庚寅爲大學士管戶部十二月爲體仁閣大學士	文慶 賈楨十一月遷
咸豐五年乙卯	卓秉恬九月癸亥卒 裕誠 賈楨十二月戊申改武英殿大學士 文慶十二月乙巳任大學士管戶部戊申爲文淵閣大學士 葉名琛十二月乙巳任大學士戊申爲體仁閣大學士仍留兩廣總督	文慶九月己巳以戶部尚書協辦十二月遷 桂良十二月乙巳協辦 葉名琛九月己巳以兩廣總督協辦十二月遷 彭蘊章十二月乙巳協辦
咸豐六年丙辰	裕誠 賈楨六月憂免 文慶十一月乙丑爲武英殿大學士辛未卒 葉名琛 彭蘊章十一月乙卯任大學士管工部乙丑爲文淵閣大學士 桂良十二月己酉任大學士爲東閣大學士	桂良 柏葰十二月以尚書協辦大學士 彭蘊章遷 翁心存十一月乙卯以尚書協辦
咸豐七年丁巳	裕誠 葉名琛十二月庚戌革 彭蘊章 桂良	柏葰 翁心存
咸豐八年戊午	裕誠五月戊子卒 彭蘊章九月癸巳改武英殿大學士 桂良九月癸巳改文華殿大學士 柏葰九月壬午任大學士管兵部癸巳爲文淵閣大學士	柏葰九月遷 官文九月壬午以湖廣總督協辦大學士 翁心存九月遷 周祖培九月壬午以吏部尚書協辦大學士

年	大學士	協辦大學士
	閣大學士 翁心存 九月壬午任大學士管戶部癸巳爲體仁閣大學士 瑞麟 十二月庚午任大學士管禮部	
咸豐九年己未	彭蘊章 桂良 柏葰 二月甲寅棄市 翁心存 五月辛卯病免 瑞麟 正月爲文淵閣大學士五月管戶部 賈楨 五月甲午大學士管兵部六月庚戌體仁閣大學士	官文 周祖培
咸豐十年庚申	彭蘊章 九月癸巳病免 桂良 瑞麟 八月己丑革 賈楨 官文 十二月丙戌任大學士仍留湖廣總督 周祖培 十二月丙戌爲大學士管戶部	官文 肅順 十二月丙戌以戶部尚書協辦大學士 周祖培 十二月遷
咸豐十一年辛酉	桂良 賈楨 正月爲武英殿大學士 官文 正月爲文淵閣大學士八月辛巳加太子太保銜 周祖培 正月爲體仁閣大學士	肅順 九月革
同治元年壬戌	桂良 六月癸酉卒 賈楨 官文 閏八月己酉爲文華殿大學士 周祖培 閏八月丙申管刑部 倭仁 閏八月丙申爲大學士管戶部己酉爲文淵閣大學士	麟魁 正月授卒 倭仁 七月以工部尚書協辦 瑞常 十月以吏部尚書協辦大學士 曾國藩 正月以兩江總督協辦
同治二年癸亥	賈楨 官文 周祖培 倭仁	瑞常 曾國藩
同治三年甲子	賈楨 官文 七月封一等伯 周祖培 倭仁	瑞常 曾國藩 六月封一等侯
同治四年	賈楨	瑞常
乙丑	官文 周祖培 倭仁	曾國藩
同治五年丙寅	賈楨 官文 周祖培 倭仁	瑞常 曾國藩
同治六年丁卯	賈楨 官文 周祖培 四月己丑卒 倭仁 曾國藩 五月任大學士六月爲體仁閣大學士	瑞常 曾國藩 五月遷 駱秉章 五月以四川總督協辦十二月卒
同治七年戊辰	賈楨 正月癸酉以太子太保致仕 官文 倭仁 曾國藩 四月壬寅爲武英殿大學士 朱鳳標 三月乙亥任大學士管吏部四月壬寅爲體仁閣大學士	瑞常 朱鳳標 正月以尚書協辦三月遷 李鴻章 七月以湖廣總督協辦
同治八年己巳	官文 倭仁 曾國藩 朱鳳標	瑞常 李鴻章
同治九年庚午	官文 倭仁 曾國藩 朱鳳標	瑞常 李鴻章
同治十年辛未	官文 正月壬寅卒 倭仁 三月戊申爲文華殿大學士四月庚辰卒 曾國藩 朱鳳標 瑞常 二月戊子任大學士三月癸巳管刑部戊申爲文淵閣大學士七月壬辰爲文華殿大學士 瑞麟 六月丙子任大學士仍留兩廣總督七月壬辰爲文淵閣大學士	瑞常 二月遷 文祥 二月授 李鴻章
同治十一年壬申	曾國藩 二月丙寅卒 朱鳳標 六月甲子致仕	文祥 六月遷 全慶 六月授
	瑞常 三月辛丑卒 瑞麟 六月甲子爲文華殿大學士 李鴻章 五月庚子任大學士仍留直隸總督六月甲子爲武英殿大學士 文祥 六月甲子任大學士管工部七月己酉爲體仁閣大學士 單懋謙 八月庚申任大學士管兵部九月辛巳爲文淵閣大學士	李鴻章 五月遷 單懋謙 六月授八月遷
同治十二年癸丑	瑞麟 李鴻章 文祥 單懋謙	全慶 十二月降 左宗棠 十月以陝甘總督協辦大學士
同治十三年甲戌	瑞麟 九月丁未卒 李鴻章 十二月己未改文華殿大學士 文祥 十二月己未改武英殿大學士 單懋謙 四月丙子休 左宗棠 七月壬子任大學士八月己卯爲東閣大學士 寶鋆 十一月己酉任大學士管吏部十二月己未爲體仁閣大學士	寶鋆 三月授 左宗棠 七月遷
光緒元年乙亥	李鴻章 文祥 左宗棠 寶鋆	英桂 正月辛丑以吏部尚書協辦大學士 沈桂芬 正月辛丑以兵部尚書協辦大學士
光緒二年丙子	李鴻章 文祥 五月卒 左宗棠 寶鋆	英桂 沈桂芬
光緒三年丁丑	李鴻章 左宗棠 寶鋆 二月乙巳任武英殿大學士 英桂 二月乙巳任體仁閣大學士	英桂 正月遷 載齡 正月癸亥以尚書協辦大學士 沈桂芬
光緒四年戊寅	李鴻章 左宗棠 寶鋆 英桂 三月休 載齡 五月庚戌大學士管工部六月甲申任體仁閣大學士	載齡 全慶 五月丙戌以刑部尚書協辦 沈桂芬

光緒五年己卯	李鴻章 左宗棠 寶鋆 載齡	全慶 沈桂芬
光緒六年庚辰	李鴻章 左宗棠 寶鋆 載齡九月甲申致仕 全慶十一月己巳任大學士管工部丙戌爲體仁閣大學士	全慶十一月遷 靈桂十一月己巳以吏部尚書協辦 沈桂芬
光緒七年辛巳	李鴻章 左宗棠 寶鋆 全慶八月丁亥致仕 靈桂十月任大學士十一月甲午爲體仁閣大學士	靈桂十月遷 文煜十月授 沈桂芬正月卒 李鴻藻六月授
光緒八年壬午	李鴻章 左宗棠 寶鋆 靈桂	文煜 李鴻藻
光緒九年癸未	李鴻章 左宗棠 寶鋆 靈桂	文煜 李鴻藻
光緒十年甲申	李鴻章 左宗棠 寶鋆三月戊子免 靈桂五月管吏部十月癸巳改武英殿大學士 文煜五月丁亥任大學士管工部閏五月甲辰爲武英殿大學士八月病免 額勒和布九月甲子任大學士管戶部十月癸巳爲體仁閣大學士	額勒和布正月授 恩承九月授 李鴻藻三月降 閻敬銘五月以戶部尚書協辦
光緒十一年乙酉	李鴻章 左宗棠七月卒 靈桂九月壬寅卒 額勒和布十一月戊寅改管兵部十二月改武英殿 閻敬銘十一月戊寅任大學士管戶部十二月爲東閣大學士 恩承十一月戊寅任大學士管理藩院十二月爲體仁閣大學士	恩承十一月遷 福錕十一月授 閻敬銘十一月遷 張之萬十一月授
光緒十二年丙戌	李鴻章 額勒和布 閻敬銘 恩承	福錕 張之萬
光緒十三年丁亥	李鴻章 額勒和布 閻敬銘 恩承	福錕 張之萬
光緒十四年戊子	李鴻章 額勒和布 閻敬銘七月丙寅病免 恩承	福錕 張之萬
光緒十五年己丑	李鴻章 額勒和布正月加太子太保 恩承二月庚辰改東閣大學士 張之萬正月辛酉爲大學士管戶部加太子太保	福錕正月加太子太保 張之萬正月遷 徐桐正月辛酉以吏部尚書協辦
光緒十六年庚寅	李鴻章 額勒和布 恩承 張之萬	福錕 徐桐
光緒十七年辛卯	李鴻章 額勒和布 恩承 張之萬	福錕 徐桐
光緒十八年壬辰	李鴻章 額勒和布 恩承閏六月卒 張之萬八月甲申改管吏部九月甲午改東閣大學士 福錕八月甲申任大學士管戶部九月甲午爲體仁閣大學士	福錕八月遷 麟書八月甲申以吏部尚書協辦 徐桐
光緒十九年癸巳	李鴻章 額勒和布 張之萬 福錕	麟書 徐桐
光緒二十年甲午	李鴻章正月賞三眼花翎 額勒和布 張之萬 福錕	麟書 徐桐
光緒二十一年乙未	李鴻章正月賞還三眼花翎使日本議約七月入閣辦事 額勒和布 張之萬 福錕閏五月致仕 麟書六月乙酉任大學士管工部丙申爲文淵閣大學士	麟書六月遷 崑岡六月授 徐桐
光緒二十二年丙申	李鴻章 額勒和布三月戊戌致仕 張之萬九月丁未致仕 麟書四月丙戌改管戶部五月己亥改武英殿大學士 崑岡四月戊子任大學士丙戌管工部五月己亥爲體仁閣大學士十一月丙申爲東閣大學士 徐桐十月己丑任大學士管吏部十一月丙申爲體仁閣大學士	崑岡四月遷 徐桐十月遷 榮祿四月戊子以兵部尚書協辦 李鴻藻十月復以禮部尚書協辦
光緒二十三年丁酉	李鴻章 麟書 崑岡 徐桐	榮祿 李鴻藻七月卒 翁同龢八月授
光緒二十四年戊戌	李鴻章 麟書閏三月丙辰卒 崑岡 徐桐 榮祿四月甲辰任大學士管戶部五月丙辰爲文淵閣大學士五月授直隸總督八月召入管兵部節制北洋各軍	榮祿 剛毅四月甲辰以兵部尚書協辦 翁同龢四月免 孫家鼐五月以吏部尚書協辦
光緒二十五年己亥	李鴻章 崑岡 徐桐 榮祿	剛毅 孫家鼐十一月病免 王文韶十一月以戶部尚書協辦
光緒二十六年庚子	李鴻章 崑岡 徐桐十一月癸未自盡	剛毅九月卒 崇禮十月授 王文韶十月遷

	榮祿；王文韶 十月癸丑任大學士管戶部十一月甲申爲體仁閣大學士	徐郙 十月授
光緒二十七年 辛丑	李鴻章 十月甲午卒；崑岡 六月改管兵部；榮祿 六月改管戶部十二月丙辰改文華殿大學士；王文韶 六月爲外務部大臣十二月丙辰改文淵閣大學士；孫家鼐 十二月甲寅任大學士丙辰爲體仁閣大學士管吏部	崇禮；徐郙
光緒二十八年 壬寅	崑岡；榮祿；王文韶；孫家鼐	崇禮；徐郙
光緒二十九年 癸卯	崑岡 五月戊午改文淵閣大學士七月辛卯致仕；榮祿 三月己巳卒；王文韶 五月戊午改武英殿大學士九月辦外務部大臣管戶部；孫家鼐 八月丙子改東閣大學士；崇禮 四月辛亥任大學士五月戊午爲東閣大學士八月丙子改文淵閣大學士；敬信 八月壬寅任大學士丙子爲體仁閣大學士	崇禮 四月遷；敬信 四月授八月遷；裕德 八月授；徐郙
光緒三十年 甲辰	王文韶；孫家鼐；崇禮；敬信 九月癸未病免；裕德 十月丁未任大學士己酉爲體仁閣大學士	裕德 十月遷；世續 十月授；徐郙
光緒三十一年 乙巳	王文韶；孫家鼐 六月丙戌改文淵閣大學士；崇禮 五月己亥病免；裕德 六月丙寅改東閣大學士十一月辛未卒；世續 六月己未任大學士丙寅爲體仁閣大學士十二月甲寅改東閣大學士；那桐 十二月辛亥任大學士甲寅爲體仁閣大學士	世續 六月遷；那桐 六月授十二月遷；榮慶 十二月授；徐郙
光緒三十二年 丙午	王文韶；孫家鼐；世續；那桐	榮慶；徐郙 正月休致；瞿鴻機 正月授
光緒三十三年 丁未	王文韶 五月辛丑致仕；孫家鼐 六月丁丑改武英殿大學士；世續 六月丁丑改文淵閣大學士；那桐 六月丁丑改東閣大學士；張之洞 六月癸酉任大學士丁丑爲體仁閣大學士	榮慶；瞿鴻機 正月開缺；張之洞 五月授六月遷；鹿傳霖 六月授
光緒三十四年 戊申	孫家鼐；世續；那桐；張之洞	榮慶；鹿傳霖
宣統元年 己酉	孫家鼐 十月卒；世續 十一月改文華殿大學士；那桐 十一月改文淵閣大學士；張之洞 八月卒；鹿傳霖 九月任大學士爲體仁閣大學士十一月改東閣大學士；陸潤庠 九月任大學士十一月爲體仁閣大學士	榮慶；鹿傳霖 九月遷；陸潤庠 九月授遷；戴鴻慈 十一月授
宣統二年 庚戌	世續；那桐；鹿傳霖 七月卒；陸潤庠 八月改東閣大學士；徐世昌 八月任大學士爲體仁閣大學士	榮慶；戴鴻慈 正月卒；徐世昌 正月授八月遷
宣統三年 辛亥	世續；那桐；陸潤庠；徐世昌	榮慶；李殿林

清史稿

軍機大臣年表序

軍機處名不師古，而綠綸出納，職居密勿。初祇秉廟謨商戎略而已，厥後軍國大計，罔不總攬。自雍、乾後百八十年，威命所寄，不於內閣而於軍機處，蓋隱然執政之府矣。今詳著其人，庶後之考心腹股肱之佐，而究其時政化隆汚消長之跡者，以覽觀焉。作軍機大臣表。

清史稿

軍機大臣年表上

雍正七年　己酉 六月始設軍機房

怡親王允祥 六月癸未命密辦軍需一應事宜十月賜加儀仗一倍

張廷玉 六月癸未以太子太保保和殿大學士命密辦軍需一應事宜十月晉少保

蔣廷錫 六月癸未以文華殿大學士命密辦軍需事宜十月加太子太傅

八年　庚戌

怡親王允祥 三月病五月辛未薨

張廷玉 十月以贊襄機務周詳妥協賜一等阿達哈哈番世職

蔣廷錫 十月以贊襄機務周詳妥協賜一等阿達哈哈番世職

馬爾賽 五月丁卯以世襲一等公武英殿大學士命與張廷玉蔣廷錫詳議軍行事宜十月以贊襄機務周詳妥協賜一等阿達哈哈番世職

九年　辛亥

馬爾賽 三月晉襲一等忠達公七月甲戌授撫遠大將軍八月啓行出

張廷玉

蔣廷錫

十年　壬子 三月改軍機房稱辦理軍機處

張廷玉

蔣廷錫 閏五月病七月卒

鄂爾泰 二月以少保三等男保和殿大學士辦理軍機事務晉一等伯七月命往肅州經略西路軍務

哈元生 十月以召覲貴州提督在辦理軍機處行走旋命回籍省親十一月貴州苗叛命回任出

十一年　癸丑

鄂爾泰 正月轉命經略北路軍務六月還

張廷玉 十月給假還籍

馬蘭泰 二月己未以一等英誠侯領侍衞內大臣察古蘇紱在辦理軍機處行走四月戊午仍命往軍前督兵操演出

平郡王福彭 四月以右宗正在辦理軍機處行走七月戊子授定邊大將軍出

訥親 十一月甲辰以三等果毅公御前大臣鑾儀使在辦理軍機處行走

班第 十一月以理藩院右侍郎在辦理軍機處行走

十二年 甲寅

鄂爾泰

張廷玉 在假二月還

訥親

班第

十三年 乙卯 十月罷辦理軍機處由總理事務處兼理

鄂爾泰 五月命兼領辦理苗疆事務處七月乙卯降三等男解職八月己丑起原官命總理事務十月晉一等子甲午裁辦理軍機處

張廷玉 五月命兼領辦理苗疆事務處八月命總理事務十月甲午裁辦理軍機處

訥親 八月授滿州都統十月授領侍衞內大臣甲午裁辦理軍機處命協辦總理事務

班第 八月庚寅改在總理事務處差委辦事

索柱 以內閣學士辦理軍機事務八月庚寅命改在總理事務處差委辦事

豐盛額 以一等英誠公都統辦理軍機事務十月甲午裁辦理軍機處命回本任

海望 以內大臣戶部左侍郎辦理軍機事務九月遷戶部尚書十月甲午裁辦理軍機處命協辦總理事務

莽鵠立 以兼管理藩院侍郎滿州都統辦理軍機事務十月甲午裁辦理軍機處命回本任

納延泰 以理藩院左侍郎辦理軍機事務十月甲午裁辦理軍機處命在總理事務處差委辦事

徐本 十月辛巳以協辦大學士刑部尚書在辦理軍機處行走甲午裁辦理軍機處命協辦總理事務

乾隆元年 丙辰 總理事務處

鄂爾泰

張廷玉

訥親

班第

乾隆二年 丁巳 十一月復辦理軍機處

鄂爾泰 十一月辛巳仍以少保一等子保和殿大學士爲辦理軍機大臣十二月晉三等伯

張廷玉 十一月辛巳仍以少保三等子保和殿大學士爲辦理軍機大臣十二月晉三等伯

訥親 十一月辛巳仍以一等果毅公兵部尚書爲辦理軍機大臣

海望 十一月辛巳仍以戶部尚書爲辦理軍機大臣

納延泰 十一月辛巳仍以刑部左侍郎爲辦理軍機大臣

班第 十一月辛巳仍以理藩院左侍郎爲辦理軍機大臣

三年 戊午

鄂爾泰

張廷玉

訥親 十二月轉吏部尚書

海望

納延泰 四月遷理藩院尚書

班第 四月轉兵部右侍郎

徐本 是年仍以東閣大學士爲辦理軍機大臣

四年 己未

鄂爾泰 五月晉太保

張廷玉 五月晉太保

徐本 五月加太子太保

訥親 五月加太子太保

海望 五月加太子少保

納延泰

班第 七月丙寅授湖廣總督出

五年 庚申

鄂爾泰

張廷玉

徐本

訥親

海望

納延泰

六年 辛酉

鄂爾泰

張廷玉

徐本

訥親

海望

納延泰

班第 正月乙酉復以原任湖廣總督在軍機處行走三月授兵部尚書

七年 壬戌

鄂爾泰

張廷玉

徐本

訥親

海望

班第

納延泰

八年 癸亥

鄂爾泰

張廷玉

徐本

訥親

海望

班第

納延泰

九年 甲子

鄂爾泰

張廷玉

徐本 六月己酉致仕

訥親 正月差赴江浙等省勘事七月還

海望

班第

納延泰

十年 乙丑

鄂爾泰 正月病三月晉太傅四月卒

張廷玉

訥親 三月協辦大學士五月授保和殿大學士

海望 十二月乙卯以精力漸衰罷

班第

納延泰

傅恒 六月己酉以戶部右侍郎在軍機處行走

汪由敦 十月戊午以刑部尚書在軍機處行走

高斌 十二月乙卯以太子太保協辦大學士吏部尚書在軍機處行走

蔣溥 十二月乙卯以吏部右侍郎在軍機處行走

十一年 丙寅

訥親

張廷玉

高斌 二月差赴南河勘事十一月還

班第 三月差赴四川辦理軍務七月差赴鳳皇城勘界九月命署山西巡撫十二月召還

汪由敦

納延泰

傅恒

蔣溥

十二年 丁卯

訥親 四月差赴山西勘案六月還

張廷玉

高斌 三月授文淵閣大學士四月差赴江南勘河九月差赴浙江鞫案

班第

汪由敦

納延泰 八月差赴蘇尼特給賑

傅恒 三月遷工部尚書

蔣溥

十三年 戊辰

訥親 正月差赴浙江鞫案四月命往金川經略軍務九月庚辰革職

張廷玉

高斌 三月命轉赴山東勘事閏七月丙辰授江南河道總督出

班第 正月己亥差赴金川辦理軍務出
傅恒 四月加太子太保協辦大學士九月命經略金川軍務十月授保和殿大學士十二月晉太保
汪由敦
納延泰
蔣溥 四月遷戶部尚書丁卯命專辦部務罷
陳大受 四月丁卯以太子少保兵部尚書在軍機處行走旋協辦大學士
舒赫德 九月己卯以戶部侍郎漢軍都統在軍機處行走十月遷兵部尚書十一月轉戶部尚書
來保 九月辛巳以太子太保武英殿大學士在軍機處行走
尹繼善 十一月己巳以太子少保協辦大學士戶部尚書在軍機處行走甲戌授陝甘總督出

十四年 己巳

傅恒 經略金川軍務正月封一等忠勇公三月還
張廷玉 八月晉三等勤宣伯十一月戊辰致仕
來保 二月晉太子太傅
陳大受 二月晉太子太保七月命署直隸總督十月還十一月病假
汪由敦 二月加太子少師十一月署協辦大學士十二月革署協辦大學士仍留刑部尚書
納延泰 二月加太子少保
舒赫德 正月授金川參贊大臣二月加太子太保十二月庚寅復轉兵部尚書以職務繁多命罷

十五年 庚午

傅恒
來保
陳大受 正月丁未授兩廣總督出
汪由敦 七月降兵部侍郎
納延泰
劉綸 正月壬戌以工部右侍郎在軍機處行走
兆惠 四月庚辰以刑部侍郎在軍機處行走轉戶部侍郎十一月差赴西藏會辦善後事宜
舒赫德 十一月丙辰復以太子太保兵部尚書在軍機處行走十二月差往江南審案

十六年 辛未

傅恒
來保
舒赫德
納延泰
汪由敦 八月轉戶部右侍郎
劉綸 九月壬申以父憂免
兆惠 八月命署山東巡撫

十七年 壬申

傅恒
來保
舒赫德 正月差赴北路軍營
納延泰
汪由敦 九月遷工部尚書
兆惠
班第 九月辛巳復以都統銜在軍機處行走旋授漢軍都統
劉統勳 十一月甲子以刑部尚書在軍機處行走

十八年 癸酉

傅恒
來保
舒赫德 九月差勘南河十二月差往北路辦理軍務
劉統勳 七月差勘河工
汪由敦
納延泰
班第 正月命署兩廣總督
兆惠 二月差赴西藏會辦事件
劉綸 八月以服制將闋召來京補戶部右侍郎尋復入直

十九年 甲戌

傅恒
來保
舒赫德 在差七月甲辰以安置準部降人失當革職
劉統勳 正月差勘海口四月加太子太傅五月命馳往西安協辦總督事
汪由敦 四月晉太子太傅
納延泰
班第 署兩廣總督四月內召七月甲辰授兵部尚書署定邊左副將軍出
兆惠 三月差往北路協辦軍務出
劉綸
覺羅雅爾哈善 六月壬申以署戶部左侍郎在軍機處行走十月補兵部右侍郎
阿蘭泰 八月戊申以召覲盛京將軍暫在軍機處行走壬子命赴軍營帶兵出

二十年 乙亥

傅恒
來保
劉統勳 協辦西安總督事九月丙申革職
汪由敦 九月轉刑部尚書
納延泰
劉綸 十二月差赴浙江審案
覺羅雅爾哈善 十月命往北路參贊軍務

二十一年 丙子

傅恒 四月命往西路經理軍務旋止行
來保
汪由敦 六月轉工部尚書
納延泰 八月癸卯差赴北路軍營出
劉綸 四月癸亥命回部辦事還直
覺羅雅爾哈善 三月召還四月癸亥命回部辦事還直
阿里袞 四月甲寅以戶部尚書暫在軍機處行走五月癸酉差往西路軍營領隊出
裘日修 四月癸亥以吏部左侍郎在軍機處行走
劉統勳 六月癸丑起授原官仍入直九月差勘銅山漫工十月命署江南河道總督十一月內召
夢麟 八月癸卯以工部右侍郎在軍機處學習行走

二十二年 丁丑

傅恒
來保
劉統勳 四月差赴徐州督修石壩五月轉差雲南勘獄十一月差赴山西勘獄十二月加太子太保
汪由敦 正月轉吏部尚書
裘日修
夢麟 正月差赴江南山東勘事九月轉戶部右侍郎尋還直

二十三年 戊寅

傅恒
來保
劉統勳 正月轉吏部尚書五月內召
汪由敦 正月甲寅卒
裘日修 十二月癸亥以事免
夢麟 四月仍轉工部右侍郎八月卒
三泰 正月己酉以吏部左侍郎在軍機處行走四月轉戶部左侍郎七月己巳授庫車參贊大臣出
劉綸 正月己酉復以戶部左侍郎在軍機處行走

二十四年 己卯

傅恒
來保
劉統勳 正月協辦大學士十二月差赴西安勘獄六月差赴山西勘獄
劉綸 閏六月遷左都御史

二十五年 庚辰

傅恒
來保
劉統勳 八月差赴江南勘事十月轉赴江西勘事十二月內召
劉綸
富德 二月乙巳以一等成勇靖遠侯領侍衛內大臣都統在軍機處行走三月授理藩院尚書
兆惠 二月仍以一等武毅謀勇公戶部尚書入直
阿里袞 七月甲寅仍以襲封一等果毅公兵部尚書入直
于敏中 八月己亥以戶部右侍郎在軍機處行走十一月轉左侍郎

二十六年 辛巳

傅恒
來保

劉統勳 五月授東閣大學士八月命督辦河南楊橋漫工十月內召
兆惠 七月協辦大學士
阿里衮
劉綸 五月轉兵部尚書
富德
于敏中

二十七年 壬午

傅恒
來保
劉統勳 三月查勘高寶河入江水道四月轉勘德州運河
兆惠
阿里衮
劉綸
富德 九月丁亥革職削爵
于敏中

二十八年 癸未

傅恒
來保
劉統勳
兆惠 十月加太子太保
阿里衮 六月命署陝西巡撫十月加太子太保
劉綸 五月轉戶部尚書六月協辦大學士十月加太子太保
于敏中
阿桂 正月壬申以工部尚書在軍機處行走四月差赴歸化城西寧等處勘事十月加太子太保

二十九年 甲申

傅恒
來保 三月卒
劉統勳
兆惠 十一月卒
劉綸
阿里衮 六月還直十一月轉戶部尚書協辦大學士
阿桂 三月署四川總督十二月還
于敏中

三十年 乙酉

傅恒
劉統勳
劉綸 正月癸丑憂免
阿里衮
阿桂 閏二月以烏什回亂命往伊犂辦事出

于敏中 正月遷戶部尚書
尹繼善 九月復以太子太保文華殿大學士入直

三十一年 丙戌

傅恒
尹繼善
劉統勳
阿里衮
于敏中

三十二年 丁亥

傅恒
尹繼善
劉統勳
阿里衮
于敏中
劉綸 三月服闋五月仍以太子太保協辦大學士入直

三十三年 戊子

傅恒 二月命往雲南經略征緬軍務未行
尹繼善
劉統勳 四月差勘江南清口疏濬事宜
阿里衮 正月壬子命往雲南參贊軍務出
劉綸
于敏中 八月加太子太保
福隆安 二月丙戌以和碩額駙兵部尚書在軍機處學習行走四月轉工部尚書
索琳 十一月癸卯以署戶部右侍郎在軍機處行走

三十四年 己丑

傅恒 二月往雲南經略軍務
尹繼善
劉統勳 九月差勘挑濬運河事宜
劉綸
于敏中
福隆安
索琳 二月補戶部右侍郎

三十五年 庚寅

傅恒 經略征緬軍務三月還七月卒
尹繼善
劉統勳
劉綸
于敏中
福隆安 七月穿孝給假十月襲封一等忠勇公
索琳 十二月差赴土默特勘獄
溫福 閏五月己未以吏部侍郎在軍機處行走七月遷理藩院尚書
豐昇額 八月丙戌以襲封一等果毅公署兵部尚書在軍機處學習行走

三十六年 辛卯

尹繼善 四月卒
劉統勳
劉綸 二月授文淵閣大學士
于敏中 二月協辦大學士
福隆安
溫福 五月己巳命往雲南署定邊右副將軍出
豐昇額
索琳 三月癸卯降爲軍機司員免
桂林 四月甲戌以戶部右侍郎在軍機處學習行走九月己酉命往四川會辦軍務出
慶桂 九月癸卯以理藩院侍郎在軍機處學習行走

三十七年 壬辰

劉統勳
劉綸
于敏中
福隆安 五月差赴四川勘事尋還直
豐昇額 三月命往四川參贊軍務出
慶桂
福康安 五月辛丑以戶部侍郎在軍機處學習行走十二月癸酉命往四川領隊出

三十八年 癸巳

劉統勳 十一月辛未卒
劉綸 六月卒
于敏中
福隆安 四月加太子太保
慶桂 四月辛亥授伊犂參贊大臣出
索琳 四月庚戌復以署禮部侍郎在軍機處學習行走十月補內閣學士旋差赴歸化城勘事出
舒赫德 七月甲子復以太子太保武英殿大學士入直
袁守侗 九月丙子以刑部左侍郎在軍機處學習行走十月差赴浙江勘事
梁國治 十一月壬申以湖南巡撫內召在軍機處行走十二月署禮部左侍郎

三十九年 甲午

于敏中
舒赫德 九月命赴山東勦賊尋還直
福隆安
袁守侗 二月差赴四川勘事十月差赴貴州勘事十二月轉吏部右侍郎
梁國治 六月補戶部左侍郎
阿思哈 七月乙亥以左都御史在軍機處行走九月差赴山東勦賊

四十年 乙未

于敏中

舒赫德

福隆安

阿思哈 十月差赴青海勘事

袁守侗 八月差赴貴州勘事

梁國治

四十一年 丙申

于敏中 正月賜世職

舒赫德

福隆安 正月轉兵部尚書

阿思哈 正月庚寅授漕運總督出

袁守侗 三月遷戶部尚書

梁國治

和珅 三月庚子以戶部右侍郎在軍機處行走

阿桂 四月辛亥復以太子太保一等誠謀英勇公協辦大學士吏部尚書在軍機處行走

豐昇額 四月還仍以太子少保一等果毅公戶部尚書入直

福康安 四月還仍以三等嘉勇男戶部左侍郎入直

明亮 十二月丙午以入覲一等襄勇伯成都將軍暫在軍機處行走旋命還四川本任出

四十二年 丁酉

于敏中

舒赫德 四月丁巳卒

阿桂 正月命赴雲南受降五月授武英殿大學士七月還

福隆安 十一月差赴盛京勘事十二月還

豐昇額 十月卒

袁守侗 十一月轉刑部尚書

梁國治 十一月遷戶部尚書

和珅 六月轉戶部左侍郎十月兼步軍統領

福康安 六月乙卯授吉林將軍出

四十三年 戊戌

于敏中

阿桂

福隆安

袁守侗

梁國治

和珅

李侍堯 六月癸巳以入覲太子太保一等昭信伯武英殿大學士雲貴總督暫在軍機處行走尋還總督本任出

四十四年 己亥

于敏中 十二月丁巳卒

阿桂 正月差勘南河壩工

福隆安 三月差赴眞定勘事尋還直

袁守侗 四月戊寅授山東河道總督出

梁國治

和珅 八月授御前大臣

董誥 十二月甲寅以戶部左侍郎在軍機處行走

四十五年 庚子

阿桂 四月還十二月差勘浙江海塘

福隆安

梁國治

和珅 正月差赴雲南勘事三月遷戶部尚書五月還

董誥

福長安 正月丙午以署工部右侍郎在軍機處學習行走二月授戶部右侍郎

四十六年 辛丑

阿桂 三月命轉赴甘肅勦叛回八月命回途赴豫勘河十月命赴浙讞獄十二月還

福隆安

梁國治

和珅 三月差赴甘肅勦逆回五月還

董誥

福長安

四十七年 壬寅

阿桂

福隆安

梁國治 八月加太子少傅

和珅 四月差赴山東勘事八月加太子太保

董誥

福長安 四月差赴奉天勘事九月差赴浙江勘事十二月還

四十八年 癸卯

阿桂 正月差勘河工四月還

福隆安

梁國治 七月協辦大學士

和珅

董誥

福長安 七月轉戶部左侍郎

福康安 五月庚戌復以太子太保三等嘉勇男署工部尚書在軍機處行走十二月差赴廣東勘事

四十九年 甲辰

阿桂 五月命討固原叛回八月還尋差督辦河工十二月還

梁國治

福隆安 三月己酉卒

和珅 七月轉吏部尚書協辦大學士九月封一等男

福康安 閏三月轉兵部尚書五月戊辰授陝甘總督出

福長安

董誥

慶桂 五月丁巳復以工部尚書在軍機處行走旋轉兵部尚書十一月差赴山東等處勘事

五十年 乙巳

阿桂 八月差赴江南勘河十一月還

梁國治 五月授東閣大學士

和珅

慶桂 九月己酉命署陝甘總督

福長安

董誥

五十一年 丙午

阿桂 四月差赴江南籌辦河工十月還

梁國治 十二月壬子卒

和珅 閏七月授文華殿大學士

慶桂 九月內召十二月還

福長安 閏七月遷戶部尚書

董誥

王杰 十二月壬子以兵部尚書在軍機處行走

五十二年 丁未

阿桂 六月差赴睢州籌辦河工十月命轉勘江南高堰河工

和珅

慶桂 十一月差赴湖北勘事十二月命署盛京將軍

福長安 十二月轉工部尚書

王杰 正月授東閣大學士

董誥 正月遷戶部尚書

五十三年 戊申

阿桂 正月還七月差赴荆州勘水十月還

和珅 二月晉三等忠襄伯

王杰

慶桂 十月命署吉林將軍

董誥

福長安

五十四年 己酉

阿桂 四月差赴荆州勘工八月還

和珅

王杰

慶桂 四月命署烏里雅蘇臺將軍

董誥
福長安
孫士毅 六月庚午以太子太保兵部尚書在軍機處行走十一月癸巳命署四川總督出

五十五年 庚戌
阿桂
和珅 正月賜用黃帶
王杰 十一月加太子太保
慶桂
董誥 十一月加太子少保
福長安 十一月加太子少保

五十六年 辛亥
阿桂
和珅
王杰
慶桂 三月丁母憂給假
董誥
福長安 十月轉戶部尚書

五十七年 壬子
阿桂
和珅
王杰
福長安
慶桂 十二月差赴浙江勘案
董誥

五十八年 癸丑
阿桂
和珅
王杰
福長安
慶桂 四月己卯授荆州將軍出
董誥
松筠 四月庚寅以戶部左侍郎在軍機處行走九月差送英吉利貢使馬嘎爾呢赴粵

五十九年 甲寅
阿桂
和珅
王杰
福長安
董誥
松筠 正月丁酉差赴盛京勘案旋命署吉林將軍出

六十年 乙卯
阿桂
和珅
王杰
福長安
董誥
台布 九月庚申以內閣學士在軍機處學習行走旋遷工部左侍郎

嘉慶元年 丙辰
阿桂
和珅
王杰 十月病假
福長安
董誥 十月授東閣大學士
台布 六月轉戶部右侍郎十一月差赴浙江江西勘事
沈初 十月己卯以左都御史在軍機處學習行走旋遷兵部尚書

二年 丁巳
阿桂 八月丁巳卒
和珅
王杰 閏六月壬戌罷
董誥 二月憂免
福長安
沈初 三月轉吏部尚書八月轉戶部尚書
台布 正月丙午命署江西巡撫出
傅森 閏六月壬戌以兵部右侍郎在軍機處學習行走十月轉戶部右侍郎
戴衢亨 閏六月壬戌以侍講學士加三品卿銜在軍機處學習行走
吳熊光 閏六月壬戌以通政使司參議加三品卿銜在軍機處學習行走十二月壬戌授直隸布政使出

三年 戊午
和珅 八月晉一等忠襄公
福長安 八月封侯
沈初
傅森 二月乙卯命回部辦事罷直
戴衢亨 正月遷內閣學士二月遷禮部右侍郎七月轉戶部右侍郎
那彥成 二月乙卯以內閣學士在軍機處學習行走五月遷工部右侍郎

四年 己未
和珅 正月丁卯革職逮獄
福長安 正月丁卯革職逮獄
沈初 正月丁卯以年老罷直
戴衢亨 正月丁卯申命仍留軍機處行走
那彥成 正月丁卯申命仍留軍機處行走旋轉戶部右侍郎遷工部尚書八月加欽差大臣赴陝西督辦軍務
成親王永瑆 正月丁卯命在軍機處行走旋署戶部尚書十月丁未以非祖制罷直
董誥 正月丁卯復以太子少保前任大學士署刑部尚書在軍機處行走二月晉太子太保五月授文華殿大學士九月晉太子太傅
慶桂 正月丁卯復以兵部尚書在軍機處行走旋轉刑部尚書協辦大學士二月加太子太保三月授文淵閣大學士晉太子太傅
傅森 十月丁未復以兵部尚書在軍機處行走

五年 庚申
慶桂
董誥
傅森 三月差赴盛京勘事四月還
那彥成 督辦陝西軍務閏四月戊辰以辦賊不力免直
戴衢亨 正月轉戶部左侍郎

六年 辛酉
慶桂
董誥
傅森 正月轉戶部尚書二月卒
戴衢亨
成德 二月癸酉以戶部尚書在軍機處學習行走

七年 壬戌
慶桂 十二月賜世職
董誥 十二月賜世職
成德 三月卒
戴衢亨 七月遷兵部尚書十二月加太子少保賜世職
劉權之 六月甲寅以吏部尚書在軍機處學習行走
德瑛 六月甲寅以刑部尚書在軍機處學習行走

八年 癸亥
慶桂
董誥
劉權之
戴衢亨 六月轉工部尚書
德瑛

九年 甲子
慶桂
董誥
劉權之 六月轉兵部尚書
戴衢亨
德瑛 正月差赴山東勘事六月戊辰轉吏部尚書命專管部務罷直
那彥成 六月戊辰復以禮部尚書在軍機處行走乙亥命署陝西總督出
英和 六月戊辰以太子少保戶部左侍郎在軍機處學習行走

十年 乙丑
慶桂

董誥
劉權之 二月轉禮部尚書協辦大學士六月辛巳降級免直
戴衢亨 正月轉戶部尚書
英和 六月辛巳以事革宮銜降級免直
托津 閏六月壬午以吏部左侍郎在軍機處學習行走九月差赴湖北廣東勘事

十一年 丙寅
慶桂
董誥
戴衢亨
托津 正月轉戶部左侍郎四月差赴河南讞獄十二月差赴天津讞獄

十二年 丁卯
慶桂 三月賜用紫韁
董誥
戴衢亨 五月協辦大學士
托津 七月差赴熱河讞獄

十三年 戊辰
慶桂
董誥
戴衢亨 三月差赴南河勘工並給假歸籍省墓
托津 十月差勘南河海口
英和 閏五月丙寅復以工部左侍郎暫在軍機大臣上學習行走尋罷直

十四年 己巳
慶桂 正月晉太子太師
董誥 正月晉太子太師
戴衢亨 正月晉太子少師七月轉工部尚書
托津 正月差赴江蘇讞獄八月差赴浙江按事

十五年 庚午
慶桂
董誥
戴衢亨 五月授體仁閣大學士
托津 正月差赴山西勘事二月還工部尚書旋差赴四川勘事五月轉戶部尚書六月還十一月差赴揚州勘事

十六年 辛未
慶桂
董誥
戴衢亨 四月卒
托津 正月暫署兩江總督六月加太子少保
方維甸 四月己酉召原任閩浙總督爲軍機大臣以母病不至癸酉許在籍終養
盧蔭溥 七月戊寅以光祿寺少卿加四品卿銜在軍機大臣上學習行走旋遷通政司副使

十七年 壬申
慶桂 正月晉太保九月甲午以年老罷直
董誥 正月晉太保
托津
盧蔭溥 十一月轉通政司正使十二月遷內閣學士
松筠 九月甲午復以太子少保協辦大學士吏部尚書在軍機大臣上行走十月差赴南河勘事

十八年 癸酉
董誥
松筠 正月乙亥罷直
托津 九月協辦大學士十月差赴河南勘事十二月還
盧蔭溥 三月遷兵部右侍郎八月轉左侍郎九月轉戶部左侍郎
勒保 正月乙亥以太子太保一等威勤伯武英殿大學士在軍機大臣上行走十月病假
桂芳 十月甲寅以戶部右侍郎暫在軍機大臣上學習行走

十九年 甲戌
董誥
勒保 閏二月甲子乞病罷直
托津 八月授東閣大學士九月晉太子太保十一月差赴江南勘事
盧蔭溥 九月差赴河南勘事十一月還
桂芳 閏二月差往廣西勘事三月癸卯授漕運總督出
英和 十一月丁未復以吏部尚書暫在軍機大臣上行走尋罷直

二十年 乙亥
董誥
托津
盧蔭溥

二十一年 丙子
董誥
托津 六月差赴天津勘事暫署直隸總督旋還
盧蔭溥 六月轉戶部右侍郎
章煦 十月己亥以太子少保協辦大學士禮部尚書在軍機大臣上行走十一月轉刑部尚書

二十二年 丁丑
董誥
托津
章煦 二月病假三月辛未罷
盧蔭溥 三月遷禮部尚書轉兵部尚書六月加太子少保九月轉戶部尚書

二十三年 戊寅
董誥 二月乙亥致仕
托津
盧蔭溥
戴均元 二月辛未以太子少保協辦大學士吏部尚書在軍機大臣上學習行走
和瑛 二月辛未以太子少保兵部尚書在軍機大臣上學習行走三月差赴保定勘事

二十四年 己卯
托津 正月賜用紫韁
戴均元 十月差赴河南勘事
盧蔭溥
和瑛 正月丁巳轉刑部尚書命專任部務罷直
文孚 正月丁巳以刑部右侍郎在軍機大臣上學習行走六月差赴江南勘事

二十五年 庚辰
托津 九月庚申以撰遺詔舛誤免直
戴均元 二月授文淵閣大學士晉太子太保九月庚申以撰遺詔舛誤免直
盧蔭溥 九月以撰遺詔舛誤降級留任仍在軍機大臣上行走轉工部尚書
文孚 二月差赴甘肅勘事三月轉戶部左侍郎九月以撰遺詔舛誤降級留任仍在軍機大臣上行走轉工部右侍郎十一月遷左都御史
曹振鏞 九月庚申以太子太保體仁閣大學士在軍機大臣上行走
黃鉞 九月庚申以太子少保戶部尚書在軍機大臣上行走
英和 九月庚申復以吏部尚書在軍機大臣上行走十月轉戶部尚書十二月乙巳以言事件旨免直

清史稿

軍機大臣年表下

道光元年 辛巳
曹振鏞 三月晉太子太傅五月轉授武英殿大學士
盧蔭溥 十二月癸巳轉吏部尚書嗣管順天府尹以事緊罷直
黃鉞
文孚 正月轉禮部尚書
松筠 八月丁亥復以吏部尚書在軍機大臣上行走九月差赴浙江勘事

二年 壬午
曹振鏞
松筠 正月命署直隸總督閏三月還六月壬午以事降級免直
黃鉞
文孚 三月轉工部尚書閏三月差赴陝西勘獄六月轉吏部尚書

三年癸未
曹振鏞
文孚 二月差赴文安勘事
黃鉞
長齡 正月乙未以太子少保文華殿大學士在軍機大臣上行走
四年甲申
長齡 十二月己卯授雲貴總督出
曹振鏞
文孚 四月加太子少保十一月差勘南河漫口尋還
黃鉞
玉麟 十一月甲寅以兵部尚書在軍機大臣上行走
五年乙酉
曹振鏞
文孚
黃鉞 五月丁酉乞老命專辦部務罷直
玉麟
王鼎 五月丁酉以一品銜署戶部左侍郎服闋左都御史在軍機大臣上行走六月差主浙江鄉試十一月還直署工部左侍郎
蔣攸銛 十一月庚子以太子少保體仁閣大學士在軍機大臣上行走
六年丙戌
曹振鏞
蔣攸銛
文孚
玉麟
王鼎 六月差赴山西勘事九月授戶部尚書
七年丁亥
曹振鏞 七月晉太子太師
蔣攸銛 三月差赴江南勘河五月丙戌授兩江總督出
文孚 七月晉太子太保
玉麟 七月加太子少保
王鼎 七月加太子少保
穆彰阿 五月丁亥以工部尚書在軍機大臣上學習行走
八年戊子
曹振鏞 正月晉太傅賜用紫韁
文孚 正月晉太子太傅賜用紫韁二月差赴黑龍江勘事
玉麟 正月晉太子太保
王鼎 正月賜戴花翎
穆彰阿 正月加太子少保去行走上學習
九年己丑
曹振鏞
文孚
玉麟 六月甲戌授伊犂將軍出
王鼎
穆彰阿
十年庚寅
曹振鏞
文孚
王鼎 十月差赴江南勘事
穆彰阿
十一年辛卯
曹振鏞
文孚 十二月協辦大學士
王鼎 二月命署直隸總督四月還
穆彰阿 七月差赴江南勘賑八月轉兵部尚書十月還十二月仍轉工部尚書
十二年壬辰
曹振鏞
文孚
王鼎
穆彰阿 九月差赴江南勘事
十三年癸巳
曹振鏞
文孚
王鼎
穆彰阿 四月還五月轉戶部尚書
十四年甲午
曹振鏞
文孚 十一月授東閣大學士
王鼎
穆彰阿 十一月轉吏部尚書協辦大學士
潘世恩 正月丁亥以體仁閣大學士在軍機大臣上行走
十五年乙未
曹振鏞 正月癸亥卒
文孚 二月轉授文淵閣大學士四月差勘東河七月甲辰以重聽自乞罷直
潘世恩 二月轉授東閣大學士
穆彰阿
王鼎 二月協辦大學士
趙盛奎 七月甲辰以刑部右侍郎在軍機大臣上學習行走時差往湖北等處按獄八月轉戶部左侍郎
賽尚阿 七月甲辰以工部右侍郎在軍機大臣上學習行走
十六年丙申
潘世恩
穆彰阿 七月授武英殿大學士
王鼎
趙盛奎 六月內召七月庚子以事降級免直
賽尚阿 十一月轉戶部右侍郎
十七年丁酉
穆彰阿 三月命署直隸總督七月還
潘世恩 正月加太子太保
王鼎
賽尚阿 七月壬午授察哈爾都統出
奎照 六月戊午以左都御史在軍機大臣上學習行走
文慶 六月戊午以戶部左侍郎在軍機大臣上學習行走
十八年戊戌
穆彰阿 五月轉授文華殿大學士八月丁母憂給假尋仍入直
潘世恩 五月轉授武英殿大學士
王鼎 五月授東閣大學士
奎照 正月去行走上學習字七月轉禮部尚書
文慶 正月去行走上學習字
十九年己亥
穆彰阿
潘世恩
王鼎
奎照 正月壬戌以體弱罷直
文慶 十二月丙戌罷直
隆文 十二月癸未以刑部尚書在軍機大臣上行走
二十年庚子
穆彰阿
潘世恩
王鼎 正月晉太子太保
隆文 正月轉戶部尚書
何汝霖 三月丙申以大理寺少卿加三品銜在軍機大臣上學習行走旋還宗人府府丞
二十一年辛丑
穆彰阿
潘世恩
王鼎 七月差赴東河督辦大工八月暫署河道總督
隆文 正月甲午命赴廣東參贊軍務出
何汝霖 十二月遷左副都御史
賽尚阿 正月乙未復以理藩院尚書在軍機大臣上行走旋差赴天津會勘防務五月轉工部尚書十月再差赴天津勘視海口防具十一月還
祁寯藻 九月己未以戶部尚書在軍機大臣上行走

二十二年 壬寅
穆彰阿 二月差赴天津會辦防務尋還直
潘世恩
王　鼎 二月河工竣晉太子太師三月還四月戊申卒
祁寯藻
賽尙阿 五月授欽差大臣赴天津防堵七月撤防還直
何汝霖 五月遷兵部右侍郎去行走上學習字十一月轉戶部右侍郎
二十三年 癸卯
穆彰阿
潘世恩
祁寯藻
賽尙阿
何汝霖 六月差赴東河勸工九月還
二十四年 甲辰
穆彰阿
潘世恩
祁寯藻
賽尙阿
何汝霖 十二月轉戶部左侍郎
二十五年 乙巳
穆彰阿
潘世恩
祁寯藻
賽尙阿 二月轉戶部尙書
何汝霖 四月遷兵部尙書
二十六年 丙午
穆彰阿
潘世恩
祁寯藻
賽尙阿 正月差赴江南勘視江防六月還
何汝霖
二十七年 丁未
穆彰阿
潘世恩
賽尙阿
祁寯藻
何汝霖 五月丙戌以母憂免
文　慶 五月丁亥復以兵部尙書在軍機大臣上行走九月差赴河南勘驗
陳孚恩 五月丁亥以署兵部左侍郎在軍機大臣上行走尋差赴山東勘事十一月署山東巡撫旋轉刑部右侍郎十二月還

二十八年 戊申
穆彰阿
潘世恩 正月晉太傅賜用紫韁
賽尙阿
祁寯藻
文　慶 二月壬子轉吏部尙書豫總管內務府大臣命罷直
陳孚恩
二十九年 己酉
穆彰阿
潘世恩 十月甲申以年老罷直
賽尙阿
祁寯藻 七月協辦大學士十月差赴蘭州勘事
陳孚恩 閏四月差赴山西勘事六月還七月轉工部左侍郎十二月遷刑部尙書
何汝霖 九月戊午復以一品銜署禮部左侍郎服闋兵部尙書在軍機大臣上行走十月署戶部尙書
季芝昌 九月戊申以原任山西巡撫署吏部右侍郎在軍機大臣上行走十二月授戶部左侍郎
三十年 庚戌
穆彰阿 十月丙戌革職
祁寯藻 二月還六月授體仁閣大學士
賽尙阿 十月協辦大學士
何汝霖 五月授禮部尙書
陳孚恩 五月庚戌乞養罷
季芝昌 六月遷左都御史
咸豐元年 辛亥
祁寯藻
賽尙阿 正月授文華殿大學士三月加欽差大臣督辦廣西軍務
何汝霖
季芝昌 五月乙巳授閩浙總督出
穆　蔭 三月丙申以候補五品京堂內閣侍讀在軍機大臣上學習行走十二月授國子監祭酒
舒興阿 四月己未以戶部左侍郎在軍機大臣上行走閏八月辛亥署陝甘總督出
彭蘊章 五月壬子以工部右侍郎在軍機大臣上行走
二年 壬子
賽尙阿 督辦廣西軍務九月己酉革職
祁寯藻 三月加太子太保
何汝霖 正月以假病乞假三月丁卯許罷直
彭蘊章
穆　蔭 二月遷光祿寺卿再遷內閣學士
邵　燦 五月癸亥以吏部左侍郎在軍機大臣上行走
麟　魁 五月癸亥以戶部右侍郎在軍機大臣上行走七月遷工部尙書
三年 癸丑

祁寯藻
麟　魁 九月轉禮部尙書十月戊寅授總管內務府大臣命罷直
彭蘊章 十二月轉兵部左侍郎
邵　燦 十二月乙未授漕運總督出
穆　蔭 四月署刑部左侍郎九月遷禮部左侍郎十月去行走上學習字
恭親王奕訢 十月戊寅命在軍機大臣上行走
瑞　麟 十月戊寅以戶部右侍郎在軍機大臣上行走尋差赴天津幫辦防勦
杜　翰 十二月丙申以工部左侍郎在軍機大臣上行走
四年 甲寅
恭親王奕訢
祁寯藻 八月病假十一月庚寅致仕
彭蘊章 三月轉禮部左侍郎五月遷工部尙書
瑞　麟 閏七月轉戶部左侍郎
杜　翰
穆　蔭 十月轉吏部右侍郎
五年 乙卯
恭親王奕訢 七月壬午以辦理皇太后喪儀疏略免直
彭蘊章 十二月協辦大學士
穆　蔭
瑞　麟 正月以勞賜勇號加都統銜二月還四月己未授西安將軍出
杜　翰
文　慶 七月壬午復以戶部尙書在軍機大臣上行走九月協辦大學士十二月授文淵閣大學士
六年 丙辰
文　慶 十一月授武英殿大學士旋卒
彭蘊章 十一月授文淵閣大學士
穆　蔭
杜　翰
柏　葰 十一月壬申以戶部尙書在軍機大臣上行走十二月協辦大學士
七年 丁巳
彭蘊章
柏　葰
穆　蔭
杜　翰
八年 戊午
彭蘊章 九月轉授武英殿大學士
柏　葰 九月授文淵閣大學士十月戊辰以順天科場之獄革職
杜　翰 九月甲午以降服憂罷直
匡　源 五月戊戌以吏部左侍郎在軍大機臣上學習行走
文　祥 五月戊戌以內閣學士署刑部左侍郎在軍機大臣上學習行走六月遷禮部右侍郎十二月轉吏部右侍郎

九年　己未
彭蘊章
穆　蔭　十二月轉兵部尚書
匡　源　十月去行走上學習字
文　祥　十月去行走上學習字轉工部右侍郎十一月轉戶部左侍郎
杜　翰　十月癸卯復以署吏部右侍郎服闋工部右侍郎在軍機大臣上行走

十年　庚申
彭蘊章　六月壬申以精力漸衰罷直
穆　蔭　七月與怡親王載垣同爲欽差大臣赴通州籌辦撫局八月撤還旋扈從熱河行在九月丁父憂給假十四日仍入直
匡　源　八月扈從熱河行在
文　祥　八月命留京署步軍統領旋命隸辦軍機處鈔發各省摺奏要件十二月兼總理各國通商事務大臣
杜　翰　八月扈從熱河行在九月署禮部右侍郎
焦祐瀛　十月戊子以太常寺少卿在軍機大臣上學習行走

十一年　辛酉
穆　蔭　七月隨怡親王載垣等同稱贊襄政務大臣九月乙卯免直
匡　源　四月給假回京仍赴行在七月隨稱贊襄政務大臣九月乙卯免直
杜　翰　四月兼署吏部左侍郎七月隨稱贊襄政務大臣九月乙卯免直
焦祐瀛　七月隨稱贊襄政務大臣八月遷太僕寺卿九月乙卯免直
恭親王奕訢　十月丙辰復以管理總理各國通商事務衙門親王加授議政王在軍機處行走
桂　良　十月丙辰以太子太保文華殿大學士兼總理各國通商事務大臣在軍機大臣上行走
沈兆霖　十月丙辰以戶部尚書在軍機大臣上行走旋差赴蘭州勘事
寶　鋆　十月丙辰以戶部右侍郎在軍機大臣上行走旋兼總理各國通商事務大臣
曹毓瑛　十月丙辰以鴻臚寺少卿在軍機大臣上學習行走旋遷大理寺卿
文　祥　十月丙辰仍以戶部左侍郎在軍機大臣上行走

同治元年　壬戌
恭親王奕訢　二月兼稽察弘德殿課程
桂　良　六月壬申卒
沈兆霖　正月命署陝甘總督七月乙酉卒
寶　鋆　正月轉戶部左侍郎二月遷戶部尚書
文　祥　正月遷左都御史閏八月轉工部尚書
曹毓瑛　十月去行走上學習字
李棠階　閏八月癸巳以左都御史在軍機大臣上行走

二年　癸亥
恭親王奕訢
文　祥
寶　鋆
李棠階　二月轉工部尚書
曹毓瑛　正月遷工部左侍郎二月轉兵部左侍郎

三年　甲子
恭親王奕訢　七月加賜其子一貝勒
文　祥　七月加太子太保
寶　鋆　七月加太子少保
李棠階　七月加太子少保轉禮部尚書
曹毓瑛　七月賜頭品頂帶

四年　乙丑
恭親王奕訢　三月壬寅被劾撤議政王號免直四月戊寅仍命在軍機大臣上行走
文　祥　七月差赴薊州督勦馬賊八月還十月給假迎養命赴奉天督勦馬賊
寶　鋆
李棠階　十一月卒
曹毓瑛　二月遷左都御史十一月轉兵部尚書
李鴻藻　十一月壬申以弘德殿行走內閣學士在軍機大臣上學習行走仍兼弘德殿

五年　丙寅
恭親王奕訢
文　祥　二月轉吏部尚書五月還
寶　鋆
曹毓瑛　三月卒
李鴻藻　二月遷禮部右侍郎三月轉戶部右侍郎去行走上學習字七月丁母憂給假百日治喪十月辛丑乞病許罷直
胡家玉　三月戊子以左副都御史在軍機大臣上學習行走七月遷兵部左侍郎十二月辛卯被劾受總督官文餽金免直
汪元方　十月辛丑以左都御史在軍機大臣上行走

六年　丁卯
恭親王奕訢
文　祥
寶　鋆
汪元方　十月卒
沈桂芬　十月甲午以前任山西巡撫署禮部右侍郎在軍機大臣上學習行走十二月補禮部右侍郎

七年　戊辰
恭親王奕訢　二月捻賊逼京師命節制入衞諸軍
文　祥
寶　鋆
沈桂芬　三月去行走上學習字轉戶部左侍郎七月轉吏部左侍郎
李鴻藻　十月戊午復以服闋戶部右侍郎在軍機大臣上行走仍直弘德殿並署禮部左侍郎

八年　己巳
恭親王奕訢
文　祥　九月病假十二月丁母憂給假穿孝百日假滿入直
寶　鋆
沈桂芬　六月遷左都御史十月兼在總理各國通商事務衙門行走
李鴻藻　八月補戶部右侍郎

九年　庚午
恭親王奕訢
文　祥　二月給假歸葬九月還仍病假
寶　鋆
沈桂芬　四月轉兵部尚書
李鴻藻

十年　辛未
恭親王奕訢
文　祥　二月協辦大學士
寶　鋆
沈桂芬
李鴻藻　七月遷左都御史

十一年　壬申
恭親王奕訢　九月賜其爵世襲罔替
文　祥　六月授體仁閣大學士九月賜乘朝輿
寶　鋆　六月轉吏部尚書九月晉太子太保
沈桂芬　九月加太子少保
李鴻藻　八月轉工部尚書九月加太子少保

十二年　癸酉
恭親王奕訢
文　祥　六月給假歸葬十一月還
寶　鋆
沈桂芬
李鴻藻

十三年　甲戌
恭親王奕訢　七月廢降郡王奪世襲八月朔仍晉親王世襲如故
文　祥　十二月轉授武英殿大學士
寶　鋆　二月協辦大學士八月轉兵部尚書
沈桂芬
李鴻藻　十月上有疾代批答章奏

光緒元年　乙亥
恭親王奕訢
文　祥　十二月病假
寶　鋆
沈桂芬　正月協辦大學士
李鴻藻

二年　丙子
恭親王奕訢
文　祥　五月甲午卒
寶　鋆

沈桂芬
李鴻藻 十月兼在總理各國通商事務衙門行走
景廉 三月丁未以左都御史署工部尚書在軍機大臣上學習行走十月兼在總理各國通商事務衙門行走

三年 丁丑
恭親王奕訢
寶鋆
沈桂芬
李鴻藻 九月丙寅以本生母憂免
景廉 正月補工部尚書去行走上學習字

四年 戊寅
恭親王奕訢
寶鋆
沈桂芬
景廉 五月轉戶部尚書
王文韶 二月乙酉以前任湖南巡撫在軍機大臣上學習行走旋署兵部左侍郎四月補禮部左侍郎七月兼在總理各國通商事務衙門行走

五年 己卯
恭親王奕訢
寶鋆 三月晉太子太傅
沈桂芬 三月晉太子太傅
景廉
王文韶 正月去行走上學習字二月轉戶部左侍郎

六年 庚辰
恭親王奕訢
寶鋆
沈桂芬 十二月癸亥卒
景廉
王文韶
李鴻藻 正月丙子復以服闋工部尚書署吏部尚書在軍機大臣上行走仍兼在總理各國通商事務衙門行走

七年 辛巳
恭親王奕訢
寶鋆
李鴻藻 正月補兵部尚書六月協辦大學士
景廉
王文韶
左宗棠 正月壬辰以太子太保二等恪靖侯東閣大學士在軍機大臣上行走兼在總理各國通商事務衙門行走八月病假九月乙未授兩江總督出

八年 壬午
恭親王奕訢
寶鋆
李鴻藻 正月轉吏部尚書
景廉
王文韶 正月兼署戶部尚書十月給假十一月丁亥乞養歸
翁同龢 十一月丁亥以毓慶宮行走太子少保工部尚書在軍機大臣上行走
潘祖蔭 十一月戊子以太子少保刑部尚書在軍機大臣上行走

九年 癸未
恭親王奕訢
寶鋆
李鴻藻
景廉 六月以事降調仍在軍機大臣上行走七月補內閣學士八月遷吏部左侍郎十一月遷兵部尚書
翁同龢
潘祖蔭 正月丙午以父憂免

十年 甲申
恭親王奕訢 三月戊子命歸第養病
寶鋆 三月戊子休致
李鴻藻 三月戊子降調免直
景廉 三月戊子降調免直
翁同龢 三月戊子免直仍在毓慶宮行走
禮親王世鐸 三月戊子命在軍機大臣上行走己丑奉懿旨軍機處緊要事件會同醇親王奕譞商辦
額勒和布 三月戊子以戶部尚書在軍機大臣上行走五月協辦大學士九月授體仁閣大學士
閻敬銘 三月戊子以戶部尚書在軍機大臣上行走兼在總理各國通商事務衙門行走五月協辦大學士
張之萬 三月戊子以刑部尚書在軍機大臣上行走
孫毓汶 三月戊子以工部左侍郎在軍機大臣上學習行走
許庚身 三月癸巳以刑部右侍郎在軍機大臣上學習行走命不必常川入直並在總理各國通商事務衙門行走八月去行走上學習字
左宗棠 五月己亥復以太子太保二等恪靖侯東閣大學士在軍機大臣上行走七月庚申命往福建督辦軍務出

十一年 乙酉
禮親王世鐸
額勒和布 十一月轉授武英殿大學士
閻敬銘 十一月授東閣大學士
張之萬 十一月協辦大學士
許庚身 十二月署兵部尚書
孫毓汶 六月去行走上學習字並在總理各國通商事務衙門行走

十二年 丙戌
禮親王世鐸
額勒和布
閻敬銘 九月丁巳乞病罷直
張之萬
許庚身
孫毓汶

十三年 丁亥
禮親王世鐸
額勒和布
張之萬
許庚身 九月轉吏部右侍郎仍署兵部尚書
孫毓汶

十四年 戊子
禮親王世鐸
額勒和布
張之萬
許庚身 七月實授兵部尚書
孫毓汶 七月授吏部右侍郎

十五年 己丑
禮親王世鐸 正月賜增護衛
額勒和布 正月加太子太保
張之萬 正月授體仁閣大學士加太子太保
許庚身 正月加太子少保
孫毓汶 正月遷刑部尚書加太子少保

十六年 庚寅
禮親王世鐸 是年十一月醇親王薨
額勒和布
張之萬
許庚身
孫毓汶

十七年 辛卯
禮親王世鐸
額勒和布
張之萬
許庚身
孫毓汶

十八年 壬辰
禮親王世鐸
額勒和布
張之萬 八月轉授東閣大學士
許庚身
孫毓汶 五月病假十月續假

十九年 癸巳
禮親王世鐸
額勒和布
張之萬

許庚身 十一月卒
孫毓汶 十二月轉兵部尚書
徐用儀 十二月辛亥以總理各國通商事務大臣吏部左侍郎在軍機大臣上學習行走

二十年 甲午

禮親王世鐸 正月賜食雙俸再增護衛
額勒和布 正月賜用紫韁十月壬戌免直
張之萬 正月賜用紫韁十月壬戌免直
孫毓汶 正月賜用紫韁
徐用儀 正月加太子少保六月去行走上學習字
翁同龢 十月己酉復以太子少保戶部尚書在軍機大臣上行走並會辦軍務
李鴻藻 十月己酉復以太子少保禮部尚書在軍機大臣上行走並會辦軍務
剛毅 十月己酉以原任廣東巡撫在軍機大臣上行走旋以侍郎候補署禮部右侍郎十一月補實十二月轉禮部左侍郎
恭親王奕訢 十一月庚辰復授軍機大臣督辦軍務

二十一年 乙未

恭親王奕訢
禮親王世鐸
孫毓汶 五月病假六月甲戌免
翁同龢 六月兼在總理各國通商事務衙門行走
李鴻藻 六月仍兼在總理各國通商事務衙門行走
徐用儀 六月乙酉免直
剛毅 十月轉戶部右侍郎
錢應溥 六月乙酉以禮部左侍郎在軍機大臣上行走

二十二年 丙申

恭親王奕訢
禮親王世鐸
翁同龢
李鴻藻 七月病假十月協辦大學士旋轉吏部尚書
剛毅 四月遷工部尚書
錢應溥 十月遷左都御史

二十三年 丁酉

恭親王奕訢
禮親王世鐸
李鴻藻 三月病假七月卒
翁同龢 八月協辦大學士
剛毅 七月轉刑部尚書
錢應溥 七月轉工部尚書

二十四年 戊戌

恭親王奕訢 四月壬辰薨
禮親王世鐸
翁同龢 四月己酉免
剛毅 閏三月轉兵部尚書協辦大學士
錢應溥
廖壽恒 二月甲子以太子少保總理各國通商事務大臣刑部尚書在軍機大臣上學習行走八月轉禮部尚書
王文韶 五月丁巳復以戶部尚書在軍機大臣上行走仍兼總理各國通商事務衙門行走六月命督辦礦務鐵路事
裕祿 五月乙亥以原授四川總督在軍機大臣上行走七月署禮部尚書兼在總理各國通商事務衙門行走八月甲午授直隸總督出
榮祿 八月甲午以文淵閣大學士現任直隸總督內召在軍機大臣上行走管兵部事仍節制北洋海陸諸軍
啟秀 十二月甲寅以禮部尚書在軍機大臣上行走

二十五年 己亥

禮親王世鐸
榮祿
剛毅 四月差赴江南各省十一月還直
王文韶 十一月協辦大學士
錢應溥 四月病假五月甲寅病罷
啟秀
廖壽恒 十一月甲寅免直
趙舒翹 十一月甲寅以總理各國通商事務大臣刑部尚書在軍機大臣上學習行走旋兼管順天府尹事

二十六年 庚子

禮親王世鐸 七月車駕西巡未隨扈八月召赴行在以病狀未至
榮祿 七月派爲留京辦事大臣閏八月召赴西安行在
剛毅 三月轉吏部尚書五月差赴保定一帶解散義和拳旋召還七月追扈行在閏八月卒
王文韶 二月加太子少保七月扈從行在十月授體仁閣大學士
啟秀 五月兼在總理各國通商事務衙門行走七月未隨扈十二月申庚革逮
趙舒翹 五月差赴保定一帶解散義和拳越二日回京七月扈從行在九月革職留任十二月壬戌革論
端郡王載漪 八月丙子大同行在命爲軍機大臣閏八月辛丑免
鹿傳霖 閏八月辛丑以隨扈行在新授兩廣總督在軍機大臣上行走旋命以尚書候補九月授左都御史轉禮部尚書十月轉戶部尚書

二十七年 辛丑

禮親王世鐸 七月丙寅罷直
榮祿 三月兼督辦政務大臣八月賜用紫韁隨扈還京十月加太子太保十二月轉授武英殿大學士
王文韶 三月兼督辦政務大臣六月兼外務部會辦大臣八月賜用紫韁隨扈還京九月命辦理京榆鐵路事旋署議和全權大臣十二月兼督辦路礦大臣轉授文淵閣大學士
鹿傳霖 三月兼督辦政務大臣
瞿鴻禨 四月甲辰以工部尚書在軍機大臣上學習行走兼督辦政務大臣六月轉外務部尚書兼會辦大臣九月命辦理京榆鐵路事十二月兼會辦路礦大臣旋去行走上學習字

二十八年 壬寅

榮祿
王文韶
鹿傳霖
瞿鴻禨

二十九年 癸卯

榮祿 三月戊辰卒
王文韶 四月轉授武英殿大學士
鹿傳霖
瞿鴻禨 九月命會辦財政處事務
慶親王奕劻 三月庚午以督辦政務大臣外務部總理大臣爲軍機大臣九月命總理財政處事務十月總理練兵處事務

三十年 甲辰

慶親王奕劻
王文韶
鹿傳霖
瞿鴻禨
榮慶 九月丙申以管學大臣戶部尚書在軍機大臣上學習行走兼督辦政務大臣十一月改兼學務大臣十二月去行走上學習字

三十一年 乙巳

慶親王奕劻
王文韶 五月庚子以衰老罷直
鹿傳霖 四月轉吏部尚書
瞿鴻禨
榮慶 十一月轉學部尚書十二月協辦大學士
徐世昌 五月庚子以署兵部左侍郎在軍機大臣上學習行走兼督辦政務大臣旋命會辦練兵事宜六月命出洋考察政治未行九月遷巡警部尚書十二月去行走上學習字
鐵良 七月丁酉以會辦練兵事宜署兵部尚書戶部左侍郎在軍機大臣上學習行走兼督辦政務大臣十一月遷戶部尚書十二月去行走上學習字

三十二年 丙午 九月甲寅定軍機大臣均兼會議政務大臣

慶親王奕劻 九月甲寅改官制仍授軍機大臣
鹿傳霖 九月甲寅改官制命專管部務罷直
瞿鴻禨 正月協辦大學士九月甲寅改官制仍授軍機大臣
榮慶 九月甲寅改官制命專管部務罷直
鐵良 四月兼督辦稅務大臣九月甲寅改官制授陸軍部尚書罷直
徐世昌 九月甲寅改官制授民政部尚書罷直
世續 九月甲寅以東閣大學士爲軍機大臣
林紹年 九月甲寅以開缺廣西巡撫候補侍郎在軍機大臣上學習行走十一月入直

三十三年 丁未

慶親王奕劻 三月命兼管陸軍部事務
世續 六月轉授文淵閣大學士
瞿鴻禨 五月丁卯免
林紹年 二月署郵傳部尚書五月補度支部左侍郎七月癸巳授河南巡撫出
鹿傳霖 五月己巳復以吏部尚書爲軍機大臣仍管部務六月協辦大學士
醇親王載灃 五月己巳命在軍機大臣上學習行走
張之洞 七月丙辰以太子少保體仁閣大學士爲軍機大臣八月兼管學部事
袁世凱 七月丙辰以太子少保外務部尚書爲軍機大臣

三十四年 戊申

慶親王奕劻 十一月賜其爵世襲罔替

醇親王載灃 正月去行走上學習字十月癸酉封攝政王

世　續 十一月加太子少保賜用紫韁

張之洞 十一月晉太子太保賜用紫韁十二月兼督辦粵漢川漢鐵路大臣

鹿傳霖 二月差赴山西勘事三月還兼辦理禁煙大臣十一月加太子少保賜用紫韁

袁世凱 十一月晉太子太保賜用紫韁十二月壬戌免

那　桐 十二月壬戌以太子少保東閣大學士外務部會辦大臣在軍機大臣上學習行走

宣統元年　己酉

慶親王奕劻 正月命總核籌辦海軍處事務六月辭兼管陸軍部事務

世　續 十一月轉授文華殿大學士

張之洞 八月丁酉卒

那　桐 正月去行走上學習字二月丁母憂四月仍命入直十一月轉授文淵閣大學士

鹿傳霖 九月授體仁閣大學士十月晉太子太保十一月轉授東閣大學士

戴鴻慈 八月己亥以法部尙書在軍機大臣上學習行走十一月協辦大學士

二年　庚戌

慶親王奕劻

世　續 七月甲寅命專管內閣事務罷直

那　桐

鹿傳霖 三月病假七月癸亥卒

戴鴻慈 正月戊午卒

吳郁生 正月癸亥以內閣學士在軍機大臣上學習行走二月遷吏部左侍郎旋開部缺以侍郎入直如故七月甲寅罷直

貝勒毓朗 七月甲寅以步軍統領爲軍機大臣

徐世昌 七月甲寅復以協辦大學士爲軍機大臣八月授體仁閣大學士

三年　辛亥 四月戊寅廢軍機處

慶親王奕劻 四月戊寅改授內閣總理大臣

貝勒毓朗 四月戊寅改授軍諮大臣

那　桐 四月戊寅改授內閣協理大臣

徐世昌 四月戊寅改授內閣協理大臣

清史稿

部院大臣年表序

漢書年表徧及卿尹，明史所表，止於七卿。清增理藩院，蒙藏回諸部都凡要務，於焉滙歸，輯民綏邊，所任殊重。與七卿等侍郎之屬，雖曰副貳，然與尙書皆爲敵體，題奏之草，有一不畫，例不得上，獎勵罰過，皆所與同。且內而樞輔，外而督撫，每由茲選，材雋所萃，未可闕也。光緒之季，增新汰舊，並於名稱亦多更易，依時爲表，期無舛漏。管部管院，權任亦重，以非官制，故概不書。作部院大臣年表。

清史稿

部院大臣年表一上

	順治元年甲申	順治二年乙酉
吏部滿尙書	鞏阿岱自承政改	鞏阿岱
吏部漢尙書		
戶部滿尙書	英俄爾岱自承政改	英俄爾岱
戶部漢尙書		
禮部滿尙書	郎球自承政改	郎球
禮部漢尙書		
兵部滿尙書	韓岱自承政改	韓岱
兵部漢尙書		
刑部滿尙書	吳達海自承政改	吳達海
刑部漢尙書		
工部滿尙書	星內自承政改	星內
工部漢尙書		
吏部滿侍郎	喀喀木自參政改	喀喀木
吏部漢侍郎	祖澤洪自參政改　沈惟炳七月吏部左侍郎	祖澤洪　沈惟炳正月乙巳革　陳名夏二月丙辰吏部左侍郎
吏部滿侍郎		
吏部漢侍郎	馬光輝自參政改	馬光輝　熊文舉二月乙酉吏部右侍郎六月罷　金之俊吏部右侍郎
戶部滿侍郎	碩詹自參政改	碩詹
戶部漢侍郎	鄧長春十月革　謝啟光七月戶部左侍郎	王國光　王公弼二月丙辰戶部左侍郎
戶部滿侍郎	庫禮自參政改	庫禮
戶部漢侍郎	王國光自參政改　党崇雅七月乙未戶部侍郎九月遷十月壬申王公弼代	祝世廕七月己未戶部侍郎　王公弼二月遷　任濬戶部右侍郎六月辛酉罷
禮部滿侍郎	俄莫克圖四月革　藍拜任	藍拜
禮部漢侍郎	柯汝極三月壬辰禮部侍郎　孫之獬十一月己未禮部左侍郎	柯汝極　孫之獬六月遷七月壬戌李若琳禮部左侍郎
禮部滿侍郎	明安達禮自參政改	明安達禮
禮部漢侍郎	祖澤遠三月禮部侍郎　何瑞徵六月己未禮部右侍郎	祖澤遠　何瑞徵六月丁丑病免七月壬戌高爾儼禮部右侍郎
兵部滿侍郎	譚拜自兵部參政改	譚拜
兵部漢侍郎	金維城	金維城　劉餘祐
兵部滿侍郎	巴都禮	朱瑪喇
兵部漢侍郎	劉餘祚	金之俊七月丁丑遷己卯李元鼎兵部右侍郎
刑部滿侍郎	卓羅	卓羅　阿拉善
刑部漢侍郎	孟蕎芳四月遷十一月戊寅房可壯刑部左侍郎	孟蕎芳四月遷　党崇雅
刑部滿侍郎	阿拉善自參政改六月癸亥提橋刑部右侍郎	
刑部漢侍郎	金玉和正月刑部侍郎八月遷	李率泰　房可壯十一月刑部右侍郎
工部滿侍郎	濟席哈自參政改　巴山七月工部侍郎	濟席哈
工部漢侍郎		集初春四月免癸亥李化熙工部左侍郎
工部滿侍郎	代都九月工部侍郎	巴山十一月遷　代都
工部漢侍郎	李化熙九月己丑工部右侍郎	李化熙四月癸亥遷趙京仕工部右侍郎

順治三年丙戌	順治四年丁亥	順治五年戊子　七月丁丑六部設漢尙書各一
	譚拜四月乙亥吏部尙書	譚拜
		陳名夏七月丁丑吏部尙書
英俄爾岱	英俄爾岱	英俄爾岱二月丁卯卒七月己酉巴哈納戶部尙書
		謝啟光七月丁丑戶部尙書
郎球	郎球	郎球
		李若琳七月丁丑禮部尙書
韓岱正月壬戌遷二月甲申譚拜兵部尙書	譚拜四月遷阿哈尼堪兵部尙書	阿哈尼堪
		劉餘祐七月丁丑兵部尙書
吳達海	吳達海	吳達海
		党崇雅七月丁丑刑部尙書
星內	星內	星內
		金之俊七月丁丑工部尙書
喀喀木	喀喀木七月丁巳出征	喀達渾三月己酉吏部侍郎
祖澤洪　陳名夏	祖澤洪五月戊辰免　陳名夏	馬光輝　陳名夏七月丁丑遷己丑張鳳翔吏部左侍郎
		王一品三月戊戌吏部侍郎八月遷十月戊戌周國佐補　金之
馬光輝　金之俊	馬光輝　金之俊	
碩詹	碩詹　噶達渾四月乙亥戶部侍郎	碩詹　噶達渾三月己酉遷車克戶部侍郎
王國光　王公弼	王國光　王公弼	王國光遷　王公弼八月革九月丁丑戴明說戶部左侍郎
庫禮	庫禮　喀達渾四月戶部侍郎	庫禮
祝世廕　張鳳翔五月甲子戶部右侍郎	祝世廕　張鳳翔	祝世廕　張鳳翔七月遷戴明說戶部右侍郎九月遷梁鋆代
藍拜	藍拜	藍拜
柯汝極　李若琳	柯汝極　李若琳	柯汝極遷五月壬午吳汝玠禮部侍郎　李若琳七月遷八月乙
明安達禮	陳泰四月壬申禮部侍郎	陳泰
祖澤遠　高爾儼	祖澤遠　高爾儼	祖澤遠五月壬午劉元弼禮部侍郎尋遷　高爾儼八月乙巳
譚拜二月遷甲申明安達禮兵部侍郎	明安達禮	朱瑪喇　佟代
金維城　劉餘祐	金維城　劉餘祐	金維城　劉餘祐七月丁丑遷李化熙兵部左侍郎
朱瑪喇　佟代五月丙辰兵部侍郎	朱瑪喇	明安達禮
李元鼎四月革	李元鼎三月甲寅革四月庚辰李化熙兵部右侍郎	劉仲金五月壬午兵部侍郎　李化熙七月己丑遷孫承澤兵部
卓羅	卓羅	卓羅
李率泰　党崇雅	李率泰　党崇雅	李率泰　党崇雅七月丁丑遷己丑房可壯刑部左侍郎
阿拉善		阿拉善
徐大貴五月丙辰刑部侍郎　房可壯	房可壯	徐大貴五月壬午馬如龍刑部侍郎　房可壯七月己丑遷鼐奮
濟席哈	濟席哈	濟席哈
佟國惠七月丙午工部侍郎　李化熙五月假	李化熙四月庚辰遷六月癸酉趙京仕工部左侍郎	佟國惠　趙京仕七月己丑遷劉昌工部左侍郎
代都　喇瑪八月丁丑工部侍郎	代都	代都八月免四月辛巳拜音達工部侍郎　喇瑪十月卒
趙京仕	趙京仕六月癸酉遷王永吉工部右侍郎丙子革戊午劉昌工部右侍郎	郭朝宗五月壬午工部侍郎十月戊戌盧登科工部侍郎　劉昌

順治八年辛卯
譚泰八月壬戌誅。布丹九月丙戌代。車克
陳名夏七月己丑遷。八月乙酉高爾儼吏
巴哈納四月革。噶達洪三月調。己丑雅
謝啟光閏月甲寅調戶部尚書。党崇雅
阿哈尼堪十二月革
李若琳閏月乙丑革。陳之遴遷禮部尚書
明安達禮
劉餘祐閏月甲寅調。金之俊兵部尚書
韓岱二月庚子刑部尚書
党崇雅二月甲寅調。劉餘祐刑部尚書
星內二月己丑遷。九月丙
金之俊二月甲寅調。謝啟光工部尚書。閏
索洪遷。羅碩八月乙卯吏部侍郎。九月
周國佐十二月丁卯遷。鄭朔達三月
雅泰四月吏部侍郎。七月遷
李率泰閏月丙寅吏部侍郎。五月遷。高
碩祚
祁世廉四月丙寅俊。車克四月
庫勒納丙寅免。四月遷
光五月乙酉戶部侍郎十月遷二
伊圖閏月丙寅禮部侍郎恩格德四月
胡世安
畢立克圖正月庚申禮部侍郎
陳之遴
朱瑪喇三月己丑阿克善兵部侍郎
金維城李化熙
特晉
孫承澤三月癸未乙卯己巳李元鼎
李率泰閏月丙寅調光熊刑部侍郎五
宜巴漢正月庚申刑部侍郎五月乙酉遷
徐大貴熊清閏月甲申李宗孔明輔八
克齊三月丁巳正月己丑遷。張德
李率泰八月乙卯工部侍郎。劉昌
伊爾德五月乙酉工部侍郎。孫塔
藏周閏月丙寅工部侍郎。七月李迎

二十月調陳泰刑部尚書
順治七年庚寅十二月增設吏部戶部刑部兵部尚書各一
譚泰二十月四遷韓岱吏部尚書
陳名夏
巴哈納鼐洪二十月戶部尚書
謝啟光
車克羅三月癸酉遷阿哈尼堪禮部尚書
李若琳
劉餘祐三月癸酉遷明安達禮兵部尚書
吳達海二月乙卯阿喇善刑部尚書四月己巳卯郡朱代
党崇雅
星內
金之俊
吳達海二月癸酉遷
張鳳翔佐國周
素洪八月戊子吏部侍郎
高爾儼
碩頤　克車
戴明說
庫禮
祁世廉　馬杰
藩拜二十月
胡世安　紐濂遠五月辛酉禮部侍郎
陳泰
陳之遴
朱瑪喇　李化熙
金維城
劉仲金三月遷李安達禮三月癸酉兵部侍郎
孫承澤
熊清　郎侍部工　李可壯　房可壯
郎侍部刑清哈席月四遷二十月乙卯阿克善
劉昌　拜晉遷
李迎晙

順治六年己丑
陳名夏
巴哈納
謝啟光
羅車寅十月九月丙寅遷郎部書尚
李若琳
阿哈尼堪
劉餘祐
吳達海
党崇雅
星內
金之俊
吳達海
張鳳翔　五月免遷
高爾儼　佐國周
碩頤　克車
戴明說
庫禮
馬杰　祁世廉　八月辛卯　巳乙郎侍部戶右郎
藩拜
吳孙承　胡世安
陳泰
陳之遴
朱瑪喇　代
李化熙　金維城
安達禮
劉仲金　孫承澤
羅車九月丙寅遷　部侍郎
房可壯
阿拉善
徐大貴　熊清
席哈清
佐國遷　劉昌
拜晉達
郭朝宗　李迎晙
七月遷儼爾高吏部右侍郎
巳胡安世禮部右侍郎
遷陳之遴禮部右侍郎
右侍郎
清刑部右侍郎
七月遷李迎晙工部右侍郎

順治九年壬辰
陳之遴二月巳癸十月乙未戌戶部尚書遷
朱瑪喇十一月
高爾儼
克車
張端二月乙卯 遷
劉餘祐甲寅月學之遵禮部尚書
郎球
胡世安
明安達禮
金之俊寅甲月二遷　王永吉
巴哈納
李化熙 未癸月十 午壬辰張秉貞刑
星內四月戊午　致仕
張鳳翔正月乙未寅 劉昌工部
閏十月蘇納 月遷十一月卯丁 吏部
孫承澤 月三遷寅甲 月四午戊 成克鞏
代佟
成克鞏 孟明輔遷 月四丙午遷 左侍
頭德 舉力克圖 部戶郎
王永吉 二月甲寅遷 庚申孫
孫承澤 遷 甲寅 禮部
佟代 鼎輔
恩格德 馬鳴佩 月閏辛亥 遷甲寅 范達禮 部
張秉貞 月內丙寅遷 巳乙亥 呂崇
舉力克圖 四月四調
呂崇高 月閏乙亥遷 高珩 禮部左侍
阿克善 月二辛酉 免 李元鼎 二月
金維城 二月辛酉 李鼐 三月 兵部
特晉
孟明輔 月四丙午遷 衞周祚 刑部左侍
冷巴
宜爾都齊 十二月 免 正月己卯 黃熙
貝赫 正月 劉昌 月庚寅遷 二月乙卯 衞
科爾坤 三月丁卯 病免 寅 李迎晙

順治九年壬辰
朱瑪喇 十二月 一月 乙 卯 韓岱 吏部尚書出征
高爾儼
克車 噶達洪
党崇雅 十二月 壬子 劉餘祐 戶部尚書
陳泰 正月 二十三日巳 乙未 球郎 代
之遴 月二乙未 巳乙 遷 學之遵 部書尚 巳癸 辛丑 安世胡 代
明安達禮
金之俊
拜晉 乙卯 遷 巳 月十甲 寅 哈納 代
劉餘祐 十一月 辛 子劉 熙化李 遷 部刑 書尚
星內 乙卯 遷 藏拜 四月 部工 書尚
張鳳翔
佟代 二月 更部 郎侍
八月 壬子 承澤 部 左 侍郎 文業
高爾儼 五月 壬 更部 侍郎
孫承澤 辰壬 月五 戍 成克鞏 吏部 右侍郎 成 代 丁月 郎 侍 部 右 戌 澤 承 孫
德 爾 佑 月五 辰 戶部 侍郎 正 月 丁
范 達 禮 王 吉 永
佟代 二月 壬午 遷 塔 孫 戶部 侍郎
頭德 鳴 佩 馬
佟 瀨 恩 格 德
高 珩 二月 丁 亥 遷 呂 崇 烈 春 遷 部 禮 郎 侍 胡 世 安 三 癸
圖 克 立 畢
高 珩 月 五 壬 辰 部 禮 侍 右 郎
李 鼐 三 月 乙 丑 李 元 鼐 兵 部 左 侍 郎 十 月 一 乙 未 李 化 熙 李 遷 部 兵 左 侍 郎
特 晉
李 元 鼐 兵 部 右 侍 郎 張 延 遷 乙 未 一 月 十
色 冷 七 月 丁 亥 刑 部 侍 郎
孟 明 輔
宜 爾 都 齊 四 月 乙 卯 刑 部 侍 郎
張 秉 貞 遷
赫 貝
劉 昌 二 月 十 遷 張 鼎 延
科 爾 坤
李 迎 晙 遷 甲 辰 工 部 侍 郎 李 順 貴 正 月 遷

順治十年癸巳
十月二十 戊 子 呂 崇 烈 辛 巳 癸 巳 庚 辛 戌 戶 部
代 瑪 喇 朱 遷 丑 巳 月 三 代 泰 陳 調 子 庚 月 二 岱
書 尚 部 戶 車 克 遷 丙 辰 月 九 書 尚 部 戶 輔
代 拜 藏 免 戌
書 尚 部 工 鳳 翔 張 遷 丑 乙 月
郎 侍 部 吏 賴 圖 遷
代 業 文 熊 卯 乙 月 八 郎 侍 右 部 吏 儼 爾 高 未 乙
郎 侍 右 部 吏 澤 承 孫 遷 月 三 儼 爾
郎 侍 右 部 戶 吉 永 王 卯 乙 月 八 降 王 乙 月
郎 侍 部 戶 代 佟
代 馬 鳴 佩 馬 任 二 月 二 丑 巳 郎 侍 右 部 戶 丑 乙 杰 馬 任 卒
郎 侍 部 禮 丑 乙

郎 侍 部 兵
郎 侍 部 刑
壬 丑 遷 杜 十 月 壬 辰 孟 明 輔 刑 部 左 侍 郎 房 可 壯
碩 爾 對 刑 部 侍 郎
乙 丑 刑 部 右 侍 郎 爾 壬 戌 成 轉 鼎 延 張 刑 部 右 侍 郎
碩 三 月 丑 乙 丑 郎 侍 部 工 八 月 遷
八 月 乙 卯 科 爾 坤 工 部 侍 郎
晙

順治十二年乙未
韓岱 正月 辛丑 吏部尚書
劉正宗 三月 乙 巳 閏 六 月 王 永 吉 戊 戌 院 庚
巴 哈 納 遷 五 月 巳 丑 郎 球 部 戶 書 尚
之 遴 陳 調 月 二 戊 庚 遷 說 明 戴 部 戶 書 尚
郎 球 五 月 丁 巳 遷 未 恩 格 德 禮 部
胡 世 安
噶 達 洪
張 秉 貞 丙 午 五 月 己 酉 午 李 際 期 兵 部 尚 書
海 圖 五 月 癸 酉 刑 部 尚 書
任 濬 二 月 丁 巳 戌 午 劉 昌 刑 部
郭 科
劉 昌 二 月 戊 午 遷 李 際 期 工 部 尚 書
蘇 納 海
衞 周 祚 五 月 巳 丑 遷 二 月 壬 辰 清 標 吏 部 左
白 色 純
梁 清 標 遷 乙 未 戴 明 說 吏 部 右 侍 郎 十 月
德 爾 德 舉 力 克 圖
世 廢 月 二 十 一 月 戊 壬 宜 何 永 秉 王 甲 申
海 爾 圖
郝 傑 甲 申 遷 二 月 庚 心 道 戶 部 右 侍
恩 格 德 遷 三 月 五 白 六 月 部 禮 侍 郎
薛 所 蘊
渥 赫
王 崇 簡 十 一 月 壬 戌 禮 部 侍 郎 胡
黑 巴 二 月 兵 部 侍 郎
陳 泰 遷 李 率 泰 二 月 三 未 乙 遷 庚 子 兵 部 左 侍 郎
特 晉
黃 徽 允 三 月 遷 嶽 宗 兵 部 右 侍 郎
色 冷
李 際 期 二 月 壬 午 遷 戴 明 說 刑 部 右
林 寶 恩 哈
林 寶 恩 正 月 乙 卯 戴 明 說 刑 部 右
科 爾 坤
杜 立 德 十 月 辰 戊 未 乙 郎 侍 工 部 左 嶽
胡 沙 遷 五 月 巳 丙 布 丹 工 部 右 侍 郎
傅 景 星 五 月 辰 壬 寅 延 庚 戊 未 朱 延

順治十一年甲午
陳泰 十月 一日 巳 乙 亥 韓 岱 吏 部 尚 書
劉 正 宗
車 克 遷 月 七 巳 丙 戌 尚 戶 部 納 哈 巴
陳 之 遴
郎 球
胡 世 安
噶 達 洪
張 秉 貞 八 月 庚 寅 月 王 孟 明 輔 兵 部 尚 書 卯 乙 月 三
巴 哈 納 遷 七 月 乙 巳 圖 海 刑 部 尚 書
任 濬 子 丙 月 八 遷 秉 貞 張 刑 部 尚 書
劉 昌 遷 子 丙 月 二 郎 侍 部 刑
郭 科 七 月 乙 巳 部 工 尚 書 納
劉 昌
蘇 納 海
衞 周 祚 遷 二 月 巳 乙 卯 成 克 鞏 吏 部 左 侍 郎
白 色 純 七 月 壬 寅 遷 部 吏 侍 郎
高 珩 遷 辰 丙 亥 乙 月 二 十 王 宜
力 克 圖 舉 德 爾 德
王 宜 何 永 王 壬 子 月 二 十 一 世 廢 周 延
海 爾 圖
范 達 禮 十 一 月 戊 申 二 十 郝 傑 戶 部
恩 格 德
薛 所 蘊 遷 八 月 丁 巳 王 崇 簡 部 禮
渥 赫 七 月 遷 部 禮 侍 郎
梁 清 標 八 月 丙 寅 禮 部 尚 書 薛 所 蘊 二 月 丁 巳 遷
黑 巴 免 二 月 遷 三 月 遷 兵
李 率 泰 戊 丙 月 八 張 秉 貞 丁 亥 三 月 遷 陳 泰 兵 部 左 侍 郎
特 晉
蔡 士 英 乙 卯 月 八 遷 嶽 宗 兵 部 右 侍 郎
色 冷
李 際 期 寅 壬 寅 三 月 遷 寅 刑 部 右 侍 郎
恩 哈
杜 立 德 遷 寅 丙 月 二 遷 刑 部 左 侍 郎 杜 立 德
科 爾 坤
傅 景 星 月 一 十 丁 亥 遷 工 部 左 侍 郎
星 景 傅 遷 月 二 十 午 壬 李 沙 胡 工 部 侍 郎 李
一 缺 滿 尙 書 各 一
辰 戊 月 四 己 未 成 戌 來 系 補 六 月 丙 寅 遷 己 亥 金 之 俊 補 十 一 月 乙 卯 丙
補 宗 正 劉 辰
尚 書 部 兵
尚 書 部
尚 書
侍 郎
補 輔 明 孟 遷 未 巳 郎 侍 左 部 吏
補 高 珩 丁 月 二 十 補 宮 崇 呂 遷 寅 丙 月 閏 補 宗 正 劉 月 五 郎
郎 侍 左 部 戶 廷 赳
郎 侍 右 部 戶 寅 庚 月 三 祚 安 王 假 繼 趙 郎 侍
郎 侍 左 部 禮 熙
補 標 清 梁 遷 未 癸 月 二 十
郎 侍 左 部 兵 尤 周 衞 子 壬 遷 月 六 郎 侍 右 部 兵 貞 秉 張 辰 丙 酉 乙
立 杜 子 壬 遷 月 六 郎 侍 右 部 兵 尤 周 衞 未 己 仕 致 卯 乙 月 四 延 鼎 張 郎 侍
郎
郎 侍 右 部 刑 擊 鼎 龔 未 己 免 病 丑 癸 月 四 郎 侍 右 部 刑 允
德 立 杜 遷 子 壬 月 六 郎 侍 左 部 工 德 立 杜 遷 未 乙 月 四 郎 侍 左 部 工 允 周
郎 侍 左 部
郎 侍 右 部 工
星 景 傅 遷 月 六 郎 侍 右 部 工 李 士 理 巳 丁 月 五 遷 月 四 郎 侍 右 部 工 德 立 杜

吉以大學士管吏部尚書
書
尚書
書十月卒。癸酉孫廷銓兵部尚書
尚書
五月丙午遷。己酉衞周祚代
侍郎七月甲申憂。給假命依限回部
丙子袁懋功吏部右侍郎
戶部侍郎　王宏祚
郎三月戊子降。周亮工代。七月甲申免。曹溶補。十月甲寅杜篤祜戶部右侍
郎　郎十一月壬午朱之弼補
兆龍正月遷。丁未李奭棠禮部右侍郎
黃徽允兵部左侍郎。四月庚辰免。五月丁亥原毓宗兵部左侍郎
五月丁亥遷。孫廷銓兵部右侍郎。六月癸亥高景補
侍郎三月戊子遷。乙未王爾祿刑部左侍郎。十二月乙丑降
侍郎二月壬午遷。袁懋功刑部右侍郎。十月丙子遷。十一月壬午楊義刑部　右侍郎
工部右侍郎。十月甲寅遷。程正揆工部右侍郎

順治十三年丙申
韓岱四月庚戌革。丁卯科爾昆吏部尚書
王永吉
郎球五月乙酉免。六月辛巳車克以大學士管　戶部尚書
戴明說四月庚戌罷。己巳孫廷銓戶部尚書
恩格德
胡世安
噶達渾
孫廷銓四月遷。庚午梁清標兵部尚書
圖海
劉昌
郭科卸。孫塔三月工部尚書
衞周祚
蘇納海四月庚戌革。五月己卯禪代吏部侍郎
梁清標四月遷。五月辛巳高珩吏部左侍郎。閏　月戊辰降。六月己丑梁清遠回。十一月降。十二月甲午白允謙補
白色純四月庚戌革。五月己丑碩博會吏部侍　郎
盧崇峻四月乙亥吏部侍郎　袁懋功四月降　己巳藺國祥吏部右侍郎。閏月戊辰降。六月己丑白允謙吏部右侍郎。十二
額爾德四月庚戌革。五月己丑葉成格戶部侍　郎　畢力克圖四月庚戌革。鍾崎閏月戶部侍郎
柯永蓁三月遷。張朝璘四月戶部侍郎。六月遷　張仲第代　王宏祚
海爾圖四月庚戌革
蔣國柱六月甲寅戶部侍郎。十月遷　朱之弼　四月庚戌降。梁清遠戶部右侍郎。六月己丑遷。郝惟訥代
郝徹白
薛所蘊
渥赫
王國雄十一月辛亥免。李奭棠
額黑里
陳逢泰　原毓宗
石圖五月乙未兵部侍郎
高景
吳喇禪正月刑部侍郎
楊義正月己丑刑部左侍郎　左侍郎
阿思哈
董懋魁正月乙丑刑部侍郎　楊義正月遷　董　國祥四月己巳遷刑部右侍郎。五月丁亥毒惠會刑部右侍郎。十二月己亥
科爾坤四月遷。郭科工部左侍郎
朱鼎延十二月甲午遷。己亥孫承澤工部左侍　郎
布丹
蔣國柱六月戊寅遷。七月辛酉賈漢復工部侍　郎　程正揆免。九月庚戌孫承澤工部右侍郎。十二月己亥遷。林起龍工部

月遷。朱鼎延吏部右侍郎
張爾素刑部右侍郎
右侍郎

順治十四年丁酉
科爾昆
王永吉
車克
孫廷銓
恩格德
胡世安
噶達渾四月卒。五月癸巳伊圖兵部尚書
梁清標
圖海
劉昌二月己亥假。四月己巳白允謙刑部尚書
孫塔
衞周祚
禪代
白允謙四月遷。六月丙子朱鼎延吏部左侍郎
碩博會
盧崇峻正月庚申遷。三月乙卯楊茂勳吏部侍　郎　朱鼎延六月丙子遷。朱之錫吏部右侍郎。七月庚申遷。八月壬申王崇　簡吏部右侍郎
葉成格
張仲第　謝道正月乙丑謝道戶部侍郎　王宏　祚
海爾圖　鑲特
謝道正月乙丑戶部侍郎　郝惟訥
郝徹白
薛所蘊十一月乙卯致仕。十二月己卯李奭棠　禮部左侍郎
渥赫
潘朝選二月丙子禮部左侍郎　李奭棠十二　月己卯遷。楊運昌禮部右侍郎
額黑里
原毓宗
石圖
高景二月甲申憂免。壬辰張天植兵部右侍郎
吳喇禪
楊義八月癸未免。己丑杜立德刑部左侍郎
阿思哈
董懋魁　張爾素六月丁亥病免。辛丑杜立德　刑部右侍郎。八月己丑遷。李藻刑部右侍郎。十二月辛卯卒
郭科
孫承澤十一月丁未致仕。十二月戊子林起龍　工部右侍郎
布丹
賈漢復九月遷　林起龍十二月遷

順治十五年戊戌七月丙辰裁禮部漢軍侍郎
科爾昆
王永吉四月辛卯降。五月癸卯衞周祚吏部尚書。癸亥遷
車克
孫廷銓六月遷。七月己酉王宏祚戶部尚書
恩格德十一月革。渥赫禮部尚書
胡世安六月遷。甲申王崇簡禮部尚書
伊圖
梁清標
圖海
白允謙
孫塔
衞周祚五月遷。戊申劉昌工部尚書
禪代
朱鼎延二月戊寅假。乙酉王崇簡吏部左侍郎。六月遷。七
碩博會
楊茂勳　王崇簡二月乙酉遷。郝惟訥吏部右侍郎。七月
葉成格
張仲第　王宏祚七月己酉遷。壬子傅維鱗戶部左侍郎
鑲特
謝道　郝惟訥二月乙酉遷。三月辛亥傅維鱗戶部右侍
郝徹白
李奭棠
渥赫
潘朝選七月遷　楊運昌
額黑里
原毓宗五月假。六月丁卯劉達兵部左侍郎
石圖
董懋魁　李棠馥六月丁卯兵部右侍郎
吳喇禪
杜立德
阿思哈
董懋魁七月己酉遷撫河南　鍾鼎二月庚寅刑部右侍
郭科
林起龍遷
布丹
張縉彥二月丙子工部右侍郎

六月丁卯孫廷銓吏部尚書
月壬子郝惟訥代
壬子遷。梁清寬吏部侍郎
郎。七月壬子遷。杜篤祜代
郎

順治十六年己亥
科爾昆
孫廷銓
車克
王宏祚
渥赫
王崇簡
伊圖
梁清標
圖海閏月壬午革
白允謙九月壬申降。丁丑杜立德刑部尚書
孫塔
劉昌
禪代
郝惟訥二月憂免。壬子梁清寬吏部右侍郎　九月辛未予告。壬午石申代
碩羅會
楊茂勳十二月丙午遷　梁清寬三月壬子　遷。石申吏部右侍郎。九月壬午遷。馮溥吏部右侍郎
葉成格
張仲第三月己亥遷　傅維鱗十二月丁酉　降。杜篤祜戶部左侍郎
鑲特
謝道　杜篤祜十二月丁酉遷。袁懋功戶部　右侍郎
郝徹白
李奭棠
寧古里正月禮部侍郎
沙澄閏三月丁亥禮部右侍郎
額黑里
劉達
石圖
李棠馥
吳喇禪
杜立德九月丙申遷。鍾鼎刑部左侍郎
阿思哈
鍾鼎九月丙申遷。高景刑部右侍郎
郭科
楊義正月乙巳工部左侍郎
布丹
張縉彥

順治十七年庚子六　月停補各部漢軍侍郎
科爾昆二月丁未降　五月乙卯伊圖吏部尚書
孫廷銓
車克
王宏祚
渥赫
王崇簡
伊圖五月乙卯遷。甲　子阿思哈兵部尚書。六月調。己丑蘇納海代
梁清標
能爾圖正月庚辰刑部　尚書
杜立德
孫塔二月丁未病免　五月甲子蘇納海工部尚書。六月調。癸巳穆里瑪補。十月己亥郭科工
劉昌二月壬辰致仕　甲寅霍達工部尚書。七月庚午楊義代
禪代四月降。六月庚　子常鼐吏部侍郎。丁亥遷。甲寅科爾昆代
石申
碩博會四月降。六月　庚子雅布蘭吏部侍郎。十月丁亥遷。甲寅科爾昆代
馮溥
葉成格
杜篤祜
鑲特
謝道四月戊子免　袁懋功二月遷。四月癸卯嚴正矩戶部右侍郎
郝徹白
李奭棠二月壬寅致　仕。三月庚辰沙澄禮部左侍郎
寧古里
沙澄三月庚辰遷。黃　機禮部右侍郎
額黑里四月己丑降　石圖兵部左侍郎
劉達
石圖四月遷。六月辛　丑賴奇兵部右侍郎
李棠馥
阿思哈五月遷。庚子　尼滿刑部右侍郎　高景三月庚辰刑部左侍郎。八月丁亥遷。戊戌李敬刑
吳喇禪四月辛丑免　六月庚子宜禮布刑部左侍郎　高景三月遷。庚辰李敬刑部右侍郎
楊義三月辛未遷。五　月丁巳馬葉曾工部左侍郎
布丹二月病免。六　月辛丑霸進泰工部侍郎
張縉彥二月降。三　月辛未張瑋工部右侍郎。四月丙申遷。壬寅馬葉曾工部右侍郎。五月丁巳遷

七五八

官職	順治十八年辛丑	
	伊圖七月辛酉遷閏月庚辰車克吏部尚書	
	孫廷銓七月辛亥免癸酉衛周祚吏部尚書	
	車克閏月庚辰調阿思哈戶部尚書	
	王宏祚六月甲申予告七月甲寅杜立德戶部尚書	
	渥赫	
	王崇簡十一月甲午病免十二月丁未沙澄禮部尚書	
	蘇納海九月癸未遷甲午明安達禮兵部尚書	
	梁清標	
	雅布蘭	
	杜立德七月甲寅遷癸亥高景刑部尚書	
部尚書	郭科卒四月丙戌哈喇達工部尚書	
	楊義致仕五月辛巳高景工部尚書七月遷閏月甲午傅維鱗代	
	科爾昆閏月辛丑宜理布吏部左侍郎八月辛亥遷壬申折庫納代	
	石申九月己亥病免十月丁巳胡兆龍吏部左侍郎	
	宜理布正月戊寅吏部右侍郎閏月辛丑遷折庫納吏部右侍郎八月壬申遷吳達禮吏部右侍郎	
	馮溥	
	葉成格	
	郝惟訥閏月癸巳戶部左侍郎	
	鐵特	
	朱之弼四月壬午戶部右侍郎	
	靳徽白	
	沙澄遷十二月丁巳王熙禮部左侍郎	
	育古里閏月遷辛丑布顏禮部右侍郎	
	黃機	
	石圖	
	劉達	
	額奇二月免壬午介山兵部右侍郎	
	李棠馥	
	宜理布正月遷二月壬午尼滿刑部左侍郎	
部左侍郎	李敬	
	尼滿二月壬午遷對哈納刑部右侍郎	
	吳正治	
	介山遷二月壬午科爾科代工部左侍郎	
	馬葉曾五月己巳傅維鱗工部左侍郎九月丙戌李呈祥工部左侍郎	
	嚴進泰卒正月戊寅雷虎工部右侍郎	
	李呈祥九月丙戌遷冀如錫工部右侍郎	吳正治八月戊戌遷九月甲子李呈祥工部右侍郎

官職	順治元年甲申	順治四年丁亥	順治七年庚寅
理藩院尚書	博洛自參政改	博洛六月丁酉尼堪理藩院尚書	尼堪
理藩院侍郎	尼堪自承政改	尼堪六月丁酉遷	席達禮
理藩院侍郎		沙濟達喇十月席達禮理藩院侍郎	
都察院承政滿左都御史	滿達海	滿達海六月戊戌多爾濟達爾漢諾延都察院承政	多爾濟達爾罕三月免癸酉卓羅都察院承政閏二月
都察院承政漢左都御史			徐啟元
都察院參政滿左副都御史		多爾濟達爾漢諾延六月遷羅璧八月都察院參政	羅璧
都察院漢左副都御史		庫爾闡	巴朗三月都察院參政
都察院漢左副都御史	劉漢儒六月癸亥左副都御史	夏玉	蔡士英
都察院漢左副都御史		徐啟元	趙繼鼎　佟國惠

官職	順治二年乙酉	順治五年戊子	順治八年辛卯
理藩院尚書	博洛	尼堪	尼堪
理藩院侍郎	尼堪	沙濟達喇	席達禮
理藩院侍郎		席達禮	沙濟達喇
都察院承政滿左都御史	滿達海	滿達禮	卓羅閏月乙丑革三月己丑噶達渾左都御史五月乙
都察院承政漢左都御史		徐啟元七月丁丑左都御史	徐啟元閏月致仕戊辰洪承疇左都八月乙卯趙開
都察院參政滿左副都御史	多爾濟達爾漢諾延	羅璧	羅璧閏月革三月車克補八月遷納都戶九月丙戌補
都察院漢左副都御史	庫爾闡	庫爾闡三月罷　巴朗	巴朗閏月革宜巴漢五月乙酉補
都察院漢左副都御史	劉漢儒	夏玉八月乙卯遷九月癸亥蔡士英左副都御史	蔡士英
都察院漢左副都御史		徐啟元七月丁丑遷己丑孫昌齡左副都御史　惠世揚	趙繼鼎十月丙午遷房可壯左副都御史右都管

官職	順治三年丙戌	順治六年己丑	順治九年壬辰
理藩院尚書	博洛	尼堪	尼堪
理藩院侍郎	尼堪	席達禮	席達禮
理藩院侍郎	沙濟達喇八月丁丑理藩院侍郎	沙濟達喇	沙濟達喇
都察院承政滿左都御史	滿達海	多爾濟達爾罕	阿拉善四月丙午都察院承政
都察院承政漢左都御史		徐啟元	趙開心二月庚申革三月乙亥房可壯左都御史
都察院參政滿左副都御史	多爾濟達爾漢諾延	羅璧	納都戶
都察院漢左副都御史	庫爾闡	哈剌庫四五月癸亥都察院參政九月遷七月甲戌藍	宜巴漢　阿稱都察院參政
都察院漢左副都御史	劉漢儒六月壬辰免七月己酉夏玉左副都御史	蔡士英	蔡士英四月丙午遷范達禮五月副都御史
都察院漢左副都御史	徐啟元十月癸巳左副都御史	孫昌齡八月乙巳卒趙繼鼎左副都御史　佟國惠	房可壯三月遷癸巳傅景星左副都御史

	順治十年癸巳	順治十三年丙申
	尼堪四月戊午致仕	明安達禮五月己亥理藩院尚書
	席達禮	席達禮
	沙濟達喇	沙世惕爾
遷噶達渾三月都察院承政五月遷覺善補八月革	圖賴十月都察院承政	圖賴
	房可壯正月致仕庚寅金之俊左都御史閏月遷戊子趙開心復為左都御史	成克鞏
	納都戶	納都戶
	宜巴漢	宜巴漢十一月辛亥致仕
	范達禮七月遷張朝璘副都御史	
	傅景星六月壬子遷閏月丙寅林德馨左副都御史　佟國惠	魏裔介　克星格

	順治十一年甲午	順治十四年丁酉
	沙濟達喇十一月丁卯理藩院尚書	明安達禮
		席達禮
	尼堪十二月庚申理藩院侍郎	沙世惕爾
酉遷覺善補九月革丙戌俄羅碩臣補	圖賴七月乙巳阿克善署左都御史鄂解	圖賴
心左都御史	趙開心三月降乙巳王永吉左都御史四月丁亥遷五月丙午龔鼎孳左都御史	成克鞏正月癸丑魏裔介左都御史
	納都戶	納都戶
		能圖正月戊戌科爾坤副都御史
	張朝璘	
	林德馨六月遷己卯周亮工左副都御史　佟國惠	魏裔介正月癸丑遷傅維鱗左副都御史

順治十二年乙未	順治十五年戊戌
沙濟達喇	明安達禮
席達禮	席達禮
尼堪三月庚子卒沙世惕爾理藩院侍郎	沙世惕爾
圖賴	圖賴九月己酉能圖左都御史
龔鼎孳十一月戊子降十二月癸丑成克鞏左都御史	魏裔介
納都戶能圖左副都御史	納都戶
宜巴漢五月己亥克星格副都御史	科爾坤
張朝璘四月遷	王永吉
周亮工三月乙未遷庚子曹溶左副都御史七月壬辰遷己亥孫廷宗左副都御史九月外用十月甲寅魏裔介左副都御史	傅維鱗三月辛亥遷五月癸卯錢朝鼎左副

順治十六年己亥
明安達禮
席達禮
沙世悌爾
能圖
魏裔介
納都戶
科爾坤
王永吉二月卒寅繼功左副都御史

順治十七年庚子
明安達禮
席達禮
沙世悌爾四月降六月庚子塔哈達理藩院侍郎
能圖正月庚辰遷六月甲申阿思哈署左都御史
魏裔介六月解七月甲寅霍達左副都御史
科爾坤十一月遷十二月禪代副都御史
納都戶卒六月壬子對哈納副都御史
陳協正月辛亥左副都御史三月辛未遷四月甲午朱之弼左副都御史

順治十八年辛丑
明安達禮九月甲午遷庚子博羅邑冷理藩院尚書
席達禮四月癸巳綽克託理院左侍郎
塔哈達
阿思哈閏月庚辰遷癸巳寧古里左都御史
霍達三月庚申假尋卒四月己未魏裔介復爲左都御史
禪代
對哈納
苗登九月己卯左副都御史尋遷十月劉光麒左副都御史十二月癸酉遷
朱之弼五月遷丙午楊時薦左副都御史　都御史

清史稿 部院大臣年表二上

	康熙元年壬寅	康熙二年癸卯	康熙三年甲辰	康熙四年乙巳	康熙五年丙午	康熙六年丁未	康熙七年戊申
吏部滿尙書	車克七月壬申遷辛卯阿思哈吏部尙書	阿思哈	阿思哈	阿思哈	阿思哈	阿思哈正月丁酉遷明安達禮吏部尙書三月辛巳免乙酉阿思哈吏部尙書	阿思哈
吏部漢尙書	孫廷銓	孫廷銓五月丙子遷戊子魏裔介吏部尙書	魏裔介十一月丁未遷杜立德吏部尙書	杜立德	杜立德	杜立德	杜立德
戶部滿尙書	阿思哈七月辛卯遷戊戌寧古禮戶部尙書	寧古禮三月卒甲戌蘇納海管戶部尙書	蘇納海	蘇納海	蘇納海十二月庚申革甲子馬希納戶部尙書	馬希納十二月戊子增滿戶部尙書馬邇賽調補	馬希納
戶部漢尙書	王宏祚	王宏祚	王宏祚六月乙酉遷十一月丁未王宏祚仍戶部尙書	王宏祚	王宏祚	王宏祚	王宏祚八月壬申免辛巳黃機戶部尙
禮部滿尙書	沙澄	沙澄	沙澄	沙澄	沙澄八月甲戌遷九月亥梁清標禮部尙書	祁徹白三月辛巳免乙酉覺羅外庫禮部尙書	覺羅外庫六月癸未布顏禮部尙書
禮部漢尙書	烏赫正月丁丑免二月庚戌祁徹白禮部尙書	祁徹白	祁徹白	祁徹白	祁徹白	梁清標三月辛巳免丁亥黃機禮部尙書	黃機八月辛巳遷戊子郝惟訥禮部尙
兵部滿尙書	明安達禮	明安達禮	明安達禮	明安達禮	明安達禮	明安達禮正月丁酉遷二月丁巳免戊辰阿思哈兵部尙書三月乙酉遷喝褚哈兵部尙書	喝褚哈
兵部漢尙書	梁清標	梁清標	梁清標	梁清標	梁清標九月丁亥遷丙申龔鼎孳兵部尙書	龔鼎孳	龔鼎孳
刑部滿尙書	覺羅雅布蘭八月丙辰遷覺羅科爾昆刑部尙書	覺羅科爾昆六月壬子尼滿刑部尙書	尼滿	尼滿	尼滿七月丁未遷納喀對刑部尙書	對喀納	對喀納九月癸卯遷戊申明珠刑部尙
刑部漢尙書	高景	高景	高景閏月乙亥免乙酉王宏祚刑部尙書十一月丁未遷癸丑龔鼎孳刑部尙書	龔鼎孳	龔鼎孳九月丙申遷甲辰郝惟訥刑部尙書	郝惟訥	郝惟訥八月戊子遷九月丁酉朱之弼
工部滿尙書	喇哈達	喇哈納	喇哈納遷十二月癸亥葉成額工部尙書	葉成額	葉成額	葉成額	額赫里正月丁未工部尙書六月丁亥
工部漢尙書	傅維鱗	傅維鱗	傅維鱗	傅維鱗	傅維鱗六月甲子病免郝惟訥工部尙書九月甲辰遷十月壬子朱之弼工部尙書	朱之弼	朱之弼九月甲辰遷王熙工部尙書
吏部滿左侍郎	折庫納	折庫納	折庫納降七月戊申吳達禮吏部左侍郎	吳達禮	吳達禮四月庚申病免羅敏代	羅敏三月乙酉遷常額吏部左侍郎	常額　泰壁圖吏部左侍郎
吏部漢左侍郎	胡兆龍八月辛酉病免九月甲戌馮溥吏部左侍郎	馮溥乞假八月甲寅梁清寬吏部左侍郎	梁清寬	梁清寬	梁清寬	梁清寬	梁清寬十二月休致杜篤祜吏部左侍
吏部滿右侍郎	吳達禮	吳達禮	吳達禮遷七月戊申羅敏吏部右侍郎	羅敏	羅敏遷四月戊辰常額吏部右侍郎	常額三月乙酉遷泰壁圖吏部右侍郎	泰壁圖六月癸未業額圖吏部右侍郎
吏部漢右侍郎	馮溥九月甲戌遷梁清寬吏部右侍郎	梁清寬八月甲寅遷郝惟訥代	郝惟訥	郝惟訥正月乙卯遷朱之弼代	朱之弼遷七月戊戌馮溥吏部右侍郎	馮溥	馮溥九月遷杜篤祜吏部右侍郎十二
戶部滿左侍郎	葉成格	葉成格	葉成格遷十二月乙亥雷虎戶部左侍郎	雷虎	雷虎	雷虎	雷虎
戶部漢左侍郎	郝惟訥	郝惟訥八月甲寅遷九月乙亥朱之弼戶部左侍郎	朱之弼	朱之弼正月乙卯遷壬戌艾元徵戶部左侍郎	艾元徵	艾元徵	艾元徵
戶部滿右侍郎	鏗泰	鏗泰五月甲申巴格戶部右侍郎	巴格	巴格	巴格	巴格三月辛巳降薩爾圖戶部右侍郎	薩爾圖
戶部漢右侍郎	朱之弼	朱之弼九月乙亥遷艾元徵戶部右侍郎	艾元徵	艾元徵二月壬戌遷嚴正矩代	嚴正矩	嚴正矩	嚴正矩
禮部滿左侍郎	祁徹白二月庚戌遷乙卯布顏禮部左侍郎	布顏	布顏	布顏	布顏	布顏	布顏六月丁未遷乙未常鼐禮部左侍
禮部漢左侍郎	王熙	王熙	王熙	王熙	王熙十一月丁丑遷辛卯黃機刑部左侍郎	黃機三月丁亥遷丙申董安國禮部左侍郎	董安國
禮部滿右侍郎	布顏二月乙卯遷查布海禮部右侍郎	查布海	查布海	查布海	查布海	查布海致仕正月辛卯常鼐禮部右侍郎	常鼐六月乙未遷米思翰禮部右侍郎
禮部漢右侍郎	黃機	黃機	黃機	黃機	黃機十一月辛卯遷董安國刑部右侍郎	董安國三月丙申遷曹申吉禮部右侍郎	曹申吉
兵部滿左侍郎	石圖	石圖	石圖	石圖	石圖	石圖三月辛巳降羅敏兵部左侍郎	羅敏　邁音達九月甲辰兵部左侍郎
兵部漢左侍郎	劉達	劉達	劉達	劉達		劉達休致曹國柄閏月己卯兵部左侍郎	曹國柄十二月癸未休致
兵部滿右侍郎	介山	介山二月革圖爾特六月戊申兵部右侍郎	圖爾特	圖爾特	圖爾特	圖爾特三月降乙酉邁音達兵部右侍郎	邁音達遷九月甲辰塞色赫兵部右侍
兵部漢右侍郎	李棠馥三月庚子病免四月辛亥熊文舉兵部右侍郎	熊文舉九月甲午病免十月壬子曹國柄兵部右侍郎	曹國柄	曹國柄	曹國柄	曹國柄遷閏月己卯劉鴻儒兵部右侍郎	劉鴻儒
刑部滿左侍郎	尼滿	尼滿六月遷對哈納刑部左侍郎	對哈納	對哈納	對喀納七月丁未遷八月丁巳覺羅勒德洪刑部左侍郎	覺羅勒德洪三月辛巳免乙酉麻勒吉刑部左侍郎	麻勒吉十二月癸酉遷辛巳阿哈碩塞
刑部漢左侍郎	李敬四月丁巳吳正治刑部左侍郎	吳正治	吳正治	吳正治	吳正治七月假免九月丁卯石申刑部左侍郎	石申三月辛巳革乙酉蔡毓榮刑部左侍郎	蔡毓榮
刑部滿右侍郎	對哈納	對哈納六月遷丁巳覺羅勒德洪刑部右侍郎	覺羅勒德洪	覺羅勒德洪	覺羅勒德洪遷八月丁巳麻勒吉刑部左侍郎	麻勒吉三月乙酉阿克碩塞刑部右侍郎	阿哈碩塞遷十二月癸酉納布刑部右
刑部漢右侍郎	吳正治四月遷張爾素刑部右侍郎	張爾素	張爾素	張爾素八月壬午石申刑部右侍郎	石申八月丁巳麻勒吉刑部右侍郎尋遷九月己卯蔡毓榮刑部右侍郎	蔡毓榮遷三月乙酉王清刑部右侍郎	王清
工部滿左侍郎	科爾擴岱	科爾擴岱	科爾擴岱	科爾擴岱	科爾擴岱	科爾擴岱	科爾擴岱
工部漢左侍郎	李呈祥	李呈祥	李呈祥	李呈祥正月己酉冀如錫工部左侍郎十二月憂免乙亥杜篤祜工部左侍郎	杜篤祜	杜篤祜	杜篤祜九月己未遷楊運昌工部左侍
工部滿右侍郎	雷虎	雷虎	雷虎十二月乙亥遷杭艾工部右侍郎	杭艾	杭艾	杭艾三月辛巳降乙酉工部右侍郎	羅多
工部漢右侍郎	冀如錫	冀如錫	冀如錫	冀如錫正月遷杜篤祜工部右侍郎十一月遷楊運昌工部右侍郎	楊運昌	楊運昌	楊運昌遷十月乙酉吳正治工部右侍

	康熙八年己酉六月庚辰	幾戶部漆設尚書	康熙九年	庚戌
	阿思哈五月庚申革六月	壬戌馬希納吏部尚書	馬希納十	月壬午病免十二月乙酉對喀納吏部尚書
	杜立德四月癸酉遷己卯	黃機吏部尚書	黃機	
	馬希納六月壬戌遷壬申	米思輪戶部尚書	米思輪	
書	黃機四月己卯遷郝惟訥	戶部尚書	郝惟訥	
	布顏九月甲午開缺甲寅	恩額德禮部尚書	恩額德	
書	郝惟訥四月己卯遷五月	乙未龔鼎孳禮部尚書	龔鼎孳	
	喝籍哈五月庚申革六月	癸亥科爾科代兵部尚書	科爾科代	
	龔鼎孳五月乙未遷壬寅	王安祚兵部尚書	王安祚閏	月己亥乞免甲寅朱之弼兵部尚書
書	明珠七月乙未對喀納	蒙刑部尚書	對喀納遷	十二月癸巳莫洛刑部尚書
刑部尚書	朱之弼		朱之弼閏	月甲寅遷三月辛酉馮溥刑部尚書
濟世工部滿尚書五月丙寅思額得工部尚書	濟世五月庚申革六月丙	寅思額得工部尚書九月甲寅遷十月壬申吳達禮工部尚書	吳達禮	
	王熙		王熙	
	泰壁圖五月革六月戊辰	岳思泰吏部左侍郎	岳思泰	
郎	杜篤祜		杜篤祜三	月癸酉遷甲申蔡棟策吏部左侍郎四月甲辰遷艾元徵吏部左侍郎十一
	希額圖六月罷戊辰師顏	保吏部右侍郎七月丙申遷辛亥覺羅勒德洪吏部右侍郎	覺羅勒德	洪
月遷蔡棟策吏部左侍郎管右侍郎事	蔡棟策		蔡棟策三	月甲申遷艾元徵吏部右侍郎四月甲辰遷王清吏部右侍郎十一月辛巳
	雷虎		雷虎	
	艾元徵		艾元徵三	月甲申遷丙戌嚴正矩戶部右侍郎
	薩爾圖九月甲午降十一	月戊戌納布戶部右侍郎	納布	
	嚴正矩		嚴正矩三	月丙戌遷田達吉戶部右侍郎
郎	常鼐		常鼐	
	董安國		董安國	
	米思輪六月壬申遷甲申	頓巴西戶部右侍郎	頓巴西	
	曹申吉		曹申吉十	一月辛巳遷十二月己丑田種玉禮部右侍郎
	邁普達革塞色赫六月辛	未兵部左侍郎	塞色赫	
	劉鴻儒正月辛酉兵部左	侍郎	劉鴻儒	
郎	色塞赫六月辛未遷羅敏	鶴兵部右侍郎	羅敏	
	劉鴻儒遷李業饋正月辛	酉兵部右侍郎九月甲午休致甲辰翼如錫代	翼如錫	
刑部左侍郎	阿哈碩塞		阿哈碩塞	
	蔡棟策		蔡棟策五	月丙寅張爾索刑部左侍郎
侍郎	納布九月降吳達禮刑部	右侍郎十月遷十一月己亥多納刑部右侍郎	多納	
	王清正月癸亥遷張爾索	刑部右侍郎	張爾索五	月遷丙寅馬紹曾刑部右侍郎
	科爾擴岱六月遷辛未羅	岑工部左侍郎十二月覺羅查哈喇工部左侍郎	覺羅查哈	喇
郎	楊運昌		楊運昌	
	羅多六月辛未遷覺羅查	哈喇工部右侍郎十二月庚辰遷禪布代	禪布	
郎	吳正治二月憂免三月甲	午高辛印工部右侍郎	高辛印	

	康熙十年辛亥		康熙十一年壬子		康熙十二年癸丑
	對喀納		對喀納		對喀納
	黃機		黃機二月丁丑假丙戌郝惟	訥吏部尚書	郝惟訥
	米思輪		米思輪		米思輪
	郝惟訥		郝惟訥二月丙戌遷丁酉梁	清標戶部尚書	梁清標
	恩額德二月辛未乞休戊寅郝徵白禮	部尚書予告十一月壬申哈爾哈齊禮部尚書	哈爾哈齊		哈爾哈齊
	龔鼎孳		龔鼎孳		龔鼎孳九月戊辰乞休乙亥吳正治禮部尚
	科爾科五月甲寅乞免十一月壬申明	珠兵部尚書	明珠		明珠
	朱之弼		朱之弼		朱之弼給假五月辛卯王熙兵部尚書
	莫洛		莫洛		莫洛
	馮溥二月丁酉遷戊戌梁清標刑部尚	書	梁清標二月丁酉遷三月己	酉艾元徵刑部尚書	艾元徵
	吳達禮		吳達禮		吳達禮
	王熙		王熙		王熙五月辛卯遷吳正治工部尚書九月乙
	岳思泰五月己未乞休辛未覺羅勒德	洪吏部左侍郎	覺羅勒德洪		覺羅勒德洪
月癸酉遷辛巳王清吏部左侍郎	王清		王清卒十月壬子陳歆永	吏部左侍郎	陳歆永
	覺羅勒德洪五月辛未遷覺羅舒恕	吏部右侍郎	覺羅舒恕		覺羅舒恕
遷曹申吉代	曹申吉二月庚辰遷甲辰陳歆永吏部	右侍郎	陳歆永十月壬子遷李之芳	吏部右侍郎	李之芳六月癸卯遷壬子陳一炳吏部右侍
	雷虎		雷虎十月乞休十一月己卯	班迪戶部左侍郎	班迪
	嚴正矩四月己亥休致田達吉戶部左	侍郎	田達吉十一月己丑遷馬紹	曾戶部左侍郎	劉鴻儒九月庚寅遷十月丁酉宋德宜戶部
	納布		納布十一月遷己丑達都戶	部右侍郎	達都
	田達吉四月己酉遷劉鴻儒以戶部左	侍郎管右侍郎事	劉鴻儒十一月己酉遷馬紹	曾戶部右侍郎	馬紹曾六月癸丑病免七月戊辰宋德宜戶
	常鼐		常鼐		常鼐
	董安國		董安國		董安國十月丁酉遷乙巳張士甄禮部左侍
	頓巴西		頓巴西		頓巴西卒二月癸亥折爾肯禮部右侍郎
	田種玉		田種玉十月癸丑降辛酉張	士甄禮部右侍郎	張士甄十月乙巳遷史大成禮部右侍郎
	塞色赫		塞色赫		塞色赫
	劉鴻儒四月己酉遷五月壬戌翼如錫	兵部左侍郎	翼如錫		翼如錫六月遷丁巳楊永寓兵部左侍郎
	羅敏四月乞休五月班迪兵部右侍郎		班迪十一月遷納布兵部右	侍郎	納布
	翼如錫五月壬戌遷楊永寓兵部右侍	郎	楊永寓		楊永寓六月遷丁巳孫光祀兵部右侍郎
	阿哈碩塞		阿哈碩塞		阿哈碩塞四月卒癸丑覺羅阿範刑部左侍
	張爾索二月壬辰休致丙午馬紹曾刑	部左侍郎十一月丁巳高珩刑部左侍郎	高珩正月庚午假二月辛巳	姚文然刑部左侍郎	姚文然二月遷甲子黃道行刑部左侍郎三
	多納五月戊寅遷六月癸未哲爾肯刑	部右侍郎	哲爾肯		哲爾肯二月壬子遷覺羅阿範刑部右侍郎
	馬紹曾二月遷丙午高珩刑部右侍郎	十一月遷丁巳姚文然刑部右侍郎	姚文然二月辛巳遷黃道行	刑部右侍郎	黃道行二月遷壬子任溥刑部右侍郎四月
	覺羅查哈喇		覺羅查哈喇八月丁卯革九	月丙子哈占工部左侍郎	哈占九月遷甲午圖爾泰工部左侍郎
	楊運昌		楊運昌正月庚午假二月辛	巳王天眷工部左侍郎	王天眷三月甲申降五月庚午梁鋐工部左
	禪布		禪布八月丁卯革九月丙	子圖爾泰工部右侍郎	圖爾泰九月遷甲午廖旦工部右侍郎
	高辛印八月丁酉乞休十一月丁巳佟	宏器工部右侍郎	佟宏器卒二月辛巳梁鋐	工部右侍郎	梁鋐五月遷庚午郭廷祚工部右侍郎七月

	康熙十三	年甲寅	康熙十四年乙卯
	對喀納		對喀納九月卒十月乙卯明珠吏部尚書
	郝惟訥		郝惟訥
	米思輪		米思輪二月辛丑卒四月己丑覺羅勒德洪戶
	梁清標		梁清標
	哈爾哈齊		哈爾哈齊
書	吳正治		吳正治
	明珠		明珠十月乙卯遷塞色黑兵部尚書
	王熙		王熙
	莫洛		莫洛遷四月己丑塞色黑刑部尚書十月壬戌
	艾元徵		艾元徵
	吳達禮		吳達禮十月壬午遷常鼐工部尚書
亥遷辛巳翼如錫工部尚書	翼如錫		翼如錫
	覺羅勒德	洪	覺羅勒德洪四月己丑遷甲午覺羅舒恕吏部
	陳歆永		陳歆永
	覺羅舒恕		覺羅舒恕四月甲午遷折爾肯吏部右侍郎
郎	陳一炳十	月癸巳遷庚子宋德宜以吏部左侍郎管右侍郎事	宋德宜
	班迪		班迪
左侍郎	宋德宜十	月庚子遷十一月甲子魏象樞戶部左侍郎	魏象樞
	達都遷十	一月丙戌介山戶部右侍郎	介山十二月壬申遷丁丑伊桑阿戶部右侍郎
部右侍郎十月丁酉遷董國安戶部右侍郎	陳洪明四	月辛丑戶部右侍郎六月乙卯遷七月甲子魏象樞戶部右侍郎十一月甲子遷于可託戶部右侍郎	于可託
	常鼐		常鼐十月壬午遷十一月癸巳郝星格禮部左
郎	張士甄五	月庚寅史大成禮部左侍郎	史大成
	折爾肯		折爾肯四月甲午遷辛丑岳諾恭禮部右侍郎
	史大成五	月庚寅遷楊正中禮部右侍郎	楊正中
	塞色赫		塞色赫四月遷甲午納布兵部左侍郎十二月
	楊永寓		楊永寓
	納布		納布四月遷甲午郭四海兵部右侍郎十二月
	孫光祀		孫光祀
郎	覺羅阿範		覺羅阿範閏月乙未乞休戊申鄂爾多刑部左
月甲申降四月癸亥任克溥刑部右侍郎	任克溥		任克溥
四月遷癸丑阿爾多刑部右侍郎	阿爾多		鄂爾多閏月遷戊申郭不刑部右侍郎十二月
癸亥遷陳一炳刑部右侍郎六月壬子遷余嗣登刑部右侍郎	余嗣登		余嗣登
	圖爾泰七	月廖旦工部左侍郎	廖旦
侍郎七月甲戌郭廷祚代	郭廷祚		郭廷祚
	廖旦七月	遷郝通額工部右侍郎	郝通額
遷徐繼焯工部右侍郎	徐繼焯		徐繼焯

（前年續）
部尚書
遷 十一月丁丑吳達禮刑部尚書
左侍郎
侍郎
閏月丙申卒 額星格禮部右侍郎 十一月癸巳遷 伊桑阿禮部右侍郎
庚申革 戊辰郭四海兵部左侍郎 壬申遷 丁丑吳努春代
遷 戊辰吳努春兵部右侍郎 丁丑遷 郭丕代
侍郎
遷

康熙十五年丙辰
明珠
郝惟訥
覺羅勒德洪
梁清標
哈爾哈齊
吳正治
塞色黑
王熙
吳達禮
艾元徵卒 七月丁未姚文然刑部尚書
常鼐
冀如錫
覺羅舒恕
陳敳永 八月丙辰遷 丙子宋德宜吏部左侍郎
折爾肯
宋德宜 八月丙子遷 陳一炳吏部右侍郎
班迪
魏象樞
伊桑阿
于可託
額星格
史大成 八月丙辰乞休 己巳楊正中禮部左侍郎
馬喇 正月丁酉禮部右侍郎
楊正中 八月己巳遷 杜臻禮部右侍郎
吳努春
楊永寧
郭丕
孫光祀
鄂爾多
任克溥
禪塔海 正月丁酉刑部右侍郎
余嗣登 七月丙戌董安國刑部右侍郎
廖旦
郭廷祚
祁通額
徐繼煒

康熙十六年丁巳
明珠 七月甲辰遷 八月戊午吳達禮吏部尚書
郝惟訥
覺羅勒德洪 七月甲辰 月辛未伊桑阿戶部尚書
梁清標
哈爾哈齊 三月壬寅革 癸卯吳達禮禮部尚書 八月遷 辛未塞色黑代
吳正治
塞色黑 八月辛未遷 十月庚午喀代兵部尚書
王熙
吳達禮 三月遷 四月己酉介山刑部尚書
姚文然
常鼐 四月遷 丙寅伊桑阿工部尚書 八月辛未遷 十月庚午馬喇工部尚書
冀如錫 四月己酉降 己未陳敳永工部尚書
覺羅舒恕
宋德宜 四月乙亥 陳一炳吏部左侍郎
折爾肯 七月丁亥 張士甄吏部右侍郎
陳一炳 四月乙亥遷 杜臻吏部右侍郎
班迪
魏象樞 四月癸丑 伊桑阿戶部左侍郎 四月丙寅遷 六月庚申察庫戶部左侍郎
伊桑阿 四月癸丑遷 察庫戶部右侍郎 六月庚申遷 薩穆哈戶部右侍郎
于可託
額星格
楊正中
馬喇 十月遷 十一月丙子吳努春禮部右侍郎
杜臻 四月乙亥遷 五月戊子張士甄禮部右侍郎 七月丁亥遷 辛丑富鴻基禮部右侍郎
吳努春 十一月丙子遷 己卯郭丕兵部左侍郎
楊永寧
郭丕 十一月己卯遷 黨務禮兵部右侍郎
孫光祀
鄂爾多
任克溥
禪塔海
董安國 十二月丙寅病免 馮甦刑部右侍郎
廖旦 十月免 辛未祁通額工部左侍郎
郭廷祚
祁通額 十月辛未遷 溫代工部右侍郎
徐繼煒 四月丙寅 田六善工部右侍郎

康熙十七年戊午
吳達禮
郝惟訥
伊桑阿
梁清標
塞色黑
吳正治
喀代 十二月乙亥郭四海兵部尚書
王熙 十二月甲戌憂 丙子宋德宜兵部尚書
介山
姚文然 七月戊申卒 宋德宜刑部尚書 十二月丙子遷 壬午劉楗刑部尚書
馬喇
陳敳永 三月辛卯朱之弼工部尚書
覺羅舒恕
陳一炳 七月丁巳張士甄吏部左侍郎
折爾肯 七月丁巳遷 劉楗吏部右侍郎 十二月壬午遷 辛卯董安國吏部右侍郎
察庫 七月遷 八月甲戌于可託戶部左侍郎
薩穆哈 七月甲戌遷 田六善戶部右侍郎
于可託
額星格
楊正中
吳努春
富鴻基
郭丕
楊永寧
黨務禮
孫光祀
鄂爾多
任克溥
禪塔海
馮甦
祁通額
郭廷祚
溫代
田六善 八月甲戌遷 董安國工部右侍郎 十二月遷

康熙十八年己未
吳達禮
郝惟訥
伊桑阿
梁清標
塞色黑
吳正治
郭四海
宋德宜
介山
劉楗 四月戊辰乞休 丁亥魏象樞刑部尚書 乙未留左都任 六月庚午黃機以吏部尚書管刑部尚書事
馬喇
朱之弼
覺羅舒恕 四月辛巳遷 戊子折爾肯吏部左侍郎
張士甄
折爾肯 四月戊子遷 秦屯吏部右侍郎
董安國 八月革 辛卯楊雍建以吏部左侍郎管右侍郎事
察庫 八月癸未薩穆哈戶部左侍郎
于可託 五月己亥田六善戶部左侍郎
薩穆哈 八月癸未遷 達都戶部右侍郎
田六善 五月己亥朱裴戶部右侍郎
額星格
楊正中
吳努春
富鴻基
郭丕
楊永寧 八月辛未遷 十月癸未焦毓瑞兵部左侍郎
黨務禮
孫光祀降 癸未項景襄兵部右侍郎
鄂爾多 四月庚辰禪塔海刑部左侍郎
任克溥 三月京察降 五月馮甦刑部左侍郎
禪塔海 四月遷 庚辰宜昌阿刑部右侍郎
馮甦 五月遷 焦毓瑞刑部右侍郎 十月癸未遷 戊子高珩刑部右侍郎
祁通額
郭廷祚 八月癸酉趙璟工部左侍郎
溫代
朱裴 正月乙卯工部右侍郎 六月甲申趙璟工部右侍郎 八月遷 張問政代

康熙十九年庚申
吳達禮
郝惟訥 十一月憂免 癸酉黃機吏部尚書
伊桑阿
梁清標
塞色黑
吳正治
郭四海
宋德宜
介山
黃機 十一月遷 魏象樞刑部尚書
馬喇
朱之弼
折爾肯 七月遷 薩穆哈吏部左侍郎
張士甄
秦屯
楊雍建
薩穆哈 七月遷 達都戶部左侍郎
田六善
達都 七月遷 沙賴戶部右侍郎
朱裴
額星格
楊正中
吳努春
富鴻基
郭丕
焦毓瑞
黨務禮
項景襄
禪塔海
馮甦
宜昌阿
高珩 十月戊申病免 十二月辛巳陳一炳刑部右侍郎
祁通額
趙璟
溫代
張問政 九月卒 丙辰金鼐工部右侍郎

康熙二十年辛酉
吳達禮 三月乙亥乞休 五月庚申介山吏部尚書
黃機
伊桑阿
梁清標
塞色黑 二月乙酉休致 己亥郭四海禮部尚書 十二月乙未帥顏保代
吳正治
郭四海 二月己亥遷 三月壬申折爾肯兵部尚書銜管刑部尚書事
宋德宜
介山 五月庚申遷 七月郭四海以禮部尚書銜管刑部尚書事
魏象樞
馬喇 三月革 五月帥顏保工部尚書 十二月乙未遷 薩穆哈代
朱之弼
薩穆哈 五月辛未沙賴吏部左侍郎 二月遷 達都吏部左侍郎
張士甄
秦屯
楊雍建
達都 三月癸酉遷 壬子沙賴戶部左侍郎 五月辛未遷 乙亥科爾坤戶部左侍郎
田六善 二月乙酉休 己亥李天馥戶部左侍郎
沙賴 三月壬子遷 科爾坤戶部右侍郎 五月乙亥遷 額庫禮戶部右侍郎
朱裴 二月乙酉休 己亥李仙根戶部右侍郎
額星格
楊正中
吳努春
富鴻基
郭丕
焦毓瑞
黨務禮 六月癸未遷 禪布兵部右侍郎
項景襄 十月甲辰病免 陳一炳兵部右侍郎
禪塔海
馮甦 六月假免 七月癸丑陳一炳刑部左侍郎 甲辰遷 十一月庚戌杜臻刑部左侍郎
宜昌阿
陳一炳 七月遷 癸丑杜臻刑部右侍郎 十一月遷 庚戌葉方藹代
祁通額 十二月休致 丁酉黨務禮工部左侍郎
趙璟
溫代遷 黨務禮工部右侍郎 十二月遷 丁酉蘇拜工部右侍郎
金鼐

康熙二十一年壬戌
介山
黃機 十月己丑遷 丁酉宋德宜吏部尚書
伊桑阿
梁清標
帥顏保
吳正治 十月己丑遷 丁酉沙澄禮部尚書
折爾肯 十月卒 丁酉杭艾兵部尚書
宋德宜 十月遷 十一月丁酉李之芳兵部尚書
郭四海 十二月卒
魏象樞
薩穆哈
朱之弼
達都 二月遷 乙酉科爾坤吏部左侍郎
張士甄
秦屯 十一月戊午禪布吏部右侍郎
杜臻 四月壬午吏部右侍郎
科爾坤 二月乙酉遷 壬申額庫禮戶部左侍郎
李天馥
額庫禮 二月壬申遷 宜昌阿戶部右侍郎
李仙根
額星格
楊正中
吳努春
富鴻基
郭丕
焦毓瑞
禪布 十月遷 戊辰庫勒納兵部右侍郎
陳一炳
禪塔海
杜臻 四月遷 五月戊午宋文運刑部左侍郎
宜昌阿 二月遷 庫勒納刑部右侍郎 十月戊辰遷 十二月乙亥鄂哈刑部右侍郎
葉方藹 五月卒 庚午熊一瀟刑部右侍郎
黨務禮
趙璟 十一月遷 十二月乙亥金鼐工部左侍郎
蘇拜
金鼐 十二月遷 乙亥金世鑑工部右侍郎

康熙二十二年癸亥
介山 二月丁丑遷 六月戊寅伊桑阿吏部
宋德宜
伊桑阿 六月戊寅遷 癸未杭艾戶部尚書
梁清標
帥顏保 正月丁卯乞休 二月丁丑介山禮
沙澄
杭艾 六月癸未遷 八月戊申哈占兵部尚
李之芳
喀爾圖 二月癸酉刑部尚書
魏象樞
薩穆哈
朱之弼
科爾坤 八月庚午遷 色赫吏部左侍郎
張士甄
禪布 二月己卯遷 三月辛亥色赫吏部右
杜臻
額庫禮 十月遷 乙卯薩海戶部左侍郎
李天馥
宜昌阿 十月甲寅庫勒納戶部右侍郎
李仙根
額星格 九月庚午遷 丙子薩海禮部左侍
楊正中 十二月卒 壬寅陳廷敬禮部左侍
吳努春 六月革 七月乙未薩海禮部右侍
富鴻基 四月己丑病免 乙未陳廷敬禮部
郭丕
焦毓瑞
庫勒納 十月甲寅遷 阿蘭泰兵部右侍郎
陳一炳
禪塔海
宋文運
鄂哈 九月丙子遷 佛倫刑部右侍郎
熊一瀟 三月丙午遷 高爾位刑部右侍郎
黨務禮
金鼐
蘇拜
金世鑑

		康熙二十三年甲子		康熙二十
尚書		伊桑阿		伊桑阿五
		宋德宜七月乙亥遷八月辛亥李之芳吏部尚書		李之芳
		杭艾十二月乙巳遷科爾坤戶部尚書		科爾坤
		梁清標八月丁卯遷余國柱戶部尚書		余國柱
部尚書		介山十二月乙巳乞休杭艾禮部尚書		杭艾四月
		沙澄		沙澄
書		哈占		哈占四月
		李之芳八月遷九月梁清標以戶部尚書管兵部	尚書事	梁清標
		喀爾圖四月甲辰乞休癸丑諾敏刑部尚書		諾敏
		魏象樞八月乙卯乞休丙寅張士甄刑部尚書		張士甄
		薩穆哈		薩穆哈
		朱之弼正月丙戌杜臻工部尚書		杜臻
		色赫		色赫二月
		張士甄八月戊寅遷李天馥吏部左侍郎		李天馥
侍郎九月庚午遷額星格吏部右侍郎		額星格九月遷庚辰達哈他以吏部左侍郎管右侍	郎事	達哈他正
		杜臻正月丙戌遷乙未陳廷敬吏部右侍郎八月癸	酉遷己卯胡簡敬以吏部左侍郎管右侍郎事	胡簡敬
		薩海		薩海二月
		李天馥八月戊寅遷甲申焦毓瑞戶部右侍郎		焦毓瑞卒
		庫勒納八月辛巳遷丙戌鄂爾多戶部右侍郎		鄂爾多四
		李仙根八月戊寅降癸亥焦毓瑞戶部右侍郎八月	甲申遷王鴻緒戶部右侍郎	王鴻緒二
郎十月乙卯遷鄂哈禮部左侍郎		鄂哈		鄂哈
郎		陳廷敬正月乙未遷二月乙巳張玉書禮部左侍郎	遷免九月乙丑胡簡敬禮部左侍郎己卯遷甲申嚴我斯代	嚴我斯
郎九月丙子遷鄂哈禮部左侍郎十月乙卯遷溫代禮部右侍郎十一月丁	丑蘇拜禮部右侍郎	蘇拜		蘇拜正月
右侍郎十二月壬寅遷張玉書禮部右侍郎		張玉書二月乙巳遷胡簡敬禮部右侍郎九月遷乙	丑嚴我斯禮部右侍郎己卯遷甲申萇納代	萇納二月
		郭丕		郭丕
		焦毓瑞八月遷楊雍建兵部左侍郎		楊雍建
		阿蘭泰		阿蘭泰二
		陳一炳		陳一炳正
		禪塔海正月革二月辛丑佛倫刑部左侍郎		佛倫二月
		宋文運四月壬子乞休壬戌高爾位刑部左侍郎		高爾位
		佛倫二月遷辛丑鄂爾多刑部右侍郎		蘇赫二月
		高爾位四月遷壬戌馬世濟刑部右侍郎九月遷十	月壬辰蘇赫刑部右侍郎	馬世濟二
		黨務禮		黨務禮
		金鋐八月戊申降己未金汝祥工部左侍郎		金汝祥
		巴錫八月戊申降乙卯席特納工部右侍郎		席特納
		金世鑑八月戊申降丙寅徐旭齡工部右侍郎十二	月遷	陳一炳正

四年乙丑		康熙二十五年丙寅		康熙二十
月己丑遷九月己卯達哈他吏部尚書		達哈他		達哈他八
		李之芳		李之芳九
		科爾坤		科爾坤九
		余國柱		徐國杜二
辛丑哈占禮部尚書		哈占九月庚寅諾敏禮部尚書		諾敏遷二
		沙澄九月辛亥休十月丙辰張士甄禮部尚書		張士甄
辛丑遷五月己丑伊桑阿兵部尚書		伊桑阿		伊桑阿二
		梁清標		梁清標
		諾敏九月庚寅遷乙未禧佛刑部尚書		禧佛二月
		張士甄十月丙辰遷庚申胡昇獻刑部尚書		胡昇獻二
		哈穆薩六月戊辰革乙亥佛倫工部尚書		佛倫二月
		杜臻九月辛丑憂丁未陳廷敬工部尚書		陳廷敬二
遷三月己卯阿蘭泰吏部左侍郎		阿蘭泰六月遷七月薩海吏部左侍郎		薩海
		李天馥		李天馥
月丙戌蘇拜吏部右侍郎二月癸巳免己亥阿蘭泰吏部右侍郎三月己卯	遷薩海代	薩海七月丙午遷傅臘塔吏部右侍郎		傅臘塔
		胡簡敬五月丁亥降丁酉萇訥吏部右侍郎九月庚戌遷十月	戊午胡昇獻吏部右侍郎庚申遷乙丑馬世濟吏部右侍郎	馬世濟三
己卯遷四月壬辰鄂爾多戶部左侍郎		鄂爾多十一月壬辰麻爾圖戶部左侍郎		麻爾圖
二月癸丑王鴻緒戶部左侍郎		王鴻緒閏月乙亥萇訥戶部左侍郎五月丁酉遷胡昇獻戶部	左侍郎	蔣宏道
月壬辰遷蘇赫戶部右侍郎		蘇赫二月癸酉遷丁丑傅臘塔戶部右侍郎七月丙戌遷己	丑麻爾圖戶部右侍郎十一月壬辰遷賽弼漢戶部右侍郎	賽弼漢
月癸丑遷萇訥戶部右侍郎		萇訥閏月遷乙亥胡昇獻戶部右侍郎五月丁酉遷蔣宏道右	侍郎十月壬戌遷王日藻戶部右侍郎	王日藻二
		鄂哈閏月休庚午穆稱額禮部左侍郎六月戊辰革七月丙戌	額星格禮部左侍郎	嚴我斯十
		嚴我斯		額星格六
遷二月癸巳額星格禮部右侍郎		額星格七月丙戌遷孫果禮部左侍郎		覺羅孫果
癸丑遷三月壬戌蔣宏道禮部右侍郎		蔣宏道五月丁酉遷己酉徐乾學禮部右侍郎		徐乾學六
		郭丕		郭丕四月
		楊雍建十一月庚子休致十二月戊午張可前兵部左侍郎		張可前
月甲辰遷佛倫兵部右侍郎		傅臘塔正月壬午兵部右侍郎三月遷四月甲申丹岱兵部右	侍郎	丹岱五月
月遷二月馬世濟兵部右侍郎		馬世濟十月遷乙丑蔡毓榮兵部右侍郎十二月革戊午張英	兵部右侍郎	張英六月
遷甲辰蘇赫刑部左侍郎四月遷戊戌席杜刑部左侍郎		席杜閏月遷戊午噶爾圖刑部左侍郎		噶爾圖二
		高爾位六月憂免七月癸未張可前刑部左侍郎十二月遷		張鵬二月
遷甲辰席杜刑部右侍郎四月遷戊戌傅臘塔刑部右侍郎		傅臘塔正月遷丁亥丹岱刑部右侍郎三月甲申遷四月己丑	噶爾圖刑部右侍郎閏月遷癸亥敦多禮代	敦多禮二
月庚子張可前刑部右侍郎		張可前七月遷癸未王日藻刑部右侍郎十月遷乙丑張鵬刑	部右侍郎十二月遷戊午趙之鼎代	趙之鼎三
		黨務禮		黨務禮七
		金汝祥三月壬戌免戊辰陳一炳工部左侍郎		陳一炳十
		席特納二月辛亥休致三月甲子沙賴工部右侍郎		覺羅沙賴
月工部右侍郎		陳一炳三月遷壬辰孫在豐工部右侍郎		孫在豐十

六年丁卯		康熙二十七年戊辰		康熙
月卒九月甲申科爾坤吏部尚書		科爾坤二月壬子免甲寅廖旦吏部尚書四月戊午乞休五	月壬午阿蘭泰吏部尚書	阿蘭
月壬午遷戊子陳廷敬吏部尚書		陳廷敬五月己卯病免丙申張士甄吏部尚書		張士
月甲申遷戊子佛倫戶部尚書		佛倫二月壬子免丙辰鄂爾多戶部尚書		鄂爾
月甲寅遷己未陳廷敬戶部尚書九月戊子遷丙申王日藻戶部尚書		王日藻十二月壬子假戊午徐元文戶部尚書		徐元
月辛亥伊桑阿禮部尚書		伊桑阿二月甲寅遷丁巳麻爾圖禮部尚書		麻爾
		張士甄五月丙申遷六月戊辰熊賜履禮部尚書十二月庚	子憂己酉張玉書禮部尚書	張玉
月辛亥遷壬戌鄂爾多兵部尚書		鄂爾多二月丙辰遷阿蘭泰兵部尚書五月壬午遷丁亥紀	爾他布兵部尚書	紀爾
		梁清標二月甲寅遷壬戌張玉書兵部尚書十二月己酉遷	李天馥兵部尚書	李天
丙辰革辛酉佛倫刑部尚書九月戊子遷廖旦刑部尚書		廖旦二月甲寅遷丁巳圖納刑部尚書		圖納
月庚申降丁卯張玉書刑部尚書		張玉書二月壬戌遷己巳徐乾學刑部尚書五月己卯病免	壬午李天馥刑部尚書十二月己酉遷徐元文刑部尚書十二月遷	杜臻
辛酉遷阿蘭泰工部尚書		阿蘭泰二月丙辰遷庚申蘇赫工部尚書		蘇赫
月戊午遷王日藻工部尚書九月丙申遷湯斌工部尚書十月甲子卒熊一	瀟工部尚書	熊一瀟二月壬子免甲寅李天馥工部尚書六月戊辰翁叔	元工部尚書	翁叔
		薩海		薩海
		李天馥二月甲寅遷丁巳張鵬吏部左侍郎六月丁卯翁叔	元吏部左侍郎戊辰遷七月甲戌張集吏部左侍郎	張集
		傅臘塔		傅臘
月癸卯遷丁未熊一瀟吏部右侍郎十月甲子遷庚午張鵬代		張鵬二月丁巳遷翁叔元吏部右侍郎六月丁卯遷張集吏	部右侍郎七月甲戌王封溁吏部右侍郎	王封
		麻爾圖二月丁巳遷辛酉賽弼漢戶部左侍郎		賽弼
		蔣宏道		蔣宏
		賽弼漢遷二月辛酉開晉布戶部右侍郎		開晉
月丁卯遷癸酉張鵬戶部右侍郎十月遷乙亥王遵訓代		王遵訓二月乙未徐誥武戶部右侍郎		徐誥
一月革十二月席爾達禮部左侍郎		席爾達		席爾
月假徐乾學禮部左侍郎九月遷甲辰張英代		張英		張英
正月圖爾辰禮部右侍郎三月乙丑顧八代禮部右侍郎十二月多奇禮部	右侍郎	多奇		多奇
月乙亥遷張英禮部右侍郎九月甲辰遷王颺昌禮部右侍郎		王颺昌		王颺
甲戌遷五月庚辰丹岱兵部左侍郎		丹岱三月乙亥遷庚辰舜拜兵部左侍郎十一月乙酉遷辛	卯舜拜兵部左侍郎	舜拜
		張可前		張可
遷庚辰拉篤詁兵部右侍郎十月戊辰免壬申禪布兵部右侍郎		禪布三月庚辰遷舜拜兵部右侍郎		沙穆
乙亥遷七月癸未成其範兵部右侍郎		成其範十月降甲子萇訥兵部右侍郎		萇訥
月丁巳革辛酉葛思泰刑部左侍郎九月遷戊子席珠刑部左侍郎		席珠		席珠
遷三月辛巳趙之鼎刑部左侍郎六月癸巳病免癸卯王國安刑部左侍郎		王國安		王國
月丁巳革辛酉席珠刑部右侍郎九月戊子遷塞楞額刑部右侍郎		塞楞額二月免傅臘塔刑部右侍郎四月戊申遷丙辰阿喇	彌刑耶右侍郎	阿喇
月辛巳遷王國安刑部右侍郎六月遷癸卯薛柱斗刑部右侍郎		薛柱斗二月辛未革三月乙亥鄭重刑部右侍郎		鄭重
月戊子遷乙未覺羅沙剌工部左侍郎十月革十一月己卯傅臘塔工部左	侍郎	傅臘塔二月遷癸酉伊爾圖工部左侍郎		伊爾
月壬申革十一月戊寅孫在豐工部左侍郎		孫在豐三月丁酉降四月甲辰徐廷璽工部左侍郎		徐廷
七月遷乙未傅臘塔工部右侍郎十一月己卯遷伊爾圖工部右侍郎		伊爾圖二月癸酉遷齊楷工部右侍郎		齊楷
一月遷戊寅徐璽工部右侍郎		徐廷璽四月甲辰遷王承祖工部右侍郎		王承

二十八年己巳	康熙二十九年庚午	康熙三十年辛未
泰五月乙巳遷鄂爾多吏部尚書	鄂爾多	鄂爾多七月卒庚申蘇赫吏部尚書
鈺	張士甄	張士甄五月乙巳降六月乙卯李天馥吏部尚
多五月乙巳遷麻爾圖戶部尚書	麻爾圖正月癸卯降己酉蘇赫戶部尚書	蘇赫閏月庚申遷庫勒納戶部尚書
文五月乙巳遷丁未王騭戶部尚書	王騭	王騭
圖五月乙巳遷顧八代禮部尚書	顧八代	顧八代
書	張玉書六月乙酉遷七月庚寅張英禮部尚書十月辛巳免十一月己亥熊賜履代	熊賜履
布他	紀爾他布	紀爾他布正月乙卯馬齊兵部尚書
馥	李天馥	李天馥六月遷癸亥杜臻兵部尚書
	圖納	圖納
三月壬辰刑部尚書	杜臻	杜臻六月遷癸亥陳廷敬刑部尚書
	蘇赫正月遷己酉席柱工部尚書	席柱十月戊申降十一月丁巳索諾和工部尚
元五月乙丑免十二月戊辰張英工部尚書	張英	陳廷敬六月遷辛未高爾位工部尚書
	薩海正月丁亥李振裕吏部左侍郎	薩海十一月癸亥遷趙士麟吏部左侍郎
	張鵬	張鵬十一月庚午布彥圖吏部左侍郎
塔六月戊子降甲午索諾和吏部右侍郎	索諾和	索諾和六月辛未布彥圖吏部右侍郎十一月
瀆閏月戊戌郭琇吏部右侍郎五月丁未遷壬子李振裕吏部右侍郎	李振裕二月遷丁亥趙士麟吏部右侍郎	李振裕十一月癸亥彭孫遹吏部右侍郎
漢	賽弼漢	賽弼漢七月卒庚申阿山戶部左侍郎
道	蔣宏道	蔣宏道
布三月癸巳遷阿山戶部右侍郎	阿山	阿山七月庚申遷博際戶部右侍郎
武	徐誥武	徐誥武
達	席爾達	席爾達
十二月戊辰遷戊寅王颺昌禮部右侍郎	王颺昌	王颺昌
	多奇	多奇
昌十二月戊寅顧汧禮部右侍郎	顧汧三月壬辰憂免庚子王澤宏禮部右侍郎	王澤宏
	舜拜十一月庚寅傅職凱音布署兵部左侍郎	舜拜三月甲寅遷四月戊午沙穆哈兵部左侍
前四月癸酉假免丁亥王維珍兵部左侍郎	王維珍	王維珍
哈	沙穆哈	沙穆哈四月戊午遷朱都訥兵部右侍郎十一
三月丁亥遷四月辛卯王維珍兵部右侍郎丁亥遷吳琠代十月遷十二月壬申李光地代	李光地	李光地
	席珠正月己未遷己酉噶世圖刑部左侍郎三月休致乙丑噶爾秦代	噶爾秦正月辛亥病免乙卯傅臘塔刑部左侍
安六月遷戊子鄭重刑部左侍郎	鄭重	鄭重
彌六月遷七月噶世圖刑部右侍郎	噶世圖正月遷己酉噶爾秦刑部右侍郎三月乙丑遷傅臘塔代	傅臘塔正月乙卯遷布彥圖刑部右侍郎六月
六月戊子遷高爾位刑部右侍郎	高爾位	高爾位六月辛未遷壬午李廼刑部右侍郎
圖	伊爾格圖	伊爾格圖十月戊申降十一月丁巳凱音布工
璽	徐廷璽	徐廷璽
	齊穡	齊穡十月戊申降十一月丁巳圖爾袞工部右
祖	王承祖	王承祖十月戊申降十一月丁巳年遐齡工部

	康熙三十一年壬申	康熙三十二年癸酉	康熙三十
	蘇赫二月卒庚子庫勒納吏部尚書	庫勒納	庫勒納
書	李天馥十月己卯遷癸巳熊賜履吏部尚書	熊賜履	熊賜履
	庫勒納二月庚子遷乙巳馬齊戶部尚書	馬齊	馬齊
	王騭	王騭	王騭三月
	顧八代	顧八代九月革十月甲戌沙穆哈禮部尚書	沙穆哈三
	熊賜履十月遷戊戌張英禮部尚書	張英	張英
	馬齊二月乙巳遷索諾和兵部尚書	索諾和	索納和
	杜臻	杜臻	杜臻
	圖納	圖納	圖納
	陳廷敬八月憂免丙戌翁叔元刑部尚書	翁叔元	翁叔元
書	索諾和二月遷乙巳沙穆哈工部尚書	沙穆哈十月遷己卯薩穆哈工部尚書	薩穆哈
	李振裕	李振裕	李振裕
	布彥圖	布彥圖	布彥圖六
	趙士麟	趙士麟	趙士麟
庚午遷沙穆哈吏部右侍郎	沙穆哈二月乙巳遷三月壬子傅臘塔吏部右侍郎	傅臘塔	傅臘塔閏
	彭孫遹	彭孫遹	彭孫遹
	阿山十月癸巳思格色戶部左侍郎二月癸未阿山免丁亥博際戶部左侍郎四月乙巳遷凱音布代十月癸巳思格色任	思格色	思格色七
	蔣宏道	蔣宏道	蔣宏道
	徐誥武八月卒癸未王士正戶部右侍郎	哈爾法	哈爾法
	傅際二月丁亥遷凱音布戶部右侍郎四月乙巳遷思格色戶部右侍郎十月癸巳遷哈爾法戶部右侍郎	王士正	王士正七
	席爾達	席爾達	席爾達
	王颺昌十一月病免十二月戊寅王澤宏禮部左侍郎	王澤宏	王澤宏
	多奇	多奇	多奇
	顧汧十二月戊寅王封濚禮部右侍郎	王封濚	王封濚
郎十一月遷丙子朱都訥兵部左侍郎	朱都訥	朱都訥	朱都訥
	王維珍	王維珍	王維珍十
月遷丙子舒恕兵部右侍郎	舒恕	舒恕十月丙寅免庚子安布祿兵部右侍郎	安布祿七
	李光地	李光地	李光地五
郎	傅臘塔三月壬子遷塗邁刑部左侍郎	塗邁	塗邁
	鄭重	鄭重	鄭重十二
遷戊寅塗邁刑部右侍郎	塗邁三月丙辰遷尹泰刑部右侍郎	尹泰	尹泰
	李廼	李廼十二月癸未假免己丑田雯刑部右侍郎	田雯十二
部左侍郎	凱音布二月遷丁亥圖爾袞工部左侍郎	圖爾袞	圖爾袞
	徐廷璽二月丙戌年遐齡工部左侍郎十月遷庚子李元振工部左侍郎	李元振	李元振
侍郎	圖爾袞二月遷沙納海工部右侍郎	沙納海	沙納海五
右侍郎	年遐齡二月遷李元振工部右侍郎十月庚子遷徐潮工部右侍郎	徐潮	徐潮

三年甲戌	康熙三十四年乙亥	康熙三十五年丙子
	庫勒納	庫勒納
	熊賜履	熊賜履
	馬齊	馬齊
戊午休致十一月戊寅陳廷敬戶部尚書	陳廷敬	陳廷敬
月丁未革乙卯佛倫禮部尚書	佛倫	佛倫
	張英	張英
	索諾和	索諾和八月丁酉革甲辰凱音布兵部尚書
	杜臻	杜臻
	圖納	圖納
	翁叔元	翁叔元
	薩穆哈	薩穆哈
	李振裕	李振裕
月甲子革七月己巳常書吏部左侍郎	常書	常書六月癸卯遷壬子安布祿吏部左侍郎
	趙士麟	趙士麟
月遷己丑常書吏部右侍郎七月己巳遷安布祿吏部右侍郎	安布祿	安布祿六月壬子遷阿爾拜吏部右侍郎
	彭孫遹	彭孫遹
月丁卯遷王士正戶部左侍郎	凱音布	思格色三月丁卯革阿爾拜戶部左侍郎六月壬子遷陶岱戶部左侍郎
	王士正	王士正
	哈爾法七月丙戌阿爾拜戶部右侍郎	王掞
月丁卯遷王掞戶部右侍郎	王掞	阿爾拜六月己亥轉遷陶岱戶部右侍郎壬子遷廣愛戶部右侍郎
	席爾達	席爾達
	王澤宏	王澤宏
	多奇	多奇
	王封濚	王封濚
	朱都訥	朱都訥四月乙未革六月丁卯馬爾漢兵部左侍郎
月遷癸亥張集兵部左侍郎	張集	張集
月己巳遷甲戌馬爾漢兵部右侍郎	馬爾漢	馬爾漢六月癸卯遷滿丕兵部右侍郎八月己巳遷九月乙亥哈雅爾圖兵部右侍郎
月辛亥張集兵部右侍郎十月癸亥遷張鵬翮兵部右侍郎	張鵬翮	張鵬翮
	塗邁	塗邁
月丁未田雯刑部左侍郎	田雯	田雯
	尹泰	尹泰六月癸卯遷七月乙卯綏色刑部右侍郎
月丁未遷陳汝器刑部右侍郎	陳汝器	陳汝器正月癸未遷二月甲午喻成龍刑部右侍郎
	圖爾袞	圖爾袞
	李元振	李元振
月辛亥遷丁巳常綬工部右侍郎	常綬	常綬
	徐潮五月憂免六月庚寅李枏工部右侍郎	李枏

康熙三十六年丁丑

庫勒納
熊賜履
馬齊
陳廷敬
佛倫
張英
凱音布九月庚子遷乙巳席爾達兵部尚書
杜臻
圖納五月卒丁酉傅臘塔刑部尚書
翁叔元五月辛丑乞休壬寅吳琠刑部尚書
薩穆哈
李振裕
安布祿正月己巳遷丙子阿爾拜吏部左侍郎
趙士麟
阿爾拜正月丙子遷陶岱吏部右侍郎
彭孫遹九月己巳假癸未王澤宏吏部右侍郎
陶岱正月丙子遷庸愛戶部左侍郎
王士正
庸愛正月丙子遷貝和諾戶部右侍郎
王掞
席爾達五月辛丑遷丙午努赫禮部左侍郎
王澤宏九月遷王封濼禮部左侍郎
多奇二月戊戌革五月辛卯努赫禮部右侍郎丙午遷楊舒禮部右侍郎
王封濼九月癸未遷韓菼禮部右侍郎
馬爾漢
張集
哈雅爾圖九月遷十月庚申覺羅三寶兵部右侍郎
張鵬翮五月遷丁酉嚴曾矩兵部右侍郎
邁圖七月丁未病免八月丙辰綬色刑部左侍郎
田雯
綬色八月遷丙辰覺羅三寶刑部右侍郎十月庚申遷孟額刑部右侍郎十一月辛丑休致丙午戴都里刑部右侍郎
喻成龍
圖爾宸
李元振九月丙寅假免己亥李光地工部右侍郎
常綬
李楠四月憂免丁丑李光地工部右侍郎

康熙三十七年戊寅

庫勒納
熊賜履
馬齊
陳廷敬
佛倫
張英
席爾達
杜臻
傅臘塔
吳琠七月癸酉遷庚辰張鵬翮刑部尚書十一月壬辰遷丙申李振裕刑部尚書
薩穆哈
李振裕十一月丙申遷熊一瀟工部尚書
阿爾拜
趙士麟
陶岱
彭孫遹
庸愛
王士正七月乙酉遷庚寅王掞戶部左侍郎
貝和諾
王掞七月庚寅遷綬三錫戶部右侍郎十二月己未遷庚申魯伯赫戶部右侍郎
努赫十一月甲午楊舒禮部左侍郎
王澤宏
楊舒十一月甲午遷戴都里禮部右侍郎
韓菼
馬爾漢
張集
覺羅三寶
嚴曾矩
綬色
田雯
戴都里十一月甲午遷辛寶刑部右侍郎
喻成龍三月丙申遷徐潮刑部右侍郎
圖爾宸四月甲寅休致戊午常綬工部左侍郎
李光地十二月辛丑遷丙午李楠工部左侍郎
常綬四月遷戊午羅察工部右侍郎
熊一瀟十二月丙申遷壬寅李楠工部右侍郎丙午遷顧藻工部右侍郎

康熙三十八年己卯

庫勒納
熊賜履十一月己亥遷陳廷敬吏部尚書
馬齊十一月己亥授大學士仍兼管戶部尚書
陳廷敬十一月己亥遷李振裕戶部尚書
佛倫十一月遷己亥席爾達禮部尚書
張英十一月己亥遷杜臻禮部尚書
席爾達十一月己亥遷馬爾漢兵部尚書
杜臻十一月遷己亥范承勳兵部尚書
傅臘塔
李振裕十一月己亥遷王士正刑部尚書
薩穆哈
熊一瀟二月辛丑乞休五月癸巳王鴻緒工部尚書
阿爾拜
趙士麟五月卒丁亥王澤宏吏部左侍郎十一月己亥遷十二月庚午王掞吏部左侍郎
陶岱
彭孫遹五月丁亥王掞吏部右侍郎代王澤宏十二月庚午遷韓菼吏部右侍郎
庸愛
王掞五月丁亥遷六月綬三錫戶部左侍郎
魯伯赫閏月戊午溫達戶部右侍郎
綬三錫六月遷田雯戶部右侍郎九月庚申遷李楠戶部右侍郎
楊舒
王封濼
戴都里十月壬申努赫禮部右侍郎
韓菼十二月遷庚午李錄予禮部右侍郎
馬爾漢五月丁亥遷乙未覺羅三寶兵部左侍郎
張集
覺羅三寶五月乙未遷布雅努兵部右侍郎
嚴曾矩
綬色
田雯六月戊戌遷徐潮刑部左侍郎
辛寶九月革癸丑吳赫刑部右侍郎十二月遷庚子常綬刑部右侍郎
徐潮六月乙未遷李煇祖刑部右侍郎
常綬十二月庚午遷羅察工部左侍郎
李楠九月庚申遷顧藻工部左侍郎
羅察十二月庚午遷僳赫工部右侍郎
顧藻九月庚申遷吳涵工部右侍郎

康熙三十九年庚辰

庫勒納十月壬午解任丁亥席爾達吏部尚書
陳廷敬
馬齊
李振裕
席爾達十月遷
杜臻六月癸亥致仕己亥王澤宏禮部尚書十一月辛丑休致丙午韓菼代
馬爾漢
范承勳
傅臘塔
王士正
薩穆哈
王鴻緒
阿爾拜十月壬午解任丁亥特默德吏部左侍郎
王掞
陶岱五月丁未特默德吏部右侍郎十月丁亥遷傅繼祖吏部右侍郎
韓菼十一月丙午遷癸丑徐秉義吏部右侍郎
庸愛
綬三錫
溫達
李楠六月己巳遷乙亥王紳戶部右侍郎
楊舒四月壬辰三寶禮部左侍郎十一月辛丑革丙午凱音布禮部左侍郎
王封濼
努赫
李錄予
覺羅三寶四月壬辰遷朱都納兵部左侍郎
張集
布雅努
嚴曾矩七月卒胡會恩兵部右侍郎
綬色
徐潮九月己酉遷丙辰喻成龍刑部左侍郎十一月甲午遷卞永譽代
常綬
李煇祖二月革喻成龍刑部右侍郎九月己酉遷卞永譽刑部右侍郎十一月遷甲申吳涵代
羅察十二月降白碩色工部左侍郎
顧藻
僳赫三月己未特默德工部右侍郎五月丁未遷白碩工部右侍郎十二月遷敖拜代
吳涵十一月甲午遷喻成龍工部右侍郎

康熙四十年辛巳

席爾達
陳廷敬
馬齊十月壬申凱音布戶部尚書
李振裕
席哈納十月壬申禮部尚書
韓菼
馬爾漢
范承勳
傅臘塔十一月丁未革辛亥安布祿刑部尚書
王士正
薩穆哈
王鴻緒
特默德
王掞
傅繼祖
徐秉義
庸愛
綬三錫
溫達
王紳
凱音布十月壬申遷邵穆布禮部左侍郎
王封濼
努赫正月革甲寅席哈納禮部右侍郎十月壬申羅察禮部右侍郎代席
李錄予
朱都納八月癸未革九月丁未法良兵部左侍郎
張集
布雅努
胡會恩
綬色
卞永譽
常綬十二月辛未蘇赫訥刑部右侍郎
吳涵
白碩色正月甲寅免敖拜工部左侍郎
顧藻二月丁丑假免丙戌喻成龍工部左侍郎十二月丁卯許汝霖工部左侍郎
敖拜正月甲寅遷舒輅工部右侍郎
喻成龍二月丙戌遷許汝霖工部右侍郎十二月丁卯遷李元振工部右侍郎

康熙四十一年壬午

席爾達九月己巳遷敖拜吏部尚書
陳廷敬
凱音布
李振裕
席哈納九月己巳遷席爾達禮部尚書
杜臻
馬爾漢
范承勳
安布祿
王士正
薩穆哈
王鴻緒
特默德二月甲子革癸酉傅繼祖吏部左侍郎
王掞
傅繼祖二月癸酉遷溫達吏部右侍郎九月壬申遷常舒以吏部左侍郎管右侍郎事
徐秉義六月辛亥革吳涵吏部右侍郎
庸愛
田雯正月壬寅病免庚戌王紳戶部左侍郎
溫達二月癸酉遷三月癸未賴都戶部右侍郎
王紳正月庚戌遷范承烈戶部右侍郎
邵穆布
王封濼
羅察
李錄予四月丙寅憂免五月丁亥許汝霖禮部右侍郎
法良十二月辛丑革甲辰紀爾他布兵部左侍郎
張集四月戊午胡會恩兵部左侍郎
布雅努
胡會恩四月戊午遷屠粹忠兵部右侍郎
綬色六月辛亥革己未蘇赫訥刑部左侍郎
卞永譽
蘇赫訥六月遷己未舒輅刑部右侍郎十二月乙未遷金璽刑部右侍郎
吳涵六月己未遷張泰交刑部右侍郎
舒輅三月癸未工部左侍郎六月遷癸亥常想工部左侍郎九月壬申遷恩特工部左侍郎
許汝霖五月丁亥遷六月辛亥李元振工部左侍郎
舒輅三月癸未遷常想工部右侍郎六月遷恩特工部右侍郎九月遷哈爾工部右侍郎
李元振六月遷辛亥甘國樞工部右侍郎十二月甲辰來道工部右侍郎

康熙四十二年癸未

敖拜
陳廷敬四月丙申遷戊戌李光地吏部尚書
凱音布
李振裕
席爾達
韓菼
馬爾漢
范承勳
安布祿
王士正
薩穆哈
王鴻緒
傅繼祖
王掞
常舒
吳涵
庸愛
王紳
賴都
范承烈
邵穆布
王封濼六月卒丁丑許汝霖禮部左侍郎
羅察
許汝霖六月丁丑遷王項齡禮部右侍郎
紀爾他布
胡會恩
布雅努
屠粹忠
蘇赫訥
卞永譽
舒輅
金璽四月壬寅遷杜訥刑部右侍郎九月卒丁卯陳論刑部右侍郎
恩特
李元振
哈爾
來道

康熙四十三年甲申

敖拜
李光地
凱音布
李振裕十月庚辰遷徐潮戶部
席爾達
韓菼十月己未卒庚辰李振裕
馬爾漢
范承勳四月乙亥乞休十月己
安布祿
王士正九月降十月庚辰王掞
薩穆哈三月革丙寅溫達工部
王鴻緒
傅繼祖
王掞十月庚辰遷乙酉婁楠吏
常舒
吳涵十月己卯遷乙酉李錄予
庸愛
王紳
賴都
范承烈
邵穆布
許汝霖二月癸酉王項齡禮部
羅察六月甲戌降癸未鐵圖禮
王項齡二月癸酉遷王九齡禮
紀爾他布二月癸酉布雅努兵
胡會恩四月癸酉遷屠粹忠兵
布雅努二月癸酉遷貝和諾兵
屠粹忠四月癸酉遷王九齡兵
蘇赫訥
卞永譽
舒輅四月遷常綬刑部右侍郎
陳論九月戊午降十月己卯張
恩特三月革三月丙寅色德里
李元振
哈爾三月丙寅穆和倫工部右
來道三月己酉卒丙寅婁楠工

尚書
禮部尚書
卯屠粹忠兵部尚書
禮部尚書
尚書
部左侍郎十月卒丙申李鍈予吏部左侍郎
吏部右侍郎十月丙申遷王九齡吏部右侍郎
左侍郎
部右侍郎
部右侍郎四月癸酉遷胡會恩禮部右侍郎
部左侍郎
部左侍郎十月遷十一月己酉梅鋗兵部左侍郎
部右侍郎
部右侍郎十一月乙酉遷梅鋗兵部右侍郎十一月己酉遷曹鑑倫代
睿刑部右侍郎
工部左侍郎
侍郎
部右侍郎十一月遷壬辰程文彝工部右侍郎

康熙四十四年乙酉
敦拜
李光地十一月辛酉遷宋犖吏部尚書
凱音布
徐潮
席爾達
李振裕
馬爾漢
屠粹忠
安布祿
王掞
溫達
王鴻緒
傅繼祖
李鍈予
常舒正月庚申遷希福納吏部左侍郎九月甲申遷乙酉杜敏吏部右侍郎
王九齡
廉愛五月癸亥革癸酉穆丹戶部左侍郎
王紳五月癸亥革乙亥范承烈戶部左侍郎
顧都四月遷五月庚戌穆丹戶部右侍郎癸酉遷巴錫戶部右侍郎
范承烈五月乙亥遷汪霦戶部右侍郎
邵穆布
王頊齡
鐵圖
胡會恩
布雅努十月丁酉休致滿圖兵部左侍郎
梅鋗
貝和諾五月庚辰遷乙酉滿圖兵部右侍郎十月丁酉遷甲辰殷特布兵部右侍郎
曹鑑倫
蘇赫納十月丁酉休致常綬刑部左侍郎甲辰魯瑚刑部左侍郎
卞永譽
常綬
張睿
色德里九月休致穆和倫工部左侍郎
李元振
穆和倫九月乙酉遷巢可托工部右侍郎
程文彝卒六月戊戌趙世芳工部右侍郎十一月己卯遷十二月辛酉彭會淇工部右侍郎

康熙四十五年丙戌
敦拜十月乙酉乞休溫達吏部尚書
宋犖
凱音布十二月乙巳遷
徐潮
席爾達十二月乙巳凱音布禮部尚書
李振裕
馬爾漢
屠粹忠卒五月己未金世榮兵部尚書
安布祿十一月甲戌乞休阿山刑部尚書
王掞
溫達十月乙酉遷己丑希福納工部尚書
王鴻緒
傅繼祖
李鍈予三月丁亥罷四月辛亥王九齡吏部左侍郎
杜敏
王九齡四月遷辛亥張廷樞吏部右侍郎
穆丹
范承烈
巴錫十一月癸酉免
汪霦正月己丑革二月癸巳汪晉徵戶部右侍郎
邵穆布十二月辛巳遷丁亥鐵圖禮部左侍郎
王頊齡
鐵圖遷十二月丁亥赫壽禮部右侍郎
胡會恩
滿圖八月己亥殷特布兵部左侍郎
梅鋗四月乙未遷乙卯曹鑑倫兵部左侍郎
殷特布八月己亥遷恩丕兵部右侍郎
曹鑑倫四月乙卯遷蕭永藻兵部右侍郎
魯瑚十月庚子降丙午齊世武刑部左侍郎
卞永譽
常綬十月壬子遷巢可托刑部右侍郎
張睿
穆和倫
李元振
巢可托十月遷十二月丁亥莫音代工部右侍郎
彭會淇三月乙亥免四月周清原工部右侍郎

康熙四十六年丁亥
溫達十二月丙戌遷馬爾漢吏部尚書
宋犖
正月庚午希福納戶部尚書
徐潮
凱音布
李振裕
馬爾漢十二月丙戌遷耿額兵部尚書
金世榮卒十月庚子蕭永藻兵部尚書
阿山五月丙子免六月癸未耿額刑部尚書十二月丙戌遷巢可托刑部尚書
王掞
希福納正月庚午遷赫碩咨工部尚書
王鴻緒
傅繼祖
王九齡十二月己亥遷
杜敏
張廷樞
穆丹
范承烈二月遷己丑汪晉徵戶部左侍郎
赫碩咨正月戶部右侍郎庚午遷辛巳赫申戶部右侍郎
汪晉徵二月遷許汝霖戶部右侍郎
鐵圖
王頊齡
赫壽
胡會恩
殷特布
曹鑑倫
恩丕
蕭永藻正月辛巳遷二月己丑范承烈兵部右侍郎五月丙子遷六月壬午王國安代
齊世武
卞永譽
巢可托六月遷丁酉牛鈕納刑部右侍郎
張睿
穆和倫
李元振七月己巳休致八月庚辰李旭升工部左侍郎
莫音代
周清原五月丙子李旭升工部右侍郎八月遷庚辰阮爾詢工部右侍郎

康熙四十七年戊子
馬爾漢
宋犖閏月庚子致仕四月己酉徐潮吏部尚書
希福納
徐潮四月己酉遷五月甲申王鴻緒戶部尚書
凱音布四月乙亥乞休五月己酉富寧安禮部尚書
李振裕
耿額
蕭永藻
巢可托
王掞十月乙卯調張鵬翮刑部尚書
赫碩咨
王鴻緒五月調十月乙卯王掞工部尚書
傅繼祖閏月甲辰免四月壬子穆和倫吏部左侍郎
張廷樞正月戊辰吏部左侍郎
杜敏
張廷樞正月遷戊辰曹鑑倫吏部右侍郎
穆丹五月戊戌遷壬寅赫壽戶部左侍郎
汪晉徵
赫申
許汝霖
鐵圖
王頊齡
赫壽五月壬寅遷十月己酉二鬲禮部右侍郎
胡會恩
殷特布
曹鑑倫正月遷乙亥王國安兵部左侍郎
恩丕
王國安正月乙亥遷鹿祐兵部右侍郎
齊世武
卞永譽
牛鈕納
張睿
穆和倫四月遷壬子莫音代工部左侍郎
李旭升
莫音代四月壬子遷揆叙工部右侍郎
阮爾詢

康熙四十八年己丑
馬爾漢正月乙未乞休三月己亥富寧安吏部尚書
徐潮
希福納
王鴻緒正月乙未免二月庚午張鵬翮戶部尚書
富寧安三月遷四月庚戌穆和倫禮部尚書
李振裕正月乙未免二月庚午許汝霖禮部尚書
耿額
蕭永藻
巢可托免七月庚寅齊世武刑部尚書
張鵬翮二月庚午調張廷樞刑部尚書
赫碩咨
王掞
穆丹四月庚戌遷丙辰赫壽吏部左侍郎
張廷樞二月遷三月戊寅曹鑑倫吏部左侍郎
杜敏九月革十一月丁亥恩丕吏部右侍郎
曹鑑倫三月遷戊寅徐元正吏部右侍郎
赫壽四月丙辰遷噶禮戶部左侍郎七月辛卯遷八月己亥赫申代
汪晉徵十二月張世爵戶部左侍郎
赫申八月己亥遷能泰戶部右侍郎
許汝霖二月庚午遷三月戊寅張世爵戶部右侍郎十二月遷王度昭戶部右侍郎
鐵圖
王頊齡
二鬲
胡會恩
殷特布
王國安七月辛巳鹿祐兵部左侍郎九月戊寅遷甲申李先復兵部左侍郎
恩丕十一月遷辛卯滿篤兵部右侍郎
鹿祐七月辛巳遷李先復兵部右侍郎九月甲申遷宋駿業兵部右侍郎
齊世武
卞永譽
牛鈕納
張睿
莫音代七月庚寅拉都渾工部左侍郎
李旭升
揆叙
阮爾詢

康熙四十九年庚寅
富寧安
徐潮四月丁酉免乙巳蕭永藻吏部尚書
希福納九月辛亥革辛酉穆和倫戶部尚書
張鵬翮
穆和倫九月辛酉遷貝和諾禮部尚書
許汝霖十一月乙未免癸卯王掞禮部尚書
耿額
蕭永藻四月乙巳遷庚戌王掞兵部尚書十一月遷丁未孫徵灝兵部尚書
齊世武
張廷樞六月戊午革十一月丁卯郭世隆刑部尚書
赫碩咨
王掞四月庚戌遷十一月癸丑徐元正工部尚書
赫壽
曹鑑倫
恩丕五月庚午遷丙子哈山吏部右侍郎
徐元正正月癸巳遷四月乙巳仇兆鰲吏部右侍郎
赫申十月癸酉乞休辛巳塔進泰戶部左侍郎
張世爵
能泰三月丁亥革四月壬寅塔進泰戶部右侍郎十月辛巳遷鄂奇代
王度昭九月丙午遷十月戊辰施世綸戶部右侍郎十一月甲辰遷石文桂戶部右侍郎
鐵圖四月癸亥革五月庚午恩丕禮部左侍郎十二月戊寅遷
王頊齡
二鬲
胡會恩
殷特布
李先復
滿篤
宋駿業
齊世武
卞永譽
牛祜納
張睿卒正月癸巳艾芳曾刑部右侍郎
拉都渾七月庚辰遷揆叙工部左侍郎
李旭升
揆叙七月遷庚辰張額工部右侍郎
阮爾詢

康熙五十年辛卯
富寧安
桑額
穆和倫
張鵬翮
貝和諾十月丙辰革丁巳嵩祝禮部尚書
王掞
耿額十月壬午革十一月丙戌殷特布兵部尚書
孫徵灝
齊世武十月壬午革十一月丙戌哈山刑部尚書
郭世隆十月革十一月吳一蜚刑部尚書
赫碩咨
徐元正
哈山正月己酉吏部右侍郎十一月遷壬辰孫柱吏部左侍郎
曹鑑倫卒四月庚申陳元龍吏部左侍郎八月辛酉遷癸酉吳一蜚吏部左侍郎十一月遷癸未胡會恩代
哈山正月己酉遷傅紳吏部右侍郎
仇兆鰲正月庚午乞休丁丑陳元龍吏部右侍郎四月庚申吳一蜚吏部右侍郎八月丁巳胡會恩代九月李旭升代
塔進泰
張世爵卒六月七月辛亥葉九思戶部左侍郎
鄂奇四月庚申遷噶敏圖戶部右侍郎
石文桂二月丁丑遷己酉吳一蜚戶部右侍郎四月庚申遷乙丑李仲極戶部右侍郎
正月己酉二鬲禮部左侍郎
王頊齡
二鬲正月己酉遷馮忠禮部右侍郎
胡會恩正月己酉遷胡作梅禮部右侍郎
殷特布三月遷四月庚申滿篤兵部左侍郎十一月壬辰遷覺和托兵部左侍郎
李先復
滿篤四月庚申遷鄂奇兵部右侍郎五月己丑革辛丑覺和托兵部右侍郎十一月乙未遷巴顏柱兵部右侍郎
宋駿業
齊世武二月癸未休致牛祜納刑部左侍郎
卞永譽十月辛酉休致李旭升刑部左侍郎十一月乙未遷
牛祜納三月乙未遷覺羅法喇刑部右侍郎
艾芳曾
揆叙
李旭升十月辛酉遷辛未阮爾詢工部左侍郎
張額
阮爾詢十月辛未遷劉謙工部右侍郎

康熙五十一
富寧安
桑額四月丙
穆和倫
張鵬翮
嵩祝四月乙
王掞四月乙
殷特布
孫徵灝
哈山
吳一蜚四月
赫碩咨四月
陳詵四月乙
孫柱
胡會恩四月
傅紳
李旭升五月
塔進泰
葉九思四月
噶敏圖
李仲極四月
二鬲
王頊齡五月
馮忠
胡作梅
覺和托
李先復
巴顏柱
宋駿業
牛祜納二月
艾芳曾四月
覺羅法喇二
艾芳曾四月
揆叙十月丙
阮爾詢
張額十月己
劉謙

年壬辰	康熙五十二年癸巳		康熙五十三年甲午
	富寧安		富寧安
子吳一蜚吏部尚書	吳一蜚五月丙戌卒十月丙子張鵬翮吏部尚書		張鵬翮
	穆和倫		穆和倫
	張鵬翮十月丙子遷趙申喬戶部尚書		趙申喬
亥遷赫碩咨禮部尚書	赫碩咨		赫碩咨
亥遷陳詵禮部尚書	陳詵		陳詵
	殷特布		殷特布
	孫徵灝		孫徵灝
	哈山十二月革		賴都正月甲子刑部尚書
丙子遷胡會恩刑部尚書	胡會恩五月戊寅假免		張廷樞
乙亥遷滿篤工部尚書	滿篤十二月降己卯赫奕工部尚書		滿篤
亥遷張廷樞工部尚書	張廷樞五月丙戌遷王頊齡工部尚書		王頊齡
	孫柱		孫柱
丙子遷五月李旭升吏部左侍郎	李升旭		李升旭
	傅紳		傅紳
己丑遷王頊齡吏部右侍郎	王頊齡五月丙戌遷辛卯湯右曾吏部右侍郎		湯右曾
	塔進泰		塔進泰四月乙亥乞休辛巳噶敏圖戶部左侍郎
丙子王原祁戶部左侍郎	王原祁		王原祁
	噶敏圖		噶敏圖四月辛巳遷鄂奇戶部右侍郎六月遷十二
壬申革遷丙子廖騰煃戶部右侍郎	廖騰煃		廖騰煃
	二鬲		二鬲
己丑遷王思軾禮部左侍郎	王思軾		王思軾
	馮忠十月遷癸未荆山禮部右侍郎		荆山
	胡作梅		胡作梅
	覺和托		覺和托
	李先復		李先復
	巴顏住		巴顏住
	宋駿業五月丙戌卒田從典兵部右侍郎		田從典
庚申覺羅法喇刑部左侍郎四月戊午薩爾臺刑部左侍郎	薩爾臺		薩爾臺
丙子刑部左侍郎	艾芳曾		艾芳曾
月遷庚申薩爾臺刑部右侍郎四月戊午遷博晋岱刑部右侍郎	博晋岱		博晋岱
丙子遷張志棟刑部右侍郎	張志棟正月戊申革王企靖刑部右侍郎十二月辛卯革甲午	李濤刑部右侍郎	李濤
寅遷己巳張綸工部左侍郎	張綸十二月辛卯遷舒蘭工部左侍郎		舒蘭十月降十二月甲戌常泰工部左侍郎
	阮爾詢		阮爾詢
巳遷馬進泰工部右侍郎	馬進泰十一月甲寅降十二月己卯舒蘭工部右侍郎甲午還常泰工部右侍郎		常泰十二月遷甲戌滿丕工部右侍郎
	劉謙十二月丙子遷嶽徵璧工部右侍郎		嶽徵璧十二月乙亥王度昭工部右侍郎

	康熙五十四年乙未		康熙五十五年丙申		康熙五十六年丁酉
	富寧安		富寧安		富寧安
	張鵬翮		張鵬翮		張鵬翮
	穆和倫		穆和倫五月辛酉復爲戶部尚書		穆和倫
	趙申喬		趙申喬		趙申喬
	赫碩咨		赫碩咨六月己丑革丁酉荆山禮部尚書		荆山三月卒四月丙申殷特布禮部尚書六月乙未革
	陳詵		陳詵		陳詵
	殷特布		殷特布		殷特布四月丙申遷孫柱兵部尚書
	孫徵灝		孫徵灝十月卒壬辰趙弘燦兵部尚書		趙弘燦卒四月丙申范時崇兵部尚書
	賴都		賴都		賴都
	張廷樞		張廷樞		張廷樞
	滿篤		赫奕五月丁丑革孫渣齊工部尚書		孫渣齊
	王頊齡		王頊齡		王頊齡
	孫柱		孫柱		孫柱四月遷甲辰色爾圖吏部左侍郎
	李升旭		李升旭		李升旭
	傅紳		傅紳		傅紳
	湯右曾		湯右曾		湯右曾
	噶敏圖十二月甲申遷		傅爾笏納五月戶部左侍郎		傅爾笏納
	王原祁		梁世勳六月壬辰戶部左侍郎		梁世勳
月甲戌傅爾笏納戶部右侍郎	傅爾笏納		傅爾笏納五月遷敦拜戶部右侍郎		敦拜
	廖騰煃十一月甲子乞休十二月甲申呂	履恒戶部右侍郎	呂履恒		呂履恒四月辛丑降十月丁未王景曾戶部右侍郎
	二鬲		二鬲十二月乙巳薩哈布禮部左侍郎		薩哈布
	王思軾		王思軾		王思軾
	荆山		荆山六月遷十月壬辰薩哈布禮部右侍郎十二月遷	羅瞻禮部右侍郎	羅瞻
	胡作梅		胡作梅		胡作梅
	覺和托		覺和托卒四月辛丑覺阿賴兵部左侍郎		覺阿賴
	李先復		李先復		李先復
	巴顏住十一月戊戌革癸卯覺阿賴兵部	右侍郎	覺阿賴四月遷辛丑查弼納兵部右侍郎		查弼納
	田從典		田從典		田從典
	薩爾臺		薩爾臺二月乙丑休致五月癸亥阿錫鼐刑部左侍郎		阿錫鼐
	艾芳曾		艾芳曾		艾芳曾
	博晋岱十一月戊戌革己酉明安刑部右	侍郎	明安卒五月癸亥劉相刑部右侍郎		劉相
	李濤四月乙酉假免五月戊午李華之刑	部右侍郎	李華之		李華之
	常泰		常泰		常泰
	阮爾詢		阮爾詢卒十月壬辰鄒林工部左侍郎		鄒林
	滿丕		滿丕		滿丕
	王度昭		王度昭十月癸丑憂免十一月丁巳李鍇工部右侍郎		李鍇九月革十月丁未王懿工部右侍郎

	康熙五十七年戊戌		康熙五十八年己亥		康熙五十九年庚子
	富寧安		富寧安		富寧安
	張鵬翮		張鵬翮		張鵬翮
	穆和倫		孫渣齊		孫渣齊
	趙申喬		趙申喬		趙申喬十月甲寅卒十一月戊寅田從典戶部尚書
十月丙午杏珠禮部尚書	杏珠八月甲午卒十月丙午貝和諾禮部尚書		貝和諾		貝和諾
	陳詵		陳詵十一月丙子致仕十二月壬寅蔡升元禮部	尚書	蔡升元
	孫柱		孫柱		孫柱
	范時崇		范時崇		范時崇十月甲寅予告癸亥白潢兵部尚書
	賴都		賴都		賴都
	張廷樞		張廷樞		張廷樞
	孫渣齊四月甲午遷五月癸丑徐元夢工部尚	書	徐元夢		徐元夢
	王頊齡八月丙戌遷陳元龍工部尚書		陳元龍		陳元龍
	色爾圖		色爾圖三月乙未罷四月癸丑勒什布吏部左侍	郎	勒什布
	李升旭		李升旭		李升旭
	傅紳		傅紳		傅紳
	湯右曾		湯右曾		湯右曾
	傅爾笏納		傅爾笏納十一月辛未革庚寅敦拜戶部左侍郎		敦拜
	梁世勳十月丙午王景曾戶部左侍郎庚午李	永紹戶部左侍郎	李永紹		李永紹
	敦拜		敦拜十一月庚寅遷赫成額戶部右侍郎		赫成額
	王景曾十月丙午遷李永紹戶部右侍郎庚午	還王企靖戶部左侍郎	王企靖		王企靖七月戊子遷白潢戶部右侍郎十月甲寅遷十二月癸巳張
	薩哈布		薩哈布		薩哈布
	王思軾		王思軾		王思軾
	羅瞻		羅瞻		羅瞻
	胡作梅卒十一月戊寅景日昣禮部右侍郎		景日昣		景日昣
	覺阿賴五月遷九月丙戌查克旦兵部左侍郎		查克旦		查克旦
	李先復		李先復		李先復
	查弼納		查弼納		查弼納
	田從典		田從典十二月遷己卯王度昭兵部右侍郎		王度昭
	阿錫鼐		阿錫鼐		阿錫鼐
	艾芳曾卒二月壬午李華之刑部左侍郎		李華之		李華之五月己卯休致戊子張廷玉刑部左侍郎
	劉相		劉相		劉相
	李華之二月壬遷午周道新刑部右侍郎		周道新		周道新
	常泰		常泰六月革丁巳滿丕工部左侍郎		滿丕
	鄒林		鄒林		鄒林
	滿丕		滿丕六月丁丑遷穆爾台工部右侍郎		穆爾台
	王懿		王懿		王懿

伯行戶部右侍郎

康熙六十年辛丑
富寧安
張鵬翮閏月庚申孫柱吏部尚書
孫渣齊
田從典
貝和諾四月丁酉賴都禮部尚書
蔡升元閏月庚午假十二月丁丑陳元龍禮部尚書
孫柱
白潢
賴都四月丁酉遷托賴刑部尚書
張廷樞
徐元夢
陳元龍十二月遷
勒什布
李旭升
傅紳六月乙未解閏月丁巳張廷玉吏部右侍郎
湯右曾
敦稗
李永紹王景曾六月丁巳遷
赫成額
張伯行
薩哈布
王思軾
羅瞻
景日昣
查克旦
李先復
查弼納
王度昭
阿錫鼐
張廷玉六月遷丁巳王景曾刑部左侍郎
劉相
周道新
滿丕
郝林
穆爾台閏月甲戌長壽工部右侍郎
王懿

康熙六十一年壬寅
富寧安十二月甲子遷隆科多吏部尚書
孫柱
孫渣齊
田從典
賴都五月壬辰降十一月庚戌蘇庫禮部尚書
陳元龍十二月丙寅張廷玉禮部尚書
孫柱
白潢
托賴
張廷樞
徐元夢
李先復正月乙巳工部尚書
勒什布
李旭升
傅紳
湯右曾
敦稗十月丙寅吳爾泰戶部左侍郎
李周望十二月甲寅戶部左侍郎
赫成額
張伯行
薩哈布
王思軾
羅瞻
景日昣
查克旦
李先復遷十一月庚戌勳廷儀兵部左侍郎
查弼納十月遷阿克敦兵部右侍郎
王度昭
阿錫鼐
王景曾
劉相
周道新十一月丙子黃叔琳刑部右侍郎
滿丕
郝林
長壽
王懿

清史稿

部院大臣年表二下

康熙元年壬寅	
理藩院尚書	博羅色冷
理藩院左侍郎	綽克托
理藩院右侍郎	達哈塔
都察院滿左都御史	寓古里七月遷八月丙辰覺羅雅布蘭
都察院漢左都御史	魏裔介
都察院滿左副都御史	圖爾特
都察院滿左副都御史	覺羅碩博會
都察院漢左副都御史	董安國正月壬辰左副都御史
都察院漢左副都御史	楊時薦五月遷六月乙巳曹國柄左副

康熙二年癸卯	
理藩院尚書	博羅色冷
理藩院左侍郎	綽克托
理藩院右侍郎	達哈塔
都察院滿左都御史	覺羅雅布蘭
都察院漢左都御史	魏裔介五月遷龔鼎孳六月戊申左都
都察院滿左副都御史	圖爾特六月遷甲子額赫里左副都御
都察院滿左副都御史	覺羅碩博會
都察院漢左副都御史	董安國
都察院漢左副都御史	曹國柄十月遷六月丁卯董篤行左副

康熙三年甲辰	
理藩院尚書	博羅色冷
理藩院左侍郎	綽克托
理藩院右侍郎	達哈塔
都察院滿左都御史	覺羅雅布蘭
都察院漢左都御史	龔鼎孳
都察院滿左副都御史	額赫里
都察院滿左副都御史	覺羅碩博會
都察院漢左副都御史	董安國
都察院漢左副都御史	董篤行

左都御史
都御史
御史
史
都御史

康熙四年乙巳
博羅色冷
綽克托
達哈塔
覺羅雅布蘭
龔鼎孳正月壬辰郝惟訥左都御史
額赫里
覺羅碩博會
董安國
董篤行

康熙五年丙午
喀蘭圖
綽克托
達哈塔
覺羅雅布蘭七月丁未卒尼滿左都御史
郝惟訥六月癸酉遷七月庚辰朱之弼左都御史十月遷十一月
額赫里
覺羅碩博會
董安國十一月遷己亥宋徵輿左副都御史
董篤行

康熙六年丁未
喀蘭圖
綽克托
達哈塔
尼滿
王熙
額赫里正月己卯遷丁酉莫洛左副都御史
覺羅碩博會三月辛巳降丁亥納布左副都御史
宋徵輿卒八月甲子左敬祖左副都御史
董篤行

丁丑王熙左都御史

康熙七年戊申
喀蘭圖
綽克托
達哈塔
尼滿
王熙九月甲辰遷辛亥馮溥左都御史
莫洛正月戊申遷丙辰哲庫訥左副都御史
納布十二月遷己丑阿思哈左副都御史
左敬祖四月癸酉病免癸未金世德左副都御史十
董篤行十一月癸亥休致癸亥馬紹曾左副都御史

二月己丑遷

康熙八年己酉
喀蘭圖
綽克托六月乙亥革乙酉達哈塔理藩院左侍郎
達哈塔六月乙酉阿穆瑚琅理藩院右侍郎
尼滿九月免甲寅明珠左都御史
馮溥
哲庫訥九月壬辰免十二月覺羅阿範左副都御史
阿思哈九月壬辰免甲寅鄂善左副都御史
王光裕正月甲寅左副都御史
馬紹曾

康熙九年庚戌
喀蘭圖
達哈塔
阿穆瑚琅
明珠
馮溥三月遷癸酉杜篤祜左都御史十一月免癸酉
覺羅阿範
鄂善四月遷五月丙寅岳諾惠左副都御史
王光裕
馬紹曾五月遷丁卯高珩左副都御史

艾元徵左都御史

康熙十年辛亥
喀蘭圖五月庚申乞休戊寅阿穆瑚琅理藩院尚書
達哈塔
阿穆瑚琅五月遷六月癸巳博羅特理藩院右侍郎
明珠十一月遷十二月戊寅多諾左都御史
艾元徵
覺羅阿範
岳諾惠
王光裕二月乙丑遷壬寅佟宏器左副都御史十一月
高珩二月丙午遷楊永寧左副都御史五月壬戌遷壬

康熙十一年壬子
阿穆瑚琅
達哈塔
博羅特
多諾
艾元徵三月己酉遷庚申杜篤祜左都御史
覺羅阿範
岳諾惠
上官鉉四月己卯王秉仁左副都御史七月壬子遷庚
黃道行二月辛巳遷戊戌李之芳左副都御史十月壬

康熙十二年癸丑
阿穆瑚琅
達哈塔
博羅特
多諾
杜篤祜二月壬寅乞休辛亥吳正治左都御史五月遷
覺羅阿範二月遷丁卯額星格左副都御史
岳諾惠
任克溥二月壬子遷四月甲寅錢珽左副都御史八月
陳一炳四月遷五月壬午徐旭齡左副都御史七月遷

遷甲子上官鉉左副都御史
申姚文然代十一月遷辛未黃道行代
申任克溥左副都御史
子奉天府府尹陳一炳代
六月乙巳冀如錫左都御史九月遷庚寅劉鴻儒左都御史降壬子姚文然
乙巳嚴沆左副都御史
丁酉李元贊左副都御史

康熙十三年甲寅
阿穆瑚琅
達哈塔
特羅博
多諾
姚文然
額星格
岳諾惠
嚴沆十月癸丑遷十二月甲午田六善左副都御史
李元贊正月辛未遷己卯于可託左副都御史十一月甲子遷

癸酉金儁左副都御史

康熙十四年乙卯
阿穆瑚琅
達哈塔
博羅特
多諾十二月庚申革壬申介山左都御史
姚文然
額星格閏月戊戌遷乙卯達哈塔左副都御史
岳諾惠四月遷庚戌郭丕左副都御史閏月戊申遷六月癸
金儁
田六善

亥莽色左副都御史

康熙十五年丙辰
阿穆瑚琅

博羅特
介山
姚文然八月丙辰陳敱永左都御使
達哈塔
莽色
金儁
田六善

左都御史

康熙十六年丁巳
阿穆瑚琅

博羅特
介山四月遷丁巳喀代左都御史十月遷
陳敱永四月遷丙寅宋德宜左都御史
達哈塔五月遷戊子碩甘左副都御史
莽色
金儁十二月己巳遷
田六善四月遷甲戌劉楷左副都御史

康熙十七年戊午
阿穆瑚琅
達哈塔
博羅特
郭四海正月壬辰左都御史十二月遷
宋德宜七月遷壬戌魏象樞左都御史
碩甘二月遷戊午喀爾圖左副都御史
莽色
金鋐正月己丑左副都御史
劉楷七月丁巳遷八月己巳朱雯左副都御史

康熙十八年己未
阿穆瑚琅
達哈塔
博羅特
覺羅舒恕四月左都御史
魏象樞
喀爾圖四月戊子遷五月己未穆成左副都御史
莽色
楊雍建正月癸卯左副都御史二月遷四月庚
朱雯正月遷二月丁卯馮汝驥左副都御史五

	康熙十九年庚申	康熙二十二年癸亥
	阿穆瑚琅	阿穆瑚琅
	達哈塔	阿喇尼
	阿喇尼九月理藩院右侍郎	明愛
	覺羅舒恕七月革折爾肯左都御史	喀爾圖二月遷己卯佛倫左都御史八月遷癸亥科爾坤左都
	魏象樞十一月遷十二月壬辰徐元文左都御史	徐元文
	科爾坤	捧色三月遷乙丑雅思哈左副都御史
	捧色	塞克德
	郝浴十二月遷	馬世濟
	李仙根	吳琠十月丙辰憂免十一月丁丑趙士麟左副都御史

	康熙二十年辛酉	康熙二十三年甲子
	阿穆瑚琅	阿穆瑚琅九月阿喇尼署理藩院尚書
	達哈塔二月乞休阿喇尼理藩院左侍郎	阿喇尼八月遷庚午明愛理藩院左侍郎
	阿喇尼二月己亥遷明愛理藩院右侍郎	明愛八月遷庚午喇巴克理藩院右侍郎
	折爾肯二月遷五月癸亥薩穆哈左都御史	科爾坤十二月遷己酉達哈他左都御史
	徐元文	徐元文降正月丙戌余國柱左都御史八月遷癸酉陳廷敬左
	捧色	雅思哈五月己卯卒丁丑拉篤祜左副都御史八月丙寅覺羅
	科爾坤四月遷五月乙丑蘇拜左副都御史	塞克德正月丙寅免二月丁未席爾達左副都御史
	劉汝漢正月癸未左副都御史四月遷五月辛酉余國柱左副都御史	馬世濟四月壬戌遷五月辛巳張鵬左副都御史八月辛巳遷
	李仙根二月遷三月戊寅宋文運左副都御史	趙士麟二月己酉遷三月壬申張可前左副都御史

	康熙二十一年壬戌	康熙二十四年乙丑
	阿穆瑚琅	阿喇尼
	阿喇尼	明愛
	明愛	喇巴克
	達都二月庚辰左都御史七月卒庚戌杭愛左都御史十月遷庚寅喀爾圖左都御史	達哈他九月己卯遷十月甲辰佛倫左都御史
	徐元文	陳廷敬
八月辛科爾坤左副都御史	捧色	拉篤祜
	塞克德正月戊辰左副都御史	席爾達　覺羅孫果
辰焦毓瑞左副都御史五月遷六月庚辰郝浴左副都御史	余國柱正月丙子馬世濟左副都御史	崔澄二月壬辰遷己亥胡昇猷左副都御史
月遷六月甲子施維翰代八月遷十月丙寅李仙根代	宋文運五月遷六月己卯吳琠左副都御史	張可前二月遷丙午趙之鼎左副都御史

康熙二十五年丙寅	康熙二十八年己巳	康熙三十
阿喇尼	阿喇尼	班迪
明愛二月甲午休致庚子喇巴克理藩院左侍郎	額爾黑圖	額爾黑圖
喇巴克二月遷庚子穆稱額理藩院右侍郎四月遷五月丙戌覺羅孫果理藩院右侍郎	吳拉里	文達二月
御史　佛倫六月乙亥遷戊寅阿蘭泰左都御史	馬齊	薩海
陳廷敬九月丁未遷庚戌董訥左都御史	郭琇五月丁未左都御史十月降	于成龍十
拉篤祜七月己丑遷戊戌舒淑左副都御史	噶世圖七月遷單壁左副都御史	尹泰三月
胡昇猷閏月乙亥遷五月乙酉徐元珙左副都御史	覺羅舒恕閏月遷戊申左副都御史	佛保
趙之鼎十二月遷癸亥鄭重左副都御史	吳琠三月丁酉左副都御史四月丁亥遷壬辰許三禮左副都御史	李元振二
覺羅孫果五月遷丙戌席珠左副都御史	李絅四月戊辰左副都御史	黃裴

康熙二十六年丁卯	康熙二十九年庚午	康熙三十
阿喇尼	阿喇尼二月辛未馬齊署	班迪
喇巴克十一月甲辰革十二月乙丑額爾黑圖理藩院左侍郎	額爾黑圖	文達卒四
拉篤祜五月庚辰遷吳拉岱理藩院右侍郎	文達	滿丕四月
阿蘭泰二月辛酉遷廖旦左都御史九月戊子遷葛思泰左都御史	馬齊	薩海
都御史　董訥三月己丑遷癸巳王鴻緒左都御史九月丙申遷徐乾學左都御史	陳廷敬二月戊子左	董訥
孫果左副都御史　舒淑十月戊辰免壬申凱普布左副都御史	單壁十月遷十一月都御史七月己亥遷于成龍左都御史	沈圖十一
徐元珙卒十月戊申王遵訓左副都御史十月乙亥遷十一月庚辰徐諧武左副都御史	舒恕　庚寅朱都納左副都御史	佛保十月
丙戌崔澄左副都御史　鄭重	許三禮三月遷庚子王士禎左副都御史十月乙酉遷十一月庚寅胡昇猷代	嚴曾矩
席珠二月辛酉遷庚午覺羅舜拜左副都御史三月遷乙未傅臘塔左副都御史七月己亥遷阿山代	李絅	黃斐

康熙二十七年戊辰	康熙三十年辛未	康熙三十
阿喇尼	阿喇尼正月免乙卯班迪理藩院尚書	班迪
額爾黑圖	額爾黑圖	滿丕
吳拉岱二月壬子文達理藩院右侍郎	文達	西拉
葛思泰二月甲子遷三月乙亥馬齊左都御史	馬齊正月乙卯遷六月癸亥秦諾和左都御史十一月遷癸亥薩海左都御史	薩海閏
徐乾學二月己巳遷六月戊辰徐元文復爲左都御史十二月遷	于成龍	董訥三月
凱普布二月辛酉遷丁卯噶爾圖左副都御史六月壬寅遷丁未噶世圖左副都御史	朱都納四月遷七月己巳尹泰左副都御史	碩羅三月
徐諧武三月乙未遷壬寅李廷松左副都御史十二月癸卯遷癸丑衛執滿代	舒恕十一月遷十二月甲申佛保左副都御史	沙哈里
鄭重三月乙亥遷己卯王承祖左副都御史十一月戊寅王維珍左副都御史	胡昇猷正月卒乙卯李元振左副都御史	嚴曾矩
阿山	李絅六月遷七月己亥衛既齊左副都御史九月癸丑遷戊辰黃斐代	黃斐

一年壬申	康熙三十四年乙亥	
	班迪	
二月戊戌文達理藩院左侍郎	滿丕	
戊戌遷滿丕理藩院右侍郎	西拉	
	傅臘塔	
二月壬午遷辛卯董訥左都御史	蔣宏道	
遷戊寅噶爾薩左副都御史五月辛戊申法爾哈代十月遷癸巳沈圖代	阿山	
	沙哈里三月卒丁卯席密圖左副都御史	
月遷甲午徐潮左副都御史十月庚子遷十一月丙午嚴曾矩代	嚴曾矩	
	黃斐	

二年癸酉	康熙三十五年丙子	
	班迪	
月丁酉滿丕理藩院左侍郎	滿丕	
丁酉遷西拉理藩院右侍郎	西拉	
	傅臘塔	
	蔣宏道六月己亥病免壬子吳琠左都御史	
月庚子遷十二月癸酉碩羅左副都御史	阿山六月遷七月戊午貝和訥左副都御史	
壬申遷沙哈里左副都御史	席密圖七月戊午遷戊辰努赫左副都御史	
	嚴曾矩	
	黃斐十一月卒辛巳熊一瀟左副都御史	

三年甲戌	康熙三十六年丁丑	
	班迪	
	滿丕	
	西拉正月己巳安布祿理藩院右侍郎	
月辛未予告壬午傅臘塔左都御史	傅臘塔正月丁酉遷辛丑席爾達左都御史九月乙巳遷哈雅爾圖左都御	史
乙未卒乙丑范承勳左都御史六月丙辰遷七月丁卯蔣宏道左都御史	吳琠五月壬寅遷張鵬左都御史	
休致傅德左副都御史六月遷丙午阿山左副都御史	貝和訥正月丙子遷二月癸未哈　左副都御史六月癸亥遷噶禮左副	都御史八月乙丑遷丙寅扎賴左副都御史十月己巳休致壬戌倫額特代
	努赫五月丙子遷六月己酉戴都里左副都御史十一月丙午遷壽鼐代	
	嚴曾矩五月遷六月癸亥劉元慧左副都御史	
	熊一瀟九月遷丙午錢三錫左副都御史	

康熙三十七年戊寅
班迪
滿丕
安布祿
哈雅爾圖
張鵬翮七月遷乙酉王士禎左都御史
額倫特
壽鼐
劉元慧六月壬申金璽左副都御史八月辛未遷九月癸未梅鋗左副都御史
錢三錫七月庚寅遷丙申吳涵左副都御史

康熙三十八年己卯
班迪
滿丕
安布祿
哈雅爾圖二月降五月丁亥馬爾漢左都御史十一月己亥遷哈雅爾圖復爲左都御史
王士禎十一月己亥王澤宏左都御史
額倫特
壽鼐
梅鋗
吳涵九月庚申遷十月丙寅王紳左副都御史

康熙三十九年庚辰
班迪九月丁巳哈雅爾圖理藩院尚書
滿丕
安布祿十月乙丑遷己巳滿篤理藩院右侍郎
哈雅爾圖九月丁巳遷十月乙丑安布祿左都御史
王澤宏六月己巳遷李柟左都御史
額倫特十一月壬辰遷丁酉扎賴左副都御史
壽鼐
梅鋗十月丁亥遷十一月戊戌勵杜訥左副都御史
王紳六月乙亥遷庚寅甘國樞左副都御史

康熙四十年辛巳
哈雅爾圖
滿丕
滿篤
安布祿十一月辛亥遷辛未敦拜左都御史
李柟
扎賴正月辛亥辛保左副都御史乙卯遷二月己未岳薗左副都御史十一月甲申休致甲午葉舒左副都御史
壽鼐十一月甲申休致甲午常恕左副都御史
勵杜訥
甘國樞

康熙四十一年壬午
哈雅爾圖
滿丕三月遷辛亥滿篤理藩院左侍郎
滿篤三月遷辛亥伊道理藩院右侍郎
敦拜九月己巳遷溫達左都御史
李柟
葉舒
常恕三月遷戊子杜喀禮左副都御史
杜勳訥
甘國樞六月遷己未張泰交左副都御史己卯遷張睿左副都御史

康熙四十二年癸未
哈雅爾圖
滿篤
伊道
溫達
李柟
葉舒
杜喀禮
杜勳訥四月壬寅遷五月己酉涂綸左副都御史九月丁卯遷己卯姜楱左副都御史
張睿

康熙四十三年甲申
哈雅爾圖
滿篤
伊道
溫達三月丙寅遷四月壬申舒格左都御史
李柟十月己巳致仕己卯吳涵左都御史
葉舒十二月壬申布爾賽左副都御史
杜喀禮十二月壬申赫申左副都御史
姜楱三月遷四月乙亥傅作楫左副都御史
張睿十二月己卯遷乙酉李斯義左副都御史壬辰遷丙申陳誠左副都御史

康熙四十四年乙酉
哈雅爾圖正月庚申常恕理藩院尚書十二月甲辰革阿靈阿兼理藩院尚書
滿篤
伊道
舒幹五月戊寅革九月甲申希福納左都御史
吳涵
布爾賽十月丙申遷丁巳董國禮左副都御史
赫申
傅作楫五月革汪晉徵左副都御史
陳誠十一月庚辰遷十二月癸巳周清原左副都御史

康熙四十五年丙戌
阿靈阿
滿篤
伊道
希福納十月遷戊戌耿額左都御史
吳涵三月致仕四月乙未遷梅鋗左都御史
董國禮三月己未遷郭瑮左副都御史四月癸巳遷辛丑嵩成額左副都御史十一月癸亥遷張頴代
赫申
汪晉徵二月遷甲寅江蘩左副都御史
周清原四月遷五月庚申李旭升左副都御史

康熙四十六年丁亥
阿靈阿
滿篤
伊道五月丙子遷六月癸未薦良理藩院右侍郎
耿額六月壬午遷丁亥巢可托左都御史十二月遷庚戌富寧安左都御史
梅鋗正月乙亥革辛巳蕭永藻左都御史十月遷十二月己亥王九齡代
張頴
赫申正月辛巳遷己丑牛鈷納左副都御史六月遷溫察左副都御史
江蘩
李旭升五月遷六月壬午阮爾詢左副都御史八月遷十月庚子宋駿業左副都御史

康熙四十七年戊子
阿靈阿
滿篤
薦良
富寧安五月遷辛卯穆和倫左都御史
王九齡
張頴
溫察
江蘩十月壬子革癸丑勞之辨左副都御史十一月辛巳革十二月壬戌張世爵左副都御史
宋駿業

康熙四十八年己丑
阿靈阿
滿篤十一月辛卯遷諸木齊岱理藩院左侍郎
薦良
穆和倫四月甲辰遷庚戌穆丹左都御史
王九齡
張頴
溫察十一月丙子休致辛卯蘇爾德左副都御史
張世爵三月戊寅遷乙酉李先復左副都御史七月辛巳遷丙申艾芳曾左副都御史
宋駿業九月遷癸巳王度昭左副都御史

康熙四十九年庚寅
阿靈阿
諸木齊岱
薦良卒七月庚辰拉都渾理藩院右侍郎
穆丹
王九齡卒正月癸巳徐元左都御史十月癸卯遷十二月辛巳趙申喬左都御史
張頴七月遷十月癸卯瓦爾達左副都御史
蘇爾德五月癸未遷六月己丑綽奇左副都御史
艾芳曾正月癸巳遷二月壬辰祖允圖左副都御史
王度昭正月遷施世綸左副都御史十月遷丙子左必蕃左副都御史

康熙五十年辛卯
阿靈阿
諸木齊岱
拉都渾九月丙午降甲寅博普岱理藩院右侍郎
穆丹三月壬寅凱普布左都御史十一月遷壬辰滿篤左都御史
趙申喬
瓦爾達
綽奇
祖允圖十一月壬辰廖騰煃左副都御史
左必蕃

康熙五十一年壬辰
阿靈阿
諸木齊岱
博普岱四月戊午遷二郎保理藩院右侍郎
滿篤四月戊午遷丙子穆丹左都御史卒十月丙寅揆敘左都御史
趙申喬
瓦爾達
綽奇十月甲戌遷十一月乙酉明安左副都御史
廖騰煃四月丙子遷五月己丑王企靖左副都御史
左必蕃四月丙子免田從典左副都御史

康熙五十二年癸巳
阿靈阿
諸木齊岱
二郎保十月辛丑拉都渾理藩院右侍郎
揆敘
趙申喬十月丙子遷劉謙左都御史
瓦爾達五月壬辰遷乙巳阿爾筏左副都御史
明安十一月丁巳常泰左副都御史十二月遷
王企靖正月戊申遷二月乙卯崔徵璧左副都御史十月遷丁亥呂履恒左副都御史
田從典五月遷辛丑郝惟謂左副都御史尋卒九月庚戌李濤左副都御史十二月遷

康熙五十三年甲午
阿靈阿
諸木齊岱
拉都渾
揆敘
劉謙
阿錫鼐正月戊辰左副都御史
明安
呂履恒十二月遷董弘毅左副都御史
李華之正月戊辰左副都御史

康熙五十四年乙未
阿靈阿
諸木齊岱
拉都渾
揆敘
劉謙十月丁亥革十一月甲午范時崇左都御史
阿錫鼐
明安十一月遷十二月甲子劉相左副都御史
董弘毅
李華之五月戊午遷壬戌郝林左副都御史

康熙五十五年丙申
阿靈阿十一月卒
諸木齊岱
拉都渾
揆敘
范時崇
阿錫鼐五月遷十月壬辰羅瞻左副都御史十二月遷
劉相五月遷乙酉楊杜左副都御史
董弘毅八月乙卯降十月壬辰余正健左副都御史
郝林十月遷戊戌周道新左副都御史

康熙五十六年丁酉
赫壽四月丙申理藩院尚書
諸木齊岱四月戊戌拉都渾理藩院左侍郎
拉都渾四月戊戌遷特古忒理藩院右侍郎
揆敘正月卒壬午徐元夢左都御史
范時崇四月丙申遷十月丁未蔡升元左都御史
海壽正月己卯左副都御史十月乙酉遷壬辰覺羅蘇庫左副都御史
楊杜
余正健二月辛亥免三月丁卯王景曾左副都御史十月丁未遷十一月戊午江球代
周道新

康熙五十七年戊戌
赫壽
拉都渾
特古忒
徐元夢五月癸丑遷戊辰黨阿賴左都御史
蔡升元
覺羅蘇庫十月癸丑遷嵩成額左副都御史
楊柱
江球
周道新二月遷辛卯景日昣左副都御史十一月戊寅遷丙戌屠沂左副都御史

康熙五十八年己亥
赫壽十一月卒
拉都渾
特古忒
黨阿賴
蔡升元十二月壬寅
嵩成額十一月庚寅
楊柱
江球
屠沂

康熙五十九年庚子
隆科多十一月庚寅
拉都渾
特古忒
黨阿賴
田從典十一月戊寅
伊特海
楊柱九月戊子遷十
江球
屠沂十一月戊寅遷

康熙六十年辛丑
隆科多
拉都渾
特古忒
黨阿賴十一月辛丑
朱軾
伊特海
牛鈕
江球
李紱六月丙申革十

清史稿

部院大臣年表三上

遷。己酉，田從典左都御史
遷。十二月癸卯，伊特海左副都御史
理藩院尚書
遷，朱軾左都御史
月己酉，牛鈕左副都御史
十二月癸巳，李紱左副都御史
乞休免。十二月安泰左都御史
二月丁丑，張大有左副都御史

康熙六十一年壬寅
隆科多 十二月遷。王允祿理藩院尚書
拉都渾 二月，特古忒理藩院左侍郎。十二月加尚書銜
特古忒 二月遷。長壽理藩院右侍郎
安泰 十一月遷。敦拜左都御史
朱軾
伊特海 十二月乙亥遷
牛鈕
江球
張大有 三月丙戌遷。己亥，金惠璧左副都御史

雍正元年癸卯	
吏部滿尚書	隆科多
吏部漢尚書	張鵬翮 二月壬子遷。九月壬午，田從典吏部尚
戶部滿尚書	孫渣齊 十月癸酉遷。徐元夢戶部尚書
戶部漢尚書	田從典 九月壬午遷。張廷玉戶部尚書
禮部滿尚書	覺羅蘇庫 九月庚寅休致。十月癸酉，阿爾松阿
禮部漢尚書	張廷玉 九月壬午遷。張伯行禮部尚書
兵部滿尚書	孫柱
兵部漢尚書	白潢 九月壬午遷。盧詢兵部尚書
刑部滿尚書	托賴 正月壬寅降。二月辛亥，佛格刑部尚書。十
刑部漢尚書	張廷樞 正月壬寅降。二月辛亥，勵廷儀刑部尚
工部滿尚書	徐元夢 十月癸酉遷。孫渣齊工部尚書
工部漢尚書	李先復
吏部滿左侍郎	勒什布 三月壬寅，巴泰吏部左侍郎
吏部漢左侍郎	李旭升 二月己未休。三月庚寅，黃叔琳吏部左
吏部滿右侍郎	傅森
吏部漢右侍郎	王之樞 正月辛丑吏部右侍郎。三月庚寅差。王
戶部滿左侍郎	吳爾泰 七月甲午遷。常壽戶部左侍郎
戶部漢左侍郎	李周望
戶部滿右侍郎	賴成額 三月卒。六月己未，托時戶部右侍郎
戶部漢右侍郎	張伯行 九月壬午遷。景日昣戶部右侍郎
禮部滿左侍郎	薩哈布 七月甲午遷。登德禮部左侍郎
禮部漢左侍郎	王思軾 三月辛巳致仕。癸巳，景日昣禮部左侍
禮部滿右侍郎	羅瞻 六月癸亥，三泰禮部右侍郎
禮部漢右侍郎	景日昣 三月癸巳遷。蔣廷錫禮部右侍郎
兵部滿左侍郎	查克旦 三月庚寅差。長壽兵部左侍郎。七月癸
兵部漢左侍郎	勵廷儀 二月辛亥遷。張樂佐兵部左侍郎。六月
兵部滿右侍郎	阿克敦 七月甲午免。牛紐兵部右侍郎
兵部漢右侍郎	王度昭 七月甲午乞休。李紱兵部右侍郎
刑部滿左侍郎	阿錫鼐 十月癸酉遷。馬爾齊哈刑部左侍郎
刑部漢左侍郎	王景曾 九月壬午遷。涂天相刑部左侍郎
刑部滿右侍郎	劉相 九月卯革。噶什圖刑部右侍郎
刑部漢右侍郎	黃叔琳 三月遷。庚寅，盧詢刑部右侍郎。九月壬
工部滿左侍郎	滿丕 正月遷。壬寅，登德工部左侍郎。七月甲午
工部漢左侍郎	郝林
工部滿右侍郎	長壽 三月遷。庚寅，尹泰工部右侍郎。七月甲午
工部漢右侍郎	王鑰 卒。十一月丁酉，金世揚工部右侍郎

書
禮部尚書。十二月遷
二月免。阿爾松阿刑部尚書
書
侍郎
寅，史貽直署吏部右侍郎
郎。九月壬午遷。王景曾禮部左侍郎
巳遷。伊都立兵部左侍郎
丁卯，嵇曾筠兵部左侍郎
午遷。高其佩代
遷。尹泰工部左侍郎。十月癸酉遷。阿錫鼐代
遷。薩爾納工部右侍郎

雍正二年甲辰
隆科多
田從典 六月遷。朱軾兼吏部尚書
徐元夢
張廷玉
阿爾松阿 閏月庚子休。塞爾圖禮部尚書。五月丙午遷。十二月辛卯，賴都禮部尚書
張伯行
孫柱
勵廷儀
阿爾松阿 十月免。丙申，塞爾圖刑部尚書
盧詢
孫渣齊 十月己丑革。奇綽工部尚書
李先復 六月丙申致仕。七月己巳，李永紹工部尚書
巴泰 十一月壬子遷。查郎阿吏部左侍郎
黃叔琳 二月戊午遷。丁卯，史貽直吏部左侍郎
傅森
史貽直 二月丁卯遷。沈近思吏部右侍郎
常壽
李周望
托時
景日昣 六月癸未調。蔣廷錫戶部右侍郎
登德 十二月甲戌遷。牛紐禮部左侍郎
王景曾
三泰
蔣廷錫 六月癸未調。景日昣禮部右侍郎
伊都立 十一月壬寅遷。欽拜兵部左侍郎
嵇曾筠
牛鈕 十二月甲戌遷。傅鼐兵部右侍郎
李紱 四月丁未遷。楊汝穀兵部右侍郎
馬爾齊哈
涂天相 六月癸未降。黃炳刑部左侍郎
噶什圖 二月壬戌遷。馬喇刑部右侍郎。十一月丁卯革。塞楞額刑部右侍郎
高其佩
阿錫鼐 二月辛酉革。薩爾納工部左侍郎
郝林 三月戊寅免。金世揚工部左侍郎
薩爾納 二月辛酉遷。綽爾岱工部右侍郎。十一月壬子，改額外巴泰工部右侍郎
金世揚 三月戊寅遷。李鳳翥工部右侍郎

雍正三年乙巳
隆科多 七月壬子差。癸丑，遜柱兼理吏部尚書
朱軾 九月甲寅遷大學士，仍兼管吏部尚書。蔡珽吏部尚書，仍管兵部尚書、左都御史
徐元夢
張廷玉
賴都
張伯行 卒。二月丁酉，李周望禮部尚書
孫柱
盧詢 七月丙辰免。蔡珽兵部尚書，仍兼左都御史
塞爾圖
勵廷儀
奇綽
李永紹
查郎阿
史貽直 十二月甲申遷。張令璜吏部左侍郎
福敏 四月壬午，吏部右侍郎
沈近思
長壽
李周望 二月丁酉遷。三月壬寅，蔣廷錫戶部左侍郎
托時 五月丙辰遷。塞德戶部右侍郎
蔣廷錫 三月壬寅遷。吳士玉戶部右侍郎
牛紐 十二月丙戌降。阿克敦禮部左侍郎
王景曾 免。四月壬午，查嗣庭禮部左侍郎
三泰
景日昣 十二月甲申假免。魏方泰禮部右侍郎
欽拜
嵇曾筠
傅鼐 十二月丁酉遷。莽鵠立兵部右侍郎
楊汝穀
馬爾齊哈 十月庚午，岱爾綽刑部左侍郎
黃炳
塞楞額
高其佩
薩爾納
金世揚 二月壬辰革。郝林工部左侍郎
巴泰 十月庚午，馬進泰工部右侍郎
李鳳翥 四月戊寅降。年希堯工部右侍郎。十二月甲戌革。甲申，史貽直工部右侍郎

雍正四年丙午
隆科多 正月辛酉革。二月甲子，孫柱吏部尚書。七月辛亥，解食瑚納吏部尚書
蔡珽 七月辛亥解。楊名時吏部尚書，未任。九月朱軾仍兼吏部
徐元夢 八月己巳革
張廷玉 二月辛卯遷大學士，仍管戶部尚書。蔣廷錫戶部尚書
賴都
李周望
孫柱 二月甲子遷。法海兵部尚書
蔡珽 十月降。壬午，蔣廷錫兼兵部尚書。十二月壬午，何天培兵部尚書
塞爾圖
勵廷儀
奇綽
李永紹
查郎阿
張令璜 三月改。沈近思吏部左侍郎
福敏 二月甲子遷。岱爾綽吏部右侍郎。七月戊戌，杜邁吏部右侍郎
沈近思 三月遷。張令璜吏部右侍郎。七月戊戌降。王沛憻吏部右侍郎
長壽
蔣廷錫 二月辛卯遷。裴律度戶部左侍郎
塞德 十月丁丑革。塞楞額戶部右侍郎
吳士玉
阿克敦 四月辛巳遷。三泰禮部左侍郎
查嗣庭 九月革。十月丁卯，郝林禮部左侍郎。十一月庚戌致仕。癸亥，唐執玉吏部左侍郎
三泰 四月辛巳遷。塞楞額禮部右侍郎。十月丁丑遷。莽鵠立署禮部右侍郎
魏方泰 十二月戊寅休致。壬午，劉師恕禮部右侍郎
欽拜 二月庚寅革。塞楞額兵部左侍郎。四月辛巳遷。阿克敦兵部左侍郎
嵇曾筠
莽鵠立 十月丁丑遷。圖理琛兵部右侍郎
楊汝穀
岱爾綽 二月甲子遷。海壽刑部左侍郎
黃炳
塞楞額 二月庚寅遷。杜存刑部右侍郎。十一月庚戌降。莽鵠立刑部右侍郎
高其佩
薩爾納 二月戊寅革。常保工部左侍郎。七月甲寅遷。明圖工部左侍郎。九月辛丑降。壬寅，鄂爾奇代
郝林 十月丁卯遷。乙酉，史貽直工部左侍郎
馬進泰 三月庚子革。邁柱工部右侍郎。七月甲寅遷。明圖工部右侍郎。甲寅遷。哲先代
史貽直 十月乙酉遷。劉師恕工部右侍郎。十二月壬午遷。李紱工部右侍郎

雍正五年丁未
查弼納 四月降。福敏吏部尚書
楊名時 閏月免。戊辰，宜兆熊吏部尚書
朱軾
蔣廷錫
賴都 八月庚寅乞休。長壽吏部尚書
李周望
法海 八月革。查弼納署兵部尚書。九月丙寅，補
何天培 四月己丑，黃國材署兵部尚書
塞爾圖 六月乙巳革。德明刑部尚書
勵廷儀
奇綽
李永紹 七月戊午降。己亥，黃國材工部尚書
查郎阿 四月己丑遷。壬寅，阿克敦吏部左侍郎
沈近思 正月丙辰遷左都御史，仍兼吏部左侍郎
杜邁 閏月遷。四月壬寅，岳爾岱吏部右侍郎。六月戊申遷。甲寅，圖理琛吏部右侍郎。十二月庚子遷。舒楞額代
王沛憻 三月甲辰，加左都御史銜，致仕。庚戌，嵇曾筠吏部右侍郎。十二月遷。劉師恕代
長壽 八月庚寅遷。西琳戶部左侍郎。十一月丁巳遷。常德壽署戶部左侍郎
吳士玉 八月丁亥，史貽直戶部左侍郎
塞楞額 四月己亥遷。布蘭泰戶部右侍郎。五月癸酉遷。甲戌，傅泰戶部左侍郎
三泰
唐執玉 十二月遷
永壽 正月甲寅，禮部右侍郎。四月壬寅遷。莽鵠立禮部右侍郎。十一月庚辰遷。孫卓代
劉師恕 十二月壬寅遷。錢以塏禮部右侍郎
阿克敦 四月壬寅遷。圖理琛兵部左侍郎。六月甲寅遷。永壽兵部左侍郎
嵇曾筠 三月庚戌遷。楊汝穀兵部左侍郎
圖理琛 四月壬寅遷。永壽兵部右侍郎。六月甲寅遷。那蘇圖兵部右侍郎。十二月壬午遷。圖理琛兵部右侍郎
楊汝穀 三月庚戌遷。胡煦兵部右侍郎
海壽
黃炳
莽鵠立 四月壬寅遷。塞爾臣刑部右侍郎。六月戊戌，西琳刑部右侍郎。八月庚寅遷。張保代
高其佩 七月丙子免。畢疇書刑部右侍郎
鄂爾奇
史貽直 八月丁亥遷。吳士玉工部左侍郎
哲先 七月癸酉革。法保工部右侍郎
李紱 八月丁亥革。申大成工部右侍郎

雍正六年
福敏 四月
宜兆熊 降
范時繹 三
蔣廷錫 三
長壽
李周望 憂
查弼納 十
何天培 二
德明
勵廷儀 十
奇綽
黃國材
阿克敦 革
嵇曾筠 二
舒楞額
劉師恕 四
常德壽
史貽直 八
傅泰
畢疇書 七
三泰 四月
錢以塏 正
孫卓
錢以塏 正
永壽
楊汝穀
圖理琛 二
胡煦
海壽 十月
黃炳 八月
張保 十月
畢疇書 七
六 鄂爾奇
吳士玉 八
法保
申大成 八

戊申	雍正七年己酉	雍正八年庚戌
癸卯革查郎阿吏部尚書未任傅爾丹署十月丁酉杭奕祿署吏部尚書	查郎阿	查郎阿
四月乙巳嵇曾筠仍辦河工十月丁酉張廷玉署吏部尚書	嵇曾筠	嵇曾筠
月戊午戶部尚書未任	范時繹	范時繹五月己巳免癸酉
月戊午遷大學士仍兼管戶部尚書	蔣廷錫	蔣廷錫
	長壽	長壽
免十月癸巳石文焯禮部尚書	石文焯	石文焯六月癸亥革錢以
一月戊子稽查陝西軍需庚子三泰署兵部尚書	查弼納	查弼納七月癸丑孫柱代
月丁未降嵇曾筠兵部尚書未任三月辛酉何天培署五月辛未革石文焯兵部尚書十月癸巳還路振揚兵部尚書	路振揚十一月丙子遷馬會伯兵部尚書	馬會伯六月癸亥革唐執
	德明	德明五月癸酉遷海壽刑
月戊辰加太子少傅	勵廷儀	勵廷儀
	綽奇	綽奇
	黃國材四月戊戌革李永陞工部尚書	李永陞六月己亥革張大
九月甲寅宗室普泰吏部左侍郎	宗室普泰	宗室普泰
月丁未遷何世璂吏部左侍郎	史貽直	史貽直六月癸亥遷劉於
	舒楞額	舒楞額
月降	劉師恕二月戊戌彭維新吏部右侍郎	劉師恕
	常德壽	常德壽九月辛卯傅泰戶部
月辛卯遷王璣戶部左侍郎	王璣七月丙午革劉聲芳戶部左侍郎	劉聲芳
	傅泰	傅泰五月噶爾泰戶部右
月甲寅戶部右侍郎	單疇書卒十一月戊子汪漋戶部右侍郎	汪漋六月己亥革俞兆晟
遷智通禮部左侍郎六月己丑遷鄂爾奇禮部左侍郎	鄂爾奇	鄂爾奇四月癸丑遷杭奕
月丙子禮部左侍郎	錢以塏	錢以塏六月癸亥遷七月
	孫卓	孫卓
月丙子遷石文焯禮部右侍郎三月辛未遷彭維新禮部右侍郎七月甲寅遷蔡世遠禮部右侍郎	蔡世遠	蔡世遠七月丁丑遷吳士
	永壽	永壽
	楊汝穀	楊汝穀
月庚戌革三泰兵部右侍郎四月遷六月通智兵部右侍郎	通智	通智
	胡煦	胡煦
癸巳調杭奕祿刑部左侍郎	杭奕祿	杭奕祿四月癸丑遷牧可
乙酉革九月丙寅繆沅刑部左侍郎	繆沅	繆沅二月甲寅卒張大有
癸巳遷海壽刑部右侍郎	海壽	海壽五月癸酉遷常賚刑
月甲寅遷彭維新刑部右侍郎	彭維新二月戊戌遷王承烈刑部右侍郎十二月己未張大有刑部右侍郎	張大有二月甲寅遷王國
月己丑遷塞楞額工部左侍郎十月癸巳革張保工部左侍郎	張保九月甲戌革馬蘭泰工部左侍郎	馬蘭泰
月戊寅革甲午繆沅工部左侍郎九月遷十月丁酉汪漋工部左侍郎	汪漋十一月戊子遷王廷揚工部左侍郎	王廷揚六月癸亥遷孫嘉淦
	法保革七月甲午宗室塞爾赫署工部右侍郎十一月丁酉補	宗室塞爾赫四月癸丑遷
月戊寅革甲午王承烈工部右侍郎	王承烈二月戊戌遷張大有工部右侍郎十二月己未遷何國宗工部右侍郎	何國宗

	雍正九年辛亥	雍正十年壬子	雍正十一
	查郎阿	查郎阿	查郎阿
	嵇曾筠	嵇曾筠	嵇曾筠四
德明戶部尚書	德明	德明四月癸卯卒乙巳海壽戶部尚書七月遷鄂爾奇戶部尚書	鄂爾奇九
	蔣廷錫	蔣廷錫閏月癸丑假彭維新兼署戶部尚書	彭維新十
	常壽二月乙酉卒三泰禮部尚書	三泰	三泰
塏禮部尚書	錢以塏九月丙戌乞休十月戊申魏廷珍禮部尚書	魏廷珍二月乙未遷四月丙午張大有禮部尚書十二月卒	吳士玉二
理兵部尚書	查弼納六月陣亡九月丁亥鄂爾奇兵部尚書	鄂爾奇七月遷性桂兵部尚書	性桂
玉兵部尚書未任十二月癸丑朱軾兼理兵部尚書	唐執玉九月丁亥病免十一月辛丑史貽直兵部尚書	史貽直未任七月癸丑范時繹兼理兵部尚書	史貽直十
部尚書	海壽	海壽四月乙巳遷性桂刑部尚書七月遷海壽刑部尚書	海壽四月
	勵廷儀九月改吏部仍專管刑部劉於義刑部尚書未任	勵廷儀五月戊午假彭維新署刑部尚書五年癸丑遷李衛署刑部尚書	涂天相四
	綽奇十二月辛卯瑪喇工部尚書	瑪喇七月乙酉革丙戌武格工部尚書十二月革	慶復二月
有工部尚書	張大有	張大有四月丙午遷范時繹工部尚書	范時繹
	宗室普泰	宗室普泰	宗室普泰
義吏部左侍郎十二月遷	彭維新正月辛卯吏部左侍郎十一月己卯遷十二月壬辰吳士玉代	吳士玉十月戊午遷任蘭枝吏部左侍郎	任蘭枝
	舒楞額	舒楞額陣亡二月壬辰塔林吏部右侍郎六月阿山吏部右侍郎	阿山
	彭維新正月辛卯遷吳士玉吏部右侍郎	任蘭枝十月庚辰遷孔毓璞吏部右侍郎	孔毓璞
左侍郎	傅泰十月甲戌遷海望戶部左侍郎十二月壬辰遷任蘭枝戶部左侍郎	海望	海望
	劉聲芳正月乙亥革十一月己卯俞兆晟戶部左侍郎	俞兆晟	俞兆晟十
侍郎		長有七月乙酉戶部右侍郎	長有十月
戶部右侍郎	俞兆晟十一月己卯遷韓光基戶部右侍郎	韓光基	韓光基十
祿禮部左侍郎	杭奕祿	杭奕祿	杭奕祿七
丁丑蔡世遠禮部左侍郎八月壬戌革吳士玉代	吳士玉正月辛卯遷胡煦禮部左侍郎	胡煦	鄂鍾岳六
	孫卓	孫卓五月己巳革舒喜禮部右侍郎	舒喜七月
玉禮部右侍郎八月壬戌遷王炳圖代	王炳圖六月乙卯遷吳襄禮部右侍郎	吳襄	吳襄四月
	永壽二月乙未卒喀爾吉善兵部左侍郎	喀爾吉善	喀爾吉善
	楊汝穀	楊汝穀	楊汝穀
	通智	通智	通智
	胡煦正月辛未遷任蘭枝兵部右侍郎十二月遷諾爾渾兵部右侍郎	諾爾渾	高起四月
登刑部左侍郎	牧可登十二月辛卯革武格刑部左侍郎	武格七月丙戌遷托時刑部左侍郎	托時五月
刑部左侍郎六月己亥遷王朝恩刑部左侍郎	王朝恩	王朝恩二月壬辰遷孫嘉淦刑部左侍郎十二月乙卯革丁卯張照刑部左侍郎	張照四月
部右侍郎	常賚差十一月丙子塔林署刑部右侍郎	常賚二月癸亥遷甲子托時刑部右侍郎七月丙子遷覺和托刑部右侍郎	覺和托
棟刑部右侍郎	王國棟	王國棟	王國棟
	馬蘭泰	馬蘭泰	馬蘭泰
工部左侍郎	孫嘉淦	孫嘉淦二月壬辰遷陳樹萱工部左侍郎	陳樹萱十
鄂爾奇工部右侍郎	鄂爾奇三月遷左都御史仍兼工部右侍郎		托時五月
	何國宗四月己巳革趙殿最工部右侍郎	趙殿最	趙殿最十

年癸丑	雍正十二年甲寅	雍正十三年乙卯
	查郎阿	查郎阿七月辛酉遷八月乙酉性桂吏
月遷劉於義吏部尚書	劉於義	劉於義
月革十月慶復戶部尚書	慶復	慶復九月差辛亥海望署戶部尚書十
二月己未免史貽直戶部尚書	史貽直	史貽直
	三泰	三泰
月庚申禮部尚書三月卒四月乙卯吳襄禮部尚書	吳襄	吳襄
	性桂	性桂八月乙酉遷通智兵部尚書
二月己未遷涂天相兵部尚書	涂天相十二月丁巳魏廷珍兵部尚書	魏廷珍二月庚戌遷高起兵部尚書九
遷慶復署刑部尚書十月改馬里善署十一月福敏署刑部尚書	海壽七月甲戌遷憲德刑部尚書	憲德九月丁酉免庚戌傅鼐署十二月
月乙卯刑部尚書十二月遷張照刑部尚書	張照	張照五月差徐本署刑部尚書
己未工部尚書十月遷憲德工部尚書	憲德七月甲戌遷海壽工部尚書九月辛卯免憲德兼工部尚書十月己未巴泰代	巴泰五月革六月癸未查克旦工部尚
	范時繹三月丁丑革戊戌徐本工部尚書	徐本十月癸酉遷涂天相工部尚書
	宗室普泰	宗室普泰
	任蘭枝	任蘭枝十月辛未遷壬申鄒基吏部左
	阿山	阿山十二月戊午木和林吏部右侍郎
	孔毓璞三月遷丁亥呂耀曾吏部右侍郎九月癸巳遷十一月壬申鄒基吏部右侍郎	鄒基十月辛未遷孫嘉淦吏部右侍郎
	海望	海望九月升署辛亥托時戶部左侍郎
二月己未免陳樹萱戶部左侍郎	陳樹萱	陳樹萱十月乙亥李 戶部左侍郎
己巳遷托時戶部右侍郎	托時	托時九月辛亥遷顧魯署戶部右侍郎
二月己未遷趙殿最戶部右侍郎	趙殿最	趙殿最
月革庚子舒喜禮部左侍郎十二月卒庚申留保禮部左侍郎	留保	留保十月庚午鍾保禮部左侍郎十一
月丁巳禮部左侍郎九月辛巳革張廷璐禮部左侍郎	張廷璐	張廷璐
庚子遷留保禮部右侍郎十二月庚申遷鍾保禮部右侍郎	鍾保	鍾保十月庚午遷木和林禮部右侍郎
乙卯遷鄂鍾岳禮部右侍郎六月丁巳遷張廷璐禮部右侍郎九月辛巳遷史在甲禮部右侍郎	史在甲三月戊寅乞休癸酉甘汝來禮部右侍郎	甘汝來九月丁酉遷庚戌勵宗萬禮部
	喀爾吉善	喀爾吉善八月革通智兵部左侍郎乙
	楊汝穀	楊汝穀
	通智	通智八月遷希德慎兵部右侍郎
乙卯兵部右侍郎	高起	高起二月庚戌遷癸亥吳應棻兵部右
辛巳遷盛安刑部左侍郎	盛安	盛安十月丙戌申珠渾刑部左侍郎十
乙卯遷馮景夏刑部左侍郎十二月丁卯病免喬世臣刑部左侍郎	喬世臣十月己未遷王紘刑部左侍郎	王紘
	覺和托三月壬午葛森刑部右侍郎十二月辛酉遷申珠渾刑部右侍郎	申珠渾十月丙戌遷徐元夢刑部右侍
	王國棟十月庚戌革楊超宗刑部右侍郎	楊超宗
	馬蘭泰	馬蘭泰
二月己未遷韓光基工部左侍郎	韓光基十月丁未革顧祖鎮工部左侍郎	顧祖鎮十月己巳王鈞工部左侍郎
辛巳工部右侍郎十月己巳遷長有工部右侍郎	長有四月己卯降傅德工部右侍郎	傅德
二月遷己未遷庚申謝旻工部右侍郎	謝旻八月壬申革十月己未喬世臣工部右侍郎	喬世臣二月甲戌王鈞工部右侍郎十

部尙書
月甲申補
月丁酉免甘汝來兵部尙書
補
書
侍郎
十一月遷左都御史仍兼吏部右侍郎
丙戌申珠璉戶部右侍郎
月遷十二月徐元夢禮部左侍郎
辛未遷徐元夢禮部右侍郎十二月遷木和林代
右侍郎
酉遷德沛兵部左侍郎
侍郎
一月己亥木和林刑部左侍郎十一月戊午遷法敏代
郎丁亥遷木和林刑部右侍郎十一月己亥遷納延泰刑部右侍郎
月己巳遷張廷瑑工部右侍郎

清史稿

部院大臣年表三下

	雍正元年癸卯		雍正四年丙午
理藩院尙書	隆科多		特古忒
理藩院左侍郎	特古忒		本錫
理藩院右侍郎			衆佛保五月癸
都察院滿左都御史	敎拜十月癸酉尹泰左都御史		法海遷二月甲
都察院漢左都御史	朱軾		蔡珽四月解五
都察院滿左副都御史	巴泰正月癸卯左副都御史三月壬	寅遷五月己卯薩爾納左副都御史七月遷甲辰岳色代	杭奕祿
都察院滿左副都御史	牛紐七月甲午遷九月丙午永福左	副都御史	覺羅常泰
都察院漢左副都御史	江球		王之麟
都察院漢左副都御史	金應璧九月癸卯免楊汝穀左副都	御史	梁文科正月己

	雍正二年甲辰		雍正五年丁未
理藩院尙書	隆科多		特古忒
理藩院左侍郎	特古忒		衆佛保四月癸
理藩院右侍郎	本錫		班第四月癸巳
都察院滿左都御史	尹泰		查郎阿
都察院漢左都御史	朱軾		裴𢜫度正月乙
都察院滿左副都御史	岳色三月甲午覺羅塞德左副都御史		杭奕祿
都察院滿左副都御史	永福		覺羅常泰
都察院漢左副都御史	江球		王之麟三月壬
都察院漢左副都御史	楊汝穀四月遷五月癸未謝賜履左副	都御史	甘汝來二月戊

	雍正三年乙巳		雍正六年戊申
理藩院尙書	隆科多免特古忒理藩院尙書		特古忒
理藩院左侍郎			顧魯
理藩院右侍郎	本錫		衆佛保
都察院滿左都御史	尹泰五月癸亥遷能泰左都御史十	一月革甲子法海左都御史	查郎阿四月癸
都察院漢左都御史	朱軾正月壬戌蔡珽左都御史		唐執玉
都察院滿左副都御史	覺羅塞德五月丙辰遷杭奕祿左副都	御史	杭奕祿十月遷
都察院滿左副都御史	永福五月丁巳能泰左副都御史乙丑	遷覺羅常泰左副都御史	覺羅常泰八月
都察院漢左副都御史	江球五月癸卯假免王之麟左副都御	史	王承烈正月丙
都察院漢左副都御史	謝賜履三月戊申降梁文科左副都御	史	甘汝來十二月

		雍正七年己酉	雍正十年壬子
		特古忒	特古忒
		顧魯	顧魯二月丙戌遷乙未衆佛保理藩院左侍郎十二月
理藩院右侍郎		衆佛保	衆佛保二月乙未遷納延泰理藩院右侍郎十二月庚
子福敏左都御史九月丙午遷馬齊暫署癸丑查郎阿署		三泰	福敏
月丁酉裴𢜫度左都御史		唐執玉	彭維新九月丁未遷十月戊午吳士玉左都御史
		性桂二月戊戌遷四月乙未申珠渾左副都御史	阿成阿
		宗室塞爾赫十一月丁酉遷二格左副都御史	二格
		謝王寵	孔毓璞十月庚辰遷癸巳馮景夏左副都御史
巳革王沛憻左副都御史七月戊戌遷劉師恕左副都御史十月遷乙卯鄒	仁鑰左副都御史	陳良弼十二月庚戌革王國炳左副都御史	沈廷正六月遷丙寅史在甲左副都御史

	雍正八年庚戌	雍正十一年癸丑
	特古忒	特古忒十二月僧格理藩院尙書
巳理藩院左侍郎十月庚寅調顧魯代	顧魯	納延泰
理藩院右侍郎十月庚寅遷衆佛保理藩院右侍郎	衆佛保	班第
	三泰	福敏
巳革丙辰沈近思左都御史十二月戊戌辛壬寅唐執玉代	唐執玉六月癸亥遷史貽直左都御史	吳士玉二月庚申遷涂天相左都御史四月乙卯遷張
	申珠渾	阿成阿四月甲子遷鄂爾奇左副都御史
	二格	二格
辰降錢以塏左副都御史十二月壬寅遷	謝王寵六月癸亥遷冀棟左副都御史	馮景夏四月乙卯遷壬申孫國璽左副都御史
寅左副都御史	王國炳八月壬戌遷九月己丑沈廷正左副都御史	史在甲九月遷十月壬戌喬世臣左副都御史十二月

	雍正九年辛亥		雍正十二年甲寅
	特古忒		僧格
	顧魯		納延泰十二月遷顧魯理藩院左侍郎
	衆佛保		班第
卯遷三泰左都御史	三泰三月乙酉遷壬辰鄂爾奇左都御史九月丁卯遷	福敏左都御史	福敏
	史貽直十一月辛丑遷彭維新左都御史		徐本三月戊戌遷四月丁卯孔毓璞左副都御史
戊子性桂左副都御史	申珠渾九月丁卯遷戊子阿蘭泰左副都御史十二月	丁未降阿成阿代	鄂爾奇
庚辰宗室塞爾赫左副都御史	二格		二格
子左副都御史八月甲午遷九月甲戌謝王寵左副都御史	冀棟正月乙亥革二月己亥孔毓璞左副都御史		孫國璽
甲午革陳良弼左副都御史	沈廷正		呂耀曾二月丙辰左副都御史四月丁亥遷六月丙午

	雍正十三年乙卯	
	僧格	
庚午革納延泰理藩院左侍郎	顧魯	
午遷班第理藩院右侍郎	班第	
	福敏	
	孔毓璞十月丁丑革戊寅彭	維新署左都御史十一月庚戌孫嘉淦左都御史
	鄂爾奇	
	二格	
	孫國璽	
	陳世倌十月戊寅差陳世倌	署左副都御史十二月庚辰補
照左都御史十二月己未遷徐本代		
丁卯遷		
邵基左副都御史十一月遷丁亥陳世倌代		

清史稿

部院大臣年表四上

	乾隆元年丙辰
吏部滿尙書	性桂
吏部漢尙書	劉於義
戶部滿尙書	海望
戶部漢尙書	史貽直
禮部滿尙書	三泰
禮部漢尙書	任蘭枝
兵部滿尙書	通智八月丁亥免那蘇圖兵部尙書
兵部漢尙書	甘汝來
刑部滿尙書	傅鼐庚午革九月戊戌憲德署刑部尙書
刑部漢尙書	徐本十一月甲午遷孫嘉淦刑部尙書
工部滿尙書	查克旦
工部漢尙書	涂天相
吏部滿左侍郎	宗室普泰七月癸卯遷戊午鄂善吏部左侍郎
吏部漢左侍郎	邵基十月壬戌遷庚午俞兆岳吏部左侍郎
吏部滿右侍郎	阿山
吏部漢右侍郎	孫嘉淦十一月遷姚三辰吏部右侍郎
戶部滿左侍郎	託時
戶部漢左侍郎	李紱六月降甲子楊汝穀戶部左侍郎十一月
戶部滿右侍郎	申珠渾
戶部漢右侍郎	趙殿最十一月遷乙巳呂耀曾戶部右侍郎
禮部滿左侍郎	徐元夢八月丙寅致仕乙亥木和林禮部左侍
禮部漢左侍郎	張廷璐
禮部滿右侍郎	木和林八月乙亥遷滿色禮部右侍郎
禮部漢右侍郎	勵宗萬六月免程元章十一月甲辰王蘭生
兵部滿左侍郎	德沛七月遷癸卯宗室普泰兵部左侍郎
兵部漢左侍郎	楊汝穀六月甲子遷姚三辰兵部左侍郎十一
兵部滿右侍郎	希德愼二月遷乙酉二格兵部右侍郎
兵部漢右侍郎	吳應棻
刑部滿左侍郎	納延泰
刑部漢左侍郎	勵宗萬十月丙戌革十一月癸巳楊超曾刑部
刑部滿右侍郎	法敏十月癸巳遷十一月柏修刑部右侍郎甲
刑部漢右侍郎	楊超曾十一月癸巳遷王蘭生刑部右侍郎
工部滿左侍郎	馬爾泰十一月甲辰遷十二月杭奕祿工部左
工部漢左侍郎	王鈞
工部滿右侍郎	圖理琛三月癸亥降杭奕祿工部右侍郎十二
工部漢右侍郎	張廷瑑

甲午遷乙巳趙殿最代
郎
禮部右侍郎
月甲午遷孫國璽兵部左侍郎
左侍郎
辰馬爾泰代
侍郎
月遷柏修工部右侍郎

乾隆二年丁巳
性桂
劉於義
海望
史貽直
三泰
任蘭枝
那蘇圖正月庚子遷訥親兵部尚書
甘汝來
憲德正月庚子遷那蘇圖刑部尚書閏月丁卯遷尹繼善刑部尚書
孫嘉淦
查克旦十二月甲辰遷來保工部尚書
涂天相二月甲辰免趙弘恩工部尚書
鄂善
[illegible]六月庚辰革辛巳程元章吏部左侍郎
阿[illegible]
[illegible]六月病免七月癸丑[illegible]吏部右侍郎[illegible]月丙申遷乙巳[illegible]
[illegible]
趙殿最十月乙巳遷十一月己未呂耀曾戶部左侍郎
申珠渾
呂耀曾十一月己未遷王鈞戶部右侍郎
木和林
張廷璐
滿色
王蘭生五月辛丑六月辛巳方苞禮部右侍郎十二月戊戌病免吳家騏禮部右侍郎
宗室普泰
孫國璽
二格
吳應棻
納延泰
楊超曾二月遷乙卯劉統勳刑部左侍郎乙巳金鋐刑部左侍郎三月乙卯劉統勳刑部左侍郎
馬爾泰
王蘭生三月辛卯程元章刑部右侍郎六月辛巳遷王鈞刑部右侍郎十一月己未遷陳惪華刑部右侍郎
杭奕祿
王鈞六月辛巳遷王紘工部左侍郎
柏修八月遷九月癸卯鍾保工部右侍郎
張廷瑑

乾隆三年戊午
性桂十一月乙亥致仕十二月己卯訥親吏部尚書
劉於義
海望
史貽直七月甲子遷高其倬戶部尚書十月甲午卒丙申任蘭枝戶部尚書
三泰
任蘭枝十月丙申遷趙國麟禮部尚書
訥親十二月己卯遷鄂善兵部尚書
甘汝來十月乙巳遷楊汝來兵部尚書
尹繼善
孫嘉淦四月己丑遷趙國麟刑部尚書十月丙申遷史貽直刑部尚書
來保
趙弘恩七月甲子革史貽直工部尚書十月丙申遷趙殿最工部尚書
鄂善十[illegible]月己卯遷喀爾吉善吏部左侍郎
程元章
[illegible]
[illegible]十月丙申遷[illegible]侍郎
托時七月丁卯遷辛未喀爾吉善戶部左侍郎十[illegible]月遷癸未申珠渾戶部左侍郎
呂耀曾十月乙巳遷陳世倌戶部左侍郎
申珠渾十二月癸未遷留保戶部右侍郎
王鈞
木和林
張廷璐
滿色
吳家騏
宗室普泰
孫國璽四月己丑遷戊申吳應棻兵部左侍郎
二格四月辛丑遷班第兵部右侍郎
吳應棻四月戊申遷凌如煥兵部右侍郎
納延泰四月壬寅遷岱奇刑部左侍郎
劉統勳
馬爾泰正月乙卯遷二月癸巳岱奇刑部右侍郎四月戊申遷鍾保刑部右侍郎
陳惪華
杭奕祿
王紘
鍾保四月辛丑遷二格工部右侍郎十月遷十一月丙辰阿克敦工部右侍郎
張廷瑑

乾隆四年己未
訥親
甘汝來七月丙寅卒郝玉麟吏部尚書十一月戊申遷楊超曾署吏部尚書
海望
任蘭枝正月壬申遷陳惪華戶部尚書
三泰
趙國麟正月壬申任蘭枝禮部尚書
鄂善
楊超曾
尹繼善
史貽直
來保
趙殿最
喀爾吉善
程元章
阿山
楊永斌三月壬申陳大受吏部右侍郎十一月壬子遷庚申田懋吏部右侍郎
申珠渾六月壬午革乙酉岱奇戶部左侍郎
陳世倌四月乙未遷五月辛亥王鈞戶部左侍郎
留保
王鈞五月辛亥遷梁詩正戶部右侍郎
木和林
張廷璐
滿色
吳家騏
宗室普泰十二月己卯革舒赫德兵部左侍郎
吳應
班第七月丙寅遷雅爾圖兵部右侍郎十一月庚戌遷十二月庚寅阿里袞兵部右侍郎
凌如煥
岱奇六月乙酉遷杭奕祿刑部左侍郎
劉統勳六月辛丑憂免田懋刑部左侍郎十一月庚申遷王安國刑部左侍郎
鍾保
陳惪華正月壬申遷梁詩正刑部右侍郎五月辛亥遷田懋刑部右侍郎六月遷辛丑韓光基刑部右侍郎
杭奕祿六月遷七月丙午阿克敦工部左侍郎
王紘正月庚申致休張廷瑑工部左侍郎
阿克敦七月丙午遷索柱工部右侍郎
張廷瑑正月甲子遷韓光基工部右侍郎六月辛丑遷七月乙卯許希孔工部右侍郎

乾隆五年庚申
訥親
楊超曾
海望
陳惪華
三泰
任蘭枝
鄂善
楊超曾九月癸酉遷史貽直兵部尚書
尹繼善三月庚戌遷四月己丑那蘇圖刑部尚書十一月遷己巳來保刑部尚書
史貽直九月癸丑遷韓光基刑部尚書
來保十一月己巳遷哈達哈工部尚書
趙殿最二月戊戌韓光基工部尚書九月己丑遷陳世倌工部尚書
喀爾吉善閏月遷甲子阿克敦吏部左侍郎
程元章四月甲戌革蔣溥吏部左侍郎
阿山五月甲寅遷阿克敦吏部右侍郎閏月甲子遷留保吏部右侍郎
田懋五月憂免甲子楊嗣璟吏部右侍郎
岱奇
王鈞卒十一月丁丑梁詩正戶部左侍郎
留保閏六月遷十月己巳阿里袞署戶部右侍郎
梁詩正十一月丁丑遷歸宣光戶部右侍郎
木和林
張廷璐
滿色
吳家騏
舒赫德
吳應棻四月壬辰凌如煥兵部左侍郎
阿里袞十月丙午遷鄂彌達兵部右侍郎
凌如煥四月壬辰遷王承堯兵部右侍郎
杭奕祿三月己巳遷阿克敦刑部左侍郎五月丙寅遷常安刑部左侍郎十月戊戌遷鍾保刑部左侍郎
王安國九月遷十月壬子張照刑部左侍郎
鍾保十月遷托時刑部右侍郎
韓光基二月戊戌遷三月己未楊嗣璟刑部右侍郎五月壬子遷張照刑部右侍郎十月壬子遷郝玉麟刑部右侍郎
阿克敦三月乙巳遷德齡工部左侍郎
張廷瑑
索柱
許希孔

乾隆六年辛酉
訥親
楊超曾
海望
陳惪華
三泰
任蘭枝
鄂善
史貽直
來保
韓光基九月己卯遷劉吳龍刑部尚書
哈達哈
陳世倌七月丙子遷九月己卯韓光基工部尚書
阿克敦
蔣溥
留保
楊嗣璟十一月癸亥憂免梁詩正兼吏部右侍郎
岱奇六月丙申遷癸卯三和署戶部左侍郎
梁詩正
阿里袞
歸宣光三月癸未免周學健戶部右侍郎十月甲午遷彭維新戶部右侍郎
木和林
張廷璐
滿色
吳家騏五月甲子革戊子汪由敦禮部右侍郎九月庚寅遷趙國麟禮部右侍郎
舒赫德
凌如煥九月庚寅告養免汪由敦兵部左侍郎
鄂彌達八月辛亥遷馬爾泰署兵部右侍郎
王承堯
鍾保
張照
托時
郝玉麟六月壬寅休致劉統勳刑部右侍郎九月丁亥遷十月甲午周學健刑部右侍郎
張廷瑑
德齡
索柱
許希孔

乾隆七年壬戌
訥親
楊超曾正月壬戌免史貽直吏部尚書
海望
陳惪華七月乙丑遷徐本兼戶部尚書
三泰
任蘭枝正月壬戌遷趙國麟禮部尚書七月乙丑革任蘭枝禮部尚書
鄂善三月庚寅革班第兵部尚書
史貽直正月壬戌遷任蘭枝兵部尚書七月乙丑遷陳惪華兵部尚書
來保
劉吳龍四月丙辰卒丁巳張照刑部尚書
哈達哈
韓光基
阿克敦
蔣溥
留保
梁詩正兼免十月壬寅田懋吏部右侍郎
三和十月乙巳補戶部左侍郎
梁詩正
阿里袞
彭維新
木和林
張廷璐
滿色
趙國麟正月壬戌遷二月戊申鄂容安禮部右侍郎
舒赫德
汪由敦
馬爾泰九月庚辰遷紀山兵部右侍郎
王承堯
鍾保四月丙午休致盛安刑部左侍郎
張照四月丁巳遷趙宏恩刑部左侍郎五月壬申免壬午錢陳羣刑部左侍郎
托時
周學健
德齡
張廷瑑
索柱
許希孔

乾隆八年癸亥
訥親
史貽直
海望
徐本十月己巳仍兼管戶部劉於義戶部尚書
三泰
任蘭枝
班第
陳惪華
來保
張照
哈達哈
韓光基
阿克敦
蔣溥十月己巳遷歸宣光吏部左侍郎
留保六月己酉遷宗室德沛吏部右侍郎
田懋
三和
梁詩正
阿里袞十月己巳遷傅恒戶部右侍郎
彭維新
木和林
張廷璐
滿色六月丁卯休致勒爾森禮部右侍郎
鄂容安
舒赫德
汪由敦
紀山五月丙午遷六月壬戌開泰兵部右侍郎
王承堯
盛安
錢陳羣
托時
周學健十月己巳遷彭啟豐刑部右侍郎
德齡
張廷瑑
索柱
許希孔

乾隆九年甲子
訥親
史貽直正月辛巳遷劉於義吏部尚書
海望
劉於義正月辛巳遷張楷戶部尚書二月丁丑卒阿爾賽戶部尚書
三泰
任蘭枝
班第
陳惪華正月辛巳革王安國兵部尚書庚子憂彭維新兵部尚書
來保
張照十二月戊辰憂汪由敦刑部尚書
哈達哈
韓光基三月癸未汪由敦工部尚書十二月戊辰遷趙宏恩工部尚書
阿克敦
歸宣光
宗室德沛
田懋
三和
梁詩正
傅恆
彭維新正月庚子遷塞斯盛戶部右侍郎三月癸未李元亮戶部右侍郎
木和林
張廷璐三月休致李清植禮部左侍郎鄧鍾岳代
勒爾森
鄧鍾岳三月遷辛丑楊錫紱禮部右侍郎
舒赫德
汪由敦三月癸未遷丁丑陳惪華兵部左侍郎
開泰
王承堯
盛安
錢陳羣
托時十一月壬寅遷兆惠刑部右侍郎
彭啟豐假十二月辛未勵宗萬代
德齡
張廷瑑五月癸卯遷趙宏恩工部左侍郎十二月遷勵宗萬工部左侍郎
索柱
呂熾四月癸酉工部右侍郎

乾隆十年乙丑
訥親五月戊子遷辛卯高斌吏部尚書
劉於義
海望
阿爾賽五月辛卯卒梁詩正戶部尚書
三泰三月己丑乞休來保禮部尚書
任蘭枝十月戊午乞休十一月壬申王安國禮部尚書
班第
彭維新
來保三月己丑遷盛安刑部尚書
汪由敦
哈達哈
趙宏恩
阿克敦
歸宣光四月庚申遷田懋吏部左侍郎
宗室德沛
田懋四月遷蔣溥吏部右侍郎
三和
梁詩正五月辛卯遷李元亮戶部左侍郎
傅恆
李元亮五月遷呂熾戶部右侍郎
木和林
鄧鍾岳
勒爾森
楊錫紱四月庚申遷五月甲申秦蕙田禮部右侍郎
舒赫德
陳惪華
開泰十一月戊寅遷鄂容安兵部右侍郎
王承堯四月戊申休致庚申歸宣光兵部右侍郎
盛安三月己丑遷雅爾圖刑部左侍郎
錢陳羣
兆惠
彭啟豐憂免十二月乙卯勵宗萬刑部右侍郎
德齡十二月乙卯涂逢震工部左侍郎
勵宗萬十二月乙卯遷涂逢震工部左侍郎
索柱
呂熾五月己亥遷范燦工部右侍郎

乾隆十一年丙寅
高斌
劉於義
海望
梁詩正
來保
王安國
班第
彭維新
盛安五月丙申遷阿克敦刑部尚書
汪由敦
哈達哈
趙宏恩
阿克敦閏月癸丑遷五月丙申雅爾圖吏部左侍郎七月庚戌遷德齡吏部左侍郎
田懋三月癸未遷乙酉蔣溥吏部左侍郎
宗室德沛
蔣溥三月乙酉遷歸宣光吏部右侍郎
三和七月庚戌遷傅恆戶部左侍郎
李元亮
傅恆七月遷雅爾圖戶部右侍郎
呂熾
木和林
鄧鍾岳
勒爾森五月丙申遷伍齡安禮部右侍郎
秦蕙田
舒赫德
陳惪華
鄂容安
歸宣光三月乙酉遷王會汾兵部右侍郎
雅爾圖五月丙申遷勒爾森刑部左侍郎
錢陳羣
兆惠
勵宗萬五月甲辰革魏定國刑部右侍郎
德齡七月庚戌遷三和工部左侍郎
涂逢震
索柱
范燦三月癸未乞休乙酉尹會一工部右侍郎

乾隆十二年丁卯
高斌三月丙午遷來保吏部尚書十二月庚辰遷德沛吏部尚書
劉於義
海望三月丙午遷傅恆戶部尚書
梁詩正
來保三月丙午遷海望禮部尚書
王安國
班第
彭維新九月丁巳革陳大受兵部尚書
阿克敦
汪由敦
哈達哈
趙宏恩
德齡
蔣溥
宗室德沛十二月遷
歸宣光
傅恆三月丙午遷德爾敏戶部左侍郎
李元亮
雅爾圖五月戊戌病免舒赫德戶部右侍郎
呂熾
木和林
鄧鍾岳
伍齡安
秦蕙田憂免四月丁亥楊嗣璟禮部右侍郎六月甲戌沈德潛禮部右侍郎
舒赫德五月戊戌遷壬寅鄂容安兵部左侍郎
陳惪華九月戊申革十月壬申王會汾兵部左侍郎
鄂容安五月壬寅遷蘊著兵部右侍郎九月壬子遷十月壬申塞爾赫兵部右侍郎尋卒十一月辛卯雅爾圖兵部右侍郎
王會汾十月壬申遷莊有恭兵部右侍郎
勒爾森
錢陳羣
兆惠
魏定國
三和
涂逢震
索柱
尹會一

乾隆十三年戊辰
德沛七月戊戌病免達爾黨阿吏部尚書
劉於義三月乙未卒四月乙卯陳大受吏部尚書
傅恆十月丁亥遷庚寅尹繼善戶部尚書十一月庚辰遷舒赫德戶部尚書
梁詩正四月乙丑遷蔣溥戶部尚書
海望
王安國
班第十月丙戌降舒赫德兵部尚書十一月庚辰遷瑚寶兵部尚書
陳大受四月乙卯遷乙丑梁詩正兵部尚書
阿克敦四月癸酉革達爾黨阿刑部尚書七月戊戌遷盛安刑部尚書庚戌逮閏月癸丑阿克敦署刑部尚書
汪由敦
哈達哈
趙宏恩
德齡
蔣溥四月遷歸宣光吏部左侍郎
德通二月丙辰吏部右侍郎閏月癸丑遷介福吏部右侍郎
歸宣光四月遷尹會一吏部右侍郎閏月庚申魏定國吏部右侍郎十二月壬寅休致王會汾吏部右侍郎
德爾敏
李元亮
舒赫德十月丙戌遷辛卯三和戶部右侍郎
呂熾
木和林
鄧鍾岳四月乙丑休秦蕙田禮部左侍郎
伍齡安
沈德潛閏月庚申免齊召南禮部右侍郎
鄂容安十月乙酉遷馬靈阿兵部左侍郎
王會汾十二月壬寅降蔣炳兵部左侍郎
雅爾圖
莊有恭
勒爾森
錢陳羣
兆惠
魏定國閏月庚申遷梅㲄成刑部右侍郎
三和十月辛卯遷班第工部左侍郎
涂逢震五月辛丑降六月丙辰何國宗工部左侍郎
索柱五月戊戌降阿克敦署閏月癸丑遷宗室恒祿工部右侍郎
尹會一四月乙丑遷何國宗工部右侍郎六月丙辰遷嵇璜工部右侍郎

乾隆十四年己巳
達爾黨阿
陳大受
舒赫德十二月辛卯遷海望戶部尚書
蔣溥
海望十二月辛卯遷木和林禮部尚書
王安國
瑚寶四月戊戌遷哈達哈兵部尚書十二月辛卯遷舒赫德兵部尚書
梁詩正
阿克敦
汪由敦
哈達哈四月戊戌遷三和工部尚書十二月辛卯降哈達哈復爲工部尚書
趙弘恩十二月庚戌遷劉統勳工部尚書
德齡十二月辛巳降癸未介福吏部左侍郎
歸宣光
介福十二月癸未遷同寧吏部右侍郎
王會汾十一月辛未降田懋吏部右侍郎
德爾敏十二月遷癸未納穆扎爾戶部左侍郎
李元亮
三和四月戊戌遷納穆扎爾戶部右侍郎十二月辛巳遷伍齡安戶部右侍郎
呂熾十二月免辛巳嵇璜戶部右侍郎
木和林十二月辛卯遷馬靈阿署禮部左侍郎
秦蕙田
伍齡安十二月辛巳遷嵩壽禮部右侍郎
齊召南十一月丁未休致劉綸禮部右侍郎十二月辛巳遷張泰開禮部右侍郎
馬靈阿十二月辛卯遷雅爾圖兵部左侍郎
蔣炳
雅爾圖十二月遷觀保兵部右侍郎
莊有恭
勒爾森
錢陳羣
兆惠
梅㲄成
班第正月丁巳革壬申拉布敦工部左侍郎
何國宗
宗室恒祿四月免納敏工部右侍郎七月卒八月己卯秦佛保工部右侍郎十二月辛卯免三和代
嵇璜十二月辛巳劉綸工部右侍郎

乾隆十五年庚午
達爾黨阿
陳大受正月丁未遷梁詩正吏部尚書
海望
蔣溥
木和林十一月丙辰遷伍齡安禮部尚書
王安國
舒赫德
梁詩正正月丁未遷李元亮兵部尚書
阿克敦
汪由敦七月庚申降劉統勳刑部尚書
哈達哈
劉統勳七月庚申遷孫嘉淦工部尚書
介福正月癸酉降鄂彌達吏部左侍郎
歸宣光五月壬子降彭啟豐吏部左侍郎是月田懋吏部左侍郎十月遷歸宣光代
同寧四月己亥革慧中吏部右侍郎
田懋遷歸宣光吏部右侍郎五月彭啟豐吏部右侍郎
納穆扎爾九月庚申遷德保戶部左侍郎十一月戊申降己酉兆惠戶部左侍郎
李元亮正月遷嵇璜戶部左侍郎
伍齡安十一月丙辰遷雅爾哈善戶部右侍郎
嵇璜正月遷癸丑莊有恭戶部右侍郎
馬靈阿二月庚辰降介福禮部左侍郎
秦蕙田十月甲申遷田懋禮部左侍郎十一月免丁未呂熾禮部左侍郎
嵩壽
張泰開八月乙亥遷呂熾禮部右侍郎十一月丁未遷陳邦彥禮部右侍郎
雅爾圖
蔣炳
觀保
莊有恭
勒爾森
錢陳羣
兆惠十一月己酉遷書山刑部右侍郎
梅㲄成九月庚子遷楊錫紱刑部右侍郎十月甲申遷秦蕙田刑部右侍郎
拉布敦九月辛亥遷庚申納穆扎爾工部左侍郎
何國宗
三和
劉綸

乾隆十六年辛未
達爾黨阿
梁詩正
海望
蔣溥
伍齡安
王安國
舒赫德
李元亮
阿克敦
劉統勳
哈達哈
孫嘉淦
鄂彌達
彭啟豐
慧中
歸宣光
兆惠
嵇璜
雅爾哈善十二月壬寅
莊有恭八月辛酉遷壬
介福
呂熾
嵩壽
陳邦彥十二月壬寅革
雅爾圖
蔣炳
觀保
莊有恭八月辛酉遷壬
勒爾森
錢陳羣
書山
秦蕙田
納穆扎爾
何國宗
三和
劉綸九月壬申憂張開

十二隆乾	戌甲年九十隆乾		酉癸年八十隆乾			申壬年七十隆乾	
阿黨爾達	阿黨爾達		阿黨爾達			阿黨爾達	
五桂廷黃	桂廷黃	書	尚部吏桂廷黃寅庚卒亥丁月二十淦家孫		書	尚部吏淦嘉孫免養乞辰庚月九正詩梁	
月九望海	望海		望海			望海	
溥蔣	溥蔣		溥蔣			溥蔣	
安靈伍	安靈伍		安靈伍			安靈伍	
五國安王	國安王		國安王			國安王	
二十第班	書尚部兵第班革辰甲月七德赫舒		書尚部兵署楞策差巳癸月六德赫舒			德赫舒	
堯元李	堯元李		堯元李			堯元李	
六敦克阿	敦克阿		敦克阿			敦克阿	
九勳統劉	勳統劉		勳統劉			勳統劉	
哈達哈	哈達哈		哈達哈			哈達哈	
九敦由汪	敦由汪		敦由汪			書尚部工敦由汪遷辰庚月九淦嘉孫	
九達彌鄂	達彌鄂		達彌鄂			達彌鄂	
光宜歸	光宜歸		光宜歸			豐啟彭	
昌蘇	郎侍右部吏昌蘇致休亥癸月三中慧		中慧			中慧	
二十璜嵇	郎侍右部吏璜嵇遷月十修曰裘		郎侍右部吏修曰裘遷寅戊月九豐啟彭			光宜歸	
惠兆	郎侍左部戶署善哈爾雅申壬月六差丑辛月五惠兆		郎侍左部戶署麟夢差未丁月二惠兆			惠兆	
綸劉	郎侍左部戶綸劉未辛遷辰戊月十璜嵇		璜嵇			璜嵇	
十袞里阿	袞里阿		郎侍右部戶袞里阿遷申壬月九和三			郎侍右部戶和三遷未乙月二晉鍾	郎侍右部戶晉鍾午丙遷
五修曰裘	郎侍右部戶修曰裘遷未辛月十綸劉		郎侍右部戶綸劉月八淳王		郎	侍右部戶淳王巳辛遷辰庚月九敦由汪	郎侍右部戶敦由汪戌
福介	福介		福介			福介	
桂一鄒	桂一鄒		郎侍左部禮桂一鄒遷辰戊月九達邦萱	郎侍左部禮達邦萱遷尋郎侍		左部禮桂一鄒免養乞申戊月二十熾呂	
月六壽嵩	壽嵩		壽嵩			壽嵩	
炟以徐	郎侍右部禮炟以徐子壬月三革丑辛月二開泰張		郎侍右部禮開泰張遷辰戊月九桂一鄒			郎侍右部禮桂一鄒遷月二十達邦萱	郎侍右部禮達邦萱午丙
保觀	保觀		郎侍左部兵保觀免病月十圖爾雅			圖爾雅	
二豐啟彭	豐啟彭		郎侍左部兵豐啟彭寅戊遷月九璟寶胡			郎侍左部兵璟寶胡遷寅戊月三炳蔣	
善哈爾雅	郎侍右部兵善哈爾雅遷月十善達吳		郎侍右部兵善達吳遷月十保觀			保觀	
二中敏于	郎侍右部兵中敏于未癸月二免月正培因李		郎侍右部兵培因李遷寅戊月九修曰裘			修曰裘	郎侍右部兵修曰裘戌
森爾勒	森爾勒		森爾勒			森爾勒	
田蕙秦	田蕙秦		田蕙秦		郎	侍左部刑田蕙秦免病辰壬月六棨陳錢	
山書	山書		山書			山書	
新蔡	新蔡		郎侍右部刑署培因李假午壬月三新蔡	郎侍右部刑新蔡遷巳		辛月九郎侍右部刑淳王月六遷田蕙秦	
和三	郎侍左部工和三辰戊差月十敏爾德		郎侍左部工敏爾德革月九保德			郎侍左部工保德免子壬月十爾扎穆納	
五宗國何	宗國何		宗國何			宗國何	
五善達吳	郎侍右部工善達吳辰戊遷月十和三		郎侍右部工和三申壬遷月九敏爾德			月十郎侍右部工保德遷未乙月二和三	
達邦萱	達邦萱		郎侍右部工達邦萱遷辰戊月九開泰張	郎侍右部工敏爾德遷		泰開張	郎侍右部工秦

丑丁年二十二隆乾		子丙年一十二隆乾		亥乙年
森傅革酉乙月二阿黨爾達		阿黨爾達		
敦由汪		書尚部吏署敦由汪免病戌壬月一十國安王		書尚部吏國安王遷卯辛月
戶惠兆降酉乙月二袞里阿		袞里阿		書尚部戶袞里阿辰甲月十卒亥己
溥蔣		溥蔣		
安靈伍		安靈伍		
宗國何遷辰甲月正紱錫楊		紱錫楊		書尚部禮紱錫楊遷卯辛月
兵德赫舒遷酉乙月二森傅		森傅		書尚部兵森傅戌庚害遇申戊月
堯元李		堯元李		
達彌鄂		達彌鄂		書尚部刑達彌鄂仕致丑癸月
勳統劉		書尚部刑勳統劉遷丑癸月六敦由汪		書尚部刑敦由汪酉丁革申丙月
扎穆納革酉乙月二哈達哈		哈達哈		
田蕙秦遷辰甲月正恩宏趙	書尚部工署恩宏趙遷戌壬月一十書尚部	工敦由汪遷丑癸月六書尚部工恩宏趙免病子甲月二治哲衛		書尚部工治哲衛辰甲月十遷酉丁月
泰三戌甲遷丑乙月十明舒		明舒		郎侍左部吏明舒辰甲月十遷申丙月
部吏修曰裘遷月四光宜歸		光宜歸		
昌蘇		昌蘇		
侍右部吏吾興王遷修曰裘		修曰裘		郎侍右部吏修曰裘未己免假月
戶袞里阿遷酉乙月二惠兆		惠兆		
綸劉		綸劉		
爾雅遷酉乙月二爾扎穆納		爾扎穆納		郎侍右部戶爾扎穆納遷辰甲月
曰裘免病戌甲月十綬時范		郎侍右部戶署綬時范亥辛月一十郎侍滿署改福五	郎侍右	部戶署福五月一十郎侍右部戶堯侍李戌庚月六革酉丁月
福介		福介		
葵樹彭午庚月六免炟以徐		郎侍左部禮炟以徐休子甲月二桂一鄒		
綸多		綸多		郎侍右部禮綸多卒戌庚
瑛德金		書尚右部禮瑛德金子甲月二遷炟以徐		
保觀		保觀		
芳清李		郎侍左部兵芳清李免憂中敏于		郎侍左部兵中敏于丑癸免養告巳丁月
達哈辰甲遷月二善哈爾雅		善哈爾雅		
伊景程		郎侍右部兵載師張月二遷芳清李		郎侍右部兵芳清李遷丑癸月
森爾勒		森爾勒		
華際王遷辰甲月正田蕙秦		田蕙秦		
山書		山書		
右部刑華際王遷月正新蔡		新蔡		
和三		和三		
城維錢遷辰甲月正華際王		華際王		郎侍左部工華際王遷戌庚月六郎侍左部工堯侍李遷卯辛月
部工桂阿遷寅壬月九麟夢		麟夢		郎侍右部工麟夢亥己遷卯辛月
華惠陳遷寅壬月九達邦萱		達邦萱		

隆乾		寅戊年三十二隆乾		
森傅		森傅		書尚部吏
統劉		書尚部吏勳統劉子壬卒酉己月正敦由汪		書尚部
惠兆		惠兆		
溥蔣		溥蔣		
靈伍		安靈伍		
璜嵇		書尚部禮璜嵇遷戌戊月九光宜歸		書尚部禮光宜歸革丑己月四書尚部禮
里阿	書尚部兵袞里阿	革巳丁月二十書尚部兵賚都戌甲革子甲月八善哈爾雅	書尚部兵	善哈爾雅子庚月九革亥丁月八書尚部兵哈達哈遷亥辛月三書尚部
元李		堯元李		
彌鄂		達彌鄂		
蕙秦		書尚部刑田蕙秦遷子壬月正勳統劉		
赫舒		書尚部工德赫舒難殉未丁月一十爾扎穆納		書尚部工爾
詩梁	書尚部工	署正詩梁遷戌戊月九書尚部工璜嵇遷子壬月正田蕙秦		書尚部工
爾勒	補森爾勒遷午戊月二十郎侍左部吏袞里阿遷未丁郎侍左部吏	德赫舒卒子庚月一十郎侍左部吏桂石遷申壬月四泰三		郎侍左部吏
福五		福五		郎侍左部吏福五遷修曰裘月十晉兼仍光宜歸月五任未郎侍左
昌蘇		昌蘇		
邦萱		達邦萱		郎侍右部吏達邦萱卒寅壬月九郎
瑞明	郎侍左部	戶瑞明難殉未丁月一十郎侍左部戶泰三革月四袞里阿		郎侍左部
綸劉		綸劉		
慶吉		郎侍右部戶慶吉遷戌甲月四麟夢		郎侍右部戶麟夢寅壬遷子庚月九郎侍右部戶善哈
曰裘		修曰裘		郎侍右部戶修
福介		福介		
德金		郎侍左部禮瑛德金降月四葵樹彭		郎侍左部禮
綸多		綸多		
存莊		郎侍右部禮與存莊申壬月四遷瑛德金		
保觀		保觀		
清李		芳清李		
宰宗		松如宰宗	代松如宰宗	宗革辰庚月二十郎侍右部兵德赫舒巳丁遷酉己月三郎侍右部兵哈
景程		伊景程		
祿伊		郎侍左部刑祿伊遷午戊月二十森爾勒		
際王		華際王	郎	侍左部刑署中敏于免養告辰戊月六郎侍左部刑新蔡遷尋郎侍左部刑
貴永		郎侍右部刑貴永遷午壬月八山書		
敏于		中敏于		郎侍
和三		和三		
維錢		城維錢		郎侍左部工
桂阿	郎侍右	部工桂阿卒丑丁月八郎侍右部工麟夢差戌甲月四桂阿		郎侍右
惠陳		華惠陳		郎侍右部工

（續）二十四年己卯
勳
正月癸卯遷。李元亮戶部尚書
安
閏月乙酉乞養。陳德華禮部尚書
寶
亮正月癸卯遷。梁詩正兵部尚書
達
田
德
正正月癸卯遷。歸宣光工部尚書
森
九月庚午遷。明海吏部右侍郎
達
六月丁未遷。裘曰修戶部左侍郎
修六月遷。于敏中戶部右侍郎
瑛
三月丙午休。己酉五吉禮部右侍郎
興憂免。六月丁未程景伊禮部右侍郎
芳三月丙午休致。己酉錢汝誠兵部左侍郎
如松
伊六月丁未遷。錢汝誠兵部右侍郎。尋遷熊學鵬兵部右侍郎
中六月補刑部左侍郎。尋遷王際華刑部左侍郎
華六月丁未遷。謝溶生刑部右侍郎
城
華正月癸卯遷。二月壬子曹瑛工部右侍郎

乾隆二十五年庚辰
傅森
劉統勳
兆惠
李元亮
伍齡安
陳德華
阿里袞
梁詩正
鄂彌達
秦蕙田
舒赫德
歸宣光
勒爾森
五福
明海
董邦達
明瑞
裘曰修
吉慶
于敏中
介福
金德瑛
五吉
程景伊
觀保
錢汝誠四月丁亥遷。王際華兵部左侍郎
宗室如松
熊學鵬十月戊寅遷。謝溶生兵部右侍郎
伊祿
王際華四月丁亥調。錢汝誠刑部左侍郎
永貴十二月丙申遷
謝溶生十月戊寅遷。熊學鵬刑部右侍郎
錢維城
三和
阿桂
曹瑛

乾隆二十六年辛巳
傅森
劉統勳五月丁未遷。梁詩正吏部尚書
兆惠
李元亮四月壬辰病免。李侍堯戶部尚書
伍齡安十一月癸丑革。甲寅永貴禮部尚書
陳德華
阿里袞
梁詩正五月丁未遷。劉綸兵部尚書
鄂彌達七月辛丑卒。舒赫德刑部尚書
秦蕙田
舒赫德七月辛丑遷。阿桂工部尚書
歸宣光
勒爾森十一月丙辰遷。德保吏部左侍郎
五福十月己卯遷。彭啟豐署吏部左侍郎
明海
董邦達
明瑞
裘曰修遷。十一月于敏中戶部左侍郎
吉慶十一月丙申革。安泰戶部右侍郎
于敏中遷。十一月辛酉錢汝誠戶部右侍郎
介福
金德瑛五月丁未遷。辛酉謝溶生禮部左侍郎。九月丙午降。十月丙子程景伊禮部左侍郎
五吉
程景伊十月丙子遷。何國宗禮部右侍郎
觀保
王際華
定長五月戊午遷。永甯兵部右侍郎
謝溶生五月遷。張映辰兵部右侍郎
伊祿卒。五月戊申安泰刑部左侍郎。十一月丙申遷。阿永阿刑部左侍郎
錢汝誠十一月辛酉遷。錢維城刑部左侍郎
官保正月癸亥刑部右侍郎
熊學鵬三月戊申遷。錢維城刑部右侍郎。十一月遷。張泰開刑部右侍郎
三和
錢維城三月甲寅范時紀工部左侍郎
阿桂七月辛丑遷。己酉納世通工部右侍郎
曹瑛十月己卯五福工部右侍郎

乾隆二十七年壬午
傅森
梁詩正
兆惠
李侍堯
永貴
陳德華
阿里袞
劉綸
舒赫德
秦蕙田
阿桂
歸宣光十二月丁未卒。董
德保四月降。仍留
彭啟豐四月吏部左侍郎
明海五月戊申遷。觀保吏
董邦達正月戊申遷。程巖
明瑞遷。九月己丑英廉戶
于敏中
安泰
錢汝誠
介福卒。四月丙子伍齡安
程景伊
五吉
何國宗三月庚申休。四月
觀保五月戊申遷。鍾音兵
王際華
永甯
張映辰四月辛卯革。五月
阿永阿
錢維城
官保
張泰開四月辛巳遷。葉存
三和
范時紀
納世通
五福

（續）
邦達工部尚書
十二月丁未遷。梁國治吏部左侍郎
部右侍郎
吏部右侍郎
部左侍郎
禮部左侍郎
辛巳張泰開禮部右侍郎
部左侍郎
丙午蔡長澐兵部右侍郎
仁刑部右侍郎

乾隆二十八年癸未
傅森
梁詩正六月壬寅遷。陳宏謀吏部尚書
兆惠
李侍堯五月甲戌遷。劉綸戶部尚書
永貴
陳德華
阿里袞
劉綸五月甲戌遷。陳宏謀兵部尚書。六月壬寅彭啟豐兵部尚書
舒赫德
秦蕙田
阿桂
董邦達
德保
梁國治
觀保
程巖
英廉
于敏中
安泰
錢汝誠
伍齡安五月五吉禮部左侍郎
程景伊
五吉五月遷。雙慶禮部右侍郎
張泰開六月壬寅遷。李因培禮部右侍郎
鍾音
王際華
永甯二月甲辰遷。旌額里兵部右侍郎
蔡長澐卒。十二月乙未蔣檙兵部右侍郎
阿永阿
錢維城
官保
葉存仁正月壬午遷。蔡鴻業刑部右侍郎
三和
范時紀
納世通
五福

乾隆二十九年甲申
傅森
陳宏謀
兆惠十一月乙丑卒。丁卯阿里袞戶部尚書
劉綸
永貴
陳德華十二月甲午解任。董邦達禮部尚書
阿里袞十一月丁卯遷。託恩多兵部尚書
彭啟豐
舒赫德
秦蕙田八月丙寅卒。莊有恭刑部尚書
阿桂
董邦達十二月甲午遷。楊廷璋工部尚書
德保
梁國治
觀保二月己巳遷。旌額里吏部右侍郎
程巖
英廉
于敏中
安泰
錢汝誠
五吉十一月丁卯遷。雙慶禮部左侍郎
程景伊
雙慶十一月丁卯遷。鄂甯禮部右侍郎
李因培十二月丁酉遷。李宗文禮部右侍郎
鍾音
王際華
旌額里二月己丑調。觀保兵部右侍郎
蔣檙
阿永阿
錢維城
官保
蔡鴻業
三和
范時紀
納世通
五福

乾隆三十年乙酉
傅森十一月乙酉遷。託恩多吏部尚書
陳宏謀
阿里袞
劉綸正月癸丑憂。于敏中戶部尚書
永貴
董邦達
託恩多十一月乙酉遷。託庸兵部尚書
彭啟豐
舒赫德
莊有恭
阿桂十二月戊申差。蘊著工部尚書
楊廷璋六月己酉遷。董邦達兼署工部尚書
德保
梁國治九月庚辰革。程景伊吏部左侍郎
旌額里
程巖閏月己巳遷。庚午范時綬吏部右侍郎
英廉
于敏中正月癸丑遷。裘曰修戶部左侍郎
安泰七月乙未遷。高恆戶部右侍郎
錢汝誠五月丁丑乞養。庚辰王際華戶部右侍郎
雙慶三月丁亥降。鄂甯禮部左侍郎
程景伊九月庚辰遷。劉星煒禮部左侍郎
鄂甯遷。三月己亥額爾景額禮部右侍郎
李宗文閏月己巳遷。程巖禮部右侍郎
鍾音
王際華五月遷。庚辰陸宗楷兵部左侍郎
觀保七月戊子遷。奇成額兵部右侍郎
蔣檙
阿永阿五月丙子四達刑部左侍郎
錢維城
官保二月癸卯遷。五月丙子綽克托刑部右侍郎
蔡鴻業九月庚辰何逢禧刑部右侍郎
三和
范時紀閏月己巳遷。李宗文工部左侍郎
納世通三月己亥革。癸卯官保工部右侍郎
五福

乾隆三十一年丙戌
託恩多
陳宏謀
阿里袞
于敏中
永貴
董邦達正月乙未遷
託庸
彭啟豐十月癸丑降
舒赫德
莊有恭正月乙未革
蘊著
董邦達正月乙未補
德保
程景伊正月辛卯遷
旌額里
范時綬正月乙未遷
英廉
裘曰修
高恆
王際華
鄂甯二月遷。額爾景
劉星煒十月甲寅遷
額爾景額二月遷。癸
程巖十月甲寅遷。羅
鍾音
陸宗楷正月乙未遷
奇成額
蔣檙
四達
錢維城
綽克托
何逢禧正月辛巳遷
三和
李宗文
官保四月駐藏。五月
五福正月辛卯革。程

（續）
張泰開禮部尚書
甲寅陸宗楷兵部尚書
李侍堯署刑部尚書
工部尚書
乙未陸宗楷吏部左侍郎。十月甲寅程景伊吏部左侍郎
何逢禧吏部右侍郎
額禮部左侍郎
程巖禮部左侍郎。十二月庚申乙休
亥珠魯訥禮部右侍郎。五月壬申遷。諾穆親禮部右侍郎
源漢禮部右侍郎
史奕昂兵部左侍郎。十月癸丑罷。彭啟豐兵部左侍郎
吳紹詩刑部右侍郎。二月辛亥遷
壬申珠魯訥工部右侍郎
景伊工部右侍郎。十月甲寅遷。劉星煒工部右侍郎

乾隆三十二年丁亥
託恩多
陳宏謀三月辛巳遷。劉綸吏部尚書
阿里袞
于敏中
永貴
張泰開五月庚午遷。嵇璜禮部尚書。七月辛巳遷。裘曰修禮部尚書。八月癸酉調。董邦達禮部尚書
託庸三月丙寅遷。明瑞兵部尚書
陸宗楷
舒赫德
李侍堯三月庚寅遷。楊廷璋刑部尚書
蘊著三月丙寅降。託庸工部尚書
董邦達八月癸酉調。裘曰修工部尚書
德保
程景伊
旌額里
何逢禧
英廉
裘曰修七月辛巳遷。王際華戶部左侍郎
高恆
王際華七月遷。范時紀戶部右侍郎
額爾景額
金甡正月戊辰禮部左侍郎
諾穆親
羅源漢七月丙戌遷。倪承寬禮部右侍郎
鍾音八月乙酉遷。奇成額兵部左侍郎
彭啟豐
奇成額八月乙酉奉寬兵部右侍郎
蔣檙五月丙寅卒。周煌兵部右侍郎
四達
錢維城
綽克托
周煌五月丙寅遷。蔡新刑部右侍郎
三和
李宗文
珠魯訥
劉星煒

乾隆三十三年戊子
託恩多十二月庚申革。永貴吏部尚書
劉綸
阿里袞
于敏中
永貴十二月庚申遷。觀保禮部尚書
董邦達
明瑞三月丙戌陣亡。福隆安兵部尚書。四月戊寅遷。阿桂兵部
陸宗楷
舒赫德四月戊寅議罪。託庸刑部尚書。七月甲午調。官保刑部
楊廷璋八月壬申遷。裘曰修刑部尚書。九月辛亥遷。蔡新刑部
託庸四月戊寅遷。福隆安工部尚書
裘曰修八月壬申遷。蔡新工部尚書。九月辛亥遷。嵇璜工部尚
德保
程景伊
旌額里
何逢禧
英廉
王際華
高恆十月丙辰伊克坦戶部右侍郎
范時紀
額爾景額二月卒。甲子諾穆親禮部左侍郎
金甡
諾穆親二月遷。甲子德福禮部右侍郎
倪承寬
奇成額
彭啟豐三月壬寅乞休。周煌兵部左侍郎
奉寬
周煌遷。三月宋邦綏兵部右侍郎
四達
錢維城
綽克托
蔡新八月壬申遷。張若溎刑部右侍郎
三和
李宗文七月戊子劉星煒工部左侍郎
珠魯訥三月陣亡。鄂忻工部右侍郎
劉星煒七月戊子遷。曹秀先工部右侍郎

	乾隆三十四年己丑	乾隆三十五年庚寅
	永貴十一月壬申遷託庸吏部尚書	託庸
	劉綸	劉綸
	阿里袞十一月乙酉卒官保戶部尚書	官保六月丁未調素爾訥戶部尚書
	于敏中	于敏中
	觀保十月辛未遷永貴禮部尚書十二月丙辰革己巳阿桂禮部尚書	阿桂八月戊寅革己卯永貴禮部尚書
	董邦達七月戊戌卒己亥陸宗楷禮部尚書十月辛未降壬申吳紹詩禮部尚書十一月丁亥革庚寅王際華禮部尚書	王際華
尚書六月遷七月甲午託庸兵部尚書	託庸十月壬申遷伊勒圖兵部尚書	伊勒圖赴伊犂六月壬辰豐昇額署兵部尚書
	陸宗楷七月己亥遷蔡新兵部尚書	蔡新
尚書	官保十一月乙酉遷素爾訥刑部尚書	素爾訥六月丁亥調官保刑部尚書
尚書	蔡新七月乙亥遷吳紹詩刑部尚書十月壬申遷裘曰修刑部尚書	裘曰修閏月甲子解任程景伊刑部尚書
	福隆安	福隆安七月丁巳憂溫福兼署工部尚書
書	嵇璜二月甲寅降程景伊工部尚書	程景伊閏月甲子遷范時綬工部尚書
	德保十二月遷旌額里吏部左侍郎	旌額里
	程景伊二月遷癸酉何逢禧吏部左侍郎卒十二月丁巳袁守侗吏部左侍郎	袁守侗
	旌額里十二月遷阿思哈吏部右侍郎	阿思哈二月革閏月溫福吏部右侍郎七月遷瑚世泰吏部右
	何逢禧二月甲寅遷羅源漢吏部右侍郎	羅源漢三月壬午降辛卯曹秀先吏部右侍郎
	英廉	英廉
	王際華十一月遷范時紀戶部左侍郎	范時紀
	伊克坦二月甲戌索琳戶部右侍郎	索琳
	范時紀十一月庚寅遷宋邦綏戶部右侍郎	宋邦綏卒正月己亥曹秀先戶部右侍郎三月辛卯遷蔣賜棨
	諾穆渾	諾穆渾
	金甡	金甡
	德福	德福
	倪承寬	倪承寬
	奇成額八月辛亥綽克托署兵部左侍郎	綽克托七月乙巳遷博清額署兵部左侍郎
	周煌	周煌
	奉寬	奉寬
	宋邦綏十一月辛卯遷蔣元益兵部右侍郎	蔣元益
	四達	四達四月甲寅休伍訥璽刑部左侍郎
	錢維城	錢維城
	綽克托八月辛亥遷伍訥璽刑部右侍郎	伍訥璽四月遷喀寧阿刑部右侍郎閏月戊申罷邁拉遜刑
	張若溎	張若溎閏月遷六月癸未劉秉恬刑部右侍郎七月乙丑遷余
	三和	三和
	劉星煒	劉星煒十二月病免裘曰修工部左侍郎
	鄂忻二月丙寅德承工部右侍郎	德承
	曹秀先	曹秀先七月己亥遷徐績工部右侍郎

	乾隆三十六年辛卯	乾隆三十七年壬辰	乾隆三十八年癸巳
	託庸	託庸	託庸九月庚辰乞休官
	劉綸二月辛卯遷程景伊吏部尚書	程景伊	程景伊
	素爾訥十一月丁巳遷舒赫德戶部尚書	舒赫德	舒赫德正月戊午永貴
	于敏中	于敏中	于敏中八月戊子遷王
	永貴	永貴	永貴正月戊午阿桂禮
	王際華	王際華	王際華八月戊子遷蔡
	豐昇額	豐昇額	豐昇額
	蔡新	蔡新	蔡新八月戊子遷嵇璜
	官保	官保	官保九月庚辰遷英廉
	程景伊二月辛卯遷范時綬刑部尚書十月丁亥遷楊廷璋刑部尚書	楊廷璋正月癸卯卒崔應階刑部尚書	崔應階
	福隆安	福隆安	福隆安
	范時綬二月辛卯遷裘曰修工部尚書	裘曰修	裘曰修五月辛酉卒嵇
	旌額里卒七月邁拉遜吏部左侍郎	邁拉遜	邁拉遜
	袁守侗	袁守侗二月甲申遷曹秀先吏部左侍郎	曹秀先
侍郎	瑚世泰	瑚世泰	瑚世泰
	曹秀先	曹秀先二月遷吳紹詩吏部右侍郎	吳紹詩
	英廉	英廉	英廉
	范時紀	范時紀	范時紀
	索琳三月壬寅降癸卯桂林戶部右侍郎十一月遷福康安戶部右侍郎	福康安	福康安
戶部右侍郎	蔣賜棨	蔣賜棨	蔣賜棨
	諾穆渾	諾穆渾	諾穆渾閏月遷德福禮
	金甡	金甡	金甡九月己未休致壬
	德福	德福	德福遷閏月瑪興阿禮
	倪承寬	倪承寬	倪承寬遷正月乙卯李
	博清額三月戊午降綽克托署兵部左侍郎十二月己卯補	綽克托四月戊子遷期成額兵部左侍郎	期成額
	周煌	周煌	周煌
	奉寬	奉寬	奉寬
	蔣元益	蔣元益	蔣元益
	伍訥璽十二月己卯瑪興阿刑部左侍郎	瑪興阿四月戊子差綽克托刑部左侍郎	綽克托
	錢維城	錢維城二月甲申憂免袁守侗刑部左侍郎	袁守侗
部右侍郎六月甲午遷瑚世泰刑部右侍郎七月遷綽克托刑部右侍郎	綽克托十一月己亥遷鄂寶刑部右侍郎	鄂寶三月庚申遷雅德署刑部右侍郎	雅德
文儀刑部右侍郎	余文儀五月辛丑遷吳紹詩刑部右侍郎	吳紹詩二月遷甲申吳壇刑部右侍郎	吳壇
	三和	三和	三和八月卒德承工部
	裘曰修二月辛卯遷壬辰閻循琦工部左侍郎	閻循琦	閻循琦八月戊子遷乙
	德承	德承	德承八月乙巳遷劉浩
	徐績遷十月壬辰嵇璜工部右侍郎	嵇璜	嵇璜五月辛酉遷謝墉

	乾隆三十九年甲午	乾隆四十年乙未	乾隆四十一年丙申
保吏部尚書	官保	官保	官保正月己丑乞休阿桂吏部尚書
	程景伊	程景伊	程景伊
署戶部尚書七月甲子舒赫德遷阿桂戶部尚書	阿桂	阿桂	阿桂正月己丑遷豐昇額戶部尚書
際華戶部尚書	王際華	王際華	王際華三月辛卯卒袁守侗戶部尚書
部尚書七月甲子遷永貴禮部尚書	永貴	永貴	永貴
新禮部尚書	蔡新	蔡新十二月丁未遷曹秀先禮部尚書	曹秀先
	豐昇額	豐昇額六月壬辰補	豐昇額正月己丑遷福隆安兵部尚書
兵部尚書	嵇璜	嵇璜十二月丁未遷蔡新兵部尚書	蔡新
刑部尚書仍兼戶部侍郎	英廉	英廉	英廉
	崔應階	崔應階	崔應階十月辛亥遷余文儀刑部尚書
	福隆安	福隆安	福隆安正月己丑遷綽克托工部尚書
璜工部尚書八月戊子調閻循琦工部尚書	閻循琦	閻循琦十二月丁未卒嵇璜工部尚書	嵇璜
	邁拉遜	邁拉遜	邁拉遜
	曹秀先	曹秀先十二月遷袁守侗吏部左侍郎	袁守侗三月遷四月癸卯劉秉恬吏部左侍郎
	瑚世泰	瑚世泰	瑚世泰
	吳紹詩十二月乙酉休致癸巳袁守侗吏部右侍郎	袁守侗十二月遷劉秉恬吏部右侍郎	劉秉恬四月遷吳嗣爵吏部右侍郎
	英廉	英廉	英廉正月己丑免兼福康安戶部左侍郎
	范時紀六月甲午調梁國治戶部左侍郎	梁國治	梁國治
	福康安	福康安	福康安正月己丑遷和珅戶部右侍郎
	蔣賜棨七月甲戌革金簡戶部右侍郎	金簡	金簡
部左侍郎十二月瑪興阿代	瑪興阿	瑪興阿	瑪興阿
申李宗文禮部左侍郎	李宗文正月甲午差梁國治署禮部左侍郎六月甲午遷范時紀署禮部左侍郎	李宗文	李宗文
部右侍郎十二月遷己丑德明禮部右侍郎	德明	德明	德明二月免丙辰達敏禮部右侍郎五月阿
宗文禮部右侍郎九月壬申遷莊存與禮部右侍郎	莊存與	莊存與	莊存與六月丁未沈初禮部右侍郎
	期成額	期成額四月卒高樸兵部左侍郎	高樸
	蔣元益	蔣元益	周煌
	奉寬三月卒四月庚戌高樸署兵部右侍郎	高樸四月遷辛丑景福兵部右侍郎	景福
	劉秉恬	蔣元益	蔣元益
	綽克托	綽克托	綽克托正月己丑遷阿揚阿刑部左侍郎
	袁守侗十二月遷戊戌胡季堂刑部左侍郎	胡季堂	胡季堂
	雅德	雅德	雅德
	吳壇七月甲戌革胡季堂刑部右侍郎十二月戊戌遷王杰刑部右侍郎	王杰	王杰
左侍郎	德承	德承	德承
巳謝墉工部左侍郎	謝墉	謝墉	謝墉
工部右侍郎	劉浩	劉浩	劉浩
工部右侍郎八月乙巳遷李友棠工部右侍郎	李友棠	李友棠十一月甲申董誥工部右侍郎	董誥

	乾隆四十二年丁酉	乾隆四十三年戊戌
，	阿桂五月丁亥遷永貴吏部尚書	永貴二月己酉革綽克托吏部尚書九月甲寅革永貴吏部尚書
	程景伊	程景伊
	豐昇額十月戊戌卒英廉戶部尚書	英廉
	袁守侗十一月甲戌遷梁國治戶部尚書	梁國治
	永貴五月丁亥遷富勒渾禮部尚書	富勒渾二月己酉遷特成額禮部尚書壬子遷鍾音禮部尚書九月戊戌卒己亥德保禮部尚書
	曹秀先	曹秀先
	福隆安	福隆安
	蔡新	蔡新
	英廉十月戊戌遷德福刑部尚書	德福
	余文儀十一月壬申乞休甲戌袁守侗刑部尚書	袁守侗
	綽克托	綽克托二月己酉遷富勒渾工部尚書
	嵇璜	嵇璜
	邁拉遜三月戊寅遷瑚世泰吏部左侍郎	瑚世泰
	劉秉恬	劉秉恬
	瑚世泰三月戊子遷慶桂吏部右侍郎	慶桂
	吳嗣爵十月庚子休致王杰吏部右侍郎	王杰
	福康安六月乙卯遷和珅戶部左侍郎	和珅
	梁國治十一月甲戌遷蔣賜棨戶部左侍郎	蔣賜棨
	和珅六月乙卯遷金簡戶部右侍郎	金簡
	金簡六月乙卯改滿戶部右侍郎蔣賜棨戶部右侍郎十一月甲戌遷劉墉戶部右侍郎	劉墉
	瑪興阿	瑪興阿十二月降癸酉申保禮部左侍郎
	李宗文八月病免范時紀禮部左侍郎	范時紀正月乙酉遷謝墉禮部左侍郎
廣禮部右侍郎	阿肅	阿肅
	沈初	沈初
	高樸	高樸九月壬寅革逮甲辰金輝兵部左侍郎
	周煌	周煌
	景福	景福
	蔣元益	蔣元益三月己丑休致顏希深兵部右侍郎
	阿揚阿	阿揚阿
	胡季堂	胡季堂
	雅德	雅德十月遷喀寧阿刑部右侍郎
	王杰四月庚子遷錢汝誠刑部右侍郎	錢汝誠
	德成	德成
	謝墉	謝墉正月乙酉遷徐績工部左侍郎
	劉浩六月乙卯改漢右侍郎舒常工部滿右侍郎十月遷博清額署工部右侍郎甲寅雅德工部右侍郎	雅德
	蔣賜棨六月乙卯遷劉浩工部漢右侍郎	劉浩

乾隆四十四年己亥	乾隆四十五年庚子	乾隆四十六年辛丑	乾隆四十七年壬
永貴	永貴	永貴	永貴
程景伊十二月己巳遷嵇璜吏部尚書	嵇璜九月戊寅遷蔡新吏部尚書	蔡新	蔡新四月壬辰假
英廉	英廉三月辛丑遷和珅戶部尚書	和珅	和珅
梁國治	梁國治	梁國治	梁國治
德保	德保	德保	德保
曹秀先	曹秀先	曹秀先	曹秀先
福隆安	福隆安	福隆安	福隆安
蔡新	蔡新九月戊寅遷周煌兵部尚書	周煌	周煌
德福	德福	德福	德福八月癸卯卒
袁守侗四月戊寅遷胡季堂刑部尚書	胡季堂	胡季堂	胡季堂
富勒渾十二月戊午遷綽克托工部尚書	綽克托	綽克托	綽克托
嵇璜十二月己巳遷周煌工部尚書	周煌遷九月戊寅周元理工部尚書	周元理十一月庚子乞休羅源漢工部尚書	羅源漢四月甲午
瑚世泰四月壬午卒綽克托吏部左侍郎十二月戊午遷慶桂吏部左侍郎	慶桂十一月遷惠齡吏部左侍郎	惠齡	惠齡
劉秉恬正月憂免二月己未王杰吏部左侍郎	王杰	王杰	王杰四月甲午遷
慶桂十二月遷惠齡吏部右侍郎	惠齡十一月遷阿肅吏部右侍郎	阿肅	阿肅
王杰二月己未遷劉墉吏部右侍郎	劉墉三月壬辰遷癸巳謝墉吏部左侍郎	謝墉	謝墉五月遷彭元
和珅	和珅三月辛丑遷金簡戶部左侍郎	金簡	金簡
蔣賜棨	蔣賜棨	蔣賜棨	蔣賜棨
金簡	金簡三月辛丑遷福長安戶部右侍郎	福長安	福長安
劉墉二月己未遷丙子彭元瑞戶部右侍郎	彭元瑞	彭元瑞	彭元瑞四月甲午
申保二月丙子遷三月戊子阿肅禮部左侍郎	阿肅十一月壬午遷達椿禮部左侍郎	德明	德明
謝墉	謝墉三月癸巳遷錢載禮部左侍郎	錢載	錢載
阿肅三月戊子遷達椿禮部右侍郎	達椿十一月遷德明禮部右侍郎	達椿	達椿
沈初十月壬子莊存與禮部右侍郎	莊存與	莊存與	莊存與
金輝五月卒書麟署兵部左侍郎	瑪興阿三月兵部左侍郎諾穆親署	瑪興阿	瑪興阿
周煌十二月遷顏希深兵部左侍郎	顏希深四月遷辛酉周元理兵部左侍郎九月戊辰遷沈初兵部左侍郎	沈初	沈初五月告養免
景福十二月丙辰博清額兵部右侍郎	景福	景福	景福
顏希深十二月遷羅源漢兵部右侍郎	羅源漢三月遷癸巳曹文埴兵部右侍郎	曹文埴七月癸丑遷錢士雲兵部右侍郎	錢士雲五月戊戌
阿揚阿	阿揚阿	阿揚阿	阿揚阿
胡季堂四月戊寅遷杜玉林刑部左侍郎	杜玉林	杜玉林	杜玉林正月丁卯
喀寧阿	穆精阿四月刑部右侍郎	穆精阿	穆精阿
伍納璽五月白瀛刑部右侍郎	白瀛三月卒己巳姜晟刑部右侍郎	姜晟	姜晟二月戊辰遷
德成	德成	德成	德成
徐績	徐績	徐績	徐績四月壬申革
雅德三月遷惠齡工部右侍郎十二月戊午遷德成工部右侍郎	海成十一月己酉革諾穆親工部右侍郎	諾穆親	諾穆親
劉浩三月戊戌革海成工部右侍郎尋遷汪廷璵工部右侍郎十二月憂免胡高望代	胡高望	胡高望	胡高望四月乙亥

寅	乾隆四十八年癸卯	乾隆四十九年甲辰	乾隆五十年
	永貴五月丙午卒丁未伍彌泰吏部尚書	伍彌泰七月癸酉遷和珅吏部尚書	和珅
劉墉署吏部尚書	蔡新七月乙卯遷劉墉吏部尚書	劉墉	劉墉
	和珅	和珅七月癸酉遷福康安戶部尚書	福康安
	梁國治	梁國治	梁國治五月
	德保	德保	德保
	曹秀先	曹秀先七月丁巳卒姚成烈禮部尚書	姚成烈
	福隆安	福隆安閏月丙辰卒福康安兵部尚書五月辛巳遷慶桂兵部尚書	慶桂
	周煌	周煌三月丁亥遷王杰兵部尚書	王杰
喀寧阿刑部尚書	喀寧阿	喀寧阿	喀寧阿
	胡季堂	胡季堂	胡季堂
	綽克托	綽克托五月丙辰逮慶桂工部尚書五月辛巳遷復興工部尚書	復興三月戊
乞休劉墉工部尚書	劉墉七月乙卯遷金簡工部尚書	金簡	金簡
	惠齡	惠齡	惠齡
五月戊戌謝墉吏部左侍郎	謝墉	謝墉	謝墉
	阿肅二月乙丑革諾穆親吏部右侍郎七月乙卯遷玉鼎柱吏部右侍郎	玉鼎柱	玉鼎柱
瑞吏部右侍郎	彭元瑞五月遷甲辰吳垣吏部右侍郎	吳垣正月甲寅遷彭元瑞吏部右侍郎	彭元瑞
	金簡七月乙卯遷福長安戶部左侍郎	福長安	福長安
	蔣賜棨	蔣賜棨	蔣賜棨
	福長安七月乙卯遷諾穆親戶部右侍郎	諾穆親	諾穆親
遷曹文埴戶部右侍郎	曹文埴	曹文埴	曹文埴五月
	德明	德明	德明
	錢載三月辛丑乞休丁未金士松禮部左侍郎	金士松正月甲寅遷二月莊存與禮部左侍郎	莊存與
	達椿	達椿	達椿
	莊存與	莊存與二月遷陸費墀禮部右侍郎	陸費墀
	瑪興阿	瑪興阿	瑪興阿
戊戌錢士雲兵部左侍郎	錢士雲三月辛丑休致戊寅紀昀兵部左侍郎	紀昀	紀昀正月遷
	景福八月卒戊寅勒保兵部右侍郎	勒保	勒保
遷紀昀兵部右侍郎	紀昀三月遷朱椿兵部右侍郎五月甲辰遷彭元瑞兵部右侍郎	彭元瑞正月甲寅遷金士松兵部右侍郎	金士松正月
	阿揚阿	阿揚阿五月辛巳遷穆精阿刑部左侍郎	穆精阿
降戊辰姜晟刑部左侍郎	姜晟	姜晟	姜晟
	穆精阿	穆精阿五月辛巳遷塔琦刑部右侍郎六月戊申遷景祿刑部右侍郎	景祿四月丁
汪承霈刑部右侍郎六月丁卯遷杜玉林刑部右侍郎	杜玉林	杜玉林	杜玉林四月
	德成	德成	德成
乙亥胡高望工部左侍郎	胡高望	胡高望十二月降汪承霈工部左侍郎	汪承霈五月
	諾穆親二月己丑遷塔彰阿工部右侍郎	塔彰阿五月丁巳降伊齡阿工部右侍郎	伊齡阿
遷杜玉林工部右侍郎六月丁卯遷汪承霈工部右侍郎	汪承霈	汪承霈十二月遷韓鑅工部右侍郎	韓鑅六月丁

乙巳	乾隆五十一年丙午	乾隆五十二年丁未	乾隆五十三
	和珅閏月乙未遷福康安吏部尚書	福康安	福康安
	劉墉	劉墉	劉墉
	福康安閏月乙未遷福長安戶部尚書九月甲午遷綽克托戶部尚書	綽克托	綽克托
丙子遷曹文埴戶部尚書	曹文埴	曹文埴正月庚寅乞養董誥戶部尚書	董誥
	德保	德保	德保
	姚成烈正月辛酉卒彭元瑞禮部尚書	彭元瑞正月丁亥遷紀昀禮部尚書	紀昀
	慶桂	慶桂	慶桂
	王杰	王杰正月丁亥遷彭元瑞兵部尚書	彭元瑞
	喀寧阿	喀寧阿	喀寧阿
	胡季堂	胡季堂	胡季堂
辰遷舒常工部尚書	舒常	舒常	舒常
	金簡	金簡	金簡
	惠齡	惠齡	惠齡七月辛
	謝墉	謝墉	謝墉三月己
	玉鼎柱	玉鼎柱二月癸丑遷瑪興阿吏部右侍郎	瑪興阿七月
	彭元瑞正月辛酉遷竇光鼐吏部右侍郎閏月己丑革金士松吏部右侍郎	金士松	金士松
	福長安閏月乙未遷諾穆親戶部左侍郎	諾穆親	諾穆親
	董誥	董誥正月庚寅遷蔣賜棨戶部左侍郎	蔣賜棨
	諾穆親閏月乙未遷松筠戶部右侍郎	松筠	松筠
丙子遷汪承霈戶部右侍郎	汪承霈	汪承霈	汪承霈
	德明	德明	德明
	莊存與正月丁卯休藍惠元禮部左侍郎	藍惠元	藍惠元三月
	達椿	達椿	達椿
	陸費墀二月癸卯遷朱珪禮部右侍郎	朱珪十二月庚戌遷劉躍雲署禮部右侍郎	朱珪四月丁
	瑪興阿	瑪興阿二月癸丑遷海寧兵部左侍郎	海寧十一月
金士松兵部左侍郎	金士松閏月己丑遷劉秉恬兵部左侍郎	劉秉恬正月庚寅遷二月沈初兵部左侍郎	沈初
	勒保十月遷伊齡阿兵部右侍郎	伊齡阿	伊齡阿十一
遷李綬兵部右侍郎五月遷沈初兵部右侍郎	沈初	沈初二月遷吳玉綸兵部右侍郎	吳玉綸七月
	穆精阿	穆精阿	穆精阿
	姜晟	姜晟三月辛卯遷李封刑部左侍郎	李封七月辛
酉革項玕刑部右侍郎	項玕九月乙未遷長麟刑部右侍郎	長麟二月乙巳遷丙午明興刑部右侍郎	明興
丁酉革阮葵生刑部右侍郎	阮葵生	阮葵生二月卒王昶刑部右侍郎	王昶
	德成	德成	德成
丙子遷李綬工部左侍郎	李綬	李綬二月遷庚申趙鋐工部左侍郎	趙鋐七月己
	伊齡阿三月辛未遷蘇凌阿工部右侍郎九月戊子遷鄂彌達工部右侍郎	鄂彌達	鄂彌達
酉免樂敏書工部右侍郎	樂敏書四月丙申趙鋐工部右侍郎	趙鋐二月庚申遷劉躍雲工部右侍郎十二月庚戌遷韓鑅工部右侍郎	韓鑅

年戊申	乾隆五十四年己酉	乾隆五十五年庚戌	乾隆五十六
	福康安	福康安	福康安
	劉墉三月乙丑降彭元瑞吏部尚書	彭元瑞	彭元瑞四月
	綽克托七月庚子卒丙午巴延三戶部尚書	巴延三	巴延三十月
	董誥	董誥	董誥
	德保正月癸酉卒常青禮部尚書	常青	常青
	紀昀	紀昀	紀昀正月甲
	慶桂	慶桂	慶桂
	彭元瑞三月乙丑遷孫士毅兵部尚書	孫士毅四月癸酉遷李世傑兵部尚書七月戊戌休致劉峨兵部尚書	劉峨
	喀寧阿	喀寧阿八月庚午卒明亮刑部尚書	明亮
	胡季堂	胡季堂	胡季堂
	舒常	舒常	舒常十月癸
	金簡	金簡	金簡十月癸
巳遷瑪興阿吏部左侍郎	瑪興阿	瑪興阿	瑪興阿
巳降朱珪吏部左侍郎	朱珪	朱珪七月庚寅遷沈初吏部左侍郎	沈初
辛巳遷保成吏部右侍郎	保成	保成	保成遷十一
	金士松	金士松	金士松
	諾穆親	諾穆親	諾穆親九月
	蔣賜棨	蔣賜棨	蔣賜棨
	松筠	松筠二月壬寅革舒濂戶部右侍郎四月庚辰革慶成戶部右侍郎	慶成十一月
	汪承霈十月丙子免韓鑅戶部右侍郎	韓鑅	韓鑅
	德明	德明	德明十一月
戊子乞休四月丁未朱珪禮部左侍郎七月己巳遷鄒奕孝禮部左侍郎	鄒奕孝六月乙丑遷竇光鼐禮部左侍郎	竇光鼐	竇光鼐
	達椿正月癸酉遷鐵保禮部右侍郎	鐵保	鐵保
未遷劉躍雲禮部右侍郎	劉躍雲九月己亥憂免劉墉禮部右侍郎	劉墉	劉墉正月戊
癸亥遷伊齡阿兵部左侍郎	伊齡阿十月降慶吉兵部左侍郎	慶吉	慶吉九月乙
	沈初	沈初七月庚寅遷劉峨兵部左侍郎己亥遷趙鋐兵部左侍郎	趙鋐
月遷慶吉兵部右侍郎	伊齡阿八月降慶吉十一月遷明興兵部右侍郎	明興	明興九月乙
己巳降趙鋐兵部右侍郎	趙鋐	趙鋐七月己亥遷胡高望兵部右侍郎	胡高望
	穆精阿	穆精阿	穆精阿
巳免	姜晟	姜晟	姜晟四月辛
	明興十月丙子遷玉德刑部右侍郎	玉德	玉德
	王昶	王昶	王昶
	德成	德成二月降四品銜留任	德成十月革
巳遷管幹貞工部左侍郎	管幹貞六月遷韓鑅工部左侍郎十月遷鄒奕孝工部左侍郎	鄒奕孝	鄒奕孝
	鄂彌達三月更名阿必達	阿必達	阿必達正月
	韓鑅六月遷鄒奕孝工部右侍郎十月遷張若渟工部右侍郎	張若渟	張若渟四月

年辛亥	乾隆五十七年壬子	乾隆五十八年癸丑
	福康安八月癸酉遷金簡吏部尚書	金簡
辛未革孫士毅吏部尚書	孫士毅八月癸酉遷劉墉吏部尚書	劉墉
癸丑革福長安戶部尚書	福長安	福長安
	董誥	董誥
	常青	常青三月甲辰卒德明禮部尚書
辰遷劉墉禮部尚書	劉墉八月癸酉遷紀昀禮部尚書	紀昀
	慶桂	慶桂
	劉峨	劉峨
	明亮正月甲午遷蘇凌阿刑部尚書	蘇凌阿
	胡季堂	胡季堂
丑金簡工部尚書	金簡八月癸酉遷和琳工部尚書	和琳
卯遷彭元瑞工部尚書	彭元瑞	彭元瑞
	瑪興阿正月卒己亥德明吏部左侍郎	德明三月甲辰遷額勒春吏部左侍郎
	沈初	沈初
月甲午德明吏部右侍郎	德明正月己亥遷穆精阿吏部右侍郎十月壬申卒額勒春吏部右侍郎	額勒春三月甲辰遷明興吏部右侍郎六月甲申
	金士松	金士松
乙亥遷慶吉戶部左侍郎十月甲子松筠戶部左侍郎十一月丙戌慶成戶部左侍郎	慶成	慶成
	蔣賜棨	蔣賜棨
丙戌遷額勒春戶部右侍郎	額勒春十月壬申遷癸酉阿迪斯戶部右侍郎	阿迪斯五月戊午遷巴寧阿戶部右侍郎
	韓鑅	韓鑅
甲午遷僧保住禮部左侍郎	僧保住	僧保住三月甲辰遷多永武禮部左侍郎
	竇光鼐八月癸酉遷劉躍雲禮部左侍郎丁亥劉權之禮部左侍郎	劉權之
	鐵保	鐵保
戌遷吳省欽禮部右侍郎四月辛未遷彭元瑞禮部右侍郎十月癸丑遷劉權之禮部左侍郎	劉權之八月丁亥遷劉躍雲禮部右侍郎	劉躍雲
亥遷乙未明興兵部左侍郎	明興九月辛丑遷伊齡阿兵部左侍郎	伊齡阿六月甲申遷玉保兵部左侍郎
	趙鋐	趙鋐
未遷和琳兵部右侍郎	和琳八月癸酉遷丙申玉保兵部右侍郎	玉保六月甲申遷成策兵部右侍郎
	胡高望	胡高望
	穆精阿正月己亥遷玉德刑部左侍郎	玉德
未遷張若渟刑部左侍郎	張若渟	張若渟
	玉德正月己亥遷伊齡阿刑部右侍郎九月辛丑遷明興刑部右侍郎	明興三月甲辰遷僧保住刑部右侍郎
	王昶	王昶三月省墓免乙卯譚尚忠刑部右侍郎
遷松筠工部左侍郎	松筠四月遷成策工部左侍郎	成策月免六月景安工部左侍郎甲申遷伊齡阿
	鄒奕孝	鄒奕孝八月丁亥卒吳省欽工部左侍郎
病免成策工部右侍郎	成策四月遷巴寧阿署工部右侍郎	景安正月工部右侍郎六月遷阿迪斯工部右侍
辛未遷吳省欽工部右侍郎	吳省欽	吳省欽八月丁亥遷范宜恒工部右侍郎

	乾隆五十九年甲寅
	金簡 十二月丙子卒。保寧吏部尚書。
	劉墉
	福長安
	董誥
	德明
	紀昀
	慶桂
	劉峩
	蘇凌阿
	胡季堂
	和琳 七月甲辰遷。松筠工部尚書。
	彭元瑞
	細勒春
	沈初
降諾穆親吏部右侍郎	諾穆親
	金士松
	慶成 八月壬申遷。永保戶部左侍郎。
	蔣賜棨
	巴寧阿 六月戊午革。辛巳，景安戶部右侍郎。
	韓鑅
	多永武
	劉權之
	鐵保
	劉躍雲
	成策
	趙鋑
	玉保
	胡高望
	玉德
	張若渟
	僧保住 八月壬申遷。阿精阿刑部右侍郎。十月遷。丙午，宜興刑部右侍郎。
	譚尚忠
工部左侍郎	伊齡阿
	吳省欽
郎	阿迪斯
	范宜恒

乾隆六十年乙卯
保寧
劉墉
福長安
董誥
德明
紀昀
慶桂
劉峩 八月丙申病免。朱珪兵部尚書。
蘇凌阿
胡季堂
松筠
彭元瑞
細勒春
沈初
諾穆親 正月乙酉遷。宗綱吏部右侍郎。
金士松 八月丙申遷。丁酉，胡高望吏部右侍郎。
永保
蔣賜棨
景安 五月遷。甲子，惠齡戶部右侍郎。九月癸丑，成德戶部右侍郎。癸丑，特克慎代。
韓鑅
多永武
劉權之
鐵保
劉躍雲 四月戊申降。周興岱禮部右侍郎。
成策 二月免。己卯，玉保兵部左侍郎。
趙鋑 八月丁酉遷。九月辛亥，李潢兵部左侍郎。
玉保 二月己卯遷。伍彌烏遜兵部右侍郎。
胡高望
玉德 正月乙酉遷。訥穆親刑部左侍郎。十月辛阿精阿刑部左侍郎。
張若渟
宜興 四月丙午遷。僧保住刑部右侍郎。
譚尚忠
伊齡阿 九月辛台布工部左侍郎。
吳省欽
阿迪斯
范宜恒

清史稿

部院大臣年表四下

	乾隆元年丙辰
理藩院尚書	僧格
理藩院左侍郎	頤魯
理藩院右侍郎	班第
都察院滿左都御史	福敏
都察院漢左都御史	孫嘉淦 十一月甲午遷。楊汝穀左都御史。
都察院滿左副都御史	鄂爾賽
都察院滿左副都御史	二格 二月乙酉遷。三月甲寅，索柱左副都御史。
都察院漢左副都御史	孫國璽 十一月甲午遷。劉永澄左副都御史。
都察院漢左副都御史	陳世倌

	乾隆二年丁巳
理藩院尚書	僧格
理藩院左侍郎	頤魯
理藩院右侍郎	班第
都察院滿左都御史	福敏
都察院漢左都御史	楊汝穀
都察院滿左副都御史	鄂爾賽
都察院滿左副都御史	索柱
都察院漢左副都御史	劉永澄
都察院漢左副都御史	陳世倌 七月癸丑遷。八月辛巳，趙之垣左副都御史。

	乾隆三年戊午
理藩院尚書	僧格 四月甲申免。納延泰理藩院尚書。
理藩院左侍郎	勒爾森 四月辛丑理藩院左侍郎。
理藩院右侍郎	班第 四月辛丑遷。玉保理藩院右侍郎。
都察院滿左都御史	福敏 正月遷。乙卯，馬爾泰左都御史。七月丁卯遷。查克丹左都御史。
都察院漢左都御史	楊汝穀 六月丙午乞休。七月壬子，彭維新左都御史。十二月丙戌革。魏廷珍左都御史。
都察院滿左副都御史	鄂爾賽
都察院滿左副都御史	索柱
都察院漢左副都御史	劉永澄 九月癸丑，劉吳龍左副都御史。
都察院漢左副都御史	趙之垣

乾隆四年己未
納延泰
勒爾森
玉保
查克丹
魏廷珍 四月遷。乙未，陳世倌左都御史。
鄂爾賽
索柱 七月乙卯遷。雅爾圖左副都御史。丙寅遷。舒赫德左副都御史。十二月己卯遷。庚寅，希德
劉吳龍
趙之垣 三月庚午降。田懋左副都御史。五月辛亥遷。王安國左副都御史。十一月庚申，尹會一

乾隆五年庚申
納延泰
勒爾森
玉保
查克丹 三月革。己巳，杭奕祿左都御史。
陳世倌 九月癸丑遷。甲午，王安國左都御史。己卯遷。壬午，劉吳龍左都御史。
鄂爾賽 閏月甲子，二格左副都御史。
希德慎 二月乙未降。三月己未，德爾敏左副都御史。
劉吳龍 十一月壬午遷。十二月辛丑，劉永澄左副都御史。
尹會一 六月告養。七月己丑，陳守創左副都御史。

乾隆六年辛酉
納延泰
勒爾森
玉保
杭奕祿
劉吳龍 九月遷。丁亥，劉統勳左都御史。
二格
德爾敏
劉永澄
陳守創 七月甲申乞休免。八月己亥，仲永檀左副都御史。

乾隆七年壬戌	
納延泰	
勒爾森	
玉保	
杭奕祿	
劉統勳	
二格	
德爾敏	慎左副都御史
劉永澄	
仲永檀 十二月革逮。丙午，彭啟豐左副都御史。	左副都御史

乾隆八年癸亥
納延泰
勒爾森 六月丁卯遷。玉保理藩院左侍郎。
玉保 六月遷。旺札爾理藩院右侍郎。
杭奕祿
劉統勳
二格
德爾敏
劉永澄 二月甲辰病免。趙大鯨左副都御史。
彭啟豐 二月甲辰，彭樹葵左副都御史。

乾隆九年甲子
納延泰
玉保
旺札爾
杭奕祿
劉統勳
二格
德爾敏
趙大鯨 九月辛巳，范燦左副都御史。
彭樹葵 正月庚子遷。二月己未，勵宗萬左副都御史。十二月戊辰遷。何國宗左副都御史。

乾隆十年乙丑
納延泰
玉保
旺札爾
杭奕祿
劉統勳
二格
德爾敏
何國宗
范燦 五月己亥遷。六月丁巳，孫嘉淦左副都御史。

乾隆十一年丙寅
納延泰
玉保
旺札爾
杭奕祿 閏月癸丑休致。阿克敦左都御史。五月丙申遷。盛安左都御史。
劉統勳
二格
德爾敏
何國宗
孫嘉淦

乾隆十二年丁卯
納延泰
玉保
旺札爾
盛安
劉統勳
二格
德爾敏 三月遷。五月庚寅，德通左副都御史。
何國宗
孫嘉淦 四月己巳乞休。梅穀成左副都御史。

乾隆十三年戊辰
納延泰
玉保
旺札爾
盛安 七月戊戌遷。閏月癸丑，德通左都御
劉統勳
二格 四月革。六月戊寅，嵩壽左副都御史。
德通 二月丙辰遷。三月乙未，完顏偉左副
何國宗 四月乙丑遷。庚午，嵇璜左副都御
梅穀成 閏月庚申遷。陳惪華左副都御史。

乾隆十四年己巳
納延泰
玉保
旺札爾
德通
劉統勳 十二月庚辰遷。彭維新左都御史。
富德
完顏偉
朱定元 正月丁巳休。葉一棟左副都御史。
陳惪華

乾隆十五年庚午
納延泰
玉寶
旺札爾
德通 八月辛卯遷。九月辛亥，拉布敦左都
彭維新 八月辛卯革。九月庚子，梅穀成左
富德 四月乙酉革。馬靈阿左副都御史。八月
積德
葉一棟 八月辛卯革。九月甲子，胡寶瑔左
陳惪華

乾隆十六年辛未　乾隆十九年甲戌　乾隆二十二年丁丑
納延泰　納延泰　納延泰
玉寶　玉寶　唐喀祿陣亡十二月乙丑舒明理藩院
旺札爾　旺札爾　旺札爾
史　木和林　木和林　木和林十一月壬子乞休吳拜左都御
梅瑴成　楊錫紱　何國宗正月甲辰遷趙宏恩左都御史
尋遷七月辛丑富德左副都御史　廣成　廣成　廣成
都御史六月卒閏月戊辰積德左副都御史　積德　麒麟保八月己巳舒明左副都御史　德爾敏
史六月丙辰遷庚申朱定元左副都御史　胡寶瑔　雷鋐　竇光鼐
陳悳華　陳悳華　陳悳華九月壬寅遷孫灝左副都御史

乾隆十七年壬申　乾隆二十年乙亥　乾隆二十三年戊寅
納延泰　納延泰　納延泰
玉寶　玉寶　舒明
旺札爾　旺札爾　旺札爾
木和林　木和林　吳拜十月甲戌乞休德敏左都御史
梅瑴成　楊錫紱五月辛卯遷何國宗左都御史　趙宏恩九月丙申卒戊戌歸宣光左都
廣成　廣成　廣成六月免七月赫慶左副都御史
積德七月卒增壽　保左副都御史　舒明十月甲辰遷德爾敏左副都御史　德爾敏
胡寶瑔三月戊寅　遷甲申李世倬左副都御史　雷鋐　竇光鼐
陳悳華　陳悳華　孫灝十二月癸丑調張泰開左副都御

乾隆十八年癸酉　乾隆二十一年丙子　乾隆二十四年己卯
納延泰　納延泰　納延泰
玉寶　玉寶革十二月丁丑唐喀祿理藩院左侍　郎　舒明
旺札爾　旺札爾　旺札爾
御史十一月乙亥過告丙辰木和林左都御史　木和林　木和林　德敏
都御史　梅瑴成九月甲戌　免十月辛丑楊錫紱左都御史　何國宗六月癸丑降趙宏恩左都御史十　一月壬戌遷何國宗署左都御史　歸宣光正月癸卯遷陳悳華左都御史
革九月甲辰胡寶瑔左副都御史尋遷廣成左副都御史　廣成　廣成　赫慶
增壽保四月卒己　亥麒麟保左副都御史　德爾敏　德爾敏
副都御史　李世倬休致四月　雷鋐左副都御史　雷鋐五月丁亥竇光鼐左副都御史　竇光鼐
陳悳華　陳悳華　張泰開

乾隆二十五年庚辰　乾隆二十八年癸未　乾隆三十一年
納延泰　新柱　新柱
左侍郎　舒明　富鼐　福鼐
旺札爾　海明　海明
史　德敏十二月丙申遷永貴左都御史　勒爾森　觀保
劉綸　彭啟豐六月壬寅遷張泰　開左都御史　張泰開正月乙
赫慶　赫慶　赫慶九月鄂忻
德爾敏　溫敏五月戊午寶麟左副　都御史　寶麟
竇光鼐　張映辰卒十二月辛丑呂　熾左副都御史　呂熾
張泰開　蔡鴻業正月壬午遷蔣檙　左副都御史十二月乙未遷羅源漢左副都御史　羅源漢十月甲

乾隆二十六年辛巳　乾隆二十九年甲申　乾隆三十二年
納延泰　新柱十二月丙申遷託恩　多理藩院尚書十一月丁卯遷五吉理藩院尚書　新柱七月己丑
舒明　富鼐　福鼐二月己酉
旺札爾　海明　海明免九月慶
永貴正月癸亥差傅森署左都御史十　一月甲寅永貴遷勒爾森左都御史　勒爾森　觀保
御史　劉綸五月丁未遷金德瑛左都御史　張泰開　範時綬五月庚
赫慶　赫慶　鄂忻
溫敏九月壬寅左副都御史　寶麟　寶麟
竇光鼐　呂熾　呂熾
史　張泰開十一月辛酉遷梁國治左副都　御史　羅源漢　申甫十一月壬

乾隆二十七年壬午　乾隆三十年乙酉　乾隆三十三年
納延泰卒九月己丑新柱理藩院尚書　五吉十一月甲午革新柱　理藩院尚書　色布騰巴勒珠
舒明卒五月旺札爾理藩院左侍郎尋　遷多爾濟理藩院左侍郎八月辛卯富鼐理藩院左侍郎　富鼐七月癸未旺庫伍勒　穆集署理藩院左侍郎九月丙戌差鄂寧署理藩院左侍郎　伍勒穆集
旺札爾五月戊申海明理藩院右侍郎　海明　慶桂
勒爾森　勒爾森七月戊子卒觀保　左都御史　觀保十二月庚
六月乙酉遷丁未劉綸左都御史　金德瑛正月戊申卒亦邦達左都御史　十二月丁未遷彭啟豐左都御史　張泰開　張泰開六月戊
赫慶　赫慶　鄂忻遷四月己
溫敏　寶麟　寶麟
竇光鼐三月庚申休致四月辛巳蔡鴻　業左副都御史　呂熾　呂熾三月壬寅
梁國治十二月丁未遷張映辰左副都　御史　羅源漢　傅為詝

丙戌　乾隆三十四年己丑
伊勒圖
伍勒穆集
慶桂
素爾訥十一月乙酉遷託恩多署　左都御史十一月己亥遷觀保署左都御史
未遷範時綬左都御史　範時綬
左副都御史　景福
寶麟五月乙酉遷壬寅吉信左副　都御史
黃登賢二月甲戌遷三月癸巳積　璜左副都御史
寅遷癸亥申甫左副都御史　傅為詝

丁亥　乾隆三十五年庚寅
遷色布騰巴勒珠爾理藩院尚書　伊勒圖差七月乙巳溫福理藩院　尚書
伍勒穆集理藩院左侍郎　伍勒穆集
桂林理藩院右侍郎　慶桂
觀保五月壬午革癸未永貴左都　御史八月己卯遷觀保左都御史
午遷張泰開左都御史　範時綬閏五月甲子遷張若淮左　都御史
景福
吉信
積璜
戌革傅為詝左副都御史　傅為詝四月甲寅休五月庚辰劉　秉恬左副都御史六月癸未遷乙酉范宜賓左副都御史八月壬辰羅源漢

戊子　乾隆三十六年辛卯
爾六月乙丑病免伊勒圖理藩院尚書　溫福十一月丙辰遷丁巳素爾訥　理藩院尚書
伍勒穆集八月戊子病免福德理　藩院左侍郎
慶桂
申遷素爾訥左都御史　觀保
寅乞休辛巳範時綬左都御史　張若淮
未景福左副都御史　景福
御史十月庚午遷黃登賢左副都御史　吉信正月戊辰瑪興阿左副都御　史十二月己卯遷乙酉伊滿左副都御史
休致四月己未張若淮左副都御史八月壬申遷九月己丑蔣元益左副都　積璜十月壬辰遷十一月戊戌黃　登賢左副都御史
羅源漢

乾隆三十七年壬辰
素爾訥
福德三月庚申差鄂寶署理藩院左侍郎四月戊子補
慶桂
觀保
張若溎
景福四月丁丑遷癸巳高樸左副都御史
伊滿
黃登賢
羅源漢

乾隆三十八年癸巳
素爾訥
鄂寶正月遷福德理藩院左侍郎
慶桂
觀保
張若溎
高樸正月癸巳遷永德署左副都御史
伊滿四月革五月甲子覺羅巴彥學左副都御史
黃登賢
羅源漢　代

乾隆三十九年甲午
素爾訥
福德
慶桂
觀保七月甲戌革阿思哈左都御史
張若溎
永德十月壬午阿肅左副都御史
巴彥學
黃登賢
羅源漢

乾隆四十年乙未
素爾訥
福德
慶桂
阿思哈
張若溎
阿肅
巴彥學
黃登賢
羅源漢

乾隆四十一年丙申
素爾訥四月甲子遷索琳理藩院尚書七月壬申降伍彌泰理藩院尚書十月甲辰遷奎林理藩院尚書
福德五月病免壬申博清額理藩院左侍郎
慶桂
阿思哈正月己丑遷素爾訥兼署左都御史四月甲子補
張若溎十月戊申乞休辛亥崔應階左都御史
阿肅五月遷庚辰蠟海左副都御史
巴彥學
黃登賢六月丁未申甫左副都御史
羅源漢

乾隆四十二年丁酉
奎林
博清額
慶桂三月戊子遷索琳理藩院右侍郎
素爾訥三月辛未乞休戊寅邁拉遜左都御史
崔應階
蠟海
巴彥學
申甫
羅源漢

乾隆四十三年戊戌
奎林
博清額
索琳七月丁巳革八月癸酉復興理藩院右侍郎
邁拉遜
崔應階
蠟海
巴彥學
申甫六月辛卒甲寅曹文埴左副都御史
羅源漢

乾隆四十四年己亥
奎林
博清額十二月丙辰遷保泰理藩院左侍郎
復興
邁拉遜二月癸亥病免丙子申保左都御史
崔應階
蠟海
巴彥學
曹文埴十二月戊辰遷周元理左副都御史
羅源漢十二月戊辰遷王昶左副都御史

乾隆四十五年庚子
奎林三月丙戌遷博清額理藩院尚書
保泰遷二月辛酉福祿理藩院左侍郎
復興
申保
崔應階三月壬辰乞休癸巳羅源漢左都御史
蠟海三月壬辰休致五月哈福納左副都御史
巴彥學
周元理四月辛酉遷丁卯吳玉綸左副都御史
王昶三月遷四月辛酉孫永清左副都御史七月癸卯遷八月汪承霈左副都御史

乾隆四十六年辛丑
博清額
福祿
復興十一月丁巳遷留保住理藩院右侍郎
申保十一月丁巳卒復興左都御史
羅源漢十一月庚子遷劉墉左都御史
哈福納
巴彥學
汪承霈
吳玉綸

乾隆四十七年壬寅
博清額
福祿
留保住
復興
劉墉四月甲午遷王杰左都御史
哈福納
巴彥學
汪承霈二月遷戊辰樂敬書左副都御史
吳玉綸

乾隆四十八年癸卯
博清額
福祿
留保住
復興
王杰五月甲辰憂免朱椿左都御史
哈福納
巴彥學
樂敬書
吳玉綸

乾隆四十九年甲辰
博清額
福祿
留保住
復興五月辛巳遷阿揚阿左都御史
朱椿三月卒丁亥周煌左都御史
哈福納
巴彥學
樂敬書
吳玉綸

乾隆五十年乙巳
博清額六月乙酉卒丙戌留保住理藩院尚書
福祿
留保住六月丙戌遷泰晉伯爾格圖理藩院右侍郎是月卒丙午巴忠理藩院左侍郎
阿揚阿
周煌正月丁巳乞休紀昀左都御史
哈福納
巴彥學
樂敬書六月遷馮晉祚左副都御史尋遷十一月庚申張若渟左副都御史
吳玉綸

乾隆五十一年丙午
留保住
福祿
巴忠
阿揚阿
紀昀
哈福納
巴彥學
張若渟四月丙申遷五月劉權之左副都御史
吳玉綸

乾隆五十二年丁未
留保住
福祿
巴忠
阿揚阿
紀昀正月丁亥遷二月甲辰李綬左都御史
哈福納
巴彥學
劉權之
吳玉綸正月庚寅遷二月庚申陸錫熊左副都御史

乾隆五十三年戊申
留保住
福祿
巴忠
阿揚阿
李綬
哈福納
巴彥學
劉權之
陸錫熊

乾隆五十四年己酉
留保住
福祿二月辛卯休致巴忠理藩院左侍郎
巴忠二月遷普福理藩院右侍郎
阿揚阿九月辛亥舒常左都御史
李綬
哈福納
巴彥學
劉權之
陸錫熊

乾隆五十五年庚戌
留保住
巴忠
普福七月免八月辛亥佛住理藩院右侍郎
舒常
李綬
哈福納
巴彥學
劉權之
陸錫熊

乾隆五十六年辛亥
留保住
巴忠八月自盡九月乙亥諾穆親理藩院左侍郎
佛住
舒常
李綬正月戊戌卒劉墉左都御史甲辰遷紀昀左都御史
哈福納
巴彥學
劉權之十月癸丑遷十一月庚辰汪承霈左副都御史
陸錫熊

乾隆五十七年壬子
留保住
諾穆親正月己亥遷佛住理藩院左侍郎
佛住正月己亥遷博興理藩院右侍郎九月庚子遷奎舒理藩院右侍郎
舒常
紀昀八月癸酉遷寶光鼐左都御史
哈福納十一月卒
巴彥學
汪承霈
陸錫熊卒四月辛酉趙佑左副都御史

乾隆五十八年癸丑
留保住
佛住
奎舒
舒常
寶光鼐
世魁二月壬申左副都御史十二月革
巴彥學
汪承霈
趙佑

乾隆五十九年甲寅
留保住
佛住
奎舒
舒常
寶光鼐
慶善二月癸亥左副都御史
巴彥學八月卒十月丙辰成德左副都御史
汪承霈
趙佑

乾隆六十年乙卯
留保住
佛住九月丙寅奎舒理藩院左侍郎
奎舒
舒常
寶光鼐四月癸巳免朱珪左都御史八月丙申遷金士松左都御史
慶善
成德九月遷十月己卯順海左副都御史
汪承霈
趙佑

清史稿

部院大臣年表五上

嘉慶元年丙辰	
吏部滿尚書	保寧
吏部漢尚書	劉墉
戶部滿尚書	福長安
戶部漢尚書	董誥十月庚辰遷范宜恆戶部尚書
禮部滿尚書	德明
禮部漢尚書	紀昀六月乙亥遷金士松禮部尚書
兵部滿尚書	慶桂
兵部漢尚書	朱珪六月乙亥遷紀昀兵部尚書十月丙戌遷
刑部滿尚書	蘇凌阿
刑部漢尚書	胡季堂
工部滿尚書	松筠八月惠齡署
工部漢尚書	彭元瑞
吏部滿左侍郎	額勒春
吏部漢左侍郎	沈初六月乙亥遷胡高望吏部左侍郎
吏部滿右侍郎	富綱五月丙寅遷玉保吏部右侍郎
吏部漢右侍郎	胡高望六月遷譚尚忠吏部右侍郎
戶部滿左侍郎	永保十一月革台布戶部左侍郎
戶部漢左侍郎	蔣賜棨
戶部滿右侍郎	成德六月己亥遷台布戶部右侍郎十一月遷
戶部漢右侍郎	韓鑅
禮部滿左侍郎	鐵保
禮部漢左侍郎	劉權之
禮部滿右侍郎	多永武
禮部漢右侍郎	周興岱
兵部滿左侍郎	玉保五月遷六月戊寅伍彌烏遜兵部左侍郎
兵部漢左侍郎	李潢
兵部滿右侍郎	伍彌烏遜遷六月戊寅特成額兵部右侍郎十
兵部漢右侍郎	趙鉞
刑部滿左侍郎	阿精阿
刑部漢左侍郎	張若渟
刑部滿右侍郎	僧保住遷八月辛丑英善刑部右侍郎
刑部漢右侍郎	譚尚忠六月乙亥遷陸有仁刑部右侍郎
工部滿左侍郎	台布六月己亥遷成德工部左侍郎
工部漢左侍郎	吳省欽
工部滿右侍郎	阿迪斯
工部漢右侍郎	范宜恆十月壬辰遷趙佑工部右侍郎

	嘉慶二年丁巳	嘉慶三年戊午	嘉慶四
	保寧	保寧	保寧遷
	劉墉三月癸亥遷沈初吏部尚書八月丙辰調朱珪吏部尚書九月沈初暫署	朱珪	朱珪十
	福長安	福長安	福長安
	范宜恒八月丙辰卒沈初戶部尚書	沈初	沈初三
	德明	德明	德明
	金士松八月丙辰調紀昀禮部尚書	紀昀	紀昀
	慶桂	慶桂	慶桂遷
沈初兵部尚書	沈初三月癸亥調朱珪兵部尚書八月丙辰調金士松兵部尚書	金士松	金士松
	蘇淩阿八月遷舒常署刑部尚書	舒常十一月蘇淩阿署理刑部尚書	蘇淩阿
	胡季堂	胡季堂正月庚午遷梁肯堂刑部尚書六月甲寅遷董誥署刑部尚書	董誥
	松筠	松筠	松筠遷
	彭元瑞	彭元瑞	彭元瑞
	額勒春八月玉保吏部左侍郎	玉保八月卒成德吏部左侍郎十一月丁亥遷	鐵保正
	胡高望遷八月丙辰調譚尚忠吏部左侍郎十二月卒吳省欽吏部左侍郎	吳省欽二月遷趙佑吏部左侍郎	趙佑遷
	玉保遷八月丙辰成德吏部右侍郎	成德遷八月甲寅鐵保吏部右侍郎	鐵保正
	譚尚忠遷八月吳省欽吏部右侍郎十二月遷趙佑代	趙佑二月遷劉權之吏部右侍郎	劉權之
	台布	台布	台布遷
	蔣賜棨	蔣賜棨	蔣賜棨
	台布四月遷十月傅森戶部右侍郎	傅森	傅森遷
	韓鑅	韓鑅遷七月己卯戴衢亨戶部右侍郎	戴衢亨
	鐵保	鐵保遷八月甲寅書敬禮部左侍郎	書敬遷
	劉權之	劉權之二月遷周興岱禮部左侍郎	周興岱
	多永武	多永武	多永武
	周興岱遷	劉權之遷二月丙辰戴衢亨禮部右侍郎七月己卯遷阮元禮部右侍郎	阮元三
十二月癸酉遷特成額兵部左侍郎是月辛	富俊正月兵部左侍郎	惠齡	布彥達
	趙鏷	趙鏷七月卒丁丑李潢兵部左侍郎	李潢三
二月癸酉遷富俊兵部右侍郎	富俊遷正月傅森兵部右侍郎十月遷十二月阿迪斯兵部右侍郎	阿迪斯正月革乙酉伯麟兵部右侍郎三月辛未遷五月庚寅台費蔭兵部右侍郎	台費蔭
	李潢	李潢遷七月丁丑韓鑅兵部右侍郎	韓鑅守
	阿精阿	阿精阿卒八月英善刑部左侍郎	英善遷
	張若渟	張若渟	張若渟
	英善	英善遷八月特克慎刑部右侍郎	特克慎
	陸有仁降八月丙辰熊枚刑部右侍郎	熊枚	熊枚正
	成德八月遷丙辰成寧工部左侍郎	成寧	成寧七
	吳省欽八月遷趙佑工部左侍郎	趙佑	范建中
	阿迪斯遷十二月成林工部右侍郎	成林五月庚寅那彥成工部右侍郎	那彥成
	范建中工部右侍郎九月遷	范建中	張若渟

年己未	嘉慶五年庚申
正月戊辰書麟吏部尚書三月癸亥遷魁倫署	書麟
月壬辰遷劉權之吏部尚書	劉權之
罷正月戊辰松筠戶部尚書二月己丑遷布彥達賚戶部尚書	布彥達賚
月庚申卒范建中戶部尚書十月壬辰遷朱珪戶部尚書	朱珪
	德明七月丙申卒丁酉達椿禮部尚書
	紀昀
正月戊辰富銳兵部尚書己卯假慶桂兼署五月庚辰富銳病傅森兵部尚書	傅森
	金士松正月癸亥卒甲子張若渟兵部尚書六月丁卯遷汪
正月罷慶桂刑部尚書二月遷庚申成德刑部尚書三月己未遷成德刑部尚書	成德
	董誥六月丁卯仍管刑部張若渟刑部尚書
正月丁卯盛住署工部尚書己卯那彥成工部尚書	那彥成五月丙午降丁未琳寧工部尚書
	彭元瑞
月乙丑吏部左侍郎二月癸巳降成林吏部左侍郎六月丙申遷英善吏部左侍郎	英善二月丁未革祿康吏部左侍郎八月己卯遷文寧吏部
十月壬寅周興岱吏部左侍郎	周興岱正月甲子遷童鳳三吏部左侍郎
月乙丑遷台費蔭吏部右侍郎二月乙丑遷英善吏部右侍郎六月丙申遷達椿吏部右侍郎九月壬戌遷鐵保吏部右侍郎十二月壬辰遷癸巳祿康吏部右侍郎	祿康二月丁未遷書敬吏部右侍郎七月丁酉遷文寧吏部
遷正月周興岱吏部右侍郎十月壬寅遷童鳳三吏部右侍郎	童鳳三正月甲子遷錢樾吏部右侍郎
正月乙丑傅森戶部左侍郎丁卯調己卯布彥達賚戶部左侍郎二月己丑遷豐紳濟倫戶部左侍郎	豐紳濟倫遷八月己卯高杞戶部左侍郎
緣事降二月甲午范建中戶部左侍郎三月庚申遷阮元戶部左侍郎	阮元正月辛酉遷戴衢亨戶部左侍郎
正月乙丑那彥成戶部右侍郎己卯遷豐紳濟倫戶部右侍郎二月己丑遷台費蔭戶部右侍郎三月遷五月丁亥盛住戶部右侍郎	盛住閏月甲戌革緬勒布戶部右侍郎
	戴衢亨正月辛酉遷張若渟戶部右侍郎遷周興岱正月甲
正月多永武禮部左侍郎	多永武遷八月己卯英和禮部左侍郎
正月遷三月庚申曹城禮部左侍郎三月乙亥遷羅國俊禮部左侍郎五月丁丑錢樾禮部左侍郎	錢樾正月癸亥遷曹城禮部左侍郎
遷正月己卯恒傑禮部右侍郎五月壬戌降達椿禮部右侍郎六月丙申遷文寧禮部右侍郎	文寧七月丁酉遷英和禮部右侍郎八月己卯遷札郎阿禮
月庚申遷羅國俊禮部右侍郎三月乙亥遷錢樾禮部右侍郎五月丁丑遷鄒炳泰禮部右侍郎九月戊寅遷曹城禮部右侍郎	曹城正月癸亥遷丙寅蔣曰綸禮部右侍郎正月辛未遷劉
賚正月乙丑兵部左侍郎己卯調英善兵部左侍郎二月己丑遷書敬兵部左侍郎	書敬二月丁未遷惠齡兵部左侍郎閏月己未遷緝布兵部
月乙亥初彭齡兵部左侍郎五月庚午遷曹城兵部左侍郎九月戊寅遷江蘭兵部左侍郎	江蘭正月癸未革劉秉恬兵部左侍郎二月庚戌馮光熊兵
正月乙丑遷豐紳濟倫兵部右侍郎己卯遷書敬兵部右侍郎二月己丑遷阿迪斯兵部右侍郎五月庚辰遷文寧兵部右侍郎六月丙申遷惠齡兵部右侍郎	惠齡二月丁未遷緝布兵部右侍郎閏月己未遷范建豐兵
陵三月乙亥曹城兵部右侍郎五月庚午遷江蘭兵部右侍郎九月戊寅遷劉秉恬兵部右侍郎	劉秉恬正月癸未遷陳萬全兵部右侍郎六月丁卯平恕兵
二月辛丑瑚圖禮刑部左侍郎五月己卯調祿康刑部左侍郎十二月癸巳遷德英刑部左侍郎	德瑛
正月遷熊枚刑部左侍郎	熊枚
罷三月己巳祿康刑部右侍郎五月己卯遷德英刑部右侍郎十二月癸巳遷項玕刑部右侍郎	項玕二月庚戌遷高杞刑部右侍郎八月己卯遷伊桑阿刑
月遷汪承霈刑部右侍郎十月壬寅遷祖之望刑部右侍郎	祖之望正月辛未遷莫瞻菉刑部右侍郎六月丁卯遷陸有
月辛巳明安工部左侍郎	明安
二月甲午遷張若渟工部左侍郎	張若渟正月辛酉遷汪承霈工部左侍郎二月辛卯遷蔣曰
正月乙丑遷盛住工部右侍郎五月丁亥遷明安工部右侍郎七月辛巳遷西城工部右侍郎	西成
二月甲午遷童鳳三工部右侍郎十月壬寅遷汪承霈工部右侍郎	汪承霈正月辛酉遷蔣兆奎工部右侍郎癸亥遷莫瞻菉工

	嘉慶六年辛酉
	書麟四月壬戌卒戊辰琳寧吏部尚書
	劉權之
	布彥達賚正月辛巳卒壬午傅森戶部尚書二月癸酉成德戶部尚書
	朱珪
	達椿
	紀昀
	傅森正月壬午遷祿康兵部尚書二月癸酉遷豐紳濟倫兵部尚書
承霈兵部尚書	汪承霈
	成德二月癸酉遷祿康刑部尚書
	張若渟
	琳寧遷四月戊辰緝布工部尚書
	彭元瑞
左侍郎	文寧
	童鳳三正月乙酉病免庚子錢樾吏部左侍郎
右侍郎八月己卯遷多永武吏部右侍郎十一月己酉降范建豐吏部右侍郎	范建豐
	錢樾正月庚子遷曹城吏部右侍郎
	高杞七月遷和寧戶部左侍郎九月遷英和戶部左侍郎
	戴衢亨
	緬勒布
子戶部右侍郎	周興岱
	英和九月遷札郎阿禮部左侍郎
	曹城正月庚子遷劉躍雲禮部左侍郎七月遷莫瞻菉禮部左侍郎
部右侍郎	札郎阿七月遷恩普禮部右侍郎
躍雲禮部右侍郎	劉躍雲正月庚子潘世恩禮部右侍郎
左侍郎	緝布四月戊辰遷那彥寶兵部左侍郎七月遷高杞兵部左侍郎
部左侍郎六月丁卯遷陳萬全兵部左侍郎	陳萬全
部右侍郎十一月己酉遷那彥寶兵部右侍郎	那彥寶四月戊辰遷成書兵部右侍郎
部右侍郎	平恕
	德瑛
	熊枚九月遷祖之望刑部左侍郎
部右侍郎十月戊辰遷瑚圖靈阿刑部右侍郎	瑚圖靈阿
仁刑部右侍郎九月辛丑遷祖之望刑部右侍郎	祖之望九月遷初彭齡刑部右侍郎
	明安遷正月乙巳成書工部左侍郎四月戊辰遷和寧工部左侍郎七月遷那彥寶工部左侍郎
綸工部左侍郎	蔣曰綸七月遷劉躍雲工部左侍郎
	西成正月壬午遷成書工部右侍郎乙巳遷和寧工部右侍郎四月戊辰遷蘇楞額工部右侍郎
部右侍郎正月辛未遷蔣曰綸工部右侍郎二月辛卯遷乙未陸有仁工部右侍郎六月丁卯遷莫瞻菉工部右侍郎	莫瞻菉七月遷蔣曰綸工部右侍郎

- 嘉慶七年壬戌
- 琳寧
- 劉權之
- 成德三月壬辰卒祿康戶部尚書
- 朱珪
- 達椿六月乙卯卒長麟禮部尚書十一月庚寅永慶禮部尚書辛卯長齡遷
- 紀昀
- 豐紳濟倫
- 汪承霈七月丁酉遷戴衢亨兵部尚書
- 祿康正月丁酉免德瑛刑部尚書
- 張若渟七月丁酉卒熊枚刑部尚書
- 緼布
- 彭元瑞
- 文寧
- 錢樾七月丁酉遷曹城吏部左侍郎
- 范建豐
- 曹城七月丁酉遷李鈞簡吏部右侍郎
- 英和
- 戴衢亨七月丁酉遷平恕戶部左侍郎
- 額勒布
- 周興岱正月乙卯降壬午平恕戶部右侍郎七月丁酉遷錢樾戶部右侍郎
- 扎郎阿
- 莫瞻菉
- 恩普
- 潘世恩七月丁酉遷關槐禮部右侍郎
- 高杞四月辛丑遷成書兵部左侍郎
- 陳萬全正月辛卯病免李鈞簡兵部左侍郎七月丁酉遷劉鐶之兵部左侍郎
- 成書四月辛丑遷長麟兵部右侍郎六月乙卯遷那彥寶兵部右侍郎
- 平恕正月壬午遷李鈞簡兵部右侍郎辛卯遷劉鐶之兵部右侍郎七月丁酉遷潘世恩兵部右侍郎
- 德瑛正月丁酉遷瑚圖靈阿刑部左侍郎
- 祖之望七月癸巳遷初彭齡刑部左侍郎
- 瑚圖靈阿正月丁酉遷廣音布刑部右侍郎
- 初彭齡七月癸巳遷姜晟刑部右侍郎
- 那彥寶六月乙卯遷蘇楞額工部左侍郎
- 劉躍雲
- 蘇楞額六月乙卯遷吉綸工部右侍郎十一月辛卯遷明德工部右侍郎
- 蔣曰綸

- 嘉慶八年癸亥
- 琳寧
- 劉權之
- 祿康
- 朱珪
- 永慶七月乙巳革那彥成禮部尚書
- 紀昀七月乙巳革留
- 豐紳濟倫閏月癸酉革長麟兵部尚書
- 戴衢亨六月戊子遷費淳兵部尚書
- 德瑛
- 熊枚
- 緼布
- 彭元瑞六月戊子病免戴衢亨工部尚書
- 文寧
- 曹城十二月癸亥病免甲子李鈞簡吏部左侍郎
- 范建豐
- 李鈞簡十二月甲子遷錢樾吏部右侍郎
- 英和
- 平恕
- 額勒布
- 錢樾十二月甲子遷初彭齡戶部右侍郎
- 扎郎阿七月乙巳革恩普禮部左侍郎
- 莫瞻菉十二月甲子遷王懿修禮部左侍郎
- 恩普七月乙巳遷玉麟禮部右侍郎
- 關槐七月乙巳革王懿修禮部右侍郎十二月甲子遷關槐禮部右侍郎
- 成書
- 劉鐶之
- 那彥寶
- 潘世恩
- 初彭齡六月戊子遷姜晟刑部左侍郎
- 廣音布
- 姜晟六月戊子遷戴均元刑部右侍郎
- 蘇楞額
- 劉躍雲
- 明德
- 蔣曰綸閏月丁卯卒戴均元工部右侍郎六月戊子遷莫瞻菉工部右侍郎十二月甲子遷初彭齡工部右侍郎

- 嘉慶九年甲子
- 琳寧六月戊辰革德瑛吏部尚書
- 劉權之
- 祿康
- 朱珪
- 那彥成六月癸酉遷琳寧禮部尚書十一月壬辰疾免恭阿拉禮部尚書
- 紀昀
- 長麟六月戊辰遷明亮兵部尚書
- 費淳六月戊辰遷劉權之兵部尚書
- 德瑛六月戊辰遷長麟刑部尚書
- 熊枚九月庚戌遷姜晟刑部尚書
- 緼布
- 戴衢亨
- 文寧
- 李鈞簡
- 范建豐六月戊辰免恩普吏部右侍郎
- 錢樾六月戊辰降劉鐶之吏部右侍郎
- 英和
- 平恕正月庚戌卒戴均元戶部左侍郎七月丁酉遷潘世恩戶部左侍郎
- 額勒布七月庚戌降那彥寶戶部右侍郎
- 初彭齡七月丁酉解戴均元戶部右侍郎
- 恩普六月戊辰遷玉麟禮部左侍郎
- 王懿修
- 玉麟六月戊辰遷扎郎阿禮部右侍郎尋遷七月癸卯德文禮部右侍郎十一月壬辰遷多永武禮部右侍郎
- 關槐
- 成書十二月戊午降明志兵部左侍郎
- 劉鐶之六月戊辰遷潘世恩兵部左侍郎七月丁酉遷劉鳳誥兵部左侍郎十二月戊午降王汝璧兵部左侍郎
- 那彥寶七月庚戌遷貢楚克扎布兵部右侍郎十一月壬辰遷德文兵部右侍郎十二月戊午降廣興兵部右侍郎
- 潘世恩六月戊辰遷劉鳳誥兵部右侍郎七月丁酉遷陳霞蔚兵部右侍郎十二月戊午降戴聯奎兵部右侍郎
- 廣音布七月癸卯刑部左侍郎
- 姜晟九月庚戌遷祖之望刑部左侍郎
- 廣音布七月癸卯遷英善刑部右侍郎十一月壬辰遷貢楚克扎布刑部右侍郎
- 戴均元正月庚戌遷祖之望刑部右侍郎九月庚戌遷劉栻刑部右侍郎
- 蘇楞額
- 劉躍雲七月甲午降莫瞻菉工部左侍郎
- 明德五月戊戌免瑚圖禮工部右侍郎九月遷明興工部右侍郎
- 莫瞻菉七月甲午遷曹振鏞工部右侍郎

- 嘉慶十年乙丑
- 德瑛
- 費淳
- 祿康
- 朱珪正月辛亥遷戴衢亨戶部尚書
- 恭阿拉
- 紀昀二月辛未卒劉權之禮部尚書閏月降王懿修禮部尚書
- 明亮
- 劉權之二月辛未遷陳大文兵部尚書五月己亥疾休鄒炳泰兵部尚書
- 長麟
- 姜晟
- 緼布
- 戴衢亨正月辛亥遷熊枚工部尚書
- 文寧閏月壬午遷托津吏部左侍郎
- 李鈞簡
- 恩普閏月壬午遷玉麟吏部右侍郎
- 劉鐶之正月辛亥遷戴均元吏部右侍郎
- 英和閏月壬午降那彥寶戶部左侍郎
- 潘世恩
- 那彥寶閏月壬午遷恩普戶部右侍郎
- 戴均元正月辛亥遷劉鐶之戶部右侍郎
- 玉麟閏月壬午遷多永武禮部左侍郎十二月辛
- 王懿修五月己亥遷關槐禮部左侍郎六月戊辰病解王綬禮部左侍郎
- 多永武閏月壬午遷文寧禮部右侍郎十二月庚子遷多慶禮部右侍部
- 關槐五月己亥遷戴聯奎禮部右侍郎六月丙寅遷王綬禮部右侍郎戊辰遷萬承風禮部右侍郎
- 明志
- 王汝璧二月辛酉遷戴聯奎兵部左侍郎五月己亥遷劉躍雲兵部左侍郎六月丙寅休戴聯奎兵部左侍郎
- 廣興
- 戴聯奎二月辛酉遷吳璥兵部右侍郎二月辛未遷劉躍雲兵部右侍郎五月己亥遷趙秉沖兵部右侍郎
- 廣音布閏月壬午遷瑚素通阿刑部左侍郎
- 祖之望十月丁未乞養金光悌刑部左侍郎
- 貢楚克扎布
- 劉栻二月辛酉病免王汝璧刑部右侍郎十一月丙辰疾免周廷棟刑部右侍郎
- 蘇楞額
- 莫瞻菉
- 明興十二月庚子解任文寧工部右侍郎
- 曹振鏞

- 嘉慶十一年丙寅
- 德瑛十一月己未遷瑚圖禮吏部尚書
- 費淳
- 祿康十一月己未遷德瑛戶部尚書
- 戴衢亨
- 恭阿拉
- 王懿修
- 明亮
- 鄒炳泰
- 長麟
- 姜晟六月戊寅遷秦承恩刑部尚書
- 緼布
- 熊枚五月癸亥遷秦承恩工部尚書六月戊寅遷姜晟工部尚書八月庚寅病免汪志伊工部尚書十月甲申遷曹振鏞工部尚書
- 托津正月丁巳遷玉麟吏部左侍郎
- 李鈞簡五月甲寅遷戴均元吏部左侍郎六月庚寅遷潘世恩吏部左侍郎
- 玉麟正月丁巳遷和寧吏部右侍郎五月己酉遷德文吏部右侍郎
- 戴均元五月甲寅遷潘世恩吏部右侍郎六月庚寅遷曹振鏞吏部右侍郎十月甲申遷劉鳳誥吏部右侍郎
- 那彥寶正月丁巳遷托津戶部左侍郎
- 潘世恩五月甲寅遷趙秉沖戶部左侍郎
- 恩普正月丁巳卒蘇楞額正月丁巳戶部右侍郎
- 劉鐶之
- 多慶二月丁未禮部左侍郎八月癸卯遷薩彬圖禮部左侍郎十月癸巳遷桂芳禮部左侍郎
- 王綬
- 多慶二月丁未遷德文禮部右侍郎五月己酉遷桂芳禮部右侍郎十月癸巳遷普恭禮部右侍郎
- 萬承風
- 明志八月癸卯降廣興兵部左侍郎九月己酉降多慶兵部左侍郎
- 戴聯奎
- 廣興八月癸卯遷多慶兵部右侍郎九月己酉遷扎郎阿兵部右侍郎
- 趙秉沖五月甲寅遷劉鳳誥兵部右侍郎十月甲申遷邵自昌兵部右侍郎
- 瑚素通阿
- 金光悌十月癸卯遷周廷棟刑部左侍郎
- 貢楚克扎布
- 周廷棟十月癸卯遷韓崶刑部右侍郎
- 蘇楞額正月丁巳遷那彥寶工部左侍郎壬戌遷英和工部左侍郎
- 莫瞻菉九月辛亥降丁巳周兆基工部左侍郎
- 文寧十一月己未遷成書工部右侍郎
- 曹振鏞六月庚寅遷周兆基工部右侍郎九月丁巳遷蔣予蒲工部右侍郎

- 嘉慶十二年丁卯
- 瑚圖禮
- 費淳遷正月丙午鄒炳泰吏部尚書
- 德瑛
- 戴衢亨
- 恭阿拉
- 王懿修
- 明亮
- 鄒炳泰正月丙午劉權之兵部尚書
- 長麟
- 秦承恩
- 緼布
- 曹振鏞
- 玉麟
- 潘世恩
- 德文
- 劉鳳誥
- 托津
- 趙秉沖
- 蘇楞額
- 劉鐶之
- 桂芳
- 王綬十一月丙寅病解萬承風禮部左侍郎
- 普恭
- 萬承風十一月丙寅遷戴聯奎禮部右侍郎
- 多慶
- 戴聯奎十一月丙寅遷邵自昌兵部左侍郎
- 邵自昌十一月丙寅遷阮元兵部右侍郎十二月癸未遷周興岱兵部右侍郎
- 瑚素通阿
- 周廷棟正月丙午遷韓崶刑部左侍郎
- 貢楚克扎布四月癸未遷廣興刑部右侍郎
- 韓崶正月丙午遷秦瀛刑部右侍郎
- 英和
- 周兆基
- 成書
- 蔣予蒲

- 嘉慶十三
- 瑚圖禮
- 鄒炳泰
- 德瑛
- 戴衢亨
- 恭阿拉
- 王懿修
- 明亮
- 劉權之
- 長麟
- 秦承恩六
- 緼布
- 曹振鏞
- 玉麟
- 潘世恩
- 德文
- 劉鳳誥
- 托津
- 趙秉沖
- 蘇楞額革
- 劉鐶之
- 桂芳
- 萬承風十
- 普恭五月
- 戴聯奎十
- 多慶五月
- 邵自昌
- 成書五月
- 周興岱十
- 瑚素通阿
- 韓崶六月
- 廣興正月
- 秦瀛六月
- 英和六月
- 周兆基九
- 成書五月
- 蔣予蒲二

年戊辰	嘉慶十四年己巳
	瑚圖禮
	鄒炳泰
	德瑛十二月辛丑降祿康戶部尚書
	戴衢亨七月丁卯遷曹振鏞戶部尚書
	恭阿拉
	王懿修
	明亮
	劉權之
	長麟
月己巳降吳璥刑部尚書十二月庚申遷金光悌刑部尚書	金光悌
	緼布六月庚戌疾免蘇楞額工部尚書十二月戊戌革秀林工部尚書
	曹振鏞七月丁卯遷戴衢亨工部尚書
	玉麟
	潘世恩
	德文降六月丙午桂芳吏部右侍郎
	劉鳳誥八月庚戌革周兆基吏部右侍郎
	托津
	趙秉沖
六月庚申英和戶部右侍郎	英和
	劉鐶之
	桂芳六月丙午遷秀寧禮部左侍郎
二月乙巳遷戴聯奎禮部左侍郎	戴聯奎
乙巳遷多慶禮部右侍郎六月庚申遷秀寧禮部右侍郎	秀寧六月丙午遷成格禮部右侍郎
二月乙巳遷邵洪禮部右侍郎	邵洪
乙巳遷普恭兵部左侍郎	普恭
	邵自昌十一月丙寅遷秦瀛兵部左侍郎
乙巳兵部右侍郎	成書
二月乙巳遷萬成風兵部右侍郎	萬承風六月壬辰降秦瀛兵部右侍郎十一月丙寅遷萬承風仍任
正月丁巳病免廣興刑部左侍郎十一月甲申革穆克登額刑部左侍郎	穆克登額
己巳降章煦刑部左侍郎九月己丑遷許兆椿刑部左侍郎	許兆椿三月辛酉遷周兆基刑部左侍郎八月庚戌朱理刑部左侍郎
丁巳遷穆克登額刑部右侍郎十一月甲申遷景祿刑部右侍郎	景祿
乙巳降許兆椿刑部右侍郎九月己丑遷周兆基刑部右侍郎	周兆基三月辛酉遷胡克家刑部右侍郎六月丙午遷朱理刑部右侍郎八月庚戌遷初彭齡刑部右侍郎十一月丙寅遷金應琦刑部右侍郎
庚申遷慶惠工部左侍郎	慶惠四月癸巳讓阿明阿工部左侍郎十二月戊戌革辛丑德瑛工部左侍郎十二月庚戌休慶福工部左侍郎
月己巳遷陳希曾工部左侍郎	陳希曾十二月庚戌降留
乙巳遷常福工部右侍郎六月庚申阿明阿工部右侍郎	阿明阿四月辛酉遷蘇楞額工部右侍郎六月庚戌遷慶福工部右侍郎十二月庚戌遷榮麟工部右侍郎
月甲申遷陳希曾工部右侍郎九月己巳遷顧德慶工部右侍郎	顧德慶

嘉慶十五年庚午	嘉慶十六年辛未
瑚圖禮二月辛卯遷秀林吏部尚書六月辛丑降瑚圖禮吏部尚書	瑚圖禮九月乙未降松筠吏部尚書
鄒炳泰	鄒炳泰
祿康五月癸亥遷托津戶部尚書	托津
曹振鏞	曹振鏞
恭阿拉九月壬戌遷慶福禮部尚書	慶福
王懿修	王懿修
明亮	明亮六月壬子革丙辰恭阿拉兵部尚書
劉權之	劉權之五月辛巳遷劉鐶之兵部尚書
長麟二月辛卯疾免瑚圖禮刑部尚書六月辛丑遷勒保刑部尚書	勒保正月癸酉遷百齡刑部尚書五月癸卯遷崇祿刑部尚書
金光悌	金光悌
秀林二月辛卯遷托津工部尚書五月癸亥遷勒保工部尚書六月辛丑遷馬慧裕工部尚書九月壬戌遷恭阿拉工部尚書	恭阿拉六月丙辰遷丁巳吉綸工部尚書
戴衢亨五月癸亥遷費淳工部尚書	費淳三月乙亥卒王集工部尚書
玉麟	玉麟九月辛丑革鐵保吏部左侍郎
潘世恩	潘世恩
桂芳二月辛卯遷榮麟吏部右侍郎八月丁亥降秀寧吏部右侍郎	秀寧九月辛丑遷凱音布吏部右侍郎
周兆基	周兆基
托津二月辛卯遷英和戶部左侍郎	英和
趙秉沖	趙秉沖
英和二月辛卯遷桂芳戶部右侍郎	桂芳
劉鐶之	劉鐶之五月辛巳遷錢樾戶部右侍郎七月戊寅遷陳希曾戶部右侍郎
秀寧八月庚子遷德文禮部左侍郎	德文六月甲寅遷哈寧阿禮部左侍郎
戴聯奎	戴聯奎
成格七月乙亥遷德文禮部右侍郎八月庚子遷哈寧阿禮部右侍郎	哈寧阿六月甲寅遷凱音布禮部右侍郎九月辛丑遷秀寧禮部右侍郎
邵洪	邵洪七月戊寅疾免帥承瀛禮部右侍郎十一月辛卯遷汪廷珍禮部右侍郎
普恭七月乙亥降成書兵部左侍郎	成書
秦瀛正月丁丑遷萬承風兵部左侍郎	萬承風
成書七月乙亥遷成格兵部右侍郎九月壬戌遷明志兵部右侍郎	明志
萬承風正月丁丑遷費淳兵部右侍郎五月癸亥遷宋鎔兵部右侍郎十二月甲申遷胡長齡兵部右侍郎	胡長齡
穆克登額	穆克登額六月丁巳遷景祿刑部左侍郎
朱理	朱理
景祿	景祿六月丁巳遷文寧刑部右侍郎八月甲寅遷十一月辛卯成寧刑部右侍郎
金應琦正月辛未降丁丑秦瀛刑部右侍郎十二月甲申疾免宋鎔刑部右侍郎	宋鎔
慶福九月壬戌遷常福工部左侍郎	常福
陳希曾	陳希曾七月戊寅遷錢樾工部左侍郎七月壬午遷顧德慶工部左侍郎十一月辛卯初彭
榮麟二月辛卯遷馬慧裕工部右侍郎六月辛丑遷常福工部右侍郎九月壬戌遷成格工部右侍郎	成格
顧德慶	顧德慶七月壬午遷初彭齡工部右侍郎十一月辛卯遷帥承瀛工部右侍郎

	嘉慶十七年壬申	嘉慶十八年癸酉
	松筠	松筠九月甲申遷鐵保吏部尚書
	鄒炳泰	鄒炳泰九月庚辰降曹振鏞吏部尚書九月甲申遷章煦吏部尚書
	托津	托津
	曹振鏞	曹振鏞九月庚辰遷潘世恩戶部尚書
	慶福十月丁卯遷恭阿拉禮部尚書十二月壬子疾免鐵保禮部尚書	鐵保九月甲申遷德文禮部尚書九月癸巳革成寧禮部尚書
	王懿修	王懿修九月癸未休甲申胡長齡禮部尚書
	恭阿拉十月丁卯遷慶福兵部尚書	慶福十月壬戌革明亮署兵部尚書
	劉鐶之	劉鐶之
	崇祿	崇祿
	金光悌十二月壬子卒祖之望刑部尚書	祖之望十月丙申疾免韓崶刑部尚書
	吉綸	吉綸九月己卯革成寧工部尚書九月癸巳革英和工部尚書
	王集十二月壬子遷潘世恩工部尚書	潘世恩九月庚辰遷章煦工部尚書九月甲申遷周兆基工部尚書
	鐵保十二月壬子遷凱音布吏部左侍郎	凱音布讓三月辛未成寧吏部左侍郎九月己卯文寧吏部左侍郎
	潘世恩十二月壬子遷周兆基吏部左侍郎	周兆基九月甲申遷吳烜吏部左侍郎
	凱音布十二月壬子遷成寧吏部右侍郎	成寧三月辛未遷文寧吏部右侍郎九月己卯遷秀寧吏部右侍郎
	周兆基十二月壬子遷帥承瀛吏部右侍郎	許兆椿正月辛未吏部右侍郎三月甲戌遷戴聯奎吏部右侍郎八月辛酉吳烜吏部右侍
	英和五月戊寅降桑安戶部左侍郎十一月辛未遷成寧戶部左侍郎十二月壬子遷玉麟戶部左侍郎	玉麟九月己卯革蘇楞額戶部左侍郎
	趙秉沖五月戊寅遷初彭齡戶部左侍郎	初彭齡九月乙亥遷盧蔭溥戶部左侍郎
	桂芳	桂芳
	陳希曾五月戊寅降趙秉沖戶部右侍郎	趙秉沖
	哈寧阿	哈寧阿降三月辛未秀寧禮部左侍郎九月己卯遷瑚圖禮禮部左侍郎
	戴聯奎二月己未遷胡長齡禮部左侍郎	胡長齡九月甲申遷汪廷珍禮部左侍郎
	秀寧	秀寧三月辛未遷英和禮部右侍郎九月己卯佛住禮部右侍郎
	汪廷珍	汪廷珍九月甲申遷王宗誠禮部右侍郎
	成書	成書
	萬承風十一月辛巳疾免戴聯奎兵部左侍郎	戴聯奎三月甲戌遷吳烜兵部左侍郎八月辛酉遷盧蔭溥兵部左侍郎九月乙亥遷戊寅
	明志	明志革九月丁亥果齊斯歡兵部右侍郎
	胡長齡二月己未遷戴聯奎兵部右侍郎十一月辛巳遷吳烜兵部右侍郎	吳烜三月甲戌遷盧蔭溥兵部右侍郎八月辛酉遷吳芳培兵部右侍郎九月戊寅遷溫汝
	景祿	景祿降八月壬子穆克登額刑部左侍郎三月甲戌高杞刑部左侍郎八月遷穆克登額刑
	宋鎔	宋鎔
	成寧十一月辛未遷文孚刑部右侍郎	文孚六月丁未降壬子穆克登額刑部右侍郎八月壬子遷成格刑部右侍郎
	宋鎔三月遷章煦刑部右侍郎	章煦遷九月庚辰陳預刑部右侍郎
	常福	常福
齡工部左侍郎	初彭齡五月戊寅遷帥承瀛工部左侍郎十二月壬子遷許兆椿工部左侍郎	許兆椿正月辛未遷蔣予蒲工部左侍郎三月甲戌茹棻工部左侍郎
	成格	成格八月壬子遷慶祥工部右侍郎十二月庚辰徵瑞工部右侍郎
	帥承瀛五月戊寅遷趙秉沖工部右侍郎阮元八月甲寅遷許兆椿工部右侍郎十二月壬子遷茹棻工部右侍郎	茹棻三月甲戌遷陳希曾工部右侍郎

嘉慶十九年甲戌
鐵保 二月丙辰革英和吏部尚書
章煦
托津 八月辛未遷瑚圖禮戶部尚書九月癸巳遷景安戶部尚書
潘世恩 六月辛巳憂劉鐶之戶部尚書
成甯 閏月丙子革和甯禮部尚書三月甲寅遷景安禮部尚書九月癸巳遷瑚圖禮禮部尚書十二月辛酉卒穆克登額禮部尚書
胡長齡 八月乙亥疾免戴均元禮部尚書
明亮 三月甲寅遷和甯兵部尚書四月己卯降瑚圖禮兵部尚書八月辛未遷明亮兵部尚書
劉鐶之 六月辛巳遷初彭齡兵部尚書
崇祿
韓崶
英和 二月丙辰遷蘇楞額工部尚書
周兆基
文甯 閏月甲子遷秀甯吏部左侍郎
吳烜
秀甯 閏月甲子遷佛住吏部右侍郎
吳烜 正月壬午遷戴均元吏部右侍郎二月丁巳遷顧德慶吏部右侍郎 郎九月甲申遷吳璥吏部右侍郎
蘇楞額 二月丙辰遷果齊斯歡戶部左侍郎
盧蔭溥
桂芳 三月癸卯遷常福戶部右侍郎十月乙丑解成格戶部右侍郎
趙秉沖 四月庚午卒黃鉞戶部右侍郎
瑚圖禮 四月己卯遷穆克登額禮部左侍郎十月乙丑遷寶興禮部左侍郎
汪廷珍
佛保 閏月甲子遷穆克登額禮部右侍郎四月己卯遷寶興禮部右侍郎十月乙丑遷穆彰阿禮部右侍郎
王宗誠
成書 正月壬辰遷果齊斯歡兵部左侍郎二月丙辰遷恭普兵部左侍郎九月壬子遷禧恩兵部左侍郎
吳芳培 吳芳培兵部左侍郎
果齊斯歡 正月壬辰遷恭普兵部右侍郎二月丙辰遷常福兵部右侍郎三月癸卯遷禧恩兵部右侍郎九月壬子遷恩甯兵部右侍郎
溫汝适 二月辛亥遷周系英兵部右侍郎 适兵部右侍郎
穆克登額 二月丙辰遷成格刑部左侍郎八月戊辰遷那彥寶刑部左侍郎 部左侍郎
宋鎔 遷免許兆椿正月癸未刑部左侍郎四月壬午遷陳希曾刑部左侍郎
成格 二月丙辰遷成林刑部右侍郎五月乙未革那彥寶刑部右侍郎八月戊辰熙昌刑部右侍郎
陳預 三月癸卯遷陳希曾刑部右侍郎四月壬午遷朱理刑部右侍郎
常福 二月丙辰遷徵瑞工部左侍郎十一月壬辰革穆克登額工部左侍郎十二月辛酉遷景祿工部左侍郎
茹棻 八月乙亥遷王以銜工部左侍郎
徵瑞 二月丙辰遷穆克登額工部右侍郎閏月甲子遷那彥寶工部右侍郎五月乙未遷英綬工部右侍郎七月壬子免熙昌工部右侍郎八月戊辰遷成格工部右侍郎十月乙丑遷穆克登額
陳希曾 三月癸卯遷鮑桂星工部右侍郎十二月癸亥革乙丑王鼎工部右侍郎

嘉慶二十年乙亥
英和
章煦
景安
劉鐶之
穆克登額
戴均元
明亮
初彭齡 正月戊戌降癸卯吳璥兵部尚書
崇祿
韓崶
蘇楞額
周兆基
秀甯
吳烜
佛住
顧德慶 六月丙辰遷帥承瀛吏部左侍郎
果齊斯歡
盧蔭溥
成格
黃鉞
寶興
汪廷珍
穆彰阿 十二月丁卯降貴慶禮部右侍郎壬申降文甯禮部右侍郎
王宗誠
禧恩
吳芳培 憂免六月丙辰顧德慶兵部左侍郎
恩甯 十二月丁卯降常福兵部右侍郎
周系英 憂免四月戊寅姚文田兵部右侍郎
那彥寶
陳希曾
熙昌
朱理 五月庚寅遷彭希濂刑部右侍郎
景祿 七月丁巳遷蘇楞額工部左侍郎
王以銜
普恭 額工部右侍郎十一月壬辰遷潤鮮工部右侍郎壬寅遷普恭工部右侍郎
王鼎

嘉慶二十一年丙子
英和
章煦 閏月壬寅遷戴均元吏部尚書
景安
劉鐶之
穆克登額 七月乙卯革丁巳馬慧裕禮部尚書八月己亥卒成甯禮部尚書
戴均元 閏月壬寅遷章煦禮部尚書十一月己巳遷周兆基禮部尚書
明亮
吳璥
崇祿
韓崶 十一月己巳遷章煦刑部尚書
蘇楞額 七月乙卯革和甯工部尚書
周兆基 十一月己巳遷茹棻工部尚書
秀甯 十一月庚午遷熙昌吏部左侍郎
吳烜 六月丁丑革戴聯奎吏部左侍郎七月丙辰遷王鼎吏部左侍郎
佛住 六月丁丑革恭普吏部右侍郎
帥承瀛 三月壬辰遷戴聯奎吏部右侍郎六月丁丑遷王鼎吏部右侍郎七
果齊斯歡
盧蔭溥 六月庚申姚文田戶部左侍郎
成格 六月庚申那彥寶戶部右侍郎
黃鉞 六月庚申遷盧蔭溥戶部右侍郎
寶興 六月癸酉降多山禮部左侍郎
汪廷珍
文甯 三月戊申遷多山禮部右侍郎六月癸酉遷廉善禮部右侍郎
王宗誠 四月乞休乙丑姚文田禮部右侍郎六月庚申遷黃鉞禮部右侍郎
禧恩
顧德慶
常福
姚文田 四月乙丑遷曹師曾兵部右侍郎
那彥寶 六月庚申遷熙昌刑部左侍郎十一月庚午遷秀甯刑部左侍郎
陳希曾 六月丁丑遷帥承瀛刑部左侍郎
熙昌 六月庚申遷成格刑部右侍郎
彭希濂 三月壬辰降帥承瀛刑部右侍郎六月丁丑遷朱理刑部右侍郎十
蘇楞額
王以銜
普恭 六月丁丑遷誠安工部右侍郎
王鼎 六月丁丑遷陳希曾工部右侍郎九月己未疾免陸以莊工部右侍郎

嘉慶二十二年丁丑
英和
戴均元
景安
劉鐶之 九月辛酉降盧蔭溥戶部尚書
成甯 七月甲寅降和甯禮部尚書十一月乙丑遷穆克登額禮部尚書
周兆基 三月戊辰卒盧蔭溥禮部尚書三月辛未遷戴聯奎禮部尚書
明亮 六月甲戌遷和甯兵部尚書七月甲辰遷伊沖阿兵部尚書十一月乙丑遷和甯兵部尚書
吳璥 三月辛未遷盧蔭溥兵部尚書九月辛酉遷章煦兵部尚書
崇祿
章煦 三月辛未病解吳璥刑部尚書
和甯 六月甲戌遷伊沖阿工部尚書七月丙辰遷蘇楞額工部尚書
茹棻
熙昌
王鼎
普恭
吳芳培 月丙辰遷茹棻吏部右侍郎十一月己巳遷吳芳培吏部右侍郎
果齊斯歡 三月己巳降禧恩戶部左侍郎
姚文田 三月戊辰遷黃鉞戶部左侍郎
那彥寶
盧蔭溥 三月戊辰遷姚文田戶部右侍郎
多山
汪廷珍 三月辛未遷王引之禮部左侍郎
廉善 十二月乙未遷
黃鉞 三月戊辰遷湯金釗禮部右侍郎
禧恩 三月己巳遷常福兵部左侍郎
顧德慶
常福 三月己巳遷穆彰阿兵部右侍郎
曹師曾
秀甯
帥承瀛
成格 十二月乙未遷廉善刑部右侍郎
彭希濂 一月壬子遷彭希濂刑部右侍郎
蘇楞額 七月丙辰遷果齊斯歡工部左侍郎
王以銜
誠安
陸以莊

嘉慶二十三年戊寅
英和
戴均元
景安
盧蔭溥
穆克登額 十二月庚寅遷松筠禮部尚書
戴聯奎 三月庚戌遷汪廷珍禮部尚書
和甯
章煦 三月庚戌遷戴聯奎兵部尚書
崇祿
吳璥
蘇楞額
茹棻
熙昌 十月丙戌卒普恭吏部左侍郎
王鼎
普恭 十月丙戌遷成甯吏部右侍郎十一月辛丑遷文德吏部
吳芳培 三月庚戌遷周系英吏部右侍郎
禧恩
黃鉞
那彥寶
姚文田
多山 五月甲辰遷哈甯阿禮部左侍郎十一月降恩甯禮部左
王引之
文德 正月庚子禮部右侍郎二月乙酉遷哈甯阿禮部右侍郎
湯金釗
常福
顧德慶
穆彰阿 五月癸卯遷明興阿兵部右侍郎九月丙申遷穆彰阿
曹師曾
秀甯 五月癸卯降廉善刑部左侍郎
帥承瀛
廉善 五月癸卯遷穆彰阿刑部右侍郎九月丙申遷文孚刑部
彭希濂
果齊斯歡 二月乙酉革文德工部左侍郎十月戊子遷穆彰阿
王以銜
誠安
陸以莊

嘉慶二十五年庚辰
英和十月丁亥遷那彥成
戴均元二月癸卯遷吳璥
景安十月丁亥遷英和戶
盧蔭溥九月壬子遷黃鉞
穆克登額十月丁亥遷普
黃鉞九月壬子遷汪廷珍
和世泰四月壬寅革戊申
戴聯奎三月甲子降戊辰
和寧
韓崶
蘇楞額十月丁亥遷穆克
茹棻九月壬子遷盧蔭溥
恩寧
顧德慶九月壬子遷湯金
常起
王引之
禧恩
姚文田
那彥寶三月丁丑遷禧恩
王鼎
崇祿六月甲寅遷那清安
汪廷珍三月戊辰遷王宗
那清安六月甲寅遷和桂
湯金釗九月壬子遷吳烜
常福三月甲子降戊辰阿
曹師曾三月甲子降戊辰
常英三月甲子降戊辰哈
吳其彥
廉善九月壬子遷那清安
帥承瀛十二月丙午遷韓
文孚三月丁丑遷海齡刑
吳芳培三月己卯遷吳邦
穆彰阿
王以銜
善慶九月壬子遷文孚工
陸以莊

和世泰兵部尚書
部
部右侍郎十二月庚子降吳芳培刑部右侍郎

嘉慶二十四年己卯
英和
戴均元
景安
盧蔭溥
松筠六月癸卯遷崇祿禮部尚書九月戊子降穆克登額禮部尚書
汪廷珍九月戊子降黃鉞禮部尚書
和寧正月丁巳遷崇祿兵部尚書六月癸卯遷松筠兵部尚書九月癸酉遷
戴聯奎
崇祿正月丁巳遷和寧刑部尚書
吳璥閏月庚戌病解韓崶刑部尚書
蘇楞額
茹棻
普恭五月辛未遷成寧吏部左侍郎六月癸卯遷恩寧吏部左侍郎
王鼎閏月庚戌遷周系英吏部左侍郎九月丙辰降顧德慶吏部左侍郎
常起五月戊戌吏部右侍郎
周系英閏月庚戌遷吳芳培吏部右侍郎十二月庚子遷王引之吏部右侍郎
禧恩
黃鉞九月戊子遷姚文田戶部左侍郎
那彥寶
姚文田九月戊子遷王鼎戶部右侍郎
恩寧遷六月癸未和桂禮部左侍郎九月戊子降崇祿禮部左侍郎
王引之九月戊子降汪廷珍禮部左侍郎
同麟九月戊子降那清安禮部右侍郎
湯金釗
常福
顧德慶九月丙寅遷王宗誠兵部左侍郎九月戊子降曹師曾兵部左侍郎
英惠七月庚辰革常英兵部右侍郎
曹師曾九月戊子遷吳其彥兵部右侍郎
廉善
帥承瀛
文孚
彭希濂三月己亥降王鼎閏月庚戌刑部右侍郎九月戊子遷吳邦慶刑
穆彰阿
王以銜
誠安二月辛未遷穆克登額工部右侍郎八月壬辰遷善慶工部右侍郎
陸以莊

右郎侍
侍郎
五月甲辰遷同麟禮部右侍郎
兵部右侍郎十月戊子遷德文兵部右侍郎十一月辛丑遷英惠兵部右侍郎
右侍郎
工部左侍郎

清史稿

部院大臣年表五下

嘉慶元年丙辰
理藩院尚書	留保住三月壬申休致烏爾圖納遜
理藩院左侍郎	高俊
理藩院右侍郎	特克愼
都察院滿左都御史	舒常
都察院漢左都御史	金士松六月乙亥遷沈初左都御史
都察院滿左副都御史	慶耆十月甲戌達慶左副都御史
都察院滿左副都御史	世魁
都察院漢左副都御史	汪承霈
都察院漢左副都御史	趙佑十月壬辰遷十二月甲戌孟邵

嘉慶二年丁巳
理藩院尚書	烏爾圖納遜革二月己未惠齡理藩
理藩院左侍郎	奎舒
理藩院右侍郎	特克愼
都察院滿左都御史	舒常
都察院漢左都御史	紀昀八月丙辰調胡高望左都御史
都察院滿左副都御史	達慶
都察院滿左副都御史	瑚圖靈阿二月戊午左副都御史
都察院漢左副都御史	汪承霈
都察院漢左副都御史	孟邵

嘉慶三年戊午
理藩院尚書	惠齡
理藩院左侍郎	奎舒
理藩院右侍郎	特克愼八月甲寅遷普福理藩院右
都察院滿左都御史	舒常十二月丁亥卒德成左都御史
都察院漢左都御史	胡高望二月壬子卒吳省欽左都御
都察院滿左副都御史	達慶
都察院滿左副都御史	瑚圖靈阿
都察院漢左副都御史	汪承霈
都察院漢左副都御史	孟邵十一月戊辰陳嗣龍左副都御

吏部尚書
吏部尚書九月壬子遷劉鐶之吏部尚書
部尚書
戶部尚書
恭禮部尚書
禮部尚書
伯麟兵部尚書
劉鐶之兵部尚書九月壬子遷茹棻兵部尚書
登額工部尚書
工部尚書
劉吏部左侍郎
戶部右侍郎九月壬子遷廉善戶部右侍郎
禮部左侍郎九月壬子遷慶善禮部左侍郎
誠禮部左侍郎
禮部右侍郎九月壬子遷書敏禮部右侍郎
禮部右侍郎
克當兵部左侍郎
吳邦慶兵部左侍郎三月己卯遷吳芳培兵部左侍郎
寧阿兵部右侍郎
刑部左侍郎十一月甲戌遷那彥寶刑部左侍郎
文綺刑部左侍郎
部右侍郎
慶刑部右侍郎四月己亥遷程國仁刑部右侍郎六月壬辰革韓文綺刑部右侍郎十二月丙午遷
部右侍郎十一月甲戌遷那清安工部右侍郎

理藩院尚書
十月丙戌遷紀昀左都御史
左副都御史

嘉慶四年己未
惠齡六月丙申遷烏爾圖納遜理藩院尚書
奎舒九月戊辰革普福理藩院左侍郎
普福九月戊辰遷貢楚克扎布理藩院右侍郎
成德三月庚申遷傅森左都御史五月庚辰阿迪斯左都御史九月壬戌遷達椿左都御史
吳省欽正月癸酉革乙亥劉權之左都御史十月壬辰范建中左都御史十月壬寅遷趙佑左都御史
達慶三月庚申遷辛酉廣興左副都御史十月甲午遷辛亥廣音布左副都御史
瑚圖靈阿三月己巳遷四月壬寅舒聘左副都御史
汪承霈正月遷二月辛丑蔣日綸左副都御史
陳嗣龍

院尚書

嘉慶五年庚申
烏爾圖納遜
普福七月癸巳遷貢楚克扎布理藩院左侍郎
貢楚克扎布六月癸巳遷和寧理藩院右侍郎
達椿七月丁酉遷書敏左都御史八月己卯遷祿康左都御史
趙佑二月辛卯卒汪承霈左都御史六月丁卯遷馮光熊左都御史
廣音布三月丙午遷四月庚戌繼善左副都御史
舒聘
蔣日綸正月丙寅遷劉湄左副都御史
陳嗣龍

侍郎
史

嘉慶六年辛酉
烏爾圖納遜五月乙巳額勒登保理藩院尚書
貢楚克扎布
和寧正月乙巳遷佛爾卿額理藩院右侍郎
祿康正月壬午遷西成左都御史
馮光熊九月卒熊枚左都御史
繼善二月戊午遷丙寅恩普左副都御史九月一日遷庚子萬寧左副都御史
舒聘
劉湄
陳嗣龍

史

嘉慶七年壬戌
額勒登保二月乙卯遷博興理藩院尚書
貢楚克扎布
佛爾卿額
西成四月壬子卒普福左都御史十月丙寅卒恭阿拉左都御史
熊枚七月丁酉遷汪承霈左都御史
萬寧
舒聘
劉湄四月辛五月辛未陳霞蔚左副都御史
陳嗣龍

嘉慶八年癸亥
博興
貢楚克扎布
佛爾卿額十二月戊寅遷興明理藩院右侍郎
恭阿拉
汪承霈
舒聘
陳霞蔚
陳嗣龍

嘉慶九年甲子
博興
貢楚克扎布七月庚戌遷興明理藩院左侍郎九月遷和寧理藩院左侍郎
興明七月庚戌遷和寧理藩院右侍郎九月遷
恭阿拉十一月壬辰遷英善左都御史
汪承霈九月庚戌降熊枚左都御史
舒聘九月降十一月丁亥廣敏左副都御史十二月乙丑遷
陳霞蔚七月丁酉遷周廷棟左副都御史
陳嗣龍

嘉慶十年乙
博興
和寧
玉寧正月辛
英善
熊枚正月辛
成格二月乙
周廷棟十一
陳嗣龍

嘉慶十一年
博興
和寧正月丁
玉寧正月壬
英善五月己
秦承恩五月
潤祥十二月
成格二月丁
邵自昌十月
陳嗣龍六月

嘉慶十二年
博興
玉寧
特克愼
廣音七月癸
劉權之正月
潤祥
誠存二月休
莫晉
邵洪

丑

亥理藩院右侍郎
亥遷陳大文左都御史二月辛未遷鄒炳泰左都御史五月己亥遷王懿修左都御史閏月壬午遷秦承恩左都御史

亥左副都御史
月丙辰遷十二月辛巳邵自昌左副都御史

丙寅
巳遷英和理藩院左侍郎壬戌遷玉寧理藩院左侍郎
戌遷特克慎理藩院右侍郎
酉鎮綴慶晉左都御史
癸亥遷熊枚左都御史九月癸丑降劉權之左都御史
乙酉左副都御史
未遷三月甲戌誠存左副都御史
甲申遷莫晉左副都御史
乙酉降蔣予蒲左副都御史九月丁巳遷邵洪左副都御史

丁卯
卯降宜興左都御史
丙午遷周廷棟左都御史
三月乙卯長琇左副都御史

嘉慶十三年戊辰
博興
玉寧
特克慎五月甲辰遷慶惠理藩院右侍郎六月庚申遷譽綿理藩院右侍郎十一月甲申遷懺丹理藩院
宜興五月甲辰遷特克慎左都御史
周廷棟十二月乙巳休周興岱左都御史
潤祥
長琇
莫晉
邵洪十二月乙巳遷戴均元左副都御史

嘉慶十四年己巳
博興
玉寧五月庚申遷福慶理藩院左侍郎六月庚戌遷懺丹理藩院左侍郎
懺丹六月庚戌遷蘇沖阿理藩院右侍郎
特克慎十二月癸卯休王集左都御史
周興岱十一月丙寅卒邵自昌左都御史
潤祥
長琇
莫晉三月辛酉憂免秦瀛左副都御史四月壬子遷胡長齡左副都御史
戴均元五月庚申遷秦瀛左副都御史六月壬辰遷温汝适左副都御史

嘉慶十五年庚午
博興三月病免佛爾卿額理藩院尚書
懺丹十月己丑解丙申蘇沖阿理藩院左侍郎
蘇沖阿十月丙申遷成林理藩院右侍郎十一月甲子遷本智理藩院右侍郎
王集
邵自昌
潤祥
長琇五月壬申卒乙亥德文左副都御史七月乙亥遷八月己亥誠安左副都御史
胡長齡十二月甲申遷癸巳曹師曾左副都御史
温汝适八月己酉降十月戊申帥承瀛左副都御史

嘉慶十六年辛未
佛爾卿額
蘇沖阿十一月丁丑革辛巳慶祥理藩院左侍郎
右侍郎 本智閏月丁未遷吉綸禮理藩院右侍郎六月丁巳遷貢楚克扎布理藩院右侍郎七月乙巳慶祥理藩院右侍郎十一月辛巳遷景安理藩院右侍郎
王集三月乙亥遷崇祿左都御史五月癸卯遷百齡左都御史六月甲寅遷德文左都御史
邵自昌
潤祥十二月己巳遷
誠安
曹師曾
帥承瀛七月戊寅遷辛巳温汝适左副都御史

嘉慶十七年壬申
佛爾卿額十一月辛未疾免景安理藩院尚書
慶祥
景安五月戊寅遷普恭理藩院右侍郎
德文
邵自昌十二月壬子病免王集左都御史
書明阿二月癸丑左副都御史壬戌命改名書敏
誠安
曹師曾
温汝适

嘉慶十八年癸酉
景安十一月丁亥遷和世泰理藩院尚書
慶祥八月壬子遷普恭理藩院左侍郎
普恭八月壬子遷瑚圖禮理藩院右侍郎九月己卯遷禧恩理藩院右侍郎
德文九月甲申遷明亮左都御史十一月丁亥遷景安左都御史
王集
書敏四月甲寅遷五月康泰左副都御史
誠安二月癸卯遷乙卯佛住左副都御史九月乙卯遷十一月戊寅扎拉芬左副都御史
曹師曾
温汝适九月戊寅遷十一月戊寅蔣予蒲左副都御史

嘉慶十九年甲戌
和世泰
普恭正月壬辰遷禧恩理藩院左侍郎三月癸卯遷英綬理
禧恩正月壬辰遷那彥寶理藩院右侍郎閏二月甲子遷英
景安三月甲寅遷明亮左都御史八月辛未遷伊沖阿左都
王集二月丁巳病免戴均元左都御史八月乙亥遷茹棻左
康泰九月辛卯遷癸卯景祿左副都御史十二月辛酉遷甲
扎拉芬
曹師曾
蔣予蒲五月戊申遷七月庚寅李宗瀚左副都御史

嘉慶二十年乙亥
和世泰
蘇沖阿四月甲子理藩院左侍郎
蘇沖阿四月甲子遷成寧理藩院右侍郎十一月丁亥降喜
慶溥
茹棻
永祚八月乙丑遷癸卯多山左副都御史
齊布森十一月壬辰左副都御史
陸以莊
李宗瀚四月丙子憂免蔣祥墀左副都御史

嘉慶二十一年丙子
和世泰七月乙卯革丁巳慶溥理藩院尚書
蘇沖阿四月辛未降松寧理藩院左侍郎
喜明
慶溥七月丁巳遷景祿左都御史
茹棻五月辛卯降馬慧裕左都御史七月丙辰戴聯奎左都
多山三月戊申遷四月乙丑昇寅左副都御史五月甲申遷
齊布森
陸以莊九月己未遷彭希濂左副都御史十一月壬子遷癸
蔣祥墀

藩院左侍郎五月乙未遷玉福理藩院左侍郎
綬理藩院右侍郎三月癸卯遷玉福理藩院右侍郎五月乙未遷熙昌理藩院右侍郎七月壬子遷蘇沖阿理藩院右侍郎
御史十月乙丑遷慶溥左都御史
都御史
戌永祚左副都御史

明理藩院右侍郎

御史
閏月甲午明興阿左副都御史
丑莫晉左副都御史十二月辛巳遷庚寅王引之左副都御史

嘉慶二十二年丁丑
慶溥四月壬辰遷伊沖阿理藩院尚書六月甲戌遷晉隆理藩院尚書七月己巳革和世泰理藩院尚書
松寧二月癸未遷甲申常英理藩院左侍郎
喜明五月辛酉遷博興圖理藩院右侍郎
景祿
戴聯奎三月辛未遷汪廷珍左都御史
明興阿
齊布森
蔣祥墀
王引之三月辛未遷四月甲午賈允升左副都御史

嘉慶二十三年戊寅
和世泰
常英
博興圖
景祿十二月庚寅降穆克登額左都御史
汪廷珍三月庚戌遷吳芳培左都御史十二月庚寅降劉鐶之左都御史
明興阿正月庚子遷二月丁亥和桂左副都御史
齊布森十二月庚寅降
蔣祥墀十二月庚寅降
賈允升

嘉慶二十四年己卯
和世泰九月癸酉遷賽沖阿理藩院尚書
常英七月庚辰遷博啟圖理藩院左侍郎
博興圖七月庚辰遷裕恩理藩院右侍郎
穆克登額二月辛未降誠安左都御史五月辛未遷普恭左都御史
劉鐶之
和桂六月癸卯遷丁巳椿齡左副都御史十月甲子遷十二月己丑同麟左副都御史
睿慶正月戊戌左副都御史八月壬辰遷九月壬申潤德左副都御史
韓鼎晉正月戊戌左副都御史
賈允升

嘉慶二十五年庚辰
禧沖阿九月壬子遷那彥成理藩院尚書十月丁亥遷和世泰理藩院尚書十二月丙戌遷晉昌理藩院尚書
博啟圖
裕恩四月辛亥革那彥寶理藩院右侍郎十一月甲戌遷常英理藩院右侍郎
普恭十月丁亥遷松筠左都御史十一月癸巳遷誠存左都御史甲戌遷文孚左都御史
劉鐶之二月戊辰遷汪廷珍左都御史九月壬子遷顧德慶左都御史
同麟
潤德
韓鼎晉
賈允升

清史稿

部院大臣年表六上

道光元年辛巳	
吏部滿尚書	那彥成七月庚戌遷松筠吏部尚書
吏部漢尚書	劉鐶之十二月癸巳卒盧蔭溥吏部尚書
戶部滿尚書	英和
戶部漢尚書	黃鉞
禮部滿尚書	普恭正月己丑遷文孚禮部尚書
禮部漢尚書	汪廷珍
兵部滿尚書	慶惠遷五月己巳松筠兵部尚書七月庚戌遷晉昌兵部尚書
兵部漢尚書	茹棻八月癸巳卒初彭齡兵部尚書十二月癸巳遷戴聯奎兵部尚書
刑部滿尚書	和瑛七月庚戌卒那彥成刑部尚書
刑部漢尚書	韓崶
工部滿尚書	穆克登額
工部漢尚書	盧蔭溥十二月癸巳遷初彭齡工部尚書
吏部滿左侍郎	恩寧五月庚午廉善吏部左侍郎七月辛亥遷那彥寶吏部左侍郎
吏部漢左侍郎	湯金釗
吏部滿右侍郎	常起
吏部漢右侍郎	王引之
戶部滿左侍郎	禧恩
戶部漢左侍郎	姚文田
戶部滿右侍郎	廉善五月庚午遷成書戶部右侍郎七月乙卯卒穆彰阿戶部右侍郎
戶部漢右侍郎	王鼎
禮部滿左侍郎	善慶
禮部漢左侍郎	王宗誠
禮部滿右侍郎	耆敬十二月壬午遷佛住禮部右侍郎
禮部漢右侍郎	吳烜七月壬戌病免初彭齡禮部右侍郎八月癸巳遷戴聯奎禮部右侍郎十二月癸巳王以銜補
兵部滿左侍郎	阿克當阿遷四月庚寅成書兵部左侍郎五月庚午遷哈豐阿兵部左侍郎十二月壬午玉麟兵部左侍郎
兵部漢左侍郎	吳芳培
兵部滿右侍郎	哈豐阿五月庚午遷常英兵部右侍郎
兵部漢右侍郎	吳其彥七月己巳病免辛未杜堮兵部右侍郎
刑部滿左侍郎	那彥寶七月辛亥遷廉善刑部左侍郎
刑部漢左侍郎	韓文綺
刑部滿右侍郎	海齡遷六月戊子承光刑部右侍郎八月己卯海齡刑部右侍郎
刑部漢右侍郎	王鼎二月己亥免署張映漢刑部右侍郎
工部滿左侍郎	穆彰阿七月辛亥遷阿克當阿工部左侍郎十月丙戌果齊斯歡工部左侍郎
工部漢左侍郎	王以銜遷十二月癸巳陸以莊工部右侍郎
工部滿右侍郎	那清安四月庚寅遷阿克當阿工部右侍郎七月辛亥遷果齊斯歡工部右侍郎裕恩補
工部漢右侍郎	陸以莊遷十二月癸巳顧皋工部右侍郎

道光二年壬午
松筠六月壬戌革降戊辰文孚吏部尚書
盧蔭溥
英和
黃鉞
文孚三月庚戌遷穆克登額禮部尚書十一月辛巳降己酉玉麟禮部尚書
汪廷珍
晉昌六月戊辰那清安兵部尚書
戴聯奎二月癸巳卒王宗誠兵部尚書
那彥成十月己酉遷蔣攸銛九月庚寅署刑部尚書十月己酉補
韓崶
穆克登額三月庚戌遷文孚工部尚書六月戊辰遷禧恩工部尚書
初彭齡
那彥寶正月己巳降常起吏部左侍郎
湯金釗三月庚戌遷王引之吏部左侍郎
常起正月己巳遷佛住吏部右侍郎五月辛卯病免六月戊辰裕恩吏部右侍郎
王引之三月庚戌遷杜堮吏部右侍郎
禧恩閏月乙酉遷丙戌果齊斯歡戶部左侍郎十二月丙辰穆克登額戶部左侍郎
姚文田
穆彰阿
王鼎正月己巳遷陸以莊戶部右侍郎三月庚戌遷湯金釗戶部右侍郎
善慶正月己巳降玉麟禮部左侍郎五月乙亥遷明志禮部左侍郎十二月丙辰博啟圖禮部左侍郎
王宗誠二月癸巳遷李宗昉禮部左侍郎
佛住正月己巳遷明志禮部右侍郎五月乙亥遷椿齡禮部右侍郎六月戊辰遷博啟圖禮部右侍郎十二月丙辰遷舒英補
王以銜
玉麟正月己巳遷果齊斯歡兵部左侍郎閏月丙戌遷常福兵部左侍郎十月己酉病免
吳芳培正月己巳休致顧德慶兵部左侍郎
常英
杜堮三月庚戌遷陸以莊兵部右侍郎八月己酉遷朱士彥兵部右侍郎
廉善五月丁亥遷玉麟刑部左侍郎六月戊辰遷明山刑部左侍郎十月壬戌銘恩刑部左侍郎
韓文綺九月庚寅遷庚子程國仁刑部左侍郎
海齡六月戊辰遷銘恩刑部右侍郎十月壬戌遷奎照刑部右侍郎
張映漢八月己酉陸以莊刑部右侍郎
果齊斯歡正月己巳遷舒明阿工部左侍郎
陸以莊正月己巳遷周系英工部左侍郎
裕恩六月戊辰遷椿齡工部右侍郎十月病免壬戌敬徵工部右侍郎
顧皋

道光三年癸未
文孚
盧蔭溥
英和
黃鉞
玉麟四月甲辰遷穆克登額禮部尚書
汪廷珍
那清安四月甲辰遷玉麟兵部尚書
王宗誠
蔣攸銛四月甲辰遷那清安刑部尚書
韓崶
禧恩
初彭齡
常起
王引之
裕恩九月壬辰遷奎照吏部右侍郎
杜堮
穆克登額四月甲辰遷穆彰阿戶部左侍郎九月壬辰遷裕恩戶部左侍郎
姚文田
穆彰阿四月丙午遷銘恩戶部右侍郎
湯金釗憂免十二月丁巳顧皋戶部右侍郎
博啟圖十二月丁巳遷舒英禮部左侍郎
李宗昉
舒英十二月丁巳遷明志禮部右侍郎
王以銜十二月庚戌辛從益禮部右侍郎
銘恩正月乙未兵部左侍郎四月丙午遷常英兵部左侍郎
顧德慶十二月丁巳遷朱士彥兵部左侍郎
常英四月丙午遷耆英兵部右侍郎
朱士彥十二月丁巳遷賈允升兵部右侍郎
銘恩正月乙未遷廉善刑部左侍郎十一月卒乙亥成格刑部左侍郎
程國仁二月辛丑遷戴敦元刑部左侍郎
奎照九月壬辰遷多福刑部右侍郎
陸以莊正月丙戌病免史致儼刑部右侍郎
舒明阿
周系英
敬徵
顧皋十二月丁巳遷顧德慶工部右侍郎

道光四年甲申
文孚
盧蔭溥
英和
黃鉞
穆克登額
汪廷珍
玉麟
王宗誠
那清安十二月癸未遷明山刑部尚書
韓崶七月丙子免陳若霖刑部尚書
禧恩
初彭齡二月丁亥乞休陳若霖工部尚書七月丙子遷陸以莊工部尚書
常起七月癸酉卒裕恩吏部左侍郎
王引之
奎照七月癸酉遷百春署吏部右侍郎
杜堮
裕恩七月癸酉遷明志戶部左侍郎
姚文田七月丙子遷周系英戶部左侍郎十一月丙辰病免李宗昉戶部左侍郎
銘恩七月己卯革壬午敬徵戶部右侍郎
顧皋
舒英
李宗昉十一月丙辰遷辛從益禮部左侍郎十二月戊辰遷汪守和禮部左侍郎
明志七月癸酉遷奎照禮部右侍郎
辛從益十一月丙辰遷汪守和禮部右侍郎十二月戊辰遷劉彬士禮部右侍郎
常英七月乙卯革壬午耆英兵部左侍郎
朱士彥
耆英七月壬午遷凱音布兵部右侍郎閏月辛丑遷寶興兵部右侍郎
賈允升
成格八月丁亥遷凱音布刑部左侍郎
戴敦元
多福閏月辛丑遷凱音布刑部右侍郎八月丁亥遷常文署刑部右侍郎
史致儼
舒明阿
周系英七月丙子遷程含章工部左侍郎十二月戊辰遷辛從益工部左侍郎
敬徵七月壬午遷廣泰工部右侍郎
顧德慶

道光五年乙酉
文孚
盧蔭溥
英和
黃鉞
穆克登額
汪廷珍
玉麟
王宗誠
明山八月癸亥開缺嵩孚刑部尚書
陳若霖
禧恩
陸以莊
裕恩三月免甲寅凱音布吏部左侍郎
王引之
百春三月甲寅補吏部右侍郎十二月遷貴慶吏部右侍郎
杜堮
明志
李宗昉
敬徵
顧皋
舒英
汪守和
奎照
劉彬士
耆英四月月己丑遷寶興兵部左侍郎九月遷奕經兵部左侍郎
朱士彥
寶興四月己丑遷貴慶兵部右侍郎十二月遷武忠額兵部右侍郎
賈允升
凱音布三月甲寅遷英瑛刑部左侍郎
戴敦元
常文四月乙丑遷昇寅刑部右侍郎
史致儼
舒明阿十月己未遷[illegible]署十二月博啟圖工部左侍郎
辛從益
廣泰三月遷壬辰昇寅工部右侍郎四月乙丑遷耆英工部右侍郎
顧德慶

道光六年丙戌
文孚
盧蔭溥
英和十二月
黃鉞九月己
穆克登額五
汪廷珍
玉麟
王宗誠
嵩孚五月戊
陳若霖
禧恩十二月
陸以莊
凱音布
王引之
貴慶
杜堮
明志二月丙
李宗昉
敬徵九月己
顧皋
舒英
汪守和
奎照九月戊
劉彬士正月
奕經
朱士彥
武忠額
賈允升
英瑛
戴敦元
昇寅十一月
史致儼正月
博啟圖遷二
辛從益
耆英九月戊
顧德慶病免

	道光七年丁亥	道光八年戊子	道光九年己丑
戌			
	文孚	文孚	文孚
	盧蔭溥	盧蔭溥	盧蔭溥
戊午遷禧恩戶部尚書	禧恩	禧恩	禧恩
卯病免王鼎戶部尚書	王鼎	王鼎	王鼎
月乙未病免松筠禮部尚書	松筠	松筠	松筠六月甲戌遷博啟圖禮部
	汪廷珍七月壬子卒丁巳姚文田禮部尚書十月丙戌卒湯金釗禮部尚書	湯金釗	湯金釗
	玉麟	玉麟	玉麟六月甲戌遷松筠兵部尚
	王宗誠	王宗誠	王宗誠
戌遷明山刑部尚書	明山	明山	明山
	陳若霖	陳若霖	陳若霖
戊午遷穆彰阿工部尚書	穆彰阿	穆彰阿	穆彰阿
	陸以莊五月壬午病免王引之工部尚書	王引之	王引之
	凱音布	凱音布十一月戊戌遷貴慶吏部左侍郎	貴慶
	王引之五月壬午遷潘世恩吏部左侍郎十月丙戌遷杜堮吏部左侍郎	杜堮	杜堮
	貴慶	貴慶十一月戊戌遷裕恩吏部右侍郎	裕恩十一月丁巳遷保昌吏部
	杜堮十月丙戌遷辛從益吏部右侍郎十二月病免白鎔吏部右侍郎	白鎔	白鎔
辰博啟圖戶部左侍郎九月己丑遷敬徵戶部左侍郎	敬徵	敬徵	敬徵
	李宗昉七月丁巳遷顧皋戶部左侍郎	顧皋	顧皋四月丙戌病免汪守和戶
丑遷耆英戶部右侍郎	耆英	耆英	耆英九月己酉遷寶興戶部右
	顧皋七月丁巳遷李宗昉戶部右侍郎	李宗昉	李宗昉
	舒英	舒英	舒英
	汪守和	汪守和	汪守和四月丙戌遷史致儼禮
子遷裕恩禮部右侍郎	裕恩	裕恩十一月戊戌遷色克精額禮部右侍郎	色克精額
甲午遷史致儼禮部右侍郎	史致儼	史致儼	史致儼四月丙戌遷楊懌曾禮
	奕經五月遷己丑奎照兵部左侍郎	奎照九月己酉革常文兵部左侍郎	常文遷九月己酉保昌兵部左
	朱士彥	朱士彥	朱士彥
	武忠額正月遷庚子松廷兵部右侍郎	松廷	松廷九月己酉博啟圖兵部右
	賈允升	賈允升	賈允升
	英瑞	英瑞十二月戊戌病免海齡刑部左侍郎	海齡
	戴敦元	戴敦元	戴敦元
癸巳遷特登額刑部右侍郎	特登額八月乙酉遷鍾昌刑部右侍郎	鍾昌	鍾昌
甲午遷劉彬士刑部右侍郎十一月癸卯遷邱樹棠刑部右侍郎	邱樹棠	邱樹棠正月戊申補	邱樹棠三月戊午遷祁塤刑部
月丙辰阿爾邦阿工部左侍郎九月戊子遷奎照工部左侍郎	奎照五月己丑遷奕經工部左侍郎	奕經	奕經
	辛從益十月丙戌遷韓鼎晉工部左侍郎	韓鼎晉正月戊申休甲子李宗昉工部左侍郎	李宗昉
子遷阿爾邦阿工部右侍郎	阿爾邦阿	阿爾邦阿	阿爾邦阿
八月乙亥李宗昉工部右侍郎	李宗昉七月丁巳遷白鎔工部右侍郎	白鎔	白鎔

	道光十年庚寅	道光十一年辛卯
	文孚	文孚
	盧蔭溥九月戊寅遷湯金釗吏部尚書	湯金釗五月丙寅降潘世恩吏部尚書
	禧恩	禧恩
	王鼎	王鼎
尚書九月己酉革耆英禮部尚書	耆英	耆英
	湯金釗九月戊寅遷王引之禮部尚書	王引之
書	松筠	松筠八月乙未病免穆彰阿兵部尚書十二月乙酉遷那清安兵部尚書
	王宗誠	王宗誠
	明山	明山
	陳若霖	陳若霖
	穆彰阿	穆彰阿八月乙未遷富俊工部尚書十二月乙酉遷穆彰阿工部尚書
	王引之九月戊寅遷潘世恩工部尚書	潘世恩五月丙寅遷朱士彥工部尚書
	貴慶	貴慶正月壬申遷鍾昌吏部左侍郎三月丁卯遷寶興吏部左侍郎九月乙丑貴慶吏部左侍
	杜堮	杜堮
右侍郎	保昌七月丙子遷鍾昌吏部右侍郎十一月癸未遷奕經吏部右侍郎	奕經十月辛巳遷桂輪吏部右侍郎
	白鎔	白鎔遷五月丙寅申啟賢吏部右侍郎
	敬徵	敬徵
部左侍郎	汪守和	汪守和
侍郎	寶興	寶興三月丁卯遷博啟圖戶部右侍郎八月乙未遷桂輪戶部右侍郎十月辛巳遷阿爾邦阿戶
	李宗昉	李宗昉
	舒英	舒英
部左侍郎	史致儼七月丙子遷楊懌曾禮部左侍郎十一月丙寅遷丁卯龔守正禮部左侍郎	龔守正十二月戊子桂齡禮部左侍郎
	色克精額	色克精額
部右侍郎	楊懌曾七月丙子遷龔守正禮部右侍郎十一月丙寅遷桂齡禮部右侍郎	桂齡十二月遷戊子陳用光禮部右侍郎
侍郎十一月丁巳遷博啟圖兵部左侍郎	博啟圖	博啟圖三月丁卯遷桂輪兵部左侍郎八月乙未遷那丹珠兵部左侍郎十月辛巳遷裕誠兵部
	朱士彥九月戊寅遷蔣攸銛兵部左侍郎十月壬子卒賈允升兵部左侍郎	賈允升正月丙子休張鱗兵部左侍郎
侍郎十一月丁巳遷桂輪兵部右侍郎	桂輪	桂輪三月丁卯遷那丹珠兵部右侍郎八月乙未遷鐵麟兵部右侍郎
	賈允升十月壬子遷張鱗兵部右侍郎	張鱗正月丙子遷吳椿兵部右侍郎戊寅遷何凌漢兵部右侍郎五月丙寅湯金釗兵部右侍
	海齡	海齡九月乙丑特登額刑部左侍郎十二月乙巳遷凱音布刑部左侍郎
	戴敦元	戴敦元
	鍾昌七月丙子遷特登額刑部右侍郎十一月癸未遷鍾昌刑部右侍郎	鍾昌正月壬申遷貴慶刑部右侍郎九月乙丑遷凱音布刑部右侍郎十二月乙巳遷恩銘刑部
右侍郎	祁塤十一月壬午遷戴宗沅刑部右侍郎	戴宗沅
	奕經十一月癸未遷那丹珠工部左侍郎	那丹珠三月丁卯遷惠顯工部左侍郎
	李宗昉	李宗瀚正月戊寅憂免吳椿工部左侍郎
	阿爾邦阿	阿爾邦阿遷十月辛巳那丹珠工部右侍郎
	白鎔	白鎔五月丙寅遷何凌漢工部右侍郎

	道光十二年壬辰	道光十三年癸巳
	文孚	文孚
	潘世恩	潘世恩四月己酉遷朱士彥吏部尚書
	禧恩	禧恩五月丁酉遷穆彰阿戶部尚書
	王鼎	王鼎
	耆英	耆英
	王引之正月癸酉憂汪守和禮部尚書	汪守和
	那清安	那清安
	王宗誠	王宗誠
	明山	明山
	陳若霖正月丁卯休戴敦元署刑部尚書二月己丑補	戴敦元
	穆彰阿	穆彰阿五月丁酉遷博啟圖工部尚書
	朱士彥	朱士彥四月己酉遷白鎔工部尚書
郎十月辛巳遷奕經吏部左侍郎	奕經	奕經
	杜堮	杜堮
	桂輪	桂輪
	申啟賢正月甲戌遷湯金釗吏部右侍郎	湯金釗正月丁丑遷何凌漢吏部右侍郎四月己酉遷李宗昉吏部右侍郎
	敬徵	敬徵
	汪守和正月癸酉遷甲戌申啟賢戶部左侍郎	申啟賢正月丁丑湯金釗戶部左侍郎四月己酉遷何凌漢戶部左侍郎七
部右侍郎	阿爾邦阿	阿爾邦阿
	李宗昉	李宗昉四月己酉遷張鱗戶部右侍郎
	舒英十月病免色克精額禮部左侍郎	色克精額
	桂齡	桂齡遷七月丙子陳用光禮部左侍郎
	色克精額遷十二月壬戌文慶禮部右侍郎	文慶
	陳用光	陳用光遷七月丙子陳嵩慶禮部右侍郎
左侍郎	裕誠正月甲戌遷凱音布兵部左侍郎九月丁卯遷鐵麟兵部左侍郎	鐵麟
	張鱗	張鱗四月己酉遷朱為弼兵部左侍郎六月庚子遷王楚堂兵部左侍郎
	鐵麟九月丁卯遷奕紀兵部右侍郎	奕紀
郎	湯金釗正月甲戌遷王楚堂兵部右侍郎	王楚堂六月庚子遷龔守正兵部右侍郎
	凱音布正月甲戌遷鄂順安刑部左侍郎九月丁卯遷凱音布刑部左侍郎	凱音布
	戴敦元正月丁卯遷二月己丑史致儼刑部左侍郎正月戊辰劉彬士署	史致儼十月辛酉遷姚元之刑部左侍郎
右侍郎	恩銘九月甲寅遷奎照刑部右侍郎丁卯遷鄂順安刑部右侍郎	鄂順安三月戊戌遷裕泰刑部右侍郎十一月丙戌遷恩特亨額刑部右侍
	戴宗沅	戴宗沅卒三月戊戌姚元之刑部右侍郎十月辛酉遷趙盛奎刑部右侍郎
	惠顯正月甲戌裕誠工部左侍郎二月己丑遷常文工部左侍郎九月丁未卒奎照工部左侍郎甲寅遷恩銘代	恩銘四月戊申遷松筠工部左侍郎
	吳椿	吳椿
	那丹珠二月己丑遷裕誠工部右侍郎	裕誠
	何凌漢	何凌漢正月丁丑遷姚元之工部右侍郎三月戊戌遷廖鴻荃工部右侍郎

七月丙子何凌漢吏部右侍郎
月遷丙子桂齡戶部右侍郎
郎

道光十四年甲午

文孚 十一月丙戌遷。穆彰阿吏部尚書。
朱士彥 假。二月辛酉湯金釗吏部尚書。
穆彰阿 十一月丙戌遷。耆英戶部尚書。
王鼎
耆英 七月丙子遷。昇寅禮部尚書。十一月壬申卒。奕顥禮部尚書。丙戌遷。載銓禮部尚書。
汪守和 二月辛酉遷。史致儼禮部尚書。十一月甲子遷。汪守和禮部尚書。
那清安 十一月癸亥卒。丙戌奕顥兵部尚書。
王宗誠
明山 二月庚午病免。成格刑部尚書。
戴敦元 十一月癸酉史致儼刑部尚書。
博啟圖 七月丙子卒。耆英工部尚書。十一月丙戌遷。敬徵工部尚書。
白鎔 二月辛酉卒。汪守和工部尚書。十一月甲子遷。史致儼工部尚書。癸酉遷。王引之工部尚書。丙戌卒。丁亥何凌漢工部尚書。
奕經 七月丙子遷。桂輪吏部左侍郎。
杜堮
桂輪 遷。七月丙子奕紀吏部右侍郎。十二月甲辰遷。文慶吏部右侍郎。
何凌漢 遷。二月辛酉桂齡吏部右侍郎。十一月癸亥降。劉彬士吏部右侍郎。丁亥遷。張鱗吏部右侍郎。
敬徵 七月丙子遷。奕紀戶部左侍郎。十二月甲辰遷。奕紀戶部左侍郎。
桂齡 二月辛酉遷。張鱗戶部左侍郎。十一月丁亥遷。龔守正戶部左侍郎。
阿爾邦阿
張鱗 二月辛酉遷。吳椿戶部右侍郎。十一月丁亥遷。姚元之戶部右侍郎。
色克精額
陳用光
文慶 遷。十二月甲辰聯順禮部右侍郎。
陳嵩慶
鐵麟 六月壬戌遷。奕紀兵部左侍郎。七月丙子遷。嵩溥兵部左侍郎。八月癸丑遷。聯順兵部左侍郎。十二月甲寅遷。丙辰寶善補。
王楚堂 十一月壬申遷。龔守正兵部左侍郎。丁亥遷。沈岐兵部左侍郎。
奕紀 六月壬戌遷。嵩溥兵部右侍郎。七月丙子遷。寶善兵部右侍郎。十二月丙辰遷。廉敬兵部右侍郎。
龔守正 十一月壬申遷。史譜兵部右侍郎。
凱音布 五月壬申遷。恩特亨額刑部左侍郎。
姚元之 十一月丁亥遷。劉彬士刑部左侍郎。
恩特亨額 五月壬申遷。祥康刑部右侍郎。
趙盛奎
松筠 正月丁亥休。裕誠工部左侍郎。
吳椿 二月辛酉遷。廖鴻荃工部左侍郎。十一月丁亥病免。沈維鐈工部左侍郎。
裕誠 正月丁亥遷。賽尚阿工部右侍郎。
廖鴻荃 二月辛酉遷。程恩澤工部右侍郎。

道光十五年乙未

穆彰阿
湯金釗
耆英
王鼎
載銓 閏月遷。恩銘禮部尚書。
汪守和
奕顥
王宗誠
成格
史致儼
敬徵 閏月免。載銓工部尚書。
何凌漢
桂輪
杜堮 七月甲寅遷。申啟賢吏部左侍郎。九月乙卯遷。陳嵩慶吏部左侍郎。
文慶 十二月丙子遷。恩桂吏部右侍郎。
張鱗 四月壬寅龔守正吏部右侍郎。
奕紀
龔守正 四月壬寅遷。姚元之戶部左侍郎。八月遷。癸亥趙盛奎戶部左侍郎。
阿爾邦阿 十月丙子病免。文慶戶部右侍郎。
姚元之 四月壬寅遷。程恩澤戶部右侍郎。
色克精額
陳用光 七月甲寅病免。杜堮禮部左侍郎。
聯順
陳嵩慶 九月乙卯遷。卓秉恬禮部右侍郎。
寶善
沈岐 十月庚辰廖鴻荃兵部左侍郎。
廉敬 二月己未遷。恩桂兵部右侍郎。十二月丙子遷。溥治兵部右侍郎。
史譜
恩特亨額 九月丙午遷。丁未廉敬刑部左侍郎。
劉彬士
祥康 二月己未遷。廉敬刑部右侍郎。九月遷。丁未特登額刑部右侍郎。乙卯遷。貴慶刑部右侍郎。
趙盛奎 八月癸亥遷。姚元之刑部右侍郎。
裕誠
沈維鐈
賽尚阿
程恩澤 四月壬寅遷。吳傑工部右侍郎。

道光十六年丙申

穆彰阿 七月庚子遷。耆英吏部尚書。九月戊申奕經吏部尚書。
湯金釗
耆英 七月庚子遷。奕紀戶部尚書。
王鼎
恩銘 七月革。壬寅貴慶禮部尚書。
汪守和 五月戊戌卒。吳椿禮部尚書。
奕顥 七月庚子遷。禧恩兵部尚書。
王宗誠
成格
史致儼
敬徵
何凌漢
桂輪
陳嵩慶 二月壬午病免。李宗昉吏部左侍郎。五月戊戌遷。龔守正吏部左侍郎。七月壬寅遷。卓秉恬吏部左侍郎。
恩桂
龔守正 五月戊戌遷。卓秉恬吏部右侍郎。七月壬寅遷。陳官俊吏部右侍郎。
奕紀 十一月庚子遷。文慶戶部左侍郎。
趙盛奎 七月壬寅降。龔守正戶部左侍郎。
文慶 十一月庚子遷。賽尚阿戶部右侍郎。
程恩澤
色克精額
杜堮 三月壬辰病免。卓秉恬禮部左侍郎。五月戊戌遷。陳官俊禮部左侍郎。七月壬寅遷。史評禮部左侍郎。
聯順
卓秉恬 三月壬辰遷。陳官俊禮部右侍郎。五月戊戌遷。史評禮部右侍郎。七月壬寅遷。王植禮部右侍郎。
寶善 十二月壬戌溥治兵部左侍郎。
廖鴻荃 五月乙巳遷。史譜兵部左侍郎。八月庚寅病免。祁寯藻兵部左侍郎。
溥治 十二月壬戌遷。耆英兵部右侍郎。
史譜 五月乙巳遷。祁寯藻兵部右侍郎。八月庚寅遷。潘錫恩兵部右侍郎。
廉敬 五月己亥遷。貴慶刑部左侍郎。七月壬寅遷。恩銘刑部左侍郎。
劉彬士
貴慶 五月己亥遷。明訓刑部右侍郎。九月丙午降。隆文刑部右侍郎。
姚元之
裕誠
沈維鐈
賽尚阿 十一月庚子遷。奎照工部右侍郎。
吳傑 五月乙巳廖鴻荃工部右侍郎。

道光十七年丁酉

奕經
湯金釗
奕紀
王鼎
貴慶 五月戊寅病免。奕紀禮部尚書。
吳椿
禧恩
王宗誠 正月卒。壬辰朱士彥兵部尚書。
成格
史致儼
敬徵
何凌漢
桂輪
卓秉恬 十二月己巳遷。陳官俊吏部左侍郎。
恩桂 四月癸亥遷。隆文吏部右侍郎。
陳官俊 十二月己巳遷。龔守正吏部右侍郎。
文慶
龔守正 十二月己巳遷。祁寯藻戶部左侍郎。
賽尚阿 七月壬午遷。裕誠戶部右侍郎。
程恩澤 八月丁未卒。祁寯藻戶部右侍郎。十二月己巳遷。吳其濬戶部右侍郎。
色克精額
史評 十月乙卯王植禮部左侍郎。
聯順 五月戊寅遷。道慶禮部右侍郎。八月甲寅革。連貴禮部右侍郎。
王植 十月乙卯遷。吳文鎔禮部右侍郎。
溥治
祁寯藻 八月丁未遷。吳其濬兵部左侍郎。十二月己巳遷。朱嶟兵部左侍郎。
耆英 三月甲午遷。倭什訥兵部右侍郎。十二月革。功普兵部右侍郎。
潘錫恩
恩銘
劉彬士
隆文 四月癸亥遷。惠吉刑部右侍郎。
姚元之
裕誠 七月壬午遷。聯順工部左侍郎。
沈維鐈
奎照 五月戊寅遷。聯順工部右侍郎。七月壬午遷。恩桂工部右侍郎。
廖鴻荃

道光十八年戊戌

奕經
湯金釗 五月癸丑遷。朱士彥吏部尚書。九月乙丑卒。湯金釗吏部尚書。
奕顥 閏月庚寅遷。奕紀戶部尚書。
王鼎 五月癸丑遷。湯金釗戶部尚書。九月乙丑遷。吳椿戶部尚書。
奕紀 閏月庚寅遷。成格禮部尚書。八月己丑免。奎照禮部尚書。
吳椿 九月乙丑遷。龔守正署。
禧恩 閏月己丑革。成格兵部尚書。庚寅遷。奕顥兵部尚書。十一月乙丑革。裕誠兵部尚書。
朱士彥 五月癸丑遷。卓秉恬兵部尚書。
成格 閏月己丑遷。鄂山刑部尚書。七月戊申卒。寶興刑部尚書。十月壬子遷。恩銘刑部尚書。
史致儼 二月乙巳病免。祁塤刑部尚書。
敬徵
何凌漢
桂輪
陳官俊
隆文 十月壬子遷。恩桂吏部右侍郎。
龔守正 十二月乙未遷。廖鴻荃吏部右侍郎。
文慶
祁寯藻
裕誠 十月壬子遷。隆文戶部右侍郎。十一月乙丑遷。聯順戶部右侍郎。
吳其濬
色克精額
王植
連貴
吳文鎔 閏月戊戌遷。沈岐禮部右侍郎。
溥治
朱嶟
倭什訥 革。十一月甲子德興兵部右侍郎。
潘錫恩
恩銘 八月己丑遷。魁麟刑部左侍郎。
劉彬士 閏月庚寅病免。姚元之刑部左侍郎。五月癸丑遷。吳文鎔刑部左侍郎。
惠吉 閏月庚寅遷。魁麟刑部右侍郎。八月己丑遷。睿淼刑部右侍郎。
姚元之 閏月戊戌遷。吳文鎔刑部右侍郎。五月癸丑遷。許乃普刑部右侍郎。
聯順 十一月乙丑遷。文蔚工部左侍郎。
沈維鐈 六月丙戌病免。廖鴻荃工部左侍郎。十二月乙未遷。杜受田工部左侍郎。
恩桂 十月壬子遷。松峻工部右侍郎。
廖鴻荃 六月丙戌遷。李振祜工部右侍郎。

道光十九年己亥

奕經
湯金釗
奕紀
吳椿 三月辛丑病免。何凌漢戶部尚書。
奎照
龔守正 三月辛丑補。
裕誠
卓秉恬
恩銘 三月乙卯遷。隆文刑部尚書。
祁塤
敬徵
何凌漢 三月辛丑遷。陳官俊工部尚書。十二月戊子解。任廖鴻荃工部尚書。
桂輪
陳官俊 三月辛丑遷。許乃普吏部左侍郎。
恩桂
廖鴻荃 三月辛丑遷。李振祜吏部右侍郎。九月戊申遷。祁寯藻吏部右侍郎。十二月戊子遷。沈岐吏部右侍郎。
文慶
祁寯藻 九月戊申遷。吳其濬戶部左侍郎。
聯順 二月庚午降。睿淼戶部右侍郎。
吳其濬 九月戊申遷。王璟慶戶部右侍郎。
色克精額
王植 四月辛未遷。沈岐禮部左侍郎。十二月戊子遷。毛式郇禮部左侍郎。
連貴 五月乙巳降。關聖保禮部右侍郎。
沈岐 四月辛未遷。王璟慶禮部右侍郎。九月戊申遷。黃爵滋禮部右侍郎。十二月乙亥遷。毛式郇禮部右侍郎。戊子遷。馮芝禮部右
溥治 五月乙巳降。倭什訥兵部左侍郎。
朱嶟
德興 三月丙辰遷。德春兵部右侍郎。
潘錫恩
魁麟
吳文鎔 四月辛未遷。王植刑部左侍郎。
睿淼 二月庚午遷。阿勒清阿刑部右侍郎。
許乃普 三月辛丑遷。趙盛奎刑部右侍郎。七月壬戌病免。王璟慶署。十二月乙亥黃爵滋刑部右侍郎。
文蔚
杜受田
松峻
李振祜 三月辛丑遷。徐士芬工部右侍郎。

道光二十年庚子

奕經
湯金釗
奕紀正月革隆文戶部尚書
何淩漢二月丁卯卒卓秉恬戶部尚書
奎照
龔守正
裕誠
卓秉恬二月丁卯遷祁寯藻兵部尚書
隆文二月癸亥遷阿勒精阿刑部尚書
祁墳
敬徵
廖鴻荃
桂輪
許乃普十一月丙辰遷潘錫恩吏部左侍郎
恩桂十二月戊辰遷己巳善燾吏部右侍郎
沈岐二月丁卯遷潘錫恩吏部右侍郎十一月丙辰遷王植吏部右侍郎
文慶十二月甲戌革文蔚戶部左侍郎
吳其濬十一月丙辰遷許乃普戶部左侍郎
善燾十二月己巳遷魁麟戶部右侍郎
王瑋慶
色克精額六月遷丁卯關聖保禮部左侍郎
毛式郇
關聖保遷六月丁卯藤迎阿禮部右侍郎
侍郎
馮芝
倭什訥
朱嶟
德春三月癸未端華兵部右侍郎
潘錫恩二月丁卯遷己巳魏元烺兵部右侍郎
魁麟十二月己巳遷柏葰刑部左侍郎
王植十一月丙辰遷黃爵滋刑部左侍郎
阿勒清阿正月戊戌遷德誠刑部右侍郎
黃爵滋十一月丙辰遷周之琦刑部右侍郎
文蔚十二月甲戌遷特登額工部左侍郎
杜受田
松峻十二月丙申阿靈阿工部右侍郎
徐士芬

道光二十一年辛丑

奕經
湯金釗閏月丙寅降卓秉恬吏部尚書
隆文五月己卯卒敬徵戶部尚書
卓秉恬閏月丙寅遷祁寯藻戶部尚書
奎照四月甲辰病免色克精額禮部尚書
龔守正
裕誠
祁寯藻閏月丙寅遷許乃普兵部尚書
阿勒精阿
祁墳二月辛酉遷李振祜署刑部尚書七月壬戌補
敬徵五月己卯遷賽尚阿工部尚書
廖鴻荃
桂輪八月癸未遷魁麟吏部左侍郎
潘錫恩
善燾
王植閏月丁卯遷毛式郇吏部右侍郎
文蔚
許乃普閏月丙午遷杜受田戶部左侍郎
魁麟八月癸未遷端華戶部右侍郎
王瑋慶
關聖保
毛式郇閏月丁卯遷馮芝禮部左侍郎
藤迎阿
馮芝閏月丁卯遷毛樹棠禮部右侍郎七月壬戌遷王炳瀛禮部右侍郎
倭什訥
朱嶟
端華八月癸未遷慧成兵部右侍郎
魏元烺
柏葰
黃爵滋
德誠
周之琦閏月丁卯遷王植刑部右侍郎
特登額
杜受田三月丙午遷徐士芬工部左侍郎
阿靈阿
徐士芬三月丙午遷賈楨工部右侍郎

道光二十二年壬寅

奕經十月甲午革桂恩吏部尚書
卓秉恬
敬徵
祁寯藻
色克精額五月己未卒桂恩禮部尚書十月甲午遷魁麟署禮部尚書
龔守正
裕誠
許乃普
阿勒精阿
李振祜
賽尚阿
廖鴻荃
魁麟
潘錫恩十一月庚戌遷陳官俊吏部左侍郎
善燾
毛式郇
文蔚十月甲午革丙申端華戶部左侍郎
杜受田
端華十月丙午遷藤迎阿戶部右侍郎
王瑋慶正月丙寅卒陳官俊戶部右侍郎十一月庚戌遷何汝霖戶部右侍郎
關聖保
馮芝
藤迎阿十月丙申遷連貴禮部右侍郎
王炳瀛
倭什訥降十二月癸巳道慶兵部左侍郎
朱嶟
慧成十一月辛亥遷惟勤兵部右侍郎
魏元烺五月己未遷何汝霖兵部右侍郎十一月庚戌遷祝慶蕃兵部右侍郎
柏葰
黃爵滋憂免五月己未王植刑部左侍郎
德誠正月丁丑遷成剛刑部右侍郎
王植五月己未遷魏元烺刑部右侍郎
特登額
徐士芬
阿靈阿
賈楨

道光二十三年癸卯

桂恩
卓秉恬
敬徵
祁寯藻
魁麟四月丙子補
龔守正十二月丁巳病免陳官俊禮部尚書
裕誠
許乃普
阿勒精阿
李振祜
賽尚阿
廖鴻荃
魁麟四月丙子遷善燾吏部左侍郎丁丑遷柏葰吏部左侍郎閏月丁亥遷文慶吏部左侍郎
陳官俊十二月丁巳遷祝慶蕃吏部左侍郎
善燾四月丙子遷柏葰吏部右侍郎丁丑遷文慶吏部右侍郎閏月丁亥遷成剛吏部右侍郎
毛式郇十二月己酉遷祝慶蕃吏部右侍郎丁巳遷季芝昌吏部右侍郎
端華
杜受田
藤迎阿四月丁丑遷善燾戶部右侍郎閏月丁亥遷柏葰戶部右侍郎
何汝霖
關聖保閏月辛未遷連貴禮部左侍郎
馮芝
連貴閏月辛未遷福慶禮部右侍郎丁亥遷博迪蘇禮部右侍郎
王炳瀛三月辛未病免楊殿邦禮部右侍郎六月己卯遷季芝昌禮部右侍郎十二月丁巳遷周祖培禮部右侍郎
道慶
朱嶟
惟勤四月甲戌遷舒興阿兵部右侍郎
祝慶蕃十二月己酉遷侯桐兵部右侍郎
柏葰四月丙子遷特登額刑部左侍郎丁丑遷成剛刑部左侍郎閏月丁亥遷惠豐刑部左侍郎
王植十一月辛巳遷十二月己酉魏元烺刑部左侍郎
成剛四月丁丑遷惠豐刑部右侍郎閏月遷慶福刑部右侍郎
魏元烺十二月己酉遷張澧中署
特登額四月丙子遷閏月辛未關聖保工部左侍郎
徐士芬
阿靈阿
賈楨

道光二十四年甲辰

桂恩
卓秉恬十二月戊申遷陳官俊吏部尚書
敬徵
祁寯藻
魁麟二月庚戌革特登額禮部尚書
陳官俊二月庚戌遷李宗昉禮部尚書
裕誠
許乃普
阿勒精阿
李振祜
賽尚阿
廖鴻荃二月庚戌革陳官俊工部尚書十二月戊申遷杜受田工部尚書
文慶二月庚戌遷辛亥柏葰吏部左侍郎
祝慶蕃二月壬子遷季芝昌吏部左侍郎
成剛二月辛亥遷惠豐吏部右侍郎
季芝昌二月壬子遷侯桐吏部右侍郎
端華
杜受田二月庚戌遷壬子祝慶蕃戶部左侍郎十二月戊申遷何汝霖戶部左侍郎
柏葰二月辛亥遷成剛戶部右侍郎
何汝霖十二月戊申遷賈楨戶部右侍郎
連貴
馮芝三月癸巳病免周祖培禮部左侍郎十二月戊申遷馮芝禮部左侍郎
博迪蘇十月癸亥遷倭什訥禮部右侍郎
周祖培三月癸巳遷吳鍾駿禮部右侍郎
道慶
朱嶟
舒興阿七月辛卯遷關聖保兵部右侍郎八月癸丑病免倭什訥兵部右侍郎十月癸亥遷福濟兵部右侍郎
侯桐二月壬子遷孫瑞珍兵部右侍郎
惠豐二月遷慶福刑部左侍郎
魏元烺
慶福二月辛亥遷良斌刑部右侍郎
張澧中十月甲午補
關聖保七月辛卯遷舒興阿工部左侍郎十月癸亥遷阿靈阿工部左侍郎
徐士芬
阿靈阿十月癸亥遷花沙納工部右侍郎
賈楨十二月戊申遷周祖培工部右侍郎

道光二十五年乙巳

桂恩
陳官俊
敬徵二月癸丑革賽尚阿戶部尚書
祁寯藻
特登額八月辛丑遷保昌禮部尚書
李宗昉十月辛丑病免祝慶蕃禮部尚書
裕誠二月癸丑遷文慶兵部尚書
許乃普四月丙辰革何汝霖兵部尚書
阿勒精阿
李振祜
賽尚阿二月癸丑遷裕誠工部尚書四月丙辰革敬徵工部尚書八月辛丑病免特登額工部尚書
杜受田
柏葰
季芝昌
惠豐
侯桐
端華
何汝霖四月丙辰遷賈楨戶部左侍郎
成剛二月癸丑遷花沙納戶部右侍郎
賈楨四月遷徐士芬戶部右侍郎
連貴
馮芝
倭什訥
吳鍾駿
道慶四月降德厚兵部左侍郎
朱嶟四月降孫瑞珍兵部左侍郎
福濟二月癸丑遷常瑞兵部右侍郎
孫瑞珍四月遷趙光兵部右侍郎
慶福
魏元烺十月辛丑遷壬寅周祖培刑部左侍郎
良斌
張澧中
阿靈阿
徐士芬四月遷十二月丁酉羅文俊工部左侍郎十二月丁酉病免王廣蔭工部左侍郎
花沙納二月癸丑遷福濟工部右侍郎
周祖培十月壬寅遷張芾工部右侍郎

道光二十六年丙午

桂恩
陳官俊
賽尚阿
祁寯藻
保昌
祝慶蕃
文慶
何汝霖
阿勒精阿
李振祜
特登額
杜受田
柏葰閏月戊戌遷惠豐吏部左侍郎
季芝昌
惠豐閏月戊戌遷福濟吏部右侍郎
侯桐
端華閏月戊戌柏葰戶部左侍郎
賈楨
花沙納
徐士芬十二月免己未李煌戶部右侍郎
連貴
馮芝
倭什訥
吳鍾駿
德厚
孫瑞珍
常瑞
趙光
慶福
周祖培
良斌十二月辛未遷全慶刑部右侍郎
張澧中
阿靈阿
王廣蔭
福濟閏月戊戌遷明訓工部右侍郎
張芾

道光二十七年丁未

桂恩
陳官俊
賽尚阿
祁寯藻
保昌
祝慶蕃三月乙巳革魏元烺禮部尚書五月丙戌賈楨禮
文慶
何汝霖五月丙戌遷魏元烺兵部尚書
阿勒精阿
李振祜
特登額
杜受田
惠豐
季芝昌
福濟
侯桐
柏葰
賈楨三月乙巳孫瑞珍戶部左侍郎五月丙戌遷丁亥
花沙納
李煌五月丁亥遷朱鳳標戶部右侍郎
連貴
馮芝
倭什訥八月遷甲子魁麟禮部右侍郎十二月遷廣林禮
吳鍾駿
德厚
孫瑞珍遷三月己巳趙光兵部左侍郎
常瑞
趙光三月乙巳遷朱鳳標兵部右侍郎五月丁亥遷黃琮
慶福十二月辛酉遷魁麟刑部左侍郎
周祖培
全慶
張澧中十一月壬辰遷陳孚恩刑部右侍郎
阿靈阿
王廣蔭
明訓
張芾

尚書部
李煌戶部左侍郎
部右侍郎
兵部右侍郎

道光二十八年戊申
恩桂二月壬子卒。文慶吏部尚書
陳官俊
賽尚阿
祁寯藻
保昌二月壬子遷。麟魁禮部尚書。十二月乙丑革。成剛禮部尚書
賈楨
文慶二月壬子遷。保昌兵部尚書
魏元烺
阿勒精阿
李振祜
特登額
杜受田
惠豐二月遷。花沙納吏部左侍郎
李芝昌八月丙寅遷。侯桐吏部左侍郎
福濟十二月丙寅遷。明訓吏部右侍郎
侯桐八月丙寅遷。張芾吏部右侍郎
柏葰十二月乙丑遷。丙寅，阿靈阿戶部左侍郎
李煌二月卒。己酉，趙光戶部左侍郎
阿靈阿十二月丙寅遷。福濟戶部右侍郎
朱鳳標
連貴正月庚寅卒。聯順禮部左侍郎
馮芝
廣林
吳鍾駿
德厚
趙光二月己酉遷。黃琮兵部左侍郎。九月辛巳，乞養。孫葆元兵部左侍郎
瑞常
黃琮二月己酉遷。何桂清兵部右侍郎。八月丙寅，孫葆元兵部右侍郎。九月辛巳遷。戴熙兵部右侍郎
麟魁二月壬子遷。寶清署刑部左侍郎。八月癸卯，補。十二月乙丑革。全慶刑部左侍郎
周祖培
全慶十二月乙丑遷。恆春刑部右侍郎
陳孚恩
阿靈阿二月遷。恩華工部左侍郎
王廣蔭
明訓十二月丙寅遷。靈桂工部右侍郎
張芾八月丙寅遷。彭蘊章工部右侍郎

道光二十九年己酉
文慶
陳官俊七月戊戌卒。辛丑，賈楨吏部尚書
賽尚阿
祁寯藻
成剛六月己丑卒。惠豐禮部尚書
賈楨七月戊戌遷。孫瑞珍禮部尚書
保昌
魏元烺
阿勒精阿
李振祜十二月乙酉病免。陳孚恩刑部尚書
特登額
杜受田
花沙納
侯桐
明訓
張芾
阿靈阿
趙光十二月丙寅遷。季芝昌戶部左侍郎
福濟
朱鳳標
聯順
馮芝正月丙戌休。吳鍾駿禮部左侍郎
廣林
吳鍾駿正月丙戌遷。曾國藩禮部右侍郎
德厚正月辛卯休。瑞常兵部左侍郎
孫葆元
瑞常正月辛丑遷。道慶兵部右侍郎。九月乙巳，慶祺兵部右侍郎
戴熙七月己未病免。黃贊湯兵部右侍郎。十二月丙寅遷。趙光兵部右侍郎
全慶
周祖培
恆春
陳孚恩七月戊戌遷。趙炳言刑部右侍郎。十二月卒。丙寅，黃贊湯刑部右侍郎
恩華
王廣蔭七月戊戌遷。陳孚恩工部左侍郎。十二月乙酉遷。翁心存工部左侍郎
靈桂
彭蘊章

道光三十年庚戌
文慶七月丙申革
賈楨
賽尚阿
祁寯藻六月壬戌
惠豐
孫瑞珍五月庚戌
保昌三月癸巳卒
魏元烺
阿勒精阿
陳孚恩五月庚戌
特登額
杜受田五月庚戌
花沙納三月甲午
侯桐
明訓
張芾
阿靈阿
季芝昌六月甲子
福濟七月丁酉
朱鳳標六月甲子
聯順
吳鍾駿
廣林三月遷甲午
曾國藩
瑞常三月甲午遷
孫葆元
慶祺四月乙酉遷
趙光
全慶
周祖培
恆春
黃贊湯
恩華三月甲午
翁心存六月甲子
靈桂四月丙戌遷
彭蘊章

柏葰吏部尚書
遷。孫瑞珍戶部尚書
遷。何汝霖禮部尚書
柏葰兵部尚書。七月丙申遷。裕誠兵部尚書
乞養。杜受田刑部尚書
遷。孫瑞珍工部尚書。六月壬戌遷。王廣蔭工部尚書
遷。瑞常吏部左侍郎
遷。朱鳳標戶部左侍郎
書元戶部右侍郎
遷。翁心存戶部右侍郎
瑞麟禮部右侍郎
恩華兵部左侍郎
右佑兵部右侍郎
廣林工部左侍郎。四月丙戌遷。靈桂工部左侍郎
遷。曾國藩署。八月癸未，車克慎工部左侍郎
奕[illegible]工部右侍郎

	道光元年辛巳		
理藩院尚書	晉昌七月庚戌遷。穆克登布理藩院	尚書	道光
理藩院左侍郎	博啟圖		富俊
理藩院右侍郎	常英五月庚午遷。裕恩理藩院右侍	郎。十月丙戌遷。明志理藩院右侍郎	海齡
都察院滿左都御史	文孚正月己丑遷。那清安署左都御	史。四月庚寅補	色克
都察院漢左都御史	顧德慶		穆彰
都察院滿左副都御史	凱音布		陸以
都察院滿左副都御史	同麟六月己丑遷。戊戌，齊布森左副	都御史	凱音
都察院漢左副都御史	韓鼎晉		那丹
都察院漢左副都御史	賈允升		韓鼎
			劉彬

	道光二年壬午		
理藩院尚書	穆克登布閏月乙酉免。禧恩理藩院	尚書。六月戊辰遷。富俊理藩院尚書	道光
理藩院左侍郎	博啟圖遷。六月戊辰，海齡理藩院左	侍郎	穆彰
理藩院右侍郎	明志正月己巳遷。色克精額理藩院	右侍郎。十一月辛巳降。舒英理藩院右侍郎。十二月丙辰遷。耆英補	色克
都察院滿左都御史	那清安六月戊辰遷。玉麟左都御史	十一月乙酉遷。慶保左都御史。十二月癸丑遷。松筠左都御史	那丹
都察院漢左都御史	顧德慶降。正月己巳，王鼎左都御史		松筠
都察院滿左副都御史	凱音布		姚文
都察院滿左副都御史	齊布森五月丁亥遷。丁酉，多福左副	都御史	常文
都察院漢左副都御史	韓鼎晉		德奎
都察院漢左副都御史	賈允升		韓鼎
			陸言

	道光三年癸未		
理藩院尚書	富俊		道光
理藩院左侍郎	海齡		穆彰
理藩院右侍郎	耆英四月丙午遷。明志理藩院右侍	郎。十二月丁巳遷。色克精額理藩院右侍郎	色克
都察院滿左都御史	松筠九月壬辰遷。穆彰阿左都御史		那丹
都察院漢左都御史	王鼎正月乙未，史致光左都御史。七	月戊辰病免。陸以莊左都御史	松筠
都察院滿左副都御史	凱音布		姚文
都察院滿左副都御史	多福九月壬辰遷。十月壬戌，那丹珠	左副都御史	惠端
都察院漢左副都御史	韓鼎晉		多山
都察院漢左副都御史	賈允升十二月遷		韓鼎
			陸言

四年甲申
二月丁酉遷。穆彰阿理藩院尚書
二月庚辰遷。色克精額理藩院左侍郎
精額二月庚辰遷。凱音布理藩院右侍郎。七月壬午遷。那丹珠理藩院右侍郎
阿二月丁酉遷。松筠左都御史。穆彰阿仍署
莊七月丙子遷。姚文田左都御史
布二月庚辰遷。四月辛酉，寶興左副都御史。閏月辛丑遷。八月壬戌，常文左副都御史
珠七月壬午遷。閏月戊申，德奎左副都御史
晉
升正月辛卯，左副都御史。十二月戊辰遷

五年乙酉
阿六月甲戌，善普泰署理藩院尚書
精額
珠
田
二月甲戌，惠端左副都御史
七月戊子，多山左副都御史
晉
二月甲戌，左副都御史

六年丙戌
阿十二月戊午遷。英和理藩院尚書
精額
珠
五月乙未遷。那清安左都御史
田
三月己酉，福申左副都御史
晉六月遷。辛未，李宗瀚左副都御史

道光七年丁亥
英和七月己未免。富俊理藩院尚書
色克精額
那丹珠
那清安
姚文田七月丁巳遷。湯金釗左都御史。十月丙戌遷。潘世恩左都御史
福申二月壬寅，惠顯左副都御史。尋遷。保昌署
多山九月癸丑，普保署左副都御史
李宗瀚
陸言九月庚午遷。十月戊子，吳光悅左副都御史

道光八年戊子
富俊
色克精額十一月戊戌遷。那丹珠理藩院左侍郎
那丹珠十一月戊戌遷。寶興理藩院右侍郎
那清安
潘世恩
惠顯二月癸未，多山左副都御史。九月己酉遷。十一月戊戌，惠嵩左副都御史
普保
李宗瀚正月甲子遷。二月癸未，楊懌曾左副都御史
吳光悅

道光九年己丑
富俊
那丹珠二月庚午遷。壬申，福勒洪理藩院左侍郎。八月庚午，惠顯理藩院左侍郎
寶興九月己酉遷。常文理藩院右侍郎
那清安
潘世恩
惠嵩
普保八月己卯，鐵麟左副都御史
楊懌曾四月丙戌遷。六月丁卯，桂齡左副都御史
吳光悅十月甲申遷。韓文綺左副都御史

道光十年庚寅
富俊
惠顯七月丁丑遷。常文理藩院左侍郎。十一月癸未
常文七月丁丑遷。容照理藩院右侍郎
那清安九月甲子，裘寶興署左都御史。那清安尋回
潘世恩九月戊寅遷。朱士彥左都御史
惠嵩十一月癸未遷。十二月己丑，德興左副都御史
鐵麟
桂齡十一月遷。十二月甲子，毛式郇左副都御史
韓文綺降。七月丙子，吳椿左副都御史

道光十一年辛卯
富俊八月乙未遷。博啟圖理藩院尚書
惠嵩八月壬寅遷。恆格理藩院左侍郎
容照二月壬辰革。癸巳，惠顯理藩院右侍郎。三月丁
那清安十二月乙酉遷。昇寅左都御史
朱士彥五月丙寅遷。白鎔左都御史
德興
鐵麟正月丙子遷。二月己亥，普保左副都御史。八月
毛式郇
吳椿正月戊寅遷。二月己亥，何凌漢左副都御史。五

道光十二年壬辰
博啟圖
恆格九月甲寅遷。松筠署。十二月壬戌補
奕紀二月壬辰遷。奎照理藩院右侍郎。九月丁未遷
昇寅
白鎔
德興正月甲戌遷。二月癸未，文慶左副都御史。十月
額木順額八月壬辰，德春左副都御史
毛式郇正月乙丑[illegible]免。沈維鐈左副都御史
劉彬士二月己丑遷。四月甲午，朱爲弼左副都御史

道光十三年癸巳
博啟圖五月丁酉遷禧恩理藩院 尚書
遷崧惠理藩院左侍郎 松筠三月戊戌遷聯順理藩院左 侍郎
聯順三月戊戌遷賽尚阿理藩院 右侍郎
任 昇寅
白鎔四月己酉遷湯金釗左都御 史十月辛酉遷史致儼左都御史
文蔚
德春五月癸酉遷癸巳奕澤左副 都御史
朱爲弼四月己酉遷五月羅守正 左副都御史六月遷己未潘錫恩左副都御史

道光十四年甲午
禧恩
聯順八月癸丑遷奕澤理藩院左 侍郎
卯遷色克精額兼署十二月戊子恩銘理藩院右侍郎乙巳遷奕紀署 賽尚阿正月丁亥遷奕澤理藩院 右侍郎八月癸丑隆文理藩院右侍郎
昇寅七月丙子遷敬徵左都御史 十一月壬申恩銘左都御史
史致儼二月辛酉遷何凌漢左都 御史十一月丁亥遷吳椿左都御史
文蔚八月癸丑遷九月甲戌受慶 左副都御史
壬寅遷甲辰德厚左副都御史十月甲辰降十一月壬戌額木順額左副都 御史 奕澤正月丁亥遷二月辛亥寶善 左副都御史七月丙子遷八月辛亥惟勤左副都御史
沈維鐈十一月丁亥遷十二月庚 子毛式郇左副都御史
月丙寅遷姚祖同左副都御史鄭休七月丙辰蔣祥墀左副都御史十月甲 辰降十一月壬戌劉彬士左副都御史 潘錫恩

道光十五年乙未
禧恩
奕澤二月己未遷隆文理藩院左 侍郎
奕紀理藩院右侍郎丁卯遷聯順理藩院右侍郎 隆文二月己未遷慶敏理藩院右 侍郎閏月庚辰免惟勤理藩院右侍郎九月庚戌降吉倫泰理藩院右侍郎
恩銘閏月遷武忠額左都御史
吳椿
戊辰遷文蔚左副都御史 受慶閏月免七月容照左副都御 史九月丁未遷十月癸亥功普左副都御史
惟勤閏月庚辰遷甲申溥治左副 都御史十二月丙子遷
毛式郇
潘錫恩

道光十六年丙申 道光十九年己亥 道光二十二年壬寅
禧恩七月庚子遷武忠額理藩院尚書十一月庚子遷奕紀理藩院尚書 賽尚阿 恩桂五月己未遷吉倫泰
隆文九月丙午遷吉倫泰理藩院左侍郎 吉倫泰 吉倫泰五月己未遷禧恩
吉倫泰九月丙午遷功普理藩院右侍郎 文德和 恩華九月庚戌遷連貴理
武忠額七月遷庚子凱音布左都御史九月己酉遷敬徵左都御史十一 月戊戌回任武忠額左都御史 隆文三月乙卯遷丙辰麟魁左都御史 奕山五月戊午革己未奎
吳椿五月戊戌遷李宗昉左都御史 羅守正三月辛丑遷廖鴻荃左都御史十二 月戊子遷祁寯藻左都御史 沈岐九月丁未乞養李宗
功普九月丙午遷十月丁卯琦璨左副都御史 阿勒清阿二月庚午遷三月丁巳鄂留端左 副都御史七月丁酉遷辛亥溥治左副都御史 續齡
麟魁三月丙辰左副都御史 明訓三月丙辰遷武忠額左副都御史丁巳 休惟勤左副都御史 隆勛
毛式郇 毛式郇十二月乙亥遷 何汝霖五月己未遷八月
潘錫恩八月庚寅遷九月戊申李振祜左副都御史 王璟慶四月辛未遷庚寅帥承瀛左副都御 史 祝慶蕃遷十一月庚戌遷

道光十七年丁酉 道光二十年庚子 道光二十三年癸卯
奕紀五月戊寅遷武忠額理藩院尚書 賽尚阿 吉倫泰
吉倫泰 吉倫泰 恩華
功普正月庚子遷文德和理藩院右侍郎 文德和十二月壬午慧成理藩院右侍郎 玉明
武忠額五月戊寅遷奎照左都御史 麟魁十二月戊辰遷恩桂左都御史 奎照四月丁丑病免特登
李宗昉十二月己巳遷卓秉恬左都御史 祁寯藻二月丁卯遷沈岐左都御史 李宗昉
琦璨四月乙丑降戊辰德誠左副都御史十二月戊申琦璨左副都御史 溥治四月戊辰續齡左副都御史 續齡七月革博迪蘇左副
麟魁四月癸亥遷戊辰善灝左副都御史 惟勤正月戊戌遷二月甲申德厚左副都御 史六月丁卯遷七月庚寅隆勛左副都御史 隆勛正月乙丑休二月己
毛式郇 祝慶蕃二月甲申左副都御史 趙光十二月遷
李振祜十二月戊申遷庚申王璟慶左副都御史 帥承瀛 劉重麟

道光十八年戊戌 道光二十一年辛丑 道光二十四年甲辰
武忠額八月降己丑賽尚阿署理藩院尚書十二月辛卯補 賽尚阿五月己卯遷恩桂理藩院尚書 吉倫泰
吉倫泰 吉倫泰 恩華
文德和 慧成八月癸未遷恩華理藩院右侍郎 玉明
奎照八月己丑遷恩銘左都御史十月壬子遷裕誠左都御史十一月乙丑 遷隆文左都御史 恩桂五月己卯遷奕山左都御史 特登額二月庚戌遷文慶
卓秉恬五月癸丑遷姚元之左都御史十二月乙未革羅守正左都御史 沈岐 李宗昉二月庚戌遷杜受
琦璨二月乙卯遷四月辛亥明訓左副都御史閏月乙亥遷七月壬子阿勒 清阿左副都御史 續齡 花沙納二月遷福濟左副
善灝八月己丑遷九月戊午成剛左副都御史十一月乙丑遷十二月丁亥 明訓左副都御史 隆勛 廣林十一月遷十二月廣
毛式郇 祝慶蕃 陳孚恩二月丁巳左副都
王璟慶 帥承瀛十二月己丑病免何汝霖左副都御 史 劉重麟五月壬戌李菡左

道光二十五年乙巳 道光二十八年戊申
理藩院尚書 吉倫泰 吉倫泰
署理藩院左侍郎九月庚戌恩華理藩院左侍郎 恩華 恩華二月遷培成理藩院左侍郎
藩院右侍郎十月丙申遷玉明理藩院右侍郎 玉明 奕毓
照左都御史 文慶二月癸丑遷成剛左都御史 成剛十二月乙丑遷柏葰左都御史
昉左都御史 祝慶蕃十月辛丑遷魏元烜左都御史 孫瑞珍
和淳 和淳
廣昌十月丙辰慶祺左副都御史 恒毓二月左副都御史十二月遷
辛巳趙光左副都御史 陳孚恩 彭蘊章八月丙寅遷十月辛酉黃贊湯左副都御史
丙寅劉重麟左副都御史 李菡 李菡

道光二十六年丙午 道光二十九年己酉
吉倫泰 吉倫泰
恩華 培成六月辛卯綿森理藩院左侍郎
玉明 奕毓
額左都御史 成剛 柏葰
魏元烜 孫瑞珍七月戊戌遷王廣蔭左都御史
都御史閏月遷十一月花沙納左副都御史 和淳 和淳
卯倭什訥左副都御史四月遷斌良左副都御史閏月遷廣林左副都御史 慶祺閏月戊戌遷六月甲子靈桂左副都御史 書元二月丙辰左副都御史九月乙巳遷十月戊辰文瑞左副都御史
陳孚恩十二月遷乙丑彭蘊章左副都御史 黃贊湯七月己未遷八月辛巳程庭桂左副都御史
李菡 李菡

道光二十七年丁未 道光三十年庚戌
吉倫泰 吉倫泰
恩華 綿森
玉明十一月辛巳遷奕毓理藩院右侍郎 奕毓四月丙戌遷和色本理藩院右侍郎
左都御史 成剛 柏葰三月癸巳遷花沙納左都御史
田左都御史十二月戊申遷祝慶蕃左都御史 魏元烜三月乙巳遷賈楨左都御史五月丙戌遷孫瑞珍左都御史 王廣蔭六月壬戌遷甲子季芝昌左都御史
都御史八月遷九月和淳左副都御史 和淳 和淳
昌左副都御史 靈桂四月丁巳遷五月庚辰桂德左副都御史十二月遷 文瑞
御史 彭蘊章 程庭桂
副都御史 李菡 李菡

部院大臣年表七上

	咸豐元年辛亥	二年壬子	三年癸丑	四年甲寅	五年乙卯	六年丙辰	七年丁巳
吏部滿尚書	柏葰	柏葰	柏葰	柏葰十月丙辰免。花沙納吏部尚書。	花沙納	花沙納	花沙納
吏部漢尚書	賈楨	賈楨	賈楨	賈楨十一月庚寅遷。翁心存吏部尚書。	翁心存	翁心存十一月癸酉遷。周祖培吏部尚書。	周祖培
戶部滿尚書	賽尚阿正月戊子遷。裕誠戶部尚書。	裕誠正月辛酉遷。禧恩戶部尚書。十一月甲子卒。文慶戶部尚書。	文慶	文慶	文慶十二月甲辰遷。柏葰戶部尚書。	柏葰	柏葰
戶部漢尚書	孫瑞珍	孫瑞珍	孫瑞珍	孫瑞珍五月辛丑病免。朱鳳標戶部尚書。	朱鳳標	朱鳳標十一月癸酉遷。翁心存戶部尚書。	翁心存
禮部滿尚書	惠豐八月戊辰卒。奕湘禮部尚書。	奕湘	奕湘九月丁未病免。麟魁禮部尚書。	麟魁	麟魁十一月己卯遷。瑞麟禮部尚書。	瑞麟	瑞麟
禮部漢尚書	何汝霖	何汝霖十二月辛巳卒。徐澤醇禮部尚書。	徐澤醇	徐澤醇	徐澤醇	徐澤醇	徐澤醇
兵部滿尚書	裕誠正月戊子遷。特登額兵部尚書。	特登額四月辛丑病免。桂良兵部尚書。	桂良九月丙午遷。丁未，阿靈阿兵部尚書。	阿靈阿	阿靈阿	阿靈阿	阿靈阿正月丁卯卒。戊辰，全慶兵部尚書。
兵部漢尚書	魏元烺	魏元烺	魏元烺	魏元烺九月甲午卒。翁心存兵部尚書。十一月庚寅遷。周祖培兵部尚書。	周祖培	周祖培十一月癸酉遷。朱鳳標兵部尚書。	朱鳳標
刑部滿尚書	阿勒精阿閏月丁酉病免。恆春刑部尚書。	恆春七月甲戌降。阿靈阿刑部尚書。	阿靈阿九月丁未遷。德興刑部尚書。	德興	德興十一月己卯卒。麟魁刑部尚書。	麟魁	麟魁
刑部漢尚書	杜受田五月乙巳遷。周祖培刑部尚書。	周祖培	周祖培五月辛酉降。翁心存刑部尚書。癸亥，許乃普刑部尚書。	許乃普二月己卯革。朱鳳標刑部尚書。五月辛丑遷。趙光刑部尚書。	趙光	趙光	趙光
工部滿尚書	特登額正月戊子遷。阿靈阿工部尚書。	阿靈阿七月甲戌遷。麟魁工部尚書。	麟魁九月丁未遷。花沙納工部尚書。	花沙納十月丙辰遷。全慶工部尚書。	全慶	全慶	全慶正月戊辰，文彩兵部尚書。
工部漢尚書	王廣蔭十二月乙未卒。翁心存工部尚書。	翁心存	翁心存五月辛酉遷。許乃普工部尚書。癸亥，翁心存工部尚書。十二月丙申革。趙光工部尚書。	趙光五月辛丑遷。彭蘊章工部尚書。	彭蘊章	彭蘊章十一月乙卯遷。許乃普工部尚書。	許乃普
吏部左侍郎滿	瑞常	瑞常	瑞常	瑞常	瑞常	瑞常	肅順正月戊辰遷。瑞常吏部左侍郎。八月甲子遷。文清吏部
吏部左侍郎漢	侯桐	侯桐正月甲戌休。張芾吏部左侍郎。三月戊寅遷。沈兆霖吏部左侍郎。	邵燦十二月乙未遷。周祖培吏部左侍郎。	周祖培二月己卯遷。翁心存吏部左侍郎。三月辛亥遷。潘曾瑩吏部左侍郎。四月己丑憂免。萬青藜吏部左侍郎。十月己未，許乃普代。	萬青藜	張祥河正月丁丑病免。匡源吏部左侍郎。	匡源
吏部右侍郎滿	明訓	明訓正月甲戌休。全慶吏部右侍郎。七月乙亥遷。愛仁吏部右侍郎。	愛仁	愛仁十月丙辰免。穆蔭吏部右侍郎。	穆蔭	穆蔭	穆蔭
吏部右侍郎漢	張芾	張芾正月甲戌遷。邵燦吏部右侍郎。	沈兆霖十二月壬午，潘曾瑩吏部右侍郎。	潘曾瑩三月辛亥遷。何桂清吏部右侍郎。四月乙酉遷。張祥河吏部右侍郎。十一月庚寅遷。卓棫吏部右侍郎。	卓棫九月癸亥憂免。匡源吏部右侍郎。	匡源正月丁丑遷。沈兆霖吏部右侍郎。十月丙申遷。張祥河吏部右侍郎。	張祥河
戶部左侍郎滿	阿靈阿正月戊子遷。舒興阿戶部左侍郎。十月癸卯遷。甲辰，禧恩戶部左侍郎。	禧恩正月辛酉遷。德興戶部左侍郎。七月乙亥遷。全慶戶部左侍郎。	全慶	全慶閏月乙亥遷。瑞麟戶部左侍郎。	瑞麟四月己未遷。載齡戶部左侍郎。十一月庚辰遷。肅順戶部左侍郎。	肅順	肅順正月戊辰遷。基溥戶部左侍郎。
戶部左侍郎漢	朱鳳標遷。五月乙巳，王慶雲戶部左侍郎。	王慶雲	王慶雲十一月壬寅遷。癸卯，羅惇衍戶部左侍郎。	羅惇衍	羅惇衍十月癸卯，朱嶟戶部左侍郎。	朱嶟十一月乙卯遷。沈兆霖戶部左侍郎。	沈兆霖
戶部右侍郎滿	書元二月辛未遷。禧恩戶部右侍郎。十月甲辰遷。麟魁戶部右侍郎。	麟魁七月甲戌遷。乙亥，青麐戶部右侍郎。	青麐九月丁未調。瑞麟戶部右侍郎。	瑞麟閏月乙亥遷。熙麟戶部左侍郎。	熙麟	熙麟	熙麟二月戊申，寶鋆戶部右侍郎。
戶部右侍郎漢	翁心存十二月乙未遷。何桂清戶部右侍郎。	何桂清	何桂清十一月癸卯遷。王茂蔭戶部右侍郎。	王茂蔭三月辛亥遷。翁心存戶部右侍郎。九月甲午遷。許乃普戶部右侍郎。十月遷。何彤雲戶部右侍郎。	何彤雲	何彤雲遷。十月丁酉，杜䎗戶部右侍郎。	杜䎗
禮部左侍郎滿	聯順	聯順	聯順九月丁未遷。穆蔭禮部左侍郎。	穆蔭十月丙辰遷。肅順禮部左侍郎。	肅順十一月庚辰遷。文清禮部左侍郎。	文清	文清八月甲子遷。玉明禮部左侍郎。
禮部左侍郎漢	吳鍾駿	吳鍾駿	吳鍾駿七月丙午病免。李維翰禮部左侍郎。十一月癸卯遷。何桂清禮部左侍郎。	何桂清三月辛亥遷。彭蘊章禮部左侍郎。五月辛丑遷。許乃普禮部左侍郎。九月甲午遷。陶樑禮部左侍郎。	陶樑	陶樑十二月丁亥病免。車克慎禮部左侍郎。	車克慎閏月乙未，孫葆元禮部左侍郎。
禮部右侍郎滿	瑞麟	瑞麟	瑞麟九月丁未調。青麐禮部右侍郎。	青麐二月甲午遷。文清禮部右侍郎。	文清十一月庚辰遷。寶鋆禮部右侍郎。	寶鋆	寶鋆二月戊申遷。愛仁禮部右侍郎。
禮部右侍郎漢	曾國藩	曾國藩六月憂免。七月庚申，萬青藜禮部右侍郎。	萬青藜	萬青藜四月己丑遷。許乃普禮部右侍郎。五月辛丑遷。陶樑禮部右侍郎。九月甲午遷。李道生禮部右侍郎。	李道生正月丁亥休。杜䎗禮部右侍郎。	杜䎗十月丁酉遷。車克慎禮部右侍郎。十二月丁亥遷。楊式穀禮部右侍郎。	楊式穀
兵部左侍郎滿	恩華	恩華	恩華三月壬子遷。癸丑，常志兵部左侍郎。	常志	常志十月甲寅卒。載堪兵部左侍郎。	載堪	載堪
兵部左侍郎漢	孫葆元閏月丙申乞養。趙光兵部左侍郎。	趙光	趙光十二月丙申遷。彭蘊章兵部左侍郎。	彭蘊章三月辛亥遷。李菡兵部左侍郎。九月丁亥遷。何彤雲兵部左侍郎。十月己未遷。王茂蔭兵部左侍郎。	何彤雲	何彤雲	何彤雲憂。王茂蔭兵部左侍郎。
兵部右侍郎滿	春佑	春佑	春佑	春佑	春佑	春佑	春佑
兵部右侍郎漢	趙光閏月丙申遷。何桂清兵部右侍郎。十二月乙未遷。杜䎗兵部右侍郎。	杜䎗七月丁卯憂。李嘉端兵部右侍郎。十二月己亥遷。許乃普兵部右侍郎。	許乃普三月甲寅遷。孫銘恩兵部右侍郎。	孫銘恩三月癸卯降任。李菡兵部右侍郎。三月辛亥遷。王茂蔭兵部右侍郎。十月己未遷。卓棫兵部右侍郎。十一月庚寅遷。匡源代。	匡源九月癸亥遷。曾國藩兵部右侍郎。	曾國藩	曾國藩三月癸丑憂免。六月己巳，徐樹銘兵部右侍郎。
刑部左侍郎滿	全慶	全慶正月甲戌遷。書元刑部左侍郎。七月甲戌降。乙亥，德興刑部左侍郎。	德興五月辛酉遷。常志署刑部左侍郎。恆春刑部左侍郎。八月己丑遷。承芳刑部左侍郎。	承芳	承芳	承芳	承芳十月壬申，國瑞刑部左侍郎。
刑部左侍郎漢	周祖培五月乙巳，王植刑部左侍郎。	王植三月戊寅病免。張芾刑部左侍郎。十二月己亥遷。李嘉端刑部左侍郎。	李嘉端二月癸未遷。甲申，羅惇衍刑部左侍郎。十一月癸卯遷。李維翰刑部左侍郎。十一月丁未遷。雷以諴刑部左侍郎。	雷以諴	雷以諴革。五月庚寅，譚廷襄刑部左侍郎。	譚廷襄八月戊子遷。齊承彥刑部左侍郎。	齊承彥
刑部右侍郎滿	恆春遷。二月辛未，書元刑部右侍郎。	書元正月甲戌遷。奕經刑部右侍郎。	奕經十月戊子卒。文瑞刑部右侍郎。	文瑞三月甲子病免。基溥刑部右侍郎。十二月乙巳革。載齡刑部右侍郎。	載齡四月遷。己未，國瑞刑部右侍郎。	國瑞	國瑞十月壬申遷。孟保刑部右侍郎。
刑部右侍郎漢	黃贊湯		許乃普三月甲寅，刑部右侍郎。五月辛酉，雷以諴刑部右侍郎。十一月丁未遷。李鈞刑部右侍郎。	李鈞三月辛亥，齊承彥刑部右侍郎。	齊承彥	齊承彥八月戊子遷。李清鳳刑部右侍郎。	李清鳳
工部左侍郎滿	靈桂六月丙午革。德興工部左侍郎。	德興正月辛酉遷。奕經工部左侍郎。正月甲戌遷。錫齡工部左侍郎。二月丙申調。哈芬工部左侍郎。	哈芬遷。五月辛酉，德興工部左侍郎。九月丁未遷。載齡工部左侍郎。	載齡正月戊申調。培成工部左侍郎。四月癸巳革。肅順工部左侍郎。十月丙辰遷。國瑞工部左侍郎。十二月調。麟興工部左侍郎。	麟興	麟興遷。十二月丙戌，崇綸工部左侍郎。	崇綸二月壬子遷。德全工部左侍郎。
工部左侍郎漢	呂賢基正月己亥工部左侍郎。	呂賢基	呂賢基十一月己酉殉難。周祖培工部左侍郎。十二月乙未遷。杜翰工部左侍郎。	杜翰	杜翰	杜翰	杜翰
工部右侍郎滿	奕䌹	奕䌹二月丙申病免。錫齡工部右侍郎。	錫齡八月甲午，玉明工部右侍郎。	玉明正月丁未革。戊申，載齡工部右侍郎。	載齡四月己未遷。崇實工部右侍郎。六月辛亥免。基溥工部右侍郎。	基溥	基溥正月戊辰遷。景廉工部右侍郎。
工部右侍郎漢	彭蘊章	彭蘊章	彭蘊章十二月丙申遷。龔文齡工部右侍郎。	龔文齡	龔文齡正月甲申，廉兆綸工部右侍郎。	廉兆綸十月丙申，沈兆霖工部右侍郎。十一月乙卯遷。劉崐工部右侍郎。	劉崐

咸豐八年戊午
花沙納
周祖培
柏俊九月壬午遷瑞麟戶部尚書十二月庚午遷肅順戶部尚書
翁心存九月壬午遷朱鳳標戶部尚書
瑞麟九月壬午遷肅順禮部尚書十二月庚午遷麟魁禮部尚書
徐澤醇十一月己卯卒朱嶟禮部尚書
全慶
朱鳳標九月壬午遷陳孚恩兵部尚書
麟魁十二月庚午遷瑞常刑部尚書
趙光
文彩
許乃普
左侍郎 文清
匡源
穆蔭十二月庚午遷文祥吏部右部郎
張祥河十一月庚辰遷萬青藜吏部右侍郎
基溥
沈兆霖
寶鋆
杜翰五月甲午廉兆綸戶部右侍郎八月庚戌遷劉崑戶部右侍郎
玉明六月辛酉遷愛仁禮部左侍郎
孫葆元
愛仁六月辛酉遷文祥禮部右侍郎十二月庚午遷文惠禮部右侍郎
楊式穀
載堪
王茂蔭七月丁丑病免萬青藜兵部左侍郎十一月庚辰遷徐樹銘兵部左侍郎
春佑
徐樹銘十一月庚辰遷李維綸兵部右侍郎
國瑞六月乙丑降靈桂刑部左侍郎
齊承彥
孟保
李清鳳八月乙巳病免黃贊湯刑部右侍郎
德全
杜翰九月辛巳遷潘曾燮工部左侍郎
景廉
劉崑八月庚戌遷宋晉工部右侍郎

咸豐九年己未
花沙納十二月壬寅卒全慶吏部尚書
周祖培二月乙卯遷賈楨吏部尚書五月甲午回大學士任許乃普吏部尚書
肅順
朱鳳標二月甲寅革乙卯周祖培戶部尚書
麟魁
朱嶟
全慶十二月壬寅遷穆蔭兵部尚書
陳孚恩
瑞常
趙光
文彩
許乃普五月甲午遷張祥河工部尚書
文清十月壬戌春佑吏部左侍郎十二月壬寅遷德全吏部左侍郎
匡源
文祥十月壬戌遷愛仁吏部右侍郎
萬青藜
基溥十月壬戌遷成琦戶部左侍郎十一月調文祥戶部左侍郎
沈兆霖五月甲午遷梁瀚戶部左侍郎
寶鋆
劉崐
愛仁十月壬戌遷文惠禮部左侍郎
孫葆元
文惠十月壬戌遷伊精阿禮部右侍郎
楊式穀
載堪
徐樹銘
春佑十月壬戌遷基溥兵部右侍郎
李維綸
靈桂
齊承彥
孟保二月甲辰察議景廉刑部右侍郎
黃贊湯三月辛卯遷張錫庚刑部右侍郎
德全十二月壬寅遷伊勒東阿工部左侍郎
潘曾燮
景廉二月甲辰遷成琦工部右侍郎十月壬戌遷文祥工部右侍郎十一月遷國瑞工部右侍郎
宋晉

咸豐十年庚申
全慶
許乃普九月癸巳病免陳孚恩吏部尚書
肅順
周祖培十二月丙戌遷沈兆霖戶部尚書
麟魁五月丁酉降綿森禮部尚書六月乙亥遷倭什琿布禮部尚書
朱嶟
穆蔭
陳孚恩九月癸巳遷沈兆霖兵部尚書十二月丙戌遷朱鳳標兵部尚書
瑞常
趙光
文彩六月乙亥病免綿森工部尚書
張祥河
德全
匡源
愛仁五月丁酉遷基溥吏部右侍郎
萬青藜九月癸巳遷黃宗漢吏部右侍郎
成琦
梁瀚
寶鋆
劉崐
文惠
孫葆元
伊精阿
楊式穀
載堪
徐樹銘
基溥五月丁酉遷載齡兵部右侍郎九月乙卯開缺慶英兵部右侍郎
李維綸十月壬戌病免畢道遠兵部右侍郎
靈桂
齊承彥
景廉六月丙子麟魁刑部右侍郎
張錫庚
伊勒東阿六月乙亥遷丙子福濟工部左侍郎
潘曾燮九月壬寅李菡工部左侍郎
國瑞
宋晉

咸豐十一年辛酉
全慶
陳孚恩十月壬戌革癸亥朱鳳標吏部尚書
肅順九月乙卯革十月丙辰瑞常戶部尚書
沈兆霖
倭什琿布
朱嶟十二月戊寅病免祁寯藻禮部尚書
穆蔭十月辛酉革壬戌麟魁兵部尚書
朱鳳標十月癸亥遷萬青藜兵部尚書
瑞常八月己丑遷綿森刑部尚書
趙光
綿森八月己丑遷瑞常工部尚書十月丙辰遷愛仁工部尚書
張祥河十二月庚午病免王慶雲工部尚書
德全十月丁亥遷載齡吏部左侍郎
匡源十月壬戌革李菡吏部左侍郎
基溥
黃宗漢十月壬戌革癸亥孫葆元吏部右侍郎
成琦
梁瀚
寶鋆
劉崐十月壬戌革癸亥董恂戶部右侍郎
文惠十一月丙午病免伊精阿禮部左侍郎
孫葆元十月癸亥遷甲子宜振禮部左侍郎
伊精阿十一月丙午遷存誠禮部右侍郎
楊式穀
載堪二月庚午慶英兵部左侍郎十一月壬子革勝保兵部左侍郎
徐樹銘
慶英二月庚午遷勝保兵部右侍郎十一月壬子遷聯康兵部右侍郎
畢道遠
靈桂
齊承彥
麟魁十月丙辰遷載齡刑部右侍郎丁亥遷載崇刑部右侍郎
張錫庚
福濟正月丁酉遷麟興工部左侍郎十月丁亥遷崇綸工部左侍郎
李菡十月壬戌遷癸亥畢懋謙工部左侍郎
國瑞
宋晉

咸豐元年辛亥	
理藩院尚書	吉倫泰
理藩院左侍郎	綿森
理藩院右侍郎	和色本
都察院滿左都御史	花沙納
都察院漢左都御史	李芝昌五月乙巳遷朱鳳標左都御史
都察院滿左副都御史	和淳
都察院滿左副都御史	文瑞
都察院漢左副都御史	程庭桂
都察院漢左副都御史	李菡

咸豐二年壬子	
理藩院尚書	吉倫泰
理藩院左侍郎	綿森
理藩院右侍郎	和色本十月丙午遷培成理藩院右侍郎
都察院滿左都御史	花沙納
都察院漢左都御史	朱鳳標
都察院滿左副都御史	和淳
都察院滿左副都御史	文瑞
都察院漢左副都御史	程庭桂九月己酉乞養十一月辛未羅惇衍左副都御史
都察院漢左副都御史	李菡

咸豐三年癸丑	
理藩院尚書	吉倫泰三月壬子卒恩華理藩院尚書九月庚戌革癸丑奕湘理藩院尚書
理藩院左侍郎	綿森
理藩院右侍郎	培成
都察院滿左都御史	花沙納九月丁未遷聯順左都御史
都察院漢左都御史	朱鳳標
都察院滿左副都御史	和淳降三月甲戌載齡左副都御史九月丁未遷十一月辛亥富興阿左副都御史
都察院滿左副都御史	文瑞十月戊子遷十二月丙子文彩左副都御史
都察院漢左副都御史	羅惇衍二月甲申遷雷以諴左副都御史五月辛酉遷周祖培左副都御史十一月己酉遷十二月乙酉龔文齡左副都御史丙申遷
都察院漢左副都御史	李菡

咸豐四年甲寅
奕湘
綿森
培成正月戊申遷伊勒東理藩院右侍郎
聯順
朱鳳標二月己卯遷周祖培左都御史十一月庚寅遷許乃普左都御史
富興阿
文彩十月遷柏俊左副都御史十二月遷
李菡三月遷五月庚戌袁甲三左副都御史
齊承彥三月癸未左副都御史三月辛亥遷四月辛巳王履謙左副都史

咸豐五年乙卯
奕湘九月乙丑遷聯順理藩院尚書
綿森遷五月乙亥愛仁理藩院左侍郎
伊勒東
聯順九月乙丑遷文彩左都御史
許乃普
富興阿正月丁亥休三月丙子基溥左副都御史六月辛亥遷八月甲午聯奎左副都御史
雙福三月左副都御史
袁甲三四月革五月乙亥李清鳳左副都御史
王履謙

咸豐六年丙辰
聯順
愛仁
伊勒東
文彩
許乃普十一月乙卯遷朱嶟左都御史
聯奎十月遷十二月納爾濟左副都御史
雙福
李清鳳八月戊子遷九月戊寅程庭桂左副都御史
王履謙

咸豐七年丁巳
聯順七月甲申解任乙酉慶福理
愛仁二月戊申遷伊勒東理藩院
伊勒東二月戊申遷孟保理藩院
文彩正月戊辰遷肅順左都御史
朱嶟
聯奎四月己酉富廉左副都御史
書元四月左副都御史
程庭桂
王履謙正月丙子免四月己酉張

咸豐八年戊午
肅順九月壬午遷瑞常理藩院尚
伊勒東
靈桂六月乙丑遷書元理藩院右
瑞常九月壬午遷綿森左都御史
朱嶟十一月己卯遷庚辰張祥河
富廉
書元六月遷九月甲午成琦左副
程庭桂十月免十二月甲寅梁瀚
張錫庚

咸豐九年己未
穆蔭十二月壬寅遷春佑理藩院
伊勒東十二月壬寅遷裕瑞理藩
書元六月壬子遷察杭阿理藩院
綿森
張祥河五月甲午遷沈兆霖左都
富廉
成琦二月甲辰遷五月己丑煜綸
梁瀚五月甲午遷十月甲辰張芾
張錫庚三月辛卯遷五月己丑錢

（前續）	咸豐十年庚申
藩院尚書八月甲子病免廉順理藩院尚書	春佑二月己未遷倭什渾布理藩院尚書六月乙亥遷伊勒東阿理藩院尚書
左侍郎	裕瑞
右侍郎十月壬申遷靈桂理藩院右侍郎	察杭阿
八月甲子遷瑞常左都御史	綿森五月丁酉遷愛仁左都御史
	沈兆霖九月癸巳遷萬青藜左都御史
	富廉
	聯康
	張芾五月甲寅革朱鳳標左副都御史十二月丙戌遷
錫庚左副都御史	錢寶青閏月卒十二月庚申晏端書左副都御史

（前續）	咸豐十一年辛酉
書十二月庚午遷穆蔭理藩院尚書	伊勒東阿
	裕瑞
侍郎	察杭阿
	愛仁十月丙辰遷麟魁左都御史辛酉遷倭仁左都御史
左都御史	萬青藜十月癸亥遷甲子王慶雲左都御史十二月庚午遷羅惇衍左都御史
	富廉十月乙未革志和十二月左副都御史
都御史	聯康十一月遷崇厚十二月左副都御史
左副都御史	王發桂二月庚辰左副都御史
	晏端書

尚書
院左侍郎
右侍郎
御史
左副都御史九月戊子遷聯康十一月左副都御史
左副都御史
寶青左副都御史

清史稿 部院大臣年表八上

	同治元年壬戌	同治二年癸亥	同治三年甲子
吏部滿尚書	全慶二月庚申革瑞常吏部尚書	瑞常	瑞常
吏部漢尚書	朱鳳標	朱鳳標	朱鳳標
戶部滿尚書	瑞常二月庚申遷辛酉寶鋆戶部尚書	寶鋆	寶鋆
戶部漢尚書	沈兆霖七月庚子卒羅惇衍戶部尚書	羅惇衍	羅惇衍
禮部滿尚書	倭什渾布	倭什渾布	倭什渾布
禮部漢尚書	祁寯藻	祁寯藻	祁寯藻七月癸亥假李棠階禮部尚書六月單懋謙署
兵部滿尚書	麟魁正月己亥卒愛仁兵部尚書	愛仁十二月戊子卒載齡兵部尚書	載齡
兵部漢尚書	萬青藜	萬青藜	萬青藜
刑部滿尚書	綿森	綿森	綿森
刑部漢尚書	趙光	趙光	趙光
工部滿尚書	愛仁正月己亥遷倭仁工部尚書閏月丙申遷文祥工部尚書	文祥	文祥
工部漢尚書	王慶雲三月庚子卒李菡工部尚書	李菡二月卒李棠階工部尚書	李棠階遷七月癸亥單懋謙工部尚書
吏部滿左侍郎	載齡閏月丙申遷基溥吏部左侍郎	基溥	基溥
吏部漢左侍郎	李菡三月庚子遷楊式穀吏部左侍郎六月庚午張之萬吏部左侍郎	張之萬正月戊申遷己酉單懋謙吏部左侍郎二月遷孫葆元吏部左侍郎	孫葆元正月乙丑休丙寅毛昶熙吏部左侍郎未任龐鍾璐兼署
吏部滿右侍郎	基溥閏月丙申遷載崇吏部右侍郎	載崇	載崇
吏部漢右侍郎	孫葆元	孫葆元二月遷王茂蔭吏部右侍郎未任龐鍾璐署五月辛未毛昶熙吏部右侍郎	毛昶熙正月丙寅遷吳存義吏部右侍郎
戶部滿左侍郎	成琦正月己亥遷寶鋆戶部左侍郎二月辛酉遷皂保戶部左侍郎	皂保	皂保
戶部漢左侍郎	梁瀚閏月甲午遷沈桂芬戶部左侍郎	沈桂芬十月辛丑遷壬寅吳廷棟署戶部左侍郎	沈桂芬七月庚戌遷吳廷棟戶部左侍郎
戶部滿右侍郎	寶鋆正月己亥遷熙麟戶部右侍郎七月庚子遷崇綸戶部右侍郎	崇綸	崇綸
戶部漢右侍郎	董恂	董恂	董恂
禮部滿左侍郎	伊精阿三月丙午遷察杭阿禮部左侍郎	察杭阿	察杭阿
禮部漢左侍郎	宜振閏月甲午遷沈桂芬毛昶熙禮部左侍郎	毛昶熙五月辛未遷龐鍾璐禮部左侍郎	龐鍾璐
禮部滿右侍郎	存誠	存誠正月庚午遷辛未綿宜禮部右侍郎	綿宜
禮部漢右侍郎	楊式穀三月庚子遷張之萬禮部右侍郎六月庚午遷李棠階禮部右侍郎七月庚子遷毛昶熙禮部右侍郎閏月甲午遷龐鍾璐禮部右侍郎	龐鍾璐五月辛未遷吳存義禮部右侍郎十二月卷	吳存義正月丙寅遷王發桂禮部右侍郎七月癸亥遷汪元方禮部右侍郎溫葆深署
兵部滿左侍郎	勝保十一月乙丑革丙寅崇厚兵部左侍郎	崇厚十二月戊子毓祿署兵部左侍郎	崇厚
兵部漢左侍郎	徐樹銘十一月甲寅乞養黃倬兵部左侍郎	黃倬二月乙酉遷曹毓瑛兵部左侍郎	曹毓瑛
兵部滿右侍郎	聯康正月乙未遷皂保兵部右侍郎二月辛酉遷察杭阿兵部右侍郎三月丙午遷伊精阿補	伊精阿	伊精阿
兵部漢右侍郎	畢道遠正月丙午遷丁未彭玉麟兵部右侍郎	彭玉麟	彭玉麟
刑部滿左侍郎	靈桂	靈桂	靈桂
刑部漢左侍郎	齊承彥	齊承彥	齊承彥七月癸亥遷王發桂刑部左侍郎
刑部滿右侍郎	載崇閏月丙申遷恒祺刑部右侍郎十一月乙卯遷阿克敦布刑部右侍郎	阿克敦布二月甲午革恩麟刑部右侍郎	恩麟
刑部漢右侍郎	張錫庚	張錫庚四月賜卹吳廷棟刑部右侍郎	吳廷棟七月庚戌遷譚廷襄刑部右侍郎
工部滿左侍郎	崇綸七月庚子遷麒慶工部左侍郎十一月乙卯遷恒祺工部左侍郎	恒祺	恒祺
工部漢左侍郎	單懋謙	單懋謙正月己酉遷曹毓瑛工部左侍郎二月乙酉遷黃倬工部左侍郎	黃倬
工部滿右侍郎	國瑞	國瑞遷十月庚辰全慶工部右侍郎十二月戊子遷和潤工部右侍郎	和潤八月癸酉病免毓祿工部右侍郎
工部漢右侍郎	宋晉七月丙申遷王茂蔭工部右侍郎	王茂蔭二月乙酉遷吳存義工部右侍郎五月辛未遷薛煥工部右侍郎	薛煥四月丁亥宜振工部右侍郎

	同治四年乙丑	同治五年丙寅	同治六年丁卯
吏部滿尚書	瑞常	瑞常二月乙巳遷文祥吏部尚書	文祥
吏部漢尚書	朱鳳標	朱鳳標	朱鳳標
戶部滿尚書	寶鋆	寶鋆	寶鋆
戶部漢尚書	羅惇衍	羅惇衍	羅惇衍
禮部滿尚書	倭什渾布	倭什渾布十二月癸丑全慶禮部尚書	全慶
禮部漢尚書	李棠階十一月壬申卒萬青藜禮部尚書	萬青藜	萬青藜
兵部滿尚書	載齡	載齡	載齡
兵部漢尚書	萬青藜十一月壬申遷曹毓瑛兵部尚書	曹毓瑛三月丙戌卒董恂兵部尚書	董恂
刑部滿尚書	綿森	綿森	綿森
刑部漢尚書	趙光二月丁亥卒戊子齊承彥刑部尚書	齊承彥	齊承彥十二月辛卯卒譚廷襄刑部尚書
工部滿尚書	文祥	文祥二月乙巳遷瑞常工部尚書	瑞常
工部漢尚書	單懋謙	單懋謙	單懋謙
吏部滿左侍郎	基溥	基溥	基溥四月丁亥卒皂保吏部左侍郎
吏部漢左侍郎	毛昶熙	毛昶熙	毛昶熙十月癸巳遷吳存義吏部左侍郎
吏部滿右侍郎	載崇	載崇	載崇
吏部漢右侍郎	吳存義	吳存義	吳存義十月癸巳遷胡肇智吏部右侍郎
戶部滿左侍郎	皂保	皂保	皂保四月丁亥遷崇綸戶部左侍郎
戶部漢左侍郎	吳廷棟十一月乙丑遷汪元方戶部左侍郎	汪元方三月丙戌遷譚廷襄戶部左侍郎	譚廷襄十月癸巳遷毛昶熙戶部左侍郎
戶部滿右侍郎	崇綸	崇綸	崇綸四月丁亥遷延煦戶部右侍郎
戶部漢右侍郎	董恂十一月壬申遷鄭敦謹戶部右侍郎	鄭敦謹三月丙寅遷李鴻藻戶部右侍郎七月乙丑憂丙寅畢道遠戶部右侍郎	畢道遠
禮部滿左侍郎	察杭阿	察杭阿	察杭阿
禮部漢左侍郎	龐鍾璐	龐鍾璐	龐鍾璐
禮部滿右侍郎	綿宜	綿宜	綿宜
禮部漢右侍郎	汪元方十一月乙丑遷宜振禮部右侍郎	宜振二月癸丑病免李鴻藻禮部右侍郎三月丙寅遷賀壽慈禮部右侍郎	賀壽慈十二月辛卯遷沈桂芬禮部右侍郎
兵部滿左侍郎	崇厚	崇厚	崇厚
兵部漢左侍郎	曹毓瑛二月戊子遷畢道遠兵部左侍郎	畢道遠七月丙寅遷胡家玉兵部左侍郎	胡家玉
兵部滿右侍郎	伊精阿	伊精阿	伊精阿
兵部漢右侍郎	彭玉麟	彭玉麟	彭玉麟
刑部滿左侍郎	靈桂	靈桂十二月癸丑遷恩齡刑部左侍郎	恩齡
刑部漢左侍郎	王發桂	王發桂三月丙戌遷鄭敦謹刑部左侍郎	鄭敦謹十二月辛卯遷賀壽慈刑部左侍郎
刑部滿右侍郎	恩麟	恩齡十二月癸丑遷英元刑部右侍郎	英元
刑部漢右侍郎	譚廷襄十一月乙丑遷吳廷棟刑部右侍郎	吳廷棟二月丙寅病免鄭敦謹刑部右侍郎三月丙戌遷桑春榮刑部右侍郎	桑春榮
工部滿左侍郎	恒祺	恒祺十二月卒癸丑毓祿工部左侍郎	毓祿病免四月丁酉魁齡工部左侍郎
工部漢左侍郎	黃倬	黃倬	黃倬
工部滿右侍郎	毓祿	毓祿十二月癸丑遷魁齡工部右侍郎	魁齡四月丁酉遷承恩工部右侍郎
工部漢右侍郎	宜振十一月乙丑譚廷襄工部右侍郎	譚廷襄三月丙戌遷王發桂工部右侍郎十二月己酉病免潘祖蔭工部右侍郎	潘祖蔭

同治七年戊辰	同治八年己巳	同治九年庚午
文祥	文祥	文祥
朱鳳標三月丙子遷單懋謙吏部尚書	單懋謙	單懋謙
寶鋆	寶鋆	寶鋆
羅惇衍	羅惇衍憂免六月辛酉董恂戶部尚書	董恂
全慶	全慶	全慶
萬青藜	萬青藜	萬青藜
載齡	載齡	載齡
董恂	董恂六月辛酉遷鄭敦謹兵部尚書	鄭敦謹四月甲辰遷沈桂芬兵部尚書
綿森六月己酉卒瑞常刑部尚書	瑞常	瑞常
譚廷襄	譚廷襄	譚廷襄四月甲辰卒鄭敦謹刑部尚書
瑞常六月己酉遷存誠工部尚書	存誠	存誠
單懋謙三月丙子遷鄭敦謹工部尚書	鄭敦謹六月辛酉遷毛昶熙工部尚書	毛昶熙
皂保	皂保	皂保
吳存義七月丙戌病免沈桂芬吏部左侍郎	沈桂芬六月辛酉遷胡肇智吏部左侍郎	胡肇智
載崇	載崇	載崇
胡肇智	胡肇智六月辛酉遷龐鍾璐吏部右侍郎	龐鍾璐四月甲辰遷彭久餘吏部右侍郎
崇綸六月己酉遷魁齡戶部左侍郎	魁齡	魁齡
毛昶熙三月丙子遷沈桂芬戶部左侍郎七月丙戌遷龐鍾璐戶部左侍郎	龐鍾璐六月辛酉遷潘祖蔭戶部左侍郎	潘祖蔭
延煦	延煦	延煦
畢道遠閏月癸酉遷潘祖蔭戶部右侍郎	潘祖蔭六月辛酉遷李鴻藻戶部右侍郎	李鴻藻
察杭阿	察杭阿	察杭阿
龐鍾璐七月丙戌遷殷兆鏞禮部左侍郎	殷兆鏞	殷兆鏞
綿宜	綿宜八月辛丑遷志和禮部右侍郎乙卯遷桂清禮部右侍郎	桂清
沈桂芬三月丙子遷殷兆鏞禮部右侍郎七月丙戌遷杜聯禮部右侍郎八月戊申病免溫葆深禮部右侍郎	溫葆深	溫葆深
崇厚	崇厚	崇厚
胡家玉	胡家玉	胡家玉
伊精阿	伊精阿十二月辛丑卒壬寅寶珣兵部右侍郎	寶珣
彭玉麐	黃倬	黃倬
恩齡	恩齡八月甲寅免乙卯志和刑部左侍郎	志和
賀壽慈	賀壽慈	賀壽慈
英元	英元	英元正月癸未遷達慶刑部右侍郎
桑春榮	桑春榮	桑春榮
魁齡六月己酉遷恩承工部左侍郎	恩承	恩承
黃倬七月丙戌遷鮑源深工部左侍郎	鮑源深	鮑源深
恩承六月己酉遷明善工部右侍郎	明善	明善
潘祖蔭遷四月癸酉鮑源深工部右侍郎七月丙戌遷石贊清工部右侍郎	石贊清八月癸亥病免閻敬工部右侍郎十月乙卯乞休童華工部右侍郎	石贊清

同治十年辛未	同治十一年壬申	同治十二年癸酉	同治十三年甲戌
文祥	文祥六月甲子遷寶鋆吏部尚書	寶鋆	寶鋆八月癸酉遷英桂吏部尚書
單懋謙	單懋謙八月庚申遷毛昶熙吏部尚書	毛昶熙	毛昶熙
寶鋆	寶鋆六月甲子遷載齡戶部尚書	載齡	載齡
董恂	董恂	董恂	董恂
全慶二月庚寅遷存誠禮部尚書	存誠七月己亥卒靈桂禮部尚書	靈桂	靈桂
萬青藜	萬青藜	萬青藜	萬青藜
載齡	載齡六月甲子遷英桂兵部尚書	英桂	英桂八月癸酉遷寶鋆兵部尚書十一月己酉遷庚戌廣壽兵部尚書
沈桂芬	沈桂芬	沈桂芬	沈桂芬
瑞常二月戊子遷庚寅全慶刑部尚書	全慶	全慶十二月戊子降崇實刑部尚書	崇實
鄭敦謹七月乙卯病免龐鍾璐刑部尚書	龐鍾璐八月壬戌桑春榮刑部尚書	桑春榮	桑春榮
存誠二月庚寅遷崇綸工部尚書	崇綸	崇綸	崇綸
毛昶熙	毛昶熙八月庚申遷李鴻藻工部尚書	李鴻藻	李鴻藻
皂保二月庚寅遷魁齡吏部左侍郎	魁齡	魁齡	魁齡十一月庚戌遷恩承吏部左侍郎
胡肇智五月癸丑病免胡家玉吏部左侍郎	胡家玉八月壬戌遷彭久餘吏部左侍郎	彭久餘	彭久餘
載崇	載崇	載崇	載崇八月甲戌遷崇綺吏部右侍郎
彭久餘	彭久餘八月壬戌童華吏部右侍郎	童華十二月戊子降殷兆鏞吏部右侍郎	殷兆鏞
魁齡二月庚寅遷延煦戶部左侍郎	延煦七月己亥遷志和戶部左侍郎	志和四月辛未遷榮祿戶部左侍郎	榮祿
潘祖蔭	潘祖蔭	潘祖蔭十二月戊子降宋晉戶部左侍郎	宋晉九月癸亥卒袁保恆戶部左侍郎
延煦二月庚寅遷桂清戶部右侍郎	桂清	桂清十一月丙辰遷己未崇綺戶部右侍郎	崇綺八月甲戌遷慶陞戶部右侍郎
李鴻藻七月乙卯遷鮑源深戶部右侍郎九月甲午遷乙未溫葆深戶部右侍郎	溫葆深	溫葆深	溫葆深
察杭阿	察杭阿	察杭阿	察杭阿
殷兆鏞五月乙巳回籍溫葆深禮部左侍郎九月乙未遷黃倬禮部左侍郎	黃倬	黃倬	黃倬
桂清二月庚寅遷恩承禮部右侍郎	恩承七月己亥遷綿宜禮部右侍郎	綿宜	綿宜
溫葆深五月乙巳遷[illegible]禮部右侍郎八月辛巳遷胡瑞瀾禮部右侍郎九月乙未遷徐桐禮部右侍郎	徐桐	徐桐	徐桐
崇厚	崇厚	崇厚	崇厚
胡家玉五月癸丑遷黃倬兵部左侍郎九月乙未遷胡瑞瀾兵部左侍郎	胡瑞瀾	胡瑞瀾	胡瑞瀾
寶珣	寶珣	寶珣七月甲戌病免恩齡兵部右侍郎	恩齡
黃倬五月癸丑遷鮑源深兵部右侍郎七月乙卯遷夏同善兵部右侍郎	夏同善	夏同善	夏同善
志和	志和七月己亥遷恩承刑部左侍郎	恩承	恩承十一月庚戌遷紹祺刑部左侍郎
賀壽慈	賀壽慈	賀壽慈十二月戊子遷劉有銘刑部左侍郎	劉有銘正月己巳卒庚午黃鈺刑部左侍郎
達慶六月壬午常恩刑部右侍郎	常恩	常恩正月壬辰病免廣壽刑部右侍郎	廣壽八月癸酉遷甲戌載崇刑部右侍郎
桑春榮	桑春榮八月庚申遷錢寶廉刑部右侍郎	錢寶廉	錢寶廉
恩承二月庚寅遷明善工部左侍郎	明善	明善	明善十二月卒辛卯成林工部左侍郎
鮑源深五月癸丑遷童華工部左侍郎	童華八月壬戌遷何廷謙工部左侍郎	何廷謙	何廷謙
明善二月庚寅遷榮祿工部右侍郎	榮祿	榮祿四月辛未遷仁訥工部右侍郎	仁訥
石贊清五月癸丑錢寶廉工部右侍郎	錢寶廉八月庚申遷宜振工部右侍郎	宜振	宜振

清史稿

部院大臣年表八下

	同治元年壬戌	同治二年癸亥	同治三年甲子	同治四	同治五	同治六
理藩院尚書	伊勒東阿	伊勒東阿遷正月庚午存誠理藩院尚書	存誠	存誠	存誠	存誠
理藩院左侍郎	裕瑞	裕瑞	裕瑞	裕瑞	裕瑞五	恩承四
理藩院右侍郎	察杭阿二月辛酉遷增慶理藩院右侍郎閏月丙申慶明理藩院右侍郎	慶明遷六月丙申額勒和布理藩院右侍郎	額勒和布	額勒和	英元五	奕慶
都察院滿左都御史	倭仁正月己亥遷文祥左都御史閏月丙申遷載齡左都御史	載齡十二月戊子遷全慶左都御史	全慶	全慶	全慶十	靈桂
都察院漢左都御史	羅惇衍七月庚子遷李棠階左都御史	李棠階二月乙酉遷單懋謙左都御史	單懋謙七月癸亥遷齊承彥左都御史	齊承彥	董恂三	汪元方
都察院滿左副都御史	志和十一月遷鍾岱代三月乙未阿克敦布左副都御史十一月乙卯遷丁卯鍾岱左副都御史	鍾岱五月桂清署左副都御史	鍾岱七月庚戌遷八月十三恒恩左副都御史	恒恩	恒恩十	繼格
都察院滿左副都御史	崇厚二月遷阿克敦布三月代十二月戊子景霖左副都御史	景霖	景霖	景霖十	達慶	達慶
都察院漢左副都御史	王發桂	王發桂	王發桂正月丙寅遷丁卯汪元方左副都御史九月丙午賀壽慈左副都御史	賀壽慈	賀壽慈	鮑源深
都察院漢左副都御史	晏端書四月癸亥差王茂蔭署左副都御史	晏端書	晏端書三月辛酉遷潘祖蔭左副都御史四月賀壽慈署左副都御史	潘祖蔭	潘祖蔭	溫葆深

同治四年乙丑（續）
- 布九月戊寅遷己卯英元理藩院右侍郎
- 二月戊子遷曾毓瑛左都御史十一月壬申遷董恂左都御史
- 月甲寅遷十二月甲辰達慶左副都御史

丙寅年
- 月遷丙子英元理藩院左侍郎十二月癸丑遷恩承補
- 月丙子遷魁齡理藩院右侍郎十二月癸丑遷奕慶理藩院右侍郎
- 二月癸丑遷靈桂左都御史
- 月丙戌遷汪元方左都御史
- 月卒十二月繼格左副都御史
- 二月丙寅遷三月丙戌胡家玉左副都御史七月丙寅遷八月乙未鮑源深左副都御史
- 二月己酉遷

丁卯年
- 月丁酉遷載鶩理藩院左侍郎
- 十月癸巳卒譚廷襄左都御史十二月辛卯遷鄭敦謹左都御史
- 二月戊子左副都御史

同治七年戊辰
- 存誠六月己酉遷崇綸理藩院尚書
- 載鶩
- 奕慶
- 靈桂
- 鄭敦謹三月丙子遷毛昶熙左都御史
- 繼格
- 達慶
- 鮑源深四月癸酉遷六月癸丑石贊清左副都御史七月丙戌遷八月丁卯童華左副都御史
- 溫葆深八月戊申遷九月己卯鄒錫瀛左副都御史

同治八年己巳
- 崇綸
- 載鶩
- 奕慶八月乙卯廣壽理藩院右侍郎
- 靈桂
- 毛昶熙六月辛酉遷沈桂芬左都御史
- 繼格
- 達慶
- 童華十月乙丑遷彭久餘左副都御史
- 鄒錫瀛十二月丁未胡瑞瀾左副都御史

同治九年庚午
- 崇綸
- 載鶩
- 廣壽
- 靈桂
- 沈桂芬四月甲辰遷龐鍾璐左都御史
- 繼格
- 達慶正月癸未遷三月庚午興恩左副都御史
- 彭久餘四月甲辰遷劉有銘左副都御史
- 胡瑞瀾

同治十年辛未
- 崇綸二月庚寅遷靈桂理藩院尚書
- 載鶩
- 廣壽
- 靈桂二月庚寅遷皂保左都御史
- 龐鍾璐七月乙卯遷李鴻藻左都御史
- 繼格
- 興恩
- 劉有銘
- 胡瑞瀾八月辛巳遷十月乙丑唐壬森

同治十一年壬申
- 靈桂七月己亥遷皂保理藩院尚書
- 載鶩
- 廣壽
- 皂保七月己亥遷英元左都御史
- 李鴻藻八月庚申遷桑春榮左都御史
- 繼格七月遷八月乙丑恩齡左副都御
- 興恩
- 劉有銘
- 唐壬森

同治十二年癸酉
- 皂保
- 載鶩
- 廣壽正月壬辰遷成林理藩院右侍郎
- 英元
- 胡家玉十二月戊子降賀壽慈左都御
- 恩齡七月甲戌遷八月戊戌蘇勒布左
- 興恩
- 劉有銘十二月戊子遷
- 唐壬森

同治十三年甲戌
- 皂保
- 載鶩九月壬戌病免癸亥成林理藩院左侍郎十二月辛卯遷德椿理藩院左侍郎
- 成林九月癸亥遷蘇勒布理藩院右侍郎
- 英元八月癸酉卒廣壽左都御史十一月庚戌遷魁齡左都御史
- 賀壽慈
- 蘇勒布九月癸亥遷十一月己酉惠林左副都御史
- 興恩
- 童華二月左副都御史
- 唐壬森

左副都御史
壬戌遷胡家玉左都御史
史
史
副都御史

清史稿 部院大臣年表九上

光緒元年乙亥	
吏部滿尚書	英桂
吏部漢尚書	毛昶熙
戶部滿尚書	載齡
戶部漢尚書	董恂
禮部滿尚書	靈桂
禮部漢尚書	萬青藜
兵部滿尚書	廣壽
兵部漢尚書	沈桂芬
刑部滿尚書	崇實正月赴奉天靈桂署刑部尚書
刑部漢尚書	桑春榮
工部滿尚書	崇綸九月己亥卒魁齡工部尚書
工部漢尚書	李鴻藻
吏部滿左侍郎	恩承
吏部漢左侍郎	彭久餘
吏部滿右侍郎	崇綺
吏部漢右侍郎	殷兆鏞
戶部滿左侍郎	榮祿
戶部漢左侍郎	袁保恒
戶部滿右侍郎	慶陞
戶部漢右侍郎	溫葆深
禮部滿左侍郎	察杭阿
禮部漢左侍郎	黃倬
禮部滿右侍郎	綿宜
禮部漢右侍郎	徐桐
兵部滿左侍郎	崇厚
兵部漢左侍郎	胡瑞瀾未任十一月丁酉郭嵩燾署兵部左侍郎
兵部滿右侍郎	恩齡
兵部漢右侍郎	夏同善
刑部滿左侍郎	紹祺
刑部漢左侍郎	黃鈺
刑部滿右侍郎	載崇
刑部漢右侍郎	錢寶廉
工部滿左侍郎	成林
工部漢左侍郎	何廷謙
工部滿右侍郎	訥仁二月壬申桂清工部右侍郎
工部漢右侍郎	宜振

光緒二年丙子
- 英桂
- 毛昶熙
- 載齡
- 董恂
- 靈桂
- 萬青藜
- 廣壽
- 沈桂芬
- 崇實十月癸丑卒甲寅皂保刑部尚書
- 桑春榮
- 魁齡
- 李鴻藻
- 恩承
- 彭久餘
- 崇綺
- 殷兆鏞四月己巳遷徐桐吏部右侍郎
- 榮祿
- 袁保恒四月己巳遷殷兆鏞戶部左侍郎
- 慶陞
- 溫葆深正月甲寅病免乙卯翁同龢戶部右侍郎
- 察杭阿十月甲寅遷綿宜禮部左侍郎
- 黃倬
- 綿宜十月甲寅遷全慶禮部右侍郎
- 徐桐四月己巳遷潘祖蔭禮部右侍郎
- 崇厚十月赴奉天長敘署兵部左侍郎
- 胡瑞瀾郭嵩燾七月出使童華署
- 恩齡三月己亥遷烏拉喜崇阿兵部右侍郎
- 夏同善
- 紹祺
- 黃鈺四月開缺袁保恒刑部左侍郎
- 載崇三月戊戌卒己亥恩齡刑部右侍郎十一月乙未卒麟書刑部右侍郎
- 錢寶廉
- 成林
- 何廷謙
- 桂清十月甲寅遷德椿工部右侍郎
- 宜振

光緒三年丁丑
- 英桂正月癸亥遷載齡吏部尚書
- 毛昶熙
- 載齡正月癸亥遷魁齡戶部尚書
- 董恂
- 靈桂
- 萬青藜
- 廣壽
- 沈桂芬
- 皂保
- 桑春榮
- 魁齡正月癸亥遷景廉工部尚書
- 李鴻藻九月丙寅憂賀壽慈工部尚書
- 恩承
- 彭久餘
- 崇綺
- 徐桐九月丙寅遷童華吏部右侍郎
- 榮祿
- 殷兆鏞
- 慶陞
- 翁同龢
- 綿宜
- 黃倬
- 全慶正月癸亥遷長敘禮部右侍郎十一月庚申遷志和禮部右侍郎
- 潘祖蔭
- 崇厚
- 胡瑞瀾二月革辛卯郭嵩燾兵部左侍郎
- 烏拉喜崇阿
- 夏同善
- 紹祺遷十一月丙辰麟書刑部左侍郎
- 袁保恒
- 麟書十一月遷庚申長敘刑部右侍郎
- 錢寶廉
- 成林
- 何廷謙
- 德椿
- 宜振

光緒四年戊寅
- 載齡五月辛亥遷靈桂吏部尚書
- 毛昶熙五月戊辰憂免萬青藜吏部尚書
- 魁齡五月癸亥病免景廉戶部尚書
- 董恂
- 靈桂五月辛亥遷恩承禮部尚書
- 萬青藜五月戊辰遷徐桐禮部尚書
- 廣壽
- 沈桂芬
- 皂保三月癸亥開缺全慶刑部尚書十二月癸卯遷文煜刑部尚
- 桑春榮
- 景廉五月癸亥遷榮祿工部尚書十二月癸卯免全慶工部尚書
- 賀壽慈
- 恩承三月癸亥遷崇厚吏部左侍郎未任成林兼署十二月癸
- 彭久餘七月癸卯病免童華吏部右侍郎
- 崇綺十二月癸卯遷成林吏部右侍郎
- 童華七月癸卯遷黃倬吏部右侍郎
- 榮祿五月辛亥遷志和戶部左侍郎
- 殷兆鏞
- 慶陞二月己亥病免麟書戶部右侍郎
- 翁同龢五月戊辰遷潘祖蔭戶部右侍郎
- 綿宜五月辛亥遷奎潤禮部左侍郎
- 黃倬遷四月癸巳王文韶禮部左侍郎
- 志和二月己亥遷崑岡禮部右侍郎
- 馮譽驥七月癸卯遷龔自閎禮部右侍郎
- 崇厚三月癸亥遷崑岡兵部左侍郎
- 郭嵩燾童華署
- 烏拉喜崇阿
- 夏同善
- 麟書二月己亥遷志和刑部左侍郎五月辛亥遷繼格刑部左侍
- 袁保恒四月壬辰卒癸巳黃倬刑部右侍郎七月癸卯遷馮譽驥
- 長敘
- 錢寶廉
- 成林十二月癸卯遷文徵工部左侍郎
- 何廷謙十二月己丑病免孫詒經工部左侍郎
- 德椿
- 宜振

	光緒五年己卯		光緒六年庚辰		光緒七年辛巳
	靈桂		靈桂		靈桂十月癸酉遷。廣壽吏部尚書
	萬青藜		萬青藜		萬青藜
	景廉		景廉		景廉
	董恂		董恂		董恂
	恩承		恩承		恩承
	徐桐		徐桐		徐桐
	廣壽		廣壽		廣壽十月癸酉遷。志和兵部尚書
	沈桂芬		沈桂芬		沈桂芬正月丙寅卒。李鴻藻兵部尚書
書	文煜		文煜		文煜
	桑春榮正月庚午病休。翁同龢刑部尚書。四月壬申遷	潘祖蔭刑部尚書	潘祖蔭		潘祖蔭
	全慶		全慶十一月己巳	遷。庚午瑞聯工部尚書	瑞聯
	賀壽慈三月庚戌降。乙卯潘祖蔭工部尚書。四月壬申	遷。翁同龢工部尚書	翁同龢		翁同龢
卯崇厚遷崇綺補	崇綺五月癸巳遷。甲午成林吏部左侍郎。八月乙卯卒	志和吏部左侍郎。十一月辛巳遷。麟書吏部左侍郎	麟書十月壬戌遷	烏拉喜崇阿吏部左侍郎	烏拉喜崇阿十月癸酉遷。奎潤吏部左侍
	童華三月乙卯遷。黃倬吏部左侍郎		黃倬病免。四月辛	酉邵亨豫吏部左侍郎	邵亨豫
	成林五月甲午遷。志和吏部右侍郎。八月乙卯遷。烏拉	喜崇阿吏部右侍郎	烏拉喜崇阿十月	壬戌遷。奎潤吏部右侍郎	奎潤十月癸酉遷。錫珍吏部右侍郎
	黃倬三月乙卯遷。夏同善吏部右侍郎		夏同善八月癸卯	卒。錢寶廉吏部右侍郎	錢寶廉十二月庚辰賜卹。祁世長吏部右
	志和五月甲午遷。麟書戶部左侍郎。十一月壬辰遷。崑	岡戶部左侍郎。差，奎潤兼署	崑岡		崑岡
	殷兆鏞正月戊辰遷。潘祖蔭戶部左侍郎。庚午遷。王文	韶戶部左侍郎	王文韶		王文韶
	麟書五月甲午遷。崑岡戶部右侍郎。十一月壬辰遷。長	敘戶部右侍郎	長敘十二月戊戌	革。錫珍戶部右侍郎	錫珍十月癸酉遷。崇禮戶部右侍郎
	潘祖蔭正月戊辰遷。宜振戶部右侍郎		宜振		宜振四月甲辰病免。乙巳孫詒經戶部右
	奎潤五月甲午遷。松森禮部左侍郎		松森八月丙午遷	全桂禮部左侍郎	全桂
	王文韶正月庚午遷。祁世長禮部左侍郎。四月壬申病	休。邵亨豫禮部左侍郎	邵亨豫四月辛酉	遷。殷兆鏞禮部左侍郎	殷兆鏞十二月癸未病免。張澐卿禮部左
	崑岡五月甲午遷。全桂禮部右侍郎		全桂八月丙午遷	崇禮禮部右侍郎	崇禮十月癸酉遷。寶廷禮部右侍郎
	龔自閎正月戊辰遷。殷兆鏞禮部右侍郎		殷兆鏞四月辛酉	遷。祁世長禮部右侍郎	祁世長十二月辛巳遷。許庚身禮部右侍
	崑岡五月甲午遷。奎潤兵部左侍郎		奎潤十月壬戌遷	耀年兵部左侍郎	耀年
	郭嵩燾七月癸未免。許應騤兵部左侍郎，未任。王文韶	兼署	許應騤		許應騤
	烏拉喜崇阿八月乙卯遷。恩麟兵部右侍郎		恩麟		恩麟
	夏同善三月乙卯遷。朱智兵部右侍郎		朱智		朱智四月丙午病免。丁未梅啓照兵部右侍
郎	繼格二月癸未遷。長敘刑部左侍郎。十一月壬辰遷。松	溎刑部左侍郎	松溎		松溎
刑部右侍郎	馮譽驥八月庚午遷。錢寶廉刑部左侍郎		錢寶廉八月癸卯	遷。孫詒經刑部左侍郎	孫詒經四月乙巳遷。薛允升刑部左侍郎
	長敘二月癸未遷。秀敢刑部右侍郎。六月甲辰遷。文澂	刑部右侍郎。十一月辛未病免。壬申錫珍刑部右侍郎	錫珍十二月戊戌	遷。敬信刑部右侍郎	敬信
	錢寶廉八月庚午遷。薛允升刑部右侍郎		薛允升		薛允升四月乙巳遷。夏家鎬刑部右侍郎
	文澂六月甲辰遷。師曾工部左侍郎		師曾		師曾
	孫詒經		孫詒經八月癸卯	遷。孫家鼐工部左侍郎	孫家鼐
	德椿正月戊辰休。秀敢工部右侍郎。八月癸未遷。錫珍	工部右侍郎。十一月壬申遷。興廉工部右侍郎	興廉		興廉
	宜振遷。正月戊辰龔自閎工部右侍郎。四月卒。庚申張	澐卿工部右侍郎。八月差，程祖誥署工部右侍郎	張澐卿		張澐卿遷。二月癸未孫毓汶工部右侍郎

	光緒八年壬午		光緒九年癸未
	廣壽		廣壽
	萬青藜正月辛亥免。李鴻藻吏部尚書		李鴻藻
	景廉		景廉六月己巳降。額勒和布戶部尚書
	董恂正月辛亥免。閻敬銘戶部尚書，未	任。王文韶署。敬銘五月任	閻敬銘
	恩承		恩承
	徐桐		徐桐
	志和		志和正月辛亥革。二月壬子瑞聯兵部尚書。十一月乙未免。景廉兵部尚書
	李鴻藻正月辛亥遷。毛昶熙兵部尚書	二月卒。戊辰張之萬兵部尚書	張之萬正月丙午遷。彭玉麟兵部尚書，未任。閻敬銘兼署
	文煜		文煜
	潘祖蔭		潘祖蔭正月丙午憂免。張之萬刑部尚書
	瑞聯		瑞聯二月甲寅遷。麟書工部尚書
	翁同龢		翁同龢
郎	烏拉喜崇阿		烏拉喜崇阿六月己巳遷。錫珍吏部左侍郎。九月丁未遷。景廉吏部左侍郎
	邵亨豫		邵亨豫六月丙辰卒。祁世長吏部左侍郎
	錫珍		錫珍六月己巳遷。崑岡吏部右侍郎。十一月乙未奎潤吏部右侍郎
侍郎	祁世長八月差。王文韶兼署吏部右侍	郎	祁世長六月丙辰遷。許應騤吏部右侍郎
	崑岡		崑岡六月己巳遷。福錕戶部左侍郎
	王文韶正月辛亥升署戶部左侍郎。文	韶五月回任。十一月丁亥免。許應騤戶部左侍郎，未任前，張家驤署	許應騤六月丙辰遷。孫詒經戶部左侍郎
	崇禮五月戊申降。恩福戶部右侍郎		恩福二月甲寅遷。福錕戶部右侍郎。六月己巳遷。敬信戶部右侍郎。十一月
侍郎	孫詒經		孫詒經六月丙辰遷。孫家鼐戶部右侍郎
	全桂		全桂
侍郎	張澐卿		張澐卿十月庚戌卒。辛亥徐郙禮部左侍郎
	寶廷		寶廷正月甲午革。恒貴禮部右侍郎。二月甲寅遷。嵩申禮部右侍郎。十一月
郎	許庚身九月乙未遷。童華禮部右侍郎		童華
	耀年		耀年
	許應騤十一月戊子遷。黃體芳兵部左	侍郎。未任前，薛允升兼署。六月甲子遷。師曾兵部右侍郎	黃體芳
	恩麟正月辛亥休。錫福兵部右侍郎。五	月戊申遷。敬信兵部右侍郎	師曾
郎。八月丁亥遷。徐郙兵部右侍郎	徐郙八月甲寅差。陳蘭彬署兵部右侍	郎	徐郙十月辛亥遷。劉錦棠兵部右侍郎，未任。徐用儀署
	松溎		松溎
	薛允升		薛允升
	敬信五月戊申遷。錫福刑部右侍郎		錫福二月甲寅遷。恒貴刑部右侍郎
	夏家鎬九月乙未免。許庚身刑部右侍	郎	許庚身
	師曾六月甲子遷。敬信工部左侍郎		敬信六月己巳遷。興廉工部左侍郎
	孫家鼐		孫家鼐六月丙辰遷。孫毓汶工部左侍郎
	興廉		興廉六月己巳遷。景善工部右侍郎
	孫毓汶		孫毓汶六月丙辰遷。張家驤工部右侍郎

	光緒十年甲申		光緒	十一年乙酉
	廣壽八月癸未卒。乙酉恩承吏部尚	書	恩承	十一月癸亥遷。崇綺吏部尚書
	李鴻藻三月戊子免。己丑徐桐吏部	尚書	徐桐	
	額勒和布九月甲子遷。崇綺戶部尚	書	崇綺	十一月癸亥遷。福錕戶部尚書
	閻敬銘		閻敬	銘十一月癸亥遷。翁同龢戶部尚書
	恩承五月戊子遷。延煦禮部尚書		延煦	
	徐桐三月庚寅遷。畢道遠禮部尚書		畢道	遠
	景廉三月戊子免。庚寅烏拉喜崇阿兵部	尚書	烏拉	喜崇阿
	彭玉麟五月乙未徐桐兼署兵部尚	書	彭玉	麟五月戊申潘祖蔭署兵部尚書。十一月癸亥遷。十二月甲子許庚身署
	文煜五月戊子遷。承恩刑部尚書。八	月乙酉遷。錫珍刑部尚書	錫珍	
	張之萬		張之	萬
	麟書五月壬寅病免。癸卯福錕工部	尚書	福錕	十一月癸亥遷。麟書工部尚書
	翁同龢		翁同	龢十一月癸亥遷。潘祖蔭工部尚書
十一月乙未遷。崑岡吏部左侍郎	崑岡三月庚寅遷。奎潤吏部左侍郎	八月乙酉遷。松溎吏部左侍郎	松溎	
	祁世長三月庚寅遷。許應騤吏部左	侍郎	許應	騤
	奎潤三月庚寅遷。松溎吏部右侍郎	八月乙酉遷。敬熙吏部右侍郎	敬熙	
	許應騤三月庚寅遷。張家驤吏部右	侍郎	張家	驤十一月壬子卒。李鴻藻吏部右侍郎
	福錕五月癸卯遷。嵩申戶部左侍郎		嵩申	
	孫詒經		孫詒	經
辛丑嵩申病免。戶部右侍郎	嵩申閏月甲辰遷。景善戶部右侍郎		景善	
	孫家鼐		孫家	鼐
	全桂五月己丑遷。慶麟禮部左侍郎		慶麟	三月己酉文暉禮部左侍郎
	徐郙		徐郙	
辛丑遷。敬熙禮部右侍郎	敬熙閏月乙巳遷。七月丙辰敬信禮	部右侍郎	敬信	
	童華		童華	
	耀年		耀年	
	黃體芳		黃體	芳十二月辛卯降。曾紀澤兵部左侍郎
	師曾		師曾	
	劉錦棠十月壬申遷。曾紀澤兵部右	侍郎	曾紀	澤十二月辛卯遷。廖壽恒兵部右侍郎
	松溎三月庚寅遷。恒貴刑部左侍郎	五月己丑免。全桂刑部左侍郎	全桂	
	薛允升		薛允	升
	恒貴三月庚寅遷。文暉刑部右侍郎		文暉	三月己酉遷。恒貴刑部右侍郎
	許庚身		許庚	身
	興廉五月戊子遷。己丑景善工部左	侍郎。閏月甲辰遷。烏拉布工部左侍郎	烏拉	布
	孫毓汶		孫毓	汶
	景善五月己丑遷。烏拉布工部右侍	郎。閏月乙巳遷。敬熙工部右侍郎。八月乙酉遷。濟安工部右侍郎	濟安	
	張家驤三月庚寅遷。徐用儀工部右	侍郎	徐用	儀

	光緒十二年丙戌	光緒十三年丁亥	光緒十四年戊子	光緒十五年己丑
	崇綺二月甲戌病免錫珍吏部尚書	錫珍	錫珍	錫珍九月甲寅卒麟書吏部尚書
	徐桐	徐桐	徐桐	徐桐
	福錕	福錕	福錕	福錕
	翁同龢	翁同龢	翁同龢	翁同龢
	延煦	延煦二月丁亥卒奎潤禮部尚書	奎潤	奎潤
	畢道遠	畢道遠九月丁巳病免李鴻藻禮部尚書	李鴻藻	李鴻藻
	烏拉喜崇阿	烏拉喜崇阿	烏拉喜崇阿	烏拉喜崇阿
兵部尚書	彭玉麟許庚身	彭玉麟許庚身	彭玉麟六月甲辰病免七月壬子許庚身補兵部尚書	許庚身
	錫珍二月甲戌遷麟書刑部尚書	麟書	麟書	麟書九月丙辰遷嵩申刑部尚書
	張之萬	張之萬	張之萬	張之萬正月辛酉遷孫毓汶刑部尚書
	麟書二月甲戌遷崑岡工部尚書	崑岡	崑岡	崑岡
	潘祖蔭	潘祖蔭	潘祖蔭	潘祖蔭
	松溎	松溎	松溎	松溎
	許應騤	許應騤	許應騤	許應騤
	熙敬	熙敬正月辛亥遷景善吏部右侍郎	景善	景善二月丙寅病免敬信吏部右侍郎
	李鴻藻	李鴻藻九月丁巳遷許庚身吏部右侍郎	許庚身七月壬子遷孫毓汶吏部右侍郎	孫毓汶正月辛酉遷壬戌孫家鼐吏部右侍郎
	嵩申	嵩申	嵩申十一月壬戌遷熙敬戶部左侍郎	熙敬六月戊戌遷續昌戶部左侍郎
	孫詒經	孫詒經	孫詒經	孫詒經
	景善	景善正月辛亥遷熙敬戶部右侍郎	熙敬十一月壬戌遷敬信戶右部侍郎	敬信三月丁卯遷續昌戶部右侍郎六月己亥遷崇禮戶部右侍郎
	孫家鼐	孫家鼐正月辛亥遷曾紀澤戶部右侍郎	曾紀澤	曾紀澤
	文暉五月丁未遷敬信禮部左侍郎	敬信	敬信十一月壬戌遷續昌禮部左侍郎	續昌三月丁卯遷文興禮部左侍郎
	徐郙	徐郙	徐郙	徐郙
	敬信五月戊申英煦禮部右侍郎	英煦二月丁亥遷續昌禮部右侍郎	續昌十一月壬戌遷文興禮部右侍郎	文興三月丁卯遷寶昌禮部右侍郎十月丁酉降景善禮部右侍郎
	童華	童華	童華	童華二月丙申卒廖壽恒禮部右侍郎
	曜年	曜年十二月丁未卒師曾兵部左侍郎	師曾	師曾
	曾紀澤	曾紀澤正月辛亥遷廖壽恒兵部左侍郎	廖壽恒	廖壽恒二月丁酉遷徐用儀兵部左侍郎
	師曾	師曾十二月丁未遷綿宜兵部右侍郎	綿宜三月癸亥遷崇禮兵部右侍郎	崇禮六月己亥遷巴克坦布兵部右侍郎
	廖壽恒	廖壽恒正月辛亥遷孫家鼐兵部右侍郎	孫家鼐	孫家鼐正月壬戌遷徐用儀兵部右侍郎二月丁酉遷白桓兵部右侍郎
	桂全	桂全	桂全	桂全
	薛允升	薛允升	薛允升	薛允升
	貴恒	貴恒	貴恒	貴恒二月壬午遷甲申清安刑部右侍郎
	許庚身	許庚身九月戊午遷周德潤刑部右侍郎	周德潤	周德潤
	烏拉布	烏拉布	烏拉布	烏拉布
	孫毓汶	孫毓汶	孫毓汶七月壬子遷徐用儀工部左侍郎	徐用儀正月壬戌遷汪鳴鸞工部左侍郎
	清安	清安	清安	清安
	徐用儀	徐用儀	徐用儀七月壬子遷汪鳴鸞工部右侍郎	汪鳴鸞正月壬戌遷徐樹銘工部右侍郎

光緒十六年庚寅	光緒十七年辛卯	光緒十八年壬辰	光緒十九年癸巳
麟書	麟書	麟書	麟書
徐桐	徐桐	徐桐	徐桐
福錕	福錕	福錕八月甲申遷熙敬戶部尚書	熙敬
翁同龢	翁同龢	翁同龢	翁同龢
奎潤二月己卯卒庚辰崑岡禮部尚書	崑岡	崑岡	崑岡
李鴻藻	李鴻藻	李鴻藻	李鴻藻
烏拉喜崇阿	烏拉喜崇阿	烏拉喜崇阿	烏拉喜崇阿
許庚身	許庚身	許庚身	許庚身十二月庚戌卒丁巳孫毓汶兵部尚書
嵩申	嵩申十一月丙子卒丁卯貴恒刑部尚書	貴恒	貴恒九月辛巳乞休乙酉松溎刑部尚書
孫毓汶	孫毓汶	孫毓汶	孫毓汶十二月丁巳遷薛允升刑部尚書
崑岡二月庚辰遷熙敬工部尚書	熙敬	熙敬八月甲申遷松溎工部尚書	松溎九月乙酉遷懷塔布工部尚書
潘祖蔭十一月戊辰卒己巳祁世長工部尚書	祁世長	祁世長八月癸亥卒壬申孫家鼐工部尚書	孫家鼐
松溎	松溎	松溎八月甲申遷敬信吏部左侍郎	敬信九月乙酉遷壽蔭吏部左侍郎
許應騤	許應騤四月丁未遷己酉譚鍾麟吏部左侍郎	譚鍾麟五月乙酉遷六月戊子徐郙吏部左侍郎八月壬申遷徐用儀吏部左侍郎	徐用儀
敬信	敬信	敬信八月甲申遷崇光吏部右侍郎	崇光
孫家鼐十一月己巳遷徐郙吏部右侍郎	徐郙	徐郙六月戊子遷徐用儀吏部右侍郎八月壬申遷廖壽恒吏部右侍郎	廖壽恒
續昌	續昌	續昌三月丙子病免崇禮戶部左侍郎	崇禮
孫詒經十一月癸酉卒己卯廖壽恒戶部左侍郎	廖壽恒	廖壽恒八月壬申遷張蔭桓戶部左侍郎	張蔭桓
崇禮	崇禮	崇禮三月戊寅遷立山戶部右侍郎	立山
曾紀澤閏月乙丑卒丙寅徐用儀戶部右侍郎	徐用儀	徐用儀六月戊子遷張蔭桓戶部右侍郎八月壬申遷陳學棻戶部右侍郎	陳學棻
文興	文興遷十一月己巳敢秀禮部左侍郎	敢秀八月壬申遷長麟禮部左侍郎	長麟
徐郙十一月辛未遷廖壽恒禮部左侍郎己卯遷錢應溥禮部左侍郎	錢應溥	錢應溥	錢應溥
景善	景善	景善	景善
廖壽恒十一月辛未遷錢應溥禮部右侍郎己卯遷李文田禮部右侍郎	李文田	李文田	李文田
師曾	師曾	師曾	師曾五月壬午休巴克坦布兵部左侍郎
徐用儀二月丙寅遷洪鈞兵部左侍郎	洪鈞	洪鈞	洪鈞八月甲戌卒戊寅王文錦兵部左侍郎
巴克坦布	巴克坦布	巴克坦布	巴克坦布五月壬午遷壽蔭兵部右侍郎九月乙酉遷克們泰兵部右侍郎
白桓	白桓六月丁酉病免壬寅沈源深兵部右侍郎	沈源深	沈源深二月壬戌病免甲子徐樹銘兵部右侍郎
桂全十二月丁巳卒戊午清安刑部左侍郎	清安	清安	清安正月壬辰病免乙未阿克丹刑部左侍郎
薛允升	薛允升	薛允升	薛允升十二月丁巳遷壬戌李端棻刑部左侍郎
清安十二月戊午遷鳳秀刑部右侍郎	鳳秀	鳳秀三月戊寅遷阿克丹刑部右侍郎	阿克丹正月乙未遷裕德刑部右侍郎
周德潤	周德潤	周德潤十月甲戌卒丙子李端棻刑部右侍郎	李端棻十二月壬戌遷龍湛霖刑部右侍郎
烏拉布十二月戊午卒庚申裕德工部左侍郎	裕德	裕德	裕德正月乙未遷克們泰工部左侍郎九月乙酉遷鳳鳴工部左侍郎
汪鳴鸞	汪鳴鸞	汪鳴鸞	汪鳴鸞
清安二月甲申遷豐烈工部右侍郎十二月戊午遷桂祥工部右侍郎	桂祥十一月庚午遷崇光工部右侍郎	崇光八月甲申遷志和工部右侍郎	志和九月乙酉遷英年署
徐樹銘	徐樹銘	徐樹銘	徐樹銘二月甲子遷徐會澧工部右侍郎

光緒二十年甲午	光緒二十一年乙未
麟書	麟書六月乙酉遷庚寅熙敬吏部尚書
徐桐	徐桐
熙敬	熙敬六月庚寅遷敬信戶部尚書
翁同龢	翁同龢
崑岡	崑岡
李鴻藻	李鴻藻
烏拉喜崇阿正月壬寅休癸卯敬信兵部尚書	敬信六月庚寅遷榮祿兵部尚書
孫毓汶	孫毓汶六月甲戌病免己卯徐郙兵部尚書
松溎	松溎
薛允升	薛允升
懷塔布	懷塔布
孫家鼐	孫家鼐
壽蔭八月乙丑遷崇光吏部左侍郎	崇光
徐用儀	徐用儀
崇光八月乙丑遷長萃吏部右侍郎	長萃
廖壽恒	廖壽恒六月己卯遷汪鳴鸞吏部右侍郎十月甲申革乙
崇禮正月癸卯遷立山戶部左侍郎	立山
張蔭桓	張蔭桓
立山正月癸卯遷克們泰戶部右侍郎十一月假十二月乙巳長麟戶部右侍郎	長麟十月甲申革乙酉剛毅戶部右侍郎
陳學棻	陳學棻
長麟十二月乙巳遷剛毅禮部左侍郎	剛毅十月乙酉遷溥善禮部左侍郎
錢應溥	錢應溥
景善正月壬寅休志銳禮部右侍郎十一月壬午遷剛毅禮部右侍郎十二月乙巳遷溥善禮部右侍郎	溥善十月乙酉遷堃岫禮部右侍郎
李文田	李文田十月己丑卒癸巳徐會澧禮部右侍郎
巴克坦布	巴克坦布
王文錦	王文錦十月甲申遷徐樹銘兵部左侍郎
克們泰正月癸卯遷榮惠兵部右侍郎	榮惠
徐樹銘	徐樹銘十月甲申遷吳廷芬兵部右侍郎
阿克丹	阿克丹
李端棻	李端棻
裕德正月癸卯遷文琳署十一月丙子補	文琳
龍湛霖	龍湛霖
鳳鳴	鳳鳴
汪鳴鸞	汪鳴鸞六月己卯遷許景澄工部左侍郎
英年	英年
徐會澧	徐會澧十月癸巳遷惲彥彬工部右侍郎

	光緒二十二年丙申	光緒二十三年丁酉	光緒二十四年戊戌
	熙敬	熙敬	熙敬
	徐桐十月己丑遷辛卯李鴻藻吏部尚書	李鴻藻七月庚寅卒壬辰孫家鼐吏部尚書	孫家鼐
	敬信	敬信	敬信
	翁同龢	翁同龢	翁同龢四月己酉罷五月丁巳王文韶戶部尚書
	崑岡四月戊子遷庚寅懷塔布禮部尚書	懷塔布	懷塔布六月庚午革癸酉裕祿禮部尚書八月甲午遷啟秀禮部尚書
	李鴻藻十月辛卯遷孫家鼐禮部尚書	孫家鼐七月壬辰遷許應騤禮部尚書	許應騤六月庚午革癸酉李端棻禮部尚書八月戊戌革辛丑廖壽恒禮部尚書
	榮祿	榮祿	榮祿四月甲辰遷剛毅兵部尚書
	徐郙	徐郙	徐郙
	松溎	松溎七月乙未調剛毅刑部尚書	剛毅四月甲辰遷崇禮刑部尚書
	薛允升	薛允升九月戊子降廖壽恒刑部尚書	廖壽恒八月辛丑遷趙舒翹刑部尚書
	懷塔布四月庚寅遷剛毅工部尚書	剛毅七月乙未調松溎工部尚書	松溎
	孫家鼐十月辛卯遷許應騤工部尚書	許應騤七月壬辰遷錢應溥工部尚書	錢應溥
	崇光	崇光	崇光
	徐用儀	徐用儀	徐用儀
	長萃十二月辛酉遷溥善吏部右侍郎	溥善	溥善
酉王文錦吏部右侍郎	王文錦五月辛酉卒壬戌吳廷芬吏部右侍郎	吳廷芬八月甲戌開缺戊寅徐樹銘吏部右侍郎九月戊子遷徐會灃吏部右侍郎	徐會灃六月庚午革癸酉李培元吏部右侍郎八月壬寅遷徐會灃吏部右侍郎
	立山	立山	立山
	張蔭桓	張蔭桓	張蔭桓八月庚寅革甲午吳樹梅戶部左侍郎
	剛毅四月庚寅遷溥良戶部右侍郎	溥良	溥良
	陳學棻	陳學棻	陳學棻
	溥善十二月辛酉遷堃岫禮部左侍郎	堃岫	堃岫六月庚午革癸酉闊普通武禮部左侍郎十月戊申遷己酉溥頲禮部左侍郎十二月辛巳遷榮惠禮部左侍郎
	錢應溥十月辛卯遷徐會灃禮部左侍郎	徐會灃九月戊子遷張英麟禮部左侍郎	張英麟
	堃岫十二月辛酉遷溥頲禮部右侍郎	溥頲	溥頲六月庚午革癸酉薩廉禮部右侍郎十二月庚辰遷溥頲禮部右侍郎
	徐會灃十月辛卯遷張英麟禮部右侍郎	張英麟九月戊子遷唐景崇禮部右侍郎	唐景崇
	巴克坦布五月丁未病免己酉榮惠兵部左侍郎	榮惠	榮惠十二月辛巳遷溥頲兵部左侍郎乙丑遷阿克丹兵部左侍郎
	徐樹銘	徐樹銘八月戊寅遷楊頤兵部左侍郎	楊頤
	榮惠五月己酉遷文林兵部右侍郎	文林	文林
	吳廷芬五月壬戌遷楊頤兵部右侍郎	楊頤八月戊寅遷壽昌兵部右侍郎	壽昌十月丁酉徐致祥兵部右侍郎
	阿克丹	阿克丹	阿克丹十二月乙丑遷溥頲刑部左侍郎
	李端棻	李端棻七月乙未遷趙舒翹刑部左侍郎	趙舒翹八月辛丑遷壬寅李培元刑部左侍郎十月癸未遷徐承煜刑部左侍郎
	文琳	文琳	文琳九月丁卯卒堃岫刑部右侍郎
	龍湛霖	龍湛霖	龍湛霖六月乙未病免丁酉梁仲衡刑部右侍郎
	鳳鳴	鳳鳴	鳳鳴
	許景澄	許景澄	許景澄
	英年	英年	英年
	惲彥彬	惲彥彬	惲彥彬閏月丁丑病免己卯楊儒工部右侍郎

光緒二十五年己亥	光緒二十六年庚子
熙敬	熙敬三月己未卒庚申剛毅吏部尚書八月己卯交議敬信吏部尚書
孫家鼐十一月戊辰病免己巳徐郙吏部尚書	徐郙
敬信	敬信三月庚申遷立山戶部尚書五月逮六月庚寅崇綺戶部尚書八月丁丑卒己卯崇禮戶部尚書
王文韶	王文韶十月癸丑遷鹿傳霖戶部尚書
啟秀	啟秀十二月壬戌革丙寅世續禮部尚書
廖壽恒	廖壽恒九月丙子病免丁丑鹿傳霖禮部尚書十月癸丑遷孫家鼐禮部尚書
剛毅	剛毅三月庚申遷敬信兵部尚書八月己卯遷裕德兵部尚書
徐郙十一月己巳遷徐用儀兵部尚書	徐用儀七月丙辰棄市徐會灃兵部尚書
崇禮	崇禮八月己卯遷貴恒刑部尚書
趙舒翹	趙舒翹九月壬辰革留十二月甲寅論斬庚申薛允升刑部尚書
松溎	松溎
錢應溥五月甲寅病免乙卯徐樹銘工部尚書	徐樹銘四月戊戌卒徐會灃工部尚書七月戊午遷陳學棻工部尚書九月丁亥卒戊子瞿鴻禨工部尚書
崇光	崇光七月乙巳卒溥善吏部左侍郎
徐用儀五月乙卯遷徐會灃吏部左侍郎十一月己巳遷庚午許景澄吏部左侍郎	許景澄七月癸卯棄市丙午陳學棻吏部左侍郎戊午遷八月華金壽吏部左侍郎
溥善	溥善七月乙巳遷溥頲吏部右侍郎
徐會灃五月乙卯遷許景澄吏部右侍郎十一月己巳遷陳學棻吏部右侍郎	陳學棻七月丙午遷張英麟吏部右侍郎
立山	立山三月辛酉英年戶部左侍郎八月己卯遷桂春戶部左侍郎
吳樹梅	吳樹梅
溥良	溥良九月辛卯遷那桐戶部右侍郎
陳學棻十一月己巳遷吳廷棻戶部右侍郎	吳廷棻四月戊戌遷華金壽戶部右侍郎八月壬午遷呂海寰戶部右侍郎
榮惠	榮惠
張英麟	張英麟七月丙午遷張百熙禮部左侍郎九月戊子遷己丑李紱藻禮部左侍郎
溥頲	溥頲九月辛卯綿文禮部右侍郎尋遷八月庚辰那桐禮部右侍郎九月辛卯遷溥頲七月壬寅遷桂春禮部右侍郎
唐景崇正月癸酉差瞿鴻禨禮部右侍郎	瞿鴻禨九月丁丑遷陸潤庠禮部右侍郎
阿克丹	阿克丹十二月庚申遷貽穀兵部左侍郎
楊頤四月辛卯卒葛寶華兵部左侍郎	葛寶華
文林	文林
徐致祥四月丁亥卒李殿林兵部右侍郎	李殿林閏月遷庚申陸寶忠兵部右侍郎
溥頲十月庚寅遷崇勳刑部左侍郎	崇勳
徐承煜	徐承煜十二月壬戌革戴鴻慈刑部左侍郎
堃岫	堃岫五月甲寅遷景灃刑部右侍郎
梁仲衡	梁仲衡
鳳鳴	鳳鳴正月甲子卒英年工部左侍郎三月辛酉卒世續工部左侍郎九月乙亥遷丙子繼祿工部左侍郎
許景澄五月乙卯遷楊儒工部左侍郎	楊儒
英年	英年遷正月甲子世續工部右侍郎三月辛酉遷溥興工部右侍郎
楊儒五月乙卯遷袁世凱工部右侍郎	袁世凱二月丙戌遷戊子華金壽工部右侍郎四月戊戌遷李端遇工部右侍郎

清史稿

部院大臣年表九下

	光緒元年乙亥	光緒二年丙子	光緒三年丁丑	光緒四年戊寅	光緒五年己卯	光緒六年庚辰
理藩院尚書	皂保	皂保十月甲寅遷察杭阿理藩院尚書	察杭阿	察杭阿	察杭阿	察杭阿十月壬戌卒志和理藩院
理藩院左侍郎	德椿	德椿十月甲寅遷麟書理藩院左侍郎十一月乙未遷全桂理藩院左侍郎	全桂	全桂	全桂五月甲午遷阿昌阿理藩院	阿昌阿
理藩院右侍郎	蘇勒布五月戊戌遷麟書理藩院右侍郎	麟書十月甲寅遷全桂理藩院右侍郎十一月乙未遷全惠理藩院右侍郎	全惠	全惠	全惠正月戊辰休錫珍理藩院右	鐵祺
都察院滿左都御史	魁齡九月己亥遷景廉左都御史	景廉	景廉正月癸亥遷全慶左都御史	全慶三月癸亥遷承恩左都御史	崇厚十一月癸巳開缺辛卯志和	志和十月壬戌遷麟書左都御史
都察院漢左都御史	賀壽慈	賀壽慈	賀壽慈九月丙寅遷徐桐左都御史	徐桐五月戊辰遷翁同龢左都御	翁同龢正月庚午遷潘祖蔭左都	童華
都察院滿左副都御史	惠林更名全惠	奎潤	奎潤	奎潤五月辛亥遷六月己丑錫珍	錫珍正月戊辰遷三月壬子寶森	崇勳
都察院滿左副都御史	興恩十一月己未遷十二月辛未奎潤左副都御史	文徵	文徵	文徵十二月癸卯遷	崇勳正月壬申左副都御史	寶森十月壬戌遷鍾濂十一月戊
都察院漢左副都御史	童華	童華	童華遷十月丁酉程祖誥左副都御史	程祖誥	程祖誥	程祖誥
都察院漢左副都御史	唐壬森	唐壬森	唐壬森十一月丙子病免十二月丁酉張澐卿左副都御史	張澐卿	張澐卿四月庚申遷六月庚戌賀	陳彝彬夏家鎬仍署

五月辛亥遷榮祿左都御史癸亥遷文煜左都御史十二月癸卯遷崇厚左都御史志和署
史
左副都御史

左侍郎
侍郎二月癸未遷阿昌阿理藩院右侍郎五月甲午遷鐵祺理藩院右侍郎
左都御史
御史三月乙卯遷童華左都御史
左副都御史
[illegible]左副都御史己未劾免八月壬寅陳蘭彬左副都御史未任丙午夏家鎬署

尚書
子左副都御史

光緒七年辛巳
志和十月癸酉遷麟書理藩院尚書
阿昌阿
鐵祺
麟書十月癸酉遷烏拉喜崇阿左都御史
童華
崇勳
鍾濂
程祖誥五月癸巳休七月辛未曾紀澤左副都御史未任徐用儀署十二月癸未改張家驤署左副都御史
陳蘭彬夏家鎬四月乙巳遷己酉許庚身署左副都御史十二月遷周家楣署

光緒八年壬午
麟書
阿昌阿
鐵祺正月辛亥休岳林理藩院右侍郎
烏拉喜崇阿
童華正月辛亥免畢道遠左都御史
崇勳十二月己巳革
鍾濂五月戊申遷七月文暉左副都御史
曾紀澤張家驤四月丙戌遷王之翰署左副都御史十一月癸巳休致張佩綸署
陳蘭彬三月就任

光緒九年癸未
麟書二月甲寅遷額勒和布理藩院尚書六月己巳遷烏拉喜崇阿理藩院尚書
阿昌阿
岳林
烏拉喜崇阿六月己巳遷延煦左都御史
畢道遠
懷塔布正月丁未左副都御史
文暉
曾紀澤張佩綸仍署

光緒十年甲申
烏拉喜崇阿三月庚寅遷延煦理藩院尚書五月戊子遷崑岡理藩院尚書
阿昌阿
岳林
延煦三月庚寅遷崑岡左都御史五月戊子遷錫珍左都御史八月乙酉遷奎潤左都御史
畢道遠三月庚寅遷祁世長左都御史
懷塔布十二月辛巳遷
文暉三月庚寅遷四月己巳志元左副都御史
曾紀澤張佩綸五月戊寅赴福建胡瑞瀾署左副都御史十月甲戌曾紀澤遷
陳蘭彬免八月乙亥吳大澂左副都御史沈源深署

光緒十一年乙酉
崑岡
阿昌阿
岳林
奎潤
祁世長
英煦正月庚午左副都御史
志元
吳大澂沈源深仍署
白桓六月庚辰差胡瑞瀾署左副都御史八月差己巳周家楣署十一月丙申改署戊申徐樹銘署左副都御史

光緒十二年丙戌
崑岡二月甲戌遷紹祺理藩院尚書
阿昌阿二月庚辰病休崇禮理藩院左侍郎
岳林十二月卒辛酉綿宜理藩院右侍郎
奎潤
祁世長
英煦五月戊申遷七月戊戌奕年左副都御史
志元
吳大澂
白桓

光緒十三年丁亥
紹祺
崇禮
綿宜十二月丁未遷慶福理藩院右侍郎
奎潤二月辛亥遷松森左都御史
祁世長
奕年
志元
吳大澂
白桓

光緒十四年戊子
紹祺十一月戊午卒嵩申理藩院尚書
崇禮三月癸亥遷恩業理藩院左侍郎
慶福
松森
祁世長
奕年
志元十二月辛丑遷
吳大澂
白桓

光緒十五年己丑
嵩申九月丙辰遷松森理藩院尚書
恩業
慶福
松森九月丙辰遷熙敬左都御史
祁世長
奕年
奕杕二月辛巳左副都御史
吳大澂二月遷丁亥薛福成左副都御史五月己酉病解六月戊寅徐致祥左副都御史
白桓二月甲辰遷三月癸酉沈源深左副都御史八月壬寅差錢應溥署左副都御史十一月丁未遷黃體芳署左副都御史

光緒十六年庚寅
松森
恩業十月乙卯鳳鳴理藩院左侍郎
慶福
熙敬二月庚辰遷壬午貴恒左都御史
祁世長十一月己巳遷孫家鼐左都御史
奕年
奕杕
徐致祥
黃體芳

光緒十七年辛卯
松森
鳳鳴
慶福
貴恒十一月遷丁卯懷塔布左都御史
孫家鼐
奕年
奕杕
徐致祥五月差陳彝署左副都御史十月癸丑孫楫署左副都御史
沈源深五月己巳遷張蔭桓左副都御史

光緒十八年壬辰
松森
鳳鳴
慶福
懷塔布
孫家鼐八月壬申遷徐郙左都御史
奕年
奕杕
徐致祥八月遷丙子薛福成左副都御史未任壽昌署
張蔭桓六月戊子遷閏月丙寅楊頤左副都御史

光緒十九年癸巳
松森
鳳鳴九月乙酉遷志和理藩院左侍郎
慶福
懷塔布九月乙酉遷敬信左都御史
徐郙
奕年
奕杕
楊頤
薛福成壽昌仍署

光緒二十年甲午
松森正月壬寅休癸卯崇禮理藩院尚書八月甲子遷乙丑啟秀理藩院尚書
志和正月壬寅休癸卯溥良理藩院左侍郎
慶福正月壬寅降癸卯會章理藩院右侍郎
敬信正月癸卯遷裕德左都御史
徐郙
奕年
奕杕
楊頤
薛福成辛卯卒八月甲子壽昌左副都御史

光緒二十一年乙未
啟秀
溥良
會章
裕德
徐郙六月己卯遷許應騤左都御史
奕年十二月乙酉病免
奕杕
楊頤
壽昌

光緒二十二年丙申
啟秀
溥良四月庚寅遷綿宜理藩院左侍郎
會章
裕德
許應騤十月辛卯遷錢應溥左都御史
良培正月乙丑左副都御史
奕杕
楊頤五月壬戌遷楊儒左副都御史未任馮文蔚署左副都御史十二月辛
壽昌

光緒二十三年丁酉
啟秀
綿宜
會章
裕德
錢應溥七月壬辰遷廖壽恒左都御史九月戊子遷徐樹銘左都御史
良培
奕杕
楊儒
壽昌八月遷九月甲辰徐承煜左副都御史

光緒二十四年戊戌
啟秀八月甲午遷裕德理藩院尚書
綿宜正月癸丑卒甲寅清銳理藩院左侍郎
會章
裕德八月甲午遷丙申懷塔布左都御史
徐樹銘
良培
奕杕
楊儒五月戊午曾廣漢左副都御史六月庚午卒癸酉曾廣鑾左副都御史
徐承煜十月癸未遷十一月壬戌葛寶華左副都御史

	光緒二十五年己亥	
	裕德	
	清銳九月辛酉遷。景澧理藩院左侍郎	
	會章	
	懷塔布	
	徐樹銘五月乙卯遷。徐用儀左都御史。十一月己巳遷。徐	會澧左都御史
	良培六月假。七月癸丑慶福左副都御史	
	奕杕	
壬戌陸寶忠署	曾廣鑾	
	葛寶華四月辛卯遷。五月庚戌李端遇左副都御史	
	光緒二十六年庚子	
	裕德八月丁卯遷。懷塔布理藩院尚書。十二月戊戌卒。辛	丑世續理藩院尚書。十二月丙寅遷。阿克丹理藩院尚書
	景澧五月甲寅遷。那桐理藩院左侍郎。八月庚辰遷。壽耆	理藩院左侍郎
	會章	
	懷塔布八月丁卯遷。英年左都御史。九月壬辰革。尋論斬	溥良左都御史
	徐會澧四月戊戌遷。吳廷芬左都御史。九月丙午病免。鹿	傳霖左都御史。九月丁丑遷。瞿鴻禨左都御史。九月戊子遷。張百熙補
	慶福十一月己巳成章左副都御史	
	奕杕	
	曾廣鑾	
	李端遇四月戊戌遷。五月戊申何乃瑩左副都御史	
史		

清史稿部院大臣年表十

光緒二十七年辛丑	六月癸丑設外務部	光緒二十八年壬寅
外務部總理大臣	奕劻六月癸卯外務部總理大臣	奕劻
外務部會辦大臣	王文韶六月癸卯外務部會辦大臣	王文韶
外務部尚書	瞿鴻禨六月癸卯外務部尚書	瞿鴻禨
吏部滿尚書	敬信	敬信
吏部漢尚書	徐郙三月癸巳遷。孫家鼐吏部尚書。十二月甲寅遷。張百熙吏部尚書	張百熙
戶部滿尚書	崇禮	崇禮
戶部漢尚書	鹿傳霖	鹿傳霖
禮部滿尚書	世續	世續
禮部漢尚書	孫家鼐三月癸巳遷。徐郙禮部尚書	徐郙
兵部滿尚書	裕德	裕德
兵部漢尚書	徐會澧	徐會澧
刑部滿尚書	貴恒	貴恒十二月甲辰病免。榮慶刑部尚書
刑部漢尚書	薛允升十月乙未卒。丙申張百熙刑部尚書。十二月甲寅遷。葛寶華刑部尚書	葛寶華
工部滿尚書	松溎	松溎
工部漢尚書	瞿鴻禨六月癸卯遷。甲辰張百熙工部尚書。十月丙申遷。葛寶華工部尚書。十二月甲寅遷。呂海寰工部尚書	呂海寰正月葛寶華兼署工部尚書
理藩院尚書	阿克丹	阿克丹
都察院滿左都御史	溥良	溥良
都察院漢左都御史	張百熙六月癸卯遷。呂海寰左都御史。十二月甲寅遷。陸潤庠左都御史	陸潤庠
外務部左侍郎	徐壽朋六月癸卯外務部左侍郎	徐壽朋
外務部右侍郎	聯芳六月癸卯外務部右侍郎	聯芳
吏部滿左侍郎	溥善	溥善
吏部漢左侍郎	李殿林	李殿林
吏部滿右侍郎	溥頲	溥頲四月癸巳繼祿吏部右侍郎
吏部漢右侍郎	張英麟	張英麟
戶部滿左侍郎	桂春	桂春十二月甲辰遷。景澧戶部左侍郎
戶部漢左侍郎	吳樹梅十二月癸丑病免。甲寅楊儒戶部左侍郎	楊儒正月卒。癸酉陳邦瑞戶部左侍郎
戶部滿右侍郎	那桐	那桐
戶部漢右侍郎	呂海寰六月甲辰遷。乙巳葛寶華戶部右侍郎。十月丙申遷。陳邦瑞戶部右侍郎	陳邦瑞正月甲戌遷。戴鴻慈戶部右侍郎
禮部滿左侍郎	榮惠	榮惠二月癸卯遷。特圖慎禮部左侍郎
禮部漢左侍郎	李紱藻	李紱藻
禮部滿右侍郎	綿文	綿文
禮部漢右侍郎	陸潤庠十二月甲寅遷。朱祖謀禮部右侍郎	朱祖謀
兵部滿左侍郎	貽穀	貽穀
兵部漢左侍郎	葛寶華六月乙巳遷。李昭煒兵部左侍郎	李昭煒
兵部滿右侍郎	文林	文林
兵部漢右侍郎	陸寶忠	陸寶忠
刑部滿左侍郎	崇勳	崇勳
刑部漢左侍郎	戴鴻慈	戴鴻慈正月甲戌遷。沈家本刑部左侍郎
刑部滿右侍郎	景澧	景澧十二月甲辰遷。琦孚刑部右侍郎
刑部漢右侍郎	梁仲衡十月丙申遷。沈家本刑部右侍郎	沈家本正月甲戌遷。梁仲衡刑部右侍郎
工部滿左侍郎	濟祿	濟祿四月癸巳遷。松壽工部左侍郎
工部漢左侍郎	楊儒十二月甲寅遷。梁仲衡工部左侍郎	梁仲衡正月甲戌遷。盛宣懷工部左侍郎
工部滿右侍郎	煜興	煜興
工部漢右侍郎	李端遇五月己巳陳邦瑞工部右侍郎。十月丙申遷。梁仲衡工部右侍郎。十二月甲寅遷	秦綬章
理藩院左侍郎	壽耆	壽耆
理藩院右侍郎	會章	會章
都察院滿左副都御史	成章	成章
都察院滿左副都御史	奕杕	奕杕
都察院漢左副都御史	曾廣鑾	曾廣鑾
都察院漢左副都御史	何乃瑩七月戊寅免。壬午張仁黼左副都御史	張仁黼

光緒二十九年癸卯	七月戊戌設商部	光緒三十年甲辰
外務部總理大臣	奕劻	奕劻
外務部會辦大臣	王文韶 九月丙申免。那桐為外務部會辦大臣。	那桐
外務部尚書	瞿鴻禨	瞿鴻禨
商部尚書	載振 七月戊戌商部尚書。	載振
吏部滿尚書	敬信 八月壬申遷。世續吏部尚書。	世續
吏部漢尚書	張百熙	張百熙
戶部滿尚書	崇禮 四月辛亥遷。五月乙卯那桐戶部尚書。	榮慶
戶部漢尚書	鹿傳霖	鹿傳霖 十月調署工部。趙爾巽署戶部尚書。
禮部滿尚書	世續 八月壬申遷。榮慶禮部尚書。丙申遷。溥良禮部尚書。	溥良
禮部漢尚書	徐郙	徐郙
兵部滿尚書	裕德	裕德 十月丁未遷。戊申長庚兵部尚書。
兵部漢尚書	徐會灃	徐會灃
刑部滿尚書	榮慶 八月壬申遷。奎俊刑部尚書。	奎俊
刑部漢尚書	葛寶華	葛寶華
工部滿尚書	松溎	松溎
工部漢尚書	呂海寰 未任。葛寶華兼署。	呂海寰 未任。葛寶華兼署。七月免。鹿傳霖調署工部尚書。
理藩院尚書	阿克丹	阿克丹 正月卒。丁卯奎俊理藩院尚書。八月壬申遷。溥興理藩院尚書。
都察院左都御史	溥良 八月丙申遷。九月丁酉清銳左都御史。	清銳 十月戊申遷。溥頲左都御史。
都察院左都御史	陸潤庠	陸潤庠
外務部左侍郎	徐壽朋 五月卒。丙辰聯芳外務部左侍郎。	聯芳
外務部右侍郎	聯芳 五月丙辰遷。顧肇新外務部右侍郎。十一月丁未遷。伍廷芳外務部右侍郎。	伍廷芳
商部左侍郎	伍廷芳 七月戊戌商部左侍郎。十一月丁未遷。陳璧商部左侍郎。	陳璧
商部右侍郎	陳璧 七月戊戌商部右侍郎。十一月丁未遷。顧肇新商部右侍郎。	顧肇新
吏部滿左侍郎	溥善	溥善 正月丙申繼祿吏部左侍郎。
吏部漢左侍郎	李殿林	李殿林
吏部滿右侍郎	繼祿	繼祿
吏部漢右侍郎	張英麟	張英麟
戶部滿左侍郎	景澧	景澧
戶部漢左侍郎	陳邦瑞	陳邦瑞
戶部滿右侍郎	那桐 五月乙卯遷。鐵良戶部右侍郎。	鐵良 四月癸亥遷。增崇戶部右侍郎。
戶部漢右侍郎	戴鴻慈	戴鴻慈
禮部滿左侍郎	特圖慎	特圖慎
禮部漢左侍郎	李紱藻	李紱藻
禮部滿右侍郎	綿文	綿文
禮部漢右侍郎	朱祖謀	朱祖謀
兵部滿左侍郎	貽穀 八月壬戌遷。癸亥增崇兵部左侍郎。	增崇 四月癸亥遷。鐵良兵部左侍郎。
兵部漢左侍郎	李昭煒	李昭煒 四月癸亥遷。秦綬章兵部左侍郎。未任。徐世昌署。
兵部滿右侍郎	文林 九月壬午病免。庚戌恩順兵部右侍郎。	恩順
兵部漢右侍郎	陸寶忠	陸寶忠
刑部滿左侍郎	崇勳	崇勳
刑部漢左侍郎	沈家本	沈家本
刑部滿右侍郎	孚琦	孚琦
刑部漢右侍郎	胡燏棻	胡燏棻
工部滿左侍郎	松壽 三月乙丑遷。崇壽工部左侍郎。	崇壽
工部漢左侍郎	唐景崇	唐景崇
工部滿右侍郎	溥興 八月癸酉遷。甲戌溥頲工部右侍郎。	溥頲
工部漢右侍郎	秦綬章	秦綬章 四月癸亥遷。李紱藻工部右侍郎。
理藩院左侍郎	壽耆	壽耆
理藩院右侍郎	儒林 正月辛巳遷。清銳理藩院右侍郎。九月丁酉遷。戊戌堃岫理藩院右侍郎。	堃岫
都察院滿左副都御史	成章	成章
都察院滿左副都御史	奕杕	奕杕
都察院漢左副都御史	曾廣鑾	曾廣鑾
都察院漢左副都御史	張仁黼	張仁黼

光緒三十一年乙巳	九月庚辰設巡警部 十一月己卯設學部
外務部總理大臣	奕劻
外務部會辦大臣	那桐
外務部尚書	瞿鴻禨
商部尚書	載振
吏部滿尚書	世續 六月己未遷。奎俊吏部尚書。
吏部漢尚書	張百熙 四月丙午調。鹿傳霖吏部尚書。
戶部滿尚書	榮慶 十一月己卯調。鐵良戶部尚書。
戶部漢尚書	鹿傳霖 調署工部仍署。四月丙午調。張百熙戶部尚書。
禮部滿尚書	溥良
禮部漢尚書	徐郙
學部尚書	榮慶 十一月己卯學部尚書。
兵部滿尚書	長庚 六月庚戌遷。鐵良署。十一月己卯調。松溎兵部尚書。
兵部漢尚書	徐會灃 十二月己酉卒。庚戌呂海寰兵部尚書。
刑部滿尚書	奎俊 六月己未遷。溥興刑部尚書。
刑部漢尚書	葛寶華
巡警部尚書	徐世昌
工部滿尚書	松溎
工部漢尚書	呂海寰 十二月庚戌遷。陸潤庠工部尚書。
理藩院尚書	溥興 六月己未遷。特圖慎理藩院尚書。
都察院滿左都御史	溥頲 正月乙未罷。特圖慎左都御史。六月己未遷。庚申壽耆左都御史。
都察院漢左都御史	陸潤庠 十二月庚戌遷。陸寶忠左都御史。
外務部左侍郎	聯芳
外務部右侍郎	伍廷芳
商部左侍郎	陳璧
商部右侍郎	顧肇新
吏部滿左侍郎	溥善 正月丙申繼祿吏部左侍郎。
吏部漢左侍郎	李殿林
吏部滿右侍郎	繼祿 正月丙申遷。[illegible]吏部右侍郎。六月庚申遷。增崇吏部右侍郎。
吏部漢右侍郎	張英麟
戶部滿左侍郎	景澧
戶部漢左侍郎	陳邦瑞
戶部滿右侍郎	增崇 五月己亥遷。鐵良戶部右侍郎。十一月己卯遷。柯逢時戶部右侍郎。未任。紹英署。
戶部漢右侍郎	戴鴻慈
禮部滿左侍郎	特圖慎 十一月庚寅遷。[illegible]禮部左侍郎。
禮部漢左侍郎	李紱藻
禮部滿右侍郎	綿文
禮部漢右侍郎	朱祖謀
學部左侍郎	熙瑛 十一月己卯學部左侍郎。十二月壬戌卒。甲子張仁黼學部左侍郎。
學部右侍郎	嚴修 十一月己卯署學部右侍郎。
兵部滿左侍郎	鐵良 五月己亥遷。增崇兵部左侍郎。六月庚申遷。景厚兵部左侍郎。
兵部漢左侍郎	秦綬章
兵部滿右侍郎	恩順
兵部漢右侍郎	陸寶忠 十二月遷。壬子張仁黼兵部右侍郎。甲子遷。張亨嘉兵部右侍郎。
刑部滿左侍郎	崇勳
刑部漢左侍郎	沈家本
刑部滿右侍郎	孚琦
刑部漢右侍郎	胡燏棻
巡警部左侍郎	毓朗 九月庚辰巡警部左侍郎。
巡警部右侍郎	趙秉鈞 九月庚辰署巡警部右侍郎。
工部滿左侍郎	[illegible]
工部漢左侍郎	胡燏棻 十月己未工部左侍郎。
工部滿右侍郎	溥頲
工部漢右侍郎	李昭煒
理藩院左侍郎	壽耆 正月丙申遷。丁酉明啟理藩院左侍郎。
理藩院右侍郎	堃岫
都察院滿左副都御史	成章 正月丁酉台布左副都御史。
都察院滿左副都御史	奕杕
都察院漢左副都御史	曾廣鑾
都察院漢左副都御史	張仁黼

光緒三十二年丙午	九月乙卯定設外務部吏部民政部度支部禮部學部陸軍部法部農工商部
外務部總理大臣	奕劻
外務部會辦大臣	那桐
外務部尚書	瞿鴻禨
吏部尚書	鹿傳霖 九月乙卯專為吏部尚書。
民政部尚書	徐世昌 九月乙卯專為民政部尚書。
度支部尚書	溥頲 九月乙卯專為度支部尚書。
禮部尚書	溥良 九月乙卯專為禮部尚書。
學部尚書	榮慶 九月乙卯專為學部尚書。
陸軍部尚書	鐵良 九月乙卯專為陸軍部尚書。
法部尚書	戴鴻慈 九月乙卯專為法部尚書。
農工商部尚書	載振
郵傳部尚書	張百熙 九月乙卯專為郵傳部尚書。
理藩部尚書	壽耆 九月乙卯專為理藩部尚書。
都察院都御史	陸寶忠 九月乙卯專為都察院都御史。
外務部左侍郎	聯芳
外務部右侍郎	唐紹儀 九月乙卯遷。汪大燮外務部右侍郎。未任前紹儀仍兼署。
吏部左侍郎	陳邦瑞 九月乙卯吏部左侍郎。
吏部右侍郎	唐景崇 九月乙卯吏部右侍郎。
民政部左侍郎	毓朗 九月乙卯民政部左侍郎。
民政部右侍郎	趙秉鈞 九月乙卯民政部右侍郎。
度支部左侍郎	紹英 九月乙卯度支務左侍郎。
度支部右侍郎	陳璧 九月乙卯度支部右侍郎。
禮部左侍郎	張亨嘉 九月乙卯禮部左侍郎。
禮部右侍郎	景厚 九月乙卯禮部右侍郎。
學部左侍郎	嚴修 九月乙卯仍學部左侍郎。
學部右侍郎	達壽 九月乙卯仍學部右侍郎。
陸軍部左侍郎	壽勳 九月乙卯陸軍部左侍郎。
陸軍部右侍郎	蔭昌 九月乙卯陸軍部右侍郎。
法部左侍郎	紹昌 九月乙卯法部左侍郎。
法部右侍郎	張仁黼 九月乙卯法部右侍郎。
農工商部左侍郎	唐文治 九月乙卯農工商部左侍郎。十月癸免。熙彥農工商部左侍郎。
農工商部右侍郎	顧肇新 九月乙卯農工商部右侍郎。十二月卒。楊士琦農工商部右侍郎。
郵傳部左侍郎	唐紹儀 九月乙卯郵傳部左侍郎。
郵傳部右侍郎	胡燏棻 九月乙卯郵傳部右侍郎。十一月卒。乙未吳重熹郵傳部右侍郎。
理藩部左侍郎	堃岫 九月乙卯理藩部左侍郎。
理藩部右侍郎	恩順 九月乙卯理藩部右侍郎。
都察院副都御史	伊克坦 九月乙卯都察院副都御史。
都察院副都御史	陳名侃 九月乙卯都察院副都御史。

光緒三十三年丁未	裁工部。郵傳部理藩部各設尚書一，侍郎二。都察院設都御史一，副都御史二，均不分滿漢。戶兵刑部均改名。
奕劻	
那桐	
瞿鴻禨五月丁酉免。戊戌，呂海寰外務部尚書。七月丙辰遷。袁世凱外務部尚書。	
鹿傳霖	
徐世昌三月己亥遷。那桐兼署。五月戊戌，善耆民政部尚書。	
溥頲四月丁卯遷。載澤度支部尚書。	
溥良	
榮慶	
鐵良	
戴鴻慈	
載振四月丙寅免。丁卯，溥頲農工商部尚書。	
張百熙二月己卯卒。辛卯，林紹年署。三月壬子，岑春煊郵傳部尚書。四月遷。陳璧郵傳部尚書。	
壽耆	
陸寶忠	
聯芳	
汪大燮八月出使。梁敦彥署外務部右侍郎。	
陳邦瑞七月甲午遷。唐景崇吏部左侍郎。	
唐景崇七月甲午遷。張仁黼吏部右侍郎。	
毓朗八月庚申憂。榮勳署。	
趙秉鈞	
紹英	
陳璧四月戊寅遷。林紹年度支部右侍郎。七月癸巳遷。陳邦瑞度支部右侍郎。	
張亨嘉	
景厚	
嚴修	
達壽八月出使日本。熙彥署學部右侍郎。	
壽勳	
曉昌	
紹昌	
張仁黼四月壬申遷。沈家本法部右侍郎。	
熙彥	
楊士琦	
唐紹儀三月庚子遷。朱寶奎郵傳部左侍郎。甲寅革。吳重憙郵傳部左侍郎。	
吳重憙三月甲寅遷。于式枚郵傳部右侍郎。八月出使。郭曾炘署郵傳部右侍郎。	
堃岫	
恩順	
伊克坦	
陳名侃	

光緒三十四年戊申
奕劻
那桐
袁世凱十一月，梁敦彥外務部尚書。
陸潤庠
善耆
載澤
溥良
榮慶
鐵良
戴鴻慈八月給假。葛寶華署法部尚書。
溥頲
陳璧
壽耆
陸寶忠四月病免。張英麟都察院都御史。
聯芳
汪大燮五月丙午遷。梁敦彥外務部右侍郎。
唐景崇
張仁黼二月乙丑假。吳郁生署吏部右侍郎。五月庚戌，仁黼病免。辛亥，于式枚吏部右侍郎。瑞良署。
毓朗袁樹勛正月授。三月癸巳，烏珍署民政部左侍郎。
趙秉鈞
紹英
陳邦瑞
張亨嘉五月憂。壬子，景厚禮部左侍郎。二月癸亥，于式枚禮部左侍郎。五月辛亥遷。景厚禮部右侍郎。
景厚五月辛亥遷。郭曾炘署。
嚴修
達壽四月己卯遷。寶熙學部右侍郎。
壽勳
曉昌
紹昌
沈家本
熙彥
沈雲霈
汪大燮八月丙辰，郵傳部左侍郎。吳郁生署。
于式枚二月癸亥遷。盛宣懷郵傳部右侍郎。乙丑，充會辦商約大臣。沈雲霈署。
堃岫遷。四月己卯，達壽理藩部左侍郎。
恩順
伊克坦
陳名侃

宣統元年己酉	
外務部總理大臣	奕劻
外務部會辦大臣	那桐
外務部尚書	梁敦彥
吏部尚書	陸潤庠 十一月丙寅遷，李殿林吏部尚書。
民政部尚書	善耆
度支部尚書	載澤
禮部尚書	溥良 八月遷，葛寶華禮部尚書。
學部尚書	榮慶
陸軍部尚書	鐵良
法部尚書	戴鴻慈 八月遷，廷杰法部尚書，紹昌署。
農工商部尚書	溥頲
郵傳部尚書	陳璧 正月辛卯革，李殿林署郵傳部尚書。庚子，徐世昌補。
理藩部尚書	壽耆
都察院都御史	張英麟
外務部左侍郎	聯芳
外務部右侍郎	梁敦彥 正月癸未遷，鄒嘉來實授外務部右侍郎。
吏部左侍郎	唐景崇
吏部右侍郎	于式枚
民政部左侍郎	烏珍 閏月壬午實授民政部左侍郎。
民政部右侍郎	趙秉鈞 閏月壬午休致，林紹年民政部右侍郎。
度支部左侍郎	紹英
度支部右侍郎	陳邦瑞
禮部左侍郎	景厚
禮部右侍郎	郭曾炘
學部左侍郎	嚴修 十二月乙未假，李家駒署學部左侍郎。
學部右侍郎	寶熙
陸軍部左侍郎	壽勳
陸軍部右侍郎	廕昌 八月壬寅丁憂，改署，姚錫光仍署。
法部左侍郎	紹昌
法部右侍郎	沈家本
農工商部左侍郎	熙彥
農工商部右侍郎	楊士琦
郵傳部左侍郎	汪大燮
郵傳部右侍郎	盛宣懷
理藩部左侍郎	達壽
理藩部右侍郎	恩順
都察院左副都御史	伊克坦
都察院左副都御史	陳名侃

宣統二年庚戌 十一月裁陸軍部尚書侍郎，改設正副大臣，增設海軍部及海軍大臣。	
外務部總理大臣	奕劻
外務部會辦大臣	那桐
外務部尚書	梁敦彥 四月癸巳假，鄒嘉來署外務部尚書。六月壬辰，梁敦彥病免，鄒嘉來外務部尚書。
吏部尚書	李殿林
民政部尚書	善耆
度支部尚書	載澤
禮部尚書	葛寶華 二月乙未卒。丙申，榮慶禮部尚書。
學部尚書	榮慶 二月遷，唐景崇學部尚書。
陸軍部尚書	鐵良 正月辛亥假，壽勳署陸軍部尚書。二月辛巳，鐵良病免，廕昌陸軍部尚書。壬午以未服滿改署。十一月癸卯改陸軍大臣。
海軍部大臣	載洵 十一月癸卯海軍大臣。
法部尚書	廷杰 十二月戊寅卒，紹昌法部尚書。
農工商部尚書	溥頲
郵傳部尚書	徐世昌 七月甲寅遷，唐紹儀郵傳部尚書，沈雲沛署。十二月丙子，唐紹儀免，盛宣懷郵傳部尚書。
理藩部尚書	壽耆
都察院都御史	張英麟
外務部左侍郎	聯芳 四月己丑遷，鄒嘉來外務部左侍郎。四月癸巳陞，曹汝霖署外務部左侍郎。六月壬辰，胡惟德外務部左侍郎。
外務部右侍郎	鄒嘉來 四月己卯遷，胡惟德外務部右侍郎。六月壬辰遷，曹汝霖外務部右侍郎。
吏部左侍郎	唐景崇 二月丙申遷，吳郁生吏部左侍郎。丁酉遷，于式枚吏部左侍郎。
吏部右侍郎	吳郁生 二月丙申遷，于式枚吏部右侍郎。丁酉遷，瑞良吏部右侍郎。九月辛亥署綏遠城將軍，吳郁生署。十二月丙子，吳郁生改授，沈雲沛署吏部右侍郎。
民政部左侍郎	烏珍
民政部右侍郎	林紹年
度支部左侍郎	紹英
度支部右侍郎	陳邦瑞
禮部左侍郎	景厚
禮部右侍郎	郭曾炘
學部左侍郎	嚴修 三月戊申遷。己酉，寶熙學部左侍郎。
學部右侍郎	寶熙 三月遷，李家駒學部右侍郎。
陸軍部左侍郎	壽勳 十一月癸卯改授陸軍部副大臣。
陸軍部右侍郎	廕昌 二月遷，姚錫光陸軍部右侍郎。十一月裁。
法部左侍郎	紹昌 十二月遷，沈家本法部左侍郎，曾鑑署。
法部右侍郎	沈家本 十二月遷，王垿法部右侍郎。
農工商部左侍郎	熙彥
農工商部右侍郎	楊士琦
郵傳部左侍郎	汪大燮 四月出使，李經邁署郵傳部左侍郎。七月乙卯，沈雲沛署。十二月改署，李經芳署郵傳部左侍郎。
郵傳部右侍郎	盛宣懷 十二月遷，吳郁生郵傳部右侍郎。
理藩部左侍郎	達壽
理藩部右侍郎	恩順
都察院左副都御史	伊克坦
都察院左副都御史	陳名侃

宣統三年辛亥	四月裁吏部、禮部，改各部尚書爲大臣，設弼德院。六月設典禮院，裁各部侍郎，改設外務各部副大臣。
外務部大臣	鄒嘉來 四月遷，梁敦彥外務部大臣。九月乙亥免。庚寅，仍爲外務部大臣，胡惟德署。
民政部大臣	善耆 四月改民政大臣。閏六月遷，桂春署民政部大臣。九月庚寅，趙秉鈞民政部大臣。
度支部大臣	載澤 四月改度支部大臣。八月兼鹽政大臣。九月乙亥免。己丑，嚴修度支部大臣，紹英署。
學部大臣	唐景崇 四月改學部大臣。
陸軍部大臣	廕昌 九月乙亥免。己丑，王士珍陸軍部大臣，壽勳暫署。
海軍部大臣	載洵 九月乙亥免。己丑，薩鎮冰海軍部大臣，譚學衡暫署。
法部大臣	紹昌 四月改司法大臣。九月乙亥免。己丑，沈家本司法大臣。
農工商部大臣	溥頲 二月遷，溥倫農工商部尚書。四月改農工商部大臣。九月乙亥免。己丑，張謇農工商部大臣，熙彥
郵傳部大臣	盛宣懷 四月改郵傳部大臣。九月己巳革。唐紹怡郵傳部大臣，吳郁生署。九月己丑，楊士琦署郵傳部
理藩部大臣	壽耆 四月改理藩部大臣。九月乙亥免。己丑，達壽署理藩部大臣。
都察院都御史	張英麟
弼德院院長	四月陸潤庠弼德院院長。六月免，榮慶弼德院院長。
典禮院掌院學士	六月李殿林典禮院掌院學士。
外務部副大臣	九月庚寅胡惟德外務部副大臣，曹汝霖署。
民政部副大臣	九月庚寅烏珍民政部副大臣。
度支部副大臣	九月庚寅陳錦濤度支部副大臣。十月庚戌辭，辛亥免，周自齊度支部副大臣。
學部副大臣	九月庚寅楊度學部副大臣。辛卯辭免，劉廷琛學部副大臣，辭免，勞乃宣署。
陸軍部副大臣	九月庚寅田文烈陸軍部副大臣。
海軍部副大臣	九月庚寅譚學衡海軍部副大臣。
法部副大臣	九月庚寅梁啟超法部副大臣，定成署。十一月甲戌，梁啟超辭免，曾鑑法部副大臣。
農工商部副大臣	九月庚寅熙彥農工商部副大臣，祝瀛元署。
郵傳部副大臣	九月庚寅梁如浩郵傳部副大臣，梁士詒署。
理藩部副大臣	九月庚寅榮勳理藩部副大臣。

[illegible]
大臣十一月己卯楊士琦署郵傳部大臣